中国博士学位论文提要

（人文社会科学部分　上册）

2005

国家图书馆编

北京图书馆出版社

图书在版编目(CIP)数据

中国博士学位论文提要，人文社会科学部分．2005/国家图书馆编.—北京:北京图书馆出版社,2007.12

ISBN 978-7-5013-3587-9

Ⅰ.中…　Ⅱ.国…　Ⅲ.博士—学位论文—内容提要—中国—2005　Ⅳ.Z89:G643.8

中国版本图书馆 CIP 数据核字(2007)第 183588 号

书名　中国博士学位论文提要(人文社会科学部分　2005)
著者　国家图书馆编

出版　北京图书馆出版社　(100034　北京西城区文津街7号)
发行　010-66139745　66175620　66126153
66174391(传真)　66126156(门市部)
E-mail　cbs@nlc.gov.cn(投稿)　btsfxb@nlc.gov.cn(邮购)
Website　www.nlcpress.com
经销　新华书店
印刷　北京华正印刷有限公司

开本　889×1194 毫米　1/16
印张　141.875
版次　2007 年 12 月第 1 版　2007 年 12 月第 1 次印刷
字数　4375 千字

书号　ISBN 978-7-5013-3587-9/G·732
定价　960.00 元(上、下册)

序

我国自1981年建立学位制度以来,全国高等院校和科研机构已授予博士学位24万余人。国家图书馆作为国务院学位委员会指定的全国唯一负责全面收藏和整理我国学位论文的专门机构,20多年来,已入藏社会科学和自然科学等方面的论文23万余种,收缴率在98%以上。

博士学位论文一般具有坚实的基础理论,内容专深,能够反映该研究领域最新的研究成果等特点,因而具有较高的学术研究价值,是备受读者关注的重要文献,世界各国的文献信息机构都极重视对博士学位论文的收集与利用。

上个世纪的90年代,我馆曾编纂出版了《中国博士学位论文提要》(1981—1990,社会科学部分和自然科学的理学部分),产生了良好的社会效益。近年来,我国的研究生教育发展迅速,目前在读博士生人数已达15万多人。现在,每天都有许多读者来馆查阅博士论文资料,而且有越来越多的人希望编纂博士论文提要并逐年出版。这样,既可以较全面地反映我国实行学位制度以来所取得的重大成果,又可为后来博士论文的选题提供参考,还可以促进国内外的学术交流与合作。我们综合考虑了馆藏博士论文的情况和读者对检索该文献的迫切需要,决定按年出版《中国博士学位论文提要》,并将完成1991—2004年博士论文回溯本的编纂出版工作,以满足社会的需要。同时,希望通过这项工作的持续开展,深入开发利用我国博士研究生的论文资源,及时传播博士研究生的创新性研究成果,促进博士研究生培养质量和学位论文水平的提高。

国家图书馆馆长　詹福瑞

编制说明

一、本书共收录2005年度人文社会科学博士学位论文提要5698篇，涉及哲学、经济学、法学、教育学、文学、历史学、管理学等学科门类。

二、本书首先按学科门类（一级学科）分类，学科门类（一级学科）下，按二级学科（专业）编列（以国务院学位委员会办公室1997年6月6日颁布的《授予博士硕士学位和培养研究生学科专业目录》为依据），同一个二级学科的论文提要，按作者姓名汉语拼音顺序排列。

三、每篇论文提要包括论文题目、作者、指导教师、学位授予机构、学位授予年代、页数、提要正文和关键词。

四、每篇论文提要按顺序编排流水号，以便读者掌握某一专业在某一时期所发表的论文数量。

五、论文提要力求在较短的篇幅内概括出文章的中心思想和主要内容，提示出文章的精神要义，反映出作者的学术观点和研究成果。

六、书后附有《著者索引》和《关键词索引》，均按汉语拼音顺序排列。

目　录

哲　学

马克思主义哲学

中国哲学

外国哲学

逻辑学

伦理学

美 学

宗教学

科学技术哲学

经　济

政治经济学

经济思想史

经济史

西方经济学

世界经济

人口、资源与环境经济学

国民经济学

区域经济学

财政学

金融学

产业经济学

国际贸易学

劳动经济学

统计学

数量经济学

法　　学

法学理论

法律史

宪法学与行政法学

刑法学

民商法学

诉讼法学

经济法学

环境与资源保护法学

国际法学

政治学理论

中外政治制度

科学社会主义与国际共产主义运动

中共党史

马克思主义理论与思想政治教育

国际政治学

国际关系学

外交学

社会学

人口学

人类学

民俗学

民族学

马克思主义民族理论与政策

中国少数民族经济

中国少数民族史

中国少数民族艺术

教育学

教育学原理

课程与教学论

教育史

比较教育学

学前教育学

高等教育学

职业技术教育学

特殊教育学

教育技术学

基础心理学

发展与教育心理学

应用心理学

体育人文社会学

运动人体科学

体育教育训练学

民族传统体育学

文　学

文艺学

语言学及应用语言学

汉语言文字学

中国古典文献学

中国古代文学

中国现当代文学

目　录

中国少数民族语言文学

比较文学与世界文学

英语语言文学

俄语语言文学

法语语言文学

德语语言文学

日语语言文学

印度语言文学

西班牙语语言文学

亚非语言文学

外国语言学及应用语言学

新闻学

传播学

艺术学

音乐学

美术学

艺术设计学

戏剧戏曲学

电影学

广播电视艺术学

历史学

史学理论及史学史

考古学及博物馆学

历史地理学

历史文献学

专门史

中国古代史

中国近现代史

世界史

管理学

管理科学与工程

会计学

企业管理学

目　录

旅游管理学

技术经济及管理学

农业经济管理学

林业经济管理学

行政管理学

社会医学与卫生事业管理学

教育经济与管理学

土地资源管理学

图书馆学

情报学

档案学

哲　学

马克思主义哲学

0001

人与世界关系的实践基础之沉思 / 蔡成效著 ; 陈祖华指导. -- 武汉大学, 2005. -- 243 页

本文的基本观点是:人与世界的关系是现实的人与现实世界在基于实践的现实生活过程中不断生成的关系,主体和客体及其主观和客观在对象化活动中的矛盾运动为其基本内容:实践与人、与世界和与社会历史相互生成,在共时态上实践既决定认识和价值而又受着后两者的制约——造成一个基于物质生产实践并受社会关系生产直接决定的由"四种生产"(物质生产、人口生产、精神生产和"社会关系生产")所构成的"社会生产系统",在历时态上实践既决定人与世界的各种关系及其总体的变化发展而又依赖于后者——使实践之为人与世界关系的现实基础必然地具有植根于社会历史的能动性和受动性内在统一的辩证本性;当代的人与世界的关系同其实践基础之间,具有一系列崭新的矛盾内容和矛盾特点——只有自觉地贯彻以实践原则作为最基本原则的"人类活动的原则体系",切实地大力推进当代的实践及其作为人与世界关系的基础的合理化,才能有力地促使当代人类摆脱所谓"发展困境"而实现人与世界之间的进一步的协调发展。

关键词:实践　人　世界

0002

主体意识的生成与扩张 : 从印象派绘画及现代艺术看主体 / 蔡元著 ; 孙正聿指导. -- 吉林大学, 2005. -- 141 页

本文旨在以艺术为背景拓展和深化对主体的理解。文章以马克思哲学为视角,从"现实的人"出发,从人的对象化的实践活动出发,从人作为"历史"的存在出发,去探讨和思考主体意识的生成。文章通过对印象派绘画的分析,看到了人的视觉思维观念是如何从西方传统绘画中以再现事物的客体原则转向了以表现艺术家自身的主体原则的过程,这种转变源于印象派艺术家自觉的艺术实践精神。文章梳理了印象派色彩观念的主体意识的产生和发展、印象派构图主体意识的生成、印象派题材主体意识的生成以及印象派绘画艺术对西方现代艺术的主体意识的全面形成所带来的启示性的突破力量和精神滋养,最后探讨并分析了体验时代的艺术精神与人的主体意识的全面生成的当代哲学意蕴。作者认为,只有在当代意义上,艺术才有了其哲学意义,因为艺术回到了人本身,回到了主体。

关键词:主体　艺术　印象画派　色彩　主体意识

0003

文化资本导论 / 陈锋著 ; 徐伟新指导. -- 中共中央党校, 2005. -- 137 页

本文分六章依次对文化资本的范畴、运行、转换以及相关的文化产业发展、文化制度建设、文化人转型等现实问题进行了论证和考察,从而构建起文化资本理论,同时对文化建设进行了有益探索。第一章集中阐明了"文化资本"范畴。借用布迪厄文化资本的三种形式——具体化的、客观化的、体制化的,分别对之进行分析阐发。提出和论述文化资本的六个属性特点,即实在性、虚拟性、个体性、可共享性、专有性和可转换性。从功能上进一步认识文化资本在人的社会化、社会的现代化、文化产业化和知识分子阶层化等方面的价值意义。第二章研究了文化资本自身运行的规律。在学理上剖析劳动、资本、文化的内涵,揭示文化资本生成的机制和条件。通过文化资本积累社会意义的分析,阐明文化资本积累的条件性和机制化要求。在对文化传播动因、形态和模式进行历史比较的基础上,分析现代社会中文化资本流动现象。着眼文化资本再造的需要,探讨它的再生产方式和步骤条件。第三章探讨和分析了文化资本与经济资本、人力资本、社会资本之间的互相转换,建构了现代社会的一种包含主要形式的资本转换场域和机制。第四

章是文化资本在经济学方面的应用，主要考察文化资本与文化产业之间的关联。联系马克思主义精神生产的理论，探讨了文化产业的兴起与发展、功能实现与控制、产品生产与交换的条件与机制。第五章主要涉及文化资本与文化制度的有关内容。文化资本体制化是文化资本社会价值实现的前提，体制化行使一种符号权力，以文化政策对文化资本进行社会管理和运行，直接影响文化的发展与演进。文化革命与可持续发展是后者的两种主要形式，其良性目标是造成文化崛起的事实，形成一种先进意识形态、文化模式和文化制度即重建文化秩序。第六章从知识分子是文化资本的占有者和运行者着眼，研究了社会历史进程中由于主流文化资本结构性质的演变而形成的知识分子的几度转型。提出了知识分子转型为知识人、知识人转型为文化人的轨迹和趋势，联系本国现代化事业，有针对性地阐明了当代中国知识分子的地位、作用和发展前途。

关键词：文化产业　文化资本　知识分子

0004

邓小平人的解放和发展思想研究 / 陈和水著 ; 许全兴指导. -- 中共中央党校, 2005. -- 130 页

文章认为，邓小平的全部理论和实践都是为了谋求中国人民的解放和发展。在大力推进全面建设小康社会的历史条件下，深入研究邓小平人的解放和发展思想，不仅有助于深刻领会邓小平理论、“三个代表”重要思想和科学发展观的人学意境，而且有助于深化对党的以人为本的执政理念的认识。全文共分五章。第一章阐述了邓小平人的解放和发展思想的理论来源，分析了邓小平人的解放和发展思想形成的时代背景和实践基础。讨论了邓小平所谈的人的解放和人的发展的基本内涵，分析了人的解放和人的发展的关系。第二章论述了解放思想与人的解放和发展的关系，指出解放思想是实现人的解放和发展的先导，它唤醒了人的主体意识，增强了人的主体性。第三章从人的解放和发展促进生产力的解放和发展、生产力的解放和发展为人的解放和发展创造物质基础、当代中国人的解放和发展的当务之急是解放和发展生产力等三方面阐述了解放发展生产力与解放发展人的辩证关系；在此基础上，进一步论述了生产力的解放和发展对人性解放、能力解放和人与自然关系的解放的巨大作用。第四章对改革的内在依据和动力进行了人学解析，讨论了经济体制改革、政治体制改革与人的解放和发展的关系以及对外开放与人的解放和发展的关系。第五章论述了精神文明建设与人的解放和发展的关系。认为精神文明建设从思想道德素质和科学文化素质上促进了人的解放和发展。精神文明建设的基本目标是培养“四有”新人，其实质也是人的解放和发展。文章认为，邓小平人的解放和发展思想具有强烈的实践性、鲜明的时代性和突出的人民性；它丰富了中国特色社会主义理论，发展了马克思主义人学理论，为“三个代表”重要思想的产生与科学发展观的形成提供了理论来源与思想启示。

关键词：邓小平理论　人的解放　人的发展

0005

《辩证理性批判》的辩证解读 : 马克思主义辩证法的再思考 / 陈慧平著 ; 郭建宁指导. -- 北京大学, 2005. -- 128 页

本文是对马克思主义辩证法的再思考，思考所立足的平台是萨特的《辩证理性批判》。文章认为，在《辩证理性批判》中，萨特高度评价了马克思主义哲学辩证法，称存在主义是寄生其上的“意识形态”。在某些方面，萨特坚持了黑格尔以来的马克思主义哲学辩证法的实质，对人与物、人与人的辩证法的分析是客观而深刻的，但作为存在主义者，萨特的主体形而上学立场阻碍了他把客观辩证逻辑坚持到底，他对自然辩证法的否定是错误的，对斯大林模式的辩证法的批判是肤浅的。他企图用存在主义的人本主义来补充、修正马克思主义更是一个失败的尝试。《辩证理性批判》充满了悖论，许多观点自相矛盾，但它涉及的问题很有代表性，对它的深入分析有助于沿着正确的方向发展马克思主义哲学辩证法，清除辩证法长期以来蒙受的阴影，重新思考辩证法中的“物”与“人”，使辩证法研究迈向一个新的台阶，为马克思主义哲学创新奠定基础。

关键词：辩证法　存在主义　萨特(Sartre, Jean－Paul 1905～1980)　马克思主义　时间　物质

0006

法律与社会的自然性自发性问题 : 马克思、哈耶克比较研究 / 陈湘文著 ; 侯惠勤指导. -- 南京大学, 2005. -- 105 页

本文围绕下述中心问题展开：法律、社会的合理形态究竟是如何形成的，在这一过程中，自然地或者说自发地产生、发展起来的法律和社会是不是最合理的形态？哈耶克认为法律和社会的形成都是自发性的，他提出了自发秩序的理论，对于人类理性在立法

和社会运动中的作用进行了深刻的反思，从而构建他的自发性的自由观、法律观和正义观，并形成独具特色的法学、政治学和社会理论体系。文章认为如果说哈耶克是一种自发性社会运行模式的话，那么马克思的社会历史观是一种自然性历史过程模式。马克思提出了社会历史发展自然过程理论，其形成是从早期的人本逻辑历史过程发展而来。马克思对于社会自然性的理解有两个方面，一是社会过程的自然性，二是社会本身自然性。对于社会本身来说，又可以分为完全自然性和不完全自然性的社会，自然性的社会最终会过渡到自觉性的社会——共产主义社会。马克思与哈耶克的社会理论，一个属于“自然性”，一个属于“自发性”。从理论上看，在概念上、特点上、形成原因、人的作用等方面都有差异，马克思肯定了人在社会发展中的作用，而不是哈耶克所谓的“人的行动的结果而非人之设计”。从现实看，资本主义表现的自发性是暂时的，资本主义的干预早就开始，自发性必然随资本主义的前进和被取代而终结自己的使命。哈耶克的自由观是建立在自发性基础之上的自发自由观，而马克思的自由观是一种自觉的自由观，是对于哈耶克的拨正。哈耶克从自发性理论引申出法律观，认为规则是自发形成的，法律是规则的被发现，普通法的体系是最能体现自发秩序体系的要求。唯物史观的确立给予马克思、恩格斯新的视角来考察法律现象，从物质生产、市民社会等来考察现实的法律、宗教、哲学、道德等，得出了法律是阶级关系的表现，是统治阶级意志决定的。马克思以及恩格斯的法律起源思想承认了法律有自发性的方面，但是马克思严格区别了规则和法律，法律是与国家一同产生的，毋庸置疑是统治阶级的强制性的意志。马克思反对在立法中的消极理性，认为理性不应该被排除在立法之外，而应有其积极作用。

关键词：马克思（Marx，Karl 1818～1883） 哈耶克（Hayek，Friedrich August von 1899～1992） 法律 自由主义 社会秩序

0007

中国特色现代家族企业管理模式创新研究 / 崔广全著；崔绪治指导. -- 苏州大学，2005. -- 116 页

全文共分五章。第一章对家族、家族企业等基本概念进行了厘定，明确提出，家族企业是指一个家族或数个具有紧密联盟关系的家族拥有全部或部分所有权，并直接或间接参与这家公司的经营控制，且有能力将这些所有权和控制权合法传递给后代的企业组织。家族企业具有两个最基本的特征，即家族所有和家族控制。第二章对家族企业管理模式的嬗变过程进行了理论分析，指出家族企业在不同的发展阶段会相应地采取家长式管理、家族化管理、家族式管理、职业经理人管理。第三章对学术界关于家族企业管理模式作用的观点进行了综述，并就家族企业管理模式的优势和劣势进行了分析，指出其优势在于：管理成本低廉、组织结构简单、经营机制灵活、管理的内聚力较强等，而其劣势也相当明显，即管理以人治为主、企业决策风险大、限制优秀人才加盟等。第四章分析了西方发达国家尤其是美国、日本、欧洲家族企业管理模式的特点及其模式转型的成功经验，并对中外家族企业管理模式异同性进行了比较。文章认为，我国家族企业的发展必须在以下几个方面进行创新：由血缘性向社团性过渡；由等级性向平等性过渡；由礼俗性向法理性过渡；由传统技术水平型向现代技术水平型过渡；由配给性向等价交易性过渡；由封闭性向开放性过渡。第五章揭示了中国人伦关系的差序格局性对中国家族企业鲜明个性的塑造作用，对中国特色现代家族企业管理模式的未来走向进行了前瞻。

关键词：家庭企业 家族文化 创新管理

0008

唯物史观的制度理论研究 / 崔希福著；杨耕指导. 北京师范大学，2005. -- 133 页

文章认为，“制度”是建立在生产实践活动基础上的社会基本结构，制度作为权力结构，其本质是社会关系的存在方式，即“生产方式的社会固定化形式”，也是利益关系的对象化形式，或者说，制度是以利益为基础的权利确认。生产实践是制度产生的发生论根据。制度作为社会关系的规范化直接产生于交往实践，因为交往实践就是诸主体间通过改造相互联系的中介客体而结成社会关系的物质活动。因此，生产、交往、关系是分析制度起源的三个基本角度。制度从“关系”中来，“关系”则产生于“交往”，“交往”则源于“生产”。因此，它们之间的逻辑顺序便是：生产→交往→关系→制度。制度既是社会有机体的运行机制，也是社会发展目标的实现机制，还是社会力量的整合机制。制度现代化是社会现代化的关键。人的发展是社会发展的最终目标和核心。人的发展，就其基本方面而言，是人的社会性、人的社会关系的不断丰富和完善，而制度作为主体社会属性的物化形式之一，又是人的“社会关系”本质形成和发展的机制。制度是人性变化以及人的发展的重要条件。制

度变迁源于“利益冲突”，最终决定于生产力的发展。社会基本矛盾运动规律是制度变迁的基本规律。除此之外还有：制度变迁的“合目的性”与“合规律性”相统一的规律；制度变迁的自然演进与理性建构相统一的规律；现代制度变迁的“世界性”与“民族性”相统一的规律等。

关键词：唯物史观　制度　实践　制度变迁　社会发展　人的发展

0009

历史与想象：对西方后现代历史哲学的研究与回应／董立河著；韩震指导. -- 北京师范大学,2005. 140页

论文对后现代历史哲学观点进行了批判，以期捍卫和丰富合理的史学原则以及马克思主义历史理论。在历史文本、话语与实在的关系问题上，论文捍卫实践唯物主义的语言观，认为历史语言具有真实性和客观性，它能够比较充分地再现过去。针对后现代历史叙事理论，文章试图论证，历史叙事不同于虚构叙事，它能够成为再现过去的有效手段；历史唯物主义是一种科学的历史哲学而不是一种虚妄的元叙事，它所讲述的是一个符合人类社会发展规律的真实故事。针对后现代历史隐喻观，论文认为，虽然历史隐喻包含想象的成分，但是它能够真实地再现过去实在；虽然历史唯物主义的基本理论是通过经济基础/上层建筑这样一个隐喻表述的，但这个“建筑物”隐喻并非是一种想象或虚构，它真实地描述了以生产力和生产关系之间的矛盾运动为内容的历史发展过程。论文最后认为，历史学既是一种科学，也是一种艺术，我们应该超越狭隘的文学和科学视界，构建一套合理的跨学科的历史研究路径。后现代历史哲学虽然充分揭示出历史语言的主观性因素，但是，作为一种唯心主义语言决定论，它无法担当指导历史学研究的重任。唯有在实践基础上的主观性和客观性辩证统一的马克思主义语言认识理论，才能为我们的历史理论和实践提供正确的指南。

关键词：历史学　历史哲学　后现代主义　历史唯物主义　语言观

0010

网络与真理：网络时代的真理问题研究／董玉整著；陶德麟指导. -- 武汉大学,2005. -- 132页

文章认为，在网络时代“真理符合论”并没有在根本的意义上被否定，而是得到了新的确定形式；它的价值不仅没有丧失，反而在多方面得到了丰富。文章将真理的生态环境分为社会的真理意识、社会的允许程度、现实的途径和方法以及主体的现实状况等四个主要方面，指出网络时代真理环境的主要特征是：大工业、大实践、大科学；现实与虚拟的对立统一；真理信息的多源性与真理意识的多样性的矛盾；信息积聚与信息污染的矛盾；科学精神与人文精神的对立统一；主体真理素养的二向发展；社会的信仰危机以及相对主义的思维方式等。真理的网络形态并不是对真理的理论形态、实践形态的否定，而是对真理形态的丰富，因此对真理的理论形态和实践形态都具有十分积极的意义。文章对网络时代里的虚拟因素进行了分析，提出了虚拟实在是真理的一种表达，是真理的一种对象；虚拟主体是主体的虚拟性特征和表现；虚拟实践是人类实践的新形式，它与人类的思想实践、现实实践同样重要，具有虚拟实在性、客观条件性、感知超验性、逻辑设计性、价值创造性、社会开放性、试错重复性和低耗高效性等特征，在检验认识真理性的过程中发挥着重要作用；而基于虚拟认同的虚拟认识，则使人们的认识活动更加丰富，更加具有创造性。正确的虚拟认识，就是关于虚拟对象的“虚拟真理”。真理的网络生成，是对真理的个体生成、群体生成和社会生成的高效整合，从而使得真理的运演更加快捷有效，减少了真理传播和运用的成本，便于更多的人更加有效地分享和运用真理。但同时网络上大量存在的垃圾信息以及由于网络管理不善所导致的种种问题也在影响着真理的有效生成和真理作用的有效发挥，使得真理在传播过程中也会有所流失。文章指出，从总体上看，网络的出现大大加速了历史成为全世界历史的进程。虚拟社会使人的生活和实践越来越多地网络化、虚拟化，而网络化与人的社会化之间既存在着统一的互动，又出现了不可忽视的分离。要更加有效地发挥网络积极的社会功能，就要帮助人们从网络图腾和技术恐惧中解放出来，面对网络，保持人的尊严，维护人的健康，拓展人的自由，建构人的未来。

关键词：真理　互联网络　虚拟社会　人的发展

0011

经济全球化浪潮中的人与自然：当代历史唯物主义发展的一个新生长点／窦爱兰著；陈先达指导. -- 中国人民大学,2005. -- 236页

作者指出，当代人与自然矛盾发生了许多新变化，形成了许多新特点：一是人与自然矛盾范围日益

扩大,产生的效应及影响波及全球。二是科学技术的负面影响日益突出。科学技术应用于生活,导致人口急剧膨胀;科学技术应用于生产,使得资源急剧消耗、污染加剧;科学技术应用于战争,给人与自然带来严重影响。三是主体性的消极作用日益明显。过度抽取地下水,导致地下水位下降;过度开垦土地,导致土地退化;滥砍滥伐,森林急剧减少,极端气候频繁出现;过度捕捞,导致渔场崩溃;过度索取,海洋不堪重负。四是社会制度的规范作用日益弱化。资本主义引起人与自然的尖锐对立,社会主义也未能幸免人与自然矛盾的存在。文章认为,全球化只为人与自然矛盾的激化提供了可能条件,而不是必然条件。人与自然矛盾在全球化条件下的发生地域、影响范围的扩大关键并不在全球化这一趋势本身,而在于全球化的资本主义主导这一性质区别。科学技术的发展引起人与自然的矛盾固然与人类的认识的过程性有关,与人们的功利主义价值导向有关,但最为主要的还在于科学技术的资本主义应用。在资本主义制度下,由于资本对剩余价值贪得无厌的追求,致使科学技术在资本主义制度下成为资本家统治工人的工具,成为资本家发财致富的手段。主体性的发挥并不必然会出现人与自然的矛盾。主体性与客体性的对立与统一是主体性消极后果形成的客观原因;历史主体对资本的无限欲求是人与自然矛盾激化的直接原因。现代社会,资本主义制度是造成人与自然矛盾激化的根本原因。资本主义生产以人与自然的分离即劳动者与劳动条件的分离为前提,以追求剩余价值和利润为唯一目的,造成了人与自然的尖锐对立,这种尖锐对立包括人与人自身自然的尖锐对立、人与人化自然的尖锐对立、人与社会自然的尖锐对立以及人与非人化自然的尖锐对立。文章认为:全球化是人与自然矛盾解决的契机,科学技术是人与自然矛盾解决的杠杆;主体性是人与自然矛盾解决的本体;共产主义是人与自然矛盾解决的根本保障。人与自然关系问题既然是全球性问题,就需要全球合作才能得到解决。全球化的发展必然导向共产主义,导向真正的全球化,导向有利于人与自然关系的处理和解决。科学技术是最高意义上的革命力量,科学技术的本性必然趋向民主,趋向共产主义。科学技术终将趋向先进的社会制度。到那时,科学技术就会成为人民的力量,成为为人类谋利益、为人类谋解放的力量。

关键词:经济全球化　人与自然　历史唯物主义

0012

以自然主义经验论为基石的价值理论 : 杜威价值理论研究 / 窦新元著 ; 冯平指导. -- 中山大学, 2005. -- 100 页

本文以杜威的"经验"概念为线索,对杜威的价值论进行了梳理和研究。文章指出,杜威建构了成熟而完备的古典实用主义哲学体系,系统地提出了自然主义价值理论。杜威自然主义经验论是他的形而上学,是杜威哲学和价值理论的基石。杜威形而上学的目的是要探究所有自然存在物的普遍特征。在杜威自然主义经验论中,"经验"概念是最重要的概念,是杜威用以改造传统哲学与传统二元论决裂的理论武器,也是理解杜威哲学的关键;直接经验法是发现自然存在物的普遍特征,从而认识和把握世界的重要方法。价值源于自然存在物的本性。价值事件是自然事件中与人的生活有关、与人的价值追求有关的事件,与其他自然事件并无不同。价值是人与环境相互作用的结果,价值经验既为个人所独有,也为社会成员所分享。人们对处在价值经验中的事物是占有、享受在先,反省、分析在后。评价就是价值判断。评价同样是以经验事实为基础,可以用科学的"假设——归纳"的方法加以证实。价值判断虽然不等于事实判断,却必须以事实判断为基础;价值判断的领域也可以是研究和批评的;价值事实也可以解释和批评;价值事实的判断之真假也是有可能予以验证的。知识是价值判断不可或缺的条件。与事实命题相比,价值命题的题材范围更为广泛,具有决定人的行为和指向未来的功能。在人们的价值行为当中,手段与目的是相对的,可以相互转化。

关键词:杜威(Dewey, John 1859 ~ 1952)　价值论　经验论　自然主义　实用主义

0013

新国家观 : 邓小平的逻辑 / 范伟著 ; 徐伟新指导. -- 中共中央党校, 2005. -- 158 页

论文除导论和结束语外,共分五章。第一章是对马克思主义国家学说的历史考察,旨在阐明邓小平国家理论的思想基础。认为马克思恩格斯所提出和阐发的国家学说,更多的是一种批判的国家观,是对资产阶级国家本质的批判和揭露,是对无产阶级夺取政权道路科学说明的"革命"的国家观。在领导社会主义国家建设过程中,列宁提出了一系列新的思想观点,特点是列宁晚期的探索,对如何建设社会主义国家具有十分重要的借鉴价值。第二章考察邓小平国

家理论的时代背景。在对20世纪资本主义发展新的特点和科技革命的形势进行概括的基础上，简要探讨了苏联东欧高度集中的社会主义模式的弊端。既指出了毛泽东对马克思主义国家学说的中国化的贡献，又着重探讨了毛泽东晚年对形势的错误判断、对无产阶级专政理论的不正确理解和运用以及文化大革命给社会主义建设带来的严重危害。第三章考察邓小平对国家学说的创造性发展。指出：邓小平在深刻总结以往经验教训的基础上，坚持从实际出发建设社会主义，以社会主义现代化建设为逻辑起点，在国家学说方面提出了比较系统的对指导中国政治发展具有长远意义的理论观点。论文提出了社会主义国家论的六个核心范畴，涉及中国特点社会主义的国家职能、发展动力、经济基础、国家本质、治理方式以及处理国家关系的基本原则，是邓小平国家理论的主要内容。邓小平的国家理论，实现了从革命到建设的转变。第四章主要考察邓小平在国家政体形式方面的新探索。指出：邓小平从市场化、民主化、法制化的角度对社会主义的国家体制进行了新的构建，在人民代表大会的政体形式、执政党建设和政党政治、国家结构形式等社会主义国家政体的实现形式方面指明了改革和发展方向；特点是他从世界大势和中华民族长远利益的深刻把握中，创造性提出了“一国两制”的创造性构想，丰富了马克思主义的国家结构理论。第五章考察邓小平国家理论指导下的政治建设实践，这是邓小平国家理论的逻辑展开。指出：邓小平开启了新的探索历程，并创造性回答了关于中国社会主义国家建设的一系列根本问题，探索了中国社会主义国家的政体实现形式，并在当代中国的政治发展和政治实践中从多方面不断得到确证和发展。

关键词：邓小平理论　国家理论　社会主义　政治体制　马克思主义

0014

知识的进步与人的全面发展 / 付洪著 ; 陈晏清指导. -- 南开大学, 2005. -- 200 页

本文依据马克思关于人的本质和人的全面发展的基本理论，探讨了知识的进步与人的全面发展之关系。首先，阐述了马克思关于人的本质和人的全面发展的思想，以此作为全文的指导思想。其次，从理论上探讨了知识与人的存在、发展的内在联系，揭示了知识结构与人格结构的互动关系，说明了知识在人的全面发展中所起的重要作用以及起作用的方式。第三，阐述了知识的进步、社会的变迁与人的发展之间的关系。第四，对知识与人的发展的关系进行了历史考察，阐述了不同的时代、不同的知识形态、不同的知识观念对人的发展所起的不同作用，揭示了人的发展的三种历史形态与知识的三种形态之间的关系。第五，对知识的进步与人的全面发展进行了现实的考察，揭示了当前我国社会在政治、经济、文化等领域的发展状况及其对人的全面发展的影响，提出了充分发挥知识对人的发展的积极作用、避免其消极影响的基本策略。

关键词：人的本质　人的全面发展　技能性知识　知识进步

0015

和谐多样 ：当代中国的文化选择 / 付秀荣著 ; 邴正指导. -- 吉林大学,2005. -- 166 页

本文以文化选择的理论与实践为研究对象，力图构建当代中国文化选择的“和谐多样”模式。文章首先分析了文化与文化选择的本质，提出文化选择的理想蓝图是促进多元文化的和谐发展，以实现文化的综合创新和人的全面而自由发展。其次，文章梳理了文化选择理论研究中的六种范式：文化进化论、文化循环论、文化相对论、文化冲突论、文化生态论和马克思主义。再次，文章考察了日本、美国、俄罗斯、阿拉伯世界文化选择的理论与实践。最后，本文落脚于中国的文化选择，提出中国文化选择应形成指向人的全面而自由发展的、以中国文化为根基、以马克思主义文化为指引的“层级化的多元文化板块”结构。全文分为四个部分：(1)文化与文化选择的本质；(2)文化选择的理论研究；(3)外国文化选择的实践研究；(4)中国文化选择的历史、现状及建构。

关键词：文化建设　文化选择　文化创新　传统文化　人的发展　文化哲学

0016

全球伦理析论 / 傅佩缮著 ; 封毓昌指导. -- 南开大学, 2005. -- 146 页

文章认为，全球伦理思潮的兴起有着深刻的社会文化背景，它是对全球化和全球问题的一种伦理回应，也是对启蒙运动以来现代性谋划的一种伦理匡正。文章依据马克思社会发展三阶段理论、唯物史观关于经济和利益与道德关系的理论，考察了人的存在形态和相应的人类伦理生活的历史演变过程，分析了全球化进程和全球问题凸显境遇中市场经济普遍化和人类共同利益的真实性及其限度，分析了全球文化

交流和多元文化并存条件下人类文化共识的现实状况,从而揭示了全球伦理在人类社会发展终极意义上的必然性,同时指出,全球伦理主体基础、经济和利益基础以及文化基础已经开始形成,但仍相当薄弱。文章阐述了全球伦理的性质和内容,指出,在当今人类社会发展阶段上,全球伦理应当是一种开放性底线伦理,同时应当是一种以协助解决全球问题为主旨的关涉生态环境保护、国际经济秩序、国际政治关系和跨文化交流等领域的应用伦理。全球伦理的核心理念应当包括公正和尊重。文章认为,应当立足于现实生活实践,借助于广泛的跨文化对话和教育活动推动全球伦理的生成和扩展。文章最后提出了我国应对全球伦理思潮的基本方针。

关键词:全球伦理学　经济全球化　全球问题　多元文化　文化交流

0017

福斯特的生态学马克思主义思想研究 / 郭剑仁著；何萍指导. -- 武汉大学,2005. -- 144 页

本文由导言和四章构成。导言分析了生态学马克思主义产生的社会历史根源和理论源泉。介绍了北美特别是美国在生态学马克思主义领域具有代表性的理论形态及它们反映出的共性特征与 20 世纪两大马克思主义理论传统的差异。第一章讨论了福斯特生态唯物主义的现代内涵及现代的自然—社会观。现代的生态唯物主义内涵主要表现为四条生态法则,而现代的自然—社会观则在继承马克思、恩格斯思想中的核心范畴——劳动的基础上突出生存技术在人类社会的形成、人的进化及人与自然关系进化中的一般作用,而这种思想将以现代的基因—文化协同进化论这种具体形式体现出来。第二章指出,福斯特以 19 世纪末、20 世纪初的资本主义农业史中的三次革命为背景,梳理了马克思的物质变换裂缝思想,初步建构起马克思的物质变换裂缝理论,用以解释说明在资本主义制度条件下人与土地之间的物质变换出现裂缝的原因,城市和乡村分离及对立的原因和结果;揭示出资本主义的原始积累及资本家对利润的无止境的追求是导致人异化、自然异化和人与自然关系异化的最根本的社会原因;指出马克思的思想中包含有现代可持续思想因素,而为了克服当前仍在不断扩大的人与自然间的物质变换裂缝实现共产主义下的联合的生产者共同合理地管理人与自然间的物质关系,就应该以物质变换裂缝理论为兴起于 20 世纪 70 年代的环境社会学的理论基础,以进一步研究人与其居住环境间的关系。第三章分析了福斯特从技术、制度及社会运动等方面对当代资本主义的批判。福斯特认为技术的资本主义使用、资本主义制度下把环境、资源纳入市场和价格调节之下等措施都不能真正地解决人类面对的环境生态问题。以阶级为基础的旧社会运动同以妇女、环境、城市空间和和平正义为主题的新社会运动将联合起来共同完成人类第三次革命——环境革命,以真正地实现人与自然的和谐发展和人类社会内部人人自由。第四章介绍了奥康纳的生态学马克思主义的具体内容,并介绍了分别以福斯特和奥康纳为核心的两个阵营之间围绕对方的学说要点展开的论辩。

关键词:福斯特(Foster, John Bellamy)　马克思主义　生态学　唯物主义　人与自然　物质变换

0018

超越传统知识论的真理观 / 韩文君著；杨河指导. 北京大学, 2005. -- 84 页

本文论述了传统真理观的主要特征和理论困境,着重阐述了尼采、海德格尔、伽达默尔等欧洲大陆人文学派的哲学家对传统知识论真理观的批判,提出了对于新真理观的展望。作者指出,传统真理观是一种知识论的真理观,认为哲学以追求知识为根本目标,真理是通过理性达到的,是一种科学主义的真理观。这种知识论的真理观遇到了困境,一方面理性在现代陷入危机之中,非理性主义逐渐兴起;另一方面,科学也日益暴露出其局限性,人类的物质力量越来越强大,但人类却越来越感觉无家可归,在科技社会人类丧失了家园感。在这种背景下,以尼采、海德格尔、伽达默尔为代表的欧洲大陆学派试图超越传统知识论真理观:尼采摧毁了传统形而上学的本体论基础;海德格尔向真理本源处回溯,回到主客尚未分化的前科学领域;伽达默尔则在海德格尔的基础上,论述了真理是在主客互动的过程中发生的,描述了真理发生的动态性结构。他们的共同倾向是试图超越把哲学限定为知识的观点,超越科学主义,回到现实生活世界,回到现实的人。在这个新的哲学起点上,作者倡导科学与艺术的和谐,认为我们既要用科学的眼光去看待世界,使事物能达到清晰、精确,同时也要用艺术的眼和心去把握事物,体验事物的情调和生命,引导人性的和谐。

关键词:真理观　知识论　批判

0019

青少年偶像崇拜与教育 / 何小忠著 ; 朱永新指导. -- 苏州大学, 2005. -- 258 页

本文主要由四个部分组成。第一部分在历史维度上考察了“偶像”、“崇拜”和“偶像崇拜”在概念内涵和文化现象上的发生、演变历程及其意义,这是全文的基础。第二部分主要是实证研究。作者首先从流行的公众人物和影视中所塑造的青年典型形象两个方面,描述了20世纪后半期我国青少年偶像崇拜的演变。然后,运用社会学的方法、以调查报告的形式,描述了新世纪青少年偶像崇拜的基本状况,包括青少年偶像崇拜的主体、对象、内容、方式和特征。论述了当代青少年偶像崇拜是一种与传统宗教偶像崇拜相区别的、以明星为主要对象的新偶像崇拜,并揭示新偶像崇拜的实质是信仰转向导致信仰悖论之后而产生的自我幻象。第三部分是在多维视野中对当代青少年偶像崇拜现象进行的归因分析。主要结论是:青少年偶像崇拜是青少年期身心发展过程中自然、普遍的成长现象,是价值观转型和社会心态流变的符号表征,也是转型期文化变迁的直接效应,以及教育偏失和青少年片面性素质结构的伴生产物。第四部分从教育和文化建设角度,论述了若干针对性的建设性意见。

关键词:青少年　偶像　偶像崇拜　素质教育

0020

历史唯物主义视域中的现实的个人 : 从近代主体哲学困境中走出 / 侯永刚著 ; 余源培指导. -- 复旦大学, 2005. -- 109 页

本文以近代哲学的主体概念为契入点,指出作为纯粹思维的主体如何同对立的客体统一,一直是近代哲学的主题和中心任务。德国古典哲学的自我意识立场,乃是主体概念的最高成就,它把纯粹意识主体看作是构造对象世界的活动,从而在抽象思维之中解决了思有同一,但真正的世界仍然同抽象主体相对立。于是,主体成为封闭于意识之中的,无世界、无历史的纯粹自我。与之相适应,人被抽象为原子式孤立个人,世界降格为抽象物质世界。解决问题的关键在于,突破意识的先验本质,把人看作是具体的、历史性生存着的现实的个人。作者通过对现实的个人存在论基础的分析,指出现实的个人是它们的活动及其物质生活条件。活动不是纯粹思维的自发性活动,而是实践和感性活动,是创生人和世界的活动;物质生活条件乃是世界,是人自始至终在其中生存的感性自然界。在世界和历史中存在的现实的个人是对传统主体概念的彻底颠覆。文章分别讨论了笛卡尔的“我思”哲学、康德的先验主体概念、黑格尔实体即主体思想以及费尔巴哈的感性活动思想,指出了现实的个人是历史唯物主义的起始概念。作者认为,把人从抽象的超感性世界中拉回,使之回到现实的世界当中,意义重大。真实的、在历史中的“人”,如何理解这个世界,如何在世界中行动,如何对待历史,就是如何理解和对待我们的生命。

关键词:历史唯物主义　主体论　个人　存在

0021

社会心态论 / 胡红生著 ; 欧阳康指导. -- 武汉大学,2005. -- 156 页

本文共分五章。第一章从分析社会心态与社会心理、社会心态与个体心态、社会心态与社会思潮的联系与区别入手,阐明了社会心态概念的内涵与外延。认为社会心态由心态内蕴和心态表象两大系统构成。心态内蕴是心态表象的内在基础,心态表象是心态内蕴的行为性指向、外化和对象化。心态内蕴包括社会认知、社会评价两个主要要素。作为一种独特的社会意识现象,朴素自发性、日常经验性、紧密时代性、感染性、同社会热点问题和利益问题的直接相关性、群体性、差异性、超前性与滞后性、矛盾性等是心态的主要特性。第二章着重考察了社会心态的实践生成。感性实践是社会心态生成与发展的最重要基础。感性实践活动及其产物主要体现为一定的社会生产方式、生活方式、文化传统、社会制度、社会意识形态和社会关系等。现实的具体的社会心态总是深深地根植于一定的生产方式,依托于一定的生活方式、交往方式、消费方式、行为方式,并受到特定的文化传统和社会制度、社会意识形态的深刻制约和影响。其中,生产方式是社会心态生成和发展的最深刻根基,生活方式是社会心态生成和发展的现实基础,文化传统是社会心态生成和发展的历史根基,社会制度及其变革是社会心态生成和发展的直接现实力量,社会意识形态则是社会心态的生成和发展的规范性力量。第三章主要从心态样式的历时态发展维度来考察社会心态的历史发展。社会心态样式的历史发展与人的历史发展相一致。人的生产方式、生活方式、交往方式、社会关系等人的本质力量和现实规定性的丰富和拓展,表现为社会心态样式发展的历史性、阶段性和继承性、发展性。据此,社会心态的历史发展有四种主导性的基本心态样式。依次为原始社

会的“无我”型心态、农业社会的“依附”型心态、工业社会的“独立—物化”型心态和信息社会的“多元—迷惘”型心态，当前的主要表现是多元化心态和迷惘心态。第四章立足于当代中国社会转型大背景，阐明了社会心态现实嬗变的不平衡发展规律，主要表现为三个方面：器物、制度和观念三层次发展的不一致性造成的社会心态嬗变的不同步性和冲突；现代化和社会转轨过程中旧因素解体和新因素生成的不同步性造成的社会心态发展的不同步性和冲突；不同区域社会经济发展的不平衡性带来的社会心态发展的不平衡性。第五章立足于当代中国社会转型，着重探讨了社会心态调控的必要性、可能性、基本目标及其实现途径。

关键词：社会心态　社会心理　社会意识　社会存在　实践　认识论

0022

马克思历史哲学的理论视域／胡刘著；丰子义指导. -- 北京大学, 2005. -- 154 页

文章认为，马克思历史哲学具有不同于思辨历史哲学和历史实证科学的理论图景与基本特征。这主要体现在：马克思历史哲学以“人的实践以及对这个实践的理解”为基石，构建了以现代工业实践为基础的历史本体论、以现代社会为界限的历史认识论与以合理辩证法为内核的历史方法论，从而实现了社会批判与历史叙事、客观原则与主体性原则、历史总体性原则与历史主导性原则、叙述的批判与批判的叙述的统一。由此，马克思历史哲学的理论视域，即“资本批判”，也得到了凸显。文章指出，马克思的中年和晚年，通过系统剖析资本主义社会，全面展示了新历史哲学的理论视域——“资本批判”，具体深化了新历史哲学的理论观点；通过东西方社会比较研究，深入了解资本主义对世界各国，特别是东方国家社会发展的影响，进一步拓展了新历史哲学的理论空间；通过世界史与古代社会史研究，深入考察资本主义的历史形成及其表现形式与古代社会的构成形式，彻底破解历史哲学的超历史“魔法”，实现了对新历史哲学的自律。马克思历史哲学的理论视域具有极其明显的当代价值，但也遇到了当代实践和理论的挑战。只有根据时代发展需要，从问题意识、理论生长点、思维视角以及哲学范式方面，实现理论视域的当代转换，马克思历史哲学才能在当代保持其现实性和理论活力。

关键词：马克思（Marx, Karl 1818 ~ 1883）　历史哲学　实践　资本批判

0023

列宁人权思想及其实践研究／黄寿松著；徐俊忠指导. -- 中山大学, 2005. -- 143 页

本文阐述了列宁的人权思想及其内在逻辑，分析了列宁人权实践的局限、原因与启示，总结了列宁人权思想与实践的特色及其对世界人权运动的重要影响。文章认为，近代西方自由主义人权观和马克思人权观是列宁人权思想的理论和逻辑起点，列宁对人权问题的关注缘起于俄国革命与解放的现实要求。在俄国资本主义民主革命时期，列宁基于无产阶级争人权与夺政权的重要关联，阐述了无产阶级必须争取资本主义第一代人权的重要思想。同时，基于资本主义人权受到资本特权的限制，它对广大劳动群众仅具有形式上的意义，列宁主张通过社会主义革命，变革社会关系，从而彻底消除附着在资本主义人权观上的局限。列宁主张把资本主义的“权利的平等”推进到“社会的平等”，进而催生了列宁关于经济、社会和文化权利的思想和实践。文章指出，历史地分析列宁人权实践存在的问题和不足，是合理评价列宁人权思想的关键。列宁领导的以暴力革命夺取政权、实现跨越资本主义“卡夫丁峡谷”的发展范式，对列宁执政时期的人权实践造成了一定程度的制约。就政治方面而言，由于革命存在两重意象，革命与人权存在内在紧张关系，革命可能会造成对人权的挤压；就经济方面而言，迫于严峻的国际国内形势以及快速启动现代化的需要，列宁不得不依赖强有力的中央政权来推动经济和社会发展，一定程度上加剧了发展与人权尤其是与第一代人权之间的内在矛盾和冲突。俄国的传统文化及俄罗斯民族的内在心理结构一定程度上也对列宁时期的人权实践造成重要影响。列宁的人权思想与实践在人权的内涵、人权的保障体系、政权与人权的关系以及人权的价值向度等方面，表现出迥异于西方自由主义人权观的突出特点。列宁的人权思想与实践或直接或间接通过苏联的国际人权交往积极推动了世界人权运动的发展。论文主张通过列宁的人权思想和实践反观处在现代化进程之中的中国的人权建设逻辑，认为在当代中国由中央政府主导人权演进有其合理性和现实性。

关键词：列宁（Lenin, Vladimir Ilich 1870 ~ 1924）　人权　自由　平等

0024

社会价值的分配正义：罗尔斯自由主义政治哲学批判／贾中海著；孙利天指导. -- 吉林大学, 2005.

134 页

本文从五个方面展开对罗尔斯自由主义政治哲学的研究。第一,关于罗尔斯的原初契约论及其哲学方法论意义问题。论文在承认其原初契约论存在虚拟的假设的局限性基础上,探讨了其中的哲学方法论意义。一方面,认为罗尔斯对原初状态,尤其是"无知之幕"的哲学设计,是一种简化的证明方法,是一种公共反思和自我澄清的手段,是一个思想试验设置,是对价值的合理性进行论证的理性分析程序,是克服价值观上的相对主义、怀疑主义、虚无主义的比较有效的公共理性构建方法,具有普遍的方法论意义。另一方面,罗尔斯的"反思的平衡"方法是当代辩证法的一种形式,是辩证法向实证——经验方向转化的尝试,这种辩证法对发现社会价值与寻求意义、证明价值判断的合理性具有方法论意义。第二,在有关社会和经济领域中平等与自由的优先性问题上,得出了两点结论:第一,罗尔斯的平等观点是至今最彻底、设计最为精巧的平等观。第二,诺齐克的权利理论与罗尔斯的平等主义的分配理论产生分歧的重要原因在于,如何看待有关资质才能的权利问题。文章指出,这二人的观点都是片面的,并提出个人和社会对资质才能都拥有权利,这种双重权利观点可以解决在分配问题上诺齐克的权利取向的自由主义与罗尔斯的平等主义的争论。并把这一观点作为实现平等以及在市场经济条件下坚持效率与公平统一的权利依据。第三,在理性的作用限度与范围问题上,对罗尔斯的建构理性主义方法及理性主义的制度正义论进行了研究。总结了哈耶克的进化论理性主义观点及其与唯理主义、建构论理性主义的区别,以及哈耶克对罗尔斯政治建构主义与公平分配理论的批判。在此基础上,论文从马克思主义哲学的实践观出发,从经验与理性的辩证关系出发,对进化论理性主义与建构论理性主义的片面性及其危害进行了揭露和批判,并对其合理性和价值给予了肯定。第四,在事实与价值的关系问题上,讨论了休谟和波普尔关于事实与价值的二元论,以此为基础研究了哈贝马斯对罗尔斯关于正义与真理分离观点的批判。论文认为,罗尔斯将正义与真理分离体现了他在理智上的狡猾和政治上的明智,而哈贝马斯关于正义与真理不可分的观点则表达了他重建被后现代主义摧毁和拆解了的理性信念,以及追求一种共同的价值理解的愿望,其思想是深刻的。二人的争论表明西方在价值多元与追求共识的内在矛盾与冲突。在事实与价值的关系上的争论是这种内在冲突在哲学上的反映而已。第五,在个人与社群关系问题上,研究了社群主义对罗尔斯自由主义的批判。论文主要分析了麦金太尔从整体上对西方社会文化的批判,介绍了他关于西方社会已陷入道德危机的观点,讨论了他对以罗尔斯为代表的自由主义的普遍正义观和个人权利优先性观念所进行的批判;另外,论文还探讨了桑德尔对罗尔斯自我优先性和正当优先、独立于善的观点所进行的批判。

关键词:罗尔斯(Rawls, John Bordley 1921 ~ 2002) 社会价值 正义 平等观 自由主义

0025

权力论:合法性合理性研究 / 姜朝晖著 ; 崔绪治指导. -- 苏州大学, 2005. -- 194 页

本文通过谱系研究和比较研究的方法就权力的合法性和合理性的历史流变进行了反思和考察,揭示了权力的合法性和合理性的哲学根基。文章从八个方面展开:一、从众说纷纭的权力概念中,揭示权力在社会管理组织中的重要作用;二、解读权力与资本、意识形态、民主、正义等相关范畴的关系;三、剖析合法性如何构成权力的基础;四、分析合理性何以成为权力的前提;五、探讨传统社会的权力结构,揭示统治型权力类型的合法性和合理性;六、探讨现代社会的权力结构,揭示法治型权力类型的合法性和合理性;七、前瞻描述后现代社会的权力结构,揭示治理型权力类型的合法性和合理性;八、分析中国社会转型对权力类型更替的必然要求,提供社会转型期重建和累积合法性资源、合理性支撑的具体方案。

关键词:权力 权力结构 合法性 合理性 法治

0026

论文明的多样性 / 姜智红著 ; 杨春贵指导. -- 中共中央党校, 2005. -- 173 页

本文主要阐述多样文明形态、存在的根由及其发展趋势。全文共分三章。第一章首先对文明的概念加以界定,说明了文明的结构要素以及文明和文化之间的关系。其次,阐述了文明多样性的表现:从文明发展的历史进程来划分,文明有原始社会文明、奴隶制文明、封建制文明、资本主义文明、社会主义文明;从文明所占空间来划分,文明有欧洲文明、东亚文明、印度文明、美洲文明、非洲文明;从人们所信仰的宗教来划分,文明主要有佛教文明、基督教文明、伊斯兰教文明。最后,论述了多样文明存在的根由。第二章讨论了文明多样性是人类文明发展的动力。认为多样

文明的发展、提高从横向上讲是相互吸收、相互借鉴，从纵向上讲是相互累积、相互延传。多样性文明的交融，促使创造文明的主体——人的文明程度提高。在全球化的背景下，创新才是本土文明发展的逻辑。第三章探讨在对话与合作中促进人类文明的共同进步。文明的多样性是一种既成的事实。文明的相异性需要对话加以理解、沟通。不同文明为避免冲突，可以在公认的基本原则的前提下进行政治制度、价值观、文化、宗教等各个方面的对话。在全球化趋势日益明显的今天，人类文明的发展正面临着多方面的挑战需要人类共同解决。人类必须在地球资源和环境容量允许的范围去谋求人类高度文明的目标。人类必须懂得并采取自觉、自控、自律的方式，去理性地约束自己，科学地规范自己的行为，只有这样，人类才有可能与地球的发展长久和谐共存。

关键词：文明　文化　创新

0027

论恶在历史发展中的地位和作用 / 金维克著 ； 艾福成指导. -- 吉林大学，2005. -- 165 页

作者指出，恶是人的情欲的过度释放，是对人类的本质的悖逆。恶源于人的动物性，源于人们对物质利益的需求。恶与善是辩证的统一，善维持事物的存在，恶则是对事物的否定。恶经历了人性之恶、神权之恶、资本之恶和文化之恶等发展阶段。正是在恶的撬动下，人类的物质文明、精神文明和政治文明的成果才越来越丰富，人类的历史才不断地从低级走向高级。恶能够激发人的潜能、提升人的思维、培植社会公平、促进理性进步；恶具有极强的历史穿透性，是推动历史前进的杠杆，是“孕育着新社会的旧社会的助产婆”。如果没有恶的洗礼，人类很可能永远停留在“和睦、安逸与互亲互爱的阿迦底亚式的牧歌生活之中”。恶不仅使人类摆脱了愚昧，而且推动人类社会不断进步。但是，恶也使人类付出了巨大代价。人类从低级走向高级，从对立走向和谐，每前进一步都伴随纷争、暴力和冲突。惨无人道的奴隶贸易，灭绝人性的战争，古老文明的噩运，无不昭示了历史的残酷。人类是踏着血泪走向文明的。人类社会和大自然对恶的承受有一定有限度，即“域值”。这个“域值”并没有随着人类征服自然和社会的能力的提高而提高，因此，科技越进步，社会越发展，人类的恶行造成的后果就越严重。人类要生存、要发展就必须尊重自然、尊重人自身，必须把自己的活动限定在自然和人类社会的“域值”之内。要想从根本上消除日益全球化的人类恶行，消除各大文明之间的冲突，就必须确立人类共同的伦理规则，构建人类的普世文明，建设人类的和谐社会。人类社会的发展虽然是人类意志合力的结果，但是，社会发展的方向和进程却是不以人的意志为转移的。古往今来，人类意志向善的合力总是大于向恶的合力，但是，社会的发展与进步却在相当大的程度上由恶的意志力决定；恶的意志力没有产生恶的结果，反而带来了历史之善，在善与恶交织的人类历史进程中，恶始终是历史发展的动力。这就是历史的“悖论”。

关键词：恶　文明　社会发展　历史哲学　唯物史观

0028

马克思的三大社会形态理论与中国的现代社会转型 / 赖恩明著 ； 孙承叔指导. -- 复旦大学，2005. -- 162 页

本文旨在以马克思的三大社会形态理论为依据，分析中国现代社会转型的基本问题。全文共分六章。第一章介绍了马克思在《1857—1858 年经济学手稿》中对三大社会形态理论所作的经典表述，以及对马克思三大社会形态理论的四种常见的理解。第二章在马克思唯物史观的发展过程中考查三大社会形态理论的形成过程、它与马克思其他社会形态理论的相互关系。指出在马克思的社会形态理论中存在着两条不同的逻辑线索，一条是客观描述的逻辑线索，另一条是客观描述和主体能动性相结合的逻辑线索，而三大社会形态理论所体现的是主客结合的逻辑线索。第三章集中讨论了“三大社会形态理论”和“五种社会形态理论”、“三大社会形态”与“经济的社会形态”的关系问题。认为在讨论三大社会形态理论和五种社会形态理论的相互关系时要对马克思本人的“五形态说”和传统的教条化的“五形态说”加以明确的区分；反对把“经济的社会形态”理解为一种特定历史阶段的社会形态类型。第四章结合唯物史观对社会发展一般规律的理解，从三大社会形态演进的客观必然性、合目的性及普遍性与特殊性的辩证统一等方面，说明了为什么三大社会形态的依次演进是社会历史发展的普遍规律；指出把握和运用三大社会形态理论，一方面有助于克服以往把唯物史观曲解为经济决定论的做法，另一方面可以在考察我国的现代社会转型时提供一个比其他的社会形态理论更为恰当的理论框架。第五章在三大社会形态理论的框架内分析了中国现代社会转型的基本性质。认为现代转型前

的中国社会在总体上处于第一大社会形态的阶段,因而,中国现代社会转型的基本性质主要是从第一大社会形态转型为第二大社会形态。指出中国的现代社会转型要通过有中国特色的社会主义建设来实现。第六章在三大社会形态理论的框架内分析了中国现代社会转型的基本任务。即建设中国特色的社会主义市场经济,使中国尽快实现向商品经济社会的过渡;发展中国特色的社会主义民主政治,为市场经济的发展和人的独立自主性的确立提供必要的社会政治环境;积极建构中国特色的现代公民社会,使人的自由性和独立性能够得到越来越充分的发展,为国家的消亡以及作为自由人联合体的未来共产主义社会的实现创造条件。

关键词:马克思主义理论　社会形态　历史唯物主义　社会转型

0029

能力建设论 ：一种新的发展框架 / 雷鸣著 ；韩庆祥指导. -- 中共中央党校, 2005. -- 179 页

全文共包括以下五章内容:第一章从历史、时代、实践、理论四个方面阐述了能力建设问题研究兴起的社会历史背景。第二章考察了能力建设的历史。第三章论述了能力建设的基本内容。论文从哲学和人学的角度定义能力,认为它指的是具有一定素质的社会主体从事对象性活动的内在可能性及实际本领,是主体的综合素质或内在本质力量的外化活动和水平体现;能力建设就是为了促进社会和人的全面发展而展开的,开发人的潜能,增强人的能力和充分发挥人的能力的教育、培养、配置、使用、管理和激励的活动和过程。基于能力和能力建设的概念,论文进一步分析了能力的性质和属性,能力与主体性以及能力与能力场的关系,能力发展的动力、机制和规律,能力建设的内涵、特征、规律和方式。第四章是对能力建设问题的哲学阐释和提升。论文认为能力建设具有本体论意蕴,表现在:能力建设是人类社会得以存在和发展的前提和基础,是人的自主存在和全面发展的根本方式;能力建设具有思维品格,它重视生存性思维,体现了生成性思维,强调了实效性思维,注重了事功性思维,呈现出了全新的思维特质;能力建设突出强调了能力价值观、公正价值观和人的价值观,因此能力建设又具有价值观取向。第五章论述了当代中国应以能力建设为核心建构新的发展框架。论文认为中国的国情决定了当代中国必须走全面、协调和可持续的发展道路,而能力建设正为当代中国实现全面、协调和可持续发展提供了一个全新的发展战略与人才强国战略;提出了社会生产力发展的新思路——人力资源能力建设;展现了社会主义政治文明发展的新途径——加强党的执政能力建设;拓宽了开发人和解放人的新空间——以能力人塑造为核心推进人的解放;开辟了整合社会关系的新方向——建构以能力为纽带的新型市民社会,因而能力建设是促进当代中国社会发展的必然选择。

关键词:能力　人力资源　能力建设　价值观　人的发展　人才学

0030

异种移植 ：哲学反思与伦理问题 / 雷瑞鹏著 ；邱仁宗, 殷正坤指导. -- 华中科技大学, 2005. -- 188 页

文章认为,风险/受益分析是异种移植伦理问题中争议最大、最关键的问题。在风险分析中要区分几组不同的风险,对患者(研究受试者)的风险、对其亲密接触者、家庭和社区甚至整个人类的风险、对实验动物和提供细胞、组织或器官的动物的风险;还要鉴别不同种类的风险,如身体风险、心理风险、社会风险、经济风险和法律风险等。在进行收益分析时,要对"利益"进行分类,如治疗性利益、商业利益和科研利益,尤其要关注纯粹的商业利益对这一比较危险的基因工程应用技术的研发工作的驱动,指出利益冲突的根源。由于异种移植技术风险/受益判断的不确定性,"有罪推定"战略是非常适合的风险分析和降低风险的方法。帮助个人解除病痛是否能为带给公众的潜在巨大风险提供充足的伦理辩护,这个问题归根结底还是一个伦理问题,而不是技术问题。如果不能合理地解决这个问题,异种移植技术的发展会失去正确方向,甚至会将人类和自然引向灾难和毁灭。即使异种移植被证实为安全、有效的,它对人类个体和整个人类的完整性和内在价值还是提出了挑战。异种移植可被看作使人及其身体进一步"去人化"或"人工化"。因为异种移植是将其他物种的细胞、组织、器官植入人体,它对"使人之所以为人"的内在本质提出疑问。转基因技术打破了物种间的天然屏障,使不同物种间的基因可以进行前所未有的新组合。这种物种之间的基因转移对"我们是什么"及"在进化过程中我们处于何种位置"更是提出了根本性的挑战。我们要把人理解为自然属性和超越自然属性的社会和精神的属性的统一整体。在越来越多的高新生物医学技术直接干预人的基因组,人类日益有能力把进化掌握在自己手中时,我们应该注意不要通过抬高人生存

的超越性及社会文化属性而漠视其生物性与自然性。作者认为异种移植应属于允许做的范围,异种器官移植可以作为同种器官移植的过渡手段,异种细胞、组织移植可以作为目前无有效治疗措施的疾病的治疗手段。在有确定证据证明异种移植不会引发跨物种感染的情况下,可以进入临床试验,在临床试验的过程中还要注意以下问题:知情同意的复杂性、早期受试者的选择和动物福利问题。在解决上述伦理问题的基础之上,文章对异种移植技术的公共政策问题作了概述,提出了管理的范围、管理的基本政策、管理的基本原则和管理办法。

关键词:医学伦理学　异种移植　转基因技术　公共政策

0031

文化生产力与人类文明的跃迁 / 李春华著 ; 王霁指导. -- 中国人民大学, 2005. -- 182 页

论文主要讨论了下述五个方面的问题。第一,文化生产力的概念、实质及其表现形式。文化生产力指为满足人的精神文化需求而生产文化产品和提供文化服务的现实力量、能力和水平。其实质是一种客观的物质力量。文化产业是文化生产力的表现形式。当代文化产业是由图书出版产业、广播影视产业、音像制品产业、网络产业、旅游产业、娱乐产业、参观会展业、体育健身业等组成的文化产业群。按其功能又可分为两大类:“媒体产业”和“休闲文化产业”。与之相对应,文化生产力主要包括“媒体产业生产力”和“休闲产业生产力”。第二,文化生产力产生的原因分析。文化生产力是社会生产力发展到一定阶段的必然产物,是一种崭新的生产力形态。以需求和产品为分析维度,可以把迄今为止的生产力分为两种生产力:一种是为满足人的精神文化需求而生产物质产品的生产力,即“物质生产力”;另一种是为满足人的精神文化需求而生产文化产品的生产力,即“文化生产力”。从广义上讲,一切生产力都是物质生产力,文化生产力也是物质生产力。第三,文化生产力的基本特征、发展动力及其社会作用。文化生产力具有三个基本特征:一是文化生产力的一般特征。文化生产力首先是生产力,它具有一切生产力所具有的一般特征,是一种客观的现实的物质力量,文化生产力与一般生产力一样具有共同的构成要素、特征和发展规律。二是文化生产力的本质特征。文化生产力与一般生产力的区别,主要体现在它所生产的产品和产品所满足人的需求上。文化产品的特殊性是它的符号性,即“可感觉而又超感觉”的特质。文化产品离不开一定的物质载体,这是它的“可感觉”性;但是文化产品满足的是人的精神需求,人们消费的不是物质载体本身,而是由物质载体所承载的意义和价值,这是它的“超感觉”性。三是文化生产力的当代特征。文化生产力的发展既有来源于系统自身内部各要素相互作用的内在动力,同时又有自身系统与其他系统相互作用而产生的动力。它是由消费者的需求力、文化生产者的内驱力、综合创新力、市场运行机制等多种动力综合作用的结果。第四,人类文明的革命性变革:从“物本社会”跃迁到“人本社会”。人类文明的核心及目标指向应是人自身的发展,衡量人类文明进步的尺度应是人自身的发展程度。生产力的发展是人类文明变革的终极原因。文化生产力的兴起与发展必将引起人类文明全方位的变革。人类将真正摆脱物质纠缠回归自由全面发展的本性,人类社会将真正从“物本社会”跃迁到“人本社会”。第五,文化生产力理论是马克思主义哲学新的生产点。文化生产力理论是马克思主义哲学与时代发展的结合的新契机,是马克思主义哲学发展的逻辑必然。深入研究文化生产力问题,必将拓宽马克思主义哲学的理论视野,弘扬马克思主义与时俱进的理论品格,把马克思主义哲学推进新的发展阶段。

关键词:生产力　文化　人类文明　精神生产

0032

经济全球化与人的发展 / 李国华著 ; 陈先达指导. 中国人民大学, 2005. -- 154 页

论文主要讨论了下述四个方面的问题:一、经济全球化及其对社会发展的影响。所谓经济全球化,就是全球市场经济化,是生产要素跨越民族国家的界限而在全球范围内自由流动和优化配置的过程。从经济全球化的发生和发展的历史过程来看,它是社会经济、政治和文化等各种因素综合作用的结果,同时又对世界各国的经济、政治和文化各个领域产生众多的积极作用和负面影响。经济全球化就是通过对社会经济、政治和文化各个领域的作用进而影响人的发展的。二、人与经济全球化的相互作用。经济全球化实质上就是人的实践活动的全球化。首先,对人的发展的基本内涵可以从两个层面去理解:从“类”的层面看,“人的发展”主要包括:类特性、类能力的发展,社会关系的丰富和发展,类的解放和自由的实现,人类社会与自然的和谐发展;从“个人”的层面看,“人的发展”主要是指,类特性在个人身上的充分发展,个人

的能力或才能的充分发展,个人价值的全面实现,自由个性的充分发展,个人的生活方式、交往方式、思维方式和价值观念的适时发展,等等。其次,人在经济全球化发展过程中具有重要的历史作用:人是经济全球化过程的主体、是经济全球化的最根本的历史原因——生产力和社会交往活动的主体和全球化过程的决定力量。但是,处于不同生产方式和不同民族国家中的具体的现实的人在全球化中所扮演的角色和所起的作用也是各不相同的,即对全球资源和市场的掌握与控制力不同,在经济全球化的规则制定和制度安排中所起的作用不同,对经济全球化发展进程的实际影响力不同,等等。再次,经济全球化对不同民族国家的人的生存和发展的历史影响存在着质的差别:"对某些人而言,'全球化'是幸福的源泉;对另一些人来说,'全球化'是悲惨的祸根。"三、经济全球化对人的发展二重效应。第一,经济全球化对人的发展具有积极效应:首先,经济全球化强化了人的类特性、增强了人的主体性,使个人成了普遍的类存在物。其次,经济全球化为人的能力的发展和发挥创造了前所未有的条件和机遇。再次,普遍交往为人的全面的社会关系的形成创造了条件;最后,经济全球化是人的个性发展的积极的推动力量,并为人的个性发展创造了有力的国际环境。第二,经济全球化对人的发展的消极影响主要有:人的物性化和原子化造成了人性的深度扭曲;贫富两极分化使大部分人平等发展的机会和条件被剥夺;工具理性的膨胀造成了人的尊严和价值的严重失落;人际交往的异化造成了人际关系的淡漠与紧张;大众文化的深度削平则导致了人的理想和信念的迷失;全球性问题的日益增多,直接威胁着人类的生存和发展。四、经济全球化对人的生活方式、思维方式、价值观念的影响。第一,生产方式的变迁,个体化的生活方式的凸现,个人生活方式的多样化和特异化,家庭结构和功能的巨变,消费方式的重大变革,即消费理念多维转变,人文因素逐渐增多,消费取向多元分化,精神需求日益增强,消费结构优化升级,非物质含量不断扩大等,是生活方式变革的主要表现。第二,思维方式从两极对立型转向和谐统一型,从局域型转向整体型,从封闭型转向开放型,从保守型转向创新型,从纵向型转向横向型,从一维型转向多维型,从后视型转向前瞻型。第三,全球化对人类的价值观念体系的影响和冲击是全方位、多方面的,它既导致了普世价值观的全球迅速扩散和在世界各国对其的认同率的空前提高,又造成了各种特殊价值观即不同民族、国家之间的价值观体系的矛盾、冲突以及在不同程度上的融合与趋同,同时还推动了许多特殊价值的创新与变革,引发了各种特殊价值观与个人价值观的摩擦与冲突。而价值目标由理想向现实转变,价值取向由一元向多元转变,价值重心由政治向经济转变,价值标准由统一向差异转变,人生理想由"君子型"向"能力型"转变等,是我国当前价值观念变革的主要表现。

关键词:人的发展　经济全球化　社会发展

0033

论日本对马克思主义哲学中国化问题研究 :李大钊、毛泽东、邓小平三个典型个案研究 / 李海春著 ; 王东指导. -- 北京大学, 2005. -- 220 页

全文共分三篇。第一篇是对李大钊思想的研究。日本学者研究了李大钊早期思想的矛盾,提出李大钊用外来文化解决了这一矛盾的倾向性主张。本文认为,李大钊早期思想的矛盾是东西方文化冲突的体现,而这一矛盾的解决是东西方文化融合的结果。鉴于日本学者提出的李大钊的马克思主义"模仿"日本早期马克思主义者的倾向性主张,本文认为,日本早期马克思主义者的文献,特别是唯物史观的相关文献,确实对李大钊产生了重要的影响。但是李大钊并不是简单地模仿日本的马克思主义者,他在接受马克思主义之初就对马克思主义哲学的中国化做出了探索,在很多关键问题上提出了自己的主张,这也是对马克思主义哲学中国化的最初尝试。第二篇是对毛泽东思想的研究。日本学者较偏重于中国传统文化因素对青年毛泽东的影响。本文提出,青年毛泽东的思想历程,是以改变中国社会现状为目标,不断融合东西方文化资源,最终走向马克思主义的过程。关于毛泽东思想与民粹主义之间的关系,文章认为,理解民粹主义的关键点,在于怎样看待工业、工人阶级和农业、农民之间的关系。毛泽东的思想中有重视农业和农民的倾向,但没有忽视工业生产在社会主义建设过程中的重要性,也从来没有放弃过工人阶级的领导地位。他的一些观点受到了民粹主义的影响,但不能把毛泽东思想理解为民粹主义。第三篇是对邓小平理论的研究。针对日本一些学者提出的邓小平"非毛化"的观点,文章认为,邓小平继承了毛泽东关于社会主义建设的指导思想和建设方法论的核心内容,扬弃了毛泽东晚年的"左倾"错误和过分夸大意识能动作用的唯心主义倾向,发展了毛泽东"实践观"和"矛盾论"的合理内容。鉴于有些日本学者把邓小平理论等同为西班牙佛朗哥式的"新权威主义",或者是美国的

实用主义,文章认为,要把邓小平理论放到中国特色社会主义建设道路的背景下来理解。邓小平理论是中国特色的社会主义建设理论,其理论精髓是解放思想、实事求是。邓小平本人虽然没有纯粹的哲学论著,但是其理论包含了深刻的哲学内涵,是马克思主义哲学中国化的第二次理论飞跃。

关键词:马克思主义哲学　中国化　李大钊(1889~1927)　毛泽东(1893~1976)　邓小平(1904~1997)　日本

0034

普遍的人权与人权的普遍 / 李海星著 ; 侯才指导. 中共中央党校, 2005. -- 145 页

通过对人权在西方话语中的自我完成这个一般过程的哲学考察,同时结合马克思对人权所作的批判和剖析,论文认为,人权从概念上讲就是指人基于其生存和发展的需要而产生的客观权利性要求以及这种要求获得的满足。由此,人权的普遍性在于它的价值抽象性、主体开放性和内容全面性。这是普遍的人权走向人权的普遍的一般理念基础。然而,实践中的人权对话与交流,特别是世界范围内的人权合作和同构,关键还在于这种普遍性在特定的话语环境中所获致的哲学共鸣,即特殊性。因而,世界范围内人权普遍运动的展开,从理论上讲,其现实性在于人权价值实现的多样性、人权权利要求的相对性和人权实践的具体性。在人权的普遍化过程中,主要欧美国家的人权进程以及非欧美国家实际的人权建设,都充分体现了人权普遍性与特殊性的辩证关系。作为典型的东方发展中国家,中国有着自己特点的人权镜像。对于中国的历史传统来说,人权是一个本质上有异于自己本土文化理念的外向性价值追求。它之所以能够与中国文化相结合或相渗透,很大程度上在于中国社会的发展自身在权利性要求上所或缺的现实存在及其理论的成熟。并且由于中国别致的历史遭遇,人权在中国从一开始就几乎与马克思主义黏结在一起。这既为中国的人权建设提供了多方位的取舍机遇,同时也增加了在中国革命和建设过程中,特别是在今天涵纳了市场机制的中国特色社会主义建设过程中,进行人权实践的现实难度。这是因为,复杂的历史环境需要中国在自己的话语系统中把握好人权的一般理念与马克思"人类解放"价值关照之间的特殊理论张力。其实,这种理论张力正是中国当下以世界范围内的人权普遍运动为背景开展人权建设所必需的理论支持。

关键词:人权　人类解放　中国特色社会主义

0035

现实社会结构观与西方社会结构理论批判 / 李鸿著 ; 邴正指导. -- 吉林大学, 2005. -- 147 页

论文从现实生活的视角,对西方哲学社会学社会结构理论进行了逻辑上的探索,藉此提出与西方社会结构理论对话的"现实社会结构观"。该观点认为:现实生活是知性和意义生活的辩证统一,是实践生存论的生活世界观;社会结构内在于现实生活中,是在时空中的不断定位和不断再生产,蕴含于行动者"主我"的反思性监控的实践生存性行动流中,行动流处于沟通着的"知音矛盾"理解中,并与各系统之间发生多层"知意矛盾"运动的同一性叠加。论文用"现实社会结构观"对西方社会学社会结构理论进行了逐层批判,指出"个人主义的知性社会结构观"是把沟通着的"知意矛盾"压缩为个人的"知意同一性"(意义同一于知性),"结构主义的知性社会结构观"是把沟通着的"知意矛盾"凝固化为系统的"知意同一性"(意义同一于知性),"意义社会结构观"是把沟通着的"知意矛盾"压缩为个人的"知意同一性"(知性同一于意义),"系统社会结构观"是把沟通着的"知意矛盾",既压缩为个人的"知意同一性"(机械的),也凝固为系统的"知意同一性"(机械的)。"常人社会结构观"也是把沟通着的"知意矛盾",即压缩为个人的"知意同一性"(弹性的),也凝固为系统的"知意同一性"(弹性的)。"交往社会结构观"是把沟通着的"知意矛盾"压缩为系统的"知意同一性"(一方面是知性同一于意义,另一方面是意义同一于知性。有调式的)。"二重实践社会结构观"是把沟通着的"知意矛盾",既压缩为个人的"知意同一性"(紧要情境下),也凝固为系统的"知意同一性"(例行性行动时。无调式的)。最后,论文用"现实社会结构观"分析了中国社会结构存在的主要问题,指出中国社会结构存在着"知意矛盾"的冲突显化、反思性监控机制弱化和时空领域性断裂的问题。

关键词:社会结构　现实生活　实践　社会哲学　马克思主义

0036

社会发展中的公正问题研究 / 李建华著 ; 贾高建指导. -- 中共中央党校, 2005. -- 113 页

本文旨在从社会哲学的角度探讨社会发展中的公正问题。全文共分为五章。第一章对公正与社会发展的概念本身、对公正在社会发展中的地位与作用进行了分析。第二章考察了社会发展的阶段性与公

正的矛盾境遇。认为从总体上看,社会发展进程对公正具有无限趋向性,但是由于社会发展的阶段性,社会发展与公正又存在着冲突,这种冲突源自社会发展的一定阶段上公正的两重性、相对性以及社会发展一定阶段上公正评价的复杂性。第三章探讨了当代社会发展中公正涉及的诸领域。除了经济公正、政治公正和文化公正外,文章还特别讨论了环境公正和网络公正。环境公正强调人与自然的平等地位、强调自然生态的和谐与可持续发展、强调世界包括发达国家与发展中国家(尤其是发达国家)对生态资源的利用与保护具有同等的权利与责任。网络公正则指人们对网络资源公平合理的利用,信息共享、平等参与是网络公正的基本要求。第四章分析了当代社会发展中公正原则的实现。认为实现公正的条件,一是社会主要制度要普遍合理;二是社会基本结构要合理制衡;三是社会安排要做到社会成果的合理共享。公共政策是实现社会公正的中介,公正理念和公正原则通过政策得到初步的现实化。民主法治建设、公正司法、公民道德建设是实现公正原则的具体的有效的途径。第五章对中国社会转型期公正问题的现状、成因进行了分析,并提出了相应的对策。认为解决中国社会转型期存在的不公正问题,必须从以下几方面入手:把公正纳入社会发展的主导价值、树立全面发展观、正确处理不平衡发展与平衡发展之间的关系、正确处理公平与效率的关系、完善社会保障制度、加强法治建设、切实制止腐败。文章最后对全球化与全球公正进行了描述。

关键词:社会发展　公正　社会转型期

0037

扰动文化的逆流 : 对"反文化"现象的哲学考察 / 李丽著 ; 郭湛指导. -- 中国人民大学, 2005. -- 183页

作者认为,从功能角度看,文化对社会系统的作用是增序、减熵;反文化消解、消耗、抵消人类活动所取得的积极成果和正效应,使活动后的人类文化水平低于活动前的水平,表征着减序、增熵的社会指向。从程序角度看,文化是一种肯定性的指向,呈现为序度的建构与加强;反文化是一种否定性的指向,表现为其程序的规范性、共享性的匮乏,序度的劣化。从向序角度看,文化指向自觉的价值追求,反文化指向自发的价值追求,但更多时候,自发的价值追求往往被似乎很强的价值意向掩盖着,人们要认识到它要费些周折。从程序与向序的关系角度看,文化程序与向序的理性的、逻辑的统一,反文化程序与向序的非理性、非逻辑的断裂。从价值论角度看,误入歧途的反文化主要是一种负价值形态。由于文化对反文化的作用与反文化对文化的反作用各自实现的条件不同,反文化对文化反向消解;反文化一旦以社会模式化缺陷的形式出现,则不仅阻断了特定文化形式的正常航线,而且还会"误导"其他文化,出现"劣币淘汰良币"的退化现象的蔓延,引发更大的文化危机;此外,通过摧毁文化力资源削弱人们对文化进步的信念、切断文化发展的动力资源等方式,反文化最终对文化生产力的文化创造力造成实质性破坏并引发文化生态的退化。反文化作为人的对象性活动以及对象性活动的成果,其与文化的对抗必然转化为与人的对立。反文化的反主体效应表现为背逆人生、造成心理层面的"文化休克"和放大心灵熵。人不是单独的孤立存在,而是社会中的人,这样反文化的负价值就还表现在社会层面,通过造成社会问题、诱发社会危机乃至社会解体来危害社会。辩证地看待反文化,它既扰动了文化的正常发展,但是作为逆存在,有时又充当了"历史不自觉的工具"。减序的反文化对文化的威胁,在一定程度和范围内诱导、激发了与这种变化方向相反的有序化过程的出现,成为新的有序发展的动力机制之一,即反文化既反对文化,又通过违反生产文化,这就是文化与反文化的辩证法。

关键词:文化　反文化　文化哲学　文化人类学

0038

复杂性、范式与科技创新系统 : 科技发展观新探 / 李树军著 ; 张建军指导. -- 南京大学, 2005. -- 118页

全文共分五章。第一章探讨了科学、技术以及科技连续体的概念内涵,认为只有运用复杂性思维方式研究和把握科学创新与技术创新的相互关系,才能适应研究和把握科技创新系统中两者相互作用的复杂机制的需要。第二章基于范式与科技创新系统的内生关系,审视了库恩的科学范式、拉卡托斯科学研究纲领及其相关评价以及技术范式、技术创新系统建构观等有关科学发展、技术发展理论,表明以往的科学范式与技术范式研究仅仅分别与科学创新、技术创新单向度关联,而莫兰提出的复杂性思维范式应成为适应科技连续体需要从而产生主体方法论工具的逻辑起点;通过对莫兰复杂思维范式的完善和系统化并运用于科技创新系统研究,将可以提出一种新的科技发展观。第三章论述科技创新系统复杂性范式的基本

框架,并探索性运用耗散结构理论分析科技创新系统复杂性范式产生的理论缘由,探讨处理科技创新系统复杂性的初步思路,在此基础上,从非线性、开放性、自组织性以及不确定性等层面对科技创新系统的复杂性进行多角度的描述和刻画,并运用马克思主义哲学观点对各种复杂性的表征进行哲学反思,以期提供方法论启示。第四章基于科技共同体与范式的内在联系,探讨科学创新系统与其主体、技术创新系统与其主体、科技创新系统与其主体之间的相互关系以及三个层面上的相互作用机制及其与科技创新系统复杂性范式的内在逻辑关系,基于夏佩尔的场域理论进一步进行逻辑拓展,探讨科技共同体对科技创新系统复杂性的影响。第五章在实践层面探索科技创新系统的复杂性管理方法论,表明在科技创新实践中,既要区分科学创新与技术创新的本质差异,又要把握彼此及其主体之间的相互作用的复杂性机理,创造有利于发挥创新主体能动性的运行机制,从而顺应科技创新系统复杂性发展要求,并由此提出了科技战略管理创新的一些初步看法。

关键词:科学发展观　科技创新　范式　科学哲学　技术哲学

0039

管理文明论 / 李翔宇著 ; 崔绪治指导. -- 苏州大学, 2005. -- 197 页

文章主要围绕着三个问题展开。第一个问题即管理文明是什么。作者认为管理文明是人类管理的积极成果和进步状态,其实质是管理活动的合理性。第二个问题是如何实现管理文明的问题。作者认为,实现管理文明的前提是管理意识上的文明,即管理意识必须是合乎管理的规律和人的目的。管理制度文明是实现管理文明的保障,也是管理文明的核心。它主要是通过合理的管理制度安排以对人的行为进行规范与激励,其中最重要的是责权利要明确和对等。管理组织文明是管理文明的载体,管理组织目标的设定及管理组织结构的安排是否合理在很大程度制约着管理文明的实现。是否实现了管理文明最终要看管理文明的终端产品——管理行为文明。因为任何一种管理最终都要表现为一种行为或者说行动。第三个要解决的是管理文明为什么的问题。它包括两个方面的问题。一个是实施管理文明的目的是什么,一个是研究管理文明的目的是什么。管理文明的目的就是要实现管理的生产力功能,即实现管理的经济效益。管理的效益不是在组织内实现的,它的实现是在组织之外,也就是在社会中实现的,因此,管理文明的目的也就是要实现社会效益。人总是在一定的环境中进行管理的,自然环境不仅为人的身心健康提供保障,也为管理提供原料,为了人的身心健康和环境的可持续发展,在管理的过程中必须保持环境可持续发展,即实现生态文明。管理文明的最终目的就是为了实现人的全面自由的发展。作者认为,研究管理文明的目的,从小处讲,在于为现实的管理服务;从大处讲,在于建构中国特色的管理文明。

关键词:管理哲学　管理行为　管理文明

0040

论作为人的生存方式的教育 / 李小鲁著 ; 叶汝贤指导. -- 中山大学, 2005. -- 108 页

本文从马克思实践哲学的生存论意蕴出发将教育的本质规定为人的生存方式。教育作为人的生存方式的一种,无论从个体和类的角度来看,其意义和目的价值就在于:使人人都可能享有教育这种生存方式,使享有教育这种生存方式的人能够改善他当下的生存方式状态,从而提升其生存质量。所以,传统教育哲学对于教育本质的劳动规定、上层建筑规定等等都是在人的生存方式本质规定之下的功能式展开,却不能替代教育本质的始源性规定。因此,把教育规定为人的生存方式,重新确立起其与人的生命存在之间的本源性关系,打破功能主义思维的教育本质和规范式的教育目的价值论——追求精英、平等和功利的研究范式,实现教育对于人的生存方式——生产、生活与发展的整体性意义,应为当代教育哲学研究的必然走向。为此,文章建构出教育作为人的生存方式这一本质性观念,对教育哲学中一些重要的理论和现实问题做出了新的思考。这些问题就是:教育公正和受教育权的完善、“我—你”型师生关系的生活建构、课程生活化的理解和安排及终生教育体系和学习化社会的培育。文章最后提出,人的全面发展在现实过程中应拥有全面的生存方式,教育应该是这种“拥有”从可能向现实转化的重要尺度和标志。

关键词:教育　生存方式　人的全面发展　教育哲学

0041

马克思主义与社会性别研究 : 马克思主义与当代西方马克思主义女性主义关系解读 / 李晓光著 ; 杨焕章指导. -- 中国人民大学, 2005. -- 175 页

本文认为,当代西方马克思主义女性主义从马克

思主义理论中获得了许多有益的思想启示,主要表现在:第一,马克思主义理论的社会存在决定社会意识的原理成为理解妇女工作的本质以及她在家庭和工作场所中角色的重要依据;第二,马克思主义理论的阶级分析成为理解妇女受压迫的必要概念工具;第三,异化概念可以说是对于现代工业资本主义与妇女的"他者"地位做了很好的诠释;第四,实践的思想被女性主义者用于作为提高觉悟、重建劳动、建立非传统的社会机构的特殊实践;第五,人性概念为女人和男人通过生产劳动共同创造人类社会提供了重要的理论依据。当代西方马克思主义女性主义基于从马克思主义理论中获得的诸多有益的思想启示,又提出了一系列对于妇女受压迫问题独到的分析和解决办法。首先,他们普遍认为妇女受压迫的根源不仅在于资本主义的阶级剥削,还在于父权制的家庭和社会结构,即资本主义、父权制是妇女受压迫的主要原因。其次,在马克思主义女性主义者看来,资本主义和父权制把妇女限制在家庭生活中,家庭是妇女受压迫的主要场所,家庭也应该成为争取妇女解放的阵地。再次,父权制、资本主义导致妇女的受压迫表现为异化,文化意识形态则通过潜移默化地影响渗透到妇女的观念和心理上,异化成为妇女受压迫的主要特点表现。在上述认识之上,当代西方马克思主义女性主义还指出了马克思主义理论在分析妇女问题方面存在的不足,并提出了一些值得借鉴的解决办法。文章认为,女性主义认识论和方法论的借鉴有助于推动马克思主义研究范式的多样化;女性主义研究内容的吸收推动马克思主义实现当代价值,这包括:马克思主义理论研究名词术语的充实、马克思主义原有概念内涵的丰富、马克思主义理论既有内容的补充和扩展;考虑性别身份的解读赋予马克思主义以经验与体验的色彩。

关键词:妇女问题　父权制　女性主义　性别　马克思主义

0042

神性的自由与世俗的自由:马克思1846年前对自由问题的探索 / 李晓江著 ; 丰子义指导. -- 北京大学, 2005. -- 178 页

作者认为,马克思在《德意志意识形态》中所确立的新的理论出发点,也是他探索自由问题的新的理论出发点。他是在现实的个人、他们的活动以及他们的物质生活条件这三者互为中介地构成的整体联系中探寻人类自由的可能性的。马克思所建立的新的解释框架祛除了"自由"一词以及自由问题在德国哲学中所浸染上的唯灵论神秘意蕴。自由问题的产生不是基于哲学家们所想象的精神或人类精神的自我运动,而是基于人们在实际生活中与其所处的生存条件、劳动条件之间的矛盾。"自由"一词是人们要求变革自己与环境之间现存关系的抽象表达。只有从人与环境的实际关系中,自由问题才获得了具体的对象和世俗的内容,关于自由的哲学词句也必须从这一实际的关系中才能得到理解和澄清。人的自由之路是通过变革现存的社会关系逐渐发现、逐渐造就的,而不是由神或"真理"为人们先验地、一劳永逸地设定的。在作为变革对象的现存的社会关系中,生产关系居于基础性的地位。各个个人在他们共同的活动中产生了一种巨大的社会力量——"生产力的总和",但在私有制的条件下,这种生产力成了与各个个人相分离并且支配着他们的意识和行为的外在的、异己的力量,人的力量表现为物的力量。人的自主生活、个性的发展以及一种普遍和谐的共同体生活的可能性皆依赖于个人以联合的方式重新占有生产力的总和,而这必须以社会生产力和交往的普遍发展为前提。文章指出,在自由问题上,个人与社会(集体)的关系、自由与平等的关系、人对自主生活的追求与社会发展的合规律性之间的关系等等,一直是当代生活中比较突出的问题,马克思的自由理论为我们理解和解答这些问题提供了不可忽视的重要的思想资源。

关键词:马克思(Marx, Karl 1818～1883)　自由　思辨　实践　共产主义

0043

亚相容逻辑的历史考察和哲学审思 / 李秀敏著 ; 张建军指导. -- 南京大学, 2005. -- 104 页

本文第一章考察了亚相容逻辑的主要思想渊源。第二章对亚相容逻辑的建立和发展进行了梳理。通过对建立亚相容逻辑系统动机的考察,指出辩证法和悖论研究是所有亚相容逻辑系统的哲学动因。而众多亚相容逻辑系统是按照三个基本方向建立起来的,即正加方向、相干方向、弃合方向。第三章对亚相容逻辑与"矛盾"理论的关系进行了分析,探讨了亚相容逻辑系统刻画的现实原型——辩证矛盾和悖论。文章指出,亚相容逻辑学家在建立亚相容逻辑系统时,对"矛盾"理论并没有清楚的认识,特别是混淆了逻辑矛盾和辩证矛盾。也正是由于这种混淆,导致他们用一个系统来刻画有本质区别的逻辑矛盾和辩证矛盾。第四章讨论了亚相容逻辑与逻辑真理研究的关系。对逻辑真理的"可误性"和"不可误性"进行了新的层

次辨析。同时,还讨论了由于逻辑真理观的不同而引起的逻辑“一元论”和“多元论”论争问题。

关键词:哲理逻辑　亚相容逻辑　辩证法　矛盾悖论　真理

0044

亲子关系的教育哲学分析 / 李燕著 ; 朱永新指导. -- 苏州大学, 2005. -- 147 页

本文首先对古今中外有关亲子关系的部分文献做了梳理,以交往实践观视角,将亲子关系解析为“主—客—主”的交往实践关系。接着又以交往实践观为方法论,对亲子关系的历史以及现状进行了考察与分析。对亲子关系的三种历史形态(“父为子纲”的农业时代的亲子关系、工具型的工业文明的亲子关系、民主型的信息时代的亲子关系)的考察结论为:民主型的信息时代的亲子关系是历史发展的必然趋势和要求。而社会转型期中国的亲子关系一方面呈现出这种趋势,但另一方面由于种种原因,各种不良的亲子交往方式依然存在,由此导致了目前中国尖锐的亲子矛盾与冲突。这些问题使得思考和建构新型亲子关系成为当务之急。然后,本文提出了建构新型亲子关系的一般原则、特殊儿童家庭新型亲子关系的建构、学校教育与新型亲子关系的构建以及我国优化家校合作的综合实践——新父母学校。本文最后得出结论:建构顺应时代发展趋势的“主—客—主”的亲子交往关系对于当代中国是十分必要的,而且也是可行的,新教育实验正是探索建构新型亲子关系的伟大实践之一。建构新型亲子关系是一项系统工程,它需要家庭、学校、社会、国家等方面的共同努力。

关键词:教育哲学　亲子关系　家庭教育

0045

财产权、宪政和社会正义 / 李燕萍著 ; 侯惠勤指导. -- 南京大学, 2005. -- 171 页

本文从经济发展和社会意识的角度研究了宪政发达国家的立宪经验与成果,分析了中国宪政的现实条件与实践问题,提出宪政是中国改革开放市场经济建设的必然选择,也是解决改革难题,促进社会发展的政治回应与法律成就。主要内容如下:(1)以财产权与竞争经济为核心的市场经济制度是宪政制度的经济条件。通观已经实现宪政和正在实现宪政的国家的经验,达到法治和宪政目标的共同经济环境就是都实行市场经济,这也是自由主义宪政与社会主义宪政进行对话的前提。(2)公民社会为基础的正义追求是宪政制度的文化背景。宪政不仅是一种政治制度安排,更是以先进文化为支撑,是一种崇高理念指引下的人与人关系以及人们在新的社会文化环境中的生活方式。一个好的社会不能只关心经济增长,还要努力帮助那些在自由市场条件下不能成功的人。一个相信自由市场的政府也应当采取措施确保每个人都能拥有很好的机会和基本的生存条件,也应当试图保护那些不能保护自己的人。宪政文化是多元健康的文化,既体现自由竞争,又体现社会正义。(3)马克思的现实个人观是宪政的主体内容。现代社会通过市场经济,运用劳动分工与大工业现代化生产创造了巨大的社会财富与社会生产力,如何驾驭这种力量不可能依靠作为私有者的个人,只能依靠“联合起来的个人”,这样,“联合起来的个人”就是现实的个人的当代形态。表现在政治上,就是通过民主法治方式实施宪政,以表达多数联合的个人的意志。同时,这种联合的个人的意志又因为马克思个人观具有抵御个人物化的能力而具有全面性,致使社会主义宪政能够真正成为个人自由而全面发展的现实武器。现实的个人是历史发展的真实主体,也是社会主义宪政关心的主体。(4)国家权力回归社会与人民是宪政的制度目标。国家权力回归社会与人民是社会主义国家发展的方向,而宪政则是可靠的实现方式。这完全不同于西方宪政将国家视为永恒存在物,在国家与人民之间形成简单对立,从而使人民无法摆脱异化了的国家权力的控制。国家回归社会的主题,看来似乎抽象而渺茫,但却极其现实。在社会主义阶段,它有力地推动经济的社会化,推动国家权力的民主化及公职人员的公仆化和廉洁化,推动着社会精神面貌的道德化和文明化,使我们各方面的事业得以持续发展。

关键词:财产权　宪政　正义　社会主义

0046

生命法学若干理论问题新探 / 李义松著 ; 侯惠勤指导. -- 南京大学, 2005. -- 140 页

本文从法哲学的角度,对生命法的哲学渊源、马克思主义生命法哲学思想、当代中国生命法制的困境与出路、生命法的性质、生命法律关系、生命法律责任、生命科技与生命法、安乐死与生命法进行了探讨。在生命法的性质方面,一是检讨传统部门法划分理论以及传统法学方法论,认为转换方法论是正确认识生命法本质的前提。二是运用唯物史观的方法,分析生命法属于“公法”或“私法”的历史条件。三是主张抛弃传统的部门法划分理论,改用“法域”划分的方法,

得出当代生命法属于社会法的结论。在生命法律关系方面,一是分析生命法律关系的概念、特征和构成。二是探析人权、生命法律权利、生命法律义务的当代内容及其相互关系。三是探讨"如实告知与知情同意(Informed Consent)"法理的历史生成、内涵、性质及其判断标准,分析我国IC在文化上和立法上的不足,探索IC移植于中国的适当性并提出完善我国IC制度的立法建议。在生命科技与生命法方面,一是探讨人类辅助生育技术和人体克隆技术的社会伦理和法律问题;二是探析器官移植与脑死亡的社会伦理和法律问题;三是探讨基因研究的社会伦理和法律问题。在安乐死与生命法方面,一是分析安乐死的概念和类型,二是比较安乐死的各种理念以及有关国家的立法实践,三是通过实例分析安乐死在我国实体法上所提出的"问题",四是从法哲学的角度,运用历史唯物主义的方法对安乐死问题进行唯物和辩证的考察与分析。笔者提出,研究当代安乐死问题,首先必须对以下关键问题作出"诊断":现实向法律制度提出合法化要求的安乐死究竟是什么?人们在回答"安乐死是否应当合法化"问题时,都采取了什么样的立场?是什么理念和信仰使得他们采取了特定的立场并表达相应观点?再者,当现行法律不能有效回应新型社会问题时,是否需要引入超实定法标准判定实然法?如何引入?文章分别进行了探析和回答。本文认为,作为合法化要求的安乐死,既不是作为国家权力的安乐死,也不是基于一种信仰产生的特定义务,而是基于世俗社会日常生活提出的一种公民权利。安乐死问题实质上是人权问题的当代延续。安乐死应否合法化问题的判定标准,不宜局限于实定法,但又不能不基于现行法律体系对其可行性进行整体的思考;生命法应以人为目的。

关键词:法哲学　生命　安乐死

0047

法律的道德审视 / 李勇著 ; 郭广银指导. -- 南京大学, 2005. -- 194页

全文共分八章。第一章从总体上阐述了法律的道德审视的意义,认为这不仅是依法治国的需要,更是以德治国的深化;是实现中国传统伦理法向现代法治转变的重要环节;是实现德法协调、共同完成治国方略的桥梁。第二章比较了传统宗法结构和西方法治主义下的德法关系模式,针对我国当前"德法兼治"下的德法关系模式提出现代性转换,为法律的道德审视提供逻辑起点。第三章对中西方学者的良法思想及良法的道德标准进行分析,并结合马克思恩格斯列宁、毛泽东邓小平江泽民的良法观,对良法的道德标准进行了确立,以明确法律"正义、秩序和效率"道德追求符合我国当前法治建设需要,是依法治国应有之义,应当给予现代性内容的阐述,同时强调在立法、执法、司法和守法过程中实体道德和程序道德的重要性,并将党的"三个代表"的重要思想作为确立道德标准科学性的标准。第四章具体阐述法律"正义"、"秩序"和"效率"的历史源流和对我国法治建设的道德启示,对其内容予以现代性改造,并对法律"正义、秩序和效率"三者关系进行论述。第五章从立法权力的道德合理性、方法过程的程序道德和立法结果的实体道德来体现法律的"正义、秩序和效率"的道德追求,为了法律道德性的实现,不仅应对立法主体进行道德规范,而且应对立法进行道德保障,尤其是要明确道德法律化的限度和加强选举制度和立法听证制度的建设。第六章从行政执法权力的道德合理性、执法过程的程序道德和执法结果的实体道德来体现法律的"正义、秩序和效率"的道德追求,为了实现执法的道德正当性,对执法主体进行道德规范,尤其强调在行使自由裁量权的过程中保持道德自主性和执法过程中应遵循法律标准,并对执法进行道德保障,要求对执法者进行道德教育、制度监督和救济。第七章从司法权力的道德合理性、司法过程的程序道德和司法结果的实体道德来体现法律的"正义、秩序和效率"的道德追求,论证司法的道德正当性。第八章从守法的理论分歧出发来阐述守法的真正本质,并论证公民守法的法律义务上升为道德义务的条件,让守法成为公民的道德自觉。

关键词:法律　道德　法治　依法治国　以德治国

0048

市场经济视野中的中国政治文化转型研究 / 李志勇著 ; 徐伟新指导. -- 中共中央党校, 2005. -- 176页

本文主体部分由五章构成。第一章主要探讨市场经济与现代政治文化相互推进的机理,认为市场经济是政治文化转型的经济动因,市场观念是现代政治观念的经济原型,同时,政治文化的现代转型对市场经济的发展演变也起到了重要的推动作用。第二章探讨中国政治文化转型可借鉴的外部资源。认为当代市场经济主要有三种模式,即自由市场经济、混合市场经济和东亚模式市场经济,它们分别与三种政治

文化相对应,即新保守主义、新自由主义以及亚洲价值观。此三种政治文化各有可借鉴的方面,应当借鉴新保守主义对自由与责任的统一、新自由主义对公正与效率的并重以及亚洲价值观对个人与群体关系的理解。第三章探讨中国政治文化的现代性转型的历程以及经验教训。文章认为,中国传统政治文化是以小农经济为基础的封建皇权文化,近代以来,中国政治文化一直处于现代性转型进程中,这一转型进程可分为三个阶段:十九世纪末二十世纪初西方政治文化的输入引起的中国政治文化的民主化转型,这种转型由于市场经济的软弱畸形而未能彻底;马克思主义的输入和社会主义革命引起的社会主义转型,这一转型是中国政治文化现代性转型的必然选择,但由于计划经济的扭曲和斗争哲学的泛滥造成集权政治文化的强化,以至于酿成历史悲剧;在反思历史经验的基础上,改革开放开启了政府主导的政治文化转型,这一转型在官员、知识分子、民众等层面正逐步进入理性化阶段。第四章对我国政治文化的现状进行了梳理,考察了当代中国政治文化的基本样态,探讨了政治文化继续转型的起点与动因。当代中国政治文化正处于从传统到现代、从革命到建设、从计划到市场的转型途中,具有文化来源的多样性、文化要素的二重性、文化结构的多样性的复杂特点。当代中国政治文化与市场经济既有适应的一面,也有不适应的一面,其深层的不适应性是政治文化继续转型的重要动因。第五章分析论证适应社会主义市场经济要求的政治文化的基本内容,确立中国政治文化现代性转型的目标模式。认为当代中国政治文化转型的目标模式为:权利与公益相结合的价值定位,主体、自由与平等的观念文化,规则、民主与法治的制度文化。通过实现这一转型目标,真正使中国政治文化从民族走向世界、从计划走向市场、走出意识形态之争的传统模式;推进中国政治文化转型,必须以马克思主义为指导,实施文化资源的整合与再造、主体素质的转换与提升、民主制度的完善与实施三大战略,彻底告别封建传统,打造符合中国实际、适应市场经济与现代化建设要求、与国际接轨的先进政治文化。

主题词:政治文化　文化转型　市场经济　民主文化　民主政治　现代化建设

0049

社会转型与知识分子问题的转化 / 连洁著 ; 陈晏清指导. -- 南开大学, 2005. -- 97 页

本文通过当前中国社会转型条件下知识分子生存方式及其价值实现方式变化的探讨,阐释知识分子问题的变化,从而揭示知识分子的本质及其他们同社会关系的一般规律,特别是在中国现代化过程中的重要的社会作用。文章指出,中国传统知识分子的问题是知识分子能否在政治上取得优势地位。这一问题的存在隐涵着三个社会前提,即社会的等级化;对知识的掌握是一种特权;社会等级以政治来界定。而社会转型的实现,使得这三个前提最终被消解。中国社会转型的基本特征决定了中国知识分子在转型过程中呈现出不同的面貌,知识分子概念的内涵亦发生了相应的变化。知识分子相对于政治生活的世俗化,实现了从非市场经济条件下政治的、依附的、工具的价值实现方式向市场经济条件下经济的、独立的价值实现方式的转化。知识分子的专业化表明,在知识经济时代随着教育的普及和生产活动中知识含量的提高,体力劳动和脑力劳动的界限被模糊化,知识分子不再作为一个对知识专属的特殊阶层而存在,他们日益成为专业化的劳动者。知识分子的非等级化表明,随着社会、政治、法律的相应转型,实现了劳动者社会地位从身份到契约的转变。在平等的原则下,劳动者知识的含量对经济活动的成败起着越来越重要的作用,在此意义上,对知识的尊重就体现为对有更多知识的人的尊重,这样的人被称为"人才",原先意义上的知识分子问题已经发生了变化,社会对人才的尊重和保护不再是对社会中某一个特殊阶层的偏爱,而是对各种不同行业劳动者中佼佼者的保护和激励。

关键词:知识分子　专业化　世俗化　社会转型

0050

协举方法论 / 梁敏著 ; 韩庆祥指导. -- 中共中央党校, 2005. -- 127 页

本文从当代中国社会的多样化趋势入手,提出了构建社会主义和谐社会的必要性;继而分析构建社会主义和谐社会对方法论创新的要求,讨论辩证矛盾中的和谐原则与和谐思路;运用系统论的思想重新审视矛盾,指出了矛盾经由协同并举到和谐的发展路径;在此基础上用和谐原则重建方法论。论文从古代科学技术、相对论和量子力学、自组织与耗散结构、协同学、系统论的角度,说明了协举方法论的自然科学基础;从社会有机体论、协和社会论、社会均衡论、社会系统论的角度,说明了协举方法论的社会学基础。论文指出协举方法的内容包括五个方面:协举是一种多系统交叉的方法;协举是一种多整体跃迁的方法;协举是一种多方面协调的方法;协举是一种多层次贯穿

的方法；协举是一种多角度拓展的方法。协举方法的结构是“一主二基”模式，其特点是同在、同长、同成。作者认为协举方法论的实践价值在于对唯物辩证法坚持性的发展，实现辩证与协举六个方面的承接。作者运用协举方法论对当代中国社会一些重大问题进行了分析，寻求解决我们面临的日益复杂的社会矛盾的新途径，为社会的和谐和可持续发展提供思想指导。这些重大问题包括对“三个代表”重要思想的理解、对科学发展观的解读和对构建社会主义和谐社会的理解。作者指出，研究协举方法论，创立超越对立性思维的协调并举的思维模式，有利于引导社会矛盾的有机协调，也有利于最大限度地避免冲突与对抗，从而使整个社会得以和谐发展。

关键词：和谐社会　方法论　协举

0051

正义的限度：马克思对正义的批判 / 林进平著；徐俊忠指导. -- 中山大学, 2005. -- 162 页

本文通过对“正义”及其历史形态的厘定，考察了“正义”在马克思思想历程中的遭遇，认为马克思在《黑格尔法哲学批判》之前，是一个正义的追求者和思辨者，正义曾一度成为马克思解剖社会的理论武器，但经过一番理论与现实的冲突之后，马克思走上了对自由主义正义观进行反思和批判之路，这个反思和批判的起点就是《黑格尔法哲学批判》。在这批判和反思之路上，马克思做了两种批判——内在批判与外在批判。在内在批判时期，也就是《黑格尔法哲学批判》至《1844 年经济学—哲学手稿》时期，马克思依据历史精神，把建立在自然权利基础上的自由主义正义还原为建立在市民社会的市民权利基础上的正义，并步步推进，把自由主义正义还原为建立在人的异化和私有财产的基础之上，并最终把自由主义正义还原为建立在异化劳动的基础之上，揭示了自由主义正义的内在悖谬。而在外在批判时期，即《德意志意识形态》之后的时期，马克思从社会物质生产这一角度解构了正义。由此得出：(1)正义是社会生产发展到一定阶段的产物，是一历史范畴；(2)社会物质生产的结构和发展决定了正义的范式和内容的演变；(3)正义在实质上是在物质生产中起支配地位的阶级的利益的表现；(4)是生产决定分配，而不是正义决定分配。因此，分配正义的问题不可能通过正义或分配而得到根本解决，要根本解决分配正义所提出来的问题只能通过变革生产方式。作者认为马克思与正义论者相比，最为令人瞩目的是，他在对正义的批判性思考之中，揭开了正义的限度。为了彰显马克思这一批判的当代意义，本文考察了罗尔斯和哈耶克对他的批判的回应，认为他们的回应依然难以在根本上回击马克思的批判。

关键词：马克思主义　自由主义　正义

0052

从“我”到“类”的责任：现代科学技术的伦理反思 / 林琳著；艾福成指导. -- 吉林大学, 2005. -- 134 页

本文主要以网络技术制造出来的真我与虚我的伦理矛盾为主讨论信息技术伦理问题。即在“虚拟”的世界中筹划一个“真实”的伦理构想。文章研究了虚拟游戏的自我博弈。提出了网络伦理的建构原则：(1)反思与批判，这是网络伦理建构的哲学维度；(2)责任是网络伦理建构的第一原则；(3)商谈是网络伦理建构的桥梁；(4)网络社群应该建构自治伦理；(5)网络自我应该建构自控伦理；(6)虚实两界的伦理交往应该达到互补与平衡；(7)网络伦理建构的目标应该是由自我调适达到自我幸福。本文认为，克隆完人是骗人的技术鬼话，克隆人在文化心理上难以形成自我认同，责任伦理学应该坚持把人作为目的，抵制人体的工具化倾向。与其他的伦理文化的建设性不同，面对克隆技术，我们需要建设的是有限的克隆伦理文化，即通过否定克隆人技术，来表达我们的伦理责任。当代伦理道德文化建构的根本任务并不是追求实践一种最高的善，而是要阻止一种最大的恶，即否定性伦理文化——从建设善的伦理文化到阻止恶的文化，是设立禁区的伦理。当代道德行为的根本任务并不在于实践一种最高的善（这或许根本就是一件狂傲无边的事情），而在于阻止一种最大的恶，保护和拯救面临着威胁的受害人。本文考察了现代科学技术影响环境的圈层结构方式，并据此提出了建构可持续发展的伦理文化的原则框架：可持续发展的地球伦理是从机械观到生命观的跃迁；可持续发展的代际伦理是要建构一种父辈的责任；可持续发展的国际伦理是要建构国家的责任；可持续发展的消费伦理是要建构生活的责任。本文通过对上述问题的研究引申出如下结论：现代科技引起的伦理问题提出了限制科学技术僭越的有限伦理学要求：现代科学技术的应用必须有限度的，不能无限制地使用科学技术，科学技术并不是万能的工具。

关键词：科学技术　伦理学　虚拟网络　克隆　生态伦理学

0053

毛泽东的人民权利理论与实践研究：以建国后毛泽东时代为主的考察／林育川著；徐俊忠指导. -- 中山大学，2005. -- 150页

论文从分析建国之后毛泽东时代的“人权失语”现象入手，揭示出毛泽东对西方人权概念的警惕态度，同时指出这种警惕并不意味着毛泽东能够回避内涵丰富得多的整个近代人权话语体系。作者认为，毛泽东的人民权利理论是在批判西方的人权理论基础上提出的权利理论。毛泽东的人民权利理论对人权的几个基本命题的看法不同于西方的人权理论，带有明显的阶级性、集体主义、人民性和现实主义品格。从权利的内容看，毛泽东人民权利包括了三代人权。论文分别从知由权、政治权利和社会经济权利三个方面考察了建国后毛泽东时代的人民权利实践，凸显毛泽东为避免陷入西方人权理论的个人主义、精英主义和形式主义困境所做的努力，客观地评价这一时代毛泽东人民权利实践所取得的成就，也揭示了其实践所造成的灾难。对于毛泽东人民权利理论和实践本身的困难，作者从两个方面进行反思：其一是隐藏在毛泽东激进发展观中的革命逻辑对他的人民权利理论建构造成的困难；其二是毛泽东时代法治的缺乏对人民权利的实践造成的困难。在论文的余论部分，作者进一步揭示人民权利理论的理论特质，及其对当代中国人权建设的积极意义。

关键词：毛泽东（1893～1976）　人权　自由　民主　仁政

0054

社会主义初级阶段新闻舆论监督探新／刘国明著；刘林元指导. -- 南京大学，2005. -- 300页

本文认为，新闻舆论监督是监督体系的有机组成部分，在整个监督体系中占有重要地位。新闻舆论监督是群众监督中最有效最有影响力最便捷的监督方式，是社会主义法治中最特殊的一种监督形态。它不具备司法监督的强制力和约束力，但在人民群众心目中却是一种权威的监督。新闻舆论监督是三个文明建设中的一个重要内容。新闻舆论监督具有宣传、组织、教育、领导等作用，具有影响决策的重大作用。新闻舆论监督的主体是人民群众，因为社会主义民主制度决定舆论监督的主体是人民群众，社会主义民主权利要求新闻舆论监督的主体是人民群众，社会主义民主作风需要舆论监督的主体是人民群众。新闻舆论监督的客体是资产阶级国家政权及当权者，人民的敌人、反动派、官僚主义者、腐化堕落者，无产阶级执政党和当权者和各种消极腐败现象，同时人民内部的落后现象和缺点错误也是新闻舆论监督的客体。从根本意义上说，社会主义初级阶段新闻舆论监督的客体是各级党委、政府，是代表人民行使权力的组织和个人。新闻出版自由是工人阶级政党的斗争目标之一，要最大限度地实现人民的新闻出版自由。列宁社会主义新闻自由实践主要是摆脱资本控制，查禁反革命报刊，保障人民的新闻出版自由。在中国共产党的新闻自由理论与实践中，毛泽东、江泽民作出了重要贡献。新闻自由是走向现代化的中国政治民主的要求，我们要在社会进步、稳定和经济发展的基础上探讨建立社会主义新闻自由机制，对新闻自由进行法律保护，依法限制滥用新闻自由。党性和人民性是一致的，党性与人民性一致不是取消和否定人民性，要既对党负责又对人民负责。文章认为坚持正面宣传为主是稳定大局的需要，是我党的一条历史经验，是新闻工作党性原则的要求。新闻媒体监督同级党委符合宪法精神，是政治文明建设的内在要求。探讨了新闻舆论监督应遵循的规律与原则：要完善新闻舆论监督机制，健全新闻舆论监督体系，规范新闻舆论监督行为。新闻舆论监督要遵循本质真实规律，时机恰当分寸适度规律，受众欢迎规律，要坚持实事求是原则，大局为重原则，正确导向原则。

关键词：新闻工作　新闻自由　职业道德　舆论监督

0055

体制改革与制度创新：邓小平社会主义改革理论研究／刘建军著；庄福龄指导. -- 中国人民大学，2005. -- 169页

全文共分六章。第一章表明：只有社会主义制度才具有通过体制改革和制度创新来实现自我更新、自我发展、自我完善的这一内在机制，因此，体制改革和制度创新体现了社会主义制度的优越性。相对而言，资本主义制度仅仅能够实现体制方面的变革，而无法自觉地实现制度方面的创新，因而无法从根本上解决资本主义在社会制度方面的弊端，它为马克思主义的社会主义革命理论提供了制度方面的说明。第二章主要阐明了邓小平社会主义改革理论与邓小平理论的关系，指出：邓小平社会主义改革理论是邓小平理论的重要组成部分，它是当代中国社会主义改革实践的必然要求，也是国内外各种因素共同作用的必然结果。期间也经历了一个从起步到发展、再到逐步成熟

的形成发展阶级，它表明邓小平社会主义改革理论是随社会主义改革实践的发展而发展的，同时又对当代中国社会主义改革实践有着直接的指导作用。第三章分析了计划经济体制的优势及弊端，说明了建立社会主义市场经济体制的必然性。第四章从制度层面分析了当代中国政治体制改革的目标及其重心在于：强调社会主义民主的制度化和法制化建设。邓小平关于民主制度化、法制化的重要思想，开启了当代中国政治体制改革及其政治制度方面改革的历史进程。社会主义民主制度建设的一个重要导向在于建立、健全社会主义法律制度体系。这一方面同社会主义民主和社会主义法制相统一的思想和原则有关；另一方面，更为重要的是，市场经济在一定意义上是法制经济，加强法制不仅可以保障经济秩序，促进经济发展；而且有助于社会的稳定及其安定团结政治局面的实现。第五章依据马克思主义关于社会形态基本原理，并结合当代中国社会主义改革的现实，从中得出中国特色社会主义是社会主义制度模式的一大创新。当代中国社会主义制度模式创新的理论与实践成果，就是有中国特色社会主义模式的形成，它标志着当代中国共产党人在社会主义理论创新和实践创新方面的重大成就，体现了体制创新、制度创新和理论创新的内在一致性，也反映了马克思主义中国化的历史进程。第六章指出，当代中国社会主义改革的成就证明了邓小平社会主义改革理论的科学性；邓小平社会主义改革理论是对当代中国社会主义改革实践经验的总结，其中体制改革与制度创新是邓小平社会主义改革理论的核心，除此之外，从当代中国社会主义改革实践出发，邓小平社会主义改革理论还包括一系列实践经验的总结，它为探索中国特色社会主义的发展规律提供了值得借鉴的有益的经验积累。

关键词：邓小平理论　体制改革　制度创新　中国特色社会主义

0056

意向性：心智关指世界的能力 / 刘景钊著；夏甄陶，李燕指导. -- 中国人民大学, 2005. -- 141 页

本文除导言和结束语外，由五章组成。第一章讨论了意向性问题研究的历史，重点探讨了布伦塔诺对意向性问题所作的贡献及其对当代西方哲学的重要影响。第二章从进化论的立场出发，运用马克思主义认识发生学的方法，从人类意向性心智历时性演进的角度讨论了意向性的发生学机制。分别从自然界植物的向性运动到人类意向性心智的产生、意向性心智发生的脑机制、意向性心智产生的语言基础、意向性心智发生的社会前提等几个方面勾勒出意向性心智发生、发展的历时演化图景。第三章分析了“意向性的心智的特征与属性”。作者提出了事实对象和观念对象的概念，旨在解决布伦塔诺对意向性的规定中所包含的指向性与指向的对象之间的矛盾；论证了需要、动机、意向性、目的这样一些心理活动是如何共同构成人们日常行为和实践活动、社会交往的驱动力的。通过对意向性心智的社会性与实践性属性的讨论进一步揭示了意向性心智的外在特征。第四章讨论“意向性的结构与分类”。意向性结构指的是在心智与对象相互关联和相互作用中形成的心智适应世界及世界适应心智的相对固定的联结方式或组合模式。从心智与世界的关联的角度看，我们可以把这种心智与世界的双向关联看作是意向性心智与世界的一种双向的映射，即意向性心智对世界的映射，和世界对意向性心智的映射。作者借鉴波兰尼的两种知识理论的思想，对意向性进行了重新划分，把意向性分为言传性的意向性和意会性的意向性两种。言传的意向性包括塞尔的派生意向性和戴维斯的语言关旨性、命题关旨性和标识关旨性。而戴维斯的经验关旨性和无意识关旨性以及塞尔的内在意向性则是意会意向性。第五章集中讨论意向性作用的原理，意向性心智结构的认识与实践功能以及意向性与创造性和意向性与超前意识的关系问题。意向性心智的功能是指意向性主体在认知世界、社会交往、生产实践等等活动中通过意向性的指向性能力产生的驱动认识和实践活动、设定对象的理解、决定认识对象的选择等作用，而意向性心智的功能的发挥又是以意向性结构为基础的。

关键词：认识论　意向性　心智　意识　实践

0057

卢卡奇本体论思想的研究 / 刘明文著；吴晓明指导. -- 复旦大学, 2005. -- 115 页

作者认为，卢卡奇的本体论思想主要来源于黑格尔的历史本体论和马克思的社会存在本体论。在卢卡奇看来，马克思的历史唯物主义就是社会存在本体论，实在主义和存在主义都错失了存在的真理，只有向着马克思的社会存在本体论的复归，才能从根本上代表当代本体论研究的正确方向。青年卢卡奇的本体论思想开创了马克思解释学上的一种新的对话方式。他把辩证法视为本体论中的革命原则，把总体性看作本体论中的现实支柱，更重要的是，他确认了历

史性在马克思本体论中的主要地位,并应用辩证法对资本主义社会进行了现实的批判,把物化现象的现代特征揭示为抽象化、形式化和合理化,从而把异化问题置于当代哲学争论的中心。在晚年,他把异化认作一种社会历史现象,是商品经济社会特有的历史现象,这就在本体论的原则上呈现了马克思主义哲学的当代意义。老年卢卡奇的本体论思想逐渐走向成熟,这表现在他把劳动视为人类的每一种实践活动的本体论基础,在劳动中发生的目的论设定,尤其是第二性的目的论设定体现了人类活动的本质特征。卢卡奇认为,我们对本体论的探讨应该深入到日常生活当中,从日常生活最简单的事实出发去寻找对社会存在进行本体论考察的最初出发点。要确定社会存在的本质,我们就要认识到自然存在是社会存在的基础,社会存在的本质在于它的历史性、对象性以及范畴的存在规定上,它的基本问题是社会存在与意识的关系问题,语言是二者整合的桥梁。

关键词:卢卡奇(Lukács, György 1885 ~ 1971) 哲学思想 本体论

0058

未来的哲学研究 :未来形而上学导论 / 刘孝廷著 ; 刘福森指导. -- 吉林大学, 2005. -- 160 页

文章认为,以往的未来学与哲学一直处于疏离状态。未来学未能真正成其为未来学,哲学也未能由此汲取足够滋养。科技进步和社会发展“提速”使未来以时空压缩方式猛烈冲击现实,带给人类一系列严峻的问题,引发了未来的风险和危机。这种完全由“文明所强加的”自发性问题,迫使现有的思想和文化不得不进行调整,并诱发哲学范式向未来的转向。未来形而上学通过对未来学发展历程的始源性清理,揭示了未来演进的逻辑线索及其与哲学的内在关联。未来在生存论上具有优先地位并富于哲学禀赋,哲学也蕴涵着未来的“品格”;近代以来的哲学史在一定意义上就是对未来哲学的呼唤史,从康德到海德格尔乃至当今,人类正是通过对时间的相对性、内在性和向未性秘密的揭示而推动了哲学的发展;因此,哲学就是未来形而上学。哲学在“当下”的尴尬遭遇只不过表明,真正属于人类未来的哲学时代还没有到来。未来哲学的建构是以怎样看未来和怎样未来地看为基础的。其中,最根本的是要明确未来的本体地位,并把未来意识作为哲学探进的拱心石,将“未来化”作为哲学方法论的总纲,以此确立哲学的未来思维和哲学建构的未来原理。这种方法既是特殊的哲学方法,又具有一般哲学方法的性质。哲学并不是历史学的某种变名,而是人类开拓未来的有力武器,因此未来形而上学研究必须坚持直面未来的实在论立场、维护未来价值的整体主义原则、满怀希望的乐观精神和面向未来的哲学战略,从多视角认同深发展观、通过优良的设计与规划削减未来的复杂性,最终实现人类的超越性生存。

关键词:未来学　形而上学　哲学思想

0059

生存与终极关怀 :兼论蒂里希的生存本体论 / 刘新军著 ; 杨焕章指导. -- 中国人民大学, 2005. -- 207 页

全文除导言和结束语外共分四章。第一章论述人的生存问题和哲学的生存论转向。生存不仅是一个日常用语,而且是个重要的哲学语词。生存具有现实性、卷入性和超越性。生存论转向是现当代哲学的一个最基本的特征,蒂里希是生存主义在神学界的最重要的代表之一,他的整个文化神学可以说都是以人的生存处理为基本出发点和归宿的。第二章论述西方哲学史上从巴门尼德到海德格尔的本体论的发展,以探求本体论的真正含义及其困境。人的生存处境促使其去寻求一切存在的基础和力量。这就是人类精神的本体论追求。本体论的首要标志或特征是真实世界与非真实世界的划分,也可以说是经验世界与超验世界的划分、本质世界与现象世界的划分。两个世界的划分萌发于巴门尼德,形成于柏拉图,充分地表现于黑格尔哲学中,这一传统极大地影响了西方的文化。现象学——存在主义哲学这一条线试图超出科学思维方式的框架来批判形而上学本体论,其中海德格尔的哲学最为典型。第三章讨论马克思在本体论上的革命性变革、蒂里希的本体论思想和本体论方法,以及本体论的终极关怀意义。马克思主义哲学在哲学史上所造成的革命变革是从本体论层面上发动并展开的。它超越了旧哲学的知识论路向,开拓了一条全新的哲学思路,实现了哲学思维框架的根本性转换。本体论思想和本体论方法构成了蒂里希生存主义神学的重要内容。蒂里希的文化神学是以生存本体论的方式建构的,而蒂里希的本体论方法则是西方的本体论传统、生存主义态度和基督教神学立场等多种因素综合的体现,其实质是把人的生存问题的解决寄托于作为上帝的存在本身。从西方哲学的发展看,哲学本体论虽然在形式上体现为一种超验性的逻辑范畴的理论体系,但实际上,它深深地植根于人类理

性的"终极关怀"之中。因此,我们可以把本体论看作是广义的人生哲学。第四章讨论作为终极关怀的人的发展和生存境界问题,包括马克思的人的全面发展理论和蒂里希的新存在和乌托邦思想。人的全面发展是以社会存在充足的自由时间为前提的,实现劳动的普遍化以扬弃劳动时间和自由时间的对立,依赖于一定的社会条件和现实基础。马克思主义的人的全面发展理论的精神实质是建立在唯物史观基础上的现实关怀与终极关怀的统一。人的发展问题,在蒂里希那里表现为新存在的思想。终极关怀是蒂里希的思想核心,新存在就是人的终极关怀。

关键词:蒂里希(Tillich,Paul 1886~1965)　本体论　生存　终极关怀

0060

历史唯物主义与社会人类学批判 / 罗秋立著 ; 吴晓明指导. -- 复旦大学, 2005. -- 192 页

文章认为,马克思的社会批判理论是与社会人类学对话的理论平台,因为马克思社会批判理论关于政治观念、法权观念尤其是古代社会结构、国家和文明的起源的分析与批判与社会人类学的研究课题有相通之处。社会人类学范式理论是以它的生物学原则作为理论指导的,它用生物学的概念范式来分析社会,把社会关系或社会机体及其发展看成是一种生物学图式的展现。这在理论上是根本错误的,在方法论上也是行不通的,其实质是机械唯物主义和历史唯心主义观念的显露,是与马克思的社会批判理论原则相对立的。"社会生活本质上是实践的",这表明了马克思社会批判理论的理论原则是其实践唯物主义原则在社会生活领域的展现,实践原则是他对社会人类学批判的理论根基。在马克思看来,一切社会关系都是实践活动关系的产物,一切文化意识观念都植根于实践活动;自然史和人类史是实践基础上的统一。由于把自己的理论建立在实践的基础上,马克思就既能把社会人类学理论的精华吸收到自己的理论中来,同时又形成了对它的批判。作为马克思的亲密战友与理论伙伴,恩格斯继承了马克思社会人类学批判的基本路向,他的社会人类学批判理论在马克思主义理论发展中占有重要的地位。在辩证法的运用上,马克思比较侧重于社会历史辩证法,着重于揭示人类社会内在结构及其发展机制;恩格斯侧重于自然辩证法,主要把辩证法看成是自然、社会和思维普遍适应的规律。在社会历史发展进程上,马克思在考察人类社会一般发展道路的基础上,着重考察了不同民族和国家历史发展的特点;而恩格斯主要侧重于考察人类社会形态更替的普遍规律,但又不否认人类社会发展道路的特殊性。应该运用逻辑和历史的眼光看待马克思恩格斯社会人类学批判思想的异同。

关键词:历史唯物主义　社会人类学　马克思(Marx, Karl 1818~1883)　社会批判论

0061

哲学的实践转向和方法论意义的凸显 / 马铁军著 ; 陈晏清指导. -- 南开大学, 2005. -- 200 页

论文认为,在历经几次大的变革之后,自 19 世纪中叶以来整个世界哲学发生了最新一次也是最深刻的一次变革,即发生了由基于自觉认识方法的认识论哲学向实践本质论哲学的转变。现代哲学中大多数学说都基本上实现了这种转变,并在整体上大致出现了四类实践本质论:存在的实践本质论、认识的实践本质论、哲学本身的实践本质论和哲学对象的实践本质论。此四者不是截然分开的,在一些哲学学说那里兼有不同的实践本质论,其中,马克思哲学思想就兼有全部这四种实践本质论,而且不存在把其中的某一种绝对化的缺点,是最具进步意义的理论。本文对几种对象的实践本质问题做了分析,从而表明:认识、存在、哲学本身及哲学对象确有实践的本质,且其中都充满着不能回避的方法论问题,因而方法论意义凸显了。这种方法论意义就在于:唯物辩证系统的哲学方法论乃是哲学所应有的基本旨归。因此,论文的全部阐述意在说明:(1)现代哲学已经发生了以马克思哲学为最杰出代表的世界性的实践转向,这种转向客观地需要我们加强关于四种对象的实践本质问题的研究。(2)四种对象的实践本质决定着哲学方法论意义的凸显,决定着哲学发展的应有进路就是构建以唯物辩证系统的方法论为核心的实践哲学。

关键词:实践论　实践哲学　方法论　马克思主义哲学

0062

德里达哲学解构论及其超越 / 孟宪清著 ; 杨桂华指导. -- 南开大学, 2005. -- 198 页

本文揭示了德里达哲学解构论的基本内容和特点:即通过分析和批判胡塞尔的现象学、卢梭和索绪尔的语言学,解构了西方传统理性哲学的"在场的形而上学"及其"语言中心主义"和"逻辑中心主义";反对以现在和自我在场为中心的客观主义、主体性和抽象总体性,强调文本结构中二元因素如理性和非理

性、能指与所指等等之间的相互影响和渗透,强调非理性作为结构的差异和“完整的他者”在解构结构主义中的重要地位。分析了哲学解构论一般原则和基本策略“延异”(包括痕迹、差异、替代、撒播等)和游戏(包括隐喻、悖论、“双重姿态”等)及其在时空方面的具体表现,以及德里达对黑格尔、尼尔、胡塞尔和海德格尔等人之间思想的基本的批判和继承关系。文章指出,虽然德里达对西方传统理性哲学的解构、批判在一定程度上是合理的、深刻的,但它自身也存在着矛盾和悖论,主要表现为:在哲学本体论方面,它仍然是一种“意识哲学”;在方法论上,它既反对“在场的形而上学”,拒斥主体性,但在一定程度上把“延异”作为意义的起源和中心;既反对客观主义,又把文本及其“延异”和游戏过程看作是脱离人的活动而存在的客观的过程;既肯定“完整的他者”存在的合理性,又把文本看作是一个封闭的自足的世界,宣称“文本之外无他物”。文章还对格里芬等人的“建构论的解构论”、罗蒂的“新实用主义”和哈贝马斯的“社会交往理论”进行了讨论。在马克思的实践哲学的基础上,借助于其他科学和哲学思想,分析了作为现代哲学本体论基础的“生活世界”的本质和特点。文章立足于哲学思维的两个维度即主体性和总体性,分析了德里达对黑格尔为代表的传统辩证法的解构和批判,讨论了古代宇宙论世界观的“理性智慧辩证法”、近代“绝对理性”辩证法和“实践理性”辩证法的基本特点,分析、借鉴了海德格尔“思”的哲学思维和哈贝马斯“后形而上学”的思维特点,并结合中国传统文化中的“境界哲学”,在马克思的现实的具体的人的实践活动基础上,提出了“社会结构、行为结构和思维结构二元互动同构”的理论和“生活建构论或实践论的现代辩证法”范畴。

关键词:德里达(Derrida, Jacques 1930~2004) 哲学思想　解构主义　二元论　本体论

0063

政治哲学视野中的民主 / 牟宗艳著 ; 侯才指导. -- 中共中央党校, 2005. -- 158 页

本文旨在突破政治学的框架,从政治哲学的角度展开对民主问题的研究。全文共分五章。第一章在分析民主概念历史演变的基础上,对政治哲学视野下的民主进行界定。认为民主不仅仅是一种选举方式和决策方式,它首先是一种政治的善,即按照自由和平等的政治约束来定义美好生活。民主作为一种以实现自主性为根本要求的政治体制,是人的主体性的一种外化的欲求或表现。在每个主体的主体性实现过程中,与其他主体产生交叉,形成互主体性。作为一种协商、妥协的机制,民主是使这种互主体性积极实现的一种途径。第二章分析了民主得以产生的历史要件和内在动力,阐述了民主的主体要件、公民社会和相应外部制度建设、经济基础和社会满足感与民主的关系。第三章阐述了民主的价值诉求,分析了民主与自由、平等、正义和文化模式的关系。认为民主本身作为一种政治追求,它同时也是实现自由、平等和正义的一种方式。民主为这些政治价值的实现搭建了一个平台,而这些价值追求的实现,也会为民主的发展提供深层的动力。第四章是对民主的悖论分析。民主一词字面的含义是清楚的,就是指人民的统治,但是由于对“人民的统治”的不同理解,导致了多种多样的民主形式。这种现象的出现,很大程度上源于民主概念本身内涵的悖论。本章重点讨论了民意的悖论、主体的悖论、多数的悖论和一致性的悖论。第五章分析了中国民主政治建设的实践和存在的问题,对新中国建国以来的民主政治制度建设作了梳理,分析了中国共产党一党执政前提下,中国民主政治建设的独特之处,提出了完善中国民主政治建设的设想。

关键词:民主　政治哲学　民主政治

0064

现代社会中的信任 / 倪霞著 ; 韩震指导. -- 北京师范大学, 2005. -- 145 页

本文认为,信任不仅是一种主观感受和内心状态,更是一种体现信任关系的表达性交往活动。它以主体对外部世界和他人的预期和放心的主观态度为基础,包含着信任关系的全部内容。信任体现了知情意的统一,具有交互主体性、可理解性、单向度指向性等特征。文章探究了信任的发生机理和作用机制,提出:具体的信任活动是主体的生活经历与外部交往环境条件共同作用的结果。它通过信任对象的求利心、情感关联、责任意识及其对制裁的恐惧等因素而发挥作用。信任容易形成信任惯性,从而带来一系列问题。因此,应该根据生活实践本身的内在规律,结合具体的情景而展开信任活动,避免盲信和迷信。信任是个人存在和社会发展的必然要求,对个人和社会有着重要意义。通过信任,个体获得内心安宁和自我认同,确立并外化自己的内在统一人格,成为社会的个人。同时,信任是维系社会的纽带,与社会发展状况相互作用。它随交往条件和交往形式的发展变化而

发展变化,不同的信任形式适应于不同的社会发展阶段,也适应于不同的社会关系。自然共同体阶段主要是以情感和认知为基础的直接信任,社会共同体阶段主要是以中间环节和中介为基础的间接信任,包括直接信任。直接信任是产生间接信任的基础,间接信任中包含一定成分的直接信任。两者紧密结合,构成有机的信任体系。社会转型时期,普遍的不安全感、可信任性降低或缺乏,共同造成了社会生活各层面,尤其是交往层面的信任匮乏或信任危机。这使人们不得不检讨和反思人的存在和交往方式、社会发展现状、文化演进等方面存在的问题。构建信任社会需要重塑信任主体、信任对象和社会交往环境,其中核心是值得信任。值得信任包括交往对象和交往环境值得信任。这既需要主体自身的自觉,也需要教育、道德、法制和舆论等方面的影响,更需要根本改善现代文明,确立正确的自由、平等、理性观念,以培育值得信任并乐于信任的社会主体。

关键词:人际交往　信任感　信任危机

0065

全球化与中国崛起 / 聂继永著 ; 庞元正指导. -- 中共中央党校, 2005. -- 122 页

本文除导论外,正文分为三章。第一章围绕着马克思、列宁和邓小平关于全球化的思考展开论述。作为世界历史理论奠基者的马克思,他的贡献在于通过批判到继承近代资产阶级尤其是黑格尔的世界历史理论,从而确定了马克思主义世界历史的基本理论框架。列宁的帝国主义论透彻分析了自由资本主义阶段向垄断资本主义阶段转变的基本特征,在理论上深化了马克思的构想,同时也更加接近了理论自身的逻辑运动的中心。邓小平作为世界历史理论在中国的阐释者,他的特点是侧重于世界历史理论的应用而不是理论的建设,直接运用这一理论来分析和解决中国的社会主义建设的实际问题。形成了指导中国开放实践的邓小平对外开放理论,这一理论以发展为旨归,阐明了对外开放的原则和开放实践的辩证法,尽管不具备像马克思和列宁那样鲜明的理论形态,却不失为一种前瞻性的发现和发展,成为马克思主义关于全球化思考的重要组成部分。第二章阐述全球化进程中的后发展难题。在资本主导的全球化时代,作为后来者,后发展国家不可避免地会遭遇到诸多攸关命运的两难选择。在政治上,坚持主权原则是后发展国家自主决定命运的前提,这正面临着来自资本在全球行走所带来的全球治理要求和西方的"新殖民主义"的双重冲击。在经济上,全球化带来的有利因素和机遇是多方面、多领域的。然而,一方面后发展国家自身实力有限,发展水平低;另一方面不合理的国际经济秩序终难改变,因此参与全球化,给众多后发展国家带来的更多的是风险和不确定性。在文化上,与以强大实力为依托的西方文化特别是美国文化相比较,后发展国家处于弱势。对于正处在传统向现代的文化转型中的后发展国家来说,全球化形成的文化交流与融汇态势是难得的历史机遇,而当强势文化以"文化帝国主义"面目展现出来时,为了维系本国、本民族文化的命运与尊严,后发展国家往往会走过了头,陷入文化相对主义或者文化孤立主义的困境中。第三章围绕全球化时代中国如何进一步崛起展开论述。中国崛起是以经济实力的快速提升为基础的社会各领域的进步过程。中国崛起已经成为一个事实,中国崛起也是一个正在进行的过程和未来的发展态势。当下的中国,解决社会中长期存在的矛盾和问题,化解崛起过程中可能遇到的阻力和困难,需要从生产力、制度建设和文化建设等三个层面突破。

关键词:全球化　社会主义建设　生产力　制度建设　文化建设　发展中国家

0066

哲学创新与中国崛起 / 潘琍著 ; 庞元正指导. -- 中共中央党校, 2005. -- 160 页

本文认为,从哲学角度来分析,社会主义事业的领导核心——中国共产党的哲学创新是中国正在崛起的重要原因之一,是哲学创新的理论成果引领中国走出了一条独特的崛起之路。与此同时,社会主义中国在东方的崛起,又充分显示了中国化的马克思主义哲学的巨大威力,是中国崛起的伟大实践使马克思主义哲学在不断创新中保持了旺盛的生命力,是中国崛起的伟大实践提供了并将继续提供马克思主义哲学创新的丰富源泉。具体说来,本文包括下述主要内容:第一,将哲学创新与中国崛起联系起来探讨,既从哲学创新的角度来分析中国崛起的原因所在,又从中国崛起的实践层面阐述哲学创新的源泉、动力所在,并由此揭示了哲学创新与中国崛起之间被淡化甚至被忽略的内在紧密联系。第二,按照逻辑与历史统一的原则,结合中国崛起的实践对毛泽东思想、邓小平理论、"三个代表"重要思想所蕴涵的主要哲学创新作了梳理,不仅从发展观而且从哲学角度对新一届领导集体提出的科学发展观的创新体现作了挖掘和剖析,并对科学发展观正在以及将会对中国崛起发挥的作

用作了阐述和展望。第三,归纳总结出党的三代领导集体及新一届领导集体践行哲学创新的内在机制,从而为继续推进哲学创新提供了方法论启示,即哲学创新应放眼世界,树立时代意识;着眼现实,树立问题意识;总结经验,树立反思意识,并以探索一般规律为基本方向。第四,提出必须促进哲学创新与中国崛起的良性互动。

关键词:中国共产党　哲学创新　三个代表　邓小平理论　科学发展观　毛泽东思想

0067

论价值规范 / 潘自勉著 ; 冯平指导. -- 中山大学, 2005. - 199 页

文章指出,维系一个社会的正常秩序及其发展的文明形式和理性力量,主要来自宗教、道德、法律和科学技术,它们的共性有二:一是表达某种价值取向,比如崇高、自律、正义和进步等;二是作为人类生活的知识形式。两者都具有某种权力作用,因而表现出规范化的理性诉求。人类日常生活中大量事实表明,社会基本价值与基本规范的存在和发展,大多采取了四种类型:习俗、惯例、道德和法律。四者之间虽然有性质上的不同,但却是紧密相连并发挥着维护社会秩序的共同作用。价值规范之所以成问题,根本上是因为社会秩序与个人理性之间的矛盾互动所致。价值规范问题在当代是由现代市场体制与国家权力系统在利用历史文化资源的基础上,与人的技术化生存方式之间的紧张状况所决定的。所以,研究价值规范问题,可以更深入地检讨价值危机的成因,更积极地关注现代性的社会转型过程中所发生的价值重建吁求。本文探讨了在中国社会的现代转型中,传统价值规范是如何发生危机的,目前仍在维系社会交往秩序的最低价值规范是如何凝聚人心的。个人主体意识与传统价值观的分离造成人们在价值取向上的混乱,无规范感似乎成为常见的生活体验,为何潜在的社会怨恨机制正在被不断强化。不仅既定的价值规范受到了严重损坏,社会合作的公信力也被大大降低,社会秩序公正的观念被大大削弱。作者认为,不仅需要对上述现象作出理论上的解释,更需要从社会治理的角度来思考和谐社会的价值重建问题。

关键词:价值　价值规范　价值论

0068

中国共产党人的资本主义观 / 钱学平著 ; 姚润皋指导. -- 南京大学, 2005. -- 166 页

全文共由七章组成。第一章从对中国资本主义发展的“不充分”性的分析、世界资本主义发展对中国的影响和中国近代思想史提供的思想资源三个方面,论述了中国共产党人认识资本主义的历史前提,同时阐明了不同“历史情境”对不同时期的中国共产党人的资本主义观的影响。第二章回顾了早期中国共产党人对资本主义认识的曲折历史过程。第三章从毛泽东对资本主义的认识和统一战线方针策略的关系、毛泽东对资本主义的认识和根据地建设的关系、毛泽东对资本主义的认识和新民主主义理论的关系三个方面,界说了毛泽东在新民主主义革命时期对资本主义多层次的认识。第四章着重分析建国后毛泽东对资本主义的认识。文章认为建国后毛泽东对资本主义认识是随着其对我国社会的主要矛盾和我们党面临的主要任务认识的变化而变化的,当其对我国社会的主要矛盾和任务认识基本正确时,他对资本主义认识就基本正确;当其对我国社会的主要矛盾和任务错误估计时,他对资本主义认识也基本不正确。第五章指出邓小平对资本主义的认识是在建设中国特色社会主义伟大实践中,围绕着“我们能不能向资本主义学习?我们向资本主义学习什么?”展开的;从晚年毛泽东的失误中走出来,是邓小平重新认识资本主义和处理社会主义与资本主义关系的历史起点和逻辑起点;既继承了马克思在社会发展客观规律基础上对资本主义社会的否定性认识,又发展了立足于当代社会主义的实践需要对资本主义所创造的文明的肯定性认识,是邓小平资本主义观的价值支撑。第六章从对资本主义历史进程的认识、对中国特色社会主义建设过程中存在的非社会主义因素和资本主义因素的认识、对如何借鉴和利用当代资本主义创造的文明成果的认识、对资本主义本质和存在问题的认识以及处理社会主义和资本主义关系的新策略五个方面,阐明了当代中国共产党人的资本主义观;并进而揭示了其对推进中国特色社会主义事业的实践价值。

关键词:中国共产党　资本主义　社会主义

0069

马克思“共同体”思想研究 / 秦龙著 ; 易杰雄指导. -- 北京大学, 2005. -- 110 页

本文指出,马克思在探索人类解放道路的革命实践和理论研究特别是唯物史观的创立、运用、验证乃至发展的过程中,形成了有关共同体的看法和观点体系。文章通过对马克思著作中相关文本的解读,对马克思“共同体”思想进行梳理和考察,旨在使马克思的

这一思想得到整体再现。鉴于马克思“共同体”思想内容主要包括“自然形成的共同体”、“抽象共同体”、“虚幻共同体”以及“真正共同体”四个相对独立的部分,本文分四章分别对其加以梳理和考察。重点讨论了各不同共同体的形成、形态及其特征,其中对不同共同体条件下人的发展问题给予了特别关注,认为这是马克思在共同体问题上的核心价值关怀。在马克思看来,人的发展不能离开历史地形成的一定形态的共同体,不同的共同体形式会对人的发展产生不同的影响。无论是“自然形成的”、“抽象”还是“虚幻”的共同体都不能真正成为人的发展的促进条件,只有在共产主义“自由人联合体”这种“真正共同体”条件下,人才能够获得真正的自由发展。文章认为,马克思的“共同体”思想是在唯物史观的创立乃至完善发展的过程中形成的,因而研究马克思的这一思想将有助于深化我们对唯物史观的理解。此外,马克思的“共同体”思想实际上包含了马克思对人的发展的极大关注,他在探索和理解共同体问题时所表达的一系列观点必将深化我们对人的发展的(实际上是共同体条件下人的发展)问题的理解,进而促进现实中人的发展实践的良性展开。文章指出,由于马克思并不是一般地谈论共同体,或者是有意识地要建构一种共同体理论,他的“共同体”思想是论证人类社会解放道路的范畴和工具,是唯物史观的“副产品”,因此其“共同体”思想往往渗透或隐藏在其他问题的论证当中,这使得马克思的这一思想难免会具有模糊性和不完善性。如何进一步深入挖掘马克思“共同体”思想的内涵及其价值从而丰富和发展整个马克思主义理论,是摆在每一个马克思主义研究者面前的重要任务之一。

关键词:马克思(Marx, Karl 1818~1883)　共同体　人的发展　唯物史观

0070

马克思的女性解放思想:兼评西方马克思主义女性主义 / 秦美珠著 ; 孙承叔指导. -- 复旦大学, 2005. -- 98 页

本文立足于马克思的历史唯物主义,从哲学层面探讨马克思的女性解放思想。以感性原则为出发点与归宿,在异化世界与人类世界辩证关系的框架中,揭示女性解放的必要性、条件及意义。文章从马克思的两种生产理论与分工理论出发,揭示女性问题产生的历史唯物主义基础。物质资料生产与人类自身生产紧密相连,它们对人类生存的作用在时间的推进中不断变化。随着生产方式和交换方式的变更以及占支配地位的社会关系的变更,随着私有财产制度和国家的出现,物质资料生产占支配地位、人类自身生产退居次要地位,人类最初的自然分工发展为真正的分工,产生了女性的不平等地位。工业革命后,资本统治使得女性问题成为引人注目的现代问题。马克思从阐释资本统治的双重作用入手,揭示了女性解放的前提与不足。一方面,资本主义的发展为女性获得经济、政治、法律方面的平等权利提供了前提,为女性的政治解放提供了条件。另一方面,资本原则与理性原则使得人的感性生命分离出去,造成人的物化与客体化,造成无论从社会层面还是从个人层面上理性对感性的压制,这就是当代人的命运,更是当代女性的命运。在资本统治的前提下,女性解放的事业不可能取得很大的进展。女性的真正解放必须通过社会变革,废除资本统治,确立感性原则。感性原则是女性解放的真谛,它以人的感性活动为基础,以人的全面发展为内容。感性原则是作为最近将来的“必然的形式和能动的原则”,是对人的生命的肯定与尊重;感性原则同时又是现实的行动,以感性的世界作为对象,以感性的活动占有外部世界,实际地改变现有的世界。感性原则在不断地消灭现存状况的过程中张扬着人类的理想——共产主义。本文通过解读马克思的原著,澄清了西方马克思主义女性主义的误读,揭示了马克思女性解放思想的当代意义。

关键词:马克思主义理论　妇女解放　女性主义

0071

虚拟思维论 / 桑业明著 ; 陈志良指导. -- 中国人民大学, 2005. -- 131 页

论文主要讨论了四个方面的问题:第一,虚拟是意识能动性的高度体现。(1)虚拟技术的出现和广泛应用,引发了人类哲学思考方式的变化。主要表现在:第一,通过虚拟技术形成一个不同于以往现实世界的虚拟世界。这带来了对传统关于“真”“假”等观念的新理解。第二,虚拟技术也带来了人类思维存在方式的数字化革命。第三,思维存在方式的数字化革命,使得哲学思考的出发点不再仅仅囿于现实性范畴之内。关注可能性,特别是对不可能性的可能性的关注,将为人类开辟着更为宽广的生存领域。第四,虚拟技术改变了哲学思考的出发点,引起哲学上许多概念将发生重大变化。第五,通过虚拟技术和数字化技术所形成的虚拟世界,在为世界普遍联系和永恒发展提供了新的论据的同时,也对哲学上的物质观和时

空观提出了挑战。(2)从哲学上思考虚拟技术,涉及一个最基本的概念和一对范畴,即虚拟及其与现实的关系。虚拟离不开现实,虚拟是在现实基础上发展起来的。因虚拟的东西具有真假不可分性,具有指向不可能的可能性的功能,因而虚拟又是现实的悖论。第二,虚拟思维的独立化道路。(1)作为人类思维把握世界的一种重要活动方式,虚拟的存在具有客观普遍性,它广泛存在于宗教神话、文学艺术、科技创新、哲学等各种人类活动之中。而在哲学上,无论是古代还是近代,人类都有对虚拟思维的相关认识。(2)虚拟思维的产生需要一定的条件。规则文明和数字化平台构成了虚拟思维产生的两个必不可少的条件。在这种意义上,虚拟思维的产生和发展经过了三个阶段:行为阶段的虚拟思维、语言文字符号阶段的虚拟思维和数字化虚拟思维。数字化虚拟思维是我们时代的虚拟思维,也是真正意义上的虚拟思维。第三,虚拟思维是一种重要的现代思维方法。(1)思维方式的形成以实践活动为基础,是实践活动方式(实践形式结构)的内化与积淀。虚拟世界的出现使得人类的实践活动方式发生了很大的变化,出现了一种新型的实践活动方式——虚拟实践。虚拟思维应运而生。(2)虚拟思维的本质内涵在于思维着"思维如何思维",所建构的知识是一种关于知识如何成为知识的知识。虚拟思维有自己不同于其他思维方式的特点。(3)现实性思维的局限性表现在:其一,囿于现实性范畴的框架,不可能的可能性是不被考虑或很少被考虑的。其二,与可能性、不可能性所提供的发展空间相比,现实性的空间是比较狭小的。其三,承认现实性的合理性是改革、创新的一个重要障碍因素,要改革、创新,只有打破现实的合理性。其四,人类在现实性概念框架内,只能遵循着因果必然性、合理性、规律性等,进行逻辑式的推导,人的作用只在于发现这些规律。其五,从认识论角度看,在现实性思维中,感性直观是全部认识的起点,逻辑是对感性直观的抽象和综合,逻辑的必然性、合理性在于与存在的同一性。认识早就包含在现实性之中,人只不过用人的形式将其发现并表达出来而已。现实性思维的上述局限性,决定了虚拟思维存在的必要性。第四,研究虚拟思维具有非常重要的意义。(1)把虚拟引入认识论,作为认识运动过程中的一个重要环节,不仅能很好地揭示出主体是如何建构客体的,而且虚拟本身就是人的意识能动性的高度体现,所以它在一定程度上更加突出了人的主体性在认识中的作用。(2)实践思维方式是马克思主义哲学体现出来的重要的思维方式。虚拟思维是实践思维方式在数字化时代的新的表现形态,是实践思维方式的现代意义上的延展和表现。(3)虚拟思维又是通过网络文化或虚拟文化作为载体表现出来。虚拟文化是基于计算机网络技术发展起来的一种新的文化样式。从哲学文化学的意义上,虚拟文化是人类文化生存发展的新阶段。

关键词:虚拟技术　数字化　思维方式　实践认识论

0072

论认知科学的心智观 / 商卫星著 ; 汪信砚指导. -- 武汉大学, 2005. -- 120 页

全文共分三章。第一章探讨了"计算机隐喻"从理想到现实的历史进程,分析了计算机隐喻人脑的可能性以及这一隐喻的认识论意义。对"计算机何以可能隐喻脑"的问题,本文从两个层面来回答。"形而下"的回答是,计算机与人脑在工作原理上具有根本的相似性。"形而上"的回答则是从哲学的角度来分析计算机隐喻的可能性。计算机隐喻的哲学基础有:思维与物质的统一性、思维规律与自然规律的一致性和高级运动形式与低级运动形式的包含关系。计算机隐喻的出现,对认识论的研究具有重大意义,是人类对主体认识的深化。第二章探讨了计算机隐喻的两大成果——符号主义范式和联结主义范式。文中对符号主义范式功能模拟的实践及理论进行了分析,并从哲学的角度探讨了符号主义的本体论前提和方法论基础,讨论了符号主义范式的心身关系理论。在本体论上,联结主义坚持了唯物主义一元论。在方法论上,联结主义偏重于结构模拟、"灰箱"方法,采取还原论的研究策略。在心身关系上,联结主义属于心脑同一论,这是一种强物理主义的观点。第三章探讨了机器智能问题。文章从四个方面对机器智能的理论困境进行了探讨:一是来自数学上的挑战。数学上的挑战来自算法和复杂性两方面。因为算法是有局限性的,自然界的很多事情是不能用算法来表征的,而遇到指数爆炸,计算机也会无能为力。二是来自现象学的挑战。意识的本质特征在于其具有意向性、感受性等特性,而自我意识是意识中一种比较独特的形式。机器则不可能具有意识的这些特征。三是来自民众心理学的挑战。一些最简单的、人类不会感到有任何困难的"常识"问题,对计算机来说却是大难题。四是来自社会学的挑战。现在的计算机模型无一例外地忽略外部环境的细节,用于建立模型的大多数计算机除了编程者用来输入指令的键盘以外就没有与

这个世界的联系。在分析了计算机面临的挑战之后,作者得出了对待计算机隐喻的态度。那种认为计算机本身就拥有与人类相同意义的心智的强人工智能的观点是没有前途的,我们应该放弃,而认为计算机作为人类研究自身心智的工具的弱的人工智能的观点才是合理的。

关键词:认知科学　认识论　心智　符号主义　联结主义　人工智能

0073

论历史规律的作用机制 / 商逾著 ; 陈先达指导. -- 中国人民大学, 2005. -- 168 页

文章认为,历史规律的作用机制包括历史规律起作用的客观机制和主体机制,它们是从不同视角对同一历史规律发生作用方式的逻辑把握。客观机制是历史过程客观逻辑的表现,反映的是在一定历史前提条件下构成历史规律和历史规律集合体的诸要素之间复杂的内在联系和作用中介。主体机制解决的是历史规律如何通过人的活动发生作用以及人的活动如何被历史规律所制约的问题。一方面,历史规律通过人的实践活动而发生作用。另一方面,历史规律对人的实践活动产生支配作用。历史规律一旦产生,作为一种不可遏止的客观力量,直接制约着人们实现利益和需要的活动。历史规律的作用机制从不曾以抽象的、纯粹的形式而存在,在资本主义和社会主义两大社会制度体系内,历史规律具有不同的作用机制和实现方式。就资本主义历史规律起作用的客观机制而言,在自由资本主义时期,资本主义社会的生产力和生产关系、经济基础和上层建筑之间的张力具有刚性和直接对抗性的特征。在垄断资本主义时期,一方面,形成了生产力与生产关系、经济基础和上层建筑之间的张力具有量上的可调适性、稳定性的内在机制。另一方面,垄断资本主义出现新现象,只是表明历史规律起作用形式、范围和程度发生了某种伸缩性的变化,并没有改变或消除资本主义社会基本规律的对抗性质。就资本主义历史规律起作用的主体机制而言,由于国家的合法权力高于其他任何权力,其调节方式就有了国家的身份,历史主体以国家为调节工具,力图从生产关系、上层建筑和政治民主方面,进行全方位调节,把选择活动置于资本主义生产关系所能容纳的界限内,有效地缓解了社会基本矛盾的紧张状态,形成了一套自我调节、自我选择的成熟的体制。就社会主义历史规律起作用的客观机制而言,社会主义生产力和生产关系之间存在着非均衡、非对抗性的复杂的关系,二者之间的相互作用是通过劳动方式这一复杂的中介和环节进行的。就社会主义制度下历史规律起作用的主体机制而言,在社会主义建设中,历史主体曾经历在高度集中的计划经济体制框架下的点滴改革,到改革开放条件下以计划经济为主、调节为辅的有限度的改革,再到建立和完善社会主义市场经济体制下的深化改革的自主选择过程,这个过程也是主体不断地进行尝试性选择,达到主体选择活动与社会主义基本规律不断接近的过程。在区域化与全球化背景下,历史规律的运行机制也具有不同的特点。就区域性条件下历史规律起作用的机制而言,历史规律的运行缺乏持续性和稳定性的内在机制,历史规律起作用的客观机制萎缩,具有浓厚的偶发性、随机性的特征,主体机制的运行机制表现出自然命定的性质。文章分别对全球化条件下历史规律在资本主义和社会主义起作用的机制作了分析。

关键词:历史唯物主义　历史规律　主体　实践

0074

社会主义市场经济条件下的集体主义研究 / 邵士庆著 ; 王伟光指导. -- 中共中央党校, 2005. -- 159 页

论文认为,在社会主义市场经济背景下,作为经济制度、政治原则和道德原则的集体主义,有着时代特质和新的文化表征。市场经济是一种双刃剑性质的分化力量。在它内部,既有个人主义的滋生因子,又有集体主义的优良基因,它们构成了影响人们价值选择的两类不同性质的内生变量,从而使外在的制度规约成为必需。它的集体主义的优良基因,成为外在的"引致性"制度建设的依据;它的个人主义滋生因子,成为外在的"克制性"制度设计的内在依据。集体主义作为人类的一种价值取向,必然有其特定的经济基础,服务于人类的经济生活。说到底,无论是作为政治原则的集体主义,还是作为道德原则的集体主义,都肇端于人类对经济利益处理的价值取舍中。社会主义经济制度,作为人类一种更为先进的经济制度,它的设计,必然在其内部的价值取向上做出集体主义的内在规定。社会主义与市场经济的当代结合,必然使经济制度视域中的集体主义,具有新的特质、新的属性、新的内涵和新的表征。作为政治原则的集体主义,或者集体主义的政治原则属性,是把集体主义的价值原则上升到政治原则的高度,赋予其政治强制性和政治统摄性。一方面,作为构成性价值,在社会上形成一整套蕴含集体主义生成机制的政治制度;

另一方面，作为基础性价值，它又通过政治制度的价值辐射功能被贯彻到社会生活的方方面面。由此，集体主义的生成，不仅具有自主性，而且还带有强制性；不仅是心性修养的内部自觉，而且成为一种外部的制度性操作；不仅是“私域”的个人自觉，而且是“公域”的社会价值诉求。以市场经济为基础性动力的中国社会的当代转型，推动了党和政府的执政思维和治国理念的现代性生成，人们政治地位的平等性、利益关系的复杂性和交往程度的紧密性，决定了党和政府利益代表功能的公共性。因此，着眼于集体、着眼于全局、着眼于长远的“公共价值”，成为作为政治原则的集体主义的核心内容。集体观念、公共利益意识，是现代性社会、现代性执政方式和现代性公民的重要表征。

关键词：集体主义　经济制度　政治原则　道德原则　价值取向　社会主义市场经济

0075

当代文化产业的本质与发展 / 盛新娣著 ；夏甄陶，李燕指导. -- 中国人民大学，2005. -- 141 页

本文从四个方面展开对当代中国文化产业的研究。首先，阐述文化产业兴起的客观必然性，从起源、发生的角度表明文化产业是现当代精神文化生产的新形式。其次，阐发文化产业的本质内涵及特征，从当下存在的角度说明文化产业的主要内容和根本特性。文化产业，是现当代人们的建构符号体系、生成象征意义的活动，其实质内涵是普遍性符号、意义的生产，也是当代人某种社会想象空间的拓展和铸就。文化产业是以资本符号形式承载符号共建与意义共享内容的生产实践。资本符号所表征的，是双方共同构铸的、充盈着“价值增殖”这一内涵的特定社会想象空间。再次，论述文化产业的发展特点及本质要求，从发展趋势的角度阐明文化产业总是在一定的价值观念形式和一定的意识形态的引导或指导下发展。作为一种当代精神文化生产实践活动，文化产业是一个发展过程。这实质上是当代精神文化主体能动作用于当代精神文化客体的过程，是当代精神文化主体能动地改化、吸纳隐含于文化生产客体之中的价值观念形式的过程，是主体以当下现实的价值观念形式为框架，将隐含于客体中的多样价值观念形式吸纳进自己创作之中的过程。这种改化、吸纳及其结果，主要不是为统治利益或少数“精英”服务的，而是为着满足社会大众或广大消费者的精神文化需要，因而，直接融入商品、市场经济的深入发展之中。最后，阐释社会主义文化产业的本质与发展问题，进而涉及当代中国发展文化产业的核心理念和根本思路。在社会主义文化产业发展中，影响、指导其主体能动作用、吸纳、改化客体的，是工人阶级的价值观念形式或社会主义意识形态，因此，社会主义文化产业的发展，应当以人民群众的精神文化需要及其文化创造为出发点，它的主要任务，是满足以工人阶级为主的广大人民群众日益增长的精神文化需要，并促发他们参与社会主义精神文化生产的积极性，激发其自由创造的潜能。社会主义文化产业发展的价值目标，是实现全体劳动者精神文化生活的共同富裕，使每个人都有平等的机会在社会主义精神文化建设中去创造和享有更多、更好的文化产品与服务。当代中国文化产业发展的基本原则，是具有中国特色的大众化，也就是把满足人民群众旺盛的精神文化需要、发挥文化生产劳动者的本质创造性力量作为发展的基本内容。

关键词：文化产业　主体　实践　本质　符号　精神文化

0076

技术与生活世界 / 舒红跃著 ；朱葆伟指导. -- 中国社会科学院研究生院，2005. -- 115 页

本文以马克思主义哲学为背景，借助于现象学还原方法，把主观—相对的观点和现象还原到技术的实事本身，即在日常生活世界“可经验、可体验、可认识”的人造物身上。然后通过本质还原，悬置人造物各种事实性特征，把人造物还原为人造物的结构与功能的二重性。文章认为，人造物是结构与功能（意向）的统一体，通过其结构，可以把技术与物的因素即自然的结构与规律联系起来；通过其功能或意向，可以把技术和技术得以产生和形成的生活世界联系起来。技术的本质不在于实体性的人造物，而在于技术与生活世界的相关性：从人造物的角度看，技术是生活世界的聚集和反映；从生活世界的角度看，技术是物化为人造物的技术，是生活世界和组成这一世界的诸要素和它们之间的相互关系在人造物身上的物象化。本文不仅从形而上的角度研究技术的本质，而且从技术与生活世界相关性的角度分析了当代技术问题产生的根源：一是组成生活世界的各种因素和它们之间的关系出现了问题，这些问题被物化和凝聚在人造物身上；一是技术本身聚集和反映生活世界的方式出现了问题，导致现代技术只是聚集和反映生活世界少数因素。与传统经验技术“肤浅的全面性”相比，现代科学技术的特征是“片面的深刻性”。健康的、合理的技术

应该是一种全面、深刻、协调、自由和感性的人性化技术。

关键词:技术哲学　科学技术　生活世界

0077

正义的主体性建构：罗尔斯正义理论解读 / 舒年春著；李德顺指导. -- 中国社会科学院研究生院，2005. -- 129 页

作者以规范问题研究必须涉及的主体性问题为框架,对罗尔斯正义理论进行解读。文章认为不仅在规范层次上,立法者强势群体有一个照顾非立法者弱势群体的利益与愿望的问题,而且在规范的执行与遵循即规范的贯彻层次上,有一个执行者向遵循者说明遵循规范的理由的问题,此外还有作为执行者的行为主体和一般行为主体共同贯彻规范的问题。对弱势群体的利益与愿望的兼顾,罗尔斯是通过提出并论证以两个正义原则为核心内容的公平正义观念实现的。在政治生活领域,每个人是平等的。但是一种合理的正义追求不可能完全抛开效率或功利原则,所以他又提出差异原则,将他的正义构想拉回到活生生的现实土壤之中,差异原则允许社会和经济方面的不平等,只要这种不平等满足以下两个条件:(1)这些不平等必须依系于公平的机会平等条件下的地位和职位向所有人开放;(2)这些不平等是为着社会最不利成员的最大利益的。在罗尔斯那里,“同样情况同样对待”是需要“不同情况不同对待”做补充的,只是有时这个补充是很不够的,这在《万民法》中表现得尤为突出。规范贯彻层次上的两个问题,罗尔斯通过给出公平正义观念的公共性论证及公民的正义感进行解决。对于规范制定和贯彻两个层次之间的关系,罗尔斯特意提出一个“选择”和贯彻正义原则的“四阶段序列”予以说明。文章认为,罗尔斯对与正义规范相关的主体性问题的解决是比较精致和成功的,但也存在明显的缺陷:第一,对个人和国家—社会之间的各种联合体(即所谓的“公共领域”)的独立性和独特性关注不够;第二,对民族—国家的主体性权力、权利尊重不够,在罗尔斯那里,似乎只有公民个人及其利益与愿望才是真实的,这导致了他对所谓的“法外国家”的极端不宽容态度;第三,罗尔斯正义理论的最大特色和最大不足在于他的自由主义—个人主义立场和美国公民眼界。

关键词:罗尔斯(Rawls, John Bordley 1921 ~ 2002)　政治思想　正义　公平　主体性　弱势群体

0078

经验、理性与制度演进 / 宋清华著；袁贵仁指导. 北京师范大学，2005. -- 193 页

在人类制度文明发展过程中,有两种基本的制度发展模式,即自然演进模式和理性建构模式。自然演进模式是指人们依据活动或行为的经验而形成的制度发展模式;而建构理性模式则指人的理性有意识、有目的地设计出来的制度形式。两种制度发展模式与人的两种理性形式有着极为密切的关系,这两种理性形式分别是经验理性和建构理性。本文着重探讨这两种理性形式与两种制度模式的关系。文章认为,经验理性脱胎于经验主义,它强调人类理性的有限性,认为人们只能借助经验认识事物,人类的一切知识都来自经验。建构理性则源于理性主义,强调人的理性认识具有无限性,它可以把握事物的本质、规律,并据此预知事物的发展趋势和前进方向,从而把握事物的发展进程,甚至可以操控或决定其进程。经验理性偏好责任伦理和工具理性,相信人的理性是有限的,提倡尊重传统、惯例和习俗,强调自发秩序在制度发展中的主导作用,注重社会发展的连续性,坚信人是不完善的、有缺陷的动物。而建构理性则偏爱意图伦理、信念伦理和价值理性,相信人的认识能力的无限性,反对传统,要求革除惯例和习俗,喜好革命和变革,认为人性具有无限的可完善性,具有怀疑主义特性。这使他们在制度观上也表现出极大的差异性。文章考察了两种理性形式的哲学基础,从本体论、知识论和方法论纬度对二者进行了辨析。文章指出,两种理性形式经常相互越界,致使双方互相排斥对方发挥作用。要解决这一问题,就必须严格划分二者发挥作用的范围,以使它们不得越界行动,并借助实践来实现二者的沟通和联接,使其各自发挥对制度的有效作用。经验理性适宜在经验世界发挥作用。在经验世界里,经验理性要求为事物立法,为制度立法。这是由制度的经验性质决定的,制度本身就是经验世界的,具有时空的特性;而有效的制度是发现出来的,不是理性设计出来的,具有现实性的理想制度也出于现实经验世界,源于人们的实践。建构理性的作用有二:一是在经验世界设计具体的制度;二是超越经验世界追求形而上的至善理想。所以超验世界乃是建构理性发挥作用的领域。这是由理性的超越性特性决定的。建构理性的超越性追求,是人类自由意志的体现。它创造至善的价值理想,追求人性的崇高和尊严,并因此体现出人对自身的自由和解放的不懈追求。在超验世界里,建构理性具有对现实制度的批

判、说服、规导、感召和激励作用,以此有效地发挥对制度的作用。文章最后认为,制度发展是与自然演进和理性建构相统一,合目的性与合规律性的统一,马克思主义实践观实现了对二者的创造性统一。

关键词:经验　理性　制度　马克思主义哲学

0079

中国马克思主义哲学研究中的“实践唯物主义”转向 / 孙芳著 ; 安启念指导. -- 中国人民大学, 2005. 189 页

本文认为,“‘实践唯物主义’转向”是马克思主义哲学研究的一个阶段、一个环节和一个组成部分;“‘实践唯物主义’转向”深层渊源于马克思哲学中的实践唯物主义理论;但实践唯物主义并不为马克思哲学所独有,马克思哲学的后继者与马克思一道开创了马克思主义哲学,因此,不应该将两者绝对地对立;“实践唯物主义”与“辩证唯物主义和历史唯物主义”之间不仅有否定和对立的一面,也有超越和继承的一面,二者之间是能够统一和相容的,对前者不能全盘肯定,对后者也不能全盘否定,要分别作以客观公正的评价。文章分别对“实践唯物主义”转向的前奏即1978 年至 1988 年之前这一“实践唯物主义”转向初始阶段、“实践唯物主义”大讨论始末即 1988 年的两次会议所引起的哲学界各家各派的争鸣与交锋,以及“实践唯物主义”转向在 90 年代以后至今的世界之交再发展等作了历史考察。文章最后指出,“实践唯物主义”转向在中国历经二十六个年头,是中国改革实践的产物,对中国的社会主义建设事业作出了不可磨灭的贡献;就其把马克思主义哲学作“实践唯物主义”理解这一本质要义而言,“实践唯物主义”转向有着显赫的理论功绩;而且,从更为深远的理论渊源和马克思主义哲学超越中国界限的世界发展史来看,“实践唯物主义”转向并不是一个孤立的中国事件,而是一个一脉相承的世界性现象。

关键词:马克思主义哲学　实践唯物主义　辩证唯物主义　历史唯物主义

0080

经济全球化进程中的文化主权问题研究 / 孙万菊著 ; 徐伟新指导. -- 中共中央党校, 2005. -- 140 页

论文认为,文化主权是指现代民族国家将本民族文化的习惯、信仰和价值观念上升为国家意志,对本民族文化所拥有的最高和独立的权力和权威。当今世界的国家主权观是包括经济主权、政治主权和文化主权在内的综合主权观。在诸种国家主权中,文化主权日益显示出其重要的、显著的地位。面对西方世界无孔不入的文化扩张和文化渗透,对第三世界而言,捍卫自己的文化主权,健全文化主权的维权机制,已经是刻不容缓。文化认同决定着人们对文化主权的基本态度和基本情感,是人们文化支持、文化归属的基础,对于文化主权的维护和发展具有重要的意义。文化维权机制的主要内容,就是要培养人们的文化认同意识。因此,我们要增强文化适应性,使得文化一方面适应所处的时代背景,另一方面在文化的交流过程中,适应其他文化圈的文化特色和接受能力等情况;提高文化竞争力,文化竞争力是综合国力的重要组成部分,要处理好文化发展的经济效益和社会效益的关系,倡导建立国际文化新秩序;发挥文化整合的能动性,使得在经济全球化的条件下,各种文化因素或文化成分在功能上相互协调、兼容重组,不断更新自己的文化样式,实现民族文化的更新与融合,最终形成一个有机文化整体的过程;积极开展文化创新,创建超越东方文化和西方文化、社会主义文化与资本主义文化的有特色的新文化。文章认为,坚决捍卫文化主权是我们的一贯主张。我们维护文化主权的基本宗旨始终围绕经济建设中心,最终是为了更好地促进经济发展、社会进步。独立自主、和平共处和反对文化霸权是我们维护文化主权的基本原则。加快参与有关国际规范的步伐是我们的基本策略。

关键词:经济全球化　主权　文化主权　文化认同　民族文化

0081

毛泽东社会结构思想研究 / 汪绪永著 ; 雍涛指导. -- 武汉大学, 2005. -- 133 页

本文运用哲学和社会学的方法,以近代以来中国社会结构转型为历史背景,对毛泽东社会结构思想的理论源流、基本内容、实际运用、性质特点、局限和超越以及它对现实的启示等问题作了跨学科的研究。本文认为,毛泽东社会结构思想的理论源流,除了受中国传统文化的影响外,主要受马克思主义社会结构理论的影响。近代以来,中国社会转型发生了三次社会结构变迁,经历了四种社会形态,即封建社会→半殖民地半封建社会→新民主主义社会→社会主义社会。毛泽东的社会结构思想正是对近代中国社会结构由传统向现代转型的理论反映。社会基本结构方面,毛泽东第一次在马克思主义哲学史上明确提出“社会基本矛盾”范畴,将生产力与生产关系、经济基

础与上层建筑的关系升华到贯穿人类历史始终、全面推动社会向前发展的高度,凸现了社会基本矛盾在社会基本结构构成和发展中的终极意义。社会形态结构方面,毛泽东对马克思主义关于政治、经济、文化的辩证关系进行了经典的总结,指出经济是基础,政治则是经济的集中表现,而一定的文化是一定社会的政治和经济的反映,同时又给予伟大影响和作用于一定社会的政治和经济。社会人群结构方面,毛泽东认为,几千年的文明史,就是阶级斗争的历史,因此,应该把阶级分析方法作为认识中国社会状况、指导中国革命问题的一个最基本的方法。文章在考察了毛泽东社会结构思想的实际运用后指出,毛泽东社会结构思想是马克思主义社会结构理论同中国社会转型实际相结合的产物,是马克思主义中国化、唯物史观中国化的社会结构理论,从方法论的角度讲,具有应用哲学特别是社会哲学的性质。其特点主要有三点:一是在分析社会基本结构时,既肯定了生产力要素的决定作用,又强调了生产关系、上层建筑的巨大反作用,体现了历史唯物论和历史辩证法的高度统一;二是在分析社会形态结构时,正确阐述了政治经济文化的辩证关系,同时突出了思想文化在社会结构中的地位,体现了能动的革命的反映论精神;三是高扬了社会结构主体——人的价值,为"人的自由全面发展"和社会的全面进步作了马克思主义的人学论证。毛泽东社会结构思想的局限性主要表现:一是在社会基本结构中不恰当地夸大了生产关系和上层建筑的反作用,忽视了生产力的发展;二是在社会形态结构中片面地理解政治的优先地位,形成了社会结构以政治为中心的高度同质化倾向;三是在社会人群结构中将阶级范畴不断主观化,将阶级分析方法绝对化。

关键词:毛泽东思想　社会结构　阶级结构　社会转型　社会基本矛盾

0082

时间性:自我与他者 :从胡塞尔、海德格尔到列维纳斯 / 王恒著 ; 张异宾, 倪梁康指导. -- 南京大学, 2005. -- 105 页

本文从直观明见性入手说明胡塞尔现象学的构造本性;在对意义世界和他人的构造中揭示自我在方法论和存在论上的基础地位;力图阐明"现象学自我"这个问题域中的内在的超越和绝对的时间意识流之间的悖结;进而认为,这个悖结集中表现在时间一意识的被动综合的功能及其阐释上。文章认为,在对其本义是"自身显现"的"在场"这个根本问题上,海德格尔是更彻底地贯彻了"面向实事本身即让事物自身呈现"这一现象学的基本精神,即首先是世界化了绝对主体,消解了在场"之所向"所隐含的方法论意义上的目的论和存在论意义上的主体的先验性;转折后更取消了此在的根基性地位,让存在——即最根本的意义——完全自然地自身显现,所谓的主体的最高意义就只是看护这种自身显现。而这一切都是在把存在的意义(存在就是意义,终极或最本己的意义)坐落在时间性中才得以完成的。但是,呈现或在场这个根本依然,无论是"作为"结构的意义性的存在,还是在林中空地的遮一显运作,即便不是胡塞尔意义上的对象性的,也仍然需要光之暴力。这是来自古希腊的存在论哲学传统,来自柏拉图的太阳、亚里士多德的存在、太一和理性神精神。海德格尔的存在论只是恢复这个传统。正是针对这个在某种意义上成全了古希腊以来的哲学精神的西方哲学的顶峰,列维纳斯开始了自己的哲学之路。这个顶峰是他的起点、背景和对手。在列维纳斯看来,这个世界中只有把握领会,没有虚己尊崇,没有他者的真实存在,甚至没有任何真实的个体;实际上这是一个虚无的世界,没有重量,无所牵挂,没有伦理,没有社会,没有正义。列维纳斯就是要出离这个令人警怖的存在。而其方法却是要回到这个哲学的根处,从内部引爆。胡塞尔和海德格尔一脉相承的时间性就是这个爆点。本文最后在西方马克思主义的背景下,讨论了列维纳斯的作为第一哲学的伦理学与现实解放的关系。

关键词:胡塞尔(Husserl,Edmund 1859 ~ 1938)　海德格尔(Heidegger,Mardin 1889 ~ 1976)　列维纳斯(Levinas,Emmanuel 1906 ~ 1995)　哲学思想　时间性　自我　现象学

0083

全球化背景下中国的文化选择 / 王金宝著 ; 封毓昌指导. -- 南开大学, 2005. -- 111 页

本文以全球化为背景分析了全球化给中国文化发展带来的挑战,提出了当代中国进行文化选择的基本原则和基本构想。文章指出,全球化是当代人类社会的重要特征和发展趋势,是一个包含经济、政治、文化多维度相互交织、相互影响的过程。它在文化上表现为:全球文化交往的增强,文化多样化发展趋势日益明显,文化霸权主义依然盛行。西方文化霸权主义是当代全球化进程中一个不可忽视的问题,它是传统文化殖民主义的延续。文章认为,全球化以及西方文化霸权主义对中国的主导文化、民族文化认同、大众

文化的发展带来了巨大冲击,使全国面临着一种多元化相互冲突的格局。面对全球化以及西方文化霸权主义冲击,我们在文化选择和文化建设上必须坚持自主原则、现实原则、创新原则,反对全盘西化论和文化保守主义,确立一个以“以人为本、全面协调发展”为社会理想,以“工具理性和价值理性相统一的新理性主义”为思维模式,以“个人和社会相统一的新集体主义”为伦理准则和以“清醒的民族意识”为根基的当代中国的新文化。

关键词:文化建设　民族文化　霸权主义　全球化

0084

文化无意识 / 王金会著 ; 李燕指导. -- 中国人民大学, 2005. -- 134 页

本文主要在文化的平台上去剖析和论述文化无意识的内涵、形成机制、特点、功能及其对中国未来文化精神建构的意义。论文分为五章。第一章探讨文化无意识的概念和内涵。文化无意识是一种精神现象,相对于本能无意识而言,它是一种更为深层的无意识心理和精神现象;文化无意识是一种深厚的文化心理积淀;是文化的一个特性;是影响和支配人的思想、行为的力量。从不同的角度进行剖析文化无意识,还可以把文化无意识分为个体文化无意识、群体文化无意识、精神文化无意识和行为文化无意识。第二章阐述了文化无意识的生成机制以及生成特点。社会机制主要是文化主体生活于其中的社会文化背景,它包括两大类型:一是历史文化传统;二是现实文化环境,现实文化环境又包括外来文化和有着鲜明时代特色的国内化两个方面。生理机制主要是人脑定势的功能状态,是大脑皮层较弱兴奋部位的活动,是人的下脑和右脑的产物。心理机制主要是主体的文化心理积淀。文化无意识生成具有渐进性、互渗性、不自觉性和层次性的特点。第三章阐述了文化无意识的特征。作为文化心理积淀的文化无意识具有文化的某些属性,包括文化无意识的民族性、时代性、阶级性。除此之外,文化无意识还具有共性和个性、确定性和不确定性、价值的正负性。第四章论述了文化无意识的功能与作用。一方面,从文化角度切入文化无意识,考察了灵感、顿悟、梦、思维定式等文化无意识因素在科学创造和发明中、文学、音乐、书法等艺术创造中的推动和促进作用,以及在文化的播化、濡化和更新中,文化无意识积极或消极的作用。另一方面,从主体角度切入文化无意识,考察它主体在认识选择、感性认识和理性认识辩证过程中的参照、激发、调控等功能和作用;爱好、兴趣、情感、意志、思维定式等文化无意识因素对人的行为的促进和阻碍作用;以及在主体的评价活动中,情感、思维定式和价值取向等文化无意识因素,对主体评价影响。第五章讨论了文化无意识对未来中国文化精神的建构的影响和意义。

关键词:文化无意识　主体　文化精神　文化哲学

0085

中国社会主义民主建设的理论和实践 / 王巨兵著 ; 姚润皋指导. -- 南京大学, 2005. -- 199 页

本文通过历史与逻辑相统一、理论与实践相结合、纵横对比等分析方法,探讨了中国社会主义民主建设的历史前提、理论基础、本质特征、发展轨迹。一方面,对中国社会主义民主建设的理论和实践进行了梳理;另一方面,侧重结合当代中国的实际与民主发展的时代潮流,研究了影响中国社会主义民主建设的一些重要问题,在总结经验、探索规律的基础上提出了一些有益的思路。文章考察了中国社会主义民主建设的三大历史源流,指出走社会主义民主的道路是中国人民的历史结论;阐述了马克思主义科学民主观的具体内涵;联系中国革命、建设的具体实际,论述了以毛泽东为代表的中国共产党人对中国社会主义民主建设的初步探索;比较系统地阐明了邓小平中国特色社会主义民主理论和党的第三代领导集体对社会主义民主建设的新发展;论述了发展党内民主的重大理论和现实意义;从历史轨迹和实践价值两个维度,阐述了发展社会主义基层民主的历史必然性和现实性;具体分析了人权的历史性和发展性、普遍性和特殊性、现实性和理想性的内涵,论述了尊重和保障人权与无产阶级历史使命的关系,提出建立与中国国情相适应的人权保障体系的重点。作者进一步指出,社会主义民主是社会主义民主政治、社会主义经济和文化民主的有机统一;坚持和完善社会主义民主制度的关键是加强制度创新,健全社会主义法制的基础是充分发扬民主,社会主义民主是程序民主与实体民主的有机统一。最后,从目标定位、实施步骤、具体内容、路径选择、发展措施等五个方面初步总结了中国社会主义民主建设的历史经验。以“三个代表”重要思想、科学发展观和建设社会主义和谐社会的理论为指导,提出中国社会主义民主建设的未来走向,最根本的是把坚持党的领导、人民当家做主和依法治国有机统一

起来，不断提高党的科学执政、民主执政、依法执政的水平。

关键词：社会主义民主　民主政治　社会主义建设

0086

马克思东方社会理论研究 / 王聚芹著 ；余源培指导. -- 复旦大学, 2005. -- 198 页

论文认为，马克思东方社会理论归结起来大致包括以下内容：落后的东方社会仿照西方发展资本主义只能是重走全面异化的屈辱之路；世界交往使科学技术和生产力不必在每个国家重历自我生成的整个过程，国际科技交流和相互借用使社会跳跃式发展更具可能性；农村公社内、外矛盾的特殊性是东方不同于西方的社会结构存在形式，也是东方社会跨越发展的前提；世界交往使导入社会主义的突破点不再唯一，除经济因素外，政治、军事手段同样可以担当不同国家直接挺进社会主义的导行因素；可以率先发动社会主义革命的不一定是最先进的资本主义国家，在当时情况下，只要条件具备，东方社会同样也可以发动社会主义革命；东方社会不必固守于西方已经经历的道路，在借鉴并利用西方世界文明成果的基础上，可以跨越资本主义的“卡夫丁峡谷”，实现跳跃式发展；西方现代化的实质是对农民的剥夺，而东方社会要真正实现跨越发展，必须能够成功解决现代化与农民的关系问题；避免资本主义自发发展时所经受的苦难和享用资本主义现代化积极成果成为东方社会跨越发展中坚持的两大原则；东方社会必须终止资本自发发展才能实现社会发展的自觉；农村公社优势的发挥与借助只能在社会主义交往时代才能充分彰显。马克思东方社会理论揭示了人类历史趋向现代文明不可能只有西方一种模式，它全面体现了人类社会发展普遍性和特殊性相结合的总则，实质上是对社会发展观中的欧洲中心论的一种批判，这一理论的蕴成使对东方社会发展认识的自觉真正跨越精神阈限而进入实践领域，进入到发挥纳涵世界发展总势和民族历史既予潜能双力交融的解放的时代，马克思东方社会理论将唯物史观彻底、全面地贯彻到东方世界，这一理论成为东方进行社会主义革命和建设的指南。但是，科学的东方社会理论的产生并不能解决东方社会将在发展过程中产生的所有问题，理论变为实践是一个更为复杂的过程。现实的东方社会主义之路的探索需要结合马克思东方社会理论和各个国家的现实，才能真正制定出切实可行的社会发展方略。而在探索东方社会主义之路的过程中，存在着产生谬误的多种多样的历史因素；恒动的国内、外条件和环境使人们必须对马克思东方社会理论进行选择和取舍；由于不同的东方社会主义者对时代问题和国内问题的实质和核心理解存在差异和出入，在理解马克思东方社会理论时极有可能出现偏差，所有这些导致了东方社会之路选择争论的产生和不同东方社会发展方案的汇成。

关键词：马克思主义理论　东方社会　世界历史　民族传统

0087

社会发展机制研究 / 王晓林著 ；梁树发指导. -- 中国人民大学, 2005. -- 194 页

本文以唯物史观和科学发展观为指导，立足于解决当代中国社会发展中的实际问题。首先，对社会发展机制的内涵、特征、构成和运行等作了一般的理论分析，在此基础上，着重探讨了社会发展机制的两个二级机制——社会发展动力机制和社会发展整合机制，以及社会发展机制的三大基本运作形式——经济运行机制、政治运行机制和文化运行机制。其次，从主体建构的角度分析了社会发展机制的实践进程，揭示其生成与演进的内在规律性，根据对社会发展机制实践特征、运行绩效、基本环节及其相关联性的分析，提出了新时期社会发展机制科学建构与优化的目标原则。最后，通过对改革开放以来中国社会发展机制条件变化、运行绩效及其面临的挑战和存在问题的分析，对如何创新当代中国的社会发展机制提出了对策性建议。文章注重揭示社会系统内部各要素之间的相互联系，致力于探寻影响社会发展的基本因素，并找到这些因素带有规律性的作用模式；突出影响因素的作用过程和作用原理，探究社会发展的内在过程，掌握社会发展机制产生作用的一般原理，进而利用这些原理优化社会发展机制。

关键词：社会发展　社会制度　唯物史观　科学发展观

0088

政治文明视野中的权力问题研究 / 王照东著 ；马俊峰指导. -- 中国人民大学, 2005. -- 182 页

作者从考察历史上不同的权力起源论和权力本质论入手，梳理了中西方思想史上各种关于权力的起源、权力的本质的不同看法，并从马克思主义国家观的角度批评其理论得失和形成原因。关于权力与权威的关系，文章认为，权威是指以权力强制为依托，以

公民的认同和遵从为前提而产生的使人信从的力量和威望。在野蛮时代,权威是靠武力建立的,服从是强制性的。进入文明社会之后,权威的产生除了以强力为基础之外,更需要理论的论证,需要人们观念的认同与合法性的根据。权威与服从是相对应的,也以服从作为前提。服从就意味着服从者必须放弃一部分自己的权利,这就是权力与权利的关系,国家权力与公民权利的关系。所谓权利,就是一种基于正当的价值追求、以意志、利益与行为为内容的有效支配力。在现实的政治活动中,权力与权利之间是一种对立统一、此消彼长的关系。一方面,人民所享有的权利在很大程度上依赖于现实的权力关系的塑造;同时,随着权利意识的不断提高,人民通过所争取到的权利对权力进行制约和引导,使权力的产生和运行更加具有合理性,成为统治的权力。为了使权力的运作不至于造成公共秩序的崩溃和解体,社会在产生出政治权力的同时,也为政治权力安排了一系列规范体系,即制度。制度的产生在很大程度上是社会中各种不同形式的权力之间相互角逐的结果。通过制度体系的建立,社会实现了对权力的正式安排,使权力的运行被限定在有利于建立和维护公共秩序、促进社会公共利益实现的范围内。现代社会的民主政治的基础是制度公正,而制度公正就是通过权力结构的合理配置实现的。按照唯物史观的观点,任何权力和制度都是有阶级性的,就是说,对于权力问题必须具体地加以分析,不能简单地、抽象地断言权力本身是善还是恶。权力本身并无善恶之分,它是一柄双刃剑,既可为善,为积极地组织社会活动促进社会发展服务,也可为恶,阻碍社会经济的发展,关键在于如何配置权力和如何安排权力。文章认为,尽管权力是一种极其复杂的社会现象,但它的运行仍然存在一定的规律性。把握权力运行的基本规律,有助于引导我们更好地处理社会理性和个人非理性之间的矛盾,合理地对待权力现象,使之为人们所控制而减少盲目性。这对于当前我国的政治文明建设是十分有益的。

关键词:政治文明　权力　权威　权利　制度　唯物史观

0089

语言文字与文明起源关系的哲学思考：马克思语言文字观与当代新问题 / 魏小巍著；王东指导. -- 北京大学, 2005. -- 103 页

本文旨在发掘马克思、恩格斯文本中的语言文字观,进而探讨这些观点在当代面临的新问题、新挑战,并对这些问题作出了初步的回答。文章认为马克思语言文字观的发展历程中隐含着一条逻辑线索。从探讨"语言文字与思维"的关系开始,通过"语言文字与货币"的比较,潜藏着对语言文字在人们交往中的作用、在"原始共同体"中所起作用和意义的探索,最终落实到语言与人类的起源、进而推广到文字与文明起源关系的探讨上。其中始终蕴涵的一个核心问题就是"语言与人的本真关系"问题。文章对语言与文字的关系、文字起源过程中原始图画与刻划符号的关系、文字发展过程中政治动力和经济动力的关系以及文字与文明的关系这一系列"关系问题"作出回答。文字是人类文化演进过程中的一项独立的重大创新;溯其源头,文字的起源不是单一的,而是抽象与具象的双重因素共同作用的结果;而文字的发展和演化也是多重动力综合作用的结果。究其实质,文字作为人类特有的一种文化现象,可以看作是呈现出网状结构的人类文化中的一个结点。因此,透过"文字"这一特定的"文化基因",我们可以考察、分析、比较不同文明的特点。文章指出,文明只有类型的不同,而不存在高级、低级之别;也不存在一种"进化"的必然方向。这正是不同文明之间开展对话和交流,进而达成相互包容、相互理解的前提和基础。这也正是马克思哲学思想中的应有之意。

关键词:马克思主义　语言　文字　文明

0090

蒙古族生态观的哲学分析 / 乌峰著；萧前指导. -- 中国人民大学, 2005. -- 162 页

本文认为蒙古族生态自然观形成有其多方面的原因。从环境角度看,蒙古高原地处亚洲中部的内陆地区,气候极不稳定,这种脆弱的自然环境要求人们,在与自然界打交道时不能把改造和征服放在主要位置,而只能适应自然并严格按着自然规律办事。从经济生活角度看,包括蒙古族在内的诸北方民族历来经营游牧经济,而游牧经济是适应大于改造、征服的经济门类。蒙古族生态观的形成不仅是适应自然环境和生产、生活实践的产物,也是包括伦理道德、法律法规等无形制度与有形制度发生作用的结果,更是先民们用理论思维去审视环境问题、环境与人的关系问题,并把其纳入哲学世界观之平台进行思索、追问、审判的必然结果。蒙古族生态观具体体现在神话故事、英雄史诗、风俗民情、图腾崇拜以及萨满教、佛教等宗教信仰之中,也贯穿在经济、政治、法律、道德、军事等领域。蒙古族生态伦理思想是很丰富的,其中包括针

对人之善恶、生命价值、生活意义等问题的传统伦理学和针对大地、动植物体的大地伦理学。在传统伦理学的早期阶段,人们看重英雄人物和人的意志力。进入近代后,把人们从宗教桎梏中解放出来,彰显人本真的、内在的本质力量成为传统伦理学的主要内容。蒙古族大地伦理学是立足于"各种生命体都拥有内在价值"之立论基础上提出的,在他们看来,大地、空气、水源、动植物都是人类存在和发展不可或缺的条件。由于蒙古人认为土地、草原植被和各种飞禽走兽都具有生存的内在价值,所以早期蒙古法律明确规定了人们对其所负有的权利和义务。蒙古族生态观和保护生态环境的做法对当今世界正在并将长期持续下去的"绿色革命"、"蓝色革命"都有极大的理论和现实意义,这是蒙古族生态观所具有的内在价值。

关键词:蒙古族　生态观　环境保护　民族文化　萨满教　生态伦理学

0091

社会制度的伦理分析 / 吴翠丽著 ; 郭广银指导. -- 南京大学, 2005. -- 195 页

本文从六个方面对社会主义条件下制度建设的伦理维度和价值目标进行了研究和论述。导论部分重点阐述了制度伦理的研究缘起和特定论域。认为制度伦理主要是指社会主义制度建设中应蕴涵的道德理念和价值指向。进而从总体上对社会主义社会制度的伦理基础和价值追求进行了论证。第一章从横向的维度分析了制度伦理的产生背景,认为从传统社会向现代社会的结构转型以及社会主义市场经济体制的建立和法治社会治理模式的变更,既是制度伦理的生成语境,又是对其进行深入研究的参照系统。第二章从纵向的维度阐述了制度伦理属规范伦理范畴,规范伦理可以为制度伦理研究提供丰富的理论资源。第三章通过对公正初始含义和历史发展进程的考察,认为社会主义条件下制度公正的实质就是通过对社会成员的权利和义务进行合理地分配,实现权利和义务的真正统一。符合社会发展的客观规律和社会大多数成员的整体利益是衡量公正的客观标准。第四章论述了社会制度的平等目标和伦理追求。对我国当代社会的平等问题进行了审视和剖析,论述了平等的价值目标在当代中国的主要内容和时代体现。并以社会人员收容遣送制度的废止为例,对其进行了具体分析。第五章阐述和分析了马克思主义关于人的自由全面发展理论,认为人的全面发展是社会制度建设的核心价值和终极归宿。在建设中国特色社会主义现代化事业的新阶段,人的全面发展原则集中体现为始终坚持邓小平理论和"三个代表"重要思想,牢固树立以人为本的科学发展观,立党为公,执政为民,全心全意为人民服务,维护和保障最广大人民群众的根本利益。

关键词:社会制度　伦理学　制度伦理　公正　平等　人的全面发展

0092

批判的人学 : 对阿多诺《否定的辩证法》的本质理解 / 吴友军著 ; 孙利天指导. -- 吉林大学, 2005. -- 129 页

作者认为,阿多诺的《否定的辩证法》的实质是批判的人学。它始终以人的自由和解放为内在的价值追求,立足于人的非同一生存,批判任何压制、吞没人的绝对同一性。"否定的辩证法"就是指人通过批判非人同一性的方式,自我否定和超越,敞开并生成自身的非同一反思意识。同时,"非同一"也不是阿多诺批倒同一性后的新的"同一性",而是对任何同一性的具体的反思和批判过程,以"概念的星丛"结合于并坦率感知于人的现实的非同一生存。反体系的混乱形式和碎断语言正是其非同一批判理论的合理形态。阿多诺的《否定的辩证法》是阿多诺历史地负载起的在当代反思资本主义理性和逻辑的历史使命的理论结晶。它意在表明,人类要永远葆有批判同一性的非同一的思想维度,生发自身平等、开放、自由、进步的多元共生的非同一生存。

关键词:人学　辩证法　阿多诺(Adorno,Theoder Wiesengrund 1903 ~ 1969)　同一性

0093

非确定性与现代人的生存 / 吴玉军著 ; 韩震指导. 北京师范大学, 2005. -- 120 页

文章认为,现代社会的发展体现为自我力量不断增长和社会世俗化不断增强的过程。自我日益摆脱外在枷锁的束缚,将自身感性的、经验的一面最为充分地表现出来。但是丧失了形而上追求的现代人也失去了其完整性和崇高感,最终导致自我的碎片化。现代社会不再将共同体看作首要的东西,而是将自我意识、自我决定和自我实现作为自身努力的方向。摈弃了共同体束缚的原子化的个人主义有力地促进了个体自由权利的实现,但同时也将多元主义的种子撒播开来,从而使得价值共识成为现代社会的一个突出问题。现代社会的发展体现为人以自我意识为基点,

力图将外在自然纳入一个确定化轨道的过程。但是，以主观性保证确定性的努力，奠定了现代技术限定自然、强求自然的基础。现代科学技术在抽象化运用的过程中，对复杂的自然进行了简单化处理，在力图使自然的发展按照人自身的确定轨道运行的过程中，造成了人为的风险和危机，从而危及现代人的生存。以自我为根基寻求确定性的现代性实践，是在二元对立的框架下展开的。它所展现的是自我与自然、自我与社会、经济与超验的对立。封闭、冲突代替了对话，僵化、对峙代替了和谐。力图追求确定性的现代性实践，并没有顺利地向着人们预期的目标前进。现代人在不断取得进步的同时，却也面对着自我认同焦虑、价值共识困境和非安全感增强等生存困境。生存的无根基状态成为现代人的在发展过程中面临着的突出问题。正因如此，冲破自我独断的二元对立框架，建构一种新型的自我观，以便为现代人的生存奠定坚实的根基，理应成为当代社会和当代哲学努力的基本方向。立足于实践基础上的马克思主义的自我观和理性观，为我们重建确定性提供了坚实的理论基础。

关键词：生存　自我　实践　现代性　确定性　不确定性　人学

0094

俄国历史哲学语境中的欧亚主义 / 伍宇星著 ; 李尚德指导. -- 中山大学, 2005. -- 161 页

欧亚主义是十月革命后流亡欧洲的俄国知识分子的一个思想流派。本文立足于马克思主义唯物史观对欧亚主义文献进行逻辑归纳和综合分析，旨在全面介绍该流派的思想成就，重点梳理欧亚主义的俄国历史—文化观及其与俄国历史哲学思想演变的辩证关系。主要包括四个方面：欧亚主义思潮及其思想体系；作为欧亚主义精神前提的俄国历史哲学和社会思想总概；欧亚主义的俄国历史—文化阐释及后苏联俄罗斯的新欧亚主义历史认知。欧亚主义者从俄国既不属于欧洲、也不属于亚洲，而是地跨上述两洲的“欧亚洲”这一地理事实出发，重新定义了俄国历史—文化的属性：既不属于欧洲文化，也不属于亚洲文化，而是对上述两个文化本原的综合和兼收并蓄，是独具特色的欧亚文化；俄国历史是居住在欧亚洲领土上的俄罗斯族和图兰民族共同创造的。立足于这一基本历史—文化观，欧亚主义者进一步探讨了俄国发展道路和“思想制”、“人民制”的国家纲领。欧亚主义是在世界历史进程多线路构图的基础上阐述自己的俄国历史—文化观的。欧亚主义者坚持世界文化多中心原则和诸文化等值原则，否认西欧文化的全人类普适性，反对欧洲中心论及破坏非欧民族文化有机发展的欧化，坚持俄国文化及历史道路的独特性。但是，欧亚主义者也因此走向了反欧洲和东方中心论的极端，暴露了其文化相对主义的局限。地理因素即历史—文化之发展地的综合状况是欧亚主义历史—文化阐释的重要依据，这给欧亚主义蒙上了地理决定论的阴影。旨在重塑后苏联俄罗斯自我认知、恢复欧亚空间的完整统一的新欧亚主义，亲历了欧亚洲统一体——苏联——的解体，乐观地论证古典欧亚主义者带有预言性质的发现——欧亚洲空间的联合—分裂—再联合的节奏，相信再次联合的进程不可阻挡。文章最后认为，在当今俄国和世界的历史条件下，欧亚主义者还任重道远。

关键词：历史哲学　文化哲学　欧亚主义　俄国

0095

俄国民粹主义的再认识 / 夏银平著 ; 李尚德指导. 中山大学, 2005. -- 173 页

本文从分析、研究俄国民粹主义产生的社会背景、理论渊源和宗教语境出发，研究了它的历史哲学理论，尤其是几乎被历史遗忘的非革命的民粹主义思想家的历史哲学理论；揭示了民粹主义理论与马克思主义经典作家思想形成之间相辅相成的关系；说明了俄国民粹主义理论的合理性，以及其历史哲学理论的当代价值。本文对民粹主义思想家中最经典的、影响时间最长的、保守的或者不被人们所重视的思想家的思想进行了分析，冲击了某些传统理论对俄国民粹主义的评价。作者认为，俄国民粹主义者对村社的理解有其合理之处，他们并不把村社本身当作社会主义，认为村社有其落后的一面，同时坚信村社可以作为走向社会主义的桥梁。在革命的主体问题上，作者分析了“农民主体观”，提出俄国农民在当时的条件下应该、也可以成为历史主体的观点。文章还分析了“个人主义的社会主义”以及米海洛夫斯基和拉甫洛夫等思想家的“进步观”，从中剥离出了一些由于历史条件的限制，可能被我们所忽视的至今仍然有价值的观点。文章重新研究了马克思、恩格斯和列宁与民粹主义的关系，认为马克思东方社会理论受到民粹主义思想的启发而形成，马克思也给予民粹主义以巨大影响。文章最后指出，民粹派不仅在俄国开了知识分子批判社会的先河，而且和英法的空想社会主义者相比，其批判具有自己的独特性。民粹派们最感动世界的是其对理想主义的追求，虽然历史没有像他们所希

望的那样发展,但是他们的献身精神鼓舞着一代又一代人去努力抗争。同时,他们同情农民,理解农民的苦难、尊重个体、深刻理解社会进步的内涵,所有这些对我们今天的现代化实践,都有着重要的启示。

关键词:民粹主义　民粹派　农民　社会主义　东正教　俄国

0096

综合的时代:论新科技革命与思维方式变革的趋势 / 肖爱民著;杨魁森指导. -- 吉林大学,2005. -- 160 页

本文从分析科技革命与思维方式的关系入手,指出科技革命是思维方式变革的源泉,思维方式应该与科学技术的发展水平相适应。新科技时代,科学技术的发展促使思维客体、思维主体和思维工具发生了巨大的变化,从而哲学思维方式也发生了时代性的转换。人类思维方式中单纯的分析性思维已经不能适应新时代的发展,与新科技革命条件相适应,综合性思维日渐地凸显出来,综合已经成了发展的一种趋向。但这里的综合性思维和以往的综合性思维有所区别,它不是单纯的综合性思维,而是包含着分析性的综合性思维。综合是一种总体上的趋势,标志着人类思维方式的革命性变革,具体表现为:从简单性原则到复杂性原则、从现实性思维到虚拟性思维;从实体性思维到关系性思维;从预成性思维到生成性思维;从精确性思维到模糊性思维。文章认为如果将由科技发展带来的思维方式直接应用到哲学和人类社会领域中,必然导致科学思维的泛化,即科学主义思维方式。为了限制这种泛化,就必须实现科学思维向哲学思维转化——从认识论到生存论的转向。文章最后得出结论,科学技术不是万能的,社会的发展、人类的进步,不仅仅需要新的科学技术,更需要的则是一种新的思维方式。

关键词:新科技革命　思维方式　科学技术　科学哲学

0097

超越语言学:巴赫金语言哲学研究 / 萧净宇著;李尚德指导. -- 中山大学,2005. -- 145 页

本文追溯了巴赫金语言哲学的思想渊源,探讨了巴赫金语言哲学的实质、理论核心和人文科学认识论基础。文章认为,巴赫金语言哲学实质上是一种“超语言学”方法论。“超语言学”不同于传统语言学研究,不是在静态中研究“死”的语言体系,而是把社会学方法和语言学方法结合起来,在动态中研究“活”的语言中超出语言学范围的那些方面,走的是一条超越语言学规则和语言学体系的道路。符号学和话语理论构成了巴赫金“超语言学”的主要内涵。“对话主义”是巴赫金语言哲学的理论核心。巴赫金倡导“对话主义”,认为语言的本质是对话,而生存的特性也就是语言的特性——对话性,即生存,就意味着对话式的交往。在这一涉及本体论的问题中,巴赫金最为关注的是社会因素。在他看来,人的存在不是静态的实体,而是动态的发展行为,是人与人之间的交往和联系。文章总结了巴赫金的人文科学认识论,指出人文科学认识具有对话特性和诠释学特性,并具体论述了巴赫金所提出的几个重要概念:“涵义”、“准确性”、“外位性”、“长远时间”。文章接下去把巴赫金语言哲学放入俄国语言哲学和当代西方语言哲学的背景中进行考察。最后,作者从巴赫金语言哲学出发,审视了巴赫金与马克思主义的关系。认为巴赫金经历了一个由非马克思主义者到受到马克思主义的影响、而最终仍只是一位具有马克思主义倾向的非马克思主义者的过程,这并不能说明他的非马克思主义立场的顽固不化。恰恰相反,它反映出这样一个事实,那就是,他在吸纳马克思主义理论资源的基础上,又开辟出了自己的理论新天地。这也正是他与马克思主义不断“对话”的结果。

关键词:巴赫金(Bakhtin Mikhail, 1895 ~ 1975)　语言哲学　人文科学　认识论　对话主义　语言学　诠释学

0098

科学发展观与后发地区发展战略研究:关于徐州市经济社会协调发展的哲学思考 / 谢德明著;刘林元指导. -- 南京大学, 2005. -- 292 页

文章分析了我国社会主义建设发展战略的三大转变及其转变的内在逻辑,阐明了以人为本科学发展观的基本内涵。提出后发地区要坚持踏踏实实抓农业、跳出农业抓农业的根本指导思想,分析了徐州市农业问题的历史与现状,集中探讨了徐州市解决“三农”问题的基本战略——发展特色农业亮起来、实施农业产业化战略、积极推进农村城镇化进程、牢牢抓住扩大劳务输出这个农民增收的关切点,对解决“三农”问题进行了哲学反思。文章提出了大环境观的概念,阐述了自然生态环境与人的和谐发展关系,历史文化环境与陶冶高尚的道德情操的关系,提出人文精神环境也是一种生产力。分析了毛泽东邓小平精神

及其对领导干部主体性建设的启示，分析了党的领导的角色定位，提出了领导干部主体性建设的主要内容。文章最后对后发地区经济社会协调发展作了辩证思考。作者认为，后发地区在推动经济社会协调发展问题上，在认识上要坚持解放思想与实事求是的统一；在指导思想上既要速度，又要效益；学习先进既要积极，又不要急躁；在发展战略上既要上级政府重点支持，又要本地干群长期艰苦奋斗；在学习方法上既要扬长避短，又要取长补短；在发展目标上既要长远利益，又要眼前利益；在发展动力上既要借助输血，更要注重自我造血；在干部任用上既要重视外来干部，又要重视本地干部；落实科学发展观既要注意形式创新，更要注重内容创新。

关键词：社会发展　经济发展　地方经济　发展战略　科学发展观　徐州市

0099

信用与理性关系研究／谢行宽著；王伟光指导. -- 中共中央党校，2005. -- 113 页

本文考察了中西方思想史上关于信用与理性之关系的观点与论辩。认为在西方历史上，信用一直是以理性为基础的。而这种理性基础经历了由古代工具理性与价值理性的原初统一到文艺复兴以后理性的工具化的演变。在中国历史上，信用的主要根据是价值理性和情感。关于信用与理性间的关系，文章认为，首先，理性是信用行为的主体能动性前提。信用行为的动机既有主体出于理智的思考和计算，把信用看作是实现自身目的的工具的工具理性动机，也有主体出于对信用的价值和意义的体认以及对人的生命意义和生存价值的某种领悟与信念的价值理性动机。信用行为的过程离不开理性的参与。理性的“算计”是信用行为的重要手段，信用行为又必须受理性规范的约束。对信用行为的后果的评价，应该采取权利与义务相统一这一理性的标准。其次，理性是信用制度的核心理念。信用制度的形成和发展，是在主体实践活动基础上的自然演进与理性建构的统一。它需要价值理性为其设定价值目标并提供精神动力，依赖工具理性对社会交往关系的正确认识和提供方法、程序等逻辑表现形式。而对信用制度的遵守，则依赖于主体理性的认同与自律。再次，理性是信用意识的主导因素。信用意识包括信用认知意识、信用评价意识和信用实践意识。信用认知意识依赖工具理性，信用评价意识依赖价值理性，而信用实践意识则是在信用认知意识和信用评价意识的基础上产生的，因此依赖于工具理性和价值理性的共同作用。最后，制度是信用与理性的实现中介。制度作为人类社会交往活动和交往关系的规范化、定型化和系统化，是信用意识与理性精神的外化和体现，又通过其约束功能保障信用与理性得以实现。信用与理性关系的当代建构是本文的落脚点。在当代中国，社会信用的缺失与理性精神的缺失紧密相关。因此，必须以理性为基础，建构包括市场信用、政府信用、法治信用和社会信用等在内的社会信用体系。要培育社会主体的认知理性和价值理性，使之形成各方面信用的认知意识、评价意识和实践意识。要在价值理性的指引和工具理性的支撑下，建立市场、政府、法治和社会等方面的信用制度。要在信用意识的引导、激励和信用制度的规范、约束下促进信用行为的理性化。

关键词：信用　理性　工具理性　价值理性

0100

实用主义与实践唯物主义／徐积平著；王金福指导. -- 苏州大学，2005. -- 137 页

本文着重从哲学路线及出发点、本体论、真理论以及价值论等方面就实用主义与实践唯物主义进行了比较研究，得出以下结论：(1)实用主义在哲学路线和基本理论观点上违背了实践唯物主义，其理论在本质上是唯心主义，是实践唯心主义哲学；(2)实用主义与实践唯物主义在现代哲学转向上有一致性，都实现了实践哲学的转向；(3)有用即真理本质上是错误的，但实用主义在研究真理论时注重其兑现价值、在真理产生过程中注重人们相互认同的作用等，对我们有一定的积极作用；(4)实用主义在当时历史条件的影响下，注重价值论的研究。实用主义对价值的研究，实现的价值哲学转向对社会主义市场经济进程中如何发展马克思主义哲学，如何在这个经济（“价值”）年代发展马克思主义有一定的帮助；(5)实用主义尤其是新实用主义哲学家非常注重对社会现实的研究，这也对马克思主义的当代出场路径有一定的借鉴价值。市场经济需要理论，同时市场经济也能创新理论，在市场经济建设过程中，一个个崭新的理论不断涌现，这一切都为我们不断丰富、发展和创新马克思实践唯物主义理论提供了鲜活的创新之源；积极吸收当代西方哲学的一些积极成果对实践唯物主义的继承和发展有非常重要的作用。

关键词：实用主义　唯物主义　实践　真理　价值

0101

制度公正的日常生活基础 / 徐晓海著 ; 刘少杰指导. -- 吉林大学, 2005. -- 154 页

本文从理论和实践两个方面,对制度公正的日常生活基础问题进行了经验性和整体性研究。文章立足于中国当代社会转型期的实际问题,以社会现实对制度公正性的置疑为切入点,采用归纳和比较的方法,对制度公正原则的历史演进、不同领域中制度公正原则的冲突进行了梳理和分析,进而以日常生活世界为理论分析的起点,从整体上对制度公正的原则进行了界定,并在此基础上提出了转型期制度公正原则重建的基本途径。本文关注的焦点是,为了实现社会公正的目标,人们应该采取什么样的制度安排,制度公正原则的制定以什么为基础,以之为基础实现制度公正何以可能,以及如何通过对转型期制度公正的原则的重建,使富裕群体利益的增进同弱势群体生活状况的改善之间能够实现同步化,结束牺牲一些人的利益来满足另一些人的需要的状况,最终达到共同富裕的目标。

关键词:公正　正义　社会制度　平等　日常生活

0102

红与绿的结盟 : 生态学马克思主义研究 / 徐艳梅著 ; 张异宾指导. -- 南京大学, 2005. -- 201 页

文章认为,生态学马克思主义的产生不是偶然的,作为西方马克思主义的一个流派,它继承了西方马克思主义对工具理性的批判传统;它也是马克思主义的题中之义,马克思对人和自然、社会和自然的辩证关系的论述为生态学马克思主义提供了思想渊源;作为一门交叉学科,生态学马克思主义也坚持生态学、系统论的整体主义的理论原则,但对它们的封闭性、绝对性提出批判。生态学马克思主义是在对生态主义的批判中表述自己的。它批判生态主义的生态中心主义和非历史的方法,代之以人类中心主义和社会历史的分析方法。生态学马克思主义自产生以来,经过了一个发展时期,到上个世纪 90 年代走向成熟。表现在理论上就是:重返人类中心主义,经济理论更加现实,政治理论更加完善以及对社会主义的生态重建。这种变化是上个世纪 90 年代以后"红""绿"联盟中左翼力量加强的缘故。生态学马克思主义表现为两种形式:一是对马克思理论中生态学或反生态学思想的发掘:二是用马克思的方法论来分析具体的生态问题。前者是对马克思的生态学重建;后者形成政治生态学。社会和自然的辩证法是生态学马克思主义的哲学方法论基础,这一基础蕴含在马克思的历史唯物主义理论及其对资本主义社会的批判之中。生态主义把生态危机的根源归于科学技术或工业文明本身,生态学马克思主义则认为科学技术是无罪的,有罪的是资本主义的生产关系,资本主义的生产方式必然产生生态危机。高兹从抽象的哲学层面论述这一联系的必然性,詹姆斯·奥康纳则从经济学层面上完成这一任务。高兹认为资本主义的经济理性必然导致生态危机,奥康纳认为是资本主义的第二重矛盾导致生态危机的产生。生态学马克思主义者认为生态危机的解决依赖于社会主义的替代方案,这一社会主义——生态社会主义和传统的社会主义理论是异质的。

关键词:西方马克思主义　生态学　人与自然　生态主义　生态危机

0103

中国社会主义发展哲学论纲 / 许素菊著 ; 刘林元指导. -- 南京大学, 2005. -- 279 页

全文由绪论和八章内容组成。绪论从界定发展哲学概念入手,介绍了发展哲学在国内的研究现状和最新进展,提出了中国社会主义发展哲学的十个基本范畴,总结了中国社会主义发展的十条基本规律。第一章从马克思主义经典作家关于社会主义发展逻辑的探索和社会主义建设实践的经验和教训两方面考察,确定社会主义初级阶段是中国社会主义发展的逻辑起点,而这一逻辑起点的认识论基础是实事求是。第二章阐明了社会发展是客体决定性与主体选择性交互作用的结果。中国走上社会主义道路,不仅是出于历史理性的选择,而且也是一种价值选择,是主体价值优化选择的必然结果。中国社会主义发展是合规律性与合目的性的统一,从必然王国到自由王国是中国社会主义发展的必然趋势。第三章探讨中国社会主义发展的动力,阐明矛盾学说奠定了社会主义发展动力的理论基础,论述了阶级斗争动力论、改革动力论,并对历史唯物主义与阶级斗争动力论进行了再认识和再评价。第四章通过对毛泽东社会主义目标模式的反思,对社会主义本质进行重新思考,论述了邓小平社会主义本质论及其理论贡献。阐明中国社会主义发展目标,是社会主义价值取向和现代化价值取向有机统一的全方位目标系统。第五章在总结 50 年中国社会主义四条主要经验的基础上,对社会主义发展过程中,尤其是对改革开放和发展社会主义市场

经济过程中引起普遍关注的具体的代价问题,进行研究和探讨,力求把中国社会发展过程中的代价限制到最低程度。第六章着重阐明科学发展观这一中国社会主义发展的新理念。科学发展观集50年中国社会主义发展哲学之大成,标志着中国共产党对发展的本质、内涵和规律的认识更加深刻、全面和丰富。科学发展观的提出实现了中国社会主义发展范式的转换,体现了与时俱进的理论品格与实事求是精神。第七章阐明了社会主义发展是主体与客体的共同发展过程。社会主义发展的核心在于以人为本,促进人的全面发展。第八章论述中国社会主义发展既需要和谐的国内环境,又需要和平的国际环境,这两个条件缺一不可。

关键词:社会主义　社会发展　中国特色社会主义　科学发展观

0104

中国哲学的现代追寻：马克思主义哲学中国化的过程与机制 / 杨谦著；陈晏清指导. -- 南开大学, 2005. -- 260页

文章认为,马克思主义哲学中国化的过程和机制应概括为:文本互动、思想交锋、视界融合、综合创新四个环节。“文本互动”是把马克思和恩格斯的理论语言置于中国民族文化的语境或话语方式中,使其成为能够为中国人所阅读和理解的文本。从文本互动的历程上看,马克思主义哲学理论在中国的传播是一个理论上不断升华的过程。此外,马克思主义哲学一系列基本范畴的翻译过程表明,这种新词的产生和旧词的改造,既源自于民族文化传统,又超越了民族文化的原有语境,不仅为马克思主义哲学中国化的第一步——汉语化提供了必需的文化基础,而且使中国哲学范畴体系本身得到了更新、充实和完善。“思想交锋”表现为多种学术思潮、学术派别之间的对话或论战。思想交锋遵循了从中学与西学的碰撞到确认西学的先进性;从马克思主义与非马克思主义的论战到中国共产党人确立马克思主义在中国民主革命中的主导地位这样的逻辑历程。通过思想交锋,凸现了马克思主义哲学的真理性、可用性,促使那些致力于彻底改造中国的先进知识分子自觉地接受马克思主义理论的熏陶,并将其运用到改造中国的伟大实践中。“视界融合”是指,在异质文化之间实现视界融合必须以问题为先导。文章认为,中国的马克思主义者不仅要与马克思主义的理论文本相遇,而且必然地要与中国文化传统相遇。马克思主义理论的中国化,不仅表现在对中国社会现实问题的解决上,而且表现为它与中国传统文化思想精华的融合上。“综合创新”就是建构和发展马克思主义哲学的中国版本,即实践版本和学术版本。这两种版本本质上是相同的,但有不同的形成方式和运作方式,在发展中二者之间既要保持一定的张力,同时又必须相互支持。马克思主义哲学中国化的实践版本包括毛泽东思想、邓小平理论和“三个代表重要思想”等,学术版本则包括民主革命以来所有马克思主义哲学理论工作者的贡献。

关键词:马克思主义哲学　中国化　中国哲学　文化融合

0105

文明和谐发展论：兼谈马克思主义文明观及其当代意义 / 杨倩著；郝立新指导. -- 中国人民大学, 2005. -- 177页

本文分为四个部分。第一部分分别以东方文明和西方文明为线索梳理了从古代开始直至近代马克思主义诞生之前和谐理念的流变。伴随着对客观世界的科学认识与实践体验,人类对和谐理念的认知不约而同地从最初朦胧的感性认识发展为今天较系统的深刻理性认识。又由于不同的文明历程具有自身的特殊性,和谐理念在不同文明中又展出独特的风格。第二部分转入马克思主义关于文明和谐观的理论阐述。马克思主义从唯物史观的视角考察文明和谐发展的走向,将生产力与生产关系的矛盾运动视为推进文明由低向高发展的动力,客观地反映了文明演进冲突与和谐交织的辩证统一过程,从而将人类的和谐文明理想由空想变成了科学。第三部分将马克思主义文明观与近现代西方文明观进行了对比。认为马克思主义文明观的理论优越性具体体现在四个方面,一是透过文化的迷雾找到了文明的物质根基,真正实现了物质与精神的和谐统一;二是澄清了人们对科技的各种误解,从而树立起科技与人文和谐共存的科学观念;三是在人与自然的关系上对人的地位做了科学定位,为人们认识人与自然的和谐统一提供了正确思路;四是落脚到政治经济分析法找到了造成文明危机的历史根源,并超越道德批判的一般认识主张通过改造现实的社会关系来解决人与社会之间的冲突,使人类对文明和谐的向往走出了乌托邦的困境,为实现人与社会的和谐指明了现实可行的道路。第四部分立足于当代中国的社会主义实践讨论了马克思主义文明和谐观的当代形态。当代中国社会主义的和谐文明建设就是在中国共产党领导下建设以社会主

义制度为基础的和谐社会。在这一实践过程中，我们应该合理借鉴世界上发达国家的发展理论及其经验教训，选择人与自然和谐的发展模式；在经济全球化的大背景中坚持多元文明平等交流的原则，争取外部和谐的国际环境；总结党在历史上走过的弯路，探索物质文明、精神文明和政治文明和谐发展的道路。

关键词：文明　和谐　社会发展　马克思主义唯物史观

0106

人力资本与社会发展研究 / 杨文华著 ; 王伟光指导. -- 中共中央党校, 2005. -- 146 页

本文论证了人力资本存在的历史必然性，阐明了人力资本与社会发展之间的辩证关系，剖析了人力资本运营的社会效应及其在社会发展中的现实矛盾，提出了以人力资本的价值提升构建社会主义和谐社会的发展战略。全文共分四章。第一章分析了人力资本产生的内在逻辑，追溯了人力资本形式的历史轨迹，阐释了人力资本生成的社会条件。第二章阐释了人力资本与社会发展之间的对立统一关系。认为在历史观、价值论和实践论的视界中，人力资本与社会发展是互动融合的统一关系。人力资本的市场运营推动着社会生产的根本发展，人力资本的社会流动推动着社会关系的普遍发展，人力资本的质量积累推动着社会主体的全面发展。反过来，社会发展为人力资本奠定经济基础、提供制度框架、塑造文化理念。第三章运用矛盾分析的方法，分析了人力资本运营的社会效应。一方面，人力资本的运营推动了创新活动在社会各领域的全面展开，从而为社会发展提供持续的动力。人力资本运营推动了创新的对象化、社会化和自主化。另一方面，人力资本知识要素和技能要素超越于品德要素的片面增长，导致人的资本化及其在社会发展中的现实矛盾，即人的资本化与人的意义世界的衰微，人的资本化与人的生活世界的困境，人的资本化与人的对象世界的危机，这些现代社会的文明病症，只有通过实现人力资本诸要素的协调增长，使人力资本的自身价值得到全面提升，并建立与之相应的人力资本价值补偿的社会机制，使人力资本的社会价值顺利实现，才可能解决。第四章提出了当代中国社会发展的必由之路是提升人力资本价值、构建社会主义和谐社会的观点。

关键词：人力资本　社会发展　和谐社会

0107

经济全球化条件下人的发展问题研究 / 杨鲜兰著 ; 陶德麟指导. -- 武汉大学, 2005. -- 289 页

本文共分七章。第一章探讨人的发展与社会发展的辩证统一性，指出人的发展是一个自觉的历史过程，在经历“人的依赖关系”到“以物的依赖性为基础的人的独立性”之后，到达一种“自由而全面发展”的阶段，呈现出由低级向高级的渐进趋势。第二章探讨经济全球化的本质以及它如何影响人的发展。从宏观上讲，经济全球化是世界生产力、分工和交往发展的必然结果，具有进步性和历史必然性。但从微观上或更深层次上看，经济全球化过程是以发达资本主义国家所主导的、维护自身利益和价值观的过程。它给各国的经济政治秩序、思想意识形态带来的冲击不仅是全面的，而且是深刻的。对于人的发展而言，经济全球化的意义是巨大的，并且是双重的，有积极意义，也有消极作用。第三章讨论经济全球化条件下出现的南北贫富分化对人的发展的影响以及人类的对策与思考。第四章探讨经济全球化条件下价值冲突对人的发展的影响以及人类的对策与思考。价值冲突会产生两种结果：一种是出现了有限的价值认同，这种认同带有强制性、非全局性、暂时性等特点；一种是出现全球价值观念大失落，由于贫富差距扩大，霸权主义与极端民族主义同时存在，人类感到茫然不知所措，出现了文化堕落、道德败坏、价值观念空前大混乱。人类只有构建合理的价值体系，在发展中保护多样性，探索不同文明共存共荣的多元化发展模式，才是真正的出路。第五章探讨信息社会对人的发展的影响以及人类的对策与思考。信息技术的发展正以空前的力度和速度改变着人类的生存方式、交往方式、思维方式和价值观念，对人的发展起到了不可估量的作用。当然，这种作用是双重的。解决问题的关键是进行信息规范建设。第六章透视经济全球化的大背景中中国社会发展与人的发展的基本状况，以及如何应对经济全球化促进人的全面发展。第七章对经济全球化条件下人的发展可能性进行追索。认为尽管经济全球化造成了空前纷繁复杂的局面，但它仍然为人的发展提供了巨大空间。在经济全球化条件下，人类逐渐摆脱了各种不同民族和地域的局限，同整个世界的实践活动发生实际联系，有利于利用全球实践活动的积极成果，从而使社会生产力获得巨大发展，而生产力的加速发展是人的发展的客观基础。

关键词：经济全球化　人的发展　社会发展　历史唯物主义

0108

道德诚信研究 / 杨小华著 ; 郭广银指导. -- 南京大学, 2005. -- 144 页

本文对诚信问题所做的研究,是对诚信的道德基础和道德根据所做的哲学追问,要解决的是诚信的道德合理性问题。论文主要探讨了以下几个问题:一是对诚信概念的文化溯源和界定。通过对诚信与诚实、信用和信任的概念辨析,明确了现代伦理学意义上的诚信,是"诚"与"信"的有机复合,在表现形式上是外在道德规范和内在德性的统一。二是在道德规范的视域内对诚信所做的研究,主要涉及诚信作为道德规范的合理性确证、诚信作为道德规范的主要特征以及诚信义务与其他道德义务发生冲突时的道德两难选择问题。文章考察了功利主义和道义论两大道德终极标准理论,并在此基础上确立了自己的道德终极标准,即促进社会的存在和发展并完善人的道德人格和提升人的道德境界,根据此标准从社会和个人两方面对诚信的道德合理性进行了确证。诚信是人的一项基本道德义务,当这种基本道德义务与其他道德义务发生冲突时,我们应该根据道德终极标准,采用"两善相较取其重,两恶相较取其轻"的取舍原则进行道德选择。三是在德性的视域内对诚信所做的研究。文章首先从诚信是人类特有的属性、诚信是过度与不及之间的中道、诚信有助于人们美好生活的实现和诚信有助于社会及其共同体的兴盛和发展等四个方面对诚信作为德性进行了证明。进而在此基础上区分了作为手段的德性诚信和作为目的的德性诚信,并认为德性诚信是对诚信的认知、对诚信的情感和对诚信的意向的统一,内在性、自律性和稳定性构成了德性诚信的基本特征。四是对现代诚信合理建构的探讨。文章认为,进行现代诚信建设必须从以下几方面进行:一是必须创造合理公正的制度环境;二是必须完成传统诚信向现代诚信的转换;三是必须完成由道德诚信向法律诚信的转换;四是必须规范诚信建设与德性诚信建设并重。

关键词:道德　诚信　道德规范　德性

0109

哲学视野中国家与个人的关系 / 杨勇著 ; 韩庆祥指导. -- 中共中央党校, 2005. -- 211 页

本文旨在从哲学角度研究国家与个人之间的关系,为政治文明建设中国家与个人关系的发展方向提供一条新的思路,也为中国政治体制改革过程中国家与个人关系的变迁和制度创新寻求一种世界性的参照。全文共分四章。第一章从国际竞争、知识经济、社会主义市场经济三个方面,说明了研究"国家与个人关系"问题的必要性及其意义,并对这一问题的国内外研究现状进行了清理总结。第二章从思想史角度,对国家与个人关系的思想发展进行了清理与总结。在国家与个人关系思想发展史上,经历了三个阶段。第一个阶段是个人依附于国家阶段,主要指奴隶社会和封建社会。第二阶段是个人独立于国家阶段,主要指资本主义社会。第三个阶段是国家与个人关系和谐发展阶段,指社会主义社会和共产主义社会。第三章论述了国家与个人关系发展的基石——公平正义。在一个国家中,为了保证国家与个人关系和谐发展,必须有一个健全的制度环境,国家必须通过制定规则为个人创造公正平等的环境。第四章论述了在激烈的国际竞争条件下,国家应该以"实力"立国。为达到"实力"立国,能力建设便凸显其重要性,尤其是在当代中国,能力建设应该被视为一种发展战略而提升到应有的高度。能力建设既包括国家的能力建设,也包括个人的能力建设问题。为实现"实力"立国,必须重视人才,重视人力资源建设,必须建构和培育中国的市民社会,国家必须进行体制创新,树立以人的能力为本位的人才观。

关键词:国家　个人　公平　正义　国际竞争力　能力建设

0110

经济学、科学与情境 : 当代西方经济学方法论论争的哲学审视 / 杨渝玲著 ; 张建军指导. -- 南京大学, 2005. -- 95 页

本文对当代西方经济学方法论论争的缘起及论争的基本问题进行了考察与梳理,并评述了西方科学哲学家介入经济学方法论研究的情况。在此基础上,对论争中的成就与困境进行了哲学讨论。通过对论争的核心——检验问题的逻辑分析,对经济理论的检验困境进行了剖析。作者发现在布劳格所开创的传统研究视域中存在着一个重要的盲点,即忽视了马歇尔对干扰因素、规律和"假设其他条件不变"的讨论,而在实际经济学说中这段研究起到的是关键性的桥梁作用,文章就此进行了补充分析,并表明了这种补充对于更加清晰地认识各派论争立场的重要价值;进而通过"规律"与"情境"的关联分析,表明了"情境分析"在当代经济学方法论研究中所应有的中心位置。论文从方法论角度讨论了方兴未艾的新制度经济学,进一步论证了情境分析的必要性与可能性,并结合当

代科学认识论和逻辑学研究成果，讨论了情境分析的哲学意义及其解题功能。通过马克思主义的实践视域与情境分析的本质关联的讨论和经济学与自然科学在“主体相关性”与“客观性”等方面的比较分析，阐明了情境分析可以为经济学之科学性在科学连续体上做出合理定位；同时阐明了在研究方法论上自觉地走向基于形式逻辑的“分析性”方法和基于辩证逻辑的“整体性”方法之有机统一的必要性与重要性。本文力图表明，如果我们能够致力于促进西方经济学方法论研究传统与马克思主义研究传统的沟通与互动，对经济学方法论研究今后的发展是十分有益的。而马克思主义社会实践论与历史辩证法，必将在当代经济学方法论和经济哲学研究中发挥其应有的更大作用。

关键词：西方经济学　方法论　情境　经济哲学

0111

论实践的合理性：关于现代人类生存困境的哲学思考／余晓菊著；陈晏清指导. -- 南开大学，2005. 138页

论文由导论和五章正文组成。导论部分主要分析实践合理性问题凸显的人类生存背景，阐述实践合理性问题研究的历史与现状，介绍本文研究实践合理性的基本思想和方法，说明实践合理性研究的理论和现实意义。第一章“实践、理性、合理性与实践合理性”主要分析与实践合理性相关的几个概念，为实践合理性论述奠定理论基础和前提。第二章“实践合理性的科学界说”集中对实践合理性进行“元理论”分析，阐述实践合理性的问题域，实践合理性概念的性质和本质，实践合理性的实质和内涵。第三章“实践合理性的评价及其标准”立足于价值和评价概念的本质，论述实践合理性的评价及其标准的合理性，包括实践合理性评价的理论前提；实践合理性评价的实质和内容；实践合理性评价的基本标准和最终标准等问题。第四章“现代人类不合理实践的哲学反思”立足于人类实践方式及其合理性的历史演变，分析了现当代不合理实践及其结果——现代人类生存困境的表现形式、产生的原因和哲学实质，评析了现代哲学家们对现代化实践“不合理性”的反省与批判，并阐明了马克思主义哲学解决实践合理性问题的原则和方法。第五章“实践合理化的追求：人类走出困境的现实努力”围绕实践合理化的基本内涵、基本原则，集中探讨实践合理性“如何做”的问题。提出了实践合理化的主要途径和理想模型，并指出马克思主义哲学基于科学的实践观、辩证的理性观和合理的价值观，为我们追求一种更新更高的实践合理化模式提供了重要的方法论启示。

关键词：实践论　理性　合理性　自由　人的全面发展

0112

论科技时代人类生存的困境／曾林著；钱俊生指导. -- 中共中央党校，2005. -- 145页

全文除导论和结语外，分为四章。第一章说明了该课题的研究背景，分析了人类生存困境的内涵，指出了论文的理论前提：人类生存的本真状态。前提建构的基点是从宏观、中观、微观三个层面把人的生存方式依次分为与自然生存相对的类生存、“大我”的生存与“小我”的生存、物质层面的生存与精神层面的生存。为了能够幸福地生存在这个地球上，人类就应当维持与这三种生存方式相对应的三种平衡，即人类生存与自然生存的平衡、个人生存与他人生存的平衡、人的物质生存与精神生存的平衡。第二章具体分析了科技时代人类生存面临的困境以及这种生存困境的表征样态。认为这种生存困境从本质上说就是指人生存的三个维度都失去了平衡，处于失衡状态：生态的失衡、社会内部的失衡和个人内在的失衡。人生存的三个维度的失衡表明了人类生存本真状态的缺失，其实质是人与自然、社会以及自身关系的异化，而这些关系的异化使得科技也随之异化了。第三章以这三种失衡状态为脉络分析人类为何陷入生存困境。认为从根本上说是人利用技术理性对自然、社会以及自身进行无限“祛魅”造成的。技术理性的无限“祛魅”导致了其人文维度的缺失，从而使人忽视了自然、社会以及人自身所具有的内在价值，一切都变成了人类谋取生存的手段。第四章分析了人类如何才能走出生存困境。认为人类走出生存困境的途径，最根本的就是要对技术理性进行人文反思，恢复技术理性原有的人文维度，也就是使技术理性服务于人与自然和谐关系、人与社会和谐关系以及人与自身和谐关系的重建。从根基上对技术理性进行人文反思是我们树立全面、科学的科技观的前提。以此为基础，我们在社会实践中还必须要求科技发展遵循三大原则：人本原则、生态原则和协调原则。为了使科技发展遵循的三大原则能得到更好地贯彻实施，我们对科技发展还要采取一些基本的对策：创建新的科技伦理观、加强科技立法和促进国际合作。

关键词：人类生存　异化　技术哲学　科学发展

观 人的全面发展 科技发展

0113

“生态学马克思主义”研究 / 曾文婷著；余源培指导. -- 复旦大学, 2005. -- 149 页

本文旨在用马克思主义的观点和方法评析“生态学马克思主义”,为我们探索当前解决全球生态问题的途径、正确认识和处理社会主义社会现代化建设中经济发展与生态保护之间的关系提供借鉴。文章认为,当代西方资本主义的发展所造成的全球性生态危机、生态运动和绿色政治的兴起以及西方学者对传统社会主义模式弊端的反思是“生态学马克思主义”产生的社会历史背景。马克思主义关于人与自然关系的理论,当代生态学、系统论和未来学的理论成果以及法兰克福学派的生态危机理论是“生态学马克思主义”产生的主要思想渊源。“生态学马克思主义”对生态危机的成因进行了深刻的剖析,并提出了建构生态社会主义的理想。它强调,造成生态危机的根本原因在于资本主义制度及其生产方式。它从资本主义的消费方式、生产方式以及对外扩张方式的不同角度,对资本主义所造成的生态破坏进行了深刻的揭露。在此基础上,它提出要超越当代资本主义与现存的社会主义模式,建立一种新的人与自然和谐发展的社会主义模式——生态社会主义。文章认为,“生态学马克思主义”与马克思主义的生态思想之间存在着内在联系。在人与自然的关系、资本主义制度与生态危机的必然联系以及解决生态危机的根本途径等问题上,它与马克思主义的基本观点是一致的。二者都认为人与自然是内在统一的,造成环境问题和生态危机的根源在于资本主义制度及其生产方式,只有废除资本主义,建立社会主义,才能从根本上解决生态环境问题。但是,由于它将马克思主义的理论与方法割裂开来,采取抛弃其理论、保留其方法的态度,这就使得它和马克思主义之间必然存在着区别。这种区别主要表现在两个方面:1. 二者对资本主义基本矛盾的阐释不同。2. 二者对社会主义基本特征的阐释不同。

关键词:马克思主义 生态学 生态社会主义

0114

社会公正的价值考量 / 张二芳著；马俊峰指导. -- 中国人民大学, 2005. -- 162 页

本文从哲学价值论的视野观照社会公正问题,从价值创造和价值享受、权利与责任、自由与平等、效率与公平、制度与活动的辩证统一来考察社会公正的历史演进,把社会公正问题的研究深入到人的价值实现的层次,探讨社会公正的价值背后的主体基础和人性内涵,将社会公正看成一本“打开了的关于人的本质力量的书”,通过它来解读和研究人的本质、个性及其发展规律。社会公正是历史与现实、形式与内容、抽象与具体的有机统一。从价值论角度来分析,社会公正的本质是发展着的人对人的发展条件的基本要求,它根本上是人与人的一种关系状态,是不同阶层不同群体之间合理关系的规定,是人们对权利与义务、价值创造与价值享受的合理安排。所以,社会公正从来不是一种超历史的抽象的东西,而是与社会发展和人的发展阶段相适应的,人们的公正观念从来也不能超越一定历史阶段的经济政治结构所规定的水平。自由和平等是人们追求的两种基本价值,也是社会公正所要涉及的基本内容。在具体的历史条件下,二者互为条件互为目的,既互相吸引又互相排斥,存在着一种张力,而公正就是使二者获得一种在其中顺利运行的方式,是人们对这种方式的期许和认可。制度公正是社会公正的基本标志,这是由制度设计的根本目的、制度评价的首要标准、制度权威性的根本来源和制度生命力的基本保障所规定的。公正是制度的首要价值,也是人们评价一个制度是否合理的基本标准,是一定制度能否获得人们的认同和遵从的基本依据。公平和效率是考察制度公正的两个基本维度。公正的制度能使二者互相促进,形成发展中的统一,从而推动社会健康、持续、协调发展。社会主义是作为一种比资本主义更为公正更为合理的社会制度安排而出现的。社会主义制度作为对资本主义制度的积极扬弃,由原则的形式的公正走向了实质公正。实质公正是形式公正的目的和基础,形式公正是实质公正的实施条件和保障。二十多年改革开放取得举世瞩目的成就,积累了不少成功的经验,也存在着不少问题,比如,国有企业改革中掌勺人中饱私囊的问题、改革成就未能惠及大多数人而且代价分配不合理造成的弱势群体问题、地区差距、城乡差距日益扩大的问题、农民的不平等身份以及教育资源不公平分配的问题等等。这些问题蕴藏着很大的社会风险。如何通过制度创新来解决这些问题,使我国在改革过程中实际形成的过分注重效率而忽视社会公平的状况有所改善,使改革的成就惠及大多数人,最大限度地减少社会发展的代价,使人与社会持续协调发展,是我们当前面临的重大问题。贯彻科学发展观,构建和谐社会,正是针对这些问题而提出的正确方针,是新的党中央重新思考和解决社会公正问题的一个基本战

略方针，是正确解决中国现实问题的行动指南。

关键词：社会制度　社会公正　价值论　公平与效率　人的发展

0115

论现代市场经济的分配公正 / 张广宁著 ；章海山指导. -- 中山大学，2005. -- 151 页

本文认为，经济与伦理的共生、"经济人"与"道德人"的一体化，充分证明分配公正在理论上是可证立的。在此基础上，文章从个人权利、经济自由、经济平等以及经济效率等角度，探讨了分配公正所包含的基本要素。个人的基本权利是分配公正的重要依据和源泉，经济平等、经济自由以及经济效率是分配公正的应有之义，它们既是分配公正的前提，也是分配公正的目标。在处理经济平等与经济效率之间关系上，必须根据实际情况，把握好一定的"度"。文章在考察了以往五种分配公正原则的基础上，提出了一种新的分配公正原则，即按基本需求分配与按生产要素分配相结合的原则。按基本需求分配能保障人们的基本生存权利，体现了平等和博爱原则；而按生产要素分配，是指按个人对公共物品的贡献大小进行分配，体现了自由和竞争原则。要实现分配公正，必须坚持多管齐下，既通过"看不见的手"引领分配公正，又运用看得见的"政府之手"调控分配公正，还要发挥"仁爱之手"的作用促进分配公正。这三只手构成了一个整体，彼此之间只有相互配合，各司其职，才能达到分配公正的目的。文章指出，制度选择对分配公正有着十分重大的影响。宏观的社会制度以及微观制度的设计，都会影响分配公正的实现。在宏观制度的设计中，通过考察资本主义与社会主义两种宏观制度，指出社会主义以"共同富裕"为目标，因而更有利于分配公正的实现。在微观制度的设计中，必须体现程序正义的理念，并遵循民主性、合法性、和平性以及尊重性原则。

关键词：市场经济　公平分配　公正　社会主义

0116

新时期中国权力制约论 / 张颢著 ；姚润皋指导. -- 南京大学，2005. -- 145 页

本文在对权力、国家权力（政治权力）以及一些相关范畴界定的基础上，着重从三个方面对新时期权力制约问题进行论述。第一，权力制约的思想渊源与实践基础。本文主要从西方、中国古代近代以及马克思主义三个侧面对此加以论述。第二，对新时期权力制约的一些基本理论进行具体剖析。包括新时期权力制约的现实依据、本质与目的、基本因素与环节、基本原则等。对于新时期权力制约的现实依据，本文主要从社会主义商品经济发展的内在要求、民主政治发展的重要特征以及政治文化发展的高度结晶等三个方面进行分析。新时期权力制约的本质就是要抑制和消除权力的异化，新时期权力制约的目的就是要跳出政权兴亡的历史周期率。新时期权力制约的基本因素包括执政党、政权机关和权力个体，新时期权力制约的基本环节包括对权力主体产生方式的制约、对权力运行过程的制约、对权力运行后果的制约。新时期加强权力制约必须坚持的基本原则主要有：必须坚持党的领导、必须坚持以经济建设为中心、必须坚持中国特色的政治制度、必须借鉴人类政治文明的有益成果。第三，从实践的角度对新时期权力制约的机制进行探索。本文主要探讨了七种权力制约机制，即以权力制约权力、以法律制约权力、以道德制约权力、以责任制约权力、以制度制约权力、以权利制约权力、以监督制约权力。这七种权力制约机制是一个统一的整体，不可分割。因此应把新时期权力制约机制建设当作一项系统工程来看待。具体而论，这七种机制在整个权力制约系统中的地位分别是：以权力制约权力、以责任制约权力、以道德制约权力是权力制约机制建设的基础性工程；以制度制约权力、以法律制约权力是权力制约机制建设的关键之举和重要内容、以权利制约权力、以监督制约权力则是权力制约机制建设的核心和灵魂所在。

关键词：权力　政治权力　民主政治

0117

知识实践论 / 张华茂著 ；杨魁森指导. -- 吉林大学，2005. -- 200 页

文章认为，实践有其不同的历史形态，人类社会就是实践形态不断发展的历史，当代人类实践的主导形态是知识实践。数字化信息革命将使知识成为最活跃的生产要素、成为最直接的财富，知识创新将成为社会发展的最主要的动力，知识活动将成为人类最基本的生活，实践的这种转变实际上就意味着实践方式的变革，意味着一种新的实践形态的出现，这种新的实践形态就是以知识为中介的实践，即知识实践。知识不再只是生产手段，也不再只是科学对象，而主要是实践中介。知识作为实践中介已经成为人类生活的主导力量，主导着人们的生产方式、交往方式、消费方式和学习方式。生产智能网络化、生态化，经济

文化一体化,交往网络化、全球化,文化交往、文化消费成为生活主流,学习个性化、社会化、终身化。知识实践正在成为一种全新的生活方式。以知识为中介的实践将使人们从面对自然客体的自负和面对社会总体的自卑中走出来,摆脱两难宿命,奔向多维关联、互动共生的中介化境域,从多样性、差异性、中介性思维出发,多样化选择、创造性参与。知识实践问题的探讨,知识实践形态的确立,将为我们走出“回到马克思与回归现实生活世界”的两难困境提供一个现实中介,为我们“回归现实生活世界”提供一个具体的切入点,使我们尽快走出仅仅从哲学自身逻辑出发的困境。

关键词:知识　实践　知识实践　认识论

0118

哈贝马斯交往伦理思想研究 / 张建如著 ; 章海山指导. -- 中山大学, 2005. -- 146 页

本文从伦理学视角来审视哈贝马斯理论,解读作为伦理学家的哈贝马斯。哈贝马斯受到分析哲学和语言学、语用学等符号学成果的启发,建立了普遍语用学,对以理解为指向的交往行为进行语用学分析,提出交往行为必须符合真实性、真诚性和正当性这三个普遍有效性要求,并把取得话语共识作为衡量交往行为是否符合有效性要求的标准。哈贝马斯三个世界理论阐述了交往行为体现了行为者与三个世界的全面关系,从交往行为所体现的行为者与三个世界的关系中,进一步揭示和论证了交往行为的三个有效性要求。哈贝马斯的生活世界理论阐述了交往行为者提出和论证三个有效性要求的先验背景知识,揭示当代西方社会由于制度系统与生活世界脱节而导致的生活世界殖民化现象,主张通过强化语言交往机制在生活世界合理化过程中的媒介作用,重整生活世界的结构,消除西方社会的危机现象,建立公正、和谐的人际关系。哈贝马斯批判了先验理性观、工具理性观和非理想主义思想,提出建立在话语共识基础上的交往理性概念,在理性的力量日渐衰微的西方社会,捍卫了理性的尊严。他认为要通过改变社会的舆论结构、建立理想的话语环境,重建交往理性。他提出了交往伦理学的两个基本原则即“普遍化原则”和“话语原则”,认为只有每个有关的人都在没有强制的情况下自愿接受普遍遵守这个规范所带来的一切可以预见的结果的规范才是有效的,只要一切有关的人能够参加一种实践的话语,每个有效的规范就将会得到他们的赞成。本文认为,哈贝马斯的交往伦理思想以主体间性为基础,坚持了伦理学的认知主义和理性主义立场。它坚持道德规范的普遍有效性,同时又尊重不同的文化和道德观。它具有浓厚的理想色彩,但又反映了现代社会人们对道德生活的美好愿望和追求,对中国特色社会主义建设具有一定的启示意义。

关键词:哈贝马斯(Habermas, Jürgen 1929 ~)　伦理思想　道德规范　交往行为

0119

现代化进程中的中华民族精神 / 张瑞芳著 ; 侯才指导. -- 中共中央党校,2005. -- 128 页

论文共分五章。第一章讨论了民族精神的基本概念、民族精神的基本特征和民族精神的功能。第二章对中华民族精神进行了理论分析,概述了中华民族精神的形成和发展历程。认为从理论形态上考察,历史上的中华民族精神曾经历过两次大的历史转换:以伦理思维为主要特征的古典民族精神向以政治思维为主要特征的近现代民族精神转换;以政治思维为主要特征的近现代民族精神向以经济思维为主要特征的当代民族精神转换。中华民族精神的科学内涵和精神实质是自强精神、重德精神、务实精神、整体精神、和谐精神和大同精神。第三章重点分析了中华民族精神在现代化进程中的价值。民族精神的社会价值在于民族精神能满足社会发展对于精神动力的基本需要,促进社会的发展,具体体现为民族精神的经济价值、政治价值与文化价值。中华民族精神在中国现代化进程中的价值在于它体现中国现代化的精神特质与文化方向,有利于构建社会主义和谐社会。第四章研究了民族精神与现代化、中华传统民族精神与中国现代化和中华民族精神当代建构的必要性。中华传统民族精神是基于中国两千多年的历史而形成的,它所蕴含的思想精华超出了时代、国家和阶级的局限,具有一定的普遍性,对解决现代人类社会生存和发展的共性问题有重要启示意义,即存在与现代化相互契合的一面。但中华传统民族精神归根结底是基于自给自足自然经济之上的农业社会的观念和封建宗法观念,与现代社会的发展又存在着尖锐冲突的一面。第五章研究了中华民族精神当代建构的总体构想、价值取向和具体途径。中华民族精神当代建构的基本前提是传统与现代的会通,关键是重建文化认同,最终归依是人的自由而全面的发展。中华民族精神当代建构的价值取向表现在:科学精神与人文精神的相互统一、个性化精神与整体化精神的相互建构、传统精神与现代精神的相互融合、世界性精神与本土

性精神的相互契合。中华民族精神当代建构的具体途径在于:以对中国传统文化的现代转换为民族精神现代化的内生性价值;以现代西方文化为民族精神现代化的借鉴性资源;以塑造现代人格为民族精神现代化的主体性载体;建立现代社会制度是民族精神现代化的工具性基础。

关键词:民族精神　现代化　社会价值　传统文化

0120

论终极关怀 / 张士清著 ; 刘福森指导. -- 吉林大学, 2005. -- 169 页

全文分为五个部分。第一部分探讨终极关怀原理及其人性基础。文章认为,终极关怀是"有理性存在者"的自然倾向。人的存在是一种"无可奈何"的状态。终极关怀就起源于人性基础上的这一"无可奈何"状态。终极关怀有三种形态,即"自然态度"的终极关怀、"理论态度"的终极关怀和"实践态度"的终极关怀。终极关怀的存在原理包括"终极关怀"的时间性前提和逻辑学前提即"自我"的分裂。第二部分从政治哲学看终极关怀的存在价值。终极关怀对人来说具有绝对性价值。因为:(1)政治终极关怀的最高目标是"政治自由"和"正义"。(2)政治终极关怀的实现,只能通过"社会契约"。(3)从君主制对政治终极关怀的破坏看,政治终极关怀具有绝对的价值。(4)罗尔斯对功利主义的批判表明了终极关怀的政治价值。第三部分从三个方面讨论了现代性与终极关怀的困境。(1)现代形而上学思维态度的弊端。现代性以来,形而上学构成了人的全部意识活动的"终极"和自在起作用的背后的支撑。(2)现代性道德观及其问题。主要表现为道德原则的不确定性和现代性"伦理法典"的失败。(3)现代性终极关怀的异化及其"灾难"。第四部分阐述马克思哲学与终极关怀的历史转向。(1)作为终极关怀理论的"历史决定论"。(2)"共产主义"是马克思的历史形态的终极关怀。(3)马克思所实现的终极关怀的历史转向有双重意义:其一就马克思哲学内部发展逻辑看,实现了从"论证"终极关怀到"实践"终极关怀的历史转向。其二就现代性哲学与后现代哲学的逻辑看,实现了从"一元化"的终极关怀向"多元化"的终极关怀的转向。第五部分讨论后现代思潮与终极关怀的多元化。文章认为,后现代终极关怀是一场"哥白尼革命",它表明:终极关怀从原来的在我们思维和行为前方悬设的形而上学世界,隐退到个体行为意义的原始背景。也就是说,(1)"终极关怀"实现了从理论世界转向了经验世界;(2)实现了从对"终极关怀"的认识转向了对"终极关怀"的直接"使用"。

关键词:人学　人性　终极关怀　现代性　多元化

0121

消费异化与消费伦理 / 张兴桥著 ; 刘福森指导. -- 吉林大学, 2005. -- 140 页

论文立足于当代人类面对的生存危机,对消费主义进行分析、重新评价和批判,旨在唤起当代人的良心发现,注意保护环境,节约资源,使人类能够世世代代在地球上生存下去。文章认为,现代社会的消费是异化消费。消费的异化既表现为消费对自身本质的背离,又表现为对人的背离和消费对人的控制。消费对自身本质的背离具体表现为:消费背离需要,背离使用价值,异化消费实现了从追求需要的满足到追求"想要"(欲求)的转变;实现了从追求使用价值到追求符号价值的转换;消费过程实现了从消费品的客观性价值衰减到主观性价值衰减的转变。这是异化消费挥霍浪费的价值论的根源。现代消费社会的消费追求的不再是使用价值,而是符号价值。符号是一种社会编码,个人的地位可以从他的消费中得到回答。因此,建立在象征意义上的消费是"夸示性消费"。夸示性消费是以浪费为基本特征的。消费主义不仅把消费行为变成文化行为,而且还把"消费主义"自身铸造成消费社会的主流文化,因而它具有意识形态的功能。消费主义作为消费社会的意识形态,是现代全球资本主义扩张的主要手段。消费主人的霸权统治造成了资源危机、环境危机和人的生存危机。现代主义发展观把"多消费"看成是社会进步、生活幸福、生活质量提高的标志。这种发展观是不可持续的。文章指出,消费并不是天然合理的。评价消费合理性的基础是人的生存。不仅是个体人的生存,而且是人类这个物种的可持续生存。合理的消费是节俭型的"适应消费"。从人类的可持续生存和发展的立场出发,应当进行一场消费观、价值观和伦理观的革命;"节俭光荣、浪费可耻"的新道德观和发展观,应当取代"消费越多越进步"的现代主义的发展观念。

关键词:生存危机　消费主义　消费行为　消费伦理

0122

经验、民主和教育 : 从历史唯物主义的视角看杜威

的教育哲学 / 张云著 ; 余源培指导. -- 复旦大学, 2005. -- 170 页

本文以马克思的历史唯物主义为指导思想，立足于当代中国现代化、工业化和信息化的社会背景，分三个部分对美国实用主义大师杜威的教育哲学进行评述。第一部分交代了杜威教育哲学的美国工业化社会转型的时代背景；概括出杜威教育哲学的经验主义、实验主义、民主主义和“教育即生活”、“学校即社会”、“教育即生长”等主要原则和主张；阐释其现代西方哲学的背景、教育哲学的思想维度，及其与实用主义哲学、进步教育运动的内在关联；并反思杜威教育哲学在中国的历史遭遇与研究现状。第二部分按照三条线索对杜威教育哲学进行文本解读。第一条是理解杜威教育哲学的根本使命，即以经验（生活）的“连续性原则”应对传统哲学认识论、道德论、教育和生活世界中的一切“二元论”；第二条是对杜威教育哲学中的主要概念，“经验”、“习惯”、“环境”，“科学”、“思维”、“知识”，“民主”、“兴趣”、“训练”等，以及经验主义、实验主义、民主主义等哲学原则和相应的教育主张进行探究，阐释其自然主义、人文主义、现实主义的实践哲学、行动哲学、过程哲学、生活哲学的基础；第三条是对杜威教育哲学的改造理论的探究，解读其把哲学改造、社会改造和教育改造三位一体作为实现扬弃一切二元论、弥合一切分歧和对立的建设性方案。第三部分阐明杜威教育哲学的历史地位与当代意义。指出其对西方传统教育哲学的超越所在，即凭借现代工业、科学、自由与民主来实现教育的真正属人的“社会属性”，确认其为西方教育哲学史上的第四块里程碑；并在现代化的问题域里揭示杜威教育哲学的当代性，提炼出其对中国现代教育制度改革的借鉴和启示所在，即让教育不断地返回生活世界，进而在五四时期著名教育家蔡元培、胡适、陶行知的思想启发中，提出作者关于中国现代教育改革的若干建设性构想。

关键词：杜威（Dewey, John 1859 ~ 1952）　教育哲学　历史唯物主义　经验　民主主义

0123

问题论 / 张掌然著 ; 陶德麟指导. -- 武汉大学, 2005. -- 168 页

文章指出，问题是根据已知，求其未知，根据其所思，求其所未思。它既是认识的结果，又是认识的起点。问题是多种关系的交汇点，它不仅关涉到主客关系、已知与未知的关系、前景与背景的关系，而且还涉及到理论与实践的关系，真理与谬误的关系。问题把对象、目标、任务、方法、工具、手段联结起来。因此，问题是方法论的基本范畴，甚至是方法论的起点。人和机器的一个根本区别在于人的问题性。人脑不断生产出各种各样、千奇百怪的问题，而机器却不能，至多只能产生出设计好了的程序性问题。对对象提问或追问为什么，这是人类超越其他智慧动物的一个重要标志，借用笛卡尔的“我思故我在”的著名公式，我们也可以说，人类的本质特征之一是“我问故我在”。问题的哲学研究是一种元问题研究，是一种关于问题的方法论研究。元问题研究就是要对（一切）问题提问：什么是问题？问题的性质特点、结构和功能是什么？问题与矛盾之间是什么关系等等。这里涉及问题与主体、客体、认识、实践、理论、经验、信息、知识、方法、语言或符号等概念范畴之间的关系。问题是怎样产生的？问题有真假吗？如果有，区分真假问题的标准是什么？问题的价值何在？怎样确定问题的价值（重要性程度）？问题之间有联系吗？如果有，那么存在哪些联系呢？问题的发现和解答可以作认识论和方法论的考察吗？换言之，存在发现问题的方法和解答问题的方法吗？问题都可以得到有效解答吗？本文分十二章对上述问题进行讨论。

关键词：问题　认识论　方法论

0124

钱学森开放复杂巨系统思想研究 / 章红宝著 ; 钱俊生指导. -- 中共中央党校, 2005. -- 135 页

本文主要研究钱学森开放复杂巨系统概念、思想、理论、应用和它的哲学意义。文章探讨了钱学森开放复杂巨系统思想形成的主客观条件和复杂性科学的兴起及研究现状。认为开放复杂巨系统思想是钱学森系统科学思想的发展和延伸，它的发展与世界复杂性科学同步发展，是世界复杂性科学研究的一个重要组成部分。开放的复杂巨系统理论的重要贡献在于：界定了开放的复杂巨系统这个重要概念，深刻认识到这是世界以系统方式存在的一种特殊形态，它有自己的基本特征、基本原理和基本规律。处理开放的复杂巨系统问题，只能应用在科学实践基础上总结提炼出来的“从定性到定量综合集成方法”。这一方法既有实践上的实用性，又有一般理论品质的方法论特色，在研究和解决复杂性问题上有广泛的应用。最后，文章探讨了钱学森开放复杂巨系统思想理论及其方法论的哲学意义。认为钱学森开放复杂巨系统思想理论及其方法论是人类对世界认识的深化，它必然

带来人们观念和方法上的重大变革，因而有重大的哲学意义。

关键词：钱学森（1911～） 大系统理论 复杂系统 开放系统

0125

论主体性的历史生成 / 赵海英著；艾福成指导. -- 吉林大学，2005. -- 185 页

作者指出，由于传统哲学在思维方式上的超历史性，使得哲学家们对人的主体性普遍持一种超历史性的态度。主体性的实践与生成的本质被完全抹杀，主体性成了一种本质先定的、先验预设的、封闭的、绝对的超历史性存在。面对这种理论困境，马克思批判了传统哲学对主体性的超验性的理解、先验性的概括和直观性的描述，以历史性、生成性的思维方式转换了对主体性问题研究的理论视角，从"解释世界"进到"改变世界"、从对"主体性是什么"的追问转向"主体性如何生成"的探索，并在这种转向中确立了主体性历史生成的实践本质。马克思主义主体性思想的真谛在于：主体是历史生成中的主体，主体的主体性是历史生成中的主体性。这种主体性是人在历史中通过能动的、创造性的活动在意识领域与实践活动领域中对对象的不尽探索和对意义、对崇高的不懈追求。它是绝对与相对、理想与现实、形上与形下的有机结合，是人在历史生存中所呈现出的一种历史性、生成性的开放状态。只有随着人的主体意识不断地历史觉醒，人的主体地位在意识环节与活动环节、在生产领域与交往领域、在道德层面与实践层面的历史确立，以及人的主体能力在量度和向度上的历史发展，人的主体性才能不断地得以历史生成。人的主体性的历史生成不是一蹴而就的，它有一个不断跃迁、不断升华的否定之否定的过程。马克思预示了人的主体性历史生成的理想——共产主义的实现。马克思认为在未来的共产主义社会，人类摆脱了对物的依赖，劳动不再只是人类谋生的手段，而成为确证和实现人的本质的方式，人的主体性将真正得以实现。因此，共产主义是以全面实现人的主体性为主题的社会，是真正的合乎人的主体性的理想社会。这一理想社会作为人类发展的未来走向，它既是人的主体性历史生成的理想，又是人的主体性历史生成的必然。共产主义的实现并不就意味着主体性的历史生成达到了一个终点，人本身的不断生成的未完成状态决定了人的主体性的历史生成也始终将处于一种开放的无边界状态。

关键词：人学 主体性 实践 共产主义

0126

利益的理论与实践：马克思主义利益观研究 / 赵平俊著；梁树发指导. -- 中国人民大学，2005. -- 148 页

论文共五章，分两个部分。前三章为理论部分，重点论述马克思主义利益观的基本内容，后两章为分析解决实际问题部分，重点论述如何运用马克思主义的利益理论来分析和解决当代中国现实的利益矛盾和利益冲突，并在此基础上构建中国特色的和谐社会。本文认为，马克思恩格斯超越前人的地方在于，他们一开始就把利益问题与阶级、特别是社会物质生产活动这些人类社会的基本事实联系起来进行考察，利益是一个社会关系的范畴，它是作为主体的人为了满足自身的各种需要而与需要客体之间产生的一种对立统一关系。利益具有社会性、主观性、客观性、普遍性和特殊性等多种属性与特征。按照不同的标准，可形成不同的利益类别。按其性质的不同，可划分为物质利益与精神利益；按利益存在的时空对应关系，可分为整体利益与局部利益、长远利益与短期利益。按其从属的主体关系，可分为个人利益、集体利益、国家利益和全人类共同利益；利益的功能不同于利益的作用，主要表现为驱动功能、聚集功能以及尺度、导向功能。文章依据利益价值核心与利益实现方式的思路，论述了毛泽东的利益理论与利益实践、邓小平的利益观以及新时期马克思主义利益观的新内涵。从利益主体及其变化的角度探讨了当代中国利益关系的现状与发展趋势，包括中国社会利益群体分化的现状、基本特点、根源及其分化对社会造成的双重影响。文章最后论述了当代中国社会利益协调的基本目标、基本原则和具体途径，提出要走一条独立的有中国特色的利益协调之路，以此为基础构建中国特色的和谐社会。妥善协调利益关系是构建社会主义和谐社会的关键所在。利益协调必须遵循效率优先、兼顾公平原则、普遍受益原则与统筹兼顾原则。我们应利用行政、道德、法律等多种手段，建立健全利益表达机制与利益调节机制，扩大社会中间层，减少低收入和贫困群体，以此为基础，最广泛、最充分调动一切积极因素，不断增强社会的创造力，不断创建和谐发展的社会局面。

关键词：马克思主义 利益 和谐社会 唯物史观

0127

哲学视野中的和平崛起论 / 仲计水著 ；庞元正指导. -- 中共中央党校, 2005. -- 160 页

本文从什么是和平崛起、和平崛起何以必要、和平崛起何以可能、和平崛起何以实现、如何评价和平崛起等几个方面展开对和平崛起问题的研究和探索。第一章是对和平崛起概念的哲学分析。作者分析了和平概念的涵义、特性及中国当代的和平观。厘清了有关中国和平崛起问题研究中所涉及的一些基本概念,如大国、崛起、崛起标准、崛起方式等,界定了和平崛起概念的涵义,探讨了中国和平崛起新道路的要义及中国和平崛起战略的马克思主义理论渊源。第二章是对和平崛起的价值论分析。认为,在当代世界,战争崛起既无可能也无必要,和平崛起是唯一选择;和平崛起最符合中国的国家利益,最切合中国的实际,也符合世界人民的利益。第三章是对和平崛起的因果论分析。文章研究了中国和平崛起的内因和外因,认为中国的和平崛起既有理论上的必要性,也有现实的可能性,“悲观论”是没有道理的。第四章是和平崛起与能动性分析。文章探讨了中国崛起的艰巨性和充分发挥中国人民主观能动性的必要性。分析了如何在和平的环境下加快和实现中国的政治崛起、经济崛起、军事崛起和文化崛起问题。第五章是对和平崛起的辩证解读。主要回答和澄清了对中国和平崛起论的一些疑问和误解,主要有:中国宣示和平崛起是否意味着中国软弱?中国承诺和平崛起是否意味着中国永不动武?中国主动提崛起,是否意味着中国外交不再韬光养晦?第六章分析了和平崛起论的创新意义。认为在实践上,和平崛起论是指导中国进一步发展的新战略,是回应和反击“中国威胁论”、“中国崩溃论”的新武器,是发展中国家发展或崛起的新示范。在理论上,和平崛起论是对西方某些政治、历史、国际关系理论的驳斥和超越,是对西方一些发展理论的修正和突破,也是对马克思主义唯物史观和科学社会主义的新贡献。

关键词:发展战略　和平崛起　国际关系

0128

伦理　理性　自由 : 阿马蒂亚·森发展理论研究 / 周文文著 ；孙承叔指导. -- 复旦大学, 2005. -- 213 页

本文重点讨论了阿马蒂亚·森发展理论的三大特点。(一)以伦理原则指导发展。“经济学的良心”是这一指导的个人情操;经济伦理分析是这一指导的理论方法,鉴于现代经济学执迷于经济理性而疏于对伦理学的关涉,森企望恢复经济学诞生之初的方法遗产,实现经济学研究与人的研究、工程学方法与伦理方法、实证分析与规范分析、经济学与其他学科的有机结合,进而重建经济伦理分析模式;发展的伦理关怀是这一指导的价值目标,森反对“残酷”发展,强调发展既是一个实证问题,也是一个伦理问题。(二)以理性争取发展。森强调社会发展的理性特质,他破解了“阿罗不可能定理”,肯定了理性选择的可能;破解了“无意造成的后果”理论,肯定了理性预期的可能。他批判了“内部一致性”理性观,认为纯粹的内部一致性是不存在的,需要结合外部条件贯穿“内部性”,重新思考选择行为的一致性问题;批判了自利最大化理性观,认为自利最大化不是人类行为的唯一动机。在“破解”和“批判”的基础上,森提出了一个宽义的理性构架。他把理性看作一个原则,即“合理审视”原则,理性原则可以运用于社会发展的众多方面和领域,它与伦理价值以及人们的身份认同关系密切。(三)以自由看待发展。森对自由作出了一种可行能力式的解读,自由被界定为人们享受他们有理由珍视的那种生活的可行能力。这样的自由具有多重面孔,是实质自由与形式自由、积极自由与消极自由、过程自由与机会自由的结合。人最可贵的本质就是自由,人的二元性(福利和主观能动)的存在,使人具有两种自由,“福利自由”和“主观能动自由”。自由还是不同文化的普遍共性。从自由出发,森重建了“人类发展方法”。他首先提出了自己的自由发展观,发展就是全面扩展人类自由的过程,自由是发展的首要目的和重要手段。并且,这一自由发展观与可持续发展是一致的,可持续发展追求的就是人类“可持续的自由”。森的人类发展方法包含了三个基本原则:人本原则、主体原则和普遍主义原则。他还强调,当今人类的发展不能脱离多元制度,也不能脱离全球化背景。文章认为,对当代人类发展而言,森的发展理论富有重要的启示意义。

关键词:森(Sen, Amartya 1933 ~)　发展理论　经济伦理学　理性　自由

0129

忧虑与期盼 : 对我国国有企业改革的深沉思考 / 周勇著 ；刘林元指导. -- 南京大学, 2005. -- 144 页

本文主要讨论了以下几个问题。第一,国有企业改革是社会主义市场经济的发展战略。国有企业改革和发展的目标能否实现,关系到我们党的执政地位

和社会主义制度,这是一种国家战略要求。国有企业改革和发展,不仅是一个经济问题,也是一个政治问题。第二,对国内外经济学界的相关研究成果进行了大胆借鉴,从多个维度来审视我国的国有企业改革。运用经济哲学方法,对国有企业改革中所涉及的制度要求、产权本质、现实矛盾、模式选择、劳动者权利、监督和政府定位等微观经济的问题,进行了深入的哲学反思,探讨了国有企业改革的基本规律、发展趋势。第三,剖析了当前国有企业改革中存在的腐败现象、产生原因,提出了解决问题的基本思路。通过一些案例分析,揭露了在部分地方国有企业改革中的不规范操作所造成的国有资产流失和社会不公问题,并指出如此没有法律规范的产权转移势必造成腐败。第四,提出国有企业改革是产权与人权的统一,旨在纠正实践中比较普遍存在的重产权改革、轻劳动者人权维护的片面性做法,实践"以人为本"的科学发展观。以前讨论的产权制度改革,涉及的多为物权,即有形资产的交易,这在完全市场经济条件下是较为合理的。在我国现阶段,仍然处于转轨时期,从计划经济到社会主义市场经济,国有企业的财产权还应包含国有企业职工的人力资源财产权。它与物权是辩证统一的。第五,探讨了国有企业改革如何坚持科学发展观问题,认为国有企业本身应树立正确的业绩观,只有这样才能适应我国社会主义市场经济战略的发展要求。

关键词:国有企业　经济体制改革　产权　人权　科学发展观

0130

虚拟实践与人的自由 / 周甄武著 ; 陈志良指导. -- 中国人民大学, 2005. -- 229 页

本文以马克思实践唯物主义哲学观和方法为指导,以马克思科学实践观和自由观为理论基础,聚焦于人类实践形态的当代发展状况,着重对当代数字化信息技术革命催生出的一种新的实践形式——虚拟实践展开研究,对其所涉及的三大主要问题即"虚拟实践何以可能"、"何谓虚拟实践"、"虚拟实践何为(从自由的角度看)"进行了论证和探讨。关于虚拟实践何以可能的问题,本文从四个角度展开了论证。首先,它有其哲学根据。马克思哲学在把物质生产看成是人的"第一个历史活动"的同时,也强调人的生活世界是丰富多彩的,除了物质生产这一基础性的实践方式之外,还有在人们世世代代生产和交往活动中出现的其他实践形式,虚拟实践就是其中之一。其次,它有其发生的生物学基础和人类学前提。人普遍具有虚拟特性和虚拟能力,决定了人的思维活动和实践活动都具有虚拟性特征。第三,它有其赖以产生的科学技术平台。虚拟实践是一种新型的高级实践形式。它的崛起,是人的实践在虚拟性上进一步分化和发展的结果。当代数字化信息技术革命引发了人类中介系统的一场革命,它为人的虚拟能力的发展,人的虚拟本性的彰显提供了一个更高更广阔的数字化平台。第四,它有着悠久的思想渊源。何谓虚拟实践?本文认为虚拟实践是指主体使用数字化中介手段在虚拟空间进行的实践。实践手段的"数字化",是虚拟实践突破以往实践的局限,并崛起为一种新型实践形态的基石和标志。实践存在方式的虚拟性,是虚拟实践不同于现实性实践的一个质的差别,是高于现实性实践的又一基本特征。此外,虚拟实践还具有实践对象的虚拟实在性、实践过程中的即时交互性、高度沉浸感以及充分彰显的超越性和创造性等特征。在结构上,虚拟实践的主体、客体、中介与现实实践的主体、客体、中介也有着很大的不同。可以根据虚拟实践所凭借的技术复杂和难易程度、目的和功用、层级和指向的不同,将其分别划分为技术型、功用型和指向型等三类虚拟实践。对于虚拟实践何为(功能)问题,本文以马克思实践自由观为指导,从实践与自由的辩证关系出发,揭示了虚拟实践背景下的自由问题。本文认为虚拟实践不仅是自由拓展的平台,而且也是自由得以提升的阶梯。作为拓展的平台,虚拟实践不仅拓展了人的活动空间、认识空间,而且也拓展了人的交往空间和生存空间。而各种空间的扩展,相应的便是各种自由的拓展。作为提升的阶梯,虚拟实践一方面确证着人类业已达到的自由水平,另一方面又促使人们朝着自由的最高境界——自由全面发展的目标迈进。虚拟实践不仅创造出新的生产力水平,使人的社会关系日益丰富,而且还创造出丰富的自由时间,增进了人的能力、素质和个性自由。虚拟实践不仅使人获得了活动自由的环境,而且还使人获得了自由的进步;不仅给人带来了具体的活动自由,而且增强了人类争取自由的能力。

关键词:虚拟技术　数字化　实践论　自由

0131

当代城市管理及其哲学理念 / 朱奚红著 ; 崔绪治指导. -- 苏州大学, 2005. -- 118 页

本文从三个层面把握当代城市管理的哲学理念。(1)从人与物的关系上,表现为以人为本理念。这种人本观念主要从两个方面来表现。第一,人是城市管

理的主体。第二,人是城市管理的目的。(2)从科学与人文关系上,表现为两者的融合。城市管理中的科学性要求城市管理中规范、有序,要有一套制度,成为一种现代化的行为模式,但管理中的人性化要求管理中的这种理性不是冷冰冰的科学理性,而是人文理性,从人的需求出发,尊重人的作用,充分发挥人的积极性。(3)局部和整体的关系上表现为系统的理念。系统的观念从城市系统与元素之间、元素与元素之间以及城市系统与外部环境之间的相互联系、相互制约、相互作用中,综合地考察对象,以达到最优地处理问题。在城市管理中要体现系统观念,就应该体现整体性、相关性、动态性、有序性原则。当代城市管理的主体、管理行为、管理方法均出现了一些新的特征和趋势。本文概括了四个方面。(1)城市管理的一元与多元。(2)城市管理方法的刚性和柔性。(3)城市管理手段的综合性与数字化。(4)城市管理行为的行政与市场。把握当代城市管理的理念与趋势是探索当代中国城市管理的基础,而从宏观和微观两个层面分析中国特色的城市管理是本文的最终落脚点。关于宏观管理,文章着重讨论了四个问题。第一,从一个城市发展战略的角度讨论战略管理问题。第二,从城市体系布局的角度,提出城市群、城市圈、城市带是中国未来城市的格局、即城市体系三个级次分布,第一级次是少数领先城市为龙头的城市群,第二级次是若干中心城市为辐射源的城市圈,第三级次是众多中心城市构成的城市带。其关键是做大大城市,做强中心城市、做特小城市。第三,找准城市功能定位,实施城市形象战略。从空间布局,历史传统、比较优势中找准城市功能定位,然后从功能定位出发实施形象战略,塑造城市形象。第四,通过城市管理创新来实现城市更新。关于城市微观管理,文章讨论了三个问题。(1)在城市管理体制方面分析了我国现行的模式及弊病,逐步建立“以块为主,条条管理”的管理体制。(2)在管理职能上赞成五大职能,即城市管理可归纳为导引、规范、治理、服务和经营五大职能。(3)在运作机制上呼吁城市管理的社区化。

关键词:城市管理　管理哲学　城市发展　城市化

0132

以人为本的哲学基础 :需要问题的人学考察 / 邹兴明著 ; 袁贵仁指导. -- 北京师范大学, 2005. -- 116 页

文章认为,以人为本最本质的内容就是以满足人的需要为本。在某种意义上甚至可以说,以人为本的其余一切内涵都是围绕着对人的需要的满足而进一步的展开。能被以人为本视为本的内容无不在人的需要范围之内。由于人的需要是丰富的、复杂的、历史地生成和变化发展的,这就使以人为本本身成为一个历史地发展的过程。人的需要有合理与不合理、正当与不正当、真实与虚假之分,因此,以人为本实际上又是也只能是以满足人的真实的、合理的、正当的需要为本。人的需要是社会化和时代化了的需要,需要的社会特征和时代特征是人的需要的总特征。人是有现实需要的人。人以其需要的丰富性和广泛性区别于其他一切动物。人的需要即是人的本性。人性的具体性总是通过人的具体需要表现出来,人性是需要的基础,需要是人性的表现。人的需要是具体的,也是历史地生成和变化发展的。人的需要的合理性、正当性应当与人的需要的满足方式的合理性和正当性结合起来。随着人类社会的进步,人的需要不断变得越来越丰富和复杂,越来越从低级向高级、由简单到复杂、由粗陋到精细、由片面向全面发展。人是社会发展的目的,也是社会发展的对象,又是社会发展的动力和重要标志。发展的需要是人的最高需要。人的需要的发展和人自身的发展与社会生产的发展是一致的,也是相互促进的。从历史发展的角度考察,以人为本是一个从理想到现实的历史发展过程。以人为本对人的需要的满足,也是一个从低级到高级、从简单到复杂、从片面到全面的历史发展过程。以人为本思想原则通过观念化、社会化和制度化的实现方式,推动和保证以人为本实践的经常化,使以人为本本身成为人们的一种需要,即成为满足人们需要的需要,成为人们处理问题、解决问题的一种根本态度、方式、方法和行动的自觉。

关键词:以人为本　人学　人性　人的全面发展

中国哲学

0133

上海博物馆藏战国楚竹书《周易》研究 :兼论早期易学相关问题 / 陈仁仁著 ; 萧汉明指导. -- 武汉大学, 2005. -- 189 页

全文共分五章。第一章概述了楚地出土的易文本和竹简易筮资料。第二章以出土易与易筮资料为基础,着重考察了“易本卜筮之书”的源流问题。第三

章对上博易特殊符号的标识原则作了综合考察，概括提出了“上博易特殊符号标识八原则”。略分同符原则与异符原则两大类。为避免疏漏和错乱，八原则统一以易卦“错综”例说明。从特殊符号的标识特点来看，上博易卦序是以今本易卦之编次为依托的。关于特殊符号的意义和观念背景问题，以红黑颜色代表阳阴，从《说卦》中即可以找到根据。而其负抱往来的直观形象是与当时阴阳构成与消长观念相符的。上博易是战国晚期易，若从与当时阴阳观念相符的角度来看，其特殊符号的顺序不应该是：A→C→B→D→E（字母所代表的意义请参正文），而应该是：A→B→D→C→E。第四章指出了“阳三阴四”说与上博易分篇的相关程度。上博易分上下篇，上篇三十卦，下篇三十四卦，应该与“阳三阴四”的内在观念有关。虽然“阳三阴四”说的提出比上博易的时代要晚，但“阳三阴四”说的内在观念，如阳奇阴偶、天圆地方等观念早就产生了。因而上博易分上下篇必定隐含了法象阴阳、阳奇阴偶、天圆地方等思想观念。第五章着重对早期卦序作了分析和比较。提出了宏观卦序、微观卦序与中观卦序的卦序思想作为卦序比较的框架。具体而言主要比较了今本卦序、《杂卦》卦序、上博易卦序、《序卦》卦序以及帛书六十四卦卦序、京房八宫卦序以及元包卦序。这七种卦序可分两大系统，一是今本《周易》的系统，包括前四种卦序：一是帛本的系统，包括后三种卦序。后一系统是商易《归藏》的系统，保存了商易的一些基本特征。“八卦相重”的重卦方式和“先坤后乾”的次序是商易《归藏》系统卦序的基本特征。相比而言，以六画别卦为基本要素以及“先乾后坤”的次序是今本《周易》卦序的基本特征。这两个系统并非截然分途，而是在易学发展过程中相互影响和相互吸收，因而它们的卦序特点也是相涵相涉的。

关键词：《周易》　易学　卦序　考据学

0134

儒家德性论源起考辨 / 程平源著；洪修平指导. -- 南京大学，2005. -- 156 页

本文从轴心时代向前回溯到上古三代文化之中，考察儒家德性思想的“突破性”和“连续性”相互内在的发展历史，旨在解释儒家德性思想的宗教起源和超越性的根源。本文将探究儒家德性起源的工作建基在一个比较微观的层面上，以对“德”义的文字考释作为主要的基础和线索。对西周以前的“德”义进行考古，同时借助人类学、宗教学的方法以及考古学的成果，将儒家德性思想的源起清晰地呈现出来。文章指出，甲骨文中“德”的用例乃“祭祀”之义。从这一突破入手，向前上溯至原始巫术、向下推进至周公、孔子、子思、孟子，将“德”义的变迁发展界定为五个阶段。在此基础上文章将论文的写作分为三个部分。第一部分即每章第一节是对“德”义发展五个阶段的文字考释；第二部分即每章第二节是对同一时期“德”义内涵相关的思想主题的探讨；第三部分即每章第三节是关于这一时期“德”义在政治层面的思想反映，这也是“德”的深层结构的主旨所在。对这些论题的探讨不仅在于阐发这一论题的内涵，而重在辨析这些论题的思想特质。从逻辑上来说，第一部分“德”义考释是基础，第二部分思想主题是对第一部分思想的阐发，第三部分是由第一部分引申出来的“德”在政治层面的思想论题。从时间上来说，五章之间“德”义的演进与发展无论是字义还是思想主题与政治论旨，其递进反映的正是一个不断“人文化”的过程。而作为儒家思想深层结构的祖先崇拜，作为一个超验性、终极性的根据，同样无论是在字义还是思想主题与政治论旨中都深隐其中，虽然论述的框架有从神人之际到天人之际的不同，其作“原本”仍然是始终不动的。

关键词：儒家　哲学思想　德性　祖先崇拜

0135

明分之道：从荀子看儒家文化与民主政道融通的可能性 / 储昭华著；郭齐勇指导. -- 武汉大学，2005. -- 201 页

论文认为，荀子所特有且构成其方法论核心的明分的运思方法，为儒家文化实现与现代民主政道的对话与融合提供了更切近的可能性。文章提出，荀子对人与世界、人与人之间关系特别是对人本身的具体内涵的详尽分析，表明他所理解的人本质上乃是空间意义上的、社会化、经验性的人；这种人尽管不能等同于近代西方的原子式的个人，但其不经“家”的环节而直接将人与群对列并举以及以空间的差异来区分人的认识方式，已蕴涵着个人概念的萌芽；其关于角色、身份乃是人后天选择的结果的思想意味着人与角色、身份的分离，而这也正是当代社群主义所批判的现代人的概念的一个重要特征；更直接的意义还在于，在这种明分方法论的驱动和引导下，荀子思想呈现出一种明显的外向的趋向，致力于寻求以有效的途径使其价值在现实中得以贯彻和落实，无论是从其理论旨向上说，还是就其现实效应而言，这一切无疑都有利于制度的建构。这种运思方式集中体现在荀子的人性论

中。荀子人性论虽名为性恶论,其实质则是在对人的现成的、普遍的自然本性的充分肯定背后所蕴涵的对人的当前现成性和普遍性的认定。体现在政治哲学上,荀子的现成的人更接近于民主政道的主体,且其对人的自然本性、欲求的合理性与正当性的肯定也为人的权利概念提供了现实的内容。作为这种运思方式贯彻的结果,荀子不仅将其思想的重心转向外在的礼义,而且由此赋予礼义以新的含义。他将明分规定为礼义的核心内容。这一思想既有利于消解一直困扰儒家的过分推重道德的倾向,而且在其关于不平等的等级名分之分的背后实质上隐含着对"应得利益"的确认这一权利观念的核心内涵。如果加以批判地改造,最有可能导引出作为民主政道精髓的权利观念。而荀子在天人既分又合思想中所蕴涵的对超越之天的确认,也如同西方的自然法理论一样,可以有助于实现使内在的自然本性向普遍的神圣的权利的转化。文章最后将视野转向历史的现实,进一步考察了荀子思想所激起的历史文化效应,并对其中的内在联系特别是导致荀子备受批评的原因及其理论教训进行了总结分析。

关键词:荀况(前 313 ~ 前 238)　儒家　民主　人性论　礼义　权利

0136

佛教戒体思想研究 / 戴传江著 ; 赖永海指导. -- 南京大学, 2005. -- 183 页

论文指出,"戒体"一词最初见之于部派佛教时期的《大毘婆沙论》中,一切有部基于"三世实有,法体恒存"的宗旨,认为业体是实法性的、物质性的无表色,并明确指出无表色"妨善、妨恶"的戒体功能,也即所谓色法戒体说。经部思想是对整个有部理论的反动,它否定无表业的实有性和物质性,并归无表业的戒体功能于思种子,从而开启了心法戒体说,为唯识学对心法戒体说(思种子戒体说)的完善奠定了理论基础。而以《成实论》为代表的小乘偏空一派则归无作业(即无表业、戒体)为心不相应行法,是非色非心的存在,是谓非色非心戒体说,大众分别说系的"成就"和"曾有"、正量部的"不失法"等也可归于此类。大乘佛教时期,大乘菩萨戒兴起,或以中道实相为戒体,或以佛性为戒体。中国魏晋南北朝时期,诸师学派各依经论,深入幽微,对戒体之色法、心法、非色非心法是各有所执,发明其精微之义并广为争论,大小乘佛教之间又存在着有无"无作戒体"的争论,戒体论成为当时佛学研究中的显学。诸师学派对戒体之色法、心法、非色非心法及有无"无作戒体"常起争论,天台智者戒体论以其独特的"三谛圆融"中道观统摄戒体诸义,以权实、理教关系圆融小乘有无作戒体(色、心、非色非心)与大乘无无作戒体,圆融大乘无无作戒体与无作戒体,并对大乘无作戒体与小乘无作戒体作了区分,最终归戒体于中道妙观与佛性。律宗的建立使戒体论脱离传统业体论而真正回归到戒律中来,道宣归"作戒体"于心,认为"无作戒体"为非色非心,并归其于唯识学中的思种子。戒律四科及其辩证关系反应了中国律学本体论式的哲学思维,以戒体论为中心的"摄小会大"律学思想成为律学立宗的理论基础。唯识宗玄奘延续了印度佛教有关表业、无表业的论述,主张无表非实、非色,归"无表业"于心所中的思种子,其弟子窥基等则直接把思种子放到授戒羯磨的背景去讨论戒体,从而确立了唯识宗的思种子戒体论。由于唯识理论的精密,种子理论的精深,从而使有关戒体的产生、性质、功能及其运作方式的戒体论得到了深化。禅宗由戒、禅合一的自身特征及《梵网经》理论系统出发,继承了菩萨戒以清净佛性为戒体的思想,主张佛性戒体论。慧能禅学突破了大乘菩萨戒的仪规与行相,倡导无相戒法,以顿见佛性、顿悟菩提为授无相戒法的当下直指。

关键词:佛教　戒体　戒律　天台宗　唯识宗　禅宗

0137

王通思想拓展研究 / 董虹凌著 ; 黎红雷指导. -- 中山大学,2005. -- 151 页

本文依据《中说》、《元经》两部著作,从儒学史、史学史、文学史及思想史四个向度,展开对王通思想的研究。认为"河汾道统"是王通的学术旗帜,具有历史文化与区域地理涵义、显著的外王特征和"刺猬"型的学术性格;大中之道是王通思想的基石,有本体化的贡献,是先秦两汉中和哲学转向宋明理学的中介过渡形态,本质特征集中在形下性;大中之道落实到天人关系上,则批判了天人感应论,并在天人相分的基础上重视天人之间以圣人所行之王道相通;融合儒道法墨四家思想,突出了王道论对于儒学系统的重要性,将王道本体化、细化,推进儒学务实性和可操作性,并成为朱陈"王霸之辩"的理论聚焦点;持史学从属于经学的观点,以史证道,以史明道;正统观以中华文化及人民利益为基本准则,大胆地将帝号授予北魏政权;"舍传求经",直返《六经》原典之旨是王通提倡的治经方式,预示着从汉学到宋学治经思路的重要转

变;王通治《春秋》、"文为道用"、"言文及理"的观念对中唐的新经学、古文运动起到了重要的引导作用;"三教可一"思想是王通的原创,对宋明新儒学的建立起到了学术枢纽作用,影响了贞观之治的政治策略;经史互证的治学方式、融合而务实的学术风格,直接影响了永康、永嘉、浙东学派以及章学诚的"六经皆史"思想。王通重视对先秦儒家真精神的体认与承传,是隋唐时代具有大气象的硕儒。

关键词:王通(584~617)　哲学思想　儒家　文中子　三教可一　王道

0138

王符《潜夫论》治道思想研究 / 方军著 ; 黎红雷指导. -- 中山大学, 2005. -- 145 页

本文从治道视角入手,对《潜夫论》思想进行重新梳理,以其治理架构为依托,分别从治道之形而上依据、治道之社会现实基础与治道之国家及社会秩序规范理则诸角度对之进行分析。就形而上依据而言,本文主要从天道、人道与治道的关系角度为论述视角,并且在重新诠释了天人之际的论题之后,试图把王符治道思想的终极依据突出出来。就社会现实基础而言,本文主要从民本之道、君臣之道与治道的关系角度为论述视角,将其分别与政权合法性、"和"而"无为"的政治秩序及选贡制度化等问题联系起来,试图让王符治道思想的现实基础彰显出来。就秩序规范理则而言,本文讨论了东汉政治中德治与法治关系的问题,并从《潜夫论》文本出发,析评了国家与社会规范的不同理则,依次分析了王符较为独特的"四列""志氏姓"及交际论思想,指出其在维系社会稳定、整合社会及国家秩序、调节社会关系等方面的特殊作用。最后,本文论述了王符《潜夫论》治道思想的历史地位,从本末之辩、才性之分、名实之别及人本理性诸方面,对其进行了简要的评述,进而指出了其在由两汉经学到魏晋玄学过渡中的地位。

关键词:王符(约 85~162)　哲学思想　《潜夫论》　治道　德治　法治

0139

张伯端道教思想研究 / 郭建洲著 ; 丁原明指导. -- 山东大学, 2005. -- 100 页

本文对北宋著名的内丹家张伯端的道教思想的渊源、核心及其对后世道教的影响进行了研究。作者指出,张伯端的道教思想,深受《道德真经》和《阴符经》的影响,更与《周易参同契》以及钟吕内丹道有着极深的渊源。张伯端针对当时社会各阶层的精神状况,并根据自己修道的体会,将"生死"这一人生中最重大的问题凸显在人前,以人生的短暂、生命的无常警醒世人,劝其及早努力修炼至宝金丹以超越生死。在此基础上,张伯端进一步探讨了炼丹成仙的可能性。既然成仙不是一般的健身养生而是要达成永恒的超越,那么就不能以经验中的生灭事物作这种超越的依据而必须寻找其本体论上的依据。张伯端由此转向老子的道论,认为其"道生一,一生二,二生三,三生万物"的理论乃是大道化生万物的根本法则,人只要逆行回溯这一演化程序,就能最终通过内丹的形式复归于终极的实体道,实现与道的合一。为此,他把阴阳之道视作性命之道,并努力从《周易》中发掘这种阴阳之道,以"取坎填离、乾坤交媾"概括金丹修炼之旨,从而为他的内丹道找到了超越的本体论依据。作者分别从筑基、炼精化气、炼气化神和炼神化虚四个阶段考察了张伯端的内丹修炼过程,认为张伯端将唐朝、五代以降道教对内丹药物精气神的修炼转换为对性与命的修炼,构建了成熟意义上的内丹理论体系。在坚持性命双修的基础上,张伯端结合自身的修道实践,主张先命后性,并将性命之学作为和合儒释道三教理论的关节点。作者最后指出,张伯端对后世道教的影响,既表现为其后的金丹南宗一派的流传绵延,又表现为其后学对其道教思想的传承与发展。在张伯端的身后,形成了一个以刘海蟾→张伯端→石泰→薛道光→陈楠→白玉蟾→彭耜的世系为主线的庞大的金丹道教南宗。

关键词:张伯端　道教思想　炼丹　修身　内丹

0140

章太炎佛学思想研究 / 郭应传著 ; 徐小跃指导. -- 南京大学, 2005. -- 162 页

文章认为,从静态的横向的角度而言,援西入佛、借佛解庄、以佛释儒,是章太炎佛学思想的一大明显特征。章太炎将真如等一些佛教概念与柏拉图的"理念"、康德的"自在之物"等进行比较说明,运用法相唯识学的八识、三性、四分学说对西方的唯意志论、唯物主义的经验论、基督教的有神论、黑格尔等的唯理论进行分析、评判,以佛法的自在、平等疏解庄子的逍遥、齐物之旨,以"无我"诠解老子之"道"的佛学意蕴,以唯识学的八识说寻绎孔子的"绝四"之谈以及孟子与荀子关于人性的学说,以佛法疏证宋明理学诸家学说,并比较其高下差别,评价其优劣得失。从动态的纵向的视角来看,章太炎佛学思想大致经历了两个

阶段,即从佛教到佛法之转变,这反映了他的佛学致思路径的调整。出于应时救世的需要,章太炎起初大力鼓吹以宗教发起信心,增进国民的道德,希望借助无神之佛教来凝聚民志,振兴民德,挽救日益衰颓的国民精神,这就明显地把佛教纳入资产阶级革命的范围内。然而,严酷的现实却使得章太炎逐渐放弃这一做法,转向对佛学理论的沉思,对其宗教性质提出质疑,而注重其理论上的探讨。他对大乘诸宗的判教思想以及对佛法不圆满之处的批判态度,也在一定程度上围绕着这一佛学致思路向的调适而展开、深化。当然,章太炎佛学路径的转变也与他对儒、释、道地位的调整存在相当之关连。

关键词:章太炎(1869～1936)　唯识学　佛学

0141

先秦儒家情论研究 / 郭振香著 ; 颜炳罡指导. -- 山东大学, 2005. -- 140 页

本文首先从文字释义学的角度,对《尚书》、《诗经》、《左转》等与儒家相关的早期文献中的"情"字作了爬梳与简要的解诂,指明"情"字在这些文献中所包含的意义是极其丰富的,不仅包括事物实际内容(与"名"相对)、人之品行才质(与"貌"相对)、人之真诚无欺(与"伪"相对),还包括人之内心情感,忠诚正直之心等多种内涵。其次,本文分别探讨了《论语》、郭店楚简《性自命出》篇、《孟子》、《易传》与《荀子》等先秦儒家代表性著作的情论(包括隐情和显情),或从某一著作的内容大要人手,探讨其核心的灵魂与现代话语系统下的情感之间的密切关联,或从某一著作中"情"范畴的字义辨析人手,探讨"情"之内涵、价值与先秦儒家思想之间的关系。再次,本文将"情"置于先秦学术发展的总背景下,一方面通过横向的比较,揭示先秦儒家情论与道家情论旨趣上的相异。另一方面,通过纵向的考察,指出"情"在先秦儒学的内部发展中经历了一次明显的转折:其一,主要内涵上的反转。在《论语》、《性自命出》、《中庸》、《孟子》与《易传》中,"情"从总体上说乃天道之下灌,蕴藏着向上融合的无限生机,对天地先祖的感恩之情乃礼乐所兴发的中心内容;而在《荀子》中,人情则与欲望相混,潜伏着向下沉沦的严重危机,好利疾恶、好声色等情欲乃礼义规范的主要对象。其二,价值定位上的突转。无论是《论语》、《性自命出》,还是《孟子》、《易传》,其作者对"情"皆不曾持批判的态度,当"情"作为真诚之义时,还是明确受到褒扬的;而荀子则直言不讳地称人情不善不美。其三,哲学理路上的转变,尤其表现在孟荀之间的反差。孟子正是追溯到人的理想的本真状态——情时,才找到了生命存在的原始价值,从而昭示了人性的完美;而荀子则是通过揭穿人的现实的生物本能——情,说明了礼义存在的重要价值,从而暴露了人性的缺憾。

关键词:先秦哲学　儒家　情论　孔丘(前551～前479)　孟轲(约前372～前289)　荀况(前313～前238)

0142

中国近现代对"科学"的认识与思想演变 / 韩成求著 ; 楼宇烈指导. -- 北京大学, 2005. -- 251 页

本文对明清到五四时期中国思想界接受和认识"科学"的态度,以及传统科学观从"器物"层、理论方法层到世界观层次(即由技到道)的泛化历史进行了分析,研究了"科学"对中国社会和传统思想的冲击与影响,说明"科学"在近现代文化与思想形成中的关键作用。全文共分四章。第一章阐述明清之际西学输入时传统士人对西学的三种不同反应:全面接受、批判接受、全盘拒绝,研究明清以来传统格致学的演变过程及其与明末实学精神之间的关系。第二章研究洋务派与早期维新派的科学认识,认为他们的立场基本上停留在"夷技"与"器物"的层次上。洋务派在"重道轻艺"思想的束缚下,制造出辩护学习西方科学的一些观念,即"师夷长技"、"道器统一"、"中体西用"、"西学中源"等等,这些理论虽然包含着"华夏中心主义"的局限性,但在晚清为学习西方科学建造出良好的条件。晚清时期出现的格致书院与《格致汇编》,在中国传统格致观从"义理"到"物理"的转变中发挥了重要作用。第三章讨论康有为、严复、梁启超、谭嗣同科学认识的特点和哲学思想的演变,指出在变法时期,科学经历了多方面的转换。康有为以天文学为精神境界的根据和前提,使科学含义向人生领域扩展;严复对传统"中体西用"论的批评和天演哲学的提出,使科学开始获得了普遍的世界观意义;梁启超在佛教真理观的基础上提倡科学精神和科学方法,扩大了科学的内涵和范围;谭嗣同将近代科学——即电气、以太及算学、几何学、格致学与平等、仁等观念沟通起来,使科学与世界普遍真理融合为一。由此可见,科学进一步由"技"、"学",提升为"道"的形态。第四章阐述中国现代科学化浪潮中的启蒙科学观和科学方法论,分析科玄论战中各派科学观的特点,阐明了近代科学主义和教条主义产生和确立的过程。

关键词:科学观　格致学　道　科学主义　教条

主义

0143

《维摩诘所说经》思想研究 :《维摩经》之思想特色及其在中国佛学的定位 / 何曼盈著 ; 冯达文指导. -- 中山大学, 2005. -- 109 页

《维摩诘所说经》属于大乘般若学系统之经典,记述了维摩居士示疾教化的过程。维摩居士以圆融的智慧来提升佛陀各大弟子及诸菩萨的生命境界,透过不舍不著的精神与般若智慧,开展了"除病不除法"的圆融相即之智慧,并借"入不二法门"把智慧与实践打通。维摩居士的菩萨精神最终得到实现,并开展出"心净则佛土净"的净土世界。本文重点研究《维摩经》的思想特色及其在中国佛学的定位。第一章重新对《维摩经》做了哲理上的微观探讨,展示了一个兼具智慧和实践的"智行二人"的思想体系,全面展开了《维摩经》丰富的内涵。第二章概括了《维摩经》对三论宗、天台宗和禅宗的重要影响。第三章展示了三论宗和天台宗如何判别《维摩经》在佛学中的位置。第四章指出了《维摩经》思想在佛教思想史上的贡献与局限。《维摩经》继承般若学派,对诸法的本无自性的性质作了系统的肯定;在大乘空宗"体法空"的基础上,把"破而不立"的立场改变为"有破有立"的肯定;《维摩经》在实践上也扮演着重要角色。

关键词:《维摩诘所说经》 佛教思想 大乘 佛学

0144

魏晋情论 / 何善蒙著 ; 王雷泉指导. -- 复旦大学, 2005. -- 141 页

论文指出,"情"是中国哲学的最基本的概念之一,在中国传统之中具有非常重要的价值。与西方哲学侧重形而上的理论追求不同,中国哲学更主要关注的是现实的人,关注的是人的生存。而对于现实的人来说,情感则是其基本的属性。对于情感问题的关注,也是中国哲学的重点所在,传统中国哲学对于情感的问题作了非常详细的探讨,涉及情感的本源、发生、内涵以及意义、价值等诸多方面。情感成为人们生活的基础内容,成为中国哲学的核心观念,在这个意义上,称中国哲学为情感哲学亦不为过。本文以魏晋时期为考察核心,重点梳理情感理论在魏晋时期的发展,并从中概括出魏晋情感理论的基本特点。在魏晋时期,情感成为士人生活的基本特点,成为社会价值的核心,这是一个情感受到高度重视的时代。因此,对于魏晋时代情感理论的研究,可以对中国哲学中的情感问题作一个准确的把握,对情感在中国哲学中的价值和意义有一个直接的认识。同时,从情感角度出发,可以对魏晋玄学、魏晋士风作出新的理解。魏晋的情感理论,就其发展阶段而言,可以分成五个阶段:性其情、任其情、适其情、纵其情以及制其情;就其基本特征而言,包括本体义、功用义、价值义以及境界义。对于情感理论的发展的梳理、概括是本文的重点所在,主要探讨在玄学形式下的情感理论内涵。

关键词:玄学 魏晋南北朝时代 情感

0145

两性关系本乎阴阳 :先秦儒家、道家经典中的性别意识研究 / 贺璋瑢著 ; 冯达文指导. -- 中山大学, 2005. -- 199 页

本文研究先秦儒家、道家经典中的性别意识。全文分为六章。第一章:殷商社会结构的变迁与性别关系礼俗的沿革,主要从神话、考古材料(甲骨文、金文)、文字(《周易》、《诗经》等)中考察社会结构的变迁对于两性关系带来怎样的发展与变化。第二章:崇阳尚刚:先秦儒家的性别意识,主要探讨儒家经典中有关性别意识和两性伦理的具体论述。第三章:崇阴尚柔:先秦道家的性别意识,主要探讨先秦道家经典中有关性别意识的论述。第四章:性别意识的形而上学化与兼容,主要以《易传》、《吕氏春秋》为中心,探讨这两部经典在宇宙论的基础上对儒道性别意识所进行的形而上学化与综合。第五章:比较文化视野中的先秦性别意识,侧重将中国先秦的性别意识与希腊古典哲学中的性别意识进行比较。本文的基本观点是:先秦儒家的性别意识偏于"崇阳尚刚"。先秦道家的性别意识偏于"崇阴尚柔",然而先秦儒道有关两性关系的基本看法都立足于"阴阳和合"的形而上信念,其基本追求都是两性关系的和谐。据此,本文认为先秦性别意识与立足于"灵肉对立"之形而上信念的西方性别意识不同,也与五四以来有关中国传统文化的流俗理解有出入,它是我们批判现代性和建立未来和谐社会的文化资源。

关键词:儒家 道家 性别差异 阴阳

0146

焦竑三教会通思想研究 / 黄熹著 ; 陈来指导. -- 北京大学, 2005. -- 195 页

本文以焦竑的"三教会通思想"作为研究对象,力

求深入焦竑三教会通思想的特质,进而理解焦竑的思想和他的哲学体系。本文认为,焦竑哲学体系基本组成部分是心性论,心性论为他的三教会通思想提供了理论依据,有了心性论才有其尽性至命之学,而有了尽性至命之学作为根本又才有了三教会通,反过来三教会通也影响了焦竑的尽性至命之学乃至他的整个哲学体系的建构。因此,焦竑的哲学体系以尽性至命为其基石,以心性论和三教会通作为其基本组成部分。本文认为,焦竑的三教会通思想是他融会儒释道三教思想而成,焦竑认为三教平等、一致,三教都是对"道"与性命之理阐释。焦竑提倡三教的互参互证和援佛老入儒,其中又主要是援佛入儒。焦竑在思想中融入佛道思想,以佛道为孔孟之注疏。在此基础上,焦竑对宋明理学与心学两条思想路线作出分疏,他认为孔孟之学乃复性之学,从而肯定陆王心学而贬抑程朱理学之支离,也因此,他肯定他认为同是阐明性命之学的佛道思想。对心学和对佛道的肯定是一致的,它们的共同的对立面是作为"支离之学"的理学,而这也是焦竑分疏两条路线的结果。焦竑的三教会通思想不同于以往学者的三教融合,因为他的三教会通首先在于他的平等立场;其次,是他以尽性至命之学作为三教会通的根本与契机;同时,三教会通思想是作为他的整个哲学体系的一部分,与其心性论一起共同构成他的哲学体系,三教会通在此体系中与心性论也处于平等地位而不是心性论的补充。本文认为,焦竑的三教会通思想是他的哲学思想的一个表现,而他的包含了心性论与三教会通的哲学体系,也因而不同于以往学者的以心性论为主的思想体系,这使焦竑区别于同时代甚至以前的许多宋明儒者。这样一个新的体系的建立,也体现了焦竑对宋明儒学的分疏与重构的努力,是他对理学之支离与王学末流的一种纠偏,是他借助佛道对博学与性命之学的一种重新融铸而不是单纯的实学的转向。

关键词:焦竑(1540~1620) 哲学思想 心性论 三教会通 明代

0147

《太平经》的生命思想 / 姜守诚著 ; 胡孚琛指导. -- 中国社会科学院研究生院, 2005. -- 212 页

本文围绕生命这一主题,分别从成书过程、命论思想、房中观念、生育礼俗、疾病认识、死后世界等角度,演绎和分析了《太平经》中相关论述及思想内涵。全文共分六章:第一章考证了《太平经》的成书过程。作者指出,"洞极之经"是《太平经》成书的中间过渡环节,是书之编撰想法似源于王莽执政时期。"洞极之经"开启了道书之先河,使《太平经》得以成为道教最早的一部经书。第二章讨论《太平经》的命论思想。作者指出,《太平经》中包含两种命论主张:先天宿命论和生命的自我控制。《太平经》将二者同时纳入到同一个体系中,由此构建出一套较独特的命论学说。第三章分析《太平经》的房中观念。作者分析了《太平经》所蕴涵的房中思想及一些具体的实践技巧,对《太平经》房中观念的后世传衍及其对道教房中术之影响作了梳理。第四章分析了《太平经》的生育礼俗。《太平经》乃以"兴国广嗣"相标榜,倡导禁杀女婴,主张以一夫二妻制等措施鼓励生育、扩充人丁。书中也隐含关于妊娠产子等方面的生理常识、禁忌民俗以及朴素的优生思想等。第五章揭示《太平经》的疾病认识。文章从病因论和治疗手段等两方面入手分析《太平经》对人体疾病的诠释及救治措施。认为其中隐含了丰富的医学内容,代表了早期道教医学的思维方式和认识水平。第六章描述《太平经》的死后世界。主要探讨了生命终极之世及相关问题。《太平经》倡导节葬,但也崇尚风水地脉等观念,并强调阴宅墓地对后嗣福荫的重要性;此外《太平经》主张举行祭祀与解除等仪式为死者解除罪谪,为后人消灾去祸、祈福延年。

关键词:《太平经》 生命哲学 道教 汉代

0148

临济禅研究 : 以唐末、五代、两宋时期为中心 / 金敏荣著 ; 赖永海指导. -- 南京大学, 2005. -- 153 页

全文共分为六章。第一章讨论临济禅的思想背景。指出临济禅是洪州禅对慧能禅的继承和发展以后诞生的,所以在研究临济禅的时候,应该把握慧能南宗禅和洪州禅的要点和其思想渊源关系。第二章讨论临济义玄的禅学理论。义玄认为,在心与万法的关系上,心含万法,万法不在心外。义玄修行论的核心是无修无证,他反对向身外求佛、求法、求解脱的行为,说"佛法无用功处"。义玄还反对"坐禅观行"的修行观和"看经看教"的修行观。第三章讨论义玄的禅法方便。临济禅的风格因棒喝交施、呵佛骂祖而具有其独特的特点。棒与喝,是义玄接引学人时常用的一种方便设施。义玄还把佛祖经教都看成是对人的束缚,必须加以清除。他认为作为一个禅师,就要敢于呵佛骂祖,非经毁教。第四章讨论黄龙宗派和杨岐宗派。黄龙系形成后,在北宋时曾盛极一时,成为当时最活跃、最有影响的禅宗派系。但黄龙系的法脉传

承并不很长，两宋之际，此系即趋衰落，而杨岐系却逐渐兴盛起来。方会提倡痛快淋漓、不容拟议的禅风。方会的灵活多变的禅风是杨岐法系能够流传久远的重要原因之一。后世临济宗的正脉，实际上主要由杨岐系来传承延续。第五章讨论文字禅与看话禅。临济禅入宋以后，形成了文字禅，从禅宗的不立文字，慢慢变成绕路说禅，以致形成了不离文字的局面。在宋代，大量出现了“语录”和“灯录”，还出现了大量对“公案”的文字解释，产生“颂古”、“拈古”、“评唱”等形式。看话禅就是以古人公案中的答语作为话头，历久真实参究，以致悟禅的一种参禅方法。看话禅也是在与默照禅的对抗中产生的，并且在与默照禅的长期对立中，取得了优势地位。第六章讨论临济禅与新罗、高丽时期的韩国佛教。包括临济禅在韩国的初期传播及盛行。

关键词：禅宗　禅学　临济宗　心法　哲学思想

0149

知识与道德：对程朱、陆王、船山格物致知思想的考察／冷天吉著；杨国荣指导. -- 华东师范大学，2005. -- 139 页

论文认为，古代儒家对知识与道德问题的思考主要集中于为学工夫上。围绕为学与为道的关系，儒家提出了一些重要的命题。由于对唐代佛教疏离现实世界的反动，北宋儒学思想家在为学上一般都强调对具体事物的把握，二程在建构理学体系时，受韩愈的启发，重新发掘了《大学》格物致知的精神价值，把先秦儒家的为学为道思想统一于格物穷理的命题之下，从此，儒家的为学为道工夫便集中于格物致知的诠释与理解上。二程经过重新诠释和理解，把格物致知从一个道德修养命题转换为一个具有认识论意义的本体论命题，突出了儒家重学习、重现实的精神。但是，在道德实践中过于注重现实事物之理的认知，逻辑上必然导出闻见之知与德性之知的关系问题。朱熹沿着二程的思路进一步把格物穷理经典化，确立了格物穷理的根据、原则和方法步骤。由于其为学的知识论取向，为学工夫具有与为道目标相偏离的倾向。陆九渊提出了发明本心的简易工夫，试图从方法论上纠正朱熹的偏向，但他并没有真正消解掉理的本体意义。王阳明通过格竹子的实验，意识到格物穷理内涵着知识与道德的紧张关系，试图通过心本论的建构，来消除朱熹析心与理为二所导致的为学与为道的分离。不过，他在醇化儒家为道目标的同时，也疏离了儒家工夫论中下学精神。王夫之在张载的气本论基础上对格物致知作了重新诠释和理解，既批评了陆王对知识的疏离，也批评了程朱对两种知识的混淆，更批评两派在格物致知上脱离实践的倾向。他的格物致知思想具有综合两派的特征。但是，由于时代的局限，他的格物致知思想并没有超越儒家为圣工夫的范式，为学与为道、闻见之知与德性之知仍存在着紧张的关系。明末以后，格物致知开始出现了某些意义的转换，知识的意义开始彰显，儒家古老的道德形上学也出现了解构的征兆，而且，历史已经证明，知识与道德的紧张关系并不因为道德形上学的解构而得到解决，也不因为现代科学的日益发达而趋于缓解。

关键词：格物致知　道德　知识　偶像

0150

葛洪《抱朴子》的哲学思想研究：简论葛洪的儒道关系观／李溱镕著；楼宇烈指导. -- 北京大学，2005. -- 152 页

本文的目的是阐明葛洪《抱朴子》内、外篇的中心思想。作者认为，《抱朴子》内、外篇具有如下特点：一、葛洪自述其《外篇》属儒家，而其《内篇》则属道家和神仙道教。而且，《内篇》撰写时间比《外篇》稍晚。这引起了他的思想倾向之变迁，即从儒家皈依神仙道教；二、从《内外篇》的思想体系来看，其《外篇》以儒家思想为主，接受道家、法家等诸子百家思想之好处，而其《内篇》要建立一套完整的神仙道教理论体系，但其中充分考虑了魏晋时期学术传统和儒家的现实参与意识；三、《抱朴子》内、外篇各有自己的思想倾向，而且显现了重点不同的两个理论体系。其不同的重点之所在，就是“重社会”和“重自然”的两种不同的生活方式和不同的思维方式。《外篇》在“重社会”的前提下，葛洪建立了以外王之精神为本位、以内圣之道理为次要的理论体系，而《内篇》则通过“重自然”的原则建立了以道为本、以儒为末的“道本儒末”体系。全文分为五章：第一章主要讨论葛洪哲学思想形成的背景，同时通过分析《内外篇》的成书时间、动机和其过程，讨论《内外篇》的不同思想倾向和内容；第二章讨论整个《抱朴子》哲学思想的理论根据和前提，即他所论的自然观体系；第三章通过分析葛洪一生行状及《内外篇》的思想特征，探讨其人生哲学的基本内涵和人生理想。葛洪的人生目标及其理想是从儒家而皈依神仙道教，《外篇》表明了既参与现实人事又待时隐逸的愿望，而《内篇》则既追求长生成仙之道又并不离于现实的利益。如此，他一生人生目标可说是双重的，即其人生哲学总的表征是“内圣外王之道”；第

四章讨论其理想人格，内容包括《外篇》所论的隐逸人格及《内篇》所论的神仙和“上士”、“长才者”；第五章则探讨《抱朴子》所论的儒道关系问题。在自然观、人生观和理想人格的前提下，葛洪最终建立起儒道关系观。其《外篇》从以儒家思想为主的角度，对“道家”思想有着又批评又继承的态度，从而建立起了崇尚和表扬儒家的思想体系。而其《内篇》则借以东晋时期“道本儒用”的观点，提出了“道本儒末”和“儒道双修”的理论。

关键词：葛洪（281～341） 抱朴子 哲学思想 儒家 道家

0151

两宋理学与道家思想 / 李仁群著；潘富恩指导. -- 复旦大学，2005. -- 118 页

本文以两宋时期一些重要理学家为代表，着重对其与道家之间的批判与吸收的双重交往关系进行了具体考察，特别是对其思想异同进行了比较分析，并提出“北宋五子”与道家思想的关系总体上表现为在批判中予以吸收，而南宋理学家大体上则具有在吸收中进行批判的特点。本文的第一部分论述了“北宋五子”与道家思想的深厚关系，认为有着“仙风道骨”之称的周敦颐，不仅在处世风格上颇近道家道教，而且以道家道教的宇宙论思想和守静的修养方法为资源，运用以道入儒的方法来构建理学的宇宙本体论和道德修养论体系，为理学的形成奠定了重要的哲学理论结构和方法论基础。作为“道教传人”的邵雍既不忘世事忧患又追求逍遥安乐的人生，力图把老子的易之体与孟子的易之用相融合，把观物之乐视为人生的最高境界，体现出与道家相似的宇宙视野和价值追求。张载虽排斥道家道教，反对老子的“有生无”说，但他所构建的“太虚”无形之气和“太和”整体之境的宇宙本体学说与其心性论思想，仍难掩道家思想的痕迹，其《西铭》一文也有着道家思想的因素。二程的“天理”学说和修养理论同样不无道家思想的影响，他们尤其对庄子的学说给予了较多的肯定和吸收。在本文的第二部分分别论述了南宋“东南三贤”和象山心学派与道家思想的关系，认为作为理学集大成者的朱熹之“集大成”的意义。不仅在于其总结了北宋理学的发展，而且还包含着对道家思想的批判、肯定与吸收。张栻虽主张分辨老子的“有生无”和周子的“无极而太极”，但在他对北宋理学思想的综合中，也能看到道家思想的一定影响。吕祖谦思想学说的驳杂，同样包含着对老庄思想的兼容。陆九渊虽对道家思想进行了批判，并且以朱熹思想近“道”而加以驳难，但他的心学学说却也与庄子的“游心”思想具有深层联系。

关键词：理学 道家思想 南宋 北宋

0152

颜李学派与清初实学 / 李伟波著；葛荣晋指导. -- 中国人民大学，2005. -- 160 页

论文指出，明清实学思潮主要体现在政治、经济、文化三大层面，具有批判性、实用性、科学性、创新性、启蒙性等特征。突显了“崇实黜虚”的时代精神。而颜李学派实学思想的形成，在思想渊源上既有其自身的学识涵养的不断提升，又离不开清初实学家们的学术影响，颜李学派与清初实学家们在相互论学和书信往来中形成了一个实学流派，是清初实学思潮的一颗明珠。在实体论上，颜李学派针对程朱理学“理在气先”、“理在事先”的说法，以气为宇宙万物之实体，建构了“理气融为一片”的气实体论。由理气不离的气实体论出发，颜李学派阐述了以性一元论为内容的实性论。颜李学派实学思想的突出特点是“主实反虚”，即“尚习行”而反空谈。颜元从“尚习行”的治学宗旨出发，主张习行以致知，并对“格物致知”作出了全新的解释，提倡“犯手实做其事”。针对程朱理学“知先行后”、陆王心学“知行合一”的空虚格致论，颜元提出了“由行得知”的道德实行论，重视知识的实际效用。李塨提出了“不知不能行，不行不可谓真知”的实行论，认为知可以指导行，由行可以得知，较为全面地阐释了知行统一的思想。针对程朱理学“存天理，灭人欲”的窒欲主义，颜李学派指斥其不合人情、背逆人性，提倡“见理于欲”的理欲观，从而冲破了理学教条的束缚。颜李学派禀承儒家经世致用的学术精神，针对明清之际的社会弊病，提出了系统的经世实学思想。颜元作为清初著名的教育改革家，批驳了宋明书院讲读、静坐的治学方式，主张以“事物之学”代替“心性之学”，以“习行”代替“讲读”，以“主动”代替“静坐”，主张文武合一、仕学合一，并在漳南书院进行了书院制度改革，推行以“习行”为核心的实学教育。颜李学派针对理学家的“醇儒”人格在外王层面上的薄弱，提出了“豪杰”之士的人格理想，并赋予其内圣外王的双重品格，扭转了宋明“醇儒”单纯内在的价值取向。论文认为，颜李学派的实学思想蕴含着现代人类可资借鉴的理论价值。其实用精神、科学精神、创新精神等思想，完全可以为解决现代社会诸多危机提供一定的文化资源。

关键词:颜李学派　实学　经世致用　清代

0153

论中庸 :思想、文本与传统 / 李文波著 ; 黎红雷指导. -- 中山大学, 2005. -- 111 页

本文以观念史、解释史、思想史的视界融合为中心,围绕思想、文本和传统这三个层次展示了"中庸"作为儒学传统思想资源从观念到哲学、思想到文本、经典到解释、传统到现代的多重演生的延展脉络,由训诂考据、经典解释、思想传承等多向度的探析呈现出中庸之道成为儒家思想要义的建构过程。作者首先从观念史和思想史的视野出发对"中庸"由观念到哲学的酝酿与演进过程进行溯本求源的探析。进而探讨了中庸思想藉由《中庸》这一经典及其解释最终以儒家文化价值体系的核心观念和学说进入到儒家经典思想史以至整个中国文化史的历程。在剖析《中庸》内在的思想涵义与主题脉络的基础上还呈现了《中庸》经典与思想解释竞逐的历程及其异质背后的意义,并将朱熹关于《中庸》的解释作为参照性研究的典型范例,从思想史的角度讨论了朱熹对《中庸》的"发现"与"重构"。论文还着力探讨了中庸思想的现代流变,指出近现代知识与思想语境的转换对"中庸"这一儒家传统思想资源的现代诠释起到了极为关键的重构作用。作者在讨论不同时代的诠释者何以以及如何诠释《中庸》文本与思想的过程中,对其诠释传统与建构理路进行了哲学及解释学的反思,在揭示其思想史意义与解释学内涵的同时,展现了经典与解释之间内在与超越的持久张力。

关键词:中庸　儒家　哲学思想

0154

梁武帝思想研究 :以魏晋南北朝儒释道三教关系为背景 / 李晓虹著 ; 洪修平指导. -- 南京大学, 2005. -- 199 页

论文主体部分分为五章。第一章着重分析梁武帝神明不灭的形上哲学。文章从神明之界定、返性去昧、神明成佛三个方面展开论述,对梁武帝哲学思想本身进行分析研究,从而探讨梁武帝修身、治国以及三教思想的根源所在。第二章主要分析作为个体之人的梁武帝的修身思想。基于神明不灭的哲学理念,梁武帝认为现实社会中的主体应该具备孝悌、慈悲、仁智勇等主要品德,并由此形成了独特的修养身心的方法(提倡素食、受菩萨戒、反求诸己、抱慈守弱等)和修行境界(穷则独善其身,达则兼济天下;脱离生死轮回、永住常乐我净)。第三章论述梁武帝的治国理念,分别从治理国家的方法(包括推行仁政和个人的修身理念两个方面)和人间净土理想的实践两个方面展开论述。第四章通过对梁武帝对儒释道三教及其政策行为的比较研究,分析梁武帝对儒释道三教思想的融会贯通及对儒释道三教思想的促进。第五章在现代研究的视角下,重新审视梁武帝在传统文化尤其是在儒释道三教关系中的历史地位及其所具有的现代意义。

关键词:梁武帝(464~549)　哲学思想　修身　仁政　神明　菩萨戒　魏晋南北朝时代

0155

道体的失落与重建 :《庄子》、郭《注》、成《疏》比较研究 / 李延仓著 ; 丁原明指导. -- 山东大学, 2005. 128 页

本文考察了《庄子》、郭象《庄子注》、成玄英《庄子疏》之间的逻辑发展及三者哲学思想的差异。全文共分六章。第一章论述了老、庄道家的"道"本体到玄学的"无"本体、重玄学的"非有非无"本体之间的逻辑发展过程。第二章论述了道体在《庄子》、郭《注》、成《疏》之间的失落与重建。郭象《庄子注》对《庄子》的道体进行了解构,不承认道体生化万物、不承认道体对万物的作用。其肯定形下万物之个体的价值而否定形上的道体,是对儒学一尊时代终结、价值标准多元化的社会现实的折射。成玄英重新确立了道体的崇高地位,贯彻了"自然"范畴的两种意义、实现了"道"与形而上的"自身"义的统一,确立了"道"高于"气"的哲学理路。第三章至第六章分别从"自然"义、"齐物"义、"逍遥"义、"命运"观等四个方面对《庄子》、郭《注》、成《疏》的哲学思想进行了比较研究。在比较过程中,文章始终贯彻了原始道家、魏晋玄学、道教重玄学思潮哲学理路的差异,以及"道体"的存在与失落的差异。具体地说,在比较中主要坚持了三个重要论点:一是庄子哲学不强调理想层面道、物关系的统一而是强调二者之间的对立;二是郭象哲学解构了形上的道体,强调万物自生、独化,其"性分"观具有双重意涵,即"性分"既有肯定万物价值圆足的一面,又有严格限定万物的活动范围的一面;三是成玄英重玄学理论最终是属于道教的,其在终极价值归宿上不仅不脱离道教的基本信仰,并且其哲学还接受了道教的"道性"观念。其"道性"则具有双重意蕴,即它既有肯定万物理想价值的一面,也有否定万物现实价值的一面。通过比较发现,三者在某种意义上形成了一

个正、反、合的逻辑发展过程。

关键词:道家　庄周(约前369~前286)　哲学思想　郭象(252~312)　成玄英

0156

西汉礼治思想形成研究 / 林中坚著 ; 李宗桂指导. 中山大学, 2005. -- 130页

文章指出,西汉是先秦礼治思想扬弃、融合发展,并在新的时代条件下得到创新、定型的时期。汉初,道、法、儒等不同学派思想相互斗争、相互渗透空前活跃,经过扬弃、创立、完善的三个阶段,先后实现了新道家"道治"与"德治"的渗透、新法家"法治"与"礼治"的融合,逐渐发展为新道家尊道重德的礼治思想和新法家依礼行法的礼治思想。董仲舒等新儒家总结、继承先秦儒家的礼治思想,吸收、整合新道家、新法家、阴阳家等理论成果,创立起西汉新儒家礼主法辅新的礼治思想体系,使"以礼治国"思想成为治理国家的指导思想,戴圣《礼记》的形成,促进礼治理论的规范和成熟,影响中国封建社会两千多年。西汉礼治思想的形成,在一定意义上是西汉思想统一的过程,是新兴统治阶级营造新的上层建筑,探索治国安邦统治模式的过程。西汉礼治思想是先秦礼治思想的创新发展。西汉时期,是中国封建社会真正实行以礼治国的开始,是中国礼文化从先秦古礼发展为西汉新礼的重要时期,是中国古代法律儒学化的启动时期。本文以礼治思想为主线,对西汉礼治思想的渊源、发展阶段、治理模式和特点,对西汉有关思想家、礼学家及重点著作进行了研究,重点论述了西汉礼治与法治、道治、德治、文治的关系以及礼治思想中的礼义、礼仪、礼乐、礼制等范畴。文章还特别强调了西汉礼治思想的文化价值,认为以礼治国理论是中华文化的主流,对现代的"以德治国"、"依法治国"有很好的借鉴作用。

关键词:礼治　法治　德治　儒家　西汉时代

0157

基督教与佛教语境中的因果之辩 : 以《约伯记》和《阿含经》的苦难观为例 / 刘景联著 ; 冯达文指导. 中山大学, 2005. -- 127页

本文通过对《约伯记》与《阿含经》苦难观的探讨,论述和比较了基督教与佛教(原始佛教)当中的因果——苦难观。第一章分析了基督教圣经基本的苦难观,确认因果思想因素的存在。在基督教传统里,苦难是罪的后果,原罪是一切苦难的根源。在人类堕落以后,罪进入了历史当中,上帝凭着因果原则在罪的世界中显示其公正,惩恶扬善,恶因而成为人类苦难的主要原因。第二章对《阿含经》的苦难观作出阐释,把握佛教因果思想的特征。佛教因果观一方面坚持有因必有果,人的善恶行为会导致与之相应的后果,肯定了人对其行为的责任;另一方面,业报思想又不等于宿命论。第三章集中对《约伯记》进行考察分析,首先阐明它否定以因果观来解释约伯之苦难的意义所在,再结合第一章来提出基督教思想中存在着二重的因果观。第四章论述了两种宗教思想中苦难的来源、性质和意义,接着在第五章探讨了不同的因果思想认识对两种宗教解决苦难问题的途径的影响。最后论述了因果思想在不同宗教语境下的意义及其对现实的影响,讨论了佛教因果观与传统中国文化思想在报应如何发生问题上的冲突,突显了佛教因果观"有轮回无灵魂"的独特性。

关键词:基督教　佛教　因果论　《约伯记》　《阿含经》　苦难观

0158

综合创造的哲学与哲学的综合创造 : 张岱年《天人五论》研究 / 刘静芳著 ; 陈卫平指导. -- 华东师范大学, 2005. -- 113页

文章认为,张岱年的哲学体系是在回应新唯物论、清华实在论及现代新儒家哲学的基础上建立起来的,是中西哲学及当时各派哲学的综合创造的产物。它代表的是中国现代哲学史上最有希望的哲学方向,展示的是各种哲学融会贯通的可能性。在张岱年那里,哲学的综合创造和文化的综合创造有着密切的关系。一方面"综合创造"的文化观通过对全盘西化论和东方文化派的文化观的批判,为文化及哲学的"综合创造"在理论上的可能性提供了论证。另一方面,哲学的"综合创造"又是文化的"综合创造"的核心。在张岱年那里,哲学的综合创造首先表现为方法的综合创造。张岱年认为,不能发明新方法新工具是不能创造出真正的新哲学的。在《天人五论》中,张岱年首先提出了其体验、解析、会通相结合的哲学方法论。张岱年所谓的宇宙论包括本体论和大化论。在本体论上,张岱年构筑了一个以物为本的本体论。其"本体"观念是借用中国固有的本根、元、体等观念对西方哲学的"本体"观念加以改造的结果。是与能相对之质、与变相对之常、与末相对之本。张岱年的本体论是对传统哲学"唯气论"的继承和发展,也是对新唯物论的引申,是在批判考察中国现代哲学的各种本体论

基础上建立起来的一个综合创造的本体论。在大化论上，张岱年提出了三个命题——“大化三极”、“生生两一”、“一本多级”。大化的三级分别是元极（物极）、理极、至极。“生生两一”是“理极”的重要内容。“一本多级”的观点则区分了宇宙大化的“元极”和“至极”，认为二者是对立统一的关系。由“元极”而“至极”的过程就是宇宙演化的过程。本与至的分别，为张岱年的人生论奠定了宇宙论的前提。张岱年认为，从宇宙论到人生论，第一步就是天人关系论。在“天人关系”上，张岱年提出了“天人本至”的观点，即天为人之所本，人是天之所至。由本而至的过程即从自然归于当然的过程。当然的标准是“兼和”，即“兼赅众异而得其平衡”。根据这一标准，人生之当然是克服生之矛盾而达于生之和谐——“充生以达理”（扩充生力，克服生之矛盾，以达到理想境界）。“充生以达理”作为一个过程既是“动的天人合一”的过程，也是“与群为一”的过程。“充生以达理”的人生论体现了一种综合唯物与唯心的倾向，是中西人生论思想的综合与创造，这种综合创造以唯物论的人生论为主线。

关键词：张岱年（1909～2004） 哲学思想 方法论 宇宙论 本体论 人生哲学 天人五论

0159

张岱年哲学思想研究 / 刘军平著 ; 郭齐勇指导. -- 武汉大学, 2005. -- 270 页

本文第一章对张岱年的学思历程、学术渊源及主要学术成就与贡献作了概括。作者认为，作为20世纪最有影响、自成体系的哲学家之一，张岱年的哲学思想深深根植于中国传统哲学的土壤之中。它既是传统的守望者，又是沟通传统与现代的桥梁。第二章指出，传统对于张岱年来说，是一条永远割裂不断的脐带，赓续先贤文化生命的命脉是张岱年哲学创新的内在动力和源泉。从这种意义上看，张岱年的哲学思想在理论形式、哲学命题上、言说方式上都具有鲜明的民族意识。构成张岱年哲学理论的基础是孔子的仁学思想、老子的辩证法，以及《易传》的交易、刚健的精神。第三章从张岱年“综合创新”的条件及路线图入手，主要考察了唯物与解析法的综合以及唯物与理想的综合。在唯物与解析的综合过程中，张岱年运用西方哲学的逻辑解析法，对传统唯物论的概念范畴、哲学命题作了探微入幽的廓清。本文认为，逻辑解析法对于张岱年来说是手段而不是目的，其直接目的是为了论证外界的实在性，其终极目的是通过辨名析理，清理中国哲学命题的意谓，为中国哲学创造性的转化打下坚实的基础。在唯物与理想的讨论中，作者围绕张岱年关切的天人关系、生与理的合一以及群己一体的哲学命题展开研究，认为张岱年提出的“动的天人合一”的哲学命题重在强调天人关系的动态平衡、人与自然彼此相互协调、适应及融合的过程。这种哲学观不仅补充和发展了传统的天人合一的思想，而且为当今的生态伦理提供有益的借鉴。第四章具体阐述了张岱年在价值学的基本问题、基本派别、基本特点以及价值的定义、价值的层次、价值观等方面所做出的整体建构。在张岱年研究的众多的价值学问题当中，本文重点探讨了“以人为本”、“以和为贵”、“义利统一”等哲学命题。作者认为，“兼和”之所以是张岱年哲学体系的核心范畴，是因为其对传统资源中的“和”的价值思想的认同。本文还解读了张岱年对儒学哲学人的主体性的论说，意欲突出张岱年对人格价值、人格尊严、人的存在的重视。第五章探讨的是中国哲学的自主性问题。作者认为，张岱年在揭示中国哲学的特质、辨析中西哲学的异同方面，覃研深思，用力甚巨。他慧思独运，以犀利的眼光对中国哲学中“活的”与“死的”内容进行了审视。本文认为，在整个中国哲学史上，关于概念范畴的研究，张岱年将占有永久的、不可替代的地位。

关键词：张岱年（1909～2004） 哲学思想 仁学 天人合一 兼和 自主性

0160

论比较哲学中的概念互诠 ：对若干英美学者先秦哲学研究的考察 / 刘玉宇著 ; 陈少明, 陈立胜指导. 中山大学, 2005. -- 101 页

本文透过文化差异论的框架，考察了葛瑞汉、芬格莱特、罗思文、陈汉生、郝大维与安乐哲等几位英美学者对先秦哲学的研究。首先，介绍了史华慈和葛瑞汉关于文化普遍论和文化差异论的论争，并在此背景下引入其他学者对文化差异论的引申。其次，通过对文化差异论的批评，揭示了其理论背后所隐含的整体论预设及其可能导致的理解误区，并借助葛瑞汉的语言学框架，提出了不同文化间概念互诠的可能途径。再次，通过对先秦哲学中三个重要专题的讨论，以个案分析的方式从三个不同侧面进一步考察了这些学者的比较研究中所隐含的理论预设，并探讨了概念互诠的可能性。对理性和关联思维的讨论，从整体思维方式的角度探讨了西方概念框架在诠释中国哲学时的作用及其限度。对仁与礼关系的考察，试图探讨古

代中国的哲学概念能否用西方式的概念框架加以刻画。而对儒家伦理与自律关系问题的考察,则探讨了西方的概念能否用于刻画古代中国的哲学问题。最后,作者指出,比较哲学面临一个策略转换的问题。

关键词:先秦哲学 比较哲学 阐释学 文化差异

0161

从诗教看《韩诗外传》 / 罗立军著 ; 陈少明指导. 中山大学, 2005. -- 113 页

本文由《诗经》研究史上"祛魅"与"徵圣"两种对抗性范式切入,显明《韩诗外传》的诗教阐释立场,并进一步指出研究的主题:《韩诗外传》是如何由儒家诗教的立场,在时代的境域中建构出来的?作者认为,"思无邪"、"诗可以兴"、"诗言志"对孔门诗教的内涵进行了系统的阐发:"思无邪"指出了《诗经》的内在精神,凸显孔门的诗教立场;"诗可以兴"指出了《诗经》的意义生成,强调个体对儒家诗教义理的内心领受;"诗言志"指出了《诗经》的意义建构,着重儒家诗教义理的公共传承。汉初时代境遇发生了显著变化,突出表现在政治自我理解由秦朝"尚力"到汉初"文武并用"的发展。韩婴由此时遇出发,以儒家为立场,杂采道、法、阴阳等诸子学,借助对《诗经》的阐释,建构《韩诗外传》诗教文本,为儒学成功入仕,发挥经世致用开辟道路。韩婴在《韩诗外传》中,以"诗教"为中心,把诗、史、论三者打通,共同构成一个大诗文化结构。其中,"诗"具有断章取义的特点,"史"构造历史意义图像,"论"怀抱强烈经世情怀,三者共同指向儒家诗教义理的领会。文章指出,"回到诗教"的研究视角要求我们在经典教学中必须处理好"学"与"政"两方面的问题,这样,儒学方能真正落实为生命的学问,不至陷入无根的游谈。

关键词:韩诗外传 韩婴 儒家 诗经 文学研究

0162

陈亮、叶适哲学意蕴探析 / 麻尧宾著 ; 徐小跃指导. -- 南京大学, 2005. -- 93 页

本文分上、中、下三编。上编主要阐述"道"、"器"等范畴在陈亮、叶适哲学架构中的地位与涵义。一是还原到宋代历史文化语境之中来考察。二是从本体意义的分辨入手。三是提升到天人结构的层面来分析。藉此呈现出南宋功利儒家作为宋代文化史中一个特殊形态的学派,其特殊性的基本元核。中编分"致知与中和"、"永康之心性路径"二章。"致知与中和",着重辨析叶适哲学有别于理学体系的认知模式。从"格物""致知"的不同理解和诠释,到"己"与"物"之间的联系与沟通如何实现,再到"中和观"所蕴涵的独特的认识论价值的观照;"永康之心性路径",旨在说明:陈亮的为学旨归,其注意力虽集中于讲明法度,考订典制,对心性义理之学亦有一定程度的涵摄。一方面借助"体一定分"命题的解析,把握陈亮在伦理学、人性论方面的基础性的论证工作;另一方面又进入到他提出的心性范畴之中,梳理其内在机制、调节系统及其与价值原则的关系。下编分"曰功曰利"及"本领与工夫"两章。"曰功曰利"认为,从心性到事功,从内圣到外王,尽管成为宋明儒共有的为学路径,但相应于理学家倾向于把"外王"当作"内圣"之余事,功利儒家明显地把适合现实要求的"外王之道"置于更重要的地位。这一观点的具体的论证,主要环绕王霸、义利二题来展开。在义利问题的讨论中则特别指明,"利"范畴实质是一个"义""害"并存的双义结构。程朱理学就"害"的方面发现较多,叶适则尽力凸显了"利"范畴中"义"的蕴涵。"本领与工夫",主要诠释了陈亮的理想人格论及叶适的为学践履工夫。在叶适关于践履工夫的全部理论中,有两条基本线索:一条是通过"除尽"与"问学"之辨,以"内"统"外",完成中和境界;一条是运用儒家的传统资源,以功利儒家特有的方式和语言解决"理"与"事","经"与"史"的关系,以"史"解"经",实现经史合一的"事功"形态的"史法论"。

关键词:陈亮(1143~1194) 叶适(1150~1223) 儒家 哲学思想 心性 义利观

0163

唐君毅知识论思想研究 / 马亚男著 ; 胡军指导. -- 北京大学, 2005. -- 163 页

文章首先介绍了唐君毅哲学思想的研究现状及其知识论思想的学术价值。之后重点就下述几个方面展开了讨论。一,对唐君毅知识论思想的主要内容做了整理;二,对唐君毅对知识来源、知识的分类、知识的构成、知识的真假、知识的价值、先验知识和经验知识等问题的独到见解加以阐发;三,对唐君毅的知识四来源说、认识一元论、真理四标准综合说等论断做了论述和论证;最后,在唐君毅知识论思想的总体特征一章,得出了若干结论:唐君毅知识论与形而上学的融合、形而上学对知识论的主宰、知识论对形而上学的工具性、其知识论思想的新实在论特征。

关键词:唐君毅(1909~1978) 哲学思想 知识论 形而上学 儒学

0164

圆融无碍的生生之美:论熊十力的佛学思想及其诗性精神 / 孟令兵著 ; 潘富恩 , 王雷泉指导. -- 复旦大学, 2005. -- 190 页

本文主要论述熊十力的佛学思想。熊氏一生援佛入儒,扬儒抑佛,虽对印度佛学多所批判,实际上,他的哲学体系中有取于中、印佛学思想资源处甚多。作者指出:第一,熊氏以自家的本体论思想,系统地曲解了印度大、小乘佛学的一些核心名相,避免其业力轮回、解脱出世的主要宗教信仰观念,代之以传统儒家的内在超越理想。第二,熊氏的即体即用的哲学体系中体现了华严宗法界缘起的义理,表现了其事事无碍法界的思想旨趣。第三,熊氏的哲学论著中在在突出的刹那义,实际构成了他的哲学本体论乃至认识论的基础,而这与舍尔巴茨基所分析的印度瑜伽行派晚期的陈那、法陈的因明学认识论思想基础极其类似。熊氏由此打通了中印思想的各自核心层面,为自己所宗奉的传统的原始儒家及新儒学(宋明理学)找到了更加坚实的本体根基。在此基础上,他成立自家的翕辟成变及体用相即义,对破物质、时空、因果、规律等一系列科学理性主义的核心范畴,为他的诗性哲学精神廓清了场地。而熊氏哲学体系的三分模式、五范畴论、性智与量智的思想,都可以在因明学的现比二量、因三相等认识论思想中找到根源。第四,熊氏哲学表达出一种极富生命活力与动感、空灵直观的诗性特征。作者认为这与他对于华严圆融无碍的一真法界的全心注想、因明学认识论中的刹那、现量思想的陶然冥思、对于神圣澄明境界的虔诚祈向都息息相关。熊氏对于陶渊明、王船山诗歌的喜爱都折射了这种思想背景。这种思想的内在精神与方东美惊人的一致,也与海德格尔的诗化哲学思想具有极大的相似性。

关键词:熊十力(1884~1968) 哲学思想 佛学 诗性

0165

儒家哲学原理研究 / 苗润田著 ; 葛荣晋指导. -- 中国人民大学, 2005. -- 141 页

本文从五个方面讨论了儒家哲学的基本原理。一、仁学论 “仁者爱人”是儒家仁学的第一原理。这一原理是由“己欲立而立人,己欲达而达人”和“己所不欲,勿施于人”两大命题或两大原理构成,二者的有机统一即所谓“忠恕之道”或“絜矩之道”。“忠”,即要求积极的人;“恕”是将心比心、推己及人。儒家认为,“忠恕之道”是仁爱的起点,又是为仁的方法和途径。“仁爱之及物”是儒家仁学原理的又一重要内容。儒家认为,仅仅爱人还不足以称之为仁,只有将仁爱扩大到爱鸟兽昆虫等生物,才算做到了仁。“仁者,以天地万物为一体”的思想,最终把仁的对象和范围扩大到天地万物即整个自然界,从而在理论上实现了人道和天道的贯通,把人际道德和人对自然的道德完整地统一起来。二、天人合一论 从某种意义上说,儒学的全部问题都是围绕天人问题展开的。儒家的“天人合一”理论所讨论的问题,实际上也就是人与世界的关系问题,它是一种关于整个世界以及人与世界关系的学说。儒家之“天”具有多种意义,其中又隐含着一般性、共通性的东西即终极存在。这种存在可以是物质之天、自然之天,也可以是主宰之天、神灵,或者是命运之天,或者是义理之天。儒家的“天人合一”论是由实然或本然的“天人合一”论与应该或境界的“天人合一”论所构成。所谓实然的天人合一,是指本然意义或本然状态的天与人的合一;实然的天人合一论,也就是儒家对客观实际天人关系本然状态的一种认识理论。应然或境界的“天人合一”论,是儒家关于人为什么要与天和谐统一以及怎样才能与天和谐统一的理论,是一种只有通过人的努力才能实现的理想状态。儒家“天人合一”思想具有消解“人类中心主义”的意义。儒家虽然认为“天地之生人为贵”、“人者天地之心也”,但儒家并不是人类中心主义者,它并不认为人是唯一的价值主体,也不认为非人类存在物对人类只有工具价值,不认为自然只有满足人的需要才是有意义的。三、心性合一论 “心性之学”是关于“心”、“性”及其相互关系的哲学学说,是儒家“追求‘圣人’价值取向、寻求理论根据和修养方法的哲学。”心性合一是儒家心性哲学的基本原理之一。在儒家哲学中,心是人的思维器官、道德意识和宇宙的本体等多种含义。儒家一般都把性视为人的本质属性和道德理性,认为道德源于天赋予人的自然本性,性具有仁义礼智、纲常伦理的内涵。在儒家的视域中,心性之学是统贯天人、内外的内圣成德之学,安身立命之学,因此儒家学者尤其是后期儒家比较多地论述了心与性的关系问题。在儒家哲学中,在不同的儒家学者那里,对于心与性合一有“心即性”、“心统性情”、“心兼性情”、“心主性情”、“心性同体”、“性体心同”、“心与性一”等多种不同认识和表述,其基本

精神都是强调心性合一,认定心和性是统一不可分的。四、知行合一论 在知行关系问题上,儒家学者有"知易行难"、"知难行易"、"知先行后"、"行先知后"、"知重行轻"、"知轻行重"、"知行并重"、"知本行末"、"行本知末"等各种观点和看法。尽管这些认识互异,但在反对知而不行或行而不知方面却是共同的,都主张知行的统一、一致。儒家的知行合一论其实质也就是知行统一论。这一思想具有重要的现代意义。五、中庸之道 中庸之道是儒家哲学的方法论原理。这一原理是由"执两用中"、"无过无不及"、"因时而中"、"执中有权"等核心命题组成的。执两用中也就是掌握分寸中肯不偏,以之为前提而选择和制定合乎实际的方式和方法。"执中"还须善"权",即根据具体情况,在不违背常规的前提下有所变通,而不是固执某些僵死的教条不放。中庸之道还要求立身行事时时合乎中道。

关键词:儒家 哲学思想 仁 天人合一 知行合一 中庸 心性

0166

实相与慈悲:以释契嵩为中心的佛教真俗关系研究 / 聂士全著;王雷泉指导. -- 复旦大学, 2005. -- 223 页

本文以释契嵩关于儒佛关系、政教关系的思考作为契入点,将佛教真俗关系作为考察重心,结合相关经论以及三论、天台、唯识、华严、禅宗的佛法解义思想,力求显现关于佛法思维、真俗关系的内容与特征。第一章主要考察了契嵩思想得以产生的内、外学背景。第二章叙述了本迹关系、权实关系、真俗关系、理事关系、世间与出世间关系等大乘佛学的思想内容,并述及隋唐时期佛教家关于三教差异性的认识,佛教被说为神道设教的文化背景,契嵩道本为一、教迹万殊的三教会通思想。第三章考察了契嵩关于性情关系、心识关系的思考,并主要结合天台学人的批判,揭示了华严与禅宗教学在真俗关系问题上存在的不足,最后叙述了联结真与俗的无缘慈悲和佛家的孝亲观。近代社会以来,僧俗两界对真俗关系又有新的思考,所以将对释太虚人生佛教思想的学理基础的研究作为本文的代结语,以与契嵩关于儒佛、政教关系之思考形成对照。本文认为,在成熟的中华文化背景中,佛教的入世关怀其实是通过儒佛关系、政教关系表现出来的,而北宋佛家之所以持三教会通之论,也有依佛出世、藉儒入世的思想意图;由于传统文化界并未真正领会佛教的缘起性空、业力果报的思想,所以依佛教空有之辨而展开的世界观、伦理观、平等观也很难在传统社会发生广泛影响,因此,在强调自由与责任意识、平等观念、环境保护等思想的现代社会,佛教依于性空观的入世关怀最有可能被如实理解而获得真正意义上的展开。

关键词:契嵩(1007~1072) 佛教思想 儒家 政教关系 三教会通

0167

中华武术与传统文化 / 乔凤杰著;赖永海指导. -- 南京大学, 2005. -- 180 页

作者分析了传统文化之所以能够影响中华武术的原因,确立了会通中华武术与传统文化的基本思路,并以经验心之建构和超验心之彰显为线索,论述了传统文化对中华武术的总体影响。作者认为,传统文化对中华武术的影响,乃是其为习武者经验心之建构即武术之技战术和道德规范的建构提供了方法论的参考与思想原则的指导,并为习武者提供了诸多的专门性的彰显超验心的内功功法和在武术实践中彰显超验的运动训练指导思想。兵家对超验心之彰显的关注不太明显,而把主要的精力放在了对经验心之建构的方法的说教上。兵家对武术的影响,乃是通过对武术之技战术思想的影响而为习武者经验心之建构作出贡献。笔者以培养作战勇气、掌握对抗主动权、因敌而制胜等战略战术为突破口,分析讨论了武术与兵家的共同之处和兵家对武术的潜在影响。道家对武术的影响是广泛而深远的,对习武者经验心之建构和超验心之彰显均有较大的贡献。道家对道这一超验心的崇尚,为传统武术训练确立了一个极具诱惑的终极目标,并使习武者对自身潜在的超常能量充满信心。就经验心之建构而言,道家之"反动与弱用"的方法论,被一些拳种采纳而成为其重要的战略战术。就超验心之彰显而言,道家之"复归于无极"的基本思路,完全可以被作为传统武术之超级心理训练的根本原则。武术与佛家的融合,乃是一个不容置疑的历史事实。武术与佛家相互亲近的出发点并不相同,但是,不难看出,虽然佛家不会把武术功夫的提高作为究竟,武术的习练者也未必十分虔诚地信仰佛教的全部教义,可无论是从武术还是从佛家的角度看,武术与佛家之融合对双方都是有益的。佛家对武术造成的影响,主要表现在佛教为习武者之彰显超验心提供了较好的训练方法与指导思想。儒家对武术的影响,涉及经验心之建构与超验心之彰显两个层面。就其对习武者经验心之建构的贡献而言,儒家对武术之

影响的主要表现，即是按照儒家的礼仪与礼义，建构了传统武术的价值理念与行为规范，从而形成了传统武术的武德系统。就其对习武者超验心之彰显的贡献而言，儒家对武术之影响的主要表现，即是以儒家的“无极而太极”，为习武教者提供了一种在有形的武术运动实践中开发自身潜能的训练新思路。在中华武术之建构经验心的模式中，即在传统文化的影响下所建构的技战术体系与道德规范中，存在着一对异常明显的相互对立的指导理性——诡道与圣道，共同构成了传统武术的复合理性。最后，笔者对中华武术的文化传统进行了现代阐释，并对武术之当今发展进行了现实的思考。

关键词：武术　传统文化　兵家　道家　儒家　佛教

0168

汉代儒法合流研究 / 申波著 ; 李宗桂指导. -- 中山大学, 2005. -- 108 页

文章认为，形成于汉代的“儒法合流”是中国传统政治文化的基本模式，它既是一种政治理念，同时也是一种制度安排。除了思想自身的相互融合，“儒法合流”的形成同两次极端性的政治运动——秦政和王莽新政——的失败有密切关系，它们为汉帝国对新型政治文化模式的探索提供了有益的借鉴。“儒法合流”的关键在于儒学的意识形态化，这一意识形态化的过程即是“儒法合流”的理论设计过程。汉初儒生的思想转向为“儒法合流”的理论设计作了充分的思想准备，而董仲舒对儒家的法家化改造则使这一理论趋于成熟，东汉儒生经过对王莽新政的反思，又在新的条件下重新肯定“儒法合流”。另一方面，汉帝国也有意识地整合“王道”与“霸道”，并在意识形态、行政主体和司法实践等方面作了相应的制度安排。“儒法合流”的基础，从思想自身来说，在于它们具有共同的整体主义思路；从社会背景来说，则是国家与乡土共同体之间的二元结构。“儒法合流”对中国传统政治文化具有深远的影响，它极大提高了皇权的地位，造成了士大夫的人格分裂，并在一定程度上限制了中国社会的发展进程。

关键词：儒家　法家　王道　政治文化　汉代

0169

《吕氏春秋》思想研究 / 申镇植著 ; 许抗生指导. 北京大学, 2005. -- 284 页

作者指出，《吕氏春秋》是战国末年秦相吕不韦召集其门客集体撰写的先秦最后一部巨著。《吕氏春秋》的出现标志着战国以来百家争鸣的总结，它通过对先秦诸子学说的全面整理和继承，构建了一个庞大的集大成的理论体系，这是秦国最终统一天下的理论要求。《吕氏春秋》上承先秦诸子，下启汉代学术，在实质上最初完整地奠定了中国文化的发展方向；它不惟开启了汉代综合学术之先河，在整个中国文化发展史上，都具有重要意义。本文旨在探讨这部书独有的性质、思想来源、指导思想、理论体系以及哲学、政治思想。全文共分五章。第一章探讨了《吕氏春秋》的思想文化背景。第二章辨析了该书的成书年代、整体结构体系、著书动机与最后目的、基本思想倾向与理论体系等问题。认为吕书的主导宗旨是法天地，或具体说是揆天、验地、审人的思想。这一主导思想或直接或间接或明或暗地灌注于全书各部分，并创构出了一个丰富多彩而具相当系统的理论体系。《吕氏春秋》体系的完整是先秦诸家所不及的。而这种完整的结构形式正是《吕氏春秋》写作群体自觉地总结先秦学术思想的表现。第三章论说了《吕氏春秋》与先秦诸家学说的关系，简要地介绍了吕书对先秦道家、儒家、墨家、法家、阴阳家等的去取情况以见它的思想渊源。第四章对《吕氏春秋》的哲学思想作了总体辨析。着重讨论了《吕氏春秋》的天、地、人统一的思维模式。认为这一思维模式贯穿于《吕氏春秋》全书之中。在此基础上探讨了《吕氏春秋》的宇宙生成论、天人感应论、人生哲学、认识论以及社会历史论。第五章考察了《吕氏春秋》的政治思想。作者认为《吕氏春秋》思想的特点就是政治（权力）与哲学（知识）相结合。从总的方面看，它是把自然无为的思想用到人生和政治方面，特别是用在政治方面，有很明显的政论性质；在内容上大量引用老庄之言，而“兼儒墨、合名法”。对君臣、国家、民众、礼法、治道的认识构成了《吕氏春秋》政治思想的主要内容。

关键词：《吕氏春秋》　哲学思想　政治思想

0170

摄论学派研究 / 圣凯著 ; 赖永海指导. -- 南京大学, 2005. -- 306 页

本文把真谛的思想定位为“从始入终之密意”，在虚妄与经验层面，则是纯正的瑜伽行派的“阿黎耶识缘起”，则是属于“始教”；在转依的果位上，其主张“相性融即”、“智如不二”与护法——玄奘系所主张“相性永别”、“智如为二”明显不同，则是具有“终教”的特点。真谛的思想是妄心派向真心派的过渡，是一

种"中间路线",但是其基本立场仍然是瑜伽行派。真谛的"识界"并非是《起信论》的真妄和合识,但是真谛的佛学思想最终必定能够走向《起信论》,这是其思想的内在必然发展趋势。在心识论方面,真谛继承"一种七现"的"一心论"而提出"一意识论",主张阿陀那识即是染污意;唯识今学强调别体别用的"诸识差别",区分阿陀那识与末那识的不同。真谛从种识不分的立场,主张种子是假而无体,阿黎耶识是实而有体;而种子的相续即是阿黎耶识的相续,而不承认种子生种子。护法一系从诸识差别的立场,主张种子与阿黎耶识都是实有的;建构了种子生种子的异时因果与种生现、现熏种的同时因果。在影像门唯识方面,唯识古学从"无相唯识"的立场出发,主张分别为因,虚妄为果,虚妄分别通依他性与分别性,强调"识境同一"的一层心理结构。唯识今学从"有相唯识"的立场,强调虚妄与分别不同体,分别为能缘的依他起,虚妄为二取的分别性,因此必须有两层心理建构,所以"虚妄分别"只是指依他性。唯识古学以"虚妄分别显现"诠释影像门唯识理论,世亲依"识转变"建立了整个唯识体系。在认识论,唯识古学强调心识生起时,心识无义但显现为义,或"似现为义",显现即是执取;唯识今学强调心识与心识所显现的影像是"有所得",凡夫执"似义"为"义",于是现起分别性。在三性三无性思想,真谛是继承与综合"尘识理门"与"染净通门"的三性思想,而唯识今学是继承"情事理门"的思想,从而有不同的展开。真谛与安慧都以八识为能分别,而护法则强调第六识、第七识为能分别;而且,护法主张见分、相分同属依他性,真谛、安慧则无此义。真谛以分别性、依他性无所有而所呈现的同一无性,即是真实性,因此三性是一;护法系主张于依他性上远离分别性,即是真实性,因此三性彼此有分际,不可混同。唯识今学强调"假必依实"的"他性空",分别性是"无",而不否定依他性,所以分别性是"空",而真实性是"空性",因此"空"与"空性"是有绝对区别的。真谛是站在"性相融即"的立场,主张"空"是否定的对立同一,分别性无相、依他性无生都加以遣除,空与空性是同一的。同时,真谛主张分别、依他同一无性即真实性,坚持"一切诸法同一无性",三性为安立谛,三无性为非安立谛,三性同时也是三无性。而唯识今学强调"三无性不离三自性",这是在三性之外说三无性,二者不能相即。唯识古学主张二重二谛,窥基则主张四重二谛。真谛在果报黎耶、种子黎耶之外,提出"解性黎耶"、"阿摩罗识",通过淡化如来藏"我"的色彩,融摄如来藏与阿黎耶识两系,解决瑜伽行派的内在矛盾与困境。从解脱论来说,阿摩罗识即是境智无差别、智如合一、如如智、转依;从实践论来说,建立"方便唯识"与"真实唯识"(或"正观唯识")的实践次第。在佛性思想方面,唯识今学主张"五性各别"与"密意一乘",提出"理佛性"与"行佛性";真谛主张"一性皆成"与"究竟一乘"。摄论师由于受地论学派的影响,以"一心二门"来诠释心识论;而且以真妄、体用、本末等思想来理解三性,出现两种形态的三性思想。"九识"说是北地摄论师所提出的。摄论师逐渐背离了瑜伽行派的立场,而与"真常唯心"系合流,强调以佛性为中心,以"佛性"诠释"十胜相",完全是以如来藏缘起来解读《摄论》,这是摄论学派中国化的核心体现。最后,论文指出真谛的"梁净二分依他"是"立体式"的理解,分别性与真实性的转换是非连续的;而《起信论》强调平面式的"一心二门",阿黎耶识与法身之间的转换是连续的,这是二者的不同。佛教存在论是一种"过程存在论",一切存在建构于"过程"与"关系"中,如来藏、阿黎耶识、法身、法界等都是一种动态的存在,而不是"批判佛教"所说不变、无差别的"基体",这些绝对观念是与"空性"紧密相连的。

关键词:真谛　佛教　摄论学派　唯识学　如来藏

0171

后现代语境中的中国佛学 / 石义华著 ; 赖永海指导. -- 南京大学, 2005. -- 131 页

文章从本体观(本体的"踪迹")、主体观(主体的涅槃)、思维方式(理性的零度)、语言观(语言的解构)和方法论(方法的流变)五个方面对后现代语境中的中国佛学展开了讨论。关于佛学的本体论问题,作者以为佛学本体像后现代主义对本体的看法一样,是一个"踪迹",其持续的否定性、动态性和解构主义的"解构"概念相似。解构发生的基础是佛学本体具有异质性,即佛学本体不是单纯的有,也不是单纯的无;不是单纯的善,也不是单纯的恶;不是单纯的觉,也不是单纯的不觉;不是单纯的常,也不是单纯的断;而既是有,也是无;既是善,也是恶;既是觉,也是不觉;既是常,也是断。关于佛学的主体观,文章认为,佛学在主体观上也视主体为一个因缘和合的产物,一个"假名人",并无实体性。更非宇宙的中心、认识的中心,这也就是佛学的"无我"观念。佛学虽然否弃了主体,但是论述自己的观点时,常常又需要一个主体的替代物,于是主体以种种方式得以复活。主体复活

的策略是通过对自我在占有物与观念上的剥夺，通过对主体进行替补与置换，通过对自我进行重新理解与诠释实现的。在思维方式上，佛学以彻底的否定性剪断了婆罗门教实体主义思维的尾巴；后现代主义对以“差异”的强调，颠覆了传统哲学及其同一性思维方式。关于佛学语言观，文章认为佛学的否定性言说——“遮诠”对于语言来说就是一种“解构”的态度。语言的功能主要是解释。佛学认为，一切语言皆是方便设施，对语言的解构就是为取消定于一尊的终极答案。佛学对语言的解构，通过取消“名”与“实”的对应关系，通过释放概念中隐含的异质性内容，通过富于荒诞色彩的语言体现出来。文章最后探讨了在佛学的修养方法中内蕴的后现代性的思想方法。

关键词：佛教　佛学　后现代主义　本体论　主体论　语言观

0172

星云大师与当代“人间佛教”的理念及实践 / 释觉幻（满耕）著；楼宇烈指导. -- 北京大学，2005. -- 147 页

本文提出星云大师与当代人间佛教的理念与实践这一问题，分别透过佛教经典、禅宗祖师大德以及近现代人间佛教思想作为历史背景和发展脉络，从佛光山现代教团佛法生活化落实、佛教制度创新、佛教女性地位提升，以及文化教育、弘法修持作为取向的人间佛教实践等多个方面，对星云大师人间佛教思想特质以及弘法成果作出分析，认为星云大师一生致力于人间佛教理念实践的核心思想，乃在揭示人间佛教思想的时代性与普遍性；其次，藉探讨星云大师人间佛教思想蓝图以及全球化的发展，协助人们认识当今人间佛教发展的真实面貌，为人间佛教重新定位；再者，为佛教的永续发展提供实证的参考线索，进而引发当代人间佛教学术研究的新动向。本文侧重人间佛教实践方面的探讨，藉佛光山组织形式的落实、不同地区本土化布教方式和其他宗教的对话与互动以及文化交流等实践模式，体现星云大师人间佛教扎实的理论基础，透过其平权思想、宗教无国界，人类一家的“地球人”理念，突出了佛光山在人间佛教的实际行动中为社会人类产生的积极作用，使得星云大师人间佛教的理论与实践得到统一，从而全面展现人间佛教的精神内涵。

关键词：星云大师　佛学　人间佛教　佛光山　国际佛光会

0173

《礼记》的文化价值观念及其张力结构 / 孙圣河著；余敦康指导. -- 中国社会科学院研究生院，2005. -- 128 页

全文共分四章。第一章论述礼是中国文化的代号，它代表着中国文化之内隐（道）与外显（器）的一切模式。三《礼》蕴含着中国历代人民之历史和文化，《礼记》又作为三《礼》的精华，突现中国礼乐文化模式中的枢机纲要、道统的所寄——文化价值观念和思维模式。第二章梳理古今人对《礼记》的分类，采用“通论”与“制度”、“门内”与“门外”的两种分类，尤以“制度”（典章制度）与“通论”（文化价值）作为中国文化发展史上“变与不变”的一贯主题，即论证维持社会秩序的合法性（legitimacy）根据——社会成员普遍认同、共同遵守的价值体系、义理体系、社会正义原则——的“通论”（明体）以及研究将这合法根据化为制度性安排的“制度”（达用）作为中国文化史上一贯的核心主题。第三章着重论述中国礼文化作为自生自发的“原生文化”，具有连续性文明的发展特征，自然发展成以家族、家庭为基本单位的宗法型文化传统。而现实生活中的礼乐制度都是为了维持宗法性社会秩序（合同与别异、骨肉亲情与宗法次序）而服务的社会制度。不管是“门内”（冠昏丧祭）或“门外”（政治与教育）的社会活动，都是以宗法价值（亲亲尊尊）、宗法伦理（孝与悌）作为一贯标准，试图给社会各成员树立起“有耻且格”的道德自觉自律机制，以便将天下上下整合成充满“恩情”（恩）与“义理”（义）的道德的团体。因此，在家族、社会、国家间自然形成了以宗法价值作为纽带的循环服从的关系，在门之内外，形成 了道统与政统、文化与政治、价值理性与工具理性间的矛盾张力。这种现实生活中的本末（自然性与社会性）、理势（理想与现实）张力，培养出“执两用中”的张力结构型实用性思维模式（中庸），以图维持各种社会关系网络中的实用性张力平衡。并且，“中庸”代表“合情合理、且合时宜的实践”的礼的精神以及“立中制节”的制礼原则，它作为中国礼文化中的最高价值标准，成了制订礼乐的合法性根据。因此，礼乐制度具有以成员教化（伦理）与组织整合（政治）为核心的文化整合功能。并且它会给任何组织、任何关系，提供广阔而温馨的对话空间（“敬让”），此互敬相让的道德自律或理性自觉，就是成员间“重叠共识”（罗尔斯语）建立主体间性的基本条件。第四章试图揭示中国礼文化的现代意义。

关键词：《礼记》　礼乐文化　礼乐制度　宗法

中庸

0174

孔门弟子思想分化研究 / 王春著；颜炳罡指导. -- 山东大学, 2005. -- 106 页

本文旨在理清孔子主要弟子各自的思想特色，进而考察儒学在孔子之后的发展可能性问题。文章着眼于孔门弟子思想发展的几种不同走向，将其大致区分为守道之儒、干济之儒、礼乐之儒和歧出之儒。守道之儒是指能够坚守孔子学说的根本精神和原则，全面体现儒学的学术品格，即不仅能够践仁行义，守死善道，同时又不放弃“以道易天下”的社会政治理想的孔门传人。能够体现这一思想和行为特征的孔门弟子则首推颜回，次为曾参，他们从不同角度发展了儒学的心理方面。干济之儒主要指以介身国家治理、实现外在功业为基本诉求的孔门弟子，他们对于干世济民大多有着极高的热情，尤其是长期跟随孔子参与社会政治活动的前期弟子，更是多把为政治国当成为学的主要指向。相对于守道之儒，他们更为重视儒学在现实政治中的作用和影响，从而突出了儒学作为政治哲学的一面。子路、子贡和子张是干济之儒的突出代表。礼乐之儒主要是指熟习礼乐典章，博通诗书经籍，并基于此而继承和发展了孔子的礼乐化民思想的孔门弟子，其主要代表为被列于“文学”科的子游、子夏。他们通过对社会习俗的构建和对传统文献经典的疏解，借助于文化和教育等手段，进一步巩固了儒学在世俗层面的影响，对于儒学持久而广泛地传播起到了一种更为基础性的作用。守道之儒、干济之儒和礼乐之儒的分化，在一定意义上代表了儒学自身发展的不同走向，体现了儒学在个人、政治和文化等几个不同层面的发展可能性。然而沿着他们分别代表的方向，亦不乏止步不前或渐行渐远以至歧出孔门教旨者。原宪、季次、冉求等人即是这方面的代表。文章认为，孔门弟子作为中国文化原创时期较早地系统接受了文化教育和思想教育的群体，他们的思想分化和观念分歧不仅对于儒学自身的发展有着深刻的影响，而且对于新的思想和文化的滋生和发展亦起到了一定的推动和促进作用。

关键词：孔子弟子　儒家　哲学思想　儒学

0175

“理一分殊”理念下的朱熹哲学 / 王广著；王新春指导. -- 山东大学, 2005. -- 132 页

本文首先厘清了“理一分殊”之所是，认为“理一分殊”思想涵具着伦理、形上学、工夫论三重意蕴。其中，朱子对“理一分殊”形上学和工夫论意蕴的揭示，起到了重要作用。接着对“理一分殊”形上学意涵在朱子哲学中的贯彻进行了探究，认为在上述理念指导下，朱子开始了将儒学转化为“通道”之学的工作。在这一转化工作中，他首先将“理”确立为自己哲学的最高范畴。作为最高范畴的理具有三重特征：一是超越性，可以主宰、规约形下之气；二是内在性，内在于天地人物的气化流行之中；三是自然性，可以在天地人物的气化流行中自然而然地展现自身。于是，“理”成为天地万物之所以为天地万物的形上根据，宇宙呈现一个“只是一个理”的图景。在构建这一图景的过程中，朱子继承程颐“圣人本天”的路向，坚持将“天”理性化。他承接王弼以本体说太极的理路，将太极构建成一个与“理”同等的，属于第一序的概念，从而回答了“天之上何物”的问题，构建起一个“物物有一太极、人人有一太极”的、有规约、有秩序的宇宙图景。这一图景展现了一个“无形而但有理”的形上世界。朱子还承继程颐以“生”说天的理路，提出“天地以生物为中心”思想。这一思想首先肯认了一个天人贯通的、生机流行的有机宇宙，其次也贯穿了将“天”理性化的进路，以“理一分殊”理念为指导，探究了这一有机宇宙之所以如是的形上根据。论文接下来探究了“理一分殊”理念在人生界的贯彻。由于人作为一个感性存在物，生而便禀受着不同“分殊”情状的气质，对心中所本然内具的形上之理，造成了不同程度的障蔽，所以在应事接物的过程中，无法真正实现“心与理一”。要想实现“心与理一”，就必须做“居敬穷理”的工夫。通过“居敬穷理”，一方面可以去掉物欲所带来的对心中所本然具有的形上之理的障蔽，另一方面还可以从万事万物的分际中体究这一形上之理，从而实现道德之成就和知识之增进的交相发用。“居敬穷理”既继承了李延平推重“分殊”的思想，也赋予了李延平所主张的偏于内在体证的“分殊”工夫以外在博文穷理的色彩，从而丰富了“分殊”的工夫论意涵，由此开拓了一个内在心性修养同外在读书穷理相结合的工夫路向。论文最后指出，朱子构建了一个宇宙界重由“理一”而致“分殊”、人生界尚由“分殊”而致“理一”的哲学体系。这一体系的完成，使儒学不再是仅仅囿于考据、训诂之学，而是贯通天人的“通道”之学。

关键词：朱熹（1130～1201）　哲学思想　理一分殊

0176

汉代象数哲学研究 / 王浩著 ; 李中华指导. -- 北京大学, 2005. -- 138 页

本文试图论证,汉代哲学的主流可以被称为象数哲学。所谓象数哲学,是指用哲学人类学的研究方法所揭示的、蕴涵在汉代的天文学、医学、易学以及乐学等学术和文化形态中的哲学思想观念。具体说来,象数哲学最基本的内涵是象数思维及其具有象数结构特征的"天人合一"的存在图景,在这幅基本存在图景中,宇宙、人生呈现为一个气化流行、生生条理的过程和整体,用宗白华先生的话说,在象数哲学看来,宇宙、人生为一种"序秩理数"所贯通,因而呈现为一个有条理、有秩序的象数结构,这个象数结构及其"序秩理数"蕴涵在象数哲学对天道、时空、历史、政教、人伦、心性等问题的一系列见解中。笔者以为,汉代象数哲学代表了中国哲学史上的一种重要的哲学形态和哲学传统。

关键词:汉代哲学　象数之学　天人合一　哲学人类学

0177

魏晋才性之辨研究 : 兼论玄学性本体论的建构 / 王铭著 ; 李宗桂指导. -- 中山大学, 2005. -- 150 页

本文围绕三个问题展开对魏晋才性之辨的研究,即才性之辨与魏晋选举的关系问题、才性之辨所蕴涵的人格塑造问题、才性之辨与玄学性本体论的关系问题。前两个问题侧重于魏晋才性论者在社会政治方面的理论;后一个问题侧重于才性论者的哲学建构。作者指出,其一,魏晋才性论者围绕人才标准和人性鉴识展开理论探讨,形成了比较系统的选举理论,对九品中正制产生了重要的影响。其二,才性之辨蕴涵着人格塑造的理论及实践问题。才性论者通过对人物之"本"以及才性四本之"本"的探讨,确立了以性情和才能为内容的人格依据理论;在此基础上,刘劭构建了一种以质性"中庸、平淡、无名"为特征的理想人格;才性四本论则反映出魏晋士人对圣贤人格、英雄人格和隐士人格的多元追求及其整合的思想倾向。其三,在中国哲学史上,才性之辨的哲学理论处在汉代宇宙论向魏晋性本体论的过渡阶段。才性论者触及性本体论的三个方面,即以自然之性为本体,"名理"与"言不尽意"的认识方式以及"玄道"境界理论。因此,才性之辨的哲学理论可被看作魏晋性本体论的雏形。后来,王弼、嵇康、阮籍、郭象以各自的方式完成了魏晋性本体论的理论建构。文章最后阐述了才性之辨在中国思想史上的理论价值及其现代意义。

关键词:才性之辨　玄学　本体论

0178

百家争鸣中的庄子学派思想演变 / 王威威著 ; 李中华指导. -- 北京大学, 2005. -- 189 页

本文在展现庄子到庄子后学思想演变具体脉络的同时,注重挖掘思想演变的深层原因,突出思想依存的直接背景。文章认为,庄子后学对道物关系的补充、提出"无有"范畴解决道与有无的关系、对命的依据的讨论、对理想人格神异性的解释、对语言有效性的探讨等方面主要体现了思想内在的逻辑发展。另一方面,思想的形成不能脱离其思想背景。庄子后学思想中天与道地位的变化与儒家天道观的发展相关;后学的"齐物"理论与庄子不同,以彭蒙、田骈、慎到的思想传播为背景;后学圣人观的变化根源于各家思想由冲突走向融合的背景变化;后学大人形象的提出与大人由有位者向有德者的转变相关,孟子的大人观在这一转变中起到了重要作用;后学的养形理论及长生追求以先秦行气、导引的养生术及神仙思想的蓬勃发展为背景;以人性为依据对儒家仁义圣知的批判以儒家德行系统的建立背景。文章认为,庄子后学认同君臣之序,并提出以道统摄仁、义、礼、法的统治模式;将认识分为感性认识与理性认识,并主张通过虚静可以获得真知。这些论点是对思想界共识的认可。此外,庄子后学的思想演变还与特定的知识背景相关。通过对庄子与庄子后学思想的具体分析,本文认为,依照不同的思想倾向将庄子后学(即外杂篇)分为不同派别的研究方法存在诸多问题。庄子后学的思想发展非常复杂,派别划分的标准很难确定。本文对《庄子》佚文思想倾向的分析,更体现出庄子后学思想演变的多样性,很难以固定的派别来概括。同时,外杂篇的分篇也并非以思想倾向为依据,而是以关注的中心论题为依据。因此,本文根据中心论题的不同,对外杂篇作出了新的分类。

关键词:庄周(约前 369 ~ 前 286)　道家思想　百家争鸣

0179

梁武帝与中国佛教本土化的进程 / 王玮著 ; 楼宇烈指导. -- 北京大学, 2005. -- 147 页

南朝佛教之盛,在梁武帝时达到了顶峰。梁武帝作为皇帝的特殊身份,使得他能够在推动和促进佛教融入中国社会和民众生活方面发挥独特的作用。在

思想方面，梁武帝提出了神明佛性论，从因果的角度解释了众生何以成佛的问题。以神明成佛义为根本，梁武帝依据佛教根本的因果理论，进一步主张神不灭，并针对范缜的神灭论，以传统的孝飨之礼为据，说明儒家在慎终追远和不忘本的教化中也同样特别强调因果。把因果当作佛教信仰的核心，反映了南北朝时期社会对于佛教的一般认识；但是分别从儒家和佛教各自的理论出发，将两家所谈的不同因果结合在一起，却是梁武帝的一种理论创新和尝试。文章认为，孔释兼弘的特点，不仅表现在梁武帝的思想方面，而且更重要的是体现在梁武帝的实践上。在这方面，梁武帝对蔬食和不杀生的奉行与倡导就是很好的实例。不论是讲因果，还是行慈爱，梁武帝身上都在凸现出统一儒释的双重性。这种双重性的根源，在于梁武帝"皇帝菩萨"的双重身份。梁武帝奉佛的核心，就是正法与净行这两点。文章指出，梁武帝对佛教的信奉，最突出的在于他对于实践的重视，始终体现出面向社会现实、面向民众生活的特点，因而在社会上和历史上具有更大的现实影响力，从而极大地促进了佛教与中国传统社会的融合。

关键词：梁武帝（464～549）　佛学　佛教　儒家

0180

本心与自由：陆九渊哲学思想研究／王新营著；杨国荣指导．-- 华东师范大学，2005．-- 101 页

本文旨在以"本心"释"心"，挖掘陆九渊以本心为核心建构心学体系的过程中所流露出的自由精神。文章指出，陆九渊之前，中国古代哲学对心的论述已蔚为大观。孟子突出心的道德性；荀子强调心的认知性；庄子以心为主体精神；佛学从本体的高度理解心。这些理论或直接或间接影响着陆学的建构，而最直接促成陆学的是朱熹的心性论。陆学对心的称谓较为混杂，在使用心这一概念时也未作明确的界定。但通过对陆学"吾心即宇宙，宇宙即吾心"、"心即理"基本命题的分析可知陆九渊大部分情况下在本心的意义上使用心这一概念，本心不失为陆学的核心。陆学以本心为核心，建构起本心——事理——本心的哲学体系。以本心为形上依据，陆学流露出自由精神。自由可被区分为哲学自由和政治自由两大类型。古代中国虽因权利意识的缺乏难以形成政治自由观念，但以自己的方式诠释着哲学自由观念。哲学自由在中国古代哲学主要表现为道德自由与精神自由。道德自由与精神自由在陆学中均有明显的体现。陆学由现成的本心到证成的本心，实现了对人性的自觉；由证成的本心显发为事理，既保证了道德行为自主体自然流出，又使得道德行为不是出于伦理本能而是出于主体的明觉，自觉、自愿与自然的统一，为道德自由的表现；本心显发为事理后返回自身，既保证了心体的"澄滢中立"，又超越了物事的羁绊，在对精神负荷的"减担"中，精神呈现出自由的姿态。陆九渊的本心之学在批判朱学、纠朱学之偏的同时，自身又走向了另一个极端，陆学作为理学史上的一环，既以自身的理论建树为理学注入了新的活力，又因自身的理论缺陷为发展着的理学所扬弃。心的个体之维与普遍之维、道德自由与精神自由在陆学中始终存在着紧张。陆九渊弟子杨简主要扩展了陆学对心的个体性的规定，使陆学向着唯我论的方向发展。杨简之后，陆门更为暗淡，近百年之内，陆学已悄无声息。但陆学并未退出历史舞台，至明代，陆学经王阳明的弘扬，与王学一起构成心学流派，对此后中国文化传统的影响至深至远。

关键词：陆九渊（1139～1193）　哲学思想　自由　心学　本心

0181

心灵本体论的重构：唐君毅新儒学思想研究／王兴彬著；宋志明指导．-- 中国人民大学，2005．-- 176 页

论文首先考察了唐君毅的文化哲学。作者认为，与其他新儒家人物一样，唐君毅全部思想的起点也是对于民族文化危机的思考，其心灵本体论正是在对于文化问题的研究中得以引申而出，文化哲学是唐君毅心灵本体论得以建构的逻辑起点。论文接下去探讨了唐君毅心灵本体论建构的原因。作者认为，唐君毅心灵本体论的建构，一方面源于其内在的生命体验和对人生意义的追问；另一方面，也是其对文化问题探索的不断深入的必然结果。这两种思考同时交织在一起，使他提出了"道德自我"和"现实自我"这两个相对立的概念。"道德自我"旨在强调道德生活的主体自决性，它存在于人类的一切自觉活动之中，并支配、成就这些活动，这是一种典型的泛道德论观点。关于唐君毅的宗教意识论，文章指出，在唐君毅看来，宗教意识集中反映了人类本体心灵的超越要求，宗教意识就是人类求自欲望中解脱的意识，本体心灵在宗教活动中显示了其超越性。宗教意识高于求真意识与求美意识，是一种最深刻的道德意识。基于这种对宗教的看法，唐君毅对儒学的宗教性进行了阐扬，认为儒学虽然不同于一般意义上的宗教，但是因其也有

着自己的宗教仪式和教义，也相信一个超越的绝对实在——“天”，所以，儒学也包含着丰富的宗教性资源。而且，因为儒学的道德性、平实性、包容性以及对信仰主体即“人”的自觉性的重视，还高于一般意义上的宗教。唐君毅虽然承认，就历史现实来说，儒学并没有以宗教形式出现过，但是，他所试图建构的理想宗教，实际上就是以“内在性”和“超越性”的统一为标准，对确立新宗教精神，从而实现儒学的宗教化，使儒学和世界各大宗教能够平等对话。文章最后讨论了唐君毅在《生命存在与心灵境界》中提出的人生九境学说。人生九境学说是以心灵本体的感通活动为基础展开的，是其心灵本体论的具体展开与落实。在这里，唐君毅将前期的“道德自我”概念进一步扩充为“生命心灵”，从而使人的整体生命存在得到了全面的关注。生命心灵感通境的方式和向度不同，由此相应而起的境界也就有所不同。生命心灵是一个不断发展、不断活动而展现自身的过程，随着生命心灵的不断活动与升进，其所面对的对象世界也有所不同，从对客观世界的审视，到对心灵自身的反省，最后超临于此主客世界之对立，达到对一超越、理想世界的冥会与合一，由此而有客观境、主观境、超主客观境的先后出现和依次升进，并进一步由生命心灵活动的三个不同向度：横观、纵观和顺观，最终形成人生九境。唐君毅的人生九境学说是儒家人生境界论的现代形态，同时也是对人类全部文化的广度判教体系。

关键词：唐君毅（1909～1978） 哲学思想 儒学 道德 自我

0182

从道德自我到心灵境界：唐君毅形上学研究 / 王怡心著；胡军指导. -- 北京大学，2005. -- 150 页

论文第一部分主要评述唐先生形上学核心观念道德自我的建立过程。追寻了唐先生青年时期哲学观念的变化与定位；论述了唐先生的道德自我观念的出发点、根源，论证了心之本体的存在，揭示了心之本体的本质和表现，指出了道德自我的进路；分析了道德自我之建立的传统思想渊源。第二部分揭示了道德自我客观化为人文世界的过程。认为主体性道德自我在对象化过程中展开了自身，形成了哲学、科学、文学艺术、宗教道德、家庭、经济、政治、体育、军事、法律与教育等文化形式。第三部分揭示了到达第三个阶段的道德自我扩展为生命的全部活动，形成了生命存在的三个向度九个境界，从而完成了自身。论文最后部分从整体上对唐先生的形上学进行了省察。总结了唐先生的形上学观及其形上学辨证发展的特点，结合中西哲学史对其形上学体系本身进行了评析。揭示了其形上学与知识论相融合以及心灵维度的多向转变等特征，论述了唐先生的形上学对中西形上学的继承和超越及其本身的意义。

关键词：唐君毅（1909～1978） 哲学思想 形而上学 心学 道德 自我

0183

德性与民主：以牟宗三、唐君毅、徐复观为中心 / 吴圣正著；张立文指导. -- 中国人民大学，2005. -- 242 页

论文认为，“德性”一词在现代新儒家那里有三层基本含义：一是作为一般意义上的道德观念、道德理性含义；二是形而上的本体论含义即道德本体，现代新儒家通常称之为“心体”、“性体”、“良知”、“自由无限心”、“道德的心”、“仁心”等；三是作为道德品质、个性品格、道德境界的含义。三层意思在现代新儒家的论著、论文中有时分用，有时合用。题目中的“德性”是借现代新儒家的合用之意。现代新儒家普遍认为，儒家传统思想及其德性观中包含了自由与权利观念，因而只要充分发挥儒家思想中的积极成分，就能开拓出民主政治。儒家内在的德性自由中蕴涵着外在的政治自由，儒家所预设的人在德性修养上的平等基础（人皆可为舜）蕴涵了人在政治权利上的平等。因此，儒家的德性精神不仅不与西方民主精神相悖，而且还能发展出超越西方功利主义的民主政治——道德理想主义的民主政治。论文提出，现代儒家的政治哲学理路是有严重缺陷的，这主要在于他们的道德理想主义的眼光忽视了对道德自由与政治自由、道德权利与政治权利、道德理性与政治理性之间的真实关系考察，同时对儒家传统德性观自身的缺陷也缺乏正视。第一，道德自由与政治自由是一种内在自由与外在自由的关系。作为一种内在自由，道德的自由既可能是积极自由，也可能是消极自由。当道德自由表现为自由意志为了某一价值理想或目标而积极进取时，它是积极自由。但当道德的自由意志在遭受到现实的挫折时，很有可能消解具有现实意义的道德准则或价值观念，转而追求一种超现实的心灵境界，此时的道德自由即由一种积极的自由转为一种消极的自由。在这种情况下，道德的自由不仅不能促进政治自由的进步，反而阻碍了对政治自由的追求。中国宋明儒家的一批人物为“内圣”而“内圣”的道德追求和西方近代法国大革命后一些本来热衷于政治的人士转而追

求内在自由,都属于这种情况。第二,在西方,道德权利与政治权利有着相辅相成的关系。但是,在儒家的传统里并没有道德权利的观念,或者说儒家的道德权利并非西方意义上的道德权利。由于儒家的道德修养是超功利的,其中并不包含对人的基本权利的规定与维护,因此儒家的道德权利实际是一种“道德义务”。一种只提倡和规定人应当如何尽自己的义务,而不同时提倡和规定人所获得的相应权利的道德观念,是无法从中转化出政治权利观念的,由此也就无法凭借它转化出民主政治。第三,现代新儒家误解和误用了黑格尔辩证法。黑格尔的辩证法是以“合目的性”的形式表达了“合必然性”的内容,也即以实践的形式表达了认识上的规律。但是现代新儒家(牟宗三)坚持将辩证法直接应用于实践,认为道德理性在实践中通过辩证开显即可转出认知理性,从而实现民主政治。这种主观唯心主义性质“良知坎陷”说,实际与康德道德形而上学中的“悬设”并没有实质的区别。第四,现代新儒家只看到了儒家德性精神与民主精神相融合的一面,却没有注意到它与民主精神不相融合的一面,即它的理想主义、家族主义和专制主义的性质。第五,价值理性是政治理性中与工具理性并列的一种理性,它们之间是根本不能相互化约的。由此,欲从道德理性中坎陷出认知理性(工具理性)也就成了“缘木求鱼”。

关键词:牟宗三　唐君毅(1909~1978)　徐复观(1903~1982)　德性　民主　自由　理性

0184

圣经犹太伦理与先秦儒家伦理之比较 / 谢桂山著；傅有德指导. -- 山东大学, 2005. -- 106 页

本文重点就下述四个方面对圣经犹太伦理与先秦儒家伦理作了比较:一、神圣本体上帝和天是圣经犹太伦理和先秦儒家伦理的基点。上帝既是伦理价值的创造者和赋予者,又是道德律的来源和依据,还是善恶评价的标准;先秦儒家尤其是孔孟亦将天视为人类价值和道德的最终依据,德由天赋,天为德本,人的道德价值本原于天。上帝与天既有相通的一面,也有殊异之处。二、爱与仁:圣经犹太伦理与先秦儒家伦理的基本原则。爱是圣经犹太伦理的基本原则,仁是先秦儒家伦理的总纲。在圣经犹太伦理体系中,爱包括“爱上帝”、“爱邻人”两个命题,具有总体意义和价值,公义、公正、平等、怜悯等从不同角度对爱作出解释。在先秦儒家伦理体系中,仁既是爱人之义、人的本质性规定,又是具体的德目、“全德之称”、道德总纲,是美中之美、德中之德、标准中之标准。三、律法与礼:圣经犹太教伦理与先秦儒家伦理之特征。犹太民族是“律法民族”,中华民族是“礼仪之邦”,律法和礼是两个民族重要的文化符号,是两个统摄性极强的文化范畴。律法贯通生活的所有层面,契约、宗教、法律、道德等都在律法之中。礼涵盖天、地、人三个基本维度,是融宗教、道德、法律、习俗、政治制度于一体的交错重叠的文化生命整体,社会、政治、法律、伦理、宗教、艺术、哲学之内容尽见礼中。四、善恶与人性:圣经犹太伦理与先秦儒家伦理的重要课题。圣经犹太伦理善恶问题的认知和解决表现出犹太人独特的生存智慧和民族性特征。先秦儒家伦理关于人性善恶的双面设计说明:人只有在道德化的道路上才能显示和提升人之为人的人格。文章认为,圣经犹太伦理和先秦儒家伦理隶属于两个不同的文化系统,前者是以神为本或神本主义伦理,后者是以人为本或人本主义伦理,一个是宗教伦理,一个主要是世俗伦理。但两种伦理在关注世界、人生、现实、未来以及在塑造和培育民族心理和民族精神等方面,又旨趣相同。两种伦理体系各有优势和不足,是可以相互学习和补充的。

关键词:伦理思想　儒家　犹太教　礼治　人本主义

0185

中国古典法律解释的哲学向度 / 谢晖著；刘大钧,傅有德指导. -- 山东大学, 2005. -- 190 页

本文从哲学向度对中国古典法律解释的八个方面进行了阐述。第一部分从现代解释学和符号学的基本理论出发,用中国古典解释例阐述了法律符号的解释属性:概括性、逻辑性和沟通性。第二部分从法律解释主体角度对中国古典法律解释进行分析。认为中国古典之官方法律解释具有一定的垄断性,它属于以皇帝为代表的官方有效解释。中国古典之民间法律解释属于私家法律解释。中国古典的司法解释可称为“司法性解释”,其主体是古代的判官。第三部分挖掘中国古典法律解释所具有的独特的哲理意义。认为,中国古典法律解释不是通过解释达致对法律之“求真”,相反,在很多情况下“趋善抑真”、寻求心理的事实成为中国古典法律解释的重要哲理智慧。第四部分从形上角度分析了中国古典法律解释的基本任务,即刑法典之立法解释的合法性问题。从中国古典法律解释的“天人关系”看,具有“究天人之际”的高远追求,从中国古典法律解释的“群己关系”看,具有“通古今之变”的形上智慧,从中国古典法律解释的

"身心关系"看,具有"致内外之和"的道德追求。第五部分通过目的向度分析了中国古典法律解释的实用路向。中国古典法律解释具有浓重的"情理交融"特点,同时,为了使法律解释具有可接受性,其"实用理性"特征便凸显出来。第六部分介绍了中国古典法律解释的方法。独断体解释方法表现在解释主体、权力、对象和效力的独断性上;问答体解释方法表现了解释者对请问者的教示;注释体解释是通过"文法"而阐释法律文本中的律意,是关于法律解释中的"是什么"的说明;判例体解释是通过事实而"发现"法律的过程。第七部分讨论了"附生于政治哲学(经学)的法律解释智慧"、"相对独立的法律解释智慧——律学"、"作为裁判方式的法律解释智慧——司法过程"、"作为裁判结果的法律解释智慧——判词"四个方面。第八部分剖析了中国古典法律解释的意义。从学术角度看,古中国法律解释为中国法学提供了宝贵的古典资源;从立法意义上说,中国古典法律解释所透射出来的对实质合理性的价值追求是当下中国法治建设的一项值得关注的资源;从法治角度看,中国古典法律解释为法治中国文化的本土化提供了可资借鉴的内容,中国法治的全球化面向不可能撇开自身的文化积淀和现实关切;从法律实施角度看,古典法律是在解释中实现的,法律解释通过创造法律和说明法律的合法性等行为推进制定法的实现,这对当下的中国法律实施而言亦然。

关键词:法律解释　解释学　法哲学　法治

0186

张载哲学新探 / 谢荣华著 ; 陈来指导. -- 北京大学, 2005. -- 101 页

论文以张载哲学中太虚与气、神与化、性与命、心与物等四组概念为中心,分析了张载哲学思想中的天道观和心性论,并在此基础上对张载哲学做了重新定位。论文分六个部分。"导言"部分概述了张载的生平,并对本文的研究目的与方法、论文的框架安排以及资料来源等做了说明。第一章为"虚与气",探讨张载哲学中的天道本体。太虚与气之体用关系是在对治佛老二氏的要求下建立起来的,气分广义与狭义,太虚与气是同质关系而非"相即"。第二章为"神与化",研究张载哲学天道流行的内在理则与价值意蕴。"神"与"化"一本于气,它们作为天德与天道,为人之世界提供了价值基础。第三章为"性与命",阐发张载哲学中由天到人的理路。张载的"性"之概念,本于气之湛一本性与攻取之性,而落实于天地之性与气质之性的区分,并为人之命运提供了当然之则。第四章为"心与物",分析张载哲学中以人合天的进程。张载以心合内外为基础,确立了穷理与尽心的内外并重的修养路线,以圣人境界为最后指归,从而达到"民胞物与"的"大我"之境界。在"结语"部分中,作者指出,对张载天人哲学体系的总体定位,气本论是合理的选择。

关键词:张载(1020~1077)　哲学思想　天道　心性　天人合一

0187

朱熹心论研究 / 延在钦著 ; 陈来指导. -- 北京大学, 2005. -- 224 页

本文的主要目的在于说明朱熹整个哲学体系中"心"概念的涵义和地位。在朱熹哲学里,随着学问的成熟程度和说明的角度不同,心概念有极其丰富的涵义。作为"一身之主宰者"的心与理气、性情、居敬穷理等主要概念有密切关系。朱熹通过未发已发说、心具众理说、心统性情说、人心道心说等理论体系来陈述心的涵义,同时阐明了心与其他诸概念的关系。全文共分五章。第一章把周敦颐、张载、程颢、程颐的思想区分为本体论和心论两个部分,并作了具体分析。第二章论述了朱熹心论的变化发展过程,认为就朱子整个思想的发展过程来看,从"中和旧说"转换到"中和新说"的历程是一个重要的里程碑。第三章分析了朱熹哲学中理、气概念的涵义和特征,以及理和气之间的关系。说明了在宇宙万物之中,人所占有的地位和心的关系,心和仁的关系。以"气之精爽"、"心具众理"阐明了心和理气的关系。第四章探讨了心的本体、心的功能以及心和性情、心和所禀受的气质的关系。认为在朱熹哲学里,心的本体与道德和认识的问题有密切关系。把心的本体区分为"人心本善"和"神明"、"虚灵"两个部分来说明其内容。在心和性情的关系部分中,主要说明了本性和天道、气质的关系,情的来源和心对情的主宰,四端和七情的来源以及心统性情的问题。第五章主要讨论了修养论问题。朱熹强调心被气禀和物欲遮盖,所以不能正常地发挥心所具有的功能。因此,作者分析了有关天理和人欲、气禀和物欲、人心和道心的问题,以格物致知和敬为中心阐释了朱熹哲学中的修养论部分。

关键词:朱熹(1130~1201)　心论　理学　气　修养

0188

无以人灭天 : 庄子思想研究 / 严春友著 ; 郑万耕指导. -- 北京师范大学, 2005. -- 150 页

本文认为,"无以人灭天"是理解庄子思想的一个重要角度,庄子的许多命题由此可以得到合理解释。《庄子》书中存在着三个层次:日常思维(人为)、"相对性"和道,它们的意义和作用是各不相同的:日常思维是最终要消解的对象,"相对性"则是用来消解日常思维的工具。但庄子并没有停留在"相对性"这个层次上,而是从更高的层次——道这个角度进一步消解日常思维和"相对性"。消解"人为",回归天道,是《庄子》书的主题。庄子并不主张"万物都是一样的"(所谓"齐物论"),相反,极力强调事物的千变万化和差异性,以此来消解人们那种以自己的成心给事物规定共同标准的做法。道之"复通为一"并不是说万物之间没有差别,而是说道是超越一切界限(包括人为的界限)限制的。道不仅是有限事物的界限,也是人类之知的界限,就是说,以人之知不能把握道,道不能为人所有,因此道不能成为人的知识,换句话说,道是根源性的存在,而不是人的概念和认识。道因而超越于人的价值判断之外,无所谓大小多少、善恶美丑。在庄子看来,只有道性才是事物和人的本真之性,只有在道德的境域中人和事物的本性才能够自由地舒展,才能够如其所是地存在着。所以他主张"无以人灭天"。庄子提出无我、推崇绝圣弃智和小国寡民等主张,这一切都是为了保持人的天然纯真之性。文章认为庄子的思想只有从终极或天道这个角度才是可以理解的或者说才是成立的,而庄子思想中存在的问题也正在这里。从终极的或天道的观点看,生死的确是一体的,可以说生死无别,但从个体的角度看却不然,生死有着天壤之别。从道的观点看,可以得出全视角的观点,即一切事物均在其尺度内有其合理性,可是庄子并没有彻底地贯彻这一点,常常忽视了个体和"相对"这个视角。庄子的思想仍然具有当代性,因为庄子所提出的那些问题是终极的问题,是每个时代的人都无法回避因而必须重新思考的。庄子的思想揭示了一个超越语言而存在着的深远久广的境界,使人肃然而生敬畏之情。

关键词:庄周(约前 369 ~ 前 286)　道家　哲学思想　道

0189

韩非伦理思想研究 / 于霞著 ; 李宗桂指导. -- 中山大学, 2005. -- 162 页

本文对韩非伦理思想作了纵向的历史发展探讨和横向的比较扩展研究,揭示了韩非伦理思想的内容、特点和功能,以及对秦汉政治实践和思想文化的影响。文章从三个方面对韩非伦理思想作了论述。首先是历史向度的背景分析,指出春秋时期宗法伦理文化形态解体以后,社会伦理所存在的问题及伦理秩序和政治秩序重建的历史要求。其次,从伦理关系、伦理规范和伦理原则三个层面阐述了韩非伦理思想的内容。在伦理关系的认识方面,韩非直面血缘面纱剥落后的人伦关系现状,突出了利益、等级和单方面服从三个要素。在"三常顺"的原则下,构建了君臣、父子、夫妇之间的先后、上下关系,为封建伦理秩序的形成提供了理论雏形。在对伦理秩序的规范方面,韩非认为,在"争于气力"的历史条件下,君子少而小人多,人们好利恶害,因此,必须以法代礼来规范人们的行为。韩非充分发挥了法"一民之轨"的伦理功能,并着重阐述了法的教化作用。在伦理原则上,韩非提出了"去私心,行公义"的最高原则,延续了前期法家"废私立公"的思想,并在这一最高原则的指导下,重新解释了仁义和忠孝的内容,赋予这些道德规范以新的意义。由此,韩非为逐渐定型的封建君主集权国家建立了新的伦理秩序的理论框架雏形。再次,揭示了韩非伦理思想对秦汉政治实践和思想文化的影响。秦朝的灭亡暴露了韩非伦理思想和政治秩序之间的矛盾,汉代在总结秦亡经验的基础上,最终完善了封建伦理思想体系,韩非的伦理思想亦被吸收容纳于其中。

关键词:韩非(前 280 ~ 前 233)　法家　伦理思想　秦汉时代

0190

另类圣人 : 道统之外孔子形象的若干考察 / 余树苹著 ; 陈少明指导. -- 中山大学, 2005. -- 118 页

作者指出,中国素有经学传统,文人儒生注疏经典的同时,也在诠释着圣人。孔子作为儒学的创始者,被尊为圣人。诠释文本中的孔子并非一个固定不变的形象,而是随着不同时代、不同人物的解读而呈现出相应的变化。本文选取"道统之外"这一新的视角,选择若干具代表性的文本,试图对孔子在正统儒家之外的影响作一相对连贯的分析。在对各个时代与人物有一定把握的同时,考察了孔子如何经历各种形象的转换,展现另类的孔子诠释史。本文选取的研究对象有《墨子》、《庄子》及王充、王弼、康有为的相关著作,作者总结其中与孔子相关的文字,归纳其对

孔子形象的主要观点,并分析原因,作出评价。其中,《墨子》与《庄子》是表现百家争鸣、孔子确立独尊地位之前士人们的孔子观;王充的《论衡》,则是汉代谶纬迷信的特定历史条件下的产物;王弼的圣人观,充分体现玄学的特色;康有为以孔子为教主,充分表达了他对挽救清朝命运的努力。各个不同的文本对孔子形象有不同的诠释原则,并可归纳为实用与空灵两种不同的风格,体现了孔子在道统之外的特殊影响。本文最后从言述方式与解释学的角度对全文进行了总结。

关键词:孔丘(前551~前479) 儒家 道统 哲学思想 经学

0191

论中国哲学修养论中的非对象化思维特征 / 余永胜著 ; 洪修平指导. -- 南京大学, 2005. -- 117 页

本文以儒佛道三家为中心探讨中国哲学修养论中的非对象化思维特征。全文共分五章。第一章主要论述修养论在中国哲学中的地位以及其体现的非对象化思维特色。第二章讨论非对象化思维在实践中的必要性。这又分为两个方面,一是从反面说明对象化思维在实践中的弊端,主要是实践的片面性、不可靠性以及反面性。二是从中国哲学境界观的角度,说明非对象化思维成为中国哲学修养论选择的理论必然性。第三章探讨非对象化思维的实现方式。本文认为,主体的拟心起意是造成对象化思维产生的主观原因。因此,儒佛道三家都从消除"起心"的角度消除对象化思维。孔子提出"勿意、勿必、勿固、勿我",禅宗提出"拟心即差,动念尤乖",都是基于此而言的。除此以外,儒佛道三家还从消除客观条件的角度破除对象化思维。显然,对象化思维必须有一个外在的执著对象。在不可能完全消除此对象的情况下,消解其客观性,使其不具有可供执著性,就成为可供选择的方法之一。第四章主要讨论非对象化思维中的主体状态。既然拟心起意必然导致对象化思维,那么,主体呈现出"无思无虑"状态就具有必然性。第五章主要探讨非对象化思维在实践中的表现。中国哲学所推崇的即现象即本体的实践方式,实际上就是非对象化思维体现到实践中的必然。与此同时,这样的修养实践必然会遇到这样的问题:如何保证修养者深入日常而不为其所局限(儒)、束缚(道)、和染著(佛)呢?三家共同的解决办法是以无心以顺有。这在儒家就是"情顺万有而无情",在道家就是"应物而无累于物"(玄学),在佛家就是"不于境上生心"。

关键词:中国哲学 哲学思想 修养 实践 儒家 道家 佛教

0192

六朝道教上清派研究 / 宇汝松著 ; 洪修平指导. -- 南京大学, 2005. -- 170 页

上清派缘于公元四世纪六十年代神授该派创始人上清经系而得名。上清派之所以在六朝产生、发展以至成熟,是由深刻的政治历史背景、士人心态、地域文化以及道教自身不断边缘化等诸多因素共同促成的。服膺圣道的江南文人主要是从新构道经、雅化道术及重设道果等几个方面着手对早期道教进行全面改造的。上清派理论体系的主要内容有:归本于道的教理体系、三洞四辅的判教系统、七尊圣师的经箓源流、等级有序的神仙谱系等。浸透文人气息的六朝上清派在建设道教体系化神学理论的同时,还致力于道教修证形式的规范化建设。六朝上清派贬斥旧天师道的房中术,把修道重点从符箓禁 咒和烧炼金丹转移到对人体精、气、神的修炼上来,形成了一套合医学、仙道、巫术为一体,以炼神为主的存想静功。上清派所推行的积精累气、存神内思、致虚合道及符箓诵经等雅化道术,比较适合江南文人的修炼习惯。六朝上清派修证形式规范化主要表现在:文人化的独修秘证、典制式的斋醮科仪、宫观型的教团组织等。六朝上清派在其产生及发展过程中,始终与同道异派及儒佛道教存在着较为密切的互动关系。就其与同门异派之间的关系而言,六朝上清派通过对天师道的扬弃、金丹派的超越、灵宝派的消解,以及对远在北方楼观派的同化,而渐渐成为道教的主流。在对待儒佛的态度上,六朝上清派与同为中华文化的儒家具有较多的认同感,而援儒入道,强化其经国理身之社会功能。在对待外来佛教文化上,上清派在张竞已说的基础上,积极摄取佛教可资利用的资源,弥补自身的不足,迅速提升自身理论品位。总之,在六朝期间的三教关系上,上清派基本上奉行优势互补,三教并进的文化发展战略。上清派自诞生以来,一直进行着道教文明化的努力。六朝上清派所积累的宝贵文化资源主要有:炼养生命的养生学文化、治病疗疾的医药学文化,以及融自然景致及人文景观、信仰修行及游逸休闲于一体的洞天福地文化等。上清派自产生以来,历经数位宗师的大力阐扬,致陶弘景所开创的"茅山宗"时,已初步成熟。纵观这一历史发展过程可知:六朝上清派已大大提升了早期道教的宗教品位,奠定了道教未来发展的基调,并把关爱自我生命看作是修道者最为

重要的大事。上清派不仅为当时失意的士族文人找到了"物外闲人云外客,虚中真性洞中仙"的精神依托,同时也为道教开辟了一条慧解脱之路。六朝上清派使得早期道教从务实走向务虚、从疯狂走向理性、从粗俗走向高雅、从民间走向官方,并对后世内丹心性学产生了深远的影响。就整个道教史而言,上清派是道教从无序走向有序的真正起点,它为道教植入了文明和理性,也为道教收获了希望和尊严。

关键词:道教　上清派　哲学思想　六朝时代

0193

杨万里易学·哲学研究 / 曾华东著 ; 向世陵指导. 中国人民大学, 2005. -- 161 页

文章认为,"以史证易"是杨万里易学的主要治易方法。杨万里易学将宋以前的所有史例安置在《周易》的各个卦爻上,也同时把他的理学及其价值观安置在《周易》的各个卦爻上,使"原本卜筮"的《周易》呈现动态,首先建立了一个动态的易学系统。近400条史证释放的又是"究天人之际,通古今之变,成一家之言"而建立的一个"以历史为基础"的哲学系统。因而也就使他的理学汇入了"内圣外王"的儒学在宋代的转型——理学的思潮。德、位、才问题是杨万里易学的一个核心问题,也是杨万里"史论即政论"的政事学(即政治哲学)的核心话题之一。在杨万里看来,人才的优劣是关乎造福一方、还是危害一方的问题。杨万里用他的"二五之应"法则和"中正"原则来讲求人才须自洁、自明,从而得出"枉道以求行道,失身以求达身,不可为也"的灼见。并且,杨万里又从人才的外在价值进到了人才的内在价值。在《井·九三》、《比·六二》、《恒·初六》等爻例中杨万里用他的易学观直透人生。杨万里"以史证易"不但释放了一个史证基础的易学系统,还释放了一个哲学的系统。这个哲学系统分成"元"论、有无论、气本、"和"论、中正观、政事学及民用说几块。杨万里气学是从"元"之"复其元"开始的,而"复其元"与复性、复气则揭示了一个性理上生成流变既统合又基始的永无止息过程。杨万里借重"元"而发论,在于他看到了"元"范畴的始发、综合的动态功能,"元"作为过程的基点是"一气",作为整体是"浑然而一"。杨万里认为"无"只是现象"无",而非本体"无"。并认为"无形"是"无形而有气",不是朱熹的"无形而有理","无象"、"有迹"、"无名"亦复如是。杨万里哲学的最高探讨在于对"无极"的分辨,即所谓"无极者,无声无臭之至也"的结论。杨万里哲学把气范畴充实到理学所有的主要范畴中,太极、阴阳、天地、万物,甚至性与心当中,所谓"三才体用不息"的性论和"性而身之"的《心学论》。说明"气"在杨万里哲学中确实是追根究底的东西。杨万里的"和"论吸收了汉学的思想成果,综合了宋代各家思想精华,是在看到了事物运动矛盾着的多方走向统一哲学观。和程朱相比,杨万里的民生观更为清晰,其"安民而厚生"思想不能不说是一个理论的创新。文章最后指出,杨万里易学·哲学史易互动的理学范式与"以历史为基础"的哲学系统交织在一起,其"和"论,无疑对我们今天建设和谐社会、小康社会仍有借鉴和启迪作用。其"中正"规范观,对我们今天的社会公平、公正原则的建设仍有参考价值。

关键词:杨万里(1127~1206)　哲学思想　易学　理学　气　"和"论　民生观

0194

智顗实相论研究 / 张刚著 ; 洪修平指导. -- 南京大学, 2005. -- 131 页

论文第一章探讨了研究智顗实相论的基本思路、价值意义、实相概念内涵等问题。指出研究智顗实相论的关键在于审视其对待方便缘起法的态度,因为只有从有限的方便缘起法中才能超拔出无言无虑的实相。第二章略述了近现代天台学研究现状,并着重检视了牟宗三、安藤俊雄、陈英善三者的观点。第三章从《中论》、《摄大乘论》,《大乘起信论》、《妙法莲华经》这四部代表性经典所阐发的实相思想,勾画了智顗之前佛学对实相探究的面貌及达到的层次。第四章阐释智顗契入实相诠释学的历史境遇与内在义理。指出智顗实相诠释学的创立既源于印度佛学实相论内在义理的困境,也感生于维护佛教信仰纯洁性以终结魏晋南北朝佛教思想歧义纷立局面的动机。在义理上,认为智顗在剖析实相法时始终坚持着两种程式:(一)从本然静态的程式去分析实相无相而能有相;(二)从人为动态的程式去描述实相能从有相求至无相。第五章分析了代表智顗实相论本质的三大命题——"三谛圆融"、"一念三千"、"性具善恶",力图把智顗实相诠释学逻辑贯彻到这些具体命题当中,以求做到抽象与事实的统一。第六章从儒佛关系角度引发出智顗实相论的社会意义。指出智顗从实相层面破除了魏晋南北朝时期作为融合儒佛关系基石的形神依据,使儒佛关系从外在比附所寻得的雷同升华至内在义理的契合。这对佛教在中国社会健康的发展具有重大的价值,某种意义上也就彰显了其实相思

想的社会意义。第七章把智顗实相论放置于中西哲学大背景下,着重考察了其与中西方哲学逻辑与问题承接的关系。

关键词:智顗(531~597) 哲学思想 佛教 儒学

0195

董仲舒政治思想研究 / 张俊峰著 ; 李宗桂指导. -- 中山大学, 2005. -- 181 页

文章认为,董仲舒政治思想与先秦儒家思想相比,具有更为强烈的现实性指向和政治化倾向。在政治思想构建的过程中,董仲舒首先以三皇五帝时期为范本,从物质生活、道德水平、政治秩序等方面入手,提出了关于理想社会的构想。以理想社会的实现为目标,通过对现实社会状况的考察,他确立了以民为本的价值立场,并在此基础上提出了尊君安民的政治原则。为了使此种价值立场和政治原则在政治实践过程中得到贯彻,他进一步提出了教化观念、大一统观念与天人合一观念,希望通过对移风易俗的施政方针、开明专制的政治体制以及君权天授的形上依据的阐述和强调,使政治体系的健康运行得到根本性的保障。可以说,与先秦儒学以及汉初的各种学说相比,董仲舒政治思想更为符合汉代专制政体的需要。董仲舒的政治思想,在理论上为汉武帝时期儒学官学地位的获得和维系奠定了基础。然而,西汉中后期的统治阶层虽然赋予儒学官学的地位,但其所进行的政治实践仍然与董仲舒所设计的方案具有相当大的差距。虽然董仲舒政治思想中所强调的等级制度、五行灾异、春秋大义和社会教化等观念为统治阶层所吸收,并进而对西汉政治实践的走向产生一定的影响,但与此同时,其思想中以天制君、以道事君等观念以及部分政治措施却在实践中为统治阶层所摒弃。从这个意义上讲,董仲舒政治理想并没有完全得以实现。通过对董仲舒政治思想与西汉政治实践关系的分析,可以发现,董仲舒政治思想的价值理想与其所具有的现实效果并没有完全契合,从而反映了当时政治主宰学术的状况,以及思想家和政治家在价值理想和社会实践等方面的差异。

关键词:董仲舒(前179~前104) 政治思想 儒家 政治哲学 西汉时代

0196

《管子》哲学思想研究 / 张连伟著 ; 郑万耕指导. 北京师范大学, 2005. -- 136 页

本文认为,《管子》承袭春秋战国思潮,自成一系,并非诸子百家语录的汇编。如果说传统哲学的精神是内圣外王之道,那么在春秋战国的社会现实中,《管子》所关注的是社会,是天下的治乱,而非仅仅个人的存在,由此而生发出的是霸王之道、牧民之道。它以天道作为人事活动的根据,以对人性的分析作为君主政策的现实基础,将天道与人情相结合,形成了《管子》形式驳杂与主旨明确的特点。本文从道、天地、阴阳五行、气、仁义道德和礼法等几个方面,对《管子》的哲学思想进行了研究。《管子》的理想追求是圣王之道,道是《管子》的哲学思想的核心范畴,它在本体论上表现为虚无之道,在认识论和方法论上表现为静因之道。《管子》之道,深蕴天地人一体观。天是人之神性依据、德性之源,地是人之生命基础,天地观确立了《管子》"明鬼神,祗山川"的政治信仰、"人君天地"主体信心、"法天合德,象地无亲"的价值本体。阴阳五行学说为天地人一体观建立起骨架,它不仅是建构宇宙秩序的理论模型,而且包含星象、历法、术数等实用知识。气论则使天地人一体成为动态的过程,是天人感应和君主德性修养的理论依据。从整体来看,《管子》的"道"并非指"气"或"精气",道、气是内涵和外延都不同的范畴。《管子》之道表现在治国理念上,是以仁义道德为内涵,以礼法为形式,把礼治和法治结合起来,法教统一。相对于先秦诸子而言,其学说具有综合性和全面性。本文认为《管子》中的哲学和社会政治思想,不仅带有齐文化的地域特征,而且带有春秋战国社会变迁的时代特征,是先秦思想交融互动的产物,对研究先秦思想文化的发展极具价值和意义。

关键词:《管子》 哲学思想 道德 阴阳五行说 道 气 礼 法

0197

理念世界与现实政治的冲突 :方孝孺之死的思想史解读 / 张树旺著 ; 黎红雷指导. -- 中山大学, 2005. -- 119 页

本文通过分析孝孺的殉难过程,认为孝孺之死与其他壬午殉难者最大的不同之处在于孝孺是死于固守信念。作者通过考证"是"字与"成仁取义"的内在联系,来证实孝孺早已坚定了誓死的信念。这是"读书种子"的"圣人之心"在政治专制主义急剧上升时期激烈地批评时政、改造社会的结果。本文还分析了孝孺所誓死之理想的主要内容,即其君道思想。孝孺的设君之道是从天人合一处着眼的。他认为人天生

就有智力上的差异,这是出现社会不平等的根源。然天意并非如此。天设君为公。所以孝孺继承儒家传统中的民本论,以民来界定君之职责。他认为君主的职责在于公平、善性等诸价值领域,君权的行使是为了养民,不得与民争利。方孝孺本着现实的君主现象,已经做出君主是为自己私利自营的假设,所以他主张制约君权。他认为革命是现实政治中对君主的限制工具,但他认为只能对"非正统"之君才可使用。孝孺重视历史哲学对君主的限制,创造了自己的正统论,对君主权位的取得、使用和继承做出了一系列的限制。限于以上两种措施的限制力度,孝孺力图创制一种制度让士民自求幸福,以脱离君主危害。孝孺的思想在明清时期有着深远的影响。本文具体比较了方孝孺与黄宗羲思想,以说明方孝孺与黄宗羲思想之间的亲缘关系。第一,从立君本意上孝孺与黄宗羲都认为立君为公为民。方孝孺、黄宗羲批判君主现实力量在于他们认定的人自私自利的自然权利。第二,他们都认定现实君主的本性是私的,应该对其进行制约,都主张宰相分权。第三,他们主张在公论的基础上,立法为天下之民,反对代表一家一姓的自私之法。

关键词:方孝孺(1357～1402)　政治思想　君主制　民主思想

0198

徐复观艺术诠释体系研究 / 张晚林著 ; 李维武指导. -- 武汉大学, 2005. -- 223 页

论文第一章探讨徐复观艺术诠释体系的历史背景,即现代性的危机所造成的现代人的文化困境和现代主义在台湾的出现和流行。第二章说明徐复观艺术诠释体系的哲学基础,即以"心性论"为中心的人文主义和以"心"为中心的文化哲学。第三章论述两种艺术人生范型的确立,认为这是形成徐复观"为人生而艺术"的艺术思想基础。因为在徐复观看来,中国文化中的艺术精神,穷究到底,只有由孔子和庄子所显示出的两种艺术人生范型。孔子所开显的是仁与音乐的合一,这是道德与艺术在穷极之地的统一。庄子所开显的是纯艺术的人生。对于这种人生,徐复观主要借助了康德的美学理论论证了庄子的"游"是一种审美心意状态,因为它去除了与世界的功利关联,是一种无目的的自由状态,因而是一种纯艺术的人生,并且他还利用了胡塞尔的意向性结构理论,认为庄子的"虚静之心"便是一种纯艺术精神主体。第四章探讨儒家的人格修养与文学的关系,认为这是徐复观把人格修养贯穿于艺术诠释中的一种体现。在徐复观看来这种关联是孔子的艺术精神对文学启示的结果。徐复观之所以把文学与人格修养关联起来,是通过对《文心雕龙》的研究,消解了文学的形上本体,使文学建基在生命本体之上,而作为文学本体的生命又不是一个纯个性的自然生命,而是一个作了修养功夫的德性生命,这个德性生命不只是一种个性的流露,亦必然要升进至家、国、天下中,担负其应有的社会责任。文学的个性与社会性在一个修养功夫的生命体中得到了统一。第五章探讨道家的人格修养与绘画的关系,认为这是徐复观把人格修养贯穿于艺术诠释中的又一体现。在徐复观看来这种关联是庄子的艺术精神在绘画中落实的结果。徐复观分别从艺术形式、艺术风格和艺术修养三个方面论证了庄子的艺术精神是如何在中国绘画中逐步得到体现的。徐复观指出画的究竟义乃至艺术的究竟义就是成就人格之美。至此,他"为人生而艺术"的思想得以完成。第六章对徐复观的艺术诠释体系作出了总评价。

关键词:徐复观(1903～1982)　人格　修养　心性论　文学理论　艺术理论

0199

嵇康乐论研究 / 张玉安著 ; 李中华指导. -- 北京大学, 2005. -- 153 页

作者力图通过文本分析,提示嵇康乐论自身的哲学内涵及理论特色;将嵇康乐论放在当时的社会和理论背景中,通过纵向和横向的比较,探索其乐论的时代特性与历史贡献。作者认为,从理论和时代背景看,嵇康乐论的本旨,意在批判汉魏经学对音乐属性、音乐教化及"悲声"、"郑声"等观念的错误理解,从而为新兴乐歌进行辩护;同时这也从另一个侧面,表明了嵇康亲近曹魏而又不同于曹魏的政治理想。本文还从天地之理、性命、自然三个方面入手,集中探讨了嵇康乐论的哲学基础。嵇康乐论所以能够超越传统经学的音乐观,正是因为他拥有一套不同于前人的哲学理念。而这种新的精神,赋予了嵇康乐论崭新的时代内容。"和声无象"、"声无哀乐"、"音声有自然之和",是嵇康乐论的三个核心命题。嵇康运用主客二分的哲学认识论,将审美主体(人)和审美客体(音乐)进行了明确的区隔,认为音乐作为客体,它的本质特性是"和",而情感兴发、艺术想象则属于音乐鉴赏者,由此将哀乐之情和艺术形象从音乐中剥离出来。这样,尽管音乐自身只剩下了"和"这一抽象属性,不再具有特定的内容,但音乐鉴赏者却因之而获得了真正的审美自由。从这些基本理念出发,嵇康对传统的

乐教观进行了批判和改造。传统乐论主张音乐具有道德属性,可以教化百姓。嵇康则否定音乐的道德性,认为音乐的教化功能主要在于寓教于乐。同时他还认为,乐教的根本,其实并不在音乐本身,而在于统治者的德政给百姓带来的和乐。由于音乐之"和"与性命之"和"具有本质上的共通性,故嵇康将音乐引入了养生,这在魏晋时期可谓独创之举。但嵇康养生理论本身所存在的不可克服的内在矛盾,最终让音乐由养生之具,变成了其追求精神超越的凭借。作者指出,嵇康乐论已经发生了根本性的变化,那就是由"神秘主义"转为"理性主义",由重"乐律"转为重"音声",并完成了乐论的玄学化,从而实现了音乐理论的历史性突破。而嵇康《声无哀乐论》从理论上确立纯音乐的地位,充分肯定审美主体的自由,标志着音乐艺术的真正独立与自觉。

关键词:嵇康(224~263) 乐学 音乐理论 寓教于乐

0200

述者微言 :惠栋易学研究 / 郑朝晖著 ; 萧汉明指导. -- 武汉大学, 2005. -- 122 页

本文认为,惠栋易学的具体内涵包括四个部分,即卦气说、取象说、卦变说与明堂说,这四个部分是浑然一体的。卦气说是惠栋易学的理论基石,惠栋剔除了汉易卦气说中的天人感应论,将历象与卦象相配,主要目的在于将卦象看作阴阳聚合体的表征符号,这样,六十四卦就内在地具有了时间和空间两个特征,从而为惠栋将易的大义看作"时中"提供了理论基础。卦象已内在地具有了时空特征,因此,惠栋将六十四卦从整体上看作一个在时空中的自然展开过程,这个过程的发动者是太极,即乾元,乾元首先生成一个时空场,即所谓天地四时,然后才生成万物。象不过是阴阳气变的暂时形态,变化是阴阳气化的运动轨迹。这实际上是说,乾元生时空,时空生天、地、人三才,三才生万物。惠栋认为要建立一个大道为公的理想社会,就要以他所阐明的这一套卦气理论为效法对象,恢复古圣人采用的明堂大法,法天以化万民。惠栋晚年醉心于义理探讨,他所言说的易之大义包括三个有关联的论点,即道本理质说、理欲说与即济论。惠栋认为,道是一个生成概念,它指向事物的本源,而理则不同,理表明事物的属性,是事物生成之后在时空之域表现出来的时空特性,是事物之文。惠栋认为宋人混淆了源与质的区别,因此"存天理,灭人欲"的主张是错误的。基于他的道本理质说,惠栋认为天性与天理统于人之一体,天性是人天生承天而来,人的天性感于物而动则为欲,天理是人基于天性(惠栋认为人有一个理然否取舍的东西存在)对欲的"规则化",失其正即是灭天理,守其正则是得天理,因此天理人欲并非是对立的概念,而是一对互相依赖的概念,可以说,没有欲则没有理。惠栋强调理是对欲的规则化,从这个角度出发,则理与礼是相近的,惠栋因此说"礼者谓有理",并因为对欲的尊重而采取了尊重人性的价值倾向。惠栋认为一个理想的礼乐社会在人间的实现是善中即乾元这个种子在时空中的自然展开,人的主要作用在于"择善而固执之",即所谓的择善积善,也就是说,只要走在"道路"(这里所说的道路是指生物之源的阴阳相生过程)这上,不管有多少"屯难",最终自然会达到既济的理想境界。

关键词:惠栋(1697~1758) 哲学思想 易学 道 理 礼 清代

0201

天人之际的理学新诠释 :王夫之《读四书大全说》思想研究 / 周兵著 ; 周桂钿指导. -- 北京师范大学, 2005. -- 226 页

文章认为,王夫之在《读四书大全说》中的思想创新主要体现在如下方面:(1)在"天"的问题上,提出了"在天之天"与"在人之天"的概念,对"天"的内涵做了较为全面的揭示;(2)在"理气"问题上,提出了"一统于气"的气本体论以及"理气无分体"的新理气观,从而为宋明理学长期争论不休的"理气"问题做了最后的总结和定论;(3)在"命"的问题上,提出了"德命"与"福命"、"凝命"与"造命"的新概念,并提出了"日日有天命"、"日凝天命"、"君子造命而后可以受命"等新思想;(4)在"人"的问题上,王夫之的创新思想可以概括为"严人禽之辨"。他从"几希"、"形色"、"才质"、"性情"、"心知"等方面对"人"和"禽兽"的差别进行了深入细致的辨析;(5)在"性"的问题上,提出了"性"乃"天人授受之总名"、"二气五行妙合凝结以生底物事"等新思想,以及"先天之性"和"后天之性"的新概念,对孟子所说的"形色,天性也"一语进行了阐扬和发挥,并对"气质之性"做出了自己的新解释;并提出了"性日生日成"的新思想。这也是王夫之在"性"问题上的最重要的创新之处;(6)在"情"的问题上,提出了"情"是"阴阳之几"或者"变合之几"的思想,并提出了"罪情论"—"有情论"—"正情论"的情论三部曲;(7)在"心"的问题上,提出了"心"乃"天所与我者"的新思想;(8)在"道"的问题上,提出

了"道专言人而不及乎物"的新思想;(9)在"德"的问题上,提出了"德"可以分为"性之德"和"行道有得之德"的新思想,并在"入德"—"居德"—"成德"等问题上提出了一系列自己的新见解、新观点;(10)最后,王夫之为我们展现了作为"天人合一"最高典范的"圣人"所具有的人格特征或者精神气象。从《读四书大全说》来看,王夫之的思想本质上仍属于宋明理学的范畴。

关键词:王夫之(1619~1692)　哲学思想　宋明理学　天人关系

0202

高攀龙思想研究 / 周炽成著 ; 冯达文指导. -- 中山大学, 2005. -- 110 页

本文探讨了明末大儒高攀龙的哲学思想。第一章回顾高攀龙思想的成长、成熟过程,考察其师其友对他的影响,展现其人生经历与其思想的联系。第二章讨论了他对王阳明的看法,揭示高学与王学之间错综复杂的关系,同时还展示高攀龙的宗朱倾向以及他对王阳明批评朱熹的回应。第三章研究他的身本论、天下一身论(大身论)和身心关系论。第四章论述高攀龙的生死观,明示其对生命的珍重和面对死亡时的从容心境,并讨论他的别具一格的长寿观和不朽观。第五章考察高攀龙的为学之道,展现其贴身为己之学的意义,审视其学以复性的论述和对悟与修的看法。结语部分探讨了高攀龙思想的渊源和历史影响。

关键词:高攀龙(1562~1626)　哲学思想　东林学派　宋明理学　明代

0203

朱熹太极观研究 : 以《太极图说解》为中心 / 朱光镐著 ; 朱伯崑指导. -- 北京大学, 2005. -- 101 页

作者认为,在朱熹的哲学理论体系中,"太极"概念居首要地位,因为太极是一切现象界存在的根据及其运动、变化的总规律,即天道和人道的共同根据。本文分五章探讨了朱熹的太极观。第一章探讨了朱熹以前太极观的演变及其对朱熹的影响。重点论述了《易传》、汉代象数易学以及王弼、周敦颐、邵雍、程颐等的太极观,认为周敦颐的《太极图说》是朱熹太极观的最主要依据。周敦颐的《太极图说》本身是宇宙生成论气息浓厚的理论体系,但朱熹却将其阐释为本体论体系。朱熹认为,周氏《图说》中的太极阴阳观充分体现了儒家价值论,从而他倾注毕生的心血整理、订正、注解和印刻之。朱熹把《图说》的首句订正为"无极而太极",以此反对一切生成论的解释。第二章论述了其《太极图解》和《太极图说解》的主要内容以及理论意义。第三章讨论了朱熹与陆九渊关于"无极而太极"的论辩。陆九渊否定"无极"概念的儒家正统性,因而他认为《太极图说》不是周敦颐本人的著作,最多是周氏早年学术未成熟时的习作。朱熹则把无极和太极视为同体异名的两个概念,进而把"无极而太极"和阴阳五行之气之间视为理本气末的关系,认为周敦颐继承了儒家的道统。陆九渊训太极之极为"中"的观点,源于他的心性论。在陆氏心性论体系当中"心"作为一切"道理"的根据,故他将太极之理解释为内在的道德主体,即"心"或"中"。而朱熹反对以《皇极》之"中"来训太极之"极"的观点,他认为《皇极》所说的"中"是无过不及的中道,并非指中央、中心。第四章分析了朱熹"太极"概念的几种涵义。认为他的"太极"概念,从筮法理论上说,是象数未形之全体,以及一切卦爻产生、演绎的内在法则;从宇宙生成论上说,是阴阳二气未分时的元气;从本体论上说,是二气五行之存在根据以及其运动、变化的总规律,也是总天地万物之理;从价值含义来说,是极好至善的表德,即人应当遵守的行为准则。第五章略述了朱熹太极观对后世的影响。朱熹以"太极"为核心的本体论体系成为东北亚八百年来宇宙本体论的典范,也成为东北亚地区最重要的思想依据。

关键词:朱熹(1130~1201)　哲学思想　太极　太极图

0204

宗喀巴佛学思想研究 / 朱丽霞著 ; 徐小跃指导. -- 南京大学, 2005. -- 172 页

本文主要从宗喀巴的佛学见地、实践观以及境界论入手,阐发宗喀巴的显教思想,勾画出宗喀巴的整个佛学体系。文章认为,在佛教见地上,宗喀巴主要上承月称的应成中观见。至于性空的成立,宗喀巴主要是在批判清辨的"名言有自相"的过程中完成的。宗喀巴认为应成派和自续派最大的分歧来自于存有论,即认为自续派在名言中承认自相(自性)的存在。这个观点清辨本人并未明确提出,其他前人的论述中也没有指出,所以宗喀巴引用清辨的著作,挖掘出了清辨的这一主张后,接着从几个方面给予了批判。总而言之,宗喀巴认为清辨的观点是一种不彻底的空观,属于"他空见"的系列。将缘起与性空分为两部分论述,只是行文的方便,实际上,宗喀巴始终都在强调缘起义即性空义,这二者永远是不可能分开的。宗喀

巴的修行观中首先被强调的是次第观。他按照下士、中士、上士三个阶段，将一个凡夫至佛的修习次序排列成一个合理次第，从而使佛教的宗教实践成为真正易行的可能。除了次第观，宗喀巴还特别强调双运、双修。这主要包括智慧方便双修和止观双运。他认为智慧方便正如父母，佛的产生必须是这二者双俱的，尤其是方便，其不仅是划分大小二乘的界碑，也是划分密宗和显宗的界碑。智慧成就佛的法身，方便成就佛的色身，完整意义上的成佛必须二身圆满，所以必须智慧方便双修。止观几乎是所有佛教宗派都强调的修行方法。宗喀巴也非常重视，止在他看来其重要的特性就是“心一境性”，这个特性主要是通过修习正知和正念完成的，在修习过程中要防止沉掉。观即观察修，主要是通过修习人无我、法无我等体证万物的空性，止观在观照万法的实相中，二者也是缺一不可。宗喀巴佛学的境界观主要包括两部分的内容：三乘佛果和四身说。对于前者，宗喀巴认为声闻、缘觉、菩萨虽都已证得法无我，但果位依旧很有差别，这主要是因为二乘人在自利、利他上都不够圆满。四身说主要包括法身、受用身（报身）、等流身、变化身。这四身在宗喀巴的论著里所指各不相同。关于宗喀巴佛学在整个中国佛学中的位置研究，文章从汉藏佛教的宏观框架和内部理论骨架入手，对这二者的特质进行了分析阐述，全面定位宗喀巴的佛学思想，凸现其自有的特征以及在中国佛学中价值。

关键词：宗喀巴（Tsong－Kha－Pa 1357～1419）　佛学　喇嘛教　月称　应成

0205

杨时哲学思想研究：以诚为中心／朱雪芳著；蒙培元指导. -- 中国社会科学院研究生院，2005. -- 86页

本文以“诚”为研究中心对杨时哲学思想展开研究。作者首先探讨了周濂溪、张横渠、二程等对诚的不同论述以及他们对杨时的影响；其次阐释了杨时对《易传》、《中庸》和《孟子》有关诚的论述；再而论说了诚与其他范畴的关系。文章认为，杨时对儒学理论的贡献有三点。首先杨时继承程颢“天地万物为一体”的观点，体验出“仁者与物无对”，作存有论的描述。其次他将“一阴一阳之谓道”说成“一阴一阳之谓善”，强调“道”的价值意义即“善”；并且说明“道”与“性”的关系，从宇宙论上论证性善论。此外他提出“反身而诚则举天下之物在我”将万物之理与心中之诚直接联系起来，以“致”心中之知为“始”，以“知”心中之“诚”为止，突显出“诚”在格物致知中的核心地位，和以“诚”释“仁”，扭转方向的作用，其思想倾向更接近于程颢。最后，文章着眼于世界文化交流与融合以及儒学现今发展的内部需求，在存在的问题上旁及西方哲学的某些命题进行比较，找出此二大系统的共同性与差异性，从不同角度发挥“诚”的深远意义，以加深对中国哲学的认识。

关键词：杨时（1053～1135）　哲学思想　儒学　诚　仁

外国哲学

0206

以世界的发生问题为基线解说时间：海德格尔的基础存在论疏论／鲍克伟著；倪梁康指导. -- 中山大学，2005. -- 94页

本文旨在对海德格尔基础存在论的部分主要概念进行梳理。论文共分五章。第一章对海德格尔的存在者学说进行论述。海德格尔明确区分了上手存在者和现成在手的存在者，认为前者才是存在者的原初状态。而上手事物首先是作为用具显现的，这种用具只有在此在对它的使用中才是它自身，在使用中用具处于非课题的状态中。由此，海德格尔提出了存在者的一种前课题的存在状态，这种状态先于对象性的认识活动。第二章处理的主题是世界问题。作者认为，在《存在与时间》中海德格尔事实上提出了世界的三重不同含义：作为存在者之总体的现成世界、此在生活于其中的周围世界以及作为无的先验世界，其中周围世界的世界性就是意蕴整体，它在《存在与时间》中得到了详尽的分析。世界的这三个含义间存在着发生上的相互奠基关系，其中作为无的世界和周围世界乃是自身显现着的同一个世界的两个不同方面，前者着眼于世界的可能性，后者着眼于世界的现实性，而海德格尔所要阐发的生存论的世界现象就是可能性和现实性的统一，现成世界奠基于生存论的世界现象，它只是对后者的一种可能解释。第三章对此在概念进行了剖析，指出实际此在总具有三个方面的性质：生存论性质、被抛的实际性以及寓于存在者的沉沦。在海德格尔的生存论存在论分析中，此在先天地被规定为在世界之中存在。海德格尔对在世的规定也不是单一的，在世同时表现为能（去）在世、被抛的在世和日常忧劳于存在者的在世，在世的这三个环节

分别与此在的三个性质相应，此在一旦生存，就必然表现为这三个环节的统一。海德格尔在术语上把在世的这三个环节的统一性标识为忧。此在的存在就是忧。第四章重点讨论了时间性。海德格尔区分出时间解释的三个层次：时间性（即源始时间）、世界时间和现在时间。时间（性）与此在的生存本质相关，海德格尔直接从忧出发引出时间现象。在时间性的三个维度中，将来现象对应于此在的生存，它标识在世的可能性的“到来”，有此到来此在才能去生存，曾在现象意指此在的被抛状态，当前则着眼于存在者，它表示实际此在总是沉沦于存在者之中，时间性就是将来、曾在和当前三者的统一。在海德格尔看来，此在的时间性就是源始的时间现象。第五章涉及的是海德格尔的后期思想，其主要内容有两个：世界（在海德格尔的后期思想中即存在）和时间。世界从静态结构方面被阐释为天空、大地、神圣者和必有一死者四方构成的四重整体，从动态的方面它又表现为四方的相互递达之映射游戏，世界在四方的相互递达中世界化。着眼于世界的四方，海德格尔对时间进行了重新的解释，时间就是四方的当前（在场）和不当前（将来和曾在，作为不在场的在场）之间的转换。

关键词：海德格尔（Heidegger, Mardin 1889 ~ 1976） 存在 时间 世界

0207

海德格尔前期此在观与马克思人学思想比较研究 / 曹万成著 ; 邓晓芒指导. -- 武汉大学, 2005. -- 174 页

本文分为两部分。第一部分主要阐释马克思与海德格尔实现的人学视域的转变，即从传统认识论向生存论的转变。这一转变表现在：（1）马克思与海德格尔都不再像以往哲学那样从对外部世界的认识出发理解人，而是回到“事情本身”，从人本身的存在出发理解人，不是追问人是“什么”，而是追问人是“如何”存在的，并把对世界的理解建立在对人自身的存在方式的理解上。（2）这一出发点的转变是建立在对意识哲学和自然主义的批判基础上的。通过对意识哲学和自然主义实在论的批判，他们使人学思想回到了人本身的存在这一“事情本身”，建立了各自人学现象学，都具有“基础存在论”的意义。（3）马克思与海德格尔之所以能回到“事情本身”，在于他们从根本上突破了传统认识论主客二分立场，返回到人的前理论、前认识、主客分化之前的源始生存现象。（4）由于突破了对人的现成性理解，马克思与海德格尔不再像传统哲学那样，以知性逻辑来规定人的存在方式。第二部分是比较马克思与海德格尔对人的存在方式的具体阐释。（1）马克思与海德格尔都不再把人理解为现成的存在者，而是理解为以自身的存在为目的的活动。（2）马克思与海德格尔批判了传统人学把人理解为一个无世界主体的观点，进一步把人的具体存在机制阐释为“在世界之中存在”整体结构。（3）马克思与海德格尔把人理解为自为地生成的存在者，必然把人的在世界之中的“存在”理解为时间性的存在，认为时间对人的存在具有根本性的意义。文章认为，虽然马克思的人学思想和海德格尔的“此在”观在与传统人学比较起来看，无论在视域转换上还是在对人的存在方式的具体分析上看，都表现出基本的一致之处，但二者的差异也是明显的，这主要表现在：马克思的人学革命是为人类解放的历史实践提供理论准备，而海德格尔对人的重新理解则是为了解决传统形而上学的存在意义问题。马克思为人的解放问题而批判了传统形而上学，而海德格尔是为了解决形而上学的存在问题而批判了传统人学。马克思对人的阐释始终结合人类实践活动的具体内容，并深入剖析了这些内容在不同历史阶段的发展，揭示了人通过自己的劳动的诞生的历史过程；海德格尔缺乏马克思那种广阔的历史视野。由于受先验主义立场束缚，海德格尔对人的阐释停留在一个先天结构上，忽视了人类实践活动的具体内容及其历史发展，因此，他对“此在”的阐释仍然是抽象的。

关键词：马克思（Marx, Karl 1818 ~ 1883） 海德格尔（Heidegger, Mardin 1889 ~ 1976） 人学 此在 存在

0208

柏拉图思想的“真相”：阿尔法拉比对柏拉图《礼法》的阐释 / 程志敏著 ; 刘小枫指导. -- 中山大学, 2005. -- 169 页

柏拉图《王制》第十卷所讲的海神格劳科斯神像的故事，为找寻柏拉图本人的思想“真相”提供了基本的解释模型，顺着这个思路，作者以中古阿拉伯哲学家阿尔法拉比对柏拉图《礼法》的阐释为切入点，试图以此探寻柏拉图思想乃至整个古典政治哲学的真面目。中古阿拉伯哲学是古希腊哲学的延伸和发展，阿尔法拉比作为柏拉图经学史的嫡系传人，不仅在形式上传承了亚历山大里亚和雅典的柏拉图主义道统，而且让自己的思想直接面向柏拉图思想本身，为古典政治哲学“立心”。修辞是一种古老的写作技艺、思想方

式和政治艺术，也是理解柏拉图思想真相的要津。从真理的本性、哲学的有限性以及哲人与城邦的关系来说，哲学修辞对个人和对社会具有“进德”、“修业”之功，因而本身就是古典政治哲学的重要组成部分。柏拉图式政治哲学或古典政治哲学以知识、人性、神义和形上为基础，旨在达到德性、幸福和教养之目标。作者试图在柏拉图思想的所谓“乌托邦”性质中，辨明传统、哲王、现实和理想等问题，从正反两个方面构建柏拉图思想的一个重要维度。作者指出柏拉图—亚里士多德的关系（简称柏亚问题）是理解柏拉图思想的一个重要参照系，阿尔法拉比不择手段敉平柏亚之间的区别，表面上是要调和柏亚矛盾，实则在彰显亚里士多德与柏拉图在人品地位上的差别，说明他们在理论起点、重点以及根本旨趣方面的差异。

关键词：柏拉图（Plato 前 427 ~ 前 347）　哲学思想　政治哲学　法拉比（al - farabi 870 ~ 950）

0209

陈词、证据与认知 / 丛杭青著 ; 夏基松指导. -- 浙江大学, 2005. -- 165 页

本文从认识论和语言哲学两个维度对陈词问题进行了研究。文章重点讨论了围绕陈词理论的四大争论，即推断论与反推断论之争、还原论与反还原论之争、递减说与递增说之争以及围绕科学实践中专家陈词所引发的争论。作者认为，在这四大争论中，还原论与反还原论的基础主义之间的争论是核心的，并且奠定了所有其他争论的格局。本文认为，还原论与基础主义并不像他们所声称的那样的对立，在元辩护层面上，它们似乎是对立的两极，但在经验层面上，它们之间相互借鉴对方的观点，表现出融汇的趋势。例如，在外行抉择专家意见的依据问题上，还原论与基础主义通常可以达成一致。无论是还原论，还是基础主义，其根本的缺陷是，它们都是个人主义认识论的不同版本。在陈词问题上，对应于三条历史线索，本文区分了三种形式的个人主义认识论。洛克式的个人主义，休谟式的个人主义，以及里德式的个人主义。无论是哪一种形式的个人主义都陷入了个人主义的死胡同。无论是还原论，还是基础主义都局限在说者、听者、陈词和辩护之间的理想化的情景中探讨问题，都忽略了陈词交往的社会本性与自然本性。认识论需要社会化和自然化的改造，一方面社会应该作为认识论的根基之一，另一方面，认识论应当能够反映人类的自然化的认识方式。这两个方面又是一致的，社会化的认知方式也是一种自然化的认知方式，走向自然主义是认识论摆脱困境的唯一出路。

关键词：认识论　陈述　个人主义　自然主义

0210

论黑格尔的自由谱系：对《法哲学原理》的一种解释 / 丁三东著 ; 邓晓芒指导. -- 武汉大学, 2005. -- 108 页

全文共分六章。第一章分析黑格尔的意志概念，具体区分了意志规定的三个环节：客观的自由、主观的自由、主客统一的现实自由。客观自由环节是对现代自然权利理论的重构，主观自由理论则主要是对康德先验哲学的重构。他在揭示前两个自由环节的抽象性、片面性的基础上提出了自己的现实的自由的理论。第二章具体探讨了客观的自由这一环节。客观的自由即在物之上所获得的自由，它体现为人格对物的所有。人格对物的所有权利已经隐含着对其他特殊意志的承认，诸特殊意志通过契约可以达到对物的所有权的普遍化。但是由于客观的自由（自然自由）中意志根本的特殊性，人格对物的所有权利，从而人格自身的自由会遭到不法的侵犯。有必要对这种不法进行否定以重新确立普遍的法。第三章讨论了主观的自由这一环节。在黑格尔看来，康德标志着主观自由的最纯粹的表述，他在《法哲学原理》的“道德”部分对这种表述进行了分析和评论。然而，黑格尔指出，如果仅仅局限在主观领域，自由就只是一种空洞的形式的自由，在现实的感性世界我还是不自由的，要服从必然的自然因果性。要想获得现实的、有内容的自我规定，要想达到真正的普遍性，就不能停留在主体内部的主观世界。第四章提出了交互主体性概念“承认”，并用它来解释黑格尔的现实的自由。作者认为，黑格尔讲的现实的自由，或主客观统一自由乃是一种交互主体的自由。在黑格尔这里，现实的自由并不是摆脱任何他者的单纯自我规定。在自由中存在着他者，他者对自我有限制；不过，在这种限制中，自我依然是自由的，是自己规定自己的。这就意味着这个“他者”不是任意的他者，而是“另一个自我”，自我和他者相互承认。现实的自由具有相互承认的交互主体性结构。第五章分析了现实自由的交互主体性。在《法哲学原理》的“伦理”部分中，黑格尔认为现实的自由，就是在现代国家制度和法律中的生活。现代国家制度和法律就是普遍自由的客观化和固定化。在其中渗透着相互承认的交互主体性结构，这就是一个伦理实体。第六章具体分析了现代国家制度的历史性生成。作为德国观念论的逻辑结果，马克

思、恩格斯对黑格尔的自由理论进行了深刻的批判。他们揭示出黑格尔自由思想的唯心主义特性,指出被黑格尔所淡化的现代社会的异化状况。他们深化了黑格尔的世界历史思想,认为相互承认的共同体的形成不仅仅在时间上体现为合理性层次的逐步提升,它也体现为共同体在空间上的不断扩充,将越来越多的因素整合进这个共同体中。

关键词:黑格尔(Hegel, Georg Wihelm Friedrich 1770~1831) 哲学思想 自由 权利 《法哲学原理》

0211

符号与象征:波德里亚思想发展的双螺旋结构研究/高亚春著;冯俊指导. -- 中国人民大学, 2005. 171页

论文共分三章。第一章以符号为主,论述波德里亚站在现代性之内对现代性展开分析和批判。波德里亚以物品为突破口,通过传统物品世界和现代物品世界的对比来强调符号系统的生成,其目标就是要建构一个日常消费活动中的异化批判。符号系统的引进,使消费社会通过自成序列的商品符号对人进行编码和区分。波德里亚认为消费是个神话,由其"话语"与"反话语"组成,我们的社会就是通过消费及对其揭示来建立平衡的。第二章以象征为主,论述波德里亚站在现代性他者的立场上对现代性进行的反思和批判。波德里亚把商品交换理解为更大的符号系统的一个方面,认为政治经济学代表了现代性,由此他依托着象征性交换展开了对政治经济学的批判。对波德里亚而言,使用价值和交换价值的对立并不具有根本意义,根本的是象征性交换与商品交换的对立,是象征秩序与资本主义交换价值文化的对立,只有象征性交换才是建立在商品交换基础上的资本主义社会的反题。因此,他从象征性交换与商品交换和符号价值交换的对立关系方面,思考了前现代社会与现代社会的关系,这样他就在更大尺度上把握了现代性,把西方社会和文化的整个现代化过程纳入视野。第三章以拟像为主,论述了波德里亚思想发展的双螺旋变成了诱惑与生产的对立,波德里亚走向后现代。象征性交换的理论只是一个尝试,之后波德里亚开始对当代符号文化进行全面考察,用模拟代替了符号系统,用诱惑代替了象征性交换。也就是说波德里亚进一步把对符号秩序的研究转换为对拟像秩序的研究,把对象征性交换的研究转换为对诱惑的研究,符号与象征的对立转换为诱惑与生产的对立。波德里亚认为诱惑是世界最基本的动力,它总是一种双重关系,总是有一个游戏、一种游戏的可能性。模拟的意思是符号只进行内部交换,不会与真实相互作用。模拟的目的不是为了废除现实,相反是为了实现现实。模拟的出现和作为社会组织原则的超真实已经造成了与现代性的断裂和一个新的后现代历史纪元的到来。文章最后点出了双螺旋的意义及波德里亚的不足。

关键词:波德里亚(Baudrillard, Jean 1929~2007) 哲学思想 消费 符号 象征 异化 现代性

0212

康德的想象力理论/宫睿著;韩水法指导. -- 北京大学, 2005. -- 184页

本文探讨了康德的"想象力"(Einbildungskraft)理论,分析了想象力在康德哲学的不同阶段、不同层次中所起到的作用及其意义,从而将想象力看作是存在于康德哲学体系中的一个潜在线索。在第一部分"想象力与客观知识"中,作者以《纯粹理性批判》中的"先验演绎"和"先验图式论"为主要的文本依据,说明想象力是一种先天的能力。虽然想象力作为客观知识的先天条件不可或缺,但它的具体作用和意义在第一批判中却又有着微妙的变化。作者还通过对想象力的分析说明了康德的"哥白尼式革命"的主体性转向。在第二部分"想象力与审美经验"中,作者结合《判断力批判》中的相关内容说明了想象力的另一种作用。在《判断力批判》中,康德提出了反思性的判断力,这标志着康德思想视野的一次重要转变。这一部分分析了想象力在审美判断中所起到的重要作用,这种作用集中体现在想象力与知性的自由游戏的关系上。更为重要的是,作者通过对想象力的分析,提示了康德的审美判断实际上表达了一种更具有普遍意义的经验。在第三部分"想象力与道德原则"中,作者分析的主要文本为《判断力批判》中的"崇高的分析"和"目的论判断力批判"。在"崇高的分析"中,作者说明了想象力与理性的悖谬关系是崇高的内在根据。而在目的论判断力中,想象力对理性概念的直观化来说,仍然是不可缺少的能力根据。这一部分的主题在于揭示想象力与道德的关系。这种关系的存在说明了道德原则对于审美经验具有先验的意义。结论中,作者首先概括了想象力在康德哲学中的发展、变化,并在这种发展变化中说明了想象力的统一性,以及想象力与感性、知性及理性的区别与联系。作者还批评性地分析了海德格尔对康德的想象力阐释,强

调想象力可以揭示出道德原则在康德哲学中的先验意义所在,在指明了这层意义之后,想象力就可以为康德哲学体系的统一提供一种说明。

关键词:康德(Kant,Immanuel 1724～1804) 想象力 道德 审美

0213

怀特海的创造性哲学及其宗教文化意蕴 / 黄铭著;王晓朝指导. -- 浙江大学,2005. -- 114 页

论文共分六章。第一章从经验和理性两个方面对怀特海的思辨哲学作出了分析说明,并从古典哲学和近代哲学两个方面确定了怀特海哲学的地位,阐发了它对于传统哲学的意义。第二章分析了创造性原理的形而上学前提。第三章说明了创造性原理的本体论基础。怀特海认为现实世界在根本上是由彼此有机关联的经验事件构成的。他既接受在这些事件之间的有机关联性,又认同这些事件本身的个体多样性,把这两方面都作为经验事实。对此,他认为思辨哲学应该设计一组概念来系统而连贯地表达这些经验事实。于是,就有了他的"现实事态"(actual occasions)的理论。现实事态理论作为对世界有限个体事物及其相互关系的本体论阐释,试图处理长期以来使人困惑的"实体"(substance)和"因果"(causality)问题。第四章以象征指涉为框架重构人类的知觉经验,并阐述创造性原理在知觉象征中的表现。第五章讨论怀特海的神学理论。传统的上帝概念在形而上学中总是处于最高的地位,成为世界的终极根据。怀特海不同意上帝概念的这种地位,在他看来,创造性才是宇宙的终极原理。无论是上帝还是其他现实实有,它们都是创造性原理的具体例示。从创造性原理出发,怀特海从两个方面定义了上帝本性,并说明了上帝与世界的关系:上帝一方面依据原初本性为现实事态提供初始目的以说服现实事态来实现这种理想,另一方面通过结果本性保存了所有现实事态的创造成就,并提供产生新的理想的事实基础。按照怀特海创造性哲学的解释,上帝并非是什么独特的存在,而是贯穿于所有事物之中能够诱发事物创造的潜能而已。尽管上帝作为全部物理的、美学的和伦理的原则的总源头也具有一种终极性,但这种终极性不是创造的终极性。第六章揭示了怀特海思想对当代文化的意义。

关键词:怀特海(Whitehead,Alfred North 1861～1947) 哲学思想 创造性 过程哲学

0214

走出知识论困境之途:休谟、康德和胡塞尔的想象论探析 / 雷德鹏著;刘放桐指导. -- 复旦大学,2005. -- 208 页

作者指出,休谟、康德和胡塞尔寻求通过提出一种想象理论来解决传统西方"知识论难题",在西方哲学史上开辟了一个走出知识论困境的新的探寻路向。休谟意识到了传统西方"知识论难题"的本质所在,并相信唯有通过想象才能切中不在场、建构起知识的整体性从而解决这个难题。他以其独特的怀疑主义的"张力"方式,揭露了理性主义的欺骗性,不仅为想象赢得了作为意识的正当性,而且还赋予了想象在人类的一切知识中的基础地位,在解决传统西方"知识论难题"的哲学探索上,开辟了一个新的路向。在康德的知识论中,传统西方"知识论难题"的具体形式从近代的感性经验与理性的关系转化成为一切知识中的知性形式与感性直观的相互贯通和联结的问题,集中体现为:"先天综合判断是如何可能的?"他将想象定义为能够表象即使不在场的对象的直观能力,认为先验的想象力是人类两大知识主干感性和知性的共同的根基,它的综合统一先于"统觉"构成了一切知识、特别是经验知识的可能性基础,因而在解决这个难题中发挥着关键的核心作用。胡塞尔认为,传统西方"知识论难题"能够通过对休谟和康德意义上的"想象"行为的本质进行现象学的分析而得到解决。不过,他认为,以往的知识论把认识与对象之间的关系解释为现实的在场之物(心理实在与外在实在)之间的关系,却陷入了"认识的超越"的背谬性。因此,他提出,必须通过"现象学的还原",一方面消除认识和对象的现实的在场性,另一方面将传统西方"知识论难题"还原为"意识对象"的构造问题或"功能的问题"。这样,这个难题便可以依靠一种以自由想象为基础的本质直观方法彻底地予以解决。为此,胡塞尔最终建立起了一种基于他的意向性理论的全新的想象理论——"想象现象学"。

关键词:休谟(Hume, David 1711～1776) 康德(Kant,Immanuel 1724～1804) 胡塞尔(Husserl,Edmund 1859～1938) 想象 知识论

0215

基因与身体的哲学:科学实在论研究 / 李涤非著;朱志方指导. -- 武汉大学,2005. -- 123 页

论文指出,我们大致可以把当代实在论划分成常识实在论和科学实在论。常识实在论的核心论题有

两条:日常世界中的大多数可观察物体独立于我们的认识而存在;如果语句(或命题)与世界上的事态符合就为真。科学实在论大体上可以从两个角度得到阐述;(1)对物理主义本体论的承诺;(2)科学理论是关于实在的主张,当前最好的科学理论至少是似真的,其核心的理论术语有真实的指称。对科学实在论的反驳主要是从“指称”、“真理”和“成功”的关系着手的。科学实在论者的对策围绕指称问题进行,大致有两种。一种是继续以指称为基础,另一种是完全取消指称在理论中的地位,这主要是以一些人提出的R—语句实在论为代表。这两种对策除了面临符合论真理观的问题外,最大的困难是“魔幻的反实在论”对实体性的指称理论提出的挑战。此外,科学实在论还受到了建构论和经验论传统的挑战,主要表现为几个论题:方法论和观察对于理论的依赖性,经验对于理论的不充分决定性。以波义德、基切尔等为代表的实在论者提供的解决办法并没能从根本上驳倒这些个论题。实在论最大的问题是真理上存在的问题。鉴于那些在传统实在论内不可能克服的问题,以及不少反实在论者为理论成功提出的替代性说明,符合论真理观似乎成了实在论的累赘。对客观性造成影响的因素主要在于文化环境以及我们的概念框架。如果我们能证明这两个要素中存在着理解的客观基础,我们就不需要担心相对主义在真理观上的威胁了。社会生物学、文化进化论和认知科学等资源表明:自私的基因保证了我们最重要的行为方式的一致,文化进化的趋同性保证了我们基本的文化现象的一致,人类的认知进程保证了我们的概念框架的共同基础。认知科学的成果还表明,由于人类具有相同的生理机制,因此不同地方的人都以相同方式切割世界,世界上的实体不完全是我们知识的构造物,因而彻底的建构论和“魔幻的”反实在论是没有根据的,我们可以继续采用指称的实体性理论。这么一来,我们就解决了实在论所面临的最大问题,即真理观上的相对主义威胁和实体性指称理论的根据。

关键词:实在论　科学哲学　真理

0216

新观念,新道路 :启蒙语域下的洛克观念论研究 / 李冬冰著 ; 汪堂家指导. -- 复旦大学, 2005. -- 133页

洛克的观念集传统与创新为一体,既包含着对传统的柏拉图式观念论因素的继承,同时也在笛卡尔主义和霍布斯感觉主义的双重影响下融进了近代西方哲学到洛克为止的新思想发展的全新元素。通过对西方哲学两千年发展的回顾可清晰地发现观念论从柏拉图到洛克的发展线索,这一新观念、新道路既表现了对千年思想传统的延续,也以清晰易懂的方式极大地扩展了自文艺复兴始近代思想发展中的人本主义、理性、自由等进步元素在社会中的影响。洛克在《人类理解论》中赋予观念一词三重含义,一是一种精神性的实在,二是一种媒介,三是一种标记。除却对传统中学术术语和实质的一些继承,影响洛克思想最甚的是近代自然科学的发展,尤其是原子主义在自然科学中的成就、英伦唯名论传统和培根、霍布斯的经验主义以及笛卡尔主义。洛克思想极富原创性,许多思想对近代乃至现代哲学产生了重大影响,比如,通过理性批判确定人类理性的能力范围,实在本质的不可知性;概然性真理概念;两种语言的不可统译;简单观念的基础主义地位等等。这些思想为近现代哲学的发展提供了丰富的养料。洛克的观念论中蕴涵的经验主义认识论原则其内核却是理性主义,他把这种经验的理性主义原则也运用到他的宗教思想之中,对启蒙思想冲破传统的禁锢,发挥了巨大的作用。当然,洛克观念论中的二元论色彩、经验主义特有的重个体轻原则的倾向也埋下了怀疑论或不可知论的陷阱。

关键词:洛克(Locke, John 1632 ~ 1704)　认识论　经验主义　英国

0217

“生活世界”复杂性的动力模式 / 李恒威著 ; 夏基松指导. -- 浙江大学, 2005. -- 160 页

论文分为两部分。第一部分表明:在反思意识的领域中,对生活世界的两个方向(主观性和客观性)上的完全的还原都是不可能的。胡塞尔先验还原的不可能性在于:反思始终有一个非反思活动的基础,而生活世界则有着前一反思的确实性(certainty);完全的客观性的还原的不可能性在于:科学探究所及的世界是一个与人的活动相关的世界,是一个进入人的实践领域的世界,它不是一个纯粹的自在世界,而是一个具有意向性视域的、现象的世界。因此,在一个现象的生活世界中,我们需要从认识论理性和简单性回到生活世界的复杂性,从身心二元论的人回到具身心智(embodied mind)和具身经验(embodied experience)的人,从理论的态度回到生存的态度,而在生存的态度中,人的经验必然是历史性的。第二部分分析复杂性动力模式的几种表现:(1)皮亚杰发生认识论中有关认知发展的同化—顺应模式;(2)现象学和哲学解

释学中的解释学循环;(3)索罗斯关于市场的反身性。这些模式都符合复杂性的回归或互返的动力原则,其简单的含义是:一个回归的动力组织的后果和产物又形成了它本身的起因或它产生的必要条件,这构成一种反身性指向,确切地说是自我产生和自我组织的问题。

关键词:生活世界　复杂性　动力(哲学)　现象学　解释学

0218

生存的实现：对雅斯贝斯哲学中一个基本问题的探析 / 李剑著；俞吾金指导. -- 复旦大学, 2005. -- 110 页

本文认为,在雅斯贝斯的哲学中,生存为了实现自身,必须奠基于自身的自由和历史性,经历理性、交往和超越三个环节。在理性中,生存得以表达和联结;在交往中,生存得以相互促发生成;在超越中,生存拥有终极的依归和支撑。因此,凭借理性的作用,在横向上与其他生存交往,在纵向上与超越交流,就构成了生存实现自身的无限虚灵的空间。全文分五章展开论述。第一章在大全的视域中论述了生存实现的目的。大全有诸多样式,生存与其他样式不同,它是所有其他样式的意义之源:生存是个体的实存(经验存在)、一般意识和精神的内在生命;离开生存,世界就是事物的多样性的聚合,缺乏内在的统一性;离开生存,隐匿的超越就不能向人显现其存在,所以生存实现的意义就在于以生存之光照亮大全的空间、照遍大全的各样式。第二章论述生存得以实现的自身条件,即生存的自由和历史性。生存的自由是生存实现的可能性,生存的历史性是生存实现的确定性。自由是生存的本质特性,是生存实现自身的根本动力。生存凭借历史性而获得自我实现过程中的确定性,这种确定性表现在两个方面:历史性是实存和生存的统一、短暂和永恒的统一。第三章论述理性对生存实现的作用。理性无限地联结了大全各样式、真理和交往,这种联结使生存在遭遇世界万事万物中保持了自身的完整性;同时,理性的运动使生存的实现永不停息。生存通过理性而清晰,理性通过生存而富有内容,理性因此对生存具有形式上的优先性,生存的实现必然离不开理性的形式作用,生存必须通过理性来表达。第四章论述交往对生存实现的作用。通过理性的表达和联结后,生存之间的交往有了可能,生存也必须进入交往。如果说理性对于生存是形式性的,那么交往则产生了生存的本质性内容。对于雅氏,生存就是交往性生存,离开交往就没有生存,生存的实现就是在交往过程中生成的。第五章论述超越对生存实现的最终支撑作用,超越的思想对于雅氏非常重要,他认为人从根本上不是自足的存在,不能从自身中获得终极根据和真理,而必须依靠超越的力量。

关键词:雅斯贝尔斯(Jaspers,Karl 1883～1969)　存在主义　哲学思想　生存

0219

加缪新人本主义哲学探要 / 李元著；俞吾金指导. 复旦大学, 2005. -- 129 页

阿贝尔·加缪（1913—1960），是法国著名的现象学哲学家兼文学家。本文旨在从现象学哲学的视角对加缪荒谬、反抗、自由问题的脉络进行梳理和研究，展现其独特的新人本主义哲学观。首先，讨论了加缪用“现象学”的语言表达方式展现世界的直接被给予性的过程，刻画了其运用直观的体验而不是形而上学的反思达到本真自我的道路进程。其次，针对欧陆现象学对于加缪形成新人本主义哲学思想的影响进行了分析，说明了加缪现象学哲学的历史传承与历史局限性。第三，展现了加缪在现象学视角下对于感觉材料表达方式的研究思路，并将加缪文学作品的思维特点归结为：（1）加缪的“现象学视角”可以视为他关于“荒谬哲理”的长期学术兴趣的研究方法；（2）通过自由的语言表达何以可能问题的论述，加缪对“哲学”与“文学”、“体验”与“反思”之间的差异进行了强调；（3）加缪提出的“我反抗，故我们在”命题，从人性唯一存在方式的高度界定了反抗的意义；（4）加缪批判了在历史中利用革命暴力建立流血政权的手段的非正义性，强调以正义和道德的方式获得正义的目的的合理性。他认为，我们若要改变现时历史将人的存在绝对地分裂为“要么杀人，要么自杀”的两难处境，就必须对反抗和革命的界限进行彻底的澄清。作者认为，加缪的新人本主义哲学是对传统人本主义的超越，对于深入理解法国哲学、存在主义运动和马克思主义的实践观也大有裨益。

关键词:加缪(Camus, Albert 1913～1960)　人本主义　哲学思想　人道主义　现象学

0220

“基督教界”的“助产术”：克尔凯郭尔的间接沟通学说探要 / 梁卫霞著；俞吾金指导. -- 复旦大学,

2005. -- 172 页

本文认为,间接沟通是克尔凯郭尔全部生活、思想、思维方式和表达方式的一个最显著的特征或风格,几乎他的全部作品和思想本质上都是与“基督教界”深陷幻象中的人们的一种间接沟通。其间接沟通学说的本质和核心在于:它是克尔凯郭尔在“基督教界”实施的一种苏格拉底式的“助产术”。他的作品和思想旨在对人们进行苏格拉底式的间接引导、警醒、启发和暗示,帮助人们去除扎根于心中的幻象,选择和占有基督教的真理。全文共分六章。第一章着重论述了克尔凯郭尔的间接沟通思想,对间接沟通的内涵、性质、间接沟通与直接沟通之间的关系进行了剖析,指出生存是其间接沟通的“阿基米德点”。第二章主要从哲学(苏格拉底和莱辛)和神学(耶稣基督)方面论述了克尔凯郭尔间接沟通学说的理论渊源,分析了其间接沟通学说的基督教思想背景。第三章进一步分析了克尔凯郭尔的间接沟通与他的作品之间的关系,明确指出间接沟通是他的作品的本质特征,并对间接沟通与他的语言风格之间的关系进行了探析。第四章分析了克尔凯郭尔的美学思想的间接沟通。指出其美学思想的间接沟通的主要特征是“把人们骗向真理”。克尔凯郭尔的美学作品和思想都具有潜在的宗教意义和目的,都是对基督教真理的一种间接沟通。第五章分析了克尔凯郭尔的哲学思想的间接沟通。指出其哲学思想的间接沟通目的在于引导人们远离思辨,远离体系,成为一个基督徒。第六章分析了他的宗教思想的间接沟通。认为他的宗教思想的间接沟通主要体现在他的无权威的、苏格拉底式的“谈话”沟通以及他以假名安提-克里马库斯的名义对基督教的“诗意沟通”中;其宗教思想的间接沟通的目的在于引导人们突破内在宗教(“基督教界”的基督教)的藩篱,而选择《新约》的真正的基督教。最后,分析了他从助产术(间接沟通)转向见证人(直接沟通)的原因,并且简要评价了他的间接沟通学说的理论意义和实践意义以及在现当代思潮中的影响。

关键词:克尔凯郭尔(Kierkegaard, Sφren 1813 ~ 1855) 基督教 间接沟通 哲学思想

0221

王阳明哲学的现象学解读 / 林丹著 ; 张祥龙指导. 北京大学, 2005. -- 151 页

文章认为,宋明儒学发展到阳明心学,实现了一次重要的哲学转向。王阳明思想的总体特征是:一种对于终极实在(心、理、良知等等)的非对象化和生活境域化的思想方式。阳明提出的“心即理”之说,解决了二程和朱子思想的内在矛盾。“道”与生活日用、形而上与形而下的贯通,在二程和朱子思想中已有诸多表现,但终因其未能摆脱思想史上普遍存在的现成化倾向,而无法最终充分实现这种贯通。阳明思想基本上破除了这种现成倾向,从而使“道”真正融入生活之中,形而上与形而下得以充分地贯通。阳明思想中的“心”往往意味着对于在生活“之中”的“投入”体验。“心即理”之说的内在含义是,让“理”置于直接可领会的生活境域之中。此“理”是生活境域中的“活理”,不再是脱离构成域的概念本质。生活中的活理自然是“知行合一”的。“良知”说则以一种“易简”功夫总括了“心即理”和“知行合一”。良知不是观念对象性的“善”(知识),故良知自然是至善而又“无善无恶”的。文章指出,从胡塞尔开始的广义的现象学,突破了以往哲学研究的概念理论的方法。现象学悬置一切现成的前提,在直观或直接领会中达到对象,或让现象自已呈现。这样的现象是与本质、本体相通的现象,也就是构成性的“事情本身”,不同于以往概念化哲学中所处理的一切现成者。而“事情本身”的构成必然涉及到“边缘域”,或称“视域”、“境域”。此“域”是非专题化、非对象化的,又随时可以参与对象乃至主体的构成。它即有即无,先于一切现成者而在一切现成者之间,呈现出一种氤氲气象,冲虚希夷而又是最可领会者。作者认为,上述阳明思想的特征与广义上的现象学有着深切的相通之处,从而使中国哲学与西方哲学的对话不再只是自说自话而缺少相互的激发,乃至相互扭曲。在现象学的视域中或可揭示出阳明思想中尚未被充分注意到的某些“气象”特征。比如,通过这个视域,我们可以看出,阳明思想既无对于“心”的执著,又无对于“理”与“物”的执著,而是内外打通、身心相即、心物相融。因此它既非主观唯心论,亦非客观实在论,而是发自原本生活体验的心——理、良知的境域发生论与构成论。

关键词:王守仁(1472 ~ 1528) 心学 理学 现象学

0222

契约与正义 :罗尔斯政治哲学研究 / 刘娟著 ; 张志伟指导. -- 中国人民大学, 2005. -- 150 页

论文共分为五章。第一章对契约与正义的思想进行了预备性研究。介绍了罗尔斯所论正义是针对社会基本结构的一套权利与义务的分配原则,对社会契约论传统中的契约方法和契约特点做了分析,从这

种分析中总结出罗尔斯重新采用一直处于低迷的契约论来论证和推出正义原则，既有方法上的考虑也有内容上的考虑。第二章对罗尔斯的两个正义原则予以阐述，即平等的基本自由原则，公平的机会平等原则和差别原则。把两个正义原则放在自由主义思想传统的大背景里，对其在这个传统中的定位予以分析和评论，揭示出罗尔斯式自由主义是平等主义的自由主义，这体现在正义第一原则及其优先规则捍卫了平等的基本自由权及其至上性，正义第一原则对平等的政治自由的公平价值的保障，正义第二原则中的公平的机会平等原则和差别原则有力地表达了平等主义的要求。第三章就罗尔斯对两个正义原则的证明方式即可欲性证明和可行性证明作了详细阐述。可欲性证明是为了表明两个正义原则是原初状态下的各方想要的正义原则，以此证明这两个正义原则是值得想望和追求的，也就是“可欲”的。但是“可欲”并不必然意味着“可行”，因此罗尔斯还提出了可行性证明，说明由原初状态下选择出的正义原则规导的社会是稳定的社会，这一社会能够维护和促进我们所珍爱的价值。可行性证明即是稳定性证明。罗尔斯想通过稳定性证明为正义的两个原则提供更具有决定性的辩护，以此表明正义的两个原则是植根于人类的思想和情感之中，并与人类的目的和志向紧密相联的。第四章探讨了契约正义论从《正义论》到《政治自由主义》的发展。第五章以哈贝马斯与罗尔斯的对话为切入点，对罗尔斯从《正义论》开始并最终在《政治自由主义》一书中得以最后完善的契约正义论进行了总体性的理解和评价，就两人对话中的正义与合法性的问题进行了专门探讨，对《政治自由主义》的关键理念做了最后的梳理。

关键词：罗尔斯（Rawls，John Bordley 1921～2002） 政治哲学 契约 正义

0223

政治自由主义的发展逻辑：从洛克和密尔到伯林和罗尔斯 / 刘永红著；冯俊指导. -- 中国人民大学，2005. -- 142 页

本文把政治自由主义的发展逻辑概括为以下几个方面：1. 政治自由主义的发展逻辑，在其历史进程中经历了一个从合法性到合理性，经过多元主义的冲击最终重归在多元主义基础上的重叠共识的自由主义阶段。在对理论的论证过程中，经历了由自然状态、自然法的论证，到功利主义的证明，再到对历史决定论的批判，以及罗尔斯在原初状态和无知之幕的假设下，对新的契约论的论证，再到政治自由主义时期。2. 在对自由概念的阐释过程中，对两种自由概念即现代人的自由与古代人的自由的分与合中，经历了一个发展过程。洛克的自由代表了一种现代人的自由，这就是有关思想言论自由、法治自由、个人权利神圣不可侵犯；密尔的自由一方面表现为对启蒙运动的信念，坚持用功利主义的普遍性原则来阐述自由的实现问题，这就是积极的自由，这样自由就是一种功利主义的自由观，另一方面是对启蒙运动的怀疑，而提出的思想言论自由和个性的自由，主张政府对只关个人的行为无权干涉，这实际上是消极自由的问题；伯林的自由明确的区分两种自由观；罗尔斯的自由是立足于正义两个原则的一种平等的自由，是作为一种社会制度下的自由体系。3. 政府观念方面，他们之间也有一个逻辑发展过程。在政府建构方面，从洛克的契约说、密尔的功利主义学说，到罗尔斯的新契约论建构正义原则，然后在这一原则上建构政府；在政府制度方面，洛克是一种立宪政府、密尔是代议制政府、罗尔斯是以美国为代表的立宪民主制政府；在政府管理方面，洛克的法治政府和罗尔斯的法治原则之间有一个论述深化的过程。4. 在正义问题上，到底是坚持形式正义还是实质正义的问题，从洛克的坚持个人权利、法律正义的形式正义，到密尔对功利主义的结果、功利强调而坚持实质正义，再到罗尔斯的形式正义和实质正义的统一。5. 在自由主义的宽容与多元主义方面，由洛克提出的处理政教关系的宽容原则，到密尔对人的思想良心乃至个性多样性的承认、宽容，再到伯林对不可归约性的多种价值观的并存的多元主义，最后到罗尔斯在多元主义的价值观下，通过对立宪民主制的基本原则的认可而达到重叠共识。6. 在个人与社会的关系问题上，洛克强调个人的权利神圣不可侵犯、私有财产受法律的保护的个人主义，密尔强调最大多数人的最大幸福，力图协调个人与社会的关系，伯林对消极自由的维护，对个人自由和权利的不得侵犯，这是对个人主义的权利的保护问题；另一方面，他又认为人是附属于一定的历史、文化、种族和民族中的，因此更多地关注人的社会历史的因素，和单纯的个人主义的自由主义有所不同。罗尔斯正义理论的主要目的就是为了协调个人与社会的关系问题，由强调个人的自由到兼顾社会的公平。

关键词：自由主义 政治哲学 洛克（Locke，John 1632～1704） 伯林（Berlin，Isaiah 1909～1997） 罗尔斯（Rawls，John Bordley 1921～2002） 穆勒（Mill，John Stuart 1806～1873）

0224

基督教神学思想在日本的变容 / 路邈著 ；高增杰指导. -- 中国社会科学院研究生院，2005. -- 75 页

本文分三个时期讨论了基督教神学思想在日本的“变容”。第一个时期，是19世纪50年代至20世纪初，属于基督教草创期，海老名弹正、小崎弘道、植树正久和内村鉴三被称为这一时期日本基督教的四大领袖。他们的神学思想有着鲜明的时代色彩和不同程度的日本式变容，如海老名弹正的君臣关系论、小崎弘道关于基督教与儒教关系的见解、植树正久所说的“对上帝的孝道”、内村鉴三的“无教会论”和“至善的武士道”等。这一时期的重点人物选的是海老名弹正，主要论述他的君臣关系论、神之赤子论、神人合一论、神我扩大论和基督教古神道同一论。第二个时期是20世纪初到二战结束，主要讲基督教在社会运动(基督教社会主义运动、社会性的基督教育运动、学生基督教运动、神之国运动)中的“变异”以及所谓日本式基督教。这一时期的人物主要选中岛重。因为中岛重在社会性基督教运动、学生基督教运动以及神之国等运动中，都是“居于中心地位的思想家”。他的社会哲学、神之国理论和对基督教社会主义的理解都有不少独特之处。第三个时期从战后至今，以远藤周作为代表。远藤身兼作家和神学家，思想很有日本特点，正是他完成了把不合身的洋装(欧美基督教)改造为适合日本人的和服(母性基督)的工作，其诸教并存、对话、融合的观点体现着当今世界宗教的总体趋势。本文涉及他神学思想的以下几个方面：母性基督、作用论、一神教与多神教的统一等。终章有两项内容。一是论及基督教变容的普遍性。二是把日本宗教、基督教的受容和变容从文化学上进行分析，指出海老名弹正等人的基督教理解，中岛重等人的社会性的基督教、神国观，远藤周作的母性基督、宗教多元论，以及日本特有的信仰重叠等等，大体上都在日本“冲突·并存融合”文化模式的框架之内。

关键词：基督教　神学　宗教哲学　日本

0225

福柯与批判问题 / 吕翔著 ；黄颂杰指导. -- 复旦大学，2005. -- 134 页

本文认为，在福柯的著作中始终存在着一个一以贯之的主题，那就是批判问题，也就是认识的可能性条件以及真理与权力之间的关系问题。作者首先围绕着考古学时期历史先天性这一概念，考察了在知识可能性条件这一批判问题上与福柯与康德的联系，历史先天性与结构主义和梅洛－庞蒂、海德格尔这些现象学思想大师之间的关系等问题。接下去通过分析真理和真理的可接受性条件以及历史先天性与真理之间的关系，考察了谱系学时期批判问题的地位和作用，指出福柯的谱系学旨在确定真理的可接受性条件，他从来没有考虑过放弃知识的可能性条件这一考古学问题。文章从福柯对权力—知识的理解与柏拉图、培根和马克思的模式之间的对比入手，先后考察了征服与对象化之间的关系及其作用、福柯的真理观、“制度”概念与知识型及其与批判问题之间的关系。文章还从福柯对经验的两个定义入手，围绕着权力与自我构建之间的矛盾关系，考察了真理的历史与主体性的历史之间的联系、福柯对自我的构建的观点与康德和亚里士多德的伦理学观点的比较、主体的性质以及坦白等问题。文章最后对福柯“真理的历史”和海德格尔“存在的历史”之间进行了区分，指出考古学不能最终解决知识的可能性条件问题，而被福柯看作是其著作核心问题的真理的历史同样充满着内部的矛盾。

关键词：福柯(Foucault, Michel 1926～1984)　批判理论　真理　存在

0226

《判断力批判》体系探微 / 倪胜著 ；陈学明指导. 复旦大学，2005. -- 94 页

本文旨在从康德体系的角度考察和讨论《判断力批判》在康德哲学中的位置以及《判断力批判》自身的体系结构。全文共分四章。第一章讨论康德体系鸿沟问题，指出康德认为在他的自然概念和自由概念之间有一条鸿沟，他希望用判断力来填补，由此产生了《判断力批判》。他之所以意识到有这样的鸿沟存在，是因为柏拉图的相论。作者认为康德的填补工作没有太大必要，尽管《判断力批判》在目的论和美学方面有创造性贡献。第二章研究先天问题。康德认为自己在判断力方面找到了一个新的先天原则。本文通过对第一批判先天问题的研究，以及对克里普克对康德先天问题所谓“修正”的讨论，找到严格康德意义下的先天定义，来印照判断力的先天原则，认为判断力的先天原则不太严格。第三章阐述 Aesthetica 问题。通过对鲍姆加登《Aesthetica》一书以及康德《逻辑学讲义》的考察，并将其与《判断力批判》相比较，阐述了康德前批判和批判时期对美的观点的变化原因及其实质。指出康德从来没有在“审美的”意义上使用 ästhetisch 一词，康德在美论部分的体系结构上

安排这个词承担了比“审美的”外延更广泛的任务，由此认为国内译本在这个问题上均有误解，应予更正。第四章研究目的论和合目的性。通过揭示目的论和美的内在逻辑蕴涵，讨论了《判断力批判》中美论和目的论之间的内在联系，从而展现出康德思想在这方面的体系结构。

关键词：康德（Kant，Immanuel 1724～1804） 哲学思想 《判断力批判》

0227

现代性的制度之维：吉登斯现代性理论探要／山小琪著；陈学明指导．-- 复旦大学，2005．-- 149 页

本文在概述了吉登斯思想发展历程的基础上，分五章阐述了吉登斯的现代性理论。第一章分析了结构化理论和相关的权力与监控理论以及吉登斯在社会理论中对时间空间的独特理论阐述。指出在进行现代性研究之前，吉登斯主要致力于重建社会理论的研究方法，提出了“结构二重性”理论。结构化理论的一些重要概念为他研究现代性提供了理论基础。第二章对吉登斯现代性理论的关键概念作了历史分析。重点考察了吉登斯关于社会变迁与国家的理论，通过对比传统国家与民族—国家，阐明民族—国家发展中的行政与监控和战争工业化等现代性的关键因素。第三章考察了吉登斯对现代性的动力和现代性的四个制度性维度的论述。指出吉登斯提出现代性的动力机制是时间和空间的分离、脱域机制和反思性。在反思马克思、涂尔干和韦伯等关于资本主义、工业主义理论的基础上，结合他对民族—国家发展中的行政与监控和军事工业化的重要作用的认识，吉登斯提出了现代性制度性维度的理论，认为现代社会是在资本主义、工业主义、监控和军事暴力等四个方面的共同作用下形成的，并指出现代性的四种制度维度是相互关联的。第四章从现代性的全球化、现代性和风险、乌托邦的现实主义的构想等方面对吉登斯关于现代性的后果作出分析，探讨现代性的未来发展。第五章是对吉登斯有关现代性的后果思考的延续。吉登斯认为由现代性的导入所引起的日常社会生活的嬗变，影响到自我认同机制的变化。在现代性情境中，日常生活、风险与抽象系统相关联，使自我感受到两难困境。文章最后对吉登斯现代性理论作出了总体性评论。

关键词：吉登斯（Giddens，Anthony 1938～） 现代性 社会变迁 国家理论

0228

异常心理的哲学研究：从物理主义看异常心理／唐平著；朱志方指导．-- 武汉大学，2005．-- 125 页

论文认为，不同的时代对于异常心理的判断不同，它除了有生物和物理学的标准以外，还有社会文化、道德、行为习惯和心理的标准。从历史和社会的角度看，不仅存在着个人的异常心理，还存在着集体异常心理和时代异常心理。关于异常心理的研究，心灵哲学的发展一直就隐含着物理主义的思想路线。整合后的物理主义能够比较全面地说明各种类型的异常心理的病因、病机、表现形式和对异常心理的治疗，并为一些复杂的异常心理问题提供理论指导。首先，物理主义从心身关系着手，在追求心身关系的同一与还原的基础上，肯定了异常心理现象是不可能独立存在的，它是一种随附现象，所以，心理异常肯定有某种神经异常为其物理基础；其次，心身是相互作用的，生理异常肯定会导致某种形式的心理表现，但不一定异常，因为生理异常与心理异常的判断标准不一样。再次，心理异常有可能导致生理异常却不一定导致生理异常，同样是因为生理异常与心理异常的内涵与判断标准不一样。通过现代心灵哲学尤其是整合后的一些基本理论对异常心理感受性质问题的分析，我们可以得出的一些非常有益的基本结论，如异常心理有意识经验的性质与突出的异常功能性质之间具有密切的联系；异常心理感受性质具有较弱的随附性；感觉性质和意向性都有物理上的对应状态；达到异常心理内部的主要途径是对人的外部行为和环境的综合性思考等等。文章认为，物理主义能够比较全面地对异常心理进行理解和说明，但是，关于异常心理与大脑的作用机制问题还是一个有待于其他科学共同发展才能解决的问题。

关键词：病理心理学 物理主义 心灵学 异常心理

0229

冲破沉默的历程：梅洛－庞蒂表达思想研究／唐清涛著；俞吾金指导．-- 复旦大学，2005．-- 141 页

本文认为表达问题是贯穿梅洛－庞蒂哲学发展的一条中心线索。在早期，他在批判旧的表达理论的基础上，创建了身体姿势表达理论，认为身体动作自身就蕴含了意义，是一种原初的意义表达行为，而言语就是一种身体动作，蕴含了自身的意义。梅洛－庞蒂借言语说明了语言和思维。作者认为，在知觉现象学的框架中，经验的表达只能被理解为经验的自身表

达,梅洛－庞蒂从内在于知觉经验中的身体动作出发重建表达理论,其实就旨在探讨知觉经验自身的逻各斯,即知觉经验是如何走向自身表达的。他的表达理论可以说明语言表达知觉经验是合法的,因为语言是从知觉经验内部生成的。梅洛－庞蒂在中期加强了对语言与表达问题的研究,用以说明如何从知觉世界到文化世界过渡。他对索绪尔语言学的基本原则作了现象学的解释,并结合自己早期的身体姿势表达理论,发展出了语言现象学思想。其显著特征就是从正在表达的语言即现象语言出发探讨语言,反对实证主义将语言物化的倾向;其基本思路是从语言转向言语,再将言语溯源到沉默的知觉经验。对于文化世界的生成和繁荣,梅洛－庞蒂提出任何一种人类行为都具有表达性,有提出新的意义和开天辟地的能力。同时,把他通过身体姿势加以界定的言语与结构主义语言学所研究的语言结合起来,将言语与语言的互动模式引入他对文化世界与表达活动互动的描述中,以此说明文化世界是如何繁荣起来的。在晚期,梅洛－庞蒂在可见与不可见的关系中继续探讨了意义、观念、本质的性质,说明言语经验对它们的孕育作用,指出通过表达的可逆性关系,意义、观念、本质就返回去支撑它们得以产生的经验,从而为解决知觉经验的自身表达问题提供了更合理的策略。对于沉默世界与言语世界的转换问题,他主要是在二者的辩证关系和维度、深度的意义上加以讨论;梅洛－庞蒂探讨了表达和经验与存在的超验性问题,说明表达就意味着距离,语言是我们通达存在的中介,语言对存在的表达是合法的。最后,作者指出当梅洛－庞蒂把我们对存在的表达说成是存在在我们之中表达自身时,一方面克服了以人类经验为中心的视角,另一方面也肯定了我们的经验包括言语经验。

关键词:梅洛－庞蒂(Merleau－Ponty Maurice 1908～1961) 语言表达 言语 存在主义

0230

以位格为中心的塑造:朋霍费尔伦理学研究 / 滕琪著;包利民指导. -- 浙江大学, 2005. -- 140 页

朋霍费尔(Dietrich Bonhoeffer, 1906—1945)是20世纪德国有影响的基督教思想家。本文以朋霍费尔的《伦理学》为中心,对其伦理思想进行了梳理和探讨。全文共分五章。第一章对朋霍费尔的生平及思想背景作了介绍,特别提出了朋霍费尔与路德之间的复杂思想关联,探讨了巴特和路德神学对他的影响,辨析了朋霍费尔力图纠正在伪路德宗学说中被误解的"两个王国论"思想。第二章讨论了他"以位格为中心的伦理学"。作者认为,朋霍费尔用自己独特的"位格中心"思想化解和包容了许多传统伦理学的难题与冲突,比如善与恶的判定,圣言与人言两种逻各斯,行动与存在的关系,位格与共同体的问题等。文章还比较了朋霍费尔的位格思想与舍勒、马丁·布伯及特洛尔奇等人有关位格思想的异同。第三章从朋霍费尔对各种现代伦理倾向的批判出发,从侧面对其思想特质进行了把握。第四章和第五章讨论了朋霍费尔最具特色的建构性理论,即作为塑造的伦理学。重点考察了他的"同形塑造:效法基督"的思想,以及"在具体中塑造"、"诫命"、"委托"、"责任伦理"等思想,并在更广泛的背景下分析了其辩证神学精神中的种种心得。

关键词:朋霍费尔(Bonhoeffer Dietrich 1906～1945) 伦理思想 基督教 位格 神学

0231

通达生命之境:狄尔泰生命解释学研究 / 田方林著;李毓章指导. -- 中国人民大学,2005. -- 196 页

论文共分六章。第一章分析了狄尔泰关注人之生命、从事人文科学研究的社会历史和学术思想方面的背景关联。第二章从一种历史的角度揭示了生命解释学在狄尔泰哲学活动中的诞生过程。狄尔泰充分重视心理学在人文科学中的重要地位与作用,试图以一种全新的、描述和分析性的心理学来奠定人文科学之基础。然而,其心理学研究在19世纪90年代中期受到了来自哲学和心理学两大阵营的强烈批判,这促使狄尔泰对其学术研究进行自省与反思,并在胡塞尔早期之现象学思想的启示下把哲思的侧重点转向解释学,开始用生命解释学来为人文科学奠定方法论基础。第三章和第四章论述了狄尔泰对理解本身的考察。展示了生命解释学的主要内容,勾画出了生命解释学的总体理论构架,并由此而得出了狄尔泰的生命解释学根本上具有方法论性质的结论。第五章首先区分了理解对象所关涉的几种内在意义,并从事实与价值的角度将它们分别归为事实性的含义和价值性的意蕴两大类。其次,分析了传统解释学的发展史,并由此认为先前的解释学者没能正确地看视理解对象的含义与意蕴。文章指出,狄尔泰的生命解释学一方面在处理理解对象(即历史实在)的含义与意蕴之间的关系时有所创新,即在把握历史世界的事实性含义的同时也看到了其所蕴涵的价值性意蕴,因而发展和丰富了传统的方法论解释学;另一方面它又未能

赋予历史世界价值性意蕴存在的合法性与必然性，进而没能充分地给予关注。据此，生命解释学为自身陷入两难困境埋下了隐患。第六章从事实性含义与价值性意蕴之关系的角度展现了生命解释学对现代本体论解释学的影响。作者首先分析了生命解释学所包含的能导致解释学从方法论向本体论转向的诸多契机，然后侧重从事实与价值的层面理出了解释学从方法论向本体论转向以及在当代之发展的内在逻辑。最后，根据事实与价值的关系提出了平息解释学之争的尝试性方法，并展望了西方解释学必然与伦理学相融合的最终发展趋势。

关键词：狄尔泰（Dilthey, Wilhelm 1833～1911） 哲学思想 生命 历史世界

0232

科学与人的问题：论约翰·杜威的科学观及其意义 / 田光远著；汪堂家指导. -- 复旦大学, 2005. -- 147 页

本文首先通过对哲学与科学之争的探讨，为理解现代科学本身提供了一个历史背景，并将杜威的自然主义的新经验论作为理解现代科学的一个平台。然后从杜威革命性的哲学立场出发，分别从行动、工具、技术的角度深入到现代科学的内部来理解现代科学，把现代科学异于古代科学的科学革命理解为是从认知到行动，从追求真理到追求效用，从凭借本性到凭借技艺的革命，力图揭示出在杜威眼中，究竟“什么是现代科学？”在理解了现代科学的根本特点之后，进一步探讨了科学对人类的意义。主要讨论了杜威的科学观对解决现代社会中“人的问题”的意义。通过对科学主义和人文主义的考察，把杜威的哲学立场归结为一种新的科学的人文主义立场。阐发了杜威在科学判断与道德判断统一性基础上所构建的一种实验主义伦理学，重点探讨了杜威运用科学的精神和方法对传统道德理论的改造。文章还考察了现代科学对于民主、教育的重要作用，并以启蒙为背景，对杜威眼中科学的实验主义的理智精神和方法进行了分析，揭示了杜威所理解的这种实验主义的理智的科学精神和方法对于人类未来的意义及其不足。

关键词：杜威（Dewey, John 1859～1952） 科学观 科学哲学 实验主义

0233

在叙事中成就有德性有品格的人：哈弗罗斯思想导论 / 汪建达著；包利民指导. -- 浙江大学, 2005. -- 98 页

文章指出，与保守主义和自由主义对时代危机、伦理重构的理解不同，哈弗罗斯认为伦理危机的罪魁祸首正是现代主流的自由主义伦理学：它们以个体的欲望为基础，寻求抽象、普遍的道德原则。在他看来，要走出现时代的伦理困境，就需要实现伦理问题、伦理关注点的重大转变。从行为选择到作为能动者的人，从普遍到特殊。这在实质上要改变整个现代“理性伦理学”的思维方式，对道德理智要有完全不同的理解。伦理建设的目标不是教导人怎样按照规则进行行为选择，而应该是造就有德性、有品格的人。要实现这样的伦理目标，只有通过叙事（特别是基督教的叙事）的方式。因为自我的身份是叙事地给予的；语言的概念、传统与需要叙事性的展示；叙事能够提供另一种类型的道德理智。在社会伦理学方面，他反对基础督教的诺斯替化。认为要基督徒积极参与社会生活会使基督教团体忘记自己的独特性，基督教团本身应该是与社会、国家作为比照的城邦。教会要挑战现实自由民主社会的道德基础。在强调自己与一般政治团体的差异中，基督教团体更是一个和平的团体，和平是基督教信仰非常核心的组成部分。哈弗罗斯的理论在获得众多支持者和跟随者的同时，也受到尖锐批评。占主流的指控是说他的立场为“宗派主义”。哈弗罗斯积极回应了这些指控，并且在这当中继续发展了自己的思想。最后，作者从三个方面指出了哈弗罗斯的思想对人们的意义：（1）提供了一种独特的道德理智观。他的理论进一步帮助人们认识到道德、道德主体的历史维度；叙事的重要性可以帮助人们理解道德洞见获得的过程性；（2）对人们理解宗教团体与社会公共生活的关系的启发。它可以帮助人们挑战自由主义的道德基础；强调教会团体的独特性，为人展示了另外的一种生活的可能性；提醒人们关注社会生活的和平性。（3）对当代社会伦理重建的一些启示。人们可以自觉地运用叙事的方法；要重视真正共同体的建设。

关键词：哈弗罗斯（Hauerwas, Stanley） 叙事 德性 道德 伦理思想

0234

于“无”深处的历史深渊：以海德格尔哲学为范例的虚无主义研究 / 王俊著；杨大春指导. -- 浙江大学, 2005. -- 101 页

论文从海德格尔对尼采的解释入手，揭示出虚无主义三个层次的本质：虚无主义的历史本质、虚无主

义的强力本质和虚无主义的非本质的本质。具体地说,这三重本质都与尼采的虚无主义思考有关。他把虚无主义看成是形而上学完成后的价值贬黜,是一种形而上学的历史运动;为了填补形而上学完成后的价值虚空,他提出了强力意志原则,希望用它来克服形而上学完成后的虚无主义危机,但是,由于他无法解释强力意志本身的历史性问题,强力意志原则也不可避免的落入了虚无主义;透视强力意志原则在历史性问题上的悖论,作者得出这样的结论:虚无主义的本质在于它没有本质,因为虚无主义之为虚无主义,就在于它要摧毁一切本质。面对虚无主义对一切本质的摧毁,海德格尔对"无"的思考及其消解虚无主义的思想努力尤其值得注意。与黑格尔从逻辑的角度规定存在、把存在纳入概念不同,海德格尔从祛除逻辑规定的角度把存在从概念中释放出来。正由于此,他们二人关于"有"与"无"的看法发生了颠倒:黑格尔置入概念规定中的"有"变成了海德格尔指责的"虚无",他所反对的规定上的"无"反而成为海德格尔所要追寻的存在。这样一来,海德格尔走出了一条与现代性建构相反的解构的道路,从概念的抽象性走向了存在的丰富性。海德格尔对虚无主义的思考与后现代哲学家关于"偶然、反讽和协同性"的思想相衔接,为后现代哲学家反思现代开辟了道路。在后现代哲学家的反思中,现代性从它的悲剧式进程变成了它的喜剧式荒谬,虚无主义问题进一步延伸到了我们当下性的生活之中。在当下性的现实生活中,自我反讽或自我侮辱是虚无主义的典型形式。通过侮辱自己来侮辱他人和整个世界,自我侮辱者把整个世界都降低到受侮辱的境地,人类的尊严受到毁灭性的威胁。在这种情况下,人类需要在自我尊重与相互尊重的基础上重建自己的尊严。

关键词:海德格尔(Heidegger, Mardin 1889 ~ 1976) 虚无主义 哲学思想

0235

存在的呐喊:绵延与柏格森主义 / 王礼平著;黄颂杰指导. -- 复旦大学, 2005. -- 278 页

作者指出,意识在伯格森主义的诞生中起着关键作用。因为伯格森信仰哲学作为严格的科学,他认为真正的哲学必须建立在作为科学的心理学之上,而只有以"心理事实"作为出发点的心理学才是科学的心理学。同时,也只有建立在"心理事实"之上的哲学才能到达真正的哲学实在。正是在这个基点之上,伯格森找到了他哲学的起点:他在意识中发现了他整个哲学的核心概念——绵延。绵延是意识的直接材料,是真正的实在,是我们内在的深层自我,也是我们自己的存在。作者认为,在伯格森那里,世界存在之单数的绵延(La durée)和复数的绵延(les durées)是统一在一起的,整个世界是一个巨大的绵延,是一个巨大的实在——即世界存在。形而上学的基本问题不再是"存在与虚无",而是"同一与差异"的问题。这个问题才是伯格森本体论的核心问题。在伯格森看来,传统的哲学从根本上说是"同一"哲学,而真正的世界存在是一个差异的存在。世界的本来面貌事实上不是"一与多",而是"整体与差异"。由此得出了伯格森本体论的核心观点:"作为世界存在的绵延"(即存在)就是"整体与差异"的统一体。作者认为,伯格森哲学的几个重要问题是:时间、生命、直觉、自由(包括道德、宗教),每一个问题最终都将归结到自由这个问题上来。因此,自由就是伯格森哲学永恒的主题。存在的真正意义就在于自由:无论是世界上的生命存在,我们个体的存在,还是人类存在整体,自由就是它们的"终极"意义。伯格森认为,人类是唯一幸运的存在,它是自由的宠儿;但是人类又天生处于封闭社会,要打破封闭社会走向开放社会,我们必须依靠各种英雄人物,他们用行动唤醒我们沉睡的生命,把我们带向自由。故从总体上看,存在是伯格森哲学的核心。自由又是存在的核心。存在自身是一种原初的呐喊:世界存在的呐喊,深层自我的呐喊,超人的呐喊,他们的呐喊统统朝着一个东西:自由。

关键词:柏格森(Bergson, Henri 1859 ~ 1941) 哲学思想 存在 意识 自由 生命

0236

本源的生活世界:康德的《判断力批判》开启的世界 / 王晓红著;叶秀山指导. -- 中国社会科学院研究生院, 2005. -- 111 页

本研究从知性能力和理性能力所管辖的自然和自由领域出发,主要集中在对反思判断力、合目的性的研究上,试图呈现出一个隐含在《判断力批判》中的、更为本源的世界。第一章论述的是所谓康德的"鸿沟"问题。人类自身的能力之所以能够按照知、情、意进行三分,是因为人生活的这个世界已经是不完整的,或者注定是不完整的。不完整要以完整为基础,有条件要以无条件为基础。知性和理性分属不同的领域,与此相应知性概念和理性概念行使不同的功能。知性概念关乎经验自然,理念关乎自由。第二章论述的是判断和判断力。康德把判断力作为与知性

和理性并列的一种能力，并不是偶然的，判断从根本上是与真理相关的。真理指的是同一性，同一性不仅是真理的本质，也是存在的特征。莱布尼茨推理真理和事实真理的理论，实际上影响了康德对规定判断和反思判断的区分。判断不同于判断力。根据理性与自然界整体打交道的方式的不同，可以把判断力分为两种，一种是规定的判断力，一种是反思的判断力。第三章论述的是反思判断。康德认为，反思判断可以明确地表达我们在经验中遇到的特殊的经验规律活动，并且把经验规律自身带入系统的统一性。偶然的经验世界也有其超验的原则。康德把调节性的原则分配给理性，通过这个超验的原则我们才能发现自然的系统统一性，反思判断力的超验原则就是康德所说的“自然的合目的性原则”。第四章论述的是鉴赏判断。康德把鉴赏判断分为“美的判断”和“崇高的判断”。在美的判断中，自然对象得以在其原本意义上得到呈现，而崇高的判断却呈现了真正意义上的人，虽然这种呈现是以缺失的方式表达的。第五章论述的是作为内在的合目的性的自然。通过把自然判断为内在的合目的性的系统，康德实际上把自然的原因归于自然自身，而不是归于外在的神。自然作为有机的系统，自身就蕴含着超感性的理念。第六章论述的是本源的世界。在这个世界中，机械论原则和目的论原则是相统一的，机械规律最终要隶属于按照目的论的原则之下。在道德世界中，人的最高目的是作为道德的人而存在。而在把人作为最终目的的有机的合目的性的世界中，是人本源的生活世界，也是人实际生活的现实世界。

关键词：康德（Kant, Immanuel 1724～1804） 判断力 判断 反思判断 理性

0237

自由的守望：爱比克泰德自由观的一个理论解析 / 吴欲波著；陈村富指导. -- 浙江大学，2005. -- 99 页

本文认为，爱比克泰德哲学是一种以人生幸福为旨归的道德哲学。在爱比克泰德看来，幸福在严格意义上讲不允许有丝毫不幸和失望的可能性，故它只能存在于完全由己的东西之中。这种完全由己的东西，爱比克泰德将之定义为“在我们控制下的东西”。“在我们控制下的东西”是人类实现善与幸福的唯一领域，爱比克泰德整个哲学的研究对象就是这种无条件地“在我们控制下的东西”。爱比克泰德从不同角度，即自由意志、表象、判断与赞同、欲求和避免、选择和拒绝的角度，对这种“在我们控制下的东西”进行了分析描述，从而阐明了人类达成幸福的不同进路。“自由意志”，是直接关涉人的善恶属性的道德选择，人的善恶只能在“自由意志”领域中彰显，故爱比克泰德主张人只关注“自由意志”领域内的东西，只致力于自身的美德和“自由意志”的完善，力求获取一种“与自然一致的”自由意志，从而达到一种免除激情的幸福状态。爱比克泰德认为，“表象”不仅是感性的，而且是理性的，它与语言和概念密切相关，故“表象”可以成为“赞同”和“判断”的对象。因个体的语言和概念储备的差异，所以对表象的处理又是个体性的，如何运用表象是一种个体性的事件，而表象的理性特征又赋予了人以重构表象的可能性。正因如此，人可以通过“正确运用表象”，从而达到一种去除激情的幸福状态。爱比克泰德认为哲学训练可以划分为三个领域，即“欲求和避免”、“选择和拒绝”、“判断和赞同”领域，并认为这三个领域中，最为重要和迫切的是在“欲求和避免”领域的训练，“欲求和避免”领域的训练关涉的是人的激情，此领域的训练目的在于：通过达成对真正善恶的认识，引导人达到一种免除激情的幸福状态。这种免除激情的幸福状态，被爱比克泰德定义为“自由”。作者认为，这种自由既非政治意义上的自由，也不是选择意义上的自由，而是一种消极的和否定意义上的精神自由。爱比克泰德以精神自由（幸福）为鹄的道德哲学，作为一种乱世中的典型的哲学形态，对于身处逆境中的人，无疑有一定的抚慰和激励作用，具有一定的现实意义。

关键词：爱比克泰德（Epictetus 约 50～120） 自由观 伦理学 道德哲学 幸福

0238

不同于存在：论勒维纳斯哲学的它者理论 / 徐鹤然著；杜小真指导. -- 北京大学，2005. -- 98 页

本文以“不同于存在”这个中心问题为线索，在理论基础上考察分析勒维纳斯思想中关于它者哲学的理论内容和构架。除导言部分之外，本文的论述分三部分展开。导言部分通过对“主体性”、“神”、“公正”这三个核心问题的讨论，意在揭示出它者哲学“不同于存在”的本质特征和方法论原则。第一部分主要考察了勒维纳斯对希腊式哲学传统的批判思想，即他为自身思想立论所作的反向工作。在众多材料中，本文集中挑选了存在的时间性（或历史性）和意识活动的发生性本质两方面问题作为分析勒维纳斯批判理论部分的着手点。因为这些问题不仅更具有一般代表

性,它们所针对的对象恰恰是近现代哲学史上著名的"3H",而且它们更充分更具体地展现了勒维纳斯是如何在哲学之大全意志的出发点上统括理解"存在"这个基本问题的。第二部分采取了问题域发展转移的逻辑顺序,先后考察了它者哲学的主体性理论、面孔事件和公正问题。作者希望依据现象学方法阐述出全部作为第一哲学的伦理学所最终赖以确立的"被动暴露"这种意识形式结构,并力图从这种绝对形式问题出发,解释清楚面孔事件和伦理学是如何实事性地而非形而上学地确立于哲学基础之上。对于勒维纳斯的公正理论,本文倾向于将其归结为一种目的论式的理论构建。第三部分主要涉及了对勒维纳斯哲学理论的普适可能性,其基本哲学出发点——个体发生意识域,和关于"神"或无限问题的实质或倾向这三个问题的分析和探索。作者认为,它者哲学所触及的问题最终应该归结为哲学自身的追问精神——哲学本身就是一种没有终点的开放性思想。

关键词:勒维纳斯(Levinas Emmanuel, 1906 ~ 1995) 哲学思想 主体论 公正 神

0239

生存与和谐 :斯宾诺莎对生的沉思 / 仰和芝著 ; 陈学明指导. -- 复旦大学, 2005. -- 152 页

本文力求通过和谐这一主题把斯宾诺莎对生的沉思连接成一整体。全文共分五章。第一章通过揭示斯宾诺莎对生的沉思的起点即他的形而上学来展开其对生沉思的独特之处。第二章分析了斯宾诺莎的自我保存思想,指出斯宾诺莎主张自我保存的努力是人的现实本质,在他那里,伦理学、政治学、神学都以自我保存为目的。在斯宾诺莎看来,从人本性的必然性来看,人生存着,不仅自身作为整体要和谐,还要力求与一切同个人有关联的方面和谐相容。生存就要和谐,和谐中生存才是真正的生存。第三章分别从神学目的论、意志自由、原罪、灵魂不朽、预定论和神选、禁欲与苦行、建立在恐惧和惩罚之上的德性原则等七个方面展示了斯宾诺莎对生的沉思与欧洲神学传统的不和谐之处。作者认为,斯宾诺莎与欧洲神学传统在生存看法上的不和谐之处不仅显示了其思想的价值,也为研究其哲学对时代的意义提供了视角。第四章从和谐角度具体讨论了斯宾诺莎提倡的自我保存方式即生存于和谐中,包括人与自然的和谐、人自身的和谐、人与人的和谐、人与国家的和谐、国家与国家的和谐。指出和谐是人生的目标,但对斯宾诺莎来说,这和谐不是前定的,不论哪种和谐的获得,都离不开人的努力,这是斯宾诺莎和谐思想与莱布尼茨和谐思想的区别所在。第五章从宗教方面进一步展开斯宾诺莎对人生存的关注,指出斯宾诺莎主张建立在正义和博爱基础上的真正宗教,不仅为人们的行为纯正、所有人的救治提供了保证,也为重新解释与和谐神学与哲学、神学与政治的关系以及人们的和谐相处提供了共通的基础。作者认为理解斯宾诺莎的宗教思想是理解其"生的沉思"的关键之一。

关键词:斯宾诺莎(Spinoza, Benoit de 1632 ~ 1677) 生存 宗教思想 和谐

0240

石桥湛山的外交思想研究 :以冷战期(50—60 年代)石桥的和平共处构想为中心 / 苑崇利著 ; 高增杰指导. -- 中国社会科学院研究生院, 2005. -- 96 页

本文以日本前首相石桥湛山的外交思想为研究对象,对他战后的自主外交论特别是围绕他 60 年代初提出的关于和平共处构想(以下简称构想)进行考察,论文由三部分构成。第一部阐述石桥的哲学思想根源和外交思想分期。第二部主要通过对构想中大国牵制日本平衡的国际关系论、中日经济关系的重要意义的认识、以国际伦理观和意识形态观为核心内容的超越冷战的时代先声以及裁军和平论等四个方面内容的考察,对其小国主义的主张与自主外交思想在构想中的作用进行分析。文章认为石桥在构想中提出的日本与中国、苏联"合纵"之策是针对美国的势力均衡而言的利益均衡的策略,其实质是围绕着日苏领土、日中贸易、日美平等关系等日本在与大国关系中的实际利益问题,试图迫使美国放弃冷战思维,在构想的框架中各得其利,达到周边区域的安全保障及至世界和平的目的。构想一再强调了中日经济关系对恢复中日邦交、维护亚洲和平以及对日本的"国家命运"的重要意义。石桥的意识形态观包括意识形态是为人服务、为实现人类幸福这一目标的方法论;在任何意识形态都需要不断修正,在实践中发展;通过和平竞争不同意识形态终究会互补并达到同化等观点。他的国际伦理观主张的宽容、平等和公正的观点来源于一贯的小国主义的主张,他的超越冷战的思考与实践为"和而不同"的国际关系准则提供了宝贵的提示。本文还着重将石桥的日中苏"合纵"策与宇都宫德马的日中美"连横"策作了比较分析,指出宇都宫的裁军和平论对石桥的和平思想有所继承和发展,认为两者从不同侧面为扩大日本的外交视野和政策选择性提供了可参照性意见。第三部提炼出构想的"人""利"

"和"三要素，并对石桥关于"国际伦理"、"利益均衡"等方面的具体论述进行概括。指出虽然在美国的单极的冷战思维以及日美安保体制的束缚下，石桥所提倡的自主外交主张始终未能成为现实，但是，这并不能泯灭他超越冷战的和平思想的先声以及构想在自主外交方面的论述对今日的国际关系所具有的启迪性的现实意义。

关键词：石桥湛山　外交思想　对外政策　和平共处　日本

0241

"同一"到"差异"：谢林哲学中"自然—自由"关系的演变／赵鹏著；叶秀山指导. -- 中国社会科学院研究生院，2005. -- 101 页

本文从"自然"与"自由"这两个哲学本原的对立出发，考察谢林哲学的内在逻辑和变化。论文的主体内容分为四章。第一章通过对西方哲学史中"自然—自由"问题的梳理，给谢林思想的探讨提供一个基本的解释框架。第二章探讨对青年谢林产生过重大影响的几个思想渊源，即以柏拉图为代表的古代异教哲学、启蒙思想中的历史哲学，以及康德、费希特和斯宾诺莎的理性主义哲学。与以往研究主要强调谢林与康德、费希特和斯宾诺莎的关系不同，本文更强调柏拉图主义和启蒙历史哲学对谢林的影响：他的"自然—同一"哲学，以及与之相关的艺术哲学，都更多地受惠于前者；而作为其哲学体系之基本特征的"历史建构"，则主要来自后者。第三章探讨谢林前期哲学对"自然—自由"问题的处理。本文认为，青年谢林的主要思想方向，是力图消除近代哲学中"自然"与"自由"的对立，使哲学原则像在古代那样，重新"归一"于"自然"。论文提出，在谢林的早期思想中，"自然"与"自由"的关系主要是从"同一"角度加以把握的，柏拉图的理念辩证法、康德的内在目的论思想和斯宾诺莎的理性泛神论，为谢林在理论上把握这种"同一"提供了基本的思想工具。第四章探讨谢林后期思想中"自然—自由"关系所发生的显著变化。本文认为，在这个阶段，"自然"与"自由"的同一关系开始瓦解。谢林从异教古代与基督教两种意识形态的对立出发，开始强调在"自然"与"自由"之间，存在着更为深刻的差异。这种差异，不能像以前那样简单地通过内在目的论加以消除。"绝对同一"如何走向"分裂"，构成了谢林后期"自由哲学"的核心问题。论文最后简要勾画了谢林思想与19—20世纪一些重要哲学家的思想关联。本文认为，他在"自然"问题上的观点接近尼采和海德格尔，在"自由"问题上则是巴特、列维纳斯等重要思想家的先声。

关键词：谢林（Schelling, Friedrich Wilhelm Joseph von 1775 ~ 1854）　唯心论　自然　自由

0242

从哲学到美学：阿多诺摹拟概念研究／赵千帆著；孙周兴指导. -- 浙江大学，2005. -- 104 页

本文基于阿多诺三本主要著作《启蒙辩证法》、《否定辩证法》和《美学理论》，从人类学、哲学和美学三个方面刻画摹拟在阿多诺思想中的方位。作者认为，人类学意义上的摹拟概念给了一个描述启蒙辩证法的新视角，将启蒙倒退为神话看作包含着辩证动因的摹拟能力异化的结果；同时，本雅明的语言——摹拟理论给出的关于摹拟作为一种本真的认识模式的设想，跟20世纪人类对自身认知能力的独特反省相呼应，暗示着摹拟可以成为理性认识的替代品。但这两条线索并不是要建构而是要打破某种稳定的模式。摹拟概念在历史观和认识模式两方面的批判动因，延伸到了《否定辩证法》。否定辩证法的批判动机跟摹拟本身的辩证动因是一致的，摹拟因此可以看作是同一性哲学批判的独特参照点。从这个参照点上看，辩证法的中断所导致的先验主体和绝对理念的建构，可以看作摹拟成为虚假投射的同等描述，对这个建构的批判最终也来到摹拟概念所隐含的命题，即真理与现实的问题。由此引出阿多诺的自然历史理论，即从时间——历史的角度考查哲学认识的现实意义。这个考查过程就是把从马克思、卢卡奇到本雅明的历史唯物主义线索扭转成自然与历史相互中介的否定性姿态，这可以视为阿多诺批判工作的一个顶点。随之推出的阿多诺的重建方案表明，他企图用意识哲学的范畴将认识的摹拟动因发掘出来，这个努力的结果最终不是给出一个有着肯定的认识论意义的摹拟概念，而是在对唯心主义传统的扭转中，将思想本身演示成一种对现实的摹拟形态。顺着哲学作为摹拟这一个设想，哲学自身的美学（感性学）动因在阿多诺这里成为一个拯救性的动因。一方面，阿多诺独特的哲学语言的努力是思想在摹拟冲动推动下的自发显现，由此导致哲学作为一种文本接近了艺术；另一方面哲学在内部也把注意力转向艺术和审美领域。在唯心主义传统上，哲学的美学动因就一直是由它的摹拟根源推动的，并且试图从艺术和审美领域中汲取力量，对认识性理性的某些缺陷作出弥补。在这个意义上，阿多诺的《美学理论》就是力图将美学塑造为一种合适的对

艺术的思考形态,并兑现当年康德和黑格尔在其美学著作中允诺了的东西。

关键词:阿多诺(Adorno, Theoder Wiesengrund 1903~1969) 哲学思想 辩证法 审美

0243

康德哲学语境中的辩证法思想研究 / 钟锦著 ; 俞吾金指导. -- 复旦大学, 2005. -- 112 页

本文的研究集中在三个方面,即:什么是辩证法的真正形态?是什么原因造成了辩证法?如何解决辩证法问题,这种解决会带给我们什么?康德已经为我们指出,我们的理性能力具有两个不同方面:作为认知能力的理性可以称之为思辨理性,它只有内指的用途,即只能在经验的界限之内使用;作为欲求能力的理性可以称之为实践理性,它只有超越的用途,即它的使用必须突破经验的界限。其实这两种理性所表现的内在和超越的对立,就是一种辩证法。本文认为这种辩证法才是辩证法的本质形态,误用形态的辩证法正是由于理性两种用途之间的互相逾界造成的。在康德看来,我们永远只能认识现象而非物自身。由此很容易推出,我们的认识根本没有真理性,至多只有在一定经验限度之内的有效性。这种有效性的最终体现就是我们的幸福,因此,理性的认知能力是对幸福的服从。可是我们的自由意识却不允许我们完全被这种经验有效性所牵制,所以,理性的(高级)欲求能力就表现出与幸福的背反,这恰是德行。本文认为思辨理性的局限性是造成辩证法的主要原因。在这种原因的揭示中,理性两种用途的辩证法就表现为幸福和德行的辩证法。由于人类理性自身的局限,使得我们艰难地面临如何解决幸福和德行的辩证法问题。我们在宗教和历史哲学中,深刻地感受到这种艰难,所以只能接受一种近乎信仰的解决方式:在无限的期待之中等待着。然而康德从这种解决之中,认识到辩证法的作用:辩证法使我们期望历史的进步。黑格尔和马克思正是继续了康德的思考,从辩证法的作用角度去探索历史的进步力量。他们共同的结论在于揭示出:历史中现存的恶,都可以通过自我扬弃而最终促成历史的发展,促使历史不断趋向完善。

关键词:辩证法 康德(Kant, Immanuel 1724~1804) 理性 认识论

0244

巴赫金诗学的双重性思想 / 周卫忠著 ; 孙周兴指导. -- 浙江大学, 2005. -- 129 页

本文旨在对巴赫金著作中有关双重性问题的阐述进行分析,并从思想史的维度界定巴赫金双重性思想的承前启后意义。论文第一、二部分分析了巴赫金《拉伯雷研究》、《陀思妥耶夫斯基诗学问题》两部主要著作中关于狂欢文化与狂欢化文学的诗学阐述,认为双重性是巴赫金诗学的一个基础概念,也是巴赫金哲学思想的一个基本范畴。作者认为,从宏观的存在的双重性到微观的个体的双重人格,双重性,是巴赫金关于狂欢文化与狂欢化文学研究的基本价值尺度。第三部分阐述了巴赫金双重性范畴的独特内涵,分析了巴赫金双重性思想的西方哲学、文化背景,并把巴赫金对双重性问题的阐述与其早期伦理哲学联系起来,从而在整个西方哲学、文化传统的宏观语境和巴赫金本人的哲学运思轨迹中来把握双重性的思想意义。第四部分阐述了巴赫金双重性思想的现代意义。指出对话性、主体间性、敞开性是巴赫金思想的现代性所在。在超语言学视界下,充满双重性精神的自由平等的广场狂欢也就是不同话语之间的自由交流与对话,广场狂欢也就是对话的泛音,双重性本质上也就是自由平等的对话性;巴赫金褒扬民间文化而贬抑官方文化,乃是为了破除中世纪官方存在的主体性,使民间文化在中世纪世界的双重存在中赢得平等地位,使中世纪的世界存在由官方的主体性存在恢复为官方——民间的主体间性存在,与此相应,我与他人、作者与主人公、不同主人公之间,以及一切不同的话语主体之间的关系,都是主体间性的存在;狂欢节的世界感受是一种狂欢参加者之间心灵相互敞开的状态,对话就是平等对话者之间心灵的相互敞开,双重性就是世界的永远敞开性和没有终结性;而其中颠覆中心、构建多元平等世界观的意义,对民间文化的讴歌与宏扬,则对后现代思想具有诸多的启发意义。可见,巴赫金思想的前瞻性与开放性,他对文化与文学现象的诗学观照中独特的哲学内涵,都在双重性这一诗学与哲学范畴中得以显现。

关键词:巴赫金(Bakhtin Mikhail, 1895~1975) 诗学 双重性 文学思想

0245

和辻哲郎人学伦理学研究 / 周秀静著 ; 卞崇道指导. -- 中国社会科学院研究生院, 2005. -- 99 页

本文由序章、四章正文及结语等部分构成。序章介绍了和辻哲郎尊皇思想形成的历史背景、最初的价值观形成、学术经历、人学伦理体系形成的大致经过以及他一生主要的学术成就。第一章着重论述了和

过哲郎人学伦理学的理论架构。第二章论述了和辻哲郎的风土文化论。风土文化论是和辻根据其人学伦理学的基本原理而展开的有关历史哲学范畴的论述。和辻根据世界不同地区的民族在世界历史上的表现,将这些地区大致分为五种风土类型:季风型、沙漠型、牧场型、草原型和北美型。和辻将世界史划分为三个大时期。距今约6000年前,为世界史上的第一期。在这一时期,是在沙漠环境下生活的埃及人和美索不达米亚人开创了人类历史的先河。此后过了约2000年,开始了世界史的第二期。这一时期,在牧场地区出现了古希腊和罗马文明、季风地区出现了中国和印度文明。第二时期对人类文化发展具有重要意义,出现了孔子、释迦牟尼和苏格拉底,以及孕育了基督教的旧约文化。又过了2000年,开始了世界史的第三期。主要包括伊斯兰世界的出现、大唐帝国、新欧洲的兴起以及草原民族的活跃。老帝国纷纷崩溃,新势力不断崛起是这一时期的主要特征,迄今为止这一时期仍在持续。第三章分析了以天皇为中心的人学伦理观,和辻哲郎的人学伦理学的根本特征在于其尊皇性。和辻认为,对天皇的尊崇来自日本民族的原始崇拜,通过圣德太子的“十七条宪法”和大化革新,天皇在政治上的地位也得到了确立。“祭政一致”成为和辻尊皇伦理观念的原始依据。和辻强调日本国民性的特殊性,日本民族作为一个整体的自觉,是通过“家”的整体性来实现的。日本民族是以皇室为宗家的一大家族。国民的整体性,出自同一祖先的大家庭的整体性。第四章是对和辻哲郎人学伦理学的评价。和辻的人学伦理学体系既是东西方思想融合的产物,也是在对明治维新以来日本历次思想运动反思和总结的基础上构建的。因此,它不仅是一种纯学术性的研究,而且还具有很强的社会引导倾向。在研究方法上,和辻借鉴西方哲学的方法构建了伦理学体系,但他的伦理价值标准却是东方的。作者提出了和辻人学伦理学如下五大特点:一、以人际关系为研究对象;二、个体从属于整体;三、“私的存在”从属于“公的存在”;四、风土影响民族性格,民族性格影响国家发展;五、日本民族的特殊性。本文在肯定和辻哲郎人学伦理学对研究日本社会有重要参考价值的同时,也指出了其理论缺失。

关键词:和辻哲郎(1889~1960)　哲学思想　人学　伦理学

逻辑学

0246

归纳悖论研究 / 顿新国著 ; 张建军指导. -- 南京大学,2005. -- 144 页

论文共分五章。第一章通过对归纳思想史、休谟所处时代的学术情境及休谟问题论证语脉的考察,指出休谟问题首先是知识论的信念合理接受问题,而归纳悖论则是信念合理接受问题遭遇到的理论难题,明确地把归纳悖论指认为知识论悖论;在对归纳悖论给出新的界说的基础上,探讨了归纳悖论解决方案所必须满足的标准,从而构成三大归纳悖论研究的切入点和理论基础。第二章梳理了确证悖论的产生和解悖历史,评述了科学方法论方案、相干性方案和贝耶斯型方案这三大类解悖方案及其逻辑—历史关联。确证悖论是在科学确证理论内部发现的悖论,对它的解决是一个逐步深化的过程。科学方法论解悖方案主要是通过揭示前提隐含的附加信息,或者澄清“确证”、“等值”等概念来达到消解悖论的目的。相干性方案以概率演算为工具,通过表明相对于背景信念证据对假说的概率有不同的影响,来量化地说明背景信念和证据与假说的相干性。第三章主要讨论关系绿蓝悖论的三大类解悖方案——语言论方案、科学方法论方案和贝耶斯型方案。这三种方案不是逐步深入,而是横向扩展的。语言论方案的策略是通过否认谓词“绿蓝”的合法性来否认绿蓝假说的可投射性,从而达到消解悖论的目的。科学方法论方案中的简单性方案试图通过比较表达绿假说和绿蓝假说的符号数或几何图示,来表明绿假说和绿蓝假说简单,从而选择绿假说而抛弃绿蓝假说以达到消解悖论的目的。但这一方案面临着对概念框架、表达系统和求解目的的相对性难题。贝耶斯型的两个方案则分别通过区分6种不同意义的投射性和比较绿假说和绿蓝假说获得的确证度来消除悖论。第四章讨论彩票悖论。对它的解决主要在于构造信念的合理接受规则或标准。根据所给信念合理接受规则或标准的不同形成了以下三类解悖方案:概率临界值规则方案、认识效用规则方案和融贯标准方案。本文对融贯标准方案作了改进,提出了一个以贝耶斯条件概率为工具的解决方案并对其给予哲学辩护。该方案把抽彩活动看作非独立的连续事件,认为先前的抽彩结果对后面的结果有直接影响;它要求合理接受一个信念集中的某

个信念必须满足的条件是,该信念在现有证据下的条件概率不低于它原来的概率。第五章是对归纳悖论整体上的哲学和方法论探讨。

关键词:归纳　悖论　休谟(Hume, David 1711~1776)

0247

多值逻辑理论的若干问题研究 / 霍书全著 ; 李娜指导. -- 南开大学, 2005. -- 117 页

论文分为三章。第一章讨论了多值逻辑的函数完备性问题。对这一领域的主要结果给以总结,并利用这一理论对较简单的多值逻辑的函数完备集和准完备集进行具体的分析。另外对曾经出现的 sheffer 函数给以总结回顾,并构建了与原有的不同的一个 sheffer 函数。第二章回顾总结了多值逻辑的所有的系统构建方法。在此基础上,作者构建了一个逻辑系统。作者对鞠实儿教授提出的开放世界逻辑给以推广,把它推广到任意 m 值逻辑的情形,建立了系统,并证明了系统的元逻辑性质。第三章对多值逻辑的代数模型和直观语义的研究状况作了简单回顾,介绍了几种主要的多值逻辑代数,并对它们之间的联系作了简单的探讨。针对鞠实儿教授提出的开放世界逻辑,作者构建了一种新的代数 SLO - 代数,并探讨了其简单性质。论文还对已往所出现的多值逻辑的直观语义解释作了整理回顾,对多值逻辑的语义解释困难提出了自己的看法,对多值逻辑的合法性给以辩护。文章最后提出,对多值逻辑不可苛求普遍适用的语义解释,应该根据具体情况给出具体的解释。

关键词:多值逻辑　经典逻辑　函数　逻辑系统　代数

0248

中国古代推类逻辑的历史考察 / 刘明明著 ; 崔清田指导. -- 南开大学, 2005. -- 245 页

通过历史的考察和文化的诠释,本文明确肯定中国古代的逻辑类型就是"推类逻辑"。本文认为中国古代的"类思维"和《周易》为推类逻辑的产生奠定了基础。古代中国人有着强烈的"类"意识(或"类"观念)和发达的类思维。类思维,是由原始的观察、辨物发展到自觉地对物与事进行分类整理,并形成"类"观念后而定型的。类思维包括分类或归类和象征、比、兴、类比和比附等等各种思维方法。古代中国人思维的显著特点就是关注"类",实则是通过"物象"和符号"象"来把握"类"之"理",亦即:以"类"为思维的基础和根据。《周易》是中华文化的源头,在理论上最早形成了推类的基本方法。它为相似性思维的定型和类比推论(包括比喻推论)、模式型推理,以及推类的逻辑法则奠定了基础。中国古代思想家们探讨了推类的方法、推类的法则(类、故、理)和推类的谬误,以及与推类有关的名、辞、说等逻辑范畴和逻辑基本规律,形成了有关"推类"的逻辑理论。文章认为推类逻辑有两个传统:一个是预测、推知的传统(易学逻辑为代表);另一个是论辩的传统(墨家逻辑为代表)。推类的具体方法灵活多样,没有一个统一的结构模式。推类,关键要在"理"上推通。所有的推类,都要求知"类",要求在"类同理同"的制约下进行。这是中国古代逻辑推理的一个潜在的前提。本文从中国古代传统文化的"义理"化特质出发,并根据有关文献去把握推类的逻辑性质,得出结论:推类的逻辑性质是必然性的。本文特别考察了中国古代的科学方法对推类逻辑发展的影响,说明中国当代的数学中并不缺乏演绎,但一直缺乏以"证明"为特色的几何学。中国古代数学的这种非"形式"、非"证明"的特点根本上制约了中国古代逻辑走上公理化、形式化的发展道路。

关键词:推类　推理　逻辑史

0249

克里普克名称理论研究 / 刘叶涛著 ; 陈波指导. -- 北京大学, 2005. -- 151 页

论文把克里普克的名称理论作为一个系统的整体,从其所批判的对象、逻辑技术基础与哲学背景、哲学应用等方面探讨了克里普克的名称理论,指明了该理论的成就与问题。在此基础上,讨论了该理论与名称的描述理论进行整合的可能性和途径。论文首先考察了作为克里普克名称理论之理论背景和批判对象的描述理论的基本内容。分别论证了古典描述理论和现代描述理论所取得的理论成就以及所存在的问题。关于克里普克的专名理论,论文分析了克里普克对于专名之严格性的明确指认,认为克里普克基于模态逻辑形式研究及其哲学背景的专名的严格性论题能够自圆其说。这是克里普克名称理论的主要成就。论文还通过对克里普克本质主义思想的讨论,为他的严格性论题提出了辩护,指明了个体的"起源"之于专名的严格性的意义。论文指出并论证,克里普克名称理论的问题在于,它未能就如何实现专名指称功能这一问题上给出融贯的解答。基于克里普克名称

理论的成就，论文讨论了严格指示词理论的哲学应用，包括克里普克关于"同一性"问题的基本立场、认识论与形而上学的区分、先天偶然真理和后天必然真理。在讨论克里普克关于自然种类名称的思想时，论文提出并论证了克里普克将其专名理论直接套用到自然种类名称时存在的重大缺陷。论文认为，克里普克没有给出自然种类名称严格性的定义，而只是将其专名的严格性论题直接套用到自然种类名称。这种做法是不能成立的。因为克里普克所讨论的自然种类名称在逻辑上应处理为谓词，而不是处理为名称的不同根源于个体与自然种类事物的不同，个体的起源对于专名的意义与自然种类的内部结构对于自然种类名称的意义不在相同的层次上。论文最后研讨了将克里普克名称理论与名称的描述理论加以整合的问题。

关键词：克里普克（Kripke, Saul Aaron 1940 ~） 名称理论　逻辑哲学

0250

皮尔士的存在图系统 / 彭展著 ; 张清宇指导. -- 中国社会科学院研究生院, 2005. -- 122 页

本文分五章。第一章是对皮尔士存在图的原文解读，旨在以图为线索来串联和解读皮尔士对于存在图的长篇论述。第二章是从一阶逻辑的角度对 Alpha 图的审视与重构，作者对 Alpha 图进行系统化，得出一个简洁的 Alpha 图系统；找出便捷有效的命题逻辑和 Alpha 图之间的相互翻译机制，消除长期以来使存在图遭受冷遇的不利因素；证明 Alpha 图系统的（相对）可靠性与完全性，从而确立 Alpha 图的逻辑地位；对比 Alpha 图与经典的命题逻辑的异同，找出其相对优劣势和原因。第三章是从一阶逻辑的角度对 Beta 图的审视与重构，对 Beta 图进行系统化并找出便捷有效的谓词逻辑和 Beta 图之间的相互翻译机制，为 Beta 图语义构造搭建一个良好的平台，并在此过程中凸显出 Beta 图对于量词表现出的强有力的直观。第四章是 Alpha 图的直接语义，它与 Hammer（1998）中提出的所谓的直接语义不同，是 Alpha 图的真正意义上的直接语义，并且得出了非常简洁的可判定性，但为此语义的直接性所付出的代价则是它只能对 Alpha 图的一部分子集进行刻画。所幸的是，这一部分子集经过一个极其简易的扩张就可以完全等同于 Alpha 图集。第五章是 Gamma 图系统，是对皮尔士的 Gamma 图的纵深发展，并做出了等价于模态逻辑 K, K4, S4, D, D4, T 的存在图的分析性模态系统，证明了它们的可靠性和完全性，分析了它们的系统性质；最后，还给出了一个与其等价的存在图的公理模态系统 Z_{AX}。

关键词：皮尔斯（Peirce, Charles Sanders 1839 ~ 1914）　逻辑系统　存在图　命题逻辑　谓词逻辑　模态逻辑

0251

易学逻辑研究 / 吴克峰著 ; 崔清田指导. -- 南开大学, 2005. -- 244 页

本文取中国逻辑史的视角研究了易学中的逻辑。包括：《易经》、《易传》、易学中逻辑的主导推理类型、逻辑理论、逻辑系统、逻辑方法以及这种方法对传统文化中名辨学、伦理与政治思想、传统医学、古代天文学的影响，同时涉及与西方逻辑的比较研究。文章首先对近现代中国逻辑研究中有关"类"与"推类"的研究成果进行了梳理，对文化先贤们有关《易经》逻辑的研究成果进行了展示。在此基础上指出，易学逻辑的主导推理类型是"推类"。对"推类"的前提"类"如对"方以类聚、物以群分"、"于稽其类"等一系列有关"类"的问题进行了研究；对易学逻辑中"推类"的种类进行了划分，指出它包括"阴阳"、"五行"、"八卦"、"干支"等推理形式，并对这些推理形式进行了逻辑分析，包括对这些推理所蕴含的文化内涵的分析。文章依据易学逻辑本身的特点，采用数理逻辑中的公理方法构造了易学逻辑的形式系统，包括母系统和子系统两部分，从中可以发现易学逻辑与现代逻辑的某些对应关系和共同性。本文试图从研究方法与研究思路上揭示易学逻辑的推类方法与中国古代名辨学、伦理与政治思想、传统医学、古代天文学等存在的内在联系，并根据历史事实得出易学逻辑的推类方法对上述各门学科的理论思路和研究方法有指导作用，从而推动文中所涉及古代各门学科的发展，进而对整个中国古代文化有推动作用的结论。

关键词：易经　易学　推理　推类

0252

话语表现理论与一阶谓词逻辑 : 自然语言逻辑研究 / 夏年喜著 ; 孙中原指导. -- 中国人民大学, 2005. -- 130 页

论文指出，话语表现理论由"句法规则"、"话语表现结构的构造规则"和"话语表现结构在模型中的解释"三部分构成。句法规则给出的是英语的句法算法，由于话语表现理论的目标是揭示意义和语言形式间的关系，而不是句法形式本身，所以，话语表现理论

只是从已有的句法理论中选择了"广泛短语结构语法"。因而,话语表现理论的句法实质上是一种短语结构语法。语话表现结构(Discourse Representation Structures)的构造规则,即DRS的构造规则,给出的是英语的语义算法,其中DRS是对语句的语义描写,是话语表现理论的特有之物。DRS类似于一阶谓词逻辑的公式,在对语话表现结构和一阶谓词逻辑的公式分别给出严格定义之后,若是再对二者之间的翻译进行定义,就可以实现这两者之间的互译了。怎样由语句的句法过渡到语义表现结构,这是话语表现理论所关注的焦点,却是一阶谓词逻辑中的一片空白地带。在话语表现理论中,对应于每一语类都有相应的DRS-构造规则,如针对专名有规则CR. PN,针对不定摹状词有CR. ID,针对代词有CR. PRO,等等,有了这些规则,任何人都可以根据英语中句子的句法结构,在有穷步内得到句子的语义表现框图,也就是得到句子的DRS。所以,构造规则实际上提供的是一种得到句子的语义的能行方法,从这一点上看,话语表现理论的确不失为一种可行的表示知识的手段。话语表现理论的第三个部分是语义解释部分,这一部分的任务就是用真值条件模型论语义学方法对DRS进行解释。具体说来就是:确立外部世界的抽象模型,以此作为参照物来检验自然语言句子系列是否属实,属实即为真。正是因为这一部分,话语表现理论也经常被看作是一种真值条件语义学理论。话语表现理论虽然是针对英语的,虽然英语和汉语分属于两个不同的语系,但对使用这两种不同自然语言的人来说,至少在下面一点上是共同的:要把握当前句子的语义内容,不仅要分析这个句子自身的句法结构,而且还要依靠对其上文句子的理解,尤其是在当前句子含有照应性代词的时候。而当前句子的语义内容又给位于其后的句子的分析提供依据。这是不同民族的人在使用语言上的共同的认知规律。话语表现理论的动态分析方法正是建立在这一规律的基础上的,正是对这一规律的一个反映,所以它也适用于其他的自然语言。

关键词:自然语言处理　语言逻辑　话语

0253

中国逻辑与中国古代政治思想 / 杨蕾著 ; 崔清田指导. -- 南开大学, 2005. -- 151页

本文认为:(一)中国逻辑的主导推理类型是"推类","推类"是中国逻辑的最大特点。(二)从逻辑的视角来看,中国古代政治思想形成和发展的逻辑思路是"循天顺人、家国同类"。中国古代政治在"家国同构与伦理政治"的形成、"天地自然与政治秩序"的设定、"天人关系与政治标准"的建立、"内圣外王与治国策略"的推演等方面,都具有明显的"推类"特征,都显示着中国传统政治思想发展所遵循的"内在理路"和发展方向。(三)在中国古代政治思想家的思考和实践中,"人我同类,物我同心"的"推类"逻辑客观而明显。孔子的"举一反三",孟子的"同类相举",墨子的"明类察故",老子的"道法自然",荀子的"以类度类",韩非的"形名参同",董仲舒的"以类相召",朱熹的"以类相推"等等,无不体现着古代先贤们对"推类"逻辑的理论思考和政治实践。(四)中国逻辑与中国古代政治思想联系紧密、互动深刻。中国逻辑对中国古代政治思想影响巨大,中国古代政治思想对中国逻辑制约明显。中国逻辑的简约性简化了对王权政治权威性的论证,中国逻辑的实践性强化了传统政治思想阐述的有效性,中国逻辑的整体性强化了对"天人合一"标准的认同,中国逻辑的生成性提升了王权制度的价值高度。社会政治的需要是中国逻辑发展的根本动力,中国逻辑因先秦政治思想的"百家争鸣"而繁荣发展,中国逻辑也因秦汉后政治的"大一统"而走向沉寂。(五)中国逻辑的"价值理性"与西方传统逻辑的"理论理性"各具特色,现代化是中国逻辑与中国古代政治思想的殊途同归路。中国政治现代性转型,一直伴随着西方逻辑与中国逻辑的交汇与交流;中国当代的政治文明建设,既要理性地学习、吸收西方逻辑的科学知识,奠定中国政治由传统的王权专制走向科学、民主和法制的理性基础,又要不断弘扬中国逻辑传统的思维精华,让更具人文特性的中国逻辑在"和谐社会"建设中充分发挥作用。

关键词:政治思想史　逻辑史　推类

0254

根本不确定性的逻辑与经济行为 : Shackle决策理论研究 / 易永胜著 ; 鞠实儿指导. -- 中山大学, 2005. -- 134页

本文着重从比较视角对Shackle决策理论的逻辑思想及其方法论意义进行研究。第一,关于Shackle决策理论的逻辑基础和方法的研究。文章讨论了根本不确定性决策概念的经验含义,分析了根本不确定性产生的心理机制、根源及其基本的逻辑特征;在把握Shackle潜在惊奇理论观点的基础上,对潜在惊奇概念进行了形式表述,对潜在惊奇公理系统极其重要

定理给出了简要形式证明，并且根据 Shackle 的时间观讨论了潜在惊奇公理系统描述非分布式不确定性的合理性；分析了优势函数及等优势曲线的形式性质，讨论了赌博偏好函数的心理含义和形式性质，明确了 Shackle 基于聚焦价值对的决策方法。第二，关于 Shackle 决策理论的比较研究。本文结合 Shackle 决策理论对经典期望效用模型的批判，揭示了经典决策理论面临的三个逻辑困境；从与经典决策理论比较视角，分析了 Shackle 决策理论解决期望效用模型存在的逻辑困境的合理性，并讨论了 Shackle 决策理论的理论贡献。根据 Shackle 决策理论内含的原创性想象—归纳评价—般决策框架，指出了后经典决策理论的主要理论模型所存在的逻辑困境，同时也指出了 Shackle 决策理论自身存在的局限。从 Shackle 决策理论视角，对模糊决策理论、因果决策理论、西蒙行为决策理论和展望理论，以及自然主义决策理论提出了逻辑批评。第三，关于 Shackle 决策理论的扩展研究。Shackle 决策理论的基本特征是全面抛弃期望效用模型，为处理真正不确定性条件下的决策问题提供了非期望效用的建议决策模型。根本不确定性的逻辑思想、非期望效用模型以及激进主观主义，对于深入探讨经济学中的根本不确定性问题具有重要的方法论意义；从根本不确定性的逻辑路线和非期望效用模型的技术路线，扩展创造性理性行为研究，可以为发展根本不确定性经济理论建立方法论基础。

关键词：决策学　不确定性　逻辑哲学　经济行为

0255

量子逻辑研究 / 于海飞著 ; 赵总宽指导. -- 中国人民大学, 2005. -- 144 页

本文在对量子逻辑的历史起源及其发展历程作了考察之后，阐述了量子力学的整体互补性，进而为量子逻辑的研究奠定了本体论基础。文章阐述了量子逻辑产生的必然性，并就量子逻辑与量子力学、量子逻辑与经典逻辑、量子逻辑与辩证逻辑及量子逻辑与经验的关系做了较为详细的论述。关于量子命题逻辑的微观研究，文章首先从语义的角度对量子命题逻辑做了分析。为了恰当地表达量子物理系统中的命题，依据量子力学的整体互补性，在经典逻辑和辩证逻辑的基础上，作者引入了新的量子命题变项 P^Q，P^Z，P^{pi}，P^e，$P^{'}$，$P^{''}$，P^o，$P^{'''}$，$P^{Pi}_{|ci|2}$，P^{φ}，P^{pi}，$P^{\varphi\text{罚}}$，$P^{P_1P_2\in Q}$，$P^{P_1\supseteq\Leftrightarrow P_2}$，$P^{P_1\subseteq\Leftrightarrow P_2}$，$P^{P_1\subseteq\supseteq\Leftrightarrow P_2}$，$P^{Q\overset{|c2|2}{\underset{|c_1|2}{\supseteq}}P_1P_2}$，$P^{Q\supseteq|c_i|2\Leftrightarrow pi}$ 和新的量子命题联结词，$\neg$ $\urcorner$，$\mathring{\cap}$，$\underset{\circ}{\cup}$，$\overset{\circ}{\longrightarrow}$，$\overset{\triangle}{\longrightarrow}$，$\bar{\leftrightarrow}$，$\mathring{\Leftrightarrow}$，$\cap_{\sum_{i-1}^{n}|ci|2}$，$\cup_{\sum_{i=1}^{n}|ci|2}$，$\xrightarrow{|ci|^2}$利用真值表方法分别研究了量子复合命题形式及其真值函项、量子复合命题形式的真值类型及其判定方法、量子命题推理和量子复合命题推理有效式的判定方法。接下来文章以数理辩证逻辑为工具对量子命题演算公理系统 QPA 按照下图的顺序作了深入的研究。

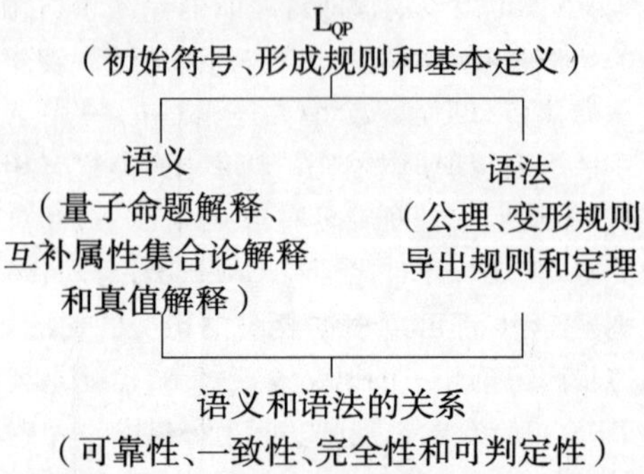

在 QPA 系统的形式语言 L_{QP} 中作者给出了具体的初始符号（对象语言符号、元语言符号），形成规则和一些基本的定义。在 QPA 系统的公理模式、形成规则、导出规则和内定理中，作者保留了经典逻辑命题演算系统 CPA 和辩证逻辑命题演算系统 DPA 的合理内容，并依据量子力学命题的特点，增加了新的内容：如，

QPA16 $\vdash(\alpha^{\circ}\mathring{\cap}\alpha^{'''})\overset{\circ}{\longrightarrow}(\alpha^{\circ}\overset{\triangle}{\longrightarrow}\neg\alpha^{'''}$（不确定公理）

R_{QP8} 如果 $\alpha^{P_1}_{|c1|}2,\alpha^{P_2}_{|c2|}{}^{2}$，在同一推演序列中，那么 $\vdash_{p}^{\cdot}\cap_{\sum_{i-1}^{n}|ci|2}(\alpha^{P_1}_{|c1|}2,\alpha^{P_2}_{|c2|}2)$

定理 34 $\vdash((\alpha^{\circ}\mathring{\cap}\alpha^{'''})\overset{\circ}{\longrightarrow}\alpha^{\circ})\overset{\triangle}{\longrightarrow}((\alpha^{\circ}\mathring{\cap}\alpha^{''})\overset{\triangle}{\longrightarrow}\neg\alpha^{''})$

导出规则 22 如果 If $\vdash(\alpha^{\varphi}\overset{\circ}{\longrightarrow}\alpha^{P_1})$，并且 $\vdash\alpha^{\varphi}$，那么 $\vdash\alpha^{\varphi P_1}$ 等。

此外，基于量子力学的概率性，文章在 QPA 系统的推理和证明中还介绍了概率推理和证明。文章给出了 QPA 系统的量子命题解释、互补属性集合论解释和真值解释，并从语法和语义相结合的角度对 QPA 系统的可靠性、一致性、完全性和可判定等元逻辑性质给出了证明。文章最终落笔于量子逻辑在复杂系统、经济管理的应用研究上，这就使得量子逻辑成为推动量子力学与复杂性科学、经济管理及人工智能等科学相互渗透融合和协调发展的名副其实的桥梁和纽带。

关键词:量子逻辑　量子力学　数理逻辑

0256

基于开放类的决策行为研究 / 曾建敏著 ; 鞠实儿指导. -- 中山大学, 2005. -- 102 页

本文主要进行了如下两个方面的研究:一是研究简单情境下概率值和结果值都确定时的中国人的决策行为(本文称之为 Pisk 情况下的决策行为。)具体地说,本研究聚焦于以下问题:前景理论是否适用于中国人? 研究发现:前景理论的部分断言适用于中国人的决策行为,但也有部分断言并不适用于中国人的决策行为。二是研究简单情境下(在未知条件或未知因素的影响下)结果值不确定时的决策行为(本文称之为 Indefinity 或 Indef 情况下的决策行为。)具体地说,本文聚焦于以下这类决策问题的研究:一个选项为风险选项(P_1,a_1; $1-p_1$,$0\sim2a_1$),另一个选项为确定选项。由于受未知条件或未知因素的影响,风险选项的第二个结果为 $0\sim2a_1$。作者研究了五种这类决策问题。研究发现:人们的未知态度是内容敏感的;如果把前景理论推广应用于这类决策问题,将导致严重的矛盾;作者提出的 EEC 模型对于内容各异、人们对之未知态度各异的五种这类决策问题中的决策行为都有令人满意的预测。由于上段所言的未知条件或未知因素在决策时是无法具体确知的,所以未知条件或未知因素所在的决策条件集可以算作一种特殊的开放类,所以本研究也叫做:基于开放类的决策行为研究。

关键词:决策行为　风险分析　价值函数　权重函数　风险决策

0257

博弈逻辑探索 / 张峰著 ; 陈慕泽指导. -- 中国人民大学, 2005. -- 115 页

论文共分七章。第一章分析博弈逻辑概念及研究对象、博弈逻辑的分类、博弈逻辑与博弈论的关系。第二章概述博弈逻辑研究的不同思路,介绍博弈逻辑研究集大成者约翰·范·本瑟姆的成果。分析了博弈逻辑研究中存在的问题,并提出了自己的研究思路。第三章研究了博弈逻辑的理论基石——纳什均衡。纳什均衡是一种最常见最重要的均衡。在其他参与人的策略选择既定的前提下,每个参与人都会选择自己的最优策略,所有参与人的最优策略组合就是纳什均衡。在给定别人策略的情况下,任何一个参与人都不能通过改变自己的策略得到更大的效用或收益,从而没有任何人有积极性打破这个均衡。纳什均衡是博弈逻辑中最基本的均衡概念。其他类型博弈逻辑中的均衡概念,如子博弈精炼纳什均衡、贝叶斯纳什均衡和精炼贝叶斯纳什均衡等,本身都是纳什均衡,都是纳什均衡的某种精炼。第四章研究了博弈逻辑的基本分析方法——纳什均衡分析法。探讨了寻求纯策略纳什均衡的方法、寻求混合策略纳什均衡的方法、寻求子博弈精炼纳什均衡的方法、多重纳什均衡的选择方法,讨论了纳什均衡分析法的意义与不足。第五章探讨了博弈逻辑中的推理。主要阐述了博弈逻辑中的公共知识,包括知识、公共知识的概念及博弈中的公共知识;讨论了博弈逻辑中推理的类型,主要包括演绎推理和归纳推理,并对静态博弈和动态博弈中的演绎推理与归纳推理分别进行了分析;探讨了博弈逻辑中演绎推理与归纳推理关系;研究了博弈逻辑中的归纳学习机制;并对博弈逻辑中归纳推理的“合理性”问题进行了讨论。第六章探讨了博弈逻辑中的悖论问题,主要研究了逆推归纳法悖论和投票悖论。第七章研究了博弈逻辑中的基本假定——理性人假设的困境,具体包括完全理性假设的困境、个体理性与集体理性的冲突等问题的研究,并对博弈逻辑中的理性人假设进行了评价。

关键词:博弈论　逻辑学　推理　纳什均衡

0258

概称句的语义分析及一种类型的概称句推理 / 张立英著 ; 周北海指导. -- 北京大学, 2005. -- 86 页

本文首先通过分析总结出概称句的七个特点:概称句表达具有一定普适性的规律;概称句容忍例外;概称句有真值;概称句具有内涵性;概称句的真值判断要对主项作限制,限制中要同时考虑和主项和谓项的涵义;概称句的真值判断与作判断的主体和语境等相关;概称句是导致推理非单调的重要原因之一。以是否体现这七个特点为标准,从逻辑学研究视角出发,论文将前人对概称句语义的研究作了总结和梳理,讨论各种分析的特点,最终指出双正常语义概称句的分析符合本文总结的七个特点。这一语义通过引入两个模态算子 N 和 > 将主谓结构的概称句 SP 形式化为 $\forall\chi(N(\lambda\chi S\chi,\lambda\chi P\chi)\chi > P\chi)$,其直观是“正常的 S”“在正常的情况下 P”。双正常语义将作为本文研究通过演绎得到概称句的推理的基础。给出概称模型的定义以及通过演绎得到概称句的推理的基础逻辑 G_0,并证明其可靠性和完全性,完全性证明用到典范模型方法。以概称模型为基础通过细化研究正

常个体选择函数N,给出全涵义模型、包含选择模型、主项单调模型、半退化模型的定义;相应的给出 G_0 的四个扩充系统 G_1—G_4,证明了这些系统的可靠性和完全性,并讨论了它们之间的关系。文中通过论证指出,通过演绎得到概称句的推理应该通过引入前提集的排序才能真正得以刻画,而逻辑 G_3,G_4 所刻画的是概称句局部推理的规律。关于前提集的排序,本文引入了一般优先序的定义并给出了两条关于通过演绎的概称句推理的特殊优先原则,即具体概称句优先,进而给出了这种推理的特殊优先序。

关键词:符号逻辑　概称句　逻辑推理　语义分析　演绎

0259

真之收缩论 / 周振忠著 ; 鞠实儿指导. -- 中山大学, 2005. -- 88 页

本文首先回顾了收缩论的理论发展并给出其传统表述,指出了其中的缺陷。然后从Tarski的理论中寻找表述收缩论的概念资源。对Tarski的真理论本身,通过区分Tarski式真定义的普遍特征和具体的定义形式,揭示出Tarski所持的是一种工具论语义立场。从这种立场出发所给出的真定义并不是符合论,也没有对真概念给出充分的哲学说明。Tarski对其理论的评论提供了表述收缩论的概念资源,即中立性原理:我们可以在接受收缩论真概念的同时保留已有的各种非语义哲学立场。但这个原理暗含成真条件概念是非收缩论的,从而构成不一致。本文引入分离原则并提出准收缩论予以解决。在此基础上讨论和解决其他作者如Boghossian和Wright所提出的关于收缩论真概念的不一致性问题。文章探讨了收缩论真概念与T型意义理论的关系,指出,Tarski的语义途径不足以达到对意义概念进行哲学解释的目的;Davidson的目的是借助Tarski的定义构造来揭示目标语言语义结构;T型意义理论并不需要超出收缩论之外的真概念;Davidson的实在论语义观与收缩论真概念是相容的。

关键词:收缩论　实在论　真理　真概念　语义哲学

伦理学

0260

儒家忠恕思想研究 / 安晋军著 ; 姚新中, 焦国成指导. -- 中国人民大学, 2005. -- 147 页

论文指出,从构字上看,“忠”为“中心”,恕乃“如心”,“忠”与“恕”合称的逻辑系带就是“心”。“忠”有尽己、尽心之意。尽心就是将“心”置于“中”,做到一心一意,真实无欺。“恕”则有将心比心、设身处地和推己及人之意。忠恕思想的本质是,从己身出发,然后将仁爱之意向外层层推及,以达至天下大同。忠恕思想有两个维度:“己欲立而立人,己欲达而达人”和“己所不欲,勿施于人”。它体现了两个理念:责任和平等。在儒家典籍中体现忠恕衍变的并不仅仅是以“忠恕”二字的形态出现的,而是以另外一种说法来影现忠恕思想。孟子主张推恩,这一思想是忠恕思想的典型表现。《大学》中有宏观意义上的忠恕思想,也有微观意义上的忠恕思想。前者表现为“修齐治平”这样一个“内圣外王”之道。后者则表现为“絜矩之道”,也即根据自身的尺度来调节自己的行为,它反映了人与人之间的通情意识和将心比心的思维观念。《中庸》中的忠恕思想表现为尽性——成性——成德——成物这样一个逻辑,这是一个由个体向社会和自然不断扩充的过程,其所要达到的最高境界或最高目标是“天人合一”。自先秦以后,忠恕在宋明时期得到了较大的发展。朱熹和其弟子陈淳均对忠恕的内涵及二者之间的关系等做了进一步的阐释,使之更为丰富充实。作者抽取了儒家几个主要的范畴和规范即“仁”、“诚”、“义”、“礼”,将其与忠恕相联系,来佐证忠恕在儒家的多维生态。论文认为,忠恕是一种道德思维、道德信仰、道德态度、道德精神和道德境界。忠恕在现实中发挥作用是有其内在机制的,那就是依人性——诚——心——忠——恕的逻辑线路来体现其行仁之道,以达至与人为善,与天地合而为一体的境界。立足现实,放眼未来,忠恕思想在实现自我、发展市场经济、培养民族精神、协调国际关系方面都有着很强的现实意义。文章最后指出,与其他类忠恕思想相比较,儒家忠恕思想有如下几个特点:(1)在表现形态上儒家忠恕思想兼有忠恕本身的提法和忠恕内涵两个方面;(2)儒家忠恕思想带有强烈的世俗性和人间色彩;(3)儒家忠恕思想更突出己的主动性和自为性;(4)儒家忠恕思想更突出其实践的身体性基础

和物质性基础;(5)儒家忠恕思想突显的是道德上的宽容和宽恕;(6)儒家忠恕思想更注重人情因素。

关键词:儒家　哲学思想　人性　道德

0261

蔡元培伦理思想研究 / 陈剑旄著 ; 唐之享, 王泽应指导. -- 湖南师范大学, 2005. -- 239 页

全文由绪论和8章正文组成。第一章探讨了蔡元培伦理思想的历史背景和哲学理论基础,认为蔡元培伦理思想是近代中国道德批判和伦理革命思潮合乎逻辑的思想成就,也是东西方文化交流融合的时代产物,是一代先进中国知识分子在救亡与启蒙双重变奏中的心路历程和伦理诉求。第二章到第七章探讨了蔡元培伦理思想的主要内容,集中分析了蔡元培关于伦理研究对象与目的的理论,道德原则与道德规范的理论,道德品质与道德行为的理论,家庭道德、职业道德、社会公德与国家道德的理论,道德教育与人格培养的理论以及中国伦理学史的理论,初步勾勒出蔡元培伦理思想的理论轮廓,建构起了蔡元培伦理思想的研究框架。文章通过对蔡元培的"积极之道德"与"消极之道德"、"新道德"与"旧道德"两对核心范畴的分析,认为蔡元培对近代以来道德领域古今中西之争所持的"会通融合、综合创新"的伦理文化观,具有一定的合法性和历史进步性。蔡元培对群体主义道德原则、人道主义道德原则、劳工神圣原则以及与之相适应的道德规范的论述,体现了他对古今中西道德原则与规范合理因素的兼收并蓄以及在此基础之上的综合创造,既反映了当时道德革命和伦理启蒙的要求,又具有立足本国而面向世界、立足现实而面向未来的因素。这种道德原则和规范的理论,体现在个体道德、道德生活诸领域以及人的道德教育与人格培养三个方面。文章认为蔡元培个体道德的思想,把握了个体道德与社会道德的关系,其义务论、良心论、理想论、道德德目以及道德评价论等等,内涵丰富,论证深刻,同时又具有自身特点。文章还认为在人类道德生活诸领域,蔡元培所提出和阐述的"国家以家庭为本"的家庭伦理要求,"无高下贵贱之分"的职业伦理和追求公义、公正、互助、和谐的社会道德,奠定了现代伦理的基本原则与规范体系。第八章从整体上论述了蔡元培伦理思想的历史地位和现实意义,认为蔡元培伦理思想不仅对近代以来伦理思想领域里的古今中西之争作出了理性的解答,具有融古今中西于一炉的特点,而且开现代教育之先河,把塑造国民完全人格、培养公民道德视为教育的重要内容,突显了德育的首要和支配地位。在中国伦理学史学科建设和现代伦理学学科建设方面,蔡元培做出了开创性的贡献,他所撰写的《中国伦理学史》和《中学修身教科书》等著作,是中华伦理文明从杂糅走向专精的标志性成果。

关键词:蔡元培(1867~1940)　伦理思想　道德修养　公民道德

0262

公平与效率 : 一种经济伦理的分析 / 陈燕著 ; 罗国杰指导. -- 中国人民大学, 2005. -- 166 页

文章认为,从伦理学的角度看,要真正理解公平与效率的关系,首先应该对公平与效率矛盾冲突背后所蕴含的价值冲突进行理性分析。其一,市场经济理性价值与非市场理性价值之间的冲突,它体现为市场价值理性试图冲出自己的作用范围,侵蚀一些不应该由市场价值理性控制的非市场价值;其二,在资源分配问题上,存在市场公平与政治公平、社会伦理公平的冲突。公平与效率的关系是有层次性的,它可以分化为社会公平与社会效率、社会公平与经济效率及经济平等与经济效率这三重关系,人们通常所说的公平与效率问题的矛盾焦点其实集中于第二、三重——社会公平与经济效率、经济效率与经济平等之间。从伦理价值的角度看,资本主义整个体制的伦理基础是个人主义,维护资本主义公平与效率背离状况的道德原则是以个人主义为基础的自由主义与功利主义。通观500多年的资本主义发展史,分配上的社会公平一直与资产阶级的主流经济学及主导价值观不相和谐,对收入分配的公平要求从来都没有受到应该研究这个问题的经济学家们的重视。究其原因,在于资本主义制度的内在矛盾。可以说,只要资本主义在价值观上依然固守以个人主义及以个人主义为基础的自由主义与功利主义道德原则,在私有制为基础的资本主义自由市场机制条件下,就永远寻找不到公平与效率的均衡点。社会主义解决公平、效率问题依据的基本道德原则是集体主义与社会主义的平等、自由原则。公平与效率问题的实质就是一种个人与他人、个人与社会的利益的冲突关系,集体主义原则强调个人利益的辩证统一,这一基点确立了社会主义解决公平与效率问题的方向。社会主义社会尊重每一个个体的正当利益,并为个体实现其正当利益创造条件。但是,一旦因为贫富分化,社会大多数成员的利益不能得到保障的情况下,就会要求个人放弃自己的一部分利益以换取绝大多数社会成员的幸福。以集体主义为基础的平等、自由是社会主义的最重要的价值目标,它

强调通过生产力的发展完成自由、平等的整体推进，而非将少数人的自由平等建立在大多数人的不平等与不自由的前提下。因此，社会主义是在人类解放的意义上提倡自由平等，反对在社会生产力欠发达情况下单纯强调个人自由，这也是我们解决公平效率问题的基本道德立场。

关键词：公平　效率　经济伦理学

0263

权利秩序的伦理正当性：以精神病人权利及其立法为例证 / 戴庆康著 ；樊和平指导. -- 东南大学，2005. -- 157 页

文章认为，人对自身的认识（即对理性的过分强调）、对精神疾病的界定（即对精神病人理智受损的夸大）以及精神病学的科学化定位，将精神病人边缘化、客体化和非人化、最终将其逐出了权利秩序。人类对待处于极端状态的精神病人的态度以及精神病学的主观性和价值判断的属性，威胁着权利秩序的每一个人，从而给权利秩序造成毁灭性和颠覆性的破坏。权利秩序的维系，有赖于人对自身人性的再认识，有赖于将已经被非人化的客体化的精神病人重新人化和主体化，让其回归权利秩序。精神疾病的价值判断属性、精神病人的人性、精神卫生关系中的深层伦理矛盾，都决定了法律干预精神疾病诊治的伦理正当性。精神卫生立法如何对待处于人类极端状态的精神病人，更能折射出权利秩序的伦理正当性。没有法律对精神疾病诊治的干预，就没有法治，就没有权利秩序。文章认为，权利是伦理和法律的中介和桥梁，构成伦理—法律整合的整合点。法律权利必须以伦理权利为根基和本源，才具有正当性和合法性；伦理权利必须得到法律的承认和保护，才能得到现实化。伦理权利成为法律得以存在的前提和运行的逻辑起点，并成为判断立法成功与否、法律善恶与否、法律正当与否、法律本身合法与否的检测标准。而其根本就是要使人为的权利秩序设计（立法）要以维护和促进人之为人的尊严和权利为价值取向。法律是否创设和维护了每个人的人类尊严，对于这一问题的思考、论证和回答，是伦理学对法治所能做和所应该做的贡献。文章揭示了法律干预精神疾病诊治的伦理正当性，以及这样一种干预对于整个法治秩序和权利秩序的伦理重要性，从理论的高度为我国正在进行的精神卫生立法调研和准备给予了辩护和诠释。

关键词：精神病患者　权利　正当性　伦理学

0264

论法律的合法性：德沃金法伦理思想研究 / 傅鹤鸣著 ；陈根法指导. -- 复旦大学，2005. -- 185 页

论文认为，德沃金法伦理思想展示的是一种基于个人权利之上、以平等为核心、以政治自由主义为指导的当代法律正义学说，是一种新自由主义的价值论法学。在德沃金那里，最重要的价值是个人主义的价值，即每一个独立存在的人的命运和尊严，由此他提出了伦理个人主义两原则。重要性平等原则要求政府保持对个人的平等关切和平等尊重，这是政府正当性、法律合法性的内在本质要求；具体责任原则则要求个人对一切事关个人的选择负起责任，且政府没有干预的权力。德沃金设想通过一种以机会成本为核心、虚拟保险市场为手段的理想市场机制来满足伦理个人主义两原则的基本要求，从而实现理想的分配正义，这就是资源平等论。一旦作为再分配手段的政治法律制度实现了资源平等而不是福利平等，人们的良善生活也就获得了充分的保证。在德沃金这里，自由主义式的平等观是其法伦理思想的核心和基石。权利观是德沃金法伦理思想的诞生基地。通过批评以喻特为靶子的实证主义法学，提出了他的权利论法学。他设计了“原则立论法”，指出人们不但享有法律明文规定的权利，而且有先于法律规定的权利之外的权利，这种权利既是政治权利，也是一种强硬意义上的个人有反抗政府和国家的道德上的权利。建设性阐释的整体性法律观是德沃金从解释学的哲学立场上对自由主义价值论法学的充分证明和诠释。他认为，“法律是一阐释性概念”，“法律帝国是由态度来界定，而非由权力、疆界或程序来界定”。德沃金强调，人们在司法实践领域中就法律问题展开的争论不是经验主义争论，而是理论性争论。为此，他反对了两种对法律合法性进行诠释的错误做法，一种是因袭主义，另一种是实用主义。宪法观是德沃金法伦理思想体系中的重要一环，也是将其法伦理思想予以“现实说法”的场所。德沃金认为，美国宪法堪称法律合法性的实践典范，是美国的人权法典以及自由主义道德传统的最佳注脚，达到了法学和道德理论的融合。德沃金倡导对美国宪法实行道德解读，反对历史主义、消极主义和严格主义对美国宪法的错误解读。德沃金进而指出，宪法的道德解读与合宪性民主观在本质上是一致的。为此，他反对多数至上主义民主观，认为该种观点并没有构成对美国宪法道德解读法的任何挑战。为充分说明美国宪法道德解读的合理性，德沃金专门以美国宪政历程中的经典案件——罗伊

判例——为蓝本进行了全方位论证。最后,文章对德沃金法伦理思想进行了综合评价。

关键词:德沃金(Dworkin, Ronald Myles 1931～)法律思想 伦理学

0265

正义与运气 / 葛四友著 ; 何怀宏指导. -- 北京大学, 2005. -- 105 页

本文主要讨论了考察运气影响的四种方式。第一种方式据说来自罗尔斯的《正义论》,它的论点是正义要求抵消一切运气的影响。论文的第二章透视这一方式,并表明这种理解并不符合罗尔斯的正义观点。第二种方式坚持正义只需要抵消原生运气的影响,至于选项运气,则认为它与正义无涉。这种方式体现在由德沃金所首倡的资源平等理论中,并且在阿内逊的福利机遇平等理论中再次浮现。三、四章的分析表明,这种方式具有无法克服的困境。第三种方式即所谓自由至上主义,诺齐克的权利理论是其典型代表,这种观点认为正义并不必然与运气相关。第五章的分析表明,诺齐克的结论与其自由主义承诺之间存在着根本的不一致,这使得这种方式很难得到捍卫。在总结这三种方式中所表明的根本缺陷后,本文采取了第四种方式。罗尔斯与诺齐克认为每个人都占有理性能力,并将此视为辩护我们应该如何处理运气的影响的根本的道德根据。基于这种道德根据,作者认为正义在于为人们保存、发展与运用他们的理性能力创造一种合理的条件。这也是德沃金所谓集体责任的目的。从第六到第八章,作者表明,为了创造这种环境,自我所有权(包括应有理论)能够与财产权与税收权相互一致,这表明最后一种方式在道德上是可辩护的。

关键词:正义 运气 公平 平等 权利 道德

0266

向善的历程 : 亚里士多德的选择思想 / 关洁著 ; 宋希仁指导. -- 中国人民大学, 2005. -- 136 页

本文从五个方面梳理和阐发了亚里士多德的道德选择思想。第一,阐述亚里士多德对选择的解说。在亚里士多德那里,选择与道德选择非但未作区分,而且是等同的。他通过说明灵肉合一、灵魂的成分是区分而非划分,以及理性的本质等问题,为选择活动与道德意志奠定了心理基础。亚里士多德注重从选择自身说明选择,他充分运用其辩证法的主要手段——语词的多义性分析,通过分别证明选择不等于欲望、情绪、希望和意见,揭示出选择既不是永恒的、不可能的事物,也不是选择者力所不能及的可能事物,甚至也不是选择者虽然力所能及、但却因为手段的限制而不能获得实际结果的事物。第二,阐述亚里士德关于"人是自己的原因"的思想,解决选择的始因问题。亚里士多德认为,正如一切自然事物自身都有内在运动静止的根源,每个人都是那些自觉的、依照选择而进行的行为的原因,其有目的的意愿活动是一切选择活动的根源。为明确说明这种内在的意愿活动,他运用近似外科手术式的方法剖析了自愿与非自愿的种种情形,尤其是对非自愿的两种类型,即被迫与无知的阐述更是精细。亚里士多德对原因的分析,旨在说明不同原因下选择者应当承担的选择责任。第三,阐述亚里士多德关于选择是向善进取的现实活动的思想,解决选择指向什么的问题。在亚里士多德看来,人作为自己的原因是追求善生的根本动力。诸善皆处于庞大目的体系中的不同层次之上,每一目的之上又有更高目的,以此类推,但并非没有终止,它终将结束于至高的善,那就是幸福。他认为,幸福是合乎德性的活动,但最完善的幸福是属于神的幸福,而人只能实现第二完善的伦理德性的幸福。选择作为人实现幸福的现实活动之一,就是要在不断的具体选择中发挥理性的功能,尽量合乎伦理德性。第四,阐述亚里士多德关于选择活动要合乎德性的思想,解决选择以什么为尺度的问题。亚里士多德提出了选择根据的中道原理,在他看来,德性是情感与行为的中道,是至高的善和极端的美。第五,阐述亚里士多德关于习惯的思想,解决选择如何达到必然的问题。在他看来,习惯总是以潜能的方式随身携带,然而以现实的方式展现出来。习惯的培养要经历一个理性由潜能到成熟的过程,在这个过程中,城邦同时通过法律、风俗、教育、艺术熏陶、人际影响等方式使公民获取善的知识,坚定善的信念,引导善的选择。而个人则通过努力培养自己有意的情感倾向、敏锐的辨别力,做出恰当的选择,并通过具体选择的反复训练,形成稳定的选择习惯与德性品质。习惯的培养是一个漫长而艰难的过程,也是一个积极进取、不断努力的过程。

关键词:亚里士多德(Aristotle 前 384～前 322)善恶 道德 德性

0267

从生存到发展 : 当代农民流动的伦理研究 / 郭志民著 ; 罗国杰指导. -- 中国人民大学,2005. -- 154 页

论文分成四个部分。第一部分探讨了当代农民

流动产生的背景和根源,并对古今中外各个历史形态的农民流动进行了梳理。第二部分考察了农民流动对乡土伦理的变化所产生的影响。作者认为,当代农民流动是对传统乡土伦理,特别是对农民生存伦理的消解。由于农民流动,使一些原有的在传统农村社会中根深蒂固的伦理关系和伦理秩序发生了变化,如从血缘性伦理、地缘性伦理向业缘性伦理发生转化;从传统的家庭结构向现代的家庭结构发生转换,等等。相应地,生活在当代农村社区中的农民的许多道德观念,如互惠的观念、孝的观念、婚恋与生育的观念等,也在发生着变化。变化的总体趋势是:脱离传统,趋向现代。第三部分考察了流入城市的农民工的道德境况及其变化的趋势。作者认为,从农民转化为城市产业工人是农民工在各方面,包括在道德观念方面产生质的变化的一个重要契机或标志。但目前农民工所面临的权益保护缺失、自身素质缺失这两大问题,却严重制约了农民工的道德提升,严重制约了农民工的发展诉求。这需要引起我们的重视。无论如何,流动经历和城市体验对农民工的发展起着积极的促进作用。第四部分结合构建社会主义和谐社会的目标,探讨了农民流动与社会主义和谐社会的关系,并从制度保障和政府责任这两个方面分析了当代农民流动中存在的问题。作者认为,当前在涉及农民流动问题的有关制度安排中存在着对农民及农民工的歧视和排斥现象,这与制度伦理的原则,即工具理性与价值理性辩证统一的原则是直接相背离的。政府的责任就在于提供良好的制度安排和公共服务,以形成有利于和谐发展的优良秩序。同时,政府应致力于消除贫困、消除社会排斥,以保护包括农民工在内的所有的社会弱势群体,并通过提高国民的总体素质,最终实现社会的全面进步和人的全面发展。

关键词:农民　劳动力转移　生存　伦理学

0268

公正德性论 :亚里士多德公正思想研究 / 黄显中著 ;宋希仁指导. -- 中国人民大学,2005. -- 276 页

在亚里士多德那里,真正的至善乃人的理性功能的完善,而公民的至善就是合乎角色德性的灵魂的现实活动。因此,公民的至善具有两大特性:公民是目的;德福一致。成为优秀的公民就是城邦公民的至善,而城邦公民在该现实活动之中实现德性与幸福的统一。亚里士多德把公正德性定义为公正品质,它是公民行为公正和想要做公正事情的品质。公正德性正如其他伦理德性也是个体德性,但与其他伦理德性不同,它又是社会德性。因此可以称之为"非个体的个体德性"。亚里士多德的公正德性并非抽象的理智,它有两个基本规定:合法与公平。亚里士多德是坚定的法治主义者,他的法治概念包含三层涵义:优良法律;法律至上;守法德性。他根据不合法为不公正,推论出合法为公正。但他合法的公正是以其法治的概念为前提的,因而合法在单纯意义上、伦理意义上、德性意义上都是公正。合法的公正并未犯"自然主义的谬误",更不是法律实证主义公正观,否则就偏离了他的公正德性的本义。他对公道的深入探究,充分说明了合法的公正的德性内涵。公正德性的秉性有三:应得、相互性、中道。三者视角不同,相互联系,相辅相成,在其公正理论中都不可或缺。公正选择最能反映出公正德性的状况,它是公正德性转化为公正德行的中介。公正的人自愿行公正,合乎意愿地接受公正对待。公正必须出于自愿,出于自愿的行为才是公正行为。自愿是个伦理概念,它分为基于意愿的自愿与基于知情的自愿,两者的始点相同,都是公正之人的理智。

关键词:亚里士多德(Aristotle 前 384 ~ 前 322)　哲学思想　公正　德性　道德

0269

小康大德 :论全面小康社会及其道德内涵 / 雷绍业著 ;张怀承,易法建指导. -- 湖南师范大学,2005. 151 页

文章梳理了我国社会自先秦至当代社会的小康思想,分析了当代中国小康思想的发展历程,包括邓小平小康思想的提出及其发展历程、全面小康社会提出的历史背景及其内涵。文章从三个不同的道德维度论述了全面小康社会理论的道德内涵。第一,人与人和谐的道德之维。以人与人和谐的人本指向为切入点,研究了全面建设小康社会的人本方略,以及作为全面建设小康社会道德目标之上的人的全面发展问题。第二,人与社会和谐的道德之维。分析了人和社会和谐的基本内涵及其伦理向度;剖析了人与社会和谐的实现机制问题。第三,人与自然和谐的道德之维。文章在这里主要指向可持续发展的研究:在对传统自然价值观及生活方式进行合理伦理审视的基础上,提出了全面小康社会发展模式的伦理引导问题。在论及我国对可持续发展的应有态度与立场时,本文提出,我们应该清醒地认识到,中国作为发展中国家,既面临经济发展和环境保护的双重任务,又面临着沉重的人口压力。因此,我国的可持续发展战略,首先要体现发展这个"硬道理",然后才是在发展中如何解决环境保护问题。文章强调,道德建设是小康社会建设、全面小康社会建设的基本向度之一。在传统的小康思想中,小康社会作为一种社会理想一开始就体现了对道德的要求。文章探究了邓小平及第三代以来中央领导集体对道德理论及其道德建设的重要性的相关理论与实践;探讨了"以德治国"与公民道德建设作为全面建设小康社会道德建设的实践模式的理论意义与现实意义,分析了"以德治国"理论与公民道德建设所必须注意的基本原则与实践方略。

关键词:小康社会　道德　社会公德教育

0270

信用伦理研究／李亮学著;杨君武,唐凯麟指导. 湖南师范大学,2005. -- 206 页

论文认为,信用伦理是人或由人构成的组织在社会交往过程中应遵循的,以践履义务、兑现承诺、取信于人为核心内容的道德要求和道德准则,以及由此而形成的道德品质。信用伦理与诚信道德、伦理信用等概念既有内在的联系又有细微的差别。由于信用关系有别于其他社会关系,信用伦理表现出有别于其他伦理的特质和内容。(1)当事双方主体间的权利与义务具有相互联结的对等性;(2)高度道德主体性与强烈规范性的统一;(3)工具合理性与价值合理性的统一;(4)基础性与多层次性的统一。信用伦理的内容主要有:(1)真实无妄,即在交往实践中,主体"对某种信念、原则和语言出自内心的忠诚",既不隐藏与交往相关的信息,不提供与交往有害的信息,也不许与自己能力不及的诺言;(2)取信于人,即通过德性的培养和能力的提升,赢得人们的尊重;(3)信守承诺,即对自己许下的诺言坚决兑现;(4)义理为上,即在交往实践中,一切言行(许诺与兑现承诺)都必须服从于义理要求。信用伦理的发生是一个系统的过程,有一定的主观前提和客观基础。就主观前提而言,信用伦理源于人们之间的相互信任的意识的形成;就客观基础而言,信用伦理萌芽于人类之初的分工与合作。按照人类交往关系的发展过程划分,信用伦理从产生到发展,经历了古代血缘社会的信用伦理、中古时期身份社会的信用伦理和近现代的契约社会的信用伦理三种历史形态。伦理道德不是感性存在物,它总是渗透于社会活动之中。从横向分析,信息伦理主要体现为一般社会生活的人际信用伦理、经济信用伦理、政治信用伦理和法律信用伦理四大领域。

关键词:信用　道德　伦理学

0271

人的同一性与相关生命伦理问题的反思:帕菲特式还原主义的解读及应用／李曦著;陈少峰,李本富,徐向东指导. -- 北京大学,2005. -- 96 页

生命伦理学兴起于上世纪六七十年代,几乎与生物技术的发展同步。而从"人的同一性"角度对生命伦理问题的讨论稍后就开始出现,并且持续到今天。本文的目的就是为这些问题的思考提供一种可能的回答方式,即帕菲特式的还原主义。作者认为尽管帕菲特在人的同一性问题上的还原主义与我们的直觉相反,但是与休谟的还原主义相比,这种还原主义更为合理与一致。帕菲特的还原主义由三个观点共同组成:"人的同一性可以是不确定的"、"人的同一性并不重要"、"重要的是心理的关联"。文章对这三个观点作出了讨论,并且指出,之所以帕菲特的还原主义更为合理与一致是因为,这些观点的组合使得这种还原主义对同一性的否认更为温和;同时,由于帕菲特将人的同一性问题处理成对我们继续存在这个问题的回答,他的论点在表述上更为合理;而帕菲特还原主义的观点得到了思想实验论证的支持。文章对这些实验给出了详细分析,表明了这些论证的有效性,以及它们对帕菲特还原主义要点的支持。在此基础之上,文章讨论了当代学者对帕菲特理论的批评,并且尝试对这些批评给出回应。这些批评分别针对帕菲特还原主义的论证方式、还原主义本身以及帕菲特观点中的心理主义要素。文章表明,尽管这些挑战为帕菲特的理论带来了困难,但是并没有决定性地影响后者的成立。文章还对帕菲特的还原主义对我们生活的影响给出了说明。着重关注于帕菲特的还原主义对我们的生活造成影响的原理,以及帕菲特在这个问题上的立场。在此基础之上,通过相似的原理,作者运用帕菲特的还原主义来对相关的生命伦理问题给出解答。这种分析主要针对三个有代表性的生命伦理问题:产前基因治疗、脑死亡以及家长主义。作者的主导思想是,当我们面对生命伦理问题的时候,如果我们的分析将通过理性推理的方式来进行,那么将不可避免需要面对一些根本的相关概念——比如人、生命、死亡,以及我所关注的人的同一性,而对这些概念的讨论与澄清将为这些问题的解决带来一定帮助,尽管并不保证对这些问题的解决。在这个思想的基础上,作者分析了帕菲特的还原主义对这些问题的可能解答,并且指出了使得我们接受这个解答的理由。

关键词:帕菲特(Parfit,Derek)　生命伦理学　人

的同一性　还原主义

0272

绝对价值观念如何可能?:迈农的对象理论和胡塞尔的价值现象学探究／刘尚明著；冯平指导. -- 复旦大学，2005. -- 130 页

作者认为19世纪中叶起，哲学凸现了价值论研究，而绝对价值观念的寻求尤其成为它关注的焦点。因为，在迈农、胡塞尔等哲学家看来，如果价值观念是心理的、情感的、历史的，那么它就是相对的；如果价值观念是相对的，那么，人类生活就没有指南；如果哲学没有给人类生活以指南，那么它就没有意义。需要证明有一个绝对的、客观的价值观念存在，这是许多价值哲学家的共识。然而，如何证明它，则智者见智、仁者见仁。这时期哲学家所面对的是价值的认识论问题，它由休谟的三个问题域构成，其问题的焦点在于：相对的情感如何使绝对的价值观念成为可能。自然主义、情感主义、心理主义、直觉主义都没有能很好地应对这个问题。他们要么怀疑这种绝对价值观念存在，从而走上相对主义，要么就陷入脱离人自身价值与意义的客体主义。在认识论框架下，迈农与胡塞尔解决这个问题表现出非凡的智慧。他们在意向性理论基础上，从不同角度探讨：相对的情感如何使绝对价值观念成为可能。前期，迈农运用意向性理论和心理学，认为价值只存在于个体之中，价值只有个人性可言，而后期，他把绝对价值观念置于对象理论下来讨论，运用了“呈现”理论、“内容”理论，认为，价值的非个人性是可能的。在他看来，绝对价值观念被情感意向性呈现。胡塞尔则一开始就认为绝对价值观念可能，而且有必要作为自己研究的任务，为此，他批判了价值论自然主义，包括价值的客观主义和心理主义，开创了现象学方法，把价值论的研究域还原到“评价及其相关项”中，认为，价值作为意向性对象是绝对的、客观的。在他看来，绝对价值观念被情感意向性构造。他还发展了一种形式价值论来保证绝对价值观念的可能性。作者认为，如果遵从胡塞尔的现象学方法，“回到事情本身”，那这“事情本身”可能并不是“意识”，而是“生活”。在生活—实践的界面上，绝对价值观念如何可能呢？绝对价值观念作为人类的生存方式，它的可能性蕴含在立足于社会历史的实践追求中。

关键词：迈农(Meinong，Alexius 1853～1920)　胡塞尔(Husserl，Edmund 1859～1938)　价值论　绝对价值观念　现象学

0273

王安石伦理思想及其实践研究／刘文波著；康凯麟，张怀承指导. -- 湖南师范大学，2005. -- 139 页

论文认为，王安石的伦理思想主要包括如下内容：首先，王安石主张“性不可以言善恶”，这是对历史上孟子、荀子、董仲舒、杨雄等人关于人性理论的一种反动，而直接上承孔子的“性相近，习相远”的观念。实际上，王安石借鉴了先秦法家的人性理论，将法家的“自利”思想与孔子的思想结合在一起，提出了不善不恶、可善可恶的人性自为理论。这在中国伦理学史上是较鲜明的一种观点。其次，王安石将《尚书》中的“五事”看成是人生中的基本行为，提出了“五事成性”的思想，即通过外在的行为来形成和展现人的本性。这种“天生人成”的观点同样构成了王安石伦理思想的基本内涵。最后，王安石重新提起先秦时期就已经存在了的“以义制利”观点，但王安石并非是对前人观点的简单重复，而是将这种思想观点落实到了他所实行的各种社会政策中。作为治政家，王安石的成就是与“熙宁变法”分不开的。他在实行变法的过程中，将他的伦理思想融入到每一项社会政策之中。对于现实的社会政治，王安石提出了“立善法于天下”的观点，将伦理与政治思想有机地结合起来了。对于社会经济，他所改革的每一项法律，都不同程度地以伦理思想为核心。如青苗法、市易法等都是为“摧抑兼并”而设计的：农田水利法、免役法则是为了增加农业生产，保障农业、农民生活而制订的。他对教育的振兴，对科举制度的改革，更是适应了商品经济社会的发展而实行的。如以经义代替诗赋的科举考试，就是强调人才的“经世致用”，对于太学的改革，不仅强化了专业分工，如武学、律学等的开设，而且他创设的“三舍法”与现代大学制度有某种异曲同工之妙。皇权专制与商品经济具有天然的不相容性，王安石也同样不能摆脱皇权思想的束缚，他提出的“道德一于上”的观点不仅与商品经济发展对思想自由的渴求背道而驰，而且也对他自身思想的发展设置了不可逾越的障碍。但是他所创设的“经世致用”为核心的“荆公新学”，不仅为理学的发展开辟了道路，而且对今天我们的改革开放也具有重要的启发意义。

关键词：王安石(1021～1086)　伦理思想

0274

论公共行政人员的道德责任／刘雪丰著；杨君武，刘湘溶指导. -- 湖南师范大学，2005. -- 178 页

论文认为，公共行政人员道德责任的实现是道德

责任的现实化,公共行政人员在这一过程中充满着道德责任实现之角色、对象、依据和取向等困惑和权力来源的多元结构、权力设置中科层制的反功能和权力行使的自由弹性等客观技术性障碍,这可能导致公共行政人员的伦理妥协。关于如何实现公共行政人员道德责任的问题,作者认为首先要考虑到公共行政人员道德责任实现的主导原则。绝对命令的一元原则被多元原则取代,是因为对于公共行政人员,现代社会至少产生三个方面的角色要求:(1)与自身公民角色分离的公共行政人员;(2)公共行政内部的一员;(3)其他公众利益冲突的仲裁人员。相应地,公共行政人员应遵循"以人为本"、"民主集中制"和"公平"三个主导原则。具体的措施主要是对公共行政人员的外部控制和内部控制。外部控制以人的趋恶性为假设前提,其方式有伦理立法、树立规章制度、权力监督、建设文化环境、进行褒奖、予以保护等。内部控制以人的趋善性为假设前提,其方式有行政能力的培养、心理素质的加强和价值观的提升、道德情感的培育、道德品质的修养等。

关键词:国家机关工作人员　职业道德　道德建设

0275

经济伦理研究的一个契入点:交易成本的伦理学考量/卢德之著;唐凯麟,王泽应指导. -- 湖南师范大学,2005. -- 180页

论文分上、下两篇。上篇首先从交易成本产生的原因入手,概括了新制度经济学家对交易成本概念的各种定义,对交易成本的内涵、本质、必要交易成本和非必要交易成本等问题提出了自己的看法,认为我们在现实中所能降低的交易成本只能是非必要交易成本,而不是必要交易成本。其次,从分析交易成本与伦理道德的内在关系入手,力图论证伦理道德作为一种非正式制度,对经济生活中交易成本的影响和作用的根据以及伦理道德影响交易成本的具体机制。下篇具体分析了诸如公平、诚信、合作等经济伦理范畴与交易及交易成本的关系。文章认为,市场经济的发展内在地包含了对公平这一作为经济交易活动的基本伦理规范的遵循;在某种意义上可以说,市场经济的发展史就是作为经济的伦理尺度的公平范畴发展史。一个成熟的市场经济体制总是包含了公平的交易活动机制或体制。产权等正式制度的本质功能之一就是为市场交易活动提供一种公平的环境,或者至少提供一种公平的价值评价标准与观念,从而为人们的交易活动提供价值观和道德评价上的正当性支持。影响市场交易的公平性的因素是多种多样的,既有制度安排方面的宏观原因,也有交易双方的地位、信息拥有量、讨价还价能力等方面的微观原因。相对而言,制度的安排和创新是决定交易活动的顺利展开和公平性质的关键。诚信对交易及交易成本的影响非常直接,它不仅长远地影响交易各方的交易的广度和深度,而且直接影响到交易成本的大小。

关键词:道德　经济伦理学　交易成本

0276

行政权力行为的伦理审视/孟昭武著;刘湘溶,唐凯麟指导. -- 湖南师范大学,2005. -- 215页

论文认为,"善政"与"恶政"的分化,是行政权力行为的基本伦理分野。权力行为善与恶的分化,映射权力主体对行政权力行为和道德行为的基本价值选择。一个权力主体施"善政",或是施"恶政",首先表征在行为权力行为的基本价值选择上。构筑合理的社会公共秩序,寻求公共利益与个人利益的和谐与平衡,坚持公正、正义,坚持民主行政、责任行政、实现公平与效率的统一,是"善政"的基本价值选择。权力行为善与恶的分化,彰显权力主体行政权力行为的正义与邪恶的较量。坚持"善政",就是要建设一个正义政府。正义政府是人民的政府。正义政府不仅是指政府权力存在的合理性和合法性。而且包括政府权力运行的合理性和合法性。坚持"善政",必须坚持依法用权和以德用权原则。权力行政善与恶的分野,标示行政权力行为主体"利公"还是"利私"的功利伦理选择。坚持"善政",要坚持"新公权主义",实现"公权"与"私权"的和谐,保护正当的私人利益,科学制约公权,防止权力滥用和权力腐败。权力行为善与恶的分野,昭显民主行政与专制行政的分野。民主行政要求民主政府。民主政府就是要切实保障人民群众的权力和权利,让人民真正当家做主,管理国家和社会。民主政府要坚持民主行政,实现行政管理的民主化,推行民主参与制;实现行政权力的人民化,坚持为民用权;实现行政管理人性化。民主行政要求以人民为本位,以人民为主体,以人民为管理轴心,以人民利益为最高利益。民主政府、民主行政是"善政"的必然要求。权力行为善与恶的分野,昭喻责任行政与虚伪行政的分化。施"善政"要求责任行政,责任行政要求责任政府。责任政府是诚信政府。责任行政和责任政府,要求把政府的预前责任、事中责任和事后责任追究有机地结合起来,认真履行社会责任、政治责任、法

律责任、工作责任和道德责任。权力行为善与恶的分野,昭明行政权力主体崇高伦理人格与卑劣人格的分野。"善政"与"恶政"的分化,政府行为的价值选择,对正义的弘扬,对功利的取舍,对民主的实行,对责任的践履,最终都要由行政权力主体来落实。培育行政权力主体崇高的伦理人格包括公共伦理人格向度和个体伦理人格向度。

关键词:行政管理　行政权力　行政行为　道德行为　人性　正义

0277

企业的伦理化经营研究 / 穆西安著 ; 康凯麟, 张怀承指导. -- 湖南师范大学,2005. -- 136 页

论文认为,伦理化经营价值的必要性在于:一方面,对于企业自身来讲,有利于加强企业的团结与凝聚作用、对企业成员的激励与振奋作用;提升企业的社会地位,使企业的伦理优势转化为竞争优势;有助于提高企业绩效。另一方面,从整体社会经营秩序的建立来说,有利于规范各企业的经营行为,形成良好的适应现代市场经济发展的经营秩序;有利于现代企业制度的建立和完善。伦理化经营价值观的基本特征是企业的经营活动应考虑利益相关者,其行为要遵守法律,还要经得起道德规范的检验。其基本内容可以划分为守法(可接受的)、互惠(良好的)、奉献(优异的)三个基本层次。企业要开展伦理化经营首先必须遵守法律规定,进行合法经营。它不仅有利于维持整体经营秩序,而且也有利于实现企业自身的权利。守法经营要求企业必须做到维护法律权威,自觉遵守经营法规,企业管理部门也必须认真依法办事。但企业经营处于守法阶段仍然是"他律"阶段,所以它只是伦理的底线。互利互惠是企业进行伦理经营的中线。商品经济天生是一种互利经济。建立在互利经济基础上的伦理原则只能是互利互惠。这一原则要求企业在追求和维护自己本位利益和企业成员的利益时,必须充分考虑和维护其他企业的利益,考虑和维护国家、社会的整体利益;企业要开展互惠经营,必须遵守诚实守信、公平交易、履行责任三大法则。伦理化经营既是一种价值观,也是一种伦理道德实践活动,其根本生命根植于经营实践之中。伦理化经营价值观要得以实现,应该借助于企业文化、企业战略、企业领导者、企业组织保障和企业开展的伦理道德教育活动等形式。

关键词:企业管理　价值观　经济伦理学

0278

政治中立性研究 : 以罗尔斯的《政治自由主义》为中心 / 谭安奎著 ; 何怀宏指导. -- 北京大学, 2005. -- 140 页

文章认为,中立性与规范性之间存在着难以克服的紧张关系,而政治自由主义与政治中立性作为一种规范性立场要得以成立,其最深的根基乃在于一种能够保证政治本身的自主性的、规范性的政治概念。在西方,从政治的原生意义来看,它指向的是公共生活领域,并预设了平等的公民资格。如此理解的政治,乃是自由而平等的公民之间的一种公共生活的方式。自由、平等、非暴力等一些基本的规范标准是内在于政治之中的标准,正是它们消解了规范性与中立性之间的紧张。政治自由主义所理解的自由既是自由主义式的,也是政治的,它所捍卫的经济平等则是出于政治的理由,它所强烈坚持的理性标准也是一种政治理想,从而那种规范性的政治概念确实是政治自由主义与政治中立性的一个隐蔽的前提。但上述政治范围内的规范标准对某些人来讲却可能是不可接受的,从而政治自由主义重叠共识的目标有可能落空,双方甚至会就政治安排问题形成斗争。这种斗争的本质可能超越了既定道德规范的评价范围,而这种斗争也在规范性政治概念对立已极的意义上被视为真正的政治。传统自由主义执著于一种道德化的政治思考方式,从思维与语言上遮蔽了这种政治的存在,而政治中立性与政治自由主义因为把自己局限于政治范围内的规范,从而具备了解释这种政治的潜力。文章认为,基于规范性政治概念的政治中立性原则意味着,自由主义必须从政治上预设政治共同体的价值优先性,这使得自由主义可以超越近代以来的工具论国家观,并强调自身所需要的政治美德。但政治中立性不应当与正当之于善的优先性等同起来,前者只是后者在政治范围内的有限实现形式。

关键词:政治哲学　罗尔斯(Rawls, John Bordley 1921 ~ 2002)　自由主义　政治中立性　多元论

0279

中国城市反贫困责任伦理问题研究 / 唐宜荣著 ; 舒远招, 刘湘溶指导. -- 湖南师范大学,2005. -- 218 页

论文共分四章。第一章通过对责任伦理的提出、内涵、特点、意义的阐释,认为责任伦理是中国城市反贫困的伦理诉求,城市反贫困蕴涵着责任伦理问题。责任伦理的基本范畴、概念和原则,尤其是责任伦理

的前瞻性、整体性特征与城市反贫困行动紧密相关。社会公正是中国城市反贫困责任伦理的内在标准,保障城市贫困群体的基本权利、保障城市贫困群体的机会平等、保障按贡献进行分配和保障城市贫困群体的社会调剂原则是作为中国城市反贫困责任伦理的社会公正的基本原则。这些基本原则的实现途径,首先是克服认识或观念障碍,其次是克服制度或体制障碍,再次是克服机会不平等障碍,以及克服效率与公正统一的障碍。第二章着重探讨了中国城市反贫困个体责任伦理。通过对中国城市贫困个体及其道德责任现状分析,本文认为,贫困个体是中国城市反贫困的基本单元,他们在城市反贫困行动中发挥着关键作用。贫困个体在反贫困实践中是否坚持目的善与手段善、自我价值与社会价值、道德责任与道德实践三个统一,是否具备相关的责任伦理品质并将这些品质外化为反贫困的责任伦理行为,在很大程度上影响着城市反贫困的成效。因而,培育城市贫困个体的责任伦理品质,是中国城市反贫困的现实要求和不懈追求。第三章认为,政府在城市反贫困中起着主导作用。政府城市反贫困政策的责任伦理价值取向,政府及其行政人员的实践行为,在很大程度上决定着城市反贫困的进程。第四章通过对社会的责任伦理现状分析指出,社会作为一个重要的反贫困主体,本着社会主义人道主义原则、集体主义原则、社会关怀原则,培育社会良知和社会正义感,营造良好的城市反贫困行动的外部环境,发挥着重要的作用。在中国城市反贫困实践中,社会的责任伦理的实现途径主要通过两种形式、从两个层面展开,一是工会组织、慈善机构、社会团体等组织形式系统,二是家庭成员、亲戚朋友、邻里同事等非组织化形式系统。这两大系统相互补充,形成合力,共同推动城市反贫困进程。

关键词:城市贫困　反贫困　政府责任　伦理学

0280

行政正义研究 / 王锋著 ; 田海平指导. -- 东南大学, 2005. -- 125 页

本文第一章首先从人类文明史演进的视角来考察行政的演化过程。在前现代社会,公私未分,国家与社会混为一体,行政与政治混沌未分,行政虽然顽强地表现出其公共性来,但其价值被政治所遮蔽。现代社会的理性化表现在行政层面上是理性行政的建立。理性行政意味着行政行为的理性化,行政组织的制度化和公共行政的职业化。但是理性行政首先体现为形式理性。对公共行政来说,就是行政的技术化和科学化,行政作为一种技术,一种可操作的技术,其价值旨归当然只能是效率。然而效率对公共行政来说只具有工具性价值,后现代社会基于对效率至上的公共行政的反思,重新发现行政的价值是正义。当代中国社会转型进程中,公共行政本身的问题集中体现在行政价值、行政理性化和行政行为非理性三个层面上。为了从学理上回答这些问题,本文提出行政正义这一核心概念,认为行政正义是政府对社会公共事务进行管理的一种合理状态。行政正义包括行政价值、行政制度和行政美德三个层面。第二章从学理上梳理行政价值的演进过程,认为正义是行政的目的性价值。第三章讨论的重点是,正义作为公共行政的价值核心,必须通过相应的物质化形式才能得到切实体现,这就涉及公共行政的制度化问题。公共行政的制度化首先是行政行为的理性化,其现实表现就是法治,而法治之法则又必须是良法,这就要求程序正义。公共行政的制度化还意味着在国家—市民社会的二元格局下,行政是有限行政,它涉及行政作为与不作为、行政积极作为与消极作为等问题。第四章是对理性化行政的进一步思考,比如理性行政的典型组织形式官僚制偏离其公共性本质的可能,行政改革的合理性等。文章认为,理性化行政需要相应的制度安排,这构成现代社会行政正义的基础。

关键词:行政行为　行政权力　行政正义　行政价值　行政制度

0281

道德学习研究 / 吴俊著 ; 罗国杰指导. -- 中国人民大学,2005. -- 134 页

论文认为,道德学习就是以情感体悟为核心的道德知识经验的积累和行为修炼的综合。体悟是道德学习的根本法则,它是主体在道德学习过程中有情感参与的认识理解活动,是理性、情感和实践三者的有机结合。理性、情意和实践是道德学习的基本三维。关于道德学习的理性之维,文章认为,道德思维是含情感、理性于一体的情理思维。道德思维的情理特征决定了它既不是一种单纯的理性方式,也不是一种单纯的非理性方式,而是理性与非理性的交融,它是以情感为基础,融情于理、以理驭情的特殊思维方式。在道德学习的情意之维,本文着重就情意学习的基础、情感学习的法则和重点展开讨论。作者认为,形成对社会的亲近感、责任感以及对自身社会身份的认同感是情感学习的基本要求。情感有积极与消极之分,积极情感具有建设性,消极情感具有破坏性。张

扬积极情感,抑制不良情感,保持情感的中道是情意学习的基本任务。在情感学习中,与敬畏、同情、内疚、愉悦等道德感同等重要的是爱和移情能力的学习,在很大程度上,爱和移情能力是形成道德行为的基础。关于道德学习实践之维,文章认为,道德本质上是实践的。从基本的礼仪行为到崇高的奉献性利他行为,任何道德行为的获得都必须通过行为实践。道德学习重在实践,行为是衡量和评价道德学习有效性的重要纬度。因此,道德学习的根本目的就在于将情理认识落实于行为实践,形成道德的行为方式。

关键词:道德　德育　道德教育　实践

0282

公安执法伦理研究 / 阳红光著 ; 唐凯麟, 王泽应指导. -- 湖南师范大学,2005. -- 136 页

论文认为,公安应该履行的职责可以分为两种:其一是作为总体的公安的职责,其二是作为个体的警察的职责。作为总体的公安的职责是惩治违法犯罪和保护人民,即执法职责和服务职责。警察的职责也有两种,其一是警察对组织和上级的职责,其实质是一种管理责任;其二是警察对公民的责任,其实质是一种道德责任。这两种责任是一致的,但根本的责任是对公民的义务,公安应该履行的职责意味着公安执法有其伦理本性,这种伦理本性由三个因素所共同决定,具体地表现在公安执法既是维护公民权利的方式又是实现公共利益的手段上。公安执法的伦理理论不仅是公安执法者执法的合理动机和导向力量,而且是其执法是否具有道德合理性的衡量标准。它具体包括秩序理念、人权理念与服务理念。公安执法的道德原则具体包括文明原则、公正原则、效率原则和纠错原则。公安执法是一个执法目的与执法手段相统一的过程。公安执法的目的应该是善的,善的执法目的决定着公安执法的道德合理性,但善的公安执法目的并不能决定一切,还必须有合乎道德的执法手段的配合。公安执法手段合乎道德就是执法手段的正当化、道德化,这并不是指公安执法者不应该使用强制性手段或者武力手段,而是指在非使用强制性手段或者武力手段不可的前提下应该进行道德选择,以选择那些尽可能不给当事人和其他群众造成人身伤害和财产损失或者将这种伤害和损失降低到最低限度的手段或措施。由公安执法者的角度定位和公安执法伦理是一种制度伦理所决定,警察应该具有的道德品质主要有忠诚、服从、协作、合理和勇敢。

关键词:公安机关　执法　道德　伦理学

0283

生命与道德 : 尼采伦理思想研究 / 杨茂明著 ; 龚群指导. -- 中国人民大学,2005. -- 141 页

论文认为,上帝信念的失落以及资本主义社会中的人的严重物化所展示的虚无主义及其走向是尼采伦理思想的主导问题。在尼采那里虚无主义的基本含义是虚构超生命的理想来贬抑和否定生命,使生命虚无化。虚无主义奠基于生命的衰微,直接源于对理性原则至上性的信仰以及这个信仰的失落。超越虚无主义的生命方式在于源于本能的艺术化生存。尼采为了解释世界上事物能动地肯定自身的现象,抛弃了叔本华的"生存意志"说,建构了万物的根本在于"权力意志"的假说。尼采对权力意志作了价值考量,从性质上把权力意志区分为两大类型:原创的权力意志和颓废的权力意志。尼采认为毁灭和生成的世界是"同一事物永恒轮回"的世界。这一假说主要是针对基督教的神正论和启蒙运动的直线发展观而提出的。它强调了个体每一具体选择的永恒性,消解了因死亡所带来的恐惧和空虚感;这一理论具有实现超人生存的理论公设的意义,因为它能促人积极向上地生存。尼采伦理思想有其人性论的前提。尼采针对将人彻底理性化的德国古典哲学的人性论,提出了将人身体化的人性理论。他认为人是感性身体的、独特的、创造性的生命。尼采认为基督教道德是彻底敌视生命的,在它那里,虚无被神化了,求虚无的意志被宣告为神圣。这种道德是屈服者、被压迫者用来安慰自己、获取统治权的工具。尼采用以批判基督教抽象平等观的基本理论武器是贵族等级观。尼采的道德批判最终落实到了对现代社会平庸而无个性的道德的批判。尼采通过对平等主义、低级功利主义、利他主义和普遍义务论等现代主要道德观念批判,强调了个性的坚守、生命的超越和创新、人的特殊性与丰富性的讲求对于达成健康向上生命的根本性价值和意义。尼采的道德批判,目的是为建构自己的新道德扫除障碍。尼采新道德的最基本的特征就是拒绝从臆想的善恶准则来评价、裁决人的生存,而是从整全生命的超越和创新出发来进行价值设定;也因此,尼采把自己的道德称之为"善恶彼岸的道德"。尼采新道德的主要精神是肯定整全的生命、崇尚充盈的个性、热爱永恒的生命创造。尼采肯定整全生命的基本要求是:肯定包含苦难的苦乐生命、肯定以本能为基础的身体生命、肯定包含过去的过程性生命。尼采如此肯定生命,主要是为了向怨恨生命的颓废道德宣战,以维护真实而有活力的生存。由于采尼所肯定的生命是多

样化的,所以尼采崇尚充盈的个性,反对使生命贫瘠化的崇尚抽象普遍性的“无我性道德”。尼采整个伦理思想的落脚点是促成人努力祈向进行永恒生命创造的“超人”。

关键词:尼采(Nietzsche, Friedrich Wilhelm 1844~1900) 伦理思想 生命 道德 虚无主义 权力意志

0284

道德理性研究 / 杨宗元著 ; 罗国杰指导. -- 中国人民大学,2005. -- 200 页

本文的主要内容是对道德理性内涵的揭示以及对道德理性的根据、运用形式、运用过程的研究,并通过阐释道德理性与欲望、情感、意志以及直觉的关系界定道德理性,从而确立道德理性在伦理学研究和现实道德生活中的地位与作用,倡导理性的生活。文章认为,道德理性指道德主体分析道德情境、进行道德推理、确立自己的行为准则的理性能力。道德理性能力的成果最终积淀为道德规范和道德原则。道德理性的运用形式是道德词、道德判断和道德推理。道德理性的运用过程可以分解为:道德认知、道德推理与道德决定和道德评价与道德反思三个环节。道德认知是道德理性运用过程的起始阶段,包含对道德事实的觉识与对道德价值的认知。道德推理的结论是作出道德决定的根据,但道德决定并不是由道德理性独立地做出的,它需要道德需要、道德动机的激发,需要道德情感、道德意志的参与。道德评价是依据一定的道德标准对道德行为或道德主体所进行的善恶判断。从道德评价的客体来看,道德评价可分为两类,一是对人的评价,二是对行为或道德决定的评价;从道德评价客体与道德评价主体的关系来看,道德评价可分为对道德主体的自我评价和对他人的道德评价。道德评价的直接标准是社会道德规范体系。文章分别讨论了道德理性与欲望、情感、意志和直觉的关系,以及它们各自在道德活动中的作用。文章认为,道德理性在伦理学发展和道德生命中都具有重要的作用。它在回应元伦理学的挑战、确立道德规范方面具有独特的地位与作用。在道德生活中,面对理性的片面发展,面对经济理性、工具理性的扩张,面对非理性主义思潮的泛滥,更需要高扬道德理性精神,过一种理性的生活。

关键词:道德理性 欲望 情感 道德规范

0285

经验、行动与效果的彰显:杜威价值论研究 / 余泽娜著 ; 冯平指导. -- 复旦大学, 2005. -- 107 页

19 世纪中后期,近代西方哲学的发展陷入困境。杜威对传统哲学展开批判,指出哲学陷入困境的原因在于传统哲学对确定性的不懈追求。要走出困境,哲学必须重视长期被忽视的行动,重视理论与行动实践的结合,为人类生活行为提供理智指导。由此杜威确立其哲学立场,就是经验的自然主义和工具主义。这一哲学立场直接影响到杜威价值论的构建,使其价值论呈现出彰显经验、行动、效果的特点。文章认为,杜威的价值论有三个重要的理论支点,一是自然主义径路,二是目的与手段的关系,三是事实与价值的关系。因此,本文的研究采用了三条主线:自然主义价值论、超经验的价值论、情感主义价值论。经验的自然主义立场使杜威研究价值论时采用了自然主义价值论径路。这种研究径路认为价值来源于自然、经验的事实,并认为把握价值的方法就是经验的方法。杜威一方面深受以往自然主义价值论的影响,另一方面也对它们作了修正和发展。作为自然主义价值论者,杜威对超经验的价值论持批评态度,批评的焦点在于“自在价值”。杜威认为,“自在价值”说割裂了目的与手段的关系,它不仅太远离实际、太一般化,也是独断的。因此杜威重新阐释了目的与手段的关系,并在此基础上进一步提出一种能够理智地指导行动的价值理论。以艾耶尔为代表的情感主义虽然承认价值判断与经验的关联,但是否定了价值理论的科学性,质疑价值判断的客观性,并认为事实与价值之间是断裂的。从而引发了杜威与艾耶尔之间的事实与价值之争。杜威有力地反驳了艾耶尔的情感主义观点,指出事实与价值之间是统一的。对自然主义价值论的发展和维护,杜威的贡献是突出的,其思想对我们今天的价值论研究仍有不少启示意义,但也有其局限性。本文指出,只有在实践的唯物史观基础上探讨价值问题,才能使价值论研究觅得恰当的研究起点,也才能使价值论研究获得更进一步的发展。

关键词:杜威(Dewey, John 1859~1952) 价值论 自然主义 实用主义

0286

中国金融市场的利益冲突与伦理规制 / 战颖著 ; 焦国成指导. -- 中国人民大学,2005. -- 296 页

论文分为六章。第一章考察、总结了我国金融市场发展的历史进程,通过对金融市场体系及功能、状

态的分析,提出了金融市场存在利益冲突的命题。剖析了金融市场中相关主体之间的相互关系,分析了金融市场利益冲突的根源,并针对利益冲突的根源,提出了从制度规范、法律惩治、产权改革和伦理引导与规约入手,寻找解决利益冲突的办法。第二章以金融市场行为为线索,分别对信贷市场、票据市场以及资本市场中存在的金融伦理缺失典型现象进行剖析;在此基础上,归纳出我国金融市场伦理缺失的总表征及其引发的金融风险。第三章提出并分析了"经济人为了追求长期经济获利,其行为内蕴伦理性"这一论点,在此基础上,阐述了金融市场主体行为伦理分析的可能性。分别以金融市场三类行为主体,即作为经济活动主体的公司、中介结构以及作为行为调控主体的政府为分析对象,分析了在我国金融市场现行制度和环境下,三类行为主体面临的伦理困境和相应的选择。第四章从历史原因、制度原因、产权原因三个方面剖析了我国金融市场伦理缺失的深层缘由,指出中国金融市场问题是中国特色问题的折射之一,必须立足我国实际来寻求良方。从制度经济学、信息经济学和哲学三个不同视角搭建了金融市场伦理的理论基础,指出金融伦理的内核在于诚信、公平、公正。阐释了中国金融市场伦理的价值理念及效用。提出了中国金融市场伦理重构的现实基础。第五章从我国金融市场政府规制失灵的表现作为切入点,运用经济学工具剖析了金融市场政府规制失灵的深层次原因。论证了伦理规制的文化基础,指出伦理规制是介于外在性政策法规与内在性道德准则之间的软性社会规制。阐述了金融伦理规制对金融市场秩序规制的必要性。第六章从金融职业道德规范、金融信用咨询平台的构建与舆论建设、法律法规的日益完善三个方面来搭建伦理规制体系,并提出了具体对策措施。

关键词:金融市场　利益冲突　经济伦理学

0287

章太炎伦理思想研究 / 张春香著 ; 田文军指导. -- 武汉大学,2005. -- 103 页

论文主要讨论了下述问题。一、关于章太炎的"依自不依他"道德主体性原则。认为"依自不依他"是章太炎伦理思想的内在统一点,体现出章太炎思想强烈的伦理主观主义色彩。"依自不依他"作为章太炎道德主体性原则,指道德主体不依靠任何外在力量,一切靠自我、靠自心、靠自己民族、靠自己国家,凭借道德主体意志的能动性、自觉性,满足主体道德需要,促进主体道德发展,不断提升主体道德境界,从而更好地服务众生,服务社会,服务世界。二、关于章太炎的道德人格论。章太炎的"大独"观是"依自不依他"思想在道德人格范畴的体现。他从"独"与"群"的关系出发,提倡一种"大独必群,群必以独成"的道德人格论。"独"分"小独"和"大独"。"小独"是为自己个人而独,是只顾自己,缺乏群体精神的"独善其身"。"大独"是一种为他人的"独","至性恫天下,博爱尚同",也就是要心系天下百姓安危,以"博爱"的精神入世。道德主体如果不被"小独"所蒙蔽,就能懂得以"独"通神,即通向一种合于"大群"的"大独"境界。"大独"之道德人格的行为特征是"独行"。三、关于章太炎的道德修养论。章太炎道德人格理论的提出及其道德人格的形成主要来自于他独特的道德修养论,即儒释结合的、自利利他的大乘"菩萨行"。"菩萨行",既指道德修养行为之本身,又指道德修养之过程,还是道德修养之方法。章太炎"菩萨行"道德修养论的主要特征是:入世修证重于出世修证、利他重于自利、中土圣贤即大乘菩萨。在此基础上,章太炎特别提倡一种敢于以身殉国的"革命菩萨行"精神。四、关于章太炎的道德实践论。章太炎一生,不管是从政还是做学问,道德问题是他始终关注的焦点。道德救国是章太炎伦理思想的最终目的;道德救国的特点是"儒行"救国;"儒行"是一种"依自不依他"的力行哲学;"儒行"救国则是章太炎"依自不依他"力行哲学的道德实践。

关键词:章太炎(1869~1936)　伦理思想　道德修养　人格

0288

社会保障中的伦理问题研究 / 张利平著 ; 夏伟东指导. -- 中国人民大学,2005. -- 130 页

论文认为,社会伦理道德行为与经济基础相适应的上层建筑形式,对社会保障的产生和发展具有重要的影响作用。社会保障政策的制定与运行必然受人与人之间、个人与社会之间伦理道德关系的影响和制约,并为一定的社会伦理秩序和道德关系服务。因此,社会保障制度的制定和完善必然遵循一定的伦理原则和道德规范,其自身的价值合理性也必然诉诸一定社会伦理道德的评判。政府作为社会保障的首要责任主体,有责任制定与经济发展水平和社会伦理道德观念相适应的社会保障制度,并承担必要的财政支出。社会保障不是完全免费的午餐,它是权利与义务的对等统一,集体和个人作为社会保障制度的受益者,亦承担着不可推卸的责任。个人和单位应该积极

支持并遵从政府制定的保障制度,在享受社会保障权利的同时承担各种相应的义务。社会保障是国家、集体和个人共同承担责任的社会公共事业,只有将三者的责任协调统一起来,才能确保该事业的发展与完善。建国初期,我国在城市建立了与计划经济体制相适应、由国家负主要责任的社会保障制度,较好地保障了劳动者基本生活的需要和较高的福利水平;在农村则建立了医疗合作制度和社会救济制度,基本实现了老幼有所养、贫困有所济、伤病有所医。在当时物质财富贫乏的条件下,党和政府给予劳动者这样的社会保障和社会福利,最大限度地满足了广大人民群众的基本生活需要,并对人与人之间平等互助、和睦相处以及和谐稳定的良好社会风气的形成起到重要的影响作用。但随着经济体制改革的进行和社会主义市场经济的深人发展,该制度的弊端日益暴露。社会保障制度改革成为社会主义市场经济体制改革的重要内容。经过二十多年的改革和完善,我国社会保障制度建设已取得了一些重大的历史性成就,但其中仍然存在诸多的问题与不足,影响了该制度价值和功能的正常发挥。主要表现为:价值取向不清,面临效率与公平的两难选择;与人们的实际需要相比,社会保障覆盖的范围小,各项保障的待遇偏低;在某些方面,社会保障资源分配不公平,部分人受保障的权利得不到保障。当前在一些社会保障的实践中亦存在一些道德问题和困惑。社会救助总是面临道义还是义务的道德困惑,而且在社会救助实践中存在一些违背社会道德和法律的现象;社会保险领域中道德风险的存在,导致社会资源的严重浪费;社会福利水平的提高,一方面提高了人们生活的质量,另一方面又导致家庭和社会伦理关系的变化,这些变化又引发人们对家庭伦理关系的困惑和担忧。我国已进入全面建设小康社会时期,构建社会主义和谐社会的提出,为社会保障制度的发展提供了历史的契机,亦为其健全和完善提出了新的要求。而建设社会主义和谐社会的价值理念和实践,亦为社会保障制度的发展指明了方向,提供了条件。通过伦理道德的途径提高其内在的价值合理性,成为当前社会保障制度健全和完善的重要内容和方式。

关键词:社会保障　道德　伦理学

0289

伦理语境下的恐怖主义 / 张满生著 ; 张怀承,王泽应指导. -- 湖南师范大学,2005. -- 145 页

论文指出,作为恐怖主义的个人或小团体,往往行踪不定,隐蔽性极强,他们只代表一个小群体,甚至只代表少数几个人的意志。但全球化又使他们拥有巨大的破坏力量。新一代恐怖分子比人们想象的还要聪明:他们非常了解国际政治的走向,他们用精心策划好的恐怖事件回应反恐战争。他们以全球视野构建恐怖战略。为了更好地生存,新一代恐怖分子还不断变换自己的战略和策略。他们所推崇的非理性文化及心理的多样性和不确定性导致了反恐的复杂性。贫困与不公正是产生恐怖主义的温床,在此基础上矛盾与冲突的激化是恐怖主义的诱因,处理机制的不完善是恐怖主义泛滥的导火线。反恐必须要从根本上消除导致恐怖主义根由的不公正现象,完善惩治恐怖主义的法律制度和实现联合国框架内的各国之间的充分合作,而不是被用来为某一国私利服务,更不应成为个别国家主宰单极秩序的伦理基础。正义与德性成为反恐战略的最终选择是一个符合逻辑的命题,中国儒者所推崇的“示人以仁义”“和而不同”的主张虽然不符合短期的功利计算,却是一种超越世代的理性主义,即在民族或国家之间建立道德规范,从而减少相互之间的仇视,故而获得长久和平而更有生命力,这是一种大智慧。文章认为,打击当今国际恐怖主义的有效战略应该建立在对其根源的深刻理解和认识之上,而且要承认其起源具有多样性。战略的目的在于有效地遏制“全球恐怖主义网络”的形成,然后将其各个击破。

关键词:恐怖主义　道德　伦理学

0290

休谟伦理思想研究 / 张钦著 ; 舒远招, 张怀承指导. -- 湖南师范大学, 2005. -- 232 页

论文指出,休谟伦理思想包括道德基本理论和理性论两大部分。在论述休谟的道德基本理论中,本文阐述了休谟关于道德区别不是来源于理性,而是来源于道德感,道德评价的依据在于行为者的动机,有用性和愉悦性构成德性判断的标准等问题,揭示出休谟伦理学的情感论的特色。文章指出,休谟在《人性论》中那段著名的“是”与“应该”论述的原本意义是:以“应该”为连系词的价值判断,不是在理性之所司的事实领域发现的,而是在情感之所司的价值领域发现的。休谟的这一附论是在为自己寻找反驳理性主义的靶子。在德性论中,探讨了休谟的人为之德和自然之德。人为之德来源于人类有意识的设计,对人为道德规则的遵守构成主体的人为德性。休谟的人为之德具有人为性、互利性和演进性的特征。自然之德是

不经人为设计而自然引起旁观者赞许的品质,休谟的自然之德具有泛德性化和德性多元化的特征。休谟伦理思想的特征大致可以概括为相互关联的四个方面:在道德的根源上,表现为理性辅助下的情感论;在道德的基础上,表现为环境影响下的人性决定论;在道德评价的依据上,表现为温和动机论;在道德价值的标准上,表现为规则功利论。休谟伦理学有着重要的历史地位,它削弱了传统德性伦理学的纯粹性,而不是如麦金泰尔所言颠覆了传统德性伦理学;休谟自身并不是功利主义者,但启发了近代规范伦理学的思路;所以休谟伦理学在性质上既不属于传统德性伦理学,也不属于近代规范伦理学,它是前者向后者转变的中间形式。休谟还为源于莎甫茨伯里的道德情感论提供了认识论基础,使它获得了完备的理论形态。休谟的伦理思想对后世的功利主义、当代情感主义伦理学、罗尔斯的政治哲学以及女性主义伦理学都产生了重要影响。

关键词:休谟(Hume, David 1711 ~ 1776)　伦理学　道德　情感

0291

正义与功利 : 密尔功利主义正义思想研究 / 张清著 ; 张传有指导. -- 武汉大学,2005. -- 127 页

论文分为五章。第一章对功利主义正义观的历史渊源进行了回顾。第二章阐述了密尔功利主义思想的产生背景及理论特征。第三章论述了密尔的平等的权利与功利之间的关系。密尔的正义观以个人权利为基础,提出道德权利是法律权利的基础,从而维护了道德权利在正义理论中的应有地位。但是,真正体现密尔权利思想的有两方面:首先是他对道德理论层次的划分,他将道德理论划分为三个层次:终极原则、二级原则和特殊行为的道德原则。在这三个层次中,密尔特别强调对二级原则的遵守,即对一般道德原则与义务的遵守,反对将终极原则即功利原则作为直接判断行为正确与否的标准,这样,密尔就将正义原则、权利原则置于了其道德理论的中心位置。其次,密尔是一位最低限度的保守功利主义者,他严格地区分了道德领域和非道德领域。他主张:功利主义的基本道德义务不是功利最大化,而不侵犯他人权利,功利最大化是功利主义所追求的道德目标和理想,而非基本道德义务要求,所以,当两种道德原则之间发生冲突而诉诸功利原则时,是诉诸功利主义的基本道德要求,而不是诉诸功利最大化的道德理想,这在一定意义上解决了权利与功利之间的矛盾和冲突。这是密尔的保守功利主义思想的核心,也是他对权利与功利关系的独特见解。第四章论述了密尔的自由权利思想以及他的自由与功利之间的关系。密尔的自由主义是建立在功利主义理论基础之上的,而自由原则所倡导的个人自由与功利原则所追求的社会功利之间似乎存在着一定的矛盾。密尔通过对幸福含义的拓展,使自由不仅成为人类获取幸福和社会达致繁荣的手段,而且成为幸福的必要组成部分,成为人类追求的具有目的性价值的终极目标,从而抒解了自由与功利之间的张力。第五章论述关于分配的正义问题。作为最低限度的保守功利主义,密尔既强调正当又追求善,即在维护个人基本自由与权利的平等分配基础上,按照有利于社会整体福利的原则来对可能存在的不平等进行调整和分配。虽然密尔的分配正义在某些方面还存在一定的局限性,但它毕竟为解决可能存在的冲突和矛盾提供了一种可行性的解决方式。

关键词:正义　自由　权利　功利主义　穆勒(Mill, John Stuart 1806 ~ 1873)

0292

政治暴力批判 / 左高山著 ; 万俊人指导. -- 清华大学, 2005. -- 277 页

政治暴力是指,政治行为体出于特定政治目的、针对统治关系而实施的产生重大影响的、有组织的物质力量。从人、国家、国际体系三个维度来看,政治暴力既是人—国家—国际体系“自下而上”由社会性向度所建构,也是国际体系—国家—人“自上而下”综合作用的结果。它有着深刻而复杂的心理、社会 、历史和文化根源,具有政治性、反体系性、组织性和暴力性等特征。在类型学意义上,国内政治暴力和国际政治暴力的区别在于国内和国际政治结构的差异。在伦理意义上,政治暴力总是与合法性与正当性关联。政治暴力建立在对“敌人”的认知基础之上,并且进一步促进这种认知;政治暴力推动国际体系走向终极状态并随着统治关系的消亡而终结。文章认为,人类的历史,既是一部政治暴力史,也是一部政治暴力批判史。政治暴力批判既关乎政治暴力的意义,也关注人的命运。暴力成了历史,同时,历史也充满了暴力,重视历史的暴力,就有可能超越暴力的历史。

关键词:政治暴力　合法性　伦理批判　正义

美　学

0293

《周易》象数美学思想研究 / 陈碧著 ; 陈望衡指导. -- 武汉大学,2005. -- 180 页

本文从“易象与审美”、“易数与审美”、“象数与中国艺术”、“象数与中国人的诗意安居”和“象数美学价值的现代性思考”等几个方面讨论了《周易》象数美学思想。“易象与审美”的关系表现在:一、“观”的审美方式及象的多样性。八卦是先人“仰则观象于天,俯则观法于地,观鸟兽之文与地之宜,近取诸身,远取诸物”的结果,而这种取类比象之“观”体现了中国古人思维的独特性,是一种具有高度抽象性的审美体验。且“观”的产物“八卦”、“六十四卦”又体现出象征意味的形态之美,是具象与抽象的统一。二、阴阳之道及“感”的美学意味。阳爻之刚,阴爻之柔,是易象很重要的表征,其揭开了天地万物之面纱:阳刚、阴柔美。而“一阴一阳之谓道”,揭示出人类生命美学的主旋律。易象之“立象”是为了“尽意”,此“意”之美在感,在情,在对生命之爱的歌颂。三、象的超越与大和之美。“立象以尽意”孕育了易象之象征美。而“得意”的真境界就在于“忘象”。超越了象,便能够在似与不似之间,走向审美自由。这种自由境界尚中贵和,是对立和谐、“与天地合其德”、天人合一的极乐境界和审美境界。四、易象中先民对“简”的追求。卦象线条是中国艺术崇尚简易线条之渊源。易象拟“一画”之简,而见天地之繁,它着眼于宇宙的本体和生命之象,发展成一种不可思议的线条艺术。本文从以下几方面研究了“易数与审美”的关系:一、占筮之美。“居则观其象而玩其辞,动则观其变而玩其占”,这是一种探索未知的“玩”,先人从这种识破天机的“玩”中获得快乐。这是一种高境界的快乐,是智者的快乐。这种“把玩”高雅而合乎正德,很有审美的意味。二、“河出图、洛出书”的美学意味。《周易》所记载的“河出图,洛出书,圣人则之”和易数有密切的关系,这一句话启发了不少奥妙和智慧之作,成就了很多人间美的奇迹。三、天地之数的文化学及美学意味。易数神秘而美好,代表着先民试图用某种人为的符号语言去法象天地之道,在大小宇宙之间建立沟通交往的联系。这种认知方式在中国美学史上具有非常重要的影响,对中国绘画、音乐、建筑美学尤其如此。象数与中国艺术,特别是与乐舞和书画有不可切割的联系。《周易》许多卦涉及乐舞,如《需》、《豫》涉及“乐”,《离》、《中孚》涉及“歌”,《渐》是文舞之宛转渐进,《夬》则是武舞之果决刚健。《周易》之象数跟中国书画息息相通,两者的关系,第一体现在书画的起源和《周易》卦象有不解之缘,第二体现在“观物取象”、“阴阳”、“玩”等“易”之精神对中国书画意识的深刻渗透,第三体现在历代书画家及其书画理论对“易”之境界的追求。中国古代建筑强调合乎“象数”,特别是历代国都的选址和建设都很讲究天人合一、“乐天知命”,也正是这种对人的重视和对天地鬼神的敬畏,使中国人追求一种诗意的安居。

关键词:《周易》　美学思想　审美　象数之学

0294

水墨都市 : 中国山水画在现代的新突破 / 陈浩著 ; 徐庆平指导. -- 中国人民大学,2005. -- 188 页

本文从回顾中国绘画的实践着手,并结合作者多年的绘画经验,通过传统变革的历史角度和现实生活中审美意识的变化这一对流与源的联系,分析研究水墨都市画科独立发展的理论基础,并对这一新画科的实践给予总结。全文共分四章。第一章概述水墨都市的相关概念和内容。第二章以绘画实践和作品的个案分析为途径,从水墨都市绘画与现实生活之间的关系入手,阐述这一绘画的特点、它的笔墨观、它对城市的情感立场及文化与现实意义,进一步说明水墨都市绘画的审美观特征和艺术语言特征。第三章以宫室界画与水墨都市绘画的内在联系及区别为主线,综合分析这一新画科与相关传统艺术门类的关系。横向比较了西方城市题材绘画,将其作为发展中的民族水墨都市绘画参照物,目的在于强调保持中国画传统民族特色,使水墨都市画遵循民族精神而发展的重要性。第四章以个案方式分析 20 世纪中国山水画城市题材绘画实践及 21 世纪初水墨都市绘画的进展,对成果进行分析整理。结合作者在此方面的探索实践,总结水墨都市绘画的经验,并提出理论的前瞻性原则。

关键词:山水画　水墨画　绘画理论

0295

诗兴研究 / 陈庆辉著 ; 陈望衡指导. -- 武汉大学,2005. -- 117 页

论文认为,兴,内在地决定着诗的创造,内在地造就了中国古典诗的民族风格,内在地影响了整体古典诗学。兴是中国古典诗歌当之无愧的本体。兴作为

诗之本体，渊源于原始宗教和原始艺术、脱胎于被千万次重复的习惯性联想所形成的“原型”或“原始兴象”。而当兴从原始宗教和原始艺术中分离出来的时候，当兴从远古洪荒时代跨入文明门槛的时候，它就身不由己地经历着“中国式实践理性”的洗礼和熏陶。兴的现实发生是建立在物与我、情与景互渗互感、同体同构的基础之上的，兴在本质上是一种审美体验，这种审美体验既有“物我两忘”的洒脱，又有“用志不纷”的专注，也有“心与物游”的神思，更有“极物精微”的妙悟，这也正是对审美人格和生命本体的切入，是审美创造心灵自由的获得。兴作为审美体验，在诗歌作品中具有“不涉理路，不落言筌”的特征，或曰“语言道断，思维路绝”。兴显现为诗的特殊的言说方式，这就是赋比兴。诗的言说，就是赋比兴的言说，换言之，赋比兴是诗的特有的语言方式。赋比兴的言说是以“象思维”为特征的，即“以象明义”象与义的关系形成了意象的显象、隐象、无象三个层面。这三个层面是相互生成、融为一体的。义不仅离不开象，而且本身就是象，象显现或是生成着更高层次的象，这就是所谓“有无相生”。以“象思维”为基本特征的兴的言说，从“意象”到“意境”（境界），体现了兴的审美内涵的升华。意境更具有整体性、无限性和创造性；意境是弥漫于诗、笼罩于诗、显现于诗的审美情思；意境是对心与物对立的超越、对情与理对立的超越、对有为与无为对立的超越，对有限与无限对立的超越。因而兴的境界是自明的、自然而然的，是空灵而又充实的；而说到底，兴的境界既是诗的境界，更是人生的境界，它是生命创造的切入，是意义的凝聚和升华，是永恒的瞬间生成。

关键词：诗歌　赋比兴　审美

0296

古典的再生：论尼采的艺术形而上学 / 何兰芳著；王旭晓指导. -- 中国人民大学，2005. -- 200 页

论文认为，无论是早期用“酒神”来表示自然的残酷本质，还是后来用“强力意志”来构筑他的形而上学框架，尼采始终相信，这个生成、变化着的世界是唯一真实的存在，任何个体事物的持存都只是这个生成、变化着的世界中的一部分。所以，真理与道德实际上是求固定化的意志的表达，作为“摩耶的面纱”，总会有意无意地掩盖不断地生成、变化着的世界的真相。而艺术在形而上学的领域中则具有得天独厚的地位，不仅可以表象个体事物的持存之况，而且可以表象世界总体的生成之流。尼采提出“艺术形而上学”的概念，与艺术拯救论有关，用他自己的话来说，主要是着意于“艺术的形而上美化”。艺术形而上学的一个核心命题是：只有作为一种审美现象，生存和世界才有充足理由。在艺术创造中，作为生存的自然被转化为一个原始艺术家，而酒神和日神则是原始艺术家的两种基本的艺术力量，由此，艺术成为自然本原性的活动，即“生命本来的形而上的活动”。通过这种“形而上的美化”，自然现实的面貌发生了某种改变，原本让人感到恐怖、可怕的自然由于被看成是一种审美现象而具有了某种价值。尼采关注古希腊悲剧精神，标举出“艺术形而上学”的观念，一个现实的动机是要救治现代以来欧洲文化精神的衰退。在他看来，现代性的主要问题是，生命在被不断否弃的过程中变得越来越颓废、羸弱。解决这一问题的根本途径在于，必须重新恢复希腊古典的生存方式和生存理想。因此之故，他倡导一种以酒神精神为根基的独特的古典主义，并呼吁悲剧在现代的再生。在尼采看来，叔本华和瓦格纳是浪漫主义的典型代表，前者是认识上的浪漫主义，后者则是艺术上的浪漫主义。浪漫主义是生命下降、衰颓的表现，也就是生命颓废的表现。尼采后来以“虚无主义”来指称西方文化的现代性处境。在尼采那里，“上帝死了”不仅仅是指基督教信仰的沦落，还意指柏拉图以来一切对于生成世界之上的所谓存在世界、真实世界的信仰的沦落。酒神一直是尼采思想中的重要概念。后来尼采提出强力意志、永恒轮回、超人等概念以建构自己独特的形而上学框架，但他从未放弃过酒神的提法。在以强力意志为核心的形而上学框架中，艺术形而上学的具体内容得到进一步扩展。陶醉、伟大的风格和艺术家这三个方面共同构成采尼对于艺术的本质规定。而这三个方面又分别与强力意志、永恒轮回和超人这三个形而上学的基本概念存在着对应关系。文章认为，尼采标举艺术为生命的形而上美化，意在强调一种肯定现世、肯定生命的生存理想。正是着意于对生命的捍卫，尼采提出要热爱命运，提出以狄奥尼索斯反对被钉十字架者。在尼采看来，要恢复高贵、强健、完整的生存，就要回归希腊古典的生存理想和生存智慧，就要恢复对于生命的悲剧性体验。尼采崇尚这种生存理想，虽针对当时的现实处境，但对于一切时代——尤其是现代——而言，抵抗平庸羸弱的生存依然是不可松懈的精神使命。

关键词：尼采（Nietzsche，Friedrich Wilhelm 1844～1900）　美学思想　艺术　形而上学　悲剧

0297

多维的美学史 ：当代中国传统美学史著作研究 / 黄柏青著 ；张法指导. -- 中国人民大学,2005. -- 173页

全文共分五章。第一章运用统计学、社会学的实证研究的方法,对20世纪50年代以来的当代中国传统美学史著作的写作状况作了分类分析和综合考察。说明了中国传统美学史著作的写作呈现逐年递增的总体态势,同时,这些著作又有许多显著的差异。第二章回顾、总结了当代中国传统美学史研究和写作所存在的关于中国美学研究的对象、方法、历史分期、美学特征、主干思想等方面的种种分歧。第三章阐述了"范式"及美学"范式"概念的内涵,并从现行的中国美学史著作出发,总结出4种美学史写作范式:审美理论美学史写作范式、美文化美学史写作范式、审美风尚美学史写作范式、审美意识美学史写作范式。第四章分析了中国美学史学科研究和建设中美学界着力最多、用功最勤、用心最为精深的理论美学史范式领域的中国美学史著作,总结出6种常见的写作模式:"肉"模式:美学家排座次模式、"骨"模式:美学范畴和命题源流变化模式、"神"模式:文化骨干结构模式、"网"模式:美学原理框架模式、"气"模式:美学思想内在逻辑发展模式、"点"模式:美学史教科书体例写作模式,并着重分析了某一种模式再现中国理论美学史的优点和困难,最后提出了自己关于写作模式的看法。第五章是当代中国传统美学史著作研究的总结和思考。文章总结了中国美学史著作重建美学史连续性的主要途径:第一,使用"否定之否定"的思路,在进化论的背景中,把一代一代的美学思想的变化理解为当下思想对过去思想的批评和扬弃。第二,使用"对环境的反应"的思路,着重社会背景的分析,认为人的美学思想基本上取决于社会环境的影响。第三,模仿余英时谈论思想史的"内在理路"思路,着重美学史的"内在理路"的重建。

关键词:美学史　美学思想　审美

0298

超越的努力 ：现代美学中的崇高问题 / 黄华军著 ；叶朗指导. -- 北京大学, 2005. -- 88页

本文旨在探讨崇高在现代美学中的发展及其内涵,以及其对当代美学、当代艺术发展的意义。全文除导言和结语外,共分三章。第一章是对经典崇高论(朗吉弩斯、柏克、康德的崇高论)的回顾。朗吉弩斯把崇高和心灵的超越的要求联系起来,认为崇高是"伟大心灵的回声"。柏克则直追到人类心灵的深层,把崇高和人的自我保护的本能联系起来,认为崇高起源于恐惧,是由痛感而来的快感。康德是崇高论的集大成者,他把崇高和道德(人是最后目的)联系起来,认为崇高在于主体内心的道德情感,这把崇高的审美判断建立在一个"人之为人"的纯粹尺度之上,为审美超越和审美自由的实现奠定了哲学根基。第二章以马克思、尼采、海德格尔、利奥塔为研究对象,探讨崇高在现代美学的发展及其新的内涵。(一)在马克思美学中,崇高的实质是面对压抑、痛苦的现实,要求文学、艺术以它特有的方式揭示出被拜物教遮蔽的现实生活关系,提示人的异化状态,超越人类的异化和苦难,马克思美学赋予了崇高浓厚的历史感。(二)尼采以他对人类生命对现代生活的敏感体验和深邃思考,把崇高直接和人生苦难以及人类生生不息的生命力联系起来。尼采强调通过艺术尤其是具有悲剧精神的伟大艺术唤起人面对悲剧性存在的强力意志来实现人生的超越。尼采美学以一种高昂的生命力和强烈的生命感丰富了崇高的意蕴。(三)海德格尔试图通过美学(艺术)来拯救陷入沉沦状态的此在的现代生活状况,超越平庸乏味的共在生活,在精神的维度上让人们找回遗忘已久的诗意,进入一种澄明之境。(四)利奥塔在他的后现代视域中重新阐发了崇高理论,利奥塔的崇高理论以对"未定性"、"不可表现之物"的呈现来挑战总体性和抵抗非人的状况;在艺术层面上表现为对形式本身的追求,在形式对意义的悬搁之中实现对"不可表现之物"的见证,崇高成为现代艺术发展的内在动力和根据。利奥塔的崇高理论强调了对存在和生命的瞬间体验和感悟。第三章思考崇高对当代美学的意义。在审美超越的维度和审美超越的基础这两个问题上,崇高对今天的美学思考有重要的启示意义。

关键词:美学理论　审美　崇高　超越

0299

论审美的情感 / 黄水婴著 ；滕守尧指导. -- 中国社会科学院研究生院, 2005. -- 71页

本文从对传统的"审美是无功利的快感"这一基础命题的怀疑出发,对命题中的无功利在审美中的必要性问题和感官快感对审美的损害问题重新进行审视和质疑,并在此基础上展开对审美的情感的微观分析和理论推导。本文理论分析的核心部分首先以康定斯基的艺术审美体验为个案研究目标,从微观上剖析审美体验中的不同阶段,并突显了"非意识反应"和

意识的恢复在审美经验展开中的重要地位。在对审美经验所涉及的因素中,本文延续了康德提出的审美是想象力和理解力的和谐运动的观点,特别强调了想象力与快感的联系和理性意识在审美过程中的重要性。其次,构想了想象力和理性意识运动变化的三种情感模式,并以此阐释理性意识对审美对象的价值判断和作为判断结果的美的意识的出现。最后,把审美的情感构建成为具有突发性、过程性、流动性、"爱物"性的异质和谐的复合情感,并通过对自然的审美经验的描述,深化上述审美的情感的特征。本文的理论应用部分利用上述理论分析成果尝试从"审美的情感"角度对艺术研究中的焦点问题——艺术与理性意识、艺术与情感的表现、艺术形式——提出自己的设想,得出的结论分别是理性意识在艺术中的作用取决于它和其他因素的关系,艺术并非必然地表现情感,艺术形式是理性对感性的理智的幻觉。

关键词:审美　情感　理性　艺术

0300

汉代美学中的身体问题 / 刘成纪著 ; 陈望衡指导. 武汉大学,2005. -- 149 页

论文重点讨论了以下四个方面的问题:(1)身体的理论定位:汉代思想家对身体的认识涉及性、命、形、神、志、气、心、体等诸多范畴,但择其要者,则可归纳为形与神、心与体的组合形式。就形神与心体的关系而论,形是身体的表象,神是由心生发的功能。比较言之,心体是比形神更本源的关于身体的概念,适合作为哲学问题来讨论;形神则是比心体更感性的关于身体的概念,更宜成为美学关注的问题。(2)身体的存在境域:由于汉代哲学趋于感性的特点,它极少在抽象意义上谈人与对象世界的关系,而是更具体地讲身体与世界的同构和同源性。以此为基础,汉代人认识世界的过程,就是将身体经验对象化为世界经验的过程。从而使对象世界成为身体的有机延伸。汉代对身体起源的形而上追问,经历了神话、哲学、神学诸阶段。其中,身体的神学起源为天人相副、天人感应提供了理论基础。(3)身体的社会规训:汉代儒学自贾谊始,一直将礼乐服饰制度作为对人进行伦理再造的重要手段。礼约束人的身体行为,乐调适人的内在精神,经过礼乐训练的身体必然是身心和谐的雅化的身体。(4)身体的理想指向:主要探讨汉代儒家、道家、道教、佛教对生死问题的不同思考。汉代理想者对身体内在构成的认知,以及对身体与自然、社会、死亡关系的思考,基本代表了人自我关切的核心问题。这种身体之思对后世中国美学,尤其是魏晋美学形成了重要影响。

关键词:美学史　美学思想　审美　身体　汉代

0301

20 世纪 80 年代以来中国美学原理著作的系统研究 / 刘三平著 ; 张法指导. -- 中国人民大学,2005. 188 页

论文分为六章。第一章"1980 年以来美学原理概况",运用统计学的方法对 1980—2002 年之间的美学原理著作进行了综合考察。既进行了时间上的分段描写,也进行了类型学的研究。区分了四种形态的美学原理著作:标准型、新方法型、普及型、专题型。从而探寻出各阶段美学原理体系的特点、美学界的兴趣和关注的焦点。第二章"美学是如何被讲述的",专注于中国美学原理讲述的基本模式——标准型原理讲述美学的基本内容。第三章"80 年代以来实践美学的演进",选取美学发展历程中的重要著作和重要个人,对实践美学的具体发展过程进行了研究。依次展开为:(1)实践美学的先声(前期李泽厚)。(2)实践美学的初形(王朝闻《美学概论》)。(3)实践美学的普泛形态(刘叔成等《美学基本原理》)。(4)实践美学的成熟形态(李泽厚《美学四讲》)。(5)实践美学的创造形态(蒋孔阳《美学新论》)。(6)实践美学演进情况概说。第四章"审美活动",选取蒋培坤的《审美活动论纲》和叶朗的《现代美学体系》作为例证,显示出实践美学向后实践美学的转变。转变的标志就在于"审美活动"成为美学原理研究的逻辑起点。第五章"从实践美学到后实践美学",研究了生存美学、生命美学和生态美学的美学思想以及以此思想所建构的美学原理体系,分析了后实践美学所带来的学术创新和学术局限。第六章提出了对中国美学原理体系建构的初步设想。

关键词:美学原理　美学理论　实践美学

0302

问题与主义之间 : 对英、美两种美学杂志的研究 / 罗卫平著 ; 张法指导. -- 中国人民大学,2005. -- 158 页

本文的主要意图是通过对 1990—2000 年间的《英国美学杂志》和《美学与艺术批判杂志》的分析总结,管窥当下英美美学研究的现状,获得一种比较视域,返观我国美学研究的困惑,对美学何为和美学的发展方向做某种尝试性的回答。文章主要分成三个

部分。第一章是对两种美学杂志基本情况的分析。作者将两种杂志所有的文章分为六大类:理论研究、流派美学、人物研究、艺术门类、国别美学和跨学科研究。通过对每一门类的分别统计分析,总结英美美学研究的重点是美学理论和艺术研究。其中美学理论的研究焦点是对于艺术的界定。其他研究,如人物研究、流派研究、国别研究以及跨学科研究虽然也很重要,但是并不占据主导。第二章主要论述英美美学界20世纪末所关注的焦点问题,即对于艺术的界定之争。整个20世纪,美学的主要精力都集中在为艺术下定义,人们从制度或历史的角度给艺术定义,认为艺术作品不能仅仅根据其内在的(审美)属性定义,而是要根据其相关的、制度和历史的属性来确定其艺术资格。英美学界对于艺术可否定义以及如何定义,最终形成反本质主义和本质主义两大阵营。第三章主要讨论了现代性问题及其对艺术研究的影响。审美现代性和反现代主义对于启蒙现代性和启蒙理性的批判和反思,对艺术和美学领域的影响是:泛审美化导致美的消解,艺术实践的先锋性导致艺术与非艺术的混淆。这些看似不经意的影响,给美学界提出了重大的问题,人们必须重新建构美学,传统美学体系已经难以解释当下复杂的美学现象。故现代美学是一个风云际会的时代,一切稳定的美学成规都将被质疑,传统的深度的美学理路也被磨平。并且,现代社会的无序状态,决定了艺术研究的多元共存,以及美学重建的艰难历程,这一点,体现在英美本质主义和反本质主义之间的争论,也体现在国内实践美学和后实践美学以及生态美学的并存。同样,现代性和后现代主义等在艺术研究方法、艺术教育等方面都对人们提出了新的挑战。

关键词:美学理论　本质　美学杂志　英国　美国

0303

中国画色彩的美学探渊 / 王文娟著 ; 徐庆平指导. 中国人民大学,2005. -- 245 页

论文分别探讨了文人水墨画和青绿山水画的哲学—美学根源。文人水墨画色彩样式的哲学基础是:1)老庄、玄、禅思想之融合:“虚”、“无”、“空”的道禅本体论色彩观不重现象界之色彩(知性语言)而重与诗性的描述性语言同质的素淡—虚空之黑白,即以“摹状词”意义的色彩承担了本体论(老庄之“道”、佛性性“空”);文人水墨画对“道”之境界的眷注超越了阴阳五行五色(即“数术”与“命”)的牵绊而开辟了第二自然的心灵栖居地。2)孔子的“绘事互素”和儒之心学的影响:儒家色彩观的和谐、纯净、清朗的色彩气质和雅与平和、内敛的色彩情感对文人画的色彩相度有着内在心理积淀似的影响;陆王心学继承了禅宗的成果和禅宗一起在中国历史上前所未有地强调了个体的尊严和独立自由的精神。在“诚、敬”与自性自悟之本体直观中,心学求心性真实的血脉流淌,任情、性、心、才俱在之思想对文人水墨画深具影响。阳明心学在明代大放光彩,对明代中后期文艺新思潮犹如催生剂,势如破竹。写意性、虚灵性、崇尚“逸格”是文人画的特点;“深情冷眼”的荒寒之境是文人画的最高美学意境。青绿山水的哲学基础是异常复杂而鲜为人道的问题:1)儒、道、佛之融合:佛教美术的传入为青绿山水画的出现准备了条件;老庄哲学不仅奠定了水墨山水画的基础,也奠定了青绿山水的基础。然而青绿山水具有道家之起点,却掺杂着更多道教的因子。儒家色彩观不仅以正德正色的合“礼”之要求,也以文质兼备的合“度”之要求过滤着外来的佛教美术,即使大青绿,色彩也忌火、热、燥、烈,而以和谐、纯净为上。此外儒家色彩观的贵族情趣对青绿山水的贵族情趣亦深富影响,从开篇的展子虔、到盛唐的李思训以及宋代宫廷的青绿大张盖莫不如是。唐代儒道佛三家鼎立又互相融合是青绿山水得到大大发展的良好土壤。宋代亦然。以儒家本身、佛家(含道家)、道教为重要思想来源的新儒学虽以韩愈、李翱始,但直到宋代才明确形成。如果说陆王心学(和庄禅合流)深刻影响了文人水墨画,那么程朱理学就是宋代青绿大张的原因之一与学理、画理之所在。宋代儒学复兴(理学之建设)给青绿山水本已即有的法度、程式化、观念概括色特点提供了更高的“格物致知”的理学依据。2)五行与五行之收摄:“五行说”是中国文化中影响最为深刻而广泛的学说之一,“五行色”系是中国绘画色彩的始源性资源。五行色体系影响深远,不仅深入宫廷,也深入民间。可以说,青绿山水的色彩形式是中国的五行色(含摄、融通儒道)对佛教美术色彩观以及异族色彩观的整合、共鸣和消化、吸收,于是即使再受外来影响,青绿山水也依然是中国画中的一支。它既能被皇家贵族所喜爱而光华于宫廷,同时又能在文人画兴起并成为主流的时候,被“淡出”而落脚于民间,想必都仰赖于有五行色托底。因此五行色两个向度的发展(宫廷与民间),自然也就成了青绿山水的两个向度的发展。

关键词:中国画　色彩　山水画　文人画　审美

0304

艺术生成于存在：马克思和海德格尔艺术哲学比较研究 / 张丽芬著；彭富春指导. -- 武汉大学，2005. -- 125 页

文章认为，一、马克思所思考的世界是感性的世界。此感性区分于感性直观而是感性存在、感性活动。马克思是在感性活动即劳动中揭示美的奥秘的。马克思在人与动物的区分的准备性工作基础上，提出了人与自身的区分，并且认为人与自身的区分才是根本的问题。人与自身的区分即是人作为将来的共产主义者与作为雇佣劳动者相区分，凭借于共产主义作为对美的肯定是一切属于人的感觉和特性的彻底解放，是现实了的自然主义和人道主义。马克思美学的问题在于：感性还不是审美的，但感性要成为审美的。二、世界经验对于海德格尔是决定性的，世界是海德格尔思想的出发点和归宿。但海德格尔思考的世界并非存在者的世界，从思想的早期到晚期，海德格尔获得了不同的世界经验，但它们都统一于林中空地。对于海德格尔而言，艺术作品建立一个世界和生产大地，世界和大地踏进林中空地和遮蔽的争端之中，凭借于此，真理自行设入作品。三、马克思将现代世界把握为根源于生产活动的异化的世界，此异化的克服在于生产活动本身，通过它的包容性最大的生产世界将被转变，人的感觉才能成为审美的。但是对于海德格尔而言，此在的本性是绽出的生存。由此，海德格尔展开了对马克思生产理论的批判，理由是马克思的生产理论根源于其人类学思想，此人类学要求的是人的意识的优先性，而在海德格尔看来，此在的绽出生存首先要放弃的正是意识优先性。四、在马克思看来历史唯物主义的重心是历史而不是唯物主义。此历史是人创造的历史，是人的生产生活的历史。历史的唯一本体和动力是人的生存。马克思从"社会—批判"和"哲学—人类学"双重视角出发，指出艺术作为特殊的意识形态必须遵循"真实的—美学的"原则，真实地揭示现实社会生活，揭示历史的真实矛盾和真理，并为人类的解放和审美指导方向。五、海德格尔的历史是存在的或真理的历史。存在的历史在第一开端发生为形而上学的历史，即存在的遗忘的历史。此历史自柏拉图和亚里斯多德开始经过笛卡尔一直到马克思达到的其极端可能性最终到尼采而臻于完成。六、马克思和海德格尔思想的根本相似之处在于：对世界历史的"反"经验。此反经验，在马克思那里表现为劳动的"异化"，在海德格尔那里表现为贫困时代的"无家可归"。"还乡"对于马克思意味着，通过生产出共产主义，通过作为物质技术的生产力和构成生产力核心的人类能力的充分发展去推翻建立在此生产力基础上的生产关系。而海德格尔认为技术的本性必须在遮蔽—去蔽中考察。现代技术中存在的去蔽显现为"设定"和"构架"，人通过技术活动参与定做，人作为被设定和自身被挑战的人，构架表明为挑战意义上的去蔽，是存在的真理完成了的遗忘。

关键词：美学　艺术哲学　存在　马克思（Marx, Karl 1818 ~ 1883）　海德格尔（Heidegger, Mardin 1889 ~ 1976）

0305

西南氐羌民族审美观念研究 / 张胜冰著；陈望衡指导. -- 武汉大学，2005. -- 111 页

本论文以中华民族多元一体为基本思路，研究在这一背景下西南氐羌民族审美观念所具有的独特文化内涵，从中探寻西南氐羌民族在审美观念方面与中国传统文化之间的渊源关系。论文除引言和结语外，共分为五章。第一章概述氐羌民族文化源流。包括古代文献记载中的氐羌民族、西南少数民族中的氐羌民族和氐羌民族文化的流变。第二章分析西南氐羌民族审美观念的形成。认为西南氐羌民族大都聚居在一些海拔较高和交通不便的山区，属于典型的山地民族，因而他们的审美观念与山地的自然环境特征有密切关系。氐羌民族在历史上是一个不断迁徙的民族，西南氐羌民族更是从遥远的西北来到西南，这使得他们的审美观念往往与祖先崇拜和图腾崇拜联系在一起，表现出强烈的问祖和归宗的意识。西南氐羌民族由于自然环境和民族迁徙等原因，原始宗教信仰尤为突出，这使得他们的审美观念带有浓厚的原始宗教色彩，并且和"巫"联系在一起。第三章从神巫意识、本族意识、崇生意识和乐生意识四个方面讨论审美观念的内涵。第四章从怪异、狞厉、拙稚、神秘四个方面论述审美观念的表现形态。第五章讨论西南氐羌民族审美观念与汉文化的关系。西南氐羌民族的审美观念显示出较鲜明的文化特征，包含着许多独特的文化内涵和意义。他们在审美观念上表现出的与中国传统美学的内在联系和差异，说明中华各民族具有多元一体和相融并存的特点。由于具有共同的历史文化渊源，使得各个民族能够联系在一起，产生对中华文化的认同感和亲和力，这已经成为维系多民族统一国家稳定的不可缺少的重要因素。

关键词：羌族　氐族　美学思想　审美　民族文化　西南地区

0306

宋代画论美学研究 / 张完硕著 ；刘纲纪指导. -- 武汉大学,2005. -- 133 页

本文试图从宋代社会经济文化的特点及宋代哲学思潮(理学与禅宗)的演变对宋代绘画和绘画思想的影响两个方面,对宋代所有的画评、画论、画史著作作一次较全面的解读。宋代绘画深受理学和禅宗的影响,因此本文较详细地分析了宋代理学和禅宗的发展状况及其观点在宋代绘画理论中的表现。宋代院画派的理论主要是从理学所讲的"理"出发来考察绘画的,文人画派的理论则主要从禅宗所讲的"心"来考察的。两者有时也互有交叉,不能作机械的理解。但就总体而言,一重"理",一重"心",这是院画派与文人画派理论的基本区别。依据上述看法,本文把宋代有关绘画的著作区分为院画派与文人画派两大类,并一一作了考证研究。院画派理论充分地阐明了理学家所说的"寻孔颜乐处"、"仁者与万物同体"、万物的"生意"是天地的"仁"的表现、"格物致知"、"即物穷理"等思想在绘画创作中的重要意义,可以说是一种伦理学宇宙本体论的绘画美学。文人画派的理论则深入考察了主体的"心"、天赋(天才)、"人品"在绘画创作中的重要意义,可以说是一种以主体的"心",天赋(天才)、"人品"为根本的绘画美学。它与康德美学的观点有类似的地方,但也有重大的区别。从邓椿说"画者,文之极也"来看,还可以说文人画派的理论是一种以文化为本的绘画美学。以上是就院画派绘画理论和文人画派理论的哲学、美学基础来说的。此外,这两派的理论都对绘画的创作、鉴赏、批评提出了许多有重要意义的理论(如刘道醇提出的"六要"、"六长"等)。本文对此也作了较为详细的考察。在宋代,韩中绘画的交流十分频繁。作者作为一个韩国留学生,在文中对此作了专门的论述。

关键词:绘画理论　美学思想　宋代　理学　禅宗

0307

汤显祖的"情至说" / 钟芳著 ；叶朗指导. -- 北京大学, 2005. -- 90 页

文章指出,汤显祖的"情至说",是晚明思想解放的代表学说之一,深受李贽"童心说"和罗汝芳"生生之仁"学说的影响。汤显祖认为,"情"是宇宙间极为重要的一种力量,可以达到教化世人的目的。"情"之所以具备如此强大的社会功能,是因为"情"是一种"生生之仁"。因此不需要人为地节制"情",相反,可以发挥至善之"情"的强大力量,最终实现上下和谐、人人相亲的"有情之世界"。汤显祖提到的"情""理"之辨,都是与达观禅师讨论佛理而发。汤显祖的"情",是一种"贵生"之"情",也就是说,它不仅包含有个人喜怒哀乐之私"情",还包含着"贵天下之生"的公"情"。对汤显祖来说,忘"情"即意味着忘世,这对汤显祖来说则无法做到,因而终其一生都为情所苦,无法解脱。汤显祖重"情",却否认纵欲。作为一位儒家的知识分子,汤显祖对"礼"的看法是存在矛盾的,他认为不能以"礼"害"情",又不想或者不能公开彻底地反对。公安派的"性灵说",与冯梦龙的"情教说"从不同的角度,对"情至说"进行了发挥,它们共同构成了晚明情感解放的大潮。

关键词:汤显祖(1550～1616)　情至说　情　礼　心学　哲学思想

宗教学

0308

莲花生信仰研究 / 白玛措著 ；陈兵指导. -- 四川大学, 2005. -- 170 页

8 世纪的历史人物莲花生是藏传佛教的开创者,被誉为"第二佛陀"。本文以其对藏传佛教的贡献、显密法门思想、吉日仪式和缘起以及莲花生金刚法舞会等方面为主要内容,分析说明了藏传佛教文化中莲花生信仰的实际存在。全文共分六章。第一章从莲花生大师诞辰的不同说法上,分析了"莲花生大师"这一名号的信仰意义和符号意义;将莲花生大师的修行成就归纳为四个方面,即出家修学五明和显密法要,坟场修行实践和弘扬佛法。第二章探讨其对藏传佛教的贡献,提出莲花生大师建立了藏传佛教世间护法神系统和藏民众民间的朝圣观念;并从律藏、法藏、经藏和密乘方面,论述了莲花生大师等所修建的桑耶寺的意义,指出莲花生大师不仅健全了吐蕃藏地"佛法僧"三宝,而且完成了佛教的吐蕃本土化,拉开了藏传佛教的序幕。第三章对莲花生大师的思想作了分析,研究了其未经伏藏而口耳相传的作品:《口诀见蔓》和《秘密事业明点》,并对其部分伏藏作品以及《莲花遗教》中莲花生大师所传授的大圆满法作了说明,指出莲花生大师以"直指心性,即事即真,即身成佛"的思想教授吐蕃弟子,形成了藏传佛教显密双修的传统,并传承至今。第四章分析了莲花生大师"初十吉日"

的缘起。依据麦彭仁波切的“初十纪念文”等资料，说明了藏历六月初十举行的“古鲁羌姆”法会（金刚法舞会）是莲花生大师的生辰纪念会。文中对金刚法舞的起源和本质作了论述，同时探讨了“古鲁羌姆”法会的仪式内容和结构。第五章对甘孜州噶托寺莲花生大师金刚法舞的程式作了具体叙述，并从佛法的内涵和宗教人类学的角度，对金刚法舞会的多重意义作了分析，探讨了藏传佛教现实中存在的莲花生信仰模式。第六章从分析“让朵华日”崇拜、“上师瑜伽”、新派对古鲁仁波切的敬仰和修持揭示了藏文化中对莲花生大师的信仰与崇拜，并从莲花生大师自身的功能德用和供养功德所积的福慧资粮上，探讨了莲花生大师在藏传佛教文化中的象征意义。

关键词：莲花生　佛教　喇嘛教　宗教信仰　宗教仪式

0309

紫柏真可与晚明佛教复兴 / 戴继诚著 ; 方立天指导. -- 中国人民大学，2005. -- 381 页

本文以紫柏为中心，以晚明佛教复兴为背景，考察紫柏在晚明佛教复兴中的突出表现，展现他对晚明佛教复兴所起到的推动作用。本文认为，作为一名具有“卡理斯玛”（charisma）特质的禅僧，紫柏在晚明佛教复兴中的重要贡献可以归结为以下四个方面：（1）豪迈人格对僧风再振的鼓舞与感召作用。紫柏禀性威猛刚烈，一生叱咤风云，百折不挠，出入三教，果敢精进，以豁达、恢宏的人格魅力笼络教内外僧众，赢得了后者对他的敬重与盛赞，并起而效仿，这对扭转当时低靡颓废僧风，整顿戒律不修的丛林环境有不容忽视的督促、启发作用。紫柏的救世、救法尊者精神与豪僧形象是佛教再生的必要心理准备，对佛教复兴有振衰济困之功。（2）佛教思想的正本清源要求与合会三教的圆融精神。晚明佛教积弊重重，其在思想上的主要表现是对佛法宗旨的漠视与亵渎，盲修暗证，狐假虎威，严重威胁正法的健康发展。作为对治之策，本着契“理”原则，紫柏大力倡导佛教经典的回归，并率先垂范，带头从事于经典原著的研习与鼓唱。由于他对禅宗自力解脱宗旨的力唱，使禅宗在晚明净土信仰的巨大挤压下仍有一息生存空间。同时，本着契“机”精神，他“不以释迦压孔老，不以内典废子史，于佛法中不以宗压教，不以性废相，不以贤首废天台”。见地融朗，圆摄万法，为佛教与儒道二教在晚明的融合拓展了空间，为佛教发展赢得了机遇。（3）为法忘身、舍身护法的弘法护教活动。紫柏本质上是一位护法高僧，而非终身屈居于象牙塔中精心构建自己思想体系的义僧。他一生以弘法护教为己任，折衷于入世出世法之间，为晚明佛教的生存与延续奔走呼号，席不暇暖。一生兴复寺院二十余所，为佛教再振创造了基本的条件。在《嘉兴藏》刻印运动中，一马当先，身先士卒，无论在具体刻印的指导上，还是在精神鼓舞上，都起到中流砥柱的作用。（4）对佛教居士的积极引导与规范作用。晚明居士激增，下至黎民百姓，上自帝王宰相，宠信佛教俨然成为社会思潮。居士佛教的崛起给佛教再生提供了资源，是晚明佛教复兴的重要表现。但庞大的居士群不可避免鱼龙混杂，良莠不齐，亟须教内高僧的正确引导与规范。紫柏以豪杰气质笼络大批居士随其参禅，在居士中有崇高的威望。他积极引导居士参与弘扬正法运动，并鼓励居士们在末法时代同舟共济，拯救天下。

关键词：哲学思想　佛教　憨山德清　明代

0310

唯识学“转识成智”说研究 / 高小强著 ; 陈兵指导. -- 四川大学，2005. -- 230 页

本文认为，从哲学的角度看，唯识学与中观学都同属纯粹的观念论哲学，并且两者在理论系统上是高度互补的。中观学通过揭示世间谛缘起性空之理而直指、直面第一义谛涅槃圆满之境。唯识学从缘起性空之理（依他起自性），却分出了两个指向，一个指向虚妄唯识的遍计所执自性，解答众生及其世界是如何可能的问题；另一个指向真常唯识性的圆成实自性，亦即涅槃圆满之境。所以中观学只需谈“二谛”，唯识学却还须谈“三性”。双方的基点与交汇点在缘起性空上，中观学由此而直接向上，以纯粹追问第一义谛，可以称之为“先天观念论”；唯识学却由此还要向下，以阐明众生之妄执如何会在空理中发生，可以称之为“先验观念论”。唯识学在部派佛教六识说的基础之上，进一步将第六意识剖析为“意识”，即依意为识；末那识，即意即识；和阿赖耶识，即藏识，从而成就了更为严密的“八识”说，从义理上十分成功地解决了认知主体、认知条件等等问题。自此，唯识学已经显然有别于佛家一般意义上的心理分析与心理主义，而成为一种较为严格的先验与先天意义上的意识分析。《成唯识论》还将无著《摄论》于“转五蕴得五自在”中平列谈论的转识成智，变成为独立的主题来加以阐扬，真正而始终一贯地突出了“唯识”的理路。作者还结合中观学与现象学来论述“三界唯心”、“唯识九难”、

"三自性"及"三无性"说，尤其是以现象学还原法分析窥基的"五重唯识观"，突出唯识学在佛学义理上对于中观性空说的推进。作者通过《唯识三十颂》四个译本的对照和对 vijñāna 与 vijñapti 及 vijñaptimātra 的语义与义理的分析，证明以"唯识"迻译 vijñaptimātra，并非像一些学者声称的是玄奘未经考虑的做法，即使以安慧《三十唯识释》(或译《唯识三十论》)来看，也难说就是"误译"，更谈不上由此"误译"而引来的研究唯识的千年"误区"。

关键词：唯识宗　佛教哲学　中观派

0311

蕅益智旭净土思想研究 / 龚晓康著 ; 陈兵指导. -- 四川大学, 2005. -- 229 页

智旭一生出入禅教律，融摄禅教律，而最终以净土为归。他倡导的信愿为先、执持名号之说，至今仍为净土修行的主要法门。全文共分七章。第一至第三章分别介绍了智旭的生平著述、"抉择诸宗、会归净土"的思想以及净土思想的演变过程。第四章"净土行门之一：念自佛"，是本文重点。教下止观、宗门参禅与净宗念佛均是发明众生现前一念，所以止观与参禅即是念自佛法门。第一节"一念三千与一心三观"，主要以天台教观论念自佛；第二节"心识四分、转识成智与三自性"，主要以唯识之学论念自佛；第三节"心真如门与心生灭门"，主要以《大乘起信论》"一心二门"论念自佛。第五章"净土行门之二：念他佛"，论述了智旭以信愿为先导、持名为正行的净土修行法门。他主张以信启愿，以愿导行，以行满愿证信。第六章"净土行门之三：双念自他佛"，是了知心佛众生三无差别，众生是诸佛心内众生，诸佛是众生心内诸佛，即托他方佛，助显心自性。既然心佛众生三法互融互遍，则举佛法则摄一切心法及众生法，举众生法则摄一切佛法及以心法，举众生现前介尔心法则摄一切众生法及佛法，所以念佛即是念心，念心即是念佛。心能作他方应佛，能作自己果佛；心即他方应佛，心即自己果佛。是心是佛，无佛外之念能念于佛，所以念念于佛，能入无性之理；是心作佛，无念外之佛为念所念，所以念念于佛，不堕无为深坑。念佛之人若能深信是心是佛、是心作佛之理，则念念能入圆理，即是无上圆顿法门。第七章重点讨论了净土果门：三身四土。诸佛的法、报、应三身有单有复，且三身非一非三，而三而一。就诸佛三身寿命而言，法身寿命实无量而言无量，报身寿命实无量而言量，应净土身寿命实有量而言无量，应秽土身寿命实有量而言量。就诸佛身相来说，化身即报即法，所以有相与无相圆融无碍；法身为应化身所依，所以法身非相而具一切相。诸佛净土为常寂光土、实报无障碍土、方便有余土、凡圣同居土四种。常寂光土是诸佛法身所居，为诸佛修德所显真实法性；实报无障碍土是地上菩萨所居，为修德所感的真实果报；方便有余土为三乘贤圣所居，为出三界外之土；凡圣同居土为凡夫与圣者杂处。文章最后阐述了智旭净土思想对截流、省庵、彻悟、印光等净宗祖师的影响，依太虚大师所论，对智旭净土思想可能产生的转流作了简要论述。

关键词：智旭(1599～1655)　佛教思想　净土宗

0312

艾克哈特神秘主义思想研究 / 郭晶著 ; 李秋零指导. -- 中国人民大学,2005. -- 152 页

本文以"与神同生(与神合一)"为核心，分析艾克哈特如何解答下列这些人类不朽的精神问题，进而理解其思想并揭示他对后世的影响及启发：人言如何言说圣言的奥秘？上帝是什么？灵魂及其功用是什么？艾克哈特为人们指出的泰然之道又是什么？有限的个体生命能否与无限的神圣本质合而为一？最终达到艾克哈特所说的生而无惑。人言如何言说圣言的奥秘？艾克哈特继承和发展了肯定神学和否定神学中关于言说上帝之理论的学说；前者主要是对托马斯·阿奎那所建立的"类比理论"的革新，后者主要发展了迈蒙尼德的否定神学。最终，艾克哈特认为，圣言是人言无法规限之"无"，不断地言说及其目的就是要从上帝那里挪去那些运用于他时被证明是无意义的事物。而言说与缄默的关键就在于能否恰当地把握"知"与"不知"、"肯定"与"否定"、"人思"与"神思"各自的疆域或界限。上帝究竟是什么？为了说明无时无刻不在的、潜在于所有人意识中的上帝，艾克哈特首先提出了"神"之上"神性"的概念，以及"神性"与"三位一体神"和"世界"的流益创生的关系；他分析了"神性"与哲学术语"一、存在、思"之间的关系进而确立了"神性"具有与"纯一、纯在、纯思"相同的单纯性的特质，并因其单纯性而否定任何人言的规定性，因为人言本质上是偶然的和繁多的。其次，艾克哈特提出了"区分越大，合契越深"的观点来平衡三位一体中三个位格之间的区分同一体本质的无区分之间的深刻的辩证关系，在一定的意义上，这也是他对基督教学说的核心术语"三位一体"同柏拉图主义的最高理念"一"之间作出的一种调和。再次，他提出"存在是上帝"的命题，企图融合圣经中关于"上帝是

(存在)”与亚里士多德哲学中的“存在”。最后,他提出了“上帝是纯思”的命题,这时的上帝也就是他一开始提出的“神性”。“上帝是理智和思的行为,思的行为就是存在自身的根基。”灵魂及其功用是什么?如果说在现象学那里的关键词是“构成”的话,那么在艾克哈特的神秘主义思想中则为“生产”,这同一“生产”同时包含了四个行为,“圣子降生于灵魂”、“灵魂生出圣子”、“圣父产生圣子”、“圣父创生出人”,这四种生产同时发生,艾克哈特在他的思想中主要论述了“圣子降生于灵魂”与“灵魂生出圣子”这两种行为,人与神就是在这同一种“生产”行为中不断地合一。“泰然”之道究竟是什么?“泰然”(gelâzenheit/Gelassenheit)既是圣子降生的基础,也是人应当有的德性。就人的德性层面而言,可将“泰然”理解为“无限的听任/顺从”或“平静”,即对上帝旨意的无限顺从,而对上帝的无限顺从,表现于造物及自身就是“无限的听任”。它从根本上取消了人们对事对物的占有习性,从而使万物在人的“泰然”中“成其所是”。有限的个体生命能否与无限的神圣本质合而为一?“神人合一”同前面所讲的“圣子降生于灵魂”密不可分,艾克哈特讲道的主要目的就是要把“合一”在“圣子降生于灵魂”中所具有的一种本源发生的含义揭示出来,“合一”在他的思想中具有一种存在的发生境域的地位,而“合一”的发生含义就体现在“产生”之中,“圣子降生于灵魂”、“灵魂产生出圣子”,二者同时同地的“生”,集中体现了产生之中的合一。生而无惑的存在状态是什么?艾克哈特的神学是为了达到“无惑而在”的生活本身,这种生活是对基督生活的经历和实践,也就是要在日常生活的每个瞬间都意识到神圣的显在以及自我与神圣的同一。最终,连这种意识都要弃绝,而居于神性最初的、永恒的本质之中。

关键词:爱克哈特(Eckhart, Meister Johannes 约1260~1327)　神秘主义　基督教

0313

昙鸾净土思想研究／郭征宇著；麻天祥指导. -- 武汉大学,2005. -- 185页

全文共七章。第一章分析了昙鸾净土思想的渊源。认为它既有对印度部派佛教时期的念佛和升天观念、对大乘佛教龙树的净土思想和世亲的往生思想的吸收,也有对中国现实道教理论与实践的融合与借鉴,对当时中国关河净土思想及慧远净土思想的扬弃。第二章论述了昙鸾净土思想的形成。第三章讨论了昙鸾净土思想的哲学基础。昙鸾把业力作为万有的本体,主张业力形成一切,强调了众生的行为对个人的夭寿祸福、对形成自他共同受用的山河、大地等器世间的能动作用。昙鸾以秽、净两土相对的二元思维方式观察认识世界,认为现实世界污秽不堪,充满苦难,是秽土,主为在十万亿佛刹国土之外的西方还存在着一个极乐世界,那里清净安乐,充满美好和幸福,是净土。他号召众生厌弃秽土,往生净土,从而为人们树立了信仰的对象和目标,表现出了净土宗教的超越性。这个超越性主要体现在对现实的超越和对人们行为的指导两个方面。第四章是对往生净土的方法及其有效性的理论性论证。他认为仅靠自己的力量,累世修行以求成佛,是难行道,宣扬靠佛的愿力加持,往生西方净土并且成佛,是易行道。他大力倡导称名念佛的修行方法,认为一心专念阿弥陀佛名号,就能乘佛愿力往生西方净土,往生西方净土就必定成佛。他也重视观想念佛和实相念佛,借以使修行者在禅定中亲自体验西方极乐世界的真实不虚,培养起对信仰对象的宗教感情,坚定修行的信念。第五章是对往生西方净土就必定成佛的理论性论证。昙鸾主张九品往生说和带业往生说,认为五逆十恶之人,也能带着满身罪恶往生西方净土,并且成佛。他大力倡导双向回向论,批判只为自身的福乐往生净土,要求必须回己功德,普施众生,与众生共见阿弥陀如来,共生极乐世界。第六章考察了昙鸾思想对净土宗形成与发展的影响。综述了中国净土宗的发展简史和净土三流,论证了昙鸾是中国净土宗真正的始祖,对昙鸾净土思想对日本和朝鲜半岛净土佛教发展的影响也进行了论述,论证他是日本净土宗五祖之初祖,净土真宗七祖之第三祖。第七章是昙鸾圣迹对国内外的影响,论述了山西交城玄中寺对道绰、善导以及对中国和日本净土信仰者产生的影响,借以确认玄中寺是净土宗的祖庭。

关键词:昙鸾　宗教思想　佛教

0314

伊斯兰教法初探／哈宝玉著；周燮藩指导. -- 中国社会科学院研究生院, 2005. -- 98页

全文包括绪论、正文和结语三大部分。绪论主要论述了伊斯兰教法的基本概况、本文研究的理论依据和实践意义、基本结构和内容、国内外教法研究的现状等。正文包括7章。第一章阐述了伊斯兰教法的起源、发展演变过程及其历史形态。第二章对“念”、“礼”、“斋”、“课”、“朝”等基本宗教义务进行了简要论述。第三章主要探讨了婚姻家庭、遗产继承和瓦克

夫制度。第四章阐释了固定刑罚和同态复仇刑罚的渊源、证据及恤金赔偿等;在探讨酌定刑的惩罚时,补充了如证据(举证)、恤金赔偿、法官职权和刑法适用范围等新内容。第五章集中探讨了伊斯兰教的和平与战争观、战争法的基本内容、教法传统中对"和平区"和"战争区"的划分及传统吉哈德(圣战)思想在现当代的演变。第六章论述了伊斯兰教法与人权。在回溯人权发展史的同时,以《世界人权宣言》为参照系,重点探讨了伊斯兰教法中的人权概念、人权适用范围;对伊斯兰教"义务先于权利"的人权观予以深入讨论,认为伊斯兰教法的人权旨在调整安拉与人之间的"隶属"关系和人与人之间的"平衡"关系。第七章重点讨论了伊斯兰教法在中国的情况。作者认为,(1)从历史事实和宗教义理来看,所谓的"沙里亚"就是"伊斯兰教法",而不是法学研究者所说的"伊斯兰法"或"伊斯兰法律"。"沙里亚"实际是以《古兰经》和圣训为基础的宗教律例和礼法制度,不是严格意义上的"法律"。(2)传统教义是一种永远不能改变的定制,民法所包括的部分却有灵活运用的巨大空间。(3)应该客观评价伊斯兰教法的吉哈德和人权思想,在坚持国际基本准则的前提下,允许各国依据自己的国情,逐步实现充分的人权。(4)不同地域或国度的伊兰斯教,在保持基本特质的前提下,把教法的"创制"精神运用于现代社会发展中。

关键词:伊斯兰教　沙里亚　宗教文化　宗教礼法　人权

0315

论托马斯·阿奎那理性化的激情思想 / 黄超著 ; 段德智指导. -- 武汉大学,2005. -- 133 页

论文认为,分有理性,或者说被理性化是托马斯激情思想的最本质的特征。托马斯将人的认识能力与意欲能力紧密结合起来,指出没有认识就没有欲望。意志是理性意欲,也就是亚里士多德所说的"理性的欲望"或"欲望的理性"。而激情是感性推动的意欲,为人与动物所共有。但人的激情不同于动物的激情,在非理性的动物那里,激情的活动出自必然性,而不是出自自由的选择,但是,在人这里,在服从理性的范围内,激情分有某种自由。不仅如此,托马斯进一步指出,人的激情因分有理性,成为一种具有理性的能力,在此意义上,激情是伦理德行的主体。这一极具人学色彩的思想,对后世的情感道德论是不无启发的。托马斯的激情思想中,最具创造性的部分是,通过对理发与激情的相互关联的心理结构的探讨,吸收当时的先进心理学和医学成果,提出在人脑中部存在一个建立在其他感性能力基础上的特殊功能,这就是"特殊理性"。特殊理性的一个重要功能就是联系普遍理性与个别的感觉象,这种联系使理性回到感觉象,将感觉象提升至意识层次。而感觉象是激情的形式对象,形式对象决定激情,所以激情亦分有理性。其结果是,理性照亮并完善激情,理性对激情的支配是通过特殊理性的"内在对话"完成,而激情因分有理性也内在地具有服从理性的自然倾向。人的激情是灵魂的感性意欲,突出地表现了现实个体的"实然"状态。所以,一方面,激情因分有理性,能够主动服从理性;另一方面,激情又受到想象与感觉的推动,可以与理性不一致,甚至反对理性。从某种意义上说,这种具有内在张力的激情思想是托马斯真正的意志自由学说,它对后世的情感意志论是具有启发意义的。正是由于激情分有了理性,所以,作为理性化的激情也就成为伦理行为的人性基础,激情作为人的自主行为,具有道德上的善恶。激情的德行是一种中庸之道的习惯,而以激情为主体的德行是勇德与节德。托马斯通过对激情的理性化证明,极力调和理性、意志与激情的关系,使其伦理学表现为知、情、意的和谐,德行与规范的一致。

关键词:托马斯·阿奎那(Thomas Aquinas 1225~1274)　激情　理性　意志

0316

证道之维:论禅作为终极存在方式的审美生成 / 黄文杰著 ; 方立天指导. -- 中国人民大学,2005. -- 172 页

本文试图再现禅作为终极存在的审美生成过程,主要内容包括:1. 本我:原始样态。重点分析人的原始存在。首先从历时维度上分析了人类存在方式的历史变迁,然后分别解构混沌性存在的内在结构和"无我之境"的基本表征。禅把混沌性存在称为"本来面目",这是"分别心"产生以前的人的存在方式,也是禅宗修行所追求的终极目标。"无我之境"呈现为人与自然交融合一的本然状态,也就是原始的天人合一之境。2. 自我:此在结构。重点分析人的现实存在。在禅看来,对象性存在以"自我"亦即分别心为基本结构,它是人的现实存在方式。对象性存在是人生在世的必然过程,佛教关于人生本苦的界定正是基于对象性存在的基本事实。自我虚构了一个对象性世界,佛教所谓生死轮回实际上只是众生的"自我"的制导下独自进行的一场没有结局的虚拟战争。在这场

虚拟战争中，人类的生命运动因为没有终极价值的内在支持而不能在本原意义上的彻底展开。3. 非我：超对象化。重点分析禅消解“自我”的内在过程。禅对“自我”亦即分别心的消解是通过般若观照实现的。禅对对象化的超越表现为对实体性思维和分别性思维的突破。实体性和分别性是对象性思维的基本方式，禅的般若空观扫荡了一切形式的对象化企图。但是，禅并非虚无，禅不是一般所谓虚无主义。禅所摧毁的是自我虚构的对象性世界，它所实现的是真空向妙有的内在置换。4. 真我：终极存在。重点分析人的终极存在。如果把自我称为主体性，这种主体性由于受二元对峙的制约因而是相对的；那么，真我则是后主体性，这种主体性因为突破了二元对峙的约束因而是绝对的。绝对主体性意味着绝对自由。禅经过“非我”的心智结构的内在转换，终于实现了向自由世界的审美生成。当禅突破和超越了二元世界之后，“自我”实现为“真我”，对象性存在实现为自在性存在，有我之境实现为忘我之境。文章最后指出，在南宗，禅不再是一种宗教信仰，而是一种审美存在方式。禅作为一种审美存在，它所成就的佛境实际上是一种“诗意地栖居”。

关键词：禅宗　佛教　审美　宗教哲学　人生哲学

0317

道教笔记小说宗教思想研究 / 黄勇著 ; 潘显一指导. -- 四川大学, 2005. -- 196 页

本文以宗教本位的研究方法研究道教笔记小说，试图通过道教笔记小说，展示道教在古代文化中的生存样貌。在简略回顾了国内外道教小说的研究状况之后，作者首先厘定了笔记小说范畴，认为小说中反应的宗教情感、宗教思想以及宗教活动是道教笔记小说区别于其他小说的根本标志。紧接着作者根据小说所反映的核心思想的不同，把道教笔记小说分为济世体、修道体、游仙体、谪仙体、辅教体等五种类型，从而搭建起道教笔记小说研究的基本框架。接下来分别对这五种类型的道教笔记小说作了详细的探讨，考察了它们各自的情节模式、常见主题，揭示了不同道教笔记小说独特的宗教意蕴和文学价值。最后总结了道教笔记小说在中国审美文化中的地位，以及其美学特征和影响。作者指出，作为一种独立的小说类型，道教笔记小说集中反映了道教所独具的宗教精神，并在这种宗教精神作用下形成了独具民族特色的艺术审美风格。道教笔记小说的美学特征集中体现在作为“道—美”化身的神仙形象、自然美与神性美相统一的小说环境、以“生—美”为核心的生命美学关怀、以“善—美”为核心的伦理美学关怀等四个方面。道教笔记小说对道教文化的传播，对国人信仰世界的塑造，对民族审美趣味的形成，对古代文学的发展都有重要影响。而系统地研究道教笔记小说所蕴涵的宗教思想、美学意蕴以及文化功能，无论对审美文化研究，还是对宗教学研究而言，都是一个应该引起高度重视的问题。

关键词：道教　笔记小说　宗教思想　伦理美学

0318

心向上帝的旅程：普罗提诺宗教思想研究 / 寇爱林著 ; 黄颂杰指导. -- 复旦大学, 2005. -- 162 页

作者认为普罗提诺宗教思想的核心问题是我们的灵魂如何走向上帝以达到灵魂与太一、人与上帝的合一。我们的灵魂走向上帝并与上帝合一的可能性就在于灵魂本身是神圣的，我们的灵魂来自神圣的三一体——太一、理智和灵魂本体。在普罗提诺那里，灵魂的下降之路和上升之路是同一条道路，只是方向不同而已。在同一条道路上，我们的灵魂必然按照一个方向（太一——理智——灵魂本体——形体世界）下降，以完成太一的流溢过程，同时它又必然按照相反的方向（形体世界——灵魂本体——理智——太一）上升，以回归自己的神圣本源。我们处在可感世界中，我们的灵魂由于沾染了质料（肉体）而变得邪恶了。而且对于灵魂而言，虽然下降到形体世界是必然的，但灵魂的生命并不是以沉浸于形体世界，耽于物欲为目的，因为我们幸福的根源不在于我们的感觉生命，不在于物质的享受，也不在于权势地位和荣华富贵，而在于理智的沉思，在于洞见至善。因此人应该不断净化自己的灵魂，努力使自己完善，不只要脱离邪恶做一个善人，而且要从形体世界返回到理智世界，回到太一那里，与上帝合一。灵魂离开太一的过程就是灵魂下降的过程，这一过程是太一流溢的必然结果；灵魂上升的过程也就是灵魂回归的过程，这一过程也出于上帝的恩典。虽然并非每个人都能获得这种神秘的至高境界，与太一合一，但对于那些能够回归的灵魂而言，却是一个必然的过程。在此基础上，文章还指出了普罗提诺神秘主义宗教思想对西方神论，尤其是早期基督教神学产生的非常明显和深刻的影响。

关键词：普罗提诺（Plotinos 约 204 ~ 270）　宗教思想　基督教　灵魂　理智　太一

0319

弘阳教研究 / 李浩栽著 ; 马西沙指导. -- 中国社会科学院研究生院, 2005. -- 186 页

本文以明末出现的弘阳教为研究对象,将弘阳教置于中国宗教史的宏观背景中加以考察,力求对民间宗教做出比较客观、公正的评价。弘阳教与其他宗教一样,也划分为信仰体系和行为体系两大范畴。在关系最为密切的民间教派中,弘阳教吸收了无为教的外在形式、黄天教和闻香教的内容,但弘阳教更重要的构成因素是创教者韩太湖积极创造的"混元门源沌教弘阳法"。弘阳教教主与信徒在三教合一的基础上提出宇宙创造、万神崇拜等教理,并把宗教目标定于救援东土"原人"回归家乡。弘阳教的行为体系,包括个人内丹修炼以及象征集体救援的斋醮科仪。弘阳教的修炼过程反映出创教者与后世信徒对身体与自然之间关系的思考。弘阳教在传信仰体系和行为体系等宗教因素的过程中不断变化。弘阳教不仅表现为传统的宗教权威,也以乡土信仰的形式存在于民间。韩祖的宗教与乡土形象经过明、清、民国时代、中国解放以及文化大革命时代,仍然在一定范围内维持影响力,还有扩大的趋势。现在的弘阳教不仅表现为文字经典和历史文献,还在韩祖庙会上每年两次强化其影响力,表现出活泼泼的生命力。韩祖庙也就成为宗教文化的中心地。

关键词:道教　弘阳教　民间宗教

0320

佛学与现代自然科学对话之实质 / 廖雪伶著 ; 陈兵指导. -- 四川大学, 2005. -- 250 页

本文在回顾了佛学与科学关系历史的基础上,分析总结出佛学与科学互动时异于其他宗教与科学关系之处及其原因,分别从立场、义理与未来三个向度讨论了佛学与科学对话的各个层面。在立场向度上,作者指出,佛学与科学有其相似的目的、精神与方法,从而提供了二者对话的共同基点与可能性,但两者的差异性预示了对话中双方相互启发的契机。义理向度的讨论,包括佛学与现代物理学对于物质世界的讨论,佛学与现代天文学对于宇宙世界的讨论,佛学与生命科学对于生命图式的讨论等三个范畴。作者指出,佛学与科学对话的实质是:在物质世界中,现代物理学间接地证明了佛学中关于物质的论点,确定了心物相关、物自身存在的不实性以及物物间的相依性;在宇宙世界中,佛学与现代天文学共同说明了人在宇宙间的定位,以及无常性与时间箭头等概念;在生命图式上,佛学以阐明生命意义,为生命科学从物质角度理解生命所引起的危机与争议提供了一条可能的出路。关于二者对话的未来,作者从科学发展趋势对佛学与科学的对话作了展望,指出在未来,佛学与科学的对话将因科学研究中混沌观念的加入而深化,一种共同的世界观将逐步成形,而对话亦因科学伦理的需求而有其持续的必要性。

关键词:佛学　自然科学　科学方法论

0321

唐代道教管理制度研究 / 林西朗著 ; 潘显一指导. 四川大学, 2005. -- 186 页

本文分为上、下两篇。上篇着重研究了唐代政府管理道教的有关制度。首先介绍了唐代的道教政策,指出唐代政府在南北朝的宗教政策基础上创造出有本朝特色的道教政策,即以尊崇扶植为主,抑制改造为辅。在唐代,除武则天在特殊情况下短暂抑制道教,唐武宗因经济原因反佛外,一般都扶植道、佛二教,并行不废。其次探讨了唐代政府的道教管理制度,指出唐代统治者建立和健全多项制度实现了国家对道教全面的、有效的控制与管理,其目的是使道教更好地为封建统治服务。重点介绍了唐代政府建立的管理道教的机构及道官制度,限制入道人数的敕度制度,限制宫观数量的置观制度和约束道教徒言行的俗礼俗法。接着讨论了唐代国家的斋醮制度,分别对唐代诸帝在太清宫的斋醮活动、道教"内道场"的斋醮活动和天下名山洞府投龙醮祭的情况作了研究。最后考察了唐代创行的一项考试制度——道举制度。介绍了唐代道举的设置、开科情况和为道举培养人才的机构——崇玄学、崇玄馆的基本情况及"明四子科"制举;阐释了唐代道举制度的意义。下篇对唐代道教内部的管理制度作了探讨。介绍了唐代道士的组织制度,包括教阶制度与法位制度、宫观执事制度两部分;讨论了唐代道士的日常生活制度,并从隋唐时期的道教经典中梳理出唐代道士的日常生活科戒;考察了颇具特色的唐代道教的服饰制度和丧葬礼制;以唐代道士的法位为准,对唐代道教经戒法箓的传授情况进行了介绍;回顾了唐代宫观常住的形成过程,指出唐代宫观常住的三大经济来源,即唐代帝王捐助道教的人、财、物,公卿士庶的施舍和宫观的经营性收入。

关键词:道教　宗教管理　唐代

0322

中国汉传佛教忏悔思想研究 / 刘亚明著 ; 陈兵指

导. -- 四川大学, 2005. -- 188 页

忏悔思想及其方法自传入中土后,与中华传统文化交涉融会,形成了独具魅力的忏悔行法,成为中国佛教的显著特色之一。本文共分五章。第一章概述了汉传佛教忏悔思想的理论渊源,重点介绍了《阿含经》、小乘戒律以及大乘经典的忏悔思想。第二章在从语源学角度分析了"忏"和"悔"的原语意义之后,阐释了忏悔思想的理论基础——因果学说。从分析因果理论的重要概念"罪"入手,提出"三障三忏"的方法论,从"罪业"的定与不定中理解忏悔的可能性和可行性。认为忏悔的主旨是灭罪,而灭罪又有伏灭和断除二种。因此,三障三忏就有层次的高低、方便与究竟的区别。基于忏悔与戒律不可分割的联系,第三章讨论了汉传佛教忏悔的戒律观。第四章考察了忏悔作为中国化修行法门的几个方面。作者以忏悔思想为主轴,将佛教的有关思想融为一炉,提出了"五悔"忏悔、念佛忏悔、讽诵忏悔和实相忏悔的分类,并详细分析了各类忏法的方法、意义、地位。第五章总结了中国化忏悔思想和仪轨的特征。认为无论是忏悔的组织仪轨、科目内容、义蕴理趣,还是其社会功用,都有明显的中国化特质。文章重点从事忏、理忏相融合、止观和忏悔结合、佛教慈悲与中土孝道兼融相济以及代忏思想的社会化角度进行了考察。

关键词:佛教　忏悔　汉传佛教

0323

陈撄宁与道教文化的现代转型 / 刘延刚著 ; 李刚指导. -- 四川大学, 2005. -- 200 页

本文着眼于儒、释、道三教文化现代转型的大文化背景,探讨了陈撄宁仙学思想在近现代史上的地位和作用及其对现当代道教文化的影响。全文共分四章。第一章分析介绍了陈撄宁的生平和著述,以比较系统的问题和史料说明了陈撄宁生活的时代和所处的文化背景,认为陈撄宁是在内忧外患的民国时期,和儒家的冯友兰、佛教的太虚大师一样致力于传统文化的复兴和文化重构问题,进而提出其独树一帜的仙学思想的。第二章从七个方面论述了陈撄宁仙学思想的现代性特点,即勇于担当的仙学思想的现代性,仙道救国思想的现代性,仙学独立思想的现代性,仙学与科学调适的现代性,仙学平民化意识的现代性,男女平等思想的现代性和与时俱进的仙学改革论的现代性。第三章探讨了陈撄宁为道教文化现代转型所进行的社会活动,从陈撄宁与道教组织和机构、陈撄宁与近现代道教媒体之关系等方面评价了陈撄宁在其中的作用和地位。第四章论述了陈撄宁的影响和作用,认为陈撄宁是近现代史上唯一的一位道教理论大师,从道教文化建设的角度上看,其在道教理论现代化方面的贡献在近现代中国无人能及。若从横向比较,三教范围内,其在文化史上的地位,也只有新儒学的冯友兰与佛教界的太虚法师堪与其匹。从道教现代化的历程上看,正是陈撄宁首先作了全面清理道家文化、返本开新、化腐朽为神奇的现代性的理论重建工作。他不但在当时仙学爱好者中有较大影响而且影响了现当代道教,这主要体现在:第一,陈撄宁是近现代以来代表道教界睁眼看世界的第一人,他颇具现代性的仙学思想对道教文化的现代重构有大师般的启蒙之功。第二,他开启了近现代道教爱国爱教的爱国主义传统。第三,他增强了道教养生学的科学性,体现了向现代生命科学的转型。第四,其仙学独立思想对当代道教徒提出的"生活道教"理念有启发之功。第五,陈撄宁及其学派开创了道教组织和宣传手段的现代化之路,扩大了道教文化在社会上的影响。第六,他创新了道教人才的培养方式,为繁荣道教学术文化做出了重大贡献。

关键词:陈撄宁(1880～1969)　道教　宗教文化

0324

论伊拉斯谟和路德的宗教改革思想 / 刘友古著 ; 张庆熊指导. -- 复旦大学, 2005. -- 208 页

本文将德泽德里·伊拉斯谟与马丁·路德放在中世纪晚期宗教思想的背景中,比较地呈现这两个人关于宗教改革思想的差别。在这种呈现中,这些差别将揭示基督教思想中的三个主要问题:罪与救赎、理性与信仰、自由意志以及必然性。从基督教思想来看,这三个问题始终是基督教的中心内容;从基督教的历史来看,这三个问题始终构成了每个时代的宗教主题。若用模式或范式来表达的话,那么,这三个问题既是每个基督教宗教思想范式的结构内容,又是范式转换的枢纽。伊拉斯谟与路德对这三个问题的解释构成了他们各自的宗教思想类型。若按照康德所提出的宗教类型来划分,即人中心宗教与神中心宗教,那么,伊拉斯谟倾向于第一种类型;而路德则倾向于第二类型。当然,在这里所说的"倾向"一词就表明这种归类并不是那么严格的。譬如,伊拉斯谟虽然非常强调基督教应该以人为中心,因为上帝也是为了人的幸福而祝福的,但是,他也强调基督教的信仰中心是基督。不过,基督的实质在他看来就是一种至高的心智,所以,人也要以他的心智去接受基督。这就是

他的"有知的虔诚"理论。路德也强调人的良心。正如他在沃尔姆斯所说,他不能违背自己的良心撤回自己的宣言。本文认为,伊拉斯谟和路德宗教改革思想的意义在于:一、伊拉斯谟的道德的内在救赎论和路德的恩典唯一的救赎论都超越了经院主义的律法的外在救赎论。二、伊拉斯谟的道德理性建构理性与信仰的和谐和路德的绝对信仰建构理性与信仰的和谐也超越了经院主义的自然理性所建构的和谐。三、伊拉斯谟的自由意志与恩典的合作论和路德的被缚意志论超越经院主义的理智主义和意志主义以及当时人文主义者的自由意志论。这些超越构成了他们各自在16世纪宗教改革范式中的宗教意义,也构成了他们各自的现代性意义:伊拉斯谟开始了理性宗教思想的萌芽;路德则开始了新教宗派思想的发展。

关键词:爱拉斯谟(Erasmus, Desiderius 1465～1536) 马丁·路德(Martin Luther 1483～1546) 宗教思想 宗教改革 基督教

0325

早期天台学对唯识古学的吸收与抉择 / 刘朝霞著 ; 陈兵指导. -- 四川大学, 2005. -- 237 页

本文以早期天台学(主要以南岳慧思与天台智顗为范围)对唯识古学(包括地论师与摄论师)的吸收与抉择为研究对象,试图借此把握天台学之精神实质。论文分为八章,主要包括四个方面的内容:对天台学与唯识古学的概要介绍,慧思之前诸师与唯识古学的交涉,慧思禅法对唯识古学的吸收改造,智者对唯识古学的吸收与抉择。本文以慧思向之问学的诸大禅师的禅学思想为天台学的准备阶段,从慧思的师承问题引出诸师,包括明师、最师、慧师、文师,以及善慧大士等与慧思相关的诸大禅师的禅修方法,重点讨论其与唯识古学的交涉,认为其中至少最师、慧师、文师等与地论师有相当深的关系,这直接影响了慧思,间接影响了智者。作者以慧思的《随自意三昧》、《法华经安乐行义》、《诸法无净三昧法门》为范围探讨了慧思别具特色的心意识说。认为慧思有关"心"的思想主要吸收了《大集经》、《大智度论》中对心相与心性的分类与探讨。慧思关于"识"的思想则源于瑜伽行派。而在慧思关于心与识的分析中,无不贯以大乘空观,这是其禅修实践所必须者。文章通过智者不同作品中关于心意识的说法,寻找其思想变化的脉络及其对唯识古学相关思想的吸收、改造及抉择。

关键词:天台宗 唯识宗 慧思 心 禅宗

0326

20世纪伊斯兰宗教观研究 :以阿布杜、毛杜迪和库特卜为例 / 马福元著 ; 张志刚指导. -- 北京大学, 2005. -- 200 页

本文以阿拉伯文原著为基础,参照国内外学者研究成果,研究了20世纪阿拉伯伊斯兰现代主义、泛伊斯兰民族主义和伊斯兰原教旨主义代表者的宗教观,用宗教学方法对其代表作中有关伊斯兰教重要问题的诠释做了梳理。在第一部分中,作者主要分析了阿布笃在"存在神学"中对"终极实在"的诠释、对"宗教哲学"的检讨和对"盲从传统"的批判。在此基础上,对阿布笃关于"存在"的三种划分,即"不可能存在"、"可能存在"和"必然存在"做了进一步探讨。并在"神性论"中对阿布笃关于真主本体(固有、永恒而非复合体)与真主德性(永活、全知、意志、全能、自由和独一)的论述做了解读。在第二部分中,作者围绕"信仰"问题,就毛杜迪关于信仰需要服从、信仰与穆斯林间关系、"诚信未知"、"信仰核心"以及"四大"信仰新说的解读做了讨论。进而在"先知论"中对毛杜迪关于差遣先知的目的、认识先知的条件、顺从需要先知的引导和对众先知的认可等问题,以及对穆罕默德成为"至圣"原因的论证做了探讨。在第三部分中,作者以"危机与挑战"为主题,在对库特卜就社会危机的分析、伊斯兰"乌玛"的职责及其"革命"的论述进行分析的同时,对库特卜关于伊斯兰教英才的历史价值和穆斯林行为准则的阐释做了研究。在"伊斯兰教与社会"章中,就库特卜对伊斯兰教的信仰、特征和伊斯兰社会等问题所做的论述做了分析,并对库特卜关于"蒙昧主义"社会形态的划分和政治原则进行了阐释。在"伊斯兰教与文化"章中,就库特卜关于"文明"、社会科学和自然科学以及对"知识"所做的有关论述进行了研究。在第四部分中作者对他们共同关注的一些重要问题,诸如什么是伊斯兰教,何为穆斯林,以及宗教学研究中关注的其他主要问题做了综合性比较。

关键词:伊斯兰教 穆斯林 伊斯兰现代主义 大伊斯兰主义 伊斯兰原教旨主义 宗教观

0327

《章嘉宗义》研究 / 牛宏著 ; 陈兵指导. -- 四川大学, 2005. -- 184 页

本文对《章嘉宗义》藏文原著中的整体内容进行汉译研究,旨在掌握《章嘉宗义》中所评判的外道(佛教以外的印度宗派)和印度佛教晚期四大宗派的义理思想内容,并进一步对藏传佛教格鲁派的佛学观和章

嘉·若贝多杰的佛学思想等方面有所理解和认识。全文分为九章。第一章和第二章概述了章嘉·若贝多杰的修学及建树以及藏传佛教宗义文献。第三章是《章嘉宗义》关于外道宗派思想的介绍和批判。对九大外道宗派(佛教以外的印度宗派)的名称、祖师、主要思想主张及解脱方法等作了界定和解说,列举了《章嘉宗义》中对诸外道思想批判的焦点问题,总结了《章嘉宗义》对诸外道思想的介绍和批驳中所表现出的特点。第四章是《章嘉宗义》关于毗婆沙宗义理思想的评判。叙述内容是从根、道、果三方面来判分的,重点义理思想在"根"部分,"根"部分又分为"根境的主张"和"分别外境的看法"两部分。在"根境的主张"中主要论述了五个方面的问题,即"二谛观"、"蕴、界、处观"、"有漏、无漏观"、"五位法"、"三世实有";在"分别外境的看法"中主要评议了此派对"外境的主张"、"认识对象的把握"以及"认知的界定"三个方面的认识。第五章是《章嘉宗义》关于经部宗义理思想的评判。内容也是从根、道、果三方面来叙述,"根"方面包括该派在认识对象方面中的"二谛观"、"常、无常观"、"外境主张"三部分内容,以及该派所表现出的独到的认识理论,即"识取境理"、"所量量的界定"和"支分因说"三部分内容。第六章是《章嘉宗义》关于唯识宗义理思想的评判。论述仍然按照根、道、果三个方面展开。通过《章嘉宗义》中对唯识宗义理的判断和分析,可以了解藏传佛教,特别是藏传佛教格鲁派对唯识思想的理解和认识。第七章是《章嘉宗义》对中观宗及中观自续派义理的论述。重点论述了关于中观自续派的义理思想,内容包括对中观自续派的定义、分派问题的看法,以及经部行中观自续派和瑜珈行中观自续派。第八章是《章嘉宗义》对中观应成派义理的论述。重点讨论了"抉择根见理"、"区分二谛理"和"八大独特义理"。第九章选取各宗的"二谛观"为主要内容,进一步比较分析了各宗派的义理特色;以另一部宗义文献——《宗义宝鬘》为比较对象,对二宗义书中内容方面的异同作了简要的比较分析;最后,简略叙述了《章嘉宗义》一书的影响。

关键词:佛教教派　格鲁派　佛学　《章嘉宗义》　印度教　藏传佛教

0328

《大方等大集经》之研究 / 萨尔吉著 ; 姚卫群指导. -- 北京大学, 2005. -- 283 页

《大方等大集经》(以下简称《大集经》)是大乘佛教经典集成的几个主要部类之一,在佛教发展史上占有重要地位。本文运用文献学与哲学相结合的研究方法,对《大集经》进行了专门研究。在研究过程中,作者以《大集经》汉译原本为中心,同时借助其他相关文本,并考察后代论书对《大集经》经文的引用,进行梵、藏、汉三文对勘,在对勘的基础上侧重探讨了《大集经》的原本与译本的文献特色,以及《大集经》所涉及的重要佛教思想。全文分两部分:第一部分探讨了《大集经》的原本与译本的文献特色,同时证明印度确实存在"大集"一类的大乘佛经集成,认为藏、汉译本均未完整地将其翻译出来,并就汉译六十卷《大集经》存在的一些问题进行了分析。此外,对"大集"一词的具体含义根据文献作了解释。作者还对梵、藏、汉三文对勘后所发现的一些翻译问题进行了探讨。在对汉译本的分析中,论文主要涉及对梵文词句的理解、意译与缩略、双重翻译等现象,探讨了与之相关的梵汉两种语言的差异及佛教混合梵语的问题。通过对藏译本的分析,及与梵本对勘,发现它与梵本原文的接近程度非常之高,认为这可能是由于藏译本比汉译本晚,原本相对固定,易于表述等原因所致。第二部分侧重参考后代论书对《大集经》经文的引用,就《大集经》所涉及的重要佛教思想进行了分析。主要梳理了经中所讲的自性清净与无自性的观念、了义与不了义的判别、性空与缘起的圆融,并就《大集经》中所涉及的佛教宗教实践层面中的一些问题进行了探讨,分析了大悲心与菩提心、禅观与密法的修持等问题,指出了《大集经》不同于其他显教经典的一些重要特色。通过这些分析,说明《大集经》仍以般若空观作为其主干,倡导广大行持,而且强调陀罗尼的功用,显示出早期密教的一些基本形态。

关键词:《大方等大集经》　佛教　佛经　大乘

0329

圣像的基督论之维 / 沙湄著 ; 张志刚指导. -- 北京大学, 2005. -- 93 页

本文以神学美学为理论视域,以拜占庭时期的圣像破坏争议为具体切入点,研究圣像所牵涉的基督论问题。论文的主要内容包括:(1)圣像争议研究本身。学界公认,圣像争议是早期教父神学的内在歧异爆发为公开冲突,是基督论争议在后卡尔西顿时代的延续。作者指出,圣像辩护者在神学上的凯旋,终极依据是对身位学说的阐明,它是使强调基督人性之完整的全部努力得以生效的前提,否则,圣像辩护者对安提阿学派传统的回归,将难免聂斯脱利主义的嫌疑。而这个贡献,是由研究者较少注意的西奥多做出的。

(2)作为神学美学的圣像神学。关于描绘基督形象的神学正当性,问题的实质是:在抽象概念和语言之外,超越的上帝如何能以可见的感觉形式下降和现身,人类透过这个途径领受启示真理,并用同等手段表现它,究竟有没有合法的教义根据?这正是神学美学所关注的典型问题。作者分析了拜占庭正教对道成肉身的健全理解,如何为圣像的神学美学奠立了不可或缺的基督论基础,解除了旧约的形象禁令,带来认识论上的全新秩序,并指出,这种成就是受惠于托名狄奥尼修斯和认信者马克西姆的神学。(3)言与形象之间的张力。基督教上帝的自我启示,既透过语言,也透过形象。一种健全的神学,本该对两者同等地悦纳。然而在基督教的理论实践中,后者经常被忽略或鄙弃,甚至与前者对立起来。这种张力,是神学史中反复再现的永恒主题,拜占庭的圣像争议是它的极端形式。作者试图呈现这种张力,并指出,它与基督的神—人二性之间有一种平行关系,这就是为什么圣像破坏神学会具有如此鲜明的一性论特征(亚历山大学派的产物),在其背后作祟的是柏拉图式的唯灵论倾向,以及精英主义气质。类似的意识形态,依然存在于新教神学中。这种理论的缺陷,不仅在于封闭了启示的一个丰盛来源,使神学和信仰生活变得贫瘠,而且由于忽视了经世学和教会传统,没有足够力量抵挡思辨理性主义的侵蚀。圣像的神学美学是对此的必要矫正,它通过向形象的回归,修复基督神—人二性之间的平衡,缓解了这种张力,理论旨趣与巴尔塔萨对新教神学的修正颇有相似之处。包括天主教在内的西方神学所苦苦寻觅的审美之维,在东正教信仰传统中正是主要的构成元素,它忠实延续了希腊教父的精神遗产,保存了鲜活的信仰体验和具有美感吸引力的教会生活,对西方神学所面临的困境有很好的借鉴和参照价值。

关键词:圣像　神学　基督论　美学

0330

赵紫宸的神学思想研究 :一种侧重其思想的伦理化特征的解读 / 唐晓峰著 ; 张志刚指导. -- 北京大学, 2005. -- 177 页

本文旨在以赵紫宸的神学思想作为个案,考察其神学的伦理化特征的种种表现,探讨这种伦理化特征的成因,并评估这种伦理化的神学思想的得与失。论文的第一部分考察了赵紫宸神学思想的伦理化特征,认为它不仅体现于赵紫宸的上帝论、基督论、救赎论这三个神学的主要环节中,同时也蕴含于他对教会、圣经、天国等问题的理解以及对三位一体、恶等神学范畴的阐释中。论文的第二部分结合中国当时的社会现实及文化处境探讨了赵紫宸神学的伦理化特征的成因,认为中国社会的道德人格总是为赵紫宸的伦理化的神学提供了主题;中国文化,尤其是儒家文化的伦理特征塑造了赵紫宸神学的伦理化面貌;西方一些神学派别的伦理特征也对赵紫宸神学的伦理化倾向起到辅助诱导作用。论文的第三部分评估了赵紫宸伦理化的神学思想的得与失,认为赵紫宸尝试建构的伦理化的基督教神学正是一种"处境化神学",并在当时中国的社会现实中起到启发道德人格的作用,但同时赵紫宸伦理化的神学理论也存在以下两个问题:首先,试图通过改良个体道德的方式来改造社会的做法不免消除了个人伦理与社会伦理之间的张力,个体道德水平的提高并不是重建一个合理社会的充分条件。其次,在基督教伦理的超验性与历史现实性之间应该持有一种张力。事实上,当赵紫宸强调基督教伦理对现实生活的伦理建设的意义,并围绕基督教信仰的道德功能来建构他的伦理化的神学思想时,他对神学在人生和社会中的功效的过分关注以及对这种功效所持的先入为主的理想主义,无疑使他对人的行为能力以及由这种行为所带来的社会贡献给予过高估计,基督教伦理的超验性与历史现实性之间的张力关系也在这种乐观主义的情绪中遭到破坏。

关键词:赵紫宸(1888~1979)　神学　基督教　宗教思想　宗教伦理

0331

金元全真心学研究 / 王廷琦著 ; 赵士林指导. -- 中央民族大学, 2005. -- 173 页

论文认为,金元全真(北宋)心学,系指金元之际,王重阳所创立的全真教关于内丹修炼的心性学说。它以老庄思想和传统道教为基础,广泛吸收、融合儒家特别是宋代理学、佛教尤其是禅宗的一些心性思想,结合自身的修炼实践,以道、心、性、神、气、虚、空、静、精等为基本范畴,来阐述内丹修炼的心性问题,包括三教合一、全真而仙、清静无为、明心见性、功行双全、性命双修等内容,是中国道教史、思想史上风格独特的心性理论。王重阳是全真教的创始人,也是全真心学的奠基者,他提出了全真心学三教合一、识心见性、性命双修等基本观点,建立了全真教独具特色的心性学说。马丹阳的清静修养论,主张忘心见性,清静无为,勾勒了全真心学的基本风貌。丘处机及其龙门派弟子主张从"无为"、"有为"两个方面来修仙证

道,强调外道内儒,内外双修,功行俱全,内外结合,表现出了强烈的入世精神,既能满足个体的心理需求,又能满足社会社会群体的现实需要,创造性地发展和丰富了全真道的心性理论。以郝大通为先导、以王志谨为代表的盘山派吸收儒家和禅宗的心性思想,建立起了以心为起点,以心、性、道合一为特色的具有浓厚禅宗色彩的心性理论,主张境上炼心、心道合一、功行双全等。谭处端、王处一、刘长生、孙不二等全真七子,根据各自的实践,提出了各具特色的心性思想,极大地丰富了全真心学的内容,使全真心学一举成为与佛教的禅宗、儒家的理学并驾齐驱的道教理论,在中国道教史上写下了辉煌的一页。后期,李道纯、陈致虚等全真大师又内兼南北二宗、外合儒释道禅,形成了一套完整的全真心学的概念范畴体系,将全真心学推向新的高峰,并最终奠定了全真心学在道教史、思想史、文化史上的历史地位。

关键词:道教　全真道　心学　王重阳(1112～1170)

0332

美国激进世俗神学的文化阐释 / 王紫媛著 ; 李秋零指导. -- 中国人民大学,2005. -- 146 页

本文在概述了激进世俗神学运动的基础上,分别讨论了瓦哈尼安、布伦、阿尔蒂泽和汉密尔顿的神学思想。加布里尔·瓦哈尼安从上帝适应文化的角度认为人类对上帝的概念是由文化来决定的。在现代西方文化背景下,上帝只是一种偶像崇拜,缺乏时代性,因此毫无意义。当代上帝之死文化现象的存在是因为西方文化思想的基本形式是以激进的存在主义为特征的,而激进的存在主义完全反对基督教在人类存在之外设定一个超越的和神圣的空间。他对现代世界上帝之死深感遗憾。他指出现代人正在寻找和探索一个新的和更有意义的上帝。保罗·范·布伦则确信现代人已不再接受把上帝作为位格的、超越的、对人类世界有效的存在。"上帝"一词已不再具有任何清楚的或有意义的所指对象,它只是一个空洞的用语,而与此相关联的则是一种过时的、形而上学的世界观,在这种世界观里,上帝被设想成一个超验的存在物,或者自然界的终极基础。他利用经验主义的方法论,借助语言分析试图确定基督福音世俗的或非神圣的意义。托马斯 J·J·阿尔蒂泽利用对东西方宗教神秘主义对比研究,提倡返回传统基督教的末世论。他认为东方的神秘主义试图通过消解人类现在的和历史的意识来达到神圣,这种办法也在很多地方被基督教所采用。但他坚信只有通过对世俗事物的充分肯定才能达到神圣。这样,人类追求的是现世的新的而不是原始的神圣显现。威廉·汉密尔顿最为关心的是在激进的情境下道德伦理的基督教。他倾向于一种非结构的和非连续通向神学的途径,基督则是唯一的结合因素。其主要观点在于现在的基督徒已不再相信或寄希望于犹太——基督教传统中有位格的、超越的、全知全能的上帝,在这一意义上来说,上帝对现代人来说是死了。对现代基督徒来说唯一有效的美德就是爱。因此,在上帝死亡的时代,人类应该比以往任何时候都更加紧密地追随基督。人类应该学会以基督为榜样,学会他无私的爱,以及随时随地地帮助他人。激进的世俗神学运动或上帝之死运动使正统基督教面临了一个严峻的挑战,因为它使正统基督教必须对人类的宗教信仰中世俗化的作用与功能做出新的神学阐释。世俗化已经是人类存在和基督教信仰的组成部分。面对现代人生活的都市化、工业化、技术化的社会,今天的基督教神学家就必须在现代的思想结构中重新阐释犹太——基督教的启示与真理,阐明在世俗的人类社会中对上帝信仰的真正本质。基督教神学必须使自身与现在的人类情形相关,并满足现代人的需求与渴望、希望与期待。

关键词:神学　基督教　世俗化　美国

0333

马克思主义宗教观研究 / 魏琪著 ; 牟钟鉴指导. -- 中央民族大学,2005. -- 135 页

论文主要由三大部分组成。第一部分说明了马克思主义宗教观产生的思想文化背景(第一章)。通过对西方文艺复兴以来各种宗教启蒙思潮的逻辑分析,指出马克思主义宗教思想的出现是当时持续数世纪的以批判宗教为主流的社会思潮发展的必然结果。第二部分梳理了马克思、恩格斯宗教观产生、形成和发展的历史进程及主要思想(第二—五章)。鉴于马克思、恩格斯宗教理论形成于在不同阶段对各种具体问题的解决中,故对其宗教思想的论述亦放在相应的历史时期,旨在清晰地了解他们宗教思想发展的逻辑思路及其强烈的时代感和历史具体性,从而准确地把握其精神实质。第三部分探讨了马克思主义宗教观的当代价值(第六章)。从今昔、中西社会和宗教的巨大变化和差异、理性精神的不可或缺三个方面说明了讨论当代价值所必须具备的前提,在此基础上论述了马克思主义宗教观的当代价值。

关键词:马克思主义　宗教思想

0334

原始佛教"正法律"的法理学研究 / 杨荔薇著 ; 陈兵指导. -- 四川大学, 2005. -- 228 页

本文旨在从法理学的视角研究原始佛教"正法律"的思想内容和理论体系,属于法学与佛学的交叉研究。全文共分五大部分。第一部分概述了世俗法律与原始佛教"正法律"。从产生、目的和作用三个方面对比分析了正法律和世俗法律之同异,指出"正法律"是对宇宙人生(自然界)进行总体的、综合的考察后所施设的优秀法律体系。从本体上说,正法律所宣说的道理本来存在,其在人间的产生是缘于佛为使世人解脱于老病死苦于悟道后演说而有;正法律的目的是使人们到达涅槃之彼岸世界;正法律有个体解脱、僧团和合、正法久住、社会教化四个方面的作用。第二部分论述了"正法律"的哲学观。指出"正法律"与世俗法律最根本的差异在于对宇宙人生的不同认识,即不同的哲学观。"正法律"的哲学观是建立在对缘起法则的证知上的,以彻底解脱于苦为其最终目标。其两大特色为"以缘起法则为核心在万法之间建立了普遍的联系"及"确立了心的枢纽性地位"。第三部分论述了"正法律"的价值观。"正法律"所追求的价值即"正","正"有多方面的内涵,主要有善、自由、平等。作者还阐述了"八敬法"中的平等思想。指出"八敬法"是基于男女之不同的五蕴和合而制定的规范,既不同于男尊女卑思想,亦不同于女权主义思想,是平等的中道法。第四部分阐述了"正法律"的行为规范,并以对偷盗行为的规范为例,从主体、主观方面、客体、客观方面四个方面对比了"正法律"与世俗法律的异同。第五部分梳理了"正法律"的制度规范,着重讨论了其"立法制度"、"实施制度"和"治罪制度"。文章指出,"正法律"是以正法为核心、正法与正律完美融合的理论体系,其以四圣谛为核心的理论是区别于世俗法律及其他宗教律法的根本所在,"正法律"思想对现代社会世俗法律建设具有启发意义。

关键词:原始佛教　法律体系　法理学

0335

禅宗与全真道宗教美学思想比较研究 / 余虹著 ; 潘显一指导. -- 四川大学, 2005. -- 220 页

本文通过对禅宗与全真道的比较,揭示了中国宗教人生审美化的特点,展现了宗教与审美的内在关系。核心思想是:禅宗与全真道宗教修养的过程,实质上也就是审美人生的生成过程。围绕这一思想,从五个方面展开论述:第一,审美本体论。在论述了作为禅宗与全真道的宗教本体,即审美本体的"禅"与"道"二者相互交融的历史基础上,揭示了"禅"与"道"的共同本质——心性,指出"心性之美"之所在。美的本质在于生命,"心性"乃生命之源,也是美之源。"心性之美"折射出的是一种对生命有限性、沉沦性的超越,对自由逍遥人生境界的追求以及对生命潜能的无限探索,"心性之美"是一种生命之美。第二,审美修养论。以"悟"与"修"为突破点,比较分析了禅宗与全真道在宗教修养方面的异同,揭示出二者宗教修为的过程乃是对生命的体验与超越过程,是审美人生的生成过程。第三,审美境界论。阐述了"禅悟境界"与"仙道境界"各自的审美特质以及二者的相通相异之处,揭示出禅道境界皆为一种"与道合一"的本真生命境界,也是一种永恒的人生超越境界,一种理想的审美人生境界。第四,审美表现论。阐述了禅宗与全真"外以化人"的言说方式的审美特质,尤其是作为其主要言说方式的诗歌的审美特征,揭示出二者在言说方式上皆具有"不言之美"的审美特征。文章搜集了大量的禅诗与全真道诗,对其审美特质作了分析。第五,审美人格论。对禅宗的"觉悟人格"与全真的"仙真人格"进行了比较,抓住二者人格中的共同特征:"狂"与"隐",以此为突破点,对禅宗与全真的审美人格进行了研究,揭示出二者人格中的同中之异。同时,专门对全真的审美人格作了剖析,以"癫狂"、"济世"、"隐逸"为典型,对全真人格的审美意蕴及其变化发展作了阐述。

关键词:禅宗　全真道　美学思想　宗教修养

0336

走进神学中的理性:论阿奎那《神学大全》第一集中的自然神学思想 / 翟志宏著 ; 段德智指导. -- 武汉大学,2005. -- 240 页

论文指出,阿奎那的自然神学学说包括了上帝的存在、上帝的本质与属性、上帝与世界和人类的关系等主要内容。上帝存在的哲学论证,是阿奎那自然神学的核心和基础部分,是其他部分得以展开的前提。阿奎那从感性经验出发,通过事物的运动、因果关系、事物存在的可能性与必然性、不同的完善性等级和目的因五个方面,对上帝的存在作了尽可能全面的论证。在此基础上,阿奎那采用否定方法和类比方法对上帝的单纯性、完善性、无限性、不变性、单一性等本质和理智、意志、生命、能力等存在方式与活动方式进行了阐述和说明,从而形成了对上帝这一终极实在的相对完整的认识。以这种有关上帝的完整图像为基

础,阿奎那对世界的产生及其受造特征、万物的区分以及人的本质、灵魂与肉体的关系、认识与意志、最终目的等问题作了进一步的说明和阐述。这些阐述是围绕着上帝而展开的,它主要着眼于世界和人类与上帝之间的关系。阿奎那的自然神学以上帝为中心,以经验为基础,以哲学为手段,对无限和有限两个层面进行了全面的探究。这种探究在相当大的程度上改变了早期基督教神学思想的进程,形成了不同于奥古斯丁主义的托马斯主义传统,在西方基督宗教哲学中产生了与本体论类型分庭抗礼的宇宙论类型。作为这种宇宙论类型集中体现的自然神学,不仅扩展了基督教神学思想的深度,也丰富了它的表达形式。从此以后,关于神学与哲学关系的论述,关于自然神学的探究,阿奎那都占据了一个不可忽视的地位,起到了示范和推动作用。虽然阿奎那的自然神学因涉及神学和哲学的关系,既遭到了哲学的批判,也引起了神学的不满,但他通过自然神学的方式对神学和哲学整合的尝试,则对基督教神学和哲学的历史发展产生了深远的影响,激发了不同时期众多哲学家和神学家对哲学和神学关系的深入思考与探究,从而推动了哲学和神学的发展。

关键词:神学　理性　自然神学　托玛斯·阿奎那(Thomas,Aquinas, Saint 1225 ~ 1274)

0337

天师道哲学思想研究 / 郑信平著 ; 李刚指导. -- 四川大学, 2005. -- 166 页

本文研究了天师道哲学思想的发生、发展和完善过程,发掘出天师道哲学思想在中国思想史上的地位和影响。首先,分析了天师道的主要来源,指出其思想源头是道家思想和阴阳五行说,信仰源头是神仙信仰,法术源头是自然崇拜、鬼神观念和原始巫术,组织源头是先秦墨家和佛教的组织形式。其次,对孕育和体现早期天师道哲学思想的经典——《太平经》和《老子想尔注》进行了考证,指出《太平经》吸收了老子之道和传统天神的信仰,杂以阴阳五行说和仙家方术,以天人合一和承负说为凭借,宣扬其神学思想和治世之术;《老子想尔注》则把道家《老子》和《庄子》等的道为宇宙万物本原之说、《太平经》的天人合一说和承负说等从宗教神学的角度发展成为道教哲学思想,为天师道的创立提供了一个初具规模的理论基础。再次,分别对北宋以降天师道的代表人物——张继先、张嗣成、张宇初、娄近垣的哲学思想尤其是他们的心性思想进行了阐述,并结合具体历史时期里中国思想史的发展潮流进行了研究,对每一位人物的哲学思想与其他宗教(学派)思想的相兼相摄进行了分析。最后,探讨了天师道哲学思想对佛教思想、儒学(尤其是宋明理学)思想和全真道思想的吸摄,指出宋以降天师道哲学思想有佛学味道浓重、理学痕迹明显、全真修炼突出三大特征。天师道早期把道家思想尤其是《老子》思想宗教神学化、融儒家善恶思想入道、隋唐以后融禅和心于道、宋明以后吸摄理学思想入道、融汇全真道的修炼理论于一炉,丰富和发展了中国的道教哲学理论,更为天师道能够顺应时代潮流的发展作了教义教理上的准备,表明天师道哲学思想在中国哲学史和道教思想史上的地位和作用是不容忽视的。

关键词:天师道　五斗米道　哲学思想　《太平经》《老子想尔注》

0338

中国汉传佛教梵呗研究 / 邹燕凌著 ; 陈兵指导. -- 四川大学, 2005. -- 166 页

本文的研究对象是中国汉传佛教梵呗,属于中国佛教文化与中国汉民族传统音乐文化的交叉学科,自成体系且形式独特、内涵丰富,是外来宗教与本土文化艺术相结合的完美典范。梵呗在中国有着悠久的历史,自传到东土以来就不断地与汉民族文化相融合,并在汉传佛教法事仪轨的发展过程中成功地实现了它的中国化,同时也对汉民族音乐文化产生了深远的影响。文章指出,虽然寓教于乐和以情动人是梵呗的重要功能,但梵呗的宗教内涵不止于此,它同时是一种特别殊胜的、艺术化的修行法门,属于定学的范畴。对于佛教徒"戒定慧三学"之"定学"的实践以及身心的调柔都大有裨益,在促进佛教徒通过修定来开启智慧、接近佛法的真理等方面有不可替代的殊妙功用。本文从梵呗的产生、发展、类别、运用、宗教内涵、音乐特性等基本概况出发,对汉传佛教梵呗这一人类宗教艺术瑰宝作了较为系统的整理与总结。综合运用了哲学、宗教学、社会学、音乐学、艺术学、心理学等理论,通过个案化、具体化(如忏悔仪式、五会念佛、朝暮课诵等)的专题分析,挖掘了梵呗蕴藏在艺术形式之下的丰富而深刻的人文精髓与宗教内涵。作者认为,梵呗的中国化,生动的表现出宗教信仰所具有的顽强生命力,同时也向世界展示了中华民族兼收并蓄的文化宽容精神,以及以儒家为主体的中国传统文化的博大精深。梵呗持续发展、不断演进的基本事实,提示我们宗教是一个动态的概念,内涵极为丰富,我们应当用开放的心灵、发展的观点和客观的态度来观

察、研究种种宗教现象，力求更加全面地、历史地、辩证地认识和对待宗教，使之更好地服务于人类，促进社会主义精神文明和物质文明建设。

关键词：佛教 梵呗 宗教音乐

科学技术哲学

0339

物理学理论发展的哲学探索 / 蔡肖兵著 ；金吾伦指导. -- 中国社会科学院研究生院，2005. -- 87 页

文章指出，爱因斯坦的相对论的提出，改变了物理学的“时空”概念，时间、空间概念的独立性被消除，取而代之的是时空一体的统一概念。由“时空”概念的改变，促进了“场”概念在物理学中的飞速发展。物理作用的超距作用的悖论被“场”的实在性的确立消解。经典作用最基本的概念“力”，由“场”的几何性质所代替。经典的几何化转向非经典的几何化。量子力学的发展和粒子物理学的诞生改变了我们连续的物质观。物质观走向分立化。世界结构的分立化观念是由粒子性来支撑的，当代物理学中的粒子性不是经典的“质点说”、“微粒说”的引入，而是一种全新的概念。这是因为它的基础是量子力学，而不是经典力学。粒子性的描述语言是量子数。统计观念的产生是人类认识自然过程的必然结果，对自然规律的认识从机械决定论的因果关系走向几率决定性的因果观念。不确定性不是因为我们的认识能力所限，也不是权宜之计，而是世界的本质。统计观念的变革已成为我们世界观的变革和哲学思维方式变革的重要科学基础。文章认为科学是人类了解世界的活动，作为科学前沿的物理学在更大的程度上影响着人类的世界观和思维方式。物理学固然是一门探索自然的科学，但也是一门与理解自然紧密相关的哲学。

关键词：物理学 时空观 物质观 几何 粒子性 统计观 物理学哲学

0340

怀疑主义与科学怀疑 / 曹剑波著 ；陈嘉明指导. -- 厦门大学，2005. -- 195 页

本文的主要目的是解答怀疑主义难题，次要目的是发掘怀疑主义的合理因素。在解答怀疑主义难题部分，本文首先对怀疑主义进行了限定，在论证了闭合论是怀疑主义最重要的论证方式后，由闭合论构建出怀疑主义难题，并对怀疑主义难题解答的可能方法作了系统分析。接着，对当代解答怀疑主义难题的主要策略进行评价。当代解答怀疑主义难题的主要策略有：摩尔式的解答如摩尔的解答和普特南式的解答；否认闭合论的解答如德雷兹克的相关选择论和诺齐克的知识条件论；语境主义的解答如德娄斯的虚拟条件的语境主义和柯亨的相关选择的语境主义。在对怀疑主义难题的各种解答中，语境主义解答最合理，其他的解答虽然富有启发性，并有一定的解释力，但是它们都有不可克服的局限性。与它们不同，语境主义的解答至少有三大优点：一是不武断；二是解释力强；三是包容性大。因此，本文基本赞同用语境主义对怀疑主义进行批判。最后，在对语境主义进行修正的基础上，提出了自己对怀疑主义难题解答的看法。对怀疑主义的合理因素进行发掘是很有意义的。著名科学社会学家默顿认为有条理的怀疑主义是科学研究主体的四大精神气质之一。当代怀疑主义研究权威帕普金认为：“怀疑主义一直是思想史的主要动力来源。”因此，发掘怀疑主义的合理因素即科学的怀疑是必要的。在发掘怀疑主义的合理因素部分，本文对怀疑主义在哲学史上的作用，怀疑在科学发展中的作用作了探讨，在对维特根斯坦所论述的有意义的怀疑必须具备的条件作了梳理后，对科学的怀疑的特征作了探索，对科学地进行怀疑所应满足的条件进行了研究。

关键词：怀疑主义 科学发展 科学哲学

0341

中国石油化工业可持续发展及政策选择 / 陈晓英著 ；娄成武，孙萍指导. -- 东北大学，2005. -- 99 页

本文在介绍国内外有关可持续发展研究现状和总结该领域所取得的进展及成果的基础上，对科学的发展观进行了哲学解读，认为科学发展观的核心是协调发展、可持续发展和人的全面发展三位一体的发展。论文研究和揭示了石化业发展运行的特点和规律，试图从全行业的视角，提出石化业可持续发展的概念、内涵及目标；并用系统论的观点，构建了石化业可持续发展系统框架。文中就我国石化业发展过程中存在的一系列问题和矛盾，以及发展难以持续的局面，从哲学的角度进行了深刻的分析，认为我国石油资源的有限性、石化业生产造成的巨大的环境破坏、石化技术装备落后以及传统的石化生产模式存在的许多弊端是造成我国石化业难以可持续发展的原因之一。本文以可持续发展理论为指导，借鉴国外发达

国家石化业可持续发展的成功经验，指出解决我国石化业可持续发展问题必须进行正确的政策选择。文中对我国近年来的石化政策进行了反思，指出我国现行的石化政策配套性差，市场难以规范；石化政策受体制限制，难以实施和发挥作用；政策缺少激励机制和刺激手段，市场转化困难。文章指出了解决中国石化业可持续发展问题必须坚持系统的原则、协调发展的原则、资源综合利用的原则、可持续发展的原则、安全的原则、科技进步的原则、人才为本的原则等。论文最后针对我国的国情和石化业的具体情况，就如何从战略和政策上确保和促进石化业可持续发展，提出了战略和政策选择。

关键词：石油化学工业　可持续发展　工业政策

0342

论当代英美知识论中的内在主义与外在主义之争 / 陈英涛著 ； 潘世墨指导. -- 厦门大学，2005. -- 169 页

本文分为九章。第一章介绍了内在主义与外在主义之争的背景与意义，并对内在主义与外在主义之争的现状作了评述。第二章设定了内在主义与外在主义划界原则，对传统内在主义基本思想以及当代内在主义基本特征作了分析。三、四两章分别论述了内在主义与外在主义建构学派的学术思想，代表人物分别是齐硕姆与戈德曼。第五、六两章分别论述了内在主义与外在主义批判与建构学派的学术思想，代表人物分别是邦久与普兰廷加。第七、八两章分别论述了两个试图超越内在主义与外在主义的混合主义学派的思想，代表人物分别是索萨与阿尔斯顿。第九章是作者对知识论重建的思考。作者以为，内在主义与外在主义之争之所以无法摆脱怀疑主义的困扰，主要原因就在于它们都陷入了对知识或信念确证的形而上学的理解之中，它们都试图通过纯粹逻辑的方式解答知识或信念确证的问题。而事实上，正如马克思在《关于费尔巴哈的提纲》中所言，“社会生活在本质上是实践的。凡是把理论导致神秘主义方面去的神秘的东西，都能在人的实践中以及对这个实践的理解中得到合理的解决。”换言之，知识或信念的确证问题都不是“看”或静观的产物，它们在本质上都是实践的。也就是说，任何把知识与信念引向神秘的东西，归根结底都要在人类的实践活动中去寻找来源。

关键词：知识学　科学哲学　内在主义　外在主义　实践

0343

技术联盟的模式与机制研究 / 程海著 ； 陈凡，郑文范指导. -- 东北大学，2005. -- 146 页

论文主要研究了如下内容：第一，技术联盟及其有关概念。提出所谓技术联盟，是指具有独立法人地位的企业与其他经济组织在技术创新领域建立的合作关系。技术联盟的类型可分为：购买型联盟、合作开发型联盟、共建实体型联盟和一体化型联盟。第二，从坚持和继承马克思的劳动价值论的基本立场出发，从价值体、价值量、价值形式三方面对技术价值进行了分析，提出了无形价值论，为探讨技术联盟和技术价值的相容性奠定了基础。第三，从交易成本的一般特点出发，从技术提供方、技术接受方、主客体互动以及环境等方面分析了技术交易成本的特点，丰富和发展了交易成本理论，为探讨技术联盟对技术交易成本的消除奠定了基础。第四，分析了技术联盟的模式选择。提出了制度相容原理。在此基础上，分别就购买型盟、合作开发型联盟、共建实体型联盟及一体化型联盟分析了技术价值的相容性。从源自合作主体、源自合作客体、源自合作创新目标等知识的收益可独占性等方面分析了各种技术交易成本的消除性。第五，分析了技术联盟的运行机制。指出企业技术联盟的创新过程大致包括了五个环节：联盟的形成过程、创新设想的产生过程、研究和开发过程、创新的组织实施过程、创新成果的检验和扩散过程。重点讨论了如何完善企业技术联盟的利益分配机制问题，并就技术联盟的风险防范机制和保障机制作了分析。第六，探讨了国外技术联盟模式选择及其对我国的启示。第七，分析了我国的技术联盟模式选择的特点和存在的问题。在此基础上分别从完善技术项目和技术联盟模式的匹配性、体现技术价值在技术联盟的实现性、技术联盟对技术交易成本的消除性、完善技术联盟领导机制、完善技术联盟的工作机制、完善技术联盟发展的环境建设机制等方面提出了完善我国技术联盟模式选择的对策建议。

关键词：技术合作　技术贸易　技术联盟　技术创新　交易成本

0344

科学发展观的生态哲学意蕴 / 董玉宽著 ； 陈凡指导. -- 东北大学，2005. -- 115 页

论文认为，科学发展观的内涵极为丰富，可以从多重视角解读。当前在人与自然的关系上，科学发展观遵循的是人与自然和谐共存、可持续发展的准则，

强调全面发展基础上的协调性,蕴含着深刻的生态哲学思想。人类中心主义是人类针对自身在宇宙中的地位而逐渐产生的以自我为中心的观点,随着历史的发展,它的意义、性质不断有所发展和变化。以人为本,是在对人类中心主义的反思中,对当代社会发展过程中人的主体地位和作用日益突出的反思中,尤其是在对传统发展观所付出的代价的反思中提出的一种发展理念。以人为本思想中蕴涵着以自然为本的精神,是人关于自然的应有的文化态度。认识和处理人与自然关系的根本宗旨就是以人为本。以人为本强调人与自然和谐,共同获得可持续的发展。人对自然的敬畏其实是为了更好地以人为本,以自然为本就是以人为本。生态危机作为人与自然关系矛盾冲突的结果,给陶醉于工业文明辉煌成果的人们敲响了警钟。生态伦理主要研究人与自然的道德关系,力图通过反思人类实践行为的负效应,确立起人类实践行为的伦理原则及其规范。统筹兼顾具有一般方法论意义,是促进经济社会和生态环境协调发展的科学方法。生态文明是经济社会和人的全面发展的重要标志。中国正面临着前所未有的环境压力,贯彻落实科学发展观是解决我国面临严峻的环境问题的现实需要。发展循环经济,走新型工业化道路是贯彻落实科学发展观的战略选择,是以人为本、实现可持续发展的本质要求。

关键词:科学发展观　以人为本　可持续发展　生态环境　生态哲学

0345

隐喻性指称和科学理论的构成 / 胡浩著 ; 张志林指导. -- 中山大学, 2005. -- 61 页

本文试图从隐喻的指称维度来探讨科学理论结构中的动态构成问题。首先,本文基于对逻辑经验主义、语义学方案和模型主义中指称实在论的代表哈雷(R. Harre)等科学理论构成观的分析,保持了指称实在论的基本立场,即认为科学理论构成的关键在于由同质异形模型推出存在性假设,而存在性假设的确认就是理论词项指称的确认。然而,由于哈雷的外延性指称理论的局限性以及解释如何由模型推出存在性假设所基于的实质类比机制的困难,本文尝试提出了“内涵性指称”概念,并分析了理论词项指称的隐喻性以及同质异形模型的隐喻性结构。在此基础上,将如何由模型推出存在性假设的问题转换为隐喻性指称构成问题。根据“内涵性指称”概念和“相互作用论”关于隐喻创造相似性的观念,隐喻性指称构成机制问题本质上就是隐喻创造相似性的工作机制问题。其次,本文基于当前语言哲学、认知语言学,以及人工智能等领域关于隐喻工作机制研究的成果,提出了隐喻创造相似性的新的工作机制及这种机制何以可能的恰当性条件,以及满足这一机制及其恰当性条件的分析方法——“概念图式的认知体验的分析”(简称为“隐喻性分析”)。最后,通过这一方法并在吸收哈雷的语义学—本体论方法中的有益成分的基础上,尝试走出一条关于科学理论构成分析的新的道路。

关键词:指称语义　隐喻　语言哲学

0346

意向性视野中的意义理论 / 黄敏著 ; 张志林指导. 华南师范大学,2005. -- 253 页

本论文的目的是在胡塞尔先验现象学对意向性的理解框架中,借助分析哲学语言分析的技术手段,建立一种意义理论。基本思路是:首先,通过对主谓句构造模式的研究得出了一套范畴理论。范畴是理解力与句子共有的形式。通过对范畴结构的揭示,可以得到理解意义的本质条件,即意志能力;同时,也阐明了有意义的句子就是在结构上受范畴限制的句子。意向能力与句子结构之间的这种关系使构造和理解句子成为可能。接着,在范畴理论的基础上可以阐明谓词性的意义、识别、对象概念以及句子意义。作为有意义句子的形式约束,范畴结构是对可能性的界定,正是这种界定使可能性能够作为概念予以把握。在可能性这一概念的基础之上,体现于句子内容的信息这一概念就可以界定了。循此思路可以把谓词性的意义定义为对象关于范畴结构的函项。在谓词性意义的基础上不难阐明什么是识别,进而建立对象概念。本文对于真理符合论进行了必要的辩护。再次,本文给出了对认知意义的阐明,这一阐明是基于可能世界概念与信念的整体论性质的。作者把“知道”一词界定为关于现实世界的受到支持的信念。现实世界的构成与信念整体的构成遵循同一个意向构成机制和推理模式。作者证明了,除非满足封闭条件,不可能得到有意义的可能世界概念,也不可能在信念之间建立认知推理关系。在建立封闭条件的基础之上,作者给出了世界构成模式与认知推理模式的一般轮廓,并借助于关于实例的形式概念,阐明了何为认知意义。最后,作者提出了关于指称的一般观点。指称是构成认知意义的必要部分,而指称的确定受制于认知意义。

关键词:意义理论　分析哲学　意向性　范围

指称

0347

哲学视野中的科学传播受众研究 / 黄时进著 ; 沈铭贤指导. -- 复旦大学, 2005. -- 203 页

本文力图将科学传播纳入哲学反思和批判的视野,以科学传播受众为哲学研究的突破口,扬弃通常将科学传播受众视为被动的客体的主流观念,而是将传播受众视为"主体的人"且在全文中贯彻"人是目的"这一核心理念,着重从受众在科学传播过程中三个关键环节(首先是科学传播受众的需要与期望,其次是科学传播受众的注意,最后是科学传播受众的理解与接受)及其未来之路展开哲学层面的系统研究。本文坚持一种开放的学术理性与尊重现实与实践的态度,反对用既定的思维模式和理论框架去"套"发展中的世界和现实的人,因此,针对科学传播及科学传播受众的研究具有多学科性,对科学传播受众的研究具有多角度、多层次、多方法的多维视野的特点,即研究科学传播受众的理论基础具有多维性的特点,本文在运用了传播学、社会学、心理学和教育学对科学传播受众相关研究成果的基础上,主要从哲学视野,凸现哲学理论,运用哲学的世界观和方法论,考察科学传播受众的从认识论到生存论的诠释,吸收西方哲学的精华,从以海德格尔"基础存在论"为代表的存在论的反思方式,到随现代哲学的"语言学转向"而兴起的语言论的反思方式等等;本文认为,要揭示和理解科学传播受众的本质,需要一个坚实的理论基点,需要一个强大的理论批判工具,这就是马克思哲学。因此,本文以马克思哲学特别是马克思实践论的反思方式为全文的指导世界观和方法论,并运用马克思哲学作为全文的理论基点和理论批判工具,努力实现对科学传播受众的哲学反思体现历史的与逻辑的相一致的原则。

关键词:科学哲学　科学普及　受众

0348

我国科技企业孵化器产业化研究 / 黄涛著 ; 李光指导. -- 武汉大学,2005. -- 116 页

论文主要讨论了下述四方面问题。第一,论述了科技企业孵化器的科学内涵及其理论基础。一是总结了我国关于科技企业孵化器的研究成果,回顾了有关专家、学者对这一概念的理解。二是分析科技企业孵化器的运行机制。三是根据不同标准对科技企业孵化器类型进行了划分。四是揭示了科技企业孵化器发展的理论依据。五是归纳了科技企业孵化器的社会功能。第二,介绍了我国科技企业孵化器的发展现状,并对中美科技企业孵化器的发展进行比较。一是分析了我国科技企业孵化器兴起的特定历史背景。二是概括了我国科技企业孵化器发展经历的阶段。三是归纳了我国科技企业孵化器发展的成就、经验和特色。第三,分析了我国科技企业孵化器产业化实践及其制约因素。一是分析了我国科技企业孵化器产业化的必然性和可能性。二是剖析了科技企业孵化器产业的特征。三是归纳了科技企业孵化器产业化的制约因素。第四,提出了推动我国科技企业孵化器产业化的对策建议。一是要立科学有效的科技企业孵化器运行机制。应加强科技企业孵化器的可行性研究;提高科技企业孵化器的服务质量;完善创业企业的进出机制;强化科技企业孵化器的市场营销;构建科技企业孵化器合理的组织结构;实现科技企业孵化器的企业化运营;建立科技企业孵化器激励机制;延伸科技企业孵化器产业链;充分利用科技企业孵化器的网络资源;正确处理科技企业孵化器与孵化企业关系。二是要确定科技企业孵化器的科学发展取向。推进科技企业孵化器的专业化、虚拟化、网络化、规模化、国际化、品牌化发展。这是推进我国科技企业孵化器产业化的关键。三是要发挥政府在科技企业孵化器发展中的职能。政府在推进科技企业孵化器产业化过程中发挥着决定性作用,应推进服务型政府建设的进程;制定科技企业孵化器产业化的发展规划;拟定科技企业孵化器产业化的产业政策;提供科技企业孵化器产业化的法制保证;确立科技企业孵化器产业化的人才政策;加强科技企业孵化器产业化的信息服务;拓宽科技企业孵化器产业化的融资渠道;建立科技企业孵化器产业化的评价体系等。这是推进我国科技企业孵化器产业化的保障。四是要鼓励社会力量的参与与支持。就整个社会而言,形成科技企业孵化器产业化多元化的投资主体,建立社会中介体系,营造创业文化氛围等。这是推进我国科技企业孵化器产业化的推动力。

关键词:高技术企业　企业孵化器　产业政策　产业化

0349

复杂性科学的方法论研究 / 黄欣荣著 ; 吴彤指导. -- 清华大学, 2005. -- 249 页

本文对复杂性科学与还原论、整体论的关系做了考察,在此基础上提出了适合复杂性科学的新方法

论:融贯论,即把还原方法和整体方法融贯起来而创立的新的方法论,并在融贯论的指导下提出了复杂性科学的几条方法论原则。融贯论及其方法论原则不能停留在完全抽象的层次上,而应体现在复杂性科学的具体研究活动之中。本文从复杂性科学的具体文献中进行了归纳总结,提出了复杂性科学中常用的六种科学方法,即隐喻、模型、数值、计算、虚拟和集成等,并对这六种复杂性科学的研究方法做了阐述,分析了它们在复杂性科学中的具体运用。这些方法在许多传统科学研究中不太使用或不太受到重视,但在复杂性科学中却占有重要的方法论地位,成为复杂性科学的几种重要的科学研究方法。

关键词:复杂性理论　方法论　融贯论　科学哲学

0350

道教服食技术研究 / 黄永锋著 ; 詹石窗指导. -- 厦门大学, 2005. -- 283 页

论文指出,道教服食技术是道教信仰者通过摄取食物、药物、气、符等来防治疾病、养护身心,以求长生成仙的过程中所应用的一切手段、方法、知识等活动方式的总和。它包括道教饮食技术、道教服药技术、道教服气技术、道教服符技术、道教辟谷技术五种类型,是一类富有特色的道教养生技术。道教服食技术五种类型之间的关系,则是既独立又互补,它们之间相互交错又各具一格,共同为养生主体服务。道教饮食原材料丰富、烹饪技术多样、注重宜忌,具有顺应自然、药食一如、荤素结合之特点,是祖国饮食文化百花园中的一朵奇葩。道教动植药的采集、贮藏、炮制、配伍、服用,工艺讲究;服食丹药在道教服药技术中有不可替代的地位,其炼服操作规程主要有择侣、选地、造屋、置器、备料、炼制、采服等环节。丹药炼服技术特点鲜明:丹药炼服的年轮昭示着技术的历史积淀;外丹术对阴阳五行学说的运用,折射出道门对宇宙图式的某些思考;外丹术同时也含蕴宗教信仰成分。道教服气技术包括服外气术和服内气术,二者实际上紧密联系。道教服气术是一种呼吸锻炼方法,在其操作过程中,常常伴随着导引、叩齿、咽津、握固、存想等养生术,是一套以静为主、动静结合的身心养生技术,具有一定的防病、治病的功效。道教服符技术带有玄秘的宗教色彩,不过道教服符技术的演进也清晰地展现了道教医学进展以及社会生活变迁之状况。道教辟谷技术主要有服药(饵)辟谷、服气辟谷、服(符)水辟谷、服石辟谷等四种类型,其养生精义在于慎食和节食。道教服食技术不仅蕴藉着养生价值,也含藏着伦理价值,其理论和实践中体现出来的对人类生命和自然生态的深切关怀,至今仍有重要的借鉴意义。

关键字:道教　饮食　养生

0351

论工程师职业群体 / 黄中庸著 ; 远德玉指导. -- 东北大学,2005. -- 108 页

本文在界定工程、工程师、职业与职业声望、社会分层和社会流动等基本概念的基础上,运用技术史的知识,从技术社会学的视角,阐述了工程师职业群体的生成和演变过程。论文认为,工程师的基本社会角色是将技术转化为直接生产力的主体,这一群体中有自己明确的伦理规范和相应的制度化的组织。随着技术的发展,特别是技术的专业化,使得工程师群体内部也出现了分层,出现了职业的差异化,每一个技术门类出现一类工程师。工程师职业群体的分层与差异化,既有技术原因,又有非技术原因,经济发展状况、政策、文化因素、地理因素均对工程师群体内部的差异化产生重要影响。工程师职业阶层内部的差异化,不仅形成了纵向的分层,而且发生了横向的密切联系。在现代条件下工程师的职业群体不仅数量庞大,而且形成了一个纵横交错的职业网络体系。尽管从总体上看,工程师是将技术转化为直接生产力的主体,但随着技术的更替,不同类工程师的职业声望却是不同的。第一次工业革命,机械工程师是主角,职业声望就高;第二次工业革命,电气工程师则成了主角,其职业声望也随之提高;在现代科学技术革命时代,电子工程师、信息工程师、网络工程师、生物工程师则成了主角,他们的职业声望也随其技术的社会地位提高而有所提高。技术更替是职业声望变迁的根本原因。职业声望的变迁,造成了不同职业的社会流动。工程师职业群体特征和社会角色的分析,对我国工程教育有重要的启示。因此,本文最后分析了我国工程教育的现状和问题,并联系高考和就业制度的缺陷,有针对性地提出了我国工程教育所应坚持的基本原则。

关键词:工程技术人员　工程师　职业群体

0352

"机器人"观念的形成及其影响的哲学考察 : 以分析技术的本质和人与机器(人)关系为视角 / 计海庆著 ; 沈铭贤指导. -- 复旦大学, 2005. -- 119 页

本文要解决两个问题:"'机器人'观念是如何形

成的”和“该观念产生了什么样的影响”。对前一个问题,作者是通过分析技术的本质来解答的;对后一个问题,则通过考察人和机器(人)的关系来完成。本文在亚里士多德“技术作为制作活动”的定义基础上提出:技术是一个有着明确起点和终点的过程,起点是制作者思想中制品的理念,终点是最后生成的制品,当中是运用工具对原材料进行加工的工艺流程。技术的本质属于一个从人到物的关系结构,即“人→物”。制作者在制作过程中形成的思维定式:工具论的和理念论的,并不随着制作过程的结束而终止。当这两种思维模式作用到人身上时,也就是说二者越出了“人→物”的关系结构,作用到“人→人”的关系结构后,“机器人”的观念产生了。工具论的思维把人当成了工具,把人的存在设定成了一种功能性的存在;而理念论的思维把人的身体和心灵所能实现的功能,进行了数学化和机械化的理解;二者共同作用下,人的存在被还原为一个理念,一个思想中的模型,类似于制作活动中制品存在于思想中的理念。这个理念就是“人是机器”的机械论的人类自我认识,“人是机器”提出,实质上就是“机器人”的观念的形成。作者认为,“机器人”观念的影响,主要体现在人和机器(人)的关系上。在“功能等价”思维的作用下,如果把机器的动作和人的(身体)劳动等价,那么机器(人)可以“替代”人的劳动。在理念论思维的越界作用下,如果把心灵的能力归结为仅仅是数学计算,那么计算机便可以通过功能等价的方式“替代”人的心灵活动,进而在“深蓝事件”的讨论中,转变为关于“计算机是否已经超越了人”的争论。最后,如果在“功能等价”思维的作用下,真的制作出一个真正的机器人(科幻小说中的机器人),那么科幻小说中人和机器人的关系又将是怎样。通过考察人和机器的关系可以得出的结论是:“功能等价”的思维不能越界作用到人身上,否则只会产生扭曲的人和机器(人)关系。这也证明了“机器人”观念本身是不应该产生的,是一种越界的误用。

关键词:机器人　技术哲学　人机关系

0353

基于复杂性理论的技术系统演化研究 / 贾凤亭著 ; 刘则渊指导. -- 东北大学,2005. -- 97 页

论文从复杂性理论出发,对技术系统及其演化进行了研究。论文首先对技术系统进行了建构。确认了技术本身是一个系统过程,分析了技术系统的构成、结构、内部组分的相互作用关系。论文对于技术系统演化给出了定性的描述,研究了技术系统演化的动力学机制,给出了技术系统演化的微观及宏观模式。针对技术系统演化过程中的相互作用效应,论文从两个方面进行了定性与定量研究,并给出了反映技术系统演化相互作用的两个数学模型,即:技术系统内部的相互作用对技术系统演化过程影响的二维技术系统演化数学模型,并构建了多维技术系统演化的数学模型;给出了反映技术系统与外部环境相互作用的技术转移数学模型,讨论了技术系统在系统外部技术转移的影响下的各种演化的典型图景。研究技术系统演化的特点和规律的主要目的是掌握技术系统发展一般规律,并用其指导与技术发展有关的宏观决策问题。因此,本论文在最后根据技术系统及其演化的复杂性特点,对中国技术发展的战略进行了研究,提出了当前我国技术发展的三个战略。

关键词:复杂性理论　技术发展　技术哲学

0354

科技进步与发展观的演变历程 / 江永平著 ; 刘则渊指导. -- 东北大学,2005. -- 121 页

论文根据技术社会形态理论,从科学技术哲学视角,探讨人类社会发展史中科学技术进步与发展观的演变历程。认为科学技术进步对发展观的影响有一个从弱到强、从不协调到协调的演变过程,同科学技术进步对社会的总体影响具有正相关性。同时也看到当代科学技术进步的全球化、知识化和生态化趋势在带给人类发展更多机遇的同时,也带给人类发展更大的不确定性。我国作为发展中国家,经过几十年的对外开放与经济建设,一方面经济和社会发展取得了巨大成就,另一方面我国经济和社会发展已经深深地融入国际经济和社会发展之中。但是,由于历史文化、经济环境以及资源等多方面的原因,中国经济和社会发展存在着与众不同的特殊性,中国发展观与发展道路的选择也存在其独特性。中国新一代领导人在充分分析国内国际形势的基础上,为选择一条适合中国特色的发展之路,提出了具有中国特色的科学发展观,并在经济与社会发展的实践中努力付诸实际,这是中国小康之路的新希望。而小康社会的建设,同样离不开科学技术进步对经济和社会发展的巨大推动作用。在充分认识我国发展国情的基础上,制定行之有效的科技发展战略,是树立科学发展观,利用科学技术进步解决中国发展过程中的问题的关键所在。

关键词:技术进步　社会发展　科学技术

0355

生命伦理学的元伦理分析 / 李斌玉著 ; 姚大志指导. -- 吉林大学,2005. -- 144 页

本文旨在从元伦理学的视角分析生命伦理学及其问题,并设想一种值得期待的生命伦理规范。本文把生命伦理问题归结为三个层次:决疑论层次、规范伦理学层次和元伦理学层次。在决凝论层次上,本文总结了生命伦理疑难的特点,分析了三个有代表性的问题:克隆人问题,安乐死问题和商业代孕问题。在规范伦理学层次上,本文分析了三种代表性的规范伦理理论,提出了这些理论的主要缺陷。在元伦理学层次上,本文总结了摩尔以及情感主义者的元伦理研究,继承了某些重要的分析方法,探讨了在现代语境下如何重建生命伦理学的理论支点。在此基础上,本文反省了生命伦理学和伦理专家的社会角色,并从元伦理学的视角出发设想一种值得期待的生命伦理规范。值得期待的生命伦理规范需要符合四个基本要求:伦理规范的目标不是“追求最好”,而是“避免最糟”;关注现实生活中的利害分析;引导人类的合作精神;同时关注后现代性的道德悲剧和现代性的道德悲剧。从技术角度说,人类有可能主动地塑造未来的人性。如果不加控制,这个工程可能导致不值得欲求的结果。生命伦理学的职能在于对这个过程提供制约和警示。

关键词:生命科学　元伦理学　医学伦理学　规范伦理学

0356

大学生言语、表象认知风格个体在记忆系统中信息表征偏好的研究 / 李力红著 ; 车文博指导. -- 吉林大学,2005. -- 122 页

本文运用文献法、测验法、实验室实验法和访谈法对认知风格聚合理论结构及大学生言语、表象认知风格个体在记忆系统中信息表征的偏好进行了理论和实证研究:(1)对认知风格的建构、测量方法和记忆机制进行了系统文献综述。(2)对“认知风格分析测验”进行修订,初步制定了适合中国大学生群体的常模。(3)运用上述测量工具对言语和表象风格的大学生在工作记忆和长时记忆中信息表征偏好的情况进行了研究。结果表明:工作记忆的子系统作为语言—表象认知风格的作用机制的假设得到支持;在语义记忆中言语型风格个体比表象型风格个体对抽象词的再认表现出表征偏好,在对具体词的再认中,这种偏好被双重编码联合效应掩盖;言语、表象认知风格是个体在情景记忆的策略选择中存在差异,言语型风格个体倾向选择归类和语义方式的精细加工策略,表象型风格个体则偏爱图像和场景的精细加工策略。

关键词:大学生　认知　表象　记忆

0357

科学创新的哲学研究 / 林晶著 ; 刘猷桓指导. -- 吉林大学,2005. -- 196 页

本文从马克思主义哲学视角研究科学创新,在马克思主义哲学的理论框架下,对有关科学创新的哲学问题给予了探讨。第一,对创新概念涵义的历史演变进行梳理,结合现代科学发展的新特征,提出了不同于其他领域也不同于西方科学哲学理论的科学创新概念,通过分析创新作为科学哲学范畴的可能性和现实性,在与其他相关概念的区别中,澄清并界定科学创新概念,规范其内涵和外延,继而探讨科学创新的本质特征。第二,对科学创新进行生存论分析,解决科学创新何以可能的问题,从科学创新在人的存在中的意义出发论证科学创新的存在根据。第三,分析科学创新的认识论意义,阐述科学创新对科学哲学和马克思主义哲学的认识论贡献。第四,对科学创新进行价值论分析,揭示出科学创新在社会进步和人的全面发展中的意义。

关键词:科学哲学　创新　生存　认识论　价值论

0358

辽宁装备制造业及其技术政策分析 / 刘丹著 ; 娄成武,孙萍指导. -- 东北大学,2005. -- 158 页

本文从技术哲学视角考察,认为“装备制造业”应包括“装”与“备”两个范畴。“装”是指与装备制造业生产应用相关的知识、技术、工艺以及知识更新、技术创新、工艺改进等研究开发和技术服务的活动及过程,“备”指利用已有的知识、技术、工艺、设备等加工、生产的工业资本品及加工、生产机械设备的活动。装备制造业是由“装”与“备”两个范畴构成的,有内在联系的系统。二者的技术要素构成、表现形态、目的和任务、实施主体、实施过程、实施结果、评价标准等均有所不同。“装”与“备”虽然可以分离,但它们不是孤立的,而是相互联系、共同作用的。其对应关系有:一一对应、多对一、一对多、多对多。装备结合途径和方式从简单的一一对应逐步发展呈现出复杂的多级对应态势。处于不同发展阶段,其技术政策的重点不同。文章对辽宁装备制造业的发展历程进行了

回顾与分析,并对其现状进行了考察及审视。目前,辽宁装备制造业"一一对应"的发展阶段基本结束;"一对多"和"多对多"尚需发展。制约因素主要表现在:一是重"备"轻"装"。二是"装""备"分离。三是"装""备"不适。通过对美国、日本、德国等发达国家装备制造业的发展及其技术政策进行了实证分析,为辽宁装备制造业的发展提供了启示及借鉴。本文最后对辽宁装备制造业发展的技术政策的选择提出了建议。面对经济技术全球化的挑战及我国装备制造业新格局的逐步形成,辽宁应发展具有重化工化特点的装备制造业。技术政策选择应侧重于提升"装"的自主化水平、促进"备"升级、加强"装备"结合三个方面,一是快速发展技术中介和服务体系,二是发展关键共性技术及核心技术,加强集成与应用,三是发展互补性技术,以技术的互补带动产业技术转移、形成产业集群,四是鼓励中小企业参与产业链的专业化分工,五是重视复合型技能人才的培养,形成合理的装备制造业人才结构。

关键词:制造工业　技术政策　辽宁省

0359

现代科技劳动价值论研究 / 刘冠军著 ; 邢润川指导. -- 山西大学, 2005. -- 274 页

全文除"引言"之外,分为四章。第一章是对现代科技劳动价值论之源与流的历史考察。第二章是对建构科技劳动价值论的现代经济社会与境的考察。认为"现代经济社会与境"是现代经济社会中各种经济事实和经济现象相互交织在一起所构成的"具有复杂内在结构性的系统整体"。第三章是对现代经济社会与境中科技劳动价值论之核心理论的建构。内容包括:(1)建构现代科技劳动价值论的三个基本原理:科技商品的二因素原理;科技劳动的二重性原理;科技商品生产的基本矛盾原理。(2)建构了现代企业在考虑到科学和技术因素时的价值生产和运行的"价值链"结构模式。(3)建构了"科学价值库"理论。(4)建构了"科学价值库"中的价值"孵化"机制理论。(5)分析科学在现代企业生产过程中实现价值增殖过程的实质,并总结其规律。第四章是现代科技劳动价值论之核心理论的应用研究。主要结论有:(1)超额剩余价值主要是从事基础性理论研究的科学人员所创造的剩余价值,在首先利用科技的个别企业中实现的结果;相对剩余价值主要是从事基础性理论研究的科学人员所创造的剩余价值,在企业普遍利用科技的情况下实现的结果。(2)"无人工厂"的利润主要来源于"科学价值库",归根到底来源于从事基础性理论研究的科学人员所创造的剩余价值;"无人工厂"已成为"科学价值库"中的潜在价值的"孵化器";从现代科技劳动价值论来审视,科技并入现代企业导致活劳动相对减少和价值量不断增加的矛盾,只是一种表象,在实质上构不成矛盾。(3)科技商品拜物教是现代经济社会与境中所特有的现象,其实质是科技商品作为"物"所掩盖着的科技劳动的社会性质。(4)伴随科技的发展和应用,在未来社会中将有越来越多的企业转变成类似于"无人工厂"的自动化企业,到那时仅靠"极少数人的劳动"就能从"科学价值库"中"自动地孵化出"足以"养活"全人类的巨额利润,这展示了"人类实现彻底的劳动解放"的前景。

关键词:科学技术　劳动价值论　剩余价值　价值链

0360

语言的结构之思 : 索绪尔语言哲学思想研究 / 刘艳茹著 ; 邹铁军指导. -- 吉林大学,2005. -- 160 页

论文指出,现代西方哲学是语言哲学的时代,哲学从不同层面、不同角度转向了对语言的研究和关注。语言问题成为哲学的中心问题,语言哲学成为第一哲学。费尔迪南·德·索绪尔(Ferdinand de Saussure)以自然语言作为语言研究的本体,以系统论作为统摄整个语言理论的原则,对自然语言进行了全面的分析和研究。他的语言理论和在语言研究中泛化出来的哲学思想是西方哲学语言转向的重要思想来源。索绪尔的语言哲学思想不仅为现代语言学提供了方法论指导,而且他的语言理论成为结构主义和后结构主义语言哲学的元理论。本文以西方哲学的语言转向为背景,全面研究了索绪尔的语言观、意义观、书写观及其对现代西方哲学的影响,赋予索绪尔在现代西方语言哲学中以独特的地位。

关键词:索绪尔(Saussure, Ferdinand, de 1857 ~ 1913)　语言哲学　哲学思想

0361

福柯的主体解构之旅 : 从知识考古学到"人之死" / 刘永谋著 ; 刘大椿指导. -- 中国人民大学, 2005. -- 139 页

论文主要讨论了下述问题。第一,福柯解构主体以及主体哲学的原因。作者认为,福柯实际上把现代西方社会一切问题的根源都追溯到对主体的迷信。这种主体迷信导致的问题,既包括理论问题即现代哲

学或主体哲学的混乱,也包括实践问题即现代实践观的混乱和个体在现代社会生存的困境。所以,福柯对主体以及主体哲学的解构,就是为了将现代哲学、现代实践观以及现代个体生存实践从混乱中解放出来。第二,福柯的知识考古学。作者认为,知识考古学是福柯解构主体以及主体哲学的认识论基础。作为一种话语分析理论,考古学以独特的方式理解陈述、话语,包含着一套完整的话语形成分析和陈述描述的方法。考古学是一种后结构主义的话语理论,是对结构主义话语理论的反叛,其历史性和实践指向使之区别于其他的话语理论,也区别于库恩的"范式"理论。作为一种认识论,考古学是对传统科学史、科学认识论的改造,是一种反主体的认识论,是对现代认识论的根本、全面的反叛。第三,福柯的谱系学。谱系学提出了一种新的权力分析方法。这种新的微观权力分析方法,试图突破传统权力分析的两个误区:经济决定论和以主体为基础。可以说,这种新方法是一种反主体的权力分析方法。在福柯看来,现代生命权力是知识—权力,换言之,在现代社会中,知识和权力之间存在着共生的关系,这是福柯微观权力分析方法最重要的结论。第四,福柯对主体所做的历史批判。在福柯看来,主体只是一种历史观念,它在现代才出现。这一观点使福柯对主体的历史批判成为可能。正是由于这种观点,才导致福柯的反人文主义立场。同时,福柯这种反人文主义的立场是一种新的、根本意义上的"人文主义"。福柯通过对400年来西方思想史的回顾,对主体的诞生和消亡的历史进行了一个描述,最终得出了主体必将也正在"死去"的结论。第五,福柯对主体所做的社会批判。在福柯看来,现代人是"把人变成主体"的结果,也就是说主体支配了现代人的塑造。"把人变成主体"这一过程包括三个步骤:主体标准的设定、个体的训练和标准的内化。在具体的环境中,福柯对这三个步骤进行了经验化的研究,得出了许多新颖并且深刻的结论。

关键词:福柯(Foucault, Michel 1926～1984) 主体 解构主义

0362

话语意义的建构:言语交际过程中主体的认知加工 / 吕明臣著;车文博指导. -- 吉林大学,2005. -- 156页

话语意义建构是语言学、语言哲学研究的一个热点问题,也是语言心理学研究的一个崭新课题。本文从跨学科的视角,尤其是从当代认知心理学角度,采用史论结合、虚实并举的方法讨论话语意义的建构——言语交际过程中主体的认知加工。本文认为,话语意义具有心理学的内涵,是在言语交际主体认知加工的过程中,围绕交际意图建构出来的。在这个过程中,不同来源、不同性质的意义成分都会由于言语交际主体的认知策略(选择原则)和实现途径而融合在一起,成为话语意义。话语意义建构过程体现为说话人和听话人相互联系的过程:相关知识的激活、假设的形成和选择决定。话语意义的建构是言语交际中主体间互动的生成物,其实质是主体内在知识的激活、连接和重组的过程。

关键词:言语交往 意义 认知 信息加工 语言哲学

0363

实用主义分析技术哲学:基于J. C.皮特技术哲学思想的一种理论探究 / 马会端著;陈凡指导. -- 东北大学,2005. -- 155页

论文主要讨论了下述问题:第一,对历史上技术哲学研究的不同传统进行梳理,厘清工程主义技术哲学(EPT)和人文主义技术哲学(HPT)研究所存在的异同、二者论争的焦点,以及目前学术研究中各自所存在的困境。揭示出J. C.皮特实用主义分析技术哲学思想如何能够消除EPT与HPT之间所存在的分歧。第二,针对皮特的技术定义"技术是人类在劳作",从实用主义哲学和分析哲学的角度阐发其思想来源。从传统西方哲学关于"主客分离"的形而上学论争入手,通过对于"什么是行动?什么是人类行动?什么是人类的技术行动?"的层层分析,揭示皮特的技术定义和技术本质分析何以能够消解长期所存在的传统哲学形而上学纷争。并阐释皮特的技术定义对于目前人们在看待技术与自然、技术与社会的关系上的重大意义。第三,追溯皮特的实用主义哲学和分析哲学思想的来源,指出皮特属于实用主义的分析技术哲学家。第四,对皮特的技术定义以及"作为一种行动过程的技术"的模型展开分析,具体阐述在一个技术行动过程中技术的要素是什么?技术要素的结构是什么?技术的诸要素是如何在过程中联系的?皮特的基础主义的符合论技术观与地域技术认识论又是如何与分析哲学和实用主义哲学融合的?等等。第五,通过实用主义和分析哲学的方法论的探讨,厘清目前技术哲学研究中所存在的一些重大论争,如技术与科学的认识论地位问题的论争、技术是价值中立的还是价值负载的论争、技术自主论与技术决定论能

否成立的论争，等等。最后，针对国际上围绕皮特技术哲学思想的论争与批判，建议性地阐明了中国技术哲学研究的未来走向。

关键词：技术哲学　分析哲学　实用主义　皮特(Pitt, J. C.)

0364

技术创新与产业变革 / 马强著 ; 远德玉指导. -- 东北大学，2005. -- 116 页

本文从三个层面讨论了技术创新对于产业变革的影响。在产业组织的层面上，从互补性的角度讨论了激进的技术变化并不必然导致创造性破坏风暴的原因；从知识和能力协调的角度讨论了技术创新对于企业边界决定问题的影响；同时，讨论了模块性技术系统下技术创新和产业组织的特殊性。在产业结构的层面上，从技术链和产业链的角度，说明了技术嵌入产业的纵向过程。这就是“点式嵌入”、“链式延伸”和“网络扩展”的三阶段过程，由此提出了技术嵌入产业的图式。从技术链和产业链的角度，提出了基于技术的产业分类设想和基于技术的产业结构图式。这种分类和结构图式表明了基础产业和装备制造业在产业结构中的重要地位，特别是对于中国的现实意义，同时也揭示了生态环保产业发展成为独立的产业，并作为新型产业结构标志的重要性。在产业空间结构的层面上，从考察产业集聚的原因入手，表明产业区作为创新的一种组织和制度形式，实现了创新维度与空间维度的聚焦，其主要特征在于集体学习的氛围和竞争与合作的张力；比较了不同形式的产业区之间的差异。最后，作为理论的一种应用，从观念的层面上对中国产业发展的现实问题进行了反思。

关键词：技术创新　产业结构　产业组织　产业集聚

0365

罗尔斯顿生态哲学思想探究 / 马兆俐著 ; 陈凡指导. -- 东北大学，2005. -- 146 页

论文以罗尔斯顿整个思想历程为考察对象，通过追溯其思想的理论渊源，阐释其思想的理论体系，达到对其生态哲学思想全方位的把握，从而揭示罗尔斯顿的思想在环境伦理领域的重要地位和杰出贡献。文章探寻了其思想演变的阶段性特征。第一阶段到20世纪80年代初，罗尔斯顿从体验自然、以论证生态伦理存在的合理性为逻辑起点开始发展其生态哲学思想，构建了科学理性与道德理性的转换通道。第二阶段从20世纪80年代到90年代中叶，罗尔斯顿创建了其生态哲学思想的理论核心——自然价值论。他从传统的价值论出发，论证了价值存在的客观性问题，认为自然生态系统拥有客观的内在价值。在生态系统中，除了工具价值和内在价值外，罗尔斯顿创造性地提出了“系统价值”概念，这三种价值构成了一个金字塔形的价值模型。在此基础上，建立了人本主义序列和自然主义序列相结合的价值评价模型。第三阶段从20世纪90年代中叶到现在，罗尔斯顿针对20世纪社会生物学将人类的文化现象还原为生物现象，进一步追问了价值的起源。他围绕价值在自然史和人类文化史中的创生和传递，将文化创生同自然创生关联起来，通过自然史和文化史，特别是科学、伦理和宗教这三个产生、保存和分配价值的领域，探究了价值的起源，论证了价值的客观属性，为其自然价值论作了后续性的补充。罗尔斯顿不仅从哲学层面阐明了人对大自然的基本态度和义务，而且还把生态哲学理论系统地应用于政策抉择、商业活动和个人生活领域，探讨了生态哲学与现实生活相互结合的具体途径。这是罗尔斯顿生态哲学思想中较具有现实意义的部分。文章认为，罗尔斯顿的生态哲学思想体现了一种新的哲学范式，它突破了传统的事实与价值截然两分的观念，从价值导出道德，将道德哲学与自然哲学紧密结合；他创建了系统价值的概念，突破了传统的价值主客二分性，建构了生态整体主义的世界观；他将生态哲学理论融入实践，探讨了环境伦理学与现实生活相结合的具体途径，这为全世界的可持续发展提供了理论支持。

关键词：罗尔斯顿(Rolston Ⅲ, Holmes 1933 ~)　生态哲学　生态伦理学

0366

杜威技术思想的实用主义解读 / 庞丹著 ; 陈凡指导. -- 东北大学，2005. -- 111 页

论文在对美国实用主义技术哲学的已有研究成果进行总括的基础上，从纵横两个维度，介绍了杜威的实用主义技术哲学产生的理论背景，包括其产生、发展及思想精髓。重点讨论了杜威有关技术的涵义、技术价值、技术伦理及技术探究理论等方面的思想。在杜威实用主义技术哲学与马克思及海德格尔的技术哲学之间展开了对话。本文得出如下结论：杜威一反传统的技术界定，用技术指涉各种不同的活动，并强调在不同的背景下理解技术；技术不仅负载价值，而且负载多元的价值；他较早地提出“负责任的技

术”,并将探究方法作为人类改造环境、实现二者之间和谐发展的重要途径。最后,作者围绕着“负责任的技术”,结合中国传统文化的特点,提出了几点相应的实现对策。

关键词:实用主义　技术哲学　科学哲学　杜威(Dewey,John 1859~1952)

0367

科学:人性、信念与价值 :波兰尼人文性科学观研究/钱振华著 ;陈其荣指导. -- 复旦大学,2005. -- 182页

本文集中探讨了波兰尼人文科学观的内涵及其合法性问题。作者认为波兰尼试图向我们阐明,人类是为着追求科学本身、追求美而真的事物而追求科学的。在这种超验性的理想中,波兰尼塑造出一个满怀求知热情、诚挚追求与实在相接触、具有深切责任感的高大的“人”来。在这种视野中,科学和人文就处在了同一个连续性框架之内,科学实质上是一种人的创造性艺术,科学知识是一种“个人知识”,科学方法是人的认知方法,而且知识和存在就具有某种同构性。可见,波兰尼是站在文化“同质性”的立场上,以“人”为坐标,构建了一种新型科学观思路,借此描绘出一个哲学宇宙论模式和一种生存哲学蓝图。围绕这一核心线索,本文对波兰尼科学观思想的研究分四个阶段展开。第一,提出问题阶段:在清理国内外波兰尼研究现状的基础上,提出了人文性科学观的研究主题。在廓清波兰尼后批判思想特征的基础上,分析了波兰尼人文性科学观所具有的哲学底蕴。波兰尼认为,原来我们误以为是全部知识的言传知识不过是露出水面的冰山之顶,而在水面以下还隐匿着宏大的深层意识活动群—默会认识系统,而这种隐性认知恰是一切知识的基础和内在本质。第二,分析问题阶段:从三个维度来展示波兰尼的人文科学观革命性特色。(1)人性之光是波兰尼人文科学观的最大特色;(2)信念构成了波兰尼科学观的重要维度;(3)价值构成了人文性科学观的内在灵魂。第三,解决问题阶段:分析了波兰尼人文性科学观对科学的本质及合理性的回答,澄清了对波兰尼产生误会的根源。作者指出波兰尼看到启蒙运动所唤醒的理性仅是理性的一个层面,即一种逻辑理性。事实上,人还有一种更深层次的理性,那就是缄默的理性,由此彻底痛击了与人无涉的“真理符合论”观点,恢复了科学的自由理想和追求。第四,反思问题阶段:试图对波兰尼人文性科学观进行正反两方面的评判,在肯定波兰尼人文性科学观做出贡献的基础上,对“合适的科学观应该是什么”这一根本问题进行反思,从而倡导一种批判地看待波兰尼人文性科学观的观点。本文最后试探地提出了一种“开放的人文主义”科学观的新视角。

关键词:波兰尼(Polanyi,Michael 1891~1976)　科学观　人文主义

0368

自由、理性与创新 :科学精神的基本内涵/乔延鹏著 ;刘猷桓指导. -- 吉林大学,2005. -- 211页

本文探讨了科学、科学精神和科学主义的关系及其历史文化渊源。认为科学精神的基本内涵包括自由探索的求真精神、尊重客观的求实精神、自我扬弃的批判精神和超越现状的创新精神;思想的自由、西方理性思维的发展和重视自然哲学与经验相结合的传统是科学精神深刻的文化渊源;科学精神是人文精神的重要内核之一,科学世界本身也是十分丰富的人文世界,科学是人的自由创造,在追求知识和真理的同时,也在追求着人类自身的进步和发展。通过对中国传统文化的分析,本文认为中国传统的人文精神缺乏科学精神,新世纪中国文化精神就是要运用马克思主义的科学观,建构以理性的思维为基础的科学与人文相融合的时代精神,实现人的自由而全面发展。

关键词:科学精神　人文精神　科学哲学　自由　理性　创新

0369

技术与消费互动的阶段性分析/唐淑凤著 ;陈昌曙指导. -- 东北大学,2005. -- 147页

本文把技术理解为人类为了满足社会需要而依靠自然规律和自然界的物质、能量和信息,来创造、控制、应用和改进人工自然系统的手段和方法;把消费理解为在一定社会条件下,人们为满足需求和需要,对终极产品(物品、设施或劳务)的选择、购买、维护修理或作用过程,该过程被赋予一定意义、并导致一定的快乐、挫败或失望等体验。论文具体分析了技术与消费互动的原理,探讨了技术与消费之间互动作用的机制,描述了互动作用方式。文章认为,技术与消费的互动呈现阶段性特征,是在农业经济时代、工业经济时代和后工业经济时代三个阶段中展开的。农业时代主导性技术是手工技术,其特点主要以手工性经验技能为主导要素,还包括经验知识,手工工具等要素形态,技术主要表现为自然技术,技术实践模式主要是工具和自然力的运用。消费作为一种社会现象,

呈现出明显的分散性，具体表现为等级消费的分层性和区域消费的封闭性。以蒸汽机为主导的第一次技术革命形成了机器技术体系，以电的发明和应用为主导的第二次技术革命引发了电力技术的广泛应用。两次技术革命形成了工业时代的机器技术特征，其特点是以机器等技术手段为主导要素，还包括机器性经验技能和半经验、半理论的技术知识等要素形态，技术实践模式主要是机器和机械力的运用。在工业时代，社会消费总体呈现集中化趋势，具体特点表现为商品消费的市场集中化、日常消费的大众标准化和私人消费的个性化。在后工业时代，由于新的技术革命发展，知识成为推动科技经济发展最重要的因素，科学—技术—生产一体化，社会生产则在机械化、电气化的基础上逐渐实现自动化和信息化。后工业时代社会消费明显带有知识化和差异化的特点，具体表现为消费产品的高技术化、私人消费的个性化和阶层消费的文化审美性。在技术与消费的关系上，后工业时代消费一方逐渐占有强势，消费对技术起着主导性作用，主导作用具体表现为，消费引导技术的方向，消费推进技术创新，消费选择着技术形态。论文分析了当代中国所处的前现代、现代和后现代多重消费状况。针对中国现实的技术发展状况和消费状况，提出构建绿色技术与绿色消费良性互动体系的构想，并探讨了实现绿色消费的未来出路和发展绿色技术的途径。

关键词：技术哲学　消费　技术进步

0370

教育价值观的研究：关于教育的哲学思考 / 陶红著；邹铁军指导. -- 吉林大学，2005. -- 195 页

教育价值观问题是我们今天的时代迫切需要解决的重大理论问题。本文从宏观存在的一系列教育问题着手，围绕教育价值观研究中的不足，对教育价值观进行了全方位的辨析，分析了教育价值取向上的偏差所导致的当前我国教育存在的一些问题，指出其根本就是教育价值观的问题。文章从教育价值观与人的价值实现、新型职能价值观的建立、当下教育之弊与教育价值观的历史反思、"现代性"的教育话语中的教育价值观、合时代的现代教育价值观的追求——素质教育价值观等几大方面，多角度地对教育价值观展开了探讨和研究，从哲学的高度对教育进行了多方面的思考，指出素质教育价值观是合时代的教育价值观的追求。

关键词：教育价值　教育哲学　价值观　素质教育

0371

亨利·摩尔的自然哲学 / 田径著；吴国盛指导. -- 北京大学，2005. -- 69 页

本文着重分析了摩尔的自然精神概念和空间概念，以及它们与机械论和牛顿时空观之间的关系，从而勾勒出摩尔在笛卡尔和牛顿自然哲学之间的纽带地位。全文共分四章。第一章对摩尔的整个哲学体系进行了评述，重点分析了摩西、柏拉图、德谟克利特和笛卡尔等人在摩尔思想形成过程中产生的影响，并对摩尔的自然哲学、理性主义宗教观、伦理学和认识论进行了简要阐述。第二章分析了摩尔的自然精神概念，对这一概念的产生、功能及其在摩尔反对机械论时所起的重要作用进行了剖析。第三章讨论了摩尔的空间观，指出摩尔反对笛卡尔把物质和空间等同起来，他肯定虚空的存在，维护物质与空间的传统区分，承认世界的无限性，认为空间是一种精神实体，并且与上帝的很多属性相同。同时，分析了摩尔的空间观对牛顿的绝对时空观的影响。第四章讨论了摩尔与当时其他哲学家的争论，主要涉及摩尔与笛卡尔、霍布斯和斯宾诺莎之间的论战。摩尔反对他们的机械论，认为机械论必然导致无神论的结果。最后，作者指出，摩尔的自然哲学成功地把握住了新兴自然科学所需要的本体论的根本原则：空间与物质的分离以及空间的无限化和绝对化。在这个方面他批判了笛卡尔的观点，为牛顿的形而上学框架提供了最为重要的因素，这一形而上学框架确保了牛顿乃至新科学的稳步发展。

关键词：亨利·摩尔（Henry Moore）　自然哲学　空间时空观

0372

俄罗斯技术哲学的历史演变和逻辑分析 / 万长松著；陈凡指导. -- 东北大学，2005. -- 125 页

本文包括十章。第一章研究了俄罗斯技术哲学的史前概况，提出整个 19 世纪至 20 世纪初技术知识在俄国的传播成为俄罗斯技术哲学发展的前提条件。第二章和第三章重点分析了俄罗斯技术哲学的两位重要思想家——П. К. 恩格迈尔和 Н. А. 别尔嘉耶夫——的生平、著作、思想观点、主要贡献并逐一加以评述。第四章主要讨论了苏联时期马克思列宁主义的技术哲学，对其历史地位、主要贡献、主要缺陷和经验教训进行了评述。第五章对 20 世纪 90 年代以来俄罗斯技术哲学发展现状、主要成果和发展方向进行了介绍和预测，指出：多元化将是俄罗斯技术哲学的

发展趋势,而技术本体论、技术价值论和工程伦理学将是它的研究重点。第六章对俄国学者独特的研究视角和研究方法予以关注,即俄罗斯技术哲学的方法论分析。第七章和第八章集中考察了俄罗斯学者在技术本体论和技术认识论方面的主要观点,对科学、技术、工艺本质的探讨,对技术和科学、技术科学和自然科学的划界,对技术理论结构的分析表明了俄罗斯技术哲学的研究水平。第九章讨论了俄罗斯的工程(技术)伦理学。对技术和道德的关系,工程师的责任与义务等问题的关注表明这是一个具有俄罗斯特色的研究领域。第十章介绍了俄罗斯的技术价值论和技术社会学。全球性问题带来的传统科学—工程世界图景的危机,要求对技术进行评估,关键是要建立新的世界图景。在对俄罗斯技术哲学研究的主要成果进行详尽分析后,指出:俄罗斯技术哲学研究在坚持工程学传统的基础上,表现出从工程伦理学领域向传统宗教哲学复归和从技术社会学领域向西方技术的社会建构论转向的趋势。

关键词:俄罗斯　技术哲学　宗教哲学

0373

德韶尔技术哲学思想研究 / 王飞著 ; 刘则渊指导. 东北大学,2005. -- 103 页

论文指出,德韶尔的技术哲学思想主要体现在《技术文化》(1908)、《技术哲学》(1927)、《关于技术的争论》(1956)和《普罗米修斯和世界的非完美性》(1959)等书中。通过这些著作,他基本上构建了一个相对完整的技术哲学思想体系,奠定了德国技术哲学史上的阶段性基础,将德国技术哲学的讨论引向深入。他在柏拉图主义—基督教神学认识论的基础上,对康德的三大批判,即有关科学、道德和艺术的三个王国做了引申,提出著名的"第四王国"理论。这一理论认为,技术发明只是对以潜在形式存在于自然界的技术可能性的发现,是上帝创世活动的继续。这样他就阐发了他的关于技术本质的观点,回答了技术发明是如何可能的问题。围绕此理论核心,并以此理论为根基,他从实际生活的经验出发探讨技术的社会影响,对技术的社会作用进行辩护,并从神学的视角回应了技术界限的出路问题,以一以贯之的思想观点回应了历代学者及同时代学者有关技术的看法和争议。在对技术的社会影响的探讨中,他突出了技术对经济、文化的重要推动作用及其在社会中的重要的甚至是首要的地位,强调了技术对于人的素质要求和技术对人类的贡献。对技术的界限的出路的回答,是他的神学思想的一部分,也是他技术乐观主义立场的最充分展现。他认为,技术是上帝赐予人自我救赎的手段,它自身必然是不完美的,但只要人们真正信仰上帝,根据上帝的呼吁不断前行,发展善的技术,就一定会走向光明的未来。此外,德韶尔与同时代学者的论战是其思想走向成熟的重要推动力,也是其思想的重要构成部分。因此本文选取了几位可比性较强的同时代学者的技术思想与之进行比较,进一步突出其思想的贡献和不足之处。

关键词:德韶尔(Dessauer,Friedrich)　哲学思想　技术哲学　技术发展

0374

基于先验论证的戴维森纲领研究 / 王静著 ; 张志林,梁庆寅指导. -- 中山大学, 2005. -- 161 页

本文主要由两部分组成。第一部分是对戴维森纲领的核心主题及其相互关系的分析研究。根据对戴维森一系列论著的分析和研究,作者认为戴维森纲领的关键问题可以表述为"语言理解或交流的可能性"这一先验式问题。并以此先验问题统摄戴维森纲领的核心主题,考察和分析了这个先验问题的必要条件与这些主题之间的相互支持关系。第二部分通过与康德式先验论证的对比研究,揭示了戴维森式先验论证的基本结构及其独特性,并力图阐述这个先验论证在哲学研究中为我们重建先验论证方法论、形而上学和认识论,以及对重审和批判怀疑论所具有的启示作用。作者认为,戴维森式先验论证的独特性集中表现在以下几个方面:(1)否定心理主义,立足于语言分析来阐发和运用先验论证的策略;(2)在抛弃分析——综合二元区分的前提下,重构先验论证;(3)在抛弃图式——内容二元区分的前提下,重构先验论证;(4)否定基础主义,避免概念相对主义,反对真理是相对于概念图式的观点,重建"客观真理"概念。最后,作者从三个方面思考和展望了对本课题的可能性推进研究。

关键词:戴维森(Davidson, Donald Herbert 1917 ~)　戴维森纲领　先验论

0375

当代心灵哲学视阈中的意向性问题研究 / 王姝彦著 ; 郭贵春指导. -- 山西大学, 2005. -- 155 页

论文除绪论、导言外分为四章。第一章立足于哲学理性发展的背景和趋势,从历史的角度分析了意向性理论的形成及其沿现象学与语言哲学两条基本路

径的发展状况，在此基础上阐明了意向性的特征、结构及分类，从而为进一步在当代心灵哲学视阈中探讨意向性在自然界中的地位及作用问题奠定了必要的理论基础。第二章在对逻辑行为主义、心身同一论、功能主义等当代心灵哲学理论对意向性的解释进行批判性分析的基础上，构建了一种以生物学为基底的意向性理论。第三章通过分析意向内容内在论与外在论的本质特征及其理论困境，阐明了意向内容的关系性质。在此基础上，通过对相似性理论、因果论、概念作用理论等意向内容自然化方案的批判性分析，阐明了生物学意义上的目的论自然化方案所具有的理论优势，并且通过对意向内容因果作用及其特征的分析揭示了意向性的因果性质。第四章方法论的层面，案例性地选取福德与丹尼尔·丹尼特两人，从不同角度、以不同方式对常识心理学及意向分析方法的论证与辩护进行分析，阐明了伴随着科学哲学"心理转向"的全面扩张与渗透，心理意向分析在科学及其哲学研究中所具有的日益鲜明的方法论意义。在此基础上，进一步论证了意向解释在解释实践中所具有的自主性特征，并揭示了它在科学解释中的重要地位。论文最后在总结性地概括意向性自然化认识取向的基础上，前瞻性地阐明了未来意向性理论的发展趋向，即对意向性的研究将走向社会化的抉择。

关键词：心灵学　意向性　自然主义　科学哲学

0376

论金融技术化 / 王旭著 ; 刘则渊指导. -- 东北大学，2005. -- 110 页

论文指出，技术与金融是近代经济发展的最重要原动力，两者共同促进行经济的高速增长和社会进步。金融技术化是技术与金融关系发展的一个重要特征，研究金融技术化问题是研究技术与金融问题的关键和核心。现代技术条件下，技术对金融的作用主要体现在降低交易成本、提高金融配置效率、变革信息媒介等方面，金融技术化是二者关系发展的必然趋势。金融技术包括经验形态、实体形态和知识形态的要素，正是这些要素构成了金融技术系统。对金融技术化的研究，可有结构范式和功能范式两种视角。所谓"金融技术化"，是指随着现代技术的发展，技术对金融作用增强、技术与金融结合紧密，技术创新与金融创新相互依存，相互促进，共同发展的客观现象与动态过程。金融技术化既有技术对金融的作用过程，也有金融自身技术化的趋势。金融技术化的本质，包括原始形态、存在方式和运作过程的技术化。现代技术中，信息技术和数理技术对金融技术化的作用最为突出。金融技术化除了技术因素外，还包括制度、心理和法律因素的影响。金融技术化的社会价值包括经济后果、价值判断和对人的心理的影响等。金融技术化是经济发展的动力，同时也是经济衰退的本源；金融技术化提高金融运行效率，同时也导致公平的失衡；金融技术化对人的心理影响也存在乐观和悲观两种倾向。风险投资作为金融创新与技术创新结合的重要形式应给予重视。

关键词：金融学　技术化　技术创新　技术发展

0377

可持续发展视域中的环境税收解析 / 王志平著 ; 陈凡指导. -- 东北大学，2005. -- 128 页

论文指出，可持续发展为环境税收的产生和发展指明了方向。可持续发展是环境税收产生的理论基础，环境税收的目的是利用税收强制手段控制全球环境污染问题。论文在追溯环境税收产生原因的基础上，从可持续发展的视角对环境税收的特征和功能进行了阐述。环境税收促进可持续发展，环境税收与可持续发展存在着相互促进的关系。这种互动是由于环境税收与可持续发展存在着内在的联系：一方面，可持续发展对环境税收具有导向作用；另一方面，环境税收促进相关的主体走向可持续发展。可持续发展使环境税收的产生成为可能，环境税收的设计又依据可持续发展原则，环境税收寻求增长方式的可持续，完善国家立法体系的可持续。环境税收促进可持续发展走向现实，导致社会生产节能化、促使市场经济生态化、选择企业技术绿色化。在肯定环境税收与可持续发展存在互动关系的基础上，论文从理论到实践分析了我国环境税收起步较晚的缘由，指出了我国环境税收制度的缺失，阐述了建构我国环境税收制度的必要性和可行性。借鉴国际环境税收理论和实践，建构了我国可持续发展的环境税收基本模式。

关键词：可持续发展　环境保护　税收管理　环境税

0378

论民营企业的技术创新 / 温小斌著 ; 陈凡指导. -- 东北大学，2005. -- 119 页

本文从技术哲学的视角，以国内外技术创新理论为依托，对民营企业的技术创新进行了分析探讨，并提出了适应民营企业发展需要的技术创新战略，以强化民营企业的技术创新能力，保证其快速、健康、持续

的发展。文章对民营企业的类型和演进进行了论述,归纳了其分类、特点及发展历程,阐述了其目前发展的现实困惑,进而对我国民营企业的发展前景进行了探讨。文章对民营企业技术创新的基本特性及其实践进行了研究,并与国营企业的技术创新进行了比较,分析了民营企业技术创新的困境。在此基础上,对民营企业的产品、服务、工艺、组织等技术创新的类型进行了详尽的分析,论证了它们各自的特殊性和活动原则。阐述了民营企业技术创新不同阶段的创新主体,总结了它们的活动特征,并强调了民营企业技术创新主体之间的协同。文章还对我国企业的技术创新模式进行了比较研究,进一步对目前民营企业的技术创新模式进行了归纳,并以海尔集团、清华同方和温州民营企业为例,对它们的技术创新历程进行了理性的述评。最后,本文对民营企业技术创新战略目标的选择原则和技术变化程度与目标选择的关系进行了分析,提出了根据企业发展的不同阶段而确立的民营企业技术创新战略,以及包括技术创新核心机制、客体系统、支持系统建设在内的民营企业技术创新战略的实现对策。

关键词:技术创新　民营企业

0379

欧洲技术哲学前史研究 / 文成伟著 ; 刘则渊指导. 东北大学,2005. -- 139 页

本文以技术概念的三种内涵(技能、机械技术和科学技术)的演变和三种形态的转变(机会技术向工匠经验技术、工场手工业工匠专业技术向规则技术、机器技术向科学型技术转变)为划分依据,研究了古希腊、罗马到中世纪、文艺复兴时期到18世纪上半叶以及工业革命时期到19世纪中叶三个历史时期哲学的技术思想。揭示了从技术怀疑论到技术乐观主义再到技术理性主义的思想进程。古希腊哲学对技术持有怀疑的态度,既向往技术,又担心技术结果的不确定性和对道德的伤害,他们认为技术是好的又是危险的,所以把技艺置于形而上学之下,认为人工自然地位低于自然;中世纪从形而上学层面承认技术的合理性,唯名论推崇技术,基督教和《圣经》为技术提供神圣的神性核准,为技术活动提供宗教依据。文艺复兴时期到18世纪上半叶的哲学持技术乐观主义,从人性、国家、宗教和形而上学层面肯定技术的合法性和本体存在,主张科学和技术的结合,强调技术发明的重要性,影射人工制品的二重性。尽管经验论和唯理论对自然和人工自然地位看法不同,但都是功利性的技术乐观主义,以人为主体的人与自然的关系的潜在技术哲学模式形成。工业革命时期到19世纪中叶的哲学持技术理性主义,随着技术革命和产业革命的到来,人和自然之间的关系与前一个世纪相比发生了根本性的变革,哲学家们更强调主体性、理性、实践功用性,康德提出技术上的实践概念,人为自然立法,自然向人生成,黑格尔在其著作中强调理性在机械和化学过程中的能动作用,指出实践高于理论,“工匠”是“绝对精神”实现自身的必经阶段。他们以唯心主义的形式表现了自然界与人的统一,从理性的视角揭示了技术的本质及其异化,指明了自然关系的变化过程;浪漫主义也对技术表示出不安。所有这些思想都蕴涵在传统哲学的思想体系中。哲学发展的最有价值的成就是19世纪中叶马克思主义哲学的诞生,马克思在社会实践的基础上正确地总结了同时代的自然科学成果,反映了人类改造自然和工业革命的伟大胜利,阐述了技术哲学思想。

关键词:技术哲学　哲学史　欧洲

0380

“海森堡事件”及其背景之研究 / 邬波涛著 ; 吴国盛指导. -- 北京大学, 2005. -- 111 页

全文共分四章。第一章对于近现代德国科学界与政治之间的复杂关系作了简单勾勒,指出德国科学界所尊奉和标榜的“非政治性”理念,与现实生活中科学家与政治之间的密切联系,形成了鲜明对照。究其原因,主要有两点:其一,德国特定的科学体制使科学界与政治之间的关系格外密切;其二,在复杂的社会现实中,“科学家”与“公民”这两种身份往往错综复杂地纠缠在一起。第二章考察了海森堡在纳粹反犹主义危害德国科学时的反应。首先,海森堡遵照普郎克的建议留在德国,尽力挽留犹太裔同事,并设法为后者留下的职位寻找合格的继任者,以尽量减少损失。其次,当纳粹科学家以“反犹”为名,大肆攻击现代物理学时,海森堡与“德意志物理学”进行了针锋相对的斗争,以维护他本人以及现代理论物理学在德国的地位。海森堡认识到:在纳粹体制下,要捍卫现代物理学在德国的地位以及自身的行业利益,必须取得纳粹当局在政治上的支持。这是他积极参与德国“铀计划”以及国外出访活动的一个重要动机。第三章重点考察了海森堡战时的科学—政治行为。海森堡积极参与军方的“铀计划”,并力图在其中保持一种平衡:既强调核研究在军事上的重要性,又指出其技术上的难度。认为对于哥本哈根会谈,应当从三个方面

来考察:德国核计划的进展情况;当时的战争局势;纳粹当局推行的文化扩张政策。由此,作者推断在这次神秘会谈中,海森堡试图向玻尔传达如下信息:(1)希特勒将赢得战争;(2)原子弹完全有可能被制造出来;(3)德国科学家正在研制原子弹,而他本人对于研制原子弹一事怀有复杂的心态。此外,他还建议玻尔与德国方面,尤其是"德意志文化研究所"合作。第四章考察了海森堡个人的成长经历,尤其是他曾经深深卷入的德国"青年运动",旨在挖掘他在纳粹时期政治行为的思想根源。另一方面,通过将海森堡置于德意志文化传统的宏阔背景中,指出海森堡对于世俗政权和专业研究所持的态度,是与路德以降的德意志中产阶级的精神传统一脉相承的,而这也正是德国知识界所恪守的"非政治性"道德准则的思想来源。作者认为,海森堡在战后的"反思"仍然是以传统的价值和信仰体系为参照的。

关键词:海森堡(Heisenberg, Wener Karl 1901 ~ 1976)　原子弹　反犹太主义　政治斗争　德国

0381

当代技术革命与社会形态变革 / 吴奎豪著 ; 刘则渊指导. -- 东北大学,2005. -- 124 页

本文在对当代技术革命和技术社会形态的概念进行界定的基础上，对技术、技术革命与社会的互动关系展开探讨，基于对技术革命的社会推动力研究，重点从技术社会形态与经济社会形态的关系整合入手，分析由于当代技术革命导致人类社会进入的信息社会的必然趋势以及由此对技术社会形态变革所带来的深刻影响。本文从技术和技术革命的角度，提出了技术发展的社会性与技术性的统一的观点，论述了技术与社会的冲突与融合、整合与协调以及技术与社会协调发展的问题。本文还从多维视角的社会形态与社会发展阶段关系出发，重新审视技术社会形态，探讨了技术社会形态与经济社会形态内部关系整合、技术社会形态与经济社会形态整合的多样性以及技术社会形态与经济社会形态整合的现实意义。在进行上述研究的基础上，本文对当代技术革命条件下的世界和中国社会形态的变革的深层原因展开研究，对社会形态发展的内在结构、信息社会与技术社会形态的关系作了探讨，分析了当代技术革命条件下的中国社会形态，提出了实现适应当代技术革命的中国技术创新的途径和当代中国社会形态变革的理论构建。

关键词:技术革命　社会形态　技术创新　技术哲学

0382

马克思科学观初探 / 徐志宏著 ; 陈其荣指导. -- 复旦大学, 2005. -- 155 页

本文认为,在马克思的科学观中存在着两条线索:一是马克思对科学的整体性思考;二是马克思在资本主义考察过程中对近代自然科学所作的思考,所表达的观念和态度。与之相应,马克思科学观的表述语境也经历了由哲学向政治经济学的变化:在历史唯物主义的初建过程中,马克思对什么是真正的科学有过自觉而深入的思考,所谓"一门科学"的思想以及只有一门唯一的科学即历史科学这一思想都是这一时期马克思科学观的集中表达。而在政治经济学的研究批判过程中,对自然科学所作的研究则完全是唯物史观的具体表现和展开,是早期科学观的具化和发展。本文首先从澄清马克思科学观的存在论基础开始,解释了其基本范畴"感性",在与西方近代哲学史上所出现的"感性"的比较说明中,凸显了两者在使用同一范畴时的截然不同的出发点。马克思揭示感性本身就是感性的活动、对象性的活动和革命性的实践,进而提出感性是一切科学的基础这一基本科学思想。并且进一步说明了科学的感性基础是生产,从科学与生产、社会的内在关系中可以发现科学的起源,驳斥所谓"纯粹"科学的意识形态。作者认为马克思出于对科学的历史的理解而对已渗透进生活的近代自然科学的关注是必然的,而其考察方式则从未脱离资本主义的社会生产这一现实背景,他对此所表达的观点是:近代以来发展起来的自然科学从根本上说乃是属于资本的力量。即通过进入大工业的直接生产过程而发挥着越来越巨大作用的自然科学一方面改变着人与自然、人与人之间的关系,另一方面这种改变则是按照资本的运行规律和意图来实现的。它具体表现为科学与资本联盟,成为资本家牟利的有利手段;而对劳动者而言却成为直接与之对立的因素;最后,这样的科学对自然的态度必定是控制的、攫取的,而不是和谐共生的。本文旨在呈现马克思科学观最为鲜明的三个特点:其一,马克思从来都是在人类生存的现实的、具体的、最关本质的境况中来考察科学的;其二,达到现实的个人的自由始终是马克思关注科学的终极目标;其三,整个社会发展和革命过程将要达到的伟大成果之一,即自然科学和关于人的科学将是一门科学。

关键词:马克思(Marx, Karl 1818 ~ 1883)　科学

观

0383

我国汽车产业技术政策探究 / 阎秉哲著 ; 娄成武指导. -- 东北大学,2005. -- 150 页

本文首先对汽车产业技术发展的几个相关重要理论,包括产业技术政策理论、技术创新理论和技术选择理论加以阐述,在此基础上,紧密结合我国汽车产业发展实际,从汽车与人、汽车产业与自然环境以及汽车产业自身的可持续发展等几个角度揭示了我国当前发展汽车产业及其技术面临的问题和困境。论文回顾和评介了建国以来汽车产业技术政策的发展与变动,提出我国几十年汽车产业发展仍然滞后的一个重要原因是汽车产业技术政策的失误和调整效率低下,由此导致我国汽车产业整体落后,竞争力不足,并且形成了发展汽车产业的重重困境和挑战。文章从我国发展汽车产业技术的方向选择、战略选择和技术政策选择角度,提出了符合我国国情和发展战略需要的中国汽车产业技术发展政策:以不断取得传统汽车产业技术中的核心关键技术和适度优先选择开发具有市场化能力的新型环保技术、节能技术与安全技术为方向;以明确政策支持为引导,构建以具有自主知识产权和国际竞争话语权的创新性技术和标志性产品为技术发展战略;以国内外汽车产业技术政策为参照,从技术路线、技术内容上全面实施汽车产业技术创新,并适度配套一系列具体的应用性政策和评价作为技术政策保证。

关键词:汽车工业　技术政策　产业政策

0384

整体论视域中的科学模型观 / 阎莉著 ; 郭贵春指导. -- 山西大学, 2005. -- 178 页

本文首先考察了科学哲学发展面临的困境,提出解决困境的思路是重新回归科学实践,立足于科学家丰富多彩的科学活动,寻找解决科学哲学问题的途径。其次,讨论了科学哲学界研究模型的历史状况。基于模型形式的多样性,本文认为引入一种整体论视域中的模型观是必要的。第三,提出了整体论视域中模型观的基本方法论框架和研究策略,具体考察了整体论模型观的内涵以及该模型观框架下模型的内在本质、构成和功能。提出了以整体论模型观为分析框架研究科学哲学问题应当采取的方法论原则。第四,以整体论模型观为分析框架考察了传统理论结构观及其局限性,以生物学理论构造为特征,提出了理论结构中引入模型的必要性。在此基础上,文章提出了整体论模型观建构理论定律的时空变换可变性原则的语境原则,勾勒了整体论模型观框架下理论结构的基本模式。第五,分析了科学实在论的整体论模型观辩护策略。文章认为在整体论模型观框架下,普特南关于地球与孪生地球水的指称问题以及他设计的“缸中之脑”问题都会得到消解;针对实在论在解释理论与实在符合时遇到的假理论能够用于解释经验现象的问题,整体论模型观给予了新的解释和说明。第六,以样本模型转换为基准,提出一种科学发展的整体论模型观解释策略。文中讨论了样本模型转换的特征以及对“范式”、“研究纲领”等解释科学进步模式的超越,认为样本模型转换强调前后理论之间的相关性,能够克服范式转换造成的“理性空白”,同时也不需要设置研究纲领必须依赖的“硬核”。依赖于样本模型转换,文章以经典力学和量子力学为例,指出科学描述的标准系统与样本模型的构造策略具有协调和一致关系,二者共同体现着科学的历史发展特征。

关键词:科学哲学　整体论　模型观　科学实在论　科学发展

0385

梁启超科学文化知行论稿 / 姚雅欣著 ; 高策指导. -- 山西大学, 2005. -- 144 页

全文共五章。第一章从童年梁启超强烈的科学意识萌芽切入,阐述他在接受中国传统教育的过程中不断走出以经学、贴括、训诂为代表的封建文化,渐入具有世界视野与现代知识、注重精审推理与逻辑思维、激发创新精神的“近代新学”殿堂,为他进一步择审与汲取科学文化做了必要的文化铺垫和心理准备。第二章在揭示梁启超自然观与哲学思想主要特征的基础上,透过他对“科学入侵哲学”思潮的认识,通过他迎拒进化论、相对论思想的案例分析,指出 20 世纪初世界科学、哲学思潮构成梁启超科学文化思想最直接有效的来源。第三章阐释了他关于科学精神、科学方法和达致科学认识的途径、检讨科学价值的论述。他结合中国历史和传统的为学之法将以“思想解放”、“自由批评”为表征的西方科学精神进行了本土化诠释,使科学精神更宜于被国人接受。他在倡导实验归纳法、穷究推理法、“经验与学理相长”等达致“慧观”的科学方法时,并不忽视灵感(Inspiration)与审美等达致科学认识的途径。第四章从学术、社会与家庭传承等实践层面诠释了梁启超科学文化思想。第五章

从科学文化视阈中得出梁启超作为过渡时代公共知识分子的角色定位,从而接近他致力于科学文化事业的精神世界。本文认为,知识分子的精神气质使他在关注领域、活动空间、话语姿态、表达方式等方面极具公共性,同时对政治、社会现实保持批判性思考的立场。

关键词:梁启超(1873~1929) 科学思想 哲学思想 自然观

0386

论税收技术理性的缺失与重构 / 张德昌著 ; 陈凡指导. -- 东北大学, 2005. -- 124 页

论文认为,充分发挥税收技术的"力量",必须遵循理性法则。对理性的争论改变不了理性追寻事物本源、认知、方法、价值以及实践能力的本质属性,理性是对技术本质内容的高度抽象。技术是理性的现实展现。不能因为技术应用出现问题就片面地认为技术有了理性的主体资格而否定"技术理性",技术理性强调技术必须接受人类的理性指导。税收技术理性要求税收分配实践能够符合税收本质的要求,因而是指导研究制定税收分配方式方法的思维和行为准则。但传统税收受经验、权力和手工等意识的支配,存在着技术理性认识上的缺失,因而在实践中应用的自然技术和社会技术都存在种类少、应用零散、内容陈旧等缺陷,由此违背了工具理性对效率的要求和价值理性对公平的要求。税收需要在方法体系上按照技术理性的要求进行重构。现代税收技术理性的重构首先应该起步于认识层面,必须坚持效率、公平和创新的原则;在实践层面上,应抓住当今先进的、核心的适用技术,分别以税收信息化建设为龙头实施自然技术理性的重构、以税收法制化建设为龙头实施社会技术理性的重构,以及按照系统论等原理实施自然技术与社会技术应用的有机结合,进而建立科学、合理、系统的现代税收技术应用体系。文章最后对我国的税收信息化、法制化建设的现状进行了实证分析,在对现存的问题进行深入分析的基础上,对进一步重构我国现代税收技术理性提出了建议。

关键词:税收理论 技术哲学 税收信息化

0387

科技非政府组织研究 / 张风帆著 ; 李光指导. -- 武汉大学, 2005. -- 109 页

论文对科技非政府组织的概念和特征进行了界定和分析,澄清了人们对科技非政府组织的各种模糊认识。利用政府失灵理论、市场失灵理论、价值理性与工具理性等理论,对科技非政府组织的产生发展作了发生学考察。描述了当前国际上科技非政府组织发展的整体状况,系统阐述了科技非政府组织的筹资机制、管理机制、监督机制与合作机制。分析论证了科技非政府组织的社会作用,着重从科技非政府组织促进科技进步、推动社会可持续发展及加强国际科技合作等方面阐释了科技非政府组织具体的作用机理。认为科技非政府组织对社会发生作用和影响,可以通过不同的方式和途径来实现:为社会的科技规划、科技发展战略及其他重大决策提供咨询;为科技人员提供学术交流平台和资金等方面的支持,推进科技创新;促进面向社会公众的科学普及,提高公众科学素养;推进科技成果、科技专利等转化为社会生产力;以科学精神向社会传播人与自然可持续发展的科学观念,并以技术力量促进生态环境的保护;开展科技扶贫,使更多贫困人群享受社会发展成果;推动民间科技合作与交流。文章论述了我国科技非政府组织发展的源流、现状与问题。根据我国的国情和特点讨论了科技非政府组织生存与发展的必要性与可能性。从外部环境建设和自身组织建设两大方面,提出了推动我国科技非政府组织发展的重要举措。我国科技非政府组织正处于一个不断规范化、法制化的新发展阶段。要有效推动我国科技非政府组织的发展,一方面,要求政府能够不断完善其生存发展的法律环境,弱化行政预防,强化法律追惩;完善我国科技非政府组织发展的政策环境;健全社会监督机制;完善人事、就业、福利保障等配套措施。另一方面,我国科技非政府组织自身要加强组织建设和能力建设。

关键词:非政府组织(NGO) 科技组织 社会团体 科研管理

0388

技术的民主控制 : 当代西方民主的技术思想研究 / 张慧敏著 ; 陈凡指导. -- 东北大学, 2005. -- 147 页

本文以当代西方民主技术思想为研究框架,在分析民主技术的中心话语的基础上,首先考察了以技术的民主控制为核心的当代西方民主技术思想兴起的理论背景和现实背景。在此基础上,本文对民主技术进行了理论剖析,指出技术具有一种政治属性,并分析了参与技术设计与评估对于公众和社会而言的特定政治含义,进而从民主的社会关系、民主的工作条件、民主的政治关系、民主的自治能力以及民主社会

的可持续性五个方面出发,对民主技术的设计准则予以解读。作为一种理论反思,本文分析了技术时代的民主理论的研究缺失并对民主理论的重建进行了展望。本文考察了技术的民主控制的实践模式,分析了公众参与技术决策的障碍因素和决策条件,指出技术专家和政府应当实现相应的转变。当公众参与到决策过程中的时候,原来享有决策权力的技术专家和政府职能部门需要做出现实转变,从而配合公众对技术决策的参与,形成更有价值和效力的决策方案。本文在探究公众参与技术决策的实践模式并对各种模式加以比较的基础上,考察了公众参与技术决策的实施工具。本文在对欧美的电信技术、核技术、生物技术的民主决策过程进行实证研究的基础上,对共识会议与传统技术评估工具进行了比较,并且指出公众参与技术决策在一定意义上有助于公众的自我保护,同时分析了如何实现技术专家与公众之间的平等对话。本文考察了我国技术发展的民主控制问题以及我国公众在决策中的作用,并对我国当前如何对公众进行教育以及如何将公众纳入到技术决策过程当中等问题进行了思考。

关键词:民主控制　民主技术　技术决策　公众参与

0389

亨普尔科学解释理论研究 / 张萍著 ; 邹铁军指导. 吉林大学, 2005. -- 161 页

本文分析了亨普尔科学解释理论产生的认识论基础和方法论基础。认识论基础主要包括逻辑经验主义的理论来源、逻辑经验主义的哲学目标和逻辑经验主义认识意义标准的演变三个内容。方法论基础主要包括两个方面,即弗雷格以来逻辑学的发展和亨普尔的确证理论。文章认为,亨普尔的科学解释理论是对科学解释的逻辑重建。亨普尔科学解释理论的核心是把科学解释当作由普遍定律所作的逻辑论证,他遵循着逻辑经验主义的基本纲领,力图从逻辑句法分析的角度来建立他的科学解释理论,运用的是完全形式化的语言,并在此基础上向语义方面扩展,构造出完全形式化的科学解释模型,其根本目的就是要回答"为什么的问题"。亨普尔科学解释理论虽然使科学解释问题成为科学的一个主要目标,实现了科学中关于解释问题观念的根本性变化,但它同样面临许多挑战,具体来说主要是四个方面的挑战:一是E的自解释问题;二是解释相关性困扰,即非相关因素参与解释的问题;三是对称性论题,即解释与预测是否对称的问题;四是统计解释的歧义性问题与高概率要求。针对这四个方面的问题,哲学家们从三大进路出发来试图解决这些问题:一是认识论进路,其主要代表人物有范·弗拉森(Van Fraassen)和凯切尔(P. Kitcher)等人;二是模型论进路,认为科学解释本质上不是用规律来推出现象,而是要从根本上构造出一个模型,用隐喻或类比方法来理解和解释世界,这一观点的主要代表人物有汉斯(Mary Hesse)和卡特怀特(Nancy Cartwright);三是本体论进路,主张科学解释不是论证,而是要揭示现象发生的因果和机制,阐明它在整个自然图景和层次结构中的地位,其主要代表人物有萨尔蒙(Wesley C. Salmon)、费茨尔(James H. Fetzer)等。文章对亨普尔科学解释理论的哲学意义与方法论价值进行了评价。认为,亨普尔科学解释理论开创了科学哲学研究的新领域,使科学解释成为科学和哲学的核心论题,并使科学解释观深入人心,重新引发了解释与理解之争;开拓了科学解释研究的标准模式,并引起了更广范围的科学解释的哲学分析;奠定了科学理论和科学合理性问题研究的基础;对科学方法论研究作出了巨大贡献。

关键词:亨普尔(Hempel, Carl Gustav 1905 ~ 1997)　科学哲学　解释学　逻辑经验论

0390

技术转移的社会选择 / 张万勇著 ; 刘则渊指导. -- 东北大学, 2005. -- 137 页

文章首先以文献综述的形式,对SST的技术发展观、技术转移观,以及一般技术转移基本理论、机制、渠道等进行了阐述,澄清了一些基本概念、基本理论的问题。通过对技术发展的不同态度的对比,剖析了技术决定论与社会决定论,在此基础上论证了社会选择论。进而将技术的社会选择论观点引入到对技术转移的考察之中,提出技术转移的社会选择命题。社会的政治、经济、文化以及宗教、民俗等各种因素,在技术转移中对转移的技术进行选择与整合,选择适用技术,并将其整合为符合社会需要的技术。技术转移所面对社会的多样性,决定了社会选择因素的复杂性,导致了社会选择标准的相对性。技术转移社会选择的动力来源于社会对技术的需要,经济的驱力、政治的推力和精神文化的拉力等,构成社会选择的主要动力。社会的物性效果、人文效应及政治后果等成为社会选择的主要评价尺度。技术转移过程中社会选择系统的主体、动力、评价发生整合作用的过程构成了技术转移社会选择的机制。文章考察分析了不同

社会发展时期的国际技术转移的基本情况，分别对美国、日本、韩国、俄罗斯(前苏联)几个典型国家的技术转移进行考察，提出宏观的技术转移社会选择机制应用到具体不同国家，就会有具体的不同的技术转移社会选择的模式。文章考察了我国技术转移的历史与现状，从结构、项目以及作用效果等方面分析表明，我国技术转移在社会维度上还存在许多问题。技术转移在我国技术发展战略中有着突出重要的地位，因此，我们必须要根据新形势、新任务构建技术转移新理念，制定我国技术转移的发展战略，以加快我国现代化建设的步伐。

关键词:技术转移　技术引进　社会选择　技术创新

0391

学习化社会的价值考量 / 张星昭著 ; 刘大椿指导. 中国人民大学, 2005. -- 119 页

论文共分四章。第一章“知识的稀缺性与学习化社会的兴起”从时代背景着手，分析了学习化社会兴起的客观原因。第二章着重于“向学习化社会演进中的价值冲突”的考察，从分析文化冲突和社会基本价值取向冲突两个既相区别又相联系的方面展开。包括大众文化与精英文化的冲突。传统文化与现代文化的冲突。民族文化与世界文化的冲突。第三章是“学习化社会的价值转换”。(1)学习化社会提出的学习化生存是对以往生存方式的转向，学习实现了个人生存的全部价值。总体上学习化社会就是要突破传统的继承性思维，进行社会意义上的创新。(2)网络技术促进了现代文化传播的发展，使得文化传播的功能进一步强化。文化传播已溢出民族国家的疆界，充塞于全球性的时空之中，使全球文化呈现出丰富的多元化。多元文化的融合需要诉诸社会的、道德的、观念的力量(这些力量在网络社会中也在不断得到加强)，并通过社会的学习化来实现。(3)终身教育是学习化社会的基础，它的逐步推进是实现学习化社会的理想的必经之路。对未来学习化社会的价值取向做了可能的“描述”。(1)和合是中国传统文化价值的最高体现，全球多民族文化应在这一思想中走向融合，而不是走向“文明的冲突”。未来学习化社会将注重宽容教育，整体上文化将趋向和合。和合包含着和谐的思想，和谐是以承认行动主体的差异性、独立性为前提并包含着差异、矛盾和冲突。但这些差异矛盾和冲突必须是在社会认同的某种规范和秩序下来进行表达的。这与学习化社会的理想是一致的。立足于和合文化，未来学习化社会本质上是和谐社会。(2)学习化社会的终极价值是实现“大我”的自我实现。学习化社会是通过对于教育的不断反思和行动以恢复人性本来面貌，体现人之为人的价值。在此基础上，自我实现也将从跨越其成熟需要的前两个阶段，即本我(ego)和社会的自我(小我，self)，从而进入到生态的自我(形而上的自我或大我，Self)，这将是学习化社会的终极价值所在。

关键词:学习型社会　知识　价值　终身教育　社会教育

0392

近代科学在中国的本土化实践研究 / 赵冬著 ; 邢润川指导. -- 山西大学, 2005. -- 166 页

本文首先对目前中国科学近代化问题的研究现状与考察视角进行了分析，指出了以往研究过程中存在的问题和不足，同时在借鉴过去研究成果和吸取新的理论成果和研究方法的基础上，提出了本文的几个重要观点，并进一步说明了运用跨学科的理论方法来研究中国近代科学的本土化问题的必要性和有效性；其次，从文化研究的角度，探讨了西方科学作为一种异质文化传入中国以后引起的社会与文化变迁，以及中国本土知识精英阶层对外来科学文化所持的基本态度，从而说明西方科学传入中国并被中国本土社会所认同和接纳的过程，是一个充满曲折的选择过程，但无论这一过程怎样艰难，中国社会内部还是逐渐培育形成了一个推动中国科学近代化的特殊群体，是他们的自觉行动决定了后来中国近代科学的发展路向；第三，从观念社会史的角度，考察、分析了一种在历史上能够更加准确、更为有效地表达一般社会思想及其动向、最能反映时代思想观念与精神面貌的精英思想及其对中国近代科学的影响，通过“将思想当作观念化了社会、将社会当作物质化了的思想”的研究方式，评价了近代中国社会出现的各种思潮对中国近代科学演进所起的积极作用；第四，从科学活动的社会学角度，通过对处于中国社会行动网络中具有科学倾向的社会各界精英们的科学活动进行的具体分析，指出他们在科学翻译、科学教育、科学研究以及科学实业等方面的科学行动，培育了尊崇科学、实践科学的社会环境，为中国近代科学的本土化提供和创造了条件；最后，通过归纳总结科学本土化与中国近代科学的社会建构这一过程中的经验教训，指出了它对当前中国现代科学体制建设所具有的实践意义。

关键词:科学技术　近代化　本土化　科学哲学

0393

论高技术伦理 / 赵迎欢著 ; 陈凡指导. -- 东北大学, 2005. -- 121 页

论文的主要内容是:第一,以技术的动态过程性为基点,不仅关注高技术在动态发展中的阶段性过程对高技术伦理提出的新特点,而且关注高技术的不同发展阶段的关系之间对高技术伦理发展的影响;以乐观主义技术决定论和技术的社会制约论为基本立场,考察高技术的社会价值,分析了高技术伦理关系,指出人与自然关系是高技术伦理首要的基本的理论问题。第二,以现代生物技术、网络信息技术发展中的伦理困境,特点是"后基因组"时代的伦理问题为案例,在分析高技术伦理困境消解时提出了"后人道主义"概念的蕴涵,分析了人与自然的关系,以人类的道德主体地位为基点,对人与自然的关系特别是人与动物的关系予以匡正并做出了论证。第三,以伦理学研究问题的视角及方法探究了高技术伦理的本质,阐发了高技术对人权的冲击和影响,论证了公平、公正是高技术伦理涉及的核心;并以对高技术伦理困境的消解为目标,阐释了高技术伦理规约的内在结构及效用机制,既提出了对高技术主体进行责任重建的必要性,又从责任的技术控制角度揭示了高技术生态化是解决高技术伦理困境的出路的基本思想。

关键词:科学技术　技术伦理学　道德规范　后人道主义　社会责任

0394

技术与合理化 : 哈贝马斯技术哲学研究 / 郑晓松著 ; 周昌忠指导. -- 复旦大学, 2005. -- 210 页

本论文以哈贝马斯的合理化理论为线索来研究其技术哲学思想。哈贝马斯认为,科学技术的不断扩张给人类社会特别是晚期资本主义社会带来了深远影响,这主要体现在两个层面:从哲学角度看,由于理性中的以技术为表现形式的支配力量越来越强大,18世纪以来的启蒙理性最终沦为工具理性;从社会学层面讲,技术及其规则已经渗透到社会生活的各个领域,技术自身的控制性会导致一种同质化效果,使得整个社会都依赖于技术规则来运转,社会完全成了技术化的统治。科技的发展之所以会导致如此的社会后果,是因为一直以来科技进步与社会的合理化联系在一起,这就表明传统的合理化理论具有重大缺陷,因此,哈贝马斯考察和批判了传统合理化理论,认为其实质是片面强调目的合理性,具有理论上无法克服的困难。批判传统的合理化理论是为了新的理论的重建,这经过了一个曲折的思想历程。早期哈贝马斯通过劳动和相互作用的区分来为新的合理化理论奠基,这时他还是立足于批判理论,着重于认识论的探讨。转向交往行动理论之后,哈贝马斯摒弃了前期的认识论批判,而系统重建一种以交往行动理论为基石的合理化理论——交往合理化,哈贝马斯把语言看作是达到合理化的途径,其目标是为了实现生活世界的合理化。在交往合理化的维度下,科学和技术都体现为一种商谈活动,因而也必须按照民主对话的方式进行,只有这样,才能把技术知识转化为社会生活世界的实践意识,才能使科学技术的合理化潜能释放出来。

关键词:哈贝马斯(Habermas, Jürgen 1929 ~)　技术哲学　合理化

经　济

政治经济学

0395

自组织理论视角下的地方性银行产权制度研究 / 艾仁智著 ; 李天德指导. -- 四川大学, 2005. -- 209 页

本文以产权理论为基础,应用系统论和自组织理论,在对地方性银行产权结构、产权关系及其产权制度安排的形成、现状及其特征进行考察和分析的基础上,分析了目前地方性银行产权改革的方式、路径选择,然后重点对产权制度发挥效用的内在机理进行分析,包括地方性银行自组织性、地方性银行自组织产权制度的内涵及其基于自组织产权制度变革的实证分析,最后提出构建地方性银行自组织产权制度的取向和战略方案。全文共分六部分。第一章导论。第二章回顾和分析了有关产权理论,对自组织概念、主要内容进行阐述,介绍了自组织系统发展的动力机制以及金融产权效用的内在机理。第三章对中国银行业的产权制度变革作了简单回顾,着重分析了城市商业银行和农村信用社产权制度的形成和各自在不同历史阶段的特征,现有的问题和由此造成的负面影响。第四章分析了近年来农村信用合作社和城市商业银行各自的产权制度变迁,包括变迁方式、内容、路径选择等问题,并对民间金融的发展对地方性银行产权制度变革的影响进行分析。第五章运用自组织理论,对地方性银行的自组织行为进行分析,指出建立在城市商业银行和农村信用社自组织系统基础上的产权制度才是有效的,才能发挥出产权制度应有的效应。第六章指出构建地方性银行自组织产权制度的取向、基本原则和具体方案。

关键词:地方金融　商业银行　农村信用社　产权制度　自组织理论

0396

国家标准化战略的经济学分析 / 安佰生著 ; 宋涛指导. -- 中国人民大学, 2005. -- 155 页

本文运用经济学的理论和方法,对国家标准化战略问题进行探讨,为中国国家标准化战略的制定提供理论借鉴,内容包括三个部分。第一部分探讨标准化的基本经济学原理。作者以经济学研究中劳动分工促进生产这一基本命题为起点,探讨了标准化与劳动分工以及经济增长之间的关系,认为标准化从本质上说是人类劳动分工的产物。它对社会经济发展的意义,主要在于降低分工协调成本,真正实现分工促进生产力。作者还对标准化进行技术选择的机理进行了分析,并以此为基础探讨标准化选择最优技术的条件和途径。第二部分考察标准化的相关制度安排。作者首先分析了国家干预标准化的理论依据,认为标准化是一种准公共物品,政府应对其进行干预,但政府干预标准化存在一定界限;专利制度和反垄断是政府干预的传统领域,标准化与这两个问题都有密切关系,这也是政府干预标准化的一个原因。其次考察了国际标准化的制度安排,认为应该从内生性技术进步对经济增长意义的考虑出发,调整 WTO 技术壁垒协定,建立有利于发展中国家内生性技术进步的国际贸易利益分配格局。第三部分在对美国、欧盟等国家(地区)标准化战略比较分析的基础上,结合中国实际情况,对中国国家标准化战略和相关政策提出了建议。

关键词:经济管理　标准化管理　国家干预

0397

中国新型工业化 : 历史与现实的选择 / 白云伟著 ; 卫兴华指导. -- 中国人民大学, 2005. -- 162 页

以马克思经济学、经济增长理论、新制度经济学和发展经济学理论为参照,本文分析了中国工业化的历史和现实选择问题。作者首先对中国工业化历程进行了历史回顾和评价,认为从总体上看,我国工业化所取得的成果十分显著,其主要表现是工业经济发展基本保持了快速发展的势头,建立了门类齐全的工业经济体系。作者接着阐述了目前我国工业化存在的困难和问题,分析了中国工业化面临的现实选择,认为知识经济将彻底改变工业经济重物质的粗放式

增长方式,这为我国摆脱传统大投入、大规模、大产出的工业化模式带来了新的机遇。针对中央提出了“以信息化带动工业化,以工业化促进信息化”的战略决策,作者进行了必要性和可行性分析,认为新型工业化道路的现实选择是可行的,是有中国特色的发展之路。最后,作者提出了以信息化带动工业化的八项策略建议。

关键词:工业化　工业经济　信息化　知识经济

0398

转轨时期的经营者激励与约束研究 / 柏丙林著 ; 张仁德指导. -- 南开大学, 2005. -- 100 页

本文分五章论述了转轨时期经营者激励与约束机制问题。第一章论述了企业和企业家理论。第二章对经营者激励约束和公司治理进行了分析,对企业经营者激励约束的产生进行归纳总结,对经营者激励约束的制度安排以及公司治理结构与激励约束机制的关系进行分析论述。第三章对国有企业经营者的激励约束机制的历史和现状进行阐述,指出现行国有企业经营者激励约束机制存在的双重不足的弊端。第四章以 2003 年沪深上市公司数据对经营者报酬和企业绩效进行实证检验,得出上市公司高管报酬对公司的净资产收益率的贡献很小、经营者报酬激励机制作用有限、公司高管持股对公司业绩没有解释作用的结论,从实证角度证明了转轨时期经营者企业包括国有企业经营者的激励不足。第五章针对现行的国有企业经营者激励约束机制的不足,以及当前经济界关于国企改革的热点问题提出建议。

关键词:企业经营者　激励　公司治理　国有企业　经济转型期

0399

转型经济中的企业价格竞争研究 / 曹洪著 ; 杨继瑞指导. -- 四川大学, 2005. -- 201 页

本文以经济转型为背景,研究了处于转型过程中我国企业价格竞争的成因、企业价格竞争的形式及其绩效等相关内容。全文共分八章展开论述。第一章作为导论和引言部分,对本文的研究背景与主题、研究意义、研究动态、研究思路、研究框架、研究方法及研究特色等进行了阐述。第二章是理论综述部分,对企业价格竞争的相关理论进行了梳理,为具体分析转型经济中企业价格竞争奠定了理论基础,作者从马克思关于竞争以及价格竞争在商品经济中的作用出发,分析了价格竞争与非价格竞争的辩证统一关系;接着分析了垄断竞争理论对企业价格竞争的意义。第三章从转型经济的内涵出发,探讨了转型经济与企业价格竞争的内生性,在此基础上,对转型经济中的企业价格竞争进行了界定,接着对传统的结构——行为——绩效范式进行拓展,对转型经济中企业价格竞争爆发的诱因及其绩效进行了分析,并在此基础上分析了对企业价格竞争的完善和调控措施。第四章分析了转型经济中企业价格竞争的形式。第五章从利润函数、成本函数和生产函数的关系出发,得出转型经济条件下,企业技术结构、组织结构和规模的变动是影响企业成本,并进而影响利润的诱因。第六章分析了转型经济中企业价格竞争的策略性诱因。第七章分析了转型经济中企业价格竞争的绩效。第八章则分析了转型经济条件下对企业价格竞争的完善和调控。

关键词:企业竞争　价格竞争　转型经济

0400

城郊经济发展研究 / 曹萍著 ; 杜肯堂指导. -- 四川大学, 2005. -- 180 页

本文以中国城市化和城郊经济发展为背景,从理论与实证角度研究了城郊经济发展问题。全文除前言以外,共分七章。前言部分解释了本文的选题背景,概述了文章的结构与内容,指出了主要创新的观点。第一章对城郊经济发展相关概念进行了界定,对相关的文献进行了回顾与评析。第二章在研究城市郊区的地理区位、城乡经济技术联系和城郊比较优势的基础上,论述了城郊经济发展特点、因素和影响效应。第三章分析了中国城郊经济的形成与发展现状,指出了进一步发展存在的问题,并总结了发达国家城郊经济发展给我国的启示。第四章在广泛调查研究的基础上,阐释了我国城郊产业结构的现状、特征、问题,并论证了我国城郊产业结构调整优化的方向,对城郊产业结构的战略性调整提出了一些建议。第五章对城郊空间布局与中心城市边缘圈域经济发展进行了分析,文章借鉴了古典区位论和现代城市圈域理论,结合我国城市和城郊演变的实践,对我国城市扩张和城郊空间演化问题进行了分析探讨。第六章分析了城郊经济发展中的制度及制度创新问题,具体分析了城郊集体经济产权制度改革、城郊土地流转制度改革的必要性、制约因素、存在的问题及对策,并对我国城郊经济发展过程中突出反映的“失地农民”问题进行了专门的研究并提出了相应的建议。最后,第七章研究了城郊经济的可持续发展,作者首先分析了城

郊经济可持续发展的内涵和原则,接着剖析了中国城郊经济可持续发展面临的主要问题,最后提出了一些对策建议。

关键词:城郊经济　产业结构调整　制度创新　可持续发展　城市化

0401

企业家、知识和知识协调 :新奥地利学派的企业理论 / 陈海威著 ; 杨瑞龙指导. -- 中国人民大学, 2005. -- 231 页

本文试图应用新奥地利经济学派的方法论和基本观点构建一种可以和主流企业理论即科斯范式相对应的企业理论(即新奥地利学派的企业理论)。全文除了导论之外主要有五章内容。第一章概述了主流企业理论,指出主流企业理论是建立在“均衡”概念基础上的理论,存在“激励与知识”两分法的不足。对于这样一种理论范式,新奥地利学派从自发秩序和机会秩序、忽视市场过程、忽视企业家、强知识假设和成本“客观化”倾向五个方面进行了批判。第二章集中讨论了新奥地利学派的企业理论的主观主义方法论和市场过程方法论,指出这二者是统一的。本章还讨论了新奥地利学派的企业理论的知识基础,把知识性质归结为私人性、实践性、分散性、默会知识和主观性五种。第三章总结了长期以来奥地利学派没有企业理论的原因,集中探讨了该理论的产生和发展。第四章探讨新奥地利学派的企业家理论,认为奥地利学派的知识观点,即主观知识论调,为企业家发挥其创新精神留下了充足的空间。第五章分析了新奥地利学派的企业理论的内容体系。作者首先分析了其理论框架,包括范式内核、保护带以及启示法;其次从企业的本质,企业存在的最终原因,企业是组织“发现程序”的实体,分散知识、企业的存在和企业家的关系,企业的知识协调观这五个方面总结了新奥地利学派的企业理论的主要观点;最后论述了它与科斯范式、非主流理论的融合与相互借鉴、共同发展。文章的结论部分总结了新奥地利学派的企业理论,指出其理论意义、局限性及启示。

关键词:企业家　企业理论　新奥地利学派

0402

企业伦理行为的经济学分析 / 陈红兵著 ; 朱方明指导. -- 四川大学, 2005. -- 167 页

本文以企业伦理行为为研究对象,从经济学角度对其经济价值、基础、结构、过程、结果等进行分析论证。全文共分八个部分。导论部分包括关于企业伦理行为在经济学研究的选题背景、研究现状、研究目的等。第一章结合企业伦理行为与广义的效益和公平在起点与归宿的一致性,给出了关于“支付理论”的企业公平、效益解析假设,引用了经济学的广义效用理论,也论证了从经济学角度研究伦理行为的必要性和可行性。第二章研究了企业伦理行为的经济价值,论证企业伦理行为对企业的不可或缺性。第三到六章结合支付理论假设,探讨了企业伦理行为的市场基础、经济结构、经济过程和经济结果等问题,论述企业伦理行为内生于企业全过程并决定着企业的价值实现。第七章则是基于前文的分析,提出了改进支付机制或模式以促进企业伦理行为提升,实现公平、效益在最广的范围内最优的对策,初步给出了实践上可操作的新会计报表设计。

关键词:企业伦理　经济行为

0403

关于证券市场推动国企改革发展实证研究 / 陈建青著 ; 贾明德指导. -- 西北大学, 2005. -- 105 页

本文力图从不同的经济发展阶段由要素禀赋结构及其组合结构所决定的企业成长特性对资本结构有不同的要求出发,多视角地研究我国证券市场对促进国有企业改革与发展的作用。文章首先对企业资本结构理论的渊源及资本市场对企业资本结构和成长的影响进行理论总结和评述。其次系统地阐述了证券市场的功能,认为我国证券市场功能的扭曲或制度缺陷反映了我国证券市场发展过程中的特殊性。再次,作者实证分析了国有企业资本来源及其变化,揭示了我国国有企业资本结构存在的主要问题及其成因,总结了发展证券市场对国有企业改革和发展的意义。文章随后讨论了证券市场对国有企业产权改革的影响,认为由于政府的市场准入政策偏好等原因,我国证券市场的众多功能不能得到有效发挥,国有企业利用证券市场实行的产权改革受到了限制。作者紧接着分析了证券市场中的国企债务问题,指出上市国企债务形成的制度根源,并对债务重组的主要方式进行了简要评析。最后,本文从促进国企改革和发展的角度,论述发展证券市场的积极作用,强调利用证券市场的功能推动企业产权结构和内部治理结构的转变,提出了我国证券市场发展的目标和近期可考虑采取的若干措施。

关键词:国有企业　经济体制改革　证券市场　资本结构　融资结构

0404

江泽民社会主义市场经济思想研究 / 陈俊宏著 ; 伍新木指导. -- 武汉大学, 2005. -- 137 页

本文共分八章。绪论主要说明江泽民社会主义市场经济思想是"三个代表"重要思想的有机组成部分,是坚持和发展马克思主义生产力和生产关系理论的一个突出贡献,是对社会主义经济理论的创造性发展。第一章说明了江泽民社会主义市场经济思想形成的国际背景、国内实践和理论上的背景。第二章主要介绍了十一届三中全会后中国共产党在计划经济与市场经济关系上的认识过程,介绍了十四大之后在建立社会主义市场经济体制上的几个标志性阶段,以说明江泽民社会主义经济思想形成的历史轨迹。第三章至第五章结合实际情况从理论上系统阐述了江泽民社会主义市场经济思想的主要内容。第三章说明了社会主义市场经济的制度基础,阐述了江泽民同志关于社会主义市场经济体制是同社会主义基本制度结合在一起的思想。第四章说明了社会主义市场经济的运行机制,从培育和重塑市场主体、培育和发展现代市场体系、加强和健全国家宏观调控等方面,阐述了江泽民同志在理论和实践上的贡献。第五章说明了社会主义市场经济的保障体系,从建立和完善社会保障体系、法律保障体系、道德保障体系,阐述了江泽民同志的思想观点和在实际工作中的重大举措。第六章主要从横向对江泽民社会主义市场经济思想作国际比较,进一步说明这一思想立足于中国实际又吸收世界经济思想成果的特点。最后的结束语部分主要说明江泽民社会主义市场经济思想对我国进一步完善社会主义市场经济体制、实现社会主义现代化的实践价值,说明这一思想对欠发达国家发展市场经济的启发意义。

关键词:江泽民(1926 ~) 经济思想 社会主义市场经济

0405

转型时期中国上市公司绩效问题研究 / 陈立泰著 ; 朱方明指导. -- 四川大学, 2005. -- 266 页

本文将理论与实证相结合,研究了转型时期我国上市公司的绩效问题。文章构建了一个对中国上市公司绩效问题进行解释的综合分析框架,并进行验证,分析结果表明,我国上市公司绩效总体表现不佳,并认为公司绩效是公司治理水平的集中体现,考察了我国转型经济中公司治理的核心机制:股东治理、公司内部治理结构、债权治理和控制权市场等机制,分析了这些机制的现状、缺失及它们对公司绩效的作用机制。研究认为,股权分置和内部治理结构的严重缺陷都对中国上市公司的绩效产生了严重影响,指出,我国上市公司,尤其是由传统国有企业转化来的上市公司,由于受到制度变迁不彻底和利益集团等多种因素的影响,其内部治理中的委托代理关系,不仅要解决一般的委托代理问题,更需要解决基于制度变迁的制度问题。研究发现,我国上市公司资产负债与公司绩效呈反方向变动,且最优资本结构远远低于国际水平,从国外的经验看,企业的高负债并不必然导致企业的经营低效,问题在于债权的治理是否有效,有效的债权治理,迫使企业的经营者努力去改善企业的经营状况,提升企业绩效。论文提出,我国公司控制权市场的治理作用尚未获得充分发挥,诸多研究表明,有效的公司治理需要完善的内外部机制共同作用。另外,还对宏观经济波动和证券市场制度环境对上市公司绩效的影响进行了研究,在西方国家,经济周期主要通过影响股票市场的涨落来影响上市公司的市场价值,而在我国,股票价格并不能反映公司经营业绩,宏观经济波动主要通过影响市场供求和物价,从而对上市公司的经营绩效构成影响,与股票市场价值的关联度就很弱。最后,论文结合我国上市公司的实践,在深刻反思中国上市公司制度创新和变革的得失的基础上,借鉴国际上上市公司的经验,提出我国上市公司绩效改进和竞争力提升的战略构想和建议。

关键词:上市公司 企业绩效 公司治理 经济转型

0406

我国城乡产业结构优化研究 / 陈明生著 ; 卫兴华指导. -- 中国人民大学, 2005. -- 135 页

本文以马克思主义的生产力和生产关系矛盾运动的理论和统筹城乡发展理论作为指导,对我国的城乡产业结构优化的对策和理论展开研究。全文共分九章。第一章分析了我国提出"统筹城乡经济社会发展"的现实背景,提出本文的研究目的和意义。第二章是理论综述,首先介绍了马克思主义的统筹城乡发展理论及其指导意义,然后介绍了国内外关于城乡产业结构优化研究的现状,并对这些研究的意义和存在的问题进行简要分析。第三章提出本文的分析框架,即聚集经济的理论。作者分析了聚集经济的产生及其运动规律,认为聚集经济的产生及大小在于社会经济因素聚集的规模和结构,纵向分工和知识溢出是聚集经济的主要来源。作者还研究了产业聚集与聚集

经济之间的累积循环的因果关系。第四章研究了产业布局的城市和农村指向问题,认为城市的本质在于聚集性,乡村的本质就是其分散性。作者还进一步将聚集经济布局指向的产业确定为城市产业,将以分散作为布局指向的产业确定为农村产业。第五章研究了城乡产业结构的合理化问题,包括产业在城乡的合理布局问题和加强城乡产业之间的联系问题。第六章研究了城乡产业结构的高度化问题。第七到九章分别从农业的发展与农业结构的调整、城乡产业结构优化与要素流动、优化城乡产业结构的调整机制等方面出发,对优化城乡产业结构进行研究,并提出对策建议。

关键词:城乡建设　产业结构　聚集经济

0407

银企关系非均衡分析 / 陈瑞华著 ; 魏埙,张仁德指导. -- 南开大学, 2005. -- 203 页

本文从历史的和微观的层次对银企关系问题进行理论和实证分析,探讨银企关系发展中的渐进性和非均衡性。文章从对企业和商业银行历史演进分析入手,描述企业和银行在不同经济发展阶段的特征和表现形式,探讨了企业筹资和银行信贷的非均衡的矛盾运动过程,并从市场理论、融资理论、契约理论和非对称理论等角度分析了银行和企业所处的制度环境、市场环境和个体特征,以及相对应的银企关系的本质特征。其次,从信息经济学角度建立了银企关系非均衡分析的一般理论框架,其目的是在于针对银企之间的均衡博弈以及逆向选择和道德风险,设计一种有效的激励机制或契约来约束银企之间的行为,预防信贷风险。第三章分别对我国企业和银行在不同历史时期的特征进行分析,将之分为财政主导型、银行主导型和向市场过渡型三种模式,揭示了企业和银行在发展过程中的非均衡性和区别于市场经济条件下的特殊性。第四章以我国当前的银企关系为对象,分析了我国信贷市场上银行和企业之间的信息非对称,信贷活动中由于信息非对称而存在逆向选择和道德风险效应,以及由这些效应所引起的信贷风险。第五章分析了以债转股为代表的解决银行存量风险的引起债务重组机制,分析了债转股过程中不同利益主体的目标和收益函数,通过对债转股过程的博弈分析和非对称分析,指出了不同利益主体之间的利益相关性。第六章指出了银企关系制度改革的最终方向:转换经营机制,创造相对均衡的信息环境和建立真正意义上的市场型银企关系。

关键词:银企关系　信贷风险　信贷管理　债务重组

0408

区域经济系统演化的机制和规律研究 / 陈铁军著 ; 张荐华指导. -- 云南大学, 2005. -- 288 页

本文运用现代经济学基本理论和方法,对影响区域经济发展演化的各种因素及其作用机制进行了分析,并将经济学同系统科学理论及研究方法有机结合,考察区域经济系统内各相关要素的相互作用,探讨区域经济系统的自组织优化演化规律,研究区域经济在长期发展中的系统自组织机制及能力的形成过程,分析构成系统自组织优化机制的各种要素及其相互之间的作用和传导机制,考察德国鲁尔区、中国东北地区和上海地区的经济成长、兴衰演化的原因和机理,检验三个地区在经济结构调整和转型发展方面的成效,对系统自组织优化机制在不同地区发展中的作用进行了验证。最后,论文对三个地区的系统要素和系统结构特征进行了对比分析,进一步总结了区域经济系统及区域社会子系统的自组织优化机制及区域经济发展演化的共同规律,并对我国振兴老工业基地提出了一系列政策建议。

关键词:区域经济　经济系统　自组织理论　经济结构调整

0409

创业投资与长三角高新技术产业化 / 陈晓南著 ; 杜肯堂指导. -- 四川大学, 2005. -- 207 页

本文从区域经济学、产业经济学的视角,运用创业投资的基本原理,对创业投资促进长三角高新技术产业化的机制和条件进行了全方位的研究。全文共分八部分。第一部分是前言,介绍了本文的选题背景,概述了文章的结构、内容以及创新观点。第二部分对一些基本范畴进行了界定,回顾了相关的理论,对中国创业投资与高新技术产业化发展进行了述评。第三部分研究了长三角高新技术产业化的机制和条件,作者首先概述了长三角的区情,接着,分别对长三角的产业结构及其演化趋势以及长三角高新技术产业化的历史与现状进行了分析,最后,探析了创业投资促进长三角高新技术产业化机制。第四部分先分别评析了硅谷模式和长三角经济发展模式,然后对二者进行了比较,并分析了其走向。第五部分研究了创业投资的区位选择和长三角高新技术产业的空间布局。第六部分论述了创业投资与苏浙沪中小企业发

展间的关系，文章分析了苏浙沪中小企业的创业与融资，并对长三角中小企业群落进行了经济学分析，探讨了其形成和发展，并对其区域经济效应进行了阐释。第七部分则研究了创业投资与长三角传统产业的技术进步，作者首先分析了传统产业的再创业与创新问题，接着进一步阐述了技术进步、研发投资与传统产业优化升级，以及创业投资与传统产业技术进步。最后一部分提出了构建长三角创业投资体系的设想，本文认为，长三角创业投资体系的构建必须以新的制度安排为基本出发点，着力于发挥市场对资源配置的基础性作用，慎用政府主导型的单向线性发展模式，强调创业投资的本土化。

关键词：创业投资　高技术产业　区域经济　长江三角洲

0410

反垄断：交易费用的视角／陈志广著；张晖明指导. -- 复旦大学，2005. -- 210 页

本文在评述反垄断理论的基础上，发展了一个反垄断的交易费用框架。市场力量有效率式的，也有非效率式的。非效率式的市场力量源于资产专用型等引起的交易费用，在市场中具有必然性。当资产专用性、交易费用问题不明显时，自发的市场机制足以治理市场力量，而当这些问题比较严重时，市场力量的治理就需要反垄断法了，当问题特别严重时，则需要政府管制了。恰当的治理市场力量，在于分析与市场力量相关的一系列交易，以选择一种或一组方法，使得与交易相关的收益减成本最大。由于交易费用的存在，自发的市场必然存在不完善环节，而反垄断恰恰是完善这些环节，维护和促进市场运行。通过对制造业和汽车产业的分析，文章发现我国存在相当严重的非效率式市场力量，所以反垄断是必要而紧迫的。支持反垄断规制的不是企业规模而是交易费用，足够的交易费用会造成严重的进入壁垒问题，进而产生严重的非效率式市场力量和非效率利润。当交易费用不严重时，企业规模再大也不会形成垄断问题，所以恰当的反垄断不会阻碍规模经济的发展。通过将交易费用的方法运用于反垄断规制的对象和反垄断过程本身，文章最后在具体项目，例如滥用市场支配地位、联合行为、企业合并上设想了中国的反垄断立法和反垄断实践。

关键词：反垄断　交易费用　市场竞争　市场规制

0411

我国农民的财产性收入问题研究／程国栋著；黄家骅指导. -- 福建师范大学，2005. -- 142 页

本文运用马克思主义经济理论分析方法，深入剖析农民的财产性收入中存在的问题及其根源，提出解决问题的思路和建议。本文共六章。第一章阐述了选题的原因及其意义。第二章对农民的财产性收入进行界定，对我国农民财产性收入和其他类别收入进行对比，并介绍了若干发达国家在提高农民收入方面的做法。第三章到第五章分别对土地财产性收入、住房财产性收入和资金财产性收入进行了研究，指出存在的问题，并提出了若干建议。第六章对重视增进农民的财产性收入问题进行了研究。

关键词：农民收入　个人财产　增产增收

0412

跨国公司在华投资“控股”、“独资化”趋势研究／楚永生著；黄少安，赵增耀指导. -- 西北大学，2005. -- 176 页

本文从跨国公司直接投资基本理论出发，建立了跨国公司在华投资的“环境——战略——行为”分析框架。从跨国公司对外直接投资的环境变化入手，分析了跨国公司经营战略从简单一体化战略向复合一体化战略转变。与此对应，跨国公司在华投资也由浅度一体化战略向深度一体化战略转变，这种转变必然影响跨国公司与其在华子公司之间的关系，使跨国公司对在华子公司的控制加强，进而使跨国公司对在华子公司的控制权需求加强。为此，跨国公司在华投资策略和投资方式进行了相应调整：一是在新建投资股权结构选择上倾向于控股或独资；二是在跨国公司并购国内企业上倾向于控股或全部收购国内企业股权；三是在中外合资企业内部治理模式上选择跨国公司主导型治理模式，同时在合资企业中加快对中方合资者股权的剥夺。跨国公司投资战略和策略的转变直接造成合资企业内部的不稳定，表现为合资企业内部双方的利益、管理和文化冲突。一旦制度约束消失，双方暂时形成的非合作博弈均衡将被打破，促使跨国公司改变合资企业股权结构，即合资企业解体或者以一方收购另一方股权实现控股或者独资。因而外商在华投资的控股、独资化是中国改革开放新形势下跨国公司对外直接投资的自然市场行为，具有一定的规律性和必然性。它一方面反映了跨国公司在华投资战略随环境而相应调整的过程，同时也反映了中国市场经济在改革开放中不断发展、完善、走向成熟。跨

国公司在华投资的控股、独资化趋势在中国未来经济发展中会进一步增强,它给中国经济发展带来一些消极影响,中国政府应当进一步对跨国公司在华投资政策作适应性调整并加强监管,同时参与合资的微观经济主体需要提高自身的竞争学习能力,积极预防跨国公司对中方利益的侵害。

关键词:跨国公司　对华投资　控股　独资经营

0413

城市化进程中土地制度创新的经济学分析 / 褚中志著 ; 汪戎指导. -- 云南大学, 2005. -- 172 页

本文从中国城市化进程中出现的土地问题入手,进行土地制度创新研究,认为中国土地问题的根源在于现行土地制度安排不仅满足不了不同利益主体对潜在利益获取的可能性,而且还在新的制度环境下损害了部分行为主体的既有收益。政府如何在现有制度环境下制定和选择新的游戏规则使各方利益主体获取潜在利润,同时保证各方利益主体的效用损失最小化,成为政府进行土地制度创新的均衡边界点。文章首先在研究国内外关于制度创新与土地制度创新的理论基础上,拓展和深化了土地制度创新理论,提出潜在地租存在论。以此为基础,作者对中国土地征用制度和土地储备制度的改革和创新进行研究。结果表明,中国政府进行土地制度创新的最主要动力是潜在利益的存在,建立和制定新的制度安排是中央与地方政府以及其他利益集团之间的博弈过程。中国土地制度创新是一个土地增值收益的再分配过程,而潜在地租是政府进行土地制度创新的一个基础。研究结果还表明,土地征用制度是中国目前唯一合法的土地产权变更的制度安排,但是计划经济时代遗留下来的旧土地征用制度已经严重阻碍了经济社会的发展。因此,必须建立符合市场经济的新土地征用制度。建立土地储备制度是新时期的土地制度创新。新的土地征用制度与城市土地储备制度可以为政府利用土地进行宏观调控提供基本的手段。

关键词:城市化　土地制度　土地征用　土地储备

0414

关系融资制度研究 / 崔向阳著 ; 洪银兴指导. -- 南京大学, 2005. -- 166 页

本文从五个方面对关系融资制度进行了研究。第一,探讨了关系融资的基本含义,将其理解为融资过程中资金提供者与资金使用者的长期关系。第二,研究了关系融资的基本形式,分析了美日等国关系融资的形成历史,对我国关系融资的发展情况进行了反思。第三,研究了关系融资当事人之间的博弈关系,包括企业与银行之间、银行之间、政府与银行之间的博弈关系。第四,研究了信息不对称条件下的关系融资的功能,认为关系融资促进了融资双方的信息协调,可以为关系企业带来经济价值。第五,研究了关系融资的缺陷和完善问题,指出要在我国金融体系的改革中借鉴关系融资理论,必须注意防范关系融资所蕴含的金融风险。文章还具体从防范企业预算软约束、防范银行垄断和重建社会信任三方面提出了对应措施。

关键词:融资　社会资本　金融制度　金融风险防范

0415

韩中企业集团的公司治理结构比较 / 崔银荣著 ; 杨瑞龙指导. -- 中国人民大学, 2005. -- 149 页

本文以韩中两国企业集团公司治理结构为研究对象,以委托代理理论和产权理论为研究方法,分析了两国企业集团公司治理结构存在的问题、落后的原因以及改善措施。文章首先考察了两国企业集团的发展历程,对两国企业集团的公司治理结构现状和特征进行分析,然后从公司股权结构入手分析公司治理结构扭曲的原因、两国公司治理机制以及代理问题。之后通过数据进一步说明不合理的股权结构对公司治理结构的不良影响,并初步建立两国公司治理结构模型,提出优化公司治理结构的具体方案。最后对两国公司治理结构、公司监控机制及代理问题进行比较,借鉴金融危机后韩国企业集团公司治理结构的改善经验,提出中国企业集团公司治理结构的改善方案。本文研究发现,两国公司治理结构相当脆弱的原因在于不合理的股权结构,即股权过度集中于大股东导致了两国公司治理结构的扭曲。但两国大股东性质不同和由此引起的股东行为不同以及企业产权结构不同使得两国公司治理模式和代理问题不同。文章认为,大股东持股减持和引入有效可行的公司治理制度是优化公司治理结构的关键,规范的公司治理结构是提高企业集团绩效的有效途径。而在当前两国企业集团的公司股权及结构没有发生根本性变化的情况下,积极引进适合国情的可行的制度是优化公司治理结构的基本途径。

关键词:企业集团　公司治理　股权

0416

国际风险资本运作、退出与多层次资本市场体系研究 / 戴志敏著 ; 金雪军指导. -- 浙江大学, 2005. -- 263 页

本文共八章。第一到三章对国际风险资本在我国的运作特征作总体描述,从理论上分析了风险投资的基本原理和运作及国外研究现状,指出国际风险资本在我国投资总体规模、投资的行业与企业发展阶段特征、投资区域特征,比较分析了国际风险资本选择项目的依据及评价项目的定性和定量方法,以及国际风险资本在中国的组织形式与投资策略。第四章分析了国际风险资本进入中国的作用与影响,指出国际风险资本的进入对我国的资本市场开放与监管是一个挑战。同时通过比较研究现有的国际直接投资理论,指出风险投资与国际直接投资的异同,提出了双重整合优势互动投资模型来描述国际风险资本投资动因。第五章分析了风险投资退出的作用、风险资本的退出方式、国际风险资本退出渠道的选择及其在中国遇到的退出障碍。第六至七章研究了多层次资本市场体系的必要性,在比较海外多层次资本市场体系的成败基础上,从中小企业板的建立与未来演化、产权交易市场的完善、海外上市三个角度探讨了我国多层次资本市场体系的制度安排,并探讨了国际风险资本退出与多层次资本市场的运作环境。第八章是结论。

关键词:风险投资　资本市场

0417

中国国有企业产权制度设计研究 / 丁小强著 ; 伍新木,李春明指导. -- 武汉大学, 2005. -- 201 页

本文以我国国有企业产权制度设计为研究对象,以马克思主义产权理论基本思想为指导,吸收国内外产权理论和企业治理理论的成果,在进行基本理论分析的基础上,总结了国际上国有企业产权改革的经验教训,分析了我国改革开放以来国有企业改革的历史进程,对国有企业面临的困境和问题进行深入分析。论文在此基础上对国有企业的类别、角色定位与目标选择、国有企业产权制度改革的基本框架、政府行为选择等进行了设计,就微观层面的公司治理结构的设计与宏观层面上的国有资产监督管理体系的构建提出了系统的设计原则与框架。

关键词:国有企业　产权　法人治理结构

0418

职业经理人年薪制研究 / 丁晓钦著 ; 何玉长指导. -- 上海财经大学, 2005. -- 164 页

本文以马克思主义分配理论为基础,以西方分配理论为借鉴,首先分析了经理人报酬的构成和性质,论证了我国经济转型时期实行经理人年薪制的现实性与可行性,并以美、德、日等国家企业经理人年薪制为例,指出了年薪制的积极作用。在对经理人年薪制的影响因素的分析基础上,论文研究了我国经理人年薪制的理论模式,总结了我国企业经理人年薪制的现有代表模式,提出了"基本年薪 + 效益年薪 + 奖励年薪"的三元结构模式,并设计了经理人年薪制的操作方案。最后,论文提出了完善我国经理人年薪制的改革方案和政策建议。

关键词:职业经理人　年薪制　国有企业　激励

0419

非国有经济对韩商在中国直接投资区位选择的影响 / 丁永洙著 ; 俞忠英指导. -- 复旦大学, 2005. -- 126 页

本文通过对中国沿海地区之间非国有经济的发展情况以及韩商在中国投资区位转移的特征与区位决定因素的分析,旨在为将要在中国进行直接投资的韩商以及中国更好利用外商直接投资提供参考。文章首先讨论了中国非国有经济的发展历程和沿海地区的非国有经济发展程度,指出了沿海四大地区之间非国有经济发展程度的差距。其次,在回顾韩商对中国直接投资历史的基础上,分析其主要特征,并进一步深入分析韩商对中国直接投资区位分布转移的特征。再次,考察了外商直接投资区位选择的目的及投资区位选择转移的原因和区位因素,并对外商直接投资中非国有经济的作用进行理论分析。最后,对非国有经济发展与韩商直接投资区位选择转移之间的关系进行了理论分析与实证检验。

关键词:外商直接投资(FDI)　对华投资　区位选择　非国有经济　韩国

0420

中国农村富余劳动力转移战略研究 / 丁兆庆著 ; 陈文通指导. -- 中共中央党校, 2005. -- 170 页

作者指出,中国经济社会发展和富余劳动力转移的战略和政策重点应从片面以城市和工业为中心适度向农村和农业倾斜。在分析了中国农村富余劳动力现状的基础上,文章指出人口高增长率和低生产力

发展水平的矛盾是造成农村劳动力过剩的重要原因，同时中国特殊的体制、战略、政策及非科学发展观也造成了农村劳动力的过剩。进而探讨了农村富余劳动力转移的必要性和紧迫性，分析了农村劳动力转移的进展情况，提出“双重二元结构”，认为中国农村富余劳动力转移面临着行政主导型和市场主导型城乡二元结构的双重制约。指出户籍制度不是农民工融入城市社会的唯一障碍，并探讨了农民工进城成本和返乡再适应成本问题。借鉴国内外农村富余劳动力转移的有关理论，提出了解决农村富余劳动力转移的基本原则和战略思路，强调中国农村富余劳动力转移必须坚持以减少农民为目的和落脚点、与推进城市化相统一、与产业结构合理化相结合、坚持转移方式的多样性。基本战略思路是以社会全局为着眼点、以创新转移模式为突破口、以解决“三农”问题为基础。最后，分专题讨论了解决中国农村富余劳动力转移的对策和措施：(1)发展农村经济，建立有利于农村发展的制度和产业环境是实现农村富余劳动力转移的治本之策；(2)提高农民收入、素质和社会地位是实现农村富余劳动力转移的重要前提；(3)敞开城市大门是实现农村劳动力转移的当务之急；(4)建立城乡统一劳动力市场是实现农村富余劳动力转移的必要条件。

关键词：农村剩余劳动力　劳动力转移　农民工　劳动力市场

0421

中国公共投资运行体制改革研究 / 丁肇勇著 ; 张维达指导. -- 吉林大学, 2005. -- 147 页

本文共分六部分。导论部分阐明选题动机、研究方法和基本经济理论，以及全文结构。第一章回顾不同经济发展阶段学术界对公共投资运行与经济增长关系的认识，并运用马克思主义经济学的相关理论加以评价。第二章对西方各市场经济国家的公共投资范围、公共投资项目建设方式、公共投资监管体制进行了比较，对其公共投资运行体制进行评价。第三章研究了公共投资的治理与运行效率，包括公共投资治理的涵义、构成及评价，公共投资运行中的腐败与治理，公共投资与政府有效管理等。第四章分析了我国现行公共投资运行体制不完善的表现，对公共投资运行的主要方式进行了效率分析，提出了深化投资体制改革、完善市场化公共投资运行体制的建议。第五章为结束语。

关键词：公共投资　政府投资　监督管理

0422

经济人假设问题研究 / 段雨澜著 ; 程恩富指导. -- 上海财经大学, 2005. -- 155 页

文章首先在心理学动机研究与个体的社会心理学研究两个角度对经济人假设的心理基础进行了分析，并借助心理学、经济学等学科关于理性、自利心、个体与社会环境关系的研究，分析了动机所牵涉的本能、理性、情感非理性因素等内容，分析了经济主体行动的愿望、期望、信念等心理因素与社会环境因素间的关系。研究认为，经济学中的人性不能假设脱离社会的自利本能的存在，也不能假设对社会现象本质的认识可以还原至个体层次的理性行动上来，微观经济行为必须在整体上予以解释，经济人假设必须包括价值理性与非理性。其次，文章在探讨经济人假设的方法论问题时，以经济学的科学性问题、经济学内部的一致性问题、个体主义方法问题为线索，对哲学、认识论等在经济学中的应用进行反思，指出了经济人假设不是一种经验人性论，而基于其上的经济学体系也不能和不愿接受经济现实的检验，且存在着内在一致性问题。再次，在研究马克思主义经济学的人性假设时，通过分析得出，发展经济人假设需要借鉴整体主义方法，需要发展经验人性论，需要分角度、分层次进行人性抽象，需要构建一种以新经济人假设为基础的概念体系。然后，在论证原有经济人的工具理念不足之处的基础上，主张在扩展理性范畴的前提下研究非理性，并在引入价值理性的基础上，探讨了利他主义分析的现有分析框架，分析了现有分类分析的不足。最后，在前文对经济人假设的心理基础与方法论问题进行反思及发展原有的理性范畴基础上，提出了一个反映理性与非理性因素的新经济人假设的综合性框架，并以完全竞争市场中的消费者与垄断竞争市场中的厂商为代表建立了模型。

关键词：经济人　经济理论　经济心理学

0423

中央银行独立性问题研究 / 范方志著 ; 伍柏麟指导. -- 复旦大学, 2005. -- 200 页

论文首先对中央银行独立性与经济绩效之间的关系进行了简单的论述，研究结果表明，中央银行独立性的高低与通货膨胀率是呈反向关系，而与经济增长率则没有明显的关系，说明提高中央银行的独立性有助于防止通货膨胀。其次，通过对德意志联邦银行、美国联邦储备体系和欧洲中央银行等发达经济国家中央银行的比较研究表明，世界上凡是经济发达国

家中央银行的独立性都比较高，而其经济增长率并不低。再次，论文对政治经济周期理论、相机抉择和动态不一致性理论以及政府铸币税最大化理论等有关中央银行独立性问题的理论进行了比较详细的阐述，并运用这些理论对转轨时期中国中央银行的独立性问题进行了实证研究，研究结果表明，尽管目前中国中央银行的独立性有了较大的提高，但其独立性还是远远不够的。最后，针对转轨时期中国中央银行独立性不高的原因提出了相应的建议。

关键词：中央银行　独立性　经济周期

0424

基于组织变迁视角的行业协会发展研究／范省伟著；白永秀指导. -- 西北大学，2005. -- 174 页

文章从组织变迁的新视角提出一个关于组织变迁的理论框架，并据此对行业协会的组织变迁过程进行历史考察和分析，在此基础上提出促进我国行业协会发展的基本思路。文章运用制度和转轨经济学的相关理论，首先对行业协会的概念、组织属性与功能进行了分析，特别指出行业协会的基本经济功能是在分工和专业化经济中降低社会的交易费用、提高交易的效率，并在此基础上，提出了以“理性演进”为基本特征的行业协会组织变迁模型，对其变迁动因进行了全面分析。在应用和历史研究层面上，利用前文的理论框架具体分析了行业协会特别是我国行业协会组织变迁的历史过程，着重分析了体制转轨时期我国行业协会发展的背景、原因、方式、运作状况，指出市场化改革所导致的社会制度变迁是导致目前我国行业协会组织变迁的直接原因，而政府“自上而下”强制组建和企业“自下而上”自发组建则是体制转轨时期我国行业协会生成的两种基本方式。根据以上分析，提出了促进我国行业协会发展的目标模式、原则、具体途径和方式，其核心思想是通过加快市场化改革和制度变迁，改善行业协会发展的外部环境，完善行业协会的内部治理机制，从而促进我国行业协会向民间的自治型经济组织转化，并最终形成基于国家法团主义的民间自治型行业协会目标模式。

关键词：行业协会　经济组织　组织管理　民间自治

0425

制度制约下的中国资本市场寻租问题研究／范永俊著；沈坤荣指导. -- 南京大学，2005. -- 187 页

本文以制度约束为出发点，利用新制度经济学的立场、观点和原理，阐明中国资本市场寻租的深层次原因并探讨治理途径。全文共八章。第一章导论阐述选题背景，进行文献回顾。第二章介绍新制度经济学的一般原理，说明新制度经济学对中国资本市场寻租研究的意义。第三章进行资本市场制度变迁与产权结构对寻租影响的分析，指出中国资本市场的制度变迁实质上是一个“非帕累托改变”。第四章展开资本市场主要制度缺陷制约下的寻租研究。第五章探讨资本市场法律环境不完善状况下的寻租行为生存空间。第六章比较不同制度供给对寻租活动的抑制效率。第七章研究制度约束下预期紊乱的市场寻租特征，包括上市公司治理结构和信息披露缺陷下的寻租特征、寻租的市场效应。第八章针对市场寻租问题提出方案和政策建议，指出资本市场效率优化的途径。

关键词：资本市场　寻租　制度经济学

0426

竞争行为的伦理学分析：从契约伦理的角度／方建国著；胡培兆指导. -- 厦门大学，2005. -- 184 页

本文运用交易费用——契约理论、社会学、法律学和伦理学等对竞争行为进行了伦理分析。全文共七部分。第一部分是绪论，介绍了本文的方法论基础、分析前提和工具、研究的现实意义与理论意义、文章的主要内容，并对有些问题作了说明。第二部分在假定人是具有行为倾向的效用最大化者的基础上，从人类动机、理性行为推理出协议道德，并认为它是市场经济的伦理基础。第三部分在对竞争进行伦理和价值定位的基础上，着重强调了契约是节省交易成本的机制、竞争的机制。第四部分对支持与反对自由竞争的观点进行了评述。第五部分在对罗尔斯的差别原则质疑的基础上，提出了评价“效率——公平”的价值标准体系，并运用“效率——公平”模型分析伦理、道德在经济发展过程的重要作用。第六部分对反竞争的实例——垄断与合谋进行了伦理分析。第七部分提出了对竞争行为进行道德判断的标准。

关键词：竞争　契约　交易成本　伦理学

0427

文化产业若干重要关系问题研究／冯潮华著；李建平指导. -- 福建师范大学，2005. -- 130 页

本文以马克思的劳动价值论和唯物辩证法以及历史唯物主义为指导，围绕着我国文化产业发展过程中涉及的若干重要关系问题，从理论和实际相结合的

角度进行分析研究。通过文化事业与文化产业的区分，以及文化产品的意识形态属性与商品属性、文化商品的需求与供给、文化资源的市场配置与宏观调控、发展对外文化贸易与提升文化产业的国际竞争力等关系的分析和论述，揭示其内在的联系与区别，提出了正确处理好这些关系的原则、措施和发展文化产业的相关对策建议。

关键词：文化产业　文化事业　文化产品　国际竞争力

0428

中国股票市场信用问题研究 / 冯登艳著 ; 袁文平指导. -- 西南财经大学, 2005. -- 164 页

本文从信用、虚拟资本、股票市场的内在联系入手，考察了我国股市的信用状态，分析了我国股市信用缺失的原因，提出了重建我国股市信用秩序的对策。除导论外，全文共分七个部分。导论阐述选题的背景和意义、论文的基本思路和研究方法。第一部分对信用概念、信用的产生与发展、信用机制以及马克思和西方的信用理论进行探讨，提出本文对信用的理解。第二部分对马克思虚拟资本理论进行研究，以说明股票是由信用创造的，它体现了更高层次的信用。第三部分阐述了信用是股市的基石。第四部分论述了上市公司信用是股市信用的核心及影响上市公司信用的因素。第五部分对我国股市的信用状态进行了实证分析，用典型案例说明了我国股市信用缺失。第六部分从正式制度和非正式制度两个方面对我国股市信用缺失的原因进行了分析。第七部分提出了重建我国股市信用秩序要从完善正式制度（产权、法律和监管制度等）和加强信用文化建设两方面着手。

关键词：股票市场　信用

0429

我国企业技术创新动力机制研究 / 冯晓莉著 ; 鲍敦全, 师萍指导. -- 西北大学, 2005. -- 119 页

本文主要运用系统分析、比较分析等方法，从西方经济学和马克思主义经济学关于技术创新的理论出发，对在经济全球化和知识经济时代条件下我国企业技术创新动力机制进行了研究。本文主要包括以下几个方面内容：企业技术创新动力机制的影响因素分析；企业技术创新动力的激励分析；我国企业技术创新动力及机制分析；我国企业技术创新的动力及机制新模式构建；促进我国企业有效技术创新动力机制的对策建议。通过研究，本文指出：(1)技术创新动力机制应包含技术创新的动力、技术创新动力模式及技术创新动力机制的影响因素三方面问题；(2)我国技术创新政策整体发展正在从个体创新激励为主转向机制创新激励方向，技术创新政策受到多个关键政府部门的关注，需要多个政府部门协调促进；(3)企业技术创新动力是多方面的，主要有技术自身的推动力、市场需求的拉力、政府行为的强制力和企业内部的支撑力，其中企业内部的支撑力又受到其他三种力量的影响；(4)我国企业的技术创新动力整体不足，其模式是典型的“政策——市场”综合作用模式，不利于培育企业自主创新的能力，难以适应激烈的市场竞争；(5)需求预测型技术创新动力模式是适应我国企业技术创新动力的新模式；(6)市场激励是我国企业技术创新激励机制的核心，政府的作用在于维持市场秩序，并对企业技术创新提供相应的引导和支持。

关键词：企业管理　技术创新　动力机制　动力模式

0430

关系型融资效率研究 / 付明明著 ; 金雪军指导. -- 浙江大学, 2005. -- 149 页

全文分四部分展开论述。第一部分包括第一章导论和第二章相关文献评述。第二部分分别从微观和宏观角度研究了关系型融资的效率。第三章分析了关系型融资的微观价值，从嵌入性的视角对关系型融资可能存在的问题作了分析，并构建出理论模型。第四章首先分析了关系型融资的市场效率。其次分析了关系型融资的过度投资问题及其对货币政策传递机制的影响，着重论述了关系型融资在帮助中小企业解决融资困难的同时，给中小企业带来过度投资的问题。最后分析了关系型融资对经济增长的推动作用。第三部分是对关系型融资实践的分析，其中第五章是运用中国及东亚 4 国的数据对关系型融资的实证研究，第六章则是对中国及其他国家的关系型融资实践的制度分析。分析了发生金融危机时关系的作用，发现关系对企业贷款的利率影响并不显著，对企业的贷款可得性的影响也不显著。因此，如果银行与企业同时处于危机之中，企业难于获得财务救助。同时就中国银行关系对企业贷款可得性的影响以及中国跨国银行关系作了实证分析。研究发现，银行关系对企业的贷款可得性有显著的正面影响；在中国企业开展跨国经营活动时，银行的跨国经营并未随企业的海外拓展而展开。进一步分析了国外关系型融资制度的变迁，论述了中国关系型融资制度的构建问题，

包括关系型融资制度的制度环境、制度安排及制度变迁路径等。第四部分是结论和展望。

关键词:中小企业　融资　银行　投资

0431

单个银行失败的预测与处理研究 / 付强著 ; 金雪军指导. -- 浙江大学, 2005. -- 137 页

文章针对单个银行失败展开定性和定量的研究,分析了银行失败的原因、识别预测以及处理应对的方法。主要内容如下:第一,界定银行失败的概念并从银行体系内在的不稳定性、市场结构/力量、银行的公司治理、银行效率等角度剖析银行失败的原因。第二,银行失败的识别与预测方法研究。研究了各种银行失败预测的模型和方法,包括监管当局的银行失败早期预警体系 EWS、外部评级机构的银行评级和各种数量模型方法(线形概率模型、判别分析、Logit 分析、Probit 分析、COX 比例风险模型、非参数特征识别模型以及事件研究法等)。第三,使用 Logit 模型进行单个银行失败估计、识别和预测的完整分析。根据印度尼西亚、马来西亚、韩国和菲律宾 4 国银行数据,研究银行失败的因素,以决定和预测当恶劣条件发生时什么样的银行更有可能免于失败;对比分析仅仅使用单个银行微观财务数据和使用融合微宏观数据的模型的识别、预测能力的差别。研究发现:具有良好的盈利和资本的银行更不可能失败,使用融合微宏观数据的模型的识别、预测能力强于仅仅使用单个银行微观财务数据模型的识别和预测能力。第四,研究银行失败的后果和失败处理,在对银行失败后果严密分析的基础上总结和设计合理的处理规则。失败的处理有救助和退出两大类。在处理失败银行时必须从维护和提高银行业整体效率的高度出发,使道德风险最小化。第五,研究中国银行业金融机构失败及其应对。并在此基础上,对其提出若干政策建议:银行业金融机构持续进行自身改革、监管当局改善监管、发挥市场纪律的约束作用。

关键词:商业银行　风险管理　金融危机　金融监管

0432

农业产业化经营与县域经济发展研究 / 付学坤著 ; 杜肯堂指导. -- 四川大学, 2005. -- 234 页

县域经济对我国经济总体发展起着重要的基础作用,发展县域经济对缩小城乡差距,解决"三农"问题及最终实现全面建设小康社会目标都有重要意义。文章从县域经济发展战略的高度来探讨农业产业化经营战略的价值与作用及其与县域经济发展各个方面的相互经济关系,从而推动县域经济发展。农业产业化经营是发展县域经济的重要战略选择,其模式的推行与提出是农业由传统型向现代型转变的必经阶段,是农业生产经营体制和机制改革创新的过程。论文主要包括八章。其中前两章分别就农业产业化经营和县域经济两大范畴进行界定,对相关理论评述及历史现状及发展趋势等进行分析,分析认为,农业产业化经营既是提高农民进入市场的组织化程度,提高农业综合生产能力的创新经营模式,又是发展农产品加工业,走新型工业化道路,壮大县域经济的战略选择。之后五章分别就农业产业化经营与县域经济的几大方面进行逻辑辩证分析,认为,农业产业化经营与县域新型工业化道路之间存在内在的紧密联系,且对提高农业生产能力和提高农民收入有重要作用,但推进农业产业化经营、促进县域经济发展需要逐步消除二元经济结构的结构性障碍和体制性障碍。第八章则以一个丘陵地区农业县——四川省绵阳市梓潼县为例,分析论证了农业产业化经营战略在县域经济发展过程中的应用、作用与相互关系。

关键词:农业产业化　县级经济　区域经济　工业化

0433

公司治理中的剩余控制权研究 / 傅绍文著 ; 史晋川指导. -- 浙江大学, 2005. -- 134 页

本文以企业剩余控制权作为研究切入点,从理论上探寻公司治理结构的原则与发展方向,并利用中国企业的剩余控制权安排实践和各国治理模式中剩余控制权安排的比较对相应命题进行验证。全文共分七章。第一章从研究背景、理论与现实意义角度论述了剩余控制权安排在公司治理中的重要性。第二章比较分析了资产所有权、特定控制权与剩余控制权三个概念,界定了剩余控制权的外延和内涵,提出剩余控制权安排的总原则。第三章考察了不同时期企业剩余控制权安排契约的演进过程,归纳了剩余控制权安排的一般原则。第四章研究了人力资本的专用性与部分不可分离性对最优剩余控制权安排的影响,认为人力资本所有者和企业之间的交易实际上是双方让渡各自的某些产权而进行的博弈过程,由于人力资本所有权的部分不可分离性以及专用性,实行剩余控制权分享的联合所有权是最优的企业所有权契约。第五章对中国上市公司中的剩余控制权安排进行实

证分析,揭示我国企业剩余控制权安排的特征及其与企业绩效的关系。第六章结合高新技术企业和传统企业的案例比较研究对剩余控制权的作用机理进行分析,认为分散对称、可转让的剩余控制权安排是企业效率的基础,通过各种形式的剩余控制权分享将是新经济条件下传统企业与高新技术企业持续发展的必然出路。第七章研究了各国模式中剩余控制权安排的异同及其发展趋势,探讨了中国企业剩余控制权安排未来改革的方向,并提出建议。

关键词:公司治理　控制权　人力资本

0434

论西部大开发中的金融支持 / 甘时勤著 ; 杜肯堂指导. -- 四川大学, 2005. -- 216 页

本文共分七章。第一章梳理和归纳西方发展金融学理论,阐释了金融与区域经济发展的关系,通过分析美国西部开发、日本北海道开发经验,阐述了西部大开发中金融支持的可行性。第二章分析了我国区域发展新格局,评述了实施西部大开发战略以来西部经济建设取得的成效,阐述了西部地区金融政策总体框架。第三章针对西部产业结构层次低、经济关联度小、结构转换能力弱等问题,通过借鉴美国、欧盟等地区产业结构调整的金融政策和经验,提出利用信贷、利率等金融杠杆,将财政与金融配合,促进西部产业结构的优化调整。第四章从“三农”问题入手,针对西部的农业落后、农民生活水平低下等现状,研究了西部农村金融存在的不足,提出一系列财政金融政策,探讨了如何促进农村信用社的发展,发挥其支农主力军的作用。第五章用科学发展观论证了西北生态的重要意义,对如何利用金融支持西部生态建设作了系统分析。第六章深入阐述了西部科技和教育对西部大开发的重要作用以及面临的严峻形势和困境。针对西部科技和教育面临的融资难问题,从财政和金融两方面提出建议。第七章从政策性金融机构、国有商业银行和地方金融机构三个类别具体阐述了如何促进金融体制创新,在完善自身经营的同时,为西部地区的经济建设发挥积极作用。

关键词:区域经济发展　金融支持　金融政策　西部大开发

0435

集体产权制度下的农地征用 / 高汉著 ; 俞忠英指导. -- 复旦大学, 2005. -- 147 页

本文运用产权经济学的理论和博弈论对我国土地征用制度进行了系统而深入的研究。全文共七章。第一章概述了集体产权和征地制度,对我国征地制度的历史进行了回顾并分析了现实,介绍了本文的研究意义和方法。第二章综述了征地理论的相关文献,包括共有产权、交易成本理论和征地理论。第三章研究了集体土地产权下的土地征用,文章首先介绍了我国的农地产权制度,分析了目前我国土地制度的缺陷,对 2002 年土地承包法的进步性和它的根本缺陷进行了分析,指出了集体土地制度下征地存在的问题,并分析了征地的原因。第四章是对征地市场的均衡分析,重点对农地非农化市场进行了均衡分析和对灰色土地市场的社会福利进行了分析。第五章运用博弈论对农民与地方政府、地方政府之间、上下届地方政府之间、地方政府与中央政府之间的博弈进行了分析,并对土地收益分配问题进行了实证分析。第六章分析了征地补偿制度中存在的问题,文章先对征地补偿进行了概述,介绍了国外征地补偿制度,然后,详细分析了我国征地补偿中的问题,最后,用一个委托代理模型对征地中农民利益受损的原因进行了分析。第七章总结了本文的主要结论,提出了一些政策建议,并指出了需要进一步探讨的问题。

关键词:农业用地　土地征用　土地制度　产权　集体所有制

0436

中国经济转型 : 基于财政分权和地方政府行为视角的理论解释和经验分析 / 高鹤著 ; 王振中指导. -- 中国社会科学院研究生院, 2005. -- 152 页

本文针对中国不同地区经济转型路径的差异和市场化进程不一致的现象,以及中国经济转型表现出的试点、增量、渐进等特征,从中央政府与地方政府财政关系的变迁以及各地区地方政府干预经济的方式和力度的不同入手,在对相关文献回顾的基础上,提出了一个基于财政分权和地方政府行为的视角理解中国经济转型的完整的理论框架,并构建了相应的理论模型,利用中国经济转型的相关数据对模型的推论进行检验。分析表明,在计划经济体制下,由于信息和激励的原因,生产效率不断下降,这直接导致了巨大的国家财政压力,在压力之下中央政府只能选择向地方政府转移财政压力,从而走向了财政分权之路。由于各地区资源要素禀赋和经济结构存在巨大差异,各地的财政分权形式也不完全一致,且随着改革的进行,财政分权形式也不断被调整。这种不同的财政分权形式和不同的经济结构对各地方政府形成了不同

的行为激励和约束,进而导致了地方政府行为的差异,出现了"理想型"、"勾结型"和"掠夺型"政府,从而不同地区的经济环境在不同时期也就表现出"无形之手"、"援助之手"和"攫取之手"的差异。论文通过对中国经济转型的梳理,指出从财政制度改革着手,实行财政分权,同时保持中央对地方的政治集权,而不是从政治自由化或经济私有化着手进行改革,是中国在过去 25 年间经济转型取得成功的一条基本经验。

关键词:财政体制　财政分散制　地方财政　地方政府　转型经济

0437

公司控制权市场研究 / 高洁著 ; 朱方明指导. -- 四川大学, 2005. -- 193 页

文章首先从公司控制权的源头——企业契约本质出发,对公司控制权本质进行了较为深入的研究,在提出企业是要素控制权分配合约的动态实现过程的观点后,从多维度和微观角度对公司控制权的配置问题进行分析,为公司控制权市场研究涉及的公司控制权进行了正本清源。其次,对公司控制权市场进行了深入研究,首先分析了其形成和作用机理,然后对公司控制权市场交易中的中介机构和政府所扮演的角色、所起的功效以及面临的问题进行了梳理,另外还从目标——行为角度对控制权市场上的夺取者、控制权维护者、控制权交易所涉及的主要利益相关者和政府的行为进行了较为深刻的剖析,指出不同的主体、要素在公司控制权市场上扮演着各自的角色,其分工配合共同推进公司控制权市场功能的完善和发挥。再次,对公司控制权市场价格机制进行了初步分析,并在此基础上,结合我国公司控制权转让定价尤其是国有控股为载体的控制权转让定价进行了初步探索,指出了协议定价和市场筛选两种定价机制目前存在的问题和改善建议。最后,从市场效率的流动性、价格弹性、交易成本等要素方面对我国公司控制权市场的影响分析效率,研究指出我国公司控制权市场效率不高,作者为进一步完善公司控制权市场的相关规范和政策提出了建议。

关键词:公司治理　控制权　控制权市场　代理权

0438

我国风险投资公司融资模式选择 / 高庆海著 ; 黄泰岩指导. -- 中国人民大学, 2005. -- 133 页

本文采用理论和经验相结合的研究方法,在探讨风险投资理论尤其是风险投资公司融资理论的同时,利用数据和图表加以分析论证,在剖析风险投资公司的融资特征以及借鉴国外风险投资公司融资实践的基础上,探析中国风险投资公司融资的现状、发展过程中存在的主要问题以及解决方法,以寻找适合中国发展的风险投资公司的融资模式,并为建立新的融资模式提出建议。全文共分七章。导论通过对风险投资功能和作用的分析,指出风险投资对经济发展的重要性和风险投资公司融资的关键性,并通过文献梳理,提出本文研究的主要问题。第一章分析了风险投资的行业特征,讨论了风险投资公司的融资与一般公司融资的区别。第二章从委托代理理论、契约理论和声誉模型理论角度对风险投资公司融资进行了理论分析。第三章分析了法律制度和政府政策、公司组织形式、退出机制以及声誉机制对风险投资公司融资的影响。第四章以美国、英国、新加坡等国为例,比较分析了基金主导型、法人主导型和政府主导型融资模式,总结了国外风险投资公司融资模式的一般规律。第五章首先从机构数量与发展速度、公司构成结构以及地区分布结构三方面分析了我国风险投资公司的现状,其次从风险投资融资量、风险投资资本构成、资金管理规模维度分析了风险投资公司管理的资金情况。根据以上分析,本文提出了我国风险投资公司存在的主要问题,指出了制约我国风险投资公司发展的主要因素。第六章从融资渠道模式、组织模式、运作模式三方面分析了我国风险投资公司融资模式的选择,并提出建立我国风险投资公司融资模式的具体建议。

关键词:风险投资　风险投资公司　融资

0439

WTO 补贴规则与中国补贴制度改革 / 高一鹏著 ; 郭铁民指导. -- 福建师范大学, 2005. -- 177 页

本文以马克思主义经济理论为指导,运用法学、博弈论、公共管理理论,从国际贸易理论和世界贸易发展史论证了自由贸易的必要性和贸易保护的必然性,通过案例剖析了 WTO 补贴规则和中国入世承诺的内涵,阐述了中国现行补贴制度的差距和不足,比较了各国的补贴实践并探究其规律。在此基础上,提出入世后重构中国补贴制度的设想和思路。中国的补贴制度应坚持以市场经济为导向,尊重和利用 WTO 规则,借鉴国际经验,按照公共财政的要求,实行适度保护的补贴政策,注重多种贸易保护手段的综

合运用,提高补贴效率,建立符合社会主义市场经济和 WTO 规则要求的补贴制度。

关键词:世界贸易组织(WTO) 贸易保护 补贴

0440

国内证券公司风险控制和化解 :理论与实践探索 / 高振营著 ; 马庆泉指导. -- 中国人民大学, 2005. -- 150 页

本文围绕控制和化解国内证券公司面临的主要风险问题,结合金融抑制理论,剖析了国内证券公司风险特殊性的具体原因,并提出相应政策主张。全文共分六章。导论部分叙述了选题依据、研究意义、研究思路和方法。第二章对金融(证券公司)风险生成机制的有关理论进行回顾。第三章对比了商业银行与证券公司的不同,对日美等部分国家和地区的证券公司进行简评,分析了中外证券公司的差异、国内证券公司的现状及其主要特点。第四章分析了国内证券公司风险的特殊性,指出这种特殊性在于国内证券公司缺乏自生能力。第五章回顾了国内外控制和化解证券公司风险的实践经验,并对国内化解证券公司风险的典型案例进行评价。第六章从培养自生能力、完善证券公司治理和内部控制机制、优化监管、完善证券公司信息披露制度等方面提出控制和化解国内证券公司风险的具体建议。

关键词:证券公司 风险管理 内部控制

0441

改革开放以来民营经济发展研究 / 龚晓菊著 ; 辜胜阻指导. -- 武汉大学, 2005. -- 167 页

本文运用新制度经济学的理论研究了改革开放以来我国民营经济的发展历程、发展动力、发展模式及存在的制度约束,并提出了促进民营经济发展的对策。首先,对民营经济的发展进行了理论探讨,对民营经济的概念和类型进行了界定,并指出整个民营经济的发展历史就是一部制度变迁史。其次,对改革开放以来我国民营经济的发展历程进行了系统考察。文章根据民营经济发展的特点,把改革开放以来民营经济的发展历程分为复兴、快速成长、调整、全面发展四个时期。复兴时期,民营经济的复兴是从个体经济的兴起开始的,城乡个体经济的发展带来了私营经济的复苏;快速成长时期,党和国家对私营企业的发展采取了“不鼓励、不禁止”的做法,私营经济快速成长起来,乡镇企业也异军突起;调整时期,个体经济和私营经济的发展出现了较大的回落;全面发展时期,邓小平南巡讲话、非公有制经济视为社会主义市场经济的重要组成部分,“毫不动摇”和完善保护私人财产的法律制度使民营经济的发展进入新的时代。再次,对民营经济发展的动力进行了深刻分析,指出经济发展的一般动力。制度是为生存权而奋斗的民营经济最主要的发展动力。民营经济制度变迁有两种方式,一是强制性制度变迁;二是诱致性制度变迁。然后,对民营经济发展的模式进行了制度上的比较。从比较来看,最主要的还是制度变迁方式不同,产生了不同的发展模式。最后,对民营经济发展的制度约束进行剖析,并提出促进民营经济发展的对策。

关键词:民营经济 发展模式 制度约束 改革开放

0442

经济全球化与我国货币政策改革 / 龚秀国著 ; 李天德指导. -- 四川大学, 2005. -- 204 页

本文详细探讨了在经济全球化背景下我国中央银行及货币政策所面临的诸多挑战与改革问题,特别是从制度创新角度系统地、前瞻性地提出了改善我国货币政策有效性的新的制度设计与具体办法。全文由三大部分构成。第一部分为导论与主要文献综述,涉及论文选题、研究方法与国内外研究现状等内容。第二部分从理论上、实践中系统地揭示了在经济全球化背景下中央银行及其货币政策在国民经济发展特别是整个金融体系中的地位、职能与作用,并将中国的中央银行与货币政策置于国际视野下予以全面考察和比较。作者先介绍了货币的概念、职能与货币供应量指标,以及与货币相关的几个重要概念,然后分析了中央银行与货币供应、货币政策之间的关系,研究了货币政策的中间目标及其与内外均衡目标的组合,接着阐述了中央银行的自主权,最后分别分析了发达国家和发展中国家的最优货币政策。第三部分详细探讨了在经济全球化背景下中国货币政策的低效率问题,全方位地揭示了阻碍中国货币政策正常发挥作用的诸多制度性因素及其影响;同时,以金融深化理论为基础,系统地提出了化解金融风险并提高货币政策有效性的制度创新与政策变革途径。其中,作者展示了金融深化理论、博弈论思想以及基本面均衡汇率理论等的具体应用。

关键词:经济全球化 货币政策 中央银行 金融自由化

0443

与贸易相关的知识产权保护与经济增长 / 管汉晖著 ; 赵伟指导. -- 浙江大学, 2005. -- 131 页

文章认为贸易对于增长的促进作用主要是由于贸易中的干中学和贸易中技术知识的跨国传播,与贸易有关的知识产权保护是一国经济增长不可忽视的因素。对与贸易相关的知识产权保护与经济增长的文献评述可以发现,知识产权保护在发展中国家和发达国家对于经济增长的促进作用是不一样的。如果将世界作为一个整体来看,不发达国家的知识产权保护水平对世界经济增长率的影响和发达国家向不发达国家技术转让的方式有着很大的关系。研究发现,如果两个进行贸易的国家都是发达国家,则两个国家都采用强的知识产权保护对各自的经济增长无疑是有利的。在进行贸易的国家分别是发达国家和不发达国家的情况下,发达国家和不发达国家存在着利益冲突。研究说明,不发达国家可以根据本国的具体情况来加强知识产权保护水平,以争取发达国家向自己进行更多的跨国投资和转让更多的技术知识,促进本国的经济增长。通过对与贸易相关的知识产权与经济增长的关系进行跨国实证研究,发现在这两者之间存在近似线性的相关关系。进一步考虑到国家的贸易开放程度,实证分析表明在贸易更开放的国家里,知识产权保护对于经济增长的促进作用更强,而在贸易封闭的国家里,这种促进作用并不明显。自 1980 年开始建立知识产权保护制度以来,中国的知识产权保护取得了长足的进展,现在中国的知识产权法律体系在很多方面已经达到了 TRIPs 协定的要求,差距主要体现在法律的执行上。此外,从专利的结构上看,中国与发达国家相比存在很大的缺陷,主要是外国申请和持有的专利都比中国的要多。在国际专利的申请上,中国更是远远地落在了先进国家的后面,这对于以后的经济发展会造成很大的制约。

关键词:知识产权　经济增长　国际贸易　专利

0444

上市公司股权再融资研究 / 管征著 ; 范从来指导. 南京大学, 2005. -- 184 页

本文试图运用现代再融资理论和相应的实证研究方法,对“上市公司股权再融资之谜”和“中国上市公司股权再融资之谜”进行研究,以解开“中国上市公司股权再融资之谜”。论文首先对上市公司再融资理论和股权再融资方式选择理论进行回顾和总结。其次回顾了我国股权再融资政策及其演变过程,对我国再融资现状进行描述,并对上市公司股权再融资方式作了国际比较。再次,应用信息经济学理论、自由现金流量理论和行为金融学理论对上市公司股权再融资偏好进行了分析,并利用中国市场数据进行检验,结果表明中国上市公司实施股权再融资对公司长期业绩产生负面影响,信息不对称理论、自由现金流量理论和时机窗口理论对中国市场都有解释力,其中时机窗口理论对长期具有解释力,自由现金流量理论对中期具有解释力,信息不对称理论解释力最差。最后,从信息不对称和财富再分配角度研究股权再融资方式的选择问题。利用中国市场数据的实证表明,中国上市公司配股和增发的公告效应显著为负,证明了配股和增发方式流通股股东都不欢迎,但更加拒绝增发方式;中国上市公司管理者偏好增发方式;我国上市公司股权再融资方式选择的决定因素有上市公司规模、流通股比例和市盈率等。

关键词:上市公司　融资　股权　配股

0445

劳动供求状态:基于向下倾斜劳动供给曲线的理论与经验 / 郭继强著 ; 姚先国指导. -- 浙江大学, 2005. -- 98 页

本文将最低必需支出约束引入经典劳动供给模型,构建了一个最低必需支出约束下劳动就业的一般理论框架,用于阐释以下现象和理论:(1)中国城市次级劳动力市场中的民工劳动供给问题。作者指出,目前存在的现象是民工劳动供给与工资正反馈向下直至工资趋于民工的保留工资。(2)工资可伸缩性条件下的失业问题。重点研究了当需求较之于供给不足情形下的失业问题,并将其理解为“支出约束引致型失业”。作者认为这种失业在工资具有可伸缩性的情况下仍会出现,通常出现于工业化初、中期国家,具有一定普遍性。(3)对马克思的工资及失业理论的现代经济学解读。作者指出,就经济学本身而言,马克思主义政治经济学和西方经济学之间仍存在可贯通和互补之处;文中给出的需求小于供给情形的分析框架同样能用于剖析马克思所考察的工人阶级境况;马克思关于工资及失业理论的精辟见解在现代经济学规范形式下也可用于改进工资可伸缩性条件下的失业。通过上述分析,作者得出结论:中国以及处于工业化初、中期的国家,其劳动供给和需求不能简单套用西方某些经典理论,而要依据本国的现实对模型作出必要的修正。

关键词:劳动力市场　供求关系　劳动力　失业

就业

0446

不确定性、融资约束与企业投资分析 / 郭建强著 ; 逄锦聚指导. -- 南开大学, 2005. -- 195 页

本文在传统资本存量法的基础上,结合投资的具体特点,构造出企业投资决定的两阶段法,并使用这种方法,对现有投资理论进行综合,在投资模型中加入不确定性分析和融资约束分析,形成本文的企业投资需求理论:不确定性、融资约束严重抑制了企业的当前投资,降低了当前的投资水平,并且两种效应还存在某种联系,这在一定程度上反映了投资行为的复杂性。本文还研究了转型时期的企业投资行为的特殊性问题,从理论上分析了中国转型时期的体制与投资行为的特殊性的关系、转型时期的融资约束和不确定性、体制转型引起的不确定性的投资效应问题等。

关键词:企业管理　投资　企业融资

0447

西部地区新型工业化模式的选择研究 / 郭俊华著 ; 白永秀指导. -- 西北大学, 2005. -- 172 页

本文在借鉴发达国家和东部地区工业化的成功发展模式的基础上,分析了西部地区工业化过程中的经验教训,研究西部传统工业化模式存在的问题,设计出西部地区在新型工业化进程中的三元工业化模式,从而实现西部地区经济的跨越式发展。全文共分九个部分,重点研究了四个层次的问题:一是总结和评价了发展经济学对工业化理论的研究、新进展及其理论贡献,并分析了国内工业化理论的演变及发展,在此基础上揭示了新型工业化的内涵与特征;特别是揭示了新型工业化背景下的产业融合趋势。二是对西部工业化进行了综合评价,为西部地区新型工业化模式选择提供了理论依据;文章通过对西部地区工业化的历史回顾,根据工业化程度的判断方法及新型工业化背景下附加的一些信息化的指标,用统计分析方法,对西部工业化所处的阶段进行了判断;在此基础上,分析西部地区走新型工业道路的优劣势及其特殊性。三是研究了西部地区新型工业化的模式选择及内容设计;文章从探讨国外工业化模式开始,比较分析了英美模式、德日模式、前苏联模式及东亚新兴工业化模式,结合改革开放后我国的区域工业化发展中出现的温州模式、苏南模式、珠三角模式,及其对西部地区新型工业化模式选择的启示;从新型工业化的一般模式入手,运用与东部地区对比法分析影响西部地区工业化模式选择的制约因素,设计出西部地区工业化的三元模式,即继续工业化、再工业化及以产业融合为内容的工业现代化相结合的三元工业化模式。四是提出西部地区新型工业化模式的实现途径和创新支持;作者阐述了西部地区工业化的现状,提出模式的实现途径,分析了西部地区新型工业化的信息化带动工业化的创新支持、可持续发展的创新支持、人力资源开发的战略创新支持、科学技术创新支持及制度创新支持。

关键词:工业化　区域经济　西部地区

0448

休闲消费的经济分析 / 郭鲁芳著 ; 史晋川指导. -- 浙江大学, 2005. -- 171 页

本文以休闲消费决策和行为为切入点,在对国内外休闲研究的文献进行回顾和梳理的基础上,构建了休闲消费的理论模型,提出了中国城镇居民休闲消费行为特征的假说,探讨了促进中国休闲消费的对策和建议。全文共分五章。第一章提出本文研究的主题、基本思路和主要内容。第二章是文献回顾与述评。第三章首先基于传统的工作——休闲模型对休闲消费进行分析,构建了一个引入家庭生产函数的休闲消费的理论模型;其次构建了一个存在流动性约束的消费者跨期休闲消费选择的模型;最后构建了一个引入时间约束的休闲消费模型。第四章讨论了休闲消费行为特征研究的理论基础——外部环境和消费者内在因素,对中国城镇居民休闲消费行为演变进行了阶段划分,对各阶段休闲消费行为的具体表现进行了系统分析。在此基础上,本文提出了一个新的假说——收入梯次性主导下的中国城镇居民休闲消费行为,认为包括绝对收入假说、封闭预算约束假说、时间强约束假说和不可逆假说在内的四大基本假说符合转轨时期中国城镇居民休闲消费行为的表象,而中国城镇居民的主导休闲消费行为则具有层级性特征。第五章提出了促进中国休闲消费的对策和建议。

关键词:消费经济学　休闲　消费行为

0449

中国二元经济结构转换的制度分析 / 郭少新著 ; 何炼成指导. -- 西北大学, 2005. -- 143 页

本文提出了以分工演进和交易费用为分析视角,以"分工演进——制度变迁——结构转换"为分析脉络,包含二元经济结构的形成原因、影响因素和转换途径为主要内容的理论框架:劳动分工存在社会分工

与组织内分工两种形式,市场和组织分别是协调两种分工形式的制度基础;分工组织能够通过两种分工形式的对接实现生产的社会化和专业化的统一,促进分工深化,因此成为实现分工深化的制度基础。二元经济结构的形成是不同部门分工演进存在差异的结果,其根源在于分工组织和交易费用的影响,而分工组织的演进与交易费用的高低均取决于制度,即不同的制度通过分工组织和交易费用的传导作用,最终导致在现代部门形成分工深化,在传统部门形成分工抑制。因此,分工组织、交易费用、制度成为影响二元经济结构转换的关键因素。如果制度能够推动分工组织形成和演进并有效降低交易费用,那么劳动分工就会在分工深化的基础上促进二元经济结构的转换;反之就会形成分工抑制进而延缓经济协调发展。渐进的市场化改革分别在市场制度和组织制度两个层面上为分工组织的形成和交易费用的降低提供了基本的制度环境。在以工业为主体的现代部门中,交易费用是制约分工深化演进的主要因素。由于国企产权残缺和委托代理关系中机会主义倾向而产生的内生交易费用难以彻底消除,包括转变政府职能等在内的能够有效降低外生交易费用的制度创新就成为推进现代部门分工深化的理性选择。在以传统农业为主体的传统部门中,分工演进被锁定在抑制状态。因此转换二元经济结构的基本思路是:围绕工业化和城市化的总体目标,在继续推进现代部门分工深化的同时,通过制度创新催生传统部门的新型分工组织,消除分工抑制,实现现代部门与传统部门的协调发展。

关键词:二元经济　劳动分工　交易成本　交易费用

0450

贫困山区可持续发展理论与对策研究 / 韩劲著 ; 宋涛指导. -- 中国人民大学,2005. -- 195 页

论文力图在重新树立马克思主义发展观和可持续发展理论的基础上,在以人为本可持续发展观指导下,借鉴西方经济学、区域经济学、环境与资源经济学、管理学等学科的合理内核,立足以贫困山区为典型代表的农村贫困落后地区的现实问题和发展需要,构建符合社会主义市场经济条件的区域可持续发展理论,并提出对策。文章首先阐述了以人为本的可持续发展观、区域可持续发展理论和区域发展时空和谐调控论;然后,分析了贫困山区外部性内化理论和生态补偿机制设计问题,以及贫困山区可持续发展组织制度创新问题。认为,基于现实需要,加快农村发展、实现城乡区域一体化必须从城乡分开管理开始;而区域分工与管理科学化、合理化是实现区域系统整体功能"放大效应"和区域可持续发展的基础和前提;自然功能区域发展的高效率取决于区域组织管理制度的创新,它是区域可持续发展理论和对策创新的关键环节;落后地区发展的起飞阶段必须强调政府的作用,政府要利用好转移支付制度和反周期区域均衡调控等宏观调控机制。总之,我国农村贫困落后地区可持续发展问题的解决是个综合性复杂性长期性的世纪工程,发展进行全面深入系统综合的实质性治理。

关键词:区域经济　可持续发展　贫困山区

0451

我国城市房地产预警系统研究 / 韩立达著 ; 杨继瑞指导. -- 四川大学, 2005. -- 289 页

论文以国内外对房地产市场的长期均衡、房地产经济的不确定性、房地产经济周期以及经济预警理论的研究成果为基础分析了城市房地产预警的方法、指标体系和预警界限,建立了我国城市房地产预警系统并结合成都房地产时序数据进行了实证分析。全文共分八章。第一章导论阐述了研究背景与主题、研究意义、思路与研究框架及方法等。第二、三章对城市房地产经济的基本理论,尤其是对房地产经济的长期均衡、房地产经济的不确定性、房地产投资与 GDP 的双向因果和协整关系、房地产经济周期以及经济预警理论方法等进行详细分析。第四章界定了城市房地产预警系统的基本内涵,介绍和评析了城市房地产预警方法,提出了我国城市房地产预警系统的构建思路。第五到七章首先分析了房地产警情的基本特征和实际意义,提出了房地产价格指数是反映房地产经济警情的核心指标并对其作出分析。其次对我国正在研究和已经实施的房地产预警系统警兆指标体系进行归纳评析,利用时差相关分析等方法建立了我国城市房地产预警系统的警兆指标体系。再次对房地产预警系统警兆指标数据进行剖析,提出了预警控制图的分析原理。最后对城市房地产预警界限的确定、警情分析和预测进行了研究。第八章利用对成都市房地产市场的实证分析证实了本文建立的城市房地产预警系统的有效性,并对城市房地产市场预警预报与国家宏观调控、我国房地产预警的运行机制创新等进行探讨,构建了我国城市房地产预警系统的运行机制。

关键词:房地产经济　房地产业　预警系统　泡沫经济

0452

注册会计师审计制度的经济学分析 / 韩丽荣著 ; 宋冬林指导. -- 吉林大学, 2005. -- 195 页

本文运用制度经济学的理论和方法研究了注册会计师审计制度的起源、性质、内在要素、功能、作用以及发挥条件的作用,考察了我国注册会计师审计制度的缺陷,提出了进一步完善的措施和建议。全文由六章组成。第一章首先从综合研究方面进行了理论回顾与评述,然后分别从代理经济学、信号显示理论、信誉机制理论在注册会计师审计制度研究中的应用等方面进行理论回顾和评述。第二章回顾了英美及我国注册会计师产生的历史背景与过程,从制度经济学理论出发,分析了注册会计师审计制度产生的理论根据和注册会计师审计制度的经济性质,概括了注册会计师审计制度的本质特征。第三章运用制度经济学有关制度的定义,研究注册会计师审计制度的概念和内在要素。第四章以制度经济学对制度功能的分析为出发点,从理论上考察了注册会计师审计制度的功能,通过实证分析考察了现实中我国注册会计师审计制度的作用,通过对审计意见类型的描述性统计和审计意见市场反应的建议,揭示我国审计制度发挥作用的现实状况。第五章以信号显示理论、市场治理结构理论为框架,分析了注册会计师审计制度发挥作用的技术条件和社会条件。第六章通过理论研究和调查问卷分析,发现了我国注册会计师审计制度的一些缺陷和问题,并针对这些问题提出相应的政策建议。

关键词:注册会计师　审计制度

0453

人力资本生成及积累的制度环境研究 / 何东琪著 ; 何炼成指导. -- 西北大学, 2005. -- 121 页

本文首先从经济学角度解释了人力资本与制度之间的关系,阐明人力资本主体行为是人的本性与资本本性的混合体,说明经济制度是人类设计的一种用以将人和人之间的联系和关系统一于系统之中的社会契约网络,它由正式的或非正式的实施规则和规范构成。其次,以人力资本预期收益实现的大小直接影响并制约人力资本的增殖程度为逻辑分析起点,考察了人力资本投资与积累的制度环境需求空间,构建了人力资本成长的制度框架:(1)以高等教育为先导的教育产业化制度体系;(2)与人力资本积累相匹配、以市场效应为导向的组织内准市场制度体系;(3)人力资本要像物质资本或虚拟资本一样,参与社会财富分配的收入分配制度;(4)增加教育边际投资倾向的个人信贷市场;(5)构架一套完备的法律保护体系,承认人力资本存在的合法地位的人力资本产权制度;(6)人力资本禀赋均等化的社会协调机制。再次,从实证角度考察了中国人力资本的投资与积累问题。通过人力资本存量分布状态与差异的统计分析,阐明了中国人力资本投资与积累中的主要特征及制约人力资本存量分布不均匀的主要因素,认为制度环境缺损是造成人力资本存量扭曲的主要原因。论文还讨论了社会保障制度和税收制度改革、消费信贷市场培育、就业问题、社会财富分配、教育体制和模式创新等问题。

关键词:人力资本　经济制度　经济政策

0454

中国转型经济中的金融资源配置研究 / 何风隽著 ; 何炼成指导. -- 西北大学, 2005. -- 108 页

金融资源是金融资金、金融机构和金融制度三个相互联系的层面,其中制度资源提供的是资源配置的制度环境,决定着金融配置主体的地位和性质,以及金融资金的流向和规模,也决定着金融资源帕雷托改进的程度。金融资源具有自身资源配置和对其他资源的再配置的双重功能。本文通过对转型经济中金融资源不同配置方式的内在机理(包括政府配置、产权配置、价格配置)的分析,进一步勾勒出政府主导金融资源配置随着市场环境的变化,其有效性受到了质疑,如果不改变行政产权的垄断,以及不能界定和保护国有金融机构的经济产权,金融体制改革就不会有实质性的进展。只有通过体制内国有商业银行产权改革,使其具有独立的法人财产权,才能使金融资源配置向生产可能性边界移动,改进资源配置效率。而体制外其他金融配置主体的成长所形成的金融市场竞争,将进一步使金融资源配置实现优化。因此,体制内金融主体的发展和体制外金融主体的成长将是转型经济中金融制度变革的重点,只有主体的财产权明晰,才具备从事金融交易的权利和资格,才能使利率作用机制具有现实的微观基础。文章通过单个变量的局部考察,为各个变量同时发生作用以及如何发挥作用的整体分析提供了基础。

关键词:转型经济　金融资源　资源配置　产权配置　金融制度

0455

走向市场 : 农业流通领域合作组织的理论与实践 / 何国平著 ; 刘诗白指导. -- 西南财经大学,

2005. -- 167 页

本文从历史唯物主义与新古典经济学、新制度经济学相结合的角度,从理论与实践两个方面对农业流通领域合作组织产生和发展的经济条件、制度环境、内部制度约束及其价值和原则的辨证性、发展模式与组织形式的多元性等作系统考察,并在此基础上提出当前推进我国农业流通领域合作组织发展的思路。全文共分八章。导论部分提出问题、研究视角与方法、基本框架及主要观点。第二章对国内外合作社组织诸理论流派及其新发展进行回顾,分析了合作社组织的性质(包括其定义、价值和原则)及形式。第三章分析了农业流通领域合作组织产生和发展的经济动因、继续成长并广泛发展的内因、制度环境等问题。第四章以法国、美国和日本为例,考察其农业流通领域合作组织的变迁及特点,概括、分析国外农业流通领域合作组织发展趋势,为中国农业流通领域合作组织发展提供借鉴。第五章对我国农业流通领域合作组织变迁史进行回顾,分析了农村改革以来我国农业流通领域合作组织复兴与发展的前提、动因及其意义。第六章分析了供销合作社的改革背景、改革进程与绩效,对供销合作社改革与发展作了总体判断,并进行典型案例分析。第七章考察了农业流通领域专业合作组织的类型、运行机制,分析了其发展绩效,给出了典型案例分析。第八章概括、分析了当前我国农业流通领域合作组织发展的主要障碍,并提出发展思路。

关键词:农业合作组织　供销合作社　供销社改革

0456

品牌资本运营论 / 何娟著 ; 杨继瑞指导. -- 四川大学, 2005. -- 251 页

品牌资本的形成过程,便是品牌资本使用价值——企业超额获利能力的实现过程。文章运用现代化产业组织理论和信息经济学中的一些理论模型,在不对称信息的前提下,选取品牌资本创造产品差异这一视角,先从消费者购买行为的角度分析了品牌资本为什么会为企业带来超额受益;再从厂商行为角度探讨了企业创建品牌资本的诱因,最后从形成过程分析品牌资本的形成,从而揭示企业品牌资本形成的机理。研究认为,品牌资本运营的目的是实现品牌资本价值增值的最大化,但品牌资本运营是一个庞大而复杂的系统工程,为保证品牌资本运营的顺利实施,提升品牌资本价值,有必要实施一系列诸如品牌本土化与全球化策略、品牌价格歧视策略、品牌广告策略、品牌延伸策略、品牌危机管理策略、品牌保护策略等。文章运用资本运营理论、价值价格原理、知识资本理论等相关基础理论,推演出品牌资本的运行机理,且基于马克思地租地价理论分析了品牌超额利润获取的缘由。最后,针对品牌资本运营中现存的问题,提出了大量具有重要参考价值的合理化建议和对策。

关键词:品牌　资本运营　企业管理

0457

风险投资与高技术创业企业技术创新 / 何伟著 ; 辜胜阻指导. -- 武汉大学, 2005. -- 141 页

本文首先探讨了企业"技术创新"内涵,并对"高技术创业企业"进行了界定。在借鉴有关研究成果基础上,将企业技术创新要素抽象为企业"技术创新动力"与"技术创新能力"两个有机联系的部分。分析了高技术创业企业的技术创新特征。其次从企业融资视角探讨了风险投资培育创业企业技术创新能力的作用机制。结合高技术创业企业及其技术创新资金需求的特征,分析了外部资金对高技术创业企业进行投资所面临的高风险特征,即逆向选择和道德风险,因此完整意义上的风险投资培育创业企业技术创新能力的作用机制应该包括两方面内容:一是风险投资应对信息不对称进而激发创业企业创新动力的作用机制;二是风险投资对受资企业技术创新能力加以培育的具体功能。在上述分析基础上,对高技术创业企业技术创新可能的融资渠道之一——银行贷款的可行性进行了分析。认为银行在培育企业技术创新能力方面是有限的。再次从企业治理的视角,通过探讨风险投资契约在应对风险投资中的委托—代理问题上所独具的治理功能,指出与传统契约相比,风险投资契约具有很强的灵活性,实质是一种相机性治理机制。然后根据不同制度环境对风险投资作用机制的影响程度,从根本性制度环境(竞争性市场制度环境、激励性的产权制度环境以及多层次资本市场)、重大性制度环境(以政府的相关支持政策为例)和其他制度环境(文化制度和信用环境)三个层次上,对相关的制度环境进行了剖析。最后对我国风险投资作用机制进行了分析。并提出了针对性政策建议:抓好制度环境建设、加强创业教育、人才培养和社会信用环境的培育以及构建市场化风险投资运作机制。

关键词:风险投资　高技术企业　创业　技术创新

0458

企业物流系统研究 / 何燕著 ; 朱方明指导. -- 四川大学, 2005. -- 174 页

企业物流系统是企业必不可少的组成部分,它为企业的发展提供有力支持,是企业的"第三利润源泉"。论文首先对企业物流系统的相关理论进行回顾和评述。第二章对物流的产生发展、企业物流系统的内涵以及企业物流系统与企业第三利润源泉进行了介绍分析。第三章对企业物流系统给企业带来的收益的构成及形成原因进行探讨,认为,企业物流系统的总收益,是指企业物流系统所增加的企业收益和所节约的企业费用的总和,企业物流系统所增加的企业收益主要来源于时间效益、场所效益、参与企业商品价值的形成以及企业竞争力的提升。第四章进一步从经济学的视角深入探讨企业物流系统成本究竟是什么的问题,并抽象成企业物流系统总成本模型,从而与前一章构成完整的企业物流系统成本—收益分析框架。第五章通过对国内外物流发展阶段的梳理,推导出企业物流系统演化的逻辑,并以此判断企业物流模式选择的发展趋势,认为企业物流模式可以划分为工业革命前的以商人为核心的外购物流模式、大工业革命以后以制造业为中心的大规模生产和大规模配送相结合的自营物流模式,以及信息时代以客户为中心的社会化合作物流模式。第六章分析了我国现有企业物流模式,对企业物流外包与自营的利弊进行分析,并提出企业物流模式的选择原则:在成本收益分析的基础上,考虑影响因素的综合作用,并设计决策模型,提出与第三方物流结盟实现共同治理是企业物流的发展趋势。最后,分析了我国企业物流模式存在的问题及原因,并提出了建立物流企业虚拟联盟以及物流需求企业与第三方物流结盟这一相应的对策思路。

关键词:企业管理　物流　成本—效益分析　企业联盟

0459

管理层收购及其中国应用问题研究 / 何智美著 ; 何玉长指导. -- 上海财经大学, 2005. -- 137 页

本文共七章。第一章导论,介绍选题背景和意义。第二章阐述 MBO 在西方的起源与发展。第三章以英美国家为典型分析西方 MBO 实践及其启示性经验和特征,并分析西方 MBO 的效应。第四章阐释中国 MBO 产生和发展的背景,分析国有大中型企业不可实施 MBO 的理论及现实问题。第五章分析中国 MBO 的主要模式和特征,实施过程中存在的问题,上市公司实施 MBO 的效应。以上部分的分析认为西方 MBO 主要表现为财富创造型,而中国 MBO 更多地表现为财富转移型,实施 MBO 的企业绩效欠佳,与之伴随的是高管身价的大幅上升和财富的急剧增加;从公平与效率的角度看,MBO 一定程度上可以激励管理层,带来企业效率的提高,但破坏了社会公平,尤其是中国存在股权割裂,协议收购定价过低,导致国有资产流失,损害中小股东的利益。从国有产权的性质及现代企业制度的改革方向角度,国有大中型企业不可实施 MBO。作者认为中国现有 MBO 的不规范操作及出现的负效应应有其制度原因,因此第六章研究中国 MBO 的法制、融资体制以及定价体制等方面的制度缺失问题,并提出相应的建议。第七章分析 MBO 在中国具体可适用的产业领域、企业范围及条件,并提出解决 MBO 应用问题的对策和建议。

关键词:管理层收购(MBO)　产权　体制改革

0460

产权、交易成本与自然垄断产业规制改革 / 和军著 ; 林木西指导. -- 辽宁大学, 2005. -- 117 页

全文共分六章。序言介绍选题背景、研究意义和方法及论文主要框架。第一章回顾产权、交易成本与自然垄断产业规制改革的相关理论。第二章对西方发达国家自然垄断产业产权变革的实践进行总结,分析其成因与结果。第三章构造了产权—竞争—规制模型,从产权—竞争与自然垄断产业效率、竞争—规制与自然垄断产业效率、产权—规制与自然垄断产业效率三方面进行了分析。第四章运用交易成本方法考察自然垄断产业规制改革,包括规制制度与规制改革、治理结构与规制改革、契约制度与转轨时期规制改革三个方面。第五章针对中国自然垄断产业政企合一型垄断经营、市场竞争作用受限、规制体制不健全、规制效率较低、产业运行绩效较差等特征事实,提出各项制度"平行协调式渐进改革路径"应当成为中国自然垄断产业规制改革的路径选择。

关键词:产权　垄断行业　国家干预　交易成本

0461

当代发达国家企业分配关系演进研究 / 侯国栋著 ; 张彤玉指导. -- 南开大学, 2005. -- 295 页

本文以企业分配条件的变迁为主线,通过分析企业内部动力系统和外部动力系统对企业分配关系的推动作用,揭示企业分配关系演进的原因和过程,并

在此基础上归纳企业分配关系演进的趋势。全文包括四个部分。第一部分是论文的结构和理论基础。其中:第一章是全文的总括,说明了文章主要研究的问题、理论意义、基本观点、基本概念、创新点、研究方法和逻辑结构等;第二章对分配理论思想进行了回顾,并概述了国内外企业分配关系问题的研究现状。第二部分是对二战前发达国家企业分配关系演进的研究。其中:第三章研究了企业关系演进的动力系统,主要分析了推动企业分配关系演进的内外动力系统,讨论了分配条件的变化影响分配关系变迁的机制;第四章研究了发达国家企业分配关系演进的第一阶段:资本分配关系的形成与发展,主要阐述了随着手工工场向工厂制度的转化,资本分配关系从形成到确立统治地位的过程;第五章分析了企业分配关系演进的第二阶段:代理分配关系的形成与演化,论述了19世纪末20世纪初,随着第二次科技革命和股份制度而发展起来的代理分配关系的形成及其主要特征。第三部分研究了二战后分配条件的演变,主要分析了二战以来发达国家社会条件和主观要素条件的演变,以及由此带来的各要素所有者分配权力的变迁。其中:第六章从总体上分析了二战后发达国家生产力发展与社会条件演变;第七章探讨了资本要素条件以及资本所有者分配权力的变迁;第八章在分析了二战后人力资本生产职能变化的基础上,深入研究了人力资本所有者分配权力扩张及其受到社会条件的约束;第九章首先分析了二战后劳动者劳动方式的变化,进而分析了劳动者在企业和社会中分配权力的变化。最后一部分是结论,首先,归纳了二战后发达国家有调节的代理分配关系,然后,总结了发达国家企业分配关系的总体发展过程,最后,对我国分配制度改革提出了一些启示。

关键词:企业分配　分配制度　发达国家

0462

风景名胜资源产权的经济分析:以自然旅游地为例 / 胡敏著; 史晋川指导. -- 浙江大学, 2005. -- 145页

本文共分六章。第一章导言介绍旅游界和管理部门在风景名胜资源私人管理上的争论。第二章通过对风景名胜资源产品及其属性的细分确定自然旅游地提供旅游休闲服务和资源保护两种产品,并从经济学界对公共产品私人生产可行性的理论分析,说明自然旅游地旅游休闲产品私人生产理论上的可能性。第三章从风景名胜资源管理现状说明自然旅游地产品私人生产的现实性。第四章分析风景名胜资源所有权背后与旅游休闲产品生产有关的产权结构,提出风景名胜资源产权契约概念,分析这一产权契约作为保护性契约的实质,以及这一保护性契约得到有效执行的外在制度基础和内在执行机制,信息不对称成为保护性契约设计面对的普遍性状况。第五章建立了自然旅游地旅游休闲产品私人生产的委托代理模型,通过数据模拟计算各信息状态下转移支付规模和保护契约的效率,分析高质量资源所占比例和保护成本的大小对契约效率的影响,最后分析模型的真实性并提出契约设计的政策建议。第六章根据资源价值的粗略估计,分析三个层次五个案例的公共部门与私人部门之间资源管理责任和权利的分配状况,根据模型的结论解释这种分配的合理性,同时分析不同授权程度对资源管理效率的影响。最后总结现阶段的这种责任权力分配存在的问题,揭示这种管理模式可能出现的消极影响,并提出相应的政策建议。

关键词:旅游资源　产权　资源管理　风景名胜区

0463

增长循环中的衰退与转型:中国东北地区产业结构变动研究 / 胡琦著; 石磊指导. -- 复旦大学, 2005. -- 138页

本文研究了东北老工业基地从日伪统治东北时期到当前约七十年间的产业结构变化情况,并以改革开放之后这二十多年为重点,旨在从东北产业结构形成的路径上找出后来产业结构选择和发展的必然性。动态研究结果表明,首先,东北当前的产业结构问题主要不是表现在三次产业构成偏离"标准型结构"的差距过大,与人均GDP值相比,东北的三次产业产值占GDP比重还是比较符合规律的,其低效率在于每次产业的发展都是在低水平上的扩张;东北的一个特色是人均财政收入超过全国平均水平,而人均收入水平排在全国后列,这与产业结构的"虚高度化"有关。其次,东北地区在1982年到2003年间的产业结构变动与经济增长率的变动基本不相关。第三,由于受到资源和市场选择的限制,改革开放后,东北地区力图激活第二产业的努力收效甚微,东北重工业几乎到了难以为继的地步。第四,东北地区第二产业的衰落使之没有能力带动农业实现现代化,而政府也没有更多财力顾及农业,农业工业化在全国处于落后行列;尽管东北的农林牧渔总产值中农业的产值仍占绝对比重,东北农业陷入困境却是不争的事实,但就业结构

却显示出了逆工业化变动的现象，随着东北工业化的发展，工业劳动力向农业倒流，农业劳动力的构成反而增加。最后，第三产业在东北 GDP 中占的比重不算低，但生产性服务业等现代服务业发展较慢、质量较差。文章认为，东北产业结构呈现刚性主要有四个原因，其中制度因素是根本。针对东北已经形成的产业结构特点，文章提出了产业结构转型的目标，即建立富于弹性的产业结构、促进经济增长的产业结构和增加就业的产业结构。这样的产业结构以产业融合为基础，以提高人民生活福利为目标，以可持续发展为原则，而产业的和谐发展必然带来老工业基地的振兴。

关键词：老工业基地　产业结构　经济增长　劳动就业　东北地区

0464

企业创新体系理论研究 / 胡昱著 ; 张燕喜指导. -- 中共中央党校, 2005. -- 152 页

全文共分七章。第一章对国内外企业创新理论进行了较为详细的回顾，提出企业创新是一个系统的配套工程，需要创新的动力、条件、运行方式、整合作用等结合，形成整体的企业创新机理。第二章研究企业创新的核心—创新机理。指出创新机理是企业创新过程与结果的全面体现，具体分析了企业创新机理系统的四个有机组成部分。认为企业与企业之间的竞争，表现为企业产品与服务创新的竞争，是直接的、表象的，而在其背后表现为更深层次内容的是观念与文化的创新，技术的创新、制度的创新、管理的创新、市场的创新，这是可持续的、后续的、整条系统的创新竞争。第三章分析了企业文化是创新的基础。认为企业文化一方面以其独特性为企业创新发展提供了特殊的资源，以文化创新特有的标志—学习型组织，构建了企业创新的基础因素，学习型组织的实质是学习型企业的文化创新；另一方面企业文化又以自身的模式决定企业创新路径的选择，而形成企业创新的基础内容。第四章通过对企业家创新精神的理论定位、企业家创新主体认识定位与企业家涵义与角色的发展定位来全面认识“企业家是创新灵魂”这一命题，进一步提出由企业家主导的企业全方位创新，并探询企业家创新与企业发展的周期性演化规律。第五章概述了企业创新在国际竞争优势来源中的地位，并对企业创新与国际竞争力的本质、系统组成、内部结构、外部特征之间的关系进行了描述性总结，进一步分析了创新是企业国际竞争力的系统内容。在后面的两章里，对中国企业系统创新进行了若干问题分析与个案具体分析，给出了依照系统创新理论体系，推进中国企业创新的思路。

关键词：企业管理　创新管理　企业家　企业文化

0465

旅游景区投资模式研究 / 黄鹂著 ; 李天德指导. -- 四川大学, 2005. -- 155 页

本文收集了景区投资的大量资料，从资源类景区公共产品的性质出发，分析了我国景区投资模式的演变历程，现有投资管理体制存在的问题，并借鉴西方国家公园投资模式的成功经验，对不可再生的景区公共资源投资模式进行了系统研究。全文共分八章。第一章是前言，叙述了我国旅游业的发展状况，分析了旅游景区在旅游业中的地位，回顾了国内旅游景区（点）投资模式研究的进程，并分析了现状，概述了旅游景区投资研究的内容。第二章研究了旅游景区产品的性质，作者先介绍了旅游景区及相关概念，论述了公共产品理论，然后剖析了旅游景区产品的性质，并论述了旅游景区产品的投资类型。第三章回顾了一些投资理论，包括马克思的投资理论、西方投资理论、西方公共投资理论以及我国的财政投资理论。第四章回顾了我国旅游景区投资体制的演变过程，具体论述了计划经济时期、转轨时期、建立社会主义市场经济时期的旅游景区投资体制，并分析了旅游景区经营性投资的政府规制问题。第五章研究了旅游景区投资目标的选择问题，先分析了旅游景区投资目标的多重性，以及投资目标的均衡，然后阐述了旅游景区生命周期与投资目标的选择。第六章对旅游景区的投资模式进行了比较研究，分别分析了国家公园投资模式、峨眉山投资模式、碧峰峡投资模式，并对三种投资模式进行了比较研究。第七章研究了我国旅游景区分级投资模式的构建，文章先指出了我国旅游景区在投资上存在的一些问题，接着论述了旅游景区投资模式建立的原则，分析了影响投资模式建立的因素，然后提出了构建旅游景区分级投资模式，并分析了其特点。第八章研究了旅游景区的投资方向与经营策略，首先提出了“区内游、区外住”的投资方向，接着分析了旅游体验产品的开发问题，讨论了景区知识产权的经营和旅游景区的招商策略，最后探讨了景区投资环境体系的建立问题。

关键词：旅游经济　投资模式　旅游区

0466

企业劳动契约剩余研究 / 黄善明著 ; 杨继瑞指导. -- 四川大学, 2005. -- 187 页

本文共分七章。第一章导论。第二章对现代西方企业契约理论进行述评,认为现代企业契约理论未能真正解释企业契约的本质所在。第三章探讨了企业与企业劳动契约的性质,指出企业劳动契约的缔约过程是人力资本与物质资本之间的平等的产权交换,这一契约形式的本质特征是物质资本借助人力资本的价值创造活动获取剩余的最大化,初始的财产权结构强化了这一安排,但是二者的产权地位的发展也是动态的。第四章是对企业劳动契约的剩余创造功能的探讨,指出生产要素双方都参与了使用价值的创造,而活劳动是价值的唯一源泉。第五章分析对剩余的索取问题。从必要性和可行性两方面论证了人力资本分享剩余的基础,研究了其剩余索取实现的技术手段,包括人力资本价值计量与会计核算两个主要方面。第六章讨论有关剩余控制的问题。首先分析了委托代理关系中的激励约束问题,然后讨论了团队生产方式中的监督问题,最后结合企业管理与组织结构发展的实际对此进行论证。第七章研究企业劳动契约的治理形式,即契约双方在治理结构中的地位,剩余索取权与控制权的安排。通过以上分析,本文认为,企业劳动契约是企业这一契约集合体的核心,体现了企业内在的双重属性。企业劳动契约的形成是人力资本与物质资本的产权交易,而企业劳动契约的实施过程是各缔约要素结合为现实生产力系统,以共同创造使用价值的过程;同时也是人力资本的价值创造过程,其中对于企业具有决定意义的是剩余产品价值的创造过程。因此,在使用价值与价值创造过程中存在剩余控制的问题;而在价值分配中则存在剩余索取问题。企业治理制度安排的根本目的就是为了保证这一剩余创造过程与剩余分配的顺利实现。

关键词:企业管理　人力资本　劳动契约　产权　控制权

0467

开放对制度变迁的影响机制研究 : 兼论中国入世的制度转型效应 / 黄上国著 ; 周生春指导. -- 浙江大学, 2005. -- 162 页

在对现有理论进行评述的基础上,本文把开放导致的环境变化、资源流动和制度变迁联系起来,揭示出开放对制度变迁的影响机制和路径,并着重分析了开放对制度变迁的三个影响:制度竞争机制、制度学习机制,以及制度主体的进入、退出机制。然后,本文运用这一分析思路来分析入世对中国市场化转型方式、速度、政府职能转化、企业市场化、统一市场形成和经济绩效等方面的影响。首先,本文认为,开放对制度变迁的影响途径或路线可表示为:开放——环境变化——市场竞争(资源流动)——开放对制度变迁的影响机制(制度学习、制度竞争、制度主体的进入、退出)——制度的净收益和净收益格局变化、制度选择集合变化——制度变迁。其次,本文的模型分析表明,在开放条件下,产品和要素的市场竞争会强化制度竞争,也会强化学习机制;在开放条件下,制度主体的进入和退出会改变制度主体的力量对比、分摊制度变革成本和收益,从而影响制度变迁。接着,本文把入世视为中国由相对封闭走向相对开放的分界点,认为入世将促使中国的制度方式由增量改革向存量调整变化、由局部试验向整体推进、由供给主导型向需求诱致型转化。作者的分析表明,入世具有市场准入效应和公平竞争效应,另一方面,从制度的相互依赖性和变革的先后次序来看,入世的制度转型效应可区分为直接变革效应、变革扩散效应和反馈效应。最后,本文还分析了入世、开放对于政府职能转换、企业市场化、统一市场形成的影响,以及入世后的开放、制度转型与经济绩效的关系。认为只有进一步完善市场经济体制,中国才能更好地应对入世后开放的扩大所带来的挑战。

关键词:经济制度　市场开放　世界贸易组织(WTO)

0468

经济转轨中的合同执行 / 黄少卿著 ; 吴敬琏指导. -- 中国社会科学院研究生院, 2005. -- 152 页

本文通过建立关于合同执行的基本分析框架,对经济转轨过程中的合同执行进行了比较研究。文章认为,加快司法改革,形成一个高效而独立的法律体系,是转轨国家建立好的市场经济不可回避的任务。全文共分五章。第一章说明了全文的研究主题、研究方法,并对相关文献进行了回顾。第二章通过介绍各种分析合同执行的理论模型,提出了一个包括各种合同执行机制的作用原理、不同的合同执行机制如何演化、各种机制相互之间的替代与互补关系以及合同执行对一个国家经济绩效的影响机理等内容的基本理论分析框架。第三章对国外转轨国家进行了理论和经验研究。首先对主要转轨国家合同执行情况进行了考察;然后分析了这些转轨国家影响企业使用法庭

的各种因素、法庭执行合同能力不足的表现与原因，以及进行司法改革的一些建议；最后论述了合同执行情况与转轨国家经济绩效的关系。第四章是对中国的经济转轨与合同执行的一般性解说。首先利用问卷调查数据，对中国企业的合同执行进行了总体性的描述。同时分析了两种非正式合同执行机制的演化过程，并介绍了中国法律与司法体系的改革情况；然后通过一个完全信息动态博弈模型刻画了一种过渡形态的保证非人格化交易的复合性机制——地方官员代理人机制；最后，从合同执行的角度，探讨了中国司法体系存在的问题和改革的思路。第五章通过对两个案例的合同执行的经济学分析，为前面的理论分析寻找经验上的支持。

关键词：经济合同　合同执行　转型经济

0469

建设海峡经济区的战略构想 ：21 世纪初海峡两岸经济关系走向与对策 / 黄绍臻著 ；严正指导. -- 福建师范大学, 2005. -- 349 页

全文以海峡两岸经济功能性一体化和制度性一体化的分析为主轴，分为八章四大部分。研究认为，建设海峡经济区，是顺应国际经济潮流和两岸经贸关系发展趋势的现实选择，具有海峡两岸经济功能性一体化的基础，又具有战略意义；海峡经济区的性质是同一主权条件下的区域经济合作，是中国不同关税区之间的经济一体化，属于次区域经济一体化；建立海峡经济区要从改变现阶段的不对称贸易开始，逐步从"贸易正常化"推进到中层次的"更紧密经贸关系安排"，最后发展到高层次的"共同市场"模式；海峡经济区将带来巨大的区域合作效应，要在农业、制造业、高新技术产业、服务业和海洋开发等方面建立垂直分工与水平分工相结合的产业分工合作体系；要通过建立产业合作、投资保护、劳务合作、争端解决、知识产权保护等一系列长期合作机制，来推动和保障海峡经济区的建设，推动方式上要采取民间层次上的推动和政府层次上的推动相结合，以民间层次上的推动为主。

关键词：经济区　经济合作　经贸合作　区域经济一体化　海峡两岸

0470

中国金融监管制度的变迁 / 纪琼骁著 ；张秀生指导. -- 武汉大学, 2005. -- 170 页

文章首先阐述了金融监管制度和制度变迁的一般理论：从制度、交易、交易费用、制度功能等制度经济学的基本范畴入手，推论出金融制度和金融监管制度范畴；运用制度变迁的理论模型，论述了需求诱致型制度变迁和供给主导型制度变迁的优势和不足，证明尽管政府供给主导型制度变迁有大量缺陷，但却是中国金融监管制度变迁的理性选择；分析了中国金融监管制度变迁对金融监管的影响。其次，对金融监管制度和制度变迁进行了国际比较。在制度目标、制度结构、制度变迁、制度功能等四个层面比较分析的基础上，验证分析中国金融监管制度的总体框架和演进方向。再次，对中国金融监管制度和制度变迁进行评述。分析了中国金融监管制度变迁面临的产权不明、风险严重、内部人控制、金融二元特征、保障制度缺乏等初始条件。接着，分析了中国金融监管制度的非均衡性。然后，从中国是社会主义国家、中央集权制国家、金融产权制度、法律框架等方面分析金融监管制度变迁面临的正式约束；从传统文化、官本位思想以及监管者的目标导向、价值取向等方面分析金融监管的非正式约束。最后，从有效金融监管的目标、标准、理念、组织、内容、协作、保障、环境等方面对中国金融监管进行总体设计，提出我国理想的金融监管制度是：成立金融监管局，合并银行监管、证券监管、保险监管职能。在监管的实施上，确立将保护存款人和金融消费者的利益作为监管目标；确立监管法人、内控、风险、信息透明度的理念，将市场约束、资本约束和外部监管合并考虑；确立机构内控、外部监管、同业自律、社会监督的立体监管网络；建立有效的存款保障机制。

关键词：金融监管　金融制度　制度变迁

0471

金融自由化与中国金融开放 / 贾俐贞著 ；张伯里指导. -- 中共中央党校, 2005. -- 151 页

本文直面中国金融改革现实最主要的问题，提出了很多理论观点。文章的主体内容可分为三个部分。第一部分是理论研究。在第一章绪论之后，第二章用较大篇幅系统梳理了金融开放和金融自由化理论的发展过程，试图对金融自由化理论各流派作出初步评价。重点综述麦金农和肖的金融深化理论，对麦金农的互补性假说和肖的债务中介观进行了评述，并且对金融深化理论的最新发展作了初步的介绍。介绍了新结构主义和金融约束等理论，对所有金融自由化理论进行了初步的理论评估。第二部分是实证分析。第三章对金融自由化的收益和成本进行了全方位的

分析。比较研究了发达国家和发展中国家金融自由化实践的经验和教训,得出一系列成功实施金融自由化的启示。针对金融自由化实践的副产品——金融危机进行了经济学角度的分析。通过研究,发现金融自由化给发达国家和发展中国家带来的风险收益是不同的。发展中国家所能做的也是唯一正确的选择应当是:坚决地顺着金融自由化的方向走下去,不改革是没有出路的。第三部分是对策研究。研究中国推进金融自由化的战略性问题和关键性问题。第四章对中国金融开放的程度进行了科学判断,得出中国的金融自由化已经不是从零开始,已经走过了金融自由化的一段历程,中国的金融改革只有突破长期形成的金融抑制,才能有效克服金融抑制带来的效率损失,实现金融业的更好发展。提出中国金融自由化改革必须从战略上修正原有金融改革路径,加快发展,才能实现金融自由化的最优安排。第五章研究了中国金融开放进程中需要进一步讨论的一些关键性问题,包括国有银行改革、利率市场化、汇率制度、人民币资本项目开放、保持货币政策独立性、风险防范和金融监管等。

关键词:金融自由化　金融改革　对外开放

0472

基于证券设计理论的企业债务融资工具研究 / 江乾坤著 ; 宋玉华指导. -- 浙江大学, 2005. -- 213 页

本文运用内生性的证券设计理论系统地研究了企业的多层次债务融资问题,主要内容如下:1. 企业能够实际使用的债务融资工具的功能各不相同:(1)银行贷款的融资优势在于银行能够减少信息处理的费用、降低监管企业的费用和进行独特性服务。(2)公司债券的融资优势在于它可以降低公司借款成本、发挥价格信号作用和降低市场参与者的金融风险。(3)商业信用具有融资比较优势。(4)可转债可用来解决企业的风险移动、风险评估、信息不对称和阶段融资等问题。(5)国际项目债券含有两类项目专用性条款,即激励条款与制度环境条款。2. 债务融资工具的选择问题,包括:(1)在种类选择上,投资不足的代理成本、信息不对称、清算效率、生命周期效应和管理层相机理论提供了不同解释。(2)在期限结构选择上,可从契约成本、信息不对称、税收、期限匹配与监督激励角度来考虑。(3)在优先权选择上,高级银行债加上次级市场债是最优形式。3. 企业最优债务结构的基本功能在于它可权衡两类不同性质的债务违约、影响债务违约后的重新谈判结果。4. 偿债保障机制可分为契约保障与法律保障,它们之间相互补充,且契约保障是以法律保障为基础。5. 中国企业的融资结构失衡问题非常严重,银行贷款仍占主导地位,直接融资份额不高。企业债券市场现阶段还将采取稳步发展战略;可转债市场不少问题仍需在发展中解决;国际项目债券的发行大有潜力可挖。中国应该大力推进资信评级业的发展;中国的新破产法将更加契合市场化方向,但清算顺序难以抉择。6. 债务融资工具与经营绩效大体呈现正相关性。其中,长期借款更有利于国有控股企业,短期借款对民营企业促进作用更大,而已发行公司债券企业的核心竞争力并不强。因此,建议各类企业合理调整银行贷款期限结构;政府应该改革现行的公司债券审批体制,更快地推进“国退民进”战略;大力发展中小企业板块的融资功能。

关键词:企业债务　融资　证券市场　债券

0473

高校国有资产经营管理论 / 江文清著 ; 杨继瑞指导. -- 四川大学, 2005. -- 248 页

本文首先对作为整个论文研究对象的高校国有资产经营管理的基本理论进行了分析,同时分析了高等教育的准公共产品属性和高校国有资产的内涵界定、特征、种类、形成途径等。其次,论文研究了我国高校国有资产经营管理的历史沿革、管理体制现状、管理体制存在的问题以及高校国有资产产权存在的问题和权属的管理。再次,分别研究了高校经营性和非经营性国有资产的经营与管理,着重研究了其管理现状和存在的问题、流失的途径、经营管理架构和模式设计以及经营管理的考核和评价,对高校非经营性国有资产实行有偿使用问题进行了探讨。接着分析了高校国有资产“非转经”问题,包括“非转经”的主要方式、存在问题及其治理。紧接着研究了高校土地的管理和经营,对高校土地的概念及使用权特性、使用现状、高校土地使用权在资产核算中存在的问题、新形势下高校土地的管理和运营等问题进行了分析。接下来研究了高校后勤社会化与国有资产管理,包括高校后勤社会化改革的主要内容、高校后勤社会化改革与国有资产管理的现状和存在的问题、高校后勤社会化改革与国有资产管理体制创新。最后,针对前文分析问题的现状、成因和研究的对策思路等,提出建立和完善高校国有资产经营管理的制度安排。

关键词:高等学校　国有资产　经济管理

0474

资本结构与产品市场竞争研究 / 姜付秀著 ; 刘志彪指导. -- 南京大学, 2005. -- 141 页

论文以产业组织理论、公司战略经济学、公司金融理论为基础,在资本结构理论的最新发展的基础上,对资本结构与产品市场竞争之间的关系进行了探讨研究,并对不同情形下,如股权结构、行业特征以及宏观经济波动,对这一关系是否产生影响进行了研究,同时以我国上市公司为例进行了实证研究。本文首先分析了资本结构作为一项承诺的战略意义,通过建立数理模型证明了企业的负债水平与其所在产品市场的竞争强度之间存在正相关关系。以我国沪深两市的上市公司为例进行的实证检验有效支持了模型的假设。其次,通过对不同行业特征下企业资本结构以及产品市场竞争情况的分析,探讨了行业特征对企业资本结构和产品市场竞争的影响,并运用计量模型对资本结构与产品市场竞争之间的关系进行实证。结果表明,行业特征对资本结构与产品市场竞争之间的关系有一定影响。再次,从绩效这一角度,对不同股权结构下企业资本结构与产品市场竞争之间的关系进行了探讨。结果表明,股权结构对企业的资本结构与表示产品市场竞争的净资产收益率这一指标之间的关系产生一定影响。最后,考察了宏观经济波动对产业的需求产生冲击时,资本结构与产品市场竞争的关系。总之,本文从行为(企业对竞争对手行为的敏感度)和绩效(净资产收益率、市场份额)两个层面,对资本结构与产品市场竞争之间的关系进行了深入研究。研究结果表明,企业的资本结构与产品市场竞争之间存在密切联系,资本结构对企业的产品市场竞争产生一定影响。因此,企业的资本结构决策必须考虑到产品市场竞争状况。

关键词:资本结构　市场竞争　股权　经济波动

0475

中国上市公司中小投资者保护研究 / 蒋国洲著 ; 朱方明指导. -- 四川大学, 2005. -- 245 页

本文通过理论分析和国际比较来研究中小投资者保护问题,认为虽然我国保护中小投资者的证券立法比较完善,但仍存在股权平等原则难以真正落实、执法效率不高、诉讼机制不完善等诸多需要改进之处;在我国,“一股独大”、股权分置、“代理人缺位”是上市公司掠夺行为的深层次原因;就中国证券市场的现状而言,完善保护中小投资者的法律的关键是构建一个有利于中小投资者保护的法律环境;发展多元化投资主体,降低国有股权比例,提高流通股比例,形成股权相互制衡的股权结构,并最终解决股权分置问题是我国股权结构调整的总体思路。全文共分九部分。第一部分为导论,说明了本课题的研究背景、研究意义、研究的主要问题和研究方法。第二部分论述了中小投资者保护问题的起源与内容。第三部分论述控制性股东和内部人对外部投资者侵害的机理和主要方式。第四部分分别从投资者保护与股权集中度的关系、投资者保护与公司价值、投资者保护与资本市场发展和投资者保护与实体经济增长的角度分析了投资者保护的效应。第五部分通过建立指标体系及经典检验,进行了投资者保护水平的国际比较与分析。第六部分首先阐述了投资者保护手段的契约论和法律论,然后分析了我国中小投资者保护法的有关规定及其缺陷,最后论述了证券市场监管与中小投资者保护的关系。第七部分从公司治理结构的角度,论述了有利于保护中小投资者的股权结构安排、股东大会制度、董事会职责、公司控制权市场、投资者关系管理及中介机构等其他证券市场参与者的激励与约束。第八部分通过分析投资者行为理论及对我国上市公司个人投资者自我保护状况的调查分析,论述了投资者自我保护的必要性,探讨了提高个人投资者自我保护水平的问题。第九部分从国有利益与中小投资者利益、机构投资者利益与中小投资者利益、股东利益与利益相关者利益协调的角度,讨论了投资者保护协调的问题,并分析了上市公司退市与中小投资者利益保护的影响。

关键词:上市公司　投资者　权益保护　公司治理

0476

经济全球化背景下发达国家与发展中国家收入差距变动的研究 / 蒋雅文著 ; 高峰指导. -- 南开大学, 2005. -- 150 页

本文深入研究了经济全球化背景下发达国家和发展中国家收入差距变动的实际情况及其原因。全文除导言外共分五章。导言说明了论文选题的意义,并扼要概括了文章的研究思路和中心思想。第一章对国家之间收入差距变动的有关理论进行了综述,包括西方主流经济学和马克思主义及左派经济学家的各种理论,并进行了客观的评析。第二章对发达国家和发展中国家之间收入差距变动进行了实证研究,文章先对有关这个问题的不同的实证资料进行了比较,指出了分歧的根源,然后提出了自己的实证考察数

据,并得出相关结论。第三章进一步对不发达国家和地区进行了分类,然后选取有代表性的国家,分别对三类发展中国家与发达国家收入差距变化的原因进行了具体分析。第四章主要讨论经济全球化影响穷国和富国之间收入差距变化的原因和机制,主要分析了国际贸易的发展和国际资本流动的加强对发达国家和发展中国家的影响,以及货币与信息的空前国际流动所带来的经济后果。第五章讨论了发展中国家不同的政府类型与经济发展战略的不同选择可能具有的联系,并通过分析不同类型国家经济发展的经验和教训,论证了我国在经济全球化中的发展战略。

关键词:经济全球化　收入差距　发达国家　发展中国家　经济发展战略

0477

韩国企业与其他外商对华直接投资的比较研究 / 金兑植著 ; 李义平指导. -- 中国人民大学, 2005. -- 143 页

本文共分六章。第一章导论介绍了选题背景、研究意义、研究内容和框架等。第二章考察了垄断优势理论、内部化理论、产品生命周期理论、比较优势理论、国际生产折衷理论等几种主要国际直接投资理论的特征,并作简要评价。第三章在分析中国的一般政治、政策、经济形势和法制环境的基础上,进一步分析了中国巨大消费市场的结构和中国制造基地的优势。第四章回顾了 1979 年来外商对华直接投资的整体情况,分析了香港、美国、日本和台湾的对华直接投资情况,探讨了外商对华直接投资的地区和行业分布情况及其投资方式等特征。第五章回顾了韩国企业对华直接投资历程,分析了在韩国整体对外直接投资中中国所占的比重以及在对韩国贸易往来中中国的重要性,还分析了韩国企业对华直接投资的地区和行业分布情况及其投资方式等特征。第六章分析比较包括韩国企业与其他外商的对华直接投资动因,及以上各种特征。通过比较分析,找出韩国企业对华直接投资上的问题并提出有助于扩大中韩两国经济交流的建议。

关键词:外商直接投资(FDI)　对华投资　跨国公司　韩国

0478

高等教育投资体制的研究 : 从利益视角的探索 / 金芳著 ; 洪远朋指导. -- 复旦大学, 2005. -- 145 页

本文以经济利益理论为基础,从高等教育产品的混合物品属性分析了高等教育投资主体多元化的合理性;从利益动机和激励机制的角度分析了高等教育多元投资主体结构的效应;利用高等教育投资体制的国际比较进行了实证分析。全文共分五部分,八章。第一部分即第一章导论,论述了本文所要研究问题提出的缘由,概述了论文的逻辑思路与章节安排,提出了论文的创新与不足。第二部分即第二、三章,第二章综述了高等教育投资体制研究的文献,对一些相关概念进行了界定,并阐述了马克思主义经济学高等教育投资的相关理论;第三章对高等教育多元化投资体制效率的理论进行了分析,文章先分析了高等教育投资主体多元化必然性的内在逻辑,接着,阐述了高等教育投资中的利益关系,建立了投资主体利益的实现模式,最后,对高等教育多元化投资体制改革的效应进行了研究。第三部分包括第四、五、六章,从利益动机和激励机制的角度,分析了高等教育多元投资主体结构的效应,提出了高等教育多元化投资体制能够提高高等教育投资效率的论题;文章分别分析了政府投资高等教育、受教育者投资高等教育以及私人部门投资高等教育的激励与监督效应。第四部分即第七章,对高等教育投资体制效率进行了国际比较,先对高等教育投资体制改革的动因进行了分析,然后分别对高等教育体制扩张适应能力、高等教育资金来源结构与教育机构效率以及政府投资与高等教育机构效率进行了国际比较。第五部分即第八章,研究了中国高等教育投资体制改革的目标和政策选择,先回顾了中国高等教育投资体制改革的历程,然后分析了中国高等教育投资体制改革的现状,指出存在的问题,最后明确了中国高等教育投资体制改革的目标和政策选择。

关键词:高等教育　教育投资　投资体制

0479

韩国对华投资企业本土化问题研究 / 金慧珍著 ; 张宇指导. -- 中国人民大学, 2005. -- 159 页

全文共分六章。第一章为导论。第二章考察了国际直接投资理论与跨国公司的国际竞争战略、跨国子公司的国际化战略及其战略角色转变,分析了子公司本土化战略对在华投资韩国企业的意义。第三章对本土化进行概念设计,分析了对华投资跨国公司全球组织结构方面的本土化和对华投资跨国公司在各价值链环节上的本土化。第四章考察了韩国企业对华投资的历史和特征,通过问卷调查实证分析了韩国企业对华投资组织结构本土化问题。第五章分析韩国企业在华子公司本土化的总体趋势、有关本土化的

研究动向以及韩国企业在华子公司的经营管理本土化,分析了对华投资韩国企业在各价值链环节上的本土化现状、实现程度和特征等。第六章是结论。

关键词:对华投资　外资企业　跨国公司　本土化　韩国

0480

企业核心竞争力的经济学分析 / 荆德刚著 ; 徐传谌指导. -- 吉林大学, 2005. -- 177 页

本文共分六章。第一章导论综合阐述了国内外学者对企业核心竞争力的研究现状,从市场结构论、资源基础论、企业能力论三个方面分析了企业核心竞争力理论的演进轨迹,预测了核心竞争力理论的研究趋势和未来。第二章在确立竞争、竞争力定义后,追溯了核心竞争力的本源,梳理了基于整合观、资本观、知识观、文化观、组合观、竞争观和能力观的核心竞争力观点,对核心竞争力进行归纳和再定义,得出核心竞争力是企业竞争力的根本这一结论。第三章首先分析并提出了核心竞争力的特征,然后分析了核心竞争力的基本结构、价值取向和功能,对企业的文化力、学习力、创新力进行结构解析和作用机理分析,从评价和培育的角度提出核心竞争力结构的应用价值。第四章进行了核心竞争力的指标体系设计和模型构建。第五章分析了企业在培育和提升核心竞争力方面的认识误区,论述了核心竞争力识别与评估的基本办法,阐述了培育和提升企业核心竞争力的制度安排和路径选择。第六章总结了核心竞争力的误解和局限,对滥用核心竞争力进行了批判。

关键词:企业竞争　核心竞争力　企业创新

0481

中国产业安全问题研究 : 基于全球化背景的政治经济学分析 / 景玉琴著 ; 谢地指导. -- 吉林大学, 2005. -- 206 页

全文共分五章。导论部分介绍研究背景、意义和内容等。第一章对产业安全研究的相关经济思想进行回顾。第二章结合我国产业发展的实际,界定了产业安全的概念,提出经济全球化背景下新的产业安全观,进而分析了经济全球化背景下影响我国产业安全的内、外部因素,建立起新的产业安全衡量指标体系。第三章介绍了韩国、日本、美国等主要发达国家维护产业安全的实践经验,论述了其借鉴意义。第四章针对性地提出了在融入经济全球化过程中维护我国产业安全的若干政策建议。

关键词:产业安全　产业政策　政府规制　经济全球化

0482

中国上市公司资本结构研究 / 敬景程著 ; 李天德指导. -- 四川大学, 2005. -- 245 页

本文较系统全面地研究了中国上市公司的资本结构。全文除导论外,共分七章。导论部分阐明了国内外研究的现状和选题的目的与意义,概述了论文的主要内容及重点难点,并指出了本文的创新之处。第一章回顾并评论了资本结构理论的相关文献,对马克思关于资本结构的论述、西方经济学界关于资本结构的论述和国内学者关于资本结构的论述,进行了归纳、总结和评述。第二章分析了资本结构的基本理论,重点分析了资本结构的含义、最优资本结构理论、最优融资次序理论、资本结构的影响因素等,并对中国上市公司资本结构的影响因素进行了实证分析。第三章研究的是中国上市公司的融资模式和资本结构,作者首先分析了资本成本对公司融资决策的重要影响,接着对融资模式与资本结构进行了国际与国内的比较分析,并对中国的上市公司股权融资偏好进行了初步的制度分析,最后对中国上市公司融资模式与资本结构进行了实证分析。第四章对中国上市公司的股权结构进行了研究,文章先对股权结构理论进行了概述,然后分析了中国上市公司的股权结构、定价机制与股东利益冲突,最后实证分析了因股权分置导致的股权流动性抑制与上市公司绩效的关系。第五章研究的是中国上市公司的债务结构,作者分析了上市公司的债务结构状况与问题,讨论了中国债券市场的发展及存在的问题,提出了相关的建议。第六章对中国上市公司的资本结构与公司治理进行了研究,先概述了资本结构与公司治理的理论,分析了股权结构、利益相关者博弈与公司治理绩效的关系,然后实证分析了中国上市公司资本结构与公司治理绩效的关系。第七章研究了我国的股权分置问题,说明了股权分置的基本情况,综述了有关观点,分析了股权分置的交易费用问题,论述了股权分置形成的主要原因,指出了股权分置的根治之道。

关键词:上市公司　资本结构　股权分置　公司治理

0483

马克思生产劳动理论研究 / 寇雅玲著 ; 何炼成指导. -- 西北大学, 2005. -- 110 页

本文共分四个部分。第一部分回顾了马克思对前人生产劳动理论的批评和继承,主要包括对亚·斯密以前的重商主义和重农学派经济学家关于生产劳动理论的批评;马克思对亚·斯密生产劳动理论的批评以及马克思对亚·斯密以后的庸俗经济学学家关于生产劳动理论的批判。第二部分研究了马克思关于生产劳动理论的直接论述和马克思的服务理论,提出了服务价值论,同时还总结了马克思的生产劳动理论,提出了创造价值的劳动不等于生产劳动以及马克思经济学中的三个"无关论"定理。第三部分研究了马克思的生产领域划分理论,提出了物质生产领域和非物质生产领域的划分标准,物质生产领域的内部划分和非物质生产领域的内部划分,并对三次产业划分理论提出了批评。第四部分回顾了国内外经济学界关于马克思生产劳动理论的研究历史和主要争议,并给出简评,包括"宽派"的生产劳动观、"窄派"的生产劳动观、"中派"的生产劳动观、当代西方学者的生产劳动观等。

关键词:马克思主义政治经济学　生产劳动和非生产劳动

0484

城市核心竞争力论 / 寇亚辉著 ; 杨继瑞指导. -- 四川大学, 2005. -- 275 页

全文共分十章。第一章导论介绍选题意义、国内外研究现状和研究的基本内容等。第二章介绍了城市的兴起、发展与城市化,论述了城市产生、发展和城市化的经济机理,并对城市现代化展开探讨。第三章分析了竞争的本质和城市竞争力的内涵、特征、结构及其构建。第四章在对核心竞争力理论进行回顾的基础上,对城市核心竞争力的定位、特点和构建、评价指标等问题进行探讨。第五到十章分别从产业聚集力、产业结构力、主导产业力、产业创新力、产业资源力和城市制度力方面展开具体分析。

关键词:城市现代化　城市化　核心竞争力　产业结构

0485

体制转轨中的宏观经济调控研究 / 匡家在著 ; 苏星指导. -- 中共中央党校, 2005. -- 145 页

论文通过对不同转轨阶段宏观经济形势和体制特征的剖析,揭示宏观稳定、经济增长和市场化改革协调一致的关系。同时通过分析进入转轨中后期宏观调控面临的形势,得出转轨中后期的政策选择。全文共分五个部分:第一部分是绪论,着重说明为什么要研究转轨中后期的宏观调控以及宏观调控制理论和政策必须要处理好短期稳定和长期增长、总量调控和结构调整、政策和体制的关系。第二章是转轨前以控制通货膨胀为主的宏观经济调控。它大体分为20世纪80年代和90年代中期以前两个阶段。分权化的改革背景下,80年代的两部门经济格局决定了政府的宏观政策以行政性的直接调控为主。90年代中期以前,宏观经济政策中市场化的手段在增多,但行政手段在控制通货膨胀中仍发挥重要影响。第三部分是转轨前期扩大内需的宏观经济调控。为了应对通货紧缩,政府先后启动了货币政策和积极的财政政策,它们在扩大内需中发挥了重要作用。但货币政策执行发生了一些偏差,积极财政政策实践中也出现了诸如长期化以及逆市场化等种种现象,都反映了宏观调控政策与体制改革的不协调和不一致。第四部分是进入转轨中后期的宏观经济调控。进入转轨中后期的宏观调控面临着新的格局,这对短期调控和长期增长带来重大影响。与此同时,进入转轨中后期,经济增长,充分的就业,物价稳定和国际收支平衡成为中国宏观调控的目标。内外平衡的矛盾在当前的体制下越来越突出,宏观经济政策也面临诸多新的挑战,在当前形势下,汇率改革,人民币升值问题都牵一发而动全身,宜审时度势,不可操之过急。第五部分是结束语:转轨中后期的政策选择。论文提出宏观经济政策取向应以需求为主兼顾供给。在需求方面,必须兼顾投资需求和消费需求,控制货币的适度增长。在供给方面,要优化供给结构,提高供给效率,促进经济增长方式的转变,使总需求和总供给在新的水平上达到均衡。这些都离不开宏观经济政策和产业政策的支持。除了总供求政策外,宏观经济政策需要重新定位,除了熨平短期波动外,还可以推进市场化改革方面发挥应有作用。

关键词:宏观经济调控　宏观经济管理　经济政策　经济体制改革　转型经济

0486

产业结构调整中的经济增长 / 郎永清著 ; 冯子标, 姚慧琴指导. -- 西北大学, 2005. -- 83 页

本文以现代经济增长理论为基础,给出了一个新结构主义的增长模型。全文共分四部分。第一部分包括第一—四章,第一章导言,介绍了文章的写作动机和结构安排;第二章回顾了历史上的产业结构调整与经济增长;第三章对与总量生产函数的构建相关的

理论进行了回顾，包括了新古典增长模式的总量生产函数和早期内生增长模型的总量生产函数，并分析了总量生产函数发展的方向；第四章在卢卡斯模型的基础上重新构建了新的总量生产函数。第二部分即第五章，在封闭条件下讨论了经济增长与产业结构调整的均衡路径，对生产函数的进一步分析表明，从长期看来，人口增长率与初始状态的产业性质共同决定了经济增长与经济结构的变换。第六章是文章的第三部分，分析了初始状态的产业选择及其影响，主要分析了一国经济陷入低水平均衡的可能性，并提供了摆脱这种均衡的手段。第四部分包括第七一九章，是关于模型的经验分析及其应用。第七章主要分析了经济增长与产业结构变换、人口增长率、初始产业结构等的关系；第八章对中印发展模式进行了比较研究；第九章阐述了模型对我国的启示，分析了动态比较优势战略及其实施途径。

关键词：经济增长　产业结构调整　人力资本　比较优势

0487

中国农村金融体系的变迁与重构 / 类淑志著 ; 洪远朋指导. -- 复旦大学, 2005. -- 206 页

本文从正规金融和非正规金融两个方面，对我国农村金融体系的历史、现状及其原因进行了深入分析。论文首先界定了农村金融体系的范畴，从中国古代的农村金融思想、马克思主义经济学和西方经济学的角度阐述了农村金融的理论基础，在此指导下对我国农村金融体系的历史变迁和现状进行了分析，对我国农村金融体系的核心问题，即体系的变迁、国有商业银行的退出、农村信用社的产权制度、非正规金融问题进行了经济学理论研究。其次，本文分析了法国、美国、日本、东南亚和我国台湾地区农村金融体系的运行，总结出了国外农村金融体系发展对我国的启示。接着，在分析了我国农村金融体系的历史、现状以及国外农村金融体系发展经验后，本文提出了重建我国农村金融体系的理论基础和目标选择。重构农村金融体系必须解决三个理论问题，一是产权制度改革，这是决定农村金融组织成败的关键；二是政府与市场在农村金融体系运行中如何合理定位；三是农村金融体系的生成方式实现由外生性到内生性转变。提出了在四条原则基础上构建在政府指导下的以中小金融机构为主的，商业性金融、合作性金融和政策性金融等多种组织形式相互竞争、协同发展的混合型的农村金融体系。这是在市场经济条件下我国农村金融体系改革的目标选择。在此框架下，本论文还评价了重构我国农村金融体系的切入口，即目前农村信用社三种模式的试点改革；对为解决农业中长期信贷投入不足问题而进行的制度创新，即农地金融制度在我国是否可行也进行了分析，提出土地使用权的可抵押性是我国建立土地金融制度的内在基础，作为物权的土地使用权完全可以充当抵押的标的物，我国建立土地金融制度是可行的。最后，本文重构了我国农村金融体系需要具备的环境和条件。文章指出，要在科学的发展观指导下促进城乡经济协调发展，这是重构农村金融体系的前提；要加快农村利率市场化的步伐；要建立和完善农村金融机构存款保险制度，保护存款人利益，提高农村金融体系的信誉和稳定性；改革农村金融监管制度，建立适应农村金融体系特点的监管制度。另外，建立农村信用担保机制，提升农户和农村中小企业的信用水平，提高其信贷能力。

关键词：农村金融　金融体系　农村信用社

0488

中国劳动力市场变迁的产权经济学分析 / 黎煦著 ; 姚先国指导. -- 浙江大学, 2005. -- 132 页

本文以劳动力市场的结构为契入点，运用产权理论分析中国劳动力市场的变迁，旨在发现劳动力市场发育过程中的障碍，从而使中国的劳动力市场从分割走向统一。首先，探讨了劳动力产权的内涵、劳动力产权残缺与劳动力市场的制度变迁。其次，论述了国有产权支配下中国劳动力的计划配置问题，指出国有产权支配下的劳动契约关系是一种单边契约关系，劳动力产权完全被扭曲，国家不得不对劳动力产权进行重新界定，这成为中国劳动力市场变迁的动因；分析了中国劳动力市场变迁的路径选择与内在动力，认为中国劳动力的计划配置是沿着两条路径向劳动力市场变迁的，一是新兴部门的发展和市场空间的生成，一是城镇就业体制的改革；而不同市场主体之间的博弈成为中国劳动力市场变迁的内在动力。然后，对中国劳动力市场整合的政策进行了分析，着重指出农民工权利的实现是一个长期的历史过程；在农民工的诸多权利中，就业权利最为重要。解决农村剩余劳动力的微观基础是民营企业的发展；地方政府必须转变职能，为民营企业发展提供良好的制度环境。最后，阐述了政府在劳动力产权的界定和劳动力市场的变迁中发挥的重要作用，指出中国劳动力市场的变迁与国有企业改革、农村剩余劳动力的转移有不可分割的联系，劳动力市场的变迁将是一个长期的过程。

关键词:劳动力市场　产权　就业　农村剩余劳动力　劳动关系

0489

市场经济与劳动者主权有机统一论 ：中国失业问题的一个分析框架 / 李保民著 ; 王珏指导. -- 中共中央党校, 2005. -- 155 页

本文在对当代西方失业理论和马克思主义失业理论进行理论批判和比较研究的基础上,从构建现阶段"劳动的政治经济学"的角度对中国失业问题的理论分析框架进行了思考。全文内容如下。首先,通过对西方失业理论的两大传统的理论内容进行分析,总结出西方失业理论的永恒主题和根本局限,对它们不能直接作为中国问题研究的理论分析框架的原因进行了初步解释。其次,在全面研究马克思主义的失业理论的基础上,总结了马克思研究失业的三个视角和独有的理论主题,提出了对待马克思的失业理论应有的科学态度,并对马克思的失业理论也不能直接用作中国失业问题研究的理论分析框架的原因进行了探讨。第三,在对西方失业理论、马克思的失业理论和我国治理失业实践进行批判性思考的基础上,提出中国失业问题研究必须从它所面临的特殊约束条件出发,坚持以市场经济为前提和以劳动者主权为价值取向,确立"市场经济与劳动者主权有机统一"的新理论分析框架。第四,以建国以来我国的失业及其治理的演进情况检验本文的主要研究结论,对我国建国 55 年来治理失业的经验与教训进行全面的反思与总结。第五,以"市场经济与劳动者主权有机统一"的理论分析框架,逻辑与历史地考察中国失业问题的逻辑展开路径。第六,以"市场经济与劳动者主权有机统一"作为理论依据,展望了未来中国失业问题研究的努力方向。

关键词:失业　市场经济　劳动者　资本家

0490

中国经济增长质量研究 / 李变花著 ; 詹连富指导. 吉林大学, 2005. -- 112 页

本文以马克思主义经济理论为指导,借鉴国内外的研究成果,对中国经济增长质量问题进行分析。首先,在界定经济增长质量范畴的基础上,对经济增长质量与经济增长数量、经济增长速度、经济效益进行了比较分析,指出了影响经济增长质量的主要因素是生产率、产业结构、技术进步和资源与环境。其次,在介绍前人有关经济增长质量的思想后,着重论述了中国经济增长质量的实际状况,将其概括为:改革开放前,经济增长大起大落,综合要素贡献率很低,产业结构畸形,技术进步前大后小,资源环境代价过大;改革开放后,经济运行趋于平稳,综合要素贡献率明显提高,产业结构逐渐协调,技术进步贡献不断增大,资源环境代价开始减少。最后,阐明了提高经济增长质量的战略意义,提出了提高经济增长质量的基本途径,即不断提高劳动生产率、调整和优化产业结构、积极推动技术进步和大力发展循环经济,并构建了评价经济增长质量的指标体系。

关键词:经济增长质量　经济效率　经济效益　经济评价

0491

中国社会保障制度模式及运行问题研究 / 李斌著 ; 张维达指导. -- 吉林大学, 2005. -- 248 页

本文共分六个部分。导论部分说明研究背景、论文结构和主要内容、研究思路和方法。第一章界定社会保障制度的内涵,分析社会保障制度产生和发展的根本动因,揭示现代市场经济价值运动为社会保障制度提供发展和完善的空间。第二章介绍了社会保障制度模式的基本类型,从体制上研究各类模式的共性特征和个性区别,比较和评价不同类型社会保障制度模式的经济效应和社会效应,剖析其利弊,还分析了世界上社会保障制度模式调整改革的道路、方式和成效,以及对我国社会保障制度模式改革的借鉴和启示。第三章分析中国基本国情对社会保障制度目标模式选择的影响,提出中国社会保障制度目标模式选择的基本原则,阐明了中国特色社会保障制度目标模式的内涵、特征及其体制框架。第四章研究我国基本养老保险、医疗保险、工伤保险以及生育保险模式的创新,针对社会保险制度改革理论和实践中的热点、难点问题,作出理论和对策判断分析,提出社会救助制度、社会福利制度、优抚安置制度和农村社会保障制度改革,特别是养老保险的对策建议。第五章研究社会保障基金和社会保障管理的运行机制,探索加快社会保障信息化建设和管理的对策,阐明社会保障法律体系构建的思路和立法原则,以及我国社会保障法律体系的立法程序。

关键词:社会保障　社会保障制度　养老保险

0492

中国政府出口信贷研究 ：1994—2004 / 李泊言著 ; 刘伟指导. -- 北京大学, 2005. -- 115 页

本文在一般均衡理论、战略性出口贸易理论、产业结构理论等理论分析框架内,综合比较国际上各国政府出口信用机构发展的历史,结合中国政府出口信用机构十多年的发展实践,对中国政府出口信用机构在发展过程中所面临的主要问题进行了系统研究。文章的基本内容包括:第一,通过对国际国内政府出口信用机构的实践总结,较好地解决了政府出口信贷不断发展的必要性的问题,并对中国政府出口信用机构——中国进出口银行在十几年发展历程中对中国外贸的贡献做出了定量分析。第二,文章对中国政府出口信贷扶持的具体产业如船舶业、机电业的效果进行了定量分析,通过设立计量模型,分析了政府出口信贷对这些产业的扶持同中国外贸增长的关系。第三,深入探讨了一国政府出口信贷应该支持的产业,尤其注重的是出口信贷所应扶持的产业的标准确立问题。第四,文章在对政府出口信用结构的成本和收益进行了明确的比较后,研究了一国政府出口信贷的最优规模问题。结合中国的实际情况,作者认为现在的中国政府出口信用机构还没有达到其最优的规模,扩大政府出口信用机构的规模有利于整个社会进步。

关键词:出口信贷　对外贸易　信贷规模

0493

家族理性与家族企业 / 李东著 ; 张宇指导. -- 中国人民大学, 2005. -- 150 页

本文共分六个部分。导论部分阐明研究背景、现状及研究意义等。第一章系统回顾、分析了国内外学者对家族企业,尤其是对中国家族企业的研究现状之后,揭示了目前研究存在的缺陷,认为其根本原因在于西方经济学的前提假说——"个人理性"存在重大缺陷。第二章对家族及家族企业进行了社会学、管理学、法学和经济学等多学科角度的分析考察,认为在研究家族企业问题时存在着东西方两种社会不同观念体系的差异,提出以"家族理性"概念替代"个人理性"假设作为研究家族企业的前提假设。第三章从对"理性"概念的考察分析开始,分析了东西方关于家族理性的传统文化基础差异。以此为基础,本文提出了家族理性的概念,并分析了它所包含的一些经济原则。第四章在深入考察家族理性和集体理性的基础上,对家族理性与个人理性、集体理性之间的关系进行分析。第五章依据"家族理性"这一新假设,对困扰中国家族企业的产权问题、所有权与经营权的分离问题、家族企业的信任与职业经理人的问题以及家族企业的继承与发展问题等,进行深入探讨,指出家族理性是家族企业的所有者在处理这些问题时所遵循的最主要的经济理性。

关键词:家族企业　企业管理　理性　产权

0494

自然垄断中的规制与有效竞争 / 李峰著 ; 张薰华指导. -- 复旦大学, 2005. -- 164 页

本文主要研究了自然垄断产业中如何引入竞争、如何进行竞争、什么样的竞争强度和市场结构最为有效,在目前我国的自然垄断改革中,其有效竞争的市场结构如何确立,如何处理好私人参与与产权改革的关系等。全文共分为七部分。第一章对自然垄断理论与政府规制理论的发展和演进进行了梳理,并对自然垄断产业的特征、规制公共利益理论、规制俘虏理论和规制经济论以及马克思的微观规制理论和可竞争市场理论进行了分析。第二章对自然垄断中的传统规制方法——价格规制和进入规制以及规制失效的原因进行了分析。第三章对自然垄断中的传统规制方法进行了分析,认为技术进步和市场需求的扩大缩小了自然垄断边界,使引入竞争成为可能,而规制失效是放松规制、引入竞争最直接的原因。第四章研究了形成有效竞争的竞争模式,首先用网络经济效益和规模经济效益对自然垄断中能直接引入竞争的业务领域和不能直接竞争的业务领域进行了区分,并对实践中的自然垄断产业的边界确定和竞争方式进行了分析。第五章对自然垄断产业中的产权改革、私人参与进行研究,民营化改革要采取多种方式,在民营化改革过程中要保证政府对自然垄断核心业务的控制力。第六章对有效竞争与规制重构进行了研究分析,认为竞争的引入无法替代规制的作用,在自然垄断状态下可以实行激励性规制,在引入竞争的初期,应该扶持新进入企业的发展,实行不对称规制。最后,对形成有效竞争的市场结构重组模式进行比较分析,认为应根据具体产业的特点选择适合的重组模式。

关键词:自然垄断　市场竞争　市场结构　产权

0495

中国城市化滞后的原因及对策研究 / 李桂娥著 ; 夏兴园指导. -- 中南财经政法大学, 2005. -- 195 页

文章主要是利用西方发展经济学和区域经济学的原理,结合我国现代化建设的实际,从理论和实践两个层面深入探讨导致中国城市化滞后的深层次原因。全文共分八章。第一章主要界定了城市、城市

化、工业化等一些概念。第二章分析了西方城市化理论研究中的二元结构分析框架,指出城市化主要涉及人口城市化和空间城市化这两方面的问题,与此相适应,西方有关城市化的理论也分为两种类型:从经济发展和结构转变的角度研究人口迁移和城市化的二元经济结构模型,以及从区域发展的空间过程的角度研究城市化的二元区域结构模型。第三章分析了城市化的动力机制和一般规律,认为城市化的动力机制主要有经济动力和非经济动力。从经济动力看,农业是城市化的基础和前提,从非经济动力方面看,影响城市化进程的主要有制度因素和人口因素;城市化作为人类经济活动和社会活动的必然结果,其发生、发展也有内在的客观规律,主要有:城市化与经济发展的双向互促、阶段性、大城市超前增长、城市化发展不平衡以及城市化的生态平衡等规律。第四章分析了世界城市化的模式及特点,其模式主要有:同步城市化、逆城市化、过度城市化和滞后城市化,其特点各不相同;最后,通过对美国和巴西城市化的分析,发现不同的程式化模式选择对城市化发展的质量产生着巨大影响。第五章主要回顾了我国城市化的历程和特点,认为当前我国城市化水平较低,滞后于工业化水平,并且还存在很多问题。第六章和第七章首先对我国城市化水平从量和质上加以判断,然后从经济因素和非经济因素的影响上分析滞后的原因。最后一章针对我国城市化滞后的原因,提出了加速城市化进程的几条对策。

关键词:城市化　城市发展战略　工业化

0496

我国通货紧缩时期财政政策研究 / 李浩然著 ; 王忠民, 赵守国指导. -- 西北大学, 2005. -- 88 页

本文首先在对通货紧缩的治理问题上,归纳了可资借鉴的主要经验;对通货紧缩形势的准确把握和判断、合理的政策工具选择搭配与正确的政策取向、注意宏观政策的效应、适时的政策转换。其次,对1998年以来我国实施的积极财政政策进行了实证分析,较为详细地分析了我国实施积极财政政策起因、具体措施以及实施效果,尤其对我国实施的积极财政政策的效果进行了实证分析。随后,通过实际数据说明了积极财政政策并没有产生明显的“挤出效应”,并对积极财政政策中实施减税政策的可行性进行了分析,说明了在我国经济发展的实际情况下,减税的观点不合时宜,因为我国还不具备实行大规模减税的基础和条件。文章在分析积极财政政策的风险效应时,对政府财政风险的具体类型进行了归纳总结,并就防范财政政策风险应该遵守的基本原则进行了说明,提出我国应该关注和防范的财政风险的重点是隐性和或有债务所带来的风险。文章的最后一部分,研究了积极财政政策的适时调整与渐进转换,先对“稳健财政政策”的含义进行了解读,指出了“稳健”的三重内涵,最后说明了实施稳健的财政政策应该采取的具体措施。

关键词:财政管理　通货紧缩　风险管理　财政政策　财政风险

0497

中国农村医疗保障制度研究 / 李和森著 ; 黄少安指导. -- 山东大学, 2005. -- 177 页

本文对我国的农村医疗保障制度进行了系统全面的研究。全文共分六章。第一章导言,主要阐述了选题的必要性、迫切性和已有研究的局限性,并概述了本文的重点内容、主要见解、基本思路和方法。第二章对社会保障相关理论的研究,文章先对社会保障、医疗保障和农村医疗保障的理论进行了界定,接着分析了不同经济理论流派对农村医疗保障的影响,然后论述了农村医疗保障的灯塔特性以及公平与效率问题。第三章对国际医疗保障体制模式进行了比较,包括国家医疗保障、社会医疗保障、商业医疗保障、储蓄医疗保障四种体制模式的特征、依据、实践与启示。第四章分析了中国农村医疗保障的现状,详细分析了农村医疗保障存在的健康、卫生、医疗等突出问题,论述了农村医疗保障面临的主要矛盾及发展的障碍。第五章研究了中国农村医疗保障体制的变迁,阐述了产权制度、经济体制与医疗保障体制的内在关系,分析了我国农村医疗保障制度的历史变迁及其特征,阐释了合作医疗制度解体及难以恢复与重建的根源。第六章论述了中国农村医疗保障体制的改革与完善,作者先对农村医疗保障既有体制模式及其特点进行了分析,接着研究了农村医疗保障体制模式的创新与选择,最后对农村医疗保障体制的改革与完善的政策取向提出了一些建议。

关键词:农村　医疗保障　社会保障制度

0498

中国企业破产问题研究 / 李洪国著 ; 詹连富指导. 吉林大学, 2005. -- 154 页

本文共分五章。第一章是对企业破产的基本分析,包括企业内涵、性质、组织形式;企业破产的内涵、作用和企业破产制度的历史演变;中国企业,包括传

统国企和现代国企的破产现象等。第二章对企业破产的前人思想进行回顾,包括马克思主义经典作家有关企业破产的思想、西方经济学家对企业破产的解释和国内专家学者对企业破产的研究。第三章介绍了中国企业破产的现实状况,如企业破产的具体情况、环境和原因、转型期特征,并对企业破产逃债现象进行了剖析。第四章从破产界限、破产程序、财产管理人制度、免责制度、债权人会议制度、犯罪制度等方面进行了企业破产制度的国际比较。第五章针对中国企业破产的制度建设提出建议,如建立市场主导型企业破产制度、健全企业破产的市场经济环境、加快企业破产的法律制度建设等。

关键词:企业倒闭　破产　破产清算　立法

0499

中国蚕茧价格管制研究 / 李建琴著 ; 史晋川指导. 浙江大学, 2005. -- 222 页

本文在综述了农产品价格管制理论与政策的基础上,分析了蚕茧产品及其市场特征,研究了中国蚕茧价格与流通体制的变迁和蚕茧价格管制的经济效应,比较了中外茧丝价格与流通体制,得到以下结论:1. 转型时期中国蚕茧价格管制的实质是行政垄断,蚕茧市场是一个行政垄断下的买方垄断市场。在理论与实证两方面论证了中国蚕茧价格管制的经济效率损失与利益分配不公;市场组合演变是丝绸企业与政府共同维持蚕茧价格管制的根源。2. 中国的蚕茧价格总体上仍然是一种管制价格,而且是一种限制价格。论证了蚕茧价格管制不仅加剧了蚕茧市场的实际供求波动并导致茧丝绸业大起大落;在某种程度上还阻碍了蚕业产业转移规律的发挥,并导致个别不受管制地区(广西)蚕业生产的迅猛发展。3. 蚕茧价格管制及进入管制在维持中国茧丝绸业管制性进入壁垒的同时弱化了其市场性进入壁垒,使得这个行业内的企业有了管制性进入壁垒,便没有动力去构建市场经济环境所要求的市场性进入壁垒,导致丝绸企业存在着普遍规模较小、出口产品结构趋同、产品附加值低、缺乏国际竞争力的品牌等一系列问题。4. 基于中外蚕茧市场结构及其价格决定、经济效率、政府干预及其结果的国际比较,认为:(1)中国应该取消蚕茧价格管制,打破蚕茧市场的买方垄断;(2)应该避免将国内市场与国际市场相隔离,及对国内茧丝价格的高度保护;(3)政府要通过稳定生丝价格来间接地实现,而不是直接干预蚕茧价格。5. 转型时期中国的蚕茧管制不只是一个简单的价格管制问题,目前中国茧丝绸业的几乎所有问题,基本可以归结于蚕茧价格管制。

关键词:农产品　蚕茧　物价管理　价格

0500

地方政府行为与市场秩序构建 / 李津燕著 ; 王冰指导. -- 武汉大学, 2005. -- 227 页

本文把地方政府行为作为市场秩序建立本源,吸取和借鉴新制度经济学的研究成果,分三部分对地方政府行为与市场秩序构建进行了基础理论及其运用的综合研究。第一部分,通过对地方政府行为的一般分析,指出地方政府作为市场化进程的主要推动者,在经济体制改革初期发挥了积极作用,随着改革的继续深入,地方政府行为必须与经济体制改革相匹配,对阻碍经济发展的体制予以改革,纠正自身阻碍市场经济完善的行为。在现实条件下,地方政府应在建立和维护市场规则、保护产权、提供公共服务等方面显示出应有的权威性和强制性,同时严厉打击寻租行为,坚决惩治腐败现象,确保市场经济的有序健康发展。第二部分,对市场秩序进行了理论分析。通过历史的纵切面对市场秩序的产生、变化和发展进行了分析,论证了市场秩序是一个多层次的动态系统,在揭示市场秩序的历史形式、功效、内涵的基础上,把市场秩序与具体的市场制度的区别开来,认为市场秩序是市场规则的外展和具体化;对市场秩序构建的强制性实施和诱致性实施两种方式及其特性、绩效进行了详细对比分析;总结了市场秩序生长的内在规律,分析了我国体制转型阶段,市场秩序发育与培育的经验教训,揭示了市场秩序在我国演变和发展的特殊性和趋势。第三部分,对地方政府行为与市场秩序构建进行了分析。指出没有规范的政府,就不可能有规范的市场,原有的行政势力借助逐步成长市场机制和竞争机制,在公平竞争的市场体系尚不健全、约束及监督信息不对称情况下,造成中国的市场状态在很大程度上发生了变异,市场本应有的资源高效配置功能和公平竞争环境受到损害和削弱,成为市场秩序混乱中最大的不公正。因此应从建立市场经济新秩序的高度,重新审视地方政府定位与地方政府行为规范问题,研究规范和整顿市场经济秩序的治本之策,即构建市场秩序的制度与非制度约束体系,加快政府体制改革和地方政府职能转变。

关键词:地方政府　市场秩序　政府行为　体制改革

0501

论消费信贷与国内需求 / 李莉著 ; 王东京指导. -- 中共中央党校, 2005. -- 170 页

本文认为,只有在特定的约束条件下,消费信贷才能拉动国内需求,而通常的情况是,消费信贷对于拉动国内需求无效。从长期来看,消费信贷并不能拉动消费需求,即无论是分期付款,还是要求消费者一次性付款,对消费的刺激作用都是等效的(即长期消费需求等效定理,或消费信贷第一定理);从短期看,只要投资预期收益率大于贷款利率,且信息充分,那么消费信贷的发放不仅不能拉动国内需求,相反还会减少国内需求(短期国内需求不等效定理,或消费信贷第二定理)。短期国内需求不等效定理的推论是:在短期内,如果投资引诱足够大,那么对于同一笔资金而言,用于投资比用于消费对于国内需求的拉动作用大,且用于投资比用于消费比对经济增长的作用更大。本文总共九章,分为上中下三篇。上篇是对消费信贷和国内需求之间关系的文献综述,介绍国内外学者关于这一问题的研究成果并给予评论。中篇包括第四、五章,分布推导出长期消费需求等效定理和短期国内需求不等效定理,同时将可能影响定理结论的各种条件逐一进行了分析。下篇包括三章,是消费信贷两个定理的现实应用。第六章对定理的约束条件进行了进一步分析,明确了在这些约束条件不能满足时消费信贷与国内需求的关系,为解释现实问题提供了分析框架。第七章运用消费信贷两个定理以及第六章的结论,对有关消费信贷的历史事件进行了解释,主要包括消费信贷为何在美国等国家蓬勃发展;消费信贷对 20 世纪 30 年代大危机的影响;日本政府为何立法限制消费信贷等。第八章专门分析了我国的情况。第九章则在对上、中、下篇进行总结的基础上,说明了定理的适用性,并解释了消费信贷两个定理和推论的政策含义。

关键词:消费信贷　消费贷款　消费需求

0502

我国经济转轨时期金融监管研究 / 李琪著 ; 陈文通指导. -- 中共中央党校, 2005. -- 138 页

本文从经济转轨时期金融监管出现的问题和面临的挑战入手,剖析了产生问题的原因,提出了加强中国金融监管的对策和措施。指出中国加强和完善金融监管的根本举措是加快国有商业银行的公司治理结构建设等改革步伐;中国应适时建立统一的监管体制,在过渡时期,采取主监管制度和由银监会负责混业经营的临时监管等措施。全文除导论外共分五章。第一章主要介绍了金融监管的对象、依据和内容,并以改革开放、1992 年中国证券监督管理委员会成立为分界点,简介中国金融监管的历史演进。第二章提出现阶段中国金融机构存在的问题,如国有商业银行内控机制严重滞后、证券市场发展不完善等。指出金融监管本身存在弊端,如有效性不足、金融信息披露滞后等;而入世后金融市场的逐步开放和金融国际化又给金融监管带来了新的压力和挑战。第三章对上述问题进行了经济学分析,指出经济转轨时期中国金融机构自身的弊端是金融机构出现问题的深层次原因;金融活动中各方当事人对金融监管重要性认识不足、当前分业监管体制存在缺陷以及金融监管法规不完善是现阶段中国金融难以实现有效监管的主要原因。第四章挑选了世界各国有代表性的范例,通过分析其金融监管方面的经验教训,得到如下启示:监管机构要和中央银行加强合作,借助中介机构的力量加强监管;必须逐渐淡化政府对金融体系特别是国有商业银行的干预,建立有效的金融监管制度;监管机构应具有独立性,要加强监管立法等。第五章提出了加强和完善同转轨经济相适应的金融监管的对策和建议。

关键词:金融监管　金融市场　金融体系　经济转型期

0503

中国证券市场规制体制改革与创新 / 李强著 ; 林木西指导. -- 辽宁大学, 2005. -- 139 页

本文共分六个部分。导论部分阐明研究背景、意义、方法和框架等。第一章对国内外关于证券市场规制体制改革的理论文献进行综述。第二章论述了证券市场规制体制的内涵和影响因素,建立了证券市场规制的最优模型,并利用此模型对中国证券市场规制体制的创新进行剖析。第三章对证券市场规制体制改革进行国际比较,分析了国外证券市场规制体制改革对中国的借鉴作用。第四章回顾了中国证券市场规制体制的改革历程及框架设计。第五章从法律规制、性质规制和自律规制方面提出了中国证券市场规制体制的创新路径。

关键词:证券市场　经济体制改革

0504

中小家族企业融资结构:一个企业家的视角 / 李强著 ; 杨瑞龙指导. -- 中国人民大学, 2005. -- 147

页

本文试图在前人研究工作的基础上,找出一条可以逼近中小家族企业本质和内核的研究视角线索,对其融资难问题加以研究。除导论外,本文由五章构成。第一章从主流融资理论的前提假设、逻辑方法等方面对其在中小家族企业融资领域的适用性加以分析,针对其局限和进步性加以说明和分析,并提出本研究的视角和方法。第二章深入到家族企业内部,研究中小家族企业在融资问题上的特殊性,指出家族目标的影响、企业家主导企业融资安排是中小家族融资行为区别于其他类型企业融资行为的关键,中小家族企业因此表现出较为明显的内源融资偏好。第三章考察外源融资对家族企业的影响,认为对于企业家和家族而言,外源融资的成本常常要高于所带来的收益,因此企业家可能会放弃外源融资的机会,即企业家不会为了融资而融资。第四章研究家族企业如何在增长与控制两者之间进行选择,以及企业家异质性对这种选择和最终融资安排的影响。作者认为,家族企业内源融资偏好的根本原因在于企业家力图保留控制权,而内源融资往往不能支持企业快速发展和规模的迅速扩大;越是关心家族利益的企业家,就越倾向于保留控制权,也越有可能排斥外源融资。第五章从文化传统和外源融资环境等因素解释了我国中小家族企业内源融资远高于其他国家的现象,并提出相关政策建议,着重强调了发展企业家社会关系网络融资的重要性,指出应该尽早建立行业内部的融资机构,从而支持家族企业的发展。

关键词:中小企业　家族企业　融资　企业家

0505

信誉的经济学分析 / 李士梅著 ; 潘石指导. -- 吉林大学, 2005. -- 175 页

论文主要对信誉进行了经济理论分析。论文以马克思辩证唯物主义和历史唯物主义方法为指导,在充分界定信誉概念的基础上,对信誉产生的历史、制度基础、经济作用、外部环境进行了专门、系统的经济分析。文章的主要思路是:从“社会理性人”出发,将追求信誉的主体行为纳入由一定生产方式决定的社会关系之中,把经济领域内人的道德性和经济利益性结合为一体,使其更接近现实人的信誉行为特征和本质。研究认为,经济领域中人的信誉行为是由其“信誉能力”决定的,是由其经济理性和外部环境影响的统一决定的。此外,文章还对我国政府的信誉及其信誉体系的建设等现实问题进行了分析,并提出一些新思路。

关键词:信用　信誉　经济理论

0506

结构重建与中国基础产业的规制改革 / 李世朗著 ; 谢地指导. -- 吉林大学, 2005. -- 156 页

论文主要围绕基础产业的规制改革这一课题,认为结构重建是现阶段完成我国基础产业规制改革的关键所在。全文主要包括四个部分。首先,对基础产业规制改革的理论进行回顾;其次,从结构重建的角度着重论述了中国基础产业所有制结构、市场结构以及企业治理结构相互联系、相互作用共同影响基础产业运行绩效提升的机理;再次,介绍了基础产业绩效评价指标体系及其构建,并对中国基础产业规制改革进行绩效评价,指出近年来中国基础产业规制改革成效难如人意的主要原因在于非系统化的规制改革政策;最后,分析了中国基础产业规制改革的目标模式并提出了政策建议,认为基础产业整体性结构重建的规制改革模式选择的原则应该寻求治本之策,并在此基础上提出了中国基础产业结构重建的目标,及建立国有经济与非国有经济互动型所有制结构、适度竞争型市场结构、混合所有制型多元产权结构,进而提出了与此相适应的系统化规制改革的政策建议。

关键词:基础产业　产业结构调整　所有制结构

0507

我国场外交易市场发展构想 / 李淑龙著 ; 黄泰岩指导. -- 中国人民大学, 2005. -- 155 页

论文主要研究了场外交易市场的理论、发展历史与发展动因,以及我国场外交易市场发展中存在的问题和恢复发展的必要性,提出了发展我国场外交易市场的构想和建议。全文共分为五章。第一章从理论上论证了场外交易市场是多层次资本市场体系中不可或缺的基础组成部分;第二章对场外交易市场的历史演进进行了客观介绍;第三章运用理论分析和历史分析相结合的方法按照市场主体因素、市场客体因素、市场机制因素和市场运行秩序因素的逻辑分析架构总结了场外交易市场发展的决定因素,探寻这一市场存在、发展的内在因素和外在因素;第四章对改革开放以后我国场外交易市场的发展进行了实证分析,认为恢复发展我国场外交易市场已是当务之急,并分析了恢复发展我国场外交易市场面临的主要问题及产生这些问题的原因;第五章提出了恢复发展我国场外交易市场的发展模式构想及其实现途径。

关键词:证券市场　证券交易　做市商制度

0508

政府采购支出的经济学分析 / 李淑宁著 ; 徐桂华指导. -- 复旦大学, 2005. -- 150 页

论文运用公共产品、市场失灵和政府失灵、公共财政、新制度经济学、委托代理、博弈论、寻租和可信承诺等经济学理论或工具对政府采购活动进行了多视角的分析和研究。首先,通过对市场失灵和政府失灵的分析阐述了政府采购的意义与边界;然后,从制度经济学的角度对政府采购思想演进、制度变迁及其原因进行了归纳和分析;其次,通过对统计数据的实证分析,对政府采购支出的合理规模与结构进行了中外横向比较和我国改革开放以来若干年份的纵向比较;再次,从资源总量和资源结构方面分析了政府采购支出的资源配置效应,并得出政府采购主要通过投资性支出规模的变动对宏观经济调控产生影响的结论;另外还分析了国际贸易中的歧视性政府采购及其存在的原因,最后,从寻租经济学和可信承诺角度分析了我国政府采购活动中的寻租现象,通过剖析导致采购活动参与者设租和寻租的利益点,提出了抑制寻租的相应措施,并对建立健全我国政府采购制度提出了建议。

关键词:财政制度　财政支出　政府采购　资源配置　寻租

0509

汇率与经济增长 : 来自中国的证据 / 李未无著 ; 纪尽善指导. -- 西南财经大学, 2005. -- 249 页

论文首先对汇率影响经济增长、经济增长反作用汇率的理论线索进行梳理,然后从发达国家和发展中国家汇率与经济增长相互作用的客观事实出发,主要沿着两条脉络展开分析:一是对汇率影响经济增长的机制进行分析,二是对经济增长反作用汇率的机制进行分析。分析认为,均衡汇率其实是汇率影响经济增长、经济增长反作用汇率这两种力量达到平衡的结果,并据此完成了对人民币均衡汇率的探讨。最后,通过回顾人民币汇率改革开放以来的发展历程,分析了当前人民币汇率制度和汇率形成机制的利弊,并围绕人民币汇率在近期、中期、远期的改革力度、改革重点、改革路径等相关问题展开深入分析,认为,只有在人民币实现了充分可兑换,真正建立起现代意义上的、被世界承认的浮动汇率制度以后,人民币才有可能实现国际化,而获得国际铸币收入。

关键词:经济增长　汇率　人民币汇率　浮动汇率

0510

中国企业债券研究 / 李文群著 ; 王东京指导. -- 中共中央党校, 2005. -- 205 页

本文共分六章。第一章通过回顾和分析企业债券理论,包括公司资本结构理论、金融危机理论及企业债券对中央银行的作用理论,得出我国发展企业债券的必要性。第二章通过对我国企业债券发展历史、存在的问题分析和对中外企业债券发展的比较分析,得出我国企业债券发展的制度创新需求,这些制度需求包括企业债券市场信用制度、企业债券发行和监管制度、企业债券流通制度、企业债券定价制度。第三—六章分别对我国企业债券市场的信用制度、发行和监管制度、流通制度及定价制度进行了分析。作者主要结论有:(1)建立社会信用体系、健全发债企业的法人治理结构及建立和完善企业信用评级制度是我国企业信用建设的三个主要方面,也是我国企业债券市场顺利发展的根本所在;(2)我国政府是国有资产的最终所有者,政府必须实行严格的管制政策以减少自身风险。但这种政策导致我国资本市场资源配置的低效率,因而要根据我国经济体制转轨的实际情况,适度放松管制的管理政策;(3)企业讲信用是企业债券市场存在的客观基础。我国企业债券市场没有得到大力发展,其症结在于我国企业债券市场上存在严重的信息不对称问题。为此,论文提出了解决我国企业债券信息不对称的三大机制:声誉机制、法律机制和信用评级机制,以规范我国企业债券市场的运作,使我国企业债券市场得以顺利发展;(4)对我国企业债券流通体制现状进行了考察,认为我国企业债券市场应建立跨市场统一清算系统,大力培育企业债券市场的机构投资者,建立做市商制度;(5)建立了我国企业债券市场定价中基准利率的确定模型、我国企业债券发行定价模型和我国企业债券二级市场价格变动因素实证分析模型,并利用模型对我国债券市场进行实证分析。

关键词:企业债券　信用制度　债券发行　做市商制度　市场监管

0511

工业化演进中的路径依赖与政策选择 / 李仙娥著 ; 何炼成,韦苇指导. -- 西北大学, 2005. -- 198 页

文章基于经济史、认知与制度的演化,以分工演

化为切入点和主线,对工业化演进中的路径依赖与政策选择进行了研究,阐述了工业化是专业化分工演化的结果,而专业化分工的演化受市场范围、制度安排、资源禀赋、文化等因素的影响,其演化方向是不确定的,演化路径具有多样性,对应着特定国家工业化发展轨迹各不相同;在对专业化分工进行历史演进分析与理论逻辑推演的基础上,文章提出了中国新型工业化的理论依据及其制度创新的路径与政策选择的方向。全文共分为三个部分。第一部分在对有关工业化的基本理论进行回顾性批判分析的基础上,提出了工业化演变分析的基本理论脉络:即以分工、专业化为主线的工业化演进的逻辑展开,其中包括认知、制度与政策选择的演进等。第二部分从工业化兴起的世界史视角对工业化的演进过程作出历史分析与理论解释,一是以欧洲原工业化为起点,运用原工业化理论对原工业化兴起的条件和动力、原工业化下政府政策的选择与作用进行理论探讨,揭示了由原工业化到工业化的演化具有很强的路径依赖性;二是在对工业革命的发生以及英国工业化的演变轨迹进行历史考察的基础上,探寻工业革命为什么最先在英国发生的原因,揭示了英国工业革命是多种因素良性互动的结果;其三,对美国工业化演进历程的分析表明,美国工业化的成功在于充分利用了分工经济的优势,"美国体制"的信念成为美国工业化持续演进的动力所在;第四,分析了日本式制度创新的特点,政府政策手段的选择特别是产业政策的作用机理。第三部分在对中国原工业化以及近代工业化演进的历史轨迹与路径依赖分析的基础上,对新中国工业化初始条件的特殊性、重工业优先发展战略的认知、制度演化给予新的诠释,并提出了中国新型工业化沿着可持续发展的跨越式发展路径演变的制度创新思路及政策选择方向。

关键词:工业化　分工　专业化　制度创新　政策选择

0512

市场界定理论的演变与反托拉斯政策研究 / 李晓蓉著 ; 刘志彪指导. -- 南京大学, 2005. -- 206 页

论文旨在从西方百余年的反托拉斯历史演变整理出经济学思想的发展路径,并在理论评述的基础上,就转轨时期的中国反托拉斯理论与实践中如何借鉴西方理论提出建议。全文共有六章。第一章主要介绍了选题依据及研究思路和框架;第二章通过对反托拉斯政策的历史回顾,分析经济学在反托拉斯政策中的地位与作用,并简要提出了市场界定与反托拉斯政策演进的三个历史阶段;第三章主要讨论了结构主义学派的古典市场界定理论及反托拉斯政策;第四章以价值观和方法论为切入点,重点论证芝加哥学派理论范式对动态的竞争概念的理解,并在经济学模型分析的基础上结合司法案例评价芝加哥学派市场界定理论及其先进性与局限性及反托拉斯政策的作用;第五章以创新市场为背景,阐述了后芝加哥学派时代的竞争特征,重点剖析后芝加哥学派理论的形成及方法论特征,并以此为基础分析其市场界定理论的动态特征,并通过典型案例的分析,归纳市场界定理论发展的新趋势;第六章首先对市场界定理论演变的过程进行历史归纳,然后讨论经济全球化对市场界定理论及反托拉斯政策的影响和挑战,并针对中国市场中存在的垄断和反托拉斯问题,讨论了转轨时期建立我国反托拉斯政策的若干基本原则。

关键词:市场竞争　反垄断　反托拉斯法　芝加哥学派

0513

中国水资源制度研究 / 李雪松著 ; 伍新木指导. -- 武汉大学, 2005. -- 344 页

论文旨在从水资源的基本特征出发,用经济学方法研究和探讨水资源问题和水资源制度,对我国的水资源制度提出可行性的对策建议。全文由六部分组成。第一部分主要介绍了选题背景、意义与研究思路、方法等内容;第二部分主要分析了我国水资源的供需现状与面临的挑战;第三部分主要介绍了水资源制度研究的理论基础,包括可持续发展理论、循环经济理论、制度经济理论、产权理论、价值理论等;第四部分论述了中国现行水资源制度所面临的问题,并介绍了国外部分国家水资源管理的经验及其水资源制度;第五部分探讨了水资源的统一管理制度、产权制度、交易制度、价格制度、法律监督制度以及文化制度等各方面的制度安排,分别从管理、水权、市场交易、价格、法律监督和文化等角度分析水资源管理中存在的制度性障碍,提出了制度创新框架。最后,针对以上构建的水资源框架体系,提出了建立水资源制度体系的具体对策和建议。

关键词:水资源管理　水权

0514

中小企业群落衍生发展研究 / 李永刚著 ; 宋玉华指导. -- 浙江大学, 2005. -- 128 页

文章的研究宗旨是对企业衍生现象给出一种理论描述,并揭示中小企业群落式衍生发展的深层机理。所谓企业衍生,就是现有企业通过孵化、分蘖、裂变、分拆等形式产生出新的企业。企业衍生有多种类型:裂变衍生、孵化衍生、分蘖衍生、分工衍生。不同类型的企业衍生有不同的内在机缘,而潜在企业家数量的大小和企业家禀赋的高低总是决定新企业衍生频率和以那种形式衍生出来的重要控制变量。通过对企业衍生过程的观察与衍生机理的分析,可以进一步发现产业组织形成与演化的脉络和趋势,产业组织发展演进有三种可能的目标形式:第一种是大企业独占的产业组织;第二种是大企业主导与中小企业配套的产业组织;第三种是中小企业群落式的产业组织。由于企业衍生过程与人群的企业家禀赋分布有关,所以那种产业组织在一个经济区域内将会最终形成就与区域内人群的企业家禀赋的分布状态有关。一个国家和地区的企业家人力资源越丰富,并且企业家禀赋的人群分布越均衡,则该国和地区越有可能形成以中小企业簇群式产业发展路径,相反,则更有可能形成以大企业为主体的产业发展路径。最后,研究认为,中小企业产业集群提供了一个特定的发展环境,这个产业环境对企业的行为选择必然要产生影响,产业集群中的企业选择创新还是选择守成模仿,取决于企业在集群中的相对规模、创新收益与成本的比较、外部模仿可能性、创新被内部企业模仿前景等诸多因素和条件的任何改变,都会导致企业行为战略选择的改变。

关键词:中小企业　产业发展　产业集群

0515

证券投资基金制度创新的经济学分析 / 李由著 ; 袁文平指导. -- 西南财经大学, 2005. -- 180 页

论文针对我国证券投资基金在实践中出现的问题,结合世界投资基金的发展并借鉴其先进经验。通过比较、分析研究,尝试运用现代经济学的有关理论来分析和解决实践中出现的问题。全文分为六章。前两章主要对证券投资基金的基本内涵和证券投资基金这种金融制度进行了分析;第三章主要分析了英、美、日本和我国香港地区证券投资基金发展的历史及其制度演变;第四章探讨了开放式基金、公司型基金和私募基金在我国的发展和我国证券投资基金的制度创新问题;第五章主要研究了证券投资基金的治理结构问题,首先分析了我国证券投资基金治理存在的缺陷,然后分析了我国基金管理公司的内部治理,认为其核心是有利于充分保护基金投资者的利益,防范基金管理公司的关联人、董事会和公司员工侵犯基金投资者的利益,认为要从组织制度上赋予基金独立董事承担起保护基金投资者利益的特殊监督责任;第六章首先对证券投资基金监管的必要性从经济学角度进行分析,认为,根据国际经验,对投资基金的监管必须多管齐下,我国应建立中国证监会、证券投资基金行业协会、证券交易所、基金托管银行和社会监督等多层次的证券投资基金监管体系,同时还要加强信息披露,最后分析认为,富有效率的监管模式应该是政府监管和自律管理的有机结合。

关键词:证券投资基金　基金管理　监督管理

0516

企业成长的社会关系网络研究 / 李正彪著 ; 朱方明指导. -- 四川大学, 2005. -- 309 页

本文在全面系统地梳理社会关系网络理论、社会资本理论、结构洞理论、利益相关者理论以及企业网络理论等基础上,通过对现代企业网络的各种类型的研究来剖析企业间复杂的关系网络,研究了企业社会关系网络的变迁,全面阐释了企业社会关系网络的经济功能,以构建企业内部和外部和谐的关系网络。全文共分五部分。第一部分导论,阐释了本文选题的意义,对企业社会关系网络的内涵和类型进行了界定,对本文的研究方法、结构、创新作了交代。第二部分即第一章对相关理论进行了评述。第三部分包括第二、三章,分别研究了企业社会关系网络的核心——信任,作为企业社会资本的企业社会关系网络的经济功能;文章详细阐释了信任的来源,深入研究了企业信任的决定机制;分析了企业社会资本与物质资本、人力资本的区别和联系,深入论证了企业社会关系网络对企业获取各种经济资源、提高企业组织运行效能、增加企业无形资产、推动企业建立现代企业制度等方面的重要经济功能。第四部分中:第四章动态研究了企业社会关系网络的演进;第五、六章研究企业内部的关系网络,从纵向上研究了企业出资者、经营者和员工之间的委托——代理关系,从横向上研究了出资者之间、管理者之间、员工之间、部门之间的分工协作关系;第七章研究企业间的关系网络,文章从分工、网络效应、交易费用节约、实现规模经济等维度建立了一个企业网络化动因的综合分析框架,重点分析了企业网络的现代类型;第八章研究企业与政府间的关系网络,论文从不同角度研究了不同历史时期、不同经济发展阶段、不同社会制度、不同国家存在着的

不同形式的政企关系。第五部分即第九章,探讨了如何构建企业和谐的社会关系网络。

关键词:企业成长　社会关系　社会资本　劳资关系　政企关系　企业网络

0517

转轨时期的制度环境、竞争与乡镇企业所有制 / 李正全著 ; 吴敬琏指导. -- 北京大学, 2005. -- 135 页

本文指出,转轨时期制度环境不完善,主要体现在缺乏有效税收制度、私有产权不受保护以及政府在资源配置上具有生产性作用。现有的理论认为,地方政府生产性作用在乡镇企业所有制具有关键作用,而忽略了缺乏有效税收制度和私有产权不受保护对企业所有制形成和变迁的影响。文章认为,所有制的考察必须同时考虑以上三个制度环境特征。在这三个特征之下,地方政府所有的乡镇企业作为一种介于国有企业和私营企业之间的所有制也能出现。这种所有制下企业较少隐瞒利润,地方政府的生产性作用可以替代企业家的努力,乡镇政府也愿意提供更多的公共产品和服务,但随着地方政府的生产性作用的降低和竞争的加剧,乡镇企业利润下降,在财政压力下,乡镇政府不得不放弃乡镇企业的所有权,另一方面,随着税收制度的完善,乡镇政府拥有企业所有权的机会成本越来越大,这两个因素共同促进了乡镇企业所有制的变迁。文章运用 1993—2001 年全国 22 个省市自治区统计数据对乡镇企业民营化影响因素进行经验检验,结果表明,竞争、地方政府生产性作用下降以及税收制度的完善都有利于乡镇企业民营化。结果还表明,就影响效果看,竞争比税收制度的完善更能够促进乡镇企业民营化。对不同所有制竞争的进一步分析还发现,乡镇企业之间的竞争要比来自私营企业的竞争更加能够促进乡镇企业民营化。最后,文章的理论和经验研究还对为什么在 1997 年之后乡镇企业总产值以及就业人数不仅相对下降而且绝对下降的现象做出了解释。

关键词:乡镇企业　所有权　体制改革　民营化

0518

国有企业经营者激励问题研究 / 李中建著 ; 张秀生指导. -- 武汉大学, 2005. -- 156 页

论文着重分析了国有企业经营者激励的特殊性和内在困难。在经营者激励的决策主体上,主要分析了现有的国有企业经营者激励决策主体在构成、责任感和知识能力上的一些不足,提出了一个优化国有企业经营者激励决策主体的框架。在国有企业经营者的激励手段上,指出了四种可用的激励手段,即经济激励、声誉激励、控制权激励和行政升迁激励,认为应以前三种为主,而应从一般意义上取消对国有企业经营者的行政升迁激励。在国有企业经营者的业绩评价上,讨论了会计指标和市场指标在经营业绩评价上各自的优势和不足,基于我国的现实,提出了一个竞争战略视角下的国有企业业绩评价设想。在国有企业经营者的经济激励模式上,认为最优的模式在于能把经营者追求个人经济效益最大化与企业的长期绩效最大限度地联系起来,使经营者承担适度的风险,并认为经营者稳定的职业预期是任何经济激励模式发挥激励作用的前提,最后提出了一个以任务为导向的跨时期激励模型,认为它将有助于减少国有企业中"59 岁问题"。

关键词:国有企业　经营者　经理　激励

0519

中国农村经济组织 ：模式、变迁与创新 / 廉高波著 ; 邹东涛, 叶祥松指导. -- 西北大学, 2005. -- 179 页

本文对我国农村经济组织的模式、变迁、创新等问题进行了研究。全文共分六部分。第一部分导言,说明了本文的选题背景及研究意义、研究方法与研究思路、论文框架,并对相关文献进行了综述,概述了论文拟解决的问题及创新之处。第二部分对农村经济组织所作的一个总体性理论分析,文章在回顾与评论农村经济组织相关经济学理论的基础上,对我国农村经济组织进行了界定并分类梳理,同时以组织功效的大小作为标准,勾勒出我国农村经济组织的组织体系;并通过研究我国农村经济组织的变迁,探讨了我国农村经济组织的创新与演进趋势及政府在发展农村经济组织中的角色定位。第三部分重点研究了我国传统农村经济组织资源——农村社区合作经济组织的功效及可改造性,指出我国的农村社区合作经济组织并非真正意义上的合作社,而是集体所有制在农村的实现形式;同时从农村社区合作经济组织的主要职能出发,论证了农地股份合作经济组织是我国农村社区合作经济组织改造和创新的主要方向。第四部分通过对我国专业合作经济组织三种表现形式:专业协会、专业合作社、专业股份合作社现状及组织模式、功效等的研究,以及对国外农村专业合作经济组织的借鉴,论证了专业合作社是我国农村经济组织的发展方向;同时也对国际合作联盟有关合作社原则在我国

的适用,发展我国农村专业合作社所应树立的原则,我国专业合作经济组织的法律地位与立法模式等问题进行探讨。第五部分主要分析了"公司+农户"以及其演变模式,将其定性为一种契约型的农村经济组织形态,并对该种组织形态从利益分摊、风险分担,防止机会主义行为等角度,分析了契约型农村经济组织的契约,最后,指出这种契约型的经济组织将是我国农村经济组织的主要模式。最后一部分总结了全文的结论,并指出了有待进一步研究的问题。

关键词:农村经济组织　合作经济　合作社

0520

中国企业经理人激励制度研究 / 梁洪学著 ; 詹连富指导. -- 吉林大学, 2005. -- 157 页

论文以马克思主义经济理论为指导,借鉴西方经济学家有关经理人激励的研究成果,全面系统地分析了中国企业经理人激励制度问题。全文围绕两个大问题展开,一个是中国建立企业经理人激励制度的原因,另一个是中国建立企业经理人激励制度的做法。就前一个问题,通过对现代企业经理人一般性质的分析,以及企业经理人激励的三种理论解释,即"经济人"理论、经理人需要与激励理论和企业经营控制权垄断理论,阐述了中国建立企业经理人激励制度的一般原因;通过对建立企业经理人激励制度现实必要性的分析,阐述了中国建立企业经理人激励制度的特殊原因。就后一个问题,首先阐述了中国企业经理人激励制度包括年薪激励制度、股权激励制度和精神激励制度,并提出构建这三种激励制度的态势:积极推广年薪激励制度、逐步引入股权激励制度、不断完善精神激励制度。然后,分别阐述了这三种激励制度在中国企业经理人市场中的发展情况,指出年薪制是企业经理人激励制度的普遍形式,多数企业在实行年薪制过程中可引入股权激励方式,而随着股票市场逐步完善可适当引入股票期权激励方式。

关键词:企业管理　经理　激励　年薪制　股票期权

0521

水库移民经济论 / 廖蔚著 ; 杨继瑞指导. -- 四川大学, 2005. -- 322 页

本文对新形式下我国水库移民经济可持续发展进行了区域经济学、发展经济学、制度经济学、社会学等学科的综合分析。论文的主要内容可以分为三大体系:基础理论、可持续发展理论、实证研究,共有九章。基础理论部分包括第一章至第七章,对水库移民经济概述、水库移民经济理论溯源、水库移民的区域抉择、产业重构、投融资创新、人力资源开发、非经济因素分析等七个方面进行论述;首先,从分析移民现象入手,界定水库移民的概念、内涵与特点,并分析了水库移民的特殊性,在此基础上,结合水库移民经济提出了客观背景与微观实践,阐释了水库移民经济的概念、内涵、外延、特征、指导思想与基本运作模式等方面,并从系统的角度分析了其结构与功能,阐述了其独有的特征;其次,文章系统地介绍了水库移民经济的基本理论依据,国内外水库移民经济发展的相关方针、原则、政策措施和实践经验,并提出了自身水库移民经济理论框架体系,主要包括水库移民经济的区域抉择理论、产业结构重构理论、投融资创新理论、人力资源开发理论及相关非经济因素分析等。第八章结合"五个统筹"和科学发展观的要求,研究了水库移民经济的可持续发展,并从指导思想、战略目标、战略重点、战略步骤和战略措施的角度尝试构建水库移民经济的可持续发展战略架构。第九章是根据构建的相关理论体系,探索并构建水库移民经济可持续发展的评价指标体系,并对四川水库移民经济进行了实证研究,提出了四川水库移民经济发展的对策措施。

关键词:水库移民　经济理论　可持续发展

0522

论中国农民与土地的关系及解决当前失地农民问题的对策 / 廖小军著 ; 陈征指导. -- 福建师范大学, 2005. -- 301 页

文章以马克思主义、毛泽东思想、邓小平理论和"三个代表"重要思想为指导,首先分析了土地对于农民生存和发展的重要性,然后分析了中国历史上不同时期处理农民与土地关系的经验和教训,以及中国当前失地农民问题现状、产生失地农民问题的原因及国内外解决失地农民问题的经验,如英国的暴力强制型安置、湖南咸嘉的集中开发型安置、保留产权型安置和社会保障型安置等几种模式。文章提出了一个解决中国当前失地农民政策性框架,对农民土地被征用中受到损失的具体体现、农村土地制度改革、土地征用制度改革、土地征用补偿以及土地征用后地价增值分配、失地农民社会保障体系建设和增强失地农民再就业和创业能力等问题作了具体分析,并提出必须以科学发展观为指导,从改革农村土地制度、完善土地征用补偿机制和健全社会保障体系三个方面入手,才能从根本上解决中国当前的农民失地问题,才能推动

国民经济健康发展和各项社会事业全面进步,保障社会安定稳定,推动社会主义和谐社会建设。

关键词:农民　土地制度　土地征用　社会保障

0523

新自由主义私有化理论与政策研究 / 林光彬著 ; 林岗指导. -- 中国人民大学, 2005. -- 252 页

本文主要从逻辑和事实两个层面、采用逻辑与历史相结合、理论与实践相结合,用辩证唯物主义与历史唯物主义的分析方法对新自由主义私有化理论进行了系统研究。具体从生产力与生产关系的矛盾运动中解释所有制的变迁;在历史形成的社会经济结构的整体制约中分析私有化;通过社会实践来检验新自由主义的私有化理论与政策建议是否符合社会经济发展的规律与社会发展的目的。全文共分六章。第一章导论,阐述了本选题的理论与现实意义,介绍了文章的研究框架及主要创新点,并对两个研究概念进行了界定。第二、三章对新自由主义私有化的五大理论依据进行了系统追溯、梳理和述评,通过分析作者认为新自由主义的私有化理论是建立在片面的理论基础之上的,指出它具有片面的深刻性,为经济科学的发展提供了一些新的、有价值的思想材料,但它仍然是一种片面的理论。第四章对新自由主义私有化政策建议——弗里德曼的私有化主张、“华盛顿共识”、“休克疗法”与激进私有化方案进行分析,指出了新自由主义的私有化政策建议受到“欧洲价值观”、“后华盛顿共识”、“演进制度观”、“圣地亚哥共识”、“北京共识”等各种世界价值观的挑战。第五章从发达国家、发展中国家与转型国家三个层次、三种类型,对新自由主义的私有化政策建议进行实践检验,作出了总结性评价。第六章首先对新自由主义私有化理论在中国的传播与影响以及国内主张产权私有论的几种典型观点进行了分析讨论,并对相关的非新自由主义的和完善社会主义的国有企业改革理论进行了讨论;其次分析了国有企业改革的现实困境;最后基于民主的视角,提出了我国建立一个好的市场经济与有效率的国有企业组织,需要发展四个层次民主的国有企业整体改革主张。

关键词:新自由主义　私有化　私有制　国企改革

0524

中国城市化的动力机制研究 / 林国蛟著 ; 金雪军指导. -- 浙江大学, 2005. -- 118 页

论文以我国城市化实践为背景,沿着“现象—分动力机制—综合机制模式—现实运用”的逻辑路线,进行理论与实践相结合的分析而最终获得对城市化的动力机制,并借此对中国城市化发展的问题进行探讨。首先,论文研究了城市化的第一动力机制——工业化,在阐释工业化的经济学内涵以及工业化与经济发展和经济增长关系的基础上,着重研究了工业化与城市化的关系,得出工业化是现代城市化的根本动力。其次,研究了聚集效应这一城市化发展的动力机制,从聚集效应分别与城市规模、城市经济增长以及城市空间布局三个方面的关系研究,认为聚集效应对城市化具有积极的推进作用。第三,研究了制度对城市化发展的重要性,从理论和实践的角度研究了制度变迁对城市化和城市现代化的作用,分析了我国城市化进程中的制度障碍,并提出了一系列推动我国城市化进程的制度创新方面的对策。第四,在进一步对我国城市化的其他动力机制,包括产业结构的变化、经济全球化的影响以及技术进步等进行研究的基础上,对城市化动力机制进行综合研究,构建了一个简要的城市化动力机制的连续统一模式,并提出一方面城市化和动力机制之间呈现良性的互动格局,另一方面各个动力机制之间也不是完全分割的,而是形成了一种统一的持续的动力机制体系,推动着城市化的进程,并使得国民经济得到长足的进步。

关键词:城市化　工业化　产业集聚

0525

网络、嵌入性与集群生命周期研究 :一个新经济社会学的视角 / 林竞君著 ; 朱国宏指导. -- 复旦大学, 2005. -- 283 页

本文从新经济社会学的相关概念及理论观点出发,对产业集群形成、发展、衰落的整个生命周期过程进行了新的跨学科解释。全文共分六章。第一章是绪论,较系统地介绍了产业集群这一问题的研究渊源,对国内外产业集群嵌入性研究进行了综述,从而确定了本文的研究思路、方法运用及内容安排。第二章研究了新经济社会学的基本理论与方法,回顾了经济社会学的发展和新经济社会学的崛起,详细介绍了新经济社会学的三大理论主张及核心概念体系,并论述了新经济社会学在本文的框架应用,即结构互动方法论。第三章“文化传统、网络嵌入与产业集群的形成”对产业集群的形成过程进行了新经济社会学的嵌入考察,文章首先从集群形成机理的分析起点:分工与市场的互动入手,接着分析了偶然性、文化传统与

产业集群的萌芽,最后研究了信任扩展、规范演进与产业集群的形成。第四章"知识分工、网络学习与产业集群的创新"主要探讨了集群的发展、创新问题,作者首先对一般理论进行了概述,回顾了创新模式的演变,并对产业集群创新网络进行了系统分析;接着,研究了社会资本、网络学习与集群创新的效率问题;最后,论述了网络互动、非正式交往与集群创新的扩散。第五章主要研究了集群的衰落问题,文章先论述了嵌入性依赖、学习失败与集群交易的低效间的关系,然后,研究了网络失衡、信息失效与集群创新的退化,最后,探讨了嵌入性均衡,即开放条件下的集群网络的构建。第六章为实证研究部分,以福建晋江市鞋业集群为例,先研究了这一集群形成过程中地方传统、文化规范的作用,然后,探讨了目前晋江集群升级过程中的结构性障碍因素,最后,对晋江集群的问卷进行统计分析,对前述的相关观点进行了验证。

关键词:产业集群　经济社会学　网络经济

0526

证券市场信息传导机制与信息披露制度研究 / 林俊波著 ; 姚先国, 戴园晨指导. -- 浙江大学, 2005. 104 页

本文通过借鉴通用的信息传递理论与模型,构建了证券市场信息传递模型。通过对证券市场信源、信道和信宿的界定和特征的描述,研究了证券市场信息主体的构成与证券市场信息传递的原理。论文分析了证券市场信息传递过程中供求各方的行为特点,探究了证券市场信息不对称的成因,提出了证券市场信息不对称的三类成因:第一,基于信源产生的信息不对称,包括选择性信息披露、非及时信息披露、虚假信息披露;第二,基于信道传递过程的信息不对称,包括信道传递时空延迟、信道技术手段延迟、信道传递信息变异(包括良性变异与恶性变异);第三,基于信宿能力的信息不对称。上述分类表明,信息不对称是永恒存在的,这是由信息传递过程中的信源、信道和信宿的特征与行为决定的。论文建立了基于证券市场信息不对称下的投资定价模型以及信息披露与监管之间的博弈模型,讨论了信息披露与监管双方的博弈,研究表明,加大对虚假信息披露的查处概率和处罚力度,加强证券市场信誉机制建设,仍然是最有效的手段。根据本文建立的证券市场信息传递模型和信息不对称形成的机理和成因,分析了造成信息不对称的制度原因。通过对国内外证券市场信息披露制度的研究和比较,提出了必须加强证券市场违法惩处机制与信誉机制的建设,并对我国证券市场的信息披露监管制度提出了政策性建议。

关键词:证券市场　信息披露　信息不对称　信息传递

0527

论当代中国社会的信用建设 : 基于比较视野的分析 / 林丽著 ; 李义平指导. -- 中国人民大学, 2005. 151 页

论文主要研究了信用精神的重塑和信用环境的构建。文章首先对当代中国社会信用缺失问题的现状与历史成因进行考察,分析认为中国当前缺失信用的历史渊源就在于传统社会向现代市场经济转型过程中信用环境相比经济发展滞后,原来的道德规范不再有约束作用,市场经济所促发的利益主体和价值观念的多元化造成价值取向的迷失和混乱,而合乎市场经济发展和现代化建设的新的信用体系和信用环境的创造又尚需时日,因而各种信用问题的出现就在所难免。然后,分别对美国和日本的信用精神和信用文化进行了分析,研究认为,美国移民社会奠定了民主自治政体与高度交流的社会特性等信用文化遗产、以世俗职业为核心的新教伦理培育了诚信守约、节俭勤奋等深入人心的商业精神和道德气质;而日本民族善于吸收和灵活应变的精神气质可成为中国信用建设工作的可资借鉴的重点。通过以上的研究认为,围绕影响社会信用环境的相关因素,当前中国社会信用建设可遵循这样一个层次进行:重建社会精神背景、诚信价值观念、道德体系,并在此基础上改进完善现有的法律体系;同时,以深化国有企业产权改革、形成合理的产权制度以增强微观主体的信用意识为契机,完善社会主义市场经济体制;并借鉴国外的信用建设经验来构建现代化的信用体系,在信用主体方面则应动员政府、民间协会、新闻媒体、社会公众等社会各界的力量来共同参与,以信促信,在社会各界彼此信任、通力合作的基础上共建社会信用体系,实现中华民族的团结和振兴。

关键词:信用　诚信

0528

利益相关者、社会契约与企业社会责任 : 一个新的分析框架及其应用 / 刘长喜著 ; 朱国宏指导. -- 复旦大学, 2005. -- 188 页

本文从企业与社会的视角出发,在利益相关者理论和社会契约理论的基础上建立一个新的企业社会

责任分析框架，系统回答了企业社会责任的基本问题，有力地反驳了对企业社会责任的批驳。然后，运用这个框架研究近代以来我国企业社会责任的演进，实证分析了社会转型时期企业社会责任问题及企业社会责任与经济绩效的关系。第一部分主要介绍了研究的原因、方法和思路，梳理了国内外企业社会责任研究的进展。第二部分借鉴利益相关者理论和社会契约理论的方法分析企业社会责任的内涵、结构和对象，认为企业社会责任是指企业对包括股东在内的利益相关者的综合性社会契约，这种综合性社会契约责任包括企业经济责任、企业法律责任、企业伦理责任和企业慈善责任。第三部分通过对企业社会责任契约演进和企业社会责任动力机制的分析，建立了一个社会责任契约和动力机制的分析框架，企业社会责任契约模型的建立反驳了认为企业社会契约模型不能量化和模型化的批评，该契约可分为三个层面：超规范层面、多元层面和操作层面。第四部分通过对我国企业社会责任历史演变的分析，修正和丰富上述企业社会责任分析框架，现代企业在我国产生于晚清时期，由于社会背景的差异，我国企业发展走向了与西方企业不同的发展道路，在不同的历史阶段，影响企业的政治、经济和社会力量不同，企业的影响力存在很大差异，企业社会责任的性质的动力机制也存在显著差异。第五部分运用国外企业社会责任的测量方法对我国企业社会责任现状进行评估，发现其与经济绩效之间呈弱负相关关系。最后，在以上研究的基础上提出了推进我国企业社会责任的一些建议。

关键词：企业责任　社会责任　利益相关者　社会契约　经济绩效

0529

民营经济融资制度研究 / 刘成奎著 ; 王冰指导. -- 武汉大学, 2005. -- 207 页

本文首先考察了民营经济及其融资理论，介绍了民营经济的界定、民营经济的作用，回顾和评析了企业融资理论，指出民营经济在我国社会、经济发展过程中发挥了巨大的作用，其融资理论主要是从西方的企业财务金融理论出发，并由此派生出三个主要的派别，即委托—代理融资理论、信息传递理论、企业融资的控制权理论。其次，分析了融资制度创新对民营经济发展的作用，指出完善的融资制度对经济发展具有重大意义，但是当前我国融资制度存在诸多不足，如在资本形成、降低交易成本、风险转移等能力上还无法适应民营经济融资的需要。接着，回顾了民营经济融资制度的变迁，我国民营经济经过了三个阶段：在萌芽阶段，国家对民营经济的发展没有给予足够的重视，内源融资是主要方式；在波折发展阶段，外源融资制度安排逐渐占有较重要的地位；在高速发展阶段，融资制度的变迁更加积极，民营经济自身也对诱致性制度变迁的力度逐渐加大，各个地方出台了很多有利于民营经济融资的制度安排。然后，探讨了民营经济融资的困境。从微观角度来看，其一是民营经济自身制度结构的缺陷，其二是民营经济内源融资制度存在诸多难题不足以支撑民营经济快速发展对资金的需求，其三是民营经济外源融资制度安排不利于民营经济的发展。从宏观角度来看，民营经济融资困境主要根源于国家对民营经济融资的立法支持力度很小，我国为民营经济服务的社会中介机构很少，扶持力度很弱。从软环境角度看，我国非正式制度的转变明显慢于正式制度的变迁，社会意识形态对民营经济融资制度的变迁具有巨大的迟滞作用，影响了民营经济融资制度的创新。最后，从制度建设层面上论述了如何解决民营经济融资难问题。

关键词：民营经济　融资制度　制度创新

0530

中国农业国际竞争力研究 / 刘春香著 ; 宋玉华指导. -- 浙江大学, 2005. -- 212 页

文章立足于中国加入世界贸易组织的现实，将国际竞争力的一般理论引入农业领域，在借鉴波特“钻石”模型的基础上，构建了农业国际竞争力研究的理论框架，对农业国际竞争力的理论内涵，农业国际竞争的特点及农业国际竞争力的来源等进行了论述。在理论分析的基础上，论文分别构建了中国农业产品国际竞争力与农业产业国际竞争力评价指标体系，并运用该指标体系对我国农业国际竞争力的现实状况进行了实证分析。既运用常见的比较优势指标体系分析我国农产品的国际竞争力，又运用竞争优势理论、通过综合分析与国际比较的办法衡量了中国农业产业的国际竞争力。研究结果表明，相对于世界上发达的农业国家，中国农业产品国际竞争力总体不强，农业产业的国际竞争力差距也较大，但中国自然资源比较丰富、农业劳动力充足、农业生产能力较强，这些为中国农业国际竞争力的提升奠定了基础。在实证分析的基础上，研究了影响中国农业国际竞争力的主要因素，主要包括：农业国际化程度不高、农业获利能力不强，深层的原因则是农业技术创新水平较低、农业产业结构调整滞后、政府对农业的支持力度不够以

及农业劳动者素质普遍不高等。最后还提出了提升中国农业国际竞争力的可行性对策,即需要提高我国农业技术创新水平,加快农业结构调整、促进农业产业结构升级,加大政府对农业的支持力度和提高农业劳动者素质。

关键词:农业经济　国际竞争力　竞争优势　技术创新　产业结构调整

0531

企业人力资本股权激励 / 刘桂芝著 ; 李顺荣指导. -- 北京大学, 2005. -- 146 页

在分析人力资本产权特性、人力资本与企业治理关系的基础上,本文对股权激励问题进行了研究。全文共分六章。第一章导论。第二章对人力资本产权与企业治理结构的分析。第三章论述了作为人力资本产权实现途径的股权激励。第四章介绍了国外企业股权激励的实践情况。第五章回顾了中国企业股权激励的改革进程。第六章是对股权激励的优化设计。文章认为,对人力资本的股权激励从狭义角度看无非是要为其确定一个合理的报酬体系,并藉此对人力资本的价值进行数量界定。依据按贡献分配原则,在薪酬体系的确立过程中应把握的一个基本原则就是:人力资本所有者享有的企业产权数量应当合理体现人力资本在企业中创造的剩余价值量。为此,对企业经营者等人力资本而言,衡量其对企业贡献的关键就应该是企业经营绩效,应该建立起与企业绩效相一致的企业经理人员和核心技术人员薪酬制度;对企业普通员工等一般人力资本而言,同样是要通过实行员工持股制度,依据员工所拥有的知识和技能的多少、在企业中的贡献大小来分享持股数量,这需要企业通过完善其绩效管理水平,科学考核员工绩效,来对其工作业绩实施科学定价,并为其发展提供相应基础。

关键词:企业管理　人力资本　产权　股权　激励　绩效管理

0532

私人资本成本社会化研究 / 刘洁著 ; 张彤玉指导. -- 南开大学, 2005. -- 235 页

本文提出以私人资本成本社会化理论来研究发达资本主义国家的财政制度的演进规律及发展趋势。围绕着私人资本成本社会化这个核心概念,作者研究了其主要内容与方式、动力机制、历史进程与发展规律、经济社会影响与发展趋势等。文章认为,私人资本成本社会化是特指资本主义私人企业的一部分本应由其自身承担的运营成本,通过国家对社会经济生活的干预而转化为社会成本的经济过程,它是借助于政府的财政力量完成的,资本主义财政制度的演变的本质是私人资本成本社会化;私人资本成本社会化的机制源泉是劳动力创造的剩余价值和部分必要价值;私人资本成本社会化的形成与发展适应了解决资本社会化与利润最大化之间矛盾的需要,从而保证了私人资本的利润目标的实现,促进了资本主义国家经济增长;私人资本成本社会化的发展朝向越来越直接有利于私人资本的趋势进行,从长期看,是不利于私人资本成本社会化自身的发展的,对资本主义国家经济、社会的长远影响也是不利的。因此,私人资本成本社会化是资本社会化与利润最大化之间矛盾的产物。私人资本成本社会化的形成与发展,反映了资本主义国家有意识地利用财政制度以使私人资本的部分运营成本社会化,来保证私人资本获取最大利润。私人资本成本社会化运动既是推动发达资本主义国家财政制度演变的原因,也是其演变的结果。私人资本成本社会化运动客观上适应了生产力发展的要求,起到了促进资本主义经济增长与社会稳定的作用,是当代资本主义经济制度结构中不可或缺的重要组成部分。最后,针对我国建设社会主义市场经济过程中出现的财政制度错位问题,本文对推进我国公共财政制度建设以促进以人为本的和谐社会提出了一些政策性建议。

关键词:资本主义　私人资本　社会化　财政制度　利润最大化

0533

市场与政府相互替代的不同模式及其特点的比较研究 / 刘儒著 ; 白永秀指导. -- 西北大学, 2005. -- 110 页

本文运用历史与逻辑相统一的分析方法,从马克思主义政治经济学理论出发,对人类社会发展史当中出现的市场与政府相互替代的不同模式进行了研究和探讨。论文除文献综述外,主要包括以下几方面内容:一是市场、市场调节和市场失灵;二是政府、政府调节和政府失灵;三是市场与政府耦合的制约因素与模式选择;四是市场与政府关系的顺向替代模式研究;五是市场与政府关系的逆向替代研究;六是中国经济转轨的实践透视。本文的结论如下:(1)市场经济发展经历了三个阶段,即传统市场经济、现代市场经济和后市场经济;(2)市场失灵的本质含义在于揭示市场制度的特征以及市场的不可能,并不包含价值

判断的成分。人类社会经济发展史证明,市场是资源配置最有效的方式,市场体制是实现经济增长与经济发展的最好体制;(3)从资源配置效率的角度看,政府也存在失灵,与市场失灵相比,克服和矫正政府失灵的困难较大,时间较长;(4)任何形式的市场经济体制都是市场与政府在某种程度上或以某种方式耦合,其程度和方式受经济、政治和社会历史文化诸多因素影响和制约;(5)按照不同的时间顺序划分,市场与政府相互补充和相互替代分为顺向和逆向替代两种模式,资本主义国家社会经济发展过程中用政府替代市场为顺向替代模式,社会主义国家和发展中国家社会经济过程中用市场替代政府为逆向替代模式。两种模式出现的历史背景不同,特点不同,在实践中存在不同的问题;(6)与顺向替代模式不同,逆向替代模式,尤其是社会主义国家经济改革与转轨的实践具有复杂性和漫长性特点。

关键词:市场经济　政府　经济体制

0534

基于制度视角的货币供需理论研究 / 刘伟著 ; 黄少安指导. -- 山东大学, 2005. -- 158 页

本文综合运用了证实主义和证伪主义的经济学方法论,依托制度变迁与货币需求的规范逻辑分析,对西方货币供需理论进行了述评,并在此基础上,解释了我国中央计划经济时期和转型经济时期的货币经济现象。全文共分八章。第一章是导论,说明了货币供需理论的意义,介绍了货币供需理论研究的方法,概述了文章的理论框架和结构安排,指出了理论创新之处,总括了文章理论与实证分析的结论。第二章研究的是货币供需与制度变迁,先界定了货币供需理论的相关概念,接着分析了经济金融结构变迁与货币供需间的关系,回顾了制度变迁与货币供需理论的演化。第三章对封闭条件(体制)下的西方货币供需理论进行了述评。第四章则是对开放条件(体制)下的货币供需进行了研究,并分析了货币需求与人民币汇率的博弈。第五章研究了中央计划经济(体制)下的货币供需。第六章则是经济转型(体制转轨)时期的货币供需研究,还分析了货币供给、GDP 和物价指数的关系。第七章评析了西文发达国家的货币政策理论,对经济转型时期的货币政策和货币政策的操作进行了论述。第八章是文章的结论部分,作者总结出了几个推论和判断,并提出了相应的政策建议。

关键词:货币理论　货币供给　货币需求　货币政策

0535

高等教育投资与毕业生供求研究 : 基于人力资本的视角 / 刘文著 ; 周立群指导. -- 南开大学, 2005. -- 216 页

本文以中国转轨与发展为背景,将高等教育、大学生就业和人力资本市场纳入整体社会经济结构中进行了研究。全文共分四部分。第一部分(第一、二章)阐述了人力资本理论的基本概念和基本假定,对已有人力资本投资理论进行了回顾。第二部分(第三章)根据近年来教育部公布的大学生就业率和各研究部门对大学生就业情况的调查,分析大学生就业面临的严峻情况;对理论界有关大学生就业的研究文献进行综述,揭示大学生就业结构性失衡的主要原因;提出解决大学生就业问题的政策建议。第三部分(第四章)重点探讨了高等教育问题。本文认为,高等教育投资需求持续高涨、投资供给的管制和资本市场的不完善使得高等教育投资供给短缺,造成人们对高等教育的投资需求不能得到满足,使大量教育资金外流,因此建立健全人力资本投资市场,利用资本市场发展高等教育,是一个重要的政策取向。第四部分(第五章)认为我国仍然是教育不足和人力资源欠缺的国家,高教发展的滞后使我国专业人才短缺,严重影响了产业结构的调整和升级。文章还对我国高等教育发展规模进行了预测,认为随着 2009 年适龄人口数量的逐渐减少,高等教育毛入学率将迅速提高,到 2020 年左右我国高等教育将迈向普及化阶段。最后,论文提出了发展我国高等教育的政策建议。

关键词:高等教育　教育投资　大学生　人力资本　劳动力市场　就业

0536

知识产权与软件产业市场结构 : Windows 与 Linux 的比较研究 / 刘晓东著 ; 史晋川指导. -- 浙江大学, 2005. -- 143 页

文章首先介绍了 Linux 与 Windows 的发展历史,并对知识产权与软件产业市场结构的相关理论作了简要综述,在此基础上提出了本文研究的问题。其次,比较了 Linux 与 Windows 两种软件商业模式,进而研究了操作系统市场结构的决定因素和形成机理:在操作系统市场,软件厂商采取不同的商业模式竞争,产生了不同的竞争优势,从而在不同的操作系统市场呈现出双寡头竞争和单寡头垄断两种主要的市场结构。还进一步分析了商业模式对软件产业市场结构的影响:在软件强的网络外部性及软件保护法律的影

响下,软件厂商通过选择不同的商业模式展开市场竞争,形成了软件产业特殊的市场结构。再次,研究了PC市场结构的决定因素和形成机理及厂商的不同商业模式:在规模经济明显和网络外部性强的PC互补品市场上往往呈现出双寡头竞争格局,先进入PC市场的厂商较传统产业享有更大的成本优势和网络外部性优势,后来厂商不得不强化传统的价格和产品差异化等竞争手段,采取不同的商业模式参与竞争;在规模经济不明显和网络外部性弱的PC互补品市场往往呈现出多家企业进行垄断竞争的格局,双寡头市场上的厂商则根据不同的比较优势与垄断竞争市场的相关厂商进行合作或竞争。然后,将软件市场区分成四种典型的市场结构,进而研究软件市场结构和软件保护不同方式的作用机理。研究表明,在软件的规模经济特性、网络外部性及IP法律保护等因素的影响下,在市场结构不同的软件市场,软件厂商强化传统价格和产品差异化等竞争手段的同时,会选择不同的源码最优保护程度展开市场竞争,从而导致不同的创新成本和软件质量。最后,对全文的基本研究结论及可能的创新作了简要总结,并对中国软件产业的发展提出了若干政策建议。

关键词:知识产权　软件产业　市场结构　软件开发

0537

商业银行汽车消费信贷的信用风险分析与对策研究 / 刘新新著 ; 刘伟指导. -- 北京大学, 2005. -- 150页

本文从信用风险的一般理论入手,首先界定了信用风险的概念,并逐步阐述了汽车消费信贷在中国的发展现状、商业银行面临的汽车消费信贷信用风险的表现形式、我国目前对汽车消费信贷信用风险防范所采取的措施以及这些措施在防范风险实践中的不完善之处。作者还着重对我国汽车消费信贷信用风险的形成、加剧的原因进行了系统的分析研究,并有针对性地提出了一系列行之有效的汽车消费信贷信用风险防范的机制。全文共分为七章展开论述。第一章为导论,说明了问题的提出和选题的意义,介绍了国内外的研究现状、本文的研究方法、结构安排以及创新之处。第二章是对信用风险理论进行一般考察,界定了信用风险的概念,介绍了信用风险的主要内容和基本特征,以及信用风险成因的理论渊源。第三章对我国汽车消费信贷发展现状进行了考察,概述了汽车消费信贷,并对我国发展汽车消费信贷的必要性和可行性进行了分析,最后考察了国内外汽车消费信贷的发展现状。第四章是对中国汽车消费信贷信用风险的现状考察。阐述了中国汽车消费信贷信用风险的表现形式、主要特征,并对中国汽车消费信贷风险防范的现状与存在的问题进行了剖析。第五章是中国汽车消费信贷信用风险成因的理论分析,指出并分析了信息不对称是中国汽车信贷市场信用风险形成的根源,并对中国汽车消费信贷信用风险加剧的制度原因进行了进一步的分析,最后分析了导致中国汽车消费信贷信用风险加剧的其他因素。第六章提出应该形成有效的制度安排,从而防控汽车消费信贷信用风险,具体包括构建汽车消费信贷个人信用制度、建立健全汽车消费信贷法律制度、建立健全汽车消费信贷社会保障制度。第七章提议创建良好的基础环境来防控汽车消费信贷信用风险,提出应建立汽车消费信贷信用风险的规避和转移机制,并加强汽车消费信贷市场配套环境建设。

关键词:商业银行　汽车　消费贷款　信用风险　风险管理

0538

我国国有企业公司治理研究 / 刘延龄著 ; 李兴山指导. -- 中共中央党校, 2005. -- 169页

本文共分八章。第一章导言。第二章对公司治理的相关概念进行释义,阐述公司治理的相关理论,并对公司治理系统进行分析,分别论述公司治理的内部治理和外部治理的机构和机制。第三章介绍发达国家两种主流的公司治理模式,并总结转轨国家公司治理的教训。认为国际上公司治理有趋同化的发展趋势,资本市场和机构投资者在公司治理中作用增强,独立董事制度、期权激励制度和严格的信息披露制度逐渐成为国际上公司治理制度的共同选择。在解决转轨国家公司治理问题上,应该设计出合理的产权改革制度,同时加强外部的市场机制和法律制度建设。第四章分析了两种不同的产权制度的治理效率,论证竞争领域的国有产权治理低效的原因,同时分析不同股权结构的治理效率,从治理角度出发提出国有股减持的思路。第五章分析中国国有企业治理制度的变革历史,为完善国有资产监督管理新体制和国有资本出资人制度提出看法,并为职工、银行参与国有企业共同治理提供建议。同时提出国有企业分类治理的思路。第六章研究目前国有公司董事会、监事会、经营者激励约束机制以及"新老三会"关系等方面存在的问题,提出改善国有公司内部治理的种种措

施。第七章对于中国公司治理的外部制度,包括证券市场、法律制度、机构投资者等存在的问题进行了分析。认为要通过询价与分类表决机制来解决股权分置问题,同时完善股票的进入和退出制度,建立多层次的证券市场体系,加强信息披露制度。要加快公司法、证券法和破产法的修改进程,建立健全适应我国实际的法律制度,要大力发展以基金管理公司为主导的机构投资者队伍。第八章是结语。提出国有企业公司治理准则,同时归纳出政府在国有企业公司治理改革中所起的作用。

关键词:企业管理　国有企业　公司治理

0539

中国资本市场的多功能定位与发展方略 : 制度和政策层面的思考与探讨 / 刘义圣著 ; 陈征指导. -- 福建师范大学, 2005. -- 296 页

本文运用马克思主义观点研究了“功能视角”下的中国资本市场。论文分析了资本市场的一般性功能,考察了包括证券市场、产权市场、企业债券市场和创业资本市场等主要子市场及其功能的现状和问题,从整体层面揭示了中国资本市场的功能缺陷,并对造成功能缺陷的原因进行诠释。论文通过对美、英、德、日等发达资本市场进行考察,探讨中国资本市场多功能架构的建立,认为资本市场应该是多功能定位,要还资本市场本来的“功能组合”。最后,论文对现行中国资本市场的发展方略进行研究,建议为了实现以市场机制为主的中国资本市场模式和资本市场多功能发挥的总体目标,必须彻底改变传统体制模式,消除各种弊端,通过深化改革,完善体制,尽快形成更加开放、完善的资本市场体系,充分发挥资本市场的直接融资功能和市场机制对资源配置的基础性作用。

关键词:资本市场　市场分析　市场功能　直接融资

0540

政府权力与产权制度变迁 : 公有产权及其转型的政治经济学分析 / 刘志国著 ; 俞忠英指导. -- 复旦大学, 2005. -- 142 页

本文论证了政府的权力结构是制约政府目标选择的关键因素。全文共分六章。第一章导论,主要说明研究的实际意义和理论意义,并界定了研究对象和方法论。第二章理论介绍及回顾,主要就政府与产权关系进行一般性的理论解释。政府在有效产权形成过程中具有双重性效应:政府介入产权实施机制可以取得更高的效率;但在有效产权制度形成过程中政府也会起到阻碍作用。第三章对产权和政府关系的理论拓展,从理论上说明了政府的性质和权力分配对有效产权制度的作用。如果在政治权利上存在着科斯式讨价还价机制,就有助于有效产权的形成。一个良好的产权结构会受到决策方式的影响,相对于独裁的决策,民主的决策更有利于形成一个有效的产权结构。第四章分析了产权结构形成过程中政治因素的影响及低效率的公有产权长期陷于僵滞的政治原因。第五章则主要分析了转型国家产权结构变迁过程中的政治因素,说明由于政府在权力较少受到限制的情况下,追求自身的狭隘利益导致有效的产权结构形成的延迟,甚至会使产权结构在一定限度内陷于非效率均衡。第六章总结了全文的主要结论:一是最优产权安排经常受政治进程的阻碍;二是不受约束的政府权力可能会成为建立有效产权制度的障碍;三是民主与法治社会的建立将有助于建立有效的产权安排。

关键词:公有产权　政府行为　权力结构　社会转型

0541

中国广告产业发展研究 : 一个关于广告的经济分析框架 / 卢山冰著 ; 白永秀指导. -- 西北大学, 2005. -- 187 页

本文采用经济学的概念和分析方法对广告、广告市场基本规律以及中国广告产业 25 年发展过程中广告产业市场、媒介广告市场和广告专业公司发展进行了基本分析,对广告产业政策、广告制度变迁和广告发展战略等问题进行了系统研究。论文首先对产业经济视野中的广告、广告供求、广告产业和广告市场结构等理论进行综述,提出广告产业的二元性和非均衡性特征,认为中国媒介的自然垄断地位决定了媒介广告对于市场的主导性。在广告市场发展研究上,本文对中国广告产业中广告市场差异性、不平衡性、集中度等问题进行了研究,认为广告主厂商构成正发生改变,非快速消费品、区域经济产业集群和国际品牌正在成为中国广告产业新兴的重要主体,中国广告产业已经进入了“持续稳定发展时期”。在广告媒介市场研究中,本文对主要媒介的市场发展和市场状态进行了比较研究,认为中国广告媒介市场中“适地适媒”的竞争优势正在形成,区域市场中的媒介广告和寡头垄断化现象已经形成。在广告专业公司研究中,对于中国广告公司的经济成分,所提供的广告产品结构、盈利模式等问题都进行了经济学分析,并提出了实现

中国广告公司持续发展的建议。接着,本文对中国广告制度变迁进行了研究,认为中国广告制度改革中广告媒介的阶段式演进和“媒介广告供给主导”的渐进式改革模式,决定了中国媒介广告制度变迁中“成本最小”的增量改革路径。最后,论文还对WTO背景下中国广告产业发展政策及发展战略选择提出了具体建议。

关键词:广告　产业发展　传播媒介　经济分析

0542

论学习型体制转型:后发国家市场化进程的逻辑(以中国为例)/卢新波著;金雪军指导. -- 浙江大学,2005. -- 121页

文章通过综合运用现有各种制度变迁理论并结合后发国家自身约束条件解释外在知识对体制转型的影响,循着动力—目标—路径—绩效的逻辑框架对转型中的制度学习作一较为系统的梳理。首先,论文认为,后发国家体制转型一方面具有明显的学习特征,另一方面又具有了特殊的表现形式。它主要表现为由显性体制落差引起的内生动力和外部压力及其复合作用,并且以先发国家的经济实绩为参照系,较易于达成制度变迁必要性的共识,使得发生大规模制度变迁的可能性大大增加。其次,后发国家相似的初始条件决定了实际的学习过程普遍都是在政府主导下实施的。而统治集团对体制内意识形态的修正度直接决定了潜在的改革度、外在制度知识的可习得量及制度变迁中公共选择的边界。因此,转型目标的确定是一个外在知识与内在约束有机结合的多元决定的结果。体制内意识形态修正的渐进性决定了转型目标是一个动态变化的过程,但这一动态过程从事后看往往具有向某一终极目标逐步逼近的特点。同时,体制意识形态的修正本身又是改革绩效的累积、制度知识的增加、利益集团之间力量对比的变化共同作用的结果,但体制内意识形态修正的滞后性和阶段性使得论文有可能通过构建一个相对清晰的逻辑框架来解释两者之间的双层次互动关系。第三,在上述多元因素的共同作用下,成功的学习型体制转型是一个沿着成本最小化路径进行的渐进过程。在制度形态上,这一过程表现为过渡性制度安排的逐次替代,并且这种替代因时因地表现出不同的特点,具有多样性的特征。最后,通过对转型过程若干内在基本特征的理论实证,指出实际的转型是一个在取得绩效的同时往往也潜伏着风险的具有极大不确定性的过程。因此,在对转型绩效的评价中,正确的方法应该是既要看到其对效率改进的正效应,又要看到伴随而来的制度扭曲甚至制度锁定的负效应;既要看到其短期效应,又要关注其长期影响。转型的进一步推进需要通过学习的深化来实现,而学习的深化又有赖于对负效应的防范和化解。政府对这一过程的引导和策略选择仍然是一个关键因素。

关键词:经济体制　经济市场化　发展中国家

0543

转型期中国民间资本进入银行业的制度变迁研究/卢阳春著;胡代光指导. -- 西南财经大学,2005. -- 163页

本文通过对转型期我国民间资本进入银行业的既有制度变迁的均衡分析,揭示出转型期我国民间资本进入银行业的制度安排产生、发展的内在规律性,在此基础上对既有制度变迁的得失进行规范分析,最后得出制度进一步变迁的路径及风险启示。全文共分七章。第一章导论,介绍了文章的选题背景和研究的理论及现实意义、研究所使用的理论工具、研究方法和逻辑结构,指出了本文的创新和不足之处。第二章对制度变迁理论进行了回顾,文章先对国外的制度变迁理论的既有成果作了一个简单的述评,以找到本文理论研究的起点,并指出了后面各章将使用的主要理论方法,然后,文章对中国经济学界关于中国经济制度变迁事实的理论解释作了简单回顾。第三章民间资本进入银行业:制度变迁的均衡分析;作者首先对中国民间资本进入银行业的制度安排的产生作了一个简单的考察,并确定本文研究的对象;在此基础上,将转型期中国民间资本进入银行业的制度安排放在制度的“需求——供给”的理论分析框架中来进行系统地考察,分析转型期中国民间资本进入银行业的制度需求与供给状况,并着重研究该制度的需求与供给的非均衡状态是如何引起中国银行业的制度变迁的,最后得出本章的结论。第四章民间资本进入银行业:制度变迁的博弈分析,主要内容就是分析转型期中国民间资本进入银行业的制度是如何被博弈出来的,并定量地描绘博弈出来的制度其变迁的历史路径,和定性地分析这种制度变迁的历史路径所体现出来的各种特征。第五章对转型期中国民间资本进入银行业的制度变迁的绩效进行分析,同时也对扩展后的制度变迁长期绩效模型作出了经验验证。第六章对转型期我国民间资本进入银行业的金融努力进行了细致的考察,并在此基础上建立了一个金融努力模型,并运用这一模型解释了转型期中国民间资本进入

银行业的动力机制,然后,分析了转型期中国民间资本进入银行业的金融努力受到的约束,以及一部分金融努力的异化,最后给出了治理这种异化现象的政策建议。第七章主要是对转型期中国民间资本进入银行业的途径和风险的分析。

关键词:银行业　民间资本　制度变迁　经济转型期

0544

转型经济中企业的产权、治理与效率 / 鲁照旺著 ; 周冰指导. -- 南开大学, 2005. -- 312 页

本文采取实证研究和规范研究相结合,以规范分析为基础,以数理分析、统计分析等实证分析为技术工具的方法对企业治理、产权与效率展开研究。本文共九章。第一章导论,提出了本文研究的问题、研究思路、主要论点和创新点。第二章对产权、竞争与企业治理效率的相互关系进行了研究。第三章对企业治理结构、产权与企业治理效率的相关问题进行了论述,阐述了国有企业的治理难题。第四章对企业报酬机制与企业效率进行了研究,通过对不同报酬方式的研究揭示转型期国有企业存在的报酬机制问题,并论证报酬结构与产权制度的密切关系。第五章研究了企业控制权与企业效率的关系,文章把企业控制权放在一个开放的背景下进行研究,将控制权与资本市场的竞争相联系,论证这一和企业所有权相对应的治理机制与产权制度、企业效率的内在统一性。第六章研究了资本结构与企业效率问题,指出中国的产权制度导致了中国国有控股公司的融资与发达国家企业的融资特征存在较大的差异,与企业融资结构理论的一般原则不相符。第七章研究了企业的股权结构与企业效率,主要针对转型期中国股权结构的特殊性进行了研究。第八章对转型经济中私有化问题进行了分析,论证了国有企业私有化的必要性和必然性,以俄罗斯的私有化与内部人控制为例,指出一些转型国家经济增长或经济效率下降并不是私有化的方向有错,而是因为与企业效率相关的政治社会背景和短时期内企业治理结构不能迅速完善造成的。第九章是结束语。

关键词:国有企业　产权　资本结构　股权结构　私有化

0545

创业投资 : 主体及其行为 / 路瑶著 ; 洪银兴指导. -- 南京大学, 2005. -- 164 页

论文首先介绍了科技创新的阶段特征及我国科技成果转化的情况,然后介绍了创业资本的概念和科技创新的风险。其次,分析了个人创投、专业创投基金和公司创投这三种主要的创业投资模式,指出其具有一些共性行为,并重点研究了它们的价值增值行为——项目筛选、分段融资和管理者替换,并通过一系列数理模型展示了这三种行为的价值增值属性。再次,对这三种创投主体的行为,尤其是投资阶段上的差异进行了比较分析,分别从风险管理的角度、筹资压力和投资目标角度对个人创业投资者与专业创投基金、基金与公司创投进行了比较;然后,文章将它们纳入一个统一的分析框架,从融资渠道、决策机制和风险容忍度入手,对这三种创投主体的投资偏好进行了概括分析。研究表明,个人偏好进行早期投资,基金更偏好进行中后期投资,而公司的阶段偏好则取决于其目标是财务定位还是战略定位。最后,讨论了政府在创业资本发展中的作用,国内外的发展经验和理论模型都表明,政府的介入是一国创业资本发展所不可缺少的,尤其在一国创业资本发展早期,这种政府资本的导向性作用非常明显,所带来的社会收益也是巨大的,但在创业资本发展到一定程度,政府就应该考虑退出,转而通过建立和完善合适的经济、制度、管理框架进行间接支持。

关键词:创业投资　技术创新

0546

论具有国际竞争力的产业成长 / 吕明元著 ; 逄锦聚指导. -- 南开大学, 2005. -- 257 页

本文首先对产业演进理论和产业国际竞争力理论作了梳理和评述,然后对中外产业发展经验进行了实证考察,在此基础上把产业成长和国际竞争力相结合进行研究,从国际竞争力视角构建了一个产业成长模型——战车模型,提出了我国在决定未来国际竞争力产业发展时,必须思考的若干问题和必须面对的诸多因素和可能的选择。最后在对我国的产业国际竞争力进行实证分析的基础上,阐明了政策性建议。全文共分为七章。第一章是导论,简要地介绍了选题背景、研究目的、概念界定、本文的基本论点和研究方法,以及论文的创新与有待解决的问题。第二章对产业演进理论进行了梳理和评析。分别对产业演进的各种理论进行了解释,并着重对产业生命周期理论和产业结构理论进行了阐述。第三章对产业国际竞争力理论进行了评析,作者重点分析了几个主要的产业国际竞争力分析体系:世界经济论坛(WEF)、瑞士国

际管理发展学院(IMD)、波特“钻石模型”理论、联合国工业发展报告等,并对国内外的研究进行了总结和评价。第四章对中国产业发展作了实证性的经验分析与理论总结。第五章是对美国、日本、印度、拉美等国家产业发展的实证性分析和考察,总结出其成功的主要原因是制度政策、市场需求、技术创新和资源禀赋比较优势等因素。第六章是本文的核心部分,作者从国际竞争力视角构建了一个产业成长模型——战车模型。文章从几种经验性研究结论和各国产业发展经验中总结出了影响具有国际竞争力的产业成长的四个因素,由此构成了“战车模型”,并从产业成长的角度分析了“战车模型”中四要素的作用。第七章在运用我国的产业国际竞争力实际资料对上述理论模型验证的基础上,提出了政策性建议。

关键词:产业经济　国际竞争力　战车模型

0547

中国保险市场结构优化与政府规制改革研究 / 罗皓著 ; 林木西指导. -- 辽宁大学, 2005. -- 117 页

论文从保险市场结构优化的角度出发对保险业政府规制政策的改革进行了研究。文章首先研究了市场结构对经济绩效的影响与政府规制对经济绩效的影响。第二,探讨了中国保险市场结构行政性垄断的特征及成因;首先,通过对中国保险业发展历史和市场结构的演进过程以及保险业市场集中度进行分析,指出了国家垄断是中国保险市场结构行政性垄断特征形成的主要原因;其次,通过对目前中国保险市场绩效的分析,指出行政垄断是中国保险市场绩效低下的主要原因;最后,指出必须尽快消除行政性垄断对中国保险业的影响,才能促进中国保险市场结构的优化,从而形成有效的市场竞争机制。第三,以产业组织理论市场结构对市场绩效的影响以及规制经济学理论为基础,结合保险业的产业特征,对中国保险市场结构模式的选择进行了分析;提出保险市场必然具有一定的垄断性,但过高的垄断程度将阻碍市场竞争机制的形成,因而保险市场也面临着垄断与竞争之间进行均衡的问题;并指出中国保险市场必须选择寡头垄断的市场结构,但相对于目前市场集中度极高的寡头垄断市场结构现状来说,必须通过放松政府规制政策以降低市场集中度,从而提高竞争程度。最后,在对中国保险市场结构的具体指标进行分析的基础上,提出了中国保险市场结构优化的规制改革对策。

关键词:保险业　保险市场　行政干预　市场竞争

0548

农村劳动力流动的权益保护研究 / 罗华荣著 ; 洪远朋指导. -- 复旦大学, 2005. -- 165 页

本文从中国特殊的二元经济结构的宏观背景下,围绕农村劳动力流动的权益实现为中心展开论述,以农村劳动力的流动分析作为研究的逻辑起点,逐步深化,探讨了诱致农村劳动力流动的主要动因(经济权益)、目的(获得经济权益),从而建立起了农村劳动力流动的权益保护理论体系,文章还提出了度量权益实现程度的方法。文章探讨了农村劳动力流动对经济发展、工业化、城市化、社会发展产生的综合经济效应,进一步证明农村劳动力流动权益的实现过程与加快中国经济发展,推进工业化、城市化过程是相互促进、协调推进的。文章运用产权理论分析了农村劳动力产权、企业组织以及市场制度在实现就业权益的功能和存在的问题。运用所有权、市场机制决定、人力资本、劳动工资分配等理论,深入分析了农村劳动力流动的收入权益决定的所有制基础,劳动力市场机制及影响收入权益的诸多因素等,并进行了实证分析。本文还在分析农村劳动力流动的社会保障法律不足、存在制度障碍的基础上,探讨了农村劳动力流动社会保障的缺失和偏差,提出了实现农村劳动力流动的社会保障的可能性思路和制度设计。文章还探讨了农村劳动力流动的持续发展权益问题,分析了农村劳动力流动的持续发展目标的确立、地位及影响因素,并进一步分析了农村劳动力融合到城市的经济社会环境的艰难性和长期性。最后,本文从理论和实践经验两方面进行总结,论述了农村劳动力流动权益实现的根本路径,研究了农村劳动力流动权益实现的基本条件、公平待遇、平衡机制和政策建议。

关键词:农村劳动力　劳动力流动　权益保护　社会保障

0549

中央银行外汇市场干预研究 / 马德功著 ; 李天德指导. -- 四川大学, 2005. -- 212 页

论文在西方中央银行外汇市场干预及其相关理论基础之上,借鉴发达国家和发展中国家中央银行外汇市场干预的实践经验,研究我国中央银行外汇市场干预及人民币汇率形成机制的理论、实践及发展轨迹。全文共分八章。第一章对中央银行外汇市场干预作了一般性描写。第二章回顾、梳理和分析了中央银行外汇市场干预的相关理论,这包括中央银行外汇市场干预传递效应的理论、目标汇率决定理论、均衡

汇率理论等，并讨论了中央银行外汇市场干预与汇率制度的密切关系，重新定义了汇率目标区制。第三章对发达国家和发展中国家的中央银行外汇市场干预实践进行了比较和研究，认为发达国家经历了中央银行由纯粹不干预到偶尔干预，再到几个国家联合干预的变迁过程；而东亚三国外汇市场干预具有重商主义色彩。第四章对我国中央银行外汇干预理论、政策及实践的过程与变迁进行了回顾与分析。第五章对中央银行外汇市场干预与汇率制度的内在联系进行了系统的理论分析；借鉴 Krugman 目标区模型，分别描述了完全浮动汇率制、固定汇率制以及汇率目标区制中，在中央银行外汇市场干预下汇率运行的不同轨迹，在重新界定汇率目标区定义的基础之上，根据中央银行外汇市场干预行为的不同对汇率制度安排进行了分类；并对我国现行汇率形成机制进行了剖析，指出了造成目前人民币升值压力的制度性弊端。第六章对中央银行外汇市场干预中的中心汇率进行合理性评估。第七章对中央银行外汇市场干预中的内外冲突进行了考察研究。第八章对中央银行外汇市场干预的效应进行了分析，分析表明，中性干预产生较短的时滞效果，非中性干预将产生较长时期的时滞效果。最后，文章在上述研究的基础之上，从短期、中期和远期草拟出了人民币汇率形成机制改革的方案和设想，尤其是中短期人民币汇率形成机制改革的对策建议。

关键词：中央银行　外汇市场　人民币汇率

0550

标准竞争与竞争政策 ：以 ICT 产业为例 / 毛丰付著 ；高波指导. -- 南京大学，2005. -- 166 页

论文以标准竞争参与主体行为作为分析主线，采用总分式结构展开论述。全文主要分为六章。第一章界定本文的分析范畴，认为 ICT 产业的基本特点就是网络效应和动态性。第二章弥补经典文献中对消费者选择的"黑箱"的忽视，讨论在具有网络效应条件下消费者涉及的主要方面，一个是在兼容技术间的权衡，另一个是在不兼容技术间的协调。第三章，首先考察了这种转变的原因——由协调博弈转向责任博弈，然后分别考察了厂商作为发起人对标准的争夺和兼容决策选择；认为从演进的角度分析，标准竞争中的消费者和厂商不必是截然分开的，厂商可以是从自发协调活动中产生出来。第四章首先分析横向联盟和市场结构的关系，然后分析纵向联盟中的互补品与界面控制以及由此带来的捆绑和压榨问题；认为作为企业自主联合体的标准联盟进行的标准竞争，是企业标准竞争的延续和政府介入标准确立的中间地带。第五章分析标准竞争进一步发展到有规范效力的标准化组织和政府，介入到标准博弈中的情况，认为它们的基本作用可以归结为协调和规制。第六章结合中国的现实情况，提出中国应对标准竞争面对的考验和相应的政策和策略选择。

关键词：信息产业　技术标准　标准化

0551

跨国银行的进入、绩效及其管制研究 ：以发展中国家为研究视角 / 毛泽盛著 ；刘志彪指导. -- 南京大学，2005. -- 158 页

论文主要从发展中国家的视角，研究了跨国银行进入的背景、绩效以及对其的管制问题。首先回顾了在近两个世纪的时间里，跨国银行发展的三次浪潮，认为第三次发展浪潮的到来意味着跨国银行进入地区的转向。接着，分析了跨国银行进入的动因和特定背景，认为国际银行业市场上存在的种种盈利机会，如利用银行客户关系、经营管理诀窍、区位以及规模经济和范围经济等，这些都是推动一家银行进行海外扩张的重要经济因素，而发展中国家对银行管制的失灵导致银行经营普遍效率不高、银行业危机增加、资本配置效率和生产力降低。对跨国银行进入的绩效进行实证研究表明，跨国银行进入可以改善东道国银行业的市场结构、促进银行业效率提高；跨国银行进入中国具有一定的竞争效应，与中资银行的税前利润和管理费用存在负相关关系，且会带动中资银行非利息业务的开展，但对中资银行的净利息收益影响不明显。然后，研究了发展中国家对跨国银行进入的管制问题，认为，经济学理论和法理学理论是跨国银行进入管制的两个主要理论基础，而组织形式管制、进入条件规定和进入范围管制是跨国银行进入管制的基本内容。文章提出，发展中国家对跨国银行进入的管制必须从限制性管制转向审慎性管制；中国应调整立法原则，消除内部矛盾；转变进入管制方式，完善审慎性条件；向国际规则看齐，简化审批程序，提高办事效率。最后，考察了管制的国际合作问题，认为信息不对称、管制激励不相容和金融危机的传染性是各国监管当局开展国际合作的理由，但权力分配、组织选择、分工合作、信息共享和保密等问题阻碍了国际合作的开展，文章提出，应建立一个巴塞尔模式的组织来承担跨国银行进入管制的国际合作重任。

关键词：跨国银行　政府管制　发展中国家

0552

物质生产与文化生产均衡发展分析 / 孟晓驷著 ; 王东京指导. -- 中共中央党校, 2005. -- 131 页

本文以马克思主义经济理论为指导,坚持马克思主义的唯物辩证法,把经济学研究方法与历史文化分析方法结合,对物质产品生产与文化产品生产进行分析,并对发展中国文化产业提出建议。全文在对物质、文化产品生产的多角度比较研究基础上,提出了贯穿全文的两个定理:第一,物质产品需求与文化产品需求均衡定理,即当人的生物需求已经得到满足,则人们对物质产品的需求和文化产品的需求在边际上是相等的。第二,物质产品生产与文化产品生产均衡定理,即当人的生物需求已经得到满足并且维权成本为零时,物质产品生产和文化产品生产的边际收益是相等的。根据这两个定理,本文提出发展文化产业的两个必要条件:一是坚持以经济建设为中心,大力发展经济,不断提高人民群众的生活水平;二是政府在维权上要发挥积极作用,完善法律制度,加强法制建设,加大执法力度。本文共分五篇。第一篇导言阐述写作动机、文章的基本框架、研究方法以及相关的重要概念。第二篇提出并论证物质产品需求与文化产品需求均衡定理一和物质产品生产与文化产品生产均衡定理二。第三篇运用纵向的历史分析方法,从经济学经典著作和最新研究成果中总结归纳规律,作为对两个定理的理论支撑。第四篇是对物质产品生产与文化产品生产均衡发展的具体研究,举例研判一国经济发展水平、法制建设和维权成本之间的关系。第五篇把物质生产与文化生产均衡发展二定理的基本理论,进一步具体运用到中国文化建设的实践中,推出中国文化产业发展的必备条件,提出发展中国文化产业的政策建议。

关键词:物质资料生产　文化生活　社会发展

0553

政府参与的理论探索 / 莫衔著 ; 潘石指导. -- 吉林大学, 2005. -- 172 页

论文首先介绍了政府参与理论,界定了政府参与的本质特征以及其与政府干预、政府管制和政府宏观调控之间的联系与区别,分析了政府参与的二重性内在矛盾及政府参与的方式和其经济效应。其次,分析了政府参与理论对政企关系的解释,认为正是政府与国有企业的产权关系使得政府与国有企业双重化,从而使得政企关系特殊化,根据 WTO 规则的要求,我国需要对这种政企关系进行改革,促进政府行为的合法性和国有企业政企关系的合理性。第三,探讨了管制垄断行业的政府参与问题,首先分析了管制垄断行业的理论依据,因为关系到国计民生和社会安全,这些行业只能在政府严格管制下垄断经营,但由于政府参与二重性矛盾的存在,使政府管制的公正性和政府参与的合理性受到严重影响,管制垄断行业的改革需要针对这些问题进行。最后,分析了政府参与中的腐败问题,认为政府参与的二重性是政府参与中腐败问题的根源,转轨时期土地所有权使用、公共投资、公共机构支出等方面出现的大量腐败现象证明了这一点,也反映出我国政府参与模式中既缺乏有效的内部控制机制,也缺乏有效的外部监督环境;要有效遏制政府参与中的腐败问题,就要从完善政府参与自身的制度与机制、促进社会监督体系的形成和完善两方面入手。

关键词:政企关系　行政干预　政府参与　腐败

0554

中国上市公司并购价值影响因素和演进路径的实证研究 / 潘丽春著 ; 金雪军指导. -- 浙江大学, 2005. -- 170 页

本文共分八章。第一章导论对本文的研究背景、研究问题、研究方法等进行概述,同时介绍了主要研究内容和论文架构。第二章首先界定并购的概念及特征,然后,对并购价值增加理论、自大理论、代理理论、交易费用理论、再分配理论作了总结和讨论。第三章在总结参考文献结论的基础上,从经典的并购研究方法长期绩效研究法、事件研究法和临床诊断法入手展开讨论,对国内外关于并购价值的实证研究结果进行列示。第四章从理论层面对影响并购价值的诸多因素,如并购类型、产业特性、并购规模、并购相关性、公司性质等进行理论阐述和机理分析。第五章确定了样本的时间跨度、选取标准和数据来源,并对以我国上市公司并购事件为样本进行实证分析和检验的基本思路展开讨论,并就具体研究方法进行设计。第六章运用因子分析法和多元回归分析法对企业并购价值的影响因素进行实证分析。结果表明,对上市公司作为并购方的价值影响因素依次为:收购后持股比例 > 股权结构 > 行业产值增长率 > 并购类型。其中收购后持股比例和股权结构(流通股所占比例)与并购绩效负相关,并购类型和行业产值增长率与并购绩效呈较强的正相关关系。对上市公司作为目标公司的价值影响因素主要是并购绝对规模和并购后被持股比例。并购绝对规模与并购绩效呈负相关关系,

并购后被持股比例与并购绩效呈正相关关系。第七章运用因子分析法和时间序列分类别分类型分析上市公司并购价值的演进路径和形态。对上市公司作为并购方的价值演进研究表明,纵向并购,流通股比例高公司,收购后持股比例较低的公司,以及行业产值增长率较高的公司,并购后绩效持续增长。而对于上市公司作为目标公司的研究表明,并购交易绝对规模较小的公司,并购价值呈持续上升的趋势。第八章综合全文结论,探讨企业并购价值演进规律,并对研究的政策意义进行展望。

关键词:上市公司　企业并购　企业绩效

0555

中心城市与周边城市的分工与产业整合 :长江三角洲城市群的发展 / 裴瑱著 ; 张薰华指导. -- 复旦大学, 2005. -- 180 页

本文在科学的发展观的指导下,对转换经济发展方式,提高资源的利用效率和配置效率,进行中心城市与周边城市的分工与产业整合进行了研究。全文除导言以外,分为三个部分。第一部分包括第一、二章,主要通过对城市群发展相关理论的分析,得出中心城市与周边城市的合理分工是城市群竞争力提升的核心的结论,文中实证分析了一些世界著名城市群的分工情况,对长江三角洲城市群的发展进行了国际对比和国内对比。第二部分包括第三、四、五章,分析了长江三角洲城市群分工的基础、现状及发展趋势,介绍了长江三角洲城市群现有的产业发展状况,包括产业分布、产业结构升级等,提出了长江三角洲城市群产业整合的动因、意义及目标、具体模式、手段、途径及整合的重点。第三部分探讨了长江三角洲城市群的可持续发展问题,如交通、能源基础设施、制度创新等。

关键词:城市群　城市发展　分工　产业结构调整　长江三角洲

0556

国有资本效率论 / 齐艺莹著 ; 潘石指导. -- 吉林大学, 2005. -- 264 页

论文首先对国有资本范畴进行了理论界定,认为国有资本不仅具有一般资本的属性,还具有特殊性,即国有资本是政府运用的资本,要为公众服务,因此国有资本具有增值和服务的双重职能。然后,通过对马克思经济理论与西方资本理论关于资本效率研究方法的概括和分析,将帕雷托效率作为衡量资本效率和国有资本效率的一种基本标准。由于国有资本经营具有多目标性和宏观经营与微观经营并存、社会效益和经济效益融合等特点,决定了国有资本效率考察的复杂性。文章认为,影响国有资本效率高低的因素有多种,首先是经济规模,其次是国有资本配置的产业结构和区域结构,最后是制度因素,并认为,产权制度是影响国有资本效率最根本的因素。接着,文章对我国国有资本运行效率进行了实证分析,结果表明,国有资本运营无论是在宏观层面还是在微观层面都表现出低效率状况,主要原因是国有企业目标多元化并承担了大量社会负担,制约了我国国有经济整体实力的提高和国有企业国际竞争力的提升。最后,文章探讨了提高国有资本效率的模式与途径,认为,西方国家的国有企业私有化改革模式目前并不适合于中国,国企改革的最终目的是提高经济效率,只要是能够达到这一目的的方法和途径都可以选择,并对国有资本运营改革措施提出了相关建议。

关键词:国有资产　国有资本　国有企业　经济效率

0557

地方政府、制度变迁与民营经济发展 :比较历史制度分析的视角 / 钱滔著 ; 史晋川指导. -- 浙江大学, 2005. -- 125 页

本文试图以产权保护和弱化政治约束的制度安排及变迁为线索,着重研究财政联邦制下的地方政府和"自发"的民营经济在制度变迁与民营经济发展过程中的内在关系与作用机制,以及民营经济在地区间发展差异的动因。论文首先述评了比较历史制度分析领域的现有研究成果,初步梳理出历史、制度及变迁与经济发展之间的内在逻辑关系。在此基础上引入比较历史制度分析的研究视角与方法,明确本文研究问题的基本理论逻辑。其次,本文在拓展原有财政联邦制理论模型基础上,同时考虑了历史条件、政治约束和企业行为,重新构建了一个地方政府与民营经济发展的基本理论模型。模型的分析表明,只有"自发"发展的民营企业在一定条件下对地方政府形成有效激励,才能通过两者间的合作均衡来实现弱化政治约束和提高产权保护的内生制度变迁。进一步理论分析则表明能否实现内生制度变迁是民营经济地区间发展差异形成的关键性因素。再次,本文通过两类民营企业的具体企业制度和组织形式——挂户经营和股份合作的剖析,论证了挂户经营和股份合作制度安排的有效性及其对地方经济发展的重要作用。进

一步的分析表明,在中国转型初期一定的区域历史条件和制度环境中所有权结构属于私人产权的企业制度和组织形式,尽管面临着较强的政治约束,但已经是比地方政府拥有企业控制权的配置方式更为有效的制度安排,是中国经济转型中部分地方经济实现快速发展的关键。最后,本文运用比较历史制度分析的理论视角和分析方法,结合台州区域历史条件和资源禀赋,对1978年以来台州经济社会发展的历史进程进行了经验研究。结果表明,台州地方政府与区域民营经济发展过程正是本文理论分析和经济模型所揭示的民间诱致加政府增进的制度变迁与经济发展模式。

关键词:民营经济　地方政府　民营企业　制度变迁

0558

中国人力资本水平研究 / 钱雪亚著 ; 张小蒂指导. 浙江大学, 2005. -- 163页

本研究分两部分进行。第一部分在相关理论和文献的基础上,研究人力资本水平计量的对象、内容及具体计量方法问题。第二部分依据第一部分提出的计量体系和方法,对近阶段中国人力资本水平作出实证计量评价。本文的主要内容包括:(1)基本理清了人力资本水平评价的逻辑思路。明确:一国(地区)人力资本水平的高低反映在投资、积累、运行这一人力资本运动过程的三个关联层面上,应从这三个层面来描述和反映。这三个层面上的数量水平(包括总量和结构)反映一国(地区)人力资本的静态水平,与这三个层面对应的效率水平(包括"投资→积累"环节的效率、"积累→运行"环节的效率、"运行→产出"环节的效率)反映一国(地区)人力资本的动态趋势。(2)依据商品价值计量的一般规则,论文论证了人力资本存量水平计量的逻辑起点是人力资本投资;根据人力资本区别于物质资本的特殊性——人身依附特性,论文论证了人力资本资源总量与人力资本运行总量的关系,论证了如何调整劳动者流动对人力资本存量计量的影响,论证了如何体现人力资本投资方式对人力资本存量计量的影响。在此基础上,提出一般资本计量框架下的人力资本存量计量方法,并进一步导出各结构分量及各环节效率水平的计量方法。(3)利用人口、劳动力、教育、卫生、城乡居民收支等数据,对1995—2000年的中国人力资本投资总量和结构、人力资本积累总量及结构分布、人力资本运行总量及结构分布,以及从"投资→积累"、"积累→运行"、"运行→产出"各环节的效率水平作出了计量估计。

关键词:人力资本　人力资源管理　计量经济学

0559

近代中国企业的广告促销研究 / 秦其文著 ; 丁长清指导. -- 南开大学, 2005. -- 130页

本文从企业的角度研究了近代企业的广告史。全文共分八章。第一章从近代国货同洋货的斗争与近代中国企业广告的产生,广告与近代报刊传播媒体相辅相成两方面考察了近代中国企业广告产生发展的历史背景。第二章从近代中国企业对广告作用的认识和近代中国企业广告的作用两方面论述了近代中国企业广告的作用。第三章论述了国货广告促销与近代国人消费中特殊的民族情感认同,首先论述了近代国货广告中的爱国话语言说,其次论述了近代国货广告是商业性与政治性的并存,最后论述了近代企业国货广告促销与国人民族情感认同的关系。第四章论述了国货广告促销宣传的三个原则,即企业及其产品的实际与广告宣传的客观性原则;消费者优势消费心理需求与广告主题定位原则;产品科学鉴定与广告可信度原则。第五章是个性化特征与广告形式创新,从十二个方面阐述了企业广告表现形式的创新。第六章研究了中国近代企业广告的语言艺术。第七章分析了近代企业广告与近代报业经营的相互依存关系,论述了近代企业广告费用与企业资本集团的关系。第八章以近代上海为例,从近代报刊广告看西式对国人物质生活消费、精神生活消费之影响及其评价。

关键词:企业管理　广告　市场营销　促销

0560

休闲服务的经济学分析 / 卿前龙著 ; 李江帆指导. 华南师范大学, 2005. -- 300页

论文以闲暇时间——休闲服务——休闲服务业为主线,对休闲服务这一当代社会重要的经济现象进行了经济学分析。文章首先探讨闲暇时间的产生及其经济性质、个人对闲暇时间的需求以及人类闲暇时间变动的一般趋势,并揭示了人类闲暇时间需求规律,认为闲暇时间产生的最根本的原因是生产力的不断发展和劳动生产率的不断提高。其次,运用第三产业经济学中的服务产品理论、马斯洛的需求层次论、恩格尔定律和消费者理论等对人类休闲行为进行经济学解释,深入探讨了休闲服务的定义及其产品特性,认为休闲服务是休闲服务部门的劳动者生产的供

消费者休闲消费的服务型产品，而休闲则是消费者在闲暇时间里消费休闲物品和休闲服务的活动，它主要是一种休闲服务的消费活动。再次，在传统需求理论的基础上，将闲暇时间引入传统的需求定义，对闲暇时间约束和强制性“工作——休闲”制度安排下的休闲服务需求进行了重新讨论，并在分析影响个人休闲服务需求的主要因素的基础上，重点考察了休闲服务总需求的变动趋势。接着论文讨论了休闲服务供给的特点、供给渠道、影响休闲服务供给的主要因素，以及休闲服务总供给上升律，认为影响休闲服务供给的主要因素包括休闲服务的价格、休闲服务供给的技术水平和网络化水平、供给成本、企业规模及生产者对未来的预期。最后，论文依据国民经济行业分类法，对休闲服务业的行业范围进行了界定，将休闲服务业划分为旅游休闲服务业、文化和娱乐休闲服务业、健体和美容休闲服务业、餐饮休闲服务业和其他休闲服务业等五大行业，并重点探讨了国民经济的“闲化”趋势、休闲产业的软化趋势、休闲服务产业值上升律和就业上升律，以及我国休闲服务业发展中存在的主要问题与政策建议。

关键词：服务业　休闲娱乐　服务经济学

0561

中国证券市场监管：基于博弈论视角的分析 / 屈国俊著；贾明德指导. -- 西北大学，2005. -- 114 页

文章首先对政府管制产生的原因和理论进行了回顾，并对证券监管产生的理论依据进行了分析，指出政府失灵问题存在的必然性和经济社会对证券市场功能的正常作用的客观需要决定了监管存在的必要性，并在此基础上对中国证券市场监管体制的演变进行了回顾。然后，运用博弈论的基本原理来研究中国证券监管的实践，并建立了中国证券一级市场的寻租合谋博弈模型，分析认为，中国证券一级市场存在严重的寻租合谋现象。对于中国证券二级市场违法违规行为盛行状况，在参考博弈论中监察博弈模型的基础上构建了一个监督博弈模型，经分析得出，在市场参与人违法所获得的收益很大时，监管部门必须加大对违法行为的稽查力度，这样才能有效杜绝违法行为的发生。最后，提出了我国证券市场监管改革的方向：进一步明确证券监管职责，完善集中统一的监管体制；加强证券市场的法制建设；充分发挥自律组织的自律监管职能；加强证券监管力度，实施有效监管；以市场化为导向的制度创新；加强对监管者的监管。

关键词：证券市场　监督管理　博弈论

0562

价格变动中的需求变动与就业变动：将货币和分工作为内生量的分析 / 阮加著；朱光华指导. -- 南开大学，2005. -- 147 页

自上个世纪 90 年代以来，主要市场经济国家（包括中国）相继采用低通货膨胀率的货币政策目标。本文运用产权理论、分工理论、企业理论、货币理论和价格理论，为这种货币政策目标提供了理论依据。作者认为，一方面，结合费雪方程式（MV = PY）和剑桥方程式可以推出，在总量上，商品价格水平的上升过程是商品实物的升值过程，同时是货币的贬值过程，人们将降低货币余额，货币流通速度将上升，需求将上升；另一方面，劳动分工（由参与分工的人数 L 和人均分工效率 E 决定）取决于市场规模（由交易量 Y 和交易价格 P 决定），而市场规模又取决于劳动分工，经济进步的可能性就存在于二者互为因果的条件之中。在这里，商品交易价格、交易数量和参与分工的人数以及分工效率建立了相关性，即有 PY = LE。因此，将斯密—杨格定理融合于一般货币数量论中，作者建立了经济总量的三位一体，证明了在货币量上 MV = PY = LE 的存在。在此框架下，作者对通货膨胀和通货膨胀中的需求、交易与就业分别进行了论述，就利率控制和货币供给量控制的不同情况进行了分析，并得出了本文的货币政策目标和货币政策中介目标的结论。

关键词：货币政策　通货膨胀　利率调整　货币理论　产权理论　劳动分工　价格理论

0563

绿色贸易措施的政治经济学分析 / 沈光明著；金祥荣指导. -- 浙江大学，2005. -- 170 页

论文在回顾现有国际国内研究成果的基础上，对绿色贸易措施的经济性质、产生绿色贸易措施的经济根源和政治因素以及绿色贸易措施对国际贸易构成的影响进行了分析，并对创建“绿色贸易制度”问题进行了初步探索，同时还结合中国实际，提出我国绿色贸易发展战略构想与政策建议。论文共分八章。第一章为导论，主要阐述绿色贸易问题研究的理论和实践意义、现有研究文献综述、评价和本研究的目的、方法、结构和创新点等。第二章，对绿色贸易措施的经济性质进行分析，提出按照潜在帕累托效率（PPE）对绿色贸易措施的性质加以区分。第三章，运用一个新古典经济学的分析框架对自由贸易的环境效应进行了正式分析，从自由贸易对环境的规模效应、结构效

应和技术效应及其综合影响阐述了产生绿色贸易措施的经济根源。第四章和第五章,运用新制度经济学、博弈论方法对绿色贸易措施进行政治经济学分析,试图从制度根源上揭示为什么当前全球经济一体化、贸易投资自由化与环境保护之间的冲突会愈演愈烈,以及各种绿色壁垒层出不穷的深层次政治经济学原因。第六章,运用 UNEP 和 WTO 收集的有关国际贸易数据和案例,分析绿色贸易措施对国际贸易的影响,从现实角度指出加强绿色贸易措施国际协调,建立国际绿色贸易制度的现实意义。第七章,针对当前环境与贸易关系方面的制度缺陷,提出"绿色"WTO,加强国际协调、创建全球"绿色贸易制度"、实现全球贸易与环境协调的"可持续贸易"的制度安排初步构想。第八章,联系中国外贸发展实际,对中国外贸发展中面临的环境问题和中国传统的外贸发展战略进行反思,提出建立以科学贸易观为指导的中国绿色贸易发展战略对策建议。

关键词:国际贸易　绿色贸易　环境保护　贸易壁垒

0564

论价值转形问题 / 沈民鸣著 ; 胡钧指导. -- 中国人民大学, 2005. -- 127 页

论文试图解决价值转形问题中数学方面和逻辑方面的问题。全文共包括十章。第一章介绍了什么是价值转形问题,价值转形问题是如何产生的,为什么价值转形是劳动价值论中的核心问题,价值转形问题上的两种对立观点等基本情况。第二章讨论简单再生产条件下的价值转形问题,讨论中采用马克思的部类划分方法,把社会生产划分为两部类。第三章讨论存在固定资本影响的简单再生产条件下的价值转形问题。第四章讨论考虑资本周转速度影响的简单生产条件下的价值转形问题。第五章按照鲍特凯维兹的部类划分方法,提出与他的模型不同的三部类价值转形模型。第六章和第七章分别讨论了马克思和列宁的三部类价值转形问题。第八章讨论价值转形中的逻辑问题;价值转形中逻辑方面的问题是,对马克思提出批评的经济学家认为,生产价格理论中的成本是按照价值计算的,应该按照生产价格计算,因此存在逻辑方面的矛盾。第九章讨论多部门价值转形问题。最后,总结了论文的基本内容,并对各价值转形理论作出简要评价,同时提出了研究价值转形理论的意义。

关键词:劳动价值论　生产价格　资本论

0565

中国现阶段反垄断问题研究 :关于行政垄断的经济学分析 / 石淑华著 ; 李建平指导. -- 福建师范大学, 2005. -- 272 页

论文以马克思、列宁的垄断理论为指导,以唯物史观和唯物辩证法为基本研究方法,同时借鉴西方经济学中的有关垄断理论,紧密结合中国经济市场化改革的进程,对中国的行政垄断问题进行了全面深入的研究。改革开放以来,我国一直致力于反对行政垄断,虽取得一定成效,但还存在不少问题。文章把"行政垄断"置于中国经济市场化改革的宏观背景中加以考察,突破了以往仅从经济、法律、政策等单一视角对其进行研究的模式,从经济、法律、制度等多角度进行系统研究,揭示了行政垄断的概念、特征,分析了行政垄断的概况和成因,研究了打破行政垄断的具体对策:打破行政垄断,必须把政企分开、产业重组、引入非公有制经济、建立相对独立的管制机构等结合在一起,而打破地方垄断,则要从体制改革、法律法规调整、政绩考核体系改革等方面同时入手,只有如此,才能推动中国统一大市场的形成和垄断性行业改革的顺利进行。

关键词:反垄断　行政垄断　国家干预　体制改革

0566

我国自然垄断产业规制改革中的利益集团研究 / 史小龙著 ; 殷醒民指导. -- 复旦大学, 2005. -- 159 页

论文从新政治经济学的视角分析了我国自然垄断产业规制改革中的消费者、垄断厂商和规制者三大利益集团的基本特征,分析了利益集团成员行为模式、集团间的相互竞争及其对社会福利的影响,同时结合典型案例分析,得出我国现阶段自然垄断产业规制改革政策建议。论文认为,(1)我国当前自然垄断产业的消费者集团没有正式的组织机构,缺乏有效的政治影响途径,处于绝对弱势的地位。因此,坚持普遍服务原则是自然垄断产业规制改革的前提。政府应努力提高处于弱势地位的消费者集团的政治影响力,鼓励公众参与具体规制政策的制定和执行过程,保证消费者最基本的需求得到满足;(2)自然垄断厂商集团具有较强的政治影响力,并且凭借其垄断地位获得巨大的收益。当前我国自然垄断产业需要加强规制力度,不能盲目仿效西方各国放松规制。应采用价格上限制等激励性规制手段,在有效激励垄断厂商

提供产品和服务的同时,尽可能减少垄断造成的社会福利损失;(3)规制者集团同时具有政治和经济双重目标。由于规制者的双重利益目标,以及各级政府与垄断厂商的天然联系,政府主导型的规制方式不利于社会福利水平最大化。因此,当前我国自然垄断产业规制最迫切的改革既不是民营化,也不是引入竞争,而是规制的制度建设。要逐步淡化行政规制,加强完善规制立法,筹建独立的规制机构,使自然垄断产业的规制过程制度化。

关键词:自然垄断　国家干预　利益集团　市场规制

0567

内蒙古牧民增收研究 / 斯琴毕力格著 ; 王瑞璞指导. -- 中共中央党校, 2005. -- 123 页

文章从制度和生态的角度分析了牧民贫穷化的根本原因,认为增加牧民收入的关键因素是增加国家投入力度。全文除导论,共分五章。第一章介绍了牧民、牧区、畜牧业的基本情况。实证分析了近几年牧民收入的变动趋势,同时对牧民与草原环境关系进行了系统阐述,提出草原是牧民的生产资料、草原是牧民的生存环境的观点。通过分析得出的结论是牧民减收与草原生态环境的恶化有直接的关系。第二章介绍了内蒙古草原资源的现状。阐述了草原在国民经济中的重要地位。同时对目前内蒙古草原生态所面临的挑战进行深入分析。第三章首先对传统体制下的经济增长模式进行分析,然后,对在当时的经济增长模式下中国农业所遇到的困境以及对内蒙古牧区经济所造成的严重后果进行分析。最后,对在经济发展中的深刻教训进行总结。第四章探讨了促进牧民增收的基本思路。首先,研究了牧民增收必须以非市场介入为主要导向的可能性和可行性,明确了资金投放的重点领域,并提出生态环境的治理成果是牧民的劳动成果,必须获得劳动报酬的理念;提出要实现牧民增收就必须实施牧区剩余劳动力转移的思想,并对内蒙古牧区剩余劳动力转移的现实情况以及剩余劳动力转移中存在的问题,指出了剩余劳动力转移的具体措施。强调了牧区统筹协调发展的重要性。最后,探索了发展特色畜牧业的途径。第五章研究了牧民增收的政策选择。首先,介绍了牧民增收的财政政策。其次,论述牧民增收的金融支持问题。论证了牧区金融组织在金融市场中要正确定位,最后提出完善牧区金融制度的建议。研究表明,要实现牧民增收,就必须加大投入力度,充分利用财政和金融手段,以治理生态环境为切入点,为牧区经济的发展创造良好的生态环境,最终实现生态改善、牧民增收的双赢效果。

关键词:个人收入　牧民　增产增收　畜牧业　内蒙古

0568

证券市场与产业组织优化关系的研究 / 宋夏著 ; 徐桂华指导. -- 复旦大学, 2005. -- 206 页

本文认为产业组织优化主要包括市场结构的合理化、企业行为合理化和企业组织合理化,这三者之间相互影响,企业行为不仅要适应市场结构,而且会影响和改变市场结构,它是产业组织优化的基础和核心。产业组织优化不完全是一个自适应过程,证券市场在这一过程中起着很重要的作用。在西方发达国家,成熟的证券市场有四个方面的机制促进产业组织优化。一是证券市场提供融资平台,为企业进入和形成规模经济创造了条件;二是证券市场为企业并购提供了桥梁和媒介,促进存量资源流向那些优质企业;三是二板市场作为一种特殊的市场形式,给中小企业提供了直接融资机制和创业投资退出机制;四是证券市场通过市场的力量推进公司治理结构的建立和完善,有利于企业组织结构的调整和优化。中国证券市场在企业融资结构变迁中确实发挥了一定作用,在其他方面存在严重的功能缺失问题。总体上讲,中国证券市场的试验并不成功,突出地表现在过分看重筹资功能,而忽视资源配置功能。中国证券市场功能缺失的制度根源在于制度变迁中存在的制度缺陷,造成证券市场运行的扭曲,使得证券市场内在机制不能完全有效运行。中国证券市场的功能缺陷和制度风险来源于制度设置本身,只能通过制度创新来逐步解决,这样才能完善中国证券市场的各项功能,真正推动产业组织优化。

关键词:证券市场　产业组织　融资　并购　公司治理

0569

期货市场政府与交易所监管权分配问题研究 / 孙秋鹏著 ; 董辅礽,袁钢明指导. -- 中国社会科学院研究生院, 2005. -- 162 页

论文主要研究了监管权在交易所和政府监管当局之间的配置问题,主要包括五部分内容。第一章主要论述了选题的背景并提出问题。第二章首先对会员制交易所形成的原因、组织目标函数和组织结构进

行了分析；其次，对主张交易所实施全面监管、排斥政府介入监管的观点进行分析，指出其缺陷，并对交易所激励机制进行分析，提出交易所不完全监管理论；再次，从成本收益角度，对政府介入期货市场的合理性进行论证，证明在交易所监管激励不足的情况下政府介入的有益性和有效性；最后，运用法律不完备性理论分析政府介入的方式，政府介入期货市场主要采取与法院被动式不同的主动式执法方式，并提出期货市场监管采取混合模式的主张。第三章将期货市场监管细分为市场操纵、合约创新、交易者保护和市场完整性保护四个层面，分层面具体考察了政府和会员制交易所监管权分配。第四章分析了期货交易所非互助化与监管权分配，分析指出会员结构变化和电子化交易方式替代公开喊价交易方式促成了交易所非互助化，而非互助化后交易所监管期货市场的激励并没有发生明显改变，与互助化交易所一样，也会采取不完全监管策略。第五章研究了中国期货市场监管权分配问题，指出交易所监管市场没有足够激励主要是由于交易所的垄断地位和政府对交易所的绝对控制，并指出当前的会员制和公司制都不是我国期货交易所改制的方向，我国期货交易所组织制度改革应该朝着增加相关市场主体在交易所决策中的地位的方向发展。

关键词：期货市场　监管体制　证券交易所

0570

农村劳动力流动的政治经济学分析 / 孙晓军著 ; 陈征指导. -- 福建师范大学, 2005. -- 163 页

本文运用马克思主义的方法，通过对农村劳动力流动问题的研究，定义了社会主义农村劳动力流动，即作为公有产权主人同时又作为市场主体的农村劳动力所有者，或农村劳动者，自由支配其劳动力产权参与市场经济分工以实现更充分就业的过程。从定义包括的几个方面，即劳动力个人产权与重建个人所有制的关系，农村劳动力所有者作为市场主体所必须具有的平等权和自由权尤其是自由迁徙权，农村转移劳动力参与市场经济分工的客观条件和主观条件，农村劳动力流动与城镇化和工业化的关系，农村劳动力流动与就业的关系这几个方面进行深入分析，揭示了农村劳动力流动的经济实质。

关键词：农村劳动力　劳动力流动　产权　劳动分工　就业

0571

资本效率与产业结构变动的相关性研究 / 孙咏梅著 ; 卫兴华指导. -- 中国人民大学, 2005. -- 154 页

论文运用马克思主义的基本观点和方法，结合我国经济发展中产业结构变动的现实和趋势，立足于分析资本要素效率和产业结构变动的关系，探讨促进我国产业结构优化升级的途径。全文共分九章。第一章导论部分，介绍本文的研究背景、理论依据、框架结构及研究方法。第二章与第三章是分析资本效率与产业结构关系的理论基础，主要探讨资本效率的概念、分析比较关于资本效率问题的各种理论观点以及资本效率、产业结构和经济增长三者间的关系。第四章从资本的积累效率、资本资产的定价效率、投融资效率及风险投入等不同侧面分析了资本效率影响产业结构变动的途径。第五章和第六章分别用横向比较和动态分析的方法，分析了产业结构合理化的效率标准，比较了中外产业结构变动过程中资本投入产出规模和资本效率差异，以及不同发展阶段资本效率与产业结构变动的相互关系等，系统地分析了资本效率与产业结构变动两者间的关系。第七章从资本效率对单个产业生命周期变动的影响，分析了产业结构演进的规律，并阐述了产业阶段性演进的推动因素，提出了产业的更新替代及产业间的战略转移的策略与方法。第八章主要探讨了资本效率与产业结构变动中存在的潜在矛盾，矛盾的实质和表现及深层作用机理。最后，文章针对我国经济发展过程中的产业结构现状，提出了提高资本效率和产业结构良性互动的内容和对策。

关键词：资本效率　产业结构　国民经济发展

0572

产业集群论 / 唐华著 ; 杨继瑞指导. -- 四川大学, 2005. -- 211 页

论文立足于国内外产业集群的理论研究与实践经验，从集群的不同类型、集群产生的内在机理、集群的动态发展过程、集群形成与发展的依托载体和外在市场环境以及集群的发展创新等多个方面进行研究，力图构建一个比较完整的理论体系，藉以指导我国产业集群的发展创新和区域经济竞争力的提升。论文首先从产业集群的概念、特征、层次与结构入手阐释了产业集群的内涵，并对产业集群理论的渊源、体系发展进行了研究，通过分析，指出了各理论的局限性，提出了针对产业集群的类型、形成机理、发展阶段、发展载体、市场平台与环境、发展创新六个方面开展系

统研究的理论框架设计。其次,从资源配置方式的角度对产业集群的类型进行了划分,指出现有产业集群的五种基本状态:马歇尔式产业集群、轮轴式产业集群、卫星平台式产业集群、国家力量依赖型产业集群、混合型产业集群。第三,初步建立了产业集群形成机制的分析框架,从产业集群形成原因、形成条件、形成方式入手,重点分析了产业集群形成过程中企业、政府、大学和科研机构、中介机构以及投融机构各行为主体的功能和产业集群的集聚效应。第四,分析了产业集群存在的发展演变过程,大体将之分为形成、集聚、繁荣和深化四个阶段。第五,对产业集群的不同载体依托形式进行了剖析,分析比较了不同载体与产业集群的关联机理。第六,研究了产业集群发展中四个主要的可控环境因素:产业集群的物流平台、产业集群的网络平台、产业集群的投融资平台和产业集群的区域营销平台,并提出了构建四个平台,发展产业集群的路径和方法。第七,从技术创新、组织创新、制度创新三个方面论述了产业集群与创新的关系。最后,对我国产业集群的形成、现状及其规律进行了系统分析,充分肯定了产业集群对我国经济的贡献,同时指出我国产业集群存在的问题,并结合论文的理论框架设计从政策层面提出了我国产业集群的创新发展策略。

关键词:产业经济　产业集群　技术创新　制度创新

0573

经济全球化下一国产业结构优化 :一般理论及中国的应用 / 唐志红著 ; 廖君沛指导. -- 四川大学, 2005. -- 253 页

本文通过对经济全球化时代国与国之间产业结构开放及互动特征的研究,初步构建了基于经济全球化的一国产业结构优化的一般模式。全文共分四个篇章。在导论部分,作者首先提出了基于经济全球化的产业结构优化的问题,然后对一国产业结构演变与产业结构优化已做的研究进行了回顾和评述,最后简述了文章的研究对象、方法和结构。第二篇研究的是经济全球化下国际产业结构开放及互动。其中:第二章讨论了对经济全球化的认识及其发展趋势;第三章对经济全球化下一国产业结构的开放性与互动性的内涵、模型和机制进行了分析。第三篇研究了经济全球化下的产业结构优化及其评估。其中:第四章先论述了经济全球化下一国产业结构优化的内涵,然后分析了经济全球化下产业结构优化的路径;第五章分别论述了国际直接投资与经济全球化、一国产业结构优化间的关系;第六章则阐释了经济全球化下产业结构优化评估系统的设计原则、构建方法,并对具体评估指标进行了分析;第七章则以美国、日本、印度、巴西等国家为例,分析了经济全球化下国家产业结构优化中的经济发展实践。第四篇具体分析了经济全球化下的中国产业结构优化问题。其中:第八章研究了经济全球化下中国经济可持续发展与产业结构优化的互动关系;第九章先论述了经济全球化下的国际产业博弈,然后具体分析了中美欧日间的产业博弈,以及国际产业博弈对中国产业选择的影响;第十章从中国产业结构优化的战略基点分析入手,确定并分析了中国产业结构优化目标必须处理的重大问题,重点阐释了经济全球化下中国产业结构优化的目标;第十一章论证了经济全球化下中国产业结构优化的政策,对其改进和完善提出了建议。

关键词:经济全球化　产业结构优化　产业政策

0574

城乡收入分配差距研究 / 田侃著 ; 夏兴园指导. -- 中南财经政法大学, 2005. -- 183 页

本文对城乡收入分配差距问题的现状、历史成因、国际比较、政治与经济效应,以及解决这一问题的市场与政府对策建议进行了研究。全文共分六章。第一章导论阐述研究背景和意义,并介绍本文的理论基础。第二章从城乡居民的收入、消费、城乡居民恩格尔系数三个方面说明我国城乡收入分配差距现状,并分析了城乡收入分配差距的政治和经济原因,指出政治方面的原因主要有二元户籍制度、过度集权的行政体制、优先发展重工业战略、非明晰化的农地产权制度。经济方面的原因有不合理的二元经济体制、非均衡的财政政策、不合理的农业内部结构、外部经济环境的制度性缺失以及严重滞后的城市化进程。第三章阐述了发达国家和发展中国家城乡收入分配差距的基本状况，归纳总结了发达国家和发展中国家缩小城乡收入分配差距的政策措施及其启示。第四章研究了城乡收入分配差距问题所产生的政治、经济效应。第五章是缩小城乡收入分配差距的市场行为分析。第六章提出缩小城乡收入分配差距的对策建议。

关键词:收入分配　收入差距　城乡差别　农民收入　二元经济

0575

经济转型中的货币流通速度研究 / 田立中著 ; 俞忠英指导. -- 复旦大学, 2005. -- 165 页

本文围绕经济转型中我国货币流通速度这一中心论题,从货币需求、货币供给以及货币政策等方面对我国货币流通速度展开分析。全文共分八章。第一章介绍研究背景、意义、对象和方法。第二章对货币流通速度理论及其在我国的发展进行回顾。第三章考察了经济转型以来我国货币流通速度,证实了我国货币流通速度持续下降的特征。对货币流通速度的国别比较表明,我国是货币流通速度较低的国家,金融资产结构单一、储蓄率较高能在一定程度上解释我国货币流通速度较低的经济现象。第四章探寻我国货币流通速度持续下降背后的制度原因。论文将制度原因分析划分为三个阶段,认为货币化过程、价格管制、利率管制以及强制储蓄是第一阶段货币流通速度下降的主要原因,经济效率低下导致了第二阶段货币流通速度下降,第三阶段货币流通速度下降的原因在于货币结构变化、资本市场货币沉淀、消费倾向降低等。第五章定量分析影响我国货币流通速度时间趋势的因素。结果表明,影响我国货币流通速度的因素是经济货币化、金融发达程度、储蓄率和利率。金融发达程度和实际利率对货币流通速度的影响是正相关的,经济货币化和储蓄率对货币流通速度的影响是负相关的。第六、七章从货币需求和货币供给角度考察货币流通速度,认为货币供给的超经济增长是影响货币流通速度下降的主要因素。第八章讨论了我国货币流通速度的政策意义,提出了改善我国货币流通现状、维持适度货币流通速度的政策建议。

关键词:货币流通速度　货币供给　货币需求　货币政策

0576

金融地理学视角下的区域金融成长差异研究 / 田霖著 ; 金雪军指导. -- 浙江大学, 2005. -- 241 页

本文利用金融地理学,以金融的空间差异、空间过程和空间的相互作用为主线,剖析了中国区域金融成长差异的各个方面。在区域金融成长空间差异的分析中,主要致力于探讨各区域金融成长差异的现状,考察中国目前金融成长态势的空间布局,对各省区银行业、证券业和保险业的现状进行了比较分析,而且建立了区域金融综合竞争力的理论模型,构建了全新的计量指标体系,进行了不同区域的多指标比较。在此基础上,进一步利用模糊曲线法进行基本假说的检验和实证分析,揭示各分力及构成各分力的要素对金融综合竞争力的贡献弹性,显示性指标描绘了中国金融成长差异的基本图景,解释性指标提供了造成这种差异的合理解释。而对空间过程的分析着力于区域金融的动态演化。通过对六年金融综合竞争力的比较,得出区域金融的空间变化格局,即金融重心有微弱西移之势,在此基础上,确定区域金融中心,倡导行政区金融向经济区金融的转化。对空间的相互作用的案例分析,则从地理、金融人格、企业家甄别和自组织等多角度,比较了山西、河南和浙江的金融成长状况,突出了"自组织"在某一地区金融成长中的作用,指出各个区域金融成长的自组织涵盖了空间相互作用的思想。最后提出了相关政策建议,指出应强化区际联系的研究,强调区域的空间作用,倡导由他组织向自组织演化,促进同质区域之间以及同质和异质区域之间的金融合作,强调金融发展要适度差距、协调发展、提倡共生、系统优化。并且证明了目前中国并不存在金融成长的倒 U 型曲线。

关键词:地区经济　经济增长　金融发展　经济地理学

0577

期货市场风险及其监管研究 / 佟德庆著 ; 贾明德指导. -- 西北大学, 2005. -- 160 页

本文以期货市场风险及其监管为研究对象,从证监会、期货同业协会、期货交易所、期货经纪公司、机构投资五个不同层次出发,探讨现代期货市场风险的种类、成因、度量及监管。作者首先从期货的产生、发展入手,通过对期货内涵从最初的商品期货扩展至目前的商品和金融期货发展过程的研究,提出了期货的新功能,如投资管理、提高金融市场流动性、促进银行业在筹资证券化形式下的发展等。其次,以期货市场的波动、风险为出发点,研究期货市场波动的概念、形成机理,进一步区别期货市场的波动和风险,总结期货市场风险的种类。再次,在西方经济学期货市场风险成因理论的基础上,从微观方面考量期货市场风险,提出了当代期货市场风险深化的成因:货币资金运用日益与商品运动相脱节;经济发展的虚拟化提高了金融风险发生的概率;各种金融产品价格的剧烈波动是金融风险发生的直接触点;信用监管制度和金融监管制度的不健全为金融风险的发生提供了空间;经济全球化为金融风险在全球范围内扩散提供了外部条件;国际资本流动为金融风险提供了便捷的渠道。最后,以期货市场风险监管为主体,阐述期货市场监

管的理论依据，明确期货市场监管的对象和目标。从期货市场构成的不同层次对期货市场风险监管进行研究，认为我国期货市场的主要风险为信用风险、操作风险、法律风险，提出我国应引进期货做市商制度的观点，并给出相应建议和对策。

关键词：期货市场　风险分析　监督管理　做市商制度

0578

南贵昆经济区开发研究 / 涂妍著 ; 杜肯堂指导. -- 四川大学, 2005. -- 272 页

论文主要对南贵昆经济区开发历史演进与社会经济条件、区位优势与资源禀赋、地域空间结构、产业结构调整、区域分工合作、区域可持续发展、区域开发战略与开发政策等方面的问题进行了研究。首先，论文运用科学发展观和空间均衡论的理论和方法，论证了南贵昆经济区开发与建设的重大战略意义，同时阐明南贵昆经济区的形成和发展是本区域内在的必然趋势。其次，对南贵昆经济区开发历史经验进行了回顾和总结；认为：南贵昆经济区开发既是历史上开发的继续，又是对历史开发从内容到形式的拓展，有着重要的国内和国际战略背景。再次，从实证角度对南贵昆经济区的区位优势、交通运输基础设施和资源禀赋进行分析评价；认为：南贵昆经济区的区位优势主要体现在沿海、沿边和沿江优势；该经济区交通运输的基础脆弱，交通运输仍是区域经济发展薄弱环节。第四，在分析南贵昆经济区的特殊区情后发现，南贵昆经济区资源比较优势和现实竞争优势之间存在严重“错位”现象。第五，从增长极点和发展轴的角度，对南贵昆经济区的地域空间载体——城市进行了分析；认为：南贵昆经济区的城市化进程滞后，不同规模和等级的城市在地域空间上沿交通线呈离散的点状分布，而不是国内常见的城市连绵带。第六，研究认为，欠发达区域开发的核心问题是实现区域经济可持续发展，要实现南贵昆经济区可持续发展，必须抓住经济发展与生态良性循环的有机“结合点”，走循环经济的发展道路，在发展中重建生态，在重建中谋求发展。第七，对欠发达区域开发的经验进行总结，认为欠发达区域开发模式按国别可以分为政府主导型和市场主导型开发模式。第八，在对区域开发政策概述与理论解释的基础上，分析了南贵昆经济区开发政策制定和实施过程中面临的制约因素，提出了南贵昆经济区开发的政策选择。

关键词：不发达地区　区域开发　区位优势　地域分工　可持续发展

0579

企业投资行为的融资约束 / 王德华著 ; 刘志彪指导. -- 南京大学, 2005. -- 153 页

论文主要研究了企业投资行为的融资约束问题，研究的基本思路是以市场机制下融资约束形成的基本原因及其对企业投资行为的影响为中心主线，以处于从计划经济向市场经济转型过程中的中国作为现实背景，以此为基础，分析了企业融资约束的微观形成机理，中国企业融资约束的特殊情况，企业集团对于解决企业融资约束问题的作用以及融资约束的宏观效应等问题。全文主要包括七章。第一章相关文献综述。第二章分析了融资约束的理论基础，认为企业管理者和投资人之间的信息不对称和代理问题，以及管理者的非理性是产生企业融资约束问题的基本原因。第三章分析了中国企业的融资约束问题，通过构造的一个简单模型分析认为国有企业和民营企业融资能力的相对大小将取决于投资效率、代理冲突的程度以及银行回收投资的风险程度三种因素的影响。第四章从理论上分析了企业集团与企业融资约束间的关系。第五章分析了在类似于中国这样的处于转型背景下的新兴市场经济国家，企业集团形成的内部资本市场在解决企业融资约束方面的利弊问题。第六章分析微观上个体企业投资行为受到融资约束的情况以及在动态正反馈机制的作用下形成宏观上投资波动的问题。第七章以 2003 年 6 月央行发布的“121 号文件”限制房地产行业融资这一特殊事件为背景，从深沪两市中所有 2002 年以前上市的公司中，选出既从事房地产又从事制造业的 40 多家公司，计算其在央行房贷新政策实施后其他行业的投资，对于现金流的敏感性是否发生变化，实证结果显示，“121 号文件”的颁发使得样本公司其他行业的投资下降，其投资现金流敏感性上升。

关键词：企业融资　融资约束　代理制　信息不对称　资本市场

0580

信息披露、透明度与资本市场效率 : 关于中国上市公司的理论与实证研究 / 汪炜著 ; 史晋川指导. -- 浙江大学, 2005. -- 185 页

文章在借鉴和综合关于公司信息披露的现有研究成果的基础上，遵循“从外生性披露问题，到内生性披露问题”的研究线索，揭示了上市公司信息披露对

资本市场均衡定价及其效率的影响，考察资本市场中具有异质信息的参与者之间的逆向选择行为及其后果。文章从理论和实证两个层面对我国上市公司信息披露的系列化问题进行深入探讨。一方面通过理论建模，解释了资产价格如何对给定的公司信息披露作出反映，资本市场微观结构因素对公司信息披露产生的影响，专有性成本和市场竞争如何影响公司的披露决策，公司透明度与上市公司资本成本和资本市场质量的关系；另一方面，对我国证券市场面临的一些信息披露问题，系统检验了 IPO 折价的信息影响、购并广告的信息含量、产品市场竞争策略与公司披露水平的联系、透明度对公司权益资本成本的影响以及市场分割产生的透明度差异与上市公司资产定价和资本市场效率的关系。研究认为，信息披露作为一种“披露意外”对公司资产价格形成及其变动产生影响，而这种影响的程度受制于投资者类型、价格行为特征等资本市场微观结构因素等；专有性信息成本是公司自愿性信息披露政策选择的决定性因素；公司透明度是上市公司强制性信息披露和自愿性信息披露的共同结果，同时也是资本市场效率评价的一个重要指标。论文的基本结构是：第一章导论，主要阐述了研究背景和设计；第二章是对信息披露理论及文献综述；第三章对信息披露的过程机制、价格影响以及外生性信息披露进行理论和实证研究；第四章对上市公司的内生性信息披露决策的理论模型和实证经验进行分析；第五章通过理论模型和实证分析，研究作为信息披露结果的公司透明度对资本效率的影响；最后一章是结论和研究展望。

关键词：上市公司　信息披露　资本市场　市场效率

0581

二元股权结构与上市公司控制权配置效率研究 / 王爱凡著 ; 金祥荣指导. -- 浙江大学, 2005. -- 139 页

本文在二元股权结构的分析框架下对股票市场问题产生的深层次原因进行了理论探讨，并在实践层面对上市公司控制权配置问题进行了实证分析。文章首先系统地提出了上市公司二元股权结构问题，分析了上市公司二元股权结构的形成机制，对上市公司二元股权结构的特征进行了归纳总结，从而把对上市公司控制权配置效率问题的研究纳入到二元股权结构的分析框架下。其次，在二元股权结构的基础上，建立了一个多个委托人的代理模型，对上市公司委托代理问题进行了分析，得出了上市公司二元股权结构必然导致经理人激励困境的研究结论。第三，文章建立了一系列股权融资的价值效应模型，在这些模型结论的基础上分析了上市公司融资结构的决定问题。第四，文章的分析结论表明，上市公司股利分配政策的要害不在于低分红，而在于分红的二元性上，为此文章建立了基于二元股权结构基础上的上市公司股利分配的价值效应模型，对上市公司股利分配政策的股东财富效应进行了分析。第五，文章研究了上市公司控制权转移现象，对上市公司频频发生控制权转移现象进行了理论解释与实证分析，提出了上市公司控制权转移补偿机制的理论假说。第六，本文还对正在兴起的上市公司 MBO 问题进行了理论研究与实证分析。最后，还对改革上市公司二元股权结构问题提出了一些建设性思路：改革二元股权结构成为帕累托改进；改革二元股权结构的过渡方案与最终方案；存量调整与增量改革。

关键词：上市公司　股权结构　控制权　股权融资

0582

企业创新系统研究 / 王彬著 ; 朱方明指导. -- 四川大学, 2005. -- 244 页

论文主要考察了企业创新和企业创新系统问题。文章首先对相关理论进行了综述，然后概述了企业创新系统以及其中的主体和客体，认为，企业创新系统包含多种地位和作用不同的要素，其中各种具体的组织和机构是企业创新系统最直接、最直观的构成要素，企业创新系统的绩效较大程度上取决于各种组织和机构的效率以及它们之间的学习和互动情况。其次，考察了企业创新系统中的技术创新与制度创新问题以及企业创新系统的运行机制，提出应该把技术创新和制度创新看作是一个交互决定的动态过程，而企业创新系统的运行机制可以视为一个企业创新系统中的子系统。再次，对企业创新系统的功能和效率及其运行环境进行了分析，认为企业创新系统的核心功能在于通过一定的系统设计，对创新者和创新活动提供激励，其核心功能的实现机制分为四种类型；而企业创新系统的运行环境不仅包括企业对于生产问题和市场机会的共同理解、企业家精神、企业行为模式、企业利用技术的方式等，更应考虑到企业外部的技术文化、技能、劳动力市场等非物质的社会文化因子的创新环境。最后，文章以广东省中小企业创新为例提出了构建中国中小企业创新系统的战略构想。

关键词:企业创新　制度创新　技术创新

0583

中国居民收入分配的不平等与收入变动 / 王海港著；徐雅民指导. -- 北京大学, 2005. -- 100页

文章首先利用1988、1995年"中国城乡居民收入分配"抽样调查的横截面数据,用实证和规范两种方法度量了我国居民家庭人均收入分配的不平等指标。其次,以帕雷托分布拟合1995年我国居民收入分配,发现在一定的显著性水平上不能拒绝经验分布服从帕雷托分布形式,我国家庭收入统计样本中不同收入阶层的人口结构基本合理。以样本数据计算的收入分配不平等指标比较准确地度量了我国居民实际的收入差别。再次,研究了高、中、低收入阶层在总体收入分配中的地位及其变化方向,结果显示,1988－1995年间没有明显的证据显示农村居民收入两极分化,城镇居民在排除了收入最低的10%人口后,高、低收入两极分化,中间收入阶层的收入份额减少,财富向高收入者集中。然后,依据1989—2000年"中国经济、人口、营养和健康调查"的面板数据,研究了中国居民收入的变动问题,发现80年代末90年代初农村人口收入变动程度最高,90年代初以后城市人口收入变动大幅提高,而受教育多的家庭则有相对稳定的高收入。最后,运用1988年和1995年"中国城乡居民收入分配"抽样调查数据,研究了城镇居民的代际收入弹性,发现1988—1995年我国城镇居民的代际流动降低,高收入父母的收入对子女收入的影响远大于低收入父母。研究认为,改善收入分配、培养中等收入阶层和降低收入的代际依赖程度需要进一步开放行业管制和劳动力市场。

关键词:收入分配　居民收入　收入差距　城乡差别

0584

中国融资机制研究 / 王海燕著；宋涛指导. -- 中国人民大学, 2005. -- 134页

本文重点研究如何建立合理的融资机制,使其在实现资源优化配置效率的同时化解金融风险,实现经济社会的协调发展。全文共九章。第一章总结了关于融资的理论,包括马克思主义经典作家关于融资的基础理论、金融发展与经济发展理论、功能性综合金融理论。第二章阐述了融资机制的划分依据,文章分别分析了间接融资机制与金融中介机构、直接融资机制与金融市场间的关系,分别以日德银行主导型融资模式和英美市场主导型融资模式为代表对两种融资机制进行了实证分析,并论述了对我国融资机制的借鉴作用。第三章是宏观经济主要变量与融资机制分析,文章先分析了我国的国内储蓄与经济增长,接着,论述了储蓄、投资的变量之间的关系,以及储蓄、投资与利率机制间的关系。第四章分别从现代融资的目标内涵及其历史变迁、中央银行是现代融资目的目标制定者、现代经济是可持续发展经济,以及加快中国金融体制改革,适应融资的目的目标要求四个方面研究了现代融资机制的目的目标。第五章论述了中国融资机制现代市场化,文章先后研究了市场化融资机制构建的基础,现代融资机制构建的必要性、融资机制市场化的目的目标、构建科学的现代金融市场以及融资的现代市场化等问题。第六章阐述了构建科学有效的调控机制。第七章研究的是构建科学的融资体系,指出金融结构是融资体系的关键问题,分析了构建新型现代金融体系的组织框架,同时指出了发展的目的和目标制约着融资机制体系。第八章是建立科学的现代融资模式,分别从构建现代融资机制模式的目的性、中国科学现代融资模式雏形轮廓、强健的现代金融体系是宏观经济稳定的关键等方面展开论述,最后,研究了构建新型的适应中国发展的融资模式。第九章研究了现代融资监管机制,先分析了中国现代融资监管的目标,然后对金融监管机制进行了国际比较,总结了可借鉴之处,最后阐述了中国现代金融监管机制模式。

关键词:融资机制　金融制度　金融市场　融资模式

0585

职业经理人的产权分析 / 王洪涛著；何玉长指导. -- 上海财经大学, 2005. -- 143页

本文以现代公司制企业中的经营管理者为研究对象,以马克思主义产权理论为指导,研究了职业经理人生成的产权环境、职业经理人自身人力资产特点、职业经理人产权激励约束机制,并根据我国职业经理人存在的问题,提出相应的对策建议。全文共分八章。第一章导论。第二章回顾和评析了与职业经理人产权相关的理论。第三章考察了企业制度演变与职业经理人的生成环境,指出经营者模式与企业产权制度有着深刻的、必然的联系,传统社会主义经济体制下缺乏职业经理人生成的土壤,转轨经济体制职业经理人正逐渐生成,发达市场经济国家中职业经理人模式又各有差异。第四章研究了职业经理人自身

人力资产产权特点,指出职业经理人人力资产特点是影响职业经理人产权激励约束的重要因素。第五章研究了职业经理人产权激励机制,认为合理的收益权分享和决策权配置会激发包括职业经理人在内的企业参与者创造企业合作收益的积极性。第六章阐述了职业经理人产权约束机制。第七章剖析了我国职业经理人现状及存在的问题,并提出了对策建议。第八章为结论。

关键词:职业经理　产权　人力资本　激励

0586

中国机械产业绩效的经验研究：产权与产业组织视角 / 王继平著；李文溥指导. -- 厦门大学, 2005. -- 144 页

本文在考察“产权与绩效”和“竞争与绩效”之间理论联系的基础上,提出了“产权——竞争——绩效”分析框架,并在此框架下实证研究了中国机械产业的产业绩效。研究发现,在转轨经济中,产权与市场竞争的相对重要性是“状态依存”型的。在经济转轨的初期和中期,产权改革应该是改善中国机械产业绩效的核心,而在后期,建立和维护有效的市场竞争秩序更为重要。这意味着目前增强我国产业竞争力的关键是制定和实施竞争政策,当然,国企产权改革仍需进一步深化。本文的实证研究显示:(1)滞后一期的总资产报酬率、销售利润率和劳动生产率是决定企业退出风险的重要因素。随着时间推移,效率对企业退出的作用越来越重要,绩效差的企业将面临更大的退出风险。(2)与乡镇企业相比,国有企业的退出风险与其绩效的关系更加松散,这表明政府与国有企业的关系仍未完全割断。(3)随着经济市场化进程的推进,我国各级政府正逐步把国有企业推向市场,国有企业的预算约束正逐渐趋紧,绩效不佳的国有企业被市场淘汰的风险不断上升,这有利于提高国有企业的经营效率和改进全社会的资源配置效率。

关键词:机械工业　产权　市场竞争　企业绩效

0587

贸易与资本流动：理论范式与中国的实践 / 王珏著；王忠民, 赵守国指导. -- 西北大学, 2005. -- 180 页

本文将广义的国际贸易领域划分为贸易与资本流动两大内容,对中国对外贸易的发展及其路径选择进行了研究,挖掘出中国对外贸易中存在的问题,并分析了其原因,在此基础上深入理论研究,验证了中国实践中的理论应用。通过分析,本文指出:1.中国对外贸易有三个突出特点:加工贸易出口占中国对外贸易出口的一半以上;外商直接投资企业出口占中国外贸总出口一半以上;外商直接投资的一半以上在制造业。这三个相互关联、相互影响的特点决定了中国在对外贸易迅速发展的同时始终处于国际分工的低端体系之中;2.中国的贸易大国地位值得商榷,真正的贸易不仅是货物贸易,还应该是包括服务贸易、技术贸易和投资在内的“大贸易”,而从“大贸易”角度讲,中国远非贸易大国和贸易顺差国;3.中国的四大外贸战略皆有弊端,需要调整,调整方向为从“数量扩张型”到“效益增长型”。

关键词:对外贸易　资本流动　外商直接投资(FDI)

0588

非正式保险制度研究 / 王凯著；袁文平指导. -- 西南财经大学, 2005. -- 206 页

文章主要研究我国历史和现实社会风险处置的制度安排问题。主要内容包括三大部分。第一部分,揭示风险产生、发展和消亡的约束背景,探讨风险管理制度的文化层面的意义。第二部分界定非正式保险制度的含义,即现代商业保险和国家强制实施的各层次社会保障制度之外,蕴含群体对风险所致个体损失进行分摊这一功能的社会制度;揭示非正式保险制度的本质和特征;找出我国和其他社会中存在的各种非正式保险制度的典型代表形式,分析其作用方式和实际绩效。第三部分,研讨非正式保险制度对正式制度的影响;探索在我国对非正式保险制度的利用和改造,实现与正式保险制度相配合,共同构建社会风险保障体系的组成成分的可行性,提出政策建议。

关键词:保险制度　风险管理　社会保障

0589

产业集群与区域经济发展 / 王雷著；林肯堂指导. -- 四川大学, 2005. -- 233 页

本文在阐述有关产业集群的内涵、形成机理、空间演化等基本理论的基础上,从区域经济发展的角度出发,分析了区域工业化演进、农村城镇化进程和区域竞争力提升过程面临的现实问题,运用集群理论的分析工具,寻找解决问题的对策,探索以产业集群促进西部经济发展的路径。全文由八部分组成。第一部分是前言,介绍了本文的选题背景、结构与内容以及主要创新观点。第二部分重新界定了产业集群的

科学内涵,归纳了产业集群的基本特征,分析了产业集群与其他相关概念的区别与联系。第三部分是有关产业集群的形成机理,论文就产业集群的产生条件、动力机制及空间演化进行了深入研究,认为产业集群的产生必须满足地域空间、产业特征、技术创新、制度环境四个方面的条件。第四部分分析了产业集群的可持续发展,论文首先分析了全球化背景下地方产业集群与跨国公司的关系,然后论述了集群区域跨国公司技术外溢的实现机制及约束条件,最后以广东东莞IT制造业集群为例研究了基于跨国公司的产业集群技术升级路径及优化措施。第五部分指出了我国典型区域工业化模式的推广条件及其局限性,提出了基于产业集群的区域新型工业化发展模式。第六部分评价了农村城镇化的路径选择、政策实践及现状,归纳出了我国农村城镇化的四大动力机制,指出了其中存在的内在缺陷,分析了产业集群与农村城镇化的良性互动关系,构建了基于产业集群的三种城镇化发展模式。第七部分重新界定了区域竞争力的内涵,分析了产业集群提升区域竞争力的作用机理及实现路径,探讨了集群风险引致的区域经济波动,并提出了有针对性的应对措施。第八部分运用集群理论的分析工具,论证了产业集群模式与西部经济特点的相容性,并提出了基于产业集群的西部开发新思路。

关键词:产业集群　地方经济　工业化　城市化　西部大开发

0590

电力产业组织演进的动力机制研究 / 王磊著 ; 陈享光指导. -- 中国人民大学, 2005. -- 185 页

文章共分四个部分,包括八章。第一部分是导论部分,主要是分析研究现状和选题的意义。第二部分从重新定义组织和组织演进入手,对现有的组织演进理论进行了全面深入的解读和梳理,提出了一个分析电力产业组织演进的更具综合色彩的结构主义分析框架。第三部分包括第三章至第七章,对电力产业组织演进的动力机制进行了展开论述;首先总结了电力产业的技术特征以及电力产业的四种组织模式,然后分别分析了影响电力产业组织演进的制度因素、技术进步与分工深化在电力产业组织演进中的作用、影响电力产业组织演进的市场因素,以及组织环境对电力产业组织演进的影响。第四部分对电力产业组织演进的综合决定假说进行了实证检验,并利用文中提出的分析框架对电力危机给出了一个新的解释,对中国电力产业的发展提出了政策建议。

关键词:电力工业　产业组织　产业结构

0591

不确定性与企业预警 / 王林著 ; 朱方明指导. -- 四川大学, 2005. -- 264 页

论文从企业面临的各种不确定性、不确定性冲击与不确定性的影响开始分析,使用状态空间描述法构建企业预警指标体系与分析企业系统的运动,介绍企业预警方法,建立企业预警系统,论述企业预警的组织架构、实施流程、实施手段、实施模式、企业预警的适用性等,从而完整地建立了企业预警体系。全文共八章,分为三个部分。第一部分主要阐述了写作目的与国内外研究现状。第二部分,由第三到第七章组成,其内容包括五个方面:介绍了不确定性冲击理论,及不确定性的影响路径与其最终影响;运用企业系统的状态空间方法,建立了企业预警指标体系,分析了企业系统的运动特性;论述了企业预警方法,包括企业预警的主要方法和客观方法、模糊处理方法、在险价值评估、企业预警精度等;构造了企业预警系统,包括企业预警系统建立的必要性、企业预警系统的构成以及其子系统、子模块等;分析了企业预警的组织架构的建立与实施。第三部分将企业预警理论与操作流程应用于中国企业实践,并尝试将其应用拓展至政府管理层次。

关键词:企业管理　风险管理　经济波动　预警系统

0592

后遗成本、交易费用与制度选择 : 后遗成本假说及其分析框架的尝试性构建 / 王强著 ; 何自力指导. -- 南开大学, 2005. -- 175 页

本文主要研究了后遗成本假说,并构建了后遗成本的分析框架,来探讨相应的制度选择。全文除导言外,共分七章展开论述。导言中论述了问题提出的背景,说明了本文研究的主题和方法,概述了论文的结构和主要创新点。第一章介绍了一些基本概念和基础命题,对自利内涵的扩延进行了分析,论述了非对称的动态理性;市场缺陷、有缺陷的市场与政府作用;信息完备、信息对称与充分信息;竞争、能力与学习;道德、制度与法治。第二章研究了后遗成本的立论基础和内涵界定,作者先对自利假定进行了再讨论,接着对经济学、生理学的相关文献和研究成果进行了介绍和评述,最后对后遗成本的定义、特征及施加阶段进行了讨论。第三章进一步研究了后遗成本的动因、类型与基本逻辑,分析了后遗成本的生成方式与经济

后果,并阐述了一个导入了后遗成本的成本收益模型。第四章对交易费用进行了必要的廓清,文章先概述了交易费用定义,对交易费用的内涵进行了再讨论,并对两个应用性进行了分析。第五章研究的是后遗成本约束与科斯定理,作者先对科斯定理的理解进行了阐释和审视,对科斯定理进行了解析及澄清;然后对科斯定理进行了证伪性分析,并提出了一个新命题。第六章论述了后遗成本的实施机制选择,文章先提出了一个基本模型,接着分析了受损人的裁罚手段的选择,最后讨论了裁罚机制的选择。第七章探讨了后遗成本的生成主体选择,先论述了裁罚主体选择的依据,然后分别研究了原初裁罚主体、代理裁罚主体、最终裁罚主体。

关键词:交易费用　交易成本　后遗成本

0593

产业转移和中部地区产业结构演化研究 / 王全春著 ; 宋涛指导. -- 中国人民大学, 2005. -- 118 页

本文指出,产业转移与产业结构的演化是世界上所有国家、所有区域经济发展和工业化过程的主要内容,产业转移是发达区域和欠发达区域之间的一种普遍的经济互动现象,而产业结构的演化既是经济增长的结果也是经济进一步增长的动因。90 年代以来,发达国家为了把更多资源投入到新出现的知识型产业中,迫切需要把部分已有的资本和技术密集型产业转移出去,从国内看,以长三角和珠三角为代表的东部地区正逐步将部分劳动密集型产业、粗加工产业、能源和原材料消耗型产业向中西部地区转移。在过去 50 多年的工业化发展过程中,中部地区先后经历了四次重大的产业结构调整,目前已基本形成了自身的主导产业体系和产品体系。而产业转移对于中部地区的产业结构和经济快速发展都起到了至关重要的作用。但随着中部地区经济发展和产业基础的日益完善,缺乏有效调控的产业转移已越来越暴露出其固有的缺陷和弊端,对中部地区产业结构高度化和其国际竞争力的提高都带来了挑战。文章最后讨论了中部地区产业转移承接策略,提出既要注重自身比较优势,又要突破梯度转移定势,发挥后发优势,其次还要实施以壮大主导产业、培育新兴产业、促进城市群发展为目标的产业吸纳和承接策略;同时还提出了产业转移承接的载体建设和环境创新策略,认为环境创新在于制度、法制、文化的建设和创新。

关键词:产业转移　产业结构　产业政策　中部地区

0594

美国巴西经济发展比较研究 / 王然著 ; 白暴力指导. -- 北京师范大学, 2005. -- 141 页

论文以美国和巴西作为两个美洲的代表,以"内因是决定事物发展变化的根本原因"这一马克思主义基本原理为指导思想,以政府在经济发展过程中的作用为切入点,从对外贸易政策选择、产业结构演变和生产要素投入等方面,对两国的经济发展进行对比研究,认为政府在经济发展中的不同作用,既是美巴两国也是南北美洲经济发展差异产生的主要根源。首先论文从对外贸易政策的角度对美巴两国的经济发展历程进行了概括和对比,认为两国政府在贸易政策上的不同选择,是导致发展差异产生的直接原因之一,而根本原因则在于两国各自的贸易政策是否符合本国生产力发展的要求。其次,论文对美巴两国的农业和工业发展进行了对比分析,认为两国政府对待农业的不同态度,是导致两国农业发展差距产生的主要原因;两国不同的工业结构转变模式,是导致两国工业发展差距产生的主要原因。而巴西政府的人为推动,则是两国不同的工业结构转变模式产生的根源。最后,论文以外资利用、教育发展和交通建设为例,分别对美巴两国政府在资本、人力资本以及基础设施等经济发展要素投入中的作用进行了对比分析,认为巴西政府在这些方面的一系列严重失误,是导致其经济发展长期落后的重要因素。

关键词:经济发展　贸易政策　政府行为

0595

论公平贸易 : 从贸易救济措施的角度出发 / 王世春著 ; 李晓西指导. -- 北京师范大学, 2005. -- 159 页

论文通过理论综述和实证分析,试图对公平贸易内涵、特点及其形成机理作一较全面的分析,并就中国公平贸易的发展提出可能有价值的建议。主要从三个方面开展了研究。第一个方面为论文的第二章,以公平贸易的缘起为出发点,重点对公平贸易的内涵、特点及影响因素进行分析,并且阐明了比较优势、利益集团和经济体制模式是影响公平贸易的根本因素。第二个方面为论文的三至五章,主要从不公平贸易和作为公平贸易重要形式的贸易救济措施的特征及其效应进行了分析,并通过建立博弈模型,解释贸易救济措施的作用机制以及公平贸易规则形成的内在原因。第三个方面为论文的六、七章,从现状、原因和危害等不同角度,对中国遭受的贸易救济措施、纺

织品特限问题、非市场经济问题和特保问题进行了分析,进而提出中国实现公平贸易的思路和政策建议。研究认为,在国际贸易实践中,世贸组织对维护全球公平贸易发挥了重要作用。但是,随着对关税、传统非关税壁垒的约束,以及国际贸易的发展,非公平贸易行为愈演愈烈,而反倾销、反补贴及保障措施等公平贸易措施也在被广泛地采用乃至滥用,技术、环保等新的贸易也逐步被纳入到公平贸易措施中来,影响公平贸易的因素正在发生新的变化。中国作为世界最大的发展中经济体,随着经济体制转轨和贸易规模的不断扩大,所面临的公平贸易环境更不同于其他任何国家,除了"非市场经济"、特保等一系列问题需要解决外,还需要面对劳工、环保、竞争政策等一系列新的问题,实现公平贸易需要付出更大的努力。

关键词:国际贸易　公平贸易　保护贸易　反倾销

0596

二元结构下农业发展与农业劳动力转移研究 / 王松岭著 ; 朱国宏指导. -- 复旦大学, 2005. -- 139 页

本文在二元结构的视角下,侧重农业与劳动力转移的关系研究,并对农业组织、土地制度、科技进步和劳动力素质与劳动力转移的内在关系和规律进行深入分析。首先,梳理了国内外农业劳动力转移的理论发展与研究情况,确立研究方向。第二章系统分析了我国二元结构的形成与演变,指出我国在二元经济结构的基础上形成独特的二元社会结构,二元结构的形成和强化制约了农业的发展和农业劳动力的转移,并提出转型期我国二元结构转换的滞后特征是,就业结构非农化滞后、人口城市化滞后、二元结构体制转换滞后。第三章在回顾我国农业劳动力转移历程的基础上重点分析了劳动力转移的二元结构特征,指出我国二元结构的特殊性决定了在二元结构下农业劳动力转移的特殊性。第四章探讨了二元结构下农业组织、土地制度与农业劳动力转移之间的内在关系,研究发现,不同的农业组织形式影响着农业劳动力的效率和转移,进而影响农业发展和二元结构的消除。第五章系统讨论了农业科技进步与农业劳动力转移的关系,发现我国农业科技进步存在很多问题,不但影响劳动力的转移,而且不利于传统农业向现代农业的转型,认为我国应该根据自已特殊的二元结构背景选择农业科技进步的路径,科学地、辩证地处理与农业劳动力转移的关系。第六章具体分析了劳动力素质、农业发展、农业劳动力转移之间的相互关系,一方面,我国农业劳动力整体素质偏低、阻碍农业结构调整、科技进步、农产品商品化和农业组织创新,影响劳动力转移率和转移后的职业选择、收入以及转移的稳定性,另一方面小农经济不断产生大量低素质劳动力,增大劳动力转移的压力。最后,综合全文的研究建立了一个二元结构、农业发展和农业劳动力转移的理论框架,并在此基础上提出促进二元结构转换、发展农业、加快农业劳动力转移的对策。

关键词:农业发展　农业劳动力　劳动力转移　劳动力素质　二元经济

0597

欧盟区域政策研究 / 王雅梅著 ; 杜肯堂指导. -- 四川大学, 2005. -- 166 页

文章从欧洲一体化发展的角度,阐释了欧盟区域政策形成和发展的必然性及在欧洲一体化进程中的特殊作用,概述了欧盟区域政策体系的构成及主要内容,分析了欧盟区域政策实施的效果和欧盟区域发展中面临的主要问题,总结了欧盟区域政策实践的有益经验。文章认为,在促进欧洲一体化发展的因素中,欧盟区域政策是其中一个有特殊重要意义的因素,区域政策的有效运用缓解了欧盟区域发展不平衡的矛盾,使各成员国及其地区间能够维持一个欧洲一体化进程向前发展所要求的经济、社会聚合水平。论文阐述了欧盟区域政策的新目标"地域聚合"和多种新发展模式的内涵及重要意义,聚合目标即实现整个欧盟在地域上平衡的、可持续的发展。文章认为,欧盟的地域聚合和多中心发展模式的实质是平衡发展与不平衡发展的有机结合。另外,文章还讨论了区位条件对欧盟岛屿地区经济发展的影响以及东扩给欧盟区域政策带来的影响,认为岛屿地区的不利区位条件要求欧盟采取特殊的援助措施,而在扩大的联盟中,成员国之间的利益协调和平衡将变得更加困难,面对区域差距的急剧扩大和可使用资金的有限性,更加有效地使用结构基金和聚合基金,提高基金的使用效率势在必行。最后,讨论了经济全球化趋势对欧盟区域政策改革的影响,认为在欧盟的边远地区和老工业区都面临很大挑战,需要欧盟加大对这些地区的援助力度,给予更多支持,将结构基金实行分权化管理,充分调动各级政府的积极性,让所有地区的经济潜力和优势得到充分发挥,增强欧盟整体的国际竞争力。

关键词:区域经济一体化　经济政策　欧盟　国际竞争力

0598

转型期中国农民利益论 / 王银凤著 ; 朱国宏指导. 复旦大学, 2005. -- 234 页

文章对转型期中国农民的经济利益问题进行探讨,详细地论述了转型期中国农民利益实现的历史基础、现实状况、基础条件、制度安排和组织创新。全文共分五章。第一章通过对利益理论的梳理,揭示农民利益的思想渊源,有助于了解农民利益思想和透视农民利益的各方面。第二章通过对转型期我国农民利益的透视,揭示无论在从上而下的集体化、合作化运动中,还是从下而上的家庭承包责任制、统分结合的经营体制中,农民的利益都没有得到很好实现,农民利益的提高期待着农民自身力量的增强,国家特殊时期的政策安排使农民难以从根本上摆脱利益合法化流失的困境。第三章阐述了农业生产者利益提高首先在于产量提高,而产量提高的关键在于农业生产力的提高,在农村劳动力过剩的情况下,劳动替代型技术进步并不可行,而劳动改进型技术进步即为人力资本投资对农业生产率提高起着非常重要的作用。第四章主要阐述了土地制度安排对农民利益的影响,认为目前我国土地制度仍存在很多问题,如所有权主体的多重性、使用权的短周期等,土地产权制度需要在坚持集体所有、家庭经营的背景下加以改进和完善,此外,还研究了如何进一步完善征地制度、对被征地农民进行合理补偿以及妥善解决补偿之外的就业与社会保障等问题。最后一章主要阐述了农民合作经济组织对实现农民利益的重要性,认为农民合作经济组织通过减少交易次数、降低交易成本、提高生产者剩余以及提高农产品生产者谈判地位等方式实现农民利益的提高。

关键词:农民利益　农业生产力　土地制度　农村合作经济

0599

关税保护与动态比较优势的理论与经验分析 / 王元颖著 ; 金祥荣指导. -- 浙江大学, 2005. -- 164 页

本文在文献述评的基础上,以关税对内生比较优势的培植和如何在促进我国产业比较优势动态化升级的基础上实现有机增长和经济收敛为出发点,重点运用关税有效保护理论、战略性贸易政策理论、内生比较优势和动态比较优势理论、关税内生化理论对我国的关税、贸易和产业现状进行了实证分析。全文共分七章。第一章导论提出研究的问题,并简要介绍本文的研究方法和研究框架。第二章对经典关税理论、关税的协同效应理论、关税内生化理论和关税博弈的政治经济学理论进行文献综述和述评。第三章对关税保护、战略性贸易政策、内生比较优势的内在关系进行理论探讨。第四章对中国关税保护和产业的动态比较优势进行了实证分析,并提出了优化我国关税有效保护和促进动态比较优势培植的相关对策建议。第五章是案例分析,以汽车业为例,对中国的关税保护、经济绩效和动态比较优势的关系运用计量经济学的方法进行分析。本章认为,生产分裂使中国汽车产业组织缺乏效率,规模经济和市场竞争严重不足。所以,应当利用入世契机,逐步取消汽车贸易的各种关税和非关税壁垒,推进中国汽车贸易的自由化。第六章对中国关税制定的政治经济学的实证分析,结果表明,我国名义关税的保护结构是"国家利益"和"利益影响"综合作用的结果,关税内生化假说理论在中国是成立的,我国的关税不是外生的,是由诸多政治经济因素决定的内生变量。第七章在总结全文的基础上,得出简要的结论和政策含义。

关键词:关税　贸易保护　比较优势　贸易政策

0600

中国渐进式金融自由化与国有银行风险关系研究 / 王运成著 ; 白永秀, 许崇正指导. -- 西北大学, 2005. -- 156 页

本文从转轨视角出发,在"金融抑制——国有银行风险积聚——渐进式金融自由化——国有银行风险的控制与演进"这一框架下研究了中国渐进式金融自由化与国有银行风险的关系。本文共分八章。第一章导论介绍选题背景和意义。第二章综述了金融自由化、金融自由化与金融脆化、金融危机关系、转轨经济学的相关理论。第三章分析金融抑制与转轨时期国有银行的风险积聚问题。第四章考察了中国金融自由化的实践并分析其与国有银行风险控制的关系。第五章对中国金融自由化的发展及其与国有银行风险的演进进行探讨。第六章分析中国渐进式金融自由化中的政府行为与国有银行风险关系。第七章从国有银行改革与风险化解防范视角分析中国金融自由化深入的相关问题。第八章给出全文结论:国有银行制度安排是中国经济转轨进程中金融抑制最为严重所在,产权国有化是国有银行风险不断积聚的主要原因;中国金融自由化的方式是渐进的,目的主要是控制和化解国有银行风险,程度是虽有较大进展,但金融抑制仍较严重;中国金融自由化与国有银行风险高度相关;政府在中国的金融抑制、金融自由

化及国有银行风险控制和演进中扮演着关键角色；“国家信誉不可分说”的既有研究值得怀疑，由此得出的国有银行应暂缓资本结构改革的推论不成立。

关键词：金融自由化　国有银行　银行风险　风险管理　政府行为

0601

中国产业结构演进研究：1978—2004 / 吴萨著；刘伟指导. -- 北京大学, 2005. -- 121 页

本文通过以实证分析和规划性分析相结合、以实证分析为主的研究方法，系统总结了改革开放以来中国产业结构演进的历史进程，及其对经济增长的影响。全文共七章。第一章是导论，界定了产业、产业结构等基本概念，简述了产业结构理论的形成与发展，同时介绍了产业结构演进的内容、动因分析，分析了产业结构演进与经济增长的关系，介绍了本文的研究方法与结构。第二章从时间序列（纵向）角度回顾了中国改革开放二十多年来产业结构演进的进程，同时分析了现状，对中国产业结构演进的动因进行了分析，指出了存在的问题，深入分析了产业结构演进对于经济增长的贡献。第三章则是从地区产业结构调整（横向）来总结我国的产业结构演进对经济发展、经济结构的影响力度和广度。第四章从产业结构演进的第三维度，即从主导产业的角度进一步剖析这段时期中国产业结构演进的特征。第五章深入探讨了能源约束对我国产业结构优化的制约和影响。第六章分析了对中国产业结构演进影响最大的国际化因素——外商直接投资对我国产业结构的影响。最后一章，作者提出了优化产业结构演进的政策建议。

关键词：产业经济　产业结构　产业结构优化　经济体制改革

0602

企业文化与民营企业发展研究 / 吴文盛著；辜胜阻指导. -- 武汉大学, 2005. -- 151 页

论文首先对企业文化的基本理论进行了分析。其次，比较分析了美国、日本和中国企业文化与民营企业文化之间的差异，研究指出日、美与中国民营企业文化既有相同点又有不同点，不同国家的企业文化可以相互借鉴，但根本还是本民族的传统文化；以人为本、顾客至上、以质取胜、鼓励创新、讲究诚信、团队协作是三国文化的共同趋势；企业组织制度是不同文化背景下企业选择的结果。第三，研究了民营企业发展的文化动力，指出企业文化是民营企业持续发展的动力，是民营企业的核心竞争力。然后，论文对同方、同仁堂、方太、国美、新希望等这些成功民营企业文化核心竞争力逐一进行验证。最后，论文指出我国的民营企业在发展中存在着许多文化方面的障碍，一是不重视企业文化资本的培育与积累；二是对企业文化核心竞争力的认识不足；三是传统文化资本存在缺陷，包括缺乏社会信任、传统“分家文化”根深蒂固、过分抑制创新；四是企业不能根据企业的生命周期及时进行文化变革，使企业文化落后于企业的发展。并提出可以通过加强制度建设、逐渐淡化家族经营、重构信任机制、积极打造企业文化核心竞争力等措施进行解决。

关键词：民营企业　企业文化　企业发展　核心竞争力

0603

信息通信技术（ICT）产业的标准竞争和标准战略 / 吴彦群著；吴敬琏指导. -- 北京大学, 2005. -- 101 页

在具有明显的网络经济特征的信息通信技术领域（ICT），只有遵循统一的技术规范，网络中的子系统才能相互连接，协调工作，这种统一的技术规范被称为兼容性或接口标准。文章指出，兼容性标准有利于扩大网络的外部性，降低转移成本，但也有可能被一些国家或企业作为技术壁垒，限制市场进入，该标准的出现将市场竞争从产品的竞争向标准的竞争扩展。就在我国政府基于对封闭型标准的理解制定标准战略的同时，在国际市场上一种基于非市场机制的标准——协会型标准正在迅猛发展，在协会型正式标准的开放性原则下，任何企业都不能像在封闭标准中那样通过控制标准和垄断技术占领市场，但“得标准者得天下”的现象却同样得到了验证。论文基于理论经济学的分析框架，深入探讨事实标准和协会型正式标准的运行机制的不同，两种标准的竞争实质和企业如何通过标准盈利。基于“得标准者得天下”的事实，试图回答“为什么得标准者能得天下”、“如何能得标准”、“得标准者如何得天下”、“不得标准者是否一定失天下”等关键问题，在一定程度上解释了目前中国技术标准政策所面临的困惑并为标准政策的调整提供分析框架。最后在借鉴国际经验的基础上，对中国的标准战略和政府在其中的作用提出一些具体建议。

关键词：信息技术产业　技术标准　行业标准　协会标准　企业标准

0604

中小企业信用担保风险研究 / 吴义国著 ; 周立群指导. -- 南开大学, 2005. -- 168 页

本文系统地研究了信用担保的风险问题,包括信用担保风险源分析、风险识别、风险计量和定价、风险管理和控制。论文从信用担保的风险源分析入手,界定了信用担保的违约风险、市场风险和操作风险。为识别信用担保风险,作者论述了中小企业资信状况的分析方法和工具(定性和定量指标体系)、贷款项目风险的识别和风险缓解措施(反担保)。由于传统的风险计量和定价存在缺陷,作者引入期权定价理论,提出计量和定价信用担保风险的方法,并进行实际测算,通过基于风险的定价,促进信用担保业可持续发展。最后,作者论述了信用担保风险的层次管理和指标体系,分析了操作风险的成因,提出了健全内部控制机制的措施。

关键词:中小企业　信用　担保　风险分析

0605

公司治理结构下中国上市公司资本结构与融资方式的制度分析 / 吴元波著 ; 何炼成指导. -- 西北大学, 2005. -- 220 页

本文以金融制度为研究主线,针对中国上市公司资本结构的优化及融资方式的发展会提高中国国有企业治理绩效并带动整个中国经济资源的优化配置的核心命题进行研究。全文共分十个部分。第一部分是导论。第二部分综述资本结构理论,认为流动性理论和机会窗口理论与中国目前的上市公司状况和融资环境比较近似。第三部分分析了我国企业融资的宏观金融制度环境存在的问题,认为必须进行金融体制改革、金融组织的创新以及金融产权改革,才能硬化国有企业的融资成本约束,增进资本市场效率,优化国有企业的资本结构。第四部分比较了中、美、德、日在融资方式上的异同,剖析了我国上市公司融资结构治理效应弱化的原因,提出政策建议。第五部分在公司治理结构视野下对中国上市公司资本结构及其优化进行探讨,论述了公司治理结构与资本结构的互动关系,提出了优化设计中国上市公司资本结构的策略。第六部分剖析了资本成本与公司价值的关系,从产权约束、债务的软约束等方面阐述了我国国有企业资产负债率过高的原因,并指出解决的根本途径是产权制度创新。第七部分针对上市公司的“股权融资偏好”现象,认为西方的“优序融资理论”不适合中国上市公司现有情况,流动性缺乏才是中国上市公司股权融资偏好的根源。第八部分研究了中国上市公司资本结构的路径约束与长期债务资本市场,认为公司债券市场不利于上市公司资本结构的优化,中国应该进一步发展债券市场以及变革商业银行的长期贷款机制。第九部分对中国国有企业资本结构整体优化进行战略性思考,认为国有企业改革应以资本结构的优化为起点,“债转股”只是修正国有企业资本结构的过渡性举措,“国有股减持”是国有企业资本结构优化的必然选择。第十部分总结归纳全文,提出优化我国上市公司资本结构及融资方式的政策性建议。

关键词:上市公司　资本结构　融资方式　公司治理

0606

有限责任制度研究 / 夏雅丽著 ; 白永秀指导. -- 西北大学, 2005. -- 135 页

在研究有限责任制度理论及其演化的基础上,本文对中国有限责任制度问题进行了具体分析。全文共分十章。第一章导论。第二章是有限责任制度文献综述。第三章从有限责任制度的内涵、特征、功能、形成原因、合理性和局限性、运行机制等多方面对有限责任制度进行了理论分析。第四章划分了有限责任制度的发展阶段,介绍了有限责任制度安排形式的现状,并对有限责任制度的不同模式进行比较。第五章回顾了中国有限责任制度的演进史。第六章描述了中国有限责任制度的主要类型和模式,就中国有限责任制度与国际接轨进行分析。第七章具体分析了中国有限责任制度存在的问题。第八章论述了国内外有限责任制度的发展趋势,并对这二者进行了比较。第九章提出完善中国有限责任制度的对策。第十章是结论。

关键词:股份有限公司　企业制度　有限责任制度

0607

金融全球化下的银行全能化研究 / 向宇著 ; 李天德指导. -- 四川大学, 2005. -- 177 页

本文探讨了金融全球化下的银行全能化问题。全文共分六章。第一章是金融全球化概述,包括金融全球化的特征及其对全球经济的影响。第二章探讨了金融全球化背景下银行生存环境的变迁。第三章回顾了银行全能化的发展历史,着重探讨了银行全能化的内容,不同金融体系中银行全能化的形式及其对金融全球化的适应性,分析了全能银行向传统银行业

务回归的现象。第四章在探讨全能银行在本国国内经营所面临风险的基础上,分析了全能银行在金融全球化环境下跨国经营时风险的深化,阐述了全能银行全球风险的增大会导致全球金融体系脆弱性的增加。第五章阐述了全球银行业监管的国际合作实践,分析了巴塞尔委员会建立的国际银行业监管的框架体系,分析了《巴塞尔协议》与《巴塞尔协议Ⅱ》对国际银行业的风险控制思路及体系的演变。第六章分析了金融全球化过程中我国银行全能化经营的制约因素,探讨了我国银行全能化的路径。

关键词:金融全球化　银行业务　全能化　风险管理

0608

公共养老金制度研究 : 兼论中国公共养老金制度的模式选择 / 肖金萍著 ; 胡培兆指导. -- 厦门大学, 2005. -- 230 页

文章从经济学角度对各种公共养老金计划的特点、不同类型的养老金计划对经济和社会的不同影响,各自在不确定性条件下在确保足够的退休收入方面所起的作用,以及在特定的环境中一种特别的模式是否能够成功等问题予以分析,并以此为基础探索建立新制度和改革旧制度的先决条件及适合中国国情的公共养老金制度模式。全文共分为八章。第一章对各种老年保障思想进行了综述。第二章论述工业化国家公共养老金制度的变迁以及中国公共养老金制度的改革历程。第三章到第六章分析了公共养老金制度从现收现付制向DC型基金制过渡的必要性问题,研究认为,基金制对于解决人口老龄化问题并没有特别的优势。第七章论述了公共养老金制度从现收现付制向私营的DC型基金制过渡的可能性问题,认为从现收现付制转向DC型基金制不仅具有相当的难度,而且是毫无疑义的零和游戏。对中国来说,这一过渡不仅面临财政困难,更重要的是前提条件不具备,而且DC型基金制度无效的原因还在于自我负担率大于制度赡养率,且不能享受覆盖面扩大带来的费率降低的好处,抑制了企业吸纳劳动就业的能力,从而不利于经济增长和养老问题的根本解决。

关键词:养老金　劳动制度　融资方式　基金

0609

市场进入管制研究 / 肖林著 ; 曾国安指导. -- 武汉大学, 2005. -- 186 页

文章首先沿着管制的公共利益理论和管制的特殊利益理论两条主线,梳理了现有理论中有关进入管制的主要观点。在分析现实经济生活中直接进入管制的依据、对象、形式、方法的基础上,运用行为经济学关于有限理性和认知偏差的理论,依次探讨了有限理性必然引发过度进入倾向,进入的有限理性和竞争、创新之间的关系,管制者不可能完成预期的管制目标三个主要问题,说明了过度进入是一种必然现象。同时对直接进入管制的不切实际和危害进行了综合分析。接着,将间接进入管制与直接进入管制区分开来,从间接进入管制促进整个市场建立信誉体系和市场交易主体建立基本信誉的角度,探讨了间接进入管制的积极作用,并在管制与信誉的替代关系模型基础上进行了简单的数学分析,指出适度的间接进入管制主要取决于管制的边际收益与所管制产品或者服务的需求价格弹性的基本结论,提出通过经验估算法、工程分析法和生存法来确定间接进入管制的适度水平。然后,在理论分析的基础上,具体分析了出租车、电信和职业界三个典型行业进入管制的历史、管制情况和效果,指出在这些行业市场进入管制的发展变化中,经济效率不是决定进入管制的主导因素,人们对这些行业进入管制的看法极其复杂,也有对管制效果和出发点的怀疑甚至否定,这与现有进入管制理论分析的简单化倾向形成很大反差。最后,对我国市场进入管制改革作了一般性分析,提出在进入管制改革中应当重视管制演化的动态性,重视进入管制改革的短期效应,权衡和补偿政策变化带来的损失,帮助新进入者,有效的产权保护和强有力的宪政约束是顺利推进市场进入管制改革的两个必要条件。同时还探讨了经济全球化背景下我国进入管制改革的方向和重点。

关键词:经济管理　市场准入　政府管制　市场管理

0610

区域产业竞争力生成机制研究 / 肖淼著 ; 张薰华指导. -- 复旦大学, 2005. -- 198 页

本文以马克思主义政治经济学生产力理论为指导,分析提出了一系列关于区域产业竞争力的观点,在此基础上,分解区域产业竞争力的影响因素,研究了区域产业竞争力的生成机制,探讨了培育和增强区域产业竞争力的路径。全文除导论外,分七章展开论述。第一章对区域产业竞争力的相关理论进行了回顾,以区域产业竞争力的影响因素为逻辑,提炼和再阐述了竞争与竞争力理论、优势理论、集聚理论。第

二章建立起了包括区域产业原生竞争力、区域产业现实竞争力和区域产业可持续竞争力三个层次的区域产业竞争力研究框架,并分析了转化竞争优势、发挥创新作用、形成集聚效应三个重要环节。第三—六章是按照第二章提出的研究框架,从不同的方面阐述了区域产业竞争力的生成机制。第三章生产要素及其集聚:区域产业原生竞争力的形式与扩大,分析了生产要素及其流动对区域产业竞争力的作用机制,研究了要素流动与集聚的运动机理,以及影响区域产业竞争力的要素组合变迁。第四章产业空间群聚:区域产业现实竞争力之一,探讨了产业空间集聚、产业集群的效应、机理,以及与群聚密切相关的区域网络、群聚中的区域产业体系,研究了区域产业群聚对区域产业竞争力的作用机制。第五章产业结构优化:区域产业现实竞争力之二,分析了产业结构优化的机理,通过优化结构、优化生产力组合,生成并提升区域产业竞争力。第六章产业外部环境支持:区域产业可持续竞争力,包括四个方面:区域产业竞争力的自然环境支持、社会经济环境支持、政府的作用、区域间的竞合关系。第七章依照本文研究的区域产业竞争力生成机制规律,对长江三角洲区域产业竞争力为例进行了分析。

关键词:区域经济　产业经济　竞争力　产业集群　产业结构优化

0611

传统优势企业转型研究 / 肖丕楚著 ; 朱方明指导. -- 四川大学, 2005. -- 215 页

全文共分十章。第一章导论。第二章对传统优势企业的界定、演进与分化进行了研究,首先文章解释了传统优势企业的定义、特征及其类型,然后阐述了传统优势企业的生成与演进路径,并对传统优势企业的地位进行了评价,最后分析了传统优势企业在地区间、行业间、行业内的分化。第三章研究了企业转型的理论、现实与拓展,作者先对产业经济学进行了分析和解释,回顾了组织理论与组织学的研究成果,然后从转型的流程视角研究了企业再造,最后详细阐述了传统优势企业的转型。第四章从诱因、目标和路径三方面研究了传统优势企业的复兴之路,认为传统优势企业转型的诱因包括经济转轨、科学技术、产业环境、市场因素以及企业自身;而对传统优势企业转型的目标定位则是从整体目标和地位目标来分析的,并对目标进行了分解。第五章是关于制度约束与体制转型的论述。第六章研究的是功能约束与流程再造,先对传统优势企业功能进行定位分析,然后研究了传统优势企业主辅业分离问题,提出了主辅业分离的步骤、路径、操作模式,并剖析了相关的案例,最后分析了传统优势企业流程再造的模式创新,并以杭钢集团为例解析了业务流程再造。第七章论述了"大企业病"与组织转型,文章首先分析了"大企业病"的产生及预防,并从组织视角审视了这一现象,接着分析了组织裂变与空间扩张,最后阐释了组织演进与变革的趋势。第八章是关于产业衰退与产业转型问题,分析了产业转型的壁垒、选用对象、方式选择、风险防范等,讨论了产业深化与产业升级,以及产业分解与企业共生。第九章研究的是传统优势企业在转型中的成本分担问题以及政府援助问题。最后总结了全文的基本结论,对未来的相关研究进行了展望。

关键词:国有企业　企业改革　企业再造　传统优势企业

0612

中国农村城镇化问题研究 / 肖万春著 ; 张大军指导. -- 中共中央党校, 2005. -- 294 页

本文对国内外农村城镇化发展进行了理论和实证分析,从城镇群与区域经济协调发展的角度对农村城镇化的结构效应以及农村城镇化的机制体系、调控体系、指标体系、度量模型、政策支撑体系和道路选择等问题进行了研究。主要内容包括:1. 揭示了农村城镇化的结构效应原理,提出了农村城镇化发展就是要依托结构效应强化的观点;并明确了农村城镇化的基本内涵是实现城乡产业结构、社会结构和生活方式结构的转换和融合。2. 指出农村城镇化的机制体系是由动力机制、聚集机制和开放机制有机结合形成的。3. 指出了农村城镇化水平度量标准体系和农村城镇化水平的度量模型。4. 运用城镇化结构效应原理,对当前我国农村城镇化水平和城镇化结构效应进行了分析,剖析了我国农村城镇化政策的基本经验和存在的主要问题。5. 分析了我国农村城镇化成本风险的类型及其形成的深层次原因,提出了城镇化成本风险预警机制、指标体系和风险程度综合评估模型。6. 对国内外城镇化的典型模式进行了比较,提出了一些具有借鉴意义的经验教训。7. 针对我国的基本国情和经济社会发展的战略目标,明确提出了我国农村城镇化的发展方针、战略目标和发展思想,对我国农村城镇化的发展前景进行了预测和展望。8. 针对我国农村城镇化实际,提出了具有操作性的加快我国农村城镇化发展的对策方案与政策选择。

关键词:农村　城镇化　城市化

0613

转型期资本市场的功能研究 / 肖云祥著 ; 王珏指导. -- 中共中央党校, 2005. -- 120 页

本文的第一部分(第一—二章)首先阐述和评析了马克思有关资本市场的论述、西方学者关于资本市场功能的研究进展,在此基础上提出了研究资本市场,特别是发展中国家资本市场深化的方法:功能方法。接着对功能方法的分析框架进行研究。本文把资本市场界定为长期的资金融通活动的总和,是一个动态的变化的发展过程。本文从资源配置的角度指出资本市场最基本的五项功能,即转移资源、资金分割、风险管理、价格信号、激励机制。然后研究实现这些功能所需要的资本市场实现形式以及内在机制和质量要求。在后一部分(第三—六章),本文首先对中国资本市场的功能进行定位和实证分析。指出目前中国资本市场的功能效率低下,存在着资源劣化配置问题,其原因是体制转轨中的政治理念制约和过多的行政干预。然后阐明了未来中国资本市场的发展模式。第四章揭示了造成中国资本市场功能劣化的内在体制原因。本章从资本市场最根本的运行机制——供需关系出发,构建了转型期资本市场供求关系决定示意图。通过这一关系图揭示中国资本市场缺陷的核心在于产权问题,也就是由基本经济制度规定的所有制结构问题。然后指出解决中国资本市场问题的途径。本章的最后结论是,针对目前处于困境的资本市场,正确的方法是既要从理念上对基本经济制度进行深入研究和突破,又要按照"功能——结构"方法进行结构创新,从而为股权改革准备条件。第五章首先从理论和实证两个方面揭示了股权问题对资本市场功能发挥的影响。然后提出要从基本理念的创新上推进企业制度创新。文中提出,要实现资本市场功能的转换,不仅要解决股权分置问题,更重要的是实现产权主体的多元化、人格化和分散化,推进产权改革。第六章从中观的层面提出推进资本市场结构创新的对策和思路。

关键词:资本市场　金融改革　市场效率　经济转型期

0614

新阶段中国经济发展战略调整研究 / 肖泽群著 ; 陈文通指导. -- 中共中央党校, 2005. -- 193 页

本文主要研究成果如下:(1) 关于中国经济发展中的主要问题、矛盾和挑战的判断。把中国经济发展中一些表面的问题概括为五大方面,即需求结构不协调,生产结构不协调,城乡发展不协调,以及发展差距不断扩大和经济整体效率不高;把中国经济发展过程中深层次的两难选择及矛盾概括为提高增长质量与经济高速增长的矛盾,促进人的全面发展与高投入的矛盾,保持经济稳定安全与深化改革开放的矛盾;把中国经济发展过程中面临的外在挑战概括为经济全球化的挑战、发达国家科学技术迅猛发展的挑战和对中国廉价劳动力这一比较优势的挑战。(2) 关于形成主要问题和矛盾的原因分析。主要是理论认识、经济体制和发展战略及其贯彻实施的经济政策还存在一些片面性。(3) 关于消费需求问题。认为消费需求是经济增长的基础性的、主要的和持久性的拉动力。应当改变投资替代消费的战略,确立以消费需求为基础的发展战略。(4) 关于国民收入分配关系问题。认为城乡发展不协调的根本原因是国民收入过分向城市和工业倾斜,地区和个人差距不断拉大是政府均等化职责不明显的重要表现;长期居民消费过低的实质是劳动者报酬过低。合理的国民收入分配关系既要遵循市场机制的基本要求又要弥补市场机制的失灵,这是实现宏观经济良性循环的基础。(5) 关于社会力问题。认为应当改变片面强调数量扩张的粗放型发展战略,确立充分发挥社会力的发展战略;改变只讲产出不计代价和后果的发展战略,确立惠及子孙后代的可持续发展战略。(6) 关于产业结构问题。认为应当改变片面工业化战略,确立三次产业全面协调发展的新型工业化战略;应当改变片面强调数量扩张的粗放型发展战略,确立充分发挥社会力的发展战略。(7) 关于城乡关系问题。认为应当改变牺牲"三农"利益的战略,确立城乡良性互动协调发展的战略。(8) 关于国有经济问题。认为目前国有经济在竞争性领域具有的比较优势会随着市场经济体制的完善和民营经济的发展壮大而发生变化。因此,应当改变忽视非公有制经济的战略,确立各种所有制经济优势互补的发展战略。(9) 关于经济发展战略制定、调整或实施问题。认为经济发展战略的制定、调整和实施必须遵循客观规律。

关键词:经济发展战略　经济体制改革　产业结构　收入分配　消费结构

0615

我国上市公司信息披露的有效性研究 / 谢清喜著 ; 蒋学模指导. -- 复旦大学, 2005. -- 215 页

论文首先重新探讨了证券市场的有效性理论,认为上市公司信息披露的有效性是信息传导机制有效性的前提和最基本的保障,更是实现证券市场资源配置有效性的基础,只有这样才能提高整个证券市场的有效性,达到保护投资者利益的目的。第二,从两个方面对我国上市公司信息披露的有效性进行了研究:上市公司信息披露制度的构建状况和上市公司信息披露过程的有效性分析。首先,概括了我国已经建立的上市公司信息披露制度体系,并对中外上市公司信息披露及制度体系进行了比较分析,同时简要评述了近期颁布的几项重大信息披露制度;其次,通过证券发行市场和证券交易市场的信息披露制度建设历程、发展脉络和存在的问题,对上市公司信息披露制度构建的有效性进行探讨;在讨论上市公司信息披露过程的有效性时,论文分别从信息披露的时间及时性、信息披露的形式完整性和信息披露的内容真实性三个方面进行尝试性研究。第三,从探讨各利益主体的角色定位出发,具体分析了主要利益相关者之间的利益博弈过程;同时从证券市场内幕交易和公司治理入手,对上市公司信息披露中内部人控制与信息披露的有效性之间关系进行了分析,论文认为,上市公司严重的内部人控制加剧了证券信息的不对称,影响了上市公司信息披露有效性。最后,探讨了上市公司信息披露监管问题,认为,应积极发挥市场调节和诚信机制的隐性激励作用,促使上市公司自愿性信息披露机制的实现,从而发挥自愿性信息披露机制的作用,并分别从我国股权文化、公司治理文化、监管思路等角度探讨上市公司信息披露监管的发展方向。

关键词:上市公司　信息披露　市场有效性　内部控制

0616

在交易成本不为零条件下的一般均衡分析 / 谢志平著 ; 黄少安指导. -- 山东大学, 2005. -- 96 页

文章首先定义了相关概念,介绍了从 Edgeworth-Box 到一般多人交易的情形过程,然后再引入固定项为零的交易成本条件下讨论了展示最大化选择与市场价格之间的函数关系之方法的基本思路。分别认为,在引入固定项大于零的交易成本后,市场的均衡价格仍然存在,但相对于 Arrow—Dedreu 模型,完美的市场出清需要增加额外的条件。第二章中把两种商品的易货经济扩展到多种商品的以货币为交易媒介的纯交换经济。第三章主要分析了交易成本对生产部门的影响,论文证明,市场供求函数是关于市场价格的不连续函数,但是供求函数的曲线在市场价格连续变化时是连续变形的,也就是说,从市场报价到偏市场均衡价格的映射是上半连续的。第四章,首先讨论了市场均衡的性质,严格证明了市场的均衡价格是存在的,但市场的完美出清仍然需要附加条件;然后,讨论了两个重要的福利经济学性质,并证明在交易成本不为常数的条件下福利经济学的两个定理都不能满足。最后,分析了交易成本对社会总福利的影响,结论认为,交易成本将从三个方面损害社会福利:交易成本将直接使得消费者拥有的资源贬值从而减少消费者的预算水平;交易成本将直接从交易者的交易活动中消耗有限的资源;交易成本将减少企业的利润总额从而减少消费者可分到的利润收入。

关键词:一般均衡论　交易成本　社会福利

0617

经济增长中的金融效率 : 对转型期中国经济高增长与金融“低”效率悖论的解释 / 辛念军著 ; 陈享光指导. -- 中国人民大学, 2005. -- 150 页

论文以中国经济变迁为背景,以经济增长理论、发展金融理论、最新的金融与增长关系理论为依托,紧扣中国经济金融中的具体突出条件,重点解释中国经济高增长与金融低效率之谜,最后以探讨改革中国金融效率、实现经济可持续增长为落脚点。论文主要包括五章内容。第一章,对国内外学者关于经济增长中的金融效率研究进行综述。第二章,在对近年流行的包含金融因素的经济增长模型进行了简单的回顾和评析之后,提出了饱含金融效率因素的经济增长分析新框架;然后,将分析新框架运用到转型经济中,提出了转型经济中的两个简易模型。第三章论述了我国转型时期经济增长中的金融动员效率与配置效率。首先,分析了我国经济高增长中的金融动员和金融转化高效率;其次,强控制金融内生了金融部门低效率和初次配置低效率;再次,在我国转型经济市场化进程中广泛存在着金融转移及其“顺守”,客观上对金融初次配置低效率有一定修正。第四章论述我国转型时期金融效率与非金融要素的增长效应;分别分析了金融配置效率、金融动员高效率相一致的金融总量扩张;以及非金融因素对经济增长的效应。第五章对转型期中国经济增长与金融效率问题进行总结,并提出了金融效率的建议;认为在后转型时期保证经济持续高增长与金融高效率相统一成为我国金融效率改进的总目标;实现这个目标,需要遵循渐次放松国家金融控制模式、按市场经济的内在要求改革和发展金融

的原则。

关键词:经济增长　金融效率　经济转型期

0618

企业多元化与多元化折价：基于中国现实的理论拓展与实证解释／辛曌著；张晖明指导. -- 复旦大学, 2005. -- 151 页

本文认为,企业多元化与以托宾 q 度量的企业绩效(企业价值)之间的负向关系被称为多元化折价,自 Wernerfelt 和 Montgomery(1988)、Lang 和 Stulz(1994)、Berger 和 Ofek(1995)研究后,许多学者对多元化折价进行了理论和实证解释,其中代理理论用管理者和股东之间的代理冲突很好地解释了管理者的多元化动机损害企业价值,从而产生多元化折价;内部资本市场理论认为代理冲突和信息不对称可能导致多元化企业内部资本市场无效率配置,不过另一方面,内部资本市场也可能会有效率的资源配置,这一理论很好地解释了为什么有些多元化企业存在折价,而有些则不是。最优多元化理论则认为尽管存在多元化折价,但多元化并不导致多元化折价,多元化是企业的最优化选择行为。此外,一些研究认为是由于实证分析中样本选择和度量偏差问题,从而导致多元化折价结果的出现,控制住这些因素后,多元化折价现象会减弱或消失,甚至出现多元化溢价。基于中国的现实,文章对企业多元化理论进行了拓展,引入控股股东和中小股东的代理关系分析控股股东的多元化动机,用投资者保护理论进一步诠释内部资本市场理论,并假设企业特质资源具有时变性,借以解释中国的企业多元化选择,最后通过实证分析,回答了中国是否存在多元化折价,并提出了相应的解释。

关键词:企业管理　多元化　企业绩效

0619

期货市场价格功能的理论分析：兼论中国期货市场／邢莹莹著；董辅礽,刘伟指导. -- 北京大学, 2005. -- 112 页

本文主要研究以下四个问题:中国期货市场的建立、期货价格对现货价格的稳定作用、期货定价方法、期货价格与现货价格的关系等。全文分七章。第一章序言,介绍了研究背景、研究内容、研究意义、研究方法以及论文的创新之处等。第二章对期货交易进行了理论解释,界定了一些相关概念,分析了期货交易的特点,并从政治经济学、市场产生的噪声、货币等角度进行了解释,论述了期货交易的交易成本、风险规避和保险合约的安排,最后分析了中国期货市场的建立及发展。第三章从理论上对期货交易对现货价格的影响进行了分析,作者着重分析了蛛网预期理论、外推法预期理论、适应性预期理论、理性预期理论下期货交易对现货价格的影响。第四章从投机的定义、投机产生的动因入手,从理论上分析了投机在期货市场中的作用。第五章介绍了期货价格理论,包括持有成本理论和风险溢价理论,并对期货的定价进行了实证检验。第六章分析了期货价格与现货价格的关系,研究了期货价格对现货价格的发现功能、期货价格与现货价格之间的引导关系。最后第七章是本文的结论部分。

关键词:期货市场　期货价格　期货交易　现货价格

0620

关于风险投资中的博弈分析与制度安排研究／熊季霞著；高波指导. -- 南京大学, 2005. -- 191 页

论文深入研究了风险投资中的博弈关系,找出了影响风险投资主体策略选择与博弈结果的主要因素,并有针对性地提出通过相应的制度安排优化博弈结果,以促进风险投资业健康快速发展。论文首先分析了风险投资运作中的第一层博弈,即投资者和风险投资家的博弈;首先,建立了投资情况下投资者和风险投资家基本博弈模型(主要是围绕道德风险),分析双方的策略选择及影响因素;其次,用重复博弈模型说明了声誉效用的由来及其影响因素,并研究如何有效利用声誉机制;再次,在明确投资者与风险投资家的各种策略选择的情况下,建立了投资者和风险投资家的投融资完整博弈模型,分析双方的策略选择与博弈结果,找出了影响博弈结果的主要因素。同样,分析了风险投资运作中的第二层博弈,即风险企业家和风险投资家的博弈。然后,对投资者与风险投资家的博弈、风险企业家和风险投资家的博弈这两重博弈进行综合分析,指出双重博弈的结果共同决定风险投资的运作效率,一个地区风险投资双重博弈的较普遍的结果决定风险投资业发展状况。最后,文章还运用博弈分析的结论对中国风险投资目前存在的问题加以解释,并探讨如何通过制度创新促进中国风险投资发展;根据博弈模型分析,造成中国风险投资业不良现状的原因主要包括:投资环境较差,投资者、风险投资家与企业家的能力与精神素质偏低,低附带收益,监督约束机制弱,处罚与执法力度低,声誉机制与信息机制不健全等;据此,文章有针对性地提出了一系列

制度创新建议,以改善以上因素,促进中国风险投资业健康发展。

关键词:风险投资　博弈论　制度创新

0621

金融自由化与股市波动性 / 熊昆著 ; 陈享光指导. 中国人民大学, 2005. -- 169 页

论文主要研究金融自由化对股市波动性的影响。全文共五章。第一章主要探讨影响股市波动的主要因素;第二章研究了金融自由化对股市波动性的影响;首先,从金融管制的概念出发,从利率自由化、资本账户自由化和股市自由化三个方面界定了金融自由化的内容。其次,分别从这三个方面的自由化分析了对股市波动的影响。第三章分别分析了金融自由化的顺序、方式和条件对股市波动性的影响;研究认为金融自由化不会直接导致银行和金融体系的危机,而是在金融自由化进程中出现的若干问题放大了金融自由化的负效应。第四章主要考察了发达国家的代表——美国、英国、日本等发达国家以及韩国、中国台湾和马来西亚等新兴市场的金融自由化改革过程,研究金融自由化改革对股市波动性的影响,研究发现,金融自由化能影响股市波动性,短期影响较为明显,长期影响由于受到经济条件、顺序和方式的不同,表现不明显。第五章分析了我国金融自由化的进程,主要研究了中国股市波动的状况及原因,并选取了B股市场对境内居民投资者开放进行了实证研究,研究发现,中国股市波动性具有如下三大特点:政策因素影响较大;单边市场特征明显;投机性强,投资者存在过度反映。文章认为中国金融自由化要在宏观经济稳定的条件下推行,并应采取适当的顺序,以减少金融自由化对股市的负面影响。

关键词:金融自由化　股票市场　股票价格

0622

中国失业治理研究 / 熊祖辕著 ; 廖君沛指导. -- 四川大学, 2005. -- 262 页

文章主要围绕失业问题,从三个方面展开论证。首先,研究了失业"是什么"的问题。分析了失业产生的技术前提和社会条件,我国失业所面临的国内外背景和治理失业的重大意义,对中国失业问题的历史演变状况作了考察。其次,研究了"为什么"失业的问题。在对西方失业理论进行"一分为二"评析的基础上,剖析了我国失业的总量性成因、结构性成因、技术性成因、市场性成因、体制性成因和周期性成因,还对我国社会的失业承受能力和结构失业承受能力的因素进行了探讨。最后,研究了失业"怎么办"的问题。借鉴世界各国在治理失业方面的经验,对其较有成效的做法进行了概括;并根据我国的实际情况,提出要把促进就业放在更高的层次和地位,建议"促进就业应当成为我国的基本国策",提出了一系列相互配合的战略,这包括进一步完善我国失业保险制度应坚持的原则和措施,形成更规范更健全的失业统计调查制度等。

关键词:失业　就业　失业保险制度

0623

中国经济转型期城镇贫困问题研究 / 徐充著 ; 潘石指导. -- 吉林大学, 2005. -- 193 页

文章主要对我国"城镇贫困问题"进行了较为系统的分析和研究。全文共分七章。第一章为贫困问题的理论阐释,为进一步系统研究我国的城镇贫困问题奠定理论基础。第二章为转型期城镇贫困的现状透视,分析认为我国现阶段的城镇贫困人口分布广、规模大,有许多居民家庭都处于绝对贫困状态。第三章主要分析了转型期导致城镇贫困的原因。分析认为,我国城镇贫困日益凸显主要受经济、社会、劳动者个人三个因素影响,在诸多原因当中,导致城镇贫困的最根本原因还是经济社会的转型。第四章分析了当前我国城镇贫困的治理难点,认为我国城镇贫困问题非常复杂,治理贫困存在许多制约因素。第五章主要以发达国家、发展中国家的比较为背景,分析了各国在城镇反贫困方面各自的制度安排、主要做法以资借鉴。第六章提出了转型期我国城镇反贫困的战略构架。第七章提出了解决我国城镇贫困的主要对策:一是完善公共政策,加强宏观调节;二是推进理论创新,健全贫困监测系统;三是加强反贫困主体的建设,提高反贫困主体素质;四是建立有效脱贫机制,推进反贫制度创新;五是健全社会保障制度,增强社会保障功能。

关键词:城镇经济　贫困　扶贫　经济转型期

0624

国有商业银行产融结合问题研究 / 徐丹丹著 ; 胡钧指导. -- 中国人民大学, 2005.. -- 140 页

论文结合我国产融结合的实践和在对国外银行业产融结合模式国际比较分析的基础上,针对国有商业银行产融结合的制度约束与安排,研究了国有商业银行产融结合的目标模式及路径选择问题。全文共

分六章。第一章为导论部分,介绍选题背景、国外产融结合研究的文献回顾和论文的结构安排。第二章是对在研究产融结合的前提——作为独立产权主体的银行的产生的基础上,概述了产融结合在发达资本主义国家的发展经历的产融自由结合时期、产融结合受限制的时期和产融结合的新发展三个阶段。第四章从我国产融结合的实际出发,分析了国有商业银行产融结合的两个误区:主办银行制和债转股,并在此基础上研究了我国产融结合的单向性、风险性、松散性和受政府行为影响较大的特点。针对国有商业银行产融结合的产权制度、治理制度及经营制度约束,提出由一元产权到多元产权,从行政治理到公司治理,从分业经营到混业经营的制度安排。第六章根据我国国有商业银行和国有企业的现实状况,借鉴发达国家产融结合的实践,指出国有商业银行产融结合的目标应是基于市场原则自主决定的双向产融结合模式。

关键词:国有商业银行　产融结合　股份制　混业经营

0625

信息不对称与信贷资源配置研究 / 徐建斌著 ; 金雪军指导. -- 浙江大学, 2005. -- 157 页

论文从信息经济学的角度对银行信贷资源配置效率及相关制度问题作了进一步分析。全文共六章。第一章为导论。第二章对现有有关信贷市场信息不对称与银行信贷资源配置问题的研究文献进行了综述,并对传统西方经济学中有关银行与银行信贷作用的理论、信息经济学有关银行信贷的基本理论、信贷市场信息不对称与信贷资源配置关系的一般理论框架进行归纳和分析。第三章对银行信贷制度及外部制度环境对信贷市场信息不对称及信贷资源配置的关系进行研究,并通过模型着重对银行的组织管理制度与信息及信贷资源配置的关系作了分析。第四章分析了我国商业银行信贷资源配置效率的现状及存在的问题,以及信贷市场信息不对称的表现与信贷资源配置效率的关系。第五章根据我国银行信贷制度及外部制度环境的现状,从银行的组织管理制度、银行业的市场结构和银行客户关系制度、银行信贷的外部制度环境等方面分析银行信贷市场信息不对称的原因。第六章从完善商业银行的组织管理制度、银行的市场结构与客户关系制度和商业银行外部制度环境三方面提出完善我国信贷市场制度安排、优化信贷资源配置的对策措施。

关键词:信息不对称　信贷制度　资源配置

0626

中国职业经理人市场的理论与实证研究 / 徐林著 ; 姚先国指导. -- 浙江大学, 2005. -- 140 页

本文指出,西方的经理革命实现了所有者控制内容和控制方式的改变,也促进了职业经理阶层的形成、层级制的采用和治理结构的转变,形成了现代企业制度,西方的企业制度演变历程证实了有效的职业经理市场对于建立现代企业制度的重要意义。文章认为,职业经理人市场的有效运作就是通过机制设计使市场参与主体在一定的制度框架下行事,并获取相应的收益。作者通过对经理市场参与主体参与过程的分析,探讨了在既定的制度供给之下参与主体的博弈均衡以及博弈结构中各参数之间的相互关系,阐述了由于博弈结构中各参数之间的相互作用而使内部经理市场和外部经理市场的发展具有协同作用。在理论演绎与实证分析的基础上,提出了在我国发展职业经理市场的模式,即内部经理市场与外部经理市场协同发展的模式,并给出了相关的政策建议。文章认为,在我国外部市场由于内在缺陷而效率低下时,通过发展内部经理市场而提高整个经理市场的效率意义更加重大。

关键词:现代企业制度　职业经理人　市场化　职业道德

0627

演化、功能、组织与绩效:中国财政分权的现实研究 / 徐璐玲著 ; 周立群指导. -- 南开大学, 2005. -- 196 页

按照演化——功能——组织——绩效的结构框架,本文研究了中国的财政分权问题。论文首先论证了分权的基础,认为应当从更广泛的现实意义的观点上研究分权。但对分权问题的基本认识常常由于多种因素的存在而增加了分析的难度,为此作者通过对收支关系假说的格兰杰检验,推出适度分权与财政政策、收支的基本关系,认为收支关系在一定程度上是具有说服力的。其次,论文考察了分权关系的演化逻辑。假如起始点是中央集权,那么中央政府对于地方性公共产品的偏好误识,将导致纯粹的分享财政收入权力的要求,当地方政府仅依靠收入功能不能带来地方性公共产品的明显改善时,地方政府会提出重新定义政府间(财政)职能的要求。具体地,作为分权最初状态的中央集权,软的预算约束以及部门经济的内生

性导致财政分权关注部门间的分权关系，这种影响是显著和持续的。向市场的分权主要被分配关系所替代，积累与消费的关系体现了集权与分权关系的最初状态。在此之后的财政分权的演化形态呈现出不稳定性，这个时期中国财政体制调整极为频繁。短暂的稳定性作用及激励作用衰减、交易成本上升使中国财政分权进入一个中期发展阶段，接着发生的中央与地方财政权力博弈，使中国财政分权进入后分权时期，出现了相对的稳定。接着，论文在对公共财政体制的再考察后，发现公共财政体制与财政分权（分税制）是协同发展的，适度分权内生于公共财政体制，以公共产品为边界体现了政府职能的变化与财政分权的选择关系。中国在分权的过程中，存在着三种基本的组织形态：分税制、转移支付和地方性公债。这三种形态的背后有三条交叉的线条，其中主线是权力分立，也即三权分立的政制治理结构。最后，通过与其他一些国家和地区的分权绩效比较，论文给出了一个对我国市场化改革以来分权绩效的总体评价。

关键词：财政分散制　中央财政　地方财政　分税制　政府职能

0628

虚拟资本积累与经济增长：理论分析及中国的实证研究 / 徐璋勇著；何炼成指导. -- 西北大学，2005. -- 247 页

本文对虚拟资本的产生、积累及其结果、极态进行研究，分析了虚拟资本产生的制度条件、积累机制、经济效应、积累过度后出现的泡沫经济运行等问题，并在此基础上探讨了中国虚拟资本积累过程与经济增长的关系，以及中国虚拟资本市场的未来发展问题。本文第一章为文献综述。第二章运用制度经济学的理论和分析方法，分析研究虚拟资本的特征、资本虚拟化的制度条件、虚拟资本积累的历史发展及其趋势。第三章界定了虚拟资本积累的两种内涵，在此基础上对虚拟资本的积累机制进行全面分析。第四章对虚拟资本积累的企业成长效应、投资扩张效应、财富效应及货币政策效应及其机制进行分析。第五章在对经济泡沫与泡沫经济进行理论界定的基础上，分析了经济泡沫的形成与泡沫经济的运行过程，经济泡沫存在的正负效应以及经济泡沫度的测定方法。第六章对中国改革开放以来虚拟资本积累的财富效应、资源配置效应、投资扩张效应、货币政策效应和经济增长效应进行实证检验，其结论如下：中国资本市场存在财富效应，但这种财富效应不是体现在通过增加居民现实收入使消费支出扩大，而是通过产生了居民收入增长预期使居民消费支出扩大；中国资本市场的发展在宏观层面上具有良好的资源配置效应，但在微观层面上却存在严重的资源浪费和低效率；中国虚拟资本市场十余年发展对经济增长的作用有限；中国 1991—2003 年虚拟资本积累对经济增长速度的贡献率为 0.58 个百分点，其中债券融资市场的贡献率为 0.47 个百分点，股票融资市场的贡献率为 0.114 个百分点。第七章围绕虚拟资本市场发展中存在的问题，提出应该从理论创新、市场功能定位、规模扩张与结构优化、股权全流通、国际化发展、制度规范化建设等方面进行改革。

关键词：虚拟资本　资本积累　财富效应　经济增长　泡沫经济

0629

企业研发合作治理机制研究 / 许春著；刘东指导. 南京大学，2005. -- 146 页

论文主要从研发合作的内生和外生要素出发，研究研发合作的治理机制。首先对企业研发合作治理机制的文献进行评述，然后分析了企业研发合作交易成本问题，认为该成本来自事前的缔约成本和事后的履约成本，其中企业的学习效应是形成研发合作时候交易成本的主要因素，文章通过建立一个动态模型，分析企业学习效应改变合作双方对转移支付的谈判地位从而导致合作中断的原因。其次，运用交易成本理论和知识理论，结合我国九家企业合作研发"EVD"技术等案例，研究了知识的四个属性即：可编码性、交互作用、生命周期以及合作技术的数量与企业研发合作的组织形式之间的对应关系，并分析了影响企业研发合作组织形式选择的其他几种因素。第三，研究了非股权式和股权式合作研发的契约设计问题，认为技术许可费的设计可以改变参加非股权式研发合作的企业的事前激励。第四，主要研究了政府对企业研发合作的外部治理，通过建立一个简单的模型结合图示，表现了随着知识产权保护成本的上升，政府所能忍受的"技术溢出阀值"呈现下降趋势，而技术溢出程度是政府补贴政策的重要依据，文章区分了企业研发竞赛和企业研发合作两种情况的技术溢出。最后，讨论了企业研发合作的缔约与履约问题，缔约成本和履约成本是一对矛盾，法律机制和社会嵌入机制共同决定研发合作契约的缔结和履行，文章通过对 151 个高科技领域的原始研发合作合同的实证检验，分析了法律条款与社会嵌入机制在这些合同中的实际运用情

况,研究发现,研发合作契约性质上属于“不完全”合同,“社会嵌入机制”在保障合同的履约执行上发挥重要作用。

关键词:企业合作　研究与开发(R&D)　技术溢出

0630

市场化、权力嵌入与竞争秩序 :兼论中国市场化的“质”及未来趋势 / 许秋起著 ; 何自力指导. -- 南开大学, 2005. -- 166 页

论文研究的核心是市场竞争秩序的构建问题。在导论中评述了芝加哥学派的竞争理论和可竞争理论;在第二、三、四章,集中考察了三位著名的秩序论学者欧肯、哈耶克和布坎南的市场竞争秩序构建理论,并提出,竞争秩序制度范式存在经济秩序、法律秩序和社会秩序三个维度,竞争秩序的调整过程是三个秩序形态协调演进的过程。作者认为,从制度系统论、竞争秩序制度范式以及竞争秩序制度范式三维一体的秩序观思考中国市场化体制转轨的最优路径是中国市场经济体制完善的基本思路。第五章从社会系统论视角,分析了三种秩序的相互依赖性、整体互动性以及协同演进特征,探索中国经济市场化进程观念的规律及未来趋势,作者把社会权力结构的演变看作经济秩序演变的关键变量。第六章提出“中国的转轨经济学”本质上应是一种“社会经济动力学”,而社会的性质、社会的权力结构直接决定“市场经济”性质,权力结构的变动规律决定了市场化的方向。第七章分析了我国市场化进程中竞争秩序的构建问题,一方面用秩序理论解释中国的市场化进程的特征和存在问题,另一方面用转轨现实印证提出的秩序理论逻辑模型。文章的核心论点是,特定的社会权力结构决定了经济秩序的性质,生利性竞争秩序的建构离不开环形的相互制约的权力结构。最后,研究了中国竞争秩序的建构和市场经济体制的完善,提出,竞争秩序作为一种理想的制度范式,本质上是一种组织社会经济生活的文明形式,中国社会要想普遍分享市场经济带来的持久繁荣,实现社会主义共同富裕的终极目标,中国文化的大体——政治文化——面临着向法治文化的变迁。

关键词:市场经济　权力　市场竞争　竞争秩序　经济秩序

0631

WTO 框架下保障措施的经济学分析 / 严建苗著 ; 金祥荣指导. -- 浙江大学, 2005. -- 142 页

本文首先从贸易体系的历史演进的角度,探寻了保障措施制度的起源和发展,并运用制度经济学的新经济史学理论,对演进规律加以了阐释。接着提出保障措施的经济性质是 WTO 框架下的保护贸易手段,阐释了进口增加与产业的严重损害或严重损害威胁之间的因果关系,确定了保障措施实施的具体条件;比较说明了一国动用保障措施的关税、数量限制等的经济效应,分析了对消费者、生产者和政府,以及出口国的经济影响。其次,在实施保障措施的贸易保护的理论分析基础上,运用和拓展罗伯特 · 鲍得温(Robert Baldwin,1992) 的分析框架,构建了一个由经济扭曲理论、新贸易理论和贸易政策政治经济学等组成的理论框架,认为一是国内存在的扭曲可以为保障措施的贸易保护提供合理的依据;二是产业政策和贸易政策结合的角度,鼓励产生外部利益和垄断租金的产业的发展,实现国家间的利润转移,为国家通过干预对外贸易、提升本国国际竞争力的保障措施手段的实施提供了理论依据;三是国际政治经济学层面,保障措施作为国际贸易中的政府贸易政策行为是战略性的相互依赖,保障措施多边贸易谈判的推进反映了在主流的贸易自由化安排之外的一种制度创新的努力;国内政治经济学层面,提出贸易政策的政治市场决定的基本模型在保障措施贸易政策领域的应用,阐释了贸易保护的产业特征和保障措施的工具选择,并提供了经验性证据。再次,对 GATT 时期和 WTO 成立以来实施保障措施的特点进行了分析,探寻了近年来实施保障措施日渐盛行的原因,就美国钢铁产品的保障措施为案例,从实施动因和产生影响等作了解析。最后,分析了中国钢铁产品保障措施实证研究的对象特点和实施背景,对构建的理论框架进行了经验验证,并建立了判断产业安全的预警机制和指标体系,提出了政府、企业和商会或行业组织等在保障措施实施中的政策建议。

关键词:国际贸易　保护贸易　贸易政策　世界贸易组织(WTO)

0632

沿海地区产业结构升级研究 :以广东产业结构调整升级为例 / 阎晓东著 ; 郭铁民指导. -- 福建师范大学, 2005. -- 238 页

本文以马克思主义经济理论的基本原理为指导,借鉴西方经济学理论,从产业结构升级的内在动因和外部影响因素出发,重点研究沿海地区产业结构升级

中的演进模式与发展战略选择、技术创新体系建设、劳动力市场建设、区域经济合作的问题,并借鉴国际经验,提出了促进沿海地区产业结构优化升级的对策建议。本文共分七章。第一章导论说明写作目的、意义和研究方法。第二章是对产业结构升级理论的回顾。第三章介绍沿海地区产业结构升级的基本情况和发展趋势。第四章研究沿海地区产业结构升级演进模式与发展战略选择,指出在新一轮国际产业分工中,沿海地区产业结构升级演进模式和发展战略必须随着经济发展条件、竞争环境、市场需求和要素价格的变化而变化。第五到七章分别从技术创新体系、劳动力市场、沿海地区区域经济合作角度分析了产业结构升级问题,在介绍相关理论的基础上,分别以广东省的科技创新和劳动力市场、"泛珠三角"区域经济合作为例,分析了沿海地区科技创新及高科技产业发展、就业结构和劳动力流动、沿海地区区域经济合作的特点,指出存在的不足。同时以美国、日本和欧盟为例,介绍其经验及启示,提出建立健全技术创新体系、加强劳动力市场建设、加强区域经济合作以促进产业结构升级的对策建议。

关键词:区域经济　产业结构　经济合作　技术创新　劳动力市场　沿海地区

0633

上市公司监管的经济学分析 / 颜旭若著 ; 姚先国指导. -- 浙江大学, 2005. -- 160 页

本文运用制度经济学的分析方法对中国上市公司监管活动进行了研究。全文共分八章。第一至四章,通过对上市公司监管的博弈分析,作者指出,只要把上市公司监管看作是证券监管机关与上市公司之间的一种博弈关系,并把证券监管机关和上市公司都看作是一个追求效用最大化的经济主体,那么尽管中国的上市公司监管现状还处于(监管,违法)低效阶段,但通过监管防止上市公司违法,却是可以实现的一个目标。第五章从制度供求关系的分析结果看,一方面,上市公司监管制度的供求均衡是客观存在的;另一方面,从中国上市公司监管现状来看,还远未达到这种均衡,其突出表现就是证券市场出现了所谓的"拥堵"现象,即一方面,许多通过审核的 IPO 企业排队等待发行;另一方面,当证券市场上一旦有发行上市,随即就会出现下滑。第六至七章通过对上市公司监管成本和收益及监管效率的分析发现,中国的上市公司监管,其成本是非常高的,但收益却相对较低,相应的监管效率也不十分理想。第八章针对中国上市公司监管效率方面存在的主要问题,提出了提高中国上市公司监管效率的基本构想。主要包括:加快证券市场的转型步伐,充分发挥证券市场的投资功能;明确上市公司监管与上市公司自律的边界,突出上市公司监管的重点;树立上市公司监管的效率理念,尝试对监管成本与收益进行对比分析;完善上市公司监管体制,理顺上市公司监管机构内部的关系;加大对上市公司违法违规行为的惩罚力度,提高违法违规成本;发挥社会监督的作用,构建上市公司综合监管体系。

关键词:上市公司　监督管理　证券市场　金融监管

0634

产权理论研究 : 兼论我国国有企业产权改革 / 杨波著 ; 白暴力指导. -- 北京师范大学, 2005. -- 166 页

论文通过构建一个分析框架,论述马克思主义产权理论和西方产权理论,这两种理论的结构和主体内容,探讨它们的产生背景,说明其主要区别和联系,对这两种理论的结合进行分析,并对当前我国国有企业产权改革提出政策建议。文章首先讨论了马克思产权理论产生的背景,对该理论的一些基本范畴进行了分析,指出该理论的分析结论是否定私有制的永恒性,认为公有制能够克服私有制的弊端,分析基础是所有权和产权的统一,对产权权利束的分离仅做了初步研究且主要限于两权分离。马克思产权理论主要对产权理论系统的第一、二、四层次进行了研究,基本方法论是历史唯物主义和辩证唯物主义。社会主义国家在建设中实践和发展了马克思产权理论。然后讨论了西方产权理论的基石和主要内容,认为其基石是交易费用理论和科斯定理,西方产权理论主要对产权理论系统的第二、三、四层次进行了研究,其分析前提是资本主义私有制,分析基础是产权与所有权的分离,目的是改善资本主义私有制,基础方法论是个体主义,和马克思产权理论有重大差别。最后,认为我国国有企业产权改革应该以马克思主义产权理论为指导,需要顺应产权的历史发展趋势,主动地进行产权的分权改革,建立现代化产权制度,以提高企业的效率。

关键词:产权理论　国有企业　产权制度改革

0635

竞争理论、实践与政策 / 杨国亮著 ; 宋涛指导. --

中国人民大学, 2005. -- 197 页

论文首先回顾了西方经济学和马克思主义经济学的竞争理论,并提出了一个竞争的马克思主义分析框架;然后分别讨论了传统的企业竞争优势和新时期的企业竞争优势,以及新时期企业竞争优势的发展。研究认为,在工业革命及以后较长的历史时期,企业竞争优势主要表现在更高的生产效率带来的低成本优势和以质量差别为主的差异性优势,企业管理的核心是成本管理和质量管理;19 世纪 40—50 年代,英国的大机器工业扩散到美国,一些企业采用可互换技术和专用机器设备,在产品和工艺上持续创新,形成了美国体系,成为企业竞争的新前沿,之后在此基础上,一些企业又采用流水线作业,不断进行管理创新,形成了大规模生产模式,成为 20 世纪上半叶企业的主流生产模式。20 世纪 50 年代以来特别是 80 年代以来的技术与信息革命,技术创新急剧加快,出现了日本的精益生产模式、意大利的“灵活专业化”生产模式以及美国等发达国家的大规模定制生产模式,实现了低成本优势和差异性多样化优势的结合,这两种优势实现的关键在于不断创新。而业务外包和企业集群是新时期企业增强竞争优势的两个重要途径,当企业外包达到一定程度,就会成为“虚拟企业”;而集群的特殊环境是集群内企业通过产品差异化来获得竞争优势。最后,讨论了竞争政策的发展以及我国竞争政策的思路,竞争政策通常采取竞争法、竞争政策和竞争倡导等形式,是市场经济中一项基本的、首要的秩序政策;而 20 世纪 80 年代以来兴起的新自由主义片面强调自由竞争,我国的竞争政策应遵循考虑国情、增强企业竞争优势和鼓励创新的基本原则,基本思路是:制定综合竞争政策、消除行政垄断、有效约束在华跨国公司和外国企业的反竞争行为、建立独立的竞争政策实施机构等。

关键词:企业竞争　市场竞争　竞争战略

0636

现代公司董事会治理研究 / 杨海芬著 ; 朱方明指导. -- 四川大学, 2005. -- 198 页

论文借鉴经济学、管理学发展的最新研究成果和各国董事会治理方面的治理经验,研究了董事会作为委托人的治理结构与治理机制和作为代理人的监督和激励问题,形成了一个完整的董事会治理体系,并在此基础上,针对中国上市公司的实际情况提出了董事会治理存在的问题及完善的建议。论文首先从董事会治理的需要出发,综合整理出董事会治理研究的指导理论,对相关理论进行了回顾与分析评价。第二章主要探讨了董事会的起源和职能,提出董事会职能经过了复杂的演变过程,从管理、经营转为决策、监督两个方面,并作为基本职能确立下来。第三章首先界定了董事会治理的概念,确定了董事会治理的主要内容,然后分析了董事会治理结构的内涵,即董事会治理结构是对董事会内部组成及其比例关系所作的一套制度安排,为实现董事会的有效监督和科学决策提供组织保障,并对董事会治理结构的特性进行了详细论述。第四章分析了独立董事制度产生的背景及演进路径,揭示了其产生发展的特点,然后分析了独立董事制度的作用以及独立董事的独立性。第五章从董事会存在的主要风险入手,探讨了董事会的监督和激励问题。第六章从静态角度对美、日、德三种典型的董事会模式的框架、特点、治理机能及模式形成基础进行比较,得出有用的启示。第七章通过分析我国上市公司董事会治理现状,分析了中国上市公司董事会治理中存在的问题及原因,指出股权结构不合理、董事会业绩评价体系缺乏、“监视会虚置”现象严重以及相关法律法规体系不健全是董事会治理问题产生的主要原因。最后,针对我国当前转轨经济中的特殊背景,论文采用系统论的观点提出了中国上市公司董事会治理创新的基本思路和对策。

关键词:公司治理　董事会　独立董事制度

0637

西北民营经济发展路径分析 / 杨海涛著 ; 胡代光指导. -- 西南财经大学, 2005. -- 154 页

本文主要由七章构成。第一章提出“发展路径”的实质是制度命题,重点回顾了国外经济理论关于制度命题的研究成果。第二章将“发展路径”与“中国民营经济”问题结合,回顾国内外学者对中国民营经济发展的分析成果,重点介绍中国民营经济发展的原因、阶段性重点、发展模式等问题。第三章根据现有成果,提出“经济空间理论”作为本文具体分析的核心理论依据,阐述了由其引申出的两个重要推论:政府管制与经济空间内的竞争关系变化具有高度相关性,各种经济组织的相互竞争和合作活动最终将导致学习机制作用下的混合经济体制。第四章以温州民营经济为样本,从三个角度对“经济空间理论”进行事实验证:对政府管制与民营经济发展相关度、温州地区各种经济成分的相对变化进行统计验证;以正泰集团和集贸式工业品批发市场为案例代表,分析了民营企业制度演变和专业市场发展;分析了融资难题、家族

制双重性、文化冲突困境等现实困境的产生原因和形成机理。第五章从时间和空间条件分析了西北民营经济发展的基础条件。第六章分析了西北民营经济发展现状,重点探讨了西北民营经济发展的现有制度难题。第七章针对西北民营经济的现有问题,以西部地区基础条件作为前提,提出了西部民营经济的发展思路。

关键词:民营经济　区域经济　西北地区

0638

非正式制度与企业文化研究 / 杨红军著 ; 徐传谌指导. -- 吉林大学, 2005. -- 250 页

本文以马克思主义为指导,以西方经济学中的新制度经济学为分析工具,以非正式制度为切入点,论述了制度及制度变迁的内涵,研究了非正式制度与企业文化的关系,把非正式制度理论作为研究企业文化的基础理论;分析了企业文化的产生和形成,阐述了企业文化的概念、基本内容、功能,概述了西方企业文化理论;对企业文化进行经济学分析,阐述了企业家与企业文化的关系和企业文化对企业经营业绩的促进作用,明确提出企业文化就是企业核心竞争力的观点;论述了美国、日本、西欧的企业文化模式,并对其进行比较分析,为中国企业文化建设提供学习和借鉴;分析、论述了经济全球化进程中的跨文化企业的跨文化管理问题的产生、冲突的焦点,以及产生差异的原因,提出中国跨文化企业管理的有效方式是加强文化融合,搞好文化管理;分析了中国企业文化的兴起与发展现状,论述了建设中国特色企业文化的意义、原则、特点和方法,提出了中国特色企业文化建设的目标模式。

关键词:企业文化　核心竞争力　企业家　跨文化管理

0639

职工持股在中国的发展:理论、实践与对策 / 杨欢亮著 ; 杨继瑞指导. -- 四川大学, 2005. -- 235 页

本文在借鉴西方国家职工持股的理论思想和实践运作的基础上,研究中国职工持股的理论、实践与发展思路。全文共分九章。第一章探讨中国职工持股的兴起和发展历程,分析了中国职工持股制度的性质和特征。第二章考察了中外职工持股的历史渊源。第三章评述了中西方职工持股理论的发展与演变。第四章对职工持股制度理论作进一步分析,阐述了职工持股的内涵和职工持股制度的理论基础。同时以美国和中国为例,从理论上分析了职工持股制度的社会经济功能和局限性。第五章分别按照各国的地域特色和职工持股内在规定的差异性对职工持股制度进行分类,对各种模式进行研究,同时解析了我国现存的职工持股典型实践模式。第六章分析了西方各国和我国职工持股制度的绩效,并对职工持股绩效影响因素进行一般分析。第七章以美国为例,论述了西方企业职工持股制度的运行机制,研究了中国股份制企业职工持股制度的运行特点,并分析了股份合作制企业职工持股制度的运行机制。第八章探讨了中国股份合作制企业和股份制企业中职工持股制度发展中的问题及其成因。第九章提出完善中国职工持股制度的总体思路,从模式选择、配套政策等方面提出具体对策。

关键词:股份公司　股份合作企业　职工持股

0640

企业国有产权转让市场化探索 / 杨建德著 ; 袁文平指导. -- 西南财经大学, 2005. -- 191 页

本文主要由七章构成。第一章回顾了产权与产权理论。第二章首先论述了产权转让的涵义及其分类,阐述了产权转让的动因理论;其次分析了产权转让市场化的涵义及其内容,认为产权转让市场化是使企业产权这种资源由计划配置转向由市场配置的过程;最后分析了产权转让市场化的基本特征和制度环境。第三章考察了企业国有产权转让市场化的发展阶段及其体制变迁背景,分析了当前企业国有产权转让市场化的深层次矛盾。第四章分析了国有企业建立现代企业制度与产权转让市场化的关系,对市场化产权转让主体的构造和约束进行了探讨。第五章对产权转让中政府行为进行理论和现实分析,论述了产权转让市场化过程中的政府职能定位问题。第六章对产权转让市场作了概述,回顾了我国有形产权转让市场的历史,分析了当前产权转让市场存在的主要问题并提出发展思路。第七章提出建立和完善产权转让市场化法治环境的原则,并就企业国有产权转让市场化的法治体系提出建议。

关键词:国有资产　产权转让　市场化

0641

生态建设与区域经济发展研究 / 杨筠著 ; 杜肯堂指导. -- 四川大学, 2005. -- 224 页

本文主要论述的是生态建设与区域经济发展之间的关系,努力在生态效益和经济效益中寻求平衡

点，实现生态环境与经济发展双赢的目标。全文共分九部分展开论述。第一部分前言，介绍了文章的选题背景、论文结构和主要创新观点。第二部分对相关的范畴进行了界定，并概述了相关的理论，同时还分析了国外生态建设与区域经济发展结合的几个典型实例。第三部分总结了区域经济发展过程中重视和忽略生态建设的利弊得失，结合我国区域发展的现实状况，提出了中国生态建设与区域经济发展的总体思路。第四部分分析了生态建设与区域经济发展战略之间的关系，文章首先概述了区域经济发展战略理论，接着分析了区域经济发展目标模式的选择，提出了PRED战略，分析了生态区域的内涵和实际运作，最后阐述了我国不同类型区域的生态建设与经济发展。第五部分分析的是生态建设与区域经济增长间的关系，作者首先阐述了区域经济增长的内涵，接着分析了区域经济增长方式的内涵及其转变，以及我国区域经济增长方式的选择问题。第六部分阐述了生态建设与区域产业结构之间的关系，重点分析了生态建设在区域产业结构调整中的影响、生态工业的内涵及其对区域经济的功能，以及生态农业的内涵及其功能。第七部分分析了生态建设与区域空间结构的关系，作者指出生态城市是城市可持续发展的基础，分析了城市空间结构中的生态建设，然后分析了城乡一体化、区域一体化与区域生态化；经济全球化、区域经济国际化与区域生态化之间的关系。第八部分研究了生态公共产品的内涵、特征、及其价格构成和价格实现机制，作者还论述了生态公共产品价格在区域经济发展中的核算，指出绿色GDP为其核算提供了基础。第九部分阐述了生态因素在西部和东北老工业基地两个区域发展中的重要作用。

关键词：生态环境建设　区域经济发展　环境保护

0642

论非完全古典假设下的二元经济结构转化：对古典二元经济理论的发展与我国农村工业化、城市化道路新探 / 杨俊青著；逄锦聚指导. -- 南开大学，2005. -- 225页

论文主要研究了二元经济结构向现代城市一元经济结构转化的一般理论模型和中国的转化战略与途径。全文共包括十章。其中第一章对古典与新古典二元经济理论及国内一些代表性学者对我国二元经济结构转化的理论探索进行了评述；第二章阐述了我国二元经济结构的形成与危害；第三章对西方发达国家工业化过程和新兴工业化国家与地区的二元经济结构转化过程进行了实证分析；第四章构建了非完全古典假设下的二元经济结构转化模型。第五章提出了我国二元经济结构转化采取两步走的转化战略，并运用回归分析方法从正反两方面完成了对非完全古典假设下的二元经济结构转化模型的回归分析与检验。第六章实证分析了我国农业劳动力在第一步以转向农村非国有企业为主和第二步开始向城乡非国有企业同时转移的特征和问题。第七章通过对1992--2002年我国各类非国有企业发展的实证分析及国有企业吸纳农业劳动力的对比分析，透视出了非国有企业发展的巨大潜力，进一步明确了非国有企业仍然是完成我国二元经济结构向现代城市一元经济结构第二步转化的推进性组织。第八章在指出“三元经济结构”和“四元经济结构”仅仅是我国二元经济结构向现代城市一元经济结构的两步走转化过程中的中间结构，现在我国的基本国情仍然是二元经济结构，并在此基础上运用比较劳动生产率、二元对比系数和二元反差系数对我国近30年来二元经济结构向现代城市一元经济结构转化状况进行了测度，并对两步走的二元经济结构转化效果进行了比较。第九章对我国二元经济结构第二步转化进行了定量和定性思考与分析。第十章提出了我国二元经济结构第二步转化完成的总体思路——在进一步推进我国二元经济结构向现代城市一元经济结构第二步转化时必须遵循非完全古典假设下的二元经济转化模型，并具体提出了“主体分层式”农村工业化和城市化战略、提升转移农业劳动力人力资本投资和收入、降低农业劳动力向非农产业转移过程中的交易费用和生存成本的对策。

关键词：二元经济　经济结构调整　城市化　工业化

0643

中国行政垄断问题研究 / 杨兰品著；张秀生指导. 武汉大学，2005. -- 203页

本文对中国的行政垄断问题进行分析和论述，并提出一系列解决中国转型时期行政垄断问题的原则和具体措施。文章共分四大部分。第一、二章介绍行政垄断的相关理论和国内理论界关于行政垄断问题的研究现状，对行政垄断问题的相关研究进行评议；分析行政垄断的含义及其特征，指出行政垄断和国家垄断、经济垄断、自然垄断的联系和区别。第三、四、五章对中国的行政垄断问题进行历史考察，分析了中

国古代、近代、计划经济时代、体制转型时期等不同时期的行政垄断的表现形式、特点、所产生的后果等;文章在分析行政垄断的形成原因时还指出,行政垄断是落后的思想观念在经济活动中的集中表现,生产力水平低、市场经济不完善是行政垄断产生的经济基础。第六、七章主要分析外国的行政垄断问题以及 WTO 规则对我国行政垄断的影响。作者分析了发达国家、其他体制转型国家和东亚国家的行政垄断问题,并得出相应结论:发达国家的行政垄断是在市场经济体制完善、法制健全基础上政府弥补市场缺陷的一种手段;其他体制转型国家的行政垄断问题说明行政垄断与政治体制的直接相关性;东亚国家存在的行政垄断问题说明,行政垄断还和经济发展状况、文化传统有关。作者认为 WTO 规则对于规范我国政府行为、消除行政垄断的消极影响具有积极作用。第八章讨论了我国转型时期反行政垄断的目标、原则和措施。

关键词:垄断　行政干预　政府行为　经济转型期

0644

农村税费的理论分析 :来自四川的经验研究 / 杨绍政著 ; 胡代光指导. -- 西南财经大学, 2005. -- 228 页

本文共分八章。第一章是导论。第二章根据对四川省部分地区的调查和初步分析结果,对农村税费状况加以概述。第三章是对理论基础、数据调查及处理的介绍。第四章在估算农业生产各投入要素(土地、资本和劳动力)的边际收益的基础上,从税收公平的角度分析农村税费。第五章在对劳动的边际收益的机会成本进行假设的基础上,估算各种情况下的土地租金,再将其与农户上缴的农村税费进行比较,从地租的角度研究农村土地租金是否能够弥补农户上缴的税费。第六章提出我国农村税费的政府管制租金假说,探讨阻碍农村劳动力流动的最低交易费用及农村税费在交易费用中所占的比例。第七章研究了农村税费管制租金的制度基础,认为户籍制度和产权残缺是最根本的导致政府管制的制度安排。第八章分析了本文的政策含义,认为农村税费改革仅仅是解决农村问题的一个出发点,放松政府管制、规范政府行为、降低管制租金、从而降低要素流动的交易成本,才是解决农村问题的根本途径。

关键词:税费　税收制度　地租　税制改革

0645

基于集群的中小企业外部支持体系研究 / 杨稣著 ; 贾明德指导. -- 西北大学, 2005. -- 142 页

本文在对国内外关于中小企业理论研究归纳回顾的基础上,从集群化的中小企业生存发展模式出发,对我国中小企业外部支持体系进行了研究。全文共分十章。第一章是导论。第二章对中小企业作了概念界定,论述了其社会发展定位。第三章介绍了企业集群的概念、特征及其研究现状,指出发展中小企业集群是促进我国中小企业发展的新途径。第四章以欧美和亚洲部分国家(地区)为例,对国际中小企业外部支持体系进行比较分析,阐明它们对完善我国中小企业外部支持重点环节的启示。第五至九章分别从融资服务支持、法律政策支持、技术创新支持、人力资源支持、社会服务支持方面分析了中小企业外部支持体系的构建问题。第十章是结论。

关键词:中小企业　企业发展　经济政策　企业集群　外部环境

0646

证券市场泡沫问题的实验经济学研究 / 杨晓兰著 ; 金雪军指导. -- 浙江大学, 2005. -- 197 页

本文采用实验经济学方法,对证券市场价格泡沫产生的机理和抑制价格泡沫的制度安排进行了研究。在影响证券价格泡沫的众多复杂因素中,选取了信息结构、风险偏好、资金约束状况以及交易制度作为研究对象,集中于探讨这些因素如何通过交易者的决策行为作用于证券市场。在对每一个因素进行研究的过程中,遵循的思路是:首先,根据对泡沫现象的观察和现有理论的总结提出理论假设;其次,按照理论假设设计并操作实验;最后,通过对实验数据的分析得出结论。主要结论包括:第一,信息完全对称不足以使参与人形成统一的、理性的预期,事前信息不对称会导致泡沫的增加,而有关成交价格的事后信息不对称反而降低了价格泡沫;第二,在特定条件下个体风险偏好偏离期望效用理论的原则是导致证券价格泡沫产生的重要原因;第三,市场资金的充裕程度对价格泡沫有显著的影响;第四,征收比例交易税不能抑制市场的价格泡沫,动态涨跌幅、静态涨跌幅限制与固定交易税都能够起到抑制价格泡沫的作用;第五,事前信息不对称、证券的彩票性质(影响参与人的风险偏好)、初始资金量、比例税制与价格泡沫正向相关,而事后信息不对称、静态涨跌幅限制、动态涨跌幅限制以及固定交易税制与价格泡沫负向相关。在实

验结论的基础上，提出了解决泡沫问题的政策建议，包括提高证券市场有效信息的透明度、培育成熟的机构投资者、控制证券市场资金流以及完善证券市场价格限制制度等。

关键词：证券市场　证券交易　证券投资　泡沫经济

0647

旅游信用研究 / 杨晓霞著 ; 李天德指导. -- 四川大学, 2005. -- 223 页

本文在对有关信用基本理论研究的基础上，首先对旅游信用的一些基本状况进行研究，然后重点对政府、旅游企业和旅游个人这三个旅游信用主体行为进行分析，包括其行为边界界定、失信表现及其失信原因分析，最后提出对策。全文共分六章。第一章是旅游信用来源研究，对信用理论进行综述。第二章对旅游信用的一些基本概况，如旅游信用概念、特点等进行概述。第三到第五章分别从政府、旅游企业和旅游个人角度对旅游信用主体的信用行为进行分析，在对各类主体的信用行为进行界定的基础上，分析了存在的问题，然后探讨其失信原因。第六章借鉴西方发达国家经验，以及我国其他行业信用建设经验，结合旅游业特点，提出了建设我国旅游信用制度的对策，包括宏观层面的道德建设、法律环境建设，微观层面的旅游企业和个人、政府的旅游信用制度建设。

关键词：旅游业　信用理论　信用评估　政府信用　企业信用　个人信用

0648

跨国公司组织结构网络化研究 / 姚建农著 ; 宋玉华指导. -- 浙江大学, 2005. -- 152 页

论文共分五个部分。首先评述了企业战略与组织结构的相关理论以及跨国公司在经济全球化条件下的战略变化，并以跨国公司组织理论的研究为出发点，回顾了跨国公司组织结构理论方面的研究成果，并进一步分析了传统企业组织理论。其次，分析了决定和影响公司组织结构的因素，对传统跨国公司的组织结构模式进行比较研究。从战略变化和企业规模两方面入手，结合经济全球化集中研究了跨国公司全球战略下组织演进的形式，并在前面理论探讨和实践总结的基础上对跨国公司组织演进的一般进程和相关理论进一步深入研究。从理论和实践两方面分析了战略变化与组织结构的互动关系，着重研究了公司竞争优势、价值链与公司组织边界、价值链与跨国公司组织网络等重要内容，并对现代企业组织结构动态变化和未来跨国公司的组织结构发展趋势进行探讨。把一体化网络组织作为一种全新的管理思想提出，研究了跨国公司组织结构发展方向的命题。通过对汽车企业组织模式发展演变过程的分析和研究，说明战略网络是现代跨国企业组织结构的发展方向，构建了基于战略网络的跨国企业国际竞争力提升模型。第三，探讨了跨国公司网络组织替代层级组织的必然趋势，对网络组织如何有序运作、如何有效治理进行了重点研究，进一步明确了跨国公司网络组织及其特征，对跨国公司网络组织的两种重要形式（联盟型网络组织和虚拟企业）进行深入研究。第四，以日本汽车制造业的系列结构为例，对汽车制造商与零部件供应商的长期性稳定交易关系网络的形成及其竞争优势的构建作深入的实证研究。最后，针对中国跨国经营存在的问题和组织管理上的缺陷，提出一些完善和发展中国跨国公司组织结构的设想，认为中国跨国企业集团今后应向网络模式发展。

关键词：跨国公司　组织结构　企业组织　网络化

0649

旅游资源经营权论 / 叶浪著 ; 杨继瑞指导. -- 四川大学, 2005. -- 231 页

本文在综述我国旅游资源经营权分离的基本情况、国内理论界和政府机关的主要观点后，重点分析了资源、旅游、旅游资源的基本概念，以及旅游资源与自然资源和文物资源的关系；通过对产权、产权结构、所有权、所有权权能的法律分析，提出了“旅游资源所有权权能缺失”的特殊性，从而奠定了旅游资源经营权的内容和分离的基本原则，确定了旅游资源经营权的特许经营权管理的基本格局；为解决旅游资源经营权的价格构成和评估方法，考察了国内外旅游资源资产化管理的现状，综合了有关资源的一般经济理论，对旅游资源的价格和收益进行了分析；最后，按照国有资产管理原则和旅游资源的特殊性，对旅游资源的市场配置中的资产管理内容进行了归纳、明确，提出了旅游资源经营权限制和保护的相关内容，完成了对旅游资源经营权的系统论述，形成了解决当期国内旅游业现实经济问题的政策主张。

关键词：旅游资源　所有权　经营权

0650

论区域要素流动 / 义旭东著 ; 杜肯堂指导. -- 四川

大学，2005. -- 233 页

文章在对区域要素流动相关概念界定、区域要素流动理论以及区域经济增长理论评述的基础上，从要素流动的角度，研究了各要素流动对区域经济的影响、区域要素流动的机制和路径、城乡统筹发展、区域协调发展、区域要素市场构建等问题。首先，界定了区域要素流动的基本概念，指出区域要素是影响区域经济发展的各种生产要素，并从空间可流动的角度，重点论述区域要素中的资本、劳动力、技术和信息。第二，对影响区域发展的诸要素流动进行概括性分析，认为，形成健康、可持续的和有特色的区域经济，必须要保持区域内各要素效率的不断提高，而这种提高是建立在影响区域发展的诸要素有序、合理流动的基础之上。第三，对区域要素流动进行了系统考察，认为区域是一个具有自组织能力的开放系统，区域内部及区际之间存在多维复合序列的要素流，区域要素流动的组织形式主要为区际贸易、区际协作和区际投资，区域要素流动的过程为极化、扩散和注入。第四，提出了区域要素流动的内生机制和路径，认为要素在不同的区域，其数量、质量、种类和空间配置都存在差异，这种区域要素差形成了要素流动的自然的客观基础，各级政府为实现一定的经济和社会目标，利用经济政策调控区域经济和区域要素的流动，这种调控的有效性决定了区域要素流动的合理性。第五，指出了要素统筹流动对我国城乡和谐发展的意义，认为利用要素的极化运动加强我国城市化建设，增强城市对要素的集聚功能，同时在大城市或经济发达地区利用要素的扩散运动加强城乡一体化的进程，增强城市对农村的辐射功能，以农村经济的发展促进区域经济达到新的发展阶段。第六，提出了实现我国区域经济的协调发展的路径，认为应该全面分析我国区域发展的现状和矛盾，妥善处理区域协调的各种悖论关系，承认在市场经济条件下区域非均衡发展是正常的现象，但区域差距是有限度的。最后，指出我国要积极发展区域要素市场，由于要素交易中的产权问题和交易成本偏高导致区域要素市场滞后于区域经济发展，应该从区域体制创新、整合区域要素资源和构建良好环境等方面发育和完善区域要素市场。

关键词：区域经济发展　生产要素　非均衡经济　要素市场

0651

城市经营：一种新的城市公共资源配置机制与城市治理模式研究 / 尹成果著；白永秀，张道宏指导. 西北大学，2005. -- 129 页

本文从理论上回答了城市公共资源如何有效配置问题，构建了“城市经营”研究的系统分析框架，对城市经营的一些基本理论问题，如城市经营的基本涵义、城市经营的主体、范围和内容，城市经营的运作模式和投融资机制，城市经营的目标评价，城市经营的城市治理模式等等，进行了较深入系统的挖掘。全文共分八章。第一章导论，介绍了文章的选题背景、研究意义、研究方法、基本思路及框架结构，以及本文的创新点。第二章对有关城市经营的文献综述及其理论基础分析，文章先分别对国内外城市经营研究文献进行了综述，然后，分别论述了城市经营的涵义、主体及客体，分析了城市经营与城市管理、企业经营的区别，城市经营与经营城市的异同，最后，阐述了城市经营的理论基础。第三章对城市经营的运作模式进行了分析，首先，介绍了目前我国城市经营的几种典型实践模式，然后，分析了国外城市经营的几种典型模式，接着，对城市经营运作模式的理论进行了分析，并进一步细化了城市经营运作模式的制度安排，最后，分析了几种重要的城市经营客体的经营思路。第四章研究的是城市建设的资金支持及其投融资机制的创新，首先是我国城市建设的资金需求及瓶颈分析，然后，分析了我国城市建设的传统融资渠道及其不足，最后，研究了城市建设的资金支持与投融资机制创新。第五章论述了城市经营的目标取向及其评价指标体系。第六章从城市治理的涵义以及常见的城市治理模式分析入手，指出城市经营是一种新的城市治理模式，并分析了其特征，然后，阐述了城市经营的城市治理模式构建问题及其制度安排。第七章先指出了我国城市经营中的常见误区，然后，提出了提升城市经营水平的若干对策及建议。第八章总结了文章的结论，指出了有待进一步研究的问题。

关键词：城市管理　城市经济　公共资源　资源配置　城市建设

0652

风险投资理论与中国应用研究 / 尹福生著；汤在新指导. -- 武汉大学，2005. -- 191 页

本文共分十章。第一章是导论。第二章首先回顾和梳理了中外学者和有关组织对风险投资的定义，从投资体系角度给出了本文对风险投资的表述；然后在分析风险投资与传统的产业投资异同的基础上，阐述了风险投资的内在属性和特征。第三章对风险投资制度的生成和演进进行了分析。第四、五章讨论了

风险投资中的两层代理及信息不对称问题,分析了风险投资机构和风险企业降低代理风险的相应制度安排和治理机制。第六章结合欧美等国风险资本退出的情况,比较了IPO、股份转让、公司清算等转让方式的效率,认为股份转让是中国现阶段的现实选择。第七章通过对美国、欧洲以及亚洲一些国家和地区风险投资发展现状的总体描述,比较和归纳国外的成功经验。第八章分析中国风险投资的发展历程和现状,总结经验教训,对我国风险投资不甚成功的原因进行了探讨,并比较了中外风险投资的发展,从中得出一些可供借鉴的经验。第九章在理论分析和借鉴国外成功经验的基础上,结合中国实际情况,对我国风险投资发展目标模式进行探讨。第十章首先分析了政府在风险投资发展中的作用,然后从法律、政策、制度、人文和市场等方面分析了我国风险投资发展的支持环境。

关键词:风险投资　资本市场

0653

社会性规制的经济学分析 / 尹栾玉著 ; 潘石指导. 吉林大学, 2005. -- 150 页

本文综合运用新制度经济学和法经济学等研究方法,对我国的社会性规制进行了分析。全文共分六章。第一章有关社会性规制的基本理论分析,首先,提出了社会性规制范畴并对其性质进行了分析,然后,研究了社会性规制的理论依据,最后,是有关经济范畴的比较及其区别。第二章规制与政府微观职能的调整,文章研究了政府与市场关系的历史变迁,分析了社会性规制在政府经济政策体系中的位置,并从制度经济学角度分析了我国政府规制。第三章规制的法经济学分析,作者先阐述了通过立法实现对规制主体的规制,然后,剖析了我国社会性规制立法和执法方面的主要问题,最后,指出应建立有序政府,实现依法规制。第四章研究了社会性规制与竞争政策,文章先对规制的历史演变进行了回顾,介绍了规制手段的分类,然后,分析了规制对企业技术革新和公共服务的影响,最后,研究了竞争机制对市场经济秩序的调节。第五章探究了中国社会性规制目标模式,研究了"适度型"社会性规制目标模式的建立,阐述了西方国家经验对我国社会性规制改革的启示。第六章研究了在"适度"模式范围内,实现教育、体育和劳动安全的有效规制。

关键词:社会性规制　政府职能　市场竞争　规制经济学

0654

法治成本分析 / 游劝荣著 ; 李建平指导. -- 福建师范大学, 2005. -- 280 页

本文在法学研究中引入经济学的理论和方法,对法治及其进程进行了经济学意义上的成本分析。本文共五章。第一章从不同角度对法治进行分析,指出法治的内涵。第二章从分析法治与经济学关系入手,论述了成本的一般理论、马克思《资本论》对成本问题的论述和西方经济学关于成本问题的基本观点,在此基础上作者对法治成本的内涵和外延进行初步界定,并进行多角度分析论证。第三章从法治的结构角度对静态法治成本进行具体的研究,分析了立法成本,法律实施包括法律的遵守、法律的执行和法律的适用成本,违法及其矫治成本,法律宣传与法律教育的成本构成、成本的节约与控制等问题。第四章从法治进程的角度对动态法治成本进行研究,具体分析了法治进程中各种成本,包括效率消解、公正流失、社会经济负担、现行体制部分失灵、观念失衡等。作者揭示了法治进程中社会为法治支付成本的必然性和必要性,明确法治进程中成本支出的必然性。第五章在前文的基础上,剖析了在对法治及其进程认识问题上的各种认识误区,分析了科学发展观、和谐社会的建立及其与法治的相互关系,指出科学发展观、和谐社会与法治的一致性。

关键词:法治　成本分析　和谐社会

0655

最优配置目标下的公共支出结构研究 / 于长革著 ; 逄锦聚指导. -- 南开大学, 2005. -- 173 页

本文从公共支出的分类入手,将公共支出分为投资支出、消费支出、事业支出、保障支出四大类,对公共支出结构进行系统分析,在静态条件下估计了公共支出的最优量化结构,并对支出的调整与优化作了动态分析。在此基础上结合我国实际状况,对现行财政支出结构进行考察和评价,针对存在的问题提出了调整与优化措施。全文共九章。第一章是基本理论和文献述评。第二至五章是公共支出结构的分析。界定了公共支出四大要素——投资支出、消费支出、事业支出和保障支出的内涵,探讨了其需求来源,并进行了实证分析,论文认为公共投资支出和事业支出与经济增长明显正相关,对经济发展具有较强的刺激作用,因此要根据社会经济发展的需要保持应有规模,并优先予以保证;公共消费支出与经济增长负相关,但它是政府公共部门赖以存在的经济基础,它的存在

是必要的，但其规模和比重要予以严格控制，以基本满足需要为宜；保障支出与经济增长负相关，但其具有巨大的社会效应，因此其规模和比重也要保持同步提高。第六章在静态条件下确定和量化分析了最优公共支出结构。第七章分析了经济发展中影响公共支出结构的因素，包括政府职能、经济发展阶段、财政收支规模、制度变迁和国家经济政策等，并从动态角度对公共支出结构的调整与优化作了分析探讨。第八章以制度变迁为线索，对我国财政支出结构的演变和现状进行分析，提出存在的矛盾与问题。第九章提出我国财政支出结构的优化方案。

关键词：公共财政　财政支出　优化配置　公共支出

0656

金融自由化的亚洲模式比较及启示 / 于海莲著 ； 黄泰岩指导. -- 中国人民大学, 2005. -- 237 页

论文从政府管制与金融自由化的关系角度，主要研究在亚洲国家金融市场化改革的进程中，与不同经济发展模式密切相关的金融自由化的不同类型，并探讨在金融全球化的趋势下，如何寻求与探索中国金融市场化的合理模式，降低金融自由化的成本，规避可能出现的金融风险，借鉴典型国家金融自由化过程中的经验与教训，提出中国实施金融自由化过程中具有可行性的有益启示。全文共六章。第一章综合归纳有关金融自由化的主流理论，对已有的研究理论进行述评和梳理。第二章重点分析政府推动型的金融自由化特点，阐述其主要发展历程，对日本金融大爆炸的过程和影响进行了深入分析，揭示了日本的金融自由化所带来的启示。第三章主要研究政府主导型金融自由化模式的特点，揭示了韩国金融自由化的发展历程，重点分析韩国金融危机以后的政府主导型金融重建模式，并分析了韩国金融自由化改革后所产生的宏观经济效果。第四章主要研究谨慎管制型的金融自由化的特点，对印度金融自由化的进程进行了系统分析，揭示出具有发展中国家特点的金融自由化渐进规律，同时评价了印度实施金融自由化所带来的宏观经济效果。第五章在总括亚洲金融自由化总体状况的基础上，分析金融自由化所应具备的初始条件和透明原则，以及金融自由化的限制条件。第六章重点分析了亚洲不同类型金融自由化实践经验对中国的启示，其中重点揭示了韩国放松银行私有化限制对金融自由化促进的启示，韩国把利率市场化看作推进金融自由化配置改革关键步骤的启示，以及日本金融自由化政府推动型作用定位的启示。同时在分析了中国金融自由化模式选择的基础上，重点探讨了中国银行体系放松管制、利率市场化改革以及资本账户自由化的实现条件。

关键词：金融自由化　政府管制　金融风险防范

0657

中国货币政策有效性分析 / 于辉著 ； 杜莉指导. -- 吉林大学, 2005. -- 238 页

本文以中国货币政策有效性为研究对象。在前人研究成果和对国内外货币政策实践把握的基础上，立足于中国货币政策有效性的现实，运用规范分析和实证分析，对中国货币政策有效性问题进行研究。论文首先从货币政策有效性一般理论的评述入手，在此基础上，依托于我国货币政策实施的经济金融环境，从货币政策最终目标、中介目标、货币政策工具、传导机制等方面对我国货币政策有效性进行了研究。论文对我国现行货币政策效能进行了实证考察，验证了近年来我国货币政策有效性不断下降，货币供应内生性不断增强，货币 M_0、M_1、M_2 冲击对产出的影响效果不同的结论。在对西方国家货币政策目标、工具、传导机制模式比较、评价与借鉴的基础上，提出了中国货币政策的目标模式、传导机制模式等建议，并进一步给出了提高我国货币政策有效性的路径和对策。

关键词：货币政策　货币评论

0658

不确定性条件下个人选择实验研究 ：阿莱悖论式风险偏好逆转客观条件和范围探析 / 余剑梅著 ； 史晋川指导. -- 浙江大学, 2005. -- 135 页

本文确定了"阿莱悖论"所适用的客观条件和范围，并比较和确定阿莱式决策任务设计中的不同干扰参数对于被试出现偏好逆转是否存在干扰，如果有，其规律如何。本文内容主要分为六个部分。第一部分西方实验经济学及其对个人选择理论的实验研究。介绍了西方实验经济学的发展历史、主要理论流派及其成果，和市场实验在微观经济分析中的作用及其西方采用实验方法对不确定条件下个人选择理论的研究。第二部分详细阐述不确定性条件下个人选择的中国实验研究，以杭州市 2002 年人均可支配收入中位数为基础，进行实验设计，从而得出的实验结果及其结论。第三部分采用单因素方差分析来检验杭州市抽样实验结论，找出到底是哪些微观经济主体所具备的客观禀赋对其在不确定性条件下组内风险偏好

逆转态度有影响。第四部分采用双因素方差分析检验杭州市抽样实验结论,针对第三部分所找出的若干客观禀赋,检验其相互之间是否存在交互作用。第五部分进行专项典型实验来检验抽样实验结论,针对第三部分所找出的若干客观禀赋,确定特定人群——论文硕士,进行专项典型实验。第六部分对不确定性条件下由其所具备的客观禀赋所决定的在不确定性条件下,决策主体出现组内风险偏好逆转倾向度的模型探析。最后是作者研究的总论,明确研究所得到的重要结论及其理论与实证分析,并指出本文的不足之处与展望。

关键词:阿莱悖论　偏好　决策　个人选择

0659

企业的性质及其利益关系研究 / 俞姗著 ; 郭铁民指导. -- 福建师范大学, 2005. -- 231 页

本文运用马克思主义政治经济学的分析方法,对企业这个微观主体的本质及其利益关系进行了研究。全文共分六章。第一章研究了企业的起源及其性质,简要介绍了西方经济学企业理论,着重分析了马克思的企业观,并提出了本文关于企业性质两个层次分析的观点:在第一个层次上,企业是生产资料和劳动力相结合,从事商品生产和其他社会经济活动的一种组织,这是企业的“自然”属性;在第二个层次上,企业是社会关系的浓缩体,其核心是生产资料所有者和劳动力所有者的社会结合体,外延是不同的商品所有者之间的社会经济关系,这是企业的“社会”属性。第二章从企业利益相关者理论的产生与发展开始,比较了其与主流企业理论的异同,以马克思主义政治经济学的契约观和利益关系分析方法为基础,提出企业的经济性质及其利益关系分析的简要框架。第三章论述了企业出资人利益及其性质、企业的管理劳动关系及其性质、企业的一般劳动关系及其性质、企业债权人利益及其性质。第四章针对企业的供销关系、企业与消费者的关系、企业与政府的关系和企业的社会责任关系,对企业性质及其利益关系展开分析。第五章分析了在以公有制为主体,多种所有制经济共同发展的基本经济制度下,我国企业多元化的利益关系结构。第六章从发展社会主义和谐社会的基本要求出发,提出了“明确利益主体性质、健全利益关系协调机制”的思路,如完善利益群体的社会协商机制、完善市场经济法制建设和建立健全社会监督体系等。

关键词:企业理论　企业经济　利益关系

0660

中国股市 IPO 收益率实证研究 / 俞颖著 ; 贾明德指导. -- 西北大学, 2005. -- 149 页

本文在汲取西方学者运用信息效率和行为金融理论分析首次公开发行新股(IPO)异常收益率现象的基础上,采用实证方法研究了近十年来我国 IPO 异常收益率的表现、特征、成因及内在联系,并就如何降低 IPO 异常收益率提出建议。全文共分七章。第一章为导论,介绍选题背景和意义。第二章是 IPO 相关文献综述。第三章分析了影响 IPO 抑价的系统及非系统因素,如发行定价制度、信息披露制度、发行审核制度、发行人、投资者及主承销商等市场主体的行为模式等,并结合这些因素对比了中外 IPO 抑价及我国不同发行制度下 IPO 抑价差异的成因。第四章首先对西方 IPO 抑价假说在我国的适用性进行检验,然后结合我国发行制度变迁,找出了我国 IPO 抑价的主要因素,即我国 IPO 抑价主要由市场主体间的信息不对称程度及投机行为引起,股票发行制度的变革提高了各类因素对抑价水平的解释力,但并没有显著降低抑价水平。第五章分析了我国 IPO 长期收益率,首先通过统计描述证明了我国存在新股长期弱势现象,其次通过实证分析探讨新股长期弱势的成因,指出新股的长期弱势与它发行时价值的不确定、投资者对新股的过度乐观和上市公司的盈余管理行为有关,最后的拓展性分析表明新股上市后三年内的股价仍然在其发行价之上,这说明新股的发行抑价是长期存在的。第六章就如何降低新股异常收益率提出了政策建议。第七章为全文结论。

关键词:股票市场　股票发行　首次公开发行(IPO)　收益率

0661

经济体制、信息结构与企业破产 / 虞慧晖著 ; 金祥荣指导. -- 浙江大学, 2005. -- 104 页

论文主要研究了经济体制、信息结构与企业破产之间的关系。全文共八章。第一章为绪论。第二章简单介绍破产制度的历史沿革以及现有的主要破产程序,其中重点介绍了中国企业破产制度的演进。第三章对现有的关于企业破产的各种文献进行了系统的梳理,其中包括对一般市场经济条件下和转型经济条件下企业破产研究的述评。第四章,建立了一个完善市场经济条件下的简单模型来分析最优破产机制的设计。第五章简单地界定了企业经理人与债权人之间的一维不对称信息,并在这一基础上分析了不对

称信息下的最优破产制度设计;并进而研究了法官的自由裁量权对破产制度和社会经济效率的影响。第六章进一步深化和细化了企业经理人与投资者之间的信息不对称,建立了一个二维的信息结构,并在此基础上分析了发达经济体制下最优破产机制的设计。考虑到转型经济的特殊性。在第七章中专门分析了在欠发达的转型经济体制下最优的破产机制,进一步分析了转型经济的某些特殊环境、因素对破产机制和社会经济效率的影响。最后对整篇论文中的主要结论进行了简单的总结并提出了今后进一步研究的方向。

关键词:企业倒闭　破产　信息不对称　融资约束

0662

河南省基本实现工业化的路径与政策研究 / 喻新安著 ; 周立群指导. -- 南开大学, 2005. -- 201 页

本文以河南省基本实现工业化的路径与政策为研究对象,侧重从结构调整、走新型工业化道路、做大做强制造业、加快发展高新技术产业、体制支撑这几个方面进行了探讨,提出了一些可操作性的政策建议。全文共分九章。第一章是导论,主要说明了论文选题的背景和意义、文章的主要思路、创新点和主要贡献。第二章是理论综述,分析了全面、科学认识工业化的理论背景,分析了工业化过程中产业结构、支柱产业的演进规律等,总结了中国中部地区发展及加快工业化问题,介绍了理论界对实现工业化路径的不同理解,最后提出了基于理论综述的本文分析框架。第三章回顾了河南省工业化的进程,研究了河南工业化所处的发展阶段,基本实现工业化的优势、劣势、机遇和挑战;并对其发展前景进行了预测。第四章通过河南工业经济结构的演变和现状分析,研究了经济结构调整的基本取向以及调整产业结构的主要内容和政策。第五章对河南省走新型工业化道路的选择进行了研究,首先研究了新型工业化中的产业选择和组织,然后分析了工业化发展中的区域布局,阐述了新型工业化与循环经济的关系,最后探讨了新型工业化的综合配套体系。第六章以轻纺、汽车工业为例,研究了河南加工制造业的发展方略,作者先讨论了制造业的总体状况和发展趋势,然后研究了轻纺业的提升与再造,最后讨论了汽车工业的培育。第七章研究了河南装备制造业的发展,文章先分析了河南省装备工业发展现状和存在的问题,对其竞争力进行了剖析,从而总结了加快河南省装备工业发展的指导思想、目标和对策。第八章研究了河南省的高新技术产业的带动与推进,先对高新技术产业的发展进行了总体评估,综合分析了产业的滞后性,并阐述了发展思路与对策。第九章分析了河南省基本实现工业化的体制支撑,包括国有经济布局结构的战略性调整、国有企业改革与微观基础再造、非公有制经济发展与经济发展动力、行政管理体制改革与市场体系培育。

关键词:工业化　经济结构调整　高技术产业　制造业　河南省

0663

个人金融、实体经济与服务政策研究 / 袁增霆著 ; 董辅礽, 伍新木指导. -- 武汉大学, 2005. -- 97 页

论文首先从个人资产配置问题出发,阐述理性的个人金融行为,然后分析个体金融对实体经济的影响,以及与个人金融服务发展相关的宏观经济问题的政策需求。主要内容包括五章。第一章介绍了个人金融中的主要理论问题,如资产配置的社会群体属性,与此相关的实体经济中的风险分担,以及从理论观点考虑的社会保障、金融市场与机构的发展等宏观经济社会问题。第二章结合金融经济学中的资产配置理论和实践应用,系统地阐述与比较了各种个人资产配置理论。第三章运用实证分析方法,详细探讨了国外个人金融与个人金融服务发展对实体经济的影响,分别分析了个人消费支出、负债、家庭财富结构及相应的金融服务的实体经济效应。第四章探讨国内个人金融服务业所必需的微观管制政策,从理论上分析了反欺诈反操作法规与信息披露制度的重要性,并就国内的历史现实,为我国个人金融服务的行为管制提出了一些政策建议。第五章探讨发展国内个人金融服务的一些与实体经济相关的宏观经济社会问题,如收入分配、社会保障、资本市场的融资与资产结构调整。

关键词:个体金融　金融服务　实体经济

0664

马克思价值理论研究 / 岳宏志著 ; 何炼成指导. -- 西北大学, 2005. -- 199 页

论文主要研究了马克思的价值理论,并重点考察了价值范畴在社会主义社会的作用以及价值转形问题。全文包含两大部分,共十章。第一部分包含前五章,主要研究价值范畴在社会主义社会的命运问题,分别是社会主义商品价值问题上的若干主要观点,经典作家关于社会主义与商品关系的论述,社会主义与

价值、劳动券的关系，恩格斯《反社林论》中有关论述辨析以及社会主义经济的运行问题。第二部分包含后五章，主要研究马克思价值范畴的确切意义、对于非马克思价值理论的批判和所谓的“转形问题”，分别是马克思劳动价值论辨析，几种流行的价值理论的批判，西方经济学家关于马克思转形问题的研究，中国经济学家关于马克思转形问题的研究以及“转形问题”的彻底解决。

关键词：价值论　马克思主义政治经济学　计划经济　市场经济

0665

我国证券市场中小投资者保护问题研究 / 曾芒著 ; 夏兴园指导. -- 中南财经政法大学, 2005. -- 171 页

本文从理论和实证两个方面对如何借鉴国际各国（地区）证券市场发展经验、教训来建设和完善我国证券市场中小投资者保护体系进行了深入探讨。全文共由八章组成，分为三部分。第一部分第一章是导论，界定了中小投资者和投资者保护的概念，在投资者保护的源起、投资者保护的国内外研究文献综述基础上，对投资者保护的意义及本文的研究意义、研究方法、主要内容安排进行了简要的介绍。第二章是证券市场中小投资者保护的机理分析，具体包括了信息不对称与中小投资者保护、管制与中小投资者保护，并对投资者保护理论的两个流派：契约论和法律论进行了介绍和分析。第二部分由第三、四章组成，为中小投资者保护的国际比较和我国现阶段证券市场政策对投资者保护效应的实证检验，作者论述了法律、司法、公司治理、监管、投资者自我保护等诸多方面构成的投资者保护体系，并从这几个方面分别进行了中外比较，并在提出我国证券市场“股权二元结构模型”基础上，对我国证券市场上一些政策进行了实证分析，以检验这些政策的投资者保护效应，最后总结了我国投资者保护不力的最根本原因。第三部分由第五、六、七、八章组成，在中外比较及我国投资者保护的实证检验基础上，主要从中小投资者保护的公司治理安排、中小投资者保护的投资者自我保护体系、中小投资者保护的市场诚信建设、中小投资者保护的法律体系、中小投资者保护的监管体系等方面阐述了我国中小投资者保护体系建设。

关键词：证券市场　中小投资者　投资者保护　公司治理

0666

中国转型期就业潜力研究 / 曾学文著 ; 李晓西指导. -- 北京师范大学, 2005. -- 176 页

论文将治理失业的就业能力作为切入点，主要对中国就业潜力的方向与程度、未来劳动力供求关系的总量对比与结构特征以及实现最大就业潜力的途径这三个问题进行了研究。文章首先根据理论分析，将影响中国转型期就业潜力的因素归纳成资本与技术、经济制度变迁、经济结构变迁和宏观经济政策四个基本方面，形成了一个较为完整的框架体系；然后，以1978—2003 年为背景，分析了上述四个因素影响就业潜力的方向与程度，得出了一些较为重要的实证结论；最后，运用综合计量模型，对我国转型期经济总体、城乡部门、三次产业等的就业潜力进行了综合计量分析，并以此为依据，对我国未来 10 年（即 2006 年到 2015 年）的就业潜力进行了预测。同时，运用人口与劳动力供给预测的一般理论与方法，对未来 10 年我国经济总体、城乡部门劳动力供给进行了预测。综合劳动力供求预测，计算出未来 10 年的就业缺口和城镇失业率。并从影响就业潜力的四个方面提出了若干具体的政策建议。

关键词：就业潜力　劳动力　经济增长　经济转型期

0667

新经济下的网络兼并研究 / 张斌著 ; 宋玉华指导. 浙江大学, 2005. -- 188 页

本文在归纳总结国内外学术界在新经济概念、特点，企业组织理论和企业兼并理论以及网络兼并方面的研究成果基础上，首先以网络兼并的宏观环境为研究对象，剖析了新经济的起源和特性，以及古典经济学无法解释的新经济中的现象和悖论，讨论了新经济对网络兼并的影响，总结了互联网自诞生以来的发展形势。其次围绕经济史上发生的五次兼并热潮，总结了网络兼并的微观主体——网络企业的特点，讨论了企业性质和理论在网络兼并中的表现，得出网络兼并的特点，并预测了未来兼并的发展趋势。紧接着，研究了网络兼并的动因理论，详细比较了网络兼并与传统兼并的区别，提出技术、协议标准、微笑曲线是网络兼并的动因。再次，主要研究了目前网络行业普遍存在的垄断现象，分析网络垄断形成的过程和产生的深层次原因，认为在给定条件下网络产业中的垄断可以带来更多的消费者剩余，政府应适当放宽对兼并的管制。然后针对传统的兼并对象价值评估方法，分析它

们在评估网络企业时的难点，对目前现有的关于网络企业的价值评估方法进行梳理，并利用修正的市盈率模型对盛大兼并新浪案例中新浪的价值进行了评估。最后通过实证检验，得出结论，网络行业上市公司并购其他公司的时间选择与其经营盈利状况并无显著相关性，网络上市公司成为并购对象出让资产行为与其上年经营盈利状况以及当年盈利状况相对上年的变化值显著相关。

关键词：网络公司　企业兼并　并购

0668

技术利益论 / 张耿庆著 ；洪远朋指导. -- 复旦大学，2005. -- 172 页

本文尝试构建一个比较完整的技术利益理论分析框架，全文分五部分八章，对技术利益作了比较细致全面的研究。第一部分即第一章，是导言，阐述了论文的研究缘起和研究意义，以及文章的主要内容和创新之处。第二部分包括第二、三章，是理论篇，探索了技术利益的一般规律和特殊机理，构建技术利益的基本理论框架。第三部分包括第四、五、六章，为实证篇。作者从宏观、中观和微观三个层面对中国的技术利益状况进行了比较详尽的实证研究。其中，在宏观分析中，文章从技术变迁与中国国家利益、技术利益在社会发展中的宏观考察、技术利益与中国经济增长的实证研究、技术利益与中国可持续发展四个方面作了论述；在中观分析中，文章分别从技术利益与中国产业结构优化升级、技术利益与中国农业高级化、技术利益与中国新型工业化、技术利益与中国汽车工业发展四方面进行了实证研究；在微观分析中，本文从技术利益与企业核心竞争力、中国企业技术利益状况的实证研究、开放体系下中国获取微观技术利益考察和以宝钢为案例的微观技术利益分析四方面进行了实证考察。第四部分包括第七章，属借鉴篇。作者对国外有代表性的四个国家的技术利益实践进行了实证研究，归纳提炼出了一些值得我国借鉴的经验与启示。第五部分包括第八章，属对策篇。文章将政府影响技术利益的必要性、原则和手段的理论分析与中国科技政策演变的实证考察结合起来，提出了中国技术利益增进的一些对策。

关键词：技术创新　技术进步　利益

0669

中国对 FDI 监管的政治经济学研究 / 张广兴著 ；胡均指导. -- 中国人民大学，2005. -- 142 页

论文主要对外商直接投资监管进行了政治经济学研究。主要包括四个方面。首先在对西方各种外商直接投资动因理论进行马克思主义批判性分析和对马克思主义外商直接投资理论进行梳理的基础上认为，由于外商直接投资输出者与东道国在外商直接投资问题上有不同的利益目标，这必然产生相应的矛盾冲突，这就从理论上表现为外商直接投资监管理论和反监管理论并存，现实生活中监管与放松监管并存。论文在对各种监管理论进行梳理和批判性研究的基础上，对反监管理论特别是在世界上影响广泛的新自由主义思想进行了坚决的批判。然后提出了根据市场经济发育程度对外商直接投资影响不同来划分中国外资发展阶段的新思想，并对各个阶段的发展特点、原因与趋势进行了较为深刻的研究。再次有选择地研究了美国、日本等发达国家和韩国、印度、印度尼西亚等新兴工业化国家对外商直接投资的监管制度，以历史唯物主义为指导揭示了这些国家监管制度确立和变迁的规律，指出对外商直接投资进行监管很必要。最后论文在对国内外外商直接投资监管制度进行研究的基础上，提出了中国外商直接投资监管制度的重构思路。

关键词：外商直接投资（FDI）　监督管理　监管制度

0670

FDI 对中国制造业市场结构的影响 / 张晖著 ；石磊指导. -- 复旦大学，2005. -- 141 页

论文首先构建了一个理论分析框架，对 FDI 影响中国制造业市场结构的内在机理作出了解释，为 FDI 在中国市场上形成、发挥竞争优势提供了理论依据。FDI 对中国制造业市场产生影响有其特殊性，在国内市场容量不断增加的背景下，这一特殊性主要归结为 FDI 企业的竞争优势明显和国内市场结构脆弱两个方面，FDI 通过改变所有制结构间接实现对市场结构的影响。其次，从 FDI 进退方式和行为这两个层面解释了 FDI 是如何影响中国制造业市场结构的，市场结构的变化是 FDI 进入和退出方式以及竞争行为等因素共同作用的结果，市场结构的变化间接对产业结构产生作用。再次，通过对啤酒业和轿车业的实证分析，考查了 FDI 作用于市场结构的方式、行为以及 FDI 对市场结构的实际影响结果，在此基础上，还对 FDI 持续进入情况下市场结构的进一步变化作出了预测，对 FDI 影响两个产业市场结构的绩效进行了评价。最后，研究认为，FDI 在中国进入符合“寡占反

应”理论,FDI对政府管制行业和非政府管制行业市场结构的影响不同,而FDI在中国市场上并未形成垄断,其进入并没有同时促进先进技术向中国的转移,且在进入过程中造成中国企业自有品牌等无形资产流失,强化了中国制造业处于国际产业链低附加值环节的境况。需要从竞争政策、引资政策、产业政策以及转变政府职能等方面对这些消极影响加以规范和调整。

关键词:制造工业　外商直接投资(FDI)　市场结构　产业组织

0671

中国基本经济制度创新研究 / 张继业著 ; 潘石指导. -- 吉林大学, 2005. -- 163 页

本文从经济制度入手,运用马克思主义经济理论的观点和方法,借鉴国外经济学说对中国经济理论的影响,探讨了社会主义基本经济制度的基本涵义、建立、巩固和完善以及发展趋势等一系列深层次的理论问题,明确指出社会主义基本经济制度的创新关键在于所有制创新,为此必须突破在所有制问题及基本经济制度方面的误区,坚持公有制为主体,多种所有制经济共同发展的社会主义基本经济制度。其中,改革开放进程中社会主义基本经济制度理论及创新问题是本文研究的中心内容。本文主要由五章构成。第一章论述了社会主义基本经济制度的涵义。第二章回顾了东欧某些国家和发展中国家基本经济制度的沿革。第三章分析了中国社会主义基本经济制度建立及其发展阶段性,指出中国正处于社会主义初级阶段是基本经济制度创新的必要前提。第四章介绍了中国社会主义初级阶段的基本经济制度创新。第五章对21世纪中国基本经济制度的发展趋势进行展望。

关键词:经济制度　公有制　所有制　制度创新

0672

房地产泡沫研究 / 张金华著 ; 刘志彪指导. -- 南京大学, 2005. -- 168 页

论文主要从界定及假设、实证检验、效应分析和政策建议四个方面对房地产泡沫进行研究。并基于已有资产泡沫和泡沫经济的案例,分析得出关于房地产泡沫的一般性规律,并用于研究中国当前实际。全文可分为四部分。第一部分首先是界定及假设部分。首先对资产泡沫进行界定;其次对房地产商品虚拟资产特性进行了阐述,在此基础上,给出了房地产泡沫的定义;再次对房地产泡沫内涵进行了理性预期假设下的局部均衡分析,建立了房地产泡沫的数理模型;最后分析了房地产泡沫的原因。第二部分是实证检验部分,对房地产泡沫进行了实证检验。首先回顾和研究了房地产泡沫的检验方法;其次,对中国房地产市场泡沫性进行检验;最后,从外部冲击、投机行为、金融因素、房价与地价关系等角度对中国区域性房地产泡沫成因进行了实证分析。第三部分是效应分析部分。首先回顾并分析了房地产泡沫效应研究的一般思路;其次重点在IS—LM框架中对房地产泡沫的宏观经济效应进行了分析;最后对中国房地产泡沫经济效应进行了实证研究。第四部分是政策分析部分,对房地产泡沫的调控提出了建议。首先对中国区域性房地产泡沫的潜在隐患进行了回顾和分析;其次分别从土地层面、金融层面和信息规范层面对调控房地产泡沫提出了建议。

关键词:房地产市场　泡沫经济　房地产价格

0673

利益集团与俄罗斯制度变迁 / 张锦冬著 ; 王振中指导. -- 中国社会科学院研究生院, 2005. -- 103 页

本文将西方利益集团理论和新制度经济学的制度变迁理论引入对俄罗斯制度变迁的研究,通过对不同时期主导型利益集团的构成、特点及其对政策的影响的考察,以利益集团为切入点对从勃列日涅夫时期到普京时期的制度变迁的发生、发展过程及其所导致的结果进行了论述。全文主要包括四部分。第一部分导论,说明了选题的意义。第二部分对利益集团、利益集团理论、制度变迁与经济转轨及利益集团与制度变迁的关系进行了阐述。第三部包括第二、三、四、五章,分别对勃列日涅夫时期、戈尔巴乔夫时期、叶利钦时期的既得利益集团、该时期制度变迁实践以及既得利益集团与制度变迁的关系进行了分析;并且说明了普京的治国思想、该时期利益集团的衰落、法律制度环境和宏观环境的确立、及普京时期取得的经济绩效和制约俄罗斯经济发展的因素。第四部分结论,提出在制度变迁过程中,政府应该对主导型狭隘利益集团进行抑制,而且政府应该尽可能地成为主导型的广泛的利益集团的代表,这样,制度变迁才能符合大多数社会成员的利益,才能保证社会的稳定和经济的可持续发展。

关键词:利益集团　体制改革　制度变迁　俄罗斯

0674

中国经济增长潜力研究：论中国经济增长的不均衡／张李节著；王珏指导. -- 中共中央党校，2005. 137 页

本文导论部分介绍了论文的选题背景、研究思路、基本内容，对文中所涉及的经济增长的概念进行阐释。第一章回顾了经济增长理论，并对这些理论进行简单的评论。第二章首先从一般情况入手，提出生产要素替代有限性假说，即社会生产中各种生产要素可以相互替代，但投入的每种要素都有一个最低额度，不能完全替代。其次，根据经济增长速度的长期变动趋势将其划分为五个阶段，每一阶段对应不同的经济发展水平，具有不同特征。最后，根据中国经济增长的特征对中国目前经济增长阶段进行定位，认为中国目前经济增长正处于高速增长阶段，并在未来一段时间内还将继续处于这一阶段。第三章分析了中国经济增长的现实状况，认为中国经济增长表现出的显著特征是经济增长不均衡——城乡发展不均衡与地区增长不均衡；尽管潜力仍在，但不能忽视资源和需求对我国经济增长构成的“双重约束”。第四章分析了中国经济增长的潜力所在：第一，发挥大国经济优势，利用不平衡发展规律，推动我国经济持续稳定发展；第二，转换二元经济结构，推动工业化和城市化的发展，这是我国未来经济增长的双“引擎”；第三，实现区域经济协调发展；第四，转变经济增长方式，实现从粗放型走向集约型，其关键在于提高技术进步的贡献率。第五章论述了发挥中国经济增长潜力的有效途径。鉴于技术进步在我国经济增长的贡献率较低，推动技术进步是发挥中国经济增长潜力的主要途径。在引进国外先进技术时，要避免步入“后发陷阱”；必须深化改革以实现我国经济持续稳定高速增长，而深化改革，首先需要培育新的利益主体，其根本途径在于实现劳动力资本化。第六章总结全文，得出结论。

关键词：经济增长　经济均衡　二元经济

0675

超越二元经济理论的新分析框架／张培丽著；黄泰岩指导. -- 中国人民大学，2005. -- 157 页

论文沿着刘易斯二元经济理论的逻辑，发展了二元经济理论，通过研究发现，知识经济部门完全可以作为经济中独立的一元，在此基础上提出了三元经济新的分析框架。全文包括五章内容。第一章论述了二元经济理论的历史局限性。首先，总结了二元经济理论的分析框架；其次对二元经济理论的修正进行了梳理；再次，通过国内外大量的数据说明二元经济理论的背景已经发生了转型，从工业经济转变到了知识经济；最后，从二元经济的划分无法涵盖知识经济部门和二元经济理论的隐含假设和内在机制受到挑战两个角度说明了二元经济理论的历史局限性。第二章对知识经济研究文献进行了评析。第三章讨论了三元经济分析框架的确立。首先，对“三元经济”概念作出澄清；其次，分析了工业经济成为二元经济中独立一元的原因；再次，分析了三元经济分析框架确立的原因。第四章提出了三元经济的新分析框架。首先，分析了三元经济结构的特征；再次，研究了三元经济分析框架下经济发展的核心和内在机制；再次，分析了三元经济分析框架下三部门之间的关系。第五章为三元经济框架下中国发展的道路选择提出了建议，提出了实施科教兴国的战略选择，以及发展知识经济部门和实施信息化带动工业化的策略选择。

关键词：二元经济　知识经济　三元经济　工业化

0676

资本社会化及其相关制度比较研究／张若钦著；王珏指导. -- 中共中央党校，2005. -- 126 页

本文除导论和结束语外，共分八章。第一章首先介绍了经济学中所使用的资本概念的复杂性，并说明本文使用的资本概念的含义；其次，回顾马克思有关社会资本和资本社会化理论的主要内容；最后，回顾恩格斯、列宁和希法亭等人对马克思资本社会化理论的发展。第二章论述了伴随着资本社会化的发展，资本主义国家的社会经济状况正在发生变化。第三章介绍了西方国家企业资本社会化的现状和我国国有企业资本社会化的情况，并论述了进一步深化我国国有企业改革时需要解决的一些问题。第四章论述了资本社会化与职工持股制度，重点阐述“劳者有其股”思想及其在我国资本社会化过程中的重要地位。本章还结合西方国家职工持股计划的理论与实践，对我国职工持股实践中出现的问题进行了分析。第五章论述资本社会化与信息披露制度，重点论述了信息不完全性产生的原因及其对资本社会化的影响和强制信息披露制度的必要性。本章还论述了西方国家信息制度的演进过程及主要原则，揭示其规律性；指出我国上市公司的信息披露制度还存在问题，需要不断规范和完善。第六章对英美两国独立董事制度的发展历史和现状进行研究，并根据该制度发展的规律性，分析我国在推行该制度中存在的问题及强化这项

制度的措施。第七章分析了投资者保护在资本社会化进程中的重要意义,分析了我国在投资者保护方面存在的薄弱环节,着重介绍了除信息披露制度、独立董事制度以外的其他相关制度。第八章论述政府在资本社会化进程中的作用,分析了两种监管模式的优缺点,认为政府在资本社会化进程中不可或缺,政府监管必须坚持公正、公平、公开的原则,促进证券市场自由、健康、可持续发展。

关键词:社会资本　资本社会化　职工持股　信息披露　投资者保护　政府监管

0677

论新国际分工 / 张苏著 ; 张宇指导. -- 中国人民大学, 2005. -- 197 页

文章首先介绍了国际分工的概念、历史以及新国际分工的兴起,然后解释了新国际分工的不同理论范式。20 世纪 50 年代以来,国际分工从根本上改变了世界经济关联的方式,由靠"贸易全球化"联系转变为主要靠"生产全球化"联系,跨国公司全球生产网络主导的产品内分工作为新的国际分工,对世界经济产生了重要影响。新国际分工促进了企业内贸易,其对国家管理的挑战与跨国公司内部贸易密切关联。实证分析表明,新国际分工格局可以分为三个层次,第一层次为主导国际分工的 12 个发达国家,第二层次为 20 个新兴国家和地区,第三层次是其他从事传统分工的国家和地区,大多为非洲的撒哈拉地区国家。新国际分工对全球经济发展既带来了机遇也带来了挑战,为政府制定最优公共政策提供了激励。在新的国际分工格局下,从市场规模、人力资源、投资环境的国际对比看,中国是最有希望的新兴国家,从另外一方面看,中国也存在诸多亟待解决的问题。论文最后给出了文章的政策含义。

关键词:国际分工论　跨国公司

0678

中国教育投资问题研究 / 张显吉著 ; 詹连富指导. 吉林大学, 2005. -- 158 页

本文以马克思主义经济理论为指导,借鉴外国的教育经济思想和教育投资经验,对中国教育投资的理论和实际问题进行分析。全文共分五章。第一章是对教育投资的基本分析。第二章回顾了马克思主义经济理论和西方经济理论中所包含的教育经济思想,还介绍了国内专家学者的教育经济思想。第三章阐述了中国教育投资的现实状况。第四章分析了国外教育投资的经验借鉴。第五章探讨了中国教育投资的未来态势。本论文的中心思想是:(1)教育投资范畴有着丰富的内涵,它包括教育投资的属性、特点、比例、来源和分配等。(2)经过 20 多年教育体制的改革,我国初步建立了政府作为主体、社会共同参与的办学体制,同时也形成了相应的教育投资体制和教育经费筹措体制。在社会经济快速发展和教育体制变革的基础上,教育投资比例发生了积极变化,教育投资来源多样化,教育投资筹措新格局初步形成,教育分配逐渐趋于合理。(3)作为教育投资主渠道的国家财政要切实增加对教育的投资,满足教育发展对资金的基本需要;民办教育发展要迈开更大的步伐,提高民办教育经费在全国教育经费总额中的比例;学生缴纳的学费部分宜减不宜增,学校的服务和销售部分应该逐步增加。

关键词:教育投资　教育经费　教育发展

0679

中国民营企业的制度演进 / 张雁著 ; 李义平指导. 中国人民大学, 2005. -- 148 页

论文围绕改革开放 20 多年来民营企业的制度演进过程展开研究,从制度变迁的角度对这一过程进行归纳总结,并对民营企业未来的演进方向做出理论上的探讨。全文由六章组成。第一章为导论,主要介绍了中国民营企业的发展现状,有关民营企业制度演进的研究文献。第二章首先定义了一些基本概念,然后从制度成本、制度博弈的概念入手,对制度变迁的原因及动力做出了理论上的说明。第三章主要分析了社会整体制度变迁对民营企业制度演进的影响,论文认为,民营企业制度演进是自身制度效率及与外部制度适应性效率的统一。第四章介绍了中国民营企业的发展阶段、行业及规模变化。第五章通过比较西方的企业治理模式与中国民营企业已有的制度模式,说明了民营企业治理结构在演进过程中所表现出的制度的适应性效率。第六章给出了全文的结论并对民营企业的发展提出了一定的建议与展望,文章指出,现阶段家族企业在民营企业的制度形式中仍占主要地位,但民营企业也在对现代企业制度形式做着积极的探索。

关键词:民营企业　企业制度　产权

0680

人力资本与服务贸易比较优势的相关性研究 : 兼论我国服务贸易的发展 / 张燕著 ; 李慧中指导. --

复旦大学, 2005. -- 120 页

本文引入异质型人力资本的概念,从异质型人力资本的角度,研究人力资本与服务贸易比较优势之间的相关性,以及人力资本对服务贸易比较优势的促进机制,进而论证人力资本是决定服务贸易比较优势形成与转换的关键因素。本文认为,从供给的角度来看,异质型人力资本区别于传统生产要素的最主要特点就在于其边际报酬递增性。这种边际报酬递增性表现为,在其他生产要素投入量保持不变的情况下,每增加一个单位的异质型人力资本,因推动技术创新或制度创新而产生的经济报酬是递增的。从需求的角度看,异质型人力资本不仅是差异化服务的提供者,更是差异化服务的需求者。异质型人力资本不仅对服务贸易比较优势的形成具有决定作用,而且影响服务贸易比较优势的转换。服务贸易比较优势的转换,归根到底要靠异质型人力资本存量的增加和异质型人力资本质量的提高。一国服务产品中的异质型人力资本含量越高,该国在服务贸易中越具有竞争优势,越能够获得利益。一个国家要促进本国服务贸易比较优势的转换,必须相应地加强本国异质型人力资本的积累。本文共分为六个部分:第一章导论,在对相关概念进行严谨界定的基础上,对本文的研究对象、研究意义作出初步说明,并对相关的分析方法作简单介绍。第二章文献述评,简要回顾传统比较优势理论的演进过程,探讨比较优势理论对服务贸易的适用性。通过批判性的整理,引入人力资本概念,并提出自己的研究思路。第三章主要分析人力资本对于服务贸易比较优势的促进机制,探讨异质型人力资本的概念、经济效应,以及异质型人力资本积累对服务贸易比较优势形成和转换的机理。第四章则是对人力资本与服务贸易比较优势之间相关性的实证研究。主要是通过人力资本整体状况与异质型人力资本水平来论证服务贸易比较优势形成与转换的过程。第五章在前面四章研究的基础上,结合《服务贸易总协定》对人力资本因素的框架性约束,以及发达国家与发展中国家对服务贸易中人力资本限制的不同取向,来探讨现代服务贸易中人力资本争端对培养和提升我国服务贸易比较优势的影响。第六章根据前面的理论分析和实证研究,提出增强我国服务贸易比较优势的政策建议。

关键词:人力资本　服务贸易　比较优势　竞争力

0681

一个就业研究的新视角 : 地租、利息、产权 / 张义柱著 ; 韩康指导. -- 中共中央党校, 2005. -- 117 页

本文主要从地租、利息和产权的视角对就业问题进行一些新探索性研究,并在此基础上以中国案例为主,对现实就业问题进行分析,并提出了改进的政策建议。全文共四章。第一章界定了关于就业、失业的涵义之后,对马克思就业理论、新古典学派就业理论、凯恩斯就业理论、供给党派就业分析、货币学派就业理论和现代发展经济学就业理论进行简评。指出这些理论分析都未能对引发失业的根本性原因进行经济学解释。认为地租和利息的存在,或者说市场经济体系下土地租赁关系和资本借贷关系的存在才是社会失业产生的一个根本性原因。第二章研究了地租、利息与就业的关系。主要是从地租和利息的性质开始,考察了地租、利息的历史起源及它们与就业的相关性,在此基础上,对社会失业产生的一个根本性原因—地租和利息的存在,或者说市场经济体系下土地租赁关系和资本借贷关系的存在,进行了阐述。第三章研究了产权制度与就业的关系。主要从产权制度发展的交易类型的演进开始,研究了现代市场经济条件下的企业产权和公共产权,认为产权制度安排的结构以及公平与否,将会对就业产生重要的影响。第四章主要从就业研究视角出发,以中国案例为主,对现实就业进行分析,并提出了一些理论意义和宏观层次意义上的政策建议。这些建议相互配合,共同治理失业问题,实现充分就业。

关键词:就业　失业　地租　利息　产权

0682

论中国货币政策传导机制的不确定性 / 张勇著 ; 范从来指导. -- 南京大学, 2005. -- 153 页

论文主要研究了我国货币政策传导机制中的不确定性以及在实践中应该采取何种操作策略和操作框架问题。首先提出了人民银行分别在依据货币模式和菲利普斯曲线模式中 AD—AS 模型的两种操作框架实现价格稳定目标过程的不确定性,并在此基础上分别讨论了每种操作框架中内在的不确定性。其中,就依据货币模式的操作框架中的不确定性而言,分别考察了人民银行通过公开市场操作调控操作目标时的各种冲击因素、作用机制、影响效应以及人民银行的响应方式和实现操作目标有效性的情况,人民银行通过调控准备金总量实现货币存量目标以及导致货币总量收入的不稳定性的各种冲击因素、作用机制、影响效应以及相应的操作策略。就依据菲利普斯曲线模式中 AD—AS 模型的不确定性而言,首先考察

了当人民银行的政策操作作用于实际产出、产出缺口时,公众的价格变动率预期对这一传导过程造成冲击的情形;其次,分析了导致我国菲利普斯曲线不稳定的冲击因素、作用机制、影响效应以及相应的操作策略。最后,在对西方市场化国家操作框架选择经验研究的基础上,对将来我国利率市场化程度较高的情况下的框架选择和现有框架的改进提出可能的方案。

关键词:货币政策　菲利普斯曲线　不确定性　币值稳定

0683

中国金融制度变迁的经济学分析 / 张跃文著 ; 纪玉山指导. -- 吉林大学, 2005. -- 178 页

本文以马克思主义政治经济学为指导,运用制度经济学和博弈论的研究成果,分析中国金融制度的形成和变迁过程,总结出制度变迁的一般规律,并结合金融制度变迁的特殊性和中国国情,研究中国的金融制度变迁和金融体制改革问题。全文共分六章。第一章是绪论,主要提出对中国金融制度变迁问题进行经济学分析的必要性,并总结马克思主义经典作家对于金融制度形成和金融与经济关系的分析,对西方理论界关于制度和金融制度变迁理论进行详细阐述。第二章着重建立金融制度变迁分析的理论基础,寻求在一般均衡分析框架下,博弈论分析方法和利益集团理论的有机结合。第三章以中国金融制度变迁的非均衡性为分析对象,指出正式金融制度变迁的滞后和非正规金融安排的扩展是中国金融制度非均衡的最主要特征。第四章分析了中国金融制度安排的关联性特征,指出国有银行与国有企业相关联的金融制度安排是中国金融制度变迁滞后性的真实原因,国有经济的存在和发展在某种程度上决定了金融制度变迁的方向和进程。本章还分析了后国有经济时期,中国银企关系的特征。第五章介绍了国际金融业发展趋势和转轨国家金融制度变迁及金融体制改革的经验。第六章对中国金融制度变迁的方向和路径选择进行分析预测,同时对中国金融体制改革提出政策建议。

关键词:金融制度　金融改革　利益集团

0684

企业文化与企业成长 : 一个经济学分析框架 / 张志鹏著 ; 高波指导. -- 南京大学, 2005. -- 177 页

论文围绕企业文化选择与企业成长这一中心论题,对企业文化的形成原因、作用机制、约束条件及变革趋势进行了系统思考,对企业成长过程中的文化约束和文化投资进行了论证,并在此基础上对中国企业文化建设的现状和效果作出了分析判断。第一部分提出了研究的行为假定与理论框架,提出了生态理性、产权界定的固有困难、文化成本三个基本行为假定,并在一个综合分析框架中提出了企业成长与企业文化的内在联系,认为二者之间存在着复杂的互动关系。第二部分深入分析了企业文化的形成过程与文化激励机制;首先描述了企业家价值观在企业创建时期的重大作用;其次,分析了企业资产多元化成长的收益与成本;再次,分析了企业文化形成的一般条件与具体过程;最后,深入探讨了企业文化影响企业长期经营绩效和竞争力的内在机制,认为企业文化通过提高利益相关者的文化认同度,从而促进了企业资源配置状况的优化与创新活动的增加。第三部分讨论了文化成本约束下的企业文化选择,研究了企业成长周期的内在机制,认为企业文化的阶段性变革是影响企业周期性成长的重要因素;基于中国企业的数据和案例对企业文化投资与企业成长的一般关系进行了计量经济学检验。最后,分析了中国企业成长中的文化约束和中国企业文化建设的具体状况;针对中国企业实现可持续发展的内在要求,论文认为通过企业文化变革促进价值观体系的不断扩展是中国企业的必然选择;而达到这一目的,中国的企业文化建设中不仅要促进企业与内部外部进行广泛的交流与沟通、实现各层次教育内容的更新,还要减少文化产业管制,促进思想与言论自由、重视企业不同利益相关者的价值取向并保持投资的平衡。

关键词:企业文化　企业成长　企业创新

0685

跨国公司战略演变对中国产业竞争力的影响与对策 / 张治栋著 ; 韩康指导. -- 中共中央党校, 2005. 245 页

本文共分七章。第一章回顾了跨国公司的战略演变过程,总结对跨国公司的理论分析,并探讨跨国公司战略演变对跨国公司理论分析的新要求。第二章在规模经济理论概述的基础上,首先对跨国公司的网络规模经济展开分析,包括跨国公司网络规模经济的形成、成本收益分析、创新型跨国公司网络规模经济的发展及其应用分析;其次,在网络规模经济视角下对外直接投资进行分析。第三章首先分析了跨国公司内部化和外部化经营方式对我国产业竞争力的影响,其次,分析跨国公司归核化和 R&D 联盟对我国产业竞争力的影响,最后,分析了跨国公司的产业转

移、要素争夺和技术控制等现象。第四章就跨国公司战略演变对我国产业竞争力的影响进行实证分析，结果表明我国进出口商品质量竞争力不如数量竞争力；而在贸易竞争力的数量方面，我国可比净出口指数和比较优势指数要优于显示性比较优势指数和显示性竞争优势指数，说明我国贸易竞争力的发展是一种数量型发展。第五章对我国FDI进行分析，认为我国宏观经济条件已经具备了进入直接投资发展第三阶段的条件，而我国实际的直接投资发展水平还处于第二阶段，这主要是由于我国对外直接投资发展缓慢的缘故，其根本原因在于我国企业存在的“能力缺口”。第六章阐述了内向型FDI政策的国际趋势，分析我国内向型FDI政策存在的问题，认为“身份政策”使我国增加了吸引外商直接投资的成本，我国必须实现向“能力政策”的转变，并采取相应措施。第七章以东亚为例，总结了后发国家外向型FDI的国际经验，探讨日本外向型FDI与产业空心化和泡沫经济“综合症”的经验教训，在此基础上提出我国外向型FDI的双导向——双选择模型。

关键词：跨国公司　发展战略　产业竞争力　外商直接投资（FDI）

0686

人民币市场均衡汇率与实际均衡汇率研究 / 赵登峰著；唐杰指导. -- 南开大学，2005. -- 147页

论文主要研究了三个方面的问题：1、实证分析满足市场套利均衡条件和市场供求均衡条件的市场名义均衡汇率；2、实证分析满足宏观经济内外均衡条件的宏观实际均衡汇率，求解实际均衡汇率指数；3、以实证分析的结论为基础，研究“基本稳定”与“适度弹性”相结合的人民币汇率政策，为人民币汇率形成机制改革提供政策建议。文章首先从中美购买力平价、中美利率平价、中国国际收支构成的变化以及外汇市场预期四个方面，实证分析人民币市场名义汇率的均衡条件。然后运用发展中国家均衡实际汇率模型和行为均衡汇率模型，在优选基本经济要素解释变量的基础上，建立估计人民币均衡实际汇率的实证方程，求解实际均衡汇率指数，测算人民币实际汇率的失调程度，并将估计和测算的结果与理论模型的假设进行比较分析。最后提出，资本项目可兑换一定要在宏观经济稳定和金融体系健全的条件下按顺序有步骤地推进；汇率形成机制的设计和调整应以市场化改革为主要取向；完善中央银行外汇市场干预机制，首先要确定合理均衡的汇率目标，然后采取相机抉择的汇率干预政策。

关键词：人民币汇率　汇率政策　市场均衡

0687

多重二元经济结构下的城市化模式研究 / 赵光瑞著；韦伟指导. -- 中国人民大学，2005. -- 172页

论文以传统的二元经济理论为基础，通过对日本城市化发展模式的实证研究和传统二元经济理论的修正，提出了新的城市化理论模型，并以此为基础探讨中国的城市化发展战略与模式问题。文章首先从理论上界定了城市化问题，并考察了城市化发展的内在规律与外部条件。其次，考察了日本城市化发展及其城市化模式特点，并分析了其发展机理与空间演化模式。第三，介绍了传统二元经济理论，并对发展中国家的城市化困境，二元经济模式的缺陷进行反思，同时提出新的城市化模式的构想。第四，基于中国目前的城市化水平、制约城市化发展的硬约束条件和国际环境以及经济社会发展目标，设想从产业支持体系、空间结构体系、政策支持体系等方面构建中国的城市化模式。

关键词：城市化　二元经济　日本

0688

论产业升级的就业效应 / 赵建军著；王东京指导. 中共中央党校，2005. -- 141页

本文经过实证分析后认为，就业岗位不足的根本症结依然是有效需求不足，从而回归了凯恩斯的有效需求决定就业的经典命题，并就此否认了就业优先的发展模式。文章指出，产业升级实质上是生产要素密集度不断变化升级的过程，即生产技术从劳动密集型为主，到资本密集型为主，最后到技术密集型为主的演变过程。产业结构的升级必然要求加大对传统产业的技术改造力度，而更新设备、引进新的生产工艺、采用先进的生产技术都需要大量增加投资；同时，产业结构升级必然要求大力发展高新技术产业，高新技术产业的技术含量高、资金密集程度高，所需投资量远大于劳动密集型产业。可见，产业升级过程也就表现为劳动力人均资本量（K/L）不断增加的过程。由于各国劳动力一般呈增加的趋势，所以在产业升级时，投资也在不断增长。既然产业结构由劳动密集型向资本技术密集型过渡意味着大量的投资，这些投资就会通过投资乘数的作用，带动收入和消费量的成倍增加。在此过程中，产业升级的收入分配效应阻碍了边际消费倾向递减规律作用的发挥，使得消费倾向不

至于不断下降，消费和收入的差距也不至于越拉越大，从而使得投资占收入的比例保持不变甚至趋于降低，经济得以稳定增长。产业升级的收入分配效应还在国民收入既定的情况下，通过提高消费倾向直接扩大了消费需求。产业升级从两个途径提高了有效需求，一是投资乘数效应，二是收入分配效应。产业升级的最终结果，是有效需求得以扩大。而有效需求的大小又决定了就业量的多少。所以，可以得出如下一个结论：产业结构的资本技术密集化有利于扩大就业。这与各国产业结构升级的历史也是吻合的。对如何推动产业升级，本文提出了如下建议：进一步完善社会主义市场经济体制，为企业提供良好的竞争环境，充分发挥企业在产业升级中的主体作用；推动技术进步和技术创新，鼓励企业形成自主创新机制，并建立国家创新体系；运用切实可行的财政、税收和金融政策，有力地引导资源流向主导产业；充分利用全球产业大转移的历史机遇，在进一步对外开放中促进产业升级；同时，要建立衰退产业援助体系，减轻产业升级对社会稳定造成的负面影响。

关键词：产业结构升级　就业　生产要素市场　有效需求

0689

价值转形理论问题研究 / 赵锦辉著 ； 于祖尧指导. -- 中国社会科学院研究生院, 2005. -- 83 页

本文认为，围绕马克思经济学中转形问题，即价值转化为生产价格的问题的长期争论，一方面反映了人们对转形过程是否具有逻辑一致性和历史可行性存在不同的看法，另一方面也表明人们对转形问题所展现的马克思经济学理论体系和所运用的方法存在不同的理解。在此情况下，研究转形问题就具有重要的理论意义和一定的实践意义。作者的一个基本观点是：转形问题是一个系统问题。因此，必须将转形问题视为一个整体进行研究。作为一个整体，转形问题包括四个方面的内容：转形内涵、转形目的、转形过程和转形结果。本文除导论、结束语外分六章。导论介绍问题的提出及意义，概述国内外研究，介绍文章的基本观点、结构安排和创新之处。第一章分析转形问题存在的客观性，研究转形内涵。第二章研究转形的目的，包括对转形目的的逻辑分析和转形目的的学说史分析。第三章研究转形的逻辑过程，论述马克思对转形过程的数学证明，指出转形的逻辑过程包含三个方面的内容。认为马克思已经基本解决了转形问题的逻辑证明，本文的证明是对马克思证明的扩展。该证明指出在要素投入按生产价格计算的条件下，转形仍然成立。第四章研究转形的历史过程，包括简单商品生产存在的客观性分析，利润率平均化过程的历史描述，逻辑过程和历史过程的关系，文章在马克思、恩格斯对转形历史过程描述基础上，对利润率平均化的历史过程进行了描述；并将转形的逻辑过程和历史过程联系起来，指出两者是统一的。第五章转形结果研究，研究了转形与分配、转形与（市场）价格，并提出，必须创造一个新的框架研究价格，这个框架必须将价格的确定性与不确定性有机地结合起来，将价格的质与量有机地协调起来，将价格的决定因素和影响因素更好地统一起来。第六章对再生产模型方向、实物方向、逆转形方向、迭代法方向、新表述方向、单一跨期法方向、一般利润率方向这些转形逻辑过程前人解法进行了评论。结束语对全文研究进行小结，并就转形问题的未来研究方向提出看法。

关键词：价值论　生产价格　价值转移

0690

中国证券市场新股发行（IPO）效率研究 / 赵林茂著 ； 张小蒂指导. -- 浙江大学, 2005. -- 150 页

论文从发行机制角度探讨了造成中国股票市场极高的首次公开发行（IPO）效率扭曲的根源，对发行机制与 IPO 效率的关系从理论和实证两个方面进行了详细的分析和考察。首先构建了新的 IPO 效率分析框架，将 IPO 效率划分为两个层次：IPO 定价效率与 IPO 配置效率。基于对中国股票市场独有的二元结构特征的思考和分析，认为在中国 IPO 市场中存在着 IPO 定价效率与 IPO 配置效率的背离，要降低 IPO 效率扭曲程度必须要同时考虑 IPO 定价效率和 IPO 配置效率的提高和改善。其次，从理论层面对发行机制与 IPO 效率的关系进行了研究，并沿着三个递进层次展开：（1）从股票分配规则、发行价格决定规则、发行数量决定规则三个维度对现有三种典型发行机制进行研究，发现累计订单询价机制更有利于 IPO 效率的实现；（2）“最优”发行机制中的 IPO 效率实现机制分别为：数量歧视、非知情投资者的参与数量、低定价以及价格歧视；（3）剖析了中国股市最新的市场化发行机制—询价机制的本质及其 IPO 效率实现机制，发现由于 IPO 效率实现机制的缺乏，理性的知情投资者出于其自身利益最大化的行为，将导致 IPO 效率的损失，而数量歧视可以显著改善 IPO 效率。最后，对 1999—2004 年期间中国新股发行机制对 IPO 效率的影响进行了实证研究。结果表明：在市场化阶段，询

价机制虽未能改善 IPO 定价效率,但却显著提高了 IPO 配置效率;在固定市盈率阶段,不同的发行机制未能对 IPO 效率造成实质性影响,监管机构要通过发行机制的市场化改革提高 IPO 效率,必须取消发行市盈率的行政性管制;市场化阶段的新股发行价格相比固定市盈率阶段更充分地反映了公司内在价值,从而提高了 IPO 配置效率,因此前者更有利于资源的有效配置。

关键词:证券市场　股票发行　新股发行　股票价格

0691

中国农业国际竞争力 :理论与实证研究 / 赵美玲著 ; 王述英指导. -- 南开大学, 2005. -- 297 页

本文以国际贸易理论、迈克尔·波特的产业国际竞争力理论和企业核心能力理论为理论基础,构造了中国农业国际竞争力研究的经济分析框架,确定并构建了农业国际竞争力的决定因素、评价指标体系及其评估模型,并依据该理论和评价指标体系,对我国农业国际竞争力进行研究,提出了相应的对策建议。本文共分为理论分析、实证研究和对策建议三个部分。第一部分在对农业国际竞争力的理论渊源进行分析的基础上,提出了决定国际竞争力的八大因素,并据此构建了农业国际竞争力的评价指标体系和评估模型。第二部分通过从横向和纵向的角度对中国农业生产水平、国际贸易状况、国际竞争力进行总结和个案的国际比较研究得出结论:总体上看,改革开放以来,中国农业在生产和国际贸易方面都有很大发展,但是国际竞争力却呈现下降趋势。进一步通过对主要农产品的价格竞争力、质量竞争力、要素竞争力和环境竞争力的分析揭示了竞争力下降的深层次原因。第三部分选取国际上有代表性的国家和地区,即美国、荷兰、印度和台湾,对它们在提高农业国际竞争力方面的主要经验进行了总结和借鉴,最后提出了提高中国农业国际竞争力的战略目标、战略重点和战略措施。

关键词:农业经济　国际竞争力　评价指标

0692

中国经济发展与农村剩余劳动力关系研究 / 赵明岚著 ; 夏兴园指导. -- 中南财经政法大学, 2005. -- 139 页

本文以马克思主义观点、方法为指导,在总结国内外经济发展模式和农村剩余劳动力转移的基本经验的基础上,结合我国的实际,从战略理论的高度,对我国经济发展理论、剩余劳动力规模、经济发展与农村剩余劳动力关系等进行系统的探讨,建立起二者之间的经济发展模型。全文共分六章。第一章是导论,综述了经济增长理论和人口增长理论,对一些基本概念进行了界定和解释,引出了经济发展与农村剩余劳动力问题,并概括了文章的研究意义、方法、拟解决的主要问题以及研究框架。第二章先介绍了我国农村剩余劳动力产生与发展的现状;然后以珠江三角洲、温州的经济发展模式这两种典型的农村劳动力转移模式为例,分析了我国经济发展与农村剩余劳动力转移,概括出了农村剩余劳动力转移的特点与存在的问题以及制约农村剩余劳动力转移的因素;接着,作者比较分析了德国、日本、印度经济发展的历程和特点及经济发展与农村剩余劳动力的关系、农村剩余劳动力问题的解决策略,进而总结出了发达国家农村劳动力转移的特点,指出了我国的经济发展和农村剩余劳动力转移可以从正面和反面借鉴经验、吸取教训,从而推动我国的经济发展。第三章分析了我国经济结构与美国、德国、日本和印度等国家经济结构的差异与相似性,指出了我们借鉴发达国家经济发展的成功经验对产业经济结构进行调整和优化的指导思想及具体内容。第四章简单地阐述了我国经济发展的特点、模式,着重总结了中国经济进一步持续、稳定、高速发展的限制性因素,提出了解决这些限制环节的方法和途径。第五章研究了我国人口数量的预测模型,对我国未来人口与农村剩余劳动力的数量进行了预测,为我国制定经济发展和劳动力转移计划提供数理依据。在前五章的基础上,第六章研究了中国经济发展与劳动力的关系,经济发展与农村剩余劳动力的内在联系,重点分析了经济发展和农村剩余劳动力之间相互依赖、相互促进的关系。

关键词:经济发展　农村劳动力　剩余劳动力　劳动力转移

0693

大学城与城市互动发展的经济学分析 / 赵效为著 ; 张军指导. -- 复旦大学, 2005. -- 160 页

本文由导论和七章内容构成。导论阐述选题背景和意义。第一章文献评述。第二章是对大学城的理论透视,认为大学城是教育产业中和城市产业链上的一个特殊企业的集合体,是人力资本的生产与再生产、科技创新、成果转化和信息整合的基地。第三章在对城市化与城市生存模式进行阐释的基础上,从集

聚效应和外部经济效应的角度对大学城在中国城市化进程中的作用和影响力进行了考察论述。第四章首先对我国教育供求状况进行分析，提出了教育消费的成长级理论，以此来考察大学城在我国教育消费"成长级"中的地位与作用，然后引入规模经济与范围经济理论对大学城进行深层次分析，考察大学城对教育产业的影响。第五、六章用系统论的方法对大学城与城市之间的互动关系进行了经济学分析，是本文的核心部分。在对系统论的理论及其在经济学上的运用进行评述后，本部分引入"社会资本"概念，试图从新的角度分析和揭示大学城促进区域经济发展的根本原因。同时，将大学城纳入城市产业链中来考察其地位与作用，展示双方的互动效应。在第六章的最后，作者还以山东日照大学科技园为例，对大学城与城市经济之间的互动效应进行了解剖。第七章在归纳前六章的基础上对当前大学城发展中的关键问题进行了归纳总结。

关键词：高等学校　大学城　城市经济　规模经济

0694

准市场组织与集群经济 / 郑亚莉著 ； 金雪军指导. 浙江大学, 2005. -- 126 页

本文以准市场组织为切入点来阐释产业集群的运行机理、治理结构与经济绩效，认为准市场组织是集群经济重要的制度安排和组织结构。全文共分九章。第一章导论介绍选题意义和研究框架。第二章是对集群经济研究的文献综述。第三章分析了准市场组织的性质，对集群经济中的准市场组织进行分析。第四章论述了准市场组织的基础：企业的异质性假说。第五—七章首先通过对生产商——销售商的纵向约束模型的扩展，具体研究了跨界治理中的纵向外部性及其治理结构、横向外部性及其治理机制、纵向与横向外部性并存及其治理机制、技术约束及创新激励机制等，进一步揭示了集群的微观治理机制结构；其次对集群经济中的准市场组织的稳定性和动态性、风险等进行分析；最后对集群剩余进行经济分析，探讨集群剩余产生的原因，以及集群剩余对集群竞争力提升的作用机制。第八章以浙江 15 大代表性产业集群为研究对象加以实证测度，研究表明：(1) 总体上讲，浙江的 15 个代表性产业集群所处的技术效率水平和规模报酬状态都较为理想，存在相当程度的技术效率的"趋同效应"，从中也表明集群确能增进配置效率与规模效率；(2) 少数集群在 1997—2000 年的区间生产效率增长较为缓慢，主要原因是规模效率的非增性和技术效率的恶化；(3) 提高规模经济效率、优化投入要素的配置比例、加快技术引进和技术追赶是进一步增进浙江产业集群经济效率的有效途径。

关键词：产业集群　经济组织　经济效率　区域经济

0695

国有资产监管研究 / 钟成著 ； 刘海藩指导. -- 中共中央党校, 2005. -- 136 页

本文通过考察国有资产监管的历程，发现国有资产监管存在诸多弊端，如政企不分、政资不分、国有资产出资人"缺位"、国有资产大量流失等。其次，剖析了产生弊端的原因，指出主要是因为国有资产监管体系不完善、监管制度不健全、监管队伍亟待培养等。文章指出，国有资产监管的关键在于建立一套健全的体系(简称"一套体系")，建立一套科学的制度(简称"一套制度")，建立一支业务素质高、责任心强、具有创新精神的监管队伍(简称"一套人马")。"一套体系"是国有资产监管的基础。以往的监管体系不健全，严重影响了国有资产的高效运行。党的"十六大"后，建立了"管资产与管人、管事"相结合的新型国有资产监管体系，克服了国有资产所有者缺位的弊端，但这套体系的职能还没完全到位，许多关系有待理顺。"一套制度"是国有资产监管的保障。作者提出要加强制度建设，并分析了独立董事制度、监事会制度、企业总法律顾问制度、国有资产经营预算制度和经营业绩考核制度。"一套人马"是国有资产监管的关键。作者指出必须加强国有资产监管队伍建设，包括提高队伍的素质，选拔和培养一支优秀的监管队伍，强化监管队伍的激励约束等。"一套体系、一套制度、一套人马"三者是密不可分、互相联系的有机整体。最后，在分析国外国有资产监管模式，借鉴其成功经验的基础上，给出了完善国有资产监管的两个目标模式：一是在人大设立专门的国有资产监察委员会；二是根据国有资产的不同类型，设立不同的国有资产监管机构。并提出了若干政策建议，如加强立法、健全法律、完善委托代理关系、健全现代产权制度、加强审计监督等。

关键词：国有资产　监督管理　国有企业

0696

企业内部要素关系的理论分析 / 钟怀宇著 ； 刘诗白指导. -- 西南财经大学, 2005. -- 138 页

论文旨在通过对企业内部要素关系的研究,揭示其本质,并对企业组织理论形成新的认识。文章首先对企业理论作了批判性回顾,认为西方现代企业组织理论中,大多对企业组织内部要素关系的本质问题采取存而不论的态度,而仅就既定的两权分离模式下委托人与代理人之间的利益协调和行为模式进行讨论,以期找到理想的优化的企业治理结构模式。然后,考察了企业组织与企业内要素关系的形成以及企业内要素关系;认为社会分工发展中形成的专门知识是企业形成的直接动因,而企业组织形成的过程也是企业内要素关系的形成过程,专门知识在生产者和生产资料之间的分离是企业内基本要素关系——资本雇佣关系形成的条件;要素产权交易是要素市场交易的主要内容,其具有不完全性特征,这也是导致企业契约不完全性的根本原因。企业内要素市场产权交易的不完全性使企业内要素关系的调整成为可能,这也为体现要素关系的企业内权利结构的演变提供了依据,企业内权利结构的调整是企业内要素关系变化的反映,是企业内要素市场交易的结果。最后,文章讨论了企业价值的形成以及企业剩余的来源和企业剩余索取权的安排问题,对企业治理结构中关于"控制权与剩余索取权匹配的原则"提出了质疑,指出控制权与剩余索取权产生的基础不同,二者的匹配只是一种相对状态,因此不存在绝对化的企业治理结构优化模式。

关键词:企业组织　要素市场　产权　控制权

0697

我国外商直接投资的技术溢出效应研究 :机制分析与实证检验 / 周剑著 ; 蒋学模指导. -- 复旦大学, 2005. -- 149 页

本文认为发展中国家致力于吸引更多的外商直接投资(FDI),重要原因之一就是希望获取外商直接投资的技术溢出效应。其微观机制可以从两方面分析:一是企业自身因素的影响,即企业规模、产权结构、发展战略及人力资本的差异都会导致不同的外资技术溢出效应;二是企业间的联系。文章假设外资技术溢出效应随着外资技术活动的数量或强度的增加而增加,作者建立了一个外部模型,从理论上描述了政府辨别外资技术活动的成本、优惠政策的形式、优惠程度等变量如何决定外资的技术溢出水平。关于外资技术溢出效应的中观机制也包括两部分:一是技术溢出效应从企业层次向行业层次的转化,二是市场结构的影响,在垄断性市场和竞争性市场结构中,外资的技术溢出效应有巨大差异,在外资企业居于垄断性地位的市场中,当地企业获得的技术溢出效应要少得多。外资技术溢出效应的宏观机制也包括两方面:一是知识积累,二是吸收能力,文章构建了一个指标体系用于衡量一国的吸收能力,并计算了 15 个国家的吸收能力综合指数。三个层次的理论分析都辅以相应的实证研究,另外文章还分析了外资区域集群对外资技术溢出的影响、外资渠道与外贸渠道技术溢出的比价以及外商直接投资技术溢出的国际考察等。最后,对各国外资政策及其对外资技术溢出影响进行分析,提出了我国促进外资技术溢出效应的政策建议。

关键词:外商直接投资(FDI)　技术进步　技术溢出

0698

高新技术企业定价研究 / 周江著 ; 杨继瑞指导. -- 四川大学, 2005. -- 191 页

论文主要对高新技术企业定价进行了研究。全文共七章:第一章为导论,主要介绍了论文的选题背景、研究意义、国内外研究现状以及论文的研究方法、研究结构和创新之处;第二章在系统分析高新技术和高新技术企业的特征的基础上,结合对企业价值的分析和相关理论的回顾,分析了高新技术企业的价值形成规律、形成途径及表现形式等特性;并对高新技术企业定价的内涵和特点进行了研究;第三章在对传统企业定价理论和方法的分析的基础上,结合我国高新技术企业的特点,提出了高新技术企业定价的基本思路和理论框架,综合应用现金流折现法、期权定价方法和环境因素评价法,构建了高新技术企业定价模型;第四章在对高新技术企业中技术资本的内涵及特性分析的基础上,研究了技术资本在高新技术定价中的机理,分析了高新技术企业技术资本化的途径和模式;第五章在对人力资本理论的回顾的基础上,考察了高新技术企业人力资本到智力资本的演进,分析了高新技术企业中的人力资本价值创造,并对高新技术企业定价中的人力资本价值实现进行了定量研究;第六章在环境与高新技术企业定价动态关系分析的基础上,着重研究了市场环境、政策环境和社会环境对高新技术企业定价的影响;第七章从内部途径和外部环境提出了完善高新技术企业定价机制的对策。

关键词:高技术企业　企业价值　人力资本

0699

义务教育及其财政制度研究 / 周金玲著 ; 金祥荣, 黄少安指导. -- 浙江大学, 2005. -- 170 页

本文对义务教育制度本身和与义务教育制度相适应的财政管理制度进行探讨,具体内容包括:(1)对义务教育进行经济学分析。通过对人类社会提供基础教育制度纵向的历史考察和横向义务教育推行国别的比较分析,揭示义务教育制度出现的根本原因,提出"基础教育制度变迁的历史决定原理",作为本文对义务教育制度进行经济分析的理论基础。同时,分析现代基础教育由政府提供的效率优势,并根据"历史决定原理"分析不同国家在不同发展阶段义务教育制度的效率差异。(2)对义务教育的财政管理体制进行分析。文章对义务教育财政职责进行分解,并考察了世界各国义务教育经费筹资者的实际状况,得出的结论是义务教育经费的实际承担者一般都是较高级次的政府;义务教育财政经费的具体管理者中,或者由承担筹资责任的中央政府直接支出,形成集权式的管理模式,或者由上级政府筹资但主要形成当地基层政府财政支出的分权式的管理模式。通过以上分析,探讨义务教育筹资者与管理者选择中的一般规律,以及不同的安排下所可能有的经济效率差异。在此基础上,运用委托——代理理论,分析义务教育财政经费筹资主体与管理主体之间的关系。(3)在实践方面,首先,运用"历史决定原理"确认中国所处的历史阶段,从而决定了中国现阶段对基础教育制度的选择;其次,对中国财政承担义务教育经费的能力进行定量分析,寻找我国义务教育经费至今不能基本来源于财政资金从而导致义务教育筹资混乱的原因。通过中外比较,得出中国义务教育经费中因财政努力程度不足从而导致财政供给不足的结论。这表明,尽管我国的经济发展水平还不高,承担义务教育的财政及国力还不充裕,但作为长期义务教育领域不规范集资收费依据的"穷国办大教育"的论断应该改变或者需要更充分的论证;最后,对中国义务教育经费财政努力程度不足进行制度经济学分析,指出在目前的政府预算分配中,政府本身的偏好以及缺少对这种偏好的有效约束是义务教育财政支出不充分的重要原因。作者据此提出了改善中国义务教育财政管理制度的改革思路。

关键词:义务教育　财政制度　财政管理体制　公共产品　公共财政

0700

中国银行业竞争问题研究 / 周闽军著 ; 李文溥指导. -- 厦门大学, 2005. -- 144 页

本文从竞争、效率与稳定的关系的理论基础上,探讨了银行业竞争与银行效率、稳定的关系,通过对我国银行业竞争、效率促进与市场稳定进行实证分析,评价我国现有银行业政策,并对我国银行业竞争政策的制定和实施提出建议。本文共分五章。第一章介绍了国内外金融理论有关竞争、效率和稳定关系的研究。第二章是我国银行业竞争态势分析,认为我国银行业市场结构自银行业改革以来没有发生本质变化,市场的竞争程度仍然极为有限,以商业银行垄断行为为主要特征。第三章是我国商业银行竞争与效率的实证分析,包括银行竞争与银行经营效率分析、银行竞争与银行资金配置效率的关系分析和银行业市场结构、产权结构与经济绩效的关系检验。第四章是我国商业银行竞争与稳定性实证分析,结果表明,我国银行的市场竞争格局,即集中度高的市场结构并没有带来银行业的稳定,反而导致了整个银行体系的脆弱性。第五章分析了竞争政策及其对银行业的适用性,探讨我国银行业政策效率目标的缺失问题及处理好银行效率与稳定关系的竞争政策取向,并提出完善竞争规制以提升商业银行效率的建议。

关键词:银行业　市场竞争　银行效率

0701

中间产品市场的买方垄断研究 / 周晓艳著 ; 刘志彪指导. -- 南京大学, 2005. -- 193 页

论文运用买方垄断的理论框架对中间产品市场的买方垄断行为进行一般性分析,并在此基础上以产业链中的制造业—零售业环节为例,具体分析这个产业链环节中存在的买方垄断现象,并探讨其形成的机理。第一章导论部分主要阐明了论文研究的理论意义和现实意义,并界定了市场垄断、行政垄断和自然垄断等概念。第二章对西方产业组织理论中买方垄断理论的文献进行了回顾,并就零售业中买方垄断的相关研究进行了述评。第三章首先对买方垄断势力衡量的文献进行了分类,然后采用典型行业加上典型企业的案例分析方法,来评估我国大型零售业中存在的买方垄断势力。第四章对中间产品市场买方垄断的形式进行了分析,指出这些纵向关系本身并非一定是买方垄断行为,只有这些策略性行为在上游行业中排斥了竞争才有对其进行规制的必要性。第五章采用构建数理模型的分析方法,分别针对下游行业完全

垄断的市场结构以及寡头垄断市场结构的买方垄断行为进行福利经济学分析；并构建了一般性的模型，证实了中间产品的价格取决于下游行业的市场结构这一主要观点。第六章，首先，运用中间层理论来分析大型零售商所具有的优势，然后再对产业组织理论中的行业集中度和利润率关系的理论进行述评，之后，分析了我国制造业的产业组织状况。第七章针对转轨经济体制背景下，我国所特有的具有行政属性的中间产品市场买方垄断问题展开研究，归纳了这种行政属性买方垄断形成的原因及其所造成的危害性。第八章对中间产品市场买方垄断的反垄断及其规制进行研究，在指出我国现行反垄断政策存在的问题之后，从法和经济学的角度提出对我国中间产品市场买方垄断现象规制的一般性原则。

关键词：零售业　中间产品　买方市场　垄断

0702

中国经济可持续发展研究 / 周玉梅著 ; 詹连富指导. -- 吉林大学, 2005. -- 192 页

论文主要研究了中国经济可持续发展问题。文章首先对经济可持续发展作了一些基本分析。其次对前人的经济可持续发展理论进行探源分析，分别介绍了马克思主义经典作家、西方经济学家和国内外专家学者的经济可持续发展思想。第三，介绍了我国可持续发展的实现状况以及西方国家可持续发展的经验。最后，提出了中国可持续发展的具体途径，指出以科学发展观为指导，实施可持续发展战略，完善社会主义市场经济体制，通过发展循环经济、优化经济结构、推进绿色技术创新、建立生态环境税费制度、协调贸易与环境之间关系等具体途径，中国经济可以实现可持续发展。

关键词：经济发展　可持续发展　科学发展观　循环经济

0703

预期价格总水平上涨率内生假定下的中国 AD—AS 模型 / 周源著 ; 白暴力指导. -- 北京师范大学, 2005. -- 138 页

论文依据理论从特殊向一般演进的科学发展道路，从宏观经济学的基本模型——标准 AD—AS 模型的缺陷出发，对其进行了扩展。在此基础上，根据从 1991 年以来的中国数据，吸纳现代计量经济学的发展成果，运用计量经济学的方法建立了中国 AD—AS 模型，并借助体现系统思想和方法的全微分法，利用中国 AD—AS 模型，将总需求和总供给纳入一个分析框架中，对中国经济进行了分析。研究结果表明，当预期价格总水平上涨率较低时，中国 AD 曲线是一条向下倾斜的曲线；当预期价格总水平上涨率较高时，中国 AD 曲线是一条向上倾斜的曲线；这意味着价格总水平的变动对总需求的短期影响要大于总供给的短期影响。文章借助全微分法，将中国 AD—AS 模型作为一个系统进行分析，得出以下结论：第一，中国 AD 曲线比中国 AS 曲线平缓，因此总供给方面的外生冲击比总需求方面的外生冲击对国民收入的作用要大。第二，总需求系统中，总需求方面的外生冲击对国民收入的影响较大，而在总需求—总供给系统中，其对国民收入的影响小得多。第三，各类外生冲击对经济的影响方向往往会因为是否存在较高的预期价格总水平上涨率而发生改变。第四，自发消费冲击对经济的影响相当大，而政府支出和货币供给冲击对经济的作用是相当有限的。

关键词：宏观经济模型　总需求　总供给　计量经济学

0704

转形问题研究 / 朱奎著 ; 程恩富指导. -- 上海财经大学, 2005. -- 126 页

本文在坚持马克思劳动价值论的前提下，从逻辑与历史的双重视角，以唯物史观和辩证法为基本研究方法，并综合运用了具体与抽象、静态分析与动态分析、定性与定量研究相结合的方法，通过对转形问题作出抽象概括并建立数学模型，给予转形问题一个马克思主义的解。全文共分八章。第一章是导言，阐述了本文的研究背景、研究意义、研究方法和研究框架。第二章分析了转形问题研究的理论基础和实质，并对转形理论中的数学计算进行了研究。第三章构建了转形模型，文章按照逻辑与历史相结合的内在要求，把价值向生产价格的转化分为静态转形和动态转形两个过程来处理，分别建立静态转形模型和动态转形模型，并进行了借鉴和比较。第四章阐释了转形问题的古典解法，包括鲍特凯维茨传统、温特涅茨的解法、米克的第一类解法以及伊藤诚的解释。第五章比较分析了塞顿模型和森岛模型。第六章阐述了价格行为与转形之间的关系，分析了萨缪尔森的“逆转形”，解读了斯拉法。第七章论述了转形问题研究的新进展，包括了谢赫的解法、DFL 模型、WRC 模型、TSS 学派的转形理论等。第八章是对全文的总结。

关键词：劳动价值论　生产价格　价值转移

0705

社会资本、交易费用与经济转型 / 朱全景著 ；何自力指导. -- 南开大学 , 2005. -- 198 页

本文从社会资本、交易费用的角度研究转型经济。论文提出应该从三个方面来理解社会资本,第一,社会资本是诚信、互惠等非正式制度;第二,社会资本是一种网络组织;第三,社会资本表现为能够给当事人带来收益的人际关系。由于诚信、互惠等非正式制度,社会资本节约了内部交易费用,并具有两种功能:达成集体行动和配置资源。但是,社会资本也有可能因为"封闭性"、"排斥圈外人"等原因造成外部交易费用上升。在经济转型中,集中计划作为配置资源的主要方式消失,使处于不同社会资本之间的人们存在交易需求,可是社会资本可能导致外部交易费用升高,使处于不同社会资本的人们之间进行交易的费用升高,甚至使这种交易成为不可能。作者把经济转型中由于社会资本导致的外部交易费用定义为转型交易费用。认为当社会资本节约内部交易费用而导致转型交易费用上升时,经济转型就陷入畸形,成为少数人牟利的工具。如果社会资本没有导致转型交易费用升高,经济转型就会呈现出帕累托改进。作者认为,忽视人际关系对经济转型的影响,企图在短期内完成经济转型的"休克疗法"注定不能成功,经济转型只能是一个渐进的过程。本文在逻辑结构上基本可分为理论构建和实际分析两部分。通过经济转型及其顺利实现的条件(第一章)、社会资本的形成与作用机制(第二章)、转型交易费用(第三章)和社会资本对转型道路、速度和质量的影响,本文构建了社会资本、转型交易费用与经济转型的理论框架。中国的经济转型(第五、六章)和中俄经济转型中的社会资本比较(第七章)通过实际分析进一步验证社会资本、转型交易费用与经济转型的理论框架。

关键词:社会资本　交易费用　交易成本　转型经济

0706

四川丘陵地区新型工业化道路研究 / 朱廷春著 ；杜肯堂指导. -- 四川大学, 2005. -- 193 页

本文以马克思主义理论为指导,运用经济学、社会学等理论和方法,将规范分析与实证分析相结合,对四川丘陵地区区情和工业化发展状况进行了实证分析和纵横对比,采用多种研究方法探索了四川丘陵地区走新型工业化道路的路径。全文共八部分。第一部分是前言,介绍了本文的选题背景、论文结构、主要创新点。第二部分对相关的基本范畴与基础理论进行了述评。第三部分介绍了四川丘区的基本概况,包括地理范围、区域特征和经济特点,并对丘区的新型工业化发展总体思路进行了阐述。第四部分研究的是丘区工业化中的产业结构调整,分别就其理论依据、产业配置模式进行了探析,分析了丘区产业结构的现状,论述了丘区产业升级与优化,以及主导产业的选择与培育。第五部分研究了四川丘区工业空间布局。第六部分则对四川丘区工业化中的人力资源开发进行了探讨。第七部分研究的是丘区新型工业化道路中的技术进步,分析并强调了科技对区域经济协调发展的作用机理,剖析了丘区科技发展的现状,探讨了丘区技术进步的内涵,并提出了丘区科技进步的策略。第八部分对四川丘区资源利用、生态建设与环境保护进行了研究探讨。

关键词:丘陵地区　工业化　四川省

0707

企业空间集聚与地区间专业化 ：关于浙江专业化产业区的理论分析与案例研究 / 朱希伟著 ；金祥荣指导. -- 浙江大学, 2005. -- 118 页

本文论述了制造业的不同产业会在不同地区集聚,形成地区间专业化分工的专业化产业区问题。首先,探讨了专业化产业区的历史起源。产业发展的历史传统往往带来产业特定性要素的空间不均匀分布,这些要素的低流动性特征进一步强化了要素的空间集聚状态。产业特定性要素的空间集聚导致不同产业在某一特定空间的生存竞争力有差异,从而导致同类产品生产企业空间集聚的专业化产业区出现。其次,从分工与交易角度探讨了专业化产业区的形成机理,提出了一个关于专业化产业区形成的理论模型。基本思想是,专业化产业区的形成受企业间专业化分工深化带来报酬递增的驱动,而较低的人力资本转换成本和较高的市场交易成本促进了专业化产业区的形成与发展。再次,对中国"二元经济"背景下,专业化产业区的扩张机制进行了理论分析。西部地区农业剩余劳动力的释放为东部专业化产业区的发展壮大提供了大量潜在工业劳动力。东部专业化产业区与西部新兴工业之间的技术差异诱使西部潜在工业劳动力流向东部。当东部专业化产业区的技术优势积累足够补偿西部农业剩余劳动力的迁徙成本时,西部剩余劳动力大规模涌入东部推动了东部专业化产业区的扩张。最后,以浙江永康五金机械专业化产业区的案例研究为基础,对论文得出的若干理论观点进

行了检验,并提出相关理论与政策含义。

关键词:地方经济 地区专业化 产业集聚 中小企业 浙江省

0708

人力资本特性与风险投资治理机制研究 / 卓越著 ; 刘东指导. -- 南京大学, 2005. -- 179 页

论文从人力资本特性角度对风险投资各种治理机制以及各阶段治理之间的关系进行研究,旨在给出一个逻辑一致的解释,并为构建我国风险投资治理框架提供理论和对策支持。首先,从理论发展的角度认识和总结人力资本特性与企业治理机制的关系,提炼出风险投资治理机制的四个独有特征,为全文建立一个理论分析框架。其次,在报酬机制方面,在 Lazear(1999)模型的基础上,通过引入人力资本间接定价理论所忽视的甄别因素,构筑了一个包括逆向选择和道德风险的甄别—激励模型,通过甄别和激励的权衡来解释风险投资中的剩余索取权安排和报酬业绩敏感性的分布和变化规律。第三,控制权配置方面,在 Tirole(2000)模型的基础上构建了风险投资控制权动态配置模型,从创业者人力资本专有性向专用性转换及其导致的双边道德风险角度讨论了风险企业的控制权安排。第四,从创业者人力资本专有性向专用性转化的双向承诺问题出发构建了一个投资分配模型来分析分阶段投资的作用机理。第五,在进一步对投资分配模型扩展的基础上研究了风险投资基金中的分阶段注资,指出风险投资基金中承诺资本的分阶段注入与"无过错离婚"条款是另一种极端形式的分阶段投资,并进一步证明,分阶段注资效率损失越小,对于前景很好的项目,分阶段注资的效率越接近于帕累托最优。第六,通过对美、日、德三国风险投资治理机制以及由治理机制所决定的投资的阶段和行业分布、风险资本的退出方式、风险投资的规模和绩效的比较,建立了一个关于风险投资治理机制和退出关系的非正式模型。最后,以我国风险投资发展中存在的现实问题为导向,提出我国风险投资治理机制的总体框架,进而从风险投资机构、风险企业和退出三个方面论述了实现这一框架的具体措施和建议。

关键词:人力资本 风险投资

经济思想史

0709

中国当代通货膨胀理论研究 :1979—1996 / 艾慧著 ; 叶世昌指导. -- 复旦大学, 2005. -- 205 页

本文试图分析西方通胀理论为何会经历本土化过程和中国通胀理论与西方通胀理论的异同点以及隐藏在差别背后的更深层次的原因。文章共分 8 章。第一章导论对中国和西方的通胀理论作了初步的梳理工作,将论文的研究范围划定为 20 世纪 30 年代到 1996 年这段历史时期,重点是 1979—1996 年当代的通胀理论,同时对现有的中国通胀思想史著作给予评价并提出尚待解决的四个方法论问题。第二章对四个方法论问题一一作出阐释,奠定整部论文的基调和立论基础。通过界定通胀的内涵,提出划分通胀理论的标准以及寻求新的研究方法,确立论文主体部分的行文规范。第三章以 20 世纪 30—40 年代学者的争论作为纸币流通制度条件下中国通胀理论之开端,认为当时学术界对于纸币制度实施条件的探讨多数是从防止通胀的角度出发的。通胀理论的活跃不仅是因为货币制度发生转变,同时也得益于西方经济理论和马克思主义的传入。第四章开门见山地展开一幅 1979—1983 年经济体制改革的画卷。这一时期中国学者对西方通胀理论以介绍和引进为主,在评论时仍然习惯性地采用传统的批判式研究方式,倾向于以马克思的货币理论为依据,尚未借鉴西方的通胀理论解释中国的问题。第五章分析中国转轨时期(1984—1992)通胀理论的研究框架。认为这一时期通胀理沦具有两点突破:一是通胀成因复杂化;二是出现了西方通胀理论的本土化过程。第六章的通胀理论主要围绕两个方面展开,即在原有基础上的后续研究和对通胀周期性反复的解释:(1)通胀指标已经不再局限于衡量指标,而是扩展为预警指标和发生指标两类;(2)总量分析中的"成本推进型"通胀理论在这一时期趋于成熟,"低效率说"作为中国独特的通胀理论自成体系。第七章分别针对"通货膨胀与经济增长"和"通货膨胀与预期"两个专题展开评述,总结出中国利用通胀促进经济增长的条件,并指出粘性预期理论是中国学者的独创,它区别于西方的外推式预期理论和理性预期理论。第八章结束语,总结了前七章的理论框架并对当前宏观经济形势提出见解。

关键词:通货膨胀 货币政策 经济增长

0710

国际技术转移与发展中国家的技术能力建设 / 蔡声霞著 ; 贾根良指导. -- 南开大学, 2005. -- 166 页

本文从发展中国家如何通过国际技术转移实现经济追赶的现实问题出发,探讨国家技术转移和发展中国家技术能力建设的关系及其对发展中国家经济追赶的影响。全文由六部分构成。第一部分是绪论,提出了本文研究的问题,介绍了国内外的研究现状以及本文的研究内容和研究方法。第二部分对技术和技术转移、技术能力进行了探讨,其中,第一章从技术和技术转移的基本涵义出发,讨论国际技术转移的模式及其分类问题,考察了技术变迁的新特征及其对技术转移的影响,总结技术转移的新趋势,揭示出了发展中国家技术转移中存在的问题并加以了思考;第二章在回顾技术能力概念的发展的基础上提出技术能力的个人、企业、区域和国家四层划分的新观点,考察了技术能力演化的轨迹,分析了技术能力的表象和本质,分析了技术能力发展的源泉,最后探讨技术能力发展的两条途径。第三部分即第三章,主要探讨了技术转移、技术能力与发展中国家的经济追赶的关系,文章首先利用世界银行最新统计数据考察发展中国家经济追赶的现实,然后总结了已有的经济追赶理论,归纳出三种理论并加以了分析和评价,接着论述了经济全球化条件下本土能力建设对发展中国家经济发展的决定性作用,最后提出技术转移与技术能力相互作用、相互促进,共同推动发展中国家的技术经济发展的经济追赶理论。第四部分分析了韩国和我国的江浙地区的技术转移与技术能力建设,其中,第四章主要介绍了韩国在国家层面和产业层面上的技术能力发展经验;第五章是以中国万向集团和无锡尚德太阳能电力有限公司为例,说明了一些非正式技术转移模式对企业技术能力提高的作用。第五部分即第六章,是对发展中国家的政策建议,在对发展中国家早期的国际技术转移政策进行回顾和评述的基础上,对发展中国家在全球化条件下的技术转移政策提出了建议;在回顾新中国成立以来技术转移与技术能力发展的历史与现状的基础上提出中国实现经济追赶的对策。第六部分即第七章,归纳了全文的结论。

关键词:技术转移　技术能力　技术差距　技术创新　发展中国家

0711

模式创新、政策突破和利益博弈 : 中国上市公司并购重组的制度变迁和思想演进研究 / 杜晓堂著 ; 叶世昌指导. -- 复旦大学, 2005. -- 167 页

本文研究了中国上市公司并购重组的思想演进和制度变迁,认为它们主要体现在模式、政策和利益三个方面:并购重组的模式创新和政策突破是制度变迁的体现,并购重组的利益博弈规则是制度变迁的内在推动力。相应地,中国上市公司并购重组的思想演进主要体现在模式思想、政策思想和利益思想三个方面。全文共分五章。第一章介绍了本文的研究思路、方法和意义。第二章围绕着协议收购、要约收购和二级市场收购三种法定的并购模式,结合典型的并购案例,从模式创新角度揭示了中国上市公司并购重组的制度变迁和思想演进。研究了当前中国证券市场并购重组的主流模式的成因和弊端,对未来中国上市公司并购重组的主流模式进行展望。第三章从政策突破的视角介绍了中国上市公司并购重组的制度变迁和思想演进,分析和评论了外资并购、管理层收购过程中的理论争议,论述了中国上市公司并购重组的价值取向,并对中国上市公司并购重组的政策进行展望。第四章对中国上市公司并购重组利益的研究。文章集中分析了模式创新和政策突破中的利益博弈,分析和评论了经济理论界对中国上市公司并购重组中利益博弈进行讨论的四个焦点问题,即关于上市公司并购重组利益来源的理论争论,关于并购重组绩效的讨论,关于反收购问题的讨论和关于并购重组中信息公开披露的讨论。最后,结合利益相关者理论和制度变迁的动力机制理论,对中国上市公司并购重组的利益均衡和制度变迁进行分析,研究和提出了中国上市公司制度变迁的三种动力机制。第五章以前文观点为基础,提出以满足利益均衡的基本条件和遵循制度变迁的动力机制为基本指导思想,以利益相关者的利益均衡和利益平衡为基本导向的完善我国证券市场并购重组基本制度的建议。

关键词:上市公司　并购　重组　制度变迁

0712

企业管理学范式研究 / 段钊著 ; 严清华指导. -- 武汉大学, 2005. -- 138 页

论文从社会学的心智模式出发对企业管理知识发展的历史作宏观的考察,从逻辑实证主义的角度对具体管理知识的形成进行了分析,以探讨管理思想形成演变机制。首先根据范式理论划定管理思想的演变过程,再运用企业理论与利益相关者理论来描述企业权力关系,最后在"相对主义"与"知识/权利"框架下论证不同企业权力关系与不同理论范式形成之间

的关系。从19世纪末到二战以前的几十年里,伴随着局部委托代理企业制度的普及,管理学的发展处于一个范式相对稳定的时期,这个时期主流的企业管理理论,都基本遵从科学管理理论所树立的古典理论范式;随着完全委托代理制度的普及,到20世纪50年代,管理学的发展进入到一个范式竞争的时期。战后形成了规划管理理论范式,注重管理科学的操作性与应用性。20世纪80年代后,日本企业的成功催生了企业文化理论范式;到90年代,知识经济与信息经济的发展,促使"追求正确"管理的哲学进一步转向了"追求灵活","学习"成为企业最核心的问题。分析认为管理思想的形成演变并非只是知识层面的累积,而是一个"知识/权利"相互作用的过程,管理思想与一定的社会生产方式下的企业权力关系密切相关,企业权力关系的变化会导致新的管理思想的形成。

关键词:企业管理　管理思想　权力

0713

中国文化视角下的信用研究 / 高埃仁著 ; 许经勇指导. -- 厦门大学, 2005. -- 97 页

本文以经济文化学的视角和方法,以信用卡风险控制为例,对中国的经济信用问题进行了分析。全文共八章,除导论和结论外,包括三个方面的内容:(1)中国文化类型研究及中国传统文化对当代中国经济的总体影响,包括第二、三章;(2)从中国传统文化与市场经济之间的冲突,分析当代经济信用缺失问题,包括第四、五章;(3)以信用卡风险控制为例,对当代中国的信用风险进行文化分析,并提出关于建立当代中国经济信用体系的经济文化思考,包括第六、七章。文章的主要观点是中国文化的核心是亲情文化,中国实行社会主义市场经济突出的困难,表现在中国亲情文化对契约关系的排斥,契约缺失和个体缺失是导致现阶段中国社会信用状况恶化和信用危机的主要原因,中国从性善论出发建立起的信用卡风险控制的文化前提是恶意推定,这一方面限制了银行卡产业发展,另一方面也是建立社会化信用体系的障碍。因此,构建中国经济信用体系,必须建立个体意识,实现经济信用社会化。

关键词:信用　传统文化　信用风险

0714

哈耶克的经济思想研究 / 高歌著 ; 吴易风指导. -- 中国人民大学, 2005. -- 156 页

论文首先介绍了哈耶克的学术生平及其方法论,作为20世纪经济学的一个重要人物和奥地利传统的重要代表,其经济自由思想源于其独特的方法论基础,其方法论来自于奥地利传统,特点是主观主义和个人主义。然后,分别介绍了其市场机制理论、货币与经济周期理论。20世纪20—30年代,哈耶克在和兰格等人的论战中提出了自己的市场机制理论,包括信息分散理论、竞争理论和消费者主权论,哈耶克认为信息分散论是市场机制理论的重要基础;哈耶克的货币、资本和经济周期理论是早期的重要经济思想,受魏克塞尔和庞巴维克的影响,其货币理论表现在"货币中性论"和"货币非国家化"两方面,是由货币作为一种交换媒介的概念和价格体系作为一种信息传递网络的概念相结合组成的;其资本理论把资本品归结为土地和劳动,将"资本问题"的核心确定为协调在实践过程中的经济活动的市场能力问题;其经济周期理论是基于价格决定生产方向的理念之上的,他认为经济周期波动的本质是协调问题,其主要成果在于分析了不平衡现象。第三,介绍了哈耶克的经济演进思想,其思想基础是自发秩序,在斯密"劳动分工"的基础上提出了"知识分工"观点,并在知识论的基础上提出了自发的文化演化思想;演进经济学动态进化分析框架下的哈耶克传统制度经济学是新制度经济学的理论主线之一,哈耶克提出的关于惯例和制度的自发演进的博弈论解释是对制度演进的经济学分析的重要内容。第四,分别介绍了哈耶克与新自由主义;哈耶克是新自由主义的主要代表,他主要继承了英国的古典自由主义传统,是伦敦学派的核心人物,其经济思想构成了新自由主义经济学的核心理论,文中主要阐述了其关于税收、公平与效率问题以及国际经济理论。最后,用马克思主义的观点剖析了哈耶克的思想,指出了他们之间的根本性区别。

关键词:哈耶克(Hayek, Friedrich August von 1899~1992)　新自由主义　经济思想

0715

竞争与竞争背后的制度分析 / 何宇著 ; 罗郁聪指导. -- 厦门大学, 2005. -- 276 页

本文在马克思的世界观方法论指导下,借鉴当代西方经济学和制度经济学有价值的研究成果,从经济哲学层面,到理论经济学层面,再到应用经济学层面对竞争理论进行了较深入全面地分析和研究。文章以社会中的个人为对象,从人类个体的基本特征出发,系统论证了竞争性市场制度建立的前提和基础,阐释了人类选择竞争性制度的必然,从而间接论证了

中国改革开放,建立市场经济制度的历史必然性。论文系统地拓展了传统竞争理论的竞争内容,除了和西方经济学一样,把物质财富和劳动力及其货币表现形式作为主要的争夺对象以外,还论证了对劳动(量),特别是对制度规则的竞争,把以企业为主体的追逐利润的竞争,延伸到对人力资源的争夺与企业内部权利争夺的整个过程。作者还认为财富价值与制度规则密切相关,阐释了在现代竞争中,争取有利于自己的制度规则,形成有利于自己的财富分配格局成为人们的必然选择;同时在现实中,制度规则往往由优势利益集团决定,因此无论是制度生成还是制度变迁都是人们利益竞争的结果。最后论文还在更为具体的层面上,进一步把人们之间的竞争行为放入现代市场经济中特定的经济组织和政治组织中考察,指出规制经济领域中的竞争行为与规制政治领域中官员行为,使二者以平等的方式展开对话是有效率的竞争制度必不可少的内容。

关键词:市场竞争　制度　利益

0716

近代上海城市土地管理思想 : 1843—1949 / 贾彩彦著 ; 谈敏指导. -- 上海财经大学, 2005. -- 169 页

本文以上海华界土地管理思想的演变为主线,采用传统和近代以及中西比较的方法,对上海城市土地管理的政策思想进行分析。全文共分六章。第一章分析了城市土地管理思想变革的经济背景——城市化,指出上海租界与华界的长期共存,使得中西两种土地管理思想的相互影响发展成为近代上海城市土地管理思想的总体特征。第二章对华界土地管理思想变革的诱因——租界土地管理思想进行分析,指出其西方思想渊源,及对中国本土思想的一定融合。第三章对华界土地管理思想变革的又一动因——近代学者、官员的土地管理思想进行分析。第四章分析晚清、南京国民政府、伪政府、抗战后国民政府时期华界土地管理思想发展的演变,及思想变化的渊源。第五章是对近代上海城市土地管理思想的总考察,通过与青岛、横滨两个城市土地管理的比较,进一步指出近代上海的特点。第六章通过对近代上海城市土地管理思想的实施效果分析,从土地产权管理、城市规划等角度对可供借鉴的历史经验进行了总结。

关键词:城市土地　土地管理　经济思想　近代上海市

0717

改革开放以来中国货币政策理论与实践的演变 / 贾庆军著 ; 叶世昌指导. -- 复旦大学, 2005. -- 193 页

本文围绕制度创新这条主线,从思想史的角度较为系统地研究了改革开放以来中国货币政策理论和实践在经济转轨过程中的演变轨迹。全文共分九章。第一章导论,概述了本文的研究主题和选题依据,对相关文献进行了综述,指出了文章的研究方法和创新点,说明了论文的基本框架。第二章回顾了改革开放以来中国货币政策最终目标的演变,并分别对经济增长优先论和双重目标论进行了评述,论述了稳定币值优先的代表性观点,最后,分析了中央银行的独立性与货币政策的最终目标间的关系。第三章研究了中国货币政策中介目标的实践和理论,首先,分析了中国货币政策中介目标的变化,接着,对货币政策中介目标的理论进行了探讨,最后,评价了其理论和实践。第四章阐述了中国货币政策工具的理论和实践,作者先回顾了改革开放后中国货币政策工具的演变,然后,分别介绍并评价了郑先炳的货币政策工具理论以及刘光第对中国转轨时期货币政策工具的研究。第五章分析了改革开放以来货币供求机制的演变与探讨,首先,介绍了中国货币层次的划分,并就一些学者对货币层次划分的探讨进行了商榷;接着,论文论述了基础货币投放方式的变化,研究了货币乘数的演变,最后,探讨了改革开放后中国货币流通速度持续下降的原因。第六章研究了货币政策与通货膨胀的联系,分析论述了信用膨胀与通货膨胀、财政赤字与通货膨胀之间的关系,总结分析了关于通货膨胀能否促进经济增长的争论,评述了李拉亚的粘性预期理论。第七章研究了通货紧缩理论,首先,介绍了通货紧缩的定义之争,概括了中国通货紧缩的特点,分析了中国通货紧缩的成因,最后,对中国治理通货紧缩的政策提出了一些建议。第八章研究的是中国货币政策的传导机制,首先,分析了其历史沿革,指出了存在的主要问题,接着,分析了利率在中国货币政策传导中的作用,最后,论述了利率市场化与货币政策传导间的关系。第九章对中国货币政策的有效性进行了研究,首先,介绍了关于中国货币政策有效性的讨论,接着,分析了货币供给的内生性和货币政策的有效性,以及货币政策的时滞和有效性的联系,最后,阐述了财政政策对货币政策有效性的影响。

关键词:货币政策　货币供给　通货膨胀　通货紧缩

0718

我国经济转型中的分配思想演进 / 江建平著 ; 谈敏指导. -- 上海财经大学, 2005. -- 179 页

本文从国民经济基本分配体制的变革,以及国家与企业、国家与个人和国家与地方等分配关系的调整入手,研究我国从计划经济向社会主义市场经济转型过程中,分配思想演进的理论探讨和改革实践。全文共分七章。第一章导论介绍选题意义,进行文献概述。第二章是对我国高度计划经济管理思想渊源的分析评析。第三到六章按照经济改革的阶段性,分改革初始阶段、展开阶段、建制阶段和逐步完善四个阶段,分析我国分配思想的演进状况及其所体现的指导思想。第七章是对我国经济转型中分配思想演进的总考察及未来趋势预期。论文认为,我国分配思想演进具有七个方面的基本特征,即以渐进改革把握分配改革的有序性;以增量改革把握分配改革的可行性;以最易处改革把握分配改革的艰巨性;以可获利益激励把握分配改革的有效性;以照顾民众利益把握分配改革的公平性;以机制、体制改革把握分配改革的规范性;以主动推进改革把握分配改革的整体性。对于未来我国分配思想的演进,论文认为,主要有两大趋势:一是向有利于生产力素质提升的各类生产要素充分动员的分配格局转变,注重向科技价值和管理价值的分配倾斜;二是向推进民众消费力水平普遍提高的分配格局转变,注重共同受益的分配机制的改进。

关键词:分配理论　经济思想　转型经济

0719

利益集团、政府行为与管制俘获 : 对管制俘获理论的研究 / 李晖著 ; 杨玉生指导. -- 辽宁大学, 2005. -- 121 页

论文在系统介绍管制俘获理论的产生与发展的历史进程的基础上,分别从管制者(政府)、俘获者(利益集团)以及俘获行为均衡(模型)等三个方面切入,论述管制俘获理论的内涵和过程。从管制者的角度看,因为政府管制者拥有一定垄断的、任意的管制权,能够决定如何处理垄断利润,并且管制者本身也是经济人,也要追求自身利益的最大化,所以管制者就有了对政府管制政策施加影响的经济刺激;从俘获者角度看,有特殊影响力的利益集团为了获得超额利润而进行俘获的选择和俘获的竞争,使管制者成为被管制者的"俘虏"并参与共同分享垄断利润。从俘获行为的均衡分析,管制俘获是在一定环境下管制双方理性地追求自我利益的反应,经典模型的描述与比较可以对管制市场的均衡结果——管制俘获有一个更清晰的认知。在此基础上,文章将这些模型综合、简化,形成一个类似于市场竞争的管制俘获供求模型。另外,文章对管制俘获结论和影响进行了价值判断并作出评估比较;按照效率与公平的标准,从管制俘获增加社会成本的理论、管制俘获的收入分配分析、管制俘获阻碍经济增长的理论等三个方面论述了管制俘获对经济的负面影响;从管制俘获的经济发展动力理论、管制俘获的社会秩序"创新"理论两个方面论述了管制俘获对经济的正面影响。最后,从制度上矫正目标偏差,使公共利益目标得以更好地实现;严格控制自由裁决量权的使用,建立租金消散机制;建立政府管制过程中的激励性机制等三方面提供了参考性政策建议。

关键词:利益集团　政府管制　政府行为

0720

国际交换理论研究 / 李细满著 ; 罗郁聪指导. -- 厦门大学, 2005. -- 204 页

本文针对贸易中的保护主义、剥削等现象,并从时代所面临的这些重大问题中去寻求它的理论根源。全文共有五部分。第一部分是绪论,介绍本文选题背景和研究的主要意义、研究方法、基本框架,并指出了本文的创新之处、不足之处以及需要继续研究的问题。第二部分包括第一、二章,作者利用辩证法——从抽象上升到具体的研究方法和唯一适用的逻辑的研究方式——逻辑与历史相统一的方法探讨了国际交换理论与马克思政治经济学理论体系,以及国际交换与社会生产方式之间的关系。其中,第一章主要介绍马克思创作计划的演变,以及马克思创作计划中《对外贸易》册提法的演变,分析《对外贸易》册的逻辑结构及其所要研究的内容,阐释国际交换的内涵;第二章分别介绍了资本主义之前的国际交换,分析了资本主义生产方式、社会主义生产方式与国际交换之间的关系。第三部分包括第三和第四章,论文根据马克思的研究思路探讨了国别价值转化为国际价值的逻辑必然性及转化中存在的层次性,分析了国际价值范畴的历史性,并分析了国际交换中的价值转移、价值增殖,以及国际剥削的形式及其时代性。第四部分即第五章,作者追溯了贸易自由化与贸易保护现象的政策理论根源,提出发展中的社会主义国家要在马克思主义的指导下正确认识贸易自由化与贸易保护现象,在国内实施贸易自由与贸易保护相结合的政策,在世界市场上与其他发展中国家实行"双赢"或共生的贸易政策。最后第五部分

即第六章，提出了经济全球化促进了自由贸易，为商品国际价值的实现创造了条件，也为发达国家剥削发展中国家提供了便利，所以发展中的社会主义国家应该积极参与经济全球化及区域经济一体化，但也要警惕“全球化陷阱”，保护独立自主精神。

关键词：国际交换　对外经济　对外贸易　国际经济关系　国际价值　经济全球化

0721

我国企业并购与政府的职能定位 / 梁卫彬著 ; 尹伯成指导. -- 复旦大学, 2005. -- 156 页

本文从西方传统的企业并购理论出发，结合我国制度背景，借鉴了新兴的政府治理理论，构建了一个分析我国企业并购中政府职能定位的理论框架。全文共分八章。第一章导论，论述了本文的选题背景、研究的问题、方法及创新，概述了研究架构与思路、结构安排。第二章对企业并购的概念进行了界定，分析了其内涵，介绍了企业并购的类型及程序，并对其进行了理论分析。第三章回顾了中西方企业并购的历程，总结并比较了各自的特点。第四章研究了我国企业并购中的政府行为与市场化并购，先分析了转型期政府的双重角色，以及目前企业并购中的政府行为，接着，阐述了并购中政府行为导致的利益冲突，最后，论述了市场化企业并购的资源配置功能。第五章分析了政府在企业并购中行为的企业制度成因，研究了企业并购市场制度的功能缺位，并对制度成因进行了总结。第六章进行了实证分析，作者搜集了 1996—2003 年我国资本市场中的 1189 起并购事件作为研究样本对企业并购中政府行为的经济后果进行了研究。第七章引入了政府治理理论，研究了我国政府在企业并购中的职能定位问题。第八章作者对我国政府关于企业并购的原则与政策进行了探索，首先研究了经济转型期我国政府在企业并购中的作用背景，并提出了所应采取的原则，其后分析了我国政府对企业并购应采取的政策。

关键词：企业并购　政府职能　政府行为

0722

中国股市制度建设思想的争论与演变 ：1978—2002 / 林璟著 ; 郑学益指导. -- 北京大学, 2005. -- 173 页

本文以股市制度建设的理论为线索，从经济思想史的角度研究了从刚刚改革开放时没有股市制度建设思想，到股市制度建设思想的前奏——股份制思想的争论，再到是否建设股市的争论、是否采用做市商制度的争论、是否开创创业板市场的争论、如何减持国有股的争论，最后到股市制度建设取向问题的争论这一过程。文章共分七章。第一章是中国股市制度建设思想争论产生的前奏——“社会主义能不能推行股份制”之争，作者先分析了中国股票市场制度建设思想争论产生的政治背景、经济背景和理论背景，然后阐述了关于社会主义能不能推行股份制的争论。第二章是股市制度建设思想争论的开始——开放股市之争，具体分析了是否开放股票市场的争论、开放股票市场后果的争论、股票市场开放对金融宏观调控影响的争论等。第三章是是否引入做市商的争论。文章先分析了我国股市交易制度的不足，接着阐述了做市商理论的发展，并具体分析了做市商制度在纳斯达克市场的成功运用的例子，然后从支持和反对两种意见研究了是否引入做市商问题的争论。第四章是股市体系建设的争论——建立创业板市场之争，作者先指出了我国股市的不健全、中小企业融资的困境，然后分析了美国创业板市场的成功经验，以及决策层对创业板的推动，接着具体分析了这场争论，列举并分析了董辅礽、王国刚、林毅夫、谢百三等学者的观点。第五章是有关上市公司国有股减持问题的争论，文章先分析了国有股减持问题是如何提出的，然后分三个阶段叙述了上市公司国有股减持问题的争论。第六章是股市制度建设取向问题的争论，文章先分析了这一争论的源起，然后开始思考股市规范与发展问题，即股市制度建设的取向。第七章对中国股市制度建设思想进行了总体评价、分析，探讨了它的发展规律性和影响因素。

关键词：股票市场　经济思想　制度建设

0723

中国古代粮食储备调节制度思想研究 / 刘甲朋著 ; 谈敏指导. -- 上海财经大学, 2005. -- 198 页

本文通过考察中国古代粮食储备调节制度的变迁，揭示了其中所蕴含的基本思想内涵，同时对中国古代粮食储备调节制度思想演变的轨迹进行探讨。本文共分三大部分。第一部分是导论。第二部分包括第一至五章，分别对先秦时期、秦汉时期、魏晋隋唐时期、宋元时期、明清时期中国古代粮食储备调节制度思想的演变进行详细论述。第三部分是总论，从整体上对中国古代粮食储备调节制度思想作了深入全面的考察，揭示其主要特色。本文认为，中国古代粮食储备调节制度思想主要表现出以下几个方面的特

征:高度重视粮食储备调节是贯穿始终的一条主线;注重强化调节职能,积极倡行制度革新;注重借贷融资,扶助农业生产;总体上经历了一个注重国家统筹办理到倡导社会各方协同参与的演进过程,形成了倡行粮食储备主体多元化,国家调节和民间调节兼行的特点;浓厚的政府导向色彩;曲折反复发展中逐渐彰显自由市场意识。最后,本文还结合中国粮食储备调节的实践,简要提出有关健全目前粮食储备调节制度的对策

关键词:粮食储备　粮食政策　经济思想　古代

0724

中国转型期反腐倡廉的经济思想研究 / 刘平著 ; 吴申元指导. -- 复旦大学,2005. -- 171 页

本文从经济思想史的角度,运用马克思主义的立场、观点和方法,以邓小平理论和“三个代表”重要思想为指导,对我国转型期反腐倡廉的经济思想进行了总结、梳理和阐述。文章首先介绍了转型期腐败现象滋生蔓延的社会背景及基本情况。然后按照思想发展的逻辑顺序,分别说明了腐败的经济学概念及成本—收益分析、腐败产生的经济原因、转型期腐败产生的经济原因、腐败的社会福利损失、腐败的经济损失、腐败对市场经济秩序的扭曲。接下来运用经济学的相关理论,从宏观到微观,分别围绕经济建设开展反腐倡廉、规范职务消费和收入分配、透明反腐、提高反腐倡廉的资源配置效率、运用市场经济的手段从源头上治理腐败等专题进行了总结和论述;提出要通过改革行政审批制度、建立完善政府采购制度、改革完善财政管理制度、规范市场准入、规范土地市场等措施来治理腐败。最后,将转型期反腐倡廉的经济思想放入历史时空的大背景中进行评析,总结了本文的研究结论。

关键词:反腐倡廉　腐败　社会转型期

0725

斯蒂格利茨与转轨经济学 / 毛增余著 ; 吴易风指导. -- 中国人民大学, 2005. -- 202 页

论文主要研究了斯蒂格利茨在转轨经济学方面所作出的贡献。全文共分五章。第一章论述斯蒂格利茨的生平、重要著述和转轨经济学思想。第二章论述转轨经济学的一般概念和斯蒂格利茨独特的转轨经济学理论。首先整理了其他学者对“转轨经济学”的不同看法,然后对斯蒂格利茨的转轨经济学理论进行了比较系统的梳理,并把斯蒂格利茨的转轨经济学理论概括为六个方面。第三章首先整理了有关市场社会主义的概念,并重点介绍了影响最大的新古典市场社会主义;然后介绍了斯蒂格利茨对新古典市场社会主义的批判;最后,对市场社会主义进行了归纳和分类,区分了“西方市场社会主义”和“东方市场社会主义”,并进一步把社会主义市场经济模式从东方市场社会主义中区分出来,把它归结为一种狭义的市场社会主义。第四章介绍了斯蒂格利茨对“休克疗法”的批判与“后华盛顿共识”的形成,并用前苏联和东欧地区推行“休克疗法”所造成的严重的经济和社会后果,来论证“华盛顿共识”和“休克疗法”是一种失败的理论和政策,说明试图通过激进式的转轨路径在短时间内建成完善的市场经济是注定要失败的。第五章首先以中国渐进式转轨为线索,对渐进式转轨的概念进行了梳理,并分析了渐进式转轨的理论基础;然后对中国渐进式转轨的历程进行了回顾,对中国渐进式转轨所取得的成就进行了概括性的评述,并从两种不同转轨路径的实际绩效的比较中,得出了渐进式转轨比激进式转轨的效率更高的实证式结论;通过斯蒂格利茨对中国渐进式转轨的理论支持、政策建议和正面评价,佐证了中国渐进式转轨的成效;最后,通过由“后华盛顿共识”到“北京共识”的发展脉络,论证了中国渐进式转轨或者说中国模式已经在国际社会获得了广泛的承认和关注。

关键词:斯蒂格利茨(Stiglitz, Joseph E. 1942 ~)　经济思想　转型经济

0726

洋务运动时期(1860—1894)企业融资思想研究 / 潘建华著 ; 吴申元指导. -- 复旦大学, 2005. -- 176 页

论文以现代企业融资理论为指导,从企业内源融资与外源融资两个方面考察了洋务运动时期企业融资思想的特点。其中,前四章主要讨论了洋务运动时期时代背景下的企业产生、发展及其不同发展阶段的融资特点。讨论了洋务运动近代化思想由“求强”到“求富”的演变过程以及与此相适应洋务运动时期企业所经历的两个发展阶段,即由官办军事工业企业阶段向民用工业企业阶段过渡的过程,以及与此相适应军事工业企业政府主导型的融资思想及民用企业社会融资思想的兴起。第五、六章分析了洋务运动时期最为重要的一种企业制度形式——“官督商办”企业制度中企业融资思想的特点、弊端以及由此对企业融资造成的负面激励。第七章则分析了洋务运动时期

企业融资过程中颇为重要的两个方面：一是股票融资思想；二是洋务运动企业融资过程的"官利"制度及其所反映出来的洋务运动时期人们的投资、融资理念和"官利"制度对洋务运动时期企业融资过程的进行和融资方式的选择的影响。第八章对洋务运动时期企业融资过程中所反映出来的官商关系进行了归纳，并对解决洋务运动时期企业融资过程中弊端提出了见解和意见。

关键词：经济思想　企业融资　洋务运动

0727

技术进步与经济增长的理论变迁／任力著；陈永志指导. -- 厦门大学，2005. -- 328 页

论文以时间为序分别研究了古典经济学、马克思经济学、熊彼特经济学、内生增长理论、演化经济学中的技术进步与经济增长的理论演变。论文前四章，研究了早期的技术进步与经济增长思想。研究表明：经济增长中的技术进步思想最初萌芽于配第、休谟，斯密从劳动分工的角度对内生技术进步思想作了比较全面的阐述，雷明确了发明（创新）在经济增长中的首要作用；后来，马克思首次纠正了斯密、雷等古典经济学家对劳动分工与技术进步、技术进步与资本积累之间关系的一些错误认识，对经济增长中的技术进步思想作了比较全面的分析，指出了技术进步与资本积累的统一性，同时提出了技术进步应采取的演化分析方法；此后，熊彼特明确提出了创新在增长中的作用及其机制，并同时应用了一般均衡分析法与演化分析法。接下来三章，从技术进步的角度重点研究了现代增长理论的两种类型，即内生技术增长理论与演化技术增长理论。最后一章指出，充分认识技术进步促进经济增长内在过程，不仅具有上述理论意义，而且对于中国经济增长也具有很强的现实指导意义。

关键词：技术进步　经济增长　技术创新

0728

现阶段破解"三农"问题的制度分析／王峰著；许经勇指导. -- 厦门大学，2005. -- 226 页

本文以马克思主义经济学的基本原理和科学方法为指导，同时借鉴西方经济学合理有益的研究成果，对我国现阶段"三农"问题进行深入的研究。认为，当前"三农"问题的实质是农民问题，核心是农民增收缓慢，根源在于体制性障碍。文章在对"三农"问题的实质进行深入的剖析的基础上，紧紧抓住如何破解农民增收缓慢这一核心问题，对农村产权制度、农村富余劳动力转移、土地征用制度、农村经营制度、农村财政与税收制度、农村金融体制、农村教育体制和乡镇管理体制等八个方面的体制障碍进行详尽的探讨，与此同时，相应地提出其制度创新的具体措施和基本内容。

关键词：三农问题　农民问题　农民收入　农村经济　制度创新

0729

阿马蒂亚·森的经济思想研究／王艳萍著；高鸿业指导. -- 中国人民大学，2005. -- 199 页

论文主要对阿马蒂亚·森的理论进行了全面的分析评述。阿马蒂亚·森因在福利经济学方面的杰出贡献而获得 1998 年诺贝尔经济学奖。其著述众多，研究领域广泛，涵盖了福利经济学、发展经济学、计划经济学、农业经济学、政府经济学、经济哲学等各个分支。森的著作中大都贯穿一个基本主题，即开发人类能力的重要性。森构建了"能力方法"的理论框架，并把这一方法应用于福利、贫困与不平等测量、权力与饥荒以及经济发展的分析中。森的福利经济学主要包括公共选择理论、福利测量、贫困与不平等测量以及贫困与饥荒成因的揭示等内容。森指出，贫困不仅指收入贫困，还包括能力贫困和社会排斥；并区分了收入不平等与经济不平等，把能力作为评价平等的标准，进而提出了能力剥夺的贫困。森对发展经济学的贡献与对福利经济学的贡献同等重要，其发展思想受到泰戈尔、尼赫鲁、罗宾逊夫人以及马克思等很多人的影响；森关注能力、选择、自由等对发展的作用，并提出了自由不仅是发展的首要目的，也是发展的主要手段；发展的最终目的不是经济增长而是人类发展。森的"人类发展"概念对联合国《人类发展报告》起着决定性作用。此外，森的研究中广泛使用到自由、平等、公正、权力等哲学概念，他将经济学与哲学手段融为一体，从道德的角度和范畴探讨极其重要的经济学与社会问题，努力使经济学摆脱"哲学贫困"。尽管森的理论在全世界得到广泛的赞扬和重视，但一些中外学者对森的某些理论也提出了质疑，并在批评的基础上进行了一定程度的拓展；文章最后对此进行了介绍并在对森的理论基本肯定的基础上也提出了几点质疑。

关键词：森（Sen, Amartya 1933～）　经济思想　福利经济学

0730

奥地利学派企业理论研究 / 项后军著 ; 贾根良指导. -- 南开大学, 2005. -- 182 页

本文考察了奥地利企业理论产生的原因,分析了它的研究视角、理论框架、理论基础、研究方法,以及具体从哪些方面推动了企业理论的研究等,指出了它目前存在的缺陷和问题,初步研判了这一研究的发展趋势。全文共分七章。第一章分析了奥地利经济学企业理论的缘起、研究视角、理论框架及理论基础。第二章从奥地利的秩序与规则理论出发来研究企业理论,介绍了经济组织的哈耶克理论,埃恩奈斯对于秩序、规则与企业的分析,朗洛依斯等基于秩序观对企业理论的研究,以及卡帕斯对奥地利秩序与规则理论的批判和反思。第三章研究奥地利知识理论对企业理论,以及对奥地利经济学本身的启示。分析了明科勒、福斯等的研究,并通过对分散式知识和分布式知识的区分,进一步深化论证。第四章讨论了企业的试验本质。在提炼出奥地利组织试验的产权理论基础,讨论了企业的生产协调和组织创新的试验本质之后,作者将这些研究的出发点归结为企业家的判断作用,论证了企业家判断仍然具有试验本质,企业就是能更好地组织并实现企业家判断的试验主体。第五章论述了市场过程中的企业家精神与组织理论的关系,研究了非均衡框架中,零交易成本假设下企业的存在问题,以及为什么奥地利的企业家理论需要一个企业理论作为其理论支撑。第六章对奥地利经济学中一些无法归纳到前面逻辑主线中的其他论题,如米塞斯的人类行动学理论、奥地利的认知理论等进行了研究。第七章对奥地利学派对企业理论的研究工作进行系统的总结性回顾和反思,对这一研究的成败得失进行评价,指出并讨论一些深层次问题,并提出作者的看法。

关键词:奥地利学派　企业理论　企业家

0731

中国国有制思想研究 : 先秦—1949 年 / 严国海著 ; 赵晓雷指导. -- 上海财经大学, 2005. -- 193 页

文章根据中国历史发展的过程,按土地、工商和金融三个部分共五章内容,对中国近代国有制思想进行了分析和考察。第一章主要论述了中国国有制思想研究的有关理论问题,包括对生产资料所有制以及国有制形式的理论分析,对历史上存在的资本主义国有制、社会主义国有制以及封建主义国有制不同类型国有制的概括,并指出了判断国有制作用依据的客观标准。第二章主要介绍了中国封建社会前期的国家授田制度思想和中后期的井田限田思想,认为国家授田制度的基础是国家所有制。第三章主要介绍了先秦的工商国有思想、秦汉时代的工商国有思想和封建时代中后期的工商国有思想,认为在先秦,国家对工商业进行控制和管理的思想已初步形成,并成为以后封建中央集权国家全面实行国有国营的滥觞,秦统一中国后,发展国有经济的思想达到高峰阶段,魏晋南北朝时期长期推行盐铁为主的国营政策,隋唐至宋代以后,出现了注意发挥私营工商业作用的倾向,近代被迫对外开放以后,资本主义的经济思想和意识形态对传统工商国有思想产生影响,涉及洋务派的官办思想、孙中山的大实业国有思想以及国民政府的工商国有思想等。第四章是中国金融国有制思想,主要介绍了封建社会的国家信用思想和国家控制货币权的思想,认为国家信用在先秦就比较发达,到唐宋达到了高峰,明清时代私人高利贷信用发展较快,民国时期政府的法币政策的实施是中国政府控制货币思想的最大成果,而南京政府时期创办国有银行的思想即受到孙中山的影响,又贯彻了南京政府企图通过控制金融从而垄断国民经济的意图。第五章主要对中国国有制思想进行总体论述,包括对中国古近代国有制思想内在逻辑、形成和演变原因的分析,并对其特点进行归纳分析,认为中国国有制思想形成和演变的原因是多方面的,其中生产力和生产关系的基本矛盾运动是国有制思想形成演变的根本原因,政府财政赤字的压力是直接原因,而中央集权制统治的维护是其政治原因,平均主义的传统观念是社会原因,还认为国有制和封建政府的"重农抑商"政策是相辅相成的,对中国社会经济的长期发展有不利影响。

关键词:全民所有制　土地国有制　工商业　金融业　经济思想史　近代　先秦时代

0732

论政府间财政关系 / 杨述明著 ; 王元璋指导. -- 武汉大学, 2005. -- 181 页

本文共分九章。第一章对财政起源与发展、政权活动与财政属性、中央与地方关系的演变、政府集权与分权的模式等进行分析。第二章先介绍了建国以来我国政府职能演变历史,市场经济条件下政府职能以及今后政府职能转变的方向;然后就市场经济条件下政府间事权和财权划分的依据、基本原则、内容及转移支付等进行分析,提出今后我国政府事权、财权的改革方向。第三章在分析我国政府间协调与制衡

的基础上，综合论述了转移支付制度的模式选择、基本原则、科学安排途径等问题。第四章综述了西方政府间财政关系的主要理论。第五章选择了美国、德国、日本、法国、印度和俄罗斯为研究对象，对其事权财权划分、收入支出划分、转移支付制度等政府间财政关系进行研究，为我国完善政府间财政关系提供借鉴。第六章介绍了建国以来我国政府间财政关系体制演变的历史，通过分析提出了今后我国分税制改革的方向。第七章就我国政府间财政关系调整的基本原则、目标取向及实现目标的因素进行了论述。第八章从各级财政收入是否有合理、充足的收入来源及各级财政收入是否能满足本级政府的正常支出需求，地方财政支出责任大小及职责配置是否合理，地方财政正常合理的收支缺口能否得到上级政府弥补三个方面对省级地方财政、县级地方财政和乡镇地方财政运行状况进行了分析。着重分析了地方财政运行的主要问题及其原因。第九章通过以上分析，并借鉴国外政府间财政关系调整的经验，从四个方面提出了我国政府间财政关系调整的主要思路。

关键词：政府职能　财政关系　税制改革　地方财政

0733

近代中国公司治理思想研究 / 杨勇著 ；吴申元指导. -- 复旦大学，2005. -- 231 页

本文按时间先后顺序总结评价了近代中国公司治理思想的发展过程，以 1872 年作为近代中国公司治理思想研究的时间起点，将近代中国公司治理思想的发展过程分为五个时期，即晚清时期、民初及北洋政府时期、南京国民政府前十年、抗日战争时期以及抗战胜利后时期，归纳近代中国各个时期公司治理思想的特色，揭示了近代中国各个时期公司治理思想之间的继承、创新与发展的逻辑关系。另外，本文还先后考察了 1904 年《公司律》、1914 年《公司条例》、1929 年《公司法》以及 1946 年《公司法》中所体现出来的主要公司治理思想及其演变过程。着重考察了各时期近代中国公司治理思想中的官商关系，指出了各阶段官商关系的特点，显示了近代中国相关市场、法制规范不健全情况下公司治理机制中官商之间的博弈过程，并阐明了近代中国公司治理思想发展过程中的失误与成就以及发展的方向。

关键词：公司治理　公司法　经济思想史

0734

中国国有企业经营者报酬思想研究 ：1949—2003 /尹兴宽著 ；赵晓雷指导. -- 上海财经大学，2005. -- 109 页

本文对 1949 至 2003 年我国国有企业经营者的报酬思想进行了系统全面的研究。全文共分五章展开论述。第一章为导论，主要阐述了选题的理论与实际意义，对国内外的研究现状进行了概述，指出了文章的研究思路与方法、本文的结构与特色等问题。第二章介绍了 1949—1978 年传统国有企业制度下以固定工资收入为核心的经营者报酬思想，作者首先分析了国有企业建立的缘由，然后分别论述了此时期经营者报酬思想的限制经营者的控制权、取消经营者对剩余的索取权、实行固定工资制以及政府直接控制经营者报酬及人选的特点。第三章分析了 1979—1991 年放权让利改革时期的以控制权收益为主导的经营者报酬思想，先分析了放权让利改革的背景，接着分别论述了赋予并约束经营者控制权、给予经营者剩余索取权、承续固定工资制、辅以预期和人力资本投资激励以及政府间接调控经营者报酬和人选等特点。第四章介绍了 1992—2003 年现代企业制度改革阶段控制权与剩余索取权对应的经营者报酬思想，在分析了现代企业制度改革的动因后，论述了此时期经营者报酬思想的强化控制权并规范经营者行为、深化经营者剩余索取权、兼施经营者精神激励以及市场决定经营者报酬与人选的特点。第五章对建国以来中国国有企业经营者报酬思想的发展规律进行了总结。

关键词：国有企业　经营者　报酬　委托代理　激励

0735

西方规制经济学研究 / 张红凤著 ；吴易风指导. -- 中国人民大学，2005. -- 297 页

论文在西方规制变迁——规制、放松规制、再规制与放松规制并存——的框架下，历史地对西方规制经济学进行全面梳理和评价。全文共分四部分。第一部分主要评述了公共利益规制理论，强调政府是仁慈的社会福利最大化者，通过规制来矫正市场失灵，实现公共利益最大化。本部分首先对公共利益规制理论进行了概述；然后论述了自然垄断理论与相关公共利益规制思想的演进；最后论述了自然垄断的传统最优规制理论。第二部分主要论述了利益集团规制理论；该理论是同公共利益规制理论相对立的一种规制理论，强调利益集团通过寻求规制来增进他们（私

人)的利益,从而强调其在公共政策形成过程中发挥重要作用;该理论是在对公共利益规制理论批判的基础上,在“寻求规制政策的政治原因”的研究主体下产生的,包括规制俘获理论、规制经济理论、新规制经济理论、内在规制变迁理论。第三部分主要介绍了该理论直接由规制中的激励问题这一主题衍生的,其产生是内、外因共同作用的结果。第四部分评述了规制框架下的竞争理论;该理论的产生与“检验规制政策的效果,并试图回答政府干预是否有效”的研究主体有关;规制框架下的竞争理论主要包括特许经营权竞标理论、可竞争市场理论、标尺竞争理论、直接竞争理论等等。文章最后主要从演进、研究视角、“范式规制”及“不同范式”的融合、缺陷四个方面对西方规制经济学做出总体评价。

关键词:规制经济学　公共利益　利益集团　西方国家

0736

中国农村发展中的土地经济思想:1924—1949 / 张秋雷著;郑学益指导. -- 北京大学, 2005. -- 197 页

本文从农村发展的视角,着重运用“产权制度——市场环境”的分析工具,对 1924 - 1949 年这段时期的农村土地经济思想进行全面考察,进行了“效率——公平”的深层思考,探讨其内在规律性,以期为我国当前的农村发展与改革提供历史借鉴。全文共分五部分。第一部分是导言,介绍了本文的选题背景和意义、相关文献调查、研究方法与内容结构,以及文章的创新点和难点。第二部分是从发展的视角考察了异国农村土地经济思想和农村发展主题下的土地思想,分析了土地问题重心的争论以及社会变革方式的选择等问题。第三部分分析了农村土地所有制思想,包括农村土地公有制思想、土地自耕农所有制思想,分析了“土地村公有”思想及其所遭到的批评,介绍并评析了农地所有制思想的演变。第四部分分析了农村土地租佃制度思想,首先作者介绍了土地租佃的基本状况,并对土地租佃制度改良思想进行了评析,然后阐述了土地租佃制度与农村发展之间的关系。第五部分包括第四章和第五章,较全面地考察了土地利用经济思想,第四章是对土地利用经济思想的初步考察,作者先对土地利用症结进行了分析,然后研究了土地和人口的协调问题,最后阐述了解决人地矛盾的一种思路即生产合作思想;第五章则是对土地利用经济思想的扩展考察,文章对土地金融和土地税赋问题进行了探讨,并分析了农村现代化转型中土地问题。

关键词:农村经济发展　土地问题　经济思想史

0737

比较经济学在中国的传播、发展与影响研究:1979—2004 / 章玉贵著;赵晓雷指导. -- 上海财经大学, 2005. -- 195 页

本文从比较经济学的基本概况出发,系统梳理了比较经济学在中国的传播、发展轨迹,科学总结了比较经济学对中国经济理论与经济改革的影响。全文共分四部分。第一部分导论,阐述了问题的提出和研究意义,对国内外的研究现状进行了综述,概述了本文的研究范围、研究内容、研究方法与技术路线,并概括了本文的特色。第二部分着重回顾与评析了比较经济学的基本理论,文章着重对比较经济学的研究对象、研究方法进行系统介绍,对比较经济学的产生与发展进行深入回顾,并就比较经济学研究的最新进展进行系统归纳,同时对比较经济学作总体性的评价。第二部分包括第二、三章,主要通过对比较经济学在中国的传播与发展过程的分析和总结,梳理出比较经济学在中国的传播轨迹,提炼出比较经济学在中国的发展线索,并依此将比较经济学在中国的发展划分为三个阶段,并对每一阶段的理论发展以及中国比较经济学界为此进行的理论探索进行了系统回顾与分析。第三部分包括第四、五章,探讨了比较经济学对中国经济理论与经济改革的影响,总结比较经济学在中国经济理论的发展以及中国经济改革的进程中所发挥的作用;重点考察了比较经济学对中国经济理论的范式、方法论以及中国经济理论本身的演进所产生的影响,分析比较经济学对中国经济改革在观念与方案启发、重要经济决策以及改革经验教训总结等方面发挥的影响与作用。第四部分即第六章是对比较经济学在中国的传播、发展与影响的总论。

关键词:比较经济学　经济理论　经济体制改革

0738

交易效率、城市化与经济发展:一个城市化经济学分析框架及其在中国的应用 / 赵红军著;尹伯成指导. -- 复旦大学,2005. -- 212 页

文章从“交易效率”的视角来研究城市化及相关的经济发展问题,旨在能在一个统一的经济学分析框架之内分析发展中国家特别是中国的城市化。文章首先假定生产要素和产品的产量、价格给定,“经济人”通过自身利润或效用最大化选择自己的行为,接

着,界定生产条件、雇佣工人,生产出各种产品和生产要素,在人口自由流动或部分自由流动、工厂自由选择活动区位条件下,通过产品、要素市场、劳动市场出清来完成市场均衡,结果城市化就会内生出现。比较静态发现,不同的总和交易效率通过影响"经济人"的自利决策过程或决策时的约束条件而影响宏观上的城市化和经济发展。由于我国的情形不同于市场经济国家,因此在保持这一分析框架不变的前提下,通过改变模型的约束条件,即交易效率结构性差别以及劳动力的不完全自由流动性,从而更好地解释我国城市化进程以及相关的经济发展问题。最后,通过对1978年前后的历史经验以及近年来不同地区、不同城市的多层面数据对上述思想进行计量检验,结果表明,这些多层面统计因素具有内部一致性,能够说明他们的确代表了经济体的交易效率高低,并且该总和交易效率差别的确会对城市化以及经济发展产生较为显著的影响。

关键词:城市化　工业化　交易成本　交易效率

0739

中国转型期居民收入差距调节研究 / 赵兴罗著 ; 顾海良指导. -- 武汉大学, 2005. -- 192 页

论文选取经济转型期人们高度关注的居民收入差距问题进行研究,分五个部分展开了分析:第一部分概要介绍了论文的选题背景,着重指出居民收入分配在一国经济和社会发展中的重要地位,明确研究收入分配差距调节的重要意义。第二部分从居民收入差距的变动趋势、形成原因、对经济和社会发展的影响、差距的性质等方面对中国居民收入差距的现状进行客观描述和深入分析。第三部分从经济思想史的角度分别考察马克思主义的收入分配调节理论和西方主要经济学流派及西方主要市场经济国家关于收入差距调节的理论和实践,以此作为中国调节收入分配差距的理论指导和理论借鉴。第四部分对居民收入差距调节进行理论分析,指出调节居民收入差距的主体包括市场、政府和第三种力量,并探讨了各个主体调节收入差距的机理、作用和局限性。在此基础上提出,在初次分配领域和再分配领域对居民收入差距调节的政策选择。第五部分,把收入分配差距纳入到全面建设小康社会的指标体系中,分析居民收入状况在全面建设小康社会中的重要地位,对全面建设小康社会中的收入差距进行预测。根据马克思生产决定分配的原理,指出增长与分享应相适应,在全面建设小康社会的进程中,必须转变分享增长模式,调节居民收入差距,促进公平分配,使大多数人都能分享到经济增长的成果。

关键词:居民收入　收入差距　收入分配

0740

苏、中、美农村土地制度改革研究 / 郑小华著 ; 罗郁聪指导. -- 厦门大学, 2005. -- 250 页

本文以马克思主义关于农业合作制的科学理论为指导,从历史和现实出发,通过回顾总结前苏联建国后和中国解放后农村土地制度改革对社会主义建设之经济社会发展影响的经验教训,并在对其进行历史评价的基础上,联系美国农村土地制度"改革"与资本主义建设的情况,进一步探索、研究农村土地制度的变化对农村生产力能动的反作用,论证农村土地制度的改革要适合农村生产力发展状况。全文共分六部分。第一部分导言,说明了本课题的研究目的、研究意义、研究的思路、研究的方法和结构等问题。第二部分阐述了农村土地制度改革问题的理论渊源,分别介绍了马克思主义经典作家关于小农经济及其历史命运、关于合作社及农业合作制的论述;提出农业合作化是社会主义农村土地制度改革的必由之路,是实现社会主义农业现代化的根本道路。第三部分从理论和实践两个方面探讨了前苏联农村土地制度变革的理论内涵、制度实践及对建立中国特色的农村土地制度的启示。第四部分回顾了中国解放后农村土地制度改革的历程,分别介绍评析了解放初、改革开放前和改革开放后我国农村土地制度改革的历史。第五部分分析了美国家庭农场土地制度的内涵、特点及其历史变迁;并分析了这一制度经久不衰的原因和对我国的启示。第六部分为结束语,总结了全文的主要结论和政策建议。

关键词:农村　土地制度　体制改革　苏联　美国

经济史

0741

中国西部欠发达区域城市化模式研究 / 吕学虎著 ; 高德步指导. -- 中国人民大学, 2005. -- 164 页

论文主要对我国市场经济区域化与城市化推进的实际,对经济转型中的西部地区城市化现状与问题、动力机制、城市化模式、体制创新和欠发达地区城

市竞争力体系的构建进行了研究;可分为七章。第一、二章通过对西部城市化政策演变的回顾,从城市化水平、体系结构等角度对西部城市化状况、滞后性和东西部城市化巨大差异的主要根源进行了分析。第三章通过发达国家欠发达地区城市化战略和西部欠发达地区城市化现状的比较,提出西部的城市化定位与对策,即西部城市化在宏观上要考虑东西部城市化的差异性,在中观上要考虑西部地区的地区差异性和各省、区、直辖市的城市发育的差异性,因地制宜地确定不同的城市化道路。第四章考察了西部欠发达地区城市化动力机制,对学界提出的工业化推进、比较利益驱动、农业剩余贡献和制度变迁促进等主要城市化动力观点进行了综述。第五章研究了西部欠发达区域城市化制度和体制创新问题。第六章研究了西部地区城市化发展模式选择问题;认为要确定区域性中心城市优先发展模式,增强中心城市的功能,强化对周边地区的聚集和辐射作用,带动区域经济的发展,西部不同等级的城市体系承担着经济的"增长极"使命。第七章分析了西部城市竞争力系统的构建问题;文章主张,要依靠市场化的力量和优化的制度安排,控制和缩小东西部城市化的差距,构筑西部城市及城市群的竞争力系统,即核心竞争力系统、竞争力的基础系统和竞争力发展的环境和激励因素系统。

关键词:城市化　区域差异　西部地区　城市竞争力

0742

中国的家族企业 :所有权和控制权(1899—1956) / 潘必胜著 ; 史志宏指导. -- 中国社会科学院研究生院, 2005. -- 105 页

本文系统地整理了中国家族企业的所有权数据结构和资料,对处于转型经济环境的中国近代家族企业进行所有权和控制权关系的演变进行分析。全文共六章。第一章对中国近代家族企业的体制背景和概况进行介绍。第二到五章分别对小股东控制的家族企业、单一家族控制的家族企业、多种所有权结构并存的家族企业集团、法人控股的家族企业进行案例分析。第六章对家族企业的所有权结构变动趋势作了分析。从以上研究中,作者概括出了中国近代家族企业的特点:(1)家族企业并不总是两权合一的。随着企业规模变大、分家等因素,两权分离度加大。尤其是依靠特权建立的家族企业,两权分离度一直就很高;(2)两权关系进化的方向并不总是分离的。对于依靠特权建立的企业,两权关系进化的方向是倾向统一的。当国家主权受到外敌破坏时,两权关系演变方式又有所不同;(3)两权关系的演进不是一步到位的,也不是单一形式的。从家族所有到家族联盟所有、分散所有、全民所有,这是一个连续的演化序列;从家族所有到家族联盟控制、支薪经理控制,这是另一个连续的序列;(4)家族企业演变的方向,并不总是支薪经理式企业。如果环境向着更多的政府管制的方向演化,家族企业的方向就是特权家族企业;(5)从效果上看,两权分离并不一定总是好的。分离的程度及其效果取决于规模经济的要求,也取决于分离的途径。

关键词:家族企业　所有权　控制权　经济史　近代

0743

新中国农村社会保障制度结构与变迁 :1949—2002 / 宋士云著 ; 苏少之指导. -- 中南财经政法大学, 2005. -- 181 页

本文是从经济史学的视角,综合运用经济学、历史学、社会学、伦理学、法学等学科的方法和知识,对我国五十多年来农村社会保障制度的结构与变迁进行了专题性研究,探究我国农村社会保障制度在不同社会经济发展时期的模式、结构和管理体制、绩效和存在的问题、变迁动因和历史背景,总结了其中的经验和教训,为构建我国新型的社会保障理论体系和制度框架提供了理论支持,为尽快解决我国的"三农"问题和实现社会公正、社会和谐发展提供决策依据。全文分为三大部分。第一部分即第一章导论,介绍了该选题的研究现状和选题的意义,对相关概念进行了界定和解释,概述了本文研究的主要内容、基本思路和方法。第二部分中第二章,回顾了新中国建立以前我国历史上的社会保障思想和实践及其发展,分析了我国小农自然经济背景下社会保障制度的作用与特点,然后重点梳理和剖析了建国初期(1949—1955 年)农村社会保障事业的发展、制度的结构与变迁、制度特点以及其与经济发展之间的关系。第三章研究了计划经济体制下(1956—1983 年)的"农村集体保障 + 国家救助制度模式",重点对农村社会保障制度结构中的救灾、救济、五保供养、优抚和合作医疗制度等项目的变迁进行了梳理和剖析。第四章首先分析了社会经济体制变革(1984—2002 年)使农村社会保障制度面临的机遇和挑战,接着,重点对农村社会保障制度结构中的一些传统项目的变迁和具有现代性质的社会养老保险和最低生活保障制度的试点以及合作医疗制度的恢复与重建进行了梳理和研究。第三部

分即第五章,从新制度经济学角度阐释了农村社会保障制度的变迁,剖析了中国农村社会保障不发展的原因及负面影响,最后,明确了农村社会保障制度发展的理念和目标,对近期农村社会保障制度改革的模式选择提出了建议,指出了农村社会保障制度建设中必须注意的几个问题。

关键词:农村　社会保障制度　制度变迁

0744

中国工业化进程中的"156 项工程"研究 / 唐艳艳著 ; 赵凌云指导. -- 中南财经政法大学, 2005. -- 133 页

本文采用以历史实证分析为主、理论规范分析为辅,实证分析和规范分析相互结合的方法,分析了我国工业化进程中的"156 项工程"在我国国民经济中的历史地位、影响以及经验教训和借鉴意义。全文共分七部分。第一部分为导论,包括研究综述,研究思路与框架。第二部分介绍并分析了这项工程的政策背景:党和政府关于工业化的决策。第三部分则是关于这项工程的现实背景。作者遵循经典发展经济学的方法,分析了我国工业化的限制因素与发动因素。第四部分是一种历史过程的描述,详细介绍了"156 项工程"建设的基本情况,包括项目确立的过程、工程建设的成绩,文章分行业分地区地对其基本情况进行了分析。第五章在历史描述的基础上,总结以"156 项工程"为核心的工业化模式:采取优化发展重工业的发展战略、建立以集中计划为主的经济管理体制、政府主导工业化资本的形成、大规模的技术引进和吸收、重视对人力资源的培养和利用、一定范围内发挥市场机制的作用。第六章主要从经济效益的角度评价"156 项工程"对于中国工业化的意义。首先,论文评估了中国在工业化进程上的成就,其次分别分析了中国三次产业结构、企业规模结构、工业劳动生产率的变动情况,最后分析了在技术进步方面的贡献。在这一章中作者还对武汉钢铁公司根据其档案资料进行了初步的跟踪,作为前面历史分析的辅证。第七章是文章的总结和评价部分,概括地分析了中国工业化体制的组成,包括战略、资源动员、管理体制、积累模式、工农关系以及后续影响等等。

关键词:工业化　工业建设　重工业　技术进步

0745

产业内企业并购研究 / 王跃兴著 ; 高德步指导. -- 中国人民大学, 2005. -- 189 页

论文是针对我国企业参与全球化竞争的背景下展开的,立足点是产业,出发点是提高产业国际竞争力,着眼点是形成有效的寡头垄断市场结构。核心思想是,产业并购是经济全球化背景下并购和产业发展的历史产物,是市场竞争和政府推进共同作用的结果。文章首先明确提出了产业并购的概念;然后通过对并购和产业发展关系的阐述及对并购演进历史的分析,提出了产业并购发生发展的"M"型假说,从发达国家发展历史可以看出,一个国家的产业集中度与其经济发展水平和经济发展阶段密切相关;认为"M"型是全球生产、市场一体化过程中,产业并购发展演进的基本形状。第三,在对并购动因分析的基础上,得出了时空观和多元动因主导因素分析法,并将该方法用于产业并购动因分析;认为成为寡头垄断市场结构中的寡头是产业并购发生的国内微观基础,而增强国际竞争力是产业并购发生的国际宏观要求。第四,在考察我国国有企业改革历史的基础上,文章提出,产业并购也是我国当前调整国有经济布局,推动国有企业资产合理流动和优化配置,再整体上搞活国有企业,实现国有企业战略性改组的重要途径。最后,分析了政府对产业并购进行干预的原因,并对政府通过产业并购有效介入产业重组提出了政策建议。

关键词:并购　产业经济　产业重组　竞争力

0746

软件产业的经济分析 : 兼论我国软件产业的发展战略 / 张蔚著 ; 高德步指导. -- 中国人民大学, 2005. -- 122 页

论文从软件产业经济特征及影响出发,重点阐述了软件产业的经济学特征、网络效应对软件市场均衡、软件企业竞争策略的影响,以及新的竞争行为产生的相关政策问题,同时在总结印度、爱尔兰、以色列三国软件产业成功发展的经验基础上,探讨我国软件产业的发展战略。全文共分六章。第一章介绍了软件技术与软件产业的发展历史。第二章分析了软件产业的经济特征和市场均衡,认为软件产品两个重要的经济学特征表现为供给特征——沉没成本高、边际成本低、容易复制,和需求特征——网络外部性。第三章分析了软件产业的网络效应对企业行为的影响。网络效应不仅使软件产业表现出新的均衡特征,而且也使这一市场环境中的企业行为如定价策略和免费策略发生了重要变化。第四章研究了软件产业的网络效应对市场竞争的影响,主要分析了因网络效应而产生的与软件产业市场公平竞争相关的两个问题:知

识产权制度和反垄断政策。第五章对印度、爱尔兰和以色列软件产业发展经验进行了分析。第六章回顾了我国软件产业的发展战略并进行了评价,同时,提出了我国软件产业发展的政策建议。

关键词:软件产业　经济发展战略　市场竞争

西方经济学

0747

农民公司与农业现代化 :斯里兰卡的案例研究 / 奥马著 ;张培刚,彭代彦指导. -- 华中科技大学, 2005. -- 207 页

本文以斯里兰卡为例分析了农民公司与农业现代化,主要目的是研究农户公司的一些运营情况。文章指出农户公司的组建是政府在传统的小规模农业耕作方式向现代化公司企业转变过程中所运用的一种策略,公司主要用于解决农民在经营过程中面临的一些问题,主要包括:资金投入问题、技术问题、产品附加值问题以及营销问题。作者认为农业的现代化、多样化以及农业产业对斯里兰卡的财政收入、就业、食品安全等问题都是十分必要的,而一个有活力的现代化农业不应出现忽视农民的现象,而农户公司能够真正解决一些市场的缺点,作者在总结斯里兰卡SCOR项目经验基础上,认为农户组织能够适应农户公司这种体系。作者通过间接获得、正式及非正式采访或讨论以及农户公司和家庭调查资料等方式获得大量数据和信息,通过分析,总结了农户公司的运营情况,以及其在增强小农户议价能力中的贡献和在农业现代化进程中的影响。但作者也分析了农户公司的局限性,指出农户公司应该建立在农民需求基础上,应该坚持农民利益至上,传统的组建农户公司的体制也应该进一步完善,农户公司应该从农民中产生,同时引进先进科技来提高产量和解决营销问题,从这个角度来讲,发展中国家的政府应该积极调节和引导市场。

关键词:农业经济　农业现代化　农业公司　斯里兰卡

0748

失业保险制度优化设计研究 / 别朝霞著 ;谭崇台指导. -- 武汉大学, 2005. -- 151 页

论文通过各国具体的失业保险制度规定来探讨失业保险制度的经济影响和福利效应,在此基础上展开对最优失业保险制度的探讨,并讨论了中国的适度失业保险制度的建立问题。全文共七章。第一章对失业保险制度的形成、发展、主要内容以及功能进行了概括性的论述。第二章从理论上分析了失业保险制度对个人劳动供给行为的影响,分析集中在失业保险制度对保留工资水平的影响和失业保险制度的各种经济效应。第三研究了失业保险税收制度对企业劳动力需求行为的影响。第四章对失业保险制度福利作用进行探讨,认为失业保险金能够通过平滑消费以增进个人福利水平,它的收入再分配功能也能够提高社会总体的福利水平。第五章将失业保险制度对劳动力市场产生的扭曲和增进社会福利的优势结合起来考察最优失业保险制度问题。第六章主要是对中国失业保险制度的相关情况进行了概括讨论。第七章将理论分析中得到的政策建议与中国失业保险制度的相关指标结合起来,评估中国的失业保险制度对经济的影响,并提出优化设计构想;提出中国应实行有差别的失业保险税收制度,并建立包含两层次的失业保险制度:一个是失业保险,处在主导地位;另一个是失业救济,处在附属地位,主要为长期失业者提供必需和基本的生活保障。

关键词:失业保险制度　社会福利　税收

0749

中国国有商业银行效率研究 / 陈敬学著 ;唐齐鸣指导. -- 华中科技大学, 2005. -- 117 页

论文主要根据西方学者研究银行效率的最新成果,对我国国有银行实际运行的特征进行验证,进而探讨提高国有银行效率的途径。论文从规模经济、管理水平、获利能力三个方面对国有商业银行的效率进行了实证考察。规模效率的实证研究发现,国有银行表现出规模不经济性,而股份制银行表现出规模经济性;国有银行技术效率明显低于股份制银行,但效率增长的速度却好于股份制银行;国有银行的利润效率大大低于股份制银行,且国有银行的利润效率呈现出U形特征;研究认为国有银行的低效率根源于产权结构单一。对中国银行业市场结构与市场绩效关系的实证检验,发现"结构—行为—绩效"假说和"有效结构"假说都不能成立,而绩效的动态考察结果表明,"银行内效应"是中国银行业经营绩效变化的主要决定因素。在实证分析的基础上,文章运用委托代理理论从制度安排角度对国有银行效率低下的原因进行规范的经济学分析,认为经理人的行为选择主要取决

于银行的公司治理结构安排,如激励制度、监督制度等。最后,文章提出了提高我国国有银行效率的几点政策建议。

关键词:国有商业银行　经济效率　规模经济　利润　市场结构

0750

企业创新与成长的研究 / 陈庆著 ; 方福前指导. -- 中国人民大学, 2005. -- 188 页

本文在分析大量相关资料的基础上,用现代经济学和管理学理论相结合的方式,应用系统分析方法、实证方法、比较方法、动静态结合方法以及多重耦合方法等进行研究,借鉴新制度经济学、演进经济学和现代企业理论,分析企业创新与企业成长或发展的关系,力图阐释创新在企业成长中的重要性,进而揭示出隐藏在企业创新与成长背后的那些带有规律性的东西,从而对中国企业今后发展和参与国际竞争提供参考建议。文章的主要内容包括五个方面。第一,对创新与企业成长理论进行了综述,论述了经济学与管理学上的创新与企业成长理论文献,旨在阐释文章的分析框架的理论背景和渊源;文章首次较为完整的梳理、提炼出经济学和管理学中关于"创新与企业成长"的理论成果。第二,企业创新的系统分析,文章将企业创新的内容界定在技术创新、制度创新和管理创新三个主要方面,并对企业创新体系的内涵、特征、构成、功能,以及企业创新体系的运行机制等进行了系统的论述。第三,企业创新与成长的互动机制分析,文章首先阐述了正是企业的创新活动促进企业核心竞争力的形成与发展、提升企业的竞争优势,从而使企业得以不断成长、壮大;其次,将"企业核心竞争力"视为中间变量,考量、论证企业创新与核心竞争力,以及基于核心竞争力的企业成长的互动关系;最后,研究、探讨企业创新的人格(化)主体——企业家和企业家精神对企业成长的作用,并通过实证调查结果指出我国企业家群体对创新和承担风险有了更高的认同,把创新视为首要追求的企业家精神。第四,发达国家促进企业成长的企业创新实证研究,首先实证分析新企业(指快速成长、所有者经营的小企业)和大(成熟)企业的创新活动之间存在的巨大差异;接着,通过比较分析西方不同类型企业实施企业创新的特点。第五,中国企业创新的实证研究与建议,文章在对中国企业创新现状及其问题进行较为全面、详细地分析基础上,研究了如何构筑中国企业系统创新机制,探讨中国企业实施创新的重点以及实现企业持续发展的途径。

关键词:企业管理　企业成长　企业创新　核心竞争力

0751

国际收支对货币供给的影响研究 / 陈全功著 ; 张培刚,宋德勇指导. -- 华中科技大学, 2005. -- 176 页

本文从理论和实证上对中国国际收支对货币供给的影响以及人民币升值压力的真正来源问题进行了深入研究。认为国际收支活动一般会通过"货币需求机制"和"汇率体制供给机制"影响国内的货币供给,货币供给因此而"内生性"特征增强。通常,国际收支活动对货币供给的影响是通过物价水平和经济增长的波动、货币危机的形态,以及中央银行的外汇干预和冲销操作直接或间接表现出来。在该理论指导下,对中国 1994—2003 年国际收支状况和货币供给状况进行了实证研究;同时比较了因为国际收支问题爆发危机的墨西哥、东南亚案例,发现中国国际收支活动对国内货币供给产生了深刻的影响,货币供给渠道中对外汇占款的依赖(也就是对国际收支状况的依赖)在不断增强。在分析国际收支对国内货币供给的影响问题时,不能将经常项目、资本和金融项目简单相加。在贸易收支和资本流动的共同作用下,中国国际收支状况是以国家储备资产变化表现出来,它影响到中央银行的资产结构,进而影响到基础货币的供给总量和结构。因此,选择外汇储备作为衡量对货币供给影响的指标,能够比较准确反映出国际收支对货币供给的影响程度。1994—2003 年外汇储备与货币供给量 M2 两个变量之间存在着十分明显的正相关关系。回归模型测算结果也表明,外汇储备每变动 1 亿美元,广义货币供给量 M2 就会发生同方向 17.58 亿元的变动。这 10 年间国家外汇储备增加所引致的每一年货币供给量 M2 增加额,平均占实际货币供给量 M2 增加额的 36.04%。最近两年来,国际收支对国内货币供给的这种影响集中体现为人民币升值压力不断增大,中央银行在保持人民币汇率稳定和牺牲国内货币独立稳定供给中进行艰难的权衡取舍。针对如何减弱国际收支的货币供给效应问题论文指出,要坚持科学的发展观,从体制改革入手,实现人民币汇率"有管理的浮动";并且要善于控制国际收支的扰动,从外贸、外资根源上降低货币供给波动的"内生"风险。

关键词:国际收支　货币流通　货币制度　汇率

0752

人力资源后发优势研究 / 陈忠斌著 ; 郭熙保指导. 武汉大学, 2005. -- 163 页

全文共分五章。第一章对后发优势理论的相关理论进行了研究评述。指出人力资源后发优势是指后发展国家在人力资源方面因落后而产生的获利机会。发展中国家人力资源后发优势的发挥应从两方面入手:一是要发挥劳动力资源丰富、成本低廉的优势;再一个就是要发挥在先进知识容易获得的情况下,用更短的时间加快提高人力资源质量的优势。第二章重点分析人力资源数量方面的后发优势。在提出发挥人力资源数量方面的后发优势的同时,指出可能存在着人力资源后发优势陷阱,并着重分析了后发优势与主导产业的选择和如何冲破人力资源后发优势陷阱的问题。第三章重点分析人力资本质量方面的后发优势。首先分析了发展中国家与发达国家存在的人力资源质量的差距。接着分析了人力资源质量方面后发优势的实现途径:外商直接投资、出国留学、交流与合作。第四章是人力资本后发优势的效益分析:教育投资收益率、经济贡献率。发展中国家的教育收益率一般都很高,通常都高于物质资本投资的收益率。最高社会收益率和最高私人收益率通常是从初等教育中获得的。随着经济的发展,不同人均收入国的高等教育的社会收益率及私人收益率均呈现出上升的趋势。随着人均教育水平的提高,发展中国家人力资源可以用更短的时间学习吸引并运用先进知识,提高人力资源质量。第五章是关于人力资源后发优势的政策思考。包括应建立灵活的劳动力市场,协助工人应对变革,采取更加积极的吸收国外技术知识的政策。在促进人力资本质量提高的后发优势政策方面,主张应培育健康熟练的劳动力;要建立对产业需求作出反应的教育制度;鼓励出国留学,并进一步健全积极吸引出国留学人员回国服务的政策。

关键词:人力资源　人力资本　劳动力　后发优势

0753

资本项目管制与人民币可自由兑换研究 / 程鹏著 ; 张培刚,汪小勤指导. -- 华中科技大学, 2005. -- 128 页

本文从资本管制的相关理论研究入手,回顾了资本管制的历史与现实状况,对资本管制的动因、资本管制的具体操作模式进行了探讨,通过一般均衡模型分析了资本管制的效率问题,进而着重研究了资本账户开放的相关理论。在对发达国家和广大发展中国家资本账户自由化的经验分析的基础上,得出资本外逃是发展中国家爆发金融危机的最直接、最致命因素这一结论。其后,从资本外逃的相关理论着手,重点研究了资本外逃的动因和效应以及测算等问题,在此基础上,对中国的资本外逃问题作了系统研究。最后,植根于前文的研究,探讨了进一步有序推进我国资本账户自由化的战略和策略。经过系统研究,得出了如下的结论:(1)随着国际经济一体化进程的加快,资本管制的效率在逐渐下降,资本账户自由化的趋势不可阻挡。(2)从发达国家、发展中国家资本账户自由化过程中出现的问题,尤其是发展中国家出现的金融危机乃至经济危机来看,资本外逃是爆发金融危机的最直接、最致命因素,而它又与这些深层原因丝丝相扣、互为联动。(3)资本外逃应该确切区分为"过渡性"资本外逃和"真正"的资本外逃,这样有利于制订相应的政策,减少资本外逃的可能性。(4)中国目前的资本管制措施对于防范资本外逃来说,效率严重不足。(5)资本外逃的测算方面,综合测算法比直接和间接测算法更适用于中国的实际情况。(6)为加快推进中国的资本账户可自由兑换,当前应加大 QFII 制度实施力度,尽快推出 QDII 制度。(7)"洗钱"在中国的资本外逃当中是一个非常重要的途径,对中国的资本账户开放有着严重影响,而且它往往又同贪污腐败、国有资产流失、走私、贩毒涉黑等问题联系在一起,因此,应该予以充分关注和坚决打击。(8)"地下银行系统"是"洗钱"的一种重要途径。应对其"疏"、"堵"并重,扬长避短,加强管理。

关键词:人民币　自由兑换　资本市场　资本管制　资本外逃

0754

公司多元化战略的经济学分析 / 程是东著 ; 高鸿业指导. -- 中国人民大学, 2005. -- 156 页

论文主要围绕公司战略"为何多元化"和"如何多元化"这两大主题展开,主要内容包括四大部分。论文首先对公司多元化战略的基本概念及其理论基础进行了考察;然后重点分析了多元化战略的内在原因和外在影响因素,认为多元化战略在特定的情况下产生的正面经济效应,包括范围经济、实现企业成长、财务协同效应以及分散风险和稳定收益等,是决定公司实行多元化战略的内在原因;外在影响因素则包括管理者动机、公司控制市场与经理人市场、政府政策与法律,以及宏观经济环境等。第三,研究了公司如

何实行多元化战略问题;认为成功的公司多元化战略是一个由各种要素精心构筑的系统,这种相互匹配的系统要素包括三个方面:公司资源、业务和组织机构。第四,对中国企业多元化的特殊性进行了分析;认为中国企业多元化战略的特殊性表现在市场体系、政府政策、解决就业问题、管理素质和企业管理能力等方面;最后,对我国企业实行的文化战略提出了相关建议和对策。

关键词:企业发展　多元化　经济效益　竞争优势

0755

失业者再就业选择的制度分析 :基于武汉、荆州、洪湖的研究 / 慈勤英著 ; 张建华指导. -- 华中科技大学, 2005. -- 149 页

论文以制度为切入点,讨论了与失业者再就业密切相关的直接制度和间接制度对失业者再就业的影响和表现形式。具体包括以下几个方面。其一,在社会救助制度的保障下,失业者是倾向于留在安全网作为受救助者,还是更倾向于做积极的再就业求职者;其二,失业保险制度设计中对失业保险享受资格、领取年限、领取标准的限定在保障失业者权益的同时,对再就业的影响;其三,再就业支持政策的实际作用;其四,所有制、地区政策的差异、性别规范等非直接政策制度对失业者再就业的影响。研究发现再就业直接制度的安排对失业者再就业选择的影响很不确定;社会救助制度和其救助标准、规则对再就业选择的影响既有积极的也有消极的,其影响并不显著;在倾向于做积极的再就业求职者的同时,失业者也希望得到社会救助。而失业保险制度包括失业保险、买断工龄、内退、下岗生活费等对再就业的影响也相当模糊和不确定;在最低生活保障金、失业保险、下岗生活费替代率对再就业所需时间影响的多变量分析中,最低生活保障金替代率与再就业所需时间呈正相关,而失业保险和下岗生活费替代率与再就业所需时间呈负相关。另外,再就业支持政策因其极低的覆盖率,其促进再就业的实际效用没有显现;所有制、地区政策的差异、性别规范等非直接政策制度对失业者再就业有影响,地区差异对失业者再就业选择的影响显著。

关键词:失业　再就业　社会保障制度　失业保险

0756

开放经济条件下发展中国家的经济增长 :一个基于人力资本的视角 / 代谦著 ; 邹薇指导. -- 武汉大学, 2005. -- 148 页

本文统一了新贸易理论和新增长理论关于开放和经济增长的探讨,将人力资本看作是经济长期增长的基础,考察发展中国家人力资本与扩散的先进技术的匹配关系,考察人力资本在各种技术扩散机制中所起的核心作用,考察人力资本对发展中国家参与国际分工、实现产业结构提升的核心作用。第一章回顾了重商主义以来关于开放和经济增长的经典文献,包括贸易理论特别是新贸易理论对于开放和经济长期增长的相关论述,新增长理论关于开放经济条件下经济长期增长的研究工作,以及人力资本的相关文献。第二章讨论了存在技术扩散的情况下,发展中国家的经济增长问题。本章指出,来自发达国家的先进技术对发展中国家的促进作用取决于先进技术对发展中国家的适宜性,而这种技术的适宜性依赖于发展中国家的人力资本水平。因此,发展中国家在技术引进的同时,提高人力资本水平应该成为发展中国家经济政策的核心。第三章在一个两国内生增长模型中研究了北方国家 FDI 产业选择与南方国家经济增长和技术进步问题。本章的分析表明,普及和改善教育、提高国民的人力资本水平应该成为南方国家提高自身技术能力、吸引 FDI、促进技术进步和经济增长的核心政策。第四章分析了南方国家主动的技术模仿以及有可能出现的产品周期问题,结果表明产品周期现象以及南北贸易分工在本质上仍然依赖于南方国家相对的人力资本水平。第五章考察了随时间的演进,发展中国家比较优势的动态演变问题。本章认为,只有人力资本水平的不断提高才能够使发展中国家的比较优势向着有利于自己的方向演变,才能使发展中国家不断进入更高级的产业实现经济的增长和产业结构的升级。第六章总结全文,重申本文的结论和政策含义,并特别针对中国情况提出相应的政策建议。

关键词:经济增长　人力资本　技术扩散　开放经济　发展中国家

0757

商业银行信用风险管理 / 董积生著 ; 张宗成指导. 华中科技大学, 2005. -- 133 页

本文首先对商业银行信用风险进行了理论界定,剖析了商业银行信用风险产生的一般原因,指出由于中国商业银行委托代理机制的不健全,转轨时期整个社会诚信水平低下,商业银行治理机制的缺陷以及高度垄断的银行业市场结构等综合因素导致中国商业

银行信用风险十分严峻。其次,结合巴塞尔资本协议及新资本协议,考察评判了当今国际上一些较有影响的信用风险度量模型,认为信用风险度量直接关系着商业银行的信用风险管理水平。再次,介绍了当今国际上主要的信用评级机构,对基于信用风险的贷款定价问题作了探析,指出由于中国利率水平处于事实上的管制状态,商业银行在信贷时没有定价权,导致中国商业银行信用风险高;为化解中国商业银行严重的信用风险,利率市场化应尽早推出。文章还论述了商业银行的公司治理建设、组织结构改善等对商业银行信用风险管理的重要意义。最后,在商业银行金融创新上,剖析了信用衍生工具对商业银行信用风险管理的突出性作用,指出良化商业银行信用风险管理,一国金融监管当局负有不可推卸的责任,一国金融监管应适时创新。

关键词:商业银行　贷款风险　风险管理

0758

中国城镇人口失业:决定因素及其后果 / 杜凤莲著;刘文忻指导. -- 北京大学, 2005. -- 146 页

本文的研究包括哪些人口容易失业,失业持续时间会有多长,决定失业持续时间的因素是什么,失业对再就业后工资和家庭消费有何影响,女性在再就业市场上是否处于更不利地位等问题。本文的结论是:(1)在其他条件完全相同的情况下,女性比男性的失业概率高;教育程度低、缺乏工作经验者更容易失业;在地区分布上,北京地区的失业率更低。(2)中国城镇失业者预期失业持续时间大约为 41 个月;享受失业救济金的人群中,女性的预期失业时间比男性长 33.55 个月;未享受失业救济金人群中,女性比男性长 21.47 个月。性别间预期失业持续时间差距完全由劳动供给行为、劳动需求者行为以及社会习俗等社会制度因素导致。(3)失业救济金降低了再就业概率,延长了失业持续时间。男性比女性对失业救济金的反应更敏感。(4)较长的失业持续时间对再就业后工资有显著负向影响。(5)失业者收入的降低直接影响了失业者家庭的消费结构。与在业者相比,失业者家庭的食品支出高,而医疗保健支出和教育文化支出低。教育支出和医疗保健支出不足会进一步导致这些家庭人力资本投资不足,从而引发失业——贫困的恶性循环,甚至出现代际传递。(6)女性在劳动力市场上处于劣势。通过以上结论,本文隐含的政策建议是:首先,中国政府需要进一步提高失业保障体系的覆盖面,并适度延长女性享受失业保险金的期限。第二,有针对性地实施职业培训计划,以防止失业期间失业者人力资本损失从而促进再就业,并提高再就业后工资。第三,对失业家庭实施教育补助,或对失业家庭孩子实施学费减免,以保障失业者孩子的人力资本投资,打破失业——贫困恶性循环。第四,采取措施保障女性再就业,并且保障女性有平等的职业进入权和同工同酬权利。

关键词:失业　城市人口　再就业　女性

0759

经济增长与中国宏观投资效率研究 / 樊潇彦著;袁志刚指导. -- 复旦大学, 2005. -- 133 页

论文主要在"经济增长"的背景下,分析和评价改革开放以来我国宏观投资效率问题。全文共分六章。第一章对目前国内外研究"宏观投资效率"问题的主要文献作了全面综述。第二章在吸收和借鉴了三个经典增长模型的基础上,从 CES 总量生产函数方面进行了相应的拓展,严格论证了与"宏观投资效率"的定义和测算密切相关的三个定理。第三章首先给出了"宏观投资效率"的严格定义;然后,结合经济"增长核算"和 CES 总量生产函数计量,提出"宏观投资效率"的测度方法和评判标准。第四、五章是实证研究部分。其中,第四章用 1960—1987 年间世界上 82 个国家的宏观数据,分析和比较了 22 个 OECD 国家,10 个亚洲国家和 50 个其他发展中国家的宏观投资效率。第五章用 1970—1999 年间我国 28 个省市自治区的经济增长数据测算出我国的 CES 总量生产函数,分析和比较了不同地区、不同时段的宏观投资效率。第六章是对全文研究的一个简要小结,并提出今后继续的研究方向。

关键词:经济增长　投资　投资效率　宏观经济

0760

货币政策与人民币汇率稳定政策的关系:1994—2004:新开放宏观经济学视角 / 范幸丽著;王志伟指导. -- 北京大学, 2005. -- 141 页

本文系统梳理了传统宏观经济学与"新开放宏观经济学"中对货币政策与汇率稳定政策间关系的理论,归纳出"新开放宏观经济学"在这一领域的最新进展;运用理论分析与实证分析相结合的方法,考察了 1994—2004 年间我国货币政策与汇率稳定政策的关系,得出了"保持人民币汇率稳定的汇率政策符合我国现阶段的需要"的结论;通过对货币政策与汇率稳定政策的不同搭配模式的典型案例进行考察,从而有

助于完善我国的货币政策与人民币汇率稳定政策之间的关系;结合相关结论,从新开放宏观经济学相关理论的角度,探讨了我国货币政策规则中是否应该重视汇率因素和人民币汇率制度改革两大问题,提出了相关的货币政策规则以及汇率制度改革的建议。

关键词:货币政策　人民币汇率　汇率政策　汇率制度

0761

工业集聚与区域经济发展不平衡:理论探讨和中国经验 / 高鸿鹰著 ; 谭崇台指导. -- 武汉大学, 2005. -- 135 页

本文在前人研究的基础上,分析了发展中国家工业集聚的规律,以及工业集聚规律对经济不平衡发展的影响。全文包括七章。第一章总结早期经济学中的工业集聚思想,对其中的工业发展空间平衡性问题研究进行述评,论述了新经济地理学和发展经济学等相关研究在发展中国家的应用。第二章对发展中国家经济的结构特点进行分析,建立了发展中国家的工业集聚模型,推导出工业集聚的短期均衡条件,并论证了"市场接近"和"技术能力"对工业集聚的推动作用。第三章研究了工业空间集聚影响因素的动态变化。本章首先考察了技术约束型工业集聚的累积性,其次分析区域基础设施改进与工业集聚的关系,最后在考虑集聚成本的条件下推断出发展中国家工业集聚区的"集聚中的扩散"规律。第四章回顾了中国工业发展区域性特点的历史渊源,20 世纪 90 年代以后中国各个区域工业化水平的变化趋势和工业不平衡发展过程中的工业集聚现象,并对影响中国各个区域工业化水平的因素进行实证分析,结果表明中国的经济发展过程中确实存在工业集聚和工业集聚区"集聚中的扩散"现象。第五章具体论证了工业化水平的差异是影响区域经济增长和资本积累的重要原因,工业集聚导致区域经济增长条件收敛,工业集聚对区域收入差异程度变化的影响,工业集聚过程中个人福利的区域不平等等问题。本章还对部分结论进行实证检验,结果表明,工业化水平越高的省份经济增长速度越快,同时工业化水平高低显著影响各个省份的资本积累速度。第六章从不同类型的技术进步以及制度经济学的视角,对工业集聚过程中的一些问题进行说明,如同代内技术进步和不同代内技术进步对工业集聚的影响、制度与工业集聚等。第七章总结本文结论及其对实践的启示。

关键词:工业化　产业集聚　区域经济　经济发展　发展中国家

0762

政府 R&D 投入对中国就业的效应研究 / 高杰著 ; 童光荣指导. -- 武汉大学, 2005. -- 142 页

本文绪论部分阐述了选题意义,通过对国内外研究文献的回顾和总结,阐明了研究目的、研究方法以及正文结构。正文由八章组成,分为三大部分。第一部分包括第一章和第二章,主要对政府 R&D 投入与就业之间关系进行理论探讨,包括政府 R&D 投入与企业 R&D 投入关系理论、R&D 投入与技术进步关系理论、技术进步与经济增长理论、经济增长与就业关系理论、技术进步对就业的效应理论。在理论回顾基础上,提出了研究的总体思路:政府 R&D 投入对就业的宏观效应从理论上讲表现为一个传导链条,即政府 R&D 投入—企业 R&D 投入—技术进步—经济增长—就业增加。第二部分是本文的核心,包括第三到七章,主要按照文章的研究思路,通过构建模型,实证分析了政府 R&D 投入对企业 R&D 投入的诱导效应、政府 R&D 投入对就业的动态效应、乘数效应、产业效应、区域效应、国别效应以及人才战略效应。第三部分(第八章)提出政策建议,具体阐述了建立促进就业的政府 R&D 投入政策体系的目标、手段、传导途径和规划以及内容、方法和步骤。结束语部分对本文的结论、创新点和进一步发展方向做了总结。

关键词:就业　政府投资　研究与开发(R&D)　技术进步

0763

制度、有限理性与演化博弈论范式 / 郭炳发著 ; 夏振坤, 方齐云指导. -- 华中科技大学, 2005. -- 147 页

本文共分八章。第一章导论介绍选题背景、研究内容、方法等。第二章概述博弈论方法的演进过程。第三章主要从概念和现实要求上阐述了当多重均衡存在时,纳什均衡精炼的困难,特别是逆推归纳法反映的问题又说明共同知识和贝叶斯理性范式关于知识假设和理性假设的现实性问题。第四章从心理学和试验经济学进一步探讨了纳什均衡的有限理性问题,认为纳什均衡的理性主义解释不能很好地解释大多数博弈试验前面的环节,仅靠纯粹的自省理论是难以实现从非均衡向均衡结果转变的。而纳什均衡的群体行为解释与演化博弈论的思路一脉相承,为在有限理性和信息不确定条件下实现纳什均衡开辟了一

条光明的道路。第五章和第六章分析了演化博弈论的第一个核心概念——演化稳定策略。作者指出,当系统存在多重纳什均衡时,经典博弈理论无法给出令人满意的答案,而演化博弈论则从有限理性的参与人出发,利用局部动态分析方法来考察系统达到均衡的过程,并利用该理论的均衡概念——演化稳定均衡来更好地预测参与人的群体行为。第七章分析了演化博弈论的第二个核心概念——模仿者动态,指出模仿者动态能较好地描绘有限理性个体的群体行为变化趋势,由之得出的结论能够比较准确地预测个体的群体行为,特别是理解确定性模仿者动态概念、模型及其与经典博弈动态概念的区别对于把握演化博弈有着重要的意义。第八章主要考察制度演化问题。作者认为,在群体或社会内部活动与交往着的具有有限的理性和分散的知识的诸多个体进行并非完全协调一致的活动,而在这种并非完全协调一致的活动中又发生着、维系着并不断地改变着社会的习俗和惯例,这就是社会个体反复博弈的制度演化过程。

关键词:均衡论　纳什均衡　博弈论　有限理性　对策论

0764

我国经济转型中的财政分权问题研究 / 郭家虎著 ; 徐长生指导. -- 华中科技大学, 2005. -- 144 页

本文首先回顾了建国以来中国财政体制从集权型财政体制向财政包干制演进,进而向分税制演进的主要过程,探讨了改革前后三次财政分权产生的根本原因及历史必然性,指出中国的财政制度变迁是一种渐进式的强制性制度变迁方式,具有明显的"帕累托改进"和路径依赖的性质。其次,研究了财政分权与经济体制转型的关系。认为始于改革之初的财政分权在整个改革过程中与整体经济体制转型保持着紧密联系与良性互动;改革之后,财政分权在事实上成为引入市场机制的一种手段。同时,财政分权作为一种有效的激励机制,推动了中国的经济转型与制度变迁;另一方面,财政分权改革的路径与方式从总体上要受制于整体经济体制转型的路径与方式,中国经济改革的渐进式逻辑决定了中国财政改革的渐进式逻辑。第三,剖析了中国财政分权尚存在的制度缺陷,指出其导致社会经济生活出现了一些严重的后果,包括重复建设与地方保护主义、上下级政府对事权的推诿、政府行为的商业化和机会主义倾向、地方公共品提供规模的小型化、地区差异的扩大以及地方政府预算约束的软化等方面。还着重分析了中国二元财政制度背景下非正式财政收入的膨胀及其导致的后果。第四,针对财政分权制度的几个主要方面,选取若干有代表性的发达国家,进行介绍和比较,总结出可供中国学习和借鉴的经验与启示,包括(1)应注重政府间财政关系的法制化、科学化和规范化原则;(2)应主要根据公共产品的受益原则来确定各级政府的事权与支出范围;(3)应坚持维护中央税权的主导型与适当赋予地方税权相结合的原则;(4)在交叉运用多种转移支付手段的同时,注重选择并运用一种主要的转移支付手段等。最后,对财政合理分权问题进行了理论上的初步思考,并指出中国所要构建的应是"财政收入适度集权、财政支出适度分权"相结合的公共财政体制。

关键词:财政制度　财政分散制　中央财政　地方财政

0765

比较优势、后发优势与中国新型工业化道路研究 / 何国勇著 ; 徐长生指导. -- 华中科技大学, 2005. -- 139 页

本文共分九章。第一章导论介绍了工业化的含义,回顾了我国在计划经济时期的工业化和新型工业化道路的提出,对国内关于新型工业化道路的研究进行了文献综述。第二章是对我国工业化的现状分析。第三章回顾了比较优势理论的发展脉络,分析了比较优势的来源、完善、培育和提升及比较优势陷阱,探讨了中国比较优势的变化。第四章是对后发优势的研究,包括后发优势理论的发展脉络、后发优势的来源及其发挥作用的前提条件、后发优势陷阱、后发劣势等,并分析了中国的后发优势。第五章分析了比较优势与后发优势的相互依存性,认为发展中国家的竞争优势主要来源于比较优势和后发优势的互动,比较优势和后发优势统一于发展中国家的经济发展全过程。第六章探讨了经济全球化背景下的比较优势与后发优势。第七章分析了比较优势、后发优势在发展中国家工业化进程中发挥作用的必然性和决定性。第八章分析了世界工业化的主要类型及特点,总结了世界工业化历程对我国的启示,揭示了我国新型工业化道路的内涵。第九章提出我国走新型工业化道路的对策建议。

关键词:工业化　竞争力　比较优势　后发优势

0766

长期贫困的形成与治理 / 何晓琦著 ; 张建华指导.

华中科技大学, 2005. -- 176 页

本文从贫困的动态分析入手,对贫困的传导、长期贫困的成因、贫困的代际流动以及消除长期贫困的策略进行了阐述和研究。首先,描述了发展理论与贫困理论发展的进程,论述了研究长期贫困的意义,并对国内外的贫困文献进行了综述。其次,建立了长期贫困的研究框架,提出了长期贫困的定义、特征、对象和测度。以发展中国家为例,对长期贫困的形成机制和贫困的代际传导进行了较深入的探讨。运用计量方法对长期贫困的跨代流动性进行了研究,指出它对消除贫困和经济发展产生的影响。研究表明,人力资本转移在收入转移中扮演重的角色。因此,支持平等教育机会的公共投资可能对收入流动性的程度产生重大影响。第三,从宏观、制度和微观三个层面提出减贫策略,同时对中国消除贫困的政策进行了分析和阐述。减贫策略可以从以下几个方面对贫困人群提供帮助:(1)道义上的支持,即在社会的意识形态里形成帮助贫困人群的力量;(2)提供各种形式的经济资源达到减贫的目的;(3)提供制度保障完善激励机制,提高贫困人群自我缓解贫困的能力。最后,提出在消除贫困的政策中,制定与收入和财产再分配相关的政策是国家或地区减贫的基本要素。政府和公共机构的干预可以加大扶贫的效果,而良好的法律和司法体系对于促使市场高效运转至关重要,完善的立法是调整经济和社会公正最为有效的方法,贫困人口需要借助法律体系去改善贫困。同时,微观政策在经济增长和发展中的重要性越来越受到重视,消除长期贫困的微观政策主要包括扶贫的目标瞄准机制、卫生、教育、贫困地区的基础设施、小额信贷等。

关键词:贫困　扶贫　贫困问题

0767

中国保险业经营模式变迁与监管机制创新 / 侯祖戎著 ; 刘海云指导. -- 华中科技大学, 2005. -- 158 页

论文主要研究如何协调世界金融混业趋势与我国保险分业现状的矛盾,进而构建适合我国当前经济形势下的保险监管体系的问题。首先,从中国保险业的角度,对保险混业经营分别与范围经济和金融风险之间相关性进行了实证研究。分析结果表明,一方面,保险公司的平均范围指数与其经济绩效呈现出一定的相关性,而且保险混业经营在一定程度上起到了分散风险的作用;另一方面,保险混业在化解金融风险时,不同的保险公司之间表现出一些差异性。针对保险竞争力的问题,本文通过运用灰靶理论中的靶心度分析方法,对国内 5 家寿险公司进行了定量研究,研究结果表明,保险公司的规模与其竞争力之间并非完全正相关。论文提出无论从宏观层面还是从微观层面,中国保险业经营模式的变迁都存在着种种难以克服的制度约束。因此对于处于转轨时期的中国保险业而言,在经营模式的选择上应有个过渡期,全面混业经营的时机尚不成熟。由于制度上的供给和需求变化,造成在中国保险业经营模式变迁与保 险监管之间呈现出一种非均衡状态,具体表现为监管的有效性不够,但由于各个监管部门对监管成本与收益度量的理解不同,使得中国保险业监管的边界无法确定,这些对当前的保险监管提出创新的要求。接下来论文将“激励相容”原则引入保险监管,并运用博弈论分析中国保险监管的激励缺失,以找到一种形成机制创新的思路。最后论文指出,建立一个有效的信息披露制度是保险监管机制创新的基础,保险业信用评级是监管当局进行有效监管的一个重要的参考指标。

关键词:保险业　监督管理　保险市场　混业经营

0768

实际冲击与中国经济波动问题研究 / 黄赜琳著 ; 朱保华指导. -- 上海财经大学, 2005. -- 147 页

本文在实际经济周期(RBC)理论模型框架下分析了技术因素、供给因素和需求因素等对中国经济波动的影响,以及政府财政政策的效应问题。全文共分六章。导言部分介绍了论文的研究背景和意义。第一章对 RBC 理论进行全面论述。第二章集中介绍了对 RBC 理论研究中需要运用的相关方法。第三章考察中国经济运行中的一些周期波动特征,发现需求因素是影响中国经济波动的主要因素。第四章考察只包含单一资本要素的简单 RBC 模型对中国经济波动的解释程度。第五章则将内生劳动力引入,考察在包含劳动和资本两种投入要素的可分劳动 RBC 模型框架下,技术冲击和劳动供给变动的复合因素对中国实际经济波动的影响。结果表明,以上两种模型都不能解释中国的经济波动特征。在第五章的基础上,第六章引入政府部门,构建了一个包含政府支出与居民消费具有不完全替代性质的居民消费有效消费函数的 RBC 模型。结果表明,这一模型能够解释 70% 以上的中国经济波动特征,科技进步、财政支出、劳动供给都是影响经济波动的主要因素。同时,还从理论上分析了政府支出与居民消费之间的效应关系问题,并在

包含政府部门的 RBC 模型框架下分析政府实施的财政政策的效应问题。结果表明,改革开放以来,尤其是 1997 年以来国家实施的扩张性财政政策效应很强却并未发挥应有效果,这也是近年来我国最终消费率持续走低的原因。因此,政府在治理我国经济波动提出相关政策时既要综合考虑技术、供给与需求三方面的影响因素,也要考虑公共与私人支出的挤出效应。

关键词:经济波动　经济周期　技术冲击　政府采购　财政政策

0769

论现代企业制度产权关系的和谐性:兼评西方企业所有权范式 / 姜鑫著 ; 杨惠昶指导. -- 吉林大学, 2005. -- 244 页

非人力资本企业所有权范式和利益相关者企业所有权范式是西方关于企业所有权安排的两种主要范式,它们的具体形式分别是股东主权单边治理结构和利益相关者共同治理结构。这两种范式虽然各自有一定的合理性,但是还不足以提供一种可以有效协调和处理我国新形势下企业内部矛盾的企业所有权安排机制,它们并不适用于我国企业实践。在我国市场经济中,从根本上来说,企业应该是一种和谐的组织形式,企业的各种生产要素之间所反映的应该是合作和和谐的关系。在这两种企业所有权范式的基础上,本文创建了一种新型的和谐企业所有权模式,并且通过和谐企业所有权模型对这一模式进行了精细化与形象化的描述与论证,指出企业所有权(剩余控制权和剩余索取权)应由各种要素所有者共同分享,其分配份额应该与要素贡献相对应。文章还结合我国上市公司治理结构中存在的主要问题,依据和谐企业所有权模式,提出了改革与完善我国上市公司治理结构的一些措施与方案。

关键词:现代企业制度　产权关系　所有权　利益相关者　公司治理

0770

新货币经济学理论 / 焦成焕著 ; 吴宇晖指导. -- 吉林大学, 2005. -- 183 页

新货币经济学是 20 世纪 70、80 年代出现和发展的一个有重要影响的西方经济学流派。其主要论点是:现有的货币、金融体系并非是自然演进的,而是法律限制或政府管制的必然结果;在自由放任的竞争性市场条件下,不一定存在集记账功能和交换手段两大职能于一身的货币,货币现有的两大职能将由不同的物质分别承担,市场中以货币为媒介的交换最终将被"精密的物物交换"所取代。作为违反货币既定模式的反传统理论,新货币经济学是对西方货币理论的一次革命。本文第一到五章分别通过对新货币经济学的思想渊源、交易媒介理论、记账媒介理论、BFH 支付体系模型、法律限制理论等核心理论的分析和介绍,比较系统地阐述和评价了西方新货币经济学理论。第六章利用马克思政治经济学方法和理论,评析了新货币经济学理论的合理性和可行性,并在此基础上坚持和发展了马克思主义货币理论。本章最后还根据新货币经济学理论中的合理成分,结合其在智利的成功经验,提出了我国人民币和人民币汇率改革的新思路。

关键词:货币经济学　货币职能　信用　人民币

0771

中国股票市场的股权风险溢价研究 / 雷俊著 ; 唐齐鸣指导. -- 华中科技大学, 2005. -- 124 页

文章对中国的股权风险溢价进行分析,分析重点是中国股票市场的定价行为特征及股票市场发展现状,以期为股票市场的发展提供建议并为投资者提供参考。首先,从股权风险溢价的基本原理着手,分析了股权风险溢价存在的经济学基础及其重要性。估算了中国的股权风险溢价水平,并选择了不同的观察期和时间段;分析了中国股权风险溢价结果的合理性,在实证分析中将股权风险溢价的研究与投资者的经济行为联系起来,并进一步与宏观经济联系起来。通过逐层深入,将微观经济分析和宏观经济分析有机结合起来。在对股权风险溢价的理论分析中,研究发现股权风险溢价的研究具有重要的作用,发现它不仅有利于进行投资决策,而且有利于进行宏观经济预测。其次,在对中国股权风险溢价进行测算的同时,区分了事前股权风险溢价和事后股权风险溢价,并分别利用 CAPM 模型对中国事后股权风险溢价进行实证检验。发现当前中国的股权风险溢价为负值;在观测期内中国的事前股权风险溢价水平和事后股权风险溢价水平均为负值。因此,得出结论,在近期内中国的股权风险溢价为负值。第三,在对"股权风险溢价之谜"产生的原因以及其经济解释进行分析后,利用了 CCAPM 对中国股市进行实证研究,结果表明中国股市存在"股权风险溢价之谜"与"无风险利率之谜"。第四,重点对中国股市存在定价之谜的原因进行了分析。一方面,发现参与股票市场的投资者占中国所有投资者中的比重不高,说明中国的股票市场发

展还不成熟。另一方面,研究发现在实际收益很低的情况下,市场参与者仍然愿意将自己的收入投入到股票市场,这说明中国投资者具有非常规、非理性的投资行为。

关键词:证券市场　股权　证券投资　风险分析

0772

股票市场干预：信息不对称、股市泡沫与突发冲击 / 李宝伟著；刘骏民指导. -- 南开大学, 2005. -- 192 页

本文研究了股票市场失灵、股票价格泡沫的形成、崩溃情况下政府的干预问题。论文主体分四大部分,共七章内容。第一部分为前言和第一章,对现代资本市场比较发达国家的股市新发展展开分析;第二部分由第二、三、四章构成,着重回顾了股票市场失灵、股票市场泡沫膨胀和崩溃问题,对股票资产价格泡沫的理论研究进行综述,从微观角度对资产价格泡沫的形成和崩溃机制进行研究;第三部分(第五章)对政府干预股市的方式进行划分,并对各种股市干预措施的影响机制和效果进行了分析;第四部分(第六章)对中国股市干预问题进行分析,提出造成中国股市异常波动的主要原因在于市场机制不健全、政府干预过度,解决办法是完善市场机制、提高政府监管效率,宏观上需要考虑通过货币政策对资产价格进行适度调节。

关键词:股票市场　股票价格　信息不对称　泡沫经济　政府干预

0773

人民币汇率形成机制应加考虑的三大因素 / 李光珍著；高鸿业指导. -- 中国人民大学, 2005. -- 135 页

本文共分六章。第一章提出问题,阐述主要研究内容。作者认为,传统理论研究汇率机制的思路,是预先假定一国的财政和货币政策的效应具有维持某种汇率机制的能力,然后争论汇率固定还是浮动的优劣,这样得出的结论很难适合一国的国情;同时,经济发展战略是指导一国对外经济关系的根本政策,不同的经济发展战略要求有不同的汇率形成机制,因此一国的经济发展战略对其汇率机制具有重大影响。据此,作者认为,发展中国家的汇率形成机制的选择至少应着重考虑三大因素:经济发展战略、财政政策的有效性和货币政策的有效性。第二章在论述经济发展战略、汇率机制的目标与汇率机制的可维持性的基础上,分别探讨了进口替代、出口导向和贸易自由化的经济发展战略与汇率的形成机制的关系。第三章将财政政策分为三种状况:财政政策有效、不稳定和无效,然后分别研究了这三种状况下的汇率形成机制。第四章分析了货币政策的有效性与汇率形成机制问题。第五章对人民币均衡汇率进行了实证测算。结果表明,2004 年人民币实际汇率与均衡汇率比,低估幅度为 4%。因此,我国人民币汇率形成机制应宜继续实行当前的固定汇率机制,并作小幅浮动。第六章提出了完善人民币汇率形成机制的具体建议。

关键词:人民币汇率　财政政策　货币政策　经济发展战略

0774

中国转型时期农民工就业歧视问题研究 / 李萌著；张建华指导. -- 华中科技大学, 2005. -- 188 页

文章从就业机会、就业收入及就业保障三个方面来深入考察农民工在城市劳动力市场中的就业歧视现象。试图采取一种系统和演进的视角,探究歧视背后的利益格局、体制根源以及经济和社会的影响,以期为根本地解决农民工问题提供有理论依据和现实意义的政策建议。首先,对农民工的就业机会歧视政策研究中,发现城市政府制定对农民工进行歧视性的用工制度安排并非帕累托改进的优化配置,实际的政策效应很难达到预期目的。而且,对农民工的就业机会歧视将导致农民工就业资本积累的两难抉择,从而形成农民工城市非正规就业的粘性。其次,通过测算比较,发现农民工整体的城市就业待遇和当地居民有着很大差距。实证检验了收入制度性分层假说。第三,以农民工"欠薪"为例具体考察了农民工就业权益歧视的形成机制。分析表明,中国渐进式体制转型中刚性的二元结构是当前农民工就业权益缺失的体制根源。第四,进一步考察了对农民工群体歧视性的制度安排及其多阶剥夺与农民工城市贫困这两种现象之间的内在联系。发现,作为正式制度的安排(对农民工群体的体制性歧视)和作为非正式制度的安排(对农民工群体的接受性排斥),直接诱导和激励了农民工多阶剥夺现象的产生。文章认为,切实的解决办法就是创建新体制和弥补相关制度供给的不足。

关键词:就业　民工　农民工

0775

家族企业的演进和管理模式研究 / 李卫兵著；方齐云指导. -- 华中科技大学, 2005. -- 110 页

作者从资本市场的角度,通过一个动态模型分析了家族企业的演进问题,提出了一个创始人寻找经理人来继承的模型,阐述家族企业的管理模式。首先指出家族企业在各国经济发展中的重要性,简单回顾了研究家族企业的各种理论,从而勾勒出现代家族企业研究的理论脉络,给出了家族企业的概念、特点和类型,分析了家族企业存在的理论基础,介绍了中国家族企业的发展历史。其次,提出了一个动态模型来分析初级资本市场的发达程度与家族企业演进之间的关系,指出家族企业的演进以及企业出售的发生期,依赖于经济中初级资本市场的发展。并分别探讨了可以进行外部融资和不能进行外部融资的情况下家族企业的动态最优化问题。再次,利用创始人寻找经理人来继承的模型阐述了法律保护、监督以及家族企业所有权和管理权的模式选择问题。在这个模型中,作者将法律保护用一个参数进行模型化,并结合家族企业所有者的监督,分析了不同的法律保护、监督程度对家族企业所有权和管理权模式的影响。对家族企业所有者和经理人之间存在合谋和不存在合谋两种情况分别进行了讨论。最后,在概述了国内外职业经理人产生与发展的基础上,运用成本收益分析法研究了家族企业引入职业经理人所带来的成本和收益,阐述了中国职业经理人面临的现实问题,构建了中国职业经理人的激励和约束机制,系统分析了中国家族企业职业经理人管理模式的实现途径。

关键词:家庭企业　私营企业　企业管理

0776

国际贸易中的产品消费排污与战略性环境政策 / 李昭华著 ; 刘海云指导. -- 华中科技大学, 2005. -- 148 页

本文引入国际学术界有关战略性环境政策的现有理论,构造了针对产品消费排污的差异减污模型,以之分析针对消费排污的三项环境政策或措施的战略效应。首先,差异减污模型被用于分析发达国家及发展中国家的政府针对消费减污 R&D 投资政策。国际贸易中垂直差异产品的文献显示发达国家与发展中国家的政府在产品 R&D 投资政策上呈现不对称性:非合作 Nash 补贴/征税均衡的特征是,发展中国家进行投资补贴,发达国家进行投资征税。由于产品消费负外部性的引入,本文的结果显示两国政府在产品减污 R&D 投资政策上呈现对称性:两国政府都对本国企业的产品减污 R&D 给予补贴。其次,差异减污模型被用于对比分析排污标准及低减污产品进口配额对双边贸易中的发达国家与发展中国家的贸易及社会福利的效应,结果显示:发达国家实行排污标准,短期内对发展中国家的低减污产品构成非关税壁垒,长期中却提升发展中国家产品的减污量及出口量。国际贸易中垂直差异的文献表明最低质量标准降低本国福利,本文则显示发达国家实行排污标准提高本国的社会福利。再次,针对产品消费阶段,减污差异产品模型被用于分析发达国家政府在贸易中对生态标签的战略性操控。本文结果表明:在价格竞争条件下,发达国家政府实施生态标签,使发展中国家企业在发达国家的市场份额显著下降;发达国家政府总是有动机设置较高的生态标签减污标准,即战略性减污标准高于非战略性减污标准。本文用减污差异模型确认了参考文献用垂直差异标准模型所揭示的重要政策含义:在国际贸易中,即使是自愿的生态标签规则也可以进行操控以达到战略目的。最后,从产品消费排污的角度审视发达国家的技术型贸易壁垒,本文发现在发达国家的技术型贸易壁垒中,对我国出口产生影响的主要是针对消费排污产品的绿色贸易壁垒。以欧盟电磁兼容指令和环保纺织品标签为例,作者证实了本文的部分理论分析结果。

关键词:环境经济学　环境政策　消费排污　国际贸易　贸易壁垒

0777

引入时间和质量变量的消费和生产模型研究 / 梁猛著 ; 张建华指导. -- 华中科技大学, 2005. -- 131 页

本文围绕着劳动、质量和效用密度三个核心观点,通过对基础的价值理论分析,对消费理论、生产理论、厂商组织进行深入研究,在微观层面上描述了生产与消费的变化及其影响因素。本文的研究内容包括以下几个方面。第一,描述了个人与组织之间的关系,将个人理性选择融入组织的理性选择之中,将个人偏好分析融入组织偏好之中。组织对个人产生的影响包括保护和限制两个作用:只有在国家(或者组织)和制度的保障下,个人的权力才有可能顺利行使,而个人运用权力的过程,必然会受到个人与组织理性偏好的双重影响。第二,本文认为在工作中能够获得正效用,这是对效用理论的一个扩展。第三,本文对生产函数进行了改造,分别建立了个人生产函数和新的厂商生产函数。第四,本文初步分析了需求曲线,认为"正常"的需求曲线包括三种,其斜率分别为正、0、负,吉芬商品不"违反"正常的需求规律。

关键词:消费理论　生产函数　效用评论　经济增长

0778

论企业债券市场的交易成本与效率：一个新的分析框架 / 刘俊宇著；江春指导. -- 武汉大学, 2005. 102 页

本文以对我国企业债券市场运营效率的实证分析为基础,运用制度经济学的基本原理对实证结果进行讨论,从中寻找有助于企业债券市场效率提高及市场发展的制度措施。全文共分五个部分。第一部分是导论,简要介绍本文的研究主题、主要观点、结构安排和研究方法。第二部分对资本市场效率理论、新制度经济学关于经济组织的制度设计与效率的一般原理、新古典经济学有关资本结构的理论进行综述,然后根据新制度经济学的基本观点,提出企业债券市场效率问题的分析框架:企业债券市场的制度设计决定市场交易成本,最终决定市场效率,提高企业债券市场效率的根本途径在于革新制度设计以降低过高的市场交易成本。第三部分首先描述了企业债券市场发展的变迁过程,将我国企业债券市场近 20 年的发展划分为从萌芽、初步发展、清理整顿到恢复发展、市场创新五个阶段,提供了对企业债券市场进行制度分析的样本。其次以企业债券一级市场及二级市场的各个构成要件为分析单元,对企业债券市场的内在效率及外在效率进行分析,进而对企业债券市场的总体效率水平进行评价,认为我国企业债券市场在总体上处于低效率状态。第四部分依次对企业债券一、二级市场中的发行审批制度、发行定价制度、信用评价制度、信息披露制度和交易制度进行分析,指出制度设计的不合理以及创新缓慢,使企业债券市场的交易者面临过高的交易成本,因而导致了市场的低效率。第五部分对企业债券市场的不合理制度设计提出了若干市场制度改革及创新的建议。

关键词:企业债券　证券交易　交易成本　市场效率　资本市场

0779

寻租理论研究 / 刘启君著；张卫东指导. -- 华中科技大学, 2005. -- 176 页

本文首先从经济学的源头探究租金的本质、来源、生成途径与决定方式,扬弃了传统经济租金概念中的“机会成本”、引入“一般租金”概念重新界定经济租金,最终给出寻租行为的一般定义:寻租是指市场主体利用或制造制度缺陷、乃至破坏制度以谋求经济租金的行为。同时在全面考察和分析各种寻租现象的基础上,讨论了寻租行为包括经济租金的生成规律和行为主体实现经济租金的基本途径,提出了判定寻租行为的两个基本标准:制度标准和租金性质标准,把寻求一般租金行为从寻租行为中成功分离出来,解决了长期困扰新古典寻租理论的一个难题。其次,剖析了寻租行为的发生过程以及各个阶段的基本特征,指出经济租金一般产生于 5 个途径:政府政策、公共资源的存在、市场缺陷、机会主义行为和非法行为;通过对寻租行为的深入探讨,总结出寻租活动面临的 8 个约束条件,包括市场约束、制度约束、成本约束、信息约束、资格约束、社会资源约束、文化约束、时间约束等。以寻租收益、寻租所需资源量、制度约束和寻租成本为变量,建立了一个初步的一般寻租动态模型;根据寻租主体的行为特征、寻租支出与收益关系,对寻租行为主体进行分类;以官员腐败为例研究寻租决策过程,揭示寻租行为的一般规律;通过对 5 种典型寻租行为的实证和规范分析提出了评价寻租效应的两个标准:社会效用标准和社会效率标准;考察了寻租可能造成的经济后果和社会效应,提出寻租可能产生包括促进政策完善在内的各种正效应,并对新古典寻租理论的“浪费”说进行了全面的评价。在讨论了寻租行为的客体、主体、寻租决策过程和寻租效应之后,从制度层面考察了寻租与制度变迁的交互作用,比较分析了不同制度环境下的寻租活动特征,推翻了“只有‘小政府’社会和‘大政府’社会不存在寻租”之说;以科斯的典型案例说明寻租行为的存在并不影响政策选择空间,为探索如何通过制度设计引导及控制寻租行为、尤其是不合意的寻租行为提供了理论依据。根据分析结果,提出政策甄选过程中应当坚持的 3 个原则,即有利于创造一般租金的原则、有利于资源合理流动、保障市场主体机会均等的原则和有利于有效阻止“租金消散”的原则。最后,作者利用前文理论探索的成果考察了中国的改革历程后指出:中国的改革与寻租相生相伴,正是一些寻租行为促成或催生了市场经济制度,这是中国经济在寻租盛行之下仍连续 20 多年高速增长的真正原因。此外,还根据中国改革的个性特点和基本约束条件就中国下一步的行政改革走势和具体步骤作了预测。

关键词:寻租理论　经济行为　租金

0780

中国农村人力资本问题研究 / 陆华新著；方齐云

指导. -- 华中科技大学, 2005. -- 108 页

本文的目的在于探讨人力资本在我国农村经济发展中的决定性作用,试图通过加速我国农村人力资本的积累,从而打开非良性循环链,促进我国农村经济的良性循环。本文首先从理论上阐述了农业在国民经济中的基础地位;分析了农民素质从速度、广度和深度对农村经济发展的影响,以及人力资本投资对经济发展的贡献与重要性;提出人力资本投资的重点在于基础教育与医疗卫生,稳定农村人力资本的关键是大力发展农村经济,缩小城乡经济差别。其次,在概述了我国农村基础教育、医疗卫生、劳动力流动的现状和原因之后,本文指出农村基础教育存在的主要问题是:基础教育的硬件与软件落后,农民送子女上学的积极性不高,农村经济发展缓慢。农村医疗卫生存在的主要问题是:失去了政府的投入,乡村医疗卫生机构设备简陋、人员素质偏低;医疗保险在农村几乎是空白;药品价格增长过猛,农村居民难以承受。接着本文分析了引起农村人口大规模流动的原因,认为主要有四个方面:农民负担过重,农业生产的比较效益太低;城乡综合生活质量差距过大,这种差距不仅包括收入及其增长的差距,还包括地位收益、子女受教育的条件、个人事业发展、医疗卫生、居住环境、文化体育生活等;农村基层政权薄弱,社会环境较差;宗族势力膨胀,治安状况堪忧。最后,本文从扎实普及农村基础教育、把医疗卫生工作的重点真正放在农村、促进农村经济发展、稳定农村人力资本四个方面提出了加强并稳定我国农村人力资本的对策建议。

关键词:农村　人力资本　农民　基础教育　农村卫生

0781

中国与东盟国家间的产业合作研究 / 吕洪良著 ; 方齐云指导. -- 华中科技大学, 2005. -- 164 页

论文通过对中国和东盟产业结构和产业布局的阐述,指出中国和东盟进行产业合作的有利条件、现状和障碍及存在的问题,提出合作的基本模式,并就三大产业的合作进行分析。最后就合作中的重点问题给出解决思路。首先从理论上对国际区域产业合作进行了分析。认为在区域产业合作中,政府机制起着特殊重要的作用。接着,从实践的角度对国际区域产业合作的发展进行了总结。论文主体部分对中国和东盟产业合作的现状和特点、有利条件、基本模式、具体内容、存在障碍和进一步推进的对策进行了比较深入的分析。分析发现,目前中国和东盟各国的产业合作具有以下特点:中国和东盟各国三大产业的比较优势和分工开始初现眉目;合作总体水平较低,并存在多层次性和不平衡性;从合作内容来说,三大产业都有合作,但以第二产业为主。中国和东盟国家产业合作的基本模式可以概括为:以政府为主导,以农业和一般加工业为基础,多层次、多角度、全方位的开放型合作模式。在中国和东盟之间的产业合作中,三大产业的合作都还仅仅处于起步阶段。就当前来说,农业合作迈出的步子较大,工业合作正在有序地向前推进,第三产业特别是交通、通信、金融等的合作也在快速发展。中国和东盟必须联合起来开展产业合作,已是大势所趋。中国和东盟国家的产业合作难度大,也是不争的事实。最后,提出推进中国与东盟国家开展产业合作的对策建议,主要包括:推动形成中国与东盟国家的产业整合和产业升级;合理安排中国、东盟与美、日、韩等国的产业分工;推动政府和企业在中国与东盟产业合作中的作用;进一步加强政治、文化以及其他方面的交流与合作。

关键词:产业合作　经济合作　国际合作　东盟

0782

区域空间结构与经济发展 / 罗静著 ; 张建华指导. -- 华中科技大学, 2005. -- 131 页

在区域三元空间结构的基本框架下,本文研究了在快速的区域城市化进程中,区域空间结构与经济发展的协同关系以及实现区域"最佳(空间)结构"与"最佳(经济)发展"的市场路径和政策路径。论文首先介绍了空间稀缺性影响区域发展的机理,在解释区域空间结构的基本概念、类型划分和基本特征的基础上,系统分析了区域空间的主体、要素和地域构成。其次分析了居民、企业、政府的空间行为,对空间需求供给及其动态平衡进行研究。论文基于有效利用稀缺的空间资源目标,尝试建立一种适应空间稀缺性变化的市场供求机制,其核心是城市化空间产品的供求关系的均衡。接着论文对非均衡发展与空间地域分异进行分析,认为对于因市场失灵而产生的空间发展问题,必须发挥公共政策的纠偏机制,以达到区域空间发展过程中的公平与总体效率兼容的目标。最后论文从宏观空间政策、城市空间发展政策、规划与管制工具三个方面探讨了公共政策对区域空间变化的影响,以构建有利于区域空间与经济协调发展的公共政策体系。

关键词:区域经济学　经济发展　空间经济　公共政策　区位经济

0783

全球化与农业发展研究：斯里兰卡农业政策改革考察 / 马英达著；刘海云指导. -- 华中科技大学, 2005. -- 170 页

本文旨在评价经济全球化对斯里兰卡经济发展特别是非种植农业的影响,其关键方法是建立在检验与农业全球化相关的六项假设,如贸易通道、外国直接投资、技术密集度和劳动力移民、经济发展和技术趋同、发展本国农业和加强食品安全的效果、对农业工业化的影响,假设检验给予两种经济模型即索洛的新增长模型和农业全球化指数模型。本文也测算了增长和发展指标,如利率、贫困指数、农业密集度、自给自足比率和基于工业化的农业发展。本文的研究揭示了正在进行的全球化过程既有积极影响又有消极影响。其中与关键的全球化指标有关并且在经济增长中获得技术进步的两项假设被拒绝,意味着斯里兰卡的农业全球化前景光明;其他的假设与减少贫困、提高产出和非种植农业的效率、保证食品安全和发展以工业为基础的农业没有被拒绝,意味着全球化对这些方面没有积极影响。因此,尽管全球化是经济发展的一项措施,它对经济持续发展的总体影响是不确定的;在制定政策时,应当充分重视全球化的六点影响,包括低生产效率,恶化相对劣势,降低食品安全,削减劳动力吸纳水平和提高劳动生产率,跨国公司、经济全球化和小型农业部门的影响。最后,论文指出,如果能适当利用全球化来吸收剩余劳动力,它将对斯里兰卡经济快速增长具有很大潜力,全球化能促进农村城镇化和社会食品安全,如果所有国家都能遵守 WTO 规则和政策,它将为斯里兰卡农民有效提高生产力和劳动效率创造更多的机会。

关键词:经济全球化　农业发展　农业政策　斯里兰卡

0784

发展中国家的财政政策比较研究 / 牟发兵著；郭熙保指导. -- 武汉大学, 2005. -- 149 页

本文从比较分析中探讨各国财政政策的得失,以便为中国的社会经济发展提出政策建议。主要内容如下:第一章介绍了财政政策与经济增长的关系,包括财政及财政政策的一般概念,财政政策的基本功能和目标,经济增长理论,财政政策对经济增长的影响。第二章概述了发展中国家的财政政策,包括财政支出政策和税收政策。其中探讨了发展中国家的主要税种和税收政策问题以及财政政策面临的挑战,分析了发展中国家的税制改革经验,并为如何借鉴其经验提出了建议。第三章介绍了部分发展中国家的财政政策,包括俄罗斯、韩国和印度。第四章对中国不同发展时期的财政政策进行了分析,并阐述了中国积极财政政策的效应:拉动了国民经济的增长、增加了就业、促进了经济结构调整、加快了市场化进程。第五章比较分析发展中国家的财政政策,分别对促进经济增长的财政政策、反失业的财政政策、调节收入分配的财政政策进行了比较。第六章首先分析了中国财政政策的现状,然后探讨了中国财政政策的取向,指出:实行适度扩张的财政政策是经济形势所需,中国具有实行积极财政政策的能力空间,并提出了实施适度扩张的财政政策必须坚持的原则。最后得出如下启示:(1)市场经济条件下,财政支出具有不断增长的趋势,在经济发展的不同阶段,财政支出的结构也有所不同;(2)有些国家在运用财政政策方面的一些特殊措施在一定程度上曾经缓解和弱化了一些矛盾;(3)必须注意调整支出的结构,争取改善财政状况;(4)在财政平衡政策问题上,转变观念十分必要;(5)片面地否定和肯定凯恩斯的理论都是不妥的。

关键词:财政政策　财政支出　税收制度　发展中国家

0785

中国证券市场波动的微观结构研究 / 欧阳建新著；林少宫指导. -- 华中科技大学, 2005. -- 175 页

本文根据金融市场微观结构理论和现代金融理论的基本原理,采用计量经济学、博弈论、系统工程理论等方法对中国证券市场波动性与市场微观结构的关系进行了理论探讨和实证分析。首先,从宏观层面和微观层面对造成中国证券市场波动的原因进行了较为全面细致的探讨,由此提出了一个较为完整的中国证券市场波动的信息传导机制,用它揭示对微观结构进行研究的重要性和必要性,并阐明了长期被研究者们视为“黑盒”的微观结构因素其实是引起证券市场波动的重要潜在原因。在此基础上,构建了中国证券市场波动的微观形成机制的框架,根据这一分析框架,依次研究了证券价格形成机制、证券市场稳定制度、信息披露制度以及清算交收制度等市场微观结构对中国证券市场波动的影响。其次,在研究证券价格形成机制时,用博弈论模型表明不同竞价制度下的均衡条件以及对波动性影响都是不一样的。通过非参数检验考察不同竞价制度下的条件异方差波动率的大小,表明开盘时集合竞价制度下的波动性都一致显

著地大于连续竞价制度。第三,在研究证券市场稳定制度时,通过构建不同的模型表明无论是指数、普通个股还是ST股票,在长期中,涨跌幅限制均能使其波动性显著减少而不是增加,而且均不存在对涨跌幅限制的显著过度反应;而对个股的研究还表明具有追涨倾向大于杀跌倾向的特征。通过对中国证券市场异常波动停牌制度的研究表明主板市场的异常波动停牌制度并不具备稳定市场的功能,而中国证券市场最小报价单位的变小则能显著地减小市场的波动性,并使市场的流动性得到显著地增强,但也出现了交易量显著减少的负面影响。第四,在研究信息披露与清算交收制度时,发现中国证券市场增加交易前信息揭示范围的改革在短期内对市场稳定性起到了显著的促进作用,但是长期来讲效果并不显著。对清算交收制度的研究结果则表明T+1制度在长期中较T+0制度具有更强的稳定市场功能。最后,将微观结构变量引入中国证券市场波动性的预测模型。预测结果,说明证券市场微观结构确实是影响其波动性的一个关键变量。

关键词:证券市场　资本市场　经济波动　微观结构　信息披露

0786

货币政策传导的"信贷渠道"探讨 / 欧永生著 ; 方齐云指导. -- 华中科技大学, 2005. -- 134 页

本文对货币政策传导机制的"信贷渠道观点"进行了探讨,其主要研究内容和结论有:(1)在我国,货币政策传导的信贷渠道产生作用的前提条件是能够部分地成立的,因此,我国或多或少地存在着信贷渠道的作用。(2)证明了信贷渠道在理论上的存在性,并得到了一个信贷渠道的"全景图"。在这个"全景图"中,无论是银行信贷渠道的作用,还是资产负债表渠道的作用,都将通过银行等金融中介的预期收益的变化来影响"信贷供给"。本文还认为,在一个存在高度管制的、非市场化的金融市场中,分析"中央银行是否能够有效地影响银行等金融中介的信贷供给能力"的问题意义不大。(3)从利率市场化对信贷渠道的影响的国际经验入手,具体分析了我国正在进行的利率市场化对我国的信贷渠道的影响,认为与国际经验不同,我国的利率市场化在短期内将强化我国的银行信贷渠道,在长期内则与国际经验相同——利率市场化将对我国的银行信贷渠道产生一种弱化效应;而就资产负债表而言,利率市场化将始终强化之。(4)研究了银行信贷渠道与货币渠道的关系,以及资产负债表与货币渠道的关系,认为银行信贷渠道与资产负债表渠道一样都是对货币渠道的一种扩展和延伸,即信贷渠道的政策效应对利率渠道的政策效应将产生一种强化作用。但同时,银行信贷渠道和资产负债表渠道又存在一些差别。因此,在传导货币政策时,资产负债表渠道将比银行信贷渠道起到更加重要的作用。

关键词:信贷　货币政策　利率市场化

0787

多元化理论与中国上市公司多元化经营影响因素研究 / 潘瑞姣著 ; 张军指导. -- 复旦大学, 2005. -- 124 页

论文在对企业多元化的起源和西方企业多元化研究文献进行系统的整理、分析和评述的基础上,运用实证研究方法对中国上市公司的总体多元化状况和影响上市公司多元化经营的因素进行分析。全文共包括五章。第一章首先对企业多元化概念的演变进行了分析,然后,以Chandler(1977)对美国现代工商企业及其经理人员兴起的分析为基础,对现代企业的产生、现代企业采取多元化经营战略的过程,以及美国历史上的六次并购浪潮与企业多元化状况的变化进行了回顾。第二章先从企业多元化动机角度梳理了西方有关企业多元化的理论文献。第三章首先介绍了企业多元化程度和企业经营绩效的度量方法,并具体分析了各度量指标的优缺点;然后将有关多元化对企业经营绩效影响的文献和有关企业多元化动机的实证研究文献进行了分析总结。第四章在对有关中国上市公司多元化经营的研究文献进行回顾的基础上,分别采用企业主营业务所涉及的一位数行业数和主要产品集中度两个指标对2002年和2003年中国上市公司的总体多元化程度进行了考察。第五章首先对企业的流通化程度、国有化程度、盈利状况、技术水平以及提高负债能力动机等中国上市公司多元化经营的影响因素进行了简要分析,并提出了六个假说。然后,在此基础上运用Logit模型和多元线性回归模型对中国上市公司多元化经营的影响因素进行了实证分析。

关键词:上市公司　经营管理　发展战略　多元化

0788

开放经济下中国分配差距及消费与增长 / 钱敏泽著 ; 吴易风指导. -- 中国人民大学, 2005. -- 166 页

本文从理论上论述了开放经济下中国收入分配

差距形成原因、表现形式,以及由于分配差距的变化对消费和经济增长产生的影响,建立了二元结构和开放经济下分配差距模型、分配与消费关系模型,并运用模型分析了分配差距,分配差距与消费、经济增长关系的变化规律。最后从实证上分析了中国经济自改革以来分配差距变化,以及这种变化对消费和经济增长产生的影响。全文共分六章。第一章介绍了劳动价值理论及在此基础上形成的分配理论。第二章分别分析了主观效用价值论、边际效应价值论、供求效用价值论,以及建立在此基础上的分配理论。第三章从所有权及其占有形式分析了资本所有者占有劳动剩余形式的演变过程;从经理拥有使用权分析了他们占有工人劳动剩余的条件;从经理在生产过程中表现出的劳动形式分析了他们劳动价值的形成特征。第四章将分配差距基尼系数计算方法和设定的二元经济结构模型相结合,采用数理推导形式得到了库茨涅茨倒U形曲线模型。模型的分析结果表明,中国目前分配差距的扩大表现在二元经济结构的人口结构变化和开放经济的分配结构变化上。第五章研究分配差距与消费之间的关系。本章建立了一个二元结构分配下的消费模型,其中包括人口结构、分配结构和消费倾向变量。通过对模型分析,证明了分配差距扩大对消费增长速度下降或绝对量减少产生的影响,并得到对消费影响程度的数量关系。在理论分析的基础上,作者还做了2001年与1991年中国城镇居民由于分配差距扩大导致消费减少的实证分析。结果显示,由于分配差距的扩大导致消费净减少3389亿元,相当于2001年城镇居民消费总额的13.2%。第六章研究了分配差距与经济增长之间的关系。本章指出,中国经济改革26年来,分配差距基本上呈单方向增大变化,由于分配差距扩大导致消费增长速度下降对经济增长产生了负面作用;而在开放经济下,不断扩大投资形成的新增生产能力参与到国际市场竞争中,弥补了由于分配差距扩大导致国内需求的不足,维持了一个较高的经济增长率。

关键词:收入分配　消费　经济增长　开放经济　二元经济

0789

西方非均衡经济学研究 / 乔翔著 ; 高鸿业指导. -- 中国人民大学, 2005. -- 174页

本文共分六章。第一章导论在简要剖析均衡、非均衡与失衡三个概念之后,对中西方关于非均衡经济问题的研究情况进行概略描述,指出中西研究的差异以及本文的选题背景。第二章考察凯恩斯、希克斯、帕廷金、克洛沃和莱荣霍夫德等人的非均衡经济思想,指出这一部分实际构成了非均衡经济学从萌芽到初创的历史。第三章重点考察了巴罗、格罗斯曼以及马林沃德等人开创的封闭状态下的固定价格与数量调节之下的宏观经济非均衡模型,展现了西方学者关于宏观经济非均衡的形成机理、经济活动水平以及相应的政策作用方面的观点。在此之外,扼要评述了同时期由费尔、杰菲、克雷津以及奈尔森等人开创的单市场非均衡计量分析方法,指出上世纪70年代是非均衡经济学的初步拓展时期。第四章考察贝纳西等人所从事的从微观基础到宏观问题乃至开放情形的系统整合工作,以及伊藤、匡特等人所开创的多市场非均衡计量经济学方法在上世纪80年代所形成的研究成果,并简要说明了西方非均衡经济理论与方法同时期在计划经济中的应用情况,指出这一时期实际构成了非均衡经济学的全面充实过程。第五章考察了自上世纪90年代以来海林斯等人在公理化体系完善、贝纳西在不完全竞争方面的拓展、甘道夫等人在动态计量非均衡方面的探索以及其他学者关于价格粘性存在性实际调查等的工作,展现了非均衡经济学在最近十余年的缓慢深化过程。在上述考察的基础上,第六章进一步从总体上对西方非均衡经济学发展线索作了总结,评析了西方非均衡经济学的现实地位与发展趋向,指出了西方非均衡经济学对中国经济理论研究与政策操作的借鉴意义。

关键词:非均衡经济　经济增长理论　计量经济学　宏观经济模型　价格

0790

银行市场结构理论研究 / 瞿卫东著 ; 费方域指导. -- 上海财经大学, 2005. -- 160页

本文共分六章。第一章论述国际范围内银行兼并活动及其相关理论,解释银行兼并对银行市场结构影响的现实背景。第二章分析银行兼并对银行业集中度产生的影响,以欧美银行业市场结构变化及其特征为对照,对中国银行业的市场结构历史变迁、市场结构与银行经营绩效的关系进行论述。第三章按银行兼并导致集中度变化、进而影响银行市场结构的逻辑关系,研究银行集中度与银行投入产出的价格决定之间的关系,探讨银行投入产出与银行业的市场结构之间的内在联系。第四章分析银行兼并和市场集中度提高对于银行效率所产生的效应,包括规模经济、范围经济及其X-效率。第五章以银行市场结构和

中小企业贷款为研究对象,阐述银行兼并和银行市场结构变动对中小企业融资供给的影响,研究中小企业的主要融资形式即关系贷款对中小企业资金供给的意义、关系贷款的优势,以及对我国解决类似问题的启示。第六章探讨开放条件下一国国内银行市场结构受外资银行进入的冲击效应,重点研究若干经济发展程度与中国类似的发展中国家银行业开放案例,以求获取有益于中国银行业开放的历史经验教训。

关键词:银行业　市场结构　银行兼并　银行效率

0791

中国证券市场均衡研究 :股票市场与实体经济的背离 / 任华著 ; 刘凤良指导. -- 中国人民大学, 2005. -- 173 页

本文试图从宏观总量和微观价值决定两个层面上论证股票市场与实体经济的相互关联和一致性,在对中外股票市场做出比较分析的基础上,探究我国股票市场与实体经济分离的深层原因。除导论外,全文共分七章。第一章主要就马克思主义经济学和国外的研究成果中有关资本市场的理论进行总结和回顾。第二章从宏观经济流程出发,研究证券市场与经济运行的关系。第三章回顾和总结了西方经济学中有关市场均衡与非均衡的理论和思想,并将这种理论和研究方法具体运用到对证券市场的一般均衡研究。本章分析认为,证券市场在市场经济的外部环境中,趋于取得社会平均收益率。第四章用实证分析的方法检验股票市场与经济运行的关系,选取了以美国和香港为代表的成熟市场与我国的市场情况进行对比。结果显示,美国和香港无论是股市规模还是股票指数都与实体经济存在显著的同向高弹性相关关系,而我国股市规模、股指变化与 GDP 的变化没有显著的相关关系,相反却表现出很大程度的背离。第五章从新制度经济学的视角研究中国证券市场与实体经济背离的原因,认为赶超式证券制度的安排使得中国证券市场得以迅速建立和发展,但引致了中国证券市场制度缺陷,导致中国证券市场的失衡与低效率。以此为起点,其后的市场化制度建设会遇到历史遗留问题的阻力,并影响到随后的制度建设延续其轨迹进行,形成了路径依赖。第六章着重论述中国证券市场失衡所带来的负面效应,认为中国股市的边缘化是深层次的制度原因造成的,是伴随证券市场失衡,即股市和经济运行相背离所直接产生的不良后果,需要引起高度重视。第七章结合本文理论研究和实证分析成果,提出有利于中国证券市场的长期健康发展的政策建议。

关键词:股票市场　均衡分析　实体经济

0792

中国人力资源开发创新研究 / 宋斌著 ; 夏振坤指导. -- 华中科技大学, 2005. -- 149 页

本文共分七章。第一章导论介绍选题背景,进行文献综述。第二章考察了支撑人力资源开发研究的概念,如人、人口资源、人力资源、人才资源、人力资本和人力资源开发;回顾了人力资源理论的渊源流变、历史沿革及其理论基础,揭示了农业经济社会——工业经济社会——知识经济社会人力资源开发的“三部曲”规律。第三章论述了人力资源开发的以人为本原理、优化增值原理、能级对应原理、动态充电原理、动力激活原理、反馈弹性原理、民主制度原理;同时,寻溯中国古代、近代和现代人力资源开发的思想,揭示了对展开人力资源研究起到举足轻重的矛盾规律,提出了人力资源开发创新的目标,设计了人力资源开发创新的内容。第四章探讨了人力资源开发创新投入机制的构建,并根据英国政府推行人力资本投资运动的成功经验与理论,阐述了人力资本在经济增长中的作用和亟待构建政府投资、企业(实体)投资、个人投资为主,多门类、多层次、多渠道投资体系,提出了人力资本投资的风险与防范对策,得出了政府对教育的投资是人力资本投资创新关键的结论。第五章探讨了国际经济竞争状态下人才流动的客观条件、必然趋势,剖析了人才流失的规律、原因及其不利影响,提出了人才安全的课题。第六章提出了人力资源开发创新生态环境和制度机制,分析了战略和规划创新、观念和策略创新、组织和职能创新、立法、民主和法制等制度创新。第七章探讨、预测了人力资源开发创新的人本化、能本化、系统化、社会化、全球化、模型化和数字化走向。

关键词:人力资源开发　人力资本　资本投资　人才流动

0793

货币政策可信性与制度设计 :政策时间不一致性研究 / 谭旭东著 ; 刘树成指导. -- 中国社会科学院研究生院, 2005. -- 101 页

论文从新古典宏观经济学和新凯恩斯主义视角,对货币政策时间不一致性问题的内涵、产生的原因以及如何消除其不利影响,进行了系统梳理、深入阐述

和严格论证。文章首先回顾了货币政策规则与相机抉择之争的背景,从新凯恩斯主义开始,历经货币主义、新古典宏观经济学第一代和第二代及新凯恩斯主义。第二章从新古典宏观经济学的角度,对基德兰德和普雷斯科特的开创性贡献进行分析,并运用巴罗-戈登所建立的模型通过数学推导,得出了按预先承诺的最优规则实行货币政策所得结果优于相机抉择。第三章从新凯恩斯主义的角度,对货币政策时间不一致性进行重新阐释。第四章对降低货币政策时间不一致性的基本方法进行分析,包括声誉法、任命保守的中央银行行长方法、最优合约法,以及目标制和工具规则。第五章对中央银行独立性与货币政策可信性之间关系进行分析,二者之间的负相关为新西兰、瑞典、英国等国家进行中央银行制度改革以提高中央银行的独立性提供了实证上的支持。第六章对我国2003年下半年到2004年实行的宏观调控进行分析,运用货币政策时间不一致性理论,对我国货币政策的制定与执行提出政策建议,即找到适合我国国情的货币政策规则,增加货币政策透明度,并注意保持货币政策的连贯性。

关键词:货币政策　新古典经济学　新凯恩斯主义　宏观调控　通货膨胀

0794

双向道德风险与创业企业的公司治理问题研究 / 唐伟著 ; 方齐云指导. -- 华中科技大学, 2005. -- 161页

本文共分五章。第一章提出了创业企业公司治理问题的研究动机,介绍了与治理相关的基本范畴。第二章探讨了创业企业公司治理的合约方法,重点研究了完全合约与不完全合约两种分析方法的适用性问题,指出创业企业的融资合约是在给定有限的当事人未来偏好和行动可能性集合的条件下签订的最佳合约。第三章分析了创业企业融资中普遍使用可转换证券作为融资工具的经济根源,指出最优合约要考虑引导一方当事人努力所产生的抵消性影响,并且反映双方的激励水平;证明了在满足创业资本家参与约束与激励相容的条件下,能够最大化创业家期望收益的剩余分享安排是以可转换证券作为融资工具来实现的。第四章引入创业家的私人收益变量,拓展双向道德风险模型,指出创业家和创业资本家之间对于控制权的分配将在很大程度上影响创业企业未来租金的产生;为了满足创业资本家参与约束与激励相容条件,具有私人收益的创业家在多阶段投资中,自愿将每个阶段的清算权交付给创业资本家,以此获取后者的资金和努力投入。第五章讨论创业企业的外部治理问题,揭示了法律对于投资者保护的重要性。研究了法律保护和其他因素对于创业企业公司治理的影响程度,根据不同国家样本数据的回归分析得到:可测度的法律规则与创业资本融资的重要性负相关;在不同的融资阶段和不同产业之间的投资分配主要取决于宏观经济因素;在GDP低的国家,创业投资对于低技术产业比高技术产业更为重要。最后,通过比较亚洲和欧洲的创业投资,发现:在亚洲,更多的创业资本投资于项目的早期阶段,而在欧洲则更多集中于项目后期,并且欧洲的创业资本更多投资于生物和制药产业。

关键词:风险投资　道德　创业企业　公司治理

0795

中国利率市场化进程中的银行风险管理 / 田华臣著 ; 张宗成指导. -- 华中科技大学, 2005. -- 120页

本文以利率市场化为背景,以利率风险管理为主线索,研究以利率风险为主的银行风险管理。作者提出了基于财物盈亏平衡点出发,并能推广到复杂资产组合下,能模拟反映银行真实经营活动情况的贷款定价公式,并用中国银行业的实际经营数据进行了验证分析;提出了运用利率手段,依靠适度通货膨胀化解银行不良资产的观点,并用模型实证检验其可行性;分析了在开放条件下,当前外汇占款对冲货币政策在本质上的矛盾及其不可持续性,指出化解中国经济面临三难困境的最佳策略是:放弃固定汇率,选择浮动汇率,保持货币政策自主和资本自由流动,这是大国经济崛起过程中,经济发展和政治实力斗争的必然选择,也是当前利率与汇率的矛盾关系最好的化解方式;提出了基于风险路径依赖特性的连续型VaR模型测度金融风险的方法,它包括了常规VaR计算方法忽视的那些虽在中途突破阈值,但期末又恢复到阈值以上的损失概率;提出了金融发展的路径依赖于利率市场化的关系,并给出了打破路径依赖的锁定作用的方法措施,指出必须在既有路径中边发展,边修正改造,调整金融结构,变银行主导型为资本市场主导型金融体系,政府在金融活动中的职能也应及早转变,促使政府主导的供给型金融向市场主导的需求尾随型金融转变。除导论和结论,正文包括五章。第二章研究利率风险的影响因素及常用的管理方法。第三章论述VaR模型在银行风险管理中的运用。第四章为银行存贷款定价的研究。第五章研究货币政策

与利率风险的关系。第六章论述中国金融业改革的一个宏观问题,即金融业发展的路径依赖与利率市场化的关系,并指出了打破路径依赖的锁定作用的方法措施。

关键词:利率市场化　商业银行　风险管理

0796

中国企业年金制度及其本土化研究 / 童文胜著 ; 唐齐鸣指导. -- 华中科技大学, 2005. -- 156 页

本文运用企业年金制度的经典理论、制度变迁理论、路径依存理论、转型经济理论等重要理论成果比较全面、系统地考察分析了20世纪80年代以来中国的企业年金制度。全文共分五部分。第一部分包括第一、二章,作者查阅了国内外有关企业年金制度的发展、现状、运作及管理等方面的大量文献,特别是对企业年金的产生背景和理论基础、国内外在企业年金领域理论和实践研究的基本状况与最新进展、企业年金计划的主要模式与管理运营的基本原则等方面进行了探讨。第二部分即第三章,以美国为重点对西方成熟的企业年金制度进行了较全面的分析与比较,对国际化的企业年金发展趋势作了简要的介绍,并由此总结出对我国建立企业年金制度的若干启示。第三部分即第四章,首先,对我国企业年金制度的发展过程进行了考察,对现阶段我国企业年金制度的发展历程作了一个简要的回顾,然后,分别从我国企业年金计划的总体发展状况、地区企业年金发展状况、行业单位企业年金发展状况三个层面,并以深圳市、宜昌市和中远集团建立企业年金制度的整体情况为案例对企业年金制度在我国的运行现状进行了介绍和分析,接着,从六个方面总结了现阶段我国企业年金制度发展过程中的主要问题,最后,提出了企业年金制度在我国运行现状的总体评价。第四部分即第五章,分别从制度背景、制度环境、困难与问题等几个方面对现阶段我国的企业年金制度进行了比较深入、全面、系统的分析。第五部分包括第六、七章,重点从业务管理、账户管理和运行监管三个最基本环节提出了本土化特色的中国企业年金制度的主体框架设想,在此基础上,全文再次予以全面的归纳和总结,提出一些可具操作性的建议。

关键词:企业年金　养老金　养老保险

0797

我国大中型工业企业生产率与技术效率的随机前沿模型分析 / 涂正革著 ; 林少宫指导. -- 华中科技大学, 2005. -- 167 页

本文在随机前沿生产模型框架下讨论了技术效率的估计、技术效率与全要素生产率以及技术效率外生性因素的计量理论问题。运用中国大中型工业企业1995—2002年的企业数据进行实证研究,发现经济转轨时期中国大中型工业企业的效率状况有以下特征:(1)产出快速增长的同时,全要素生产率不断提高,逐渐成为经济增长的重要源泉。(2)前沿技术进步已经成为生产率增长的核心动力。(3)相对前沿的行业平均技术效率水平低,而且技术效率水平不断下降直接导致生产率水平倒退。但技术效率水平的差距一方面构成对当前生产率增长的挑战,另一方面也将成为未来我国工业生产率增长的潜在动力。(4)随着中国市场经济改革的深化,资本市场和劳动力市场逐步完善,配置资源的功能不断提高。(5)规模不经济性是现阶段大中型工业企业的主要特征,提高规模效应将是提升工业经济增长质量的有效途径。分析结论表明,世纪之交的中国工业正经历一场以前沿技术进步为核心的工业生产力革命。从政策角度,中国工业发展的重点应该是在吸收先进技术、保持前沿技术进步的同时,加强竞争,缩短行业内各企业的效率差距,提高各行业整体技术效率。此外,还需进一步深入市场化改革。其次,探讨了中国工业生产力革命的制度及市场基础,指出产权结构的优化是工业生产力革命的内在动力;强化国有企业预算约束是提高技术效率的重要手段,也是工业生产力发生根本性革命的制度保障;技术扩散效应是工业生产力革命的源泉;合理的企业规模为生产力革命提供了牢固的微观基础;市场激烈竞争会扩大企业技术效率的差距,同时也为生产力革命提供了必要的市场环境;地区因素是工业企业技术效率差距的客观历史因素,经济区域内的集聚效应及区域间的"燕型"发展模式是持续中国工业生产力革命的有效途径。

关键词:工业企业　生产率　生产力　技术效率

0798

劳动创造价值的若干理论和实践问题探索 / 汪桂进著 ; 程恩富指导. -- 上海财经大学, 2005. -- 141 页

本文在坚持马克思劳动价值论的前提下,将理论逻辑与现实活动相结合,以唯物辩证法为基本研究方法并综合运用定性和定量的分析方法,以劳动形态的发展变化为线索,以劳动与价值的质和量为主要考察对象,沿着历史考察社会主义经济现实、理论研究和

实证分析的路径,从劳动的内涵和外延两个纬度出发,拓展了对劳动和劳动价值论的研究。在外延角度,本文考察了物质生产领域、精神(文化)生产领域、服务业领域的劳动和劳动创造价值理论;在内涵角度,本文考察了简单劳动和复杂劳动、体力劳动和脑力劳动,以及科技劳动和管理劳动的价值创造。本文研究表明,由于科技进步的影响,现代社会劳动的内涵和外延已大大拓展,创造价值的生产劳动不再仅仅限于物质生产领域,还扩展到精神生产领域和服务业领域;同样,创造价值的生产劳动已不再局限于以体力劳动为主的劳动,还拓展到以脑力劳动为主的劳动。尽管当今社会的生产自动化程度已高度发达,但创造价值的劳动仍是劳动者的活劳动,物化劳动以及科技本身、知识和信息等其他生产要素都不创造价值;不过,由于劳动方式的变化,活劳动创造价值的具体形式也有一些不同于以往情况的特别之处。本文认为,价值创造和价值分配是两个不同的概念。在社会主义初级阶段,应采用市场型的收入分配机制。以按劳分配为主体,多种分配方式并存的分配原则是适应目前的我国生产力和生产关系的现状的。生产要素按其贡献参与分配是表现形式,其实质是在所有权或产权的基础上按提供生产要素的多寡参与剩余产品的分配。

关键词:劳动价值论　劳动　价值

0799

不确定条件下投资的博弈分析 / 王滨著 ; 张卫东指导. -- 华中科技大学, 2005. -- 127 页

本文将博弈理论引入实物期权的分析中,为企业提供了一个更加准确的项目评估方法。作者指出,在引入交互策略之后,项目未来收益的不确定性对项目价值的影响不变。不确定性的增大仍然会增加实物期权的等待价值。文章对专利竞赛中的技术不确定性和不完全信息博弈中的信息不确定性进行了讨论,发现它们的增加同样会推迟企业投资的时机。并指出交互策略对实物期权价值的影响是通过先发优势和后发优势来实现的。分析表明,先发优势和后发优势之间的力量对比可以完全改变企业的投资策略。较大的先发优势使得企业希望更早地进入市场,由此产生占先均衡;反之,企业则不愿率先投资,为追随者带来更多的信息,从而出现消耗战。作者认为,无论是占先均衡还是消耗战,都会出现双方都不愿见到的劣势均衡策略。个人的理性导致了集体的不理性。在论文讨论的所有模型中,投资成本的大小均与期权价值正相关,这是由成本的不可逆性所导致的。但在不对称企业模型中,情况并非如此。研究表明,企业价值和成本不对称性之间的关系是非单调和不连续的。不对称程度的差异使博弈出现三种完全不同的均衡类型:占先均衡、顺序投资均衡和同时投资均衡。在分析这些均衡类型的同时,作者还考虑了成本不对称性和社会福利的关系,并由此探讨了政府政策对经济的影响,指出,由于考虑了交互策略的影响,所以不存在一个固定的最优投资规则。在其他条件不变的情况下,如果先发优势较大,净现值法可能更有效;反之,实物期权法更为可取。作者认为期权博弈方法将来的研究方向应该是使假设更加贴近现实,并不断简化分析方法,使之更方便的应用于实践。

关键词:投资　博弈论　实物期权

0800

货币理论的研究 :论宏观资产结构的平衡 / 王彩玲著 ; 樊纲, 柳欣指导. -- 南开大学, 2005. -- 139 页

本文主要由三大部分构成。第一部分从货币的本质展开论述,重点讨论作为资产的货币与作为交易媒介的货币之间的区别和联系,以及往的货币理论文献如何把二者作为既定的假设运用到其分析框架中。由于分析框架的差异,这种应用必定产生逻辑上的跳跃;事实上,要将这种逻辑统一起来,必须一开始就从总量的角度规定货币的特性。第二部分论述货币的总量特性,在宏观的资产结构中找出与货币等价的对应物,以此为基础说明货币与资本、储蓄和投资之间的关系,并用比较静态分析的方法找出适宜的银行贷款利率、货币增长率等变量之间精确的函数关系。第三部分将这种分析扩展到宏观的资产负债表层次,论证货币的供给和需求。如果货币只是宏观总量,那么货币的供给和需求就不是由新古典学派认为的那样由储蓄和投资所决定的利率来确定,也不是如凯恩斯学派认为的那样由交易需求和流动偏好需求同时确定,而是必须在宏观金融体系中确定;确定的核心是宏观资产选择行为,即各经济主体努力实现资产结构平衡,它涉及的是整个宏观经济和金融体系的内生决定过程。

关键词:货币理论　资产结构　货币供给量　货币需求　经济均衡

0801

高新技术产业与区域经济发展问题研究 / 王宏强著 ; 张培刚, 张卫东指导. -- 华中科技大学, 2005. --

162 页

本文从理论和实践的角度,对高新技术产业与区域经济的发展关系进行了探讨。论文首先在创新全球化的前提下,研究了高新技术产业促进区域经济发展的基本特征,对知识经济下高新技术产业和区域经济发展理论进行了比较与反思。研究了高新技术产业与区域经济发展的互动关系,并以国内外的成果经验进行实证研究,提出区域发展高新技术产业的实现途径和制约因素。论文指出,在现阶段的中国,走新型工业化道路必须大力发展高新技术,区域经济发展需要以高新技术产业发展为先导。作为以科学技术形态表现的战略实力,高新技术产业直接关系到一国或地区在竞争中的地位,在推动区域经济发展、促进社会稳定、实现科技创新、优化经济结构等方面发挥着重要作用。区域高新技术产业发展必须建立相应的创新机制与环境,大力发展中小民营科技型企业,推进信息化、加快工业化进程,吸引高科技人才。本文最后还以三峡宜昌地区为例,说明了高新技术产业在经济发展中具有重要的带动作用,并分析其存在问题,提出对策措施。

关键词:高技术产业　区域经济发展　技术进步　技术扩散

0802

经济全球化条件下中国政府在制度变迁中的作用研究 / 王健著 ; 谭崇台指导. -- 武汉大学, 2005. -- 201 页

全文除导论和结论外,共分六章。第一章是关于制度变迁中政府行为一般理论的讨论。第二章着重研究经济全球化条件下中国制度变迁中政府行为的特点。认为中国制度变迁有一般发展中国家所具有的共同背景:如经济发展滞后、结构问题突出、市场势力不够强大、强政府色彩、利益集团力量悬殊、技术和制度创新不活跃等;同时,中国又是转轨国家,面临制度短缺与制度过剩并存,政府越位与政府缺位同在的问题。此外,由于制度变迁初始条件和具体社会环境的区别,中国又有不同于一般发展中国家和转轨国家的特殊性。第三章是对中国产权变迁中政府行为的研究。讨论了政府在产权变迁中的行为目标,即以提高资源配置效率和促进社会公平为目标。根据目标,说明产权制度改革应采取带有过渡性质的渐进方式,分析了为达到既定产权改革目标,政府所应采取的行动策略的组合。第四章是关于中国政府的微观规制和宏观调控行为的探讨。说明了中国微观规制和宏观调控与西方国家的区别,概述了中国目前在该领域存在的问题,提出了完善微观规制和宏观调控的具体对策。第五章讨论了中国非正式制度变迁中的政府行为问题,认为政府应充分重视非正式制度的作用,采取各种有力措施推动非正式制度的变革,建立起与市场化的正式制度相配套的非正式制度体系。第六章是对制度变迁与政府体制变革问题的分析。说明了政府失灵的普遍性和通过政府体制对规制者—政府本身进行规制的必要性。分析了中国现存政府体制的弊端,指出全球化条件下政府体制变革的方向并阐述了变革的具体内容。

关键词:经济全球化　行政管理　政府行为　体制改革　制度变迁

0803

生命的经济价值评估 / 王亮著 ; 蔡继明指导. -- 南开大学, 2005. -- 138 页

本文从理论和实际两方面深入研究了如何将经济的发展与生命财富的保护和生命经济价值的提升相结合,实现安全投资效益最大化的问题。全文共分九章。第一章为导论,明确了本文的研究对象、研究范围、研究方法和研究思路,简单地阐述了本文的基本观点与创新之处。第二章对国内外生命价值评估理论的研究现状进行了综述,并再次深入探讨了生命价值与经济社会发展的关系。作者在第三章详细地阐述了与本文有关的一些基本概念。第四章介绍了生命经济价值评估的理论基础:商品价值的评估理论以及资产的评估理论,重点阐述了生命经济价值评估理论与商品、资本价值评估的理论与方法的区别和联系。第五章在对生命经济价值的形成特点进行研究的基础上总结出了生命经济价值的形成因素,并从个体与总体两个角度重点探讨了生命经济价值的变化规律。第六章介绍了比较有代表性的几种人力资源价值计量方法,并着重介绍了运用资本资产定价模型进行人力资本定价的方法,为生命经济价值评估模型的设计提供了参考依据。第七章首先阐述了生命经济价值评估模型的总体设计思路,然后分年龄分要素类型分别设计出了评估模型,并对模型进行了实证检验与应用。依据模型计算的结果和对生命价值与经济社会关系的哲学思考,作者在第八章提出了改进国家安全生产的政策建议。最后作者对全文进行了概括与总结,在第九章中归纳了经过深入研究得出的七个结论。

关键词:生命　经济价值　生命哲学　价值评估

0804

渐进式转轨下的中国股权市场与股权定价 / 王智波著 ; 张宗成指导. -- 华中科技大学, 2005. -- 109 页

本文首先对中国的经济转轨进行了回顾与评述,认为我国经济转轨需要解决的三大问题:市场化;推进国有经济改组与调整,使股份制成为公有制的主要实现形式;充实社保基金,完善社保体制。而这三大问题都与股权市场、股权定价密切相关。其次,本文介绍了中国股权市场的发展概况,并将之与国际比较。结果显示,中国股市发育水平不仅低于样本中的发达国家,而且低于样本中的收入相近及低收入国家;但以市盈率和换手率指标来看,中国数据高于样本中的所有国家。作者对此的解释是中国股市存在泡沫。政府对市场的过度管制,如严格控制或限制企业融资,是中国泡沫膨胀的外部条件。再次,本文分析了中国股权市场上的政府监管行为。作者提出以“庄(家)散(户)博弈”投资理念解释中国股市泡沫与异象,分析了中国股市泡沫形成与破灭的机制。作者指出监管当局纵容市场操纵的机会主义行为为“庄散博弈”泡沫创造了外部条件;严格控制新股发行规模导致“筹码”稀缺加速了泡沫的膨胀;而严格的套利限制阻止了其他投资者纠正定价错误的可能性。转轨的渐进性决定了“庄散博弈”泡沫的破灭将是一个漫长、痛苦而又时有反复的过程。接着本文分析了中国股权市场上的股权定价机制,认为国资退出市场严重供过于求,加上委托人的虚拟性和由代理人交易的国资管理制度导致国资转让的市场价格取决于受让方资金实力和收购意愿,而不是国有资产的内在价值。因而,按市场价交易必然造成国有资产的大规模流失。最后,本文对中国股权市场的制度变迁前景进行展望,指出中国股权市场问题是由转轨的渐进性造成的,因而也只能由转轨来解决。其方法是进一步转换政府职能,放松政府管制,造就一个竞争性的多层次股权市场。

关键词:证券市场　股权　股权定价　泡沫经济

0805

我国可转换债券市场的定价及实证研究 / 危慧惠著 ; 张宗成指导. -- 华中科技大学, 2005. -- 102 页

本文首先介绍了可转债的概念,阐述了我国可转债的发行、上市及交易程序。通过与海外的可转债市场的比较,本文发现,我国可转债的缺陷在于我国资本市场的大环境欠佳,根本上还是制度造成的。接着本文给出了两种简单的可转债的定价方法。而对于精确的定价,本文则根据衍生证券的无套利定价原理,推导出可转债的价值方程进而根据数值算法进行求解。鉴于二项式算法在可转债定价上的优点和广泛运用,本文就二项式算法的原理、精度以及几种版本的二项式方法等作了介绍。在以上分析的基础上,本文讨论了目前我国可转债的共性和特性。通过对可转债条款的比较分析,得出了一般性的投资策略。为精确定价,本文归纳和分析了我国可转债市场中采用的几种典型的模型,即简单组合模型、有限差分模型和二项式方法,并结合具体计算实例,对其定价方法的假设、原理及算法进行了比较。最后,本文对我国可转债市场进行了实证研究,用组合模型和二项式模型对深沪股市的 22 只可转债进行了理论定价。通过比较和讯网提供的理论值、组合模型理论值和修正二项式模型理论值三种可转债理论价值与实际市场观测价格之间的偏差,进而寻求可转债市场的内在规律。实证结果发现现阶段我国的可转债市场并不存在明显的套利机会,存在一定的风险;二项式方法产生的理论值最接近实际值,尤其对于实值可转债更是如此。

关键词:资本市场　证券交易　可转换债券　定价模型

0806

中国外商直接投资的结构研究 / 卫迎春著 ; 徐长生,李焜文指导. -- 华中科技大学, 2005. -- 147 页

文章以国际投资理论为指导,从全球视角和跨国公司的角度分析了跨国公司对外直接投资(FDI)总量的变化、地理结构的变化、FDI 产业结构的变化,揭示了跨国公司 FDI 结构变化的规律,重点分析了日本、欧盟和美国等国家跨国公司 FDI 的结构特征,从宏观视角分析中国 FDI 流入的结构特征,通过分析跨国公司的 FDI 供给和中国对 FDI 需求的结构特征和规律,提出了优化中国 FDI 结构的若干建议。研究重点主要集中在如下几个方面:第一,试图按照假设条件的不同,将 FDI 结构理论划分为基于完全竞争市场假设的 FDI 结构理论、基于不完全竞争市场假设的 FDI 结构理论和基于其他变量的 FDI 结构理论三类,并对西方 FDI 结构理论进行了评述。第二,从全球视角和国家视角分析跨国公司 FDI 流出的区域结构、流入结构、产业结构特征,从而得出跨国公司 FDI 流出的结构变化的特征。第三,从 FDI 流入国的角度分析了中国吸收 FDI 的来源国结构、产业结构、流入模式、

流入的区域分布,从而寻找中国FDI流入的结构变化的特征。第四,通过以上对比分析,提出中国未来吸收FDI的目标要调整,即从追求中国政治经济安全约束下的FDI最大化转移到追求社会安全约束下的FDI最大化,进而提出了若干政策建议。

关键词:外商直接投资(FDI) 外资利用 产业结构 跨国公司

0807

中国银行业结构与绩效研究 / 魏文军著 ; 刘海云指导. -- 华中科技大学, 2005. -- 178 页

文章把市场结构、产权结构和资本结构放入一个分析框架中作为我国银行业绩效影响因素进行研究,以产业组织理论为基础分析框架,一方面增加资本结构作为银行绩效的解释变量,另一方面把绩效分为账面利润和不良资产两部分,利用软预算约束理论解释银行不良贷款成因。利用产业组织理论的市场结构测度方法对我国银行业的市场份额、市场集中度、规模经济以及进入壁垒进行测度或分析,认为,我国银行业目前还是高垄断的市场结构,规模最大和最小的银行均规模不经济,造成垄断和低效的一个重要原因是政策壁垒和政策执行的相互配合。另外,文章把产权结构、市场结构和资本结构结合进行规范分析,认为银行的国有产权性质满足一定条件会导致银行存款市场恶性竞争,市场开放速度过快容易引发银行投资道德风险,资本监管与利率控制的配合可以减少银行道德风险发生。由软预算约束理论可知,改变银行国有性质、增加银行资本金比率有利于硬化预算约束,而银行市场集中度下降有硬化预算约束和减少银行对甄别贷款项目风险方面的投资这两种效应。实证研究表明,市场集中度和资本比率与银行绩效正相关,银行国有产权性质与银行绩效负相关。因此,文章认为,国有银行产权改革是银行提高绩效的必然,分拆国有银行的改革思路也是国家在改造工行和农行时应予以考虑的方案,通过引入境外投资者和民间资本改造城市商业银行和信用社是中国银行业改革的另一个重点。

关键词:银行业 市场结构 产权 资本结构 银行绩效

0808

中国市场化进程中的政府管制 :一个产权经济学分析 / 吴建军著 ; 张卫东指导. -- 华中科技大学, 2005. -- 139 页

论文的目的是寻求政府管制的理论基础。政府管制的理论逻辑应是:产权→公共领域→价格机制失灵→租金消散。为了使这一理论逻辑得到更好的证明,把各种市场失灵放在产权这一框架下进行分析,说明各种市场失灵造成公共领域和发生租金消散的机制非常必要。通过案例分析后指出,对于垄断问题,由于不存在产权未被清晰界定的情形,进而也不存在公共领域,所以把垄断作为一种市场失灵实际上是没有根据的。而在公共物品、外部性与内部性等市场失灵中,都存在公共领域,在本质上都是由产权未被清晰界定引起,政府在这些领域进行管制可能会缩小公共领域,进而减少租金消散。但是市场失灵只是政府进行管制的必要条件,而非充分条件。案例分析表明,在现实中,市场机制已解决了大部分传统上认为的市场失灵现象。可以认为,对市场失灵进行矫正的主要力量是市场机制,除此之外,还有政府与法院。因此,对市场、法院及政府管制这三种治理市场失灵的机制进行比较分析就显得十分重要。分析表明,现实中并不存在一般意义上治理市场失灵的最优方式,不同的市场失灵形式可能需要由不同的治理方式来纠正。文章认为,只有在市场机制自动调整功能失效的情况下,才可能需要政府与法院的介入。目前,适应经济内在要求的政府管制体制在中国还远远没有形成。因此,在产权清晰的情况下,任何对产权进行限制与干预的政府管制都会使市场的内在功能失调,进而妨碍中国的市场化进程。同样,在产权不清晰,存在公共领域时,如果政府不能有效地进行干预,势必会带来经济秩序的混乱,结果必然是租金消散。为了使政府管制达到界定产权这一目的,政府管制者本身的产权清晰是实现有效管制的根本途径。

关键词:市场化 国家干预 产权 政府管制

0809

我国军事与经济协调发展研究 / 夏济人著 ; 夏振坤指导. -- 华中科技大学, 2005. -- 127 页

本文采用辨证分析与系统分析、协同分析相结合,规范分析与实证分析相结合的方法,将军事与经济协调发展统一于基本实力的增强上,突出了国家军事发展与经济发展的力的特性,并将财政经济学中的"拉弗曲线"原理应用于军事发展的国防费规模分析,说明适度国防费的区间性质。通过军事与经济协调发展的关系分析、我国军事与经济协调发展的机制构建、我国军事与经济协调发展的规模确定、我国军事与经济协调发展的结构特性等多方面的研究,并通过

对美俄军事与经济发展关系的经验考察,本文得到以下一系列主要观点:军事与经济协调发展的实质在于增强国家的基本实力;军事发展对经济发展具有正反两方面的作用;军事与经济协调发展的机制构建首先在于"协调发展"观的确立;军事与经济协调发展的规模确定体现在国防费的适度规模的区间确定上,而我国的军事发展与经济发展基本上是不协调的;军事与经济协调发展的结构变化规律是通过国防费的"层次移动"和"质变效应"体现的,非陆军主力化是军事结构发展的趋势;美国的发展得益于军事与经济发展的协调,俄罗斯的暂时"疲软"受制于经济发展对军事发展的滞后。在以上分析的基础上,本文最后提出我国要居安思危,必须走中国特色的军事与经济协调发展的富国强兵之路,并相应提出了具有可操作性的对策思路。

关键词:军事经济　经济发展　协调发展　国防费

0810

网络型自然垄断行业接入价格管制研究 / 肖旭著 ; 张凤林指导. -- 辽宁大学, 2005. -- 119 页

本文共分七章。第一章导论对自然垄断行业管制理论的发展进行了梳理,指出网络型自然垄断行业的发展趋势和管制重点的变化。第二章从理论上分析了网络型自然垄断行业实行垂直结构分离情况下的接入价格管制问题,介绍了几种主要的网络接入价格管制方法,如边际成本定价、平均成本定价和 Ramsey 定价,对各种定价方法进行了比较分析,并指出在一些特殊情况下如何对网络接入价格做出调整。第三章分析了管制者对网络所有者的中间性网络接入服务价格和下游最终产品价格同时进行管制时的 Ramsey 定价规则。第四章分析了网络所有者下游最终产品价格既定、管制者只对其上游网络接入价格进行管制时的有效成分定价规则(ECPR)。第五章对国外在实践中应用过的网络接入价格管制方法进行了分析、总结。通过对各种实际接入价格管制方法的分析比较,本文指出,接入价格管制实践与接入价格管制理论一样,没有一种万能的模式,不同的管制方法,既有其优点,也都存在不足;各国在对网络接入价格进行管制时,不能简单依赖其中一种方法,而应辅以其他政策工具及手段,并适当简化接入价格管制的目标,这样才能取得较好的效果。第六章首先总结国外网络型自然垄断行业放松管制的三个阶段,指出各阶段网络接入价格管制的特征;然后指出我国各主要网络型自然垄断行业正处于"(双)寡头垄断阶段"或"由寡头垄断市场向竞争性市场过渡的阶段",当前阶段我国接入价格管制的首要任务应是在前向长期平均增量成本(FL-LRAIC)及加成的基础上准确核算网络接入价格,以此为基础再进一步实施激励性的价格上限管制方法。本章还给出了 FL-LRAIC 及加成定价法的核算办法,并指出核算过程中需注意的问题。第七章总结全文并指出需进一步研究的方向。

关键词:网络企业　自然垄断产业　价格管制　定价规则

0811

公共资源制度变迁研究 / 熊红芳著 ; 卢现祥指导. -- 中南财经政法大学, 2005. -- 163 页

本文主要采用制度分析方法,并结合成本收益分析、实证分析与规范分析相结合、静态与动态分析结合,辅之以博弈分析和数理统计工具的运用,主要研究公共资源制度变迁(演化)的规律以及政府在公共资源管理中的作用两个问题。论文分为六章展开论述。第一章是导论,介绍了选题依据及研究目的,概述了内容及基本结构,以及所使用的方法,其中,对论文的理论与实践意义及创新点进行了说明。第二章是对公共资源研究的文献综述。作者先对公共资源的内涵作了论述,分析了其与公共物品的关系,并对研究的范围作出了界定;接着,论述了公共资源研究的基础理论;然后,评述了国内外的公共资源制度研究。第三章在总结前人理论的基础上建立了自己的理论框架,对公共资源制度的变迁进行了动态分析。文章论述了新框架的理论假设和前提,论述了公共资源制度体系,提出了公共资源制度变迁的内在机制和影响因素;论述了公共资源产权属性和自然属性的变化、公共资源使用社群属性的表现、产权形式与资源的可持续发展、政府(尤其是地方政府)在公共资源管理中的作用;得出公共资源制度变迁的动态框架。第四章对公共资源制度变迁的实证分析,主要是通过考察具有国家主权的海域产权变迁过程来进行分析的。先分析了海域及其权利制度的历史制度;然后,论述了我国海域使用制度的历史发展;接着,对我国海域使用权制度变革进行了论述和分析;最后,分析了海域公共资源制度变迁中全球化协作的状况和重要性。第五章论述了公共资源产权制度设计及其政策意义,先提出公共资源多元化的产权结构和财产保护制度实施;然后,论述了公共资源产权变迁中的全国性问题与地方性问题的协调;最后,对公共资源产权变迁

中存在的全球协作进行论述。第六章全文总结,得出了研究结论,并指出本研究的局限及其进一步的研究方向。

关键词:公共资源　制度变迁　产权　海域使用权

0812

我国对外贸易战略与人民币汇率制度研究 / 熊连庆著 ; 徐长生指导. -- 华中科技大学, 2005. -- 117页

对外贸易战略与人民币汇率制度是中国对外开放进程中两个重要的问题,本文旨在研究两者的相互关系。全文共分七章,第一章导论。第二章对国际贸易有关理论及其战略进行述评,包括绝对利益论、相对利益论、要素禀赋论、二战后发展起来的各种贸易理论以及进口替代战略、出口导向战略、竞争优势战略等。第三章考察建国以来对外贸易发展情况和对外贸易战略的实践,分析进口替代战略与出口导向战略对中国贸易发展、经济发展的作用以及存在的问题。第四章根据中国加入世界贸易组织后所面临的新形势,在比较、分析竞争优势理论与传统贸易战略理论的基础上,提出中国应该采取以新技术优先发展为导向的全面提升产业国际竞争力的对外贸易竞争优势战略。第五章讨论中国对外贸易发展进程中的人民币汇率问题,通过考察人民币汇率制度的历史演变,以及国内外学术界对人民币汇率的相关分析,指出中国现行的人民币汇率制度存在的问题。第六章分析中国实施竞争优势贸易战略下的人民币汇率制度的改革取向。通过考察人民币汇率的高估与低估对中国进口的影响,以及人民币汇率制度对实施竞争优势战略的影响,强调人民币汇率应该按照贸易发展和经济发展的规律,在保持基本稳定的情况下,随着经济的发展自然升值。指出为了保证竞争优势战略的实施,应该尽早实现人民币资本项目下的可兑换和实行更有弹性的汇率制度。第七章在前面分析的基础上,根据竞争优势理论,提出中国现阶段应该采取的对外贸易政策和产业政策,以及配合竞争优势战略的实施应采取的人民币汇率政策。

关键词:对外贸易　经济发展战略　人民币汇率

0813

中国农村组织的经济分析 / 鄢军著 ; 方齐云指导. 华中科技大学, 2005. -- 206页

论文主要采用文献研究和调查研究、理论研究和实证相结合的方法,着重探讨以下几个方面的问题:农民行为理论及影响中国农民行为的因素;中国农民行为和行政村之间的互动关系;中国农民行为和农地产权制度之间的互动关系;中国农民行为和农村信贷组织之间的互动关系;中国农民行为和农村产业组织之间的互动关系;中国农民行为和农村保障组织之间的互动关系。通过综合研究农民行为与农村中各种生产、消费组织之间的互动关系,初步构建了一个农民个体行为的微观经济体系。论文的基本内容如下:一个人的行为要受到多种因素的影响;人们更多的是通过一系列物质和文化的生产、生活活动来建立一定的人际关系网,以获得所期望的稳定的生活环境;村民可以通过谋求特权的方式来获得对村内公共经济资源的支配性地位,特权所有者和村民之间是一种零和博弈,两者的利益分配比例由村民和外界所能提供的监督水平及特权所有者利用手中资源所能规避监督的程度决定;中国农村直选制度的选举规则限定了选民的选择空间,决定了选民相关的成本—收益函数,影响个人福利;中国农业生产方式的演进路径受到庞大农业劳动力人口和有限农地的严格制约,农村税费改革对农民收入增长的影响非常有限;土地交易双方在交易过程中实现均衡时的收益必需补偿各自的相关交易成本消耗;土地的使用权将向固化在土地终级占有者或使用者的身上发展;在一个考虑非货币收益的信贷行为模型中,代理人将在个人所能控制的贷款条件范围内,选择最优的货币收益率与非货币收益率的组合;对于任何特定的产业而言,企业或组织间的关系最终可以还原为个人与个人之间的关系,这些关系同样要延伸至该企业或组织的外部,实现个人之间关系的内外部均衡;人的需求主要是物质和精神生活资料的需求,社会保障组织实际上是上述两种生活品的生产和交换场所;目前农户家庭是农村社会保障制度的基础性力量,应该建立一个囊括所有社会成员的社会保障组织,政府不能逃避和转嫁它应尽的责任和义务。

关键词:农村经济　农民　经济分析　农村组织

0814

城市排污收费的经济分析 : 基于武汉市的案例研究 / 严明清著 ; 方齐云指导. -- 华中科技大学, 2005. -- 111页

本文首先概述了研究的目标、意义和环境现状,综述了国内外排污收费的有关情况及治理依据。其次对排水服务成本进行了分析,特别是对现有排水服

务现状、管理系统、排水收费现状以及相关的政策法规进行了研究。接着为废水收集、处理基于成本核算进行了必要说明,给出了模型的数据要求和可仿真内容。在最后部分,作者首先通过对武汉市的社会调查进行数据整理分析,得到了武汉市民的用水需水曲线并对其进行了价格弹性分析和收入弹性分析;然后讨论了补贴政策的效率问题,对不同的补贴政策进行了比较分析,并结合湖北城市环境项目,对武汉市排水公司的还贷付息和企业化能力进行仿真分析,给出了推荐收费策略和相应的政策建议。

关键词:环境经济学　排污收费　价格弹性　财政补贴　武汉市

0815

非国有经济的成长与国有企业的非国有化 :以中国经济转型为背景的分析 / 叶林祥著 ; 胡景北指导. -- 上海财经大学, 2005. -- 135 页

本文以中国的经济转型为背景,对国有企业的民营化进行了分析。全文共六章。第一章导言介绍本文的研究动因、对象和内容。第二章是对私有化理论与实证文献的综合整理。第三章是对中国经济民营化进程的描述。第四章从市场竞争的角度研究了国有企业的民营化。论文以霍特林(Hotelling,1992)空间竞争模型为分析框架构建了一个产品市场竞争导致国有企业民营化的理论模型,其结论是随着产品市场竞争程度的提高,国有企业的市场份额会越来越小,政府为了减低国企的生产成本,提高企业经理的努力程度,会将国有企业民营化。因此,国有企业完全追求利润最大化,如果没有政府的保护和支持,国有企业将会完全退出其所在行业。但是,如果政府让国有企业追求利润目标的同时还要兼顾社会福利目标,国有企业就不会完全退出,而是趋于一个稳定值。第五和第六章分析了劳动力市场分割和资本市场分割对国有企业民营化的影响。文章认为,不同的工资决定机制造成了中国国有企业与非国有企业面临的劳动力市场分割,而这会产生逆向选择问题,即低技能劳动力流向国有企业,而国有企业的高技能劳动力流向非国有企业,导致国有企业在竞争中处于不利地位,从而会加速国有企业的民营化进程。但是由于国有企业存在着财务预算软约束,因此现实中的国有企业民营化进程并没有加快。最后,作者提出了国有企业民营化的政策建议,如促成竞争性资源配置机制;形成竞争性融资机制;培育竞争性劳动力市场;创建强有力的市场法制环境等。

关键词:非国有经济　国有企业　私有化　民营化

0816

自然垄断产业的规制变迁与有效竞争 :以电力工业为例 / 余化良著 ; 郭熙保指导. -- 武汉大学, 2005. -- 209 页

本文以准入规制导致的"马歇尔困境"和价格规制导致的定价尴尬两大困境为逻辑起点,通过对发达国家与发展中国家电力工业规制变迁与市场竞争的研究,提炼出转轨型自然垄断产业规制变迁与市场化改革的规律和措施。全文共分八章。理论部分首先对自然垄断和规制竞争理论的有关文献进行了梳理,然后以公共选择理论,特别是寻租理论为基本分析工具,从微观运作层面与机制设计切入,剖析了自然垄断产业规制与竞争的选择机制。紧接着为自然垄断产业规制与竞争建立了一种成本—效益分析框架,并在此基础上提出旨在破解"马歇尔困境"的理论模型。最后对租的派生活动品种进行市场细分,将自然垄断产业的规制变迁与市场化进程中不同类别的租,从活动主体、活动方式、直接受益者及其对社会净福利的影响方面进行了比较分析。实证研究部分则以电力工业为研究样本,通过国际比较,对其规制变迁与市场化改革进行了解剖,并对中国自然垄断产业的市场化改革提出了政策主张:一是对中国自然垄断产业效率与公平的黄金分割方案进行改革试点;二是对不同垄断行业,不同发展阶段,同一垄断行业的不同环节而言,其规制方法和规制力度应有所不同;三是有效竞争并不等于不要规制;四是激励性规制应该成为规制改革的基本方向;五是防止从政企不分到政企同盟是自然垄断产业改革与发展的关键;六是要营造和维护一种适于竞争的市场环境;七是建立普遍服务基金。

关键词:行业垄断　自然垄断　市场竞争　电力工业　国家干预

0817

我国货币市场与资本市场的联结研究 / 喻鑫著 ; 徐长生指导. -- 华中科技大学, 2005. -- 120 页

本文主要从存量规模角度研究了货币市场与资本市场的关系。全文共分六章,第一章导论。第二章首先确立了理论模型的分析背景—财富约束,对经济参与主体进行了以部门为单位的分解,并分析各个部门对两个市场参与程度的决定因素;然后对分解进行

综合,对所获得的因素变量赋以相应的系数,在此基础上得到两个市场的规模决定方程,由此提出"货币—资本比"概念,建立起比较直观的观察两个市场存量规模的框架。指出,从长期来看发达国家的货币—资本比是下降的;发展中国家的货币—资本比先上升至某一峰值,然后随金融深化过程趋于下降;平均而言,发达国家往往比发展中国家拥有更低的货币—资本比,过高的货币—资本比对经济并不利。第三章对货币市场与资本市场的联系进行分析。在阐述两个市场联结的必要性和现实性基础上,从理论上考察了决定和影响两个市场联结的微观基础和决定因素。第四章通过对中国和国外货币市场与资本市场联结的比较分析,发现中国货币—资本比不光远高于发达国家,还高于部分发展中国家;结构上中国的货币市场在存量上并不落后,发展滞后的是资本市场,两个市场都存在一定的结构问题。第五章对中国两个市场的联结进行实证分析,研究表明,银行间同业拆借和回购市场与深沪股市的联结程度很低,金融机构贷款与深沪股市的关联性却比较高;货币政策对股票市场的影响很小;债券市场收益率与股票市场收益率不相关,两个债券市场利率期限结构割裂,债券市场与股票市场之间也严重分割。第六章针对发现的问题提出进一步加强两个市场联结的政策建议。

关键词:货币市场　资本市场　市场结构

0818

资产价格泡沫与宏观经济波动 / 袁秀明著 ; 刘树成指导. -- 中国社会科学院研究生院, 2005. -- 167 页

本文对资产价格泡沫及其对宏观经济波动的影响等问题进行了研究,探讨了房地产和汇率泡沫化发展的严重威胁,并提出了政策建议。本文首先按照资产价格泡沫理论的发展脉络,梳理了国内外相关文献,指出资产价格泡沫的形成与膨胀受许多因素影响,同时由于传导放大机制,资产价格泡沫对宏观经济波动也产生重大影响。另外,资产价格泡沫是经济周期的重要指示器,当它膨胀到一定阶段时容易发生逆转,造成经济严重下滑,甚至导致经济衰退。其次,本文对关注资产价格泡沫的四种宏观经济政策的理论依据以及实际操作情况进行了分析,指出无论如何,对资产价格泡沫最优的货币政策应该是事先的行动,而不是事后反应;将通货膨胀作为政策目标的政策当局,应该时刻关注资产价格膨胀状况,并及时采取行动,尽管膨胀的资产价格并没有显示出较高通货膨胀的预期。本文还分析了当今中国强劲的经济增长中,资产价格泡沫产生的可能性,特别是在房地产市场和汇率问题上。本文指出,采取切实可行措施遏制房地产泡沫化发展趋势,化解房地产市场泡沫,加快金融改革步伐,保持银行系统强健性,顶住人民币升值的压力,积极推进汇率改革是保持中国宏观经济稳定增长的关键。

关键词:资产价格　泡沫经济　经济波动　宏观经济调控　房地产市场　汇率

0819

中国经济转型中的二元财政结构研究 / 曾晟著 ; 徐长生指导. -- 华中科技大学, 2005. -- 180 页

文章建立了一个二元财政结构分析框架,把预算内财政界定为正式财政,把游离于有效财政监管以外的政府收支概括为非正式财政(包括所谓预算外财政和制度外财政)。一、分析表明,改革开放以来,正式财政收入占 GDP 和财政总收入的比重持续下降,非正式财政收入占 GDP 和财政总收入的比重却持续上升,特别是在总量上后者逐年接近并最终超过前者,而且直至 2000 年代初叶还没有明显改变迹象。但财政总收入占 GDP 比重长期稳定在 25% 左右的水平,因而不能忽视非正式财政在经济转型过程的重要作用,也不能简单看待非正式财政的复杂成因。二、对于中国二元财政结构成因分析的基本结论是,在中国经济持续高速增长背景下形成的二元财政结构,本质上主要是一种制度现象,是政府主导的渐进经济转型和渐进财政制度变革的必然产物和代价,非正式财政是过渡性正式财政制度安排的孪生体。三、客观地分析了非正式财政的正效应和负效应,认为非正式财政发挥着弥补预算内财政缺口和在一定程度上弥补地方财政自主权缺失的正效应,非正式财政日益膨胀在很大程度上是预算内财政的必要补充,这就使得中国还没有来得及实行规范的财政分权,却能成功实现经济分权,激励地方政府形成有效竞争、主导区域经济发展。但随着经济转型的深入,非正式财政的负效应与日俱增,因而改造二元财政结构,规范财政运动机制迫在眉睫。四、对于二元财政结构的改造对策进行了标本兼治的系统设计,认为改造二元财政结构实质是适应经济转型进程。为此,首先要加快政治改革,其次要合理界定财政职能和支出,三要建立现代税收制度和公共收费制度,四要完善分税制财政体制,理顺政府纵向间、区域和城乡横向间的财政关系,最后要建立民主、公正、统一、规范、透明的现代预算制度和有效的现代预算管理制度,将所有政府收支都纳入

统一的预算管理,硬化预算约束,提高财政效率。

关键词:财政管理体制　财政制度　税收制度　预算管理　转型经济

0820

中国新型工业化路径选择与制度创新 / 翟书斌著 ; 张培刚,宋德勇指导. -- 华中科技大学, 2005. -- 153 页

本文运用发展经济学、产业经济学和制度经济学等理论和方法,提出推进新型工业化的路径及运作框架,在此基础上,把中国新型工业化发展路径作为视角,以中国经济结构跨越式升级及其制度安排为主线,对中国新型工业化推进中的总体战略内容、产业融合、制度创新等进行系统研究。新型工业化的主要内容是指在知识经济背景下,知识由外生性生产要素变为内生性生产要素并渗透到主要生产要素之中,通过传统产业的信息化改造,改变传统产业的结构和素质,提升传统产业的知识技术集约度,从而实现传统工业的转型和工业经济增长方式的转变,是与可持续发展战略相一致的工业化。新型工业化道路的核心是以信息技术改造、提升传统产业,以信息化带动工业化;产业结构知识化跨越转换的关键是促使传统产业和高新技术产业之间的耦合与互动,经济结构优化升级所带来结构效率将成为中国新型工业化的动力源泉。中国推进新型工业化,最为关键的是构建新型工业化战略所必需的有效制度安排。要将潜在的后发优势转变为现实的比较优势,就要建立相应的制度基础和政策保障,这是实现新型工业化的前提条件。积极发挥跨国制度创新是众多后进国家现代化赶超战略成功,保持经济迅速发展的主要原因。论文结合中国新型工业化的最新进展,主要从以下三个方面进行研究,一是对中国新型工业化的内容和总体战略定位以及新型工业化道路的框架进行深入阐述和分析;二是在对中国产业结构知识化跨越研究基础上,提出了加速信息产业融合以推进新型工业化道路的思路,论述了传统产业的信息化改造、城市化与新型工业化互动以及农村新型工业化的路径选择;三是创新提出了推进中国新型工业化的战略构想与政策建议以及相应的制度安排。

关键词:工业化　信息化　产业政策　产业结构

0821

新区域主义的兴起及其在东亚的发展研究 / 张超著 ; 张建华指导. -- 华中科技大学, 2005. -- 122 页

本文以新区域主义的兴起和在东亚的发展为研究对象,从历史的角度,对区域主义的兴起、衰退和复兴进行了回顾,通过对目前世界三大区域主义组织(欧盟、北美自由贸易区和亚太经济合作组织)发展的比较研究,指出当代世界经济的发展呈现全球主义与区域主义两大主要趋势;作为对全球主义在世界范围内发展不平衡的回应,新区域主义可以部分抵消全球主义的负面影响并削减其成本,有助于通过相对稳定的制度化联合组织形式减少极端的民族利益对有关国家政府产生的影响并采取更为平衡的国内外经济政策;新区域主义的实践表明,它是处于不同发展水平的国家缩小发展差距的有效途径;共同利益的平衡、制度安排和竞争机制的相互协调、成员国权利与义务的平衡、适合的发展模式是区域主义发展取得成功的基础。通过对新区域主义在东亚兴起的分析,本文指出,东亚经济格局的巨大变迁客观上要求东亚各经济体通过新区域主义在东亚的深入发展来积极探索东亚经济发展的新模式,避免丧失在全球性经济竞争中的地区优势和合作中的主动权;由于东亚新区域主义的兴起和发展环境与欧美存在很大差异,建立东亚经济一体化组织必须坚持"市场 + 制度"来探索不同于欧美的发展模式;东亚经济一体化不仅仅是一个区域的内部事务,也不是简单的国家与市场互动问题,它涉及同一个区域内中日两个主要大国之间的定位和作用问题,一个崛起的"挑战者"和世界霸权的关系问题;东亚经济一体化的建立不仅有助于21世纪的东亚的振兴和共同繁荣,也将对整个地区的经济、政治、社会有着深远的影响,并在相对公正、平衡发展的全球多边经济体系的建设中发挥积极作用。

关键词:区域主义　自由贸易区　区域经济一体化　东亚

0822

加工贸易对中国工业化的影响研究 / 张大勇著 ; 徐长生指导. -- 华中科技大学, 2005. -- 126 页

本文首先探讨了加工贸易战略的背景和作用,认为加工贸易是全球经济一体化背景下国际贸易的一种新方式,是发达国家实现经济全球化分工及产业链纵向延伸的产物,对发展中国家及新兴工业化国家的经济发展具有重要的影响。其次阐述了加工贸易在我国发展的必然性,分析了它对我国工业化的贡献,如形成具有国际竞争力的现代制造业;促进产业升级;促进技术进步和效率提高;培养了适应国际化竞争的技术与管理人才。在此基础上,论文定量分析了

加工贸易对我国对外贸易总量、国内生产总值、就业率、税收增加以及产业结构升级的贡献率。由于产业结构升级是一国工业化不断加深的主要标志,因此在分析加工贸易对产业结构升级作用的基础上,论文进一步分析了加工贸易对促进我国高新技术产业发展和提高产业附加值的作用,认为加工贸易通过加快城市工业化,吸收和培育农村劳动力,推动了农村城市化与工业化发展。此外,还分析了出口退税率、人民币升值对不同行业(产业)加工贸易发展的影响。再次,论文分析了我国加工贸易目前存在的主要问题,指出在以信息技术为核心的科技革命大潮中,过度依赖加工贸易可能导致的后果,并就促进加工贸易产业升级提出政策建议。最后,论文对加工贸易在我国工业化进程中的作用作了总结和展望。

关键词:工业化　加工贸易　产业结构升级　比较优势

0823

企业经营者人力资本与激励问题研究 / 张冬梅著 ; 吴汉洪指导. -- 中国人民大学, 2005. -- 168 页

本文运用经济学中的企业理论,使用博弈论、信息经济学和计量经济学的分析工具,对企业经营者人力资本与激励问题进行了理论研究和实证分析。论文主要分析了三个问题:经营者人力资本为什么是高价值的?为什么要对经营者进行高激励?怎样对经营者进行高激励?对于第一问题,作者首先论述了经营者人力资本的构成及特性,其次论述了经营者人力资本产权及其特性,再次论述了企业核心能力与经营者人力资本的关系,最后论述了经营者人力资本价值的计量。对于第二个问题,本文主要采用博弈论和信息经济学的理论与模型进行分析。作者指出,企业所有者和经营者双方会为各自利益进行博弈,这种博弈是在动态中进行的;让效率高的经营者获得“足额”的激励及收益,这是在经营者激励契约设计中必须考虑的问题。对于第三个问题,本文从理论和实证两个层面进行剖析:从理论上,本文研究了经营者人力资本激励契约设计,指出对企业经营者的激励在内容和强度上应包括剩余索取权激励和控制权激励;在激励方式上应采用短期激励、长期激励和动态激励相结合,还要将约束即负激励与激励方式综合协调,才能设计出最优的激励可行的契约,使经营者人力资本的作用得到发挥,创造更大的企业效益和社会效益;在实证上,本文首先研究了国外的实践,然后考察我国各地实行的情况,同时经过实证分析得出结论,认为企业业绩与高级经理的年度报酬和持股比例存在显著的正相关关系,但是经营者报酬与持股比例未呈现显著的正相关关系,表明国内多数行业对经营者的股权激励并不成熟,企业经营者的长期激励没有得到实现。综上,本文得出结论:因为经营者人力资本“高价值”,所以需要对经营者进行“高激励”;对经营者的“高激励”才能体现经营者人力资本“高价值”。

关键词:企业经营者　人力资本　博弈论　激励报酬

0824

经济发展过程中的收入分配 / 张泓骏著 ; 樊纲指导. -- 北京大学, 2005. -- 93 页

本文以收入分配差距作为主要研究对象,围绕与它相关的一些问题,主要进行以下两个方面的研究。一是收入分配差距与经济增长的关系问题研究,作者认为收入分配不平等与经济增长是矛盾的这种说法并不科学,在理论上可能存在一种收入分配状态是有利于经济增长的;二是劳动力流动对收入分配差距的影响,作者认为这种最终影响效果虽然不是非常大,但它的确为收入分配差距的缩小做出了重要贡献。本文主要内容一共由三部分组成。第一部分是关于收入分配方面的相关综述。第二部分是关于收入分配与经济增长之间的关系问题研究。第三部分是关于劳动力的流动对收入分配差距的影响研究。

关键词:收入分配　收入差距　劳动力流动　经济增长

0825

薪酬合约的激励效应研究 / 张肖虎著 ; 费方域指导. -- 上海财经大学, 2005. -- 155 页

文章旨在利用合约理论系统分析各种薪酬合约的激励效应,并在此基础上,分析中国国有企业中的薪酬激励问题。从激励理论的经典模型切入,文章首先分析了基于绝对产出的薪酬合约的激励效应,并通过拓展经典模型假设,从静态到动态,从无市场约束到有市场约束,从一个任务到多个任务,从产出的客观度量到主观度量,从产出明确到产出模糊,进一步分析基于绝对产出薪酬合约的激励有效性。其次,分析了锦标制度和团队激励的有效性及其面临的问题,其中,锦标制度是一种相对产出薪酬合约的具体形式,该制度下多个雇员之间的竞争可以激励雇员努力工作,并且自我显示自身的能力类型。然后,解释了在现实生活中为什么不对称信息情况下仍然大量存

在基于投入的薪酬合约,因为根据标准激励理论,只有当信息对称时,基于投入的薪酬合约才有效,文章从四个方面解释了这种现象。最后,通过构建模型分析了国有企业内部激励问题,模型从产出信号的可获得性角度考虑,发现,如果国有企业内部根据产出高低排序决定晋升,且产出可以精确度量时,国有企业内部激励有效率,当难以度量时,则会出现裙带关系行为、权力斗争行为以及串谋行为等。文章进一步认为,如果产出难以完全客观度量,且晋升后隐形收益与非生产性能力正相关时,生产能力强但非生产能力弱的工人在晋升竞赛中失败的概率大于生产能力弱但非生产能力强的工人,导致逆向选择。

关键词:国有企业　人力资源管理　激励　薪酬工资

0826

基于分布知识的企业理论 / 张玉新著 ; 吴宇晖指导. -- 吉林大学, 2005. -- 200 页

本文从分布知识的角度来研究企业理论问题,利用交易成本经济学的分析范式对经济组织利用和协调分布知识进行了初步的比较制度研究,根据分布知识的利用成本和协调成本之间的权衡对企业理论中的一些基本问题给出了基于分布知识的诠释。全文共分七章。第一章导论介绍本文的研究主题、方法和框架。第二章以分布知识为主线对相关文献加以述评。第三章首先论证了劳动分工与知识分工的关系,然后具体分析了市场与企业利用和协调分布知识的不同机制,最后构建了经济组织利用和协调分布知识的一般经济模型。第四章指出由对利用和协调分布知识的比较和权衡所确定的企业边界是动态变化的。第五章利用经济组织内部对利用分布知识和协调分布知识的权衡分析了经济组织专业化和分权程度的选择。第六章从利用和协调分布知识的效率角度出发,研究了企业的委托权配置问题。第七章是结论部分。本文的主要观点有:(1)劳动分工的经济本质是知识的分工,由知识分工导致的社会知识的分布性和互补性决定了利用和协调分布知识是经济组织的主要职能,其在市场中是通过由价格机制引导的自愿交易实现的,而在企业组织中则是通过企业权威的指导实现的;(2)利用和协调分布知识的相对效率上的权衡决定了企业与市场的边界所在;(3)市场组织中劳动分工和专业化程度要受市场协调能力的限制,而企业组织对分布知识利用和协调成本的权衡则决定了企业的内部组织结构;(4)在企业委托权配置上,应由掌握更多、更重要的分布知识的经济个体成为企业家,这样可以更有效率地利用和协调分布知识。

关键词:企业理论　知识管理　企业组织

0827

动态要素禀赋理论与我国机电产品出口增长研究 / 张志奇著 ; 吴汉洪指导. -- 中国人民大学, 2005. -- 174 页

本文共分八章。第一章是对新古典静态国际贸易模型的回顾,第二章分析了经济增长与要素禀赋的动态变化,第三章论述了资本的国际流动与国际贸易问题,第四章是对中国机电产品出口增长的研究,第五到七章分别从经济增长与工业的发展、外国直接投资和加工贸易、对外开放和鼓励出口的政策三个方面分析了中国机电产品出口增长的原因,第八章是结论。作者认为,我国机电产品出口增长需要根据新古典国际贸易理论,从供给的角度进行分析,这是因为中国机电产品出口的增长经历了一个长期的过程。在这个过程中,作为出口的物质基础,中国经济发生了质的变化——从供给约束向需求约束的根本性变革。这表明在国家扶持和鼓励机电产品出口的初期,不是国际市场需求的因素制约了我国的出口,而是我国机电产品出口遭遇到体制和生产能力方法的制约。根据新古典的动态要素禀赋理论,在对推动中国机电产品出口增长的国内、国际因素,以及作为必要条件的体制和政策环境进行了分析之后,本文认为:中国经济增长主要可以用要素投入增长和要素配置效率的提高来解释,而要素效率的提高主要体现在资源配置效率的提高上,表现为不断加深的中国工业化进程;在中国工业竞争力指数大幅度上升的条件下,中国工业品,特别是机电产品出口数量快速上升就是必然的结果;外国直接投资增加使得中国成为机电产品生产的国际分工上的重要一环,这表现为外商直接投资企业和加工贸易方式出口的机电产品增长快、数额大、比重高;我国机电产品出口高速增长是许多因素共同促成的,其中鼓励政策的作用不可或缺;鼓励政策既有中性的,也有非中性的;中性政策对机电产品出口的促进作用是持久而有力的,非中性政策的促进作用时效短,强度大。

关键词:机电产品　出口贸易　经济增长　要素禀赋理论

0828

股权分置与上市公司股权融资行为 / 郑祖玄著 ;

张军指导. -- 复旦大学, 2005. -- 100 页

论文主要研究中国上市公司的股权融资行为,共包括五部分内容。首先,回顾了代理成本理论的一些经典文献,将股权分置造成的非流通股股东与流通股股东之间的利益冲突归结到代理理论中。第二,通过对数据的考察,指出上市公司的股权融资行为并不能以资本结构理论来解释,其原因在于中国上市公司并不存在融资方式之间的权衡,随着发行融资的增加,公司财务质量不断下降,因此这是一种过度融资行为。第三,构建了一个过度股权融资模型以解释中国上市公司过度融资行为,指出基于控股股东的以每股净资产为最大化目标的收益函数,即使为净现值小于零的项目发行股权融资,对于控股股东依然有利;只要新股东可以从公司旧有项目中得到权益的补偿,发行即可实现,持有流通股的老股东将受到损失;如果控股股东的行为不受证监会的限制,过度发行将导致股价与每股净资产相当。第四,重新构建了过度融资模型,在新的模型里同时考虑了控股股东关于净资产和控制权收益的两个目标,重新构建了控股股东的收益函数;并通过构建一个关于控股股东通过隧道效应侵害外部股东的模型,指出股权分置为什么会导致隧道效应在中国股市尤其显著,根据模型并指出股权分置条件下,隧道效应将导致控股股东过度发行股权融资;最后,对中国上市公司过度融资的规模进行了估计并检验了证监会关于融资限制性政策的严厉程度与过度融资规模之间的关系。第五,对证监会关于融资限制性政策及类别股表决机制进行了分析与评价,并通过一个证监会及上市公司之间的博弈模型,着重分析了关于再融资资格的限制性政策如何被决定,从而说明证监会的此项政策并不能依据自己的政策目标而自由制定。

关键词:上市公司　股权分置　非流通股　股权融资

0829

关于中国农业工业化的问题研究 / 钟儒刚著 ; 方齐云指导. -- 华中科技大学, 2005. -- 161 页

论文在总结了新中国成立以来农业发展的理论和实践基础上,综合技术、制度、结构、市场等方面的理论,从两个方面探索了中国农业发展模式。第一,阐述了农业工业化概念的内涵,解析了工业化前初始农业的特性,指出农业的工业化,从社会经济结构上看,是一个农村劳动力不断向工业或城市转移的过程;从生产技术层面来看,表现为国民经济的一系列生产函数(或生产函数的组合方式)连续发生由低级向高级的突破性变化(或变革)的过程;从微观经济主体层面来看,工业化的农业经济主体表现为法人或公司法人;从生产规模层面来看,工业化的农业经济具有比传统农业大得多的生产规模;从经济规模的实现条件来看,工业化的农业是在高度精细化的社会分工、高度的生产专业化和产业化的基础上发展起来的。文章强调了传统农业的经济特征,指出传统农业的经济秉性决定了农业工业化同制造业工业化的显著差异。第二,研究了农业经济主体和组织结构,指出厂商是现代化生产的主要和最有效率的组织形式,分析了传统农业的家庭经营组织形式和农业经济市场化的组织形式;提出了农业工业化的农地制度安排的基本要求,设计了以村组农户股份所有为形式的农村土地所有制,对农业工业化要求的农地制度进行了公平和效率的经济分析;探析了中国农业技术发展的现状,指出中国农业技术发展中存在政府农业科技投入严重不足、农业科技人员人心不稳、农业技术推广力度不够、农业微观经济主体技术进步内在动力不足等问题;提出了不断提高农民健康水平、发展农村教育、提高农民素质的农村人力资源发展的政策主张;还分析了农业投资主体及其特征,预测了中国农业从2005 年到 2010 年的投资需求。

关键词:农业经济　农业工业化　农地制度　技术进步

0830

加入 WTO 与我国的制度变迁 / 周骏宇著 ; 刘海云指导. -- 华中科技大学, 2005. -- 145 页

本文从制度经济学的角度来解读 WTO,并全面审视加入 WTO 与中国制度变迁之间的关系:尝试从制度层面解读中国入世的重大意义;分析入世后中国正式制度与非正式制度变迁的机制、阻力、困难等。首先,全面介绍了制度与国际制度理论。在此基础上,将 WTO 视为一项国际制度对其进行了分析,认为最惠国待遇原则和多边争端解决机制是 WTO 规则体系中最重要的制度安排;阐释了 WTO 制度的俱乐部产品属性、WTO 制度的网络特征以及 WTO 制度框架下各博弈方收益的非对称性;并分析了权力结构的变动所引致的 WTO 制度变迁。其次,对于 WTO 制度的供给方式—双边和多边谈判,应视为一个无限回合讨价还价的动态平衡博弈。同时建构了一个分析框架,对各国在谈判中常用的一些策略,如议程控制、议题操纵、最后通牒、双层博弈等,给予了理论阐释。第

三，选取民营企业在垄断行业的市场准入制度为例，对中国加入WTO的制度变迁意义、入世后中国制度变迁的机制等问题，进行了模型化的定量分析。指出加入WTO的制度变迁意义在于通过入世来使中国冲破既得利益集团的阻力，摆脱旧的路径依赖，从而推动改革的延续和深化。第四，尝试从制度层面分析入世可能产生的消极一面，提醒人们警惕入世后可能出现的制度负效应。典型的制度负效应包括两类：一是制度双轨制，即在外企业和民营企业之间施行不同的制度规则，二是WTO制度供给的负效应，即在WTO谈判中谈判结局出现有利于发达国家的利益分配状况要远远多于有利于发展中国家的状况。最后，对于入世与中国非正式制度变迁之间的关系，以及入世后中国非正式制度变迁的机制进行了尝试性分析。

关键词：世界贸易组织（WTO）　国际贸易　制度变迁　民营企业

0831

知识、能力与演化：动态企业理论研究／周清杰著；吴易风指导. -- 中国人民大学，2005. -- 188页

除导论外，本文共分七章。第一章介绍现代主流企业理论的静态分析与比较静态分析方法，评析了主流企业理论中静态分析方法的局限性，分析了动态企业理论的分析方法和历史传统，展望了对动态企业理论进行整合的可能性。第二章介绍了新奥地利学派的兴起背景，分析了传统奥地利学派在企业理论方面的缺失及其原因，回顾了新奥地利学派对主流企业理论的批评与质疑，阐明了新奥地利学派在构建企业理论方面的研究动向，并对新奥地利学派企业理论的基本特征、逻辑和要点进行分析，最后对新奥地利学派企业理论进行评价。第三章是对演化经济学的企业理论的介绍，包括演化经济学发展史概览、早期演化经济学中的企业、演化经济学理论的逻辑、演化经济学企业理论的分析框架。本章还对演化经济学企业理论与新奥地利学派企业理论进行了比较，并对演化经济学企业理论作了评价。第四章首先分析企业能力理论的基础，介绍企业能力理论的主要分支、基本观点和理论基石；然后对企业能力进行分类，并具体论述企业核心能力的特征与基础，以及创新与核心刚性；在对企业能力理论与演化经济学企业理论、新奥地利学派企业理论比较的基础上，本章对企业能力理论进行了评价。第五章提出对动态企业理论进行整合的理论定位，论述了动态企业理论的基本信条、分析方法与主要假定，并就企业的知识，企业的能力，企业的产生、边界与成长，企业的演变等方面展开详细论述。第六章提出了动态企业理论的扩展，包括意会性知识的管理、组织学习与知识创新、动态背景下企业的能力与边界、企业成长中的路径依赖与路径突破等。第七章总结动态企业理论的理论价值和实践价值。

关键词：企业理论　新奥地利学派　企业演化　企业能力　知识管理

0832

中国国有商业银行不良贷款化解及信贷风险防范／朱乾宇著；徐长生指导. -- 华中科技大学，2005. -- 150页

本文主要围绕四大国有商业银行不良贷款的化解和商业银行信贷风险的防范，从银行信贷风险理论及相关理论研究评析开始，具体从各个角度分析了国有商业不良贷款产生的根源，从而有针对性地对当前处置国有商业银行不良贷款的方法和途径进行了评析，指出今后改进的方向。然后具体从技术控制、微观、宏观制度约束三个方面构建了中国国有商业银行信贷风险防范的管理体系，指出从提高国有商业银行自身竞争力，加快国有商业银行股份制改造和完善其内部控制机制和外部监管体系等方面来防范国有商业银行信贷风险，从根源上消除国有商业银行不良贷款的生成机制。得到如下结论：第一，中国国有商业银行与国际先进银行在不良贷款、竞争力方面的差距，根源在于技术、制度和机制三个要素。第二，由于资产管理公司自身的制度缺陷，导致中国四大国有资产管理公司处置不良贷款的主要运作方式处置力度有限；资产证券化必须以完善的金融市场为支撑；应该寻求注资之外的多元化资金补充渠道。第三，国有股份占银行总股份比重对银行不良贷款率具有最显著影响，其次为资本充足率、呆账准备金率和银行职工人数；国有商业银行股份制改革和上市是提高银行国际竞争力和降低银行不良贷款的最有效途径之一。第四，中国的金融发展存在结构和区域间的不平衡；国有金融比重过大已越来越成为提高金融效率的阻碍因素；保险市场发展状况对提高金融效率的影响日益增加，金融混业经营对营造一个竞争有效的金融市场具有重要意义。

关键词：商业银行　不良贷款　风险管理

0833

最复杂的商品：房产市场分析的理论引进与实证

探索／朱喆著；袁志刚指导. -- 复旦大学, 2005. -- 177 页

文章主要包括八章,分为两大部分。前四章为第一部分,主要是介绍国外分析房地产市场的有关文献。其中,第一章介绍作为消费品的房屋的几个不同于传统理论假设的特征,即其异质性、耐用性、空间固定性以及使用过程的外部性等。第二章介绍了资本市场中的房产角色,如何处理房产既是消费品又是投资品的双重角色,以及金融市场中的流动性约束、信贷配给以及通货膨胀等对房产需求的影响。第三章主要分析了房屋生产受到投入限制以及房产行业的定价行为和歧视行为等,认为房产市场具有一定垄断性。第四章介绍了政府在房产市场中的作用。第二部分主要探讨了当前我国房地产市场的问题。第五章介绍了实证分析中使用的数据及中国目前人口结构的背景。第六章在对消费需求、投资需求及投机需求进行定性分析的基础上,概括出一个简单的总需求模型,并求出了需求价格弹性、需求收入弹性等变量,以说明中国目前房屋需求不是高价格的主要原因。第七章分析了中国的房屋供给问题,强调了房屋供给方面的垄断因素及定价行为,提出了一个关于开发商进行价格串谋的假说,实证分析表明,供给因素对价格的影响比较大。第八章分析了地方政府对房产市场的影响。最终结论认为,政府行为是解释目前高房价的主要原因。

关键词:房地产市场　消费需求　投资需求　定价　国家干预　政府行为

0834

经营者股票期权(ESO):理论分析与实证研究／祝宪民著；柳欣指导. -- 南开大学, 2005. -- 132 页

从对 ESO 的研究对象和范围入手,本文通过理论研究、中外比较、举案说明、实证分析等方法对 ESO 进行研究,得出一套在中国推行 ESO 的理论依据、实施条件和环境、方案设计要点及一系列解决方案和对策建议。本文共分六章。第一章是 ESO 的理论分析,概述了西方经济学相关理论,提出在现代社会和企业中拓展马克思价值理论的六个新观点:1. 马克思价值论中 C + V + M 的划分方法不符合现代经济现实,M 必须重新分割,从中扣除用于补偿生产、研发、营销、管理以及资本使用等各项费用之后,最终的余额才归企业所有者占有的企业真正的增值,即净剩余;2. 在马克思 C + V + M 三分法中,M 归资本独占,在现代企业中净剩余改由资本和劳动分享,如股票期权就是一种劳动分享形式;3. 净剩余由资本独占转变为多元主体分享是生产力高度社会化的必然要求,企业净剩余的分配走向社会化;4. 净剩余分享的多元化是在现实社会中各分享主体博弈互动过程;5. 在中国不管是国有、私有企业,还是公众公有经济都将逐步走向净剩余分享制;6. 净剩余分享制意味着资本收入的长期性和现代市场经济的共性。第二章论述 ESO 的概念与机理。第三章是对中外 ESO 的比较研究。第四章介绍中国股票期权的发展并进行案例分析。第五章是对中国企业 ESO 的设计与创新。作者认为,与现有期股激励相比,本文中的设计具有两大优点:具有杠杆效应,可成倍放大激励强度,高管人员承担一定的风险;可用企业的关键财务指标代替股票作为激励的基础,使期股激励更加科学简便。第六章针对中国企业 ESO 存在的问题提出解决方案与对策建议。

关键词:股票期权　企业经营者　人力资源管理

0835

非正规金融、制度变迁与经济增长／卓凯著；张建华指导. -- 华中科技大学, 2005. -- 149 页

作者从中国金融领域存在的"增长之谜"开始,阐明了非正规金融对于中国经济增长的重要性。然后在分析非正规金融内生性理论的基础上,从微观、宏观、制度变迁三个层面对其进行了剖析。最后从政府与市场互动的视角,阐述了非正规金融作为一种制度安排的相关政策性内涵。主要研究结论:(1)政府选择的金融抑制政策是非正规金融产生的体制动因;从不完备信息市场中的信贷配给理论、金融交易契约和"投资者选择"角度来看,发展中国家存在的非正规金融及其金融二元结构是经济体系中内生形成的。(2)在微观层面上,非正规金融是改善人们福利水平的金融机制之一,它具有与正规金融不同的交易特征与契约治理机制,其高利率主要归因于机会成本、风险贴水与交易费用三个方面,正规金融与非正规金融两个市场是一般均衡的,非正规金融的契约治理主要依靠当地的某种社会机制与私人治理机制。(3)在宏观层面上,非正规金融通过其具有的金融中介效应、风险效应与资金吸出效应,增加了社会融资数量,更主要的是非正规金融的存在具有"资源配置效应"与"产出效应",它提高了投资效率和资本形成质量,为中国经济增长绩效提供了重要的金融支持。(4)在金融制度变迁层面上,非正规金融具有制度变迁的导向意义。非正规金融不仅是一种融资制度,而且是一种甄

别企业家精神的社会制度，它有利于企业家自我甄别机制的实现。企业家作为金融制度创新的主体，以自己的创意行动促进着非正规金融向正规金融的演变。(5)在政策层面上，根据中国实体经济的特质，允许和鼓励非正规金融，形成“多元融资”体系的金融结构是目前切实可行的选择；金融深化和“多元融资”中非正规金融向正规金融的演变，有助于弱化金融二元结构，提高金融体系的效率。

关键词：金融体系　金融结构　制度变迁　经济增长　非正规金融

世界经济

0836

我国投资银行在风险投资中的作用 / 安红军著 ; 陈建安指导. -- 复旦大学, 2005. -- 125 页

论文通过对风险投资进行理论与实践相结合的研究，根据我国投资银行的特点和实际情况，提出关于投资银行发展风险投资业务的理论分析和具体思路。首先，通过对合伙制组织模式的特点和目前我国投资银行采用合伙制风险投资模式的现实障碍的分析认为，在风险投资基金的试点和初期发展阶段，应以公司制为主、合伙制为辅设立和运作，在风险投资基金有了一定发展之后，可以逐步向公司制与合伙制并重，甚至以合伙制方式设立和运作方向发展。然后，通过分别建立风险投资者和风险投资家之间和风险投资家与风险企业经营者之间的博弈分析模型并加以分析，从具体操作的角度探讨如何在实际工作中降低和控制代理风险，建立实践中较为可行的风险投资公司风险控制制度。论文还讨论了风险投资公司与风险企业之间具体的风险投资契约体系设计，并具体探讨投资银行风险投资后管理的内容、基本方式和风险投资后管理应注意的问题。最后，论文结合投资银行的自身特点和我国具体环境提出投资银行风险投资的退出战略设计、退出实施阶段对退出的方式所进行的比较分析和最优选择等具体内容。

关键词：风险投资　投资银行　委托代理　风险管理　契约

0837

跨国公司主导型国际分工研究 / 安礼伟著 ; 赵曙东指导. -- 南京大学, 2005. -- 164 页

本文共分七章。第一章导论，介绍研究背景和意义，并对相关文献进行述评。第二章介绍了跨国公司和经济全球化的发展，对跨国公司主导型国际分工模式进行初步考察。作者认为，跨国公司成为国际分工的主角对于国际分工具有本质性的影响。在这一模式下，国际分工问题成为跨国公司在国际范围内选择生产地点的问题；跨国公司主导型国际分工是一种生产环节国际分工模式，各国专业化生产最终产品的特定价值增值环节并通过国际生产网络进行整合；FDI以及中间品贸易的快速发展是经济全球化的重要特征，这是跨国公司主导型国际分工的外在表现之一。第三章分析了劳动力专用性对于跨国公司全球最优一体化战略的影响，指出在跨国公司主导型国际分工模式下，一国劳动力供给特征决定了该国适合处于何种特征产业的国际生产网络及其在国际生产网络中的层次。第四章研究了从跨国公司内分工到国际生产网络的问题，认为从表现看，在国际生产网络中节点的相对位置就决定了一国在跨国公司主导型国际分工中的利益分配状况。第五章分别从工资、贸易政策和国际分工利益及其分配角度对跨国公司主导型国际分工的效应进行了研究。第六章根据联系效应和技术溢出效应分析了新分工模式下发展中国家的产业发展，认为在跨国公司主导型国际分工模式下，通过与跨国公司建立价值联系是发展中东道国促进产业成长的重要途径。同时，更为频繁的技术交流也为发展中国家提供了提升产业技术水平、培育本土产业竞争力的机遇。第七章对中国经济开放进行了简单回顾，论述了中国的国际生产网络节点的特征，并就中国参与跨国公司主导型国际分工提出了战略建议。

关键词：跨国公司　国际分工　生产网络　一体化战略

0838

大股东与公司治理研究 ：兼谈中国上市公司大股东问题 / 操舰著 ; 黄亚钧指导. -- 复旦大学, 2005. 176 页

本文在“大股东—经理—外部股东”的研究框架下，探讨大股东在公司治理中的角色和定位问题，并对国内上市公司存在的大股东问题进行了剖析。文章认为，应积极营造有利于大股东发挥治理的外部条件，同时尽快完善我国证券市场的投资者保护机制，以此在发挥大股东治理优势的同时避免大股东侵占上市公司和其他股东利益。全文共分六章。第一章

导论,对涉及的几组概念进行了阐释并说明了本文的结构安排。第二章通过分析代理问题和剩余索取权的配置,分析了大股东参与治理、提供监督的行为。第三章对大股东拥有公司控制权所带来的收益进行了划分,将之分为控制权共享收益和控制权私人收益;并对大股东侵占控制权私人收益进行了实证分析。第四章研究了大股东和外部股东之间的代理问题,认为在减少代理成本方面,投资者保护机制可以发挥一定的作用。第五章建立了一个理论模型,分析了出现大股东侵占和投资者保护等因素下如何减少大股东侵占、发挥大股东的治理优势。第六章分别分析了国内上市公司的股权结构、大股东监督情况、股权集中度和公司绩效关系及大股东侵占问题,对解决大股东侵占、保护投资者问题提出了一定的政策建议。

关键词:公司治理　股东　控制权　投资者保护

0839

俄罗斯制度变迁与产业结构耦合研究 / 曹英华著 ; 程伟指导. -- 辽宁大学, 2005. -- 126 页

除序言外,本文共分五章。第一章是对制度变迁与产业结构耦合的基本分析。作者认为,制度和体制是通过对产业结构的影响来影响经济增长的。按照这个逻辑,本章在梳理了产业结构的相关理论后,构建了"制度变迁(经济转轨)——产业结构"的理论分析框架。同时,用世界经济发展的现实去印证这个理论框架的存在。第二章分析了20世纪初传统计划经济体制及重工业优先发展产业结构形成的历史背景,认为这两者是一种共生的关系,并不是传统体制内生于产业结构的安排。世纪初的大规模制度变迁为产业结构安排的形成与功能的发挥提供了当时背景下有效的制度条件,从而产生了体制与结构之间的一系列正向耦合效应。第三章分析了苏联传统体制与传统产业结构耦合的偏差与调整。认为随着内外环境和条件的变化,传统体制的缺陷愈加明显,阻碍了社会进步。苏联也曾从不同层面调整产业结构安排,但由于路线上的偏差调整始终没有出现两者的正向耦合效应,反而引起大规模的制度变迁即经济转轨。第四章研究了俄罗斯经济转轨与产业结构耦合的现状。指出由于"休克疗法"式经济转轨无法与俄罗斯经济现实兼容,因而不但没有实现产业结构合理化和高级化,反而引发了持续的经济大滑坡和在国际经济中的"边缘化";普京执政以来,制度建设路线和路径的调整,在某种程度上意味着制度建设的加快,因而俄罗斯产业结构调整绩效的出现存在一定的"滞后"效应。第五章总结全文,并得出几点启示和思考。

关键词:经济体制改革　产业结构调整　俄罗斯

0840

新自由主义的贫困 : 七十年代以来拉美新自由主义经济改革研究 / 陈平著 ; 苏振兴指导. -- 中国社会科学院研究生院, 2005. -- 184 页

本文主要研究新自由主义结构改革在拉美兴起、演进的动因,新自由主义结构改革的内容、范式特征、内在缺陷以及新自由主义改革与拉美经济危机之间的内在关系。首先分析了新自由主义在拉美兴起的原因,认为其最深刻的历史根源在于殖民统治以及不彻底的独立运动的两个遗产:拉美国家内部上层精英与下层民众之间尖锐的利益对立和意识形态分化;拉美上层精英与宗主国和中心国家之间长期的结构性依附。论文将新自由主义在拉美的兴起和演进分为三个阶段,分析了各阶段新自由主义兴起和演进的动因。其次,论文研究了拉美新自由主义改革的范式特征,认为新自由主义改革与其他市场化改革范式的本质不同,在于其激进性、彻底性和片面性的范式特征。这种激进、彻底、片面的新自由主义改革,不仅没有弥补和消除钉住汇率制度引起的经常项目逆差,反而进一步扩大了拉美国家经济的内外失衡,使拉美国家的宏观经济在各种外部冲击面前更加脆弱,最终导致90年代一系列的金融动荡和经济危机。论文接着探讨了新自由主义的内在缺陷,认为其缺陷不仅仅存在于技术层面,而是更深刻的体现为它在国家与市场关系、产权改革、经济全球化等重大理论上的缺陷和误导。最后,论文分析了新自由主义改革与拉美经济危机之间的内在联系,指出新自由主义改革在拉美的失败最根本的原因在于:新自由主义是一种外部强加的、旨在削弱民族主义、社会主义发展模式、推动霸权国家和垄断资本全球扩张的意识形态和改革范式。拉美的新自由主义结构改革不可能解决诸如收入分配和社会公正、国家竞争力、宏观经济稳定等一系列制约拉美国家发展根本性问题,这是由新自由主义政治哲学、经济思想、改革范式的政治属性所内在决定的。

关键词:新自由主义　经济改革　拉丁美洲

0841

机构投资者与公司治理结构 : 论发达国家机构股东积极主义的兴起及其对公司治理的影响 / 陈仲民

著；李晓指导. -- 吉林大学，2005. -- 184 页

本文以西方发达国家(尤其是美国)机构投资者的发展及其股东积极主义的兴起为背景，就投资与持股的机构化，机构股东积极主义的兴起，以及机构投资者股东积极主义对公司治理的影响进行分析，并在此基础上，对如何促进中国机构投资者的发展、机构股东积极主义的兴起，以及治理结构的改善提出建议。全文共分六章。第一章引言介绍本文的选题意义和国内外相关研究现状等。第二章首先对股东积极主义的内涵做了解释，随后阐释了美国股东积极主义的形成与发展，最后介绍了发源于美国的机构股东积极主义在世界范围内的扩张情况。第三章从发达国家金融市场变迁、制度环境变化与经济理论的发展等三个方面，分析了机构股东积极主义兴起的原因，并分析了持股机构化对机构股东策略的影响。第四章主要论述了公司治理的理论基础、内涵及其价值取向，主要国家的公司治理结构的特征，以及企业治理失灵的制度根源。第五章分析了机构投资者股东积极主义对公司治理结构的影响。认为股东积极主义可以缓解企业权力配置失衡、减少机会主义行为、提高公司决策的"优度"，但它并不能解决所有的治理失灵问题。第六章研究了中国公司治理的现状与所面临的问题，考察了中国机构投资者的发展情况，并就优化中国的上市公司股权结构、发挥机构投资者积极股东的作用提出了建议。

关键词：机构投资者　公司治理　股东　金融机构　发达国家

0842

存款保险制度及其金融发展效应研究 / 董旭操著；洪文达指导. -- 复旦大学，2005. -- 188 页

本文讨论了存款保险制度及该制度在新背景下的各种具体效应，分析了全球的存款保险数据，考察了各国的具体做法，并讨论了建立我国存款保险制度的现实问题。全文共七章。第一章导论，概述了论文的研究思路和已有相关研究。第二章从银行的功能出发，考察了国际范围内的银行危机，分析了防范危机的基本方法。第三章将清算成本和风险投资引入传统的DD模型，讨论存款保险制度新的均衡结果，并分析了存款保险安排的一个常用控制变量：最低自有资本要求。第四章对全球现有的存款保险制度进行考察，分析了存款保险制度的金融发展效应。第五章对存款保险中的道德风险和公平定价作进一步讨论，采用新的变量组合实现了逆选择条件下保险费率的公平厘定问题，提出并论证了存款保险事实上可能引发银行资产趋同进而增大系统风险的观点。第六章在一般均衡的思想下，分析小型开放经济建立存款保险制度的福利效应，为发展中国家建立和设计存款保险机制提供一个一般性的分析框架。第七章在前六章分析的基础上，讨论了我国建立存款保险制度的现实问题。

关键词：存款保险制度　银行危机　挤兑　金融稳定　风险投资

0843

资本项目可兑换与金融体系脆弱性：理论与政策研究 / 段文海著；冼国明指导. -- 南开大学，2005. -- 181 页

文章主要从理论和实证经验方面研究了资本项目可兑换与金融体系脆弱性之间的关系，认为脆弱是金融体系的本性，它影响到资本管制效果和资本项目开放的可维持性，资本管制发生作用需要一个比较健全的金融和监管体制。文中构造了一个反映资本项目可兑换、金融体系脆弱性与资本流动规模之间关系的模型，并通过修正模型系统研究资本项目可兑换的金融稳定效应和负面影响，指出在资本流动规模适度的情况下，资本项目可兑换有利于金融稳定，在资本流动规模过度的情况下，资本项目可兑换的负面影响增加；同时，提出金融体系脆弱性是影响资本项目可兑换进程的变量因素，因此金融体系脆弱性评估和资本管制效果评估是实施资本项目可兑换的重要环节。文章还评估了中国金融体系脆弱性的具体指标，从宏观经济及其政策、金融机构和市场、监管制度三个方面说明了中国金融体系的脆弱性，并提出了评价资本管制有效性的五个标准，即：保持同种金融工具价格差异的能力；降低货币供给中外汇占款的波动；降低名义汇率和国内价格剧烈波动；防止属于财富转移性质的资本外逃；防止国际资本流动导致的国内资本市场剧烈波动和价格扭曲。分析指出，中国金融体系脆弱性仍然比较严重，资本管制基本有效，但这种效果正在弱化，需要合理安排金融改革和资本项目可兑换顺序。作者从市场化改革、审慎管理和冲销干预三个方面提出了加强金融体系稳定性的措施以及建立中国跨境资本流动监测预警机制的基本构想。

关键词：金融自由化　金融体系　金融监管　自由兑换　资本项目可兑换

0844

机构投资者行为研究 / 段续源著 ; 腾维藻, 冼国明指导. -- 南开大学, 2005. -- 131 页

本文使用行为金融学的方法,根据机构投资者行为的决定因素,对机构投资者的投资交易行为以及它们在投资决策活动中呈现出的心理特点进行了研究。全文共分六章。第一章导论。第二章介绍了机构投资者的发展历程和功能。第三章阐述了机构投资者的行为特征。第四章对机构投资者行为的理论和实证研究。作者对羊群行为进行了重点论述,在界定羊群行为概念、分析羊群行为产生机制之后,作者提出了一个基于反馈效应的模型,证明了机构投资者羊群行为不但会造成市场价格和成交量的波动,影响市场稳定性,使市场运行效率受损,而且还会导致机构投资者多样化投资策略失灵。作者还对美国和我国股票市场的机构投资者羊群行为进行了实证检验,结果表明机构投资者的羊群行为是客观存在的。我国的证券投资基金之间存在较为显著的羊群行为,并且在买卖历史收益率极端的股票时,羊群行为表现得更加明显,机构投资者的羊群行为降低了我国资本市场进行资源配置的效率。第五章根据新古典经济学和新制度经济学观点,对机构投资者行为和资本市场效率的关系进行分析。作者认为,我国资本市场基础性制度不健全,制度安排不合理,整个制度体系缺乏整体性、协调性安排,这是我国资本市场效率遭受损害的关键原因。第六章从制度安排的层次上分析机构投资者的行为,从我国资本市场制度变迁中分析机构投资者发展失衡和投资基金制度的缺陷,并提出了发展机构投资者的政策建议。

关键词:机构投资者　投资行为　证券市场　有效市场假说　羊群行为　交易费用

0845

论美国"布什(长期)减税"的可持续性 / 方晋著 ; 萧琛指导. -- 北京大学, 2005. -- 123 页

减税是美国小布什政府的核心经济政策,减税政策的出发点是提高经济的长期增长率,理论依据是供给学派经济学。减税政策对于总需求的刺激和"新经济"的复苏起到了积极作用,但也有很多反对意见。论文研究的核心问题就是,根据美国当前和预期的经济及预算状况,探讨"布什减税"能否持续下去。通过建立理论模型和对美国经济的实证研究,文章认为良好的预算状况是"布什减税"得以持续的前提条件,而经济增长是支撑减税的关键变量。一方面,减税会造成税收收入下降,政府赤字和债务增加,国民储蓄减少,造成挤出效应;但另一方面,减税刺激劳动供给和资本积累,进而提高经济增长,反过来又会扩大税基,使总的税收额可以随时间推移和经济增长而扩大。由于减税政策的继续推行有赖于预算状况的改善,因此逐步恢复预算平衡是十分必要的,布什政府认为可以通过缩小政府规模、减少政府干预、削减政府开支、化解社会保障支出压力、推动经济增长等途径改善预算平衡。然后,通过对美国经济发展的回顾与分析,认为,促使美国经济增长、特别是"新经济"出现的因素仍然在发挥作用,而减税政策作为布什政府全面改革美国经济的一个重要组成部分也会对此产生很大的促进,因此美国的长期发展态势比较乐观。减税的挤出效应比较有限,因为财政政策并不是影响利率的主要原因,而在全球化条件下美国的储蓄缺口可以通过外国资本流入来弥补。因此,文章认为,布什减税不但可以持续,而且有条件进一步深化。

关键词:减税　财政赤字　经济增长　美国

0846

日本公司治理变革中的惯性与趋同 / 冯剑著 ; 陈建安指导. -- 复旦大学, 2005. -- 133 页

本文第一章首先对公司治理理论和公司治理趋同理论进行了综述。第二章对日本以"主银行联系"、"交叉持股"和"以终生雇佣制和年功序列制为特征和主要内容的劳资制度"这三者为基础的日本模式公司治理机制的产生与发展的历史和社会政治环境进行研究。第三章论述了日本模式公司治理机制的特征与发挥的作用,并对美日两国公司治理机制进行了比较研究。第四章指出 1990 年代以后,随着日本泡沫经济的崩溃和经济的长期萧条,日本模式公司治理机制发生弱化,并对其原因与表现进行研究;作为发生弱化的治理机制的替代,日本以企业养老基金等机构投资者为核心形成的外部治理机制和通过日本企业主动改革形成的新的内部机制都有一定发展。第五章和第六章对两种机制分别进行了研究和论述;最后对日本公司治理变革中的惯性与趋同进行了概括总结,并得出结论,即日本公司治理模式在形式上正向美国模式趋同,但实际上趋同程度不完全,即日本公司治理变革中存在相当的惯性。

关键词:公司治理　机构投资者　外部董事　日本

0847

构建中国远期外汇市场的研究 / 高扬著；余永定指导. -- 中国社会科学院研究生院, 2005. -- 72 页

论文的主旨在于通过对远期外汇市场的理论和运行机制的研究,在总结分析国外发展经验的基础上,结合我国外汇市场现状和发展目标,为构建我国远期外汇市场提供指导意见。发展远期外汇市场是一项系统工程,既要符合远期外汇市场自身的发展规律和运行机理,同时也要与我国汇率体制改革进程相适应。促进远期汇率的价格发现和避险功能的实现,外汇远期市场的定价机制、外汇市场微观市场组织结构、远期外汇品种发展模式及外汇风险监管是构建我国远期外汇市场的核心内容。通过对各部分的相关理论及国外实践的研究,对构建我国远期外汇市场的主要设想包括:应先于即期汇率之前放开远期汇率,通过远期汇率的灵活变动以缓冲对即期市场的冲击;采取分散和集中交易方式相结合的微观市场结构,优势互补,满足市场主体多样化需求,提高外汇市场价格发现效率;积极发展人民币与外汇间直接远期和掉期交易,积极开展外汇间衍生品交易,慎重发展人民币外汇期货,促进在岸和离岸市场的融合,实行持仓头寸限制和资本要求方式相结合的外汇监管,以兼顾外汇风险控制和外汇市场规模发展的要求。

关键词:外汇市场　人民币汇率　外汇交易　风险管理

0848

房地产经济周期的微观解释：行为经济学方法与实证研究 / 关涛著；戴炳然指导. -- 复旦大学, 2005. -- 276 页

本文在行为经济学的路向上,采用实证研究的方法,为房地产经济周期提供了一个较好的解释。全文共分九章。第一章说明了文章选题的背景、意义、目的、创新之处和难点,并对前人的研究进行了综述。第二章详细分析了对房地产经济周期进行解释的各种理论,指出了它们的局限性。第三章引入行为经济学,分析了行为经济学的主旨和方法,集中说明了行为经济学的框架和内容,并对其应用进行了研究。第四章开始对房地产的微观主体的决策过程进行了考察,分析了房市中的认知、评价和情感,着眼于他们决策过程是否存在违背理性的各种偏误。第五章以估价师为例,对房地产专业人员的决定制定过程进行了分析,文章首先分析了房地产的专业决策的行为经济学,对估价师是如何工作的进行了介绍,然后,讨论了可比销售的选择过程及估价过程中的证实偏误,最后,对房地产定价决策中的锚定和调整进行了论述。第六章深入到微观主体的谈判过程,分析决策偏误在谈判过程中的行为方法,及谈判过程中会有哪些表现、信息的使用,研究了房地产的挂牌价格。第七章考察了房地产微观主体的决策偏误从个体层面向群体层面的过渡,分析了微观主体决策偏误在市场层面的展开过程,最终对房地产周期的总过程进行了全面解释。第八章为房地产经济周期的行为机制提供了一个模型分析。第九章以上海房地产市场为例,具体分析了其四大行为性质,并解释了近两年来上海房价快速上涨的各种催化因素。第十章通过心理学实验和问卷调查对上海房地产市场个体参与者的行为进行了研究。

关键词:房地产经济　行为经济学　房地产市场

0849

WTO 框架下的国际贸易壁垒及我国对策机制研究 / 郭波著；金明善指导. -- 辽宁大学, 2005. -- 177 页

本文共分六章。第一章对新贸易壁垒的含义、特征、表现形式、发展趋势及 WTO 涉及新贸易壁垒的有关规定进行了介绍。第二章从国际贸易政策和贸易政策工具演变的角度,探讨 WTO 框架和新贸易壁垒的形成机制。第三章从经济学理论上进一步分析了新贸易壁垒对进口国、出口国和世界福利的经济影响和作用机制。第四章对美、欧、日等主要发达国家新贸易壁垒体系进行了比较。第五章结合中国实际,分别分析了各种新贸易壁垒对中国出口及国内经济的影响,结果表明新贸易壁垒正在成为制约我国经济发展的最大外部因素。第六章总结全文,认为中国应将突破新贸易壁垒视为推动经济良性发展的重要契机,在 WTO 框架下加速市场经济体制改革,制定新的外贸政策和经济发展战略,这才是应对新贸易壁垒的根本之策。

关键词:国际贸易　贸易壁垒　对外贸易政策　世界贸易组织(WTO)

0850

国外政策性金融机构研究：以美、日、韩三国为中心 / 郭新双著；李玉潭指导. -- 吉林大学, 2005. -- 228 页

本文在界定政策金融和政策性金融机构的基础上,从政策金融的一般理论出发,以比较研究和实证

研究为主要方法，重点分析美国、日本、韩国的金融体系以及政策性金融机构的主要作用、基本特点、服务范围、运营模式等问题，提出了政策金融是任何金融体系的重要组成部分，不是市场经济的例外；政策性金融机构经营的失败没有客观必然性，只要政府保证对政策性金融机构的支持力度，并保持干预的适度，政策性金融机构健康运营是有可能的，不会成为金融危机的根源和政府的负担；政策当局和政策性金融机构也应根据客观环境的变化，及时调整政策性金融的职能和业务范围，允许有条件的政策性金融机构在制度创新和管理完善情况下，积极开展商业化经营，参与市场竞争等观点，指出了中国在发展中经济、发展中市场、发展中制度的现实背景下，必须走一条不同于其他发展中国家所走的路径。以市场直接融资为主的金融体系虽然是我国企业融资发展的方向，但以银行为中介的间接融资体制仍然会在相当长的时间内对中国金融发展起主导的作用，以银行为中介的融资活动仍然是推动中国经济发展的主要筹资渠道。同时，提出了为进一步发展和完善中国政策性金融机构的一些建议。

关键词：金融机构　金融体系　政策性金融　美国　日本　韩国

0851

我国资本项目开放的动因与效应研究 / 郭永清著 ; 黄泽民指导. -- 华东师范大学, 2005. -- 145 页

论文旨在从新的视角来解读资本项目开放的深层动因，并试图通过项目开放对经济增长、银行与证券业的发展、汇率制度安排的影响进行分析，阐明资本项目开放与经济发展的复杂关系。全文分为三个部分。第一部分主要对资本项目、资本项目的开放等重要概念的内涵与外延进行界定，同时结合资本项目开放的历程，对资本项目开放的理论渊源进行阐述。第二部分主要在追溯资本项目开放历史基础上，对资本项目管理制度的演变机制、决定政府政策抉择的内在动机进行了剖析，并对影响我国政府对资本项目开放抉择的深层次因素作了尝试性的探讨。第三部分主要对资本项目开放对我国经济增长、银行业的发展、资本市场和汇率制度的安排等方面的影响进行探讨。

关键词：对外开放　资本项目　银行业　汇率制度　外汇管理　资本流动

0852

美日俄后工业社会演进的制度分析 / 韩爽著 ; 程伟指导. -- 辽宁大学, 2005. -- 146 页

本文将研究视角定位于后工业社会演进问题，论证后工业社会演进的本质是社会分工，并通过新兴古典经济学的理论模型搭建社会分工与制度之间的分析路径，在制度分析框架内比较研究美日俄后工业社会演进的经济制度、企业制度和创新体制。进而依据框架构建后工业社会演进绩效的指标评价体系，定量分析美国、日本和俄罗斯的后工业社会演进绩效。全文由序言和八章内容组成。第一章是对后工业社会理论研究的文献综述，总结和评述了各阶段后工业社会理论研究的特点。第二章首先通过回顾斯密、杨格分工理论，勾画了社会分工、内生增长和经济自我演进的图画；其次采用一个相对简化的新兴古典经济学模型，解释社会分工、制度安排和社会演进的内在关系；再次通过对后工业社会的概念定位，论证了后工业社会演进的本质是社会分工的演进，进而从社会分工的角度阐述了后工业社会的主要特征。第三章从美日俄的世界大国地位，后起"成功"实现工业化，及后工业社会演进差异三方面论证选择这三个国家作为比较研究对象的可行性。第四到六章是对美日俄后工业社会经济体制、企业制度和社会创新制度的比较。第七章通过构建后工业社会演进评价指标体系，对美日俄后工业社会演进绩效进行定量分析。结果显示，美国后工业社会演进绩效优于日本，日本优于俄罗斯；制度指标是决定各国后工业社会演进绩效的关键指标，美国后工业社会演进优势更多地体现在制度层面，日本后工业社会演进出现障碍也是更多地源于制度因素。第八章总结关于后工业社会演进的主要结论，并探讨对中国的借鉴意义。

关键词：后工业社会　社会分工　工业化　美国　日本　俄罗斯

0853

全能银行 ：理论、国际经验及对中国的借鉴 / 韩竹著 ; 佟家栋指导. -- 南开大学, 2005. -- 125 页

论文从理论上系统地探讨了全能银行存在和发展的原因、影响及其监管等问题，对我国商业银行的未来发展有一定的借鉴作用。作者首先对全能银行的相关概念进行了界定，全面地梳理了全能银行的概念，并通过对德国和美国银行体制形成和发展的对比，总结出银行体制与特定国家的经济发展阶段、政治文化水平相联系，而且中央银行和监管当局的防范

和化解金融风险的能力以及市场微观主体的理性在很大程度上决定了银行体制的选择。接着，作者对全能银行进行了经济理论分析。运用金融功能观和效率理论系统地解释全能银行存在和发展的原因；并从全能银行体制对金融体系和银行自身运行效率、企业融资效率和金融体系稳定性三方面的影响探讨了全能银行的经济效应。针对全能银行的监管问题，作者先分析了全能银行的风险特征，然后对其监管方式的选择、道德风险的监管、"防火墙"的建立进行了探讨。作者还考察了发展中国家和新兴市场经济国家实行全能银行体制的经验，指出由于发展中国家和新兴市场经济国家的金融体系相比发达国家而言具有更大的内在不稳定性，所以在实行全能银行体制时必须遵循谨慎原则。最后，作者进一步探讨了全能银行体制在我国的实践问题，指出在 WTO 背景下，转轨时期的中国应积极地构建商业银行从事初级全能业务的组织形式和调整监管构架，从而提高我国的银行竞争力，改善金融效率，促进金融体制的改革。

关键词：商业银行　银行体制　银行业务　全能化　金融监管

0854

发展中国家和地区对外直接投资的理论和实践研究 / 杭宇著 ；廖少廉指导. -- 厦门大学, 2005. -- 158 页

本文将发展中国家和地区对外直接投资（FDI）研究置于经济全球化背景之下，从国际分工深化的视角对发展中经济体行为进行研究。本文认为，经济全球化的兴起使国际分工深化，建立在价值链分工体系上的国际生产体系逐渐形成。这种分工体系的形成主要通过 FDI 来完成，FDI 已经成为全球化生产体系不可缺少的环节。随着国家分工的深化，生产分工也体现在国际 FDI 中，部分发展中国家和地区已经紧密地融入国际分工体系，因此也在国际 FDI 中承担相应的分工。在发展中国家和地区控制的生产领域和生产环节进行的 FDI 将由发展中国家和地区来完成，这使得发展中国家和地区在国际 FDI 中占据一定空间，这种空间随着发展中国家在国际分工地位的提升不断扩展。本文还认为，发展中国家和地区 FDI 对缓解国家 FDI 不平衡起着积极作用。发展中国家和地区的 FDI 中有很大部分投向发展中国家和地区，包括较落后的国家和地区。发展中国家和地区在国际分工中的地位决定了它们的 FDI 比发达国家 FDI 的地区分布更加分散，从而有助于缓解国际 FDI 过分集中的分布格局。

关键词：对外直接投资　外商直接投资（FDI）　发展中国家　国际分工

0855

国际直接投资与东亚 IT 产业 / 何强著 ；张蕴岭指导. -- 中国社会科学院研究生院, 2005. -- 139 页

本文共分五个部分：导言、东亚 IT 产业的发展、跨国公司与东亚 IT 产业、FDI 与东亚 IT 产业技术进步、中国 IT 产业发展的政策取向。论文首先阐述了国际直接投资（FDI）与东亚 IT 产业发展的关系，认为东亚各国和地区 IT 产业的发展既有共同特点，又有不同之处，东亚 IT 产业的发展反映了国际分工日益深化的过程。东亚 IT 产业的产生和发展直接得益于发达国家跨国公司的 FDI 和跨国公司所主导的国际生产网络。东亚 IT 产业的发展过程是一个产业技术不断升级的过程，是以本地供应商为主导的升级模式，大致经历了 OEM—ODM—OBM 三个阶段。论文接着针对东亚 IT 产业目前面临的升级困难进行分析，在 FDI 与后发国家的技术进步的一般性分析框架下，以马来西亚电子产业和中国通讯设备制造业的发展为例，分析 FDI 与东亚当地企业技术升级和企业组织能力的关系和影响因素，提出了"国家积极推动 + 企业互动学习"的产业发展模式，并在分析 FDI 与中国 IT 产业发展的关系的基础上，提出了中国发展 IT 产业的政策取向，认为既要重视发达国家大跨国公司的 FDI 和产业转移，也要重视东亚等发展中国家和地区对华 FDI 和产业的"二次转移"。

关键词：国际直接投资　信息产业　技术进步　东亚

0856

美国数字经济研究 / 何枭吟著 ；李俊江指导. -- 吉林大学, 2005. -- 185 页

本文以美国经济为研究对象，较深入地揭示了数字经济的内涵、发展规律，并分析了它对世界经济的深远影响和我国的应对措施。全文除引言部分外，共分六章。引言介绍了本文的选题背景、论文的思路、研究方法以及观点创新之处。第一章分析了数字经济产生的背景，对数字经济的内涵进行了界定，分析了数字经济的特征及其对传统经济的冲击。第二章研究了数字经济发展的理论基础——技术进步与制度变迁，指出数字经济的产生和发展依赖于技术进步和制度变迁的"创造性破坏"过程，技术进步与制度变

迁的互动发展理论为美国数字经济微观基础和宏观现象分析作了理论上的铺垫。第三章分析了美国数字经济的发展历程,指出美国数字经济的发展过程经历了发育、成长和挫折三个阶段,并对美国数字经济发展因素进行了分析。第四章对美国数字经济微观基础分析,指出数字产品、数字市场和数字企业的创新是美国经济持续发展的巨大动力,并分别进行了具体分析。第五章对美国数字经济的宏观表现分析,指出美国政府通过建设服务型数字政府缩小政府与商业之间的效率不均衡,通过跨越数字鸿沟来消除数字资源分配不均衡,通过积极干预劳动力市场来解决就业结构失衡。第六章指出数字经济是世界经济发展的必然趋势,分析了数字经济时代世界经济的特点,并研究了中国如何迎接数字经济的挑战。

关键词:数字经济　信息技术　网络经济　美国

0857

经理股票期权 :作为凸性激励的相关问题及其在中国的应用研究 / 胡经生著 ; 华民指导. -- 复旦大学, 2005. -- 167 页

论文主要研究股票期权区别于一般股权激励,即作为凸性激励方式的重要特征,在此基础上分析其理论基础问题。论文在委托—代理理论的分析框架下,证明了引入凸性激励——即股票期权激励的必要性。然后在此基础上,采取逐步放松假设、层层递进的分析思路,展开整篇论文的分析。首先,放松原来激励契约中凸性激励关于经理层工作努力程度对公司产出、并进而对公司股价影响程度基本一致的假定,并据此分析了安然等大公司财务丑闻问题、硅谷高科技企业的巨大成功两种迥然不同的现象。第二,放松激励契约中股票市场有效的前提假设,推导出了投机性股票市场条件下公司经理层的行为,即由于过度乐观的投资者的存在,会导致经理层采取追求公司短期效益的行为;并讨论了三种主要的改进措施。第三,结合现实中经理层对董事会权利渗透的诸多情况,运用经理层权力分析法,分析了股票期权激励中的种种在传统委托—代理理论下难以解释的现象,例如:指数性期权的不被采用、平价股票期权的大行其道以及重新定价的风行;针对公司董事会建设,分析评价了美国的公司改革法案与外部监管的成本收益问题。最后,利用上述的理论结果,并在世界各国股票期权激励制度比较的基础上,从国家层面探讨中国股权激励的制约因素、实施条件,以及海外上市公司股票期权激励发展现状、沪深股市上市公司股权激励情况;在此基础上提出了中国发展股票期权激励的政策建议。

关键词:企业管理　股票期权　激励　经理

0858

我国基金股票投资行为及其绩效效应研究 / 胡倩著 ; 林珏指导. -- 上海财经大学, 2005. -- 115 页

本文参照行为金融理论的研究框架,从持股偏好、羊群行为等方面对股票型基金的个体行为和群体行为进行分析,从而对我国基金的投资行为及其绩效效应进行研究。全文共分六章。第一章是导论,首先说明了本课题的研究背景、研究意义,然后对国外关于基金持股偏好、基金羊群行为和基金绩效评估的理论进行了综述;并说明了本文的研究方法、结构安排与主要创新。第二章对我国基金股票投资进行描述性统计,首先分析了我国基金的基本表现;然后分别对紧急持股特点与风格、基金股票投资策略进行了描述性统计分析;最后总结出绝大多数基金所持有股票的平均规模要远远大于市场平均水平,基金在股票投资上似乎具有某种偏好。第三章利用 sas 分析软件实行逐步回归,建立多因素模型,以检验不同时期基金整体以及不同类型基金的持股偏好;认为我国基金作为专业投资机构,较为注重上市公司的盈利能力,但目前对盈利能力的重视主要反映在静态结果上,对盈利能力的增长情况关注程度有限;并且各类型基金在持股偏好上表现出了较大的同质性,表明我国基金可能存在较为严重的羊群行为,也表明在现有的市场规模下基金规模与可投资品种之间的矛盾较为突出。第四章参照经典的 LSV – Wermers 建立了羊群行为的测度方法,并以此对我国基金羊群行为的程度及其市场影响进行了实证检验。第五章以股票为媒介,建立基金绩效与股票质地的互动模型,以此对基金绩效进行衡量。第六章总结了本文的主要研究结论,并提出了对监管部门、基金管理公司和投资者的建议。

关键词:基金　股票投资　投资行为　证券市场　羊群行为

0859

中间层组织、竞争优势与跨国公司 :国际直接投资理论研究 / 胡义著 ; 朱延福指导. -- 中南财经政法大学, 2005. -- 251 页

本文在总结前人有关国际直接投资理论研究的基础上,综合运用一些相关经济和管理学科的较新的理论学说,建立微观层次的国际直接投资厂商分析模型,并结合实际,论证和说明国际直接投资与跨国公

司产生和发展的微观动因，探讨国际直接投资对跨国培育竞争优势的作用，分析多样化的跨国公司组织形式和国际直接投资方式，提出对中国开放型经济发展和企业国际化经营的建议。全文共分八章。第一章是导论，说明本文的选题背景和意义、研究思路和创新，并对相关概念进行了界定和分析。第二章简要回顾了马克思主义政治经济学有关国际直接投资的理论分析，介绍并评论了西方主流经济学的传统国际直接投资理论。第三章对近二十多年来不同流派、具有影响力的理论和最新的研究成果作了介绍，并综合评论了各种理论和观点，对分析方法和研究特点进行了归纳和总结。第四章通过对跨国公司和国际直接投资的演进历程及发展现状的实证分析，归纳了跨国公司的发展规律和现代跨国公司的特性，提出了对跨国公司本质的看法，并总结了企业理论的研究成果和最新观点，在此基础上，结合中间层组织企业理论和企业能力理论，建立了国际中间层组织的基本理论模型并从经济学角度进行了解说。第五章进行了国际中间层组织模型扩展、推导和演进的理论讨论，并作了较为详细的经济学解说，论述了模型的理论价值和现实意义。第六章对跨国公司竞争优势的本质、来源、跨国公司培育竞争优势的手段、具体途径和其发展趋势进行了详细讨论。第七章从国际中间层组织模型角度出发，对跨国公司和国际直接投资形式的多样性进行了理论探讨，阐述了跨国公司组织内部外部一体化发展，并对几种特殊形式的国际直接投资方式作了具体比较分析。第八章讨论了如何正确认识经济全球化和外资对中国经济发展的影响、怎样把握中国开放型经济的发展和如何推进中国企业国际化经营。

关键词：跨国公司　国际直接投资　市场竞争　中间层组织　交易费用

0860

欧元对国际货币体系的影响研究 / 胡勇著；陈亚温指导. -- 厦门大学, 2005. -- 244 页

本文以国际货币体系的主要内容为线索，以欧元、美元的竞争与合作为重点，以国际货币体系的稳定与发展为中心，探讨了欧元对国际货币体系的影响。全文分八章。第一章为导言，介绍了本文的选题背景与意义、研究思路与方法，并对内容作了一些必要的说明。第二章从欧元对国际汇率体系、国际储备货币体系、国际货币体系稳定三方面的影响，对相关的文献进行了综述。第三章分析了欧元对欧盟新成员国、候选国汇率制度的影响。第四章是用欧元经验分析了当前区域货币一体化（如东亚、美洲及其他区域）的进展情况，找到了当前区域货币一体化进展缓慢的主要原因。第五章阐述了欧元的国际储备货币地位及其影响，讨论了欧元与“特里芬难题”、世界价格稳定的关系。第六章探讨了欧元、美元的竞争合作与国际货币体系的稳定之间的关系，认为欧元、美元的竞争约束与协调合作可能有利于国际货币体系稳定，但竞争与合作的不确定性也可能增大国际货币体系不稳定的风险。第七章作者先指出了现行国际货币体系存在的问题，并提出了改革建议，然后讨论了欧元对国际货币体系改革的影响。第八章探讨了中国人民币汇率制度改革与欧元的关系及人民币区域国际化与欧元经验的借鉴。

关键词：欧元　国际货币体系　汇率　货币一体化

0861

我国广义货币增长与价格稳定性研究 / 胡振飞著；余永定指导. -- 中国社会科学院研究生院, 2005. -- 74 页

论文主要围绕中国的 M2 / GDP 为什么处于很高水平以及广义货币增长对一般价格水平的稳定性会有什么样的影响这两个问题进行研究。文章首先对中国宏观经济中的货币、经济增长以及价格现象进行了归纳总结，并以现实情况为基础，构建了以广义货币（M2）及金融指标（M2 / GDP）为对象的理论模型。第二章将余永定（2002）的模型进行一般化处理，构建了描述 M2 / GDP 增长路径的微分方程，对 M2 / GDP 的动态增长路径给出了更为明确的经济学解释，研究表明，货币化因素、资本形成效率、融资结构和储蓄率是决定 M2 / GDP 稳态水平的主要结构性因素。第三章首先使用一个劳动无限供给下的生产函数建立了关于中国经济的总供给曲线，然后通过使用“资本成本—价格机制”代替通常的“劳动工资—价格机制”，得到中国的预期增广的菲利普斯曲线，分析表明，从短期看，M2 / GDP 比例的增长对通货膨胀并不产生影响，即在结构性因素不发生重大变化的条件下，对价格的稳定性不会构成威胁。第四章全面介绍了价格决定理论—价格决定的财政理论，认为在政府收入给定的情况下，价格水平由实际债券余额决定，是财政冲击而不是货币冲击引起价格水平的波动。第五章运用价格决定财政理论代替一般的货币数量论分析了 M2 / GDP 增长对价格稳定性的影响，分析指出，由于我国以国有银行为主体的金融结构缺乏关于金

融风险的分担机制,金融风险不能在居民、银行、企业和政府之间合理分担,导致由银行不良资产引起的金融风险不断向中央政府集中;另一方面,存在着政府对居民存款的隐含担保机制,使得广义货币具有准政府债券性质。因此,当不良资产积累的金融风险威胁到金融安全时,政府必须承担"准政府债券"的部分兑付责任,发行无盈余准备的政府债务,最终形成潜在的通货膨胀压力。总之,如果 M2 / GDP 增长意味着未来政府负债的不断积累,那么广义货币的增长将切实威胁到一般价格水平的稳定性。

关键词:货币理论　价格　经济增长　通货膨胀　财政危机　金融风险

0862

中国农村金融压抑与土地合作金融研究 / 黄晓东著 ; 白钦先指导. -- 中山大学, 2005. -- 128 页

本文首先肯定了金融发展对经济增长以及农村经济增长的促进作用,但我国目前农村金融压抑仍然严重,金融服务弱化的现象也十分突出;然后,作者利用金融可持续发展理论的研究方法和逻辑思维,从金融资源论的基础性核心金融资源、实体性中间金融资源和整体功能性高层金融资源这三个层次,分别对农村金融压抑的具体表现进行了实证分析。第三,论文通过对国外农村信贷金融制度进行比较分析,一方面反衬了我国农村金融制度与国外的差距,另一方面分别比较分析美国、法国、德国和日本等发达国家的农业信贷政策和农村金融制度,特别是合作金融制度、土地金融制度的形成、组织架构和功能体系,为构建我国的土地合作金融制度提供了思考和借鉴。最后,论文认为构建土地金融制度是我国农村金融制度的一大创新,对支持农业生产、发展农村经济具有重要意义,论文先对我国学者提出的以土地抵押贷款为主要内容的政策性农地金融制度的构思进行了评判,分别从政策性农地金融制度的有效性、成本收益性、社会经济效益以及有关的法律法规的约束等方面,反证该构建方案的不可行和不经济性,然后,分别从机构设置、业务经营、管理运作、监管体制和与政府的关系等方面对土地合作金融机构进行了整体构思。

关键词:农村金融　金融发展　土地制度　合作金融

0863

NAFTA 体制下墨西哥贸易、投资与经济增长 / 季旭东著 ; 刘厚俊指导. -- 南京大学, 2005. -- 187 页

本文以北美自由贸易区为分析背景,研究 NAFTA 对墨西哥贸易、外商投资和经济增长的影响。第一章导言介绍研究背景、意义、思路等。第二章介绍、分析了区域经济一体化理论,并对 NAFTA 与墨西哥的贸易、投资、经济增长相关文献进行回顾与评述。第三章首先对 NAFTA 进行概述,分析其形成背景以及墨西哥为加入该组织所做的努力;其次从原产地规则、农业、投资等方面对 NAFTA 的宗旨与政策框架进行了介绍;最后分析了 NAFTA 的特点。第四章分析了 NAFTA 对墨西哥贸易的影响,主要从三个层面展开。一是 NAFTA 对墨西哥贸易量的影响;二是 NAFTA 对墨西哥贸易影响的计量检验;三是分析了区域经济一体化下规模经济、专业化生产得以实现的可能性,并以墨西哥汽车为例分析了规模经济、专业化生产的实际情况。第五章对 NAFTA 下墨西哥外商直接投资进行了概述,然后对区域经济一体化的直接投资效应进行理论分析,最后是 NAFTA 对墨西哥吸引外商直接投资的计量检验,并依此提出政策性建议。第六章通过研究墨西哥加入 NAFTA 前后贸易结构、投资结构的变化来分析其与经济增长的关系,认为 NAFTA 对墨西哥经济产生了贸易增长效应和刺激国内需求效应,而这两个效应都能推动墨西哥经济增长。第七章分析了墨西哥加入 NAFTA 带来的问题及对发展中国家的启示。

关键词:区域经济一体化　对外贸易　外商直接投资(FDI)　经济增长　北美自由贸易协定(NAFTA)　墨西哥

0864

税制间的税收竞争效应研究 / 蒋毅一著 ; 黄亚钧指导. -- 复旦大学, 2005. -- 125 页

本文首先介绍了国内外税收竞争研究的现状,并对税收竞争研究的主要理论观点进行概括,对与税收竞争研究相关的有关理论和概念进行论述。其次,在对国外税收竞争研究的资料进行整理和综合的基础上,用模型系统地对国际税收竞争的经济效果进行解析,推导出国际税收竞争的一般性结论。再次,在对我国税制的建立和演变过程进行介绍之后,作者把税收竞争研究范围扩大到税制和税率相结合,将税负模型建立在具体的税法上,对 1994 年前后我国的多种税法建立了税负模型,从微观层面对税收竞争的效应进行研究。对这些税负模型的比较研究表明,税制层面上的税收竞争,能影响一国引进外资的质量、促进企业的技术开发、影响一国的进出口商品结构和规

模。

关键词:税收管理　税收制度　竞争　税负

0865

中国证券市场投资者行为分析 / 金峰著 ; 冼国明指导. -- 南开大学, 2005. -- 141 页

本文依照目前行为金融学的常用方法对中国证券市场进行了实证分析研究,主要包括四个方面内容。首先是投资者特征分析。本文借鉴 Falkenstein(1996)的方法,通过经验数据分析表明,在持股特征的统计上,从时间序列看各类投资者的偏好并不明显。总的来看,投资者的财富结构、信息处理能力的变化对投资者的投资行为影响不大。其次采用事件研究分析法对投资者政策依赖进行实证检验。本文选取有代表意义的重大政策刺激点作为事件窗口,根据事件前后各类投资者的持股变化,分析投资者的持股特征变化,了解投资者持股特征对政策的反应。实证发现,政策对投资者持股结构的变化具有重要影响,且对散户的影响要大于其他投资者。第三方面是对投资者过度自信的实证检验。采用 Benos(1998)和 Odean(1998)的处置效应检验方法,采用计算在某一时点买入卖出的股票在未来某时点的收益差来测度过度自信行为。结果显示,各类投资者都有不同程度的过度自信。最后,利用噪音模型的均衡理论分析中国证券市场的有效性,并集中于政府行为、监管体系、市场结构以及企业法人治理四个方面分析这些因素对市场有效性的影响,探讨造成中国证券市场失效的深层次原因,并提出相应的政策含义。

关键词:证券市场　投资者　证券投资　投资行为　市场有效性

0866

电力市场化改革 : 国际比较与中国的推进 / 井志忠著 ; 余昺鵰指导. -- 吉林大学, 2005. -- 173 页

本文共分十一章。第一章是绪论,第二章介绍电力工业管理体制的内涵,第三章回顾市场化改革前全球的电力工业管制体制,第四章分析了电力市场化改革的背景,第五章具体阐述电力市场化改革的理论基础——新自由主义经济理论,第六章对英、法、日等国家的电力市场化改革进行介绍,第七章具体分析电力市场化改革的基本框架,第八、九章是对电力监管和电力市场的探讨,第十章以加州电力危机和美、加 8・14大停电事故为例,评析电力市场化改革中的败笔及其对世界电力发展和电力改革的影响,第十一章就中国电力体制改革展开论述。本文认为,20 世纪 90 年代以来,为了适应电力全球化趋势,世界各国实行了多种模式的电力市场化改革,其目标是要打破垄断,引入竞争机制,提高效率,降低电价;实现改革目标的基本途径有两个,一是对电力工业国有资本实行民营化,出售给股民或外国公司等,二是建立有效的监管制度,三是打破独家垄断经营,培育市场竞争主体,建立竞争性电力市场;在改革的具体操作过程中世界各国的普遍做法是:政府主导,立法先行,总体设计,分步实施;新自由主义经济理论是电力市场化改革的经济学基础,同时各具特色的世界各国电力市场化改革实践又进一步丰富和发展了新自由主义经济理论;虽然发生了美国加州电力危机和美、加 8・14 大停电这样的改革失误,但总体上,电力市场化改革使许多国家电力工业的效率大大提高,电力生产彻底改变了过去供不应求的局面,电价大幅度下降,服务质量也明显改善。

关键词:电力工业　电力市场　市场化　自然垄断　市场竞争

0867

跨国公司与东道国政府之关系研究 / 李诚邦著 ; 冼国明指导. -- 南开大学, 2005. -- 213 页

本文首先回顾了传统范式对于跨国公司与东道国之关系(TGRs)的讨论,指出经典的讨价还价模型对新现象解释乏力,因此本文根据新经济社会学的嵌入理论,提出了新的社会网络嵌入范式,构建解释新时期 TGRs 的合竞模型。在此模型下,跨国公司在东道国的社会网络嵌入可视为一种影响公司未来竞争能力和预期市场绩效的战略资源,实证研究证明了跨国公司嵌入于东道国社会经济体的动力。其次,本文将东道国政府 FDI 政策的阶段性与跨国公司对东道国社会网络嵌入程度的阶段性结合起来,建立一个描述性社会网络嵌入程度的阶段模型。模型认为,经济发展水平与 FDI 政策内容决定了东道国对跨国公司的吸引力大小,以及跨国公司对东道国的社会网络嵌入程度。社会网络嵌入之所以发生,是因为跨国公司与东道国政府在资源利用方面可能是互补与合作的,社会网络嵌入程度的加深最终将导致双赢。再次,从社会交换理论来看,社会网络嵌入对于 TGRs 构建的重要意义,不仅在于其解决了信任产生的机制难题并催生初始信任,而且衍生出一种对双边交换关系的治理机制,从而使得跨国公司与东道国政府之间的博弈过程中合作互惠占优于冲突对抗。基于跨国公司与

东道国政府之交换关系的经济特性、社会特性及相应治理机制,本文构建一个关于 TGRs 的动态合竞模型,探讨合竞出现的原因及其历史演变。最后,本文还以中国为例,阐述跨国公司在东道国社会网络嵌入的三种具体方式:政治嵌入、商务嵌入与技术嵌入、社会嵌入。

关键词:跨国公司　东道国　外商直接投资(FDI)

0868

政府财政支持企业发展的国际比较研究 / 李国忠著 ; 宫占奎指导. -- 南开大学, 2005. -- 213 页

本文内容共包括六章。第一章导论,阐明选题的背景和意义,对政府财政支持企业的发展进行理论回顾,概括论义的创新。第二章是财政支持企业发展的理论分析。主要阐明三个问题:一是财政为什么应该为企业发展提供支持,二是财政如何为企业发展提供适度而有效的支持,三是财政支持企业发展的约束性。文章认为,(1)财政对企业发展的支持是基于政府干预经济运行而衍生出来的;(2)财政支持企业的领域主要集中在创造公平竞争的环境、支持企业技术进步以及支持企业参与国际竞争的形式方面;(3)财政对企业发展的支持的外部约束是 WTO 的相关规定和协定;内部约束主要包括收入预算、财政效率和财政风险等。第三章主要对美国、日本、德国和印度对企业技术进步的财政支持包括支出政策、税收优惠政策、政策环境建设、政策措施绩效几方面进行比较。第四章对美、日、欧盟和新兴发展中国家财政性出口促进措施的比较研究。文章指出,受 WTO 有关规则与协议的约束,曾经普遍使用的许多直接出口补贴政策逐渐退出历史舞台,对出口的直接补贴仅限于对农产品的出口补贴。出口信用机构和出口退税等在各国出口促进中发挥着越来越重要的作用。第五章主要对美、日、德、法等发达国家财政支持投资政策的做法进行比较。研究表明,发达国家鼓励企业投资的措施主要是税收政策,包括企业所得税和投资税收处理,此外,还有税收减免、签订避免双重课税的协定、金融和外汇支持等。第六章分析了我国财政支持企业发展的状况,指出面对激烈的国际国内竞争,政府支持对我国企业的发展尤为重要。如何采取既能有效支持企业发展,又合乎国际规则的规定,对我国政府是一个新的挑战。为此,需要对我国企业技术进步、产品出口和对外投资的现状,以及现行财政支持政策进行分析评价,借鉴国际成功经验,不断完善对企业发展的财政支持,实现促进企业发展的目标。并从财政理论和财政职能出发,为中国财政支持企业发展提供切实可行的政策建议。

关键词:财政支出　企业发展　技术进步　出口贸易

0869

金融全球化与金融体系两种模式的趋同化演变 : 基于美英德日法的比较分析 / 李海洪著 ; 贺力平指导. -- 北京师范大学, 2005. -- 117 页

本文首先从理论上分析了金融体系的三个构成要素(金融部门、公司融资和公司治理模式)协调一致的内在逻辑关系,提出了动态分析观点,即对金融体系比较研究合理的视角应当是关注金融体系两种模式的动态演变,而不仅仅是关注它们在特定时点的差异。然后,本文依据金融体系三个构成要素的逻辑关系,以美、英和德、日、法 5 国为研究案例,通过分别对两种模式在金融部门、公司融资和公司治理方面的趋同化演变的动态实证分析,考察了 1980 年之后两种模式的趋同化演变及其与全球化的关系。实证研究发现两种模式演变的方向为趋同于二者之间的、综合了二者优点的中间新模式,其表现为金融中介与金融市场共同协调发展;趋同化演变的实质是金融体系储蓄向投资转化主渠道的变化,即新体系中金融市场和金融中介机构同时都成为这一主渠道必不可少的环节,二者共同在公司治理中发挥监督作用;实证分析还揭示了机构投资者的发展在该演变进程中的标志性作用;其后作者在理论上提出并用事实验证了金融全球化对金融体系趋同化演变的促进机制;计量分析证明了金融全球化是金融体系趋同化演变的格兰杰原因。基于上述结论,本文认为我国金融体系发展的长远目标应是多元协调型模式;我国应利用"入世"的外部压力,健全相关法律,加强保护投资者权益,积极引入合格境外机构投资者,同时大力发展国内机构投资者,使各类机构投资者成为推动我国证券市场规范发展和金融体系向更高级的多元协调模式迈进的重要力量。

关键词:金融全球化　金融体系　金融中介　金融机构　公司治理

0870

国际贸易的发展与冲突 : 建立世界贸易新秩序问题研究 / 李红年著 ; 宫占奎指导. -- 南开大学, 2005. -- 237 页

本文的研究主要集中于三个方面:(1)探讨国际贸易长期发展过程中表现出的规律性,这种规律性在今后的影响,在冲突持续存在的情况下国际贸易的发展前景;(2)贸易冲突发生的原因,对于各国的福利影响,长期变化的趋势和今后的主要表现形式、特点分析;(3)当前国际贸易秩序存在的问题,发展中国家的利益,各国对于新秩序的期望与主张,WTO 机制的有效改善,为了保持国际贸易持续稳定发展,各国应当如何行动。论文共九章。第一章介绍选题背景。第二章文献回顾。第三章对国际贸易的历史进程、贸易发生的原因、贸易利益、发展趋势进行回顾分析,提出广义生产率概念和生产率贸易模型,并进行了分析。第四章划分了贸易冲突的三个阶段,对贸易冲突产生原因、福利影响进行理论考察,总结贸易冲突国际协调解决的经验和福利效果。第五章从美日两国间和 2000 年以来各国纺织业贸易冲突两个角度进行分析,归纳了发展中国家和发达国家贸易冲突的特点,总结了纺织业的长期贸易冲突规律,并对生产率贸易模型进行实证检验。第六章介绍了 WTO 体制与贸易冲突新发展。第七章总结了中国的贸易冲突情况,对中国贸易冲突进行分析,提出中国的对策措施。第八章分析了目前 WTO 体制存在的不足,提出了建立国际贸易新秩序的内容和挑战。第九章是本文的主要结论:生产率差异是国际贸易发生的根本原因和贸易利益的决定因素;贸易保护政策产生的原因在于各国国内政策决定过程的政治特性;国际贸易发展是主流,贸易冲突是伴随物,且趋于减弱;在较长时期里中国将是贸易冲突最严重的国家;当前贸易体制的重要问题是发展中国家面临不平等贸易待遇和发展机会;实质平等和共同发展应成为国际贸易新秩序的基础。

关键词:国际贸易　贸易发展　贸易争端　贸易秩序

0871

中国优势金属矿产资源发展战略研究 / 李建勤著 ; 赵春明指导. -- 北京师范大学, 2005. -- 145 页

本文首先从优势金属矿产资源的标准入手,界定了优势金属矿产资源和亚优势金属矿产资源;充分运用大量的数据,定量分析我国优势金属矿产资源的储量、生产量、出口量以及市场价格的变化;剖析了我国优势金属矿产资源的比较优势和目前存在的“优势不优”,甚至出现“优转劣”的成因;阐述导致“优势不优”、“优转劣”的体制性因素、生产性因素以及国际市场的外部因素。其次,本文研究了中国加入 WTO 后,优势金属矿产资源对我国的经济安全和国家安全的影响,对实施可持续发展战略的影响;从全球化配置资源的角度考察国外对优势金属矿产资源开发保护和贸易的实践和经验教训,为我国充分发挥优势金属矿产资源的战略作用提供借鉴和启示。最后,本文运用比较优势理论、要素禀赋理论及贫困化增长理论,从理论上分析我国优势金属矿产资源的比较优势以及这些比较优势如何发挥经济效益、资源效益,从而提出我国优势金属矿产资源的资源、产业、市场协调发展战略、储备战略、全球配置战略和结构调整战略,同时提出了推进这四大战略的对策。

关键词:矿产资源开发　金属矿物　可持续发展　比较优势

0872

东盟区域经济合作的直接投资效应研究 / 李皖南著 ; 廖少廉指导. -- 厦门大学, 2005. -- 225 页

本文较深入全面地对东盟区域经济合作直接投资效应进行了研究,并对发展中国家参与区域经济一体化提出了发展建议。文章采用理论研究和实证分析相结合的方法,运用最新数据,从区域外、区域内、次区域经济合作三个角度对东盟区域经济合作直接投资效应进行了全面分析。本文认为,尽管区域外直接投资是东盟主要外资来源,但东盟区域经济合作对吸收区域外的投资效应却不明显;东盟区域经济合作促进了区域内直接投资在成员国间转移;东盟南增长三角引资成效最大。通过对各原因比较分析,论文认为东盟成为一个具有竞争力投资区的前提就是加速内部一体化进程,实现生产要素在区域内自由流动,提高综合区位优势。最后,论文还对东盟区域经济合作直接投资效应的前景进行了展望。

关键词:直接投资　区域经济合作　东盟

0873

外国直接投资、人力资本积累与开放型内生经济增长 / 李文韬著 ; 宫占奎指导. -- 南开大学, 2005. -- 237 页

本文主要尝试把 FDI 与东道国人力资本积累之间的互动效应纳入到内生增长理论模型和实证模型,以研究开放条件下的经济增长问题。文章首先回顾了经济增长理论的演进架构,并对 FDI、人力资本积累与经济增长的最新理论与实证研究成果进行了总结和评述;然后通过构建人力资本全经济溢出效应的内生增长模型,研究了人力资本对一国经济增长均衡

路径的影响作用;文章后半部分构造了融入 FDI 与东道国人力资本积累之间互动效应的开放型内生经济增长模型,运用中国宏观经济的现实数据研究了 FDI、人力资本积累与经济增长之间的互动因果关系,并运用多元回归实证模型检验了所构造的增长模型的正确性与适用性。研究认为,人力资本积累与外国直接投资是促进一国经济增长的重要内外部推动力量,而它们之间的积极互动效应也是决定均衡经济增长路径的重要因素,是形成经济增长良性循环的基础,中国经济增长的实际经验也证明了这一点。

关键词:经济增长　外商直接投资(FDI)　人力资本

0874

欧盟职业培训 : 政策与实践 / 李新功著 ; 戴炳然指导. -- 复旦大学, 2005. -- 160 页

本文研究了欧盟职业培训的背景、政策机制与措施、培训绩效等问题。全文共七章。第一、二章论证了职业培训的重要性,指出职业培训已经成为人们接受知识和技能的必要手段,是企业发展的关键,能够减少社会失业和帮助弱势群体融入社会,是调节当代社会劳动力市场的重要砝码。第三章提出欧盟职业培训的政策背景与要解决的主要问题,说明欧盟职业培训是知识经济时代和欧洲社会模式的综合产物:一方面知识经济促使欧盟加强了职业培训的政策措施,另一方面欧洲社会模式又使得职业培训必然成为解决欧洲特殊社会问题的重要手段。第四、五章分析了欧盟针对社会问题采取的职业培训政策机制,作者以英国、德国、法国和比利时为例,分析了欧盟主要成员国在职业培训政策实践中的探索与创新,并对职业培训政策机制的内容、实施的原因以及产生的影响进行了评价。作者认为,欧盟职业培训政策是两个层面上的活动,一是欧盟层次上的协调机制,二是各成员国为主的职业培训政策的实践。欧盟职业培训政策改善了各成员国的就业状况,在更大范围内解决了欧洲的经济发展与社会模式不和谐的问题,促使了欧洲社会朝着既定目标发展。第六章分析了欧盟职业培训政策产生的绩效。第七章结合欧盟职业培训政策机制提出了我国开展职业培训的长效机制。

关键词:职业培训　职业教育　就业问题　欧盟

0875

当代主要发达国家国防经济发展趋势研究 / 李永超著 ; 廖少廉指导. -- 厦门大学, 2005. -- 94 页

经济全球化是世界经济的当代特征和主流趋势。国防经济与国民经济、世界经济息息相关,不可避免地受到经济全球化的全面冲击,并由此产生了划时代意义的变化。本文认为,主要发达国家国防经济建设与发展体现了经济全球化的时代特征:一是在国防经济的战略转型方面,由在临战状态下的应急性建设转向在相对和平稳定状态下的长期性建设,以应对政治军事对抗向综合国力竞争的转变,从而带动了国防经济各具体领域的发展与变革。二是在国防经济与国民经济的协调发展方面,在基本形态上,推行军民结合和平战一体化的“兼容式”发展,最大限度地融合国防经济于国民经济的建设与发展之中;在运行机制上,引入市场竞争机制,实施不同程度的集团化和私有化改革,提高国防经济效能;在产业结构上,以发展高新技术来带动产业结构的优化和升级,特别突出信息化技术的建设与发展。三是在国防经济的国际合作方面,武器系统的研发与制造从传统的单一国家模式转向国际合作,并进一步带动了军工贸与防务的“混合”合作,推进了国防经济国际合作的蓬勃发展。通过对当代主要发达国家国防经济战略转型、协调发展和国际合作的综合研究可以发现,经济全球化时代大国防观的到来改变了国防经济本身,国防经济内涵已经宽化、外延已经拓展,相对于军事经济或者传统的国防经济称谓而言,大国防经济现象悄然出现,大国防经济形态正在逐步形成,从而揭示了当代大国防经济的发展趋势。

关键词:国防经济　国家安全　发达国家

0876

日元国际化研究 / 李占卫著 ; 陈亚温指导. -- 厦门大学, 2005. -- 191 页

本文采用理论和实证分析相结合的方法,在对日元国际化的历史和日元在国际货币体系中的地位进行归纳总结的基础上,重点探讨了影响日元国际化发展的主要因素,并从日本金融业、对外贸易以及对外投资等三个方面分析了日元国际化对日本经济的效应以及日元国际化的前景。除导言外,本文共分五章。第一、二章总结了日元国际化发展的历史和日元国际化的现状。第三章从二战后国际货币体系的安排、日本市场的开放度、日本金融业的竞争力以及金融政策的失误、泡沫经济破灭后长时间的经济低迷、日元在国际社会的供应量、日本汇率的大幅度波动等方面研究日元国际化进展缓慢的原因。第四章分析了日元国际化对日本经济的效应。第五章讨论了日

元国际化的前景。文章认为,日元国际化的前景主要取决于国际货币体系中美元、欧元和日元的三方博弈、东亚区域货币合作进程中人民币与日元的二方博弈以及日本经济发展前景。

关键词:日元　货币体系　货币市场　国际化

0877

过度竞争及其诱发机制研究/李志强著;王则柯指导. -- 中山大学, 2005. -- 113 页

本文共分六章。第一章是引言,介绍市场竞争的现状,典型的影响较大的频繁发生过度竞争的市场,以及我国政府对待过度竞争所采取的措施及成效。第二章主要回顾了市场及竞争的相关理论,包括竞争在价格决定机制中所起的作用,垄断及寡头定价、竞争策略,以及市场容量。第三章分析了以往国内外学者对过度竞争概念的解释,指出其中的不妥及矛盾之处,提出新的过度竞争定义,并对定义的合理性做完整的说明。第四章分析了引致过度竞争的各种因素作用机理,主要是产品同质化、供求关系、企业的追逐市场价值而不是一时的利润得失,寡头竞争及多厂商竞争,信息不对称,羊群效应。第五章研究了规避过度竞争的一些方法,主要是产品的差异化,价格同盟,发挥信息的作用,期货市场以及政府干预。第六章以中国的轿车、摩托车市场为考察对象,对摩托车市场陷入过度竞争而轿车市场远离过度竞争的现象的根源进行了分析,并对两个市场的前景进行预估。

关键词:市场经济　市场竞争　过度竞争　价格

0878

信息与经济周期/梁淑玲著;薛敬孝指导. -- 南开大学, 2005. -- 169 页

本文以经济周期为主线,对信息化条件下的经济周期变形及原因、信息与影响经济周期诸因素的关系、信息对经济周期的影响以及对中国的启示等问题进行了分析和探讨。全文共分五章。第一章导论,分析了本文的选题意义、研究思路和框架,指出了本文的创新之处和有待深入研究的问题。第二章回顾了经济周期的演变历程并对经济周期理论进行了综述,文章是按着经济周期的主周期和短周期的历史特征即按着各个历史时期经济周期的波动幅度和危机或衰退的程度来阐述经济周期从古典周期到现代周期再到新周期的历程;然后回顾和评述了传统经济周期理论和有关新周期的理论,其中,着重对信息周期理论作了更为详尽的介绍。第三章引入信息概念对信息与影响经济周期的诸因素的关系进行了分析,作者首先就信息及其属性进行了论述,并就如何对信息进行测试进行了说明,接着分析了信息与影响经济周期诸因素的关系。第四章分析了信息对经济周期的影响,文章首先对信息周期进行了定义;接着就信息周期与经济周期的一般相关关系进行了分析,之后对信息水平增长率曲线和 GDP 增长率曲线进行了回归分析;然后对信息影响经济周期的机制作了分析。第五章对中、美两国的信息周期现状进行了比较研究,对中国经济周期的特殊性进行了说明。

关键词:信息经济　经济周期　经济波动

0879

企业并购研究:国际经验及其对中国的借鉴意义/林国华著;廖少廉,陈亚温指导. -- 厦门大学, 2005. -- 233 页

文章共分为六章。第一章通过对西方企业并购动机理论主要流派的评析,旨在对企业并购动机有一个清晰的认识,为后面的分析作理论铺垫。第二章以美国为例分析五次并购浪潮的经济背景和显著特征,通过对五次并购浪潮的历史回顾,揭示企业并购的发展规律,并在此基础上进一步分析 20 世纪 90 年代以来全球跨国并购的发展趋势及其新特点,探讨跨国并购的效应。第三章则在上一章的基础上进一步研究企业并购的绩效,从并购绩效的理论与实证分析入手,分析企业并购的风险和管理整合问题。第四章在分析我国企业并购发展历程的前提下,重点分析我国上市公司的并购重组和管理层收购,通过对中美两国企业并购的比较研究,为我国企业并购的规范和发展提供借鉴。第五章首先分析 20 世纪 90 年代以来国际资本流动新变化和我国利用外资的情况,在此基础上重点分析外资对我国国有企业和上市公司的并购,对促进和规范外资并购提出政策建议。第六章主要分析了我国海外投资的发展状况以及我国企业海外并购面临的主要风险,通过对我国企业跨国并购的障碍分析,探讨发展我国企业跨国并购的应对措施。

关键词:企业并购　跨国公司　国有企业

0880

中国省区工业产业发展研究:1988—2002/林秀丽著;舒元指导. -- 中山大学, 2005. -- 117 页

本文利用时间序列、横截面及面板数据,全面详细地研究了 1988—2002 年 31 个省区的工业产业结构、产业专业化分工与合作、产业集聚问题,并通过计

量模型,论述了省区产业结构、产业集聚状况与经济发展、产业发展的关系,最后为实现省区间经济协调发展的目标,作者指出了省区的产业发展方向。全文共分七章。第一章是前言,作者介绍了本文研究的问题、目标、视角、意义和方法、数据来源、本文的创新之处、研究思路及结构安排。第二章属理论综述,详细评述了地区经济差距研究和产业结构发展理论研究。第三章在对相关理论进行综述并对省区产业专业化分工的历史演变进行回顾的基础上,对中国省区专业化分工程度进行了实证研究,从理论上解释了分工可能导致经济差距的观点,并从实证上检验了专业化分工与经济差距的关系,同时进行了国际比较。第四章研究的重点是产业集聚,作者首先概述了微观层面上的产业集聚,然后分析了产业集聚产生在部分省区的影响要素,接着对宏观层面上的产业集聚及其影响因素进行了实证分析,并分析了产业集聚的外部性对经济差距的影响,同时进行了实证检验,最后进行国际比较。第五章研究了地区专业化、产业集聚对省区工业产业发展的影响,作者分西部、中部和东部省区进行回归分析,并通过稳健性检验验证了相关的结论,理论上主要从Mar型和Jacobs型外部性进行了解释。第六章作者分析了省区间的产业发展方向,文章提出了省区产业结构合理化标准,然后分别就地区实现产业结构合理化这一目标提出了参考意见,接着分别借鉴了美国、日本两国两种截然不同的区域产业分工模式的优缺点,提出了解决目前全国分工的产业结构导致的地区经济差距问题的方法,并进行了实证分析,最后作者提出了培育产业集聚的社会环境的政策建设。第七章对文章的研究内容进行了回顾,并指出了进一步研究的方向。

关键词:工业产业　产业发展　产业集聚　专业化　区域差异

0881

新巴塞尔协议框架下的东亚新兴经济体银行资本监管研究 / 刘百花著 ; 薛敬孝指导. -- 南开大学, 2005. -- 151页

本文在分析新兴经济体银行资本监管特殊性、新协议对新兴经济体产生特别影响的内容,以及东亚新兴经济体银行资本监管现状的基础上,探讨新协议对东亚新兴经济体微观层面和宏观层面的影响,并提出了对我国银行业资本监管和管理的启示以及我国应采取的政策选择。全文共分六章。第一章是导论,分析了论文的研究意义,对国外相关理论和实证文献以及国内的相关研究进行了综述,并阐述了文章的创新点和不足之处。第二章概括了巴塞尔协议资本监管框架的演进,并探讨了新协议三大支柱会对新兴经济体银行资本监管产生特殊影响的内容。第三章探讨了东亚新兴经济体银行资本监管的现状与面临的选择,文章在分析东亚新兴经济体银行资本监管现状的基础上,指出新兴经济体面临的可能选择,并阐述了东亚新兴经济体对新协议的评价以及做出的现实选择。第四章从微观层面分析实施新巴塞尔协议对东亚新兴经济体银行行为的影响,包括新协议对东亚新兴经济体银行资本金、银行风险的影响,并研究了新协议框架下银行监管资本套利行为。第五章从宏观层面分析实施新巴塞尔协议对东亚新兴经济体宏观经济的影响,文章首先分析了银行资本监管影响新兴经济体宏观经济的原理,再对东亚新兴经济体实施资木监管对银行信贷规模的影响以及信贷规模对GDP的影响进行实证分析,接着指出了新协议对东亚新兴经济体的宏观经济含义,最后分析了新巴塞尔协议可能会对东亚国家宏观经济产生的影响。第六章研究了我国的银行资本监管问题,通过分析我国银行业监管的特点和现状,讨论了我国推行巴塞尔新协议的意义和问题,最后提出了分阶段改革我国银行业资本管理和监管的路径选择。

关键词:银行业　资本管理　巴塞尔协议　东亚

0882

中国参与双边FTA问题研究 / 刘晨阳著 ; 宫占奎指导. -- 南开大学, 2005. -- 214页

双边FTA作为两个经济体之间为消除现存的关税和非关税壁垒而签订的自由贸易协定,已成为目前区域经济一体化发展的新热点。本文结合中国参与双边FTA的最新实践,提出中国双边FTA战略的总体构想和具体对策建议。全文共分六章。第一章对双边FTA的系统理论分析,指出"新区域主义"和国际政治经济学将自由贸易安排的理论分析扩展到政治、文化、安全等诸多领域,有助于我们更加全面、深入理解包括双边FTA在内的各种形式的区域经济一体化组织的内涵。第二章对中国参与双边FTA的全球和地区背景的总体述评。第三章论述了中国参与双边FTA的必要性和可行性。第四章对中国—澳大利亚双边FTA的效应分析。第五章分析了中国与其他几个国家缔结双边FTA的进展和前景。第六章针对中国参与双边FTA的宏观策略和微观政策选择提出具体建议。

关键词:双边贸易　贸易协定　自由贸易协定

(FTA) 区域经济一体化

0883

经济转型条件下的日本金融监管体制变革研究 / 刘红著 ; 程伟指导. -- 辽宁大学, 2005. -- 132 页

本文在揭示后发展国家经济转型和金融监管体制改革之间内在逻辑关系的基础上,具体考察经济转型条件下日本进行金融监管体制改革的原因,对70年代中期以来的改革历程进行实证分析,侧重从政治经济学角度探讨90年代中期以后金融监管体制改革得以推进的原因,同时对今后金融监管体制的改革方向做出展望。除导论外,全文共分七章。第一章是对金融监管理论的综述。第二章是对战后初期日本银行中心型金融体制形成背景的历史性考察。第三章首先介绍高速增长时期日本金融体制的构成特征,其次介绍日本金融监管制度框架并归纳其特征,最后对日本金融监管体制在促进日本经济高速增长、实现经济赶超中的作用给予评价。第四章从制度环境变化的角度分析了战后日本金融监管体制改革的必要性,揭示后发展国家经济转型与金融监管体制改革之间的内在逻辑关系,并以日本为案例,具体分析经济转型条件下日本进行金融监管体制改革的必要性。第五章概述了80年代中期日本金融自由化的改革进程,并在评价金融自由化改革的基础上,指出日本金融监管体制改革的滞后性,同时分析了监管体制改革难以实质性推进的原因,特别指出既得利益集团的阻挠是监管体制改革滞后的根本性原因,最后说明金融监管体制改革滞后所带来的一系列严重后果。第六章首先介绍日本版"金融大爆炸"改革的目标、原则及具体的改革内容,评价其特点,其次从政治经济学角度分析了金融监管体制改革之所以能在90年代中期出台并顺利实施的原因,最后回顾日本金融监管体制的改革轨迹,对其变革方向进行展望。第七章在总结日本政府金融监管职能变迁经验的基础上,得出对中国金融监管体制改革的启示。

关键词:转型经济　金融监管　金融改革　日本

0884

对外贸易发展对就业的影响研究 / 刘静著 ; 周新城指导. -- 中国人民大学, 2005. -- 161 页

本文以马克思主义为指导原则,借鉴和采用西方经济学的原理,研究在经济全球化背景下对外贸易发展对就业的影响,试图说明其中的经济规律。全文共分为五章。第一章为导论,介绍选题意义和本文的研究范式。第二章是理论分析部分,作者从理论角度首先分别研究了货物贸易和服务贸易的发展对就业的影响,然后分析了经济全球化背景下对外贸易对就业的总量影响和结构性影响。第三章从世界的货物贸易发展和服务贸易发展的角度来分析研究对就业的影响。第四章分析研究我国的货物贸易、服务贸易发展对就业的影响,指出协调我国对外贸易发展和就业的关系的基本立足点是将货物贸易和服务贸易协同发展以创造更多的就业机会和改善就业结构,并积极应对贸易壁垒和贸易摩擦,这对于我国这样一个失业率居高不下、货物贸易和服务贸易发展很不平衡的发展中大国尤其重要。第五章以中美贸易摩擦为案例,具体分析发达国家和发展中国家之间的贸易往来给不同经济发展水平的国家的就业所造成的不同影响。

关键词:对外贸易　就业　就业结构　服务贸易

0885

国际证券市场联动研究 / 刘宁著 ; 宫占奎指导. -- 南开大学, 2005. -- 174 页

本文主要对国际证券市场联动程度、联动背后的经济机理和危机期间证券市场波动溢出效应进行了理论和实证分析,并据此提出了应对国际证券市场联动的政策建议和中国证券市场国际化的战略建议。全文共分六章。第一章为导论,主要概述了论文的选题背景,回顾了相关的文献,阐明了选题意义、研究方法、论文的结构、主要创新之处和基本结论。第二章研究了国际证券市场联动的理论基础,文章首先明确了国际证券市场联动的涵义、途径和影响因素,接着阐述了关于国际证券市场联动的两个基本研究方向。第三章对国际证券市场联动程度和经济诱因进行了实证检验,文章使用了市场协相关参数、平衡性检验、协整检验、协调向量参数零配载限制检验、基于VECM的Granger因果性检验、方差分解、Geweke指标测度等方法测度了发达证券市场、新兴证券市场以及两类市场之间的联动程度,并使用混合估计技术检验Geweke市场联动指标与实际经济因素、金融因素、市场特征因素、地理文化因素等变量间的关系,以挖掘证券市场联动的诱因。第四章研究的重点是金融危机期间国际证券市场过度波动的传播机制,并依据亚洲七个股票市场指数数据,利用双元AR(1)-GARCH-M模型拟合了市场之间的波动溢出效应。第五章从中国证券市场目前的发展状况出发,阐述了中国证券市场国际化的必然性,提出如何进行国际化的模式选择和具体安排的策略建议,并根据前文的实证

研究结果,提出了应对国际证券市场联动的一般策略和防范危机期间国际证券市场过渡联动的政策建议。

关键词:金融市场　国际证券市场　国际金融市场联动

0886

欧洲经货联盟货币政策和财政政策协调研究 / 刘宁宁著 ; 冯舜华指导. -- 辽宁大学, 2005. -- 150 页

除引言外,本文共分五章。第一章对国际宏观经济协调的相关理论进行综述。第二章首先分析了欧洲经货联盟成员国的现状;然后分析了统一的货币政策和分散的财政政策对各成员国的溢出效应;再次,对经货联盟内货币政策和财政政策的相互作用作了进一步分析,研究了小国和大国财政政策的溢出效应的传导进而对欧元区货币政策的影响;最后,运用制度经济学框架,对经货联盟统一的货币政策和分散的财政政策的协调成本与收益进行了分析,认为收益要大于成本。第三章回顾经货联盟的历程,对经货联盟形成的动力作出政治经济学分析,并对经货联盟的宏观经济政策制度框架进行描述。第四章对经货联盟运行六年来总体经济运行绩效和各成员国财政政策绩效进行总结,并对其中五个成员国的经济运行绩效进行比较分析。作者认为,实践表明,欧洲经货联盟货币政策和财政政策协调的制度创新是成功的,但由于劳动力市场、社会保障制度、结构政策等改革不到位,因此财政政策对欧元区经济增长无效。第五章是结论部分,对经货联盟改革提出建议,并对亚洲区域货币合作进行思考。

关键词:欧洲经济货币同盟　货币政策　财政政策　宏观经济调控

0887

国有银行监管问题研究 / 刘琼瑜著 ; 黄亚钧指导. 复旦大学, 2005. -- 127 页

在公共金融安全网存在和银行监管当局代表社会公共利益或存款人利益的假设前提下,本文研究了国有银行(政府实际拥有控制权,能够直接或间接对其决策施加控制或重大影响的,本文都将其视为国有银行)的特殊性,这些特殊性对国有银行及其行为产生的影响,进而,为了实现银行监管目标,监管当局对国有银行的监管所应具有的特殊性。本文首先给出了国有银行在世界范围内存在的普遍性及其理由,接着,从资本基础和公司治理两个方面分析了国有银行的特殊性,进一步研究了国有银行监管问题的必要性。着眼于国有银行的特殊性,本文分别从资本监管、信息披露监管、关联交易监管、董事和高级管理人员管理等几个方面进行了探讨。文章认为,国有银行资本监管不具有经济意义但具有技术意义,监管者在国有银行的资本监管中存在角色冲突;市场约束对国有银行作用非常有限,国有银行信息披露的宏观意义大于微观意义;国有银行关联交易监督存在覆盖和定性上的困难;国有银行董事和高级管理人员管理存在政治和经济两套程序、两种标准。因此,尽管对于国有银行的信息披露、关联交易以及董事和高管都应当进行相应的监管,但监管的内容和效果会不同于一般商业银行。最后,论文还分析了在中国国有商业银行的监管中,资本监管、信息披露监管、关联交易监管、董事和高管管理、监管者的作用等方面的特殊性。

关键词:国有银行　银行监管　商业银行

0888

境内外证券市场信用制度研究 / 刘小群著 ; 张岩贵指导. -- 南开大学, 2005. -- 122 页

本文通过对境外证券市场信用交易制度的比较研究,提出我国大陆逐步开展信用交易的发展策略与模式设计。本文共分四部分。第一部分引论,介绍了选题的背景与意义,概述了本文的研究范围与方法、研究思路与主要内容。第二部分即第二章,研究并评述了马克思主义经济学及西方经济学关于信用的相关理论,包括交易费用理论、制度变迁理论、信息经济学、法律经济学、现代契约理论等。第三部分包括第三、四、五、六章,在对信用交易的概念进行了分析,并探讨了中国的信用交易理论后,比较了美国、日本、台湾证券市场交易的制度框架、融资融券交易运作机制、各自的运作特点及发展趋势,通过比较得出一结论:证券市场的发展水平和经济制度的结构特征从根本上决定了证券市场信用交易制度的选择。第四部分包括第七、八、九章,研究了我国证券市场信用交易的发展历史及开放信用交易的模式选择,文章先回顾了我国证券质押融资的三种形式,然后对中国证券市场信用制度的策略进行了思考,最后提出了中国证券抵押融资业务的具体设计方案,包括专业化模式的证券公司融资制度和客户证券质押融资业务,并提出了融资交易的信用管理机制。

关键词:证券市场　证券交易　信用制度　融资

0889

商业银行监督企业问题的研究 / 刘宇光著 ; 洪文

达指导. -- 复旦大学, 2005. -- 124 页

银行监督企业是银行的一项重要功能,该功能的正常发挥对于银行、企业和宏观经济都有重要意义。文章首先对以往银行监督企业问题的相关研究进行了回顾和评述,然后对银行监督企业的成本收益进行分析,指出银行监督企业有利于解决银行和企业发展中面临的许多现实问题,并有助于促进经济增长和优化资源配置。其次,分析了银行的公司治理、竞争和企业的清算价值对于银行监督企业的影响,指出改善银行的公司治理、促进银行业的竞争、提高企业的清算价值能够促进银行监督企业功能的发挥。再次,对银行监督企业的方法进行了归纳总结,并分析了日本的主办银行制,指出了银行监督企业的特殊优势以及在选择监督企业方法时应当吸取的经验教训。最后,利用前面的分析结果分析了中国国有商业银行监督企业问题,为促进中国国有商业银行监督企业提供了政策建议。

关键词:商业银行　银行监管　企业发展　公司治理　监督管理

0890

转轨国家公用事业部门改革的福利成本分析 / 卢岩著 ; 王跃生指导. -- 北京大学, 2005. -- 154 页

本文引论部分介绍了研究对象、选题意义,对现有文献进行回顾和评论,介绍全文的思路、结构和研究方法,界定了文中的若干概念。第一章首先回顾了自然垄断理论的发展,在此基础上指出公用事业部门结构改革的必然性;然后对有关公用事业部门的福利分析进行评述,最后对公用事业部门福利分析的最新进展进行评述。第二章首先介绍了英国公用事业部门的传统结构及其与计划经济体制下国有企业的相似性;然后介绍英国管制独立、结构重组和价格上限管制的情况;最后分析了私有化、价格上限管制以及引入竞争结构对英国公用事业部门价格体系的影响。第三章首先介绍转轨国家公用事业部门改革的总体进展,其次从管制独立、结构重组和民营化三个方面介绍了转轨国家公用事业部门改革的进展情况;最后对转轨国家公用事业部门改革的困境作了分析。第四章首先介绍有关公用事业部门改革存在的争议;然后通过对公用事业所必须履行的普遍义务的分析,提炼出价格水平、价格结构和政府政策三个对公用事业部门福利属性有影响的关键因素;最后对转轨国家改革进程对这三个因素的影响进行了分析。第五章首先介绍了作为重要参照的 Ferreira 模型并借用该模型指出 Gini 系数动态模型的主要思想和特点;其次分三个环节建立模型,并特别分析论述从生产性角度理解公用事业部门福利属性的问题;接着对模型求解,进行静态分析并获得结论,认为转轨国家公用事业部门改革将产生消极的福利影响。第六章在 Gini 系数动态模型的基础上引入了再分配机制,即比例财产税。对比例财产税可以发挥的抵消公用事业部门改革消极福利影响的作用进行了分析,并分析了再分配机制的若干具体形态。

关键词:公用事业　行政管理部门　机构改革　民营化　转型经济

0891

FDI 技术溢出效应与当地技术吸引能力 : 以天津为例 / 吕世生著 ; 张诚指导. -- 南开大学, 2005. -- 141 页

本文对天津地区外国直接投资的技术溢出效应进行了实证研究,探讨了技术溢出的渠道及其相对重要性,分析了当地企业的行为特点,并通过构建新的计量模型探讨了吸收能力与技术溢出的互动关系,检验了当地企业吸收能力形成的主要影响因素。全文共分六章。第一章导论,说明了本文的选题意义及研究思路,对相关文献研究进行了综述,指出了论文预期的目标及创新,概述了论文的框架及结构安排。第二章简述了与外国直接投资技术溢出效应及技术吸收能力有关的理论问题,总结了前人的研究成果,提出了计量分析中需要验证的关系与命题。第三章研究了吸收能力的构成、形成机制与影响因素,指出企业的研究开发投入是吸收能力形成中非常重要的影响因素。第四、五章以天津的相关数据为依据,进行了计量分析;第四章通过建立模型,选取适当的样本,对相关数据进行了处理,探讨了外国直接投资的溢出效应与培训效应对全要素生产率的影响;第五章则是通过建立模型研究了当地企业技术吸收能力对技术溢出效应的影响。第六章对全文的总结,提出了相应的政策建议。

关键词:外商直接投资(FDI)　技术进步　外资利用　技术溢出　跨国公司

0892

经济全球化、跨国并购对东道国经济的影响及对策 / 吕占雄著 ; 李翀指导. -- 北京师范大学, 2005. 154 页

本文研究了跨国并购对东道国经济发展的影响,

探讨了有效的应对战略和策略,提出了我国规制外资并购的基本对策。全文除导论和结束语外,共分四章。导论介绍选题背景、意义及研究现状等。第一章介绍当代国际经济发展中的跨国并购,包括跨国并购的含义、类型,与跨国创建的区别与联系;当代国际跨国并购的发展历程与现状;当代跨国并购的新特征、主要原因与未来发展趋势。第二章从技术进步、资本积累、制度变迁和产业结构四个方面,就跨国并购对东道国经济发展的影响进行理论和实证分析。第三章从规模经济、企业核心能力和市场结构等方面,研究了跨国并购在微观资源配置方面对东道国经济发展的影响。第四章分析了外资对华并购的现状、特点,以及中国在加入 WTO 的条件下,外资并购的未来发展趋势,从宏观和微观角度具体分析了外资并购对中国经济发展的影响。在借鉴世界发达国家规制跨国并购经验的基础上,提出我国规制跨国并购的战略与策略。

关键词:经济全球化　跨国并购　东道国

0893

外商直接投资对我国主要产业的影响和风险分析 / 罗汉著 ; 洪文达指导. -- 复旦大学, 2005. -- 149 页

论文主要研究了外商直接投资对我国主要产业的影响和风险问题。全文共分七章。第一章介绍了在国内的外商直接投资状况及其作用。第二章介绍性地说明外商直接投资与经济增长之间的关系,并通过实证分析,得出外商直接投资与国内资本相比前者的作用更明显的结论,同时外商直接投资对三次产业的作用不同,其中对农业的作用最为明显,其次是工业,最后才是第三产业,并对此结论提出了政策建议。第三章通过数理相关性的分析来说明外商直接投资对工业结构变动的影响,并作了扼要的评论。第四章评述了外商直接投资对中国农业国际竞争力的影响,并就中国农业领域扩大利用外资提出了相应的措施及建议。第五章在探讨外商直接投资进入金融市场理论的基础上,结合中国的现实状况阐述外商直接投资与金融业的现状关系,以及加入 WTO 后中国金融的改革问题。第六章分别论述了外商直接投资对中国房地产业和对中国旅游业的影响。第七章重点阐述了外商直接投资对发展中国家宏观经济层面的影响,并分析了利用外商直接投资在不同行业的风险和与此相应对的措施。

关键词:外商直接投资(FDI)　外资利用　产业经济　风险分析

0894

俄罗斯经济模式演变研究 / 马莉莉著 ; 周新城指导. -- 中国人民大学, 2005. -- 236 页

除导言和结束语外,全文共分五章。第一章提出俄罗斯经济转轨研究的理论框架,阐述经济模式的基本理论。第二章回顾了俄罗斯的经济模式演变过程,对俄罗斯经济转轨的实质进行判别,认为其实质是社会主义计划经济模式向新自由主义指导下的资本主义国家垄断市场经济模式的演变。第三章分析了起点模式的弊端在俄罗斯经济模式演变过程中的地位和作用,认为起点模式存在的弊端使经济领域矛盾逐渐积累,并表现到经济运行的各个方面,成为改革者推动向资本主义市场经济模式演变的"根据"。第四章分析了戈尔巴乔夫改革的结果在俄罗斯经济模式演变过程中的地位和作用,认为戈尔巴乔夫推行的人道的民主社会主义改革将新自由主义转轨路线导入俄罗斯,为俄罗斯经济模式演变准备了政治、经济、思想和外部条件,正式启动了俄罗斯经济模式演变过程。第五章分析了俄政府阶段性地推行新自由主义转轨政策、最终实现俄罗斯经济模式演变的逻辑过程,指出执行新自由主义转轨路线是俄罗斯经济模式实现演变的根本原因。

关键词:经济模式　民主社会主义　新自由主义　俄罗斯

0895

中国参与东亚区域合作研究 / 马树生著 ; 刘厚俊指导. -- 南京大学, 2005. -- 150 页

本文首先回顾了全球区域合作的演变历程,分析了当代区域合作对世界经济格局的影响。结合分析区域合作与全球化的辩证关系,指出区域合作已经成为国家更好地应对全球化挑战和融入全球经济的有效手段和重要途径。其次,根据建构主义指导思想,考察了东亚区域"地区性"的历史和现状,结合东亚区域合作进展情况,认为当代东亚的"地区性"正在逐步增强,具备开展深层区域合作的基础;而 APEC 的"地区性"不强,且主要大国参与区域合作的动机与目标分歧较大,很难开展深层次合作。中国应重点立足东亚开展深层次区域合作。再次,运用权力结构分析方法,分析了东亚区域的生产结构、金融结构、知识结构、安全结构的变动过程,强调中国在注重从生产结构方面推进东亚区域合作的同时,也要注重从金融结

构、知识结构、安全结构等方面促进东亚区域合作。最后,通过分析东亚主要大国(集团)之间竞争关系,作者强调要采取不同的对策推进中国与东盟、中国和日本之间的合作。在与东盟合作方面,本文重点讨论了中国东盟自由贸易区建设问题,首先从理论上分析自由贸易区建立对东盟生产和经济福利的影响;接着比较分析中国与东盟各自的产业优势;讨论了自由贸易区对东盟各国的影响;在此基础上对建立中国东盟自由贸易区提出原则性建议。关于与日本合作方面,本文回顾分析了日本对华经贸政策和日本推进区域合作的战略目标;通过比较两国经济发展状况,指出中日经济存在很强的互补性;讨论分析了中日合作中韩国的影响;提出加强中日合作的原则性建议。

关键词:区域经济合作　自由贸易区　东亚　东盟　日本

0896

经济全球化与中国大型企业成长 / 马永鸿著 ; 杨国昌指导. -- 北京师范大学, 2005. -- 175 页

本文共分六章。第一章介绍了世界大企业的现状,论证了大企业在国民经济中的基础地位和核心作用,阐述了我国发展大企业的特殊意义。第二章综述企业成长理论,分析了全球化下大企业的成长趋势。第三章对并购、跨国经营、企业战略联盟、多元化经营、集团化经营、虚拟经济等经济全球化条件下大企业的成长方式进行逐一分析。第四章在剖析规模经济理论的基础上,分析了企业最佳规模的确定问题,研究了全球化下大企业成长的经济界限。第五章分析了当前我国大企业成长的国际经济环境,论述了面对全球化我国大企业的差距和比较优势,指出经济全球化对我国大企业成长的影响。第六章分析了经济全球化条件下提高我国大企业内涵素质的途径,提出了我国大企业成长的应对战略。

关键词:大型企业　企业成长　经济全球化　规模经济

0897

经济全球化条件下的金融体系风险分担机制研究 /马宇著 ; 车维汉指导. -- 上海财经大学, 2005. -- 243 页

本文论证了经济全球化可能对金融体系风险分担机制带来的冲击,以及由此导致的严重后果,并从风险分担视角提出了政策建议。论文介绍了金融体系的结构与功能,总结了金融体系风险分担理论和两种风险分担机制的运行原理,分析了不同风险分担机制对经济的影响,说明金融市场主导型的经济体系与银行主导型的经济体系对于抵御外部系统性冲击的能力差异:银行中介的纵向风险分担机制具有为投资者规避系统性风险的功能,可以减轻外部系统性冲击对投资者的影响,而金融市场只能为投资者提供规避非系统性风险的机制,当遇到外部系统性冲击的时候,投资者更多的暴露在风险之下,面临更大的损失。因此银行中介主导型的经济体系比金融市场主导型的金融体系具有更强的抵御外部系统性冲击的能力,更有利于新兴产业项目融资。论文研究了经济全球化过程中金融体系的两种风险分担机制面临的冲击,论证了新兴市场国家在对外开放过程中,面临着发达国家强大的金融市场机构投资者对其金融体系的影响,一方面促使金融市场不断侵蚀银行中介的传统业务,破坏银行中介的纵向风险分担机制,另一方面也破坏了新兴市场国家金融市场和银行体系的稳定性,使银行危机和金融动荡连绵不断。最后,论文探讨了风险分担视角下的金融体系结构安排及对我国的政策启示。

关键词:经济全球化　金融体系　风险管理

0898

要素禀赋、厂商优势与对外直接投资研究 / 蒙自强著 ; 陈广汉指导. -- 中山大学, 2005. -- 157 页

文章首先利用"两个国家、两个部门、两种要素"的垄断竞争均衡模型分析在要素禀赋对称的条件下厂商分别选择出口和 FDI 时的均衡条件,从中得出影响厂商选择 FDI 行为的主要变量。分析了一国要素禀赋、厂商总部生产规模相对于工厂生产规模的大小和厂商优势三者的关系,发现在厂商同质性假设下,三者存在正相关关系。接着从均衡结构和非均衡结构两个角度分析在要素比例不对称条件下两国厂商的 FDI/出口行为,研究表明要素禀赋对厂商 FDI/出口的行为选择产生了影响。其次,从一国的角度对要素禀赋与厂商优势水平、FDI 发展之间的关系进行了动态分析,结果表明尽管一国熟练劳动力要素稀缺,但由于厂商异质性的存在而使该国仍有可能发生 FDI;该国厂商优势概率分布曲线随着要素禀赋的变化而发生移动,进而影响 FDI 发展的情况;由于知识存量的增长而使厂商的差异化优势获得了增长,最终导致该国 FDI 增加。第三,对发展中国家 FDI 发展的规律进行实证分析和总结,指出发展中国家/地区的 FDI 发展与创造性要素的丰裕度、厂商优势水平成正

相关关系。第四,对中国的要素禀赋、厂商优势水平和FDI发展进行了回归分析,结果显示,创造性要素的丰裕度与厂商差异化优势水平、FDI发展三者在中国也呈现出正相关关系。第五,对中国现阶段的要素禀赋状况、厂商优势特征及FDI水平进行了总体评价,对比发现,中国的要素禀赋仍具有创造性要素稀缺、自然性要素丰裕的显著特征。最后指出在经济全球化竞争进一步加剧的条件下,中国现阶段FDI的发展战略目标应着重于获取外部创造性要素资源和利用现有竞争优势扩大国际市场;发展的对策应从三方面考虑:一是提高创造性要素的供给能力,二是在政策上鼓励厂商实行要素替代,三是在政策上支持厂商的FDI行为。

关键词:国际投资　生产要素　对外直接投资　厂商

0899

西方发达国家金融创新研究 / 明柱亮著 ; 王胜今指导. -- 吉林大学, 2005. -- 147页

本文共分六章。第一章对金融创新进行概念界定,对金融创新作了类型划分,并对金融创新问题的基本理论进行了回顾。第二章分析了西方发达国家金融创新的社会经济环境,论述了金融创新的直接导因,第三章剖析了美、英、日等发达国家金融创新的发展过程,并对其进行简要评价。第四章研究了金融创新背景下西方商业银行的业务发展问题,包括负债业务创新、资产业务创新、中间业务创新和网上银行的兴起与发展等。第五章从金融创新的内涵、金融创新与金融自由化、金融创新与金融风险、金融创新与金融管制等方面对西方发达国家的金融创新进行了总结性研究。第六章回顾了改革开放以来我国的金融改革与金融发展,分析了我国金融领域存在的问题和制约因素,以及我国与西方发达国家金融创新的差异性,最后借鉴发达国家金融创新的经验与教训,并结合我国的实际情况,提出了我国金融创新的原则和策略。

关键词:金融创新　金融自由化　金融风险　金融管制　发达国家

0900

投资基金的风险管理 : 理论、技术、制度和实践 / 潘涛著 ; 周茂荣指导. -- 武汉大学, 2005. -- 233页

本文共分七章。第一章阐述投资基金的概况,介绍了投资基金的风险及其管理技术。第二章重点论述投资基金风险管理理论的发展演变和文献综述。第三章首先通过对投资基金市场风险表现形式和特征的论述,揭示出其风险本质;其次通过对投资基金市场风险测量和管理技术的研究,提出市场风险的管理战略;最后从金融衍生工具、VaR法、行为金融学三个角度分别分析研究了投资基金市场风险的管理技术。第四章分别对投资基金的信用风险、流动性风险、营运风险、法律风险及其管理展开了研究。第五章首先研究了投资基金内部控制制度的构建;其次从法经济学角度分析了从基金组织结构和内部治理结构上加强投资基金内部风险管理的制度建设;最后,从投资基金治理结构的理论内涵和契约式基金治理结构存在的重要问题入手,归纳了契约式基金治理结构风险改进的国际模式。第六章在论述金融监管及其理论发展的基础上,研究了投资基金三个层次的外部管理制度的构建,并从法经济学角度研究了私募基金的风险监管问题。第七章简要论述了我国转轨时期基金的起源和发展,指出我国转轨时期发展投资基金不仅面临一般性风险,还面临特殊的制度性风险,这两种风险的相互叠加是我国投资基金风险集中的根本原因。在以上分析的基础上,本文提出了相应的管理策略。

关键词:投资基金　风险分析　风险管理

0901

世界贫困化问题的经济学分析 : 理论、战略与政策研究 / 彭刚著 ; 杜厚文指导. -- 中国人民大学, 2005. -- 244页

本文以马克思主义经济学的立场、观点、方法,运用现代经济学理论与实证分析工具,以世界范围的反贫困为中心论题,以反贫困理论、战略、政策和案例为研究的多维空间,以经济全球化为考察的宏观背景,以反贫困实践的历史发展脉络为分析线索,对广大发展中国家普遍存在的贫困现象进行概念界定、类别划分、特征描述、原因探讨;以刘易斯的二元经济论作为核心基础,对西方经典的反贫、治贫、减贫理论进行梳理、分析、阐述、评价;选择钱纳里、舒尔茨、佩鲁的反贫困战略进行比较研究,讨论联合国的“仟年发展目标”,回顾和介绍了世界银行30年来反贫困的政策演变历程以及作用;以印度、巴西、孟加拉和墨西哥为对象,对案例分析国家所取得的治贫、减贫绩效进行评估;在此基础上,本文得出以下结论:(1)全球化的贫困只有在全球化的进程中才能终结;(2)“仟年发展目标”是终结贫困的瞄准目标;(3)终结贫困的目标

只有在可持续的发展中才能实现;(4)加强国家合作是终结贫困的重要保障。

关键词:贫困　反贫困　经济全球化　二元经济

0902

次级新兴工业化国家的产业内贸易理论研究 : 中国、东盟国家产业内贸易的案例分析 / 彭磊著 ; 谈世中指导. -- 中国社会科学院研究生院, 2005. -- 175 页

论文主要包括三部分。第一部分主要从西方产业内贸易理论出发,结合次级新兴工业化国家的特点,构建其发展产业内贸易的演变路径;首先,阐述了产业内贸易理论,重点讨论了产业内贸易产生的背景、发展脉络等;然后,讨论了建立在规模经济基础上的水平型产业内贸易各种模型的构建和演变,指出规模经济因素、产品差异因素、市场结构因素是如何导致产业内贸易的产生以及发展;接着讨论了产业内贸易的贸易量以及对福利的影响,并讨论了跨国公司在次级新兴工业化国家产业内贸易的关键作用,指出中间产品产业内贸易是次级新兴工业化国家产业内贸易的主要特点,在此基础上构建了次级新兴工业化国家发展产业内贸易的演变路径,并指出对发达国家直接投资以获取要素服务是次级新兴工业化国家开展与发达国家水平型产业内贸易,以及在与其他次级新兴工业化国家未来竞争中取得优势地位的一项重要有效的战略选择。第二部分主要以中国和东盟的产业内贸易为实际案例,对次级新兴工业化国家开展产业内贸易的特点加以分析检验,以期证明次级新兴工业化国家产业内贸易的演变是否遵循上述理论分析结果。第三部分根据上面两部分的讨论,从市场结构、规模经济、产品差异、跨国公司四个方面提出发展次级新兴工业化国家产业内贸易的政策思路,也对影响次级新兴工业化国家产业内贸易演变路径的战略选择——对发达国家直接投资,提出了政策建议。

关键词:国际贸易　产业内贸易　工业化国家　对外直接投资　东盟

0903

利益集团、公众舆论对美国银行管制立法的影响 / 彭亮著 ; 张宇燕指导. -- 中国社会科学院研究生院, 2005. -- 126 页

文章对比了公共利益理论、经济管制理论、意识形态理论等银行管制理论对美国银行管制形成和变化原因进行解释,在此基础上,以利益集团和公众舆论为切入点,分析其对银行管制制度和管制政策的形成产生的影响。文章一方面采用理论分析的方法,论述了特殊利益集团和公众舆论对管制立法的影响以及两者在影响管制立法方面的相互联系,另一方面还运用历史和案例的分析方法,通过对美国单一银行体制等美国主要银行管制政策的形成过程以及《1933年银行法》和《1991 年 FDIC 改善法案》的制定过程进行个案分析,考量了利益集团和公众舆论在以上过程中的具体作用,从而得出几个主要结论:特殊利益集团之间的竞争在美国银行业管制政策形成和演进过程中起到重要作用;在一定条件下,尤其是银行危机导致的管制立法,往往能够吸引公众的注意力,公众舆论会对银行管制政策的形成有重要影响;在放松管制的同时,必须加强对银行业的监督和市场纪律约束,否则,政府将会为救助因为从事高风险业务而导致破产的银行付出高昂的社会成本;随着技术、市场与法律环境的变化,特殊利益集团的利益也会发生变化,以前对其有利的管制措施反而会成为累赘,因此即便是同样的管制政策,同样的利益集团在不同的时间态度也有所不同。

关键词:银行业　政府管制　利益集团　舆论立法　美国

0904

金融发展条件下的贸易结构优化与出口促进 / 齐俊妍著 ; 陈漓高指导. -- 南开大学, 2005. -- 144 页

本文以金融发展条件下的贸易结构优化和出口促进为研究对象,深入分析了金融发展促进贸易结构优化和出口规模扩大的机制和途径,并运用跨国和中国的数据进行实证检验,得出了较高的金融发展水平能够促进贸易结构优化和出口扩大的结论,并针对入世后中国的金融发展与国际贸易状况,提出了相关政策建议。本文结构如下:第一部分在相关文献研究的基础上,综合运用金融发展理论、国际贸易理论以及制度分析方法,对相关理论进行拓展,指出金融发展促进贸易结构优化的机制。同时,通过利用制度经济学中有关交易成本和制度的分析,从国际贸易活动特有的金融需求角度说明了金融发展作为一种制度演进,能够更好地满足国际贸易活动中的各种金融需求,促进出口规模的扩大。第二部分是实证研究,利用韩国和美国的经验分析证实了金融发展促进贸易结构优化的结论;利用金融危机前后危机国家出口规模的变化从反面说明了金融发展对出口规模扩大的正向作用,并且分别对世界主要国家和中国进行了相

关的实证建议。跨国的实证分析表明，较高收入水平国家的金融发展在其贸易结构优化和出口规模扩大方面发挥了积极作用；对中国的实证分析表明，中国金融发展对贸易结构优化的作用不及对出口规模扩大的促进作用明显，金融体系高增长低效率是目前中国金融发展促进贸易结构优化机制不畅的主要原因。在理论和实证分析之后，本文强调了中国入世后金融发展的战略意义，并依此提出了未来中国金融发展的方向和相关政策建议。

关键词：对外贸易　进出口贸易　贸易结构　金融发展

0905

我国期货市场功能有效性研究：缺陷与对策 / 祁国中著；潘英丽指导. -- 华东师范大学，2005. -- 170 页

论文主要研究了我国期货市场功能有效性的评估方法，以及功能有效性的缺陷和对策。论文共分为九章。第一章主要阐述了选题的理论和实践意义，介绍研究对象等。第二章介绍了蛛网理论、仓储理论、传统套期保值理论、动态套期保值理论、有效市场假说，以及 ARCH 和 GARCH 模型的意义、基本思想及其证券期货市场研究上的运用等。第三章应用 GARCH 模型等实证分析手段科学地评价国内期货市场的功能有效性。第四—九章分述影响市场功能有效性的几个具体问题：监管制度、产品结构、投资者结构、交割模式、结算模式、市场组织模式和风险控制体系等；然后借鉴国际经验，提出解决问题的政策建议。

关键词：期货市场　期货交易　市场有效性　套期保值

0906

二战后美国对外经济制裁 / 阮建平著；高玉芳指导. -- 武汉大学，2005. -- 175 页

本文主要从历史和逻辑相结合的角度，运用马克思唯物主义和制度经济学的公共选择理论分析二战后美国对外经济制裁。通过对美国对外经济制裁的典型案例分析，认识和探讨美国对外经济制裁的动机、效率和影响因素。全文共分六章。第一章导论介绍了选题意义，就国际经济制裁的相关概念和基本功能进行了分析，介绍了有关国际经济制裁的研究文献和研究现状。第二章就经济制裁的内涵外延，以及与之相关的理论进行了分析。在此基础上，确立了本文对国际经济制裁的分析框架，即从经济制裁的动机及其强度、实施手段和方式、对立各方的相对敏感性和脆弱性，以及国际社会的反应分析影响经济制裁的各种因素，并对不同动机的经济制裁确立了不同的绩效评估原则。第三章回顾了二战后美国对外经济制裁发展历史和特点，同时介绍了美国对外经济制裁的程序和相关法律文件。第四章选取对苏联的管道禁运、针对南方种族隔离的经济制裁、对古巴的经济制裁及《赫尔姆斯——伯顿法》、1990—2003 年对伊拉克的经济制裁为典型案例，从美国对外经济制裁的动机、政策目标和各方反应来分析其影响和效率。第五章分析了美国对外经济制裁的基本矛盾，及政治目标与经济福利的矛盾、国内利益集团之间的矛盾、国内政策与国家法之间的矛盾、单边做法与盟友利益的矛盾。在此基础上，分析了美国对外经济制裁的发展趋势。第六章首先回顾了新中国建立以来美国对华经济制裁及其影响，接着分析了中国当前的经济隐患和可能面临的制裁威胁，最后就预防和抵御可能的经济制裁提供了一些思考。

关键词：美国对外政策　经济制裁

0907

美国中小企业金融支持研究 / 阮铮著；程伟指导. 辽宁大学，2005. -- 178 页

本文共分六章。第一章介绍了美国中小企业的发展历程，论述了美国中小企业的整体重要性和个体弱势地位，说明美国中小企业金融支持的必要性。第二章对企业融资理论的演进进行回顾，介绍了美国中小企业金融支持体系。第三到五章分别对美国中小企业的间接金融支持、直接金融支持和政策性金融支持展开具体论述。第六章说明美国中小企业金融支持的启示。本文认为，从美国的经验来看，对中小企业金融支持是个系统工程，表现在两个方面：一是就金融支持系统本身来说，美国以直接金融为主，通过促进中小企业资本金形成进而提高其间接融资能力；以商业性金融支持为主，通过政策性金融支持推动商业性金融支持；二是就金融支持系统外部来看，美国中小企业支持的综合政策为金融支持系统提供了良好的外部环境和制度保障。因此，要从根本上解决我国中小企业发展中存在的融资难问题，不仅要靠金融支持，还需要其他支持体系，尤其是法律支持体系的配合。

关键词：中小企业　金融支持　企业融资　美国

0908

股市周期与经济周期的关系研究 / 伞锋著 ；杜厚文指导. -- 中国人民大学, 2005. -- 246 页

本文从凯恩斯主义框架出发,建立了股市周期和经济周期的分析框架,从企业利润和企业外部融资成本这两个方面分别对股市周期与经济周期关系的决定机制进行研究,并把对这两个周期关系的研究从封闭条件下延伸到全球化时代开放经济背景下来。本文还对货币政策与股价波动间的关系,以及如何实现金融稳定和经济稳定进行了探讨。最后,本文对中国股市自创建以来两个周期相互背离的走势作出了解释,依据基于西方发达国家经济和成熟股票市场基础上的两个周期理论,总结了处理好中国股市周期与经济周期关系的一些启示,指出投资泡沫和投资引致型金融风险对当前中国宏观经济稳定的影响。全文共分七章。第一章是总论,介绍了研究背景和本文对两个周期关系的基本观点。第二章是理论综述。第三章从股票价格的决定因素出发,研究了决定股票价格变动的基本经济因素对股票价格的影响,同时还研究了作为经济基本面改善重要条件的科技革命对股价的影响。第四章论述了股市周期对经济周期的影响,重点讨论了股价变动通过金融加速器效应对投资和经济周期的影响。第五章论述经济全球化背景下两个周期的关系,是两个周期关系在全球化背景下的自然延伸。第六章论述了货币政策与股票价格的关系,实质是探讨采取什么样的货币政策能够保持金融稳定和宏观经济稳定的问题。第七章是中国的两个周期关系及其政策启示,特别强调了投资泡沫和投资引致型金融风险是影响当前中国宏观经济稳定的主要风险,同时也是当前中国经济宏观调控的一个主要出发点。

关键词:股票市场　经济周期　金融自由化　股票价格　货币政策　金融加速器

0909

开放条件下的金融监管 / 尚金峰著 ；吴大琨，高成兴指导. -- 中国人民大学, 2005. -- 165 页

本文研究了在金融开放条件下的现代金融监管问题。全文共八章。第一章引言,说明了论文选题的现实和理论意义,概述了论文的主要观点,并对相关概念进行了界定。第二章对金融监管理论进行了综述,包括现代金融监管理论的产生、确立与发展,以及金融监管国际化理论。第三章研究了开放条件下金融监管的现实基础,作者首先分析指出金融全球化是金融体系动荡的根本原因,然后分别论述了信用风险管理、市场风险、操作风险和国家风险。第四章分析了开放条件下金融监管的特点,包括金融监管对象的复杂化、内容的深层化、方式的间接化、体制的综合化以及范围的国际化。第五章讨论了开放条件下金融监管体制的选择,文章先论述了金融监管体制建立的理论基础,然后对监管体制进行了比较分析,最后分别研究了机构型监管、功能型监管和目的导向型监管。第六章分析了开放条件下金融监管与货币政策的协调,先论述了开放条件下货币政策选择的三元悖论,接着研究了金融监管与货币政策的关系,最后,分析了金融监管与资本流动。第七章研究了开放条件下的中国金融监管问题,作者先总结了中国金融监管的发展及特点,论述了中国金融市场的开放及金融风险,指出中国金融监管中存在的主要问题,讨论了开放条件下金融监管所面临的挑战及监管模型的选择,以及中国金融监管的创新问题。第八章为结束语。

关键词:金融监管　金融风险　货币政策

0910

交易费用理论与制度研究 / 沈芳著 ；白暴力指导. 北京师范大学, 2005. -- 134 页

本文首先对交易费用理论产生的历史背景和思想背景进行了分析,系统分析了交易费用理论的理论框架和经验研究等内容,指出交易费用理论的贡献及其缺陷。其次,本文将交易费用理论和两个主要的研究制度的经济学派——制度经济学派及马克思主义经济理论进行了比较,分析了交易费用理论和这两种经济理论在研究方法、研究角度以及研究结论等方面的异同。认为交易费用理论是在资本主义基本经济制度的既定前提下对资本主义微观经济制度的研究;制度经济学采用非形式化的方法对资本主义经济制度进行了研究,从一定程度上揭示了资本主义制度中存在的各种矛盾,但它并不能透视资本主义经济制度的本质;马克思主义经济学不仅从微观角度而且从宏观上对资本主义经济制度的发生、发展到灭亡的趋势进行了系统研究,阐释了资本主义经济的运行规律,揭示了资本主义经济制度的基本矛盾,是具有深刻性和本质性的分析。最后,本文通过将制度分成基本经济制度、财产权利制度、经济运行机制和交易形式及组织形态等四个层面,从深层次探讨交易费用的研究对象。认为交易费用理论是以资本主义经济制度的深层的制度层面作为既定前提和制度背景,对资本主义表层经济制度的研究。交易费用理论既不触及资

本主义深层的经济制度，也不可能从整体上对资本主义经济制度进行研究，因而具有局限性。

关键词：交易费用　新制度经济学　经济制度　资本主义制度

0911

系统与资源视角下的金融效率论：理论分析与中国实证研究 / 沈军著 ；白钦先指导. -- 中山大学，2005. -- 181 页

本文在系统与资源的二元视角下系统地构建了金融效率的理论与实证的完整体系，并对中国案例进行了实证分析，对金融效率研究与金融发展理论进行了深化与拓展。全文分六个部分。第一部分是导论，作者首先提出了文章要研究的问题，然后对相关的概念进行了界定，并介绍了文章的研究方法、研究思路与技术路线、结构、内容以及创新之处。第二部分即第一章，是对金融效率研究的文献回顾，作者综述了金融效率相关研究文献，并分析了研究金融效率的新思路。第三部分包括第二、三章，作者由金融本质属性归纳出研究金融效率的二元视角，即 SFE（金融结构——功能——效率）框架下的系统视角和演进的金融发展理论框架下的资源视角。第四部分包括第四、五、六章，是在系统与资源的二元视角下对金融效率的涵义、分类、配置框架、影响因素与提高途径进行了系统的理论分析。第五部分即第七章，提出了金融效率的实证研究框架，并对中国微观与宏观金融效率进行了实证分析。第六部分即第八、九章，提出并阐述了中国金融发展必须走效率型之路的命题，最后对全文进行了总结。

关键词：金融学　金融效率　资源分配　金融发展

0912

对中央银行冲销操作的研究 / 时卫干著 ；余永定指导. -- 中国社会科学院研究生院，2005. -- 117 页

本文以中央银行冲销操作为研究命题，主要包括理论综述、与货币政策独立性关系、有效性、传导机制、成本分析、可持续性、政策建议等。首先，作者在理论综述的基础上，集中讨论了 1994 年以来我国货币当局所执行的各种冲销操作，并分析了美国、日本及欧元区等货币当局的冲销操作机制。此后，作者专门研究了外汇占款的外生性增长及相应的被动性冲销操作对中央银行货币政策独立性目标所产生的巨大影响。在经验分析的基础上，作者认为冲销操作主要通过信用渠道传导，但货币渠道也发挥重要作用，货币供应量 M2 和人民币实际有效汇率指数 REER 对 GDP 有较强解释能力。有效性方面，经验分析也表明外汇干预操作完全有效，而由于我国利率受到管制，冲销操作与利率之间的关系并不明显。中央银行干预与冲销操作成本研究方面，作者的测算结果表明，1994—2004 年我国货币当局的外汇干预操作亏损 2695 亿元，同期冲销操作亏损更高达 8377 亿元。最后，作者通过建立货币当局冲销操作可持续性的一般性经济模型证明，随着冲销系数 s 的增大，冲销操作将不可持续。在上述分析论证的基础上，作者最后提出了包括人民币汇率形成机制、外汇干预操作、冲销操作等在内的一系列政策建议。

关键词：中央银行　外汇　人民币汇率　货币政策

0913

亚洲“四小龙”比较优势战略研究 / 史龙祥著 ；程伟指导. -- 辽宁大学，2005. -- 140 页

本文由序言和正文五章构成。序言介绍研究背景、研究现状及其理论和现实意义。第一章在综述比较优势理论文献的基础上，对比较优势战略理论进行全面阐述，围绕其含义及运行机理进行深入分析，将比较优势战略理论归纳为“核心论”、“条件论”、“协调论”三个部分，即以资源禀赋结构升级为核心、以在产业发展各个阶段充分利用比较优势为条件、以政府政策作为协调。第二章对比较优势战略所存在的争议进行分析，主要内容包括比较优势与竞争优势、“比较优势陷阱”、比较优势与动态比较优势三个部分，其结论是：比较优势与竞争优势并非对立关系，应在比较优势基础上谋求竞争优势；在现行国际市场条件下，完全依据比较优势参与国际分工会导致“比较优势陷阱”；避免“比较优势陷阱”需要培育动态比较优势，其可在比较优势战略基础上通过规模经济与技术进步加以实现。第三章阐述了亚洲“四小龙”于 20 世纪 60 年代—21 世纪初比较优势战略的变化轨迹。第四章分析了亚洲“四小龙”比较优势战略的内涵，认为它既与比较优势战略理论的主张相一致，又对比较优势战略理论有所突破。这种突破首先在于它具有通过政府干预培育动态比较优势的含义，还在于它揭示了政府干预的尺度如何把握。“过度干预”与“积极不干预”都是不可取的，妥善做法是政府必须对产业发展予以“适度干预”。第五章在吸收借鉴亚洲“四小龙”发展战略经验与教训的基础上，结合中国实际

情况，对中国发展战略的选择作了思考。

关键词：经济发展战略　亚洲四小龙　比较优势　竞争力

0914

国际反倾销政策的经济学分析 / 宋利芳著 ；吴大琨，杜厚文指导. -- 中国人民大学，2005. -- 157 页

本文共分六章。第一章以低价销售这一倾销的基本特征为切入点，运用微观经济学的基本原理，对倾销的合理性做了讨论，同时从宏观的角度考察了倾销行为对进口国、出口国以及第三国产生的经济效应。第二章从 WTO 与反倾销的关系出发，考察了 WTO 反倾销政策中倾销的认定，进而对 WTO 的反倾销措施及其经济效应做了比较分析。第三章分析了美国与欧盟反倾销政策的演变及其贸易政策取向，对美国与欧盟的反倾销政策包括倾销的认定、反倾销措施及其经济效应进行了研究。第四章从国际反倾销政策局限性的具体表现入手，考察了其经济学上的成因。论文指出：国际反倾销政策具有贸易保护主义性质；偏重保护进口国国内同类产业利益，牺牲消费者和下游生产厂商等经济主体的利益，损害进口国的总体经济福利；"非市场经济国家"在国际反倾销政策中明显处于不利地位；国际反倾销政策会引致社会总福利损失。第五章针对国际反倾销政策存在的局限性，运用经济学原理，从反倾销的适用范围、反倾销政策与竞争政策之间的关系、最优反倾销税率、反倾销政策的公共利益评价等方面考察了改革和完善国际反倾销政策的具体思路和方向。第六章从发展中国家在 GATT / WTO 反倾销规则中的地位及利益出发，分析了发展中国家遭受发达国家反倾销的基本态势及原因，进而考察了发展中国家应对发达国家反倾销的对策措施。在此基础上，结合中国遭受发达国家反倾销的严峻现实，提出了中国应对国际反倾销政策的若干启示及政策建议。

关键词：倾销　反倾销　国际贸易　贸易政策　贸易保护

0915

投资者情绪对我国股票市场的影响 / 孙建军著 ；王美今指导. -- 中山大学，2005. -- 78 页

文章采用经济学实验方法研究投资者情绪对中国股票市场的影响。首先，将被测试者置于受控实验环境中，由于没有群体及传媒等因素影响，实验数据表明，得出了被测试者存在处置效应和均值反转的投资倾向的结论。而借助于投资者情绪指数，则发现现实中的投资者由于受到群体及传媒等因素影响，其情绪表现出放大传递模式，即机构投资者与个人投资者群体之间情绪不但相互影响，而且传媒在传递机构投资者情绪的过程中充当了放大器。其次，基于金融市场微观结构理论，针对中国证券市场卖空受限和指令自动配对的交易制度构造理论模型，证明了情绪投资者的存在使股票的流动性增强；情绪投资者比例越大，股票的流动性也越大；情绪波动越大，股票的流动性也越大。结论验证了投资者情绪的存在能使交易更活跃的直觉。再次，针对中国政策市特征及投资者在投资策略上相互模仿的客观现实，建立理论模型阐述了情绪投资者的市场生存能力，并从股市政策与情绪投资者规模及其股票需求量变动之间的关系角度，对目前股市的低迷现状作了较为合理的解释。最后，基于机构投资者情绪指数，选择 TGARCH—M 模型对中国投资者情绪对股市收益及收益波动的影响作了经验分析，发现投资者情绪变化不仅显著地影响沪深两市收益，而且显著地反向修正沪深两市收益波动，通过风险奖励影响收益，证实了投资者情绪是一个影响收益的系统性因子。该结论表明了，沪深两市不仅具有相同的风险收益特征和投资者行为特征，而且均未达到弱式有效，机构投资者是可能的噪声源。

关键词：证券市场　证券投资　投资者　情绪

0916

全球视角的战略贸易政策研究 / 孙文远著 ；高乐咏指导. -- 南开大学，2005. -- 175 页

本文旨在通过对战略贸易政策全面的阐述，以及从理论与实证两方面进行多视角的分析，为我国贸易政策制定提供一定的建议。全文共分为五章。第一章从新贸易理论与政治经济学分析的角度回顾了战略贸易政策理论与实证的历史文献，并对其中主要观点进行评述；第二章分析了在多边贸易体制条件下的战略贸易政策实施的限制和可能性，同时考察了中国与世界其他国家经济之间的竞争互补关系；第三章建立了一个战略贸易政策分析模型，将政治经济学分析方法与新贸易理论的分析方法结合到一个分析框架中；第四章首先对世界主要国家贸易政策进行聚类分析，并在此基础上分析了美国的反倾销政策和欧盟的技术性贸易壁垒政策存在的原因和政治经济条件，以及印度软件产业的战略贸易政策；第五章首先在新贸易理论框架下利用中国轿车行业的数据进行战略贸易政策的效果模拟，其次从政治经济学角度模拟了中

国政府的政治中性,即在其福利函数中对于消费者和厂商利益的同等对待,最后分析了我国实施战略贸易政策的内部约束和外部约束,并在此基础上提出了具体的政策建议。

关键词:国际贸易　贸易政策　贸易保护　世界贸易组织(WTO)

0917

企业债务融资研究 / 孙振峰著 ; 黄亚钧指导. -- 复旦大学, 2005. -- 148 页

本文从微观层面出发,根据企业融资结构理论和我国企业融资现状,对企业债务融资进行研究。本文研究内容包括以下几个方面。首先是对已有文献的梳理。其次,在对债务融资的研究中,本文以三个视角作为理论切入点。一是对企业最优债务水平的研究,包括从企业内部控制人、公司控制权市场、基于与股权融资的比较等对债务融资进行分析,认为从企业内部控制人的角度看,投资者与经营者之间的最优化契约具有内生性并且最优企业可以通过合理安排债务与股权的比例以及经营者报酬安排来达到,从公司控制权市场的角度看融资结构通过它对现金流在有投票权的股东和无投票权的债务之间分配的效应影响控制权竞争的结果。二是企业债务融资方式选择的理论研究,主要分析银行贷款和企业债券的存在基础和不同作用。三是多融资方式选择下债务结构研究,认为在多融资方式下最优债务结构是只有一种优先级最高的债务加上一种次级债务,由优先级最高的债权人进行监督,在实际中表现为有抵押的银行贷款和次级信用债券并存的债务结构。最后,论文针对中国债务融资展开实证研究,认为中国以银行贷款为主的债务融资存在很多问题,导致以银行间接融资为主的金融体系具有相当高的不稳定性。中国的债券融资明显发展滞后,发展债券市场已经成为完善市场结构的必然选择。

关键词:企业融资　企业债务　债务融资

0918

论虚拟资本与实体经济的辩证关系 / 孙竹著 ; 张帆指导. -- 中国人民大学, 2005. -- 192 页

本文的论述从五个方面展开。第一,虚拟资本的大发展及其理论界定。本文认为,虚拟资本定义应表述以下几个方面:(1)虚拟资本应阐明由马克思主义经典经济学家已经揭示的几个特点,即虚拟资本的资本特性、虚拟特性和市场化特性。(2)对虚拟资本的界定,应重点阐明其与实体资本的辩证关系。(3)虚拟资本的界定还应阐明虚拟资本的用途。虚拟资本分为基础性虚拟资本和衍生性虚拟资本。第二,实体经济决定虚拟资本。本部分主要从以下三个方面论述:(1)虚拟资本的产生发展的最根本推动力是实体经济的需要。(2)实体经济因素如何决定虚拟资本价格。(3)虚拟资本作为抽象财富,不是真实财富,如果想转化为可以消费的真实财富,是不能脱离实体经济的。第三,虚拟资本的相对独立运动。本文认为,除实体经济因素外,对虚拟资本产生影响的还有其他因素,这些因素将引起虚拟资本相对实体资本的独立运动;金融危机的根源来自市场经济中资本的人格化;虚拟资本既有积极的作用又有消极的影响。第四,以美国纳斯达克股市泡沫、日本经济长期低迷、东亚金融危机为例,对实体经济与虚拟资本辩证关系进行了实证分析。第五,虚拟资本理论与中国的虚拟资本发展。本文分析了我国虚拟资本的发展现状、存在的问题和对策,以及监管问题。

关键词:虚拟资本　实体经济　金融衍生工具　金融危机　投机

0919

所有权激励、外部约束与经理行为 / 谭慧慧著 ; 华民指导. -- 复旦大学, 2005. -- 130 页

本文共分八章。第一章导言,说明论文的选题背景和意义。第二章是对代理理论和公司治理的论述。第三章阐述了所有权激励与经理行为,分析了股票期权的国外实践及其负面问题。第四到六章分别从大股东监控、潜在投资者的收购威胁和外部债权人的破产威胁三方面进行了经理行为的外部约束理论分析。第七章考察了中国国有企业对经理行为的激励与监管的有关情况,针对国有企业委托人和代理人的缺位以及外部软约束等问题提出了政策建议。第八章是结论。

关键词:企业管理　所有权　激励　经理

0920

政策性金融功能研究 : 兼论中国政策性金融发展 / 谭庆华著 ; 白钦先指导. -- 中山大学, 2005. -- 142 页

本文选择功能作为切入点对政策性金融进行了研究,其基本思路是:先进行功能界定,再研究功能的实现机制,接着分析功能的外部效应,最后再研究中国政策性金融发展问题。全文共分八部分。第一部

分导论,作者提出了本文要研究的问题,对研究对象进行了界定,介绍了国内外相关研究的现状、本文研究的视角与研究方法、研究思路与论文结构。第二部分从经济思想发展史的角度来探讨政策性金融的思想渊源,通过考察发现政策性金融体现了政府与市场作为两种基本的资源配置机制在整个经济的发展过程中不断融合的趋势。第三部分从整个金融功能演进的角度来界定政策性金融的功能,作者先回顾了金融发展、金融功能、政策性金融功能三类文献,然后通过对金融功能的重新界定提出了金融发展的功能观点,接着再对金融功能演进过程中商业性金融与政策性金融的对比分析界定了政策性金融的功能,并深入探讨了政策性金融功能的层次和内容。第四部分探讨了政策性金融功能的实现机制,作者先对实现机制进行了初步界定,然后分别探讨了政策性金融引导和补充两大类功能的实现机制,最后对政策性金融功能实现机制进行了补充分析,并在此基础上提出了一个较为完整的分析框架。第五部分探讨了政策性金融功能的外部效应,主要在 Fukuchi 一般金融福利模型的基础上提出了一般金融福利模型的拓展形式,并具体分析了政策性金融功能的外部效应,最后指出了政策性金融功能效应的具体表现。第六部分以中国政策性金融发展为样本对政策性金融功能的外部效应(主要是政策性金融的整体经济增长效应与产业促进效应)进行了相关的实证分析。第七部分在前面实证分析的基础上再次对中国政策性金融的发展进行了考察,着重分析了中国政策性金融发展的背景、历程和现状,从而从功能的角度提出了构建中国政策性金融体系的基本原则、基本框架和基本保障。第八部分归纳总结了本文的研究结论,指出了本文研究的主要贡献、主要不足,并初步展望了后续研究的方向。

关键词:政策性金融　金融功能　金融发展

0921

论金融衍生产品监管 :基于契约经济学的分析 / 谭燕芝著 ;李翀指导. -- 北京师范大学, 2005. -- 134 页

从契约经济学的角度看,金融衍生品就是一份关于未来某时期基础产品交易中权利与义务的契约,契约的内容规定着衍生品交易的本质属性,金融衍生品市场失灵的微观机理和根源正是在于衍生品契约的非完全性特征,因此对金融衍生品监管就是对这种契约非完全性的治理。在造成契约非完全的众多原因中,最主要的就是交易中存在的信息不完全问题。这样,对金融衍生品市场的监管必须采取以解决信息不完全问题为导向的策略,从投资机构内部风险监控、行业自律、政府法规以及发展国际合作多方面构建起完整的监管框架。而其中,从契约的生成过程和其作用的范围来看,投资机构的自我监控和国际合作监管在这一框架中占据着主导地位。运用以上理论框架,本文分析发现,中国的金融衍生品市场由于脱胎于原有的计划经济体制,市场体系顺利运行所必需的各种非正式规则和正式规则缺乏或者滞后于市场的发展,这使得中国市场上的衍生品契约具有更加显著的不完全性。结合监管的成本收益比较和发达国家金融衍生品市场监管模式的选择,本文提出,构造一个适合于中国金融衍生品市场发展的监管体系的关键在于规则的建设、基础金融市场的完善和成熟的市场主体的培育。

关键词:金融市场　金融衍生产品　契约　金融监管

0922

政府效率及其测度研究 :中国省级地方政府效率测度理论与实践 / 唐天伟著 ;唐任伍指导. -- 北京师范大学, 2005. -- 127 页

本文共分六章。第一章回顾了政府效率的一般理论,包括福利经济学的效率观、公共经济学对效率和政府效率的论述、制度经济学对效率和政府效率的论断以及管理学对效率和政府效率的论述等。第二章介绍了政府的涵义及特殊性,并对政府效率进行界定,论述了政府效率的特征。第三章分析了政府效率症结的表现,分析其原因,并探讨解决政府效率症结的次优路径。第四章分析测度政府效率的意义及困难,综述测度政府效率的模型,阐述了国外研究政府效率测度的其他理论,介绍了政府效率的指标测度法。第五章设计了包括政府公共服务、政府公共物品、政府规模、居民经济福利四因素、47 个指标组成的指标体系,运用标准离差法测度 1999—2003 年中国 31 个省市(区)的政府效率。结果表明:第一,中国大部分地区省级地方政府效率总体上有所提升;第二,中国东、中、西部地区省级地方政府效率及其测度因素具有层次性和差异性,东部高于中部,中部又高于西部;第三,中国各地省级地方政府效率与经济增长之间存在一定的相关性,政府效率较高的地方,其 GDP 增长率较高;第四,人力资本、电子政务、经济发展水平等因素也是影响省级地方政府效率的重要因素。第六章根据我国政府效率的差异性以及政府效

率测度的局限性，提出了提高省级地方政府效率的对策以及优化政府效率测度的设想。

关键词：地方政府　行政管理　公共管理　政府效率

0923

黄河水资源管理制度研究 / 唐伟群著 ；高玉芳指导. -- 武汉大学, 2005. -- 113 页

本文共分六章。第一章引言对世界水资源进行概述，介绍了世界水资源的利用状况，描述了世界水资源短缺及其趋势，并具体分析了中国的水资源短缺问题。第二章首先论述了联合国与世界银行对推进水资源管理的贡献，其次回顾了当代水资源经济理论的研究进展，最后综述了近年来黄河水资源管理研究的贡献与进展。第三章分析了水资源的特点，提出了水资源系统可持续性的研究方法，总结水资源管理中普遍存在的问题，及外部性问题、短期性和长期性问题、风险性和不确定性问题。并认为水资源管理制度研究，应以环境论理学、环境经济学及制度经济学理论为基础理论。第四章主要介绍了黄河流域经济与社会、黄河水资源问题。在此基础上分析了黄河水资源问题形成的原因：以水利行政管理代替流域管理是问题形成的根源，水资源开发中的技术偏向导致过度开发、缺乏系统完整的水资源战略规划也是不容忽视的重要原因。第五章分析了现今黄河水资源管理中的水权、水价制度，分析了目前水资源配置制度的缺陷，提出了配置水资源新思路，认为黄河水资源的有效配置在于开展水权转让，而水权转让需要市场机制的培育及必要的分配水的工程建设。第六章在对黄河流域管理制度进行回顾的基础上，提出黄河流域管理制度创新和生态系统管理的设想。

关键词：黄河　水资源管理　可持续发展　流域管理

0924

银行不良资产与金融资产的管理 ：若干国家金融资产管理公司运行机制的比较 / 佟铁成著 ；余昺鵬指导. -- 吉林大学, 2005. -- 205 页

本文从对若干国家的银行不良资产的产生和金融资产的管理分析入手，对其金融资产管理公司运行机制进行了比较研究。文章运用经济学上的信息不对称理论、市场失灵理论等对银行不良资产的形成作了理论分析，从银行业本身原因、银行监管的脆弱性、经济体制、经济转轨等方面阐述了银行不良资产产生的根源；从金融创新的理论出发，提出了处置银行不良资产的措施、模式和方法。本文区分了发达国家、转轨国家和亚洲国家三种类型，运用价值分析和比较的方法，对各国银行不良资产的管理和各国金融资产管理公司的运行机制进行了全面的综合分析，总结了其经验与教训。在借鉴了若干国家银行业不良资产管理经验的基础上，详细地分析了中国银行业不良资产的现状及特殊性，指出了我国银行不良资产形成是国民经济深层次矛盾的综合反映，接着对中国金融资产管理公司的运行机制情况进行了分析，从产权理论、公司治理理论出发，分析了金融资产管理公司运作过程中产生的外部问题、内部治理问题等，并提出了金融资产管理公司治理的改革措施和实施步骤，指出了中国金融资产管理公司未来发展的方向。

关键词：商业银行　不良资产　资产管理　金融资产

0925

中外现代租赁比较研究 ：兼论中国租赁业发展对策 / 王冰著 ；黄济生指导. -- 华东师范大学, 2005. 201 页

论文从租赁业的交易主体、交易客体、交易环境以及有关租赁的法规和政策等方面对中外租赁业的发展进行系统地比较，从而对我国租赁业的发展进行探讨。论文首先分别从租赁分类的目的与标准等角度分析比较了民法（或商法）、会计准则、税法以及租赁业界对租赁业分类的异同点，给租赁业分类提供了较为清晰的分类结构。其次，对世界现代租赁业比较发达的国家的租赁业发展进行比较，以期发现对我国租赁业发展有借鉴意义的国际经验。第三，通过对世界各国租赁业的比较，发现国际上关于融资租赁的法律界定存在较大差异，一个国家内部不同法律对融资租赁的界定也有差异。第四，为了适应并推进世界租赁业的发展，世界上一些有影响的国际组织也在积极地从不同方面进行促进租赁业发展的国际协调，统一世界各国对融资租赁的认识。最后，论文对中国现代租赁业的产生背景、发展规律、租赁企业以及相关法规作了比较深入地研究，得出以下结论：(1)中国现代租赁业曾为我国引进外资做出显著贡献；(2)与世界其他国家相比，我国租赁业发展规模目前还很小；(3)目前我国关于融资租赁的法规建设已基本完成；(4)虽然我国现阶段租赁业尚处于较低水平，但已显现出即将腾飞之势。借鉴国外租赁业发展的经验，结合我国的具体特点，论文在最后提出了中国现代租赁业的

发展建议。

关键词:租赁　融资　租赁业

0926

中印经济增长中的金融因素分析 / 王辰华著 ; 李翀指导. -- 北京师范大学, 2005. -- 152 页

本文研究的出发点为:基于中国和印度经济发展的现实,把金融因素作为中国和印度经济增长过程中的内生变量加以考虑,对经济增长和金融因素之间的内在关联和质变互动进行了理论分析和实证检验。文章第一章首先回顾了经济增长与金融发展的百年论争,阐述了金融发展与经济增长之间的相互作用机制。基于"金融发展是经济增长的内生结果",作者在第二、三章分别探讨了近 20 年来中印两国经济增长对货币化进程、金融结构变迁、金融效率改进的积极影响。接着文章从金融发展对经济增长作用机制分析入手,利用 ECM 模型、格兰杰因果检验等方法实证检验了中印两国利率、金融中介、金融市场等金融因素与经济增长之间的内在联系。最后,论文对发展中大国金融发展的合理次序进行了总结,在借鉴印度金融改革经验的基础上,阐述了中国今后金融改革的基本策略。

关键词:经济增长　金融发展　利率　印度

0927

国际游资易变性研究 / 王宏淼著 ; 杜厚文指导. -- 中国人民大学, 2005. -- 216 页

本文以国际游资易变性为主题,在对国际游资进行一般分析的基础上,顺次考察了国际游资易变性的度量及证据、易变性的原因和后果,并对相应的资本控制对策进行了讨论,初步完成了对国际游资易变性问题的一个认识逻辑建构。全文由导论、正文及结束语构成。导论阐明了论文的选题背景及研究意义、核心概念界定、文献回顾,以及论文的结构安排和内容。正文部分由五章组成:第一章简要回顾了国际游资的历史演进,考察其起源及在不同历史时期的发展状况,并进一步分析其内在形成逻辑,最后对国际游资的目前规模进行估算。第二章分析了资本易变性问题的起源,概括了易变性的度量方法,重点对 90 年代的资本易变性进行了分析,在现有易变性实证结果的基础上,对以易变性检验游资性质的有效性作了进一步的讨论。第三章从宏观与微观两大方面剖析了国际游资易变性的决定,其中宏观决定是从内部拉力与外部推力展开;微观方面则分别考察了市场基础和投资者行为对国际游资易变性的影响。第四章分别从货币供给(利率)、资本市场(股价)、外汇市场(汇率)、银行部门等四个方面剖析了国际游资易变性对一国金融体系的影响;从政府、企业和家庭三部门,分别考察了游资易变性对实体经济的效应,并进一步提供了易变性影响经济增长的经验证据;最后,作者把金融危机视为非正常情形,分析了国际游资的投机性攻击、短期债务易变性对危机及其传染的影响。第五章首先对是否控制国际游资的理论纷争进行了评述,对有关控制措施进行了分析,并分析了有关控制与否的争论实质,最后结合中国的实证,进一步给出了本文的政策建议。在论文最后的结束语部分,作者对全文进行了简要的总结。

关键词:国际金融　资本流动　流动资金　金融体系　投机

0928

外商直接投资与区域经济可持续发展研究 : 以天津市为例 / 王竞著 ; 陈漓高指导. -- 南开大学, 2005. -- 192 页

本文采用理论与实证相结合、定性与定量相结合等方法,系统分析了天津市外商直接投资对经济发展的影响,提出了天津市利用外商直接投资促进经济可持续发展的战略。论文包括导言、正文和结论三部分。第一章导言,主要介绍了问题提出的依据、研究的思路和结构、主要内容以及基本概念界定。正文共分四章。其中第二章主要是对外直接投资的相关理论进行详细的评述,客观地指出各派理论的优长和局限性,并对发展观的演变、经济可持续发展的概念和内涵等进行了详细阐述,明确指出从可持续发展角度深入研究外商直接投资及其效应具有明显必要性,并重点阐述了外商直接投资与区域经济可持续发展的理论关系。第三章主要介绍了外商直接投资的发展概况,并对天津市利用外商直接投资的现状进行了简要的分析。第四章检验了外商直接投资与天津市经济增长之间的关系,并利用格兰杰因果检验和协整分析来验证外商直接投资与天津市经济长期稳定增长之间的联系;接着结合天津市现状,借鉴国内外已有的研究成果,设计出基于多维的区域经济可持续发展评价指标体系及外商直接投资影响力评价指标体系。然后在此基础上,利用经济统计学的层次分析法对天津市的经济可持续发展能力和外商直接投资的影响力进行定量评价与诊断。第五章是文章的策略部分,首先运用灰色理论系统分析和预测天津市经济可持

续发展指标 FDI 与 GDP,然后提出了天津市经济可持续发展条件下的利用外资战略措施。最后,结论部分对本文理论研究和实证分析作出全面总结,同时,说明了本文的主要创新见解以及遗留问题和后续研究方向。

关键词:外商直接投资(FDI)　区域经济　可持续发展　天津市

0929

全球化时代的东南亚经济：理论与实证研究／王勤著；廖少廉指导. -- 厦门大学, 2005. -- 169 页

本文借鉴和运用经济全球化与区域经济一体化理论及其方法,以全球化下东南亚经济发展历史进程为主线,以东南亚的贸易自由化、金融国际化、生产一体化、经济区域化为重点,对当代经济全球化与东南亚经济发展进行历史考察和综合研究,探索全球化进程中东南亚经济的基本特征和发展趋势。全文分七章。第一章为导论,介绍了论文研究的主题、当代经济全球化理论、国内外文献以及论文研究的框架。第二章阐述了经济全球化与东南亚经济发展,回顾了东南亚经济发展的历史,分析了东南亚经济的增长轨迹和趋势,剖析了近年东南亚经济波动的原因,阐述了东南亚经济的国际竞争力。第三章探讨了全球化下东南亚的贸易自由化,随着全球性和区域性贸易自由化浪潮,东南亚加快了贸易自由化步伐,各国的货物贸易和服务自由化均取得新进展,推动了东南亚进出口贸易规模的扩大和结构的变化,而对外贸易的增长又成为经济增长的引擎。第四章论述了全球化下东南亚的金融国际化,作为参与经济全球化进程的重要内容,东南亚国家金融深化的国际进程大大加快,90年代中期东南亚金融危机的爆发,显示出这些国家金融自由化改革的重大失误,此后,各国加快了银行金融体系的重组与改革,以应对金融国际化带来的机遇与挑战。第五章分析了全球化下东南亚的生产一体化,生产一体化是经济全球化的深刻表现,跨国公司是经济全球化的载体,随着国际直接投资和跨国公司的涌入,东南亚国家的国际化生产得以迅速发展,跨国公司在东南亚的投资与经营,对各国的生产流程、对外贸易、劳动就业以及技术进步均产生重要的影响。第六章综论了全球化下东南亚的经济区域化,伴随着经济全球化和区域化的时代浪潮,东南亚加快了区域经济一体化的进程,当前主要从三个层次展开:一是东盟区域的经济一体化,二是东盟与区外国家的自由贸易区,三是东盟成员国与区外国家的双边自由贸易协定。第七章概述了本文的结论、创新点和后续研究。

关键词:东南亚　经济发展　全球化

0930

经济全球化条件下的生产力空间分布研究：兼论江苏省沿江沿海开发战略／王润亮著；华民指导. -- 复旦大学, 2005. -- 119 页

本文研究了经济全球化条件下的生产力空间分布问题和江苏省沿江沿海开发战略。文章主要包括五部分。第一章对经济全球化的发展过程进行了历史的回顾,将其划分为四个阶段,并对经济全球化对经济增长和生产力空间分布的影响进行了分析。第二章从资源区、加工区和市场区的角度分析厂商区位选择的动因,介绍古典区位理论的基本原理以及现代区位理论的研究方法,并阐述了都市圈现象及其在一国经济中的重要地位,同时比较分析了我国两大都市圈——长三角和珠三角的发展特征,最后,根据“中心——外围”理论,考察了自19世纪以来的世界经济中心的发展状态,指出世界经济增长中心向中国转移的当代趋势。第三章通过修正的韦伯运输模型,提出了一个最优区位选择的求解方法,并分析了自然因素、资本因素和知识因素在国际贸易中的作用,以及资源流动性、资本流动性和劳动力流动性对生产力空间布局的影响。第四章从自然禀赋、物质资本禀赋、人力资本禀赋等资源条件角度,分析我国的比较优势所在及在国际分工中的地位;研究认为,我国应该从劳动力密集型比较优势入手,将之扩展为人力资本密集型产品的国际比较优势,以最终实现技术服务型产品的比较优势;同时,文章还指出,通过协调发展的方式形成东西部优势互补的格局是指导我国参与国际竞争的根本路径。第五章通过分析江苏省沿江沿海的区位优势及其沿江沿海开发的制约因素,提出推进城市化是江苏省沿江沿海地区发展的内在必然要求,并从产业发展的角度和江海互动的区位协调发展角度提出了该地区较具体的发展战略规划。

关键词:区域经济　生产力布局　都市圈　区位优势　沿海地区

0931

美国都市带演进的机制研究／王小侠著；冯舜华指导. -- 辽宁大学, 2005. -- 132 页

本文主要探讨都市带演进的机制,研究影响都市带演进的相关因素及其互动关系,以及这些相关因素

是如何影响都市带发展的。在序言中,阐明了本课题研究的重要意义,对都市带概念的产生及相近概念进行了辨析,对国内外研究的文献进行了梳理和评述,并在此基础上,提出了本文的视角和研究思路。第一章在从理论上探讨了分工演进与城市发展的内在关系的基础上,分析了分工与合作、合作成本与制度间的关系;并指出了分工的形式与合作的形式。第二章首先强调了产业发展与美国都市带演进的互动关系,并对三大都市带进行了个性剖析,分别从初始条件、发展历程、产业特色等方面展开,归纳出三种不同的发展模式,并对其特征进行了细致的总结,为下一步的分析奠定基础。第三章旨在探究都市带外部形态的内部决定条件,以两种产业和两大都市带作为对照的对象,分析制造业和高科技产业分工、合作的特点,以及对都市带形态的影响,并分别得出结论。第四章转向制度因素的分析,对美国都市带演进中的制度环境与制度安排进行了分析,认为二战期间和冷战时期特殊国际环境对美国西海岸都市带演进起了加速器的作用,也讨论了政府的高速公路政策、住房政策等对都市带形态的影响,本章对制度的讨论,还涉及都市带演进对制度的诉求关系,以及都市带演进与制度创新的互动关系。最后一章在前述各章分析的基础上得出分析结论,并对中国都市带建设提出了一些启示,以便服务于中国的经济发展实践。

关键词:城市经济　经济发展　产业集聚　分工　美国

0932

政府投资项目监管问题国际比较:我国现阶段政府投资项目监管研究 / 魏东平著 ; 李翀指导. -- 北京师范大学, 2005. -- 102 页

为了提高政府投资效率,本文从国际比较的角度,引出市场经济条件下政府投资项目的监管问题,结合所从事的项目稽察监管工作探讨了如何合理地对我国政府投资项目进行有效的监管。全文共四章。第一章是对政府投资的理论阐述,文章分别分析了政府投资与公共产品、政府投资的范围,对政府投资的文献进行了回顾,并论述了政府投资对国际经济的影响。第二章是对我国投资体制和项目管理问题的分析,论文围绕我国投资体制改革、项目建设管理尤其是政府投资项目监管的历史沿革和现实状况,指出存在的问题,剖析了监管体系建设的不足以及寻租现象。第三章从监管法律制度、监管组织机构、监管范围内容、监管方式方法和违规处理手段等方面运用国际比较的方法,讨论了市场经济国家和地区以及世行、亚行等国际组织投资项目监管的具体做法和经验启示,探索了对政府投资项目实施监督管理的内容、方法、措施、模式和体系。第四章探讨了构筑对政府投资项目实施有效监管为主的监管体系,对建立健全我国现阶段政府投资项目监管制度提出了建设性意见,明确了开展项目稽察监管的若干对策。

关键词:政府投资　基础设施　项目管理　监督管理

0933

20 世纪 80 年代以来印度尼西亚金融自由化研究 / 吴崇伯著 ; 廖少廉指导. -- 厦门大学, 2005. -- 106 页

本文以印度尼西亚作为案例,在借鉴大量国际学术界最新前沿性研究成果的基础上,对金融自由化理论以及在印尼的实践进行了系统全面的研究,考察金融自由化的正、负效应,金融自由化所必须具备的条件,金融自由化促进经济增长的约束条件,金融自由化中的政府功能定位等。作者通过对印度尼西亚实施的金融自由化改革、金融制度变迁、金融体制重组和发展模式的转型等方面的研究,认为尽管从当时印尼经济发展的背景看,实施自由化改革是必要的,是符合国际金融业发展趋势的,但是,随着印尼政治、经济逐渐步入转型期,其金融改革与经济转型不相适应,金融自由化进程过快,金融改革政策失误等问题日益暴露,终于酿成严重的政治、经济和金融危机。作者还分析了印尼金融自由化改革对中国提供的多方面的启示,本文认为,我国的金融自由化、金融国际化应是一个渐进的过程,金融自由化的过程应与市场发展的进程相适应,各类金融机构的改革应同步进行。要保证金融自由化的顺利推进,必须在推进金融深化的进程中,结合本国金融改革的现实条件和制度风险,加强对金融市场和金融机构的监管。同时应客观评价金融自由化有关理论。

关键词:金融自由化　金融改革　印度尼西亚

0934

新兴债券市场发展问题研究 / 吴腾华著 ; 黄济生指导. -- 华东师范大学, 2005. -- 208 页

论文以东亚新兴债券市场为研究对象,重点探讨其发展特点、规律及存在的主要问题,总结其经验和教训,以资指导中国企业债券市场的发展。论文分为三部分。第一部分债券市场发展的理论分析框架。

首先,构建了债券市场发展的新制度经济学分析的理论框架,即制度变迁理论、现代契约理论和交易费用理论等;并重点分析了金融制度、金融契约、信用、产权以及交易费用等制度性因素在债券市场发展的作用。第二部分主要考察了东亚新兴债券市场发展及其主要经验,这包括从宏观角度考察东亚新兴债券市场的发展现状,以及从制度环境角度所表现出的发展特征及存在的主要问题等;从微观角度分析东亚新兴企业债券的市场结构、市场基础设施以及存在的问题等;东亚新兴债券市场的机构投资者基础、监管制度和基础设施间的协调等问题;最后,在介绍成熟债券市场发展经验的基础上,对东亚新兴债券市场在提高市场效率和完善市场基础设施等方面的主要经验进行一些梳理和总结。第三部分分析了东亚新兴债券市场发展经验对中国的借鉴意义,并提出了构建中国债券市场发展的三大战略:即协调战略、创新战略和开放战略。

关键词:新兴市场　债券市场　金融制度　契约　交易费用　东亚

0935

资本账户自由化的增长效应研究 :动态最优化分析/吴信如著 ;张志超指导. -- 华东师范大学, 2005. -- 124 页

论文主要考察了资本账户自由化对收入增长和福利改善的促进作用。分析资本账户自由化的增长效应时,首先,根据其主要的作用渠道,建立了一个初步模型;然后,在内生经济增长模型的框架内,建立了一个包含金融发展在内的动态最优化模型;再进一步地,运用两阶段最优化控制技术,对资本账户开放政策的内生决定问题进行了一定探讨,主要是研究资本账户开放的最佳时点选择与内生决定。研究认为,资本账户自由化是促进金融发展从而经济增长的重要因素。论文的正式动态最优化模型,以内生经济增长模型为基础,引入包含金融效率的资本积累方程为约束条件,研究了资本账户开放与封闭条件下小规模经济动态最优增长路径,并讨论了相应的福利水平问题。指出,在其他条件不变时,资本账户开放可导致金融效率提高,并导致收入提高,从而提高人均消费增长速度。

关键词:外汇管理　资本账户　自由兑换　金融自由化　金融发展　经济增长

0936

战后日本国债的经济分析/吴宇著 ;余昺鵰指导. 吉林大学, 2005. -- 173 页

本文选择第二次世界大战以后日本的国债政策作为研究对象,围绕战后日本经济发展进程中国债的经济效应,从理论上、实践上、成功经验和失败教训的总结上展开分析,从中得出了一些重要的结论。全文共五章。导论部分介绍了论文选题的背景及意义,概述了国内外的研究现状,并对论文的结构安排、创新点以及需进一步完善的地方进行了阐述。第一章是对国债的一般性分析,介绍了国债的概念及其内涵,阐述了国债在西方经济发展中的作用,并概括了西方国债理论的发展与演变。第二章分析了日本经济发展与国债政策的运用,作者首先介绍了第二次世界大战结束以前日本的国债发行情况,接着分析了战后日本的财政体制与国债制度,以及财政政策与国债政策。第三章是对李嘉图等价定理在战后日本的国债的适用性进行分析,通过对 1965 年度以来日本国债发行、储蓄、消费以及投资变动的实证分析,最终得出结论:李嘉图等价定理在战后日本是不适用的。第四章则是从金融角度分析战后日本国债的经济效应,文章首先论述了国债、货币供给与通货膨胀的关系,然后对战后日本国债与货币供给进行了实证分析,并对战后日本国债与传统金融体制的变革间的关系进行了阐释,得出战后日本国债运行的货币供给效应不显著的观点,以及国债发行和流通市场的产生与发展对传统金融体制的变革和金融自由化的深入起到了促进和推动作用。第五章论述了国债风险与财政安全,通过对政府债务政策与财政安全关系的理论分析,指出政府债券发行会给财政带来潜在的国债风险,进而对国家的财政安全、经济安全乃至社会政局的稳定带来影响;文章还分析了日本目前面临的国债风险与财政困境,最后剖析了日本 20 世纪 80 年代以来所实施的一系列财政改革与国债政策。

关键词:国债　财政政策　日本

0937

中国长期增长的外部环境 :从国际政治经济学角度进行的分析/解俊杰著 ;张宇燕指导. -- 中国社会科学院研究生院, 2005. -- 124 页

在经济全球化的时代背景下,一国经济增长与外部环境之间的融合、互动日益显著,外部环境成为影响该国经济增长的重要因素。中国经济已保持 20 多年的高速增长,已成为世界经济的重要组成部分。中

国经济能否保持长期增长，不仅关系到中国经济的前景，而且也将对世界经济产生重要影响。为此，文章旨在运用国际经济学的理论工具，分析中国长期增长与外部环境之间的关系。首先，对经济增长的有关文献进行理论综述，提出研究思路和所采用的国际政治经济学分析方法以及拟采用的基本假定。接着，在对“大国”和“崛起”进行界定的基础上，分析大国崛起理论，并结合中国实际，阐明国际社会的主要反映。然后，考察外部环境的基本含义、分类和构成要素，在此基础上，讨论二战结束以来特别是冷战后外部环境的主要特征，并以英美为例论述历史上大国崛起的历程，重点分析其崛起的外部环境。最后，讨论中国所面临的外部环境。在对作为大国的中国进行政治经济学分析的基础上，阐述当前中国面临的外部环境的主要特征，论述中国长期增长与外部环境的相互影响，并提出中国保持长期增长应满足的一系列条件。

关键词：经济增长　经济发展　外部环境

0938

跨国经营的国际比较研究 / 徐德辰著 ; 余昺鵬指导. -- 吉林大学, 2005. -- 242 页

本文在基于国际贸易、外国直接投资、发展中国家和地区、国家竞争优势基础上的跨国经营理论进行梳理的基础上，分别对跨国经营的动因、跨国经营市场进入方式进行了分析。重点对发达国家政府、发展中国家政府在企业跨国经营中的作用、推动本国企业进行跨国经营的促进政策和管理措施进行了比较研究。概括地说，资源寻求型、市场寻求型、效率寻求型和战略资产寻求型构成了以“美、日、欧”为代表的发达国家跨国经营的四种主要动因；同时，文章对巴西、韩国、中国台湾和石油输出国等发展中国家地区的跨国经营进行了综合性比较之后发现，贸易促进型、成本驱动型、资源寻求型、市场寻求型、技术获取型和“过剩资本”逐利型跨国经营构成了发展中国家跨国经营的六种主要动因；此外，为拓展发展空间、区域经济合作下成立的合营企业、规避母国政治风险、通过跨国经营利用国外资金等非主流动因也作用于不同的发展中国家和地区跨国经营行为中。文章通过不同国家政府行为的特殊性得出政府行为的一般特点和方式，同时也在一般性的基础上结合不同国家的具体情况加以比较研究，着重研究了发达国家政府在企业跨国经营中的作用，对于发达国家而言，必须积极探求适合自己的全球化经营战略，才能继续使自己在竞争中保持有利地位，保持生命力和继续发展；而对于发展中国家和地区而言，既要学习模仿，更要在面对纷繁复杂的国际政治形势和经济形势时，作出准确的判断，选择最适合本国发展的跨国经营战略和经济发展道路。最后，在适应经济全球化和加入世界贸易组织的新形势下，提出了促进中国企业“走出去”战略的政策建议。

关键词：跨国公司　跨国经营　政府行为

0939

经济全球化背景下美国跨国公司战略管理研究 / 徐涛著 ; 陈继勇指导. -- 武汉大学, 2005. -- 166 页

全文共分六章，分别论述了经济全球化及其对美国跨国公司直接投资的影响、美国跨国公司实施全球战略的内外环境、美国跨国公司全球战略的历程及其国际比较、战略管理理论的发展、美国跨国公司战略管理的演变以及中国的对策和对中国企业的启示等问题。第一章介绍了经济全球化的发展及其对世界经济和美国跨国公司对外直接投资的影响，分析了在经济全球化这一新的背景下美国跨国公司全球战略的内外环境。第二章回顾了美国跨国公司全球扩张的历程，重点论述了 20 世纪 90 年代以后美国跨国公司全球战略的发展及其与欧洲、日本等发达国家和地区跨国公司全球战略的比较。指出在新的形势下美国跨国公司的优势所在。第三章主要研究了战略管理理论的发展。重点阐述了在经济全球化背景下美国跨国公司战略管理理论的最新发展情况，指出了企业战略管理理论发展的新趋势。第四章详细阐述了经济全球化背景下美国跨国公司战略管理的演变。指出美国跨国公司的发展战略已走向全球，在全球范围内成长、扩张并进行全球竞争，而企业成长、扩张和竞争的方式已发生了变化。第五章重点阐述了经济全球化背景下美国跨国公司的中国战略。指出美国跨国公司全球战略的演变也带动了其在华战略的变化，而这一变化主要体现在把中国纳入其全球战略体系中，提升了中国市场的战略地位。第六章论述了中国面对美国跨国公司全球战略和在华战略的变化所应该采取的相应对策以及对中国企业海外投资和经营的借鉴，指出中国政府和企业必须在政策和行动上作出相应的调整，以维护国家和企业的利益并促进中国企业的海外投资和跨国经营。

关键词：跨国公司　战略管理　美国

0940

服务业直接投资的条件、区位与方式选择 / 杨春妮著 ; 张岩贵指导. -- 南开大学, 2005. -- 211 页

本文以企业直接投资的决策过程为线索,重点讨论了服务业直接投资在条件、区位和方式选择方面的特征及其与制造业的区别。全文共分六章。第一章绪论,介绍了选题意义、国内外研究现状和本文的研究思路。第二章从服务的定义和分类入手,论述了服务业的基本特征,剖析了服务业直接投资的发展现状及原因,分析了服务业典型特征对直接投资的影响。第三章在对两个综合性直接投资理论进行回顾的基础上发展了一个直接投资的“1 + 3 + 6”分析框架,在此基础上,对现有主要直接投资理论进行了归纳整理,并对关于直接投资的条件、区位和方式选择的文献进行了述评。第四章深入研究了服务业直接投资的条件、区位与方式选择,文章将第二章中总结的服务业典型特征引入直接投资决策过程的分析,并通过建立实证模型分别对服务业直接投资的条件、区位和方式选择的假说进行了检验,并与制造业直接投资的研究结果进行比较。第五章对中国吸引服务业直接投资的现状进行了客观的分析和实证研究,并进一步探讨对华服务业直接投资与中国经济增长的关系,同时提出了相应的政策建议。第六章是本文的主要结论和建议。

关键词:服务业　直接投资　区位选择

0941

日本对中国直接投资的变化与影响 : 基于东亚国际经济关系的考察 / 杨宏恩著 ; 陈建安指导. -- 复旦大学, 2005. -- 114 页

本文从中日两国之间和东亚范围两个方面分析了日本对中国直接投资问题。本文共分九章。第一章文献述评。第二章研究日本对中国直接投资总量的变化,它通过对三个指标的衡量来反映上述总量的真实状况和长期趋势,即日本对中国直接投资总额的变化、中国占日本对外投资总额比重的变化、日本占中国外来直接投资总额比重的变化。第三章通过产业结构、技术含量结构、地区结构的变化三个指标,研究日本对中国直接投资结构变化的真实状况和长期趋势。第四章研究日本对中国直接投资变化的动因,从日本的促进因素、中国的吸引因素、雁行模式在中国内部的重构及其他因素四个方面给予解释。第五—八章分别研究了上述变化带来的影响。其中:第五章研究对日本国内经济的影响,分为产业空心化的担忧、对就业水平的影响、对产业结构的影响和其他影响四部分进行;第六章从技术与管理、就业与人才、观念与制度、资金补充和融资便利、出口增加和贸易改善五个方面研究对中国国内经济的影响;第七章从中日贸易的表现、原因分析和实证研究三个方面分析了对中日国际经济关系的影响;第八章是对中国与东亚其他国家经济关系的影响,分别对日本在东亚其他国家投资的影响、中国和东亚其他国家的引资博弈、东亚经济合作的悖论三部分进行研究。第九章对中国策略选择的再讨论,从内部策略和外部策略两个方面提出了中国扩大和优化日本投资的策略。

关键词:直接投资　对华投资　投资结构　日本　东亚

0942

中国股票市场个体投资者行为研究 : 行为金融框架下的心理学试验和实证检验 / 杨奇志著 ; 冯文伟指导. -- 华东师范大学, 2005. -- 116 页

论文主要在行为金融理论框架下对中国投资者的行为进行了研究。首先,对证券市场投资者行为的研究作了一个较为系统的回顾,之后,在行为金融理论的分析框架下,采用国外比较成熟的研究方法——和实证研究方法分析并总结了中国股票市场中投资者的心理偏差和决策行为,并根据行为金融理论提出了一些适合个体投资者的投资策略。作者对中国股票市场投资者进行的心理学实验发现,在面对风险性选择时,被试具有相似的认知偏差,既存在明显的过度自信、不确定性厌恶心理、损失厌恶心理和锚定心理等。但由于特定的经济和文化环境等因素的不同,中外投资者在心理偏差的程度上还存在着较大的差异。其次,采用中国股票市场的数据对投资者过度自信和处置效应两个假设进行了计量检验,发现中国股票市场确实存在着过度自信的情况,并且在上升趋势时期和下降趋势时期投资者的过度自信程度会有所不同。同时,发现中国的投资者比美国的投资者具有更强的处置效应,并且不具有美国股票市场中的季节性。最后,论文选取了反向投资策略、动量投资策略和小盘股投资策略等行为投资策略进行了具体的分析,研究认为,不同的市场环境中应该采用不同的投资策略。另外,文章还探讨了投资者行为对公司财务活动和政策监管的影响,并发现中国个体投资者的行为偏差确实会发生作用,无论政府还是上市公司在制定政策时,都应该将这方面的因素考虑进去。

关键词:股票市场　证券投资　投资者　行为金

融学

0943

韩国对外直接投资 ：模式与效应研究 / 杨晓东著 ; 庄宗明指导. -- 厦门大学, 2005. -- 201 页

本文对韩国对外直接投资作了较为全面、系统的分析,在国际直接投资理论及其他相关理论的基础上对韩国对外直接投资的历程、动因、决定因素、效应以及模式进行了思考和探索。全文共七章。第一章为导论,作者提出了本文所探讨的问题,概述了国内外学者在这方面的研究情况及主要成果,介绍了文章的研究方法、内容框架,并对内容作了一些必要的说明。第二章在对相关概念进行了界定的基础上,回顾了国际直接投资理论,并分析了发展中国家的对外直接投资理论。第三章对韩国对外直接投资状况进行了考察和解析,分析了其投资动因,对韩国的对外直接投资的决定因素也进行了实证分析,探讨了其投资发展轨迹及其内涵。第四章分析了韩国对外直接投资模式,包括投资的区域布局、产业结构及行业分布、投资类型与方式、进入模式,以及投资的特征。第五章分析了对外直接投资对韩国出口的效应。第六章则分析了对外直接投资对韩国产业结构的效应。最后一章是对韩国对华直接投资的情况及绩效进行了分析。

关键词:对外直接投资　投资模式　投资效应　产业结构　韩国

0944

中国对外贸易的可持续发展研究 / 易瑾超著 ; 周茂荣指导. -- 武汉大学, 2005. -- 173 页

本文将中国对外贸易的可持续发展放到全球化的国际背景和中国加入 WTO 的新形势下进行系统研究,深入挖掘了外贸可持续发展的广义内涵,构建我国外贸可持续发展的评价指标体系,从多角度、全方位入手探寻了 WTO 框架下中国外贸和环境的可持续发展对策。全文由导论、正文和结论组成。导论部分介绍了选题依据和意义,国内外研究状况,论文的结构体系与研究方法,研究重点和创新等。结论部分是对本论文主要观点的简要概括。正文部分共分七章。第一章主要是对可持续发展理论的演进过程进行较深入的论述。第二章首先分析了可持续发展与国际贸易之间的关系、对外贸易可持续发展的内涵和系统结构,在此基础上探讨了中国对外贸易可持续发展能力的评价指标。第三章是对中国对外贸易可持续发展的内部外部环境进行分析,指出“入世”给中国对外贸易的发展提供了多种机遇,同时也使其面临严峻挑战。第四章深入考察了当前中国对外贸易可持续发展的现状,得出结论:当前中国对外贸易可持续发展系统呈现出数量增长较快、而质量发展不足的现状特征。第五章论述了中国对外贸易可持续发展的战略选择,主要分析新形势下中国外贸发展战略的理论依据和调整思路,确定了中国对外贸易可持续发展战略的基本思路,并探讨了中国对外贸易可持续发展的根本动力。第六章是中国对外贸易可持续发展的对策研究,首先分析了促进我国外贸与环境协调发展的策略,然后从出口、进口和加工贸易几个方面分别进行了对策分析。第七章阐述了中国外贸可持续发展与引进外资和对外直接投资的关系,并在反思中国利用外资战略和政策的基础上,结合中国对外直接投资的现状,提出开放经济中引资政策的重点和中国对外直接投资可持续发展的对策。

关键词:对外贸易　国际贸易　市场竞争　可持续发展

0945

透过贸易逆差看美国的经济利益 / 原玲玲著 ; 杨国昌指导. -- 北京师范大学, 2005. -- 120 页

本文分五章来研究美国贸易为什么会出现逆差、中美贸易逆差的根源等一系列问题。第一章研究的重点是贸易利益与贸易差额,首先从马克思主义经济学和西方经济学两个角度论证了开展国际贸易能获得贸易利益;其次梳理了西方经济学贸易利益论,分析了凯恩斯有关贸易收支的理论和对外贸易乘数理论。第二章是对美国对外贸易差额的历史回顾,粗略回顾了美国贸易差额由逆差到顺差,再到逆差的全过程,从历史的角度对美国贸易发展作了初步介绍。第三章分析了美国贸易逆差的成因。指出美国贸易逆差既是其产业结构高级化过程中的产物,又是其经济政策的产物。由于其采取鼓励进口石油等原材料而限制高新技术出口的政策,其贸易逆差逐年扩大;同时,美元汇率高估、预算赤字过大以及经济增长快于其他贸易伙伴,也对其贸易逆差起到了推波助澜的作用。第四章研究的是美国从贸易逆差中获取的经济利益,分析得出美国巨额贸易逆差为产业结构调整提供了机遇,大量廉价商品的进口提高了居民的福利水平并有利于平抑物价;美元外流为美国在全世界范围内征收铸币税;贸易逆差有助于美国企业推行跨国经营战略,掩盖了美国企业的高利润;并成为美国开拓市场获取经济利益的武器。第五章是对美中贸易逆

差的分析。针对贸易逆差的原因,站在中方角度从对美贸易战略、创造产业竞争优势、发展服务贸易、发展技术贸易、参与网络贸易、大力推进加工贸易的转型升级、提高中国产品的竞争力、实现多元化的经贸战略等九个方面提出了解决的对策。

关键词:国际贸易　贸易逆差　经济利益　美国

0946

中国房地产中介组织运营与管理模式研究 / 岳昉著 ; 张永岳指导. -- 华东师范大学, 2005. -- 174 页

论文在国内外现有研究的基础上,结合我国房地产中介组织的发展现状,借鉴发达成熟地区和国家房地产中介组织运营管理模式经验,从理论和实践方面对我国房地产中介组织运营管理模式进行了较全面地分析和阐述,提出了我国房地产中介组织运营管理模式发展路径与政策取向。论文首先对国内外已有的文献和研究成果作出综述,以此作为研究的基础和起点。然后,在对发达地区和国家成熟的房地产中介组织运营管理模式进行了研究的基础上,进一步分析了我国房地产中介组织的发展概况,包括房地产中介组织的演进、行业特征及在房地产经济运行中的重要性。研究发现,在房地产中介组织运营方面,规模连锁化是较成熟的运营模式和发展方向。另外,通过重点对"上房置换模式"和"21 世纪不动产模式"二种运营模式进行实证研究,并对房地产中介组织运营模式演变发展研究分析,提出,从大的时间跨度来看,从单店模式到小规模连锁将是我国房地产中介组织运营模式发展主线,规模化连锁将是我国房地产中介组织运营模式的发展方向。论文从企业内部管理和行业管理两个方面对房地产中介组织的管理模式进行研究分析;通过对"金丰易居"的信息化建设与发展进行实证研究和"上海市存量房网上交易系统"案例分析,对房地产中介组织信息化管理进行研究。

关键词:房地产　中介组织　运营管理

0947

风险导向的商业银行内部控制评价体系重构 / 曾北川著 ; 贺力平指导. -- 北京师范大学, 2005. -- 191 页

针对当前商业银行内部控制评价体系存在的重大缺陷,本文选择了三个切入点来论述。首先是从理论上,文章通过对现代控制理论、COSO 的内部控制理论、巴塞尔委员会的银行内部控制理论和中国银监会对商业银行内部控制监管要求的解析,认为内部控制的核心就是充分运用负反馈手段,持续监督与纠正实施过程中的偏差,控制偏差带来的风险,最终实现管理的目标。因此,在内部控制的五大要素中,监督与纠正环节是关键。其次,作者对国际经验进行了借鉴,目前国际上评价银行风险和内部控制有两种主流方法,美国 CAMELS 评价体系通过数量化和标准化的方法,从财务结果的角度来分析内控功能的发挥程度;英国 ARROW 评价体系运用过程和系统的方法,从管理过程的角度来评价内控功能发挥效用。两者各有千秋,但就我国银行业目前的产权特征和内控现状而言,英国 ARROW 评价体系更具有借鉴意义。最后作者对模型进行了重构,文章通过理论溯源和国际借鉴,在确立五大评价原则的基础上,重构了一套基于风险导向的银行内部控制评价模型。通过该模型,可以量化地评价银行内控现状、揭示内控的结构性缺陷、指出内控的改进方向、有利于监管部门或评价部门采取针对性的管理措施,同时也使得"规范检查、公正评价"在操作性上有了保证。另外,文章也对内控评价的改进提出了在操作方面和政策方面的一些建议。

关键词:商业银行　风险管理　内部审计　内部控制

0948

跨国并购的新制度经济学分析 / 曾广胜著 ; 冼国明指导. -- 南开大学, 2005. -- 138 页

本文选择跨国并购作为研究对象,利用新制度经济学理论的特写假设,以交易成本的分析为主线,对 20 世纪 90 年代以来跨国公司的对外扩张越来越倾向于跨国并购这个特定历史时期的特定现象进行了分析。全文除导论外,共有六章。导论部分介绍了文章的选题背景和现实意义,概述了文章的分析框架与研究主线。第一章对跨国并购及其发展进行了研究,作者先对现代企业并购浪潮的历史进行了回顾,重点分析了跨国并购浪潮,具体阐述了跨国公司与跨国并购的定义、跨国并购的影响因素及其发展演变的趋势。第二章对跨国并购问题的相关理论进行了评述,先总结了新古典经济学对于企业并购的理论,分析了跨国公司和对外直接投资理论,接着论述了新制度经济学企业理论及企业家理论的形成与发展,最后简述了本文的分析方法。第三章是跨国并购与交易成本的分析,文章先概述了全球性制度变迁与交易成本的变化间的关系,然后研究了降低交易成本和跨国公司边界的重构,最后分析了全球性制度变迁对跨国公司优势

的冲击,这一跨国并购的外在动因。第四章研究的是跨国并购与公司治理,文章从跨国公司的代理成本与公司治理的分析入手,分别阐述了报酬制度变迁下跨国公司企业家的机会主义行为以及企业家职业生涯的稳定性与机会主义行为,接着分析了跨国公司内部化行为选择的变化,最后阐释了跨国并购中的企业家动机。第五章采用经典跨国并购案例对经过逻辑推演的结论进行了验证。第六章是跨国并购与中国,深层次分析了跨国公司以跨国并购方式进入中国的经济学解释,及中国政府和中国企业应如何应对;然后论述了越来越多的中国企业走出国门参与跨国并购的原因、具备的前提条件。

关键词:跨国公司　跨国并购　交易成本　公司治理

0949

跨国创业投资发展及其对东道国影响研究 / 曾一军著 ; 邱立成指导. -- 南开大学, 2005. -- 177 页

文章以跨国创业投资为出发点,从分析创业资本的国际供求关系视角切入,将创业投资理论与国际直接投资理论有机结合起来研究跨国创业投资问题,旨在对创业资本的跨国界流动现象进行系统研究,在创业投资研究领域搭建一个新的分析平台。主要内容包括三大部分。第一,对跨国创业投资的理论研究,主要解释了为什么会产生跨国创业投资活动以及如何进行跨国创业投资活动;第二,对跨国创业投资的发展研究,主要把握跨国创业投资演进的脉络,推断未来跨国创业投资的发展趋势;第三,跨国创业投资对东道国的影响研究,为东道国引进跨国创业投资提供注解。基于以上的研究思路,作者构建了一个跨国创业投资研究框架,以进入系统、运营系统和退出系统构成跨国创业投资运行系统整体。之后,通过考察跨国创业投资发展的演进历程,总结了国际上几种利用跨国创业投资的模式,以印证文章的理论分析,并对跨国创业投资的未来发展趋势作出判断。最后,考察了在华外国创业投资的现状及其对中国的影响,进而对文中构建的理论研究体系进行实证检验,并就如何利用外国创业投资促进我国产业投资业务的发展提出政策建议。研究认为,客观创业投资行为主要是由投资者的资本和管理优势与引资者的区位优势所决定的;客观差异投资运营成功的关键是依靠创业投资家的努力和选择合适的进入模式;跨国创业投资对东道国的影响是积极的,而跨国创业投资未来的发展将维持多种模式并存的格局。

关键词:跨国公司　创业投资　投资模式　东道国

0950

排污权交易的可持续发展潜力分析 : 以中国电力工业 SO2 排污权交易为例 / 张安华著 ; 潘家华指导. -- 中国社会科学院研究生院, 2005. -- 165 页

本文在总结部分国家排污权交易实践经验的基础上,运用可持续发展理论观点,采用新制度经济学分析方法,结合中国电力工业(本文主要指燃煤发电企业)二氧化硫污染物排放的实际事例,对排污权交易的可持续发展潜力进行了分析和研究。全文共分七章。第一章以新制度经济学的产权理论和交易理论为分析工具,对建立排污权交易机制的理论基础及其意义进行了理论分析。第二章对美国、欧盟及日本等国家排污权交易的实践进行了分析和总结,并提出了中国实现二氧化硫达标排放的思路。第三章从可持续发展理论观点出发,对排污权交易可持续发展潜力进行了界定和评价。第四章论述了中国建立电力工业机制的必要性和可行性。第五章通过分析排污权分配和排污权定价问题,提出了建立中国电力工业 SO2 交易市场的应用模型。第六章运用可持续发展理论观点和经济学方法,从排污权交易机制的效率潜力分析、环境有效性潜力分析和社会公正公平性潜力分析三个方面分析了中国电力工业 SO2 排污权交易机制的可持续发展潜力。第七章总结了本文主要结论和相关建议及有待进一步研究的问题。

关键词:电力工业　排污收费　排污交易　可持续发展　环境政策

0951

中国经济增长与银行信贷行为研究 : 1979—2002 / 张宁著 ; 舒元指导. -- 中山大学, 2005. -- 135 页

本文从银行信贷行为视角研究了中国经济增长的源泉,从保持经济可持续增长视角研究了银行信贷行为优化问题。首先综述了有关经济增长理论,并指出符合中国经济增长实际的经济增长理论模型,即舒元、徐现祥通过实证检验论证了的新经济增长理论 Y = AK 模型。其次重点研究了中国经济增长形成的机制,指出中国经济增长的形成主要依靠银行贷款;金融中介的介入,使经济可以更有效率更快地增长;金融中介使用信贷工具则可以促进经济更有效率的增长。接着对中国经济增长形成的实际情况作了介绍,

指出中国政府面对改革后 GDP 分配新格局,及时调整行为,通过银行贷款促进了中国经济增长的形成,防止了中国出现大幅经济下滑。再次,通过对中国经济增长和信贷支持的实证检验发现,和货币供应量增长相比,贷款增长对中国经济增长更有解释力。在此基础上,解释了中国银行不良贷款的形成,以及不良贷款对经济增长的制约,并把不良贷款分为政策性不良贷款和经营性不良贷款,分别讨论它们对经济增长的影响。具体构建了 1979—2002 年不同时期的银行贷款供给函数,使用规范的计量方法进行实证检验,证明制度变迁是中国银行向商业化转轨过程中对贷款供给最具有解释力的变量,是信贷行为优化的决定因素。最后就如何更好地优化信贷行为以保持可持续增长,分别对政府、银行、监管部门的合理定位和制度创新提出了政策建议。

关键词:经济增长　商业银行　信贷管理

0952

世界电力产业的垄断、管制和竞争 : 兼论中国电力产业的改革和发展 / 张晓春著 ; 李翀指导. -- 北京师范大学, 2005. -- 246 页

本文通过收集大量翔实的数据、绘制大量图表、运用理论描述、相关资料的统计分析和模型推导等经济学研究方法,对世界电力产业的垄断、管制和竞争问题进行了研究。全文共分六章。第一章为绪论,分析了研究世界电力产业垄断、管制和竞争的意义,对国内外相关研究理论进行了综述,指出了本文的研究思路和框架。第二章是对电力产业垄断、管理和竞争的理论基础进行分析,先分析了电力产业的技术经济特征;接着分析了自然垄断理论在电力产业应用中存在的问题,分别对发电领域和输、配、售电领域的自然垄断特征,以及管制理论在电力产业中的应用进行了研究;然后作者针对电力产品的准公共物品特性以及电力产业的市场力问题,对电力产业的有效竞争进行了阐述;最后对设计竞争性电力市场提出了一些建议。第三章选取了世界一些主要国家,如英国、美国、阿根廷、澳大利亚、新西兰,对这些国家的电力产业改革的历史背景、主要内容进行了介绍,分析了对中国的启示。第四章是对世界主要国家电力产业的管制进行了比较研究,通过对一些国家电力产业的管制模式、管制内容、价格管制、市场力管制的比较,指出存在的问题及对中国的启示。第五章是世界主要国家电力产业的竞争比较,分别就主要国家的电力市场结构、市场的商业化运营模式、市场交易机制等进行了比较研究。第六章回顾了中国电力产业的改革,分析了中国电力产业的特殊性,并分别阐述了中国电力产业的管制问题、电价改革、投资改革以及竞争问题。

关键词:电力工业　垄断　管制　市场竞争　电力市场

0953

证券市场投资者保护机制研究 : 国际经验与中国实践 / 张烨著 ; 林珏指导. -- 上海财经大学, 2005. -- 212 页

本文围绕限制控制权私利这一核心,探讨了控制权概念的由来,界定了控制权私人收益,并以模型化的分析方式指出控制权私利和投资者保护的关系,从公司治理的角度,研究了如何通过完善投资者保护的内部激励——约束机制和投资者保护的外部机制,在内、外部机制的共同作用下限制内部人控制权的滥用、减少内部人控制权私利的攫取,进一步完善中国证券市场的投资者保护机制。论文共分七部分。第一部分导论,阐述了本文的研究背景、研究内容、研究范围、研究思路和主要内容,界定了投资者和投资者保护的概念,在对国外相关文献进行了梳理的基础上,分别总结并评述了目前关于投资者保护主要存在的两个流派。第二部分主要评述了现代企业理论的主要内容,阐述了从公司治理角度出发研究投资者保护的重要性,并从比较金融体系的角度来研究资本市场发展所需的治理环境。第三部分分析了投资者保护与控制权私人收益之间的关系,文章从控制权概念入手,分析了控制权私利的概念和类型,总结了国外关于控制权私利的计算方法,回顾了国内外关于控制权私利的实证研究,并对中国证券市场上的控制权私利水平进行了估算。第四部分分析了投资者保护和大股东治理之间的关系,探讨了股权集中度和法律保护之间的关系,分析了中国上市公司大股东控制的现象,并提出了相应的解决措施。第五部分主要讨论了如何限制经理层攫取控制权私利,探讨投资者保护、控制权私利与经理层激励约束机制的关系,文章首先分析了股东与经理层发生利益冲突的主要原因,研究了激励约束的一般机制,在此基础上分析了控制权私利、经理层报酬契约和投资者保护之间的关系。第六部分主要论述了如何通过外部机制限制内部人攫取私人收益,研究了产品市场竞争、交叉上市、媒体监督以及法律和监管等四类外部机制。第七部分对全文的主要结论进行了总结,提出了一些对策建议。

关键词:证券市场　投资者保护　控制权　股东

公司治理

0954

中国基本养老保险的再分配效应研究 / 张勇著 ; 王美今指导. -- 中山大学, 2005. -- 150 页

本文从再分配角度来研究中国基本养老保险制度,提出并界定了养老保险制度的外部收入再分配效应和内部收入再分配效应、外部税收再分配效应和内部税收再分配效应,同时还研究再分配效应、偿付能力与税收支出的内在关系。本文建立了中国基本养老保险各种再分配效应的理论模型,研究其内在规律和本质特征;运用精算理论与保险产品定价原理,构建了再分配效应、偿付能力和税收支出的精算评价模型,并进行实证分析;采用敏感性分析来探讨参数值发生变化时,所得结果的变化程度。主要结论如下:(1)雇员从基础养老金所得到的收益增量绝大部分来自于外部税收再分配效应。收入越低的雇员,内部收入再分配效应越大。这种再分配有一定的成效,但并不是很显著。(2)雇员及继承人从个人账户所得的收益增量主要是外部收入再分配效应。个人账户没有内部收入再分配效应。(3)基本养老保险出现偿付能力不足。(4)政府在基本养老保险中的最大财政负担是税收支出,而不是外部收入再分配效应产生的偿付能力不足。(5)要改变偿付能力不足的状况,可以适当降低税收优惠政策的力度。但所有办法都应该符合养老保险制度的目标:主要提高参保雇员退休后的经济来源,而不是提高企业、继承人或其他人的受益程度。

关键词:养老保险　收入分配　社会保障　税收优惠

0955

FDI 区域差异及其经济增长效应 / 赵福厚著 ; 邱立成指导. -- 南开大学, 2005. -- 163 页

文章主要研究了 FDI 在我国的区域分布差异及其对经济增长的影响关系。首先,基于主流经济学的 FDI 理论、经济增长理论和区域经济理论以及计量经济学的方法,从投资者和受资区域的角度从宏观、中观和微观三个层面上考察 FDI 的区位选择,对 FDI 区域差异的原因作出解释。分析表明,三个层面的 ESP 与 OIL 的协调决定了区域 FDI 流入量变化的趋势,对 FDI 流入量起着阻碍和促进作用,是导致 FDI 区域差异的主要原因。其次,运用经济增长理论归纳出影响区域经济增长的劳动力投入、资本投入、技术进步和制度安排四大因素,运用区域经济有关理论对主导部门促进区域经济增长的机制进行探讨。主导部门的讨论为两个部门的假设来研究区域经济增长问题奠定了理论基础,使得 FDI 理论与区域经济增长理论形成了链接的切入点,并用来构建 FDI 对区域经济增长贡献的理论模型,使 FDI 对区域经济增长产生的正负效应更加明确地表现出来。最后,在找出影响区域经济增长的主要因素和影响区域经济增长的主要部门后,对 FDI 与区域经济增长的关联效应进行分析,并对理论讨论的结果进行了计量检验,实证结果显示与理论上的预期基本一致。

关键词:外商直接投资(FDI)　区域差异　区域经济　经济增长

0956

金融体系结构变动下的中小企业融资研究 / 赵国沛著 ; 陆家骝指导. -- 中山大学, 2005. -- 138 页

本文把中小企业融资问题与中国金融体系改革发展、结构变动问题放在一起分析,以便在理论上解释中小企业融资难存在的原因及与金融体系效率缺陷的关系,并依据理论解释提出基于中国实际情况的现实可行的政策操作方案。首先,对中小企业的融资特征、融资结构与金融体系结构关系进行了描述,并从融资顺序和融资市场的角度对中小企业进行了细分。其次,讨论了中小企业金融约束问题,指出中小企业融资难的根本原因在一般经济学意义上,可以归结为市场的不完备性。中小企业融资难有其特殊性,具体可以归结为金融市场的完全性和完备性的不足。并由此思路探讨了银行体系和资本市场体系以及外部法律环境的影响,最终得出相关的政策建议。接下来,讨论了银行体系内缓解中小企业融资难的措施,认为银行信贷市场是中小企业融资的重要渠道;关系型信贷有助于降低信息不对称程度,是在银行体系内改善中小企业融资的主要方案,可以提高社会总福利。再次,重点研究了资本市场发展与中小企业融资问题。在确定性经济环境中,金融市场的存在就可以使个体效用达到帕累托最优;但在不确定性环境下,金融市场的配置效率与市场的完全性密切相关。为此提出构建多层次的资本市场作为金融改革的出路,指出发展面向中小企业的企业债券市场是完善金融市场、解决中小企业融资难问题的重要途径。并结合中国实际探讨了中小企业债券市场的建立障碍和政策措施。最后论述法律制度与中小企业融资的关系,指出法律制度的作用机理在于有效降低金融交易成

本,对非正规金融体系、银行体系、资本市场等均产生基础性影响效应,而且法律制度实施效率对不同层级金融市场的影响效应是不一样的。

关键词:中小企业　融资　资本市场　金融市场

0957

入世后提高中国产业竞争力的路径依赖之析 :从中国主导产业的现实变迁角度探讨 / 赵洪斌著 ;林珏指导. -- 上海财经大学, 2005. -- 282 页

本文以历史发展的动态观点从中国产业演进的路径出发,对现状作了具体地分析,探寻入世后提高中国产业竞争力的初始条件和路径依赖,寻求符合中国未来发展的理论,提出相应的对策和思路。文章共分三个部分。第一部分包括导言和第一章,导言介绍了本文的研究背景和意义,产业竞争力的国内外研究沿革和现状,提出了本文的研究视角和方法、创新之处以及不足。第一章先根据产业的性质和分类,对现有产业竞争力理论进行了回顾,利用经济学和产业经济学中的相关理论,从产业的定义和特征入手,分析了产业竞争力的实质和内涵,归纳了产业竞争力的五大内外因素,构造了产业竞争力的三角模型,提出了提高产业竞争力的理论途径。第二部分包括第二—四章,是对产业绝对竞争力的分析。其中第二章在相关主导产业理论基础上,采取综合评价方法,使用舍去等级域的方法对中国主导产业现实变迁作了实证研究。第三章通过将中国主导产业演化与国际一般产业结构演变规律比较的基础上,进一步分析对比英、美、日、韩四国主导产业演进过程,研究分析了中国产业变迁和发展的路径特点和产业竞争力的实际水平,通过中国主导产业的现实变迁寻求中国产业竞争力的现实要素。第四章借鉴了理论生物学的竞争模型,对主导产业的演进和提高产业竞争力的途径作了一个理论总结。第三部分包括第五—九章,对决定中国产业竞争力的内外相关因素逐一进行了分析,先是分析了中国各个产业的技术进步率,其次,是对中国产业分行业的投入要素作了具体分析,然后,分析了产业竞争力的支持和关联系统,即产业的结构和相互作用状况,接下来对影响产业竞争力的环境要素,同时也是经济学中市场理论的基本两大要素之一——需求要素作了研究,最后,对中国产业的政策变迁、市场化进程等外部环境的变迁作了回顾分析。通过这些对产业竞争力的发展程度及内外因素分析,得出入世后中国产业发展的基本初始条件和发展的路径依赖,从而提出了相应的对策和解决方法。

关键词:产业经济　竞争力　产业结构　技术进步　主导产业

0958

全球化条件下中国人力资本安全研究 / 赵莉著 ;唐任伍指导. -- 北京师范大学, 2005. -- 120 页

本文对全球化条件下中国面临的人力资本安全问题分四章进行了较系统的研究。导论部分,作者介绍了研究本课题的背景与意义,对国内外研究进行了综述,指出了文章的研究思路与创新之处,并对一些基本概念进行了界定。第一章对人力资本安全的理论基础进行了研究,分别介绍了支撑人力资本安全研究的相关理论:新经济增长理论、人力资本跨国流动理论、人力资本安全保障理论。第二章指出全球化规则失衡危及发展中国家人力资本安全,剖析了全球化规则的"扶强抑弱"性以及全球化对人力资本国际流动的推动性,分析总结了全球化条件下人力资本国际流动的趋势与规律,指出人力资本流失对发展中国家经济安全构成了威胁。第三章系统论述了中国人力资本安全的现状及面临的威胁,文章首先对中国人力资本状况进行了总体判断,针对中国人力资本流失状况,剖析了其成因并分析了发展趋势,论述了中国人力资本安全面临的种种威胁。第四章对保障中国人力资本安全的对策进行了探讨,提出要强化人才强国战略,构建人才资本安全监测预警体系,创建"双赢竞局"的人力资本管理制度,建立人力资本可持续流动的国际协调机制。

关键词:人力资本　人才流失　全球化

0959

资源消费累进税 :可持续发展政策含义分析 / 赵行姝著 ;潘家华指导. -- 中国社会科学院研究生院, 2005. -- 132 页

本文论述了资源消费累进税对降低资源分配的扭曲程度,缩小社会成员的收入或财富分配差距,促进经济、社会和资源环境全面、协调的可持续发展的作用。全文共分六章。第一章综述了资源环境问题的相关理论及其应用,提出造成外部不经济的环境污染问题的源头在于资源配置的无效率。第二章从资源的基本概念和属性入手,说明正是因为人们长期以来忽略了环境资源的稀缺属性,才导致了各种不合理的资源消费行为。第三章通过分析消费、效用与社会福利之间的关系,提出政府向奢侈消费征收累进税,有利于降低资源分配的扭曲程度,促进可持续发展。

第四章依据瓦尔拉斯的一般均衡理论，以Baumol&Oates模型为基础，应用数学方法建立了一个资源消费累进税的概念模型，并讨论了不确定性因素的影响及价格弹性、时间要素和开放经济中的政策协调等问题。第五章以水资源消费为背景，对北京市开征水资源消费累进税作了案例分析；对征税的效果及征税中潜在的问题进行了分析。第六章结合我国面临的可持续发展的挑战，对我国现有的社会经济及资源环境状况提出了一些政策建议，并指出了有待于深入探讨的几个问题。

关键词：自然资源　消费税　累进税　环境税　可持续发展

0960

公司治理中的会计治理对策研究 / 郑春美著 ； 周茂荣指导. -- 武汉大学, 2005. -- 181 页

本文关注公司治理中的会计问题，对公司治理中有关会计问题进行了分析和归纳，从会计学的视角探索了改善公司治理的对策。导论部分作者先对公司治理的研究文献进行了回顾，介绍了文章的选题与立意、研究方法与思路以及挑战与创新。第二章简述了公司治理基本理论的产生和发展历程，分析了公司治理的内外部机制，对公司治理模式进行了比较分析，概述了会计职业对公司治理的回应，为公司治理问题的会计治理对策研究提供了基础。第三章研究的是会计目标与公司治理，阐明了会计目标和公司治理目标的实现方式，分析了会计目标对公司治理目标的推动作用。第四章讨论了影响会计政策选择的因素，以及如何利用会计政策选择改善公司治理。第五章研究的是会计信息披露与公司治理，分别讨论了会计信息披露与公司治理的激励机制、内部机制、外部机制，指出了现行会计信息披露的缺陷，对其改进提出了建议。第六章讨论如何通过加强内部审计与外部审计来防止公司治理的审计合谋行为；第七章讨论如何建立科学的业绩评估体系完善公司的激励与约束机制；第八章分析了中国公司治理中存在的问题及成因，并提出了改善的建议。

关键词：公司治理　会计制度　会计信息

0961

中美企业债券市场比较研究 / 周娟著 ； 张彬指导. 武汉大学, 2005. -- 117 页

本文通过对中美企业债券市场比较研究，并结合中国的制度环境和具体的金融环境，旨在为中国企业债券市场的发展总结理论，找出实证依据，提出相应的对策建议。全文共分六章。除导论外，内容如下：第二章主要进行企业债券市场的新制度经济学理论考察，构建中美企业债券市场的新制度经济学理论分析框架。第三章横向比较美国以直接融资为主的金融结构和目前中国以间接融资为主的金融结构制度变迁特征，纵向比较两国在金融结构制度变迁中形成的金融结构的差异对企业债券市场外在效率的影响，分析中国企业债券市场在制度安排上存在的缺陷。第四章通过对中美企业债券市场的交易机制、定价机制等进行比较研究，从金融市场微观结构层面分析两者的差异。认为美国的企业债券市场是一个完全按市场化规律运行的市场，具有较高的内在效率；而中国的企业债券市场在市场微观基础上还远远没有健全，交易机制、定价机制等均不完善，且因经济转轨时期政府的行政干预等因素而缺乏市场化的运行机制，内在效率低下也就成为必然。第五章对中美企业的资本结构进行比较研究，从企业微观主体的角度探讨中国转轨时期的市场和融资环境下企业对资本结构的选择，理解现代金融体制下企业资本结构的一般规律，在实践中为中国企业的资本结构优化和企业债券市场发展提供理论和实证的依据。第六章从宏观的金融结构及制度环境、企业债券市场的微观结构层面和企业微观主体层面提出了发展中国企业债券市场的制度安排和政策建议。

关键词：债券市场　企业融资　美国

0962

休闲的经济分析 / 周觉著 ； 唐任伍指导. -- 北京师范大学, 2005. -- 129 页

本文共分七个部分。导言部分介绍研究背景和意义，进行文献综述。第一章比较分析了古代中西方的休闲思想，从休闲时间、休闲活动和生存状态三个基本方面阐述了现代研究中休闲的含义。第二章回顾了马克思关于休闲经济意义的研究，介绍了休闲经济功能的演变。第三章对休闲消费的基本要素——时间进行分析，认为时间是一种最重要的经济资源，在总结马克思关于自由时间与劳动时间的考察和西方学者关于休闲时间价值的理论的基础上，对经济增长与时间稀缺性变化进行探讨。第四章在论述新古典经济理论关于休闲消费选择分析的基础上，运用新消费选择理论中家庭生产函数模型，论证了生产效率变化与休闲消费变化之间的关系。第五章对消费社会与休闲异化进行研究，认为现代科学技术的不断进

步和生产效率的不断提高在加剧人的异化，这种异化表现在休闲消费上的就是休闲的“物化”与休闲的“工作化”。第六章对休闲发展的前景进行展望，认为加强休闲教育势在必行。

关键词：消费经济学　消费行为　休闲

0963

通货膨胀与资产回报之间负相关关系：理论分析与实证研究 / 周世一著；雷达指导. -- 中国人民大学，2005. -- 186 页

本文主要讨论通货膨胀与包含资产价格在内的资产回报率之间的关系问题，即通货膨胀对包括资产价格和资产收益率在内的资产回报率的影响。全文共五章。第一章为导论，简要提出本文所要研究的问题、研究目的和意义、方法和创新，对已有的研究成果进行了总结，提出论文的研究内容及章节安排等。第二章首先简述了通货膨胀对资产回报的一般影响，简单讨论了几种资产定价模型在分析两者间关系的不足之后，确定了本文所使用的模型——现金流贴现模型；然后，文章介绍了 Fisher 的利息理论和现金流贴现基本模型及稳定增长模型，用两者证明了通货膨胀与资产回报之间的正相关关系，并从公司财务的微观基础角度加以证实；最后，本文对相关的实证研究两者关系的大量已有文献进行了归纳整理，从实证的角度证明两者之间实际上的负相关关系，提出了论文所要解决的问题。第三章考察了通货膨胀对资产所产生的未来现金流净收入的影响，作者首先从公司财务基础方面讨论了通货膨胀对现金流的影响；然后讨论了通货膨胀通过对宏观经济的影响而对现金流的影响；接着分析了通货膨胀的税收效应，分别从资本利得、折旧、存货和负债等方面，详细分析了通货膨胀对公司净现金流的综合影响；最后作者讨论了通货膨胀对公司治理结构中的委托代理关系而对资产回报产生负面影响的途径。第四章则从资产定价中的现金流贴现的贴现率的角度出发，讨论通货膨胀对贴现率的影响，并以实证的证据检验其影响是否成立以及影响的大小。第五章是从宏观经济波动对资产定价的影响，以及市场定价中情绪波动的影响出发，分析通货膨胀通过宏观经济波动对资产定价的影响，和通货膨胀通过对投资者情绪的影响，以及作为自然的延伸，讨论低通货膨胀下的资产回报情况，以及治理高通货膨胀时市场的表现。

关键词：通货膨胀　货币政策　收益　贴现率　股票

0964

中日韩制造业竞争力比较研究 / 周松兰著；周茂荣指导. -- 武汉大学，2005. -- 143 页

本文以经济全球化浪潮下“世界工厂”向中国转移为背景，选取了东亚经济圈中经济规模最大和制造业实力最强的中日韩三个国家，围绕着分别处于工业化中期重工业化阶段（中国）、工业化后期开始脱工业化阶段（韩国）和进入后工业社会（日本）等不同的立体梯度性阶段的中日韩三国制造业竞争力问题，坚持辩证唯物主义和历史唯物主义生产力决定作用的基本观点，以比较优势论和竞争优势论为理论基石，在重点剖析纺织、钢铁、造船、电子信息四大代表行业的基础上，较系统地对制造业总体竞争力进行了实证分析，并作出了基本判断，即中国制造业在世界及东亚制造业分工体系中处于产业链的低端、附加值低、静态竞争力相对弱，而日韩处于产业链的中高端，日本的静态竞争力最强，韩国则居中；曾经同样具有后发优势的三国竞争力差距如此巨大，固然有中日韩三国间工业化起点不同、历史基础不同、工业化发展所处阶段不同、要素禀赋不同、经济发展主导模式不同的原因，但最重要的原因则在于制度创新和技术创新的学习效应；从动态竞争力来看，日本最低，韩国仍居中，而中国动态竞争力最强，尤其根据日韩加入 GATT 和举办奥运会的经验，刚加入 WTO 并随着北京奥运会和上海世博会的申办成功，中国制造业发展正迎来高峰期，可展望到 2010 年三国制造业技术水平的差距会缩小到 1—2 年左右，中国成为“世界工厂”指日可待。同时针对与日韩的差距并借鉴日韩经验，提出产业结构调整、制定产业政策、建立学习机制、加强产业集聚效应等政策建议。

关键词：制造工业　竞争力　技术创新　制度创新　日本　韩国

0965

论当代世界经济中的私人卡特尔组织和行为 / 朱东耀著；戎殿新，李毅指导. -- 中国社会科学院研究生院，2005. -- 169 页

本文对当代世界经济中国际卡特尔型组织和行为的发展演变状况进行评估，并揭示它与垄断资本主义发展到现阶段的基本特征之间的关系。全文由七章构成。第一章对卡特尔的发生机制及形式演变的规律性进行分析。第二章从纵向上梳理了国际卡特尔在二战后至当代发展演变的基本脉络。第三至五章从横向上分析了当代世界经济中私人卡特尔的三

种主要表现形式:秘密存在的有组织的卡特尔、默契合谋、隐藏在战略联盟中的卡特尔行为。第六章对发达国家关于卡特尔的竞争政策的有效性及其发展趋势作了分析。第七章分析了私人卡特尔组织和行为对世界经济整体以及各类国家的影响。本文研究表明,相对于独家垄断,卡特尔型垄断是资本主义市场经济中最易于发生的垄断形式;国际卡特尔型垄断组织和行为在战后世界经济中不但没有消失,而是仍大量存在,但在表现形式上比二战前更加隐蔽和富于技巧,大部分表现为默契合谋或者隐身于战略联盟中;当代世界经济的卡特尔总体上仍然达到了相当高且稳定的程度,这是列宁所指出的垄断资本主义所具有的腐朽和停滞趋势在当代的体现;由于卡特尔组织和行为所具有的灵活多样性以及资本主义国家反垄断措施自身的局限性,竞争法律和政策无法从根本上遏制资本主义经济的卡特尔化。本文的分析还表明,二战后巨型跨国公司的产生和发展不但没有取代国际卡特尔组织和行为,在某些方面更有利于它的形成和发展。

关键词:国际卡特尔　垄断组织　垄断资本主义　反垄断法

0966

商业健康保险研究 / 朱捷著 ; 冼国明指导. -- 南开大学, 2005. -- 124 页

本文研究了商业健康保险的基本特性、与社会(政府)健康保险之间的关系,以及商业健康保险的微观运作机制和监管问题,在总结国外商业健康保险实践经验的基础上,对我国商业健康保险的发展提出建议。全文共分六章。第一章导论。第二章考察健康保险制度的历史沿革及主要制度模式,阐明健康保险制度的意义,分析了国际健康保险制度改革的趋势。第三章探讨商业健康保险和社会健康保险的有效衔接问题。从健康保险有效供给的角度提出了二者的衔接模式,认为最优的健康保险模式应该是:以政府约束和配套的医疗服务体制为前提的,政府直接供给的社会健康保险与保险公司提供的商业健康保险相结合的供给模式。第四章研究商业健康保险的风险控制和运作机制。通过分析传统商业健康保险和新型商业健康保险——管理式医疗的运作机制,探讨了它们对信息不对称引起的道德风险问题的解决机制,认为其优点在于通过对医疗服务实行全过程控制从而实现医疗服务恰当有效的使用,或者通过保险机构和医疗服务提供者之间、保险机构和患者之间实现某种程度的一体化来消除道德风险。第五章从市场的不完全性出发阐明了商业健康保险市场监管的必要性,并借鉴国外的经验提出了我国商业健康保险监管的基本构想和考察健康保险市场监管绩效的成本收益分析框架。第六章基于对我国商业健康保险的发展进行考察和思考,从宏观层面、行业层面和微观层面提出进一步发展我国商业健康保险的设想,提出管理式医疗因其在控制道德风险方面的优越性可以作为我国商业健康保险发展的一个重要方面,同时也提出了逐渐推行管理式医疗的可行途径和手段。

关键词:健康保险　保险制度　保险市场　商业保险　医疗保险

0967

外资并购中国上市银行研究 / 朱圣春著 ; 戒殿新, 宋泓指导. -- 中国社会科学院研究生院, 2005. -- 99 页

本文通过案例分析,对外资并购中国上市银行的价值评估理论、政治风险、法制风险、财务评价、交易安排、并购绩效等问题进行了分析,并阐述了外资银行在华并购面临的特殊问题及相应可以采取的措施。全文共分七章。第一章为导论,说明了本文的选题意义、选题背景和研究的框架,并对银行并购的理论进行了分析说明。第二章通过对中国银行业现状、外资银行在华业务现状和六个并购案例的评析,对外资并购中国上市银行的历史进行了回顾。第三章对国内银行估值分析,主要介绍了价值评估理论的渊源与原则、价值评估的方法以及这些原则和方法在外资并购国内银行实例中的应用。第四章对外资并购的政治风险、法制风险及其防范和救济措施进行了分析,并对外资并购的国际协调机制进行了论述。第五章分析了目标银行财务评价和诊断的方式、方法,以及并购交易安排和并购税制及其效应。第六章通过对利益相关者与并购绩效判断取向、并购创造的价值来源、绩效评估方法与实证分析三个方面的分析,阐述了并购绩效判断问题。最后一章对外资并购中国上市银行的反思与展望,分别分析了外资银行在华并购面临的特殊问题、银行并购理论研究框架的修正与改进,并对外资并购国内银行的发展趋势进行了展望。

关键词:外资银行　并购　上市银行　风险管理　价值评估

0968

外国直接投资的贸易效应研究 / 朱廷珺著 ; 赵春

明指导. -- 北京师范大学, 2005. -- 269 页

本文研究了外国直接投资影响东道国贸易数量、结构及利益分配的因素和机理,并对中国进行了经验分析。文章的导论介绍了选题的背景与意义,对相关的文献进行了述评,指出了本文的研究目标、思路与方法,概述了论文结构、结论、创新与不足,并对基本范畴进行了界定。第二章研究的是 FDI 的贸易替代与贸易创造效应,阐明了 FDI 影响贸易替代和创造效应的因素,并借助经典理论模型,采用横截面数据,分阶段分析了中国省区出口贸易与 FDI 流量的关系,探讨了 FDI 在国家层次和地区层次上促进贸易增长的原因。第三章研究的是 FDI 与东道国贸易结构变革,文章将资本、劳动、技术要素区分为高低两个层次和内外两种类型,构建了一个贸易结构变革的"2×2×3"理论分析框架,探讨了 FDI 资本形成、技术外溢效应影响东道国要素比例结构进而影响贸易结构的机理;还建立了一个基于 C—D 生产函数的技术外溢估计模型,证实了外资在中国存在正的技术外溢效应;并且通过显示性比较优势指标和协整技术分析,多角度讨论了 FDI 对中国贸易结构变革的积极作用。第四章是 FDI 与贸易利益分配,作者通过对雷布津斯定理进行推论,阐明了技术要素、FDI 流量及其产业流向影响贸易条件的机理;将加工贸易的利益分配置于 FDI 视野下,建立了加工贸易利益分配的 U 形价值链模型,通过若干推论并借用调研结论,回答了中国在国际分工中处于 U 形曲线低端的原由。在充分肯定 FDI 促进东道国贸易增长和结构优化作用的基础上,文章的第五章从理论和实证两个方面指出了 FDI 促进型贸易发展模式的局限性,并阐述了进一步吸引外资和发展对外贸易的政策建议。最后,第六章指出了有待进一步研究的问题。

关键词:外商直接投资(FDI)　贸易结构　贸易增长　技术进步　东道国

0969

拉美国家美元化问题研究 / 朱小梅著 ; 陈继勇指导. -- 武汉大学, 2005. -- 173 页

本文以拉美国家美元化的现实背景为基础,在参考、借鉴大量国内外相关文献的基础上,采用定性和定量相结合的分析方法,同时运用博弈论的有关理论比较全面、系统地考察了拉美国家美元化的历程、现实、效应、影响及前景。全文共分七章。第一章为绪论,介绍了本文的研究动因、研究对象和范围,介绍了美元化的内涵和主要类型,并对本文所要研究的主要问题进行了界定;还对相关主题的国内外研究动态进行了综述,说明了本文的研究内容和方法等问题。第二章考察了拉美国家经济发展的主要历程及其美元化的现实原因,通过研究拉美国家经济发展所运用的基本经济哲学思想的转变,以及它们在 20 世纪 80 年代到本世纪初经济改革的实践,着重分析了它们所奉行的以"新自由主义"为基本指导思想的市场化改革与其完全美元化实践之间的内在逻辑关系。第三章从不同的理论视角,借鉴国外的研究成果,进一步深入分析了拉美国家美元化的成因,作者选取了货币替代、汇率选择以及政治经济学三大主流研究视角,并对上述视角的理论研究进行了评述。第四章主要剖析了拉美国家美元化的利弊,同时还分析了拉美国家实施美元化的成本和收益,及其对美国经济正反两方面的影响,并对拉美国家和美国针对美元化的负面影响可以采取的策略做了探讨。第五章选取了拉美地区的巴拿马、阿根廷和厄瓜多尔三个能够体现拉美国家美元化历史和现实的国家实施美元化的背景、历程、效果及前景进行了实际分析和理论探讨。第六章构建了一个分析拉美地区美元化的博弈论研究框架,将研究对象从单一美元化经济体转向整个拉丁美洲地区,通过静态博弈和动态博弈分析,对拉美地区美元化的前景作了较为乐观的判断,并在此基础上,对拉丁美洲美元区的建立问题展开了初步探讨,分析了其建立过程中的两个核心问题:由谁来担当"推动极"的角色及稳定机制的建立问题。第七章考察了拉美国家美元化对国际货币体系的影响以及对我国的启示和借鉴。最后,论文在上述研究的基础上得出一个基本结论,即美元化的实施必须与一国或地区的经济环境相适应,其能否成功取决于这些国家和地区的经济发展状况及政府采取的宏观政策。

关键词:货币一体化　美元　国际货币制度　拉丁美洲

人口、资源与环境经济学

0970

企业养老保险适度费率水平研究 / 顾文静著 ; 穆怀中指导. -- 辽宁大学, 2005. -- 150 页

本文主要围绕企业的养老保险费率的适度水平问题,从经济学角度阐述了企业养老保险费率适度与否的判定标准,从定量的角度对中国企业当前的养老

保险负担承受力以及当前费率水平的经济效应进行了分析,并对不同养老保险体制下的费率要求的适度界限进行了测算。文章的序言部分首先介绍了本文的研究背景和意义,对养老保险费率理论的国内外研究文献进行了分类梳理,并介绍了本文的研究设计情况。第一章提出了适度养老保险费率研究的理论框架,先阐述了适度养老保险费率的理论内涵及衡量标准,然后借鉴西方税制优化理论的研究成果以及博弈论的研究框架,对养老保险费率水平的确定进行了分析。第二章对国外企业养老保险缴费制度及企业缴费率水平进行了介绍和分析,着重于几个重要国家的企业养老保险费率水平的改革趋势及适度性调整状况,并对不同缴费率水平的经济效应进行了定量分析,以便对国外企业养老保险费率的适度性进行客观判断,以及对确定中国养老保险费率适度水平的若干原则性启示。第三章对中国企业养老保险的适度负担能力进行了判定和测算,首先介绍了中国养老保险费率形成的历史背景,并与国外费率进行了横向对比;接着对中国当前费率对企业经济发展可能造成的影响进行了相关的敏感度及适应性分析;最后集中分析了中国企业对养老保险负担的最大承受限度及利于企业成长发展的适度区域,并就各省对当前养老保险费率的适应性进行了判断分析。第四章从满足养老保险基本职能的角度出发,分析了不同筹资制度对适度养老保险费率标准的要求,文章先采用养老保险资金平衡测算公式计算了不同制度下、不同影响因素下养老保险费率的形成及变动趋势,并结合企业供给能力角度出发所测算出的费率,构建了企业发展与养老保险收支平衡之间的均衡关系;然后对我国养老保险改革试点条件下的企业与政府责任进行了分析,从动态角度描述了企业养老保险费率向适度标准靠近的衰减过程。第五章提出了旨在实现降低养老保险费率,实现适度水平的制度构架。

关键词:养老保险　保险费率　适度性　集资

0971

大城市郊区农村的价值研究 / 黄文芳著 ; 戴星翼指导. -- 复旦大学, 2005. -- 156 页

本文从大城市郊区农村价值的角度来研究农村边缘化问题。全文共分十章。第一章导论,介绍了问题的提出、研究思路与方法、研究目的、意义与内容。第二章对相关文献的综述,对农村价值、农村边缘化等相关概念进行了界定,并介绍了研究进展。第三章研究了城市发展与郊区农村边缘化之间的联系,文章首先分析了城市发展与城乡关系的演进,接着,论述了我国城市发展过程中郊区农村出现边缘化的倾向,最后,从数理角度分析了城市发展与郊区农村边缘化。第四章分析了边缘化背后的价值变化,即对大城市郊区农村价值的再认识,具体分析了大城市郊区农村及其土地的功能与价值的转变,以及大城市郊区农村的价值构成。第五章研究了农村价值的完全实现,具体以上海市水源保护的实践为例,先分析了影响水质的主要因素,接着对水源保护中上下游之间的博弈进行了分析,指出并分析了现阶段上海市区水污染治理不具有可持续性,最后提出实现农村价值,促进上下游地区共同的繁荣。第六章研究的是大城市郊区农村价值的流失问题,先分别分析了产量农业向质量农业转化以及产品农业向服务农业转化过程中遭遇到的瓶颈,然后分析了农村及其土地的非市场价值流失问题。第七章对大城市郊区农村价值流失的成因进行了分析。第八章提出了大城市郊区农村产品经济向服务经济的转变,总结了相应的转变途径。第九章提出建立城乡补偿机制,以促使郊区农村发展模式的转变。第十章对全文作出了总结。

关键词:大城市　郊区　农村经济　商品经济　服务经济　城乡关系

0972

在华韩国独资企业劳资关系的研究 : 北京案例 / 金宝允著 ; 蔡昉指导. -- 中国社会科学院研究生院, 2005. -- 119 页

为了了解在华外商投资企业的劳资关系,文章以北京地区的韩国独资企业为案例,对在华韩国独资企业的劳资关系进行了调查研究。论文共十二章。前五章主要阐述了劳资关系和劳动争议的定义、特征,以及在华外商投资企业的劳资关系与在华韩国企业的基本状况。后六章重点考察在华韩国独资企业中劳资双方的基本状况及影响劳资关系的要素。其中,第六章分析了在华韩国独资企业的经营者与劳动者的基础状况。第七章分析了在华韩国独资企业劳动者工资待遇的状况,韩国独资企业中劳动者学历较高且年轻的一代占的比重较大,劳动者的劳动合同和持有户口的形式均不影响工资待遇。第八章研究了在华韩国独资企业工会的现状,研究发现在北京的韩国独资企业工会组织率较低,这主要是因为经营者不希望其他组织参与企业经营管理,并受到本国形成的对工会的对立感的影响,而且劳动者缺乏自我保护意识及企业规模也是影响工会组织率的重要因素。第九

章分析了在华韩国独资企业的劳动保护和福利待遇问题,发现这些企业尽管对中国劳动者投入的劳动保障制度较高,但享受的劳动者阶层较偏重于高工资、高学历的劳动者。第十章研究了在华韩国独资企业的劳动争议问题,调查发现,劳动争议主要是由关于工资制度改善方面的问题引起的,劳动者对处理后的结果满意度还比较高,劳资双方一致认为处理争议问题必须要坚持劳资双方自行解决的原则。第十一章分析了韩国独资企业的劳资关系,大部分韩国经营者认为现在的劳资关系正朝着平等和合作的方向发展。第十二章在华韩国独资企业劳资关系与在韩外商企业劳资关系的比较分析。

关键词:外资企业　劳资关系　劳动争议　韩国

0973

中国退耕还林(草)工程与政策的经济分析 / 李晓峰著 ; 鲁明中指导. -- 中国人民大学, 2005. -- 201 页

本文由“2605 项目”切入,研究了中国新时期退耕还林(草)工程的若干问题,为保定退耕还林(草)工程的顺利持久实施提供参考。全文共分九章。第一章为导论,介绍了论文的选题背景、研究的意义和目的,以及研究内容、思路与论文结构和特色。第二章介绍了中国新时期退耕还林(草)工程的相关概念,并从政策上进行了解析,从生态学、生态经济学、环境经济学等学科角度揭示了中国退耕还林(草)工程实施的理论基础,并定义了退耕还林(草)的概念;分“基本政策”和“具体政策”两个层面分析了中国新时期退耕还林(草)政策的科学含义并指出了政策设计中的一些缺陷。第三章研究和比较了国内外退耕还林(草)工程实施的过程,分析了国外的类似工程对中国退耕还林(草)工程的启示与借鉴价值。第四章研究了中国退耕还林(草)工程与粮食安全之间的关系,并对中国退耕还林(草)工程启动以后国内粮食供求关系的变化进行了分析。文章的第五章至第七章对退耕还林(草)各参与主体在退耕还林(草)工程不同演进阶段——启动阶段、推进阶段和维持阶段的利益互动关系进行了分析。第五章指出影响工程启动的最重要的因素是补贴,分别对补贴的性质、补贴效益、补贴对工程的影响以及补贴标准的确定、我国退耕还林(草)补贴政策进行了分析,并对退耕还林(草)效益阶段性与补贴期限进行了探讨。第六章先分析了推进阶段的特点,接着对工程实施的成本——收益和利益均衡进行了分析,并运用“博弈论”工具分析了工程实施中各参与主体彼此之间的博弈行为,最后运用“委托——代理”理论分析了政府与农户之间的激励机制和监督机制。第七章指出建立起长效机制的关键是能否使退耕区农民收入持续稳定增加,并分别从生态补偿、林(草)产权制度以及退耕区产业结构调整和后续产业发展三个方面进行了探讨。第八章针对中国新时期退耕还林(草)工程与政策中存在的突出问题,分别从八个方面提出了建立中国退耕还林(草)长效机制的政策建议。第九章总结了文章的主要结论,并指出需要进一步研究的问题。

关键词:造林　退耕还林　退耕还草　粮食安全　政府补贴

0974

养老保险基金收益保障机制及其运营模式创新研究 / 林志宗著 ; 王桂新指导. -- 复旦大学, 2005. -- 119 页

本文以养老保险的人口经济学理论为基础,通过应用和拓展“迭代模型”,分析了中国人口转变和经济发展对中国养老保险制度改革的现实影响与威胁,指出中国目前的养老保险制度改革中面临的突出矛盾和问题。在探讨造成这些问题的原因的基础上,通过对养老保险收益保障机制设计为重点的养老保险改革模式的理论和实证研究,本文给出了解决上述问题的答案及进行基金制养老保险模式改革的配套措施和相关政策建议。本文的主要结论有:(1)解决养老保险制度改革中的转轨成本问题。养老保险统筹基金账户不应仅由企业负担,而应由政府和企业共同负担。(2)实行统筹基金账户和个人基金账户分离运行、统筹账户部分基金制和个人账户的完全基金制的养老保险模式。(3)建立在定额收益和定额缴费模式基础上的风险分类收益保障机制——统筹账户中部分基金制部分的最低收益保障机制和承诺保险的个人账户基金收益保障机制。(4)建立基于盈富基金运营模式的多样化养老保险基金运行体系,通过探讨企业年金计划,促进和推动中国养老保险基金业的发展。

关键词:养老保险制度　养老保险基金　风险管理　收益

0975

可持续经济发展理论框架下的生态足迹研究 / 刘冬梅著 ; 刘思华指导. -- 中南财经政法大学, 2005. -- 194 页

本文用可持续经济发展理论作为生态足迹理论分析的指南,在梳理可持续经济发展理论与内涵的基础上,对生态可持续性状态和程度作出具有区域可比性和可操作性的判断,完善生态足迹的理论体系,从而真正落实生态经济协调可持续发展。文章由十章构成,归类为三大部分:理论构建部分、方法模型部分、实证研究部分。其中生态足迹理论构建部分,共有八章内容。其中属理论铺垫性内容的有:对生态足迹的内涵研究的拓展;生态足迹理论构建的理论和现实背景分析;可持续经济发展理论和生态足迹理论研究的关系。这些都是为下一步在可持续经济发展理论框架下构建生态足迹理论提供铺垫。属理论核心性的内容包括:生态可持续性的经济学辨析、生态足迹与生态承载力相互作用的系统效应、生态足迹的经济学分析、生态足迹持续约束系统分析、生态足迹持续约束的策略响应。本文在强化可持续经济发展理论框架下的生态足迹理论研究的基础上,修正并完善了生态足迹分析指标模型,即第八章的对生态足迹模型的系统分析与动态修正设计,属于生态足迹模型修正部分。研究内容包括:生态足迹分析方法的研究进展和方向;以 Wackernagel 为代表的生态足迹分析模型优缺点评价及计量方法的系统分析;生态足迹分析模型的修正与动态扩展。第十章对内蒙古自治区的生态足迹进行了实证分析并提出了对策,属于生态足迹实证研究部分,对内蒙古乃至全国的可持续经济发展决策都具有重要意义。

关键词:生态环境　可持续发展　环境经济　内蒙古

0976

产业集聚、扩散与城市化发展:理论探讨与中国的实践 / 吕力著;刘传江指导. -- 武汉大学, 2005. -- 117 页

本文借鉴 20 世纪 90 年代兴起的新经济地理学,用产业集聚、扩散解释了城市化进程中城市规模的形成和城市空间体系的演变规律。文章除导言外,共分六章。第一章介绍了 1950 年以来世界城市化进程的特点和趋势,并与中国城市化发展的情况进行了对比研究。第二章回顾了在城市规模问题上国内研究的三个阶段,在借鉴和使用克鲁格曼等人创立的新经济地理学模型的基础上,从产业集聚、扩散的角度有效地解释了城市规模效应的来源、城市规模的上限以及城市合理规模问题。第三章仍从产业集聚、扩散的角度来解释以城市群为代表的城市空间体系的形成问题,借助数学模型,较好地解释了城市群的形成过程。第四章以中国城市化发展最为迅速的长江三角洲地区为例,实证研究了产业集聚与城市规模的互动;产业集聚、扩散与城市空间体系的互动;产业集聚、扩散效应与城市群等问题。第五章立足于中国的国情,分析了城市化与产业集聚、扩散互动中的障碍因素。第六章借鉴复杂科学中的自组织理论,对建国以来我国的城市化发展政策进行了探讨和展望。

关键词:城市化　城市发展　城市空间　产业集聚

0977

企业家人力资本与企业制度创新 / 马传景著;简新华指导. -- 武汉大学, 2005. -- 129 页

本文从理论上分析了企业制度演变的原因,揭示了企业制度创新的若干主要趋势或规律,较系统地分析了企业家人力资本的作用与特征;从新视角探讨了企业制度创新的机理,并从实践上针对当前我国国有企业的现状,提出了深化改革的新思路和政策建议。全文共分为六章。第一章引言提出了研究的问题,分析了国内外研究现状和理论背景,以及本文的研究目标,介绍了文章的研究方法、基本框架和基本结论。第二章对企业制度及其创新进行分析,首先论述了企业及企业制度的演变,分析了企业制度演变的主要原因,以及几个重要的趋势。第三章分析了人力资本和企业家人力资本的特点和基本性质。第四章从企业家人力资本与企业制度之间的关系出发,探讨了企业制度创新的原因和机理。第五章对国有企业制度现状进行了分析,并运用本文建立的理论观点提出了进一步深化国有企业改革的新思路和创造企业家人力资本在企业制度创新中发挥作用的制度环境这一政策建议。第六章是对本文理论观点的进一步运用,分析了我国 MBO 实施状况和存在的问题,提出了对策建议。

关键词:企业家　人力资本　国有企业　企业制度

0978

奥运投资对北京市的环境与经济影响:基于动态区域 CGE 模型的模拟分析 / 庞军著;邹骥指导. -- 中国人民大学, 2005. -- 174 页

为了综合分析奥运期间各项投资对北京市经济发展和环境保护所带来的影响,本论文构建了一个将环境行为纳入一般均衡框架的动态区域 CGE 模型。

全文共分为六章。第一章引言,首先提出了本文研究的背景,再导出研究目标并阐述了研究的现实意义和学术价值;然后概述了国内外有关奥运影响研究的现状,并明确了本文所采用的研究方法;最后概括了各部分的主要内容。第二章是关于 CGE 模型的文献综述,首先对模型的理论、特点、优势和局限性以及国内外应用现状作了全面而简要的介绍;接着比较详细地分析了该模型在环境经济研究中的应用领域;然后对将环境行为纳入一般均衡框架的思想作了简要介绍;最后对 CGE 模型在环境经济研究中的应用作了几点展望。第三章详细阐述了一个将环境与经济行为同时纳入其分析框架的动态区域 CGE 模型的结构,即 REECGE 模型的结构;并对模型的各个模块以及所采用的动态机制进行了详细论述,利用该模型能够分析奥运投资对北京市的环境与经济影响。第四章详细介绍了 REECGE 模型的数据基础——社会核算矩阵的构造以及模型参数的校准和外生变量的估计,并在本章最后对该模型的程序表达和求解作了简要介绍。第五章是 REECGE 模型的应用,即利用该模型模拟奥运投资对北京市的环境与经济影响。第六章是文章的结束语部分,概括了本文研究的主要结论和进一步的研究展望。

关键词:奥运会　投资　环境影响　环境保护　经济发展　北京市

0979

环保产业与可持续发展 / 彭善枝著 ; 简新华指导. 武汉大学, 2005. -- 155 页

本文基于可持续发展理论、环境经济学理论和产业经济学理论,探讨了环保产业与可持续发展的相互关系,阐明发展环保产业的必要性和重要性,分析世界环保产业发展特征和趋势及中国环保产业发展的状况,总结中国环保产业面临的机遇和挑战,提出对策建议。全文共分四大部分。第一部分论述环保产业与可持续发展的相互关系,包括第一、第二、第三章。第一章归纳综合了可持续发展理论的核心内容;第二章阐明了发展环保产业对环境、资源和生态可持续发展的必要性和重要性;第三章阐明了发展环保产业对社会、经济可持续发展的重要意义。第二部分分析了中外环保产业发展状况,探寻了世界环保产业发展趋势和中国环保产业发展中存在的问题,包括第四、第五章。第四章介绍了主要发达国家和地区环保产业发展状况,包括从业单位、从业人数、产业结构、市场状况等方面;第五章详细地分析了我国环保产业发展现状及变动情况,包括环保产业整体发展状况、环保产业结构变动情况、环保产业各领域发展情况等。第三部分探究了引起中外环保产业发展差异的深层次原因,文章首先根据环境经济学有关理论探寻影响环保产业发展的外部动力机制,对中外环保产业发展的外部动力机制进行比较分析,阐明中国环保产业发展外部动力不足;接着根据产业经济学有关理论探讨了中外环保产业发展的内部运行机制及其差异,说明中国环保产业内部运行机制不完善。第四部分总结了中国环保产业发展面临的形势并提出了相应的对策和建议。

关键词:环境保护　产业发展　可持续发展　循环经济

0980

《关于持久性有机污染物(POPs)的斯德哥尔摩公约》履约的政策研究 / 彭争尤著 ; 张象枢指导. -- 中国人民大学, 2005. -- 188 页

本文整体上采取生态科学的研究思路,综合了经济学、政策科学的分析工具,采用系统论的方法研究履约政策的改进。全文共分八章。第一章导言,介绍了研究背景、研究方法、研究对象和研究目的。第二章主要探讨了人与自然的物质代谢过程应该遵循什么样的理性关系。第三章探讨了 POPs 的彻底治理与工业生态化的关系,文章对 POPs 组成与治理进行了分析,从技术的角度针对 POPs 的彻底治理提出了一些建议。第四章分析了 POPs 彻底治理与工业生态化的紧密依存的关系,作者在分析了当前的环境政策的演化过程的基础上,重点介绍了生态效能理念,分析了其特点及与国内循环经济理念的本质差异,最后结合 POPs 治理的实际案例分析了生态效能理念对指导公约履约的重要意义。第五章主要探讨的是履约政策的经济学研究应该采取的方法,文章对主流的狭义的环境经济学的主要观点进行了研究,分析了该理论系统的缺陷。第六章首先研究了环境政策制订的目标模式,分析了现行环境政策目标模式的缺陷,提出了改进的方向;其次从环境资本增殖的角度出发,分析了影响环境政策制定的经济因素,探讨了保证这些因素发挥最大功能的方式和组织形式,并以此提出了政策制定系统改进,特别是制度改进的建议。第七章分析并研究了履约中的国际环境,分析了国际机构形成的原因、作用以及公约履约中的全球治理框架的特点。第八章归纳总结了全文的研究成果,分析了需要进一步展开研究的方向和领域。

关键词:环境政策　环境保护　环境污染　有机污染物

0981

生活垃圾再利用环境经济政策研究：废纸再生分析 / 邵天一著 ; 鲁明中指导. -- 中国人民大学, 2005. -- 156 页

本文针对我国生活垃圾再利用领域面临的问题,以废纸再利用分析为案例,就内因和外因分别对生产企业进行了剖析,对废纸再利用的可行性进行了论证,并提出了增强废纸再利用生产企业竞争力的方法和途径。全文共分七章。第一章为前言,介绍了论文的研究背景、国内外的研究状况,概括了本文的主要内容和基本框架。第二章通过对循环经济、生态经济等理论进行的分析,讨论"生活垃圾能否进行再利用"这个最基本的问题,确认生活垃圾进行回收再利用的可行性,并为之提供了理论依据。第三章对我国和发达国家生活垃圾再利用和废纸再利用现状进行对比,找出了我国生活垃圾再利用落后原因和主要问题所在。第四章和第五章以废纸再利用案例分析的方式,就导致废弃物再利用企业竞争力不强的种种因素进行了分析。针对分析结果,第六章从国家和政府层面,企业层面、行业协会层面等三个层面出发在这三个层面之间建立起一种共生合作和协调关系,利用三方各自的影响力以及相互影响、促进和制约作用,共同促进再生纸生产这一有利于社会、经济、环境协调发展的事业,构建一个适合我国国情的较完整的再生纸生产消费的运营体系。第七章是结束语,总结了文章的主要研究结论,概括了文章的创新点,并指出了有待进一步研究的问题。

关键词:生活垃圾　废纸　废物综合利用　环境政策

0982

北京产业与环境协调发展研究 / 孙振宇著 ; 张象枢指导. -- 中国人民大学, 2005. -- 196 页

本文从经济增长、产业变迁角度来研究北京产业与环境变化之间的关系及其含义。全文共分六章。第一章为前言,介绍了本文研究的背景意义和选题的原因,对国内外产业结构变化有关区域可持续发展的研究进行了梳理,特别指出了现有文献的研究不足之处及有待研究的问题。第二章是关于区域产业变迁与环境协调的理论与经验,文章首先对产业变迁的理论进行了梳理,总结了产业变迁的一般规律,对有关经济增长理论以及经济增长与产业结构变化的关系、区域产业变迁与环境协调的理论等进行了梳理,回顾了循环经济等有关理论;然后在总结国外发达国家和我国产业变迁与环境协调的实践经验的基础上,探讨了我国实现产业变迁与环境协调的出路。第三章是对北京产业结构变迁的分析,文章首先分析了北京产业结构历史、现状与趋势;在此基础上,分析了三次产业的变化过程和原因;然后重点分析了北京第二产业的变化趋势,定量分析了北京工业主导产业的变化过程和趋势,阐述了主要行业的变化。第四章研究了北京经济增长方式与发展模式的转变及其对环境的影响,作者先从历史的角度分析了北京经济增长方式的变化,然后分析了北京经济增长和产业变迁的关系;最后分析了北京经济增长和产业结构变化与资源环境关系,提出了北京经济增长方式转变的方向。第五章对北京产业变迁与环境质量关系的总体分析,首先系统分析了北京市环境质量的状况,结合北京的区域特征,重点分析了产业结构变化对水资源、"三废"和能源的影响,并针对主导产业的变化做了详细分析。第六章对全文进行了总结,提出了文章的创新之处,提出了进一步研究的方向。

关键词:经济增长　产业结构　生态环境　可持续发展　北京市

0983

新中国私营经济发展研究 / 陶世隆著 ; 简新华指导. -- 武汉大学, 2005. -- 102 页

本文通过对新中国私营经济产生的条件、类型特征、性质特点、地位作用以及发展状况、经验教训、发展趋势等作了较为系统的探讨,重点对新时期的私营经济产生和发展作了阐述。全文共分六章。绪论部分,对私营经济现状、作用,在各个历史时期发挥的作用以及党对私营经济发展的政策作了简单的回顾和总结。第一章对私营经济、民营经济和非公有制经济的概念以及相互关系作了阐述。第二章以新的视角较为全面客观地阐述了私营经济类型、性质、特征。第三章论述了私营经济产生的条件和历史背景,重点阐述了新时期私营经济产生理论基础、历史背景、现实基础和产生的经济条件。第四章总结了私营经济在新中国建立之初的历史地位、作用,以及社会主义改造时期的私营经济的地位、作用;新时期私营经济的历史地位、作用。第五章回顾了新中国建立之初党对私营经济的政策,以及社会主义改造时期党对私营经济的政策,重点阐述了党对发展私营经济政策的经

验教训。第六章分析了中国私营经济发展的趋势,重点对现阶段私营经济发展的客观依据、发展的基本态势和走向、制约私营经济发展的问题和加强对私营企业主等非公有制经济人士的政治引导进行了阐述。

关键词:私营经济　民营经济　非公有制经济

0984

环境影响评价政策研究 / 王冬朴著 ; 马中指导. -- 中国人民大学, 2005. -- 152 页

本文在环境经济复合系统框架下,将主要的评价类型、评价内容纳入到一个较完整的体系中来分析其内在的结构和关系。论文的主要内容包括以下五个部分,第一部分是对环境影响评价本质及其拓展体系结构的分析,文章先分析了环境系统与经济系统之间的关系,揭示了环境影响评价的本质,然后分别从层次、空间、时段、物流(能流)、信息流、价值流、生态环评以及风险评价和累积影响评价等多个角度,对环境影响评价体系的结构及其主要的内在关系进行了分析。第二部分分析了环境影响评价政策研究的相关理论基础;论文根据环境影响评价技术理论特点和开展政策研究的需要,对可持续发展理论、公共政策理论、环境经济学理论以及系统学一般理论给予了简要介绍,并且分析了这些基础理论与环境影响评价政策研究的相互关系。第三部分是对中国环境影响评价政策体系构架的分析,文章先对环境影响评价政策的内涵、政策系统、政策过程和政策功能进行了一般理论分析,然后对我国的环境影响评价政策的发展历程、主要形式和内容,及其管理体系进行了详细的分析和总结,并归纳了中国 EIA 政策的主要特征。第四部分对中国环境影响评价政策进行了评估,对现行政策的目标与效果、制度内容、政策执行、技术支持体系、公众参与机制与政策公平性等方面进行了政策评估,分析了现行政策中存在的缺陷、偏差和不足,通过建设项目环境影响评价案例分析,从某些侧面揭示了传统环境影响评价所存在的缺陷。第五部分探讨了中国环境影响评价政策的改进,文章提出了政策改进和创新的必要性、原则和方向;针对现状提出了政策改进和创新的思路;并对香港环境影响评价政策进行了分析,总结了可供内地借鉴的经验。

关键词:环境评价　环境政策　政策保护

0985

基于农户净收益最大化的乡城迁移研究 / 王国辉著 ; 穆怀中指导. -- 辽宁大学, 2005. -- 182 页

本文假设乡城迁移的决策是由农户家庭做出的,本质上是农户在一定的约束条件下,通过调整家庭劳动在城乡间的配置追求家庭预期净收益最大化的行为,从这一假设出发,建立适合中国特点的乡城迁移模型,对中国乡城迁移进行的实证分析,对迁移的趋势进行了预测,并利用专项调查进行了检验,最后分析了非永久乡城迁移的效应,提出了促进永久乡城迁移的策略和政策建议。文章除序言外,共六章。序言部分主要是提出问题,论述研究的意义、目标,说明了论文的研究方法、逻辑结构和创新点等。第一章是对国内外乡城迁移研究的文献综述。第二章研究了基于农户净收益最大化的乡城迁移理论,文章首先从农户劳动配置净收益最大化的角度构建乡城迁移的理论框架和模型,然后分析了乡城迁移过程的类型。第三章是基于农户净收益最大化的乡城迁移实证分析,首先从历史的角度对新中国乡城迁移史进行了梳理和阶段划分;接着利用第二章建立的理论框架和模型对永久乡城迁移阶段和非永久乡城迁移阶段农户劳动配置净收益和非永久乡城迁移原因进行了实证分析;最后对乡城迁移趋势进行了分析,对非永久乡城迁移持续时间进行了预测。第四章是基于作者组织的两项调查对乡城迁移理论和有关实证分析进行的检验。第五章是非永久乡城迁移的效应分析,主要从乡城迁移对解决三农问题、推进工业化和城市化等方面进行了分析。第六章研究了促进永久乡城迁移的政策选择。

关键词:农户　收益　农民　人口迁移　农村经济

0986

养老金缺口财政支付能力研究 / 王利军著 ; 穆怀中指导. -- 辽宁大学, 2005. -- 153 页

本文综合运用了多学科的相关理论,采取理论与实证分析相结合,定量分析为主、定量分析和定性分析相结合的研究方法,对中国养老金缺口的财政支付能力问题进行研究。本文分为序言与正文两部分。序言主要阐明了论文的选题背景与研究意义,对国内外相关研究文献进行了综述,并介绍了本文的研究方法、研究思路以及创新与不足之处。正文部分可分为五章。第一章主要阐述了养老保险经济学的基础理论和公共财政支出的基本理论,建立了财政支出优化的理论框架,并对公共财政中的养老保险支出进行了详细分析。第二章是对养老金缺口与财政负担状况的分析,文章首先分析了养老金缺口的现状以及财政

对养老保险资金现实缺口的支付状况,接着分析了养老金缺口的成因,并以辽宁试点模式为基准预测了未来时期财政对养老金缺口的负担状况,最后分析了中国养老金缺口的财政责任。第三章从实证角度测算了养老金缺口的财政支付能力并设计了利用财政手段解决养老金缺口的具体方案。第四章重点分析了养老金缺口财政支付的经济效应,文章以实证研究为现实基础并结合理论研究,把养老金缺口财政支付问题放置于整个经济系统中来考察其对经济增长、收入再分配、消费和公共财政的影响。第五章在以上各章分析的基础之上提出完善养老金缺口财政支付能力的对策和建议。

关键词:养老金　养老保险　财政支出

0987

上海产业集聚及劳动力空间分布变动研究 / 魏星著 ; 王桂新指导. -- 复旦大学, 2005. -- 139 页

本文借鉴空间经济学、产业经济学、新经济地理学等各相关学科研究理论,应用经济分析和空间分析等方法,利用上海 1996 年、2001 年基本单位普查数据,研究上海产业集聚及劳动力空间分布特征及变动规律,并以浦东为例探讨了集聚经济对增长的影响。本文研究的主要内容和发现有以下几个方面。(1)分析 1996—2001 年上海产业及劳动力空间分布,发现其总体上表现出以下特征:首先,上海经济活动仍然集中于城市中心;第二,劳动力由中心城区向郊区以及周边地区不断扩散,劳动力分布呈均衡化的发展趋势;第三,法人单位由城市中心 8 公里以内范围向中心城区边缘区扩散;第四,上海正由人民广场一个都心分化为人民广场和徐家汇两个都心,徐家汇副都心逐步形成。(2)从绝对分布、相对分布强度、变动趋势等角度探讨上海第二产业和第三产业分布特征及演变规律,指出上海中心城区的第二产业向郊区扩散,第三产业向中心城区边缘区扩散,受产业布局政策调整和城市不同区域功能分化与职能转移的共同推动;又进而带来了城市空间结构的优化,促进城市空间结构的重新整合。(3)对上海主要行业空间分布及演变进行探讨。指出上海工业分布呈现郊区化扩散态势;流通部门及其批发和零售贸易、餐饮业的分布特征与第三产业相似,但发展变动趋势略有不同;金融保险业空间分布具有鲜明的行业特征。(4)应用一些有效的测量指标,对上海主要行业及产业集聚程度及其变动趋势进行分析。(5)以浦东新区为例,分布从企业层面和区域层面上考察上海产业集聚经济。认为浦东新区企业基本上享有集聚所带来的成本节约及规模报酬递增,并且在一些行业已经具有专业化及地区化分工所带来的外部经济。

关键词:区域经济　产业集聚　劳动力结构　产业结构　规模经济　上海市

0988

畜禽(园区)产业绿色化及环境政策研究 / 吴一平著 ; 鲁明中指导. -- 中国人民大学, 2005. -- 201 页

本文以信阳园区为案例,运用生态产业理念,从生态学和经济学的角度,借鉴现有的相关研究成果和国内外生态产业园区等方面的成功经验,利用生态经济学、产业生态学和环境经济学的有关原理,界定畜禽产业绿色化的内涵;从实证的角度,对信阳畜禽园区的环境资源及产业概况、畜禽产品中有毒有害物质污染及残留、畜禽养殖加工对周围环境的影响、鸭产业链主要环节的投入产出、物质资源的多层梯级利用等方面,运用物质平衡理论、产品生命周期评价理论等有关原理和投入产出模型,从生态产业的角度进行了系统分析,找出影响畜禽园区产业绿色化及物质、能量转换效率的关键环节;根据国家有关畜禽产品的绿色标准,利用实地调研的数据和资料,就园区畜禽产品绿色化、废弃物无害化处理及废弃物回收、综合利用进行经济分析;从经济利益的角度,研究分析实现畜禽园区产业绿色化的企业行为,探求其深层动因及动机;以当前国内外畜禽产品的食品安全标准为前提,针对影响畜禽区产业绿色化的关键因子,运用制度经济学原理和产业组织理论、生态共生理论、交易费用理论等,结合信阳畜禽园区实际,探讨实现畜禽园区产业绿色化的机制及其必要的保障体系;通过对国外畜禽产业绿色化的相关政策及实践、我国畜禽产业政策演变及现状进行研究,系统总结了国外畜禽产业绿色化的成功经验和我国畜禽产业政策的不足,针对我国畜禽园区实际,从经济、社会和生态环境效益"三赢"的角度,就如何推进我国畜禽园区产业绿色化进程,探索实现技术先进、经济合理、环境无害和生态平衡相结合的我国畜禽园区的循环经济发展模式,进一步完善畜禽生产绿色化、畜禽产品绿色流通、畜禽产业绿色化的环境管理三个方面的政策提出了自己的建议,为全面提升我国畜禽产业的国际竞争力、迅速遏制畜禽养殖加工污染、净化农村生态环境、促进我国畜禽产业的可持续发展、走经济发展和生态良好的文明发展道路提供参考。

关键词:畜牧业　环境政策　食品安全　废物处

理　循环经济

0989

旅游资源的经济价值评估：以黄山风景区为例／谢贤政著；马中指导. -- 中国人民大学, 2005. -- 197 页

本文以旅游市场相对成熟的黄山风景区为案例,分析其客源市场的演化特征,应用旅行费用法(TCM)方法评估游憩价值,应用意愿调查价值评估法(CVM)调查游客保护黄山世界遗产支付意愿,并且在国内首次将TCM和CVM结合起来,预测黄山风景区门票价格上涨对游憩价值可能产生的影响,从而,丰富我国环境资源价值评估的理论研究和应用实践,有助于加强旅游资源管理,促进旅游可持续发展。全文共八章。第一章是引言,介绍了文章的研究背景与意义、研究目标、内容、关键环节和创新点,以及文章的章节安排。第二章分析了旅游资源分类及旅游产品的供给和消费,重点分析了国家公园旅游产品的属性,以及旅游产品的供给与消费模式及特点。第三章研究了国家公园的价值,文章先比较分析了环境资源价值分类的两种体系——生态系统服务功能价值分类和环境资源总经济价值分类,接着对国家公园的价值进行了分析,并对环境资源价值评估方法进行了概述。第四章研究了旅行费用法,先概述了TCM的经济学理论基础,回顾了该模型的发展,探讨了TCM有待解决的问题,并对其进行了总体的评价,分析了TCM的发展趋势,最后对我国TCM研究工作提出了建议。第五章针对黄山风景名胜区旅游市场进行了市场调查与分析,分析了黄金风景区的旅游容量、客流季节变化特征、游客人口统计特征、黄山风景区市场演化特点和对周边旅游景点的影响。第六章应用TCM对黄山风景区的游憩价值进行了评估。第七章应用CVM调查游客保护黄山世界遗产的支付意愿,分析政府部门在世界遗产保护方面所起的重要作用。第八章分析、归纳了应用TCM和CVM开展环境与自然资源价值评估的要点。

关键词:旅游资源　经济评价　国家公园　黄山

0990

消费、消费信贷与金融体系／徐开新著；彭希哲指导. -- 复旦大学, 2005. -- 99 页

本文分为三大部分。第一部分包括第一章是对国内外有关消费信贷研究的综述。第二部分包括二、三章,是消费、流动性约束和消费信贷之间的关系以及消费信贷政策和积极财政政策对内需调节的不同定位。其中,第二章首先对消费理论的历史和发展进行了综述,接着,分析了流动性约束对居民消费制约的具体表现,并从公共供给不足、消费体制、收入分配、银行几个方面分析了居民流动性约束的制度根源。第三章首先考察了西方发达国家扩大内需政策的转向:从投资领域转向消费领域;其次,针对积极财政政策是否应该淡出的争论,进一步从操作空间和对市场实效的弥补的角度讨论了积极财政政策在一定时期内的适用性,并指出它的缺陷;最后,对消费信贷政策的可能负面效应——对消费的挤出和对中小企业贷款的挤出作了初步分析。第三部分包括第四、五、六章,是消费信贷和金融体系间的相互影响和机制。其中:第四章首先分析了近几年来世界范围的金融组织结构的发展趋势,接着,考察了西方发达国家的消费信贷金融组织结构的状况,在此基础上提出了发展我国多层次、多样性的消费信贷组织体系的建议。第五章首先分析了消费信贷中的信息不对称及其对消费信贷市场效率的影响,接着,比较了两类金融体系环境下的消费信贷发展状况,从信息生产的角度分析了消费信贷有效运行的内在机制,最后,研究了中国消费信贷业务运作机制的问题及其解决措施。第六章首先从中国个人金融地位的发展阶段的角度考察了消费信贷对个人金融地位提高的意义,其次,分析了消费信贷的发展对金融机构和信贷市场的积极意义,最后,从货币政策传导的利率渠道、信贷渠道和选择性货币政策工具的角度分析了消费信贷对我国中央银行货币政策的影响,并从消费信贷的角度提出中央货币政策调整的方向。

关键词:消费贷款　消费信贷　金融体系　金融组织　信息不对称

0991

气候有益技术国际转移研究：效果、影响因素与机制／徐燕著；邹骥指导. -- 中国人民大学, 2005. -- 176 页

本文选取中国电力行业气候有益技术特别是可再生能源技术国际转移进行了研究,并重点研究了以下几个重要问题:气候有益技术国际转移在缓解气候变化中的重要意义;对气候有益技术特别是可再生能源发电技术国际转移现状的评价;气候有益技术特别是可再生能源技术国际转移影响因素分析;气候有益技术国际转移新机制研究。本文共八章。第一章为导言,介绍了文章的研究背景、研究意义,概述了环境

领域技术转移政策的实践和国内外研究现状，以及气候有益技术的概念和分类。第二章是国际技术转移相关理论的述评，分别介绍了国际技术转移的涵义、分类及基本途径、系统结构、动力机制、运行机制以及发生机制等理论。第三章是对研究设计中涉及的一些主要问题进行了描述，包括研究的分析框架和主要研究内容、研究的概念框架、主要研究方法和工作步骤以及风力发电技术转移案例研究设计四方面的内容。第四章从理论、历史和统计三个角度论述了改变温室气体排放趋势的全球战略构想，分析了气候领域国际技术转移的必要性。第五章分析气候有益技术国际转移的现状及其转移的实际效果，分别采用了问卷调查方法和指标评价法。第六章分析了气候有益技术国际转移的主要影响因素以及实际存在的各种障碍。第七章对气候有益技术国际转移新机制进行了研究。第八章是文章的结束语。

关键词：气候变化　气候有益技术　技术转让　环境经济

0992

海洋渔业资源管理中 ITQ 制度交易成本研究 / 杨正勇著；戴星翼指导. -- 复旦大学，2005. -- 217 页

本文从个体可转让配额（ITQ）制度交易成本对其效率的影响、ITQ 制度交易成本的分类、我国海洋渔业中 ITQ 制度交易成本的影响因素、降低我国 ITQ 制度交易成本的途径等方面对我国海洋渔业资源管理中 ITQ 制度交易成本进行了研究。研究指出，尽管 ITQ 制度会如新古典学者指出的那样，是一种相对于传统管理制度来说更有效率的渔业资源管理制度，但该制度的交易成本会使总可捕量的确定、配额分配、配额交易偏离最优水平，监督成本的存在也会导致其效率的损失，而且渔民越多，监督问题引起的内生交易成本也越大。作者指出，因为地方渔民协会等渔村社区组织可以在提高渔民组织化程度的同时，通过社会嵌入机制和组织机制来帮助做好渔民的转产转业工作，充分利用熟识信用和身份承诺来实现信任、横向监督对当局纵向监督的替代，而且有利于配额协作团队的建立，所以在引入 ITQ 制度时，为了降低其交易成本，应当加强渔村社区的组织和制度建设。本文的案例验证的结果也表明，地方渔民协会这种渔村社区组织在提高渔民组织化程度、节约当局的行政管理成本、帮助渔民转产转业、提高渔民福利、运用熟识信用和声誉来约束成员行为、实现行业自律等方面起了重要作用。

关键词：海洋渔业　水产资源　个体可转让配额（ITQ）　交易成本

0993

中国城镇非正规就业研究 / 姚宇著；彭希哲指导. 复旦大学，2005. -- 165 页

本文在非正规就业领域进行了以下几个方面的研究。（1）回顾了非正规就业研究的历史过程，总结了目前非正规就业研究的国际、国内状况。（2）梳理、归纳了已有的非正规就业研究成果，按照劳动经济学的框架对这些理论进行了描述。（3）运用上海案例对非正规就业者的生产、生存状况进行研究，并对上海非正规就业领域中所获得的成功经验进行了总结。（4）借鉴 ILO 提出的非正规就业统计方法，结合中国的实际情况，提出了中国非正规就业规模的估算方法，并用此方法对 1997 年以来的非正规就业数据进行了估算。在此基础上，计算了中国非正规就业的弹性系数，结果表明，近年来城镇非正规就业规模的弹性呈现下降趋势，GDP 的增长对城镇非正规就业规模的拉动功能正在逐渐减弱。（5）根据中国目前就业形式发展的新情况，提出了就业非正规化指数概念，并对近年来中国的就业非正规指数进行了测算，利用这些数值进行了相关的经济学分析。（6）利用已有的统计资料对非正规就业者的平均收入水平进行了估算，并通过数据分析，发现了 1998 年以来，中国非正规就业市场上，非正规就业的增长与非正规就业者的平均收入水平呈负相关的现象。（7）引入了农民的道义经济学，通过对非正规就业现象的总结，提出了城镇中非正规就业者的生存经济理论。并在这个视野下，对部分处于生存边缘的非正规就业者的经济活动行为进行了讨论。（8）对非正规就业者的社会保障问题进行了分析，从生存经济的理论出发，分析了非正规就业者的保障需求，提出了风险保障及制度安排的若干观点。

关键词：城镇经济　就业　社会转型

0994

中国特色城市化道路研究 / 曾宪明著；简新华指导. -- 武汉大学，2005. -- 138 页

本文对中国特色城市化道路进行了比较全面、系统的研究，主要解决为什么要走中国特色城市化道路、什么是中国特色城市化道路和如何走中国特色城市化道路等问题。全文除导言部分外，共分五章。导言介绍了本文选题的背景和意义，对中国城市化道路

研究的现状进行了综述,并概述了文章的基本内容与方法。第一章研究了城市化和城市化道路,分析了城市的起源、涵义与城市界定的标准,解析了城市化的内涵及测度,阐述了城市化的必然性,并对城市化道路的涵义及其合理选择进行了分析。第二章是城市化道路的国际经验总结,文章先分析了世界城市化的现状及发展趋势;然后分别以英国、美国、日本为例介绍了发达国家的城市化和城市化道路,以巴西、印度为例介绍了非发达国家的城市化和城市化道路;最后总结了城市化道路的国际经验对中国的启示。第三章概括了建国以来的中国城市化的进程,并分析了主要特点。第四章研究的是中国特色城市化道路,文章先简述了关于中国城市化道路的争鸣;接着分析了走中国特色城市化道路的必要性;然后阐述了中国特色城市化道路的内涵及特征。第五章研究了走中国特色城市化道路的战略措施,包括要走出误区,调整城市化发展战略;创新制度,消除城市化的障碍;转变农村工业化战略,促进城市化发展;加强城市规划与管理,搞好城市建设。

关键词:城市化　中国特色社会主义　城市发展

0995

人口红利、养老保险改革与经济增长 / 张学辉著 ; 蔡昉指导. -- 中国社会科学院研究生院, 2005. -- 108 页

本文重点研究了人口红利、养老保险改革与经济增长的关系。全文共分上、下两篇,上篇包括第一—三章,下篇包括第四—七章。第一章主要论述人口红利与经济增长的关系,文章在综述了西方经济增长理论的基础上,重点探讨了经济增长中的人口因素,并利用“人口红利”理论的分析框架,对中国改革开放以来的所创造的经济增长奇迹进行剖析。第二章主要建立引入人口年龄结构变量的生命周期储蓄模型,文章首先对储蓄与经济增长之间的关系进行了阐述,其后对西方储蓄理论进行了梳理,重点介绍了莫迪利亚尼的生命周期储蓄模型,在此基础上,引入反映人口年龄结构状况的抚养比变量来对生命周期储蓄模型进行扩展,从理论上论证人口转变过程中“第二人口红利”的存在。第三章在上一章导出的理论模型基础上,利用中国的有关数据,对该理论模型进行实证检验,分析人口年龄因素对总储蓄率的影响方向和影响程度,对“第二人口红利”的存在性进行实证分析。第四章主要是运用新古典主义经济学的分析方法,对现收现付制和完全基金制两种养老保险制度模式进行理论分析,探讨两种制度模式的不同经济效应,指出了养老保险制度改革争论的焦点,并总结出了世界范围内养老保险制度改革的总趋势。第五章分析中国当前和未来所面临的人口老龄化浪潮和养老危机,对中国当前的养老保险制度进行了评述,深入分析了存在的主要问题,指出了我国养老保险制度改革的方向。第六章将对中国养老保险制度发展战略问题从金融市场的角度进行审视分析,重点探讨如何把中国养老保险制度改革与发展以及中国金融体系的改革和发展有机结合起来,养老保险制度改革将对中国金融市场产生何种影响,如何利用各类金融市场和金融工具来为中国养老保险事业发展服务。最后一章对前面的研究作出总结,得到一些结论和建议。

关键词:养老保险制度　人口　经济增长

0996

现代物流与城市群经济协调发展研究 / 章志刚著 ; 王桂新指导. -- 复旦大学, 2005. -- 139 页

本文以现代物流的特征为切入点,分析现代物流对资源要素空间聚集的作用机理,以此作为分析工具探求促成城市群经济协调发展的途径,在此基础上深入分析现代物流对城市群经济协调发展的各种具体贡献,并结合长三角城市群经济增长与物流业发展之间的互动关系。全文共分六章。第一章为绪论,阐述选题背景和研究意义,对主要概念进行界定,并提出本文的研究思路和框架。第二章对选题相关的文献进行梳理总结。第三章对现代物流对资源要素空间聚集的关系进行阐述,继而对物流活动与城市空间演化的机理从理论和实证上进行论述,在此基础上,进一步以资源空间聚集作为桥梁将城市群资源要素的扩散与聚集与物流业的发展之间的理论联系进行充分的分析。第四章讨论了影响城市群协调发展的经济因素。这些因素从两方面着手,先是城市群经济增长最基本的经济要素层面,然后是经济发展的宏观和微观动力机制和可持续发展问题。第五章论述物流业对城市群经济协调发展的经济要素层面、增长动力层面以及生态环境层面的作用,并提出一个物流业对城市群经济协调发展的贡献的数量模型。第六章通过对长三角城市群的案例研究,定性实证考察与计量经济检验相结合,进一步论证了现代物流与城市群经济协调发展相关关系及现代物流发展的作用和贡献。

关键词:物流　城市群　城市经济　协调发展

0997

环境治理结构:机制与善治 :以锡林郭勒草原为案例分析 / 朱留财著 ; 鲁明中指导. -- 中国人民大学, 2005. -- 177 页

本文主要以治理分析和制度分析为主要分析工具,结合传统的定性分析与定量分析、实证分析与规范分析等,运用环境治理与环境善治、新制度经济学、产权经济、环境经济、生态经济学等理论,探索了适合中国国情的环境治理结构变迁的制度创新机制和实施机制。全文共分七章。第一章是导论,介绍了选题的背景,对中外环境治理结构理论的研究与发展进行了比较分析,对已有的研究进行了综述,概述了本文的一些研究要素。第二章是对西方环境治理与善治理论的回顾与评述,先概述了治理理论,然后对环境理论的兴起与内涵进行了分析,接着阐述了环境治理的原则,介绍了环境善治的分析工具,最后对环境治理理论进行了评述。第三章是针对环境治理结构,提出了一个基于草原治理的分析框架,文章先分析了草原治理的制度选择,然后简述了治理结构的概念与内涵,接着分别对环境治理的客体、主体、治理目标、治理机制进行了分析。第四章以锡林郭勒草原为例,运用制度经济学分析了治理失灵的制度原因。第五章从产权经济学角度研究了环境善治的利益机制和行为机制,包括草原产权的激励与约束的机理、公民环境权的法律化、所有权国有化、使用权资产化、流转权市场化、环境服务商品化,以及资源产权激励的环境经济学意义分析。第六章对环境善治的实施机制进行了案例分析,以锡林郭勒草原为例,研究了政府善政与环境善治、公民善行与善治、市场善策与善治之间的关系。第七章是对全文的总结,并提出了有待进一步研究的问题。

关键词:环境治理　生态环境　环境保护　锡林郭勒草原

国民经济学

0998

中国公共养老金隐性债务研究 / 边恕著 ; 穆怀中指导. -- 辽宁大学, 2005. -- 140 页

本文从养老金制度融资模式转型与隐性债务产生的理论分析入手,从理论上探讨了影响隐性债务规模的几大因素;进而将影响养老金隐性债务的参数加以扩展,同时利用世界银行开发的 PROST 软件,测算了中国 2001—2050 年每年的隐性债务规模,并分析了其变动趋势;最后提出以推迟退休年龄、提高缴费率和收缴率以及加强财政转移支付力度的组合方案,来解决公共养老金隐性债务问题。文章除序言外,共分五章。第一章是养老金制度以及隐性债务的国内外相关研究述评,指出养老金制度变迁的原因。第二章是公共养老金隐性债务的理论分析,分析了公共养老金融资模式的运行机理,并对公共养老金隐性债务构成与测算进行了理论分析。第三章对公共养老金隐性债务的产生进行了分析,文章分别对中国公共养老金制度的演进进行了经济学分析,阐释了公共养老金社会统筹收支状况,分析了养老金制度改革的成效与隐性债务显性化问题。第四章对中国公共养老金隐性债务进行了测算,文章对中国 2001—2050 年共 50 年的养老金隐性债务进行了逐年测算,得到了隐性债务的名义规模和实际规模,并分析了不同年龄、性别的养老金隐性债务的变动趋势;并对辽宁省的养老金隐性债务规模进行了测算,分析了债务的构成状况和变动趋势。第五章论述了公共养老金隐性债务的解决途径,文章先总结了公共养老金隐性债务的解决的国际经验,然后分析了中国解决养老金隐性债务的制度设计及存在的问题,对我国的解决方案进行了重新设计。

关键词:养老金　债务　养老保险

0999

科学发展观的系统分析与模型研究 / 曹庭珠著 ; 刘起运指导. -- 中国人民大学, 2005. -- 140 页

本文应用系统思想、系统理论、系统方法对科学发展观进行了系统分析和模型研究,进一步深化了对科学发展观的认识,阐明统筹发展的具体途径,提出可衡量性和可操作性的方案,为落实科学发展观提供了决策参考。全文共分六章。第一章是导言,主要介绍了论文的选题背景、研究意义、研究现状、研究内容和创新之处。第二章是科学发展观的提出,系统阐述了国际、国内发展观的演变,追溯了科学发展观提出的国际与国内背景,阐述了科学发展观的理论基础以及科学发展观的内涵。第三章对科学发展观进行了系统分析,回顾了当前系统科学的形成及其发展动态,介绍了复杂系统研究的基本方法、系统方法与系统分析的特点,论述了系统科学的指导作用;分析了科学发展观的系统特征;分别从系统拓扑结构、基本要素、动力机制、演化原理对科学发展观进行了系统

分析。第四章"五个统筹"投入产出模型分析,阐述了投入产出分析的发展、构成,分析了投入产出分析的系统特征、系统的基本功能和应用,用投入产出分析方法研究了"五个统筹"的意义;并建立了一个强调整体关联的投入产出模型体系,对"五个统筹"进行了投入产出模型分析,阐明统筹发展的具体途径。第五章是投入产出优化模型的研究,介绍了几种现代优化算法,分析了其特点;并研究了人工神经网络和蚁群算法与投入产出模型相结合形成的投入产出优化模型。第六章是统筹发展的实证分析,利用河南省 2002 年投入产出表进行统筹发展实证分析研究,提出了河南省实现统筹发展的对策和建议。

关键词:科学发展观　系统分析　国民经济　投入产出分析

1000

中国对外直接投资中政府行为分析 / 曹亚伟著 ; 石广生指导. -- 中国社会科学院研究生院, 2005. -- 126 页

从宏观层面对我国政府的行为进行研究,着重分析了中国政府"为什么"积极推动和促进对外直接投资发展,以及"应当如何"积极推动和促进对外直接投资发展,旨在为我国对外直接投资的发展提供一些帮助。全文共分为六章。第一章主要分析了主流的对外直接投资理论以及国际经济中政府行为理论。第二章从国内和国际两个方面讨论了中国政府发展直接投资所面临的环境,发现变化着的国际国内环境为中国对外直接投资提供了良好的条件。第三章主要对中国政府对外直接投资的动机进行分析,归纳出政府的动机包括:促进产业结构升级、推动对外贸易发展、维护国际收支平衡以及保障国家的经济安全。第四章构建了对外直接投资中政府职能的分析框架,指出政府的职能应主要包括:宏观战略设计、制度安排、政策支持、国际协调等。第五章选择一些有代表性的国家和地区对其在直接投资中的作用进行研究和比较,为中国政府在对外直接投资中更好地发挥职能提供借鉴和帮助。最后,在前面的分析基础上,对中国对外直接投资中政府职能如何定位提出了相关意见和建议。

关键词:对外投资　直接投资　政府行为　政府职能

1001

我国股票市场投资者保护研究 / 陈琼华著 ; 张中华指导. -- 中南财经政法大学,2005. -- 122 页

本文从股票市场基础制度入手,通过理论分析和实证研究,对我国股票市场中存在的投资者保护缺陷进行了分析。论文共分七章。第一章导论,对投资者保护概念进行界定,阐述了投资者保护对股票市场的意义。第二章介绍了成熟证券市场股票发行制度。第三章对中国股票发行制度进行分析,对我国发行制度中存在的问题进行比较分析,认为我国股票发行制度由审批制向核准制转变并没有减轻逆向选择,而在有偏差的证券市场发展目标下,政府对证券市场的过度干预和监管不力使我国股票发行过程中的信誉机制失去了作用,投资者面临的信息不对称并没有减轻。作者还认为,在股权分置的情况下,内部人持股也没有起到保护投资者的作用。第四、五章分别对公司治理结构和公司控制权市场进行分析。第六章分析了我国上市公司的治理问题。作者认为,我国民营上市公司与国有控股上市公司一样存在"一股独大"问题,造成我国上市公司委托代理问题严重和治理机制的失效,投资者利益被损害。而由于自身存在的缺陷,法律法规和监管同样不能有效的保护投资者。第七章对我国上市公司控制权收益的影响因素和大小进行了实证分析。结果表明,我国上市公司控制权收益受每股净资产、流通股数量、控股股东控制力的影响,资产负债率、流通股对非流通股的比例对控制权收益没有影响。控制权收益随每股净资产和流通股数量的增加而增加。这说明债务约束不能起到限制大股东损害的作用,另一方面也说明收购者取得控制权收益的目的主要是融资,因此收购后一般投资者会进一步受到大股东的损害。

关键词:证券市场　投资者保护　股票发行　公司治理　股权结构

1002

公用事业规制及其改革研究 / 陈新国著 ; 刘瑞指导. -- 中国人民大学, 2005. -- 143 页

本文较系统地研究了公用事业及公用事业的规制,针对公用事业的规制失灵及公用事业存在的规制悖论,分析探讨了公用事业规制的改革,并结合我国的情况,对我国公用事业规制改革的思路、内容及相应的制度建设进行了较深入的分析。全文除导言外,共分五章。导言介绍了本文选题的背景、文章的研究思路和内容,概括了主要观点和创新之处。第一章探讨了公用事业与规制,对公用事业的定义及其范围进行了界定,对其相关的概念进行了辨析,并分析了公

用事业的重要性；接着对公用事业的特性进行了分析；然后介绍了规制的定义，分析了其在政府职能中的地位；最后阐述了公用事业与规制的关系。第二章研究了公用事业规制与规制失灵，文章先对公用事业规制进行了一般分析，包括其内容、过程、作用等；研究了公用事业的国有企业规制问题；对公用事业的规制失灵的产生、一般表现、存在的问题等进行了论述。第三章是公用事业的竞争和规制改革，分别探讨了公用事业的规模与竞争、垄断与竞争、公用事业的竞争的现实可能性以及激励性规制；回顾并总结了公用事业规制改革的实践；研究了公用事业产权的选择、国有企业与私人企业的效率比较以及产权与竞争的关系等问题。第四章研究了我国的公用事业规制及其存在的问题，文章总结了我国公用事业规制的体制特征，分析了我国公用事业规制的基本情况，剖析了公用事业规制的主要问题。第五章论述了我国的公用事业规制改革，先对我国公用事业规制改革的思路进行了探讨，接着分析了改革的主要内容，最后对改革的制度建设提出了建议。

关键词：公用事业　政府规制　体制改革

1003

利用国际产业转移促进中国制造业发展研究 / 戴宏伟著 ; 刘成瑞指导. -- 中国人民大学, 2005. -- 163 页

本文对我国制造业参与国际产业转移的双向战略即“引进来”和“走出去”的现状、存在的问题进行了分析，并从“引进来”和“走出去”两方面提出了相应的对策。文章共分七章。第一章是导言，主要阐述了论文的研究主题、选题意义、研究背景、主要创新、研究内容及重点、框架结构等。第二章对国际产业转移理论的形成与发展进行了评述，对产业梯度及产业转移规律进行了阐释及归纳，对国内外产业转移理论发展进行了回顾和评述，对有关争议作了评论并阐明作者的观点和看法。第三章对影响国际产业转移的相关因素及国际产业转移的发展趋势进行了分析，重点对国际产业转移发展过程中出现的新问题进行了探讨。第四章研究国际产业转移对中国制造业发展的影响，主要论述世界制造业中心的转移趋势、中国是否制造业中心的争议、世界制造业中心转移对我国制造业发展的启示等。第五章分析了中国制造业参与国际产业转移的制约因素及面临的问题，主要对中国制造业发展状况及优势、中国制造业参与国际产业转移的制约因素、中国制造业参与国际产业转移面临的新问题、参与国际产业转移必须处理好的几个关系等进行了探讨。第六章从“引进来”和“走出去”两种战略的角度，对我国制造业如何引进国外产业转移和向外进行产业转移进行了分析，提出相关的对策建议，并以中国家电业为例，对从“引进来”到“走出去”的过程进行了分析。第七章对研究结论进行了总结，得出对我国制造业发展和参与国际产业转移的启示，并指出了有待进一步研究的问题。

关键词：制造工业　产业结构　产业发展　产业转移

1004

基于金融结构的中国金融体系稳健性问题研究 / 杜婷著 ; 钱伯海，杨灿指导. -- 厦门大学, 2005. -- 167 页

本文首先考察了金融体系稳健性的研究进展和中西方的金融结构理论，从宏、微观两个层面界定了金融结构，指出一国的金融体系正是该国全部金融结构的总和，对金融体系的稳健性应从动态角度理解，应兼顾金融体系的效率与稳定两个方面。继而分析了20世纪90年代以来爆发的金融危机的成因，以此为基础，论证金融体系的稳健性与金融结构的合理性之间有着很强的相关关系，构建了维持金融体系稳健的结构性框架。本文还分析了宏微观金融结构之间的联系，利用金融体系稳健性的评估指标对我国现行的金融体系，从金融结构角度作出实证评估，得出我国现行金融体系并不稳健的结论。最后，本文对我国金融体系的不稳健性进行了症结剖析，提出结构性改进意见。

关键词：金融体系　金融结构　金融危机

1005

中国居民收入差距 ：基于制度变迁视角的分析 / 高发著 ; 白和金指导. -- 中国人民大学, 2005. -- 194 页

本文从制度变迁的角度对居民收入差距进行了较全面的研究。全文共九章。第一章是导论，说明了文章的选题意义、研究现状，介绍了论文要回答的主要问题及创新之处、研究方法及框架结构。第二章对制度变迁和收入分配的有关理论进行了简单评述，并提出了本文的理论框架。第三章介绍了居民收入差距的测度及评价方法，特别是对社会可容忍收入差距及其上限进行了详细论述，文章主要采用粗略估计法对社会可容忍收入差距上限值的情况进行了粗略判

断。第四章分析了我国的制度变迁对社会可容忍收入差距上限的影响,文章先简要回顾了我国始于1978年的制度变迁过程,总结了我国制度变迁的特点,然后分析了制度变迁对弱势群体的生活水平、生活满意度、总体的上升流动、可行能力中除收入之外的差距、收入的正当性等变量的影响。第五章分析了我国居民收入差距的现状并进行了评价,并分析了城乡、城镇内部、农村内部、地区间、行业间的收入差距现状,并进行了评价。第六章分析了制度变迁特点、制度变迁过程对居民收入差距的影响。第七章分析了变迁中的正式制度、非正式制度对居民收入差距的影响。第八章分析了居民收入差距扩大对制度变迁产生的负面影响,文章首先分析了居民收入差距扩大已经对制度变迁所产生的影响,再分析了居民收入差距进一步扩大将对制度变迁产生更大的负面影响。第九章提出了解决当前收入差距问题的对策。

关键词:居民收入　收入分配　收入差距　制度变迁

1006

船舶碰撞责任保障制度研究 / 郭丽军著 ; 王巾英指导. -- 中央财经大学, 2005. -- 110 页

文章以船舶碰撞责任保障制度为研究对象,从整个航运业的健康发展的视角,关注因碰撞所产生的财产损失、人身伤亡及环境损害得到充分的救济和补偿,以此角度来研究船舶碰撞责任保障制度的价值取向、理论框架和具体实施措施,旨在为我国航运业的发展提出一些有实践价值的建议。全文共分为六章。第一章对碰撞责任的一般问题,如归责原则等进行了法律层面和经济学层面上的研究与分析,与其他事故不同的是,在归责原则方面,船舶碰撞侵权经历了一个从过错责任原则到过失推定以至最终导致无过错原则出现的发展过程。第二章旨在从理论上确立保障制度的总体框架,文章认为保障制度是社会资源的一种分配,分配的天平如何倾斜应视不同的碰撞责任和造成的损害而定,不能一概而论。第三章研究了一般碰撞责任保障的制度变革,通过对其的经济学分析表明,在互有过失船舶碰撞责任的划分上,比较过失规则和平分过失规则都可以激励当事人双方投入最佳的预防避免碰撞事故的发生,在效率层面上并没有优劣之分,但比较而言,比较过失规则兼顾了效率和公平两种价值取向。第四章探讨了我国油污责任保障制度的构建问题,通过对过错责任和无过错责任原则的经济学分析可知,对于油污损害这类单边预防事故采用无过错责任原则更能激励加害方采取措施且能降低诉讼成本,更具效率和公平。第五章首先分析了旅客、船员和第三者的人身伤亡责任的性质、归责原则,对其赔偿范围和赔偿限额作了考察,并分别针对旅客和船员人身伤亡责任的保障作了研究,文章并不主张再行通过立法规定船东参加强制性保险,而应依自愿、效率原则,由船东自主决定是否将其船员人身伤亡责任转移出去。第六章分析了风险的进一步分散问题,探讨了传统的风险再分散方式——再保险和新型的风险再分散方式——风险证券化,认为在保险具有某些功能缺陷,巨灾风险影响资本市场转移,但目前我国发展风险证券化还存在诸多障碍,可以考虑利用现有的交易平台试点开发较长期的巨灾债券,以有效地解决巨灾保险的承保能力缺口。

关键词:海商法　船舶碰撞　责任保险　民事责任

1007

相对贫困农户脱贫机制研究 / 郭庆方著 ; 刘迎秋指导. -- 中国社会科学院研究生院, 2005. -- 190 页

随着绝对贫困农村人口数量越来越小和包括农村在内的社会收入分配差距加大,中国农村相对贫困问题日显突出,研究相对贫困农户的脱贫机制,旨在对中国农村反贫困下一步的政策制定和实践以及中国“三农”问题的解决和城乡统筹发展问题提供一定的指导借鉴。文章首先对反贫困理论的有关文献进行评价综述,并描述了中国相对贫困农户目前的经济状况,认为相对贫困农户的生产和生活与非贫困农户相比,收入水平还不够高,但其基础设施和社会服务等公共产品方面和非贫困农户相差已不大,因此相对贫困农户面临的主要是如何利用和发挥已有条件设施以及如何实现进一步发展而不是生存、温饱问题。其次,建立了相对贫困农户脱贫的系统性机制理论框架和相应的数学模型,分析认为,相对贫困农户对未来发展的信心和决心越充分即主观时间价值偏好率越低、承担风险的意愿即风险忍耐程度越高和生产函数中资本边际生产力越高,相对贫困农户摆脱贫困、走向富裕、实现发展的速度越快;研究结果还表明,经济生活中的阈值存在、互补替代关系、社会历史性、跨代和可测性等问题,也可能会对相对贫困农户脱贫的路径和效果产生很大影响。再次,通过与脱贫机制的理想化模型比较,相对贫困农户脱贫机制的经验分析结果表明,脱贫道路依然艰难曲折。相对贫困农户的一些关键性指标的系统熵值比较低,缺乏竞争力,农

户的主观时间价值偏好率较高而风险忍耐程度较低，且二者与农户收入水平、受教育程度和地区经济发展水平明显正相关，因此，教育、区域经济发展、固定资产投资和适当贷款对相对贫困农户脱贫非常关键。最后对我国农村脱贫实践进行评价，认为过去农村反贫困行动尽管取得了一定成就，但这种"4P"模式缺乏对贫困群体的潜力和主动性的重视，缺乏长效机制，提出了强调交流、投入成本、便利和全面性的"4C"扶贫新模式。

关键词：农户　贫困　扶贫　农民致富

1008

社会主义市场经济条件下的中国政府投资研究 / 郭睿著 ; 曾培炎指导. -- 中国社会科学院研究生院, 2005. -- 119 页

本文通过对政府投资的理论分析，以及建国以来政府投资的实践总结，参考借鉴国外政府投资的有益经验和做法，对我国的政府投资进行了探讨。全文共分五个部分。导论部分介绍选题背景和意义。第一章分析了政府投资的概念和特点，政府投资的基本理论，中国政府投资的必要性，政府投资与公共财政之间的关系。第二章对美、德、法、日、韩的政府投资进行分析比较，提出对我国的启示。第三章分析了改革前后中国的政府投资，评价了政府投资在这两个历史时期发挥的重要作用、存在的主要问题及原因，指出当前进行中国政府投资研究的重要意义。第四章提出了规范和改进政府投资的主要政策措施，如合理界定政府投资范围、明确落实企业投资主体地位、加快配套制度改革建设等。

关键词：政府投资　市场经济　公共财政

1009

女性人力资本投资问题研究 / 郭砚莉著 ; 李华指导. -- 辽宁大学, 2005. -- 146 页

本文在人力资本理论的基础上，通过揭示女性人力资本投资与男性差别产生的原因来研究女性的人力资本投资，深入分析了女性人力资本投资的内涵，指出了女性人力资本投资的重要性，并提出了促进女性人力资本投资的一些政策。全文除序言外，共有五章。序言部分提出了本文要研究的问题，对国内外经济学家的相关研究进行了论述，概述了经济学分析方法与女性人力资本投资研究，介绍了本文的框架结构，以及主要创新点和有待研究的问题。第一章阐述了女性人力资本投资的概念、内容和特点。第二章指出由于家庭内部劳动力分工的存在，尽管经济发展了，女性仍然是家里生产的主要承担者，这就使得女性的时间需要在家庭、市场以及闲暇三个部门进行配置。第三章是女性人力资本投资的供求分析，包括女性的人力资本投资决策、女性人力资本的供求分析、女性人力资本投资的供求分析以及女性人力资本市场与人力资本投资市场的关系。第四章分析了中国女性人力资本投资的作用，中国女性的时间配置现状，以及中国女性人力资本投资的现状。第五章分别从政府和企业层面提出了促进女性人力资本投资增长的对策。

关键词：女性　人力资本　人力投资

1010

中国信息化 : 道路、战略与动力机制 / 怀铁铮著 ; 魏礼群指导. -- 中国人民大学, 2005. -- 198 页

本文针对中国的信息化进程的现状，围绕如何选择一条适合中国国情的发展道路、明确战略目标与任务，以及如何把信息化发展与体制改革有机结合起来，以改革促发展这些问题，深入研究了中国特色信息化的道路、战略与动力机制。全文共四章。第一章研究了信息化的概念和理论，为后续研究作了理论上的铺垫；文章叙述了信息化产生的客观背景，介绍了信息化的基本概念与理论，阐释了信息化发展趋势与未来的信息社会。第二章研究了中国特色信息化的发展道路，作者先论述了国外信息化发展的道路及特点，接着分析了新世纪中国信息化发展的国际环境与国情条件，然后再阐述中国特色信息化发展道路的选择。第三章就中国特色信息化的发展战略展开论述，先分析了国家信息化的总体战略，然后再具体分析了国民经济信息化战略、社会事业信息化战略、政府信息化战略、区域信息化战略、国家信息安全战略。第四章研究了中国特色信息化的动力机制，先分析了信息化的动力因素与市场机制的主导作用，论述了信息化发展中政府的作用，最后指出深化改革是信息化发展的根本动力，并展开论述。

关键词：信息化　信息技术　信息产业

1011

我国证券市场流动性及其制度因素分析 / 黄常忠著 ; 成思危指导. -- 中国社会科学院研究生院, 2005. -- 108 页

文章采用实证的方法，分析了我国证券市场近年来的制度变化对流动性的影响。主要包括五部分内

容。第一部分研究了市场流动性和市场微观结构;在界定基本概念之后,首先对成熟市场和新兴市场的交易机制进行了比较,然后分析了不同交易制度的流动性影响,对报价驱动与指令驱动、连续交易与定期交易、限价指令与市价指令的流动性进行了比较,对我国大宗交易机制带来的流动性特征进行实证分析,最后针对我国证券交易机制的主要特点,探讨了我国交易机制存在的主要问题,提出了交易机制的总体改进建议。第二部分在归纳证券市场流动性度量方法和指标分类的基础上,对我国证券市场的流动性状况进行较全面的计量分析,结果表明,虽然我国证券市场的整体流动性指标处于较高的水平,但流动性存在结构性问题、质量性问题、持续性问题和制度性问题。第三部分分析了指数产品对标的流动性影响的理论模型,归纳了海外 ETF 对流动性影响的历史经验,实证分析了我国上证 50ETF 与成分股流动性的关系。第四部分在度量中小企业板块流动性的基础上,针对其开盘和收盘等交易机制与主板市场的差异,利用日内交易的高频数据,对开放式集合竞价开盘和集合竞价收盘等交易制度变化带来的流动性影响进行了比较和实证分析。第五部分分析了股权分置对市场流动性的影响,分析认为,股权分置导致的信息严重不对称、交易成本加大及和投资者预期市场波动等结果都抑制了市场的流动性,文章从香港国企指数和香港恒生指数的流动性比较、非流通股比例大小与市场流动性、国有股减持事件对指数和个股流动性影响、并购重组事件与个股流动性等四个方面检验了以上结论。

关键词:证券市场　证券交易　股权分置

1012

收益率曲线与货币政策研究 / 纪志宏著 ; 李剑阁指导. -- 中国社会科学院研究生院, 2005. -- 141 页

本文指出,随着社会经济的迅速发展以及货币政策理论与实践的日益丰富,市场参与者与政策制定者给予收益曲线越来越多的关注。收益曲线成为观测货币政策与金融市场互动关系,研究货币政策的利率传导机制和渠道,考察货币政策有效性的重要途径。本文首先阐述了货币政策实践发展趋势及利率基础理论,介绍了利率期限结构与收益曲线,说明了收益曲线对真实经济运行、未来通货膨胀、货币政策等的预测功能。其次在货币政策的基本框架下,研究了收益曲线对货币政策的贡献以及货币政策对收益曲线的影响。接着对中国收益曲线与经济运行的相关情况进行分析,考察了我国国债市场的发展、货币政策的演进和我国收益曲线,通过对我国收益曲线与经济增长、物价指数的相关性分析,指出我国收益曲线与真实经济的相关性非常高,收益曲线的形状包含了市场对未来经济增长的预期,对一年后真实经济增长预测能力较强,收益曲线的水平对未来一年和二年后的物价指数变化具有很强的预测能力。最后,针对进一步强化收益曲线的功能提出政策建议,包括构建良好的外部环境,深化金融机构改革,加速金融市场建设,坚持货币政策自身的市场化等。

关键词:收益率　货币政策　利率

1013

中国期货市场可持续发展研究 / 季文茹著 ; 高铁生指导. -- 中国人民大学, 2005. -- 132 页

本文运用经济学、金融学以及可持续发展经济学、金融可持续发展理论,对期货市场可持续发展的内涵、特征、准则及条件进行了界定,对中外期货市场的发展进行比较分析,在此基础上,较为详尽地探讨了影响中国期货市场可持续发展的若干问题,并提出了相应的发展对策和措施。全文共分八章。第一章主要阐述可持续发展的理论架构,作者从可持续发展理论的思想渊源入手展开论述,进而分析了可持续发展的理论基础、概念及基本内涵,最后论述了期货市场与可持续发展之间的衔接。第二章主要构建期货市场可持续发展理论,作者分析了期货市场可持续发展的基本内涵及特征,提出了期货市场要实现可持续发展必须遵循的几个最基本准则,还提出了期货市场可持续发展应具备的条件,接着分析了需要处理好的几大关系。第三章对中外期货市场可持续发展进行了比较研究,主要论述了当代发达国家期货市场可持续发展的特征,接着阐述了我国期货市场的运行特点,然后从发展道路、管理模式、立法道路、政府对市场的利用四个方面进行了中外期货市场可持续发展的比较研究。第四章重点分析品种与期货市场可持续发展之间的关系,作者从期货交易品种的发展态势着手,通过国际市场期货交易品种的发展进程,分析我国期货交易品种的发展态势,阐述期货品种与期货市场可持续发展的战略意义,提出我国期货交易品种的发展思路及发展步骤,进而又提出要建立适应期货市场可持续发展的期货交易品种上市机制。第五章主要探讨了风险控制与期货市场可持续发展的问题,先分析了市场风险的类型及特征,接着对期货市场风险防范控制措施进行了探讨。第六章主要探讨了市

场主体，即期货交易所、期货经纪机构及期货投资主体与期货市场可持续发展的问题。第七章主要研究了中国期货市场可持续发展的运行机制问题，主要从期货市场流动性、期货市场规模、期货市场效应、期货市场主体的结构性及期货市场与经济增长的关系五个方面进行了分析。第八章对中国期货市场可持续发展战略进行了研究，包括战略定位、战略措施、环境分析。

关键词：期货市场　期货交易　风险管理　可持续发展

1014

中国转轨时期的软预算约束与金融效率 / 姜世明著 ; 李剑阁指导. -- 中国社会科学院研究生院, 2005. -- 92 页

文章分析表明，中国转轨时期的软预算约束现象与中国的金融效率有密切联系，二者互为影响。论文从四个方面分析了转轨时期的金融效率低下问题。第一，由于政府对金融机构进行严格的产权控制，导致金融机构公司治理不完善，内部人控制和“政治金融家”的存在使金融机构无法按照真正的市场效率原则来配置金融资源；第二，不完善的资本市场为企业的软预算约束提供了新的机制，资本市场成为企业圈钱的场所；第三，政府对金融机构和金融市场的监管存在越位和缺位的现象；第四，政府对于问题金融机构的处理不当，导致金融机构缺乏严格的市场纪律。分析认为，为了缓解中国的软预算约束现象，必须加大金融改革力度，明确政府在金融改革和发展中的地位，并提出了建设监管型政府的思路及加强金融监管的具体建议，并分析了为提高金融监管效率、缓解软预算约束现象的配套改革措施。

关键词：转型经济　软预算约束　金融效率　金融监管

1015

经济发展中的最优金融结构 ：理论及其在中国的应用 / 姜烨著 ; 林毅夫指导. -- 北京大学, 2005. -- 109 页

本文在林毅夫及其合作者的比较优势发展理论的基础上建立了一个一般的经济发展中的最优金融结构理论框架，并着重就中国金融体系结构本身的特征及其与经济增长之间的关系进行了考察。通过理论分析和针对中国现实的实证分析，提出了相应的关于中国经济、金融改革和发展的政策建议。全文共分七章。第一章导论，阐述了论文研究的背景与目的，说明了研究的方法及框架，概述了本文的贡献和文章的结构。第二章对有关金融体系、金融结构和经济增长的文献进行了综述，作者分两部分进行，一部分是理论分析，包括内生金融体系说、金融结构说、发展阶段说以及关于发展中国家的金融发展理论；另一部分是实证检验，对金融体系发展与经济增长进行了实证分析。第三章构建了经济发展的最优金融结构的理论框架，文章先概述了经济发展的比较优势理论，并在此基础上建立了经济发展中的最优金融结构，作者分析了经济发展中的产业结构、企业规模结构、技术结构以及企业风险结构演进逻辑，并论述了经济结构决定最优金融结构，最后分析了发展战略对金融结构的影响。第四章分析了经济发展中的中国金融结构，文章先概述了中国金融结构的特征及演进，接着分析了中国金融结构形成的逻辑，最后论证了中国金融结构与经济发展间的关系。第五章和第六章结合中国的现实分别分析了发展战略、经济结构与银行业结构间的关系，以及经济结构、银行业结构与经济增长间的关系，作者使用计量分析的方法，基于分省面板数据，对影响中国金融结构（银行业结构）形成和演进的因素以及金融结构、经济结构与经济增长之间的关系加以了考察。第七章对全文进行了总结，得出结论，并提出了其政策含义。

关键词：金融体系　金融结构　金融改革　经济增长

1016

我国国有企业并购问题研究 / 寇淮著 ; 闻潜指导. 中央财经大学, 2005. -- 121 页

本文从多个角度阐释了国有企业改革中的并购问题及实现并购的战略。共有七章内容。第一章总结了前人关于企业并购及其动机的理论，包括企业并购及其动机的经济学分析和管理学分析，并对过渡期中国企业兼并的特殊动机进行了分析。第二章回顾了从 19 世纪 20 年代到 90 年代以前，西方国家经历的四次企业并购浪潮以及 20 世纪 90 年代以后爆发的第五次企业并购浪潮，分析了它们的主要特点，并总结了西方国家企业并购对我国的主要启示。第三章研究了我国国有企业改革与并购实践，分析了我国国有企业并购的三个阶段，总结了中国现行企业兼并的主要特点及存在的问题。第四章阐述了我国企业并购的产业分布与演变趋势，文章从投资与经济增长的关系入手，根据新古典经济学派米德的经济增长理论，构建了并购与经济增长的一个模型；分析了我国

企业并购的产业分布格局,及其未来演变的趋势。第五章研究了我国国有企业并购的战略思考,包括我国国有企业并购的新动向、“三位一体”的并购战略以及制度安排。第六章对国企并购的价值与定价进行了研究,通过对价值评估模型、目标公司价值评估方法以及企业并购定价的博弈分析,针对我国在企业并购评估中存在的问题提出了应采取的措施。第七章阐述了企业并购与政府的作用,先对我国政府在企业并购中的角色进行了定位,然后分别论述了我国企业并购与政府反垄断、税收、法律等相关问题。

关键词:国有企业　企业并购　国企改革

1017

中国区域经济发展中的地方政府投资行为分析 / 李国峰著 ; 张中华指导. -- 中南财经政法大学, 2005. -- 202 页

在全面回顾和诠释西方政府经济行为理论、区域投资理论与制度影响理论和制度变迁理论的基础上,以区域经济发展不平衡且差距不断扩大、不同地方政府的投资行为差异是导致区域经济发展差异的深层次原因、地方政府职能泛化与其有限财权不相称必然导致地方政府投资行为异化、打造一个“有限”与“有效”政府是消除地方政府投资行为异化的最根本的途径这四个基本命题为主线,以地方政府的利益最大化取向及由此而产生的对资源控制权的博弈为核心,深入分析了中国在 1950—1981 年实行的高度集权计划经济制度和 1981 年开始实行的分权制度下地方政府投机行为动机、约束条件、博弈策略及与之相关的制度变迁供需因素,并对经济全球化和区域一体化发展条件下实现中国区域经济全面、协调、可持续发展过程中地方政府投资行为矫正与规范问题进行了有益探讨。全文共分为七章。第一章主要阐述了选题意义,概述了地方政府投资行为与制度变迁的内在联系,提出了研究中国区域经济发展中地方政府投资行为问题的逻辑思路和文章的基本架构;第二章主要回顾了地方政府投资行为理论;第三章着重对区域投资理论与地方政府投资行为间的内在联系及其影响方式进行探讨,认为不同的区域投资理论对地方政府区域经济发展战略、策略与投资政策的选择具有不同的诱导作用;第四章分析了地方政府投资行为选择的制度基础;第五章和第六章分别从全能政府与集权制度形成入手,对我国从 1950—1981 年间集权制度下和 1981 年以后分权制度下我国政府的投资行为进行分析;第七章,为有效矫正和规范地方政府投资行为提出相关建议。

关键词:地方经济　地方政府　投资行为

1018

中国股票市场效率研究 / 李宏贵著 ; 王柯敬指导. -- 中央财经大学, 2005. -- 192 页

本文在借鉴国内外学者对国内股票市场效率测度的基础上,从股票市场内在效率和外在效率两个方面测度我国股票市场的效率,并提出了相应的政策建议。全文共分六章。第一章导论,阐述研究背景和意义。第二章是相关文献回顾。第三章研究了中国股票市场的内在效率,即目前的交易制度是否能够保证投资者投资的及时低成本完成。以市场流动性为衡量指标的实证检验表明,中国股市内在效率不具有连续性,且最近几年并未向趋势好的方向发展。第四章从有效性角度研究了中国股市的外在效率,得出了中国股票市场不是弱式有效的基本结论。第五章以 IPO 资金使用效率和并购重组效率为对象,从资源配置效率角度对中国股市的外在效率展开研究,得出中国股票市场资源配置效率不高的结论。第六章总结分析了中国股票市场内在、外在的整体效率现状,针对各章分析的影响股票市场效率的因素,从降低交易成本、发展机构投资者、改革股票发行审核和定价制度、完善监管体制等多方面提出了中国股票市场内在效率和外在效率的改进之道。

关键词:股票市场　市场效率　市场有效性　资源配置

1019

信息化与我国新型工业化道路问题 / 李久文著 ; 曾培炎, 刘迎秋指导. -- 中国社会科学院研究生院, 2005. -- 138 页

本文在考察世界各国信息化和工业化进程有关理论学说和实证结论的基础上,着重分析了信息化和新型工业化的内在逻辑关系,得出了中国要走以信息化为基础的新型工业化道路的结论,即:信息产业化与产业信息化相结合,以产业信息化推进信息产业化;在进行工业化的同时全面直接进行信息化,以信息化带动工业化;信息业的跨越式发展和传统产业的跨越式发展相结合,以信息业的跨越式发展带动传统产业的跨越式发展,最终赶上和超过发达国家,实现中华民族的伟大复兴。

关键词:信息化　工业化　跨越式发展

1020

中国经济转型中的地方政府经济行为扭曲 / 李军杰著 ; 彭森指导. -- 中国社会科学院研究生院, 2005. -- 122 页

文章围绕我国经济转型期的产权制度环境、中央与地方政府间委托—代理关系以及地方政府间“准联邦式”竞争关系这三条线索,从辖区内部的公共选择关系、纵向的中央与地方政府间关系、横向的地方政府间关系三个视角,来分析转型期我国地方政府经济行为的扭曲问题。第一条线索主要针对经济转型期我国相对软化的产权制度环境进行分析,并归纳出目前这一领域扭曲最为严重的两种产权现象——“模糊产权”和“预算软约束”,前者表现为土地征用,后者表现为政府隐性举债。第二条线索主要围绕缺乏微观主体有效监督和约束的上下级政府间直接的委托—代理关系进行探讨,并概括出“棘轮效应”和“最小显示成本”等地方政府经济行为中的机会主义特征,这一线索实际上主要分析的是纵向政府间的分权和集权问题。第三条线索讨论政府间竞争,认为“规范”的竞争有助于制度创新和公共服务水平提高。文章认为,中国地方政府经济行为扭曲与中国改革路径的渐进式特点有直接关系,转型期地方政府所面临的相对“软化”的产权制度环境导致其产生“激励扭曲”,缺乏微观主体有效监督和约束的上下级政府间直接的委托—代理关系导致其产生“代理扭曲”,而过度的政府间竞争则强化和放大了地方政府上述经济行为的扭曲程度。针对这些问题,文章提出“两步走”的政策建议,第一步要解决产权问题,即处理好政府与市场的界限问题;第二步要解决中央与地方政府的权限划分问题。随着委托—代理关系的进一步规范化,政绩显示的冲动被弱化,那么地方政府间恶性竞争的问题也就迎刃而解。

关键词:地方政府　经济行为　委托代理　产权制度　不正当竞争

1021

政府规制的变革性研究 / 李咏涛著 ; 武少俊指导. 中国人民大学, 2005. -- 165 页

本文以“有效和动态规制”为逻辑起点对相关理论进行整合,用各国不同的实践成效来验证理论,系统地对政府规制进行了研究,并研究我国政府规制动态变革的方向。全文共分为七个部分。绪论中阐述了选题背景及意义、基本思路与研究方法、研究的难点与创新,并对政府规制的概念重新进行了定义,从体系和领域上对政府规制的内容进行了理顺和扩充。论文第一章首先探讨了马克思的规制思想,然后对西方政府规制理论的两大流派进行了回顾和评述,并对政府规制的动态变革性进行了初步的分析。第二章对西方发达国家政府规制的动态变革进行了体系性的综合描述和归纳,分别以美、英、日等典型国家的政府规制的变革实践为例,从正反两方面探讨了国外政府规制改革对我国的启示。第三章对政府规制的变革性及其外在客观环境进行了相关分析,包括市场结构变化、技术进步、国民经济发展、对外开放等四个方面。第四章首先对政府规制过程的概念进行了分析和重新定义,并对政府规制过程的动态性进行了论证,其后对政府规制过程中各行为主体的动态博弈进行了系统的分析和案例分析,从而探讨了政府规制过程内在的动态变革特征。第五章首先对我国政府规制变革的动态实践历程进行了阶段性分析,分析论证了现行政府规制的现状及动态变革中突出的问题及特点,然后具体归纳了我国政府规制有待变革的问题。第六章是结语,作者探讨了政府规制变革实践的多重性,并在此基础上,提出了我国政府规制改革的动态控制论,提出了我国政府规制体系的变革方向和建议、规制各领域的变革方向和建议。

关键词:国家干预　经济管理　政府规制

1022

中国保险业可持续发展研究 / 廖向荣著 ; 林擎国指导. -- 厦门大学, 2005. -- 126 页

本文研究的是在中国 2006 年全面开放保险业的背景下中国保险业可持续发展的出路问题,文章将供需平衡分析和可持续发展能力量化研究引入中国保险业可持续发展的研究中,同时把宏观与微观的研究有机地结合起来,并提出了思路、途径和对策。文章采取了理论与实证研究相结合的方法,运用了国民经济学、产业经济学、宏观经济学、运筹学、统计学、金融工程等相关理论原理和层次分析法、多元回归分析、因子分析等方法进行量化研究。论文的主要内容包括三个方面,第一是从保险商品供需平衡分析方面对中国保险业的可持续发展进行前提条件基础理论研究;第二是对中国保险企业可持续发展能力的量化分析,包括建立保险企业可持续发展能力指标体系、保险企业可持续发展能力测评模型。并对保险企业可持续发展能力进行了实证研究;第三是中国保险业可持续发展能力的对策研究,包括保险业面临的挑战与机遇、提高可持续发展能力的途径等内容。文章的结

论是要实现中国保险业的可持续发展,就需要把宏观产业经济调控和提高微观保险企业可持续发展核心能力两个方面结合起来。

关键词:保险业　保险公司　可持续发展

1023

中国房地产业宏观调控政策研究 / 林建荣著 ; 桂世镛指导. -- 中国人民大学, 2005. -- 241 页

本文通过研究房地产行业经济运行的客观规律、产业特点、内在结构以及房地产业与宏观经济增长的关系等,分析我国房地产业的现状及存在的问题,在土地使用制度、住房制度改革、财政税收、货币金融政策改革和创新等方面,提出建立与完善中国房地产业宏观调控政策体系。论文主要包括六章。第一章研究了房地产业和宏观经济的关系,作者从房地产的概念及其物理特性、经济特性入手,分析了房地产业的基本特性,阐述了房地产业在国民经济中的地位和作用,房地产业和宏观经济的关系,以及房地产业在产业结构优化与经济增长中的战略地位。第二章论述了国内外房地产业发展进程、现状与问题,文章先回顾了中国房地产业发展的历史进程,分析了现状,指出了存在的问题,接着分析了制约我国房地产业发展的因素和条件,然后阐述了国外房地产业发展状况与宏观管理政策,最后分析了国外房地产业与宏观管理政策对我国房地产业的启示。第三章研究了房地产研究中的几个理论问题:房地产供求理论、价格理论、房地产业与泡沫经济、房地产业宏观调控理论。第四章分析了土地使用制度和住房制度,先介绍了传统土地使用制度,然后论述了房地产业土地使用制度的创新,分析了我国住房制度改革进程与房地产业发展间的关系,探讨了中国住房制度改革的模式与对策。第五章研究了支持房地产业发展的财政金融政策,包括房地产税收政策、金融政策,并研究了它们的制度创新问题。第六章探讨了促进房地产业健康持续发展的宏观调控体系,重点分析了调控目标和手段、房地产价格宏观调控机制、房地产业经济预警系统。

关键词:房地产经济　宏观调控　土地制度　财政政策　房地产价格

1024

中国城镇基础养老保险收入再分配作用研究 / 刘海宁著 ; 穆怀中指导. -- 辽宁大学, 2005. -- 150 页

本文以当代宏观经济学理论为指导,以科学、合理的宏观预期数据为依据,以宏观经济模型和统计方法为工具,对我国城镇基础养老保险代际再分配的保障程度、效用以及代内收入再分配的预期效应进行研究,并以辽宁试点方案为代表对探索中的深化改革方案的收入再分配功能与目前现行的全国统一方案进行比较分析,从而对中国城镇基本养老保险从收入分配角度做出较为客观的评价,并提出继续改革的合理化建议。论文的正文主要分为四部分。在序言中论述了论文的选题背景、意义以及主要研究方法和研究思路,并对论文的基本结构与主要内容、创新及不足进行了概括性阐述。正文的第一部分对文献进行了综述,并对基础养老保险公平与效率进行了一般性理论分析,包括第一、第二章。第一章是对关于养老保险收入再分配的文献进行综述,包括传统经济学派中的收入分配与社会保障理论、当代关于收入分配与社会保障的争论,以及关于中国养老保险和收入再分配问题的研究;第二章对基础养老保险公平与效率进行了一般性理论分析。第二部分为第三章,是关于中国城镇养老保险模式中的收入再分配的研究,分析了中国养老保险模式的选择与变迁问题,概括我国社会养老保险发展历程,并以比较分析的方法对我国传统养老保险制度、“统账”结合的城镇基本养老保险制度以及养老保险改革“辽宁试点方案”中基础养老保险的收入再分配作用和意义进行了分析。第三部分,通过第四章和第五章对我国基础养老保险的代际、代内再分配作用进行计量分析,并在第六章中以“辽宁试点方案”为代表分析我国基础养老保险收入再分配作用发展趋势。第四部分,通过第七章和第八章对我国城镇养老保险收入再分配效率进行了评价并提出了政策性建议。

关键词:养老保险　收入分配　收入差距

1025

低效率股市投资理论及制度创新：中国股市投资和发展研究 / 刘焜松著 ; 王战, 张军指导. -- 复旦大学, 2005. -- 193 页

本文以中国股市为例,对低效率股市的投资理论进行了研究,提出行为相对有效市场股票投资理论,同时研究了中国股市存在的问题、原因及出路。全文共分九章。第一章为引言。第二章简要回顾了股票投资的技术分析理论、价值投资理论和市场比较理论,然后,综述了新古典股票投资理论和行为投资理论。第三章研究了中国股票市场的定价有效性。第四章将市场划分为绝对有效市场、相对有效市场、行为相对有效市场,然后,提出行为相对有效市场假设,

接着,提出行为相对有效市场投资理论,最后,将行为相对有效市场股票投资理论和新古典股票投资理论进行了比较。第五章专门讨论了股票内在投资价值理论。第六章讨论了个股价格的决定,提出了行为市内率模型。第七章分析了股市政策、经济运行对中国股市整体价格水平的影响,给出了我国股市整体价格水平演变的一些经验性规律,对我国股市整体行情的演变进行了解释。第八章分别研究了股市资源配置功能的效率、促进经济增长功能的效率、附加功能的效率、强加功能的效率。第九章研究了中国股市低效率的原因。作者将其归纳为五大制度缺陷:产权制度缺陷、监管制度缺陷、股权分置问题、政府干预机制的缺陷、交易制度的缺陷。作者认为,我国股市制度缺陷形成的原因在于起点依赖规律的作用,股市制度缺陷得以较长时间维持的原因在于路径依赖规律的作用、既得利益集团的阻碍及落后的股市文化。作者同时分析了进行制度创新的紧迫性和机遇性。第十章对中国股市的发展提出建议,并提出了中国股市进行制度创新的具体方案。

关键词:股票市场　证券投资　投资效率　有效市场

1026

信用调节论 : 宏观调控理论的扩展 / 刘建新著 ; 陈东琪指导. -- 中国社会科学院研究生院, 2005. -- 102 页

文章对凯恩斯的需求管理理论及费雪和庇古的货币数量理论都作了进一步阐述,指出其缺陷所在,并以模型的方式加以论证。在此基础上提出了交易货币和非交易货币、交易商品和非交易商品、商品交易次数等概念,建立了流量型交易货币需求函数和存量型交易货币需求函数。通过对信用需求和信用供给的研究,建立了潜在信用总量和实际信用总量的模型,并提出了信用调节的观点。信用调节论主张以一套全新的信用调控指数来调控经济,通过信用总量调控和结构调控的方式,从总量和结构两方面对经济进行调控,以实行经济的稳定均衡增长。与现有的宏观调控政策相比,信用调节具有双向、连续、自动、精确的特点,调控的成本低、见效快。文章旨在通过结合近几年中国经济中出现的一些特殊现象,能够为当前的人民币币值稳定与控制通胀难以两全、房价居高不下、失业率不断攀升等一些难题提供可具操作性的解决办法,为政府调控的创新提供一定的理论依据。

关键词:宏观经济调控　信用　货币政策　财政政策

1027

虚拟经济理论解析 / 刘琦斌著 ; 成思危指导. -- 中国社会科学院研究生院, 2005. -- 106 页

本文从交易角度探讨虚拟经济。全文共分七章。第一章理论综述。第二章对虚拟经济进行理论定位,认为虚拟经济是审视现代市场经济运行的新视角。第三章从政治经济学和经济学两个层面考察了虚拟资本的含义,分析了虚拟经济与实体经济构成对应关系的原因,并对二者在供给与需求、定价方式、均衡决定等运行方式与特征进行了比较,指出虚拟经济是一个稳定性较差的系统。第四章对虚拟经济的历史演变进行了考察,认为虚拟经济是一种在历史上循环发展的财富积累活动,还讨论了当代虚拟经济发展的动因和总体趋势以及演变的一些特点。第五章运用实证方法,论证了实体经济向虚拟经济输送稳定的利润是前者决定后者运行趋势的基础和条件,也是提高虚拟经济运行质量的保证。将虚拟经济反馈实体经济归结为资金流动渠道和资产价格渠道,并对这两种反馈机制进行了实证分析。第六章研究价格泡沫问题,指出合适的市盈率就是能保持金融市场相对稳定运行的市盈率,它的高低通常与参与者平均预期回报水平相对应。第七章结语,指出虚拟经济的健康发展有赖于实体经济向其反哺稳定的利润和社会正义(包括健全的信用)准则对参与者财产权利的保护。

关键词:虚拟经济　实体经济　泡沫经济　金融市场

1028

中国消费需求的宏观调控研究 / 刘文勇著 ; 钟契夫指导. -- 中国人民大学, 2005. -- 153 页

本文通过对中国改革开放 20 多年来的消费需求状况进行回顾,详细分析了消费需求的影响因素,并从深层次探讨了消费需求不足的原因;文章还通过对比国外经济发展同一阶段的消费需求特征和中国现实国情作出对中国未来消费需求发展的趋势性预测;同时,对 20 世纪 90 年代中期以来的“扩大内需”的宏观调控政策加以研判,提出未来促进消费需求增长的宏观政策建议。全文共分六部分。第一章从五个不同的视角展开了对中国改革开放 20 多年来消费需求状况的回顾与描述。第二章系统地分析了经济因素和社会因素对中国消费需求的影响,并运用规范分析与实证分析相结合的方法,来明确中国目前消费需求

增长缓慢的症结所在。第三章从生产与消费的逻辑关系出发,将中国消费需求变化置于市场经济这个背景下,探讨了中国经济转型期消费需求不足的深层次原因。第四章本着"立足中国、借鉴国外"的思想,对比国外经济发展阶段,从人均 GDP 和工业化发展进程角度,展开了"借鉴国外"对中国消费需求未来发展趋势的预测,并从计量经济学角度展开了"立足中国"的研究。第五章对凯恩斯主义宏观调控理论进行了评析,并对凯恩斯主义宏观调控理论在中国的实践及其效果进行了评析。第六章在前面的研究和分析的基础上,提出了促进中国消费需求增长的四大方面的政策建议。

关键词:宏观调控　消费需求

1029

城市公共设施投融资与政府作用研究 / 刘行苍著 ; 陈东琪指导. -- 中国社会科学院研究生院, 2005. -- 87 页

本文主要分析了城市公共设施投融资问题以及政府在城市公共设施投融资中的作用。全文主要由四部分构成。首先,简要介绍了城市公共设施投融资的理论,重点描述了公共物品理论、公共选择理论和项目区分理论的基本观点和现实指导意义,阐述了城市公共设施(包括城市体育设施)的特点及其投融资方式选择。其次,对城市公共设施投融资的发展和改革进行分析,简述了国内城市公共设施的投融资改革和发展,指出其中的经验教训;对国外尤其是西方发达国家的城市公共设施投融资的发展趋势进行综述,对国内公共设施投融资发展提出建议。第三,分析了政府在城市公共设施投融资中的职能和作用,以及政府面临的挑战和职能转换,并根据城市公共设施发展的需要,对政府转变职能、深化改革、加强监管和服务等提出建议。最后,通过比较雅典奥运会和北京奥运会场馆的投融资情况,对城市公共体育设施投融资进行实证分析,指出我国城市体育设施投融资和经营管理中存在的一些问题,提出地方政府有效发挥作用的政策建议。

关键词:城市经济　基础设施　投资　融资　政府职能

1030

地方政府在追逐经济增长目标中的行为失范分析 / 刘勇著 ; 刘瑞指导. -- 中国人民大学, 2005. -- 166 页

本文针对地方政府在对经济增长目标的追逐过程中形成的种种行为失范现象,深入分析了其必然性、逻辑根源;对当前有关治理这些行为失范的理论存在的不足进行了剖析,提出了"优化经济增长"的概念,构建了模型,在此基础上提出了新的地方政府行为失范的治理思路。全文除导论外,共分六章。导论部分介绍了文章的选题背景和意义、主要内容和创新之处以及研究方法。第一章对地方政府行为进行了一般性分析,包括效用、目标与约束条件。第二章研究了地方政府职能目标与经济增长目标偏好,文章首先对政府职能观进行了综述,分析了地方政府的经济职能及其目标,指出经济增长是地方政府的职能目标的偏好,然后以"二五"计划期为例分析了地方政府对经济增长目标的偏好效应。第三章列举了地方政府在追逐经济增长日标中的种种行为失范现象,包括"开发区热"、"地方经济保护"、"公共投资膨胀"、"指令经济"、"掠夺式资源开发"、"工业污染弱监"等,具体分析了这些现象与经济增长目标间的关系,以及地方政府在这些行为失范中的具体表现。第四章是地方政府在追逐经济增长目标中行为失范的机理分析,首先是地方经济利益的强化与经济增长利益驱动,其次是 GDP 决定型的政绩考核机制导向,第三是官职任期的短期性与地方经济发展规律的矛盾,最后是地方政府决策与监督体系缺陷。第五章对"唯经济增长"倾向进行了批判,通过对我国情况的实证考察,指出了 GDP 的局限,探讨了"科学发展观"在我国的提出及其对地方政府行为的要求。第六章研究了"优化经济增长"范式下的地方政府行为失范治理,作者先对相关地方政府行为失范治理理论进行了评析,接着提出了"优化经济增长"的概念并构建了相应的模型,最后提出了"优化经济增长"范式下地方政府行为失范的治理思路。

关键词:地方政府　经济增长　经济行为　失范

1031

中国金融风险与经济增长分析 / 刘兆生著 ; 刘起运指导. -- 中国人民大学, 2005. -- 159 页

本文研究的中心内容是金融与经济增长关系及金融风险对经济增长的影响。全文共分六章。第一章为导论,对选题的意义进行了说明,对主要内容和结构安排、概述、研究方法及创新之处与需要进一步解决的问题进行了概括。第二章是本文的理论基础,即麦金农—肖的金融发展与经济增长的理论,包括金融抑制理论、金融抑制的手段及其影响、金融自由化

理论,并对其理论进行了评价。第三章是对中国经济市场化过程中的金融风险分析,文章先回顾了中国金融市场化的进程,分析了企业融资结构的转变与金融风险的形成;接着对国有银行不良贷款的形成进行了论述,分析了政府隐性担保金融风险的积累、金融风险财政化,以及投资与潜在金融风险的积累等问题,最后对我国金融风险进行了总体判断。第四章主要从计量经济角度引入风险度量,主要引入 VaR 方法对金融资产风险进行度量,介绍了其定义与计算方法,研究了内部评级与损失的计算,以及此方法在新巴塞尔资本协议的运用。第五章主要是编制金融主导经济部门投入产出表,建立投入产出模型,通过分析主导经济部门与金融的相互影响与推动,寻找金融与经济内在联系。第六章主要是对吉林省金融风险向经济部门传导的实证分析,通过分析得出因吉林省金融资产比例过大已经严重制约本地区经济的发展,最后是对本论文观点的总结。

关键词:金融风险　经济增长　金融市场

1032

我国收入分配格局研究 / 柳春明著 ; 刘扬指导. -- 中央财经大学, 2005. -- 145 页

本文着重考察改革开放以来我国收入分配格局的变动情况,系统研究了不同环节中收入在各主体间的流动状况,从宏观和微观角度全面分析收入分配格局的形成和变动原因,分析不同政策、手段对收入分配产生的影响,就收入分配格局所存在的各种问题进行了探讨,并就如何理顺收入分配关系提出了作者自己的看法。全文共五部分。第一部分为导论,介绍了本文的研究背景和选题意义,概述了国内外研究现状,同时指出了论文的研究思路、框架和方法、主要创新和不足之处。第二部分即第一章,试述了收入分配格局理论与研究,文章首先界定了收入分配的基本范畴,然后对收入分配格局理论进行了回顾和评述。第三部分包括第二、三章,考察了1978—1991 年格局快速变动时期和 1992—2001 年相对稳定时期两个阶段的主体收入分配格局的形成与演变。其中第二章作者根据 SNA 核算原理和统计数据,以国内生产总值为指标,对初次分配和再分配格局进行了测算和分析。第三章则是以资金流量为分析基础,考察各分配环节资金在主体部门间的流动状况。第四部分为居民收入分配格局研究,包括第四章和第五章。其中第四章侧重于居民收入分配格局的总体分析,首先论述了居民收入分配格局的形成与变动原因,接着分析了我国居民收入分配格局的变动特征,并对总体收入差距进行了分解分析,最后考察了世界各国居民收入差距的水平。第五章则是依据总体差距分解后各部分的重要性,依次对城乡居民收入差距、城镇居民收入差距和农村居民收入差距的形成和变动进行了深入分析,部分分析了地区性差距和行业差距。第五部分即第六章,通过前文对收入分配格局的全面研究,针对当前收入分配格局存在的一些问题,从多方面提出了建议,为系统改善收入分配格局提供理论和政策依据。

关键词:收入分配　分配格局　收入差距

1033

市场化进程中中国城镇居民收入差距问题研究 / 龙海红著 ; 刘扬指导. -- 中央财经大学, 2005. -- 154 页

本文以中国经济现实为背景,以市场化与收入分配关系为视角,考察分析了中国城镇居民收入分配演变的特点、规律以及其背后的形成机制,并提出政策建议。本文共分六章。第一章总论。第二到五章主要从收入差距的变化轨迹、收入差距的结构特点、收入差距的群体构成以及收入差距的成因四个方面,对市场化进程中中国城镇居民收入差距进行不同层面的实证分析。第六章提出调节中国城镇居民收入差距的对策。本文的主要结论有:1. 产权制度和个人能力、收入分配制度和资源配置制度相互影响、共同作用于收入差距的形成和扩大。市场化进程中双轨制度的并存、新制度创新的不完善、政府再分配的滞后以及经济政策的非均衡性,导致了不合理的收入差距的扩大。2. 市场化以来,中国城镇居民收入差距经历了逐步缩小、快速扩大、缓慢扩大、急剧扩大四个阶段,总体上呈现扩大趋势。各个阶段收入差距变化的特征与形成原因有所不同。3. 中国城镇居民收入的实际差距要比统计数据计算的结果更大。4. 工薪收入和转移性收入是构成收入差距的两大主要来源,尽管财产性收入份额很小,但它更容易引起收入差距的急剧扩大;改革以来国有经济单位与非公有制单位之间的职工工资收入差距经历了先扩大后缩小的过程,但集体单位职工工资收入与国有单位、非公有单位的差距却相当大;行业间职工收入差距有逐步扩大趋势;由于经济发展非均衡、不均等的经济政策、人口因素、人力资本分布等原因,目前东、中、西三大区域的差距和省际差距超过了改革开放初期。5. 目前中国城镇居民收入分配呈现金字塔型群体分布格局,不利于社会的稳定和发展。6. 企业产权制度改革、所有制结构、产业结构调整等三个制度因素变化扩大了居民

收入差距;市场化改革以来要素市场获得较大发展,合理地扩大了要素所有者的收入差距,但由于要素市场发育比较滞后,要素的收益权难以合理实现;随着市场化的推进,后赋特征(如文化和职业特征等)已经逐渐替代先赋特征(如性别和年龄等),成为影响中国城镇居民收入差距的主要因素,体制特征(如就业和行业特征等)的影响将随着市场经济的完善而弱化。7.政府应当从经济发展、市场完善、制度建立、政策创新四个方面调节现阶段中国城镇居民收入差距。

关键词:居民收入　收入差距　市场化

1034

现代综合平衡论 / 卢映川著 ; 白和金指导. -- 中国人民大学, 2005. -- 243 页

本文主要考察综合平衡理论思想在现代市场经济中的实践价值和应用可能,在此基础上提出了现代综合平衡及其分析框架。全文主要由导论和其他八章共九部分内容构成。导论部分对文章的研究背景、理论线索和思想脉络及主要内容进行了归纳概括。第一章是现代综合平衡的理论基础分析。第二章对现代综合平衡的目标取向进行了分析,包括发展指向的平衡以及利益关系的平衡。第三章分析了现代综合平衡的主要内容,文章依据现代经济学对政府干预的合理边界和范围的有关研究成果,从实现发展和利益关系协调需要出发,对“非市场决策”中政府决策的内容进行了分析,认为现代综合平衡主要要做好总量平衡、结构平衡和制度平衡。第四章研究了现代综合平衡的作用机制,即现代综合平衡通过怎样的途径和方式去进行,文章对现代市场经济中市场、政府和法治三者之间的关系进行了分析,指出现代综合平衡是法治下以市场机制充分发挥作用为基础的平衡,应通过对公共资源的合理配置去进行;本章还分析了现代综合平衡的三种基本工具形式——公共政策、发展计划和法规制度,并对现代综合平衡的绩效衡量进行了一些探讨。第五章是现代综合平衡的分类特征分析,主要是在一般分析的基础上,引入时间、空间、开放以及外部冲击因素,对几种特定情况下的现代综合平衡进行探讨。第六章研究了我国经济转轨中综合平衡的探索实践,着重对我国改革开放以来有关综合平衡的理论创新和实践转变进行分析评价。第七章研究了转轨中后期现代综合平衡的重点,主要分析了我国社会主义市场经济体制初步建立后到走向完善的过程中,发展和改革实践面临的主要矛盾,从现代综合平衡视角提出了今后应把握的重点和对策。第八章提出建立现代综合平衡机制,包括推进政府创新、改进调节工具、完善分级平衡、强化政策协调。

关键词:市场经济　综合平衡　国家干预

1035

中国改革开放时期的基尼系数研究 / 罗青著 ; 厉以宁指导. -- 北京大学, 2005. -- 175 页

本文通过对国内基尼系数研究文献的归纳总结发现,中国城、乡居民收入统计数据之间存在一定的“不可比性”,并分析了其含义:统计数据本身在统计口径、数据结构和公布形式上存在差异;城乡二元结构体制的存在所决定的不可比性。面对差异较大的统计数据和城乡二元结构体制的存在,文章提出了一种由城乡各自基尼系数组合构造全局基尼系数的设想,并进行了文献研究。作者首先对有关“基尼系数人群间分解”的文献进行了综述,将其中的数学证明方法归纳为三种基本类型,并证明其统一性。在科学分解基尼系数的基础上,提出了由分解过程逆向组合构造全局基尼系数的思路,并通过严格的数学推导得到了一种由收入分配分群体数据出发,首先测算各群体内部基尼系数,进而计算三个“子基尼系数”,最终组合构造全局基尼系数的方法。作者还测算了全国及上海、浙江、江苏、贵州四省市的各种子基尼系数和全局基尼系数,并进行了分析比较,通过研究发现,中国现阶段居民收入分配格局中的主要矛盾是城乡之间的收入差距,城乡协调发展问题已成当务之急。

关键词:收入分配　城乡差别　收入差距　基尼系数

1036

论知识分工和制度在经济增长中的作用 / 罗振兴著 ; 李连仲指导. -- 中国社会科学院研究生院, 2005. -- 151 页

本文主要从理论和实证两方面研究了知识分工和制度在经济增长中的作用。全文共分六章展开论述。第一章引论,对经济增长的一些事实进行了描述,简要阐述了新古典增长理论的困境和解决途径,界定了本文的研究目标,并从分工和制度对经济增长的影响的角度、对分工理论以及新制度经济学的相关文献进行了评论,最后对本文所采用的经济分析框架和前提假设作了说明。第二章就知识与经济增长展开论述,构建了一个初步的知识理论,论述了知识在经济增长中的作用,作者首先界定了知识的概念,阐释了人类智力活动的基本特征和知识的分类,以及知

识的经济属性和特征；然后分析了一些经济增长理论对知识的不同假设以及其结论，重点阐述了知识在经济增长中的作用，梳理了知识与经济增长的实证研究。第三章首先分析了制度的基本概念、知识与制度的关系，阐释了制度变迁理论，然后分析了知识和制度变迁的关系，阐述了制度在经济增长的作用，并对制度变迁与经济增长的实证研究进行了分析。第四章先阐释了分工的概念、分类与特征，分析了分工产生的前提和原因，然后论述了分工与制度的关系、分工与知识增长之间的联系，从而构建起了知识分工的概念框架以及一个分析知识分工、制度和经济增长三者之间关系的理论框架，最后，在知识分工的概念框架和理论框架基础上，系统阐述了本文的主要观点，提出了知识分工和制度及与此相适应的生产模式决定现代经济增长的命题。第五章以 20 世纪发达国家主要的生产模式为例，分析了不同的生产模式与分工及制度之间的关系，比较了不同生产模式的效率，并阐释了主要生产模式的演变。第六章运用前文提出的分析框架从分工和制度视角分析了中国的经济增长，指出了当前存在的主要问题，并提出了相应的对策建议。

关键词：经济增长　知识　分工　制度

1037

我国经济转轨时期的民间投资研究 / 马国强著 ； 张中华指导. -- 中南财经政法大学, 2005. -- 176 页

本文在梳理不同经济学派对民间投资的研究成果的基础上，针对制约我国民间投资发展的因素，借鉴国内民营企业发达地区和发达国家扩大民间投资的实践经验，研究了我国经济转轨时期的民间投资问题。全文共分六个部分。导言部分介绍选题背景和意义。第一章综述民间投资理论。第二章简介我国民间投资的发展历程，考察了民间投资在我国经济发展、劳动就业等方面的重要作用，分析了我国民间投资存在的问题及制约我国民间投资发展的主要因素。第三章选择了浙江温州、广东东莞、湖北荆门和台湾作为典型地区，对民间投资进行考察，阐明了民间投资具有区域性特征，说明发展民间投资要因地制宜。第四章对意大利、美国、日本等发达国家进行比较分析，考察了其发展民间投资的政策措施。第五章提出了扩大我国民间投资的措施，如利用财政政策扩大民间投资，建立为民营中小企业服务的金融体系，引导民间资本投资于劳动密集型产业，建立中小民营企业群等。

关键词：民营经济　投资　经济转型期

1038

西部地区产业竞争力研究 / 马金书著 ； 刘瑞指导. 中国人民大学, 2005. -- 226 页

论文从系统的观点出发，运用系统分析法、实证分析与规范分析相结合的方法、抽象分析法、定性分析与定量分析相结合的方法、比较分析法、宏观分析与微观分析相结合的方法等，对西部地区产业竞争力进行了系统研究。全文共八章。第一章是产业竞争力研究的理论基础，包括产业竞争力的经济学涵义、产业竞争力的来源、产业竞争力的分析模型以及论文的研究方法、思路和分析框架等。第二章研究了西部地区产业竞争力培育的环境条件和现实基础，运用 SWOT 方法进行了分析。第三章对西部地区产业竞争力进行了评价，文章在阐释产业竞争力评价指标的基础上，从竞争目的的实现程度或竞争结果的角度，运用按产品销售收入计算的市场份额指标和产业资产利润率指标，对 2002 年全国和 31 个省区市 25 个工业产业的竞争力进行分析，得出西部 12 个省区市 25 个工业产业竞争力的评价结果。第四章探讨了新型工业化与西部地区产业竞争力，在阐明工业化的基本理论、新型工业化道路的特征的基础上，提出和论证了新型工业化是西部地区培育产业竞争力的必由之路，探讨西部地区走新型工业化道路、培育产业竞争力的途径。第五章研究了特色产业培育与西部地区产业竞争力，文章首先在探讨特色产业内涵的基础上，论证"培育特色产业是把西部地区的比较优势转变为竞争优势的现实选择"命题；接着分析了西部地区选择和培育特色产业的思路、方针和原则；再次应用区位商方法来选择西部地区的特色产业；最后提出了西部地区培育特色产业的政策措施。第六章探讨了人力资源开发与西部地区竞争力，文章首先论证了人力资本对产业竞争力培育的作用；其次分析了西部地区人力资源开发现状及制约因素；最后提出合理开发人力资源、提升西部地区产业竞争力的对策。第七章是企业竞争力培育与西部地区产业竞争力；首先探讨了企业竞争力的性质；再分析了西部地区企业竞争力存在的问题，最后提出西部地区培育企业竞争力的对策。第八章研究了西部地区培育企业竞争力进程中的制度创新和政府作用。

关键词：地区经济　产业结构　竞争力　人力资本　西部地区

1039

基于经济视角的我国地方政府竞争研究 / 毛云芳著 ; 林擎国指导. -- 厦门大学, 2005. -- 156 页

本文从地方政府的外部制度环境和相互间关系入手,研究地方政府竞争的形式与行为模式,进而探讨其对我国渐进式改革与发展的影响。全文共分六章。第一、二章系统地梳理了地方政府竞争研究的理论基础,考察了国内外地方政府竞争的研究现状,构建了地方政府竞争的研究框架。第三章勾勒出我国地方政府间关系的变化轨迹,着重分析了我国地方政府目标与行为的双重性,以及地方政府竞争行为主导模式的差异。第四章剖析了我国地方政府竞争产生的原因,特别强调"政治上集权,经济上分权"的体制导致我国地方政府竞争具有明显不同于西方国家地方自治下的地方政府竞争的特点。第五章利用进化博弈模型,分析了我国地方政府竞争影响下的制度创新决策过程,重新诠释了我国制度变迁的演进。第六章探讨了我国地方政府竞争力的形成,并利用地方政府竞争力指标,对我国地方政府竞争力促进经济发展进行了实证研究。

关键词:地方政府　行政管理　经济管理　制度创新　竞争力

1040

我国金融控股公司发展战略探究 / 孟丹林著 ; 郑秉文指导. -- 中国社会科学院研究生院, 2005. -- 119 页

论文在借鉴国外关于分业经营和混业经营理论的基础上,运用西方经济学的分析方法,对不同的金融经营模式进行比较研究,并从实际出发,提出了中国金融机构应该实行发展成为金融控股公司,并对金融控股公司可以开展的业务进行了分析,同时结合目前的分业监管的模式,提出具有中国特色的金融监管模式。论文第一部分首先对金融控股公司的理论进行综述,包括介绍金融控股公司的概念和范畴、类型和特征,并解释其产生的原因;其次对金融控股公司与其他金融业务经营模式进行比较分析各自的利弊,认为金融控股公司模式作为向混业经营转型的平台是目前最优的选择;最后,还从资产专用性理论、规模经济理论、范围经济理论、组织经济理论、资产组合理论、金融监管理论等六个方面对金融控股公司作出经济学解释。第二部分从中国国情出发,包括我国金融制度变迁、我国金融控股公司模式及存在问题,分析金融控股公司在我国发展的需求和制度约束;在需求分析中,从金融管理机构与商业银行和国内商业银行与外资银行的博弈行为出发,重点论述了 90 年代中期以来我国商业银行实行混业经营的必要性及发展情况,并认为目前的体制从微观和宏观两方面制约了金融控股公司在我国的发展。第三部分对美国、英国、德国、日本等发达国家和地区的金融控股公司的发展历程进行分析。第四部分对我国金融控股公司的发展战略,包括构建金融控股公司的方案选择,从银行、证券和保险公司三个不同主体对建立金融控股公司的可行性及路径进行分析比较,探讨了我国金融控股公司的制度创新、业务创新和产品创新,并分析了金融控股公司可能存在的风险,提出了风险防范措施,指出需要制定合理的监管体制,借鉴国际上流行的监管模式,可以建立具有中国特色的监管模式。最后部分对几家著名的金融控股公司的发展状况及运作特点进行了分析。

关键词:金融公司　控股公司　发展战略　混业经营　金融监管

1041

中国企业债券市场研究 / 欧林宏著 ; 侯荣华指导. -- 中央财经大学, 2005. -- 143 页

本文采用马克思主义的理论和研究方法,运用国内外现代经济学前沿理论,在建立我国企业债券市场分析框架的基础上,结合我国国民经济发展和企业债券市场的运行实际,研究和探讨了我国企业债券市场的发展规律和主要困境,分析了我国企业债券困境形成的基本原因,并提出了解决我国企业债券市场困境的对策建议。全文共分六章。第一章导论。第二章分别从有效需求结构优化、企业资本结构优化和投资者资产结构优化三个方面对我国债券市场的发展展开理论分析。第三章以美日德为例,阐述了发达国家的企业债券市场实践及其启示。第四到六章分析了我国企业债券市场面临的主要困境、成因,并提出对策建议。作者认为,企业债券市场的发展对我国国民经济发展、企业资本结构优化和投资者资产结构优化具有重要意义,是现代经济的核心。导致我国企业债券市场困境形成的基本原因在于对企业债券市场认识不足和管理体制不科学,通过企业债券市场的率先改革,我国企业债券市场必将有巨大发展。

关键词:企业债券　资本市场　市场监管　利率市场化

1042

中国期货市场发展的制度分析 / 欧阳日辉著 ; 邹东涛指导. -- 中国社会科学院研究生院, 2005. -- 180 页

本文首先通过中国期货市场产生的制度供给——需求和成本——收益分析,发现中国期货市场的制度供给者和需求者都是政府,市场的建立完全是满足政府偏好前提下强制性制度变迁的结果。作者认为中国期货市场的发展经历了制度创建阶段、强制性制度变迁阶段和制度创新阶段。在强制性制度变迁阶段,政府为了控制市场风险对期货市场采取了抑制政策,因而中国期货市场制度变迁的路径依赖十分明显。比较制度分析表明,中美期货市场的制度创新环境、制度供需者、发展动因存在不同,但制度创新是中美期货市场持续健康快速发展的永恒动力。接着论文分析了期货市场效率。在分析期货市场宏观效率时,论文分析了商品流通体制改革、金融体制改革、法律和信用环境对中国期货市场发展的影响和相互作用,期货市场对中国经济运行和经济增长的作用。根据设计的微观效率指标,论文对中国期货市场的交易成本、流动性、定价效率、配置效率等进行实证研究,结果表明,中国期货市场整体效率较低,处于弱有效市场状态,但中国期货市场效率提高较快。论文以天然橡胶期货为例,对中国期货市场的监管效率进行实证,认为中国期货市场发展过程中存在很多问题,主要是缺乏完善的监管体系和不规范的交易方式造成的。最后,论文对中国期货市场交易工具、交易规则、交割制度、监管模式、品种上市机制、交易所组织制度等方面的创新提出了自己的看法。

关键词:期货市场　期货交易　制度变迁　市场效率

1043

中国保险业竞争力研究 : 基于"三位一体"竞争力模型的评价和实证分析 / 潘前进著 ; 李克穆指导. -- 中国社会科学院研究生院, 2005. -- 172 页

本文首先阐述了竞争力特别是产业竞争力基本理论,在此基础上从产业的角度结合保险业的特点,提出了保险业竞争力的概念、构成要素及形成机理并构建了由核心竞争力、基础竞争力、环境竞争力组成的保险业竞争力"三位一体"模型。其次,按照模型,利用主成分分析和层次分析的综合评价方法,对中国保险业竞争力进行评价和分析。最后,根据评价结果和"三位一体"整体推进的构想,针对中国的实际情况,提出了增强中国保险业竞争力、发展中国保险产业的对策和建议。全文共分七章。第一章说明了研究背景、研究意义、研究的框架和研究方法。第二章介绍了关于竞争力、产业竞争力的基本理论,并对保险业的竞争力进行了剖析。第三章对中国保险业的发展历程、中国保险业竞争力形成和发展的背景和中国保险业面临的问题、矛盾及发展机遇进行了说明。第四章介绍了保险业竞争力评价的理论和方法,并提出了中国保险业竞争力评价的框架和指标体系。第五章对中国保险业的核心竞争力、基础竞争力、环境竞争力进行了实证研究。第六章在前述分析结果的基础上,提出了提高中国保险业竞争力的途径和对策。第七章归纳了主要的研究结论并说明了研究中的问题及对后续研究的展望。

关键词:保险业　竞争力　核心竞争力

1044

我国政府影响经济增长的可计算模拟分析系统 / 彭志龙著 ; 刘起运指导. -- 中国人民大学, 2005. -- 156 页

本文围绕政府与经济增长的关系,从多个层面研究我国政府的经济行为,以及对经济增长所产生的影响。全文共分六章,包括理论概括、方法研究、实证分析和政策探讨。第一章探讨了政府影响经济增长的理论基础,文章从理论上论述了政府干预经济的客观必然性、政府干预经济的机理,并对西方政府干预经济理论的历史轨迹进行了归纳和探讨,此外,还重点分析了中国政府干预经济的三大特点。第二章是构建政府影响经济增长的分析系统,主要探讨了政府影响经济增长的一般路径,以及由此形成的三种基本分析方法;并且构建了一个政府影响经济增长的可计算模拟分析系统,由供给型测算分析、需求型测算分析、单项政策模拟分析三部分组成,第三章至第五章就这三大组成部分展开论述。第三章是供给型测算方法及其应用,具体介绍了用国民核算的方法和用索罗模型来研究政府对经济增长的带动。第四章是需求型测算方法及其应用,提出了关于研究政府影响经济增长的一个新视角。第五章是单项政策模拟方法及其应用,重点探讨政府近期出台的或正在实施的单项政策效应:增值税转型;控制固定资产投资增幅;控制金融机构贷款增量等。第六章是政府宏观调控研究,文章围绕政府宏观调控的几个重要问题展开探讨,内容集中在当前中央政府比较关注的几个方面,是政府影响经济增长模拟分析的扩充和丰富;文章先探讨了现

阶段宏观调控重要指标的合理数量界限;然后定量分析了我国主要的收入分配关系,提出了调整收入分配关系的思路;最后以近年来我国财政政策与货币政策实施效果为背景,剖析了这两大政府搭配中存在的主要问题,提出了改善的政策建议。

关键词:经济增长　宏观调控　国家干预

1045

经济波动与货币政策:基于 VECM 与 DSGE 模型的分析 / 钱士春著 ; 厉以宁指导. -- 北京大学, 2005. -- 121 页

本文采用 VECM 简化式模型(Vector-Error-Correction-Model,向量误差纠正模型)与 DSGE 结构模型(Dynamic Stochastic General Equilibrium Model,动态随机一般均衡模型)对我国货币与经济波动的关系进行了量化分析。通过对我国宏观经济数据进行滤波分析,论文发现我国的货币供应量超前于实际产出波动,两者之间具有很强的正相关性。用结合了协整技术的 VECM 方法与 MWALD 格兰杰因果检验方法对货币、实际产出、价格三者关系进行研究,确认货币供应量 M1、M2 对实际产出波动影响显著,同时实际产出对货币供应量波动也影响显著,但货币供应量增长率与通货膨胀率没有一一对应关系。接着论文利用 DSGE 结构模型对货币如何影响实质性经济波动进行分析。论文首先证明了我国存在价格粘性。之后按照我国货币政策传导过程的特点,结合参与受限模型的思想引入商业银行,发展了一个新的 DSGE 模型,用投资效率、货币政策、生产率、货币需求、偏好、边际加价和信贷等 7 个冲击对我国宏观经济波动的原因进行研究,发现该模型能够反映经济变量对货币政策冲击的驼峰状响应形式、货币供应量与实际产出波动之间的强正相关关系、通货膨胀率的顺周期。通过这个模型,论文证明了供给方面的冲击是驱动我国实际产出波动的主要原因,货币供给因素不是实际产出波动的主要原因;对通货膨胀率来说,生产率、边际加价、货币需求及货币政策等四个冲击占了绝大部分;供给相对过剩是我国 1997 年以来通货紧缩的主要原因;商业银行贷款供给的变动是我国经济波动的一个重要源头;货币需求冲击与信贷冲击是引起实际产出波动的重要因素。基于上述研究,本文认为货币供应量不宜作为我国货币政策的中间目标,直接盯住通货膨胀率是一个较好的选择,而这意味着要采用灵活的通货膨胀目标制。文章最后讨论了通货膨胀目标制作为我国货币政策实施框架的可行性。

关键词:经济波动　货币政策　通货膨胀　经济模型

1046

中日韩自由贸易区对我国贸易和产业影响的实证研究 / 秦熠群著 ; 王巾英指导. -- 中央财经大学, 2005. -- 185 页

在分别对中日韩三国的贸易产品的出口结合度和比较优势、产业内贸易水平进行计量的基础上,确定了建立中日韩自由贸易区后,中国受冲击和收益的敏感产业部门,并针对受冲击的部门提出相应的政策建议。论文主要包括三部分。第一部分首先从介绍区域经济一体化和自由贸易区的基本范畴入手,在系统阐述了自由贸易区的静态和动态经济效果的基础上,比较了北美自由贸易区和东盟自由贸易区的经济效应的差别,捐出中日韩三国具备了使自由贸易区取得良好经济效应的经济条件,然后分析了中日韩自由贸易区成立的背景。第二部分首先在对中日韩货物贸易概况的描述基础上,分析了中日韩贸易结构的变化,然后对三国产品的比较优势进行对比,最后利用贸易分工指数 TSC,对中日韩贸易产品的产业内贸易及其变化进行测算,在此基础上将产业内贸易细分为水平型和垂直型两种形式,得出了中日韩之间不同类型的贸易产品所采取的贸易形式及其变动。第三部分为政策建议部分,首先论述了成立自由贸易区对中国产业的整体影响及对策,提出建立中日韩自由贸易区在给中国初级产品和劳动与资源密集型产品带来巨大利益的同时,短期内对高、中科技密集型产业的贸易也会带来重创;然后以轿车产业为例阐述了中国受冲击的产业应当如何应对自由贸易区的成立,提出了主动调整轿车产业的有关政策,依靠市场化走规模之路,重视技术进步和产品研发,加强零部件工业的建设等政策建议。

关键词:对外贸易　产业结构　自由贸易区　产业内贸易

1047

我国中心城区的特色经济发展研究 / 丘勇才著 ; 林擎国指导. -- 厦门大学, 2005. -- 161 页

围绕"中心城区"和"特色经济"主题展开论述,旨在为中心城区经济发展提供一定的理论指导和方向指南。文章共分为五章。第一章叙述了中心城区与城市的历史和相互关系,阐述中心城区的经济学定义及其功能,并对中心城区的发展特点和现状作简要

概括。第二章分别阐述资源禀赋、地缘因素、经济基础、文化底蕴和政策导向等决定各城区“特色经济模式”最主要的五个因素。第三章主要提出了中心城区发展特色经济的七大模式,即总部经济模式、研发中心模式、物流中心模式、特色旅游模式、会展经济模式、中介服务模式、金融中心模式,分别从对特色经济的概述、中心城区发展特色经济的意义、条件、对策等四个方面展开分析,为中心城区特色经济发展提供方向选择和具体参考。第四章主要研究了中心城区特色经济发展的整合问题,认为城区特色经济模式的建立必须有周边地区的互动支持,城区之间的合作、城区与周边地区和国家的合作都有特殊的意义和功能。第五章是对中心城区特色经济发展的评价研究,主要对副省级以上中心城区经济发展进行了评价和对比。

关键词:城市经济　特色经济　经济发展模式

1048

我国转型时期中的公司治理模式选择 / 曲扬著 ; 王柯敬指导. -- 中央财经大学, 2005. -- 116 页

论文从理论和实证两方面对公司治理问题进行了系统研究,以期对我国公司治理模式的选择提供可资借鉴的对策和建议。首先,就选题动机、相关概念和有关公司治理问题的国内外研究现状等进行了简要阐述。第二章主要对公司治理相关理论进行整理、分析和评述,指出契约理论中的交易费用理论和代理理论直接导致了美、英等国股东主权至上的公司治理模式。第三章对世界各国现有的公司治理模式进行比较和评述,说明公司治理模式的建立有着强烈的路径依赖型,各国的模式也都在随着市场的变化而不断变化,没有一个完美的模式,并在引用霍夫斯特德文化模式的基础上构建了国家文化与各国公司治理模式选择的关联性模型。第四章主要分析了中国的公司治理模式演进的历史,认为在一定程度上,中国由计划经济向市场经济转型体现在国有企业的公司治理模式的变迁上,经历了由行政型治理向经济型治理的转变。第五章对我国公司治理模式现状进行分析,指出“内部人控制”、股权过分集中、内部治理弱化、外部治理失效等问题严重削弱了我国公司治理的有效性。第六章结合西方发达市场经济国家及转轨经济国家的经验和教训,在经济全球化背景下探讨如何建立适合中国国情的公司治理模式及实现目标模式的最优路径。

关键词:公司治理　委托代理　内部控制　经济转型期

1049

货币、资金与经济协调运行研究 / 任碧云著 ; 闻潜指导. -- 中央财经大学, 2005. -- 279 页

本文以“协调”为主线,以经济增长为中心,围绕货币运行、资金运行和经济运行及其三者之间的相互关系展开论述。全文分六章。第一章货币、资金与经济协调运行的理论前提,文章通过对古典经济均衡与经济增长理论、按比例发展理论、宏观经济均衡与非均衡理论的回顾,介绍和评述了在货币、资金与经济协调运行研究方面具有代表意义并做出贡献的主要学派及其代表人物的理论和观点。第二章是经济增长与经济结构,作者通过对经济增长及其制衡机制、经济结构及其合理化问题的考察,在揭示经济增长实质及其制约因素、经济结构内在矛盾与经济波动之间的关系的基础上,对经济增长的合理区间和经济结构的合理化作了明确的界定,并结合中国经济增长与经济结构的实际情况和周期性变化特征,阐明了经济良性循环与非良性循环的深刻内涵,探讨了中国经济从非良性循环走向良性循环的路径。第三章货币供求均衡与非均衡,着重探讨了四个问题:货币供求与经济运行之间的关系;货币供给的内生性与外生性;货币需求量及其决定;中国货币供求非均衡向均衡的转化。第四章研究了储蓄向投资的转化及其机制,重点讨论了储蓄向投资转化与资金形成的关系;储蓄向投资转化的供给行为分析;储蓄向投资转化的需求行为分析;储蓄向投资的转化机制;最后,通过对中国储蓄向投资转化机制的历史考察和现状分析,明确指出了我国储蓄向投资的转化机制由银行与资本市场并存型转向市场主导型的重要性和实现路径。第五章研究的是资金供求与总产出,主要探讨了资金供求与社会总供求之间的关系;资金供求的均衡与非均衡;投资与社会总产出之间的关系;中国投资与经济增长关系的实证分析。第六章研究了货币、资金与经济的内外协调运行,分析了国际贸易与国内货币流通间的关系;研究了国际资本流动对国内资金运行格局的影响;探讨了实现开放经济条件下货币、资金与经济协调运行的路径、措施和手段;最后,探讨了当前中国货币、资金与经济内外协调运行的战略选择问题。

关键词:货币供应　资金管理　经济协调　经济增长　宏观经济

1050

股市宏观调控模式研究 / 沈小平著 ; 侯荣华指导. -- 中央财经大学, 2005. -- 106 页

本文以马克思主义经济理论为指导,以我国政府与股市的关系为研究对象,对我国股市失灵问题进行解析,并提出完善我国股市宏观调控的政策构想。全文共分六章。第一章对国内外有关股市宏观调控的理论进行回顾。第二章研究了股市调控理论,分析了股票资产价格形成的特殊性及政府调控股市的切入点,探索了政府和股市的最优边界。第三章对国际股市调控模式进行比较研究,对国际上一些政府调控股市的主要案例进行了归纳整理。第四章提出我国股市双向替代失灵问题,分析了其根本原因在于对我国股市认识上的偏差和股市调控的双轨制导致了股市宏观调控的失灵。第五章对我国股市宏观调控效应进行实证分析,分析认为2001年以来,我国股市政策效应表现为股市对利好政策反应不足,对利空政策反应过度。这反映了我国股市环境发生重大变化并因此导致了股市政策出现失灵。第六章针对我国股市调控中存在的问题提出实行积极的股市政策、坚持走股市可持续发展的道路、优化我国股市政策资源配置、加快我国股市政策转轨变型等完善我国股市调控的政策构想。

关键词:股票市场　宏观调控　市场失灵　经济政策

1051

中国货币政策效应研究 / 施海松著 ; 林擎国指导. -- 厦门大学, 2005. -- 149 页

本文探讨了我国货币政策的有效性以及提升货币政策效应的途径。主要内容包括:(1)探寻关于货币政策效应的理论依据,对货币中性与非中性的理论进行述评,重点述评货币长期中性短期非中性论;(2)考察西方主要发达国家的货币政策效应,比较分析美联储、欧洲央行、澳大利亚储备银行等的货币政策框架与规则,认为要发挥货币政策效应,就必须按"稳定通货膨胀"的规则行事,将通货膨胀控制在狭窄的低通货膨胀目标区间,为经济增长提供稳定的货币环境;(3)述评我国货币政策实践情况,发现我国货币政策操作内生性强,自主性弱,货币政策执行效应并不理想;(4)实证研究我国货币政策实际效应,证明我国货币供应量与产出存在相关性,存在格兰杰因果关系,同时无论长期还是短期,货币供应量对物价影响较大,我国仍需控制货币供应量以稳定物价水平;而利率对投资和消费影响不显著,在未实现市场化之前,利率尚不具备作为中介目标的条件;(5)总结我国货币政策效应的制约因素,展望分析利率市场化进程、资本市场发展以及外资银行扩张等新形势下我国货币政策效应面临的主要困难与挑战,提出增强货币政策有效性的应对措施。

关键词:货币政策　通货膨胀　利率市场化　货币供给量

1052

价格管制理论与实践研究 / 史璐著 ; 刘成瑞指导. 中国人民大学, 2005. -- 189 页

本文对价格管制进行了较为全面的研究,主要内容包括价格管制的科学含义,价格管制的对象、原因和目标,价格管制的规则、法律和程序,发达国家价格管制的历史演变和最新放松管制的实践,对我国价格管制的历史回顾、现状分析和提出政策建议。全文共分五章。第一章对价格管制的科学含义进行了辨析,文章先从文字和经济含义上将价格控制和价格管制区分开来,然后从垄断及其管制入手,对价格管制和反垄断价格政策进行了对比分析,最后把价格管制放在整个政府管制体系中进行考察,将政府干预市场交易价格的三种方式进行了比较分析。第二章论述了价格管制的成因和目标,先从公共产品的视角探究了价格管制的成因,然后回顾了英美价格管制起源和发展的历史,并从理论上详细分析了价格管制的形成原因,最后论述了价格管制的两大类目标。第三章论述了价格管制的定价规则,文章对价格水平管制的基本理论和实践模型进行了论述,并分析了价格结构的理论模型——拉姆塞—布瓦特定价和实践模式——完全成本分摊法。第四章论述了放松管制和管制制度的再造,论文对管制失灵从理论上进行了分析,简要总结了英国和美国放松管制的历程和特征,并对放松管制后新的管制制度进行了理论上的分析和总结。第五章对我国价格管制进行了评述并提出了政策建议,先对我国"九五"计划末期以前的价格管制历史进行了回顾和评述,然后对"九五"计划末期以来我国价格管制现状进行了分析,最后对我国的价格管制改革提出了较为具体的政策建议。

关键词:价格　物价管理　国家干预　市场经济

1053

中国体育经济政策分析 / 隋路著 ; 蒋正华指导. -- 中国社会科学院研究生院, 2005. -- 126 页

文章旨在通过对我国体育经济政策的发展历程和现状的分析,梳理出一套与我国具体国情相适应的较系统的体育经济政策的分析的理论框架,在此基础

上提出完善我国体育经济政策的建议，为我国体育事业的改革发展和体育经济政策的具体制定提供一定的参考和借鉴。文章首先对我国体育的性质进行论述，提出我国体育作为公益性和产业性的结合体，具有双重属性。然后对我国体育经济政策的发展状况和发展历程进行描述分析，并简单介绍了国外的体育经济政策，在对比的基础上提出了对我国体育经济政策的借鉴意义。接着，运用实证分析的研究方法，着重探索我国体育经济政策的成因，寻找其发展背后的逻辑关系，为此详细分析了我国体育经济政策的形成机制和执行机制，主要从经济体制、国家意愿、国家能力、利益集团和人民对体育的需求五个方面论述了我国体育经济政策形成的内在机制，并从国家能力、管理体制、利益冲突和行政机构效率四个方面论述了我国体育经济政策在执行过程中存在的困难。在完成上述实证分析后，提出了完善我国体育经济政策的建议，由于我国正处于社会经济转型期，文章把我国的体育经济政策定位于中国社会经济转型期和中国体育事业转型期的政策，主要对转型期的政策如何完善提出了建议，并分析了2008年以后我国体育经济政策的基本走向。

关键词：体育经济学　经济政策　体育事业　产业化

1054

中国信托业治理优化研究／孙飞著；胡乃武指导. 中国人民大学，2005. -- 306页

本文从研究信托及治理最基本的概念、精神、原理和职能入手，运用经济学、金融学和信托学原理，对信托及信托业进行了辩证的扬弃。全文共分为三篇，九章。第一篇为现实缺陷篇，包括第一、二章，其中第一章从中国信托业的五次行业整顿入手，直接指明了优化治理信托业发展缺陷的命题，后又逐步介绍了我国信托业发展中的诸多治理缺失；第二章紧紧围绕着中国信托业发展的核心症障——治理缺失的这一核心问题，从多方面进行了分析论证。第二篇是理论研析篇，包括第三、四、五章；第三章介绍了信托的基本原理、历史渊源及其综观效能；第四章是对公司治理理论的思辨与借鉴，对公司治理理论的有关概念进行了界定，介绍了国内外关于公司治理理论的研究现状，对信托公司治理结构的理论范式进行了研究，介绍了国际治理改革的发展潮流，并对国际主流公司治理模式进行了比较及借鉴分析；第五章通过对国外经济运行实践中的三种公司治理模式进行了综合研究，并对照我国信托企业在立法上采用的股东主权的理论范式，在实践中引入的美英国家的“市场主导型”模式＋国内自发形成的“家族控制型”公司治理模式，并结合我国深层次文化特质，提出了我国信托企业特有的“关键人主导型”治理模式的生成机制和发展弊端。第三篇是优化治理篇，包括第六、七、八、九章；第六章对中国信托业治理缺陷进行了实证分析，对中国信托业治理的外部环境进行了剖析，对内部治理问题进行了解析，指出了中国信托业治理结构的内在缺陷；第七章是对中国信托业治理监管体系的研析，针对现阶段我国信托业监管的主要问题，借鉴国际金融监管的经验，提出了构建中国信托业金融效率和稳定性兼顾的双优监管平台；第八章研究了中国信托业治理优化的路径和策略；第九章通过两个模型的设计，为“信托公司高能多元优化治理模式”的构建打下理论基础，从实际角度阐述了这一模式建设中的各项问题。

关键词：信托　信托公司　法人治理结构

1055

中国转轨时期隐性失业问题研究／孙立著；李华指导. -- 辽宁大学，2005. -- 192页

本文以中国转轨时期为背景，以失业范畴中的隐性失业为研究对象，在对其规模进行估算的基础上，探讨其形成、固化、深化、显性化以及治理中的相关问题。全文共分六个部分。序言部分在提出问题的基础上，分析所做研究的理论价值和现实意义；在对隐性失业概念进行界定的前提下，介绍了文章的内容结构和基本研究方法，说明了文章创新及突破点以及进一步研究的方向。第一章是对隐性失业的相关理论的评述，通过隐性失业相关理论的回顾和梳理，对雇佣劳动条件下、自我雇佣条件下、二元经济条件下以及计划经济条件下隐性失业形成机理进行了比较和分析。第二章对中国隐性失业的存在进行实证分析，以奥肯定律所揭示的基本原理为理论依据，通过分析奥肯定律在中国特殊转轨时期的背离与拓展，检验我国隐性失业的客观存在，深入分析了隐性失业及其显性化带来的深刻影响。第三章研究了中国城镇隐性失业及其释放，文章先利用生产函数模型估算城镇企业隐性失业的规模，然后从理论和实践两个角度研究城镇隐性失业产生的原因，最后从宏观和微观两方面分析了城镇企业隐性失业释放的必然趋势。第四章分析了中国农村隐性失业及剩余劳动力转移，通过建立两部门就业模型对我国农村剩余劳动力的规模进行定量估算；然后从自然原因、制度原因、市场原因三

方面分析农村剩余劳动力的形成、深化和固化过程,建立农村剩余劳动力解释模型;最后分析我国剩余劳动力滞存的隐患和转移的效益,研究剩余劳动力转移的经济边界。第五章研究了中国转轨时期隐性失业治理,文章首先分析了隐性失业治理中引发的问题,然后针对这些问题提出隐性失业治理相应的政策与建议,并就隐性失业治理的环境整备进行了讨论。

关键词:失业　隐性失业　剩余劳动力　劳动就业

1056

国有商业银行改革与金融宏观调控研究:兼论转轨时期的若干制度安排与政策选择 / 孙明新著;白和金指导. -- 中国人民大学, 2005. -- 121 页

本文对国有商业银行改革与金融宏观调控的研究主要围绕两条主线展开,一条是从宏观视角出发,从保持经济能持续健康稳定的角度,论述加快国有商业银行改革的必要性和紧迫性,并由此探索国有商业银行改革的模式和路径;另一条是从金融微观基础重构对金融稳定包括对整个国民经济的稳定,以及对宏观经济调控特别是金融调控会带来何种新的影响、新的要求出发进行研究,在宏观调控的政策取向、力度的选择、调控的方式等作相应考虑,以有利于保持宏观调控有效性,并为微观金融重构创造有利条件。全文共分六部分。导论部分是对国有商业银行改革与金融宏观调控的相关理论进行述评,包括现代市场经济理论、金融发展与货币政策理论、现代企业制度理论、转型经济理论等。第一章分析了国有商业银行改革的逻辑性与现实性。第二章是国有商业银行股份制改造的模式与路径分析,先分析了国有商业银行股份制改造的初始条件,并分析了在这样的初始条件下,国有商业银行股份制改造有着特定的目标模式和过渡模式;而在路径选择上,也存在一定的路径依赖,最后文章通过对浙江省国有商业银行与股份制商业银行的比较案例分析,进一步指出股份制改造的最终目标是转换经营机制,成为具有一定竞争力的现代商业银行。第三章是国有商业银行改革的宏观效应分析,针对短期内国有商业银行改革在宏观经济层面容易产生"同步震荡"和逆向选择效应、不良资产的风险累积效应、因信贷集中而形成的信贷可获得性差异等现象进行了研究。第四章分析了国有商业银行改革与金融宏观调控,包括国有商业银行改革与宏观效应的协调、国有商业银行改革与货币政策有效性,以及开放经济下国有商业银行改革与金融宏观协调控制等。第五章研究了国有商业银行改革的外部保障条件,包括金融监管与协调控制、存款保险制度,以及协同国有商业银行改革的一些配套改革。

关键词:商业银行　宏观调控　经济体制改革　股份制

1057

中国货币政策传导机制及其优化研究 / 孙小丽著;马树才指导. -- 辽宁大学, 2005. -- 170 页

本文从我国特殊的经济体制转轨国情出发,以对中国货币政策传导机制现状的计量分析及优化制约因素的论述为支撑,在借鉴西方经典的传导机制理论模型基础上,进行适合中国国情的修正,以提供优化的理论范式,并提出与之相对应的政策思路。全文共分为七部分。序言部分主要阐述了论文选题背景及研究意义,对国内外的研究进行了综述,介绍了研究内容及结构安排、研究方法,指出了文章的创新点及有待进一步研究的问题。第一章是货币政策传导机制的相关理论研究,阐述了货币政策经由经济主体和经济变量传导的具体流程框架,及由此衍生出来的各分渠道传导机制;同时,给出了传导机制"优化"的涵义、目标及在中国具体的优化标准。第二章研究了中国货币政策的传导机制及效应评价,是对以 1998 年为界的治理通货膨胀和治理通货紧缩时期我国货币政策传导机制效应的定性评价;指出了我国特有的信贷传导机制为主体、利率传导机制作用微乎其微的传导模式。第三章是对中国货币政策传导机制的计量分析,主要运用格兰杰因果检验、协整检验与误差修正模型、预测方差分解与脉冲响应函数,对各分渠道传导机制、货币机制与信贷机制比较及时滞进行了计量分析。第四章对制约中国货币政策传导机制优化的因素进行了分析,重点从环境、经济主体、制度三个层面对相关因素展开详细论述。第五章研究了中国货币政策传导机制优化的理论范式,重点对西方经典 IS—LM 模型、Bernanke & Blinder(1988)信贷传导机制模型、Dewartripont-Maskin(1995)快慢模型、易纲、王召(2002)的股市传导机制模型,进行了前提条件和分析出发点修正,并提供了优化的理论范式;同时也给出了对传导时滞、综合网络及目标体系进行优化的理论范式。第六章提出了优化中国货币政策传导机制的政策思路,是在设定的优化目标及理论范式指导下,提出关于利率与汇率体制、金融组织体系、金融市场、货币政策目标体系及政策工具设定等方面的改革建议。

关键词:货币政策　利率　汇率　通货膨胀

1058

外商直接投资、技术外溢与中国经济增长 / 孙雅娜著 ; 李华指导. -- 辽宁大学, 2005. -- 153 页

本文在内生增长模型——产品品种增加模型的基础上,构建 FDI 技术外溢与中国经济增长的计量模型,分析 FDI 对中国经济增长的贡献,并采用比较先进的分析方法如协整理论和格兰杰因果关系检验法对 FDI 与 GDP 是否具有协整关系和因果关系进行验证。全文除序言外,包括五章。序言部分阐述了本文的研究背景、理论和实践意义、研究的思路和方法,介绍了文章的基本结构和主要内容,以及主要创新点和有待进一步探讨的问题。第一章是对 FDI、技术外溢与经济增长的相关理论进行介绍和分析,主要介绍了分析跨国公司进行对外直接投资动机的国际直接投资理论,发展中国家吸引 FDI 的理论,和外部性条件下的新增长理论,最后对我国学者对这一问题的研究进行了述评。第二章主要分析了外商对华直接投资的历程及特点,对外商对华直接投资的总体情况进行了介绍和分析。第三章对外商对华直接投资的技术外溢效应进行了实证分析,包括外商对华直接投资的技术战略、技术外溢效应的经验分析、计量检验,并对技术外溢传导机制进行了实证分析。第四章对 FDI、技术外溢与中国经济增长进行了实证分析,包括计量分析、FDI 与 GDP 的协整分析,以及 FDI 和 GDP 因果关系检验。第五章是在前几章实证分析的基础上,得出本文的研究结论并提出提高技术外溢效应促进经济增长的对策建议。

关键词:外商直接投资(FDI)　技术转移　技术进步　技术溢出　经济增长

1059

开发区制度变迁 : 中国经济转型路径的实证分析 / 唐慎著 ; 郑秉文指导. -- 中国社会科学院研究生院, 2005. -- 143 页

本文通过案例研究,对转型期开发区的功能、作用、开发区制度变迁及未来发展进行了实证分析。认为开发区是中国经济转型的历史起点和发展载体;开发区的建设与发展,为中国经济改革乃至经济转型提供了重要的经验支持;开发区的集聚与扩散效应都明显表现出正外部性特征,开发区的集聚效应加速了本区域内增长极的形成,开发区的扩散或溢出效应促进和推动了局部区域竞争优势的形成;提出未来开发区发展需要进行创新体系和制度供给方式的转行,要通过制度供给的泛利化,逐步消除开发区由于特殊制度安排所获得的资源掠夺特权,实现资源配置的市场化,实现开发区发展从主要依靠超额制度供给到主要依靠内生制度创新的转变。全文共分四部分。第一部分说明了本课题选题的依据、研究的目的、方法和写作的思路。第二部分首先阐述了制度变迁与经济转型理论,然后对中国经济转型的路径选择和制度创新进行了论述,最后分析了中国开发区发展历程的三个阶段及开发区建设模式与中国经济转型的关系。第三部分分别阐述了开发区的试错功能及对中国经济转型的启动作用、开发区的聚散功能及在中国经济转型中的复制作用、开发区在中国经济转型中的成本效益分析。第四部分分析了开发区建设与中国经济增长方式和运行机制的转变及"北京共识"与中国开发区及经济转型未来路径设计,并总结了全文主要结论。

关键词:开发区　经济建设　经济体制改革　制度变迁　经济转型

1060

证券投资基金评价体系研究 / 唐欲静著 ; 肖金成指导. -- 中国社会科学院研究生院, 2005. -- 123 页

在证券投资基金业及基金评价业发展的背景下,对投资基金评价理论和方法进行梳理和总结,通过对中外投资基金评价体系的比较研究,找出我国现有基金评价体系的缺陷和不足,指出我国基金评价体系还处于借鉴国外基金评价理论和模型进行实证研究的阶段,同时认为,现有基金评价体系基本上都是基于历史业绩分析基础上的单一的基金业绩评价系统。而单一的业绩评价体系无法全面反映基金业绩的真实水平和实际运作情况,难以适应我国证券投资基金发展的特殊要求,因此有必要建立更加完善的证券投资基金评价体系,从多层面、多角度反映基金整体的绩效水平。文章提出,我国证券投资基金评价体系应当包括以下几方面内容:一是对基金投资风格作出评价,考量基金的风险收益特征,为不同风险偏好的投资者提供投资依据;二是对基金历史业绩作出评价,考量基金的实际投资价值,同时提供业绩反馈,形成对基金管理人的外在压力;三是对基金管理公司作出评价,考量基金管理公司的运作情况和管理水平,挖掘基金业绩背后的深层次原因;四是对基金业绩持续性作出评价,考量基金业绩的稳定性和基金评价的有效性。文章认为,证券投资基金评价体系的建设是一

个复杂的系统工程,除了建立科学、合理的评价方法和评价技术外,还需要相关的制度环境建设和完善的配套措施。

关键词:证券投资基金　经济评价　基金管理

1061

我国证券市场资源配置功能研究 :兼论证券市场制度、效率与资源配置之间的内在联系 / 唐震斌著;胡乃武指导. -- 中国人民大学, 2005. -- 194 页

本文较全面系统地研究了我国证券市场的资源配置功能。全文共分十三章。第一章为导论,分析了本选题的现实和理论意义,介绍了研究方法、内容和结构安排,以及文章的创新之处。第二章是对资源配置和证券市场资源配置功能的理论回顾和评述,包括资源配置理论的基本概念、西方经济理论和马克思主义经济理论关于资源配置的论述、我国资源配置理论,另外,还分析了证券市场资源配置功能的特殊性。第三章具体分析了证券市场资源配置功能,包括其实现方式和分层体现,以及有效发挥证券市场资源配置功能的前提条件。第四章论述了研究我国证券市场资源配置功能的重要意义。第五章回顾了我国证券市场的发展过程,并对其功能进行了定位。第六章研究了我国证券市场资源配置功能与价格机制、竞争机制及信息披露机制之间的关系。第七章分析了上市公司质量对证券市场资源配置功能的影响,指出了我国上市公司存在的问题,分析了上市公司质量不高的原因。第八章分析了我国证券市场资源配置的现状,总结了自创建以来取得的一些成绩,指出了存在的一些问题。第九章对我国证券市场资源配置功能低下的原因进行了分析。第十章研究了我国证券市场的效率问题,分析了证券市场效率的含义和表现形式,指出我国证券市场是一个低效运行的市场。第十一章运用有效市场理论对我国证券市场的有效性进行了研究。第十二章对我国证券市场低效率问题进行了制度分析。第十三章对改进我国证券市场资源配置功能提出了一些建议。

关键词:证券市场　资源配置　效率

1062

我国资本市场的结构优化研究 / 陶春生著 ; 刘福垣指导. -- 中国社会科学院研究生院, 2005. -- 102 页

文章旨在从资本市场是中长期资金融通场所这一基本定义出发,将资本市场结构界定为各种外部融资方式的比例关系,在此基础上回答以下三个问题:一、资本市场结构最优化存在的可能性和决定因素;二、当前我国资本市场的结构特征及其合理性;三、我国资本市场结构优化的目标和路径。首先,在全面梳理现代金融结构理论和现代资本结构理论的基础上,归纳出最优市场融资水平主要由目标偏好、经济发展水平、产业结构特征和制度因素决定,最优债务融资水平主要由遁税效应、代理成本、财务困境和破产风险成本以及债务融资给企业原有价值带来的变化和新投资项目收益的对比等因素决定,而最优资本市场结构则可以由最优市场融资水平和最优债务融资水平推导出。其次,在借鉴金融结构和资本结构相关测度指标的基础上,根据数据的可获得性,构建了一组反映资本市场结构的指标,并在国家和交易所两个层次,深入对比分析了我国与其他国家在资本市场结构上的差异,结果表明:给定经济发展水平和规模,可能各存在一组差异较大的股票市值水平、上市公司数量水平、股票新发行水平、公司债券余额水平和一组差别不大的公司债券新发行水平与之对应。最后,根据我国资本市场发展的客观条件,提出了我国资本市场结构优化的目标和路径。优化目标为:大力发展公司债券市场,大幅提高公司债券存量水平、新发行水平、对企业融资的贡献率;适度提高以市值衡量的股票市场存量水平,放缓上市公司数量扩张,不再盲目追求股票新发行水平及股票融资贡献率的提升。优化路径为:逐步解决股权分置,完善上市公司股权结构;完善公司治理结构,建立以公司价值最大化为目标的上市公司规范运作制度体系;完善债券市场结构,以上市公司为突破口,大力发展公司债券;加强银行业的整治,提高银行体系效率。

关键词:资本市场　市场结构　企业融资　上市公司　债券市场

1063

新中国农村耕地产权变迁 / 田清旺著 ; 邹东涛指导. -- 中国社会科学院研究生院, 2005. -- 105 页

三农问题的核心是农村耕地产权制度问题。从建国到现在,中国农村耕地产权制度大体上经历了四个历史阶段:从建国到 1952 年的土地改革时期、从 1952 年到 1978 年的集体化时期、从 1978 年到 1984 年推行家庭联产承包责任制的改革时期、从 1984 年到现在的完善家庭联产承包责任制时期。本文以利益冲突为基本线索,以产权变迁为主线,对我国农村耕地产权制度变迁过程中的利益冲突与产权变迁的相互依存、相互制约和相互促进的关系进行全面研

究。论文首先界定了耕地产权制度变迁所涉及的利益群体；然后分析相关利益群体所面临的约束条件，推导出各个利益群体由其所面临的约束条件所决定的耕地产权制度变迁意愿，在此基础上论述我国农村耕地产权制度变迁的过程以及耕地产权制度安排问题，从中探究中国农村耕地产权制度变迁的规律，并展望中国农村耕地产权制度的未来走向。

关键词：耕地　产权制度　利益群体

1064

治理、产权、竞争与激励约束：国有银行绩效低下之探源 / 王华著；赵丽芬指导. -- 中央财经大学，2005. -- 121 页

本文以激励约束作为分析的出发点，将国有银行的治理机制、产权制度和竞争机制纳入以激励约束为中心的分析框架，分别运用理论分析、实证分析与计量分析的方法并以理论分析为主要工具来探寻国有银行绩效低下的根源。在理论分析中，主要运用了制度经济学、产权经济学、产业组织理论的相关内容以及现代企业制度的有关思想；在实证分析方面，兼顾国有银行自身的纵向分析与中国银行业市场的横向分析，并对比研究了中外国有银行的绩效差别；在计量分析中，主要使用了 CRn 指数和 HHI 指数的分析方法。通过分析，本文认为激励约束机制不能有效发挥其应有的激励与约束的功能是导致国有银行绩效低下的主要原因。全文共分六章。第一章对国有银行绩效的现状进行考察，引出分析的主题。第二章将治理机制、产权制度与竞争机制视为组成国有银行的激励约束机制的基本内容，并以此作为全文的理论分析框架。第三章从治理机制入手，分析国有银行表层的激励约束机制。第四章基于激励约束的角度分析国有银行的产权制度。第五章对国有银行的市场竞争机制进行重点分析，论述国有银行激励约束机制的不足。第六章基于前面的分析，提出国有银行经济绩效低下的原因，在于由治理机制、产权制度及竞争机制所组成的国有银行现有的激励约束机制不能很好地发挥其激励与约束的功能，而最根本的原因在于政府对国有银行经营的过度介入和不当干预。若要改进国有银行绩效，首先就要消除行政干预，而股份制改革是国有银行绩效改进的现实选择。

关键词：国有银行　绩效管理　行政干预　激励约束机制　股份制

1065

产业集群发展研究 / 王君著；王一鸣指导. -- 中国社会科学院研究生院，2005. -- 99 页

论文立足于我国产业集群发展的实证分析，试图从产业集群形成与演进角度出发，建立适用于我国的产业集群分析框架，并在此框架内探讨我国产业集群发展的特殊集聚机制和演变趋势，提出促进产业集群的政策建议。全文主要包括三部分。第一部分主要分析了产业集群理论，首先对产业集群的主要理论脉络进行评述，其次进行产业集群的一般理论分析，在此基础上对产业集群的形成和演进进行分析，建立了分析框架。第二部分侧重对我国产业集群的实证研究，首先从总体上分析我国产业集群发展现状，并探讨了市场驱动型和外资驱动型产业集群的形成机制和演变趋势。最后得出有关我国产业集群发展的主要结论，提出促进产业集群的政策建议和基于集群的产业发展思路。我国产业集群经济效应明显，但创新效应和制度效应不明显，主要依赖低成本竞争优势，面临提高创新能力的压力。基于集群的产业发展模式不仅能协调国家和地方产业发展，并能提供产学研及与政府部门的对话和协作平台，建议以产业集群政策和发展规划，结合国家和地方两级集群发展行动组织规划的实施。

关键词：产业集群　产业发展　产业链　产业政策

1066

经济转型过程中的融资结构优化 / 王琳晶著；曾培炎指导. -- 中国社会科学院研究生院，2005. -- 97 页

文章通过比较研究和实证分析的方法，探讨中国在经济转型过程中融资结构的优化方向和实现途径。主要包括五章内容。第一章从税收、控制权、破产成本、代理成本差异、企业治理结构等方面分析影响微观企业融资结构的因素，并说明微观融资结构和宏观融资结构之间的联系，同时回顾融资结构基本理论、融资结构优化方面的理论以及融资结构与经济增长的关系理论等。第二章对世界主要国家的融资模式进行比较，经验表明，直接和间接融资两种模式应该并重，对于经济转型过程中形成的偏重间接融资的情况，应通过发展直接融资来平衡。第三章分析了我国融资结构的演变和效用，认为融资结构的不平衡、直接融资发展受阻的情况下，加大了金融体系和国民经济的风险。第四章对融资结构和我国转型期的经济

发展关系进行分析,实证研究表明,我国直接融资和间接融资都与经济增长呈正相关,但直接融资似乎更有效率,资本市场对于国民经济的所有制结构调整和产业结构调整都有重要作用。第五章进一步提出了改善我国融资结构的方向和手段,认为应大力提高直接融资比重,同时协调资本市场发展与国有商业银行改革、国有企业改革的关系,提高资本市场运营效率,完善资本市场对货币政策的有效传导。

关键词:融资结构　直接融资　间接融资　转型经济

1067

国际债券市场研究 / 王天有著 ; 杨大楷指导. -- 上海财经大学, 2005. -- 126 页

本文以国际债券市场为研究对象,通过对国际债券市场的发展、国际债券的发行和流通、以及国际债券的风险监管等方面的研究,为我国的企业和投资者进入国际债券市场提供指导和借鉴。全文共六章。第一章是导论。第二章是国际债券市场概论。第三章是国际债券发行研究,认为以荷兰式招标为主、并辅之以其他发行方式,是一种适合中国国债国际化的发行方式。第四章为国际债券流通研究。第五章是国际债券投资的风险及其管理研究,包括国际债券的风险类型、风险预测和风险防范三个方面内容。第六章研究了我国国际债券的发行及其监管以及金融全球化下我国债券市场的发展问题。

关键词:债券市场　债券发行　债券投资　欧洲债券市场　外债管理

1068

我国国有商业银行不良资产问题研究 / 王岩著 ; 高尚全,王益指导. -- 北京大学, 2005. -- 118 页

文章主要研究了我国国有商业银行的不良资产问题。首先概述了商业银行不良资产的概念、分类、认定与评估,以及产生的原因。第二章探讨了我国商业银行不良资产的规模、特点、成因、影响以及我国商业银行不良资产处理的历史过程。第三章研究了包括美国、匈牙利、波兰、马来西亚、韩国和日本在内的国家在处理商业银行不良资产方面的经验与启示。第四章主要探讨了制度创新与我国商业银行不良资产化解之间的关系;首先,在第一章的基础上对我国商业银行不良资产产生的原因作了更系统深入的分析,进一步认识到制度创新的必要性和重要性,并指出了制度创新的方向;其次,详细探讨了有关制度创新的内容、方法和过程,主要包括建立信息披露制度、建立现代企业制度以及我国商业银行的市场化改革等。第五章主要讨论了我国化解商业银行不良资产的具体路径,包括资产证券化、债转股、建立资产管理公司、企业并购以及利用外资等。研究认为,过度进入与恶性竞争是国有企业困难与不良资产产生的共同原因,提出可以分为三个层次推进企业资产重组,要创造条件、内外结合解决有关问题。文章最后还指出利用外资处置我国商业银行不良资产是必要和可行的,但我国现行法规在促进利用外资方面存在一些问题,我们需要完善政策法律环境,促进利用外资处置不良资产。

关键词:商业银行　不良资产　公司治理　资产证券化　资产管理公司

1069

期权理论在企业价值评估中的应用 / 魏春燕著 ; 张汉亚指导. -- 中国社会科学院研究生院, 2005. -- 107 页

本文将期权理论应用到企业价值评估中,全文共分七章。第一到四章分别是对企业价值和评估理论、企业价值的传统评估方法、金融期权与企业价值、实物期权与企业价值的介绍。第五章分析了套用 Black – Scholes 模型的缺陷,对由于实物资产的非交易性引起的价值漏损作出相应调整;研究了含有单个延迟投资期权的项目价值;由于实物期权具有所有权特征以及竞争对手行为的不确定性,所以引入了博弈论来处理由于竞争引起的价值损失,并建立了双头垄断竞争下的研究开发项目价值模型并作了数值计算。第六章从定性和定量两个方面研究了多个实物期权之间的相互作用,讨论了复合期权模型及其在研究开发领域的应用。第七章讨论了应用期权理论评估公司价值的制度保证,得出了除了技术不确定大的情况以外,实物期权倾向于纵向一体化的公司治理结构的结论。并且,为了提高期权复制的质量、降低交易成本和真正实现企业外部市场价值与内在经济价值的统一,建立和完善各类外部治理机制就显得尤其重要。

关键词:企业价值　价值评估　实物期权　期权定价　公司治理

1070

自然垄断产业的 X(低)效率研究 : 基于电力行业的分析 / 魏青山著 ; 邹东涛指导. -- 中国社会科学院

研究生院，2005. -- 199 页

本文在分析自然垄断与X低效率理论的基础上，全面阐述了自然垄断产业X低效率的路径依赖和表现形态。全文共分八章。第一章绪论部分，介绍了文章的选题来源、研究意义，对相关概念进行了界定，并分析了电力产业的自然垄断特性及发展状况，对X效率理论的国内外研究状况进行了综述，最后介绍了本文的分析框架、逻辑体系与问题、论文创新和研究方法。第二章论述了自然垄断理论的新发展，首先介绍了自然垄断理论传统及现代理论的演变情况、自然垄断理论的创新与展望，研究了自然垄断的边界变化。在第三章中，作者论述了X(低)效率的理论与发展，作者认为X(低)效率是自然垄断产业分析的新视角，介绍了X效率学派的兴起，以及X(低)效率的基本理论与创新。第四章分析了X(低)效率的路径与形态，具体研究了技术变迁、制度变迁与X(低)效率路径依赖间的关系，并论述了X(低)效率存在的机理。第五章对X效率的国际比较与测量的实证分析，通过对国际、国内电力行业X效率的比较与分析，作者得出电力行业的效率与国家经济发展的程度呈正相关关系的结论，同时详细分析了电力产业X效率测量的理论背景、随机前沿理论发展及其基本模型，应用该模型估计了全国主要发电公司的生产效率。论文的后三章主要围绕解决电力行业X低效率问题提出了“竞争引入、电价规制和政府管制改革”三种提高X低效率的途径。

关键词：电力工业　自然垄断　市场效率　市场竞争　政府管制　电价

1071

产业集群的组织性质与发展机理：理论及对中国的实证 / 吴德进著；刘诗白指导. -- 西南财经大学，2005. -- 214 页

本文在文献回顾的基础上，着重探讨了产业集群的组织性质与发展机理，给出了一个基于专业化分工演进的具有新制度经济学含义的产业集群发展的基础理论框架，并用中国产业集群发展实践作为实证支撑。全文除导论外，共分五章。导论部分先分析了经济全球化中的产业集群现象，并进行了理论思考，并阐述了产业集群研究的理论价值和现实意义，明确了研究的基本思路、结构安排和主要内容。第一章是产业集群理论综述，在回顾产业集群理论研究的三次高潮的基础上，分别从传统聚集经济理论、外部经济理论、新产业空间组织理论以及中国产业集群理论研究三个层面，对国内外已有的产业集群理论进行了综述。第二章研究了产业集群的组织性质，文章从产业集群的基本概念入手，概括出了产业集群的典型特征，提出了几个概念误区；在此基础上，着重研究了有关产业集群的组织属性和组织内涵，并对产业集群做了基本分类。第三章是产业集群发展的组织经济分析，论文从经济组织的角度对产业集群的组织经济机理给出了具有新制度经济学和新兴古典经济学意义的阐释，并在此基础上，从区域企业间专业分工演进和交易费用以及区域知识积累与创新的角度，对产业集群组织的产生和发展进行了理论探讨。第四章是对中国产业集群发展机理的实证研究，文章先对中国产业集群发展的基本情况做了必要的概括性描述，然后以浙江、福建和广东为例，对中国存在的两种基本产业集群类型——原生型和嵌入型产业集群发展的经济机理进行了实证分析。第五章是对中国区域产业集群的培育发展问题的研究，文章以福建为例，概述了福建区域产业集群发展的现状，针对存在的主要问题和面临的约束与挑战，对福建产业集群的培育发展提出了基本战略思路、培育发展方式以及有关的政策和措施。

关键词：产业组织　产业结构　产业集群　交易费用　企业网络

1072

中国货币政策有效性研判及有效货币政策体系研究 / 吴著著；武少俊指导. -- 中国人民大学，2005. 135 页

本文利用蒙代尔——弗莱明模型对于中国货币政策的有效性进行研读，并利用数量经济学方法实证分析目前中国货币政策中介目标的有效性，在此基础上，构建中国有效货币政策体系。同时，文章对中国近20年来的货币政策实施效果进行了理论和实证分析，探讨中国货币政策的实施效果，从中找出中国货币政策操作中最为有效的货币政策工具、操作目标、中介目标，并提出了中国货币政策的合理最终目标，提出对中国有效货币政策体系的设想。本文除绪论外，共分五章。第一章是货币政策相关理论及其发展评述。第二章对中国近年来货币政策的地位及其实践进行了评述，文章首先对我国经济周期波动的客观性进行了分析，接着对货币政策在宏观经济调控体系中的地位及作用进行了简要分析，然后对1984—2003年来的货币政策实践及其效果进行了回顾，并分阶段进行了点评。第三章是利用蒙代尔——弗莱明模型

对于中国货币政策的有效性进行了研判,文章首先对该模型有关货币政策内容的部分作了简单的评述,然后对该模型在中国的适用性作了较为详尽的分析,接着利用西方经济学理论模型对于蒙代尔——弗莱明模型应用于中国的曲线形态进行了分析,最后利用中国蒙代尔——弗莱明模型对1994—2003年间的中国货币政策进行了分阶段解读。第四章是对中国货币政策中介目标有效性的实证研判,文章利用相关关系分析方法和线性回归分析方法重点考察了货币供应量、长期利率和信贷规模在中国作为货币政策中介目标的有效性问题。第五章基于有效中介目标的分析,研究了中国有效货币政策体系的构建,作者先提出中国货币政策最终目标的确定应是坚持以单一目标为主的多重目标,接着考察了短期市场利率和基础货币作为操作目标的有效性,然后从最终目标、操作目标同中介目标的相关性方面考察,对有效操作目标和有效中介目标进行了最终确定,最后对货币政策工具进行了分析,给出了中国有效货币政策框架。

关键词:货币政策　货币供给量　利率

1073

国际产业转移与中国的对策／冼国义著；魏礼群指导. -- 中国人民大学, 2005. -- 135页

本文依据国际贸易和国际产业转移理论,运用实证研究和规范研究相结合的方法,在对大量数据进行收集、整理、计算的基础上,分析了第二次世界大战以来的几次国际产业转移,研究了当前新一轮国际产业转移的体制背景、主要特征和新的趋势,提出了决定新一轮国际产业转移的主导因素,分析了中国在吸引国际产业转移中面临的机遇和挑战,并结合中国走新型工业化道路的目标,提出了对策建议。论文共分六章。第一章在简要回顾了国际分工和国际产业转移发展历史的基础上,系统地提出了可用于解释国际产业转移的国际分工和国际直接投资理论,并做了简要评述。第二章对二战后至20世纪90年代中期几次国际产业转移的历史进行了回顾,分析了历次导致国际产业转移的原因、对国际分工格局的影响及其启示。第三章主要论述了新一轮国际产业转移的新特点和新趋势。第四章主要探讨了外商直接投资与中国吸收国际产业转移之间的关系。第五章进一步分析了中国在新一轮国际产业转移中的机遇和挑战。第六章提出了中国在新一轮国际产业转移中的对策,指出中国要充分发挥承接国际产业转移的综合优势和巨大发展空间,按照走新型工业化道路的要求,努力建成世界制造中心。

关键词:国际贸易　国际分工　产业转移　外商直接投资(FDI)

1074

中国二元金融结构中的非正规金融研究／徐磊著；李克穆指导. -- 中国社会科学院研究生院, 2005. -- 107页

本文分析了非正规金融的特征、内涵和绩效,并建立了理论模型,对非正规金融的利率决定、微观基础进行了数学语言描述,研究了浙江非正规金融的现象、内涵和制度绩效,提出了有关的对策建议。文章首先对二元金融结构文献进行综述,接着采用Stigliz和Weiss(1981)的假设,例如借款者和贷款者风险中性、项目不可分、银行(或者金融体系)的可贷资金与利率无关等,分析了发展中经济资金本身短缺,尤其是非正规金融部门存在的情况下,用数学语言描述了非正规金融的微观基础。对非正规金融的资金借贷行为、信息不对称进行了分析,并构建了引入信用风险的合约模型。接着研究了浙江宁波、温州的非正规金融案例,从信息、契约角度考察了非正规金融的内在机理。文章认为,从历史上看,我国金融制度变迁大致遵循了如下途径:首先由民间进行制度创新,如果该制度创新能够提升效率,政府就会介入制度变迁,并能将风险控制在局部范围内。这样的制度变迁过程与中国渐进式改革思路是一致的。从实际情况看,我国广泛存在的非正规金融的确有助于化解金融体系风险,有助于金融机构创新和金融体系效率的提升,有助于资本的形成和经济增长。我国非国有经济的发展不断内生出对民间金融制度的需求,民间金融作为一种制度安排必然会不断发展下去,这也代表了我国金融制度变迁的趋向。因此,我国政府在金融制度变迁中必须重视非正规金融体系,促进和引导非正规金融良性发展。

关键词:金融结构　金融体系　非正规金融　制度创新

1075

城乡统筹论／宣迅著；刘诗白指导. -- 西南财经大学,2005. -- 294页

本文包括两个部分,共八章:第一部分包括第一、二、三章,为文献综述和基本理论部分,第四至第八章为第二部分,主要探讨了我国统筹城乡发展中的基本问题及解决途径。第一章是导论,论述了文章的研究

目的和意义,对相关文献进行了综述,回顾了我国城乡差距的历史,并分析了现实,分析了城乡统筹的必要性与意义。第二章是国外城乡统筹的实践与理论背景,介绍了发达国家城乡关系演变的实践和发展中国家农村工业化与城市化的实践,并分别对西方国家、发展中国家统筹城乡发展理论进行了述评。第三章阐述了本文的理论基础及研究方法,本文对城乡统筹的研究是基于二元经济结构理论,文章回顾了二元经济理论的传统与演进,介绍了刘易斯的二元经济结构理论及其发展,研究了二元经济结构向一元转换的理论模型,分析了二元经济条件下城乡经济的联系。第四章在对2003年我国农村社会经济状况进行回顾的基础上,研究了造成我国城乡分割的原因。第五章研究了城乡统筹思想的科学内涵,先指出城乡统筹思想在科学发展观中的重要地位,接着分析了城乡统筹思想的内涵,最后指出中国已经进入统筹城乡发展的关键时期。第六章对我国现阶段统筹城乡发展的动力与阻力进行了分析。第七章阐述了城乡统筹发展必须具备的几个先决条件:良好的农业和农村基础设施、增加对农业的投入力度、多渠道保证农村公共物品供给、城乡间要素互动、建立城乡平等的社会保障体系。第八章对统筹城乡发展提出了政策建议。

关键词:城乡建设　城市化　工业化　城乡统筹

1076

激励冲突、所有权与投资者保护 / 鄢晓发著 ; 李晓西指导. -- 中国社会科学院研究生院, 2005. -- 96 页

本文以企业组织结构与公司治理的核心问题——激励冲突为研究主线,对解决激励冲突的所有权机制、投资者保护机制及二者相互关系作出了分析。论文首先进行所有权机制的静态分析,建立了所有权结构的均衡模型。通过模型的比较静态分析,论文认为外生因素如潜在价值、经理市场、投资者保护等对均衡所有权的影响是负的,而对均衡最大化价值影响是正的。这意味着公司潜在价值的提高及投资者保护的加强会降低均衡所有权,提高公司最大化均衡价值。接着论文进行所有权机制的动态分析,建立模型研究了信息、法律保护、竞争等因素对并购可能性、并购效率等的影响。论文认为,信息对称加强、控制权市场竞争都可以减少非有效并购发生的可能性,但也会减少大股东获取的溢价,因此减少效率并购发生的可能性;法律对小股东保护加强可以减少非效率发生,但由于减少了大股东事后的掠夺,因此也减少了效率并购发生的可能性;信息披露、加强法律保护以及控制权市场的竞争性都有利于小股东利益增加和社会总效率提高。通过以上两方面的分析,作者认为作为外生因素的信息披露和法律保护对于解决激励冲突和提高公司均衡效率至关重要。文章最后分析了加强投资者保护的几个主要方面,如健全证券市场的信息披露机制、增加证券市场的流动性、完善投资者保护立法和加强司法执行效率等。

关键词:企业管理　激励　所有权　信息披露　投资者保护

1077

中国企业海外投资金融支持研究 / 严明著 ; 王春正, 刘鹤指导. -- 中国人民大学, 2005. -- 167 页

本文沿着钱纳里的分析思路,在凯恩斯国民收入决定理论的框架下,对海外投资金融及财政支持的必要性进行论证,建立对外直接投资融资需要分析模型,并用此证明了金融部门的支持与政府部门的支持具有一定的互补性。全文共分七章。第一章导言,提出了本文研究的问题,介绍了文章的研究脉络与框架,指出了文章的创新之处,对相关概念进行了定义,并对有关理论和文献进行了综述。第二章是企业海外投资与政府扶持,先分析了开放经济条件下的海外投资与经济增长间的关系,然后,论述了中国经济增长中的资源和能源安全问题,以及中国“走出去”战略的提出,最后,分析了海外投资的政府扶持的必要性及具体手段。第三章研究了海外投资的金融支持,包括海外投资的金融支持需求、商业性金融支持、政策性金融支持,并对各国官方出口信用机构进行了比较研究。第四章海外投资及金融支持风险分析,总结了海外投资的特点,分析了海外投资中的系统性和非系统性风险,阐述了海外投资金融支持的风险问题,并对其道德风险进行了分析。第五章研究的是海外投资金融支持的主要手段,包括国际项目融资、出口信贷、对外担保与出口信用担保、出口信用保险、官方发展援助、混合贷款等。第六章对中国企业海外投资金融支持的现状研究。第七章对中国企业海外投资总体战略进行了展望,提出了建立中国企业海外投资政府支持系统的策略,并探讨了中国企业海外投资金融支持模式战略选择问题。

关键词:海外投资　金融支持　企业发展

1078

证券投资基金业绩评价研究 / 杨飞虎著 ; 聂名华指导. -- 中南财经政法大学, 2005. -- 176 页

文章首先分析了证券投资基金业绩评价研究的理论基础,包括投资组合理论、资本市场理论、套利理论及有效市场理论。其次,探讨了现代西方证券投资基金业绩评价的理论研究与实践情况,分别介绍了基于资本资产定价模型、Fama – French 模型的基金业绩评价理论模型研究,以及对条件业绩评估理论和基金业绩持续性的研究;西方学者对基金业绩评价主要集中在两个方面:基金风险调整后的收益率能否超过市场组合或某个评价基准的收益率,即基金能否战胜市场,以及基金经理是否具有市场时机能力和证券选择能力;此外,还详细介绍了美国晨星公司基金业绩评价体系,研究了该公司基金星级评级与基金在未来的表现,探讨了该评级体系对我国的借鉴意义。第三,讨论了我国证券投资基金业绩评价的理论研究与实践,认为主要存在以下几个问题:广为传播的业绩评价指标无视投资风险;基金持股的流动性未能充分体现;基金业绩评价所选的时间短过于狭窄以及基金投资风格的划分标准有欠妥当等。第四,以上证综合指数作为股票基金的评价标准,将上证国债指数作为债券基金的评价标准,构建了一个我国证券投资基金业绩评价体系,认为构建基金业绩评价体系的前提是确立权威的、公允的市场基准指数体系和无风险收益率。第五,选择 1999 年底之前上市的规模为 20 亿元的封闭式基金和 2002 年底前成立的股票型开放式基金作为样本,对我国的证券投资基金进行实证研究,结果显示,基金整体上收益能力好于市场基准组合,基金经理具有显著的股票选择能力,基金具有良好的分红能力,但基金投资过于集中,而且中国的开放式基金的收益能力整体上略高于封闭式基金,而总风险却略低于封闭式基金等。最后,对提升中国证券投资基金业绩提出对策建议,作者建议按照让利于投资者的原则实现非流通股的全流通,严厉打击财务造价和虚假信息披露,建立高效的基金经理人市场,发展基金业绩评价行业并通过与外国著名投资机构的合资合作提升国际化水平。

关键词:证券投资基金　经济评价　基金管理

1079

中国政府预算改革及其绩效评价 / 杨玉霞著 ; 马树才指导. -- 辽宁大学, 2005. -- 175 页

本文从预算改革角度对构建适应市场经济体制要求的中国政府预算进行了较系统的研究。文章运用演绎推理方法,结合实证和规范研究相结合及定性和定量分析相结合的方法,依据规范化政府预算目标模式所具有的基本功能及性质,来推断处在改革进程中的中国政府预算改革绩效的综合评价,定位中国当前预算改革所处的阶段,从而设定中国政府预算改革路径未来取向并设计实现的途径。全文包括序言和五章内容。序言阐述了本文的研究目的、意义、角度、方法,对国内外研究现状进行了评述。第一章是政府预算相关理论的介绍,重新界定了本文所研究的"政府预算"的内涵,梳理出对我国政府预算改革有借鉴意义的预算理论,并加以论述及评析。第二章设定了规范化政府预算近期及远期目标模式。第三章重点描述了我国 1998 年以来在政府预算领域所进行的各项具体改革,并从计划性、全面性、公开性和法治性等方面分析了此届政府预算改革所具有的主要特征。第四章对 1998 年以来政府预算改革的绩效进行了综合分析,文章首先界定了政府预算绩效评价的内涵、政府预算绩效评价的基本理念,设计了我国政府预算绩效评价体系,然后就政府预算绩效评价的具体指标进行了测算,并运用修正后的汉森模型,对 1998 年以来的政府预算改革绩效进行了综合评价,最后进一步分析了政府预算改革绩效评价的结果。第五章指出了政府预算改革的未来取向,文章先提出了未来政府预算改革的路径可分近期和远期两阶段,并设定了这两阶段目标模式的实现途径,并对 GFMIS 的构建和政府会计改革问题进行了剖析。

关键词:国家预算　财政管理　经济体制改革　经济评价

1080

证券投资基金的经济学与法学分析 / 叶俊英著 ; 刘诗白指导. -- 西南财经大学, 2005. -- 318 页

本文从理论上系统分析了基金产生的根源以及基金的经济法律性质,探讨了基金治理安排的理论基础。全文除导论外,共分六章。导论部分阐述了选题的缘由、研究对象与研究方法,指出了文章的研究思路,并概括了各章的主要内容和基本观点。第一章通过评述企业理论,提炼出契约经济学的分析框架。第二章对基金进行了经济学意义上的分析,分析了基金契约的经济性质,阐释了基金存在的原因,分析了基金权利配置的独特性,并对基金进行了委托代理分析。第三章对基金契约进行了法律分析,先研究了基金契约的法律性质,论述了基金契约的法律制度安排,并指出了需要进一步探讨的几个法律问题。第四章深入研究了基金治理的有关问题,着重探讨了基金治理的模式选择,文章首先分析了基金治理产生的根

源，指出了现实中的基金契约选择的是一种以外部治理为主的治理模式，最后论述了基金治理的制度化、法律化问题。第五章分析了基金外部治理模式的机制安排，包括申购赎回机制、声誉机制、强制信息披露机制以及独立董事机制等。第六章分析了基金契约的一个重要签约主体——基金管理公司的治理问题，对企业所有权配置逻辑进行了再认识，指出企业所有权配置是遵循"谈判博弈的动态演进"逻辑，并分别阐述了人力资本主导的基金管理公司和非人力资本主导的基金管理公司的治理，最后分析了如何完善我国基金管理公司的治理。

关键词：证券投资基金　契约　委托代理　公司治理　资本市场

1081

中国农村金融体系研究／余贤群著；桂世镛指导. 中国人民大学, 2005. -- 180 页

本文通过分析农村金融与农村经济发展的关系，分析农村金融市场的特点和规律，总结出我国农村金融体系变迁的经验教训，借鉴国外农村金融发展的有益做法，对我国农村金融体系的构建提供了一些思路和政策建议。全文除引言部分外，共分七章。引言主要分析了我国农村金融体系的基本内涵。第一章论述了金融支持与我国农村经济发展的关系，先分析了金融与经济发展的关系，接着研究了我国农村经济发展中的资金投入与流失问题，理清了我国农村金融体系变迁的历史脉络。第二章从需求的角度分析了我国农村金融市场，先阐述了农村金融市场的功能与特征，对农村金融市场需求主体的融资行为进行了分析，指出农村金融市场建设中存在的几个问题。第三章论述了农村合作金融和农村信用社改革，文章通过探讨合作金融的起源与发展、部分国家和地区农村合作金融的情况和我国农村合作金融的实践重点回答了我国为什么没有产生真正的合作金融组织、有没有必要产生真正的合作金融组织、能不能产生这三个问题，并对我国农村信用社存在的问题、新一轮农村信用社改革的制度和政策设计进行了分析和评价。第四章论述了农业政策性金融与中国农业发展银行改革，通过对国外农业政策性金融制度进行比较，对我国农业政策性金融的发展历程进行了回顾，并对中国农村发展银行存在的问题进行了深入分析，就中国农业发展银行改革的思路、政策定位、机制完善和政策支持等提出了见解。第五章分析了农村商业金融的发展与创新，其中包括四大国有商业银行、农村小额信贷、邮政储蓄改革等。第六章论述了农业保险，通过分析我国农业保险的现状和制约因素、国外农业保险制度的主要模式和实践经验，以及我国当前农业保险试点的有关情况，提出发展我国农业保险的思路。第七章通过分析非正规金融的生成逻辑、我国农村非正规金融的形成和规模，提出要客观认识农村非正规金融在我国农村经济发展的积极作用，并对如何发展我国农村非正规金融提出了思路和观点。

关键词：农村金融　金融体系　合作金融

1082

中国经济增长潜力分析／袁富华著；刘瑞指导. -- 中国人民大学, 2005. -- 185 页

本文将制度经济学与增长经济学进行融合，对那些可能对未来经济增长潜力开发构成约束的因素进行分析，对可能对未来增长潜力开发具有促进作用的因素进行了解读，提出了"重农固本、制造立国"的理念。全文共分五个部分十章。第一篇"中国经济增长潜力开发的条件：理论框架"，着重就发生在中国经济增长过程中的两大转型进行了分析，包括第一、二、三章。第一章综述了中国经济增长潜力开发过程中所呈现出的各种现象；第二章分析了中国经济增长潜力开发国内制度环境，作者把半个世纪中国制度演进过程用两个术语进行了描述：第一次制度变革时期和第二次制度变革时期；第三章建立了一个库兹涅茨型的理论分析框架，形象地描述了经济结构光谱的演进以及经济结构的同质性和异质性的成因，基于这一理论框架，在一个三阶段发展模型中，作者从历史和逻辑的角度描述了中国经济增长的轨迹。第二篇研究了中国经济增长潜力开发面临的可能约束，包括第四、五章。第四章对中国基础性资源的潜力进行了评估，作者就耕地、水资源和能源对中国经济增长可能造成的约束进行了评价；第五章评估了一些外来性资源的经济可利用潜力，包括粮食进口、石油进口、外资。第三篇分析了作为经济增长的动力因素的投资和消费两种需求的结构升级和优化。第六章从投资的主体结构、产业结构和地区结构三方面对中国投资的潜力开发问题进行了分析；第七章对中国城乡居民消费规模和行为进行了研究。第四篇分析了部门增长的潜力，包括第八、九章。第八章分析了中国农业增长的潜力，第九章就中国制造业部门增长潜力开发的动力因素——技术进步、制造业部门增长与第三次产业的增长之间的关系，以及制造业增长与整体经济增长之间的关系进行了详细研究。第五篇阐述了本项研究

的政策意义，包括第十章，对保证经济稳定健康增长的政策措施进行了阐述，并把“重农固本、制造立国”作为一个综合性战略提出。

关键词：经济增长　经济制度　经济结构　消费结构　技术进步　制造工业

1083

中国转型期劳动分工演进研究 / 袁培红著 ; 李晓西指导. -- 中国社会科学院研究生院, 2005. -- 148 页

本文从劳动分工视角对中国改革开放二十多年的经济发展进程、特点进行了梳理，结合当前国内外劳动分工发展的新趋势，剖析制约中国劳动分工演进的体制性因素，并提出战略选择。首先，阐述了关于劳动分工的几点基本理论认识，认为劳动分工虽然是经济发展的内在机制，但它的演进不是直线式的，往往由于体制、文化或其他偶然因素而出现路径依赖，是一个演化的过程。其次，对中国转型期劳动分工演进过程进行描述和分析。中国劳动分工演进先后经历了以农村工业化、新型耐用消费品生产和重化工业为主导的阶段，在这个过程中，中国职业结构发生了重大变化。劳动分工的快速演进推动了中国的工业化进程。第三，分析了转型期中国的劳动分工演变特点，认为转型期我国劳动分工演变表现出以下几个特点：省际间的地区的专业化生产趋势明显，呈现东中西不平衡的特点；需求成为分工演进的主要动力；分工的协调方式发生了重大变化，地方政府开始积极参与产业谋划和发展，企业市场主体地位逐步确立，价格在资源配置中的基础性作用开始发挥；分工演进的背景发生了重大变化；产业发展出现了集群化趋势。第四，分析了转型期劳动分工对经济发展的影响，认为改革开放以来中国宏观经济运行中出现的通货膨胀及内需不足都可以从分工演进机制的特殊性中得到很好的解释，同时这种机理也可以用来解释改革开放以来中国经济增长、就业和城乡二元结构等现象。第五，分析了新的技术条件下劳动分工的基本趋势，认为它主要表现在四个方面：比较优势内生化、产业发展模块化、协调手段网络化和国际分工纵深化。最后，分析了阻碍我国劳动分工深化的体制性因素。利益集团的出现和地方利益的强化、社会保障体制的不完善、创业经济环境的缺乏，以及传统文化的制约等多方面因素都对我国社会分工的演进造成了很大阻碍。

关键词：劳动力　社会分工　经济转型期

1084

市场化与全球化进程中的国家商品储备制度研究 / 张青著 ; 高铁生指导. -- 中国人民大学, 2005. 155 页

本文从宏观调控的角度出发，对新形势下的国家商品储备制度进行了较全面系统的研究。全文共分两篇七章。第一篇是关于国家商品储备的一般理论，包括第一章至第四章。第二篇是国家重要商品储备，包括第五章至第七章。第一章主要从国民经济稳定发展的客观要求提出建立国家商品储备体系的必要性和急需解决的问题，并提出研究思路、方法和基本框架。第二章主要阐述了国家商品储备的概念、类别及其定位，在概括介绍我国古代储备历史的基础上，分析了新中国成立后国家商品储备体制的演进过程，指出现行国家商品储备制度存在的主要问题。第三章从市场经济的一般发展规律出发，分析“市场失灵”与政府干预经济的必要性，以及国家商品储备干预的产生；通过对调控对象、范围和调控目标的比较，分析宏观调控体系中的财政政策、货币政策与国家商品储备调控的关系；探讨了社会主义市场经济体制和经济全球化对国家商品储备体制的影响。第四章构建了我国国家商品储备体系的基本框架，研究确定了国家商品储备的基本运行机制，提出国家重要商品储备调控的新模式，详细地描述了高效统一的国家商品储备体系和运行机制的主要方面和具体内容。第五章主要研究国家粮食储备体制问题，文章先阐述了粮食储备的重要性；回顾了我国粮食储备制度的变迁，并进行了评价，接着对世界主要粮食进出口国储备制度进行了比较分析，最后提出了新形势下构建国家粮食储备制度的初步设想。第六章研究了国家棉花储备制度，先分析了棉花储备的意义、国内外棉花市场供求状况，剖析了国家棉花储备制度与棉花流通体制的内在联系，对我国现行的棉花储备制度安排与存在的问题进行了分析，提出了构建新形势下的国家棉花储备制度的基本框架。第七章主要研究国家石油储备制度，先阐述了建立国家石油储备的重要性，对世界发达国家石油储备管理模式进行了比较分析，总结了国外石油储备管理经验中值得借鉴之处，最后阐述了新形势下构建我国石油储备制度的基本思路和设想。

关键词：国家储备　商品储备　宏观调控　国家安全

1085

服务业就业效应研究 / 张淑君著 ; 赵丽芬指导. --

中央财经大学, 2005. -- 113 页

本文借鉴国内外有关服务经济理论研究的成果,结合国内外服务业发展的实践,综合运用服务统计法和服务分析法,收集、整理、分析了大量数据,通过相关分析验证了服务业的就业弹性、结构偏离度、比较劳动生产率等指标与服务业吸纳劳动力就业能力的相关性,运用计量模型分析了服务经济增长和就业之间的关系,从而有针对性地提出发展我国服务业的对策和建议。全文分五章。第一章对服务业就业效应的理论分析,作者先阐述了服务业的概念、性质及其发展的一般规律,然后分析了服务业的就业特征。第二章对服务业发展现状的分析,描述并分析了世界服务经济的发展现状,回顾了我国服务业的发展历程,分析研究了我国服务业的现状与问题,总结了限制我国服务业发展的主要原因。第三章对我国服务业就业效应的整体分析,以整个服务业为研究对象,从就业比重、就业弹性、结构偏离度和比较劳动生产率四个方面,分别描述了我国服务业的演变过程、基本特征和变化趋势,探讨了就业结构变动与收入水平的关系。第四章我国服务业就业效应的行业分析,文章以服务业内部的各个服务行业为研究对象,描述了劳动力在各服务行业的分布情况,通过回归模型分析了各个服务行业的就业比重与收入水平的关系,以及与其本身产值比重的相关关系;然后分别研究了各服务行业在就业弹性、结构偏离度和比较劳动生产率等方面的特征,并将上述指标结合在一起对服务业内部各行业就业能力进行了综合分析。第五章主要从产业政策、管理体制和人力资源三个方面分析了我国服务业发展的方向和具体措施,提出对策建议。

关键词:服务业　劳动就业　就业结构　就业效应

1086

资产证券化理论与实践研究 / 张锌著 ; 张汉亚指导. -- 中国社会科学院研究生院, 2005. -- 126 页

本文对资产证券化的理论与实践进行了研究。全文共七章。第一章是资产证券化的基本理论,阐述资产证券化的概念、特点、发展动因和意义及其基本原理、交易结构、运作程序,对资产证券化的收益与风险进行分析,介绍资产证券化的定价模型。第二章是国外资产证券化实践介绍及比较分析。第三章分析了我国实施资产证券化的必要性和意义,分析了我国实施资产证券化的有利条件,并对我国发展资产证券化的市场需求和供给进行了分析。第四章对以信托方式推行银行信贷资产证券化进行分析,包括银行信贷资产证券化的可行性、运作思路等。第五章对信托方式处置不良资产方案的可行性分析,通过对不良资产的现行处置基本手段和组合处置策略比较,说明证券化的必要性,同时还对不良资产证券化尝试的可能性、方案实施的可行性和面临的困难进行了论述。第六章以华融资产管理公司的不良资产信托分层处置项目为例,对信托方式处置方案进行案例分析。第七章分别从法律制度、会计制度、税收制度、社会信用体系、经济环境等角度出发,分析了我国实施资产证券化的难点问题,并提出政策建议。

关键词:资产证券化　信托方式　不良资产　信贷

1087

中国市场中介组织发展研究 / 张展著 ; 李华指导. 辽宁大学, 2005. -- 167 页

本文从历史演进和功能分析的角度定位中国市场中介组织的现状,从与成熟市场经济国家比较和对本土因素的分析中寻找中国市场中介组织失灵的原因,结合完善社会主义市场经济体制的目标设定市场经济体制完善期市场中介组织的发展目标,借鉴成熟市场经济国家的经验并结合本土情况寻求达到这一目标的途径。全文共分七个部分。序言揭示了选题的理论和实际意义、研究方法、论文的基本结构和主要内容、主要创新点等内容。结语部分则对全文主要观点进行简要总结,并提出一些有待深入探讨的问题。论文主体部分包括第一章至第五章。第一章先划定了论文的研究范围,对国内市场中介组织研究的现状进行了述评,并阐述了交易成本理论、信息经济学理论、制度变迁理论的相关内容。第二章回顾了中国市场中介组织的历史演进,将新中国制度变迁背景下市场中介组织的发展划分为三个大的阶段,从历史延续的角度对市场中介组织的现状进行了定位。第三章从功能分析的角度定义中国市场中介组织的现状,从而证明继续完善和发展中国市场中介组织是必要的。第四章为中国市场中介组织失灵的原因分析,文章从本体因素和环境因素两个方面分析了中国市场中介组织失灵的本土原因。第五章重点解决我国市场中介组织的完善和发展问题,结合 21 世纪初的市场经济体制完善目标设定了市场中介组织的发展目标,分析了成熟市场经济国家失灵治理经验对我国的借鉴意义和本体因素与环境因素的改善问题。

关键词:中介组织　市场经济　中介服务

1088

混沌理论在经济中的应用研究／赵华著；钱伯海，曾五一指导. -- 厦门大学，2005. -- 156 页

本文利用混沌理论探讨多种随机经济现象背后的运行规律，把混沌与其他联系密切的非线性模型作出比较，分析它们的异同点，同时探讨宏观经济数据的动力学特征，对经济的运行作出预测和控制。本文共分七章。第一章介绍选题背景和意义。第二章评介混沌理论的基本思想、混沌的识别、混沌与分形的关系以及国内外关于混沌理论在经济领域应用的现状。第三章对股票和期货价格行为特征进行研究，利用三种常用的非线性模型（ARCH、ARFIMA 和混沌模型），根据中国证券市场数据，对三种模型进行实证分析。第四章探析了资产定价理论的起源，指出传统资产定价理论的不足，进而建立具有混沌特征的资产定价模型。第五章研究混沌理论在宏观经济学中的应用，应用混沌理论从内生角度解释经济增长和经济周期理论。第六章将混沌理论和神经网络理论相结合，探讨了混沌经济系统的预测。第七章是对全文的总结。

关键词：混沌　分形理论　神经网络　资本市场　资产定价

1089

促进我国产业结构优化的投融资体制创新研究／朱衍强著；刘瑞指导. -- 中国人民大学，2005. -- 161 页

本文以投融资体制创新和产业结构优化的内在联系为主线，将我国经济发展中的产业结构优化和投融资体制创新结合起来进行了研究。全文共六章。第一章是导论，对相关概念进行了界定，介绍了本文选题的背景、研究重点与方法，概述了文章的结构安排、创新点与研究难点。第二章从马克思主义经济学、西方经济学以及中国经济学三个视角分别对产业结构和投融资体制的理论进行全面系统的检索，寻找投融资体制创新对产业结构调整具有重要推动作用的理论支持。第三章分析了投融资体制创新的产业结构优化效应，文章先详细阐述了产业结构优化的内容，指出投融资体制产生作用的前提条件，然后对投融资体制创新的产业结构优化效应进行了详细的剖析。第四章分析了我国产业结构的演进特征与优化目标，主要包括论述了我国改革开放以来产业结构的演变趋势及其特征；对我国产业结构的变动趋势与国际一般趋势的比较分析；我国产业结构优化的思路和目标三方面。第五章论述了我国投融资体制对产业结构优化的影响及国际比较，文章先考察了我国现行投融资体制对产业结构优化的影响，接着对美、德、日、韩四国利用投融资体制创新促进产业结构优化的手段和措施进行了比较，归纳可供我国借鉴的经验，最后提出投融资体制创新的产业政策导向。第六章围绕促进我国产业结构优化，对投融资体制创新提出了一些设想。

关键词：产业结构优化　融资　投资

1090

技术要素参与收入分配与中国分配制度改革／邹华著；李华指导. -- 辽宁大学，2005. -- 180 页

本文在对技术要素参与收入分配理论进行综合述评的基础上，从技术要素、经济增长、收入分配关系切入，对技术要素参与收入分配的决定机理进行了剖析，并对中国现实的技术要素参与收入分配状况和分配制度改革的情况作了考察研究，最后提出了促进技术要素参与收入分配的对策与现实途径。全文共分六章。第一章为技术要素参与收入分配的理论综述部分，通过对西方和国内技术要素参与收入分配理论的简要回顾和评价，确立本文研究的理论基础，并确定了本文的研究方法。第二章首先通过对经济增长、要素替代与收入分配关系的研究，揭示了生产要素扩展和替代这一自然演进规律，阐明了要素扩展趋势和社会生产力的增进的同步性，并进一步阐明了技术要素对经济增长的现实作用和对收入分配的作用。第三章在阐明技术要素参与收入分配的主体、客体、依据与标准及形式的基础上，分别研究了显性技术要素收入份额的决定和隐性技术要素收入份额的决定。第四章主要对中国技术要素参与收入分配进行了现实考察，包括中国技术要素参与收入分配的具体形式；中国技术市场形成、发展、目前存在的问题；中国劳动力市场发展及目前存在的问题；我国技术要素主体群体收入份额及其变动；对引发上述问题的原因进行了深入剖析。第五章主要分析了中国分配制度改革及其与技术要素参与收入分配的关系，并在此基础上对技术要素参与收入分配制度进行了分析。第六章提出了促进技术要素参与收入分配的对策及实现途径。

关键词：收入分配　分配制度　按技术要素分配　技术要素

1091

中国的国际收支结构：基于外资流入的分析／邹欣著；肖金成指导. -- 中国社会科学院研究生院，2005. -- 201 页

文章在分析中国国际收支结构独特性的基础之上,着力从理论与实证角度综合考察其成因,尤其是外资流入对其产生的影响,进而对可持续性和潜在风险进行了理论、经验分析和模型预测,并提出了中国国际收支结构模式调整的目标和相应的政策取向。全文共包括四大部分。第一部分以国际收支阶段论为依据,借助 IMF 金融数据,通过对不同经济发展水平国家国际收支结构的归类、横向和纵向考察,揭示了中国 20 世纪 90 年代中期以来国际收支结构理论上和现实中的独特性——国际收支“双顺差”。第二部分分别在一般理论分析的基础之上,实证检验了我国国际收支结构特点的主要成因,结果表明,这些特征是特定经济发展阶段、综合国际竞争力、资本与外汇管制不对称、国内储蓄相对于投资过剩和僵化的汇率制度等多种因素共同作用的结果。第三部分在前述分析的基础上,对中国国际收支结构的可持续性和潜在风险进行了理论、经验分析和模型预测,结果显示,在其他条件不变的情况下,中国的经常项目顺差五年后很可能会发生逆转,但只要经常项目赤字占 GDP 的比例不超过 4.7% 便是安全的;而中国外资流入在短期内则不会发生大规模的逆转;国际收支双顺差所导致的外汇储备超常增长将是中国宏观经济面临通货膨胀、人民币汇率即期升值、远期贬值和中央汇率政策、货币政策调整两难选择的困境。第四部分针对中国国际收支结构变动的趋势和潜在风险,提出了“可维持的经常项目赤字与 FDI 主导的资本与金融项目顺差并存”的国际收支结构调整目标模式及相应的升级出口导向贸易政策、加工贸易政策和引进外资政策;大力发展服务贸易;促进对外投资;加强短期资本流动管制;改革完善人民币汇率形成机制与投资储蓄转化机制;健全国际收支预警体系等弱化国际收支风险的政策措施。

关键词:国际收支　贸易顺差　外资引进　资本流动　金融风险

区域经济学

1092

资本市场与东北老工业基地经济振兴／陈稹著；陈秀山指导. -- 中国人民大学，2005. -- 154 页

本文在建设社会主义市场经济的前提下,探讨了东北老工业基地经济振兴的问题。全文除导言外,共分六章。导言部分阐明了本文的选题背景及意义,对相关研究成果进行了综述,介绍了本文的研究方法、结构安排以及创新与不足之处。第一章对资本市场与经济发展的相关性的有关理论进行了阐述,分别从经济增长、产业结构和公司治理等三个不同角度,分析阐明了资本市场对转变经济增长方式、优化调整产业结构和完善公司治理结构的作用机制与作用方式。第二章总结了资本市场与区域经济发展的相关性的有关实证研究成果。第三章在分析东北老工业基地经济增长现状的基础上,对资本市场与经济增长的关系进行了定性和定量研究。第四章在分析东北老工业基地产业结构现状的基础上,对资本市场与东北老工业基地产业结构的调整进行了定性和定量分析。第五章,分析了东北老工业基地微观经济主体存在的问题,并对资本市场在东北老工业基地国有企业改革以及中小企业发展中的作用进行了探讨。第六章从六个方面,提出了如何进一步发展和完善资本市场,以促进东北老工业基地经济振兴的思考和建议。

关键词:资本市场　经济增长　产业结构　工业基地　东北地区

1093

台商投资大陆的区位选择及其投资环境研究／段小梅著；李非指导. -- 厦门大学，2005. -- 298 页

本文以台商为研究对象,分析台商投资大陆的过程中,影响其区位选择的重要因素及大陆各区域投资环境的优势与不足,一方面为各级政府在改善投资环境和对台招商引资时提供参考,另一方面给未来投资大陆的台商提供借鉴,以实现投资和引资的双赢。文章在对相关理论探讨和文献回顾的基础上,首先对台商投资大陆的原因、形式、规模等进行了历史考察。其次,分析了台商在大陆投资的区位特征,研究认为,台商在大陆的投资区位选择主要受“集聚市场因子”和“投资环境因子”的影响,其因子得分较高的地区为“长三角”、“珠三角”和“环渤海”地区;传统产业和高

技术产业的区位选择,在市场因素、劳动力因素、基础设施、集聚因素等方面既有共同特征,又有不同偏好;台商在大陆投资的集聚特征受到诸多因素的影响而形成,关联产业是否配套是其中的一个主要原因。再次,对大陆的区域投资环境进行了比较评价,根据《中国统计年鉴2004》的分析结果,大陆投资环境优势区位仍集中在沿海地区,但台商对大陆投资环境的偏好已出现新特点:其中,在华南地区的投资已趋饱和,投资意愿下降;而华东地区投资环境满意度虽高,但更青睐中心城市周边的二级城市;部分内陆地区的中心城市日渐受到关注;华北地区将是吸引台资的后起之秀。最后预测了台商投资大陆的趋势,认为环渤海经济区将成为台商投资的下一个重点区域;"泛珠三角"的区域合作将使台商把眼光投向周边省市;长三角的经营成本将增加,投资热不会再高涨,而中西部地区虽在短期内还不能成为投资热点,但吸引力在日渐增强;同时,东部和东南沿海地区的电力供应和劳动力供给是否充足将影响下一轮的台商投资。

关键词:投资环境　区位选择　台商

1094

东北地区产业集群及发展研究 / 高斌著 ; 丁四保指导. -- 东北师范大学, 2005. -- 112页

本文从东北产业集群的历史发展脉络出发,结合国内外关于产业集群理论的研究成果,以长春汽车产业集群和通化医药产业集群的实证研究为支撑,从东北产业集群的问题分析切入,探索限制东北产业集群发展的制约因素,以及东北产业集群发展的未来方向。全文除引言和结论部分外,共分五章。第一章沿着历史发展的脉络,首先回顾了建国前东北在殖民地制度下形成的重工业地域的雏形;然后论述了社会主义计划经济时期东北产业集群的形成及其特征;最后分析了在由计划经济向市场经济转轨时期东北产业集群面临的制度约束,以及制度约束下东北产业集群的发展困境。第二章是关于产业集群的理论研究,先从产业集群形成的机制出发,综述了国外产业集群理论的演进,然后探讨了与之相关的热点问题,最后总结了国内产业集群理论的研究成果。第三章分析了东北产业集群问题,包括与东部沿海地区的区域环境的比较研究;东北产业集群问题的症结分析;东北发展产业集群的障碍因素分析等。第四章对东北产业集群进行了实证研究,分别从现状、特征和制约因素出发,通过长春汽车产业集群和通化医药产业集群的实证研究,继续分析了东北产业集群发展中存在的问题,并提出要培育东北区域制度环境,发展东北产业集群。第五章是对发展东北产业集群的战略研究,包括构筑基于国家装备制造业基地目标的产业集群;构筑基于新型工业化目标的中小企业集群;以及东北地区中小企业集群发展的三个战略方向。

关键词:工业基地　产业结构　产业集群　中小企业　东北地区

1095

区位的经济学分析 / 高进田著 ; 郝寿义指导. -- 南开大学, 2005. -- 180页

本文从新视角提出了新的区位观,指出区位的研究应该跳出"区位选择"的研究路径依赖,深入地分析区位本身以及区位与区域之间的联系。全文共分七章。第一章导论,说明了本文的选题背景,对相关概念进行了界定,阐述了论文的研究思路、主要内容和分析框架。第二章现有的研究成果进行了较完整的回顾和评析,包括现有区位的相关概念、经济学与区位问题分析、地理学与区位问题分析;并对现有区位理论进行了分类。第三章"区位与区位价值"深入探讨了区位的经济学含义,提出了一种新的区位观,并在此基础上,分析了区位特性及区位价值。第四章对土地这种"元区位"进行了阐述,分析了土地为什么可称为"元区位",说明了元区位的作用,研究了地租与区位价值。第五章研究了作为经济关系概要表征的区位,分析了外部性与区位、产权与区位的关系,以及区位间的相互作用。第六章从新的区位内涵的角度重新审视了区位研究中的区位选择、区位均衡、区位惯性以及区位变迁等问题。第七章则将新的区位理念运用到现实的区域经济理论、区域经济发展以及物业投资、评估中。

关键词:区位理论　区位经济学　区域经济

1096

小西北地区经济一体化战略构想的理论与实证研究 / 高凯山著 ; 聂华林指导. -- 兰州大学, 2005. -- 236页

本文是从市场体系的角度来论述经济一体化,紧紧围绕小西北地区经济发展中存在的"漏斗"现象,有针对性地提出了一些在一体化中应当注意的问题和创新性的观点。全文除导言外,共分八章。导言部分分析了本选题的意义,对相关文献进行了综述及评论,介绍了本文的研究方法、创新之处及文章的构成。第一章是对地区经济一体化及其一体化模式的述评,

分析了经济全球化与经济一体化的差异与联系,对国际经济一体化模式进行了概述,回顾了改革开放以来国内地区经济一体化的发展历程,并阐述了国内外经济一体化模式的启示。第二章是小西北地区经济一体化研究的总论,文章先解释了小西北的概念,分析了其特定含义;接着阐述了小西北地区经济一体化的历史背景;最后分析了其意义。第三章研究了区域统一市场的建立,文章指出统一市场是市场经济发展的内在要求,剖析了中国的地方保护与市场分割,研究了小西北地区实现统一市场的特质性。第四章研究的是商品市场的一体化,指出这是小西北地区经济一体化的基础,文章分析了小西北地区商品市场的现状,研究了一体化下的商品市场体系,提出要强化区内贸易增强经济联系。第五章则研究的是小西北地区经济一体化的核心——要素市场一体化,重点分析了劳动力市场、资本市场、技术市场、信息市场与土地市场。第六章论述了产业一体化,指出这是小西北地区经济一体化的桥梁与纽带,文章先分析了地区间产业分工格局的现状,探讨了小西北地区经济发展中对国有资产管理的逆向思维,运用产业模块理论分析了小西北地区主导产业的选择问题,最后研究了小西北地区的企业重组、产业联合与一体化。第七章研究的是小西北地区经济一体化的关键——政府的指导与协调,文章分析了市场失灵与政府干预问题,提出培育和构建地方政府的区域协调机制,提高政府的有效供给。第八章在分析了城市经济带与地区经济一体化的关系、探究了兰州市在小西北地区经济合作中的地位和作用的基础上,对小西北地区经济一体化进行了展望。

关键词:经济一体化　经济发展战略　欠发达地区　西北地区

1097

中国西部城市协调发展问题研究 / 高育红著 ; 高新才指导. -- 兰州大学, 2005. -- 172 页

本文根据"点—轴系统"理论和增长极理论,以四个重点经济带(区)为主要地域范围进行了资源环境基础数据的整合集成,提出了西部城市协调发展的理论方法和战略思路,对实施西部大开发战略,缩小东西部差距,实现西部的跨越式发展提供了理论依据和支持。全文除导言外,共分六章。导言部分分析了本选题的意义,对相关文献进行了综述及评论,介绍了本文的研究方法与技术路线,指出文章的创新之处及结构。第一章分析了中国西部城市协调发展问题的理论基础,先指出了西部城市体系的特征及其演变,接着论述了"以线串点、以点带面"战略的依据,最后研究了重点发展轴线的确定。第二章是关于中国西部中心城市与重点经济带(区)空间范围的确定,分析了中心城市的确定与等级划分、西部主要中心城市间的空间联系,以及西部重点经济带(区)空间范围的确定。第三章论述了中国西部城市与市场、企业的协调发展,重点分析了市场群落、企业群落,以及二者与城市网络间的关系。第四章探究了中国西部城市产业的协调发展,先分析了西部城市产业的现状,接着分析了其开发的重点。第五章论述了中央政府在西部城市协调发展中的作用与政策选择。第六章研究了中国西部中心城市的发展方向与职能分工,先提出了中心城市发展的总体思路,然后分别分析了应重点发展的四个一级经济带(区)和四条二级经济带,以及一些其他主要中心城市的发展方向与职能分工。

关键词:城市经济　城市发展　协调发展　西部地区

1098

"省为实体"时期中国电力管制改革分析 : 以甘肃省为例 / 韩国明著 ; 高新才指导. -- 兰州大学, 2005. -- 153 页

本文运用政府管制理论的分析框架,研究了 1985 年至 2002 年"省为实体"时期我国电力工业管制改革的背景和过程,分析了各级政府对电力供给和需求的干预及其效果,研究了各级政府的电力管制措施对资源配置的作用,并比较分析了甘肃等中国欠发达省区与东部发达省区在电力改革过程中具体政策的差别变化和实际效果,在总结我国电力工业管制的成功经验和失败教训的基础上,分析中央政府的电力改革方案和目前各种政策的效果。全文除导言外,共分六章。导言部分分析了本选题的意义,对相关文献进行了综述及评论,介绍了本文的分析视角,指出文章的创新之处及结构。第一章研究了管制理论的研究进展及国外电力管制改革,首先分析的是网络性产业政府管制的研究进展和改革趋向,阐述了电力市场准入与价格管制分析的理论框架,接着介绍并总结了英国电力工业管制改革的经验,分析了美国加州的电力危机及其原因,最后概括了中国在"省为实体"时期电力管制改革的特点。第二章分析了改革的背景和主要政策框架,先剖析了全国性的电力短缺及其原因,指出了中央政府垄断经营后期电力工业发展中的困难,然后回顾并总结了 1980 年代初期电力工业筹集资金

的各种尝试，最后阐释了集资办电政策的主要内容。第三章论述了是电价管制与电力分配问题，包括电价管制的改革过程、对电力企业经营的影响、电力用户的类别与电价差别以及用电指标分配。第四章研究的是电力市场准入改革与投资多元化的进展，包括国有电力企业投资、地方政府投资、利用外资和国内其他投资主体投资等，并对投资主体变化进行了综述。第五章分析了集资办电政策的效果。第六章研究了电力工业管制的新改革，包括发展环境的变化、供需形势变化后出现的新问题、国电公司分拆及重组改革，以及电力管制机构及其职能的改革。

关键词：电力工业　电价　政府管制　甘肃省

1099

上海经济发展的区域效应研究 / 何奕著 ； 陈志龙指导. -- 复旦大学, 2005. -- 162 页

除导言外，本文共分七章。第一章对中心城市经济发展的区域效应进行理论分析，建立分析的理论框架。第二章从历史的角度分析了上海开埠至今经济发展的历程，以及在这一历程中长江三角洲区域空间结构的演变。利用重力模型和威尔逊模型，对当前上海以及长江三角洲的区域空间结构进行了重点研究。第三章从整体经济发展的宏观角度出发，研究改革开放后长江三角洲经济不平衡发展的整体态势以及上海经济地位的变化，利用聚类分析法研究长江三角洲内部层级结构。并通过转移份额分析、要素贡献分析以及制度差异分析对上海及长江三角洲其他城市经济增长的动因和模式进行解析。第四章首先分析长江三角洲三大产业的结构演变和空间分布，其次，利用区域经济学的理论方法，借助经济地理技术讨论了长江三角洲制造业的发展情况、空间分布以及上海制造业的升级和区域效应问题，最后，分析了上海服务业的发展现状、面临的问题和当前的服务水平。第五章以外商直接投资为对象，研究了企业的区位选择问题。并将这一问题和区域空间经济的层级结构和产业结构的演变结合起来，考察上海在区域产业链中的窗口作用、服务作用和管理作用。第六章剖析上海经济发展的区域经济效应，并在此基础上对相关问题进行辨析和展望。第七章对论文的若干结论的总结。

关键词：区域经济　空间效应　产业结构　长江三角洲　上海市

1100

区域城市化的发展模式与演进机制研究 / 胡彬著 ； 孙海鸣指导. -- 上海财经大学, 2005. -- 216 页

在确立了地理——制度——社会的三维区域研究视角的基础上，本文从理论角度探索区域城市化模式的演进机制与组织路径，并从实证角度分析与比较发达区域的城市化发展模式。论文首先在论证区域空间的可组织性和明晰组织化微观作用路径的前提下，给出区域城市化的内涵与一般演进机制的理论表述。然后按照宏观层面的工业化、微观方面的组织模式以及中观方面的区域一体化效应的实证分析框架，分析了工业化的区域城市化效应，将地理层面上的城市化差别归因于历史、经济与社会共同作用的结果。由于城乡制度分割造成的二元结构差异的普遍存在，论文接着选取了几个典型的区域城市化模式，对其城市化的发展机制与演变特征进行深入讨论。作者认为，由于城市公共品投资主体长期缺位，加上城乡要素流动的制度壁垒，使得城镇化成为中国城市化的普遍模式。在市场化进程相对落后的区域，城市化对工业化战略依赖更加显著。改变这种状况需要制度的创新和政府职能的转变，以及市场化的进一步推动。另一方面，随着区域经济的一体化发展，继续推动区域城市化的进程对城市政府间的博弈均衡，如确立有效的协调机制和实现动态的竞争与合作等都提出了要求。因而，不论哪种类型的区域城市化模式，保证地区政策的充分弹性化都是必需的。

关键词：城市化　城市发展　城市经济　区域经济

1101

国土规划的经济学分析 / 黄凌翔著 ； 郝寿义指导. -- 南开大学, 2005. -- 188 页

国土规划是根据经济发展战略所编制的有利于国土资源的合理配置，促进区域协调发展，保障人类社会可持续发展的空间规划。文章首先对国土规划的概念和特点进行了分析，随后讨论了国土资源内在经济机理，认为这一机理主要表现为要素资源禀赋与区域分工之间，以及分工、聚集与区域结构之间的内在机理，并试图通过要素内涵的动态性将新古典和新型古典学派对区域分工的解释纳入一个统一的框架。之后，结合国土规划的任务对国土资源配置中的市场机制和政府干预两种手段的失灵现象进行分析。根据国土资源配置的内在机理，认为国土规划表现出了自然资源主导、资本主导和知识经济三个阶段的特点，并从区域经济发展和结构演变趋势、国土开发模式等方面进行了分析。由于市场机制和政府干预机

制在规划中的运用不同,文章将国土规划总结为三条路径:自上而下、自下而上及上下结合、多元调控的路径,并对这三条路径背后的经济支撑理论进行了分析和评价。最后,对当前我国国土规划进行思考,指出我国当前要素的分布和流动特点,分析我国当前存在的不和谐现象,并提出了国土开发模式、路径选择等方面的相关建议。

关键词:国土规划　国土资源　资源配置　区域发展

1102

区域旅游一体化研究 / 贾玉成著 ; 杨开忠指导. -- 北京大学, 2005. -- 116 页

区域旅游一体化是一定区域范围内的旅游生产、市场和管理的整合过程,它既是旅游生产力发展的必然产物,又是地理相邻的地方应对旅游市场激烈竞争的战略协调。论文对区域旅游一体化国内外的研究进行比较评价,并对区域旅游一体化发展的一般性认识进行梳理。首先,从正向动因和逆向动因两个角度对区域旅游一体化产生和发展进行了比较系统、深入的分析;其次,从“公权”界定的潜在动力和正外部型的诱导分析外部动因;第三,从市场壁垒和补偿欠缺分析区域旅游一体化的逆向动因,但研究发现,传统上基于开放市场和强化市场力量的手段和发展模式并没有能够驱动区域实现旅游的一体化发展。文章借鉴新经济地理学理论和方法,尝试建立了一体化条件下旅游空间结构模型,由此模型证明区域旅游一体化过程中,单独的市场因素并不能导致福利公平,尤其是不能实现帕累托改进。因此,从制度层面寻求实现区域旅游一体化的可行途径,成为弥补“市场失灵”、增进地区福利的必然选择,其中建立福利补偿和利益均沾的制度机制是在效率的基础上实现公平的基本点。最后,从加强政府管制、维护市场环境、促进产品创新三个方面探讨了旅游业区域一体化发展的推动问题,论证市场力量之外的途径对区域旅游一体化的必要作用和相关潜能,并以南宁——桂林旅游区一体化发展为案例,对区域旅游一体化理论进行应用与验证。

关键词:区域旅游　旅游市场　一体化

1103

东北老工业区的衰退与振兴 : 区域经济发展的演化经济学分析框架及应用 / 金铸著 ; 张可云指导. -- 中国人民大学, 2005. -- 124 页

本文将演化经济学推广至区域经济发展,从演化的视角来分析如何治理东北老工业区来实现振兴。全文共分六章。第一章导论,论述了本研究的理论和现实意义,对老工业区进行了界定与区划,综述了国内外老工业区理论研究,指出了本文的研究思路与方法,以及本文的创新之处和难点。第二章是传统经济学对老工业区的解释及缺陷分析。第三章回顾了演化经济理论的发展历程,阐述了演化经济理论的基本内容。第四章研究了演化的思想在区域层次的扩展,建立了区域经济空间演化的一般分析框架,研究了区域间的竞争。第五章回顾了东北老工业区的发展历程,指出了衰退的表现,并就其成因进行了分析。第六章是东北老工业区治理的演化区域经济政策设计,作者先对我国现有老工业基地的治理进行了政策层面的分析,接着介绍了区域经济政策的传统内涵、发展历程及理论基础,然后论述了区域政策的演化理论基础,最后是东北老工业区治理的演化区域政策建议。

关键词:区域经济发展　演化经济学　老工业基地　东北地区

1104

房地产泡沫研究 : 基于实体经济和虚拟经济的二元结构分析框架 / 鞠方著 ; 曹振良指导. -- 南开大学, 2005. -- 265 页

本文提出了一个基于实体经济和虚拟经济的二元结构分析框架,把房地产泡沫放在协调处理好实体经济和虚拟经济关系的角度进行研究,剖析房地产泡沫、经济增长和金融发展三者之间的内在关系,从而为三者的互动协调发展提供理论基础。全文共分六章。第一章绪论。第二章分别对泡沫理论、房地产泡沫理论和虚拟经济理论进行述评,为全文的二元结构分析框架提供理论基础。第三章提出分析房地产泡沫的二元结构框架,强调房地产泡沫的复合性,提出了实体型泡沫、虚拟型泡沫和混合型泡沫的新分类。第四章重点分析了房地产泡沫的成因,并利用中国和日本的数据,对房地产泡沫的一些理论假说进行实证,发现实体经济因素和虚拟经济因素以及产业变量都对房地产价格产生影响,较好地支持了复合泡沫论。在此基础上,本文进一步提出房地产货币化和房地产虚拟化过程中的房地产市场货币积聚假说来解释我国的房地产泡沫现象,实证分析同样较好地支持了这一假说。第五章对房地产泡沫的经济效应及其传导作用机制展开全面分析,并利用中国和日本数据

进行实证。第六章就房地产泡沫的治理问题进行探讨,对现有的一些治理政策措施进行评价和实证检验,并在此基础上提出政策建议。

关键词:房地产经济学 泡沫经济 虚拟经济 实体经济

1105

跨国公司地区总部区位决策研究 / 雷平著 ; 杨开忠指导. -- 北京大学, 2005. -- 147 页

本文试图从企业最终目标——最大收益出发,全面考察跨国公司及其 RHQ 与东道主区域内经济主体的交易决策。通过建立跨国公司最大化区域交易收益决策模型,研究了不同区域市场信息状态下跨国公司及其 RHQ 的交易决策,以此探讨跨国公司的 RHQ 区位决策变量及其决策演进,从而能更好地理解 RHQ 的宏、微观区位决策,以及其对东道主各类不同吸引政策的响应和影响,在此基础上,作者提出了若干政策建议。全文共分七章五个部分,以及一个附件。第一部分是理论综述部分,其中第一章介绍了本文的选题目的和依据,界定了相关概念,提出了主要的难点和创新点。第二章则对相关理论进行了选择性综述并作简要评述。第二部分是跨国公司区域交易收益最大化模型讨论,包括第三章内容,本章提出从区域市场信息的全新角度,开展对跨国公司 RHQ 决策的研究。第三部分包括第四章、第五章和第六章,重点讨论了 RHQ 的成立与区位决策,经过模型演绎总结出了跨国公司 RHQ 成立决策的促进性因素,并讨论了 RHQ 在东亚和中国大陆的宏、微观区位决策。第四部分即第六章,其研究内容是 RHQ 对东道主吸引政策的响应,及其对东道主政策制定的影响,东道主吸引 RHQ 的政策可归纳为激励政策和规制政策两大类型,通过研究作者发现在 RHQ 的区位决策中,东道主激励政策的影响有限,而规制政策能更全面的影响跨国公司的 RHQ 战略决策变量,因此 RHQ 对此更为关注;最后文章从博弈的角度考察了东道国政府、RHQ 在规制形成中各自的行为与作用。第五部分即第七章是本文的结束语,作为对全文的总结,给出了若干政策建议。

关键词:跨国公司 区位选择地区总部 区域经济 东道国

1106

可持续发展与西部生态占用分析 / 李刚著 ; 丁任重指导. -- 西南财经大学, 2005. -- 182 页

本文旨在阐明可持续发展的由来及演进,说明一些衡量可持续发展的方法,并详尽地推出可持续发展的最新衡量工具——生态占用理论,并利用此理论分析了中国西部地区的生态占用情况,在此基础上提出了一些可以将可持续发展事业落到实处的政策建议。全文包括导论,共七章。其中导论给出了全文的概要,并交代了文章的思路与结构。第一章发展模式的反思,文章对工业革命到 20 世纪 70 年代这段时期内可持续发展思想的演变进行了考察。第二章考察了自 1972 年斯德哥尔摩人类环境会议以来可持续发展在全球的推进过程,并据此对可持续发展的含义和一般模型提出了自己的看法。第三章对可持续发展应用方法论的研究,文章根据自己的理解将可持续发展的衡量指标分成三类,并对各类指标体系的结构进行了剖析和评价,阐述了可持续发展指标应遵守的原则,并对绿色 GDP 的实行进行了分析和评价。第四章讨论了生态占用理论的提出、具体含义、基本核算方法以及当前的应用情况,分析了该理论目前存在的缺陷以及改进的基本方向。第五章以四川省为例,应用生态占用理论对我国西部地区的生态环境进行了分析。第六章针对前面的分析结果,以生态占用为切入点,试图为西部地区乃至全国的可持续发展寻找相应的解决策略,文章首先从生态资源的产权特殊性出发,讨论了生态资源可持续利用的产权安排,然后以此为基础提出了生态资本运营战略、生态占用税机制和生态占用权交易制度,并阐述了生态占用理论与发展循环经济之间的关系。

关键词:可持续发展 生态环境 资源利用 西部地区

1107

长江三角洲区域经济的差异与趋同研究:对宁波、嘉兴、苏州、南通四市区域实践的比较分析 / 李吉平著 ; 张敦富指导. -- 中国人民大学, 2005. -- 163 页

本文以长江三角洲在发展过程中应由差异向趋同发展转变为切入点,分析形成长江三角洲内部区域经济差异的要因和变量,以实证方法侧重研究制度、博弈、FDI、基础设施四个变量对区域经济增长的作用过程和作用机理;针对客观存在的差异现状,就长江三角洲这类发达地区的后发区域发展问题进行了一些战略思考,探讨了长江三角洲的区域协调和区域经济的趋同发展。全文共分六章。第一、二章是研究范式的前提和基础。第一章导言,介绍了本文的选题背景,阐述了选题的意义,指出了文章的创新与不足、研

究方法和分析结构，并对研究前提进行了设定。第二章对理论文献和研究成果的综述，包括区域经济差异和趋同理论、中国区域经济增长差异与趋同研究以及长江三角洲区域经济研究成果。第三、四章从论述长江三角洲区域经济的演化开始，进入长江三角洲区域差异的实证研究，这是本文的重点所在。第三章论述了长江三角洲区域经济的演化，具体分析了长江三角洲区域经济的成长、发育和发展；长江三角洲中心城市上海的发展演化以及甬、嘉、苏、通四市区域开发和区域经济的演化等。第四章对长江三角洲区域差异的研究，文章首先研究了区域差异分析的规范性前提，进而对区域经济增长差异的要因、制度、博弈、FDI以及基础设施等方面的研究。第五、六章由对长江三角洲的一个市——南通市的发展研究，探讨了长江三角洲这一发达地区的后发区域发展问题，并对长江三角洲区域协调与趋同发展进行了战略性思考。

关键词：区域经济　区域差异　协调发展　长江三角洲

1108

国际城市的理论与实践：国际城市的形成机制、发展模式与形成路径 / 李丽萍著；张敦富指导. -- 中国人民大学, 2005. -- 120 页

本文对国际城市的形成机制、发展模式和形成路径进行了较系统、深入的研究。全文由导论和五章组成。导论主要阐述了选题的理论和实践意义，介绍了国内外学者关于国际城市理论与实践研究的现状，理清文章的研究思路，给出了本文的框架结构，概括了全文的主要内容、创新与不足。第一章界定了国际城市的概念，归纳了国际城市的判别标准，剖析了国际城市的主要职能特征，阐述了国际城市的职能分类、等级体系和空间布局规律。第二章研究了国际城市发展的驱动力量与外部环境，文章首先总结了世界经济增长重心转移的三大规律，其次，分析了科技创新对国际城市发展的内在驱动，最后，阐述了城市群和城市带的概念、形成机制及其对国际城市发展的意义。第三章研究了国际城市的形成机制，作者先分别从企业规模经济与聚集经济、城市规模经济与聚集经济、城市群和城市带规模经济与聚集经济这三个层面上探讨了国际城市形成的内在机制；然后，论述了国际城市形成的市场导向机制；最后，论述了不同层级政府特别是大都市区政府在国际城市形成过程中的导向作用。第四章首先提出了国际城市发展的产品经济模式和环境经济模式，介绍了内生式发展模式和外生式发展模式，并对这两组城市发展模式进行了对比分析，然后分析了国际城市发展的众多影响因素。第五章对大连国际城市发展的实证研究，文章首先分析了大连国际城市发展的时代背景，然后，剖析了大连国际城市发展的现状、优势和问题；最后，指出大连应以环境经济模式和内生式模式为主，以产品经济模式和外生式模式为辅，通过区位路径、经济路径、政治路径、文化路径和环境路径，采取切实可行的对策和措施，才能实现国际城市发展的长远目标。

关键词：城市发展　城市经济　国际城市　大连市

1109

东北地区城市与区域相互作用机理及模式研究 / 李培祥著；李诚固指导. -- 中国人民大学, 2005. -- 299 页

本文以城市与区域相互作用关系及其演变机制为主线，以东北地区经济发展需求为宗旨，采用理论研究和实证分析相结合的方法，从新的科学发展观视角出发，初步构建了城市与区域相互作用的基本理论体系。在透视和诊断东北地区城市与区域相互作用的演变历程、现状特征和存在的问题基础上，探讨了东北地区城市与区域相互作用的动力机制，提出了东北地区城市与区域相互作用的调控目标、模式及对策。论文共分五章。第一章从城市——区域系统和城市与区域相互作用等基本概念入手，论述了城市与区域相互作用的理论内涵和城市——区域系统的结构与功能，分析了各种基础理论和城市与区域相互作用的密切关系。第二章从城市与区域相互作用关系出发，以实现二者的整体协调发展为主线，重点研究城市与区域相互作用的发展过程、机制、地域类型和调控方式等内容，初步构建了城市与区域相互作用的理论框架。第三章从东北地区城市与区域相互作用历史及现状分析出发，重点论述了东北地区城市与区域相互作用的演化过程、现状特征和存在的问题。第四章论述了影响东北地区城市与区域相互作用的动力机制；分析了东北地区交通和区位条件的变化对东北地区城市与区域相互作用的内容、通道、强度等产生的影响；论述了东北地区特殊历史时期，如外部势力介入、计划经济时期和资源禀赋变化及发展环境变化等制约城市与区域相互作用的动力机制对城市与区域发展、相互关系和相互作用的影响。第五章从东北地区城市与区域整合的视角出发，重点研究了东北地区城市与区域相互作用调控目标、调控机制、调控

模式和调控对策。

关键词:区域发展　城市发展　东北地区

1110

甘肃再度工业化问题研究 / 李兴江著 ; 高新才指导. -- 兰州大学, 2005. -- 181 页

本文运用区域经济学、发展经济学、产业经济学、统计学等有关经济理论和方法,遵循科学研究的基本规范,围绕再度工业化这一中心论题,以工业化——初次工业化——再度工业化——甘肃再度工业化的逻辑结构作为理论视野与思维视觉,对工业化的概念和初次工业化的历史演进进行了综述与反思,提出了再度工业化的概念。论文深刻分析了工业化、初次工业化和再度工业化的关系,强调再度工业化是市场机制调节的结果,对原有工业化的指标体系在质的方面进行补充和完善,为再度工业化提供规范分析的理论基础;从再度工业化引出甘肃再度工业化,将甘肃作为典型区域进行研究,在对甘肃省工业化的历史与现状比较分析的基础之上,提出甘肃应实施再度工业化的必要性,分析论证甘肃再度工业化与初次工业化的内在区别、甘肃再度工业化的基本内涵、特征以及时间界定,在对传统工业化指标进行修正与完善的基础之上,构建包括质和量有机结合的衡量区域再度工业化的指标体系,运用现代统计分析方法对其进行实证分析,得出甘肃仍处于再度工业化初级阶段的一般结论,根据甘肃初次工业化特征和遗留的结构性缺陷,揭示甘肃再度工业化的实质,提出了甘肃再度工业化的模式和路径选择,以及实现甘肃再度工业化模式的重要保障条件。着重从区域经济的角度阐述再度工业化重点解决内部发展失衡与断裂、产业组织创新以及社会各阶层之间利益的协调,促进区域经济整体协调发展;在此基础上,总结同类区域再度工业化的一般规律,为同类区域的再度工业化提供理论参考。

关键词:工业化　地方工业　甘肃省

1111

中国房地产业发展规模与国民经济总量关系研究 : 基于我国房地产发展“倒 U 曲线”时期 / 梁荣著 ; 曹振良指导. -- 南开大学, 2005. -- 216 页

本文对我国房地产业与国民经济在总量方面的关联性进行了研究。全文共分三大部分。第一部分说明本文研究的研究方法和意义,对房地产业与国民经济的一般关系进行了分析。第二部分运用房地产“倒 U 曲线”理论和房地产资产价值总量、房地产投资、城市建设用地总量、房价收入比、商品房空置率与国民经济总量关系指标,对中国房地产发展“倒 U 曲线”进行了实证研究,在多个约束条件下推断出中国房地产发展的“倒 U 曲线”的拐点大致在 2010 年左右。最后,针对我国房地产发展规模与国民经济总量的均衡发展,从改革和创新土地总量、调整和完善房地产信贷总量、协调房价与收入比例关系、提高政府调控的效率和水平等四个方面提出了政策建议。

关键词:房地产业　产业发展　宏观调控　金融支持

1112

中国区域发展中的银行结构研究 / 陆益美著 ; 王海平, 张可云指导. -- 中国人民大学, 2005. -- 120 页

本文通过建立较为完整的银行结构分析框架,对中国区域发展中的银行结构进行研究,以探索适应中国区域发展变化的银行结构优化路径。全文共分七章。第一章导论部分,主要阐述了区域经济发展与银行结构调整研究的理论意义和现实意义,回顾前人研究的主要成果,提出本文研究的框架、方法与结论,以及主要创新之处。第二章从引入有关金融与经济发展辩证关系的讨论入手,阐述了银行在区域经济发展的作用,即银行机构的主要经济功能等一般机理。第三章通过运用单一区域模型和两区域模型,阐述了银行结构与区域经济发展的相互作用、相互影响的一般机理。第四章主要对中国银行结构进行实证分析,从银行体系结构、市场结构、业务结构、产品结构、空间结构等方面分析中国银行结构的特征、存在的主要问题及其对区域经济发展的影响作用,并分析了中国银行结构形成的主要原因。第五章在回顾国内外经济区域划分的基础上,提出了将中国划分为东部经济发达区、中部经济崛起区、西部经济大开发区和东北经济振兴区四大经济区域,并对不同区域所处的经济发展阶段、发展趋势及其对银行结构调整的要求进行了分析。第六章结合世界银行业的发展趋势,中国加入 WTO 后的全面对外开放的经济和金融改革趋势,从建设中国银行生态环境、银行机构体系结构、业务结构、市场结构、客户结构和空间结构调整等方面提出了旨在适应统筹区域发展优化路径。第七章是全文的主要结论概括。

关键词:银行业　银行体系　银行结构　区域经济发展

1113

转型期中国欠发达地区城市土地经营研究 / 任海军著 ; 聂华林指导. -- 兰州大学, 2005. -- 183 页

本文针对中国欠发达地区存在一些特殊性,研究了如何利用城市土地在国民经济中的基础性作用进行城市土地经营。文章除导言外,共六章。导言部分介绍了选题的背景与意义,对相关文献进行了综述及评论,指出了文章的研究思路、方法与论文结构,阐述了转型期的涵义,并对欠发达地区进行了界定。第一章对城市土地的概述,先对城市土地进行了界定,接着分析了我国城市土地的现状,概括了欠发达地区城市土地的特点。第二章论述了城市土地经营理论,包括基本概念、城市土地管理的制度与改革,以及城市土地经营的对象——城市土地产权制度。第三章研究了城市土地经营的内容,包括城市土地的用途管制、规划、资产的测算、使用权的出让与转让、储备制度以及经营的监管。第四章研究了欠发达地区的城市土地经营,总结出了我国欠发达地区由于受到地理、经济、文化、环境等诸多因素的制约,在经营城市、城市竞争力的提升、城市土地经营的运作机制、城市土地储备机构的创新与融资方式的探索等方面具有一定的特殊性。第五章分析了欠发达地区城市土地经营中应重点注意的几个问题,包括城市土地经营与城市房地产业的健康发展、城市基础设施的建设完善、城市产业结构的优化调整、城市环境的保护改善等相关城市经济领域的协调运行。第六章探讨了欠发达地区的农村城镇化与城市土地经营,文章通过对我国农村土地产权结构的分析,并结合欠发达地区农村土地所有权主体虚位化、耕地锐减和土地利用的低效率等特点,对农村城镇化进程中的城市土地经营模式——农村土地股份制进行了探索。

关键词:土地管理　土地利用　城市土地　城市化　不发达地区

1114

青藏高原经济发展模式与产业选择 / 师守祥著 ; 张志良指导. -- 兰州大学, 2005. -- 173 页

本文从一个新的视角研究了青藏高原的发展模式,通过分析青藏高原发展的特殊性,指出其战略地位、资源禀赋、社会发育程度以及环境特征决定了必须走新型的现代化道路,论文研究认为生态经济、特色经济、人本开发模式是青藏高原地区开发战略的现实选择。文章指出青藏高原的生态经济模式不同于内地其他地区,在青藏高原,生态经济其本质是一种生存替代模式,因此综合开发、自然保护及生态移民就是重要的实现形式。作者通过研究认为青藏高原的发展应发挥区域比较优势,发展特色经济,根据青藏高原地区可持续发展的基本原则和战略目标的要求,在未来发展中逐步形成以支柱产业系列支撑的特色经济系统。如绿色生态和特色农牧业系列、以旅游为主体的文化产业系列、以民族工业、藏药生物制品和地方土特产品加工业为主的轻工业系列、生态保护与建设产业系列、优势工矿业等。作者指出青藏高原地区落后,从大的方面来讲,最根本的就是社会落后,所以要振兴青藏高原地区,关键在于提高人的能力、激发人的潜力,实施"人本"开发模式。文章最后指出经济发展模式最终要落实到产业上来,特别是支柱产业的发展。通过与全国的比较,文章认为特色农牧业、采矿与原材料工业是青藏地区现实的支柱产业,旅游业、藏药加工等轻工业属于潜在的支柱产业。

关键词:青藏高原　经济发展模式　特色经济　支柱产业

1115

中国城市政府效率地区差异研究 / 孙兵著 ; 赵启正指导. -- 南开大学, 2005. -- 165 页

本文从经济学角度出发,对中国城市政府效率的地区差异问题进行了探讨。全文共分七章。第一章确立了本文的研究方法和理论工具,指出本文的主要研究内容。第二章构建了城市政府效率的评价指标体系,对中国不同地区的城市政府效率进行了经验分析。第三章发展了一个城市政府效率地区差异的分析框架,把公务员效率和政府效率相联系,作为突破口分析城市政府效率的差异。在此基础上,引入区位和制度等因素,并考虑市场外部环境的影响。第四到六章分别从区位、制度、市场分割三个方面分析论证了它们对中国城市政府效率地区差异的影响。作者认为,在完全竞争市场的假设条件下,市场和城市政府构成的体系具有内生平衡机制,能促进城市政府效率趋于一致。但是,在放弃完全竞争市场的假设后,区位和制度等因素将造成城市政府效率的地区差异,这种差异由于市场分隔保持了稳定,从而城市政府的效率不再一致。基于上述观点,本文第七章认为,提高城市政府效率的根本途径在于打破市场的分隔状态,使地区市场融入全球市场一体化体系。

关键词:国家行政机关　行政管理　城市管理　政府效率　区域差异

1116

资源枯竭型城市可持续发展调控研究 / 孙森著；丁四保指导. -- 东北师范大学, 2005. -- 125 页

本文在对资源枯竭型城市的特点、问题、机制分析的基础上，从可持续发展观的角度出发，研究资源枯竭型城市最符合客观规律的发展路径。通过深入研究资源枯竭型城市症结所在，探讨解决问题的主导力量，选择合理的接续产业，并计算出转型的主要成本和提出政策建议。全文共分为六章。第一章关于资源型——资源枯竭型城市的一般认识和理论，文章结合了发生学与功能学对资源型城市的定义，并指出资源枯竭型城市实质上是资源型城市的某一特殊的发展阶段，同时在回顾国内外研究成果的基础上，提出有关资源型城市的几个焦点问题。第二章关于中国资源枯竭型城市的问题与因素分析，分析了我国资源枯竭型城市已出现的一系列城市经济、社会和环境等问题，然后从多方面较系统地分析了造成这些问题的各类因素。第三章是解决中国资源枯竭型城市问题的途径研究，作者认为应当依靠金融渠道筹集，财政手段解决转型所需的巨额资金，然后，阐述资源型产业链的延伸与转型后接续产业的选择，并以产业间目标分工的手段，采用“倒推”模式，确立新的产业，最后，探讨了资源枯竭型城市产业与空间结构的演化路径。第四章研究了解决中国资源枯竭型城市问题的成本与保障政策，文章先以定性和定量结合的手段，研究转型成本和确立最佳的转型期；接着，研究资源枯竭型城市人口的迁移数量和方向，从而探讨迁移对不同类型的资源枯竭型城市的作用大小；最后，在研究其他国家资源型城市产业转型中政府干预的做法基础上，比较中外政府的职能差别，最终建议我国资源型城市转型中应有的保障政策。第五章围绕经济转型，阐述了阜新的基本状况，并概括资源枯竭型城市解决问题的主导力量——各级政府，在阜新的作为及转型后的效果；介绍了阜新目前的转型规划并进行了评价；最后提出了阜新未来在接续产业选择、劳动力迁移、外部推动等方面的建议。

关键词：资源型城市　可持续发展　城市经济

1117

特色经济理论与实践研究：以新疆维吾尔自治区为例 / 王芳著；张志良指导. -- 兰州大学, 2005. -- 230 页

本文从特色经济内涵与特征入手，论述了特色经济理论基础、特色经济的历史与发展、特色经济发展的影响因素、特色经济发展的基本导向及特色产业选择等几个方面内容，构建较为完善的特色经济理论体系；最后，以新疆维吾尔自治区为实例，建立了特色产业选择定量模型。文章首先在深入探讨特色经济内涵与特征的基础上，详细阐述了特色经济理论基础，并指出特色经济与区域经济是两个相互联系的不同的理论体系。其次，作者回顾了我国传统特色经济的发展与改革开放以来特色经济的发展历史，对传统特色经济与现代特色经济作了区分，深入分析了特色经济研究兴起的国内外经济背景，总结出特色经济是我国经济发展中的一种必然的经济现象。第三，文章深入分析了影响特色经济发展的几大因素，结合欠发达地区经济发展的实际，提出了欠发达地区特色经济要坚持市场化的发展方向、坚持科技创新、坚持以人为本和坚持可持续发展四大基木导向。第四，在分析特色产业内涵与特征的基础上，着重探讨了西部地区特色农业、特色工业与特色旅游业。第五，提出了发展特色产业的多种思路及特色产业的选择原则，建立了特色产业选择的主成分分析法定量模型。最后，以新疆为实例，在分析了影响新疆特色经济发展的有利与不利因素的基础上，通过定量分析与定性分析相结合，对新疆特色产业作出了选择，并提出了各特色产业发展的思路与对策。

关键词：特色经济　特色产业　欠发达地区　新疆

1118

创新的空间扩散：规律、机制及其影响 / 王飞著；陈秀山指导. -- 中国人民大学, 2005. -- 144 页

本文主要是从经济学的角度研究创新在企业间的扩散。全文共六章。第一章详细介绍了地理学、市场学和经济学中关于创新空间扩散的一般规律及其内在机制的研究成果，但是这些分析都是建立在抽象的基础上的，忽略了一些对创新的扩散过程施加着重要影响的因素。所以在第二章中，文章全面地考虑了各种影响创新空间扩散的因素，并将其分为四大类：创新提供者的行为、创新的属性、采纳者的特性、采纳者所在的空间环境。第三章详细考察了空间竞争条件下创新扩散的规律，作者对空间竞争的三种情况——空间垄断、空间双寡头竞争和空间多寡头竞争——下企业采纳创新的决策过程进行了详尽的分析，并运用博弈理论成功地推导出空间多寡头竞争下的创新空间扩散的规律。第四章验证在第三章中所推导出的创新空间扩散的新规律，作者对钢铁行业中

热轧宽板卷生产中的常规厚板坯热连轧生产工艺和薄板坯连铸连轧生产工艺的空间扩散现象进行了案例研究，并详细地探讨了空间竞争下的创新扩散规律和邻近效应、等级效应规律的适用条件。第五章考察的是创新的空间扩散对区域经济增长的影响，在理论分析的基础上，作者设计了一个计量模型，并用国内的数据来验证技术扩散对国内各地区经济增长的影响。第六章运用理论模型分析了创新的空间扩散对区域就业的影响，作者先考察了一个开放的地区引入创新对本区域就业的影响，然后在两区域模型的基础上考察了一个区域引入创新对另一区域就业的影响。

关键词：创新　技术扩散

1119

贸易自由化对中国产业集聚的影响分析 / 王丽娟著 ; 孙海鸣指导. -- 上海财经大学, 2005. -- 110 页

本文对贸易政策变化的影响进行了分析，以揭示贸易自由化对中国产业集聚的影响机制，为开放经济条件下区域经济差距问题的解决提出合理建议。全文共分六部分。第一部分导言，论述了选题的依据和意义，概述了国内外研究的现状，指出了本文的创新与不足之处，并介绍了文章的研究思路和结构框架。第二部分对产业集聚的基本理论，即产业集聚的发生机制、产业集聚的发生条件和产业集聚的区位进行了阐述。第三部分分析了贸易自由化对产业集聚因素的影响，并论述了贸易自由化影响产业集聚的一般理论。第四部分从理论上分析了贸易自由化对中国产业集聚的影响，文章首先对中国的特殊性进行了分析，接着研究了贸易自由化对中国 FDI 的影响，然后分别探讨了不同劳动力流动性条件下的产业聚集机制，并对两个模型进行了比较分析。第五部分则对贸易自由化改革对中国产业集聚的影响进行了实证研究，在介绍了中国贸易自由化改革内容的基础上，文章分析了贸易自由化的区域含义，然后对贸易自由化改革以来中国产业集聚演变进行了描述性分析，并定量分析了贸易自由化对中国产业集聚的影响。第六部分是文章的结束语，对全文的论述进行了总结，总结了产业集聚对区域经济差距的影响，并提出了相应的政策建议。

关键词：产业集聚　贸易自由化　产业经济学　外商直接投资（FDI）　沿海经济

1120

外国直接投资进入模式选择及对中国经济的影响分析 / 王月兴著 ; 孙海鸣指导. -- 上海财经大学, 2005. -- 183 页

本文研究了获得外国直接投资进入模式选择的规律以及对东道国可能会产生的差异影响，从而对外资政策的制定提供借鉴。全文可分为三部分。第一部分是引言，阐述了本文的选题目的和意义，介绍了国内外相关研究的现状、本文的结构安排及创新和不足之处。第二部分包括第二、三、四、五、六、七章，主要论述了外国直接投资的进入模式选择问题。其中，第二章分别对外国直接投资的进入模式、外资在华并购投资的主要方式、跨国并购发展驱动因素、跨国并购的影响因素的理论解释等内容进行了论述。第三章通过模型分析了经济一体化与外国直接投资之间的关系，具体分析了中国加入 WTO 之后外资变动的情况及未来的趋势，以及区位对称下和区位不对称下的进入模式选择。第四章分析了外国直接投资进入模式在中国的演变，文章先对进入模式的影响因素进行了一般性描述，然后分析了中国利用外资的趋势，以及 1985—1996 年间中国的跨国并购状况，最后对加入 WTO 之后外资并购的特点与趋势进行了实证分析。第五章研究了技术外溢与外国直接投资进入模式选择之间的关系，作者先概述了技术外溢效应，接着分析了中国吸引外国投资中的技术外溢效应，并对其影响因素进行了论述，然后就技术外溢与进入模式的选择二者之间的关系进行了阐述。第六章在分析了外资在华并购产业的基础上，运用博弈论方法对特有资产影响进入模式选择进行了分析。第七章研究分析了外国企业选择偏好与我国政府选择偏好进入模式存在的差异。第三部分包括第八、九、十章，主要分析了进入模式对我国经济的一般性影响，文章分别从资本形成、技术、劳动、产业结构、出口竞争力、就业等层面上分析了外国直接投资不同的进入模式对中国经济的长、短期影响。其中第十章分析了外资政策及其应对策略。

关键词：外商直接投资（FDI）　跨国并购　外资政策

1121

市场化条件下国家粮食安全区域支持系统 / 王志升著 ; 聂华林指导. -- 兰州大学, 2005. -- 169 页

本文研究了在市场化条件下辩证地运用比较优势理论，建立国家粮食安全的区域支持系统，从而确保国家粮食安全。全文除导言外，共六章。导言介绍了选题的背景与意义，对相关文献进行了综述与评

论，指出了文章的研究思路、方法与创新，以及论文结构。第一章首先分析了国际视点中的粮食安全问题，然后阐述了可能发生的几种粮食危机，分析了不同经济发展阶段的农业和粮食问题，最后指出了中国现阶段的农业与粮食问题。第二章研究了国家粮食安全管理，阐述了凯恩斯的国家干预思想，论述了政府的经济职责，讨论了粮食安全与粮食市场化边界问题，最后研究了国家粮食安全管理的含义、目标与手段。第三章首先讨论了粮食生产与区域化演进格局，接着阐述了建立国家粮食安全区域支持系统的理论基础与现实依据，在此基础上，研究了国家粮食安全区域支持系统的构架，并分析了其运行特征及运行机制。第四章先分析了粮食生产者面临的一般风险，然后研究了国家粮食安全区域支持系统与风险规避，指出应建立保护粮食生产的政策支持体系。第五章研究的是保障国家粮食安全的利益博弈与均衡，分析了国家粮食安全与区际利益之间的矛盾，粮食生产区的利益流失问题，探讨了保障国家粮食安全与区际利益协调。第六章在阐述了给定条件下的土地规模化经营问题，并从现有的几种村庄发展状况探寻了发展的轨迹，从而提出了实现“第二个飞跃”的现实途径——新集体经济。

关键词：粮食安全　农业经济　可持续发展　市场化

1122

产业集群与西部区域经济竞争力提升战略研究 / 徐承红著 ；丁任重指导. -- 西南财经大学，2005. -- 235 页

针对如何提升西部区域经济竞争力，本文围绕着六个方面展开研究和论述：第一，竞争力理论研究，文章对竞争力、竞争力理论、区域竞争力理论的研究包括国际、国内学者研究的现状进行了考察。第二，区域经济竞争力研究框架，进一步对区域经济竞争力的概念进行了讨论，并在阐述诸多观点的情况之下提出了本文对区域经济竞争力概念的定义和理解；并在研究 IMD 和波特区域竞争力模型的基础上，提出了本文对区域经济竞争力的研究模型并加以了分析和阐述，并建立了本文的评估指标体系。第三，我国西部区域经济竞争力的实证研究，作者首先根据区域经济竞争力的模型和评估指标体系，采用变异系数法和主成分的分析方法，将西部区域经济竞争力与中、东部地区的区域经济竞争力进行了比较分析；再将西部区域经济发展状况与长江三角洲、珠江三角洲、环渤海经济区三个发达经济区域的发展状况用加权平均的数学方法进行了比较；最后对西部区域经济发展状况进行了总体评价，并分析了西部经济发展中存在的问题。第四，产业集群是提升西部区域经济竞争力的有效模式，文章先详细阐述影响我国西部区域经济竞争力的因素，提出系统解决问题的途径和发展模式是发展西部产业集群；然后，从产业集群的内在机理上分析了为什么产业集群是提升西部区域经济竞争力的有效模式；最后，用大量的实例论证了产业集群不仅在国外经济发展过程中而且在国内经济发展过程中对区域经济的迅速发展、竞争力的迅速提升起到了不可估量的作用。第五，发展我国西部产业集群的意义、现状及存在的问题。第六，加快西部产业集群形成，促进西部经济竞争力提升的对策，包括制度的创新、发挥政府的作用、发展资本市场、培育有特色产业集群、发展高新技术产业区等。

关键词：区域经济　产业集群　竞争优势　西部地区

1123

城市治理的一般框架和北京城市治理研究 / 徐静著 ；张可云指导. -- 中国人民大学，2005. -- 129 页

本文在研究了城市治理的一般框架的基础上，对北京城市治理问题进行较全面的研究。文章先阐述了城市治理的概念、目的及特征，然后，论述了进行城市治理分析的理论基础，主要包括公民社会的兴起、新制度经济学理论、企业治理理论、公共选择理论、区域经济的冲突与合作理论等五个方面；并将城市治理的理论模型概括为三种：经营模式、渐进改革模式、共同参与模式。第三，研究了城市治理的一般分析框架，包括城市治理的原则和内容、城市治理中利益相关者及其特征分析、利益相关者间的动态博弈以及城市治理实现的条件和治理权的分配。第四，文章对古代北京城市管理以及解放以来北京城市管理的几次大的变化进行了回顾，介绍了目前北京城市治理的发展情况，指出存在的问题。第五，先研究了北京城市治理的主体定位和权力划分，对北京城市治理结构提出了设想，然后从制度、技术、操作三个层面对北京城市治理具体内容的对策提出了建议，最后基于城市治理思维，对交通拥堵和“城中村”治理进行了案例研究。

关键词：城市管理　北京市　交通拥挤　城中村

1124

我国地方政府竞争研究：基于产品和要素不完全流动的视角／杨海水著；陈志龙指导. -- 复旦大学，2005. -- 157 页

本文共分七章。第一章导论。第二章的文献综述说明了中西方地方竞争研究的不同侧重与关联。第三章说明地方政府的一般行为特征。认为在忽略各种诉求之间微弱差别的基础上，可以认为我国地方政府的主要目标是促进本区域经济发展，地方政府可以利用多种具体手段对产品和要素市场进行干预以实现其目标。第四章分析基于产品市场的地方政府竞争，它和基于要素市场的地方政府竞争共同构成了地方政府竞争的两个主要侧面。本章的第一节是对产品流动性与地方政府竞争的讨论；第二节对中国地方保护的产生进行分析，探讨了地方保护与市场分割的联系；第三节从更宽广的背景下，探讨地方政府竞争视角下的改革演进过程。第五章旨在分析地方政府在吸引要素流动过程中的竞争行为。第一节概要论述了资金和劳动力空间流动的一般特征；第二节分析地方政府吸引资金向本区域流动的行为；第三节进一步探讨我国资金和劳动流动的空间特征。第六章在对中国的财政体制改革进行概要的描述后，分析了中国财政制度变革的潜在原因及地方财政所面临的问题。第七章通过促进本地经济发展和地方政府干预方式转换两种视角对全文讨论的问题进行了总结，认为流动性的上升将促使地方政府竞争向更加有效的方向发展。

关键词：地方政府　行政管理　市场竞争　生产要素　区域经济

1125

制度变迁、地区差异和中国城镇家庭的住房选择／易成栋著；杨云彦指导. -- 中南财经政法大学，2005. -- 206 页

本文结合制度变迁和地区差异，研究了转型期中国城镇家庭住房选择的变化情况及其影响因素。全文共分三部分九章。第一部分（第一、二章）是前言和文献综述。第二部分（第三章）是理论分析框架，根据新古典经济学消费者行为理论分析消费者的外部环境和内在设定，建立了包含区域、家庭社会经济特征、制度等变量在内的住房选择模型，提出本文假说：制度变迁、地区差异和家庭社会经济特征是影响住房选择的重要因素；转型期城镇家庭住房选择的市场化存在地区差异和家庭差异；转型经济住房选择及其影响因素与计划经济和市场经济有所不同。第三部分是实证研究，包括第四章实证研究设计、第五章住房选择的变化、第六章住房选择的地区差异、第七章住房选择的家庭差异和第八章综合作用，证明了第二部分的假说。第四部分（第九章）提出了本文的结论：转型期中国城镇住房选择市场化；中国制度变迁存在时滞和地区差异，并影响了住房选择；住房选择的地区差异不明显，但是商品房选择地区差异明显，地区市场化程度、经济水平、经济结构和住房市场是重要的影响因素；住房选择存在家庭差异，家庭社会经济特征对住房选择有影响；转型期住房选择及其影响因素不同于计划经济和西方市场经济。最后，论文对本文结论进行讨论并分析了其政策含义。

关键词：住房制度　住房分配　区域差异　城镇

1126

中国区域非均衡发展与政府调控：财政平衡机制和支持系统／张启春著；陈秀山指导. -- 中国人民大学，2005. -- 268 页

本文综合运用区域经济学和公共财政两大学科理论，构建一个较为完整系统的"区域非均衡发展——政府调控：财政平衡机制和支持系统——区域均衡协调发展"的理论分析框架，并提出相应的政策设计。本文除导论和结束语外，主体有七章，主要围绕两大线索，从三大方面展开。两大线索是围绕政府区域调控机制、支持工具系统的分析和理论模型的构建展开，对中国政府区域调控实践的实证考察分析。三大方面的主要内容是，第一，阐述了政府调控的必要性，文章首先从各地区经济、社会发展和政府财力三个方面对改革开放以来地区差距进行了实证考察，然后从公平和效率及其权衡角度阐述政府调控区域差距与区域非均衡状况的理论依据。第二，分析了政府调控的目标和边界，作者从公共财政学关于政府与市场分工的理论出发，结合中国政府制定的中长期发展规划目标，对 2000—2050 年期间中国的区域非均衡发展的演变走势作出了尝试性预测，提出了政府调控区域非均衡发展的阶段性目标和作用边界。第三，阐述了财政平衡机制，构建财政平衡理论模型，分析主要支持系统。首先对调控机制作了定性和定量分析，确立了政府财政平衡机制和支持系统的分析框架，在借鉴巴罗模型基础上，构建了一个含政府调控因子的内生经济增长模型；然后以税收流量为政府调控的强度指标，得出了政府调控与经济增长率之间的关系，并进一步探讨了政府调控对地区差距的影响；

最后，对政府间转移支付、中央直接投资和政府财政扶贫的区域均衡效应作了理论和实证分析。

关键词:区域发展　区域差异　财政支出　行政干预　经济均衡

1127

基于金融效率理论的中国农村金融改革研究 / 赵崇生著 ; 高新才指导. -- 兰州大学, 2005. -- 184 页

本文在金融效率的理论框架下，交叉运用区域经济学和金融学的基本理论与研究方法，从区域差异、城乡差异和金融效率的视角出发，突出农村金融的特点和个性，对农村金融的改革与发展进行了成体系的研究，提出了一系列可供参考的对策建议。通过对现阶段农村金融运行的效率分析，认为农村金融改革是一项系统工程，因此在改革的总体思路方面，应当立足各地农村经济和金融发展不均衡的现实，坚持效率导向的改革方向，选择循序渐进的改革路径，实施整体推进的改革安排；在农村金融产权改革方面，应当在坚持产权主体多元化原则的前提下，尽可能地实现改革模式的多样化和改革方式的个性化；在农村金融组织结构调整方面，对经济发展水平不同的区域选择"供给领先"、"需求追随"以及二者不同程度组合的发展模式提出了导向性建议，对"双重四元金融组织体系"的构建也提出了一些具体的对策；在农村金融业务创新方面，根据农村金融市场的供求状况分析，为主要农村金融机构进行业务创新指明了方向；在农村金融机构经营管理方面，以农村信用社为例，提出了以完善法人治理结构和健全内控制度为核心的经营管理提升战略；在农村信用环境改善方面，对规范政府、企业和居民行为，缓解农村信用贫困，重建农村信用环境提出了一系列对策建议。

关键词:金融效率　农村金融　农村经济

1128

京津冀区域经济合作发展问题研究 / 赵国岭著 ; 陈秀山指导. -- 中国人民大学, 2005. -- 160 页

本文通过对京津冀区域合作问题的探讨，从而揭示出市场条件下京津冀区域经济合作发展的目标模式。文章的基本内容包括三个方面：一是阐述了区域合作发展的有关理论及区域经济合作发展的国内外经验与教训；二是分析京津冀区域合作发展中存在的问题；三是对未来京津冀区域合作发展的目标模式进行了理论探讨，并提出适合这个模式的相关政策措施。具体内容包括五章。第一章系统地探讨了国内外区域经济合作发展的有关理论，从区域合作理论的渊源出发，较为详细地对区域经济合作理论产生和发展的过程加以阐述。第二章分别以长三角和珠三角的区域经济合作，以及欧盟区域经济合作、日本都市圈的区域经济合作为例，分析了区域经济合作发展的国内外经验和教训。第三章探讨了京津冀区域合作发展中存在的主要问题，文章先对京津冀区域经济合作发展的历程进行了系统探讨，然后阐述了京津冀区域经济合作发展的主要内容，并分析了其合作的特征；最后通过前文对京津冀区域合作发展的历程、主要内容及其特征的分析，揭示出京津冀区域合作发展中存在的问题。第四章探讨了未来京津冀区域合作发展的可供选择的目标模式，并对这一模式的基本框架及其主要内容进行了阐述。第五章根据上章提出的京津冀区域经济合作发展的目标模式，提出了适应这一模式的相关政策措施，主要内容包括：建立协调机制和完善相关机制，提出了经济发展、基础设施建设、城乡建设与可持续发展方面的相关措施。

关键词:区域经济合作　区域经济发展　北京市　天津市　河北省

1129

交通运输与区域经济发展研究 : 一个动态的研究视角 / 赵金涛著 ; 刘秉镰指导. -- 南开大学, 2005. -- 206 页

本文从交通运输发展的经济学分析入手，从动态的视角研究了交通运输与区域经济发展之间的作用机理，并借助计量经济学的分析工具将交通运输发展作为一个变量纳入区域经济的研究框架。全文共分七章。第一章为导言，界定了本文研究的问题，对国内外研究的状况进行了综述，确立了研究思路和框架，并概述了本文的主要研究内容。第二章对交通运输发展的经济学分析，从经济学视角介绍了交通运输的概念和内涵，对影响其发展的主要动力进行了分析，并对交通运输发展与经济增长的契合进行了归纳。第三章从交通运输的属性入手探讨了交通运输与区域经济发展耦合的基础，提出了区域经济发展中的交通运输路径依赖三大机理。第四章从区域产业发展方面研究了交通运输与区域经济发展的作用机理，文章从交通运输发展与区域产业结构演变的作用机理入手，重点研究了交通运输与区域产业结构调整、产业空间布局和产业集聚的关系。第五章则是从区域空间结构优化角度研究了交通运输与区域经济发展的作用机理，讨论了交通运输与城市的兴起与扩

张、城市发展的有序化、区域空间结构的双优化之间的关系，并探讨了基于交通运输发展的区域空间结构的有序化。第六章对中国交通运输与区域经济发展进行了实证分析，应用了 Granger 因果检验方法与构造的一元和多元回归模型对我国东中西三大地区和各省份进行了计量分析。第七章对中国区域交通运输发展提出了一些对策和建议。

关键词：区域经济发展　交通运输　产业发展　空间结构

1130

干旱区水资源制度创新研究 ：以黑河流域为例 / 周兴福著 ; 高新才指导. -- 兰州大学, 2005. -- 282 页

本文以可持续发展理论、新制度经济学理论和生态经济学理论为基础，以干旱区水资源配置效率和永续利用为基本目标，从效率与公平兼顾的原则出发，综合运用多学科知识和多种研究方法，对干旱地区水资源制度创新的几个主要问题进行了重点研究，在现行法律法规确定的基本制度框架内，构建起全新的、适应市场经济要求、符合水资源自然规律的制度模式。全文共分十部分，包括导言、正文八章和结束语。首先，在分析界定水资源制度创新的内涵及基本特征的基础上，对干旱区水资源制度创新的必要性和可行性进行了论述，并提出了水资源制度创新应达到的主要目标和应遵循的基本原则；然后，针对我国干旱区水资源制度的现状及存在的主要问题，分别就水权制度、水价制度、水利投资制度、水资源统一管理制度、节水技术开发制度、水资源法律制度和水资源非正式制度等问题进行了深入细致地研究和探讨，并相应地提出了具体的制度设计。本文还以全国第二大内陆河——黑河流域为例进行了案例分析；最后，文章简明扼要地总结概括了全文的主要研究结论。

关键词：水资源管理　水权　水价　干旱区　黑河流域

1131

长江三角洲次区域产业集聚的形成原因研究 / 朱永著 ; 陈志龙指导. -- 复旦大学, 2005. -- 126 页

本文从区位、资本和专业化的角度，运用区域经济学和产业经济学的分析方法，研究长江三角洲次区域产业集聚的形成原因。全文共分为七个章节，采取概念——分类——实证逐步推进的分析框架进行研究。首先，说明研究的问题、相关的各类概念和研究方法，并且对产业集聚涉及的区位理论、FDI 区位选择理论和专业化与分工理论相关文献进行回顾和评述。其次，在分析长江三角洲空间形态与经济联系的基础上，从区位、资本和专业化的角度研究长江三角洲次区域产业集聚的形成原因。在分析区位因素时，通过研究区位成本、FDI 区位选择、服务业集聚区位选择来论证；在分析资本因素时，通过引入垂直 FDI、内源性民间资本、国有资本的划分标准来阐述；在分析专业化因素时，通过讨论垂直专业化、柔性专业化来论证。本文最后得出长江三角洲次区域产业集聚形成原因研究的基本结论：长江三角洲产业集聚由于区位、资本和专业化三大因素的影响，形成次区域化产业集聚的特点，构成长江三角洲区域经济一体化的产业分工基础。

关键词：区域经济　产业集聚　区位因素　长江三角洲

财政学

1132

中国税权纵向划分问题研究 / 白彦锋著 ; 高培勇指导. -- 中国人民大学, 2005. -- 178 页

本文贯彻了从理论到实践、从法学到经济学的研究思路，从法律和经济的综合治理角度探讨了我国税权纵向划分的问题。全文共九章。第一章导言，介绍了文章的选题背景，总结了前人的研究，指出了本文研究的视角、主题和体系，对税权的概念进行了界定，并对税权划分概念进行了说明。第二章在分析税权纵向划分之前，首先分析税权横向划分问题，从而从理论上澄清和理顺税权各部分内容之间的逻辑关系，并论述了税权横向划分所依据的税收法定主义原则及与公共财政间的关系。第三章研究了税权纵向划分的一般原理，文章先总结了国家权力结构的一般规律，指出国家并不是税权的唯一主体，介绍了度量财政集（分）权程度的两个指标，指出我国现行法律使地方税收立法权受到了严格限制，分析了赋予地方税收立法权的必要性与合理性，最后探讨了税收征管权的纵向划分问题。第四章讨论了税权纵向划分是否对政府税权的一种约束，文章先分析了市场经济中人们对政府作用的两种态度：限制与放任；然后分析了我国个人财产产权关系的变迁，以及我国对政府税权进行约束的现实背景；接着作者又探讨了对我国政府税

权现状的认识,最后通过分析指出从总体的税收收益权来看,税权划分本身虽然不能将政府税权的规模完全约束住,却有利于提高政府税权机制的运行效率。第五章研究了构建地方税权的约束机制,包括地方税权的内在约束机制、对地方税收立法权的法律约束、转移支付。第六章对税权纵向划分的国际比较与经验借鉴,文章通过对美国、澳大利亚、加拿大、巴西、德国、俄罗斯、日本、韩国、法国和英国等国家的税权纵向划分的比较研究,总结了税权纵向划分的几条原则,分析了影响税权纵向划分的因素。第七、八章对我国税权纵向划分的历史和现实考察。第九章通过对中美税权划分悖论的比较分析,对我国税权划分的目标模式进行了折中式思考。

关键词:税权　公共财政　地方财政　政府间财政关系

1133

银行系统性风险及其防范与控制研究 / 包全永著 ; 楼继伟指导. -- 财政部财政科学研究所, 2005. -- 183 页

本文研究了银行系统性风险的防范和控制问题。全文共八章。第一章对风险、系统性风险和银行系统性风险的界定。第二章从直接原因和间接原因两个层面分析了银行系统性风险的产生原因。第三章分析了银行系统性风险的传染类型,研究其传染模型。通过构建一个封闭的银行系统的不同储户之间的相互影响对银行所产生的传染模型显示,清算问题银行的债权损失率越大,其传染性就越强。在此基础上,作者提出了银行间市场传染效应的免疫条件这一概念。第四章介绍了银行系统性风险的计量和估测技术。第五章分析了中国银行系统存在的问题。第六章分析了防范与控制银行系统性风险的总体思路。第七章分析了完善银行安全网的制度安排。通过构建一个激励相容的监管模型,本文认为,一个激励相容的监管制度是适当提高对银行违规经营的处罚金额、提高银行的资本金比率、保持对违规经营银行破产的威胁等,同时要降低银行破产所可能导致的负外部性。通过建立期初承诺制度,监管部门就可以只关注选择合理的罚款系数来达到监管目的。第八章结合国外经验教训,分析了加速处置问题银行的制度安排。

关键词:银行风险　银行监管　金融风险防范

1134

银行信用风险管理 : 技术、市场与激励 / 陈昌盛著 ; 李茂生指导. -- 中国社会科学院研究生院, 2005. -- 176 页

文章主要研究了在信用产品创新、风险转移市场蓬勃发展、风险测度技术革新的条件下,银行信用风险管理如何由传统模式向现代风险管理模式转变,以及面对新产品与市场、新技术与模型核心的管制规则这三大新的约束条件时银行的信用风险管理与最优化行为。全文主要包括三个部分。第一部分在回顾信用风险管理理论与研究文献的基础上,梳理和整合了最具影响的现代风险测度技术:基于定价的信用风险模型,并将其中的结构模型与简化模型在同一个分析框架下,完成了对信用风险的三个核心要素在测度上的技术处理。第二部分主要完成了对银行风险调整战略、方法与工具的处理;首先阐述了银行在风险测度和评估的前提下,如何根据风险战略对表内外信用风险进行调整,然后重点分析了在新的工具和市场存在的情况下,信贷市场上交易结构和信息特征的变动,以及如何保证交易者的激励相容。第三部分则在前两部分的基础上,将巴塞尔新资本协议作为一个新的外部约束,建立一个产业组织模型,分析在新风险测度技术支持和可以借助风险转移市场对信用风险套期保值的情况下银行的最优行为;另外,从银行风险防卫体系的角度,界定了经济资本与管制资本、预期损失与非预期损失,严格区分了损失准备、经济资本和管制资本在风险防卫中的地位和作用,认为巴塞尔新资本协议的实质是将对结果的管制转移到对过程的管制,是一个管制资本内生化的过程。文章最后针对我国银行风险体系中的不一致性、不可比性和集体决策失误问题,具体提出了修改内部评级体系和在两个环节引入定量分类识别模型的建议。

关键词:银行信用　风险管理　信用风险　资本管理

1135

中国融资制度变迁与企业债券市场发展 / 陈怀海著 ; 陈共指导. -- 中国人民大学, 2005. -- 223 页

本文借鉴了资本结构论、金融发展论、金融中介理论、制度变迁理论的研究成果,从理论到实践,从历史到现实,对企业债券市场发展、融资制度研究方面进行了系统深入的分析。全文包括四部分,共七章。第一部分论述了企业债券的金融发展意义及其发展滞后的政府主导型融资制度根源。包括第一、二章。

第一章是企业债券与金融发展,从理论和实践的角度全面论述了企业债券市场的金融发展意义;第二章是企业债券市场发展滞后:基于政府主导型融资制度的解释,文章分析了影响企业债券市场发展的基本因素,引入了一个国际比较分析的框架,结合中国的实际,得出中国具备发展企业债券的基本条件。第二部分分析政府主导型融资制度理论、历史路径、变迁,以政府主导型融资制度为主线,分析了中国为实现赶超战略为国有企业融资服务的政府主导型融资制度安排的特点、形成、维持、绩效、历史演进以及向市场化融资制度的变迁和实现路径。包括第三、四、五章,其中第三章是政府主导型融资的经济分析,在确立政府主导型融资制度后,从金融抑制与金融约束、关系型融资制度、公司治理等方面进行了分析;第四章是从历史演进的视角对政府主导型融资制度进行了实证分析;第五章是市场化融资制度:政府主导型融资制度的变迁。第三部分国际比较和案例分析。包括第六章,从融资制度与东亚金融危机、金融危机与融资制度的变迁出发,文章论述了融资制度变迁视角下的企业债券市场发展,然后以韩国企业债券市场发展作为案例分析了韩国金融改革与企业债券市场发展的进程、经验以及最新发展动态。第四部分是中国企业债券市场发展的实现路径和企业债券市场的具体构建,包括第七章。

关键词:金融发展　企业债券　融资制度　金融体制　金融市场

1136

我国防治腐败的制度研究 : 以政府采购为例 / 陈健著 ; 王朝才指导. -- 财政部财政科学研究所, 2005. -- 247 页

本文运用马克思主义辩证唯物主义和历史唯物主义的立场、观点和方法,从马克思主义生产力与生产关系理论出发,以政府采购为例,对防治腐败问题进行制度分析,揭示了腐败与生产力、生产关系的相互影响,并结合我国建立社会主义市场经济体制的实践和政府采购实际,探索我国现阶段防治腐败的制度对策。全文共五个部分。第一部分导论介绍了选题背景和意义,以及马克思主义经济学制度理论和西方新制度主义经济学有关理论。第二部分是腐败与防治腐败的制度分析,论述了腐败对生产力和生产关系的危害,分析了制度对腐败产生、演变的影响。在此基础上,提出了防治腐败的制度对策。第三至五部分,结合我国政府采购的实践,借鉴美国、英国和韩国的政府采购经验,对政府采购中腐败问题的产生、发展和治理进行制度分析。其中,第三部分主要介绍政府采购的运行过程,着重分析政府采购中腐败问题表现形式。第四部分结合我国政府采购制度发展历程,比较借鉴美、英、韩国的政府采购制度,从中得出进一步完善我国政府采购制度的建议。第五部分从采购制度的几个重要环节展开,分析腐败产生的原因,提出完善制度的对策。

关键词:廉政建设　反腐败　政府采购

1137

出租车行业管制效应研究 / 陈明艺著 ; 蒋洪指导. -- 上海财经大学, 2005. -- 216 页

本文在转型经济条件下,立足于出租车市场技术经济特征,研究了出租车市场管制方式的有效性、管制制度与政策的公正性。全文分五个部分展开论述。第一部分导论,介绍了本文的选题和研究背景、研究的理论价值与现实意义、研究思路和结构安排、研究方法与创新之处。第二部分文献回顾,简要阐述了管理理论发展的四个阶段,并对国外出租车管制文献进行了系统梳理。第三部分即第二章,主要论证了对出租车市场实施经济管理的必要性,文章从出租车行业技术经济特征和市场结构入手,分析了出租车市场的缺陷,通过理论分析和实证研究,得出出租车市场应该实施经济管制这个结论。第四部分包括第三、四、五、六章,是在第二章的基础上,假设政府是为了增进社会福利,保护消费者利益而管制市场,从而实证分析出租车市场经济管制的四种主要管制工具的合理性及其现实管制效应。其中,第三章重点研究了进入限制的必要性及组织形式管制效应;第四章主要研究数量管制效应;第五章重点讨论了质量与安全管制;第六章主要分析价格管制效应。第五部分包括第七、八章,是运用政治经济学的方法研究我国出租车市场管制制度的形成机制及政策选择过程,这一部分将政府作为一个理性的"经济人"追求个人效用,深刻剖析了管制者、企业、出租车司机和消费者四方利益集团的博弈过程如何形成市场现状,以及我国出租车市场管制制度的设计及政策选择过程。

关键词:出租汽车　行业管理　市场管制　利益集团

1138

深圳经济发展中的政府行为研究 / 陈文梅著 ; 刘邦驰指导. -- 西南财经大学, 2005. -- 156 页

本文探讨了政府失灵的客观基础——政府官员的个体理性特征、政府固有的某些制度缺陷及政府失灵的表现,认为政府在干预经济时,既可能产生促进作用,也可能产生阻碍作用;然后,通过建立数学模型的方式对这个结论进行了较为严格的验证;接着,观察深圳二十年所有制结构的发展变化过程,分析政府的这两种完全相反的作用是如何共同影响一个经济体的;采用科学的分类法对这个经济体的市场化进程划分发展阶段,分类的结果证明了深圳经济对于中央特殊政策的依赖性以及与内涵式发展道路的差距;最后,将理论和实证分析的结论运用于实际,对深圳政府当前的工作重点、我国政府职能的转变、政府业绩考核体系的建立以及吏治的规范等问题进行了探讨。全文共九章。第一章导言,提出了以深圳为例研究政府行为的目的、意义以及研究方法和全文的结构安排。第二章研究了政府官员的个体理性特征,并分析了政府失灵的表现及其对经济的影响。第三章对深圳经济发展中的政府行为的影响分别从正、反两方面进行了分析。第四章在总结已有研究成果的基础上,结合我国的实际情况,建立能反映我国政府行为对经济影响的数学模型,从而验证前文的结论。第五章观察了深圳所有制结构形成过程中的政府行为。第六章建立能反映深圳市场化进程的指标体系,并用 SAS 软件作聚类分析。第七章将前面实证分析的结果运用于深圳目前的发展思路。第八章以前面的结论为基础探讨我国政府的职能。第九章研究了重构我国政府的业绩考核体系和吏治规范。

关键词:地方经济　政府行为　经济增长　深圳市

1139

税收程序价值研究 / 程莉著 ; 陈共指导. -- 中国人民大学, 2005. -- 160 页

本文以程序价值为视角,从税收程序的内容及存在的问题出发,运用哲学思辨、实证分析、历史分析等方法,从法哲学和法理学角度构建税收程序的价值理论,从而研究出一种评价、设计税收程序时所应依据的价值标准,以及通过税收程序实施税法时所要达到的价值。除导论外,全文主体包括三大部分:第一部分即第一章,税收程序和税收程序价值的理论分析,建立本文的逻辑起点。第二部分包括第二—五章,从法理学和法哲学的角度详细论述税收程序的工具价值、公正价值和效率价值,三大价值之间的冲突与协调,程序价值的生成机制以及不同税收程序的价值。第三部分包括第六、七章,首先是对我国的税收程序现状进行实证分析和考察,然后针对目前我国税收程序的现实困境,进行价值选择和规范重构,并在立法层面上为税收程序的发展提出建议。

关键词:税收管理　税法　税收程序

1140

现代国库职能与管理研究 / 邓大悦著 ; 王国清指导. -- 西南财经大学, 2005. -- 154 页

本文较系统地对现代意义的国库职能与管理理论进行了深入的研究,并对我国的国库管理体制改革提供了指导。文章由导论和正文两部分组成,其中正文又分为七章。导言介绍了本文选题的目的和研究的意义,详细地归纳了国内外关于国库职能与管理研究的有关文献并对相关内容进行了评述,简要规范了本文中将要涉及的一些概念,归纳了本文使用的理论研究工具和研究方法、文章的逻辑结构等。第一章作为国库职能与管理理论分析的基础,分别介绍了国库的历史发展、西方国家国库的管理以及我国现行国库的低效,并由此提出在市场经济条件下,对我国进行国库职能与管理理论研究和改革的必要性。第二章分析了现代市场经济条件下国库职能与管理理论的发展,文章分别从市场经济体制、公共财政建设、央行货币管理转变以及单一账户制度实施四个角度,系统地分析了现代市场经济条件下国库概念的内涵外延以及国库职能与管理内容的发展。第三章对现代国库概念和职能进行了研究,通过分析国库概念变迁的历史轨迹,揭示了国库概念具有从财政中分离出来,与央行货币管理相融合,但在现代市场经济体制下又具有与财政管理相融合的趋势。第四章对现代国库的管理体制进行了分析,文章通过各种国库管理体制模式的分析,提出我国"委托管理制"的国库管理体制,并对我国现代国库管理体制的机构设置、国库职能在国库管理机构间的划分及其管理内容以及各机构之间的协调运行进行了探讨。第五章通过分析现代国库的账户管理、收支管理、计划管理以及一系列管理财政的活动,揭示了现代国库的收支职能和部分管理财政职能如何得以实现。第六章研究现代国库的统计、现金与政策协调管理,通过对现代国库的统计分析、现金管理的分析,揭示国库管理货币职能如何得以实现,还研究了现代国库与财政和货币政策协调的关系。第七章分析了现代国库在对财政资金征收的监督管理、对财政资金退库的监督管理以及对财政资金支出的监督管理中,实现其监督管理职能。

关键词:国库 货币管理 现金管理 公共财政

1141

对外贸易税收政策研究 / 董俊英著 ; 李保仁指导. 中央财经大学, 2005. -- 145 页

本文以贸易学、税收学及一般经济学的基本原理作为理论基础,对世界各国在贸易发展过程中所采取的大量对外贸易税收政策措施和已有的经济数据进行实证研究,通过比较和分析,寻找出适合我国对外贸易发展应用的最佳税收政策模式。全文共分七章。第一章绪论,阐述研究对外贸易税收政策的重要性及其现实意义,并就本文的研究方向和研究方法、国内外文献综述、难点和重点及若干概念作了说明。第二、三章理论分析部分,第二章描述了与税收有关的对外贸易经济理论的演化过程,提出了当今世界各国实行对外贸易税收政策的理论依据;第三章首先利用经济学的基本原理和分析方法,阐释了对外贸易税收政策是一国调控对外贸易的重要政策工具及对外贸易对经济发展的作用机制及效果,并进一步说明了对外贸易税收政策对对外贸易及经济发展的重要作用,然后以出口退税、关税、进口税、反倾销税和反补贴税等为例,分别说明了不同税收政策对对外贸易及经济发展产生的不同经济效应和效果。第四、五章是国际比较部分。第四章以时间线索,纵向分析对外贸易税收政策,以二战为分界点,介绍了二战前后的对外贸易税收政策的主要内容及其特点;第五章以空间为线索,横向分析了对外贸易税收政策,重点对美国、日本、欧盟和东亚部分新兴国家的对外贸易税收政策进行了比较分析。第六、七章是对策研究部分,第六章总体概括了我国对外贸易税收政策的有关情况,总结了我国对外贸易税收政策的特点及不足,提出了需要处理好的几个问题,并实证分析了对外贸易税收政策对我国对外贸易及经济发展所起到的作用;第七章是我国对外贸易税收政策选择及展望,包括有关政策的历史回顾和现行政策介绍,总结了有关政策存在的问题并针对性地提出了解决建议。

关键词:对外贸易 税收政策 经济发展

1142

国有大型企业制度改造的理论与实践 / 董仕军著 ; 于中一指导. -- 财政部财政科学研究所, 2005. -- 167 页

本文以 2765 个国有大型企业为研究对象,系统分析了我国国有大型企业的制度改造的理论、路径和实务操作方法。全文共分为八章。第一章分析了现代企业制度一般理论下的特征、核心内容和现代企业治理中的委托——代理关系。第二章着重研究了我国现代产权制度下的现代企业制度的主要特征,理清了我国现代企业制度的本质含义和内容。第三章分析了国有大型企业现代企业制度的建立,作者首先分析了我国国有大型企业存在的必要性,然后对国有大型企业制度改造的现状进行了剖析,并对国有大型企业的定位问题进行了阐释,最后对国有大型企业制度改造的路径进行了论述。第四章研究的是国有大型企业股份制改造的现实选择和公司治理结构,作者分别分析了国有大型企业改组为有限责任公司的操作方式和改组为股份有限公司的操作方式,及其存在的问题和解决途径。第五章选择中国储备粮管理总公司作为国有独资企业的代表,对国有独资企业的现代企业制度改造进行了实证分析,系统地研究了该公司制度改造的特点、现状、存在的问题以及解决问题的对策和建议。在实证分析的基础上,从理论的角度分析了国有独资企业现代企业制度改造的理论模式。第六章研究了现代企业制度下集团公司内部关系,首先分析了企业集团的基本理论问题,研究了企业集团的形成原因、基本特征、优势、组建模式,进而分析了我国国有大型企业集团的形成和发展,深入探讨了我国大型企业集团中母子公司的关系,并分析了母子公司关系中的特征、优势、组建模式及特例,并以中国远洋运输集团公司为例,研究了在现代企业制度下母子公司之间的关系处理。第七章研究了国有企业建立现代企业制度的外部条件和内部控制问题,包括社会保障制度的完善和内部审计的强化。第八章提出了应该强化国有资产管理体制的改革,完善现代企业制度,从而为国有大型企业制度改造的顺利实施创造有利条件。

关键词:国有企业 大型企业 现代企业制度 股份制 公司治理

1143

中国保险业发展环境研究 / 樊新鸿著 ; 孙钢指导. -- 财政部财政科学研究所, 2005. -- 207 页

本文试运用新的经济理论分析方法,对我国保险业发展作出符合逻辑的解释,对我国保险业当前主要由于发展环境引发的问题进行分析,并从完善社会主义市场经济体制、构建社会主义和谐社会和全面建设小康社会的角度,阐述我国保险业加快发展、做大做强的重要性、提出改善保险业发展环境的政策建议,

全文共分四大部分。第一部分(第一—三章)结合国内外保险业的发展历史,论述现代保险业的产业属性,根据边际经济学、市场失灵理论、公共财政和政府再造理论的最新发展和现代保险功能理论分析保险业获得政策支持以改善其环境的理论上的必要性。第二部分(第四、五章)从保险业整个产业的角度,考察国际、国内发展环境的历史演变、现状和政策走向。第三部分(第六—十章)结合保险业重点领域和环节的发展实际,评价财产保险、人身保险、保险中介市场、再保险市场和保险资金运用等方面的发展环境,探讨存在的问题和不利影响。第四部分即第十一章提出了系统地对保险业实施政策支持,以改善其发展环境的构想。

关键词:保险业　保险市场　财产保险　人身保险　保险资金

1144

银行业资本监管研究 / 方光鹏著 ; 杨照南指导. -- 财政部财政科学研究所, 2005. -- 237 页

长期以来,国有商业银行以国家信用代替了资本充足率的要求,对其资本监管实际是低效的,而新巴塞尔协议强调资本充足率要求和市场约束,资本监管可以作为新的货币政策工具,发挥宏观调控作用。文章首先回顾了国际银行业及我国银行业资本监管制度的历史演变,指出我国实施资本监管中的矛盾和问题;其次,对国际银行业资本监管进行实证分析,分别对资本充足率的变化以及《巴塞尔协议》对美国、日本银行业的影响进行分析,提出了对我国的若干借鉴和启示;再次,在对存款保险制度进行分析的基础上,对资本监管的合理性进行了探讨,并分析了资本监管对银行稳定性的影响以及股份制改革条件下的资本监管问题。最后,对资本监管的宏观调控作用以及改善资本监管宏观经济金融环境问题进行研究,认为从目前我国具体情况看,优化宏观经济金融运行环境是实施有效资本监管的外部先决条件,国家财政部门对金融业实施监管具有十分重要的作用和地位,必须加强对股份制改革银行的财政监管。适应《巴塞尔协议》和新资本协议要求,提高资本充足率,增强体系稳定性,不能单纯靠国家注资等外部政策,最终要靠银行内部管理改革。

关键词:国有商业银行　资本管理　资本充足率　巴塞尔协议

1145

私人产权与公共财政 / 冯俏彬著 ; 贾康指导. -- 财政部财政科学研究所, 2005. -- 222 页

论文主要研究私人产权与公共财政之间的关系,全文围绕着"完全的私人产权是公共财政的必要条件"这一基本假设展开,分别进行了正反两面的验证,并以改革开放后中国的实际情况为对象进行应用。全文共分为六章。第一章导论,主要在说明当前我国建设公共财政建设中存在两个相互矛盾的现象——顶层改革的停滞与浙江、广东等地的热点频出——的基础上,提出本文的基本假设:完全的私人产权是公共财政的必要条件。第二章主要在梳理和分析"国家分配论"和"公共财政论"之间争论的基础上,提出本文对于公共财政的理解,即公共财政论是建立在社会契约论的国家观基础上的一种财政理论,其实质是民主财政。第三章以英国公共财政发展之路为分析对象,从正面对文章假设进行验证。第四章以中国传统社会的产权与财政为分析对象,从反面对文章假设进行验证。第五章对文章假设的一个应用,以改革开放后当代中国的产权与财政变革为分析对象,说明随着市场化改革的深入,我国的产权正在由计划经济时期的"一大二公"向市场经济下产权的多元化、完全化变化,财政也启动了一个从自发、自为到自觉的公共化过程,更重要的是,随着一大批掌握巨额财富的私人企业主等"中间阶层"的兴起,现行的政治格局已经发生了微妙的变化。第八章对私人产权与公共财政之间的关系展开论述,并对"如何建设我国的公共财政"这一问题进行了总括性说明。

关键词:个人财产　产权　公共财政

1146

中国资本市场制度研究 / 高铁军著 ; 孙钢指导. -- 财政部财政科学研究所, 2005. -- 257 页

本文以新制度经济学作为研究工具,具体分析了中国资本市场的若干理论与实践问题。全文共八个部分。第一部分导言,介绍本文的研究背景及全文结构。第二部分对新制度经济学相关理论的介绍。第三部分探讨资本市场的功能和作用,以及与经济增长的关系,特别对资本市场对我国经济的转型、结构调整、意识形态方面的促进作用和积极影响给予了关注。第四部分研究中国资本市场的产生和发展,以及制度变迁路径及其原因。第五部分着重研究资本市场的法律制度和监管制度,从证券立法体系、监管制度等方面对我国资本市场进行相关分析,并提出对应

建议。第六部分公司治理问题,探讨我国公司治理制度及其实施中存在的问题,提出完善制度建议。第七部分讨论了我国证券市场交易清算制度和收购兼并制度的现状与问题,及其改进方向。第八部分是基本结论和政策建议。

关键词:资本市场　证券市场　监督管理　公司治理

1147

促进农业发展的财政政策 / 高振宇著 ; 郭庆旺指导. -- 中国人民大学, 2005. -- 193 页

本文从农业相关的理论分析入手,描述了促进农业发展的财政政策背景,然后从这些背景出发阐述财政介入农业发展的必要性、财政介入农业的政策目标及达到这些目标所采用的政策工具,并就这些目标分别展开论述,对目前政策实施状况及其绩效进行了分析,找出问题并提出进一步改革的政策选择建议。全文共七章。第一章为导论,主要说明了论文的选题背景和意义,并对论文涉及的主要概念进行了界定,简述了与论文有关的国内外研究成果。第二章论述了农业与经济发展的关系,农业在经济发展过程中的发展趋势、规律及其原因,农业的作用及其变迁,对现代农业发展路径进行了国际比较,分析了促进农业发展的财政政策背景。第三章按照第二章所构建的框架就我国农业发展的实践论证了财政介入农业发展的必要性。第四章针对我国农业发展中存在的问题提出了促进农业发展的财政政策所要实现的目标。第五章首先对财政生产性支出总量和结构进行了计量分析,根据分析的结果确定了财政生产性支出的优先次序,然后将这一次序同实际的政策相比以判断其合理性,并提出政策建议。第六章论证了保持农业稳定的财政政策选择,分别就我国目前的政府储备粮体系和农业保险体系这两大体系对农业稳定的作用、现状及问题进行了分析,提出政策建议。第七章从农民增收目标出发分析了增加农民收入的途径,分别就农业内部分工、产业间分工及国际分工三个方面对农民增收的作用、现状及问题进行了分析,最后提出政策建议。

关键词:财政政策　农业发展　农民收入

1148

泡沫经济理论及其在房地产业中的应用研究 / 顾清明著 ; 马国贤指导. -- 上海财经大学, 2005. -- 173 页

本文在借鉴前人研究成果的基础上,对泡沫经济理论进行了系统化阐述,提出了泡沫经济有机运行的五大机制,并把理论研究成果运用于房地产泡沫问题的分析中。全文共分七章。第一章为绪论。第二章对泡沫经济的内涵界定。第三章讨论了泡沫经济产生的内在原因、外部条件与运行机制。第四章论述了房地产泡沫及其特殊性,提出了相应的检测指标。第五章对我国房地产业及其泡沫进行实证检验。第六章在借鉴国外房地产业泡沫经济经验教训的基础上,结合我国实际情况,从价格、财政、金融、土地等方面提出防范房地产泡沫经济的政策措施。

关键词:泡沫经济　房地产业　金融风险

1149

开放条件下的保险运行研究 / 关伟著 ; 陈共指导. 中国人民大学, 2005. -- 245 页

本文运用开放系统理论作为研究的切入点和视角,把保险运行作为整个经济运行系统的一个子系统,以经济学、管理学的理论和相关模型作为分析方法和研究框架来进行开放条件下的保险运行研究。全文除前言外正文共由八章组成。第一章研究了开放系统与开放经济,包括从一般系统论到开放系统论,开放系统与竞争理论,开放经济与保险运行以及保险运行在社会经济发展中的地位、作用与功能。第二章主要研究了开放条件下保险运行的核心——保险市场,主要内容包括:保险市场的基本要素及供求关系的理论分析,保险市场运行与组织优化,保险市场模式与市场效率,保险市场开放与市场结构。第三章研究的是开放条件下保险运行系统的中介组织和中介制度体系,文章通过市场中介一般的理论阐述,对保险中介组织和体系制度进行了具体研究,并对美国、英国、日本等主要发达国家中介组织和制度进行了比较分析。第四章分析了开放条件下的保险资金运用问题,对保险资金运用的来源与性质、动因与运用原则、形成与运用环境、保险资金运用与资本市场互动以及促进金融深化等进行了理论概括和分析;介绍了保险资金运用的一般方式及其组织模式、投资工具和保险投资管理的模型和相关理论;并用实证分析的方法对西方主要发达国家保险投资结构与比例、投资收益及其投资限制进行了比较分析。第五章研究了开放条件下的保险监管,文章对保险监管的动因与目标、原则与内容、方式与手段进行了分析和概括;介绍了保险监管理论的主要观点;并对美国、英国、日本、新加坡的保险监管模式进行了具体的比较分析。

第六章论述了开放条件下的保险税收,从对保险与税收关系的理论分析入手,提出了理想保险税收制度及其政策目标;并对主要国家和地区保险税收具体类别、税制及其特点进行了实证分析。第七章将研究的视角转向对开放进程中的中国保险运行的描述和分析,回顾了中国保险业的发展与运行;对中国保险运行的现状与特征进行了经济学解读和特征描述;分析概括了存在的问题。第八章在前面分析研究的基础上,提出了对策建议。

关键词:开放经济　保险市场　保险金　资本市场　税收

1150

从激励相容角度看政府间财政关系的变迁 / 郭瑞祥著 ; 楼继伟指导. -- 财政部财政科学研究所, 2005. -- 150 页

本文运用"激励相容"的理论对政府间财政关系的演变过程进行了分析。全文除导言外,共分六章。导言部分阐述了文章的选题意义和研究目的,指出了本文的基本假定、基本观点、研究方法与创新之处。第一章从激励相容的角度提出了分析政府间财政关系变迁的一个理论框架。第二章对"统收统支"下的激励相容性进行了分析,包括高度集中的财政体制的确立,和制度安排的激励相容性分析。第三章对"包干制"的激励相容性进行了分析,重点论述了资源配置效应和财政收入分配的激励效应。第四章对现行分税制的激励相容性进行分析,文章首先概述了分税制的制度安排与演进过程,接着论述了分税制的激励相容性,最后分析了现行分税制的激励不相容面。第五章以现行分税制为对象,按照落实科学发展观和构建和谐社会的目标,从激励相容的角度提出了改革和完善的思路。第六章是政府间财政关系的展望,在前文分析的基础上,提炼出在一个由中央——省——市、县三级政府构成的框架内的政府间财政关系轮廓。

关键词:财政制度　分税制　中央与地方的关系

1151

优化我国分税制财政体制的思路和设想 / 郭希林著 ; 王传纶指导. -- 中国人民大学, 2005. -- 164 页

本文首先分析出分税制财政体制模式与外部因素之间的逻辑关系,得出一些带有规律性的认识;其次对这些外部因素在我国的现状和未来走势进行了具体的研究,以确定出最适合我国国情的体制模式,最后根据国际通行的该种体制模式下的制度设计原则和方法,具体设想和安排我国政府间的事权和支出责任格局、税收划分格局和转移支付制度。全文共分为六章。第一章是导论,主要介绍了论文的选题背景、前人的研究成果和文章的结构安排以及可能的创新等。第二章是对现行分税制财政体制的简介,主要是对我国现行分税制财政体制的政策意图、目前的制度安排、存在的问题和缺陷做较为具体的描述。第三章研究了优化我国分税制财政体制的模式选择,主要是对目前世界上分税制财政体制的模式、影响分税制财政体制的因素以及未来我国应当采用的模式类型进行了分析研究,找出了适合我国的体制模式——适度集权式。第四章论述了优化我国政府间事权和支出责任的设想和安排,主要是对优化我国政府间的事权和支出责任的原则和内容作些具体的研究和分析。第五章是对优化我国政府间税收划分的设想和安排,文章借鉴了"高度集权式"和"适度集权式"国家分税制财政体制下的政府间税收划分方面的制度安排,并归纳出这些国家政府间税收划分的基本原则,从而对优化我国政府间的税收权限划分和税种划分提出了一些设想。第六章是对优化我国政府间转移支付制度的设想和安排,主要是研究和分析优化我国政府间的转移支付制度的原则和内容,文章先对日本和德国两个主要的"适度集权式"体制模式国家的政府间转移支付制度作了借鉴性展示,并总结出这些国家在制度设计上的一些根本性做法,然后借鉴国外经验对优化我国政府间转移支付制度进行了设想。

关键词:分税制　财政制度　税收管理

1152

论我国增值税的完善 / 国建业著 ; 解学智指导. -- 财政部财政科学研究所, 2005. -- 189 页

本文借助研究中国经济现状的模型、数据等,对中国增值税转型设计的类型分析、国际借鉴、实施现状、财政影响及投资等主要领域进行实证研究。第一章研究了增值税的基本理论,包括增值税的税制要素特征、税收效率和税收归宿等,并在经济周期不同阶段的条件下,对三种增值税类型进行分析。第二章主要介绍了我国增值税的建立、发展及运行状况,并分别对我国生产型增值税在运行过程中出现的问题以及我国东北地区增值税转型试点进行了深入研究。第三章对增值税类型的选择、实施范围、纳税人、税率及税率结构、免税问题、小规模纳税人等税务处理方面进行了国际比较分析。第四章和第五章对增值税

由生产型转为消费型、增值税扩大征收范围这两个增值税改革的两个主要方面分别进行研究。第六章对进一步完善我国增值税的征收方式和征管方法进行了研究，针对增值税专用发票、小规模纳税人征管、优惠政策、长期负申报等问题分别分析并提出了解决方案。第七章对增值税改革后出现的分配结构调整、税率选择、增值税转型对部分地市税收收入的影响等问题进行了研究，认为这些问题的解决有助于理顺增值税的税收体制，提高政策的可行性。总的研究认为，由于我国增值税改革本身所具有的深度和广度，其意义远远超出了对现行税制的简单修补，因而必将对我国的民主、繁荣富强和开放产生积极而深远的影响。

关键词：增值税　税收管理　税制改革

1153

财政支农规模与结构问题研究 / 何振国著 ；苏明指导. -- 财政部财政科学研究所, 2005. -- 205 页

本文从基本理论入手，运用定量分析，通过建立理论模型，用数学和计量的方法推导、论证了财政支农的规模和结构问题。全文共分三部分。第一部分理论阐述。首先回顾了西方经济学家对农业和经济发展理论的认识历程；再通过理论上的逻辑推理和实证分析，提出市场失灵是财政支农的理论基础、财政是政府支持保护农业的重要手段；然后结合我国实际，从我国农业的特殊性、消除二元结构的艰巨性及加入世界贸易组织后支持保护农业的紧迫性三个方面，论证了我国支持保护农业的必要性。第二部分对财政支农支出规模的分析。首先对我国 1986 年以来财政支农支出规模及其演变进行了定量描述，并对支出力度进行了分析，认为我国财政支农支出规模不足；其次通过建立数学模型，运用计量方法论证了财政支农支出的最优规模问题；然后将国外财政支农规模与我国进行了比较，提出我国应加大对农业的投入；最后以估计出的最优规模为依据，将刚性约束纳入考虑范围，建立了财政支农支出最优取向增长模型；根据模型，估算了为实现“最优”目标，今后十五年财政支农的支出数量；并提出了实现财政支农支出增长的途径。第三部分对财政支农支出结构的分析。首先对我国财政支农支出结构的总体演变进行了定量描述，并对各项支出的演变历程、规律和趋势进行了阐述；其次通过建立理论模型，运用数学和计量方法，对各项财政支出对于农业 GDP 和农民收入增长目标的贡献程度和延期影响进行了实证分析，并提出了各项财政支农支出的优先安排次序；然后，对国外一些典型国家的农业财政支持结构和支持方式进行了分析，归纳总结了其对我国的启示和借鉴意义；最后，对我国财政支农支出结构现状进行了分析和评价，提出了我国财政支农支出结构调整和优化的方向。

关键词：财政支农　财政支出　农业投入

1154

中国农村公共产品供给的制度分析与改革路径研究 / 胡洪曙著 ；杨灿明, 钟晓敏指导. -- 中南财经政法大学, 2005. -- 172 页

本文通过运用现在占主导地位的主流经济学及其方法，如新古典经济学、福利经济学、新制度经济学、公共选择理论、现代财政学等，来分析研究如何建立更加完善的农村公共产品供给机制。全文分八章进行论述。第一章导论，提出了本文研究的问题，分析了本文研究的理论意义与现实意义，介绍了研究的理论基础以及本文的创新之处。第二章具体分析了农村公共产品的特征和功能。第三章介绍了人民公社和联产承包责任制这两个时期的农村公共产品供给体制，并进行了比较分析。第四章认真总结了发达国家、发展中国家在农村公共产品供给问题上的成功经验，并从中提炼出对我国有用的启示。第五章对现行农村公共产品供给的效率和公平性进行了分析，指出了现行农村公共产品供给在效率和公平上所存在的问题对整个国民经济发展的影响。第六章采用局部均衡模型和一般均衡模型来分析农村公共产品的供给，并对我国农村公共产品的最优供给条件进行了阐述。第七章从制度伦理角度剖析了农村公共产品供给的制度，提出了制度伦理精神对于农村公共产品供给改革的指导意义，并在此基础上对决策机制的改革提出了建议，强调了村民自治机制取决于以土地产权为核心的农民个人产权的完善程度的思想。最后一章论述的是关于农村公共产品供给的筹资和生产改革问题，提出了建立财权与事权相对称的农村财政体制、完善农村税制、建立农村公共产品的成本分摊机制等改革路径，分析了社会资本参与农村公共产品的提供与生产的必要性，并全面地阐述了社会资本参与农村公共产品供给的方式，为弥补政府财政资金的不足而导致的农村公共产品供给不到位探索了一条新的道路，也是对公共产品的市场化供给所进行的有益探讨。

关键词：农村　公共产品　供给制　公共财政

1155

中国政策性金融的改革与发展 / 胡学好著 ; 叶振鹏指导. -- 财政部财政科学研究所, 2005. -- 216 页

论文从确定政策性金融的基本概念和范围入手，论述了政策性金融的产生和发展过程，总结和归纳了国外政策性金融运作的基本模式和基本经验，在对我国政策性金融的现状和问题进行研究的基础上，提出我国政策性金融的发展方向和职能定位、实现政策性金融机构可持续发展、建立我国政策性金融体系的基本设想和政策建议。论文共分为九章。第一章主要分析了政策性金融的类型和特点，支出政策性金融具有以政府目标为前提、以国家信用为基础、以政府支持为背景、不以营利为经营目标的基本特点，其职能具有逆向选择性、政策导向性、准公共性、可变性和阶段性的特点。第二章论述了政策性金融产生的理论基础以及我国政策性金融产生和发展的过程。第三章主要分析了政策性金融的意义和作用，并从我国经济发展不平衡、三农问题及金融市场化过程的长期性等方面，阐述我国政策性金融在新的历史发展时期长期存在的必要性。第四章对部分发达国家和发展中国家政策性金融的模式和经验进行研究，提出了我国在发展和完善政策性金融过程中需要借鉴的经验和做法。第五章介绍了我国政策性金融机构的现状，分析了目前我国政策性金融机构存在的问题及产生的原因。第六章提出了我国政策性金融改革的目标、原则与基本思路，提出要强化财政部对政策性金融监管的主导作用。第七章从建立政策性金融机构的法律保障机制、规模约束机制、商业化运作机制、补偿约束机制、风险控制机制、外部考核机制、监督协调机制等七个方面，阐述政策性金融机构如何实现可持续发展问题。第八章主要分析了我国政策性金融的风险控制与管理的问题。最后一章着重论述了建立我国完备的政策性金融体系的必要性、基本框架和主要设想，并就逐步建立我国存款保险体系、农业政策性保险体系、政策性住房信贷体系、中小企业政策性融资体系和政策性担保体系分别进行了阐述。

关键词:政策性金融　金融机构　风险管理　金融改革

1156

城市政府融资问题研究 / 贾浩波著 ; 高培勇指导. 中国人民大学, 2005. -- 149 页

本文以公共财政等理论为基础，采取规范分析与实证分析相结合的方法，针对我国国情的特殊性，对我国城市政府融资体系进行了系统分析和总体构建。全文共分六章。第一章为导论，主要从理论和实践两方面阐述了选题的必要性，对国内外关于城市政府融资的研究成果进行了综述，并对论文的思路、篇章结构和研究方法进行了介绍。第二章对城市政府支出进行了分析，文章对城市政府的职能进行了界定，划分了城市政府支出范围，并对城市政府支出进行了具体分析，研究了城市政府支出与融资。第三章对城市政府融资体系进行了理论分析，包括融资形式、融资原则、融资体系的合理构建，并对国外城市政府融资的经验进行了分析。第四章对我国城市政府融资体系进行了总体考察，文章先对中国城市政府融资的现状进行了描述，对融资体系现状的成因进行了解析，分析了中国城市政府现行融资体系的经济影响。第五章分析了我国城市政府的融资能力，先对城市政府的融资能力进行了概述，然后分别对城市政府融资能力进行了纵向分析和横向比较。第六章对我国城市政府融资体系进行了一定的优化设计，文章在确定优化设计目标和原则的基础上，提出了我国今后城市政府融资体系优化设计的具体方案。

关键词:融资　城市管理　地方政府　财政支出

1157

中国社会保障支出水平研究 / 贾英姿著 ; 李茂生指导. -- 中国社会科学院研究生院, 2005. -- 144 页

本论文主要包括六部分内容。第一章为社会保障的经济学解释，其基本观点是社会保障存在有其合理性，但作用仅限于弥补保险市场的失灵和缺陷，不能替代保险市场。第二章是社会保障支出宏观效应研究，分析社会保障支出水平与经济增长、通货膨胀等的关系，实证分析了中国现有制度约束条件下的社会保障支出水平，得出中国社会保障支出与投资和国内储蓄正相关，与通货膨胀、私人消费、GDP 增长负相关的结论。第三章为社会保障支出的最优水平研究，利用模型对国际和国内的社会保障支出进行了分析评价，对中国社会保障支出水平进行了界定，并给出了实现策略。第四章是社会保障支出水平的周期研究。本章首先从四种社会保障制度模式所固有的支出周期开始，研究了周期运行的趋势，同时研究了典型国家，如美国和瑞典的社会保障支出周期，之后对中国社会保障支出周期进行研究，并对中国未来 10 到 30 年的社会保障支出进行了预测，结论是中国社会保障支出水平基本处于美国 20 世纪 50 年代水平，如果参照美国的社会保障支出变动趋势，那么 2030

年中国将达到支出高峰期,在此前提下,中国养老基金缺口将达到2万亿。第五章在综合考虑前文因素的基础上,给出了不同年份中国社会保障支出水平的区间,并提出了政策建议。

关键词:社会保障　财政支出　经济增长　通货膨胀

1158

跨国公司转移定价:经济学分析与治理 / 李传喜著;杨君昌指导. -- 上海财经大学, 2005. -- 256 页

本文研究了跨国公司转移定价问题,重点研究了转移定价涉税问题,主要集中在转移定价决策方法、转移定价调整方法、转移定价治理方法等三方面。全文共分为六章。第一章导论,论述了转移定价的含义及其研究的重要性,概述了国内外对转移定价问题的研究现状,并介绍了本文的研究目的和结构安排。第二章文献回顾与借鉴,作者分析了一些相关的经典和最新重要文献,深入探讨了其中的理论,并进行了总结。第三章主要考察了转移定价的成因、策略及税收转移效应,文章用基于交易费用的"企业组织结构理论"和制度经济学的"团队效率"观点来解释了跨国公司转移定价的成因;接着立足于被投资东道国的立场,在扩展前人模型的基础上分别探讨了东道国市场产品垄断条件下、东道国市场处于竞争条件下、内部协调目标和节税目标转移价格集成一体化的条件下、以及信息不对称条件下的各类转移定价,并得出各类条件下最佳转移价格均与正常市价不一致等结论;然后通过财务分析,研究了税收在各主体间转移的量、转移过程量的损失与归宿,探讨了国际转移定价税收效应的一般规律;文章还联系实际分析了子公司所有权结构差异对集团公司转移定价决策的影响。第四章初步分析了国际转移定价避税及其调整与治理问题,包括在华跨国公司转移定价避税及其消极影响、国际转移定价调整的基本原理与几种主要方法、调整和治理跨国公司转移定价避税的国际经验、我国目前纳税调整工作中面临的几个主要困难、调整过程中可比信息的获取和选择方法,以及对我国特殊的"逆向转移定价"现象进行分析。第五章对转移定价的"调整方法"进行了经济学分析与比较,主要的比较对象包括:分离的会计方法与公式分配法;价格调整法与利润调整法;成本法与市价法等。第六章对转移定价的"治理方法"进行了研究和探讨,从完善相关法规、加强税收征管提高执法效率和水平、加强国际税收协调搞好国内软环境建设、推广和完善预约定价协议制度等方面进行了阐述。

关键词:跨国公司　转移定价　避税　税收管理

1159

中国农村公共品供给研究 / 李华著;解学智指导. -- 财政部财政科学研究所, 2005. -- 218 页

本文对我国农村公共品供给的历史、现状、突出的矛盾和当前的改革以及今后的制度安排逐步进行了研究和探索。文章认为,在农村全面构建完善的公共财政制度是实现农村公共品有效供给的关键。全文共分六个部分。第一部分对农村公共品及其供给机制的分析。第二部分介绍了中国农村公共品供给的历史演进。第三部分将农民负担看作是农村居民对公共品的成本分担,分析了农村公共品供给的特征与农民负担之间的关系。第四部分对中国农村税费改革的探讨,指出必须正视和重视农村税费改革后的遗留问题,通过综合性的制度创新来深化农村税费改革,这就是完善农村公共品供给制度。第五部分认为农村公共品供给制度的完善有赖于公共财政制度建设,即科学界定政府与市场的边界,促进农村政府职能转型;合理划分政府间的事权和财权,完善转移支付制度;规范农村公共收入体系、建立城乡统一的公共品供给成本分摊机制;加强农村基层民主建设,完善农村公共品供给决策机制。第六部分针对农村乡镇政府去留问题进行了历史与现实的思考,认为较为实际的做法是县(镇)政乡派,逐步实现政府架构的扁平化,并加快发展农村居民合作及自律组织,以弥合改革后的治理缺失。

关键词:农村　公共产品　供给制　公共财政

1160

税制结构研究 / 李建清著;安体富指导. -- 中国人民大学, 2005. -- 179 页

本文借鉴发达国家税制结构改革的成功经验,吸收富有创造性的理论观点,结合我国经济实践,探讨了建立适合我国社会主义市场经济体制要求的税制结构和主体税种。文章共分五个部分。第一章为导论,概括研究了选题的理论和现实意义、国内外研究的现状、论文的创新和不足、研究方法、篇章结构。第二章对税制结构进行了理论分析,是本研究选题的理论框架和基础,首先提出了税制结构的基本概念;在税制结构理论研究中,建立在马克思社会再生产阶段划分基础上的税制结构理论,马斯格雷夫资金循环运动基础上的税制结构理论,以及国民经济核算基础上

的税制结构理论,揭示了税种选择和配置的等价规律;分析了税制结构的影响因素。第三章是对税制结构的国际比较分析,从实证角度,研究了比较有代表性国家税制结构发展的基本规律和主体税种的变迁,以及当前税制结构和主体税种选择在趋同趋势下存在的差别。第四章是对税制结构的现状进行了分析,主要研究分析了我国税制结构变迁和主体税种选择的变化,分析了我国现行税制结构存在的问题,总结了我国税制结构变迁的基本规律。第五章是对税制结构的改革与趋势分析,文章主要根据我国税制结构存在的问题,以及世界税制结构发展的基本趋势,结合我国的经济实践,提出了我国税制结构发展的目标、原则,以及对策和方案。

关键词:税收制度　税收管理　税制改革

1161

财政监督改革 :理论分析与制度设计 / 李晋煤著; 安体富指导. -- 中国人民大学, 2005. -- 134 页

本文从经济学的分析视角出发,结合多学科的研究成果探讨了财政监督制度与制度环境的相互影响和作用,研究在特定制度环境变革背景下财政监督制度改革的规律。全文共七章。第一章为导论,主要分析了论文选题的理论意义和实践意义,以及研究所需要解决的基本问题,并在对前人研究成果进行综述的基础上介绍了论文的研究方法与研究思路。第二章首先对财政监督的概念和内涵进行了界定,并解释了其功能和职能;接着对财政监督产生和发展进行了理论分析;基于非对称信息的委托代理理论,对财政监督的委托代理关系进行了分析;最后对权力制约理论进行了分析,阐述了财政监督制度安排的基本原则。第三章从纵向和横向两个方面,对西方国家财政监督制度的历史演变和西方各国各具特色的财政监督模式进行了较为系统和全面的归纳总结,剖析了西方国家的监督制度,并阐述了对我国的启示和借鉴。第四章是对我国财政监督制度变迁的回顾和评价,较全面地总结了我国财政监督制度的历史变迁,并进行了评价;从财政监督制度缺失的角度指出了整体上存在的制度缺陷。第五章的主要任务是构建我国财政监督制度改革的总体框架,先从理论上分析了我国财政监督制度改革,对我国财政监督改革的背景作了介绍,分析了改革应遵循的原则,提出了改革的目标,在此基础上分析了市场经济和公共财政框架下财政监督系统的构成和运行机制。第六章主要是在目标框架下对我国财政监督制度改革进行了具体设计,文章首先分析了我国目前人民代表大会财政监督和财政部门财政监督制度存在的问题,提出了人民代表大会财政监督制度和财政部门财政监督制度的改革思路和具体设计。第七章对财政监督改革中的三个重要问题进行了专题阐述,论述了改革的路径选择、改革的法律保险问题以及我国政府会计制度改革问题。

关键词:财政管理　财政监督　财政制度

1162

信托税制研究 / 李青云著 ; 安体富指导. -- 中国人民大学, 2005. -- 182 页

本文共分十章。第一章为导论,分析了选题的意义以及信托税制研究所要解决的问题,对前人研究成果进行综述。第二章是对信托的概论,介绍了信托的概念和起源、信托法律关系与信托分类以及信托与经济发展的关系。第三章是对信托税制的基本理论分析,包括信托税制的研究视角、信托税制的经济学分析、信托财产权的本质与课税以及信托创新与避税等。第四章在对信托税制内容进行界定的基础上,提出构建信托税制应当遵循的约束条件。第五章从税制变迁的角度入手,根据参与方的不同,将博弈模式分为三方博弈模式(政府、征税机关和纳税人)和四方博弈模式(政府、征税机关、司法机关和纳税人),认为四方博弈模式更适合信托税制的变迁。第六章在法系比较的基础上提出,相比民法国家而言,普通法国家的持续动态立法机制更适于对变化迅速的创新金融活动进行及时规范和制约。第七章以英美作为普通法国家代表,以日本和台湾为民法国家和地区代表,对其他国家的信托税制情况进行比较分析,为我国信托税制的建立提供借鉴。第八章是对我国信托税制形成机制优化问题的分析,认为强化行政立法是实现信托税制持续动态变迁的最直接有效途径,但在强调通过快速行政立法应对信托避税行为时,还须切实加强司法权对行政权的制约。第九章依据信托税制基本理论,对我国当前信托课税中存在的重复征税、税负不公、纳税主体不明、政策意图不明确等问题进行分析,提出构建我国当前信托税制的政策建议。此外,本章还借鉴国际经验,就可能出现的信托避税行为提出应对措施。第十章对全文进行总结。

关键词:信托　税收制度　避税

1163

民间资本投入基础设施建设研究 :以韩国模式为重点的分析 / 李廷河著 ; 李茂生指导. -- 中国社会科

学院研究生院, 2005. -- 155 页

本文分析了韩国基础设施领域的民间投资制度建立过程和内容,通过探索先进的投融资体系和方式,分析筹资渠道多样化方案,为建立中国基础设施领域的民间投资制度提供借鉴。全文共分七章。第一章简要考察公共产品和公共基础设施的基础理论,实证分析、论证了中韩两国基础设施投资与经济增长之间的正相关关系。第二章具体分析基础设施领域的民间资本投资制度,如基础设施领域的民间资本投资制度引入背景和理论依据、引入方式等,还具体介绍了民间资本项目融资的典型类型——BOT 模式和 PFI 模式。第三章分析韩国基础设施供给战略和现状、取得的成果和存在的问题,进一步探索今后韩国基础设施投资政策的基本方向。第四章分析韩国的基础设施领域吸引民间资本制度的沿革和现行制度,具体介绍民间投资制度运营原则及运营程序、投资对象项目及民间投资者指定方法等内容,剖析了韩国基础设施民间投资法的特点。第五章叙述了韩国民间投资项目发展现状、成果及存在问题,探索了今后的制度改善方向,展望其发展前景。第六章分析韩国民间投资项目的筹资结构,然后具体指出存在的问题,重点研究了韩国基础设施领域民间投资项目筹资渠道多样化方案。第七章简要分析了中国的基础设施建设和基础设施投资情况,比较分析了中韩两国民间资本进入基础设施的各个方面,并在此基础上提出一些启示和政策建议。

关键词:民营经济　投资　基础设施　融资　民间投资　韩国

1164

产业结构税收政策 :理论与实证分析 / 李文著 ; 樊丽明指导. -- 山东大学, 2005. -- 172 页

文章采用定性与定量分析相结合的方法,将产业结构理论和税收理论进行有机结合,研究了税收政策对产业结构变迁的作用,并在分析中国产业结构现状的基础上,总结中国的税收政策对产业结构变迁的效应,进而对中国今后优化产业结构的税收政策提出建议。全文共分七章。第一章为导论。第二章研究了产业结构税收政策的存在前提、目标、作用机制及定位。指出产业结构税收政策的存在既有可能性又有必要性。第三章分析了产业结构税收政策的研究基础——产业结构的演进规律及优化,并对中国产业结构的状况进行了探讨,指出中国产业结构的优化方向。第四至六章分别从需求、供给、外资及国际贸易角度分析了税收政策对产业结构的影响。指出税收政策是通过改变需求、供给、外资及国际贸易等经济因素并最终经由市场机制影响产业结构的。第七章给出了中国产业结构税收政策的优化建议。认为产业结构税收政策的优化应当矫正逆向调节、相对中性、注重协调、优化手段;就优化的总体取向而言,应当有助于优化需求因素、供给因素和外资及国际贸易因素;就优化的具体措施而言,应当降低大口径宏观税负水平,完善现有税种和设置必要的新税种,并完善涉外税式支出方式。

关键词:税收政策　产业结构　税收制度

1165

中韩转让定价税务管理比较研究 / 李贤周著 ; 安体富指导. -- 中国人民大学, 2005. -- 147 页

本文对中韩两国转让定价税务管理进行了比较分析,主要内容集中在三个方面:两国转让定价法规的内容及不同点、转让定价案例分析、在转让定价法规中存在的问题及建议。全文共分为六章。第一章为导论,说明了选题的意义,介绍了国内外研究的现状,以及文章的研究方法和篇章结构。第二章主要论述了跨国公司的跨国经营与转让定价的关系,首先阐述了跨国公司的全球经营,对转让定价进行了理论分析,最后对跨国经营与转让定价的关系进行了分析。第三章对在国际上运行的转让定价税务管理进行了深入分析,先说明了由经合组织制定的转让定价报告的发展情况以及最近动向;然后对在国际税收领域中发挥着极大作用的美国转让定价税务管理情况进行了深入分析;多方面论述了一些发达国家的转让定价税务管理理论与实践;说明了无形资产的含义和对其的转让定价调整;最后阐述了预约定价协议的必要性、定义、优缺点及国际上的现状等。第四章是对中国转让定价税务管理的现状分析,论述了在中国外商投资企业的情况,说明了发展的现状,并对中国转让定价税务管理法规进行了深入分析,阐述了转让定价税务管理的现状。第五章主要介绍了韩国转让定价税务管理的内容及其经验,先说明了韩国利用外资的情况,接着阐述了韩国转让定价税务管理的发展趋势,论述了韩国转让定价法规的基本内容,说明了韩国转让定价税务管理的现状,最后集中分析了韩国国税厅实行的转让定价调整案例。第六章对中韩两国转让定价税务管理的问题及完善进行了研究和探讨,对比分析了两国转让定价法规;对现行中国转让定价税务管理中存在的问题集中进行了分析,提出了完善

方案;通过分析韩国转让定价税务管理所面临的问题,并提出了完善的建议。

关键词:税收管理　跨国公司　转让定价　关联企业　韩国

1166

开放经济条件下的财政政策研究 / 李旭红著 ; 朱青指导. -- 中国人民大学, 2005. -- 251 页

本文主要研究开放经济条件下的我国财政政策。全文主要由五章构成。第一章是导论,主要介绍了论文的研究目的、分析框架结构及研究方法,以及主要的观点及结论。第二章主要阐述政策环境,分别从商品、资本和劳动力三个市场解释开放经济要素自由流动的本质,并简要回顾我国经济开放的历程,阐明了三个要素市场的发展趋势。第三章主要探讨了开放经济条件下经济增长理论、实证及相应的财政政策问题,文章首先对经济增长理论的演变作了简要的回顾,然后利用世界银行提供的 61 个国家在 1970—1998 年的 29 年间的面板数据对经济增长作了实证分析,最后提出了开放经济条件下促进我国经济增长的财政政策。第四章主要分析了开放经济条件下的贫困问题以及提出相应的财政政策来减缓贫困,重点分析研究了开放经济引起的收入分配的失衡、财政政策与反贫困,对我国运用财政政策反贫困的政策建议。第五章主要分析了开放经济条件下的财政风险及从财政持续性的角度去分析财政的稳定问题,提出了开放经济条件下促进我国财政风险防范及财政持续性的政策建议。

关键词:开放经济　财政政策　经济增长　贫困

1167

现代港口发展研究与价值透视 / 李选民著 ; 李茂生指导. -- 中国社会科学院研究生院, 2005. -- 180 页

本文立足现代金融学的股票内在价值评估理论,借助于港口对地方财政的贡献,量化港口的外在价值,探索了港口全价值目标函数及其均衡条件和政策含义。并在全价值模型的框架内,诠释了中国港口产业政策的理论依据,提出目前我国港口产业结构调整的主要任务是实现政府主导型产业结构升级,应尽快完善和充分发挥资本市场功能,加快我国港口产业结构优化,在产权清晰和港口企业主体市场地位明确的条件下,有效清理港口企业利用资本市场的障碍,创新资本市场融资模式,实现产业结构的优化升级。全文主要包括四部分。第一部分导论,说明了选题背景、选题意义、研究结构和概念体系。第二部分对现代港口、港口发展的经济理论、港口的发展趋势,及现代港口的经济功能、融资理论、港口企业依托资本市场的发展模式进行了理论分析和实证研究。第三部分结合案例评估,介绍了港口企业的内在价值评估方法,并依据产业经济学的相关理论,分析了港口经济价值最大化问题,提出了港口全价值模型并分析了其平衡条件和政策内涵。第四部分结合中国实际情况,分析了中国港口目标市场结构优化、港口产业结构优化问题,提出了优化现代港口金融环境和资本市场政策的建议。

关键词:港口经济　港口建设　经济价值　经济发展

1168

中国税收收入能力估测及其应用研究 / 梁季著 ; 谭荣华指导. -- 中国人民大学, 2005. -- 160 页

本文主要分析与税收收入能力相关的若干基本理论问题;系统详尽地介绍国外税收收入能力估测方法,并借鉴这些方法对我国税收收入能力进行定量分析;并根据估测结果,分析、解释一些财税现象来验证某些结论。全文共有六章。第一章为导论,介绍了文章的选题背景,总结了前人的研究,说明了研究的目标及意义、研究方法与篇章结构,指出了创新及不足之处。第二章是对税收收入能力的一般考察,首先从定义、相关概念、影响因素等方面考察了税收收入能力,然后简要的分析了税收收入能力估测的一些基本问题,最后对税收收入能力估测方法进行了简要的介绍。第三章研究了中国税收收入能力估测的“税柄”法,主要介绍了“税柄”法产生的背景、内容及其应用情况,在此基础上创造性地将其用于估测我国地区税收收入能力,得出结论。第四章研究的是 RTS 法,文章详尽地介绍了 RTS 法产生的背景、内涵、构成要素及其应用情况,然后在借鉴国外 RTS 法的基础上,分析构建我国 RTS 法估测体系的重点和难点;最后利用 RTS 法对我国地方主要税种的收入能力进行了估测。第五、六章研究了中国税收收入能力估测的另一种方法——分税种法,第五章在回顾前人研究的基础上,分别采用不同方法对转税类中增值税、消费税、营业税逐一进行估测,计算各税种的税收努力及税收流失情况;第六章构建了企业所得税收入能力的估测模型,并阐述企业所得税收入能力的估测思路与步骤,并分析了影响我国个人所得税收入能力的主要因素,提出我国个人所得税收入能力的估测重点,并采用简

便方法对个人所得税主要税目的收入能力进行了估测,最后对股票交易印花税及城市建设维护税的收入能力进行了简单的估测。

关键词:税收管理　税收收入　所得税

1169

税收征管效率研究 / 梁俊娇著 ; 汤贡亮指导. -- 中央财经大学, 2005. -- 178 页

本文借鉴国内外已有的研究成果,运用规范分析与实证分析相结合、理论与实践相结合的方法,分别从纳税人与征税人(包括征税机关)角度、制度约束与非正式制度约束(社会环境)的角度出发,对税制优化、建立纳税激励机制、提高纳税遵从意识及对现有征管机构进行改革,加强执法监督等影响税收征管效率的因素进行分析和探讨,为提高税收征管改革提供理论指导及政策建议。全文除导论外,共分七章。导论部分介绍了文章选题的背景及意义、研究现状,对基本概念进行了界定,指出了本文的创新点、重点、难点及不足,最后说明了研究方法与篇章结构。第一章对税收征管效率的概述,论述了税收管理效率的概念及其影响因素。第二章税收成本分析,先界定了税收成本,然后对税收征收成本进行了国际比较研究,最后分析了税收成本的影响因素。第三章研究了征管效率的税制保障,作者先阐述了税制优化与税收征管间的关系,提出了建立激励相容的税制结构,研究了现行税制的调整问题。第四章论述了纳税人激励机制,先分析了其必要性及理论基础,然后对偷逃税的原因进行了剖析,最后提出建立激励机制模型及对策研究。第五章研究了纳税人遵从意识的培养,从心理学、社会学分析了税收遵从意识,探讨了影响纳税人税收遵从意识的因素,以及如何提高纳税人的税收遵从意识水平。第六章提出为提高税收征管效率,必须对税收征管部门进行改革,具体包括税收管理部门改革的理论基础、改革目标及绩效评价、税务管理部门改革的主要措施。第七章指出应建立执法监督责任制,优化税收环境,提出了完善税收执法监督机制的主要对策。

关键词:税收征管　税收成本　纳税人　激励

1170

税收与投资的经济分析 / 刘初旺著 ; 胡怡建指导. -- 上海财经大学, 2005. -- 135 页

本文实证分析了我国税收与投资之间的关系,揭示税收政策对投资总量与投资结构以及研究开发投资和外商直接投资影响,并且估计出最终产出对这种影响的反应。本文共六章。第一章选题意义阐述和文献回顾。第二章引入税收与投资的理论模型,包括早期加速度理论、新古典标准投资理论模型,并从标准的税收与投资理论模型中引入资本成本和有效税率,并且讨论了公司所得税和个人所得税对资本成本和有效税率的影响。第三章实证分析税收对投资总量的影响。第四章分析税收与投资结构,计算资产间、地区间、产业间平均有效税率和边际有效税率差异,进而讨论这种差异对资产、地区、产业投资的影响。第五章讨论税收与研究开发投资。第六章讨论税收与外商直接投资的影响。主要分析了税收对外商直接投资的影响以及我国外商直接投资的实证分析,讨论了我国税收政策对外商直接投资的影响情况,最后对当前的国际上公司所得税的改革趋势进行讨论,并对我国的企业所得税改革提出建议。本文的主要结论包括:1. 从 1991 到 2002 年,我国资本成本总体下降,在影响资本成本的因素中,折旧宽免的现值不断增大。资本成本的变化率每增加或减少 1 个百分点,投资率的变化率将减少或增加 1.61%。房屋建筑物和机器设备的资本成本每下降一个百分点,拉动 GDP 的增长分别约为 10% 和 5%;2. 从 1991 到 2002 年,我国边际有效税率比较高,这种状况不利于企业的投资动机,但是持续走低的利率政策掩盖了这一现象;3. 我国的技术开发资本成本处于发达国家的中等偏上水平,技术开发的国际竞争力并不明显;4. 外商直接投资和所有投资者的税后收益率正相关,我国外商直接投资和平均有效税率之间的相关性不大,说明外商未必关心税收优惠。而外商直接投资对内资企业税负间差异相关系数更高,弹性更大,说明我国下一步税制改革时,如果把内外资企业税负进行调整,会影响到外商直接投资的流入量。

关键词:税收政策　投资　投资结构　有效税率　外商直接投资(FDI)

1171

央行参与下的国债市场流动性研究 : 机理、模型与实证 / 刘辉著 ; 张志超指导. -- 南开大学, 2005. -- 182 页

本文通过考察在国债市场流动性的自我强化性质,系统分析国债市场流动性的产生机理,以及包括金融稳定和货币政策等公共产品独有特性的政府提供,探索政府参与下国债市场流动性生成的内在机制,试图建立一个政府参与的国债市场流动性内生机

制模型，发现影响市场流动性的要素。全文主要包括五部分内容。第一，考察国债市场的流动性职能，分析其自我强化特征生成机理，尝试提出政府参与的国债市场流动性模式。第二，研究发展中国家良好流动性的国债市场创建过程中的路径依赖特点，借鉴发达和发展中国家国债市场流动性模式经验，提出政府参与的国债市场流动性模式的可行性。第三，根据金融市场微观结构理论，试图建立一个政府参与的国债市场内生机制模型，发现影响市场流动性的要素。第四，计量分析我国国债利率与银行利率的因果关系，模拟分析政府参与的国债市场流动性，定性实证分析我国央行主导下银行间市场流动性的变迁过程。第五，剖析我国目前国债市场流动性的现状，为其发展提出有益的政策建议。

关键词：中央银行　国债市场　市场流动性

1172

政府管制的经济分析 / 刘小兵著 ; 丛树海指导. -- 上海财经大学, 2003. -- 146 页

本文以政府凭借行政权力作出的管制行为为研究对象，分析和说明是否需要以及在多大程度上需要政府管制。全文共六章。第一章导论，确立了本文的研究范围、研究方法和分析思路。第二章对政府对自然垄断的管制所作的经济分析，作者首先规范地描述了自然垄断的经济特性及其由该经济特性所决定的对管制的需求；然后主要围绕价格管制手段对政府管制自然垄断的可能性进行了详尽的分析。第三章对政府管制负外部性的分析，在分析描述了外部性的经济特性以及外部性是如何引致市场效率损失的基础上，对诸如科斯交易、一体化等市场解决负外部性的方式进行了理论实证分析，并分析了市场方式在解决负外部性方面的局限性；接着分别在完全竞争的条件下和不完全竞争的条件下对政府管制负外部性的情况进行了分析。第四章关于政府对正外部性管制的分析，作者先将正外部性问题转化成了公共品问题，并进而规范地描述和分析了公共品的经济特性及其最优供给条件；然后分别对公共品的市场提供和政府提供进行了理论实证与经验实证分析。第五章研究了信息不对称和政府管制，文章首先在分析信息不对称的成因及类型的基础上构建了几个分析模型描述和分析了信息不对称导致的效率损失，然后分别就市场机制和政府管制对解决信息不对称的可能性和局限性进行了研究分析。最后在第六章中作者主要从管制范围、管制机构、管制手段等方面对中国的政府管制情况进行了经验实证分析。经过以上对政府管制的系统研究分析，文章得出一个基本结论：部分支持政府对正外部性和负外部性的管制而不支持政府对自然垄断和信息不对称的管制。

关键词：政府管制　市场竞争　垄断　信息不对称　国家干预

1173

企业价值评估 / 刘玉平著 ; 李保仁指导. -- 中央财经大学, 2005. -- 141 页

本论文共七章。第一章导论，介绍了本文的选题背景和研究意义，分析了国内外的研究现状，概述了主要研究内容和结构，指出了研究的主要创新和不足。第二章研究的是企业与企业价值评估，总结了企业的特点，研究了企业的价值形态以及其分析和评估，探讨了价值类型和公允价值。第三章研究了影响企业价值评估的外部因素：评估目的和宏观经济政策，指出特定目的会影响价值类型的选择，并对评估参数选择有约束作用；宏观经济政策的改变则会影响企业的市场营销、产品开发等，进而影响企业价值。第四章分析了影响企业价值的内部因素，包括资产规模和结构、行业选择、资本结构、公司治理结构和股利政策。第五、六章研究的是企业价值评估方法。第五章介绍的是收益法，包括收益法的形式、收益额及其估算、折现率及其估算、收益法模型及其比较分析；第六章介绍了企业价值评估的另外两种方法：资产基础法和期权估价法。第七章讨论了国内外企业价值评估的规范。

关键词：企业价值　价值评估　收益法

1174

地方政府投资绩效评价研究 / 马志强著 ; 张志超指导. -- 南开大学, 2005. -- 180 页

本文包含六章内容。第一章为导论，介绍本文的研究背景、研究框架、论文结构、研究方法和结论等。第二章对与本文研究相关的公共产品理论、地方公共产品供给和财政分权理论、政府绩效理论进行回顾性综述或述评，以便从中汲取前人在这些方面所作的研究成果从而为展开本文的研究工作奠定理论基础。第三章对地方政府的投资行为进行了一般性分析，力争找出规律以有利于对其绩效的评价。第四章明确了地方政府投资绩效评价的概念和原则，说明了绩效评价思路，并利用委托—代理模型来揭示出对地方政

府绩效评价的产生和作用机制，证明在不同的绩效指标之间存在完美的平衡点。第五章系统地介绍地方政府绩效评价过程和具体实施。第六章针对基础设施的不同分类，设计出不同类型基础设施的实证评价指标体系。最后是后续研究展望，在对本文研究的主要结论进行总结的同时，对后续研究进行展望。

关键词：地方政府　投资　公共财政　绩效管理

1175

国库现金管理研究 / 潘国俊著 ; 何盛明指导. -- 财政部财政科学研究所, 2005. -- 201 页

在国库存款居高不下且上升势头仍在继续的背景下，对国库现金管理问题进行系统研究，旨在解决由国库现金管理需求日趋紧迫引发的一系列问题和矛盾。论文共分为四篇十章。第一篇主要概述了现金管理、国库制度和国库现金管理等概念，说明了国库集中支付制度、政府采购制度，并对国库现金管理进行了初步分析。第二篇主要比较借鉴了企业、保险公司和社会保障基金等非财政部门的现金管理，以及英国、德国、美国、法国以及美国加州一个市的国库现金管理经验。第三篇为国库现金管理与货币政策，提出国库现金管理的一个核心就是要注重对货币政策的影响，在不同的国库现金管理模式下，对货币政策中介目标的影响也有不同。第四篇为我国国库现金管理策略与措施，包括国库现金管理的步骤和程序，我国国库现金管理的历史沿革、现状以及可供选择的战略等。研究认为，我国国库现金管理的起步较晚，目前出现了尖锐的矛盾，需要及时解决，就长期看，可以考虑采取或借鉴美国或英国的模式，短期看，主要是要积极面对持续偏高的国库存款余额问题。对于地方政府开展国库现金管理，我国当前应当采用集中模式来解决。

关键词：国库　现金管理　货币政策

1176

促进区域经济协调发展的财政政策 / 彭月兰著 ; 郭庆旺指导. -- 中国人民大学, 2005. -- 150 页

本文的研究重点在政府促进区域经济协调发展的财政政策，讨论了财政政策对区域经济的作用机制，也讨论了财政制度的创新问题，在对策部分主要从财政投资政策、税收政策、转移支付政策和财政制度创新等方面进行了深入探讨，并提出了建议。全文除导论外共分七章。导论部分说明了选题意义，界定了相关概念，总结了相关研究成果，说明了内容安排及有待进一步探讨的问题。第一章区域经济差异的现状描述、演变趋势及影响分析，主要用人均 GDP 法描述了区域经济发展的差距，并用其他指标进行补充，通过计量分析判断出区域经济差异的发展趋势，并对差异的影响进行了论述。第二章是区域经济差异的成因与政府调节，从区域发展要素方面对区域经济差异的成因进行了分析，并论述了政府在区域经济协调发展中的作用。第三章区域财政政策的作用机制与政策实践，在介绍一般理论基础上主要分析了区域经济发展的财政政策作用机制，通过介绍国外的实践，得出促进我国区域经济协调发展的启示。第四章促进区域经济协调发展的财政投资政策，从财政政策与区域经济增长的相关性分析入手，提出要增加对欠发达地区的财政投入，并对资金的投向作出了建议。第五章区域经济协调发展的税收政策，主要分析税收对区域产业结构的影响，分析了税收调节的局限性，提出要完善税制，合理确定税收优惠，提升落后地区的产业结构级次。第六章促进区域经济协调发展的财政转移支付政策，主要分析了转移支付的内容，转移支付在协调区域经济发展方面存在的问题，提出要规范转移支付制度，提高落后地区公共服务提供的能力。第七章促进区域经济协调发展的财政制度创新，历史地分析了财政制度变迁对我国区域经济差异的影响，提出通过财政制度创新来促进区域经济协调发展。

关键词：财政政策　区域经济　经济发展　协调发展

1177

日本二战后财政政策演变的经济分析 / 宋兴义著; 陈共指导. -- 中国人民大学, 2005. -- 211 页

本文较全面、系统地研究了二战结束以后日本财政政策的历史演进过程，总结了日本财政政策实践中成功的经验和失败的教训，然后通过借鉴日本财政政策的经验教训来分析我国中近期的财政政策取向。全文共分七章，除“导论”之外，全文的主体部分包括三个部分。第一部分包括第一章和第二章，是全文的经济理论基础。第一章对新古典主义财政政策理论、凯恩斯主义（包括新凯恩斯主义）财政政策理论和货币主义等新自由主义学派对凯恩斯主义财政政策理论的质疑进行了回顾。第二章回顾了经济自由主义思想和政府干预思想，尤其是对比了国家推动发展论、市场亲善论和市场增进论这三种对日本经济发展中政府与市场关系的认识。第二部分是本文的主体，

包括第三、四、五、六章,对日本二战结束以来的财政政策实践进行了全面的回顾和总结。第三章是从理论的一般性走向国家政策的特殊性,展示日本财政政策运行体制框架的建立过程。第四章对日本20世纪50年代中期到70年代初的经济高速增长时期的财政政策进行了回顾。第五章分析了在20世纪70、80年代这一世界经济也包括日本经济出现大变动的时代,日本财政政策是如何在内外因素的作用下发生转变的,重点分析了20世纪70年代以来的负债财政是如何形成的以及随后20世纪80年代的财政重建过程。第六章描述了泡沫经济破灭后日本长期萧条的现状,重点分析了日本财政政策为何不能发挥凯恩斯主义理论所论证的作用;本章还对未来日本财政政策的走向作了判断。第三部分即第七章,是对我国中近期财政政策走向的思考,在总结了日本财政政策实践对我国的启示的基础上,本文对今后我国财政政策将集中的工作做了判断。

关键词:财政政策　财政史　税收　日本

1178

中国税收管理体制的制度研究 / 宋延康著 ; 王国华指导. -- 中央财经大学, 2005. -- 186 页

本文以马克思主义为指导,运用马克思主义经济学、西方主流经济学、新制度经济学、中外财政税收等基本理论,研究了我国税收管理体制的发展与变迁。全文共有7个部分。第一部分导论,主要是提出问题,指出研究中的重点、难点、创新及研究的理论意义和现实意义。第二部分对国内外有关税收管理体制的理论渊源和文献进行回顾,并结合我国税收管理体制的改革实践予以评述。第三部分对新中国税收管理体制的变迁历程进行较为详细的论述,为后面的理论分析提供历史素材。第四部分税收管理体制的制度均衡分析。通过对税收管理体制的制度需求与供给分析,提出了税收管理体制的制度均衡框架,并对新中国成立以来税收管理体制的几次较为重要的均衡作了分析。第五部分税收管理体制的制度非均衡与变迁分析。通过分析制度非均衡与制度变迁的条件和原因,对中国税收管理体制的非均衡与变迁以及变迁方式进行分析。第六部分税收管理体制的比较分析。通过着重对几个有代表性国家的税收管理体制进行分析,为我国税收管理体制的制度选择提供借鉴。第七部分实现中国现行税收管理体制改革的均衡。在分析中国现行税收管理体制的非均衡态势的基础上,论述了实现中国现行税收管理体制改革均衡的基本方略和具体构想。

关键词:税收管理　税收制度　均衡论　税收改革

1179

总量、分量、增长与结构 : 经济与税收关联分析与优化路径 / 隋晓著 ; 安体富指导. -- 中国人民大学, 2005. -- 163 页

本文较系统地对经济税收的总量、分量、增长以及结构等层面进行了分析,构建了基本的理论分析模型,并在实证分析基础上,对我国当前的经济税收关系作出基本判断和评价,进而为经济税收关联关系的优化和协调发展提供了改革建议。全文共八章,除导论外,可分为四大部分。第一部分为第二章,主要利用均衡经济模型和税收政策CGE模型进行经济税收关联关系理论模型分析,厘清经济变量与税收收入和税负水平之间的内在关系。第二部分包括第三到第六章,是对经济税收关联关系的全面论述,包括对总量关联关系、分量关联关系、增长关联关系和结构关系的特征和存在的问题的分析。第三章是对经济与税收的总量关联关系的研究,分析了经济税收关联指标的口径、相关性以及可税GDP和应税GDP等概念的内涵和关系,然后从经济和税收两个层面综合考察了影响经济税收总量关系的因素,最后依托宏观税负指标对我国经济税收总量关联关系的水平进行了分析。第四章按照税种分类着重考察了我国现行税制中主要税种与其相关经济指标的关联关系,研究了我国目前的分量税负情况。第五章详细研究了经济与税收的增长关联关系,分析了经济税收增长关系的内涵、特征和发展趋势,深度量化了经济结构的优化升级;并对我国目前存在的税收超经济增长问题进行了分析。第六章从宏观税负和微观税负两个角度分析了经济与税收的结构关联关系的特征和发展趋势。第三部分是第七章,从经济和税收两个角度提出了经济税收关联关系的优化路径。第四部分为第八章,在分析经济税收关联关系在宏观、中观以及微观层面的适应性的基础上,分析了经济税收关联关系研究在实践中的应用。

关键词:经济增长　税收管理　税收制度

1180

中国事业单位管理体制改革研究 : 制度绩效与组织设计 / 孙静著 ; 吴俊培指导. -- 武汉大学, 2005. 117 页

本文主要运用经济学分析方法探讨了我国事业单位这种组织形式的管理问题,从各种社会组织形态及相应的制度安排角度,分析我国事业单位管理体制的改革取向、改革方式等问题。全文共分七章。第一章为导言,论证了选题意义,界定了相关的概念,给出了研究逻辑框架图,阐明了研究方法和创新之处。第二章主要是一个组织理论铺垫,文章说明了我国事业单位管理体制改革的前提条件和着力点,并对社会组织形态进行了重新划分,分别从公共品供给、交易费用、组织和人类需要四个角度给出了这种划分方法的理论解释。第三章详细阐述了三种社会组织各自的组织形式,分析其效率,并进一步分析了政府组织与非营利组织之间的关系、非营利组织与私营组织间的关系。第四章从组织创新角度对事业单位转制及其相应模式进行了分析,对事业单位管理模式与非营利组织管理模式做了比较。第五章从制度供给变迁的角度对事业单位及其管理体制改革进行了分析,并用三种理论分别给出事业单位管理体制的制度均衡,对国外非营利组织模式进行了梳理,总结出四种主要的模式。第六章详细分析了事业单位改制后的治理结构,包括产权制度改革、组织的治理结构、绩效评价、激励约束机制等。第七章具体设计了相关的管理制度改革,重点关注了财政管理制度和社会保障制度。

关键词:行政事业单位　非营利组织　行政管理体制　体制改革

1181

公共财政框架下的政府预算 : 运行机制与制度安排 / 孙仁宏著 ; 高培勇指导. -- 中国人民大学, 2005. -- 126 页

本文共分五章。第一章引论阐述了选题的必要性,对预算理论方面的研究成果进行总结,介绍了论文的结构和研究思路等。第二章首先分析了政府预算决策的公共选择根源、特征和过程,然后从相关参与方的角色、相关参与方之间的竞争博弈角度对政府预算决策过程中的互动关系加以分析,最后在偏好整合的视角下对政府预算决策进行考察。第三章阐述了政府预算实施的基本要求,研究了政府预算实施中的相机抉择机制,还分析了政府预算实施中的自由裁量权问题。第四章研究了政府预算监督制衡机制,从委托代理角度对其进行分析,探讨了动态演进中的政府预算监督制衡机制,如绩效考评和反馈机制等问题。第五章对公共财政框架下政府预算管理的中国问题进行实证考察与未来展望,从分析中国政府预算管理的特殊环境因素出发,结合具体国情,对我国政府预算管理改革的实践进展加以分析,最后对进一步完善我国的政府预算管理提出政策建议。

关键词:财政预算　国家预算　公共财政　预算管理

1182

中国税收负担问题研究 / 孙玉栋著 ; 安体富指导. 中国人民大学, 2005. -- 201 页

本文除绪论外,共分七章。第一章介绍了税收负担的内涵及分类,研究了宏观经济均衡各变量与税收负担的相互关系,分析了税收负担的形成机理,并对税收负担原则进行理性思考,提出了我国当期应该以适度、公平与绩效兼顾以及确定作为税收负担的原则。第二章研究了税收负担规模的界定,阐述了税收负担规模的最低界限与最高界限的影响因素,分析了在经济增长与税收负担之间存在最优税负水平的必然性,进而判定我国的最优税收负担规模。第三章界定了税收负担的衡量口径问题,对我国税收增长与经济增长关系进行回归分析,研究了公债收入、非税收入与税收负担的关系,并通过税负的国际比较揭示出税收负担水平的一些规律性认识,最后通过多因素分析对我国税负水平进行定性判断,得出我国近一段时期由于税收收入的超常增长,导致税负相对较重的结论。第四章通过税收收入弹性系数的变化,结合影响因素的定量分析,重点剖析了我国税收超常增长的内在原因。第五章从税收负担的产业结构、所有制结构以及地区结构角度分析了形成我国税收负担结构的因素及原因。第六章通过税收负担与税制结构的相关性研究,阐明了流转税和所得税对经济运行的影响,同时借鉴 OECD 国家税收负担状况及税制改革趋势,重点研究了我国税制结构中主体的流转税和所得税的税收负担情况。第七章通过世界减税趋势的国际经验比较,重点阐明本文关于税收负担与税收政策的结论,即抓住机遇,改变观念,利用新一轮税制改革的契机,实现结构性减税政策,降低我国总体税收负担水平,以保证我国经济的持续、稳定和健康发展。

关键词:税负　税收政策　税制改革　减税

1183

技术进步视角下中国就业问题研究 / 檀勤良著 ; 吴碧英指导. -- 厦门大学, 2005. -- 149 页

本文共分六章。第一章导论,首先对本文写作的背景、意义、方法、创新和不足作简要说明,对国内外

相关文献进行综述,同时对相关概念进行了界定。第二章对经济学中有关技术进步对就业影响的理论进行了系统的回顾和评述。第三章对技术进步对就业影响的机理进行深入分析。第四章回顾了人类历史上三次技术革命对就业结构、就业总量以及就业方式等所产生的影响并进行分析。第五章对我国技术进步对就业影响的历史和现状进行深入分析。第六章在前文研究的基础上提出了技术进步促进就业增长的对策和建议,同时还提出了我国在知识经济时代如何面对技术进步对就业增长所提出的机遇与挑战,正确把握在新世纪实现技术进步和就业增长良性互动对策建议。

关键词:劳动就业　技术进步　就业结构　就业率

1184

重构地方政府间财政关系：基于政府财政层级变革的分析 / 田发著；杨灿明指导. -- 中南财经政法大学, 2005. -- 189 页

本文以市场经济为体制背景,立足于公共财政框架下,以变革政府财政层次为视角,对重新构建地方政府间财政关系进行研究,以达到为县乡基层财政彻底解困的目的。本文共六章。第一章地方政府间财政关系分析。论文认为县乡财政陷入困境是一些地区普遍存在的现象,其负面影响严重,其根源在于地方财政体制缺陷:省以下财政体制在事权划分、财力分配、转移支付制度中存在的不足,可以解释为基层县乡财政困难的财政体制原因。第二章从政府体制层级结构改革视角研究了三级政府财政的构建问题:要真正规范地方政府间财政关系,彻底解决基层财政困难,首先须着眼于优化政府层级结构,选择合理的政府级次,通过改革“市管县”体制以及乡镇体制两项改革,将地市和乡镇政府虚化,变五级政府财政为三级政府财政。第三章以地方财政体制变迁为视角研究了三级政府财政的构建问题:从减少政府财政层级入手,推行“省管县”和“乡财县管”财政体制,将五级财政精简为三级财政,为实行彻底的分税制创造条件,从而规范地方政府间财政关系。第四章界定了地方政府职能并介绍了地方政府间事权划分的基础理论,以美、德、法、日为借鉴,提出重新划分地方政府间事权的构想。第五章首先对地方税权划分进行理论剖析,其次介绍了美、德、法、日等国的地方税制运行情况,最后按照三级政府财政框架,提出规范我国各级地方税权划分的思路。第六章选取美国、德国、加拿大、澳大利亚为代表,就其政府间财政转移支付制度运行状况进行对比分析,然后提出完善我国地方转移支付制度的设想。

关键词:地方财政　地方政府　分税制　财政改革

1185

财政监督的法律视角分析 / 王辉著；何盛明指导. 财政部财政科学研究所, 2005. -- 176 页

本文从法律视角分析财政监督,围绕财政监督法律制度这一贯穿全文的主线,从法理分析入手,深入探讨了财政监督的涵义、公共权力运行与监督以及财政监督定位等问题,对财政监督的历史与现实及存在的问题进行了描述,分析其成因,提出构建长效稳定的财政监督运行机制的基本思路。文章首先从法理上解释了财政监督基本概念,提出在财政运行的各个环节建立有效运行的相互制衡机制,形成预算编制、执行、监督三位一体、分工制衡的格局;论述了公共财政框架下的财政监督应该实现法制化和规范化;阐述了财政监督的定位。其次,文章将财政监督放在历史的、世界的环境背景中考察,对我国财政监督及其法制建设演进轨迹进行了评价;在理论思考和实证描述的基础上,探究了我国财政监督运行过程中存在的主要问题,从法律视角深入剖析了问题的成因。最后,文章立足于我国国情,借鉴国际经验,提出一个基本结论,即财政监督的权威性、有效性必须依靠强有力的法律制度做保障,从根源上解决财政监督运行过程中存在的各种问题,必须通过科学完善的法律制度安排,规范和理顺财政运行过程中的权利配置,建立健全稳定长效的财政监督运行机制。文章提出了以《财政监督法》为母法和龙头加强我国财政监督法律制度建设,加快财政监督立法进程和法制建设步伐,严格财政监督执法。

关键词:财政管理　财政监督　财政制度　法律制度

1186

“公共财政”辨析 / 王继洲著；王朝才指导. -- 财政部财政科学研究所, 2005. -- 170 页

本文通过追溯公共财政的来龙去脉,辨析一些基础概念和观点,从而澄清对公共财政的基本认识。全文共分五章。第一章为导论,说明了本文的选题背景,以及理论的态度。第二章先提出公共财政问题,然后对国内关于公共财政的主流观点一一进行了综

述。第三章是对公共财政的研究背景进行研究,首先通过“还原语境”,来辨析清楚“公共财政”赖以依存的“国家”和“政府”以及“市场”和“市场经济”这些基本背景概念,研究了“市场经济”的好坏选择。第四章则是对公共财政的进一步理解,文章首先分析了人类文明进程与财政“新概念”,以及中西传统文明下的财政,然后对市场经济下的公共财政选择进行了深入的研究。第五章重点研究的是我们需要什么样的公共财政问题,文章从西方公共财政的根基出发,结合中国的特殊国情,指出我国所需要的公共财政在根本上应具备以下的特点:以“众意”下的公共权力为基础,以个体权利为核心,以满足公共需要为目的,以公平为导向。

关键词:财政理论　公共财政　财政管理

1187

构建公共财政框架下的财政监督体系 / 王立刚著 ; 叶振鹏指导. -- 财政部财政科学研究所, 2005. 185 页

本文主要围绕着财政监督体系的有关理论和现实问题展开研究,重点是对公共财政框架下的财政监督体系的构建进行了深入的探讨,并提出了相应的对策建议。全文除序言外,共分五章。序言部分介绍了本文的选题背景、研究现状,说明了文章的章节安排与主要内容,指出了文章的创新与不足之处。第一章对财政监督进行了理论分析,包括财政监督的涵义、基本属性、理论依据;并论述了财政监督与公共财政的关系,从公共财政的公共性、公平与效益原则、法制性等方面,论证公共财政本质上对财政监督的必然要求。第二章论述了我国的财政监督体系,并论述了不同监督主体的财政监督在财政监督体系的地位和作用,重点分析了人大监督、审计监督、税收部门监督,以及社会中介机构监督的异同和相互关系。第三章和第四章分别对我国财政监督制度的历史演变过程和国外市场经济发达国家财政监督制度的介绍和比较研究,;首先介绍和总结了我国历代财政监督制度的主要内容和特点,着重介绍了新中国成立后财政监督制度的变迁,特别是改革开放后财政监督制度发展变化情况;然后根据阿利克斯学派的财政监督类型划分理论,分析了国外市场经济发达国家实行财政监督制度的类型,并分别介绍比较了这些类型的代表性国家财政监督的具体内容和做法,为建立适合我国国情的财政监督制度和体系提供经验和启示。第五章在上面分析和研究财政监督相关问题的基础上,提出了构建适合中国国情并与公共财政框架要求相符合的财政监督体系的思路和对策建议。

关键词:财政管理　公共财政　财政监督

1188

外国直接投资税收优惠问题研究 / 王良穆著 ; 陈共指导. -- 中国人民大学,2005. -- 190 页

本文分为六个部分,包括导论和五章内容。导论是对选题依据、研究内容的说明和对国内外学术界关于 FDI 税收优惠相关研究的概述。第一章主要对 FDI 的定义、特点、类型、理论和发展趋势等方面进行概述。第二章对 FDI 课税的经济效应进行分析,分别论述了东道国税收、母国税收和第三国税收对 FDI 的影响。第三章对 FDI 税收优惠的理论进行了具体分析,阐明了 FDI 税收优惠的必要性、理论依据、基本工具和作用机制,并对 FDI 税收优惠效果加以评价。第四章在经济全球化背景下对 FDI 税收优惠政策措施进行了比较分析。第五章对我国现行 FDI 税收优惠政策进行评价,并就如何完善我国税收优惠政策体系提出建议。

关键词:外商直接投资(FDI)　税收优惠　税收政策

1189

县级财政收支分析 / 王敏著 ; 许建国指导. -- 中南财经政法大学, 2005. -- 160 页

本文关注的焦点是县级政府的收支问题,尤其是支出方面。文章主要采用了实证分析和理论探讨相结合的方式,选择 H 省 A 县作为样本对县级财政收支尤其是支出进行了分析,本文主要研究的问题包括:县级财政的收入支出细节;县级财政的困难程度及其成因,如何从收入和支出方面对困难进行分析;在农村税费改革后,强调以县为主的义务教育带来的影响以及义务教育资金供给机制的完善和管理。本论文分为六部分。第一部分主要是对国内和西方相关文献的评述。第二部分论述有关背景情况,主要是县级政权的简史和县级财政的概况。第三部分主要是研究样本 A 县的财政状况,尤其是财政支出问题,并建立相关的模型。第四部分主要探究县级财政收入方面存在的问题和解决的方式。第五部分继续研究县级财政支出方面的问题。最后一部分主要以样本 A 县的义务教育为例,讨论县级财政在义务教育方面的困境和出路。

关键词:县级财政　财政收支　财政支出　义务

教育

1190

“二元经济结构”的公共制度研究 / 王晟著 ; 吴俊培指导. -- 中南财经政法大学, 2005. -- 130 页

文章以“二元经济结构”的公共制度为研究对象,分析了其形成原因、对我国经济发展的积极作用和带来的问题以及“二元经济结构”转为“一元经济结构”的必要性和可行性问题。文章主要包括六部分。第一部分分析了我国“二元经济结构”的成因,认为“二元经济结构”形成于计划经济体制时期政府的“二元经济制度”安排,因此通过分析当前强化“二元经济结构”的具体制度原因,进行制度的重新安排,可以促使“二元经济结构”逐步消亡。第二部分对政社合一的人民公社体制进行分析,认为“政社合一”制度使得政府及行政管理职能于一身,也是的其以政代社,干预农业经济,从而导致农民失去了生产经营所有权,也失去了生产积极性,目前农村的政社合一问题仍然存在,给乡镇政府的行政干预和向农民进行乱摊派和乱收费打开了方面之门,从而加重了农民的负担。第三部分对农民负担过重问题进行了制度分析,认为现行的财权和事权不对称,以及非预算收入和非预算支出为主的乡镇财政收入制度和支出制度是农民负担过重的制度原因。第四部分对农民的非国民待遇问题进行制度分析,认为现阶段农民的非国民待遇主要体现在社会保障体系上,与城市相比,农村社会养老保险制度主要存在制度保障水平低、公平性差、制度稳定性差、无立法保障、管理水平低、资金来源不足等问题;农村的医疗保险制度建设也不乐观,90%左右的农民是缺乏医疗保险的自费群体,政府对农村医疗保险提供的财政支持也不够;农村的最低生活保障制度工作同样也缺乏有力的政策支持和法律保障,还存在资金来源渠道少、实施范围窄、覆盖面小、标准低、低保对象和最低生活标准的确定存在一定难度等问题;此外,现行的教育制度和就业制度也反映出对农民的非国民待遇。第五部分对我国农地制度进行分析,认为存在着产权主体不明及缺位的制度缺陷,而现行农地使用权缺乏流动性又与现行政策法规对农地使用权转让管制的“越位”和“缺位”有关。第六部分对“二元经济结构”进行“一元化”的制度安排,认为应该建立政社分离制度、改革乡镇财政体制、完善社会保障制度、推动农地制度改革,促进农业集约化经营。

关键词:二元经济　经济结构　农民负担　社会保障　农地制度

1191

财政分权与经济增长 : 政府间分工与激励 / 王新丽著 ; 李茂生指导. -- 中国社会科学院研究生院, 2005. -- 124 页

论文的目的是从理论上阐述财政分权影响经济增长机制,遵循从理论到实证的分析思路,对我国财政分权、政府间竞争对经济增长的影响进行实证检验。文章首先对有关财政分权、政府竞争、政府支出及其与经济增长关系的研究进行梳理总结。第二,建立了一个解读集权、分权与经济增长关系的理论模型,阐述了财政分权影响经济增长的分工机制,在模型的基础上,进一步论述了公共品的层次性、政府支出效率与财政分权的关系。第三,将政府支出效率和地方政府间的竞争引入经济增长模型,进一步论述了财政分权影响经济增长的激励机制,即财政分权下的辖区间竞争将提供激励机制。第四,对分权对经济增长的影响作理论概括,提出了分权效率的某些测度方法,指出分权下政府间分工以及竞争可能存在运作失灵问题,我们应当设置相应的防范制度。第五,以美国为例,分析了成熟市场经济国家财政分权的演变历程以及政府间职能分工的相关状况,并概括了对我国财政体制改革的几点启示。第六,对我国财政体制的演变过程及财政分权与经济增长的关系进行具体剖析,分析指出,为了获取政绩,在竞争过程中,我国地方政府也可能通过行政方式干预经济,这将对社会福利及经济长期增长造成消极影响。最后,根据上文的理论模型,对我国地方政府竞争、财政分权及对经济增长的影响进行经验检验,结果表明,在一定程度上,财政分权有助于促进各地区的实际 GDP 增长,高税赋不利于各地区实际 GDP 的增长,政府支出效率、平均税率和产业结构并不能稳健地解释各地区的实际 GDP 增长率和吸引外资额的比例,因此,我国地方政府间竞争对经济增长和吸引外资的影响有待进一步检验。

关键词:财政分散制　财政体制　经济增长　政府职能

1192

指数基金研究 / 王亚玲著 ; 李茂生指导. -- 中国社会科学院研究生院, 2005. -- 131 页

本文对指数基金的相关理论及其在我国的发展进行了研究。全文共分六章。第一章是导论。介绍了文章的选题背景、研究现状和文章的结构。第二章阐述指数基金的理论基础。包括基本概念界定、市场

效率理论、投资组合理论、指数技术及指数理论。第三章通过先锋500、蜘蛛系列、盈富基金、DFA第75号典型案例对指数基金的发端、兴起、创新和对冲进行剖析。第四章在概述指数基金的收益、风险的基础上,分别对等权指数基金和复合指数基金进行了实证检验。第五章对中国特色的资本市场、指数体系、指数基金、潜在市场和优势作了具体论述。第六章对指数基金的特征及优势、指数基金与资本市场效率的关系、资本市场线的理论与现实进行探讨。

关键词:指数基金　资本市场　平均利润　基金收益

1193

试论中国特色社会主义双重财政体系建设 / 王永利著 ; 邓子基指导. -- 厦门大学, 2005. -- 173 页

除绪论和结束语之外,本文共分六章。第一章在简单描述中国特色社会主义基本内容之后,着重对选择中国特色社会主义道路的重要性和必然性加以探讨。第二章分析了国家的公共事务管理和国有资产管理双重职能,进而提出中国特色社会主义财政必然是公共收支财政与国有资产财政共存的双重财政体系;通过对公共收支财政与国有资产财政的描述,明确了二者的相互关系。第三章首先通过对2003年至2004年我国最新一轮经济过热的发生和控制过程反映出来的问题,指出必须进一步加强国家公共事务管理,加快政府职能和行政体制转变。其次,指出当前公共财政存在的主要问题,进而提出了公共收支财政建设的基本思路。第四章首先简要分析了国有资产的构成,其次,分析了国有资产管理存在的问题,提出了国有资产管理体制改革的基本原则,进而讨论了国有资产管理机构的设置及其职责定位、管理范围与管理方式,最后还对进一步深化国有企业体制改革提出了意见建议。第五章分析了加强国有资产财政建设的必要性和紧迫性,提出企业财务应该成为国有资产财政研究的重要参照物,并以企业财务为参照提出国有资产财政建设的基本要点。强调要建立国有资产投资部门与管理部门或使用单位之间的投资账务核算体系,要建立健全全国有资产财政预算、决算对人民代表大会的报告制度。第六章分析了财政与金融、财政政策与货币政策协调配合的必要性,指出财政政策与货币政策都要关注货币流通量的调节,要高度重视并正确看待金融机构存差不断扩大、居高不下的问题,并就法定存款准备金、中央银行再贷款与存款保险制度的配套改革,综合运用财政和金融手段强化房地产管理,进一步推进金融体制特别是国有商业银行体制改革等问题提出了意见和建议。

关键词:财政建设　公共财政　国有资产管理　财政金融

1194

促进高新技术产业发展的公共支出政策研究 / 闻媛著 ; 胡怡建指导. -- 上海财经大学, 2005. -- 144 页

本文分析了高新技术产业发展的特征和规律,并以比较制度分析方法为基本框架,在对国外促进高新技术产业发展的公共支出政策进行比较研究的基础上,根据我国现状,提出相应的我国公共支出政策的支持手段和方式,同时借鉴组织管理学和国内外关于公共支出管理的理论,对公共支出管理全过程进行了系统研究,确定促进我国高新技术产业发展的公共支出政策模式。全文主要分四个部分。第一部分包括第一、二章是相关理论研究,首先对有关科技进步对经济增长影响理论进行回顾,其次探讨高新技术产业发展中的市场失灵和政府失灵,提出政府介入高新技术产业发展的经济学依据。第二部分包括第三、四章,探讨了政府干预高新技术产业发展的公共政策选择,探求公共支出政策的特点与规律;进而讨论可供选择的典型的公共支出的政策工具特点,并对其在促进高新技术产业发展过程中的作用及其有效性进行分析;最后对促进高新技术产业发展的公共支出政策的总体经济效应进行分析,考察促进高新技术产业发展的公共支出对宏观经济的影响。第三部分包括第五、六章,分析介绍我国及其他国家促进高新技术产业发展的公共支出政策的实践,寻求可行方法以解决我国促进高新技术产业发展的公共支出政策中存在的问题。第四部分包括第七、八、九章是对促进我国高新技术产业发展的公共支出政策的管理研究,其内容包括公共支出的规模和结构控制,公共资金的管理模式,受助项目的选择,以及项目事前、事中和事后的经济评价方法与社会评价模型的建立。

关键词:高技术产业　财政支出　财政政策　资金管理　项目管理

1195

税收犯罪经济学分析 / 吴春山著 ; 叶青指导. -- 中南财经政法大学, 2005. -- 437 页

文章对税收犯罪进行经济学分析,并为我国构建税收犯罪防治体系提出了相关政策建议。全文沿着税收犯罪是什么、怎样产生、如何防治的思路展开,共

分为五个部分。首先是引入税收犯罪问题,进行文献综述;其次,从法律的角度对税收犯罪进行界定,明确研究对象,即广义的税收犯罪;再次,阐述进行税收犯罪经济学分析的前提假设和方法论,提出了稀缺性假设、新经济人假设及其他相关假设,并分别讨论了实证分析法和规范分析法、成本——受益分析方法、制度分析方法及博弈论方法;第四,分别用以上四种方法对税收犯罪的成因从征纳两个方面进行了经济学分析,认为利益驱动、制度缺陷、信息不对称是导致税收犯罪的主要原因,并通过对纳税人和税务机关之间的博弈分析,得出各自的最优策略,这对于防止税收犯罪具有积极意义;第五,理论结合实践,从制度建设、健全税务司法保障体系、改进税收服务和宣传等方面提出政策建议来构建我国税收犯罪防治体系。

关键词:税收管理　刑事犯罪　税收犯罪　经济学分析

1196

企业并购成功率研究 / 夏振林著 ; 何盛明指导. -- 财政部财政科学研究所, 2005. -- 167 页

本文从宏观制度背景和微观风险规避出发,探讨提高企业并购成功率的方法。本文除综述外共四篇八章。第一篇(第一、二章)是关于国内外企业并购实践和理论的演变及发展,包括国内外企业并购情况的分析和评价、企业并购动机理论等。第二篇(第三、四章)是并购成功率与制度因素分析,包括新制度经济学中的制度和国内外企业并购中的制度因素(包括法律法规、政府作用、并购融资环境、社会保障体系等)分析。第三篇(第五、六章)是并购成功率中的风险研究,包括风险理论和企业并购风险两个方面。第四篇为提高我国企业并购成功率的策略,包括加强宏观制度建设和我国企业并购中的风险规避两章。论文认为,针对我国企业并购面临的特殊环境,我们应该从宏观层面和微观层面两个角度出发,寻求提高我国企业并购成功率。

关键词:并购　企业合并　风险管理

1197

政府财政 R&D 投入研究 / 肖鹏著 ; 白景明指导. -- 财政部财政科学研究所, 2005. -- 195 页

本文主要研究政府财政科技投入下的财政 R&D 投入政策。全文由七章构成。第一章为导论,主要说明了论文研究的基本出发点及研究意义、研究方法等内容,并且对论文可能使用的基本概念进行比较,加以明确。第二章是文献综述,主要对现有国际与国内有关政府 R&D 投入的研究现状进行汇总归纳,了解该领域的当前研究进度,以作为本项研究的基础和起点。第三章从理论上考察政府财政 R&D 投入,论文从两大主要著名思想家培根和斯密对政府在科技事业上的不同立场入手,纵向考察了政府职能的历史变迁,考察了市场经济条件下政府的职能定位、创新,以及 R&D 创新在经济增长中的地位。第四章研究的是公共财政与政府财政 R&D 投入,文章从公共财政的基本内涵和特征入手,分析了公共财政在 R&D 创新链条的职能、定位,明确了 R&D 领域政府和市场的分工定位以及政府财政介入的程度和规模,并详细论述了当前理论界比较关注的产业技术领域、政府财政介入的理论依据、财政资金应介入的程度及方式等。第五章是对政府财政 R&D 投入模式进行国际比较,主要分为四大类型国家模板,分别考察了各种类型国家政府财政 R&D 经费投入随着工业化进程的推进而变化的情况,政府 R&D 支出的特点及政府 R&D 投入与产业界 R&D 经费的协调配合问题。第六章对我国政府财政 R&D 投入的现状进行了分析,主要对我国十几年来财政 R&D 支出的演变及预算经费管理体制进行了分析考察,并进一步挖掘存在的问题。第七章在以上章节理论分析的基础上,对我国财政 R&D 投入的规模、结构、管理及支持方式上的创新作了初步探索。

关键词:公共财政　研究与开发(R&D)　财政支出　财政政策

1198

中国与世界银行合作关系研究 / 徐峰著 ; 杨照南指导. -- 财政部财政科学研究所, 2005. -- 330 页

本文以我国与世界银行集团的合作关系为研究对象,以国际经济和政治利益关系为主线,以马克思主义政治经济学为框架,揭示了世行的本质及其基本矛盾,并结合我国国力不断增强和结构优化重任迫在眉睫的背景,分析了我国中长期与世行合作的战略利益和战略重点,提出了完善我国与世行合作的宏观管理体制和微观管理体制的思路和对策。论文分三个部分共十一章。第一部分(第一到三章)是问题的提出部分,回顾了中国与世行合作的历史和成果,探讨了中国未来经济发展的核心问题,对中国与世行合作中存在的问题进行分析。第二部分(第四到八章)为理论和实证分析部分。其中第四章回顾了世行的历史,从静态角度阐述了世行的基础理论。第五章从动

态角度分析了分析世行政策的演变与发展经济学演变的联系,以及世行基本矛盾在各个阶段的具体表现。第六章运用马克思主义政治经济学,从国际政治经济体系角度剖析了世行的本质和基本矛盾。第七章用实证的方法分析了世行与俄罗斯、韩国、马来西亚等主要发展中国家合作历史,分析世行的基本矛盾对其合作关系的影响,借鉴他们与世行合作的经验。第八章是对甘肃省世行项目的案例分析,验证世行的基本矛盾对世行与发展中国家的合作关系的影响,并依此提出加强我国欠发达地区与世行合作的思路和建议。第三部分(第九到十一章)为政策建议部分,明确了中长期内我国与世行合作的战略利益取向、战略重点,以及我国作为股东国与世行合作的基本思路,提出完善我国与世行合作的宏观管理体制和微观管理体制的思路对策。

关键词:世界银行　经济合作　对外开放

1199

公共支出过程中的信息、博弈与制度约束 / 徐曙娜著 ; 蒋洪指导. -- 上海财经大学, 2005. -- 183 页

本文研究了信息不对称条件下公共支出过程中的委托代理问题。全文共分三个部分。第一部分导论,阐述选题背景、意义和国内外研究现状,介绍信息不对称与委托代理理论,分析公共支出过程中的委托代理关系。第二部分研究了公共支出预算编制、审批过程中的委托代理问题与制度约束。通过博弈模型分析,作者认为,在第一层委托代理关系(公众与立法者之间)中,处于信息劣势的委托人公众想要降低代理人立法者的有意向接受寻租的概率必须降低监督成本、加大货币和非货币处罚程度,设置各种障碍增加寻租人的寻租成本。为了达到这一目的,必须对立法者进行制度约束,治理代理人必须依靠宪政。此外,公共监督和立法机构自身的信息披露也是制约立法机构的有效手段。在第二层委托代理关系(立法机构与政府)中,立法机构更有主动权。通过加强财政透明度、财政责任、财政部门的信息公开以及立法机构的立法监督,立法机构可以控制其代理人政府。第三部分研究了公共支出执行、决算阶段的委托代理问题与制度约束。通过财政部门对财政资金使用单位的监督博弈分析、上级财政与下级财政的博弈分析以及代理监督者与被监督者的合谋博弈分析,作者认为在公共支出执行、决算过程中代理人的机会主义还是主要靠监督、责任、自由裁量权控制、信息公开等约束制度来控制。作者最后对公共支出监督进行了制度分析,提出适合我国国情的公共支出监督体系构架,还就责任制度、自由裁量权制度和信息公开制度等展开了讨论。

关键词:财政支出　公共支出　委托代理　信息不对称　预算管理　决算　监督管理

1200

物业税制度研究 / 徐四伟著 ; 邓子基指导. -- 厦门大学, 2005. -- 142 页

本文共分六章。第一章导论首先界定了物业税的概念,回顾了物业税制度的产生和演变,其次,阐述了研究物业税制度的理论和现实意义,然后,对支持物业税制度研究的相关理论进行了述评,最后,阐明了本文的研究方法和结构安排。第二章回顾了近代制度学派和新制度经济学派对制度的论述,论述了税收制度的内涵,分析了物业税制度的制度涵义与特征。第三章在分析制度的需求、供给及其影响因素的基础上,具体分析了物业税制度的需求与供给。第四章从制度的均衡与失衡角度对物业税制度进行了分析,并分析了物业税制度失衡的原因,同时还对物业税制度的变迁进行了研究。第五章在阐述国外物业税制度演变及特征的基础上,介绍了美国、英国、日本、智利和我国港台地区的物业税制度,通过对物业税制度安排的比较分析,得出国外与港台地区物业税制度安排的借鉴与启示。第六章回顾了新中国房地产业发展及物业税制度的演进,分析了新中国物业税制度强制性变迁模式的特点,并分析了中国物业税制度的失衡情况,指出中国物业税制度的变迁方向,并对中国新一轮物业税制度的设计提出了建议。

关键词:物业税　房地产税　税收制度

1201

1978—2004 年中国政府总收入对国民经济增长影响效应的动态均衡研究 / 许生著 ; 胡怡建指导. -- 上海财经大学, 2005. -- 124 页

本文综合运用结构方程和时间序列相结合的动态均衡分析方法,大量采用一些现代经济计量学技术手段,对 1978 年改革开放以来我国所采用的政府收入体制和税收收入结构对经济变量变动所产生的经济影响效应进行了多变量联合计量经济分析。全文共分七章。第一章导论,阐述了文章的研究背景、研究动机,综述了国外已有的相关研究成果,概述了论文的结构。第二章论述了本文的理论体系,包括不同模型中的一些税种的经济影响分析,以及计量方法

ARIMAX 模型的研究。第三章进行了实证研究,包括实证研究中变量的选择,以及变量的具体定义;具体阐述了宏观经济变量绝对数额、相对数额的构造和时间序列,以及税收变量绝对数额、相对数额的构造和时间序列;最后研究了小规模的宏观经济模型和基于结构方程和时间序列分析相结合的经济税收关系 VARIMAX 宏观经济模型的构造。第四章分析了 1978—2002 年我国政府总收入对国民经济增长影响效应的动态均衡。第五章则是 1985—2002 年我国政府收入各税种对国民经济增长影响效应的动态均衡分析。第六章针对 1994—2004 年我国政府收入各税种对国民经济增长影响效应的动态均衡进行了分析。第七章进行了总结,作了简单的评价和对比,并提出了相应的政策应用,指出了贡献与局限性。

关键词:财政收入　国民生产总值　国民经济增长　税收结构

1202

兵员征募制度的经济学分析 / 严剑峰著 ; 丛树海指导. -- 上海财经大学, 2005. -- 147 页

本文利用经济学的理论和方法对兵员征募制度进行了分析,从经济学的视角阐明了不同类型的兵员征募制度的优劣和现实的可行性,并对我国的兵员征募制度进行了一些分析。全文共分六部分,七个章节。第一部分即第一章,主要介绍了兵员征募制度的概念、兵员征募制度的演进及发展趋势、研究兵员征募制度的意义、国内外的研究文献综述、本文的研究内容和方法、以及本文的创新之处。第二部分即第二章,主要研究了军事人力的供求关系,包括影响军事人力供给和需求的因素,简单介绍了不同的兵员征募制度调节军事人力供求平衡的方法及各自的优缺点。第三部分包括第三、四章,主要是对不同兵员征募制度进行成本——收益分析,第三章是对兵员征募制度的成本分析,作者从效率与公平的角度分析了兵役税,分析了两种兵员征募制度的军方成本及其他社会成本,论述了我国现行征兵制度运行的社会成本;第四章则是对兵员征募制度的收益分析,阐释了不同兵员征募制度下的军事人力效能、动员能力,以及其他政治社会收益。第四部分即第五章,考察了不同兵员征募制度的选择,文章从规范和实证的角度探讨兵员征募制度的选择,探讨了不同社会中人们是如何选择兵员征募制度的、改变人们对于成本收益计算的因素等。第五部分即第六章,是对不同兵员征募制度的效应进行了分析,包括两种兵员征募制度对宏观经济变量的影响、兵员征募制度对军方的收入效应和替代效应分析、兵员征募制度的信号机制及激励效应,以及对公民的财政幻觉效应和政府逃避监督。第六部分即第七章,介绍了我国现行兵员征募制度存在的问题、改革的方向以及其他相关问题。最后文章提出了一些有待进一步研究的问题。

关键词:兵役制度　征兵　成本—效益分析

1203

复杂性思维范式下的国家财政系统研究 / 杨全社著 ; 张志超指导. -- 南开大学, 2005. -- 162 页

本文将复杂性思维范式引入财政学,从复杂性思维范式中的整体性思维、关系思维和过程思维等探究方式对国家财政系统进行了全面考察,然后将这些考察的结论应用到处于社会转型期的中国国家财政系统,针对中国公共财政体制建设提出建议。除导论外,全文共分六章。第一章为文献综述。第二章重点考察了随着现代科学出现的复杂性思维范式的特点及其方法论意义,提出了要在复杂性思维范式下重新构建财政学的理论框架。第三章应用整体性思维,考察了人类生活的组织化过程,将财政学分析单元从政府和国家转换成组织。第四章是复杂性思维范式中的关系性思维方式在财政研究中的具体运用。本章讨论了公共产品提供的一般均衡,分析了国家作为财政人和其他财政人之间的关系,以及构成国家财政系统的主体性要素之间的关系对国家财政系统的影响。第五章应用过程思维,探讨了推动国家财政系统不断膨胀的根本原因,分析了国家财政系统发展的两种不同趋势。第六章根据前文研究结论,针对社会转型期中国财政系统提出了对策和政策建议。

关键词:国家财政　财政体制　公共财政

1204

二元医疗保险问题研究 / 杨新民著 ; 邓子基指导. 厦门大学, 2005. -- 134 页

本文共分 7 章。第一章导论介绍研究背景、主要目标、选题的意义、采用的研究方法等。第二章医疗保险的理论基础。分析了西方社会保障理论的发展历史,认为有多种理论可以作为社会保障的理论基础,但从医疗保险制度本身的特点和运行模式出发,公共产品理论和福利经济学是医疗保险制度分析的理论基础。第三章医疗保险的历史分析和国际比较。本章首先分析了我国古代的医疗保险制度的发展和演变,认为政府在医疗保险中应该发挥主要作用,而

民间救助则是政府医疗的重要辅助。接着分析了其他国家的医疗保险制度,从资金来源、管理模式和支付模式对四种典型的医疗保险模式进行了比较分析,认为四种模式既有共性,又各有优势和缺陷。第四章首先对二元经济结构和二元社会结构在我国的具体表现进行了分析,总结了我国二元经济结构和社会结构的特点,指出在二元经济结构和二元社会结构长期存在的情况下,社会保障必然也表现出一种二元性,进而医疗保险也必然会表现出一种二元性,因此我国的医疗保险制度只能针对城镇居民、农村居民和低收入群体采用不同的保障方法。第五章分析了影响社会医疗保险供给和需求的因素,然后,结合我国实际情况,通过历史数据来测算我国社会基本医疗保险的需求量,并对所测算的需求量的可行性进行分析。第六章分析了建国后我国城镇职工医疗保险制度和农村医疗保险制度的演变,总结了我国医疗保险制度的成败得失,提出了我国医疗保险的模式选择和设计原则。第七章指出我国应该建立的是筹资渠道多元化、保障水平较低、覆盖面较广的多层次的二元医疗保险体系,并分别对城镇职工的医疗保险制度、农村居民的医疗保险制度、低收入群体的医疗保险制度以及商业医疗保险制度设计提出了建议。

关键词:医疗保险　二元经济　社会保障

1205

教育支出绩效评价研究 / 殷玉辉著 ; 李俊生指导. 中央财经大学, 2005. -- 196 页

本文的导言部分阐述选题背景、教育支出绩效评价的基本概念、论文写作思路、内容和方法等。第一章对教育支出内部效率、国际组织教育指标体系、教育对经济增长贡献等的文献综述,并论述了世界银行贷款教育项目的评估研究和公共支出绩效评价研究的现状。第二章分析了教育支出绩效评价研究的理论基础,包括人力资本投资理论、教育供求理论、教育成本收益理论、教育支出财政理论和绩效评估理论。第三、四章分别在教育支出总量评价和教育支出结构评价的理论分析的基础上,对它们进行了实证分析。第五章提出建立教育支出绩效评价体系的基本思路,包括教育支出绩效评价指标体系、教育支出绩效评价标准体系和教育支出绩效评价计分方法。第六章首先界定了高等教育支出绩效评价的相关概念,接着对高等教育支出绩效评价进行了分析,并在构建高等教育支出绩效评价体系的基础上,对高等教育支出绩效评价进行了实证研究。第七章论述了国家以及部分省颁布的初等教育支出绩效评价指标及标准体系,并对构建初等教育支出绩效评价指标体系提出了建议。第八章阐述了经济增长概念及经济增长的衡量指标,并就教育支出对经济增长绩效的影响、教育支出结构效益两个问题进行了评价。第九章是本文的结论部分。

关键词:财政支出　教育经费　经济评价

1206

论政府教育支出的分配效应 / 应亚珍著 ; 刘尚希指导. -- 财政部财政科学研究所, 2005. -- 184 页

论文的研究主要是围绕"政府教育支出具有分配效应"这一命题展开的,以分析教育支出分配效应的形成机理为基础,对我国政府教育支出的分配效应从总量和结构两方面进行了检验性评估,并进一步分析了影响我国政府教育支出分配效应的主要相关因素。论文共分为八章。第一章对现有相关研究成果的评述。第二章主要对政府教育支出分配效应进行界定和分析,强调该分配效应不仅要体现在对分配公平的影响,更要体现在对低收入阶层绝对收入水平的影响。第三章分析了政府教育支出分配效应的形成机理,指出劳动者技能的提高是政府教育支出与劳动者收入地位改变的关系链。第四章分别从总量和结构两个角度对我国政府教育支出的分配效应进行了评析。第五章分析了我国政府教育支出发挥分配效应的主要制约因素,认为"双重"转型中的一些矛盾、地方财力差异以及教育发展不平衡等是影响分配的重要制约因素。第六章选取了几个具有典型意义的国家,对其相关实践作了介绍,并评析了其政府教育支出对其收入分配的作用,总结了其中具有借鉴意义的几个方面。第七章提出在我国当前的收入分配状况下,充分发挥政府教育支出的分配效应是可行且必要的,提出政府可以采取多种手段干预收入分配。最后一章总结了在社会主义经济条件既定的前提下,制定合理的教育支出政策是有效发挥政府教育支出分配效应的关键,并提出了立足于三级教育有效发挥我国政府教育支出分配效应的政策建议。

关键词:教育经费　财政支出　收入分配

1207

构建现代银行核心业务系统提升我国银行经营管理水平 / 于春玲著 ; 于中一指导. -- 财政部财政科学研究所, 2005. -- 299 页

本文从产品创新、客户服务、风险防范及会计核

算方面介绍了核心业务系统的先进理念,深入分析了核心系统项目实施困难的深层次原因,呼吁加快银行流程再造以发挥核心业务系统的作用。全文主要包括三部分内容。第一部分着眼于基础理论,研究了信息化作用和核心业务系统定位,首先介绍了银行业面临的形势与信息化发展趋势,指出银行也要加快业务模式转型和提高经营管理水平,而银行业务发展又对银行信息化建设提出了更高的要求,然后论述了核心业务系统在银行信息化建设中的定位。第二部分主要从业务角度分析核心业务系统的作用,分别研究了核心业务系统怎样支持银行产品创新能力、核心业务系统如何实现"以客户为中心",以及如何推动国内银行会计核算向国际靠拢,最后在分析银行风险管理现状的基础上,提出银行风险管理呼唤核心业务系统,全面介绍了核心业务系统所体现的风险管理理念,提出了系统上线后的风险防范措施。第三部分首先结合国内银行核心业务系统建设的实践,对难点和风险点背后的原因进行了深度分析,然后提出了 IT 治理与银行再造的观点,以将信息化和透明化所导致的利益冲突以及造成的制度成本最小化,同时使银行提升内部经营管理水平的目标最大化。

关键词:银行业　经营管理　信息化　核心业务系统

1208

公共预算管理研究 / 袁培全著 ; 刘尚希指导. -- 财政部财政科学研究所, 2005. -- 214 页

文章从研究西方发达国家公共预算制度的形成过程以及我国预算制度改革的进程入手,借鉴国外先进的公共预算管理经验,论述市场经济条件下建立公共预算制度的客观必然性,以期对我国正在进行的公共预算管理制度改革提供理论指导及可行性改革思路。全文主要包括七章。第一章主要以英国为主线,阐述了西方国家公共预算制度建立和不断完善的过程,同时简要分析了我国预算制度建立及其改革历程。第二章主要阐述了西方关于预算控制的一些基本理论,论述市场经济条件下政府与市场关系及公共产品的提供,并采用比较的方式阐述了公共预算的特征。第三章主要在分析公共预算透明度的客观性和基本要求的基础上,对我国预算透明度进行客观地评价,并就提高我国预算透明度的目的和方向进行论述。第四章对比分析了部分国家目前采用的预算管理模式及其改革实践,找出其可供借鉴的地方,以期对我国正在进行的公共预算管理改革有所启发。第五章主要考察分析了近年来各级财政按照实现公共财政目标进行的预算制度改革情况,并从公共预算管理的角度,对改革作出基本评价。第六章主要研究在市场经济体制转轨过程中预算管理模式的选择问题,认为不同次级、不同地区可采取不同的模式和方法,有的应坚持"效率优先,兼顾规范",有的则需要"规范优先,兼顾效率"。第七章主要在前面研究的基础上,结合我国国情,从预算管理的不同环节和近几年的改革实践入手,阐述进一步改革的思路与重点。

关键词:国家预算　预算管理　预算制度

1209

基于我国经济增长的税收分析与政策研究 / 原铁忠著 ; 胡怡建指导. -- 上海财经大学, 2005. -- 188 页

本文从经济需求角度入手,较全面地研究了税收对经济增长及税收对经济活动的影响,在分析研究有关国内外相关税收经济理论与模型的基础上,运用数理统计的建模方法,将理论模型化,并从实证角度进行了检验和分析。全文共分六章。第一章导论,在分析我国经济增长与税收增长现实情况的基础上,简要说明了本文选题的现实意义,述评了国内外的研究现状,指出了国内研究的不足,阐述了本文的研究方法,并概括了本文的基本思想、结构安排。第二章税收对消费增长的影响研究,主要分析了政府征税对消费者作出的消费选择产生的不同效应,并就中国的实际情况,利用模型实证研究消费对税收的影响。第三章税收对投资的影响研究,文章利用乔根森模型分别不同的税种研究了税收对投资的影响,并按照投资主体的划分,分别研究了税收对投资总额、政府投资、民间投资产生的不同经济效应——刺激投资或抑制投资。第四章税收对进出口贸易的影响研究,作者首先分析了开放经济中的进出口税收理论,接着对进出口税收的效应进行了分析,最后研究了进出口贸易对经济和税收的影响,并进行了实证分析。第五章综合进行税收对经济增长的影响研究,文章先概述了税收与经济增长的理论,然后对税收对经济增长的影响进行了实证分析,并对宏观税负与经济增长的关系进行了阐述,最后对我国最适税收规模进行了估计。第六章对现行经济税收政策进行分析并对新一轮税制改革提出了一些政策建议。

关键词:税收　经济增长　消费　投资　进出口贸易

1210

公共投资与公共产品有效供给研究 / 岳军著 ; 王国华指导. -- 中央财经大学, 2005. -- 179 页

文章以新古典经济学和制度经济学的基本原理为基础,对公共投资与公共产品供给的相互联系、影响和效率进行研究,并构建了一个宏观和微观相统一的公共经济理论分析框架。全文共分为九章。第一章首先提出了研究公共投资与公共产品供给相关性的原因及意义。第二章重点揭示了公共产品需求和供给的均衡原理,对公共产品需求与公共投资需求的转化,以及公共产品供求效率及效率决定进行了深入剖析,并讨论了公共产品和私人产品均衡性的经济学意义。第三章描述了公共产品供给与长期经济增长的路径,对影响公共投资效率的规模和结构的问题进行了比较分析,并引入成本—收益分析工具法,对公共投资效率作了分析。第四章通过对公共投资形成及其效应的分析,进一步阐明了公共投资与经济增长的关系。第五章从历史的视角对公共工程考察,对公共产品理论的发展按照理论形成的逻辑关系进行描述,说明了公共投资的原理。第六章通过揭示公共领域及公共资源的特性,对公共产品供给和公共投资问题作进一步分析,以新古典经济学资源稀缺假设为前提,探讨了公共投资的配置原理,研究了公共投资的配置效率及其标准。第七章首先对公共产品供给进行制度经济学分析,然后从制度的视角研究了公共投资体制,试图将政府制度、市场制度与公共产品制度和公共投资制度等统一于制度概念框架下,同时对中外公共投资政策进行比较,以补充说明公共投资制度的实证意义。第八章剖析了中国城乡公共产品供给二元结构的形成机理,说明了其影响,并指出了改革这一非均衡形态的路径。最后一章主要分析了文化教育公共产品供给效应,揭示了其有效供给的路径选择,从价值分析的角度提出了相应的对策。

关键词:公共经济学　政府投资　公共产品　供给制

1211

自由意志下的集团选择 : 集体行动的一般理论 / 曾军平著 ; 杨君昌指导. -- 上海财经大学, 2005. -- 191 页

本文在确立集团选择公理化结构的基础上对集团选择作出了统一的分析,构建出了一个与个体选择相对应的、有关集体选择的一般理论。全文共分三篇。第一篇包括第一至三章,为集团选择确定了一个类似于个体理性选择模式的、集团选择的公理化结构,其中,第一章导论,阐述了选题的背景及研究的意义,概述了文章的结构;第二章指出集团选择的规范准则即是集体利益;第三章研究了集体选择的一般模式——规则决定结构,作者先分析了个体理性决策结构的非适合性,以及科学发现结构的非适合性,对规则决定结构的形式化表述进行了研究。第二篇包括第四章至第十章。将集团置于不同的规则结构下,对特定规则结构下的集团选择作出了理论实证分析,其中,第四章对纳什博弈行为规则下的集团行动进行了静态分析;第五章以正外部性集团为例,进一步从比较静态的方面分析了影响集体利益实现程度的因素;第六章分析了战略控制模式下的集团选择,包括静态战略控制与动态战略控制,并分析了战略控制规则的局限性;第七章从权利分配视角研究了制度适应规则下的集团行动;第八章则从行为激励的角度分析了制度适应规则下的集团选择;第九章研究的是权力结构、制度与权威决策,对机构的行为作出了分析;第十章论述了集团结构的选择与变迁,指出了规则选择结果的性质由产生规则的程序决定。第三篇即第十一章,就实现集体利益的、制度设计的基本原则及其他相关方面作出了分析。

关键词:公共经济学　集体选择　集团选择　经济利益　帕累托最优

1212

基于综合评价框架的地方政府公共投资效率研究 / 张雷宝著 ; 丛树海指导. -- 上海财经大学, 2005. -- 186 页

本文对现阶段中国地方政府公共投资的三种效率进行了研究。全文共分八章。第一章导论。第二章从博弈论角度对地方政府公共投资的行为特质进行分析。第三章讨论地方政府公共投资的规模效率问题,发现在中国31个省区中,仅有上海处于相对的地方政府公共投资过度型规模非效率,北京和天津处于相对的地方政府公共投资规模效率,其余省份都处于地方政府公共投资不足型规模非效率状态。第四章分析了公共投资结构效率的复杂性和动态性,研究了优化地方政府公共投资结构的理论准则,剖析了公共投资结构非效率的特征及其成因,并探讨了兼顾效率条件下的两种公平分配模型。第五章对中国地方政府公共投资的结构效率进行实证研究,重点探讨了地方政府公共投资的城乡、区域和产业结构分布效率状态。结果表明,地方政府公共投资的城乡结构性差

异是导致目前我国城乡经济"龟兔赛跑"格局的重要原因;投资资金的区域间流动有利于中国经济产出效率的总体增加;中国地方政府投资结构安排不合理,地区间差异十分巨大。第六章对地方政府公共投资产出效率的理论与实证分析,证实了"地方政府公共投资产出效率 > 区域私人企业投资产出效率 > 区域公共企业投资产出效率"的理论假设。实证分析还发现,地方政府投资所引致的国有资产存在规模扩张过大与产出效率不高并存的现象,地方性国有资产产出效率存在巨大的区域差异。第七章分析了地方官员腐败对地方政府公共投资效率的各种影响,认为公共投资领域的腐败既是经济腐败又是政治腐败,其造成的各种腐败损失既是巨大的又是隐性的,而腐败和地方政府公共投资效率之间的关联也是多渠道的。第八章结合中国现实,围绕公共投资效率,从管理制度方面探讨了提高地方政府公共投资效率的各种制度改进措施和对策。

关键词:地方政府　政府投资　投资效率　投资结构　投入产出分析

1213

我国政府间财政竞争研究 / 张平国著 ; 王国华指导. -- 中央财经大学, 2005. -- 129 页

除导论外,本文共分七章。第一章首先对政府的特征进行分析,然后回顾了我国政府间经济竞争的形成和发展历程,研究了我国政府间经济竞争的特征。第二章是对国外财政竞争理论的回顾,包括财政竞争理论的回顾、财政竞争的实证分析和财政竞争的协调三个部分。第三章首先通过对国内外文献的综述界定了财政竞争的内涵,其次,阐明了财政竞争的外延,最后,分析了财政竞争与其他经济竞争之间的关系。第四章在对我国财政体制变迁的简要回顾的基础上,从博弈的角度对政府间纵向财政关系进行了分析,并分析了我国政府间纵向财政竞争的主要形式,探讨了我国政府间纵向财政竞争的效应。第五章论述了我国政府间横向财政竞争的主要形式及其演化过程。第六章从要素流动和地方市场分割、公共物品提供与政府重复建设、生产要素税负分布与税负输出等角度对财政竞争进行了分析,并对我国政府间横向财政竞争效应作出了总体评价。第七章对规范我国政府间财政竞争提出了建议。

关键词:财政管理　中央财政　地方财政　地方政府

1214

公共部门预算研究 / 张青著 ; 吴俊培指导. -- 中南财经政法大学, 2005. -- 215 页

文章主要研究了公共部门的预算问题,包括部门预算中存在的问题和公共利益部门化问题。按照解决问题分类,可分为以下七个部分。首先,论述了公共部门设置的合理性原则,包括政府权力边界问题和个人自由问题。其次,分析了公共部门的边界问题,包括社会总资源中有多大份额由政府选择以作为公共消费与投资,即资源配置问题,和在政府提供的公共商品和服务中,有多少改由政府来生产,即生产问题。第三,主要研究了公共预算系统,该系统是实施"国家意志"的组织系统,其组织方式和决策程序的民主化、科学化是实现政府效率、公平和稳定目标的基本保证。第四,借鉴国内外有关官僚制与公共经济学的研究成果,对官僚制与预算效率的关系进行了初步探索。第五,考察了政府资源配置的公平与效率问题。第六,根据中国部门预算改革的实践,介绍了相关公共部门预算编制的程序和方法。最后对公共部门的基本目标,我国公共部门现行的设置体系以及对作为部门预算依据的先行若干条例的评析,提出今后深入推进部门预算改革的思路。

关键词:国家预算　财政管理　非营利组织

1215

对我国税收征纳关系的认识 / 张涛著 ; 杨照南指导. -- 财政部财政科学研究所, 2005. -- 358 页

文章以税收征纳矛盾为研究对象,以马克思的"社会必要扣除论"为理论基础,在社会生产方式的层次上,揭示出贯穿在税收征纳过程中诸多问题背后的基本矛盾,对于税收本质给予新的认识,从目标、原则及手段等方面,对税收协调机制进行了深入研究,提出以科学发展观为指导,进一步完善税收协调机制诸要件及相关配套措施的基本思路。全文共分三部分十二章。第一部分对税收征纳矛盾的历史和现状、已有研究的情况等进行的综述分析;第二部分首先从两个基本约束条件开始,以马克思分工理论为基础,研究经济运行中的两种协调机制,从而揭示税收协调机制的目标;然后以马克思的"社会必要扣除论"为基础,对于税收的本质进行重新认识,并以此为基础,对税收的"交换税"和"义务税"进行分析研究,阐述税收协调机制的机理,以及税收协调机制的三大原则和两种制度激励;再次着重分析了税收协调机制的三大要件:法制要件、税制要件和征管要件,揭示了税收协

调的运行机制;最后运用税收协调机制对当代中国税收发展情况进行诠释。第三部分主要提出了政策建议,首先对中国历史上的五大主流税制征管制度进行归纳总结,对税收协调机制进行纵向比较和借鉴,提出要以科学的发展观为指导,完善我国的税收协调机制,进一步完善我国税收协调机制的主要件,并从企业改革、相关部门的配合、技术手段、中介组织和社会信用体系等方面,提出税收协调机制相关配套措施的完善建议。

关键词:税收征管　税收制度　税收协调

1216

支持小企业发展的税收政策研究 / 张天胜著 ; 安体富指导. -- 中国人民大学,2005. -- 250 页

论文主要对小企业的税收问题进行了研究。首先,文章提出,小企业可以吸纳更多劳动力、扩大私人投资渠道,并维持社会消费水平,因而对社会具有较大的正外部性,政府应该通过税收优惠来支持小企业的发展。其次,对小企业资本结构的税收效应进行了研究,认为资本市场不完备是小企业的融资约束的根本成因,而由于大小企业资本结构之间存在不同的税收效应,税收更加剧了小企业的融资困境。由于税收可以通过改变资本成本大小或资本收益率高低的方式来鼓励或抑制企业的投资行为,融资约束下,税收相对提高了小企业的资本成本,进一步拉大了小企业资本回报率与大企业的差距,这将减缓小企业的资本累计速度,阻碍资本向小企业流动,不利于小企业的投资活动。然后,文章对我国小企业的税收负担和小企业税收遵从成本进行研究,认为与大企业相比,小企业的规模在遵从行为上是不经济的。最后,借鉴发达国家的小企业政策以及我国税制建设和小企业的实际情况,文章提出我国应该对小企业实行更加优惠的税收政策,一是改变现有小企业税收政策中的明显不合理之处,二是加大对小企业税收优惠的力度。

关键词:中小企业　税收政策　税收优惠

1217

促进电子信息产业发展的政策体系研究 / 张旭明著 ; 郭庆旺指导. -- 中国人民大学,2005. -- 150 页

论文由政府干预产业发展的理论依据入手,从供给政策、结构政策和需求政策三个角度研究促进电子信息产业发展的政策体系,通过对国际经验的总结和对我国电子信息产业发展政策的回顾分析,提出了完善我国电子信息产业政策体系的措施建议。全文主要分为三大部分。第一部分主要探讨了电子信息产业发展政策的理论依据,着重论述了电子信息产业发展需要政策体系而不是单项政策支持的原因,并构建了政策体系的研究框架。第二部分首先从投资政策、技术政策和人才政策三个方面研究了促进电子信息产业发展的供给政策,然后从产业组织政策和区域布局政策两个方面分析了结构政策,最后从推进国民经济和社会生活信息化政策、规范政府采购政策以及促进电子信息产品出口政策三个方面探讨了促进电子信息产业发展的需求政策。第三部分对我国的电子信息产业政策进行了回顾性评价,并在分析面临的机遇与挑战的基础上,提出了促进出口的政策,提高我国电子信息产品的出口竞争力,通过建立和完善应对国外非关税壁垒的预警机制,改善电子信息产品的外部竞争力等具体建议措施。

关键词:电子信息产业　产业政策　产业发展

1218

中国财产税研究 / 张学诞著 ; 孙钢指导. -- 财政部财政科学研究所, 2005. -- 243 页

文章首先分析了财产税的一般理论,勾画出了财产税的产生和发展历程,并指出征收财产税的财产必须做到产权清晰。其次,在对产权基础理论分析的基础上,对产权的形成和发展、内涵与特征、及产权规则进行概括整理,并重点比较了马克思产权理论和西方产权理论,对中国的土地产权、土地制度及住房制度作了较全面地分析。第三,主要分析了中国财产税的现状和存在问题。第四,对各国的财产税制进行比较分析,总结了国外财产税制的基本特征及经验。第五,结合中国实际情况,提出了中国财产税制改革的基本原则和总体设想,认为改革后的中国财产税体系主要包括不动产税、车船税、契税和遗产与赠与税,并提出改革后的财产税应成为地方政府主体税种的构想。第六,认为房地产保有环节应统一开征不动产税,根据我国实际情况,设计了不动产税税制要素,提出不动产税税基中不应包含土地出让金。第七,分析了开征遗产税的必要性、理论依据和应具备的条件,较详细地设计了中国遗产税的税制要素,并提出了中国应实行遗产税和赠与税合并征收的办法。第八,提出应改革现行车船税制度,提出应调整车船税的征收范围、计税依据和税率,并讨论了对契税的改革。最后提出应建立健全中国的财产申报登记制度和财产评估制度,并运用博弈论分析了中国应如何加强财产税的征收管理,建议采取集中与分散相结合的税权划

分模式。

关键词:财产税　税收管理　产权　税制改革

1219

论市场经济条件下的税制改革 / 赵杰著 ; 苏明指导. -- 财政部财政科学研究所, 2005. -- 229 页

本文以马克思主义经济学理论为指导,借鉴并吸收经济学等学科原理和西方税收理论研究成果,以优化税制为主线,以构建中国特色社会主义公共财政体制和税收制度为目标,从不同角度透视我国税收制度的效应及其不足,寻求优化税制、提高效率的对策。全文分为七章。第一章从税收依据、税收原则、税收制度、税制结构、税收负担等方面阐述市场经济条件下税收的基本理论。第二章从税制改革的前提条件、宏观背景、改革内容、效果等方面对西方税制改革较为成功的典型国家进行比较分析和总结,为我国税制改革提供借鉴。第三章回顾了我国税收制度的发展和演变,对当前税制运行效果进行了定性和定量分析,研究了我国税制改革取得的成效和存在的问题。第四章着重分析了我国新一轮税制改革的背景和改革的必要性。第五章论述了我国税制改革的一些基本问题,包括总体思路、指导思想、基本原则和目标任务等,对进一步增强税收对经济的适应性,合理确定我国的宏观税负水平,以及我国税制改革的方向和任务进行了总体设计。第六章具体论述了我国新一轮税制改革的内容。第七章是健全税制的相关配套改革与实施步骤。

关键词:税收制度　税制改革　市场经济

1220

资产负债管理与寿险资金运用 /赵威著 ; 叶振鹏指导. -- 财政部财政科学研究所, 2005. -- 158 页

文章从分析寿险负债和资产的构成、负债业务和资产业务的关系、寿险经营风险入手,讨论寿险经营中加强资产负债管理的必要性,通过对寿险资产负债管理发展脉络的介绍,以及资产负债管理在国际上的通行做法,结合中国寿险投资运用的现状,在理论分析和实践总结的基础上,着重研究在资产负债管理框架下我国寿险资金运用机制的建设,提出我国寿险投资策略选择、投资风险控制完善和投资组织体系建设三个方面的具体建议。全文共分为六章。第一章从寿险业务结构以及寿险经营风险两方面的分析阐明资产负债管理与寿险经营的内在关系,通过对资产负债管理的起源、目标、原则的介绍,阐述资产负债管理对寿险资金运用的指导意义。第二章通过对各种技术和策略的基本原理、基本数学推导和基本应用范围的介绍,分析了我国寿险投资策略和风险管理技术选择问题,认为目前我国寿险业要立足于弹性测试和现金流测试两种基本检测技术,并积极借鉴和引入其他先进的监测技术。第三章首先对寿险投资管理、资产负债管理以及资金运用进行国际分析比较,总结经验,为我国寿险投资管理模式的选择提供现实依据。第四章主要对寿险投资决策、风险管理及组织体系的现状及问题进行分析,第五章探讨了资产负债管理指导下的寿险投资决策与风险管理问题,首先从匹配投资策略的选择和选择的匹配投资策略的应用两个方面提出了投资决策建议,然后分别分析了寿险投资风险管理目标的定位、风险管理制度体系和风险管理技术体系构建三个方面的内容。第六章分析了资产负债管理框架下的寿险投资组织体系,认为负债主导与资产主导相结合的管理模式较适用于我国寿险业现状。

关键词:人寿保险　保险业务　资金管理　资产负债　投资　风险管理

1221

1994—2002 中国财政制度变迁研究 / 赵新国著 ; 项怀诚指导. -- 财政部财政科学研究所, 2005. -- 179 页

文章以新制度经济学制度变迁理论的分析逻辑为依据,研究 1994 年以来的中国财政制度变迁,并对下一阶段的财政制度变迁进行展望。全文共分为七章。第一章简要介绍了新制度经济学关于制度和制度变迁的一般理论,对财政制度和财政变迁的相关理论问题进行论述。第二章分析了影响财政制度供给和需求的因素,认为改革开放以来宏观经济环境的变化是公众和决策者都认识到需要加强财政管理、改革财政制度,而财政收支的困难和不完善也使财政制度存在较高的交易费用,制度变迁可以获得潜在收益。第三章主要从财政收入、支出、体制和管理四个方面描述了财政制度变迁的过程。第四章分析了财政制度变迁的方式和特征,探讨了改革中的路径依赖问题,并对我国财政制度变迁进行评析,认为我国财政制度变迁采取渐进的方式,变迁过程中的路径依赖使新制度中往往掺杂了大量旧制度的因素。第五章分析了财政制度变迁的绩效,认为财政制度变迁实现了宏观经济调控方式的根本性转变,促进了经济结构调整和优化,推动了社会主义市场经济体制的建立和完

善,同时也促进了社会公平和财政民主化进程,推进了社会主义民主政治建设。第六章对转轨各国财政制度变迁进行了比较,认为从总体上看,转轨各国财政制度变迁的目标、任务、内容和特点基本相同,但方式不同,制度各个组成部分的变迁也各不相同。第七章对今后的财政制度变迁进行了展望,认为财政制度变迁仍须采取渐进方式,遵循"分步走"原则,采取总体设计、陆续退出、局部调整、逐步到位的方式,预算改革、体制改革、支出和收入改革分别是当前制度改革的重点和难点。

关键词:财政制度　经济体制改革　财政管理

1222

我国现阶段促进就业的税收政策研究 / 赵宇著 ; 吴碧英指导. -- 厦门大学, 2005. -- 128 页

论文认为,税收政策对劳动就业的影响领域是巨大的,通过劳动力和资本的相对价格,影响消费者的消费需求,影响生产厂商的技术选择来实现促进就业的政策目标,其他国家也有通过完善税收政策促进就业,解决就业问题的成功经验。因此,如何根据我国现阶段的具体国情,完善促进就业的税收政策,充分发挥税收政策对劳动就业的促进作用,则成为本文的造题目的。本文共分为五章。第一章对失业理论进行了简要回顾。第二章分析了税收政策对劳动就业的影响。第三章论述了我国失业问题的现状及经济增长与就业增长的关系。第四章对我国促进就业的税收政策进行现状分析。第五章提出完善我国促进就业税收政策的相关建议。

关键词:失业　劳动就业　经济增长　税收政策

1223

我国黄土高原生态环境建设及财政政策 / 甄世前著 ; 贾康指导. -- 财政部财政科学研究所, 2005. -- 257 页

文章首先论述了生态环境建设的思想渊源,我国黄土高原生态环境建设及财政政策的研究现状;第二章分析了我国黄土高原生态环境恶化的背景、原因和影响。第三章论述了我国生态环境建设的历史机遇及黄土高原生态环境建设面临的挑战和基本思路,并提出建设黄土高原生态环境既要能解决水的问题;又要能解决水土流失问题,既要确保为农民的可持续发展提供旱涝保收的优质农田,又要确保以水定田、定树、定草,以小流域为单元,以淤地坝坝系建设为核心的田、林、陆、水统一规划的综合治理工程,以水窖蓄水为核心种田种树种草的工程都是黄土高原不同地区生态环境建设的具体途径。第四章论述了生态环境的公共性、生态环境公共性的特殊功能、黄土高原生态环境的公共性和在全国性生态危机时代公共财政提供公共产品的重要职能:加强生态环境的保护和建设。第五章针对黄土高原生态环境建设具有艰巨性、复杂性和长期性的特征,和原有的退耕还林政策很难奏效的实际情况,提出各种财政政策配套使用与具体的治理途径相结合,逐步建立我国生态环境税收体系的政策建议。第六章对黄土高原生态环境建设效益和财政政策进行评价,认为黄土高原生态环境建设财政政策是实现农民充分就业和增加农民收入、提高该地区农业综合生产能力、缩小区域间差异、实现经济良性增长、扩大内需和化解一些深层次矛盾的重要举措,其生态、社会和经济效益显著。

关键词:生态环境建设　公共财政　财政政策　黄土高原

1224

中国居民储蓄的公共性研究 / 周雪飞著 ; 白景明指导. -- 财政部财政科学研究所, 2005. -- 271 页

本文以宪政制度理念和公共选择理论为框架,从私有财产的宪法保护和政府公共供给两个层面入手,循着制度变迁的路径轨迹,对作为私有财产的我国居民储蓄的公共性特征进行探析和研究,总结概括了转型期中国居民储蓄的本质特性与功能作用,进而提出相应主张。本文共六章。第一章回顾并反思了中国宪法修订与私有财产保护的路径轨迹、我国政府公共供给不足现象、公共产品的居民部门"自供"问题。第二章概述了中国居民储蓄的公共性特征,具体表现为:居民储蓄在公共供给中的替代效应、对公共经济的支撑与配合、为公共财政与金融体系提供的安全保障。所以,从某种意义上讲,现阶段我国居民储蓄已经由过去的金融产品逐渐演变为具有"替代性"、"支撑性"、"保障性"功能的准公共产品。第三到五章分别对居民储蓄的替代性、支撑性、保障性功能进行具体分析。第六章根据上述研究形成主要结论并提出政策主张。

关键词:居民储蓄　公共选择　公共财政　公共产品

1225

纳税人纳税行为的经济学分析 / 周叶著 ; 杨君昌指导. -- 上海财经大学, 2005. -- 227 页

本文从税收实践中的一些普遍、简单现象出发，运用经济学等理论，对纳税人的纳税行为的规律性进行剖析、深究和讨论，力图揭示现象的机理，探讨一般问题中蕴含的必然性。全文分六章展开分析。第一章是导论，作者先提出本文所要论述的问题，并对纳税人纳税问题的基本方面和纳税人避税问题的复杂性作了初步分析，对本文的研究思路和方法以及研究的主要贡献进行了介绍。第二章对纳税人的偷税行为进行分析，作者先介绍了偷税行为的早期思想和世界范围内的偷税状况；然后提出了偷税的经济学模型，并进行了分析、讨论；在此基础上进一步扩展了偷税经济学分析，研究了偷税问题的序数秩独立预期效用理论；接着，对偷税进行了实证和实验研究；最后作者指出了偷税经济学分析的不足。第三章是对纳税人的税收遵从分析，指出了影响纳税人税收遵从决定的因素，分析了税收遵从的衡量问题以及税收道德问题，并对税收成本与税收遵从之间的关系进行了论述，最后作者分析了中国纳税人税收遵从。第四章是关于纳税人，税收顾问、税务机关的，涉及了纳税人对税收顾问的需求、税收顾问的供给的特点；税收顾问对纳税人的纳税行为的影响过程，政府将如何规范和管理税收顾问的行为等问题。针对纳税人有个人纳税人和公司纳税人之分，本文第五章从理论和实证上对公司的纳税行为进行了分析。由于纳税行为不仅是纳税人的艰难选择，也是政府的问题，所以在第六章“政府与纳税人行为分析”中，讨论了公共支出与纳税人纳税行为，对执法人员腐败、税务处罚制度进行了分析，提出了优化纳税人纳税行为的税务主管当局的议程，剖析了中国政府与纳税人纳税行为的关系。

关键词：纳税人　偷税　税收管理

1226

金融业的分工与整合 ：金融混业经营问题研究 / 邹宏魁著 ；陈共指导. -- 中国人民大学，2005. -- 108页

论文主要从金融业微观层面上的分工演化和宏观层面的政府管制两个不同角度，系统分析论证金融混业经营管理模式演化的相关问题。文章首先分析了时代背景和金融业分工整合的理论渊源，从金融功能、金融发展理论、金融深化理论、金融抑制等分析了金融与经济增长的关系。其次，分别用一般性模型、智猪博弈模型以及对规模经济和范围经济的实证分析，从微观视角考察了金融混业经营。再次，对放松监管和强化监管进行研究，认为功能性监管可能是当前混业经营潮流的一种制度选择，而强化监管一方面有利于稳定金融运行、防止内生性风险与随机外部冲击在不同金融业务领域之间的风险传递，另一方面可能抑制金融体系的效率并可能诱发寻租问题。然后，文章通过对日本、英国、美国、俄罗斯等国金融混业经营问题的考察，认为经营模式的选择有明显政府推动的影响。最后，在前述理论分析与国际比较的基础上，对我国金融业经营模式问题进行了实证考察并提出相应对策，认为我国金融业的分工整合不应盲目追求经营模式的先进，而要根据自身情况及具体国情作出理性的选择。

关键词：金融业　混业经营

1227

我国农村公共产品供给与制度创新研究 / 邹俊著 ；李保仁指导. -- 中央财经大学，2005. -- 142 页

本文共分七章。第一章导论说明本文的研究背景、方法和基本研究框架，并对国内外相关研究作了综述。第二章是对公共产品的一般理论的介绍，具体包括公共产品的概念、生产过程、供给方式，以及公共选择理论。第三章首先对农村公共产品进行了定义和分类，其次，回顾了我国农村公共产品供给的演变，最后研究了我国农村公共产品供给中存在的问题及其产生原因。第四章阐述我国农村公共产品的最优供给和博弈供给问题，提出我国农村公共产品实现最优供给的困难，分析了我国中央与地方政府、地方政府与农民以及辖区内单个农民个体在提供农村公共产品的博弈。第五章对农村教育、农田水利基本建设、农村医疗卫生、农村道路等公共品投资对消费的效应、农民收入的效应以及经济增长的效应进行实证分析。在上述研究的基础上，第六章提出了优化我国农村公共产品供给制度的创新思路，如实施城乡一体化的协调发展战略；合理划分各级政府的事权和财权；改革现行的农村财税制度，建立科学合理的转移支付制度；完善农村公共产品供给的决策机制；建立多渠道的农村公共产品供给方式等。第七章具体针对农村义务教育制度、农村社会保障制度、农村医疗卫生制度等的供给方式提出设想。

关键词：农村　公共产品　供给制　分配制度

1228

信息经济学在商业银行信用风险管理中的应用研究 / 左志刚著 ；谭荣华指导. -- 中国人民大学，2005. -- 149 页

论文以信息经济学为基本理论指导,探讨信用风险管理的原理性问题。首先,回顾了国外银行过去和现在使用的主要信用风险管理技术方法,然后把信息不完全作为信用风险的一半成因,从“委托—代理”角度描述信贷双方的关系,并引入信息经济学的理论工具,提出了全文的分析框架。接着,分别讨论了改善信息不完全的三条路径,即信息搜索—银行行动改善信息不完全、合约激励—激励贷款人行动改善信息不完全、基于信息定价—通过交易机制改善信息不完全。最后,在全面分析我国商业银行信用风险管理现状的基础上,在技术管理层面就改进我国商业银行信用风险管理提出了5项建议,包括:提升信息系统以提高信息的收集和处理效率;建设征信数据库为提高风险识别和度量能力提供基础数据支持;改进评级技术以提高风险识别和度量能力;提高信贷合同管理水平以加强对贷款人的约束;积极展开信用风险定价实践为利率市场化做好准备。

关键词:商业银行　信用　风险管理　信息经济学

金融学

1229

西部大开发金融体系构建研究 / 白涛著 ; 周升业指导. -- 中国人民大学, 2005. -- 160 页

论文从理论分析入手,紧密结合西部大开发的任务,以金融功能为核心来建设金融体系,强调金融与经济的协调。全文共分为七章。第一章提出西部大开发战略实施的核心是资本问题,从理论上分析了资本形成对经济增长的促进作用,并对资本与经济发展的关系进行了实证分析。第二章研究了西部大开发中的金融深化问题,认为应特别注意金融资源配置的不平衡性,金融资源应向中心城市、西部的龙头产业聚集,而且金融渠道、金融工具要创新和发展,动态地满足西部经济发展模式对金融功能的需求,做好金融与经济发展的协调工作。第三章介绍了美国、德国、日本等发达国家发展本国落后地区的历程,包括各国政府鼓励投资的政策措施和开发落后地区的资金来源等问题。第四章分析了西部大开发资金需求的特征及金融体系的现状,认为目前西部地区金融体系效率低下,其主要原因是西部地区产业结构不合理,经济本身的造血功能比较弱。第五章探讨了建设西部开发金融体系选择的思路、原则、建设路径和突破口四个大问题。第六章主要分析了项目融资在西部大开发中的应用。最后,提出了西部大开发金融支持的若干宏观经济政策建议,认为应该以税收倾斜等财政政策为主来鼓励和引导投资,同时政府也要出台相应的法律和政策,规范项目融资行为,积极引导民间资本参与西部的项目融资。

关键词:区域开发　金融体系　项目融资　西部大开发

1230

从企业成长视角看我国金融结构的优化 / 蔡如海著 ; 沈伟基指导. -- 中国人民大学, 2005. -- 152 页

企业作为一国经济的细胞,金融结构对经济增长的影响,更多的是通过其对企业成长的影响来实现的,因此从企业成长的视角来审视一国的金融结构,能更清晰地认识金融结构与经济增长之间的作用机制,也有助于对适合一国企业成长的金融结构作深入研究。文章首先对我国金融结构以银行为主导的现状及其成因进行了分析。第二,从产业经济学的角度对我国银行业进行考察,认为我国银行业高寡占型、低差别化、高进入和退出障碍的市场结构并不是市场力量作用的结果,而是政府行政力量所致。第三,分析了金融结构对企业成长的作用机制问题,主要体现在金融结构对储蓄动员、国内投资以及融资结构和企业治理结构的影响上,研究认为我国银行主导型金融结构对企业成长具有重要意义。第四,分别对我国银行业、证券业以及金融业的机构优化问题进行考察,认为金融体系的主旋律应该是放松管制,形成一个大银行、中小银行、各类非银行金融机构以及证券市场融资相互竞争的局面。最后,结合我国政府主导的强制性金融制度变迁的特点以及强制性变迁向诱致性变迁转变的条件要求,对我国金融结构优化中各利益主体的作用进行了深入分析,认为随着经济的发展以及微观经济结构的变化,我国金融制度变迁中将会更多地体现为诱致性变迁。

关键词:金融结构　企业成长　经济增长

1231

电子科技企业智能资本与股价的关联性研究 : 海峡两岸的实证分析 / 蔡学章著 ; 俞自由指导. -- 上海财经大学, 2005. -- 117 页

本文的研究目的在于对海峡两岸电子科技企业的智能资本进行合理评价,验证海峡两岸电子科技企

业智能资本与账面价值对股价的联合解释能力是否优于会计盈余与账面价值。本文首先探讨智能资本的相关理论,引入无形智能负债概念,构建含有智能资本的资产负债表,阐明智能资产、智能负债与智能资本的相互关系作为本文的理论基础;其次说明各种个别性与整体性智能资本的评价方法,以及各种企业股票的评价模式作为构建企业智能资本与股票价格评价模式的理论依据;接着对台湾与大陆企业智能资本进行实证检验,剖析其对海峡两岸经济与金融的启发意涵;最后对海峡两岸经济与金融的健全发展提出建议。本文的结论有:(1)并非海峡两岸所有电子科技企业都拥有正值的智能资本;(2)两岸电子科技企业智能资本与股票价格存有显著的正向关联;(3)两岸电子科技企业智能资本与账面价值对股票价格的联合解释能力优于会计盈余与账面价值;(4)加权平均超额报酬率比简单平均超额报酬率能提高智能资本对股价的解释能力;(5)大陆样本企业股价相对太高,其会计信息与智能资本对股票价格的解释能力远低于台湾样本。

关键词:电子工业　智能资本　股票价格　海峡两岸

1232

中国金融结构的资金流量分析 / 操仲春著 ; 贝多广指导. -- 中国人民大学, 2005. -- 177 页

论文运用资金流量分析研究我国宏观金融结构问题,以揭示我国现阶段金融结构的主要问题,并提出解决问题的政策思路。首先,分析了资金流动过程中的金融结构,主要是为了揭示在一国金融发展过程中,资金经由何种渠道或路径、借助何种金融工具从储蓄者流向投资者,以及各种资金流动渠道的相对重要性。其次,对我国的金融结构进行了总体分析,从经济中实物部门(住户部门、政府部门和非金融企业部门)的金融资产结构分析,发现我国金融结构存在很大问题,最主要的就是直接金融与间接金融的发展失衡,导致金融结构媒介资金流动效率低下,并使风险过分集中于国有银行体系。然后,分别对银行业、证券业和保险业的资金流量和我国国外(金融)部门的资金流量进行了分析;研究认为,商业银行改革的出路在于市场化;而提高证券市场资金运用效率就是尽可能使大量优质企业上市,但需要解决证券发行和定价的市场化;保险业资金运用效率目前不高,收益率较低,存在潜在的给付风险,需要通过发展多层次的资本市场、发展适合于不同风险和收益组合要求的金融产品等方面的外部条件来解决;对于我国存在的外资大量流入和国内储蓄过剩的资金双重浪费现象,需要加快金融结构改革,提高金融资源的配置效率。最后,通过分析我国金融结构的基本特点和变迁历史,认为推动我国金融结构发展的政策选择应从三方面着手:促进金融部门之间的资金顺畅流动,发展适合中国现阶段国情的政策性金融体系,以及发展"市场化"的证券市场。

关键词:金融结构　资金流动　资金管理

1233

中国国有上市寿险公司治理研究 / 曹青杨著 ; 刘茂山指导. -- 南开大学, 2005. -- 166 页

本文通过对公司治理理论进行比较研究,以国有上市寿险公司的代表——中国人寿保险股份有限公司作为研究对象进行实证比较分析,并在比较研究国际、国内与寿险业相关的公司治理有关法律、法规,以及最佳实践准则的基础上,就如何完善国有上市寿险公司治理提出了建议。全文共包括九章,可以分为四个部分。第一部分包括第一、二章,首先就 10 余年来寿险业快速发展但寿险行业,特别是国有寿险公司出现的利差损问题进行了论述;然后分析了解决利差损及未来发展的方案——国有寿险公司的重组与上市。第二部分包括第三、四章,首先就"委托-代理关系研究"、"利益相关者理论"、"转轨经济中的公司治理研究"、"激励理论"等方面进行了概述和分析;然后对不同的法律体系下的不同模式如英美模式、日德模式、东亚家族治理模式进行了介绍,以说明公司治理在不同德法律、法规环境中所体现出的不同特性。第三部分包括第五、六、七章,分别从公司治理结构、公司治理内部机制、公司治理外部环境三个方面对中国人寿保险股份有限公司的公司治理现状进行了实证分析和国际比较。第四部分包括第八、九章,首先对香港与中国大陆保险监管部门公司治理准则进行了比较,并以两家上市寿险公司的公司治理准则作为范例进行了比较;然后提出了如何在现阶段对国有上市寿险公司治理进行完善及实现国有寿险公司可持续发展的观点。

关键词:保险公司　人寿保险　上市公司　公司治理　董事会　可持续发展

1234

开放经济下国有商业银行风险的积累、冲击和防范 / 常巍著 ; 万解秋指导. -- 苏州大学, 2005. -- 158

页

本文立足于开放经济下,以我国国有商业银行为主要分析对象,聚焦于国有商业银行特殊的发展历程、改革路径及面临的不确定性,借鉴东南亚金融危机和墨西哥金融危机的经验,运用规范分析、实证分析、纵向历史分析、横向现实比较和制度分析等分析方法,提出了我国防范银行风险的思路。文章首先介绍了国内外研究的现状,说明了本文选题的背景及所要解决的问题。然后,回顾和分析了商业银行风险的基础理论,论述了开放经济和商业银行经营及银行改革的关系,对信用风险的内涵和积累机制、国有银行信用风险积累状况进行了分析,并分析了金融市场开放、竞争加剧、环境变革和利率市场化对商业银行带来的风险冲击。接着,分别剖析了东南亚金融危机和墨西哥金融危机的积累、冲击及爆发的过程,对我国国有风险爆发的可能性进行了分析。最后,强调从金融监管、最后贷款人制度和存款保险制度入手,借鉴新巴赛尔协议,提出完善银行自身经营制度,推进配套改革、创造良好金融环境,加快商业银行金融安全网建设等防范风险的思路和措施,认为良好的制度安排和设计是保证我国银行稳健运行的必要条件。

关键词:国有商业银行　风险分析　风险管理　开放经济

1235

金融衍生品发展路径的制度经济学分析及监管政策建议 / 陈晗著 ; 戴国强指导. -- 上海财经大学, 2005. -- 179 页

本文用制度经济学的理论,分析了从交易成本与路径依赖的角度把握各国金融衍生品市场发展路径形成的缘由,以及与之相应的监管模式,进而提出我国金融衍生品市场的发展路径与监管模式。全文共分八章。第一章是导论,介绍了选题背景和研究意义,对相关文献进行了综述,解释了研究思路与写作方法,概述了结构安排和创新点。第二章首先介绍了衍生品的定义及其功能,接着回顾了财务风险管理制度演进过程中的衍生品的发展沿革,最后分析了金融衍生品市场的组织结构及其特征。第三章对基于交易成本的金融衍生品市场发展路径的选择进行了分析,作者先对交易成本的概念进行了界定和分类,然后分析了金融衍生品市场发展过程中的微观交易成本和宏观交易成本。第四章研究了制度变迁的自我强化机制与路径依赖,分析了金融衍生品市场在上世纪70年代异军突起、美国成为全球金融衍生品市场典范,以及银行成为金融衍生品市场主要参与者的原因,然后对该市场的强制性演进模式与诱致性演进模式进行了比较分析,最后分析了路径依赖下其交易场所的选择。第五章作者分别就各主要金融衍生品市场政府监管架构、金融衍生品市场的自律监管、金融衍生品 OTC 市场的监管、各主要金融衍生品交易所市场监管法律制度进行了比较。第六章研究了金融衍生品市场发展带来的监管挑战及应对措施。第七章对我国金融衍生品市场的发展路径进行了探讨,文章先分析了我国衍生品市场的发展现状,对其市场基础和障碍、组织模式、产品发展模式、市场运作模式、结算模式的选择进行了分析。第八章对我国金融衍生品市场监管的现状进行了评析,并提出了政策建议。

关键词:金融衍生产品　金融市场　期货市场　制度经济学　监督管理

1236

转轨时期国有银行脆弱性的分析与实证研究 / 陈华著 ; 王光伟指导. -- 苏州大学, 2005. -- 166 页

本文以银行脆弱性为研究的出发点,将计量分析和制度分析相结合,对银行脆弱性的生成机理进行了理论研究,对其成因进行了量化分析,以期从转轨时期和制度合约角度找出导致中国国有银行脆弱性加剧的关键因素、有效识别银行脆弱性的来源。全文共分六章。第一章是导论,说明了本课题的选题背景、研究的基本思路、研究的方法、本文的结构和主要内容。第二章分别评析了马克思主义的银行脆弱性理论、银行体系的内在脆弱性假说理论、不对称信息理论、银行挤提模型理论、金融主体有限理性、金融资产价格的内在波动性及银行脆弱性的负外部性理论等有关银行脆弱性的理论。第三、四章分别从经济转轨与国有银行脆弱性、制度缺陷与国有银行脆弱性两个方面分析了国有银行脆弱性堆积的原因。第五章分析了国有银行脆弱性表现的主要指标,对国有银行体系脆弱性进行了综合判断,并对中国国有银行脆弱性的成因进行了实证分析。第六章通过对几种国有银行改革观点的评述,提出了国有银行脆弱性分散和化解的制度安排,并认为可以通过实施金融多元化战略、进行股份制改革及建立预警制度来分散和化解国有银行的脆弱性。

关键词:国有商业银行　银行体制　银行危机

1237

中国保险业效率研究 / 陈璐著 ; 刘茂山指导. -- 南开大学, 2005. -- 139 页

文章在对保险业效率进行理论分析的基础上,采用实证研究和规范分析相结合、定性分析与定量研究相结合的研究方法,从微观、中观和宏观角度剖析了中国保险业的效率水平及影响因素,以寻求效率提升的途径。全文共六章。第一章从经济资源的概念出发,对有关效率的基础理论进行了分析和比较。第二章主要从量化和非量化的角度考察了保险业效率的评价标准和测度,并在投入产出效率测度一般方法的基础上回顾了国内外保险业效率研究的文献,同时还分析了中国保险业效率发展的外部环境。第三章主要运用数据包络方法及效率指数的计算方法分析了我国保险业微观效率,分析认为,无论是财产保险公司还是人寿保险公司5年内技术效率呈锯齿形波动,极不稳定,目前影响我国保险公司效率的主要因素有资产规模、营业费用、人均保费和资产收益率等。第四章主要从市场份额、市场集中度和进入障碍等方面分析了我国保险市场结构和市场行为,在此基础上应用实证的方法检验了市场力量假说和效率结构假说,分析认为,我国保险业提高绩效的关键在于重视效率,因此,监管当局应采取措施以鼓励高效率保险公司增加市场份额。第五章主要从保险业对国民经济、地方经济和社会保障的贡献来进行分析,研究认为,我国保险业一直保持较快地发展速度,并且对经济社会发展特别是支持地方经济发展中发挥着越来越重要的作用,此外,在社会保障领域也发挥着重要作用。第六章在定量分析和理论探讨的基础上,认为我国保险业应该通过从技术效率、规模效率、组织效率、优化市场结构和监管效率的角度寻求效率提升的途径。

关键词:保险业　保险合同　经济效益　保险市场　市场结构　市场效率

1238

整合型风险管理策略下或有资本工具研究 / 陈森松著 ; 魏华林指导. -- 武汉大学, 2005. -- 127 页

整合型风险管理包含对公司所面临会影响到公司价值的全面型风险进行分析与评估,并对这些风险采用广泛性的策略加以管理。一般企业对于整合型风险管理通常有三种避险工具:资产避险、负债避险与权益避险。文章对整合风险管理和或有资本进行介绍后,对后两种避险工具的理论与实践情况进行了阐述。文中以巨灾风险债券与巨灾权益看跌期权分别作为或有负债与或有权益工具的代表,探讨这些或有资本工具的要件格式、评价模型及与传统再保险合同的比较。此外,还分别使用 Shimpi(2001)与 Doherty(2003)相关著作的一些模型与案例发展出资产负债表模型,从整合型风险管理的角度切入,参考实际已发行的金融创新避险工具的实践,分析这些避险工具在损失前后对资本结构变动的影响,以了解整合型风险管理工具对公司价值的可能影响。最后,文章透过对国内宏观经济环境、中国百强上市企业的业务与财务状况、产物(再)保险业的经营状况,分析在国内推展整合型风险管理与发展或有资本工具的可行性。

关键词:风险管理　保险业　金融工具　金融创新　企业价值

1239

人民币——港币一体化 :纳入内生性约束的货币区动态决策分析 / 陈小凡著 ; 邹宏元指导. -- 西南财经大学, 2005. -- 124 页

论文旨在通过对中国内地和香港特别行政区货币一体化的可行性进行分析和探讨,为今后中国货币的进一步融合提供借鉴思路。文章首先从内地、香港经济融合的客观趋势和中国参与亚洲货币合作的战略思考两方面论述了人民币—港币一体化研究的理论意义;其次,从最优货币区的成本方面,以冲击非对称性视角对最优货币区理论予以总结,并将视角拓展到贸易一体化与经济相关性这两个 OCA 标准的动态作用关系上,进一步对最优货币区理论进行阐述和分析。再次,构建了纳入内生性约束的货币区动态决策框架,并设计与之契合的计量经济模型。最后,根据上面构建的货币区动态决策框架和计量模型,对人民币—港币一体化的现实经济基础、动态约束条件以及基于长期效用最大化的政府动态最优决策进行了实证分析和研究。研究结果认为,由于两币一体化的“现实经济基础”较薄弱,当前组成货币区的条件并未完全具备,另一方面,内地与香港之间贸易一体化的增强有效地降低了两地之间需求冲击与供给冲击的非对称性,从而有助于两地结构性动态趋同,因此具备“促进型动态约束条件”。总之,人民币—港币一体化本身是一个动态发展的过程,只有内地和香港当局遵循科学的方法和路径,在较长时间内不断推进两地经贸的融合,促进两地经济结构的进一步趋同,才能达到事半功倍的效果。

关键词:人民币　港币　货币一体化　亚太经济

1240

商业银行市场准入与退出问题研究 / 陈颖著 ; 吴念鲁指导. -- 中央财经大学, 2005. -- 218 页

本文从产业发展角度考察了商业银行的市场准入和退出问题。全文共五章。第一章导论阐述了选题背景和意义,对文献与观点进行综述。第二章探讨商业银行市场准入的具体因素,总结了世界上一些国家在商业银行市场准入方面的经验。第三章分析商业银行市场退出的基本内容、原因、效应以及影响因素。第四章根据市场准入与退出的基本关系,结合我国基本情况,着重研究了商业银行市场准入与退出制度的建立与银行业发展的关系,以及政府在该制度建立过程中的影响作用。第五章对我国商业银行的市场准入与退出进行分析研究,总结了我国商业银行市场准入的发展历程、现状及存在问题,讨论了建立适合我国国情的商业银行市场准入与退出制度的必要性,针对我国商业银行市场准入与退出存在的问题提出了相应的解决办法。

关键词:商业银行　市场准入　市场退出

1241

我国利率市场化进程中商业银行利率风险管理研究 / 陈志刚著 ; 朱毅峰指导. -- 中国人民大学, 2005. -- 191 页

20 世纪 90 年代以来,随着我国利率市场化改革开始逐步推进,我国商业银行面临的利率风险问题也被提上议事日程。论文首先阐述了商业银行利率风险管理的理论基础。其次,分析了我国利率市场化改革的特点和风险,认为"先外币、后本币;先贷款、后存款;先长期、大额,后短期、小额"的思路体现了我国利率市场化改革循序渐进、稳步推进的特点,但利率市场化改革也给我国带来宏观调控、通货膨胀、银行危机、经济发展不平衡以及商业银行经营等方面的风险。再次,进一步分析了利率市场化进程中我国商业银行的利率风险,如重新定价风险、收益曲线风险、基准风险和期权风险等技术性利率风险,以及制度性风险等。论文最后四部分分别从制度变革、政策调整、技术管理、外部监管和市场约束四个方面探讨了商业银行在利率市场化进程中进行利率风险管理的对策。认为商业银行应在完善公司治理结构的基础上,从内部管理体制、组织架构与管理机制等方面着手,构建利率风险管理框架,全面提高利率风险管理水平;可以通过开发利率风险管理工具,比如开展远期利率协议和利率期货业务等对利率风险进行有效管理;在借鉴西方商业银行的利率风险测量和管理技术的基础上,从金融产品定价、资产负债管理等方面加强利率风险的技术管理;并通过加强银行监管和最后贷款人制度、建立存款保险制度、加强危机处理的信息披露等建立商业银行危机处理体系。

关键词:利率市场化　商业银行　风险管理

1242

中国货币政策传导渠道有效性研究 / 程卫红著 ; 刘玉操指导. -- 南开大学, 2005. -- 185 页

本文主要围绕中国货币政策传导渠道特点、传递效应及如何更有效传递货币政策这一论题展开研究。首先通过对西方现有货币传递理论,特别是信贷传导论的概述,认为市场经济体系下中央银行从操作政策工具到实现最终政策目标的过程是一个由多种经济变量共同作用的过程,多种经济变量共同作用决定着货币政策目标的最终实现。作为中国货币政策传递渠道的一个主要方面,信贷渠道同样如此。接着论述了我国货币政策信贷渠道及其信贷供给行为过程,证实了我国货币政策信贷渠道传导过程中存在宏观面和微观面的问题。宏观面的问题突出表现为信贷渠道传导的基础市场不完善,特别是利率传导机制不完善;微观面的问题主要反映于商业银行信贷资金供给方面。针对上述问题,本文提出了提高我国货币政策传导渠道有效性的政策建议。例如在宏观方面,完善基础市场(包括存款准备金市场、货币市场、资本市场等)、实现利率市场化、优化调整利率结构、发展消费信贷等;在微观方面,建立银行间信息共享机制,完善统一授信制度,实现信贷资金供给多元化,规范房地产信贷业务等。

关键词:货币政策　信贷　利率　信贷资金管理

1243

论汇率制度转换:从固定汇率走向浮动汇率 / 储幼阳著 ; 刘鸿儒指导. -- 中国人民银行金融研究所, 2005. -- 171 页

论文以洞悉全球汇率制度转换的频繁性及汇率制度转换成功与否的重要性为起点,研究了人民币固定汇率制度不断受到贬值或升值压力的背景下,实证研究如何应对的问题。论文共分为八章。第一章为导论,提出问题并的了文献综述;第二章为汇率制度之争,主要分析了固定汇率制度和浮动汇率制度对经济的影响,并对汇率制度选择理论最新进展进行了概括。第三章和第四章主要从理论上阐述了汇率制度

的多重均衡和政府在多重均衡的汇率制度中的作用，政府的信誉成为汇率制度转换是否成功的重要影响因素。第五章主要研究了人民币汇率制度的选择以及为什么这样选择的问题，认为目前仍应采取紧钉住汇率制度。第六章在对汇率制度转换案例进行研究的基础上，采用Logistic模型对70个汇率制度转换样本和Logit模型对34个国家数据进行了汇率制度转换的实证研究，并在经济统计基础上分析了固定汇率制度持续时期；第七章研究了人民币汇率制度转换的方向、时机和路径；第八章在汇率制度稳定优先于中心汇率稳定的思想指导下，研究了人民币中心汇率是否需要调整的问题，通过Edwards模型认为，在保持目前人民币固定汇率制度的情况下，中心汇率也没有必要调整。

关键词：汇率制度　固定汇率　浮动汇率　人民币汇率

1244

高阶矩资本资产定价模型的理论与实证研究 / 邓鸿岗著 ; 陈浪南指导. -- 厦门大学, 2005. -- 103 页

文章的研究目的在于探讨偏态与峰态等高阶矩系统风险对资产定价的影响。首先在非条件和条件高阶矩框架下，将现有的二阶矩和三阶矩资本资产定价模型扩展至四阶矩情况，明确给出非条件和条件资本资产定价模型，并根据对随机贴现率的不同定义，在现有的风险厌恶程度基础上，引入投资者对偏态和峰态的态度，可进一步扩展至N阶矩情况。其次，对理论模型进行实证检验，第一部分主要检验系统偏态风险对资产定价的影响，第二部分则同时考虑系统偏态与峰态对资产定价的影响，该部分的研究方法以传统二阶矩CAPM模型和Fama - French三因子模型为基础，逐步将系统偏态风险和系统峰态风险加入资产定价模型中，以检验系统偏态与系统峰态对资产定价的影响。研究结果显示，投资组合以产业类别、公司规模、账面值对市价比率或动量策略形成时，系统偏态风险为资产定价重要且显著的要素，峰态风险对我国证券市场证券风险溢酬的影响不显著。

关键词：资产定价　证券投资　资本市场　定价模型

1245

经常项目失衡的可维持性研究 / 邓秋云著 ; 奚君羊指导. -- 上海财经大学, 2005. -- 120 页

本文针对经常项目失衡的普遍性以及失衡一旦变得不可维持，将会对一国经济以及世界经济产生巨大的破坏作用这一问题，以经常项目失衡的可维持性进行了系统全面的研究。全文共分七章。第一章引言阐述了文章的选题意义、研究对象，对相关研究进行了综述，并指出了本文的研究方法及创新之处。第二章首先回顾了对待经常项目失衡的两种不同的观点，然后通过对全世界六个区域的经常项目的研究，说明了经常项目失衡的普遍性及地区差异性。第三章首先对跨期清偿能力的概念进行了阐释，接着分析了经常项目失衡的可维持性的含义，论述了经常项目赤字的可维持性、贷款与偿债意愿之间的关系，最后比较分析了经常项目盈余与经常项目赤字的可维持性。第四章介绍了跨期均衡分析方法下经常项目决定的基本模型，在跨期均衡的基本模型中包括了许多对经常项目起着重要决定作用的因素，如世界利率水平、国内产出、国内的时间偏好率等，同时文章针对基本模型在模拟现实中所存在的缺陷，引入了一个新的规则。第五章研究了宏观经济政策和经常项目失衡之间的关系，文章首先考察了赤字财政政策与扩张的货币政策这两大宏观经济政策所造成的货币冲击对经常项目失衡的影响，然后研究了两项重要的政策举措：名义汇率贬值以及征收暂时性进口关税是否能够改善经常项目的失衡。第六章构建衡量经常项目失衡的可维持性的全面的、具有可操作性的指标体系，包括结构性指标、宏观政策取向以及政治的稳定性。第七章采取案例研究的方法，选取了三类国家作为代表，来具体比较、分析了：巨额赤字尚可维持的美国；巨额赤字不可维持的债务与货币危机发生国，以墨西哥和泰国为代表；经常项目持续盈余的中国。

关键词：外汇管理　国际收支　收支平衡　财政赤字

1246

中国银行业市场结构研究 / 邓杨丰著 ; 刘玉操指导. -- 南开大学, 2005. -- 215 页

论文根据产业结构理论分析框架所提供的理论基础和研究路径，详尽分析我国银行业的市场结构。全文共分五部分。第一部分从产业组织理论的角度对银行业进行分析。首先，对产业组织理论中的市场结构理论文献进行了回顾与评述，并根据不完全信息理论和委托代理理论，探讨了银行业的基本供给和需求问题；其次，对银行业市场结构与绩效、融资效率和银行稳定性之间的有关理论研究进行了深入探讨。第二部分分析我国银行业的市场竞争格局。对我国

银行业产业集中程度进行分析，一方面运用 CRn 指数、HH(赫希曼—赫芬达尔)指数等集中程度指标对我国银行业产业集中程度进行全面分析，另一方面采用有新产业组织理论的 H 统计法对我国银行业市场的竞争条件进行实证检验。第三部分分析中国银行业市场结构对绩效的影响。对不同市场结构的银行行为特征，包括产品差异、进入壁垒和市场集中度分析，对中国不同银行业市场下的银行绩效进行考察及实证检验。第四部分分析不同银行业市场结构对企业融资方式及效率的影响以及不同银行业市场结构下银行业的稳定性问题。第五部分提出优化我国银行业市场结构的途径。在产业政策方面，主要是通过银行业的重组与并购，在审慎性管制政策方面，主要是实行资本充足性管制、建立显性存款保险、建立市场退出机制。

关键词：银行业　市场结构　市场竞争　融资　银行效率

1247

对外开放下的中国银行体系安全问题研究 / 董艳玲著 ; 萧灼基指导. -- 北京大学, 2005. -- 197 页

文章旨在对银行业对外开放对中国银行体系安全的影响利弊如何作出系统的分析、论证，以期能够找出最有利于中国银行体系安全的中外资银行市场竞争结构。在回顾经济全球化和金融全球化相关理论的基础上，将银行业对外开放的理论概括为六个假说，即"跟随客户"假说、"寻求机会"假说、"规避管制"假说、"竞争效率"假说、"示范引导"假说和"危机成本"假说。文章重新界定了银行体系安全的含义，提出了三个判断银行体系安全的标准，即稳定性、福利水平和国家主权地位，在此基础上，分析了亚洲国家、东欧国家和拉丁美洲国家银行业对外开放的经验与教训。为进一步揭示银行业开放与银行危机之间的关系，文章对二者之间的关系进行了 Kruskal Wallis 非参数检验，结果显示二者之间不具有统计意义上的相关性。然后，在分析描述中外资银行业的优势和劣势的基础上，用微观经济学和宏观经济学的基本方法对中外资银行在中国市场的竞争过程进行了逻辑论证。分析结果认为，银行业的对外开放利弊共存，在中国银行业经营和管理水平较低的情况下，适度引进外资银行对银行体系的安全运行具有积极的作用，为保持中资银行的领导者地位，提出了改革、创新和监管三方面的战略选择，在中间业务市场上，应在进一步研究福利水平变化的基础上，慎重发展外资银行创新业务。

关键词：银行业　银行体系　银行危机　对外开放

1248

银行公司治理分析 / 窦洪权著 ; 唐旭指导. -- 中国人民银行金融研究所, 2005. -- 228 页

本文以银行公司治理为研究主线，主要分析治理环境、治理结构、治理机制三个基本点，将公司治理的规范研究和实证研究相结合、公司治理的国际研究与国内研究相结合、公司治理结构与公司治理机制结合、公司治理的内部结构(机制)与外部环境相结合、公司治理的内部机制与外部机制相结合、公司治理机制与公司管理控制机制相结合来进行分析研究。论文的内容覆盖了三个方面：第一章和第二章侧重国外情况，主要介绍银行公司治理的理论、原则和基本模式，从国际视角对银行公司治理问题作一个概括性的描述，为我国银行的公司治理提供借鉴。第三章至第四章侧重公司治理的实现，通过对公司治理要素(治理环境、治理结构、治理机制)现状和问题的分析，提出改进情况，为完善我国银行的公司治理提供技术支持。第五章和第六章侧重国内情况，通过对国内股份银行资本结构优化、公司治理现状和问题的分析，以及国有银行公司治理特殊性的分析，指出我国银行公司治理需要关注的几个重要问题。

关键词：国有商业银行　公司治理　资本结构

1249

中国开放式基金业绩评价研究 / 段文军著 ; 李念斋指导. -- 中南财经政法大学, 2005. -- 155 页

本文从基金业绩评价的重要性和紧迫性出发，应用 SPSS 统计分析软件、计量方法对我国开放式基金的最新运行数据进行分析，结合最新的理论研究成果，提出了一套相对比较完善的基金业绩评价体系，使市场各方能够对基金的业绩和投资效果进行客观评价。全文分七章展开研究。第一章引论，介绍了研究背景及目的，简述了基金业绩评价的内容考察，并对国内外相关研究进行了综述，同时概述了本文的研究方法及创新之处。第二章介绍了资产组合投资的主要理论依据：马科维茨均值——方差模型、资本资产定价模型、基金风险收益匹配及其分解理论。第三章首先介绍了三大经典业绩评价理论和方法，即 Sharpe 比评价指标、Terynor 比评价指标、Jensen α 指标，其次介绍了 1973 年提出的估价比率业绩评价指

标,最后运用最早上市的15只开放式基金两年期的数据进行实证分析。同时探讨了这些业绩评价指标的适用性和局限性。第四章介绍了传统基金业绩评价方法的创新,并对其进行了实证分析。第五章对中国基金的证券选择和市场时机选择能力进行了评价。文章对基金业绩来源进行了细分,并基于三大模型对我国开放式基金的证券选择和市场时机选择能力进行了评价。第六章对中国基金业绩的持续性进行研究。作者从参数方法和非参数方法两个角度对基金业绩持续性的研究方法进行了相关介绍,主要应用非参数方法的马尔科夫检验、Z检验和交叉积比率(CPR)检验对我国开放式基金的业绩持续性进行了实证分析。在第七章中作者对全文进行了全面性的总结并对一些问题进行了思考。

关键词:开放式基金　证券投资基金　经济评价

1250

经济转轨国家银行业重构研究 / 冯力著 ; 赫国胜指导. -- 辽宁大学, 2005. -- 157页

论文从金融全球化的视角,以产权理论、企业重构理论和金融发展理论为主线,将转轨国家银行业重构作为研究对象,旨在系统地考察转轨国家银行业重构的整体进程,深入分析重构的政策方向、内容手段、侧重点及时机的把握、经验与教训等,为中国银行业的重构提出构想建议。文章主要包括七章。第一章对转轨国家银行业重构的理论进行了综述。第二章概述了经济转轨国家银行业的重构情况。第三章分析了银行业所有权的改造——产权重构问题,对商业银行来说,产权的激励功能具有决定性作用,进而提高商业银行制度的约束功能。第四章研究了银行业市场主体的重构问题,认为有效市场主体的形成可以改善银行业的竞争结构。第五章重点介绍了转轨国家对危机银行重构的方法;这些国家重构银行业实践中所采用的主要方法包括重置资本、改善资产质量、重建债权、改善流动性以及降低成本。第六章银行业重构的绩效评价,论述了转轨国家银行业重构的进展,评估了重构的效果、分析了重构的差距。第七章提出了中国银行业重构的政策建议。认为,促进中国银行业的健康发展:首先,要对四大国有商业银行实行股份制改造,加快上市步伐;其次,继续放宽行业进入限制,鼓励民营银行及中小银行的发展;第三,提高银行业开放度,完善外资银行业的准入和监管机制;最后,打破分业经营限制,提高行业绩效。

关键词:银行业　股份制　产权　转型经济

1251

中国农户金融支持问题研究 / 甘少浩著 ; 张亦春指导. -- 厦门大学, 2005. -- 307页

本文以农户理论、金融中介理论和制度变迁理论为依托,围绕中国农村金融的特殊性、中国农户的金融需求、哪种农村金融中介更有效地为农户服务并保持自我持续能力以及如何重建中国农户金融支持体系等问题展开研究。全文共分八章并附录三个调研报告。第一章文献回顾;第二章从中国农村经济活动内容、自然地理条件和人文社会背景入手分析了中国农村金融的特征;第三章分析了中国农户的金融需求特征;第四章介绍了农村合作金融的基本理论及其在国内外的实践,并对正在进行中的农村信用社改革进行探讨;第五章介绍了农业政策性金融的基本理论及其在国内外的实践,提出了农业发展银行的改革思路;第六章分别介绍了私人借贷、合会和农村合作基金会三种农村非正式金融形态的运行特征、操作细节及其存在的社会经济背景;第七章以非政府社团组织、政府机构和农村信用社所主办的三种不同小额信贷项目为研究对象,比较了各类农村金融中介支农绩效;第八章分析了二元结构下的中国农村金融成长模式,并提出了重建中国农户金融支持体系的基本思路。

关键词:农村金融　政策性金融　农户　三农问题

1252

中国转轨经济中的信贷配给与货币政策的信用传导 / 高洪民著 ; 施兵超指导. -- 上海财经大学, 2005. -- 178页

本文研究了中国转轨经济中的信贷配给机制、贷款变动所产生的直接资产负债表传染效应,以及信用渠道在货币政策传导中的主渠道地位等问题。论文由七章组成。第一章为导言。第二章对有关的货币政策传导机制理论展开评论。第三章从比较纯瓦尔拉斯式的经济与原计划经济入手,逐渐过渡到对中国转轨经济中的信贷市场的讨论。第四章研究中国不确定性信贷市场中的贷款需求与贷款供给的相互作用机理。第五章进一步探讨在包括制度性因素在内的各种信息和不确定性的约束下,银行贷款决策的特征以及由此导致的结构性信贷配给机制。第六章研究了一种资产负债表的直接传染效应,即银行与企业信用链条上的信贷冲击乘数效应。第七章为经验证据和政策含义。根据以上分析,论文认为,在转轨过

程中,各种制度性因素对银行贷款决策的影响是客观存在的,完全依靠市场性的工具未必能使货币政策得以顺利传导,自动实现资源优化配置。为此,在力图减少经济和信贷市场中的不确定性的同时,转轨时期的货币政策应十分重视制度性因素作用,在货币政策的中介目标和工具的选择上,应重视基础金融结构的特征及其变化情况,只要直接金融未发展到对银行间接金融完全替代的程度,银行贷款量及其增长率在货币政策中介目标的设定上就应占据重要地位。

关键词:信贷　货币政策　银行贷款　信用　转型经济

1253

我国商业银行效率研究 / 高杰英著 ; 朱毅峰指导. 中国人民大学, 2005. -- 201 页

论文从市场竞争、产权结构、治理结构、技术水平、风险管理等角度系统地分析了影响商业银行 X - 效率的众多因素,试图打开银行业效率的"黑箱",从理论上完善商业银行的效率理论。在构建效率理论的基础上,论文对我国商业银行效率进行了剖析。首先,探讨了商业银行效率的内涵和理论;然后,将我国商业银行效率同世界发达国家、发展中国家及转轨国家进行了广泛比较,明确我国商业银行效率在国际银行中所处的状态。第三,对银行业竞争与效率的关系进行了理论分析,并对银行业适度竞争的判断标准和对银行效率影响的渠道进行分析,另外,分析了我国加入 WTO 后外资银行进入对本国银行效率的影响。第四,从商业银行股东大会、董事会和高级管理层的治理机制分析了商业银行治理机制与银行效率的关系,指出良好的银行治理机制可以降低代理成本和银行风险。第五,分析了信息技术的运用对商业银行效率的影响,认为信息技术运用能够带来商业银行规模效率和范围效率。第六,分析了银行风险与效率的关系,认为完善资本管理、银行风险量化技术可以提高银行风险管理水平,也可以提高银行业效率。第七,对我国商业银行效率总体现状从国际比较和国内比较两方面进行了分析;然后从市场竞争、公司治理、信息技术运用等方面指出影响我国商业银行效率的因素所在。最后,提出了提高我国商业银行效率的对策建议。

关键词:商业银行　银行效率　市场竞争　风险管理

1254

从股票价格的相对偏差和融资决策的不同策略看金融市场的复杂性和创新空间 / 高劲著 ; 陈平指导. -- 北京大学, 2005. -- 72 页

本文主要由两大部分组成。第一部分的基础研究检验了描述股票价格波动的两大随机模型,以生灭过程挑战通行的几何布朗运动,采用了组成道 · 琼斯工业平均数的 30 支股票和几支纳斯达克股票来作实证分析。作者发现,对于观察到的股票价格的相对偏差而言,生灭过程模型能比几何布朗运动模型更好地解释股票价格的变动。另外,相对偏差能揭示股票价格变动历史上的重要信息如结构性变化,并凸现了股票市场的韧适性。作者认为,以生灭过程取代几何布朗运动来描述股票价格波动,意味着质疑基于布朗运动的资本市场有效性假定。这样,基于市场有效性的 MM 第一定理不再适用,企业的融资决策就成为影响企业价值与股东财富的重大战略选择。为了支持这一论断,本文第二部分提供了一个案例分析,即探讨产业公司发行优先股的原因。通过单变量分析和两个 Logit 模型的回归分析,作者发现,在企业财务困难的预期成本较高和该企业普通股定价不过高的情况下,企业会选择发行优先股而不是债券或普通股,这就提供了 MM 第一定理不成立的一个重要案例。

关键词:金融市场　股票价格　融资

1255

金融监管架构的选择与监管传导机制研究 / 高明生著 ; 周林, 马君潞指导. -- 南开大学, 2005. -- 163 页

本文从金融监管传导机制入手研究金融监管体制,在金融监管体制新的分析框架内研究了一个国家和地区监管架构的选择,以及监管的传导机制与传导效应。文章除导言外,共分五章展开论述。在导言中,作者介绍了选题的背景、本文的研究范围和基本概念,对国内外的研究进行了综述,指出了文章的研究思路和基本构架,以及研究方法和创新之处。第一章研究了金融监管的基础理论,包括金融监管的经济学机理、金融监管的新政治经济学分析、金融监管的法律不完备性假说与监管体制研究。第二章分析了金融监管体制与传导机制,作者先论述了金融监管体制构建的外部环境,接着研究了金融监管体制的构成要素及其运行原理,最后对金融监管传导机制进行了界定和分类。第三章先对金融监管传导进行了博弈分析,然后阐述了金融监管传导的影响因素,最后指

出了金融监管中的体制性矛盾,并对其原因进行了分析。第四章比较研究了发达国家与地区金融监管架构,并对不同监管架构下的监管传导机制与效应进行了比较。最后在第五章中,作者对中国的金融监管架构与传导机制的变革进行了研究,先回顾了中国金融监管理念的历史沿革与重构,然后分析了中国金融监管架构的现状及存在的问题,并分析了金融监管传导渠道阻滞的外部原因,最后论述了转型期中国金融监管架构的变革。

关键词:金融监管　金融制度　金融监管体系

1256

我国商业银行创值能力研究 / 关新红著 ; 史建平指导. -- 中央财经大学, 2005. -- 190 页

本文采用规范分析与实证分析相结合、逻辑分析与比较分析相结合、静态分析与动态分析相结合的研究方法,在查阅大量文献的基础上,收集翔实的数据和资料,科学客观地衡量商业银行的创值能力,挖掘商业银行价值驱动因素的价值贡献潜力,为提升商业银行的核心竞争力,实现商业价值最大化的经营目标提出了一些合理化建议。全文分三个部分展开研究。第一部分为研究的基础,包括导论和第一章,文章首先对商业银行创值能力研究的现实意义及研究中涉及的有关概念进行界定;其次结合宏观经济发展形势,进一步对商业银行创值过程中存在的问题进行了分析;然后,对影响商业银行创值能力的诸多因素进行了总括分析;最后对创值能力研究涉及的相关理论和方法进行了系统的梳理回顾。第二部分包括第二、三、四、五章,从基于价值链的资源整合、基于作业链的战略成本管理、基于再造理论的流程和组织再造、基于风险管理的创值能力研究等四个方面对提升商业银行的创值能力的具体途径进行了详细阐述。第三部分即第六章,是基于创值能力的商业银行综合绩效进行了实证分析。主要是以创值能力为核心指标,结合商业银行安全性、流动性和发展能力等具体指标,采用层次分析法对商业银行综合绩效情况进行了实证分析,一方面是对过去创值活动的总结,另一方面也可以为商业银行改进创值活动、提升创值能力提供参考依据。

关键词:商业银行　企业价值　核心竞争力　战略管理　成本管理

1257

台湾资本项目自由化的研究 : 兼论中国大陆的资本项目自由化 / 郭国圣著 ; 胡坚指导. -- 北京大学, 2005. -- 295 页

台湾资本项目开放是在平衡而稳健的原则下逐步推展,台湾《外汇管理条例》曾经修改过两次,1987年的修正开放了经常项目,1995 年的第二次修正则在不涉及新台币的兑换下完成外汇业务的开放;在证券投资方面,台湾于 1991 年建立 QFII 制度,逐步开放外资投资台湾证券市场,QFII 制度的实行促进了台湾经济成长、改善台湾岛内股市体制、有效掌握外资动向及稳定台湾金融市场秩序。2003 年 9 月底取消了 QFII 制度,新修正的《华侨及外国人投资证券管理办法》大幅度放宽全体侨外资参与期货市场及简化外资投资台湾股市的程序,使台湾国际金融开放程度日益提高,台湾已成为迈向资本项目自由化的地区。但 1997 年亚洲金融危机的出现,不可否认大量短期资本快速进出国境是其主要原因之一,比较台湾与在亚洲金融危机中受重创的国家在资本项目自由化的条件、资本账结构等方面的异同是本文研究的重点之一。台湾成功引进外资投资证券市场的经验可以为中国等新兴国家在考虑外资引进模式提供借鉴。中国大陆于 1996 年接受国际货币基金组织第八条的义务,顺利实现人民币经常项目的自由兑换,2001 年加入 WTO 使资本项目的可兑换已成为人民币走向完全可兑换的核心内容,2002 年我国启动 QFII 机制。论文主要包括四部分。第一部分主要讨论了资本项目自由化的理论基础;第二部分研究了台湾资本项目自由化的动因、条件、过程与影响;第三部分探讨了发展中国家及新兴工业化国家资本项目自由化的动因、条件、过程与启示;第四部分研究了中国资本项目自由化的动因和过程,并比较了台湾与大陆实行资本项目自由化的条件与台湾资本项目自由化对中国大陆的启示,最后提出对中国大陆资本项目自由化的相关政策与可资借鉴之处。

关键词:外汇管理　资本项目自由化　金融市场　证券投资　金融危机　台湾省

1258

商业银行公司治理问题研究 : 兼论我国国有商业银行公司治理改革 / 郭卫文著 ; 朱毅峰指导. -- 中国人民大学, 2005. -- 194 页

论文主要研究了商业银行的公司治理问题。全文共分为八章。首先,从公司治理理论和治理实践的演变开始,通过各派大师对公司治理的解释来深入认识公司治理理论的内涵。第二章探讨了产权制度与

公司治理的关系,并以主流经济学派对产权制度的研究为契机,探讨什么样的产权形式对建立健全银行公司治理具有重要意义。在产权制度有效的基础上,第三章分别对股权结构与公司治理绩效、委托代理下的成本收益问题、内部人控制问题以及利益相关者问题进行了阐述。第四章则探讨了外部环境,包括资本市场、兼并收购与信息披露等方面对健全公司治理的积极意义。第五章分析了国外成功治理模式的经验,即以美英国家为代表的市场型公司治理和以德日等国为代表的管理型公司治理。第六章和第七章主要分析了我国商业银行公司治理的历史与现实情况,认为由于历史问题,我国商业银行的公司治理还存在产权主体虚置、激励政策非市场化、内部人控制、外部环境不匹配等问题,通过对中银香港等五家股份制银行的公司治理实践的分析,发现上述问题都可以逐步改善。最后,从国家对中行、建行两家试点行的试点情况着手,进一步分析了完善我国国有商业银行公司治理的需要改善的内外部条件,并从建立高效董事会、优化外部环境、建立存款保险制度以及商业银行流程再造等四个方面进一步提出了建立健全我国商业银行公司治理、全面提升国际竞争力的核心问题的思路。

关键词:商业银行　公司治理　产权制度　董事会

1259

中国与欧洲金融制度变迁的比较研究(公元1000—2000年):金融史学视角 / 郭艳著 ; 陈雨露指导. -- 中国人民大学, 2005. -- 109 页

论文选取了公元1000—2000年这一时段,通过对中国和欧洲的货币制度、信用体制、股份公司、资本市场、公共金融以及保险制度等方面的比较研究,试图从双方金融发生、发展的不同轨迹,来揭示中西方产生迥然不同的金融发展道路的原因,以及不同的金融历程对经济发展的影响。论文认为,其主要影响来自四个方面。首先,政治理念这种制度性安排的迥异对中国和欧洲经济和金融制度的发展产生了深刻影响。其次,在民族国家形成的过程中,各个欧洲国家不仅产生明确的主权边界、利益归属、统一的民族—国家市场和政治意识形态,还产生了资产阶级的市民社会和公共空间,而传统中国则国家和社会之间常常是一种高度重合的态势,这也是二者金融业有显著不同之处的主要原因之一。第三,在非正式制度约束方面,中国和欧洲有着完全不同的文化传统和精神信仰。最后,中欧金融发展分异的因素还来自于不同的市场体系。正是由于以上原因,使得中国和欧洲在这1000年的金融发展中延续了不同的路径依赖和机制创新,文章从货币制度、信用与银行体系、公司金融与资本市场、公共金融、保险制度等五个方面详细论述了中欧之间不同的发展路径。研究认为,中国在这个千年开始的时候有着更为发达的统治能力、经济水准,但这些并没有给近现代金融机构和金融市场的生发、演进预埋下适合的土壤;而欧洲经过一系列起承转合之后,却更好地提供了金融发展的机遇和空间,最终在这千年的后半段,这种金融发展的中西分异成为影响双方近现代社会经济形态的重要因素。

关键词:金融制度　金融发展　金融史

1260

演化经济学视野下的金融创新 / 韩国文著 ; 江春指导. -- 武汉大学, 2005. -- 168 页

本文引入演化经济学, 对金融创新问题进行了系统的研究。全文共八章。第一章引言,介绍了论文选题的背景,对国内外金融创新研究进行了综述,指出了文章的研究思路、方法和结构。第二章论述了金融创新的含义及特点,对金融创新进行了回顾,并对其进行了分类。第三章研究了演化经济学与金融创新,介绍了演化经济学的理论渊源,概括了演化经济学的主要理论和方法,总结了其研究的主要问题和成果,最后阐述了金融创新的演化经济学分析框架。第四章研究的是金融创新动因的自组织演化理论,首先,介绍了金融创新动因理论并对其进行了评价,接着,简单地介绍了自组织理论,并分析了其在经济学中的应用,然后研究了金融创新动因的自组织演化理论,最后,分析了金融创新的自组织演化机理。第五章分析了金融制度创新的演化理论,文章在对制度进行综述和对制度演化理论进行介绍的基础上,分析了金融制度与金融制度创新,并对金融制度创新进行了演化博弈分析,最后对混业经营制度形成进行了动态博弈分析。第六章研究了金融创新的扩散,文章介绍了创新扩散的模型,在此基础上,研究了金融创新扩散的随机过程演化模型和多项金融创新共同扩散模型。第七章回顾了我国的金融创新与金融发展,指出了我国金融创新存在的问题,并研究了对策。第八章是文章的结论与展望。

关键词:金融创新　演化经济学　自组织理论

1261

中国保险监管制度研究 / 韩笑著 ; 张洪涛指导. -- 中国人民大学, 2005. -- 184 页

论文在管制经济学和制度经济学的理论分析基础上,对保险监管制度进行历史分析并进行国际比较研究,提出了进一步改革中国保险监管制度的建议。主要包括六部分内容。第一部分主要介绍了管制经济学和制度经济学的相关理论,为后面的分析提供理论基础。第二部分主要分析了保险监管制度的需求问题,结合公共利益理论的基本观点,认为保险市场存在的信息不对称等市场失灵现象构成了保险监管的成因;研究认为,保险监管制度需求是原生性的,保险监管制度供给是诱致性的。第三部分主要是研究我国保险监管制度的供给问题,认为我国的保险监管制度供给有两个明显特征,即监管主体的垄断地位以及监管偏好与监管目标之间的非一致性。第四部分主要对保险监管制度的均衡、非均衡,以及如何实现再度均衡等进行了分析。第五部分从历史的角度对中国、美国、英国和日本的保险监管制度变迁做了回顾与总结,历史的发展证明保险监管制度的选择必须与保险市场结构发育状况和保险企业的微观治理情况相适应。最后一部分根据前文的研究结论,对处于变革环境中的中国保险监管制度建设提出了相关建议;宏观层面上应构建以法律为依据的、多方主体参与的保险监管体系,通过实现监管手段的信息化,应对保险集团化和金融产业融合经营的趋势;微观层面上应当适度放松行业进入监管和费率制定监管,适度加强对保险企业偿付能力、保险中介机构、新型保险产品的监管。

关键词:保险业　保险市场　监管制度

1262

中国上市公司信息披露研究 / 何俭亮著 ; 江其务指导. -- 西安交通大学, 2005. -- 137 页

论文以中国证券市场上市公司信息披露为研究对象,在总结既有理论成果的基础上,构建了一个信息披露的分析体系,并在渐进转轨经济的背景下,指出中国上市公司信息披露的特殊性,分析现阶段信息披露上存在的问题,澄清理论上和实践上的误区,由此提出合乎逻辑的政策建议和制度安排。论文首先讨论了上市公司信息披露的一般作用;接着从会计和产权的角度切入,寻找决定信息披露的决定性因素,并构建信息披露的分析框架。分析认为,公司治理、政府规制以及技术手段是决定信息披露的三个因素。文章初步探讨了信息披露与其决定因素之间的关系,以及决定因素之间的关系,初步建立了一个上市公司信息披露的新的分析框架。信息披露既受到公司治理的制约,又反作用于公司治理,及时、充分、真实的信息披露是公司治理的一项重要内容。信息披露既是政府规制的对象,也是监管的重要手段,监管者力图通过树立公众对市场的信心以实现投资者保障和有效资源配置,这一努力主要是通过信息披露来实现。随着信息披露技术的进步,技术手段在一定程度上对降低信息披露成本、提高市场效率、保证监管及时有效,发挥着越来越大的作用。论文通过剖析红光实业违规及其处理经过的典型案例,澄清理论和实践的误区和差异,揭示信息披露制度与信息披露质量之间的关系,进一步深化对信息披露与政府规制问题的认识。最后,文章以中国上市公司关联交易的信息披露为例,沿着转轨经济下证券市场的发展逻辑,以事实为依据分析验证了决定信息披露的三个因素及其相互关系,并提出了改善中国上市公司信息披露的政策建议。

关键词:上市公司　信息披露　公司治理　政府规制

1263

商业银行利率风险度量模型与管理模式研究 / 贺国生著 ; 殷孟波指导. -- 西南财经大学, 2005. -- 206 页

论文共分为六章。第一章主要研究了商业银行利率风险度量与管理的历史演变。第二章研究了商业银行利率风险的度量基础——零息票债券收益率曲线的构建;首先论述了零息票债券收益率曲线在利率风险度量中的基础性作用,然后阐述了现行静态零息票债券收益率曲线简单模型的构造,最后研究了动态零息票债券收益率曲线模型的构造。第三章主要研究了商业银行利率风险的度量模型,包括对敏感性缺口法、持续期缺口法和模拟法等商业银行三种常用的度量方法的比较研究,以及对广泛用于隐含期权金融工具利率风险度量的 OAS 模型的阐述。第四章主要研究了商业银行利率风险的管理模式,包括基于利率预测的商业银行利率风险进攻型管理、基于资产负债管理的商业银行利率风险缺口管理和基于套期保值的商业银行利率风险管理。第五章主要研究中国零息票债券收益率曲线模型的构造,首先对现有模型进行评析,然后分析中国零息票债券收益率曲线构造的约束条件,认为这主要有交易所债券市场样本不足

和银行间债券市场数据失真，最后在约束条件下构造中国的零息票债券收益率曲线，内容涉及约束条件下的数据采集及处理、约束条件下的模型构造及实证分析两个方面。第六章研究了约束条件下中国商业银行利率风险的度量和管理问题，指出利率市场化、资产证券化和重开国债期货等三项措施将有利于改善利率风险度量管理的约束条件。

关键词：商业银行　利率　风险管理

1264

支付系统效率与风险 ：兼论中国支付系统建设 / 贺培著 ；吴念鲁指导. -- 中央财经大学，2005. -- 228 页

本文研究了支付系统的效率和风险问题，并对中国支付系统进行了考察。全文共五章。第一章解释了支付系统的涵义、要素构成、职能、生成演绎及制度变迁，以及中央银行与支付系统的历史渊源和中央银行关于支付系统的职能责任。第二章研究支付系统的效率问题，通过理论溯源、政策评述及实证研究深入探索促进支付系统效率途径。第三章在界定支付系统风险含义与特征、揭示支付系统风险生成及其后果的基础上，论证了支付系统风险对金融安全的潜在威胁，以及支付系统风险防控对维系金融安全的重大意义，进而阐述了支付系统风险防控的体系建设及实施策略。第四、五章基于中国金融发展变迁中支付清算体系的沿革历程以及中国支付系统的现有面貌和基本特征，阐析中国支付系统科学构建的总体目标及其内涵，提出并论证实现这一总体目标的基础条件及其效率途径与安全途径。

关键词：支付系统　市场效率　金融安全　金融风险防范

1265

波动率杠杆效应研究 / 洪如明著 ；陈浪南指导. -- 厦门大学，2005. -- 85 页

本文旨在建立转换杠杆效应模型和有偏分布下的非对称 GARCH 模型，并采用九个中外股市的指数数据，研究股票市场波动率的基于已知信息的修正杠杆效应和有偏分布下的杠杆效应。本文研究主要由三个部分构成。在基于已知信息的修正杠杆效应的研究部分，本文认为当市场对信息的不完全反应普遍存在时，有必要改善传统杠杆效应中所隐含的信息效率，为此提出了基于已知信息的修正杠杆效应，将已预期信息引入非对称 GARCH 模型，建立了转换杠杆效应 GARCH 模型来检验样本市场的修正杠杆效应；在有偏分布下和常用对称分布下的杠杆效应研究部分，本文引入了有偏学生 - t 分布（SKST）和双曲率记忆模型（HYAPARCH），建立了一类有偏分布下的非对称 GARCH 类波动率模型以研究有偏分布下的杠杆效应。最后，本文采用上证 A 股指数等九个股票市场的指数作为研究样本进行实证检验，结果表明，样本市场都呈现显著的基于已知信息的修正杠杆效应和传统杠杆效应，而且市场基于已知信息对未预期消息的修正都呈现为反向修正，因此，已预期到的好消息助长杠杆效应，已预期的坏消息抵减杠杆效应，当已预期坏消息的规模超过转换杠杆效应的阈值时，修正杠杆效应将发生反转。本文的研究表明，采用统计性质更为丰富的模型结构或条件分布未必能显著提高模型的信息优势。

关键词：股票市场　股价指数　经济波动　杠杆效应

1266

我国商业银行 X 效率研究 / 侯世宇著 ；刘玉操指导. -- 南开大学，2005. -- 224 页

银行 X 效率是指除规模和范围影响之外的技术效率和配置效率，是关于银行整合技术、人力资源及其资产用来生产既定产出的经营管理水平的测度。论文共分为四部分。第一部分对银行 X 效率的内涵和外延进行归纳分析，回顾银行 X 效率研究的相关理论和实证方法。第二部分主要阐述了我国商业银行 X 效率的必要性，从成本效率维度，实证测算我国商业银行的 X 效率和规模效率，并从动态发展角度，利用银行整体生产力 Malmquist 指数测度方法，对我国商业银行整体生产力的跨期变化进行分解研究，进而从银行中介信息生产效率的维度，建立一个银企动态博弈模型，研究我国银行 X 低效率的表现及其产生的社会成本。第三部分旨在分析造成我国商业银行 X 低效率的主要成因，首先通过最优动态反应模型，讨论商业银行市场结构与银行 X 效率的相互作用，同时利用“赢者诅咒”模型分析外资银行准入与银行并购对银行 X 效率的影响，然后在费用偏好模型基础上，讨论激励机制不同的银行在 X 效率上的差异，并从信息生产者和代理人维度剖析我国银行组织结构的弊端，最后分析了政府行为对 X 低效率的作用机制。最后一部分通过建立一个 TOBIT 回归模型，尝试从实证角度考证我国商业银行 X 效率的影响因素，并在此基础上提出了我国商业银行 X 效率提升的途径和具体

措施。

关键词:商业银行　银行效率　经济效率　市场结构　成本分析　公司治理　政府行为

1267

证券监管与证券创新:理论与中国实践 / 侯苏庆著;吴晓求指导. -- 中国人民大学, 2005. -- 134 页

论文以证券监管与证券创新以及二者之间的互动关系作为研究对象,并在理论分析基础上,结合中国证券市场发展的实践进行论述,目的在于建立一个有机协调的证券监管和创新体系,并力求将理论分析运用于中国证券市场实践,分析 15 年来的成败得失,为中国市场的未来发展提供经验和方向。作为分析的基础,论文首先对证券监管和创新的基本概念进行了经济学考察,并从成本和收益角度进行了分析和阐述。借鉴功能金融的分析方法,论文提出了证券体系对经济增长发挥作用主要通过动员储蓄和形成资本、改善风险管理、获得信息和改善资源分配以及对企业实施监督和控制等四种途径。然后,论文对中国证券监管和证券创新进行了总体分析,以中国证券市场作为实例举证,通过监管政策和措施以及相应的创新业务和创新工具的出现来历史考察两者之间的关系。为了深入展开论述中国证券监管与证券创新的实践,论文首先从证券发行、证券交易、证券信息披露、证券公司、证券投资资金五个方面分别进行阐述,然后再从总体和历史的角度,分析中国证券市场的整体态势、存在问题、产生原因和解决办法。研究指出,在证券发行方面,由于存在严格的行政管制,很大程度上扭曲了投资银行与发行人之间的行为关系,这阻碍了创新进程;在证券交易方面,我国现行的监管重在防范和管制,而忽略了以创新求发展并营造相应的创新环境;在信息披露方面,由于制度体系欠缺和监管不力造成上市公司信息披露存在违规问题;在证券中介机构方面,监管不力和监管过渡问题仍同时存在;在证券投资基金方面,对基金业的监管还存在很多非市场化因素,产品创新和制度创新存在重形式、轻市场等问题。最后,论文指出了中国证券市场监管和创新的现实困境及其产生的原因和影响,这些历史因素决定了"新兴加转轨"仍是目前中国证券市场的本质特征。

关键词:证券市场　证券交易　市场监管　金融创新

1268

中小企业信贷配给机制的系统分析 / 胡红星著;王光伟指导. -- 苏州大学, 2005. -- 114 页

本文在信息不对称假设前提下,运用数理分析和博弈分析方法,将企业规模、利润、利率、风险、抵押等纳入分析框架,建立了利率为甄别机制信贷配给模型、抵押为甄别机制信贷配给模型和信息获取模型等,对中小企业的信贷配给机制进行了理论分析。论文首先在斯蒂格利茨和韦斯的 S—W 模型分析基础上,引入企业规模变量和风险变量,建立了信息不对称下的信贷配给模型,分析了在垄断市场结构和竞争市场结构下,利率作为甄别机制时中小企业信贷配给,并动态地研究了在垄断市场结构下放开利率和放开信贷市场准入限制对中小企业信贷配给的影响。其次,进一步引入抵押变量,建立了道德风险模型和逆向选择模型,分析了道德风险和逆向选择问题对垄断市场结构和竞争市场结构下中小企业信贷配给的影响,以及抵押对于中小企业信贷配给的作用范围和条件。再次,分别建立了信息对称下的瓦尔拉斯均衡模型和信息获取模型,研究信息对称下两种市场结构的瓦尔拉斯均衡,以及在直接信息获取下信息对称达成的条件,着重从信息获取的角度分析了关系型信息的获取对于中小企业信贷配给的作用。最后,本文将模型分析的相关结论应用于转轨时期中国信贷市场建设,提出了以放开市场准入限制为主导的金融深化政策取向等政策建议。

关键词:中小企业　信贷　融资　利率　抵押　信息不对称

1269

公司所有权与控制权的理论与实证研究 / 胡天存著;何问陶指导. -- 暨南大学, 2005. -- 104 页

论文从公司所有权结构的角度,研究现代企业制度下的公司控制权问题,分析探讨了所有权结构和控制权配置、所有权与控制权的分离以及控制权争夺的方法、策略与法律环境等问题,并对我国上市公司控制权配置的现状与效率进行了实证研究。研究认为,所有权结构是公司控制权配置的关键,所有权与控制权的完全分离是所有权结构高度分散条件下所有权与非所有权因素共同作用的结果,这些非所有权因素包括独立董事制度、知识控制权益及法律制度安排等。我国上市公司的第一大股东掌握公司控制权,控制权只在非流通股东之间配置,这是我国上市公司控制配置权的最基本特点。最后,文章建议,为改善公

司治理结构，应建立上市公司股东大会类别股东表决制度，加快公司控制权的市场化进程，立法保护知识型企业物质资本所有者的合法权益。

关键词：上市公司　公司治理　所有权　控制权　股东

1270

金融系统的福利经济分析 / 胡志强著 ; 江春指导. 武汉大学, 2005. -- 213 页

论文旨在通过阐述学术界对金融系统的演化的解释，分析这些解释的合理性和不足之处，并对金融系统演化与模式提出另外一种解释。在系统解读和研究了现有金融系统与比较金融系统文献之后，论文发现，福利经济学中的一般均衡原理与帕雷托最优理论可以更好地解释金融系统的演化。接着，论文尝试探讨不同的金融系统是否会给福利造成极大差异的问题，主要从三个方面对金融系统的福利进行了分析。首先，从一般均衡原理出发，研究或有证券、阿罗证券以及阿罗—德布鲁范式（ADM），然后研究资本市场对 ADM 的偏离，研究资本市场的跨域风险分担功能和中介的跨期风险平滑功能对个人福利的影响，找出资产配置的内在原因。其次，从企业角度分析了企业作出融资决策时对福利的影响，认为，市场与中介在融资上的差异体现在新技术与成熟产业的融资上，最优福利的原则导致了融资方式的选择。最后，进一步从金融系统的稳定性与脆弱性方面研究对系统福利的影响。基于前面的研究，论文从实证的角度对我国的金融系统中的投资者选择、企业融资与治理以及稳定性与脆弱性特征进行了研究，对中国金融系统模式的缘由进行了福利经济学解释。研究认为，在现有的制度、经济背景下，中国金融系统沿着一条“次优”的路径进行演化，不论是发展资本市场或者是改善银行效率都以提高金融系统的福利水平为原则，中国不应照搬任何一种标准的金融系统模式，而是应该在充分考虑了内部环境与外部环境变化，从而改变了均衡的背景下，寻求更高水平的帕雷托最优。

关键词：金融体系　福利经济学　帕累托最优

1271

战略性进入壁垒视角下我国投资银行业竞争战略研究 / 黄凌著 ; 杨胜刚指导. -- 湖南大学, 2005. -- 153 页

文章在知识论或技术论层面的基础上，论证和探讨现代投资银行如何通过构建战略性进入壁垒实现将其有效外化为市场竞争优势。文章首先对我国投资银行业的产业绩效进行实证检验，发现市场结构、行业规模以及市场总体收益率对行业利润率具有很强的解释力，其中集中度的影响大于市场收益的影响，而规模的影响与集中度、市场收益的影响相反，基于规模经济的横截面分析表明，我国投资银行业的经济规模与其绩效之间不存在明显关系。其次，从斯宾塞和贝恩—索罗斯的限定性定价模型出发分析了过度生产能力战略的作用机理，引入了迪克西特的过度生产能力战略的动态博弈扩展模式，建立了资本承诺与进入阻止的动态博弈模型，在此基础上阐述了我国投资银行业的规模战略的深刻内涵。再次，从诺特—纳什均衡出发引入了差异成本竞争模型，分析了厂商之间的成本策略通过成本曲线和剩余需求曲线而相互制约的动态博弈过程，进而分析了我国投资银行业的成本战略。最后，在豪特林模型的基础上分析了产品扩散战略的动态博弈过程，同时引入阿根亚和波尔顿模型分析了在位厂商和市场需求者之间的长期契约是如何实现需求结构锁定的，并在此基础上阐述了我国投资银行业的市场需求战略的深刻内涵：一是产品战略，即国内投资银行通过先占性地推出多种证券产品和服务来占满证券市场的产品空间；二是需求结构战略，即国内投资银行通过实施客户关系管理来持续性地对核心客户的投融资行为产生影响，从而达到锁定客户忠诚度、提升行业竞争优势的目的。

关键词：投资银行　市场竞争　竞争战略

1272

中东欧转轨经济国家股票市场制度研究 / 黄平著 ; 陈耀先指导. -- 西南财经大学, 2005. -- 169 页

论文根据制度经济学的理论和研究方法，以中东欧等 27 个国家中到 2001 年底前已建立的 22 个股票市场为研究对象，对转轨经济国家的股票市场的法律制度、监管、自律和公司治理等问题进行了研究，揭示了中东欧国家股票市场强制性制度变迁下外在制度的失效和内在制度的缺失这一问题，并对影响外在制度失效和内在制度缺失的深层次原因进行了分析。全文主要包括四部分。第一部分主要介绍了选题的背景和研究现状，明确了研究对象和新制度经济学的分析框架。第二部分对转轨经济国家股票市场的总体情况以及俄罗斯、捷克和波兰的股票市场情况进行了实证分析；研究表明，大多数转轨经济国家的股票市场建立源于大规模的私有化，尽管有了一定发展，但上市公司数量、市值和流动性等指标与发达国家和

新兴市场国家还有一定差距,且存在着转轨经济国家股票市场所特有的问题,主要是外在制度失效和内部制度缺失。第三部分采用制度经济学的理论对中东欧转轨经济国家股票市场的强制性制度变迁进行了规范分析;首先,对转轨经济国家股票市场的外在制度失效的原因;然后,对转轨经济国家股票市场的监管进行了比较分析,并应用新制度经济学的方法分析了监管的作用以及美国、英国和法国的监管模式形成的历史和原因,提出监管在促进转轨经济国家股票市场的积极作用以及转轨经济国家应该采取促进自律制度产生的适度监管和监管理念;最后对转轨经济国家股票市场内在制度——特别是自律制度的建立进行了考察,并对其形成的原因进行了分析。第四部分,在股票市场竞争理论的基础上对转轨经济国家股票市场的发展进行了预测,分析认为,转轨经济国家股票市场的发展前景可能十分暗淡,如不采取与国际股票市场进行联盟和合并等措施,转轨经济国家的股票市场将很难生存下去。

关键词:股票市场　中欧　东欧　新制度经济学

1273

经济增长中的金融因素 : 来自中国的解释 / 黄嵩著 ; 何小锋指导. -- 北京大学, 2005. -- 115 页

本文在金融对经济增长有作用的假设前提下,对中国的金融怎样对经济增长起作用,以及如何让中国金融对经济增长起作用进行了研究。首先,运用传统金融发展理论对中国的金融发展与经济增长的关系进行实证研究,结果表明,传统金融发展理论无法解释中国金融对经济增长的作用;其次,通过对中国金融改革实践的分析发现,中国金融的实质是支持国有企业的政府控制性金融,并对这种支持国有企业的政府控制性金融的内涵进行了分析,然后运用上述解释框架,对传统金融理论为何无法解释中国金融对经济增长的作用进行了探究,进而揭示了中国金融对经济增长独特的作用机制;最后,在上述研究的基础上,分析了进一步深化中国金融改革所面临的选择,并对金融改革提出了建议,指出中国的金融改革必须遵循如下原则:金融改革应配合并滞后于国有企业改革;利率市场化改革滞后于金融机构商业化改革;不应过高估计 2006 年的冲击,更不应不切实际地仓促进行金融改革。

关键词:经济增长　金融支持　金融体制　金融改革

1274

我国金融经营体制发展趋势探索 / 黄卫华著 ; 曹廷贵指导. -- 西南财经大学, 2005. -- 165 页

在金融创新和金融自由化的推动下,混业经营已经成为国际金融业的发展趋势,论文分析了这种趋势并结合我国当前银行改革的实际,揭示了我国实施混业经营与实现银行改革目标的互动关系,并阐述了金融经营体制向混业经营体制转变的观点。论文首先明确界定了金融混业经营体制和分业经营体制的概念,并对混业经营类型作了划分。第二,从历史视角和横向视角相结合的二维角度对国际金融业金融经营体制的演变作了回顾和纵览,揭示了国际金融业发展变化的趋势和原因。第三,从微观、宏观和监管约束三个层次详细论述了金融混业的环境条件,构筑了一个混业经营的理论环境体系;微观环境包括金融机构的产权明晰和内控机制的完善,宏观环境包括市场竞争机制的完善、法制完善和有效的外部监管等。第四,主要分析了我国金融业的情况,认为我国当前的国有银行改革面临困境,影响银行改革效果的因素有很多方面,需要资本市场发展的支撑、切实消除政府对银行的影响、减轻财政政策对银行的压力、同步进行利率改革、实施混业经营等。最后,论文提出混业经营尽管需要一定条件,但并不是绝对的,而我国银行业改革是一个长期过程;治理结构完善具有相对性,实施混业经营与实现银行改革的目标是一种互动关系,现代商业银行的综合化经营特征以及现行的分业制度中存在的缺陷都表明了混业经营是我国金融业的发展趋势;考虑到我国的实际情况,论文认为不同银行情况不同,混业的边界也应有区别,而且我国的混业经营体制将是一个循序渐进、由低级到高级、由浅入深的过程,遵循“三段”式发展模式。

关键词:金融体制　混业经营　分业经营　商业银行　金融监管

1275

银行卡的经济学分析与实证研究 / 黄兴海著 ; 吴念鲁指导. -- 中国人民银行金融研究所, 2005. -- 156 页

本文着重从经济学的角度对银行卡的理论与实践进行了分析和探讨。论文首先对广义网络经济特征及网络经济学对于这些特征的研究进行了分析,从而为下文对于银行卡产业的经济学研究提供基础;论文侧重研究发卡行、持卡人和商户三方参与银行卡业务的动因及模型表述,分析了银行卡业务为其参与方

带来的好处,探讨了银行卡业务所表现出来的明显的规模经济性和范围经济性。论文还对银行卡与传统货币的异同进行了比较,探讨了使用现金的成本以及银行卡相对于现金的优势所在,进而分析了银行卡的使用是如何影响货币供求的;文章对银行卡的发展对于流通中现金数量的影响进行了实证研究。论文通过实证分析的方法,从支付方式和消费习惯的转变这些方面研究了银行卡消费对于拉动国内消费需求、进而推动经济增长的意义和作用,文章结合我国近几年来消费需求相对不足的现实分析了我国当前的居民消费行为;还用1999年一季度到2004年一季度的数据,对我国银行卡消费同社会总消费及GDP的关系进行了实证研究。论文也对代表性国家银行卡产业的发展模式进行了比较研究。针对我国的银行卡产业的发展,文章先描述了我国的现状,然后分析了我国银行卡产业存在的问题、发展银行卡产业的重要意义、我国银行卡产业发展面临的机遇和挑战等,最后提出了发展我国银行卡产业的一些策略和建议。

关键词:信用卡　银行业务　现金　消费需求

1276

中国国有商业银行制度风险和信用风险研究 / 霍兵著 ; 赫国胜指导. -- 辽宁大学, 2005. -- 110 页

论文把制度风险和信用风险结合起来,较全面地分析了国有商业银行风险的特点、性质和成因。全文主要分为四大部分。第一部分主要是银行风险的文献综述和理论回顾。第二部分对国有商业银行的制度风险进行了分析,包括国有商业银行制度风险的表现、形成机理、风险损失等内容,并从银行竞争力和净利差的角度考察了制度风险对银行绩效的影响,研究认为,国有商业银行固有的制度性风险在经济转轨时期随着时间的推移,众多改革措施的实施,并未得到有效解决。第三部分主要分析信用风险,包括现代信用风险模型的比较分析、国有商业银行信用风险的现状、信用风险成因的制度分析和管理水平分析等,然后结合我国的实际情况,用信用度量术模型度量了国有商业银行和股份制银行的信用风险。最后一部分提出了降低国有商业银行制度风险、信用风险的对策。

关键词:商业银行　银行制度　信用　风险分析

1277

中国地方金融风险问题研究 / 纪家琪著 ; 刘少波指导. -- 暨南大学, 2005. -- 139 页

论文以地方金融机构的风险问题为研究对象。在对相关概念和研究范围作出界定后,首次运用多层次FUZZY理论、主成分分析法和聚类分析法等方法,构建了地方金融风险评价模型,据此对我国各省(市)的地方金融风险做出了量化评估和排序。在此基础上,探索地方金融风险的成因,认为地方政府的金融行为、地方政府的短期行为、地方政府目标函数与地方金融机构目标函数的背离行为、地方金融机构监管制度的缺失行为、地方金融机构内部治理结构的失范行为、地方政府与中央政府的博弈行为,是地方金融风险的主要成因。然后,文章运用神经网络理论建立了地方金融风险预警模型,为防范地方金融风险提供了阀值。最后,在以广东为例的化解地方金融风险的经验和借鉴其他国家经验的基础上,提出了防范和化解地方金融风险的若干对策建议,包括建立健全不良资产市场,积极处置地方金融机构的不良资产;加强地方政府的自我约束能力;完善地方金融机构的公司治理结构;建立有效的地方金融机构监管制度;设立防范和化解地方金融风险的准备金;建立存款保险制度,防范支付风险;完善税收和利率制度,为地方金融机构营造良好的外部环境;建立信用制度,防范信用风险等。

关键词:地方金融　金融机构　金融风险　金融监管

1278

货币市场结构变迁的效应分析 / 贾玉革著 ; 李健指导. -- 中央财经大学, 2005. -- 173 页

文章主要对货币市场发展过程中的结构变迁及其效应问题进行了系统研究。全文包括五章。第一章主要通过历史考察归纳货币市场结构变迁的规律特征,分析决定与影响货币市场结构变迁的主要因素;第二章重点研究了货币市场结构变迁的效应表现及其作用机制,其效应主要表现在市场功能与市场效率对市场结构变迁的反映上,从功能效应看,随着货币市场信用工具的逐渐多样化,货币市场的功能也日益完善起来,而市场结构变迁的效率效应一方面会引起货币市场自身功能实现效率的改变,另一方面通过对商业银行等金融中介机构业务经营的影响,进而对整体金融效率产生影响;第三章和第四章分别探讨了货币市场结构变迁的微观和宏观效应,其中微观层面的效应主要体现为市场微观经济主体利用货币市场进行短期资金融通、流动性管理和投资理财的满足度和便利度、成本的高低、风险与收益的大小等方面,宏

观层面的效应则表现为竞争效应和政策效应;第五章则将前面各章的理论研究结果与我国货币市场发展的实践相结合,分析了我国货币市场结构变迁中存在的问题,目前货币市场结构状况对市场功能与市场效率的影响,在借鉴和吸取各国货币市场结构变迁成功经验与失败教训的基础上,提出优化我国货币市场结构的基本思路和对策。

关键词:货币市场　市场结构　货币政策　市场效率

1279

企业并购投资的战略研究 / 江奇华著 ; 江其务指导. -- 西安交通大学, 2005. -- 221 页

文章首先分析了目前全球企业并购的格局和我国企业并购市场的现状及发展趋势。其次,运用新古典经济学和产权理论剖析了企业并购内在和外在的动因,新古典经济学派认为,企业通过并购扩大经营规模,可以获得规模效益和垄断利润;产权学派认为,企业通过并购可以将市场交易内部化,从而降低交易成本和费用;运用局部均衡理论分析认为,在其他条件不变时,如果并购后市场需求增长,则并购后的经济净配置效应为正。再次,研究了企业发展并购战略的类型、制定方法、战略定制过程、战略目标确定等问题。第四,阐述了目标公司价值的评估方法、研究了传统的企业价值评估方法存在的局限性,并提出了新型的企业价值评估理论——实物期权法,探讨了实物期权和期权博弈论的方法在企业定价和企业并购战略制定等方面的应用。第五,研究了企业并购的协同效应,并进一步探讨了企业并购价值创造的原因和过程。第六,阐述了企业并购中的支付方式及不同的支付方式对并购双方的利益会带来的直接影响;同时,对我国上市公司并购中不同的支付方式与并购后的实际效果进行实证分析,分析认为,混合支付的效果较好,其次是股权收购、现金支付,承债收购的效果最差,资产置换的方式见效快,但不利于公司的长远发展。最后,探讨了我国企业并购融资的主要发展方向及我国企业并购融资所需要的环境支持。

关键词:企业并购　融资　企业发展战略　企业价值

1280

资产价值评估研究 : 理论与实践 / 姜伟著 ; 白钦先指导. -- 辽宁大学,2005. -- 201 页

论文主要研究了资产价值评估的理论和实践问题。全文由五部分组成。第一部分导论,论述了论文选题的现实背景和理论背景、理论综述、主要研究方法、论文主要框架、创新与不足。第二部分是资产价值评估的理论基础,重点梳理和归纳了影响资产价值评估的一般价值理论及资产价值评估的相关概念。第三部分通过对资产价值评估基础理论内涵和研究内容的论述,遵循"以一般价值理论作为理论基础和以评估要素和相关概念为内涵"等原则,构建了资产价值评估理论框架及框架的基本内容。第四部分围绕资产价值评估要素进行了系统的研究,首先,对资产价值评估基本方法与评估诸要素的关系进行了论述,阐述了期权思想及期权估价法在资产价值评估中的作用;然后,提出了资产的评估价值标准化与价值术语,对资产评估价值术语构建的必要性、可行性及设计原则进行了阐释;最后,在对资产评估价值准确性系统研究的基础上,运用博弈论对影响评估价值准确性的成因进行了分析,提出了提高资产评估价值准确性的思路。第五章分析了中外资产价值评估理论与实践发展历程对我们的启示以及完善中国资产价值评估管理的思路。

关键词:资产评估　资产价值

1281

上市公司估值模型的创新与实证研究 / 蒋国云著 ; 刘红忠指导. -- 复旦大学, 2005. -- 136 页

本文通过对影响股票估值的基本面因素和公司治理因素的分析,分别提出了在这两种情况下的多因素估值模型。然后在此基础上,考虑其他诸多影响公司估值的因素,包括公司竞争环境、供应商、客户的讨价能力、替代品的威胁等其他因素,得出本文的主要结论:股票估值与定价的"新一价定律"。在"新一架定律"的分析框架下,本文得到了综合的多因素模型,通过对该模型的实证分析,发现在引入公司治理等因素后,多因素模型对股票估值的预测能力得到了显著提高。这说明公司治理对估值水平的影响正变得越来越大,投资者越来越关注公司治理结构的改善,其投资理念正在趋于理性。针对现实证券市场中估值与定价不一致的现象,本文探讨了价值投资策略的实际应用效果,通过运用 Ohlson 模型对中国股市的实证分析,发现价值投资策略在我国股市也能获得很高的年度超额收益率。然而,无论是有效市场理论还是非理性行为金融理论,对我国股市价值投资策略获得超额收益率的解释还存在很大局限。最后,本文认为,我国股市近几年持续低迷实际上是对内在价值的一

种回归过程,而造成我国股票估值水平降低的主要原因除了盈利能力和经营效率不高外,另一个重要原因就是我国的上市公司存在较为严重的公司治理不完善问题。因此,要提高我国股市的运行质量,降低我国股市的风险溢价,有必要从以下几个方面多管齐下:(1)强化上市公司治理机制,提高上市公司运作质量;(2)提高上市门槛,从增量上提高上市公司整体素质;(3)强化市场退出机制,对不符合上市要求的上市公司坚决摘牌;(4)进一步加大上市公司信息披露监管,加大对股价操纵行为和内幕交易行为的监管,规范市场交易秩序;(5)逐步推出市场对冲机制,如股指期货、引入卖空机制等,促使盈利能力低下且P/V比率过高的股票有一个股价对内在价值的回归过程。

关键词:上市公司　股票市场　投资者　权益保护　法人治理结构

1282

现代商业银行信用风险管理技术研究 / 金正茂著 ; 甘当善指导. -- 复旦大学, 2005. -- 160页

本文共分七章。第一章为绪论,阐述选题意义、文献综述、本文的结构框架、研究方法等。第二章分析信用风险内涵的新变化及其原因,探讨银行信用风险管理的国际变迁轨迹及信用风险管理的新特征,并运用信息经济学理论对银行信用风险产生与控制的内在机制进行剖析。作者还对现代银行信用风险管理技术的基础理论进行分析和评述,并指出它们的一些局限性。第三章在巴塞尔新资本协议框架下对信用风险处理的方法进行比较分析,探讨了银行信用风险的内部评级,并分析了国际大银行内部评级体系的基本框架及其特点。作者还以几家有代表性的国际大银行为例,对其内部评级体系进行了评析。第四章探讨了银行信用风险计量技术的历史演进,重点讨论和评价了单项信用资产信用风险管理模型和组合信用资产信用风险管理模型及应用,比较分析了各模型的应用特征、适用条件和优缺点。第五章在对信用衍生产品的风险转移功能与信用衍生产品市场发展状况进行分析的基础上,运用银行微观经济理论和方法,论证了信用衍生产品管理银行信用风险的有效性。同时,还对信用衍生产品转移信用风险的实践操作进行了探讨分析,并举例加以证明。第六章研究了银行经济资本的合理配置问题,着重分析了经济资本配置技术在信用风险管理中的应用。其中,重点探讨了银行经济资本的配置方法、经济资本配置的VaR技术、RAROC模型及其作用,并从实证的角度分析了RAROC在银行信用风险管理中的应用。第七章结合我国国有商业银行信用风险和信用风险管理的现状,设计了国有商业银行信用风险评级的一般过程,并对国有商业银行信用风险计量模型技术的选择提出了建议。最后,从总体原则和具体措施两方面提出了强化国有商业银行信贷风险管理的有关建议,以完善我国国有商业银行信贷风险管理体系。

关键词:商业银行　信用风险　风险管理

1283

转轨期寿险发展理论研究 / 孔佑杰著 ; 朱毅峰指导. -- 中国人民大学, 2005. -- 187页

文章旨在通过对转轨期寿险发展的现象的研究,揭示转轨期寿险发展的规律,以有益于日益丰富的寿险实践。全文共分为七章,从不同的角度论述了转轨期寿险发展的重要问题。第一章主要阐述了工业化与寿险发展的内在联系,主要表现为:工业化不仅对寿险制度具有内在的需求,而且它还为寿险制度的产生和发展创造了条件。第二章重点分析了转轨期寿险发展的特点及其缘由,其显著特点是寿险改革与发展的互动,之所以如此是因为转轨期寿险发展的环境与西方寿险所处的环境有很大差异,这主要表现在我国从计划经济体制向市场经济体制转轨和从传统的农业社会向现代工业社会转型,这决定了转轨期寿险发展具有外部两重性和内部矛盾性;转轨期寿险改革的重点在制度接轨,发展的重点在供需均衡。第三章着重分析转轨期寿险发展的数量和质量问题;转轨期寿险发展的突出问题在规模与效益、垄断与竞争、开放与发展、监管与效率这四种关系的处理上。第四章主要研究寿险发展的二元结构,主要探讨了转轨期寿险发展的结构性问题;寿险的二元结构本质上是寿险发展不均衡,这种不均衡是多种因素作用的结果。第五章主要研究了转轨期的寿险动员问题,重点是转轨期寿险产业政策优化问题;在转轨期,围绕资本和保费这两种最主要的资源,政府和企业采取了一系列动员的方式。第六章研究转轨期寿险发展中的风险防范,重点探讨转轨期寿险风险形成的机制及其防范措施。最后,主要探讨了转轨期寿险体制改革和寿险企业的改革问题;前者本质上是寿险资源配置方式的市场化改革,它是寿险市场利益主体关系的调整性改革;后者是寿险市场的微观改革,它在转轨时期经历了寿险企业商业化改造、寿险企业经营机制形成和寿险企业产权制度改革三个时期,当前寿险企业改革已处于产权、股份制和公司治理结构为核心内容的改革

时期,但仍需要进一步深化。

关键词:保险业　人寿保险　寿险市场　经济转型期

1284

论中国的资本项目可兑换 / 兰光著 ; 赵锡军指导. 中国人民大学, 2005. -- 123 页

论文以资本项目可兑换为研究对象,剖析了可兑换、资本项目可兑换、货币项目可兑换的相关概念,研究了与资本项目可兑换密切相关的金融管制理论、资本项目可兑换利益理论、金融危机理论和资本项目可兑换排序理论,阐述了资本项目开放和资本项目管制的关系以及资本项目开放的具体顺序,得出了资本项目可兑换是大势所趋、资本管制造成扭曲、损害效率而且注定失效、资本项日开放会是丌放国受益、资本项目可兑换并不必然导致金融危机的爆发、资本项目各子项目的开放可适当排序的结论。文章全面考察了发达国家、拉美发展中国家、亚太国家和东欧转轨国家等各种不同类型的国家的资本项目可兑换实践经验,并将其分类总结。然后考察了我国资本项目管理的实际情况和我国的具体环境,发现当前我国资本项目管制实际上是名紧实松,而同时我国却又不得不背负着因名义上严格管制资本项目而招致的日益增大的国际压力。在理论与实践考察的基础上,针对我国资本项目管理的实际情况和我国的具体环境,提出我国关于资本项目可兑换的战略原则应为:秉承主动积极的态度、不失时机地加速推进,在渐进式改革的基础上厚积薄发,实现跨越式发展,通过借助外部世界的刚性约束推动、促进我国金融深化和经济发展。最后,以有代表性的重点子项目为例,提出了我国资本项目可兑换的具体期限顺序安排,我国应采取"贯彻政策意图,分步解除管制,双向均衡流动,注重控制风险"的做法,在可预期的中期(5 年)内基本实现资本项目可兑换。

关键词:人民币兑换　利率市场化　自由兑换　汇率

1285

保险监管制度有效性研究 / 李锋著 ; 江其务指导. 西安交通大学,2005. -- 213 页

论文主要研究了保险监管制度及其有效性问题,全文遵循"保险的本质→保险机构的发展及其内在风险特征→保险监管的必要性→保险监管制度、制度结构及其有效性→中国制度变迁的特殊性→中国保险监管模式其有效性的建构"这一逻辑思路展开的。首先,从分析风险与不确定性的逻辑机理入手,揭示保险制度安排在规避不确定性中的作用,以及保险关于不同情况下的财产索取权交易的本质。鉴于保险行业的行业属性和特殊的社会地位,以及防止保险机构破产和保护保险消费者利益为目标的保险监管制度的建立和发展就成为逻辑必然。然后,在阐述保险、保险监管、保险监管制度等理论范畴的基础上,对保险监管制度的结构及其有效性进行了全面分析,文章认为,正式与非正式制度安排是相辅相成的,规范化的政府监管和市场自律监管并重,已经成为现代保险监管制度的主要特征。接下来,又从实证的角度,对主要发达国家保险监管制度的形成、演变和发展,以及监管有效性的主要条件进行多方位比较,并在全面回顾中国保险监管制度强制性变迁的历史过程及其面临的经济制度转轨、社会制度转型、金融一体化发展等特殊背景和条件的基础上,提出中国保险监管制度的模式选择及有效性的构建。

关键词:保险业　监管制度　保险机构

1286

中国转型经济中融资制度安排 / 李国民著 ; 沈伟基指导. -- 中国人民大学, 2005. -- 194 页

论文旨在通过对融资制度安排的研究,试图探寻符合中国经济发展内在需求的融资制度安排,以期建立高效率的融资制度,促使中国实现高效率的经济增长。全文分为九章。第一章介绍了选择选题背景、研究方法、研究思路和文章框架等。第二章介绍了制度和融资制度的范畴和含义界定。第三章分析了中国融资制度的特征,认为其中正式制度的建设已取得长足发展,如金融体系逐步健全、市场机制正在建立,向间接调控转变,法律法规走向完善等;但非正式制度与正式制度的吻合程度还存在差距,突出表现在信用的缺失上。第四章分析了中国融资制度的效率,包括融资制度动员储蓄、资本转化、资金配置的效率,融资制度的风险管理效率、产出效率以及国债资金的使用效率等。第五章分析了中国融资制度变迁的特征与动力机制,认为中国融资制度一直是政府主导的强制性变迁,中国学习型、试错型的特征决定了融资制度的渐进式变化;中央政府对融资制度变迁的动力取决于稳定和效率相互间的权重变化,而融资制度的惰性与融资制度变革的困境导致变革的持久性。第六、七章分别探讨了我国银行主导型融资制度安排和质量改进型融资制度安排。第八章分析了政府约束下市

场运行机制不断完善的融资制度安排。最后,分析了中国资本项目开放的融资制度安排,认为考虑到资本管制的高昂成本,中国目前渐进式开放模式应是一种积极的渐进模式,而中国资本项目开放的步骤也应与宏观经济管理相协调。

关键词:融资制度　金融体制　转型经济

1287

中国证券市场微观行为研究 :基于行为金融和复杂适应系统的分析 / 李昊著 ; 马君潞指导. -- 南开大学, 2005. -- 177 页

文章运用行为金融定性分析和复杂适应系统实验推定相结合的方法,对中国证券市场微观行为进行深入探讨。首先,对行为金融学和复杂适应系统进行理论综述;然后分别对个体投资者行为和机构投资者的认知偏差进行了实证研究,主要结合对上市公司的行为分析,运用实验金融学的方法,对中国证券市场进行交易环境和微观行为的仿真模拟,并在此试验系统上研究证券市场的价格行为。实验结果表明,基于行为金融模型数理化建立的实验系统具有真正证券市场的部分特征,在具有真正证券市场部分特征的实验平台上,进行了政策建议的可控实验,实验结果显示不同类型的投资者行为能对证券价格产生互动影响。文章接着对机构投资者的预测市场能力、投资者行为以及证券市场价格行为进行实证研究,检验发现,政策对投资者的交易频率有显著影响,直接影响投资者交投的活跃程度和入市的意愿。交易频率高的投资者所获取的投资回报大大低于交易频率低的投资者,而过高的交易频率会导致高昂的交易成本,加之个人投资者的心理偏差,会使投资者追涨杀跌,降低投资收益,对投资者财富造成侵害。而投资者的不完全信息动态博弈特征十分明显,政府、证券交易所、上市公司、中介机构、机构投资者和个体投资者构成多方不完全信息下的动态博弈格局。

关键词:证券市场　市场行为　投资者　行为金融学

1288

中国金融衍生产品创新机制研究 / 李宏宇著 ; 陈野华指导. -- 西南财经大学, 2005. -- 191 页

论文的重点主要有两个:一是金融衍生产品创新机制的一般理论研究;二是前者研究成果结合中国实际如何设计我国金融衍生产品创新机制的应用性研究。正文共分六章。第一章在外国学者对金融衍生产品创新机制研究的基础上,对金融衍生产品创新机制的起始阶段给出理论上的解释和界定。第二章是从微观的角度分金融衍生产品创新的环境条件、主体要求、策略选择、外部监管四节内容对创新机制中的主体部分进行一般理论研究。第三章主要介绍了国际金融衍生产品市场、产品结构特征和创新轨迹、国际金融衍生产品创新对我国的启示,勾勒出国际金融衍生产品创新发展的现状和轨迹,并通过国际成功的金融衍生产品创新的实证分析剖析其对我国的重要借鉴作用。第四章主要分析了中国金融衍生产品创新的条件因素与主体动力。第五章从最微观、最具体的角度分析各类衍生产品创新的品种选择、时间顺序和场所选择,并提出对未来我国金融衍生产品市场运作模式的构想。最后一章主要对金融衍生产品风险的来源、产生条件、控制手段作了详细的分析,并在国际发达国家的监管经验的基础上,从宏观的外部监管和微观的内部管理两个层面探索应对金融衍生产品的双刃剑性质,提出了国际流行的大户报告制度、限仓制度、风险准备金制度等监管措施,为金融衍生产品在我国的创新增加安全性的保证。

关键词:金融市场　金融衍生产品　金融创新

1289

房地产金融工具创新与保险支持研究 /李建斌著 ; 林宝清指导. -- 厦门大学, 2005. -- 217 页

文章以金融创新理论、现代投资组合理论、金融可持续发展理论等为依托,在归纳总结国内外房地产金融保险发展经验的基础上,全面系统地搭建了房地产金融工具中长期发展创新框架。全文共分为七章:第一章分析了房地产投资需求的经济原理,认为房地产投资可以改善投资组合的风险收益状况;第二章剖析房地产金融工具创新的内涵和必要性,提出了房地产金融发展的“四阶段”理论,为房地产金融工具创新提供科学指导;第三章分析了银行抵押贷款的现状和风险以及美国房地产抵押贷款市场状况,研究房地产信贷工具创新,提出了房地产抵押贷款产品的创新思路;第四章通过对抵押贷款证券化发展的分析,研究房地产证券市场工具创新;第五章系统地设定了房地产金融衍生框架,研究房地产金融衍生市场工具创新,对一些主要衍生工具进行产品设计,并从数量技术上研究如何利用房地产期货进行套期保值和套利;第六章研究房地产金融工具创新中的保险支持,提出保险业必须强化投资功能的观点,为寿险资金投资于房地产提供理论依据;第七章提出中国房地产金融工

具创新的路径安排。

关键词:房地产业　金融工具　金融创新　抵押贷款　证券市场　保险业

1290

风险投资的风险收益机制研究 / 李建良著 ; 刘曼红指导. -- 中国人民大学, 2005. -- 155 页

风险投资在投资对象、资金投入、资金撤出等方面通常表现出独有的特征,这些特征直接导源于其特殊的风险收益机制——“合理预期的高收益和合理控制的高风险”机制,这一核心机制的构造与其所解决的基本问题——小企业的融资问题及资本市场的制度变迁息息相关。文章正是从这一核心机制的视角对“风险投资的本质内涵及其定义”、“风险投资的评估决策模型”以及“风险投资对被投资企业成长演进的积极和消极影响”进行研究。文章认为,从价值形态看,站在风险投资上的角度,风险投资投入的是资本(C_0),产出的还是资本(C_1),因此,就概念的范畴归属而言,风险投资属于“资本运营”方式的一种,从收益实现和风险控制的基本过程来看,风险投资整个运作模式的成功有三个支点。其次,从风险投资“合理预期的高收益和合理控制的高风险”机制这一视角出发,文章推导出了“$V=f(Mp,Sp,He,Ei,Ci)$”这样一个风险评估决策的基本模型,模型的基本结论是,管理素质是风险投资评估决策的重要因素,并贯通与各自变量的评估之中,但它并不是风险投资评估决策的首要因素,这一结论与 Bob Zider(1998)的研究结论一致,也与风险投资“三大定律”相统一。再次,从这一核心机制的视角出发,对风险投资对被投资企业成长演进的影响有了更全面、更深刻的认识,认为,企业成长演进的一般规律包含静态逻辑和动态演进两个方面,研究表明,风险投资“合理预期的高收益和合理控制的高风险”内含的“职业化导向”、风险投资对被投资企业动态演进的加速推动和风险投资商培育被投资企业的方式方法等与企业成长演进的一般规律都具有一致的一面,反映出积极影响,但风险投资对被投资企业的长期价值增长还有消极的一面。最后,这一核心机制揭示及其相关问题的研究还使得文章对中国风险投资实践中的宏、微观问题必须加以重新审视,研究认为,中国目前根本没有经典风险投资生存发展的“土壤”。

关键词:风险投资　投资收益　资本市场

1291

场外衍生交易及其在中国的发展研究 / 李鹏著 ; 周升业指导. -- 中国人民大学, 2005. -- 146 页

论文从金融中介理论出发,说明了风险管理功能在金融体系中的重要性,并结合衍生市场的发展特别是场外衍生工具市场的发展说明它在发挥金融体系风险管理功能方面所起的重要作用。在分析中国金融结构的基础上,说明了发展场外衍生工具市场在中国的必要性,并对一些建立条件进行了列举和分析。最后,借鉴了世界各国在发展这一市场过程中在监管、信息披露方面的经验。全文共分为六章。第一章对场外衍生工具市场进行了相关的描述,包括定义、市场结构特点、一些常见的工具类型、市场规模以及合约结构等。第二章从金融中介理论的角度探讨了场外衍生市场的重要性;首先通过对金融中介理论的引述和综合,以中介理论为基础,特别引用了“金融功能观点”的分析框架来说明风险管理功能在金融体系中的作用;其次探讨了在风险管理业务发展中金融中介的地位和作用,以及市场和中介在风险管理业务中的功能互补;此外还讨论了银行与衍生工具市场的关系、场外衍生工具市场的重要性和场外衍生工具市场与金融资金运行的关系这三个问题。第三章对全球场外衍生品市场中交易商持有状况进行了分析。第四章对场内交易市场和场外交易市场结构进行比较。第五章主要分析了中国的金融结构以及发展场外衍生工具市场的条件。第六章主要探讨了中国开展场外衍生交易的监管,根据借鉴国外的一些经验,对国内可能采取的官方监管手段做了一个适度的推测。

关键词:金融市场　金融衍生工具　风险管理　证券交易

1292

信托制度研究 : 制度经济学的视角 / 李世银著 ; 周升业指导. -- 中国人民大学, 2005. -- 148 页

本文从制度经济学的角度对信托制度进行了研究,包括信托制度的价值、信托制度的形成和变迁过程、信托制度的治理等内容。论文共分八章。第一章是导言,首先从列举我国现实生活大量的信托现象和分析理论研究现状入手,阐明了选题的意义和拟研究的问题,说明了研究视角,解释了研究方法,说明了主要观点、结构安排、创新和不足之处。第二章是人类的基本价值和论文的基本假设,探讨了人类基本价值中的自由、安全、效率或繁荣及其关系;说明了论文涉及的主要经济学假设和一些概念或术语。第三章是

关于信托制度安排及其价值取向,文章首先从论文的研究目的出发,在把握信托本意的基础上定义了信托,并对信托制度的构成要素作了说明,然后从三个角度对信托制度安排的独特性进行了研究。第四章论述了信托制度的形成和确立,并对其功能的深化进行了阐述,最后分析了受托人的产业化和信托品种的创新。第五和第六章研究的是信托制度的变迁,第五章是对西方国家的考察与比较,以英、美、日三国为考察对象,对信托制度在这些国家的变迁过程进行了比较研究,并总结了若干对我国在利用信托制度的过程中有借鉴意义的启示;第六章以我国实行改革开放政策的时间为界限,分两个时期研究了信托制度在我国的变迁过程,总结了利用信托制度中的经验和教训,还对我国《信托法》的意义和信托法律体系的完善问题进行了研究。第七章分析了信托制度的治理结构,文章从分析信托交易中的信息不对称入手,剖析了受托人的道德风险,围绕着如何防范受托人的道德风险,从内部和外部两方面探讨了信托制度的治理结构。第八章是结束语,对今后信托制度在我国的若干应用问题进行了展望。

关键词:信托制度　信托法　制度经济学

1293

均衡汇率理论与人民币汇率政策研究 / 李天栋著 ; 许少强指导. -- 复旦大学, 2005. -- 153 页

本文首先对均衡汇率理论进行述评,认为它无助于解决我国的现实情况,需要修正甚至重新界定,才能应用于我国。其次,本文对内外部均衡的内涵予以重新界定,将整个社会经济区分为贸易品和非贸易品两个部门。汇率会影响两个部门的价格并影响其收益率,这会导致资本在两个部门之间的流动即进行重新配置。资本的重新配置的过程就是汇率影响经济增长的过程,汇率对经济增长的作用具体表现为资本配置作用和替代效应,这两个效应的关系就决定了汇率对经济增长作用的性质。再次,根据汇率在经济增长中的作用,可以得到三种类型的均衡汇率路径,它们是与经济增长的阶段密切相关的。因此,需要根据经济增长的具体阶段确定汇率政策,使之处于最合意的均衡路径上,这是汇率对经济增长具有正面的促进作用的关键所在。最后,根据具体条件决定汇率政策是汇率能够促进经济增长的必要条件,但还需要其他条件,即选择适当的政策工具、进行合理的政策搭配。本文提出了具体的指标,用于区分均衡汇率的不同类型。经济增长所处的阶段不同,均衡汇率的类型也就不同,需要实现的目标也必然不同,必然要求采取不同的政策工具和政策搭配,只有这样才能实现主要目标,确保汇率的作用。随后,本文将货币市场、资本市场和产出市场纳入到一个统一的分析框架中并用这个框架分析了政策工具的传导机制。

关键词:汇率理论　人民币汇率　均衡汇率　经济增长

1294

产业技术进步中的金融作用 / 李悦著 ; 吴晓求指导. -- 中国人民大学, 2005. -- 290 页

论文从金融功能这一视角,研究金融对产业技术进步的作用机制,从中比较银行、市场的功能差异和优势,目的是希望为实践中的中国金融改革、金融体系构建提出较为可信的理论支撑。文章首先回顾了产业技术进步与金融体系演进的历史。其次,提出了产业技术进步中的金融作用的理论分析框架,将金融对产业技术进步的核心作用归纳为:不确定性条件下引导资源由储蓄主体向创新(投资)主体的跨时期、跨区域、跨部门配置。第三,对信息处理机制从理性预期资产价格和信息的角度进行理论分析,并分析了金融市场和银行中介实现信息处理机制的动因。第四,对金融市场中的风险配置功能进行一般分析,并分析了股票、债券市场,金融衍生品市场的风险配置问题,以及对银行与资本市场风险配置功能进行比较。第五,探讨了公司治理的一般理论,阐述了美国、德国、日本金融体系的公司治理实践,并比较了市场主导型金融体系和银行衍生主导型金融体系中的公司治理,认为前者更加重视股东利益保护,后者更加强调利益相关人保护。第六,在回顾中国金融体系演进和分析现状的基础上,分析了技术进步与经济增长、产业结构优化以及金融支持的关系,提出推动中国产业技术进步的一个重要途径是实施有效的金融改革。文章的一个基本结论是:功能发达、结构精巧的资本市场是推动产业技术进步的关键所在,未来的中国需要构建一个市场主导的现代金融体系。

关键词:金融体系　资本市场　技术进步

1295

股利政策的影响因素与市场反应研究 / 李增福著 ; 周好文指导. -- 西安交通大学, 2005. -- 97 页

论文主要研究了股利政策的影响因素和市场反应,其中股利政策包括现金股利政策、股票股利政策。全文共分为三大部分。第一部分主要回顾了股利政

策理论的发展,将股利政策理论的发展划分了三个阶段,即传统股利政策理论、现代股利政策理论、非理性框架下股利政策理论,并进行了系统的评述。第二部分主要研究了鼓励政策的影响因素。首先从法律、宏观经济环境及政策因素三个方面,分析了股利政策的影响因素;其次,对中外股利政策影响因素的文献进行了系统的评述;在此基础上分别分析了中国上市公司现金股利和股票股利的影响因素;最后,对转增股本的宏观影响因素进行了一般统计意义上的分析,结果表明,国家政策对转赠股本影响显著。第三部分,分析了股利政策的市场反应,首先分别分析了股利政策引起市场反应的理论基础;其次对中外文献进行了评述;最后,在控制了未预期盈余,流通股、股本规模这些变量的基础上,运用超额收益法和逐步回归法对中国上市公司现金和股票股利政策的市场反应进行了实证检验,结果显示,市场对未预期现金股利支付有负的反应,对未预期股票股利的支付有正的反应。

关键词:证券市场　股利政策　上市公司

1296

外资银行进入新兴市场经济国家 : 动因、影响和对中国的启示 / 李铮著 ; 李扬指导. -- 中国社会科学院研究生院, 2005. -- 129 页

本文运用1996—2003年全球53个国家(其中28个是具有代表性的新兴市场经济国家)的宏观经济和金融数据以及这些国家3141家商业银行资产负债表中的财务数据,在总结和借鉴国际上一些经典文献的研究方法的基础上,分析了外资银行进入新兴市场经济国家的驱动因素及其进入后对于新兴市场经济国家银行体系所产生的影响。在把握外资银行进入新兴市场经济国家一般规律的基础上,本文进一步结合中国引进外资银行的实践,对外资银行进入中国的途径、对银行体系和国民经济的影响进行研究。最后,论文借鉴其他新兴市场经济国家引进外资银行过程中的经验和教训,对中国引进外资银行的进程提出若干政策性建议。

关键词:外资银行　银行体系　国民经济　金融自由化

1297

中国股票买卖价差的跨市场实证研究 / 郦彬著 ; 刘红忠指导. -- 复旦大学, 2005. -- 128 页

本文选择了国外市场研究中基本成熟的买卖价差模型,以中国股票国内市场(包括A、B股)与海外市场(包括H股、红筹股、ADR)的买卖价差为主要研究对象,对中国股票在国内市场与海外市场的买卖价差水平、构成以及变动模式进行实证分析和比较研究。结果发现,中国股票的评级买卖价差存在着个股性和市场性的多层次显著差异,表现在:(1)与国内投资者相比,中国股票的海外投资者承担了更多的买卖价差成本。这种差异来源于海外投资者在信息获取上的劣势造成逆向选择交易成本的加大,以及海外市场中国股票的交易活跃程度较差而产生的流动性获取成本上升两个方面。(2)从截面变化模式分析来看,买卖价差水平都与股票的流通市值、日均交易量存在较为明显的反向变动关系,与收益的波动性存在一定的正向变动关系;从趋势看,规模较大、成交活跃的股票交易中,由于非对称信息产生的交易成本下降幅度,明显要大于由于指令处理规模效应产生的纯粹流动性交易成本下降幅度。(3)从日内变动模式看,中国A股市场开市后15分钟区间股票交易的价格冲击、实现价差以及有效价差均要明显高于其他交易时段。对价差构成的实证结果与Admati和Pfleiderer(1998)的理论预测基本一致。接着,本文从个股性因素和市场性因素两个角度考察中国股票价差成本的影响因素和成因。作者认为:(1)个股性因素会对股票买卖价差产生显著影响;(2)市场性因素是导致股票买卖价差的主导性因素。最后,本文根据上述实证研究结论,提出一些针对性的政策建议,包括提高市场信息透明度、控制内幕信息操纵行为、改善上市公司股权结构、完善市场交易制度、通畅海外信息披露渠道等。

关键词:股票市场　股票交易　股票价格　交易成本　买卖价差　信息不对称

1298

企业区际战略性投资评价之研究 : 实物期权方法 / 梁秦龙著 ; 何小锋指导. -- 北京大学, 2005. -- 151 页

论文主要归纳了影响国内企业扩大营运规模的区位因素、战略规划、管理弹性能力、实物期权的讨论,旨在系统汇整区位选择决策的理论文献,以奠定企业对外投资环境战略的基础;综合回顾实物期权法的国内外文献,明确传统企业理财功能变革之适当性;建构企业区际空间布局战略的基本评价模式,以期决策内容愈臻完备。研究认为,在高度不确定性之环境下,企业建立弹性能力,已是当务之急;此外,更必须重视与环境互动的外部弹性能力之建构,亦即将

环境纳入企业的战略规划中考量,形成所谓的“环境战略”;同时,政府的角色应当秉持中立客场立场,努力维护市场经济自由竞争的“三公原则”,落实经济生活“以人为本”的精神,杜绝经济壁垒丛生的发展障碍。

关键词:企业管理　投资　区位选择　实物期权

1299

中国股票发行制度研究 / 林涌著 ; 江其务指导. -- 西安交通大学, 2005. -- 161 页

文章通过对发行制度的准入要求、定价机制、信息披露等方面的研究,深刻剖析了我国股票发行制度低效率的原因,认为我国的股票发行制度存在着严重的政府管制,并已成为一种制度变迁中的路径依赖。文章建议将发行决定权回归市场产权主体,这样我国的股票发行制度才能真正走向市场化。全文共分六章。第一章,主要提出了进行发行制度研究的原因和目的,并对国外关于股票发行制度的研究进行了理论综述。第二章,首先对新制度经济学的理论框架进行了梳理;接着,运用以上理论对中国股票市场的产生和发展、股票发行制度进行了研究,认为发行决定权是产权在发行制度中的集中体现;最后,对股票发行制度对股票市场的影响机理进行了分析,并验证了中国股票市场功能异化的原因。第三章从三个角度对我国现行的股票发行制度进行了回顾,并运用新制度经济学理论特别是产权理论,给予了深层次分析。第四章,首先分析了管制、证券管制的概念、管制的起因,并回顾了管制理论,然后探讨了证券管制的必要性、缺陷和适度性;最后在对发行制度管制历程回顾的基础上,对中国股票发行制度管制的制度性原因和适度性进行了分析。第五章,首先介绍了效率、经济效率、证券市场效率的概念,并将股票发行制度的效率分为制度定价效率和制度运行效率;接着,分别对制度定价效率和制度运行效率的影响因素进行了深入分析,并结合中国股票发行制度的实践验证了两种效率;此外,对新股折价现象和发行制度效率作了实践分析。最后,文章提出了完善我国股票发行制度的建议,认为政府要树立正确的发行制度目标,必须把效率放在第一位,还发行决定权于市场主体,放松管制;并要稳定地推进注册制的进程;此外,对于发行定价、发行方式的市场化改革以及如何健全和深化保荐人制度方面,也提出了相应建议。

关键词:证券市场　股票发行　决定权

1300

中东欧银行产权改革研究 / 凌秀丽著 ; 刘锡良指导. -- 西南财经大学, 2005. -- 272 页

文章旨在通过对中东欧银行产权改革实践的相关问题的研究,对我国的银行股份制改造提供有用的借鉴和启示。全文分为三部分。第一部分主要从产权、交易费用、委托代理、剩余控制权与剩余索取权等角度对中东欧银行产权改革的理论基础——现代产权理论进行系统梳理,并结合产权理论对中东欧银行产权改革的内在动因做出合理的经济学解释。第二部分主要分析了中东欧国家银行产权改革的背景、模式、历程,从银行不良资产的处置、政府在推动银行产权改革过程中的作用以及引资战略三个方面总结了中东欧银行产权改革的经验及产权改革过程中所遇到的难点问题,并分析了各国改革所引致的产权结构与银行公司治理结构变化,同时通过实证方法考察银行产权改革所取得的经济绩效,认为产权是影响中东欧银行效率最重要的因素。第三部分在借鉴中东欧银行产权改革实践经验的基础上,结合中国银行业渐进转轨的逻辑,深入剖析了当前银行业发展所处的困境,指出产权改革是中国国有商业银行进一步改革的必然选择;认为我国银行产权改革必须解决好四个问题:银行产权改革要把化解不良资产作为首要任务,政府对银行产权改革要“适度”介入,积极引进国外战略投资者,国有商业银行产权结构的价值取向与公司化治理。

关键词:商业银行　经济体制改革　产权　股份制

1301

我国商业银行利率风险衡量研究 / 刘川巍著 ; 戴国强指导. -- 上海财经大学, 2005. -- 162 页

本文在总结西方已有衡量利率风险的技术基础上,结合我国实际,总结适用于我国的银行利率风险衡量方法体系,从而有助于提高我国商业银行提高利率风险计量水平与管理水平以适应未来更为复杂的利率环境,并希望引起我国商业银行对利率风险衡量与控制的足够重视。全文共分四部分,六章。第一部分导论,简要介绍利率风险及其衡量的含义,以及利率风险的来源,并对研究中可能混淆的问题进行了澄清,然后,依次对研究的理论意义与实用价值、国内外研究现状、研究方法与思路以及主要创新点与不足进行了总结分析。第二部分即第二章,对当前我国银行所处的利率环境,承受的利率风险及利率风险衡量现

状进行了分析。第三部分包括第三、四章。第三章对商业银行利率风险衡量方法的沿革加以分析和归类,并对其优点与缺点进行了客观评价。第四章对商业银行利率风险衡量的难点进行了专门研究。这一部分的研究为我国利率风险衡量方法的选择与应用提供了理论基础。第四部分包括第五、六章。第五章对我国商业银行利率风险衡量方法选择的依据进行了分析,文章以美国利率风险衡量方法的演进以及第二部分的研究为基础,结合我国当前的实际情况得出成本收益对比以及各种方法在我国适用性是我国银行选择合适利率风险衡量方法的主要依据这一结论;第六章从第五章的结论出发,采用我国银行的实际案例运用期限缺口法衡量银行总体利率风险,然后,运用持续期方法衡量债券资产的利率风险,对我国银行内含期权集中的负债产品——活期存款运用传统方法计算其有效持续期衡量其利率风险,对内含期权集中的资产产品——个人住房贷款的提前偿付率模型进行了研究;最后,就如何加强我国商业银行利率风险的衡量提出切实可行的建议。

关键词:商业银行　利率　风险分析　期权

1302

寿险公司资产负债管理研究 : 从利率匹配的角度分析 / 刘建强著 ; 俞自由指导. -- 上海财经大学, 2005. -- 152 页

本文主要分析了寿险公司资产负债管理的各种方法,并根据寿险公司资产负债管理方法自身的特性,将其分为静态资产负债管理方法、动态资产负债管理方法和利用金融衍生工具的资产负债管理方法三种类型。文章主要从现金流匹配、缺口管理和免疫分析模型三个方面分别对静态最优组合方法进行了研究。作者仅限定在利率随机因素的基础上,在系统分析了动态随机规划模型后,将其引入寿险公司资产负债管理领域,详细分析了寿险公司应如何利用动态随机规划模型进行自身的资产负债管理。文章还从金融衍生工具的角度,全面阐述了寿险公司应如何运用远期利率、利率期货、利率互换和利率期权等先进的金融衍生工具规避利率风险,加强资产负债管理。作者还从实证的角度,分析了我国寿险公司资产负债管理现状,并以中国人寿保险公司为例,对我国寿险公司的利差损及资产负债管理现状进行了实证研究,对我国近些年寿险业的发展状况以及存在的问题进行了客观的分析和评价,并对所存在的问题提出参考性解决方法。

关键词:保险公司　人寿保险　资金管理　资产负债管理

1303

中国股票价格与货币政策研究 / 刘健著 ; 戴相龙指导. -- 中国人民银行金融研究所, 2005. -- 105 页

论文主要研究了股票价格与货币政策的关系,旨在为进一步完善我国货币政策提供政策建议。全文共分七章。第一章主要介绍了有关股票价格与货币政策的研究理论、模型和实证分析方法以及结论。第二章主要介绍了美国、日本历史上最为典型的股票泡沫事件,分析了其产生、发展及破灭时期中央银行的态度及采取的政策措施,以及泡沫破灭对经济和金融稳定的影响。第三章主要分析了中国股票市场的发展对货币政策的挑战,建立了一个包含股票价格在内的宏观经济模型,模拟股价变动对货币政策的影响。第四章运用协整检验与基于向量自回归模型的格兰杰因果检验和预测方法差分解技术来实证检验我国股票价格的信息作用,结果表明,我国股票价格不包含未来产出和物价变动的有用信息,因此股价基本不具有货币政策信息变量的作用。第五章主要检验了我国股价是否偏离其内在价格,是否存在股市泡沫,以及是否可能对金融和经济稳定产生负面影响。第六章主要检验了我国股票市场发展对货币需求的影响,检验结果表明,在我国股票价格指数变动不是引起货币需求变动的格兰杰原因。

关键词:证券市场　股票价格　货币政策

1304

企业债券 : 信用风险与市场监管研究 / 刘小坤著 ; 甘当善指导. -- 复旦大学, 2005. -- 192 页

本文分为两个部分。第一部分首先对有关信用风险债券的估值理论进行评述,接着,从两个思路展开分析企业债券信用风险的表现之一——企业债券的信用利差风险:一方面研究企业债券信用利差及其变化的经济学解释,即信用利差与企业债券相关的各经济变量之间的关系;另一方面研究如何刻画信用利差及其变化,以构建企业债券利率的期限与风险结构,并对我国企业债券的信用利差进行实证分析。本部分还对企业债券信用风险的表现之二——违约风险进行分析。第二部分对企业债券信用风险的市场监管问题进行研究。首先,讨论了作为构建企业债券信用风险监管体系重要组成部分的信用评级。本文证明了在一个信息不对称的企业债券发行市场上存

在着逆向选择风险,而企业债券的信用评级制度可以将潜在的高风险的发行人拒之门外,直接降低企业债券市场整体的违约风险,或者让不同信用风险程度的发行人与不同风险偏好类型的投资者相匹配,使得信用评级与企业债券的信用利差建立起联系,从而消除逆向选择,降低信用风险。由于企业债券市场上还存在发行之后的道德风险问题,所以需要对企业债券市场进行监管。在对企业债券市场监管体制的分析中,本文将企业债券市场的监管体制作为证券市场监管体制的子系统,纳入证券市场的监管范畴,然后,先以强制性信息披露为例,讨论企业债券市场作为证券市场一部分进行监管时的一般问题,随后,还讨论了企业债券市场监管中的两个特殊问题,即评级结果用于监管对监管的影响以及对评级机构的监管。最后,本文还对我国企业债券市场的信用风险进行分析,提出构建我国企业债券市场信用风险的全程监控体系。这一全程监控体系从时间上可以分为前期的控制机制、中期的监控机制和后期的保障机制,核心是建立和完善各种针对企业债券信用风险监管的前期、中期、后期制度,以实现对企业债券市场充分和有效率的监管。

关键词:企业债券　信用风险　资本市场　市场监管

1305

期货市场功能实现的研究 :兼论我国期货市场的功能实现 / 刘洋著 ; 胡坚指导. -- 北京大学, 2005. 221 页

论文分为三部分。第一部分包括前四章,是对期货市场经济功能的定义和期货市场如何充分发挥其经济功能的理论研究。首先,明确了期货市场是如何发挥其经济功能的,并清晰定义了期货市场推动实体经济发展的三大功能:价格发现、套期保值、信息传导。其次,从期货价格构成的理论分析着手,阐述了期货市场与现货市场的紧密关系是期货市场价格发现功能发挥的重要基础。然后,从套期保值者的需求、动机、策略入手,分析了期货市场是如何为参与期货交易的现货商提供套期保值功能的。最后,探讨了期货市场的信息传导功能。第二部分包括第五、六、七章,分别对我国期货市场的价格发现功能、套期保值功能、信息传导功能的发挥状况及现阶段市场运行基础进行了实证研究。最后,第八章给出了相应的政策建议。

关键词:期货市场　经济功能　期货价格　套期保值

1306

商业银行流动性层次管理研究 / 楼铭铭著 ; 胡庆康指导. -- 复旦大学, 2005. -- 191 页

本文首先指出,商业银行的流动性问题主要存在两个层次:第一,商业银行在日常经营活动中保持足够的流动性,防止资金周转出现问题;第二,非自身因素引起的商业银行流动性危机。其次,本文用 Diamond-Dybvig(1983)的框架着重说明第一个流动性概念下的商业银行的服务,以此作为政策探讨的基础。在该框架及其后续的发展和补充中,商业银行在创造流动性方面发挥的作用是有效、无可替代的,但同时这种作用的必然结果就是产生了多重均衡,挤兑也是其中之一。再次,对第二个流动性概念下的商业银行服务,本文沿用 Diamond-Dybvig(1983)的两期框架,同时借鉴 Diamond 和 Rajan 等人的研究成果,运用博弈论对中介、存款人、贷款人三方行为进行了分析。结论是:原始出借人在发放贷款中形成了特定的贷款回收技能,这导致了提前转让贷款将面临折价;而如果由商业银行提供这一服务,就可以避免各方的损失。作者还采用 Williamson(1985)的交易成本合同框架,分析了商业银行所提供服务的三种可能的制度选择,即自由的未保险的银行业,有存款保险的银行业,以及狭义银行业,对这几种银行作了相关的比较,还从制度上探讨了适应于商业银行的流动性服务所需要的退出机制。本文的最后部分首先对中国商业银行整体流动性状况作了判断,区分资产流动性和负债流动性分别作了检验。接着,以纵向的趋势分析和横向的截面分析探究中国商业银行流动性状况的发展趋势,以及与中国商业银行体系现状所紧密联系的流动性特征。而后,对我国监管当局对商业银行流动性管理的要求作了概括,指出其中存在的问题,并分析我国商业银行流动性问题所需要的制度保障。

关键词:商业银行　银行管理　信用风险　挤兑

1307

私人部门投资城市水行业问题研究 / 吕松著 ; 谢平指导. -- 西南财经大学, 2005. -- 199 页

论文旨在运用经济学方法分析和建立城市水行业市场化投资的框架。全文共分九章。第一章主要对私人部门投资城市水行业的理论进行了文献综述。第二章首先回顾了发达国家私人部门投资城市水行业的历史,介绍了法国的代表管理、英国的完全私有

化以及美国的公私共存的管理制度,然后分析了私人部门投资城市水行业的原因,最后总结了私人部门投资城市水行业的相关各方的经验和教训。第三章到第五章着重分析了城市水的投资,从介绍水的基本特点入手,分析了城市水行业的投资特点和行业管制,以及私人部门投资城市水行业的条件和方式。第六章首先回顾了公共事业定价的历史和方法,随后阐述了城市水的定价目标和原则,最后介绍了一个全成本覆盖的城市水定价模型。第七章首先分析中国城市水行业现状,并对中国城市水行业存在的问题和发展前景进行了阐述。第八章首先对私人部门投资中国城市水行业的典型案例进行分析,随后以上海为例,介绍了私人部门投资一个城市的水行业历史发展过程。并运用群格理论和复杂理论对此进行分析,研究表明对城市水行业的市场化改革必须树立系统化的方法才能保证最终的成功。最后,文章提出,要借鉴发达国家城市水行业市场化成功经验,在管理体制、投资政策和投资回收机制、水价形成机制、水法体系、水环境保护等方面进行相应的改革;还要做好外部投资环境、行业发展战略、行业管制等几方面工作,以吸引私人部门在中国城市水行业的投资。

关键词:城市供水　水资源管理　私人投资　公用事业

1308

中国商业银行的全能化趋势和重构之路 : 全球银行业发展的方向和影响剖析 / 吕宇著 ; 朱毅峰指导. 中国人民大学, 2005. -- 196 页

论文首先通过对金融功能理论和制度变迁理论的论述勾勒出了金融机构转型的理论框架,并在此基础上对全球最发达的两个金融市场——美国和德国的银行体系发展进行了详细的比较研究。研究认为,随着全球经济的逐步融合,有很多共同的因素推动这些国家的银行走向了全能之路,其中金融机构转型的两个基本因素是:金融产品供给模式和需求模式的变化,以及金融市场竞争环境的变迁。在对全球银行业发展格局研究的基础上,对中国银行业的改革之路进行了探索。首先,分析了中国金融业混业的条件以及中国银行业的现状,并论述了为什么"现代全能银行"是中国银行业改革的必然趋势,进而探讨了中国银行业走向全能化的前提、模式选择和节奏安排。认为,中国银行业向全能化转型的微观前提是中国的金融中介机构能否成为真正成为具有较强风险约束能力的市场主体,其中关键一点是能否建立有效的公司法人治理制度。最后,文章认为银行业的现代全能化道路不仅为银行带来了新机遇,同时也改变了银行业的风险结构,这一转变也意味着要加强金融监管能力,以防止系统风险的发生。

关键词:商业银行　经济体制改革　银行管理　金融监管

1309

基于东道国视角的外资并购风险研究 / 罗志松著 ; 甘当善指导. -- 复旦大学, 2005. -- 154 页

本文共分为三个部分六章。第一部分(第一章)为导论,对本文的研究背景、意义作了阐述,对几个关键概念进行界定,并提出外资并购风险的概念。第二部分(第二—五章)是理论分析部分。第二章首先阐述了外资并购的基本理论,重点介绍了对外直接投资理论、跨国并购理论、控制权市场理论和政府规制理论,对这些理论作了回顾和评述之后,提出了外资并购风险论的初步理论框架,并将外资并购风险论具体概括为制度风险、产业风险和金融风险三种类型。第三—五章分别从外资并购对东道国的制度风险、产业风险、金融风险三个角度详细论述了外资并购对东道国的风险。从制度风险来看,外资并购会影响东道国的经济制度性质、政治制度的更替和文化制度的变化,最终引发东道国发生制度变迁的风险。从产业风险来看,外资并购会推动东道国市场集中度不断提高,出现市场垄断的风险,严重时会阻碍民族产业的发展,影响东道国产业竞争力的提高。从金融风险来看,外资并购会对东道国金融市场的稳定性带来影响,并引发东道国国际收支危机和金融危机。第三部分(第六章)重点对外资在华并购的风险进行了实证研究。结果表明,外资在华并购目前尚未对我国构成威胁,但一些现象应引起我国政府的高度重视。为此,要在坚持扩大开放的前提下,采取适度的保护政策,以防外资并购对我国国家安全可能带来的风险。

关键词:跨国公司　跨国并购　外资利用　风险管理　东道国

1310

管理层收购的经济分析 : 结合中国实际的探讨 / 马钧著 ; 李扬指导. -- 中国社会科学院研究生院, 2005. -- 162 页

文章以西方经济学和西方已有的 MBO 文献和实践为基础,结合我国的具体国情,对管理层收购的背景、用途、融资渠道、定价方法等方面进行分析论述。

上世纪90年代末,MBO作为一种国有产权退出的方式进入中国,积累了一些经验和教训,文章对此进行总结和评价,以期为MBO政策的制定者和MBO的实践者提供理论基础。分析发现,在理论方面,现有的产权理论和公司治理理论对我国MBO同样有重要的指导作用,无论国内还是国外,管理层收购都是解决管理层激励问题、改善企业效率的重要方式;在实践方面,我国的MBO与多数发展中国家并不相同,但与英国和东欧国家私有化浪潮时期有些类似;在融资渠道方面,我国MBO融资渠道比西方发达国家要狭窄;在社会环境方面,我国的社会经济环境上有很多不适于MBO生长的因素;在定价方面,我国由于流通股比例小,行政限制多,信息透明低等问题,尚未形成公平合理的市场定价秩序。鉴于这方面存在的问题,我们应认清约束条件,发挥MBO的有利之处而避免它在当前的社会经济条件下可能带来的负面影响,同时,应完善市场和监管,为MBO创造合适的环境。

关键词:企业重组　管理层收购(MBO)　公司治理　并购　融资

1311

资产证券化原理及其运用研究 :基于风险和信息的研究视角 / 孟辉著 ; 王国刚指导. -- 中国社会科学院研究生院, 2005. -- 123 页

本文以资产证券化技术为研究对象,从资产证券化的基本原理和实际运用两个方面对资产证券化的实施问题予以论述。本文共八章,分三个部分。第一部分(第一到三章)主要从理论角度探讨了资产证券化作为一种新的金融技术,如何通过风险与信息匹配的改进,实现金融体系基本功能履行过程中的效率改进。第二部分(第四到六章)主要围绕资产证券化运行的约束环境(法律环境约束、市场环境约束和社会环境约束)进行讨论,得出一些可资借鉴的结论。第三部分(第七、八章)结合中国金融体制改革的进程,以风险和信息为出发点,讨论了资产证券化在整个金融体制改革中的地位和重要意义,论证了资产证券化在国内运用的必要性和可行性,并提出了以银行个人抵押贷款证券化为试点突破口,通过设立具有政策背景的抵押证券化公司,以信托型SPV的方式分步骤开展业务的政策建议。

关键词:资产证券化　信托　抵押货款

1312

银行跨国并购的效应研究 / 牛海鹏著 ; 陈雨露指导. -- 中国人民大学, 2005. -- 102 页

文章的研究重点是运用行为经济学原理解释银行跨国并购的动机和效应。首先,对银行跨国并购的理论研究进行了文献综述,认为,研究中存在的最主要问题是,实证研究结果不支持主流并购理论的预测,即无论以什么指标和方法衡量,银行跨国并购没有带来显著和确定的正效应,产生了"并购收益之谜"。文章首先采用事件研究法和绩效分析法对银行跨国并购效应进行分析,然后采用行为经济学方法对银行跨国并购的价值效应进行实证分析,进一步明确了在银行跨国并购领域"并购收益之谜"的存在。之后,提出了银行跨国并购战略的可能模式,分析了每种模式的特点及决策要素,对其中战略性并购和经济性并购两种并购模式的经验进行了深入分析,同时研究了银行跨国并购的几个典型案例。最后,考察了银行跨国并购与中国的关系,认为,鉴于中国银行业存在的各种特殊问题,严格意义上的跨国并购不大可能在中国大规模发生,外资银行可能采用参股、合资和新设等方式进入中国市场;而中国的银行也要采取多种手段迅速提升自身的竞争力,以适应未来激烈的竞争。

关键词:跨国银行　跨国并购　竞争力

1313

外资银行在华的发展战略研究 / 欧阳琦著 ; 江其务指导. -- 西安交通大学, 2005. -- 171 页

文章以中国加入世界贸易组织后的中国金融发展为背景,从外资银行的角度切入,以在中国经营的外资银行作为研究对象和以波特的一般战略理论为基础框架,从外资银行的在华的发展举措和布局等现象归纳细分其在中国的发展战略。全文主要包括三部分内容。第一部分主要回顾了中国加入WTO后中国银行业的开放格局和开放进程,对外资银行和中资银行的发展举措进行了分析比较,阐述了美、欧、日三大经济体的经济发展,全球银行业的经营发展形势,客观分析了中国经济和金融市场的潜力,对外资银行战略选择中国的原因进行论证。第二部分主要分析了外资银行在华的发展战略,将之细分为全面扩张激进战略、差异化发展战略、稳健发展战略、调整战略和观望战略等五类,每种战略分别列举不同的外资银行进行分析。第三部分从全球1000家大银行的排名分析中国银行业的竞争力和其面临的机遇和挑战,提出我国银行业发展面临的问题,分析政府部门对银行改革的举措,从而寻求促使我国金融业在国际化的框架

下,利用世界贸易组织的保护规则维护国家金融的自主性,实现中国金融的国际化和本土化相结合的最优发展策略;文章最后还针对我国银行业的发展提出了一些积极的建议。

关键词: 外资银行　发展战略　金融国际化

1314

单因子利率模型的极大似然估计及对中国货币市场利率的实证分析 / 潘冠中著 ; 俞自由指导. -- 上海财经大学, 2005. -- 97 页

本文介绍了单因子利率模型参数估计的极大似然估计方法,并在这一方法的基础上对中国货币市场利率作了实证分析。全文共分五章。第一章导言,介绍了选题的背景和意义、主要结构和创新点。第二章对相关文献进行了综述。第三章研究了利率模型与利率衍生产品,文章先分析了利率的特点和利率衍生产品,接着,研究了利率期限结构与利率模型,最后,分析了我国对利率衍生产品的需求。第四章在研究扩散模型参数估计方法的基础上,分析了可以直接使用极大似然估计(MLE)方法的利率模型,以及近似MLE的利率模型。第五章对中国货币市场利率进行了实证分析,先分析了中国货币市场与货币市场利率,然后,研究了单因子利率期限结构模型参数估计的数据选择,对基于CKLS模型的中国货币市场利率进行了实证分析,最后,提出了一个新的非线性单因子利率模型——单曲模型,通过分析指出这个模型为描述中国货币市场短期利率的最佳模型。

关键词:货币市场　利率　风险管理　极大似然估计

1315

保险企业创新能力问题研究 / 潘国臣著 ; 魏华林指导. -- 武汉大学, 2005. -- 151 页

文章对保险企业创新能力问题的研究一方面为丰富保险微观理论,另一方面为有助于指导保险企业增强创新能力,提高我国保险企业的国际竞争力。全文由八章组成。第一章介绍了保险企业创新能力的性质、作用,指出创新能力是保险企业生存和发展的关键,是帮助保险企业产生持续创新流、保持竞争优势的根源。第二章到第七章分别研究了保险企业创新能力的六个来源要素,即领导能力、企业文化、组织和流程、信息技术、顾客战略和绩效评估,以及对创新能力的作用机制、作用效果及培养途径等问题,其中,绩效评估在保险企业创新能力体系中处于核心的位置,它对保险企业创新能力的其他五个要素都有很强影响力,从增强创新能力的角度出发,保险企业应当同时注重整体评估框架和创新评估两方面。最后一章研究了与我国保险企业创新能力培养密切相关的宏观环境,认为保险企业创新能力培育和发挥需要政府和相关行业组织完善市场和监管环境,并建立运作良好的国家保险创新体系予以支持。

关键词:保险企业　保险公司　企业创新　企业能力

1316

中国国有商业银行国际竞争力研究 / 潘永著 ; 何泽荣指导. -- 西南财经大学, 2005. -- 231 页

文章旨在通过对商业银行国际竞争力的研究,了解目前中国国有商业银行国际竞争力的状况、认识与国际领先银行的差距、找出所存在问题的主要原因、寻求解决问题的路径和措施,从而促进我国国有商业银行国际竞争力的提升。文章主要内容包括一个基本框架、两个模型、两方面的评价、两方面的分析和一套对策。其中一个框架指商业银行国际竞争力的基本框架,是由商业银行国际竞争力构成、反映框架和商业银行国际竞争力的决定框架联系在一起共同构成的,是对中国国有商业银行国际竞争力研究的理论基础。两个模型指商业银行国际竞争力决定的基本模型和商业银行国际竞争力的评价模型。两方面的评价是对中国国有商业银行国际竞争力进行的分项评价和整体评价,分项评价包括规模国际竞争力评价、获利能力国际竞争力评价、资产质量国际竞争力评价、海外业务国际竞争力评价;分项评价和整体评价的结果都显示,与世界领先的商业银行相比,中国国有商业银行的国际竞争力远远落后。两方面的分析即在评价中国国有商业银行国际竞争力的基础上,对中国国有商业银行进行的内部分析和外部分析;内部分析结果认为,管理水平低下是导致国有商业银行国际竞争力较弱的最主要的内部原因,而单一的国有产权则是导致管理水平低下的根本性的内部原因;外部分析结果认为政府作用和针对国内民营资本的行政壁垒的存在是形成不利外部影响的两个较为重要的因素。最后,文章提出了提升国有商业银行国际竞争力的一套对策,包括关键对策、重要对策和扶助对策三方面;其中,关键对策就是对国有商业银行进行股份制基础上的产权非国有化改革,重要对策是深化政治体制改革、减少政府对国有商业银行的干预、创造良好的法治与信用环境、建立高效的服务性政府

等;辅助性对策是指要顺应商业银行的发展趋势。

关键词:国有商业银行　国际竞争力　产权

1317

中国证券公司风险监控研究 / 庞介民著 ; 邱兆祥指导. -- 西南财经大学, 2005. -- 263 页

文章以金融监管理论作为外部风险监控的理论基础,以金融风险管理理论作为内部风险监控的理论基础,在内外部风险监控之间建立了抽象的分析模型,探讨二者之间的关系,并为如何协调内外部风险监控的关系,从而提高监控效率奠定分析基础。全文分为八章。第一章分析了证券公司的风险特性,重点分析了证券公司和其他金融机构的不同以及本身存在的脆弱性和风险特点。第二章和第三章分别分析了成熟市场证券公司和新兴加转轨市场中中国证券公司的各种风险及其成因。第四章首先对金融监管和金融风险管理理论进行了综述与回顾;然后结合实际案例,从正反两方面阐述了内外部风险监控的重要性;接下来讨论了内外部风险监控之间的关系,运用经济学中有关供给和需求的基本原理,构建了风险监控的均衡和非均衡模型。第五章在模型框架内推导出成熟市场证券公司的风险监控模式。第六章将风险监控模式的另一前提条件即金融体制和金融系统的变化单独列出来,分析金融控股条件下证券公司的风险监控。第七章首先回顾了风险监控制度的演进和重点的转移,然后在此基础上总结出加强风险监控的三个现实约束条件:一是中国证券市场尚处于初级成熟阶段,二是历史包袱沉重形成倒逼,三是原先的制度设计存在缺陷。第八章在上述现实约束下探讨中国证券公司在规范化、市场化、国际化发展中风险监控模式的选择,提出了"金三角"构架的基本设想,即:政府部门的监管、市场力量的约束以及证券公司的自律等三个方面有机结合,相互作用,共同组成证券公司风险监控的三个支点。

关键词:证券公司　金融监管　风险管理

1318

国有商业银行公司治理结构优化研究 / 彭洁著 ; 许少强指导. -- 复旦大学, 2005. -- 147 页

本文在分析和归纳公司治理一般理论的基础上,研究了商业银行公司治理结构的特殊性,即商业银行信息透明度非常低,而且政府监管格外严格。同时,本文从国际经验视角出发,对英美模式和德日模式进行了比较分析,并总结了韩国、东亚地区治理结构改革的经验和教训。在理论与经验分析的基础上,通过分析我国商业银行改革出现的现实困难,对国有商业银行公司治理结构的优化进行了研究,并提出了相应的改革思路和对策建议。本文的研究内容主要包括以下几个方面:(1)本文提出,国有商业银行在股份制改革过程中,对公司治理结构进行优化要真正地转向英美模式,强调尊重、发挥董事会的职能,尤其强调独立董事和派出董事的监控职能,不设立监事会,降低解决委托代理的成本、提高治理效率,不要在英美模式和德日模式两者之间搞折衷,弄出一个既有董事会又有监事会的治理结构。(2)用一个简单的动态博弈模型分析了国有商业银行控制权(包括剩余控制权)是如何向管理层转移的,从而指出在国有商业银行的股份制改革中要以人格化的国有产权主体重新获取剩余控制权为核心优化国有商业银行治理结构。(3)研究了汇金公司派出董事制度,在此基础,上探讨了汇金公司作为一个人格化的国有产权主体应该如何扮演"积极股东"的角色,充分发挥其派出董事的作用,履行国有出资人职能,在中建两行的公司治理结构发挥实质性的效能,并就此提出了具有可行性的对策和建议。

关键词:国有商业银行　法人治理结构　股份制

1319

汇率政策信誉理论与实证研究 / 彭玉镏著 ; 奚君羊指导. -- 上海财经大学, 2005. -- 149 页

从政策信誉理论入手,运用博弈论方法对汇率政策信誉进行分析,总结出汇率政策信誉的一般规律,对钉住汇率政策的兴衰从政策信誉角度进行分析,为汇率政策的选择提供理论支持。文章首先回顾了最优政策时间不一致理论以及货币政策信誉博弈 Barro – Gordon 模型,以货币政策威力运用博弈方法分析了相机抉择、可信承诺解、惩罚界以及信号传递模型。然后,运用博弈论的方法考察了完全信息和不完全信息下的汇率政策信誉问题,认为相机抉择的汇率政策会产生"通货膨胀倾向"和"货币贬值倾向",政府的固定汇率承诺可以避免这种倾向。第三,从政策信誉的角度研究了钉住汇率政策兴衰的原因,认为钉住汇率政策通过把本国货币的名义汇率钉住低通货膨胀的国家货币来引入政策信誉,可以给公众传递政府的政策信号,并树立良好的政策信誉。第四,从政策信誉方面对汇率政策选择作出分析。第五,分析了 1994 年以来人民币汇率政策信誉,并考察了政策信誉所带来的信誉效应,认为政策信誉能够提高政策的有效

性,主要表现在信誉能够缓解政策执行过程中的信息不对称性、约束政府的相机抉择行为、提高政府声誉,而汇率政策信誉对经济会产生反通货膨胀效应、经济增长效应以及外部竞争力效应。最后,对人民币汇率政策的选择提出了建议,认为人民币应该继续坚持汇率稳定政策,并采取措施消除人民币升值的压力,在条件成熟的情况下,逐渐退出钉住美元的汇率政策,并选择合适的名义锚,以便使汇率政策继续保持良好的政策信誉。

关键词:汇率政策　博弈论　信誉　人民币汇率

1320

交易成本与资本结构研究 / 齐行黎著 ; 干杏娣指导. -- 复旦大学, 2005. -- 163 页

本文试图基于企业的交易成本观点来探讨最优资本结构决策问题。作者认为,企业选择何种类型的资本结构取决于它自身组织交易的特性,通过把治理结构的类型与交易的特征相匹配就能够达到节约交易成本的目的。因此,对上述资本结构交易成本分析的一个重要扩展就是融入来自委托—代理框架的某些观点,这个扩展的目的是把对资本结构选择行为的理解置于一个更为完善的企业观点之上。鉴于委托—代理框架和交易成本经济学都只描绘了现实企业的某些侧面,本文探讨了两种框架结合的可能性。作者认为,企业资本结构决策应同时考虑不对称信息引发的代理冲突以及对合同关系事后调整所导致的利益冲突。利用中国上市公司数据对交易成本与资本结构间的联系的实证检验结果表明,资产专用性和不确定性与资本结构负相关,且资本结构表现出明显的行业特性。这证明了作者的观点。最后,本文利用交易成本框架内得出的资本结构原理解释了一些重要的经验事实。作者认为,中小高科技企业之所以在成长期很少使用债务融资是因为这类企业面临很高的不确定性和资产专用性,大量使用债务融资会带来很高的交易成本。因此,旨在解决中小高科技企业融资困难的政策设计应该把注意力放在如何鼓励资金以股权的形式注入这类企业。另外,作者还从交易成本角度讨论了为什么风险资本能够成为一种极有效率的为处于成长期的高科技企业提供融资的方式。

关键词:企业融资　交易成本　资本结构　债务股权

1321

地方政府利用外商投资中的博弈分析 /邱晓明著 ; 王光伟指导. -- 苏州大学, 2005. -- 157 页

本文以地方政府为核心,充分运用现代经济分析工具,通过对实行改革开放政策以来,我国地方政府利用外商投资中博弈的分析,建立关于地方政府利用外商投资中的竞争行为的系统理论分析框架,阐明地方政府博弈行为的形成机理,并揭示出博弈结果对整个利用外商投资和经济运行过程的影响。全文共分六章。第一章为导论,介绍了本文的研究背景,分析了西方经济学关于政府行为的理论和外商直接投资理论研究的现状,对有关术语进行了界定及说明,明确了本文的研究定位和结构安排。第二章阐述了外商投资过程中博弈参与的主体,并对其行为进行了描述,先对地方政府和外商投资者的行为进行了描述,然后分析了利用外商投资中的基本博弈关系。第三章是对地方政府之间利用外商投资的博弈行为进行了分析,研究了地方政府的库诺特(Cournot)竞争模型和斯坦克尔伯格(Stackelberg)博弈模型,接着分析了地方政府之间利用外商投资的合作博弈的可能性,并作了进一步分析,指出了研究的结论。第四章研究的是地方政府与外商投资者之间的博弈,文章首先分析了不完全信息的静态博弈——拍卖模型,接着针对不同质的地方政府与外商投资者之间的博弈,建立相关模型并进行了分析,然后对影响地方政府差异化的因素进行了实证分析。第五章分析了博弈策略——投资激励政策的效应和趋势分析。第六章对地方政府角色的转换进行了探讨,在前文分析的基础上,引入新制度经济学派的最新成果,阐述了博弈结果会导致地方政府的角色发生变迁,即由经济管理型向公共服务型转变。

关键词:地方政府　外商投资　外资利用　博弈论

1322

商业银行的合约分析 / 商立平著 ; 江春指导. -- 武汉大学, 2005. -- 138 页

本文在我国商业银行改革不断向纵深推进这一大的背景下,在总结、归纳国内外合约理论的相关成果及分析方法的基础上,以制度因素为切入点,以合约为主线,重新解释金融体系中金融合约的相关概念,对我国商业银行体系的改革进程进行系统的实证分析和总结,并对我国商业银行如何重构金融合约关系进行了较深入系统的研究,指出我国商业银行合约优化的方向及实现改革目标的相关对策建议,对入世过渡期我国商业银行应对国内外复杂多变的金融环

境提供新的思路。全文共八章。第一章导论，主要对文章的选题背景及意义、研究方法及思路进行了交代，对国内外相关研究进行综述，并指出论文的突破和创新之处。第二章在对国内外合约理论进行了相关梳理的基础上，将合约概念引入金融学，勾画出新制度金融学的理论分析框架，为全文的展开奠定理论基础。第三章将我国商业银行体系的相关合约主要分为三种：市场合约、管理合约及政府合约，并对三种合约运行情况进行了总体考察，同时从合约中交易成本的角度度量了我国商业银行合约不规范的显性指标——不良贷款率。第四—六章分别运用实证与规范结合的方法、博弈论的方法、比较分析方法对我国商业银行合约效率问题（不良贷款问题）、合约形成机制问题、合约的优化进程问题等三个方面进行了系统研究。第七章对影响我国商业银行合约优化的相关因素进行了分析，指出了我国商业银行合约优化的方向与实现改革目标的相关对策建议。第八章是全文的主要结论及对进一步研究的展望。

关键词：商业银行　银行管理　合同

1323

中国融资结构的演变分析 / 沈其云著 ； 沈伟基指导. -- 中国人民大学, 2005. -- 172 页

文章以中国融资结构的演变作为研究主题，通过理论与实践的分析，提出了构造中国效率型融资结构的指导思想、演变动力和衡量标准。全文共分三部分。第一部分主要回顾和介绍了金融结构理论及其发展过程，梳理了不同融资结构所具有的相对功能优势。第二部分首先分析了中国融资结构的发展现状，指出中国金融体系多元化虽初步成形，但融资工具的多元化和纵向分层化却并不顺利，证券市场的分层结构也没有展开且市场分割严重；其次论述了中国居民的储蓄行为和企业的融资行为；再次，以国债收益率为参照系，研究了银行存款、股票投资的风险—收益的不对称问题，及其成因中的制度风险；最后从金融生态角度分析了中国融资结构进一步调整和优化所面临的制约因素，包括文化、习俗，风险意识与风险观念，信用基础及环境、产业、经济结构，法律制度环境、投资者保护等；并借用制度变迁和路径依赖理论的分析方法，从中国国情出发，将衡量融资结构调整和优化的效率标准动态化，提出了"适应性效率"的概念。第三部分首先提出了融资结构演变的指导思想、演变的动力和效率标准，并论述了直接融资和间接融资在高效率促进储蓄向投资转化方面发挥着各自特定的功能；然后借用了一个模型，描述了直接融资与间接融资的"最优"制度安排边界，说明了不同融资方式各有利弊；最后试图从市场参与各方（不是某一方）利益最大化的需要出发揭示融资活动中银行存贷款、股票、企业债券、可转换公司债等不同融资工具在储蓄转化为投资过程中对储蓄者、融资者在风险管理、弱化信息要求、降低委托代理成本方面的不同作用，认为在中国经济转型过程中，这些融资工具都应该有公平参与竞争的机会。

关键词：金融体系　融资结构　融资渠道　储蓄　股票市场

1324

中国保险制度创新研究 / 施建祥著 ； 林宝清指导. -- 厦门大学, 2005. -- 261 页

本文以制度创新理论、不对称信息理论、现代企业理论为依托，对我国保险制度创新进行了系统研究。全文分十部分。第一部分介绍了文章的选题意义、研究方法、结构安排，对相关概念进行了界定，并指出了本文的创新和不足之处。第二部分阐述了包括马克思的创新理论、熊彼特的创新理论以及新制度经济学的制度创新理论，同时综述了国内外学者对保险制度的研究文献。第三部分从制度变迁的视角分析了我国保险制度变迁的内在线索和各阶段的制度特征，并将建国以来的保险制度分为国家型、财政型和金融型三种类型。第四部分首先分析了中国保险业持续发展的五个制度约束，接着提出了政府推动和市场增进相结合的保险制度创新模式，明确了保险制度创新的"三化"原则：市场化原则、效率化原则、金融化原则，最后分析了保险制度创新的目标，即市场型保险制度，及其发展模式。第五部分在分析了保险商品交易的特殊性以及在交易中的信息不对称问题的基础上，作者从保险契约优化、核保核赔完善等角度提出了交易制度创新的思路。第六部分着重阐述了保险企业产权多元化、公司治理结构优化和保险业务流程再造等保险企业制度创新的思路。第七部分在对保险市场的结构进行分析后，对保险市场营销制度、中介制度和费率制度等的创新提出了思路。第八部分在回顾了中国保险监管制度发展的历史基础上，借鉴西方保险监管成功经验并结合我国保险业发展特点，提出了我国保险监管制度应采用折衷模式，并对中国保险偿付能力监管的创新提出了思路。第九部分探讨了保险制度创新可能带来的积极效应：实现保险业可持续发展、增强保险企业核心竞争力、加快

保险与金融的融合进程等。第十部分具体分析了我国保险制度创新的环境营造问题,包括法律环境、政策环境、诚信环境以及人才环境。

关键词:保险业　保险制度　制度创新　监督管理

1325

机构交易与股价行为研究:中国机构投资者的理论与实证 / 史晨昱著 ; 胡坚指导. -- 北京大学, 2005. -- 204 页

文章主要对由投资机构化、机构主导市场这一股票市场发展的大趋势所引发的股价效应进行了理论探讨与实证分析。全文可分为四部分。第一部分主要对机构交易的特征、策略、行为等一般情况进行概述,阐述了机构交易策略的严谨,对消极型策略、积极型策略和混合策略分别从理论基础、投资原则、代表性机构等角度进行了分析;并用一个信号传递博弈刻画境内外机构投资者之间的策略博弈;最后探讨了基金经理人在投资决策时因为心理因素的影响所导致的主观错误和行为偏差。第二部分主要从理论角度探讨了机构交易与股价行为之间的作用机制;首先通过构建一个机构投资者和散户投资者相互作用的市场交易模型,研究机构投资者影响下的股价形成过程;然后探讨机构持股与股价波动率之间的关系,并分析决策群集性与股价波动的关系;最后分析了在大宗交易制度下,机构交易的市场价格效应。第三部分主要以中国证券市场的机构投资者为对象进行实证研究,研究结果发现,国内基金公司数目日益增加,市场竞争日益激烈,业绩较差的基金经理人有加大风险调整比率的倾向;机构交易活动与股价收益率之间的动态关系研究表明,机构没有明显的追逐收益率行为,而机构持股有显著的季度间价格影响,而基金作为我国证券市场上重要的机构投资者,其投资行为对股票价格的变动具有一定影响,且无论市场上涨还是下跌,基金重仓股都存在明显的羊群行为。

关键词:股票市场　金融机构　机构投资者　证券交易　股票价格

1326

中国非寿险公司的偿付能力监管研究 / 孙佳美著 ; 刘茂山指导. -- 南开大学, 2005. -- 144 页

本文从理论和实证研究角度对中国非寿险公司的偿付能力的监管现状进行了分析,对其监管指标体系进行了实证研究,并对中国非寿险公司偿付能力监管体系的完善提出了建议。全文除前言外,共分六章。前言部分叙述了论文的选题背景,介绍了国内外的研究现状,概述了文章的主要观点、创新和研究方法。第一章概述了保险公司的偿付能力监管,先是对偿付能力进行了概述,然后分析了偿付能力监管的必要性和监管体系的建立。第二章介绍了一些国家和地区对非寿险公司偿付能力的监管,文章先比较分析了国外偿付能力监管法规的不同形式,然后分别介绍了英国、欧盟、美国、加拿大、日本和澳大利亚对非寿险公司偿付能力的监管。第三章研究了确定偿付能力额度要求的理论模型,作者先介绍了偿付能力额度的重要性、国际偿付能力监管的趋势、国际上确定偿付能力额度的方法;接着构造和推导了固定比率法的计算模型,并结合实际,提出了更为实用的最低偿付能力额度计算模型;然后推导出了各种风险组合下的 RBC 公式;最后介绍了动态财务分析模型。第四章先从不同侧面分析了中国非寿险公司存在偿付能力不足的问题,然后分析了对其监管规定发展的三个阶段,最后论述了当前中国对非寿险公司偿付能力监管的不足。第五章利用中国非寿险公司近几年的实际经营数据,参考资产负债表和损益表对中国现行的针对非寿险公司最低偿付能力额度的规定进行了实证检验。第六章提出了完善中国非寿险公司偿付能力监管体系的建议。

关键词:保险公司　理赔　监督管理　偿付能力

1327

近代中国金融发展与制度变迁 / 孙建华著 ; 王广谦指导. -- 中央财经大学, 2005. -- 395 页

本文采用经济学和金融学的基本理论和方法来梳理近代中国 105 年(1840—1945)的经济、金融发展历史,回顾近代中国金融发展走过的路径;分析近代中国金融发展(含金融制度的建设)与经济发展的关系,探究近代中国百年金融结构变迁的方向、内在动力和金融发展在经济发展中的作用,考察近代中国经济发展滞后的金融原因,客观认识金融发展在经济发展中的重要意义以及政府对金融发展的重视和推动对金融发展的积极作用。本文前七章,分别对鸦片战争前(18 世纪 30 年代—19 世纪 30 年代)、鸦片战争时期(1840—1860)、洋务运动时期(1861—1895)、清末时期(1896—1911)、民国初期(1912—1928)、抗战前国民政府时期(1928—1937)、抗战时期(1937—1945)中国金融发展及其与经济的关系进行分析。在此基础上,第八章得出本文的结论和基本启示:1. 金融发展与经济

发展有关,经济发展是基础,金融发展对经济发展具有支持作用;2. 百年近代金融发展历史表明,当金融发展与经济发展结合紧密时,金融产业的发展和经济发展一般能够取得较好成效,反之,金融产业的发展和经济发展的效果就较差;3. 政府对金融发展及金融制度建设的重视、推动是金融业稳定、快速发展的关键;4. 对外开放和中外经济交流的扩大有利于国内的金融发展和金融制度建设,金融市场开放有利于中国金融的现代化;5. 公司制金融是中国金融业改革和发展的方向;6. 有限市场约束下金融产业的兼业经营有利于近代中国各金融行业的发展;7. 国民政府在 1927—1945 年中国的金融发展和金融制度建设中发挥了重要作用;8. 政府失信于民、商业信用欠佳是阻碍近代中国金融创新与民族金融业稳定发展的主要原因。

关键词:金融发展　金融制度　金融史　近代

1328

中国保险投资环境与策略研究 / 孙明著 ; 刘茂山指导. -- 南开大学, 2005. -- 183 页

本文着重研究了中国保险业的投资环境问题,并根据我国保险投资环境的特殊性及中国保险投资的现实状况提出了中国保险投资策略。全文共分八章。第一章是导论,概述了论文选题的依据和意义,介绍了本文研究的内容和结构、研究思路、方法和范围。第二章研究了投资环境特别是保险投资环境的内涵与外延,介绍了西方相关理论和国内学者的最新研究成果。第三章着重研究了保险投资的理论和技术,文章对从保险投资的一般理论出发,结合社会分工理论,对保险投资的风险及其管理技术进行了研究,然后从保险资金投资风险偏好的角度出发来说明保险投资资金的性质与投资目标。第四章通过实证对国际保险业近 10 年来的保险投资环境进行分析,并对保险资金运用进行了国际比较研究,考察了部分 OECD 国家对投资工具的选择及实际经营的情况。第五章在对我国保险投资历程回顾的基础上,结合我国保险投资的经营状况和环境状况对我国保险业的投资运行特征及投资渠道的选择进行了深入研究,文章首先对我国保险投资中存在的问题进行了实证分析,着重分析了近年来保险投资收益低下的原因,然后以现阶段中国的银行体系选择为基础对我国金融体系的金融资产的构成进行了研究,最后对我国投资工具环境进行了详细的分析。第六章研究了中国保险投资的组织模式选择。第七章主要从保险资金的性质、保险投资原则、对风险的承受能力等角度分析保险投资的策略问题,并研究了目前条件下以及在未来利率市场化条件下的保险投资策略的选择。第八章从宏观及微观两方面对我国保险投资环境的改善提出建议。

关键词:保险投资　投资环境　投资收益　投资模式　保险市场

1329

金融产业演进与金融发展 / 孙伟祖著 ; 白钦先指导. -- 辽宁大学, 2005. -- 148 页

论文主要研究了金融产业的产生和演进,金融产业与金融功能的关系,以及这一产业的特征及与其他产业的关系的研究。首先,分析了金融产业演进与金融发展之间联系的基础。其次,本文构建了金融产业产生的基本框架,认为金融产业的产生需要一个过程,在经历了简单承担和扩大承担阶段之后,最终形成对金融功能的一般承担,从而标志着金融产业的形成。再次,总结了金融产业的特征及与其他产业的关系,认为金融产业的本质是媒介价值运动的特殊产业,具有渗透性、战略性、脆弱性、基础性和两重性的特征,金融产业既是产业结构中的产业,又是金融功能的核心载体,因此,金融产业内部要保持合理的结构,这是它效率的保证。第四,以上述分析为基础通过理论分析和历史考察研究金融产业演进。最后,在理论总结的基础上归纳出相关的政策含义,即要从战略高度发展金融产业,以金融理论为指导,以金融功能为出发点制定金融产业政策。

关键词:金融产业　金融发展　金融功能

1330

商业银行的资本充足率监管对货币政策的影响 / 谭文著 ; 奚君羊指导. -- 上海财经大学, 2005. -- 127 页

本文紧紧围绕"商业银行的资本充足率监管对货币政策的影响"这一主题,分七章对这一问题进行深入的论述。第一章导论,主要介绍问题的提出、国内外的研究现状、研究对象和研究方法、论文的分析框架以及论文的创新等方面的内容。第二章关于商业银行资本充足率监管的理论与实践发展综述,重点介绍了商业银行资本充足率监管的理论渊源,以及有关商业银行的资本充足率监管的实践发展情况。第三章关于商业银行的资本充足率监管对公开市场操作的影响,分别分析了单一约束和双重约束下公开市场操作的有效性,研究了美国商业银行的资本充足率监

管对公开市场操作的影响,最后是我国商业银行的资本充足率对公开市场操作影响的实证分析。第四章关于商业银行的资本充足率监管对货币政策中介目标的影响,重点分析了在对商业银行进行资本充足率监管以后,中央银行基准利率的变化是如何引起整个商业银行体系的平均贷款利率发生变化的。第五章关于商业银行的资本充足率监管对货币政策传导机制的影响,分别在《旧巴塞尔协议》和《新巴塞尔协议》下,论述了对商业银行进行资本充足率监管是怎样对中央银行的货币政策传导的"IS—LM"模型中的IS曲线的斜率造成冲击,并进而影响到中央银行货币政策传导机制的有效性。第六章关于商业银行的资本充足率监管对信贷渠道的影响,主要探讨了对商业银行的资本充足率进行市场约束监管,是怎样对传统的中央银行货币政策传导的信贷渠道产生影响的。第七章关于资本充足率监管下商业银行补充资本金对货币政策的影响,主要探讨了当商业银行分别采取股权融资、债权融资以及通过内部积累等方式来补充其资本金时,给中央银行的扩张性货币政策带来的影响。

关键词:商业银行　银行监管　资本充足率　货币政策

1331

人民币自由兑换对我国出口信用保险的影响 / 唐勇著 ; 张洪涛指导. -- 中国人民大学, 2005. -- 268页

文章首先介绍了出口信用保险的含义及其作用,并分析了人民币自由兑换对经济金融的影响。文章主要包括三大部分。第一部分主要分析了人民币自由兑换对出口信用保险的宏观和微观影响机制;分析认为,从宏观上讲,人民币自由兑换可以提高出口信保的承保能力与抗风险能力,增大出口信保承保的基础;从微观上讲,人民币自由兑换可以推动我国出口信保业的繁荣,提高信保机构自身的经营能力、赔付能力、追偿能力等;在前面分析的基础上,构建了人民币自由兑换影响我国出口信保的模型。第二部分,对人民币自由兑换在不同开放条件下对我国出口信保的影响进行实证分析,包括人民币自由兑换的封闭阶段、人民币经常项目开放时期、人民币资本项目开放时期;研究认为,这三个阶段对我国出口信保的发展的作用呈递进态势,人民币资本项目自由兑换能极大地促进出口信保的发展。第三部分,主要分析了人民币自由兑换的现状及对我国出口信保业发展的影响,认为其影响作用正在不断加强,但仍须加快两因素的协调发展;并提出了相关政策建议。

关键词:人民币　自由兑换　出口信用保险

1332

中国保险交易制度成本研究 / 陶存文著 ; 刘茂山指导. -- 南开大学, 2005. -- 167页

本文以中国保险交易成本为研究对象,从影响保险交易成本的制度的角度,探寻了保险交易成本的形成规律,从而找到降低我国保险交易成本的有效措施来提高我国保险市场的交易效率。全文除导言外,可分为三个部分。导言介绍了选题的背景及意义、研究思路及方法,回顾了相关的文献,叙述了适用本文研究的理论依据,概述了文章的基本架构及创新之处。第一部分即第一章,对保险商品、保险商品交易行为和交易成本进行了一般分析,作者首先依据马克思主义的商品理论,对保险商品及其价值构成进行了界定;然后分析了保险商品的理论价格构成和保险商品的市场价格构成;接着论述了保险商品的供求关系、交易行为及交易成本;最后对我国保险商品市场及其交易进行了实证分析。第二部分包括第二、三、四、五和六章,是对我国保险交易成本的理论和实证分析。其中第二章以产权理论为依据,分析保险信用产权的概念、保险信用的外部性和保险信用产权界定的意义等问题,并实证分析了我国保险信用产权状况、保险信用产权对我国保险交易成本的影响;第三章在对现代企业理论进行了综述的基础上,探讨了保险公司的治理结构与保险交易成本;第四章以信息经济学为理论依据,分析了不对称信息与内生交易成本,并实证分析了逆向选择和道德风险对我国保险交易成本的影响;第五章则是以市场模式理论为依据,分析了我国保险市场模式状况,并就我国现行寡头垄断保险市场模式对保险交易成本的影响进行了论述;第六章以保险监管理论为依据,实证分析了保险监管对我国保险交易成本的影响以及降低我国保险监管成本、保险交易成本的有效途径。第三部分为结论。

关键词:保险业　交易成本　保险市场　信息不对称　监督管理

1333

资产收益跳跃行为的理论与实证研究 / 童汉飞著 ; 陈浪南指导. -- 厦门大学, 2005. -- 117页

当市场出现重大或异常信息时,资产收益将可能产生突发性、大规模变化,即跳跃行为。本文对跳跃

行为的研究主要考察五个方面的问题:一是跳跃行为对波动性的影响;二是波动性对跳跃行为的反馈效应;三是波动性非对称效应中的位移效应;四是跳跃行为发生概率的动态规律;五是中国资本市场收益跳跃行为的特征分析。本文首先建立了 EARIV – GARCH 模型,接着采用沪深 A、B 股指数以及 9 家单股对模型以及相关假说进行实证分析。结果表明,A 股与 B 股指数均显著地存在跳跃行为。指数支持市场压力减弱假说(即认为跳跃行为释放了压力,市场必须重新积累力量以便再次发生跳跃行为,因此跳跃强度应该会降低),但在波动性的非对称效应中没有发现显著的位移效应;单股则分别支持市场压力减弱假说和市场能量释放假说(即跳跃行为的发生预示交易将会变得更为活跃,因此跳跃强度应该增强),有位移效应且一致为负,即投资者对这些股份持有非零的损失容忍。此外,跳跃行为是迅速地反映在资产即期价格上,一般不会对收益造成长期的效应。但是跳跃行为的发生的确会改变跳跃强度现有的状态,从而对资产收益造成更为潜在的影响。

关键词:资本市场　股票指数　经济波动　投资收益　投资风险

1334

中国银行业并购的动因与战略研究 / 童文俊著 ; 干杏娣指导. -- 复旦大学, 2005. -- 173 页

本文共分为六章。第一章为导论,首先,对本文的重要概念作了界定,其次,对银行并购理论的发展进行了综述,最后,介绍本文的研究思路、结构安排等。第二章在对中国银行业发展现状和中国银行业并购历程予以阐述的基础上,分析了中国银行业既有并购的动因、成效与问题,并对光大银行并购案例作了绩效实证分析,然后,研究了中国银行业进一步并购的动因,并确定了宏观动因与银行业并购战略相对应的本文研究框架。第三章在对银行业规模经济和范围经济予以理论分析的基础上,实证分析了中国银行业的规模经济和范围经济。随后,对规模经济与银行业横向并购、范围经济与银行业混业并购作了理论与实践考察,分别提出了基于规模经济和范围经济动因的中国银行业并购战略。第四章首先对银行业市场结构作了理论分析;其次,从集中度角度考察了中国银行业的市场结构,实证研究了中国银行业的市场结构与市场绩效,分析了中国银行业的最优市场结构;再次,对银行并购与银行业市场结构之间的关系作了理论与实践上的考察;最后,阐述了基于市场结构优化动因的中国银行业并购战略。第五章在对金融体系稳定、有问题银行的市场退出与银行并购之间的关系予以理论分析的基础上,分析了中国银行体系的稳定性,进而分析了基于金融体系稳定动因的中国银行业并购战略。第六章对当前中国银行业的竞争力水平作了国际比较,分析了中国银行业市场上外资银行并购的历程、动因、策略与影响,提出了基于外资竞争动因的中国银行业并购战略。最后,本章分析了中国银行业的跨国并购,提出了基于对外竞争力提升动因的中国银行业跨国并购战略。

关键词:银行业　银行合并　跨国并购

1335

公司治理结构与管理层收购研究 / 万宏伟著 ; 姜波克指导. -- 复旦大学, 2005. -- 140 页

本文共分七章。第一章是对管理层收购的理论回顾。第二章首先考察管理层收购活动与公司治理结构改善之间的理论关系,回顾有关管理层收购对公司治理结构影响的实证结果,然后,对这些理论与实证分析的结论进行简评。第三章首先对公司控制权理论进行介绍,简要分析了公司控制权的定义、公司控制权配置的方式、公司产权与控制权的关系,以及控制权配置对公司绩效的影响;然后,分析了管理层收购对中国国有企业公司控制权配置的影响。第四章是对管理层收购与企业家选择的分析,作者认为,管理层收购能让有企业家才能的人成为企业家,能激发管理层的企业家精神,能够真正实现企业家的价值。第五章在对公司激励与约束机制进行理论分析的基础上,探讨了管理层激励与约束方式,并分析了管理层收购与中国公司激励约束机制的建立问题。第六章对中国管理层收购与公司治理进行实证分析。第七章归纳国外管理层收购与公司治理的理论关系,指出中外管理层收购之间的区别,以及中国目前管理层收购存在的主要问题,并提出完善管理层收购、改善中国公司治理结构的相关建议。

关键词:法人治理结构　管理层收购(MBO)　企业控制权　激励

1336

金融体系 : 比较与演进 / 汪兴隆著 ; 戴国强指导. -- 上海财经大学, 2005. -- 178 页

论文主要是对中介主导性金融体系与市场主导性金融体系进行比较,以分析其优劣及影响金融体系演进的因素,旨在深刻理解金融体系背后的逻辑,并

对我国金融体系建设提出相关意见。首先,根据金融功能主义的观点和方法,阐述金融中介和金融市场的动态关系,总结有关金融中介新理论,并比较分析了金融中介和金融市场在投融资关系、信息生产、风险管理、公司治理等功能方面的优劣。其次,对两种金融体系在促进经济增长方面的绩效进行比较,并在一个内生增长模型中进行比较,指出理论和实证表明他们在刺激经济增长方面作用相同,法律主导金融体系的观点是正确的。第三,探讨了金融合约所赋予的权力背后的法律制度对金融体系形成和发展的影响,从金融体系运行的环境方面进行比较,对两种金融体系下的最优破产法的设计进行研究。第四,对两种金融体系运行的稳定性,即引发金融危机的可能性进行比较分析,认为与混合型的金融体系相比极端型的金融体系更加容易引发金融危机。除了从微观层面对金融体系不同功能的比较,还从宏观上比较了金融体系功能发挥的绩效和稳定性,并比较了法和金融体系的关系。此外,文章还分析了影响金融体系演进的因素:系统内竞争和银行制度,对转轨国家金融体系的演进进行政治经济学分析,认为我国目前金融中介主导型金融体系是合意的,并对我国金融体系改革提出了若干建议。

关键词:金融体系　金融市场　金融中介　金融危机

1337

中国股票市场 :制度环境、主体行为与制度安排 / 王邦志著 ; 唐旭指导. -- 中国人民银行金融研究所, 2005. -- 200 页

本文借鉴了当代西方微观经济学基本原理以及制度经济理论的最新研究成果,对我国证券市场交易机制进行了剖析,通过对我国证券市场制度安排的构成、运行机理、参与主体各方的行为特征等涉及我国证券市场制度安排的各个方面的探究,从制度环境及主体行为的角度揭示影响我国证券市场制度安排发展的原因及内在机理;从制度安排的角度对我国证券市场制度安排的确定、制度纠偏的思路,提出证券市场制度建设的总体方案,以促进证券市场规范发展、总体运行效率的提高。论文首先从理论和历史的角度对股票市场的本质和目标进行了系统的阐述,以此为基础构成了研究证券市场制度环境的影响以及制度纠偏的认知平台;通过对证券市场制度环境对主体行为的影响总结和分析,考察和评估股市所存在的问题及不足,研究的重点在于明确制度环境和主体行为倾向对制度安排实施效果所带来的异化以及如何实现有效地纠偏等;最后从制度纠偏、环境改善和主体行为引导这三个方面分别给出对应的措施建议,并一起形成推进我国股市制度化建设的总体方案。

关键词:股票市场　证券交易　上市公司　投资者　股权

1338

中国商业银行竞争战略问题研究 / 王滨著 ; 马君潞指导. -- 南开大学, 2005. -- 164 页

作者指出,伴随着企业战略管理理论的发展,20世纪90年代,一些学者提出了以企业内在核心竞争力为基础的战略理论,以此为基础,西方国家商业银行内在资源所形成的资源配置能力成为商业银行最关键的竞争能力。我国商业银行也意识到了这种竞争战略对银行发展的重要性,也制定了一些竞争战略,但由于战略趋同、规模扩张导向以及组织架构等原因,导致中国商业银行效率低下。实证研究表明,近年来我国商业银行竞争能力提升的主要原因是技术进步而不是战略管理方式的改进。文章通过分析中国银行业的现状指出,我国银行业目前的科层结构已经严重制约其竞争力的提升,通过借鉴国际商业银行 SUB 组织架构模式,指出中国商业银行应对其前中后台进行整合,建立相应的协调机制,从而保证这种线条管理模式的有效实施。文章还对目前我国商业银行发展的几项重点业务进行了系统分析,认为加入 WTO 之后,我国商业银行面临着比国内市场更大的金融风险和经营风险的挑战,所以必须改变原来的风险管理理念,利用一些新型金融工具,通过吸收、转移或对冲等手段进行积极的风险管理,以合理的方式来规避风险并获取收益。总的分析认为,在分业经营的监管模式下,必须通过组织架构战略、业务发展与创新战略以及积极风险管理战略整合我国商业银行内部资源,来全面提升核心市场竞争力。

关键词:商业银行　市场竞争　竞争战略　风险管理　金融工具

1339

国有商业银行治理结构论 / 王长江著 ; 裴平指导. 南京大学, 2005. -- 210 页

本文以契约论、委托代理论和利害相关者论为理论研究基础,深入分析了商业银行治理结构的核心架构,即权力与制衡制度、激励与约束机制。文章按照从一般到特殊的思路开展研究,首先分析了市场经济

条件下商业银行治理结构的一般理论,探索了商业银行治理结构的基本理论架构;再分别从权力与制衡、激励与约束两个方面阐述了商业银行治理结构的基本内容与具体安排策略,指出了构建有效商业银行治理结构的核心;最后具体分析了国有商业银行治理结构存在的问题及根源,探讨了完善国有商业银行治理结构的具体对策。全文共分五章,第一章分析了商业银行治理结构的一般理论架构;第二、三章分别从权力与制衡、激励与约束来论证商业银行治理结构的核心;第四章详细分析了国有商业银行治理结构存在的严重缺陷及原因;第五章探讨了国有商业银行治理结构的完善策略。论文通过理论分析与实证研究,指出了我国国有商业银行治理结构的完善,其实质是要建立起一套能协调各种利益关系的机制,争取各方利益最大化,包括权力与制衡的对称、激励与约束的有效安排以及有关制度的建设等,从而通过国有商业银行治理结构的完善,增强其竞争力,提高资源配置效率。

关键词:商业银行　法人治理结构　产权　激励约束

1340

论中国 IPOs 的价格行为模式 / 王会妙著 ; 何小锋指导. -- 北京大学, 2005. -- 195 页

本文通过对中国证券市场首次公开发行的股票(IPOs)短期和长期价格行为的实证分析,得出了中国 IPOs 的价格行为模式,并对这一模式的形成机理进行了研究。与国外股票相比,中国股市存在独特的“二元股权结构”,本文一方面以二级市场同行业已上市公司的 P/E 和 P/S 乘数作为新股定价的参考,选用相对价值评估模型对中国新股发行价格和上市价格进行了评估;另一方面以股票内在价值作为新股定价的参考,选用随机成本前沿模型从发行效率角度对中国新股抑价现象进行了分析。并结合中国股票市场的特征,提出了关于中国新股抑价的三个假说:“价差”假说、“投资者情绪”假说和“发行效率”假说。通过对中国新股长期和短期价格的实证研究,检验了上述假说,指出:第一,不管是传统经典金融 IPO 理论还是新兴行为金融 IPO 理论,它们都不能对中国 IPOs 价格行为作出完满解释,“二元股权结构”所带来的一、二级市场的“价差”是中国 IPOs 高抑价形成的主要原因,IPOs 长期价格表现的实证结果支持该假说;第二,投资者情绪假说对中国新股抑价具有一定的解释能力,与国外投资者相比,中国投资者对待新股既存在反映过度,也存在反映不足;从长期来看,价值低估新股投资组合的平均价格绩效要好于价值高估新股投资组合的平均价格绩效;第三,中国新股发行效率低下,从长期来看,发行有效率的新股投资组合的平均价格绩效要好于发行无效新股投资组合的平均价格绩效。

关键词:股票市场　新股发行　股票

1341

中国股票市场投资者行为的经济解释 / 王庆仁著 ; 陈耀先指导. -- 西南财经大学, 2005. -- 137 页

文章首先从实证的角度提出中国股票市场若干需要解释的现象。其次,从学术研究的传统出发对投资者行为理论,包括新古典经济理论和行为金融理论,进行回顾和解读。第三,文章认为无论是新古典经济理论还是行为金融理论都不能对中国股票市场的若干现象进行有力的解释,所以需要建立能够解释中国股票市场特殊现象的理论;论文坚持新古典传统的核心——投资者追求预期最大化不变,但把约束条件的考察放宽。将新古典理论一般化,所建立的中国股票市场投资者行为的一般理论为:在信息、知识、心理、产权和交易费用约束下的最优解。而最优解的解决取决于约束条件的约束和变化。不同约束条件下,最优的程度不一致;随着约束条件的改变,最优的程度也在改变;投资者行为也在改变。最后,应用约束条件下的投资者行为理论对中国股票市场中出现的股票价格“齐涨齐跌”、股票价格对信息的反应不足和过度反应、基金组合投资的集中度进行了理论解释。

关键词:股票市场　证券投资　投资者　投资行为

1342

中国股票市场投资策略研究 / 王荣著 ; 俞自由指导. -- 上海财经大学, 2005. -- 101 页

本文主要研究中国股票市场动量投资策略(momentum strategies)或反向投资策略(contrarian strategies)的投资绩效,在此基础上分析中国证券投资基金在不同时期的投资策略是否存在动量策略或反向策略。本文主要包括三方面内容。首先探讨在不同形成期搭配不同持有期下,在中国股票市场采用动量策略或反向策略能否获得显著利润,同时分析动量策略与反向策略利润的来源,包括风险因素、季节因素、产业类别动量策略因素、盈利时间序列的可预测性及盈利期望值的横断面变异因素及反应不足、过度反应与随机漫步因素。文章认为,大体上中国股票市场采用

动量策略较为成功,但由于其利润因素中存在 F&F 三因子模型负 Alpha 的现象与过度反应因素所造成利润不稳定现象,因此使用动量策略应当小心谨慎。其次,本文提出结合动量策略与反向策略的特性,组合成综合策略,买入短期股价下跌但中期股价上涨的个股,同时卖出短期股价上涨但中期股价下跌的个股,验证了综合策略的报酬情况优于单纯的动量策略或反向策略。最后,本文在实证分析了我国基金的投资绩效后,从产业类别动量策略、反向策略角度探讨中国证券投资基金的投资策略,认为大体上中国证券投资基金大多采用产业类别动量策略,而且产业类别动量策略比产业类别反向策略更能获得较佳绩效。因此,我国基金的产业类别动量策略并非不理性投资行为,而是有加快类股指数真实价值的发现与调整过程。

关键词:股票市场　证券投资　投资策略　证券投资基金

1343

新开放经济宏观经济学理论和研究 / 王胜著 ; 邹恒甫指导. -- 武汉大学, 2005. -- 147 页

文章主要阐述了对新开放经济宏观经济学的研究。全文包括三部分。第一部分为论文的前两章,是对整个国际经济学的发展进行的梳理和总结;第二部分包括第三至五章,主要介绍和发展了新开放经济宏观经济学的几个基本模型;最后一章是第三部分,主要介绍了运用这个新框架讨论货币政策问题的几个模型,从而揭示了新开放经济宏观经济学的研究前沿和未来的发展方向。其中,第一章对战后早期开放经济宏观经济模型的发展进行简单的概括和介绍;第二章首先介绍了 Obstfeld 和 Rogoff(1995)建立的融入垄断竞争和名义价格粘性的动态一般均衡两国经济模型,接着从名义刚性、市场分割、居民偏好等几个角度系统地讨论了新开放经济宏观经济学近 10 年来的发展情况和研究成果;第三章从几个不同的方面发展了一期粘性价格的两国经济模型;第四章研究了粘性价格的小国经济模型,重点分析了引入资本对国际传导机制产生的新变化;第五章讨论引入不确定性的随机经济模型;最后,讨论了基于 Obstfeld 和 Rogoff(1995)模型的 Corsetti 和 Pesenti(2001)政策分析框架,重点研究了各种财政、货币政策的相互影响。

关键词:开放经济　宏观经济学　关税　汇率　货币政策　通货膨胀

1344

人民币国际化进程研究 / 王胜英著 ; 裴平指导. -- 南京大学, 2005. -- 178 页

文章以经济全球化为背景,通过研究货币国际化的一般规律,结合我国经济发展的实际情况,特别是人民币在周边某些国家和地区已经流通的基本事实,构建了理论分析框架,对人民币国际化进程问题展开论述,提出了分阶段推进人民币国际化进程的思路,即人民币"周边化"、人民币区域化和人民币全球化,并运用相关理论以及通过实证研究加以详尽阐述和论证。全文共分为三大部分。第一部分以理论分析为主,首先从货币国际化的含义辨析与界定入手,归纳综述了目前理论界对货币国际化和人民币国际化的相关解释,并着重阐述了人民币国际化是一个主动创造竞争潜质,在国际经济领域,逐步替代其他主权货币,并形成国际货币特征的动态发展过程;其次,运用"格雷欣"货币替代法则、凯恩斯货币需求理论、蒙代尔"适度货币区"理论、肖与麦金农的"金融深化"渐进说理论,构建出本文的理论分析框架。第二部分以现实分析为主,根据经济全球化发展的客观要求,指出人民币国际化是我国经济持续发展和货币国际化利益驱动下的必然选择,人民币国际化将进一步扩大我国对外开放程度;并在此基础上进一步探讨了人民币国际化的可行性,以及人民币国际化分阶段推进的合理性。第三部分着重于人民币国际化三个阶段的研究,在两个层面上依次展开;第一层面是对人民币"周边化"现实进行研究,第二层面是对人民币向区域化和全球化发展问题作前瞻性研究,分析了人民币未来发展所应具备的条件,并借鉴主要国家货币区域化、全球化的经验,提出人民币区域化、全球化的选择路径。文章认为,人民应该先争取国际关键货币地位,然后再与现有的国际关键货币展开竞争,进而才能获得国际货币地位,实现人民币国际化最高阶段的目标——人民币全球化。

关键词:人民币　国际化　自由兑换　国际货币

1345

开放式基金费率研究 : 中国基金业费率的合理水平 / 王霞著 ; 谢平指导. -- 西南财经大学, 2005. -- 131 页

文章重点对开放式基金的费率进行系统研究,从费率结构、费率建立模型、不同类型基金费率的发展趋势、不同国家在不同阶段的费率水平和费率结构等方面进行探讨,以期达到三个目的:一是为我国开放

式基金的产品设计和费率研究提供一些理论参考和依据；二是为基金监管机构提供监管依据，对我国开放式基金费率的法律法规、信息披露作出合理规定和要求；三是通过对基金费率的详细研究，使投资者对开放式基金有更加深入的认识，从而作出更有利的投资选择。文章在深入分析海外共同基金，尤其是美国共同基金费率的发展、结构和水平的基础上，结合我国基金业发展情况，建立影响我国基金费率因素的经济计量模型，发现我国基金业定价机制存在的问题，提出中国证券投资基金业费率的合理性安排，同时研究我国基金业外部环境治理和改造的途径，最大限度地保护投资者利益，并为监管者提供监管依据。全文共分七章。第一章主要对开放式基金费率的文献综述进行了归纳、分析与总结；第二章重点分析了基金费用组成结构及特点，并介绍了我国开放式基金的费用结构；第三章对开放式基金费率的发展趋势进行了归纳和研究，对以美国为代表的海外共同基金分别从基金费率总体水平、基金类型等几个角度对费率的发展趋势进行了总结和分析，并分别对美国、德国、台湾和香港等国家和地区的费率特点逐一进行了研究；第四章从宏、微观两个角度对费率形成的内在因素和外在因素进行了分析，并建立了影响这两种费率的内生机制模型；第五章对影响基金费率的外部因素进行了研究，分别对监管法律、信息披露、公司治理结构、税收政策等几个层面进行了分析；第六章结合我国基金业发展的情况，建立了我国基金费率模型，对影响我国基金费率的因素进行了实证研究；最后，根据我国费率模型的研究结论，结合我国基金费率现状及存在问题，重点对我国基金业费率的合理安排提出了设计思路和有关建议。

关键词：开放式基金　证券投资基金　费率

1346

中国货币政策中介目标取向研究 / 王秀芹著 ；刘玉操指导. -- 南开大学, 2005. -- 153 页

论文在介绍西方货币政策中介目标理论与实践的基础上，首先通过宏观经济理论模型和计量经济模型的理论与实证分析，认为在中国短期货币需求不稳定、货币供应和总需求的利率弹性比较小、银行信贷渠道是货币政策主导传导机制的条件下，在经济发展和金融创新上未动摇货币供应量的相关性、可控性和可测性的前提下，货币供应量仍是中国目前货币政策中介目标的较好选择，中国应逐步发挥其货币政策“名义锚”的作用。然后，文章通过建立以稳定物价为目标的宏观经济理论模型，说明当中国将来遭遇金融创新或其他使货币需求不可预见性增大的事件时，货币供应量中介目标将不得不改变。最后，考察了利率中介目标和通货膨胀目标制在中国的适用性，认为中国将来不宜采用单纯以利率为目标的货币政策策略，通货膨胀目标制可以作为一种选择的货币政策框架。目前，中国应不断改进对货币供应量的控制能力，并借鉴通货膨胀目标制，不断增加货币政策的透明度和可信度，采取前瞻性货币政策操作，努力提高货币政策操作水平和技巧，在恰当时机向通货膨胀目标制过渡。

关键词：货币政策　货币供给量　利率　通货膨胀

1347

国内商业银行市场营销研究 / 王元林著 ；江其务指导. -- 西安交通大学, 2005. -- 156 页

文章对国内商业银行市场营销研究的内容主要包括七部分。第一，通过分析商品市场与银行市场，考察商业银行市场营销演变的过程，论述市场营销在商业银行经营管理中的作用，阐述银行市场营销的理论基础以及市场营销管理体系的构成；第二，对国内商业银行的市场需求和客户行为进行分析；第三，对国内商业银行产品供应的分析，运用产品层次理论，分析国内商业银行的存款、贷款和中间业务三大类产品供应与市场需求相脱离的现象，指出其品种设计的缺陷，同时论述了国内商业银行的中间业务的现状和改进情况；第四，分析了国内商业银行的分销渠道，首先论述了商业银行优先发展直接营销渠道——分支机构的原因，并分析分支机构和营业网点的现状和问题，提出对于新增分支机构的合理选址要注重服务范围和详细地址两个决策过程，然后论述了间接分销渠道的功能特点以及国内外发展过程，特别是对银行卡和网络银行这两种主要分销渠道的现状进行了分析；第五，分析了国内商业银行的市场营销组织，客户经理制是现代商业银行市场营销最主要的组织模式，但国内独资商业银行在实施过程中还存在与其他业务部门的协调、存量客户资源的分配管理以及客户经理角色定位等方面的问题和矛盾；第六，研究了国内商业银行市场营销调研系统的构建问题，研究认为，各商业银行市场营销调研活动应分别在总行、分行、支行三个层面上展开，调研人员应与市场营销人员紧密结合。最后，运用制度经济学的观点，论述企业文化与国内商业银行制度变迁的关系，揭示当前国内商业

银行的企业文化既存在计划经济下的行政色彩,又呈现出激烈市场竞争下的急功近利的特征,今后一段时间内,应对国内商业银行企业文化进行再创造和培育,重点要构建国内商业银行的精神文化,包括:企业精神的塑造、企业经营哲学的形成和企业价值观的树立。

关键词:商业银行　市场营销　营销渠道　客户

1348

政府债务管理和现金管理研究 / 韦士歌著 ; 李扬指导. -- 中国社会科学院研究生院, 2005. -- 96 页

文章在研究政府债务管理和现金管理政策的基础上,探讨政府债务管理和现金管理与货币政策和财政政策的关系问题,在进行理论分析并充分借鉴发达市场经济国家经验的基础上,对如何完善我国政府债务管理和现金管理提出了若干建议。全文共分为五章。第一章主要分析了选题背景,并对现金管理和债务管理的含义及相关概念进行界定。第二章主要阐述了现金管理的目标、原则和主要工具,分析了最佳现金余额模型,论述了现金管理作为短期债务管理的性质,并认为其同时兼有短期资产管理表现形式的特征,另外还阐述了现金管理的操作过程。第三章主要对债务管理的目标、原则和主要工具问题,从到期期限、剩余期限、存续期限、债务风险折合成本值等方面,对最佳债务结构模型作了研究,并阐述了主要债务管理工具的运用问题。第四章主要研究了现金管理和债务管理与货币政策和财政政策的关系,研究认为,现金管理和债务管理对货币政策操作没有负面影响,而对财政政策影响很大,因此,现金管理和债务管理应与货币政策操作保持独立,从而保证其更好地为财政政策服务。第五章主要对我国现金管理和债务管理的现状作了概括,并对如何完善我国现金管理和债务管理提出了若干具体的政策建议。

关键词:债务管理　现金管理　财政管理　货币政策　财政政策

1349

存款保险制度理论、实践与中国模式 / 魏志宏著 ; 吴念鲁指导. -- 中国人民银行金融研究所, 2005. -- 131 页

本文分五章探讨了存款保险制度的相关问题。第一章讨论银行的脆弱性,包括银行内在脆弱性理论的解释、银行理论的新发展、银行风险和危机等内容。第二章研究存款保险制度理论,主要讨论了存款保险制度的潜在收益和存款保险制度的道德风险。首先,通过对 Diamond - Dybvig 的银行挤兑模型及 Cooper - Ross 的模型扩展分析,证明了存款保险制度,特别是在与最低资本要求结合时能够有效防止银行挤兑;其次,探讨了道德风险的期权定价模型、单一保险费率与道德风险、隐含价格与道德风险等问题。第三章是存款保险制度的国际比较,首先,介绍了国际清算银行关于建立有效存款保险制度的指导原则、国际货币基金组织的《存款保险制度最优实践原则》、欧盟的《存款保险方案指令》及成员国家的实施情况。其次,介绍了各国存款保险实践的普遍做法与趋势。第三,对各国存款保险制度进行比较研究。第四章介绍美国、德国、日本等西方主要国家的存款保险制度。第五章探讨我国的存款保险制度模式,对我国居民储蓄存款、银行业的现状、建立存款保险制度的必要性、存款保险的定价等进行研究并设计了我国的存款保险制度。

关键词:存款保险制度　财产保险

1350

中国上市公司融资行为研究 / 吴江著 ; 吴晓求指导. -- 中国人民大学, 2005. -- 145 页

文章从融资需求、融资供给的视角对中国上市公司融资行为进行了研究,分析了不同公司特征和产业特征对融资需求的影响,金融市场化程度对企业融资能力的影响以及中国上市公司融资行为对公司价值的影响,考察不同融资方式的成本与收益,在中国证券市场股权分制结构的背景下重新审视上市公司的融资行为及资本形成机制,着意探讨股权分置结构对上市公司融资行为的影响以及二者之间可能存在的逻辑关系。对中国上市公司融资行为分析框架的研究从六个层面展开。第一层面是将中国上市公司融资行为及资本结构特征与成熟市场国家及新兴市场国家进行比较研究;第二层面是从公司特征和产业因素的角度研究中国上市公司的融资需求,结果表明,中国上市公司的资本结构的决定因素表现出新兴市场企业资本结构的一般性规律,也具有自身的独特性;第三层面从金融市场发展和融资体制的角度研究中国上市公司的融资供给,研究结果显示,中国现行金融制度呈现出明显的非均衡性,主要表现为金融深化程度与经济发展程度不同步,金融市场结构失衡,金融市场功能被扭曲,而这些因素深刻地影响着企业的融资结构;第四层面研究中国上市公司的融资行为对公司价值的影响,着重研究特殊的股权融资行为是

否与公司价值最大化目标相符,抑或过度股权融资行为对公司价值是否会造成损害;第五层面是研究融资成本和融资收益对中国上市公司融资行为的影响,计量结果显示,中国上市公司再融资的成本中股权融资成本大大低于债券融资成本,这与成熟市场存在较大差异,但与新兴市场情况大体相符;第六层面研究了既定融资行为下中国上市公司的资本形成机制和股东财富分配机制,研究结果表明,股权结构与公司资本结构密切相关,融资行为与股东财富分配机制密切相关,在股权分置结构下,这种相关性尤为明显。

关键词:上市公司　融资　股权　资本市场

1351

中国保险公司偿付能力研究 / 吴江鸣著 ; 林宝清指导. -- 厦门大学, 2005. -- 235 页

文章以信息经济学和博弈论为理论基础,对偿付能力的信号传递作用及偿付能力的选择进行探讨,并分别以偿付能力影响因素的理论分析和偿付能力预测模型进行实证研究,旨在为中国保险公司制定改善偿付能力的经营措施,为中国保险监管部门加强偿付能力监管提供参考。全文共分为六章:第一章主要回顾了国内外的相关研究;第二章对偿付能力影响因素进行理论分析,比较偿付能力度量模型,介绍偿付能力预测模型,并探讨了偿付能力与承包能力的关系;第三章根据信息经济学的理论框架分析保险市场的逆向选择问题,并运用信号传递理论证明偿付能力具有信号传递作用;第四章以博弈论为理论基础,探讨了保险公司在完全信息和不完全信息下偿付能力的选择;第五章运用 Panel Data 模型进行中国保险公司偿付能力影响因素的实证研究;第六章运用人工神经网络模型对中国保险公司偿付能力预测进行实证研究。

关键词:保险公司　偿付能力　理赔　保险监督

1352

金融稳定 : 框架分析和模型构建 / 吴军著 ; 邹恒甫指导. -- 武汉大学, 2005. -- 158 页

20 世纪末以来,随着金融风险的迅速加速,金融稳定问题越来越受到国际组织和世界各国政府的关注。论文研究的重点是金融稳定框架构建和金融稳定模型分析。全文主要包括五部分。首先,从金融稳定出发,综述了国际上对金融稳定概念的界定。第二,阐述了央行金融稳定职能发展的四个阶段,即最后贷款人阶段、存款保险制度阶段、金融安全网阶段、全面金融稳定框架阶段,分别介绍了四个阶段的概念、发展、理论基础和利弊。第三,提出了一个金融稳定框架;首先,对全面金融稳定框架进行了分析,综合考虑了金融经济和实体经济的各个要素,分析了他们的相互影响直至实现金融稳定;其次,分析了央行实现金融稳定的具体流程,系统阐述了金融预警系统和金融预警方法,为维护金融稳定提供了技术支持;最后,对央行金融稳定目标和货币政策目标的相容性进行了分析。第四,构建了一个基于内控理念的银行监管模型,从银行的资产负债表出发分析金融稳定问题,使维护金融稳定有了微观基础;第五,回顾了中国金融体系的历史沿革,并为中国金融体系的改革方向提出建议。

关键词:金融稳定　金融风险　预警系统

1353

中国商业银行并购现状与趋势分析 / 吴涛著 ; 赵海宽指导. -- 中国人民银行金融研究所, 2005. -- 151 页

文章试图对国际银行业兼并重组进行研究,寻找其背后隐藏的动机和规律,汲取国外银行并购发展的经验和教训,对我国银行业进行深入剖析和研究,提出切实可行的应对方案和政策建议,以帮助我国银行业提升竞争力。全文共分为七章。第一章是导言,简单介绍了本文的选题意义、篇章结构等。第二章主要介绍了商业银行并购的基本概念和有关并购的基本理论。第三章分析了世界范围内商业银行并购的历程和特征。第四章分析了商业银行并购的法规和政策环境以及其他环境因素,对发生商业银行并购较多的美国、日本、英国等国家的法律法规及政策对商业银行并购的作用进行了分析和评价。分析认为,银行业重组的趋势不可逆转,中国银行也应抓住当前有利时机,实施大规模的并购重组和改造。第五章从微观的角度研究了商业银行并购,考察了商业银行并购的动机和绩效。第六章对我国商业银行的并购现状、历史变迁、基本特征、竞争力和面临的问题进行深入研究,对并购发生的动因、过程和效果进行分析评价,从宏观环境、行业环境、商业银行主体和政府及监管机构四个方面对我国现阶段商业银行并购的影响因素进行剖析。第七章分析了商业银行所处的宏观环境、行业环境、微观经营主体、政府监管的发展变化趋势,应用 SWOT 战略工具对我国及外资商业银行并购所处的优劣势及面临的机遇和威胁进行剖析,并在此基础上提出了我国商业银行进行并购的战略构想及政

策建议。

关键词:商业银行　并购　银行合并　银行重组

1354

金融自由化与金融风险相关性的理论分析 / 向文华著 ; 邱兆祥指导. -- 西南财经大学, 2005. -- 282 页

文章以发展中国家的金融自由化为研究对象,特别是在东亚和拉美地区金融自由化运动较早和步伐较快的国家,探讨金融自由化与金融风险相关性问题。文章主要由四部分构成。第一部分为分析金融自由化和金融风险的相关性提供理论前提和背景;首先重点梳理了金融自由化的理论演变与政策主张,然后对风险、金融风险和金融危机的定义、分类及其形成机制进行了一般性考察。第二部分重点分析了金融自由化与发展中国家金融风险、金融危机的相关性;首先,对金融自由化的四个方面,即利率自由化、金融业务自由化、金融机构准入自由化和资本账户自由化,可能带来的金融风险进行了分析;然后,进一步分析了金融自由化进程中金融风险向金融危机转化的可能性;并在此基础上,对金融自由化和金融危机的相关性进行了实证研究,结果表明,金融自由化与金融危机的相关性极其显著。第三部分主要分析了金融自由化进程中的信息不对称,以及由信息不对称所导致的逆向选择和道德风险;并探讨了进行金融自由化的基础条件,金融部门自由化与实体经济部门自由化的次序、金融自由化各项目之间的次序及条件;同时探讨了金融自由化进程中不良资产生成的一般性与特殊性,并对金融自由化进程中防范和化解不良资产的必要性和主要措施进行探讨和评价。第四部分首先对当前我国金融自由化进程与现状进行了考察,然后分析了我国金融自由化进程中存在的风险,并对风险防范提出了建议。

关键词:金融自由化　金融风险　金融危机　发展中国家

1355

中国内地养老基金投资香港股票市场研究 / 肖严华著 ; 俞自由指导. -- 上海财经大学, 2005. -- 161 页

本文以中国广义养老基金为对象,研究了中国内地养老基金投资香港股票市场问题。全文共分八章。第一章基于中国养老基金制度的现状和问题,分析人口老龄化对中国养老基金制度的挑战,提出中国养老基金制度改革的新方向,而这取决于资本市场的重要性。第二章基于中国养老基金投资的现状及问题,分析养老基金投资的风险及分散工具,指出中国养老基金投资面临立足国内走向国际化的新趋势。第三章分析了养老基金国际化投资的原因、国内资产偏好的原因及养老基金国际投资的监管模式。第四章综合归纳了养老基金最优化管理的一般模型,认为在人口老龄化的冲击下,一个完全的现收现付制和一个完全的基金制都不能使社会福利最大化;政府通过管理社会保障基金可以获得最佳效果;社会保障基金的最优水平,与社会保障税率正相关,但与人口增长率负相关。第五章通过对中国内地和香港股市的相关性分析、资金流动的冲击效应分析、比价套利效应分析,对中国内地养老基金投资香港股市进行可行性分析,认为从长期来看利大于弊。第六章利用马柯维茨的资产组合最优化模型(M－V)和罗伊的资产组合最优化模型(S－F),对中国内地养老基金投资香港股市的最优化资产组合进行定量分析,发现在利用M－V模型所给出的最优资产组合中,对香港股票市场的投资比例都要大于利用S－F模型所给出的结果。第七章在M－V和S－F模型的基础上,提出了安全性第一的均值——高阶矩资产组合最优化理论模型(SFMM)。第八章是结论。

关键词:养老保险基金　投资　股票市场　香港

1356

结构与效率 : 我国商业银行体系优化研究 / 谢朝华著 ; 陈学彬指导. -- 上海财经大学, 2005. -- 132 页

本文从结构层面研究了影响银行效率的原因,并相应提出从根本上改变我国银行效率的政策措施。本文主要涉及五个方面的内容。第一对我国商业银行的效率及其结构性影响因素的研究:选定X－效率研究的边界分析法作为对我国银行效率研究的主要方法,为分析影响效率的结构性因素奠定基础。同时,以成本效率为起点,建立起分析银行效率的影响因素的结构性因素的分析框架。第二对我国商业银行产权结构目标模式的研究:利用"产权结构—公司治理—公司绩效"的分析框架来分析银行产权结构的目标模式。对我国银行效率与所有权结构和公司治理的关系的实证研究表明,适度集中的产权结构有利于公司治理机制的完善,法人股东有利于公司治理,政府控股不利于公司治理且效率低下。在分析国有银行产权多元化改革和国有股份是否该完全退出后,提出了我国银行产权结构的目标模式(适度集中的多元化产权结构)及其实现途径。第三对银行功能结构

重整的研究：提出按照比较优势进行复合式功能结构解捆，在一定条件下组成金融控股公司的银行功能结构重整思路和基本设想。第四对我国银行市场结构的目标模式的研究：在考察世界各国的银行集中度与效率关系的基础上，结合我国银行体系现状和发展趋势，提出我国银行市场结构的目标模式（市场集中度大于70%的寡占型市场结构）及其实现途径。第五对我国商业银行的管制结构优化的研究：首先提出了银行管制的主要内容，其次，引入管制的成本收益分析为优化管制提供了带有一定局限性的技术分析方法，最后，结合银行监管的三大支柱和《新巴塞尔协议》提出了银行管制的最优可行性内容（安全性管制和效率性管制）以及银行风险监管框架和实施机制。

关键词：商业银行　银行效率　产权结构　银行体系　银行监管

1357

功能范畴的中国银行业产业组织状况研究 / 徐大公著 ； 李扬指导. -- 中国社会科学院研究生院, 2005. -- 181 页

文章从金融功能的视角剖析并评价了建立在规范的产业组织分析框架上的中国银行业产业组织状况。首先，运用信息经济学等方法比较分析银行主导型金融制度与市场主导型金融制度的不同功能的适用范围，并在此基础上对中国银行业市场结构中的集中度问题、规模经济问题、进入和退出壁垒、产品差异化问题进行了功能角度的透视；其次，运用博弈论方法对银行的市场行为，诸如兼并行为、定价行为、业务创新行为进行了多角度的分析；再次，作为功能角度的收敛，又分别从各个绩效指标组成体系到银行业整体资金配置效率，再到市场绩效与市场结构、市场行为关系的假说进行了深入分析；最后，针对中国银行业的产业组织政策提出了有价值的建议。

关键词：银行业　产业组织　金融功能　市场结构　市场行为

1358

信息不对称下的上市公司行为研究 / 徐杰著 ； 周升业指导. -- 中国人民大学, 2005. -- 167 页

文章从信息的角度出发，对中国证券市场中的信息不对称问题进行分析，探索如何完善中国的证券市场，使之获得健康、长足的发展。全文主要分为三大部分。第一部分是对信息不对称理论的梳理，介绍了该理论的主要内容，同时对中国证券市场上的信息不对称程度建立模型，并就中国上市公司不同于成熟市场经济国家上市公司的一些特点，以及中国上市公司信息不对称程度严重的原因进行分析。第二部分研究信息不对称下中国上市公司的种种非规范行为，主要研究了财务造假行为、内部人控制以及股权融资偏好行为，这三种行为都与上市公司经营者以及控股股东与委托人之间的信息不对称有着直接的关系。第三部分探索了如何治理这些违法违规行为，研究认为，应主要从证券市场监管以及上市公司治理结构两方面入手，有针对性地进行治理。

关键词：上市公司　信息不对称　公司治理

1359

股票市场发展与货币政策效率 / 徐涛著 ； 万解秋指导. -- 苏州大学, 2005. -- 166 页

本文研究在股票市场发展条件下，微观经济主体行为的相互影响如何改变货币政策效率。文章在理论分析的基础上，利用中国的有关指标，利用实证方法从货币需求、货币乘数、货币流通速度和货币政策传导渠道等角度研究了中国股票市场发展对货币政策效率的影响。认为只有当股票市场健康发展时，股票价格指数才会长期稳定上升，货币政策效率才能得以提高。全文共分六章。第一章说明了本课题的研究背景、研究方法和研究的框架。第二章对国内外相关理论进行了综述。第三章从股票市场发展与货币政策微观基础、不完全信息与货币政策博弈、股票市场发展与货币政策效果稳定性及股票市场发展与货币政策博弈的均衡几个角度论述了股票市场、资产选择与货币政策效率的关系。第四章为实证研究，利用有关数据对股票市场发展与货币需求、货币乘数、货币流通速度及货币政策传导渠道的关系进行了实证分析。第五章提出了提高货币政策效率的对策，认为在股票市场发展的情况下，要提高货币政策效率，就需要进一步改革货币政策操作体系，并加快中国股票市场建设；从当前的情况看，一方面要完善货币政策的操作方式，另一方面要健全股票市场的资源配置功能和信息传递功能。第六章总结了本研究的主要结论。

关键词：股票市场　货币政策　市场效率　资源配置　信息传递

1360

转换债可赎回条款设计之实证研究 ：以台湾企业为例 / 徐宇文著 ； 刘红忠指导. -- 复旦大学, 2005.

109 页

本文根据 Myers(1998)的持续融资假说,以 Barnea, Haugen 和 Senbet(1980)研究普通公司债与 Korkeamaki 和 Moore(2004)研究可转债实证方法,依台湾企业的融资特性加以修正,建立赎回条款的保障程度与禁止赎回期间为因变量的实证研究模型。本文的分析表明,期初资本支出越大,台湾企业发行硬性保障的赎回条款;资本支出越大,投资活动持续时间较短,禁止赎回期间却设计得较长。作者认为,台湾企业与美国企业给予投资人的赎回条款刚好相反。美国可转债市场属于国际性的金融市场,具有深度、广度与弹性,资金供给者与需求者信息对称,企业通常能依投资活动来安排融资决策。因此从发行条件来看台湾企业相对较为弱势,一开始资本支出庞大,随着长期投资计划提早结束,在信息不对称的可转债市场,投资人并不知道公司的真实价值,必须以比较优厚的发行条件例如对投资人有硬性保障的赎回条款与较长的禁止赎回期间,否则无法取得支应投资活动的资金。台湾企业必须发射具鉴别性讯号舒缓信息不对称问题,方能够依投资活动来安排融资决策,降低发行成本增加公司价值。

关键词:企业融资　可转换债券　赎回　台湾省

1361

上司公司非流通股的定价研究 / 薛彤著 ; 徐信忠指导. -- 对外经济贸易大学, 2005. -- 138 页

论文通过对于国有股减持事件和非流通股协议转让价格的实证分析,对我国上市公司非流通股的定价问题进行了研究。首先,通过对 1994 年至 2003 年我国上市公司股权结构的统计分析,对我国上市公司股权分置的状况以及 10 年来股权结构的演变情况进行了系统的研究。然后,分析了 2001 年国务院推出“减持国有股用以充实社保基金”的方法对股票市场产生冲击的原因,文章认为,市场的下跌不能由市场压力假说、财富再分配假说和公司治理结构改善假说所解释,而应该主要由信息传递假说来解释,即市场认为以市场价减持国有股传递了政府要高价套现国有股的信息,纷纷抛售股票,由此导致了市场的下跌。最后,探讨了影响我国上市公司非流通协议转让价格的因素,结论是非流通股协议转让的价格基本体现了流通权价值、控制权价值和公司的基本面状况,这说明我国非流通股协议转让价格是符合价值规律的。在结论部分论文提出了以提高非流通股的流通性来解决股权分置问题的思路。

关键词:上市公司　股权　国有股减持　非流通股　股票价格

1362

不完全信息市场中银行存在的理由与未来发展 / 杨明奇著 ; 盛松成指导. -- 上海财经大学, 2005. -- 134 页

本文研究了在不完全信息市场中银行的功能,并对其未来发展的趋势进行分析。文章除导论外,共九章。导论中指出了本文研究的问题及其研究的前提,简述了国内外的研究,分析了研究的意义,介绍了主要研究方法、创新点和结论,以及研究思路与结构。第一章从银行的定义入手,分析了银行在现代金融市场中的重要地位,论述了不完全信息与银行的存在。第二—五章分别研究了现行银行制度具有的四种克服不完全信息的功能:克服逆向选择的功能、克服道德风险的功能、流动性保险功能、风险管理功能。第六章研究的是有效银行业面临的竞争与替代,文章先对发达国家银行业克服不完全信息功能的实证研究,然后,指出银行业面临证券市场等其他金融渠道的巨大竞争,接着,分析了证券市场和其他金融渠道对银行业竞争与替代的主要原因,最后,研究了影响银行业在金融市场中地位的其他因素。第七章研究了未来银行业发展的可能趋势,作者先指出证券市场并非替代银行业的有效机制,进而阐述了银行危机能够有效避免,然后,指出了一个新的趋势:银行业利用证券市场得到了更快发展,最后,对中短期内银行的发展进行了展望。第八章研究了中国银行业在市场中占据绝对垄断地位,并实证分析了中国银行业克服不完全信息的功能,指出中国银行业存在较高的经营成本。第九章研究了中国银行业的未来选择与发展,指出证券市场的未来发展需要解决一系列问题,我国短期仍应重点发展银行业,并对我国银行业未来发展提出了一些建议。

关键词:银行业　证券市场　风险管理　不完全信息

1363

中国企业债券市场体系研究 / 杨晔著 ; 施兵超指导. -- 上海财经大学, 2005. -- 259 页

本文在对中国企业债券市场实践进行深入分析的基础上,研究了企业债券市场与经济可持续发展、企业债券市场主体发展战略、企业债券市场客体发展战略、企业债券市场载体发展战略,以及企业债券市

场监督管理框架的理论问题与实践问题。本文的研究内容主要由以下几个部分构成。首先通过对企业债券市场推动经济可持续发展的理论分析,研究了企业债券市场促进微观经济结构优化的机制,提出了企业债券市场自身的特点,决定了其在宏观上具有促进经济发展和建立稳定的国家资本结构及降低金融体系风险功能的观点。通过对企业债券市场主体发展理论依据的探索,发现了融资主体与投资主体的互动,在发展中规范融资秩序,在规范中降低投资风险的主体良性发展规律。通过企业债券市场客体的国际经验总结,阐释了企业债券品种创新的基本原则。通过对企业债券市场载体理论研究,提出了市场载体的完善程度与企业债券市场规模和质量密切相关的观点。并以此为基础,研究了维护企业债券市场运作机制的监管制度创新。其次,运用计量模型实证分析了中美企业债券市场对推动经济发展的贡献,同时还采用博弈论等技术对我国目前企业债券市场的具体问题,如信用评级、监管模式等,进行了分析。最后,论文构建了我国企业债券市场发展的基本框架,并围绕着企业债券市场主体的发展提出了相应的对策和建议。

关键词:企业债券　债券市场　监督管理

1364

国际资本流动与货币政策 / 杨羽飞著 ; 何泽荣指导. -- 西南财经大学, 2005. -- 118 页

文章旨在阐述改革开放过程中的资本流动和中国货币政策的关系,并从外汇管理视角看中国对资本流动的管理。第一章着重分析了封闭经济和开放经济条件下的货币政策。第二章主要分析了国际资本流动等相关的经济理论,并着重研究了这些理论中所涉及的货币政策问题。第三章主要研究了开放经济条件下国际资本流动对中国货币政策的影响,分析认为,面对新的金融环境,传统的货币政策工具显得不能适应,货币政策执行的困难越来越大,国际资本流动渠道的存在可能造成货币政策失灵,并且货币的对内价值和对外价格会发生背离,国际收支状况通过影响外汇供求对货币的对外价值——汇率产生重要影响。第四章主要讨论了对国际资本流动进行管理的问题,主要体现在资本项目的管理,认为当务之急是通过国家立法机关制定《外汇法》,同时中国现行的资本项目管理应加快开放步伐,以便汇率政策对中国的货币政策发挥更有效的调节作用。

关键词:国际资本市场　货币政策　资本流动　汇率

1365

中国金融路径的储蓄向投资转化结构与效率 / 姚海明著 ; 王光伟指导. -- 苏州大学, 2005. -- 152 页

本文研究了我国经济转型期储蓄向投资转化的结构与效率问题。全文共分七章。第一章导论。第二章是储蓄向投资转化的文献综述。第三章分析我国计划经济时期储蓄形成的机理、储蓄结构和储蓄向投资转化的特点,认为计划经济下储蓄的形成及其向投资转化都是计划机制主导的。在这种模式下,储蓄率和转化比率都比较高,但转化效率低下。文章指出,计划经济包含政府直接开发经济的增长模式,低下的转化效率是这一增长模式运行的必然结果。第四章考察了经济转型期我国储蓄总量与结构的变化。第五章研究了经济转型期正规金融路径的储蓄向投资转化结构和效率。在正规金融的转化结构中,主体结构上以金融机构为主,形式上以间接转化为主,工具结构上以存贷款(合同)为主,流向结构上以对国有经济部门的融资为主。正规金融转化效率是低下的。我国经济转型期正规金融的转化结构与转化效率,不完全是金融机构之间竞争的结果,在很大程度上是分权化、渐进式经济改革过程中政府力量过深介入资源配置的产物。本章还以苏南模式为例分析金融转化效率与政府力量的关系。第六章研究了经济转型期非正规金融路径的储蓄向投资转化结构和效率,认为非正规金融的存在客观上改善了全社会的资源配置效率,这可以从"增量改革"理论加以阐释,非正规金融具有外在资源配置效率改进的局部性特点。本章还以温州模式为典型例证分析了非正规金融转化效率。第七章针对我国现状,提出了提高我国转型期金融转化效率的对策。

关键词:金融改革　储蓄　投资　经济转型期

1366

基于一般债券和 TIPS 的通货膨胀期限结构模型研究 / 叶青著 ; 陈浪南指导. -- 厦门大学, 2005. -- 104 页

本文通过构建基于一般债券的通货膨胀期限结构模型和基于 TIPS 的通货膨胀期限结构模型,将预期通货膨胀作为一个直接的主要影响因素,运用套利定价理论的方法,构建预期通货膨胀期限结构模型。全文共分五章。第一章为绪论,说明了本课题选题的意义、研究方法、研究的理论基础、TIPS 架构和本文的

结构安排。第二章是文献回顾与评述,分别对基于一般债券的通货膨胀期限结构模型和基于 TIPS 的通货膨胀期限结构模型进行了评述。第三章阐述了基于一般债券的通货膨胀期限结构模型,在回顾国外相关模型的基础上,利用套利定价理论和 Merton 的连续时间研究方法,以 Fisher 效应等式为基础,通过瞬时预期通货膨胀的描述,将预期通货膨胀 CIR 随机过程转换成 Vasicek 过程,修正了 Buttler(2000)预期通货膨胀期限结构模型,以使该模型能适应通货紧缩条件下的经济环境。第四章阐述了基于 TIPS(Treasury Inflation Protection Securities)的通货膨胀期限结构模型,将连续时间预期通货膨胀随机过程引进新兴的 TIPS 市场,运用随机折现因子的方法,构造一个收敛的收益率函数,将其转化成固定收益函数;以收益率函数为随机过程,令其服从 Vasicek 模型的随机过程,推导出可叠加 TIPS 的纯折现无套利模型。第五章提出了本研究的主要结论和对未来研究的建议。

关键词:债券　通货膨胀　利率　收益率　无套利模型

1367

行为金融理论与实践 / 易阳平著 ; 戴国强指导. -- 上海财经大学, 2005. -- 129 页

本文沿着行为金融学产生和发展的轨迹,对行为金融理论与实践进行了较为系统和全面的评述和综合,并进行了一些探索。全文共分为五个部分。第一章导论,分析了行为金融学的基本涵义、行为金融学范式的特点,回顾了行为金融学的发展历程,指出了行为金融理论的意义和地位,以及本文的研究角度和研究框架。第二章描述了标准金融理论及其困境,在总结标准金融理论和针对标准金融理论的各种质疑的基础上,文章剖析了标准金融理论范式的局限。第三章阐释了行为金融理论的微观基础,文章对投资者的行为偏好作了重新刻画,对各种行为决策模式进行了系统揭示和总结。第四章研究了行为投资模型并进行了实证分析,从目前行为金融理论模型发展的方向来看,行为投资理论模型主要集中在以下领域:一是行为资产组合理论;二是行为资本资产定价模型;三是对市场反应过度和反应不足现象的解释模型,从不同的角度分析了现实金融市场对有效市场理论最常见的两种违背表现;四是羊群效应研究,此外还有噪声交易模型,本文利用证券市场中小企业板块数据,检验了中小盘股市场的过度反应和羊群效应,还验证了噪声交易模型对我国封闭式基金折价交易现象的解释能力。第五章探索了基于行为金融理论的投资策略,包括重视心理分析法、改善心智模式、寻找行为偏差中的投资机遇以及行为金融基金在中国的未来实践展望等内容。

关键词:行为金融学　金融理论　投资

1368

中国上市公司股利分配形式研究 / 余娟著 ; 马君潞指导. -- 南开大学, 2005. -- 188 页

本文深入比较分析了中国上市公司所处金融环境、金融制度以及股权结构与西方主流国家的区别,总结出中国上市公司股利分配形式的价值标准是再融资最大化,并以此为理论依据,对现阶段中国上市公司的主要股利分配形式以及越来越严重的不分配现象进行了分析,得出了一些新的认识和结论,并为解决股利分配形式中存在的深层次问题和矛盾提出了解决的途径。全文共分四部分。第一部分是导论,介绍了本文的研究背景、研究对象、研究方法,界定了论文的相关概念,概述了文章的内容和结构,以及主要结论和创新之处。第二部分即第一章研究了股利分配形式理论,作者先对西方主流股利理论进行了归纳总结,然后分析了中国上市公司股利分配政策的价值标准,并对中国上市公司股利分配的理论进行了研究。第二部分即第二章是对中国上市公司股利分配的特征进行了分析,总结了股利分配总体的状况,并对中国与西方主流国家的金融环境、金融制度及股权结构进行了横向比较,从而提出了一个假说:我国上市公司股利分配的价值标准是再融资最大化,然后对中国上市公司的股利分配情况及分配特点进行了整体上的总结与描述,第三部分包括第三、四、五章,文章从公司股权结构的角度出发,通过分析中国上市公司的现金股利分配形式、股票股利分配形式和不分配股利问题,说明我国上市公司股利分配形式的价值标准是再融资最大化。第四部分即第六章,从公司治理的角度出发,提出了从根本上解决这些问题的途径,即上市公司必须减持部分国有股,实现股权结构的多元化和分散化,改变同股不同权的现状,并有效解决内部人控制问题等政策建议。

关键词:上市公司　股利　股权结构　融资

1369

两岸银行业经营绩效比较之研究 / 余荣祥著 ; 王光伟指导. -- 苏州大学, 2005. -- 138 页

本文在分析了两岸金融环境和现状的基础上,比

较分析了两岸银行业的经营绩效之间的差异。全文共分七章。第一章对银行经营绩效的理论进行了探讨,对银行经营理论进行了介绍,解释了经营绩效,分析了银行经营的原则以及竞争优势和经营绩效之间的关系。第二章概述了两岸金融发展的演进及现况,在研究了金融制度的基础上,文章论述了两岸金融环境的变化情况,并分析了两岸金融体系的发展情形以及现状。第三章研究了两岸银行业发展的现况,并提出了存在的问题。第四章着重介绍了绩效评估的流程,包括选定研究对象、研究变量的选取依据、本研究选取的变数以及经营绩效分数的计算。第五章是关于两岸银行经营绩效实证结果,对两岸银行进行了有代表性的抽样,选定了二十种财务比率,利用因素分析,计算出各银行的经营绩效得分,来比较各银行经营绩效。第六章则是选取招商银行和中信商银行作为个案进行了进一步的比较研究。第七章是本文的结论以及作者提出的一些建议。

关键词:银行业　经营绩效　金融体制　海峡两岸

1370

中国财政脆弱性与银行业风险研究 / 喻桂华著 ; 李庆云指导. -- 北京大学, 2005. -- 169 页

本文通过对我国转轨时期财政体制及其脆弱性的研究,论证了财政脆弱性与银行业风险间的转化机制。认为如果没有健康的财政体系作为前提,单纯的内部治理机构将难于成功,也不能消除不断涌现的不良贷款;稳健的财政体系的关键是财政支出改革,投资财政和吃饭财政要走出路径锁定,向公共财政转变;而走出路径锁定需要硬化公共部门预算约束,制止其无序的膨胀和效率低下,要用市场经济法制约束政府行为,同时加快其他市场主体的建设。全文共分五章。第一章进行了概念和文献回顾,对财政脆弱性与银行业风险的相关理论和经验进行了研究。第二章阐述了中国公共部门预算软约束及其脆弱性,并论述了中国投资财政和吃饭财政的路径锁定问题。第三章首先对我国政府债务进行了分析,然后分别从投资财政和吃饭财政两个方面论述了政府债务的形成机制。第四章分析了财政脆弱性与银行业风险间的转化机制,认为中国的银行业也存在预算软约束,银行业的风险终究要由财政来承担,财政转嫁出去的风险最终还是要回到财政体系。第五章首先评论了现行的银行改革,提出稳健的财政是银行改革的前提;然后提出了财政支出摆脱锁定状态的措施和政策建议。

关键词:银行业　不良资产　银行风险　财政制度　公共财政　预算软约束

1371

上市公司股权结构与公司治理行为 : 来自中国的实证研究 / 岳云霞著 ; 徐信忠指导. -- 对外经济贸易大学, 2005. -- 179 页

论文以代理理论为基础,以 1998 年至 2003 年的股权结构为主线,连接股权集中度和股权构成同公司绩效、公司内部治理结构以及公司行为之间的关系。全文共分为六个部分。第一章主要介绍了文章的研究背景、选题意义、研究方法和文章的结构安排。第二章以 1994 年至 2003 年为研究区间,分别以年份、规模、地区和行业为标准对上市公司进行分类,针对各类上市公司中国有股、法人股和流通 A 股等各类股票的特征和演变过程进行统计性描述分析,认为中国上市公司的股权特征总体上显现出多元化、结构失衡和高度集中的特征。第三章以 1998 年至 2003 年的股权结构平行数据为基础,选取了主营业务净资产收益率(CROE)和市净率(MBR)两个绩效指标,分析了股权结构对公司绩效的影响。第四章以董事会结构和管理层报酬作为研究的切入点,使用平行数据模型分析了股权结构对公司内部治理结构的影响。第五章主要分析了股权结构对上市公司股权融资行为和违规操作行为的影响。最后,第六章对全文结论进行了概括性的总结,分析了文中实证研究结果的现实启发意义。

关键词:上市公司　股权结构　法人治理结构

1372

中国金融稳定性分析 : 一个多视角的综合性框架 / 郧会梅著 ; 吴念鲁指导. -- 中央财经大学, 2005. -- 190 页

本文采用规范分析和实证分析、静态与动态、历史与现实、宏观与微观、理论与实际相结合的方法,以经济学尤其是现代经济学理论为理论支撑,并且借鉴系统论的方法及其整体、协调和控制的思想和观点,来研究中国金融稳定性问题。全文分六章展开论述。第一章是导论,分析了研究金融稳定性的意义,考察了相关理论的发展,介绍了研究思路与框架结构以及主要解决的问题。第二章和第三章对金融稳定性的一般理论分析,在对金融稳定性的概念进行界定的基础上,建立金融稳定性衡量体系和金融稳定性的综合

性理论分析框架。第四章和第五章对我国金融稳定性进行了分析。第四章以历史的角度探讨了中国金融稳定问题,主要包括中国金融制度内在不稳定性分析、不稳定性的结构视角以及稳定性特殊支撑因素分析。第五章以未来的视角,以中国改革进一步深化和对外开放的实践进入更高层次为背景,对未来影响我国金融稳定性的因素进行了分析。第六章提出了金融稳定性控制与管理的理念,并从制度、结构、政策和技术层面提出中国金融稳定性控制与管理的对策建议。

关键词:金融体系　金融稳定　金融调控

1373

中国A股市场的日内流动性研究 / 曾志钊著 ; 江曙霞指导. -- 厦门大学, 2005. -- 110 页

文章以微观结构理论为研究工具,以日内的交易和报价数据为研究对象,分析中国A股市场日内流动性的特征与关系。主要内容包括:首先,引入微观结构理论,分析了微观结构理论中流动性的含义及衡量方法,并区分了潜在的流动性与实现的流动性、静态流动性和动态流动性;其次,总结了国内外对流动性的研究现状;第三,利用流动性不同纬度的指标,考察了中国沪深两市A股的日流动性模式,发现A股市场的静态潜在流动性呈倒"L"型的特征,静态的实现流动性呈"U"型特征,而指令差额则呈现倒"U"型,另外还利用调整后的HFV模型进行回归,从而得到HFV动态流动性指标;第四,利用以上得到的流动性指标,从市场内、市场间以及不同时期间等角度比较了中国A股市场流动性,发现基本上价格越高的股票流动性越差,规模越大的股票流动性越好,而上海A股市场的流动性明显好于深圳A股市场,上涨期的流动性好于下跌期的流动性,交易前透明度改善的同时也会增加流动性;第五,考察了中国A股市场不同流动性指标之间的关系,发现静态流动性指标之间,宽度和深度指标显著负相关,1档指令差额的增大反而会减弱流动性,实现的流动性和潜在的流动性之间显著正相关,动态流动性与静态流动性之间不存在显著的线性关系。

关键词:股票市场　证券交易　A股　流动性

1374

中国股票市场的货币政策传导 / 张春煜著 ; 何小锋指导. -- 北京大学, 2005. -- 212 页

论文按照货币政策传导途径,主要考察货币政策在股票市场的传导以及股票市场对货币政策目标的传导两方面内容。研究涉及货币政策工具、中介目标与股市的相互作用,股票市场的财富效应、投资效应,以及股市与经济增长、通货膨胀关系的考察,最后得出一般性的结论。研究认为,我国资本市场的持续发展将弱化银行和间接融资的地位,随着利率市场化的推进,货币政策变量将通过利率渠道、资产价格渠道、汇率渠道影响货币政策的传导。货币政策影响股市的方式主要是调低利率,增加资本市场资金供给;实施一系列为资本市场增资扩资的政策措施;道义劝告。在货币政策的直接调控方式下,货款限额管理对资本市场的影响比较明显。随着货币政策向间接调控方式的转变,货币市场利率对资本市场的影响逐渐显现。货币供应量对资本市场的影响效果与货币市场的发展有关。利率调整对股市收益率的影响程度,主要取决于市场对利率调整的预期,此外与利率调整时经济运行的总体状况、利率市场化程度、股指的相对位置有关。股市的财富效应、资产组合效应和交易效应小于替代效应,总体看使真实货币需求减少。货币流动性与股票市场交易的波动呈正比例关系。股票市场的规模对经济增长有一定的促进作用,但财富效应和投资效应微弱。股市收益率与通货膨胀率负相关。股市所代表的虚拟经济与实体经济收益率的预期对货币流向起决定作用。

关键词:股票市场　货币政策　利率市场化

1375

全面质量管理在保险经纪公司中的应用研究 / 张福伟著 ; 刘茂山指导. -- 南开大学, 2005. -- 153 页

将全面质量管理同中国保险经纪公司相结合,积极探索中国保险经纪公司进行全面质量管理的模式,旨在从公司内部管理的角度解决中国保险经纪公司所面临的实际问题,谋求长远发展。文章主要对保险经纪公司全面质量管理进行了理论研究和应用研究。首先,从保险经纪公司、保险代理人的形式、服务、经营、法律地位、人员层次、资格认定、客户组成,以及保险经纪公司的双重责任等要点出发,以对比的方式阐明保险经纪公司的特点和职能。然后,在研究全面质量管理的历史、主要特点及其思想基础和工作方法的背景之下,阐述了全面质量管理的主要内容及其理论与现实意义。再次,研究了中国保险经纪公司内部管理中的问题,并将其产生的主要原因总结为:不以市场为基础、不以人为本以及管理方法不科学。在这样的环境下,通过比较研究,开创性地提出中国保险经

纪公司进行全面质量管理的模式,以"解放思想,实事求是"为指导思想,以"解决中国保险经纪公司当前的客观实际问题,谋求长远发展"为出发点和目的。最后,在提出质量管理模式的基础上,以中国上海浦东保险经纪公司在保险安排中的风险入手,进一步讨论全面质量管理在解决具体问题上的应用,提出了中国保险经纪公司进行全面质量管理的几点建议。

关键词:保险公司　保险经纪公司　全面质量管理　公司治理

1376

商业银行创新研究 / 张国梁著 ; 赫国胜指导. -- 辽宁大学, 2005. -- 121 页

文章主要研究了商业银行领域发生的金融创新活动。全文主要有七章内容。第一章从分析熊彼特的创新理论开始,简要回顾了中西方金融创新理论的历史及发展情况,并对商业银行创新的概念进行了界定和分类。第二章首先分析了商业银行制度的特征、功能及属性,然后探讨了制度创新、技术创新和产品创新的内容,并分析了以上内容在商业银行创新过程中对商业银行的影响,进而归纳出商业银行创新的本质。第三章分别从宏微观角度对商业银行的创新需求和供给进行了深入分析。第四章分析了商业银行创新的决策、采纳和扩散过程。第五章主要强调商业银行创新的"双刃剑"效应,分析了商业银行创新风险的具体构成和具体表现形式,在此基础上,指出对商业银行创新过程中的风险必须要加强控制,建立科学有效的风险防范机制。第六章在回顾新中国成立以来,特别是1993年《关于金融体制改革的决定》发布之后中国商业银行创新的历史和对中国商业银行创新现状分析的基础上,总结了中国商业银创新的三大特点,针对这些特点,提出中国商业银行创新想要在较短时间取得最好效果应该选择的五大创新途径。第七章就如何强化中国商业银行创新的外部和内部推进机制进行了分析,并提出了加强创新风险防范的相应具体措施。

关键词:商业银行　制度创新　技术创新　产品创新

1377

老龄化与金融结构研究 / 张昊著 ; 李扬指导. -- 中国社会科学院研究生院, 2005. -- 134 页

论文目的是在全球人口老龄化的背景下研究金融结构的变迁问题,主要包括六章内容。第一章初步分析了老龄化与金融结构的关系,概述了研究目的、方法和文章结构。第二章通过分析金融系统的发展和变迁,从融资角度对金融结构的分类方法进行了比较,在分析金融系统的功能观和金融中介的发展的风险管理职能的重要性之后,指出,仅仅基于金融功能观并不能很好地理解金融结构的变化,不能理解金融机构在风险管理方面的重要性;在此基础上提出了金融结构的分析框架:即建立在风险、规避风险的工具以及提供此种工具的金融机构相一致的金融结构分析体系。第三章阐述了生命周期理论,以及与之相关的生命周期的储蓄理论,生命周期的家庭资产配置理论;然后从均方差投资模型入手,研究了含有劳动收入、有风险的劳动收入以及没有劳动收入的各种情况下的投资组合,分析了生命周期的投资组合以及投资组合的年龄效应;最后还分析了住宅投资对家庭投资的影响。第四章讨论了老龄化与金融结构的演变,文章认为金融结构一个重大的变化就是机构投资者地位上升,并分析了机构投资者的类型、特点以及促进其发展的供求两方面的因素,其中老龄化以及为了应付老龄化危机而采取的应变措施,促进了契约型储蓄机构的迅速发展;从全球来看,整个金融体系的发展呈现出由发展中国家、欧盟国家的银行导向型向市场导向型过渡,英美等由市场导向型向证券化阶段发展的波浪形趋势。第五章分析了人口老龄化与金融风险,认为契约储蓄机构的发展兼具银行跨期风险管理能力和市场性的债券变为避免老龄化金融危机提供了工具,并分析了老龄化的金融风险以及防范老龄化风险的基础条件。第六章概述了我国人口老龄化与金融结构的演变,提出了我国金融结构演变过程中应该注意的几个问题。

关键词:金融结构　储蓄　金融风险　金融机构　人口老龄化

1378

证券监管的经济学分析 / 张慧莲著 ; 沈伟基指导. 中国人民大学, 2005. -- 180 页

文章试图构筑一个用经济学方法分析证券监管问题的框架,此框架由证券市场监管领域中几个基本和核心的问题组成,并以我国证券市场监管为落脚点,点析证券市场监管中的一些主要问题和现象。全文共分为七章。第一章主要回顾和评述了主流经济学、法经济学中有关政府监管的理论和思想,以及监管理论在近年来的最新发展,并探讨了欠发达国家、

转型经济国家和新兴市场经济国家所遭遇的监管失灵问题。第二章主要介绍了国际证券委员会组织制定的证券监管的目标和原则。第三章对投资者保护进行经济学分析;首先介绍了 LLSV 等人关于法律起源和投资者保护之间关系的观点;然后,分别讨论了投资者保护与金融市场发展、股票市场流动性、企业所有权结构、公司治理和经济增长之间的关系,并提出了改善投资者保护状况的基本原则和可行路径。第四章主要对内幕交易进行经济学分析;首先,分析了隐含在内幕交易监管背后的三个基本原则,即公平交易原则、知情市场原则、公司对信息的所有权原则;然后,针对曼尼认为内幕交易是对公司管理者唯一有效的补偿方式的观点进行分析,从中可以看出允许内幕交易可能具有一定的合理性;之后,又分析了内幕交易对股市流动性和股价效率的影响、内幕交易与股价操纵之间的关系,以及内幕交易的财富效应等问题;最后,介绍了世界主要国家内幕交易监管的法律制度。第五章对信息披露的理论依据、审计师和中介机构在信息披露中的作用,以及影响公司管理者自愿披露信息的因素等问题进行了分析,并在实证会计理论和自愿信息披露文献的框架内分析了信息披露对资本市场的影响,最后介绍了美国对信息披露监管的演变和启示。第六章以美国证券监管机构为例分析了证券监管的效果和激励。第七章回顾分析了我国证券市场监管的总体情况,并对我国证券监管效果进行了初步实证分析,总结了我国证券监管中存在的主要问题。

关键词:证券市场　证券交易　信息披露　市场监管

1379

中国契约型基金治理结构研究 / 张礼庆著 ; 陈耀先指导. -- 西南财经大学, 2005. -- 157 页

文章旨在通过对发达国家基金治理结构的介绍,和对我国契约型基金治理结构现状的分析,指出存在的问题,以提出改进的对策建议。全文共分为十一章。首先,分析背景和基金治理结构的概念及问题由来。第二章对美国、英国、德国、日本、香港等代表性的治理模式进行分析总结,比较契约型和公司型两种主要基金治理模式的优劣。第三章研究了基金持有人的治理机制。第四章从理论上研究基金管理人在非对称信息条件下存在的道德风险的原因,主要利用博弈论以及经验案例分析方法,说明各种道德风险的表现形式。第五章到第七章,分别研究了基金管理人内部治理的三个方面;首先是契约型基金引入独立董事问题,文章对独立董事制度在资格、选任、任期、数量、权力、激励、组织等方面提出了操作建议;其次研究了激励与约束制度,通过实证分析我国基金管理人提取管理费的现状与问题、按基金净值计提管理费的弊端以及基金管理人存在操纵净值的冲动,并提出了对我国基金管理人激励机制的建议;最后,运用博弈论模型分析了声誉机制对基金管理人的重要性,并分析了不同的基金管理公司产权结构中声誉机制的激励作用不同,认为,从长远看,基金管理公司的产权变革和控制权重新分配是必然趋势,合伙制、有限合伙制和基金经理人持股是重要的选择方向。第八章研究了基金托管人的治理机制,认为我国基金托管人对基金管理人投资运作的监督作用由于制度设计的缺陷而大打折扣,可以建立竞争性的基金托管人市场,并加强政府监管部门或行业自律组织对基金托管人的监督,要求基金托管人报告的信息披露内容具体化。第九章主要研究了基金市场、基金管理市场和基金管理要素市场这三个子市场对基金管理人行为的影响,认为外部市场的竞争对基金管理人的道德风险形成一种强有力的约束,可成为基金的重要外部治理机制。第十章主要研究了基金的相关者治理机制,这包括基金的评价组织、基金的监管和基金的自律组织。最后,提出要完善基金法规的治理体系,认为法律对基金治理结构的规定应是多层次的,包括基金的风险控制、基金的组织与管理以及基金的信息披露等。

关键词:基金　基金管理　激励　独立董事

1380

公司并购与价值增值 : 理论和经验研究 / 张庆升著 ; 王国刚指导. -- 中国社会科学院研究生院, 2005. -- 203 页

文章主要从经济效率角度出发研究了公司并购中的价值增值,即从市场机制角度看公司并购是否实现了资源配置的帕累托改进,从实物运作角度看公司并购是否促进了企业真实生产力的提高,从而为社会创造出财富。首先,第一章研究了在完全市场条件下,公司并购交易是如何促进资源配置帕累托改进的,并在此基础上逐步引入信息不对称、委托代理等因素,分别在不同的信息结构和公司治理结构条件下,具体考察上述因素对公司并购资源配置效率的整体影响。第二章以马克思的劳动价值理论为基础,着重分析了社会必要劳动时间的五方面内涵,认为"社

会必要劳动时间"决定价值量是一个决定商品整体价值量的社会机制。只有完整地运用社会必要劳动时间决定价值量的理论,才能准确地把握经济实践中各种价值增值现象的理论根据。第三章在现代公司金融理论的框架下,沿着费雪、莫迪利安尼和米勒(MM定理)、实物期权和EVA理论等这条线索,对公司并购中的价值评估理论体系进行了深入系统的研究,指出了每种方法的长处与不足,并重点对最新发展的EVA指标体系的有效性及该理论和方法的具体运用进行了检验和探讨。文章最后三章重点考察了转型期特殊的制度因素,可能对中国上市公司并购活动以及是否实现价值增值产生哪些重大影响,发现当前中国上市公司并购中价值增值存在着若干重大的制度性障碍;然后对上市公司非效率并购发生的制度诱因进行了深入分析,获取潜在的制度化经济租金可以解释大部分非效率并购大量发生的现象,并综合运用事件研究法、会计研究法、产业生命周期分析法和案例分析法等方法进行了实证分析;最后分别从规范化视角、制度化视角提出了政策性建议。

关键词:上市公司　并购　价值论　剩余价值

1381

企业投融资体制比较研究 / 张庆元著 ; 马君潞指导. -- 南开大学, 2005. -- 190 页

本文通过理论研究和实证研究,总结了我国二十年来的企业投融资体制改革的成败得失和经验教训,借鉴了国外有益的管理经验,对企业投融资体制进行了全面深入的研究。全文共分三个部分。第一部分即第一章,着重研究了企业投融资体制与投融资环境之间的关系,作者先分析了投融资环境,包括宏观政策环境、经济环境和法律环境,然后分别论述了政企关系、银企关系与企业投融资体制的关系。第二部分包括第二、三、四章,对以美国、德国和日本为代表的发达市场经济国家的企业投融资体制;以新加坡、泰国和马来西亚为代表的东南亚新兴市场经济国家的企业投融资体制和以波兰、匈牙利和捷克为代表的东欧转轨经济国家的企业投融资体制进行了比较研究,总结了经验和教训。第三部分即第五章,是在前两部分理论研究和比较研究的基础上,针对中国企业投融资体制的改革所进行的专项研究,作者首先回顾了建国以来企业投融资体制的结构与变迁,并对企业投融资体制的现状进行了剖析,然后提出了构建新型企业投融资体制的政策建议。

关键词:企业管理　投资　融资　政企关系　银企关系

1382

转轨时期中国国有商业银行公司治理研究 / 张绍岩著 ; 戴金平指导. -- 南开大学,2005. -- 187 页

本文通过对中国国有商业银行公司治理矛盾和治理约束的研究,对建立适合中国转轨经济制度特征的商业银行利益相关者治理模式这一问题进行分析。全文共分六章。第一章阐述本文的研究框架。第二章分析商业银行公司治理中的"契约",即商业银行各利益相关者之间的矛盾关系。第三章分析我国国有商业银行的治理矛盾。第四章从政府行为、金融监管、法律制度等方面讨论商业银行的治理约束。在第五、六章,提出中国国有商业银行利益相关者治理模式的基本设想,以及利益相关者治理模式的动态优化问题。本文的主要结论是:我国商业银行治理的主要矛盾不是股东和经营者的矛盾,而是"政治家"和其他相关利益者之间的矛盾。我国应该建立适合转轨经济特征的商业银行利益相关者治理模式,以"共同治理"原则取代原有的国有大股东独享治理权的方针,也有别于西方国家的"股东至上"治理模式,实现对利益相关者的保护。

关键词:国有商业银行　公司治理　利益相关者　经济转型期

1383

我国商业银行市场风险管理体系研究 / 张书人著 ; 陈学彬指导. -- 上海财经大学, 2005. -- 127 页

本文以现阶段我国商业银行市场风险管理体系的具体模式为研究重点,以西方主流商业银行市场风险管理体系为参照,分析了我国商业银行市场风险管理体系存在的不足,提出了构建我国商业银行市场风险管理体系的目标模式。本文共分四大部分。第一部分介绍了市场风险管理理论和西方银行市场风险管理体系的实践,包括国际主流商业银行市场风险管理模式的共性特征、市场风险管理体系的组成部分、市场风险管理的常用方法等。第二部分比较分析了我国商业银行市场风险管理的现状,指出国内商业银行无论在管理机构上还是在管理技术上都不能满足有效管理市场风险的要求。在此背景下,我国商业银行建立市场风险管理体系的过程不会一蹴而就,而应结合各商业银行自身的特点设立不同的市场风险管理体系。第三部分结合我国商业银行的实际情况,提出了我国商业银行市场风险管理体系的目标模式。

第四部分分析了银行监管和信息披露这两个外部监督渠道对促进西方商业银行市场风险管理体系建立的重要作用，结合国内实际情况，提出我国应从强化对我国商业银行市场风险的金融监管、规范市场风险管理信息披露、强化商业银行内部披露市场风险的机制、发展和完善我国金融市场这四方面的政策建议。

关键词：商业银行　市场风险　风险管理　金融监管

1384

养老基金与资本市场互动的理论与实证研究：兼论中国养老基金与资本市场良性互动的政策思路 / 张松著；林义指导. -- 西南财经大学，2005. -- 172 页

论文着眼于养老基金与资本市场互动的理论框架，在理论和实证研究的基础上总结出二者良性互动的一般性约束条件，进而结合中国养老基金与资本市场互动的实际情况，来讨论进一步实现中国养老基金与资本市场良性互动的政策思路。全文主要内容包括七部分。首先，从社会储蓄结构、养老基金受益人资产组合和金融市场均衡三个角度对养老基金发展对资本市场的影响进行理论阐释。第二部分主要研究了资本市场对养老基金发展的影响，从养老基金的增长来看，主要途径有新缴费和投资收益。第三部分运用格兰杰因果分析方法对 22 个国家养老基金和资本市场的发展指标进行互动关系的实证分析，并结合养老基金与资本市场的理论传导效应对实证结果进行诠释，认为养老基金与资本市场之间存在良性互动关系，并且是一种长期的、不断强化的互动过程。第四部分对养老基金与资本市场互动的传导效应和影响因素进行归纳，总结出养老基金与资本市场互动的理论框架。第五部分对我国养老基金入市的现状进行评价，认为它们之间还不存在互动关系。第六部分基于我国养老基金与资本市场关系的现状，从制度层面剖析中国养老保险和资本市场所存在的问题，以及由此对二者互动关系建立所产生的约束。最后，分析了我国养老基金与资本市场互动关系面临的约束条件，主要包括养老基金积累规模过小，资本市场规模偏小、结构畸形、效率低下，金融体系结构不合理、一体化程度低，利率市场化程度较低。文章认为我国要在推动经济继续增长的同时保持宏观经济稳定，并大力推进养老保险制度的多层次、市场化改革，深化资本市场和货币市场改革等，疏通养老基金与资本市场之间的传导机制。

关键词：养老保险基金　退休金　资本市场

1385

中国商业银行治理机制问题博弈分析 / 张文著；陈学彬指导. -- 上海财经大学，2005. -- 168 页

本文应用非对称信息动态博弈分析方法、委托代理理论和制度分析方法，系统分析了我国商业银行治理机制的决定、制约因素，结合具体问题分别建立我国商业银行治理机制博弈分析模型，利用模型对我国商业银行治理机制存在的问题和改进中遇到的障碍进行了多方案动态模型分析，并在实证的基础上提出可行的商业银行治理机制改革思路和建议。全文分为七章。第一章是导言，提出论文的研究意义，简要概括国内外相关研究的状况，对论文整体思路和内容进行了介绍。第二章公司治理理论与商业银行治理模式部分阐述公司治理的主要理论问题，分析了公司治理的内涵与目的、所有权与控制权、委托代理理论与经营者激励约束，然后比较商业银行不同治理模式的优劣对我国商业银行的借鉴意义。第三章讨论了我国商业银行的所有权结构对于银行治理机制的影响，在简述改革开放以来我国各主要商业银行所有权结构的发展变迁状况之后，建立了一个金融市场交易博弈模型，然后分析了国有商业银行和股份制商业银行所有权结构的特点。第四章分析了我国商业银行的控制权结构和商业银行控制权由国家掌握的经济影响，在讨论一般意义上控制权的特点并比较不同国家商业银行控制权模式的基础上，分析了我国商业银行内部的权力分配状况和控制权分配中存在的问题。第五章考察分析了我国商业银行存在的主要委托代理问题，提出改善商业银行委托代理关系的若干建议。第六章分析了商业银行激励约束机制的构建和完善问题，考察了我国商业银行的组织特点与管理者地位，分析了影响我国商业银行激励约束机制的外部条件。第七章主要讨论了国有商业银行的改革路径问题。

关键词：商业银行　法人治理结构　委托代理　所有权　控制权

1386

资本市场与货币政策互动研究 / 张宇清著；赫国胜指导. -- 辽宁大学，2005. -- 223 页

论文主要研究了资本市场与货币政策之间的相互影响问题。首先，采用数理研究方法分析了货币政策与资本市场价格水平和波动性的影响。根据理性

预期理论,未预期到的货币政策变化才能引起资本市场价格水平的变化,提高货币政策透明度能有效地降低对资本市场的冲击。由于资本市场波动与投资者要求的投资收益密切相关,而发展中国家出于对风险的惧怕,往往对资本市场设置一些制度上的限制,但这些限制适得其反,加剧了投机和坐庄行为;研究认为,通过提高中央银行运用货币政策的水平,完全可以降低资本市场的波动,在稳定经济的同时,稳定资本市场。反过来,资本市场对货币政策的影响也是广泛而深远,论文从对货币政策目标体系、货币政策操作程序和货币政策传导机制三个方面分析了资本市场对货币政策的影响。文章认为,资本市场的发展有利于改善货币政策效果。最后,文章研究了资本市场与货币政策之间的协调问题,认为,长期中货币政策与资本市场不存在矛盾,货币政策的最终目标和资本市场的基本功能是一致的,二者之间的短期矛盾产生于两者演进过程的不同步、不同国家制度上的限制以及经济全球化对各国金融制度的冲击,解决这些矛盾的根本在于充分发挥资本市场的功能、坚持提高货币政策的地位、增加货币政策的透明度。

关键词:资本市场　货币政策　中央银行

1387

中国上市公司过度融资问题研究 / 赵涛著 ; 裴平指导. -- 南京大学, 2005. -- 129 页

论文主要研究了中国上市公司在非流通股股东占控制地位的情况下的融资特征,由于非流通股股东利润目标和流通股股东利润目标不同,不是追求公司市值最大化,公司的融资决策也偏离了理论所确定的净现值标准,导致我国上市公司存在过度融资。上市公司的过度融资具体体现在首次发行、配股、增发、担保融资等方面。过度融资对公司行为造成了扭曲,对上市公司财务状况产生了负面影响,对股票市场基本功能造成了较大危害。只有全流通才能解决过度融资问题。全文主要包括五章内容。第一章是对过度融资的理论基础与相关文献回顾;第二章构建了过度融资模型并进行检验;第三章分析了过度融资的市场表现及危害;第四章分析了限制性政策的局限性及取消政策限制的条件;第五章提出了解决过度融资的政策建议。

关键词:上市公司　融资　股票市场　过度融资

1388

商业银行资产证券化风险的测度与定价研究 / 赵天荣著 ; 邓乐平指导. -- 西南财经大学, 2005. -- 185 页

论文旨在通过以资产证券化理论为基础,以商业银行资产证券化风险为主线,通过对商业银行资产证券化风险的测度与定价研究,构建起中国商业银行资产证券化风险测度与定价的理论方法,并回答应用理论模型对中国商业银行资产证券化风险进行测度与定价的现实性问题。全文主要包括六方面内容。第一部分主要界定了资产证券化的内涵,论述了资产证券化的理论基础以及商业银行资产证券化的特征。第二部分主要对风险的基本含义和资产证券化的基本含义进行了理论界定,分析了商业银行资产证券化风险构成的类型特征,为量化其风险打下了基础。第三部分以商业银行资产证券化风险的构成为逻辑起点来对其风险进行测度,对各种风险测度方法和定价方法给予评价。第四部分分别分析了中国抵押资产提前偿付风险测度、信用风险测度的现状,并建立了抵押资产池提前偿付风险的测度模型和信用风险的测度模型,并分析了资产证券化风险综合测度的理论基础和中国债券信用评级的现状,提出对中国商业银行资产证券化信用评级的内容。第五部分建立了商业银行资产证券化风险定价的分析框架,并构建了中国商业银行资产证券化信用风险的价差模型。第六部分通过选取几个实际案例的样本数据,对商业银行资产证券化系统中提前偿付风险模型和信用风险测度模型的现实合理性进行了经验验证,并运用压力测试对商业银行资产证券化风险进行了评估测试。最后,通过对我国现阶段资产证券化的理论研究和实践进行深入地思考,指出目前我国资产证券化研究的局限性以及当前的时间现状特点,分析了我国应用商业银行资产风险测度与定价模型的技术约束条件,并就如何改善上述约束条件进行前瞻性的分析。

关键词:商业银行　风险分析　资产证券化

1389

金融机构资产负债管理模型和运用的新发展 / 赵伟著 ; 黄宪指导. -- 武汉大学, 2005. -- 120 页

本文系统地介绍了国外现代资产负债管理模型的新发展和实践,然后结合我国的现状分析了我国构建全面风险管理体系、推进现代资产负债管理的前提条件和制度基础,并有针对性提出了政策建议。全文分六章。第一章对资产负债管理的传统理论进行了回顾,重点介绍了资产负债管理中的最主要利率风险管理模型——利率敏感资金缺口模型和持续期缺口

模型。第二章主要从四种分析思路和相应的模型具体地论述了现代资产负债管理的研究重点和发展方向。这四种分析思路和相应的模型主要是指改进型均值——方差下行风险模型、离散时间多期模型、连续时间模型、随机规划模型。第三章介绍了资产负债管理模型在商业银行中的实践。详细论述了 Kusy 和 Ziemba(1986)的模型在温哥华城市储蓄信贷协会的运用,以及 20 世纪 90 年代简单补偿多期随机线性规划模型在土耳其银行业的运用。第四章详细介绍了资产负债管理模型在其他金融机构的运用。重点描述了 Russell - Yasuda Kasai 模型在 Yasuda 保险公司的运用,并结合荷兰年金的资产负债管理实践介绍了资产负债管理模型在年金中的实际运用。第五章从全面风险管理的角度介绍了资产负债管理与全面风险管理的关系。作者认为全面风险管理为资产负债管理提供了管理平台和管理框架;资产负债管理是全面风险管理体系中风险管理的策略和实施过程。最后一章中,分析比较了资产负债管理与资产负债比例管理之间的区别和联系,分析了推行资产负债管理的条件和制度基础,并在分析我国资产负债管理发展现状的基础上为我国构建全面风险管理体系、推进资产负债管理提出了建议。

关键词:金融机构　资产负债管理　资金管理　风险管理　经济模型

1390

控制权私人利益与投资者保护 / 赵向琴著 ; 朱孟楠指导. -- 厦门大学, 2005. -- 120 页

论文从公司治理、法律和政治(政府)三维角度,探讨了实现外部投资者保护的一系列机制,重点解决在我国目前的金融生态环境下投资者保护的自我实现问题。全文主要包括四章内容。第一章为控制权私人利益概论,从定性和定量两方面概述了控制权私人利益的特征和现有研究成果。第二章研究了公司所有权、控制权和投资者保护问题,从学术界对公司所有权结构研究的认识演进入手,在分析控股股东模式下实现控制权的特征表现以及我国金字塔型控股结构的实践经验基础上,通过构建理论模型,分析了金字塔结构下控股股东的侵权行为。第三章从法与金融的分析视角研究了保护投资者权益的法律机制,通过理论模型和实证分析探讨了所有权结构、执法力度和投资者保护之间的关系。第四章主要探讨了政府行为和投资者保护问题。从新政治经济学的分析视角探讨了政治行为、法律和公司治理机制在投资者保护中的相互关系,建立了一个双重侵权的理论模型,并利用我国上市公司的数据进行了实证检验。

关键词:股票市场　证券投资　上市公司　公司治理　控制权　投资者保护　政府行为

1391

保险风险证券化研究 / 赵正堂著 ; 林宝清指导. -- 厦门大学, 2005. -- 224 页

本文由七章构成。第一章界定保险风险证券化的内涵并对相关文献进行回顾。第二章从风险管理与保险的角度阐述了保险风险证券化的理论基础:可保风险泛化理论、保险功能的深化回归理论、风险管理整合的层际理论;并采用 Doherty 和 Schlesinger 的风险分解原理对其进行精算学分析。第三章分析了保险风险证券化的需求并设计或选取量化分析工具对保险风险证券化给其利益相关方所产生的效应进行经济学分析。第四章对保险风险证券化与再保险的替代与互补关系进行探讨,提出二者的“共生”理论。第五章从监管角度探讨了保险风险证券化的制度供给问题。第六章介绍了巨灾债券、巨灾期货与期权以及其他已呈现的保险风险证券化产品的运作与实务。第七章对保险风险证券化在我国的运用进行初步探讨,以地震风险为例,对我国地震债券的定价模型进行研究,并采用蒙特卡罗模拟法对我国地震债券的价格趋势进行预测和分析。

关键词:保险　风险管理　资产证券化　债券

1392

金融混业与金融监管 : 兼析台湾金融混业与监管的变迁 / 郑君豪著 ; 万解秋, 贝政新指导. -- 苏州大学, 2005. -- 139 页

本文通过理论演绎与实践归纳的方法探索世界金融混业与金融监管的相互关系及其相关问题,并通过实证方法总结台湾地区金融混业与监管的变迁,以期印证某些观点并给中国大陆的金融混业提供一些启示。文章首先对金融混业和金融监管进行了理论综述,并以金融效率概念为桥梁,以金融监管的成本—收益分析方法和金融监管函数为分析工具,分析金融混业与金融监管的内在联系。然后,通过回顾世界金融混业及其经营模式的发展,对混业经营下金融活动的新风险、混业金融机构的特殊监管政策进行了论述;并结合各国混业与监管变迁的过程分析,总结可供参考的金融混业与金融监管的经验和模式。接下来,回顾了台湾地区混业经营与金融监管制度变迁

的过程，分析了台湾金融监管所面临的问题及未来改进的方向，并对台湾地区上市的金融控股公司及其子公司和非金融控股公司两类公司，在混业前后各项财务指标的变化，进行了定量、定性分析，以总结其金融混业绩效及混业经营过程中金融监管之得失。最后，归纳总结了本文的研究结论，认为中国大陆应借鉴其他国家和地区混业经营和金融监管的经验，采取必要和明确的监管措施，完善相关立法，采取合适的金融监管模式，以更好地适应混业经营的趋势。

关键词：金融业　混业经营　金融监管　金融效率

1393

金融深化背景下我国国有商业银行再造研究 / 钟斯成著 ; 刘玉操指导. -- 南开大学, 2005. -- 154 页

本文以我国国有商业银行为研究对象，深入研究金融深化所带来的巨大变化和影响，探讨金融深化与银行脆弱性、金融深化与我国国有商业银行再造的关系，按照市场化的规则和要求再造我国国有商业银行，勾勒出我国国有商业银行再造的目标模式以及我国国有商业银行未来经营的图景，提出了具体的实施策略。全文主要包括五章。第一章从分析金融深化入手，探讨金融深化与金融脆弱性，特别是金融深化与我国国有商业银行脆弱性之间的关系，指出金融深化在相当程度上激化了我国国有商业银行固有的脆弱性，再造是我国国有商业银行应对金融深化的选择。第二章从我国国有商业银行所受到的外部冲击及其降低脆弱性的内在要求等角度分析我国国有商业银行再造的背景，从理论和实证角度探讨银行再造的必要性。第三章探讨我国国有商业银行再造的战略目标，提出再造的总体思路时，把我国国有商业银行建设成为市场化取向的、利润为中心的、风险管理为核心手段的现代商业银行。最后两章结合我国国有商业银行的具体情况，分别从我国国有商业银行市场化发展机制以及风险管理机制两方面探讨了我国国有商业银行再造的实施策略，并给出了再造的建议和对策。

关键词：国有商业银行　经济体制改革　风险管理　金融自由化

1394

中国银行业海外扩张策略选择 / 周迪菁著 ; 朱孟楠指导. -- 厦门大学, 2005. -- 107 页

论文主要研究了中国银行业海外扩张的战略，从银行竞争优势分析战略、海外市场选择战略、市场进入模式战略和优势业务选择战略这四个决策阶段进行分析。研究认为，优势分析战略中，利润率和银行规模是跨国银行竞争优势最重要指标，利润率高、规模大的中国银行业可有更强的海外扩张战略；海外市场选择战略中，中国银行业应以东道国利润机会为最主要决策依据，并需关注中国与东道国经济一体化程度以及东道国体制特点；市场进入战略中，中国银行业应主要选择绿色领域进入模式，若选择控制性兼并进入模式则要关注兼并后的效率；优势业务选择战略中，中国银行业应慎重选择全能化与专业化业务、批发与零售业务，零售业务将是未来跨国银行竞争的新市场，中国银行业不可忽视开拓零售业务的可能性。

关键词：银行业　发展战略　企业扩张　国际市场　跨国银行

1395

金融工程框架下商业银行资产负债管理研究 / 周鸿卫著 ; 彭建刚指导. -- 湖南大学, 2005. -- 103 页

文章围绕为什么需要金融工程对商业银行资产负债管理问题进行整体性解决、是否能解决以及如何解决展开研究。在必要性研究中，首先分析了现代商业银行经营环境变化对商业银行经营管理的要求，认为现代商业银行资产负债管理应是全方位、全过程的协调管理，并在文献综述的基础上，论述了目前商业银行资产负债管理方法的局限性，从而论证金融工程对商业银行资产负债管理问题进行整体解决的必要性。在可行性研究中，首先对金融工程技术框架内的理论体系、方法论和策略进行梳理，重点分析了金融工程技术与商业银行资产负债管理的关系和运用的可行性，研究表明，金融工程技术分析问题的原理和方法、创新金融工具的工艺技术和方法，以及运用金融工程技术涉及的交易策略和交易手段等都可以用来解决现代商业银行资产负债管理问题。如何整体解决的研究中，首先研究了为实现资产负债管理目标的商业银行资产负债特征，重点运用金融工程技术研究商业银行资产负债行为，研究发现，这种行为是一种金融工程的风险套利行为，利差就是各种风险套利的结果，相应的管理策略可视为风险受控套利策略；然后研究在建立商业银行资产负债组合风险受控套利策略中的决策问题；最后研究了商业银行如何实施资产负债组合风险受控套利策略，提出为满足风险控制和客户关系协调管理要求，可利用金融工程分割技术，将利率风险和信用风险从基础资产中分割出来，

对两类风险分别进行套期保值来实现更专业化的管理。接下来研究解决商业银行资产负债组和结构调整的套期保值策略和方法，提出了利用“Smith”算术解“方程”的方法来解决线性衍生工具的头寸选择问题，并为银行净利息收入与资本价值协调管理的套期保值设计出一个衍生工具头寸选择“菜单”。最后在研究商业银行资产负债组合信用风险的套期保值中，比较了各种套期保值方法在分散商业银行资产组合信用风险中对客户关系的影响，指出金融性套期保值既能对信用风险进行有效控制，又能满足客户关系管理的要求。

关键词：商业银行　资金管理　资产负债管理　套期保值

1396

“三元悖论”原则：理论与实证研究 / 周晴著 ；陈雨露指导. -- 中国人民大学, 2005. -- 158 页

在经济全球化的理论基础之上，资本账户开放、货币政策和汇率政策之间的冲突问题就是开发条件下的“三元悖论”原则，它是我们制定宏观经济政策的理论基石，对我国货币政策实践具有重要的指导意义。论文旨在从实证角度证明“三元悖论”原则。全文共分为六章。首先阐述了“三元悖论”原则的理论内涵，该原则起源于“蒙代尔不可能三角理论”。第二章到第四章分别是“三元悖论”原则在不同历史阶段下的实证检验；研究认为，古典金本位制度可以看作是一个“钉住汇率目标区”，在资本完全流动和固定汇率制度下，货币政策独立性依然存在，“蒙代尔不可能三角”变成一种可能三角；布雷顿森林体系下，各国普遍实行资本管制和固定汇率制度，各国利差较大，本国货币政策操作具有广泛空间；在后布雷顿森林体系下，发达国家逐渐取消了资本管制、实行浮动汇率制度和利率市场化，而发展中国家普遍实行固定汇率制度，货币政策操作的主要特征是为维护固定汇率制度。第五章主要讨论布雷顿森林体系下金融危机的发生同资本流动、货币政策、汇率政策之间的矛盾冲突。最后，通过对中国货币制度转型中的“三元悖论”原则的研究，提出了我国货币政策操作的未来模式，并借鉴浮动汇率制度国家货币政策操作目标同时钉住利率和汇率的经验，建立适合中国实际情况的货币状况指数。

关键词：资本流动　货币政策　汇率

1397

汇率目标区研究 / 周群著 ；许少强指导. -- 复旦大学, 2005. -- 131 页

本文在前人对于汇率目标区的理论与实践研究的基础上，重点分析探讨了汇率目标区在发展中国家的运用，得出汇率目标区适用于我国的结论，同时对于人民币汇率目标区进行了初步的设计。全文共分八章。第一章绪论，介绍了选题背景、目的及意义，对汇率目标区的国内外现有研究进行了回顾与评析，并概述了文章的研究思路、结构安排与创新点。第二章探讨了汇率目标区与内外均衡的关系，先概述了汇率制度选择与汇率目标区，接着，分析了汇率目标区的经济效应与内外均衡实现，最后，分别分析了实体冲击和金融冲击时各种宏观制度配合的表现。第三章探讨了汇率目标区对于防范资本流动与货币替代的意义。第四章对于欧洲货币体系中汇率目标区的运作进行了阐述与分析。第五章详细分析比较了东南亚国家的汇率运行机制，文章运用新加坡和印度尼西亚作为成功与失败的案例，分析了汇率目标区运行的条件以及运行中的难题。第六章分析了汇率目标区对我国汇率制度改革的意义，作者先对现行人民币汇率机制进行了分析，接着，论述了我国汇率制度运行与内外均衡、资本流动及货币替代间的关系，最后，总结了人民币汇率的运行特征、形成机制，分析了汇率弹性。第七章探讨了我国汇率目标区的适用性，对于人民币汇率目标区进行了初步的设计。第八章为全文的总结。

关键词：汇率制度　资本流动　人民币汇率

1398

风险可保性理论与巨灾风险的国家管理 / 周志刚著 ；胡庆康指导. -- 复旦大学, 2005. -- 129 页

本文首先给出了巨灾的通常定义，指出了巨灾具有的特征；对受灾国家的就业、债务、国际收支平衡、汇率等宏观经济指标造成的巨大的负面影响；对不同国家的不同影响等。介绍了不同国家管理巨灾风险的具体措施：发展中国家主要采用被动的措施，即在巨灾发生以后，通过财政预算重新分配、获取国际援助等方式来获得灾后重建所需要的资金，这是灾后融资机制；发达国家采用积极的应对巨灾的措施，通过保险、再保险、发行巨灾债券等措施建立灾前融资机制，将巨灾风险转移到保险市场和资本市场。发展中国家与发达国家在巨灾风险管理方面的差距决定了巨灾风险对发展中国家的危害比发达国家更大。其

次,本文认为,国家对巨灾风险的积极管理需要建立灾前融资机制。指出,保险/再保险是最常见的灾前融资机制。商业保险受到风险可保性的限制,而巨灾风险不具有完全的可保性。再保险扩展了可保风险的范围,使保险公司可以经营某些巨灾风险。商业保险市场不能有效经营巨灾风险的主要原因:一是商业保险市场的资本相对不足;二是商业保险市场不能有效化解风险模糊性、逆选择、道德风险等限制巨灾风险可保性的因素。再次,本文将风险可保性理论从商业保险市场扩展到整个私有市场经济为资本市场经营巨灾风险提供了理论基础,认为巨灾风险证券化部分解决了商业保险市场资本相对不足的问题,但费用高昂和流动性差等因素限制了巨灾证券的应用,并且对于诸如逆选择等限制巨灾风险可保性的因素巨灾证券化无能为力。接着,本文提出巨灾保险市场存在的市场失灵问题使政府干预成为必要,而风险可保性定义扩展到整个经济领域为政府干预巨灾保险市场提供了理论基础。政府在解决巨灾保险市场需求不足、逆选择、道德风险等问题上比私人市场更具有优势;巨灾风险的跨期分担理论是政府干预巨灾市场的另一个重要原因。指出,新西兰、美国加利福尼亚州、土耳其和我国台湾地区四个地震多发的国家(或地区)的住宅地震保险系统,都是建立在政府与保险市场某种程度的合作的基础上。最后,本文就中国国家地震保险系统的设计、目标、风险分担与控制、形式和资金来源、管理和日常运作进行了分析论证。并指出,目前中国大多数家庭没有住宅地震保险,政府承担了很大的地震风险,建立住宅地震保险系统是当务之急。

关键词:灾害保险　风险管理　政府干预　融资　地震保险

1399

信息技术与商业银行效率 / 朱远彤著 ; 张杰指导. 西安交通大学, 2005. -- 127 页

信息技术对商业银行的交易方式、管理模式以及效率等许多方面都产生了重大影响,文章旨在通过建立新的理论来重新解释信息经济条件下商业银行的生产效率、组织结构效率所发生的变化。文章首先从历史的视角回顾了信息技术在商业银行中应用的历程,发现信息技术从根本上改变了传统银行与其客户之间的关系,银行产品和服务提供方式都呈多元化趋势,同时信息技术的发展也使其他非金融企业可以顺利进入传统银行领域,银行所具有的竞争优势受到挑战。其次,考察了信息技术对国有商业银行产出率的影响,研究认为,单纯的设备更新和技术手段的投资,并不能改善银行的内部资源配置效率,只有通过提高人力资本的边际产出,才是充分发挥信息技术优势的治本之法。再次,考察了信息技术对商业银行组织结构效率的影响,认为信息技术改善了银行内部信息的传递和处理手段,因此引致银行内部决策权的配置出现集权化的趋势,从而为银行规模的扩大和组织机构效率的提升奠定了良好的基础。最后,讨论了在网络外部性条件下电子支付系统联网通用的问题,通过博弈模型分析,发现电子支付系统在充分竞争的条件下并不能达到提高效率的目的;只有在相互之间联网通用的情况下,才可以使更多消费者加入到使用信用卡的队伍中来,充分地提高银行的支付系统的整体效率。

关键词:商业银行　信息技术　银行效率　支付系统

1400

论资本账户开放和国际收支结构可维持性 : 兼论人民币资本账户开放 / 朱云高著 ; 姜波克指导. -- 复旦大学, 2005. -- 159 页

本文在国际金融学的分析框架下对资本账户开放进行了分析,提出了国际收支结构可维持性的概念,并论述了国际收支结构的可维持性是成功进行资本账户开放的核心。全文共分六部分。第一章导论,分析了人民币资本账户开放的意义,对国内外研究资本账户开放的文献进行了综述,分析了国际收支结构可维持性的内涵。第二章对国际收支结构可维持性和资本账户开放总体相关性进行了分析,作者分别阐述了资本账户开放模式、资本账户开放的条件、国际流动性不足和国际收支结构可维持性之间的关系。第三章分析了资本账户开放如何促进内部均衡目标的实现,作者分别分析了在资本账户开放条件下实现物价稳定的机制和汇率稳定机制,然后,实证分析了资本账户开放和经济增长的关系,最后,指出了资本账户开放是提高经济增长效率的一种重要机制。第四章论述了资本账户开放是如何有助于实现国际收支账户间相互弥补和主要账户的跨期弥补的,文章首先解释了商品贸易关系、服务贸易账户、投资收益账户、外商直接投资账户等四种主要账户之间的相互弥补关系,然后结合我国的实际情况,提出了当前引进外资应该和产业集群的培育相结合来提高商品贸易的竞争优势,以便未来能够实现外商直接投资账户和

商品贸易账户之间的弥补,最后分析了经常账户的跨期弥补。第五章主要分析了资本流入的可持续性机制,作者先阐述了资本流入可持续性的含义、影响因素以及资本流入的可持续性和国际收支结构可维持性的关系,然后分别从银行贷款、组合资本和外商直接投资三种不同的资本流动机制入手分析了如何实现资本流入的可持续性。第六章在借鉴现有国际收支危机预警指标体系的基础上,构建国际收支结构可维持性预警指标体系。

关键词:人民币　对外开放　国际收支　汇率

1401

中韩银行体制比较研究 / 诸廷助著 ; 盛松成指导. -- 上海财经大学, 2005. -- 133 页

本文运用现代经济和金融理论,主要采用演绎与归纳的方法,在收集大量的历史资料的基础上,对中韩两国银行体制的改革与发展作了全景式的比较研究。全文分六章。第一章对中韩两国 20 世纪 50 年代以来的金融改革与发展作了系统的分析与比较,通过比较分析发现在中韩两国经济发展过程中,金融政策在资金的筹措和配置中发挥了重要作用,市场化成为两国金融改革的共同取向,同时伴随着金融改革,两国金融风险和金融监管的压力也在同时增大。第二章对两国中央银行体制进行了比较研究,作者先比较了两国中央银行体制的总体特征,然后分别对组织体制、金融监管体制、货币政策体系进行了比较分析。第三章对中韩两国的商业银行体制进行了比较研究,主要包括组织体制、产权结构、公司治理结构、业务经营、不良资产处置模式、市场结构、与企业政府之间的关系等方面的比较分析。第四章考察了中韩两国的政策性银行的各自特征,文章先概述了两国政策性银行的发展,然后就资金来源、组织体制、业务经营等方面展开了比较研究。第五章基于金融发展理论,对金融深化与经济增长的关系在中韩两国间作了比较。第六章着眼于国际银行业发展的新趋势,提出了中国银行体制改革的方向性建议。

关键词:银行体制　体制改革　韩国

1402

我国开放式基金绩效评价研究 / 邹建峰著 ; 史建平指导. -- 中央财经大学, 2005. -- 159 页

本文系统地对基金绩效评价理论进行了梳理,引入了新的模型和方法进行补充和改进,对评价范围进行了丰富和拓展,通过大量实证检验选择最优模型和方法,在此基础上对绩效评价体系进行探讨,较为全面准确地反映我国开放式基金的绩效,并针对不足提出改进建议。文章分为六章。第一章是导论,提出了所要研究的问题,介绍了国内外相关研究的现状、本文的研究视角、研究思路、方法和框架结构,对基本研究范畴进行了界定,并指出了本文主要突破之处与存在的不足。第二章对我国开放式基金绩效评价进行了初步分析,作者先对美国基金业和基金评价业进行了考察,然后介绍了我国开放式基金的发展情况,并对我国的基金投资环境进行了分析,最后初步分析了我国开放式基金绩效的基本表现。第三、四章分别对传统基金绩效评价的核心内容,即风险调整收益分析和绩效来源分析的指标和模型改进进行了探讨,从理论上分析了各指标和模型的相互关系,从实证上分析其评价结果是否一致,并引入新方法对各指标进行综合评价,对原模型进行改进,选取最优模型,并对在我国开展开放式基金绩效评价需要注意的市场基准和净值取样频率问题进行了研究。第五章是对基金绩效评价的拓展内容,即基金投资风格、基金业绩持续性以及基金组合特征和基金管理特征等进行研究,从定量和定性两个方面对基金绩效进行更为全面的评价。第六章是在前几章的基础上,借鉴国外基金评价体系,对我国开放式基金绩效评价体系进行了探讨,并对提高我国开放式基金绩效提出了自己的建议。

关键词:开放式基金　基金绩效　经济评价

1403

银行体系稳定性研究 / 邹薇著 ; 刘玉操指导. -- 南开大学, 2005. -- 189 页

本文通过研究银行体系不稳定性的生成机制,分析影响中国银行体系稳定性的因素,测度中国银行体系的稳定程度,并探讨增强其稳定性的有效措施。全文主要包括三个部分。第一部分首先分析了银行体系稳定性的理论基础,然后在探讨银行体系不稳定性的生成机制的基础上,构造了一个包含异质的商业银行和违约行为的货币均衡模型,阐明银行体系的不稳定是一系列偶然事件的连续演变过程,分析了单个银行行为和风险承担的状况、银行间可能的传染在银行体系不稳定性形成过程中的重要性,以及适当设计审慎要求和减少过度承担风险的激励机制的作用。第二部分主要研究了中国银行体系的稳定性,首先通过分析金融自由化和银行竞争对中国银行体系稳定性的影响以及中国体系稳定性与银行效率的关系,指出尽管金融自由化、银行竞争及提高银行效率对中国银

行体系稳定性存在一定的负面影响,但对于高效运行的金融市场不可或缺的机构和制度建设,可以有效抑制这些负面影响,增强中国银行体系的稳定性;然后对中国银行体系的稳定性进行了量化分析,检验结果表明,制度因素对中国银行体系的影响较为显著。第三部分主要从制度层面对如何加强中国银行体系稳定性提出了政策建议,指出建立符合中国国情的显性存款保险制度、改革中央银行最后贷款人政策以及构建高效的银行业监管体系是增强中国银行体系稳定性、防范银行危机的有效途径。

关键词:银行体系　均衡分析　稳定性　银行效率　银行危机

1404

汇率制度及发展中国家的汇率波动模型 / Laila Arjuman Ara 著 ; 朱孟楠指导. -- 厦门大学, 2005. -- 157 页

汇率制度是一个国家经济发展的重要决定因素,特别是亚洲金融危机之后,汇率问题更成为发展中国家的迫切关注的焦点。文章在研究各种汇率理论的基础上,寻找适合发展中国家的汇率制度。文章首先介绍了汇率制度和汇率波动性方面的重要理论和实证研究,然后论述了发展中国家的汇率制度,详细讨论了影响发展中国家汇率制度的各种因素并力图找到最适合发展中国家的汇率制度;其次研究了作为最大的发展中国家的中国的汇率制度问题;再次,采用GARCH族模型拟合了一些发展中国家的汇率波动率过程,研究发现几乎所有国家的非线性 GARCH 模型比线性 GARCH 模型产生更好的结果;最后,采用非参数模型设定检验方法研究了作为新兴经济体之一的孟加拉国的汇率波动模型。研究认为,任何一种汇率制度都有一些优缺点,通过对外汇风险、不确定性、不可预测危机、货币政策独立性和整个经济环境等各方面的比较,发现灵活的汇率制度更适合发展中国家经济的发展。

关键词:汇率　货币制度　外汇制度　发展中国家

产业经济学

1405

企业产权交易中的拍卖问题研究 / 步艳红著 ; 卢东斌指导. -- 中国人民大学, 2005. -- 158 页

论文借鉴现有最新的拍卖理论研究成果,分析企业产权本身的特殊性,克服拍卖自身存在的弊端和缺陷,寻求在企业产权交易中最佳的拍卖机制,并分析中国产权交易市场的发展现状,针对市场存在的一些关键问题,提出相应的对策、建议。在对企业产权交易理论和拍卖理论的最新研究成果进行论述之后,文章首先论证了拍卖通过多方买主的竞价可以有效地解决企业产权交易中资金约束、腐败等操作中的一些弊端,并会成为企业产权交易中的主要买卖方式。其次,研究了企业产权交易应当如何选择拍卖机制,分析了公共价值拍卖、全支付拍卖、混合拍卖和歧视价格等拍卖方式的逻辑和应用特点,比较在不同拍卖环境下使用的拍卖机制的不同效果;然后通过对我国企业产权拍卖市场的实证分析,找出市场现存的主要问题,即企业产权定价、买卖市场资金约束、拍卖过程的腐败现象和政府规制等。第三,对企业产权定价机制进行了研究,分别分析了企业并购策略、企业产权买卖双方的招投标策略选择和调整对产权定价的影响,并依据我国产权交易定价不准确、交易价格偏低的情况,提出适合我国市场环境的企业产权一般定价原则以及需要注意的关键问题。第四,主要分析了企业产权拍卖中资金约束问题,并提出了分别实现社会效率和拍卖方收益最大化的"拍卖方融资模型"的设计和分析。第五,从委托—代理的角度分析了卖主和代理拍卖之间由于存在委托—代理关系可能造成的腐败现象,并从多个潜在买主的角度分析了他们之间可能串谋的腐败行为,分析认为,签订一个有效的激励和约,同时给予串谋者适当的惩罚将会在很大程度上杜绝腐败行为的出现。最后,探讨了政府职能和政府规制对拍卖的影响,并通过分析我国产权交易市场的运行特点、组织结构以及对国内外企业产权市场的比较研究,提出了政府应在市场建设中的适当定位和应有的作用。

关键词:产权转让　拍卖　国有企业　产权转让　政府管制

1406

基于产业生命周期的企业纵向整合策略研究 / 蔡峰著 ; 郁义鸿指导. -- 复旦大学, 2005. -- 149 页

整合是产业发展中企业常用的策略行为,包括收购兼并以增加自身的经营业务和实力,也包括分拆和出让自身的某些非核心业务,其形式有纵向整合和横向整合。文章主要探讨了企业纵向整合策略问题,认

为,通过实践的总结,纵向整合的外部因素主要是受产业生命周期的影响,从内部特征看,企业的产能约束特征是最重要的原因。企业的产能约束分为强产能约束和弹性产能约束。弹性产能约束的企业在不同的产业生命周期采用不同的纵向整合策略,根据模型分析,在产业发展初期,企业采用纵向一体化的结构;随着产业的快速增长,企业纵向分离的趋势增加;在产业减速增长到接近最繁荣的时期,由于竞争激烈,企业将再次倾向采用纵向一体化的结构;而在产业开始衰退时,企业又倾向于纵向分离;在衰退期接近结束的时期,又倾向于采用纵向一体化的策略。文章最后在微观层面进一步深化了现代企业理论,在以交易—治理结构来分析企业组织结构因素上作了尝试,在宏观上,将产业生命周期作为内生因素,以系统研究的方法对企业横向和纵向分工的基本模型也作了一定程度的探讨。

关键词:企业管理　产业发展　生命周期　产业结构

1407

企业"竞争—合作"模式的路径选择及其稳定性改进研究 / 陈剑涛著 ; 张文修指导. -- 西安交通大学, 2005. -- 136 页

在知识经济时代,对抗性竞争只存在于某些特定的市场范围,合作中的竞争正在成为 21 世纪企业发展的基本形式。文章主要研究了企业间"合作竞争"模式的路径实现及其稳定性改进对企业健康持续发展的贡献。论文首先论证了竞争的局限性,指出合作竞争是企业效率改进的基本方式。其次,分析了合作竞争的路径选择及其经济学机理,提出战略联盟是实现合作竞争的有效路径,阐述了战略联盟产生的基本原理,并在理论上用"控制意愿线"与"合并可能线"界定了市场、战略联盟以及科层组织间各自的边界范围。再次,从战略联盟的结构稳定性和利益稳定性两个方面构建了战略联盟稳定性的标准,按照战略联盟生命周期的不同发展阶段,构建了战略联盟稳定性的具体模型。最后,提出了影响战略联盟稳定性的关键因素和联盟稳定性改进的四项关键策略与机制,即正确选择战略联盟伙伴、建立战略联盟内部互信机制、制定合理公平的利益分配机制及加盟企业持续保持并发展自身的核心竞争力。

关键词:企业竞争　市场竞争　经济合作　企业联合

1408

用信息技术改造和提升制造业 / 陈俚君著 ; 郭元晞指导. -- 西南财经大学, 2005. -- 207 页

文章首先介绍了信息技术改造和提升制造业的概念和内容,主要从英、美、日的兴衰分析制造业在一个国家经济中的重要地位,及用信息技术改造和提升制造业的概念和内容。其次,对信息技术与制造业竞争力的关系进行了分析,提出信息技术提高制造业竞争力的限制条件是:用信息技术改造和提升制造业的成本、制造业企业之间信息化收益的差别、竞争力的持久性问题。第三,主要分析了用信息技术改造和提升制造业与实现跨越式发展的关系,并提出了在可持续发展观下,如何促进用信息技术改造和提升制造业。第四,分别分析了美国、日本、英国等国家用信息技术改造和提升制造业的现状、采取的措施、取得的成效以及给我们的启示,并介绍了用信息技术改造和提升制造业的全球发展趋势。第五,主要对我国用信息技术改造和提升制造业的现状、采取的措施和存在的问题进行了深入分析,对照国外经验找出差距。最后,提出了我国用信息技术改造制造业的发展思路和措施,并针对我国制造业企业存在的问题提出了相应建议。

关键词:制造工业　竞争力　信息技术

1409

人才国际流动研究 / 陈韶光著 ; 袁伦渠指导. -- 北京交通大学, 2005. -- 165 页

本文以人力资本理论为线索,运用多种经济学论证和实证分析方法,从理论上多角度地对人才国际流动进行了系统探讨,指出影响人才国际流动的相关因素包括三个方面,即内因、外因和判断力:内因包括自身条件、心理因素、文化素质和工作能力等;外因包括各国的政治、经济、文化、时间和空间等的差异;判断力则是个人根据其内因和外因做出是否流动决定的能力。在此基础上,对美国、日本、德国等发达国家延揽海外人才,印度、韩国、中国台湾等发展中国家和地区人才的流失和回流问题进行了实证分析。并介绍了中国人才外流和回归的总体状况,特别对吸引国外留学人员回国创业和人才国际流动对中国的影响问题做了专门探讨。通过比较研究,总结回顾中国在人才国际流动中采取的政策和措施,构建了中国人才国际流动的策略体系,得到以下结论和启示:第一,人才国际流动的实质是资本追求投资净收益最大化的结果;第二,持续发展经济、优化成才环境、搭建创业舞

台是吸引海外人才的关键;第三,防止人才流失应当采取"疏导"的原则;第四,解决人才外流问题要立足于经济社会的长期稳定发展。

关键词:人才流动　人力资本　国际化

1410

中国移动通信市场竞争及规制研究：后进入者视角／陈殷著 ；高汝熹指导. -- 复旦大学, 2005. -- 130 页

针对我国电信市场上越来越多的后进入者与在位者之间日益激烈的竞争,本文着重研究后进入者应如何制定正确的竞争战略,从而在与具有先发优势的在位者之间的竞争中赢得应有的市场份额。本文构建了以产业组织理论、企业竞争战略、产业链经济学三种理论为基础以及政府规制政策、有效竞争市场为主体的理论架构,指出移动通信市场后进入者的成功取决于市场的有效性,而市场的有效性又取决于企业的竞争战略及政府的规制政策。对移动通信运营市场后进入者竞争策略的研究,本文是从理论与实证两方面展开的。理论上,作者分别从产业组织视角与战略理论视角对后进入者的策略倾向进行了探讨,总结出移动通信市场后进入者的策略逻辑。作者还通过国际经验的研究发现企业竞争策略的使用应根据行业发展的阶段及企业在行业内的地位适时地作出调整,即企业竞争策略的组合问题。实证上,作者详细分析了中国移动与中国联通之间的竞争状况。最后针对我国移动通信市场的规制问题,作者认为电信业规制的实施主体应是政府主管机构,政府应从后进入者角度出发,从进入规制、结构规制及行为规制三方面制定有效的规制措施,扶持后进入者发展。

关键词:电信业　移动通信业　市场竞争　政府规制　产业链

1411

农产品流通组织论／程庆新著 ；纪宝成指导. -- 中国人民大学, 2005. -- 185 页

文章力图对农产品流通组织问题进行系统分析,发掘农产品流通问题研究的新视角,从而丰富和发展农产品流通的基础理论,探寻和研究解决我国农产品流通乃至"三农"问题的新视角和新途径。文章首先介绍了农产品流通的一般概念和规律,并介绍了农产品流通的企业组织机制、市场组织机制和行业自律组织机制。然后,分析了农产品流通组织生成的原因和组织演进过程,认为农产品流通组织生成的基本动因是节约流通费用,而在其他因素不变的情况下,流通组织演进和变革主要决定于制度和技术条件。农产品流通组织作为构成农产品流通的载体组织体系,本身也是一种系统,在这个系统中,多元化农产品流通组织之间相互作用、相互影响,各自发挥着不同的作用。农产品流通实现是市场实现和利益实现的统一,其利益实现分为主题利益实现和国家利益实现两个层面,农产品流通组织作为农产品流通的基本载体,其组织结构、组织运行和组织效率决定着农产品流通效率,也必然决定着农产品流通的利益实现。接着,文章比较分析了美国、日本及欧盟国家的农产品流通组织,分析表明,不同国家由于农业的自然条件和制度技术条件不同,其组织形式也有不同。建国以来,我国的农产品流通体制也随经济体制的变迁经历了不同阶段,随着市场化改革的不断发展,多样化流通组织的发育,我国农产品流通组织迈向转轨历程,但其组织的创新和发展必须经过一个组织转型和组织改造的过程,以顺应制度转型、技术发展和消费需求的变化。从我国的经济发展实践看,农产品流通组织创新还需要政府推动和市场选择的有机结合,其目标是市场化和现代化。农产品流通利益实现是农产品流通中国家利益和主题利益实现的统一,现阶段,协调二元经济结构是我国农产品流通组织在实现国家利益方面体现的重要功能;农产品流通主体利益实现不仅指流通企业组织的利益实现,还包括农产品流通主体的农产品生产者利益和消费利益的实现。

关键词:农产品　农产品流通　行业组织

1412

中国货币政策有效性问题研究／崔建军著 ；闵宗陶指导. -- 西安交通大学, 2005. -- 146 页

本文在梳理前人学术成果的基础上,首先探讨了货币政策有效性的理论前提,即货币的性质、货币供给的性质和菲利普斯曲线的价值,认为货币是非中性的,货币供给兼具内生性和外生性,菲利普斯曲线作为标准的宏观经济分析工具,其价值是永存的;其次以货币政策目标作为解释变量建立了中国货币政策有效性理论模型并对之进行经验实证;再次分析了国有商业银行信贷集中和货币政策的外部环境对中国货币政策有效性的影响;最后提出了提高中国货币政策有效性的方法和途径。

关键词:货币政策　货币供给　货币需求

1413

人缘管理研究 / 戴俐秋著 ; 苏东水指导. -- 复旦大学, 2005. -- 160 页

本文是研究东方管理企业经营中的人与人之间人缘关系,其研究的对象是群体间的关系。全文共分八章。第一章导论,对文章中的基本概念进行了界定和辨析,回顾了相关理论文献,概述了论文研究的基本思路、章节安排、主要结论、论文的创新之处,并指出了后续研究的方向。第二章分析了人缘管理研究的内容体系与方法,包括人缘管理研究的内容、目标、历史、现状、研究体系及研究方法。第三章是人缘管理与个人及团体的行为,首先,论述了人缘管理与沟通间的关系,接着,研究了组织中团体关系行为,最后对人缘管理冲突、谈判和群体间行为进行了论述。第四章研究的是人缘管理与组织变革的关系,对组织变革的动力、阻力和方法,以及组织变革的理念与思维进行了阐述。第五章分析了人缘管理与企业文化间的关系,文章从人缘管理文化内涵及其约束入手,分析了人缘管理文化的应用,研究了跨文化人缘管理。第六章研究的是人缘管理与新创组织创新,首先,从人缘管理来看新创组织的创新,接着,分析了人缘管理与组织创新的转变,最后,论述了人缘管理与技术创新途径。第七章分析了人缘管理与产业链构建,作者先概述了产业链的形成及其变化,然后,分析了人缘管理对产业链演变的作用,最后,对海外华人企业产业链进行了阐述。第八章展望经济全球化下人缘管理的未来。

关键词:企业管理　人际关系　人缘　诚信　组织创新

1414

民航客运价格形成机制研究 / 邓戬著 ; 闵宗陶指导. -- 西安交通大学, 2005. -- 197 页

本文从价格理论入手,分析了民航客运价格形成机制的理论基础,对国外民航,特别是美国、日本、德国和巴西的民航客运价格形成机制进行了对比研究,分析了现代经营手段对定价形成机制的影响,认为民航客运价格形成机制的核心是实现航空运输企业、旅客及相关各方利益的多赢。最后,结合国情和中国民航实际,从宏观和微观两个层面对民航客运价格形成机制的几个主要问题进行了应用研究。在宏观层面上,一是对国内外民航客运价格水平的比较研究,认为中国民航客运价格总体水平在国际上是偏低的,但从旅客观点看,突出存在着高价不高、低价不低的问题;二是在民航价格管理体制改革方面,应用价格形成机制设计了各方面多赢的民航国内客运价格管理体制改革方案;三是研究了中枢航线网络的价格与价值问题。在微观层面,主要是基于价格形成机制的核心理论,应用数据挖掘技术建立了民航客运价格形成机制的数理模型。

关键词:民航运输　客运市场　价格　票价

1415

金融发展与农村经济增长研究 / 董杰著 ; 郑景骥指导. -- 西南财经大学, 2005. -- 182 页

本文共分九章。第一章是对金融发展理论、经济增长理论及二元经济理论的述评。第二、三章在对国民经济金融化程度和农村经济金融化程度分析的基础上,探讨农村金融发展与农村经济增长的关系,得出两者高度正相关的结论,同时对农村金融抑制的根源、制度基础、主要表现及其对农村经济的不利影响作了深入研究。第四、五章分别从我国加入 WTO、金融业和农业对外开放的宏观背景下,探讨农村金融发展和农村经济增长的宜采取的因应对策,提出实施有约束条件的农村金融深化和农村经济增长战略转型等原则构想。第六至九章分别从重构农村合作金融、建设为农服务的农村商业金融、强化农村政策性金融支持力度以及规范发展农村民间金融的角度,构建发展农村金融以促进农村经济增长的实施方略。

关键词:农村经济　农村金融　经济增长

1416

网络金融业的产业组织与价格规制 : 以银行中间业务和证券经纪业务为例 / 樊锐著 ; 马传栋指导. -- 山东大学, 2005. -- 130 页

论文采用新古典经济学理论,特别是价格理论以及交易费用分析法,通过对网络金融业的产业组织理论和价格规制的研究,探讨了产业网络化以后带来的产业组织特征并寻求新的理论支持。首先对网络金融这一概念进行辨析,然后应用经济学原理对网络化下共同的产业经济技术特征进行总结,指出其对于决定一个产业的市场结构和企业行为具有直接主要的作用,得到其独特的成本结构和所决定的规模经济,网络化特征决定的外部性以及二者带来的正反馈效应,并推导出其供给曲线和需求曲线,以期得到价格决定。而后运用 SCP 框架,从市场结构、市场行为、产业绩效三个方面进行理论分析,主要探讨其内部的相互关系决定。由此得出了其自然垄断的发展趋势,短

期、长期的伯川德模型,以及如何化解这一困境的方法。作者指出,银行中间业务和证券经纪业等网络化下的产业均衡价格为零,业务面临赢利困境,严重影响到产业的生存发展,需要政府或者行业协会进行退出规制准备。随后对价格规制方法进行了详细综述,试图从中找出适合网络化产业的规制模式。在假定不存在进入退出障碍、产品无差异、交易成本为零等最简单情况的基础上,逐一放松假定,得出相关结果。此外,针对网络金融业的自然垄断趋势和寡头垄断的现实分别研究了不同的绩效和价格规制。最后结合中国的实际情况和发展趋势给出了相关政策建议。

关键词:金融业　产业组织　网络化　价格

1417

经济全球化利益风险论 / 范爱军著 ; 马传栋指导. 山东大学, 2005. -- 232 页

本文共分十章。第一章是导言,介绍研究背景和意义,对国内外已有成果进行综述。第二章从生产要素、产品市场、产业结构、经营理念和经贸规则五个方面对经济全球化进行主要标志辨析。第三章分析了经济全球化的一般利益和风险,分析全球化的机遇与挑战。第四到六章分别从资本、技术和贸易角度论述了经济全球化中的利益。第七、八章分析了经济全球化中的金融危机风险和债务危机风险。第九章分析了经济全球化中中国民族产业(包括农业、工业和服务业)面临的风险。第十章总结全文研究结论,并提出政策建议。

关键词:经济全球化　经济一体化　风险分析

1418

IT 业空间集聚、产业网络与厂商行为的关联性研究 : 以台商在东莞投资的电子制造业为例 / 盖翊中著 ; 隋广军指导. -- 暨南大学, 2005. -- 146 页

本研究依据 Porter(1993)等人的研究成果将影响 IT 业空间集聚的因素分为高品质人力资源、技术资源、资本资源、基础设施和聚集经济,并提出相应的假说;依据 Burt(1992)及 Joscph Cruz& Atam 等人的研究成果提出空间集聚与产业网络的关系假说;依据 Pouder&John(1996)和 Sull(1999)等人的研究成果提出空间集聚与厂商行为的关系假说;依据 Aidrich(1994)、Tucker&House(1996)等人的研究成果提出产业网络与厂商行为的关系假说。文章首先按照假说构建了四个理论模型,进行数理证明。其次以台商在东莞集聚的电子制造业为例,通过问卷调查和分析,发现四区位因素对空间集聚有正向影响,尤其是资本资源和基础设施;空间集聚对产业网络有显著正向影响,对厂商行为无显著影响;产业网络对厂商行为有显著正向影响。

关键词:电子信息产业　电子工业　产业集聚　区位因素　厂商

1419

中国现阶段中小企业出口贸易及风险研究 / 顾露露著 ; 余鑫炎指导. -- 中南财经政法大学, 2005. -- 199 页

全文共由八部分构成,第一部分为导论,主要介绍了本文选题的原因,对相关概念作出了界定,指出了文章的基本研究方法和结构框架,并评述了本文的创新点和不足之处。第二部分主要是针对现阶段我国中小企业出口贸易及风险的文献综述,介绍了当前研究中小企业、出口贸易、风险和风险管理问题的基本理论体系和研究范式。第三部分对我国现阶段的出口贸易的环境进行了分析,包括国际经贸环境和国内经贸环境分析,通过对现阶段国际经济形势和国内经济和贸易政策的分析,进一步了解了中小企业出口贸易的宏观外生环境。第四部分包括了三方面的对比研究:中外中小企业出口贸易的对比研究、大型企业与中小企业的对比性研究、三种不同产权制度下中小企业出口贸易的对比研究,通过认识国外发达国家中小企业的出口贸易发展水平和大企业出口贸易特点,更进一步认清了我国中小企业和国外中小企业以及大型企业的差别,并借鉴国外的先进经验,根据自身特点寻找提升中小企业出口贸易的途径。第五部分是对国内中小企业出口贸易理论与实践探讨,包括中小企业出口贸易模式分析、国内中小企业目前整体出口贸易现状和特点以及中国中小企业出口贸易的出路与风险防范三方面的内容。第六部分运用数理统计基本方法就中小企业出口贸易的风险识别和度量进行了研究,通过分析中小企业出口贸易风险因子,提供了相关的模糊综合评估模型,同时提出中小企业出口贸易风险控制的基本方法。第七部分通过中外经贸关系(主要是中美、中日、中欧)的分析研究提出了针对目标市场我国中小企业如何应对出口贸易风险。第八章概括说明了中国现阶段出口贸易现状及特点,针对目前我国中小企业出口贸易中出现的一系列问题,提出了一些调整贸易结构的政策建议。

关键词:中小企业　出口贸易　风险管理　产业集群

1420

软件厂商竞争策略研究：基于产业组织视角 / 郭晓曦著；杨公朴指导. -- 上海财经大学, 2005. -- 139页

本文从产业组织视角出发，对软件厂商的四大竞争策略(研发策略，网络外部性、兼容与标准竞争策略，转换成本与锁定策略，捆绑销售策略)进行研究。本文共六章。第一章是对选题背景和意义、软件竞争策略等基本内容的阐述。第二章是对软件研发竞争的探讨，包括软件研发速度较快的原因、研发与产品差异化、新产品引入与专利竞赛等。第三章是对网络外部性、兼容与标准竞争的讨论，包括软件的网络外部性与兼容性分析、软件市场的标准竞争。第四章分析了转换成本与锁定，包括外生的转换成本与软件市场进入壁垒分析，论文还分析了在双寡头基础上软件厂商在两阶段博弈中的价格策略对竞争结果的影响，并通过 Oracle 的案例，进一步讨论了转换成本与锁定策略。第五章讨论了软件的捆绑销售策略，指出捆绑销售的实质在于厂商通过与某一市场的具有垄断势力的产品捆绑销售向另一市场拓展，以获取在另一市场竞争中的胜利。第六章通过对金山公司与微软博弈的历史回应了理论部分的四大策略，探讨了软件环境对软件市场竞争策略的制约，并从金山的经验教训归纳出中国政府应该从风险投资、政府采购、打击盗版、发展互补产业、政府规制等五个方面营造良好环境，使中国的软件产业强大起来。

关键词：软件产业　产业组织　市场竞争　竞争策略　销售管理

1421

网络化企业竞争力体系与评价研究 / 韩峰著；李琪指导. -- 西安交通大学, 2005. -- 145页

本文将网络化企业作为一个具有普遍性的企业系统，从企业外部环境系统、内部经营系统、竞争战略系统出发，考察竞争力外部来源、内部来源、战略化来源，并在竞争力来源上结合网络化企业竞争力体系的形成条件——网络优势的发挥，最后形成网络化企业竞争力的体系，包括外部视角的呈现体系、内部视角的要素体系和竞争战略视角的战略化体系。其中，外部视角的呈现体系研究了网络化企业基于供应链的企业间一般性竞争力、网络化企业作为供应链核心企业的特殊竞争力及网络化企业的需求治理竞争力；内部视角的要素体系研究了网络化企业的技术竞争力、制度创新竞争力、组织竞争力和管理竞争力；战略视角的战略体系研究了网络化企业的成本战略竞争力、成本—差异化融合战略竞争力和特色战略竞争力。基于上述网络化企业的三大竞争力体系，论文进一步研究了网络化企业竞争力的评价及治理对策问题。首先在网络化企业的三大竞争力体系框架下，经过网络化企业竞争力指标识别路径，创建了网络化企业竞争力评价指标体系；然后基于该指标体系，建立了模糊综合评价模型及多因素综合评价模型；根据模型化分析，进一步研究了网络化企业竞争力的治理对策。最后，作者以网络化证券公司为实证对象，利用本文提出的竞争力体系及评价方法，进行了数据剖析和比较分析，并提出对策参考。

关键词：企业管理　网络化　竞争力　供应链管理

1422

反倾销：贸易保护视角的研究 / 侯海英著；谷克鉴指导. -- 中国人民大学, 2005. -- 206页

本文共分七章。第一章导论阐述研究背景及意义，并介绍国内外研究现状。第二章是对贸易保护分析的相关理论综述，主要介绍与贸易保护相关的政治经济学、博弈论在贸易政策中的应用以及相关的产业组织理论。第三章在介绍反倾销措施和调查程序模型的基础上，分析反倾销的福利影响和市场结果。作者还证明了反倾销并没有合理的经济学基础，论证了反倾销与贸易保护主义理论思想的渊源。第四章对反倾销的历史与发展进行了研究，用其具体应用发展过程和趋势走向的分析印证了反倾销的贸易保护本质，并从 WTO 框架下的合法保护、经济学分析和博弈动机分析三个方面对反倾销历史与发展的研究结果作出理论上的解释。第五章首先讨论了产业对反倾销的应用，其次对产业将反倾销作为保护战略进行理论分析，最后分析了反倾销在贸易政策均衡中的作用。第六章在介绍国外对华反倾销概况的基础上，总结出其数量、发起国家和地区、涉案产品种类、涉案金额都有增长趋势，分析了原因。作者还阐述了中国对外反倾销的实践，并对其产业特点作了检验。第七章回顾全文，得出本文的研究结论，认为反倾销因为它脆弱的经济学基础而成为贸易保护的工具。由此，作者对反倾销发展前景给出了理论建议。最后，本文还分别从政府、行业协会和企业三个层面提出了构建我国相关贸易政策体系的建议。

关键词：反倾销　贸易政策　贸易保护

1423

运输选择行为的经济分析 / 胡吉平著 ；荣朝和指导. -- 北京交通大学, 2005. -- 180 页

论文主要从分析人们产生选择行为的心理过程出发来研究人们的运输选择行为。在对前人关于选择行为的研究基础上,提出了运输选择行为的研究架构;然后利用复杂性分析方法,从选择环境和选择行为的复杂性分析入手对运输选择行为的复杂性进行了探讨;建立了运输选择行为的分析模型;最后对模型进行了实证检验。同一般的选择行为一样,运输选择行为也是根据一个当前事件(选择出行目的地、出发时间、出行方式、出行路径、在途选择交通信息等)列举各种可能的选择肢,然后按照每一个选择肢的属性特性,选择个体根据自己的社会经济特性及所处的环境特性给每一个选择肢赋予相应的选择价值(选择者对选择肢的偏好),选择者会按照选择价值,结合当时的情景作出选择。从解释变量(选择肢的属性和选择者的社会经济特性变量)到选择肢的价值判断过程中,有一个选择者的心理作用过程,主要是选择者按照解释变量、其自身的经验知识以及所处的情景,经过大脑思维的处理形成对选择肢的感知和态度,然后由感知和态度形成选择者对选择肢的偏好。作者在目前常用的离散选择模型中引入心理分析过程,将主导人们选择行为的两个心理变量—感知和态度引入了模型,以便对人们选择的这一心理过程进行描述,建立了运输选择行为的分析框架,为更加精细的运输需求分析提供了可能。

关键词:运输需求　选择学　经济分析

1424

中国上市公司多元化经营对公司绩效影响 /黄洪斌著 ；杨公朴指导. -- 上海财经大学, 2005. -- 102 页

本文结合中国上市公司多元化经营方式所处的发展阶段、中国的工业化进程和中国特殊的产权制度等,来研究多元化经营对上市公司业绩的影响,包括对公司市场价值、业务增长率和利润率的影响。全文共分四章。第一章对公司多元化经营的相关理论进行了综述,包括公司多元化经营的管理理论和经济理论,并介绍了中国对公司多元化经营的研究现状。第二章论述了本文的研究思路和方法,文章先阐述了中国上市公司的治理结构特点及其对多元化经营可能产生的影响,然后说明了研究思路、分析方法、样本的选择、数据的来源和指标的选取与计算方法。第三章研究了公司多元化经营现状与特征,作者通过理论分析和相关性实证分析,说明了中国上市公司多元化经营方式仍处于早期发展阶段,并概括了我国公司多元化经营的一些特点。第四章运用了比较分析法、相关性分析法和多元线性回归分析法,分析多元化经营对公司 Tobin's 值、净资产收益率、净资产收益率稳定性和业务增长率的影响,以及分析了公司业务增长率与净资产收益率之间的关系。

关键词:上市公司　经营管理　多元化经营　企业绩效

1425

企业信息化效益及保障体系研究 / 黄磊著 ；陈景艳指导. -- 北京交通大学, 2005. -- 167 页

本文首先论述了信息技术的应用和发展对于社会经济增长的作用,从宏观层面阐述信息化对企业经济增长的促进作用,指出从信息化大大促进国民经济增长的宏观角度分析,企业信息化是有效益的。其次论述了企业信息化成本结构,分析了国内外企业信息化费用的差异。通过对比国内外详细调查数据后得出,中国企业在信息化投资所占企业收入比例方面与发达国家企业有着较大差距。再次,分析提出了企业信息化效益形式,以制造类企业为例,给出了各类信息系统效益形式分析表;并比较了各种企业信息化效益评价方法的适用性,指出了企业信息化的无形经济效益、外部经济效益等难以量化的原因。接下来,着重论述了企业信息化效益保障策略,提出了企业信息化效益保障模型,指出企业信息化效益保障策略主要强调过程中管理上、技术上应采取的措施,首要因素是信息化组织因素,应该组建企业信息化建设与实施的多方参与协调监控的组织体系;信息化体系结构是企业信息技术应用的最高层课题,是企业信息化发展的路线图;信息系统开发中全面采用系统工程思想是必要的。在此基础上,构建了企业信息化效益保障综合模型,它是以系统规划为纲、以软件工程学为指导方法、以优化业务流程为目标、以信息化建设体制与机制为保障的复杂体系,是一种以效益保障为目的、贯穿于企业信息化建设生命周期的管理、技术思想与方法的集成。最后在对国内外交通运输信息化发展进行综述比较的基础上,分析提出了交通运输信息化的主要特点,并据此给出了交通运输企业信息化效益保障综合模型。

关键词:企业信息化　信息系统　交通运输企业

1426

论中国网络游戏产业的健康发展与竞争力提升 / 黄漫宇著 ; 李晓丹指导. -- 中南财经政法大学, 2005. -- 161 页

文章运用波特的钻石模型、价值链分析以及网络经济学领域的相关理论对我国网络游戏产业进行分析,分别探讨了健康发展网络游戏的意义、如何提升我国网络游戏产业的竞争力以及我国网络游戏产业价值链成员的冲突与合作等问题。文章首先对有关产业竞争力和网络游戏研究方面的文献进行评述,研究认为,我国对网络游戏产业的理论研究落后于网络游戏的实际发展过程。第二,对网络游戏的产业价值链的分析认为,网络游戏产业具有广泛的价值链,对相关产业的影响力巨大,网络游戏的运营需要价值链上成员之间的充分合作,方可成功完成相关的技术、服务等方面的工作,但由于开发商和运营商之间存在信息不对称,双方之间的合作不稳定,采取何种措施来稳定双方的合作关系,是提升网络游戏产业竞争力过程中亟待解决的问题。第三,分析了我国网络游戏产业的兴起及发展的几个阶段,即萌芽期、成长期,并根据波特的钻石理论,从生产要素、需求状况、相关产业和支持产业表现、企业质量、结构和同业竞争、机会以及政府等六个方面分析了我国网络游戏产业的竞争力现状,总结了该产业目前的优劣势。第四,主要分析了韩国、美国、日本这三个网络游戏产业比较发达的国家发展的主要模式、产业的发展现状和经验,以资借鉴。第五,主要在前文的分析基础之上,对于保证我国网络游戏产业健康发展的前提下,为促进产业竞争力的提升分别从政府的角度、产业价值链的角度、企业的角度提出了一系列产业发展对策。

关键词:网络游戏　产业经济　竞争力　价值链

1427

产业集群竞争优势研究 : 基于集群动态创新能力的视角 / 蓝庆新著 ; 王述英指导. -- 南开大学, 2005. -- 233 页

本文从动态创新能力这一视角对产业集群竞争优势进行了分析。全文共分导论和正文六章,根据内容的逻辑结构可大体分为三部分。第一部分即第一章,对产业集群竞争优势理论进行了系统地梳理和评述,并对产业集群的内涵、形成以及集群竞争优势等问题做出了适当的界定。第二部分包括第二、三、四、五章,是本文的主要部分,应用系统论理论分析了产业集群的竞争优势问题。其中,第二章研究了产业集群竞争优势的前提,即集群的耗散结构,文章先分析了产业集群系统的耗散结构的特征,接着重点阐述了产业集群耗散结构中的产业柔性化特征;第三章研究了产业集群竞争优势的来源,指出集群动态创新能力是产业集群竞争优势的来源,重点分析了产业集群动态创新能力的体现及评价指标的构建;第四章从知识流动、集群学习和集群企业竞合博弈角度对产业集群动态创新能力的实现机制进行了探讨;第五章研究的是产业集群动态创新的规制问题,分析了产业集群动态创新规制的必要性和特殊性,并提出了一个产业集群创新规制设计的新思路。第三部分即第六章,深入分析了我国产业集群竞争优势问题,通过借鉴先进产业集群竞争优势提升的经验,提出了我国提升产业集群动态创新能力和竞争优势的规制安排。

关键词:产业集群　产业经济　竞争力　创新能力

1428

WTO 框架下中国农产品国际竞争力分析 / 李春海著 ; 王叔云,胡小平指导. -- 西南财经大学, 2005. 307 页

本文除导论外,共有八章。第一章对竞争力的来源进行了理论上的梳理,通过对农产品竞争力的界定,探讨了农产品竞争力的内涵和决定因素,提出农产品竞争力的分析框架。第二章针对中国农产品贸易格局和现状,对竞争力进行实证研究,并从农产品变化和趋势中提出要探讨的问题。第三章从中国农产品生产成本的考察开始,研究中国土地密集型农产品失去价格竞争力的原因。同时与主要贸易伙伴国进行比较分析,认为按比较优势调整生产结构是必然逻辑。第四章研究了流通费用(包括流通中发生的物流费用、商流费用、信息流费用、资金流费用以及制度和准入费用等)对农产品竞争力的影响。第五章把质量、营销和品牌、特色农业等纳入统一框架,分析了农产品差异化对竞争力的影响。第六章考察了贸易保护和贸易环境对市场的扭曲,以及引发的利益冲突和贸易争端。第七章讨论了国内支持对农产品竞争力的影响。第八章给出本文的基本观点和结论,简要分析了提高国际竞争力的制度创新。

关键词:贸易保护　国际竞争力　农产品贸易

1429

制度变迁中的中国家族企业研究 / 李纯著 ; 宋则指导. -- 中国社会科学院研究生院, 2005. -- 130 页

论文以制度变迁中的中国家族企业作为研究对象，重点考察了中国转轨过程中各变迁主体行为的变化，揭示了影响家族企业发展的制度因素。中国制度变迁的目标是实现经济和社会关系的契约化，家族企业的发展阶段其实就是推动中国家族企业产生和发展正式制度形成的过程，这一过程充分揭示了中国家族企业产生于体制外而又随着自身的发展要求不断推动政府的制度供给。转轨过程中，家族企业与国有企业一起构成了社会主义经济体制的微观财产制度基础，二者存在较强的依存互动关系。家族企业的产生是在制度变迁过程中勇于创新、承担风险、追求个体独立的企业家精神的体现，转轨过程中，家族企业以人际关系网络为主要手段获取了大量稀有资源的配置，他们一方面渴求正式制度，另一方面又对正式制度置之不理。然后，文章比较了两种不同的市场经济模式：以美国为代表的自由市场制度和以日本为代表政府主导型模式，其国家的支持政策值得我国政府借鉴。中国的制度变迁和家族企业的状况表现出路径依赖特征和锁定状态，表明了制度变迁的艰巨性和复杂性，对中国的制度变迁和家族企业来讲，重要的是打破目前无效率的锁定状态，最后提出了家族企业的发展对策。

关键词：家族企业　企业制度　企业发展　制度变迁

1430

企业实业投资项目竞争力研究 / 李钢著 ; 金碚指导. -- 中国社会科学院研究生院, 2005. -- 127 页

文章主要对企业竞争力、项目竞争力及二者之间的关系进行分析，试图分析出企业竞争力的最终来源和提升途径。论文的研究分为三部分展开：企业竞争力、项目竞争力、企业竞争力与项目竞争力的互动。主要结论是：项目竞争力是企业竞争力的来源，项目竞争力通过企业要素市场竞争力及产品市场竞争力最终影响了企业竞争力；而企业竞争力又在很大程度上决定项目竞争力，但只有项目所需核心能力是企业所具有的核心能力时，项目才能最终具有竞争力。在研究企业竞争力时，文章将其分为企业要素市场竞争力、产品市场竞争力、企业运营效率竞争力；分析提出，一方面企业要素市场竞争力是企业综合竞争力在现实中的“第一推动力”，“预期的企业运营效率竞争力”是企业综合竞争力在理论上的第一推动力；另一方面企业竞争力的三个方面又是相互影响的。通过数据实证分析还发现，我国上市公司竞争力的三个方面有较大的不一致性，文章认为这是我国从计划经济向市场经济转轨过程中出现的阶段性现象，随着市场经济的逐步完善，企业竞争力的三个方面会逐步统一。在研究项目竞争力时，分析了项目竞争力的来源，提出项目自身因素和外部因素均可能会影响项目的竞争力。研究二者的关系时，认为企业竞争力由项目竞争力构成，企业的竞争力要靠项目竞争力来延续和提升；而企业竞争力对项目竞争力的影响根本原因在于：产生企业竞争力的某一方面有剩余或具有“公共产品”的性质，从而使企业竞争力来源的某一方面可以无成本（或低成本）地使用在项目上。

关键词：企业管理　竞争力　市场竞争　投资项目

1431

中国：基于循环经济的煤炭产业发展理论与政策研究 / 李克荣著 ; 马龙龙指导. -- 中国人民大学, 2005. -- 217 页

本文主体共分七个部分，主要内容包括：(1)以循环经济理论为核心，对循环经济理论及其他相关理论进行了研究与整合；(2)以中国经济可持续发展面临的困境为铺垫，对我国煤炭工业发展历史、发展规律及可持续发展面临的问题进行研究；(3)对国外煤炭工业发展历程、经验和政策进行归纳和对比分析，总结我国煤炭工业可借鉴的经验和发展模式；(4)在研究循环经济发展的条件的基础上，分析我国煤炭工业发展循环经济的必要性和可行性；(5)对我国大型矿区的循环经济发展模式进行案例研究，提出了我国大型矿区和大型煤炭企业集团发展循环经济的思路和指导意见；(6)借鉴循环经济发展模式和煤炭产业循环经济实践，构建我国煤炭产业循环经济发展理论及发展模式，建立了评价指标体系和评价模型；(7)以煤炭工业可持续发展制度分析为前提，研究了煤炭工业发展循环经济的法律、制度和政策安排。

关键词：煤炭工业　产业政策　可持续发展　循环经济

1432

上海生产性服务业发展研究 / 李金勇著 ; 高汝熹指导. -- 复旦大学, 2005. -- 142 页

本文在对已有文献进行归纳综述、对国际大都市产业演变及发展规律进行阐述的基础上，主要针对两个方面展开论述：一是对生产性服务业这个大类产业本身的理论上的探讨，即理论篇，包括第一——四章，侧

重于对生产性服务业产业发展的理论分析,包括对已有文献的分析、国际大都市产业发展的借鉴、论文的理论基础构建及生产性服务业产业分类方法的探讨。二是对上海生产性服务业的发展状况的实证研究,即实证篇,包括第五—七章,侧重于对上海生产性服务业发展状况的实证研究,包括基于统计调查数据基础上的产业发展研究、基于投入产出表基础上的产业关联分析及基于产业组织模型基础上的都市圈产业分工关系研究。论文对国内外有关生产性服务业的研究成果进行了较为完整的收集、整理和归纳,为研究者提供了一个良好的资料平台;对生产性服务业的产业分类进行了具有一定创新意义的探讨,有助于对生产性服务业的理解和数据的收集;结合投入产出表对上海产业之间的关联关系进行了较为深入的分析,能加深对上海不同产业之间的关联关系的认识和理解,对政府产业政策的制定也有一定参考意义;论文结合上海与长江三角洲产业发展的状况,对都市圈生产性服务业分工关系进行了研究,具有现实指导意义。

关键词:服务业　分工　产业组织　上海市

1433

中国银行业市场化与监管政策：从产业组织理论角度的分析 / 李琳著 ; 范爱军指导. -- 山东大学, 2005. -- 124 页

本文主要运用产业组织理论,围绕银行业市场化这条分析主线,从产业组织的一般理论及相关理论研究评析开始,具体分析中国银行业发展的基本趋势和特点,将中国银行业描述为"百端待理,百废待举",并指出中国银行业的基本现状是不良资产比例高、资本金低、营利能力差等;中国银行业市场化面临着难以逾越的体制问题,银行监管政策对此有着决定性的影响。接着运用传统产业组织理论,用"结构—行为—绩效"范式来分析中国银行业的市场结构、市场行为与经济绩效的关系,勾画出中国银行业市场集中度高,具有鲜明的寡头垄断市场的特点。此外通过对中国商业银行市场结构的测算与分析,对未来中国商业银行市场结构作了预测,指出目前高度垄断的市场结构将发生改变,竞争程度将不断提高;行政障碍性监管政策是造成中国银行业高供给寡占型市场结构的主要原因。然后根据理论模型用现代产业组织理论分析了中国银行业的市场行为特征,对策略性行为理论和其对中国银行业监管政策的影响作了评析,得到与前面相同的结论。进一步,作者探讨了中国银行业的存款保险制度,指出中国银行业市场化需要存款保险制度;并根据金融监管理论,对金融监管变革的基本趋势和中国金融及银行监管制度与变迁进行了分析。最后,在考察中国金融及银行业和金融监管的现实基础上,阐述了中国金融创新的发展趋势及其对中国金融及银行结构的影响,提出了加强和改进中国金融及银行监管的政策建议。

关键词:银行业　市场化　产业组织　银行监管　金融监管

1434

产业组织的垂直解体与网络化 / 李晓华著 ; 吕政指导. -- 中国社会科学院研究生院, 2005. -- 176 页

文章首先考察了自19世纪后半叶出现的垂直一体化现象以及垂直一体化的国际发展,然后以大量实证数据为基础,提出20世纪80年代以来产业组织形态出现从垂直一体化向垂直解体发展的趋势,并对产业组织垂直解体的模式、特征以及垂直解体的空间发展进行了详细分析,分析认为,垂直解体后的企业并非简单地从科层回到市场,而是形成介于科层和市场之间的网络化关系。文章认为,产业组织形态之所以在20世纪末发生从垂直一体化向垂直解体演变,根本原因在于企业赖以存在的外部技术、经济和社会环境的变化,主要包括信息革命和知识经济、模块化、大规模定制以及经济全球化四个方面;以分工理论、交易费用理论、知识理论和企业能力理论为基础,对垂直解体以及垂直解体后的网络化现象进行了分析,认为,社会分工是产业组织垂直解体的基本驱动力,环境变化带来的交易费用下降以及知识的离散程度提高导致了产业组织的垂直解体,企业能力的差异决定了企业在垂直解体后价值链中的位置,而网络化则主要源于交易费用的降低。垂直解体和网络化之所以被广泛采纳主要是因为这种组织形态能产生更高的绩效,企业调查和实证数据支持了该观点。最后,还分析了中国计划经济时代"大而全、小而全"的产业组织状况及形成原因,研究我国当前产业组织垂直解体的情况以及推动垂直解体的三股动力,认为,在垂直解体范式下,国家经济发展的目标应从"世界工厂"向"世界智库"转变,并以价值链升级理论为基础,提出我国产业升级的若干对策。

关键词:产业经济　产业组织　一体化　网络化　价值链

1435

中国资本市场外资并购上市公司研究 / 李新平

著 ；李永禄指导. -- 西南财经大学, 2005. -- 164 页

本文试图从制度经济学关于制度变迁的理论出发,对中国的外资并购交易进行研究。全文共分六大部分。第一部分介绍论文的研究背景、目的和意义。第二部分阐述了外资并购的一般理论,对兼并和收购的概念进行了鉴定,进而对外资并购的概念特征和分类进行了表述。第三部分首先对第五次并购浪潮的基本特点进行分析,然后分别对几个发达国家的外资并购上市公司的制度实践进行了比较研究。第四部分对中国的外资并购上市公司制度变迁进行了回顾和制度经济学的评价,对外资并购中国上市公司的现状、特点、趋势、动因进行了分析,指出当期资本市场外资并购中存在的主要问题。第五部分研究目前外资并购上市公司的制度障碍,提出积极促进并购的建议。第六部分分析了对上市公司外资并购进行规制的基本理论,重点就国家产业保护、反垄断和外汇监管方面及董事会反并购行为的规制展开了论述。

关键词:资本市场　外资企业　并购　上市公司

1436

中国信息产业集群发展研究 / 李怡著 ；苏东水指导. -- 复旦大学, 2005. -- 139 页

本文是以中国信息产业集群为研究对象,作者先对信息产业集群以及与此相关的概念进行了论述。然后,在理论分析上,本文根据信息产业的经济技术特性,构建了影响信息产业形成因素的模型,详细分析了八大影响因素;并阐述了信息产业集群的动态平衡过程,划分信息产业集群的生命周期,分析了其网络机构。在定量分析上,作者采用了美国经济学家艾利森和格莱赛(Ellison and Glaeser)的地理集中指数来测定中国信息产业集群集聚程度,并根据我国发布的统计资料对这一方法作了适当的调整和修正,通过计算发现电子及通信设备制造业与其他制造行业相比,产业集聚程度最高;借用市场集中度 CR 指标的计算方法提出了五省市集中度的概念,并验证了地理集中指数;此外,作者还计算了电子及通信设备制造业集聚程度与工业总产值的相关系数,证实其集群程度与工业总产值之间存在高度正相关性。在实证分析上,本文从宏观和微观两个角度展开。宏观层面上,文章分析了我国信息产业集群总体格局,描述了我国四大信息产业集群的地理分布及产业分工,剖析了现在格局的形成原因,并结合我国的信息产业集群在全球产业链中的地位以及全球信息产业集群发展趋势,对我国目前的信息产业结构布局提出了建议。微观层面上,详细分析了美国硅谷、北京中关村、上海漕河泾等三个信息产业集群成长的现状与特征,并作了对比分析和评价。最后,本文对信息产业集群进行了政策面上的分析,提出了一些建议。

关键词:信息产业　区位优势　产业集群　竞争优势

1437

产业内贸易研究 ：一般理论与中国的经验分析 / 林琳著 ；范爱军指导. -- 山东大学, 2005. -- 139 页

本文首先对产业内贸易的经验分析和理论研究进行了述评。在此基础上,对产业内贸易到底是否真实存在、度量产业内贸易水平时所涉及的分类汇总方法以及产业内贸易的含义进行了分析。其次,对产业内贸易的分类、划分方法和度量方法的发展进行了评介,指出实证研究部分主要采用的是 Grubel - Lloyd 指数(1975)和 Aquino 矫正指数(1978)度量方法,并说明了所用数据的主要来源。再次,在对比总结导致产业内贸易发生的国家特征和产业特征因素的基础上,将产业内贸易具体划分为同质产品产业内贸易和差异化产品产业内贸易,分别对规模经济、不完全竞争、产品差异化、厂商的竞争性战略行为选择等因素对产业内贸易的影响以及产业内贸易的总体福利效应进行理论研究。然后,进一步分析了产业内贸易与结构调整和收入再分配、经济增长以及国际贸易政策选择之间的关系。最后,运用联合国商品贸易统计数据库中近万个相关数据,对中国制成品进出口产业内贸易发展的总体状况和主要特征进行了研究,指出中国制成品贸易模式变化的主要特征包括:资本密集型的机械与运输设备产业内贸易所占比重上升;部分产品的贸易模式出现了由垂直差异化产业内贸易向水平差异化产业内贸易转变的趋势;部分机械及运输设备产品进出口价格差距缩小;纺织服装产品等传统大宗出口产品则是以产业间贸易模式为主。此外,通过对 1995—2003 年期间中国与美、日、韩等主要贸易伙伴国之间双边贸易中产业内贸易的发展研究,指出中国与美国、日本之间垂直差异化产品产业内贸易的发展与美、日对东亚地区的效率寻求型和出口导向型直接投资迅速增长密切相关;产业内贸易可以成为中国与工业化国家之间贸易扩大和贸易自由化的发动机,有效降低贸易自由化的短期和长期调整成本,发展差异化中间产品的产业内贸易是中国贸易扩大以及促进与美日工业化国家之间经贸合作的重要途径。

关键词:国际贸易　产业内贸易　进出口贸易

贸易自由化

1438

产业结构优化升级中的电子政务 / 林宁著 ; 李悦指导. -- 中国人民大学, 2005. -- 171 页

本文根据产业结构理论和国内电子政务资料,对电子政务促进我国产业结构优化升级、实现经济腾飞的重要意义及其可行性进行分析,阐述和论证电子政务和产业结构优化升级的互动关系,以及我国电子政务的现状、趋势、体系、建设、管理和评估等问题,从技术层面设计电子政务建设的评估方案。全文共分九章。第一章导论,阐明电子政务建设作为行政管理体制改革的新举措及其对于我国产业结构优化升级的意义,并对电子政务建设的现状作出评述。第二章综述产业结构理论,分析我国产业结构现状和存在的问题,论述产业结构优化升级的协调化和高度化及其统一关系。第三章在阐述电子政务的概念和分类的基础上,说明电子政务与政府信息化、传统政务、经济发展和行政改革的关系。第四章分析了电子政务的建设现状和发展趋势。第五章通过电子政务在推动信息产业发展、农业产业现代化、制造业产业优化升级,以及国际贸易的发展等方面的作用,论证了电子政务与产业结构优化升级的互动关系。第六章利用北京市海淀区"数字园区"、深圳市和上海市电子政务建设的案例论述了电子政务对产业经济的促进作用。第七章从技术层面设计以产业结构优化升级为目标的电子政务体系结构。第八章提出产业结构优化升级中的电子政务建设模式。第九章对电子政务系统建设的主要影响因素和系统评估方法作出技术设计。

关键词:电子政务　产业结构优化　行政管理

1439

中国房地产业可持续发展研究 / 刘成高著 ; 李永禄指导. -- 西南财经大学, 2005. -- 187 页

本文共分五章。第一章绪论介绍本文研究意义、有关房地产业可持续发展的研究成果及需进一步探讨的问题。第二章是基本理论研究,首先介绍了有关房地产及房地产业的定义、产业基本特征及其在我国国民经济中的地位和作用;其次介绍了可持续发展理论;最后对房地产业可持续发展的一般内涵进行了归纳总结。第三章阐述了我国房地产业可持续发展面临的机遇和挑战。第四章介绍了美日等发达国家和地区在房地产业发展过程中的经验和教训。第五章提出实现我国房地产业可持续发展的相关对策,包括建立健全房地产业可持续发展的宏观调控体系;创造房地产业可持续发展的中观条件;提升品牌,增强企业核心竞争力,为房地产业的可持续发展奠定微观基础等。

关键词:房地产业务　可持续发展　核心竞争力

1440

中国农村合作金融改革与建设研究 / 刘加华著 ; 吕火明指导. -- 西南财经大学, 2005. -- 226 页

本文从分析我国农村合作金融改革中各个利益集团的利益冲突的角度出发,对我国农村合作金融改革的过程进行论述,提出关于我国农村合作金融改革和建设的主张。全文共七章。第一章概述了人类合作思想的起源及发展,合作制原则的产生、发展和变化,合作金融理论及其特征,合作金融的实践及其变化发展。第二章论述了合作金融的企业边界问题;介绍了合作金融的效率理论,阐述了合作金融与商业银行各自适用的领域及效率,论证了合作金融能够在现实经济中有效率的运行;提出了合作金融的可持续发展问题,对其条件进行探讨。第三章回顾了建国后我国农村合作金融的发展,特别是改革开放后农村合作金融的改革历程,提出了我国农村合作金融改革的目标和实现改革目标的路径。第四章阐述了合作金融产权理论和产权实现形式的演变过程,对不同产权模式优劣进行对比,分析了我国现有农村合作金融产权的功能和缺陷,提出我国农村合作金融产权制度及其实现形式目标和路径选择。第五章对商业银行和合作金融的法人治理结构理论进行论述,论述我国农村合作金融法人治理结构的缺陷和引发的问题,提出农村合作金融法人治理结构改革的路径。第六章论述了合作金融企业组建体系的必要性,对合作金融体系的不同模式和功能进行了分析论述,提出我国农村合作金融组织体系建设的设想,对规范农村民间金融提出了看法。第七章讨论了政府和社会公众合作意识对农村合作金融的影响,提出了政府扶持农村合作金融发展、培育社会公众的合作意识促进农村合作金融改革和发展的建议。

关键词:农村金融　合作金融　农业合作社　农村信用社

1441

基于行为金融的证券投资者行为解构与实证 / 刘力昌著 ; 冯根福, 薛峰指导. -- 西安交通大学, 2005. -- 103 页

本文首先对行为金融学进行了理论溯源与主要研究成果回顾,比较分析了行为金融和传统金融的假设区别与方法论差异,并对其前景进行评价。其次,论文综合行为金融研究成果,建立了投资者决策与股价形成及波动的解释框架,论证了股价上升、下降、整理状态下,买入者与卖出者预期不一致时的市场变量组合,反驳了投资者意见分歧与股价呈同向单调关系的观点。论文基于心计成本最小与满意原则解释了投资者非理性行为,并以证券投资基金为例测度了机构投资者羊群行为。论文还实证检验了价值投资、成长投资、趋势和反转投资、跟进这四个投资者使用最多的策略的有效性,结果表明:(1)以市盈率为标准的价值投资策略在中国市场是有效的,低市盈率价值组合投资策略需要采取一定的趋势策略;(2)市净率可靠性极低;(3)以每股收益率年均增长率和净资产收益率为指标的成长策略效果较好;(4)赢家组合存在反应不足现象,对赢家组合实施趋势策略是有效的,而输家组合有一些可靠度不高的获得超额收益率的机会;(5)投资者获得证券投资基金公告信息后,采用趋势、反转策略跟进持有基金重仓股的做法是不可取的。最后,基于对有效市场理论从假设前提、套利机制、实证检验的质疑,本文从投资者与上市公司角度阐释了证券市场效率;运用行为金融学解释了投资者股利偏好的原因;以上市公司壳资源的影子价格进行了上市公司个体效率的一般均衡分析,并选取了数据包络分析方法测算了中国证券市场配置效率;分析了中国机构投资者参与上市公司治理的动因及改进市场效率的条件,并提出了其参与上市公司治理的具体策略。

关键词:证券市场　证券投资　投资者　行为金融学

1442

中国装备制造业国际竞争力研究 / 刘平著 ; 杨公朴指导. -- 上海财经大学, 2005. -- 130 页

本文从产业国际竞争力的视角研究了我国装备制造业国际竞争力与工业发达国家之间的差距、成因和对策。全文主要涉及三部分内容。第一部分介绍了装备制造业的特征、地位和作用,以及全球装备制造业的发展状况及趋势。对国内外产业国际竞争力的研究模型和评价方法进行了述评,归纳出了产业环境评价法、产业因子评价法、产业生产率评价法和产业进出口贸易法四种产业国际竞争力评价方法,为后续定量分析和综合评价打下基础。第二部分从产业竞争力结果、表现和实质三个方面对中国、美国和日本装备制造业的国际竞争力进行了定量分析和评价,表明尽管我国装备制造业竞争力总体上远落后于美国和日本,但是劳动相对密集的金属制品业和起步较早的电气机械及器材设备制造业与它们的相对差距较小。第三部分是对装备制造业国际竞争力提升战略的研究,分别从产业结构升级、产业集群、技术创新、制度变迁等角度分析了它们对我国装备制造业国际竞争力的影响,并相应提出提升我国装备制造业国际竞争力的对策。

关键词:装备　制造工业　国际竞争力　产业集群　技术创新

1443

本地电信的管制与竞争 / 刘青著 ; 范爱军指导. -- 山东大学, 2005. -- 173 页

本文试图通过研究本地电信三种进入形式下管制与竞争的关系,特别是结合电信业出现的数网融合与竞争的趋势,探讨本地电信管制与竞争的内在逻辑关系,寻求本地电信实现有效竞争的路径,明确本地电信管制改革的方向,为电信管制政策的调整提供依据。本文研究内容主要包括:(1)探求和揭示本地电信实现有效竞争的路径。在本地电信进入的三种形式(转售、网络元素非捆绑和基于设施进入)中,单靠前二者很难实现本地电信的有效竞争,只有第三种才能对在位运营商的垄断构成威胁。而实现这种竞争需要解决两个问题,一是在前两种形式下,如何科学制定管制策略,以同时实现对在位运营商和新进入者的激励;二是在基于设施竞争方面,如何合理进行管制特别是对互联及互联定价管制,以防止在位运营商滥用市场势力,促进公平竞争。(2)研究数网融合条件下本地电信竞争条件的变化及管制的改革方向。(3)通过对本地电信管制与竞争实践的考察,对管制理论和政策在实践中的效果及存在问题进行客观评价,寻求管制理论政策与实践的结合点,为深化管制理论的研究和管制政策的改革提供基础。(4)通过对本地电信管制与竞争理论和政策的研究,分析我国本地电信竞争中存在的问题,探讨我国本地电信竞争与电信业改革方向。

关键词:电信业　政府管制　市场竞争

1444

电力市场改革进程中的交易模式与电价问题研究 / 刘喜梅著 ; 温桂芳指导. -- 中国社会科学院研究

生院, 2005. -- 167 页

本文通过吸收经济学理论的新研究成果,对电价与电力市场等概念体系进行梳理,对电力市场交易与电价理论等进行了全面深入的比较分析;同时在充分借鉴国外电力市场交易改革实践中的经验和教训的基础上,结合中国的具体国情,对电力市场交易与电价改革提出了相关的政策性建议。全文共分六章。第一章是导论,作者提出了本文研究的问题,并介绍了文章的研究路线、研究内容、研究方法、创新与不足。第二和第三章对电力市场的经济理论基础进行了较为深入的研究,对相关的经济学基础理论,包括自然垄断理论、管制理论、交易成本理论等创新在电力市场理论中的应用给予分析,在此基础上,对有关电力市场、交易模式与电价体系等概念体系重新进行了梳理,为建立电力市场交易理论体系奠定了基础。第四章对电力市场交易与电价理论进行了更深入全面地研究,作者首先从经济学角度,对电价形成机制作了较全面的分析,并将交易成本、交易模式、管制等因素纳入其中,同时较全面地总结了各种电价制定的方法;其次文章进一步对电力交易模式进行了比较研究,对不同交易模式下的市场结构中的市场力与均衡电价进行了图形分析,并对不同交易方式、竞价方式展开了更深层次的比较研究;最后,从理论上构建了优化的电力市场交易模型。第五章对典型的英国、美国等国家的电力市场改革与交易模式等作了比较分析,从实践上验证了理论设计的效率和存在的问题等,为中国电力市场化改革提供了经验和教训。第六章从中国电力工业发展的进程、电力交易与电价改革现状出发,以区域电力市场为研究基点,展开分析了电力市场交易运作以及电价改革中存在的问题,并提出了有针对性的政策性建议。

关键词:电力工业　电力市场　电价　自然垄断

1445

城市基础设施投融资体制改革研究 / 刘小洪著 ; 余鑫炎指导. -- 中南财经政法大学, 2005. -- 163 页

本文主要分为两大部分共八章。第一部分(第一到四章)是对公共产品理论的介绍和对基础设施的经济学分析,探讨了市场、效率与政府管制对城市基础设施投融资体制与绩效的深刻影响。在第二部分中,第五章是对基础设施项目融资模式,如 BOT、TOT、ABS 等的介绍;第六章是对国内部分城市投融资体制改革实践的描述,并对外国投融资模式,如韩国模式、日本模式、美国模式、澳英法模式等进行了总结归纳,阐述了国内外投融资经验的启示;第七章是对深圳基础设施投融资的分析和体制改革探讨;第八章对我国城市基础设施投融资体制改革提出了政策建议。

关键词:城市建设　基础设施　投融资　投资体制改革

1446

中国服务业与经济增长问题研究 / 刘学强著 ; 冯根福指导. -- 西安交通大学, 2005. -- 115 页

本文对中国服务业与经济增长的一些重要问题进行了探讨,其观点和结论主要有:(1)服务业发展的根本动因之一是市场规模和信息传播。市场规模的大小与信息传播的速度直接影响着服务业的发展水平。(2)现代服务业价值链正在不断拉长和延伸,其结果导致服务业不再是传统意义上的第一、二产业的下游产品,而且有的行业已经成为第一、二产业的上游产品。服务业与工业、农业是互为因果、相互作用的关系。(3)中国服务业发展滞后严重抑制了消费需求,进而影响了经济增长质量。加快发展中国服务业,有利于促进消费,扩大内需,促进经济快速健康增长。(4)中国服务业发展滞后严重影响了中国的就业数量。加快发展中国服务业,可以有效增加就业空间,缓解或化解中国的就业风险。(5)中国服务业与城市化发展是一个互动共进的关系。加快发展中国服务业,有利于推进城市化进程和提高城市居民的生活质量。(6)中国服务业发展水平与区域经济发展有着密切关系。加快中国服务业的发展,有利于中国促进不同区域经济的协调发展和缩小地区差距,有利于全面提高全国人民的生活水平。本文最后依据上述观点和结论,提出了加快发展中国服务业和促进中国经济快速持续健康发展的若干政策建议。

关键词:服务业　经济增长　消费　劳动就业　城市化

1447

"转轨"时期我国政府规制的取向研究 / 鲁国锋著 ; 高汝熹指导. -- 复旦大学, 2005. -- 129 页

文章以规制作为研究对象,从我国处于转轨时期这一实际视角出发,立足于我国现有的市场化现状所作的政府规制研究,旨在研究转轨时期我国政府规制的未来取向。分析研究指出,当前我国存在两种类型的市场失灵:由市场机制本身缺陷所造成的市场失灵和由市场经济运行所需的配套制度、机制暂时缺失所造成的市场失灵。论文对转轨时期我国政府规制未来取向的研究,主要从宏观和制度层面展开,内容涉

及规制理论概述、我国市场经济现状分析、我国政府规制现状和转轨时期我国政府规制的未来发展取向。全文共分为六章。第一章为理论概述，就规制的起源、概念、分类，规制和放松规制的理论依据进行了探讨。第二章主要分析了我国市场经济现状，分析认为，经过20多年的市场化改革，我国的市场化改革程度已有很大提高，已初步建立起市场经济体制，成为一个发展中的市场经济国家，但市场化程度还不高。第三章重点对当前我国政府规制的现状进行了分析，认为我国政府规制绩效总体不高，存在着过度和不足、越位和缺位同时并存的现象，其中以过度为主要矛盾所在。第四章对“转轨离不开政府的推动作用”和“政府推动转轨需要规制”两方面进行了进一步论述。第五章从制度分析入手，主要运用新制度经济学的相关理论知识，对制度、规制制度、规制治理制度进行了层层递进式的分析，指出了规制治理制度对提高规制绩效的重要性，并在对当前我国政府规制治理制度存在问题剖析的基础上，明确提出规制治理制度创新应作为转轨时期我国政府规制未来的主要取向。第六章提出，在规制政策上，重点要加强以推进政府建设为目标的市场规制，这要重点从市场立法和执法两个方面展开，积极发挥立法机构和司法机构的作用。

关键词：国家干预　市场经济　市场失灵　政府规制

1448

产业组织演化研究：从对主流经济理论的批判到基于演化框架的分析 / 陆瑾著；王家瑞指导. -- 复旦大学, 2005. -- 149页

本文在整合借鉴相关学科成果的基础上，从复杂性理论出发，将产业经济系统纳入到复杂系统这一大的包容性的综合概念框架之内，将产业视为由一系列相互关联的企业群体组成的经济系统，指出产业动态是一个由不同的产业主体在微观层次上进行交互作用的结果，它实际上是一个微观机制作用的宏观现象涌现。论文第一部分为导论，主要在对传统微观还原论提出质疑的基础上，导出产业动态研究的新的分析框架，并阐明了研究意义和研究方法、创新和不足之处，同时提出了本文的框架结构。第二章主要就产业组织演化研究的有关理论，比如产业组织理论、复杂系统理论等进行了综述。第三章就已有的具有微观运行机制并能用来解释宏观产业现象的产业演化模型进行了比较。主要包括两大类模型：Schumpeter（熊彼特）式和借助于人工智能领域的成果的模型。通过比较来发现这些模型的优缺点，探讨其中蕴涵的演化内在机理，认识一些演化作用机制在模型中的体现。第四章论述的重点是系统多样性，提出了系统演化的特征，探讨了多样性必要原理、过度多样性原理，并引出了对产业组织网络的探讨。第五章构建了产业组织网络形成与演化的数理模型，进一步阐述微观多样性、个体异质性是产业组织网络形成、维持和演化的必要条件。第六章论述了作为产业组织演化的动力机制之一的创新机制。第七章则论述了作为产业组织演化的动力机制之二的学习机制。第八章探讨了产业组织的动态选择环境，包括市场、制度和知识。第九章在前几章所述的微观运行机制的基础上，进一步探讨产业动态的宏观特性的涌现。最后，作者在第十章提出了产业组织演化研究对政策体系设计的指导。

关键词：产业组织　演化经济学　组织创新

1449

跨国公司与中国技术进步的路径选择 / 马松著；吕政指导. -- 中国社会科学院研究生院, 2005. -- 103页

文章主要研究了跨国公司对外直接投资发展趋势和中国接受FDI情况、跨国公司R&D国际化及其对东道国的影响、跨国公司技术转移与发展中国家技术进步、发展中国家技术发展模式及中国技术进步，并在此基础上得出了中国技术进步的战略选择。从国民福利分析的框架出发，研究技术引进、本土研发、跨国公司R&D机构研发、本土企业研发等方面的利弊。研究认为，跨国公司R&D国际化对发展中国家技术进步的影响越来越重要。文章还对跨国公司技术转移的相关文献进行综述，跨国公司母国特征、东道国特征等多方面因素都会对跨国公司技术转移及其效果产生影响，为准确分析跨国公司技术转移对东道国的影响，应考虑技术进步的剩余索取权，在不同条件下，东道国从技术进步得到的利益不同。通过对发展中国家不同技术发展模式、“以市场换技术”战略、中国企业的创新行为以及印度经济发展对中国的启示等几个方面的分析，认为，从技术进步路径最优化的角度来看，“以市场换技术”战略在前期推动中国经济发展方面是比较成功的，随着中国经济发展水平的提高，应更加重视自主创新，走一条技术引进与独立创新相结合的道路，逐步实现经济增长方式从投入推动型向知识推动型转变，实现技术进步模式由外源

性技术进步向内源性技术进步转变。文章认为,中国技术进步必须坚持国民福利最大化的原则、可持续原则,其战略应该是:在充分调动各种积极因素的基础上,从长远上立足自身,以我为主,合理利用技术进步和自主开发两种方式,选择技术路线尚未确定、有巨大市场前景的方向进行突破,并充分运用国内市场影响技术路线的选择。在政策上要逐步形成有利于内源性技术进步的环境,加强对知识产权的保护,减少扭曲型政策对国内企业创新热情的抑制,摆脱廉价劳动力发展的传统模式,设计促进有利于技术创新的资本市场机制,并推动跨国公司将核心技术环节向中国转移。

关键词:跨国公司　技术进步　技术转移　发展战略

1450

两岸公企改革之研究 / 马祥祐著 ; 金碚指导. -- 中国社会科学院研究生院, 2005. -- 114 页

本文研究了海峡两岸公营企业的改革,试图通过分析两岸在公企改革模式上的不同改革作为,与所面临的不同困境中,发现可供借鉴之处。本文首先分析了两岸公营企业基本特性,包括公企的由来、性质与法律地位,进而分析了两岸公企改革推展历程,勾勒出两岸在不同历史阶段时期的改革重心,然后从治理机制变革与产权变革两方面分析了两岸公企改革的具体作为。通过分析,本文构建了两岸各自公企改革的模式,发现两岸的公企改革都是从治理机制变革出发,在改革路径上,不仅方向相同,也都采取渐进、多元、部分的改革手法。研究还发现,目前大陆公企改革主流的做法——治理机制变革与产权重组,已被台湾的实践证明无法彻底改善问题,这意味着大陆公企改革未来必然需要更加深化,产权释出的改革无法避免。

关键词:国有企业　经济体制改革　产权　海峡两岸

1451

产业结构软化的理论分析 / 马云泽著 ; 王述英指导. -- 南开大学, 2005. -- 246 页

文章重新审视了产业结构演进问题,对产业结构软化进行了系统的理论分析,并在构建的理论框架中联系我国实际,探讨了我国产业结构软化的战略选择问题,提出了相关的政策建议。全文分为八章。前六章为理论分析部分。其中,第一章对产业结构软化的概念进行了理论界定;第二章揭示了产业结构软化的本源——技术变革;第三章分析了产业结构软化的演进模式与路径;第四章提出了产业结构软化的动力机制模型;第五章概括了信息化时代产业结构软化的表现形式及特征;第六章从经济学的角度分析了产业结构软化的经济效应:产业组织软化、经济结构软化、要素结构软化。最后两章是产业结构软化的经验实证和理论应用部分。其中,第七章主要以美国和日本为例,对世界产业结构软化演进趋势进行了实证分析,并提出了七个方面的启示;第八章则在分析我国当前产业结构现状及与国际产业结构演进比较的基础上,提出了我国实施产业结构软化战略的历史必然性,并对我国实施这种战略的制约因素进行分析,提出了相应的政策建议。

关键词:产业结构　信息化　知识产业　高技术产业　服务业

1452

欧盟扩大对中国商品出口的影响 / 米查著 ; 黄国雄指导. -- 中国人民大学, 2005. -- 261 页

本文主要由四章构成。第一章对区域经济一体化理论、区域经济一体化与世界贸易组织政策进行了回顾,介绍了区域经济一体化的效应计量方法与经济效应。第二章概述了欧洲经济一体化进程发展,包括从欧洲煤钢共同体到欧盟的发展进程、欧盟的世界贸易概况和对外贸易政策以及新欧盟成员国家的基本经贸情况。第三章回顾了欧盟与中国贸易关系的发展,对中国向欧盟市场的商品出口作出分析,并分析了欧盟扩大对中国商品出口的影响。第四章分析了中国对外贸易合作情况,就中国同欧盟的经济贸易关系、中国对新欧盟成员国家的经贸战略提出了建议。

关键词:欧盟　经济一体化　贸易合作　出口贸易

1453

杠杆收购研究 : 兼论公司治理与价值创造 / 裴力著 ; 郭冬乐指导. -- 中国社会科学院研究生院, 2005. -- 167 页

本文采用理论分析与实证分析相结合、国内与国际相比较的方法,对杠杆收购这一西方发达国家的金融创新进行了系统的分析和介绍,并针对中国的实际研究了杠杆收购在中国的现状和实施对策。全文共由十一部分组成。第一部分是导言。第二部分分析了杠杆收购的基本原理、运作程序、类型和方式、基本

特点以及杠杆收购的主要作用。第三部分阐述了杠杆收购的产生背景和发展历程,分析了产生杠杆收购的主要原因和深层原因,分析了20世纪80—90年代杠杆收购的基本特征。第四部分简要介绍了杠杆收购的相关理论,分析了债务对资本结构、代理成本的影响,阐述了债务对公司经理层所产生的约束与激励作用。第五部分利用价值评估理论分析了杠杆收购目标公司的选择条件、价值评估手段和定价原则。第六部分分析了杠杆收购的资本结构、主要融资工具、融资机理、融资与再融资策略和资本组合与成本管理。第七部分利用代理理论、价值管理理论主要论述了杠杆收购后的公司治理与价值创造,分析了资本结构、债务、股权所有者在股东价值创造中的作用,阐述了杠杆收购价值创造的四个要素,介绍了杠杆收购联盟并分析了其与集团公司在公司治理上的区别。第八部分利用风险控制论和系统论分析了杠杆收购的成败与风险,指出了决定杠杆收购成败的几个要素,分析了杠杆收购的系统风险、财务风险、经营风险,提出相应的防范措施。第九部分对中国杠杆收购的几种主要表现形式和管理层收购的现状进行了分析,研究了上市公司实施杠杆收购和管理层收购的主要困难与障碍。第十部分论述了我国上市公司实施杠杆收购的意义、可能性,并针对在中国实施杠杆收购存在的问题和障碍提出了建议和对策。第十一部分分析了杠杆收购国际发展趋势及我国未来的发展趋势。

关键词:企业合并　收购　公司治理　融资结构　企业价值

1454

中国农产品期货市场效率问题的研究 / 彭浩著 ; 吕火明指导. -- 西南财经大学, 2005. -- 162 页

本文共分七章。第一章导言介绍了期货市场的形成、中国期货市场的发展历程及其特点,总结归纳了关于期货市场的理论,简述了国内研究现状。第二章对市场效率相关概念进行界定,介绍了市场效率研究理论,回顾了期货市场有效性相关研究,并对市场效率理论作了评价。第三章介绍了农产品期货市场对农业生产的作用,重点以大连商品交易所的大豆期货和郑州商品交易所的小麦期货市场为例,分阶段说明我国农产品期货和现货价格的价格变动基本情况及其相关性。本章还粗略比较了国内农产品期货市场和国际发达期货市场的相关性。第四章介绍了协整理论及检验市场有效性协整检验方法。在此基础上,以大豆和小麦期货品种为例,从现货市场和期货市场的价格序列的协整关系分析了农产品期货市场的有效性。第五章通过对期货收益率序列的自回归条件异方差效应分析,描述了中国农产品期货市场几个阶段的市场行为特征。第六章引入系统论方法和理论,提出了制度单元概念,从横向和纵向关系探讨了制度单元内部运行机制和其他制度单元之间的啮合机制,找出了控制期货市场效率的三大因素和制度单元之间摩擦成本降低的途径,从而得出了期货制度单元的效率函数,并给出了期货制度效率调整路径选择。本章还用信息熵模型说明了期货市场与现货市场关系以及在开放体系下的期货制度的效率问题。第七章结合中国农产品期货市场现状,从宏观运行环境、微观运行环境和期货市场内部运行机制几个方面给出了政策建议。

关键词:农产品　期货交易　期货市场　有效市场假说

1455

中国投资消费关系问题研究 / 乔为国著 ; 周叔莲指导. -- 中国社会科学院研究生院, 2005. -- 123 页

投资消费关系问题主要是指我国投资率偏高消费率偏低的问题,处理好投资消费关系,是加强和完善宏观调控所必要的。论文以投资消费关系问题研究为主线,使投资消费关系如何从不合理变为合理。全文主要包括四大部分。第一部分介绍了有关投资消费率的若干经济史实。第二部分对国民收入流量循环的每个环节分别进行深入考察,分析我国投资消费率偏低的原因;分析认为其原因是多方面的:从宏观分配上,政府可支配收入份额偏多而居民可支配收入偏少,流动性约束和居民收入差距过大造成居民可支配收入中形成消费的比例偏少,形成净金融投资比例偏多等。第三部分探讨了什么是合理的投资消费问题,在分析投资与产出间关系的基础上建立的合理投资率决定模型表明,合理投资率高低取决于经济自然增长率和技术上可行的投资生产率,但主要取决于技术上可行的投资生产率;由于不同经济组织具有不同的投资生产率,因此我国合理的投资率依赖于我国所有制结构。第四部分提出降低投资率提高消费率的基本途径在于,调整收入分配关系、转变政府职能、构建并完善金融体系等等。

关键词:投资　消费　就业　经济增长　宏观经济调控

1456

中国工业技术创新经济分析 / 秦宇著 ; 金碚指导. -- 中国社会科学院研究生院, 2005. -- 130 页

本文主要研究了与我国工业技术创新现状和未来发展有关的三个问题:我国工业企业中技术创新未能有效开展的原因;工业企业各个部门中技术创新的差异及其影响;我国推行的技术创新政策的逻辑及其合意性。全文共分六章。第一章导论。第二章是研究方法与框架说明。第三章是对中国工业企业的技术创新分析。第四章分析了不同工业部门的技术创新。第五章是技术创新政策及国家创新系统分析。第六章是总结和结论。本文认为,中国工业目前的技术创新状况,是企业和政府理性选择、技术创新特殊性质、产业特征差异和中国具体国情影响的共同结果,未来中国工业的技术创新发展仍然将主要受到这四个因素的影响。具体地,首先,技术创新具有积累性和不确定性特点,但我国工业企业并不具备需要长时间技术知识积累才可能形成的技术创新能力,技术创新投资所面临的高风险也无法通过某种机制予以消除。因此,作为理性决策者,企业不可能在技术创新方面有大的投入。其次,我国基础科学研究落后,要素价格变动对技术创新的诱致作用也不存在,加上特殊的历史因素造成了我国技术创新中技术知识积累的长期断裂,技术创新在我国的发展非常困难。再次,政府的技术创新政策不具有合意性,延缓了我国工业技术创新的发展。最后,不同产业的技术创新特征有很大差异,某些产业具备了较大的技术创新可行性。以渐进性产品创新为主要创新类型的"专业化供应者产业"将是未来中国工业技术创新最有希望取得突破的产业类型。

关键词:工业经济　技术创新　国家创新系统

1457

体验经济论纲 : 现代企业运作的新探索 / 权利霞著 ; 闵宗陶指导. -- 西安交通大学, 2005. -- 146 页

全文以两个线索展开:一是从体验的内在机理入手,把体验的生产分解为内生和外生两个向度,将当代和未来的经济学与现代经济的发展归结为回归体验、遵循生命之道,从中领略其凸显文化内涵的意趣;二是重点分析了企业在体验经济中运作的战略和策略。本文认为:(1)体验是继商品、服务之后的又一个经济价值的提供物。体验的经济价值就是它是除一般商品和服务的生存性、功能性价值之外,还能提供存续性、意义性的价值,它不仅是满足消费者的物质需求,还能引起消费者的情感共鸣与生命激情,改变人的生活态度和生活方式,使生活更有意味、符合生命的存在与延续之逻辑。(2)体验视阈下的效用就是对效用的体验。体验的要素是个人资本和社会资本。效用是从主客二分到主客融合的体验,是对人与物、人与有生命的存在、人与自身心灵的关系的体验。(3)体验的效用价值是一个主观与客观相联结的概念。一方面,人的主观感受、心理满足状态成为体验的价值域;另一方面,生产所费成本的补偿成为体验效用价值的最低边界。(4)个体化(消费者)体验的质量影响着群体化(企业)体验的内容,群体化的体验——企业的组织、决策能适应并引导个体化的体验。体验经济就是要解决好企业和消费者的矛盾和冲突,以消费者的体验为基础,生产出能刺激消费者情趣的产品与服务,为经济提供新的增长点。(5)体验消费是体验经济的逻辑起点。体验消费是不同于传统消费的开放的、动态的消费语境。营销体验场是影响消费者即时行为的重要变量系统。企业要及时诱发和唤醒消费者的激情和渴望,并适时维护消费者对企业及其产品、服务的美好体验。(6)企业的体验经济战略旨在维护人的生命之道、实现人的自由而全面发展及人与自然、社会的和谐发展。为使体验性产品与服务新颖化、知识化、序列化、长期化,要构建以企业文化为核心的组织创生战略和市场营销战略,并根据现实经济环境适时进行调整。

关键词:经济学　体验经济　消费　市场营销

1458

社会性规制 : 规范性理论与中国的实践研究 / 沈芳著 ; 夏大慰指导. -- 上海财经大学, 2005. -- 160 页

本文从考察社会性规制的理论依据和实践发展出发,从产业经济学角度对社会性规制,特别是社会性规制的制度性问题,如实施机制、制度建立、工具创新、政策选择、效果评价和改革等展开了研究。全文共七章。第一章是社会性规制概述。第二章对社会性规制的必要性论证。第三章是对社会性规制的历史及其发展进行了回顾。第四章具体介绍了社会性规制的实施,包括社会性规制的实施领域与层面、实施工具与手段、实施要素与特征以及社会性规制的制定与执行。第五和第六章分别从政策的时序一致性和效果评价两个方面对社会性规制进行了量化研究。第七章对中国的社会性规制作了具体分析,如卫生规制、安全规制、环境规制等。

关键词:公共管理　行政干预　规制经济学　产

业经济学

1459

全面开放下的中国保险产业混业经营模式研究 / 盛逖著 ; 郭冬乐指导. -- 中国社会科学院研究生院, 2005. -- 171 页

本文研究了在现行法律制度下我国保险业的混业经营模式问题。首先,介绍了混业经营和产业组织的相关理论;其次,对分业经营和混业经营进行利弊分析,认为随着现代科技快速发展和金融产品不断创新,混业经营取代分业经营已成必然;第三,对美、英、日、德等发达国家金融业经营模式的变迁过程和动因进行了比较研究,指出随着经济发展和环境变迁,金融业包括保险产业实行混业经营是大势所趋;第四,运用产业组织理论分析了分业经营模式下中国保险产业的市场结构,认为分业经营虽然有利于分散市场份额、降低垄断程度,但同时也导致我国保险市场主体无法达到规模经济要求,对外资不具有规模经济优势;第五,研究了保险市场的竞争行为和产业组织绩效,认为政府管制、分业经营和信息不对称是导致恶性价格竞争的根本原因,而分业经营也是导致保险产业组织绩效快速下滑、企业竞争力不强的重要因素之一;最后,通过对我国和发达国家金融控股公司发展状况的比较,指出金融控股公司是我国保险公司在现行法律制度下实行混业经营、提高竞争力的最佳模式。

关键词:保险业　混业经营　分业经营　产业组织

1460

中国炼油业市场化与经济安全研究 / 史昕著 ; 卢东斌指导. -- 中国人民大学, 2005. -- 151 页

本文以 80 年代中期开始的中国炼油业市场化进程为线索,以世界炼油业为背景,对不同国家炼油业市场化的模式和特点以及政府的规制等,进行了归纳整理。在此基础上对中国炼油业市场化的必然性、模式选择和市场化进程及其中面临的挑战和难点进行了分析研究,解析了中国炼油业市场化突破的前提、重点和步骤,并对政府规制行为提出建议。全文共分六章。第一章绪论界定研究对象,阐明选题背景和意义,进行文献综述。第二章以产业组织理论中的 SCP 范式为基本分析框架,分析世界炼油业的产业组织现状,通过分析其市场结构、市场行为和市场绩效,概括出世界炼油业的特点。第三章通过对美国自然式市场化模式、俄罗斯激进式市场化模式以及日本、韩国的渐进式市场化模式进行对比分析,得出启示。第四章以国内外的环境分析为基础,得出中国炼油业市场化的必然性,并从战略资源和国民经济发展的支柱产业两个角度出发选择了中国炼油业市场化的渐进模式。第五章通过对炼油业市场化和经济安全的相关性分析,认为炼油业市场化没有很强的政治性,国家对此不应保持高强度的行政控制。作者分析了中国炼油业市场化进程突破的重点和步骤,提出了中国炼油业市场化进程突破的措施。第六章对比分析了政府对炼油业规制的三种模式,提出要建立有中国特色的规制模式,并提出有关政府规制的具体建议。

关键词:炼油工业　市场化　经济安全　政府管制

1461

中国高科技产业发展机制研究 / 苏贵光著 ; 纪宝成指导. -- 中国人民大学, 2005. -- 180 页

本文在国内外学者研究的基础上,就高科技产业发展机制进行了研究,并给出了建立及完善高科技产业发展机制的具体建议。全文共分十章。第一章导言介绍研究背景,提出了研究高科技产业机制的理论依据。第二章阐述高科技及高科技产业的概念,分析了高科技产业的特征。选择具有代表性的国家和地区,分析说明各国对于发展高科技产业的政策和做法,为我国制定适合国情的高科技产业政策提供参考。第三章对高科技产业发展的促进要素进行分析归纳,提出各要素存在的问题,对其进行分析评价,归纳出高科技产业发展的动力机制、要素集聚机制、空间集聚机制、产业导向机制、保障机制以及国际合作机制,并以此形成产业发展的机制体系。第四章对高科技产业发展的动力机制进行讨论,就研发、科技创新、技术交易、创新创业文化等进行作用机理的分析。第五章分析研究高科技产业的要素构成、技术、人才、资金等各要素的作用机理。第六章对高科技产业空间集聚机制的理论,以及开发区、科技园区、孵化器等要素的发展状况、作用等分别进行分析。第七章就产业政策、法律法规、行政干预等要素的现状、作用机理进行研究。第八章讨论了高科技产业发展的系统环境、融资担保机制及其作用。第九章从制度保障、资金支持、企业发展、产业政策等方面为建立和完善高科技产业的发展机制提出具体建议。第十章是结论。

关键词:高技术产业　经济发展　产业集聚

1462

产业结构演进的理论与实证分析 ：以安徽省为例 / 汤斌著 ；郑景骥指导. -- 西南财经大学，2005. 125 页

论文首先对产业结构演进的理论进行综述，总结经济发达国家产业结构演进的历史进程。接着探讨产业结构演进与经济增长的关系，概括产业结构与经济增长关系的经典理论，考察产业结构变动的决定因素，研究产业结构转变与经济增长相互作用、相互促进的内在机制，并引申出区域产业结构高度化、合理化和优化升级等深层次问题。然后探讨区域主导产业选择问题，分析区域主导产业选择的理论和方法、指标体系，概括主导产业与支柱产业、优势产业、一般专业化产业、辅助配套产业、流通服务和基础设施部门的辩证关系。最后，以安徽省为例对产业结构演进进行了实证分析，总结安徽经济发展与产业结构演进的历史与现状，分析安徽产业结构优化升级的资源状况和约束条件，确立其优化升级的原则、趋势、目标和思路，并针对性地提出安徽第一、二、三产业优化升级的实施对策，阐释安徽主导产业选择及其政策支持问题。

关键词：产业结构　经济增长　地方经济

1463

旅游资源及其配置制度的再认识 / 唐继宗著 ；张广瑞指导. -- 中国社会科学院研究生院，2005. -- 83 页

文章对科斯理论提出检讨，把人力资本、初始产权分配方式以及交易存在的成本三项因素引入资源配置研究，并根据国内的总体经济发展条件建立一个可达到“帕累托改进”目标的旅游资源配置制度。分析指出，由于旅游行为不仅是一种消费性行为，同时也是一种人力资本投资的行为，因此，文章界定了两种旅游产品：符合进行旅游行为中消费行为的条件的人们所获取的体验，和符合进行旅游行为中投资行为的条件的人们所获取的人力资本。论文的主要目的是要设计一个改善旅游资源配置效率的制度，而该制度的建立是在一个相对不违背公平分配原则的条件下进行。研究发现，初始产权分配的外在制度如果能够和内在制度趋于一致，内在制度产权据位人的产权越能够避免被初始产权外在分配制度所侵蚀，则旅游资源将可获得较有效率的配置；同时，分析还指出，若初始产权分配的结果可导致社会财富分配趋向平均，将有助于提升旅游资源的配置效率。此外，由于交易成本存在，导致即便产权界定后，亦不能令旅游资源获得有效率的配置，因此，文章提出，应评估不同公共财产权特性的旅游资源经市场机制配置的成本—效益来决定旅游资源的初始产权是否应该私有化或交由专责执法部门进行暂行托管；而由于交易的成本是可经人力资本及科技的改善而降低，若原由专责政府暂行托管的旅游资源可凭条件的变动来重新分配给市场机制进行配置。

关键词：旅游资源　资源配置　产权　人力资本

1464

专卖管制下的中国烟草业 ：理论、问题与制度变革 / 陶明著 ；胡建绩指导. -- 复旦大学，2005. -- 286 页

本文运用产业的管制经济学和制度经济学的理论框架和方法论，采用分析、比较、实证的手段，以中国烟草专卖制度的检讨为切入点，以政府管制的职能转变和专卖制度变革和重构为基本视角来分析我国烟草专卖管制的现状和问题，探讨在新的形势下烟草专卖制度的发展路径，并通过对世界各国烟草业管制的国际比较，尝试从行业自身和外部环境层面提出制度变革的政策建议。本文由十一章组成。其中第一章为绪论，首先明确了研究的问题和选题的意义。接着，从经济学角度分析了专卖制度存在的理论解释，论述了烟草产业在国民经济中的重要作用。进而在讨论学术界对经济学上的垄断、专卖的理论界定等基本概念的基础上提出了本研究的具体含义，并介绍了本文的研究范围和方法。第二章提出了一个烟草产业实施政府管制和制度变革的初步分析框架，为后面讨论的一些基本问题作出铺垫。第三章从外部性视角并运用成本分析方法分析和估算了吸烟给国家和消费者所带来的社会成本损失。第四章运用产业组织理论中的结构、行为、绩效分析框架对专卖管制下的中国烟草产业的市场结构、行业绩效和厂商行为进行全面考察。指出了由于管理体制上存在着专卖与市场、政府与企业的双层非对称性，必然伴随着产业内部在成长过程中的矛盾性，分析了这些矛盾产生的原因、若干表现形式、制约因素和协调等。第五章从政府行为角度论述了专卖管制中的政府角色。第六章以分税制改革的重大举措为基本线索，研究税制改革的进展和效果，揭示出蕴涵在改革中的现行烟草税收体制存在的内在矛盾和制度性缺陷。第七章以中国西南地区农民与当地政府的关系作为研究对象，探讨了发生在烟草专卖管制时期的利益和矛盾冲突。

第八章从国际化角度对烟草业管制的国际经验的比较和借鉴。第九章从入世和国际协议的影响和约束角度,论述了中国烟草业如何应对入世挑战的问题。第十章从新制度经济学的制度变革理论出发对中国未来的烟草专卖制度的变革选择作了理论探讨和分析。第十一章是本文的总结。

关键词:烟草工业　政府管制　专卖

1465

转轨经济中的产业政策、竞争政策与产业成长 : 以中国汽车工业为例 / 万军著 ; 张卓元指导. -- 中国社会科学院研究生院, 2005. -- 122 页

文章试图通过中国汽车工业这一个典型行业的研究,深入探讨经济转轨时期产业发展与政府政策之间的关系。全文共分为五章。第一章比较了产业政策和竞争政策的内涵以及各自适用的体制和市场环境,简要回顾了转轨时期中国推行的产业政策、竞争政策及其绩效,认为在改革开放的新形势下,政府应当实行职能转换,从经济发展的参与者转变成竞争秩序的维护者,建立和完善竞争政策势在必行。第二章探讨了产业政策的作用机制,认为东亚国家和地区产业政策的有效性在于,在产业政策框架内,政府通过组织企业间的竞赛,根据竞赛的结果选择需要扶持的目标企业并给予支持。第三章从贸易政策、产业组织政策和技术进步政策三个方面分别评估了汽车工业产业政策的绩效,深入分析了汽车工业产业政策的实际绩效偏离政策目标的原因,认为中国的汽车工业产业政策本质上是一个保护性的政策,它通过严格的管制对国内市场的竞争予以限制,其结果弱化了市场竞争,扭曲了资源的有效配置,延缓了汽车工业的成长。第四章在转轨时期制度变迁的背景下,从宏观、中观和微观三个层面分析导致中国汽车工业产业政策没有发挥预期效力的原因,认为这不仅是因为汽车产业政策本身在政策理念和工具设计上存在着种种缺陷,更主要的是因为在中国经济转型时期存在着很多不利于产业政策发挥作用的制度性因素。第五章以汽车工业为例,研究了改革开放新形势下中国实行产业政策和竞争政策面临的选择,通过分析加入 WTO 之后中国汽车工业在价格机制的引导和竞争机制的激励下出现"井喷式增长",提出了政策建议;政府在推行一些不违反 WTO 规则的功能性产业政策的同时,更应当制定和完善竞争政策,放松对于各类经济主体参与市场竞争的限制,并规范市场主体的竞争行为,这就要求中国应当尽快实现促进产业发展的经济政策的转型,从产业政策为主导过渡到以竞争政策为主导。

关键词:产业政策　汽车工业　市场竞争　竞争政策

1466

我国媒介业的产业视角分析 / 王桂科著 ; 张炳申指导. -- 暨南大学, 2005. -- 231 页

本文从全球媒介业发展的趋势出发,运用经济学原理对我国媒介业进行分析,针对当前媒介业的运行状况和制度缺失现象,提出相应的制度安排。论文分析了媒介的性质,指出媒介同时具有准公共物品和一般商品特征,媒介产业同时是文化产业的主体和信息产业的内容产业。回顾了全球媒介业的发展演变趋势和产业结构特点,认为媒介业在社会经济、政治和文化生活中发挥着越来越重要的作用。接着分析了我国媒介业的产业结构和产业布局,认为我国媒介业向市场经济制度转变的过程其实是制度变迁的过程,媒介业已经形成门类齐全的产业结构体系,结构呈多元化;媒介业在事业单位体制下存在着制度缺失的问题,产业发展受到制度的掣肘;媒介业在区域分布上具有二元结构的特征和非均衡性,应采取非均衡发展战略。论文运用产业组织理论,分析研究媒介产业的市场结构状态,剖析当前媒介业采取的各种市场行为,对媒介业的市场绩效进行定量评估。认为发展媒介业应优化市场结构,采取合理的市场行为,实现最佳的市场绩效。借鉴西方国家公有媒介的制度变革及其法人治理结构模式,论文提出将媒介事业单位转变为特殊法人,科学构建法人治理结构,建立国有资产管理和监督体制;同时,媒介的产业发展需要职业经理人和企业家。发展媒介产业,应建立起一个与市场经济发展、与媒介产业发展相适应的灵活、高效的政府管理体制,实现政府行政管理的制度创新。

关键词:传播媒介　文化产业　产业结构　产业组织　媒体

1467

现代产融结合论 / 王继权著 ; 郑景骥指导. -- 西南财经大学, 2005. -- 246 页

本文首先对马克思主义者和西方学者的产融结合理论进行回顾和简介。其次,在理清产融结合基本概念和比较分析银企合作、资本经营、混业经营、金融控股公司等相关概念的基础上,论文从信用理论、企业理论、信息理论、资本结构理论等角度,对产融结合

的成因作初步研究。接着对产融结合的作用机制和效率,以及产融结合的宏观经济效应进行理论上的剖析。再次,以美、日、德、韩等国为例,分析和总结市场经济发达国家产融结合的发展历程和主要模式,探讨了不同模式下产融部门在资本连结方式(信贷或股权)、人事参与、信息交流以及企业治理结构等方面的融合问题。最后,论文系统研究了我国的产融结合问题,包括以及我国产融结合的历史、现状和存在的问题,我国产融结合的必要性、可能性、目标模式和基本方式,以及我国产融结合的基础构建,提出金融控股公司是现阶段我国产融结合的一种有效的组织形式这一论断。

关键词:产融结合　金融机构　金融控股公司

1468

中国上市公司涉农资本运营研究 / 王纳著 ; 郑景骥指导. -- 西南财经大学, 2005. -- 184 页

本文首先揭示了中国农业产业化的本质,分析了中国上市公司涉农资本运营的环境,探讨了上市公司资本运营在中国农业产业化过程中的各种作用,最后通过对发生在中国两个农业产业中的一系列上市公司涉农资本运营案例进行分析,揭示出资本运营在中国农业产业化过程中的作用。全文共分六章。第一章是导言。第二章运用产业组织理论、新制度经济学和战略产业分析法等理论工具对中国农业产业化现象进行分析,从管理学和经济学两个层面揭示出了中国农业产业化的本质。第三章研究了资本运营在企业实施纵向一体化战略(农业产业化)过程中的作用,对资本运营、市场结构和企业治理结构三者之间的相互关系进行探讨,随后对中国乳业和番茄产业中的资本运营案例进行简要分析。本文的第四到六章以中国(新疆)番茄产业中上市公司涉农资本运营的一系列案例为研究对象,对资本运营在中国农业产业化中的作用进行了具体分析:第四章分析了上市公司如何通过资本运营实现横向一体化,迅速壮大自身,实现规模经济;第五章分析了上市公司如何通过资本运营对原料农产品生产环节进行整合;第六章分析了上市公司如何通过资本运营一体化至销售环节,即通过资本运营开拓国际国内销售市场的问题。

关键词:农业产业化　上市公司　资本运营　产业组织

1469

铁路改革与发展中的产权配置研究 / 王世伟著 ; 袁伦渠指导. -- 北京交通大学, 2005. -- 159 页

论文从铁路产权配置的约束条件研究出发,考察铁路基本属性、生产流程及组织模式对产权配置的要求后,结合铁路改革和发展的大背景,提出了铁路产权配置演变的一般模式,指出了铁路产权配置演变的方向和路径选择,并从产权配置角度提供了铁路重组成功与否的判别依据。主要研究内容有四方面。第一,分析了铁路产权配置受限制的约束条件。第二,以初步运输化阶段为基准时点,界定了铁路初始产权配置,并在此基础上提出了铁路产权配置演变的一般模式。第三,选择美英两国铁路重组与管制改革的实例,对其中所伴随的产权配置变化作了比较分析,以验证铁路产权配置演变的一般模式;结果认为,在政府产权向铁路企业让渡的过程中,无论是何种方式的产业重组,必须要综合考虑生产成本和交易成木整体水平的变化。第四,根据铁路产权初始配置及其演变的一般模式,文章针对现实情况提出了我国铁路近期的合理产权配置,并结合当前产权配置中的核心问题指出了我国铁路改革的路径选择;认为,我国目前处于初步运输化阶段,铁路的公共性仍然居主导地位,政府产权主导是近期我国铁路产权配置的有效选择;从优化产权配置角度来看,路网分割是我国铁路改革的可选路径之一。

关键词:铁路企业　经济体制改革　产权　优化配量

1470

信息非对称下的中国消费信贷市场研究 / 王政霞著 ; 文启湘指导. -- 西安交通大学, 2005. -- 177 页

本文将信息经济学、消费经济学、现代契约理论以及比较经济学的基本理论方法运用于信息非对称条件下消费信贷市场发展的研究中,建立了一个信息非对称——消费信贷配给——消费信贷市场均衡发展——消费信贷市场发展比较——个人信用制度建设的分析体系。论文首先探讨了信息非对称理论框架与消费信贷市场发展的一般性问题,在此基础上,重点分析了消费信贷市场中的逆向选择与道德风险问题,特别是由逆向选择所引起的消费信贷市场信贷配给行为的效用分析。由于信息非对称下逆向选择所带来的信贷配给会使消费信贷市场出现失衡现象,进一步分析消费信贷市场均衡性就显得非常重要,因此论文在借鉴西方信贷市场均衡理论的基础上,建立了消费信贷市场的均衡模型。同时对中国消费信贷市场发展失衡的表现及成因进行了系统分析。最后

论文运用比较分析的方法，通过对消费信贷市场在发展条件、发展规模、相关法律制度体系、社会信用制度安排、消费信贷发放模式及市场管理体系的国际比较，揭示了消费信贷市场发展的一般规律。并重点就个人消费信贷市场发展的核心问题，即个人信用制度体系的建设进行了专项分析，结合我国社会文化、社会制度及发展现实条件，对我国消费信贷市场的发展提出了相应的措施建议。

关键词：消费贷款　贷款管理　个人信用　信贷市场　信息不对称

1471

中国旅行社：市场绩效的微观解释：基于产品差异化的视角 / 吴昌南著；王玉指导. -- 上海财经大学，2005. -- 157 页

本文用产品差异化理论从微观层面上即旅行社本身的角度对旅行社绩效低的原因进行了系统地分析，提出了旅行社实现产品差异化的策略。全文共分八章。第一章是绪论。第二章对中国旅行社产品差异化研究的产业背景进行了分析，包括中国旅行社业进入壁垒演变下市场结构的变迁和中国旅行社业市场绩效的考察两部分。第三章对产品差异化理论进行了综述，分析了中国旅行社产品的差异化，并论述了旅游线路同质化条件下旅行社的价格竞争，以及旅行社实现产品差异化因素和实现途径。第四章对旅行社产品创新策略与产品差异化间的关系进行了研究，首先分析了存在模仿成本条件下的产品创新与模仿的博弈模型，接着对无模仿成本条件下的旅行社产品创新与产品差异化展开了论述。第五章关于旅行社广告策略与产品差异化，首先介绍了西方产业组织理论中关于广告与产品差异化研究的情况，分析了旅行社产品的两个层次及其最优广告类型，阐述了旅行社广告的纵向外部性与旅行社广告策略之间的关系，以及旅行社广告的横向外部性与旅行社广告策略之间的关系。第六章分析了旅行社品牌声誉策略与产品差异化，对品牌声誉的形成机理进行了比较分析，并分析了旅行社品牌声誉形成的委托—代理关系。第七章论述了旅行社选址策略与产品差异化之间的关系，重点从旅行社选址聚集和分散两方面分析了与产品差异化之间的关系。第八章提出了旅行社实现产品差异化以提高绩效的策略，包括建立产品创新的自我保护机制、通过纵向一体化、横向一体化来克服广告的外部性、通过业务外包成立导游公司以克服旅行社服务中的代理问题、实施连锁经营与跨区域空间选址策略等。

关键词：旅行社　旅游产品　企业绩效　广告品牌

1472

中国信托业功能演进分析 / 吴吉芳著；王家瑞指导. -- 复旦大学，2005. -- 134 页

本文从信托业功能定位的角度入手，分析改革开放以来中国信托业发展出现困境的深层次原因，以提高中国信托业核心竞争力。全文共分六章。第一章导论，说明了选题的背景、研究的内容和框架，对国内外的研究文献进行了综述，对相关概念进行了界定，介绍了本文的创新点和不足之处。第二章建立了信托业功能演进的框架，作者以功能分析范式和金融中介理论为基础，从政府作用、公司治理结构和声誉机制等三个方面分别讨论了信托业功能演进的推动力以及实现信托业功能的内部保障机制和外部保障机制。第三章根据中国信托业功能的演化对中国信托业发展历程进行了划分，分为三个阶段：恢复与扩张阶段(1979—1992)、整顿阶段(1993—2000)和规范阶段(2001—至今)。第四章从外部环境、政府作用、公司治理结构和声誉机制等方面分析了中国信托业功能演进的深层次原因。第五章研究了中国信托业功能演进的原动力——竞争与创新，文章通过对中国信托业竞争态势的分析说明，在金融国际化带来的内外部竞争压力下，中国信托业只有通过不断学习和创新才能培育自己的核心竞争力。第六章对中国信托业的发展战略及措施提出了建议。

关键词：信托业　核心竞争力　创新

1473

房地产流通：价值·模式·技术·规制 / 夏建甑著；李金轩指导. -- 中国人民大学，2005. -- 175 页

本文共分七章。第一章导论介绍选题背景、意义及论文结构等。第二章是对房地产的理论回顾，主要涉及三大方面：房地产价值、房地产价格和产权理论。在此基础上本章提出了房地产流通的三个规律：价值不断增加规律、流动性不断增加规律和交易成本不断下降规律。第三章按照土地流通、增量房地产流通和存量房地产流通进行分类，对流通主体、流通客体和流通模式进行研究。鉴于经济适用房是我国住宅中一种比较特殊的商品，本章对其作用、流通中存在的问题、流通失控的原因作了专门分析，提出了完善经济适用房体制的思路。第四章主要研究了一种新的

房地产流通模式——分时度假,包括分时度假的基本概要、分时度假的流通链分析、分时度假的国际比较以及我国发展分时度假的问题和机遇。作者认为,作为一种新的流通模式,在我国发展分时度假既有必要性又有广阔的发展前景。第五章研究了房地产流通的另一种新模式——抵押贷款证券化,包括房地产证券化实质、证券化过程、证券化国际比较和我国发展证券化的思路等。本章还研究了反向抵押贷款这种房地产流通形式。第六章研究了互联网技术对房地产流通的影响,包括互联网对房地产流通的整体影响、对开发企业的影响和对中介组织的影响等。第七章研究了政府规制。作者认为,我国房地产业出现的现象是房地产市场机制和政府规制双重失灵的结果,而解决双重失灵的最好途径是提高政府规制水平,包括对土地、经济适用房和廉租房、房地产企业的规制以及建立完整的法律法规体系等。

关键词:房地产市场　产权　抵押贷款　经济适用房

1474

政府工程采购的招标投标制度研究 / 向强著 ; 赵振铣指导. -- 西南财经大学, 2005. -- 215 页

本文共分十章。第一章是引言。第二章是招标或拍卖的理论综述。第三章在委托代理框架下运用产权理论、制度经济学理论进行了政府工程采购招标制度的理论分析。第四章比较分析了中外政府工程采购的制度环境,包括基本制度条件比较和建筑业管理体制与运行机制的比较。第五章是中外政府工程采购的比较,包括政府工程采购管理体制比较、政府工程采购项目管理比较和政府工程采购监督比较。第六章是中外政府工程采购招标投标的管理体制、运行机制、监督机制及运作方式的比较。通过以上分析,论文指出要规范我国政府工程采购的招标投标活动,必须进行全方位的制度完善与创新。为此,本文第七章从基本制度创新、相关体制改革、重塑相关运行机制等方面对实现我国政府工程采购招标投标规范化运作进行了对策研究。第八章分析了进行监督机制创新的理由,对监督机制创新进行了理论分析,并提出了具体建议:立足于现实国情的监督机制创新——“警报器监督”与招标保函。第九章研究了政府工程采购代建制的招标及其保证措施问题,如代建制的风险和防范措施、代建制的招标及其保证措施等。第十章是结论。

关键词:政府采购　招标　投标　政府工程

1475

网络效应 标准竞争与公共政策 / 熊红星著 ; 夏大慰指导. -- 上海财经大学, 2005. -- 184 页

结合现代产业经济学的研究对象和研究方法,在强制、合作、竞争、进化四种标准化体系中,本文选取“标准竞争”为研究主题,对网络效应、标准竞争和公共政策进行研究。论文首先对标准及标准竞争、网络效应进行概述,确立了标准竞争模型的四个假设前提:网络效应、理性预期、寡头竞争和不变边际成本。其次按照标准竞争社会福利分析的重点,分别研究了横向和纵向差异化关系的个体标准之争,即同代标准竞争和代际标准竞争。在此基础上,研究了一种特殊的网络竞争标准:具有间接网络效应的虚拟网络标准竞争,重点在于研究互补产品厂商之间的关系,如开放与控制、革命与兼容等策略行为。再次讨论了标准竞争公共政策问题,指出公共政策可以从多方面直接决定标准竞争的结构。作者分别分析了封闭环境中的强制标准化机制和相关竞争政策,以及开放环境中的民族标准保护政策和扶持政策,认为国际网络效应限制了民族标准保护政策的力度,扩大了民族标准扶持政策的作用。最后简要分析了中国标准竞争战略,认为中国标准既存在明显的后发劣势,也具有相当多的后发优势,关键在于确立合适的技术进步方向,实施恰当的竞争战略。

关键词:标准　竞争战略　网络效应　公共政策

1476

产业结构高级化与产业竞争力研究 / 徐冬林著 ; 郭义钧指导. -- 中南财经政法大学, 2005. -- 178 页

文章以产业结构演进理论和产业竞争理论为基础,沿着产业结构高级化的影响因素分析、产业结构演进的总体趋势、产业结构高级化在我国经济增长中的影响、我国产业结构国际竞争力、产业集群与产业竞争力的关系这样一个思路展开。首先,分析了我国产业结构演进及其发展趋势,主要阐述了需求、供给和外贸因素对产业结构高级化的重要影响,从经济发展的角度分析我国经济增长过程中产业结构变化及其规律性。其次,实证分析了我国技术结构升级的基本趋势,发现我国制造业发展水平在观察期显著提高,技术产业在制造业结构中比重明显:从工业结构的比重看,我国制造业占工业比重较高;而通过分析R&D 强度、专利申请数等技术创新的代理指标对我国高新技术产品出口竞争力的影响,结果表明,技术创新对我国高技术产业及高技术产品出口发展起到

了积极的明显作用，但在高技术产品的出口发展中，R&D 的投入效果不明显或者说投入效率不高，因此在制定高技术产业发展战略时，要适时、恰当地引导企业进行技术创新，增加研发投入，提升产品的技术含量。第三对波特模型进行适当延伸，提出了产业国际竞争力因素分析模型及分析路径模式；利用贸易竞争力指数和产业内贸易指数，对中国、美国、日本和亚洲四小龙及欧洲的贸易进行比较分析显示，我国与世界各国在经贸关系上已经形成相互依存的密切关系，与世界经济既有互补性也有竞争性，但劳动密集型的低附加值产品国际竞争力较强，而技术或资金密集型的高附加值产品国际竞争力仍然较弱。最后，沿着产业结构、产业竞争力及产业发展的研究思路，发现产业竞争力的新趋势是：产业集群决定产业竞争力，而产业集群的活力来源于分工经济，其主要竞争优势是外部规模经济，产业集群化的发展将产生有利的经济效应，从而提升产业竞争力。

关键词：产业结构　竞争力　技术创新　产业发展　产业集群

1477

我国机电产业国际竞争力研究 / 徐旭著 ; 马龙龙指导. -- 中国人民大学, 2005. -- 206 页

本文主要研究了我国机电产业国际竞争力的现状、重点机电行业的国际竞争力现状、我国机电产业国际竞争力提升的战略构想、我国机电产业国际竞争力提升的政策措施和我国机电产业出口值的预测五个较为重大的问题。论文共分七章。第一章是导论。第二章对国际竞争力理论进行简单回顾，然后详细论述了产业层面的国际竞争力相关理论，包括从产业层面研究国际竞争力的优越性、产业国际竞争力的定义及评价指标体系等。第三章分析了我国机电产业的概况、产业整体的国际竞争力及其来源。第四章选取家电、汽车零部件两个重点机电行业，分析了各行业的发展概况、国际竞争力现状、出口增长潜力与预测。第五章分析了我国机电产业出口优势的构建方法，论述了我国机电产业贸易政策与方式的选择，以及我国机电产业国际竞争力提升的战略步骤。第六章从政府和企业、宏观和微观两个角度论述了提升我国机电产业国际竞争力的具体政策和措施。第七章以 1990 年以来我国机电产业出口的各项数据为基础构建模型，对 2005 至 2015 各年的机电产业整体出口状况进行了预测。

关键词：机电工业　产业发展　国际竞争力

1478

中国产业安全问题分析 / 许铭著 ; 苏东水指导. -- 复旦大学, 2005. -- 170 页

本文通过多视角的分析，探索了在新的开放条件下如何制定中国产业安全战略，从而为维护整个国家经济安全以及确保国民经济的持续、快速和健康发展提供强有力保障。全文共分八章。第一章导论，介绍了问题的提出，对产业安全理论研究进行了综述，指出了产业安全研究的基本思路、研究的目标、内容、方法、创新和技术路线。第二章对经济安全与产业安全进行了概述，介绍了经济安全的内涵及其构成，分析了经济安全决策的一般框架，探讨了经济安全与产业安全的内在关联，并对产业安全的内涵进行了界定。第三章有关国家产业安全的借鉴，重点分析了美国、韩国、拉美国家的产业安全的经验教训及对我国的启发。第四章研究了中国产业安全与产业竞争力的提升，文章先分析了基于产业安全的产业竞争力，接着，从产业安全角度研究了中国产业竞争力面临的挑战，最后，对中国产业竞争力的提升路径进行了探讨。第五章分析了中国产业安全与东方管理间的关系，首先，分析了经济全球化与管理哲学从西方向东方的回归，然后，剖析了产业安全与东方管理哲学之间的关系，最后，揭示了东方管理哲学对中国产业安全的启迪以及对中国企业竞争力提升的导向作用。第六章对中国产业安全评估的可行性进行了分析，先对中国产业安全现状进行了概述，接着，论述了中国产业安全评估体系的建立，然后，以医药产业为例分析了中国医药产业安全量化评估。第七章研究了经济全球化与中国产业安全架构的建立，作者先阐述了国际贸易新发展对中国产业安全的影响，探讨了中国贸易救济机制的构建和中国产业损害预警机制的设立，然后，研究了中国产业安全危机的事发和事后管理，最后，就中国产业安全的制度安排进行了论述。第八章展望了中国产业安全的未来之路。

关键词：产业经济　经济安全　产业竞争力

1479

中国旅游服务贸易竞争力研究 / 闫奕荣著 ; 闵宗陶指导. -- 西安交通大学, 2005. -- 113 页

本文第一章为导论。第二章从对服务贸易竞争力理论的剖析入手，论证了在旅游服务贸易领域里比较优势理论的适用性，同时指出了由于国际竞争的加剧和旅游业的市场结构和综合性行业特征，以及“泛资源论陷阱”的存在，在旅游服务贸易领域里建立竞

争优势的必要性和紧迫性。第三章对中国旅游服务贸易竞争力现状进行了分析，通过综合运用各种判断国际竞争力大小的指标和波特的"国家钻石模型"，对旅游贸易竞争力进行定量和定性研究，并最终确定中国旅游贸易竞争力的世界地位。第四章是对影响旅游服务贸易竞争力的因素进行分析。第五章提出了提高中国旅游服务贸易国际竞争力地位的对策。第六章为文章的结论及展望。

关键词：旅游业　服务贸易　竞争力

1480

金融机构市场退出研究／阎维杰著；陈景艳指导. 北京交通大学，2005. -- 239 页

论文从研究市场退出的经济学原理开始，研究了市场退出与竞争和竞争秩序的关系，提出了市场秩序控制的思想，阐述了市场秩序控制的手段即公共规制的内容，探讨了市场秩序控制的构成要素，建立了衡量市场秩序控制状况的模型，指出政府干预经济的内容就是通过规制竞争主体的行为，维护竞争秩序。论文确定了市场退出在市场理论中的位置，建立了市场退出自身的体系内容。同时，在分析中国金融机构市场退出现状的基础上，参考国际金融机构市场退出的经验，指出中国目前金融机构市场退出的制度缺陷，提出完善中国金融机构市场退出的理论和建议，并建立了金融机构市场退出的制度框架，给出了中国目前急需建立的市场退出制度：金融预警体系和授权制度，金融机构的破产制度和存款保险制度，并对金融机构市场退出制度进一步创新的内容进行了提示。作者得到以下主要结论：一、市场退出是竞争的必然产物，有效竞争需要竞争秩序的保障；二、中国金融机构应由行政性退出走向市场退出，并提出了"多规范少破产"的原则；三、解决债务问题是金融机构市场退出的关键；四、尽快建立预警体系和授权制度；五、主张打破金融机构"只生不死"的管理模式，指出金融机构破产是市场竞争的必然结果；六、呼吁尽快建立存款保险制度，提出建立存款保险制度的目标是既要保护存款人的利益，又不致使银行过度依赖存款保险制度而冒险经营，将银行经营失败的社会成本降低到最小限度。

关键词：金融机构　市场竞争　市场秩序　市场退出

1481

中国电信业的产业组织与变迁：基于"R－SCP"理论框架的分析／杨宏伟著；郁义鸿指导. -- 复旦大学，2005. -- 161 页

本文将电信规制理论和"SCP"范式相融合，建立了"政府规制—市场结构—企业行为—经济绩效"（R－SCP）的理论框架；并利用这个框架，分别从市场结构的变迁、企业行为的演变和对绩效的考察三个方面分析了中国电信业的产业组织及变迁；根据分析的结果，指出中国电信业的产业组织变迁受到政府规制和市场机制的共同影响，中国电信产业组织变迁的未来模式，是主要由市场机制调整市场结构和企业行为，而政府规制的作用主要是对市场机制进行完善，即保护竞争性的市场结构并禁止电信企业不正当的竞争行为。全文分为四部分。第一部分引言，说明了写作的渊源、研究的框架和结构安排。第二部分首先对电信产业相关的理论进行了回顾和分析，然后结合中国实践，提出了研究中国电信业产业变迁的"R－SCP"理论框架。第三部分运用"R－SCP"理论框架，分别从市场结构的变迁、企业行为的演变和对绩效的考察三个方面分析了中国电信业的产业组织及变迁。第四部分是本文的主要研究结论和的政策建议。

关键词：电信业　产业组织　市场结构　企业行为　经济绩效

1482

国有大型煤炭企业发展战略分析：以兖州矿业集团为例／杨家纯著；马龙龙指导. -- 中国人民大学，2005. -- 219 页

本文以提升煤炭企业竞争力，促进煤炭产业可持续发展为目的，从产业视角分析国有大型煤炭企业发展战略问题，从分析煤炭产业的市场结构和发展趋向入手，对国有大型煤炭企业发展战略的选择进行了研究。除导论外，全文共分八章。第一章回顾了企业战略理论的演进过程，比较了战略理论的主要流派，并对企业战略理论的一般演进规律和发展趋向进行评述。第二章分析了煤炭产业的特性及其发展的产业环境。第三章介绍世界煤炭工业发展的背景和格局，比较分析了世界主要产煤国煤炭企业的发展战略，总结了国外大煤炭企业发展战略的一般规律。第四章分析了我国煤炭产业的现实，论述了分散竞争的弊端及其成因，指出从分散竞争到适度寡头垄断是煤炭产业发展的必然方向和路径，提出了煤炭产业适度寡头垄断市场结构的实现机制。第五章对战略联盟进行内涵界定，分析其形成机理，认为战略联盟是中国煤炭企业提高竞争力的新源泉。第六章从总体上阐述

了煤炭企业构建战略联盟的原则和模式,提出了构建煤炭企业纵向、横向战略联盟的路径选择。第七章提出了国有煤炭企业实现战略联盟的对策建议。第八章以兖矿集团为例,对其发展战略展开分析及评价。

关键词:国有煤炭企业　企业发展战略　可持续发展　战略联盟

1483

中国农地产权制度研究 / 杨进著 ; 吕火明指导. -- 西南财经大学, 2005. -- 151 页

本文共分八章。第一章导论阐明研究意义,界定相关概念,回顾研究文献,并介绍本文基本框架。第二章是对农地产权制度的概述,从土地制度和土地所有权制度方面分析、指明我国农地制度的特点:首先是国家对农地用途的限制和管制;其次是农村的土地归农民集体所有;最后是农民集体所有的土地由农民家庭承包经营。第三章回顾了我国农地产权制度变迁的过程。第四章论述了集体土地所有权的概念和特征,分析了集团土地所有权的现状与问题,阐述了集体土地所有权改革的主张,认为其关键是对集团土地所有权进行再造:在法律上恢复其农村社区共有财产权的本质属性;还权于民。第五章介绍了家庭承包制的产生与发展,分析了土地承包经营权的法律性质,就土地承包经营权的改革与完善提出建议。第六章从制度经济学角度对中国农地制度变迁模式进行分析,比较了农业集体化与家庭承包制的制度特征与绩效,探讨了当前农地产权制度的局限与制度创新。第七章对土地征用制度进行概述,分析了我国土地征用制度及问题,指出土地征用制度的改革是保护农地产权的必然要求。第八章分析了我国农地产权制度改革与完善面临的现实问题,提出我国农地产权制度的构建思路。

关键词:农业用地　产权　土地所有权　土地制度　农地制度

1484

中国证券投资基金绩效及其经济效应研究 / 杨学兵著 ; 范爱军指导. -- 山东大学, 2005. -- 112 页

本文首先简要回顾了证券投资基金的绩效评价和经济效应理论,对国际上有关发达国家的基金经济效应问题和一般规律作了描述。其次对中国证券投资基金业的发展历史作了全面分析,从中发现中国基金业的特殊规律,探讨演变历史对中国基金绩效和经济效应的影响;此外主要针对中国的情况,对不同组织形态的基金作比较分析,从中发现影响基金运作绩效和业绩的内在因素。再次,通过中国证券投资基金发行以来的有关数据,实证检验了中国证券投资基金绩效以及基金的经济效应。最后通过对中国证券投资基金存在问题的归纳总结,对中国基金业的发展提出了建议。作者在实证研究的基础上得到如下统计分析结论:第一,总体上基金表现出了战胜市场的能力;第二,基金经理采取的都是防御型投资策略,投资基金的风险小于市场风险;第三,开放式基金表现优于封闭式基金;第四,投资基金越偏向股票型,风险和收益越大;越偏向债券型,风险和收益越小;第五,基金规模与国民生产总值表现出负相关关系;第六,证券投资基金规模与城镇人均可支配收入、活期储蓄总额有显著的正相关关系,表明居民经济实力的增强是基金市场扩大的基础。

关键词:证券投资基金　资本市场　经济绩效

1485

转型期中的中国民营企业文化研究 / 杨懿著 ; 王家瑞指导. -- 复旦大学, 2005. -- 168 页

本文在现有国内外研究成果的基础上,重点对上海、福建、浙江等地的民营企业进行实地调研,通过对资料的整理、分析、归纳和总结,结合社会、经济和市场环境的变化,对民营企业为求得长期稳定的发展而进行企业内部体制变更和经营战略变革所产生的问题进行研究。本文由三大部分构成。第一部分是基本理论研究,阐明企业文化的基本内涵、结构、功能及实施目标,明确中国民营企业文化的概念和特征。第二部分针对转型期中民营企业发展的体制变革、领导力革命及企业核心竞争力等问题进行剖析。首先,通过中国民营企业现时存在的体制和传承问题,提出民营企业必须建立企业激励与约束机制;其次,通过企业的诚信机制和决策机制进行制度创新,促进民营企业领导者的自我提升,增强企业的凝聚力、竞争力和领导力,使企业能够长期、健康发展。第三部分探讨了转型期中国民营企业文化的营造,通过我国民营企业文化的内部和外部环境因素,借鉴中日美三国企业文化模式的比较研究,提出中国民营企业的企业文化营造:以“三为”(以人为本、以德为先、人为为人)思想为基础,创建和制定中国民营企业文化体系和对策;以整合企业内部的不断创新的管理机制,提升企业对外市场环境的竞争力,实现企业持续发展的战略要求。

关键词:民营企业　企业文化　核心竞争力　经

济转型期

1486

专业化与农业发展：理论与中国实证研究 / 姚寿福著；王叔云,郑景骥指导. -- 西南财经大学, 2005. 226页

本文运用产业经济学、产业组织理论和经济地理学等理论和方法,对农业专业化发展问题进行了研究。全文内容如下:(1)研究了分工、专业化与经济增长的关系,阐述了分工、专业化的经济性与非经济性,分析了分工、专业化的产生原因。(2)对古典经济学和农业布局理论中有关农业分工、专业化发展的理论作了回顾和评述,对聚集经济与专业化经济、农业专业化与农业现代化等关系进行分析,指出农业专业化是农业现代化的本质特征,农业专业化的表现方式是集聚经济。(3)研究了区域比较优势与农业专业化发展问题,对我国目前的农业地区专业化发展情况进行定量分析,对如何进一步发挥区域比较优势问题进行了探讨。(4)从市场结构角度对农业专业化与农业市场结构及其与农民收入的关系进行分析与验证,结果表明通过发展专业化生产可以在一定程度上改善目前过度竞争的市场结构,也有助于农民收入的提高。(5)从规模经营、农村劳动力转移、技术进步、制度创新等角度对影响和制约农业专业化的几个重要问题进行分析,并提出具体建议。(6)探讨了在市场开放条件下中国农业专业化的发展问题。(7)对美国的农业专业化发展问题进行了历史分析,分析和评述了美国农业专业化发展的影响因素。(8)从历史和现实角度研究了我国的农业专业化发展问题,对我国农民分工、农业专业化的发展和不发展问题及原因进行了分析和探讨。

关键词:农业经济发展　专业化　产业集聚

1487

中国资本市场与产业绩效关系研究 / 银国宏著；郭克莎指导. -- 中国社会科学院研究生院, 2005. -- 115页

本文基于资本市场影响产业绩效关系的直接路径和间接路径,运用RZ模型,对中国资本市场改善产业绩效作用进行了实证分析,并通过比较研究,从资本市场本身和与银行贷款和外商直接投资两种外源融资方式比较的角度,探讨了影响资本市场与产业绩效关系的内在因素。全文共分八章。第一章是资本市场与产业绩效的理论研究,阐述了本文的基本研究方法和评价指标体系。第二章论述了资本市场影响产业绩效的基本路径、基本条件以及产业绩效对资本市场发展的反作用机制。第三、四章是对中国资本市场影响产业绩效关系的直接路径的分析。分别论述了上市公司产业代表性与产业绩效变化的关系、产业融资规模与经营绩效变化的关系、上市公司与非上市公司经营绩效比较;并建立了资本市场及产业绩效的评价指标体系,以制造业为例,进行了统计分析。第五章分别从股权结构变化和资本结构变化的视角,分析了中国资本市场影响产业绩效关系的间接路径。第六章是资本市场与产业绩效关系的金融因素分析,分别在不同发展程度和不同金融体系下对资本市场与产业绩效的关系进行了比较。第七章分析了不同融资方式对产业绩效的影响,并对其影响结果进行了比较分析,认为资本市场是监督成本与效力结合较好的融资方式。第八章提出了改善资本市场与产业绩效关系的相关建议。

关键词:资本市场　上市公司　经济绩效　股权结构　资本结构

1488

竞争性垄断市场研究：依据ICT产业对传统产业组织理论的反思 / 尹莉著；臧旭恒指导. -- 山东大学, 2005. -- 173页

作者从网络经济背景下信息通讯技术(ICT)的进步与发展入手,对ICT产业的垄断与竞争特点、行为规律、机制原理进行了考察,分析了其产生、发展、动态变化的规律。全文共分六章。第一章介绍了网络产业经济学和网络经济学的不同研究视角,指出两门学科正在不断融合;概括了西方学者对与ICT产业相关的网络经济的研究结果。第二章和第三章分别就ICT产业中的竞争性垄断市场结构、厂商行为及其产业绩效进行了分析,指出ICT产业的市场结构正逐渐发生变化,重新组合产生了一种新型的市场结构——竞争性垄断;由于现代信息通讯技术的进步和广泛应用,产业的进退壁垒大大降低,厂商面临的现实与潜在的竞争者不断增加;激烈竞争导致竞争模式的多样化,竞争的后果是市场结构的改变。第四章通过建立一个双寡头竞争的动态模型分析了网络外部性条件下的在位者与潜在进入者之间的关系,证明了垄断地位的不可维持性与进入者的可替代性,指出ICT产业中的厂商表现出类似于熊彼特竞争理论中描述的暂时垄断行为,即使存在用户的转换成本与锁定效用,仍会有厂商进入市场。第五章从产业融合的涵义入

手,以计算机网、有线电视网和电信网的融合为例,说明了产业融合对现实生活的改变,以及对传统的市场边界划分的影响。最后对网络经济条件下ICT产业的竞争性垄断市场作了总结,指出技术因素对于产业内厂商的行为及绩效发挥着重要作用,ICT产业的竞争和垄断是一个连续变化的过程,垄断不排除竞争,竞争包含在垄断之中,政府应该关注厂商的竞争策略是否合法,而不是产业的市场份额与集中度有多高。

关键词:垄断行业　市场竞争　产业组织　信息产业　信息通讯技术(ICT)

1489

政府规制、政府职能与公共物品供给效率研究:以城市公用事业为例 / 于国安著;臧旭恒指导. -- 山东大学, 2005. -- 162页

本文共分七章。第一章是前言,介绍研究背景、基本思路、结构和主要内容,并对相关研究进行综述。第二章是公共物品供给效率分析,界定了公共物品的属性与范围,分析了公共物品的有效供给方式及其决策规则。第三章介绍了规制理论产生的条件,回顾了政府角色与规制理论的发展,以及放松规制的理论与实践。第四章首先考察了价格规制、激励型规制、协商性规制和不对称规制等不同规制形式下的规制效率,然后分析了政府规制中寻租的效率损失,最后就自然垄断及其效率损失进行论述。第五章论述了政府在公共物品供给中的职能定位,从供给范围、方式、效率等角度比较了不同体制下政府公共物品的供给职能,分析了转轨时期政府公共物品供给职能的特征,并对政府失效的原因及其矫正作了研究。第六章分别以城市公共交通、城市公园和广场为对象,运用具体案例分析了城市公用事业的供给效率。第七章分析了城市公用事业存在的问题及改革的必要性,对城市公用事业规制的模式转换与效率进行评价,最后提出了提高城市公用事业供给效率的政策建议。

关键词:政府职能　政府规制　公共物品　公用事业

1490

转型期中国产业组织结构优化研究 / 余东华著;赵梦涵指导. -- 山东大学, 2005. -- 166页

作者围绕优化产业组织结构、提高产业竞争力这条主线,借鉴前人研究成果,结合中国的制度属性,建立了转型期中国产业组织结构及其优化分析的理论框架和计量模型,对现阶段影响中国产业组织结构优化的主要因素进行了系统分析,并提出了中国竞争性行业和垄断性行业产业组织结构优化的路径和政策措施。全文共分五部分。第一部分从转型时期中国工业经济运行中出现的两大背离现象出发,提出论文的基本问题。第二部分系统阐述了产业组织结构理论演进与发展历程,提出了转型时期中国产业组织结构研究的三大方面,即市场结构、所有制结构和区域空间结构,并分析了转型时期中国产业组织结构优化的动力机制。第三部分针对中国经济体制和经济形态双重转型的特殊背景,提出了中国工业市场集中的U形假说,并从理论和实证两个方面进行了验证,指出这种U形关系是市场力量、政府干预和转型时期各种特殊因素共同作用的结果。第四部分系统分析了中国产业组织结构优化的三大动力机制和转型时期中国产业组织的所有制结构和区域空间结构。指出技术创新对于产业组织结构优化的重要作用机制之一,就是通过促进产业融合,打破产业及其组织边界,从而优化产业组织结构。所有制变迁不但改变产业组织的所有制结构,而且与市场结构等其他因素一起影响产业绩效。产业集群是一种准市场组织,它能够通过发挥规模经济、范围经济和集聚经济效应以及产业与地域的专业化、集中化、网络化特性增强产业和区域的竞争优势,优化产业组织结构,增强产业竞争优势。第五部分则分别分析了中国竞争性行业和垄断性行业的产业组织结构的现状,有针对性地提出产业组织结构优化的主要路径和政策建议。

关键词:产业组织　产业结构　结构优化　经济转型期

1491

中国社会保障的公共选择模式与政府规制研究:政策的经济学分析 / 岳公正著;袁伦渠指导. -- 北京交通大学, 2005. -- 213页

本文针对中国社会保障的公共选择模式,结合政府规制和政府经济学理论,构建了一个关于“中国社会保障的公共选择模式与政府规制研究”的体系性理论框架。全文共分五部分。首先,提出社会保障品市场均衡分析;其次,参照国外社会保障公共选择的经典模式,结合交易费用经济学原理,进行社会保障公共选择效率评价的实证分析,初步探讨社会保障公共选择效率评价的标准;再次,对中国社会保障公共选择的非效率表现及成因进行系统分析,从政府规制的视域,提出中国社会保障公共选择的新模式——政府替代模式;最后,以政府替代模式作为理论依托,深入

探讨中国社会保障公共选择模式优化的相关中长期和短期政策。作者得到如下结论:第一,不同类型的社会保障的公共选择模式具备不同的效率,并直接影响社会保障品市场的效率和社会保障品市场均衡;第二,不同类型的社会保障的公共选择模式,其构成要素是相同的,只是要素的组合结构不同;第三,现阶段中国社会保障公共选择的非效率已经严重阻碍了社会保障制度的改革进程,产生了多维的负效应;第四,借鉴国外社会保障公共选择领域的有益经验,渐进地形成中国特色的社会保障公共选择模式;第五,从中长期和短期、宏观和微观、直接规制和间接规制、经济性规制和社会性规制等不同角度对中国社会保障的公共选择进行深入的层次性和系统性研究是极其必要的。

关键词:社会保障　公共经济学　国家干预　公共选择　政府规制

1492

房地产投资信托(REITs)研究 / 张寒燕著 ; 郭冬乐指导. -- 中国社会科学院研究生院, 2005. -- 176 页

本文在探究房地产投资信托(REITs)的经济金融理论及实践渊源的基础上,阐述了 REITs 的概念、特点、类型、基本运作模式及功能和作用等理论问题;在结合各国 REITs 实际运作经验的基础上,研究了 REITs 的投资者、经营管理模式、投资对象、信息披露和监管以及发行(IPO、SEO)等 REITs 运作过程中的关键问题;并在分析我国 REITs 的现状、发展障碍及可行性的基础上,提出了我国发展 REITs 可以采用的战略和模式。全文主要包括五部分。第一部分即第一章说明我国房地产业发展的状况、国内外研究 REITs 的现状和本文研究的思路和主要内容。第二部分包括第二、三章,对 REITs 基本理论的概述,分别对 REITs 的基本概念、运作模式、职能作用;REITs 的起源、发展历程进行了介绍。第三部分包括第四、五、六、七章,依次阐述了 REITs 的经济金融理论基础、REITs 的设立条件、REITs 的结构和 REITs 运作的几个关键问题。第四部分包括第八、九章,首先分析了 REITs 在中国的发展现状、发展的障碍和发展的可行性,然后提出了中国 REITs 的发展战略、发展模式;并分别从发起人模式、投资主体构成、投资方向、组织结构与类型、运作和管理模式等方面论述了建立和发展中国 REITs 的相关政策建议。第五部分从 REITs 理念、投资者、经营模式、经营内容几个角度对 REITs 的发展趋势进行了展望。

关键词:房地产业　信托投资　金融体制

1493

位置消费及其在中国的实践研究 / 张慧芳著 ; 文启湘指导. -- 西安交通大学, 2005. -- 175 页

本文在前人研究的基础上,对位置、位置消费、可持续消费等概念进行了重新界定,从动态意义上研究消费和位置消费,使位置消费的内涵、表现、作用、后果等因客观环境和主体条件不同而处于变化之中。论文运用经济学、社会学、心理学的基本理论和原理,从“立体人”出发,以效用的相关性、互动性为基础,对人们的消费行为进行分析,从“追逐利润”和“争名寻位”两个层面分析了人们的消费行为。作者运用时序数据模型和横截面模型对中国城乡居民的位置消费行为进行了实证分析,得出了改革开放以来中国居民位置消费行为强化、农村居民位置消费行为强于城市居民的基本结论。论文对位置消费理论及其行为作了评价,分析了位置消费行为对中国经济发展、社会稳定、环境保护、企业营销和人的全面发展的现实意义,提出了一些有针对性的政策建议。论文还对位置消费的社会影响和环境代价作了现实研究和未来预测,提出了过度追求位置消费所导致的隐患问题,并从生产和消费模式的选择,从未来可持续发展的视角,从国家稳定和人的全面自由发展的战略高度提出了消除隐患的基本设想。

关键词:消费经济学　位置消费　可持续发展

1494

中国上市公司管理层收购(MBO)研究 / 张立勇著 ; 谢百三指导. -- 复旦大学, 2005. -- 200 页

本文以中国上市公司管理层收购(MBO)为研究对象,综合运用事件研究法、实证研究法、比较研究法、案例研究法、历史分析、逻辑归纳结合的方法,构建了关于 MBO 在我国是否适用的理论分析框架,比较了中外 MBO 差异,特别是通过大量的实证和案例,着重分析了中国上市公司近年来仓促实施 MBO 的基本情况、异常的行为特征;通过财务分析与财富绩效的分析,进一步剖析了中国上市公司 MBO 存在的问题以及研判了今后的演变态势。本文首先对发达国家实施 MBO 的一般理论依据进行了反思,在肯定这些理论依据一定合理性的同时,指出了其存在的局限性。通过对实施 MBO 的理论依据的分析与实施 MBO 的后果是造就“两权合一”的古典式企业的局限性分析,指出了 MBO 的本质及其作用、价值、理论与

实践的局限性。其次,文章构建了关于 MBO 在我国是否适用的理论分析框架。通过研究现代企业组织制度演进的一般逻辑、“两权分离”的现代股份制公司的代理成本与代理收益比较,论证了管理层收购(MBO)无法动摇现代股份公司制度。阐明了经营者持大股和管理层收购(MBO)对国有、乡镇集体中小企业具有适用性。再次,分析了中国上市公司的特征和中国股票市场的偏差,在上述分析基础上,本文认为中国 MBO 更大意义上是一次利益调整与分配过程。指出了在中国上市公司实施 MBO 存在的困境,会带来多种风险、产生较严重的危害。然后,通过对美、英管理层收购(MBO)的演进逻辑的阐述与分析,弄清 MBO 的适用范围与条件,构筑全文分析 MBO 实践模式的依据,发现:MBO 只是一种过渡性的投资或投机行为,决不是普遍适用的一种企业组织形式和制度变革方式,也决不是适用于任何企业、任何时候。MBO 遭到的反对的本源性原因在于中国股市的独特之处:股权分置。分析了股权分置的危害,指出了在中国股市特定条件下,上市公司 MBO 的本质就是“再融资权”的内部人交易。接着,本文通过详细的数据,对中国上市公司 MBO 的基本情况、上市公司 MBO 侵犯流通股东权益的行为特征、上市公司 MBO 财务与财富效应进行了实证研究与案例分析,发现 MBO 在中国存在严重的问题。绩效的实证分析表明 MBO 在中国特定的股权分置的背景下,作用不大。最后,本文进行了总结,提出了主张与政策建议,分析了中国 MBO 形势,指出了尚需进一步研究的问题。

关键词:上市公司　管理层收购(MBO)

1495

上市公司控制权实证研究 / 张毅著 ; 纪宝成指导. 中国人民大学, 2005. -- 238 页

本文第一章首先结合研究对象和目的,对控制、控制权和控股权等概念进行界定,讨论了控制权的分配模式。在分析了控制权的作用机理之后,重点讨论了控制权的最佳分配模式,即状态依存问题,并扩展讨论了利益相关者问题。第二章从理论上提出了是否存在最佳股权结构的问题,通过构建治理成本的简单模型,分析了股权结构与公司业绩的关系。并对大股东的侵占行为进行描述,揭示了我国上市公司控股股东的行为。第三章在综述控制权市场理论后,重点关注控制权变更对收购方和被收购方的福利影响。随后分析控制权市场的作用机制,揭示了控制权变更如何对改善公司治理、提升绩效发生作用。最后结合我国对控制权市场的一些研究,分析了控制权变更如何有助于控制权市场的健全完善。第四章对我国上市公司控制权变更的动机、类型、特点和原因进行逐一分析,并将类型划分、动机和原因联系起来进行综合分析。第五章先讨论股权的价值及其和价格的关系。然后通过分析私人收益的影响因素,揭示控制权价值的变动。接着综述我国上市公司控制权变更溢价的有关研究,对控制权变更进行价格分析。最后针对控制权变更的特殊形式——ST 公司和借壳上市中的股权价格和价值,探讨控制权变更中的价值和价格关系。第六章逐一对股权结构与公司业绩关系、控制权变更的效果、溢价问题等进行实证分析。第七章针对前述理论和实证分析,提出相关政策建议。

关键词:上市公司　控制权　公司治理　股权

1496

统筹城乡发展与完善农村金融体系研究 / 张迎春著 ; 吕火明指导. -- 西南财经大学, 2005. -- 189 页

本文共分七章。第一章是统筹城乡发展概述,从必然性和可能性方面分析统筹城乡发展问题的提出,探讨统筹城乡发展的内涵及其意义。第二章从马克思主义经济理论和西方经济理论两方面阐述统筹城乡发展的理论依据。第三章探讨统筹城乡发展的着力点和主要内容。第四章从经济发展角度探讨城乡发展的基本路径,主要分析了通过农业现代化、工业协调化和城镇适度化,来实现统筹城乡发展的目标。第五章首先介绍了统筹城乡发展中金融支持的理论依据;其次在介绍城乡金融资源流动的国际状况基础上,对照分析我国城乡金融资源流动的现状,为统筹城乡发展中金融支持提供现实依据;接着从对深圳、台湾和一些发展中国家的例证中总结统筹城乡发展中金融支持的经验借鉴;最后提出统筹城乡发展中金融支持农村发展的总体构想。第六章以美日为例,分析、总结金融机构为主体的农村间接融资体系的国际经验;介绍我国统筹城乡发展中完善农村金融体系的背景,从农村金融的总体上、供给方和需求方,分别分析我国农村间接融资现状;提出统筹城乡发展中完善农村金融体系的着力点。第七章分析了统筹城乡发展中农村直接融资的必要性和可能性,在借鉴国外农村直接融资经验的基础上,结合我国农村直接融资状况进行了分析,并提出了统筹城乡发展中完善农村金融体系的着力点。

关键词:城乡建设　农村金融　融资

1497

绿色营销竞争力研究 / 赵云君著 ; 文启湘指导. -- 西安交通大学, 2005. -- 195 页

本文第一、二章在国内外企业竞争力理论研究的基础上,分析了绿色营销竞争力的基本内涵及特征,提出了本文研究的"社会生态经济人"的企业假定前提和理论依据,揭示了绿色竞争优势产生的根源。第三章分析了绿色产品对传统产品的替代及影响绿色营销竞争力的产业、企业和消费等因素。第四章构建了绿色营销竞争力评价的指标体系,提出了层次分析法评价模型。第五章到第八章探讨了提升绿色营销竞争力的前提、企业选择及政府角色界定,并展望了绿色营销竞争力研究前景。

关键词:销售管理　绿色营销　竞争力　可持续发展

1498

公司内部治理的理论与实证研究 : 基于中国上市公司的视角 / 周国林著 ; 张炳申指导. -- 暨南大学, 2005. -- 115 页

本文在对公司内部治理理论进行概括和梳理的基础上,考察了中国公司内部治理的实践情况,利用平行数据对中国上市公司内部治理的效应进行了实证分析,同时用典型案例对内部治理的有关问题作了进一步阐述,最后提出相应的对策和建议。全文共分六章。第一章介绍论文选题背景、公司治理的概念、起源、公司治理的结构层次及其特征、本文写作思路等。第二章首先对股权结构的研究历史和现状进行回顾和评论,接着考察中国上市公司股权结构的现状与存在的问题,然后是股权结构与经营绩效的实证研究。第三章在评述董事会与治理效应相关研究的基础上,对中国上市公司的董事会与经营绩效的关系进行实证研究。第四章首先对有关激励理论进行评述,接着对经营者激励机制在各国的实践进行了研究,然后在考察我国国有企业经营者激励现状的基础上,对上市公司激励机制与经营绩效进行实证研究,并分析管理层收购给上市公司带来的影响。第五章是案例分析,用中国上市公司的案例来说明股权结构、董事会、经营者激励等方面的有关结论。最后一章提出有关股权优化、董事会建设、激励机制设计等方面的建议。

关键词:上市公司　公司治理　股权结构　董事会　激励

1499

中国保险业制度变迁与绩效研究 / 朱文胜著 ; 胡军指导. -- 暨南大学, 2005. -- 160 页

本文运用新制度经济学和产业经济学相关理论,从产权结构、国家行为、意识形态三个方面对中国保险业制度变迁的过程进行了研究,全面评价了中国保险业制度变迁的绩效。本文认为,产权制度是中国保险业最核心和基础的制度安排,国有产权内生的矛盾发展所导致的低效率是中国保险业产权安排由垄断性的国有产权向公有产权与私有产权混合并存演变的根本原因;国家根据其效用函数决定产权结构和公共产品或服务的供给,保险业的变迁是国家在当时制度条件下效用最大化的必然选择;意识形态是减少提供其他制度安排的交易费用的最重要的制度安排,我国自古以来建立在以自给自足为特征的农业社会基础上的依靠自我储蓄和政府救济应对风险的传统意识形态,以及国内保险业务停办 20 年使人们保险意识的淡化,阻碍了商业保险的发展,而改革开放后中国社会生产力的发展和生产关系的调整,养老、失业、医疗等社会保障制度的改革以及信息成本的降低,使人们的风险意识增强,商业保险作为转移风险的有效方式逐渐为人们所认识和接受,我国意识形态的变化对保险业制度变迁产生了积极的推动作用。本文还从市场运行绩效和宏观经济绩效两个方面评价了中国保险业制度变迁的绩效,认为中国保险业制度变迁在市场运行绩效上表现为:(1)业务规模迅速扩张;(2)资源配置效率得以改善;(3)保险技术不断进步;(4)偿付能力显著提高。在宏观经济绩效上则体现为:(1)减轻了财政负担;(2)促进了改革的顺利进行;(3)扩大了就业范围;(4)完善了金融体系。

关键词:保险业　保险制度　绩效管理

国际贸易学

1500

外商直接投资与技术外溢 : 基于吸收能力的研究 / 包群著 ; 赖明勇指导. -- 湖南大学, 2005. -- 127 页

本文从东道国的技术吸收能力角度出发,探讨了外商直接投资的技术外溢与东道国吸收能力的内在机理。首先,论文在存在技术外溢的假设下进行了中国的经验分析,结果表明虽然存在外资企业的相对要

素生产率优势,但这一优势却未能有效转化为对我国国内企业的技术外溢。其次,论文从东道国吸收能力因素对检验结果进行了分析,构建了技术进步的局部均衡模型与基于 Romer(1990)中间投入品种类扩张型的内生增长模型。通过对模型的竞争性市场均衡求解,论文证明,本国技术吸收能力是决定技术外溢效果、稳态经济增长率的关键变量;外资企业在本国最终产品部门的有效参与程度提高具有短期产出效率,但没有长期增长效应。再次,论文对吸收能力理论进行了中国的经验分析,实证结果表明吸收能力对技术外溢起着关键作用,它对技术外溢的动态冲击具有较为长久的持续期;而技术差距对技术外溢效果具有双重效应,其动态冲击作用相对较短。利用我国1996—2002 年 30 个省份的面板数据,论文还进一步证实了东部地区人力资本投资相对滞后制约了技术吸收能力,中西部地区提高技术吸收能力的关键是提高经济开放度。最后,论文给出了政策建议,包括阶段性的引资思路、适用性的技术引进等。

关键词:外商直接投资(FDI)　技术进步　经济增长　外资企业

1501

技术性贸易壁垒的经济效应和政策选择 :基于发展中国家视角的分析 / 鲍晓华著 ; 朱钟棣指导. -- 上海财经大学, 2005. -- 171 页

本文在国际经济背景下,立足于发展中国家视角研究技术性贸易壁垒政策制定的政府行为,包括决策过程、行为绩效、制度约束和最优方式。在对发展中国家技术性壁垒的经济效应和政策选择一般性规律分析的基础上,以中国作为典型案例进行实证分析。全文共分九章。第一章阐述了选题的背景、研究方法和研究思路。第二章是相关文献回顾。第三章介绍了技术性贸易壁垒的 WTO—TBT / SPS 国际制度框架。第四到六章是对发展中国家技术性贸易壁垒经济效应和政策选择的一般性规律分析。其内容包含:外生技术性贸易壁垒,主要是发达国家技术性贸易壁垒对发展中国家的经济影响;发展中国家技术性贸易壁垒政策经济效率的评价;技术性贸易壁垒的"南北"差异问题。第七到九章是以中国作为例证,对发展中国家的典型案例分析。论文从贸易效应、产业关联效应两个方面对中国技术性贸易壁垒作了实证研究,同时还利用贸易政治经济学的方法分析了技术性贸易壁垒政策的决策过程,并就其对中国的适用进行了检验。文章认为,一方面,中国外生技术性贸易壁垒对中国产业的损害远远超过受制于该技术性贸易壁垒的行业本身,对上下游产业都有广泛的关联效应;另一方面,中国内生技术性贸易壁垒保护体系的建立应该考虑公共利益,采取适度保护原则。

关键词:技术贸易　贸易壁垒　经济效率　发展中国家

1502

国际服务贸易自由化 :理论背景、实现途径与收益分配 / 陈贺菁著 ; 邓力平指导. -- 厦门大学, 2005. -- 167 页

本文通过研究国际服务贸易自由化的理论背景、实现途径与收益分配,从而把握服务贸易自由化进程的影响因素和未来走向。全文共分七章。第一章导论,作者交代了本文的选题背景与意义,分析了国内外研究的现状,介绍了文章的结构安排与研究方法,以及主要创新与不足。第二章首先运用国际贸易理论对服务、服务贸易的定义和特性、国际服务贸易产生的动因与贸易格局的决定进行分析,通过对既有文献的综述与评析,本文认为基于国际货物贸易体系的主流国际贸易理论经过适当修正与调整,可以为国际服务贸易提供理论依据与研究框架。第三章从法律与福利经济学角度对服务贸易的多边自由化和区域自由化两种途径进行比较分析。第四章从福利经济学角度对国际服务贸易自由化的收益来源进行探讨,从福利经济学角度来衡量国际服务贸易自由化的收益需要借助"关税等值"概念从服务贸易壁垒测量入手,并使用代表服务贸易壁垒规模的频率、价格、数量或财务指标作为解释变量之一分析服务贸易自由化的经济效应。第五章则从政治经济学角度对国际服务贸易自由化的收益分配问题进行分析,探讨如何在国际服务贸易自由化进程中尽可能获取利益与谋求发展。第六章运用中国服务贸易的统计数据对中国服务贸易竞争力、服务贸易壁垒规模和服务贸易自由化效应进行实证分析。

关键词:服务贸易　对外贸易　贸易自由化　贸易壁垒　关税

1503

农村金融深化与发展评析 / 陈军著 ; 曹远征指导. 中国人民大学, 2005. -- 125 页

本文通过对发展中国家农村金融政策实践和理论发展的回顾,深入剖析了农村金融深化中的特殊困难与挑战,批判了自由主义论调,认为农村金融中介

能力的形成与制度的变迁必然有一个演化的过程。全文共分五个部分。导论以信息经济学为基础剖析农村信贷市场的运行机理,认为在抵押、担保缺失及其作用有限的情况下,无论是正规金融机构还是私人放贷者,都会呈现出非效率的特征,因此"市场失灵"是农村金融市场的"常态",它既是一切政策制定的基础,也是分析农村金融市场的出发点。第二章对传统的农村信贷政策进行剖析和反思。由于农村金融市场充斥着市场失灵,政府企图以补贴信贷来解决农村的金融需求,这无异于用"政府失败"来替代"市场失灵",首先是低息贷款并未被目标群体获得,其次是高违约率和高成本使得收取低利率的金融机构无法持续,最后是与补贴信贷有关的"抑制政策"实际上是在向减少农村金融供给的方向迈进。第三章对农村金融的一种新制度形式——微型金融的成功机理进行剖析。信贷总是发生在借者和贷者存在信息不对称的情形下,这种不对称性越强,信贷就越不可能发生;微型金融通过信息筛选和对本地信息资源的利用,成功监督和控制了农民的贷前、贷中和贷后行为,从而把信贷风险降低到最低的程度。第四章对农村信贷资源的配置进行尝试性批判,并对主流的市场化观点进行批判。作者认为,鉴于农村金融组织或微型金融组织很难实现自身效益和社会福利的同时均衡,因此在农村金融制度的发展和演化过程中,必要的扶持和补贴必不可少。第五章首先对农村金融的服务边界进行了规范性的界定,继而从演化的观点分析了农村金融这一制度设计的特殊性,最后在剖析和批判各个流派中对政府在农村金融中的作用进行了新的论证。

关键词:农村金融　金融发展　信贷　国家干预

1504

区域经济一体化的长期增长效应 :理论与实证分析 / 陈雷著 ; 李坤望指导. -- 南开大学, 2005. -- 160 页

本文主要从理论分析和实证检验两方面,重点分析了区域经济一体化组织的建立和发展对其成员国长期经济增长的影响以及建立区域经济一体化组织对所有成员国经济增长的综合影响两个问题。围绕这两个问题,文章共分六章展开论述。第一章简要地介绍区域经济一体化的实践和理论发展概况,并提出本文研究的主要问题,及其理论和现实意义。第二章和第三章对区域经济一体化的增长效应进行了理论分析。第二章在两国框架下,在 Romer 模型的基础上,分析相同国家之间和不同类型国家之间的区域经济一体化对成员国经济增长率的影响以及对成员国之间经济增长收敛性的影响。但两国模型也存在一定的局限性,它不能充分反映现实问题,无法考虑区域经济一体化对非成员的歧视性特征。为此,文章在第三章应用和发展了 Walz 的三国模型,在三国框架下分析区域经济一体化的长期增长效应,得出在不同的成员国选择、不同的分工模式下,区域经济一体化的长期经济增长效应也有所不同。第四章和第五章在论文理论分析的基础之上进行实证检验分析。其中第四章检验区域经济一体化对单个成员国长期经济增长率的影响,第五章检验区域经济一体化对区域内经济增长收敛性的影响。第六章结合了中国的具体情况,重点研究参与区域经济一体化进程对中国经济增长的影响,并从促进经济增长的角度对中国参与区域经济一体化的政策选择提出建议。

关键词:区域经济一体化　经济增长　经济模型

1505

迈向贸易强国 :新时期中国对外贸易发展战略研究 / 陈丽丽著 ; 刘崇仪指导. -- 西南财经大学, 2005. -- 222 页

本文共分九章。第一章介绍贸易发展战略的内涵、类型和选择等基础内容,论述贸易发展战略的两种不同理论取向:比较优势和竞争优势,分析中国当前的对外贸易发展战略并对该贸易发展战略进行反思。第二章分析新时期影响我国对外贸易发展的国际和国内经贸环境。第三章分析中国对外贸易发展中出现的"出口效益低、外资依附性高、外需依赖性高、资源消耗性高"现象,探讨了我国对外贸易中存在的可持续竞争力、经济风险、比较优势陷阱等问题。第四章对我国对外贸易摩擦的主体、行业、数量、形式进行分析,并进一步分析我国与美国、欧盟和日本三大主要贸易国贸易摩擦的内容和形式,然后从经济和非经济因素对我国当前外贸中的高摩擦原因进行剖析。第五章对贸易强国目标提出几点认识,指出我国新时期贸易发展战略应坚持的原则和战略取向。第六章首先分析了知识经济下知识将成为国际贸易中的高级竞争要素,为此需要积极提升我国知识型竞争;其次分析了技术提升的三大基本模式即技术学习模式、嵌入式技术模式和独立创新模式,分析了当前提升我国知识型竞争力的途径;最后提出当前提升我国知识型竞争力的四大重点。第七章首先就政府对贸易的促进作用进行理论和实证分析,通过分析我国入世前贸易体制宏观、中观和微观变革,提出新形势

下我国贸易发展制度的调整和重构方案;其次对新旧《对外贸易法》进行比较分析;最后提出在WTO框架下建立有效的我国政府贸易促进服务体系的内容。第八章通过对区域经济一体化和经贸发展关系的理论和实证分析,指出区域经济一体化能有效推动一国经贸发展,在此基础上提出新时期中国参与区域经济合作的策略选择和促进国内区域经贸合作的建议。第九章提出应对当前贸易摩擦、技术性贸易壁垒的建议,并对社会壁垒尤其是劳工问题进行研究,提出中国如何应对国际贸易—劳工发展新态势的对策。

关键词:对外贸易　经济发展战略　贸易合作　区域经济一体化

1506

跨国公司转让定价研究 / 陈屹著 ; 朱钟棣指导. -- 上海财经大学, 2005. -- 135页

本文采用产业经济学SCP分析范式提出假设并构建基本模型,然后从市场结构、企业行为、政府政策三个角度,五个方面进行扩展。通过构造完美信息静态博弈和完美信息动态博弈模型,运用逆向归纳法求解子博弈完美纳什均衡点,得出结论。全文共九章。第一章是导论。第二章为文献回顾。第三章阐述了本文的研究方法、基本假设和基本模型。第四章比较完全垄断的市场结构和垄断竞争的市场结构下跨国公司最优转让定价,提出最优关税——所得税政策建议。第五章比较集中决策、分散决策和协商决策下跨国公司最优转让定价,作者认为集中决策弱优于协商决策,协商决策弱优于分散决策,分散决策下的跨国公司对政策的不遵从度更高。第六章比较公式分配法(FA)下和分别核算法(SA)下的最优转让定价,认为在完全垄断、集中决策下从分别核算法到公式分配法的转变能够有效遏制跨国公司利用转让定价来转移利润,但是在垄断竞争、分散决策条件下则不能。第七章对比抵免法下和扣除法下的最优转让定价,认为在某些条件下,从扣除法向抵免法的转变确实减少了跨国公司的内部贸易量。第八章比较价格调节法和利润调节法下最优转让定价决策,包括转让定价本身和内部交易的数量。通过对东道国和母国分别进行研究,作者认为排除非税收因素的影响,在利润调整法下跨国公司的内部贸易量会降低。第九章是关于中国外资企业转让定价的影响因素的实证分析,实证结果推翻了中国外资企业转让定价与税率无关的观点,证明转让定价和税率非线性相关,从而验证了论文模型在中国的适用性。

关键词:跨国公司　转移定价　转让价格　关联企业

1507

中国跨国公司问题研究 / 冯鹏程著 ; 高成兴指导. 中国人民大学, 2005. -- 172页

本文除导论外共分八章。第一章分别对西方发达国家跨国公司理论和形成中的发展中国家跨国公司理论进行回顾和评述。第二章对先、后发达国家跨国公司的代表——美国和日本跨国公司以及发展中国家中的新兴工业化国家——亚洲四小龙国家跨国公司进行分析,对这些国家和地区跨国公司的产生背景、特征等进行剖析。第三章对改革开放以来中国跨国公司发展的四个阶段进行回顾分析,总结了中国跨国公司对外投资的基本特征,从跨国投资规模、跨国程度指数、跨国投资区域、跨国投资产业和跨国投资方式等方面对中国跨国公司与世界其他国家特别是发达国家进行对比分析,并分析了加入WTO对中国对外直接投资的机遇和挑战。第四章在对中国发展跨国公司的必要性和可能性进行分析后,提出了中国跨国公司的对外直接投资理论——发展中大国综合资本型FDI理论。第五章对影响中国企业跨国经营行为的制度环境进行分析,其次对中国企业能力特征具体说明,然后对与中国企业跨国经营活动有关的宏观管理体制和政策环境进行阐述,并提出相应的制度创新建议。第六章和第七章根据发展中大国综合资本型FDI理论,分别提出了中国跨国公司FDI区位、产业选择的三大基准,并在此基础上提出中国跨国公司对外直接投资区位、产业选择战略。第八章结合案例分析,对我国企业跨国发展的成长路径和经营模式进行归纳总结并提出具体建议。

关键词:跨国公司　外商直接投资(FDI)　区位选择　产业政策

1508

关于我国保理业发展的趋势研究 / 高晓明著 ; 王绍熙指导. -- 对外经济贸易大学, 2005. -- 125页

本文的研究对象是中国保理业的发展现状和发展趋势,以及与保理业发展的相关管理技术和风险控制技术。论文运用宏微观经济学、金融经济学、产业经济学的定性分析方法对保理的理论基础和理论框架进行经济学意义上的解释;采用成本定价和竞争定价的方法对保理产品的定价进行探讨;利用计量经济学工具对保理发展的决定因素进行定量分析,初步建

立了我国保理业发展的决定因素模型;采用国际比较研究方法对不同国家、地区保理业的发展进行研究;最后本文还对保理业的应用前景进行了探讨。

关键词:保理　中小企业　风险管理　融资

1509

全球化下中国的外汇储备 :来源及最优规模的分析 / 郭梅军著 ; 裴长洪指导. -- 中国社会科学院研究生院, 2005. -- 109 页

文章首先从国际收支角度和结售汇角度分别考察了我国外汇储备的来源。从国际收支角度的分析表明,在 20 世纪 90 年代以前,经常项下的顺差构成了我国外汇储备来源的主要部分;90 年代以后,资本和金融项目的顺差在此期间的许多年份中在外汇储备构成中所占的比重都超出了经常项日顺差所占的比重。从结售汇角度分析表明,我国外汇储备中,来源于贸易项下的结售汇顺差的部分占据了第二大的比重,而资本项下的结售汇通常为逆差,而逆差额有逐年加大的趋势,也就是说,从结售汇的角度来看,资本项目对我国外汇储备的形成不仅没有正的贡献作用,而其项下的逆差还要由贸易项下和非贸易项下的顺差弥补。然后,对我国外汇储备规模变动进行了实证分析,以储备存量、储备存量 GDP 的比重为解释变量的回归结果相似,即外债规模、进口倾向和外汇收支波动对储备规模产生反向影响,外贸依存度、人均产出对储备规模产生的则是正向影响。此外,尽管储备来源结构对外汇储备规模的影响不显著,但对外汇储备的波动性会产生反向影响;检验结果还显示,汇率制度改革和外汇体制改革对外汇储备规模的影响也不显著,但均降低了其波动性。最后,对实际储备规模与我国外汇储备的合意区间的对比结果表明,从 1978 年开始到 1994 年,除个别年份外,我国实际储备都处于新的合意规模区间内,但从 1995 年到 2003 年的各年份中,实际规模基本都超出了新的合意规模上限,这与 1994 年以后实行外贸外汇改革及金融体制改革后金融风险加大,而之后 1997 年的亚洲金融危机有关,持有更多外汇储备可能是我国政府为应对金融风险而采取的各项措施的综合结果。

关键词:外汇储备　外汇管理　外汇市场　国际收支

1510

海关管理制度创新论 / 郝渝著 ; 刘崇仪指导. -- 西南财经大学, 2005. -- 264 页

本文的研究主题是我国的海关管理制度创新问题,重点探讨了在我国经济体制由计划经济向市场经济转变、增长方式由粗放型向集约型转变,和我国加入世贸组织的背景下,作为国家进出境监督管理机关的海关,其管理的理论依据、运行机制和现状、存在的问题以及如何通过管理制度创新,进一步完善现行海关管理、建立与我国经济发展相适应的海关管理体制等问题。论文共分五章。第一章阐明了本文研究的背景和意义,综述海关制度及其管理制度的历史与演变,评析了美国和澳大利亚海关的管理制度的变革。第二章以建立符合 WTO 规则的现代海关管理制度为尺度,讨论在新形势下我国海关制度改革的几个主要方面,包括关税制度、进出境货物监管制度、加工贸易及其海关监管制度、知识产权保护、反倾销与反补贴、原产地规则、海关缉私制度等。第三章是对海关管理的最主要内容——税收调控的论述。首先论述了我国关税政策的目标选择,其次介绍了海关税收的调控依据和调控机制,然后回顾了我国海关税收调控的历史,最后就我国海关税收调控的改革完善提出建议。第四章阐述了与海关管理相关的一系列法律法规与制度,包括中国对外贸易管理立法、海关管理的法律依据、货物进出口管理的一般制度、我国对进出口货物的海关监管制度,其中重点评析了我国《对外贸易法》的主要内容。第五章就推进我国海关管理制度变革、改革我国海关制度不适应新形势的一些问题提出了观点。

关键词:海关管理　关税制度　进出口贸易　制度创新

1511

中国商业银行混业的风险分析 / 胡再勇著 ; 林桂军指导. -- 对外经济贸易大学, 2005. -- 123 页

本文首先使用模拟合并的方法分析了中国商业银行跨业兼营保险、证券、基金的潜在风险和收益。产业资料和企业资料都支持银行单一跨业兼营保险;市场资料研究结果显示银行单一跨业兼营证券存在较好的风险分散收益,而会计资料研究结果不支持商业银行跨业兼营证券;对于商业银行单一跨业兼营基金,使用会计资料研究结果显示并不存在风险分散收益;当商业银行跨业兼营财险和证券、财险和基金、寿险和证券、寿险和基金时,在一定的非银行资产比重下存在风险分散收益,而商业银行跨业兼营证券和基金则不存在风险分散收益。以上结果表明,随着商业银行经营业务范围的扩大,风险分散收益将会增加。

而从破产概率指标来看，除不支持中国商业银行单一跨业兼营证券外，对于其他跨业兼营模式，都是支持的。其次，本文还运用两阶段两因素市场模型分析了中国商业银行跨业兼营证券和信托对系统性风险的影响，结果显示当证券资产比重和信托资产比重分别小于5.56%和7.87%时，能降低银行的市场风险，否则增大银行的系统性风险。对于利率风险，有着类似的结论，此时临界比重分别为11.44%和11.63%。最后，本文采用威廉姆森的组织结构理论进一步分析了现有不同金融混业经营模式在交易成本、组织结构、绩效特征、风险大小方面的特点，并依据实证结论提出中国商业银行混业经营模式选择及实施步骤。

关键词：商业银行　混业经营　风险分析

1512

转型期中国区域经济发展的协调机制研究 / 蒋悟真著 ; 李步云，王全兴，张亚斌指导. -- 湖南大学，2005. -- 134页

本文对我国区域经济运行过程进行分析，阐明区域经济运行各阶段的发展规律，揭示改革开放以来我国区域经济的运行轨迹与现实矛盾，探索中国区域经济通过协调机制实现进一步发展的途径。全文共分八章。第一章导论。第二章是对区域经济协调发展机制的一般性分析，包括区域经济协调发展的含义、区域经济协调发展机制的构成、区域经济协调发展机制的理论及变迁等。第三章将中国区域经济发展历程划分为四个阶段：计划经济体制下的平衡发展（1949—1978）、以区域差距扩大为代价的非均衡发展（1978—1995）、初级阶段的区域经济协调发展（1995—2003）、社会政策整合下的区域经济协调发展（2003至今），分析了各阶段区域经济发展模式的特征。在此基础上，作者概括出了转型期中国区域经济协调发展的现实特征：政府主导（主体特征）、阶梯性不平衡（结构特征）、正式制度与非正式制度之间、既有制度与应有制度之间的断裂（制度特征）和"压缩——跳跃型"发展（模式特征）。第四章是区域经济协调发展机制的国际比较。第五章以"由谁协调"——"协调什么"——"怎样协调"为主线，构建了转型期中国区域经济协调发展机制的理论框架。第六章是对转型期中国区域经济协调发展机制的制度设计。第七章选取东北、长三角、长株潭、重庆、新疆五个具有代表性的地区，对转型期中国区域经济的协调机制进行个案研究，揭示不同区域在转型期区域经济协调中面临的不同定位，阐述了相应的协调主体应当作出的对策安排。第八章选取区域贸易协调机制展开实证分析，以此为基础，论述了实现区域贸易协调发展的基本模型以及相应的制度构建。

关键词：区域经济发展　区域协调　经济转型期

1513

长期护理保险研究 / 荆涛著 ; 陈欣指导. -- 对外经济贸易大学，2005. -- 104页

本文通过对国际上比较流行的长期护理保险产品特色的介绍以及对长期护理保险发展比较有特色的国外发达国家——美国、日本的长期护理保险的成功经验的比较分析，阐明了在我国建立长期护理保险的必要性，并提出建立具有中国特色的长期护理保险分三步走的模式设想，即第一步，采取商业长期护理保险的模式；第二步，由国家、企业、个人共同参与的社会基本长期护理保险和商业长期护理保险相结合，商业长期护理保险作为补充保险的模式；第三步，实行政府强制的全民长期护理保险模式，以及采用该模式需采取的八项对策：建立长期护理保险市场的风险防范机制；加大宣传力度；增强民众及保险公司意识；大力发展企业团体长期护理保险；完善护理机构及护理人员队伍；大力发展家庭健康护理和社区健康护理；规范法律政策；加快专业人才的培养和完善保单条款的设计。

关键词：医疗保险　护理保险　健康保险　老年人

1514

论日本产业政策与贸易政策的融合 / 李明圆著 ; 王绍熙指导. -- 对外经济贸易大学，2005. -- 154页

本文以第二次世界大战后到20世纪80年代末这段时期的日本经济发展为研究对象，将其分为三个时期：经济复兴时期（1945－1960）、经济高速发展时期（1960－1973）和石油危机后的经济调整时期（1973－1980），以产业政策和贸易政策作为主线，按照两条主线先是相互独立进行，进而又相互融合作用的顺序对这段时期的经济发展过程进行描述和分析。通过对各个时期日本产业政策和贸易政策制定的经济背景、政策思想的争论、政策的出台、政策的具体措施、政策的实施以及政策效果进行分析，再现了当时日本经济的发展过程，可以看出产业政策和贸易政策对日本经济发展的作用效果。作者认为，从这段经济发展的历史看，日本政府成功地运用了产业政策和贸易政策，使经济得到了高速发展，成为世界经济大国。作

者还就这些具体方面挖掘出这些政策的成功之处,以资借鉴,为我所用。

关键词:产业政策　贸易政策　日本

1515

新制度经济学视角下的公有产权变革公平与效率问题研究 / 刘宛晨著 ; 李松龄指导. -- 湖南大学, 2005. -- 125 页

通过对比法哲学史上不同学派对公平含义的论述以及马克思、恩格斯对公平内涵的历史文化性阐述,并参考布坎南"公正机会",本文界定了公平的内涵。在此基础上,结合科斯的交易成本和产权理论以及诺斯的国家与意识形态理论,本文推导出新制度经济学的公平效率观:有公平的制度必然带来经济的高效率,没有公平的制度,必然造成效率损耗。通过对俄国、捷克、匈牙利和波兰四国十年私有化历程的评述,作者证明了本文的新制度经济学的公平效率观,因此东欧四国的私有化历程对我国具有重要的借鉴意义。针对我国国有企业改革中存在的问题,本文认为,重要的是构建公平合理的产权结构,其核心应当是真正使所有者能够行使所有权。只有这样才能优化资源配置,提高经济效率。而这一核心问题的解决依赖于公平规则的确定与实施,必须在公平的规则下进行我国的产权改革。

关键词:公有产权　公平　效率　新制度经济学

1516

中国医院行为的经济学分析 : 全球化背景下中国医院的现状 / 刘晓惠著 ; 王绍熙指导. -- 外对经济贸易大学, 2005. -- 106 页

本文主要运用健康经济学和产业组织理论对中国医院的行为,尤其是非营利性医院的行为进行分析。本文包括五章。第一章系统介绍国外有关医院行为的理论。第二章分析了中国医院选择经营形式的动机,具体包括中国医院所有制的构成和医疗机构分类管理政策的产生背景、医疗机构分类管理政策的主要内容、影响医院选择经营形式的主要因素等。第三章分析了公立医院的不补偿机制对医院行为的影响,包括政府补助的减少,导致公立医院的金钱动机增强;按照服务付费的支付方式,使得医院产生增加对患者的检查次数和药品销售的动机;政府对于医疗服务价格控制和以药养医政策,导致药品收入在医院的业务收入中占有很大的比例。第四章分析了市场竞争对医院行为的影响,具体内容包括北京地区的医疗服务市场的市场集中率分析;非营利性医院之间的竞争关系;政府医院和民营医院、合资医院之间的竞争关系。第五章运用经济学模型对中国的公立医院行为进行分析,同时对中国非营利性医院和营利性医院的行为进行了比较。

关键词:医院管理　市场竞争　经济行为

1517

中国双重上市公司 A、B、H 股价格差异及协整研究 / 娄峰著 ; 林佳军指导. -- 对外经济贸易大学, 2005. -- 109 页

本文针对中国证券市场上双重上市公司 A、B 股和 A、H 股的股票价格差异现象,在结合国外学者提出的各种理论假说模型的基础上,借鉴 Fama 和 French(1996)的动态组合思想,按各因素进行股票动态组合,应用因子分析、面板数据,证明了影响中国双重上市公司 A、B 股或 A、H 股价格差异的主要原因是资本管制、投资理念差异、流通性差异和相对需求差异等因素。另一方面,本文通过协整分析、Granger 因果检验研究了双重上市公司 A、B 股和 A、H 股之间的信息流动问题,发现无论是上海证券市场还是深圳证券市场上,B 股开放政策前,大部分双重上市公司的 A、B 股价格都存在协整关系,这一时期的引导关系总体上是 B 股流向 A 股;2001 年 B 股开放后,几乎所有双重上市公司的 A、B 股的价格都存在协整关系, B 股价格与 A 股价格的波动系数明显上升,同时误差修正项的系数也显著增加,说明双重上市公司的 A、B 股价格的波动联系更紧密,A 股价格对 B 股价格的调节作用明显加强,这一时期的引导关系大部分是 A 股引导 B 股,信息大都是由 A 股流向 B 股的。2001 年 B 股开放政策前后,存在着协整关系的双重上市 A、H 股的公司比例没有明显变化,信息流向在 B 股开放前后都非常弱,这反映 2001 年的 B 股开放事件对 H 股没有大的影响,A、H 股之间的市场分割依然严重,没有明显改善。

关键词:证券市场　股票价格　上市公司

1518

论贸易自由化进程中发展中国家的利益 : 从 WTO 体制角度出发的考察 / 陆燕著 ; 高成兴指导. 中国人民大学, 2005. -- 222 页

本文从多边贸易体制视角考察了贸易自由化进程中发展中国家的利益问题。全文围绕两个方面展开,一是从发展中国家对 GATT/WTO 体制的要求及

态度出发,讨论了多边体制对发展中国家利益的关注与保障程度;二是从 GATT/WTO 体制的实际运作,评估了多边体制对发展中国家的要求和利益的实现及影响,探讨了发展中国家在融入多边体制时面临的困难、障碍及解决途径。除导言外,全文共分九章。第一章考察了经济全球化中的国际贸易及利益分配格局。通过对国际贸易的自由化趋势、特征等分析,认为贸易自由化是国际贸易发展的主流;分析了发展中国家在当代国际贸易中的地位,指出贸易自由化的性质决定了贸易利益的分配格局。第二章从获取贸易利益是国际贸易发展的出发点和归宿这一论点出发,对国际贸易利益理论进行认识与思考。分析指出贸易条件是贸易利益分配的决定因素,并提出改善贸易条件以获取更多的比较利益的观点。第三章是对多边贸易体制下发展中国家贸易利益的保障机制的分析。本章回顾了发展中国家在 GATT/WTO 体制中利益格局的变迁,分析了 WTO 体制对发展中国家特殊和差别待遇的安排及 WTO 对最不发达国家的关注和倾斜,研究了 WTO 框架下的技术援助和能力建设问题,指出特殊和差别待遇的规定是 WTO 体制不可分割的部分。第四章分析了乌拉圭回合关税减让结果对发展中国家的影响,从农业和纺织业、反倾销、技术贸易壁垒、服务贸易自由化等角度研究了发展中国家贸易利益在各种贸易壁垒中的受损问题。第五章以 WTO"多哈发展议程"为对象,考察了发展中国家在当代国际贸易中的利益取向,对"多哈发展议程"进行了展望。第六章具体研究了发展中国家在世界贸易体系变革中的机遇与挑战。第七章在对全球化时代南北关系的未来趋势作出判断的基础上,进行了发展中国家为实现更多贸易利益的对策思考。第八章评估对外贸易给中国带来的贸易利益,分析中国对外贸易发展面临的问题和障碍。第九章对中国更有效地参与国际贸易利益分配的政策选择问题提出了建议。

关键词:发展中国家　贸易自由化　贸易利益　国际贸易

1519

贸易与增长 : 中国与印度的比较研究 / 吕盛行著 ; 赵伟指导. -- 浙江大学, 2005. -- 129 页

从贸易体制、贸易政策、贸易结构以及贸易对全要素生产率的促进作用等角度切入,对中国和印度这两个最大的发展中国家贸易对于经济增长的促进作用进行了比较研究,找到可供双方借鉴的经验,并力图总结出对于发展中国家的启发意义。首先,对于贸易与增长关系的文献综述表明,虽然理论研究得出的结论比较明确,大多数实证研究的结果也都是支持贸易促进经济增长的,但也有一部分实证研究得出了贸易不利于一国经济增长的结论,具体到中国和印度的实证研究,分歧就更加明显。其次,对于印度与中国贸易体制及贸易政策的演进与现状的研究表明,两国具体的发展道路有着很大的差别。两国的共同特点都是有着高度封闭的贸易体制,此后都走上了改革的道路。比较印度和中国贸易体制的历史演变和由此带来的对经济增长的促进作用,在一定程度上可以得出发展中国家的经济发展必然从内向转向外向的结论。对于印度和中国贸易体制现状的比较发现,总的说来,中国的贸易体制比印度更加开放,但印度开放的步伐更快。第三,对中国与印度的贸易与技术转让的不同方式和结果进行比较研究表明,两国的国际专业化模式也出现了很大的差异,贸易和技术转让的方式也有所不同:中国和印度在贸易对象、贸易的产品结构、贸易中高技术产品所占的比例上的不同对于经济增长产生了不同的作用。第四,对中国和印度的贸易与全要素生产率提高进行的实证检验发现,印度和中国的贸易对全要素生产率的增长确实起到了推动作用,但两国在贸易促进全要素生产率的机制上存在很大差别。因此,对中国和印度贸易和全要素生产率增长的检验分别说明了贸易促进一国经济增长的不同机制,在一定程度上,这是对贸易促进增长不同机制的实证检验。最后,从贸易与经济增长的关系角度切入,比较分析了对外开放对中国与印度各自经济增长的作用。研究显示,两个国家在进出口的产品结构和技术引进的水平方面存在很大差异,因而其在促进经济增长中的作用也就有所不同。对于中国和印度来说,贸易开放度和人均收入水平确实存在正相关的关系。

关键词:国际贸易　经济增长　贸易体制　印度

1520

国际直接投资与经济发展 : 中国的实证分析 / 马岩著 ; 韩玉军指导. -- 中国人民大学, 2005. -- 198 页

本文共分六章。第一章对国际直接投资理论进行了分析,探讨了以宏、微观经济理论和企业经营管理理论为基础的国际直接投资理论,对国际直接投资理论的最新发展作了归纳。第二章分析了当今国际直接投资的特点和趋势,指出国际直接投资未来的前景。在此基础上,分析了我国目前吸引外商直接投资

的状况、特点、趋势、分布、存在的问题以及相关政策建议。第三章研究了外商直接投资对我国经济增长的效应，主要结论有：我国经济增长与外商直接投资增长之间存在单向的因果关系，即外国直接投资的增长导致了经济增长率的增加；从长期来看，实际国内生产总值与实际外商直接投资之间并不存在协整关系，说明并非经济增长越快就越能吸引外商直接投资；外商直接投资对我国经济的促进效应正在逐步缩小。第四章研究了外商直接投资对我国技术进步的效应。主要结论有：与国内企业相比，外资企业具有一定的相对要素生产率优势，外资企业相对生产优势的提高是其促进我国技术进步的主要原因；外资企业对我国技术进步的综合效应几乎都表现为直接效应；长期中技术进步往往具有很大的不确定性。第五章研究了外商直接投资的贸易效应。主要结论有：外商直接投资与出口和进口之间互为因果关系，且都存在着长期均衡关系；我国外商投资企业出口贸易绩效增加迅速，FDI 带动产业在发达国家和我国间的梯次转移，刺激了发达国家与我国的贸易深化发展；外商直接投资和进出口的关系由短期偏离向长期均衡调整的速度很快。第六章研究了外商直接投资对我国劳动力就业的效应。主要结论有：随着中国逐步成为世界制造中心，跨国公司将资本和技术密集型产业向我国转移，直接就业效应明显弱化；外商投资企业的工资水平明显高于国内企业，使我国的贫富差距拉大，不利于我国经济的平衡发展。此外，外商直接投资的地域偏好加重了地区发展的不平衡。本章最后还在上述分析研究的基础上提出了政策建议。

关键词：外商直接投资（FDI） 经济发展 技术进步 劳动就业

1521

高技术产品出口与经济增长：基于制度安排的实证研究 / 潘向东著；廖进中，赖明勇指导. -- 湖南大学，2005. -- 112 页

本文从定量的角度探讨了制度与高技术产品出口及经济增长之间的关系。首先以引力模型为基础，从总量和各大类产品两个层次，运用中国与一些主要高技术产品交易国出口流量的数据，检验了影响高技术产品出口贸易流量的因素，发现高技术产品与一般贸易商品相比具有特殊性，它对地理条件造成的交易费用的敏感性要低于由制度环境造成的交易费用的敏感性。其次，运用假设因素检验模型，发现对双边贸易影响最大的制度因素不是交易国的经济制度，而是交易国影响企业运行费用的制度和正式约束的法律制度。论文还发现，样本范围内的中国高技术产品出口对非正式约束的制度安排、经济制度和企业运行费用方面的制度安排影响的敏感性要高于正式约束方面的制度安排的敏感性，并且同一项制度安排对不同大类的高技术产品出口的影响具有很强的差异性。再次，在推导出包含制度安排变量的引力模型的基础上，采用美国、日本、韩国和巴西高技术产品出口数据，检验了进口国制度安排与高技术产品出口的关系。结果表明，各项制度安排对不同国家不同大类的高技术产品的影响表现出很强的相异性，这种影响的相异性反映了各国各大类高技术产品出口各自的特征。接着，从出口国角度探讨了制度安排、高技术产品出口与经济增长以及影响经济增长的各要素之间的相互关系。分析发现，一国的制度安排对该国的贸易影响很大：贸易政策越趋于市场化，该国的贸易流量越大；对产权的保护程度越高，越有利于该国的高技术产品出口。在所有的制度安排变量中，产权的保护程度和清晰程度对该国经济增长的影响作用最大。从对影响经济增长的渠道看，产权的保护程度和政府干预对技术进步和人力资本的影响最为显著。最后，以上述研究为基础，作者从产权制度创新、贸易政策调整、外资政策调整和政府调控四个方面就进一步促进高技术产品出口进行了讨论。

关键词：高技术产品 出口贸易 经济增长 产权制度 贸易政策 行政干预

1522

公平竞争制度选择 / 彭海斌著；杨圣明指导. -- 中国社会科学院研究生院，2005. -- 293 页

公平竞争是一个跨领域的制度体系，其选择构建必须发挥各种主体的作用，综合考虑生产力水平、文化传统、宪政秩序、国际因素等环境条件，实现正式制度、非正式制度及其实施机制的结构均衡，才能科学有效完成。为此，本文对公平竞争制度需求、供给与均衡的客观规律，构建适合中国国情的公平竞争制度体系，推动我国竞争理论与竞争政策、竞争制度适应现代市场经济发展的内在需要等问题进行研究。全文共分八章。第一章为理论回顾和分析框架部分。第二到四章为理论分析部分，探讨创立了公平竞争制度需求反映机制、公平竞争制度需求变量分析模型、供给变量分析模型和均衡演进机制模型，揭示了公平竞争制度需求、供给及其均衡的一般规律。第五章选择当今公平竞争制度领域最具代表性的国家和地区

以及国际组织的公平竞争制度进行静态和动态的比较分析。第六章对WTO框架下的竞争制度规则及其协调国际竞争规则的行动进行比较分析，确立竞争制度选择与贸易政策应当协调、我国应当全面参与国际竞争制度协调行动等结论。第七章对中国竞争制度的动态选择历程和静态制度状况进行阐述，分析总结了中国竞争制度选择的导向性失衡、结构性失衡、功能性失衡和实施性失衡四大问题，研究了形成四大失衡的需求、供给、供需互动及其他成因。第八章针对中国现实，对中国公平竞争制度选择的环境认知和路径安排、目标模式、规制模式和保护对象、制度体系作出论证，并对政府及其部门、行业协会和市场主体与公平竞争制度选择的作用发挥、具体制度安排建设进行分析。

关键词：公平竞争　经济制度　供求均衡　供求失衡

1523

跨国企业进入与东道国企业的共同发展：从后向关联到水平关联 / 彭敬著；江小涓指导. -- 中国社会科学院研究生院, 2005. -- 148页

文章首先对跨国企业投资与东道国企业发展进行理论综述，分别从直接效应、间接效应（后向关联和水平关联）三个方面进行总结分析，并重点突出了外国直接投资对发展中国家与转型国家企业在直接效应、间接效应上的影响。第二，主要讨论了跨国企业与东道国产业集群的互动发展问题，包括跨国企业在产业集群中的技术转移和技术外溢，以及国际、国内层面跨国企业的职能与产业的不平衡分布的原因，用具体案例分析了三种发展模式，并对东道国产业集群如何充分利用跨国企业的资源加速自身专业化、技术进步、人力资本积累等问题进行论证。第三，主要分析了当地供应商与跨国企业的后向关联如何提高当地企业技术水平，研究表明，尽管理论上后向关联的正外溢效应明显，但在实际经济中却需要很多前提条件，而且并非所有的后向关联都会给当地企业和经济带来正面影响。第四，对跨国企业与中国供应商的后向关联情况进行分析，运用20年来我国在不同产业、行业吸引外资的具体数据说明，跨国企业在华投资正在向资本和技术密集型产业转移。第五，在对大量国外实证研究分析的基础上，将文献分成发达国家的水平关联与发展中国家的水平关联，发现，跨国企业与当地企业的水平关联在发达国家发展中国家表现并不一致，其中发达国家的跨国企业与当地企业之间往往存在正的水平外溢，而大多数发展中国家的当地企业与跨国企业之间存在负的水平外溢，而对我国的实证研究表明，在控制了某些不确定因素之后，跨国企业与我国竞争企业的水平关联正在日益成为我国企业技术水平提升的一个重要来源，同时印证了水平关联正效应发生的前提条件。最后，通过现实技术基础的分析，发现我们距离发达国家后向关联与水平关联的水平和效率还有很长的路要走，然后提出，在后向关联和水平关联与产业集群建设方面政府可以有所作为。

关键词：跨国公司　企业发展　产业集群　技术进步　技术溢出　东道国

1524

经济增长、贸易与环境：理论、模型及中国的经验研究 / 彭水军著；赖明勇指导. -- 湖南大学, 2005. -- 176页

借助增长理论、贸易理论以及环境经济学等理论和现代计量经济学分析方法，本文探讨了经济增长、贸易开放与环境保护之间的相互关系，并以此为依据分析了我国经济可持续发展战略和科学、合理的环境保护目标。本文对环境—增长的理论研究包括两个部分。第一，探讨可耗竭性自然资源对长期经济增长的影响，即在自然资源耗竭的约束条件下，分析内生技术进步促进长期经济增长的动力机制以及政府的宏观政策选择，证明了政府通过执行税收——补贴政策，可以引导分权经济达到社会性最优的可持续增长状态。第二，考察环境污染外部性对经济可持续发展的影响。为此，本文构建了三个带有环境污染约束的经济增长模型，讨论了环境保护、物质资本积累、人力资本开发以及技术进步与经济可持续发展的内在关系。模型的结论表明R&D和人力资本投资对经济可持续发展的关键作用：人力资本累积和技术进步是经济长期增长的源泉；在环境污染的限制下，人力资本开发和技术创新成为维持经济可持续发展的重要手段。此外，论文还分析了贸易开放对经济增长、环境质量的影响，其结论是：(1)贸易开放的增长效应关键依赖于本国参与国际分工模式；(2)贸易自由化对环境质量和社会福利的影响是不确定的，它依赖于可贸易产品的供给价格弹性、贸易开放的增长效应以及污染的要素密集度等。最后，利用1980—2003年间我国的经济与环境数据，论文考察了我国经济发展过程中环境污染与经济增长是否存在环境库兹涅茨倒U曲线关系，以及贸易开放对经济增长、环境质量的影

响效应,并提出了相应的政策建议。

关键词:对外贸易 经济增长 可持续发展 环境保护

1525

中国企业对外投资效益评价体系理论与方法研究／浦军著 ; 马春光指导. -- 对外经济贸易大学, 2005. -- 166 页

本文在借鉴和吸收国内外研究成果的基础上,结合中国企业对外投资的特点,对中国企业对外投资效益评价体系的构建问题进行了研究。全文主要由以下几个方面构成。(1)对目前效益评价指标研究进行综合评价和剖析。在综合对比国内外现存的相关指标研究基础上,本文结合我国对外投资效益评价的特殊性,提出一些相应的理论补充。(2)针对企业对外投资效益评价体系构建理论与方法进行研究。首先对对外投资效益评价中的一些要素,包括对外投资效益评价特殊性、评价目标、评价主体、评价客体等进行论述;其次对对外投资效益评价指标体系中的一些关键问题进行重点研究,特别是对评价指标的初选、指标体系的构建及指标的检验和优化三大构建核心问题展开研究,并提出作者的见解与方法。(3)对外投资效益评价体系实施影响因素研究。结合中国企业的特殊情况,本文讨论了研究对外投资效益评价体系影响因素的意义,以及在现有对外投资环境下,影响效益评价系统的主要因素及可以采取的对策。

关键词:对外投资 经济效益 经济评价

1526

外商直接投资、国际贸易促进经济增长的实证研究／钱晓英著 ; 赖明勇指导. -- 湖南大学, 2005. -- 100 页

本文研究了外商直接投资(FDI)、国际贸易与经济增长的关系。全文共五个部分。第一部分是导论,介绍本文的研究背景、思路、内容和意义。第二部分是文献综述与研究机理说明。第三部分应用贸易引力模型对外商直接投资与国际贸易关系进行了实证研究,认为 FDI 对中国各省与世界各国的贸易起积极促进作用,增加了中国与其贸易伙伴之间的贸易总量。利用 1979—2003 年间数据,作者发现 FDI 在促进我国出口贸易的长期增长过程中,主要是促进了工业制成品出口贸易的增长,这反映了 FDI 在改善我国的出口商品结构上起了重要作用。第四部分进一步研究了 FDI 与经济增长的关系。本部分的实证表明,经济增长情况对我国 FDI 的影响不明显,而 FDI 对我国经济增长的影响主要体现在对国内技术进步的外溢作用上。因此,充分利用 FDI 的技术进步效应,进一步带动国内投资的资本积累作用,是利用外部推动力结合内部发展要素来共同促进经济增长的最优路径。第五部分探讨了 FDI、国际贸易与经济增长的关系。作者发现政府引资政策(FDI)是唯一直接导致经济增长的因素,而经济增长对出口又有重要的带动作用,因此 FDI 通过经济增长而作用于中国的出口变动。贸易政策对经济增长的最终效应则不是很明显。在此基础上,作者还探讨了 WTO 协议对 FDI、国际贸易、经济增长发展的影响。

关键词:外商直接投资(FDI) 国际贸易 内生经济增长

1527

人民币汇率平价可持续性研究／孙华妤著 ; 王林生指导. -- 对外经济贸易大学, 2005. -- 106 页

本文从汇率制度的选择和汇率水平的保持两个角度,分析阐述了当前人民币处在升值压力下汇率平价的可持续性,指出保持汇率平价是符合中国现实经济条件约束、符合学理逻辑的合理选择,并给出了化解升值压力的金融制度改革和政策干预建议。本文首先简要回顾了国际汇率制度的历史、中国汇率制度改革的进程和现状。其次总结了有关支持和反对固定汇率制度或浮动汇率制度的争论,指出在实践中,大多数国家实行“中间汇率制度”,即各种各样的“管理”浮动。再次,本文借鉴现代开放宏观经济的经典模型,从两种汇率制度下经济运行的自动稳定性和政策调控效果两个方面进行比较分析。在自动稳定性方面,本文发现,在国际资本市场相对广阔、国内资本市场和外汇市场相对狭小的情况下,当经济系统中出现外生的货币需求冲击、总需求冲击、总供给冲击时,固定汇率制度和浮动汇率制度分别在产出稳定和物价稳定方面有不同的优越性。对于中国的转型经济结构特征和外生冲击来源的可能性来说,固定汇率制度相对更可取。在政策调控效果方面,本文认为两种汇率制度仍然难分伯仲。根据以上分析,作者指出,汇率制度选择应该考虑在长期历史时期中,它是否更有利于经济的持续增长。接着本文对中国货币政策的独立性和效果进行了实证研究,结果否定了钉住汇率制度制约中国货币政策独立性的假说。最后,本文建立了一个钉住汇率制度下的开放宏观经济动态模型,揭示了市场导向的利率形成机制能够起“内在稳

定器”作用，并根据这一模型提出了若干政策干预措施和制度改进建议。

关键词：人民币汇率　固定汇率　浮动汇率　汇率机制

1528

我国货币政策传导机制分析 / 孙志贤著 ；王林生指导. -- 对外经济贸易大学，2005. -- 123 页

本文采用实证分析与规范分析相结合、理论与实践相结合的方法，通过纵向和横向比较分析，依次研究了我国货币政策传导机制中的中央银行、金融市场（货币市场、资本市场、外汇市场）、商业银行、企业和居民这几个环节，分析了货币传导机制中各个环节所存在的阻滞有效传导的问题，并提出相应的建议。

关键词：货币政策　金融市场　中央银行

1529

论反倾销规则的弊端与改革 / 唐宇著 ；杨圣明指导. -- 中国社会科学院研究生院，2005. -- 238 页

文章着眼于反倾销规则的弊端，从分析反倾销的产生和发展演变历程入手，对比了反倾销产生的历史背景与现阶段反倾销扩散的历史背景之不同，总结了反倾销规则发展演变所遵循的规律；然后分别从反倾销规则产生的经济学依据、实施所引发的经济成本，以及规则实际运行等三个方面，系统论述了反倾销规则存在的问题，分析了对反倾销规则进行完善和改革的途径，并结合我国在世界经贸领域的重要地位以及在反倾销领域的不利处境，探讨了我国在反倾销规则改革进程中应该采取的策略。论文主要包括七章。第一章首先回顾了反倾销产生与发展演变的历程，分析其发展演变规律，并对当前世界范围内的反倾销状况进行了总结。第二章分析了反倾销规则存在的经济学基础，分析了国际价格歧视倾销和低于成本倾销产生的过程。第三章考察了实施反倾销的保护效果及其经济成本，并重点分析了实施反倾销对进口国的福利影响。第四章主要论述了倾销裁定中的贸易保护主义倾向，分析了信息收集与使用过程以及针对“非市场经济国家”的歧视待遇所体现出的明显的规则弊端。第五章论述了产业损害裁定中的贸易保护主义倾向，考察反倾销规则中关于“国内产业”范围的模糊界定、判定三种类型产业损害的含糊标准以及产业损害的累积评估等方面的内容。第六章探讨了对现行反倾销规则进行改革的三条路径，评价各套改革思路，提出了更具可行性的综合性改革建议。最后，简要总结了我国目前面临的对华反倾销现状，从新的视角分析了反倾销困境产生的外部根源和内部根源，然后，结合反倾销规则改革的进展，为中国摆脱反倾销困境提出了对策建议。

关键词：反倾销规则　倾销　贸易保护

1530

通往“双赢之路”：中美经贸关系研究 / 田丰著 ；杨圣明指导. -- 中国社会科学院研究生院，2005. -- 122 页

从经济学的角度看，“双赢”是指经济活动的参与双方通过相互间的经济往来获得共同受益的多种结果。自 1979 年《中美贸易关系协定》签订以来，中美两国不断采取积极行动、深化双边经贸合作，取得了共同发展、共同受益的明显效果。多种原因促成了中美经贸合作的迅猛发展及“双赢”的实现。首先，全球化是中美开展经贸合作的最主要的时代背景，因为全球化造成国家间共同利益扩大、相互依存程度不断提高，而互补性的贸易结构成为中美经贸合作的天然纽带。其次，如何认识与理解合作的共同利益决定了合作的形成与发展的动力，经过长期的磨合和相互适应，中美在经贸合作领域已经逐渐建立起了合作理念，但合作理念在两国均还没有成为普遍共识，仍有很多因素阻碍这种理念的巩固和发展。再次，政府的经济决策也是合作的基础，中国改革开放国策确立就对中美经贸合作以及通过合作实现“双赢”做出了巨大贡献。而中国加入 WTO 则为中美经贸合作的发展提供了一个稳定健康的外部环境，但中国还需要在多边贸易体系中充分发挥责任大国的作用，以为中美经贸合作实现“双赢”提供制度保障。中美经贸合作迅速发展的同时也总是与双边经贸摩擦相伴相行，比如中国最惠国待遇、市场准入、劳改产品出口等问题。中美贸易摩擦的发生不仅局限于中美两国谋求内外均衡的努力和需求错位，全球经济中的其他国家也会面临同样的结构调整问题，欧盟、日本、印度等国的经济调整努力不可避免会波及中美双边经贸合作，在特定情况下发展为中美经贸摩擦。中美经贸“双赢”的实现是一个没有终点的过程，在当前中美两国互利双赢的主旋律下，仍然存在诸多不和谐的音符，有待双方共同解决。

关键词：经济贸易关系　中美关系　经贸合作　经济全球化

1531

开放经济条件下证券公司治理研究 / 王国海著 ；

赖明勇指导. -- 湖南大学, 2005. -- 125 页

文章初步构建了一个在开放经济条件下研究证券公司治理问题的分析框架,即从一般公司治理理论出发,详细考察了有关证券公司治理的制度、资本、结构和运营等因素,研究包括所有制、融资结构、董事会和经理层激励等内容在内的中心课题,并把我国证券公司治理融入西方证券公司治理的两种典型模型中进行比较分析。全文主要包括四部分。第一部分主要从理论上界定了公司治理的经济解释和理论范畴,考察了现代公司治理的主体构成(股东及利益相关者)和经营者激励及约束机制在公司治理中的核心作用,并简要分析了影响公司治理效率的主要因素。第二部分以我国证券公司治理特点和实际情况为主线,分别对所有制状况、融资结构、董事会机制及经理层激励等方面进行考察分析,试图探求我国证券公司治理的一般规律和基本原理,建立一个有关证券公司治理的研究框架。第三部分主要对中外证券公司在公司治理方面进行比较分析,看清问题、找出差距,并以我国中信证券公司为例进行深入解析,以期找出带有普遍意义的证券公司治理思路。第四章主要从股权结构、融资结构、债权人约束、董事会构成、经理层激励制度建设和利益相关者相机治理等方面,为优化我国证券公司治理提出了参考性意见和对策设想。

关键词:证券公司　公司治理　融资结构　董事会　激励

1532

发展中国家的外资银行 : 进入动因与绩效评价 / 王佳佳著 ; 江小涓指导. -- 中国社会科学院研究生院, 2005. -- 143 页

研究和分析发展中国家外资银行进入动因与效率,以助于分析和预测发展中国家外资银行行为,而且有助于解释和说明外资银行进入对发展中东道国的影响。文章主要包括六章。第一章主要介绍了外资银行的概念、组织结构和发展趋势,系统回顾了银行业对外直接投资的理论,并说明了外资银行优势的来源,在理性经济人假设的分析框架下探讨了银行业对外投资的动力机制,为分析外资银行行为与效率提供了理论背景。第二章从外资银行的角度分析了其进入发展中国家的原因,并以拉美、中东欧和亚洲地区的部分国家为主要研究对象,考察了外资银行面临的外部约束条件的变化,进而说明了外资银行进入发展中国家的具体动机以及相应的行为变化。第三章从发展中东道国的角度解释了发展中国家引入外资银行的原因,在分析发展中国家银行改革的基础上,指出发展中国家以提高金融效率为目的的金融改革在推动控制性金融退出和私有化的同时,也引致了外资银行的进入,并研究了引入外资银行对发展中国家经济福利的影响。第四章回顾了已有文献对外资银行效率问题的研究成果,并采用对比分析法考察了21个样本发展中国家外资银行与国内银行的行为与效率以及前者对后者效率的影响,并在已有模型的基础上,利用21个发展中国家最近8年银行层面和国家层面数据进一步检验了外资银行进入与国内银行效率之间的关系。第五章以中东欧地区为例,对该地区外资银行的进入原因、外资银行规模以及经营效率进行全景式扫描,在个案分析的基础上进一步说明外资银行进入对当地银行业结构、效率和稳定的影响。第六章主要介绍了外资银行在华的发展历程,以及在华外资银行进入的特征和发展趋势,在借鉴国际经验与教训的基础上,指出我国引进外资银行时需要注意的问题,并提出相应的政策建议。

关键词:外资银行　银行业　经济评价　银行效率　东道国　发展中国家

1533

内部化与多国企业理论的研究 : 构建以知识观为基础的多国企业理论框架 / 王炜瀚著 ; 王林生指导. 对外经济贸易大学, 2005. -- 120 页

本文第一章介绍多国企业理论研究的现实背景和意义,梳理理论发展的线索并说明目前的研究现状,提出发展多国企业理论的基本问题及本文的研究方法和框架。第二、三章分别研究新古典方法的内部化观点和交易成本方法的交易成本观点等多国企业理论。第四章首先总结归纳内部化/交易成本方法的多国企业理论内部的观点冲突;其次着重就市场不完善二分法的分析提出以企业作为分析单位;再次对基于知识具有公共产品性质假设的多国企业理论展开批评,指出需要根据组织逻辑建立多国企业理论;最后论述了内部化/交易成本方法的多国企业理论在知识和优势主题上对一体化理论的补充及其缺陷。第五章首先介绍了以企业作为分析单位、组织逻辑、战略管理方法的资源观的多国企业理论,就所引入的专业化观点的企业理论自身缺乏微观基础和组织层次能力的问题提出由知识观的企业理论进行修补,指出前者可以为后者提供本体论上的支持,并且可以解决交易成本论在默示知识相关问题上不能提供组织方面解释的问题;其次总结了本文新理论框架在理论发

展上的进步;最后通过应用该框架分析了若干现实问题。

关键词:企业理论　知识管理　跨国公司

1534

美国风险投资的形成机制及波动性特征研究 / 王晓津著 ; 刘崇仪指导. -- 西南财经大学, 2005. -- 168 页

本文分为五个部分。第一部分是导论,阐述研究目的和意义,并对国内外现有研究成果进行综述和评价。第二部分是对美国风险投资产生和发展的历史考察,以及对美国风险投资业的现状分析,作者最后归纳了美国风险投资的发展特点:第一,作为一种制度变迁,它遵循"由下至上"的诱致性生成方式;第二,风险投资在美国已经完成了从补缺性到内生性的功能转变;第三,风险资本家经历了从非理性到理性的转变;第四,风险投资的发展呈现出明显的区域不均衡性和集中性。第三部分是美国风险投资形成的理论和实践分析。首先从政府、风险企业家、以风险资本家为首的风险中介机构的角度分析了风险投资出现和发展的动因;其次通过模型从理论层面分析风险投资形成的必要条件,并以美国风险投资最集中的地区——硅谷为研究对象,将这一地区与美国其他地区进行对比分析,验证并拓展本文模型。第四部分首先从定性和定量两方面分析了影响风险投资波动的各种因素,其结论是:第一,GDP 或与之相连的资本市场表现是影响风险投资发展的长期因素;第二,风险投资的发展还得依靠养老基金的支持,这是一个普遍现象;第三,长短期利率水平差异对风险投资表现出显著的正面影响;第四,风险投资活动并非在全国范围内发展,而是具有较强的区域性。接着本章对资本利得税进行分析,认为它是风险投资的重要影响力量,但其影响更多的是通过需求方实现的。最后,本章分析了风险投资的波动特征和经济周期之间的关系,认为美国风险投资不但在一定程度上改变了经济周期的运行方式,而且其波动与经济周期的波动也呈现出一定的联动性。第五部分在对我国风险投资的发展现状和特点进行梳理的基础上,借鉴美国的经验,从风险投资的供给、需求和政府的作用发挥三方面提出了我国风险投资的一些发展思路。

关键词:风险投资　资本市场　经济波动　美国

1535

保险中介委托 : 代理法律制度的激励性研究 / 王艳玲著 ; 陈欣指导. -- 对外经济贸易大学, 2005. -- 97 页

在总结前人工作的基础上,本文从人的行为学、制度经济学、信息经济学、法律经济学的角度,对保险中介委托—代理市场中的信息问题进行了研究,探讨了信息、行为、法律制度的经济绩效之间所存在的内在联系。论文对保险中介委托—代理法律制度的相关内容进行了研究,指出为了使保险中介委托—代理法律制度起到应有的激励约束效力,必须在保险中介委托—代理法律制度的制定和实行的相关环节进行合理的激励机制设计。论文突破传统激励理论对委托—代理模型的研究只涉及委托人对代理人的激励问题的局限性,从经济学的角度,研究了保险中介委托—代理当事人各方的行为选择依据,指出了激励机制对保险中介委托—代理当事人各方行为起作用的可行性条件和可实施性条件。论文从法学和经济学的角度,分别对保险中介委托—代理相关法律制度对于保险中介委托—代理当事人各方行为激励绩效问题进行了研究,指出对保险中介委托—代理违法行为的执法者实行有效的监督和激励的重要意义。论文从人的行为学和信息经济学的角度,对作为保险中介委托—代理法律制度激励不足的补充的保险中介委托—代理当事人各方的信誉机制等问题进行了研究,指出保险中介委托—代理当事人各方的名誉信誉等非正规制约与保险中介委托—代理相关法律制度的激励机制之间具有密切的联系,它们相辅相成,相互影响,在进行保险中介委托—代理激励机制设计的时候要合理统筹考虑法律制度与信誉机制。

关键词:不对称信息　法律制度　委托代理　激励　保险业　中介组织

1536

外商直接投资技术溢出效应的理论与实证研究 / 文娟著 ; 朱钟棣指导. -- 上海财经大学, 2005. -- 166 页

本文在构建一个系统的 FDI 技术溢出理论框架的基础上,对我国 FDI 技术溢出效果进行评估和检验。文章的导言是对研究背景和意义以及相关概念的阐述。第一章是文献综述。第二章是对 FDI 技术溢出机制的研究,指出技术溢出效应不是随 FDI 技术转移自然而来的结果,而是取决于东道国技术吸收能力,包括市场环境、技术同化能力、FDI 流入规模及技术转移等;技术溢出的实质是模仿创新,模仿创新者的技术赶超是可以实现的。第三章是对跨国企业反

技术溢出策略与效果的研究,肯定了保证市场竞争和提高本土企业自主创新能力的重要性,指出没有必要因为 FDI 技术溢出而给予外资企业特殊的优惠政策。第四章对 FDI 在我国的技术转移和技术差距进行分析。论文发现,自上世纪 90 年代以来,我国内资企业整体上技术进步显著,但是与外资企业的技术差距始终在扩大;外资企业在我国一些重要领域已经形成或即将形成主宰地位,并利用其市场优势设置准入壁垒。第五章对我国 FDI 产业内技术溢出效应进行了实证研究。研究表明,在总体上,FDI 在我国工业和制造业部门产生了显著的溢出效应,但是各部门的效果不同,有的行业中还出现了负效应。技术差距、部门技术的复杂性、外资企业所占的市场份额对溢出效应具有显著影响。第六章考察了 FDI 与我国加工贸易的关系,发现从 1992 年至今,我国加工贸易增值率没有明显改善,表明外资企业与国内企业的经济联系不显著。相对地,有着较高劳动生产率水平的外资企业更加倾向于加工贸易,更不积极寻求在国内的供求关联,产出的国内附加值较低。第七章讨论了促进我国 FDI 技术溢出的几个政策问题,包括调整对外资企业的税收优惠,制约垄断行为,给予内资企业同等的市场准入待遇,提高内资企业创新能力,密切内外资企业之间的经济关联,转变投资促进策略等。

关键词:外商直接投资(FDI) 技术进步 技术创新 外资利用

1537

中国出口增长贡献主体研究 / 杨海余著 ; 王耀中指导. -- 湖南大学, 2005. -- 144 页

文章把企业是否具有自生能力作为一个具体考虑的变量,纳入到经济增长研究中来,从经济体制比较的角度考察中国出口增长问题,发现了出口增长贡献主体替代这一重要经济现象,并从出口增长贡献主体替代这一角度出发,考察中国出口贸易高速增长的原因。研究表明,出口贸易增长是改革开放以来中国经济生活中最突出的经济现象,作为贸易型经济增长的主要贡献者,民营企业替代国有企业成为出口增长的主要贡献者。文章首先对二元经济结构和要素价格扭曲、农村劳动力流动与民营经济发展、相对优势发挥以及中国出口增长进行理论研究和技术分析,并在一个逻辑一致的框架内使经济转型过程的种种经济现象形成一个彼此衔接的有机整体。然后,对出口增长贡献主体替代机制进行计量经济学的估计,验证表明,民营企业对我国出口增长的推动作用远远超过国有企业,同时,资本和劳动对两类企业出口都产生了正向推动作用,而对国有企业而言,资本对出口的推动作用明显大于劳动对其出口的推动作用,而民营企业中,劳动对出口的推动作用明显大于资本的推动作用。另外,劳动力是促进民营企业出口的主要生产要素,引进外资、民营企业自有资金也对民营企业出口产生了正向推动作用,但国家及相关部门的下拨资金、从其他渠道筹资对民营企业的出口都产生了负面作用,金融机构贷款则对民营企业的出口作用不太显著。

关键词:出口贸易 经济增长 民营企业

1538

国际军火贸易研究 / 余江文著 ; 王洛林指导. -- 中国社会科学院研究生院, 2005. -- 116 页

国际军火贸易一直是调整国际政治关系、推动国家战略的有力杠杆,因而在国际政治与经济领域享有特殊的地位。论文通过对国际军火贸易历史的考察,围绕军火贸易现象,探讨军火贸易所特有的规律,以实现整体国家利益最大化为着眼点,着重分析政府军火贸易政策在争取军火贸易经济利益、塑造国防工业基础、协调国际关系和实现国家发展战略中的作用,并对中国的军品出口、装备引进、国际合作,以及利用军火贸易开展政治外交斗争等方面提出对策意见。首先描述了军火贸易的历史演变,总结了军火贸易发展变化和冷战后的特点,分析了产生这些现象的原因。随后,从完全竞争条件下的军火贸易供给与需求模型出发,分析了影响军火贸易的供给与需求因素,探讨了多因素影响下军火贸易的局部均衡问题;并在此基础上,从社会福利最大化的角度,提出了军火贸易政策研究的框架模型,研究了军火贸易供求均衡的形成机制,以及政府军贸政策的追求目标,并把影响军火贸易的主要因素归为纯经济因素、政府贸易和产业干预政策以及国际政治等三大类。然后,着重研究了政府在军火贸易中扮演的角色,论证了保护贸易政策在一部分军火生产和贸易领域中是适用的。在军火贸易与国际政治之间的关系研究上,利用军火转让动机模型分析了军火贸易对政治安全的影响,从兰彻斯特军火贸易模型出发研究了军火贸易对战争和冲突的影响等。最后,对中国的军火贸易历史演变过程作了简要介绍,分析了目前中国军火贸易存在的问题和面临的挑战,在促进出口、处理好引进与自主研制关系,参与国际军工合作,以及发挥军火贸易在政治经济中杠杆作用等方面,提出了政策建议。

关键词:国际贸易　武器　军火贸易　贸易政策　国际政治

1539

服务领域技术性贸易壁垒问题研究：一个基于CS、MQS/MS模型的经济学分析／俞灵燕著；尹翔硕指导. -- 复旦大学, 2005. -- 186页

论文旨在通过对服务领域技术性贸易壁垒问题的研究,为正确认识中国服务贸易发展过程中出现的问题和加快中国服务及服务贸易的健康发展提供思路与对策建议。首先,分析了服务领域存在技术性贸易壁垒的可能性,并结合服务及服务贸易的特殊性探讨了服务领域技术性贸易壁垒可能的表现形式与特征。其次,运用兼容性标准模型和最低(质量)标准模型分析了这两类标准成为服务领域技术性贸易壁垒的经济学原理。再次,在对标准的数量控制机制和价格控制机制进一步总结的基础上,运用传统的贸易问题分析手段分析了技术性贸易壁垒对进出口国经济贸易及世界福利的影响,并根据对标准经济效应的判断,提出了对技术差异、网络效应、溢出效应以及兼容性标准和最低(质量)标准的应对措施。最后,分析了我国服务领域遭遇的技术性贸易壁垒问题,认为这主要是我国服务贸易的国际竞争力弱的结果,而且两类标准已对我国服务贸易产生了阻碍作用,我国对此应及早关注,并采取相应措施应对技术性贸易壁垒问题。

关键词:服务贸易　技术贸易　贸易壁垒

1540

跨国并购的理论、运作及我国企业的跨国并购问题研究／张寒著；王林生指导. -- 对外经济贸易大学, 2005. -- 134页

本文对跨国并购的理论层面和运作层面进行了归纳总结,并对中国企业进行跨国并购所存在的问题和以后的发展趋势进行了分析。全文共分九章。第一章导论主要对论文选题的背景、国内外跨国并购理论研究现状、论文主体结构等做出说明。第二、三章对跨国并购的含义和跨国并购在全世界的发展做了简要说明。第四到六章主要从动机方面来总结归纳有关跨国并购的理论。由于跨国并购实际上是对外直接投资和企业并购的结合,所以第四章首先总结归纳了跨国直接投资的一般理论,接着第五章归纳了企业并购的一般理论,第六章则是在跨国并购本身并没有成熟理论的情况下,对跨国并购的三种形式进行了理论上的探讨。第七章对跨国并购的运作层面进行了分析总结,主要包括跨国并购中的企业价值评估、跨国并购的经济效应分析、跨国并购的优劣势分析、跨国并购整合、跨国并购风险等。第八章对跨国并购的风险进行了探讨,分析了控制风险的操作方法。第九章对我国企业并购的发展历程及特点进行总结,分析其现状,尤其是对我国企业对外国企业的跨国并购作了具体分析,并针对性地提出一些问题和建议。

关键词:跨国公司　并购　直接投资

1541

农业贸易自由化进程中的国内支持：基于多边谈判和政策调整视角的分析／张皞著；郭羽诞指导. -- 上海财经大学, 2005. -- 131页

本文基于多边贸易谈判和政策调整的视角,对农业贸易自由化进程中的国内支持进行了系统的分析,并在此基础上对中国的国内支持政策调整和谈判立场予以探讨。全文共分六章。第一章导言,阐述了选题的背景,总结了研究现状,概述了文章的研究思路和框架,指出了创新与不足之处。第二章研究了国内支持与贸易扭曲,在明确了国内支持的概念、本质的基础上,作者利用局部均衡分析和一般均衡分析方法揭示了国内支持的使用对贸易伙伴国的生产和贸易的影响;然后从生产者行为理论出发,分析了国内支持对生产和贸易的扭曲机制。第三章对国内支持削减的模拟分析,文章利用了GTAP一般均衡模型的框架,分析了我国多部门模型中国内支持对贸易扭曲的一般均衡的影响机制,并基于最新的GTAP6.0Beta数据包所作的试验模拟得出结论。第四章对WTO削减国内支持的前景分析,作者首先对GATT中国内支持的历史进行了追溯,接着对国内支持条款的执行进行了实证考察,并对国内支持议题的立场进行了分析,最后展望了WTO削减国内支持的前景,并分析了其现实机制。第五章研究了国内支持削减后的政策调整,对政策调整的制度竞争、范式及其国际取向进行了分析。第六章论述了中国国内支持政策的调整和谈判立场,首先分析了中国国内支持的现状,接着对中国国内支持政策的调整提出了一些建议,最后探讨了作为发展中大国的谈判立场问题。

关键词:对外贸易　农产品贸易　贸易自由化　贸易政策

1542

日本对华直接投资研究／张青松著；裴长洪指

导. -- 中国社会科学院研究生院, 2005. -- 167 页

本文以日本对华直接投资为研究对象,运用跨国直接投资理论以及产业竞争力的观点,利用日本和中国相关机构的数据结合案例分析,通过与日本对其他国家和地区直接投资的比较,揭示日本对华直接投资在投资战略、产业结构分工、技术转移、企业经营状况、企业撤出状况等方面的特点以及成因。作者首先将中国外资政策的发展分为4个阶段,对20余年来日本对华直接投资的特点进行分析。作者认为,日本对华直接投资与中国政策走向以及日本国内产业结构调整有着密切关系,中国的资源禀赋条件与日本的内因加速了日本对外产业转移。日本的对华投资动机由传统的“出口导向型”或者“生产要素导向型”转变为“生产与市场并重型”,开始形成研发、生产、本土销售的全方位投资特点。而随着中国产业结构升级和技术水平的提高,日本对华直接投资呈现由劳动密集型产业向资本/技术密集型产业、由低附加值产业向高附加值产业转变的特点。作者还认为,随着本土化战略的实施,技术成为日本企业参与中国市场竞争的有力武器,目前日本转移的技术或者从事的技术研发多以应用型技术为主。接着论文运用产业竞争力理论解释了日本产业结构调整与对华产业转移,以及中国产业竞争力提高的关系,认为经过20余年的发展,中日产业形成了两类互补关系,即零部件与成品之间的工序间分工所产生的互补关系和根据产品附加价值所形成的互补关系。中国产业尚未对日本构成威胁,日本对华投资也不是产生日本国内产业空洞化的直接原因,而是实现日本产业高度化、解决产业空洞化的手段。作者还对日本投资企业经营状况进行了考察,并分析了投资企业的撤出问题。文章指出,90年代以来日本在华投资企业的收益状况不仅高于国有企业,而且高于其他外商在华投资企业的收益水平。良好的收益状况使在华投资企业撤出率较低。撤出企业与其经营时间的长短有着密切关系,“低龄化”和“高龄化”企业撤出比重较高。

关键词:对华投资　直接投资　产业结构　日本

1543

开放条件下中国产业升级问题研究:以汽车产业为例 / 喆儒著 ; 谷克鉴指导. -- 中国人民大学, 2005. -- 278 页

本文共分七章。第一章首先阐述与产业升级问题相关的经济增长理论模型,探讨了产业升级与经济增长的内在关系;其次对影响中国经济增长的因素作了文献综述,认为产业结构升级的作用将随着进一步的开放更为明显;然后从产业转移和产业升级的视角考察了传统的国际贸易和国际投资理论;最后着重考察了雁行模式及其理论拓展。第二章探讨雁行模式与东亚经济起飞之间的内在联系机制,分析了雁行模式发展至今所面临的问题及在东南亚金融危机中所集中暴露出来的问题。第三章考察了雁行模式与中国的产业升级和经济增长之间的内在关系,其后在描述和分析中国地区经济发展差距的表现及原因的基础上,提出构建中国区域发展的雁行模式的创新战略,并对这一战略实施的可行性做了计量分析。第四章总结了对外开放与产业升级之间的内在联系,实证分析了对外贸易对产业升级的作用机制。第五章分析了对外直接投资与产业升级的内在联系,考察了我国作为发展中国家扩展对外直接投资对国内产业升级的特殊意义,研究了中国宏观、中观和微观产业结构的变化过程及引进外资和对外直接投资的未来发展方向。第六章分别从产业与产品选择、技术选择、市场选择、企业组织结构和形式选择、提升区域产业竞争力的战略选择等方面对开放条件下中国产业升级的路径选择进行了论述。第七章概述了中国汽车工业的发展历程,分析我国汽车工业升级所面临的机遇和挑战,回顾了韩日汽车工业发展历程并总结其启示,提出有关中国汽车产业升级的政策选择及其组合设计方面的建议。

关键词:产业经济　产业结构　对外开放　汽车工业

1544

比较优势利润原则及其实现机制研究 / 周琛影著 ; 彭星闾指导. -- 中南财经政法大学, 2005. -- 189 页

文章首先介绍了比较优势理论的演进,将其按照理论假设前提、静态或动态分析可以划分为三个阶段,即完全竞争市场假设下的比较优势静态分析、不完全竞争市场条件下的比较优势静态分析以及不完全竞争市场条件下的比较优势动态分析。其次,对比较优势利润原则进行了一般分析,认为整体的比较优势需要有成本优势与附加值优势共同来决定,比较优势利润原则就是成本原则与附加值原则的叠加,而成本原则只是利润原则的一个特殊表现形式。第三,在品牌视角下分析了比较优势利润原则,认为强势品牌产品比非强势品牌产品更符合比较优势利润原则。第四,对我国出口产品比较优势的实证分析表明,我

国出口结构有所优化,以工业制成品为主,其中劳动密集型产品仍占主导地位,而较能体现附加值比较优势的资本、技术密集型产品仍处于劣势地位,要以比较优势利润原则为指导,发展核心技术和自主产权的制造业,提高产品的附加值,变"中国制造"为"中国创造"。第五,分析了比较优势利润原则的内部实现机制,主要从微观角度分析企业层面应该如何从企业内部创造、培育比较优势,其中技术创新是重点,创建自有强势品牌是主要途径,人力资本是实现比较优势的主体。第六,从宏观角度分析促进潜在比较优势顺利实现经济利益转化的因素,即比较优势的外部实现机制,认为应该完善市场机制、促进信息充分流动、改善制度安排等。

关键词:对外贸易　市场竞争　比较优势　利润原则　产品附加值

1545

开放经济中增长不确定性理论、模型与经验研究 / 祝树金著 ; 赖明勇指导. -- 湖南大学, 2005. -- 118 页

本文在开放经济的分析框架下,从理论和实证两个层面探讨了经济增长不确定性存在的可行性和实际证据。本文共分七章。在前两章,作者对选题意义和研究内容作了说明,阐述了经济增长不确定性的含义,从外部性与规模报酬、偏好结构、政府政策、开放经济等角度对经济增长不确定性理论进行了综述。第三章分析了封闭经济中的增长不确定性,证明了在不可分的效用结构下,对于合理的外部性,经济会产生增长不确定性。第四到六章分别考察了国际资本流动、国际商品流动和政府财政政策对增长不确定性的影响。第七章采用了我国各地区 1978—2002 年的截面数据,对地区经济增长差异进行了分析,结果表明了经济增长不确定性的存在。基于实证结果,作者就我国中西部地区的经济开放、人力资本发展和教育投资等提出了相应的政策建议。

关键词:经济增长　不确定性　人力资本　开放经济

劳动经济学

1546

养老保险制度中的政府行为研究 / 段家喜著 ; 庹国柱指导. -- 首都经济贸易大学, 2005. -- 175 页

论文从经济学的角度研究养老保险制度中政府行为的理性及其调整轨道,旨在为我国养老保险制度的改革提供一个新的视角。研究认为,养老问题的产生与发展依赖于老年经济风险的存在、剩余产品的出现和私人产权的形成等三个条件;公共养老保险不是公共物品,而是自然垄断物品,是一种收入再分配的机制。由于存在政府失灵,包括挤出效应、政府寻租与政府低效等问题,政府介入养老保险制度应把握一个合理的度。政府介入养老保险体系的目标有促进社会公平与提高经济效率两个。文章用成本收益分析法分析了政府在养老保险制度中的度。从世界各国的历史来看,政府在养老保险制度中承担了制度提供与改革、财政支持以及市场监管等三方面的作用。我国养老保险制度改革的关键是调整政府行为,改革的总体方向是建立一种混合的多支柱养老保险体系,下一步制度改革的关键在于通过改造现有"统账结合"模式,合理界定政府与市场在体系中的地位与作用,合理划分中央政府与地方政府在养老保险制度中的责任,优化养老保险制度中的政府行为。

关键词:养老保险　政府行为　社会保障　成本—效益分析

1547

福利国家的制度分析 :全球化背景下福利国家的改革与选择 / 祁亚辉著 ; 林义指导. -- 西南财经大学, 2005. -- 325 页

本文共分八章。第一章介绍研究背景、方法和意义等。第二章从福利国家的理论分析入手,提出福利国家的新界定,揭示福利国家的理论来源和制度来源。第三章对福利国家的产生、发展、完善、危机、改革等过程加以考察,论证提出考察福利国家制度模式的角度和方法,并对福利国家制度模式作出新的划分。第四章运用制度分析方法,以英国、德国、瑞典、美国、日本等主要福利国家为典型,分析其设计福利制度的历史社会文化依据。第五章以制度分析为支撑,比较研究主要福利国家安排和政策选择的不同特点,以及在 20 世纪 70 年代后期以来所面临的诸如财政危机、运行危机和制度危机。第六章分析全球化的性质特征及其演化进程,全球化的理论基础与经济技术基础,全球化的功能作用与影响,以及全球化进程与反全球化运动的关系;探讨全球化对民族国家主权及其疆界提出的种种挑战,以及这些挑战所导致的对福利国家政制基础的削弱。第七章研究了全球化背景下福利国家进行的改革与选择,包括社会政策机制

改革、福利国家改革的具体方式、福利国家改革的根本出路等问题。第八章将中国社会保障制度的改革和完善置于全球化背景中,以西方福利国家改革与选择的经验教训为参照,提出完善中国社会保障制度应当选择的目标模式。

关键词:福利国家　福利制度　社会保障

1548

企业中层管理人员绩效结构及影响因素研究 / 覃成菊著 ; 孙健敏指导. -- 中国人民大学, 2005. -- 154 页

本文共分七个部分。第一部分绪论介绍研究背景和意义,评述当前国内外关于员工绩效模型研究的进展和不足。第二部分是关于管理人员绩效和绩效影响因素的文献综述。第三部分提出本文的理论框架和研究假设。第四部分对基本概念进行界定,阐述本文的研究思路和方法。第五部分是对企业中层管理人员绩效结构的研究。本部分通过问卷调查,采用验证性因素分析。结果表明企业中层管理人员的绩效结构包含三个维度,即工作任务绩效、个体特质绩效和人际绩效;三个维度存在较高相关性,说明受管理工作性质的影响,管理人员的绩效结构很难进行清晰区分;不同层级的管理人员的绩效内容存在差异,对管理人员绩效结构的研究需要区分组织层级进行研究。第六部分研究了企业中层管理人员绩效影响因素,认为在任务绩效方面,个体因素中的情绪稳定性和个体经验变量、组织因素中的组织价值变量等,对任务绩效有积极的影响;个体特质绩效方面,个体因素中责任心和经验变量能够预测个体特质绩效;人际绩效方面,个体因素中的责任心和经验变量对人际绩效有显著性影响。第七部分总结结论,提出研究和实践方面的建议。

关键词:企业领导　人力资源管理　绩效管理

1549

尼日利亚公共部门培训的效果 :基于国际成功培训决定因素的观察分析 / 萨哈德著 ; 曾湘泉指导. -- 中国人民大学, 2005. -- 172 页

本文借助已有培训研究文献发现的影响培训成功的因素分析框架,确定国家技术教育委员会和尼日利亚理工学院的成功培训实践的影响因素,分析研究上述机构的培训实践,为上述机构开发有效的培训战略提供建议。本文选择案例研究方法作为揭示和对比制定研究领域中培训实践的途径,全文共分六章。第一、二章分别介绍研究背景和研究目的。第三章是文献综述。第四章介绍研究方法。第五章阐述研究结果,探讨研究结果的总体观点。第六章是结论和建议。本文认为,尼日利亚技术教育委员会和理工学院的培训从总体上看是不成功的,主要表现为:(1)培训被视为单独事件,而不是被作为组织发展进步总体计划的一部分对待;(2)选择被培训者不是根据实际需要,而是基于官僚政治和赏给机会;(3)有竞争力的培训者很少,因为培训职业本身在尼日利亚发展不好,并且缺少培训认证,这意味着培训时常与国家培训框架不相联系;(4)培训课程和范例不能反映尼日利亚公共服务的特殊需要和情况;(5)脱产的学术性培训在培训计划中占主导地位,实用性不高,缺少强调在业培训和技能培训的发展;(6)培训评估通常局限于满意度,而不是评估培训对知识、技能、态度、行为以及工作绩效的影响方面;(7)大部分负责培训公务员的培训机构都存在经费不足、管理不善等问题,这决定了其培训的无效性和不成熟性,缺少技能培训内容。

关键词:国家行政机关　技术培训　人力资源管理　尼日利亚

1550

人力资本企业产权问题研究 / 时永顺著 ; 郑海航指导. -- 首都经济贸易大学, 2005. -- 171 页

论文旨在论证当今时代建立人力资本企业产权的必要性和可行性。在当今时代,人力资本的投资额度和风险增高、在企业赢得竞争优势和创造企业价值方面做出重要贡献,稀缺性、专用性、难测性和可抵押性四个基本特征更加突出,这三个关键因素使人力资本主体可以要求改变核心契约,分享企业产权。建立人力资本的企业产权,将促进企业组织兼顾公平与效率,趋于理想标准。当前各种股权激励方式和企业制度变革实践,都没有使人力资本主体完整地获得企业产权。建立人力资本的企业产权,需要在制度、方案和市场三个方面协同推进。在制度上,应允许人力资本出资,修订和完善相关法规,建立完备的人力资本企业产权制度体系;在方案上,建议实行动态人力股权制,并通过定期调整,使人力股权价值与人力资本价值基本相符;在市场方面,应允许认识人力资本市场的基础、内涵、结构和作用,准确把握内部市场和市场机制的运作过程,针对目前国内市场缺陷,采取相应对策,保证人力资本与物资资本主体共同分享企业产权。

关键词:人力资本　企业产权　控制权

1551

人力资本及其对中国经济增长贡献的实证研究 / 谭永生著 ; 文魁指导. -- 中国人民大学, 2005. -- 150 页

本文首先对经济增长和人力资本理论的形成与发展进行了介绍和评价,阐述了人力资本与经济增长之间的关系以及人力资本投资对经济增长的重要性。进而结合我国经济增长的实际特点,对影响我国经济增长的要素进行归纳。通过归纳分析,本文选取物质资本、劳动力、人力资本、结构变动以及全要素生产率作为研究我国经济增长问题的因素进行实证分析。结果表明:(1)1978—2002 年间物质资本对我国经济增长的贡献为 42.1%,人力资本的贡献为 5.8%,劳动力的贡献为 8.6%,结构变动的贡献为 9.1%,全要素生产率的贡献为 34.4%,即我国经济增长的主要来源为物质资本投入和全要素生产率的提高;(2)全要素生产率增长并不是由技术进步所带来的,而是来源于产业结构调整、城市化、利用外资等制度创新,这说明我国经济增长仍然是粗放型的;(3)虽然人力资本对我国经济增长的贡献不大,但这并不意味着它不重要。考虑到影响我国经济增长的诸因素的局限性,促进我国经济可持续发展的关键仍将是加大人力资本投资和努力提高劳动者的素质水平。最后,针对我国人力资本投资中教育、在职培训、卫生保健所存在的总量投入不足、投资结构不合理等问题,以及迁徙流动中的劳动力市场和户籍制度存在的问题,本文提出了一些建议。

关键词:人力资本　劳动力　全要素生产率　经济增长

1552

中国不同所有制企业间工资差别的形成机制研究 / 汪雯著 ; 曾湘泉指导. -- 中国人民大学, 2005. 166 页

本文共分五章。第一章首先分析并总结了中国国有企业和非国有企业间工资差别的现状和变动趋势、两部门工资差别在不同学历水平、不同经验水平的员工之间表现出来的特征,以及对两部门平均工资差别进行分解的结果,并重点探讨了工资差别对其他经济因素的影响。第二章分析了仅用劳动力流动的制度壁垒去解释工资差别成因的局限性,提出本文的研究思路。第三章首先通过建立理论模型,揭示了企业在工资决定机制市场化程度上的差异会怎样导致同质劳动力在企业间工资差别的产生;之后利用实证分析证实国有企业与非国有企业的确在工资决定机制的市场化程度上存在显著的差异,而且在劳动力流动愈来愈自由的条件下,工资决定机制市场化程度的差异成为国有和非国有企业间工资差别在长期内无法消除的根源。第四章进一步分析了导致国有企业工资决定机制市场化进程滞后于非国有企业的内外部因素。作者认为,影响企业工资决定机制市场化程度的因素包括两个方面——内部因素和外部因素。内部因素指企业自身存在的制约其参与市场竞争的因素,包括预算约束的松紧情况、委托代理结构的完善与否、用人机制的健全与否等;外部因素指企业所处行业本身的市场竞争程度。两类因素共同决定企业外部压力的大小,进而决定企业工资决定机制的市场化程度。本章的实证结果支持了以上假设。最后,第五章在总结主要研究的基础上,探讨了推进国有企业工资决定机制市场化进程、加强市场化工资决定机制下劳动者权益保护的相关对策。

关键词:企业管理　工资　收入差距

1553

企业并购中人力资源管理与人力资源管理者的角色研究 / 王军宏著 ; 赵履宽指导. -- 中国人民大学, 2005. -- 161 页

本文从不同的并购阶段出发,通过对不同案例企业的研究,主要研究以下三个问题。(1)中国企业并购中存在的人力资源管理问题,结果表明:中国企业并购存在一些国外企业并购通常会出现的人力资源管理问题,在不同阶段这些问题出现的程度也有所不同;中国企业并购时还存在与市场经济转轨时期密切相关的两个特殊问题,即如何妥善安置被并方冗员和高管人员。(2)中国企业人力资源管理者在并购不同阶段的角色,结果表明:人力资源管理者在并购中的参与主要限于并购尽职调查与谈判和并购后整合阶段;不同阶段人力资源管理者所承担的角色各不相同,大多数人力资源管理者承担着多元化的角色;中国企业人力资源管理者更倾向于认为自己的角色是战略性的;业务经理和人力资源管理者对人力资源管理者在并购中的角色认识存在一定的差异。(3)中国企业并购中影响人力资源管理者角色的主要因素,结果表明:人力资源管理者的能力、公司高层对人力资源管理工作的认同(主要表现为最高层人力资源管理者的职位高低)、管理规范化程度、并购类型和并购动

机等因素会对并购中人力资源管理者的参与及其角色产生重要影响。最后,作者在比较论文结果与已有研究结论的基础上提出了相关建议。

关键词:企业合并　企业管理　人力资源管理　并购

1554

国有企业公司治理内在矛盾及其人力资源解决方案研究 / 吴建辉著 ; 曾湘泉指导. -- 中国人民大学, 2005. -- 183 页

本文在搜集、整理和分析资料的基础上,对国有企业公司治理机制内在矛盾以及基于人力资源管理研究角度的解决途径进行了研究。全文共分六章。第一章导论介绍选题背景和研究意义,对公司治理基本涵义进行界定,分析了将研究范围定位于国家控股或参股的股份制公司的原因,并对国内外研究现状进行了综述。第二章概括了公司治理的英美模式和德日模式各自所具备的特征,对我国国有企业公司治理的五个发展阶段进行回顾,分析了国有企业公司治理机制当前主要问题及内在矛盾。第三章对广义的国有企业股东构成及其现存矛盾进行了分析,从规范政府部门及其工作人员行为,加快"产权人代表"队伍建设;建立新型银企关系,加强机构投资者队伍建设;加强企业员工队伍建设,确立其人力资本所有者的独立产权主体地位等三方面提出建议。第四章分析了国有企业董事会建设当前存在的主要问题,指出规范和加强董事长、独立董事的地位和作用,加强董事会内设委员会建设,是解决国有企业公司治理内在矛盾的核心环节。第五章阐述了公司治理发展历程中经理人员地位、作用的发展变化情况,通过调查统计数据对目前国有企业经理人员队伍建设中存在的问题进行了分析归纳,提出了健全和建立公司经理人员的市场选聘、考核评价、激励约束机制的建议。第六章是结语,阐述了解决国有企业公司治理机制内在矛盾的主要思路。

关键词:人力资源管理　国有企业　公司治理

1555

中国转型期社会保险中的政府责任 / 杨方方著 ; 郑功成指导. -- 中国人民大学, 2005. -- 283 页

本文在中国全面且"渐进"转型的特殊背景和拉美国家、前苏联中东欧地区许多国家纷纷转型的国际背景下,以社会保险制度改革中的政府责任为研究对象,在概括国内、国际时代背景和文献背景的基础上,集中分析以下四个问题:第一,为什么我国转型期需要政府在社会保险制度变革中承担责任?本文认为,国家认同的实现需要政府提供社会保险,政府的公共职责也需要通过承担社会保险责任来体现。我国转型期渐进改革下的双重路径依赖的影响和构建和谐社会的内在需求以及对计划经济时期劳动者"必要劳动"补偿的现实要求,需要政府承担更多的社会保险责任。第二,在转型期我国政府应该承担什么样的社会保险责任?本文认为,我国转型期间政府责任既包括正常社会状态下的一般责任,也包括转型期的特殊责任。一般责任包括在机关事业单位养老金和行政事业单位医疗经费的财政支出和对社会保险基金运营缺口的财政补贴等;负责对社会保险的组织、运行和对社会保险基金的监管等。特殊责任包括对转制成本的承担和对转型期监管"真空"的弥补。转制成本由历史债务、试验成本、摩擦成本和新制度的建设成本构成,监管"真空"则包括对制度约束和规范空白和制度过时失效的弥补。第三,如何评估转型期我国政府承担的社会保险责任的演变?本文认为,自1986年中国社会保险制度开始转型以来,政府责任经历了一个从不规范走向规范、从责任模糊走向责任清晰、从无限责任到有限责任的过程,正在朝着更加科学、合理的方向发展。政府承担责任所取得的成就很大,但也存在许多问题,而这些问题是多层因素造成的。第四,转型期政府如何更好地承担社会保险责任并使新型社会保险制度早日得到确立和健康发展?根据我国的"渐进"的改革方式和政府履行社会保险责任的环境,本文提出的解决思路是制定立体型的解决方案和渐进的解决步骤,以及合理、规范、明确的责任划分和内外结合的化解方案等。

关键词:社会保险　社会保障　经济转型期

1556

失业保险对劳动力市场影响的理论分析 / 叶向峰著 ; 董克用指导. -- 中国人民大学, 2005. -- 121 页

本文以失业保险作为切入点,将其视为自变量,分析了它与劳动力市场运行之间的关系,具体包括失业保险对劳动力需求、供给和人力资本投资的影响。在失业保险对劳动力需求的影响方面,本文研究了以下四个方面:失业保险对劳动力成本的影响;失业保险缴费方式对企业雇用行为的影响;失业保险对消费的影响;失业保险对工会力量的影响。关于失业保险对劳动力供给的影响,本文研究包括以下三个方面:失业保险对失业者劳动力供给的影响;失业保险对就

业者劳动力供给的影响;失业保险对配偶(妻子)劳动力的影响。关于失业保险对人力资本投资的影响,本文研究了以下两个方面:失业保险对教育投资的影响;失业保险对劳动力流动的影响。在以上分析的基础上,本文对我国失业保险制度的完善提出了相关建议。

关键词:失业保险　劳动力市场　人力资本

1557

企业组织公平性对组织公民行为的影响研究 / 张望军著 ; 赵履宽指导. -- 中国人民大学, 2005. -- 206 页

本文由六章构成。第一章绪论从研究背景和动机的角度提出了本研究的重要性,明确了本文研究目的和主要内容。第二章为文献综述,主要回顾了组织公民行为的概念起源和维度发展、影响因素,论述了组织公平性的起源、发展和分类以及组织公平性影响,论证了组织公平性对组织公民行为的影响,并对国内外的研究进行了总结和述评。第三章为研究设计,提出了研究框架,围绕第一章提出的研究内容提出研究假设,对研究变量和研究工具进行明确和规范,对问卷调查和数据分析进行阐述。第四、五章是数据分析和结果评价部分,主要结论是:(1)相互作用公平是影响组织公民行为的最主要因素,分配公平不是影响组织公民行为的主要因素;(2)领导成员交换只能解释一部分相互作用公平与组织公民行为之间的关系;(3)程序公平主要影响"保护企业财产"和"良好人际关系"两个组织公民行为维度;(4)员工的所在企业性质、性别、年龄、学历、工龄和司龄都会对某些维度的组织公民行为产生显著影响。第六章主要从企业人力资源管理建设、企业文化建设、企业公平性制度建设、经济政治体制改革和民主法制建设等角度就本研究结果的启示做了陈述。

关键词:企业管理　公平原则　人力资源管理　企业员工

1558

企业家人力资本价值评价问题研究 / 张一名著 ; 肖鸣政指导. -- 中国人民大学, 2005. -- 170 页

本文采用实证与规范分析相结合的方法,对相关的概念进行了界定,对企业家人力资本特质和价值形态进行了分析,构建并分析了企业家人力资本内在价值评价指标,并分别研究了基于产出价值、交换价值的企业家人力资本价值。全文共七章。第一章是绪论,说明文章的选题意义、研究的理论与现实意义、研究方法与研究设计,论述了主要的理论依据,指出了本文的研究对象。第二章对相关的文献研究进行了综述,包括企业家理论、领导学理论、人力资本理论,并对人力资本评价方法、企业家人力资本价值评价的研究进行了概述。第三章对企业家人力资本特质及其价值进行了分析,从价值评价的角度提出了企业家人力资本价值的三种表现形式。第四章研究了基于内在价值的企业家人力资本价值评价,首先说明了评价的思路,然后论述了评价的理论依据,对企业家人力资本内在价值评价内容的研究现状进行了分析,设计了评价指标,最后是评价的目的性抽样检验分析。第五章研究了基于产业价值的企业家人力资本价值评价,首先也说明了评价的思路及理论依据,介绍了企业家人力资本产出价值的主要计量方法,然后是关于企业家人力资本产出价值评价的逻辑分析,最后论述了企业家人力资本产出价值评价的广义量化方法。第六章是基于交换价值的企业家人力资本价值评价,包括评价的思路、理论依据,并分析了企业家人力资本交换价值的形成与影响因素,对评价的方法进行了设计,最后分析了企业家人力资本交换价值的实现。第七章总结了本文的研究结论,并进行了总结分析。

关键词:企业家　人力资本　价值评估

1559

知识员工报酬研究 : 基于企业核心能力与员工异质性特征的视角 / 郑耀洲著 ; 文魁指导. -- 中国人民大学, 2005. -- 178 页

本文共分七章。第一章绪论阐述了选题意义,提出本文的研究问题,并对知识员工、报酬、核心能力和异质性等概念及其关系进行了界定。第二章从基于企业核心能力的竞争战略和提升核心能力的知识资本——基于企业核心能力的战略人力资源管理——基于企业核心能力的人力资本差异化管理三个层面,纵向揭示了企业核心能力、知识资本、战略人力资源管理、人力资本异质性及人力资本差异化管理(包括报酬)之间的逻辑关系。第三章从企业整体报酬战略模型中提炼出知识员工异质性特征分析的三个要素:价值、能力和需求,并对与企业核心能力相关的知识员工的异质性价值、异质性能力和异质性需求进行了分析。第四章在概述目前报酬研究的基础上,归纳出知识员工报酬的整体化和差异化研究动态,并将变革环境中不可或缺的知识员工职业发展和管理要素纳入知识员工差异化报酬的分析框架,此外还揭示了企

业核心能力、知识员工异质性特征和知识员工差异化报酬之间的逻辑关系,并结合高技术企业知识员工报酬研究文献回顾,提出第五、六章要研究的问题。第五章选取基本薪酬和可变薪酬两类传统的薪酬/报酬要素,以高技术企业研发人员为例,研究了知识员工的差异化报酬。第六章从不同类型的研发人员的薪酬、不同职能知识员工之间的薪酬平衡、知识员工的职业生涯管理三个方面,对知识员工差异化报酬研究进行了深化与拓展。第七章提出了本文的研究结论和未来研究的方向。

关键词:劳动报酬　企业员工　核心竞争力　人力资源管理

统计学

1560

国债市场机制的博弈研究 / 陈建明著 ; 高鸿桢指导. -- 厦门大学, 2005. -- 147 页

本文应用博弈论和实验经济学的方法分别研究了限制预发行市场交易商参与投标,和预发行市场交易商或预发行市场内幕交易商参与投标的国债市场博弈,分析了"逼空"条件,比较了不同局中人的收益、纯策略,以及由此形成的短期均衡和长期均衡,比较了美国式拍卖方式与荷兰式拍卖方式的博弈结果,进一步分析了"基本承销商"和"追加选择权"制度对博弈结果的影响;文章通过理论与实践研究比较了不同拍卖机制的优劣,为我国国债市场机制设计提供了政策建议。文章的结论主要是:从减少操纵程度的观点看,在不同的市场背景下,信息灵通交易商参与荷兰式拍卖的国债市场机制最优;而"基本承销额"下信息灵通交易商参与美国式拍卖的国债市场机制最差;在相同的市场背景下,荷兰式拍卖机制均优于美国式拍卖。从拍卖人期望收益比较看:在无操纵均衡下,国债市场机制所得到荷兰式拍卖下拍卖人的期望收益均高于美国式拍卖;在操纵均衡下,只有在"基本承销额"制度内幕交易商参与投标的国债市场中得到相同的结论,其他国债市场机制其结论则相反,即美国式拍卖下拍卖人的期望收益高于荷兰式拍卖。在信息灵通交易商未参与投标的国债市场里,实施"基本承销额"或"追加选择权"制度对局中人纯策略选择没有影响,也不改变市商"逼空"或"逼空"程度,在"基本承销额"制度基础上,行使"追加选择权"对市商有益而无害。在信息灵通交易商或内幕交易商参与投标的国债市场里,实施"基本承销额"制度消除了他们对市商的"逼空"机会,也改变了局中人的纯策略选择;当市商在预发行交易中卖空时,行使"追加选择权"不改变局中人纯策略选择,对于市商而言,应该行使"追加选择权";当市商在预发行交易中买空时,则应谨慎考虑。

关键词:国债　公债　资本市场

1561

基于期权博弈的投资决策研究 / 陈胜荣著 ; 高鸿桢指导. -- 厦门大学, 2005. -- 184 页

本文研究了不确定条件下厂商投资决策中的博弈行为。通过将实物期权的方法与博弈论的分析相结合,本文发现,对于非排他性的投资项目,竞争的情形与基于不确定条件下标准的投资期权策略存在很大的不同。在博弈双方没有达成共谋的前提下,等待的期权价值在一定程度上将因为竞争的作用而被侵蚀。全文共分七章。第一章导论。第二章是厂商投资决策相关理论回顾。第三章是离散时间下的期权博弈分析。第四章是连续时间框架下的期权博弈模型分析。第五章是对行动顺序、信息与期权博弈的探讨。第六章引入试验经济学方法,对期权博弈理论展开实验研究。第七章是对全文的总结与展望。

关键词:投资决策　实物期权　期权交易　博弈论

1562

公共支出与经济增长的理论与实证研究 / 陈志国著 ; 肖红叶指导. -- 天津财经大学, 2005. -- 122 页

本文从理论和实证方面对我国公共支出的演变路径、特征,以及公共支出对资本边际产出的影响和公共支出结构对经济增长的影响等问题进行了深入研究和分析。全文共分七章。第一章即引言。第二章研究的是公共支出与经济增长分析的经济学基础,首先文章对内生经济增长理论的基本分析框架进行分析,并挖掘其内含的公共支出政策空间;接着作者依据内生经济增长理论所内含的公共政策含义,对公共支出对经济增长的作用机理进行了探讨和归纳;然后在上述分析基础上梳理了公共支出对经济增长的作用路径。第三章的主要内容是公共支出与经济增长的核算及数据定义,具体包括:我国公共支出核算及数据定义;公共支出规模的核算及数据定义;公共支出分类及相关数据定义;我国资本存量的数据定义

及估算等。第四章对我国公共支出规模和结构的演变路径及其背景进行了分析,作者主要依据我国的有关数据文献,对改革以来我国公共支出规模及其增长的演变路径和特征、我国公共支出结构演变轨迹及其公共资源转移路径、决定我国公共支出演变的因素进行了分析,并在此基础上分析了我国公共支出规模和结构演变对经济增长的影响。第五章从理论和实证两方面对公共支出对资本边际产出影响机制进行了分析,文章通过构建公共支出结构的理论增长模型,分析和论证公共支出及其结构对经济增长的影响机制,并依据理论模型的政策含义和相关文献资料对中国公共支出与经济增长的关系进行经验分析。第七章对关键的分析结论进行了总结,并在此基础上提出优化公共支出、促进经济增长的对策和建议。

关键词:财政支出　公共支出　公共财政　经济增长

1563

非对称损失函数下的参数设计 / 程岩著 ; 吴喜之指导. -- 中国人民大学, 2005. -- 93 页

本文主要工作和结论如下:(1)求出非对称的损失函数下的平均质量损失,把它看作是总体参数的函数,探讨它们的解析性质。本文证明,在一定的尺度参数下,评价质量损失关于位置参数是下凸的函数;在调整参数取最优值的情况下,平均损失关于尺度参数是单增的。(2)利用非线性规划的方法证明,田口(Genichi Taguchi)的稳健性设计和灵敏度分析的方法仍然行之有效。减少产品质量损失的方法可以分为两步:首先做稳健性设计,通过变动构成产品的各个部件的参数,使产品质量尽量稳定,然后再进行灵敏度设计,缩短质量特性的数学期望与目标值之间距离,利用对方差影响不大的参数,在保持方差不增大的前提下,调整质量特征总体 X 的数学期望 μ 至某个值。(3)针对不同情况下给出了 μ 的最佳取值。(4)给出了损失系数比、调整参数和最优调整参数的定义。(5)给出了各种情况下参数设计的具体步骤。总之,本文在非对称的损失函数下论证了某些分布的质量特性的参数设计的可行性,推导和计算出了平均损失最小条件下相关参数的解析解和数值解,给出了参数设计的具体步骤,对田口的参数设计方法做出了补充。

关键词:数理统计　统计分析　参数估计

1564

组合投资方法统计研究 / 邓国华著 ; 施锡铨指导. -- 上海财经大学, 2005. -- 116 页

本文运用统计学模型研究了证券投资基金的组合投资方法。全文共分七部分。第一部分前言。第二部分介绍了组合投资方法著名理论——Markowitz和三个经典模型——资本资产定价模型(CAPM)、套利定价模型(APT)和因子模型(FM),文章重点讨论了新兴市场中因子对个股收益率的作用,并实证分析了沪深股市因子对个股收益率的影响及其相互之间的关系。第三部分研究了 Markowitz 模型有效组合投资的新型解,作者针对 Markowitz 模型存在解的解析表达式存在的缺点,对之作了进一步研究推导出了一个新的解析表达式,并证明了其具有很多优良的性质,并在此基础上,讨论了基于"均值——方差"模型效用最大化的一般模型,并给出了相应的有效组合投资的算法。第四部分主要研究的是特征量模型(CM),这一模型被认为是对因子模型(FM)的改进,文章在因子模型的基础上利用个股的特征量构造了一个特征量敏感度函数,并建立了基于个股特征量敏感度函数的非线性特征量模型,之后利用 2000 年到 2002 年的沪深市场的个股数据,使用非线性特征量模型进行了实证分析,并与一般线性因子模型进行了比较。第五部分从多个角度度量了证券市场的有效性,文章将"熵"的概念引入资本市场的研究中,建立了有效市场中有效信息量的多因子度量模型,并利用重大事件研究法,实证分析了沪深两市事件对市场收益率的影响状况。第六部分对个股权重的确定和组合模式进行了研究,文章讨论了两种确定证券组合中个股权重的方法,作者还对已有的两类基金模式进一步细分为四类,并将 Markowitz 理论和因子模型结合起来,分析比较了四类基金的收益率和风险,从理论上定量验证了现阶段我国市场适合的基金类型及以后的发展趋势。第七部分对组合投资方法业绩的评价,文章运用经典的 Sharpe 比率、Treynor 比率、Jensenα 对一些证券投资基金及其等权基金组合的绩效表现进行了较为全面的衡量。

关键词:证券投资基金　组合投资　证券市场　经济评价

1565

中国石油加工业竞争力研究 / 傅琦著 ; 赵彦云指导. -- 中国人民大学, 2005. -- 190 页

本文结合波特竞争战略理论、核心能力理论和中

国人民大学竞争力与评价研究中心产业评价理论,建立了中国石油加工业钻石模型,从产业竞争基础、竞争环境和竞争格局三个方面对我国石油加工业竞争力进行了研究。本文共分八章。第一章绪论介绍研究背景和意义,简述国内外竞争力理论的主要观点和研究现状。第二章从石油资源、市场需求、产业布局、技术进步、装备水平、生产能力与装置结构等方面对我国石油加工业竞争力的关键要素进行了分析。第三章是我国石油加工业的竞争环境分析,包括我国石油加工业的发展环境和竞争环境。第四章分析了世界石油加工业的竞争格局,对国内、国际石油公司进行了对比分析,剖析了国内石油加工业的竞争格局。第五章通过竞争力评价指标体系研究,建立了包含生存竞争力、经营管理竞争力和可持续发展竞争力三个方面的企业竞争力评价体系。在此基础上,对国内石油加工业大中型企业竞争力进行理论与实证分析,揭示最具竞争优势企业群体的竞争力内在结构。第六章使用典型相关分析方法研究 DEA 方法的输入输出指标间的关系,建立企业竞争效率三维模型:市场竞争效率模型、成本竞争效率模型和人员竞争效率模型。第七章将 DEA 相对效率定义为竞争效率,对我国石油加工业大中型企业进行了市场、成本和人员竞争效率的静态和动态分析,研究了影响我国石油加工企业竞争效率的主要因素。第八章提出了中国石油加工业竞争力的提升战略。

关键词:石油工业　石油炼制　竞争力

1566

论投资者情绪对股市的影响 / 高清辉著 ; 黄良文指导. -- 厦门大学, 2005. -- 112 页

论文主要研究投资者情绪对股市产生的影响问题,主要从三个角度进行研究。在气候环境方面,我们选取了日照、相对湿度、气压和温度等指标来研究气候环境对股市的影响,发现这三个因素对于股市有显著的影响;在社会因素方面,选取了与投资者心理有关的技术指标心理线指标与 ARBR 指标,选择了能代表投资者情绪的“新股上市首日收益率”指标作为情绪指标,来讨论其与投资者情绪、股市收益的关系,分析发现这些指标对于股市后市具有一定的预测能力;在生物节律方面,也探寻到我国股市月相效应的独特规律。

关键词:股票市场　证券投资　投资者　行为金融学

1567

条件风险价值 CVaR 的算法与应用研究 / 高全胜著 ; 李选举指导. -- 中南财经政法大学, 2005. -- 145 页

本文主要关注金融风险管理中的风险计量问题,重点研究风险计量指标条件风险价值 CVaR 的算法与应用。全文共分五章。第一章导言。第二章研究相容风险测度的基本理论,主要介绍了两种形式的动态相容风险测度方法和几种风险计量指标,比较了 VaR 的各种算法,并回顾了三代风险测度:方差、风险价值和相容风险测度。第三章是条件风险价值 CVaR 的算法研究,具体介绍了参数方法、非参数方法、优化算法、价格涨跌停限制下的计算方法和压力测试方法。作者还利用压力测试方法考察了我国股票市场风险的稳定性问题,实证结果表明这种方法是恰当的。第四章在相容风险测度 CVaR 前提下考察了均值—CVaR 投资前沿对资产数量变化的敏感性问题,具体考察了当投资组合的资产品种数量增加或减少时投资组合前沿曲线的变化特征,得到了与以方差作为风险计量标准的不同的结论。本文发现,使用 CVaR 作为风险测度标准可以使投资者在资产选择时更加谨慎和稳健,同时也有利于对风险进行分散和监管。第五章研究了 CVaR 风险意义下的投资绩效与风险分解。首先介绍了 CVaR 和 VaR 的导数公式,给出了一个非参数的估计方法。然后在相容风险测度 CVaR 的意义下,对夏普比率给出了一个新的结构性解释,并对夏普比率进行了推广,同时实证分析了郑州商品交易所农产品期货投资中最优资产分配和最优投资绩效问题。最后将风险发生的信息机制分解为公共信息效应和私有信息效应,通过计算公共信息指数和私有信息指数,利用中国股票市场的实际数据,研究了中国股市的信息主体问题和信息对风险冲击的持续期问题,发现信息对风险的冲击具有反复性、相似性和风险冲击的聚集效应。

关键词:金融风险　风险价值　风险分析　投资组合

1568

期权方法在投资决策中的应用研究 / 韩莉著 ; 黄良文指导. -- 厦门大学, 2005. -- 187 页

本文主要研究如何运用期权方法解决传统投资决策方法无法解决的、不确定条件下具有选择权或管理灵活性的投资决策问题。全文共有六章,分为四个部分:首先探讨布莱克—斯科尔斯模型、CRR 二叉树模型、风险中性估值方法、蒙特卡罗模拟方法等主要

期权估价模型和方法,分析传统投资决策方法的局限性。其次分析投资决策期权方法本质以及投资决策中实物期权的分类、组合特征,总结估价应用步骤。然后具体研究期权方法在四个投资领域中的期权分析与估价应用过程。最后提出在我国投资决策中推广期权方法的两个建议。本文认为期权方法是对具有不确定性和灵活性的不可逆投资进行评价和决策的有效方法。它在一定程度上改善了传统投资决策方法的局限性,但这种改善只是单向的。房地产开发投资、自然资源开采投资、并购投资和创业投资等战略性投资领域的投资项目往往具有期权特性,其投资决策问题需要期权方法来解决。蒙特卡罗模拟方法和二叉树模型是解决投资决策实物期权估价问题的有效工具。

关键词:决策　投资　期权　实物期权

1569

结构与效率 : 中国金融发展问题研究 / 黄炳艺著 ; 曾五一指导. -- 厦门大学, 2005. -- 181 页

本文结合中国的国情,在对西方金融发展理论作了较为全面论述的基础上,探讨了如何从理论上对金融发展的概念进行科学界定,同时构建相关的经验模型,结合最新的经济计量方法对我国金融发展与经济发展、企业发展的关系进行实证研究,同时探讨中国金融结构调整问题以及提高中国金融效率的对策,力图为建立我国科学的金融发展观和促进中国金融发展提供理论支持与政策指导。全文共分七个部分。第一部分绪论。第二部分是金融发展理论评述与概念框架。作者全面、系统地介绍并评价了金融发展理论,对金融发展的概念框架进行了重构,明确提出金融发展是在金融增长的基础上,通过金融结构的调整和演进,不断提高金融效率的发展过程,从而修正并构建了新的金融发展理论框架。第三部分对中国金融发展的特征进行了统计研究,在新的金融发展理论框架下提出了相应的金融发展统计指标体系,同时通过大量的统计数据剖析了我国金融发展的特征。第四部分针对中国金融发展的结构和效率的关系进行了实证研究,文章不仅利用 Geweke 分解检验和回归分析研究我国金融发展与经济发展的关系,而且采用 Panel data 模型考察我国金融发展与企业发展的关系,并对实证研究的结果和启示作了全面的总结。第五部分研究的重点是中国金融结构的调整问题,首先比较分析了银行主导型金融结构和市场主导型金融结构,其次探讨了信息不对称下金融结构的变动模型和我国金融结构调整因素的需求,最后提出了我国金融结构调整的路径选择。第六部分提出了提高中国金融效率的对策,重点分析了影响我国金融效率的因素,并提出了相应的对策。第七部分总结了本文的研究结论以及研究的局限性,并提出了有待将来进一步深入研究的相关问题。

关键词:金融发展　金融结构　金融效率

1570

中国上市公司资本结构研究 / 黄继平著 ; 黄良文指导. -- 厦门大学, 2005. -- 156 页

本文运用规范分析与实证分析相结合的方法,对我国上市公司资本结构问题进行了多视角研究。全文共分八章。第一章导论。第二章对资本结构理论进行了综述,包括早期资本结构理论、经典资本结构理论和现代资本结构理论。第三章对中国上市公司资本结构形成的制度背景进行了分析,文章首先分析了中国上市公司产生与发展的历史背景,然后分别分析了中国上市公司治理结构和中国证券市场发展状况,并研究了中国利率市场化状况和中国企业法人所得税制度。第四章从统计角度对中国上市公司的资本结构特征进行了分析,首先是对中国上市公司资本结构作了描述性的统计分析,然后从统计角度分析了上市公司的资本结构变动特征、融资活动特征以及上市公司行业资本结构特征。第五章从实证角度研究了公司特征因素对中国上市公司资本结构的影响,文章首先分析了国家因素和宏观经济因素以及行业因素对企业资本结构的影响,然后再对公司特征因素对中国上市公司资本结构的影响进行了实证分析。第六章提出了一个新的资本结构理论,即企业资本投资组合理论,并运用这一理论对企业最优资本结构进行了求解。第七章对中国上市公司的资本结构优化提出了一些政策建议。第八章是对全文的总结,并对未来的研究进行了展望。

关键词:上市公司　资本结构　投资组合

1571

可转换债券的定价和组合策略研究 / 黄瑞庆著 ; 黄良文指导. -- 厦门大学, 2005. -- 87 页

本文主要研究的是可转换债券的定价和组合策略。第一章阐述了可转换债券的设计原理和发展历史,回顾了国内外关于可转换债券的定价和组合策略的研究文献。第二章是对可转换债券中债券部分价值的研究,总结了各种债券不同的估价模型,研究了

债券的价格行为特征,尤其探讨了作为企业债的一些风险特性对债券价格的影响。第三章是对可转换债券中期权部分价值的研究,总结了各种期权的定价模型,讨论了期权与各种影响因素如股票价格、剩余期限、股票价格波动率和无风险收益率等之间的关系,研究了具体合约的条款对期权价值的影响。第四章是对可转换债券的组合策略的研究。首先把转债作为企业债,讨论了债券投资组合的优化问题,其中风险重点考虑的仍然是公司的信用风险;然后讨论了可转换债券投资组合的对冲策略,尤其是转债与股票的对冲策略。第五章针对中国资本市场的实际情况,提出了发展可转换债券市场的几点建议。

关键词:资本市场　证券投资　可转换债券　定价

1572

精算控制循环与养老基金治理 / 黄向阳著 ; 袁卫指导. -- 中国人民大学, 2005. -- 107 页

本文共分五章。第一章回顾了我国基本养老保险制度改革的历程,对国内外研究进行了综述,指出制度设计和实施过程是决定养老制度改革成败的两个关键因素。第二章研究了精算范式。明确了精算范式的基本内容,回顾了历史上的精算范式转换,指出执业精算师和相关法规都需要比较长的时间才能接受精算范式的转换,并探讨了新的精算范式对养老金精算和会计的影响。第三章研究了新的精算范式下的理论问题。首先研究了给付过程假设,认为研究养老基金动态特征时经常使用的给付服从几何布朗运动的假设有一定合理性;然后利用倒向随机微分方程,证明了养老基金累积值的最佳路径取决于无风险资产的利率路径。这个结论为资产相关负债概念找到了一个数学形式,也为养老金的未来责任评估方法给出了答案。第四章从资产负债管理入手研究养老制度的外部环境。主要讨论了法系和理财范式对养老基金管理的影响,并结合我国资本市场的现状,认为信托制企业年金,尤其是依赖外包服务的信托制企业年金,并不适合我国的具体环境。第五章研究养老基金治理。作者认为养老基金治理是公司治理的镜像,它的原则、实施环境与管理人员都要依赖公司治理,精算控制循环是实施养老基金治理的理想工具,最后对我国的企业年金制度提出了一些改进建议。

关键词:养老保险　基金　企业年金　保险数学

1573

Copula 在投资组合模型中应用的研究 / 贾知青著 ; 易丹辉指导. -- 中国人民大学, 2005. -- 129 页

本文由六章组成。第一章导论阐述选题意义,介绍国内外主要研究成果,概述本文研究思路、方法和结构安排等。第二章分析了 Copula 理论与其性质,以及相依性度量, Copula 的估计, Copula 的密度函数, Copula 随机数的产生,拟合指标等。第三章阐述了为什么要选用 Mean - CVaR 作为分析的投资组合模型,并通过实证对比分析了其良好性质。第四章针对单期 Mean - CVaR 中存在的问题,分别运用不同 Copula 族来进行分析,主要解决三个方面问题:(1)针对多元分布中尾部聚集的情况,针对边际分布主要采用 ARCH, GARCH 模型来更好地拟合边际分布的聚集现象,针对联合分布分析了 t Copula 族、Archimedean Copula 族、EVT Copula 族在解决联合分布聚集特征中的优缺点并设计了相关具体的算法。(2)针对金融时间序列中不同时段的模型的参数和结构可能变化的特征,研究分析了变结构的模型结构在描述变量变化和投资组合模型中的应用,并进行了实证分析。(3)针对变量相关性的变化引起投资组合权重的变化,分析了混合 Copula 模型在更好地拟合相关性变化以及反映权重变化中具有一定的准确性,但存在巨大风险。第五章将 Copula 应用拓展到多期投资组合的情况,针对其中的随机规划问题进行研究,得出 Copula 模型在防止维数爆炸和描述问题准确性和模型的简洁性方面具有良好的性质。第六章将第五章研究的 Copula 在随机规划中和 M - CVaR 结合的多期模型应用到资产负债管理中,建立了其相关的模型并进行实证分析。

关键词:证券投资　数学模型　风险管理

1574

股票市场超高频数据经济计量模型实证研究 / 金登贵著 ; 徐国祥指导. -- 上海财经大学, 2005. -- 112 页

本文在详细分析了我国证券市场上高频数据的数据特征的基础上,利用国外对金融高频数据研究的最新成果,对中国证券市场高频数据的建模进行实证研究,并探讨了关于 ACD 模型统计性质研究的最新成果。全文共分六章。第一章是背景与文献回顾,主要叙述了研究目的、国内外文献回顾、研究方法以及研究数据的处理办法。第二章研究了中国证券市场高频数据分布的特性,文章对沪深交易所公布的综合

指数以及上市交易的股票的日内数据进行了较为详细的研究，并与国外成熟市场上的金融高频数据特征进行了对比。第三章是自回归条件期间模型研究，作者对 Engle and Rusell(1998)提出的简单线性 ACD 模型进行了初步介绍，分析了 ACD 模型建立的理论构架及其渐进特征，并对比了国内学者对线性 ACD 模型的实证结果。第四章是 ACD 扩展类型研究，文章通过将 $\lambda \geqslant 0$ 参数定形于条件期间过程的 Box - Cox 变量转换，并且对冲击的非对称反应进行了刻画，还采用中国石化和深发展的价格期间和成交量期间进行了模型的实证分析。第五章是 ACD 模型的非参数设定检验，探讨了关于 ACD 模型统计性质研究的最新成果，并研究采用两步法来测试条件期间模型的误差项的分布，运用介绍的两步检验法对第四章模型实证的结果进行了检验。第六章总结了论文的研究结论和创新之处，指出本文的研究局限，并就后续研究提出了一些建议。

关键词：股票市场　计量经济学　ACD 模型

1575

中国证券市场"内部人"交易的信息披露模式研究 / 李勇著 ; 王美今指导. -- 厦门大学, 2005. -- 108 页

本文运用博弈论和信息经济学的模型分析方法，研究中国证券市场"内部人"交易及其信息披露问题。全文共分八章。第一章介绍了"内部人"交易及信息披露问题产生的背景。第二章介绍了有关研究"内部人"交易和信息披露的经济理论、方法和模型。第三章通过建立序贯交易模型，研究市场交易机制对"内部人"交易的影响，得出不论在何种市场交易机制下"内部人"交易都会导致市场价格逆向选择的结论。第四章采用凯尔一阶段批量交易模型的扩展形式来分析"内部人"交易对我国证券市场各参与者的影响，表明允许"内部人"交易有利于中小投资者。第五章分析研究了"内部人"交易与公司一般信息披露的关系。通过建立序贯交易模型并运用贝叶斯原理证明在我国证券市场中，"内部人"更愿意披露利好消息隐瞒利坏消息。第六章分析了"内部人"交易可能产生的弊端——市场操纵问题，给出了"内部人"交易导致市场操纵的条件，指出禁止"内部人"从事短线交易的规则可有效地降低市场操纵。第七章主要分析了"内部人"交易信息披露对证券市场的正面影响，在凯尔两阶段批量交易模型的基础上，分别对"内部人"交易信息披露的事后和事前模式进行分析，证明了两种披露模式都有助于降低"内部人"拥有的私人信息优势，从而减少内幕交易的发生。第八章根据我国证券法律法规建设的现状，提出关于我国规制"内部人"交易及信息披露模式的框架设想。

关键词：证券市场　证券交易　信息披露

1576

基于 MCMC 方法的随机波动模型的推断 / 刘凤芹著 ; 吴喜之指导. -- 中国人民大学, 2005. -- 86 页

本文共分七章。第一章介绍了选题意义，综述了随机波动模型在参数估计、波动滤波和预测、模型选择这三方面的研究进展情况。第二章阐述了 MCMC 方法的原理，介绍了最常用的 Gibbs 和 Metropolis 算法以及三种常用的诊断算法收敛的统计方法，MC 标准差的计算和实际操作的几个问题。第三章介绍了基于 MCMC 模拟方法的基本随机波动模型参数估计的两种不同算法，指出了其异同点；其次基于"前向滤波、后向抽样"思想给出一种新的计算基本随机波动模型参数估计的 MCMC 算法，并利用多组模拟数据和三种统计诊断方法研究了新算法的收敛性以及先验分布的敏感性；再次，比较了本文方法同 Jacquier, Polson and Rossi（1994）、Kim, Shephard and Chib（1998）的算法在收敛速度、估计精度、运行速度等多方面的优缺点；最后应用本文算法对中国股市的波动做了实证分析。第四章首先给出了计算非对称随机波动模型参数估计的算法，研究该算法的收敛性和先验分布的敏感性，其次提出改进的非对称随机波动模型，给出相应的参数估计方法，最后通过本章给出的算法，利用非对称随机波动模型和改进的非对称随机波动模型对中国股市波动的非对称性进行了分析。第五章的第一部分介绍了计算波动滤波的粒子滤波方法，并利用此方法得到上证综指和深证成指拟合非对称随机波动模型的滤波值；第二部分给出了如何利用随机波动模型来预测波动，介绍了多种预测能力的评价准则，研究了对随机波动模型而言更适合中国市场的预测方式，在多种评价准则下比较了随机波动模型和其他常用模型的预测效果。第六章首先介绍了贝叶斯因子及其算法，用模拟数据检验了贝叶斯因子比较模型的能力，针对上证综指、深证综指和深证成指计算了非对称随机波动模型对基本随机波动模型的贝叶斯因子；其次介绍了 DIC 准则的原理和算法，说明其优缺点，利用 DIC 准则比较了基本随机波动模型、非对称随机波动模型和改进的非对称随机波动模型。第七章对全文进行总结，讨论了进一步研究的方

向。

关键词:经济统计　统计推断　经济波动　随机波动

1577

金融收益率时间序列的极值研究 / 柳会珍著 ; 顾岚指导. -- 中国人民大学, 2005. -- 116 页

本文以金融收益率时间序列的波动和极值为研究对象,利用统计极值理论方法和非线性时间序列模型相结合的方法,通过拟合收益率波动模型得到模型残差序列,进而比较研究新息和收益率的尾行为。全文共分五章。第一章是引言部分,介绍论文选题背景和意义,概述了国内外相应领域的研究成果。第二章介绍极值理论,重点阐述了极值理论和正则变化的关系;对厚尾分布的尾指的几种基本估计方法进行了综述,对各种方法的优缺点进行分析,给出平均剩余函数法和 de Haan 矩估计相结合的方法确定合理的超越门限。第三章介绍了非线性时间序列分析方法广义自回归条件异方差模型(GARCH),概述了 GARCH、IGARCH、EGARCH 和 TGARCH 模型及其统计推断,并给出收益率波动和极值的统计建模方法。第四章利用第二章的模型对国内沪深两市大盘指数上证综指和深证综指日收益率数据分布的厚尾进行了实证分析,主要工作有:(1)对大盘指数日收益率数据拟合广义 Pareto 分布;(2)根据拟合的 Pareto 尾估计四个大盘指数日收益率的返回水平;(3)研究探讨指数日收益率分布的上下尾行为。第五章研究股指日收益率时间序列的波动特征,并结合极值理论方法研究拟合模型残差的尾行为和原收益率的尾行为之间的关系,主要工作有:(1)运用非线性时间序列分析研究上证综指和深圳综指日收益率序列的波动;(2)研究拟合的 GARCH、EGARCH 和 TGARCH 三种波动模型残差分布的尾行为并和原收益率的尾行为进行比较。

关键词:股票市场　收益率　时间序列分析

1578

海峡两岸经贸关系互动及其影响问题之探究 / 吕德宗著 ; 肖红叶指导. -- 天津财经大学, 2005. -- 231 页

本文从实证的角度梳理了海峡两岸经贸关系中的一些现实命题,判断海峡两岸的经济依赖程度及其内部互动机制,从而为理解两岸经贸关系提供了一种新思路。全文分四部分。第一部分引言,介绍了选题背景与意义,对相关研究文献进行了综述,指出了文章的写作思路、逻辑结构和主要内容。第二部分即第一章,是台湾经贸发展历程回顾与对外经贸结构演变,论述了台湾经贸发展历程、经济发展模式变迁,论述了对外经贸对推动台湾经济增长的驱动作用,并对台湾经贸结构特征及其演化轨迹进行了分析。第三部分即第二、三章,第二章重点分析了海峡两岸经贸互动的依存度及其合作的必要性,特别利用了较为翔实的数据分析了海峡两岸的资源共享、产业布局、制度协调、风险控制方面分析了两岸开展经贸合作的必要性;在此基础上,第三章讨论了海峡两岸经贸发展对两岸经济增长的经济效应,围绕贸易乘数、经贸依赖度变化导致的不稳定性问题、产业结构变迁与升级、就业与国际收支等具体的影响机制和渠道进行了实证研究。第三部分包括第四、五章,第四章先概括了加入 WTO 后两岸经贸发展的现状,分析了制约两岸经贸发展的主要因素,从总体上回顾了台湾对大陆贸易、投资政策,并指出了不足之处,最后提出了 WTO 框架下两岸经贸合作的基本思路;第五章从海峡两岸构建大中华经济自由贸易区的更高视野方面讨论了两岸经贸发展问题,具体包括可行性论证、自由贸易区的构建原则、可行途径及其理论与现实障碍。

关键词:经济贸易关系　经济增长　海峡两岸　自由贸易区

1579

永久随机数法抽样技术的若干问题研究 / 栾文英著 ; 金勇进指导. -- 中国人民大学, 2005. -- 167 页

本文对永久随机数法抽样技术的若干问题进行了探讨,并试图采用该抽样技术解决我国抽样调查领域长期以来悬而未决的若干问题。论文研究主要按照以下几个部分展开:(1)永久随机数法抽样技术的基本抽样方法的研究。论文从永久随机数法抽样技术的基本原理出发,先后讨论了等概率抽样方法、不等概率抽样方法、永久随机数抽样方法 PoMix 抽样。在此基础上,按照样本量是否确定将这些抽样方法进行了重新分类和总结。(2)多目标调查方面的研究。论文对当前国内抽样调查领域对多目标调查问题研究现状进行了回顾,给出了 MPPS 抽样方法的基本原理,对该方法进行探讨,并提出对 MPPS 抽样改进的构想。(3)多层次调查方面的研究。论文首先针对永久随机数法抽样技术中的多种抽样方法的具体特征,讨论了永久随机数法抽样技术在同步调查中控制样

本兼容的基本原理;其次论文进行证明,只要上级的样本量小于下级样本量,上级的样本单元将全部落在下级样本中。(4)样本轮换方面的研究。论文在讨论永久随机数法抽样技术的样本兼容性质的基础上,讨论了多种永久随机数法抽样技术的样本轮换方法,并通过迭代给出了Poisson抽样等抽样方法的抽样区间的计算公式,从而使样本轮换工作更具可操作性。(5)估计方法方面的研究。论文首先回顾了简单随机抽样的各种估计方法,并进行了测算;其次在Poisson抽样中引入广义回归估计量和校准估计量,并采用弃一组Jackknife方差估计方法对估计量的精度进行估计。论文在方法讨论的基础上,采用农业统计数据进行对Poisson抽样和多目标调查的估计量进行了实证测算。结果表明,广义回归估计量能很好地提高估计精度,并且在估计过程中应寻找与调查变量有较高相关性的辅助指标,以进一步提高估计精度。

关键词:抽样法　抽样调查　统计调查　数理统计

1580

经济冲击与经济的周期波动问题研究 / 庞东著 ; 杨灿指导. -- 厦门大学, 2005. -- 196 页

本文以经济冲出理论作为研究的基础,以经济冲击的发生、作用及传导机制为研究主线,在动态一般均衡的分析框架下,运用基于优化的IS—LM—PC模型、总需求冲击结构的VAR模型等,对经济周期和经济冲击进行了理论上的分析,对中国经济周期的波动特征和形成机制进行了较为深入全面地实证研究,同时通过引入货币政策冲击变量D分析了货币冲击对经济周期波动的影响。这不仅对我国经济周期理论研究体系的完善和成熟有着积极的促进作用,而且还有助于更好地把握和分析中国的宏观经济形势,有效地对各种宏观经济政策效果进行预测和判断。文章分五章展开论述。第一章以经济周期波动与经济冲击的理论进行了考察。第二章分析了经济周期中的经济冲击,重点分析了经济冲击与反周期经济政策的关系、经济周期中的经济冲击来源以及经济周期波动中经济冲击的作用与传导机制。第三章从统计角度分析了中国经济周期波动,包括中国经济周期的划分和波动概况、中国经济波动的区域特征同步性与相关性、主要宏观经济变量周期波动的数据描述,以及宏观经济变量经济周期波动的结构性分析和检验。第四章对中国经济周期波动中的经济冲击特征进行分析,重点分析了经济周期波动中的自然冲击特征和市场冲击特征、经济制度和经济政策冲击特征、国际经济冲击特征。第五章运用基于优化的IS—LM—PC模型、总需求冲击结构的VAR模型等分析了中国经济周期波动的冲击效应与形成机理。

关键词:经济周期分析　经济波动　宏观经济调控

1581

多重插补方法与应用研究 / 庞新生著 ; 金勇进指导. -- 中国人民大学, 2005. -- 115 页

本文在借鉴国外相关科研成果的基础上,结合国内调查实例,讨论抽样调查中缺失数据多重插补处理的实现过程。论文的研究主要按照以下几个部分展开。(1)多重插补方法基本问题的研究。论文首先对缺失数据处理中涉及的一些基本问题进行讨论,探讨了各类缺失数据出现的原因,给出缺失数据产生机制的识别原则。其次对多重插补方法的基本问题进行了分析,讨论了可忽略机制下多重插补的一般原理,对多重插补模型作了介绍,分析了多变量单调缺失下的多重插补方法。(2)复杂情况下多重插补方法的研究。论文介绍了不可忽略机制下缺失数据多重插补的一般原理,对有后续行动的不可忽略的无回答进行了探讨,讨论了可忽略无回答的分层随机抽样下的多重插补方法,探讨了任意缺失模式下多重插补方法以及多重插补方法的算法实现。(3)一种常用多重插补方法的改进研究。论文提出了基于多变量事后分层基础上缺失数据多重插补方法,就该方法的实际操作过程,如分层方法的选择、样本在各层的分配、插补模型的选择及多重插补参数估计等问题进行了讨论,并通过具体算例加以说明。(4)多重插补方法的效率研究。论文就一些缺失数据的处理方法进行了分析,探讨了缺失数据处理方法的评价标准,对各种缺失数据处理方法进行比较,给出各种方法的适用范围,同时进行了多重插补处理方法的效率研究,在比较分析各种方法的基础上,给出采用相关方法处理缺失数据的一个例子。(5)多重插补方法的实证研究。论文对多重插补处理的相关软件进行了比较分析,在此基础上,运用多重插补处理方法,主要是DA算法,利用NORM、SPSS、EXCEL等统计软件对某度假村调查数据进行了实证分析。

关键词:多重插补法　抽样调查　统计调查

1582

中国经济周期的"典型事实"及其形成机制研究 /

彭勇著；杨灿指导. -- 厦门大学，2005. -- 171 页

本文在对经济周期理论进行论述和评价的基础上，通过运用计量经济学的方法，测定中国经济周期波动的"典型事实"，并对其形成机制进行了研究。全文以建国以来中国经济周期波动历史演变及形成机理为主线索来安排篇章结构，共分四章。第一章是对经济周期的理论述评，主要考察了经济周期理论的发展历史，通过分析古典经济周期理论、凯恩斯经济周期理论和现代经济周期理论等的产生背景和主要观点，梳理、整理出了各经济周期理论的优缺点。第二章通过运用计量经济学的方法，测定并描述了中国经济周期波动的"典型事实"，通过运用"Dickey－Fuller"单位根检验法，验证了中国经济诸变量的长期增长趋势是否具有随机性；通过运用差分法、HP 滤波法和 Band－Pass 滤波法分离中国经济诸变量的长期趋势，从而得到经济变量的周期项；运用偏度（Skewness）统计量，对我国经济周期波动的非对称性形态和 28 个省及直辖市的 GDP 时间序列的非对称性进行检验，分析中国经济周期波动的区域特征分析；运用马尔可夫体制变化模型，对我国的"产出——物价"菲利普斯曲线进行估计。第三章研究了中国经济周期的形成机制，包括中国居民消费行为分析；政府消费、财政政策的效应分析；投资波动的周期特征分析；贸易进出口与经济周期的相互关系；货币政策对经济周期的影响分析以及金融发展与经济周期的相关性分析等。第四章论述了中国经济景气循环指数的构建问题，文章主要结合我国经济的实际情况，运用国际经济合作组织开发的经济循环模型体系——阶段平均趋势法模型构建我国景气循环复合先行指数，同时对我国经济循环周期年表进行了简要分析。

关键词：经济周期分析　经济波动　宏观经济分析　景气指数

1583

经济增长的技术决定与政策选择：基于原创—引进型技术扩散的研究 / 齐欣著；肖红叶指导. -- 天津财经大学，2005. -- 112 页

本文基于经济增长的技术决定理论，以外源—引进型的技术内生化为分析的逻辑起点，利用理论模型、数量模型的研究方法，衡量技术对经济增长的贡献，并通过对中国技术创新激励政策的分析，提出了激励政策缺环、政府职能边界和政策效用等问题，从政策路径依赖的实证分析中得出了政府政策可执行边界和效用。全文主要包括四部分。第一部分根据经济增长理论的思想，按照经济增长理论观点演进的研究过程，结合经济发展中技术的决定作用，提出了制度因素为环境变量，技术进步对经济增长的决定作用问题。第二部分主要对开放经济下一国技术进步的两种来源及其扩散路径的经济增长含义进行模型分析和理论说明，从理论层面论证了经济增长中的技术贡献；并通过对引进技术（外源技术）的几种内生化过程的探讨，描述了外源技术内生化的线性路径，得出非线性、非均衡的技术扩散效应。第三部分主要探讨了技术生产过程的特殊性所导致的市场失灵，以及因此引入的政府激励政策因种种原因而失效的问题，剖析了在开放经济中政府职能的可能边界，提出并探讨了消除政府失灵的途径。第四部分结合中国技术进步的状况进行实证分析，对中国改革开放以来的技术进步政策进行了回顾，分析了现行技术进步激励政策存在的问题，并且给出了一些政策建议。

关键词：经济增长　技术进步　技术扩散　激励

1584

公司治理主体特性变动对全要素生产率变化的影响：基于沪深股市 A 股竞争性制造业上市公司的实证研究 / 屈耀辉著；曾五一指导. -- 厦门大学，2005. -- 255 页

本文从公司治理主体变动的角度来研究我国企业的全要素生产率（TEP）变化，并进一步延伸到分析公司的竞争优势得失上，重心是实证研究公司治理主体特性变动对 TEP 变化的影响，并衍生到对效率变化、管理效率变化以及技术变化三个方面影响的分析。全文共分为六章。第一章导论。第二章研究了企业生产与公司治理，文章首先简要地介绍和评论了有关探讨企业性质的理论，接着提出了对企业特性的定义并作了详细分析，然后分析了企业的生产机理，论述了生产效率的损耗，最后分析了公司治理及其效用。第三章研究的是生产率变化的测算，作者首先回顾并评论了生产率测算指标，然后对 TEP 的含义及地位重新进行了诠释，简要地分析了投入产出指标的选择，接着比较分析了测算生产率变化的 3 种方法，并给出了实证测算设计的具体思路，最后从公司和行业两个角度分别对实证结果进行了分析。第四章实证分析了股权特性变动对生产率变化的影响，文章首先从理论上分析了股权结构与股东决策之间的关系，其次从五个方面对股权特性作了理论上以及统计上的描述，然后从 8 个方面提出了 13 个相对方向与相对概率相结合的双角度研究假说，并设计了 ANCOVA

和 DRLLPM 两个模型，同时依据两模型的要求对有关变量作了转换，最后对160家公司4个时期计640个样本数据计算的结果作了分析。第五章则对董事会特性变动对生产率变化的影响进行了实证分析，其研究思路与第四章的相同。第六章分析了公司竞争优势的得失，先从理论上分析了竞争优势的来源及其化身，然后指出了公司竞争优势得失的深层动因，最后总结了全文的基本结论，指出了本文的一些不足之处。

关键词：公司治理　全要素生产率　竞争力　股权　董事会

1585

我国商业银行信用风险管理体系研究 / 石蓉著 ; 颜日初指导. -- 中南财经政法大学, 2005. -- 159 页

本文运用经济学、管理学、统计学理论对信用风险管理体系进行了系统研究，全文共分三部分，第一部分前言，介绍了文章的选题背景和内容框架。第二部分包括第一、二章，研究了商业银行信用风险管理体系，第一章从信用风险相关概念、特征、后果、成因及管理策略和信用风险管理体系两方面进行了阐述，明确了建立我国商业银行信用风险管理体系的必要性和重要意义，并提出了体系研究的框架和内容；第二章从巴塞尔新资本协议、西方与我国商业银行信用风险管理体系比较方面探讨了我国商业银行信用风险管理体系的发展趋势。第三部分包括第三、四、五、六章，分别从组织机构设置、制度设计、方法研究、组织考核四个方面，建立了一个新的理论分析框架。第三章通过阐述商业银行信用风险管理组织的相关理论，借鉴西方商业银行信用风险管理组织结构，探讨了我国商业银行风险管理组织结构的设置；第四章提出了应从信用风险综合管理、风险评价、风险分散转嫁和补偿、配套制度及风险文化四个角度来加强制度建设。第五章对信用风险量化分析的理论基础、主要的信用风险量化管理模型进行了分析介绍，对管理信息系统的完善进行了探讨，并对信用风险管理相关问题进行了统计分析和研究。第六章包括信用风险管理考核指标建立、信用风险管理考核的模糊数学模型建立和实例分析。

关键词：商业银行　银行信用　信用风险　风险管理

1586

代理理论视角下我国现金股利实证研究 / 苏月中著 ; 徐国祥指导. -- 上海财经大学, 2005. -- 125 页

本文借鉴了发达国家股票市场的股利代理理论与股利实践，在我国特有的股权结构背景，内部监督机制和外部市场完善程度不同的情况下，研究我国现金股利现状的利弊和内在原因，并研究我国股权结构、现金股利政策和代理成本之间的内在关系。本文共六章。第一章对研究问题、对象和方法的介绍。第二章对国外股利代理理论的文献回顾。第三章对1997—2002年我国盈利非金融上市公司股权结构的考察。第四章通过对盈利非金融公司在1997—2002年间现金股利支付率与盈利数据的分析发现，我国盈利上市公司的现金股利支付率较低，但其中派现公司的现金股利支付率一直较高。第五章提出了“现金股利悖论”，包括三个方面的内容：1. 将我国非流通股东与流通股东之间的代理成本分为全流通代理成本和非流通股代理成本；2. 现金股利与非流通股代理成本正相关，与全流通代理成本负相关，与全流通代理成本的平方正相关。现金股利增加或减少都会增加某一部分代理成本，从而可能使总代理成本增加，损害中小投资者利益；3. 股权越集中的公司，现金股利支付率越高。国有股股东比法人股股东更加偏好现金股利。第六章研究了现金股利、全流通代理成本和股权结构的具体关系，证实了“现金股利悖论说”，证明了国外股利代理理论的不同观点不适用于我国。第七章提出了政策建议，如对股利政策不应实行指导性规定，股票全流通，完善法律且保证法律的实施质量，发展和完善公司控制权市场和经营者人才市场。

关键词：股票市场　股权结构　现金股利　代理　流通股

1587

政府竞争力理论与实证研究 / 王作成著 ; 赵彦云，何晓群指导. -- 中国人民大学, 2005. -- 152 页

除导论外，本文由六章组成。第一章在分析政府竞争模型的基础上，对政府竞争力结构进行了设定，把政府竞争力细分为由架构竞争力、能力竞争力和执行竞争力组成的三位一体的结构。政府的架构竞争力决定着政府的能力竞争力和执行竞争力，反过来，政府的执行竞争力又对能力竞争力和架构竞争力具有反作用。第二章在借鉴已有关于政府绩效、政府信用等方面的测度体系的基础上，以政府竞争力三位一体的结构框架为依托，给出了一套政府竞争力的统计描述体系。第三章利用协方差结构模型，把政府架构竞争力、能力竞争力和执行竞争力作为潜变量，建立

了政府竞争力结构与机制分析模型,使用IMD国际竞争力资料进行了验证。结果表明,第一章关于政府竞争力结构的模型设定总体上是成立的。在政府竞争力的效应方面,政府竞争力与国际竞争力、经济表现竞争力和企业效率竞争力的相关性都非常显著。第四章利用IMD国际竞争力体系中的政府竞争力结构框架,通过对政府竞争力处于不同水平、经济发展处于不同水平国家的比较、国际上主要经济体的比较,以及根据政府竞争力结构要素所做的聚类分析,得到政府竞争力的结构随着竞争力的提升存在着结构升级的变化这一结论。第五章根据IMD1999年以来的数据,对我国政府竞争力表现从静态和动态两个角度进行了研究。结果表明,我国的政府竞争力在国际上的排名处于稳中趋升的走势。本章还对我国政府竞争力的优劣势进行了分析,并提出我国政府竞争力提升的主要路径。第六章对全文的主要结论进行了归纳总结。

关键词:竞争力　行政管理　国家行政机关

1588

分形在中国股票市场应用的研究 / 吴建民著 ; 易丹辉指导. -- 中国人民大学, 2005. -- 111页

本文共分六章。第一章绪论介绍研究背景和意义等。第二章针对有效市场理论的不足和缺陷,将分形市场理论和分数维时间序列引入研究当中,通过对分形市场理论和有效市场理论的比较,指出分形市场理论提出的意义。第三章从股票时间序列的特性出发,利用重标极差法和分维分析,探讨时间序列长程相关性和长记忆性。通过对沪深大盘指数的分析,论文指出沪市比深市有更前的效率,深市比沪市有更长的持久性,用四到六个变量即可解释大盘指数整个时间序列的变化。第四章将重标极差法计算的Hurst指数和差分自回归滑动平均模型相结合,利用ARFIMA和FIGARCHA模型,对中国股市的波动性特征进行了分析。第五章主要讨论了分形分布的特征,以及基于分形分布的沪深股市大盘指数的风险VaR计量。另外本章还利用分析分布的单因子模型和低位矩模型从理论上对组合资产的风险进行了探讨。

关键词:分形理论　股票市场　风险分析

1589

我国股价指数产品创新及其风险控制 / 吴泽智著 ; 徐国祥指导. -- 上海财经大学, 2005. -- 131页

本文通过对国际市场指数创新产品的研究,探索我国指数产品创新,并深入研究了我国指数期货、指数期权的产品设计和风险控制。全文共分四章。第一章概括了本文的研究背景、意义、方法和内容。第二章是对国际市场指数产品创新的评析,包括指数产品的基本机理、结构特征、创新经验以及风险管理和控制措施。第三章首先从政策、法律、技术和市场环境等多个角度分析了我国指数产品创新的可行性,其次提出了我国指数产品创新的策略:(1)按指数期货—指数期权—其他指数创新产品的时间顺序逐步推出;(2)将交易场所确定在证券交易所;(3)成立专业指数服务公司;(4)在指数期货和指数期权刚推出时,将交易主体限定为机构投资者,待条件成熟时逐步向个人投资者开放,而其他指数产品则直接向各类投资者开放;(5)我国证券市场存在的各类制度缺失可以在指数产品创新过程中逐步建立和完善。第四章分为三节。第一节为标的指数的编制研究,提出创新产品标的指数的编制原则、成分股的选择原则与选择方法,通过实证编制各种成分股指数并加以对比研究,将创新标的确定为全国300成分股指数;第二、三节分别为股价指数期货产品和股价指数期权产品设计及其风险控制,包括股价指数期货(期权)的合约规格、交易风险控制条款以及交易方式等。

关键词:股价指数　股票期权　期权交易　金融产品　风险管理

1590

我国中小企业信贷配给问题研究 / 徐强著 ; 施锡铨指导. -- 上海财经大学, 2005. -- 118页

本文借鉴西方信贷配给理论研究方法,从微观视角分析借贷双方的行为,探讨了我国中小企业信贷配给问题,包括银企信息结构差异对信贷配给程度的影响机制、中小企业信息结构的形成机制、银行在改善信息劣势地位中所面临的约束以及中介机构在缓解银企信息差异中的作用等。本文第一章回顾了我国企业融资格局的变迁,指出我国中小企业信贷配给问题的本质是信息不对称条件下商业银行追求利益最大化的结果。第二章是对现代信贷配给理论的综述。第三章结合信贷风险管理的基本特点提出了“信息不对称度”的概念,由此出发构造模型,分析了银企信息结构差异对信贷配给程度的影响机制。第四章结合管理学的组织结构理论分析了企业信息结构选择与组织结构的相关关系,并借鉴行为经济学探讨了中小企业经营高风险的微观机制,提出加强理财服务体系的建设来从根本上提高中小企业经营质量。第五章

通过一个银行信贷风险管理博弈模型分析了信贷管理成本造成的银行在审查和追偿中所面临的困境,从微观角度对银行采取信贷配给手段进行信贷风险管理给出了一个解释。第六章讨论了中介机构(包括担保中介和信息中介)在缓解中小企业信贷配给方面的作用。

关键词:中小企业　企业融资　信贷管理　信用担保　信息不对称

1591

股票市场的相关性分析 : Copula 理论及其应用 / 姚仲诚著 ; 颜日初指导. -- 中南财经政法大学, 2005. -- 143 页

文章主要结合我国股票市场的具体情况,对沪深股市之间的相依结构及投资组合的相依结构进行了深入研究,主要从五个方面展开。首先,介绍了 Copula 理论及其在金融分析上的应用,Copula 函数实际上是一种将联合分布于他们各自的边缘分布连接在一起的函数,该理论在金融分析上主要应用于相关性分析和金融风险管理,应用 Copula 理论具有可以直接对相关结构建模、相关结构和边缘分布无关等优势,通过 Copula 函数可以将风险分解为单个金融资产的风险和由投资组合产生的风险。第二,讨论了相关性分析和 Copula 函数,由 Copula 函数导出的一致性和相关性指标可以捕捉到变量间非线性的相关关系,特别是还可以捕捉到变量间尾部的相关关系,因此比线性相关的应用范围更宽,可以用于金融时间序列的分析。第三,基于 Copula 理论的相关性分析与建模研究,提出运用 Copula 理论构建金融模型可以分两步走,先确定边缘分布,然后定义一个适当的 Copula 函数,以便能很好地描述出边缘分布的相依结构;构建多变量时间序列 Copula 模型的两个关键问题是:单变量时间序列模型的确立和 Copula 函数的选择。第四,研究了条件 Copula 理论建模问题,条件 Copula 是在给定条件集的情况下的条件联合分布函数,运用条件 Copula 技术构建金融模型也需要两步走:首先是确定边缘分布,其次要定义一个适当的 Copula 函数,以便能很好地描述边缘分布间的相关结构。第五,讨论了 Copula 模型在投资组合风险管理上的应用,Copula 模型不仅可以描述资产间非线性、非对称相关,还可以捕捉到相关结构特别是尾部相关结构的变化,通过边缘分布模型和 Copula 函数,容易得到组合资产的联合分布,进而求出投资组合的风险值(VaR)。

关键词:股票市场　证券投资　投资组合　风险管理　风险函数

1592

Data Mining 中数据加值方法研究 / 张阿兰著 ; 金勇进指导. -- 中国人民大学, 2005. -- 150 页

本文共分七章。第一章导论阐述选题意义,介绍国内外关于 Data Mining、缺失值处理、数据匹配方法的研究现状。第二章针对 Data Mining 中的数据质量展开讨论,认为遭遇到数据缺失或不完整情况时,删除有问题的记录或放弃加入可能有影响的变量会造成信息资源浪费,同时可能造成探索的结果产生错误,而重新采用调查方式来收集和补齐数据是无效率且不切实际的。数据加值方法可以改进数据缺失和不完整的数据质量问题。根据加值的辅助数据库来源的不同,本文从两个层面来探讨数据加值问题。第一个层面是利用原有数据库内的数据为缺失数据加值,即单一数据源数据加值;第二个层面是利用外部数据为不完整数据加值,整合外部可用的数据源为原有数据加值,即多数据源数据加值。本文第三章探讨单一数据库内缺失值的处理,重点研究了加值预测模型的构建。第四章研究了多数据源数据加值方法,重点对数据匹配和加值预测模型的构建作了分析。第五、六章分别对单一数据源数据加值和多数据源数据加值进行了实证研究。第七章是结论。

关键词:数据处理　数据库　数据质量　数据挖掘

1593

上市公司经营业绩综合评价方法研究 / 张立军著 ; 颜日初指导. -- 中南财经政法大学, 2005. -- 141 页

本文主要从国家及社会投资者角度,研究中国上市公司经营业绩评价问题。作者从中西方企业业绩评价演变比较开始,借鉴国内外的理论研究与实践成果,结合中国企业业绩评价的现状,来探讨中国上市公司经营业绩评价的方法。全文共分八章。第一章导论。第二章对企业业绩的评价进行了概述,作者首先对企业业绩评价的概念进行了界定;然后对企业业绩评价的起源以及在国内外的发展情况进行了概括,尤其是对企业业绩评价在中国的发展过程进行了详细地阐述;最后对企业业绩评价的基本要素进行了阐述。第三章对国内外比较典型的上市公司的业绩评价方法进行了介绍和评析。第四章研究上市公司经营业绩综合评价指标选择的方法,文章先介绍了上市

公司经营业绩综合评价指标的初选,然后分析了用常用的统计学方法对业绩评价指标的进一步筛选,并进行了实证分析。第五章研究的是上市公司经营业绩评价指标的标准化方法,通过 SPSS 软件随机选择湖南省 10 家上市公司为分析样本,运用各种标准化方法进行处理后的数据来对这些公司的经营业绩进行综合评价和排序比较,以分析各种标准化方法对综合评价结果的影响,并对它们的适应性进行了比较和选择。第六章研究的是上市公司经营业绩指标的赋权方法,作者首先对各种赋权方法进行了介绍与评述,然后从实证角度对各种宏观赋权方法和组合赋权方法进行了比较分析,最后,还研究了标准化方法对客观赋权结果的影响。第七章作者运用湖南省上市公司的财务数据对上市公司经营业绩的综合评价合成方法进行了实证分析。第八章则初步探索了上市公司经营业绩动态综合评价的方法,本章只讨论了关于两个时段上市公司业绩变动的动态综合评价问题。

关键词:上市公司　企业绩效　经济评价

1594

创业投资的博弈分析 / 张贞智著 ; 高鸿桢指导. -- 厦门大学, 2005. -- 99 页

本文在有关创业投资博弈的相关文献与理论的基础上,从信息对称、信息不对称、多阶段投资等角度探讨了创业投资的博弈关系,并结合实际案例研究分析有效契约机制的设计。全文共分六章。第一章绪论,介绍本文的研究动机。第二章是对相关文献的回顾和探讨,论述了创投机构与创业者之间的博弈过程,以及二者之间存在的双方道德风险问题。第三章是对创业投资的博弈分析。第四章分析了标准型创业投资双方道德风险。第五章是对扩展型创业投资双方道德风险的研究。第六章总结全文结论并提出未来研究展望。

关键词:创业投资　创业者　博弈论　道德风险

1595

人口流动与社会经济发展 : 基于河南情况的分析 / 赵乐东著 ; 颜日初指导. -- 中南财经政法大学, 2005. -- 195 页

文章结合河南省的实际,对人口流动与社会经济发展问题进行了探讨。首先,介绍了人口流动的概念;其次,分析了人口大规模流动产生的原因和条件,认为改革开放是 80 年代以来城乡人口大流动的最重要的前提条件,而农村人口多、劳动力剩余是其必要条件,农村收入低、城乡收入差距大是农村人口外流的根本动因,农村基础教育落后也是原因之一。第三,分析了人口流动对城镇就业的影响和流动人口的收入水平,研究认为,大规模城乡人口流动并没有对城镇劳动力就业产生大的影响。第四,对流动人口职业结构和文化程度的纵向研究结果表明,受 20 世纪 80 年代以后农村基础教育严重萎缩的影响,2000 年农村人口中具有较高文化程度者的比重比 1990 年降低,而迁出人口中具有较高文化程度者比重较高;城镇流动人口中从事"农林牧渔水利业"的比重上升一方面显示出城镇劳动力就业观念的改变,另一方面表明科技含量高的"城市农业"发展迅速。第五,对人口流入、流出结构的分析表明,距离、经济发展程度、人口规模等对人口流动的结构都有影响,比如经济发展较好地区的居民流入到经济发展程度较高的城市的比例就越高。第六,人口流动对流入地和流出地的影响分析表明,人口流动对流入地区经济发展影响巨大,同时也提高了流出地居民的收入水平,减少了农村剩余劳动力。第七,人口流动尽管对社会经济发展有利,但规模也应适度,从流入地角度看,人口的流入规模应该和城市的承载能力相适应。最后,利用"推—拉系数"计算分析了人口迁流方向问题,研究显示,多数省市区的推—拉系数与其人口净迁流方向一致,但人口流动对拉力因素变动的反应比推力因素变动的反映更加敏感。

关键词:人口流动　经济发展　城乡差别　河南省

1596

抽样调查中序贯调整估计量的研究 / 钟卫著 ; 袁卫指导. -- 中国人民大学, 2005. -- 66 页

本文共分六章。第一章引论介绍研究背景和意义。第二章是对序贯调整估计量(SAE)的理论研究。作者首先提出了序贯增加调整估计程序,认为它和序贯调整估计程序是一个问题的两个方面;其次讨论了序贯调整估计程序循环中断的条件;再次是对 SAE 公式的研究,认为在母样本和子样本都是随机抽取时,最合适的序贯调整估计量公式是简单估计量;最后比较了序贯调整估计程序重复抽样的思路与随机组方法、半样本方法、刀切法和自助法等方法的异同。第三章用随机模拟的方法对 SAE 进行研究。结果显示,从估计量相对误差的绝对值看,简单估计量和序贯调整估计量都很小;从估计量的均方误差看,序贯调整估计量比简单估计量要小。作者认为,在一定误

差范围内,序贯调整估计量是无偏估计量,且均方误差比简单估计量要小。第四章对不完全事后分层估计量进行综述,对搜索比率估计量、序贯调整估计量与简单估计量作了比较。结果显示,在一定误差范围内,搜索比率估计量和序贯调整估计量、简单估计量一样,都是无偏估计量;从估计量的均方误差看,序贯调整估计量介于搜索比率估计量和简单估计量之间。第五章从其他角度对 SAE 的性质进行了探索,包括单个辅助变量的 SAE 性质研究和存在无回答样本的 SAE 性质研究两部分内容。第六章是本文结论。本文认为,尽管 SAE 在精度上不是明显优于经典的方法,但是它构造起来容易,估计量形式也比经典的估计量简单,且它的提出对于如何更加有效地利用辅助信息提高估计量的精度、开拓不完全事后分层问题研究的新领域,以及解决样本的无回答问题等都具有理论和实践上的积极意义。

关键词:抽样调查　序贯抽样　序贯分析　数理统计

1597

居民消费行为和意愿的量化研究 / 庄菁著 ; 易丹辉指导. -- 中国人民大学, 2005. -- 167 页

本文共分六章。第一章导言介绍选题意义和国内外研究现状。第二章是对居民消费行为和意愿的影响因素研究。作者指出,收入是决定居民消费行为和意愿的主要因素,同时,由于当前中国社会阶层的分化越来越趋向于表现为职业的分化,而职业和收入具有高度相关性,因此有必要兼顾社会阶层研究居民的消费行为和意愿。第三章介绍了居民消费行为和意愿测量的依据和方法,对结构方程模型加以简介,阐明了本文运用结构方程模型要解决的问题。第四章认为消费结构是居民消费行为的具体表现,居民收入增加可能引起消费结构的变化,作者利用 Panel data 进行了分析,并对各收入层居民收入增加会加大支出的消费品类别加以排序。第五到七章利用结构方程,以北京市居民为例,分别对居民医疗、住房和通讯消费行为和意愿进行实证研究。第八章对我国城镇居民收入和消费支出及消费结构进行预测,认为我国城镇居民的收入水平仍将有较大提高,贫富差距仍在进一步扩大,收入分层的分化仍将继续,由此会影响居民的消费行为和意愿。在此基础上,作者提出了建立我国城镇居民收入与消费监测预警体系的设想。

关键词:居民　消费行为　收入分配　消费结构

数量经济学

1598

保险欺诈问题博弈研究 / 边文霞著 ; 王文举指导. -- 首都经贸大学, 2005. -- 145 页

本文从保险市场三大类参与人及经营环节中所出现的纰漏的角度,对保险欺诈理论的基本内容进行分析研究,结合社会医疗保险、机动车辆保险和人寿保险三大险种,运用博弈论研究了保险欺诈的内在利益之争,提出防范保险欺诈的政策建议。全文共分六章。第一章阐述论文选题背景和意义,综述国内外保险欺诈理论研究。第二章介绍保险欺诈基础知识,指出保险市场信息不对称是导致保险欺诈重要原因。第三章以社会医疗保险为研究对象,进行投保人欺诈博弈分析。根据完全信息静态博弈分析,指出不管投保人投保前是否履行如实告知义务,保险公司认为投保人损失类型为高风险类型,他最低可接受价格为高患病风险价格;根据不完全信息动态博弈分析,指出医疗保险机构所制定保险单价格与其是否审核无关,且保单价格是保险范畴的函数;在保险人对投保人索赔申请核查无效前提下,将投保人欺诈分为两种情况并探讨在这两类条件下的最优均衡保单。第四章是以机动车辆为研究对象的代理人欺诈博弈分析。通过对车险市场中代理人与保险人在展业环节的博弈分析,指出造成代理人欺诈行为的重要原因之一在于现行激励制度不合理。论文建立了同时考虑显性因素和隐性因素的激励模型,得出一个促进代理人积极诚信展业的薪酬制度。第五章以人寿保险为例进行保险人欺诈博弈分析。通过寿险公司在扩大业务量所采取的欺诈行为及由此可能造成市场失灵与偿付力不足现象的分析,指出寿险市场是保险人欺诈行为产生的典型市场。最大诚信原则是构建保险体系的最基本原则,它对保险人的约束需要通过保险法和政府相关部门监管来实现。政府对保险人进行适度监管的目标不是要杜绝所有保险人欺诈行为,而是要将保险人欺诈行为控制到一定程度范围中。第六章是对全文的总结。

关键词:保险市场　诈骗　监督管理

1599

收入分配对资本积累及投资结构影响:我国二元结构下的三部门均衡模型及实证检验 / 蔡跃洲著 ;

汪同三指导. -- 中国社会科学院研究生院, 2005. -- 132 页

本文以收入分配为切入点,结合中国实际情况研究收入分配对资本积累及投资部门结构的影响,并提出相关建议。论文共分七章。第0章是导论提出问题。第一章是文献综述。第二章和第三章借鉴包括马克思在内的两部类模型和刘易斯等的二元结构模型,构造了建国以来我国不同收入分配体制下资本积累和投资结构的决定模型。第四章通过类似校准(Calibration)方法对轻工业、重工业资本存量、资本积累以及相对资本结构随时间的演化规律进行尝试性研究,检验理论模型的有效性。第五章利用1978年后的相关数据,检验理论模型中涉及变量对资本积累及投资结构的影响。第六章结合我国当前具体情况提出相关政策建议。本文的主要结论为:(1)收入分配对资本积累及投资结构的作用可以通过如下传导机制实现,即"收入分配(收入水平和收入差距)——消费需求及消费结构——供给能力和供给结构——资本积累水平和投资结构";(2)我国城镇居民收入水平的提高和收入差距的扩大都将导致投资结构中重工业相对轻工业比重的加大和相对速度的提高,从而引起导致投资结构重化的倾向;(3)农村居民收入的提高会促使轻工业投资比重和相对增长速度的提高,但农村内部的收入差距对投资结构的影响不太显著;(4)投资重化的倾向主要是由城镇居民收入分配差距的扩大引起的。

关键词:收入分配　资本积累　投资结构　二元经济

1600

价格泡沫的形成机制、演变机理与存在性研究 / 崔畅著 ; 刘金全指导. -- 吉林大学, 2005. -- 171 页

本文在吸收国内外研究成果的基础上,以我国经济和证券市场的实际情况为背景,从宏观与微观兼顾的角度,通过定性与定量研究相结合的方法对泡沫理论进行了梳理和研究,并以此为依据对我国经济各个领域的运行特征给予剖析和判断,提出了防范和化解泡沫的货币政策建议。全文研究主要沿着五个方向展开:一是在理性预期的假设下建立了市场价格模型,进而通过求解该模型和引入鞅的概念详细总结了理性泡沫的解集,并且对理性泡沫进行了分类研究;二是在不同的均衡条件下,讨论资产价格泡沫的存在条件,进一步在世代交叠模型中分析了理性泡沫的存在对经济效率的影响和理性泡沫的风险性对资本存量增长率和代理人福利的作用;三是回顾已有的泡沫检验方法,在对其进行评价的基础上做出相应的发展和完善,尝试性地引入了一些新的检验方法;四是对我国的一般物价水平泡沫和股票市场泡沫进行了检验,并以此为依据对我国经济各个领域的运行特征给予剖析和判断;五是当泡沫出现时的货币政策对策的研究,即货币政策是否应该对资产价格泡沫做出反应以及如何反应。

关键词:泡沫经济　价格　资本市场　货币政策

1601

基于企业边界视角的技术创新模式选择研究 / 崔远森著 ; 谢识予指导. -- 复旦大学, 2005. -- 135 页

本文基于企业与国家战略利益的考虑,从经济理论的角度来研究企业技术创新决策的一个重要层面:企业技术创新模式的选择。第一部分从现实与理论、企业与国家不同层面强调技术创新的重要意义,概括和总结了技术创新相关概念。第二部分运用交易成本经济学基本理论、方法对企业技术创新模式进行理论上阐述和展开,从交易成本理论假设出发,认为企业技术创新模式的选择会受到"技术"性质的影响。第三部分为了弥补交易成本方法固有缺陷的限制,从更为微观方面研究与分析了企业技术创新模式选择行为的内在决策机理,通过构建非合作博弈模型,分析了在完全信息、不完全信息条件下,作为创新主体的两个企业之间在选择技术创新模式过程中内在的行为机制与策略均衡,为解决企业之间技术创新模式选择的互动决策提供了理论指导。第四部分主要运用演化博弈理论分析了企业技术创新模式选择行为的演化及均衡选择,通过对外部制度环境特征与功能分析基础上,认为通过设计一个合理的外部制度安排,可以为企业技术创新模式选择行为提供一个具有正向效应的制度保障,在提高企业技术创新模式选择行为效率的同时,不断完善国家技术创新体系与提高国家技术创新的层次与水平。第五部分主要结合中国企业技术创新与国家创新体系两个层面,对我国企业技术创新模式选择过程及外部环境方面取得的成绩、存在问题进行了分析。最后作者提出了政策建议,从而为提高我国企业核心竞争力、提升国家技术创新能力与水平提供决策思路。

关键词:企业创新　技术创新　交易成本　国家创新系统

1602

中国股票市场限价委托单簿与委托单流的实证研究／戴洁著；李子奈指导. -- 清华大学, 2005. -- 252 页

本文以证券市场微观结构理论为基础,采用实证研究的方法,从不同的侧面讨论电子撮合交易制度下限价委托单交易在价格形成、流动性供给和市场稳定性等方面的作用,并着重关注了电子撮合交易制度的内在平衡机制。全文共分五部分,由八章构成。第一部分包括第一、二章,第一章是引言,概述了选题背景、市场微观结构理论,回顾了中国股票市场交易制度,分析了对市场微观结构和限价委托单交易研究的国内现状,说明了本文的研究意义和研究方法;第二章对相关文献进行了综述,尤其是市场微观结构和限价委托单交易的研究。第二部分包括第三章和第四章,从限价委托单薄的状态特征出发,研究中国股票市场上限价委托单薄本身的制度特征,进而运用平行数据模型讨论了限价委托单薄状态对股票市场价格行为的影响,并对限价委托单薄状态与股票价格走势之间的因果关系进行了研究。第三部分由第五章和第六章构成,对中国股票市场中的委托单流行为进行了分析,并且在此基础上,进一步从实证角度研究了限价委托单薄状态与投资者行为模式之间的动态关系。第四部分即第七章,从限价委托单薄和委托单流行为两个角度出发,对中国股票市场上的短期波动性问题进行了探讨。第五部分即第八章,对全文进行了总结,提出了一些政策性建议,并概括了论文的主要贡献。

关键词:股票市场　证券交易　委托单　经济波动

1603

经理股票期权(ESO)制度：理论研究和应用设计／丁宇澄著；周小川，宋逢明指导. -- 清华大学, 2005. -- 162 页

在继承和吸收现有各种 ESO 激励研究的基础上,集中探讨了 ESO 激励制度设计过程中的三个核心问题,构建了一种 ESO 激励制度设计的整体理论框架。文章首先探讨了 ESO 激励的本质和基本原理,随后讨论了 ESO 定价问题和重新设定问题,并进一步研究了 ESO 激励制度设计的应用,特别是中国证券公司实施 ESO 激励的背景、宏观和微观条件,并在此基础上,研究了中国证券公司实施 ESO 激励策略的设计。文章在应用研究上提出了与平衡记分卡相结合的 ESO 激励制度设计方案和与 EVA 相结合的 ESO 激励制度设计方案,其设计思路能够克服在中国面临的诸多限制,进而使 ESO 激励能够在中国得到实施和贯彻,其激励效果能得到最大的发挥。

关键词:公司治理　股票期权　激励　薪酬

1604

证券市场有效性研究／丁志国著；赵振全指导. -- 吉林大学, 2005. -- 134 页

本文共分七章。第一章介绍了有效市场理论,分析了从有效市场假说到噪音学派对市场有效概念的发展以及实证检验中存在的异象。第二章从有效市场假说的三个理论前提假设出发讨论了噪音学派和行为金融学对其理论和实证两方面的质疑,通过研究信息冲击与证券价格波动的传导机理,揭示投资主体行为、价格波动与证券市场效率之间的关系,提出了“漏出与渗入假说”、“信息反映周期假说”和“市场情绪指数假说”,对有效市场理论进行补充和修正。并从证券价格对信息反映的滞后周期和准确程度两个方面给出了衡量和比较市场效率的两个标准——信息反映周期和市场平均加值偏离。第三章利用美、英、日、中股市数据,对提出的信息漏出效应从交易策略有效的角度进行实证检验,结果表明,基于历史价格信息的反转策略和动量策略均可以在市场中获取超常收益,表明即使是历史价格这样最容易收集和处理的信息也没有完全被反映在市场价格中,因此市场存在信息漏出效应。第四章采用 GARCH 和 ANST - GARCH 模型检验美、英、日、中股市月度收益序列本身及其二阶矩存在的序列自相关性,从统计和时间序列分析的角度再次验证了价格信息存在漏出效应。第五章引入反转系数分析不同证券市场过度反应的对称周期特点,给出了市场对极端坏信息反映“尖端效率”的概念,检验了证券市场信息反映周期的存在。通过实证研究,发现证券市场尖端效率由高到低依次为美、英、日、中。第六章利用价格偏离和市场情绪指数分别刻画了市场对信息反映的准确程度和投资者对信息冲击影响持续性的预期。第七章利用单位根检验和 Granger 因果关系检验方法研究信息冲击反映异常的平稳性与关联性,结果表明,虽然一月效应在美国市场消失了,但市场并没有变得有效;Granger 因果关系检验的结果则与中国市场和海外市场相分离的事实相符。

关键词:证券市场　信息披露　有效市场

1605

基于复杂适应系统理论的经济仿真研究 / 傅星著 ; 林寅指导. -- 首都经济贸易大学, 2005. -- 106 页

本文在复杂适应系统理论的框架下运用多主体仿真技术研究现实经济问题,开发了能够在微机局域网环境下使主体仿真程序并行工作的分布式多主体仿真平台 DABS,并在该环境下成功地仿制了美国 ASPEN 模型;在此基础上又开发了中国转型经济模型 CASPEN,重点仿真了计划经济与市场经济两种体制并存的中国转型期特有的经济特点,并对该市场环境下财政政策与货币政策的效果进行了对比实验,根据对实验结果的分析,提出了完善我国社会主义市场经济的一些政策建议。全文共分六章。第一章是复杂适应系统理论与基于 CAS 的多主体经济仿真,文章先分析了复杂性科学与复杂适应系统理论,然后介绍了基于复杂适应系统(CAS)理论的多主体经济仿真这一经济系统复杂性研究中的一个重要分支。第二章分析并总结了国内外相关研究的现状,文章首先介绍了多主体经济仿真研究的类型及领域,接着阐述了国内外多主体经济仿真的代表性成果,最后概述了多主体经济仿真的软件平台与工具。第三章研究了美国 Sandia 国家实验室的 ASPEN 系列模型,包括 ASPEN 模型、ASPEN - EE 模型、COMMASPEN 模型、N - ABLE 模型,并对 ASPEN 系列模型的特点进行了比较分析。第四章是基于 CAS 的多主体建模技术研究,首先介绍了多主体经济仿真系统的计算模型,接着简单地介绍了多主体仿真中涉及的关键技术,最后用实际例子分析了分布式多主体仿真开发平台。第五章对中国转型经济模型进行了研究,先分析了中国转型经济问题研究的背景,接着阐述了中国转型经济模型的构造,最后分析了仿真结果,并总结了其经济结论。第六章对研究工作进行了回顾和展望。

关键词:经济模型　复杂适应系统　仿真

1606

金融市场开放、一体化及微观效应 :理论研究与东亚实证分析 / 郭灿著 ; 谢识予指导. -- 复旦大学, 2005. -- 170 页

本文共分七章。第一章导论。第二章对金融市场一体化的衡量理论与方法进行梳理。第三章分析了金融市场一体化的微观经济效应,认为在总体福利效应中,投资多样化效应一般是正向的,而消费平滑效应并不尽然,它取决于一国平滑消费的方向和幅度。国家债券市场上的消费平滑行为是总体福利效应的关键性影响因素。第四章研究了 1993—2003 年间东亚金融市场的开放与证券资本流动,实证估计了东亚货币市场与美国货币市场的一体化程度。结论认为,利率平价机制难以成立;大多数经济体的国内利率变化中来源于外国利率的部分有所增加,管制并不能将货币市场利率完全隔离于外国利率的冲击;实际利率平价不成立;实际利率的短期调整速度快于非抵补名义利率的调整,东亚货币市场对外一体化的程度和速度之间存在较弱的替换关系。第五章检验了货币市场的对外一体化能否在一定程度上反映其整体金融市场的开放程度。结果表明,第四章的估计结果能够反映各国金融市场的整体开放深度。第六章检验了 1981—2004 年东亚金融市场开放对私人消费平滑的影响,结果显示:(1)金融市场对外一体化对消费平滑会产生实质性效应;(2)金融市场开放的程度和速度、国内金融自由化都会影响一国所受流动性约束的强弱和变化。国内金融抑制和资本管制将妨碍消费的跨期最优化;(3)市场一体化推进对跨期平滑的正向效应在金融开放较迟的东亚国家比较明显,说明这些国家在世界市场上向前平滑消费。第七章对全文的总结,认为 90 年代以来,东亚经济体的国内金融市场向世界的实际开放深度日益增强,但对外一体化的程度仍然不高;货币市场对外一体化程度加深会降低国内政策处理金融市场问题的能力;由于跨期平滑的国际借贷并不总能带来正面效应,因此一体化进程中资本管制的放松应该是逐步推进的。

关键词:金融市场　一体化　金融开放　东亚

1607

中国货币供应内生性的理论与实证研究 / 郭鸿勋著 ; 武康平指导. -- 清华大学, 2005. -- 173 页

基于商业银行的行为及中国货币供应的实际,深入研究货币供应内生性这一问题。首先,文章以货币供应内生程度为切入点,把制度环境、政府偏好、经济结构对货币供应内生性的影响纳入到一个统一的分析框架,分析了货币供应内生的机理,表明了在中国改革开放和发展的历程中,无论是中央银行对货币供应干预力度的临界值,还是商业银行对于中央银行干预承受能力的临界值,都呈现出与过去不同的特点,这决定和影响着中国货币供应内生性的发展趋势。其二,着眼于经济总体风险对货币供应的影响研究了货币供应的内生性,并提出了基于风险的、向右上方倾斜的货币供给曲线,解释了宏观经济风险如何能够影响商业银行所愿意承受的风险水平。其三,着眼于

商业银行行为对货币供应的影响研究了货币供给的内生性,分析了商业银行对货币政策反映及其宏观经济效应,认为这对中央银行干预力度的临界值具有重要影响。其四,研究了国外因素对货币供应的影响,认为对此的分析必须与中国未来10—20年内可能长期存在的对外收支"双顺差"格局联系起来。其五,围绕货币供应内生性理论中涉及的因果关系,基于中国的最新数据进行实证检验,为理论研究提供了数据证明。

关键词:货币供应　货币需求　商业银行　货币政策

1608

引进股指期货对现货市场的影响研究 / 郭睿著 ; 张屹山指导. -- 吉林大学, 2005. -- 118页

本文从股指期货发展的一般规律和基础理论出发,采取理论和实证相结合的分析方法,联系新兴市场引进股指期货的经验,对我国引进股指期货对现货市场的影响进行了研究,并针对我国发展股指期货市场的决策、设计和监管提出了有关政策建议。全文共分六章。第一章介绍了文章的选题背景、国内外研究现状以及本文研究的具体思路和框架。第二章通过回顾股指期货的产生和发展,分析了股指期货产生的原因,探讨了股指期货的功能定位问题。第三章研究了开设股指期货所需要的一些基本条件,并就我国发展股指期货市场的基础和条件进行了具体分析;并提出了在目前条件下我国还不宜推出股指期货的观点。第四章探讨了引进股指期货对于现货市场的影响,首先假定存在一个连续时间的股票市场,其中有两类主要投资者,通过研究他们的交易策略如何因引进股指期货而改变,进而解释了期货市场与现货市场在动态竞争均衡时的流动性及波动性。第五章对股指期货对现货市场波动性的影响进行实证研究,进而为我国在引进和发展股指期货时制定有关政策提供参考。第六章分析了我国引进股指期货可能导致的风险,进而提出了相关政策建议。

关键词:股票市场　指数期货　期货交易　现货市场

1609

税收与经济增长 : 考虑政府公共支出的增长模型研究 / 姜超著 ; 张金水指导. -- 清华大学, 2005. -- 171页

文章通过建立包含内生政府公共支出的经济增长模型,深入研究税收和经济增长的关系,旨在为更准确地评价政府公共支出的经济作用及制定更合理的财政政策提供依据。全文主要包括四部分。首先研究了只包含总产出比例税的增长模型,通过在效用函数和生产函数中引入政府公共消费和公共投资,利用规模报酬不变的生产函数及庞德里亚金极大值原理,得到稳态税率值的数学表达式。其次,将规模报酬递增的总量生产函数引入上述比例税模型,并在模型中产生了内生经济增长,通过对模型动态的分析,得到平衡增长路径上增长率及税率值的数学表达式。再次,在此基础上,构造了同时包含个人所得税、增值税和企业所得税三种税的经济增长模型,并得到这三种税合理税率的计算公式。研究表明,稳态时个人所得税税率的合理值等于公共消费的效用弹性,这意味着如果更加偏好国防、医疗等公共消费,就应该征收更多的个人所得税,同时文章也给出了增值税和企业所得税这两种税合理税率相互关系的数学表达式,一种税的税率给定时,利用该公式就可以计算出另一种税的合理税率。最后,利用我国的实际数据和有关研究,设定了模型的参数,并通过计算和分析,给出了增值税和企业所得税合理税率的关系曲线。

关键词:税收　经济增长　财政支出　宏观税负　公共财政

1610

中国金融结构研究 / 姜新著 ; 赵振全指导. -- 吉林大学, 2005. -- 128页

本文共分六章。第一章导论阐述了研究背景和意义,并对金融结构内涵进行界定。第二章对我国金融结构的变化进行了分阶段概括,总结了我国金融结构的变动特征,并对其进行评价,最后对我国金融结构的主要影响因素加以分析。第三章介绍了金融发展和经济增长之间关系研究的理论分歧,运用VAR模型协整关系的递归估计方法,对我国金融结构和经济增长的关联性进行了分析,并评价我国经济政策,尤其是金融政策对于两者关系的短期冲击和长期均衡的影响。第四章借鉴Wurgler(2000)的资本配置效率定义和描述模型,估计了我国全国和国有企业的资本配置效率;采用绝对金融结构和相对金融结构两种定义,对我国金融结构加以刻画,通过金融结构对于资本配置效率的解释能力评价了它们间的相关性,并提出了存在的问题。第五章在对金融脆弱性理论研究的产生、发展进行综述的基础上,将金融结构和金融脆弱性结合起来,建立了金融体系脆弱性的指标体

系和多个状态的临界值,通过计算给出各组成部分的脆弱性,突出金融结构在其中的作用;还通过银行经营风险、股票市场的扩张规模和流动性各指标建立的单方程,讨论了金融结构对于金融危机的传导机制。第六章结合前面分析结论,针对我国金融结构主导型的选择、金融市场的优化和金融监管体制的变革提出了一些政策建议。

关键词:金融体系　金融结构　资本配置　金融监管

1611

中国证券投资基金业绩评价研究 / 蒋瑛琨著 ; 赵振全指导. -- 吉林大学, 2005. -- 221 页

本文共分六章。第一章介绍本文的选题动因、结构和主要创新点。第二章回顾了国外基金业绩评价的理论研究和国际上基金评级机构的发展现状,并对国内学者对基金业绩评价的理论与实证研究现状进行总结。第三到六章是对基金总体业绩、选股与择时能力、业绩持续性、业绩综合评价的理论阐释与实证分析。第三章利用经典方法、改进的风险调整方法、多因素模型、基于投资者偏好的矩方法对中国基金总体业绩评价进行了实证研究;第四章利用参数方法、非参数方法、Fama 业绩归属模型对中国基金经理人的选股与择时能力进行了实证研究;第五章利用横截面回归法、基于双向表的方法、Spearman 等级相关系数检验法对中国基金业绩持续性进行了检验;第六章利用基于层次分析与灰色关联度分析相结合的组合方法、数据包络分析、主成分分析方法对中国基金业绩综合定量评价进行了实证研究。本文还考察了不同评价方法对市场基准、业绩基准、样本区间的稳健性,并进行封闭式基金与开放式基金的比较研究。实证研究表明,没有明显证据表明中国基金能够战胜市场,开放式基金的整体表现明显优于封闭式基金;中国基金不具备显著的选股与择时能力;基金整体业绩不具备显著持续性。

关键词:证券投资　基金　经济评价

1612

银行信贷登记咨询系统中的信贷风险测量和建模研究 / 李豫著 ; 宋逢明,朱世武指导. -- 清华大学, 2005. -- 229 页

以防范风险为基本功能的信息登记咨询系统是市场经济条件下社会信贷制度的基础,在发展过程中形成了公共信贷信息登记系统和信贷局两种模式。上世纪末中国人民银行建立了公共信贷登记系统性质的银行信贷登记咨询系统,为防范金融风险发挥了重要作用,同时为信贷风险管理技术发展提供了前提条件。从上个世纪 90 年代末兴起的,以 VaR 为标志的先进信贷风险模型研究在国际金融界方兴未艾,并以 KMV 公司的违约模式和对信用资产组合进行实时风险测量的 JP 摩根银行 CreditMetrics 盯市模式两类模型代表,借鉴这两种模型的原理,分别实证建立与中国信贷登记咨询系统中数据衔接由判别函数和违约强度共同构成的信贷登记咨询系统上海地区的二元评级结果与其他数据,实证建立实用性较广的信贷组合计量模型,并应用于银行信贷风险管理,同时开展了建立国内评级转移矩阵等基础性创新和技术方法探索。通过实证研究,对我国银行信贷登记咨询系统的发展和完善,提出建立适合中国的信贷风险管理模型体系、推广二元评级和建立评级转移矩阵等政策建议。

关键词:银行业　信贷管理　风险管理　管理信息系统　咨询系统

1613

中国货币政策有效性分析与选择 / 刘艳武著 ; 张屹山指导. -- 吉林大学, 2005. -- 163 页

本文立足于货币政策的有效性,从理论到实践操作对中国货币政策调控经济的效果和未来货币政策的选择问题进行了研究。论文将中国货币政策的发展过程划分为两个历史阶段,分别对货币政策目标、传导机制、政策工具的运用进行了梳理和分析。提出了货币政策有效性分析框架,指出货币政策有效性研究可以划分为理论和实践两个方面的内容。在理论层面,利用协整理论和误差修正模型对改革开放以来中国货币需求函数分两个阶段进行了实证研究;探讨了货币供给内生性对货币政策的影响,利用协整检验、Granger 因果检验等方法对中国货币供给内生性进行了实证检验。在实践操作层面,全面分析了货币政策最终目标、中介目标和操作目标的国外发展、国内演变,并给出了货币政策目标的最优选择;运用协整理论、VAR、脉冲响应函数等方法,对中国由直接调控向间接调控转轨期间的货币政策传导机制进行了实证分析;利用 VAR 模型对货币政策工具的运用进行实证研究,并提出了不同经济形势下货币政策工具选择的定量研究分析思路,通过科学方法解决不同经济形势条件下货币政策工具的选择问题。本文最后研究了如何在物价稳定的基础上实现经济增长的问

题,提出了提升中国货币政策有效性的若干建议。

关键词:货币政策　货币供给　货币需求　经济增长

1614

人民币汇率预测和风险管理研究 / 罗士勋著 ; 徐立本指导. -- 吉林大学, 2005. -- 138 页

本文针对汇率问题的复杂性,根据汇率与宏观经济变量的非线性关系和汇率数据自身的非线性特征,以神经网络技术为主要工具,研究了人民币汇率基于购买力平价理论的预测和时间序列预测问题,并建立了一个基于神经网络的人民币汇率风险管理的 VaR 模型。论文主要包括以下几方面内容:第一,应用神经网络考察汇率与物价指数之间的非线性关系。在应用协整技术检验发现购买力平价理论对人民币汇率不成立的情况下,论文建立了一种基于神经网络的非线性协整检验方法,对汇率与物价指数进行了非线性协整检验,并在此基础上建立了预测模型。第二,在分析人民币汇率收益序列长记忆性的基础上,建立了神经网络预测模型。引入方向准确率作为预测模型的一个评价指标,对模型的预测结果进行了统计检验。并考察了计量经济模型的选择标准中的信息准则法,在建立神经网络预测模型过程中的作用。第三,根据神经网络技术中的混合密度网络能够预测数据之间的条件概率密度函数这一特点,对外汇资产组合收益的条件密度函数进行了预测,并在预测的基础上建立了一个 VaR 模型。第四,分析了人民币汇率特征,考察了应用神经网络技术进行汇率预测的建模过程和模型选择技术,讨论了对人民币汇率进行有效预测和风险管理的可行性。

关键词:人民币汇率　汇率波动　风险管理

1615

中国粮食流通政策问题研究 / 罗守全著 ; 林寅指导. -- 首都经济贸易大学, 2005. -- 131 页

本文对中国粮食流通问题进行了研究。全文共分八章。第一章导论。第二章介绍我国粮食流通体制改革历程和世界主要国家粮食流通体制,对相关文献进行综述和评价。第三章到第七章分别对粮食收购问题、粮食信贷问题、粮食产销区购销协作关系、政府粮食储备问题和国有粮食企业改革进行研究。第八章是对全文的总结。论文认为,当前我国粮食流通还存在许多亟待解决的问题,如粮食定价形成机制不合理、粮食信贷支持政策不完善、粮食产销区的购销协作关系不稳定、政府粮食储备管理机制不活、国有粮食企业改革滞后等。这些问题不及时解决,势必会阻碍市场化改革的进一步深化。解决这些问题的关键是处理好政府与市场的关系。在粮食收购问题上,应坚持价格支持政策。为将最低收购价格政策对市场干预的影响降到最低程度,应采取直接价差补贴方式;在粮食信贷问题上,政府必须给予政策性金融支持。在推进国有粮食企业改革,鼓励农业发展银行对粮食信贷的支持的同时,引入竞争机制,鼓励更多的金融机构向粮食企业提供信贷服务;在粮食产销区购销协作问题上,中央政府应发挥积极的引导作用。通过调整粮食风险基金分配方式的办法,打破地方政府博弈的低效率均衡,促进长期稳定的购销协作关系真正形成;在政府粮食储备问题上,要建立激励约束机制,调动承储企业管好储备粮的积极性;在储备粮轮换方面,应通过粮食批发市场运用招标和拍卖机制进行操作,降低轮换成本,更好发挥调控作用;在国有粮食企业改革问题上,应适当保留部分效益较好的国有骨干粮食企业,并按照现代企业制度要求对国有粮食企业进行改组改造。

关键词:粮食流通　粮食政策　市场化　金融支持

1616

资产定价模型及其在中国股票市场的检验 / 孟庆顺著 ; 陈守东指导. -- 吉林大学, 2005. -- 130 页

本文在归纳现代资产定价理论体系的基础上,针对该理论体系中几个主要的资产定价模型进行剖析,给出模型间的区别与联系,并采用中国国内的股票数据对股票市场进行检验。全文共分七章。第一章对金融经济学作了历史回顾,阐明资产定价的方法论,对资产定价模型的理论与实证文献进行综述。第二章介绍了 CAPM 的拓展,包括跨期资本资产定价模型、基于消费的资本资产定价模型和一般均衡框架下的 CAPM。第三章首先进行渐进无套利假设下的 ATP 推导,其次介绍了一般均衡框架下的 APT,最后论述了套利定价模型的误差上界。第四章参考 Cochrane(2001),使用随机折现因子在多种条件下推导出 CAPM,并给出随机折现因子与多因子模型的等价性证明。第五章首先对上海股票市场进行 CAPM 的 Wald 检验和似然比检验,结果表明中国股票市场的发展初期更加不符合 CAPM;其次使用传统的“二次回归”方法对上海股票市场进行 CAPM 检验,结果也表明中国股票市场不符合 CAPM。第六章归纳了因

子分析方法的主要步骤,利用主成分因子分析法和极大似然因子分析法给出上海股票市场 200 个样本日数据序列的 ATP 因子个数;对 APT 的检验结果表明,ATP 的因子分析方法不仅无法说清因子的经济意义,应用性也较差。第七章对 ICAPM 在中国股票市场的应用性进行实证检验,结果表明,上海股票市场符合三因子模型,但三个因子对于股票横截面的解释力度有所差别。

关键词:股票市场　数学模型　资产定价模型

1617

中国房地产市场与金融市场关系研究 / 皮舜著 ; 武康平指导. -- 清华大学, 2005. -- 182 页

文章沿着提出问题、分析问题和解决问题的逻辑思路,通过建立数理模型和计量模型,对中国房地产市场与金融市场关系的表现形式、微观机理和机制涉及等问题进行研究。全文共分为四部分。第一部分主要探讨了房地产市场、金融市场对经济增长的重大意义,以及这两个市场之间关系的形式与本质,通过实证分析得出,中国房地产市场的发展与经济增长具有双向因果关系,中国金融市场尤其是金融中介发展与经济增长也有显著关系。然后,基于 ECM 模型的 Granger 因果检验,揭示中国房地产市场与金融市场关系的微观机理。第二部分分析了中国房地产市场与金融市场关系的微观机理。通过借鉴银行一般行为分析模型和国有商业银行形成不良贷款的博弈模型,结合中国制度背景分析,构建了房地产市场与金融市场关系的一般均衡模型。第三部分对改进两个市场的关系进行了机制设计,在吸收委托——代理理论的有关思想基础上,通过建立多委托人—监督人—代理人模型,研究了不同信息传递成本下的多委托人模型下的信息分布与经济效率,指出房地产贷款证券化是一种改进中国房地产市场与金融市场关系的有效制度安排。第四部分主要阐述了房地产贷款证券化的国际经验和在中国的实施,指出中国推行房地产证券化存在的问题,并给出相关的政策建议。

关键词:房地产市场　金融市场　贷款　资产证券化　委托代理

1618

沪深股市风格投资 : 适用性、周期性和转换策略 / 任开宇著 ; 张屹山指导. -- 吉林大学, 2005. -- 154 页

本文分析了 1994 年至 2004 年间沪深股市净值市价比异象、规模异象和益本比异象,发现沪深股市都存在显著的净值市价比异象和规模异象,这些异象足够在经济上有效支持机构投资者采取价值风格投资投资策略和规模风格投资策略。进一步的研究证明,沪深股市价值风格和规模风格在不同时期存在着周期特征,因此保持单一的投资风格并不是最佳的投资策略,有必要进行风格转换。但是,风格轮换策略需要很高的风格预测能力才能超越单一风格策略,本文按照逐步 Logistic 回归分别给出基于以往数据的规模风格转换策略和价值成长风格转换策略,并分析了风格转换中的最佳策略。本文研究支持在规模风格中进行积极的风格轮换,但在价值成长风格投资中倾向于固守价值风格策略。

关键词:证券投资　股票市场

1619

国有公司经营者激励机制研究 / 宋德舜著 ; 宋逢明,朱世武指导. -- 清华大学, 2005. -- 129 页

论文主要对国有公司经营者激励机制问题进行了研究。首先研究了国有公司经营者晋升激励的相对有效性,指出经营者在需要考虑职业生涯和总预期收入受限的情况下,采用职位只升不降的晋升激励比采用报酬—绩效激励具有更高的产出效率。其次,从终极控股角度,以国有控股上市公司为样本,研究经营者晋升的决定因素,研究发现:会计度量的公司绩效对经营者晋升的影响为正,随着经营者年龄、任期增加,该影响力下降;但相对于年度绩效,任期内的平均绩效对晋升机会的影响更大;另外,政府的控股层越多,晋升机会对绩效就越敏感,公司的中央或地方属性以及规模大小对晋升机会的影响则不显著。最后,研究存在晋升激励的情况下,国有控股上市公司经营者报酬—绩效激励机制的效率,研究认为,公司绩效与经营者报酬之间正相关,但统计上不显著,增加经营者持股水平可以提高报酬—绩效的敏感性,而晋升激励和报酬—绩效激励机制之间虽然具有一定的替代关系,但在统计上也不显著。总的研究认为,国有公司经营者的主要激励机制仍然是晋升激励,报酬—绩效激励机制在很大程度上只起到辅助作用。

关键词:国有企业　公司治理　人力资源管理　激励　企业绩效

1620

金融风险存在与度量最新进展研究 / 田萍著 ; 张屹山指导. -- 吉林大学, 2005. -- 143 页

本文从技术分析的角度更广泛地对金融风险的存在和度量方法的最新进展进行了研究,并在传统的对金融风险研究的基础上把金融衍生工具产生的风险单独提出。由于这类风险是金融市场风险的重要组成部分,又不适合直接对其应用传统的方法度量,而金融衍生工具的合理定价是对这类风险准确度量的前提,文章给出了几种主要的金融衍生工具的定价公式。对于传统的度量金融风险的方法,文章主要关心的是贝塔系数方法近期关于时变贝塔系数方向的发展及应用。此外,对金融资产进行准确的建模和估计,有助于对金融市场风险的正确认识和度量。本文的最后一章利用 EM 算法,给出了有缺失数据时 ARMA(1,1)模型的参数估计方法,这个方法在方法应用和实证研究上,相比以前处理缺失数据的方法有很大的优点。

关键词:金融市场　风险分析　金融风险　金融衍生工具

1621

投资者冲量预期、资产定价与波动性研究 / 王邦宜著 ; 杨炘指导. -- 清华大学, 2005. -- 179 页

本文在投资者的价格预期中引入“冲量”概念,以综合反映风险资产历史交易信息对投资者价格预期的影响,并在理性预期均衡的一般框架下建立了投资者资产选择和市场均衡价格模型。模型结果表明历史交易信息对投资者的资产选择和市场均衡具有直接的影响。作者进一步推导出了在理性预期均衡框架下的一些交易量和波动性的主要性质,如日交易量的自相关性质、波动性的 ARCH 效应、波动性与交易量的相关关系等,从而揭示出风险资产收益率波动性的主要影响因素,并将其归结为“波动性三因子模型”。这一模型指出在引入投资者对历史交易信息的利用之后,波动性的主要性质成为理性预期均衡框架下内生的结果。本文还采用度量误差相对较小的基于高频数据的实现波动率方法,对中国股票市场收益率波动性的主要性质进行了实证研究,并对波动性三因子模型进行了实证检验。最后得出结论:在我国股票市场,上市公司的业绩波动并不是收益风险的主要来源,而与市场炒作和投机联系较为密切的市场气氛变化和流动性风险仍旧是股票投资风险的主要方面。

关键词:股票市场　证券投资　投资者　收益率　合理预期

1622

经济政策作用机制与经济周期波动相关性的动态计量研究 / 王风云著 ; 刘金全指导. -- 吉林大学, 2005. -- 171 页

本文共分七章。第一章是绪论和文献综述,主要介绍选题背景和意义,对国内外相关的前沿性研究进行综述。第二章概述了经济增长的重要性和经济增长理论的发展,研究了新古典经济增长理论——索洛模型和新经济增长理论,及其相应的政策含义。第三章主要介绍经济周期的基本概念和测定方法,然后介绍现代经济周期理论,接着从内部传导机制和外部冲击机制来分析我国经济周期波动形成机理,最后研究了我国经济政策与经济周期波动之间的关系。通过分析我国财政政策与货币政策的内在稳定性问题,来研究我国经济政策的实施对经济周期波动的影响。第四章阐述了我国经济增长的典型化事实,研究了我国经济增长的阶段性和经济周期波动发展态势,然后分析了影响我国经济周期波动的因素,从实证角度研究了我国主要宏观经济变量之间的协同运动与经济周期波动之间的关系,最后研究了我国经济长期增长与短期波动之间的相关性,并得出相应的政策启示。第五章分析了货币政策传导机制以及我国货币政策传导过程中存在的问题和对策,然后研究了货币政策的有效性和内生性,接着研究了财政政策传导机制以及实证分析了我国财政政策的挤出效应问题,最后分析了我国财政政策与货币政策之间的关系以及二者的配合问题。第六章使用协整理论和误差修正模型研究了我国货币需求函数的稳定性及其政策启示,并运用向量自回归模型研究了货币政策中介目标的选择与宏观经济波动之间的关系,最后使用 Wald 检验等方法实证分析了货币政策的有效性和非对称性,为我国宏观经济调控提出了政策建议。第七章使用 Granger 非因果关系检验等方法实证研究了我国财政政策作用的周期性和非对称性问题,用 VAR 模型和脉冲响应函数分析我国财政政策工具选取和财政政策的相机选择性。

关键词:经济周期波动　经济政策　货币政策　财政政策

1623

我国证券业不良资产问题的研究 / 王嘉川著 ; 赵振全指导. -- 吉林大学, 2005. -- 143 页

本文共分七章。第一章对不良资产进行总体性概述,重点阐述了我国证券业不良资产的现状和估算

方法。第二章对我国证券业不良资产进行深入分析，将其分为证券类和非证券类两种形态，探讨了这两类不良资产的形成原因和风险作用机制，分析了不良资产对证券公司资产质量、经营风险、盈利能力、竞争能力的影响以及对证券市场和经济发展的影响。第三章从公司价值理论角度研究了不良资产的生成机制和反作用机制。在给出公司价值含义的基础上，介绍了相关公司价值理论以及公司价值评估方法，并分别运用这五种方法分析了不良资产对公司价值的反作用机制，最后定义了不良资产弹性这一概念来度量不良资产对公司价值的影响。第四章首先选取日本证券公司对不良资产对公司价值的影响进行分析，结果表明与不良资产密切相关的长期应收账款比例和长期投资比率的增加会降低公司价值；然后对我国证券公司进行实证分析，结果表明我国证券公司的不良资产弹性在逐年增加，资产规模较大的公司不良资产率的变化对公司价值的影响相对较弱。第五章综述不良资产处置的国际模式：中心化模式和非中心化模式，对两种模式进行了介绍和评价。在对我国银行业不良资产处置模式进行研究的基础上，给出了银行业不良资产处置工作对证券业不良资产处置的借鉴性意义。第六章在对证券公司不良资产处置工作进行总体描述的基础上，指出了现阶段我国证券业不良资产处置所采纳的基本模式，并给出了非证券类不良资产处置方式的选择，最后提出了我国证券业不良资产处置的八种具体手段，包括手段介绍和评价。第七章探讨了解决证券业不良资产问题的行为模式选择问题，包括证券公司的行为模式和政府的行为模式。然后论述了政府参与证券业不良资产处置和建立一个不良资产处置总体战略的必要性，从直接参与和间接参与两方面阐述了处置证券业不良资产时的政府行为模式选择。

关键词：证券公司　不良资产　资产管理

1624

期权定价模型的参数估计 / 王建稳著 ; 贺菊煌指导. -- 中国社会科学院研究生院, 2005. -- 71 页

本文主要分为三部分。第一部分（第二、三章）主要介绍各种期权定价理论。其中第二章介绍了标准欧式期权的四种定价理论，即 Black—Scholes 定价模型、不变方差弹性模型、跳——扩散模型、随机波动率模型；第三章介绍了障碍期权、复合期权、亚氏期权等新型期权的定价模型。第二部分（第四、五章）重点讨论 Black—Scholes 期权定价模型中波动率的估计方法。其中第四章讨论常用的四种估计方法，如基于标的资产价格历史数据的极大似然估计法、GARCH 类模型估计法、基于高频数据的实际波动率估计法以及基于期权数据的隐含波动率估计法，并推导出风险中性约束条件下波动率的极大似然估计；第五章研究涨跌停板制度下波动率的估计方法，并推导出存在多个连续涨跌停板交易日时波动率的极大似然估计法，通过与其他估计法进行比较，发现在正态性的假定下，极大似然估计的效果要好于其他估计。第三部分即第六章重点研究两类跳——扩散模型，即跳跃幅度服从正态分布的 Possion 跳——扩散模型和跳跃幅度服从指数分布的非对称 Possion 跳——扩散模型的参数估计方法。受有序样品聚类思想的启发，论文提出了一种新的参数估计方法，作者认为该方法对跳跃频率较高的金融、证券市场更有效。

关键词：期权定价　期权交易　参数估计　极大似然估计

1625

季节模型中的虚假回归：理论研究及实证分析 / 王健著 ; 张晓峒指导. -- 南开大学, 2005. -- 161 页

本文主要对虚拟变量模型（DVM）中的虚假回归现象进行了较深入的理论研究和实证分析。全文共分六章。第一章为绪论，简述了文章的研究内容、选题来源及意义，对国内外研究现状进行了评述，指出了论文的主要内容及创新点。在第二章“季节模式与检验”中，首先追溯了有关季节性的各种定义，并对各种季节模式的起源和背景进行了介绍；然后系统介绍了常用季节模式的检验方法并总结提出了关于季节模式检验的步骤和程序；最后介绍了虚假确定性季节模式产生的理论根源，及 OLS 统计量的有限样本特征。第三章研究了非平稳季节变量间的虚假回归，分别分析了解释变量及被解释变量非平稳时的虚假回归，还提出了一种发现 DVM 中虚假回归的有关工具——SDW 检验统计量推导了其极限分布。第四章和第五章分别研究了季节趋势平稳过程间的虚假回归和平稳过程 SAR（1）间的虚假回归；推导了 DVM 中在以上不同数据生成过程下发生“虚假回归”现象时 OLS 参数估计及检验统计量的极限分布。第六章首先对我国实际宏观季度数据中的季节模式进行了全面检验，并在此基础上，对几个常用经济模型——货币长期中性模型、货币短期中性模型和进出口季节误差修正模型（SECM）进行了再检验。

关键词：计量经济模型　经济变量　季节性　蒙

特卡罗模拟

1626

海外直接投资与我国技术进步相关关系研究 / 徐春骐著 ; 徐伟宣指导. -- 中国人民大学, 2005. -- 147 页

本文主要包括以下几方面研究内容。(1)分离了进口对经济增长的贡献。本文指出了过去学术界利用净出口来分析进口和出口对经济增长的贡献的不合理之处,介绍了一个评价三大需求要素对我国 GDP 贡献的新方法,并从理论上证明了进口对经济的双重作用:进口对当年经济增长有负作用,但对经济增长有滞后的推动作用。(2)测量技术进步的几点改进。首先改进了对资本存量的估计;其次分别计算全国平均水平以及三次产业的劳动者报酬和资本报酬,以此作为劳动和资本的产出弹性,提高了测量我国整体技术进步和三次产业技术进步的精度。(3)实证研究 FDI 对三次产业技术进步的影响。本文分别从 FDI 对三次产业、FDI 对各省市技术进步影响两个角度,建立 FDI 总量模型和 FDI 存量模型,动态研究了 FDI 与技术进步的相关关系。(4)实证研究 FDI 对各省市技术进步的影响。本文将东部、中部和西部地区看成不同的群,在群内对各省市相关变量进行分析的基础上,分别建立面板数据模型进行分析,认为就提高技术进步的效率来说,西部地区高于东中部,我国应该鼓励更多的 FDI 投向西部地区。(5)研究主要外资来源国和地区 FDI 质量问题。本文对发达国家和地区利用外资和引进技术成功模式进行评述,分析了主要外资来源地区的 FDI 质量,并在评价我国各地区的技术水平的基础上提出了不同省市利用 FDI 的模式。(6)对 FDI 实行宏观调控的必要性研究及若干建议。本文论证了我国在利用 FDI 时要对外资总量结构、外资来源国家与地区、利用外资方式以及 FDI 投向分布进行宏观调控的必要性,并提出了相应建议。

关键词:外商直接投资(FDI)　技术进步　经济增长

1627

中国股票发行定价制度市场化改革的次序 / 薛丰慧著 ; 赵振全指导. -- 吉林大学, 2005. -- 143 页

在中国股票发行定价制度市场化改革的背景下,本文针对市场化次序这一主题展开研究。文中提出股票发行定价市场化隐含的前提是二级市场运行是有效的,如果二级市场缺乏效率时,在一级市场强制推行发行定价市场化改革,不仅无助于改善股票市场的资源配置效率,而且会进一步放大二级市场的缺陷。实证研究表明,目前我国二级市场并没有达到有效的程度,还不具备发行定价市场化条件,强制推行的市场化定价改革不仅没有实现改革初衷,即降低一二级市场价差和提高股票市场资源配置效率,而且使市场原有缺陷被进一步放大。因此,本文提出中国股票市场发行定价制度市场化改革的次序应当是,首先完善二级市场的运行效率,其次才是进行一级市场发行定价的市场化制度推进,这个过程本身又是一个边际式的渐进修正过程;当前简单否定行政化定价效率和过分崇拜完全市场化定价效率都是有害的;在股票定价发行制度改革过程中,一个必须注意的问题就是制度安排要与制度环境相适应。本文共分七章。第一章是理论基础。第二章是国际股票市场定价制度研究。第三章是我国股票发行定价制度研究。第四章是对中国股票市场效率的实证研究。第五章是股票发行价格与公司价值关系的实证研究。第六章对股票发行定价市场化改革中制度效率进行理论解释。第七章探讨了我国股票发行定价制度市场化改革的次序问题。

关键词:资本市场　股票发行　股票价格　定价

1628

对金融危机若干问题的分析 : 兼论日本经济危机的成因 / 于乃书著 ; 张屹山指导. -- 吉林大学, 2005. -- 115 页

本文从日本银行体系中存在过剩资金却导致金融危机产生的现象出发,探讨日本金融危机产生的原因并对金融危机中各种现象,如资产价格和金融危机关系、房地产繁荣和金融危机关系、不良债权问题、银行过大化与经济增长等问题进行研究。全文主要包括以下内容:(1)介绍基于不完全市场下的金融中介理论。系统论述金融中介相关理论,并指出了其中的不足。(2)系统风险与银行资本结构研究。本文对 CSV 模型中的不足之处进行改进,论述了面临风险不可分散的系统风险时大规模银行如何选择股份和负债的资本组合。(3)资产价格暴跌与金融危机研究。首先确定资产市场与经济系统的相互依存关系,进而明确由资产价格暴跌引起的银行资产内容恶化导致经济危机的作用机制;指出针对不同类型的金融危机,政府应该采取相应措施去补救。(4)房地产贷出繁荣与金融危机研究。指出金融缓和政策对经济的影响不是单方面的,过度的金融缓和使得房地产业过

度繁荣,金融危机的可能性也随之增加,陷入经济不景气的危险性也越高。(5)对最困扰日本经济恢复的不良债权问题进行了经济分析。在日本取得原价会计制度的基础上,阐述银行应该在何种情况下适当采取债权放弃和继续融资(追贷)行为。(6)通过银行过大化对经济的影响的研究发现:过剩的资金转向股票投资和房地产融资是泡沫经济的原因;为了维持过大的银行部门,存款利率不得已下跌,即存款市场的超额供给产生"低利息"的压力;过剩资金易用于过去一直接受银行贷款的传统产业的救济,频发对不良型行业的追贷或软预算约束问题。只有使得过剩资金向股票市场移动,才可以解决软预算约束,进而提高银行体系自身的效率,同时也提高金融体系的整体效率。

关键词:金融危机　经济危机　日本

1629

我国经济增长地区性的趋同性及路径分析 / 张焕明著 ; 邱长溶指导. -- 西安交通大学, 2005. -- 87 页

本文在文献综述与对人均 GDP 的省际差异的描述性分析的基础上,提出了一个分析我国经济增长的趋同性及其路径的框架,结论是:我国不仅存在俱乐部趋同性,而且全国各省区也存在经济增长的趋同性;我国经济增长的趋同路径为投资(包括教育和固定资产)影响创新能力与追赶能力,进而影响价格与进出口,最终影响劳动生产率的变化,即促进经济增长地区性趋同的实现。本文的主要成果包括:(1)区分经济增长的趋同与趋同性概念、计量方法上的差异。本文从理论上证明了 σ 趋同性与 β 趋同性的一致性,所以应从 β 趋同性的基础上来判断 σ 趋同性;设计了一个包括多解释变量的模型来计量我国的 β 趋同性,将绝对 β 趋同性作为相对 β 趋同性的一个特例来分析。(2)从国民经济核算的角度来选择分析我国经济增长趋同性及路径的计量模型。本文提出从国民经济核算的角度来分析新古典增长模型的适应性,选择了扩展的 Solow 模型用于分析我国经济增长地区性的趋同性;在解释我国经济增长的源泉时,本文从国民经济核算的角度分析我国需要对供给的主导性作用,而总需求又受对外贸易额的影响,所以本文设计了一个扩展的积累增长模型来对我国经济增长的趋同性进行解释。(3)用广义矩法对扩展的 Solow 模型进行回归;将主成分法用于分析对外开放度对经济增长的结构主义模型中。

关键词:经济增长　区域差异

1630

企业利润区的经济分析 / 张伟强著 ; 赵振全指导. 吉林大学, 2005. -- 173 页

本文根据价值链和利润区理论思想,将企业的利润生成系统分为特定的环节,找出关键的环节和重点的步骤,分析其在不同环节的重要性,确定每个环节的利润区及其存在方式。同时,依据物理学动能和势能的理论,提出了能量原理的概念,通过内因势能与弹性势能来对企业关键环节进行分析,并利用势能的分析方法分析利润区,为利润区经济分析提供了新的思路和分析方法。本文建立了一个利润区指数模型,将成本盲点、库存导向和价值贡献与其他成本指标一起作为分析企业利润区指数的因素。利用超越对数函数形式,进行了函数的 Taylor 展开,确定了函数的近似形式,并进行实证分析,继而讨论不同的因素对利润区的影响。

关键词:企业利润　利润率　经济分析

1631

技术创新扩散的环境与机制研究 / 赵维双著 ; 赵振全指导. -- 吉林大学, 2005. -- 191 页

本文在论述技术创新扩散的概念及基础理论的基础上,对技术创新扩散环境进行了界定,建立了系统分析扩散环境的理论框架。作者从政策环境、市场环境、中介环境和社会支撑环境四大方面对技术创新扩散环境及其影响进行了研究;运用模糊数学方法构建了技术创新扩散环境的综合评价模型,并就辽宁省技术创新扩散环境进行了实证分析,验证了模型的有效性;在对 Bass 模型进行系统分析的基础上,运用 Bass 模型对我国汽车扩散过程进行了实证分析,提出了 Bass 模型的随机修正模型,并对模型的性质进行了分析;对技术创新扩散的动力机制进行了研究,构造了以采用创新主体为核心的动力机制结构,提出了创新采用的内在动力和外在动力的分析框架,并建立了各环境要素的动力机制模型;运用委托—代理激励理论对基于环境的技术创新扩散激励机制进行了研究,建立了以扩散主体(企业法人和企业家)为核心的双重委托—代理激励机制分析框架,在此基础上,建立了政府激励和金融机构激励机制模型;对我国技术创新扩散存在的问题及优化对策进行了研究。

关键词:技术经济学　技术创新　技术扩散　激励理论

1632

风险投资中的契约关系研究 / 赵西亮著 ; 吴栋指导. -- 清华大学, 2005. -- 165 页

文章以解决风险投资中的信息不对称所引起的"道德风险"问题为主线,首先分析了风险投资的第一层关系,投资者与风险投资家之间的契约关系。针对我国风险投资公司对风险投资家激励不足和约束不力的问题,证明了积极股东治理模式对解决风险投资家的道德风险问题的积极作用,从而为风险投资机构的股东多元化提供了理论支持。然后,分析了风险投资的第二层关系,风险投资家与创业投资家之间的契约关系,然后比较了普通股契约、债权契约和可转换证券契约等三种契约形式对解决风险投资中的双边道德风险问题,文章认为,将相机性的控制权安排与可转换证券结合起来,可以更好地解决风险投资中的双边道德风险问题。接下来,把风险投资的两个层次结合起来,同时考虑投资者、风险投资家和创业企业家三者之间的关系,证明成员企业界的自有资本额和人力资本水平决定了其可以采用的融资渠道,为建立多层次资本市场提供了理论依据;风险投资家的监督技能可以帮助创业企业家获得融资;创业企业家与风险企业家之间的合谋风险会进一步提高创业企业的融资门槛。风险投资契约中的退出条款的作用是保证风险投资家在合适的时候顺利退出创业企业。最后,针对我国风险投资退出机制不畅的问题,结合案例构建了风险投资在信托框架下的资产证券化退出方案。

关键词:风险投资　创业投资　投资者　企业家　道德风险　契约　资产证券化

1633

基于量价分析的中国股票市场价格行为研究 / 周观君著 ; 郝梅瑞指导. -- 首都经贸大学, 2005. -- 257 页

以中国股票市场为研究对象,从交易量与价格相关关系、价格动量现象、新股价格行为等四个方面,剖析了中国股票市场的价格行为特征。研究发现,中国股票市场上交易量和价格之间不仅存在静态依存关系,而且存在显著的动态依存关系,交易量中引致依存关系的主要是信息交易量,表明中国股票市场上交易量确实包含了与价格变化相关的重要信息。简单动量策略并不能获得显著的超额收益率,而基于交易量的动量(反转)策略能获得显著的超额收益,则又进一步表明交易量包含了与价格变化相关的重要信息。新股上市后呈现出显著的高抑价、短期弱势、长期强势特征;新股长期价格行为存在着一定的规律性,根据这些规律构造的投资策略可以获得显著的超额收益。这些研究结果从不同角度否定了中国股票市场的有效性,另一方面也为基于量价关系的技术分析提供了一定的理论支持。

关键词:股票市场　证券交易　股票价格　交易量　有效市场假说

1634

中国区域经济增长收敛性研究 / 周卫峰著 ; 汪同三指导. -- 中国社会科学院研究生院, 2005. -- 98 页

本文从经济增长收敛性的角度来深化对中国区域差距的认识,以收敛机制为核心,研究了 1978—2002 年中国区域经济收敛或发散的内在原因,并在此基础上提出了统筹区域发展的政策建议。全文共分为五部分。第一部分导论,介绍了本文的写作目的、意义,现有研究的简要论述,文章的结构安排、主要内容和创新。第二部分论述了新古典增长理论与新增长理论两种不同框架中的收敛理论,概括性地回顾了这一理论的发展脉络,并对国外学术界开展的跨国经济收敛性、区域经济收敛性和收敛机制等方面的实证研究进行了分析和评价。第三部分采用了多种经济计量方法全面分析中国区域经济增长的收敛性,以对改革开放以来的区域经济增长事实作出总体的判断。第四部分是"中国区域经济增长的收敛机制",研究新古典收敛机制和技术扩散收敛机制对于中国区域经济增长差距的影响。第五部分为"收敛机制的影响因素与政策建议",分析了 1978 年以来、特别是 1992 年以来的投资、FDI、民营企业发展和人力资本等因素对于劳均资本积累和 TFP 增长所起的作用。

关键词:区域经济　经济增长　区域发展　区域差异

1635

金融发展与内生增长 : 理论及基于中国的实证研究 / 朱波著 ; 沈利生指导. -- 中国社会科学院研究生院, 2005. -- 145 页

本文对金融发展与经济增长关系的相关问题进行研究。全文共分八章。第一章导言。第二章是对金融发展与内生增长相关研究的综述。第三章结合金融功能观和金融服务观,将金融系统的功能和金融作用于经济增长的途径纳入到统一的框架中进行了分析。第四章在对 Dekle 和 Kletzer(2004)的内生增

长模型进行扩展的基础之上,将政府与金融中介体之间的制度安排纳入到金融发展与经济增长关系的研究框架中,结果表明政府对银行中介体负债的隐性担保这一制度安排会导致金融发展与经济增长之间的非线性关系,金融发展政策的制定应着眼于经济现实。第五章在 Chou 和 Chen(2001)内生增长模型的基础上,将陈子季(2000)对金融创新的运行机制分析纳入到金融发展与经济增长的框架中,对金融创新、技术进步、人力资本积累与经济增长之间的关系进行考察,结果表明政府对金融部门的经济政策会对经济增长产生重要影响。第六章用一个改进的内生增长模型对我国国有商业银行的不良资产对长期经济增长的影响进行考察,对现有政策进行重新审视。认为对国有银行不良资产的化解而言,政府等待观望的时间越长,长期经济增长率就越低;当等待观望时间超过某个临界值时,就可能导致银行业危机和持久的经济衰退。第七章对中国银行系统的改革、股票市场的发展、政府的直接信贷计划政策与经济增长之间的关系进行实证研究,结果表明直接信贷计划政策对经济增长的直接效果不显著,股票市场的发展对经济增长的效应非常弱,银行系统的发展、金融改革和经济增长之间存在单向因果关系链。第八章是对全文的总结。

关键词:金融发展　经济增长　产权　银行系统

1636

中国 FDI 区域分布及不同投资国的相关因素研究 /朱玉杰著 ; 宋逢明,石永恒指导. -- 清华大学, 2005. -- 151 页

论文主要研究了外商直接投资在中国各省市间分布的区位影响因素,以及在东道国既定的情况下,影响对外直接投资的投资国相关因素。论文采用实证研究方法,对我国外商直接投资的区位分布因素进行实证分析,用主分量分析方法处理难以用单独指标反映的因素:教育、基础设施,全面地反映了这两方面对 FDI 的影响,同时针对中国转轨经济特征,选取了相应的解释变量,并通过逐步回归的方法进行了验证。另外还验证了开放度、居民消费、居民储蓄和基础设施对 FDI 的促进作用以及 FDI 的强自增长效应,并对结论作了详尽解释同时提出了政策建议。另外,从东道国的角度出发,考察了我国外商直接投资的来源结构,分析了影响投资国对华投资的经济、文化、技术等因素,以此建立一个理论模型,并结合时间横截面的数据进行多元线性回归分析。分析结果表明,外商直接投资于来源国的先进技术水平、双方的文化差异以及投资国对中国进口贸易存在显著的线性关系。最后,还利用下一个时间横截面数据对该模型进行再次验证,并选取了一些典型的国家和地区作了案例分析。

关键词:外商直接投资(FDI)　区位选择　对华投资　投资国　主分量分析

1637

上市公司控制权市场功能研究 / 祝红梅著 ; 周小川指导. -- 清华大学, 2005. -- 129 页

本文以 1997—2002 年实际发生的上市公司控制权转让活动为样本,研究了中国上市公司控制权市场在资源配置、公司治理方面发挥的作用。文章将公司控制权市场在帮助股票市场优化资源配置方面的作用定义为经济功能;而将公司控制权市场在帮助解决企业的代理问题方面的作用定义为公司治理功能。控制权发生变更后通过资产置换、重组等方式改变上市公司主营业务是公司控制权市场实现经济功能的主流方式,但实证研究表明中国上市公司控制权市场的经济功能比较差,资产重组和变更主业对上市公司业绩改善的作用明显但持续性较差。而中国上市公司控制权市场的公司治理功能也不明显,一些并购后由法人控股的上市公司业绩表现并不优于国有控股的公司。作者认为其根本原因在于一些体制因素对上市公司控制权市场运作和监管的约束和影响,而这些影响因素在短期内并不可能迅速消除,因此在这种情况之下,应该更加关注公司控制权市场的经济功能,鼓励对上市公司的产业性并购重组。

关键词:上市公司　控制权　公司治理　资源配置　资产重组

法　学

法学理论

1638

朱利叶斯·斯通综合法思想研究／薄振峰著 ；吕世伦指导. -- 中国人民大学, 2005. -- 114 页

本文通过对斯通综合法思想的研究,认为,首先在法律与逻辑的关系方面,斯通强调分析法学的作用,但他认为逻辑自身存在无法克服的局限;逻辑中存在他所称的“虚假指涉的法律范畴”;作为判决依据的材料事实并不是唯一的。他吸收了佩雷尔曼创立的新修辞学的思想,并将它作为导管,将正义理念和社会事实传送到组成普通法的变动的法律规范体中。认为,法官在作出判决的时候,并不是严格依照形式逻辑的三段论进行推理,而是要参照他们的正义理念,并且要考虑到社会现实的因素。斯通在这里考察的是先例决定和司法过程中持续和变化间的关系。在对先例决定是价值保护和创造性变化的工具的分析中,斯通在机械的司法的过程观点和完全相对主义的观点之间达到了一个实践性很强的妥协。其次,在正义问题上,斯通把正义定义为是一种实证伦理社会价值,在对有关正义的相对—绝对、哲理—实证理论进行分析以后,斯通认为,每一种理论都适应了它所处的时代的需要,但每一种理论都有它的局限。斯通关于实证—绝对的争论的立场是实用主义的。斯通认为,当代的人们应该超越正义问题上的绝对与相对的争论,而从何种正义理论可以阻止人类的倒退的社会功效上评价它。从正义的“准绝对”标准出发,斯通提出了他的“正义的飞地(enclaves of justice)”概念。斯通的社会学法学思想的中心是,法律是实现社会控制的工具,通过法律对社会的控制和利益的调整实现正义,他试图完全综合“是”与“应当”之间的鸿沟并且把“应当”的理念仅作为现有社会现象的一部分来看待,而这构成了“是”的基础。他认为,人类所获得的正义只是“此时、在这里”的正义。再次,斯通的工具是分析法学的,他的理论的主导方面是社会学法学,而他通过法律实现社会控制的最终目的是实现社会正义,则是自然法学所重点关心的问题。最后,论文指出,综合法学的出现是社会发展与科学发展在法学上的表现,也是法律统一运动在理论上的表现,但它仅仅停留在对自然法学、分析主义法学和社会学法学的相应观点的重复上,而并未对这些因素的丰富内容进行深入研究,多少带有一些理想的色彩。

关键词:朱利叶斯·斯通(Julius Stone)　法学流派　法理学　正义

1639

利益制衡与制度安排：反腐败制度构建的法哲学思考／范季海著 ；吕世伦指导. -- 中国人民大学, 2005. -- 188 页

腐败构成人类社会经济和政治生活的重大威胁,遏制腐败迫切需要把制度建设放在突出地位。制度设计理念是反腐败制度安排的前提。本文由导言和五章组成。导言简要阐明论文主题的理论意义和现实意义。第一章主要分析腐败的定义、当前的腐败现状及其原因、腐败与现行制度的关系。作者认为,腐败现象在我国比较严重,原因是多方面的。第二章主要研究腐败发生的内在机理,探求反腐败的机理。论文认为权力具有支配稀缺资源的特征,人的利益需求具有无限性,权力存在着无限扩张和异化的趋势。腐败紧紧围绕着利益展开,反腐败制度必须把利益控制作为核心问题。第三章主要考察中国古代重要思想家、西方重要思想家以及无产阶级革命家关于制度安排的理念和思想,为反腐败制度安排理念寻找理论根据。第四章主要从实践的角度,探讨中国古代国家、西方资本主义国家、社会主义中国,在不同的历史条件下反腐败制度建设的实践,从中找出利弊得失,为反腐败制度安排提供借鉴。论文认为反腐败工作,民主是基础,法制是保障,有序是前提,利益规范是核心。第五章全面阐发利益制衡理念,认为这一理念是设计反腐败制度的核心原则。反腐败制度建设必须研究特定历史条件下的人,要通过利益安排,抑制私欲的膨胀,弥补制度的不足。权力制约权力的假设存

在着重大缺陷,利益原则才是制度安排的根本原则和理念。反腐败制度建构必须考虑两点:第一要特别注意加大腐败行为的成本;第二针对反腐败动力不足这一现象,同样适用利益制衡原则,要使反腐败成为有益可图的事情。

关键词:廉政建设　反腐败　法哲学　利益制衡

1640

中国大学学术管理法律关系及其立法完善研究 / 方伟著 ; 周旺生指导. -- 北京大学, 2005. -- 177 页

本文通过与西方高等教育发达国家大学学术管理中基本法律关系的对比,针对中国大学学术管理存在的问题和不足,基于提高中国大学学术管理科学化、规范化、法制化水平的目标,从立法角度对中国大学学术管理相关法律制度的自我完善提出了建议。论文认为大学学术管理活动是大学管理的核心内容。中国大学(主要是公立大学)在学术管理中的法律定位不仅仅是民事法人、行政相对人,更是公法人中的特别法人。我国的大学一方面与行政机关一样具有行政主体的身份,与教师及学生可以构成一定的行政法律关系;另一方面又与行使国家公权力的行政机关不同,是独立于行政机关之外的另一类公权力主体.与对应的教育行政机关之间也不具有行政隶属关系,而是依照法律规定形成法律监督关系及行政指导等多种关系。它与教师、学生之间所构成的也不是普通的行政关系,而是一种特殊的行政关系。在大学与政府的法律关系方面,论文从“外控”和“自主”的平衡的基本原则出发,认为政府应该改变角色定位,正确区分高等学校的举办者、管理者和办学者的不同职能,通过立法、拨款、评估等新的方式方法来实现从直接管理到间接管理、宏观调控的转换,真正彰显政府的公共服务职能;应该借鉴德国有关三个行政划分的理论,建立健全大学公务法人制度,通过立法明确规定高等学校的权力、政府的权力以及二者共同享有的权力,同时以落实办学自主权为中心,完善现有法律法规规定,建立健全社会中介制度,形成大学学术管理之合力。论文认为,在大学与教师法律关系方面,从学术权力与行政权力的统一基本原则出发,我国相关法律法规应该科学规范大学学术管理和非学术管理的关系,建立以教师为主体和主导的学术管理体系,建立健全学术民主管理组织机制。论文认为,应该完善党委领导下的校长负责制,改革大学内部治理结构,加快实行教育职员制度;建立健全“教授治学”制度;完善教师聘任制度;扩大中下层学术自主权,建立健全学术管理监督制度;完善大学内部规章制度等等。论文还深入探讨了我国大学教师与学生学术管理活动中权利救济的立法完善问题。

关键词:高等学校　科研管理　学术管理　立法

1641

电子政务立法研究 / 关成华著 ; 赵震江指导. -- 北京大学, 2005. -- 144 页

本文以电子政务为研究对象,探讨了电子政务立法的若干问题,寻求建立和完善电子政务的法律体系。论文认为,电子政务是现代信息和通信技术在政府管理和服务职能中的应用。电子政务的发展,既取决于一国的经济技术水平、领导人的重视程度,也受制于一国电子政务法律体系建设的水平;作为特别行政法的范畴,电子政务(立)法既要体现行政法的基本原则,又必须坚持规范和促进原则、效率和成本原则、增进公民利益和保护公民权利原则、公开透明原则等;电子政务法律体系是一国制定或认可的由所有调整电子政务法律关系的各种法律规范构成的具有内在联系的统一整体。构建完善的电子政务法律体系只能从电子政务过程和电子政务的内容中来探求;为确保电子政务法律体系内部的统一和协调,有必要制定作为电子政务基本法律的《电子政务法》。考虑到制定出台一部作为基本法律的《电子政务法》尚有相当难度,从现实的角度出发,我国宜“两条腿走路”,在加速制定各单行法律法规的同时,推进作为基本法律的《电子政务法》的研究、制定工作;电子政务立法必须把握电子政务涉及的一般法律问题。论文还探讨了电子政务与政府信息公开、电子政务与个人数据隐私保护、电子政务与公民电子参与等三个法律问题。

关键词:电子政务　立法　信息公开

1642

法律的三维透视 :对法律的价值、规则、事实统一性的研究 / 关明凯著 ; 马新福指导. -- 吉林大学, 2005. -- 183 页

本文是对法律的价值理论、规则理论和历史现实理论的三维性思考,意在找出这三种法学理论的矛盾和不足,并试图使三种理论统一起来。本文共分为导论、三章及尾论。导论通过引用我国当代研究西方法哲学、法理学和两位大师对西方法学理论研究特点的思考,得出当代西方法理学的特征在于新自然法学,新分析实证主义法学和法律社会的三足鼎立、相互靠拢的三个视角。第一章是思维的三个视角,包括三个

主流法学流派的历史渊源、代表人物、主导思想、法律的研究视角、建立法律统一理论的必要性和可行性。第二章是法律存在的三个视界，即价值视界、规则视界、历史现实视界。价值视界形成法律的核心价值，即秩序与安全、自由与效率、福利与平等。第三章是法律视界的辩证转换，价值、规则、历史现实视界不是孤立存在的，其间存在着辩证的转换关系。法律的统一在时空上存在着共时性和历时性。共时性就是法律视界的辩证转换、历时性就是法律范式的形成与法律的革命。尾论通过对法律思维的三个视角，法律存在的三个视界和法律视界辩证转换的研究，得出法律的理论发展、法律的规则发展、法律的历史现实发展的规律性。我国当前的法制建设需要同时完成法制建设的后两个阶段的任务，但权利性法律是我国法制建设的核心和重点。

关键词：法学理论　法律价值　法律规范　法律事实

1643

黄老学法律思想辨疑 / 关志国著 ; 杨一凡指导. -- 中国社会科学院研究生院, 2005. -- 93 页

论文针对黄老学法律思想研究中的若干疑义，运用翔实的史料和全方位综合考察、比较研究的方法，系统地论证了黄老学法律思想体系。论文阐明了黄老学的概念，以黄老学“以道论法”的基本特征为标准，界定了黄老学法律思想文献的范围，论述了黄老学法律思想形成的历史条件和深层原因，认为这一思想在封建宗法制向君主制政体的转变中应运而生，在“礼治”与“法治”争鸣中走向成熟，在百家“相反相成”中趋于完善。围绕道法关系的主线，论文认为黄老学法律思想的内涵及特征表现为：(1)黄老学继承和改造了老子的道论，强调道的客观规律性，并引申出法的必要性，道治需借助法才得以实现，揭示了“道生法”的内涵；(2)阐释黄老学“内圣外王”思想，指出这既是尊崇王权之论，也是古代法制建设的重要指导思想；(3)黄老学对法的性质把握得比较全面、深刻，它的“以法治国”、“以道变法”思想具有系统性；(4)系统地考察了黄老学的刑名理论，揭示了“道生法”的客观进程；(5)指出黄老学法律思想的道法思维方式与西方自然法思想有着本质的区别，不能混为一谈。论文对黄老学法律思想与其他各家法律思想进行了比较研究，揭示了它们之间的同异及渊源关系。指出：(1)黄老学的道论是对老子道论的转化，庄子后学超越了法律虚无主义，它的法律思想具有浓厚的黄老学色彩；(2)韩非法律思想“归本于黄老”，但二者又有明显的区别；(3)荀子法律思想相对于孔孟已发生了很大变化，受黄老学法律思想的影响而完成；(4)作为汉代“群儒首”的董仲舒，全面继承了黄老学法律思想，并对其加以改造才形成自己的法律思想。论文还探讨了黄老学法律思想对中华法系的影响，论述了黄老学法律思想在汉初的法律实践中的指导作用，以及黄老学法律思想对法的范畴和价值理论、礼法关系理论、立法权理论、行政立法思想、立法简约思想、无讼思想等的影响，认为黄老学法律思想被融入中国古代正统法律思想后，仍具有理论活力，应当承认其中国法律思想史上的地位和作用。

关键词：黄老学派　道家　法律思想

1644

行政相对方权利研究 / 赫然著 ; 崔卓兰指导. -- 吉林大学, 2005. -- 166 页

行政相对方权利与行政权力相辅相成，共同构成行政法律关系的核心。行政相对方权利不断丰富和发展的趋势越来越明显。本文的目的在于探讨行政相对方权利的基本知识和内容，行政相对方权利的基本理论和实践。论文共分为五章和结语。第一章是行政相对方权利的概念分析。在阐释行政相对方的含义的基础上，阐释了行政相对方权利的概念及其形态，并重点剖析了行政相对方权利的内容。第二章是行政相对方权利的生成与变迁。在行政法的核心矛盾行政权力与行政相对方的权利冲突的问题上形成了三种不同类型的行政法基本理念——管理论、控权论、平衡论。三种理论折射了行政相对方权利的生成变迁之历程，揭示出行政相对方主体地位提升的轨迹。第三章是行政相对方权利的理论之维。论文认为行政相对方权利的正当性在于其是行政相对方应有的现实预期。第四章是行政相对方权利的实现。行政相对方权利的实现是行政相对方从应有权利到法定权利再到现实权利的转化过程。第五章是行政相对方权利的救济。论文将行政相对方权利救济的体系设计为体系内救济、体系外救济两大系统。体系内救济主要包括行政复议和行政补偿制度；体系外救济主要包括行政诉讼和行政赔偿制度。通过体系外和体系内的结合，使行政相对方的救济不但具有特殊性同时也具有普遍性。论文分析了我国行政相对方权利救济制度的瑕疵并提供了方案。结语是行政相对方权利的发展趋势。论文认为行政相对方权利发展的前提是法治，行政相对方权利的发展是一个动态

变化的过程。

关键词:行政权力　权利　行政法　行政相对方

1645

紧急状态法的二元理论与制度建构 / 黄斌著 ; 信春鹰指导. -- 中国社会科学院研究生院, 2005. -- 90页

本文提出社会秩序的二元观念——社会秩序分为正常和非正常两种形态——是紧急状态制度构建的理论基础,阐述了社会秩序的二元观念是如何影响现实的紧急状态制度的。论文阐述了紧急状态法的二元建构理论,认为紧急状态法建立在二元观念的基础之上;这种二元观念在紧急状态法中的运用便是正常状态与紧急状态和普遍规范与暂时例外的二元划分模式。这种二元模式深刻影响到紧急状态下对公民权利的保护,即构成了紧急状态下的权利克减,同时在价值上寻求国家安全和公民权利之间的动态均衡。论文分析了国内法和国际人权法中紧急状态的主要内容,认为紧急状态具有暂时性、不可预见性和例外性等基本特征,必须把国内的和国际领域的紧急状态制度当做一个整体来看待。国内的紧急状态制度更强调其实施的功能,而国际人权法中的紧急状态制度更强调发挥其监督职能。论文分析了紧急状态的法律运行,从紧急状态法的主要内容即公民权利和国家权力的运用两个方面加以阐述,反思了紧急状态法的理论基础,指出传统的二元模式所形成的紧急状态法律制度受到了现实当中紧急事件的挑战,同时通过阐明施米特的紧急状态观对传统的自由主义紧急状态观进行了反思,认为必须改革建立在二元模式基础上的紧急状态制度。论文对中国的紧急状态立法进行了初步的思考,认为西方和国际上的紧急状态制度与我国的紧急状态立法的背景存在很大差异,紧急状态立法实际上是对二元观念的接受,它不仅能完善我国的紧急状态法律制度,而且还能推进我国法治的发展。社会秩序的二元性是紧急状态制度的基础,它是理解和反思紧急状态制度的出发点,需要从实然和应然两个角度来研究紧急状态法。

关键词:紧急状态　立法　公民权　社会秩序

1646

知情权论 / 纪建文著 ; 谢晖指导. -- 山东大学, 2005. -- 160页

本文从信息与社会控制的角度理解知情权,探讨知情权发生、发展的内在机理,认为信息是知情权的核心问题,知情权即意味着要求公开信息一方在与要求隐藏信息一方的力量对比中获胜或努力争取胜利,知情权与社会控制权的归属密切相关。论文对知情权保护制度进行梳理,选取了典型国家的知情权保护制度进行比较研究,提出中国知情权保护制度建构的设想,并指出单纯制度分析的缺憾。论文探讨了本体论意义上的知情权,对中国的知情权研究进行综述,总结已经取得的成果和显而易见的不足,指出今后着力的方向。论文以信心为核心,借鉴传播学、博弈论、信息经济学、法经济学等分析工具对知情权进行了重新解读,探讨了实践中的知情权,分析了信息公开制度、微服私访、谣言等现象。论文在对典型国家的知情权保护制度和中国的知情权研究成果进行归纳、比较和总结的同时,紧紧抓住知情权的核心——"信息",提出并论证了信息的归属影响着社会控制权的归属,知情权的背后是社会控制权的争夺的观点。论文大大拓宽了知情权研究的视野,分析了制度性的,即国家法意义上的知情权;和非制度性的,即民间法意义上的知情权;分析了民众的知情权和官方的"知情权"。

关键词:知情权　公民权　信息公开　社会控制

1647

公法上比例原则研究 / 姜昕著 ; 崔卓兰指导. -- 吉林大学, 2005. -- 215页

比例原则是法治国家的产物之一,是从形式法治到实质法治的一个体现。论文共分为五章。第一章是比例原则之界定。论文认为比例原则的作用在于规制公权力的行使,要注意将对公民权利的损害或者限制降到最小程度。比例原则包含适当性原则、必要性原则、狭义比例原则。比例原则的性质兼有法条式的原则和开放的原则的特点。比例原则的法律定位不是唯一的。第二章是比例原则的回溯与前瞻。英美法系虽没使用比例原则,但实际中的制度、措施却相似。大陆法系的比例原则则是在德国由司法判例逐渐确立的。第三章是比例原则的理论基础。论文认为比例原则的法哲学基础是对国家权力和公民权利之间关系进行探讨的宪政哲学,法精神基础是法治国家原则和基本权利保护。比例原则的价值取向就是对实质正义和个案正义的追求。第四章是比例原则的功能和局限。比例原则的主要功能就是针对个案,调整一个公权力所采取的手段与所欲实现的目的之间是否合乎一定的比例关系,其本身也存在缺陷。第五章是比例原则对完善我国公法法治建设的影响。

论文认为比例原则不仅可以在我国行政法中作为基本原则而确立其应有的地位,而且在我国的宪法领域中也有适用的空间。司法审查实际上是“三权平衡”的问题,宗旨在于维护公民权益。

关键词:公法　比例原则　权利　公共权力

1648

法律论证理论研究 / 焦宝乾著 ; 谢晖指导. -- 山东大学, 2005. -- 225 页

本文立足于法律方法论的角度,亦即以司法为中心视角,研究法官裁判中的法律论证问题,尤其是其中的一些基本理论问题。论文认为,当今的法律方法论是在传统涵摄模式基础上融入合理对话与论辩的因素,形成法律决定的论证(论辩)模式。跟哲学诠释学对基于事实与规范二分的封闭体系观念的批判相一致,法律论证理论主张:在敞开的体系中论证,实践性的法律论辩只有在开放性的体系中才能得以开展。法律论证理论摆脱了传统单一法律决定主体的理论局面,而引入多元化的主体,由此使法律论辩成为可能。法律论证中,德沃金的独白式的赫拉克勒斯法官形象应当被“听众”和“解释的共同体”等复数主体观念所取代。法律推理本身具有不同于科学推理的特有的逻辑机制。法律决定的过程亦非一种单纯的逻辑涵摄与推导,而是一种“转换”和“跨越”。法律推理作为一种实践推理,体现实践智慧的理性论辩性,而非科学主义的形式逻辑。法律决定的结果具有可推翻性,表现了实践推理和法律决定的辩证性和不确定性,同时也显示出人们不再执著于“唯一正确法律答案”,而更多地追求裁判结果的合理性和可接受性。论文分析和考察了各种规范性价值判断的不同立场是如何具体在不同的理论脉络下跟法律论证理论发生关联的。法律论证理论希望通过程序走出“明希豪森困境”。程序性论证构成法律论证理论的一个基本观点。在多元化的思想背景下,当代法律论证理论呈现出如上多元化的研究方法和进路。逻辑、修辞与对话这三种法律论证研究进路有着各自的思想基础,并在法律论证中发挥着不同的作用,同时各自也有一定的局限性。从抽象层面上,这三种进路其实分别对应于法的形式、内容和程序这三种维度:逻辑关乎法律论证的形式方面;修辞涉及论证的具体内容;而对话方法强调的是一种正当化的程序。法律论证理论兼容了法的形式、内容和程序。

关键词:法哲学　法理学　法律解释

1649

思想的自由与约束:以德国表达自由及其限制的法治经验为对象的理论考察 / 李道刚著 ; 徐显明指导. -- 山东大学, 2005. -- 97 页

本文从宪政视角出发,运用实证、分析和历史等的研究方法,以广播电视领域中的相关实践为例,对德国思想表达自由的理论源流、法律基础等问题进行了全面的分析。第一章对自由、自由的两个指涉维度以及思想自由、思想表达自由的概念、内容及主体等问题进行了分析、界定。第二章从“人的尊严”、“探索真理的必需”和“民主宪政国家建构的要求”等三个方面分析、探讨了制约思想表达自由的法理因素。第三章分析了德国表达自由与限制立法的哲学基础、实践基础以及文化基础,通过重点考察洛克、密尔、孟德斯鸠以及康德、黑格尔等的相关理论,对德国法治国理念的理论基础进行了溯源;明确了对思想表达自由进行限制的哲学基础。第四章从德国《基本法》第5条第1款的规定“人人有用口头、书面和绘画自由地表达和传播自己意见的权利”,并有自由采访一般可允许报道的消息的权利。第五章以广播电视为例对德国限制思想自由的各种措施进行了更进一步、更全面的分析。论文最后回顾并从哲学高度总结,指出德国的思想表达自由的理念及实践之于当下中国法治实践的可能价值。

关键词:法治　自由　政治文化　德国

1650

去留两徬徨:法制现代化进程中的人民信访 / 李红勃著 ; 朱力宇指导. -- 中国人民大学, 2005. -- 164 页

本文是对人民信访这种中国本土制度及其现象的一个法律史和法社会学研究的尝试,以探析中国法制现代化转型过程中的一些普遍性问题。第一部分是选题、分析框架、资料文献的相关说明。信访制度是我国所特有的制度,论文主要从法社会学的角度对信访制度的历史发展和现实状态进行梳理和描述。第二部分是人民信访制度的历史回顾。论文将信访制度的发展分为六个阶段:建国之初的政治动员型信访、政治运动中的信访运用、文革期间的信访、1978 年到 1982 年的信访、安定团结时期的信访、新时期的信访发展与走向。信访制度是建国后新中国政法传统下中国共产党的一项制度发明。第三部分对信访及其运用进行了制度分析和功能分析。对信访制度分析包括两个方面:关于信访制度立法情况的规范分

析、对信访实践中各方主体所采取的措施、策略以及遵循的潜规则的揭示和归纳。功能分析对信访制度的现状及其未来命运尤其关键,信访制度密切地联系和服务于政法国家的社会治理,发挥了巨大的作用,是国家进行政治动员与政治参与的形式,是重要的权力监督和民怨发泄的渠道,是中国百姓寻找公正的便捷方式。信访制度在实践中的繁荣或者衰落,都与其发挥的社会作用息息相关。第四部分是对信访制度在法制现代化转型过程中的现实命运的关怀。信访制度的未来发展可以跳出简单的存废之争,实现法治下的改造和驯服,信访制度的未来走向充满悬念。结尾部分对信访制度的历史、现实和未来发展进行个案考察,引申出对中国法制现代化问题的一些反思。

关键词:信访工作　司法制度　博弈论　法制史

1651

法律行为理论研究:以私法为根据/李军著;谢晖指导. -- 山东大学, 2005. -- 200 页

本文在分析研究法律行为基本理论的同时,从民法现代化的视角提出法律行为的未来发展方向,进而促进整个民法理论的系统化、体系化和现代化。论文对法律行为概念的起源、背景、内涵进行了梳理,主张对法律行为的理解应遵循传统观念,得出法律行为具有合法性及以意思表示为核心构建法律行为概念的结论。论文对作为法律行为内在精神的私法自治从内涵、演进、限制等方面进行了分析,指出通过社会化、道德化、实质化修正后的私法自治在现代社会仍具有强大的生命力;强调了意思表示是构成法律行为的基本要素,并对意思与表示的分类特别是学者研究较少的默视、沉默等问题进行了研究;对法律行为的效力、效力内容、效力保障、效力范围等问题进行了研究,对有关法律行为效力依据的意思说、信赖说、折衷说、规范说进行了分析评价,在此基础上指出法律行为的效力依据是规范与意思的结合。论文对法律行为解释的意义、必要性、可能性进行了分析,并以法律行为解释的性质、对象、目标为内容构建了法律行为的解释体系。论文还对法律行为的漏洞及其补充解释基准进行了研究。论文阐述了我国民法的现代化目标,解析了民法现代化对传统法律行为理论的挑战,论证了法律行为对于我国民法现代化的必要性和可能性,并提出了法律行为理论的发展方向。论文指出法律行为是私人生活的一种安排、是私法调整机制的运用、是实现市场功能的手段、是权利文化的实践。

关键词:民法　私法　法律行为

1652

公民不服从论/李寿初著;刘瀚,吴玉章指导. -- 中国社会科学院研究生院, 2005. -- 92 页

本文分析研究了不同于合同抗议和一般违法犯罪的非法行为的公民不服从现象。通过介绍西方学者研究公民不服从的已有成果和不足之处,论文阐述了不服从在西方的理论与实践。论文分析了公民不服从的正当性,认为不服从是一种非法行为,但不同于一般违法行为而具有一定的合理性或正当性,它的正当性在于人们的道德共识。西方公民不服从的正当性存在于人们认同的自由主义道德的一些基本理念和原则中,如自然法观念、个人自由、社会契约等。在对待公民不服从的问题上,出于对个人和国家、道德和法律等一系列问题的不同认识,会得出截然不同的结论,我们必须对这些结论进行理性分析后再作出选择。论文分析了公民不服从的功能,认为不服从具有正面负面的不同影响,我们应当主要针对公民不服从涉及的道德和法律制度的方面具有的功能进行剖析,深刻地认识法律制度相互之间存在的缺陷,进而寻求弥补这些缺陷的方法。

关键词:公民　不服从　权利　法治　法的理论

1653

全球化条件下的文化安全及其法律对策/李媛著;朱景文指导. -- 中国人民大学, 2005. -- 103 页

人类进入二十一世纪,全球化成为不可阻挡的历史潮流。全球化的原动力是资本无限扩张的本性。在这样的时代背景下,如何保障国家的文化安全,已经越来越成为各国关注的问题。文化是一个民族全面的生活方式,由文化形成的民族凝聚力和文化认同感不仅是一国文化安全的重要保障,也是整个国家安全的重要思想屏障。在信息化时代文化安全已经在国家安全体系中具有越来越重要的战略意义,国家文化安全首先是就国家主权意义而言的,主要是指一个国家的文化主权神圣不可侵犯,一个国家的文化传统和文化发展选择必须得到尊重,包括国家的文化立法权、文化管理权、文化制度和意识形态选择权、文化传播和文化交流的独立自主权等等。对文化帝国主义西方学术界早在20世纪初就开始提出并加以批判。美国在全球推行的文化霸权战略不仅消解和侵蚀着广大发展中国家的本土文化,对其他一些发达国家也同样造成强烈的冲击。各国文化产业之间的竞争以及文化产业的繁荣与否将直接决定谁将掌握未来世界的话语主导权。WTO 规则是规范各国文化关系的

基本规则,如何在竞争中发展我国的文化产业,弘扬优秀民族文化传统,维护国家的文化安全成为我国当前文化领域面临的最为紧迫的问题。简单地限制国外资本的进入来抵御文化帝国主义不仅是不现实的,从长远来看对于保护民族文化也是有害无利的。维护国家文化安全,第一是为发展文化产业、进行文化体制的改革创造良好的法律环境;第二是表达自由的保护与限制;第三是完善我国文化立法体系;第四是严格执法;第五是善于利用 WTO 规则中有关的例外条款;第六是支持中华文化走向世界。

关键词:全球化　国家安全　文化产业　文化安全

1654

寻求和谐法治:中国当代法治的反思与探索 / 凌斌著;朱苏力指导. -- 北京大学, 2005. -- 154 页

本文探究的是中国当代法治困境的内在症结和相应的解决进路。分为前后两编,分别着眼于反思中国当代法治和提出改进法治的可能路径。第一编集中研究的是中国当代法治的思想范式和实践模式以及相应的实践后果。当代中国的法治实践呈现出两条主要进路:权力进路和知识进路,分别对应两种法治模式:垄法型法治和普法型法治。法律人试图通过垄断法律权力和普及法律知识的双管齐下,移植西方的"职业法治",实现法律人对民众的绝对统治。但是这两种法治模式不仅有着内在的冲突,而且分别导致了严重的现实后果。法律人追求职业法治这一政治理想,与普通民众对于民主法治的渴求形成了张力。通过考察法治与民主的关系,论文揭示了法律人与民众对于法治理想和法治目标的不同诉求。法律人与民众的潜在分歧乃至对立,构成了中国当代法治的基本困境。第二编提出了法治的群众路线这一法治方案,将协调变法和普法的内在张力、寻求法律人与普通百姓、法治与民族、民主和民情的彼此和谐作为了研究关切的焦点。法治的群众路线以当代法治的现状为起点,努力通过借助民主理论、社会科学和民情与常理,为分裂的法律人与民众之间找到可供选择的合作方案。法治的民主理论为法律人引入了诸如人民主权原则、民主代表性原则和民主多样性原则等富有操作性的指导原则,帮助法律人更好地处理自己与民众以及民众彼此之间的潜在争议。法治的科学进路显示了法律交叉学科研究对于理解具体的法治难题以及理解法律与社会的细微关系都提供了有效的分析武器。论文的核心主题是中国法治的和谐基础。社会的和谐应当是中国法治,也是中国法律人和法学研究追寻的基本目标。

关键词:社会主义法治　群众路线　和谐社会

1655

物权体系论:中国物权法上的物权类型设计 / 刘保玉著;梁慧星指导. -- 山东大学, 2005. -- 367 页

物权的类型体系问题在物权法的结构设计和制度构建中具有重要的地位。本文共分为七章。绪论一章对物权法的历史沿革和现代发展趋势作了简要介绍,着重阐释了物权的类型体系在物权法的结构设计与制度构建中的重要意义。第二章和第三章是对物权的质的规定性的阐释和对物权类型体系的宏观梳理。论文认为物权的要素是对特定物的支配性与效力的排他性,物权的性质应该是物权绝对,物权与其他民事权利区分具有相对性,应坚持物权法定,物权种类确定应以客体、内容构造、公示方法等为基本依据,物权法应对物单设一节,物权公示与其他原则具有内在和谐性。第四章是所有权的类型与体系设计。包括所有权定义、三分法和一元论之争、所有权的类型化和平等保护、货币的所有权问题。第五章是用益物权的类型体系。包括宅基地使用权的定性、农地使用权的名称、海域使用权、典权、居住权、空间利用权。第六章是担保物权的类型体系。包括可抵押的不动产权利的范围、动产抵押权适用的客体范围、最高额抵押权、所有人抵押、共同抵押、证券抵押、营业质权、让与担保、优先权。第七章是准物权及其立法规制。包括准物权概念和判断标准、准物权的类型、准物权的地位。

关键词:物权　物权法　所有权　用益物权　使用权　担保

1656

美国女权主义法学平等与差异观研究 / 刘小楠著;崔卓兰指导. -- 吉林大学, 2005. -- 182 页

女权主义法学的兴盛是 20 世纪不可忽视的学术现象。对当代西方法学理论,尤其是对后现代法学的研究都无法将女权主义法学排除在外。本文从女权主义法学最核心的问题——平等与差异观着手,对美国女权主义法学的整个发展脉络进行了梳理。包括导论,四章及结语。第一章是对美国女权主义法学平等与差异观的历时性考察。从平等与差异观透视美国女权主义法学的后现代转向过程以及女权主义法学与自由主义法学、批判法学、后现代法学的关系。

第二章是对美国女权主义法学平等与差异观的比较分析与评论。论文认为美国女权主义法学平等与差异观各个发展阶段之间并不是简单的批评和否定,而是一种辩证的否定之否定,是一种继承和超越的关系。从整体上说,美国女权主义法学呈现出一种进步的发展趋势。第三章是从平等与差异观透视女权主义法学对西方现代法学的挑战。作为起源于自由主义理论并逐步实现后现代转向的一个法学学派,女权主义法学对西方现代法学的挑战与对自身理论的修正是合而为一的。女权主义法学对现代法学的批判不乏真知灼见,但也丢弃了传统法学的一些宝贵精神理念。第四章是美国女权主义法学平等与差异观对我国的启示。采取什么样的平等与差异观,对妇女进行无差别对待还是特殊对待,不仅是美国女权主义法学争论的焦点,也是我国法律界面临和关注的问题。

关键词:女权主义　平等　性别差异　美国

1657

现阶段中国农民负担制度公正与效率辨析 / 芦瑞玲著 ; 孙国华指导. -- 中国人民大学, 2005. -- 216 页

农民生存与发展利益的得失,标志着中国民主政治的兴衰与发育程度,决定着中国经济社会的发展和国家现代化的进程。本文包括前言、六章及结束语。论文对农民负担的实际状况、造成农民负担重的具体制度进行了分析研究,认为中国农民负担问题的成因可以分为始源性原因和继发性原因,中国农民有身份和职业两种含义。农民负担是农民根据法律、法规或者政府部门的规定,无偿向国家、集体、社会承担的强制性义务。农民负担的内容主要包括:农业税及与农业有关的各种赋税、乡村提留统筹费、行政性事业性收费、工农业产品交换不合理定价的损失、无偿平调造成的损失、公共产品分配不合理的损失。论文分析了中国农民负担制度的历史演变与农民负担状况的变化。在此基础上,分析中国农民负担制度的公正与效率问题。就负担制度而言,公正原则的具体要求包含三个层面的内容,而对农民负担制度的规范的实证研究表明:农民税费制度以及影响农民收入与负担的经济、社会制度作为一个制度系统缺乏公正性。对农民负担制度的社会实证分析表明,农民负担制度缺乏公正性。负担制度效率原则的基本要求是:以最小的负担成本取得最大的经济效率和社会效益。公正和效率在不同领域存在着多层次的辩证关系。对农民负担制度效率性规范的实证分析表明:农民负担制度缺乏效率性。对农民负担制度效率性的社会实证分析表明:农民负担制度对经济效率、资源配置效率和社会效率存在显在和潜在的效率损害。从世界范围来看,国外农民没有专门针对其的税收,而且还享有特殊保护。农民负担制度改革的基本构想和建议是:约束国家税权、完善税负结构、完善相应制度改革。

关键词:农民负担　农业法　税法　公平与效率

1658

传统中国的契约:法律与社会 : 以土地买卖、典当契约为对象的考察 / 罗海山著 ; 霍存福指导. -- 吉林大学, 2005. -- 125 页

本文是以传统中国的契约原件为基础而进行的一项传统法文化的研究。论文从总体上对传统契约进行了把握,重点分析契约在国家法和民间社会中的所处的两种不同境遇及其所产生的影响,从官民之间、国家与平民之间、卑幼是否有处分权等三个方面进行论证,认为契约交往中的平等主体是存在的;从国家法的角度出发,分析国家对待民间的契约交易持一种什么态度、因何产生这种态度,它背后的成因是什么,进而这种态度对契约发展产生了什么影响;利用经济学界的研究成果分析传统中国的土地交易呈现出小额化和细零化的特点。论文分析了亲邻先买权与传统中国社会结构,比如亲邻先买权在土地买卖、典当中的作用与影响。论文还探讨了典当与中国人的土地情结,分析了找价与中国人的契约意识。论文认为,尽管传统中国的契约存在着不足和缺陷,但是在社会生活中却发挥着重要作用。

关键词:契约　社会法学　土地买卖　典当

1659

基因隐私权的法律保护 / 罗胜华著 ; 罗玉中指导. -- 北京大学, 2005. -- 283 页

本文从基因隐私权保障的角度,探讨了法律对基因科技进步的因应机制,思考如何在个人基因隐私保护与个人基因信息的利用流通之间,建构一种法律制度上的平衡机制,在保护个人基因信息隐私的同时保障基因科技条件下人们在社会生活中对基因信息的合理需求和合理使用,以实现基因科技进步利益的公正分享和基因科技风险的公正负担。论文认为,基因隐私权法律保护政策的思考,离不开在法律上对基因信息权益纠纷的解析。个人基因信息是人类基因科学技术进步所产生的一项新的社会资源,需要考虑解决基因信息权益分配正义,在制度上构建合理的基因

信息共享机制。论文提出了研究基因隐私权问题的基本思路:搁置道德主义进路采用理性选择思路,以基因隐私权作为分析讨论的中心,选取个人的角度作为观察的切入点,关注法律制度与科技进步的二元互动,在事实脉络中解析基因科技进步所产生的基因隐私权法律现象。论文认为,隐私权是人类社会中的有关个人信息流通和个人隐私保护的制度性安排。对隐私权的理解,应当关注人们在社会交往之中个人信息流通和个人隐私保护的制度实践。基因信息在技术事实层面具有风险预言性、家族关联性、风险发展性,应当在承认基因信息属于医疗信息的子类的同时,创设基因隐私权对基因信息予以法律上的特别保护。有关基因信息的权益,应当依照基因信息在人际社会交往关系中的资源意涵进行配置,基因信息的保密或分享服务于人与人之间的社会合作绩效的提升。对于家庭纬度的基因信息权益冲突,应当区分诉争的基因信息的性质分别适用不同的法律政策。论文探讨了在法律制度层面构建合理的基因信息流通和基因隐私保护的平衡机制,在社会中公正的分配基因科技进步的利益与风险,认为应当以国家立法的形式积极主动的介入当事人之间的基因信息权益纷争,在法律上确立个人基因信息收集、利用过程中的告知后同意原则,并进行适当的补全和修正;注意法律与伦理的分工结合,在法律上强化技术保护措施的运用,在法律制度上构建理性对话机制,倡导基因隐私立法的开放决策。

关键词:隐私权　人身权　基因信息　法律保护

1660

宪法平等权司法适用研究 / 马存利著 ; 马新福指导. -- 吉林大学, 2005. -- 157 页

我国平等权司法适用不仅缺乏违宪审查、宪法私法适用与宪法解释等制度,而且司法机关缺乏娴熟的公共政策考量技术,无法发挥宪法在保障公民平等权方面应有的权威。本文包括绪论、正文和结论。正文共五章。第一章是关于宪法平等权适用的基础理论,包括宪法平等权司法适用的含义、特点和意义。第二章是关于宪法平等权在我国当前条件下司法适用的现实要求。结合当前我国大陆地区出现的宪法平等权案件及司法实践的发展,对建立宪法平等权司法适用的必要性和可行性进行了论证。第三章是关于宪法平等权司法适用中的制度借鉴问题。主要介绍了与宪法平等权司法适用密切相关的三个宪法上的制度,包括违宪审查制度、宪法私法适用的理论和学说、美国宪法平等权的解释理论及其当代争论。第四章介绍了宪法平等权司法适用当中的政策考量问题,回顾了美国自 20 世纪 60 年代推行至今的"肯定性行动"及其遭受"反向歧视"的当代挑战,指出在宪法平等权司法适用过程中必须处理好宪法"平等保护"与"特殊保护"的问题,还介绍了美国当代法哲学界对司法机关享有违宪审查权的反思。第五章是我国未来建构宪法平等权司法适用的对策性研究,具体包括了加强宪法平等权的可诉性、建立违宪审查制度、宪法私法适用和宪法解释制度。在违宪审查模式上选择可以逐步采取法院主导型,审查标准上采用按照"基本权利"分类审查的模式,采用合宪性审查的方法。最后,论文提出在我国"弱势群体权利保护"政策实施和推行中,要发挥宪法平等权司法适用对少数人权利保护的作用。

关键词:宪法　平等　法律适用

1661

环境正义的法哲学研究 / 马晶著 ; 赵新华指导. -- 吉林大学, 2005. -- 181 页

环境正义概念起源于美国社会的环境正义运动,中国社会正处于社会转型深化期,在客观上具有发生国际环境正义问题和国内环境正义问题的社会条件。本文共分为六个部分。第一章概要地介绍了环境正义运动的起源及其基本主张,并指出环境正义问题存在的普遍性。环境正义的核心内涵是环境利益与负担的公平分配。第二章以"环境正义的共同体"来具体界定环境物品的分配范围问题,批驳了认为凡能接受环境利益与负担之分配的,就应当被包含在环境正义的共同体内,因此未来时代、其他生命形式甚至是自然体都属于环境正义的共同体的观点,指出环境正义与生态正义的分野,以及环境正义与可持续发展在精神理念上的契合。第三章"环境:正义的新领域"所要回答的核心问题是,环境物品作为一种可分配物品所具有的社会属性,对应分配问题中的"对什么进行分配"。环境利益具有财产属性、人格属性、非制造性、不可替代性以及作为生存资源的前提性。第四章"环境物品的分配正义"主要尝试解决的是"如何分配"的问题。论文认为应采取一种多元的平等主义作为环境物品的分配原则,即发展机会上的平等、满足基本需要上的平等以及公民政治自由权利上的平等。论文第五章"环境正义的程序之维"认为在环境正义的法律化过程中,一个显著的要点就在于程序的建构,纯粹的程序正义是有着严格的运行条件的,缺乏

正义的社会基本结构,就可能出现一种强者正义。第六章"国际环境正义与国际环境法"具体研究了国际视野下环境正义问题。认为"对一切"义务与"共同但有区别的责任"两个国际环境问题视角都有其合理性,但现阶段"共同但有区别的责任"更符合环境正义的目标要求。

关键词:正义　环境保护　法哲学

1662

法律义务研究 / 钱大军著 ; 郑成良指导. -- 吉林大学, 2005. -- 173 页

法律义务和法律权利是法学的基石范畴。在权利义务范式中,法律权利被研究人员广泛关注和研究,对法律义务的研究却经常隐含于法律权利的研究,甚至被研究人员所忽视。论文共六章,分为三个部分。第一部分(前三章)中,论文认为现实中的法律,是在应然的推动力和实然的抗拒力之间相互冲突相互作用的过程中,通过立法司法达成妥协,进而整合统一的;论述现时对法律义务研究的现状、误区以及产生的原因,提供了一个可资参考的法律义务的定义式解释,即法律义务是指主体应当采取的行为模式,并是引起偏离行为模式的行为者承担法律责任的理由;法律义务首先意味着"应当",目的在规范行为,回应是法律责任。第二部分,即第四、五章,主要是通过对法律义务与法律权利、公共权力之间的关系以及对法律义务冲突的探讨,来加深对法律义务概念的理解。论文认为法律义务、权利、公共权力之间存在着两层关系,价值层面上法律义务、公共权力来源于、从属于、服务于法律权利;实证层面上法律义务、权利与公共权力构成一个交叉和内部循环系统。本部分还对法律义务冲突的概念、分类、构成要件、产生原因以及既有的解决方案进行反思。第三部分,即最后一章,主要是为法律义务研究提供一个可能的研究视角。论文认为从身份角度去认识和解释法律义务可以加深对法律义务概念的认识,尤其是对法律义务冲突的解决提供一个可能的角度。

关键词:法律　权利　公共权力

1663

契约伦理与权利 : 一种理想性的诠释 / 强昌文著 ; 马新福指导. -- 吉林大学, 2005. -- 178 页

契约伦理作为一种制度伦理、世俗伦理和平等伦理与权利相互吁求,契约伦理具有道德底线、相互博弈、社会共识、诚实信用等内在特质,由其为基础而生成的权利具有神圣性、正当性、发展性,也最具有保障性,并对当代权利立法具有指导性的意义。论文分为七章。第一章为"契约伦理内在特质与权利凸显",认为契约伦理蕴含了独立、平等、自由、合作和合理利己的精神。第二章为"契约伦理道德准则与权利神圣",认为契约理论具有典型的类我思维,其准则具有主体性、普遍性、科学性,其内容是尊重原则和效果原则。第三章为"契约伦理法律体现与权利正当"。认为契约是法律产生的最为合理的途径,它为法律权利的正当性给出了充分的理由。第四章为"契约伦理价值层次与权利走向"。认为任何权利性的要求必须服从伦理价值指向,否则权利就失去了伦理基础和普遍效力,从而表现为特权。第五章为"契约伦理诚信品质与权利保障"。认为权利保障机制可分为外部保障和内部保障两个方面,契约伦理的内在品质应是诚信。第六章为"契约伦理中西境遇与权利差异"。认为中国传统文化使得契约伦理失去了外在的环境、主体性条件和动力机制,西方传统文化则相反。第七章为"契约伦理与当代中国权利立法"。认为当代中国正处在市场经济的轨道上,契约伦理应成为当代中国权利立法的道德基础。可以说契约伦理是现代法制的灵魂。

关键词:契约　道德　权利　法理学　伦理学

1664

私人之间的监控与惩罚 / 桑本谦著 ; 林喆指导. -- 山东大学, 2005. -- 225 页

本文致力于研究私人之间的监控与惩罚,尤其关注私人监控和私人惩罚的社会控制功能。论文探讨了私人之间的监控和惩罚制度存在的可能性与空间,认为即便在没有任何公共权力的无政府状态,仅仅依靠私人之间的监控和惩罚也能促成一些低交易成本的社会合作,并能维持一些初级形态的社会制度。国家及公共惩罚并非形成于众人之间的约定,而是起源于一个"私营暴力组织"。论文认为,私人惩罚与公共惩罚既相互排斥又相互补充,二者的互动可以作为一个分析法律制度的研究范式。国家为维持法律实施的垄断,通常会对私人惩罚手段(尤其是私人暴力)进行限制,但为节省公共惩罚资源的支出,法律必须在某些场合容忍甚至利用私人之间的监控与惩罚。公共惩罚资源的优先性迫使国家把私人之间的监控和惩罚视为一项重要的社会控制资源。法律制度的设计应当充分发挥公共惩罚和私人惩罚的比较优势,合理划分公共控制区域和私人控制区域。论文对保证

法律的社会控制功能、司法与公法的区分、私人执法与公共执法分工、产权制度、婚姻制度、交易制度、推定、隐私、严格责任、集体责任等提出了新的解释,并阐释了几个立法例和案例,包括:山东农村地区的互助合作规范,一个貌似通奸、实为敲诈勒索的案例,针对手机短信的两个立法例。论文提出了一个中国法制建设和法律实施的假说,即中国法制建设之所以不很成功,以及现代法律制度之所以在中国社会“水土不服”,最重要的原因,不是“本土资源”被重视不够,而是“社会资源”(即由私人监控和私人惩罚来维持的社会成员之间的相互信任)的供给不足,即中国社会目前面临严重的信任危机。

关键词:法理学　个人　惩罚　私人监控　社会控制

1665

价值衡量法律思维方法论 / 沈仲衡著 ; 郑成良指导. -- 吉林大学, 2005. -- 166 页

作者指出,法律思维方法是职业法律人尤其是法官实践法律这门善良和公正的艺术,分析解决法律问题和法律争讼的思维方式、思维手段和思维工具,是法律人必备的职业技艺和职业技能。价值衡量法律思维方法发端于对形式主义法律思维方法的质疑和反思,价值衡量的核心是利益衡量与价值判断的正当性问题。司法实践中疑难案件的存在使价值衡量成为必要,它是职业法律人尤其是法官在面对和解决疑难案件时,取向于特定的法律价值标准为利益衡量和价值判断,以价值判断为指南对法律进行创造性解释和适用,以价值判断为基础选择和运用适当的法律推理方法,对法律结论进行充分的正当性法律论证的创造性法律思维方法。价值衡量是以利益视角看待和分析权利、取向于特定的法律价值标准进行价值评价和价值选择的以价值导向为基础的法律思维取向、法律思维习惯和法律思维模式。价值衡量法律思维方法在程序上的一个重要环节就是法律解释。而法律论证是一种重要的法律方法,是司法裁判活动的重要环节,也是价值衡量法律思维方法的必经程序和重要组成部分。对价值衡量法律思维方法的深入研究必然引发法律本体论、法律认识论、法律方法论的重大理论创新发展。价值衡量在本质上是一种致力于实现普遍形式正义和个案实质正义和谐统一,对竞争与矛盾的法律价值进行衡平与选择创造性法律思维。

关键词:法官　价值　方法论　思维方式

1666

立法设计问题的初步探讨 :以界定·过程·个案为视点 / 石东坡著 ; 周旺生指导. -- 北京大学, 2005. -- 164 页

本文立足于立法学的承接、深入和发展、接续,分析了中关村立法等典型成功立法实践个案的普遍意义,吸收借鉴相关学科研究领域中的制度设计等理论,探讨了立法设计的若干问题。论文认为,立法实践是在集体理性支配下进行的制度建设。立法设计,即立法中的制度设计,是指立法主体感受和分析社会失范现象,回应与表达法律制度需求、形成和树立具体法律理想或者说明确的立法目的、创造和建构法律规范体系雏形的立法实践活动。立法设计具有多重属性,应当强调客观性、价值性、规范性、综合性等特征。立法设计划分为三个基本阶段:立法设计过程中的初始阶段、转化阶段、完形阶段。立法设计方案凝聚在法律草案之上。论文选取两个立法个案进行例证:第一,《中关村科技园区条例》的立法设计过程中,围绕作为国家和社会的沟通者的行政主体,针对政府行政行为的权力范围、管辖领域,以及活动程序等方面做出适度、完备、富有操作性的规制,并且因之设定对应、细密和严格的法律责任,辅之以权威、及时和富有力度的救济、监督、控制的途径。第二,婚前健康检查制度的设计理念与设计内容表明,立法设计的关键在于在辩证深刻的科学理念和价值的指导下进行不同方案的比较选优以及相应的权利义务配置,以及立法技术的应用之下的法律规范的有机整合的诸个环节的完整统一,而并非简单化地进行“非此即彼”的处理,甚或停留在“原则方案”形态,陷入我国立法中频频失误的怪圈。当前我国立法正经历着基于数量的积淀和增长而更加重视其规模、质量、效益的协调并进的提升阶段,或者说“法典化”阶段,但立法者特别是立法活动的实际直接参加者的包括反映能力、设计能力、沟通能力、表达能力等在内的立法能力高低以及重点在立法设计环节的各个阶段的理解和操作方面明显落后。建议观察和思索立法设计活动的客观现象、剖析和归纳立法设计阶段的实际运作、把握和揭示立法设计遵循的基本规律。

关键词:立法　法的理论

1667

政府在现代议会立法中的角色研究 / 王保民著 ; 周旺生指导. -- 北京大学, 2005. -- 257 页

本文运用规范和经验的研究方法,从静态的制度

规定、动态的实际运作以及规范性评价三个层面，重点研究了政府在现代议会立法中的功能角色。论文认为，自20世纪以来，西方国家议会与政府之间立法互动关系经历了“议会主导”向“行政主导”的转变，缘于议会和政府在应对不断变革中的现代社会的立法需求的能力上的差异。具有集体合议性、代表性、公开性和非专业性的议会难以适应，而具有等级性、次代表性、封闭性和专业性的行政机关具备应对现代社会立法需求的各种挑战的潜质和优势。我国政治现实中，全国人大的宪法地位从未真正地实现过。自20世纪80年代改革开放以来，人大的立法地位有所提升。但直至目前，国务院在与全国人大及其常委会的立法互动关系中，仍然处于主导地位。政府主导议会立法，尤其是授权立法，具有降低立法的民主合法性、导致行政专权、瓦解法治和侵害人权之虞；政府和议会在结构及运作方式上的差别，致使议会难以制定出具有可靠信息基础、及时、融贯、有效和回应性的良法；行政机关虽可以其资源优势高效率地立法，却又难以确保立法的民主性，并有滥用权力的危险。论文认为，国务院主导全国人大立法的现象和授权立法活动对民主宪政价值具有更大的危险性；全国人大及其常委会的立法审议和监督能力更低；行政立法的民主性更难以保障。中国立法实践中存在立法冲突、部门利益本位、对公民的权利和自由漠视等现象。论文认为，议会立法正从“主动型”向“应对型”转变，即向“政府提议（执政党的选举承诺和政策主张）、议会议决的立法模式”转变；政府在议会立法中扮演着主导或者领导角色，而议会越来越重视对立法的民主监控。我国应当从法律和事实上确保全国人大最高国家权力机关的宪法地位，确保全国人大及其常委会对国务院的优先性、主导性和最终的实际控制性；全国人大及其常委会可以通过授权、框架立法等更灵活的方式行使立法权，但更应适度限制行政立法干预社会生活的广度和深度，确保对政府立法的民主性的有效监控。论文建议：(1)规范党与人大的关系；(2)加强对政府立法的民主保障和监督控制；(3)改革和完善我国人大立法制度，实质性提高立法审议和监督能力。

关键词：政府　议会　立法　国家权力机关

1668

公法现代化的一般研究：以国家权力的法制化进程为视角 / 王月萍著；马新富指导. -- 吉林大学，2005. -- 211页

论文通过比较分析中西方公法发展的历史进程，尝试对公法现代化特别是中国公法现代化进行一般研究。论文共分为六个部分。第一部分主要是对公法现代化的一般理论进行系统探讨，为后续研究奠定中性的分析框架与理论基础。本部分对公法的内涵、现代化、公法现代化的内涵、公法现代化与法制的内在联系进行了阐释。第二部分主要是对西方公法现代化的历史脉络进行了梳理与概括。认为西方公法现代化是在对传统公法制度与理念继承与创新的过程中逐渐发展成熟的。第三部分主要是分析西方公法现代化的生成机理。认为法律至上的法律传统、多元权力均势中难以伸张的王权、资本主义商品经济的充分发展以及城市的兴起、市民社会的成长与资产阶级力量的壮大是公法现代化得以在西方首发并演进生成的基本机理。第四部分主要梳理了西方公法现代化的理论逻辑。认为公法现代化过程内源于商品经济发展的强势驱动，伟大的理论先导也发挥着重要的思想指南和坚实的意识支撑作用。第五部分从法部门的角度对公法现代化的主要表现进行了梳理和概括。认为西方国家加速的公法现代化的实践进程主要表现在五个方面，公法现代化仍处于并仍将处于不断联系发展的过程之中。第六部分主要探讨中国公法现代化的历史转型，旨在为加速推进中国公法现代化寻找理论支撑点、切实的目标模式与可行的制度举措。认为长期推行计划经济体制所造成的公法观念与制度上的痼疾是中国公法现代化的重要阻力，中国公法现代化当前不仅是必要迫切的，更是可行必然的。观念的现代化要比制度的现代化更加艰难与漫长。论文还为加速公法制度现代化提供了建设性意见。

关键词：公法　法治　现代化　国家权力

1669

隐私权的法理：一个公法角度的研究 / 温珍奎著；刘瀚，夏勇指导. -- 中国社会科学院研究生院，2005. -- 112页

本文围绕隐私权公法价值的主线，阐明了隐私的内涵及特征，区分了私法和公法意义上的隐私权，界定公法隐私权是公民对政府享有的积极权利和消极权利的统一体，权利实质是获得政府尊重和保护，核心问题是对抗政府干涉的正当性依据及其限度。论文考察了隐私权从道德权利到法律权利的演化过程，认为隐私权是普遍的权利，在世界各民族中都存在着原始隐私权。隐私权发展最完备的形态出现在美国。

隐私权发展经历了民事隐私权、宪法隐私权和信息隐私权三个阶段。信息隐私权是隐私权在网络空间实现的新形式。论文认为既往对隐私权的批判不是颠覆性的,而是修正性的。研究隐私权应该把握三个基准:(1)隐私权是必须坚持的人类价值之一;(2)隐私权深受民族历史文化的影响;(3)隐私权正处在越来越精致化的历史进程中。论文阐明了隐私权的自由价值,隐私权是个人要求自治的结果,又是个人实现自由的起点。隐私权为个人自由观念的孕育和成长提供了不受干涉的制度空间,是所有个人自由的起点。论文论证了隐私权的宪政价值,认为隐私权是个人反抗社会的最原始的权利表达形式,它在发展民主政治理论、建立宪政政府、纯洁政府行为等方面发挥了重要的作用。隐私权是政治理论发展和创新的制度保障。隐私权是社会契约的基础,又是社会契约的产物。隐私权为人民提供了自由思考、成熟行动、人身得到保障的自由空间。论文提出了隐私权实现的基本原则,认为隐私权不是绝对的,需要受到限制或克减。隐私权的实施必须遵守三项基本原则:(1)尊重个人隐私原则;(2)压倒性国家利益原则;(3)不完全限制或克减原则。尊重个人隐私是首要的基本的原则,它要求国家、社会或政府慎重对待个人隐私,只有压倒性的国家利益才能证成对个人隐私权限制或克减的正当性,而不完全限制或克减原则是对压倒性国家利益原则适用的修正和制约。

关键词:隐私权　人身权　正当性　法理学　公法

1670

法律概念的解释 : 法律适用的合法性与妥当性 / 吴丙新著 ; 陈金钊指导. -- 山东大学, 2005. -- 133 页

本文围绕法律适用中的合法性与妥当性探讨了法律概念的解释问题。论文认为法律概念是基于法律共同体的约定而承载着价值的、在司法操作中通过与案件事实的对接而释放其意义(规范目的)的制定法上的最小语言单位。法律概念实际上就是一种法律类型,它的意义永远面向案件事实开放。论文围绕法律适用的合法性而对法律概念加以解释,认为合法律性的合法性得以实现的条件是:以类型思维在法官"目光来回往返"于规范与事实之间的基础上,实现法律共同体最大程度的合意。通过对具体案例的分析,论文探讨了法律概念解释之合法性的实现过程,以此发现法官以及其他诉讼参与人为实现对法律概念解释的合法性而采取的不同策略。在对实现合法性的方法进行研究之后指出,虽然实质上的价值判断先于"制度化"的解释方法而产生,但后者却在通向前者的路途中掌控着具体的方向。论文对困扰司法实践的法律之安定性与正义性的冲突进行了剖析,指出在正义问题上的纠缠不清虽然深化了我们对法律自身的认识,但它却同时导致了在法律适用问题上的混乱不堪。论文建议采用妥当性,即超越法律共同体对法律概念的可能意义所"划定"的界线对法律概念的意义进行"非法"扩张或限缩、在最广泛的主体之间达致的一种合意。通过对私法和公法中的两个案例进行分析,论文指出对法律概念的妥当性解释根源于法官对利益衡量的需要。在实现妥当性的方法上,论文借鉴了佩雷尔曼的"听众"概念,指出妥当性实现的关键,在于如何满足一般听众的愿望。论文讨论了合法性与妥当性之于法律概念解释的关系,认为在疑难案件面前,法官往往会同时采用两种策略来达到他所追求的利益平衡之目的。

关键词:法律解释　法律适用　法的理论

1671

社会弱势群体权利保护的法理 / 吴宁著 ; 张文显指导. -- 吉林大学, 2005. -- 154 页

本文在法学领域内,以权利视角研究社会弱势群体保护问题的一个全新尝试。论文认为,权利因其强有力的道德支撑和制度化形式使其成为保护社会弱势群体的有效方式,权利的发展过程是以权利的方式对社会弱势群体保护不断加强的过程。对社会弱势群体生存权和发展权的保障是社会弱势群体权利保护的核心。第一章是社会学到法学的视角转换。社会弱势群体首先是一个社会学上的概念,许多社会学理论,如社会分层理论、社会功能论、社会冲突论、生存竞争理论等都从不同的角度研究了社会弱势群体问题。第二章是社会弱势群体权利保护的涵义。从外在方面讲,"社会弱势群体的权利保护"意指"作为一种方式的权利保护",即与政策的保护方式、慈善的保护方式相区别的权利保护方式。从内在方面讲,在权利体系内部,社会弱势群体的权利保护意指"社会弱势群体的人权保障"。第三章是社会弱势群体权利保护的正当性,具体的论证从两个方面展开,一是社会弱势群体权利保护对人本身的尊重和崇尚,二是社会弱势群体权利保护对社会公正的寻求。第四章是对社会弱势群体权利保护机制的寻求,具体包括:通过正当程序的制度设计来保证社会弱势群体利益表达的顺利实现;通过国家义务的履行和特殊权利的赋

予保障人权的现实实现;通过对社会弱势群体权利保护界限准则的遵循来保证权利保护的适当性,防止反向歧视;通过对社会弱势群体平等权宪法司法制度和社会权可诉制度的建立,确立社会弱势群体的权利保护的最终防线。

关键词:弱势群体　权益保护　法理学　人权　平等　正义

1672

过错推定论:一种从实在法到法哲学的分析方法 / 徐晓著 ; 石少侠指导. -- 吉林大学, 2005. -- 156 页

过错推定是侵权法中的一项制度,旨在解决传统侵权法在侵权归责中的困难和危机。从既有的研究来看,往往是部门法学者在侵权法的领域对过错推定问题进行论述,且对该制度的认识仅停留在功能论和实用论上,而没有用法学一般理论对过错推定制度进行应有的理论检视和学术追问,没有从更深层面上回答为什么过错推定会存在,我们为什么需要过错推定,过错推定在根本上解决了什么,过错推定是否是唯一的选择等等问题。如果缺少对这些问题的思考,我们对过错推定的认识必然是肤浅和片面的,也不会领悟到这个制度之于侵权法、私法、程序法等法律发展的作用。论文通过探讨过错推定制度,认为这一制度主要解决了传统侵权法在近现代以来面临的危机,在修正侵权归责结果上是有效的和适当的,并维护了传统侵权法体系的完整。过错推定作为一种经验和逻辑的制度发展,在维护和实现法律正义方面有着特别的功用,最大化地满足了侵权归责结果正义和归责程序正义。因此,过错推定制度绝不仅仅是一种证据规则或者是一种侵权归责制度,而是人们对侵权法制度理性选择的结果。

关键词:侵权行为　侵权归责　过错推定　民事责任　法哲学

1673

民事执行权论 / 严仁群著 ; 李浩指导. -- 南京师范大学, 2005. -- 137 页

本文分析了民事执行权的性质和权力归属,对我国执行权的分配提出若干建议。论文认为,民事执行权包含执行实施权与执行裁判权。西方国家执行权分配体制的共性是司法性执行权均由司法裁判人员行使,行政性人员仅能行使行政性执行权。我国的新执行体制中隐藏着两种执行权的混乱和扭曲,它彰显了执行权的行政性却实际忽略了司法性。我国的执行庭应该全部由执行员组成,处理执行纠纷的法官可设置在民庭内。应该继续采用职权主义模式,执行机构的程序选择权与债权人的处分权可以并行不悖。关于执行权的强制性运行与保护性运行,我们务必对恶意债务人科以严厉的制裁,同时又基于人道原则给予债务人必要的保护。应让执行权主体承担起有限的获取信息责任,令债务人切实承担合作义务,允许民间机构在一定范围内发挥其独特的作用。建立对执行权的执行程序内控权机制的关键是赋予当事人、第三人诉权。传统诉权理论只具有实体性,它忽视了基于程序争端的诉权。执行程序内控权的基本方法是:以司法性执行权制约行政性执行权,再以高阶司法权制约低阶司法权。对执行权的执行程序外控制就是对执行权主体本身直接进行控制。对执行员的控制应该从资格、行为准则、惩戒制度等方面入手。

关键词:民事诉讼　执行权　诉讼程序　司法监督

1674

社会分层与法律秩序 / 杨力著 ; 刘旺洪指导. -- 南京师范大学,2005. -- 134 页

本文从法律秩序和社会分层概念入手,在解析国内外各种观点的基础上,界定两个概念的应有内涵并在二者之间进行相关性分析。论文从分层基础角度,阐述经济、文化和社会三种资源的配置关系制约着社会分层状况,进而决定了各阶层间的法权关系,成为法律秩序的生成基础;同时,法律秩序也能动地反映着资源配置关系。从分层结构角度,分析了金字塔型分层结构与橄榄型分层结构、封闭性分层结构与开放性分层结构与法律秩序生长之间的相互影响。提出开放性的橄榄型分层结构应成为现代法律秩序的构建基础,而现代法律秩序重建亦应以培育这种分层结构为目标。从分层意识角度,探讨了各种分层理念下对法律秩序变革的不同选择,以及阶层地位认同对法律秩序实现的双重效应。论文提出多元分层意识与阶层认同意识应成为现代法律秩序变革的价值基础,现代法律秩序变革应以这种分层意识为思想导引。在以上一般理论分析基础上,论文分析了中间阶层、社会底层、社会上层各自不同的阶层品格及其法律秩序效应,提出当代中国社会分层变迁,导致城乡分割、贫富悬殊、阶层认同危机给现代法律秩序带来巨大挑战,要在变迁中推动现代法律秩序生长。

关键词:社会阶层　法律秩序　法的理论　资源

配置

1675

论法律调整方法 / 杨思斌著 ; 孙国华指导. -- 中国人民大学, 2005. -- 226 页

法律调整方法是法学理论的基本问题之一,研究它有助于学会使用法律武器,提高法律调整的效果,而且对建构法律体系具有重要意义。论文共分为六章。第一章是法律调整方法概述。主要研究法律调整方法的基本涵义、特征、分类、法律调整方法与法律规范的关系等基础理论问题。第二章是法律调整方法的历史考察。以对法律调整方法的界定与分类为基础,分别对古代法律、近现代法律及当前法律调整方法的特点进行宏观的概括,可以使人们掌握法律调整方法变迁的历史轨迹,洞察其未来发展。第三章为法律调整的基本方法和模式。分析了法律对人们行为作用的三种基本方式:禁止、积极义务和允许,以及法律调整人们行为的两种不同模式:一般允许型和一般禁止型。第四章是公私法的划分和法律调整方法。公私法的划分源于社会生活的需要,反映法律调整的规律性。认为公私法划分的直接根据是法律调整方法。第五章论述法律调整方法与中国特色社会主义法律体系。法律部门划分的直接标准是法律调整方法的不同,而法律调整方法基本上决定于法律调整对象,但也不是绝对的。第六章论述法律调整方法和社会主义和谐社会的构建。法律研究方法的研究对于构建社会主义和谐社会意义重大。法律调整方法的改进和创新应该把以人为本作为价值归依。

关键词:法学理论　公法　私法　法律调整

1676

当代社会民主主义法学思想研究 / 杨晓青著 ; 孙国华指导. -- 中国人民大学, 2005. -- 208 页

社会民主主义是当代西方主要的社会思潮和社会运动。社会民主主义法学思想是社会民主主义政治思想在法学领域的反映。论文由导言、八章正文和结语组成。导言概述了研究社会民主主义法学思想的意义和研究现状,研究方法、结构及创新。正文从历史渊源、民主观、人权观、国家法、经济法、社会法和国际法等方面评析了社会民主主义法学的主要思想理论。结语论述了社会民主主义法学思想的积极意义,以及对我国社会主义和谐社会建设的借鉴作用,并为社会民主主义法学思想作了初步的定位。论文认为虽然社会民主主义法学思想始终承认马克思主义是其重要的思想来源之一,但同时又表示马克思主义绝对不是唯一的来源。社会民主主义法学思想出于实用主义的考虑,对人类历史上各种各样的社会主义理论和原则采取兼容并蓄的态度,进行折中和重新解释。民主论在整个社会民主主义思想体系中占有极其重要的核心地位,当代社会民主主义继承了拉斯基的多元主义思想,具有浓厚的伦理性,强调道德因素在社会发展中的地位。当代社会民主主义认为自由有三层涵义,人权是识别社会党人所必不可少的特征,社会民主主义运动并不存在一个统一的宪法思想,但有一个基本的出发点和基本的思想框架。各国社会党的经济法律理论在对待资本主义生产资料私有制问题上,经历了从主张消灭资本主义私有制、实行社会主义公有制到保留和促进资本主义私有制的根本性转变。社会保障制度是社会民主主义社会法律的重要组成部分。当代社会民主党在处理国际关系问题上表现出现实主义态度,积极推动东西方之间的缓和,对社会民主主义法学思想的地位和作用应从实际出发,实事求是地、具体地进行分析和评价。社会民主党的法律理论及其纲领政策较快地顺应了历史发展趋势,其法学思想对我国建设社会主义和谐社会具有重要的借鉴作用。

关键词:社会民主主义　法学思想　和谐社会

1677

公法哲学意义上的契约论 / 于立深著 ; 崔卓兰指导. -- 吉林大学, 2005. -- 181 页

建构公法哲学体系应该从范畴开始,人权、公权和契约是公法哲学的核心范畴,它们不但具有丰富的社会关系内涵而且具有逻辑指向意义。论文共分为六章。第一章是作为公法哲学基石范畴的契约,主要介绍契约的语义并指出中国法律秩序中的“盟”与“约”是应该重视的本土资源。此外,还指出了契约范畴向契约方法论转化的条件和意义。第二章是契约论的历史脉络和主题,分析和概括了不同历史时期的契约论的主题、知识结构和人物传承关系,并指出反契约论也是社会契约论历史的一个重要组成部分。第三章是契约论的基础与类型化。认为契约是公法自身发展的结果,与民事契约和市场经济关联不大,中国学者对契约论的演化路径存在误解。契约论的社会基础具有多样性。进入 21 世纪传统契约论的基本要素没有变化。第四章是契约方法论及其功能。论文认为契约方法论是一种分析重建和逻辑推理方法,契约方法论的逻辑推理设计是:假设场景、问题的

解和制度设计。契约方法论不是经验论证而是逻辑论证,契约具有隐喻功能。第五章是契约理念的制度化。认为组织的成长、国家权力的介入都促使契约不断地向制度转化。公法中的契约表达包括理念和制度两个层面,在跨越制度变迁的峡谷中,契约论的作用是独特的。第六章是中国公共制度的契约选择。认为在社会治理方法选择上,应该在无政府主义、强制和契约之间作出合理的权衡,工具理性的困惑导致了政府外在强制的存在具有合理性。认为契约论既是我们向往的事业,也是一项未竟的事业,是中国应该借鉴的一种社会治理方法和理念。

关键词:公法　法哲学　范畴　契约

1678

洛克财产权理论的初步研究 / 翟小波著 ; 夏勇指导. -- 中国社会科学院研究生院, 2005. -- 137 页

本文考察了洛克财产权的智识、信仰、语言脉络以及相应的社会经济政治背景,认为洛克的政治哲学是宪政革命的哲学,财产权是革命的核心。论文分析了构造和规范洛克财产权理论的基础。财产权理论是洛克的道德学(自然法学)的重要部分。洛克接受了“上帝存在”的设计论的证明。人作为有意志的理性行动者,以类似于上帝制作人和万物的方式,来制作自己的行为。上帝对其作品享有财产权适用于人对其产品的支配权。洛克的财产权理论的任务是通过批驳菲尔默的父权论,来构建一套革命理论,以便证成辉格党的抵抗行为。洛克诉诸自然法权的传统,既回应菲尔默对自然法权理论的批判,又把传统的专制主义的自然法权理论改造成宪政主义。在反思和继承自然法权理论家的语言和观念的基础上,洛克构建出他自己的财产权的自然法理论。论文认为,洛克所说的人,不仅是理性的存在和上帝的作品,还是特定的道德行动者,对自己的人格有排他法权。这构成人的排他财产权的基础。劳动不仅是对上帝和社会的道德义务,而且也是赋予人对其产品的有限财产权的独立的道德行为。这种财产权以拨归私用者能使用的数量为边界。若滥用其财产或超过可使用的限度而任财产败坏,相应的法权主体便在此限度内丧失财产权。在洛克的体系中,自然法和上帝意志的优先性,使一切法权都成为实现维持和供养上帝作品的手段。劳动是理性人履行保存人类的义务的最合适的方式,但却不是唯一方式。仁爱是源于财产权本质的自然义务,它赋予贫穷者对富而有余者的财产的法权;继承也是赋予法权的自然法则。论文认为原来的限定财产占有的条件被突破,财产权(包括对生活资料的含容权和排他的法权)不再安全。于是,人开始进入政治社会。再次,共有物的自然个别化原则便不再适用。政府使用以同意为基础的法律来确立和管制财产权,依照货币出现之前的自然法原则来实施确保公共福祉。

关键词:洛克(Locke,John 1632 ~1704)　财产权　法律思想

1679

现代立法中的利益衡量 : 以个体主义方法论为研究视角 / 张斌著 ; 崔卓兰指导. -- 吉林大学, 2005. 181 页

现代立法的实质是一个利益识别、利益选择、利益整合及利益表达的交涉过程。立法者在立法过程中势必要进行利益衡量,这涉及一系列理论问题。论文从个体主义方法论立场出发,力图建构现代立法中的利益衡量方法论体系。全文包括:导论“寻找利益选择的正当性基础”、第一章“现代立法中的利益衡量的基本理论”、第二章“现代立法中利益衡量的价值基准”、第三章“现代立法中的利益识别”、第四章“现代立法中的利益选择”、第五章“现代立法中利益选择的规范表达”、结束语“现代立法中的利益衡量与和谐社会之建构”。利益衡量作为一种立法方法论,它是一套在对现实利益识别之基础上,对所识别的利益进行分析、比较、权衡,进而抽象利益、整合利益的基本方法和操作程式。论文认为立法中的利益平衡就是正义,这种利益平衡是动态平衡与静态平衡的统一。立法中的利益平衡本质上是利益均衡,属于反思性平衡,是一种价值均衡与制度正义。立法的过程是一个利益选择的过程。利益衡量方法论主张立法中的利益衡量的最终结果在于进行利益选择。而立法中的利益选择应遵循平等对待原则、价值判断原则、比例原则、综合利益最大化原则及正当程序原则。作为立法方法的利益衡量论紧紧抓住了现代立法之利益分配功能,并以利益平衡为基本理念,可以为当代中国立法完成其构建和谐社会历史使命提供有力的理论武器。利益衡量论主张立法的目标在于实现“利益平衡”,而利益衡量论证是实现利益平衡的立法方法论,利益衡量论的提出,正当其时。

关键词:现代立法　个体主义　利益平衡

1680

中国军事法制现代化问题研究 / 张桂英著 ; 霍存

福指导. -- 吉林大学, 2005. -- 150 页

中国军事法制现代化是现代世界军事发展的必然要求,它是以军事法制观念现代化为内在动力,以军事法律效益化为重要表现,以军事力量主体现代化为核心,包括军事法律规范、军事法制观念和军事法律运作在内的现代化过程。论文共分为四个部分。绪论部分以“依法治军”这一新时期的治军方略为切入点,阐释了军事法制现代化的基本目标在于“军事法治”。第一章是军事法制的发展与军事法制现代化。论文认为军事法制现代化是相对传统而言的,军事法制现代化就是由传统型军事法制向现代型军事法制的转化过程,包括军事法观念、军事法制度在内的整个军事法制系统,沿着反应、适应和推动现代军事文明发展趋向而前进;现代军事法制的精神表现为以“军事法治”为关键性变项的、相互关联的两个方面,即形式合理性和价值合理性。第二章是军事法制现代化的理论基点。论文认为,军事法律效益化是军事法制现代化的重要表现,它主要包括军事法律规范的实现程度,军事司法的程序合理性,以及军事法律组织独立和专业化;军事力量主体的现代化是军事法制现代化的核心。第三章是军事法治现代化的目标模式。中国军事法制现代化进程的实质,乃是推动军队由人治型的法律制度向法治型的法律制度变革,实现建设社会主义法制军队的目标模式。它是以军事法律规范的现代化为基础,以军事法制观念的现代化为实现动力,以军事立法、军事司法和军事行政为内容的,其实现的关键在于军事法律组织机构的现代化,同时离不开现代化的军事法律监督机制的保障。

关键词:军法　法制　现代化

1681

立法中的非正式规则 / 张际著 ; 周旺生指导. -- 北京大学, 2005. -- 122 页

本文对非正式问题的相关理论作了整体性的总结和梳理,从法学角度对非正式规则的含义、范围、特征等基本问题作了理论上的界定。论文认为,非正式规则同法学中传统范畴,如习惯法、不成文法、行动中的法等既有联系又有区别,非正式规则是一个中性词、一个价值中立的概念。法律领域中的非正式实践和非正式规则是一种比较普遍的现象。论文系统地梳理和总结了我国立法过程中的非正式规则和实践,包括:立法实践中,在有关立法的法律规定之外,全国人大和全国人大常委在长期的国家立法过程中,形成了一种稳定的事实上的权力分工关系,全国人大立法权日益边缘化和形式化;执政党在法定的领导地位下参与我国的立法过程,形成了不少立法习惯和不成文的做法;立法权从立法准备到提出法案,再到审议法案的整个过程中,不同的权力主体都会以它们特有的方式参与进来。中国式的立法民主和非正式的立法沟通和协调在我国立法过程中广泛地存在着。论文分析了立法和立法活动的特殊性质,对立法以及整个法治化进程中非正式规则的成因、功能、合法性等问题作了理论上的整理和总结,提出了对待非正式实践和规则的基本态度:反对简单的否定性态度,应根据形式和实质,法治的规范化和经验性概念等评判工具和分析框架全面地认识法治实践中的非正式规则。

关键词:立法　法治　法的理论

1682

民国时代经济法律发展问题研究 / 张廉著 ; 公丕祥指导. -- 南京师范大学,2005. -- 173 页

本文主要研究和考察 1912—1949 年这一特定历史时段,即中华民国时期经济法律发展的历程、动因、各种矛盾及其历史启示,以探求中国经济法的历史渊源,力图从中国经济法律发展的历史传统出发探讨经济法制现代化问题。论文认为,法律在形成和发展过程中积淀的文化遗传因素必然会对后继法律的发展产生某种相应的影响,并形成一定的“承继性”和“路径依赖性”。中国的经济法产生于民国时期,有着其深刻的历史传统和历史背景。必须把民国时期经济法律的发展放在当时社会发展的大环境中加以考察,揭示经济法律发展与社会发展诸因素之间联系的多样性,明晰它们之间的主次关系、层次关系以及各种因素之间的确定性关系和非确定性关系,完整准确地把握经济法律发展的内在规律性。即运用发展的和联系的观点观察和分析民国时期的经济法律这一社会现象,深刻分析其发展变化的社会条件和机理,以及由此而产生的时代特征。论文探讨了民国时期经济法律发展的过程与社会基本矛盾的运动过程之间的深刻联系,从而阐明其存在的合理性及其在社会进步中的历史价值。

关键词:法制史　经济法　民国

1683

行政知情权的法理学研究 / 张龙著 ; 石少侠指导. 吉林大学, 2005. -- 205 页

行政知情权作为一种新型的权利,在林林总总的权利主张中日益受到人们的重视。行政知情权是自

然人、法人和其他组织知悉、获取行政信息的权利与自由。论文共分八章。第一章"行政知情权的本体论"在对其他相关法律制度较为发达的国家进行具体法律制度比较甄别的基础上,对我国行政知情权法律制度中关于行政知情权的本体论内容展开了深入的分析,并对我国行政知情权法律体系的建构提出了合理的构想。第二章"行政知情权的理论证成"、第三章"行政知情权的现实论证"和第四章"行政知情权的价值分析"阐释了行政知情权的合理性、必要性与价值,通过分析孕育行政知情权的理念与现实和行政知情权对于现代宪政国家独一无二的价值与作用,明确行政知情权是公民的基本权利。第五章"外国行政知情权法律制度考察"通过对瑞士、英国、美国和日本这四个典型国家行政知情权的法律制度进行细致的考察与分析,在宪政的视角下回顾上述各国行政知情权法律制度形成的背景、历程与特点。第六章"国际行政知情权法律制度考察"明确公民行政知情权是一种国际公认的人权。第七章"行政知情权与相关权利与权利的冲突与解决"分析了如何平衡行政知情权与其他权力与权利的相互关系。第八章"我国行政知情权立法与实践的状况及反思"则对我国行政知情权立法与实践的经验与不足提出了作者的个人见解。

关键词:法理学　公民权　行政管理　知情权

1684

协同主义诉讼模式的法理分析:兼谈法制现代化语中我国民事诉讼模式的新选择 / 张珉著 ; 李浩指导. -- 南京师范大学, 2005. -- 148 页

本文梳理了我国民事诉讼模式研究的现状,追溯了协同主义诉讼模式发展的历史背景,对该诉讼模式重在进行法理分析,探讨其理论基础、法理内容及该诉讼模式下当事人与法官的作用机理;同时着重论证了协同主义诉讼模式是法制现代化话语中我国民事诉讼模式的新选择,并将之运用于对我国民事审前准备程序的重构。分析了协同主义诉讼模式在我国的现状,探讨了如何调整阻碍该诉讼模式在我国生成的环境。论文认为,协同主义诉讼模式中,应当充分发挥法官与当事人的积极作用,使法官与当事人之间以及当事人相互之间协作推进诉讼。当事人的裁判请求权在民事诉讼法上的实现需要对当事人的诉权和民事诉讼权利加以平等保护及审判权与诉权之间的冲突与协调是构筑该诉讼模式的理论基础。论文基于克服职权主义诉讼模式的弊端,提出我国有必要重构民事诉讼模式,按照协同主义诉讼模式对当事人与法院的权限重新配置,构筑一个独立的能够有效发挥其功能的审前准备程序。

关键词:民事诉讼　诉讼程序　诉讼模式　协同主义

1685

社会保障权论 / 张姝著 ; 马新福指导. -- 吉林大学, 2005. -- 198 页

论文共分为六部分。第一章是"社会保障权的概念、起源和发展"。社会保障权是社会成员获得基本生活保障的权利,在性质上表现为一种积极的接受权,从历史发展来看,社会保障首先是作为解决社会问题的对策而出现的,继而被各国政府赋予制度化的形式,并逐渐发展为人的一种权利。第二章是"社会保障权的理论基础"。论文认为社会保障基金是社会产品分配的必要扣除,最终来源于劳动者阶级的剩余劳动,财富等社会资源的形成离不开社会合作,社会发展的成果对于社会全体成员应当具有共享的性质,社会保障对于社会生产生活的必要性决定了社会保障权对于社会成员的必需性和合理性。第三章是"社会保障权的要素分析"。认为社会保障权的权利主体具有"社会人"的特征,且具有普遍性;义务主体具有多元化特征;权利内容表现为一个动态的、开放的、发展的体系。第四章是"社会保障权的价值定位"。论文认为社会保障权的价值定位主要体现为公平,在财富占有方面则指一种人人享有社会可能供给普遍社会成员的基本物质需要。第五章是"中国社会保障权的现状"。论文认为中国社会保障制度发展不平衡,有城乡、身份差别,许多人被排除在社会保障权的主体范围之外。第六章是"社会保障权的实现机制"。论文认为社会保障权最终要通过法制得以保障和实现,这就要求构建一个完备的权利保障法律体系,首先要清理统一现有的规范,抓紧制定社会保障法律,其次要优化社会保障管理体制,规范社会保障行政执法,最后要根据社会保障权的特殊性,探索处理社会保障争议的理论和原则。

关键词:社会保障　人权　权利

1686

全球环境治理的法律框架 / 张小平著 ; 朱景文指导. -- 中国人民大学, 2005. -- 252 页

全球治理的提出是对以环境问题为代表的全球问题的回应。人类社会是一个耗散系统,人类在全球规模上进行资源开发、能源结构的变化、对空气和水

两种赋予流动性的环境因子的污染，是导致全球环境问题出现的技术原因，在技术背后有若干重要的经济社会机制导致了全球环境问题的出现及日益恶化。全球环境问题引起了哲学、政治和法律三个层面上的回应。哲学革命和政治运动的制度化成果是法律，产生了环境法。环境法的发展经历了产生、发展和完善三个阶段。国际环境法滥觞于经济和生态的相互依赖性达到比较高的程度的时期。全球环境治理法律框架的核心是参与环境治理的主体和实施环境治理所依据的规则。国家是国际法的主要主体，也是全球环境治理中最重要的基本力量。全球环境治理和国际环境法在相当大程度上依赖于长期监测所提供的信息和科学研究得出的结论。在全球环境治理领域，非政府组织的职能包括监测环境状况，协助政府间国际组织和政府机构起草法律文本，实际参与环境公约中某些方面的实施活动。人权保护的国际化使个人部分地获得了国际法主体的地位，传统的国家主权受到了挑战。国际环境法由三部分构成。国际环境法总体上讲是零散而重叠的，在构造上的突出特点是大量使用"框架公约—议定书"方法。大量国际环境公约采取了"软法"的形式。国际环境标准是国际环境法从原则层面走向操作层面的实现环节，是环境治理技术特征的体现。全球环境问题向传统的国际主权提出了挑战。

关键词：环境问题　环境保护法　国际法　环境管理

1687

计算机软件法律保护问题研究 / 张晓津著 ；罗玉中指导. -- 北京大学，2005. -- 193 页

本文结合国内外司法实践，综合运用历史研究、比较研究、案例分析等方法对计算机软件的著作权法、专利法、商标法、反不正当竞争法和合同法等法律保护领域中上尚存争议的诸多问题进行了研究，总结分析了计算机软件法律保护的多维度方式及侵权救济的多元化途径，结合本国国情、着眼于国家计算机软件产业发展的实际，提出适宜我国国情并体现权利人与社会公众利益平衡的计算机软件法律保护方式以及对现行法律进行修订和补充的相关建议。论文研究了著作权法律保护体系之下，计算机软件著作权的内容及权利限制、软件侵权判定方法及相关新类型侵权行为的认定，并针对开放源代码软件的发展，分析我国软件产业的选择。论文对计算机软件专利保护的发展历程进行了回顾，分析了我国对商业方法软件专利的对策和专利制度保护计算机软件的不足之处。比如手续繁复、保护期过长等不足。结合国内外相关判例，论文从商标法、反不正当竞争法和合同法的角度来对计算机软件的法律保护进行了分析，认为三种保护方式与著作权法 、专利法相结合，为计算机软件提供综合保护。论文着重分析了计算机软件法律保护的不同救济途径，探讨了多元化的救济途径，并对司法救济中所出现的疑难问题进行了研究。论文还分析了我国计算机软件产业的出路，提出计算机软件的法律保护应当与一国的经济发展水平相适应，应限于合理的范围之内，并提出利益平衡理论在司法中的适用问题；提出要加强法律环境和舆论环境建设，对现有法律中的权利保护期限、反向工程的合法性、合理使用的范围等问题进行修订和补充，加强软件保护的国际一体化等建议。

关键词：软件　知识产权法　著作权　专利

1688

公司治理的法理学研究 / 张忠野著 ；霍存福指导. 吉林大学，2005. -- 275 页

公司治理是股东、董事、监事及经理人等权利义务的制度性安排。从制度经济学角度看，公司的本质是合同。公司治理是公司参与各方争夺权利义务资源的一般均衡近似物，是博弈各方战略组合构成的纳什均衡。论文认为公司是典型的耗散结构，公司治理是公司动态的平衡系统，是自治与外部干预双重作用的结果。论文分上中下三篇，上篇是公司治理的理论之维。主要检索回顾了公司治理的各种理论并提出论文研究公司治理的理论依据，认为公司治理的关键在于实现公司治理熵流平衡，以此为核心详细阐述了公司治理的耗散特性以及公司治理的熵流平衡系统，提出以法律责任为核心的外部第二类负熵是公司治理熵流平衡控制的中枢。中篇是公司治理的制度之维。主要从制度的视角讨论公司治理问题，作为公司治理的载体，公司治理结构和公司组织结构是本篇研究的基本点，在此基础上，论文提出了公司治理制度的基本功能以及构建原则和维度。下篇是公司治理的责任之维。本篇是论文的核心及落脚点。详细分章讨论了公司治理的法律责任问题。第六章讨论损害赔偿责任本质、正当性及结构。第七章、第八章具体研究公司治理各方承担的第一性义务与第二性义务，检讨外部干预存在的问题，批判我国公司法、证券法等相关立法强化行政责任而淡化民事责任尤其是极少规定损害赔偿责任的错误做法。第九章研究损

害赔偿责任与公司治理行为之间的互动关系，为建立公司治理损害赔偿责任提供依据。论文的结论是损害赔偿责任是从外部优化公司治理的核心。

关键词：公司法　法理学　损害赔偿　公司治理

1689

谁之诉求：公益诉讼原告资格问题研究／朱晓飞著；夏勇指导. -- 中国社会科学院研究生院，2005. -- 71页

本文研究了公益诉讼的门槛——起诉资格的自由化。论文共分为三篇八章。上篇是诉讼模式的扩展：以起诉资格放宽为中心。论文介绍了传统公法诉讼中起诉资格的演变，着重叙述在美国等采取公益诉讼制度的国家，随着起诉资格不断放宽，公益诉讼得以逐渐确立并获得发展。论文围绕美国理论界对公益诉讼的批驳，介绍了起诉资格原则背后的理论基础问题：若法院扩大起诉资格，则可能悖离其固有的合法角色；若私人可以代表公益诉讼，则可能会违反有关个人自主价值和经济人的假设。中篇是传统适格原则要素之理论分析。论文通过对法律制度中起诉资格的由来及其诸要素的分析，认为起诉资格原则并不是一套固定中心的司法技术，而是法官们审时度势、结合价值判断加以不断阐释的产物。论文通过对事实损害、因果关系及可救济性三项要素的分析，认为作为"案件或争议"结果的起诉资格标准是法官们审时度势、结合以价值判断加以不断阐释的产物，宽严程度与法律制度背后的公益观念密切相关。论文对不同时期的公益观念的梳理表明，随着西方社会状况与主流意识形态的变化，不同的公益观念导致了不同的起诉资格标准，先进的起诉资格标准恰恰反映了多元主义社会之公益观念，需要结合新的社会情势作出调整。论文下篇是为起诉资格自由化辩护。论文通过公益观念的重新审视，认为在立法及行政权力日益扩张的情况下，法院在公益诉讼中的积极能动角色不仅捍卫了分权原则，而且且可以更好地保护少数人；法院可以确保所有人参加对话程序，去发掘公共价值的确切含义。论文认为任何公民或团体均有权对威胁到宪法价值的制度或公共行为起诉。论文认为，倘若将诉讼资格的扩张仅仅局限在以审判为中心的诉讼，将会遇到法院扩张与当事人群体无限扩张之间的紧张，应当采取某种技术或理论上的修正予以解决。

关键词：诉讼法　公益诉讼　原告　司法制度

法律史

1690

羁縻：清前期旅蒙商及其贸易活动的法律透视／岑飒著；郑定指导. -- 中国人民大学，2005. -- 166页

论文从旅蒙商贸易活动及其法律制度的环境分析入手，首先剖析明清之际蒙古边疆的政治经济格局，指出所面临环境的复杂性。清政府对蒙古部落以及沙俄采取的都是"羁縻"的做法。通过对清前期的商业贸易法律制度的研究，揭示封建统治阶级"只求稳定、不求发展"的本质，同时也为进一步研究蒙古地区贸易法律制度与内地贸易法律制度之异同提供比较基础。总的来看，清前期的统治者通过禁榷、牙行、专卖、行商等制度，将商业贸易置于严格限制之下，抑制了商业活动的发展。在对待商业的态度上，清朝统治者表现出一定的矛盾心态，既认为商贸关乎民生，又担心商贸发展影响社会稳定，在具体做法上也反映出摇摆不定的特点。论文对蒙汉民族贸易习惯法进行了比较深入的探讨，认为贸易习惯和习惯法与制定法一起保证和规范了蒙汉民族贸易，旅蒙商的经营重点放在如何利用习惯法发展同蒙古封建主越来越紧密的政治经济联系上，而忽视通过商业贸易活动推动产业发展。鉴于蒙汉民族贸易与中俄贸易联系紧密，中俄贸易可以看成是蒙汉民族贸易的延伸和拓展。中俄之间的相关"条约"是双方经济贸易发展分期的重要标志，从沙俄政府方面来说，制订条约的主要目的之一是发展贸易，当然在制订条约的过程中也尽可能地争取到领土、宗教和文化交流等方面的益处。清政府方面制订条约的主要目的是维护边疆安定，特别是剪除俄国与蒙古之间的联系，为此可以在领土上作适当让步。到了清末当一系列不平等条约出台，旅蒙商的衰退也就在所难免了。总的来看，清前期是旅蒙商及其贸易活动兴起和壮大的时期，"羁縻"是清前期发展对蒙古民族和沙皇俄国贸易的核心观念。

关键词：贸易法　法制史　民族贸易　对外贸易　中俄贸易　清代

1691

新中国民营经济法律制度之变迁：以"权利本位"为视角／陈柳裕著；王立民指导. -- 华东政法学院，2005. -- 217页

论文共分为八章。第一章是导论。论文认为民营企业享有生存权、产权、竞争权和发展权四种权利。生存权是民营企业的首要权利,产权是民营企业参与市场竞争的现实基础,竞争权是民营企业参与市场竞争的重要条件,发展权是民营企业之所以能够发展壮大的可靠保障。这四种权利构成了一个内部协调一致的权利体系。第二章主要研究建国初期民营企业的法律制度。论文认为正是因为民营经济与我国"重工业优先"的经济发展战略之间存在的冲突,决定了建国初期民营经济消亡的历史性命运。第三章主要研究内容是上个世纪50年代中期到80年代初期20余年时间里的个体经济法律制度。论文认为在这个时期内虽然民营经济并不存在,但是个体经济从来没有被彻底地消灭过。第四章至第七章主要研究改革开放以来民营经济的生存权、产权、竞争权和发展权。第四章重点研究了改革开放以来民营企业生存权的保障历程。第五章主要研究改革开放以来民营企业产权的法律保障历程,第六章主要研究改革开放以来民营经济竞争权的保障历程。第七章主要研究改革开放以来民营经济发展权的保障历程。第八章是对建国以来民营经济法律制度发展规律的总结。论文认为民营经济法律制度的演进受制于历史和现实的经济生活之要求,反映了一定的经济必然性,同时也受政治、政策、意识形态等因素的影响。论文还从形式和内容两个方面总结了我国民营经济法律制度研究的八大规律。

关键词:经济法　私营经济　民营经济　民营企业

1692

从比附援引到罪刑法定:以规范的分析和清末民初案例的论证为中心 / 陈新宇著;李贵连指导. -- 北京大学, 2005. -- 138页

本文围绕"比附援引"与"罪刑法定"的论争,探讨了从比附援引到罪刑法定、传统与现代之间断裂抑或进化的问题。论文认为,传统法中的比附援引,因为具有类推的性质,不符合近代罪刑法定之要求,而多被诟病。比附不同于一般的类推,它更是一种发现、论证罚则的手段,有很强的创造性。它以"事理相同"与"情罪一致"作为相似性的基准,在传统立法无法取得突破的情况下,得以去发现、论证法条与罚则。这种判断建立在司法经验之上,并通过审转制度的完善加以限制。当然,作为传统"类推"思维的体现,它也有着缺乏形式化的特征,进而有使刑罚裁量权走向另一个极端的危险。论文分析认为,沈家本从学理、实践和制度三个方面对比附进行批评,第三个方面最为重要。正是由于对司法独立的服膺,比附所依附的审判制度已经不符合沈氏主张的司法独立的要求,促使其走出废除比附的关键一步。论文将传统中国的比附援引进一步区分,即作为制度的比附与作为方法的比附。前者是沈家本在接受司法独立观念后所摈弃的,后者则是沈氏编辑《刑案汇览三编》时所推崇的,并不在一个层面上。沈家本提倡法律的职业化,将近代罪刑法定纳入司法独立,这些努力具有先进意义。论文认为,以"断罪引律令"为代表的传统法的确存在法定主义的倾向,体现对司法的控制而缺乏人权保障的因素。从实践上讲,传统实质主义的犯罪观着重于对违背社会秩序、人伦秩序之行为施以适当之刑罚以恢复秩序之和谐,故传统中国的"罪刑法定"关注的是"此罪/罚"与"彼罪/罚"的区别。这与近代意义上罪刑法定以保障人权为基石,并发展出系统的犯罪成立要素理论,侧重于"有罪"与"无罪"的判断,有着相当的不同。民初大理院刑事判决例所反映的,即是大理院的推事和总检察厅的检察官试图以近代刑法形式主义的犯罪概念,取代传统中国实质主义的犯罪观,从而实现近代罪刑法定主义的本土化。

关键词:法制史　司法制度　审制　罪刑法定

1693

早期英国司法独立历史过程初步研究 / 陈志红著;贺卫方指导. -- 北京大学, 2005. -- 85页

本文通过对英国司法独立的早期历史过程的梳理与分析,揭示了英国司法独立赖以生成的各项基本要素,以及司法独立与英国法治和宪制传统之间的紧密联系。论文提出,英国早期的司法独立问题有其特殊性,并非在系统理论指导下进行,而是在漫长的历史变迁过程中逐渐生长、演变、积累起来的。论文通过古罗马司法活动的特征,揭示了司法权的裁判性本质。通过梳理从古希腊、罗马直至孟德斯鸠以来的有关独立司法的主要思想,指出在17世纪光荣革命最终确立司法独立制度之前,英国从未有过系统的司法独立理论。论文分析了早期英国独特的社会环境与文化传统,以及随着经济成长和社会变迁而形成的市民观念,提出早期英国司法独立的展开表现为一个经验主义的过程,是在专业化司法组织的确立、高度自治的职业法官群体的兴起、司法权与王权、世俗司法管辖权与教会司法管辖权的竞争与对抗,以及普通法产生壮大的过程中逐步形成的。这个过程既充满着

各种政治力量之间的冲突、较量以及妥协,又有着具体司法制度上的细微变革与推进,以及法律职业传统与自治精神的形成。论文从王权与司法的关系角度着手,对英国法律之上的宪制传统形成进行再解读。普通法的生长及司法独立的确立,与这一传统形成是一个共生的过程。普通法以及普通法法官的独立自治精神,是促使这一传统形成的关键。论文从历史维度对英国的司法独立过程进行了总结与评价,认为这是一个开放复杂而又迂回挺进的过程,每一阶段都是对先前的历史与经验传统的因袭,又成为下一个阶段展开的历史禀赋。司法独立是自由社会的法治所不可或缺的组成部分。

关键词:司法制度　法制史　普通法　司法独立

1694

大陆有限责任公司与香港私人公司中股东拥有及行使权益相关制度比较研究 / 陈智彪著 ; 曾宪义指导. -- 中国人民大学, 2005. -- 130 页

论文共分 7 章。第一章是导论。揭示了论文命题的原因,即大陆与香港法律体系的不同以及大陆公司法与香港公司法的高度变迁。第二章是历史演变。大陆的公司法法律制度是大陆法系立法模式,香港则是追随英国、实行普通法法律制度模式。第三章是公司法概述。论文认为大陆有限责任公司与香港特别行政区私人公司的定义、概念、特征大体相同。第四章是设立公司,是指依法成立公司而进行的法律程序和行为。设立公司纯粹是一项法律行为,具体内容需要注意的是公司章程、公司经营范围、一人公司。第五章是公司治理。公司在法律上是一个法人,其生存、发展、死亡都有相关法律规定,并以公司的组织机构配合。不同的组织机构的共通之处是将公司的所有权与经营权分开。大陆公司法中将有限责任公司的组织机构分为股东会、监事会、工会四种。第六章是股东代位为诉讼。股东的诉讼权共有两种,第一种是直接诉讼,是股东为自己的利益,以自己的名义向公司或者其他侵权人提出的诉讼,第二种是股东代位诉讼,由股东向有关的责任人员作出诉讼。股东代为诉讼直接受益者是公司,间接受益者才是股东,股东代为诉讼的范围十分广泛。第七章是小股东的保障。小股东的保障问题背后是一个经济问题,并非单纯是一项法律问题。法律只能为小股东提供最基本的法律保障,大股东在公司中的管理权无论怎样巨大,都不能高于法律法规的标准。经济问题难以单靠法律手段解决,涉及公平的问题最佳的方法是由大股东及小股东自行决定。

关键词:公司法　股东　有限责任公司　私营企业　公司治理　香港

1695

《唐律》若干罪名的实证分析 / 江润南著 ; 程天权指导. -- 中国人民大学, 2005. -- 169 页

《唐律》是中国封建法典中的经典之作,该法典既是对前代封建法典的总结和继承,又对后世其他王朝的封建法典产生深远影响。论文从《唐律》中"十恶"罪、"渎职"罪、"赃"罪三个罪名的条文入手,结合实际案例,剖析这些案例所反映出的社会真实,揭示封建法律及司法人治化所包含的理性和规律。论文认为"十恶"罪之设立,其立法目的在于维护封建皇帝的专制统治。从"十恶"罪犯罪客体看,该罪所破坏的是政权安危及君臣、父子、尊卑、上下之封建伦理关系。《唐律》执行死刑方式仅斩、绞两种,但在惩戒"十恶"罪时,磔、醢、腰斩、族诛等酷刑均有使用之案例。从"十恶"罪处罚的案例审判结果来看,表现出很大的差异性,罪、罚并不相同,往往是同罪不同罚。渎职罪,是以特定对象为犯罪主体,以侵犯国家行政秩序为客体的特殊犯罪行为。其设立之根本目的就是要保障封建国家行政机器的正常运转。《唐律》12 篇章目中有 11 章目都涉及对封建官吏渎职行为的定罪和量刑。以封建官吏为特定打击对象的渎职罪法条从数量来看,占《唐律》全部内容几乎一半,其中《卫禁》、《职制》、《库厩》、《擅兴》四章全部是针对官吏的渎职性犯罪及处罚的内容。唐代的"赃"罪是唐代法律概念中很有特色的一个,"六赃"之罪名,构成了唐代特有的"赃罪"体系,在中国法制史上可谓独树一帜,并对后世封建王朝的立法产生了很深的影响。

关键词:刑事犯罪　罪名　唐律

1696

近代中国公司法律制度移植及效果分析 / 蒋燕玲著 ; 曾宪义指导. -- 中国人民大学, 2005. -- 185 页

论文将近代中国公司制度移植视为一个相对完整且有一定后续性的法律现代化过程,通过剖析移植主体、移植对象和移植方式及其相互作用关系,考量公司制度的移植效果,探寻其间的得失成败。旧中国对新型企业制度的迟钝反映与漠然态度直到鸦片战争后才得以改变,公司制度的先进性逐渐为国人了解认同。近代中国学习、引进西方公司制度并非以移植外国公司法为始,而是始于经济领域的"仿西国公司

之例”的公司制实践。由于晚清没有公司法的有效规范,晚清企业在创立、资本筹集和治理结构等方面都表现出“无法可依,顺势而为”的特点,产生许多弊端。1904年《公司律》颁布,标志着中国正式开始移植公司法律制度。除政府主持外,商会也积极参与其中,政府与商会既对抗也妥协,既冲突也合作,表现出强制性为主、诱致性为辅的制度变迁特质。从总体上看,近代各时期的公司立法指导思想存在一定的继承性和延续性,从而保证了公司法主体框架基本不变;但某些因情势变化而引发的调整,却又导致公司法发生了由发展民间资本主义向发展国家资本主义的转向。立法者根据各自的立法思想,以实用主义的立法态度,运用“从多数立法例”、“择优”和“择善”三种方法甄选移植对象,博采众家之长,使得近代中国公司法呈现出一种混合法特征。近代中国公司制度移植主要采用法理移植与立法移植两种方式,二者相互促动,共同推进了公司制度的确立与完善。论文认为近代中国公司法律制度移植成果斐然,但因为商品经济发育不良、政府经济政策取向有误、传统文化惰性因子以及法治缺失等因素制约,公司制度很难获得正常运行的条件。不过公允地看,近代中国公司制度移植意义重大且有一定成效。

关键词:公司法　公司制度　法律移植　法制史　近代

1697

西方检察制度的历史考察 / 黎敏著 ; 贺卫方指导. -- 北京大学, 2005. -- 177 页

本文在宏观的历史视野与社会视野中,系统地探讨了西方检察制度的孕育史和发展史,展现了西方检察制度得以在西方建构的社会历史条件和知识条件,并在详细的历史考察的基础上运用马克斯·韦伯的科层制理论,解读了西方两大法系检察制度存在的类型性差异以及造成这种差异的政治文化原因。论文再现了西方检察制度首先在欧陆法国发生的政治与社会背景,全面回顾了法国废除私诉传统、确立检察官公诉机制的历史进程,分析了在这个进程中,没有近代国家政治权力的重建运动与检察制度之间的紧密关联,法国检察制度何以呈现出科层化的职业型官僚体制的政治文化原因。论文历史地解读了普通法语境中检察制度的内涵与特质,分析了英国特殊的政治权力演进对检察制度的深刻影响,论证了在刑事私诉传统根深蒂固的制度环境里出现的英国检察官权力的平民化和非集权特征;探讨了美国废除私诉体制、建立公诉制度的历史情境,深入地分析了美国的检察官公诉机制与法国检察体制之间在权力结构方面的重大差异,在这个基础上,进一步考察了英美检察制度在权力结构方面共同体现的非科层制特征以及背后的政治文化原因。

关键词:检察机关　司法制度　刑事诉讼　法制史　西方国家

1698

论我国行政法制监督制度的历史发展与完善 / 李蕊著 ; 郑定指导. -- 中国人民大学, 2005. -- 227 页

法治国家的核心是对公权力的正确定位和法律控制,论文研究我国行政法制监督制度,正是探讨通过法律控制行政权力的基本方法和途径。论文共十章,分五个部分。第一部分是行政、行政法制监督及研究的行政法制监督制度的界定。论文的行政是就国家行政而言的,行政法律监督是指对行政权力配置及其运行过程和结果的监督。第二部分是行政法制监督制度的发展概述。论文分析了从奴隶制国家夏朝到新中国,从古雅典、古希腊到近代西方行政法制监督制度的发展历程。第三部分是行政法制监督制度的专题研究,涉及国家机构设置与权力配置,职官(国家公务员制度),行政权力运行机制,行政法制监督主体及其监督的职权,行政监察制度。第四部分是当今中国的发展对行政法制监督制度的要求和现行行政法制监督制度存在的主要问题。论文认为当今中国的经济基础和社会基础以及国际环境都对发展和完善我国行政法制监督制度提出了新的要求,必须改革我国现行行政法制监督制度中不适应当今中国发展需要的内容,同时对国外相对成熟的行政法制监督制度予以改造和借鉴,以建立、发展和完善我国的行政法制监督制度。第五部分是发展和完善我国行政法制监督制度的建议。论文提出了提高人民群众素质、推进行政机构改革等8点建议,并且认为行政监督制度本身是一个由各种权力组成的权力的合体,需要这个合体内部形成良好的有机的运行机制,同时从制度建设的角度加以完善。

关键词:行政法　法律监督

1699

社会变迁与制度建构 : 中国行政诉讼制度现代化研究 / 李孝猛著 ; 徐永康指导. -- 华东政法学院, 2005. -- 265 页

行政诉讼制度是西文资产阶级革命胜利后逐步

建立的以民主政治为基础、以司法审查为手段、以保护公民私权益和制约行政权滥用为目的的一种法律制度。中国行政诉讼制度现代化的历程萌芽于清末的修律活动之中,起步于中华民国北洋政府时期,确立于南京国民政府时期,后又废弃于新中国建国初期,重构于改革开放的20世纪80年代,初步完善于20世纪90年代。论文分为本体论、实践论与反思论。本体论即行政诉讼制度现代化的一般理论研究,认为行政诉讼制度是指与"民告官"有关的法律理念、机制、体制、制度、原则、规定、设施及其实践活动的总和;而行政诉讼制度现代化则是指行政诉讼制度全方位地由传统向现代转型的世界性的历史过程。实践论即中国行政诉讼制度的萌生、发展、废弃、重建和重新走向现代化实践的研究,细致地梳理了我国行政诉讼制度的发展沿革、革新承继、渊源流变的历史过程,分析比较了不同历史条件和环境下,行政诉讼制度发展的历史动力、推进方式和具体成果,总结了其中的历史意义。反思论研究是对中国行政诉讼制度百余年发展中取得的成就、遇到的困难、遭遇的困境、碰到的机遇、积聚的动力、推进的方式、演进的模式以及具体的制度建设进行了探究和反思,总结了其中的经验教训,为建设民主政治、法治国家以及现代化的行政诉讼制度提出了理论建议。

关键词:行政诉讼法　诉讼制度　现代化

1700

日尔曼法研究 / 李秀清著 ; 何勤华指导. -- 华东政法学院, 2005. -- 459 页

日尔曼法是西方法律传统的重要基础,它与罗马法、教会法一起构成近代西方法律的三大渊源。论文首先介绍了日尔曼王国的立法轨迹,介绍了代表性的西哥特王国、勃艮第王国、伦巴德王国、法兰克王国、盎格鲁—撒克逊王国的立法。日尔曼王国最初的国王大多为战争期间的军事首领,王位的传承采取形式上的选举制和实际上的世袭制的混合制,王国后期教皇开始介入国王继位事务,同时王位世袭制的特征更为明显。日尔曼各王国中人的社会身份大致分为自由民、奴隶及介于两者之间的等级,王国后期,出现领主与附庸,这意味着日耳曼人社会等级的封建化。日尔曼家庭中,所属之家属全部位于家长权之下,婚姻由订立婚约和完婚两个步骤组成,原则上实行一夫一妻制等。日尔曼王国时期土地制度极为模糊,存在许多争议,其中最为著名的争议为该时期是否存在以公社土地占有制为基础的马克尔制度,在日尔曼王国后期,土地制度逐渐出现封建化的趋势。日尔曼法中动产的权利并不发达、完全。日尔曼的继承制度是因为特殊的需要逐渐缓慢发展起来的习惯的堆积。日尔曼王国时期并不区分犯罪与侵权,它们被统称为不法行为,其处罚并非完全不考虑主观因素的结果责任,且广泛使用支付赔偿金制度。日尔曼王国基本不存在专事诉讼的法院,也不存在专门审理诉讼的法官。日尔曼的诉讼没有民事诉讼与刑事诉讼之分,诉讼过程具有浓厚的形式主义。虽然日尔曼的法律存在诸多差异,具有一定的多元化特征,但因他们在血统、语言、宗教、文化等方面均有密切关系,因而它们也体现出若干共同的特性。日尔曼法在形成和发展过程中,受到基督教的影响,并吸收了罗马法的原则和制度,具有明显的兼容性。

关键词:法制史　立法　日耳曼法

1701

凌迟刑研究 / 李宜霞著 ; 郑定指导. -- 中国人民大学, 2005. -- 206 页

论文围绕中国历史上最为残酷的死刑——凌迟刑展开研究。论文由导言、正文、结语三大部分组成。导言部分交待了本文选题的由来、意义、研究状况与创新、研究思路与方法。正文共五章。第1章为凌迟刑概述,阐明凌迟刑的含义及多种名称,交待了其起源的各家学说,分析了凌迟刑产生、存在的原因、功能及性质,介绍了不同历史时期凌迟刑执行情况及相关刑罚。第2章是元明清凌迟刑的法律规定,主要从法律文本上考察了元明清时期凌迟刑适用的罪行。凌迟刑反映了中国历史上刑罚的发展趋势:重罪加重,与中国历史上刑罚文明化的进程背道而驰,其实质是维护礼教的极致。第3章是辽宋金元明凌迟刑之实施,通过对凌迟刑实施的研究,可以对凌迟刑适用的情况有进一步的感性认识,进而得出一些凌迟刑适用的规律。第4章是清朝凌迟刑之实施,探讨了清朝凌迟刑的适用,其适用范围之广、数量之大、使用之频,皆令人瞠目。清代定罪量刑时,往往只重伦理,不论是非,不论犯罪轻重,往往轻罪重判,是非颠倒,善恶不别,任情滥杀。第5章是凌迟刑的废除。论文认为凌迟刑因为其本身的特性,在历史上仅仅起到负面作用,它的废除是必然的。凌迟刑的废除不是一个孤立的历史事件,而是与清末改革、清末修律联系在一起。总之,凌迟刑是野蛮的、落后的、残酷的与恐怖的,它是一股与中国历史上刑罚宽缓化的潮流极不和谐的逆流。

关键词:刑罚　死刑　凌迟　酷刑

1702

西方立宪主义传统研究 / 刘守刚著 ; 何勤华指导. 华东政法学院, 2005. -- 297 页

立宪主义产生于西方,论文试图寻求立宪主义的真正含义和制度内容,探索立宪主义的哲学传统,揭示立宪主义在西方世界实现的逻辑过程。论文共分十章。第一章强调立宪主义的价值是历史赋予的,错误的立宪主义将导致宪政的错误。第二章通过对宪法一词的词源考证,认为作为宪法所承载的价值观念,立宪主义是一种约束政府强制性权力的观念的制度集合。第三章从政府、社会、个人三维结构来探讨立宪主义的制度内容和要素,结论是要实现立宪主义所要求的制约政府权力的目的,就需要在政府层面上实行分权、在个人层面实行人权、在社会层面实现制约权力的机制。第四章建立了个体主义—整体主义的理想型,用于探索西方立宪主义的政治哲学传统,认为西方立宪主义的诞生就是这两种理想型不断冲突和融合的结果。第五章追溯了古希腊的政治实践和政治哲学,肯定其留下的立宪主义种子。第六章描述了1500之后西方世界所发生的一系列事件,引导着西方进入了近代。第七章的看法是霍布斯、洛克等人政治个人主义理论中的难题,18世纪英法两国立宪主义哲学家们分别尝试加以解决,美国分别接受了英法两国立宪主义的影响,在实践中创造性地发展了美国的立宪主义。第八章认为19世纪立宪主义的完善,是英法两国立宪主义相互学习,以及立宪主义回应保守主义、社会主义、民族主义挑战的结果。第九章运用制度经济学的一些基本方法和理论,建构了一个税收推动宪政的模式来探讨作为内在动因的税收,在西方立宪主义制度实现过程中的作用。第十章将西方立宪主义的实现描述为一个从产权到人权的运动过程,其目的在于探讨西方立宪主义实现过程中的市民阶级的能动作用。

关键词:宪法　立宪主义　政治哲学　西方国家

1703

宗法结构与中国古代民事争议解决机制 / 毛国权著 ; 武树臣指导. -- 北京大学, 2005. -- 147 页

本文立足于现有史料和学术成果,使用综合性的分析框架,对宗法结构与中国古代民事争议解决机制的内在关联进行分析。论文界定了中国古代民事争议解决机制,即"双重宗法结构的多元解决"模式,认为以尊尊亲亲为核心原则的宗法结构与宗法精神是中国传统社会的基础特征,也是传统民事争议解决机制的根基。官府争议解决机制(诉讼)与其他非官府争议解决机制(家族、乡族、行会等)在功能意义上是相互合作的,共同维护宗法秩序,但也存在管辖权的竞争与冲突。二者文化意义上都适用基本同样的原则,其精神基本是同一的,体现共同的儒家理论。官府与非官府机制的管辖范围在实践上表现出来的相容与排斥,反映了中国传统的"程序正义"观念。论文认为帝制王朝的立法逐渐按照儒家理论指引的宗法精神来规范人与人之间的关系,形成了中国传统法律文化的"国、家本位混合法"模式。传统社会以宗法为原则,将争议的存在与道德在实质上联系在一起,认为争议是社会的反常现象,是对秩序的破坏,要求人们重义轻利,以期减少争讼。解决争议所适用的规则,渊源于律典、判例、儒家伦理等。选择具体适用的规则,则是结合案件的具体情况,按照儒家伦理的要求确定其伦理性高低,以促进当事人化外为内。论文认为,中国古代民事争议解决机制伴随着宗法结构的内在冲突与矛盾。这些冲突与矛盾既是难以解决的内在缺陷,也是传统争议解决机制不断变迁发展的动力。中国传统社会的宗法结构面临解体,相应的民事争议解决机制面临瓦解,代之以以司法权与诉权为中心的近代化争议解决机制。

关键词:宗法制度　民事纠纷　法制史

1704

中日民法近代化比较研究 / 孟祥沛著 ; 王立民指导. -- 华东政法学院, 2005. -- 174 页

民法近代化是指一个国家与其政治近代化和经济现代化相对应,在法制方面直接或者间接地仿照欧洲19世纪编纂的民法典,在本国逐步建立与资本主义发展相适应的民事法律体系的过程和成果。论文共分七章。第一章对中日民法近代化的背景进行比较,分析了两国民法近代化的相似与相异之处。第二章对分别作为中日民法近代化开端标志的《大清民律草案》和日本"旧民法"进行比较。认为二者都是各自国家民法近代化的基础之作。第三章对中国民法近代化历史进程中承上启下的《民国民律草案》进行了较为详尽的探讨,认为与《大清民律草案》相比,它在立法时比较注重吸收和保留本国法律传统,人身法部分更多地因袭了中国封建礼教的内容,但却是适合当时历史情况的。第四章对分别作为中日民法近代化完成标志的《中华民国民法》和日本明治民法进行

了比较。认为两部法典都比较注重吸收本国固有的法律传统和法律习惯,兼收并蓄地引进西方先进法律制度,亲属和继承制度既极富创新又保留了相当的封建色彩。第五章对中日两国民法近代化的完成期与开端期进行比较。认为《中华民国民法》和日本明治民法可分别视为中日两国民法近代化完成的标志。第六章对中日法制近代化过程中爆发的重大论争——清末"礼法之争"和日本"法典论争"进行比较。第七章是对中日民法近代化若干问题的反思。认为经济发展是民法近代化的物质基础,政治改革是民法近代化的必要前提,近代思想文化观念的确立是民法近代化顺利进行的保障,能否使本国法律传统与外来法律文化协调一致是决定民法近代化成败的关键。

关键词:民法　近代化　比较法学　日本

1705

日本中世法略考:以镰仓时代武家法为中心 / 曲阳著;何勤华指导. -- 华东政法学院, 2005. -- 86 页

日本中世法研究在日本法史学中占有重要位置,也是争议最集中的领域。对我国外法史学界而言,目前还是一个有待填补的空白。论文以日本中世镰仓时代的武家法为中心展开研究,除导论与结语外,共分五章。导论部分讨论了三个问题:中世概念的由来、德国法学方法论给日本法史学的影响和本文的基本思路及框架。第一章主要介绍了日本中世国家的基本构成状况。律令国家是日本中世国家成立的前提,以幕府为中心,在朝廷之外,成立了日本历史上第一个武家政权。第二章主要分析了镰仓幕府初期的法与裁判。镰仓初期幕府法还处在不成熟阶段,其法律还没有成文化,幕府裁判主要是根据武家社会的习惯及先例。第三章主要分析了镰仓幕府中期的法和裁判。这一时期,镰仓幕府法发展为"公权力"的法,判决本身不存在既判力,判决是否执行依存于当事人的认可或者妥协,幕府裁判只是为诉讼当事人提供交换主张的"平台"。第四章主要分析了日本中世后期社会的结构变化。随着镰仓幕府法的效力范围的扩大,镰仓幕府的武家法与朝廷的律令法在观念上开始融合。第五章主要分析了镰仓幕府后期的法与裁判。这一时期,中世法发生了明显变化。幕府裁判对社会所有成员都具有管辖权,也增强了确定性。结语部分主要论述了镰仓幕府灭亡的原因,指出在近世国家体制发生了很大变化,以国家为顶点的正当暴力的一元化体系成立了。

关键词:法制史　日本　武家法　镰仓时代

1706

中国古代立法文化研究 / 史广全著;曾宪义指导. 中国人民大学, 2005. -- 391 页

论文由导论、正文 8 章和结语构成。导论中确定中国古代立法文化的概念。以文化为研究的视角,采用"文化机构三层次"学说来研究中国古代立法。第一章对中国古代的立法理论进行了概述。从立法根据论、立法主体论、立法原则论和立法价值论等四个方面对奴隶制时期、先秦诸子和封建正统法律思想的立法理论进行了梳理。第二章阐述中国古代的立法原则。包括则天原则、伦理原则、人情原则。第三章是中国古代立法的价值取向。认为包括:秩序、教化、无讼。第四章是中国古代立法的良性意识。包括:惩贪廉政意识、环境保护意识。第五章是中国古代立法的思维定式。认为包括:重刑轻民、重农抑商、崇古倾向。第六章是中国古代的立法机制。皇帝掌握立法权。大臣在古代立法中发挥着重要作用。立法程序一般为:立法的发动、皇帝简拔大臣组成立法班子、大臣或者机关参议、上奏皇帝御览、皇帝颁行天下。第七章是中国古代立法的形式。介绍了夏商、西周、封建社会的法律形式。第八章是中国古代的立法语言。中国古代立法语言的发展分为草创期、发展期、成熟期和缓慢完善期四个时期。结语是中国古代立法文化的历史定位及其现代价值。

关键词:立法　法律文化　法制史

1707

中国古代刑罚体系与"五刑"观念关系研究 / 史永丽著;赵晓耕指导. -- 中国人民大学, 2005. -- 168 页

刑罚的起源与中华文明的生成模式、国家的产生路径,可以说是同一个历史发展过程中的不同方面,它与中国原生式文明产生的漫长历史过程是同生同长的。在刑罚体系化的过程中,中国出现了具有本民族特色的五行思想。在此思想及思维模式的大环境下,出现了以"五刑"来概括刑罚体系的现象,从此以"五刑"为中心构建刑罚体系的努力一直就没间断过,一直在制度层面上被现实否定后仍作为观念而被人们所普遍接受,并不断地被赋予理论意义。从五刑的内容来看,中国古代的刑罚体系经历了一个从旧五刑向新五刑转变、进化的过程。自儒学在政治思想上获得统治地位之后,迅速渗透到社会的各个方面,在法

律的发展上也开始了一个法律儒家化的进程。刑罚体系作为中国古代法律重要的一部分也不例外。五刑这个词汇在法律儒家化的过程中,又重新作为刑罚体系的代名词而逐渐获得了从观念到制度、从名义到实质的正统性。但五刑制度的实用性却受到了现实社会发展的挑战,五刑制度与关联之间自然的形成了一种互动关系,这种关系最终被西方文化的入侵所打断,以接受西方刑罚体系而告终。尽管民国期间曾陆续颁布一些特别法令,希望借助传统的刑罚方法解决现实问题,但历史是不可逆转的。中国古代的刑罚体系之所以出现这种以"五刑"一个词汇即可大致总结几千年刑罚体系发展历程的独特现象,是与整个中国古代文化传统保持自身长久发展的独立性、稳定性与延续性的特性密不可分的。

关键词:刑罚　刑法　法制史　五刑

1708

罪名·引断·案情:《刑案汇览三编》研究/ 王瑞峰著 ; 李贵连指导. -- 北京大学, 2005. -- 93 页

本文以沈家本编辑整理的《刑案汇览三编》为分析对象,通过研究清代刑事司法过程,对清代的刑事司法过程中所要解决的三个主要问题以及司法者如何解决这些问题进行了论述。这些问题是:案情是否确凿、引断是否允协、罪名是否恰当;相应地,刑部在发现地方上报的案件中的问题即案情未确、引断未协、罪名出入三个方面的问题时会采取相对应的解决办法。论文认为"罪名"绝非通常所认为的现代刑法中的"罪名"。中国传统法律中"罪名"大体可以理解为"刑罚",其中还蕴涵着"身份"的文化含义。《刑案汇览·凡例》中称的"成案系列无专条、援引比附加减定拟之案",所称的"例无专条"是指在案件中出现某个情节需要考量,可能会对最终的"罪名"产生影响的情况;而"援引比附"则需要通过援引其他法律条文或成案对该情节如何予以考量来论证是否以及如何来考量此情节,并最终对"罪名"的加减产生影响。援引比附并非无法认定案件的性质时出现的,只是对最终"罪名"(刑罚)加减论证的一个必要环节。清代刑事司法中,同样存在运用司法解释来使具体案件和法律条文发生联系以解决法律适用问题,存在扩大解释的现象,但是"例无专条、援引比附加减定拟"并非简单的"罪刑法定"的对立物。"移情就案"和"移情就例"正是由此。论文认为"情理"在此不是援引法律的渊源,而是推断事实的根据。造成"狡辩供词"现象的不仅仅有当事人的法律规避行为,也有官僚阶层的参与,从刑部反驳中"再委贤员严讯"和皇帝明令对自己减轻处罚的案件不得作为成案予以援引都可以看出这一点。

关键词:审判　法制史　清代

1709

非洲法律文化研究 / 夏新华著 ; 叶秋华指导. -- 中国人民大学, 2005. -- 184 页

非洲法研究属于非洲学和法史学研究的交叉学科。我国非洲法研究长期以来比较薄弱,虽然近 10 年来国内的非洲法研究取得了一定成绩,但总体而言,还不够深入,且学科局限性较大,甚至还存在学术认同问题。论文认为,一个从事比较法、法律文化和法律史学等法学基础理论研究的学者,如果对有悠久历史传统、深厚文化底蕴和独特个性的非洲法律文化视而不见,对当代非洲的法律发展与变革的现实无所关注的话,他的任何理论假设与分析结论都是有很大局限的和经不起历史检验的。论文分四章,着重论述了非洲的传统社会与法律文化、非洲法律文化的历史变迁、非洲法律发展中的本土法与外来法、非洲法律文化的现代化等问题。与非洲传统文化的特性紧密相连,非洲传统法律文化的基本特性表现为:在价值取向上追求的是和谐与调解,在本位选择上重视的是群体与义务,在本质属性上体现的是伦理与宗教的混杂。从文化变迁的角度看,非洲历史上发生了多次剧烈的社会和文化变迁。在长期的变迁转型过程中,非洲荟萃了本土习惯法、宗教法、近现代西方大陆法和英美法等人类主要法系。可以说,本土法与外来法的冲突与融合、相融与并存的错综复杂关系一直是非洲法律发展的主旋律。非洲法律文化现代化的成败得失也引起世人的深刻反思,如何发掘固有法的现代价值,如何理性认识非洲的伊斯兰法治,如何实现非洲法制统一等问题,仍是非洲法律文化现代化进程中亟待解决的现实问题。

关键词:法律文化　传统文化　社会发展　非洲

1710

国际海上武装冲突法的历史演进:从 1856 年《巴黎海战宣言》到 1994 年《圣雷莫手册》 / 邢广梅著 ; 叶秋华指导. -- 中国人民大学, 2005. -- 168 页

自 1856 年人类历史上第一个国际海上武装冲突法公约诞生至今已有 149 年的历史。期间该法经过近代形成、现代发展和当代完善三个阶段的发展,已成为国际武装冲突法中"形成最早、最为发达、所占条

约数量最多、应用较为广泛的法规体系”。积极参与国际海上武装冲突法的编纂工作,做好法律的备战工作,是中国法学界与法律实务界乃至中国军队在当前面临的紧迫任务。国际海上武装冲突法的产生有其深刻的政治、经济、理论背景。论文认为地理大发现引发了最频繁、规模最宏大的海战,为国际海上武装冲突法提供了实践的需求,威斯特伐利亚和约的签署以及以往规则、学说、判例的存在为法律的产生提供了政治和理论前提。《巴黎海战宣言》是人类历史上第一个国际海上武装冲突法公约。1914 年国际海上武装冲突法进入了现代发展时期。两次世界大战初期,双方还能遵守近代一定的国际海上武装冲突法规则,但由于法律本身缺乏有效的违约惩治机制,导致规则被弃之不用。纵观国际海上武装冲突法发展的一般过程,论文认为,这一法律的发展具有如下特点:针对海上武装冲突的若干问题展开的国家利益博弈是议定国际海上武装冲突法的决定因素,科学技术进步是推动国际海上武装冲突法发展的根本力量,国际法的发展是国际海上武装冲突法的重要影响因素。论文还认为当前应从确立对待国际海上武装冲突法的研究,推动国际立法、完善国内立法等四个方面提高我军海上武装冲突法的实战应用水平。

关键词:战争法　国际法　武装冲突法　海战法规

1711

希伯来法 / 徐菲著 ; 何勤华指导. -- 华东政法学院, 2005. -- 171 页

希伯来法是以一神教神权政治为社会基础的古犹太人的法律。它起源于习惯法,以《圣经·旧约》为核心内容,并深受《汉谟拉比法典》的影响,作为西方文明和英美法的主要源头,希伯来法具有很高的研究价值,但建国以来国内尚无关于希伯来法的专著。虽然英文的希伯来法资料比较丰富,但受宗教、民族意识的影响,观点往往比较片面,缺少权威性的论著。论文是以《圣经·旧约》和被称为“犹太法典”的《塔木德》为主要参考依据而完成的关于希伯来法的专论。它是希伯来法律思想史和制度史的结合,旨在以历史唯物主义的观点,全面、客观地反映希伯来法的全貌,尤其是以充分的论据纠正人们对希伯来法是“原始习惯法”的偏见。论文认为客观条件和历史发展成就了希伯来法,而不是相反。正文共分 7 章,第一、二章分上、下两部分介绍希伯来法的历史,第三章总结了希伯来法的法律渊源,第四、五章分别论述了希伯来法律思想的两个主要方面:宪政思想和契约精神,第六、七章分别介绍了希伯来法两个重要的法律制度:刑事制度和婚姻家庭制度。

关键词:犹太人　法制史　希伯来法　法律思想

1712

学风、世变与民国法学 : 朝阳大学研究(1912—1946) / 杨昂著 ; 郑定指导. -- 中国人民大学, 2005. 157 页

论文以民国时期的著名法学院——朝阳大学为中心,对其成立、发展的历史作出了考证、描述与分析。论文正文共六个部分:绪论、以研究时段划分的四个章节以及余论。绪论由四个部分组成,分别是缘起、研究综述、文献综述、方法论。第一章是法学院的诞生。这一章讨论的是朝阳大学的前史。本章描述了朝大从肇意到筹办,到最终建成的历史过程。以朝阳大学的创办机构“法学会”以及创办者汪有龄、江庸等人为主要研究对象,研究内容大致可分为三个方面。第二章为浚哲文明之梦。“浚哲文明”是朝阳大学的校训,这一章讨论的是北洋政府时期,朝大主持者的办校理念与现实运作。包括朝阳大学主持者的理念“浚哲文明”和朝阳大学在北洋政府时期的具体办学实践。第三章是无朝不成院。无朝不成院是抗战前后司法界流传甚广的对朝阳大学的评价,以南京国民政府时期的朝阳大学为研究对象。第四章是重建中华法系。“为什么要重建中华法系”,是朝阳大学董事长、院长居正在抗战结束后的一部法学著作。论文所述的是抗日战争时期朝阳大学内迁并坚持办学,服务司法界与法学界的历史。余论部分,论文通过对朝阳大学发展历程,以及这一历程的时代背景的总览,试图勾勒出朝阳大学之发展历程与民国法学之演进的整体概貌。

关键词:法学教育　法制史　司法制度　教育制度　朝阳大学　民国

1713

户籍、身份与社会变迁 : 中国户籍法律史研究 / 姚秀兰著 ; 徐永康指导. -- 华东政法学院, 2005. -- 207 页

户籍制度是政府职能部门对所辖人户的出生、死亡、迁徙、婚姻等基本状况进行登记并进行相关管理的一项国家行政管理制度。户籍制度有广义与狭义之分。狭义的户籍制度仅指反映人口基本信息为核心的户籍登记、户籍统计、户籍档案、户籍证件等一系

列法律制度。广义的户籍制度则包括与户籍密切相关的一系列社会管理制度。论文所研究的是广义的户籍制度。先秦已经出现早期的人口管理制度,从汉代的“案比”到隋唐的“貌阅”,从三国两晋南北朝的黄籍、白籍的分化,到宋代主、客之分,从元代的“鼠尾簿”到明清的“黄册”里甲编户,以及清末、民国时期的保甲制度,户籍制度不仅成为征赋派役的手段,也成为身份等级、社会治安的保障等等。1949年建立了新的户籍管理制度,1958年《中华人民共和国户籍登记条例》将城乡有别的二元户籍制度以法律形式固定下来,中国现代户籍制度由此正式确立。从中国户籍制度的发展轨迹中,可以窥见中国户籍制度与欧美国家户籍制度迥然不同,它与社会身份、社会秩序、国家财政收入的高度整合,集中反映了中国社会结构的一些特殊性。论文共四章三个部分。第一部分以历史为序,依次叙述中国户籍制度历史演进及古代的户政管理,分析了各个时期户籍制度的特点及其成因。第二部分主要从横的方面阐述户籍制度与宗族、身份、人口流动的关系,分析了古代户籍制度的地缘性、血缘性、等级性、禁锢性的特点。第三部分主要阐述了户籍制度在中国近代社会中的变迁以及对近代社会的影响。

关键词:户籍制度　社会变迁　法制史

1714

永佃制的历史发展及法律实践 / 张弛著 ; 武树臣指导. -- 北京大学, 2005. -- 173页

本文以土地制度及其历史演进为背景,以租佃制度之永佃形式以及相关法律规定和法律保护的历史为切入点,展开对古代中国乃至当代中国的经济、法律以及社会发展轨迹的探讨。论文在总结与利用法律史、社会经济史、物权法等各学科对永佃制的研究成果的基础上,通过纵向梳理永佃制度的历史发展脉络,详细刻画我国永佃制产生的具体过程、发展变迁以及从习惯法到国家法,从立法到司法的互动,通过横向剖析永佃关系的主题结构及各主体的权利义务,解释永佃制度这种产权安排所代表的土地使用权独立的重大意义。论文通过与现行的家庭联产承包责任制的运行效率的比较,得出永佃制度是一种相对有效率的土地使用权形式的结论。论文着力从内外两个方面刻画永佃制的产品及发展变化规律,深刻剖析其原因、性质、运行效率以及法律与实践的相互作用。特别是对“皮主”阶层产生的原因及其转化进行的理论分析,改变了传统法律史和社会经济史的既有结论。论文对“新永佃制”的比较分析,为现行的法律实践提供了借鉴意义和参考价值。

关键词:租佃关系　土地制度　永佃制

1715

明清晋商与传统法律文化 / 张钧著 ; 曾宪义指导. 中国人民大学, 2005. -- 149页

论文从选题的意义、研究概况及研究方法入手,并在对中国传统法律文化及其视野中的“商”做铺垫性说明后,分上、中、下三篇共九章,深入讨论了晋商兴衰、晋商经营、晋商生活与传统法律文化之间的联系,结论是传统法律文化对晋商的影响是其成败的关键因素之一,传统法律文化自身的发展具有层次感和稳定性的特征,并由此揭示出一些可为现代国家、企业及商人发展所借鉴的宝贵经验。透过中国古代传统法律文化,可以看到古代中国社会的法律传统对“商”的认识是比较全面的,并非是以往多数学者认为的那样,用简单的“抑商”一言可以蔽之。全面考察后,其结论应当是:中国古代国家立法中存在一个大的“抑商”制度框架,法律思想中不断有“纵商”与“抑商”两方面的理论生成。法律观念中的“抑商”与“纵商”是因时、因地、因人而异的,最终诸因素合理形成了既“抑商”又“纵商”的法律实践。这一看似充满矛盾的结果,在当时无疑是合理且高明的,也正体现了中国传统法律文化主次分明、协调有序的均衡性特点。其结果是:商业在此过程中曲折发展,商人地位也在逐步提高。论文认为,从传统法律文化的角度看,晋商的发展可谓成也“守法”,败也“守法”;明清晋商与传统法律文化的研究,从一个特定的社会历史层面,即封建社会的商人阶层向我们清晰地揭示了传统法律文化自身发展过程中所具有的层次感与稳定性兼备的特征;晋商与传统法律文化研究对我们今天的社会也有重要的启示。从大方面讲,有助于我们当今社会主义法制建设思路的厘清;从小的方面看,有助于当今社会的商家和企业找到自身发展的正途。

关键词:晋商　法律文化　明清时代

1716

西方国家地方自治之研究 / 张丽娟著 ; 叶秋华指导. -- 中国人民大学, 2005. -- 166页

西方国家的地方自治制度是在宪法或者法律授权下,以一定地域为基础,居民通过平等普选产生地方自治团体,并对本地域公共事务享有广泛自主权的地方政治制度,其实质是落实宪法所规定的主权在民

原则,也是促进中央与地方之间良性互动的和谐权力关系的制度架构。地方自治团体的合法性完全是建立在国家授权基础上的,没有国家的承认,就不存在真正意义上的地方自治。地方自治权是地方自治的核心问题,西方国家关于地方自治的权力来源,有固有权说、承认说、制度保障说与人民主权说等主要理论。论文认为,地方自治其权力都是来自国家的授予,是宪法所确立的主权在民原则的体现。现代意义的地方自治是对绝对国家主义的克服,是自由主义和个人主义等价值在地方生活中的要求和体现。由于政治、经济、社会等时代背景的不同,西方国家的地方自治制度的发展各具特色,并且与其法系的分类具有某种程度的契合性。论文在综合考察的基础上,选择具有典型意义的英、德、法三国,作为西方国家地方自治的代表,对之进行具体制度考察。论义认为,不论是英国议会主权原则下的地方自治,抑或德国制度保障型地方自治,还是法国行政双轨制的地方自治模式,都昭示着在世界范围内代表潮流的地方自治的某些共同特征,即地方分权自治成为一种趋势,民主选举成为实现地方自治的必要方式,通过法律规范确立地方自治成为一种趋势,中央与地方之间争议解决的司法化成为地方自治的保障。论文还认为,借鉴西方经验,法制化地推进我国地方制度的建设与发展,尊重地方的相对独立性,鼓励公民积极参与地方公共事务的管理,并运用司法化的手段解决中央与地方之间的权限纠纷,是我国地方制度发展的趋势所在。

关键词:宪法　地方自治　西方国家

1717

中世纪西欧商人兴起与法律 : 11—16 世纪 / 张薇薇著 ; 贺卫方指导. -- 北京大学, 2005. -- 141 页

本文从商人兴起的历史情境及商人兴起之后作为一支独立的政治、社会力量对西方法律传统构成的影响的角度,对中世纪中晚期(从 11 至 16 世纪)的法律史的某些制度、概念和渊源进行了梳理。论文认为,商人兴起既是对宗教禁欲、轻利的中世纪意识形态的挑战,也是对封建等级制静态社会理论格局的颠覆。正是商人兴起,为西方法律体系增添了城市法、行会法、集市法等因商人新兴沿革而产生的法律体系,也使自古代(希腊、罗马)以来的商法获得长足的发展。商人的兴起带来了自由、平等、民主的价值观,商人反抗封建和教权压迫的政治实践中充分体现了这些理念。论文将新兴的阶级及其法律归因于中世纪社会发展到近代以前的几百年间的世俗力量的增强,它与掌管精神领域的教会内在的裂变(如十字军东征、宗教改革等因素)有关,与商业复兴、世俗王权的增强、大学的兴起、文艺复兴对人性的回归等世俗社会的变迁有关。罗马法复兴与商业复兴在时段上的巧合,作为商法思想源头的罗马法的万民法以及重商精神的罗马法的重新被挖掘和传播,更表明了世俗力量的势不可挡,而以世俗利益为指向的商业精神必将占据主导地位,与经济相关的法律以及与平等、权利等理念趣旨相和合的法律精神,必然是商人兴起以后的应有之义。论文描述并分析了商业与宗教由扞格、冲突到宗教对商业一定程度的宽容、接纳,指出教会法与罗马法和商法的种种关联。论文描述了商业复兴对于封建经济的颠覆性影响,封建法在这一过程中衰落的种种征兆,以及商人复兴过程中争取独立的表现。论文从商人兴起以后的政治实践的角度,描摹了商人带来的新法制:城市法、行会法和体系化商法在城市的角色、地位与特征。通过两个个例——佛罗伦萨和威尼斯说明商人打造的城市共和国的面貌以及新兴资本主义与数目字管理的法治精神在商业城市中的最初表达。分析了商人精神通过文艺复兴获得的理论上的肯定,以及市民力量的增强及其对近代法治的意义。论文还集中阐述了中世纪商人法的渊源、体系和影响,描述了中世纪商人法的源流,分析了商人法的习惯性、自治性、国际性等特征和国内化,说明了商人法在中世纪向近代过程中的一些趋势性的发展样态,以此反观中国的问题提出解决中国问题的方法。

关键词:商法　商人　中世纪　西欧

1718

从对峙走向和谐 : 循环型社会法的形成 / 郑少华著 ; 何勤华指导. -- 华东政法学院, 2005. -- 148 页

为促进人类社会的可持续发展,循环型社会作为可持续发展模式已在欧、美、日等发达国家初现。论文比较系统地研究了循环型社会法在这些国家的形成问题,论文共分 8 章。第一章绪论交待了选题的研究背景和动因、主要研究内容、研究方法与研究意义,并对论文所涉及的关键词作了说明。第二章是循环型社会:可持续发展观下的社会模式,介绍了循环型社会的可持续性并介绍了德、日、美等国循环型社会立法状况。第三章是徘徊在“社会权”与“生态权”间的环境权:循环型社会的权利基础,首先论证了环境权所经历的“自由权”、“社会权”、“生态权”三个时代,其次论述个时代的环境权特征,最后描述了可持

续发展观下的生态权利谱系。第四章社会连带责任的凸现：循环型社会的责任机制源变，分析了环境发领域中的社会连带责任、连带责任运用的利弊、循环型社会责任机制等。第五章企业责任扩大与企业多样化：循环型社会的生产与贸易机制定位，分析了法定责任之加重、公司的社会责任、企业多样化等。第六章消费者绿化：循环型社会消费机制之展开，认为循环型社会法律与政策必须通过消费者实施环境法规制。第七章公众参与：循环型社会参与机制之确立。包括立法者、看家狗与吹哨者、私人检察官：NGOs在国内环境法中的三个重要角色，全球化与公众参与机制。第八章是中国循环型社会法形成的可能，分析了循环型社会的实质与形式要件，中国法的态度应该是在逐渐完善循环型社会法形式要件过程中，逐渐形成循环型社会法的实质要件。

关键词：环境法学　环境保护法　循环型社会

宪法学与行政法学

1719

国家权力控制论 / 安东著 ; 周叶中指导. -- 武汉大学, 2005. -- 172 页

论文以实现权利的良性运行为宗旨，对如何建立中国特色权力控制体系提出自己的思考。全文包括前言、权力与权力关系、权力控制的法理分析、权力控制模式的比较、建立中国特色权力控制体制的思考。前言部分主要说明选题的动机及意义，论文研究的视角和方式。权力与权力关系部分主要分析权力的一般概念，国家权力的一些基本关系范畴。论文认为权力是一种可以作用他人意志和行为的力量，需要对权力进行有效控制，权力来源于权利，并为权利服务。权力控制的法理分析部分主要论述了权力控制的必然性、必要性，以及权力控制的主要类型。论文认为权力具有工具性、腐蚀性、强制性、扩张性、破坏性等特征。为了确保权力安全运行，切实保障公民权利，必须通过法律手段加以规制和调整。权力控制主要通过两种途径，即权力制约机制和权力监督机制。权力控制模式的比较主要从时间和空间的纬度，对原始社会以来，特别是近现代英、美、法、德等具有典型性的国家权力控制模式进行了考察和比较。论文认为古代、近代与现代的不同国家其权力控制体制有所不同，但有共同的精神和原则，即民主、法治和权力制约原则。建立中国特色权力控制体制思考部分主要分析了以往我国权力控制理念中影响权力有效控制的主要问题：片面强调国家的暴力职能、对权力的制约机制缺乏认识和实践。权力得到有效控制的法治社会的建立，需要在全社会普遍树立公民意识，提高公民的法律素养。

关键词：宪法　国家权力　权力制约　行政权力

1720

裁判的进路与方法 : 司法论证理论导论 / 陈林林著 ; 孙笑侠指导. -- 浙江大学, 2005. -- 147 页

本文通过对司法论证理论的梳理、分析和批判，立足于裁判理论的既有共识和欧美法学方法论的近期发展，提出了司法论证的一般构造，并将实践和理论上的裁判进路和方法，类型化为合法化论证、合理化论证和正当化论证三种基本模式，通过对裁判进路和方法的描述性分析，探讨规范层面的要求和准则。论文通过“司法虚饰”问题的回顾和讨论，指出司法论证是由“法律发现”和“判决论证”两部分构成，设定了司法论证的四条准则，并对论证的基本依据——规范和事实做了初步的解析，指出在难度不同的案子中，裁判的依据、进路和方法，都有所不同。论文分析了以形式正义为趋向的规则推论模式，通过对演绎推论之适用前提的界定，指出其在维护形式法治的同时，使法律趋于保守和僵化，认为类比推论作为对形式主义和现实主义的一种调和，是一种较为理想的难案解决办法，但在相似点判断上，存在不确定性和可谬性，并探究了合法化论证的优势和局限。论文通过研究合理化论证的两种进路——原则权衡和利益衡量，指出在合理化思考的关节点即权衡上，已有的见解都未能提供适切、具体的方法，认为只能以一种有限的方式对合法化论证模式进行审查、矫正和补救。论文重点分析了正当化论证中藉由程序论辩来发现个案之判决依据的法律论辩理论，探讨了法律论辩的论辩规则和论证负担规则。论文分别回应了法律发展的三种动向，即形式化、实质化和程序化，综合三种论证模式的特点和优劣，提出要形成一种综合性的动态论证模式。

关键词：判决　司法裁制　法理学

1721

公民权利救济论 / 陈焱光著 ; 李龙指导. -- 武汉大学, 2005. -- 158 页

论文就公民权利救济的概念、基本特征和分类，

历史演进、基本原则、理论基础和主要价值,不同种类的权力救济之间的比较以及国际人权公约框架下公民权利救济问题进行了论述。论文共五章。第一章公民权利救济的概念与历史检视。主要论述权力救济的内涵、公民获得权利救济的权利、公民权利救济的基本特征、分类、基本原则以及历史演进。第二章公民权利救济的理论基础与主要价值。论文主要从人性尊严、人民主权、有权利必有救济三个方面分析理论基础;论文认为宪政时代公民权利救济所体现的价值主要是法治秩序、监控国家权力和社会和谐。第三章公民权利救济的比较首先对立法救济、行政救济与司法救济进行了比较,其次对宪法救济与法律救济进行了比较,最后对公力救济与私力救济进行了比较。第四章国际人权公约框架的公民权利救济主要考察了公民权利国内救济向国内救济的嬗变,公民权利救济的主要国际机制,分析了“用尽国内救济”与人权国际保护之间的关系,论证了坚持“用尽国内救济”原则对于公民权利获得全面、充分、有效的救济的重要作用。第五章是对完善我国公民权利救济若干问题的思考。首先从宪法权利的视角分析我国公民权利救济的现状,然后分析了我国公民权利救济中亟待解决的问题,最后论文提出了以建立违宪审查制度,推进司法改革,以司法独立的制度建设为主线,实现公民权利的及时、全面、充分和有效的救济。

关键词:宪法　公民权　权利经济　法律救济

1722

主权的现代性危机 / 陈志英著 ; 周叶中指导. -- 武汉大学, 2005. -- 179 页

论文试图通过历史的梳理,拨开笼罩在主权之上的团团迷雾,深入到主权的历史纵深处进行研究,褪去主权的各种神话外衣,回复到它的本真。第一章为导论,从综合意义上总括性地介绍对主权的传统认识。从主权与国家、主权与宪法的关系入手从主权与其外部系统的交往的角度来解读主权,并且论述了主权传统信条所存在的问题及问题的解决。第二章通过回溯,从历史根源和产生状态来阐述传统信条的主权本质。历史上现代性运动或者思潮的兴起是产生自由主义和民族国家主权概念的重要因素。论文介绍了现代性的概念、内容、产生的历史背景,并论述了现代性的两股力量,认为内在性力量和超验性力量。内在性力量和超验性力量的对立和斗争的影响下主权概念发生了分裂,权力的所有者和权力的作用对象相互分隔且对立,分裂使主权的发展陷入了严重的危机。现代性必须尝试寻找一种能修复断裂的新方式。这就是第三章所讨论的问题。第四章对现代性主权的反思,主要回答是否仍然需要主权、需要将主权建立在何种架构之上的问题。认为主权存在仍然必要,但必须建立在社会力量的基础上,必须实现从民族国家主权向宪政国家主权的转变。第五章论述了对主权危机进行反思的结果,即拨开笼罩在主权上的迷雾,回复主权本来的面目,回归公共性。

关键词:宪法　国家　主权　危机

1723

德国宪政体制中的政党 / 崔英楠著 ; 李林指导. -- 中国社会科学院研究生院, 2005. -- 118 页

论文从宪政的视角勾勒了德国政党从产生到二战以后政党政治重建的历史,认为德国的政党政治是在不断总结吸取历史的经验教训中走向成熟的。论文分析了德国政党政治的法治化现状,认为德国现代政党政治的成熟体现了制度的作用,包括选举制度在内的一系列制度设计保证了德国政党政治的稳定,同时又是政党法治建设的结果。论文论述了德国宪政体制和联邦宪法法院在德国政党政治法治化过程中的地位和作用,认为联邦宪法法院的司法审查在政党权利渊源中具有更重要的作用。德国联邦宪法法院通过受理宪法诉讼,特别是有关民主和法治保障方面的司法审查,包括政党违宪的司法审查以及对议会立法的违宪审查,保障宪政秩序。联邦宪法法院的不同时期的判决,对于规范政党的活动、促进“政党法”的产生和完善,以及阐发彰显宪政体制下政党的理念,起了重要的作用。论文专门讨论了德国政党的宪法地位问题,分别介绍了关于政党性质的三种理论主张,即国家机关说、社会团体说和国家社会中介说,分析了德国“基本法”第 21 条的含义,认为政党国家一方面象征着德国政党政治的成熟,另一方面又是人们对于政党政治可能出现或者已经形成的弊端的反思和批判。论文对德国政党的权利——政党自由与政党平等宪政保障加以论述,探讨了政党自由与宪政秩序的关系,并结合联邦宪法法院党禁案件的判决,对联邦宪法法院判决的政治性质、政党平等的含义及其实践中的争议问题加以分析,并对德国党内民主加以宪政阐释,对德国党内民主制度的具体内容和政党公开问题做了比较详尽的评述。论文还对德国政党财务问题宪政规制进行了探讨。“基本法”仅规定了政党的资金收支以及财产状况均必须公开,对于给政党捐献应否免税,政府对政党应该直接补贴还是间接补

贴等均未涉及。论文对人们对政党自由、政党独立、政党机会均等原则以及国民平等参与权理念的不同体认进行了讨论。

关键词:宪法　政党　政治制度　德国

1724

当代中国政治文明建设的制高点研究 : 以宪法思维为分析视角 / 邓联繁著 ; 周叶中指导. -- 武汉大学, 2005. -- 246 页

当代中国政治文明建设,不仅是一个重大的实践课题,而且是一个重大的理论命题;运用宪法思维剖析当代中国政治文明建设,尤其是其中的最根本、最重要问题,同样极具理论意义和实践价值。本文从分析视角、总体思路、宏观对策、具体内容这四个层面,分四章对当代中国政治文明建设全局的制高点进行了详细分析。第一章是“宪法思维:当代中国政治文明建设在分析视角上的制高点”,分析了宪法思维、宪政以及运用宪法思维分析当代中国政治文明建设的基本理论。第二章是“宪政中国:当代中国政治文明建设在总体思路上的制高点”,着重分析将宪政中国作为当代中国政治文明建设在总体思路上的制高点之理由。简言之,这是由它乃当代中国政治文明建设的恰当目标这一角色决定的。第三章是“为宪政正名:当代中国政治文明建设在宏观对策上的制高点”,着重讨论为宪政正名的基本理论,以及为宪政正名后政治文明建设与宪政的关系问题。所谓为宪政正名,就是由执政党中央与中央人民政府正式认可宪政,这在今日中国不仅有迫切紧要性且有现实可行性。第四章是“依宪执政:当代中国政治文明建设在具体内容上的制高点”,主要讨论依宪执政的战略地位及其实现。依宪执政综合了宪政与依法执政的精华,理所当然地成为有机统一中国共产党的领导、人民当家做主与依法治国的关键,是当代中国政治文明建设在具体内容上的制高点。为了推进依宪执政,必须着力保障党员模范遵守宪法;必须在宪政轨道上改善国家政权领导者与执掌者、所有者、行使者、支持者、参与者、监督者、保护者之间的关系;必须努力实现依宪执政与执政党自身建设在互动中双赢。

关键词:宪法　政治文明　宪政

1725

修宪权研究 / 豆星星著 ; 李龙指导. -- 武汉大学, 2005. -- 170 页

修宪权,是指在宪法实施的过程中,遵循宪法的根本精神和基本原则,按照宪法规定的程序、方式和限制等要求,全面修改或部分修改宪法条款的权力,是宪政法治国家的重要权力。本文对修宪权理论和实践进行全面系统的考察与研究。除导论外,论文共分五章。第一章分两节论述修宪权的性质与地位。第一节概括论述制宪权的理论。作者认为认识修宪权的性质与地位,必须先了解制宪权。第二节从五个方面论述修宪权的性质与地位。指出修宪权具有派生性、法定性和不轻易动用性。第二章论述修宪权行使的原则与界限。所谓修宪权行使的原则,是指在行使修宪权的过程中应该遵守的准则。主要有六个,即维护宪法根本精神的原则、稳妥原则、适时原则、程序法定原则、科学原则和民主原则。修宪权并不是一种绝对的权力,其界限主要体现在四个方面,即宪法基本精神与原则的约束、自然法精神的约束、国际法的制约和实定法的界限。第三章论述修宪权的归属与存在方式。文章指出,从人民主权原理出发,修宪权应当属于人民。人民行使修宪权的方式有二:一是公民直接或者间接行使修宪权。二是国家机关行使修宪权。第四章论述修宪权的构成与修宪权行使的方式。文章指出,修宪权是一个综合性的权利体系,修宪权行使的方式有两种,即全面修改和部分修改。第五章回顾与反思中国修宪权问题。该章分两节。第一节回顾近代中国修宪权和探讨近代中国宪法失败的原因。第二节回顾与展望新中国的修宪权问题,分析和总结新中国修宪权的宪法规定及其特点,回顾和评价新中国修宪实践,指出我国有五条修宪经验,并探讨了中国修宪制度的完善,认为完善我国的修宪制度是一个综合性的系统工程。

关键词:宪法　制宪权　修宪权

1726

论宪法修改程序 / 杜强强著 ; 韩大元指导. -- 中国人民大学, 2005. -- 188 页

宪法修改程序是宪法整体构架的重要组成部分,意义在于它为宪法的变动奠定了合宪性基础,从而使得修改后的宪法成为判断政府行为是否合法的依据。研究宪法修改程序问题具有很强的理论意义与实践价值。论文的主题在于对宪法修改程序一般理论问题的探讨。共分五章。第一章阐述了宪法修改程序的起源。它最早产生于美国独立革命前的各州宪法之中,并被 1787 年美国联邦宪法所承继,之后风靡各国。第二章是对各国宪法修改程序的描绘以及类型化分析。本文对加拿大、法国、瑞士、日本、印度五国

宪法修改程序的发展演变进行了比较详细的阐述,并提出了两层递进式的分类标准。第三章、第四章是本文的核心内容。第三章着重探讨宪法修改程序的效力问题。该问题实际上可以归结为主权者与宪法的关系问题。因为修宪权要受到实定宪法的严格制约,因此宪法修改程序具有法的拘束性,它不仅拘束着国家机关,也拘束着作为主权者的人民。第四章探讨宪法修改程序与司法审查的关系。司法审查的前提在于权力分立之宪法原理。因此,对宪法修正案的司法审查并不存在法理基础。第五章将对"二战"以来世界各国宪法修改程序的发展趋势做大致讨论。"二战"以来,世界各国宪法修改程序出现了很多新的变化,一是宪法修改程序在形式上的独立性更加明显。二是分散型宪法修改程序逐渐增多。三是各国宪法修改程序趋向民主化。四是各国纷纷细化了宪法修改限制条款。论文还对我国宪法修改程序的历史沿革进行了探讨,并对我国宪法修改程序的未来走向作了前瞻性研究。结语部分指出宪法修改程序的出现,在一定程度上表明人类政治制度更加趋向成熟和稳定。

关键词:宪法　修宪权　制宪权

1727

行政法规范解释论 / 高秦伟著 ; 杨建顺指导. -- 中国人民大学, 2005. -- 233 页

20 世纪后半叶随着法制的不断完善,法的解释与适用问题相应地突出。行政法规范解释是连接行政法规范与行政法适用的"桥梁",具有沟通行政主体与行政相对人、顺利实现行政目的之功效,学术研究、实践操作意义均极为重大。本文以行政法规范解释为突破口,着力分析行政法规范动态适用中的相关问题,是一种以行政过程论为方法论研究行政法问题的新的尝试。除导言、结论部分外,全文共分六章。第一章是行政法规范解释的理论分析,核心在于厘清与重新界定行政法规范解释的概念与内涵。第二章是权利配置与行政法规范解释体制,以行政法规范解释为核心,分析其本质属性、与立法权、行政权、公民权之间的关系,探求合理化与科学化的权力配置结构,从而找到构建宪政主义模式下的中国行政法规范解释体制之路。第三章是行政立法与行政法规范解释,重点探讨行政立法与行政法规范解释之间的关系,同时借用法政策学的方法论,以期提升行政立法、行政规范性文件、行政法规范解释的质量。此外还讨论了其他规范性的行政法规范解释形式。第四章是规则、裁量与解释。主要针对个案的行政法规范解释的运用环境、方法及裁量控制进行探讨。第五章是行政法规范解释的正当程序。主要探讨如何构建行政法规范解释的正当程序等问题。第六章行政法规范解释与司法审查。文章结合域外经验试图构建一些基本理论与制度,帮助法院正确判定行政法规范解释的效力。论文的最终目的在于通过对行政法规范解释的探讨,呼唤人们来关注行政过程,关注行政现实,从而推动整个行政法律制度的完善。

关键词:行政法　法规　法律解释　司法审查

1728

良乡制度 : 乡镇治理模式变迁的制度分析 / 何鸣著 ; 白钢指导. -- 中国社会科学院研究生院, 2005. -- 135 页

本文研究了由目前的代理型政府向乡镇自治转化的过程中基层政府的角色和基本构架,以及相应的乡镇治理研究问题。论文认为,要了解乡镇治理改革的发展趋势,构建合理的乡镇体制,必须深入到我国基层政府的改革实践中去,这样才能把握住时代发展的脉搏,提出具有现实性和可行性的改革方案。江苏宿迁、河南焦作、湖北咸安、四川雅安等地的乡镇体制改革实践就是例子。论文认为,目前一些地方正实行的改革措施虽然与我国的政治、法律制度存在着一定的冲突,但是并不能因此而轻易否认这些改革举措的现实合理性。改革的经验研究表明:在乡镇政府与乡村社区和国家证券之间建立起一种双重委托代理关系有利于乡村的经济发展和社会稳定。我们应当秉承实事求是的态度,以改善这种双重委托代理关系为取向,不断深化改革,进行系统改革。宿迁地区实行的公推竞选乡镇长和乡镇党委书记的举措是基本可取的,有利于农村经济的发展和国家与乡村关系的改善。但是光有选举的改革并不足以承载乡镇体制改革的全部内涵,相应我们应该在乡镇人大制度、党内民主制度等方面继续推进改革的进程,妥善处理乡镇党委与政府、人大三者之间的关系,调整上级政府与基层政府的关系,最终建立起一个符合中国实际国情的乡镇治理模式。论文认为,乡镇党委应当逐步把工作中心从经济工作转移到法治工作上来,加强对乡镇政府依法行政的监督;乡镇人大的地位应该系统提高,要真正享有对地方重大事务决策权和执行监督权;同时要相应改善乡镇政府及其官员的激励机制以及乡镇的财政体制。这些改革都要以公正、公开、公平、透明的乡镇选举为前提。

关键词:乡镇　地方政府　政治体制改革　竞选

1729

以人为本与法治政府建设 / 何士青著 ; 李龙指导. 武汉大学, 2005. -- 273 页

文章以法治政府建设为主题,将以人为本作为法治政府的价值理念和精神底蕴,紧紧围绕为什么要建设法治政府以及怎样建设法治政府等问题展开论述。首先讨论法治政府和以人为本的一般理论,然后从以人为本视角探讨法治政府建设的几个重点问题,最后将以人为本与政府责任结合起来。文章共由七章构成。第一章从法治政府的概念入手指出法治政府与宪政相辅相成,宪政是法治政府的政治基础,法治政府是宪政的基本内容和重要保证。法治政府建设是当代中国宪政建设的重要课题,是一项复杂的系统工程。第二章主要论证以人为本是法治政府的精神底蕴。从以人为本的维度,法治政府就是对人的存在和价值、对政府的合理性的思考和把握的产物,民意是法治政府合法性的基础,民利是法治政府的行为指南,民权是法治政府的价值蕴涵。第三章通过对中国传统政府模式进行人本学考察说明其转型之必要性。回顾历史得出教训,民主政府与法治政府不可分离。第四章从以人为本视角论述依法行政之必要性和主要路径。第五章从以人为本视角论述转换政府职能之必要性与主要路径。对于法治政府来说,切实履行政府职能是其应尽之责任,建设法治政府必须进一步转换政府职能。建设法治政府,必须坚持以人为本,切实履行社会公共职能。第六章从以人为本视角探讨政府依法决策、科学决策、民主决策的重要性和主要路径。依法决策、科学决策、民主决策既是以人为本在政府决策中的重要体现,又是法治政府建设的重要内容。第七章将以人为本与政府责任结合起来进行论述。政府责任具有重要的价值功能,它既是法治政府的实质条件又是以人为本的重要保障,实现以人为本必须将政府责任落实到政府行为之中。

关键词:法治　国家行政机关　行政管理　以人为本

1730

保障措施实施条件研究 / 黄润秋著 ; 陈立虎指导. -- 苏州大学, 2005. -- 169 页

本文从保障措施制度的基本理论入手,分析其历史流变、经济根源、宪政结构、法理基础、实施原则,以明确保障措施在多边贸易体制中独特的功能与作用。论文认为,保障措施是自由贸易体制下的贸易保护措施,其制度设计是为了平衡市场开放与产业安全、不同国家贸易开放程度和不同贸易利益的冲突关系。保障措施立法上应当尽量限制保障措施的反竞争性,协调它与经济政治发展的价值目标的冲突。与全球性的贸易自由化义务相对应,保障措施应当予以非歧视性的实施。灰色区域措施对多边贸易体制的反动从反面揭示了对保障措施实施条件进行多边控制的必要性。论文以《保障措施协议》第 2 条和第 4 条的规定为基础,结合 WTO 争端解决机构的司法解释和有关国内立法,对实施条件的规范意义和实际运用进行了详尽的学理阐释和价值评判。在协调 GATT 第 19 条与《协议》的效力关系上,两者应当被累计地适用,"未预见的发展"是一项独立的实施条件,"因承担 GATT 的义务"条件并没有真正的实质意义。进口增加可以包括相对增加。进口增加应当达到特定的程度,进口成员必须予以定性和定量的评估,该评估应以一定调查期间的趋势分析法为主。在产业损害条件上,论文提出严重损害或其威胁必须由实施方进行结论性的裁定,严重损害与严重损害威胁应当作出分立的裁定。在因果关系条件上,论文比较美国法、专家小组、上诉机构对因果关系认识上的异同并进行相应的批判,指出《协议》的"不归因原则"遗留的法律问题。论文以 GATT 第 24 条和《协议》的相互关系为研究起点,以 NAFTA 为主要例证,提出区域贸易协定成员可以排除对区域内成员适用保障措施,并且区域组织和区域成员在进行保障措施调查和实施中具有某些特殊性。论文还评价了 CEPA 下保障措施在 WTO 协议中的合法性,提出了 CEPA 协议遗留的实施条件问题,并对特别保障措施的实施条件进行了初步的界定,指出特别保障条款效力的优先性,并对我国如何在法律层面因应特别保障条款提出了切实的建议。

关键词:世界贸易组织(WTO)　保护贸易　贸易政策　国际贸易法

1731

责任政府新论 : 熔权制、分权制、监督—仲裁—保障制比较 / 蒋劲松著 ; 张庆福指导. -- 中国社会科学院研究生院, 2005. -- 306 页

本文对西方三大政体即熔权制、分权制和监督—保障—仲裁制下的责任政府制度及实践进行比较研究,指出传统责任政府理论的主要缺陷,即它没有建构由申请执政权、行使执政权、承担宪法责任、接受宪

法制裁四个环节构成的完整的责任机制。论文提出了新型责任政府理论,基本观点是:责任政府的主题是促使执政机关的执政源于选民的授权,合乎选民的要求,接受选民的评判。责任主体、责任受体、责任内容、责任方式、责任程序、责任政党是构成责任政府的六个要素。论文认为完整的责任政府概念包含四个子概念:责任主体、责任内容、责任受体和责任机制。政府采用完整的责任机制而完成和承担责任。当代责任政府原理通过三种相互并列的方式,即熔权制下政府的负责方式、分权制下总统的负责方式、监督—仲裁—保障制下总统的负责方式加政府的负责方式而得到实现。在责任政府制度下,执政机关对选民的责任具有完整的内容构成。提出和说明竞选政纲、提出和说明政府政策、实施法律、报告和说明政府工作、服从选民裁决、辞职、接受弹劾——审判或起诉——审判,这些已经成为三种政体下的执政机关普遍采用的七种基本责任方式。竞选——选举程序、就职程序、政纲提出程序、法案提出程序、报告和说明程序、接受议会调查程序、信任及辞职程序、起诉或弹劾——审判程序是一个责任政府应该采用的八套基本的责任程序。责任程序的配套性既指责任程序的多样性,又指各套责任程序在责任程序群体中刚柔相济,各具针对性和优势。责任政府以责任政党为动力要素和组织要素,而政党需要转化为责任政党才能实施和促进责任政府。论文认为,责任政府将民主法制统一于促使执政机关对选民负责,这体现了当代民主法制自身的发展趋势和方向。推进中国特色责任政府建设需要借鉴责任政府制度,使最高国家行政机关的执政源于它与选民的宪法合同,合乎选民的要求,接受选民的评判,以切实推进我国的民主法制,更真实地实现一切权力属于人民的宪法原则。

关键词:政治制度　责任政府　宪法

1732

无效行政行为研究 / 金伟峰著 ; 胡建淼指导. -- 浙江大学, 2005. -- 98 页

本文从大陆法系行政法基本理论出发,探讨了无效行政行为的理论和实践,认为我国应当建立无效行政行为制度。论文认为,无效行政行为是大陆法系的行政法概念、理论和制度。中国目前既没有成熟的无效行政行为理论,也缺乏完善的无效行政行为制度。论文从思考公民对国家行为的防卫权出发,对无效行政行为理论和实践进行全面而系统的研究。在对我国无效行政行为制度的现状及其存在问题进行全面梳理和客观分析的基础上,论文建议从统一的无效行政行为制度、独立的确认无效诉讼制度和专门的行政强制执行制度三个方面建构我国的无效行政行为制度。

关键词:行政法　法律行为　诉讼制度　强制执行

1733

反思公法 / 私法二元区分 / 金自宁著 ; 罗豪才,姜明安指导. -- 北京大学, 2005. -- 169 页

本文在国家—社会解释框架内反思公法/私法二元区分理论,直面那些否定公法/私法区分的理由,探讨了当代公法与私法互动加强现象和当代中国公法定位问题。

论文回溯了公法与私法区分在制度上确立、在思想上传播开来的历史,论证了公法与私法得以并行发展的社会背景在于政治国家与市民社会的分离,而其背负的价值观念则须归结到同样反映着政治国家——市民社会关系的宪政思想。论文总结并反思进入现代社会后,反对公司 / 私法二元区分的种种实践与理论上的理由,尤其是在 20 世纪 40 年代促使一些学者不相信公法 / 私法区分会继续存在的那些理由,揭示了作为市民社会制约政治国家权力的民主宪政思想与公法 / 私法区分的联系,并再次确认政治国家—市民社会的二元分立对公法 / 私法区分的决定性影响。论文直面近年来公共行政改革中公法 / 私法关系的新变化,并回应从新的理论向度上否定公法 / 私法区分的公共选择理论与新公共管理理论的有关内容,讨论了公法 / 私法二员区分制度与相关理论在中国的命运,从强国家与强社会并存可能性入手,探讨了中国公法的定位问题。就中国的现实处境和具体问题而言,公法 / 私法的区分并非一个将要到来的预测、或者早已经得到正式确认的普遍共识,而是一个已经发生且有待澄清的问题;公法 / 私法混同的观念有其社会原因,即进入现代以来国家与社会的相互渗透、相互作用趋势造成的公法 / 私法之间的互动加强;但是,在当代公法与私法的互动现象在理论上并不能推翻公法 / 私法的二元区分;就公法与私法的发展史来看,在处于转型时期的中国,公法的定位相比私法的定位更为关键、更为困难;作为政治国家统治权力的合法性来源,中国公法的价值取向必须同时包括民主与宪政;在公法与私法的互动成为问题焦点时,有必要坚持公法与私法领地的干预须对市民社会自治空间保持足够的尊重。

关键词:公法　私法　市民社会　国家政治

1734

司法救济权研究 / 黎晓武著 ; 杨海坤指导. -- 苏州大学, 2005. -- 173 页

本文的目的在于探讨司法救济权在中国的宪法确认和实现保障问题,以期在中国确立起司法救济的核心地位,从而增强中国的人权保障实效,预防和减少冤假错案的发生。论文提出了科学的司法救济权概念,认为司法救济权是指公民在认为自己的宪法权利和法律权利受到侵害或与他人发生争议时,或面临刑事指控时,享有的要求法院启动审判程序、予以公正审理、作出公正裁判的权利,包括诉诸法院的权利和获得公正审判的权利两大内容。它属于基本人权范畴,是应有权利,更应是宪法权利,是公民用来启动审判程序,救济实体人权的程序基本权。论文认为,我国宪法应当确认司法救济权。《世界人权宣言》、《公民权利和政治权利国际公约》等世界人权公约早已把司法救济权作为一项基本人权加以确认。现代文明、法治国家都把司法救济权作为公民享有的一项宪法权利加以确认。我国已签署《公民权利和政治权利国际公约》,加入世界贸易组织,提出建设法治国家、政治文明、和谐社会目标,将"国家尊重和保障人权"原则入宪的中国没有理由把司法救济权拒于宪法之外。国外宪法确认司法救济权的方式主要有默示、明示和其他三种方式,认为我国应采用明示的方式在宪法中完整地确认司法救济权。论文认为为了保障司法救济权的充分实现,我国应改革现行的司法体制和三大普通诉讼制度,建构宪法诉讼制度。

关键词:宪法　人权　司法救济

1735

宪政危机研究 / 李伯超著 ; 李龙指导. -- 武汉大学, 2005. --132 页

本文试图在借鉴本学科和相关学科的相关成果的基础上,对宪政危机进行初步的研究和探讨。全文共分为六个部分。第一部分"宪政和宪政危机"对宪政、危机和宪政危机三个概念进行分析和界定,并具体讨论了一个国家有无宪政或者是否为宪政国家的主要标准。认为,宪政是以良宪为前提、民主政治为核心、法治为基础、人权保障为目的的政治理想、政治体制和政治形态。第二部分"宪政危机的构成和基本特征"分析了宪政危机的构成要素和基本特征,认为宪政冲突是构成宪政危机的基本要素,没有宪政冲突便没有宪政危机。宪政危机具有一般危机的共同特点,即具有突发性、不确定性、破坏性和紧迫性,同时又有其自身的特殊性。第三部分"宪政危机的类型"在阐明宪政危机分类角度和分类标准的多样性的基础上,重点分析了两种较有代表性的分类:一种是根据宪政危机的性质,把宪政危机分为制度危机、权力危机和主权危机;另一种是根据宪政危机产生的根源的性质,把宪政危机分为内源型危机、外源型危机和混合型危机。第四部分"宪政危机的成因探析"从政治、经济和社会等三个方面,对宪政危机产生的具体原因进行了比较深入、全面的探讨和分析。第五部分"宪政危机的化解",重点探讨了宪政危机决策和宪政危机的化解途径两个问题,同时就宪政危机后处理问题作了简要的分析,认为宪政危机具有即时性、非程序性和权变性、双向性、博弈性。宪政危机化解的具体途径有四条:一是冲突双方的相互妥协;二是借助宪法诉讼;三是诉诸民意,举行全民公决;四是采取特别紧急措施,直至诉诸武力。第六部分"宪政危机的预防",着重从五个方面阐述了宪政国家在宪政建设过程中,如何预防宪政危机的发生。

关键词:宪法　宪政　法治

1736

企业集团化的政治分析 : 经济体制改革中的中国企业集团化 / 李弘揆著 ; 白钢指导. -- 中国社会科学院研究生院, 2005. -- 148 页

本文比较分析了韩美日三国的企业集团化的历史过程。论文认为,国家与市场是相互联系的,三国出现互相不同的企业集团化模式,是来自各国特有的制度结构的差异。各国的政治制度从根本上决定各国政企关系的特性,由此产生的企业政策导致各国特有的企业集团化模式。导致中国的企业集团化过程可以分为三个阶段,即改革开放初期的横向企业联合阶段、双轨制时期的纵向企业集团化阶段、社会主义市场经济时期的资本纽带型阶段。第一阶段是中国企业集团的实验和萌芽时期。第二阶段是中国企业集团的创立和急速扩散时期。第三阶段是以资本为核心纽带的现代企业集团体制建立和发展时期。论文认为,中国企业集团的生成和发展正是通过 1978 年以来持续的改革过程得到的成果,但中国的改革无非是制度演变的政治过程,中国特有的企业集团的生成和变化发展都是在中国特有的政治制度的约束下出现的。国际政治经济环境因素、国内经济结构的变化、国内政治条件等宏观制度条件因素,对企业集团

化政策的形成起着决定性制约作用。中国的企业集团化政策,受制于中国特有的政企关系,它是与党政关系、条块关系、中央地方关系等中国特有的政治制度结合起来的,同时受以国有性质为主的企业产权制度的约束。在中国特有的政企关系下,形成了以部门和地方政府为代表的利益竞争和集权性政策决策共存的制度结构。每一时期,中国的企业集团化过程和模式呈现出互相不同的状态。

关键词:企业集团　政治制度　经济体制改革

1737

超越法律职业主义：美国式实践对中国的启示／李学尧著；孙笑侠指导. -- 浙江大学,2005. -- 166 页

本文从美国法律职业的实践出发,总结了中国法律职业的发展的经验教训,探讨了中国法律职业制度的完善等问题。论文回顾和总结了欧洲早期的法律职业主义,认为它具有强调公共性、忽视职业技术的特点,其背后是虚伪和利益,并归纳了欧洲早期法律职业共同体形成的特殊政治、经济、教育与宗教背景。论文详细梳理了对美国式法律职业主义——进步—功能主义职业论思想的酝酿和发展过程,比较重要的人物包括托克维尔、布兰代斯、帕森斯与庞德。他们的观点可归入公共性的职业主义。论文回顾了美国式法律职业制度的形成及其过程:美学的独立和科学化、技术教育型法学院的盛行、拥有自我管制权的机构的组织化、对成员有效的伦理规范的出现和不断加强,以及获得国家特许和社会认可;介绍了所谓"职业危机"的五个方面:职业与商业界限的模糊、律师面对国家和当事人独立性的削弱、过分扩展导致的共同体的"内部撕裂"、律师政治家理想的丧失以及自我管制的理念和实践在理论和实践中所受到的挑战。论文介绍了批判法学和法经济学等流派对法律职业批判的代表性人物及其主要观点,包括作建设性批判的昂格尔、威廉·西蒙、罗伯特·戈登、黛博拉·罗德、玛丽·格兰特;作颠覆性批判的埃贝尔;作外在性批判的波斯纳。论文总结了美国式法律职业主义理论和实践的启示:(1)国家主义、技术性职业主义、公共性职业主义和商业主义四种职业定位的理论体系;(2)职业主义在法律职业扮演法治第三种推动力角色中的积极意义;(3)各种职业定位范式争论背后的利益博弈及法哲学层面的研讨和争斗;(4)对职业主义和职业化过程中的自私自利及其与公共利益的冲突问题;(5)各种职业定位模式的优劣所在。论文描述了律师界和政府当局对律师定位的认识现状,认为需要寻找一种适当吸收职业主义、国家主义和商业主义合理内核,容许多元伦理观共存的新型职业定位范式——哈贝马斯的"市民公共领域"可能提供寻找此种模式的途径。

关键词:职业　法律社会学　律师

1738

日本违宪审查制度研究／李岩著；吴新平指导. -- 中国社会科学院研究生院, 2005. -- 98 页

本文以日本的违宪审查制度为研究对象,系统地介绍和分析了日本违宪审查制度的起源、内容及特征,违宪审查实践中取得的成绩和存在的问题以及日本宪法学界有关违宪审查的理论和学说,结合日本违宪审查制度的法理特征,分析了我国违宪审查制度在理论上和实践中存在的问题,提出了一系列健全和完善我国违宪审查制度的建议。论文介绍了日本违宪审查制度的产生和发展,探讨了在《日本国宪法》制定的过程中,违宪审查制度的制定和争议,介绍和回顾了二战后近 60 年的时间里,日本违宪审查制度建立和发挥作用的情况,分析和评价了日本违宪审查制度在建设战后日本的政治体制、保障法治和人权方面所发挥的重要作用,预测了日本违宪审查制度的发展趋势。论文系统地介绍了日本违宪审查的基本制度,介绍了我国国内宪法学界比较关注的有关日本违宪审查的几项重要的法律制度,特别注重从日本各级法院在违宪审查中所做出的典型判决出发,分析日本法院在行使违宪审查权、对国会和内阁的法令进行违宪审查时所持有的司法态度的特点,分析了日本法院在进行违宪审查过程中司法消极主义的成因,说明了日本法院在进行违宪审查时如何基于宪法的规定实施违宪审查来保持权力平衡及保障宪法的有效实施、维护法治和保障人权的现代宪法理念。论文分析了我国现行宪法和立法法等法律所规定的违宪审查制度的内容和特点,详细地分析了我国违宪审查制度在实际中没有能够发挥出应有作用的社会原因和制度因素。建议健全和完善我国违宪审查制度,包括:建立具体的违宪审查机构;明确违宪审查的处理程序;规范提请违宪审查的要件;扩大违宪审查的对象;建立违宪审查的诉讼入口机制以及增强宪法在司法审判中的适用性。

关键词:宪法　司法监督　司法制度　日本

1739

现代社会中的国家与公民：共和主义为研究范

式／刘诚著；李龙指导. -- 武汉大学, 2005. -- 135 页

本文尝试以共和主义为研究范式来思考“现代社会中的国家与公民”这一论题。全文共四章,约 14 万字。第一章通过对两种传统研究范式及其实践的考察,发现在“现代社会中的国家与公民”这一论题上自由主义宪法理论和国家主义宪法理论都存在局限性。对于“现代社会中的国家与公民”这一论题,自由主义宪法理论和国家主义宪法理论及其实践都面临困境。第二章从国家性质、国家目的以及国家目的之实现三个方面来探讨共和主义宪法理论中的国家,认为国家是具有公共性和政治性的共同体,隐含在国家的法律程序技术和治理技术背后的公共意蕴和政治意识构成了国家的灵魂和动力。公共性和政治性分别构成国家的两个不同维度。国家的公共性和国家的政治性分别体现在公民自由和政治独立两种不同的国家目的中:国家的公共性要求在常态政治秩序之下保持一国之内的公民自由;国家的政治性要求国家在对外关系中和超越常态的政治秩序中保持政治独立。具有高度政治权威的强大国家、紧急专政制度有利于实现公民自由。随之而来的国家对外扩张有利于实现政治独立。第三章集中探讨共和主义的公民理论。文章回顾了古典共和主义的公民理想以及现时代的共和主义对这种古典公民理想的背离与超越,试图说明在现代社会中公民复兴的意义,阐述了共和主义公民理论的实践,公民身份是公民政治的基本前提;公民参与是公民政治的基本途径;公民美德是公民政治的内在灵魂;公民自由是公民政治的终极目的。第四章旨在回答如何建构国家与公民之间和谐关系。论文考察了美国制宪的历史,尝试运用法学传统中固有的方法即法律解释学的方法来发掘蕴含在《中华人民共和国宪法》(1982)文本及其结构中的“人民共和国”的宪法原旨,探寻在现行宪法框架内实现国家与公民和谐关系的可能性。

关键词:国家　公民　共和主义

1740

宪法责任研究／刘广登著；杨海坤指导. -- 苏州大学, 2005. -- 150 页

本文探讨了宪法责任的逻辑基础,分析了宪法责任的构成、特征、形式、实现机制以及宪法责任实现的宏观背景,对宪法责任进行了比较系统的研究。论文认为,宪法责任应是特定宪法关系主体违反宪法义务所应承担的宪法上的否定性后果,宪法责任的逻辑基础是对宪法责任产生和存在的理解与认识,它试图回答宪法责任存在的合理性、必要性、可能性和现实性等问题。宪法责任主要是行使宪法权力的主体的责任,在本质上体现的是对行使公共权力的主体的约束。违宪行为的发生是宪法责任构成的最基本要件。过错、损害和因果关系是否宪法责任构成不可缺少的要件,不能机械地照搬法理学的一般原理;政治性是宪法责任的鲜明特征,宪法责任的政治性源于宪法的政治性。宪法责任的形式多种多样,体现在绝大多数国家的宪法典和宪法惯例中的宪法责任形式,分别是:被弹劾、被罢免、被撤销(被宣布无效、被拒绝适用)、被取缔、引咎辞职。论文从对宪法责任追究的主体如何监督制约宪法权力主体到落实宪法责任的层面分析了宪法责任的实现机制,认为质询、特别调查、听取报告、不信任投票和违宪审查是宪法责任的追究主体对宪法责任的应然主体进行监督进而有可能对宪法责任主体课以责任的手段和途经。宪法责任的实现既要有宏观的根本制度背景,又要有微观的具体制度设计即实现机制,而宏观的根本制度背景是具体制度设计的前提和基础,它决定具体制度的样式和走向。中国宪法责任制度的建立和完善,只能在中国共产党的领导和人民代表大会制度的宏观背景下进行。作为领导党和执政党的中国共产党对宪法的态度、履行宪法义务的表现和人民代表大会制度的运行状况直接决定和影响宪法责任的实现。

关键词:宪法　法律责任　法治

1741

“国际人权宪章”与我国宪法的相关比较／刘连泰著；李龙指导. -- 浙江大学, 2005. -- 193 页

本文比较考察了“国际人权宪章”与中国法律体系尤其是中国宪法,探求“国际人权宪章”究竟如何在中国实施,如何将“国际人权宪章”整合进中国的法律等问题。论文比较了人权立论逻辑,认为人权的立论逻辑分为人权的来源、人权的主体和人权的目的。我国宪法坚持历史的人权观,而“国际人权宪章”坚持“天赋人权观”;我国宪法坚持阶级性的人权观,而“国际人权宪章”坚持普适性的人权观;我国宪法坚持人权的手段性和目的性并重,“国际人权宪章”强调人权的目的价值。不同的人权立论逻辑会导致对政治合法性的不同解读方式、人权主体制度安排的不同框架和人权限制的不同立法旨趣。论文比较了人权的法定形态,将“国际人权宪章”规定的人权法定形态分为 9 个不同的权利群,然后与我国宪法进行比较。差异表现为我国宪法明显缺省若干人权法定形态:(1)

受教育权中父母或法定监护人为未成年人选择接受教育的机构和教育种类的权利、法律人格、工作权中获得提级的权利、消极的表达自由（含持有主张的自由、寻求和接受消息、思想的自由）、结社和工会自由中的罢工自由、不因无力履约而受监禁的权利；(2)我国宪法中不仅没有，而且宪法或宪法性法律中有与之相反的规定，如：生命权、迁徙自由中在一国境内的迁徙自由、不被奴役和不被强制劳动、公正审判权中司法独立、刑事案件中被告人最低限度的保障、禁止双重危险原则；(3)我国宪法有该人权的法定形态，但与“国际人权宪章”相比，内容尚不完整，包括：少数人权利、平等权、隐私权、和平集会的权利、人身自由和安全、迁徙自由中回归本国的自由、外侨不被非法驱逐的权利、被拘禁者享有人道待遇的权利、罪刑法定。论文还探讨了国际人权宪章在中国的实施。对我国宪法与“国际人权宪章”在立论逻辑上的差异可以通过宪法解释的路径加以弥合；对于人权法定形态的差异可以通过两个方法解决：对宪法“只增不修”，对法律“只修不增”；人权保障体系的完善，短期内可以通过修改立法和完善宪法第 41 条来满足“国际人权宪章”的规定。

关键词：宪法　人权　世界人权宣言　比较法学

1742

行政法的系统功能论 / 刘艺著 ；杨建顺指导. -- 中国人民大学，2005. -- 195 页

论文对系统功能主义社会理论作了简介，认为理解该理论必须转换大多数人秉持的近代认识论立场，提出“系统功能论是否适合于行政法研究”的问题。论文从自创生法角度界定行政法系统，认为系统功能论坚持系统“整体大于部分之和”，而从系统与环境的区分中界定行政法系统。行政法系统的组成部分包括行政法规范、行政行为、行政程序及行政法学。行政法系统的功能服务于复杂的、高度预先的行动，为人们提供行为预期一致的普遍化规范。该系统具有自治性、运行封闭和认知开放、自我指涉及超循环的特征。论文依据自创生法理论剖析我国现行行政法规范之问题。自创生行政法系统是规范性闭合的系统。具有降低系统偶然性、复杂性、风险性及促进系统反思等功能。论文从行政立法、行政执法、行政司法三个角度对行政法规范之功能进行了分析。认为封闭的系统只能通过各种竞争认知来建构外在现实，并在各种认识论冲突的基础上，吸纳其他认知到法学认识中，才能建立起自洽的行政法系统。我国行政法系统的现状与行政法学的“知”与“无知”关系紧密，行政法学系统间性的认知困境加深了行政法系统的“他治”。对于一个正在建构的行政法系统而言，认知开放的行政法学可以带来丰富的资源。论文认为，行政法系统并非停滞不前、故步自封的系统，而是不断充实、不断进化的系统。要通过行政法系统内部的反思维度，为行政法系统的能力施加内在限制以调和功能与实施之间的固有紧张，通过更间接、更抽象的法律控制形式——程序性法律来实现行政法的功能。

关键词：行政法　系统功能　自创生理论

1743

行政给付制度研究 / 柳砚涛著 ；杨海坤指导. -- 苏州大学，2005. -- 185 页

本文运用历史分析和比较研究的方法，对我国行政给付理论体系进行了较为深入的研究。论文对行政给付的基本理论问题进行了界定，将行政给付从传统理论的行政救助和行政物质帮助层面，拓展为制度和行为两个不同层面。制度意义的行政给付泛指一般能满足社会及其个体生存权和受益权的行政主体的功能，行为意义的行政给付涵盖行政供给、行政保障、行政救助三个方面。论文将行政给付的性质界定为收益性、综合性以及政府义务与相对人权利一体性。论证了行政给付的利益分配功能、社会稳定功能、公平正义维系功能和负面功能。论文论述了行政给付中的权利义务配置。在权利部分，论证了作为行政给付传统权利基础的生存权和现代权利基础的收益权，指出了行政给付权力权利化的现实可行性，并翔实论述了行政给付相对人和相关人的权利。在义务部分，具体论述了与行政给付有关的各方义务主体的义务界分和义务内容。论文对行政给付中的行为进行了较为深入的探究，将行政给付中的行政行为界分为行政给付行为，给付相关行为和给付效果行为，剖析了行政主体行为的种类和行政给付行为链，列举和评价了行政给付行为过程中的准行政行为、事实行为和程序行政行为，并勾画出行政给付相对行为的基本轮廓。论文还探讨了行政给付的法治化问题，包括行政给付与法律保留的关系、行政给付设定权、给付依据的种类及具体要求、给付程序法治化、给付中的私法适用、我国行政给付立法展望以及行政给付实践的制度完善措施等问题。

关键词：行政法　行政给付　法律援助　行政行为

1744

论香港司法复核制度：从“领汇”案件谈起 / 牛致中著 ；罗豪才指导. -- 北京大学, 2005. -- 112 页

本文通过“领汇”司法复核一案系统介绍了香港的司法复核制度,揭示了香港的司法复核制度存在的司法复核的法律地位不清晰、司法权过大以致对立法权和行政权造成干预、法官自由裁量权的失控与对公共利益的忽视等突出问题,提倡引进平衡理论来弥补香港现行行政法理论的不足,并在制度和司法实践上提出建设性对策,以促进香港司法复合制度的完善和发展。论文以“领汇”案件的法律进程为切入口,介绍和评述了香港的司法复合制度,包括领汇上市的政策背景、上市计划的安排、争议的产生、司法复核的提起以及领汇诉讼在高等法院原诉庭、上诉法庭、终审法院等不同阶段的审理,较为详细地介绍了香港司法复核制度的实体内容的程序安排,勾画了香港司法复核制度的概貌,分析了香港司法复核制度存在的一些缺陷与不足。论文论述了香港司法复核的地位问题,认为至今对法院是否具有对特区立法的审查权还存在一定的争议,司法复核的地位处于不确定的状态。论文检讨与反思了香港司法复核制度,指出香港司法复核制度目前存在三方面的突出问题:司法权对立法权和行政权的干预,司法裁量权的失衡,司法对公共利益的忽视。论文引入了平衡论思想,对完善行政法律制度和司法实践提出了建设性的对策。

关键词:司法制度　司法监督　复核

1745

行政诉讼事实问题审查 / 潘荣伟著 ；胡建淼指导. -- 浙江大学, 2005. -- 121 页

本文围绕行政诉讼中的事实问题,探讨了如何区分事实问题与法律问题、事实瑕疵的具体表现、法官对事实问题的认知倾向与模式选择、举证责任的具体分配和审查强度的合理确定等问题。论文认为,行政诉讼事实问题是指在行政诉讼过程中发生争议的,需由法官依据当事人的主张与举证而判断的具有法律意义的案件事实是否发生以及如何发生的问题。行政诉讼事实问题审查实质上是一个法官判断行政主体裁量权运用是否合理的问题,事实瑕疵存在不同表现及成因。论文区分了事实问题与法律问题,认为凡是需要用证据证明的问题均应视为事实问题,而法律问题则是指与证据无涉的、只需考虑和衡量法律规定的具体含义而作出的法律解释和法律适用问题。论文分析了“客观真实论”的实践难题和“法律真实论”的内在缺陷,认为目前在行政法学界占据通说地位的“法律真实”是一个伪概念,提出以裁判事实的可接受性作为行政诉讼事实问题审查的认知倾向。在认知模式选择上,论文从我国行政诉讼事实问题认知模式的历史嬗变着手,对现行的多极化、反复性的事实认定体制,以及事实审理者与最终认定者分离现象进行反思,提出了具体的模式选择与制度设计。即在当事人主义模式下,扩大法院调查取证权;以三审终审制为主,兼采一审终审制;完善诉前准备程序,强化庭审程序的事实认定功能。论文强调现代自由心证中不自由的一面,提出完善相关证据制度,以防止法官的恣意擅断。当法官难以形成内心确信,事实陷于真伪不明的困境时,则以举证责任制度作为事实问题的解决机制,主张确立维持现状的举证责任分配规则。论文以两大法系行政诉讼事实问题审查强度为参照物,对我国行政诉讼事实问题审查强度进行实证分析,提出将行政诉讼事实问题审查强度定位为确凿可信的程度,同时对降低审查强度层次的情形进行了分析。论文还具体分析了行政诉讼事实问题审查过程中司法能动性的发挥,指出为避免在事实问题上行政诉讼审查机制对行政权“制衡不足”或者“干预过度”的尴尬和危险,法官的能动性发挥必须在司法独立的基础上,遵循合目的性、正当程序、详述判决理由等规则。

关键词:行政诉讼　证据　举证责任

1746

法治国家构架下的行政紧急权力 / 戚建刚著 ；姜明安指导. -- 北京大学, 2005. -- 211 页

本文以中国社会转型时期所面临的纷繁复杂的国际和国内社会矛盾为写作背景,对法治国家架构下的行政紧急权力的诸多基本问题进行了研究,探讨了法治国家赋予行政紧急权力的原因,阐释了行政紧急权力的具体含义,分析了行政紧急权力的体制以及运作的原则,概括了行政紧急权力的监督机制,还对紧急权力的法制化问题进行了论述。论文考察了行政权力的运作机制以及法治发达国家的经验,提出处理危机主要依赖于行政紧急权力,而不是司法或立法紧急权力,着重从紧急权力法制化的一般意义加以展开,研究了有效应对危机、平衡行政紧急权力的内在张力以及防止行政紧急权力的滥用等。论文认为,构成行政紧急权力的基本要素是主体要素、运行要素、对象要素和保障要素,并依据不同的标准对其进行了分类,分析了行政紧急权力与法律的关系、与其他国家权力的关系以及与公民权利的关系,探讨了其超法

规性、集中性和扩张性的特征。论文从历史角度阐述了紧急权力体制的滥觞——古罗马共和国的独裁官制度,论述了两大法系紧急权体制的演进和我国紧急权体制的历史,包括民国时期的戒严制度,新中国成立初期的军事管制以及1982年以后的授权法制的初建时期,认为2004年宪法修正案中将戒严改为紧急状态,表明了我国的紧急权体制将迈向统一的授权法制时代,与法治发达国家的发展趋势相一致。论文提出确定行政紧急权力运作的基本原则的标准是有效应对危机事件和最大限度地保护人权。行政紧急权力运作的基本原则具体包括:效率原则、依法行政原则、比例原则、公开原则和保护公民基本权利原则。在国家监督机制方面,以英国、法国、德国和美国等法治发达国家的经验和教训为分析对象,分别从立法机关、司法机关和行政机关三个方面进行分析。论文分析了我国紧急权力法制化的不足,指出我国危机处置的立法存在重实体、轻程序,重分散的立法、轻统一的立法,重分散型的应急机制、轻整合型的应急机制,重封闭性的应急机制、轻开放性的应急机制和紧急权力的授予与公民权利的保障双重失衡等缺陷。建议制订统一的危机处置法,从目标模式、法体模式和制度模式三个方面具体阐述了危机处置法的基本内容,论文还还对国务院法制办正在起草的《突发事件与紧急状态处置法》的基本思路和若干重要问题进行了评析。

关键词:法治　行政权力　紧急状态

1747

论我国公民基本权利体系的重构 / 秦奥蕾著 ; 胡锦光指导. -- 中国人民大学, 2005. -- 158 页

论文总结了基本权利发展的历史规律,梳理了国际公约及其他国家宪法文本规范中的权利体系构成及规范内涵,探讨了我国基本权利体系的构建原则、模式、结构等,以重构我国公民基本权利体系。论文着力对基本权利体系进行全面的比较研究,内容包含基本模式与基本权利类型两部分。基本权利体系可以被划分为分类模式与独立列举模式、系统模式与单一模式、开放模式与封闭模式三组不同形式。基本权利类型可以被划分为自由权与社会权,平等权、政治权利、人身权利与人格尊严、精神自由、经济权利、社会权利、文化权利,实质性权利、程序性权利、救济性权利三组。论文认为我国公民基本权利体系的整体结构应分为"个人基本权利和自由","政治权利","经济社会文化权利","基本权利的保障"四个部分,并以我国现行宪法的基本权利体系为基础进行重构:一是增加生命权、迁徙自由、刑事程序权利等新的权利内容;二是规范和完善现行的平等权、宗教信仰自由、人格尊严不受侵犯、言论自由等权利内容。论文认为应该增加"公共事务决定权与参与权"下的子权利,包括知情权、表决权、公职权的内容,对现行的集会、结社、游行、示威的自由的规范构成继续进行完善,同时明确公民的请愿权。需要设置财产权规范,增加环境权,完善和改进现行劳动权的规范构成,明确社会保障权的宪法规范,对受教育权等其他权利加以规范。论文认为我国现行基本权利体系中缺乏明确的基本权利保障观念,整个体系的保障功能薄弱、要件缺失,应该调整和明确国家的保障义务,规定限制基本权利的条件和程序,完善和增进对基本权利的法律救济与宪法救济,同时将基本权利体系设置为开放性的结构。

关键词: 宪法　公民权　法律体系

1748

生命权的宪法保障 / 上官丕亮著 ; 杨海坤指导. -- 苏州大学, 2005. -- 161 页

本文运用历史分析、比较分析、系统分析、实证分析等多种研究方法,对生命权及生命权宪法保障的含义、生命权宪法保障的历史与现状、生命权宪法保障的理论基础、生命权宪法保障的国家义务、生命权宪法保障的实现等问题进行了系统的探讨。论文认为,生命权的内容包括生命存在权、生命安全权和一定的生命自主权,它不同于以食物权、住房权、健康权等为主要内容的生存权。生命权的宪法保障不是一般的法律保护,它一般离不开但又不等于宪法规定,它不同于但又需要宪法实施保障。生命权入宪已经成为一种全球化的立宪潮流。生命神圣论和生命质量论是生命权宪法保障的伦理学基础,自然法思想和自由主义是生命权宪法保障的哲学基础,公权利论和宪法至上论是生命权宪法保障的宪法学基础。生命权的宪法保障具有监督审查部门法对生命权的保护是否违宪的独特价值,这是生命权必须有宪法保障的关键所在。宪法保障生命权在我国具有特殊必要性。论文认为,宪法生命权虽属于自由权的范畴,但它具有消极权利和积极权利双重性质。要实现生命权的宪法保障,需要具备三个基本条件:一是生命权入宪;二是国家机关履行尊重和保护生命权的宪法义务;三是建立起司法化的违宪审查制度。违宪审查司法化是实现生命权宪法保障的关键,还需要宪法解释、请愿

以及质询、罢免或弹劾等制度作为补充,并且需要相应的政治、经济、文化条件相配套,并妥当处理堕胎、安乐死等生命权宪法保障中的特别问题。论文认为:生命权需要宪法的保障,不仅要将生命权载入宪法,防御国家的侵害,而且要求国家在消极尊重生命权的同时积极履行保护义务,以宪法生命权为标准开展违宪审查,而违宪审查的司法化是实现生命权宪法保障的关键,但它并非万能。

关键词:宪法　人身权　生命权　法律保护

1749

论我国公民人身权利的宪法保障 / 谭红著 ; 肖蔚云,姜明安指导. -- 北京大学, 2005. -- 270 页

本文探讨了人身权利的保障和与之相适应的理论支撑,并藉此探寻宪法和宪政原理。论文研究了公民人身权利宪法地位的确立及其历史发展,阐述了宪法上的人身权利的概念及其与民法上的人身权的联系与区别;介绍和分析了外国宪法与国际人权公约中的人身权利,并总结出若干可为我国借鉴的经验;还阐述了我国宪法中公民人身权利的历史发展及其在保障方面取得的成就。论文探讨了我国现行宪法对公民人身权利的保障,阐述了公民人身权利宪法保障的涵义、特征、渊源及功能;论述了我国现行宪法对公民人身权利保障的具体体现,认为我国现行宪法对公民人身权利的保障主要包括五个方面:即宣示性保障、一般性保障、具体性保障、救济性保障及其他保障。论文研究了我国现行宪法性法律对公民人身权利的保障,探讨了宪法性法律的含义,并提出了自己一些初步的看法,阐述了一些主要的宪法性法律对公民人身权利保障的措施。论文探讨了刑法、刑事诉讼法、行政法、民法等相关法律对公民人身权利的保障,专门研究了我国公民人身权利宪法保障的发展趋势,总结和概括了我国公民人身权利宪法保障的中国特色,分析了我国公民人身权利宪法保障存在的缺陷及其原因,并就完善我国公民人身权利的宪法保障提出了相应的对策和建议。

关键词:宪法　人身权　公民权　法律保护

1750

宪法概念演进的宪政史分析 / 王青林著 ; 周叶中指导. -- 武汉大学, 2005. -- 198 页

论文认为,古代希腊和古代罗马人对宪法概念的理论探讨和古典宪政实践,许多方面为后世国家所效仿,成为现代西方社会宪政制度实践和宪法概念研究的最初源头。中世纪创立出信仰的宪法理论,使宪法为何应被遵守的设问得到回答。划分宪法至上性信仰和宪法的根本地位,对研究中世纪宪法概念的演进和宪政制度变迁有重要意义。论文认为,在西方世界由教会国家转变为民族君主国的同时,教会宪法亦趋于衰落,宪法概念在不同的民族国家开始它的反思与重建历程,实现了希腊时代表征自由的政体思维和其后罗马时代表征秩序的宪法思维的统一。当绝对主义国家政体思维和宪法思维完成其统一国家、恢复秩序之历史使命后,这一时期宪法概念反思与重建的特点,接受了宪法是国家根本法的思维,并把限制国家权力作为其核心内容,即宪法是限制国家权力的国家根本法。启蒙时代论的宪法概念的特征。表现为:由控制国家到保护人权的功能性特征转化、由政治法向社会法转型、由民族国家向普世性适用之宪法国际化趋势转变、违宪审查制度普遍建立以及更加广泛地要求公民意识的理想的逐渐形成。中国古代宪法与近现代宪法有区别,又不能忽略两者的联系。现代中国宪法学者大多认为,实现人权是宪法的终极关怀。当前更为重要的是塑造宪法作为根本法功能的制度及实践。宪法至上成为当代中国宪法建设的当务之急。

关键词:宪法　宪政运动　法制史

1751

行政紧急强制制度研究 / 王天星著 ; 胡锦光指导. -- 中国人民大学, 2005. -- 142 页

本文对行政紧急强制制度进行研究,并对我国行政紧急强制制度的完善提出若干建议。全文共分七章。论文对行政紧急强制的概念、性质、种类与历史渊源进行分析,认为早期紧急强制制度最基本的特征就是军事统治。人权理论、法治理论、人民主权理论与分权制衡理论是行政紧急强制制度坚实的理论基础。论文认为在紧急状态期间,设定行政紧急强制的主体多为国家元首或者是最高行政机关;设定行政紧急强制的程序适当简化;设定行政紧急强制的权利受到更多的制约。紧急状态的实体要件是:必须出现了紧急情况、紧急情况必须迫在眉睫、紧急情况必须威胁到国家的生存、紧急状态的宣布必须是最后的措施。程序要件是紧急状态的请求、紧急状态的确认、紧急状态的批准、紧急状态的宣布、紧急状态的延长和紧急状态的终止等。行政紧急强制的实施主体,一般包括国家元首、最高行政机关、专业性政府职能机构、专业性应急指挥机构等。部分西方国家行政紧急强制实施程序的特征是注重保护公共利益同时兼顾

保护相对人的权利。论文介绍了行政紧急强制实施程序的核心制度——司法令状制度,认为行政紧急强制的监督可以分为国家权力机关的监督、国家元首的监督、行政机关的监督、司法机关的监督等。行政紧急强制的救济,包括行政紧急强制的复议救济、行政紧急强制的诉讼救济、行政紧急强制的补偿救济与行政紧急强制的赔偿救济四种制度。论文认为:当前,我国行政紧急强制制度存在许多问题,并对完善我国行政紧急强制制度提出若干建议。采取混合式立法,制定统一的《紧急状态法》,规定行政紧急强制启动的实体要件、程序要件、启动的监督机制;行政紧急强制的设定、实施、及其监督等事项应由单项立法作出详细规定;建立全面、有效的行政紧急强制监督机制;赋予相对人对行政紧急强制的实施提起行政复议、行政诉讼的权利和获得行政补偿与赔偿的权利。

关键词:行政法　强制执行　紧急状态　司法令状　立法

1752

隐私权的宪法保护 / 王秀哲著 ; 杨海坤指导. -- 苏州大学, 2005. -- 157 页

本文探讨了作为基本人权的隐私权的宪法保护问题。论文从比较的视野以美国和德国为例研究了国外隐私权宪法保护的理论和实践,阐述了普遍人权意义上的隐私权宪法保护问题,以期为中国隐私权宪法保护的研究和制度建构提供理论基础,并结合中国国情提出完善建议。论文认为隐私权是私人生活自由权,是自然人对于私人信息自我控制不被非法利用、私人事务自主支配不受侵扰和私人活动自主决定不被侵犯秘密的自由权。论文论证了隐私权民法侵权法保护的不足和隐私权宪法保护的必然发展趋势,选取美国和德国的隐私权宪法保护为切入点,研究了隐私权宪法保护的国际一体化发展趋势,认为隐私权宪法保护的哲学伦理学基础是重视个体价值的个人主义,隐私权进入法律保护的基础是公法性质的一般人格权,而隐私权宪法保护的终极价值基础是人格尊严,直接价值基础是个人自治。论文讨论了隐私权宪法规范保护的模式选择,认为隐私权的宪法规范保护是在宪法人格尊严和人格自由价值条款下的间接宪法规范保护或概括宪法规范保护,隐私权的宪法保护是发挥多重效力的整体性制度保证,但司法诉讼效力是隐私权宪法保护最核心的内容,认为目前中国单纯依靠民法保护隐私权是不足的,隐私权的宪法保护具有必要性,但要结合中国的具体国情在宪法制度本身的建构过程中,以确立宪法基本权利的直接效力为核心进行一体完善。论文认为,隐私权是一国宪法保护的公民基本权利,隐私权宪法保护的实现借助于宪法基本权利的多重效力的发挥。宪法隐私权直接对抗公权力的效力是隐私权宪法保护最重要的内容。

关键词:宪法　隐私　人身权　公民权

1753

行政程序违法责任制度研究 :从保障权利视角展开 / 王雅琴著 ; 许崇德指导. -- 中国人民大学, 2005. -- 161 页

论文通过若干违反行政程序的个案判例进行实证分析,揭示出我国行政程序法及其所构建的司法审查制度在追究行政程序违法责任、救济行政相对人合法权益方面存在的诸多不足,同时也反映了我国司法机关为确立正当行政程序原则所作的努力,提出建立健全我国行政程序的违法责任制度。论文认为,我国行政程序立法应当引入正当行政程序理论。“责任政府”作为一种现代法治理念,已普遍为世人所接受。责任制度既是现代行政程序民主、法治的一个基本理念,也是一种对政府公共行政进行民主控制的制度安排。承担违反行政程序的法律责任,首先要有法律规范为依据,其次是承担行政程序违反责任的行为主体问题,还必须要有违反行政程序的上述客观表现。行政程序违法责任的主体不应当局限于目前我国的“行政主体”范围,应当通过立法将其扩大至包括国家以及所有具体行使行政职权的主体:行政机关、法律法规授权的组织、行政机关委托的组织、公法人等。应当确立较为宽泛的归责原则作为判断某种行政行为程序是否违法的标准,即在行政程序法上应当确立“违反正当行政程序责任原则”。论文认为,我国对于行政相对人针对行政程序瑕疵的独立诉权没有限制,但对行政程序性权利救济力度不够,以“撤”为主的责任形式不足以救济复杂的行政行为造成的权益损害。应当构建包括补正、更正、转换等责任形式以及国家赔偿(包括精神赔偿)在内的行政程序法律责任制度与权利保障体系。我国正在制定统一的《行政程序法》,建议在《宪法》中建立正当法律程序条款,借鉴国外和我国司法实践中的成功经验,贯彻司法最终审查原则,并通过立法授权,承认司法审查权对于建立正当行政程序原则享有能动性。

关键词:行政程序法　违法　法律责任　权利　归责原则

1754

宪法视野下的受教育权 / 王柱国著 ; 陈云生指导. -- 中国社会科学院研究生院, 2005. -- 105 页

本文从宪法角度探讨了受教育权若干问题,包括权利的性质、权利的实现、权利的保障等。论文认为教育和学习是个体生存、理性自主以及实现合理人生计划的基本需要。受教育权本质是自由的学习权,个人可以根据自我需要来选择,国家是公民受教育权的主要义务人,而父母作为未成年子女的第一义务人,儿童义务教育也并不等同于学校教育。受教育权主体的普遍性是指资格的普遍性,因此"资源稀缺"论并不成立。论文认为,作为道德权利的受教育权,只有通过宪法的确认,才能获得现实的最高效力。受教育权的入宪历程,正是逻辑与历史的统一。论文分析了受教育权的内涵、属性及其地位,认为受教育权的内涵包括权利主体、义务主体、权利(义务)构成、实现方式;受教育权的实质在于以"自主"为核心,国家既要承担消极义务也要承担积极义务;受教育权的地位是指受教育权与其他基本权利的关系。资格权、学习权和公正评价获得权以及其与学术自由的关系,应当成为受教育权宪法分析的中心。论文认为,受教育权从宪法文本到实现的根本途径是通过其最高效力直接约束国家行为,对立法机关形成即时强制力,促使其积极立法,落实受教育权的内涵和精神;在立法缺漏或行使自由裁量权时,受教育权对行政机关形成直接拘束力;司法机关有职责直接适用受教育权裁判案件。受教育权的实现,归根到底就是受教育权的平等保障。受教育平等是指机会平等,而非结果平等,平等保障首先意味着"非歧视"平等,要求排除与教育无关的因素,确立一个中立标准。平等保障应该是一种"补偿平等",优先录取遭受事实歧视的群体。建议寻找更为根本的平等观(参与平等)不仅能统一解释"非歧视"平等和"补偿平等",而且也能为解决各种有关平等的困惑提供一个指导原则。

关键词:宪法　人权　受教育权

1755

行政证据制度研究 / 徐继敏著 ; 许崇德指导. -- 中国人民大学, 2005. -- 234 页

论文分析了行政证据制度的特点,结合我国行政程序法的制定,提出完善我国行政证据制度的构想。论文认为,随着我国行政程序法律制度的完善,行政证据制度应当主要规定在行政程序法中,行政诉讼证据制度应当与行政程序法的规定相吻合。行政程序证明责任分配的一般原则是,主张权利应当对权利根据的事实负证明责任,对方对权利妨碍的事实或权利消灭的事实负证明责任。行政复议主要采用行政程序证明责任分配办法。人民法院可以要求原被告提供证据,也可以依职权调查收集证据,第三人也可以提供证据,决定了行政诉讼与行政程序证明责任可能不完全一致。论文认为,行政证据制度中应当引入法律真实标准。行政诉讼应当适用行政程序证明标准,行政诉讼与行政程序证明标准应当一致。确定行政证明标准应考虑以下因素:行政案件的类型、证明的难易程度、行政决定的重要性、行政诉讼的特点。我国应当借鉴大陆法系国家的作法,确定行政机关依职权调查案件事实原则,并在一些行政程序中采用言词审理方式。应当重新思考人民法院对行政机关认定事实的态度,建立不同程度的审查制度,调整行政诉讼证据提供和调取规则:法院应受证据复查规则的限制;人民法院应以庭内查证为主;充分发挥当事人庭审中的主动性。建议行政诉讼应当以言词审理为原则,可以更多的采用书面审查。论文还分析了我国行政诉讼应当确立的若干证据审查规则,主张将自由心证、采纳传闻证据和依据行政程序证据规则等规则确立为行政诉讼采证规则,并逐渐承认法官独立的意志,通过完善证据规则来规范自由心证,通过说明理由等制度来防止自由心证权的滥用,也为当事人判断心证是否公正提供判断对象。

关键词:行政诉讼　证据　行政程序法

1756

全国人民代表大会与中国共产党互动关系之研究 / 许博乔著 ; 白钢指导. -- 中国社会科学院研究生院, 2005. -- 150 页

本文研究了中国共产党和全国人民代表大会两者的互动关系。论文从理论基础与宪法规定上,厘清了全国人大与中国共产党之关系,分别探讨了人大制度之理论基础、人大制度之原则、全国人大在宪法中之定位与中国共产党在宪法中之定位。纵向地从历史发展情况回顾全国人大成立迄今在各个时期中与中国共产党的关系;横向地从制度规范的角度探究全国人大与中国共产党的关系,主要着眼点在全国人大的立法权、决定权、选举任免权与监督权方面。论文从实际运作的角度探讨了全国人大与中国共产党之关系,包括立法法之制定。三峡大坝工程案、全国人大代表的选举方面、反腐败工作方面。论文还将全国人大与中国共产党互动关系和西方国会党政互动关

系做比较,分别探讨两者的理论基础与发展、组织与职权、政党制度与党政互动关系,归纳出全国人大制度与西方议会制度的特点,同时亦找到西方议会制度可供参考借鉴之处。论文在总结分析与研究的基础上,对全国人大未来之发展提出建言,以利进一步完善中国共产党的领导与人民代表大会制度。

关键词:宪法　全国人民代表大会　中国共产党　民主集中制　政治制度

1757

论社会保障权 / 薛小建著 ; 许崇德指导. -- 中国人民大学, 2005. -- 151 页

论文认为,社会保障权是一项国际人权,也是由各国宪法和法律确认的公民的基本权利。现代社会保障制度——社会救助发端于17世纪的英国。社会保险——社会保障的主要组成部分起始于19世纪80年代俾斯麦时期的德国。英国的济贫制度和德国的社会保险制度并没有实现了公民的社会保障权,它们仅仅是将救助或保险视作一种政府居高临下的施舍,而非全体公民的普遍权利。自20世纪40年代各国通过社会立法实现了社会保障权的法律化过程。20世纪70年代以来,社会保障权再一次经受住了新保守主义政策的考验。中国古代社会长期的农业社会和伦理传统使家庭保障始终处于重要地位。中华人民共和国成立后,逐步构建了社会救济、社会保险等内容的社会保障制度。宪法中也规定了公民享有物质帮助的权利。论文认为,社会保障权体现了一定的社会价值。国家是公民享有社会保障权的义务主体。与国家作为义务主体相对的权利主体为公民。基于国家积极义务的公民社会保障权是公民的一种资格,公民有资格接受社会保障——“接受权”,公民有资格要求国家提供社会保障——“要求权”。公民社会保障权依据不同的标准可分为多种不同的权利并构成权利群。论文认为,公民社会保障权的实现分为国际实现机制和国内实现机制。国际实现机制分为报告制度和申诉制度两种,而国内实现则分为客观法的实现和主观法的实现。中国目前社会保障争议的解决尚无实现专门化的路径,建议借鉴甚至直接进口世界诸国的解决模式中的合理因素。

关键词:社会保障　公民权　人权

1758

论法院对行政立法的审查制度 / 杨士林著 ; 韩大元指导. -- 中国人民大学, 2005. -- 163 页

论文认为,各国在确保行政立法的合法性方面,主要有议会审查、程序性审查、行政审查和司法审查。法院对行政立法的违法审查与法院对议会立法的违宪审查有一定联系,它们都有助于维护宪法权威和法律统一,但两者之间又存在着明显的区别。法院审查行政立法的方式受多种因素的制约和影响,既受一国宪政体制的影响,同时又受法律传统和诉讼方式的制约。论文认为,我国行政立法的产生和发展没有宪政基础。行政立法是行政机关为应付实践中干预社会经济事务的需要应运而生的一种手段。它经常表现出引导人大立法的倾向。行政立法侵越人大立法以及行政立法抵触人大立法的现象是我国行政立法存在的突出问题。有必要强化对行政立法的合法性审查机制。我国宪政建设的重点应当是强化对一贯强大的行政权进行控制。法院应当拥有违法行政立法的审查权。法院对行政机关的法律适用进行审查不应受行政机关具体行为法律适用的限制,行政机关做出具体行政行为的标准必须接受法院的检阅和审查。借鉴外国行政立法的司法审查方式,我国法院审查行政立法应当是分散式审查、具体审查和适用性审查。法院的审查范围应限于案件中所要适用的行政立法条款,而不是行政立法背后的事实、理由或者动机,限于审查行政立法的实体条款,而不宜审查行政立法的制定程度。在审查标准上主要是行政立法是否违反上位法,即行政立法是否超越上位法所设定的限制和标准。建议修改或者废止相应的行政立法内容和条款,并通知相应的权力机关和上级行政机关。法院审查行政立法可以弥补人大审查、行政审查等抽象审查的不足,维护人大立法的统一实施,拓展人权保障的范围和程度,建议建立法院对行政立法的审查机制。

关键词:行政法　立法　司法监督　法院

1759

行政法变迁趋势研究 / 于安著 ; 罗豪才指导. -- 北京大学, 2005. -- 183 页

本文研究了经济全球化对现代行政法的影响,探讨了行政法目前的新趋势。经济全球化改变了市场的范围概念,改变了行政法存在的条件和依据。经济全球化、WTO协定的制度约束和政府行政职能转变,为行政法的新变迁创造了条件。论文在研究行政法变迁历史和发生新变迁条件的基础上,从行政法原则、行政活动方式和司法审查三个方面探讨了经济全球化时期行政法变迁的趋势:(1)行政法原则引入经济效益原则和WTO的法律实施原则。经济效益原则不仅改变了行政职能的传统价值准则,而且削弱了公

民的公法受益权和动摇了社会公正体系;WTO 的法律实施原则,为公民的跨境自由贸易权提供了非歧视的正当程序保护。(2)行政活动方式引入体现效率和市场精神的合同,合同适用领域的扩张需要完善其合法性评价机制;国际组织在建立统一的合同制度方面发挥了重要作用。(3)司法审查引入 WTO 协定作为依据以提高成员方制度的国际一致性。WTO 以"事实上的公正"作为司法审查公正性的一般规则,并提出一些"最低限度"的要求作为统一司法审查程序的基础。"事实上的公正"和"最低限度"规则,为成员方保留各自制度的形式多样性留出了自主空间。论文指出:行政法的新变迁引起行政法两大基本结构的改变。合同作用的提高和单方命令作用的下降,改变了行政活动方式结构;公民跨境自由贸易权利的扩大和公民公法受益权的削弱,改变了公民的行政法权利结构。我国已经将参与经济全球化和利用国内外"两个市场"、"两种资源"作为发展战略。我国应当着眼于国际经济竞争和制度竞争进行行政法的观念和制度更新,在克服传统体制障碍和建设市场经济体制进程中,构建适应经济全球化的行政法。

关键词:行政法　经济一体化　制度变迁

1760

行政立法的正当性研究 / 曾祥华著 ; 杨海坤指导. -- 苏州大学, 2005. -- 211 页

本文将实证分析与价值分析相结合,探讨了行政立法的正当性,即判断行政立法正当性的标准是什么的问题。包括行政立法正当性的整体评价、判断行政立法正当性的具体标准以及如何保证行政立法的正当性。论文对行政立法的概念和性质进行界定,阐明行政立法具有行政行为和立法行为的双重性质,同时对授权立法和职权立法以及行政立法的效力表明自己的观点。论文从形式正当性、程序正当性和实质正当性三个方面理解法的正当性的含义,同时对三者之间的关系进行探讨。法的形式正当性主要包括立法权来源的正当性、不能越权立法和保持法律体系的一致性三个方面的具体要求,对应行政立法权来源的正当性、法律优先和法律保留、授权立法的法律冲突及其解决途径。论文在明确我国存在行政职权立法权的基础上论证了职权立法权缺乏正当性并且应当取消的观点。对法律优先、"根据"和"不抵触"、法律保留等原则进行阐述,论证了宪法基本权利对行政的直接效力和法律保留中的"法律"不包括行政立法等观点,并对授权立法所引起的法律冲突的原因进行了分析以及运用规范授权、裁决、法律位阶等解决其冲突的途径进行了探讨。公众参与不仅是行政立法民主化的重要途径,而且是行政立法正当性的基础。指出我国行政立法公众参与存在不足,并对我国行政立法听证制度的完善及其困难加以研讨。论文探讨了行政立法的实质正当性问题,认为实质性既是行政立法的价值所在又是判断行政立法正当与否的主要标准。人权是行政立法的核心价值,人权是行政法的逻辑起点。行政立法应具备社会正当性——利益平衡,在理清利益平衡概念的基础上如何进行利益平衡,行政立法应具备经济正当性——成本效益分析。论文还对行政立法的生态正当性做了讨论。论文认为我国人大应当加强对行政立法的监督,建立专门的审查委员会,立法法相关条文应当修改;缺乏对行政立法的司法审查或者违宪审查制度是我国法治建设、保障人权的瓶颈,应当建立法院式的专门违宪审查机构,加强司法独立和司法审查。

关键词:行政法　正当性　司法制度

1761

有限政府论 / 詹福满著 ; 胡锦光指导. -- 中国人民大学, 2005. -- 142 页

论文认为"两极政府"(守夜人政府与福利政府)的合法性危机促使人们重新思考政府,经验表明,要走出政府的"西西弗斯"困境,必须寻求有限政府的理论支持。分权制衡制度、政府住处公开制度、正当程序制度以及责任政府制度四项制度是有限政府的核心制度。有限政府理论认为,政府行动的范围要受市场、个人权利以及其他公共权利的限制,必须确立分权制衡制度;要有效防止政府权力的异化,必须确立政府住处公开制度和正当程序制度;有限政府同时也是有效政府,要保证政府的有效性,则必须确立责任政府制度。有限政府模型在一定程度上发展了这一模型,反映出有限政府模型与各国实践的有益互动。我国有限政府的传统"先天不足,后天失调",直接后果是我国有限政府传统在义理层面多有缺失,在实践层面则甚少得到落实。走向未来的我国有限政府要避免这种双重失落的格局,必须认真清理、反思自己的历史传统,纠正自己的"先天不足",即通过自我转换,端正其思想根基、调整其理论取向、构建其配套制度。论文认为,有限政府理论模型的内核主要包括两方面的内容:一是政府的边界是有限的,不仅受制于保护人民权利与促进社会发展这一政府目的,受制于"自然权利"这一本源性的公民权利,受制于市场制

度，而且也受制于政府自身的客观能力；二是有限的政府权力也必须受到约束。有限政府制度模型包括相互联系的四个纬度：分权制衡、政府信息公开、正当程序以及责任政府。论文回答了“什么是有限政府、有限政府如何可能以及我国如何建构有限政府”的问题。

关键词：国家行政机关　行政权力　行政法

1762

中国审判权界限研究 / 张德瑞著 ; 胡锦光指导. -- 中国人民大学, 2005. -- 186 页

论文探讨了我国在三种权力分工的背景下，以裁判解决具体的法律上纷争为目的的审判权，相对于立法权和行政权，在其涉及裁判时应有的界限。论文系统地探讨了审判权的基础理论和运作程序。论文概述了国家权力、审判权与审判权的界限问题，认为随着公民社会民主意识和法律权利意识的增强，审判权的界限总是呈不断扩大的趋势。审判权是一种对争端进行判断的权利，体现了国家意志，是一种国家意义上的权力，具有国家的强制力。即审判权的独立性、审判权的被动性、审判权的中立性和审判权的终局性。审判权系统的三个构成要素即纠纷、法官和程序。论文探讨了审判权的宪政建构，介绍了以裁判解决具体的法律上的纷争为目的审判权，相对于立法权和行政权都有哪些权能的问题。审判权和立法权、行政权之间在职能上的区分十分模糊，但他们之间依然应该存在界限。审判权审理的对象有限，并不是对所有的社会纠纷都能够由审判权进行处理。论文还论述了审判权的诉讼建构，对法院刑事审判权、民事审判权和行政审判权的具体界限进行了初步的研究。

关键词：诉讼法　审判权　立法权　行政权力

1763

社会组织行政的法规制研究 / 张禹著 ; 杨建顺指导. -- 中国人民大学, 2005. -- 162 页

本文采取比较研究的方法，对各国社会组织行政法规制的基础理论和制度实践作宏观考察，以图构建一个相对科学和完善的法规制体系。全文分引言和正文五章。引言部分在提出社会组织行政法规制的问题以后，对我国社会组织行政法规制的实践与理论研究现状进行了介绍，并阐明了社会组织行政法规制的研究价值。论文从规制对象、行政任务承担者、规制手段三个层面对“社会组织行政法规制”的具体含义作了说明；从社会组织行政的产生、兴起及有关法规制的认识差异等角度分析了社会组织行政法规制的背景，论证了对社会组织行政进行法规制的必要性。论文对实践中出现的各种判断标准，如“法定权力”标准、“政府行为”标准、“公共职能”标准、“公务”标准、“公法根据”标准等进行了阐释和评析，提出应顺应判断标准发展之基本潮流，以“公共服务”作为判断我国社会组织行政的标准。论文还对有关社会组织行政法规制的立法和司法等活动具有指导和规范作用，对社会组织行政法规制的主体进行了考察和概括，指出其存在的缺陷及造成这种缺陷的原因。论文集中对社会组织行政法规制的主要内容进行了考察，认为它包括“社会组织行政形成的法规制”、“社会组织内部组织构成的法规制”、“社会组织行政责任承担的法规制”三个方面。

关键词：行政法　社会团体　社会组织

1764

行政程序正当性研究 / 章剑生著 ; 李龙指导. -- 浙江大学, 2005. -- 185 页

行政程序的正当性问题是行政程序法基础理论所要解决的首要问题。行政程序以规范行政权为核心，以保障人民基本人权为目的。行政程序的正当性表现为社会一般人根据常理判断对行政权所适用的程序与产生的结果所表现出的可接受性。行政程序的正当性可以完善行政机关和公民之间沟通，提高行政行为为社会可接性程度；可以建立和维系一个可持续发展的稳定社会；可以确保行政实体法实施，并展示自身独立的法律价值。论文从价值基础、规范基础和社会基础三个方面论证了行政程序正当性的基础，认为“合法”的行政程序既可以行“善”，也可以作“恶”，它并不必然能够驱使行政权的正当行使。通过行政程序的正当性（实质合理性），抵抗实证法的“合法性”。唯有正当的行政程序才能在行政主体和行政相对人之间展开讨论，形成行政的理由，才能控制行政权。论文探讨了行政程序正当性的基本价值，认为行政权必须对人的尊严给予充分尊重。在行政权占据国家权力中心和利益多元化的时代，通过行政程序获得持久、稳固的秩序是社会发展的最佳路径。行政程序的正当性表现为一种不可缺少的法律价值，是公正与效率的和谐统一。论文分析了行政程序正当性的释放机制，认为行政程序正当性基本价值必须通过适当的机制释放才能产生社会影响，听取意见在行政程序中具有不可替代地位，其他机制如防止偏见、卷宗阅览、说明理由、告知义务和资讯公开等都以听取

意见为核心而展开。论文还具体分析了行政程序正当性在中国的发展,检讨了中国传统法律程序的理念和现行的行政程序制度,以正当行政程序为核心探讨了行政程序的法典化问题。

关键词:行政程序　行政权力　人权　行政程序法

1765

法治国下的行政行为存续力 : 以德国法为基础的分析 / 赵宏著 ; 姜明安指导. -- 北京大学, 2005. -- 200 页

本文以德国法为基础对行政行为存续力理论进行了深入分析和探讨。论文分析了行政行为存续力理论的理论沿革和制度实践,并简要探讨了行政行为存续力对我国相关领域学术研究与制度建设的积极意义,认为,行政行为存续力与司法判决确定力之间存在密切联系,行政行为形式存在力的内涵为行为的不可诉请撤销性,实质存续力与行政行为的存续性紧密相连,依赖于行政机关是否以及在多大程度上持续性地受其所作出的行政行为拘束。论文认为,行政行为最初的建构与功能以及之后存续力理论的发展变迁和在制定法中的具体落实,都与德国法治国理论和实践的衍变息息相关。行政行为从最初被创设时起就具有着眼于法治国,限制国家权力保障人权的目的和功能,德国法治国理论的发展对行政行为存续力理论和实践的发展产生了重大影响。在现代法治国下,行政行为存续力植根于法的安定性要求,法的安定性是法治国的依据和价值目标。行政行为具有强大的实践法治国的功能,是法的安定性原则和信赖保护原则在行政领域最重要的实现方式。论文以德国联邦行政程序法的规定为中心,通过对行政行为的撤销、废止及行政程序重新进行的规则的考察,探讨了行政行为存续力在法治国中的具体呈现,认为在存续力理论的作用之下,德国法摈弃了传统的撤销与废止自由原则,行政机关的嗣后撤销与废止权限受到极大限制。行政程序的重新进行是诉讼中再审制度在行政程序中的对应,它与形式存续力相对,构成了形式存续力的中断和限制。论文还探讨了存续力理论引入的具体效用,认为行政行为公定力理论应退场,代表法治国下行政行为效力观的行政行为存续力理论,存续力是真正符合法治国原则的效力观,对于我国制度实践的影响在于对行政机关自行撤销与废止立场的根本转变。我国立法和行政实践长期奉行"撤销与废止自由原则",行政机关的撤销与废止权限不受任何实质规制,这种现状无法实现对法的安定性利益和相对人的信赖利益的有效保护,应当改变。

关键词:行政法　行政管理　法治　行政行为

1766

舆论监督权论 : 宪政"第四权力" / 周甲禄著 ; 周叶中指导. -- 武汉大学, 2005. -- 244 页

本书探讨了舆论监督权的权利属性,在宪政制度中的地位和作用以及公民和新闻媒介如何正确行使这项权利,遇到权利冲突时如何平衡。本书除导论外,共分五章。第一章是关于舆论监督权概念的分析。分析了舆论监督的内涵和特征,将舆论监督权置于宪政制度安排的背景下展开分析,阐述舆论监督权的含义和确认舆论监督权的意义,讨论舆论监督权的主体和客体。在舆论监督权的主体的研讨中重点分析舆论监督权主体二元结构。第二章论述舆论监督权的宪法权利属性,指出舆论监督权有三大理论支柱,即人民主权理论、权力制约理论和言论自由理论,论证了宪法权利的一般特征以及舆论监督权的宪法权利特征,论证了舆论监督权的宪法渊源。第三章是从时空的角度对舆论监督制度进行考察,按照历史发展脉络论述了我国古代舆论监督的形态与状况、近代舆论监督思想的兴起,以及新闻中国舆论监督曲折历程,从空间的视角介绍西方不同法系国家关于舆论监督的有关法律规定。第四章论述舆论监督权的实现,从理论和实践两个方面描述我国舆论监督权实现的现状,对舆论监督权实现的基础进行探讨,论证了传递和接收自由,重点介绍了域外的经验,论证了接近媒体自由,讨论了媒体的特权问题。第五章论述舆论监督权的规范,论述了舆论监督权规范的基本原则、舆论监督权与私权的冲突与平衡、舆论监督权与公权的冲突与平衡,分别研究了舆论监督与国家安全、保密及司法权的关系。

关键词:舆论监督权　宪法　宪政　公民权

1767

财政立宪主义研究 / 朱孔武著 ; 李龙指导. -- 浙江大学, 2005. -- 162 页

本文通过对德国公法学的一般权利理论的考察,选择"宪法地位"理论作为财政立宪主义的分析框架,基于宪法权利的逻辑揭示了财政立宪主义这一原理性命题。论文考察了宪政发源地英国的历史,认为财政因素和代议制的产生相辅相成,财政宪法主要体现为财政议会主义。论文选取戴雪以前的英国宪法、德

国魏玛宪法和美国20世纪下半叶的选举财政,分析财政宪法在古典、现代和当代三个不同的宪政时期的表现,探讨财政宪法的立宪主义实质。论文从比较法考察,认为宪法税条款构成了财政宪法的规范基础,构成财政宪法研究的分析基础,其他学术传统对于财政问题的研究成果进入到宪法学理论的视野,必须落实到"规范"。规范分析的问题主要包括:纳税义务规范的内涵及位阶,纳税义务与财产权及其他基本权利之间的规范关系,纳税主体的权利如何从义务条款中导出并构成对政府财政权的制约等等。基本权利对政府征税权的立宪主义控制构成财政宪法的实践基础。论文探讨了财政立宪主义对中国问题解决的启示,认为财政立宪主义在我国的发展轨迹清晰可辨,需要处理财政立宪与法治政府、人大制度、地方制度的关系。

关键词:财政　立宪主义　税法　宪法

1768

两岸行政程序法制之比较研究 / 朱瓯著 ; 许崇德指导. -- 中国人民大学, 2005. -- 171 页

本文针对行政程序法的姜明安教授的试拟稿以及应松年教授的专家建议稿,结合台湾的行政程序法进行探讨。论文对两岸行政程序法律制度的进程与现况进行了比较,以时空角度切入,比较两岸的立法背景的差异,并同时说明台湾地区实施行政程序法至今四年的概况,也讨论了大陆地区目前对于行政程序法的立法模式。论文比较了两岸行政程序法制的适用范围,如适用定位、适用主体及适用客体。行政程序法的程序规范,除了对行政机关外,也增加了当事人参与,同时范围上更及于利害关系人。行政程序法适用范围的除外规定,规定法上早有先例,例如日本、德国、美国等国的行政程序法都设有此规定,但大陆地区行政程序法草案均未对排除事项作规定,立法上似有不周之处。论文认为,根据大陆地区目前行政法治现状而言,行政程序法的重点应放在对行政权力运行的控制和行政主体的约束机制上,以保证行政权利的公正享有和保障相对人的合法权益。两岸的行政程序基本原则,有许多相同的部分,亦有相异的部分。对行政公正原则、相对人参与原则、效率原则等争议不大。比较具争议的应属合理原则。论文以英美法说明正当程序的概念,介绍两岸的正当行政程序的规范,并将正当程序分为受告知权、听证权、公正作为义务、说明理由义务四类。正当法律程序的落实于行政程序法,其内涵有四:受告知权、听证权、公正作为义务、说明理由制度。大陆地区试拟稿与专家建议稿在受告知权、说明理由制度及听证权都已有规范,但对于行政程序法中最重要的公正作为义务有所欠缺。大陆地区在行政复议法与行政诉讼法中,对于违反正当程序的规范过于原则与简单。

关键词:行政程序法　立法　比较法学

1769

行政诉讼客观证明责任的分配研究 / 朱新力著 ; 胡建森指导. -- 浙江大学, 2005. -- 131 页

本文研究了证明责任的分配规则。论文论证了用"证明责任"概念取代制定法上"举证责任"概念的理由,辨析了大陆法系的"主观的证明责任"与英美法系的"提供证据责任"、大陆法系的"客观的证明责任"与英美法系的"说服责任"的关系,认为客观的证明责任是指在诉讼中经过法院和当事人的努力而法律要件事实仍真伪不明时,负担证明责任的一方将承担败诉风险的责任,证明责任使用的范围应当是大陆法系国家的主要事实或是英美法系国家的争点事实。论文分析了罗森贝克(尤其经普维庭改造)的规范理论、公定力理论、制裁理论、盖然性理论、范围理论、被告证明合法性理论等,认为各种学说都存在比例不同的合理性和缺陷,相比之下,我国立法确立的被告证明合法性理论,规范理论更具正当性。我国应借助规范理论构筑证明责任的分配规则,其基本内容是"请求权人承担权利形成要件的证明责任,请求权人的对方当事人承担权利妨碍、权利消灭和权利阻碍要件的证明责任。"多种实质性依据决定了证明责任分配必然存在基本规则和例外规则,区分各种诉讼中要件事实的证明责任分配是一项高难度的技术工作。论文指出,除了救助于正义等实质性原则进行证明责任的分配外,证明标准、推定、证明妨碍、当事人的协力义务等,都是减缓、稀释甚至回避证明责任分配的重要举措,它们的合理规定和运用,能在很大程度上回应事实真伪不明的困境。

关键词:行政诉讼　证明　举证责任

刑法学

1770

论死刑适用的标准 / 陈华杰著 ; 陈忠林指导. -- 西南政法大学, 2005. -- 145 页

本文通过研究提出符合刑法、刑事诉讼法和司法解释规定的适用死刑的若干具体的司法标准，探讨解决当前死刑适用标准中遇到的新情况新问题的思路。全文共分七章。第一章论述了研究死刑适用标准的意义，提出了死刑适用标准的概念、死刑适用标准的重要作用，并指出了目前死刑适用标准存在的问题和当前进一步明确死刑适用标准的着重点。第二章论述了死刑适用的标准和原则，提出适用死刑标准要体现和遵守正义性、人道性、不得已性和成本性的刑罚理念和裁量准则。第三章讨论死刑案件的法律适用，并从坚持罪刑法定、罪刑平等、罪责刑相适应、无罪推定以及必要的自由裁量五个方面逐一展开论述，指出审理死刑案件必须遵循死刑案件的法定程序，认真做好死刑案件的证据审查、事实审查和情节审查，准确地适用法律。第四章就证据的特征、审查证据的作用、内容、标准以及证据存疑的处理标准和几种主要证据的审查作了讨论。第五、六章则分别论述了事实与情节在死刑案件中的适用、司法实践中存在的问题以及对这些问题的反思，指出死刑案件的程序审查能有效地发现案件事实，救济、纠正错误判决，防止错杀、冤杀。第七章论述了一审、二审、复核审以及复核审后的死刑把关中的程序问题，并提出了进一步完善死刑复核程序的设想。

关键词：死刑　法律适用　刑事诉讼

1771

商业瞒骗走私犯罪刑法规制研究 / 陈磊著 ； 李洁指导. -- 吉林大学, 2005. -- 250 页

本文通过实体法的层面对商业瞒骗走私行为进行了系统研究，同时兼顾社会学、犯罪学、海关实践意义上的走私犯罪，通过对商业瞒骗走私行为基本问题的研究，构建了商业瞒骗走私犯罪的基础理论框架。论文从商业瞒骗走私犯罪理论渊源和实践渊源入手，界定了商业瞒骗走私犯罪的概念范围和种类界限，同时，对商业瞒骗走私犯罪与其他犯罪加以区别和界定，着力从商业瞒骗走私犯罪的特征出发，研究了商业瞒骗走私犯罪构成的基本问题，如主体特征、结果特征、共同犯罪形态、停止形态、数罪等问题。在数罪形态中，论文对商业瞒骗走私犯罪中的想象竞合犯、持续犯、连续犯、牵连犯、吸收犯等进行了研究。同时，还对商业瞒骗走私犯罪中的单位犯罪进行了探讨，对单位走私犯罪的主体特征、罪过特点、客观方面以及罪过认定、处罚提出了自己的见解。论文建议设立商业瞒骗走私犯罪罪名，根据情节和数额的大小配置独立的法定刑。对国际跨国公司恶意转移定价行为，国有企业和个人企业蓄意瞒报特许权使用费行为，对于伪报知识产权状况进出口假冒货物、物品的行为均应纳入刑法规制范围，予以刑事制裁。下编属于商业瞒骗走私犯罪个罪问题研究。立足于总体论的基本立场，抱着“问题意识”，论文通过对有关商业瞒骗走私犯罪诸多形式的关注和解答，把问题研究引向深入，力图在吸收最新研究成果的基础上，结合最新司法解释和刑法修正案，提出自己独到的见解，以期解决海关执法和司法实践中的疑难问题。

关键词：走私罪　刑事犯罪　立法

1772

量刑情节研究 / 陈炜著 ； 喻伟指导. -- 武汉大学, 2005. -- 123 页

本文结合国内外有关研究成果，对量刑情节中的难点和热点问题进行了探讨。全文共分五章。第一章是对量刑情节基础理论的概述，主要介绍了量刑情节的法理基础、历史沿革以及量刑情节的概念、基本特征及其分类，主张以“确定量刑情节”替代传统意义上的“法定时刑情节”。第二章探讨了确定量刑情节的相关问题，阐述了采用确定量刑情节概念的理由，讨论了确定量刑情节的三级分类法；认为我国极有必要将退赃作为法定从宽量刑情节写进我国刑法；老年犯适用从宽处罚的原则；诱使陷入困境而作的犯罪行为、因无知而进行的犯罪行为、酗酒造成的犯罪行为、有良好品德的人犯罪、做过值得表彰的事情的人犯罪后可以减轻处罚。第三章阐述了酌定量刑情节的概念、特征、基本范围及其适用，认为酌定量刑情节的法定性决定其地位有待提高，法官应审慎适度地行使自由裁量权，并分别对酌定减轻情节、酌定免除处罚、酌定从重、从轻处罚的适用作了切实可行的阐释。第四章首先阐述了量刑情节冲突的概念要素，分析了这种情节冲突情形下的处理办法。第五章重点探讨了量刑情节制度的立法完善和健全司法裁量制度问题，介绍了量刑情节制度的立法缺陷与司法缺陷，借鉴国外经验对我国当前量刑情节制度的相关规定进行反思，分析其中的利弊。根据量刑情节制度的应有之义，对其发展趋势进行了预测，分析了电脑量刑的是与非，并提出量刑情节一罪一规定制度的构想。

关键词：刑罚　量刑　定罪

1773

从归责与负责论共犯责任 ：以英美法系为拓展视

角 / 陈雄飞著 ; 李洁指导. -- 吉林大学, 2005. -- 196 页

本文以英美法系在共犯责任问题上的相关法律规定和理论作为拓展视角,以中国刑法规定为基点,探讨了共犯责任的相关问题。论文认为中国刑法中的教唆犯与共犯应该是平行概念,按照教唆犯探讨共犯独立性、共犯从属性是一种对象错误,中国刑法中的共犯应当坚持共犯从属性。代理人说、影子说、贡献说、参与说、构成要件基础上的社会危害性说、社会危害性和人身危险性统一说以及共享性因果关系说都不能正确说明共犯责任的正当根据。只有从归责与负责的统一才能阐明共犯责任的正当根据。共犯责任的客观归责首先要求行为要件。与正犯不同,共犯没有特定的行为模式,只有类行为。共犯责任的客观归责要求共犯的正犯实施的犯罪之间必须具有因果关系。正犯不能中断共犯与犯罪结果之间的因果关系。共犯责任的归责必须坚持因果责任,并且共犯责任的因果关系应当理解为"如果没有共犯的行为,犯罪就不会发生,至少不会以如此模式发生"。共犯责任的主观负责首先是共犯责任需要何种罪过的问题。罪过不但决定了共犯的有责性,而且决定着共犯的违法性。必须限制间接故意在共犯责任问题上的适用范围。共犯责任的主观负责涉及的第二个问题是共犯在什么范围内对正犯实施的犯罪负责。应该具体情况具体分析。论文认为,从归责与负责的统一出发,在共犯人是犯罪所特殊保护的被害人,或者是法律没有对其规制的对合行为人,或者涉及诱捕的情况下,应该成立共犯责任的例外。如果共犯已经退出犯罪联合体,那么共犯责任应就此终结,共犯对正犯以后的行为不再承担共犯责任,对于其退出之前的共犯行为,应该视具体情况承担不同程度的共犯责任。

关键词:共同犯罪　同案犯　刑事责任

1774

吸毒预防论 / 陈谞著 ; 王牧指导. -- 吉林大学, 2005. -- 208 页

本文以吸毒预防为研究视角,从源头上探讨预防和养活吸毒行为发生的方法和途径,为我国的禁吸、戒毒工作提供有益的启示,有利于扭转当前我国禁吸、戒毒工作所面临的被动局面。论文从阐述吸毒预防研究的背景、理论价值和实践意义、国内外有关研究的现状入手,概述了吸毒的特征、嬗变及危害等情况,利用心理学原理来分析心理矫治与心理预防的作用与功能,分析了我国心理矫治与预防的现状及存在问题。论文从探讨和完善我国心理矫治与预防的方法入手探索预防吸毒、重塑吸毒者人格的有效途径;以吸毒的法律预防的事后性与强制性为视角,从功能上、体制上及法律上完善吸毒预防的方法与途径。论文借鉴社会控制理论、社会学习理论、选择性交互作用等理论,着眼于中国当前的实际,探讨在新的社会条件下如何才能更好地发挥社区预防的重要作用;并借鉴相关的环境理论,剖析当前吸毒的环境预防方面的作用和不足,着眼于环境的优化和完善,同时提出了我国复吸行为防控模式的选择和完善以及行为防控的科学途径。论文择要介绍和分析了国外关于吸毒预防与对吸毒者治疗的方法、措施和效果评估,以期对我国的吸毒预防工作有所裨益。

关键词:刑事犯罪　吸毒　禁毒　预防犯罪

1775

过失渎职犯罪研究 / 崔胜实著 ; 吴振兴指导. -- 吉林大学, 2005. -- 168 页

本文通过对过失渎职犯罪现状和危害性的考察,深入分析了过失渎职犯罪产生的原因,提出了预防和减少过失渎职犯罪的对策。论文结合过失渎职犯罪自身的特点,准确把握了过失渎职犯罪的内涵,分析了过失渎职犯罪的类罪特征。采取历史考察和比较研究的方法探究了各国刑法关于过失渎职犯罪的立法规定,采取理论界定和立法界定两种视角界定了过失渎职犯罪主体概念,并将过失渎职犯罪主体划分为三种类型。论文分析了过失渎职犯罪的罪过,探讨了渎职犯罪型过失的结构和过失渎职犯罪的注意义务,研究了过失渎职犯罪因果关系的理论问题。论文认为过失渎职犯罪刑事责任的根据包括主观根据和客观根据,过失渎职犯罪刑事责任的原则既要遵循一般原则,又要遵循特殊原则。论文从过失渎职犯罪基本理论出发,审视了过失渎职犯罪立法中存在的问题,提出关于过失渎职犯罪主体、归责方式以及各罪的立法完善建议。

关键词:过失　渎职罪　立法

1776

刑法中的非法占有目的之研究 / 邓宇琼著 ; 黄京平指导. -- 中国人民大学, 2005. -- 151 页

论文以刑法中的非法占有目的作为研究对象,对这种特定犯罪目的的立法、概念和种类、法理地位、司法认定等问题进行了深入探讨。论文主张"修正的非法所有说",即非法占有应当理解为在非法的前提之

下，为永久性排除他人的所有权，以自己作为财物所有人的意思进行处置。根据非法占有目的是否具有立法的明文规定，可以分为法定的非法占有的目的和非法定的非法占有目的，确定非法定的非法占有目的可以参照犯罪行为的性质、行为的社会危害性程度和立法技术的要求。论文认为，在我国刑法中，超过的主观要素主要为目的犯的目的。在我国的犯罪构成体系中，非法占有目的作为选择要件与犯罪主观方面、犯罪客观方面、犯罪客体都存在有机的联系。实践中，非法占有目的的认定的主要问题在于对非法性质的认定。论文分析了刑法非法占有目的与民法中占有的关系、非法占有目的的产生时间、非法占用行为的认定、非法占有目的指向的结果、认识发生错误的处理、与直接故意之中的目的如何区别认定等问题。论文认为，非法占有目的通常通过推定完成证明责任。在对非法占有目的进行推定时，应当遵循以下原则：第一，服务于社会刑事政策的价值取向和现实需要；第二，合理的原则；第三，推定是一种证据补强；第四，坚持慎用和必要性的原则。

关键词：刑法　非法占有　犯罪构成

1777

刑法时间效力研究 / 董邦俊著 ; 李希慧指导. -- 武汉大学, 2005. -- 189 页

刑法的时间效力是定罪与量刑的前提和基础，直接影响到刑事责任的确立和刑罚目的实现。本文从价值和技术两个层面对刑法时间效力问题进行全方位的探讨。全文共分为五章。第一章运用比较研究的方法，分析了大陆法系国家和英美法系国家刑法学者关于刑法时间效力的学说、立法以及我国有关时间效力的研究和立法现状。第二章对刑法时间效力的作用、刑法时间效力与相关范畴的关系展开探讨，包括时间效力的作用，刑法时间效力与罪刑法定的关系，刑法时间效力与追诉时效的关系。刑法的时间效力对实现刑法保护社会和保障人权的二元机制，贯彻刑法的罪刑法定原则，节约刑法成本，提高刑事司法效率，节省国家司法资源以及促进社会秩序的稳定等方面具有重要的意义。第三章对刑法时间效力的根据进行具体的思考，认为刑法时间效力的根据分为三个方面：首先，刑法的时间效力作为一种制度上的规定，是建立在一定的人性基础之上；其次，刑法时间效力直接来源于国家的权力，这是刑法效力的表层的形式的根据；再次，隐藏在刑罚权存在背后的根据是刑法的公正与功利，这是刑法时间效力的实质根据。第四章对刑法生效与生效的理论与实践问题进行考察，探讨了刑法生效失效的概念、形式，并对各种形式进行比较。针对刑法规范的多样性，专门对单行刑法、附属刑法以及刑法立法解释的生效与失效问题进行探讨。第五章研究了刑法的溯及力问题，围绕刑法溯及力的概念、原则、理论基础以及关于刑法溯及力问题的各项规定的发展与变化展开。论文对刑法立法中溯及力的具体适用问题展开全面、细致的探讨，探讨了刑法的溯及力在继续犯、连续犯、牵连犯中的具体适用问题，特殊刑法规范的刑法溯及力问题，以及空白刑法和特别刑法规范的溯及力问题。

关键词：刑法　时间效力　溯及力

1778

论国际刑法中的危害人类罪 / 杜启新著 ; 高铭暄指导. -- 中国人民大学, 2005. -- 180 页

危害人类罪是《罗马规约》规定的国际刑事法院管辖的四种罪名之一。论文在全面梳理危害人类罪发展历程的同时，重点分析三个阶段，即《纽伦堡宪章》及纽伦堡审判、《前南国际法庭宪章》和《卢旺达国际法庭宪章》、危害人类罪的最新发展——《罗马规约》。论文探讨了危害人类罪的起源、审判的主旨（指向）、纽伦堡审判的公正性、危害人类罪在《纽伦堡宪章》中的定位、《纽伦堡宪章》关于危害人类罪的规定是否符合"合法性原则"、禁止和惩治危害人类罪是否已成为强行法等问题。论文结合大量有关判例的见解，并采用判例法的论述模式，对危害人类罪的总体要件进行了深入、细致的分析和阐释。认为危害人类罪的心理要件原则上均为故意和明知，除非在具体罪行的条文中有特殊规定；"故意"指的是行为人对其非法行为及其危害结果的心理态度，而"明知"尤其是第7条中的"明知"指的是行为及危害结果之外的某些背景、情节或者大环境的认识。论文逐个分析了危害人类罪的具体行为，重点对谋杀、奴役、酷刑、性攻击、强迫人员失踪和种族隔离罪等进行了讨论，讨论了将恐怖主义纳入危害人类罪的可能性，并得出了肯定的结论。论文将《罗马规约》第7条的犯罪要件和范围与国际恐怖主义的概念和特征，尤其是"9·11事件"的特征，进行了详尽的比较，认为以故意杀人方式和出于重伤故意但实际造成他人死亡的方式实施的有组织的国际恐怖主义行为，符合《罗马规约》第7条第1款第1项规定的危害人类罪（谋杀），属于国际刑事法院的管辖权范围。

关键词：国际刑法　恐怖主义　危害人类罪

1779

中国非刑罚化论纲 / 杜雪晶著 ; 李洁指导. -- 吉林大学, 2005. -- 157 页

中国非刑罚化是针对中国刑法发展现状出现的刑事法律现象,是轻刑思想在刑事制裁领域的体现。论文以对中国非刑罚化的全景把握为视角,探析非刑罚化在中国的存在状态。论文追溯了非刑罚化的发展源流,以安塞尔新社会防卫思想为视角对刑罚价值进行了前瞻性考察,并对安塞尔新社会防卫思想的理想与现实进行全面考证,明确提出非刑罚化的概念。论文通过对中国1979年刑法和1997年刑法的比较,探究非刑罚化在中国刑法中的表现,通过解读非刑罚化和构建刑罚与非刑罚化的理论框架两部分来把握中国非刑罚化的蕴涵。论文主张对中国的刑事制裁体系进行重新建构,将作为刑事责任承担方式的刑罚、非刑罚处罚和单纯宣告有罪与以人身危险性为前提的保安处分共同作为刑事制裁体系的平等支柱。论文通过厘清非刑罚化相似概念和相关概念的外延,以全面认识非刑罚化问题,通过对非刑罚化的理性解读探讨非刑罚化的理论基础。论文在对国外非刑罚化状况进行概览的前提下,论述中国非刑罚化的实现途径。中国非刑罚化的实现方式包括:单纯宣告有罪、非刑罚处罚和保安处分。论文归纳了中国保安处分的方法和适用条件,从观念和实践层面对中国非刑罚化进行考察,并通过非刑罚化在观念和实践中的不断反思,解决中国非刑罚化过程中的困境。在观念层面,轻刑思想与重刑思想的矛盾通过两者的统一得到化解。在实践层面,通过降低法律文本的不确定性提高罪刑法定实现程度,限制法官的自由裁量权,确立文明行刑理念。

关键词:刑法　刑罚　保安处分　罪刑法定　自由裁量权

1780

犯罪控制研究 / 房树新著 ; 刘守芬指导. -- 北京大学, 2005. -- 121 页

本文以犯罪控制概念为楔入点,通过犯罪控制概念提倡之必要性及其内涵的分析,认为犯罪控制是理性犯罪观的反映,是现实主义刑罚目的观的体现。论文在对我国犯罪现象的特点及相关犯罪原因理论梳理的基础上,结合中外犯罪控制实践的经验,倡导构建适应我国转型社会特点的二元多级犯罪控制体系,犯罪控制主体的复合性、犯罪控制过程的层次性是科学犯罪控制体系的突出特征。论文认为科学的犯罪控制体系主体应该是多元的。我国的犯罪控制模式必然由国家本位过渡到国家和社会双本位。科学的犯罪控制体系应当是一个层级结构模型。犯罪原因系统的层次性决定了犯罪控制体系的结构必然相应地存在一定的层次。犯罪控制体系的层次性是由犯罪原因的层次性和犯罪生成机理的过程性所决定的。论文认为构筑分层次的犯罪控制体系,必须和中国转型时期的社会现实紧密联系起来。既要控制当前严峻的犯罪形势,即治标;又要从社会原因入手立足源头上减少犯罪,即治本。论文提出应在犯罪的社会原因控制、微观致罪因素的阻断、犯罪的刑法控制三个层次上实现犯罪控制的体系化设计。对犯罪的宏观社会原因的控制是从源头上减少犯罪的治本之策。微观致罪因素的阻断,则是完善社会治安综合治理,应对严峻犯罪形势的治标之举,二者应有机结合。同时,应科学地对待犯罪的刑法控制,其重点在于审慎理性地适用刑罚,转变刑法观念。

关键词:预防犯罪　刑事犯罪　犯罪控制

1781

间接正犯论 / 冯凡英著 ; 姜伟指导. -- 中国人民大学, 2005. -- 208 页

本文是全面研究间接正犯理论的博士学位论文。全文共八章,约17万字。论文首先介绍了间接正犯概念的起源和大陆法系、英美法系、前苏联和俄罗斯以及我国理论、立法和刑事司法的概况。认为根据我国刑法理论和立法规定,应当采用部分犯罪共同说和共犯从属性说,承认间接正犯的概念。间接正犯的成立条件中,被利用行为是完成犯罪不可缺少的要素,应当作为间接正犯实行行为的组成部分;利用行为和被利用行为两者都可以是作为或者不作为,间接正犯的主体应当是具有责任能力的自然人或者单位。被利用人可以是自然人或者单位。在主观方面,间接正犯可以由直接故意和间接故意构成;在目的犯的场合,正犯者必须具备刑法规定的目的。过失不能构成间接正犯。论文认为,间接正犯类型可以划分为六种:第一,利用无责任能力人的行为;第二,利用被害人的自害行为;第三,利用正当行为;第四,利用无罪过行为;第五,利用过失犯罪;第六,利用故意犯罪。单位可以构成间接正犯。共同正犯既有正犯的性质,也有共犯的性质。间接正犯实行行为的着手以利用行为的开始为标志,完成以被利用行为的完成为标志。对间接正犯追究刑事责任,不以被利用人构成犯罪为条件,正犯者对于利用行为和被利用行为的整体

承担刑事责任;被利用人是否构成犯罪以及构成故意还是过失犯罪,对于正犯者的刑事责任有一定程度的影响;对利用未达到责任年龄的人的间接正犯者应从重处罚。论文提出,应当在刑法中对间接正犯作出明文规定;建议在刑法中规定“片面的帮助犯”以帮助犯论。

关键词:刑法　共同犯罪　同案犯　刑事责任

1782

刑事一体化视野中的知识产权犯罪 / 高超著 ; 储槐植指导. -- 北京大学, 2005. -- 141 页

本文以我国当前知识产权犯罪根植的社会现实为基础,从“刑事一体化”思想的理论视角对当前我国的知识产权犯罪进行了多方位的思辨,涉及刑事政策学、犯罪学、经济学统计学和刑事法学等学科。论文通过对我国与发达国家知识产权法律保护的历史与现状对比研究,归纳出我国知识产权法律制度发展的两个特征,并概括介绍了我国知识产权刑事立法的发展历程。通过对我国与西方发达国家知识产权刑事立法的比较研究,得出结论:我国知识产权的刑法保护水平低于西方发达国家;西方发达国家在知识产权刑事立法方面的有益经验值得借鉴。论文通过对我国知识产权民事、行政和刑事案件相关统计数据的整理和分析,认为我国当前知识产权犯罪形势严峻,揭示了隐藏数据背后的我国政府对知识产权主要犯罪类型的态度。论文应用犯罪学中犯罪“黑数”的相关理论,结合当前我国知识产权犯罪的现状,对我国当前知识产权犯罪“黑数”进行实证研究;并以犯罪学原因的“多因论”为理论基础,对造成我国知识产权犯罪及其“黑数”居高的原因进行分析。论文以刑事司法与犯罪两者之间的互动关系为视角,对我国当前的知识产权犯罪刑事政策进行解读和评析,并对我国今后一个时期主要知识产权犯罪的走势进行了预测。论文还提出了治理知识产权犯罪的若干对策:价值抑制、文化抗制、法律抗制一体化,同时强调刑事政策评估体系建立的重要性。

关键词:知识产权　刑事犯罪　刑事政策

1783

刑事可罚根据论纲 / 高艳东著 ; 陈忠林指导. --西南政法大学, 2005. -- 201 页

该文主要研究刑事可罚存在的理念根据和适用根据。第一部分,讨论刑事可罚的理念根据,作者首先批判了报应论和预防论这两种传统理论,指出刑事可罚存在和动用的根据应当从社会和行为人两个方面展开。就国家运用刑罚而言,保护社会和公民最基本人权,是刑事可罚存在的根据;就对行为人动用刑法的根据而言,行为人不按照刑法要求运用意志,危害了刑法所保护的利益,是刑事可罚的动用依据。作者认为,刑法是社会最基本价值,它是维系社会化基础的基本条件,因此,任何社会人都应接受这种价值的洗礼,其结果是刑罚的价值内容被内化为人格态度,在能够理解刑法价值要求的情况下,行为人罪过内容对刑法保护利益具有现实危险性,意志态度与刑法保护价值对立,这是发动刑法的根据。第二部分讨论刑事可罚的适用根据,作者认为,刑事可罚的唯一根据就是罪过。为了全面、准确评价罪过,作者研究了产生罪过的原因——人格态度,以及罪过的客观表现——损害和危险。在这一部分,作者还讨论了传统罪过理论和规范责任论的缺陷,提出应当对罪过进行现代二元理解,一是从犯罪构成角度看,罪过分为主观要件的罪过和非主观要件的罪过;二是从位阶上看,罪过分为可罚前提的心理联系、罪过实质及意志态度与刑法所保护利益之间的对立性。总之,引起刑事可罚的直接根据在于行为人的主观能动性,它决定着损害和危险,引起刑事可罚。而决定刑事可罚程度的根据在于行为人的意志态度。

关键词:刑事犯罪　刑罚　刑法

1784

货币犯罪研究 / 韩金柱著 ; 吴振兴指导. -- 吉林大学, 2005. -- 186 页

本文将刑法分则中以假币为行为客体的几个犯罪归纳为货币犯罪,作为一个犯罪群在整体上进行全景考察,并以各个个罪实行行为的样态特征为立足点,分析各罪的构成特征,同时以法益侵害为犯罪之本质考察个罪法益,深入探讨货币犯罪成立之条件,进一步分析货币犯罪的形态认定。论文对策货币犯罪的立法状况进行了比较研究,对货币犯罪的立法沿革进行梳理和比较,并以行为效果、行为先后顺序以及主体的身份不同对货币犯罪进行类型划分。论文对货币犯罪的罪质进行了界定,在法益侵害意义上讨论犯罪本质。根据确定的货币犯罪研究范围和类型,重点分析了几个典型的货币犯罪的侵害法益,认为以法益解释论机能为指导可以对单位货币犯罪的定性进行反思。当单位实施货币犯罪行为时,对货币管理秩序同样造成侵害,存在着法益侵害,故具有犯罪性。论文以实行行为为切入点,分别对具体犯罪的实行行

为进行全面深入考察。在考察实行行为的同时对行为客体、行为的主观方面以及行为人实施犯罪行为的主观目的等问题进行研究。论文将真币和假币确定为行为客体内容,通过对行为客体的特征性描述去揭示货币犯罪实行行为的实质所在。论文对货币犯罪的罪与非罪以及货币犯罪的罪间界限进行了认定,结合司法解释的规定,以法益解释论机能为指导,对司法实践中形形色色的行为事实进行构成要件分析,在确定个罪构成特征的基础上明确区分罪间界限,将那些极易混淆的罪名通过对行为样态的展开加以界定。论文对个罪的既未遂标准的设定进行评析,展开对犯罪实行着手点的讨论。论文基于对货币犯罪的类型划分,将罪数认定分为两种形式展开,即因生成型与事后型关联而发生的罪数认定和事后型之间关联的罪数认定。

关键词:刑事犯罪　货币犯罪　假币　犯罪构成

1785

罪犯人权保障研究:以刑事政策为视角 / 韩克芳著;卢建平指导. -- 中国人民大学, 2005. -- 206 页

论文探讨了罪犯人权保障的基本理论,认为罪犯人权保障政策建立在人性学说、人道主义思潮、人权理念三大理论基础之上。从表现形态上看,罪犯人权保障主要包括法定权利保障和非法定权利保障,罪犯的特定法律身份和特殊人身状态决定了罪犯人权有着区别于普通公民人权的基本特征,罪犯人权保障兼具国内性和国际性的特点,可以分为国内保障和国际保障两种。按照实施人权保障的逻辑顺序,可将罪犯人权保障的基本模式分为促进实现模式、预防侵害模式和司法救济模式三种。论文分析了罪犯人权保障的历史演进及发展,认为罪犯人权保障是人类社会发展到一定历史阶段的产物,是社会进步的体现。我国死刑政策对罪犯人权的保障主要体现在:受刑人享有不受痛苦权;受刑人享有人格、名誉权;受刑人享有健康权;等等。今后进一步完善我国死刑政策的基本思路是:大量削减死刑罪名;扩大死缓的适用;上收死刑核准权;修改分则对于死刑的规定方式。论文分析了监禁刑政策与罪犯人权保障。我国监禁刑政策也体现了对罪犯人权的保障,规定了相关具体制度来确保罪犯人权得以实现。论文探讨了反酷刑政策与罪犯人权保障,认为我国的反酷刑立法与国际人权公约有关规定相比存在差异。今后进一步完善我国反酷刑措施的基本思路是:加强对国家司法机关和司法工作人员的监督;加强对司法机关工作人员的培养和教育;建立权利侵害救济机制;积极完善我国的反酷刑立法等。论文分析了非监禁刑政策与罪犯人权保障,认为它较监禁刑更有利于罪犯重返社会。今后我国非监禁措施总体调整与完善的基本思路是:扩大我国缓刑、假释等非监禁刑的适用,缩小没收财产刑的适用;改革现行的非监禁刑执行体制,规定由司法行政部门统一执行非监禁刑;进一步实现与联合国有关非监禁刑规则的接轨;改革和完善非监禁刑罪犯外出制度。刑满释放人员的权利保障。今后进一步完善我国刑满释放人员权利保障的基本思路是:设立刑法中的前科消灭制度;在条件成熟时制定刑满释放人员权利保障的立法。论文提出罪犯人权保障的发展趋向是国际化和法治化,提出应注意我国罪犯人权保障制度与国际人权公约的协调问题,应将罪犯人权保障纳入法治化的轨道,进一步实现罪犯人权保障政策的法律化,遵循法治原则。

关键词:犯罪分子　罪犯　人权　刑事政策

1786

重刑化思想及其遏制问题研究 / 韩晓峰著;赵秉志指导. -- 中国人民大学, 2005. -- 180 页

论文概述了重刑与重刑化思想,认为重刑与重刑化是两个既有联系又有区别的概念。论文分析了重刑化思想的生成基础,认为重刑化思想根源于社会阶层的不合理结构。社会阶层的极端两极化是重刑化思想生成的社会基础。论文考察了重刑化的利弊与中国犯罪反应机制,认为从长远的角度来看,实行重刑主义会对一个国家的治理带来灾难性的后果,不仅会造成罪刑内在关系的严重失衡,会导致刑罚功能的异化,而且还会导致疏于对法律、制度漏洞的完善。必须寻求对策对重刑化思想予以遏制。作为遏制重刑化思想的合理的犯罪反应机制主要包括三大方面的内容:一是要树立合理的犯罪反应理念;二是要建构一种合理的犯罪反应刑事政策;三是要建构一种合理的犯罪反应刑罚结构模式。合理的犯罪反应理念是建构当代中国合理的犯罪反应机制的基础。首先要建构一种合理的犯罪理念,关键是要树立犯罪的相对性理念和确立犯罪控制目标合理化理念;其次是要建构一种合理的刑法理念,既要恪守刑法的最后手段性理念,也要遵循刑法的谦抑性理念;再次是要建构一种合理的刑罚理念,既要遵循刑罚的经济性理念,也要恪守刑罚作用的有限性理念;最后要建构一种合理的刑事政策理念。论文认为,合理的犯罪反应之刑事政策建构,主要是指在借鉴当代西方国家刑事政策

新走向的基础上，重新梳理我国现有刑事政策的结构层次关系，科学地建构我国社会治安综合治理政策。合理的犯罪反应之刑罚模式是建构当代中国合理的犯罪反应机制的又一翼。刑罚的公正性和相当性是刑罚结构合理配置的前提条件，也是刑罚功能有效发挥的内在要求。“整体趋轻、具体两极化走向”应成为我国刑罚结构模式建构的一种追求。

关键词：刑事犯罪　刑罚　重刑化

1787

以报应为基础的双层次刑罚根据论 / 韩永初著 ；刘守芬指导. -- 北京大学, 2005. -- 103 页

本文探讨了犯罪本质问题。论文认为犯罪本质的社会危害性说基本上是妥当的。社会危害性是主观恶性与客观危害的统一。主观恶性是指由犯罪前、犯罪中和犯罪后行为表现出来的与犯罪的客观危害相对应的犯罪人的一种主观心理态度，它具体表现了犯罪人因犯罪应受道义上和法律上的责难程度。客观危害是指犯罪给直接被害人造成的直接危害与给社会和国家造成的间接危害的总和。论文探讨了刑罚根据问题，分析了报应论、一般预防论、特殊预防论和几种具有代表性的综合理论。论文构建了以报应为基础的双层次刑法根据论：一般预防和特殊预防的需要都应该受到报应的制约。一般预防的需要必须受到报应所确定的刑罚尺度的限制，不能为了一般预防的需要而使刑罚量突破根据报应所确定的刑罚尺度。一般预防的目的是通过根据报应所确定的刑罚量来实现的，即通过报应实现一般预防。特殊预防的需要也必须受到报应所确定的刑罚尺度的限制。出于保障犯罪人的权利的需要，在一般情况下，这种限制要求不得为了特殊预防的需要而对犯罪分子适用超过报应需要的刑罚；出于保护被害人、社会和国家利益的需要，在一般情况下，这种限制要求不得仅从特殊预防的需要出发而对犯罪分子适用明显低于报应需要的刑罚。论文还探讨了以报应为基础的双层次刑罚根据论在刑罚裁量中的运用，即自首从宽和累犯从严的根据问题。论文还探讨了以报应为基础的双层次刑罚根据论在刑罚执行中的运用，即缓刑、减刑和假释问题。

关键词：刑罚　量刑　报应论

1788

刑罚的目的：从历史到现代 / 韩友谊著 ；赵国玲指导. -- 北京大学, 2005. -- 121 页

本文按照刑罚目的变更的不同阶段，通过对人类刑罚史的梳理，找出不同时代评价刑罚目的合理性的理论基石，对中国刑罚目的的定位给出自己的解释和建议。论文通过考察原始形态人类的刑罚手段和早期人类成文法中的刑事立法实践，分析了刑罚手段是如何从当时当地的环境产生，并且与环境相结合的。通过重点考察在人类社会进入封建强权统治的历史时期，总结出反映在具体刑罚制度运作之上的这一时期刑罚的特性，揭示重刑主义的权力基础。论文揭示了在实证主义统治社会科学的时代，刑罚目的的重大变化。实证主义在发展的初期将犯罪人看作是在生理上、心理上或者社会化过程中存在缺陷的人，刑罚的唯一目的就是消除这些缺陷，改造犯罪人。开始，假释、减刑等制度在各国建立起来。在理论上，要求将犯罪人的个体人格特征成为承担刑事责任的重要依据之一。论文认为当代刑罚的目的就是为了确证规范的有效性。刑罚是对罪犯人而适用的，但是刑罚的目的确是针对守法民众的。论文认为，中国刑法理论和实践中长期存在的消极一般预防思想，深重地影响着当代中国刑法，提出中国刑罚的目的应该是以积极的一般预防为目的，兼以考虑其他价值，不再追求“以刑去刑”的不现实目标，具体的刑罚量应该根据罪责的大小来决定，在具体的刑罚规定中，支持奖励守法的规定，而反对严刑威慑的条文。

关键词：刑罚　刑事犯罪　刑法

1789

侵犯著作权罪研究 / 胡驰著 ；高铭暄指导. -- 中国人民大学, 2005. -- 165 页

本文以著作权犯罪为研究对象，深入系统地研究了侵犯著作权个罪。论文认为，综合我国刑法学界的研究成果，结合我国刑法的立法现状，以下几个方面似乎应当是刑法保护著作权的强化方向：其一，应当扩大对著作权人权利的保护。仅仅保护美术作品的著作权人的精神性权利是不够的，也应当保护其他种类的作品的著作权人的人格权利。其二，扩大作品的保护范围。在犯罪对象的范围上，除他人作品、图书、音像制品外，还应包括广播节目等。其三，扩大对赝品的打击范围。有的学者认为，立法机关在关于对赝品的刑罚惩治的同时，却把其保护范围限制在美术作品之内，事实上文字作品、音乐、电影、电视、计算机软件领域都不同程度地存在赝品。其四，将非法出租行为规定为犯罪行为。非法出租行为是指未经权利人许可，为获取租金等利益而将其作品或者作品的复制

件出租给他人使用的行为。其五,增设剽窃作品罪。其六,可考虑将侵犯著作权罪设为告诉才处理之罪。建议把侵犯著作权罪设计成告诉才处理的犯罪,也就是亲告罪;同时建议对国家、社会造成重大危害的,可启动公诉程序作为补充。

关键词:刑事犯罪　侵权行为　著作权　知识产权

1790

论我国刑法中犯罪未完成形态的存在范围 / 黄开诚著 ; 赵廷光指导. -- 武汉大学, 2005. -- 163 页

本文的系统地研究我国刑法中犯罪未完成形态在具体罪行中的存在范围。全文共分七章。论文认为,犯罪未完成形态只存在于"重罪"之中,主要探讨立法者在价值取向上应如何合理地划定犯罪未完成形态存在的总体范围。在借鉴当代世界其他国家(地区)刑事立法关于犯罪未完成形态存在范围的规定,并立足于我国实际的基础上,认为立法者应把犯罪未完成形态的存在范围严格地限定在"重罪"之中。认定轻罪和重罪的法定刑的分界线,应当以有期徒刑 3 年为限,即凡法定最低刑为 3 年或 3 年以上有期徒刑的罪行都是重罪,反之便是轻罪。论文还对现行刑法轻罪和重罪界限不明的条文进行了剖析,并提出了调整其罪刑关系的立法建议。论文考察了罪过形式和行为方式对有无未完成形态的影响,认为过失犯罪、间接故意犯罪、纯正的不作为犯罪和聚众型犯罪不存在未完成形态。论文认为,举动犯和具体危险犯两种基本构成类型不存在犯罪未完成形态。两种加重构成类型(结果加重犯和情节加重犯)不存在未遂犯的情形。理论上存在未遂犯的所有重罪(113 个)均应设立未遂犯。预备行为原则上不予处罚是当代世界各国的基本立场,应当考虑在少数个罪中设立预备犯。基本赞成中止犯的存在范围与未遂犯存在范围一致的立法例,但同时指出,我国刑法中有 9 种重罪行只存在未遂犯,不存在中止犯。论文在比较中外刑法关于犯罪未完成形态存在范围立法模式优劣得失的基础上,提出了总则概括性规定和分则列举性规定相结合的立法模式应当是我国刑法未来的立法模式。同时对我国刑法总则第 22 条、23 条和第 24 条的规定提出了若干完善建议,在分则中,则明确标明何条何款何段之罪,处罚预备犯、未遂犯和中止犯。

关键词:刑事犯罪　刑事构成　中止犯　未遂犯　预备犯

1791

贷款诈骗罪研究 / 黄嵩著 ; 刘明祥指导. -- 武汉大学, 2005. -- 147 页

本文将贷款诈骗罪的概念界定为:以非法占有为目的,在签订、履行借款合同过程中,用虚构事实或隐瞒真相的方法,使银行等金融机构产生错误认识并向行为人或与其有利害关系的第三人交付(或处分)数额较大的贷款或者贷款性利益的行为。论文认为,贷款诈骗罪侵犯的客体,具有复杂性和主次性两个特征,即首先侵犯了信贷秩序,同时侵犯了公私财产所有权,其中信贷秩序是主要客体,公私财产所有权是次要客体。犯罪对象只能限定为银行或其他金融机构的贷款或贷款性利益。客观方面表现为在借款合同的签订和履行过程中,用虚构事实、隐瞒真相的方法,骗取银行或者其他金融机构的贷款或贷款性利益(贷款债权),数额较大的行为。贷款诈骗罪的行为应当紧紧扣住时间和手段两个要素来把握。结果包括贷款诈骗行为所导致的一般意义上的结果要素:一是金融机构的认识错误,二是金融机构基于认识错误而自愿处分贷款,三是行为人获得贷款或被免除还贷义务。论文论述了该罪主体的特殊情形:一是贷款担保人能否成为贷款诈骗罪主体,二是金融机构工作人员能否成为贷款诈骗罪主体。主观方面重点探讨了犯罪故意和犯罪目的两个方面的内容。论文着重论述了其既遂、未遂形态、共犯形态、罪数形态中存在的若干疑难问题,并对国外贷款欺诈犯罪立法作了简要介绍和评述:在初步比较德国、俄罗斯、美国、法国、瑞士、意大利、日本、韩国、澳门等国家和地区的立法例之后,认为国外贷款欺诈犯罪立法表现出不同的模式,对我国贷款诈骗罪立法模式进行了思考,分析了我国贷款欺诈犯罪的立法模式的特点和存在的弊端,探讨了在我国刑法中增设行政犯性质的"一般贷款欺诈罪"的必要性,以及将单位纳入贷款欺诈罪主体的范围的必要性,提出增设"一般贷款欺诈罪"、"恶意逃避信贷债务罪"的构想,另外还简要分析了我国贷款诈骗罪法定刑配置的利弊及完善的方向。

关键词:刑事犯罪　贷款　诈骗罪　犯罪构成

1792

滥用职权罪研究 / 贾彬著 ; 王作富指导. -- 中国人民大学, 2005. -- 142 页

本文结合相关立法建议和立法进程,剖析本罪产生的根源和性质、犯罪构成以及适用和认定问题,结合我国现行规定的特点,借鉴国外立法经验,找出立

法缺陷，提出相应的完善主张。论文经过对中外关于权力异化与腐败根源的学说进行分析后认为，由公权力的特性决定，我国国家公共权力管理部门的公务人员在行使职权时，容易发生权力异化现象。滥用职权是权力异化与权力腐败的必然表现与结果。论文分析了学界各种不同定义，比较了该罪的中外立法，认为该罪犯罪主体除包括宪法规定的国家机构中存在的、并有司法解释间接确认的权力机关、行政机关、审判机关、检察机关和军事机关之外，还包括中国共产党的各级机关、中国政治协商会议各级机关、工青妇的机关组织，以及享有国家行政管理职权的公司、企业、事业单位和设在非国家机关内而享有特定国家管理职权的部门，并对人民团体是否具备国家机关的性质也给出了相应肯定的主张。论文对客观方面具体行为表现形式和基本行为方式，主要是不作为方式，进行了深入的探讨，认为本罪存在两种具体行为表现形式：超越职权和职权范围内故意不正确行使职权，同时认为存在不作为行为方式。"严重损失"应为定罪要件。论文在肯定本罪主要表现为间接故意犯罪心态的同时，认为不排除直接故意犯罪心态的存在。论文还就滥用职权同时又实施收受贿赂行为的定性问题、徇私舞弊类型滥用职权罪的特征和玩忽职守罪中滥用职权行为的性质三个问题进行了针对性较强的研究和探讨。论文提出完善滥用职权罪的刑罚配置应当：提高法定刑幅度并合理划分法定刑档次；增设罚金刑和资格刑，增加剥夺行为人从事国家公共事务管理、成为国家公务人员的资格刑。

关键词：渎职罪　犯罪构成　刑事责任

1793

犯罪表象形成机制研究 / 康伟著 ; 陈兴良指导. -- 北京大学, 2005. -- 167 页

本文探讨了犯罪表象的构成因素和形成过程，认为宏观上的犯罪、犯罪人形象和微观上的犯罪事实都是不确定的，受各种因素的制约。正如根据社会控制的需求制造出犯罪和犯罪者形象一样，犯罪事实是国家权力和公众权力互动制约下的派生。论文认为，犯罪表象在运行机制下逐渐生成，并决定着犯罪人的命运，充当着社会"替罪羊"的角色。论文在剖析犯罪表象的形成原因和机制之后，倡导消解犯罪人的消极形象，增强与犯罪人的交流，宽恕犯罪，努力创造一个宽容的社会。

关键词：犯罪学　犯罪构成　犯罪分子

1794

刑法平等论 / 赖早兴著 ; 胡云腾指导. -- 中国人民大学, 2005. -- 198 页

本文分六个部分围绕刑法平等问题展开研究，系统地论述了刑法平等观念的缘起，简要梳理了刑法平等由观念到立法体现的过程，分析了刑法平等的内涵、外延及其在刑法中的地位，然后联系实际从刑事立法、罪刑裁量和刑罚执行三个方面分析了实践中平等状况、存在的问题，并提出了完善的建议。论文探讨了古代社会的等级观念与刑法的等级性和不同时期的中外刑法平等思想，认为刑事平等观的立法化需要一个相当长的历程。论文分析了刑事平等的理论基础，认为法律面前人人平等是一项法律原则而不是法律权利；刑法平等是刑法的基本原则；在刑法规定的三个基本原则中刑法平等原则比罪刑法定原则、罪责刑相适应原则更为基础。论文探讨了刑法中的一般平等及完善、刑法中的自然人平等及完善、刑法中的单位平等及完善和刑法中的民族平等及完善。论文探讨刑事自由裁量权与刑法平等的问题，分别从定罪与量刑两个方面研讨刑法平等。主要论述罪与非罪认定中的平等问题、共同犯罪认定中的平等问题和罪数中的平等问题；在论述量刑与刑法平等时主要涉及被告人个人情况、被害人个人情况、民族、地域、社会形势、民愤与量刑平等。论文认为，平等对待罪犯既非不分情况而一律将罪犯置于与普通公民平等的法律地位或无视不同罪犯之间存在的实质性差异，也非完全忽视罪犯与普通公民之间某些平等权利或罪犯之间的共性而一概否认他们之间的平等属性。论文论述了实践中争议较大的罪犯的三个权利：罪犯和婚姻权、罪犯的生育权和罪犯劳动报酬权，分析了减刑、假释、暂予监外执行适用条件和实践运用中的平等问题，论述了前科消灭制度与刑法平等。

关键词：刑法　平等观　刑事立法　刑罚

1795

刑法适用中的法官解释 / 李荣著 ; 郭自力指导. -- 北京大学, 2005. -- 132 页

本文概述了刑法适用中法官解释、历史溯源和学派之争，分析了法官解释的成因、解释方法、影响因素以及法官解释的制约。论文认为刑法适用中的法官解释是法官在将抽象的刑法运用于具体的案件事实、获得判决的过程中，法官对刑法规定的理解与说明。法官解释是刑法解释的一种，司法解释、立法解释是法官解释的对象之一。法官解释并不必然地违反罪

刑法定原则。目前法学界对司法解释的指责过于苛刻,法官解释与司法解释、立法解释共存并在各自的空间发挥各自的作用。论文通过人们对法官解释的认识历程来了解关于法官解释的争议,系统分析了法官解释存在的主要原因:刑法的概括性,刑事立法语言的相对明确性,具体案件事实的形成依赖法官解释,法官适用刑法的思维过程离不开解释。论文从思辨的角度对刑法解决方法进行了介绍和评析,从实证分析的角度探讨了在刑法适用中法官解释的方法,认为法官解释方法有文义解释、系统解释、法意解释、目的解释。各种解释方法各有利弊,且解释过程是一个"目光往返"于案件事实与刑法规定的过程。论文探讨了影响法官解释的法官自身及以外因素,认为法官的信念、个人经历、偏好、情绪和公众的因素如舆论、对犯罪的容忍度以及审委会、上级领导的因素等都会影响法官解释,既有正面的也有负面的。论文还探讨了刑法适用中法官解释的制约。

关键词:刑法　法官　法律适用　法律解释

1796

情节犯研究 / 李翔著 ; 黄京平指导. -- 中国人民大学, 2005. -- 205 页

论文认为,情节犯是指我国刑法分则中明确规定以"情节严重(情节恶劣)"作为犯罪成立的情节要求,或者以此作为认定该罪既遂形态的犯罪类型,该罪的成立和既遂形态的标准都与犯罪情节有关。情节犯可以分为基本情节犯、情节减轻犯、情节加重犯和情节特别加重犯等类型。我国刑法中情节犯制度的设置,与我国基本刑事政策一脉相承,是我国刑事政策法治化的集中体现和重要途径。我国刑法中的情节犯符合我国刑法中罪刑法定主义精神,并且满足刑法谦抑性的要求,使罪刑均衡的价值理念得以在立法上体现并在司法中正确贯彻执行。情节犯有其特定的价值基础和必要性,通过情节严重(情节恶劣)作为犯罪构成的情节要求,限制了犯罪认定的随意性,在事实上控制犯罪圈,有利于保障人权,通过情节严重的情节要求,在保证刑法稳定性的基础上实现了对社会保护的价值。论文认为,情节犯的未完成形态——犯罪未遂、犯罪预备和犯罪中止,从理论上和实践上都具有成立的可能性。情节犯的未完成形态具有可罚性,对情节犯未完成形态在司法实践中并不都完全可罚。对于情节加重犯的罪数形态应当是一罪,但是由于其特殊性,情节加重犯的罪数形态也呈现出多元性,其可能是法定的一罪,也可能实质的一罪。情节犯既可能是危险犯也可能是实害犯,既可能是行为犯也可能是结果犯。它还可能与数额犯、目的的犯等犯罪类型存在并列、包容和转化等关系,但是情节犯具有与其他犯罪类型完全不同的本质区别并具有独立存在的必要和价值。论文认为,在刑事立法上需要以统一性、科学性、紧缩性和适时性为原则,对情节犯的立法模式进行必要的改造;在刑事司法中,需要对情节犯的正确适用进行必要的完善,以最大限度地体现情节犯的价值和发挥情节犯的积极作用。

关键词:刑事犯罪　情节犯　犯罪构成

1797

目的犯研究 / 廖梅著 ; 李希慧指导. -- 武汉大学, 2005. -- 156 页

本文对目的犯的基本理论问题和分则中典型目的犯类型以及目的犯立法和司法完善问题进行探讨。本文除引言部分外,共分四章。论文第一章和第二章属于目的犯的基本理论研究,对目的犯的理论沿革、目的犯的与故意之关系、目的犯的存在范围、目的犯目的的本质、目的犯的概念、目的犯与相关概念的区别、目的犯的理论依据以及理论分类等问题进行了探讨,认为德日刑法中目的犯的理论沿革与犯罪构成要件理论、主观违法要素理论的发展一脉相承,在目的犯故意犯罪的停止形态中,目的犯的预备犯具有特殊性,即目的犯的预备犯不仅包括为目的犯实行行为做准备的行为,还应包括为目的犯目的实现行为做准备的行为。我国刑法中规定的绑架罪为典型短缩二行为犯,因此是否实施勒索财物行为、是否勒索到财物不应成为绑架罪既遂的判断标准。对目的犯的共犯有特定意图行为者利用无特定意图行为者实施目的犯实行行为的犯罪认定问题也比较特殊,一般情况下对有特定意图的行为者应按照间接正犯处罚,但在特殊情况下利用者还可以与被利用者成立某些非目的犯的共同犯罪。第三章主要对目的犯中两种主要的目的犯——"以非法占有为目的"的目的犯和"以行使为目的"的目的犯的若干问题进行了探讨。"以非法占有为目的"特定意图产生时间对犯罪成立的影响上应坚持责任主义、主客观相统一的原则。"以行使为目的"的目的犯主要集中于侵害社会公共信用的犯罪中,即伪造货币犯罪、伪造金融票据犯罪、伪造文书、印章犯罪中。三类犯罪侵犯的客体都包含公共信用,因此主观上都必须具有"以行使为目的",但内涵各不相同。第四章主要探讨了我国目的犯的立法和司法完善问题。建议建立起目的犯立法和司法完善

的理念,对金融诈骗罪、虚开增值税专用发票、骗取出口退税、抵扣税款发票罪相关的目的犯立法和司法完善进行了探讨,认为不仅应在刑法中设立非法占有型金融诈骗罪,而且应当通过"抽象的危险构成要件"和"堵截的构成要件"立法模式设立不具有非法占有目的的金融欺诈犯罪,金融诈骗罪中非法占有目的证明的不足困境也可以通过增设上述金融欺诈犯罪来予以缓解。

关键词:刑事犯罪　目的犯　犯罪动机

1798

中国当代基本刑事政策研究 / 廖万里著 ; 赵秉志指导. -- 中国人民大学, 2005. -- 188 页

本文通过对刑事政策概念之争的辨析,坚持犯罪发生原因的综合性,考察惩办与宽大相结合的基本刑事政策历史沿革及具体运用,认为现行基本刑事政策的主要内容过分具体,其中有些不符合法治现状,难以涵盖自身的基本精神,导致其在实践中缺乏可运用性,不能从总体上指导刑事法的制定和运用,容易产生偏差和短期化。论文主张在立足我国现状的前提下,顺应世界刑事政策发展潮流,借鉴两极化刑事政策,重新表述中国当代基本刑事政策。在坚持"区别对待,宽严相济,惩办少数,改造多数"的基础上,在刑事立法和刑事司法过程中,注意两极走向,将轻微犯罪行为尽量实行非犯罪化、非刑罚化,非监禁化;而对某些重罪行为或危险犯罪人则要朝着比原本的重罚更为加重处罚,以更好地防卫社会。论文认为,当代西方国家将犯罪预防策略的重心从对个体内在规范的确认转向到个体外在行为的强制性控制,主要表现于犯罪预防策略的两大主轴:一是以理性选择理论为基础,国家控制网络朝向私人与社区扩散,二是以邪恶犯罪人为对象,强调严刑和展示峻法的策略。我国实行的社会治安综合治理结合了社会预防、司法预防和情景预防的种种手段,当前中国的犯罪预防策略的应当是在重视社会预防的同时,借鉴英美国家的相关作法,大力提倡情景预防。论文认为,惩办与宽大相结合的基本刑事政策应当成为中国当代刑事立法与刑事司法的灵魂与核心。政策的适用有必要受到人道原则、科学原则和法治原则等刑事政策领域公认基本原则的制约。基本刑事政策对刑事立法具有指导作用。为全面贯彻该基本刑事政策,现行刑事法律需加以完善。刑事实体法应当进行如下完善:第一,在刑法中明确写明惩办与宽大相结合的基本刑事政策;第二,为使刑罚资源配置合理有序,需进行刑罚结构调整;第三,完善累犯制度;第四,重述赦免制度;第五,创制保安处分制度。基本刑事政策对刑事司法具有指导意义。刑事司法中对犯罪实行宽严并进的策略:其一,坚持依法合理地严打;其二,加大"宽大"策略的运用。

关键词:刑事政策　预防犯罪　刑事立法

1799

洗钱罪研究 / 刘飞著 ; 何鹏指导. -- 吉林大学, 2005. -- 245 页

本文拟通过对洗钱罪的研究,阐述洗钱罪的历史、发展以及国内、国际关于洗钱罪的立法现状,揭示洗钱现象的主客观成因、危害以及洗钱罪犯罪构成的特征,探讨洗钱罪未完成形态的可罚性诸问题,提出并论述完善我国洗钱罪立法的建议,并对洗钱罪的司法认定、洗钱犯罪的控制和预防等问题进行了深入的探讨。论文从洗钱的历史沿革、洗钱的犯罪化入手,研究了洗钱的现状、特点、方法及发展趋势,揭示了洗钱活动的主客观成因、洗钱的概念以及洗钱对金融秩序和社会造成的严重危害。论文通过对洗钱罪犯罪的构成的分析,廓清了犯罪客体、犯罪客观方面、犯罪主体、犯罪主观方面的诸问题。认为洗钱罪的犯罪客体是选择性客体,通常情况下表现为复杂客体,在特殊情况下表现为简单客体。着重讨论了洗钱行为的本质特征、洗钱罪犯罪对象的范围、洗钱罪的犯罪方法等问题,提出洗钱罪属于行为犯的范畴,而不属于目的犯的范畴。洗钱罪的主观洗钱罪的罪过形式为故意,既包括直接故意形式,也包括间接故意形式。论文从犯罪未完成形态的概念和特征入手,论述了作为行为犯的洗钱罪存在未完成形态的观点,洗钱罪的未完成形态具有刑法意义上的可罚性。洗钱罪未完成形态的可罚性只能建立在主客观相统一原则的基础上,洗钱行为在客观上是掩饰、隐瞒犯罪所得及其产生的收益的来源和性质的行为,在主观上明知这种行为的性质和该行为的违法性,但还是决意实施掩饰、隐瞒行为,虽然洗钱犯罪行为由于意志以外的原因或者洗钱者自动有效地停止犯罪而没有实施完毕,但其人身危险性和客观危险性都说明洗钱罪的未完成形态具有可罚性。我国刑法规定的洗钱行为涵盖了洗钱活动各阶段的洗钱行为,洗钱行为从实行行为着手到完成要持续一定的过程,洗钱行为实施完毕,洗钱行为即达到既遂形态,成立洗钱罪的犯罪既遂;洗钱从犯罪预备开始到行为未实施完毕的情况下,洗钱罪可能存在洗钱行为由于主客观原因尚未完成符

合刑法分则构成要件的行为而停止下来的状态,成立洗钱罪的犯罪预备、犯罪未遂、犯罪中止。论文概述了我国关于洗钱罪的立法状况,就洗钱罪的立法完善、洗钱罪的司法认定及处罚、洗钱罪的控制和预防提出了自己的观点。我国洗钱罪立法在以下四个方面有待于进一步完善:一是扩大洗钱罪的上游犯罪范围。二是上游犯罪主体实施洗钱行为具有可罚性,应该把上游犯罪主体纳入到洗钱罪的处罚范围;三是要加大对洗钱犯罪的刑罚力度,提高法定刑;四是制定专门的《反洗钱法》,改变我国洗钱犯罪立法薄弱的状况。在控制洗钱犯罪中,应该充分发挥金融机构在预防与控制洗钱中的重要作用。控制和预防洗钱犯罪必须从立法、司法及刑事政策等方面进行深入的研究,从反洗钱的薄弱环节入手,不断加大防范和打击洗钱犯罪的力度。在尽快建立完善的反洗钱法律体系的基础上,要形成一整套反洗钱的运行机制。我国必须采取行之有效的措施,借鉴国外的先进经验,结合我国具体情况,成立专门的反洗钱机构,加强反洗钱部门与行政监管部门、经济管理部门的协调配合,加强反洗钱的国际合作,通过采取反洗钱国际信息交流、警务合作、刑事司法协助、引渡等措施全面打击跨国洗钱犯罪,形成联合打击洗钱犯罪的国际网络。

关键词:刑事犯罪　金融犯罪　洗钱罪　犯罪构成

1800

刑法谦抑性研究 / 刘福谦著 ; 王作富指导. -- 中国人民大学, 2005. -- 174 页

论文分析了刑法谦抑性的概念与内涵,认为刑法的谦抑性不仅应体现在刑事立法过程中,同时更重要的是体现在刑事司法以及刑罚的执行过程中。刑法的谦抑性应从以下两个方面来认识:第一,刑法的谦抑性是一种价值范畴,是刑法的价值取向;第二,刑法的谦抑性应该从刑法本身来理解,从刑法的内容来理解,应包括“罪之谦抑”、“责之谦抑”、“刑之谦抑”三个方面。刑法的谦抑性对刑法的制定和实践提出如下要求:其一,刑法的有限性;其二,刑法的经济性;其三,刑罚的轻缓性。论文分析了刑法谦抑性的价值基础和认识基础。认为刑法谦抑性的价值基础是自由、人道和效益。刑法谦抑性观念的产生,是以人们对犯罪的下列理性认识为基础的:其一,犯罪的必然性。犯罪是在一定社会历史条件下必然要发生的一种社会现象。其二,犯罪的相对性。犯罪性质的认定具有相对性,随着时空的变化,同一行为的性质也会发生变化。其三,犯罪标签的负价值。罪犯的标签会给行为人处处带来不利影响,应该尽量减少犯罪标签的使用。刑法谦抑性观念的产生有赖于人们对刑罚的理性认识。论文对刑法谦抑性加以静态考察,认为刑法的发展史本身就是刑法谦抑性的发展史。中国目前的刑事立法采取犯罪化的主张,确实具有一定的原因,由于中国对于犯罪概念的界定不同于西方国家,没有过度犯罪化,但是中国对于国外非犯罪化的理念应予重视和借鉴,应当重视非刑罚化,非刑罚化应是中国刑法改革的重要内容,保安处分制度的刑法化、增加社区服务刑,完善我国的刑罚制度应成为改革的内容。论文对刑法的谦抑性加以动态考察,对刑事司法领域如何实现刑法的谦抑性进行了探讨,认为我国刑事诉讼中的自诉制度、相对不起诉制度、追诉时效制度等都体现了刑法的谦抑性,但从有利于实现刑法谦抑性的角度出发,我国应适当扩大不起诉的范围,建立暂缓起诉制度。犯罪构成体系对于定罪起到制约作用,定罪活动中一定要真正做到“疑罪从无”。刑罚的谦抑性要求:一是要转变重刑主义的观念;二是要重视非监禁刑以及非刑罚措施的适用。

关键词:刑事犯罪　刑罚　定罪

1801

社会危害性论 / 刘四新著 ; 郭自力指导. -- 北京大学, 2005. -- 256 页

本文运用抽象思辨、定性和定量相结合的方法,力图挖掘社会危害性理论的内容,使“社会危害性”概念成为一个相对精确的刑法学专门术语,并结合近年来理论界对社会危害性理论的反思,重新论证社会危害性理论对刑法学的基础意义。论文通过对社会危害性的辨析,认为刑法理论中的社会危害性应是对初级群体生存利益的危害,法益理论与社会危害性理论同样存在不能自我界定的内在逻辑难题,刑法法益的本质应是初级群体的生存利益,犯罪的本质是对生存利益的侵害。论文把生存利益划分为人身生存利益、财产生存利益和安全利益三类,认为生存利益比阶级性具有更为根本性的解释力,界定了实质概念和形式概念分别具有的立法限制和司法限制的功能,提倡涵盖刑法运行全过程(立法和司法)的犯罪的综合概念,为司法中以实质合理性为根据的出罪裁判提供合理性论证。论文探讨了社会危害性和罪刑法定的固有职能,认为社会危害性标准的职能是限制立法擅断,罪刑法定的职能是限制司法擅断,社会危害性和罪刑法定的共性是刑法谦抑,二者分别是立法和司法中的

刑法谦抑;社会危害性和罪刑法定的统一构成对刑法权(刑罚权)的完整制约,二者统一于平等和民主宪政,统一于法治信仰。论文从行为无价值和结果无价值的角度详细论述了社会危害性的逻辑结构,认为在行为无价值的立场上社会危害性是行为恶性与主观恶性(行为人恶性)的统一,在结果无价值的立场上社会危害性是客观危害性和精神危害性的统一。人身危险性在逻辑结构上包括主观恶性、犯罪能力和犯罪机会(的可获得性)三个要素,是主客观因素的统一,是潜在的社会危害性,促使人身危险性质变为社会危害性的是犯罪决意。社会危害性的立法评价和司法评价在思维方式上存在差异,犯罪构成应分化为设罪(立法)犯罪构成与定罪(司法)犯罪构成,提出了社会危害性量化评价的初步思路,并对各项刑罚制度的内在机理进行理论阐释。论文还认为犯罪与民事违法、行政违法、违纪行为和不道德行为既具有共同本质,又各有其特殊的本质。

关键词:刑法　犯罪　社会危害性

1802

持有型犯罪的系统研究 / 刘亚娜著 ; 何鹏指导. -- 吉林大学, 2005. -- 177 页

论文追溯了在世界范围内持有型犯罪的立法源起,回顾了中国现代刑法关于持有型犯罪的立法概况,同时对该类罪的当代价值进行了时代性分析,深刻剖析了"持有"、"持有型犯罪"等基础性概念的内涵与外延,为进一步研究提供了前提性的理论准备。论文系统阐述了持有的独立刑法品格,持有因自身的独特刑法性质和构罪机理而与传统的危害行为形式相分野,使得危害行为的范围有所拓展,由狭义的行为性危害行为扩展为同时包含事态性危害行为,使行为的具体方式发展为作为、不作为和持有三种类型。论文对该类罪的构成要件展开细化和深入的研究,分别阐述了持有型犯罪的类别形态、停止形态、罪数形态和共犯形态,通过对英美刑法中严格责任的深层解读,论证了不能因为持有型犯罪的出现而动摇控方举证的基本原则,即不能引用严格责任原理,但可以创设特定的变通性司法制度以平衡持有控辩双方的司法处境。论文还分别关注了持有型犯罪的司法实践与立法实践,对于司法实践中的疑难问题提出了学理性建议,对于立法现状与立法走向问题进行了思考与前瞻。

关键词:刑事犯罪　持有型犯罪　犯罪构成

1803

刑法作为义务论 / 栾莉著 ; 王世洲指导. -- 北京大学, 2005. -- 156 页

刑法作为义务是不作为犯的成立根据,也限定了不作为犯的成立范围,它的范围受时代发展的影响处于不断调整之中。论文除导论外,分为本体论和适用论。本体论界定了刑法作为义务,认为刑法作为义务的功能在于维护良好的社会秩序,必须以满足罪刑法定主义之明确性原则的要求为前提。我国刑法对于不纯正不作为犯及其作为义务没有明确规定,导致了刑法作为义务对明确性原则的背离,并且导致对违反作为义务行为的处罚是否类推适用了作为犯的犯罪构成产生了质疑。一定程度上依赖于刑法作为义务在法律条文及构成要件中的明确。刑法作为义务产生根据有实质根据和形式根据之分。合理的实质根据表现为将实质根据所要求的伦理义务限定在最低范围之内,合理的形式根据表现为对刑法确认的法律规定义务和先行行为范围的正确界定。适用论对刑法作为义务的适用问题予以考察,包括刑法作为义务的履行与分类、刑法作为义务的法定刑和刑法作为义务的法律适用三个部分。适用论认为,作为义务的履行需要具备一定的可能性和标准,一般来说行为人应采取合理适当的措施履行作为义务。作为义务受益人的承诺、自危要求、作为义务的冲突、作为义务的认识错误等也将影响作为义务的履行。刑法作为义务可以根据不同的标准予以分类。刑法作为义务符合明确性原则的要求,必须实现法定刑。刑法作为义务的法定刑包括立法法定和司法法定。刑法作为义务明确的实现由法律规定的司法解释共同实现,这是吸取大陆法系国家成文法传统与英美法系国家判例制度的精华调和而成的方法。论文还探讨了刑法作为义务与"作为和不作为"的区别、刑法作为义务与不作为犯的犯罪形态、刑法作为义务与共同犯罪等问题。

关键词:刑法　不作为　罪刑法定主义　犯罪构成　法律适用

1804

论强奸罪中的不同意问题 / 罗翔著 ; 王世洲指导. -- 北京大学, 2005. -- 178 页

本文运用比较研究、历史研究等理论研究方法,在促进人权发展,尤其是妇女解放运动的大背景下,对强奸罪中的不同意问题进行了比较完整的研究。论文认为,在现代刑法中,女性对性交的不同意是强奸罪成立的关键。论文探讨了为什么不同意问题是

强奸罪的核心问题,考察了强奸罪的历史,并把它勾画为从财产到权利的演变过程。论文对不同意的具体判断标准进行了讨论,充分考虑了世界发达国家和地区有关此问题的经验和教训,提出了判断不同意的合理反抗规则。根据合理反抗规则,强奸罪存在三种外在表现形式:一是严重的强制手段,它包括暴力和胁迫。二是被害人由于身体或年龄等原因而缺乏同意能力,这包括未达法定年龄,心智不全和身体无助这三种情况:三是强制不明显情形下的不同意,这包括威胁、欺骗和滥用信任地位等三种情况。论文认为:性交如果得到被害人同意,那么这种行为就不具有犯罪性,这种情况属于排除犯罪性事由,也即大陆法系的违法阻却事由或英美法系的正当化事由。同意必须符合四个条件:有效的同意;对当时性交的同意;行为人必须认识到同意的存在;同意是当事人自己作出的。同时,婚姻关系并不能推定同意的存在,法律应该抛弃婚内无奸的观念。论文分析了对同意认识错误的各种复杂情况,认为同意的认识错误属于假想正当化,作为一种免责事由,可以运用可避免原则进行考察。如果认识错误是可以避免的,那么应当追究行为人的罪责;如果认识错误是不可避免的,则不应当追究行为人的罪责。论文认为,对幼女年龄的认识错误也是一种假想的正当化,作为一种免责事由也可以利用可避免原则进行处理。在当前的法律规定下,我们可以12岁作为年龄认识错误可否避免的界限。如果行为人与幼女的年龄差在4岁以内,双方自愿发生性行为,行为人无须承担刑事责任,这可以成为两小无猜的辩护理由。

关键词:强奸　刑事犯罪　犯罪构成

1805

罪刑关系论 / 马荣春著 ; 陈忠林指导. -- 西南政法大学, 2005. -- 163 页

旨在通过关系式研究思维来丰富和深化刑事责任、犯罪、刑罚和犯罪的社会危害性等范畴或概念的基本理论、罪刑关系理论和罪刑相适应原则理论,为罪刑相适应原则的立法贯彻和司法实现提供建议与思路。全文共分七章。第一章主要论证了刑事责任是犯罪和刑罚的上位范畴,而罪刑关系则是刑事责任的实体,从而说明了罪刑关系的可取性。第二章探讨罪刑关系之罪和罪刑关系之刑分别应为何样之罪和何样之刑,并在此基础上,概括了罪刑关系的整体形成。第三章指出罪刑关系的特性包括由主观性和客观性所构成的内容特性,由强制性和宽和性所构成的效力特性,由动态性和静态性所构成的存在特性,由一般性和个别性所构成的层次特性,由相适应性和不相适应性所构成的规模特性以及经济性和非经济性所构成的经济特性,并对它们分别予以论证。第四章首先论证了在罪刑相适应原则与所谓罪责刑相适应原则之间选取前者的原因,以此来探讨罪刑相适应原则的自身确证;然后通过分析罪刑相适应原则与其他法定或非法定刑法原则的关系,深入考察了罪刑相适应原则的刑法地位;并指出,罪刑相适应原则是刑法的核心原则,是刑法原则体系之"筋骨",是刑法的灵魂的灵魂。第五章探讨罪刑相适应原则的报应正义价值、功利正义价值,并得出罪刑相适应原则的价值结构。第六章研究罪刑相适应的立法构建标准与构建方法,提出立法构建标准应确定为犯罪的社会危害性,立法构建方法应为基序对应法;并结合立法实例,运用基序对应原理探讨了罪刑相适应的总、分则构建和检验问题。第七章在论述了准确定罪的基本含义后分析了司法实践中在定罪上所犯的两种典型错误,即分割定罪和压缩定罪。在讨论量刑问题时,提出了横向并列、纵向分层的金字塔型的犯罪的社会危害性评价机制,并论证了该评价机制能够圆满解决多情节并存案件的社会危害性评价问题。最后提出了适合中国刑法实践的理想量刑模式。

关键词:犯罪　刑事责任　社会危害性　刑罚　量刑

1806

论证券市场的刑法介入 : 以我国证券市场为背景 / 毛玲玲著 ; 张文指导. -- 北京大学, 2005. -- 154 页

本文在中国证券市场发展的宏观背景下,思考刑法介入证券市场的必要性与有限性,厘清典型的证券犯罪——证券欺诈犯罪构成中的几个问题,辨析中国证券犯罪刑法规范的不足,探讨证券犯罪司法机制中的问题,提出有关完善的设想,以期有助于我国对证券违法犯罪的预防与规制。论文以我国证券市场面临的现实危机为背景,考察了刑法介入证券市场的现实基础,结合实证材料,对庄家群落、上市公司及其高管、证券经营机构、证券中介机构、证券监管机构及其工作人员的违法违规与惩戒情况进行了分析。论文比较了证券市场行政责任、民事责任与刑事责任的功效,分析行政处罚的缺陷与民事赔偿制度的困难,得出刑法介入证券市场的原因,探讨刑法介入证券市场的法律基础,认为刑法有必要适度介入证券市场,构建一个多种责任形式合理搭配与协调完善的证券市

场法律惩戒体系，才能保证证券市场的健康有序发展。论文以刑法的有限性为理论基础，考察刑法介入证券市场有限性的体制因素、社会文化因素和监管机制因素，认为刑法不是调控证券市场不当行为的唯一手段，只能是最后手段。在经济转轨和市场转型中的中国，刑法介入证券市场受到诸多因素的掣肘。论文探讨了证券欺诈犯罪构成中的几个问题，介绍了我国证券犯罪的立法概况，论述了证券犯罪立法采用刑法典与附属刑法并存模式所存在的不足与完善设想，提出立法中应增设"券商挪用客户资产"与"大股东恶意侵占上市公司资产"的罪名，分析了证券犯罪现行刑罚配置的不当与完善。论文以惩罚的必然性与及时性要求为理论基础，对我国证券犯罪发现与查处过程中的问题，如多元主体欠缺协调，准司法权与证券犯罪侦查局的作用等问题进行探讨，指出证券犯罪案件监控与审理的难度，分析了证券犯罪案件中司法无力的原因，介绍了美国双轨强制程序，得出对完善我国证券犯罪司法机制的启示。在证券犯罪刑事责任的实现过程中，多元主体应相互配合，减少内耗。

论文指出，目前我国对于证券市场违法违规的查处与惩戒，刚性有余而弹性不足。建议回归投资者保护的制度本位，消除体制性违法违规；信守监管本位，淡化证券监管机构的市场调控功能；建立多层惩戒体系，提高并内化证券违法违规成本。

关键词:证券市场　欺诈　犯罪构成　刑法

1807

犯罪本质特征研究：全球化背景下的社会危害性理论 / 齐文远著；高铭暄指导. -- 中国人民大学，2005. -- 192 页

本文以犯罪本质特征研究——全球化背景下的社会危害性理论为题目，试图借助于全球化思维的分析范式，在对批判者与辩护者双方的观点进行详细的梳理的基础上，通过深入探讨社会危害性理论的产生与发展过程以追问其合理性，并对该理论的完善和中国刑法基础理论的未来走向进行思考。论文由前言、五章正文和余论几部分组成。论文回顾了社会危害性概念的历史沿革，指出我国刑法学中的"社会危害性"情结直接导源于刑法典的规定，是对我国刑事立法的理论提炼和演绎。论文着重对与社会危害性理论相关的学术研究现状进行了深入分析，详细梳理了社会危害性理论的批评者的论点以及该理论的维护者的主张。论文论述了全球化背景下的社会危害性研究的应然立场，指出刑法学的研究受到法律全球化的影响，对我国刑法中的社会危害性理论的批判，正是这种受全球化思维影响的一个表现。论文提出要在坚持我国传统刑法理论特色基础上，以西方刑法理论为参照系，吸收其合理精神，对社会危害性理论进行深化，坚持一种对我国刑法基础理论进行"价值重估"的立场。论文认为大陆法系中关于犯罪概念的实质方面的探讨与形式方面的解释不宜绝对化，英美法系中犯罪的社会危害性是一个确定刑事责任和评价犯罪的基本原则，但英美法系更多的是在陪审制度等司法制度和程序中体现出对犯罪的本质特征的把握。论文对传统的社会危害性理论的不足进行了分析，认为应当对社会危害性进行具体化、实体性和规范化。当在司法领域发生社会危害性与刑事违法性的冲突时应当采取一定的原理予以解决，论文主张用可罚的社会危害性理论对该矛盾进行解决。并尝试对以此概念为基础的其他刑法理论问题的展开进行一些初步的探索，提出在新社会危害性的理论中，包含法益侵害与规范违法的矛盾关系；包含形式合理性和实质合理性的矛盾关系；包含主观主义与客观主义的矛盾关系。

关键词:社会危害性　犯罪学　刑法

1808

贷款犯罪研究 / 任继鸿著；何鹏指导. -- 吉林大学，2005. -- 208 页

贷款犯罪既是一个理论课题，又是一个无法回避的实践问题。论文以贷款法律制度为切入点，阐述了贷款的概念、原则和特征，贷款的法律性质和渊源，贷款的类型，贷款的程序和监督，界定了贷款犯罪的概念，对贷款犯罪的现状特点和立法进行了概括和总结。全文共分五篇：基础论、构成论、形态论、个罪论和完善论。论文研讨了贷款犯罪的一般理论，对贷款犯罪的一般主体和特殊主体进行研究，提出在贷款犯罪中存在复合罪过的罪过形式，对违法发放贷款罪的主观罪过进行了研究。论文对贷款犯罪的未遂进行了深入的研讨，特别是对"着手"进行了全面的探讨，对贷款犯罪中存在的共犯形态以及特殊形态混合身份共犯等进行了研究。论文分别对违法向关系人发放贷款罪，违法发放贷款罪，高利转贷罪，用账外客户资金非法拆借、发放贷款罪以及贷款诈骗罪进行了深入的研究和探讨。论文阐释了对贷款犯罪的立法完善以及对贷款犯罪司法解释的完善，特别是在制度建设上提出遏制贷款犯罪运行机制的构建，从金融机构的内容结构到外部环境治理以及解决外资金融机构

的介入等诸多方面提出了设想，并且提出金融体制改革势在必行，应以英美金融机构公司治理的模式为借鉴为我所用。建议法律明确规定单位贷款诈骗罪以弥补法律的不足，提出了增设贷款骗用罪。

关键词：贷款　金融犯罪　刑事犯罪

1809

中国白领犯罪研究 / 唐永军著 ； 王牧指导. -- 吉林大学, 2005. -- 184 页

本文在考察白领犯罪的历史沿革后，通过比较国内外关于白领犯罪概念的不同主张，结合我国的实际情况，科学界定了白领犯罪的定义，明确作为犯罪学范畴的白领犯罪所涵盖的行为不仅包括犯罪行为，也包括一定范围的违法行为；犯罪的主体不仅指自然人，也包括法人。论文全面考察了我国白领犯罪的现象，指出我国现阶段白领犯罪后果的严重性，具体表现在白领犯罪造成了巨大的直接和间接的经济损失，破坏了良好的社会经济秩序，危及我国社会的稳定。论文指出白领犯罪的本质是对社会信托关系的违反。以白领犯罪所侵害的法益作为划分标准，论文重新划分出我国白领犯罪的五大类型，分别是贪贿型、渎职型、经济型、妨害型和侵权型白领犯罪。吸收萨瑟兰差异交往理论和默顿社会反常理论之精华，论文分析了我国白领犯罪的成因，指出我国现阶段引发白领犯罪的社会因素和白领犯罪人的个人因素，提出我国惩治和预防白领犯罪的刑事政策：立足预防，将治理防线适当前置，发挥行政机关在惩治白领违法行为中的重要作用；转变单纯打击的观念，破除迷信重刑的思想观念，代之以打防结合、以防为主的策略。

关键词：犯罪学　白领　刑事政策　预防犯罪

1810

经济犯罪死刑限制与废止研究 / 万云峰著 ； 赵秉志指导. -- 中国人民大学, 2005. -- 187 页

本文采用演绎、实证、比较等研究方法，立足死刑制度在中外历史中的发展，结合我国社会生活条件、历史文化传统等实情，根据经济犯罪的构成特征、发展态势和犯罪成因，揭示我国经济犯罪死刑适用的现状，分析其适用死刑的利弊，提出符合国情、解决我国限制与废除经济犯罪死刑实际问题的构想。论文对经济犯罪的界定、特点及其原因进行简述，对我国经济犯罪死刑的立法沿革和现行规制予以梳理，认为我国对经济犯罪的死刑配置具有以下特点：一是规模逐渐扩大并趋于稳定，对经济犯罪配置死刑的规模显然过于宽泛；二是反映国家政治、经济及社会生活的变迁；三是体现浓厚的报应主义和功利主义传统理念。论文从我国经济犯罪刑事政策的弊端、适用死刑的实体和程序问题三个方面，从实证角度剖析我国经济犯罪死刑适用的现状，认为我国经济犯罪刑事政策忽视了经济犯罪的自身特点和犯罪规律，我国经济犯罪适用死刑存在诸多实体问题：一是经济犯罪立法厉而执法不严；二是重经济犯罪数额而轻其他情节；三是适用死刑的标准不平衡；四是单位和自然人犯罪适用死刑不平衡；五是死缓被作为独立刑种适用的司法误区。经济犯罪适用死刑的程序问题主要是：一是证明标准不严格；二是二审程序虚置化；三是案件指导、请示制度不合理，导致二审程序实质上的虚置化；四是审判委员会制度存在委员的非专业化、裁判的非直接化等诸多弊端，损减其限制经济犯罪适用的功效；五是复核程序不严格。论文从经济犯罪死刑节减理念出发，阐述了立法和司法这两种控制死刑的途径和举措。严格限制死刑的适用，要求树立经济犯罪节减和慎用死刑之理念。从刑事立法而言：一是刑法典总则死刑适用条件的严格限制；二是刑法典分则死刑罪名法条的限制。三是启动死刑赦免制度。从司法适用而言，主要是正当程序的限制。论文对我国经济犯罪设置和适用死刑的正当性、人道性和实效性，进行理论质疑。论文认为，我国已经具备废止经济犯罪死刑的现实条件，废止我国经济犯罪的死刑，应当遵循必要性原则、价值衡量原则和渐进性原则。

关键词：死刑　经济犯罪　刑罚

1811

金融犯罪惩治规制的国际化与我国的法律应对 / 王宝杰著 ； 顾肖荣指导. -- 中国人民大学, 2005. -- 177 页

本文围绕金融犯罪惩治规制的国际化，从描述具体的时代研究背景着手，引出金融犯罪惩治规制的国际化，然后再到我国的法律应对和改革，运用比较研究和实证分析的方法，从国际法、金融法和刑法以及犯罪学的角度对金融犯罪国际化现状、原因以及国际社会惩治规则、机构、合作机制和我国金融犯罪的立法、行政和相关司法、行政机制进行了全方位、多层次的探索。本文共有 11 章，分为总论和分论两大部分。论文认为金融犯罪惩治的国际标准大致体现在五个方面，即：预防、刑事罪量刑和执行、国际司法合作与执法合作、资产追缴（追回）或返还、履约监督。建议，即：要及时订立、修改有关的国际条约；尽量缩小各国

金融刑事立法的差异;继续加强国际刑事司法合作;完善相关的组织机构。论文认为,国际组织在惩治国际金融犯罪中具有重要作用,国际联盟、联合国、联合国专门机构、其他专门性机构以及区域性国际组织和集团性国际组织在惩治国际化金融犯罪中拥有一定的地位和作用。论文分别对金融刑事法律体系的三个组成部分,即刑法典、单行刑事法规和附属刑法分别进行了阐述,对有关金融犯罪规定的构成特征、刑罚设置作了进一步的论述,分析了我国金融犯罪的惩治机构和国际合作机制以及现行法律规定中不足及其完善的内容。论文还探讨了证券犯罪、期货犯罪、洗钱犯罪、信用证诈骗犯罪、信用卡犯罪的含义、现在特征、发展趋势和相应的完善对策。

关键词:金融犯罪　刑事犯罪　刑罚

1812

犯罪论体系本质论纲 :以大陆法系犯罪论体系为视角 / 王充著 ; 李洁指导. -- 吉林大学, 2005. -- 178页

本文以两大法系犯罪论体系在本质上的相通性为前提,通过比较的方法,对大陆法系犯罪论体系进行历史考察,在此基础上探究犯罪论体系的本质,并以此作为我国犯罪构成理论研究的基本出发点。论文包括三章的内容:大陆法系犯罪论体系历史演变的考察;犯罪论体系本质的考察;我国犯罪构成理论研究。论文按照时间顺序分别对大陆法系各阶段的犯罪论体系进行研究,揭示大陆法系犯罪论体系演变的内在规律。论文认为,犯罪体系的本质是目的论的法条解释体系,犯罪体系从本质上来说是为了实现罪刑法定原则的目的论的法条解释体系;犯罪论体系的解释前提是罪刑法定原则,罪刑法定原则是法治主义在刑法中的集中体现,而自由主义以及主体性与间主体性的人性本质是法治主义的思想基础;犯罪论体系的本质是合理性的法律论证体系,国家刑罚权的发动需要有充分的理由,而犯罪论体系就是论证这个发动理由的论证体系;犯罪论体系合理性的实现,其合理性主要体现在工具合理性和价值合理性两个方面,人权保障在刑法中主要体现为两个基本原则即侵害原则和责任原则,犯罪论体系的价值合理性主要通过其来具体实现。论文针对我国犯罪构成理论研究中与构成要件相关的问题进行分析,认为在我国刑法学中对于犯罪构成的属性应该采法律说,应该将人权保障作为我国犯罪构成理论体系构建的价值追求,将可操作性、可检证性作为我国犯罪构成理论体系构建的技术追求。

关键词:犯罪学　犯罪构成　大陆法系

1813

罪量累计计算研究 :行为人数行为社会危害之整体评判 / 王飞跃著 ; 郭自力指导. -- 北京大学, 2005. -- 85页

本文以罪刑均衡为理论前提,分析了国内外刑法典中罪量的客观存在和具体体现,导出我国罪刑均衡理论中罪量概念的缺位,通过比较"罪量"与"客观的超过要素"、"社会危害"、"情节"等概念的异同,论证了在我国的犯罪论体系中注入罪量概念的必要性。论文认为,罪量是指刑事立法及刑事司法所确认的危害行为的社会危害,具体体现为构成犯罪或者适用特定刑罚幅度而由刑法规定的以及个案适用特定刑罚而由法官确定的特定危害要求。罪量的内容包括客观危害和主观恶性,我国刑法中罪量的形式包括行为类型、类型要件外事实(主要表现形式是数额和情节)。罪刑均衡的实现必然依赖于罪量的准确评判。论文认为累计计算制度是对行为认识行为的危害进行整体评判的一种罪量评判制度,理论基础在于:一方面,数行为(数个轻行为)和一行为(重行为)在社会危害方面因为"质量互变"和"惊恐强化"而相似,因而必须作相似的刑法评价;另一方面,数行为(数个轻行为)和一行为(轻行为)在社会危害方面有差异而必须进行差别对待。累计计算将行为人数行为的罪量进行整体评判,克服了因类型识别而导致的罪量分割问题。累计计算对数行为罪量进行整体评判以"行为人"为纬度进行,体现了罪量评判和行为类型识别在刑法体系中的不同功能:罪量评判在刑法体系中表现为"价值"功能,以区分罪与非罪以及罪重与罪轻;行为类型在刑法体系中体现为"符号"功能,以区别此罪与彼罪。根据我国刑法的规定,累计计算制度的适用条件为"数次行为"、"同类型"、"未经处理"等三个。累计计算具有对行为人的罪量进行整体评判以实现罪刑均衡、充分发挥预防作用、限制法官裁量权滥用、法律漏洞之防范等意义。累计计算制度由计量单位、计量、累加等三个内容组成。计量单位必须遵循统一、质量同一、适用等三个原则。计量包括定量计量和定性计量两种。累加包括直接累加和折算累加两种。在累计计算制度的运用过程中,必须考虑累计范围。

关键词:刑罚　量刑　数罪并罚　社会危害性

1814

刑法领域中的被害人责任研究 / 王佳明著 ; 赵国玲指导. -- 北京大学, 2005. -- 148 页

本文选取被害人责任作为研究的切入点,将被害人学的研究成果吸收到刑法领域之中,以期最终形成价值中立的刑事法理论框架或者思维方法,即加害——被害互动形成犯罪的刑法立场。论文主张,犯罪被害人即犯罪所侵犯具体法益的保有人,刑法领域中的被害人责任即被害人的不当行为或者状态对于犯罪人实施犯罪行为的实质性影响,体现了被害人行为或状态与犯罪人犯罪行为之间的因果联系。被害人由于已经承担了事实上的被害后果,因而在刑法中不再承担任何实体意义上的责任,只是通过相应减轻犯罪人的刑事责任体现其存在。论文分析梳理了被害人、被害人责任的概念、类型、体系,引入被害人视角;从理论和现实两个方面论证刑法领域中被害人责任的根据,并通过具体案例和数据对其加以具体说明;根据实践需要提出了在刑法领域中确立被害人责任制度的原则和具体方案设计。论文认为,被害人责任对被害人而言并不是一种实体性责任,而是一种宣示性后果,它能够在很大程度上弥补刑法规范过于"死板"的缺陷。一方面,让"情有可原"的犯罪人得以减轻刑事责任;另一方面,对"罪有应得"的被害人表示一定的道义谴责,以最终实现刑法的规范功能。论文将被害人责任因素纳入犯罪人的刑事责任考评之中,认为每个社会成员均是"潜在的被害人",被害人责任命题的提出有利于人们加深对自我以及所处社会环境的认识,通过减少自身的被害性因素来实现防范被害(犯罪)的效果。

关键词:刑法　被害人　刑事责任

1815

价格违法犯罪研究 / 王连生著 ; 王牧指导. -- 中国政法大学, 2005. -- 288 页

本文立足于我国当前价格行政立法和刑事立法,从促进社会主义市场经济发展,维护广大经营者和消费者利益出发,构建了价格违法犯罪的基本理论体系。论文以价格违法行为的概念为切入点,分析了我国价格违法行为的概念、种类、特点。论文根据我国价格违法行为的现状,借鉴国外对价格犯罪的立法规定,从刑法学的角度重点研究了我国严惩价格违法行为犯罪化和价格犯罪法律体系的构建,包括价格犯罪的具体罪名、犯罪构成等。论文认为,以犯罪客体为标准,价格犯罪可分为商品和服务价格犯罪、行政性收费犯罪。论文从立法建议的角度,分别对商品和服务价格犯罪中的操纵市场价格罪、低价倾销罪、价格欺诈罪、牟取暴利罪、哄抬价格罪、价格歧视罪、不执行政府指导价、政府定价罪、不执行价格干预措施、紧急措施罪,以及行政性收费犯罪中的扰乱国家行政机关收费秩序罪、违法审批国家行政机关收费罪的犯罪构成、个罪认定等进行了探讨。论文探讨了财产刑、自由刑、生命刑在价格犯罪中的运用,提出价格犯罪量刑时应考虑的从宽情节和从严情节,并从犯罪学的角度提出:应结合我国实际,从加强价格行政指导、加强价格行政执行力度和提高价格违法犯罪成本等方面预防价格违法犯罪发生。

关键词:经济犯罪　价格犯罪　价格法　行政处罚

1816

社区矫正研究 / 王琪著 ; 刘守芬指导. -- 北京大学, 2005. -- 160 页

本文从社区矫正的概念、功能、优点和缺陷等内容研究出发,围绕中国社区矫正的发展之路探讨社区矫正作为行刑方式以及社区服务刑作为刑种之一的可能性和可行性。论文应用刑罚发展史的研究方法,从行刑方式的发展、刑罚思想基础以及刑罚理论基础等方面,指出社区矫正体现文明刑罚的要求,亦符合我国刑罚综合理论的现状要求,对报应刑、功利刑理论都有所体现,认为社区矫正我国刑罚体系中应该占据一席之地。论文研究了社区矫正在美国的制度发展史、美国社区矫正的功能问题以及社区矫正的刑事政策基础,说明社区矫正在美国曾历经过萌芽、发展、鼎盛以及衰落时期,并不是总是一帆风顺的发展轨迹。论文以横向比较的方式,对当今世界其他国家,如英国、加拿大、日本等国家社区矫正的立法、司法实践予以研究,认为这些国家对于社区矫正的立法模式、刑罚性质等方面的规定具有很大的不同。论文探讨了社区矫正在中国的实践及困惑,包括:(1)实行社区矫正的现实性需要;(2)中国社区矫正的现状;(3)通过试点暴露出来的制约因素;(4)影响社区矫正发展的制约因素。论文基于我国刑法理论中"定性加定量"的犯罪概念和"刑罚——劳动教养——治安管理处罚"的三级社会制裁模式所导致的诸多问题,提出应该以社区矫正为契机,改变我国现有社区矫正之面貌,重新构建:(1)设立社区服务刑,替代管制刑成为刑种之一;(2)社区矫正是行刑方式;(3)取消关于剥夺政治权利的规定。以社区矫正的应然状态为切入

点，论文分析了社区矫正与劳动教养制度、保安处分制度以及社会治安综合治理的关系，从理论和实践两个方面论述了社区矫正的发展前景。

关键词：刑罚　行刑方式　社区矫正　监督改造

1817

航空犯罪研究／王文利著；韩玉胜指导. -- 中国人民大学，2005. -- 185页

论文深入探讨了我国刑法所规定航空犯罪的个罪，对第121条劫持航空器罪、第123条暴力危及飞行安全罪、第131条重大飞行事故罪，以及破坏交通工具罪、破坏交通设施罪、非法制造、买卖、运输、邮寄、储存枪支、弹药、爆炸物罪、危险物品肇事罪、聚众扰乱公共秩序罪、编造虚假恐怖信息罪等罪名中的航空犯罪的犯罪构成，认定、犯罪形态、罪数、处罚等问题，进行了细致的理论研究，为准确把握和认定航空犯罪提供理论依据。论文认为，我国有关航空犯罪的具体罪名所规定的具体航空犯罪行为的外延之和，广于国际公约规定的航空犯罪行为的外延之和，能够完全涵盖国际公约规定的所有航空犯罪行为。但是，对于蒙特利尔公约议定书规定的犯罪，还有待在国内立法中完善，建议在刑法分则危害公共安全罪一章中设立危害机场安全罪。我国刑法中的劫持航空器罪罪状的表述与海牙公约中的表述基本相同。除了国际公约中的劫持航空器罪的内容外，我国刑法中的劫持航空器罪还包括国际公约没有界定的劫持航空器行为。论文认为，从航空犯罪国际公约国内化的立法模式上，我国基本上采取的是转化模式，即间接适用模式，即采用国内制定法律的形式，实现航空犯罪国际刑法规范的国内化。论文从刑事管辖原则入手，研究分析了对于航空犯罪的管辖权的消极冲突和积极冲突，提出解决管辖权冲突的见解。同时，着重研究了1970年海牙公约设定的新的管辖义务。论文认为解决海峡两岸劫机犯遣返问题，必须坚持一个中国的原则，在一国框架内解决。解决遣返问题，首先要重点突出，只限于劫机犯，这样才会尽快达成协议。

关键词：刑事犯罪　危害公共安全罪　航空犯罪　国际公约　管辖权

1818

英国刑法犯意(mens rea)研究：比较法视野下的分析与思考／王雨田著；马克昌指导. -- 武汉大学，2005. -- 201页

论文认为，英国刑法中，行为成立犯罪，必须有犯意和犯罪行为(actus reus)。犯罪行为包括行为、结果、情况。犯意术语的具体内容，需要根据犯罪行为要素来确定。英国刑法中的犯罪行为大致对应于我国刑法中的犯罪客观方面，而不是犯罪客观方面中的行为。英国刑法主流严格区分actus reu、act和conduct，它们并不能互相代用。从比较法的角度看，英国刑法中的持有犯罪与我国刑法中的持有犯罪不完全相同，英国刑法中持有并非独立于作为和不作为的"第三种行为"。我国刑法中的持有，也不是独立的第三种行为形式。英国刑法刑事责任理论中存在选择理论、性格理论、能力理论的分野，主观主义和客观主义的对峙。它们分别支持不同的犯意术语。从英国刑法看，主观主义并不等于主观归罪，客观主义也不等于客观归罪。普通法理论界主要存在六种理解："纯粹故意论"，"间接故意论"，"一揽子故意论"，"道德排除空间论"，"Hyam案观点"，"Smith案观点"。普通法发展了两种形式的轻率：主观轻率和客观轻率。从英国刑法的判例看，主观轻率的范围比我国刑法的间接故意严格一些、宽广一些。英国刑法中的知道，是针对情况而言的，普通法上具有三种形式。知道及其相关术语，在不同的刑法著作中，论述不完全相同，应当分为狭义和广义两个层次进行研究。英国刑法中的知道和我国刑法中的明知相比，存在着一些共同之处，但也有区别。论文认为，我国刑法的犯罪故意和英国刑法的核心犯意术语都具有横向和纵向两种构造。从宏观上看，在横向结构上，英国刑法采用的是"分解法"，我国刑法则属于"评价法"。英国刑法犯意术语的分解法与我国刑法犯罪故意的评价法并不矛盾。我国刑法的评价法显得比较抽象，在结合分则的规定具体如何细化"危害社会的结果"的问题上，分解法值得我国刑法借鉴。从纵向构造看，英国刑法犯意术语的纵向构造属于"层层递进式"。从微观考察，在横向构造方面，我国刑法通说在客观方面构成要素上采用的是列举法。英国刑法则将犯罪行为分为行为、结果、情况。我国刑法中客观方面中犯罪手段和方法实际上应当属于具体犯罪中行为的内容。英国刑法中的情况犯(有时候也称状态犯)与我国刑法中的状态犯不同。我国刑法中，在明知自己的行为必然发生危害社会的结果，行为人对此究竟是持希望还是放任态度的理论命题中，"必然"只能像英国刑法中那样，理解为日常生活含义的必然。

关键词：比较法学　刑法　故意

1819

立体化犯罪成立理论的前序性展开 / 王志远著 ; 李洁指导. -- 吉林大学, 2005. -- 228 页

论文认为我国继承了前苏联的平面解释性体系，前期由于与苏联同样的历史文化背景，同样没有认识到形式化的刑罚处罚先决条件的缺陷；目前，虽然认识到了形式化犯罪成立条件的缺陷，但是由于思维的惯性，人们试图通过在四要件体系框架之下实现"形式与实质相融合"来解决问题。论文认为，犯罪成立理论体系应当按照立体化、修正性的思路进行构建。平面化的体系是具有功能缺陷的，它无法给法官提供修正形式化的构成要件缺陷的有效途径。我国"形式与实质相融合"模式与大陆法系犯罪成立理论"形式与实质立体分层"模式相比处于劣势的地位。论文从"立体化的过程价值"这个角度进行了分析，认为在刑法限制机能的实现和多元话语"比武场"提供这两个方面，立体化的构建思路优于平面化的思路。论文主张应当对大陆法系传统的三阶判断模式进行改造。由于构成要件中主观要素和规范要素的引入，使得三阶判断内涵变化。构成要件不仅应当包括积极肯定犯罪成立的犯罪类型，而且应当包括消极否定犯罪成立的定型化的违法阻却事由和定型化的责任阻却事由。由可罚性与可罚的违法性理念合并而成的广义的"可罚性"应当成为对形式化的构成要件进行修正的犯罪成立的第四个判断阶段。论文提出关于我国新的犯罪成立理论架构的见解。判断犯罪成立应有如下步骤：(1)构成要件符合性；(2)基于观念的修正；(3)基于自由的修正；(4)基于政策的修正。

关键词：犯罪构成　犯罪学

1820

主犯论 / 吴光侠著 ; 谢望原指导. -- 中国人民大学, 2005. -- 259 页

论文采取逻辑思辨、实证分析、历史分析和比较研究等方法，围绕什么是主犯、为什么划分主犯、如何认定和处罚主犯的逻辑线索，分八个部分对主犯的归属、界定、划分根据、特殊形态、认定、处罚等问题，进行了比较深入和系统的研究，并提出完善主犯制度的建议。论文提出主犯存在于共犯之中，是以共犯的存在为前提条件的，对共同犯罪范围的理解直接影响着主犯的存在范围，而共同犯罪的范围应当根据我国刑法规定和主客观相统一基础上的"部分犯罪故意共同说"来认定。论文认为主犯是作用分类中的共同犯罪人之一，属于作用分类中的共犯人，属于任意共犯中的共犯人。论文从主犯的历史溯源和内涵、外延方面，对主犯概念进行历史分析和多角度、全方位界定。从主犯划分的理论根据和实践根据两个方面，从哲学、伦理学、法学、刑事政策、立法传统等角度，对主犯划分根据进行了深入独到和系统的研究。论文以分工分类的实行、组织和教唆行为为线索，分别研究了主犯的预备、未遂和中止等犯罪未完成形态，然后研究了主犯与牵连犯、继续犯、连续犯、结果加重犯、想象竞合犯等罪数形态。论文认为，无身份者与有身份者可以构成真正身份犯的共同实行犯，无身份者与有身份者共同犯罪的性质主要由真正身份犯的行为性质决定；双方都有身份时，一般应以主要实行行为的身份犯所触犯的罪名来定，而在个别主次实行行为确实难分的情况下，可以按照想象竞合犯从一重处断原则处理。单位犯罪能够成立单位共同犯罪，进而在单位共同犯罪中同样应当区分主犯与从犯，而单一的单位犯罪是单位整体的单独犯罪，单位犯罪的内部责任人员之间不应当区分主犯与从犯。论文借鉴国外刑法理论区分主犯与共犯学说的合理成分，结合我国司法实践，对如何认定主犯进行了深入独到的系统研究。认为主犯刑事责任范围是与从犯一致的，应当对其共同故意支配下的共同行为及其危害结果共同负责，但是对超出共同故意范围的过限行为不负刑事责任。论文提出应当完善主犯概念表述，即"在共同犯罪中起组织、主要或者同等作用的，是主犯"；把主犯分为一般主犯与特殊主犯即犯罪集团中的首要分子(首犯)；尽快恢复对主犯从重处罚的明确规定，并增加对集团犯罪中的首犯应当从重或者加重处罚的规定；完善有关主犯的司法解释，明确认定主犯的具体标准和方法；明确司法实践中不宜明确认定主犯的特殊情况；颁布主犯认定和处罚的典型案例；注重认定主犯证据的收集和审查。

关键词：共同犯罪　主犯　从犯　同案犯

1821

伪造文书罪研究 / 熊永明著 ; 刘明祥指导. -- 武汉大学, 2005. -- 141 页

论文以"伪造文书罪研究"为题，从伪造文书罪的刑事立法入手，探讨了伪造文书罪的基础观念，文书的含义和特征，伪造文书罪的本质以及伪造文书罪的行为和主观目的等，力求对伪造文书罪的理论进行基本而又全面的介绍。全文除前言外，共分为五章内容。论文主要介绍英美刑法、大陆刑法和我国刑法有

关伪造文书罪的立法现状，以及伪造文书罪的基本概念和基础观念。论文介绍了中外有关伪造文书罪本质的观点：关于伪造文书罪的法益在外国刑法中存在权利侵害说（法律违反说）、公共信用说、交易安全说、预备罪说和文书机能说五种观点的争鸣。我国存在类似于外国学说的"公共信用说"、"管理制度说""管理秩序说"和"正常活动或管理活动说"之争。论文认为伪造文书罪的保护法益应理解为"证明机能说"与"保证机能说"两说的统一——文书证据说，依据文书证据说能有效地解释处罚无形伪造的根据，保护私文书的立法理由，制裁伪造虚无名义人文书的原因等实践问题。论文介绍了文书的含义、特征、文书的名义人、文书的种类、文书的复制件以及电子文件的文书性等问题。我国刑法中的文书应作狭义理解，在文书复制件问题上宜采取否定说的见解；基于私文书信用提高，私文书日趋重要且具备证据力之考虑，主张刑法应增设对伪造私人文书行为的刑事处罚；至于电子磁盘原则上不宜解读为狭义文书的范畴，但立法应尽快解决不正当制作电子记录的现实性问题。论文介绍了有形伪造、无形伪造和变造的立法、含义和特征及彼此之间的区别。伪造与变造的区别在于是否对文书的本质部分进行了修改，如果改变的是文书的本质部分，属于伪造；反之改变的不是文书的本质部分，则视为伪造。我国刑事立法宜加强对无形伪造行为的打击。论文还介绍了伪造文书罪主观目的的立法、主观目的内涵、以行使为目的的含义和要件，认为宜对我国刑法中的伪造文书罪作"以行使为目的"之主观目的的限定。

关键词：刑事犯罪　伪造文书罪　犯罪构成

1822

刑法空间效力论 / 杨彩霞著 ; 刘明祥指导. -- 武汉大学, 2005. -- 163 页

论文从国际法视角重新审视刑法的空间效力，以应对犯罪的国际化及高科技化趋势，打破国内刑法与国际刑法研究的隔膜状态。全文共分五章。论文概述了刑法空间效力的基本问题，主张应以时空范畴为基本坐标，将对属事和属人因素的研究从属进去。刑法空间效力的法律性质，有诉讼条件说、构成要件说及处罚条件说。处罚条件说有一定道理，而如果放开视野，直观地将其作为指引准据法的冲突规范理解更具实践意义。论文探讨了确立刑法空间效力范围的各原则，由其起源入手，重点论述了各原则的理论依据，以为各国管辖权的并行不悖提供充分的支持。就对国内犯适用的属地原则而言，犯罪地是其核心问题。对国外犯适用的一般包括三项原则：一是属人原则。我国现行刑法采取的概括式立法和从法定刑上限制有其合理性，但取消双重犯罪原则值得推敲。二是保护原则。建议参考国外的两分法，肯定对于侵犯国家根本利益的犯罪，无需在行为地也认为是犯罪。三是普遍原则。建议将其本土化为国内立法时，如果我国缔结或参加的国际条约所规定的罪行与刑法分则罪名体系不相协调时，可以采取新设罪名、完善现有罪名或通过罪数理论解决。论文介绍了在国际社会空间格局演变之下，因国家主观观念在地理空间与网络空间分别呈现出自我抑制与极度膨胀两种截然不同的态势，从而导致刑法在空间适用范围上各自不同的动向。应当尝试通过对属地原则和保护原则的适当限缩理解，即引入针对性标准来限制刑法在网络空间的效力范围。论文提出了刑法空间效力冲突的概念，驳斥了国际私法学者认为刑法无域外效力、不存在刑事法律冲突的见解，论证了刑法空间效力冲突的实在性，并就刑法空间效力冲突的产生原因及种类作了探讨。论文在分析协调刑法空间效力国际冲突的传统主张之不足的基础上做了崭新的探索，提出了一系列协调的有益途径：一是可在利益衡量基本思想的指导下，借鉴国际私法中的最密切联系原则，确立最为适当的管辖归属；二是可将国际私法中的"直接适用法"的理论运用到刑法中，突破不适用外国刑法的传统，重叠适用外国刑法，可在立法技术上参考瑞士等国的轻法原则；三是应当对外国刑事判决实行积极承认。论文还特别结合我国多法域的典型现实，探讨了如何协调刑法空间效力区际冲突的问题。

关键词：刑法　空间效力　管辖权

1823

现代赦免制度论衡 / 阴建峰著 ; 赵秉志指导. -- 中国人民大学, 2005. -- 296 页

本文在分析、归纳已有科研成果的基础上，以构筑合乎现代宪政精神和法治要求的赦免制度为核心，全面而系统地探讨了关涉赦免制度的诸多问题。第一章"中外赦免制度的历史与现状"，论文介绍了中国赦免制度的基本沿革，着重介绍了德国、法国、日本、韩国、美国、英国等主要国家的赦免制度。第二章"现代赦免制度的概念和属性"，论文对赦免的概念进行了界定，揭示了赦免具有的补充、强制性与象征性的基本特征，并论述了赦免与假释、缓刑、豁免等相关概念之区别，探讨了赦免权的基本属性。第三章"赦免

制度之法理探究”,剖析了中外关于赦免制度的利弊之争,认为现代赦免制度具有无可替代的调节利益冲突、衡平社会关系、弥补法律不足等功能,现代赦免制度具有内在的刑事政策蕴涵,其必然会成为以社会防卫思想为主旨的刑事政策之重要组成部分。论文在简要论证限制赦免权行使之必要性的基础上,着力探讨了赦免权先例的限制性原则。论文认为在整体上肯定该制度存在价值的同时,不能忽视其所具有的弊端。第四章“现代赦免制度之本体构造”,论文从制度层面分别探讨了赦免的类型、适用范围、效力、程序等基本问题。第五章“现代赦免制度之重构方略”,论文在剖析重构我国现代赦免制度宪政与法治前提、理念准备及其现实与法律依据的基础上,提出了自己关于制度重构的具体设想。主张由全国人大常委会颁行专门的赦免法,就赦免的适用范围、效力、程序、法律后果等作出详细的规定,规范赦免权的行使。借鉴外国的相关立法例,草拟了《中华人民共和国赦免法(理论建议案)》,就刑事法的修正与完善,提出自己的看法。

关键词:司法制度　大赦　赦免

1824

邪教犯罪研究 / 由明言著 ; 李洁指导. -- 吉林大学, 2005. -- 266 页

论文认为,邪教是社会的毒瘤,它与国际恐怖主义被看作当代国际社会的两大瘟疫,制止和打击邪教的破坏活动已经成为全世界的共同任务。论文认为,近年来,邪教组织在世界各地迅速发展,其种类和数量呈不断上升的趋势,达到第二次世界大战后的最高状态。世界上绝大多数国家都程度不同地受到邪教犯罪的危害。这就要求整个国际社会对邪教总是要高度关注。邪教组织具有国际性和历史性的特点,今天的邪教组织具有当代性,是由历史上的邪教组织概念发展、演化而形成的。邪教组织是指冒用宗教、哲学或者其他名义建立,神化首要分子,以怪诞不经的邪说和严厉的组织手段发展、控制成员,侵犯公民权利和危害社会的非法组织。邪教部分地来源于新兴宗教,部分地来源于以封建迷信为核心思想的秘密结社,邪教与会道门是同族、同宗的关系,是会道门在当代的变种。邪教的出现有着历史的必然性,有着深刻而又复杂的现实的原因。邪教作为一种特殊的社会现象,短期内不会销声匿迹,而且会不断根据形势的变化,进行自我调整,呈现出若干新的发展趋势。论文认为,对邪教必须采取有效措施才能防止邪教对人类和社会造成更大危害,用刑法规制具有严重的社会危害性和刑事违法性的邪教行为,将其犯罪化处理。现行刑法对邪教组织犯罪预测不足,有关邪教犯罪的立法规定粗疏,导致司法机关对大规模袭来的邪教组织犯罪的打击缺少法律依据。建议采取制定惩治邪教组织犯罪的专门法律;规制组织、领导和积极参加邪教组织的行为,增加“组织、领导和积极参加邪教组织罪”;增加“致人重伤罪”;以罪刑相适应为原则,调整法定刑的刑种和量刑幅度等有效措施以加强对邪教的打击。

关键词:邪教　刑事犯罪　刑罚

1825

假冒专利罪若干问题研究 / 于阜民著 ; 王牧指导. -- 吉林大学, 2005. -- 210 页

论文在广泛借鉴已有研究成果的基础上,就我国假冒专利罪的基本理论问题和司法实践中出现的疑难问题展开较为全面而深入的研究,对该种犯罪的客体、对象、客观方面、主体、主观方面进行考察,就该罪的构成特征逐一提出新的或者较为深入的意见。论文较为深刻地揭示了专利制度的原理,阐明专利权刑法保护的必要性,又介绍了若干西方国家、我国台湾地区保护专利权的刑事立法和有关国际条约。论文就假冒专利罪犯罪构成的特征做了全面的考察和讨论,提出新的或者较为深入的意见。以司法实践中提出的疑难问题为出发点,以求从罪与非罪、此罪与彼罪两个方面讨论假冒专利罪的外延之界限。论文厘清了假冒专利罪的复杂犯罪构成与犯罪既遂形态类型之间的对应关系,并探讨了假冒专利罪的罪数形态。

关键词:专利权　犯罪构成　刑事犯罪

1826

中止犯论 / 张平著 ; 李希慧指导. -- 武汉大学, 2005. -- 190 页

论文是对中止犯进行全面、系统研究的博士论文。全文共五章。论文简单介绍了中止犯的中外立法概括,对中止犯的概念、特征及其类型重新作了界定和阐述。犯罪中止作为故意犯罪过程中的一种停止形态,是一种结局,中止犯作为一种犯罪形态,必定严格受到犯罪构成的限制。论文将中止犯的成立要件分为主观要件和客观要件,主观要件包括自动性与彻底性两个要素,提出自动性的本质就是“能而不欲”的观点。客观要件包括时空性、中止行为、有效性和

关联性四个要素。论文着重探讨了中止犯与相关犯罪形态的关系,以犯罪形态的“横切面”为视角,从故意犯罪的停止形态、罪数形态、共犯形态之三个层面透析中止犯与相关犯罪形态的相互关系以及中止犯在犯罪形态的横向交点上的样态及其特性。论文对准中止犯的概念和特征作了界定,从伦理道德、刑法适用的均衡性以及中止犯的立法精神等五个方面论证了准中止犯制度设立的合理性和必要性,介绍了准中止犯的四种类型,即由第三人行为介入形成的准中止犯,由被害人行为介入形成的准中止犯,由自然事实介入形成的准中止犯和由既遂结果不发生自始确定形成的准中止犯。论文还研究了中止犯的刑事责任问题,认为除应关注中止犯减免刑罚的理由外,还应关注处罚中止犯的依据,即探究中止犯为何应承担刑事责任的问题。结合我国刑法对中止犯处罚原则的规定,论文对我国中止犯处罚原则适用的若干问题进行了剖析。

关键词:刑事犯罪　犯罪构成　刑罚　中止犯　刑事责任

1827

妨害司法权威典型犯罪研究 / 张英霞著 ; 何鹏指导. -- 吉林大学, 2005. -- 226 页

本文选择“妨害司法权威典型犯罪研究”这一课题,在大量比较各国相关法例的基础上,联系我国法治与社会发展的实际需要,对如何防治五种类型妨害司法权威的典型犯罪作了较为系统的研讨。论文分析了研究的基本理论背景,界定了妨害司法权威行为的概念,建构了妨害司法权威行为的理论模型。论文对境外法域相关法例进行比较考察,对我国现行刑法中扰乱法庭秩序罪诠释,从法律应然的角度探讨如何完善我国的相关立法。论文对境外法域相关法例进行了比较考察,对我国现行刑法中相关犯罪加以诠释,并从法律应然的角度探讨了我国相关刑事立法中的漏洞及其弥补问题。论文还对境外法域相关法例比较考察,对我国现行刑法中拒不执行判决、裁定罪加以诠释,从法律应然的角度讨论我国相关立法的完善。论文对境外法域相关法例进行研究,比较考察了两大法系在防治以“媒体审判”方式侵夺司法职权方面的法例与在防治利用公权力“阻碍审判”方面的法例,从法律应然的角度探讨如何对我国相关立法加以完善,提出了增设“藐视司法罪”的理论设想,对利用媒体和公权藐视司法犯罪的构成要件进行了讨论。论文对境外法域相关法例比较考察,从法律应然的角度讨论了如何完善我国相关立法的问题,重点讨论了以诽谤、中伤、侮辱或其他方式贬损司法尊严的行为,着重探讨了在批评司法与中伤司法之间如何界定合理界限的问题,提出了区别批评司法与中伤司法的具体标准。

关键词:刑事犯罪　妨害司法罪

1828

未成年人犯罪的刑事责任研究 / 张忠斌著 ; 李希慧指导. -- 武汉大学, 2005. -- 184 页

本文从未成年人犯罪的概念入手,对未成年人刑事责任的年龄、范围、刑事政策、原则、实现方式及激情犯罪、违法性认识、缓刑制度、累犯制度等问题进行了探讨。论文认为,我国的未成年人犯罪是与青少年犯罪、少年严重不良行为不同的,未成年人犯罪属刑法学的概念,而后两者则属于犯罪学的概念。刑事责任年龄划分应当采三分法,对未成年人刑事责任年龄的认定应坚持周岁原则和行为时原则,如果未成年人的犯罪行为或结果跨年龄段,则对其行为的定性与处罚均有区别。论文认为,应当坚持未成年人刑事责任的范围,只要是其实施的行为中含有故意杀人等八种行为的,仍应构成犯罪,但对其罪名的认定则以故意杀人等八种罪名为限。当代各国对未成年人犯罪的刑事政策呈两极化发展的态势,即重重与轻轻。但联合国少年刑事司法准则的取向是轻轻。我国对未成年人犯实关行的是“教育、感化、挽救”和“教育为主、惩罚为辅”的刑事政策,确立这一政策的理论基础为国家监护权理论、社会连带主义理论和刑罚个别化理论。对未成年人从轻减轻处罚是一个基本的刑法原则,从轻是基础。对未成年人犯罪,在自然犯、刑事犯,乃至于法定犯、行政犯中,一般不要求具备违法性认识,但对“特例”,如果欠缺违法性认识,则不承担故意责任。论文认为对未成年人禁止适用死刑;对无期徒刑的适用也应严格控制,限制适用;有期徒刑是对未成年人犯罪适用的主要刑罚;拘役和管制仍应适用于未成年犯罪人;罚金刑和没收财产适用时要注重对未成年人经济能力予以考查,没有经济能力的,可考虑适用其他替代制度。对未成年犯罪人不能单独适用剥夺政治权利。我国目前对未成年犯罪人能适用的非刑罚处理方法较少,形式单一,亟待从立法上对此予以完善。论文认为只要具备我国刑法规定的缓刑条件,应多对未成年犯罪人适用缓刑;暂缓起诉缺乏法律依据,不宜采用;适用暂缓判决时,应严格对象、程序及帮教等措施。累犯构成与成年人并无不

同,过于严苛,应从立法上予以修改,将西方国家的前科消灭制度引入,以严格限制未成年人累犯的成立。

关键词:青少年犯罪　刑事犯罪　刑事政策　刑事责任

1829

刑法上的信赖原则研究 / 赵慧著 ; 马克昌,林亚刚指导. -- 武汉大学, 2005. -- 166 页

本文通过对信赖原则产生的社会历史条件的分析,寻求信赖原则发展的宏大社会背景,通过分析信赖原则的思想理论基础,构建了信赖原则理论的合理基石,重点关注信赖原则如何影响注意义务的分配来限制或否定行为人的注意义务,对该制度的适用基准、机能以及在具体领域的应用进行了具体解构。全文除导言外,共分7章,约16万字。论文介绍了高科技的发展、人类生活的精致化以及刑法理论变迁对于信赖原则的影响,指出信赖原则是在高科技发展下、人类生活精致化所产生的一种刑法理论。论文具体论述了社会相当性理论、被容许的危险理论以及危险分配理论对于信赖原则的作用,提倡"一体两翼"理论,以社会相当性理论为核心,以被容许的危险和危险分配理论为两翼,共同合理地构建信赖原则的理论基石。论文具体分析了信赖原则产生后对于犯罪论体系的变革,以及信赖原则如何影响注意义务来否定过失责任的承担。在考察对国内外信赖原则适用的基准后,论文提出信赖原则适用必须具备客观要件和主观要件,而主观要件则包括信赖的存在以及信赖相当性的判断。论文探讨了信赖原则在交通事业领域的适用条件及其限制,认为信赖原则在交通事业中适用的客观要件为:对交通工具是现代社会生活必不可少的深刻认识、交通环境的改善以及交通安全与交通道德的提高,而主观要件则包括信赖的存在、信赖的相当性。其限制条件为:行为人本身违反交通规则时;容易预见对方违反交通规则的行为时;因道路或其他状况可以预见交通事故发生频率较高时;对方是儿童、老人或身体残疾者而没有保护人陪同时;行为人有充分时间避免结果发生时。论文在评述医疗行为及医疗过失的基础上,就医疗过失中信赖原则的适用条件及限制进行了分析,并就具体医疗过失中信赖原则的适用进行了详细解说。论文主张广义监督过失理论,认为监督过失分为对人的监督和对物的管理两方面,只要处于监督、管理地位的人懈怠其义务就有监督过失的成立。

关键词:刑法　刑事立法

1830

卖淫刑事政策实证研究 / 赵军著 ; 莫洪宪指导. -- 武汉大学, 2005. -- 202 页

本文运用社会科学的调查方法在Y市开展了为期一年的典型调查,并以解剖Y市这一"麻雀"获取的事实材料为依据,分别从公正和功利两个视角对现行卖淫刑事政策及其指导下的立法展开了检讨。论文分别从法益侵害和规范违反两方面对卖淫及其关联行为进行了考察。针对卖淫及其关联行为破坏婚姻家庭稳定的说法,论文分别对性服务小姐及其客人的婚姻家庭状况进行了考察,围绕性病、艾滋病传播、卖淫诱发犯罪问题进行考察发现:现行法将无受害人的单纯组织卖淫行为,混同于具有严惩法益侵害性的强迫他人卖淫或控制他人(人身)卖淫的行为,一概予以犯罪化和重刑化,是严惩的罪刑失衡;而对诸如剥削他人卖淫收益、公然拉客或招妓这些具有明显法益侵害性的行为,现行法竟然没有设置专门法条予以规制,暴露出现行卖淫刑事政策及禁娼法非权利本位的特征。论文从规范违反方面通过问卷调查(样本是按照Y市的人口构成按比例抽取的)发现:现行禁娼法一般化、不加区分地对包括无受害人类型的卖淫及其关联行为一概严罚的思路,随着时代的变迁已逐渐失去了"社会平均人"的支持以及"社会通念"的支撑。现行禁娼法处罚或严罚无受害人类型的卖淫及其关联行为是不公正的。论文从现行禁娼法运行的成本和效益两方面,通过访谈法,运用"跟班作业法"进行"参与观察",同时参考了在Y市各实务部门所搜集到的相关资料。现行禁娼法并未产生立法者期待的效益,禁娼法的实际运行没有禁绝卖淫,它不仅未能有效阻止性病、艾滋病的传播,反而在一定程度上成了性病、艾滋病防治工作的障碍;至于禁娼法在维护婚姻家庭稳定方面的作用,更是微乎其微。

关键词:禁娼法　卖淫　刑事政策

1831

数额犯研究 / 赵威著 ; 吴振兴指导. -- 吉林大学, 2005. -- 196 页

本文认为,数额犯是指以一定的违法行为或者结果的数额或数量达到国家认为应该用刑罚予以处罚的犯罪形态。数额犯的本质是犯罪数额所凸显的社会危害的程度性达到了刑罚对社会危害性的量的选择。在司法实践中,对于法官(检察官)而言,数额犯是那些绝大多数有明示的数额标准和少数有待于明示数额标准的犯罪,其中还包括一些在立法上并没有

将数额作为犯罪构成条件的但在司法解释中却有明确数额标准的犯罪。论文认为,数额犯是在刑罚的视野之内的,但数额犯所表现的那种危害社会的行为,却不都是刑罚所要处罚的。刑罚必须在这些危害社会的行为中明确一个处罚的尺度,使得刑法在确定犯罪圈时有了那么一个"量"的角度。数额犯中的"数额较大"就是反映最轻刑罚要求的刑罚规制条件。这是"数额较大"构成要件背后的法律内涵。论文认为确定性数额要件的数额犯涉及国家税收及社会公共利益的内容,其价值判断已在立法层面完成,数额标准是罪与非罪的标准,而无须在司法上再次进行价值判断;概括性数额要件的数额犯,其概括性的构成要件是犯罪成立的充分条件,司法解释中的数额标准只是司法上价值判断的第一步,它对于判断犯罪成立仅具有指导意义,但不是犯罪成立的绝对标准,在个案中还应在司法解释的基础上再次进行判断。不法行为对合法权益的侵犯性、不法行为与社会主体意志的不相容性、刑法局限性和不完整性,以及刑法资源稀缺和刑法成本昂贵等因素都将成为其价值判断的考察内容。论文认为,数额要件是犯罪成立的定量标准,它主要有三种表现形式:一是犯罪构成行为要件的定量标准,二是犯罪构成结果要件的定量标准,三是构成情节要件的定量标准。存在三种构成形态,即实行数额犯、结果数额犯和情节数额犯。数额犯的未遂形态只存在于实行数额犯之中,在结果数额犯和情节数额犯中没有未遂形态的存在空间和余地。在实行数额犯中其犯罪成立标准只有一个,理论上存在基本犯的未遂形态,但可属于定罪不予以处罚的情况。

关键词:刑事犯罪　数额犯　犯罪构成

1832

中俄共同犯罪比较研究 / 赵微著 ; 黄京平指导. -- 中国人民大学, 2005. -- 175 页

本文旨在通过对比梳理中俄共同犯罪理论和立法的异同之后,适当参照大陆刑法理论揭示中国共同犯罪理论及立法的利弊得失,以求得在合理扬弃前苏联刑法深厚影响的前提下完善中国共同犯罪的理论及立法。论文认为,中俄共同犯罪理论与立法中有许多共同之处,主要包括:中俄刑法典都明确规定了共同犯罪的法定定义,俄罗斯刑法理论坚定了中国刑法理论中将现场排除障碍的帮助作为实行行为的定论,被教唆的人没有犯被教唆的罪,在中俄刑法典中都予以犯罪化并且单独规定了刑罚,而大陆刑法对这种情况不作为犯罪处理。中俄共同犯罪理论与立法的不同主要包括如下几个方面:(1)中俄刑法对共同犯罪人的分类表现出明显的不同;(2)俄罗斯刑法学家通常将意思联络作为主观认识因素的前提条件,而不是作为主观方面的要素之一;(3)组织犯能否实施构成要件的行为在中俄刑法理论界有不同的认识。通过比较研究,论文总结出两国共同犯罪理论与立法中值得对方借鉴的部分。论文认为俄罗斯联邦刑法存在诸多不足之处,例如不承认法人犯罪主体、把共同犯罪主体要件纳入犯罪客观方面特征之中、将犯罪的主观意志因素分成对待行为的心理状态和对待结果的心理状态两个层次等,值得进一步研究。

关键词:刑事犯罪　共同犯罪　同案犯　比较法学

1833

间接实行犯的研究 / 赵香如著 ; 马克昌指导. -- 武汉大学, 2005. -- 118 页

本文以间接实行犯具有实行犯的性质为论述中心,以确立间接实行犯的独立地位为研究宗旨,从行为理论这一根源上探讨间接实行犯的存在、存在条件及存在性质,并将单独犯的理念贯彻在间接实行犯的所有问题的研究中,提倡抛弃非共犯性的思维方式,而采取先间接实行犯后共犯(尤其是教唆犯)的思维。论文认为,行为理论是间接行为存在的根据。间接实行犯的成立必须具备主客观两方面的条件:(1)主观上,幕后人对其间接行为具有超越被利用者的犯罪意思支配,被利用者的行为朝着幕后人的意志的方向发展;(2)客观上,间接实行犯的存在前提是,具体的犯罪形态"允许"行为与主体相分离,体现为间接实行的实行行为与主体的分离。间接实行犯的行为包括利用行为与间接行为,利用行为具有两大功能:(1)引起被利用者的行为;(2)掩藏幕后人的犯罪意思。间接实行犯中的间接行为具有侵害法益的现实危险性,通常情况下,利用行为具有犯罪预备的性质,而间接行为具有实行行为的性质,必须从间接行为中寻找间接实行犯的着手及终了的标准,但也存在例外。论文认为,间接实行犯是否成立,必须以间接实行犯的主客观特征为判断标准,具体的行为只有在判断为不成立间接实行犯之后,才考虑其是否成立共犯的问题。间接实行犯的成立范围包括:利用不具有意思支配可能性的行为、利用无刑事责任能力者的行为、利用过失行为、利用不同故意、利用有故意无目的、利用有故意无身份的行为均存在可以成立间接实行犯的场合。间接实行犯的认定必须考虑其与亲手犯、教唆犯、片

面共犯的关系。我国刑法第29条未包含间接实行犯的规定,建议在立法上增加间接实行犯的规定。间接实行犯与片面帮助犯的区别主要体现在故意的性质上,前者是单独犯的故意,后者是帮助的故意。

关键词:刑事犯罪　单独犯　教唆犯　犯罪构成

1834

短期自由刑研究 / 周娅著 ; 莫洪宪指导. -- 武汉大学, 2005. -- 177页

本文从分析短期自由刑的概念着手,探讨短期自由刑的基本理论问题、相关制度比较、具体实践状况以及我国具体的行刑社会化措施。全文除引言、绪论外,共分四章。论文将本文的自由刑定位为"剥夺自由刑",将短期自由刑的期限界定为3年以下有期徒刑和拘役,并将短期自由刑置于现代刑事政策的大背景下考察,主要考察了宽松刑事政策在刑罚实践和刑事程序上的体现,从刑罚人道思想、刑罚效益思想和教育刑思想出发,指出刑罚存在轻缓化的发展趋势。论文对短期自由刑由来已久的利弊存废之争进行了梳理总结,从多视角分析了短期自由刑的弊病所在,也系统介绍了肯定论者的观点及其修正意见,指出短期自由刑与刑事一体化有着密切的联系。论文认为短期自由刑的监禁方式与改革措施应处于平等地位,在制度设计上可以互为配套措施,提供不同功能,建立合作机制。对于本应宣告短期自由刑者,因各个犯罪人之情状不同而灵活选择刑罚实践方式。一般将诸多短期自由刑的改革措施归为三大类:一为直接采取新的替代方式;二为改善短期自由刑的行刑处遇;三为尽量抑制短期自由刑的宣告与执行。论文研究短期自由刑之行刑社会化在我国的具体体现,即社区矫正,认为我国社区矫正工作的制约因素是:未广泛培育起社区矫正制度存在的社会意识土壤;缺乏社区矫正工作的相关法规;社区矫正机构不够健全,矫正工作者职权不够明晰,而且缺乏专业人士,更缺乏培养和吸引这些人士的运作机制;社区建设也有待完善。大力开展社区矫正工作,应当:更新社区民众与司法者的观念;完善相关法律制度;构建完善的社区矫正体制,明确矫正机构的权限与职能;加强社区建设,利用社区资源并大力吸收专业人士与志愿者加入矫正工作队伍。

关键词:刑罚　自由型　刑事政策

1835

犯罪竞合研究 / 庄劲著 ; 王作富指导. -- 中国人民大学, 2005. -- 221页

论文认为应当以法益作为罪数评价的基准。罪数评价的基本原则,包括全面评价原则和禁止重复评价原则。全面评价原则,要求罪数的评价应当力求囊括行为所侵犯的全部的法益。禁止重复评价原则,要求在对同一法益的同一次侵害过程之中,禁止适用多个犯罪构成予以评价。全面评价原则和禁止重复评价原则的适用发生冲突时,应当优先适用禁止重复评价原则。论文认为,罪数的标准不是犯罪构成,而是犯罪构成客体的重合性。评价的竞合包括两种情形:法条竞合犯和吸收犯。应当立足于犯罪竞合形态而非法条逻辑关系来研究法条竞合。吸收犯不是数罪的类型,而是一罪的类型。吸收犯具有两种存在形式:垂直型的吸收犯和水平型吸收犯。刑法上的选择犯也是一种吸收犯。吸收犯处断原则是:所有吸收犯都应当择一重罪处罚;对于选择犯,根据行为触犯的罪名全部予以宣告,以一罪处罚。论文认为,不可罚的行为具备以下三个特征:必须是行为符合了多个犯罪构成;多个犯罪构成必须评价的是不同的行为;不同的行为必须侵犯同一法益。不可罚行为本质上是一种吸收犯,在确立吸收犯的前提下并无必要引入不可罚行为的理论。论文认为,行为竞合可以分为两个类型:想象竞合犯和牵连犯。想象竞合犯不应从一重断,而应数罪并罚。想象竞合犯和法条竞合犯的区别,关键在于前者的多个犯罪构成的客体不具有重合性,后者的多个犯罪构成的客体具有重合性。牵连犯不应从一重断,而应当数罪并罚。牵连犯与吸收犯有明显的区别:前者的犯罪客体不具有重合性,属于实质的数罪;后者的犯罪客体具有重合性,属于实质的一罪。

关键词:刑事犯罪　竞合犯　犯罪构成　罪数评价

民商法学

1836

控股公司控制权法律问题研究 / 白慧林著 ; 刘凯湘指导. -- 北京大学, 2005. -- 155页

本文探讨了控股公司控制权的理论和实践问题。论文探讨了控股公司控制权的概念和法律性质,认为在集中型股权结构下,公司治理的焦点不是解决Berle&Means所谓的所有与控制分离下董事的道德危

险问题，而是解决大小股东的矛盾等问题；控股公司控制权实为一种事实，以具有支配性、控制性影响力为特征。论文在探讨控制权与传统公司法基本理论冲突的基础上，提出控制权研究对《公司法》改革的意义。论文分析了控股公司控制权产生途径的法律规制。转投资、上市公司并购和公司分立是一般控股公司控制权产生的三个基本法律途径，而组建国有控股公司，通过确立国有股权的控制权地位实现国有资产管理的模式是我国当前建立国有资产管理体制、实现政企职责分开的新探索。论文从控股公司诚信义务的特殊要求、信息披露的特定规则及控股公司对从属公司债权人的民事责任三方面探讨控制权行使方式的法律规制，认为：(1)诚信义务是控股公司对从属公司、少数股东和债权人最主要的法律义务，也是控股公司信息披露和控股公司对从属公司债权人民事责任产生的基础。(2)完善控股公司信息披露特定规则，并与公司内部治理机制相配合，共同构成控制权行使的规范体系，对健全控股公司控制权规范体系具有重要意义。确定控股公司信息披露的范围和建立控股公司虚假陈述的民事责任，是控股公司信息披露特定规则的主要组成部分。(3)在诚信义务理论基础上建立控股公司对从属公司债权人的直接民事责任，并在证明责任分配上减轻债权人诉讼负担，是规制控股公司滥用控制权行为的有效法律途径。

关键词：公司法　股份公司　控股公司　控制权

1837

知识产权出资研究 / 鲍为民著 ; 王保树指导. -- 清华大学, 2005. -- 154 页

知识经济时代，“知识产权出资”是一种越来越普遍的知识产权利用方式。知识产权出资的外在表现形式为知识产权向公司的转让或者许可使用。论文认为传统的出资适格性理论是从债权人预防性保护的角度出发，偏重公司资本的信用和担保功能，但忽略了股东的投资自由和公司筹集资本的需要。论文认为应该建立一种全新的现物出资适格性理论，以平衡现物出资股东、货币出资股东、公司及其债权人的利益。大陆法系各国公司法中对现物出资事先的外部强制评估和履行规制，完全可以被内部约定作价和完善的事后救济措施替代。知识产权出资在现物出资理论和规则框架下呈现出特殊性，具体体现在：论文围绕知识产权等问题，根据各种具体知识产权的特点，从出资适格性、出资评估和履行、出资责任等各个方面进行了广泛探讨。特别是对实务中少见的著作权出资和仍存在争议的以知识产权使用许可方式出资作了研究，并尝试设置了相关配套制度。论文还对知识产权出资的责任制度进行了探讨，认为同样存在股东出资违约责任和发起人资本充实责任，并对知识产权出资的具体问题进行了研究。

关键词：知识产权　公司法　股东

1838

过错论 / 蔡颖雯著 ; 杨立新指导. -- 中国人民大学, 2005. -- 146 页

本文对过错进行全方位的研究，并以此为基础为我国侵权法的立法和司法实践提供进一步的参考。论文认为，过错是法律对于行为人实施侵权行为时主观态度的否定性评价，要素包括下列四项：行为人的侵权责任能力、主观态度、产生时限及法律和道德的否定评价。论文否定客观过错论和折中过错论存在的合理性，肯定了主观过错论的合理性，认为过错判断标准的客观化是侵权法理论发展的必然，但过错判断标准的客观化并不能够导致过错的性质发生变化。论文沿着历史的发展，将过错形态的发展轨迹作了描述，论述了过错程度区分的重要性，通过区分恶意下故意、故意与过失、重大过失与一般过失，论述了过错程度的区分在司法实践中的意义。论文将过错认定的基本框架设定为，过错认定的对象是侵权人的主观态度，认定根据是侵权人的可归责性，认定的依据为行为人致人损害的行为及损害结果。在认定故意时，应当侧重主观认定标准的运用，从行为人侵权行为的各种情节从不同的角度判断行为人是否存在故意。论文认为，过错是过错责任原则和过错推定原则的核心，是无过错责任原则中减轻或免除加害人侵权赔偿范围的重要事由，过错是侵权人的主观要件，与客观要件违法行为相对，加害人的过错和受害人的过错对于侵权损害赔偿责任都会产生一定的影响。过错作为侵权责任的构成要件是法律文明发展到一定阶段的产物，侵权法中的过错经历了否定期、萌芽期、发展期、昌盛期和平淡期五个阶段，无过错责任原则和责任保险制度只能对于过错在侵权法中的地位产生一定的影响，却不能导致过错的死亡。

关键词：侵权行为　过失　过错　民事责任

1839

宪法与民法关系考 : 以对德国和美国的考察为主 / 曹治国著 ; 马俊驹指导. -- 清华大学, 2005. -- 234 页

本文以最高人民法院(2001)法释25号《关于以侵犯姓名权的手段侵害宪法保护的公民受教育权的基本权利是否应当承担民事责任的批复》及相关争论为背景,运用比较法、实证分析等方法,详细考察了宪法与民法关系的问题,探讨了我国宪法与民法关系的现状,提出了完善我国宪法与民法关系的建议。论文认为宪法与民法关系的问题以宪法为公法、民法为私法的认识为前提,大陆法系国家认为宪法是公法;英美法系国家没有公私法的划分,但其宪法主要以规范和限制国家权力为主,与大陆法系国家对宪法性质的认识实质一致。近代社会,作为公法的宪法与作为私法的民法之间界限分明,民法制度具有独立性和自治性,宪法不得干预,但受到宪法的影响。现代社会,宪法权利由防卫权到保护权的功能变迁奠定了国家介入私法关系的基础,同时宪法权利与民事权利共同受人权思想的指导并发生联系,导致宪法开始影响民法制度的发展。论文分析了研究宪法与民法关系的两种理论:德国宪法中的宪法基本权利第三人效力理论和美国宪法中的国家行为理论。两者都主张宪法要影响民法制度,这种影响是对包括民事立法、民事司法和民事行为在内的民法制度的全方位的影响;两者又同时主张宪法不能过度干预民法制度,应注意维护民法领域的私法自治原则,宪法与民法应在互动的基础上共同构成调整社会关系的基本法律制度。论文认为我国在坚持健全和完善由全国人大及其常委会行使违宪审查权、由人民法院行使宪法的司法性解释权的二元体制的基础上,应借鉴其他国家和地区的经验,注意把握宪法与民法之间由对立走向协调的趋势,保障宪法制度在民法领域的具体化,并以此促进宪法制度的完善。

关键词:宪法　民法　公法　私法

1840

论网络环境下的著作权保护 / 陈丽华著 ; 赵中孚指导. -- 中国人民大学, 2005. -- 157 页

本文通过对著作权保护的哲学分析、经济学分析入手,结合法制思想来讨论著作权保护的理性价值。论文针对网络作品的权属性,网络作品著作权的主体,网络环境下著作权的客体,网络环境下若干相关著作权行为的比较这些问题展开了相关论述。结合国内外立法现状,针对网络环境下著作权的保护特征,以及网络环境下著作权保护的新发展与新变化谈了一些自己的观点和看法。针对网络著作权合理使用制度问题进行研究,主要探讨了网络时代合理使用制度存在的价值等相关问题。针对网络环境下著作权的侵权行为进行了一定的分析和研究,在此基础上结合传统侵权行为的观点,对网络环境下著作权的侵权行为的形式、责任构成和损害赔偿等问题进行了深入研究。针对网络服务商的侵权责任着重进行了研究,通过介绍网络服务商的种类,对网络服务商的各种侵权手段以及如何采取相应的措施都有一定的分析和探讨,特别是在我国未来的立法过程中,应当在著作权法中明确ICP与OSP应当适用不同的归责原则,以及在认定OSP有无"过错"方面,著作权法应当设计一套合理的判断规则以增强其可操作性。著作权法应当针对ISP在网络运作中的不同地位,分别规定版权侵权责任。论文还从程序的角度入手分析了我国网络著作权纠纷的法律管辖问题,认为应在司法实践中建立侵权行为中电子证据的采信规则。

关键词:著作权法　互联网络　知识产权　侵权行为

1841

有限合伙研究 / 陈雪华著 ; 赵中孚指导. -- 中国人民大学, 2005. -- 147 页

本文从有限合伙这一制度出发,结合香港地区的立法经验和判断实践以及大陆地区该制度的发展前景,对这一制度的产生、发展以及法律适用做了比较深入的评析。全文共分八个部分。论文认为有限合伙的发展一方面是商人们同宗教妥协的权宜之计,另一方面也是商人们智慧和实践的结晶。有限合伙的发展不只是自动的发展,而且还自觉地使事先存在的法律制度和法律概念适应新的情况,自觉地扩大它们的适用范围,以满足新的需要。论文认为,我国应否建立有限合伙制度,关键应当厘清有限合伙与相关企业组织形式(或契约)的区别,看其是否有创设的必要。隐名合伙与有限合伙的相同之处,主要在于它们都是典型的责任混合制;而不同在于它们的财产归属性及团体性的不同。应当赋予有限合伙第三民事主体地位,有利于简化法律关系,降低交易成本,并可以较好地解决逻辑上的矛盾。我国的立法者在制定有限合伙法时,应综合考虑规避英国有限合伙法的不足,吸取美国有限合伙法的长处,制定出一部适合我国国情、符合市场发展需求、满足投资者需要的有限合伙法。论文着重介绍了有限合伙在完善我国大陆地区风险投资制度中的运用与主要形式等问题,认为有限合伙是风险投资机构组织形式的最优选择,应当尽快认识到有限合伙制度在我国发展完善风险投资

体制中的法律价值，加快立法步伐，及早确定有限合伙的法律制度，制定和完善配套的法律法规。论文对我国大陆地区有限合伙制度建设的现状进行了较为细致的研究，认为我国目前全国性企业法律中没有规定有限合伙制度，而且相关的配套法律尚不完善，在建立有限合伙制度的同时还要注意相应法律之间的协调。论文从立法角度分析了我国大陆地区建立有限合伙制度的可能性并提出立法建议。有限合伙法应采用主体立法的模式，并在我国现有主体立法的框架下，应将有限合伙独立于合伙法之外，并对有限合伙立法的框架和内容作了比较细致的分析和研究。

关键词：风险投资　有限合伙制　立法

1842

证券市场虚假陈述侵权民事责任研究 / 陈志武著 ; 龙翼飞指导. -- 中国人民大学, 2005. -- 158 页

本文就证券市场虚假陈述的民事责任的性质加以分析，提出对证券市场虚假陈述的民事责任应定性为侵权责任，就民法与证券法在欺诈民事责任上的普通法和特别法的关系予以论述。论文遵循传统侵权的理论构架对证券市场虚假陈述的侵权民事责任予以分析和论述，概要分析了证券市场住处披露必要性和意义，依据有关的法律法规列举了我国证券市场披露义务人的具体披露义务，重点论述了信息披露的法律要求以及违反法定披露义务的行为之形态，具体包括错误陈述、不当陈述、遗漏事实和不适时披露的行为。论文在论述美国证券法上不同责任主体的规定之后，以我国现行法律法规为依据，分别对我国证券市场虚假陈述的不同责任主体进行了论述，还对证券市场虚假陈述民事诉讼的原告资格作了分析。论文详细分析了美国证券法上对不同诉讼依据下行为人主观要件的具体要求及其归责原则，认为鉴于证券市场的现状将发行人和上市公司的责任界定为无过错责任，而将其他主体的责任界定为过错推定责任是适当的。论文分析了传统民法上因果关系的基本理论和美国证券法上因果关系的基本内容，认为证券市场虚假陈述责任的因果关系包含了原告对被告陈述的信赖的存在和被告行为与原告损害之间的因果关系。论文介绍了美国证券法上对证券欺诈行为损害赔偿的救济方式和赔偿的具体计算方法，同时也对我国证券市场虚假陈述赔偿责任的具体计算作了分析，认为我国证券法上虚假陈述责任所采取的以交易量为标准的计算方法在总体上是可行的。论文还分析了虚假陈述的时效和受害人违反谨慎义务的抗辩，介绍了美国证券法上 10b-5 规则。论文认为，证券市场的民事责任制度的建立和完善具有极为重要的意义，我国现行的证券市场虚假陈述的民事责任制度还有待完善和改进，美国证券立法和司法实践体现的理念对我国有很大的借鉴意义。

关键词：证券市场　侵权行为　民事责任　证券法

1843

中国农村土地物权制度研究 / 载红兵著 ; 孟勤国指导. -- 武汉大学, 2005. -- 188 页

本文以“物权二元结构论”为理论依托，分析中国农村的土地问题，对中国的农村土地物权进行理论阐释和制度重构。除导论以外，全文共分四个部分。论文通过对不同国家或者地区在二战以后基于社会革命、民族独立等原因掀起的土地改革浪潮的个案分析，阐明基本经济制度反映相应的社会类型，进而从根本上决定了农村土地物权制度的所有制性质，新中国历次农村土地生产方式领域的重大变化，都表现为所有制形式及其实现方式的改变，并导致农村土地物权制度变革的伴随效应，由于土地物权领域受到以私有制为基础的绝对所有权观念根深蒂固的影响，以及计划经济体制规制土地关系的历史惰性，以致中国现行农村土地物权制度存在主体模糊、类型复杂、无序流转等诸多弊端。论文探讨建立中国农村土地物权制度的逻辑起点，认为以农村土地所有和所有权分别表述农村土地归属于农民集体的状态和法律性质，论文对农村土地所有权进行重塑，认为应当依据物权平等的理念厘清国家作为土地所有者与土地管理者的身份混同，破除“越公越好”的观念，准确界定国家利益和社会公共利益，根据私法领域财产权平等保护的理念，提升农村土地所有权的私法地位，使之与国家土地所有权保持私法上的独立平等。论文对农村土地占有权进行构造，主张以农民对农村土地的利用为中心构建占有权法律关系，形成农民、村农民集体和一般非物权人三方之间的双重法律关系。农业用地占有权的现实主体是以户籍身份确定的农民，未来主体则应当以职业标准（即是否具有农业生产经营能力）来确定农民资格，当前及今后相当长一段时间内仍应以自然人主体为主，法人主体不适宜提倡；农民作为占有权主体，享有农业生产经营的自主权，对农业用地的占有使用持续覆盖农业生产的全过程并获取自然产出的农业收益，依法享有特殊的处分权能，同时承担相应土地上的公私法义务；农业用地只能有

序流转。论文重新诠释农村建设用地及其主客体要求,提出农村建设用地占有权的主体是广义的农民,主张在保持广义农用性的前提下进行占有权的流转;农民宅基地占有权突出其生存保障性、非经营性、与住宅的共存性;农村邻地占有权则强调基础权利的制约性、占有的多样性和处分的牵连性。

关键词:土地制度　物权　私有权　集体所有制

1844

控制股东义务法律制度研究 / 邓小明著 ; 高西庆指导. -- 清华大学, 2005. -- 211 页

本文围绕股东平等的公司法基本原则,探讨了控股股东义务的基本法律制度。论文认为,公司中控制股东滥用控制权,侵害中小股东利益是破坏股东平等原则的重要来源。各国公司法都致力于通过判例和学说来向控制股东施加针对公司和中小股东的诚信义务,要求控制股东在行使控制权时,不得仅仅为自己取得利益,或者以中小股东的利益受损为代价来获取利益。控制股东在我国公司特别是上市公司中是普遍存在的现象。我国的公司法以"公司所有与公司控制相分离"为理念基础,公司的控制权实际上掌握在并不拥有公司重要股权的以董事会为代表的管理层手中,侵害中小股东利益的主要就是董事会,公司法把规制重点放在董事会上,力图通过加强对董事的义务规定来保护中小股东的利益。对控制股东施加针对中小股东的诚信义务,在一定程度上限制了控制股东管理公司的自由权,控制股东诚信义务规定反对的是控制股东所从事的并不增加社会总价值,只是通过控制权滥用将本属于全体股东的价值转移至自己的交易,比如利益冲突交易、挤出合并交易、控制权出售交易等。法律一方面允许这些交易的进行,另一方面也要求控制股东承担一定的义务来保护中小股东的利益。有限公司由于其特殊性,中小股东受到控制股东损害的危险性更大,需要法律提供特别的保护。

关键词:股东　义务　公司法　控制权

1845

股份有限公司出资问题研究 : 以中韩出资制度比较为中心 / 丁珍燮著 ; 王保树指导. -- 清华大学, 2005. -- 156 页

本文按照出资过程比较分析了各种各样的制度设计,建议采用折衷授权资本制;针对现物出资的危害资本充实可能性采用在章程和认股书上的公示制度、财产承受制度、事后设立制度;关于发起人及其他出资相关人的责任机制,参考韩国的制度更加完善。并对 2004 年 12 月国务院修订草案提出了自己的意见。论文认为名义借用人在名义贷与的许诺下借用名义并认购股份时,股东资格会产生种种问题,主张采用给股东名册只授予公示力而不授予公信力的方法。伪装缴纳问题在中国和韩国都是相当普遍的问题,通过中韩两国各种案例和学说的分析,指出伪装缴纳是在出资人没有出资的意思下从头到尾精心设计的欺诈行为,不可承认其效力。论文认为考虑到中国经济快速发展的需要,应当扩大现物出资标的物的范围,但是必须经由立法机关的立法来修订,论文纠正了学者们对大陆法系国家有关制度的一些错误理解,比如有关债权投资的禁止等。论文通过对各种公司法和会计法上评估技术的研究,现物评估不需要获得自然科学那样的准确性,通过商法和会计法上的技术和市场自动调节机制就可以圆满解决,评估困难不会成为现物出资的障碍。

关键词:公司法　股份有限公司　股东　货币出资

1846

公司所有与公司经营之法律研究 / 段威著 ; 叶林指导. -- 中国人民大学, 2005. -- 190 页

本文试图在探究公司本质、对他国相关问题进行综合比较研究的基础上,就目前我国公司中公司所有与公司经营的正确定位、关系处理及相关法律制度设计等问题展开探讨。论文对公司本质进行了再探究,指出各国学者关于公司本质的股东营利工具说、企业自体理论、公司合同理论、利益相关者学说等诸多主张,有其合理性但也都存在其缺陷性。论文论述了股东的公司所有地位,即全体股东经济利益最大化是公司及其内部各机构的最高行为目标:全体股东对涉及公司根本或存亡命运的事项拥有最终决定权;股东依法享有某些特定的参与管理权、监督权及受益权。论文论述了董事的公司经营地位,即在公司内部,董事排他性地享有公司业务经营管理权;对公司外部,董事唯一性地享有公司业务经营代表权。论文认为公司所有与公司经营是目的与手段的关系,公司经营与公司所有是分权与制衡的关系。公司权力博弈表现在公司经营的权力内容和权力行使两方面。公司经营对公司所有的利益背离。公司所有对公司经营的控制主要包括四种途径:(1)股东自力控制;(2)股东他力控制;(3)法律义务控制;(4)市场手段控制。建立合理公司经营激励机制,对公司经营者给予应有的

利益激励,可激发公司经营者的积极性与创造性,为公司及股东创造更大的利润。公司经营激励机制的合理设计,必须坚持:公司所有与公司经营利益兼顾的原则;公司经营长期激励与短期激励并重的原则;公司经营激励与公司经营惩罚并举的原则;公司自治为主、司法审查为辅的原则。论文论述了有限责任公司的性质与特征,探讨了公司经营之利益冲突交易、篡夺公司机会等"渎职"行为以及主观不努力和客观无能力等"怠职"行为以及公司所有控制公司经营的特殊对策。论文提出要构建我国公司所有与公司经营的和谐关系,实现公司所有与公司经营利益目标一致化,强化公司所有对公司经营的控制。论文指出,必须妥善处理公司所有与公司经营的关系,构建公司内部权责明确分立与制衡的和谐体系;必须正确审视公司治理结构的"同化"与"分化"趋势,凸显我国公司治理结构的具体性和特殊性;必须关注法律制度背后的诸多因素尤其是政治因素在妥善处理公司所有与公司经营间关系过程中的重要作用。

关键词:公司法　所有权　经营权　公司治理

1847

知识产权侵权损害赔偿问题研究 / 范晓波著 ; 刘春田指导. -- 中国人民大学, 2005. -- 155 页

本文着重通过分析知识产权的价值来研究损害赔偿问题。论文分为六章。论文从知识成果的特殊性出发,通过对劳动价值理论、生产费用价值理论的分析,研究知识产权的价值决定问题。认为劳动价值理论与生产费用价值理论不能被用来解释知识产权的价值。论文探讨了知识产权价值质与量的规定性,认为知识成果具有满足人的物质和精神需要的功效,效用决定知识产权的价值。知识成果的创造过程并不重要,关键是其能否满足人的需要,是否能够被其他人有代价地接受。知识产权的价值是通过对知识成果的利用而产生或预期产生的收益,对知识产权价值评估最为适当的方法为收益法。论文分别探讨了智力成果权和商业标记权的价值,探讨了实质意义上和形式意义上商标的价值。实质意义上的商标的价值来源于商誉,而形式意义上商标的价值实际上仅仅是符号的价值,或者作品被作为标记使用的价值。论文分析了侵害知识产权的直接损失和间接损失,探讨了如何正确地确定利润损失和许可使用费损失,以之作为损害赔偿的根据。论文考察了不当得利与损害赔偿的关系,并探讨了如何确定侵权获利认为对我国知识产权法所规定的"以侵权人侵权利润作为权利人的损害赔偿",应从两个角度进行分析。分析了何为侵权人因侵权获得的利润,从而明确利润返还范围。论文还探讨了法定赔偿的适用条件、法定赔偿选择适用的主体、法官自由裁量对于该制度的意义以及确定法定赔偿数额应考虑的因素等问题。

关键词:知识产权　侵权行为　商标

1848

诉讼时效制度研究 / 冯恺著 ; 王利明指导. -- 中国人民大学, 2005. -- 202 页

时效制度是法律就时间因素对法的规范效力的影响所提炼的专门制度。论文认为,未来立法中应合理确定诉讼时效的制度价值并依此予以具体的制度设计。论文探讨了诉讼时效客体的确定及其意义,对讨论的标准予以简单评介,并在前人研究的基础上进一步揭示了请求权得以成为诉讼时效客体的根据,以及物权请求权的可适性。论文突出了对诉讼时效期间予以设定时应考虑的各种影响要素的考察,对于诉讼时效期间的类型及其划分根据作出了系统讨论,并对某些特别的诉讼时效的起算问题作了更为深入的研究。论文认为,最基本的时效期间类型有三种:普通时效期间、特别时效期间和长期时效期间。论文分析了主观、客观及主客观兼有说三种起算标准,并指出:主客观兼有说更为周延并成为各国的立法趋向,讨论了合同之债与侵权之债两种基本的请求权的诉讼时效期间的起算,以及在分期履行之债与行为无效两种同时情况下时效期间应如何起算的问题。考虑到诉讼时效的双刃性,论文建议通过合理的限制措施(即诉讼时效的障碍)以保障其价值的发挥,分别论述了诉讼时效的中断、中止、延长与不完成等具体障碍情形。论文在对三种立法主义以及我国所奉行的"胜诉权消灭说"予以评介的基础上提出:在诉讼时效的效力问题上,应当实现由传统的"胜诉权说"向抗辩权发生主义的转换,同时注意克服抗辩权发生主义的自身弊端。论文还提出对未来民法典规定诉讼时效制度的几点建议。

关键词:民事诉讼　诉讼时效　司法制度

1849

私益信托的移植与本土化 / 冯兴俊著 ; 温世扬指导. -- 武汉大学, 2005. -- 170 页

论文分析了英国为什么会产生信托,介绍和总结英美法上信托广阔的适用范围以及特殊的信托类型,分析了我国信托法移植的法律障碍和观念障碍,认为

我国没有信托产生的社会基础,检校库制度并不是真正意义的信托制度。论文介绍和总结了英美法学者对信托法律关系的性质的三种理论,即信托合同法说、信托财产法说及信托组织法说,认为我国信托法将信托关系定位为合同关系,一般信托合同和通过遗嘱成立的合同(特殊信托合同)在生效时间和生效条件、成立的方式与过程等方面存在差别,我国信托法对信托本质定位的不足。论文分析了英美法上信托功能的变迁,主张我国信托法的功能只宜定位于财产管理、有限责任保护的投资组织形式、分配及转移财产权利的功能,评价我国信托法对英美特殊信托类型的继受状况。论文分析了英美信托法上双重所有权、大陆法系的绝对所有权理论和观念,认为我们的所有权制度无法容纳英美法系的双重所有权,主张我国信托法应将信托财产所有权赋予受益人,如果受益人有两人或两人以上的,由受益人共有。论文介绍了商事集团信托主要形态,包括信托型证券投资基金、信托型产业投资基金、资产证券化中的信托型特殊目的实体以及企业年金信托,分析了美国信托学者对信托主体性质的认识的变迁与我国赋予商事集团信托主体地位的必要性,认为商事集团信托在本质上是一种财团法人,我国应该赋予商事集团信托以财团法人的主体地位,以满足商业实践的需要。

关键词:信托　信托法　所有权

1850

买卖合同中标的物所有权的转移及风险承担问题的研究 / 付金联著 ; 龙翼飞指导. -- 中国人民大学, 2005. -- 183 页

本文深入剖析在买卖合同过程中的标的物所有权及风险责任的民事权利,对权利的性质、内容、变动及其原因予以全面深入的研究,分析不同形式买卖合同中的所有权法律关系和风险承担,对各国有关货物所有权的法律制度和风险承担进行反思,从中外立法和审判实践的案例中探讨我国立法的完善。论文用比较法学对买卖合同中所有权转移的各种理论和立法进行了全面的研究,并对我国现行立法进行分析和评价。论文针对不动产作为标的物的所有权转移问题进行研究,重点对当前商品房预售合同和商品房按揭合同的所有权转移问题进行专门研究,结合我国立法情况分析了我国所有权立法上存在的不足,提出了完善所有权转移制度的对策。论文对所有权保留的涵义、类型、理论基础,客体、效力、公示方法展开了分析和研究,并指出了我国在所有权保留立法上的缺陷。论文探讨了买卖合同中标的物风险责任承担问题,认为当事人的不可归责性是风险负担的构成要件。各国对风险责任承担在立法上采取两种主义:一是所有权主义,二是交付主义。论文还对在世界范围内具有影响的《联合国国际货物销售合同公约》对风险负担的规定进行总结,并对实验买卖、拍卖和分期付款买卖等特种买卖情况下的风险承担责任进行了探讨,并对我国现行立法进行评析。

关键词:买卖合同　所有权　物权　风险承担

1851

公司瑕疵设立制度研究 / 傅建奇著 ; 王保树指导. -- 清华大学, 2005. -- 193 页

本文从设立准则主义、公司设立价值目标等角度分别考察了瑕疵设立制度的背景以及各国的实践,认为在公司瑕疵设立制度的设计上,应兼顾公平与效率,并更多地尊重企业自由,将设立的权利更多地交由公司和公司设立当事人。论文使用比较分析、历史考察等方法,对公司瑕疵设立的类型进行了较为全面的分析,认为公司设立中存在的瑕疵,大致可分为人、物、章程及设立程序的瑕疵。这些瑕疵有的可予补正,有的不可补正。论文归纳分析了公司瑕疵设立的救济,认为其主要是通过诉讼来完成。瑕疵的补正主要是民事责任的承担。如果法院认定公司设立过程中确实存在法定的瑕疵,并通过判决宣告公司设立无效和设立撤销,公司人格即告消灭。公司人格消灭后,公司发起人、股东应对公司瑕疵设立承担相应的法律责任,包括民事责任。民事责任的承担分为两方面:对内,即发起人、股东之间的民事责任的相互承担;对外,即发起人、股东对公司第三人,主要是债权人的债务承担。论文分析了我国公司法关于公司瑕疵设立的相关制度的特点,提出建立我国公司瑕疵设立制度的建议,包括扩展公司设立瑕疵的原因、引入公司瑕疵设立诉讼机制、明确瑕疵设立公司人格消灭后公司的发起人、股东的民事责任等方面吸收国外立法的先进经验等。

关键词:公司法　公司设立　瑕疵　民事责任

1852

行政性垄断之问题与规制 / 郭宗杰著 ; 漆多俊指导. -- 武汉大学, 2005. -- 127 页

行政性垄断问题是我国法学界近年比较关注的热点问题。全文共六章。论文对行政性垄断的概念和构成问题进行了探讨,提出行政性垄断是“行政主

体没有法律依据而利用行政权力实施的限制正常市场竞争的行为”,并以此界定为基础对行政性垄断的构成要件进行了分析,认为行政性垄断的构成应包括主体要件(行政主体)、行为要件(没有法律依据的行政权力行为)、后果要件(对正常竞争造成实质性的限制)三个方面。论文就行政性垄断的一般成因及其在中国的特殊表现进行了分析,通过对现代经济学相关理论的研究和对行政权力性质的分析,提出行政权力的私人化和市场主体的趋利性之双向互动,是行政性垄断产生的一般根据,重点分析了中国行政性垄断之所以较为严重的特殊历史、文化和现实根源。论文从行政性垄断与经济民主化、世贸组织规则、民法基本原则理念等现代价值目标和制度模式的关系出发进行分析,认为行政性垄断不但有损经济效率,减损社会福利,还与以上诸多现代社会价值目标相背离。论文采取比较方法研究了中外关于行政性垄断规制途径的现实选择及具体实践,并对中国未来规制行政性垄断的路径选择进行了探析,认为通过反垄断法的规制是一种必然而现实的选择。转轨国家关于行政性垄断的法律实践,特别是其关于行政性垄断的界定和分类等,为我们提供了值得借鉴的丰富经验。论文还对我国现行有关反行政性垄断的法律法规进行了分析整理,提出了现有立法在体系和制度模式上存在着的诸多问题,同时也对我国未来关于反行政性垄断的立法模式和立法体例进行了初步探讨,建议采用俄罗斯的“统一立法、分别列举”、“统一定义、分别主体”的立法技术。论文在充分借鉴国外现有立法成果,并吸取中国现有反行政性垄断立法经验的基础上,对中国反垄断法规制行政性垄断的具体内容、法律责任、机构设置、执法程序等进行了论证并提出了相应的立法设想。

关键词:垄断　反垄断法　行政垄断法

1853

自助行为研究 :为了法和权利的实现 / 韩桂君著 ; 覃有土指导. -- 武汉大学, 2005. -- 144 页

论文认为,自助行为是指权利主体在权利缺损或无法有效实现或者被侵害后,以个人或个人联合体的力量和方式纠正司法不作为或拖延作为的行为以及不经过法定程序而实现或救济权利的行为。权利人实施自助行为必须有实体上合法权利存在为基础,义务人不履行义务或侵害人消极抵制、积极逃避,致使权利人的权利有落空的危险。根据不同的分类标准可以对自助行为进行不同的分类,主要包括实现权利的自助行为和救济权利的自助行为、合法自助行为和不合法自助行为、暴力自助行为和非暴力自助行为、程序上的自助行为和实体上的自助行为、分为个体自助行为和集体自助行为、防御性自助和攻击性自助。论文认为,从法理学角度分析,自助行为的法理基础集中体现在自然权利学说中。从历史发展过程上看,法与自助行为的关系经历了完全承认和许可的阶段、逐步限制的阶段和完全禁止的阶段,今后将会出现法适度承认自助行为的阶段,预测未来的权利救济模式应当是他助与自助并存,他助包括公力救助和私力救助(见义勇为)两种。从经济学角度分析,法律运作以及权利的实现和保护状况依赖于其所耗费的社会成本。从人性角度分析,自助行为的人性基础是个人维护自身生存和自我关怀的本能需要。论文认为,民法中应确立自助权,实现社会正义和维持社会秩序是自助行为两大重要价值。为防止自助权的滥用,实施自助行为应符合有关要件。对自助行为是否适度的判断,主要应从行为后果上看是否符合公平正义之目的、从实现自助目的与对方侵害行为之间的相当性、在客体上以可强制执行为限。我国民法应确立自助行为制度。确认自助行为制度的模式,在我国可以采取法律文件中明文规定和司法判例中认可两种方式并用的综合模式。一方面,通过立法活动在《民法典》中规定权利人的自助权,另一方面,在法律未规定或者存在漏洞时,由司法判例加以补充。随着自助权的行使和自助行为的实践而逐步明晰自助行为实现的法律限度。

关键词:权利　公民权　自助行为　民法

1854

公司法任意性规范与强行性规范研究 / 胡田野著 ; 尹田指导. -- 北京大学, 2005. -- 224 页

本文以构建任意性规范和强行性规范的基本理论开始,提出了法律规范分析的必要性和不同的法律规范分类标准。论文分析了任意性规范和强行性规范的概念和功能,认为任意性规范和强行性规范在公司法上存在三个比较可能的规律:任意性规范呈现逐渐增多而强行性规范逐渐减少的规律。任意性公司法模型和其他公司法模型可能存在并存性。任意性规范和强行性规范在不同的公司类型中配置应当是不同的。论文探讨了公司法规范是任意性规范还是强行性规范的判定的因素:(1)外部监控机制的强弱决定着规范的任意性或强行性;(2)公司的类型决定着规范的任意性或强行性;(3)信息不对称时规范应

当为强行性;(4)涉及公司效率提高的事项规范应当为任意性;(5)诉讼性程序和法律责任规范应当为强行性。论文提出任意性公司法与发展中国家的国情是存在内在冲突的,移植美国的公司法并非是最好的选择。在中国大陆的国情及在类同大陆地区的转型国家和地区的条件下,企业形态的多样化,尽量减少公司法的实施对外部因素例如市场机制和法官等的依赖,而让公司的参与者采取措施保护自己,积极培育公司的外部监控机制。论文针对转型国家在公司立法上提出了三个原则:一是公司立法的目的在于扩张与保护自由而不是管制;二是规范的配置应当表述市民社会的规则,即法律移植一定要考虑他国的文化社会经济等种种因素,以及本国的相对应的各种因素;三是规范设置应当重视社会调查。论文对最近的公司法修改草案进行评析和提出建议,认为修改草案关于治理制度有不少改进但是尚有不足,比如资本制度有所放宽但不完善,缺乏小股东退出之任意性规范设置,不同公司之规范的任意性与强行性之不同没有充分体现,公司法修改草案缺少程序性设计,任意性与强行性标识性语言缺乏,修改草案规范不具有完整性,应进一步审查该修改草案。

关键词:公司法　法律规范　立法

1855

大陆地区房地产按揭制度若干法律问题 / 黄志明著 ; 赵中孚指导. -- 中国人民大学, 2005. -- 142 页

本文深入研究大陆地区房地产按揭制度以及与香港地区此类制度的比较,以期获得对大陆房地产按揭现状的透视和对未来的展望。论文对按揭制度全面介绍和说明,针对按揭制度的产生、发展以及社会功能进行研究,对我国大陆地区按揭性质进行分析与探索,对按揭与抵押权、所有权保留、质权、期待权等相关概念进行比较和甄别,最终确认抵押的性质。论文对按揭制度存在的经济意义、产生的经济原因以及按揭制度中存在的风险进行分析,着重介绍了按揭银行、购房者、开发商所面临的风险以及相关原因。论文介绍了我国香港地区的按揭制度,并对比和分析香港地区与大陆地区在同一问题上的不同机制以及不同的模式;介绍了我国大陆地区按揭实务中遇到的各种问题,认为商品房按揭融资方式对三方当事人都有利。论文针对按揭制度的保障机制着重论述和研究住房按揭的保险和担保体系,认为与其他制度的建设相比较,保险制度介入按揭更为迫切,而在制度完善方面目前也是最具有可行性的,论文着重于各国的按揭购房保险制度的对比分析,寻求我国按揭购房制度的法律解决途径。论文对我国大陆地区出现的一些商品房按揭中的特殊的法律问题进行研究和探讨,结合当前最常见的按揭纠纷类型,以案例为媒介对当前按揭中的法律关系进行分析探讨。论文还提出建议完善我国大陆地区的按揭制度。

关键词:房地产　按揭　担保　保险制度　物权法

1856

中国农村土地所有权制度研究 / 江海波著 ; 马俊驹指导. -- 清华大学, 2005. -- 175 页

本文以农村集体土地所有权为中心,对集体土地所有权形成的历史、发展演变的过程、实践中运行的状况、近期改革的方向等问题进行了系统研究。论文批驳了集体所有权是效率最低的一种产权制度的抽象论断,分析和论证了中国农村土地问题既不是农村集体土地所有制本身,也不是农村土地承包经营权效力的强弱问题,而是公权缺乏制约、私权缺乏保障的现行体制。论文认为我国目前农村土地立法秉承的构造主义立法模式,对我国农村社会历史上存活下来的制度、行为规范和信仰体系置之不理,既忽视了农村土地制度的延续性及土地变革的路径依赖特征,也忽视了人民群众在制度创新过程中的主体性地位和创造性作用。农村土地承包法与“农村土地承包经营权 30 年不变”的土地政策并未解决久已存在的农村土地问题,相反在实施过程中遭遇“情景化偏离”。论文指出农村集体土地所有权的本质是农村社区土地所有权,建议我国民法典根据我国农村土地现实占有和使用状况确认村和村民小组两级社区组织为农村土地的所有权主体,并从构成要素、边界确定和法人主体资格之确立三个方面构建农村社区法人组织体。在确定农村土地所有权由两级社区法人组织享有后,赋予农村社区土地所有权人意思自治的权利,每个社区都可以根据自己的传统习俗、村民利用土地的习惯方式和当地经济发展水平,自主决定本社区的土地使用问题。形成的地域性制度多样化将使我国农村经济更具抵御意外冲击的持久耐力和对变动环境作出创新性适应的能力。

关键词:土地所有权　土地制度　农村土地承包法

1857

民事责任归责研究 : 以社会正义实现为中心 / 姜

启波著 ; 龙翼飞指导. -- 中国人民大学, 2005. -- 204页

论文认为,法律原则以社会正义规则为基础,并以实现社会正义为目的。正义以一定社会经济基础、社会制度为背景,受特定时期生产力与生产关系制约,具有鲜明的时代性、社会性。法律原则由社会正义规则、法律规范衍生而来,是对社会正义规则、法律规范的抽象与概括,集中体现着社会正义,并以实现社会正义为根本目的。论文认为,民事归责原则理论非基于正义,故难以满足社会正义实现的要求。民事责任归责理论存在以下问题:首先,归责基础与归责原则不具有最终性,难以满足正义实现的要求。其次,归责的外延不周延,远远不能囊括民法中的各种归责事由和归责事实。再次,民事归责原则理论体系存在自相矛盾、标准混乱等方面的逻辑错误。突出表现在将过错和无过错两个标准完全相反的原则适用于同一法律领域,或者说以两个价值取向完全相反的原则衡量同一事物。论文认为,我国现有民事归责原则理论体系既存在逻辑错误、理论缺陷,又与司法原则相互矛盾,各归责原则缺乏可操作性,其具体适用范围无法划清,司法实务工作者无法真正把握和应用民事归责的原理,以实现社会正义。论文对正义理念指导下的民事归责原则理论进行更新与体系重构。认为应将民事归责理论统一于社会正义之下,并依据不同的情况将正义原则类型化。论文认为,民事归责原则的体系应考虑标准的统一性、终极性,归责原则的普适性、周延性以及体系的合理性、完整性,具体结构可设计为:(1)核心的原则就是法律的最基本原则——正义原则;(2)具体的归责原则分为两个层次:首先是民法基本原则在归责原则中的适用,包括诚实信用原则和公序良俗原则。其次是民事责任归责的具体原则:包括谨慎注意原则和利益平衡原则。

关键词:民事责任　归责原则　社会正义

1858

知识产权与民法关系之研究 / 蒋万来著 ; 刘春田指导. -- 中国人民大学, 2005. -- 155 页

本文主要运用历史研究方法、比较研究方法、从具体分析到抽象归纳的研究方法等,在整体结构上分别以知识产权的生成和演进路径以及近代民法的法典化运动为主线展开论述,分析了知识产权的产生、发展及其相关的社会、经济和文化等背景,论证了它作为私权的正当性、抽象出其概念,为其融入民法的体系奠定基础。论文分析了近代民法典编纂活动中各国不同时代背景和法律思想基础,以此解读在知识产权已经蓬勃发展的历史条件下,各国民法典为何未将这种日益重要的民事权利纳入其中。论文详细论述了知识产权和民法在各个方面之间的相互融合共生的关系,两者之间相互作用、相互影响。知识产权的法律原则和具体制度的构造无不处处烙下民法的痕迹,知识产权本身即是民法的权利体系中不可分割的有机组成部分,而知识产权法的发展也为提升传统民法理论的体系化程度作出了贡献。论文认为,知识产权所指向的利益关系是潜在的市场份额,知识产权对象是法的第二性意义上的知识,即形式或结构,近代民法典编撰未将知识产权编入,是知识产权自身缺乏体系化的表现,这不仅阻止了知识产权法学向更高的层次发展,而且对民法总论思想的适用及其整个民法体系的完整性也造成损害,近代知识产权的产生,反映了从特权到发明创造的运动,解放了有创造力的普通阶层。知识产权和民法典的结合形式并非特别重要。关键在于,民法典作为一个国家集体智慧的结晶,其最终应该是促进人民的福祉和社会进步。但是,从传统民法形式理性角度看,知识产权应该单独成编,与物权并列于民法典之中,而将某些公法规范适当另行规定。

关键词:知识产权　民法

1859

法人制度法理研究 / 蒋学跃著 ; 杨大文指导. -- 中国人民大学, 2005. -- 214 页

本文围绕法人的本质理论展开,分为六个部分。

第一部分为民事主体和法人的一般问题,是对民事主体的基本性问题的研究。论文认为,民事主体的争议源于人们对于权利定义的分歧,民事主体应该是指法律所保护的利益载体。整个民事主体制度的是沿着逐渐单一化的趋势发展,自然人人格与法人人格存在根本性不同。第二部分从外延方面廓清法人的概念。认为法人与民事诉讼法上当事人概念应该是对应的,法人与团体是法律概念与社会现实概念的对应,团体在很大程度上会影响到法人的制度,但是团体永远不能替代法人的概念,前者只是一种法律的素材和原料,两者之间存在着巨大的鸿沟。合伙在具备一定条件的情况下应该属于法人。第三部分是法人的存在价值和成立条件。现代民法中承认一个非人的组织或财产为法人,主要基于法律关系的简化、有限责任的建立、人格分裂等功能。法人的成立的前提条件只能是合法的宗旨、名称、场所和组织机构。独

立责任和独立财产也不是法人成立的条件。第四部分为法人本质理论。在三种法人本质理论中,拟制说是基于个人主义的立场,主张法人是法律创造的一种主体,具有工具性价值,目的是保护和实现其背后的具体的自然人价值和利益。法人实在说基于团体主义的立场,主体团体自身的独立价值,法人也可以拥有自己的人格权。法人否认本质上是拟制说的一个分支。拟制说具有优势。第五部分是法人存在形式。论文对中国未来民法典法人立法上的分类提出建议,分析了财团法人的特殊构造和功能及其与信托之间的关系,主张公私法人的区分标准主要是看其是否享有一定的公法权力。第六部分是法人的能力。法人的权利能力其实与法人的人格是同一含义,不存在法人的权利能力不平等问题。法人的行为能力大小问题是一个虚假的命题,让法人与其机关连带承担责任是一种最佳的法人责任承担方式。

关键词:法人　民法　法理学

1860

相邻关系制度研究 / 金启洲著 ; 王家福指导. -- 中国社会科学院研究生院, 2005. -- 172 页

本文分析了罗马法、德国民法典、瑞士民法典、日本民法典、台湾地区民法典及法国民法典相邻关系制度的立法体例、内容和特点,探讨了相邻关系制度的基本内容并提出完善有关立法的建议。论文分析和检讨了相邻关系的定义,探讨了相邻关系制度的本质和功能,对相邻关系制度进行类型化研究,比较了相邻关系与地役权在法律性质和制度构成的差异。论文认为,不可量物侵入是现代相邻关系制度的核心,考察了罗马法不可量物侵入制度,详细分析了德国和法国不可量物侵入制度的构成、内容和特点,对德国和法国相邻关系制度进行了比较,揭示了二者制度构成差异的成因。论文阐述了公法相邻关系产生的原因,追溯了德国公法相邻关系法的历史发展,探讨了公法相邻法保护的要件和方式,对公法相邻法和民法相邻法进行功能上的分析,即探讨私法和公法相邻法各自的界限及其相互补充,探讨了私法相邻法保护与公法相邻法保护的冲突与协调,对我国公法相邻法保护制度加以实证分析和检讨。论文集中探讨了建筑物区分所有权,分析了各国建筑物区分所有中的法定相邻关系的特征和内容,探讨了建筑物区分所有中的意定相邻关系的基本原理和内容,对是否引入英美法上的随不动产移转的契约进行了检讨。论文详尽分析《民法通则》及《最高法院关于贯彻执行 < 民法通则 > 若干问题的意见》中相邻关系制度的内容和特点,指出我国现行相邻关系制度存在的缺陷,对两个学者物权法草案建议稿拟订的相邻关系制度加以细致的剖析,提出完善我国相邻关系制度的基本思路和立法建议。

关键词:民法　物权　相邻关系

1861

人寿保险信托之研究 / 赖国钦著 ; 赵中孚指导. -- 中国人民大学, 2005. -- 122 页

论文认为,人寿保险信托(Life Insurance Trust)亦称为保险信托,乃设定信托之际,自委托人移转人寿保险金债权作为信托财产的一种信托制度。人寿保险信托观念导源于美国,最初在美国承办该项业务之受托人为人寿保险公司,1830 年纽约人寿保险与信托公司(The New York Life Insurance and Trust Company)开始办理该项业务。论文认为:人寿保险信托主要的类型包括:(1)个人人寿保险信托(Personal life insurance trusts)与企业保险信托(Business insurance trusts);(2)附基金之人寿保险信托(Funded insurance trust)、不附基金之人寿保险信托(Unfunded life insurance trust)与积累保险信托(Cumulative or Cumulating insurance trust)。人寿保险信托主要是为私益信托,除具有信托的财产管理、增值及保全之功能外,另外具有特别的优点:(1)个人人寿保险信托,因保险所生之利益可由专人管理,增加委托人生前财富;可信保险信托之目的,就保险金为受益人的利益加以运用管理或就保险金妥善分配;税务规划;(2)企业人寿保险信托,公正第三者的服务;补偿事业的损失并维护事业的营运;加强事业的信用;妥善处理死者的股份。论文认为,中国信托业界认为有极大市场需求,但仍未开发人寿保险信托的相关产品,主要原因应是人才不足,制度尚未完善、信托观念尚未普及等原因。但在保险业务市场上,则有一保险与信托结合之商品推出,即投资连结保险。大力发展信托业务,尤其是保险信托业务时,有以下数点应特别加强:(1)信托业分业与兼业(混业)的选择;(2)人寿保险信托经营业者的选择;(3)法规的健全;(4)税制的选择;(5)建立良好形象与制度的推广;(6)注意信托业的信用与监管问题。

关键词:人寿保险　信托法　信托业务

1862

商业方法的专利保护问题研究 / 郎贵梅著 ; 郑成

思指导. -- 中国社会科学院研究生院, 2005. -- 120 页

本文分析了商业方法的可专利性,比较分析了美欧日商业方法专利保护的差异并提出了我国的应对策略。论文回顾了专利客体的商议方法除外原则,介绍了若干商业方法专利案例,系统地介绍了美国、欧洲、日本围绕商业方法专利所采取的行动和出台的政策,揭示了其对商业方法的重视态度。论文初步比较了美欧日商业方法可专利性,认为美国的要求是能够产生实用的、具体的和明确的结果,欧洲的要求是具有进一步的技术效果和技术贡献,日本则要求通过硬件资源具体实现。论文分析了商业方法专利的定义、特征及商业方法与其他专利客体的区别,对商业方法专利进行了科学界定,指出了商业方法与其他专利客体特别是与其他方法专利客体的区别。主要在于商业方法作用的对象是信息,其背后的理论支持多为经济学等社会科学理论。结合主要国家对专利客体的规定,论文从肯定和否定两方面论述了确定专利客体的基本原则,认为技术性、确定性和可区分性是专利客体的肯定性条件,而抽象思想、思维步骤、个人技能、纯粹表达性作品以及违反公序良俗者不受专利保护。论文研究了商业方法发明的实用性、新颖性和创造性审查问题,认为商业方法发明的可专利性是一个复杂的需要全面考虑的问题,而不仅仅是单纯的专利客体地位问题,科学地确定商业方法发明的可专利性,必须深入研究商业方法发明的实质条件。结合反对和支持商业方法专利的理由,论文从多个角度分析了商业方面的可专利性,并尝试提出商业方法的法律保护模式,即,对于以技术手段实施的商业方法发明,如果其实施手段在技术方面具有创造性,可以通过对其实施手段的专利保护来实现法律保护;对于不具有技术创造性但具有经济改进性的商业方法发明,可以赋予发明人以较短时间内排他性使用权。论文从法规政策、思想意识和产业实务三个方面分析了我国对商业方法的法律保护水平、社会公众的保护意识和保护行动,并从专利客体的国家导向性和专利制度的国家利益工具性质出发,提出了我国应对商业方法专利战争的总体思路及应当采取的有关具体措施。

关键词:专利　商业方法　法律保护

1863

民法自由价值论 / 雷涌泉著 ; 覃有土指导. -- 武汉大学, 2005. -- 171 页

本文围绕民法的自由价值展开,回答了民法的自由价值是什么,民法对自由价值有什么意义,民法以自由为价值的根源是什么等问题,重点研究了自由在民法中三种主要表现形态:人身自由、合同自由和婚姻自由,论证了自由是民法的灵魂,自由是民法的首要价值,力倡我国民法(典)应明确将保护自由作为其基本原则之一,按自由精神设计民法制度,加强对自由的保护,为建立自由社会提供私法保障。论文阐述了价值与法的价值的含义、法的价值体系、法的价值的特性和法的价值的意义等问题,重点研究了民法价值的普遍性和特殊性,提出人的发展具有全面性和自由性,人的全面发展也是人的自由发展,人的全面发展离不开人的自由。自由是社会发展的目的。也是社会发展的手段。论文叙述了各国民法对自由的规定,阐述了民法确定自由的范围,充分调控和适当限制自由,对自由的实现民法将发挥主导作用,从多种角度论证了民法以自由为价值的根源。首先,阐明了民法的经济基础是市场经济,民法是市场经济的产物,民法是市场经济的基本法。民法是市民社会的法,市民社会是民法产生和发展的社会基础,民法反映了市民社会的本质特征和社会意义。民法是私法、权利法和自治法,意思自治是民法本质的要求。民法精神的内容有保障私权、实现平等、尊重自由。论文探讨了人身自由的狭义与广义两种含义。居住自由、通讯自由特别是迁徙自由是人身自由的基本内容。提出并论证了我国应恢复确认并切实保障公民的迁徙自由。论文阐明了合同自由的内容及其分类,合同自由的确立及其理论基础、经济基础和政治基础,现代合同自由的限制。论文阐述了我国合同法上合同自由原则的立法历史和立法模式,我国新《合同法》对合同自由的体现,合同自由原则与诚实信用原则的关系,明确主张合同自愿原则与合同自由原则不同。建议旗帜鲜明地确立合同自由原则,修改《合同法》第4条自愿原则为“当事人依法享有合同自由的权利,任何单位或个人不得非法干预。”论文还阐述了婚姻自由的含义、内容、性质、根据以及结婚自由和离婚自由的关系,提出婚姻自由行使应遵循的依法行使、依德行使、不得轻率结婚和离婚等原则,阐明了婚姻自由的民法保护、行政法保护和刑法保护。

关键词:民法　自由　价值

1864

交易安全义务制度研究 / 李昊著 ; 崔建远指导. -- 清华大学, 2005. -- 409 页

本文从比较法的角度入手,探讨德国侵权法中的交易安全义务制度的构成和功能,研究了安全保障义

务在我国侵权法体系中的作用和功能。论文认为交易安全义务的基本含义是，在自己与有责任的领域内，开创或持续某一危险源之人，负有依情形采取必要且具期待可能性的防范措施保护第三人免于遭受此种危险的义务。它鲜明地体现了危险升高、信赖保护、危险控制和从危险中获益的思想，并贯彻到了日常生活的方方面面。论文认为交易安全义务的创设突破了德国侵权法原有的结构，扩大了传统的不作为侵权的范围，成为两种侵权行为类型的违法性的判断标准，并鲜明地体现了德国侵权法中的违法性理论从结果不法论向行为不法论的转变，直接导致违法性和采客观判断标准的过失之间的合一，使得德国侵权法传统的三阶层结构实质上成为两阶层结构。我国的侵权行为法应采用两阶层的结构——构成要件阶层和有责性阶层，安全保障义务应在这两个层面发挥和交易安全义务类似的功能。论文认为，交易安全义务突破了德国民法典以过错责任为中心的归责模式，将危险责任的因素引入过错责任中，缓解了德国民法典对危险责任规制不足的状况，使得过错责任和危险责任之间形成一片流动带，并扩大了传统过错责任的保护范围。安全保障义务在我国未来侵权法的外部结构上应发挥这种功能转换的功能，它主要应规制过错推定的责任类型，并致力于限缩和完善对他人财产的保护。

关键词：侵权行为　民法　民事责任　交易安全义务

1865

公司登记法律制度研究 / 李克武著 ；余能斌指导. -- 武汉大学, 2005. -- 150 页

本文本着系统研究、突出重点、力求创新的原则，主要采用比较研究的方法，对公司登记制度，特别是我国的公司登记制度进行了较为全面的深入的研究。全文由导论和六章构成，约 15 万字。论文分析了法的价值体系的各构成要素，认为根据公司登记立法的特性，公司登记立法的基本价值取向选择应当是安全和效率。但安全与效率往往存在冲突，需要在公司登记立法中进行协调。论文认为，公司登记具有多重功能，包括公司商业信息公共服务功能、公司登记程序服务功能、公司市场准入与异动监控功能、交易安全保障功能、增进交易效率功能和方便国家税赋征收功能等。现代社会应当突出其公共服务功能，而淡化其行政管理色彩。公司登记行为在性质上具有公权行为与私权行为、行政行为与民商事行为的复合性，但以公权行为为主。论文比较分析了世界范围内关于公司登记效力的几种立法例，并对公司登记的一般效力、特殊效力、效力发生时间、瑕疵公司登记的效力等进行了具体分析，在此基础上还对我国公司《企业法人营业执照》的效力进行了反思与检讨，认为我国立法应继续坚持登记要件主义立法例，应当回归公司登记制度的基本原理，仅赋予《企业法人营业执照》以证明效力，而将登记注册作为公司登记的生效要件。论文比较分析了世界主要代表国家有关公司登记机关设置模式、职责安排、登记人员选任与考评的立法、理论及实践，检讨与反思了我国的现状，提出了系列改良或改革建议。论文选择与公司登记事项之选择和公司登记程序之设计有关的若干具有较大争议的问题、较具理论思辨的问题和体现公司登记发展趋势的问题，采用比较分析和实证研究的方法进行深入探讨，包括公司名称登记问题、公司登记之申请问题、公司登记之更正与撤销问题、关于经营范围登记的问题以及公司登记的电子化问题等。论文还对当事人及相关登记辅助人瑕疵登记的民事责任的责任对象、归责原则、责任构成、责任方式及范围等问题进行研究，提出了自己的主张和建议。

关键词：企业登记　公司法　民事责任

1866

股东对公司债权人的民事责任研究 / 李巧毅著 ；覃有土指导. -- 武汉大学, 2005. -- 121 页

本文立足我国，并以公司的创立、运营、消灭为线索，归纳股东应当对公司债权人承担民事责任的各种情形，揭示在不同情形下股东对公司债权人承担董事责任的法理依据，并使其成为一个完整的、有机的体系。论文阐明了“公司人格”、“股东有限责任”两者的关系，论述公司设立过程中发起人对债权人的民事责任，指出：公司成立后，由于设立公司而产生的债务归公司承担，但在公司设立存在瑕疵（主要是出资瑕疵）时，要区分不同的情况来考察股东的民事责任。论文论述在公司经营过程中股东对公司债权人的民事责任，归纳出其适用情形主要有公司人格否认、股东抽逃出资、关联交易和不当分配利润以逃避债务四种。指出当前对公司人格否认制度的内涵的争议，其实只是名称之争，澄清了公司人格否认制度应指在特定的法律关系中否认公司人格，由股东与公司共同对公司债权人承担民事责任，并对我国具体适用公司人格否认制度提出参考意见。论文论述因公司解散股东对公司债权人的民事责任，指出股东除负有清算责

任外,在不尽清算之责时公司债权人负有赔偿责任,我国存在股东的类资本保证责任。论文论述了股东对公司的债权顺位,指出在公司破产或重整的场合下,股东的债权能否与公司其他债权人一样平均受偿,或劣后受偿,取次于股东的行为是否符合公平原则。论文认为:股东对公司债权人的民事责任体系是完善的公司法律制度的重要组成部分。我国公司立法应当尽快建立和完善该责任体系中的各项具体制度。

关键词:股东　债权人　公司法　民事责任

1867

中国土地征收制度研究 / 李蕊著 ; 龙翼飞指导. -- 中国人民大学, 2005. -- 223 页

本文运用法学、经济学、社会学、实证分析等研究方法对现行土地征收制度存在的不足和缺陷进行分析和归纳,建立以土地民事权利(当然也是宪法保护的基本权利)为重心的法律调整机制,对我国公民享有土地财产权利的界定提出建议,谋求新的土地征收制度的架构。论文共分六个部分,共六章内容。论文按年代顺序,运用历史分析的方法,以土地征收的历史与各国政治、经济、法律、文化等制度的发展以及与君权、民权、私有财产权的演进历程紧密联系为线索,对中外土地征收的历史加以梳理,以期全面了解中外土地征收制度的历史演进。论文通过从土地征收的目的,土地征收的主体,土地征收的标的,土地征收的程序,土地征收补偿等五个方面对德国、美国、法国、日本以及我国香港和台湾地区的土地征收制度详细介绍,希望对我国土地征收制度的完善有所裨益。论文运用经济分析法学和制度经济学原理对我国土地征收进行成本与收益分析,并运用经济学和法学原理对决定土地、劳动和资本这些生产要素得以发挥功能的制度性因素进行深刻剖析,提出完善的建议。论文认为,我国应该对土地征收行为有一个全新的认识:必须从优先考虑财产所有人的权利及其重要性的角度来审视征收土地权利及个人财产的一切行为。土地征收是国家出于公共利益对私有财产的强行剥夺,基本要素是公共利益性、强制性和补偿性,同时还应依据法律或法律正当程序。必须从公共利益的界定、公平补偿和正当法律程序三方面入手,革新我国土地征收制度。论文分析了公共利益的内涵、考量公式及我国如何界定公共利益的立法选择。论文认为我国土地征收的主要矛盾集中在征收补偿方面,就征收补偿的概念、特征、种类,征收补偿的法理基础,我国征收补偿存在的主要问题,以及完善我国征收补偿制度的立法建议进行了论述。论文分析了私有财产权在宪法上的地位和意义,并对宪法保障条款进行规范和实证分析。论文以史为镜,通过中外宪法保障条款的历史演进以及宪法财产保障条款的构成,运用规范和实证分析方法透视我国宪法财产保障条款存在的问题。论文还对我国土地征收制度的革新提出改革方案,为立法提供参考。

关键词:财产权　土地征用　土地制度　土地法

1868

论危险责任之理论基础及其对现代侵权法的影响 / 李艳著 ; 尹田指导. -- 北京大学, 2005. -- 125 页

本文采取规范研究与实证研究的方法,以危险责任概念为研究的逻辑起点,在法律范畴及相关领域进行理论构建,探讨规范危险性事故问题,分析此类事件中受害人权益保护,研究最优的或最有效率的法律规则的制定问题,通过对发达国家,及我国探索性领域的制度设计与实际效果的比较,寻找对危险性事件予以有效解决的一般规律,立足于我国现状揭示了我国侵权行为法中对受害人权益保护之不足,探讨了我国法制条件下的规范运作模式。论文阐明了危险与危险责任的涵义和各国危险理论的发展和立法,探讨了危险责任发展之哲学背景、法理背景、危险责任之依据——原因责任主义、衡平责任主义、报偿责任主义、违法归责主义、推定过失主义、类型危险主义、多元并立说等,分析了危险责任之价值理念。论文以传统侵权责任之矫正正义性为基础,论证了危险责任的内在正义价值,探讨了危险责任所具有的损害填补、损失减免(事故抑制)、惩罚制裁、损失分散、强化企业责任等功能效果,从因果关系、证明责任、损害赔偿方式等方面探讨了危险责任之发展对于传统侵权行为法的直接影响。通过探讨损害赔偿社会化之必要性,论文说明了危险责任与社会保障法所具有的一致性、互补性,建议二者相辅相成,实现对受害人的真正补偿。论文以过失责任主义及其缺陷为线,说明了主观过错与公平理念的矛盾,继而引出过失责任缺陷之补遗,说明过错责任变动的主要类型——过失客观化、过失推定原则在方法论上的缺陷,以之为归责原理变迁的主要理论根据。论文指出单纯以过错责任主义进行归责已不符合社会发展的现状,危险归责原理才能实现归责原则多元化。

关键词:侵权行为　法律责任　民法

1869

合同法定解除原因研究 / 李政辉著 ；覃有土指导. -- 中南财经政法大学, 2005. -- 258 页

本文从合同法定解除在合同法总则中的枢纽性地位出发,探究合同效力的哲学根源及合同利益结构的简洁表达,完成了对合同法定解除原因的具象考察,对我国的实定法与立法示范文本加以论述。论文探讨了合同效力的根源:自由和公平。现代居于支配地位的意思自由为合同效力根源的一般理论,但存有不足,而公平正好构成某种意义上的补充。论文提出一种合同利益结构,分为成本和收益,并对大陆法系合同法定解除原因加以研究。合同法定解除原因分为:(1)因客观事件而解除,如不可抗力、情事变更;(2)违约解除。违约解除的规范模式,有一体规定和分别违约类型规定。英美合同法定解除原因存在两个特征:(1)不注重违约行为的类型化而注意结果严重性的衡量。(2)英美法更多地将解除原因成立的决定权交给法官。论文从现今具有广泛影响力的国际公约和法律示范文本提取法定解除原因,专门研究了我国法律规定的法定解除原因,认为合同法的制度构置重心正从违约行为向后果救济转变。合同法定解除原因从关注具体违约行为转向关注违约行为的后果。论文考察了我国改革开放以来的合同立法,揭示了我国合同法定解除原因的动态发展,认为我国现行合同法规定的法定解除原因仍是阶段性产物,存有不足:(1)解除原因类型残缺,情事变更制度缺位;(2)解除原因内设的程序性措施缺乏;(3)词语准确度有待改进。

关键词:合同法　合同解除　合同纠纷

1870

欧陆民法传统的历史透视 ：以罗马法与自然法为线索 / 李中原著 ；吴汉东指导. -- 中南财经政法大学, 2005. -- 248 页

本文在详细阐述欧陆民法传统形成的历史过程及历史背景的基础上,通过对不同历史阶段中罗马法与自然法的互动分析,展示了罗马法和自然法在欧陆民法传统的形成过程中各自所起到的作用;揭示了经由形而下的私法实践与形而上的哲学思维相结合所产生的欧陆民法传统在形式和精神方面若干具体的历史含义,通过历史的透视,力求为时下中国民法典的建设提供有益的经验。论文认为,在欧陆民法传统的形成过程中,罗马法与自然法相结合的“罗马—自然法”传统更为全面地概括了整个欧陆民法传统的主线。只有将罗马法的经验传统与自然法的理性精神结合起来,才可能发展出近代欧陆的私法体系。论文从历史经验的角度出发对诸如私法在整个法学发展中的基础性作用、法律继受与法律界的知识化、民法的权利本位、罗马—自然法传统的中国化以及中国民法典的若干理论问题进行了阐释。认为:(1)贵族与平民的斗争以及以长官制为主的审判体制是古代罗马产生出区别于古代中国和古代希腊的独特的法制文明的关键因素。(2)法的属人效力的两次突破(《十二表法》和《卡拉卡拉告示》)使得罗马法从一个小城邦的法律发展为罗马帝国统治下的整个地中海沿岸的共同法,为罗马法的普适效力奠定了基础,以古罗马社会在处理“涉外”法律关系上长期的衡平实践作为法律基础。(3)隐含在罗马法中的自然法观念及其特征。(4)近代民法的权利本位传统的历史线索:渊源于具有公法色彩的中世纪自然法理念,并且经由人文主义法学者唐奈尔和格老秀斯引入近代民法,并在19世纪之后与康德以伦理人格主义为中心的自然法学说相结合。(5)近代自然法学说、历史法学说和法学实证主义的历史和理论联系。(6)自然法与以辩证法为代表的科学方法之间存在内在联系。

关键词:民法　大陆法系　罗马法　自然法

1871

侵权法上注意义务比较研究 / 廖焕国著 ；温世扬指导. -- 武汉大学, 2005. -- 185 页

本文旨在构建注意义务的基础理论,包括注意义务确立、注意义务违反、注意义务的体系功能和对我国侵权法的逻辑贯彻,力图为司法实践提供新的方法论,并为行为人提供合理行为指南。论文讨论代表性立法例中的注意义务确立模式,认为注意义务确立模式共有两种:一是英、美、德国和日本法上的相对主义。二是法国为代表的高度严格的注意义务确立范式。我国应采纳相对性的注意义务体系。论文讨论了注意义务确定的途径和方法,认为注意义务有法定和非法定义务之分。法定注意义务包括法律、法规,以及习惯、惯例。我国将来的注意义务确立,应包括三个方面的因素:危险的可预见性、邻近性和公平、公正及合理规则,信赖原则之采纳应当谨慎。论文讨论了行为人的注意义务违反。注意义务违反是在事实层面研究危险避免的可能性,以及对可预见的危险是否有采取合理的预防措施加以避免的义务。其核心内容是探讨什么是合理的预防措施。在衡量行为人工智能否履行注意义务时,有两种不同的原则,即平

均合理人(Average Reasonable Person, ARP)原则和理性人原则。论文研究了注意义务的体系功能。注意义务及其违反通常认为属于有责任性判断的范畴。注意义务在违法性判断中起着基础性的作用。在有责性判断上,注意义务亦具有同样的基础性功能。论文阐述注意义务与我国侵权法的衔接问题。通过对现有四大侵权立法草案建议稿的分析,认为我国侵权法对注意义务确立,应以立法宣示为主,辅之以司法自由裁量。在未来的侵权责任构成中,有必要通过注意义务理论实现三个方面的判断:构成要件符合性、违法性和有责性。

关键词:侵权行为　民事责任　归责原则　注意义务

1872

中国他物权制度研究 / 林刚著 ; 李开国指导. -- 西南政法大学, 2005. -- 225 页

本文利用比较法、法经济学等研究方法,对他物权制度及其在中国的建构和完善进行了研究,并提出了权能组合与分离理论、他物权体系的优化配置等。全文分总论、用益物权和担保物权三大部分。首先在基本厘清物权和他物权的基本法理的基础上,从历史和比较法的角度,系统研究了罗马法、日耳曼法以及大陆法系各国和英美法系各国关于物权的观念,以及其他物权制度对后世及中国他物权立法的影响;并利用法经济学的方法,论证了他物权制度的经济基础;结合中国经济、社会和法律条件,分析了在中国建构他物权制度的必要性以及应完善的制度内容和立法模型;集中对中国现行他物权制度存在的诸多缺陷以及中国物权立法思路上存在的问题进行了深刻的反思。用益物权部分,系统地对中国现行的用益物权制度的各种表现形式包括经营权和法人财产权、土地使用权、土地承包经营权、空间利用权、地役权、典权以及水权、采矿权和渔业权等特许物权进行了研究。指出应将法人财产权纳入用益物权体系,土地承包经营权是一种新型用益物权,并结合《农村土地承包法》,对土地承包经营权变动登记和相应的优先权行使和保障等实际问题提出了自己的主张。对特许物权、空间利用权、地役权等用益物权疑难问题,也作了有利于实用的研究和实证考察。担保物权部分,系统地对抵押权、质押权、留置权等传统的担保物权制度以及所有权保留、让与担保等其他担保制度进行了实证研究。指出担保物权的竞存问题与民法上的权利竞合问题不能混淆,并对担保物权的行使和反担保等问题进行了理论探讨。针对抵押权,论述了其对内对外效力的展开,厘清了实务中的诸多难题;质押权研究,主要针对权利质权作了分析,对股权质押、债权质押和知识产权质押作了论述;关于留置权,则对其成立的积极要件和消极要件作了阐释。

关键词:物权　担保　用益物权

1873

对价原则研究 : 英美法合同约束力核心根源的考察 / 刘成伟著 ; 梁慧星指导. -- 中国社会科学院研究生院, 2005. -- 169 页

本文探讨了对价原则的操作机理、梳理了对价原则的理论线索和思想脉络,以展现一个文化(理念)意义上的对价原则。论文通过历史地再现对价原则的产生情景来发掘对价原则得以产生的源头及其原因,将清偿债务之诉(debt)和违诺赔偿之诉(assumpsit)视为对价原则得以产生的形势和实质源泉,对现代学者对对价原则产生原因的误解进行了探讨。论文探讨了对价原则理论模型的进化,认为对价原则的理论模型经过了一个从无到有,从英国实质的获益受损理论到美国的对价交易过程理论的长期历史进化。最初是散乱的对价规则和理论,然后是英国获益受损对价理论,接下来是美国对价交易理论。论文探讨了对价原则的具体构成,认为对价原则有着可以探索到的制度理性,通过具体研讨对价原则的积极规则、消极规则和例外规则等具体内容,展现了对价原则的这种制度理性和实践操作性。论文通过研讨对价原则的积极功能(主要是支持允诺的执行)和消极功能(主要是妨害司法自治),探究了对价原则的生变的原因和将来发展之出路。通过对中国的法律文本和法律事实的分析,论文总结出中国也存在英美法的对价问题,但在很多方面存在严重不足,认为应当努力实现英美法制度和大陆法制度的勾连和联姻,构筑一种共同的、良好的应然法律秩序,为未来的法律改革提供可资借鉴的思路。

关键词:合同法　合同关系　英美法系　对价原则

1874

论刑法在现代法律体系中的地位与特征 : 以民法为参照 / 刘凤科著 ; 张明楷指导. -- 清华大学, 2005. -- 244 页

本文分析了刑法规范的结构、功能,比较了刑法规范与民法规范、刑事责任和民事责任的差异,阐述

了刑法在现代法律体系中的地位和基本特征。论文认为,刑法的社会基础是社会共同信念和集体情感,制度出发点是法益,二者相结合共同塑造犯罪行为类型。刑法规范主要是裁判规范,面向具体个案,用以约束、指导所有诉讼参与人员。民法规范具有越来越强烈的行为规范性,民事违法行为的判断常常依赖于作为行为规范的民事规则。论文认为,在法律责任的社会伦理评价上,民法应当保持价值评价的中性特点,更多地用技术化的手段平衡人们的利益行为的社会影响,以鼓励民事活动的积极性,繁荣市民社会。而刑事责任带有强烈的社会伦理否定评价,并用惩罚的方式突出集体良知的重要性,捍卫人类社会的生存底线。在实现对利益进行法律保护方面,民法具有直接性、外在性和直观性:通过计算损害量,以补偿的方式恢复到损害发生之前的状态,民法保护具有"向后看"的特点。刑法的保护具有间接性和内在性:并不直接对受损利益进行恢复,而是通过法益侵犯事实否定行为、惩罚行为人,确保社会共同信念的有效性。在对利益矛盾和利益冲突进行法律调整方面,民法以追求"作为互补的正义"为目标,而刑法以"作为公平的正义"为归宿。论文认为,在法律规范结构上,刑法规范的裁判性能要求犯罪行为类型明确而具体。"罪刑法定"随着社会发展有一个逐渐展现的过程,民主主义与预测可能性的要求限制并检验"罪刑法定"的实现。而民事侵权行为的判断依赖于作为行为规范的那些民法规则,特别是关于权利的规定。在大陆法系,侵权行为法只能以一般化立法为主,而以类型化立法为辅:主要规定过错推定和无过错责任类型。

关键词:刑法　民法　法律体系　法律责任

1875

医疗过失民事责任 / 刘国祥著 ; 赵万一指导. -- 西南政法大学, 2005. -- 154 页

本文从法律技术和法律政策两个方面寻求有关医疗过失民事责任的社会共识。一方面,通过对不同国家和地区的同类事务的比较,剖析这些规则的构成要件及逻辑关系,同时运用法学基本原理对医疗过失民事责任制度的基本规律进行探讨;另一方面,从平衡医患关系中医患双方权利义务关系的角度出发,充分考虑中国社会、经济、文化对医疗过失民事责任制度的内在要求,探讨决定医疗过失民事责任制度规则如何选择的社会政策。全文共分六章。第一章分别就医患关系的行为基础、伦理基础和法律基础进行探讨,指出医疗机构对其内部人员的过失行为必须承担责任,医患关系可分为医患合同关系、医患无因管理关系和强制医疗关系等几种类型。第二章对医疗过失民事责任制度演进进行了分析,指出 20 世纪是一个患者权利的世纪,医生对于医疗行为所负担的民事法律责任也因此得到扩展,但必须理性地对待任何医疗过失责任扩展的企图。第三章剖析了医疗过失的概念,提出了评价医疗过失的原则,即客观主义原则,探讨了判断医疗行为是否构成过失的标准——医疗注意义务,并分别就一般注意义务和特殊注意义务作了说明。第四章阐述了医疗过失责任的范围,将医疗损害分为有医疗过失造成的损害和无医疗过失造成的损害,探讨了医疗过失与损害之间的因果关系,并指出在确定医疗过失损害赔偿时,应当贯彻全部赔偿原则、考虑当事人经济状况的原则、精神损害赔偿限制的原则和过失相抵的原则。第五章论述告知同意义务带来的医疗过失责任问题,指出知情同意权属于患者的权利,医师即便是在治疗过程中有高于法律要求的注意与技能标准,如果没有在进行治疗前取得患者同意,也应负担民事责任;并就告知同意义务的制度内涵作了说明,包括医方说明义务、患者同意权以及法律效果。第六章在评价《医疗事故处理条例》的基础上提出了完善中国医疗过失法的建议。

关键词:医疗过失　医疗事故　民事责任

1876

知识产权质权制度研究 / 刘阅春著 ; 马俊驹指导. -- 清华大学, 2005. -- 117 页

本文综合运用逻辑分析、比较法、历史分析以及实证研究方法,从知识产权制度的产生背景入手,探求知识产权制度演进的动因、知识产权质权的发展脉络,分析了知识产权质权的基本特征及价值取向,在与其他担保物权的比较中,探求知识产权质权的准确定位。论文认为,知识产权具有客观无形性、受公益限制性和不确定性的特征,在运用知识产权担保时呈现出与有形财产担保的差异。在知识产权质权隶属的权利质权的范畴中,存在着物化权利质权和非物化权利质权的区分。物化的权利质权与动产质权类似,而非物化的权利质权则与动产质权存在差异。知识产权质权不能完全适用动产质权的规则,与登记担保物权构造接近。论文认为,知识产权质权的取得,在同一知识产权上可得设立多次序的质权,知识产权质权的善意取得是基于登记的公信力,而非占有的公信力。论文从理论上分析了出质人和质权人的权利义务,并针对知识产权的特征,对质权所担保的债权范

围和质权所及的标的物范围进行了分析。在知识产权质权的实行上,知识产权质权重在交换价值的把握,而知识产权的变价依赖于充分有效的公开市场和公正可信的评估。

关键词:知识产权　担保法　担保制度

1877

隐私权的一般理论:以体系建构为中心 / 马特著;王利明指导. -- 中国人民大学, 2005. -- 263 页

本文注重探索隐私权的内在理路,挖掘隐私权的本质及其正当性基础;梳理大陆法与英美法的知识资源,实现两大法系在隐私权方面的互相印证和对流,将隐私权嵌入传统民法体系化的框架中,进行体系化的整合和思考;在体系化的基础之上,与利益衡量的方法论相结合,就隐私权的权利冲突和限制问题予以整体解决。论文厘清了隐私与隐私权的概念,界定了隐私权的范围。通过对隐私的考察,批驳了隐私等同于阴私的传统观点,揭示了隐私权为私生活权的本旨。论文辨析了隐私权的权利性质,在权利体系中为隐私权准确定位。隐私权在我国法律框架下应当界定为一种具体人格权;隐私权具有宪法基本权和私法权利的双重性。论文分析了隐私权生成的条件,指出了隐私权正当性论证的路径。隐私权符合人的内在需要,隐私权不是自然权利。论文从历史和各国比较的纵横两个维度分析了隐私权的发展脉络,分析了美国、英国、加拿大、德国、法国、日本等不同国家的隐私权制度特色,指出隐私权虽然为世界各国普遍承认,为一种普适性的权利,但基于社会环境和法律背景的差异,各国都塑造了不同的隐私权制度。论文以大陆法系的法律关系为主轴建构隐私权的体系,并从隐私权的侵害与救济的角度分析隐私权,综合整理隐私权的侵害和救济体系。论文分析了隐私权与表达自由及知情权的冲突,认为有市场和法律两种解决机制。隐私权限制的一般规则包括:公共利益、法律保留、比例原则、轻微损害的容忍义务、关于限制的限制、隐私权的克减等。论文还分析了我国隐私权制度的沿革及现状,探讨了目前存在的民法典中隐私权制度的不同方案,最后提出了关于隐私权设计的立法建议,包括:设置独立的隐私权;扩张隐私权的范围;一般化与类型化相结合;确立与保护相结合;法典化与判例化相结合。

关键词:隐私权　人身权

1878

登记公信力研究 / 马栩生著;余能斌指导. -- 武汉大学, 2005. -- 228 页

本文对登记公信力理论和立法进行了探讨,旨在确立未来不动产交易安全保护立法的方向,建立完善的登记公信力制度规范模式,主要由四部分组成。第一部分是登记公信力本体和价值研究,指出登记公信力是指不动产登记所具备的足以使善意第三人信赖的效力,不同于登记推定力;登记公信力的价值关怀体现在安全价值和效率价值两方面。第二部分是登记公信力运行研究。首先,在比较了不同登记真实审查的基础上,对中国登记真实审查进行了探讨,指出实质性的审查不可避免,但不能过分"神化"公证机构在其中的作用,应当树立"相对真实的观念",对真实审查难以完成的部分,通过强化登记公信力赔偿机制予以解决。其次,介绍了登记公信力的发生根据——登记簿的编成、内容、特点,并从登记程序的启动开始,重点分析了登记申请、登记审核和登记公告与发证。最后,对登记公信力的适用要件和法律效果进行了论述。指出登记公信力的适用需要一系列的法律要件,登记公信力的法律效果包括物权效果和债权效果。第三部分是登记公信力保障研究。主要针对保障机制和赔偿机制进行论述,指出登记公信力相关的制度保障有异议登记、更正登记和赔偿机制,只有将赔偿机制与公信力充分地融为一体才能全面地实现登记公信力制度的功能。认为可以将保险机制引入登记体系中,建立登记公信力赔偿机制的商业信用体系,国家信用在公信力赔偿机制中占据一席之地,构建登记公信力的多元支撑体系。第四部分在上述研究的基础上,结合登记公信力在各国的走向、中国目前的立法动向以及中国赋予登记公信力的现实基础进行考察,明确指出在物权法制定中应当采纳有关登记公信力的条款,并围绕登记公信力进行制度构建。

关键词:不动产　注册　登记　物权法

1879

知识产权的竞争法限制:以对专利权限制为中心 / 宁立志著;余能斌指导. -- 武汉大学, 2005. -- 164 页

知识产权作为专有权具有垄断性,这是一种合法的垄断,这种合法的垄断权必须正当行使,如果行使失当,则会破坏正常竞争秩序,而需要竞争法的介入。本文探讨了如何鉴别正当行使与非正当行使的问题。全文共分五章。第一章从三方面论证了知识产权限

制的理论基础:首先对知识产权限制进行了经济学分析,论述了知识资产既具有一定的排他使用性,又具有一定的公共性,知识产权制度必须体现私权保护和私权限制相统一的原则;其次对知识产权限制进行了法价值分析,主要论述知识产权法律制度特殊的价值体系模式,即个人—社会双向本位价值体系模式;最后对知识产权与自由竞争进行了博弈分析,二者实质是个人利益与社会利益博弈的过程,保护知识产权的制度与保护竞争的制度博弈的结果应为社会总体利益最优。第二章勾勒了知识产权限制制度体系的框架,分为民法基本原则对知识产权的限制,知识产权法上的限制和竞争法上的限制,其中民法、知识产权法上的限制,均为私法自身的限制,有重要作用,却也有不足,故须辅之以外部的竞争法的限制,这是一种公法上的限制。第三章和第四章分别考察了采结构主义竞争政策的美国和日本专利权行使与竞争法的关系和采行为主义竞争政策的德国、欧盟、中国台湾地区专利权行使与竞争法的关系。第五章作者提出专利制度与反垄断制度既具有一致性,又具有冲突性,二者博弈的结果应该是协调共存。因此中国在进行制度设计时,应规定对专利权等知识产权的正当行使行为予以豁免,对于违反法律、滥用知识产权的行为应予以规管。最后就中国反垄断法对专利权滥用的规制,结合中国企业面临的严峻形势提出了制度创设的构想。

关键词:知识产权　专利权　反不正当竞争法　反垄断法

1880

独立董事制度研究 / 裴明学著 ; 李开国指导. -- 西南政法大学, 2005. -- 215 页

文章首先阐述了独立董事的概念,对独立董事制度的起源作了分析。其次,从公司治理的理论出发,考察了支撑独立董事制度的三大理论基础,即委托代理理论、权力转移理论和利益相关者理论。在利益相关者理论之下、于不同的国家形成了不同的模式来规定董事的责任目标:在德国、日本、荷兰等大陆法系国家中,董事的首要目标是为了公司自身的成长和发展服务,进而达到为股东和其他利益相关者服务的目的;在英美法系国家中,一般采取的是股东利益最大化模式,但是这种股东利益最大化的模式并不是"股东至上"逻辑下的股东利益最大化。该模式认为,股东利益有长远利益和近期利益之分,为了股东的长远利益最大化,董事可以保护利益相关者利益,甚至可以牺牲股东的近期利益。再次,从比较分析的角度出发,系统地对世界各国的独立董事制度的立法实践进行了探讨。分析了独立董事产生之地——美国的独立董事制度的立法沿革,指出独立董事的角色经历了从内部董事到外部董事,再由外部董事到独立董事的历史转变。认为,中国独立董事制度的引进和推行缺少了两方面的支持:一是司法制度的支持,即公司法律制度未对其明确规定,在司法实践中亦不存在推动独立董事制度发展的机制;二是非官方组织的支持,在中国更多的是依靠证监会行政部门来推动强制性的独立董事制度变迁。第四,从理论和实践两个方面考察了独立董事制度的价值。第五,论述了独立董事制度的运作机制。首先,对独立董事的独立性进行了分析,认为独立董事制度中的独立性应该包括两个层次,即包括实质(精神)上的独立和形式上的独立两方面。其次,对独立董事制度运作的选任机制、权力配置机制、责任承担机制、激励机制等制度作了全面的探讨。最后,针对中国独立董事制度的缺陷分别提出了相关的建议,还就如何完善相关机制以实现独立董事制度在中国的本土化进行了探讨。

关键词:公司法　董事会　公司治理　独立董事

1881

民事诉讼第三人制度研究 / 蒲一苇著 ; 章程指导. -- 清华大学, 2005. -- 288 页

本文综合运用多种研究方法,对民事诉讼第三人制度的内涵、历史发展、类型划分等进行了详细的探讨,阐明了各国的诉讼第三人制度类型,对大陆法系国家之间诉讼第三人制度的立法差异及其原因进行了深入的分析,探讨和论证了重构我国诉讼第三人制度的理论基础和理念环境、现实路径和具体方案。论文认为,民事诉讼第三人是指为保护自己民事权益而参加到他人之间业已开始的诉讼中去的人。由于历史传统、法律文化、诉讼制度及其理论的差异,不同法系、不同国家分别形成了自成体系、结构严谨的诉讼第三人制度形态。我国的诉讼第三人制度源自前苏联,与大陆法系国家的诉讼参加制度具有渊源关系,包括有独立请求权第三人和无独立请求权第三人两种类型。我国的诉讼第三人制度不仅具有浓厚的职权主义色彩,而且存在难以克服的结构性缺陷,应当以大陆法系的诉讼第三人制度为基本模式,并适当借鉴美国的引入第三人制度,对我国的诉讼第三人制度进行整体性的重构,具体包括三种类型:权利参加型第三人、义务参加型第三人和辅助参加型第三人。权

利参加型第三人是指因自己的实体权利受到侵害，以对本诉当事人提起诉讼方式参加诉讼的人；义务参加型第三人是指被本诉被告提起诉讼追究派生责任而参加诉讼的第三人；而辅助参加型第三人则是指因与他人间的诉讼结果具有法律上的利害关系，为辅助一方当事人而申请参加诉讼的第三人。

关键词：民事诉讼　司法制度　第三人

1882

不动产租赁法律制度研究 / 戚兆岳著 ；赵中孚指导. -- 中国人民大学, 2005. -- 179 页

本文选择不动产租赁法律制度作为研究对象，通过对不动产租赁法律关系进行剖析，以期能对我国的不动产租赁立法和研究有所裨益。第一章对租赁的立法例进行比较，认为德国、瑞士民法典上既包括物的租赁又包括权利的租赁的立法方式比较周延，比较能反映租赁交易的实践。我国将来制定民法典时可以考虑借鉴这种模式。还就不动产的概念进行了界定，就不动产租赁的意义、特征和分类作了阐述。第二章比较了英、美、日三国在不动产租赁方面的法律制度：三国虽然在立法传统上存在差异，但是，其就不动产租赁进行特别立法并且在立法中贯彻对承租人保护的思想却是一致的。第三章是关于不动产租赁合同的分析：不动产租赁合同是不动产租赁的基础法律关系，有关不动产租赁双方当事人的权利和义务都以此为基础而得以产生。第四章是不动产租赁权研究，认为，不动产租赁权在性质上应当定位为物权且属于用益物权的一种。第五章是我国不动产租赁法律制度的分析，认为我国的不动产租赁制度是我国住房制度和土地制度的一部分。

关键词：不动产　租赁　土地租赁　房屋租赁　法律制度

1883

信赖保护原则研究 ：以契约法为中心 / 亓培冰著 ；尹田指导. -- 北京大学, 2005. -- 170 页

本文从民法的角度研究了信赖保护原则，梳理了其理念、方法和制度。信赖保护原则是诚实信用原则的下位原则和具体体现，它对于保护交易安全、实现交易便捷、构建市场秩序具有重要作用。它作为一项价值原则，不仅具有重要的立法论价值，也具有重要的司法论和解释论价值。论文以契约法为中心研究信赖保护原则，围绕契约从缔结到履行、解除以及解释的过程来展开，比如缔约前的信赖保护——允诺禁反言、缔约过失制度；契约中的信赖保护——契约利益结构和信赖保护、违约损害赔偿与信赖保护；契约的解释——意思自治和信赖保护的冲突与平衡。论文分析了信赖保护原则的内涵、价值、作用以及其在民法中的体现，提出信赖保护是多种价值冲突下利益平衡的结果；分析了信赖保护与外观主义、表见责任的关系，对正当信赖保护的一般规律作了探讨。论文探讨了允诺禁反言与信赖保护原则，从英美法的理论和实践研究信赖保护对于契约理论的影响；从缔约之际的信赖保护到契约的利益结构、契约解除中信赖保护的实现，探讨了信赖利益和履行利益的关系，以及以信赖利益作为对履行利益损害赔偿的替代选择。论文还分析了信赖保护原则的解释论的价值，意思自治原则下意思表示的信赖保护。

关键词：契约法　民法　信赖保护

1884

民事基本权利问题的哲学研究 / 任生著 ；杨大文指导. -- 中国人民大学, 2005. -- 149 页

本文分析和研究了有关人格、人格权及其异在形式（财产权）、支配权及其异在形式（请求权）等问题。共分三个部分。第一部分是以人格问题为核心所展开的论述，是笔者所解读的黑格尔关于人格等方面的思想的具体化。论述了近代意义上的人格的产生问题。按照黑格尔的思想，纯思维是产生近代意义的人格的条件。没有纯思维就没有真正意义的人格。论文论述了在近代意义的人格产生之前的准人格问题，提出准人格与准财产的关系以及准人格权与准财产权的关系问题，认为在近代意义上的人格产生之前，人类处于准人格阶段。论文提出了准人格权与准财产权的问题，认为准人格决定了准人格权，准财产决定了准财产权。第二部分是根据黑格尔关于"人格权的本质是物权"、"物权就是人格本身的权利"的思想，对人格权按广义的概念进行了论述。即将财产权看成人格权的异在形式，将身份权看成人格权的特殊形式。论文从以人格权为目的、以财产权为手段的角度论述人格权与财产权的相互之间的目的与手段关系。从以财产权为目的、以人格权为手段的角度，论述了财产权与人格权相互之间的目的手段关系。论文还将人格权划分为本体性人格权与非本体性人格权。认为唯有本体性人格权客体是法定性和专属性的，而非本体性人格权客体内容是能够与主体相对分离和进行转让的，能够财产化或商品化。第三部分从权利的作用形式角度论述了人格权，即论述了人格权

在作用形式领域中的展开形式——支配权和请求权，即论述了支配权和请求权的权利主体、义务主体和客体三者之间的相互关系。

关键词：权利　人身权　人格　财产权

1885

董事法律地位研究 / 申丽凤著 ；刘凯湘指导. -- 北京大学，2005. -- 117 页

本文通过分析两大法系关于董事法律地位的各种理论学说以及我国公司法的理论与实践，对董事法律地位进行了比较系统的研究。论文介绍了两大法系对董事的定义、分类以及董事法律地位的理论学说，指出公司治理结构的“股东会中心主义”向“董事会中心主义”演变的历史趋势，分析了我国公司法理论与实践中董事法律地位的现状、存在的问题。论文研究了作为公司治理结构核心的董事权力，认为董事的权力行使应遵循独立性与经营判断规则两个基本原则，剖析了我国公司法在董事权力方面的制度缺陷，提出我国应完善董事制度并改革董事长制度，将董事长定位于董事会成员中组织、主持董事会的公司高级官员，取消其法定的对外代表权，而将之归还为董事会统一行使。论文介绍了两大法系董事的忠实义务、注意义务的法律内涵及其类型，介绍了我国公司法中董事义务的基本类型，指出我国公司法在董事义务方面存在重大制度缺陷，提出我国应借鉴两大法系董事义务的规定，全面构建董事义务体系，确立完整的董事忠实义务和注意义务制度，确立董事对第三人的义务。论文从实现公司治理目标的制度保障角度，研究了董事责任的承担与追究，分析了董事违反义务的体制、激励及人员素质等主要原因，阐述了董事责任的性质与特点，董事损害公司、股东、债权人、社会利益之责任的基本类型等，认为我国重董事的行政和刑事责任而轻民事责任，由于缺乏董事对第三人承担责任的规定，整体上的董事责任制度缺乏可诉性，使得董事责任难以落实。论文认为在董事与股东的关系上，应保障董事独立地不受少数股东控制的经营管理自主权，董事应为公司利益即股东整体利益服务；应保护股东利益，保障股东对董事的监督权利。应理顺董事与董事长的关系，处理好独立董事与普通董事的关系、董事与监事的关系、董事和经理的关系。

关键词：董事　权力　公司法　公司治理

1886

商业性“债转股”法律问题研究 / 石俊志著 ；赵中孚指导. -- 中国人民大学，2005. -- 156 页

本文从“债转股”的概念及其在我国的实践出发，回顾了政策性“债转股”在我国的缘起、特点及其陷入的困境；阐述了由此而兴起的商业性“债转股”及其运作特征；通过对我国商业性“债转股”的实例调查，指出商业性“债转股”在我国现行法律制度下和具体操作过程中遇到的各种困难和障碍；进而通过对商业性“债转股”法律特征、法理基础和法律地位的探讨，将其纳入企业破产预防制度的范畴。论文集中研究讨论破产型的商业性“债转股”的相关法律问题，认为我国“债转股”的出路在于从政策性“债转股”向商业性“债转股”转化，从政策性“债转股”向商业性“债转股”转化的核心是引入市场机制和建立相关的法律制度。论文分析了商业性“债转股”的法律特征和法理基础，认为对濒临破产的债务企业实施的商业性“债转股”，与法院外整理、破产和解及破产重整等企业破产预防制度相比较，不仅适用的前提条件相似，而且目标及社会功能也是一致的，因此，应将其纳入企业破产预防制度的范畴。商业性“债转股”对各相关利益主体的影响基本上都具有扩大经济利益的积极作用。商业性“债转股”是实现我国国有企业公司化改制，达到产权明晰、投资主体多元化和分权与制衡的公司法人治理机构、建立我国名副其实的现代企业制度的一种途径。建立健全相关的法律、法规是实施商业性“债转股”的必要保障。目前我国尚无有关商业性“债转股”的专门立法。商业性“债转股”的实施无法可依问题严重。在相关的法制建设上需要强化三个方面的工作。(1)要坚持依法行事的原则；(2)要坚持我国债权保护的立法理念；(3)要建立符合我国国情的债权转股权制度。

关键词：企业债务　债转股　股权　债权　破产法

1887

信托财产独立性及其担保意义：从大陆法系责任财产角度 / 宋刚著 ；马俊驹指导. -- 清华大学，2005. -- 172 页

本文从交易成本的角度分析，从大陆法系责任财产角度探讨了信托财产的独立性、信托制度的担保意义以及我国信托制度的完善问题。论文认为信托制度的本质特点是它构建了信托财产的独立性，即信托财产虽然在法律上的所有权归于受托人，但它却不是受托人的责任财产。信托财产只为信托的目的而存在，信托事务上的收入和支出都在信托财产上发生。

论文认为,大陆法系的财产制度强调财产的财富功能,即满足人们生产生活需要的法律意义,忽视财产作为责任客体的法律意义:财产是责任人承担责任的最终客体。信托财产的独立性是责任人的部分财产作为责任财产,即虽然在法律上所有权属于受托人,却不是其责任财产。担保在本质上是改变其责任财产的法律地位,把担保物排除在债务人的一般责任财产之外为特定的债务负责。通过信托财产独立性原理,把担保物设定为信托财产,使其不作为受托人的责任财产,可以实现有效担保。论文建议设立信托担保方式代替所有权保留和让与担保两种担保形式。

关键词:信托法　财产权　担保　大陆法系

1888

个人住宅商品房买卖贷款按揭法律问题研究 / 唐烈英著 ; 张玉敏指导. -- 西南政法大学, 2005. -- 172 页

本文从个人住宅商品房相关的基本概念入笔,对中国大陆在住房体制改革中,对住宅商品房的买卖各方都适用的付款方式——按揭的来源进行了介绍。围绕商品房买卖贷款按揭在实际操作中的全流程所涉及的买卖、保险、贷款三大法律及其相关的合同,作了和概述,并就各种合同内容的利弊、当事人的利害关系等进行了分析研究。在比较各种物权担保方式的基础上,指出"按揭"在商品房买卖中,是优越于其他任何一种物的担保、运用最为广泛的担保方式,应当在中国物权法中占有一席之地。全文分为理论篇和实践篇。理论篇首先就房屋、商品房、个人住宅的定义、属性、功能、分类等作了全面的阐释。然后回顾了中国建国后实行的住房政策,指出了实行实物福利分房政策的弊端;介绍了住房改革的进程,并对个人住宅商品房买卖及房地产市场进行了阐述。其次,分别介绍了英美、香港和中国大陆的按揭法律制度,指出中国大陆与香港按揭不同,既有期房按揭也有现房按揭。再次,对个人住宅商品房买卖贷款按揭法律性质进行了探究,阐述了按揭与抵押、质押、让与担保的联系和区别,指出按揭是独立与其他担保方式之外的一种新型担保物权,并对按揭中不能并用所有权保留这种物保方式加以论证。实践篇主要从个人住宅商品房贷款按揭的全部流程,涉及的 4 个主要合同(开发商与银行的合作项目合同、商品房买卖合同、保险合同、贷款按揭合同)中存在的问题以及实际操作中需要解决的问题进行了阐述和论证。指出贷款按揭付款方式,对各方当事人有利,且符合商品经济规律;商品房买卖合同与贷款按揭合同是连带关系。作者还分别从强制保险、贷款银行代理办保险、银行是第一受益人、保险费、赔付责任的设计和保险的险种等方面,对商品房贷款按揭保险作了专门探讨。最后,从商品房买卖合同、贷款按揭合同产生纠纷的原因出发,分析了商品房买卖贷款按揭当事人实体权利的司法保护问题。

关键词:住宅　商品房　按揭贷款　买卖合同　担保

1889

公司欺诈性财产权转让行为及其法律控制 / 汪华志著 ; 赵中孚指导. -- 中国人民大学, 2005. -- 134 页

本文是对公司欺诈性财产权转让的理论研究,分析其表现形式,揭示其本质,提出要完善控制公司欺诈性财产权转让行为的各项法律制度,并完善立法加强控制。论文以分析欺诈的含义及民事欺诈的构成要素开始,认为构成民事欺诈一般包括如下要素:因欺诈而使表意人陷入错误并做出错误的意思表示;欺诈人须有故意;必须有欺骗行为;被欺诈人权利受到损害。论文认为,公司欺诈性财产权转让行为分为事实欺诈和推定欺诈。公司欺诈性财产权转让行为与一般民事欺诈行为存在区别。公司欺诈性财产权转让行为的成因缘于:市场经济的消极因素;人性弱点;立法不完善;一些法律制度本身所具有的负面影响;社会信用体系的缺失。公司欺诈性财产权转让最为典型的形式包括融资收购中的欺诈性财产权转让、关联交易中的欺诈性财产权转让及公司向内部关系人的优先清偿行为。论文探讨了公司欺诈性财产权转让行为法律控制的源与流。欺诈性财产权转让法是控制以诈害债权人为目的进行欺诈性转让行为的法律。论文分析了控制公司欺诈性财产权转让行为立法的一般规律和发展趋势,认为控制公司欺诈性财产权转让行为是民法的根本任务。民法对公司欺诈性财产权转让行为的控制是通过一些具体民事制度,如债权人撤销权制度、不安抗辩权制度实现的。行为人还可以通过契约对欺诈性财产权转让行为进行控制。论文认为,破产法是控制公司欺诈性财产权转让行为的重要法律。完善破产法应从以下几个方面入手:对我国现行的破产无效行为制度进行完善;设立财产管理人制度;我国破产法应该对在破产程序中出现的欺诈性财产权转让行为做出明确的规定;完善清算人制度;修正我国破产法中关于临界的规定。论文还研究了公司法对公司欺诈性财产权转让的控制。控制公

司欺诈性财产权转让行为有一个责任体系,由民事责任、行政责任和刑事责任构成。论文认为,完善公司欺诈性财产权转让行为的控制需要:建立我国社会信用体系;加强对公司欺诈性财产权转让行为的行政监督与管理;完善公司欺诈性财产权转让行为控制的立法。

关键词:财产权　产权转让　公司法　破产法

1890

公司重整中的债权人利益保护研究 / 汪世虎著 ; 张玉敏指导. -- 西南政法大学, 2005. -- 178 页

作者认为重整制度的发展离不开债权人的保护,只有保护债权人的利益,才能赢得债权人的协助,重整的目的才能实现,同时只有重整成功,债权人才能获得充分的保障。全文共分五章。第一章追溯了破产立法价值嬗变的历史,指出重整制度的产生突破了原有破产法只保护债权人利益和债务人利益的狭小空间,使破产立法价值目标呈现多元化。第二章探讨了公司重整中债权人利益保护的理论基础——利益平衡原则。论述了平衡的基点,即重整债权的确定;探讨了平衡的必要性,即公司重整中的各利益主体之间的利益冲突不可避免;以债权人保护和公司重整目的为视角,分别探讨了实现利益平衡的可能性。第三章论证了债权人利益保护的程序机制。指出,从公司重整程序开始到终结,从债权人保护着眼,应解决的主要问题有三个,即程序的启动机制、程序的监督机制和重整计划的制定与执行。在程序的启动机制方面,关键问题是如何让有重整必要和重整可能的公司进入重整程序,同时排除重整无望的公司;在程序的监督机制方面,必须有主持营业的机构和设立专门的监督机构对营业机构的营业活动实施监督;在重整计划的制定与执行方面,制定重整计划的程序应当公开透明,计划的内容应当体现债权人的意志,符合公正公平的法律要求。第四章论证债权人整体利益与个体利益之间的平衡。阐述了自动冻结制度产生的依据、立法例、适用范围、例外以及自动冻结的解除等;结合公司重整程序对撤销权的理论基础、撤销权的一般构件以及适用范围作了研讨,重点论述了偏颇性清偿和欺诈性转让两种可撤销行为;在研究了承认抵销权和否认抵销权的基础上,指出应承认公司重整中的抵销权,但应严格加以限制。第五章主要从债权人利益保护的角度着眼,探讨了中国即将通过的破产法草案。

关键词:破产法　债权人　企业重组

1891

合同形式研究 / 王洪著 ; 李开国指导. -- 西南政法大学, 2005. -- 147 页

本文围绕要式合同的基础性问题展开研究。全文分为四章。第一章讨论了合同形式的罗马法基础及其现代发展,简短勾勒了合同形式这一概念及制度的简史,分析合同形式的本质如何从古典罗马法视形式为法律行为本身转变为合意之外的只是影响合同效力状态的因素。第二章讨论了要式合同的当代面貌及其面临的困境。分析了要式合同的多样化功能及其本质目的,阐明了要式目的与形式强制之间的关系;以德国和法国为主要考察对象,同时考察中国法有关要式合同的运用范围及其形式选择,讨论形式强制所面临的难题;从比较法观察各国民法对于违反要式规定的法律效果的不同规范模式。第三章讨论了要式欠缺的补正,重点研究了德国学说对治愈规定的阐释,英美法上的部分履行原则和《合同法》第 36 条。作者提出应以信赖保护理论为基础重构履行治愈规定;中国合同法应当放弃就履行治愈作一般性规定,而应就个别要式合同开启履行治愈之门。第四章探讨了要式欠缺的限制适用及其突破,分别介绍了德国法上的诚信原则以及英美法上的禁反言原则对方式严格性之突破的发展历程、重要案例、学说阐释及其未来趋势。在此基础上,探讨了中国法以诚信原则限制方式无效的必要性,指出将诚实信用运用在对合同法定要式的突破上,须考虑两点因素:其一,应优先考虑各种构成要件与法律效果较为具体的请求权基础所提供的保护是否充分;其二,类型与检验要素的建立。在具体运用上应考虑的三个基本检验要素,即当事人一方信赖合同有效;信赖之一方当事人基于该信赖而改变自己原本的财产状态;他方当事人知悉或应知悉方式欠缺,且鼓动信赖之一方改变原状,或该导致信赖的当事人对该原状的改变视而不见。

关键词:合同法　合同关系　合同形式

1892

公司转投资法律问题研究 / 王仑著 ; 董安生指导. -- 中国人民大学, 2005. -- 156 页

本文探讨的是备受关注的公司转投资问题,它是当下《公司法》修改的一个热点。论文认为,转投资行为本身以及由其产生的多重后果均应受到不同法律规则的分别调整,这些法律规则的规范意旨以及所要保护的利益均不相同,而它们又共同组成了完善的公司转投资规范体系。论文探讨公司转投资的基本理

论，厘清了公司转投资的概念，认为公司转投资（行为）是指公司对其他公司、企业或经济组织的股权投资（行为），并从宏观角度考察了公司转投资的影响。论文认为，公司具有转投资权利能力不但是公司法发展的历史逻辑，更是公司商业实践的客观需求。论文详细介绍和分析了作为我国现行《公司法》立法蓝本的台湾地区公司转投资限制规则，并以此为基础重新解读了现行《公司法》的相应规定。论文讨论实务界和理论界争议颇大的交叉持股问题，介绍了交叉持股的功能及其危害，对世界各国和地区交叉持股规则进行了比较研究，并分析了我国交叉持股的实践及法律规范，提出了未来交叉持股规则的立法取向。论文认为，《公司法》应当区别对待纵向交叉持股和横向交叉持股；对于纵向交叉持股，应当立足于公司取得自己股份规则和母子公司认定规则这两个基点进行严格限制；而对于横向交叉持股，则应当进行较纵向交叉持股宽松的管制。论文讨论了作为公司转投资极端方式的一人公司问题。我国《公司法》原则上否认了设立一人公司的存在，未来应当予以承认，应当规定提高法定最低资本额、强化资本维持以及强化公示、登记等配套制度，适用揭穿公司面纱原则。论文考察了作为转投资整体效果的关联企业问题，分析了基于转投资行为的股权控制规则的变化，指出从绝对控股标准到相对控股标准再到实质控制标准的演变过程。应当确立控制股东的信义义务，建立累积投票制度、回避表决制度以及派生诉讼制度，建议采用普通法国家的做法，引入揭穿公司面纱原则和深石原则。论文认为，我国《公司法》对公司转投资的规范应当转向在允许公司行为自治的基础上注重对转投资形成的各种法律后果进行间接、综合的调整。公司法要发挥推动和规范商业实践的作用，就必须及时地回应演进着的商业实践。

关键词：公司法　投资　交叉持股　一人公司　关联企业

1893

给付障碍体系比较研究 / 王茂祺著 ; 余能斌指导. -- 武汉大学, 2005. -- 155 页

论文认为，给付障碍（Leistungsstoerungen）是指债务人不依债之本质履行债法上的义务。现在世界上各国的立法对于这个问题主要存在着两种不同的立法例，一种是二元结构立法，一种是一元结构立法。采取二元结构立法一般是大陆法的一些国家，而在英美法国家以及一些国际条约中则采取的是一元结构立法。二元给付障碍体系的特征在于将物之瑕疵担保责任外化于一般给付障碍体系之外，形成一种不同于一般违约责任的合同责任。论文认为，罗马法开创了给付障碍二元结构体系的先河。这种创造性成就的起点就是对于消费者、承租人等特殊对象的特殊关怀。罗马法中找不到英国法中"买者自慎"的观念，在衡量促进经济发展与维护社会公平的价值冲突的时候罗马法为大陆法国家开创了一个很好的先例，直到现代也没有过时。法国法比较忠实地继承了罗马法的规定。法国法中的物之瑕疵担保的规定基本上是罗马法规则的翻版。德国人借助其抽象的思维方式将罗马法的规定加以升华。在物之瑕疵担保责任的规则方面，德国旧债法将其完全从一般给付障碍体系剥离了出来，在体系上做到了自我圆满，在一般违约形态的方面，德国旧债法根据罗马法中的一条法谚，将给付不能认定为给付障碍体系的核心概念，采用"扳道叉式"的原因分类法，按照违约的原因将违约形态分为给付不能、给付迟延两种"担保"条款。英国采取不完全统一的给付障碍规则体系。美国法虽然受到了英国法和德国法的双重影响，但是总的来说还是比较接近2002年之前的英国法。相关的国际条约如1964年的《国际货物买卖统一法》（ULIS），1980年的《联合国国际货物销售合同公约》以及《国际商事合同通则》在给付障碍的问题上都与英美法的做法很类似，并不区分特殊的物质瑕疵担保责任。通过对于两种不同立法例的比较，论文认为罗马法将物之瑕疵担保责任独立于一般给付障碍体系之外，才能在特定的情况下为最需要保护的对象提供更强有力的保护。建议一般给付障碍的划分上采纳英美法的"条件"与"担保"的思路，借鉴2002年改革之后的英国法。

关键词：给付保障　债权法　违约　担保　比较法学

1894

夫妻财产之清算与分割：兼论如何落实夫妻财产之分配 / 王如玄著 ; 龙翼飞指导. -- 中国人民大学, 2005. -- 207 页

本文从个人日常执业及所参与妇女团体在实务上处理个案及协助弱势者之经验出发，归纳出有关夫妻财产分配落实上之困境，通过立法比较探讨中国式制度与实践的解决之道。论文介绍了德国法制，对德国法中夫妻财产分配之性质、时间、标的、比例、步骤、计价范围、时点及标准、保全措施及举证责任等分别予以探讨。论文介绍了瑞士法制，按介绍德国法制之

分类,逐次予以讨论,以兹对照。论文介绍了美国法制,认为其与大陆法系法律之制度不同,但美国加州采共同财产制,与大陆类似,而美国纽约州以分别财产制为主,与台湾相似,选定此二州之规定以为比较研究之对象,并尝试以同介绍德国、瑞士之分类方式,一一归纳介绍在美国加州及纽约州法制下之夫妻财产分割方法。论文介绍了日本法制,包括:夫妻财产制制定源流、夫妻财产制种类及性质、法定夫妻财产制大略内容、法定财产制下之夫妻财产分配等内容。论文搜集台湾民法亲属编中有关夫妻财产分配之学说及实务见解,一一予以剖析说明。论文整理大陆婚姻法中有关夫妻财产分割之学说及司法解释。参考德、瑞、美、日诸国对夫妻财产清算及分配之处理模式,论文尝试对大陆婚姻法中及台湾民法亲属编中有关夫妻财产分配议题提出修改建议,以供未来修法参考。

关键词:家庭财产　财产权　婚姻法

1895

公司治理与董事会建议 / 王艳萍著 ; 董安生指导. -- 中国人民大学, 2005. -- 148 页

论文从公司治理的概念入手,阐述回顾了公司治理的内涵和外延,指出公司治理结构的理论基础是公司产权结构和委托代理理论。传统的公司治理结构是以股东本位为基础的,但是自20世纪以来,传统的股东本位受到了极大的挑战,随着人力资本理论,经济民主理论以及利益相关者理论的兴起,公司治理结构出现了一些新的趋向,表现为:(1)股东的主权地位日渐衰落;(2)职工参与制度日益得到认同和重视;(3)银行等金融机构在公司治理中的作用和地位日趋增强,董事会治理成为公司治理中最为关键的因素。论文分析了公司治理是如何围绕以董事会为核心的公司机关的权力配制而展开的,指出公司、股东与董事的法律关系构成一种公司法上的董事权力责任关系和权利义务关系。董事职权从本质上说是一种权力,是一种必需行使的权力,董事职权源于法律的直接授予,董事职权是公司权力的重要组成部分,董事职权的核心内容是公司的经营决策权和业务执行权,董事职权有范围的广泛性和来源的多样性的特点。论文阐述了如何加强董事的义务与责任。董事责任的强化就是要在我国公司法规定的基础上进一步明确董事对公司的忠实义务、注意义务及违反义务应负的责任。建议我国公司法在强调董事义务与责任的同时,确立董事责任免除制度和董事责任保险制度。论文从是否应该让利益相关者进入董事会的角度来讨论董事会建设的问题,认为我们把企业的物质资本所有者和人力资本所有者看作是公司治理的主体,他们共同拥有企业控制权并分享企业剩余。建议我国应该比照德国,让职工及债权人代表进入董事会,并从多个角度完善董事对债权人的责任。论文从建立独立董事的角度来谈董事会建设问题,认为我国构建独立董事仍然有其必要性和可能性,建议公司内部建立以独立董事制度行使监督权为主,以监事会行使监督权为辅的内部监督机制。

关键词:公司法　公司治理　董事会　独立董事

1896

中国社会转型期商人法律制度研究 / 王煜宇著 ; 赵万一指导. -- 西南政法大学, 2005. -- 178 页

文章以中国商人法律制度供给与中国社会转型对商人法律制度的制度需求之间的严重供需矛盾为思考和逻辑出发点,认为中国社会转型迫切需要有效商人法律制度的积极参与。首先通过对社会转型和制度变迁的理论探索,分析梳理社会转型历史的基本框架,将中国社会转型与西方社会转型进行比较,界定和解释了中国近代社会转型的时间界限、动力机制和特征。指出在动力机制上,中国社会转型更多来源于西方列强环伺、大敌当前而产生的救亡图存的民族压力;在特征上,中国社会转型的长期性、整体性、复杂性和激变性相互影响互为牵制。在此基础上,对商人法律制度的调整对象、制度内涵、制度构成以及制度效应进行了分析,并运用马克思关于经济基础与上层建筑关系原理以及制度经济学关于"制度是重要的"理论,结合历史实证,推导出社会转型决定商人法律制度、商人法律制度反作用于社会转型的结论;并指出近现代商人法律制度不仅能够对"商法上的人"形成有效的激励与约束,还能推动包括社会转型在内的宏观社会经济历史的向前发展。接下来,作者以中国社会转型期商人法律制度为研究对象,分析了中国社会转型期商人法律制度的变迁,供给缺位、错位和越位等问题的原因和影响,以及商人法律制度自身的移植性和依附性制约了中国社会转型期商人法律制度有效性的发挥。由此,指出中国当代社会转型迫切需要的商人法律制度是以"营利"为价值本位,以效益原则与安全原则为基本原则,以"商法上的人"为核心,以营业能力为要素,以公司和合伙为主要组织形态的系统化的制度体系。

关键词:商法　商人　社会转型

1897

论关联交易的法律控制 / 王宗奇著 ; 赵中孚指导. -- 中国人民大学, 2005. -- 168 页

关联交易是指企业与其关联方(例如公司的董事或控股股东)之间进行的交易。论文认为关联交易实际上是一个多法域控制的任务,需要从公司法、合同法,以及社会管理方面的角度进行深入研究,主张更多地探讨关联交易公平原则和关联交易事前控制规则,对不公平关联交易行为进行充分有效的法律控制。论文认为,关联企业是企业组织和民商事主体关系发展的必然结果,关联企业关系不可能禁止。论文对企业关联方之间的利益冲突状态和具体利益冲突行为从理论和实践两方面进行论述,然后对关联交易的范畴以及该行为所引起的双重影响即利弊进行阐述,认为关联交易本身存在具有客观的不可避免的性质,关联交易的客观性与不可避免性并不代表其具有当然的公平性与合法性;如果缺乏法律的有效控制(特别是公平规则控制),则此种可能的不公平交易将愈来愈多地转变为现实的、必然的不公平交易。论文回顾了各国对关联交易的相关立法,认为各国的立法实践主要有两种模式:一是英美模式,二是德国模式。从中外公司法理论和实践对关联交易的现行规范来看,已经形成了由董事信义义务、越权原则、揭穿法人面纱、公司控制权市场和社会信用体系等组成的一整套严密制约机制。论文讨论了关联交易法律控制的理论基础,对关联交易行为的制度性根源及其价值标准予以分析,着重论证了关联交易情形下控制权人的诚信义务和连带责任。论文对披露在关联交易行为控制中的意义进行分析,并分别对关联企业主体的信息公开和关联交易行为的信息披露规定,以及未经披露的后果进行探讨,建议我国立法仿效欧盟公司法指令的立法宗旨,设立旨在规范关联企业主体和行为的强制性信息披露制度。论文认为从完善我国关联企业行为控制制度的角度出发,现行公司法规有必要完善关于公司章程中交易决策权的条款规范问题,建立关联股东回避表决制度、关联董事回避表决和独立董事制度。论文认为,可以借鉴英国的司法原则,建立公平定价依据之测试标准;借鉴美国法上的"常规交易"标准和"第三人测试规则";借鉴美国法上的"商业判断规则"与"利益与否标准",令交易条件接受以上三项公平性标准之一的测试,以建立适用于关联交易的公平判断规则。为了抑制关联企业行为中包含的严重违反合同法原则的危险因素,我国合同法有必要按照现代合同主体形态特征进行修改补充,协调其与其他部门法规则的关系。

关键词:公司法　合同法　关联交易

1898

药品专利保护与公共健康问题 / 韦贵红著 ; 郭寿康指导. -- 中国人民大学, 2005. -- 214 页

本文探讨了药品专利的保护与公共健康平衡问题的起源与本质,探求在 WTO 知识产权保障机制下,如何解决经济实力较弱的成员国所遇到的公共健康的威胁。论文从国际人权法的角度说明健康权的法理基础,探究健康权与药品取得间的关系,分析了 TRIPS 协定的起源以及涉及药品专利保护的相关条款,以及 TRIPS 协议的专利权保障规范。论文探讨了有关 TRIPS 协定与公共健康宣言,认为由于 TRIPS 协定对药品专利的保护及药品可及性问题的规定过于原则化,一些条款无法操作,药品取得问题无法得到解决。对公共健康宣言进行了法律分析,阐述 TRIPS 协定与公共健康需要的法律地位及其作用,说明《TRIPS 协议和公共健康宣言第六段的执行决议》的新发展。论文探讨了专利制度与药品可取得性问题,阐述了专利制度对医药产业的重要性,说明专利、药价与药品取得的关系,证明专利制度影响了一些国家和地区的药品取得。论文分析了阐释专利制度中的强制许可的功能与局限,探讨了药物政策与公共健康的关系,认为对政策的制订者而言,药物政策是健康政策中相当重要的一部分,确保安全而有效的药物的可取得性,是决策者必须认真考虑、衡量的抉择。对发达国家及发展中国家的药物政策做具体分析,提出对中国药物政策的制定的建议。论文在回顾当前国际上有关发展中国家实施 TRIPS 协定后提高药品可及性方式的讨论的基础上,参照美国、加拿大等发达国家在其经济或产业发展初期为在其国际竞争弱势领域提升药品研究开发能力而实施强制许可的经验,就我国目前实施强制许可应注意的问题进行了分析,提出有待进一步研究的问题。

关键词:药品　专利　公共卫生　健康权　知识产权

1899

知识产权司法保护中的利益平衡 / 魏玮著 ; 张玉敏指导. -- 西南政法大学, 2005. -- 192 页

本文以知识产权利益平衡为主线,以知识产权诉讼为背景,对知识产权诉讼中与利益平衡有关的实体问题、程序问题等作了较为全面的论述。文章通过对

知识产权利益司法平衡问题的分析，强调从利益平衡的视角解决知识产权诉讼案件中的利益冲突，实现各种主体之间的利益平衡。全文共八章。第一章是知识产权利益平衡基本理论。从对利益与利益平衡问题的法哲学入手，对知识产权利益平衡的必要性、具体内容和平衡机制作了理论思考，并将知识产权利益置于历史与现实的不同背景之中进行了比较分析。第二章是知识产权利益的司法平衡问题的总括性研究。主要论述了司法平衡的地位、作用及司法平衡的几种方式，司法平衡的目标、原则与步骤及法院平衡知识产权利益的司法手段。第三至六章对当前知识产权诉讼中较为突出也与利益平衡关系较为密切的纠纷案件的研究。通过对专利侵权诉讼纠纷案件中等同原则的适用问题、因历史原因引发的商业标识权利冲突问题、竞业禁止等知识产权反不正当竞争问题以及知识产权权利冲突问题的研究，为审理此类纠纷案件提供了合理的解决思路。第七章论述滥用知识产权诉权与利益平衡问题，并提出了完善规制知识产权诉权滥用的建议：一是对滥诉反赔问题尽早作出明确的规定，二是建立知识产权诉讼懈怠制度，三是完善并严格提起确认不侵权诉讼的条件。第八章论述知识产权诉讼程序与利益平衡问题，对知识产权诉前禁令、证明责任分配这两个当前知识产权审判实践中比较突出的程序性问题从利益平衡的角度作出了论述分析。

关键词：知识产权　专利权　商标　侵权行为　民事诉讼　利益平衡

1900

票据行为论 / 吴京辉著 ; 覃有土指导. -- 中南财经政法大学, 2005. -- 195 页

本文从分析票据的经济功能着手，运用历史研究方法，在追溯票据行为历史轨迹的基础上，全面考察各具体票据有效的演进，认为票据行为既是法律行为又区别于一般民事法律行为。论文澄清票据有效和票据行为的关系，重点分析了票据行为的构成要件，探讨了票据行为的要式性、无因性、文义性和独立性。从世界票据法系的形成和演进看，存在日内瓦票据法系和英美票据法系的区别，但是，在贯彻票据行为无因性方面，两大法系是一致的。我国大陆的票据法理论及实务基本上继受了德国、日本及台湾地区票据法理论关于票据行为无因性的理解。票据行为独立性在票据行为无效、票据保证、票据伪造、持票人为恶意的场合都有适用余地。论文提出，对于票据行为的解释，除证券解释之外，还应该有票据法律解释原则，只有将证券解释和法律解释相结合，才能有效地解决票据行为是否有效、票据关系是否发生的法律问题。票据法对票据行为的控制通过两类规范实现，即：强行性规范和推定性规范。强行性规范是法律行为据以成立和生效的前提和基础，在效力上必优先于具体的法律行为；任意性规范不具有优先于具体表意行为内容的效力，仅具有意思推定作用。必须根据对法律规范的定性分析，才能正确解决票据行为内容与法律规范内容相异时，效力孰先的问题。论文探讨了票据责任，区分了票据责任和票据法上的法律责任、票据责任和票据法律责任、票据责任和民事责任。票据责任具有二重性、内容和范围具有先定性和法定的连带性。

关键词：票据　票据法　法律行为

1901

第三人利益合同原理与制度论 / 吴文嫔著 ; 尹田指导. -- 北京大学, 2005. -- 206 页

本文从原理与制度两方面对第三人利益合同进行研究。论文对第三人利益合同制度与合同相对性原则进行了正义、意思自治与秩序价值上的比较分析，阐释了第三人利益合同的特性，认为第三人利益合同为第三人依债权人与债务人约定取得合同债权，并享有向债务人直接给付请求权的合同，其主要类型有信托合同、货运合同、保险合同等，区别研究了第三人利益合同与美国法上的利益第三人担保责任、德国法上的附保护第三人作用契约。论文探讨了第三人利益合同法律关系之构造、第三人利益合同法律关系之形成与变动等问题。论文从静态与动态两个方面研究了第三人利益合同对受益第三人的效力、对受诺人的效力、对允诺人之效力，介绍了两大法系关于第三人利益合同效力根源的学说。认为第三人合同权利的产生经历了一个从利益到法益、再从法益到权利的过程，第三人利益合同的效力根源包括内在自律性要素与外在他律性要素两方面，都是源于法律对第三人合同利益的正当化。第三人利益合同在新时代背景下的发展趋势是：意外受益人权益日趋受到重视；第三人利益合同具有了新社会功能；以及仲裁条款对第三人的适用。论文分析了我国第三人利益合同的立法现状，提出第三人利益合同制度设计的方案，认为在古典主义与浪漫主义交替之间的中国合同法，不能否认第三人利益合同等新事物对合同相对性原则的突破，也不能摈弃合同相对性原则的基础性作用。

在中国未来的民法典中,合同相对性原则与第三人利益合同等制度应同时体现。

关键词:合同法　经济合同　第三人

1902

公司并购中少数股东利益保护法律制度研究 / 吴晓锋著 ; 张玉敏指导. -- 西南政法大学, 2005. -- 172 页

全文共分七章。第一章在逐一说明了公司并购(合并和收购)的有关概念和类型之后,阐述了公司并购在国内外的发展概况,并以有代表意义的美国五次公司并购浪潮以及国内的两次公司并购高潮为例,阐释了公司并购的价值意义和动机。第二章分析为什么要对少数股东进行特殊保护,在对"少数股东"这一概念作出解释、说明和界定的基础上,探讨了少数股东为何在公司中处于弱势地位,并进一步分析了少数股东在公司并购中的弱者地位,指出保护少数股东的意义,得出要对少数股东实行特殊保护的结论。第三章分别考察了英国、美国、日本、德国和欧盟各公司并购中少数股东保护制度,指出中国在立法中吸收了英国的强制收购制度来保护少数股东的利益,但还应该引入美国和其他国家的信息披露制度、董事控股股东的诚信义务以及股份收买请求权制度。第四章从信息披露制度、异议股东的股份收买请求权制度、强化董事的信义义务、控股股东的诚信义务四个方面对中国公司并购中少数股东的保护作出了具体制度设计,并详细介绍了每个制度的基本涵义、构成、理论基础、立法价值以及在国外的运用情况,指出其在中国的制度完善。第五章对强制要约收购制度进行了重新检讨,在讨论了强制收购的立法目的的基础上,对强制收购制度的合理性和必要性提出了质疑,认为中国并不需要设立强制要约制度。第六章从法律经济学的角度论证公司并购法制的目标应既追求经济效益又兼顾公平正义,在效率与公平间取得竞争性平衡,指出不能以牺牲效率为代价对少数股东进行过度保护。第七章主要论述股东权利损害的司法救济问题,从公司并购中的民事救济的实体问题(民事责任)、程序问题(股东诉讼)入手,对中国现行的相关法律制度进行了探讨,提出了完善中国公司并购中少数股东保护救济制度的构想。

关键词:公司法　企业合并　并购　股东

1903

犯罪构成要件符合性判断研究 / 吴学斌著 ; 张明楷指导. -- 清华大学, 2005. -- 176 页

本文在批评法律形式主义和演绎盲信的基础上,对构成要件符合性判断中的主要问题从方法论的角度进行了深入、详细的研究。论文认为,要想在构成要件符合性判断中获得成功的结论,离不开法律理念的指引。超越法律形式主义、在构成要件指导下形成案件事实以及法律推理的类型思维是整个构成要件符合性判断中不可或缺的基本理念。对构成要件的合理诠释是刑法适用的基础和重点。论文在对构成要件和构成要件要素一般理论进行评析的基础上,确立了以正义性、安定性以及合目的性为合理诠释的标准,以引导当前纷乱复杂的刑法解释思维。论文对传统的刑法解释方法进行了重新定位,认为目的解释是一种解释的指向,在文义解释、体系解释、历史解释中占有支配性的地位。论文对构成要件之外影响构成要件诠释的客观因素进行了理性的分析和引导,认为案件事实在整个构成要件符合性判断中占据核心和敏感的地位,必须在构成要件的规范意义下形成。案件事实的形成与构成要件的诠释是双向互动的。论文还对案件事实形成的重要原则和常见方法进行了针对性的研究。论文在构成要件符合性判断中提倡法律的逻辑推理,并分别对演绎法律推理、归纳法律推理以及类比法律推理在构成要件符合性判断中的运行模式及难题进行了剖析,强调刑法规范在所有法律推理中不可动摇的权威地位。

关键词:犯罪构成　刑法　刑事犯罪　法律解释

1904

控制股东义务研究 / 刁龙生著 ; 王保树指导. -- 清华大学, 2005. -- 176 页

本文探讨了如何制约控制股东,保护从属公司及其债权人、少数股东的问题以及与此相关的公司法修改。我国大部分公司股权集中,上市公司表面上形成了股东会、董事会、监事会和经理各司其职的治理结构,但普遍成为控制股东的"提款机"。论文分析了英美国家对控制股东的注意和忠实义务的法理和司法实践,认为大部分东亚、拉美新兴市场国家、欧洲大陆、前苏联和中东欧等转轨经济国家中,公司股权集中在家族或国家手中。以德国为代表的欧洲国家普遍规定控制股东对其从属公司应尽善良与忠实的义务。我国台湾地区参照德美等国立法,于 1997 年修订公司法时增订了关系企业章,主要就是确立对控制股东的法律管制。论文探讨了控制股东义务的基本理论,研究了什么是控制股东、控制股东到底有什么

样的义务、为什么要承担超乎其他股东的义务等问题。论文分析了控制股东诚信义务理论的应用,旨在探讨并确立一系列既防止控制股东滥权行为,又防止利益相关人滥诉行为的应用性理论。围绕表决权制度、信息公开义务、刑事责任等,论文在境外立法和司法比较的基础上归纳并草拟了针对我国上市公司控制股东行为的参考法条,旨在供立法、司法、证券监管部门进行制度建设时参考。

关键词:股东　义务　公司法　控制权

1905

人身损害赔偿数额确定规则研究 / 项先权著 ; 张新宝指导. -- 中国人民大学, 2005. -- 197 页

本文的研究对象是人身损害赔偿数额确定规则,认为在研究范围上,将赔偿范围、赔偿项目、赔偿标准视为赔偿数额确定中的重要因素考虑。论文正文部分共分五章。论文通过对人身损害与财产损害的比较,得出两种损害的如下差别:一是被侵害客体的重要性不同;二是损害赔偿的可量化性不同;三是损害的可恢复性不同;四是受害人的主观感受不同。人身损害赔偿具有如下特点:人身损害赔偿的数额没有客观衡量标准,不能从损害本身求得赔偿数额的上限。预防人身损害是应该作为侵权法的首要任务,填补损害则退居第二位。论文对我国不同历史时期的人身损害赔偿制度进行了考察,对大陆法系、英美法系、港澳台等国家或地区的人身损害赔偿制度进行了研究。论文研究了我国人身损害赔偿的范围、项目、数额标准等,探讨了人身损害赔偿的范围及项目,认为法律不可能对所有的损害后果都予以赔偿,而只是对部分的损害纳入赔偿的范围。赔偿的项目取决于直接受害人和间接受害人所遭受的具体损害的形态,受害人的损害包括财产损害、精神损害和生物学意义上的损害。结合最高人民法院颁布的《人身损害赔偿解释》,论文对我国人身损害赔偿的范围和项目进行了分析,指出我国现阶段人身损害赔偿项目及数额确定中存在的问题。建议增加生命损害赔偿金、健康损害赔偿金、惩罚性损害赔偿、死者本人的精神损害赔偿金、伤者近亲属的精神损害赔偿金、因残疾人生活特殊需要而发生费用的赔偿和律师费用赔偿等赔偿项目。论文归纳了人身损害赔偿数额确定的四个原则,包括最大限度赔偿原则、赔偿数额与过错程度相适应原则、主观要素与客观要素相结合的原则、衡平原则等,认为确定人身损害赔偿数额之影响因素包括:经济发展水平、人权保护水平、其他国家和地区的赔偿标准以及责任保险制度的建立等。论文对城乡赔偿标准的统一、国家赔偿与民事赔偿标准的统一、刑事附带民事赔偿与普通民事赔偿标准的统一、特殊领域的限额赔偿等问题进行了讨论,认为城乡居民赔偿标准的统一刻不容缓;提高国家赔偿的标准势在必行,应当将国家赔偿统一纳入到民事赔偿制度里面,保留限额赔偿,尽量缩小与普通人身损害赔偿数额的差距,其赔偿资金的来源建议采用责任保险的办法解决。不合理医疗费用承担一律判给受害人承担的做法缺乏合理性。论文认为人身损害赔偿数额确定规则的制定,应该体现生命珍贵、预防第一的指导思想,扩大人身损害赔偿的范围和项目,提高赔偿的标准。

关键词:人身权　侵权行为　赔偿

1906

公司制证券交易所利益冲突研究 / 谢增毅著 ; 王保树指导. -- 清华大学, 2005. -- 207 页

本文分析了两种证券交易所的性质与特征,考察了各国的证券交易所经验,阐述了我国证券交易所的性质与利益冲突,提出了我国证券交易所的改革走向与制度安排。论文认为,证券交易所分为会员制证券交易所和公司制证券交易所。自 20 世纪 90 年代以来,世界范围内的交易所纷纷从成员所有的互助交易所变成股东所有的营利性公司。交易所的公司制改制有利于改善交易所的公司治理,减少会员对交易所的控制,但交易所变成营利性的公司,将使公司制证券交易所面临利益冲突的挑战。在会员制交易所中,由于交易所完全由会员所有和控制,交易所的主要利益冲突表现为会员利益和公众利益的冲突。公司制证券交易所的利益冲突主要表现在:交易所为了营利的目标,可能减少监管资源的投入,放松对监管对象的监管,滥用监管权力对监管对象实施歧视待遇,从事多元化经营损害交易所的财务安全,从事反竞争的行为等等。交易所自我上市将使交易所面临自己监管自己的利益冲突。论文认为,克服公司制交易所利益冲突的途径主要包括交易所自律监管的调整,交易所公司治理的完善以及政府对交易所监督的强化。从我国法律的规定以及实践看,我国的证券交易所既不是会员制也不是公司制;现阶段,证券交易所中并不存在会员利益和社会公共利益的冲突问题,但存在交易所商业利益和公共利益的冲突。我国交易所改革的方向不应回归会员制,而应该在承认国家对交易所享有一定产权的基础上,对交易所进行股份制改造,发挥公司制交易所的优点。在进行股份制改造的

同时,必须有相应克服利益冲突的制度安排。

关键词:证券交易所　证券法　公司治理

1907

物权变动规则研究 / 辛赤兵著 ; 龙翼飞指导. -- 中国人民大学, 2005. -- 174 页

本文对简单商品社会、自由竞争时期资本主义社会及现代社会的物权变动规则进行了探讨,区分了基于法律行为和非基于法律行为所发生的物权变动,分析了我国现阶段物权变动规则的缺陷,并就完善我国物权变动规则制度提出了立法建议。论文分析了物权变动的定义、性质和种类,认为我国民法并未采纳物权行为理论,它距我国本土的物权立法有差距,我国不宜采纳该理论。论文分析了物权变动规则的社会经济原因,认为马克思主义政治经济学关于经济基础与上层建筑的观点,为物权变动规则的经济原因分析提供了最基本的理论前提,揭示了物权变动规则与其所调整的社会关系的内在联系。论文分析了经公示的不动产物权变动。经公示不动产物权变动是基于法律行为的物权变动的核心内容,我国现行登记制度缺乏基本的法律规定。登记请求权不能一概而论是债权上的请求权或是物权上的请求权,物权变动的模式决定登记请求权的属性。论文分析了经公示的动产物权变动,认为我国物权立法不宜采纳占有改定的交付方式。交付的效力有三种:即物权变动的效力、物权对抗的效力及物权公示的效力。论文分析了非经公示的不动产物权变动。这种物权变动是由法律的直接规定或某种特殊事由而发生和引起的不动产物权变动中的一种特例,通常并不以公示为物权变动的生效要件,而是因法律规定的事实条件的成就而直接发生法律效力。论文分析了非经公示的动产物权变动和物权变动中的保护效力。物权变动中的保护效力是从交易安全的视角设计的。公示与公信原则在物权变动中的保护效力问题,就权利正确性推定效力的保护功能而言,其核心是登记所记载的权利人在法律上推定其为真正的权利人。论文提出对完善物权变动法律规则的思考建议:(1)专门制定单行的不动产登记法;(2)建立统一的不动产登记机构;(3)明确登记机构错误登记赔偿责任;(4)动产物权的变动应只设强制性规范;(5)完善第二章物权的设立、变更、转让和消灭制度;(6)征求意见稿第十一章增加关于先占、添附的规定;(7)不宜规定占有改定的交付方式;(8)善意取得主要适用于动产。

关键词:物权　物权法　不动产

1908

彩票合同研究 / 邢军著 ; 钱明星指导. -- 北京大学, 2005. -- 140 页

本文运用比较法和实证法学的研究方法,综合分析射幸合同两大典型的立法例,以罗马法对给付概念的三分法为基础分析彩票合同中存在的射幸给付,对比分析"给付不确定性"的法理构造和"以给付不确定性"加"损益不确定性"的法理构造对彩票合同法理构造的不同影响,引用普瓦索纳德的射幸合同论和法国 19 世纪的射幸学说两大具有代表性的学说,分析彩票合同的法理构造和特点。论文认为我国彩票合同分为两种类型和两个过程,指出各级彩票发行机构之间是委托及转委托的民事合同关系,发行机构之间存在一个彩票承销合同,发行销售者和彩票购买者之间存在一个彩票销售合同。彩票承销合同不具有射幸性,彩票销售合同才是一个射幸合同。彩票销售合同是诺成合同、双务合同、定型化合同、有偿合同、射幸合同和最大诚信合同,彩票合同的标的是彩票的中奖权利,抽象的中奖权利是一种期待权,具体的中奖权是一个变动的权利,开奖前期待权,中奖后即为债权,兑奖后又表现为物权。论文分析了即开型、乐透型和体育竞猜型等不同种类型的彩票合同,就其要约、承诺、缔结、履行方式的特殊性进行研究,认为情势变更等原则不能适用于彩票销售合同。鉴于彩票合同的特殊性,彩票发行销售者负有特殊的先合同义务(告知义务等)、主给付、从给付以及附随义务,合同履行后,对中奖者负有通知、协助、保密的义务。彩票销售合同的违约和救济具有特殊性,彩票合同标的的流通也具有特殊性。彩票合同是最大诚信合同,彩票欺诈严重影响彩票的公信力,论文提出了对彩票合同中的欺诈行为实行惩罚性赔偿的设想。结合我国现行的彩票发行管理政策及世界各国相关立法例和我国具体的彩票立法、司法现状,论文认为应该建立健全我国的彩票法制,完善我国合同法制。

关键词:彩票　合同　合同法

1909

论隐私权 / 徐亮著 ; 孟勤国指导. -- 武汉大学, 2005. -- 176 页

本文除引言与结语外,共分五章。第一章对隐私权的历史发展进行了梳理,指出社会结构的变化、技术上的进步、精神的需要及经济的驱动诱发社会利益的冲突,从而推动了伦理道德观念的变化,催生了隐私权这一精神利益的法律主张。隐私权的发展与社

会变迁呈现出互动的关系，社会文化的三个层面——器物文化、精神文化及制度文化通过不同方式对隐私权的产生、发展及变化施加了重大影响。第二章是对隐私权的本质解读和价值探寻。作者认为，隐私权的本质在于通过对自我向他人封闭或开放程度的状态的控制实现其独特的人格利益，这种隐私利益更深层次地来自于人性的基本需要，特别是自我实现的需要。隐私权追求的并非单一的价值取向，而是一个丰富多维的价值体系。人性的矛盾和社会利益的多元化决定了隐私权价值的相对性，也就决定了隐私权与其他权益的共生和协调发展。第三章运用逻辑分析方法，对隐私权进行了规范分析，并对隐私权的各组成要素作了界定，指出隐私权是自然人对个人隐私（私生活）进行独立支配并排除非法干涉的具体人格权，其本质上是一种私权。从主体上看，隐私权属涉己权、固有权、专属权，主体只能是个人和自然人；从客体上看，隐私权属具体人格权与精神性人格权，其客体是隐私（即私生活），形式上表现为私人领域、私人事务及私人信息三方面；从内容和效力上看，隐私权既是支配权，又是绝对权、对世权，具有消极的排他效力。第四章是隐私权和其他权益的冲突与协调，认为与隐私权相关的权利冲突实质上是一种利益和价值上的冲突；权利冲突的化解主要是通过权利主体自身合作和交换原则；在权利协调中，当退让的一方是隐私权时，利益衡量中牺牲或舍弃的利益实际上构成了对隐私权的限制；隐私权的实现应尊重其他人的私权，在形成共同隐私的情形下，关系人之间应受到内部和外部行为规则的限制。最后从隐私权受侵害时的反向角度出发，对隐私权的救济权环节进行了探析，构建了隐私权的完整内容。

关键词：隐私权　人身权　人格

1910

简论知识产权与信息技术 / 许海强著 ; 郑成思指导. -- 中国社会科学院研究生院, 2005. -- 220 页

论文从知识产权的定义、民事属性和财产属性分析知识产权。从语源角度说明智力、创造、财产、所有权在知识产权中的体现，分析了知识产权的重要性和特殊性，并着重讨论了知识产权的“无形性”、“地域性”和“期限性”的内涵。探讨了知识产权作为财产权保护的合理性、知识产权与无形资产的关系、知识产权与经济发展的关系等方面的内容，分别考察了美国、英国、加拿大、日本等国以及中国的知识产权战略问题，从知识产权商业化的途径、商业化价值以及在商业化过程中应注意的法律问题等方面进行分析。论文以“ITL　Pty. 有限公司”的发展为案例，分析了知识产权的商业化以及成功的知识产权策略、知识产权商业化现实可行性、知识产权商业化的合法性。论文讨论了专利权、商标、著作权进行商业化的过程中应注意的法律问题，并专门就知识产权评估、商业秘密的法律保护、平行进口等问题展开讨论。论文从信息技术入手，重点探讨了信息技术与知识产权之间的互动关系，特别是信息技术给传统的知识产权保护制度带来的促动和挑战。其内容包括专利制度与信息技术、商标制度与信息技术、著作权制度与信息技术以及知识产权与信息产权等。论文认为知识产权制度的产生与发展和技术的发明与应用密切相关，知识产权制度中的专利制度与科技的应用关系尤其密切。以互联网技术和基因技术为代表的“信息技术”对专利制度的影响是全方位性的。论文还探讨了域名与商标的关系，信息技术对商标种类、商标保护措施以及商标侵权等的影响，信息技术背景下，现代企业应如何应对商标的保护问题。论文从技术措施的法律保护、权利管理信息的法律保护以及互联网上著作权侵权问题三方面来阐述“著作权制度与信息技术”的主题，并对信息、信息产权以及所谓信息产权制度的特殊保护客体——计算机软件、数据库和生物技术信息等问题展开讨论，认为现有的知识产权保护机制通过其自身的发展和创新，是解决其由于新技术的发展而代理的危机和挑战的最好选择，无需脱离现有的知识产权制度建立“信息产权制度”。论文认为知识产权制度通过其自身的发展和创新，能够为信息技术时代的财富创造拓展更广阔的空间，知识产权释放知识经济的能量。

关键词：知识产权　信息技术　专利　著作权　商标　域名

1911

论传统知识的知识产权保护 / 严永和著 ; 吴汉东指导. -- 中南财经政法大学, 2005. -- 246 页

本文致力于论证传统知识知识产权保护的正当性，确定传统知识知识产权保护的战略目标和战略步骤，探讨传统知识知识产权保护的制度。论文从传统知识的内涵界定展开分析，讨论了传统知识的术语使用、术语的精确化以及对传统知识知识产权保护的正当性等问题，介绍了传统知识法律保护国际探索简况，涉及 WIPO、CBD、FAO 等国际组织，也介绍了菲律宾、哥斯达黎加等国家以及一些传统部族致力于传统

知识法律保护的实践，并以CBD事先知情同意机制和FAO农民权机制为例，分析了目前传统知识法律保护国际探索的成就与不足，探讨了传统知识知识产权保护的战略步骤和制度框架。论文讨论了传统知识显性知识产权法框架下的保护与传统知识和现行知识产权法的冲突问题。冲突主要表现在三个层面：一是文化层面上的冲突，二是哲学层面上的冲突，三是制度层面上的冲突。论文从主体要件、程序要件、实体要件三个视角分析了如何对其加以变革，认为可以在知识产权法框架内为保护传统知识承认传统部族的集体主义权利主体模式，建议重构专利申请发明信息披露制度，建立"涉传"发明专利申请传统知识披露制度，主张将传统知识性自然物质纳入可知识产权的主题范围，认可传统知识具有某种实用性，传统知识具有商业新颖性，传统知识的非显著性在认定规则上可以采纳格拉汉姆要素中的辅助要素。论文还选择以传统中医药知识为例加以分析，认为我国政府对传统中医药知识的知识产权保护存在不足，建议利用现行知识产权制度，如地理标志制度、专利制度等保护我国传统中医药的衍生知识产权利益和消极知识产权利益；修改现行专利法的程序规则，为我国传统中医药知识的积极知识产权利益的间接保护提供法律依据；调整或创设适合于传统中医药知识的专门现行专利法专利实质要件的规则，以直接保护我国传统中医药知识的积极知识产权利益。论文还分析了传统知识的知识产权利益结构，细分为衍生知识产权利益、消极知识产权利益和积极知识产权利益，提出了传统知识知识产权保护的战略步骤，认为传统知识知识产权保护应实施"三步走"战略步骤。

关键词：知识产权　中医学　专利　传统文化

1912

我国雇佣关系的法律研究／晏宇桥著；覃有土指导. -- 武汉大学，2005. -- 227页

论文对雇佣、雇佣关系等加以界定，阐述了雇佣关系的法律特征，并就雇佣关系、劳动关系等相似概念加以比较，以时间为顺序，对大陆法、英美法对雇佣关系法律调整的发展加以考察，明确了雇佣关系的基础深深扎根于私法契约的基础之上，从马克思主义和我国国情的角度，对雇佣关系的本质和层次加以分析和论述。论文研究了以契约方式形成雇佣关系所涉及的相关问题，就雇佣关系是否应当统一调整、雇佣的从属性特征加以探讨，以书面形式形成的雇佣契约和事实雇佣为分类，讨论了契约的瑕疵、契约的限制性条款、格式条款、隐性就业等我国雇佣关系中存在的主要问题。论文从雇主和受雇劳动者两个当事人的角度，对他们的基本权利和义务加以研究。雇主方面，主要研究的问题包括工作规则和指示权、人员岗位的调动权、惩戒权、支付工资的义务、保护照顾的义务等问题。受雇劳动者方面，主要研究的问题包括就劳请求权、休息的权利、保护雇主商业秘密的义务、竞业禁止的义务等问题。论文认为雇佣关系中的侵权与损害，应当包括三方面的内容，即雇主对雇员的权利侵害、雇员对雇主权利的侵害、涉及第三人的侵权行为，以雇主的侵权行为为讨论主体，研究了延长工作时间、非法解雇、工作时间外的管理等问题，就雇主侵权责任的确定、举证责任、侵权与违约责任的竞合，以及损害赔偿加以讨论。论文还对国外立法体系进行了分析比较，以确定我国立法应借鉴的体系和基本思想，针对我国的具体情况，提出了我国立法的模式应有的层次结构，从民法、劳动法的角度提出了一些意见和建议。

关键词：劳动法　劳资关系　雇佣关系

1913

证券侵权法律制度研究／杨少南著；赵万一指导. 西南政法大学，2005. -- 173页

文章以一般侵权行为法的理论为基础，并在重视投资者权益保护、重视本土市场实情的同时，兼顾公平和效率，对证券侵权的一般理论以及各种具体的证券侵权行为进行了研究。全文包括三个部分。第一部分研究了证券侵权行为制度，在对一般侵权行为、证券欺诈及证券侵权行为的概念进行对比研究后，指出证券欺诈并不等同于证券侵权行为，其外延较后者为窄，证券侵权行为是一种具有商业侵权行为性质的特殊侵权行为。同时，对证券民事责任的性质进行了研究，指出证券民事责任的性质是证券侵权责任。接着分析了证券市场上最为常见的四种具体类型的侵权行为，即虚假陈述侵权行为、内幕交易侵权行为、操纵市场侵权行为以及侵犯客户合法权益的侵权行为。并对证券侵权行为中的共同侵权法律制度进行了研究。第二部分探讨了证券侵权主体制度，在与一般侵权法律关系的主体相比较后，揭示出证券侵权法律关系的主体特征，并对各种具体类型的证券侵权行为的主体问题从责任主体和权利主体两方面进行了论述。对中国有关证券侵权行为主体、证券监管机关的民事责任、证券交易所和证券登记结算机构的民事责任以及侵权行为中控制人责任制度方面法律规定的不足

进行了分析与评判,并对建立和完善中国受益所有人及归入权行使主体制度等提出了改进意见。第三部分对证券侵权损害赔偿制度进行了研究。讨论了证券侵权损害赔偿的价值取向问题,指出目前中国在损害赔偿法律制度上应采取填补实际损失的价值取向;阐述了证券侵权损害赔偿的法律关系和证券侵权损害赔偿的损失界定规则,认为应采取实际损失规则;探讨了证券侵权损害赔偿赔偿额的计算方法;分别就虚假陈述、内幕交易、操纵市场等类型证券侵权的损害赔偿范围进行了分析,并有针对性地提出了相关立法建议。

关键词:证券法　证券市场　侵权行为　民事责任

1914

论著作权法中的作品概念 / 杨述兴著 ; 郭禾指导. -- 中国人民大学, 2005. -- 160 页

本文从著作权法的两个基本理论——思想表达二分理论和独创性理论——出发,探讨了著作权法中的作品概念,并认为作品是具有独创性的表达。论文探讨了思想表达二分理论,认为著作权法中的"作品"的属概念是"表达",在著作权法领域里,思想与内容是同一含义,表达与形式也是同一含义。从平衡作者利益和社会公共利益考虑,从思想所具有的属性考虑,著作权法所保护者,仅及于表达,而不及于该表达所反映或体现的思想,思想人人可得以自由利用。论文认为,作品的本质是表达,"表达"是作品的属概念。著作权法所保护者是具有独创性的表达,而不及于表达所体现或反映的思想。传统著作权法中区分思想与表达的方法,主要有三种,即清晰区别鉴定法、抽象测试法和整体观念测试法。清晰区别鉴定法着眼于作品的外在表达,抽象测试法和整体观念测试法着眼于作品的内在表达。著作权法中的思想表达融合理论是思想表达二分理论的必然推论。思想表达融合理论适用于事实和功能作品。论文分析了著作权法中的必要情景原则,认为:作品是表达,而不是思想,思想仅为作品所体现或反映。论文分析了文艺理论上的独创性概念,认为文艺理论上的独创性概念与著作权法中的独创性概念有所不同,但文艺理论中的独创性概念始终影响着著作权法中作品独创性判断的司法实践。论文分析了两大法系的独创性理论,认为两大法系在著作权领域呈现出互相渗透、互相融合的趋势,在作品独创性的判断标准上也趋一致。在我国,无论学界还是司法实务部门,对作品独创性的界定或判断标准远没有形成较为一致的观点或理论。独创性应包括两层含义,即独立创作和最低程度的创造性。论文认为,载体和作品分别属于两个不同的客观世界,由两种不同的法律制度予以调整和规范。

关键词:作品　著作权法　知识产权

1915

信赖原理的私法构造 / 叶金强著 ; 崔建远指导. -- 清华大学, 2005. -- 196 页

本文探讨了现代私法的价值基础之一——合理信赖及信赖原理,认为信赖原理宣示的价值取向为:法律应当为合理信赖提供保护。而信赖原理的正当化,可经由经济学、社会学,以及法伦理的角度完成。保护合理信赖,可节约信息成本,并建立稳定的社会秩序;保护合理信赖,也是信赖者自由与安全保障的基础,是责任者自己责任的体现。论文认为,信赖原理与自治原理之间的紧张关系,贯穿于构建信赖原理的全过程。信赖原理的适用,以存在一定的信赖为前提,通过信赖者信赖合理性程度与责任者归责性程度的比较权衡,来确定应当赋予的法律效果。信赖合理性的判断,需结合个案情景运用理性之人标准来完成;而责任者的归责性则是以过失为中心。当信赖者的信赖合理性程度充沛时,信赖原理就可能战胜自我决定意义上的自治原理,使责任者受到其意思之外的约束,但此种约束尚应符合自己责任意义上的自治原理的要求。在信赖合理性程度充沛,而责任者又无归责性时,只有当信赖事件处于责任者的风险领域,责任者的责任方才可以发生。信赖合理性的程度标示的是信赖者应受保护的程度,责任者的归责性程度标示的是责任者应受负面评价的程度。信赖责任的确定展现为可不充分吸纳个案因素的弹性空间。

关键词:私法　法的理论　信赖

1916

职场性骚扰法律制度研究及中国立法建议 / 易菲著 ; 龙翼飞指导. -- 中国人民大学, 2005. -- 159 页

性骚扰(sexual harassment)一词源自美国的 20 世纪 70 年代。论文认为就业中的歧视行为应当予以禁止,女性应当在社会舞台上,尤其在劳动力市场中与男性平等被对待。性骚扰是最为典型与恶劣的歧视行为。论文认为性骚扰是一种民事侵权行为——侵害了受害人的某种人格权,以直接侵害人的侵权损害赔偿责任作为救济方式。论文分析了狭义的性骚扰和广义的性骚扰的概念,提出职场性骚扰对劳动者

(主要是女性劳动者)的身心伤害体现在每一个具体的个案中,而对于整个就业环境、劳动者队伍则是令人作呕的毒瘤和挥之不去的阴影。建议将职场性骚扰定性为就业歧视,采用雇主责任,将社会问题分解为各个经济单元应当担负的社会责任。论文认为,职场性骚扰侵犯了劳动者人格权,侵犯了一个人作为劳动者的人格尊严,可以要求侵害人承担侵权责任,赔偿受害人物质上甚至精神上遭受的损害。而且,免受性骚扰是每一位公民、劳动者的基本权益,它是宪法中公民人格尊严不受侵犯的衍生。论文认为,通过立法对性骚扰事件进行法律救济刻不容缓,在我国没有制定保障两性就业平等的法律的前提下,应首先在《劳动法》中男女就业平等项下,对劳动者在工作中享有不受性骚扰的权利予以规定,使免受性骚扰成为劳动者的一项基本权利。同时制定切实可行的防治性骚扰的法令,对雇主责任进行细化,规定企业内部必须建立性骚扰的投诉机制,必须对员工进行禁止性骚扰的教育培训等一系列义务,行政主管部门对于雇主责任进行监督,对于不履行法律义务的企业进行行政处罚;全国中华总工会、全国妇联应当号召企业工会组织、妇联基层组织担负起协助企业建立起受理申诉渠道的职责,对严重违反雇主责任造成性骚扰事件严重的企业,支持受害人向法院提起诉讼,要求企业承担雇主责任。

关键词:性骚扰　性别歧视　就业　劳动法

1917

中国(大陆)社会转型时期的民法价值研究 / 喻磊著 ; 余能斌指导. -- 武汉大学, 2005. -- 263 页

本文研究了中国(大陆)社会转型时期的民法价值的理论和实践,分析和论证了反映社会转型期中国民法蕴含的内在的基本价值:民事主体制度生成的平等——公平价值;民事法律行为制度生成的自由——秩序价值;民事财产权利制度生成的安全——效益价值。论文从市民社会和民法价值相统一视角,分析了民法的社会基础及价值蕴含,对社会转型期中国市民社会构建与民法价值生成作出初步论证。认为:市民社会是民法的一般社会基础,社会转型即是中国市民社会构建与民法社会基础形成。论文认为,民事主体(人身权)制度是构建民法制度大厦的基础,民事主体(人身权)制度蕴含平等——公平的价值,是民法价值研究的基本而重要的内容。民法价值既可以从民事主体制度和人身权利制度切入;也可以从动态视角,阐释民事法律行为制度和法律责任制度蕴含的价值。中国从计划经济体制向市场经济体制的转型,正在推动社会的运行规范发生相应的转型:个人将成为社会的基本自由主体,在市民社会各个领域日益获得更多的自由权利;同时个人也必将更多地承担起与所享有的自由权利相应的义务和责任,以实现市民社会的秩序。论文认为,民法价值既可以从民事主体(人身权利)制度、民事法律行为——现行制度切入,同样也可以从静态和动态视角,阐释民事财产权利制度蕴含的安全——效益价值。在知识经济时代,财产权利已经成为一种囊括所有有形和无形财产权利的综合体系。民法是权利为本位的法,民事财产权利制度包括物权制度和债权(合同)制度,实践着民事财产的静态所有和动态利用,保障和促进民事财产所有和市场交易安全的实现,从而生成个人和社会的经济效益。

关键词:民法　价值　人身权　财产权　社会转型

1918

请求权基本理论研究 / 苑书涛著 ; 李开国指导. -- 西南政法大学, 2005. -- 243 页

全文分七章。第一章主要介绍了请求权概念,并从历史沿革、理论发展和制度变迁上,研究了其产生和发展的历史过程。第二章从请求权与诉权之间的关系、请求权与其基础权利之间的关系两方面对请求权的本质进行了界定,指出请求权是实体法上的权利,其与诉讼法上的诉权相互联系,却有本质区别;请求权虽基于其基础权利而产生,但却是一种独立的权利,请求权与其基础权利分别是从不同的角度对民事权利分类的结果。第三章首先通过对权利概念的法学界定,结合理论和立法上对请求权概念的阐释,指出请求权属于权利的范畴,具有权利概念的本质属性;然后,对请求权与民事责任的关系进行了深入的论证和探讨;最后指出,在中国未来民法典的制定中,应当去除民事责任的立法规定,以请求权为核心,以权利—义务的对应关系来构建中国民法典的体系。第四章分别依据请求权所产生的基础权利、请求权的机能、请求权的标的对请求权的类型进行了划分,而且对相关请求权之间的关系进行了论述。第五章分析和探讨了请求权的让与性问题,指出请求权要么不能脱离其基础权利而单独让与,要么根本不具备让与性。第六章是关于请求权与诉讼时效的研究,指出诉讼时效与消灭时效实质上乃同一概念,并就请求权是诉讼时效的适用对象、以请求权为中心构建诉讼时效制度两个问题进行了探讨。第七章论述了请求权竞

合问题,对请求权竞合的概念进行了法学界定,说明了请求权竞合问题的判断标准、问题点和解决方向;对有关请求权竞合问题的理论学说进行了介绍和评析;以契约债务不履行损害赔偿请求权与侵权行为损害赔偿请求权竞合为例,对全规范统合理论的具体运用进行了实证分析;并就中国学理与司法实践对请求权竞合的态度进行了介说和评析。

关键词:民法　权利　请求权

1919

寻找债权人保护的新坐标 : 资本维持原则反思 / 张保华著 ; 董安生指导. -- 中国人民大学, 2005. -- 155 页

本文论述了资本维持原则的基本理论问题,揭示了资本维持原则体系面临的变革和矛盾,反思了其债权人保护功能的局限,提出修正和完善资本维持原则既有框架的建议,并展望了抛弃资本维持原则的改革远景。论文对资本维持原则进行解析,探讨了其制度背景、内涵、外延、目的等基本理论问题,具体分析了资本维持中"维持"、"资本"的含义。论文分析了资本维持原则遭遇的变动和矛盾,从体系化的角度揭示了资本维持原则的理论自洽危机。以股利分配和股份回购制度为例,论文介绍了资本维持主要规则的缓和趋势,指出资本维持原则体系的变革势所难免。论文反思了资本维持原则债权人保护功能的局限,探讨了资本维持原则规范的行为范围和类型问题,认为既有的资本维持规则体系没有对各种分配行为设定统一的分配标尺,也未能有效规范各种变相分配行为,造成了债权人保护功能的弱化。论文对常见的几种公司财务行为进行了分析,认为除了股利分配以外,股份回购和回赎、实质减资也属于分配行为,应当受资本维持原则的约束;而形式减资、股份股利和股份分割则否。应当更加关注各种变相分配行为。论文还探讨了资本维持原则的未来,认为从世界范围来看,资本维持原则呈现出两种相反的发展趋向;一是以美国为代表,一是以欧盟为代表。论文认为,我国目前的资本维持原则体系同样面临着反思和变革。在规范对象上,现有体系过于简单疏漏,一些变相分配行为没有受到规范,导致资本维持原则的形骸化。论文建议恢复盈余公积金分配制度、为过分膨胀的资本公积金瘦身、明确公积金补亏顺序、取消法定公益金制度以及缓和股份回购限制等改革建议。论文分析了债权人保护的改革远景,从制度惯性、公司融资模式、利益集团影响等因素出发,对改革的路径和成本进行了政治经济学视角的分析。

关键词:债权　公司法　资本维持原则

1920

法人独立财产制研究 : 从历史考察到功能解析 / 张力著 ; 李开国指导. -- 西南政法大学, 2005. -- 267 页

本文以历史与现实作用显著之法人基本类型为主,对法人财产制度的历史功能进行了研究。首先回顾了中国关于法人财产制度研究的主要流派,接着以罗马法之团体人格制度为基点,考察了从法人财产制度的初萌到全面成熟的历史进程。并指出在今日恢复法人制度在左右两端之间的主体形态是其改革的重要目标。其次,法人独立财产制在近、现代的摇摆,在社会变动中所发挥的正反两方面作用,并不亚于"个人所有权"之长消对社会的影响,这在财产制度演化史上得到了充分的印证。法人财产制度,应当是有集有散,应从"集"、"散"两个角度,研究法人财产制度的结构与功能。法人独立财产制度对法人人格的塑造功能的发挥,不是针对法人的具体法律关系而言,而是从宏观上看,要求立法者为特定类型的法人,配合以与之社会功能相适应的财产性权利能力,否则法人人格就是有名无实的。第三,法人财产权利能力应与法人的类型相匹配。凡法人都应有独立而全面的财产性权利能力,都应有独立责任能力。法人的财产制度基础应有级差之区别,应承认"公同共有"可以作为法人的财产制度基础,应弱化独立财产责任塑造法人主体资格的功能,使法人发展在极端的完人化的路径上作某种必要的倒退。第四,法人独立财产制的实质功能是要通过将众人权利的集中,在获取增值以后,进而在成员之间有序与公平的扩散。最后,从微观和宏观两方面提示了法人人格是通过法人独立财产制之利益"集约"与"扩散"功能的统一来发挥作用的。

关键词:法人　财产权　财产制度

1921

论个人信用信息的收集、利用和保护 : 以建立和完善我国个人信用信息征信体系为中心 / 张鹏著 ; 吴汉东指导. -- 中国人民大学, 2005. -- 176 页

论文分析了征信、征信体系和社会信用体系,认为个人征信体系建设的指导原则主要包括:第一,当前我国征信体系建设中应当优先重视个人征信体系建设。第二,在保护个人基本信用信息隐私的前提

下,促进个人信用信息的公开和传播。第三,个人征信体系建设应当重视制度建设和体系化。论文认为,征信体系是围绕着当事人的信用信息运行的一系列制度和规则,信用权是围绕着对当事人的信用信息的社会评价而发生的。在征信体系中,一些制度如信用信息的查询、信用评分等,的确关涉信用权制度,但是,除此之外,还有许多独立的与信用权无关的制度。信用权所保护的信用社会评价,既包括专业的征信机构对当事人的信用评价,也包括普通的社会主体对当事人的信用评价。认定有关机构在信用评分中侵害当事人信用权的,还是应当以有关信用评分机构是否尽到了合理的注意义务为判断标准。论文分析了世界各国个人信用信息征信法律制度,认为我国相关制度不太完善,探讨了公共信贷登记系统和专业征信体系之间存在的差别,认为我国目前中国人民银行正在试图建立类似于公共信贷登记系统的,面向全国商业银行的"个人信用信息数据库"。但它先天性不足,主张我国今后的个人信用信息征信机制应当仿效目前上海市的个人信用信息联合征信体系来构建。论文比较了个人信用信息征信机构的三种组织模式:政府经营模式、企业自由经营模式、政府特许经营模式,认为我国应当采用第三种方式,即政府特许经营模式,在我国建立起一个政府特许、垄断经营、国家扶持的个人信用信息征信机构。结合我国的现实情况,应当尽量放宽对于所谓个人敏感资料使用的限制,在不威胁重要的、基本的个人隐私或社会观念的前提下,应当以提高预测个人信用状况的准确性为首要前提。结合我国实际,对于公务机关使用个人信用信息的需要,应当采取比国外机构更加宽松的做法。在个人征信机构对于查询人查询目的进行审核时,应当采用简易程序;个人申请公用事业服务时,交易人不得查询个人信用信息;不应当在网上全面公开个人的不良信用信息。论文认为,我国在将来的相关立法中应当贯彻如下原则:第一,不论是正面信息还是负面信息,均应当有记载期限的限制。第二,负面信息的记载期限应当要长于正面信息的记载期限。第三,已更正的负面信息应当比未更正的负面信息保存时限短。论文还对我国将来的个人征信体系中当事人被告知权利加以设计,对我国将来的个人征信体系中当事人查询自身的信用信息权利和将来个人征信体系中相关问题提出建议。论文附录收入《个人信用信息征信条例(建议草案)》(试拟稿)。

关键词:个人信用　信息管理　信息安全

1922

私法视野里的权利冲突导论 / 张平华著 ; 郭明瑞指导. -- 中国人民大学, 2005. -- 252 页

本文以行为、关系为两条主要研究路径,并试图在权利冲突与传统民法理论间搭起桥梁。论文以权利冲突的定义为中心而展开,涉及权利冲突命题真伪辨、权利冲突的原因等,认为从行为角度看,权利冲突指一方行使权利而导致他人权利受到侵害的行为。从关系角度看,权利冲突指当事人间权利的矛盾。论文认为,权利冲突具有必然性,我国民法应该坚持权利本位,在权利边界与权利限制的关系上应该采用外在限制说。权利冲突关系的法律特征包括:权利冲突关系是以权利为媒介的人与人之间的矛盾关系。权利冲突关系具备普遍性与特殊性。冲突程序存在差异性。权利冲突关系具备阶段性、程序性。权利冲突关系的消灭分一时消灭与永久消灭两种。权利冲突关系的基本构成要素有:两个或两个以上的主体;两种合法的权利;客体具备同一性或牵连性;权利内容相互矛盾。权利冲突关系分为两大类:结构性权利冲突包括涉及公权力的权利冲突;非结构性权利冲突主要指私权利冲突。论文认为,权利冲突行为是权利行使行为。权利冲突是行为冲突而不是心理冲突。权利冲突行为是双方实施的行为。权利冲突行为导致两个或多个权利不能同时实现。权利冲突行为因权利性质之不同而有差异。权利冲突行为可以是事实行为也可以是法律行为。权利冲突行为的合法性或违法性不易判断。按照侵权行为法的思路分析权利冲突行为是路径依赖理论的必然结果。权利冲突行为的损害存在相互性,损害的可补救性难以确定等难题。论文认为,权利位阶是化解权利冲突关系的有效手段。权利位阶论是权利冲突关系论的延续。权利位阶是权利属性的必然要求;是权利实质不平等的体现;是法律体系中的普遍现象。权利位阶是一种法律规范,它可分为权利位阶规则与权利位阶原则。权利位阶规则是以规定不同权利之间的效力差别为内容的法律规则。权利位阶规则可分为意定权利位阶规则、法定权利位阶规则。权利位阶原则具备赋予特定权利概略优位的特点,其允许存在例外。法典编制模式并不一定蕴含着权利位阶原则。建立权利位阶原则方法主要包括:从法秩序内部即实证法律整体归纳出权利位阶原则;依超越实证法的法理念演绎推导出权利位阶原则。论文认为权利冲突需要社会共识。我们需要:制定民法典以形成价值共识;削弱甚至去除政策的法源地位,加强作为价值选择机制意义上的

法政策研究。

关键词:私法　权利冲突　和谐社会

1923

保险合同：逆向选择与道德风险的法律规制 / 张秀全著；吴汉东指导. -- 中南财经政法大学, 2005. -- 267 页

本文通过界定保险客户逆向选择与道德风险的概念,分析了保险客户逆向选择与道德风险的表现和危害,揭示了保险客户逆向选择与道德风险的产生原因,论证了逆向选择与道德风险法律规制的必要性和可行性,提出规制逆向选择与道德风险的系列对策。论文论文探讨了保险法的基本原则对规制逆向选择与道德风险的意义和机理,分析了投保人、被保险人的如实告知义务、危险增加的通知义务,介绍了损失补充原则的意义、损失补充的范围、损失补充的方式与方法,着重分析了保险代位求偿权、超额保险、重复保险对规制保险客户道德风险的价值,并引介了英美保险法上的近因理论。论文分析了保单条款的含义、意义、分类,探讨了与逆向选择和道德风险规制密切相关的一些保单条款,分析了核保的涵义与意义,介绍了风险调查、风险分类、风险选择等核保的基本程序,具体阐述了财产保险合同和人身保险合同的核保因素,分析了保险理赔的涵义、意义和原则,具体介绍了案件受理、现场勘察、单证审核、责任审定、赔款给付、争议解决等理赔程序,专门探讨了索赔欺诈问题,界定了索赔欺诈的涵义,分析了索赔欺诈的要件、表现与危害,提出了防范索赔欺诈的理赔对策。论文认为,保险合同的逆向选择与道德风险既有联系,又有区别。保险合同的逆向选择与道德风险与保险相伴而生,对逆向选择和道德风险的规制应有一个合理的限度,应充分注意衡平保险客户和保险人双方的利益,协调二者的利益冲突,既要切实防范客户的逆向选择和道德风险,防止客户通过逆向选择和道德风险获得不应有的利益,又要限制保险人对保险客户逆向选择和道德风险的过度预防,利用客户的逆向选择和道德风险恶意拒赔,损害客户的正当权益。

关键词:保险合同　合同法　保险法　道德

1924

公司集团治理法律问题研究 / 张永志著；龙翼飞指导. -- 中国人民大学, 2005. -- 204 页

本文以建立科学的公司集团治理为目标,在分析现有公司法相关制度和比较各国公司集团相关立法及理论研究成果的基础上,提出公司集团治理的概念,重点探讨集团治理所涉及的主要主体间权利(力)义务的科学配置,系统建立相关主体的行为规则和关系规则,为公司集团的规范发展奠定法律基础。企业集团是由两个以上具有独立法律地位的企业以资本关系(产权)为主要纽带,以共同决策或统一管理为目标组成的经济联合组织。企业集团治理的实质是企业集团中的利益平衡机制。集团控制公司控制权的行使一方面必须依照一定的原则或规则,另一方面必须明确控制公司的义务及责任。保护从属公司的权益,一方面赋予从属公司必要的权利,另一方面明确从属公司董事会、监事会成员及高级管理人员对从属公司所承担的义务与责任。建立我国从属公司少数股东保护的设想包括:一是在公司法中进一步建立和完善保护少数股东权益的法律制度,二是建立公司集团中从属公司少数股东权益保护的特殊制度或规则。公司法对债权人利益的保护主要体现在债权人地位的变化及债权人对公司治理的参与,各国对从属公司债权人利益的保护还形成一些特殊的保护制度。我国要建立和完善集团关系公开制度:一是对集团形成时的基础性披露,二是对集团形成后的动态性披露。通过完善公司法律制度来确立科学的公司集团治理。

关键词:企业集团　公司治理　公司法　股东控制权

1925

论消费者权益及其实现 / 钟瑞华著；孙宪忠指导. -- 中国社会科学院研究生院, 2005. -- 178 页

本文围绕消费者权益,分析了其基本概念、权利种类和发展趋势,阐明了消费者权益的私法实现和公法实现,认为消费者权益的实现既需要私法,又需要公法,应当结合起来更好地保护消费者权益。论文分析了消费者法的核心概念“消费者权益”,总结出消费者权利种类和内涵均在不断扩充,提出要用发展的观点看待消费者权利,主张消费者基本权利的性质具有复合性和层次性,既是社会权(公权维度);又是民事权利(私权维度)。论文认为消费者权利必须通过私法和公法两种手段实现消费者权益。论文讨论了消费者权益私法实现体系,总结了传统私法为保护消费者而进行的修正和调整,进而指出消费者权益私法实现体制具有功能和程序两个方面的局限性,深入比较了美国和德国的消费者群体诉讼,澄清了美国消费者集体诉讼主要适用于小额消费者争议的客观事实,介绍了其别具特色的类似性救济制度,并梳理了德国消

费者团体诉讼的制度演变和美国消费者集体诉讼的制度特征，结合欧盟消费者法预测了其前景。论文还讨论了消费者权益的公法实现体系，研究了有关消费者保护行政规制的基本问题。论文从经济学和伦理学两个方向论证了消费者保护规制的正当性，强调指出出于经济效率的功利主义考量应受社会主义、共同体价值等伦理学考量的制约和补充，批判了我国消费者保护工作不以人为本而过于功利的倾向。论文分析了各种可能的消费者保护规制工具和规制机构，指出在选择规制工具和规制机构时应遵循成本收益分析，预防为主，救济和惩罚为辅等标准。集中研究了信息规制，尤其突出了消费者信息制度在反思并重整现代消费者法中的重要作用，并较为细致地分析了卖方信息披露制度。

关键词：消费者权益保护　私法　公法

1926

职工参与制度法律问题研究 / 周超著 ; 张玉敏指导. -- 西南政法大学, 2005. -- 193 页

全文分六章。第一章主要讨论了职工参与的概念，依次研究了职工的法律地位及其与企业的关系问题、职工管理参与与企业经营权的关系问题、职工利益参与的意义和特征问题，以及职工参与制度在世界范围内兴起的社会政治背景、社会化趋势和作为政策性选择的意义。第二章介绍和评述了有关职工参与制度的主要学说或理论，如劳资平等理论、公司社会责任理论、职工自治与自主管理理论以及涉及现代企业管理科学的人际关系理论等。第三至四章较为详尽地介绍和分析了二战以后西方主要发达国家的职工管理参与制度和职工利益参与制度，并考察其制度的历史传统和现实的社会政治条件。文章指出，在一定程度上，职工参与制度是理解西方资本主义体制之所以能够持续发展和日趋成熟、稳定的一个重要切入点。发达国家职工参与制度的经验，对于中国职工参与制度的建设和完善有着积极的建设性价值。第五章重点叙述了中国职工参与制度的历史形成过程，指出改革开放以前中国职工参与的重点特点；说明和分析了中国现行的职工管理参与和职工利益参与，进一步讨论了中国职工持股制度的价值取向、职工股的内涵、职工持股会的法律地位以及职工股转让等问题。第六章揭示了中国职工参与制度在法律层面存在的基本问题，通过对有关立法现状的分析，提出了进一步完善职工参与制度的有关立法建议。作者指出在中国建设和完善现代的职工参与制度，只能遵循循序渐进的原则和立足于中国国情，汲取行之有效的国外经验，通过新的立法实践，合理的制度设计与制度创新，构建职工参与的法制体系。

关键词：企业法　职工　参与管理　职工股份制

1927

专利许可制度研究 / 周赐程著 ; 朱启超指导. -- 北京大学, 2005. -- 152 页

本文对专利许可制度的本质、意义、历史嬗变以及在现代社会、经济和法律生活中的地位和作用进行了全面系统的分析研究，揭示专利许可制度自身的规定性和基本特征，为建立具有中国特色的专利许可制度奠定基础并提供有益意见。第一章从本体意义出发对专利许可制度作了分析，从专利许可制度的起源和发展，分析专利许可制度的价值，申明专利许可制度的对象及其法律意义。第二章着重于专利许可制度的法理与实践的探讨，首先研讨了专利许可合同的法律属性，分析了专利实施的价值取向，对专利许可合同之被许可方能否实施分许可进行了探讨，分析了专利许可合同之被许可方的诉权及禁止权，研讨了专利许可的实践。第三章研究了专利强制许可制度，包括《巴黎公约》关于强制许可的规定、Trips 协议中的强制许可内容、外国立法例中的强制许可制度、中国专利领域的非自愿许可，重点说明中国强制许可制度的发展变化和专利领域的特殊强制许可制度。第四章研究了专利许可合同问题，包括专利许可合同及其类型以及专利许可合同的定性问题：第五章对专利许可合同的法律规范和司法实践进行评析，对专利许可合同的等价性、格式条款、限制性条款进行评析。第六章指明了中国大陆法律规范与司法实践应该努力的方向，包括对法律规范的分析检讨，并对我国专利许可制度的未来发展趋势进行了展望。

关键词：专利　专利权　许可制度　强制许可

1928

公司设立中的法律问题研究 / 周丽娟著 ; 董安生指导. -- 中国人民大学, 2005. -- 199 页

本文对公司设立中的法律问题进行全面而深入的研究，主要包括：公司设立一般问题、发起人制度、公司设立章程、资本制度与现物出资、公司设立方式、公司设立登记以及公司瑕疵设立效力等七个方面。论文分析了公司设立与公司成立的关系，介绍了公司设立原则的历史演变，探讨了公司设立原则与国家经济发展状况密不可分的关系，建议在我国应根据世界

潮流和时代需要,建立准则主义的公司设立原则。论文认为,发起人应是按照公司法规定制定公司章程,认购其应认购的股份,承担筹办事务,并对公司设立承担法律责任的主体。建议在有限责任公司与股份公司的设立中统一使用发起人概念,无民事行为能力人等特殊主体可以作为发起,放宽对发起人人数和发起人国籍的限制,并允许设立一人公司,应当平衡发起人的相关义务,并严格发起人的资本充实责任、滥用设立费用责任、对公司的损害赔偿责任、对认股人与对第三人的民事赔偿责任等。论文认为,我国公司设立章程的结构不合理,应当借鉴英美法系的设立章程结构,将设立章程分为设立的章程大纲和设立章程细则,主张建立公司设立章程的违法性标准以及设立章程无效的法律制度,对于不符合法律法规要求的记载内容应认定为违法,并根据违法的不同情况确定公司设立章程有效性。论文对公司设立资本制度进行了考察,认为在我国应当实行公司设立资本折中制度,主张恢复公开募集设立方式。论文认为,设立登记的功能应当主要侧重于公司设立中的信息披露;对于设立登记的法律性质应有明确的认识,该登记行为应当具有民事与行政双重性,对公司设立登记的内容应当尽量详细,在公司设立登记中必须将营业登记与法人资格分离开。论文认为应当区别设立不能与瑕疵设立,主张只有当公司设立中出现严重缺陷和违法时,才否定公司法人人格,一般情况应当采取修正的方式。在公司设立制度的设计中,应当以经济发展、社会财富的有效利用和公司设立效率的提高为主导,同时兼顾社会交易的安全。制度的设计应当更加宽松,提高设立效率,同时严格公司设立中各参与主体的民事责任,以维护商事交易的安全性。

关键词:公司法　企业登记　发起人　资本金制度

1929

信赖责任研究 :以合同之磋商为分析对象 / 朱广新著 ; 梁慧星指导. -- 中国社会科学院研究生院, 2005. -- 162 页

本文主张借鉴英美法和大陆法“信赖保护”的思想与方法,针对我国合同法中或市场交易中存在的实际问题,以合同之磋商为分析对象,建构一种关于“信赖保护”的信赖责任分析模式。论文认为信赖责任必须具备如下要素:显然的意图、合理的信赖以及可归责性。从规范分析的角度看,信赖责任与缔约上过失责任、表现责任均存在显著差异;而实证分析显示,将信赖责任看作侵权责任与违约责任之外的一种独立责任形态具有充分事实依据。从法律责任自身的结构分析,以“义务论”或“过错论”为思维特征的缔约上过失责任均存在明显的缺陷,信赖责任具有独特的机理,应拥有独立的法律地位。认为信赖责任的效果是信赖损害赔偿。即使受害人恢复到损害发生前的状态,以期待利益限制信赖损害赔偿额不合理。信赖损失主要是一种纯经济上的损失,应以直接性、确定性为标准限制纯经济上损失的赔偿范围。论文主张,为加强对缔约上信赖利益的保护,有必要反思与重构我国现行法对缔约上信赖损害赔偿的立法与学说。建议在继续使用缔约上过失概念的同时,将缔约中不是以过失而是以合理信赖为归责基础的损害赔偿责任从缔约上过失责任中分离出来,确立独立的信赖责任,藉此对我国合同法第 42、43、58 条存在的问题提出了具体的修正意见。

关键词:合同法　法律责任　信赖

诉讼法学

1930

刑事审判公正论 / 陈飞著 ; 陈卫东指导. -- 中国人民大学, 2005. -- 185 页

本文在刑事诉讼基本理论的视野内,将刑事审判公正的理论问题置于刑事诉讼基本理论的框架中加以系统性研究,基于刑事诉讼的目的、模式、价值、效率、保障等基本理论,依次对刑事审判公正的价值追求、实现方式、运行目标、效益衡平、制度保障等理论问题展开论述。论文分析了现代公正的基本要义、表现形式、实现方式、重要特质、基本功能和物质基础,认为刑事审判公正包含审判权行使的独立性、法官审判的中立性、审判权的受控性等六个方面的要素,具有隔离、引导、吸纳、满足等四个方面的功能。论文在刑事诉讼目的理论的视野内展开对刑事审判公正价值的探究,认为作为目的和法的目的范畴子概念的刑事诉讼目的应在实践中加以界定。刑事审判公正应然目标与刑事诉讼公正目的相契合体现为五个方面,即追求审判结果正当化,实现法律正义;遵循审判程序正当化,保护人权;监督国家权力行使,维护法官权益;立足公正程序,维护法律秩序;合理配置司法资源,提高审判效益。论文分析了当代世界刑事诉讼模式和诉讼模式实现刑事审判公正之功能,认为刑事审

判公正在诉讼模式中的实现形式主要包括控审分离、法官中立、交叉询问、排除非法证据、辩诉交易等五种形式。刑事审判公正由刑事实体公正与刑事程序公正共同构成。刑事诉讼效率包含倾斜性、必要性、简易性等三方面内容。追求诉讼效益最大化是实践中处理刑事审判公正与效率的基本目标,也是把握公正与效率两者关系的最佳平衡点。论文概述了司法独立之基本理论,从形成理念和时代价值出发对司法独立的历史作用和现代意义作出归纳,探讨了司法独立保障刑事审判公正实现之实然性功能。

关键词:审判　刑事诉讼　司法独立

1931

刑事诉讼理性的思考 :从历史的角度 / 陈迎新著 ; 徐静村指导. -- 西南政法大学, 2005. -- 151 页

本文主要从法律理性观的历史演进和刑事诉讼法制历史发展的角度,探讨了刑事诉讼法改革的必然性。着重探讨了刑事诉讼作为法治建设中的一部分,是实践理性的结果,其理性的内容具有历史性和辩证性。全文除导言外共分五章。第一章对理性定义的历史多重性进行了探讨,并介绍了理性概念在非理性的挑战和消解中的进一步延伸,形成了诸如合理性、沟通理性、工具理性、批判理性、实践理性、公共理性等概念。第二章论述了理性法律观的历史演变,首先回顾了西方理性法律观的历史演变,然后探讨了理性与法律的关系,即法是理性的集中体现、法是实践理性活动的结果、法律理性的内涵具有历史性和辩证性。第三章从历史视野的角度论述了刑事诉讼的理性与非理性,并对不同历史时期刑事诉讼的理性与非理性进行了评析。指出从历史唯物主义的角度看,历史上每一次诉讼模式的更替,都是人类文明不断演进在司法领域产生的结果,都是进步的表现。可以说,刑事诉讼模式演进的历史,就是刑事诉讼活动不断民主化、科学化和理性化的过程。第四章对中国刑事诉讼理性与否进行了历史的分析。通过回顾近现代中国刑事诉讼的发展历史,分析新中国成立后不同历史时期对刑事诉讼提出的不同要求,说明了法律的理性和非理性是由具体历史时期的客观条件和不同要求所决定的。并指出中国现行刑事诉讼法在法律形式和实质内容方面依然存在某些非理性的地方。第五章首先分析了再次对刑事诉讼法进行修正的历史必然性和迫切性,接着对刑事诉讼再修正的理性模式进行了设想。

关键词:刑事诉讼　刑事诉讼法　理性

1932

刑事搜查制度研究 / 杜水源著 ; 张玉镶指导. -- 北京大学, 2005. -- 91 页

论文围绕刑事搜查制度,探讨了搜查的定义、分类、限制、违法搜查的救济以及完善搜查制度的建议。论文首先界定了搜查,对搜查根据对象的不同、对象的意思表示、法律程序的不同、实施方式的不同进行了法律分类。认为搜查权具有法定性、强制性、职责性,搜查应定性为诉讼强制措施,依附于各种主要诉讼程序。搜查的功能包括作为侦查手段的发现、查明功能,作为强制措施的控制功能,作为诉讼执行措施的保全功能。论文认为,搜查应遵循正当法律程序原则、任意搜查优先原则、强制搜查令状原则、比例原则(包括适当性、必要性与相当比例性等三个原则)、搜查保密原则,应当将搜查活动严格限定在刑事诉讼程序规定的范围内:限定搜查目的;限定搜查对象。对搜查的动态约束强调应加强对搜查权的"他律"。论文认为,搜查权应当分为批准(决定)权、执行权、监督权三个层次。其中批准(决定)权与执行权不应为同一性质主体;执行权主体与监督权主体不应为同一性质主体;批准(决定)权主体与监督权主体可以为同一性质的主体。对有证搜查的启动应进行实体上和程序上的双重限制,赋予检察机关对强制侦查行为的审批决定权;细化搜查证的申请、核发程序,完善有证搜查制度。我国应建立和完善同意搜查制度;无证搜查应区分附带搜查和紧急搜查、限定范围、细化程序;建立对无证搜查的事后审查机制,并结合非法证据排除规则的完善,将无证搜查所获证据纳入证据审查范围,由庭审法官对其合法性、可采性进行审查判断,通过证据使用禁止的严重后果促使侦查人员严格依法搜查,进而推动对被搜查人权益的保障。论文还探讨了搜查执行规则可完善的地方,分析了违法搜查要受到的实体性制裁和程序性制裁,认为对于通过违法搜查获得的实物证据,应采取审慎的态度,防止对正当程序的过渡追求,提出我国建立程序性制裁机制和完善搜查证据规则的方案。

关键词:刑事诉讼　刑事侦查　搜查

1933

被害人的刑事程序保护 / 房保国著 ; 陈瑞华指导. -- 北京大学, 2005. -- 352 页

本文论证了从"三方诉讼构造"到"四方诉讼构造"的理论转变,提出犯罪的概念是严重的私人侵权性,由此伴随着犯罪本质、刑罚目的和量刑根据的转

变,国家在惩治犯罪人与保护被害人中应当保持适度的介入。论文建议建立一种新的犯罪概念观,打通犯罪行为、一般的行政违法行为和民事侵权行为之间的界限,确立"民刑责任并重"和"民刑次序并列"的民事赔偿制度,构成一个权利保障的有机体系。论文认为从被害人的复仇心理来看,"报应性司法"具有一定的正当性,但也存在诸多弊端,"恢复性司法"一定程度上是对报应性司法的替代;而从被害人的赔偿心理来看,则会产生一种"补偿性司法",重视赔偿在被害人恢复中的重要作用。"四方诉讼构造"是对传统"三方诉讼构造"在被害人保护方面缺陷的克服和对"以被告人为中心"的刑事司法的改进,现代西方国家出现了"四方诉讼构造"的萌芽,而"四方诉讼构造"在我国的构建则面临着一系列观念和制度上的障碍。在"四方诉讼构造"下,在被害人与警察、检察官、法官和被告人之间的关系上应当进行协调,构建一种均衡的刑事诉讼构造。在被害人对公诉程序的参与上,论文对被害人的当事人化进行了反思,提出了被害人权利保护的体系,探讨了被害人在侦查程序、审查起诉程序、审判程序和执行程序中的作用和地位。在被害人的自诉程序保护上,论文论述了自诉程序对于被害人的特殊意义,分析了自诉与公诉的关系,对当前我国自诉程序的内在缺陷进行了揭示,提出建立"被害人强制起诉程序"的设想。在刑事损害赔偿上,论文认为我国的附带民事诉讼模式具有重大缺陷,应当在完善现有附带民俗方式的基础上,授予被害人单独提起民事诉讼的选择权,同时在损害赔偿的原、被告范围,赔偿原则,精神损害赔偿,间接损害赔偿和惩罚性赔偿等问题上进行完善。论文还建议建立国家补偿制度,加强对被害人的财产救助。

关键词:被害人　刑事诉讼　诉讼程序

1934

刑事判决的合法性研究 :在政治社会学语境中的分析 / 冯军著 ; 左卫民指导. -- 四川大学, 2005. -- 215 页

本文在合法性概念的视野中,以刑事判决为切入点、以刑事判决如何获得公众认同为内容,研究了我国刑事判决及其赖以形成的刑事司法制度信任危机的消解路径。论文认为合法性问题是对国家公权力属性的探讨,刑事判决在本质上是刑事审判权运作的结果。作为一种公权力,刑事审判权必然具有公权力的基本属性。在通过法律的社会控制机制中,刑事判决承担着重要的社会控制功能,这种功能发挥的程度及其实际效果同社会公众对刑事判决的认同和服从状况有着密切的联系,刑事判决的社会控制功能也要求刑事判决具有较高程度的合法性。论文认为对合法性概念的认知有两种基本的范式:经验主义的认知范式和调和主义的认知范式。刑事判决合法性的概念应当在调和主义合法性概念认知范式的视角中予以界定。刑事判决的合法性是刑事判决具有获得认同和服从的内在价值与实际获得认同和服从的客观效果的统一。刑事判决的合法性在主体构造上是两维的:反映的是刑事判决和社会公众之间的一种关系,是社会公众对待刑事判决的一种态度。法治理论的核心内涵——"法律至上"和"规则治理"——分别为刑事判决的合法性提供了理念和制度的支撑。论文认为,刑事判决的合法性评价有利于整合刑事判决的合法性认识、提高刑事判决的品位以及促进刑事判决形成机制的合理建构。刑事判决的权威及其内在价值、社会公众对刑事审判的信任和对法律的信仰都对刑事判决的合法性评价产生重要影响。刑事判决的合理化是刑事判决获得合法性的过程,包括初始型合法化和再合法化。刑事判决的合法化承担着生成和维系刑事判决合法性的功能,担当着保障刑事判决社会控制能力最大化以及促进社会公众价值观念的更新功能。刑事判决的合法化必须依循一定的路径。根据刑事判决合法性的主体构造特点,刑事判决合法化应当分别在刑事判决和社会公众两个主体维度上进行。以刑事判决为中心的合法化,要求判决主体、主体依据、形成机制、环境和判决文书的合法化;而以社会公众为中心的合法化则要求整合公众的价值观念、强化公众对法律的信仰、增强公众对审判的感情和提高公众的认知水平。现代社会中,刑事判决合法化的手段是以理性化为基础、以神圣化和社会化为补充的手段体系。我国刑事判决面临合法性危机,必须进行再合法化的改造,使刑事判决重新获得足够程度的合法性。刑事判决的再合法化一方面要努力提升刑事判决合法性的生成动力以及调和刑事司法改革精英话语与大众话语的矛盾和冲突;另一方面还要积极实现传统法律文化的结构完善。

关键词:刑事诉讼　判决　合法性

1935

人事诉讼程序研究 / 郭美松著 ; 田平安指导. -- 西南政法大学, 2005. -- 189 页

本文通过对两大法系人事诉讼程序制度的比较研究,对人事诉讼程序进行多角度的透视,并在此基

础上,结合中国的具体国情,提出构建中国特色人事诉讼程序制度的初步设想。首先,从人事诉讼的概念考察入手,剖析了人事诉讼概念的基本内涵,将其与相关概念(如家事诉讼)进行了比较分析;同时还与特别程序、非讼程序进行了比较研究,认为人事诉讼程序不同于传统意义上的诉讼程序和非讼程序,它打破了传统诉讼程序与非讼程序构建的诉讼法理与非讼法理交错适用的特别民事诉讼审判程序。此外,对人事诉讼程序调整对象的特性、类型和范围进行了探讨,指出人事诉讼程序并非涉及有关身份关系的全部案件,只包括婚姻关系案件、亲子关系案件、收养关系案件。其次,着重从程序价值、纠纷的类型化即程序对称原理、保障当事人接近正义机会、程序交错法理等角度对人事诉讼程序的基础理论进行了研究,指出人事诉讼程序的确立具有深厚的理论基础和现实基础。第三,在对照普通程序法则的基础上,指出了人事诉讼程序所应有的特别法则,主要论述了调解前置主义、职权探知主义、非公开原则、审理集中原则、禁止重复起诉。第四,对人事诉讼判决既判力扩张及其必要程序保障进行了阐述,指出人事诉讼判决效力的扩张法理(根据)在于辩论主义的限制、职权探知主义的适用以及检察官参与人事诉讼的认可等。第五,研究了检察机关参与人事诉讼的理论根据、法的意义、参与方式及范围、检察机关的法律地位、参与必要性和可能性等。最后,提出了设立具有中国特色人事诉讼程序的构想,阐明了中国人事诉讼审判实践需要单独设置人事诉讼程序的必要性与可行性。

关键词:民事诉讼　诉讼程序　比较法学　人事诉讼

1936

保释制度研究 / 郭天武著 ; 徐静村指导. -- 西南政法大学, 2005. -- 119 页

作者指出,在中国的刑事诉讼中,审前释放理论的缺失与模糊致使刑事审前程序的异化与扭曲,司法实践中的刑讯逼供、超期羁押等违法现象屡禁不止。因此,对保释制度的历史和内涵的阐释以及对中国建构合理的保释制度问题的研究,就具有十分重要的意义。全文共分四章。第一章叙述保释制度的缘起与演进,指出保释制度起源于一种古老的权力制度;保释制度的发展与宪政的发展密不可分;除非为了保卫社会免遭再次伤害以及保护被告人本身,被告人有权在审前获得释放应当成为一般性原则。第二章阐述保释制度的基本内容。在比较考察了两大法系关于保释内涵的差别之后,指出现代保释应有的基本特征,并从分类的角度对各国保释制度的内容进行阐释;探讨了保释金规则与保证人规则;从程序上对各国保释制度的有关规定进行了解释;简要分析了各国关于违反保释规定的处罚。第三章分别从法理基础、功能和经济角度,对保释制度存在的合理性作进一步的论述,并对拒绝保释的部分观点予以批判分析。第四章论述中国保释制度的建构问题。论证了中国现行取保候审制度的缺陷,指出应废除取保候审制度,以保释制度取而代之;结合理论界的分歧意见,依次论证了中国建立保释制度的必要性和可行性;初步探索了建构中国保释制度应确立的基本理念与基本路径;就中国近期内应当建立的保释制度提出了初步设想。指出应趁中国刑事诉讼法修订之机,在立法上确定保释制度的基本框架与内容;应继续建构保释制度的实体内容,并在保释的决定程序上予以完善,确保保释或羁押决定的做出符合程序正当的要求,即全面建构程序化的保释制度。

关键词:刑事诉讼　假释　取保候审

1937

刑事裁判根据研究 / 胡之芳著 ; 陈卫东指导. -- 中国人民大学, 2005. -- 183 页

本文尝试将证据学、刑法学、法律解释学的知识有机地纳入刑事裁判根据研究的框架之内,运用辩证唯物主义认识论、价值分析方法、逻辑分析方法以及理论联系实际等研究方法,对刑事裁判根据的涵义、构成、确定方法以及刑事裁判根据的合理性、确定性等问题进行探讨。论文围绕刑事裁判根据的概念、属性、功能及刑事裁判根据的相关范畴进行阐释,认为刑事裁判根据体现为本质性、规范性、实践性和相对确定性等四个方面,具备沟通功能、说服功能和支撑功能。刑事裁判根据由事实和法律两个方面构成。我国刑事司法解释体制应该从解释主体、内容、形式等方面着手进行完善,目前应当强调刑法立法解释的作用,同时应厘清刑事立法解释和刑事司法解释的界限。论文探讨了确认刑事裁判根据的合理性原则和刑事裁判根据的确定性问题。主张借鉴波斯纳“对话的客观性”概念,通过对刑事裁判场景下就事实和法律确认问题进行“交谈”的过程和程序的理性建构来实现刑事裁判根据的相对确定性。论文主要从运用证据认定事实和免证事实的认定两个方面探讨了刑事裁判事实根据确认的规则和方法。刑事裁判根据的确认既包括事实根据的确认也包括法律根据的确

认。二者之间是两个相互联系甚至是相互“纠缠”的过程。二者之间的区别在于刑事裁判法律根据的确认。我国当前的法官适用解释活动中应注重对多种解释方法的综合运用。

关键词:刑事诉讼　审判　判决

1938

民事再审之诉研究 :以民事再审制度改革为基点 / 黄良友著 ; 常怡指导. -- 西南政法大学, 2005. 191 页

民事再审制度对于维护裁判的公正性和有效救济当事人因错误生效裁判而受到损害的权益具有积极意义。中国现行民事再审制度已不能适应当前政治经济形势的发展,面临着严重危机。本文以构建科学合理的民事再审制度为出发点,在考察和借鉴国内理论界研究成果和国外立法的基础上,提出了以“构建民事再审之诉”为核心的民事再审制度改革设想。主要研究结论:第一,民事再审制度作为一种特殊诉讼制度,对于有效纠正生效裁判中的错误,保障裁判的公正性,维护当事人的合法权益具有十分重要的意义。因此,有必要保留这一制度。第二,现行民事再审制度存在诸多缺陷,要消除目前的弊端,必须取消法院决定再审权、检察院民事抗诉权和人大的个案监督权。同时,要改造当事人的申请再审权和申诉权,构建民事再审之诉,使当事人的权利实在化,充分维护当事人的诉权。第三,为了既充分保护当事人的诉权,又有效避免滥讼行为,既有效纠正错误裁判,又避免损害裁判的稳定性和司法权威性,必须合理设置提起民事再审之诉的条件。这个条件不能过严,也不能过松。第四,再审程序可分受理和审理两个阶段。在受理阶段,法院仅对再审之诉进行形式审查;在审理阶段,法院对再审理由是否成立以及如何撤销或变更原裁判进行审理。法院审理再审之诉应另行组成合议庭进行,并原则上实行开庭审理,但审理范围应以当事人声明不服部分为限。第五,民事再审制度改革是一个系统工程。要达到预期目标,必须树立“有限纠错”和“有限再审”的观念;改革现行民事诉讼审级制度,有效提高案件质量,减少错误裁判;进一步推进司法改革,强化司法独立和司法权威。

关键词:民事诉讼　审判　司法制度　再审

1939

毒品犯罪侦查论 / 蒋胜杰著 ; 何家弘指导. -- 中国人民大学, 2005. -- 169 页

本文从毒品滥用及毒品犯罪的现状与危害入手,论述了毒品犯罪的侦查。论文分析了毒品的定义、种类、危害,认为“毒品犯罪”不是指某个具体的罪名,而是一类犯罪的总称,即违反禁毒法规,破坏禁毒管制活动,反受刑罚处罚的行为。论文认为,毒品案件侦查主要体现为不同的侦查起点、侦查手段、侦查取证难度、侦查程序和案件管辖。毒品犯罪侦查应采取特殊的原则,主要包括:侦查主动性原则、侦查效益双重性原则、案件破获的适时性原则、以情报线索为起点原则、充分依靠协作原则等。在毒品犯罪侦查中,情报的搜集是最基本和最重要的方法。金融调查是缉毒部门在银行等金融机构的协助下,从毒资的流通环节中追查可疑资金的来源与去向,达到追缴毒品犯罪的非法收益,发现犯罪线索的目的,以彻底地打击毒品犯罪的一种新的调查手段。论文认为,毒品犯罪侦查需要一些特殊的方法,包括特情的培养和使用、卧底侦查、技术监控、毒品控制下交付、诱惑侦查。涉毒案犯的审讯在侦查工作中发现线索和获取证据的作用显得更加重要,在审讯中,要重视犯罪嫌疑人心理特征的分析,更要注重审讯策略与方法以及审讯语言的艺术。毒品是揭露和证实毒品犯罪的最直接证据,毒品证据的保全至关重要。论文提出,要重视毒品犯罪侦查与人权保护的冲突。毒品犯罪侦查中对人权的保护主要通过以下途径:第一,法律约束,包括人权立法和公安法规体系完善;第二,侦查权制衡机制的建立,包括司法控制制度、程序性违法制裁制度和侦羁分离制度等;第三,建立司法救济制度。

关键词:刑事犯罪　毒品管理　刑事侦查

1940

辩护权论 / 李本森著 ; 陈卫东指导. -- 中国人民大学, 2005. -- 232 页

本文从辩护权的形成与发展、辩护权的性质和理论基础以及辩护权的核心权利、运行和救济机制、伦理问题等方面进行了深入的论述,提出了我国辩护制度改革的基本路径。本文共分九章,约 22 万字。论文从辩护权的形成与发展两个方面展开阐述,认为辩护权的形成经历从辩护现象、辩护义务到辩护权三个阶段。现代辩护权的发展呈现辩护权的国际化、辩护权的宪法化、辩护权的规则化。论文从辩护权的范畴以及性质与构成的角度对辩护权从理论上加以分析,认为辩护权是一种对抗性的权利和可诉性权利。辩护权是宪法上的基本权利,必须从宪法权利的角度认识辩护权法律地位;辩护权是公法上的私权,既不属

于公权的范围,也不是公权与私权的"混合权利"。辩护权可以划分为实体性辩护权与程序性辩护权、积极辩护权与消极辩护权。论文认为,表达自由理论是辩护权的发生的前提;权利救济理论是辩护权的存在的基础;正当程序理论是辩护权发展的根据。辩护权的权利主体可以分为原生意义上的主体(犯罪嫌疑人和被告人)与拟制主体(辩护律师)。辩护权的权利体系中的核心包括三大权利,即获得律师帮助权、对质询问权、强制性取证权。辩护权的运行机制可以分为内部运行机制和外部运行机制。辩护权行使中的伦理问题集中在律师辩护上,论文重点探讨了无效辩护问题、利益冲突问题、职业秘密问题和拒绝辩护问题等。论文从四个方面探讨了辩护权的救济:实体性辩护权、程序性辩护权、平等性辩护权和独立性辩护权保障。建议借鉴西方国家的做法,建立完善的律师辩护豁免的法律制度和规则。中国辩护权制度存在三大问题:辩护权的主体不具有诉讼主体地位、完整的辩护权的规则体系没有建立起来、缺乏有效的辩护权救济机制,从宪政等角度提出了中国刑事辩护制度改革的具体的思路。

关键词:刑事诉讼　辩护权　辩护制度

1941

民事诉讼的书证问题研究 : 以合同诉讼为中心 / 李军著 ; 龙宗智指导. -- 四川大学, 2005. -- 128 页

本文结合我国合同诉讼的实际,围绕正确运用书证探讨适合我国合同诉讼现实需要的书证规则和方法。论文认为,书证是以文字、符号、图形等方式记载的内容来证明案件事实的文件或其他物品。书证的载体在物理上具有稳定性,便于维持书证的证明力;书证形成通常都具有历史性,内容具有预先确定性,有较高的可信度。书证具有一定的自身局限。为有效确定案件事实并实现诉讼公正,民事诉讼中书证的运用规则应当有利于发现客观事实真相,有利于发挥书证的优点和克服书证中心主义的负面影响,应当符合效率和技术进步的要求以及有利于维护社会信用。

论文认为,两大法系的书证制度各具特色,对于我国具有借鉴意义。我国民事诉讼应当扩大复印件的使用范围和加强对复印件的验真能力,厘清到达主义的内涵,适当降低证明要求,并对权利主张文书的送达证明采发信主义。论文认为,书证的实质真实往往被书证形式真实问题所掩盖,被文书实体法律效力问题所替代,但它却是书证证明力的基础,具有独立的证据法意义。书证的优势作用应当受到合理的限制,同时设立书证复制件补强的规则。瑕疵书证并不与书证证明力构成直接联系。应当对签署方式持更开放的态度,允许以多种证据建立签署与当事人的关联。对法官查证文书设定严格的条件,避免法官任意启动职权调查,损害民事诉讼的当事人主义架构。合同诉讼中的报道性文书很难得到法官的信任,建议借鉴英美法传闻规则例外中的可采性规则。

关键词:民事诉讼　证据　书证　合同纠纷

1942

刑事诉讼分权制衡基本理论研究 / 李蓉著 ; 王新清指导. -- 中国人民大学, 2005. -- 237 页

本文采用历史研究法、比较研究法、实证调查法、规范分析法对刑事诉讼框架下的分权制衡基础理论进行研究。全文共分四个部分:历史论,价值论,关系论,原则论。历史论主要通过对刑事诉讼分权制度发展的分析和描述,揭示刑事诉讼国家权力发展规律:不断扩张同时又不断分解,并最终向社会转化的一个自我矛盾的过程。弹劾式刑事司法权具有广延性小、综合性弱、强度低的特点。从动态上看,权力的分解已初显端倪(以公诉权的萌芽为标志);制衡机制在国家制度发展较早的国家已经开始形成制度:在横向上,产生了古罗马的陪审制度;在纵向上则出现了最初的申诉制度。近代以降的司法权发展的趋势总体是:各种权力在广延性和综合性上越发明晰化,即权力的界限越来越清晰,而权力的强度则大幅度降低,严重侵犯人权的权力行使方式,权力的滥用和不规范行使受到严格限制。价值论在对分权制衡思想梳理的基础上,探讨了刑事诉讼分权制衡机制存在的价值根基。分权制衡机制在刑事诉讼中具有重要价值:保障主体自由,增进人的主体性;促进社会公正的实现;促进诉讼效益的提高;缓解争议主体的紧张关系,保障程序安定。关系论从现代社会对刑事诉讼的基本要求入手,分析了影响刑事诉讼权力配置的宏观因素。这些因素主要包括:国家类型及权力组织形式、社会结构、诉讼观念、诉讼功能及诉讼目的等。在论述国家类型与刑事诉讼权力配置间的关系时,文章构筑了两种国家类型模式:回应型国家和能动型国家。回应型国家之诉讼功能定位于解决纠纷;诉讼目的主要是通过解决纠纷,恢复社会的自然秩序;诉讼的价值取向以追求程序上的正当化为理念,坚守程序公正。刑事诉讼权力结构具有两个主要特征:一是公诉权的"权利化",即公诉人的地位只是"公益辩护人";二是审判权"消极化",表现为控辩双方享有广泛的诉

讼控制权。原则论提出刑事诉讼分权的基本原则，主要包括：平衡原则，法治原则，法官保留原则及比例原则等。

关键词：刑事诉讼　司法制度　分权

1943

物证论 / 李学军著 ; 陈卫东指导. -- 中国人民大学, 2005. -- 226 页

论文对物证的概念、特点、作用和分类等基本问题作了界定，认为物证是指以其外部形象特征、所载字迹符号图像特征、声纹特征、物质属性等证明案件事实的物质性客体。物证还可分为物体、物品物证与痕迹物证，物理物证、化学物证与生物物证。前者是以物证的表现形式特点而作的分类，后者是依据物证对具体检验鉴定手段的依赖程度。论文论述了物证技术诞生、发展的必要性和可能性，讨论了物证技术中的两个基本原理，即：物质可分性原理和物质交换原理。论文认为，同一认定和种属认定理论是物证技术学最为重要的一种理论。论文比较了中外学者就同一认定所作的定义，就同一认定、种属认定与概率间的关系作了简要的探讨，认为概率对同一认定、种属认定活动有辅佐作用，但在进行同一认定或种属认定时，只能有限地利用概率。论文从法律的角度探讨了物证及其比对样本的发现、收集和保管问题，简要介绍了物证鉴定的概念、种类和基本程序，区分了物证鉴定与物证的同一认定、种属认定间的异同，讨论了物证鉴定的启动权、物证鉴定主体的资质与官方色彩，以及物证鉴定的质量控制问题。论文认为物证鉴定应顺应诉讼的规律，分别由民诉案件的法官、刑诉案件的侦查机关或自诉人来启动；侦查机关为了完成侦查任务，必然要拥有自己的物证鉴定机构；认为侦查机关内部的鉴定机构不得从事面向社会的物证鉴定，是对鉴定人员之资质的非合理干预，是鉴定资源的巨大浪费；人民法院的审判职能不允许其拥有内部的物证鉴定机构。论文探讨了物证鉴定结论的实质，认为物证鉴定结论只不过是物证鉴定人员利用先进的仪器设备及科学的分析检验方法，而就物证的来源、物证的形成、物证的原始状况等问题给出的个人意见或推论，从质证的主体要素（质证主体的平等武装、物证鉴定人的出庭、专家辅助人的设立、物证鉴定人及专家辅助人的受质培训）、质证的程序性支撑（如简易程序的分流、证据开示证据的设立和完善等）、质证的内容选择等方面论述了物证及其鉴定结论的质证。

关键词：物证　物证技术　司法鉴定

1944

刑事诉讼文化论 / 梁欣著 ; 陈卫东指导. -- 中国人民大学, 2005. -- 190 页

本文以“刑事诉讼文化”作为研究主题，试图用文化的视角和立场对刑事诉讼现象进行解释和把握，界定刑事诉讼文化概念，并以刑事诉讼文化的中心概念为主，对刑事诉讼文化进行结构和功能分析，确立刑事诉讼文化比较分析的结构框架。论文从社会学家和人类学家的文化概念出发，对文化概念进行了梳理并说明本文是在观念意义和制度意义上使用文化的定义，随后阐释了文化与法律的密切关系；对中外学界关于法律文化的概念进行了梳理，把作为对象意义上的法律文化概念和作为方法论意义上的法律文化概念进行了介绍，明确了本文使用的法律文化的概念，之后，对法律文化和法律传统的概念进行了辨析，界定刑事诉讼文化的定义。论文阐述了刑事诉讼文化的特征；分析了刑事诉讼文化的结构两个层次，分析了刑事诉讼文化的功能、刑事诉讼文化的冲突和变迁，探讨了刑事诉讼文化的分类，提出把刑事诉讼文化模式作为比较分析的结构框架，并建构了三个刑事诉讼文化模式的类型，即权力分散型刑事诉讼文化模式、权力集中型刑事诉讼文化模式和协商型刑事诉讼文化模式。论文分析了权力分散型刑事诉讼文化模式、权力集中型刑事诉讼文化模式、协商型刑事诉讼文化模式的政治哲学基础、刑事诉讼目的和刑事诉讼构造。论文运用刑事诉讼文化模式的分析框架来解释自 1949 年至今的当代中国刑事诉讼文化的变迁，对当代中国刑事诉讼文化变迁进行成因分析，阐述了当代中国刑事诉讼文化变迁的路径选择。

关键词：刑事诉讼　法律文化

1945

控审分离论 / 刘计划著 ; 陈卫东指导. -- 中国人民大学, 2005. -- 189 页

本文以刑事诉讼中的控诉职能与审判职能分离为研究对象。全文由导论和六章构成。论文探讨了刑事诉讼模式与控审关系的演变之间的关系以及现代刑事诉讼中控审职能的科学划分，指出现代刑事诉讼中必须对控诉与审判职能的范围进行科学划分，并处理好控诉与审判职能主体的设计与彼此的关系问题。论文指出宪政的制度条件为国家权力的分立与制衡，包括行政权与司法权的分立与制衡。我国宪政

体制改革的目标要求必须建立法院对检察机关、公安机关侦查与公诉的司法审查机制。在未来处理法院与检察院的关系问题上,应区分法院的司法权与检察机关的行政权属性,突出法院在宪政体制中的权威地位。论文探讨了正当法律程序理论的产生与发展,分析了正当法律程序与程序正义的关系,认为正当法律程序有诸多要素,其中控审分离是首要的一项要素。论文分析了外国刑事诉讼中对控审分离原则的贯彻情况,包括侦查阶段的控审分离、审查起诉阶段的控审分离、第一审程序中的控审分离、上诉审程序中的控审分离、再审程序中的控审分离。论文对我国刑事诉讼中的控审不分的矫正进行了探讨,指出我国侦查阶段存在控审不分的缺陷,建议建构法官在侦查阶段的司法审查机制,增强审查起诉的言词成分,在庭前公诉审查程序中实行权利性审查制度。建议废除全面审查原则,建立上诉审查的范围受制于上诉、抗诉的范围原则;严格适用上诉不加刑原则;取消事实不清、证据不足情形下的发回重审。建议取消死刑复核程序,建立死刑案件三审终审制,构建权利型程序。建议对审判监督程序进行权利型程序的改造,确立再审不加刑原则。论文探讨了我国法检关系的重塑,认为现行宪法规定不应成为司法体制改革的障碍,应通过修改宪法为法检关系重塑提供宪政支持,我国应在宪法中明确规定法官独立,对检察制度进行改革,实现检察官的当事人化。

关键词:刑事诉讼　诉讼程序　分权　审判　程序正义

1946

侦查行为研究 :以行为科学为视角 / 刘为军著 ; 何家弘指导. -- 中国人民大学, 2005. -- 173 页

论文认为,从行为科学看,侦查行为是由法定事由引发,为了实现特定目的,而由侦查主体在法律及其他规范框架下针对特定对象实施的一系列活动及活动组合。个案的侦查行为过程可以大致描述为:获得案件→分配案件→决策→实施(在必要时决策与实施循环进行)→侦查终结。微观侦查行为的行为过程则主要体现为决策和决策实施两大环节。论文认为,侦查行为分成宏观、中观和微观三个层次,其中微观侦查行为又可进一步细分为决策行为、实施行为和评价行为等若干种类。侦查行为必须由侦查组织(通过侦查人员或侦查人员群体)实施,行为实施者的个体因素(如需要、动机、情绪、态度、价值观、能力等)、群体因素(如群体凝聚力、群体冲突、群体规模、群体构成等)和组织因素(如组织规模、组织结构等)等都将对侦查行为产生重大影响。宏观、中观(个案)和微观侦查行为是一种主要的侦查行为分类,不同层次行为的过程也各有特点。个案侦查行为的过程可以划分为一般模式和特殊模式两种,其中,一般模式包含了案件分配、侦查决策、决策实施和侦查行为停止等四个阶段。在侦查行为过程的特殊模式方面,论文以目前较受关注的危机管理程序为例做了深入探讨。在侦查行为过程的一般模式和特殊模式中,还可体现侦查行为的一项基本特征——博弈。侦查行为主体要善于辨别各种博弈的性质,采取各种措施与其他诉讼参与者进行成功合作,积极干预并瓦解不利于己方的合作。论文认为,应当根据成员的个体需要,制定适当的行为规范和分配制度,以期实现侦查资源最优配置,达到组织利益和个人利益的一致。对现有激励机制的完善,包括:完善侦查行为目标管理机制;建立全程心理契约管理;对组织成员进行合理分类,实行有差别的激励方案;重视激励环境建设,并积极引导、调节组织成员的需求结构;建立宏观监督与约束机制,促进相关激励制度建设,等等。在侦查行为制度设计上应确立明确的个案侦查行为停止(中止和终止)制度,确定优先侦查事项并积极引导社会评价主体的评价观念。

关键词:刑事侦查　行为科学　科学化

1947

协商性司法研究 :以刑事诉讼为范例的分析 / 马明亮著 ; 陈瑞华指导. -- 北京大学, 2005. -- 147 页

本文探讨了协商性司法的正当性与公平性以及我国的态度。论文认为,刑事诉讼领域中的协商性司法,是指诉讼主体通过对话与相互磋商,达成互惠的协议,以此方式来解决刑事争端的一种司法模式。论文对协商性司法的具体表现形式作了归纳,将刑事司法模式分为常规刑事司法模式与协商模式。论文从英美法系与大陆法系分析协商性司法形成与发展的动因,协商性司法既有独特的制度价值,比如,可以提高诉讼效率,节省司法成本;可以提高被追诉人的自主性地位;可以补充并丰富程序正义理论等等。同时也存在自身的局限,比如,程序公正与实体公正可能失去保障;犯罪治理策略不正当等。提出了具有可操作性的模型。协商程序公平性的标准围绕契约精神展开,分为两类:制度生成的正当性与制度运作的正当性;协商程序运作的正当性标准可以归纳为“可接受原则”。论文通过考察协商性司法在中国兴起的外

在表现,认为在侦查、起诉与审判阶段都存在协商模式,产生的动因主要来自于实践的现实需要,比如缓解案件压力的需要;增强诉讼程序治理犯罪能力的需要;破获"硬案"的需要等等。但也存在很多不足,比如它没有充分地体现"公平精神";实践中存在大量的"不良协商"现象。同时,协商模式在我国还面临很多障碍,既有来自刑事司法观念方面的抵触,也有来自诉讼制度安排的阻碍。论文认为,协商模式在中国的未来走势在宏观上可能表现为三种趋势:一是协商模式必须有被害人的实质参与,即表现为一种"被害人参与的协商模式";二是协商模式在三大诉讼阶段都可能独立;三是罪行比较严重、社会影响比较恶劣的犯罪在短期内还不可以协商解决。以协商程序公平性与正当性的理论模型为标尺,论文提出了相关的制度改革建议。

关键词:刑事诉讼　司法制度　协商

1948

起诉裁量权研究 / 毛建平著 ; 徐静村指导. -- 西南政法大学, 2005. -- 182 页

全文由四章组成。第一章论述了起诉裁量权的概念,并指出其产生和广泛应用的原因有三,即对诉讼经济性的强烈追求,有罪必诉的追诉思想让位于以实际具体正义为目的的追诉思想,检察官属性的发展变化;起诉裁量权应界定在刑事判决前各诉讼阶段,控诉主体拥有的斟酌处理权;其权力属性兼具程序性和实体性,而其特征主要呈现为合法性、独立性、灵活性和判断性;从三个方面分析了正当性基础,认为正当性是实现诉讼经济性的需要,是弥补刑事立法局限性的需要,也是贯彻非犯罪化刑事政策的需要。第二章通过对日本、德国、美国、英国、加拿大等主要国家起诉裁量权产生发展状况的梳理,比较分析了两大法系起诉裁量权的差异及其成因以及发展趋势。作者指出,两大法系的起诉裁量权主要存在适用范围、行使方式和权力制约三方面的差异;而产生差异的原因有四,包括检察制度产生发展方面的原因,法律渊源的不同,诉讼模式的差异和起诉传统方面的原因;最后指出了起诉裁量权的发展趋势:一是大陆法系国家的起诉裁量权将进一步扩大;二是大陆法系检察官行使自由裁量权的独立性增强,英美法系起诉裁量权的运用开始受到限制。第三章对起诉裁量权的运行机制进行了探讨,指出起诉裁量权应符合合法性、合理性和公益性原则,并将行使主体分为单一、多元和混合三种;相应地,在起诉裁量权的具体运用方面呈现出三种不同模式,即集中行使、混合行使和个人行使。此外,还重点研究了酌定不起诉和辩诉交易两种起诉裁量权的实现方式。作者指出,起诉裁量权易被滥用,应充分利用司法审查来监督制约。第四章从分析中国起诉裁量权存在的问题入手,探讨进一步完善中国起诉裁量权的必要性和现实可行性,并从完善起诉裁量权的行使主体模式、实现方式和制约机制几方面提出了中国起诉裁量权的制度重构思路。

关键词:刑事诉讼　起诉　检察官　裁量权

1949

书证若干问题探讨 / 宋强著 ; 龙宗智指导. -- 四川大学, 2005. -- 124 页

本文认为我国书证理论呈现三个特点:陈旧性、浅表性、零散性。论文对书证的探讨分为理论与实践两个部分。书证理论部分,重点探讨了书证的涵义、范围、证据能力及证据力。认为书证是指其他法定证据以外的以物品记载内容或表达思想来证明案件事实的证据。以"视"为主要理解方式的照相证据、计算机部分证据视为"准书证"而划入书证范围,以"听"为主要理解方式的录音证据、录像证据以及包括鉴定结论在内的其他科技证据划入视听资料证据并更名为科技证据。论文探讨了书证的证据能力与证据力之关系、书证的真实性、关联性及违法书证的证据能力四个问题。书证证据力部分重点探讨了最佳证据规则、书证证据力与人证证据力的比较。通过对最佳证据规则的基本涵义、适用例外、现代发展、书证复制件的证据力及在我国的具体适用等五个方面进行分析,认为我国立法体现了最佳证据规则的精神,但对何谓原件、复制件、在什么情况下许可使用复制件等不清楚,应当加以完善,并从关联性、真实性等方面考察比较了书证与人证的证据力。书证实践部分重点探讨了书证在收集、开示、质证程序中存在的问题,并对司法实践中常见的公、私文书以及难于处理的瑕疵书证和矛盾书证进行了剖析。论文通过比较分析英美法系与大陆法系在证据收集、开示、质证上的规定,认为我国在书证收集上存在问题,应借鉴其他大陆法系国家在书证收集上的有益做法来完善我国立法。论文建议建立我国的证据开示制度。我国刑事诉讼法有关于证据开示的规定,但证据开示受到限制,尚未形成一项制度。最高人民法院关于民事、行政证据的司法解释已规定了证据开示制度,但还有待于司法实践检验。考察其他国家规定,要求当事人对书证的质证应坚持诚信原则,即不得随意对书证的真实性提

出质疑。我国在公、私文书上的立法还较为欠缺,有待于进一步完善。论文还探讨了瑕疵书证与矛盾书证的涵义、种类、特点、证据能力以及证据力等问题,并对其运用提出了若干建议。

关键词:证据　刑事诉讼　书证

1950

民事诉讼管辖制度研究 / 孙邦清著 ; 江伟指导. -- 中国人民大学, 2005. -- 195 页

论文对我国历史上的民事诉讼管辖制度进行了回溯,对两大法系的民事诉讼管辖制度的概念、术语、外延等进行了简要的比较评析。论文通过分析我国民事诉讼管辖制度存在的问题以及其制度背景,指出地缘性因素如地方保护主义、地缘性人情关系等是影响司法公正的重要因素,并提出设计民事诉讼管辖制度应当遵循的一些基本原则,这些基本原则包括管辖公正、管辖确定、实际控制、管辖选择权、管辖恒定、管辖刚性原则。论文对级别管辖制度加以反思与重构,认为长远的制度构建应当是政制单一制下的双轨制。有必要借鉴其双轨制法院体系,以保证跨省、自治区、直辖市(以下简称跨省)的民事案件的公正审理,目前可只设立特别巡回(circuit)上诉法院。论文认为,我国地域管辖在制度设计上应当取消二分架构,在理论上废除一般管辖与特别管辖的分类。论文梳理了现行司法实践中通行的合同履行地管辖规则,通过分析我国履行地规则的缺陷,比较世界各国的合同履行地规则,提出我国的合同履行地规则应当设计为:原告可以向争议义务的约定履行地或者实际履行地法院提起诉讼。论文对现行的侵权行为地管辖规则进行了评析,并对一些典型的案件如侵害物质性人格权案件、新闻侵权案件、知识产权侵权案件、网络侵权案件等的侵权行为地进行了重新界定,试图确立一个符合管辖基本原则的侵权行为地管辖标准。论文对协议管辖制度进行反思与重构,认为应当扩张协议管辖的范围并予以必要的限制;协议管辖制度不应当限制当事人可选法院的范围;应当维持协议管辖法院唯一性的做法,以避免管辖争议;对我国设置默示协议管辖制度具有必要性。论文还对管辖救济制度进行了分析,对管辖权异议的主体、客体、处理管辖权异议的程序、管辖权异议权滥用的防治等进行了探讨。

关键词:民事诉讼　管辖权　司法制度

1951

刑事证据能力导论 / 孙远著 ; 汪建成指导. -- 北京大学, 2005. -- 142 页

证据能力是证据法学上的一个基本范畴,它是指证据可以在诉讼中作为严格证明之依据的法律资格。证据能力与证明力是诉讼证据的两大基本属性。论文认为,证据能力规范原本是普通法系陪审模式之下的一种技术性规范,大陆法系的职权主义诉讼模式基本上不需要这种技术性规范。近代以来,证据能力规范由普通法系的一种技术性规范发展成为重要的政策性规范,而且作为一种政策性规范,意义已经超出了审判模式的界限,以不同程度和方式体现在世界各国的刑事诉讼之中。论文认为刑事证据能力规范的体系由技术性规范和政策性规范两大部分组成。技术性规范是在特定审判模式之下,基于准确、便捷地查明案件事实之目的而设立的规范。政策性规范是指基于某些与正确认定案件事实或确保特定审判模式得以正常、高效运转无关的,为其他方面的政策性目的而设立的规范。技术性规范作用的发挥离不开特定的审判模式,但是政策性规范在当前这样一个全球化的时代,则日益表现出相当程度的一致性。论文认为,刑事证据能力规范与刑事审判程序之间具有密切联系。一方面,不同的审判程序模式对证据能力规范在技术性方面的需求不同;另一方面,同一项证据能力规范在不同审判程序模式中的具体表现形式和适用状况也存在相当程度的差别。当证据能力规范这种排除证据的机制被移植到一个完全陌生的审判程序之间的时候,必然导致证据能力规范与刑事审判程序之间的一系列相互磨合与适应。论文认为,在诉讼过程中,确定某一证据是否具有证据能力的方式分为两种,即法定与裁量。从目前世界各国的情况来看,在证据能力问题上,法定化所能起到的作用是相当有限的,更大程度上要依靠法官自由裁量的方式解决。

关键词:刑事诉讼　证据　审判

1952

民事诉讼公开法理研究 / 王小林著 ; 田平安指导. 西南政法大学, 2005. -- 166 页

本文通过界定民事诉讼公开的特定含义提出了民事诉讼公开法理研究的对象与范围,论述了民事诉讼公开的实际存在景观、结构和人性基础,阐释了民事诉讼公开价值内涵与结构及其实现途径,对民事诉讼公开观念、制度保障系统和相互协调保障原理进行了论述,并以此为理论标尺考察了中国民事诉讼公开理论与制度,提出了重构的设想方案。全文除总论

外,包括本体论和应用论两部分。本体论是对民事诉讼公开的理论描述和阐释,包括存在论(含构造论)、根据论、价值论和保障论。存在论提出民事诉讼公开是民事诉讼行为的基本样态和一般属性,并分别从静态和动态角度论述了民事诉讼公开的结构;根据论从人类文明的历史语境出发阐释了民事诉讼公开文化对民事诉讼公开整体质形成的决定性影响,并提出民事诉讼公开是诉讼公开主体诉讼需求的外化形态;价值论提出了民事诉讼公开的原生性价值目标流程(单向性说明——双向性交流——共同性沟通)和派生性价值目标流程(单方性自由——双方性平等——共同性认同);保障论着重论述了民事诉讼公开理性运行的自身保障系统和环境保障系统及其相互协调的基本原理。应用论则在对中国既有的民事诉讼公开理论进行剖析的基础上,为中国民事诉讼公开理论的理性建构提出了设想方案。同时,运用民事诉讼公开本体论原理,对现行的民事诉讼公开制度进行了概括,以自愿对话型民事诉讼公开模式为基础对中国民事诉讼公开制度的重构提出了建议。

关键词:民事诉讼　法理　司法制度

1953

特免权制度研究 / 吴丹红著 ; 何家弘指导. -- 中国人民大学, 2005. -- 230 页

本文在作证义务正当性、作证适格性和可强迫性的概念之下初步论证了特免权存在的理论基础,即普通证人有作证适格性和作证义务,也有可强迫性,但具有特殊关系的证人或者被告人虽有适格性,但是其义务的正当性受到削弱,没有可强迫性。论文集中在宏观层面上讨论特免权的价值,从价值哲学的角度对特免权的意义进行总体的阐述,并运用利益分析和利益权衡的工具对特免权涉及的各种利益的博弈过程进行解析。论文围绕不自证其罪特免权、亲属特免权、职业关系特免权和公共利益特免权的渊源、理论基础、主体、范围、规则、例外等基本内容进行详细的论述,并在整个司法制度内分析了这些特免权与相关制度的关系。论文研究了特免权制度与我国诉讼制度的契合点,在考察我国缺失特免权制度带来的问题的基础上,进一步探讨在我国建立特免权制度的可能性,考察了特免权制度在我国短暂但不平静的历史,从清末改制引进特免权到民国时期日渐完善,再到建国后废除特免权制度。我国学术界近年来已经对特免权制度进行了尝试立法,并制定了相关规则的草案。论文对当前特免权制度的立法草案进行详细的讨论,认为我国可以在未来的立法中建立不自证其罪特免权、亲属特免权、职业关系特免权和公共利益特免权,应当根据中国的社会条件和法律制度对特免权进行适当的限制,明确其适用的条件和范围。

关键词:特免权　证人　证据　司法制度

1954

公司法上的纠纷之特殊诉讼机制研究 / 谢文哲著 ; 江伟指导. -- 中国人民大学, 2005. -- 235 页

本文立足我国国情及公司法实践现状,并借鉴国外立法例,本着广泛赋予股东等公司参与人之诉权,对公司设立、运行、解散等整个过程的司法介入途径加以必要规制的原则,主张我国需要建立适用于有限责任公司的多种特殊诉讼机制。论文提出公司法上的纠纷和公司法上的诉讼概念,分别对公司法上的纠纷、公司法上的诉类型化,并概括纠纷及诉的特点。论文采用请求权基础分析方法对我国公司法上可能出现之纠纷进行类型化,共分出七大类约六十小种。论文对股东会决议瑕疵之诉的各个类型进行界定,缕析和规范司法上瑕疵事由之认定,建议我国立法完善决议瑕疵之诉的有关程序法律问题,并探讨了决议瑕疵之诉的性质及判决的效力。论文探讨了派生之诉的若干基本理论问题,阐述将其导入我国之必要性,并在比较、借鉴域外法制基础上就我国构建派生之诉制度的实体与程序法律问题提出观点或方案。论文认为,我国现行法已为股东的派生之诉提供了实体权利根据,但在程序法上的诉权领域目前基本为空白。派生之诉制度是保护中小股东利益、弥补公司治理结构缺陷及其他救济方法不足的必要手段。论文提出,根据所保护法益的不同,把法院裁判解散公司的程序区分为公法意义上的解散程序和私法意义上的解散程序。结合国外立法规定,从裁判解散公司的请求主体、裁判解散请求事由、限制判决等方面,论证立法者和法院慎重对待裁判解散请求的态度。论文还就具有一定代表性的、我国司法实践中已有所呈现的公司设立无效之诉、公司设立撤销之诉、新股发行无效之诉、资本减少无效之诉、公司合并无效之诉、公司分立无效之诉的实体和程序法律问题进行探讨,并为我国如何立法完善提出观点或方案。论文还建议我国通过修改完善公司立法及民诉立法赋予公司参与主体更多诉权。

关键词:公司法　股东　民事诉讼　司法制度

1955

民事司法衡平论 / 徐继军著 ; 江伟指导. -- 中国人民大学, 2005. -- 280页

论文阐述了民事司法衡平论在中国法治国进程当中的地位,认为从法律虚无主义到法律工具主义,到程序本位主义,再到程序自治论,中国正在一步一步地向法治国的方向迈进。民事司法衡平论是对程序自治论的理论再发展。论文认为,以正义为理念的自然法思想是衡平的理论基础;衡平法是衡平在一国发展到极致的表现,不存在衡平法的国家同样可以存在衡平。民事司法衡平的对象应当包括民事实体规则与证据实体规则。程序规则应当作为司法衡平的必要约束,研究程序对司法衡平的约束应当是司法衡平论的题中应有之义。论文探讨了实体证据规则的衡平,认为推定制度是衡平证明责任分配规则的最主要制度,提出了建立有中国特色的证明责任分配规则体系的构想,指出应当在三个层次规定证明责任分配规则。论文分析了应当如何衡平证据能力和证明力规则,认为在制订证据法时,我们应当针对各种证据方法的特点来决定成文规则在证据能力规则与证明力规则当中的比例。我们应当适时地对证据能力与证明力规则进行更新。论文探讨了民事实体规则的衡平,从法律推理的角度来研究问题,认为当前任务应当是:一方面继续完善形式法律推理的理论研究与司法实践,加强立法工作;另一方面建立司法衡平制度,建立并完善实质法律推理的各项保障制度。在综合研究了英美法系、大陆法系等国和中国古代的判例制度之后,论文提出了构建有中国特色的判例法制度的基本思路。论文认为,必须在权力控制权力的模式外寻求新的控权方法,这种方法就是以程序控制司法权。程序控权的关键就是要以程序保障当事人的诉权,产生以权利控制权力的效果。论文研究了再审的事由与提起再审的主体两个问题。对程序外约束机制进行了探讨。论文还对民事诉讼法和民事诉讼法学的前路进行了思考。认为实体法与程序法的结合是串联六大理论的主线。主线应当由两部分组成:一是诉讼空间的营造;二是控权程序的创制。

关键词:民事诉讼法　司法制度　诉讼程序

1956

检察职能研究 / 晏向华著 ; 程荣斌指导. -- 中国人民大学, 2005. -- 191页

本文从司法权的本质特性——国家强制性出发,反驳了"以审判权的中立性和消极性、检察权的追诉性为由否定检察权的司法性"的观点,提出公诉人是以国家代言人的身份行使法律监督权,不会影响到控辩双方的平衡。论文认为:由人民代表大会代行人民检察院的法律监督权,办理具体案件,必然导致国家权力机关和执行机关之间职能的混淆;任何监督权力的行使,都必须身临其境才能切实有效。检察机关享有侦查权是其法律监督权的体现。将批准逮捕权交由法官行使无可行性。如果由现行法官行使批捕权,则必然产生新的法官先入为主、先定后审现象。批捕权没有对案件作实体上的裁判,不影响控辩平等原则的实现。而且,立法可以赋予当事人及其他人对检察机关的批捕权向法院进行裁定的权力,以防止批捕权的不当行使。论文指出:一个共同的趋势是检察官的自由裁量权不断扩大。检察官的自由裁量权包括不起诉权、建议适用简易程序权、公诉变更权、辩诉交易权、豁免权、量刑建议权等。我国刑事诉讼法体现起诉裁量权非常有限,建议将相对不起诉范围扩大到有可能判处3年以下有期徒刑、并建立辩诉交易制度、暂缓起诉制度、量刑建议制度、豁免权制度。针对我国是否应当建立庭前审查程序,论文持否定观点。论文还认为检察机关应享有违宪案件调查权、行政案件起诉权、民事起诉权与参诉权。

关键词:检察机关　法律监督　公诉权

1957

刑事诉讼与隐私权保护的关系研究 / 杨开湘著 ; 张玉镶指导. -- 北京大学, 2005. -- 174页

本文对隐私权与刑事诉讼之间的关系进行了理论研究,探讨了隐私权和宪法隐私权的基本内涵和法理基础,分析了理论维度上刑事诉讼与隐私权保护之间的相互关系,并从刑事诉讼制度层面上研究了侦查程序中的隐私权保护问题与审判公开、被害人权利保护、证人权利保护、刑事诉讼文书记录等相关制度中的隐私权保护问题,以及在发生隐私侵权的情形下通过非法证据排除规则予以程序救济的问题。论文论述了隐私和隐私权问题在现代社会的理论意义和实践价值,探讨了隐私、隐私权、宪法隐私权的概念和内涵,分析了宪法隐私权在制度层面上的范围或界限,讨论了宪法隐私权法理基础,即公共领域与私人领域的关系以及在制度实践中存在的私人领域的公力介入。论文探讨了刑事诉讼与隐私权保护二者关系的理论问题,论述了刑事诉讼中打击犯罪与保障人权的二元目的之下国家权力与个人权利的相互冲突与协调和将其转化为国家司法权与个人隐私权之间的冲

突与协调问题。论文讨论了侦查程序中的隐私权保护。在宏观层面上,正当化的刑事侦查程序制度建设必须着眼于兼顾侦查犯罪与保护隐私的二元统一;在微观层面上,侦查机关的一切侦查行为,特别是搜查与扣押、讯问与询问、勘验与检查、辨认、监视与监听等行为,必须确定明确的行为界限才能有效保护个人隐私权。论文认为,审判公开是对个人隐私产生损害可能性较大的制度,需要专门设置保护隐私的例外条款,中国刑事诉讼立法应当进一步出台明确和具体规范;刑事诉讼中的被害人和证人隐私权必须加以保护;在刑事诉讼文书记录与隐私权之间存在隐私权与知情权的冲突,必须强调刑事诉讼文书记录中的隐私权保护;刑事诉讼过程中,国家专门机关对个人隐私的侵犯应该通过非法证据排除规则获得程序上的救济。论文认为,在处理保护多数人利益与少数人权利的关系问题上,隐私权并不是绝对的权利,但它要求国家司法行为在侵犯个人隐私的时候有一个合理的根据并遵循正当的程序。

关键词:刑事诉讼　刑事侦查　人身权　隐私

1958

刑事上诉制度研究 / 尹丽华著 ; 徐静村指导. -- 西南政法大学, 2005. -- 214 页

本文研究探讨了刑事上诉制度的基本原理,在比较分析两大法系主要国家与地区刑事上诉制度的共同特征及其存在差异的基础上,阐释论证了中国刑事上诉制度的特点、缺陷及成因,最后提出重构三审终审的刑事上诉制度的具体设想。全文除引言和结语外由五章构成。第一章为绪论,论述了刑事上诉的概念,刑事上诉制度与审级制度的关系以及上诉制度的地位等基础性问题。第二章是刑事上诉制度的原理研究,对刑事上诉制度的价值、功能和上诉权的属性与保障进行了系统探讨。首先在对刑事诉讼程序价值进行一般性考察的基础上,提出公正、效率与权利救济同为刑事上诉制度所追求的价值目标。其次,阐述了刑事上诉制度的四大基本功能,即纠错功能、统一法律适用与解释功能、程序制约功能、释放与消解不满功能。再次,论述了刑事上诉权的属性、上诉主体和法律地位以及对被告人上诉权的特殊保护问题。第三章以刑事司法改革的最新成果和发展趋势为主线考察两大法系具有代表性的国家和中国的台湾地区刑事上诉制度的主要内容和改革变化,在此基础上总结了两大法系在刑事上诉制度方面的共同特征、差异及其成因,并认为两大法系的刑事上诉制度既具有某些方面的同质性和现代社会发展而日益趋同化的态势,又有分属不同法系的差异与特殊性。第四章从两审终审制入手具体分析了中国现行上诉制度的特点、缺陷与成因。第五章论述中国刑事上诉制度的重构问题,首先提出建立三审终审制的必要性和可行性,在此基础上重新划分和界定了四级法院司法功能和管辖权限。其中最高法院和高级法院被确定为专门的上诉法院,在统一法律适用方面发挥第三审的作用。本章最后专门阐述了死刑复核程序的缺陷并对死刑案件进行上诉审改造的具体设想,指出死刑复核程序非司法化的制度设计缺陷,导致在实践环节中难以发挥该程序的预期功能,而取消死刑复核程序,将其纳入正常审级范围有利于发挥被告人的诉讼主体作用。论文的结语部分简要阐述了刑事上诉制度的改革对再审程序的影响,就再审制度的完善提出了立法建议。

关键词:刑事诉讼　上诉　司法制度　死刑

1959

限制与保护 : 刑事诉讼中的隐私权 / 张春霞著 ; 左卫民指导. -- 四川大学,2005. -- 172 页

刑事诉讼中,国家公权对隐私权的限制产生了对隐私权保护的诉求,包括不能轻易侵犯隐私权,侵犯有一定的前提,侵犯有范围和程度的限制,不当侵犯隐私权可以获得相应的权利救济。侦查权力直接卷入犯罪嫌疑人的隐私领域。各种涉及侵扰隐私权的侦查措施可以分为两大类:一是严重侵扰隐私权的侦查措施;二是轻微侵扰隐私权的侦查措施。论文通过对比考察,将刑事诉讼保护隐私权的制度归结为:侵扰隐私权的侦查措施的适用受到一定的限制;采取某种侵扰隐私权的侦查措施必须达到某种证明标准;适用严重侵扰隐私权的侦查措施需接受司法审查;对不当限制隐私权的程序违法制裁;对不当限制隐私权进行救济。论文认为,我国对隐私权的立法还不完善,宪法和其他部门法虽然对隐私权有直接或间接的立法规范,但是总体上说还没有形成直接的、充分的立法保护,刑事诉讼法对隐私权的立法保护只是零星的、间接提及。改革的策略选择包括:提升整个社会隐私权的保护意识,扭转强烈追查、惩罚犯罪的价值取向,树立人权保障优先的理念;进一步完善立法,确认对包括隐私权在内的基本权利进行保护;加强对侦查权力的监督审查,考虑建立司法审查制度:建立程序违法制裁制度和权利救济制度。

关键词:刑事诉讼　隐私权　权益保护　侦查

司法监督

1960

中国内地与香港羁押制度比较研究 / 张锦全著 ; 程荣斌指导. -- 中国人民大学, 2005. -- 274 页

论文选择以中国内地与香港羁押制度比较研究为论文题目,通过系统性的分析找出两地羁押制度在立法和实践方面各自的利弊。论文包括七章正文和结语。论文指出羁押概念在内地和香港具有不同的含义,对羁押的作用、特点和目的作出探讨,分析它们与刑事诉讼的相互关系;将刑事羁押和其他的羁押性强制措施,包括引渡羁押、行政和司法拘留作出相互比较。论文探讨了羁押制度的历史沿革,两地羁押制度的内容自然因不同的取向产生差异,其中香港赋予被羁押人的保释权是内地没有的。随着中国宪法和国际上对保障人权的重视和日新月异的科技,两地羁押制度亦应朝着加强保障人权、增加效率和成本效益为目标的改革方向走。羁押制度具有四个主要原则:一是人权原则,二是合法性原则,三是比例性原则,四是迅速通知原则。论文透过借鉴香港遏制刑讯逼供的成功经验,建议内地从改革法律制度、加强管理监督、提高侦查水平和培训工作人员方面入手,根治刑讯逼供。论文还探讨了内地的拘留与香港的无令逮捕制度,对内地逮捕和香港有令逮捕制度比较,认为现存拘留与逮捕在适用和执行上存在部分概念和程序的立法缺陷,若把逮捕和羁押分离,可完善目前的缺陷。论文论述内地和香港拘捕后的羁押制度,建议适当借鉴香港的经验,对内地羁押制度进行改革,其中包括建立保释、司法审查及救济的制度,配合电子监察系统来加强对羁押期限的监督,彻底解决超期羁押的问题。基于个别羁押措施的对比结果,论文找出两地羁押制度的整体区别:其一,内地公检法机关分工配合与香港司法机关主导的分野;其二,内地以权力本位与香港以权利本位的差别;其三,内地羁押主体以机关本位和香港以个人本位的不同;其四,内地侧重控制犯罪和国家政策,而香港却过于重视人权保障。

关键词:刑事诉讼法　逮捕　拘留　羁押

1961

日本诉因制度研究 / 张琳琳著 ; 陈瑞华指导. -- 北京大学, 2005. -- 114 页

本文探讨了日本的诉因制度,分析了日本诉因制度产生的背景、审判对象与诉因、诉因的确定、诉因变更的条件及法律界限、诉因变更的程序、诉因制度的法律功能,认为根源于当事人主义诉讼构造的诉因制度在我国目前的刑事诉讼法学研究中属尚未开发的领域,诉因制度对我国刑事诉讼具有借鉴价值。论文认为,孕育诉因制度的是当事人主义的如下理念:法院与其以职权去四处寻找真相,不如建立一种把主张、举证委以双方当事人并使其相互进行攻击防御,而自身则严守其公平裁判者的立场之结构,以使正确认定事实这一有效公正之机能得以实现。诉因制度正是在此思想指导下的产物并成为其重要支柱。日本法律制度兼采大陆及英美两大法系之所长,与我国目前非纯粹的当事人主义诉讼构造存在极大的相似性,不过是日本早于我国近五十年而已,其五十年实践的利弊得失对我们极具借鉴意义。诉因制度对由检察官设定及变更审判对象(诉因)的权限予以广泛认可,检察官进行的诉因变更只要在不妨害公诉事实同一性的限度内,原则上会被允许。同时,举证也在通过对诉因事实进行存在与否的判断后,在必要范围内由双方当事人之间进行。诉因制度使得法院与当事人、特别是与检察官之间的任务分配明确化。论文还对我国引入诉因制度的必要及可能性进行了初步探讨。

关键词:刑事诉讼　诉因制度　日本

1962

民事诉权滥用规制论 / 张晓薇著 ; 左卫民指导. -- 四川大学, 2005. -- 201 页

本文从维护当事人合法权益和稳定社会秩序的角度出发探讨了滥用诉权的问题。第一章分析了目前在我国探讨诉权滥用问题的必要性,认为必要性来自现实问题的出现、司法实务的有限回应以及诉权滥用处罚措施的空缺所导致对受害方当事人救济的不利。第二章解决诉权滥用的概念、性质及判断标准,以比较研究的方式从问题研究的路径和国别分析的视角展示了两大法系典型国家各自在界定诉权滥用的成果并作一特征比对。论文进行了诉权滥用界定的域内考察,主要分析我国界定诉权滥用的既有研究以及存在的不足。论文在分析域外成果可借鉴性的基础上,提出诉权滥用的概念、性质和标准。第三章展示了西方法治发达国家在诉权滥用的预防和规制方面的实践。第四章从外在诱因和内在诱因两个视角对诉权滥用在我国出现的原因进行分析。第五章对我国诉权滥用的预防和规制体系进行了建构和设想。对于预防体系的建构,主要以纠纷解决的合理疏

导和分流为理念来进行设计,即重建我国非诉讼的纠纷解决机制,并在我国创设诉讼保险制度。程序性规制的建构是以确立法官在认定和规制诉权滥用上的主体地位为前提,在论证诚信原则规制诉权滥用的意义的基础上,论证诚信原则在民事诉讼法中确立的可行性,并通过行为失权机制来具体体现诚信原则对诉权滥用的规制;建议确立诉讼许可机制、上诉许可机制以及再审之诉机制。论文还建议改革我国现有诉讼费用制度,设立责任费用机制,确立我国诉权滥用之侵权损害赔偿制度。

关键词:民事诉讼　权利滥用　当事人

1963

民事推定及其适用机制研究 / 赵信会著 ; 田平安指导. -- 西南政法大学, 2005. -- 152 页

主要立足于如何使中国的法官敢于适用推定,适用经验法则,充分发挥推定制度的制度功能,同时也立足于如何确保中国的法官正确适用推定,经验法则,实现司法正义。把研究的视野投向了英美法系、大陆法系,也投向了中国古代的推定制度,比较分析了大陆法系与英美法系不同的推定适用机制及其制度背景,最后提出了在中国建立科学的推定适用机制的初步设想。首先从"推定概况"谈起,主要研究了推定在事实认定中的地位、事实认定的构造与推定、推定的含义、分类与功能五个问题。其次,介绍了英美法系国家的推定及其适用机制,指出推定在英美国家的证据法乃至民事诉讼中以及法学界占有重要的地位,认为英美国家主要是通过表见证明和对陪审团进行指示两种途径适用推定的。第三,论述了大陆法系国家、地区的推定及其适用机制。在这些国家里,法律推定首先表现为一种法律规则,反映国家的立法政策和价值目标,并且都把保证经验法则或者表见证明的正确适用作为立法的重要内容。第四,研究了中国古代的推定。认为在中国古代的民事审判中存在着推定的适用,但却缺少激励裁判者大胆适用经验法则的制度和措施。第五,重点分析了中国民事推定适用机制的立法现状和司法现状。介绍了《证据规定》以及民事诉讼法对推定及其适用机制的现行规定并指出了立法和司法中存在的诸多问题。最后,研究了民事推定制度及其适用机制的完善问题。认为首先应当完善关于民事推定立法。应以民事实体法具体规定法律推定的种类和攻击方法。并具体提出了包括出生推定和死亡推定在内的 12 种法律推定及其具体的反驳方法。其次,在推定的适用机制方面,认为应当取消错案追究制,并建立关于经验法则方面的案例。在完善确保经验法则的客观适用方面,主张应进一步完善判决理由的论证制度。

关键词:民事诉讼　审判　法官　推定

经济法学

1964

反垄断法法律责任问题研究 / 蔡峻峰著 ; 盛杰民指导. -- 北京大学, 2005. -- 199 页

反垄断法法律责任是和反垄断法的立法目的以及权利、义务等问题直接相关的重要理论问题。论文认为反垄断法法律责任的特殊性源自反垄断法保护的权利和利益的特殊性。反垄断法保护的利益应该是辩证统一的公共利益和个人利益,而与公共利益和个人利益相对应的是一般消费者的集体权利和竞争者、个别消费者的个体权利。反垄断法法律责任从目的上来说应该包括威慑、报应和补偿,在理论基础和价值取向上都存在冲突,必须根据反垄断法的立法目的对它们相互之间的冲突进行衡平,以使反垄断法法律责任具有内在一致性。论文认为反垄断法法律责任的特殊性表现在法律责任的形式的特殊性上。反垄断法法律责任主要包括预防性责任、恢复性责任和惩罚一补偿性责任三种责任形式。美国表现为三倍损害赔偿制度,大陆法系国家则将其分割为行政责任和民事责任。美国和大陆法系国家的反垄断法法律责任的区别还表现在实施机制方面的差别,美国采取以私人实施为主的法律责任形式,而大陆法系国家实行以公共实施为主的责任形式。反垄断法法律责任从理论上来说应该属于严格责任,美国三倍损害赔偿责任基本上是严格责任,大陆法系国家虽然将反垄断法法律责任分成行政责任和民事责任,并分别采取各种责任固有的归责原则但是这些国家反垄断法中的行政责任和民事责任的归责原则在一定程度上也体现了严格责任的要求。论文还探讨了行政垄断的法律责任,对行政垄断作了比较法的考察,分析了行政垄断的特征及其法律体系的体系、种类和构成要件。论文探索了中国反垄断法法律责任的位置,对中国反垄断法法律责任的实施机制、目的定位和价值取向、形式和归责原则进行了专门研究,分析了现行行政垄断法律责任的缺陷,并给出了相关的完善建议。

关键词:反垄断法　法律责任　赔偿　行政垄断

1965

论商法 / 陈岳琴著 ；史际春指导. -- 中国人民大学, 2005. -- 177 页

本文认为商业、城市和商法三者之间存在历史上的先后和逻辑上的因果关系。作为近代商法的源流，"商人法"发轫于中世纪地中海沿岸的自治城市，它实际上是万民法的嫡传，万民法就是商法。商法的本质是民法，是私法。论文对法国、德国、日本等传统大陆法系国家的商法和英美法系国家"商法"制度进行比较研究，从实证的角度证实了"民商合一"、"折中主义"、"商法公法化"等发展趋势。论文认为，由民国时期的法例奠定的中国"商法"传统，把公司法列为"商"的五大门类之首，而现代公司法集中体现或反映了传统私法的公法化演变。传统公司法以私人投资经营为主，市场主体自治、自由结社，在平等对立、制约基础上合作共谋赢利为主要特征，把它归入私法应属确当。现代公司法已在很大程度上脱离民商法。我国公司法比外国公司法的公法化程度更胜一筹。论文认为，目前国际上通行的做法是对进入竞争性领域的国有公司与一般公司一并由公司法暨民商法调整，而且公司法当然仍以调整私人投资经营为主要任务之一，公司法在"意思自治"和一般民事主体经济结社的层面上也属于民商法。国有资产的投资经营管理、保值增值，依传统法制及其观念应属于公法。"私有化"的实质并不是把国有企业交由私人控制，而是国家参与市场竞争，与经济社会连手，共同增进社会福祉。"私有化"应是国家回归社会的一个进程，社会将越来越自治、自律，承担起经济文化等自我管理的功能，迈向完全的"社会本位"。论文认为，商法和经济法的界限在于"公共管理(Public Management)"两个字，有关公共经济管理的法，也即有学者所称之"商公法"，应是经济法。"商公法"不仅仅是对企业的外部监督，而且是从经济法层面对企业关系的内在调整。不涉及公共管理的传统商法，则归入民法的队伍，统称"民商法"。商法和经济法并不能互相替代。

关键词：商法　公法化　公司法　经济法

1966

破产救济研究 / 程春华著 ；赵学清指导. -- 西南政法大学, 2005. -- 323 页

论文主要研究两大问题，即为什么破产救济和怎样破产救济。首先说明了选择破产救济作为研究对象的原因，接着以法哲学方法讨论了实施破产救济的根本原因，分析了与此相关的权利及其救济、权利冲突与协调的一般理论，之后以逻辑推理方法渐进式地提出破产救济为权利救济与权利冲突之协调的理性选择，并运用经济分析方法对破产救济功能等问题进行了研究。其次，关于怎样进行破产救济，主要论述了破产救济多样化的形式，破产程序中的救济问题，以及破产救济走向。作者阐述了破产救济方法总则，介绍了破产救济的两种方法——破产预防和破产清算，比较了台湾、日本、韩国、英国、德国、美国的破产预防制度，提出了如何建立中国多样化的破产预防体系。对于破产清算，论述了破产清算的价值体现与制度设计原则，探讨了与破产清算有关的破产财团的范围、债权、费用与破产分配等问题。关于破产程序救济，研究了破产救济之法律适用，破产救济程序保障的破产特别机关及司法机关，破产程序中对有关利害关系人的权利救济及权利冲突协调的方式选择，救济程序简化、终结，破产免责、自由豁免财产、失权与复权和责任的承担以及有关机关的权利冲突协调问题。最后介绍了破产救济在国际、国内的发展趋势。

关键词：破产法　破产清算

1967

保障措施法律机制研究 / 丁希正著 ；盛杰民指导. -- 北京大学, 2005. -- 168 页

本文系统研究了旨在控制国际贸易自由化风险的保障措施的正负面效应及相关法律机制。论文认为，保障措施(Safeguard)是一种有效的制度。不能忽略保障措施可能带来的负面效果。当某经济体对某种关键物资采行保障措施之后，很可能在全球引发连锁效应，甚至导致贸易壁垒的产生，不利于世界的经济发展。包括保障措施在内的进口救济措施制度(反倾销、反补贴)已经逐渐成为新的贸易保护手段，而有被滥用的危险。采行保障措施必须要在规范化的制度之下进行。论文着眼于保障措施法律机制的系统研究，藉由对 WTO 各种保障措施法律制度的系统化研究以及各国 / 地区的保障措施法令的比较法研究，并结合实际案例的研析，总结经验，提出对策，以求更好地促进良性的国际贸易自由化。论文探讨了保障措施机制的构成——以 WTO 规范为纲，论述并研究了 WTO 保障措施协议与其他协议的保障措施条款以及其规范模式，以比较法的观点论述了保障措施的构成要件，并辅以 WTO 争端解决机构的案例佐证。论文探讨了保障措施的国际经贸战略意义，即经由美国 201 钢铁产品保障措施案以及其后在世界各地发生的连锁效应观察保障措施的国际经贸战略意义，论述

了服务贸易的紧急保障措施之内容与谈判的进度，以及各国家／地区的区域性自由贸易协议中的保障措施条款和类型。

关键词：国际贸易法　保护贸易　世界贸易组织（WTO）　保障措施

1968

养老社会保障权论／董溯战著；邵建东指导. -- 南京大学，2005. -- 146 页

论文探讨了养老社会保障权的概念与体系。论文对养老社会保障权的性质进行研究，认为养老社会保障权设定的主要目的在于维护老年公民及受其供养人的生活区，是一种生活权；主要表现为社会权，自由权的属性不甚突出；在权利目标达成中，合作性连带、强制性连带和竞争性连带的作用特别明显，社会连带是养老社会保障权存续的重要基础。论文对养老社会保障权的价值基础进行探讨，认为养老社会保障权的设定和运行必须符合正义的精神，正义主要是通过影响权利、义务的分配作用于养老社会保障权；在养老社会保障领域，基本的正义是人道主义，而人道主义又借助于公平价值、需求价值作用于养老社会保障权。论文认为国家权力是传统养老社会保障权存在的基础性力量；参与的被动性正是养老社会保障制度优于商业保险制度和互助制度的关键之处，也是养老社会保障权生成的原因。养老社会保障权的变迁建立于对国家、社会、市场功能重新审视的基础之上。调整强制性机制的作用范围与方式、提升自治和竞争的功能是各国养老社会保障权重构的共同之处，也是克服传统养老社会保障权局限性的主要途径。论文认为中国现行的养老社会保障权在维护老年公民的生活方面存在明显不足，根源主要在于：国家权力不到位，竞争性和自治性力量弱小。必须通过推动权利的法定性和普遍性、增加政府的资金责任来强化国家权力；要在保障奖金的筹措中引入市场机制；发展代表性力量，并在司法和保障事务经办中合理地发挥自治机制的功能。

关键词：养老保险　社会保障

1969

论公司控制权的正当行使／甘培忠著；刘瑞复指导. -- 北京大学，2005. -- 132 页

本文深入分析了公司控制权的正当行使、产生根源、结构及发展趋势，探讨了公司控制权的组织结构、历史演进、公司控制权的本身利益与衍生利益以及公司控制权晚近发展的趋势，考察了近 30 年来国际社会公司控制权的发展状况，研判了其中内存的趋势。论文从分析公司控制权的行使与正当性价值之间的关系入手，揭示了正当行使公司控制权的命题包含的理性的法律价值体系，分析了公司控制权的权利属性，揭示了控制权在不同社会关系中形成的互动结构和影响功能。论文分析了公司控制权正当行使的利益机制和外部监督机制，介绍了围绕公司治理结构所发生的理论争论，展示了作者关于股东利益至上的基本观点，详细阐述了佐证的理由，认为在保障股东利益的基本原则前提下，公司法仍应考虑各方利益的平衡保护。论文探讨了公司自治与政府对公司控制权行使的干预之间的关系，说明政府对市场经济的干预是社会发展的必然，它体现了市场失灵的制度补救，已经成为现代社会的一种常态结构，政府的介入完善了公司控制权正当行使的标准。论文分析了在我国构建公司控制权正当行使法律制度的环境问题，认为我国主要依赖制度建设推进公司治理和制约公司控制权，提出了“制度也是生产力”的观点。论文还通过透视村民社会、官本位和家族企业三种传统文化现象的行为模式对构建公司控制权正当行使的负面影响，说明公司控制权的正当行使在我国存在某种本土特色，探求有中国特色的公司控制权制度的经济基础结构。论文还通过实例分析，对如何完善我国有限公司和上市公司控制权的正当行使制度提出了若干建议。

关键词：公司法　控制权　公司治理

1970

论公司的环境责任：以可持续发展原则为导向的法律制度建构／高桂林著；刘文华指导. -- 中国人民大学，2005. -- 235 页

本文以可持续发展原则为价值导向对公司的环境责任制度做了全面的建构性论述，并结合我国的实际情况，对公司承担环境责任制度的完善提出了相应的建议。论文认为，对于“法律责任”只能从“义务说”出发来定义，广义上的公司环境责任包括含有环境利益内容的法定责任和含有环境利益内容的道德责任；狭义的公司环境责任仅仅指公司的法定的环境责任，即指由法律、行政法规明文规定的公司应当承担的环境法律责任。论文认为，公司承担环境责任是“公司承担社会责任”命题的延伸和继续。环境伦理学家提出人与自然和谐共生理论、产权经济学家提出“外部性理论”、法学家提出环境权理论来建构公司承担环境责任的理论基础。可持续发展原则是建构公

司环境责任制度的指导性原则。它是生态可持续发展、经济可持续发展和社会可持续发展的和谐统一，其核心乃是人的可持续发展；"可持续发展观"具有三大基本原则，即持续性原则、公平性原则、共同性原则；可持续发展战略的实施，要求推进文化重塑，加强教育、改变人的观念，要求推进经济可持续发展观念，实行循环经济，要求以可持续发展原则，重构法律制度体系。论文以可持续发展原则为价值导向，分析公司承担的环境义务。公司承担环境责任的逻辑前提，是对环境义务的违反。依照环境义务的内容不同，可以分为三类：公司的污染控制义务、公司的最大化利用资源的义务和公司保护生物多样性的义务。论文还从民事责任形式角度探讨公司承担环境责任，重点讨论了因公司作为环境责任主体承担损害赔偿责任所产生的特殊问题，从行政责任形式角度探讨公司承担的环境责任，从刑事责任形式角度探讨公司承担的环境责任。

关键词：环境保护法　公司　环境保护　法律责任

1971

竞争政策法与产业政策之关系协调研究 / 郭立仕著 ; 盛杰民指导. -- 北京大学, 2005. -- 113 页

本文从分析竞争政策法与产业政策相互关系的基本理论入手，通过对国外两种处理模式的概括并就其局限性加以比较分析，探索了竞争政策法和产业政策关系重构的必要性和可能性，提出了我国构建二者关系应有的思路。论文通过全面分析和反思西方学者关于政府与市场、竞争与垄断等传统理论观点，探明了竞争政策法与产业政策相互对立和协调的理论根源，认为政府与市场的互斥性认识以及竞争与垄断二元对立的观点（马歇尔冲突）是产业政策与竞争政策法相互冲突的理论根源，对政府与市场互补关系以及竞争与垄断辩证关系的认识是竞争政策与产业政策相互协调的理论依据。有效竞争的对立面并非仅指垄断，而应包括过度竞争和竞争不足（垄断）两个方面。过度竞争为产业政策的介入提供了可能，垄断则使竞争政策的存在成为必要。通过对日、美、欧等国处理二者关系实践经验的考察和比较，论文初步概括出两种较具代表性的模式，认为建构主义法律秩序观和哈佛学派的竞争理论是竞争政策法产业政策化的理论基础，而自由主义法律秩序观和芝加哥学派的竞争理论是产业政策竞争政策法化模式的基本理论依据。存在两种模式：一是竞争政策法的产业政策化模式，具有包括竞争政策法立法的产业政策化和竞争政策法实施的产业政策化两个方面：是产业政策的竞争政策法化模式，具有包括崇尚自由主义的美国型和实现经济赶超后的日本型两种类型。论文人探讨了竞争政策和产业政策的优势劣势以及各种组合的可能性，并结合我国的经济水平、市场结构和竞争态势提出了"以竞争政策为基础、二元优化组合为目标、适时动态调整为保证"的关系重构思路，并结合我国经济水平和体制改革现状等相关制约因素，重点阐述了我国模式选择时应贯彻"协调有据、协调有度和协调有效"的基本原则，对我国反垄断法的政策目标、制度构成以及主体机构等诸方面提出了若干建议，指出我国反垄断法应确立公共利益目标，对我国适用除外制度和企业其中规制制度提出若干合理化建议，提出应确立产业规制必要性的定期审查制度、设置独立的产业规制机构以及建立反垄断执法机构与规制机构的合作机制等具体建议。

关键词：反不正当竞争法　反垄断法　产业政策

1972

金融控股公司法律问题之研究 / 何一芃著 ; 刘瑞复指导. -- 北京大学, 2005. -- 226 页

本文从法制层面透析金融控股公司的结构特征、调整金控集团组织结构、控管金控集团内部风险，以及对外部金融监理制度予以调整及改进，进而就目前我国金融控股公司的发展现况提出检讨及建议。第一章分析了金融控股公司法制度的当代发展态势。第二章提出金融控股集团组织结构的法律调整是以区分集团组织的向外扩张与内部结构的调整两大部分，并逐一探讨金融控股集团并购模式的法律问题，与并购后可能对传统竞争法所造成冲击的分析，以及金融控股集团采取公司分割等调整组织结构的方式所涉及相关法规范。第三章就金融控股公司模式的风险有何特殊性进行说明，并对公司资本适足率、交叉持股等核心问题在现有的相关规范与管理机制上所存在的缺失提出建议。第四章分析金融监理制度的背景与改革趋势，其中以美国伞状监理与功能性监理机制为借鉴，探讨金融控股公司模式与现行各国金融监理系统间所存在的脱钩问题，进一步对我国建立金融控股公司监理制度提出创新的金融监理模式，以作为金融监理改革的方向与建议。第五章对完善我国金融控股公司法制度提出建议。

关键词：金融公司　控股公司　组织结构　金融监管　公司法

1973

纳税主体研究 / 侯作前著 ; 徐孟洲指导. -- 中国人民大学, 2005. -- 188 页

本文以宪政为指南,综合运用法学、哲学和经济学的方法,从抽象到具体,由理论到实践,对纳税主体的有关问题特别是基础问题作了深入研究。论文分析了纳税主体的理论构造,界定了纳税主体,划分了纳税主体种类,剖析了纳税主体的特征与能力。论文认为,纳税主体的权利是指为道德、法律或者习惯认定为正当的纳税主体的利益、主张、资格、力量或自由。纳税主体的权利基础可以从政治学、法学和经济学三种视角对纳税人权利存在的宪政基础予以考察。纳税主体负有依法纳税的义务。论文分析了自然人的纳税主体问题。在税法上,一般自然人与经营性自然人的区分标志是是否从事经营性事业。应当从保障人权特别是生存权的角度出发,重构自然人、法人和非法人组织的税法地位,使自然人处于比法人和非法人组织更有利的税法地位上。论文分析了法人的纳税主体问题。认为应承认法人的独立纳税主体的地位,同时尽可能排除双重课税。论文还分析了非法人组织的纳税主体问题,认为在税法上,非法人组织属于民法的借用概念,其含义与构成要件都可以准用民法的规定。设计非法人组织的税法地位时,应考虑到非法人组织与法人和自然人的不同,也要考虑到非法人组织与法人和自然人的有机联系。论文认为我国税法在关于纳税主体的规定方面,需要:第一,在观念上要把纳税主体真正当作主体;第二,在纳税主体的确定原则上,特别注意完善我国纳税主体的法定主义、公平主义和生存权保障原则。第三,注意完善保障纳税主体权利的制度建设;第四,在自然人对纳税主体方面,我国税法应降低一般自然人个人所得税率,提高经营性自然人所得税税率,有条件地引入以家庭为课税单位的制度,允许纳税主体在以个人为课税单位还是以家庭为课税单位间做出自己的选择。第五,在法人的纳税主体问题上,消除内资企业所得税与外商投资企业和外国企业所得税法上的不合理的不公平待遇,统一二者的税率。完善非企业法人的税法地位,特别是要明确其免税资格、免税范围以及作为普通纳税主体的条件。第六,在非法人组织的税法地位上,允许非法人组织自由选择作为法人课税还是作为个人课税。

关键词:税法　税收　纳税

1974

反垄断的法律经济分析 / 胡甲庆著 ; 李昌麒指导. 西南政法大学, 2005. -- 271 页

全文共分六章。第一章论述了反垄断法的核心价值目标即经济效率目标的确立、发展、规范功能;对经济效率的内涵及其实现机制进行了系统分析,认为从基本的层面来看,经济效率有静态效率和动态效率之分,在反垄断法的实施过程中,必须在二者之间寻求某种均衡。第二章论述了垄断的经济学含义,并从法律上进行了界定,提出了新的垄断的类型化方法,认为垄断是企业、经济组织或行政主体实施的具有损害竞争或经济效率等反竞争效果的行为。第三章在对不同市场结构条件的静态效率、动态效率比较分析和对结构与绩效关系的经验分析的基础上,提出了反垄断法的规制模式和原则;并结合当前国际产业结构调整、企业参与国际竞争的程度以及新经济的兴起等因素,指出反垄断法的规制模式即有效竞争模式,目的是要达到实现规模效率与竞争活力的最佳组合以及寻求创新动力与能力的平衡。第四章集中探讨了反垄断法的主要实体制度,包括市场支配地位的获得、维持及运用。分别对合谋行为特别是默示合谋行为,合并的类型、动机、福利效应,合并规制步骤、规制方法,垂直约束行为进行了法律经济分析;介绍了掠夺性定价行为的两种基本理论模型。第五章主要探讨新经济领域反垄断的法律经济问题。在界定新经济的概念和基本属性的基础上,分析了新经济对反垄断法所提出的极富挑战性的各种问题;考察了反垄断法在新经济领域的具体适用,包括合并规制、标准制定合作方面的规制、优势企业滥用势力行为规制等;着重指出在新经济中,创新动力与创新压力都非常重要,需要在知识产权法与反垄断法之间寻求某种平衡。最后作者就中国反垄断法的基本内容,提出了建议,认为应将经济效率确立为中国反垄断法的基本价值目标,并以有效竞争模式为规制模式,以合理原则为基本规制原则。同时,应将自然垄断、国家垄断、行政垄断纳入反垄断法的规制对象。

关键词:反垄断法　经济分析　法律经济学

1975

涉外票据法律适用 / 贾和平著 ; 杨树明指导. -- 西南政法大学, 2005. -- 230 页

文章从票据法的法理入手,论述了票据的经济功能与法律性质、票据行为及特征、票据权利及其善意取得、票据抗辩与限制、票据利益偿还请求权等制度,

从而阐明票据法通过这些独特的制度设计，以彰显票据法的立法宗旨——促进票据流通，保障交易安全，从而最大限度地发挥票据的经济效用。紧接着，论述了票据的演进、票据法的发展及票据法的统一趋势，揭示出票据法律制度随着商业经济的发展和票据功能的演变而发生的历史性变迁。其次，论述了每一时代的契约冲突法理论与学说，从而论证契约冲突法仅解决法律之间的冲突未实现冲突法被启动运作的真实目标，它必须最终明白告诉社会，它为之启动的那个涉外利益冲突应该是什么结局，并揭示出契约法律冲突与票据法律冲突的相通性。再次，分别论述了涉外票据的概念、涉外票据相关的法律冲突及票据冲突的实证分析，不仅论述了涉外票据法律适用研究的重要意义，也探讨了涉外票据法律适用制度理应达到的目的。文章还先后讨论了涉外票据法律适用的复杂性、各国及国际公约的相关法律制度，以及对有关文献与学说的评析，从而论证了最大限度地保证票据的有效性，以促进票据的流通应是涉外票据法律适用制度的首要原则；借鉴契约法律适用选择规则和法律选择方法，结合经济与法律的发展趋势，设计涉外票据法律适用规则，是涉外票据法律适用制度的另一原则。最后，分别论述了涉外票据行为能力、行为方式、行为效力的法律适用制度，探讨了涉外票据法律适用制度的设计——主观联系原则与客观联系相结合，扩大法律适用选择范围，以完善中国涉外票据法律适用制度。

关键词：票据　票据法　涉外经济法　法律适用

1976

商主体登记法律制度研究 / 李惠阳著 ；崔勤之指导. -- 中国社会科学院研究生院, 2005. -- 151 页

本文以商主体及商事交易所具有的特征为逻辑起点，采用历史、分析、比较等研究方法，从商主体公示的角度，探讨了商主体登记法律制度存在的现实基础、价值、相关程序及法律效果，以期对我国商主体等级法律制度的完善有所裨益。论文通过对商的本质的分析，指出营利性是商主体的本质特征，商品只是商主体通过商事交易活动实现营利目的的工具，认为商主体公示是商主体登记概念的主要特征。论文通过对商主体登记法律制度的历史考察，重新认识了商主体登记的实质，即通过公示商主体的相关信息达到保障交易安全的目的。论文认为，商主体自身从简单到复杂的发展结果，商事交易活动需要的信息交换和国家作为社会公共利益的代表对商主体的强制，共同构成了商主体登记法律制度存在的现实基础。商主体属于私法主体，国家在商主体登记法律制度中的强制空间是有限的，它只能主要以立法的形式做出明确规定，并以规定私法主体之间的权利义务作为实现国家强制目的的主要手段。商主体登记的法律价值不应仅仅围绕商主体设立展开，只有把商主体登记的法律价值纳入到整个商事交易过程中进行考查，才能真正解释商主体登记的法律价值。交易安全与交易效率是商事交易双方的共同需要，且两者具有共同的同向相关的价值实现机制。交易安全与交易效率可以和谐地统一于商主体登记法律制度之中。论文分析了商主体登记程序中的若干问题，主要阐述了申请程度中的商主体主动申请登记原则、审查程序中的审查方式及其选定、登记与公告的效力优先问题。认为商主体主动申请登记原则，不仅是商主体公式的基本前提，也是商主体承受登记司法效果的司法基础。审查方式的选定与商主体登记法律制度的功能有关，形式审查就是商主体登记的首选审查方式。登记的效力高于公告的效力。论文从商主体登记产生私法效果的角度，着重论述了商主体登记所应具有的公示力与公信力。公示力与公信力不仅直接调整了商主体登记相关当事人的利益，而且促进了商主体主动履行登记义务和交易相对人查阅商事登记簿的积极性，为整个商主体登记法律制度的完整实现注入了动力来源。公信力在实质上是一种外观效力，具有统一、法定的特征，公信力要强于一般外观的效力。

关键词：商法　登记制度　企业登记　私法

1977

搭售：法律和经济分析 / 李剑著 ；种明钊指导. -- 西南政法大学, 2005. -- 176 页

本文在完整梳理搭售的立法、判例和经济理论的基础上，将违法搭售的构成要件确定为两个独立产品和市场力量；思考了新经济对搭售理论的冲击和解决办法；对相对优势地位理论进行了质疑和批驳；将消费者选择权从对个人的选择权保护，纳入到对整个社会提供更多选择保护的竞争法体系下。全文共分七章。第一章给出了搭售的定义，阐明了搭售概念的正例和反例。第二章以美国为主，系统地介绍了搭售的主要立法和判例，同时介绍了德国、日本和中国台湾地区的相关立法，指出法院在对待搭售的违法性判断上的反复。第三章关于搭售理论的变迁，分别论述了古典搭售理论、芝加哥学派搭售理论和后芝加哥学派的搭售理论。第四章通过对搭售理论和司法的评价，

指出学界普遍认同搭售能够同时促进竞争和限制竞争,仅在论证的模型中的细节问题存在分歧;而法院对搭售的态度基本都以古典搭售理论为基础,认定搭售是当然违法的。第五章对搭售构成要件进行了分析,指出古典搭售规则下的违法搭售构成要件有两个,即单一产品和实施者具有市场力量。第六章详细分析了相对优势地位理论的基础、表现形式,并从经济学基础,竞争法的效果以及具体实施中所存在的矛盾入手,指出相对优势地位理论有重大缺陷,不足以作为违法搭售的构成要件;此外,还论述了对消费者的强制也不能作为违法搭售的构成要件的原因。第七章则对中国反垄断法的搭售制度进行了回顾和总结,指出无论是1986年颁布实施的《关于认真解决商品搭售问题的通知》,还是《反不正当竞争法》规定搭售的专门条文,都只针对当时经济中出现的问题,而缺乏对整体理论的把握,基本不具备可实施性。

关键词:反不正当竞争法　销售　搭售

1978

中国税收优惠法律制度研究 / 李俊明著 ; 刘剑文指导. -- 北京大学, 2005. -- 120 页

本文从法律视角,运用规范分析研究、比较分析研究、案例分析研究方法,评析了我国实行税收优惠的相关立法,并适度借鉴国外经验,探讨了现行税收优惠的必要调整与改革。论文探讨了税收优惠的相关基础理论问题,透过明晰税收优惠的概念与类型,探索了具有竞争力的税收优惠的体系:当税收优惠的职能与税法上量能课税原则发生冲突时,政府不仅除了对经济效果的有效性考虑之外,更应从宪法高度来检视税收优惠的正当性;当国民待遇原则等国际通行作法与国内制定法发生冲突时,政府应对税收优惠相关制度予以调整,以使其能够内外兼顾。论文探讨了税收优惠的国际发展趋势,主要为WTO的国民待遇原则、OECD打击有害税收竞争最新动态、OECD税收协定范本中无歧视原则的适用及各国税收优惠运用的发展趋势等。论文探讨了我国目前采行税收优惠面临的实际问题,并藉由法律层面分析其成因,就法律学理、法律实质制定内容、法律实际操作等形成税收优惠差别待遇的成因进行分析。论文针对我国目前税收优惠面临的问题,在兼顾国际趋势以及我国利益下提供解决方案的思考方向,认为我国税收改革的渐进式改良方案,分长期方案与短期手段两种。长期方案是建立合宪性司法审查机制,用宪法机制来解决税收优惠利益平衡问题。短期方案,可分为税收优惠事前立法设计应该考虑的问题,包括落实税收优惠措施效益性之立法宗旨,税收优惠措施成本透明化之立法设计,税收优惠措施的协调性及税收优惠措施与国际规范的接轨。论文还分析了税收优惠事中执行应该注意的地方,主要是依法行政与税收优惠的执行及税收优惠与纳税人权利保护两方面,论述了抑制税收优惠过滥的事后监控方案。

关键词:税法　税收减免　税收优惠

1979

经济法基本范畴的整体主义解释 / 刘水林著 ; 李昌麒指导. -- 西南政法大学, 2005. -- 203 页

方法论问题是任何一门科学或学科的首要问题,而从方法论的视角对经济法的基本范畴作出解释,却是我国经济法研究中常被忽视的一个问题。现今的主流法学从方法论讲有个体冲突主义和注重应用性的解释学两大特性。但这一与特定时代背景和观念相应的方法论对法学发展并不具有恒久有效性。该文提出整体和谐主义方法论是经济法的基本方法论,并用整体和谐主义方法论对经济法的基本价值、本体作出解释。全文分三编。第一编为方法论,经论证得出经济法的社会观是一种"唯实论"的有机观,与此相应,其方法论是整体主义与和谐辩证法,统称为整体和谐主义。第二编为价值论,主要分析了法的三个基本价值——公平、效率和秩序在经济法中的意蕴、表现及实现。分析说明:经济法的任何价值都是由多维度构成的有机体系,而且它们是相辅相成的,并且不应该孤立地从某个子部门法来看其价值。最后一编是本体论。这里的"本体"是指法的基本理论范畴。该文只对经济法的调整对象、经济法的社会利益、经济法的功能、经济法律关系、经济法律责任(定性和定量)这几个问题用整体和谐主义给予了解释。其基本论点是:第一,就调整对象而言,经济法调整的社会经济关系就是以有机体(通常以某种组织体为代表)组织为基点的社会关系。第二,经济法的社会本位及体现的社会整体利益具有不可分性、不可排他性、开放性等特性。第三,经济法的功能,本身就是有机整体分析的产物,因为只有从有机整体主义角度看部分对整体存在的意义才有功能可言。第四,经济法律关系,与其他部门法的不同就在于其具有二元结构及二重性。第五,经济法律责任,具有混合性和复杂性。此外,理性违法也是经济违法行为的特性,因此,要约束这种违法行为必须据社会经济情况及损害和违法所得而定。

关键词:经济法　法的理论　范畴　方法论

1980

WTO 竞争政策研究 / 聂孝红著 ; 王晓晔指导. -- 中国社会科学院研究生院, 2005. -- 117 页

本文以经济全球化为背景,以 WTO 为框架,探讨了 WTO 竞争政策的必要性和可行性,以及在 WTO 框架内制订国际竞争规则所具有的优势和所面临的困境,并对作为 WTO 新成员的中国在制订国际竞争规则的角逐中应采取的立场态度提出了建议。论文探讨了制订国际竞争政策的客观必然性,回顾了经济全球化的成因和表现,指出经济全球化已成为现代经济生活的重要特征,剖析了在国际竞争规则“缺位”的情况下,一些国家试图以国内法来调整国际限制竞争行为的做法所存在的缺陷和不足,认为经济全球化客观上需要国际竞争规则。论文探讨了 WTO 是制订国际竞争规则的最佳场所,分析了创建国际竞争规则的双边、区域性和多边努力,指出了他们各自的缺陷和不足;分析了在当今具有“经济联合国”之称的 WTO 框架内缔造国际竞争规则所具有的种种优势,指出 WTO 终究应该是缔造国际竞争规则的最佳场所。论文研究了 WTO 竞争政策的内容,论证了 WTO 竞争政策应采取循序渐进的立法原则,提出了“《国际竞争法典》十单行条例”的立法模式,拟订了《国际竞争法典》的实体规则、执法机构和程序,并把《国际竞争法典》作为目前 WTO 竞争政策的最低标准,强制性地要求各国予以采纳,探讨了 WTO 竞争政策的另一项内容——单行条例,认为 WTO 应不定期地发布一些单行条例以协调各国在具体产业领域中的竞争政策。论文还探讨了 WTO 竞争政策与中国的一些问题,并为中国参加 WTO 竞争政策谈判提出了一些建议。结合大量的事实剖析了我国目前国内竞争规则的不完善,指出了我国应旗帜鲜明地支持、参与 WTO 竞争政策的谈判,同时结合 WTO 中的差别待遇条款,探讨了我国的发展中国家地位问题,指出我国在 WTO 竞争政策的谈判中应采取灵活务实的态度对待差别待遇问题。

关键词:世界贸易组织　市场竞争　国际贸易政策(WTO)

1981

中国外资并购制度变迁研究 / 潘银杰著 ; 盛杰民指导. -- 北京大学, 2005. -- 84 页

本文结合新制度经济学的理论,从经济法视角对我国外资并购制度变迁进行研究,包括:外资并购实践及国家(政府)“制度实践”;对外资并购制度形成发展的作用;外资并购制度形成过程中二者如何良性互动和平衡的“制度”与“技术”国家(政府)“制度实践”的背景、目标、约束和过程;设定其自身作为市场主体之权限的约束和一般规律。论文认为外资并购制度变迁有两个结构过程,一是外在的制度结构过程,它决定了外资并购制度形成的形态和框架;一是内在的制度结构过程,它决定了外资并购制度形成的内核和逻辑。论文对我国外资并购制度的源起、孕育和初步确立过程进行了分析和研究,研究了外资并购制度在我国市场经济趋向的体制改革和外资制度构建下的源起过程,分析了外资并购实践对于外资并购制度在源起上的制度意义和国家(政府)从外资并购规制的战略目标、原则程序和目标企业改革等方面构建外资并购制度体系努力的背景和过程。论文分析了外资并购制度在中国证券市场和企业并购领域初步确立的两个阶段,揭示了外资并购初步确立的标志和主要内容。论文对我国外资并购制度变迁进行总体评说,认为我国外资并购制度变迁存在两方面缺失:过程缺失和结构缺失。在外资并购制度变迁研究中,要警惕“历史前见”,要通过“视界不断融合”来保证研究的正确和恰当;要破除“制度拜物教”。

关键词:涉外经济法　外资企业　并购　企业合并

1982

国际版权贸易法律问题研究 / 朴哲弘著 ; 盛杰民指导. -- 北京大学, 2005. -- 123 页

本文研究了版权贸易法律问题,建议通过完善法制加快版权产业和贸易的发展。论文界定了文化产业的概念,揭示了版权、版权贸易与传统货物产品和贸易的差异,介绍了文化产业区分的经济社会条件和当今社会的版权贸易的国际法律调整机制。论文在国内法层面上探讨“版权产业规制与促进制度”,分析了版权产业规制与促进制度的构成,并对当今世界主要国家和地区的规制与促进制度做了介绍和分析,探讨了版权贸易中的版权法律保护,对美国经常使用的 301 条款进行了分析,还对信息数字化条件下版权保护的法律难题进行了展示和分析。论文重点讨论了“版权贸易法律机制一体化中的主要问题”界定了版权贸易法律机制一体化的概念,认为其是世界各国版权贸易法律立法的世界趋同化趋势,各国的版权贸易法律制度和国际版权贸易法律制度互为补充,趋于一

致。论文还对文化例外、发展中国家问题,跨国企业的限制竞争行为,保障措施是否适用于版权贸易等问题做了比较深入的分析。论文分析了"GATS版权贸易自由化的基本态势",对版权贸易自由化的三种不同观点进行了全面展示和分析,比较了不同成员方对相关领域的开放承诺,并重点介绍了中韩两国的承诺和相关国内法制建设情况。论文提出国际版权贸易法律问题争论重点要从"市场是否开放"转换到"开放后的法律问题如何解决"上来,并从国内文化产业综合立法、与"文化例外"有关的WTO相关规定的改善、版权产业促进制度的建立与完善以及完善WTO反倾销与保障措施制度等方面提出了具体的对策建议。

关键词:版权　国际贸易　服务贸易

1983

反垄断法适用除外制度研究 :以日本反垄断法适用除外制度为讨论中心 / 齐虹丽著 ; 赵秀文指导. -- 中国人民大学, 2005. -- 215页

本文从美国、日本等国家现有的反垄断法适用除外制度的一般原理与规定入手,通过日本反垄断法适用除外制度的运用实践来说明反垄断法制度的效果,最后再从理论与实践的两个方面来对反垄断法制度的性质与合理性加以讨论,并从中寻找对我国反垄断法立法工作的有益启示。论文分为三部分,由七章构成。第一部分为反垄断法适用除外制度的一般规定与基本原理,主要论述了反垄断法适用除外制度的一般规定和日本反垄断法适用除外制度的具体规定;第二部分是日本反垄断法适用除外制度的运用与变迁,主要是对日本原始反垄断法中适用除外制度的确立以及后来的反垄断法适用除外制度全面展开的历史过程加以整理和思考;第三部分是对反垄断法适用除外制度性质的再讨论与日本经验的启示。主要包括市场机制与反垄断法适用除外制度、竞争政策与反垄断法适用除外制度、从日本反垄断法适用除外制度的运用与变迁中所得到的启示三部分内容。论文认为反垄断法的适用除外制度是指在现代市场经济条件下,政府从不断完善市场机制的角度,并同时基于一些经济或政治的原因,使某些违反反垄断法规定的、限制竞争的行为不受其反垄断法的规制。以战后日本反垄断法中适用除外制度的确立及几次修改为主线,论文分析了日本政府对反垄断法适用除外制度的认识与运用。论文讨论了日本竞争体制的法律特征与反垄断法适用除外制度的历史作用,指出以1999年废除《适用除外法》为契机,近年来在日本的个别经济领域的反垄断法适用除外规定依然在不断地进行大幅度的废除与缩减,反垄断法渐渐成为日本的"经济宪法"。论文认为,反垄断法在政治上是依自由主义的哲学为依据的法,在经济上又是实现以价格理论为支撑的竞争政策的法。以竞争政策为依据的反垄断法,具有很强的实践性与多变性,针对我国反垄断法立法工作中存在的问题,论文分析了从日本的经验中获取的有益启示。

关键词:反垄断法　法律适用

1984

征税立法诉讼机制研究 :从宪法、经济法的视角 / 茹洋著 ; 邵建东指导. -- 南京大学, 2005. -- 152页

本文探讨了国家征税权的基本理论、征税立法权以及与之相对抗的诉讼机制等问题。论文探讨了征税立法诉讼机制建立的可行性与必要性,即征税立法的可诉性与征税立法诉讼机制的不可替代性。可诉性的核心标准在于是否具备诉之利益。征税立法权是公民通过社会契约让渡给国家的一种特权,不具有可诉性,但征税立法在违背主流价值观的层面上具有可诉性。具体的诉讼理由包括:无权立法或越权立法、歧视、违反比例原则、立法意图并非处于公益、法律规范不统一、立法程序不合法等。对征税立法权的控制,既存在经济立法权受限的共性原因,也存在征税立法权受限的个性原因。实然税法与应然税法必然存在差距,对征税立法权限制的目的就在于缩小这种差距。征税作为国家干预经济的一种手段,应受到限制;西方社会的经验表明,权力分离并相互制衡才能保证运作效率与效果,立法权作为三权中最强大的权力,必须受到限制才能对人民有益;当征税立法权超越范围,出现征税立法位阶冲突时,违规的征税立法必须得到修正;国家征税的理由逐渐减少,征税立法权受限成为必然。征税立法权本身的特殊侵权性和国家在实现租金最大化与社会产出最大化双重目的中可能产生的价值偏向也使限制征税立法权成为必需。论文认为,控制征税立法权主要有间接控制与直接控制两类,前者包括民主政治模式与社会权控制模式两种,后者包括立法调整与司法(诉讼)调整两种。前者的共同缺陷在于时间长,需要太多的外部条件支撑,后者通过立法与诉讼方式直接约束征税立法。征税立法的诉讼机制并非经济公益诉讼,而是属于宪法诉讼的范围。我国的征税立法已经初具规范,但存在一系列问题,现状不容乐观。征税立法的控制

模式只能选择由立法机关代行宪法判断权的模式。征税立法诉讼的普通法院模式在中国不可行,而宪法法院模式则比较适合于中国。论文建议我国应创立与本土法律资源相适应的宪法法院审查模式,通过修改宪法来确立宪法法院的设立、地位与权力,同时制定宪法法院组织法具体规范。规范宪法法院对征税立法诉讼的运行原则和运行程序,通过正义的程序保证征税立法实体正义目标的实现。具体运行程序上,需要国内财政、预算、税收这三大制度的一体化变革。

关键词:征税　税法　立法　行政诉讼　公益诉讼

1985

经济宪政哲学论纲:经济法哲学基础的建构 / 单飞跃著 ; 李昌麟指导. -- 西南政法大学, 2005. -- 156 页

文章以经济法的哲学解释为主线,以经济宪政为主题,结合历史与现实,对经济宪政的基本理论和基本范畴进行了研究与阐释。全文分为五大部分。第一部分探查经济宪政的逻辑起点,并对经济宪政的基本概念与基本立场进行发掘,从学科、制度和文化三个层面分析了经济宪政概念提出的重大意义。第二部分审视和阐释了社会契约观,用序列化与层次化的社会契约理论对经济法的哲学基础进行解释与建构,指出社会契约与经济宪政具有内在的契合,社会契约所依托的自由、平等、权利思想是宪政的精神核心;社会契约分序列独立缔约,保持契约间的距离有助于减缓契约间可能发生的相互侵犯和社会结构的健全与完善;政府经济行动须获得社会契约的授权;缔结社会契约的目的在于促成社会合作和实现社会预期。第三至第五部分论证了与经济法关涉紧密的三对经济宪政基本范畴,即自由与干预、公共与个体、权利与权力。首先,在厘清经济宪政中自由与干预的关系上,确立了经济法倡导自由主义的干预观,指出其思想内涵:第一,干预是为了保护自由,干预的边界在于自由与市场的“需要”;第二,干预必须超越市场利益关系,干预者不得从中牟利;第三,干预必须在宪政的轨道上运行,避免经济专制,干预的最终指向在于达成新的社会合作。其次,在分析个体与公共的关系基础上,指出公共经济行动必须接受宪政约束,宪政条件下的公共经济决策需要满足三项宪政要求,即应当符合多数人喜好;不能从根本上动摇产权秩序;要遵循正当程序,由民众通过自己选出的代表在议会中表达民众意志,并形成共同意志交由政府执行。最后,考察了经济权力及其分享问题,指出经济权力是个体、社会与国家对公共经济事务的支配性力量,经济权力与政治权力存在着分野与联系;经济权力应向社会中所有人、阶级、等级和集团开放,唯有国家与社会成员共同分享经济权力,才能保障经济的社会性与民主性。

关键词:经济法　法哲学　宪政

1986

税法解释研究:以利益平衡为中心 / 孙健波著 ; 张守文指导. -- 北京大学, 2005. -- 173 页

本文旨在借鉴解释学、利益学、法社会学、经济学等学科理论成果的基础上,综合运用利益衡量方法、归纳演绎、比较方法、实证方法、经济分析方法,从认识论、方法论和制度论方面研究税法解释问题。论文论述了税法解释的哲学、社会学和经济学基础,提出税法解决应当以利益平衡为中心的核心命题,从认识论角度阐述了税法解释的基本原理和基本范畴,着重分析了税法解决原则和税法解决特点中所体现的利益关系及利益平衡的运用。从方法论的角度对税法解释的对象、税法解决方法和税法漏洞补充问题进行了研究,阐明了他们与利益平衡之间的关联,认为对他们的认识都不能脱离利益平衡而为。对税法解释方法论中的“利益衡量论方法”与论文指称的“利益平衡”作出了区分,提出论文的“利益平衡”贯穿于税法解释全过程,并且因为“税收法定主义”的要求而将制度利益作为主要考量因素,有必要建立税法解释共同体。论文从制度论的角度对我国的税法解释体制进行了剖析,论述了我国税法立法解释、税法行政和税法司法解释制度的利益结构,提出在宪政层面上通过对权力配置的优化来综合平衡各种税法上的利益,以构建完善的税法解释体制。论文认为,税法解释不同于传统的民法解释、行政法解释和刑法解释,它既与各部门法解释相关联,又具有独特的内涵,利益平衡也更为复杂。税法是利益平衡之法,税法利益具有综合性、相对性、动态性的特点。在税法解释中既要关注国家课税权与人民财产权之间的利益平衡,同时还要在更广阔的层面上,综合平衡公共利益、个人利益和社会利益,制度利益与实质正义,眼前利益与长远利益。不同国际利益平衡方法和标准各不相同,应当根据我国具体情况将税法解释中的利益平衡客观化,论文还探讨了设立税务法庭的必要性和可行性。

关键词:税法　法律解释　利益平衡

1987

对外贸易中的反倾销司法审查制度研究 / 孙雯著;孙南申指导. -- 南京大学, 2005. -- 241 页

本文采取比较的视角,在研究美国和欧盟这两个反倾销司法审查制度比较完备的国家和地区的相关制度和原则的基础上,对中国对外贸易中反倾销司法审查制度的建构进行探讨并提出建议。论文共分五个部分,分别从反倾销司法审查的基本理论、法律关系、法律适用、诉讼程序规则,以及反倾销司法审查的标准等方面,结合欧盟和美国的立法规范以及判例加以论述,总结了我国反倾销司法审查所应遵循的原则。论文从法律规定和学理两个角度讨论了倾销的界定问题,分析了反倾销法的性质,认为反倾销司法审查的目的和宗旨既应该遵循司法审查一般性目的,也要体现其特殊性,包括对行政机关的尊重,对国际义务的履行以及对多重利益的平衡问题等。论文认为反倾销措施是行政行为;反倾销税征收决定是抽象行政行为;反倾销税的征收是行政征收行为;反倾销司法审查是对《行政诉讼法》的突破。论文认为,我国反倾销司法审查案件的管辖权和管辖法院应当由法律加以规定并且充分地确定。我国的受案范围相对狭窄,兜底条款的效力取决于未来法律法规的规定,限制了法院的受案范围。反倾销司法审查的法律适用范围主要包括三个方面:一是国际法的规定,二是国内法的规定与适用,三是国际条约的国内适用问题。论文讨论了反倾销司法审查的程序规则,认为只能适用《行政诉讼法》的一般性规定,还讨论了举证责任的分配规则,同时考察了行政救济用尽原则和反倾销司法审查的判决和救济方式。论文在对司法审查标准的不同模式作了分析之后,将美国的反倾销司法审查标准归纳为合理性审查模式,将欧盟规定归纳为明显错误模式,并继而提出对中国反倾销司法审查所应适用的审查标准的建议。论文对中国反倾销司法审查制度所应遵循的基本原则作了总结:(1)公共利益原则;(2)尊重原则;(3)正当程序原则;(4)非歧视原则及其例外。

关键词:对外贸易　反倾销法　司法审查

1988

规则的解释与解释的规则 :WTO 规则的法解释研究 / 唐青阳著 ; 赵学清指导. -- 西南政法大学, 2005. -- 126 页

本文运用传统的法解释学理论和方法,对具有国际法属性的 WTO 规则的解释问题进行了系统研究。全文分八个部分,分别对 WTO 规则的法解释必要性、主体、对象、目标、原则、方法、规则以及效力等问题进行了探讨。第一部分从“法解释”概念的界定着手,分析了其必要性,并简要描述了法解释学的历史发展及英美普通法的法解释问题,界定了 WTO 的法律属性。第二部分详细分析了 WTO 规则的法解释主体,指出部长级会议和总理事会所享有的法律解释的专有权力与专家组和上诉机构的法律解释权之间并无冲突;WTO 规则的法律解释权事实上是由专家组和上诉机构在行使。第三部分在把法律解释的对象界定为法律文本之后,指出国际法的法解释对象具有明确的法定性,并具体阐明了 WTO 规则的法解释对象。第四部分对“法解释目标”、“法解释对象”、“法解释目的”等三个概念进行了辨析,得出 WTO 规则的法解释目标应该是探究和阐明 WTO 规则的意旨,这种意旨应是符合条约目的且与适用时的社会发展情况相适应的客观含义。第五部分分别介绍了 WTO 规则的五项一般解释原则,即善意解释、保证多边贸易体制的可靠性和可预测性、与协定目标一致、不增加或减少运用协定所规定的权利和义务、最大程度地实现争议的满意解决以及有效解释、推定无冲突、同词同义、从严解释、从轻解释、不悖常理、条约不溯及既往等 7 项具体解释原则,指出善意解释原则是国际条约最为重要的一般解释原则。第六部分分析了文义解释、体系解释、目的解释和法意解释四种解释方法在 WTO 争端解决实践中的具体应用,同时指出,除《维也纳条约法公约》的规定,专家组和上诉机构还采用了限缩解释、扩张解释和社会学解释等解释方法。第七部分指出,WTO 规则的诸种解释方法之间不存在固定的位阶关系,但在具体适用这些解释方法时,存在一个逻辑上的先后顺序。第八部分则分别探讨了部长级会议和总理事会、专家组和上诉机构的法律解释效力问题。

关键词:世界贸易组织(WTO)　国际贸易　贸易协定　法律解释

1989

专利许可相关竞争法问题研究 / 田泽著 ; 王晓晔指导. -- 中国社会科学院研究生院, 2005. -- 113 页

本文在查阅大量国内外最新文献的基础上,从竞争法的角度对专利许可中这一具体知识产权行使行为中的限制竞争行为进行了深入研究和探讨。论文共分导论、总论、分论和结论四部分。导论部分通过分析发生在我国并颇受国内外关注的 DVD 专利许可纠纷,引出有关专利许可竞争法的规则的思考。总论

部分着重从经济学的角度分析了专利许可与创新及竞争的关系,进而凸显了专利许可中限制竞争问题的严重性及竞争法对其进行规制的必要性。对世界范围内较典型的几部知识产权许可竞争法规则进行了全面介绍和对比分析,对专利许可竞争法规则中有关基本概念如相关市场界定、竞争法规则标准和原则、专利许可限制竞争行为的构成要件及分类加以研究。分论对常见的专利许可限制性行为进行具体研究,包括:关于专利许可实施中的限制或条件,如地域限制、专利使用费等;关于专利产品制造和销售的限制或条件,如销售价格限制、原材料来源限制等;关于针对专利许可人的限制或条件,如不得再许可第三人、不得与被许可人竞争等;专利许可中的联合限制竞争行为,如多许可、专利联营等;近来较突出的技术标准问题,如技术标准的制定及技术标准许可中的限制竞争问题。论文还回顾并研究了我国目前有关知识产权竞争法立法的现状和问题,并从制定作为一般法的反垄断法和作为规章的有关知识产权许可的竞争法规则两个方面,对我国建立并完善与国际接轨的知识产权竞争法规范体系进行了思考并提出积极建议。

关键字:专利　知识产权　反垄断法　反不正当竞争法

1990

论产业政策和竞争法的冲突与协调 / 王斐民著 ; 史际春指导. -- 中国人民大学, 2005. -- 241 页

本文分析了考量经济增长和竞争力的产业政策,概述了产业政策思想及其实践的演变,分析了经济学意义上的产业政策的含义、性质、特征,并对产业政策的两种主要理论依据进行了探讨,根据一些国家和地区的理论和实践经验概括出产业政策的目标、结构和工具,认为产业政策是一个国家或地区促进经济增长和竞争力的重要公共政策之一。论文探讨了维护市场竞争的竞争法,回顾了竞争法的出现与扩散,分析了美国、欧共体、日本、中国及其他转型国家竞争法的目的,并运用社会学中的结构功能理论探讨了竞争法的功能和产生原因。论文以欧盟、美国、日本和中国为例对产业政策和竞争法的冲突与协调进行了历史分析和比较法分析。通过对欧盟、美国、日本、中国大陆及台湾地区的产业政策和竞争法冲突及其协调的回顾,论文指出,尽管放松管制、促进竞争已成为世界性的潮流,但是产业政策的作用在强化,在增多,在改善。产业政策和竞争法的冲突的可能性也在增大。中国大陆的竞争法制和文化都还不成熟,相应的冲突协调机制也尚未建立。总结我们有限的经验并借鉴发达国家和地区的经验,构建具有中国特色的协调二者冲突的制度和机制非常重要。论文还探讨了协调产业政策和竞争法冲突的原理、制度与机制。指出,在全球化的时代,协调产业政策和竞争法的冲突必须引入现代法律的新理念、新原则、新制度、新机制。

关键词:产业政策　市场竞争　反不正当竞争法

1991

农产品法律问题研究 / 王和仲著 ; 赵学清指导. -- 西南政法大学, 2005. -- 143 页

1979 年农村经济体制改革以来,中国农业和农村经济发展取得了巨大成就。但农业和农村经济的发展状况在很大程度上受制于农业立法,而中国的农产品立法还存在诸多问题。经济自由主义政策和国家干预政策都存在难以弥补的缺陷,只有两种政策相结合、同行并举,才能取长补短,使经济平稳发展,而经济法的重要目的之一就是要界定"需要"国家干预的范围和程度。论文主要内容如下:第一,国家财政对农业的资金投入,即财政对农业的支持和保护至关重要。公共财产理论从六个方面证明了政府通过财政手段支持保护农业的必要性,而这种支持保护却不能是盲目和随意的,它受着农业生产经营状况和国际规则的约束。WTO《农业协定》则是这方面最主要的国际规则。根据 WTO 的相关规定,并借鉴发达国家财政支持和保护农业的经验,作者对中国财政支持保护农业制度的完善提出了建议,指出政府支持和保护农业的手段措施应从以前以行政手段为主过渡到以法律规范为主,因此财政支持保护农业制度的完善主要依靠的也是相关法律的完善,并提出了一系列具体措施。第二,农产品流通是农业领域引入市场机制的先导,也是统一的社会主义大市场的重要组成部分。社会主义市场经济体制确立以后,国家开始了农产品流通市场化的过程,取得了很大进展,但仍处于初始阶段。通过对农产品特性的分析,针对中国农产品流通体制目前存在的问题提出了对中国农产品流通体制进行法律调整的方案。第三,关于农产品的对外贸易问题。分析了中国农产品的国际竞争力,指出中国农产品国际竞争力总的来说劣势大于优势,必须按照 WTO 的相关规则对中国的贸易体制加以调整,才能使中国农产品适应入世后日益激烈的国际竞争,跟上世界贸易一体化的步伐。最后,依据 WTO 规则,从市场准入、农产品卫生检疫、农产品技术等三方面提出了调整中国贸易规则的具体方法。

关键词:农产品贸易　国际贸易　贸易协定　财政补贴

1992

市场支配地位的认定与反垄断法规制 / 王磊著 ; 刘剑文指导. -- 北京大学, 2005. -- 123 页

本文围绕市场支配地位的认定与反垄断法规制,深入考察了国内外有关市场支配地位的认定和规制理论,对主要国家和地区有关市场支配地位规制的立法和执法实践进行了实证研究,分析了中国的市场结构状况、市场行为状况和法律规范现状,提出了具有针对性的立法建议。论文从理论上分析了市场支配地位的概念、特征和成因,以及认定市场支配地位的方法和应当考虑的相关因素。认为,滥用市场支配地位是具有市场支配地位的企业为了维持或者增强市场支配地位而实施的反竞争的商业行为。中国已经完成了从高度集中的计划经济向社会主义市场经济的转型,竞争性市场体制初步形成。《反不正当竞争法》可以说是我国法律对滥用市场支配地位进行规制的有益探索。论文认为,从经济学、公共管制学、法律学理论和各国的实践来看,规制市场支配地位主要有三条途径:经济规制、行政规制、法律规制,各有侧重,缺一不可。通过反垄断法规制市场支配地位应当从我国的国情出发,注意把握反垄断与消费者保护的关系、反垄断与提高经济效率的关系、反垄断与保护国内幼稚产业的关系,准确把握规制市场支配地位的价值取向:促进竞争,实现消费者福利最大化;效率优先,兼顾公平;维护国家经济安全。论文认为,我国反垄断法应当将有关市场支配地位规制的基本概念、基本制度通过法律的形式确定下来。

关键词:市场经济　反垄断法　市场支配地位　法律规制　行政规制

1993

公平竞争权论 / 王显勇著 ; 邵建东指导. -- 南京大学, 2005. -- 152 页

论文认为,公平竞争权是历史发展的必然产物,是经济基础发展的必然要求,是法制发展必然要求。公平竞争权是竞争法调整竞争机制关系的必然产物。论文探讨了公平竞争权的基本理论问题,认为公平竞争权具有宪法基础,公平竞争是宪法社会责任原则在竞争法领域的体现,公平竞争权是公平竞争的权属表现。公平竞争权具有社会性、市场规制性、反面确定性等法律特点,其权利内容主要是动态性的市场竞争利益。公平竞争权是一种社会性经济权利,属于经济法范畴,它可以通过民事诉讼、竞争公益诉讼以及行政途径等得以实现。论文认为,公平竞争权可以通过竞争公益诉讼得以实现,介绍了美国、日本、德国以及中国台湾地区的公平竞争权法律制度,比较分析了公平竞争权的确立模式、确立方式、主要内容、实现机制等。论文对我国公平竞争权的立法模式、确立方式、规制对象、竞争公益诉讼制度、竞争法律责任制度等方面的制度建设提出具体的建议,认为我国公平竞争权法律制度应当采用合并立法模式,实行总则肯定性与分则禁止性相结合的确立方式;应当采用行为主义立法模式,具体规制横向限制竞争、纵向限制竞争、滥用市场支配地位、企业合并等经济性限制竞争行为、不正当竞争行为以及行政垄断;建议建立竞争公益诉讼制度和惩罚性赔偿责任制度,扩大私人在竞争法实现中的作用;建立综合性的竞争法律责任体系,民事责任应实行惩罚性赔偿和"行政司法并行"机制,行政责任实行行政主导模式,刑事责任实行"先行政后司法"机制。论文认为竞争法应当成为公平竞争权的宣言书与保障书,竞争法不仅要宣告公平竞争权,而且还要通过法律机制使之确获保障。

关键词:市场竞争　公平　反不正当竞争法

1994

资源物权制度研究 / 吴国刚著 ; 周珂指导. -- 中国人民大学, 2005. -- 175 页

作为法律调整对象的自然资源,是指能够为人们所利用的作为生产资料和生活资料来源的自然要素,包括土地、水、森林、矿藏、海洋、草原、野生生物等等。社会经济的不断发展,促使自然资源的财产属性日渐突出,如何在资源法律调整领域之中准确定位资源物权制度的角色功能,成为资源物权制度研究的前提基础。论文认为考察人类社会自然资源的历史,可以发现,尽管西方与我国自然资源法具有不同的发展轨迹,但殊途同归。物权制度是自然资源要素市场形成和发育的必要前提。科学和规范的资源物权制度对我国社会主义市场经济的建立与完善意义重大。土地资源与其他资源的物权调整模式分离,是资源物权制度形成的基础。建立我国的资源物权体系,要从我国社会发展的现实情况出发,把握西方各国物权制度的发展动向,充分发挥法律的预见性作用。依据宪法所确立的原则,我国自然资源的所有权包括国家所有与集体所有两种形态。国有资源使用权既有私法上的物权特性,又有公法上的权利限制内容,其基本属

性是一种具有公法性质的私权,与传统用益物权不同。集体资源使用权归属于土地承包经营权的范围。自然资源的开发利用不能仅仅依靠国家投入,需要吸引大量的社会资金。物权法中的准用规则与特别立法相结合,是物权立法的合理模式。

关键词:自然资源　物权　所有权　立法

1995

国有资产信托法律制度研究 / 席月民著 ; 徐孟洲指导. -- 中国人民大学, 2005. -- 190 页

国有资产信托,作为国有资产形态转换能够利用的重要方式,对其展开深入、系统、全面的研究,既是坚持国家所有权行使方式创新与金融创新实现互动的必然要求,又是实现金融信托自由与效率价值的统一和国有资产经济与社会效益的统一之间有机协调的根本途径。本文包括导言、正文和结语三大部分,其中正文部分共分为五章:第一章"国家所有权的相关法律问题探讨"是整篇论文的基础。该部分首先对我国传统所有权的定义进行了反思,并在此基础上,对国家、国有财产以及国家所有权的概念、特征及本质进行了深入分析。然后针对我国民法学界对国家所有权问题的激烈争论,分析如何看待国家所有权的"存废之争"。第二章"国有资产信托的法律原理透视"是整篇论文的重心。该部分首先导入信托的起源,分析信托观念的扩张和衍变,总结和归纳不断变革中的当代信托与信托业的发展特征,论证作为工具的信托到作为产业的信托的发展与演化。然后深入剖析信托的三大确定性及其基本特征。最后集中对国有资产信托与国有资产委托代理制度进行比较研究。第三章"国有资产信托的主体制度细考"对国有资产信托法律关系构成要素之一的主体制度进行深入考察。第四章"国有资产信托的信托财产独立性探察"是对国有资产信托法律关系客体的专门研究。第五章"国有资产信托的法律规制探微"则从动态角度探讨了国有资产信托的法律规制问题。

关键词:国有资产　信托业　信托法　所有权

1996

保险合同法诚实信用原则研究 / 肖和保著 ; 崔勤之指导. -- 中国社会科学院研究生院, 2005. -- 156 页

论文概述了保险法中的诚实信用原则,探讨了诚实信用原则的地位、功能和价值,系统地梳理了诚实信用在主要西方国家、我国台湾地区和我国大陆保险法中的确立与发展,探讨了保险法与一般私法中诚实信用的关系,指出二者为个别与一般的关系,阐明了二者的共性与个性。论文认为保险合同具有高度信息不对称性、高度附和性、射幸性和其他若干特性。诚实信用原则通过一系列的制度来衡平保险合同当事人的利益、促进交易效率并保证交易安全。论文探讨了投保方告知义务制度,阐述了告知义务制度的概念、法理依据、告知义务的主体、告知义务的相对人、告知义务的履行时间、告知义务的履行方式、告知的内容、违反告知义务的构成及法律后果,提出我国保险法所应采取的模式:违反告知义务的法律后果已经从原来的"无效主义"演变为"解除主义",分析了我国应采纳的模式并对所应采用的模式存在的弊端设计了若干完善机制。论文系统阐述了保险人说明的内容、说明的时间、说明义务的履行方式、说明的标准和违反说明义务的法律后果。说明义务在各国立法上经历了从无到有,从零星规则到系统规则的过程。保险人说明的内容不仅应包括保险合同,而且应包括保险单与投保申请或事前协议不一致之处、保险人推荐产品的理由、保险人偿付能力,投资型保险产品的特性和续期保险费的缴付等。说明时间、说明方式和违反说明义务的后果也因说明内容的不同而不同。论文系统地探讨了保险弃权与禁止抗辩制度的概念、构成、应用、限制和法律效果。保险弃权与禁止抗辩制度均是建立在诚实信用基础上的重要制度。为了衡平当事人之间的利益,保证交易的安全,作者提出我国应当构建保险弃权和禁止抗辩制度并对如何构建提出了若干具体建议。

关键词:保险法　保险合同　诚信　禁止抗辩

1997

财政参与处理问题金融机构之法律规制 / 邢会强著 ; 张守文指导. -- 北京大学, 2005. -- 119 页

本文将财税法的既有理论——民主财政论、公共财政论、法治财政论、健全财政论——运用到问题金融机构处理领域,提出财政参与处理问题金融机构的理论基础、财政的金融职责理论、财政机关与金融机关之间的关系理论等。论文认为,对财政参与处理问题金融机构进行的财税法规制,包括预算法规制、税法规制、公债法规制、转移支付法规制四个部分。财政法与金融法是相互配合的,它主要包括:要建立财政负担的转移安排、财政机关在金融监管协调机制有一定的角色、中央银行的独立性及其与财政机关的协调、对中央银行利润及资金运用进行法律规制等。财政参与处理问题金融机构法律规制有四大制度基础:

建立公共财政体制、均衡权力(权利)配置、实行信息公开和确保财政健全。这要求建立我国的重大公共支出决策听证制度,进一步提高我国的财政透明度,制定我国的财政危机防范法。论文提出以下立法建议:(1)制定财政法、公债法、转移支付法、存款保险法、证券投资者保护基金法和基本规则;(2)修改和完善预算法、中国人民银行法;(3)按照税收法定原则,进行系统的、大规模的税法清理,提升我国税收立法的级次。

关键词:金融监管　金融机构　财政法　金融法

1998

国家经济主权论 / 徐泉著 ; 杨树明指导. -- 西南政法大学, 2005. -- 241 页

本文从国际公法学、国际经济法学、国际政治学、国际关系学等学科视角下,梳理了经济主权演进的一般逻辑关系,并通过对部分国家在经济主权的实践运用的考察,结合中国在WTO中的具体权益诉求,提出了中国如何建构、维护、强化经济主权的初步框架。全文共分五章。第一章阐释了国家经济主权的基本理论,从国家政治主权与经济主权的关系入手,提出发展中国家对经济主权理论的提升和扩展起到了积极的推动作用,提出了经济主权的基本概念,概括提出了经济主权原则所包含的基本内涵,进而对国家经济主权的法律地位作了进一步分析和论证,并对经济主权原则的发展趋向提出了作者的思考。第二章从多边贸易体制的角度对国家经济主权的影响进行了分析论证。依次从WTO的法律性质、主要职能、基本原则以及争端解决机制等不同向度,揭示多边贸易体制的发展对国家经济主权的影响。强调指出WTO在推进贸易自由化的同时,对其成员政府管理经济的基本职能造成了一定的冲击。第三章围绕发达国家强化经济主权的理论与实践,剖析了美国经济主权保障机制、对外贸易政策的新趋向、推行经济霸权的实践以及结合欧洲经济一体化进程中对国家经济主权的理论创新,指出作为发达国家始终把强化经济主权放在本国经济发展的首位,并在对外交往中利用国际经济机制西方化的基本现实推行其经济霸权。第四章以发展中国家维护经济主权的具体实践为中心,剖析了印度在多边贸易体制下从本国实际国情出发成功维护经济主权的具体实践,导入在WTO新一轮发展回合中广大发展中国家成员利用集体力量维护经济主权所取得的宝贵经验。指出在WTO中将长期存在经济主权的限制与反限制斗争,如何进一步提升与丰富经济主权的实践运用将是对发展中国家成员在维护经济主权上的重大考验。第五章从当代中国经济主权理论的建构、多边贸易体制下维护中国经济主权的法律保障、中国参与发展回合谈判的实践、经济主权与国家干预经济等层面,深入分析了中国维护经济主权的基本理论选择与实践运用。作者指出,坚持国家经济主权原则对中国具有重大的战略意义,在遵循多边贸易体制规范的同时,善于运用经济主权的基本权力与权利,正确处理经济主权权利的让渡,吸取发达国家和发展中国家维护经济主权的成功经验,强化对国际经济事务的平等参与权和决策权,提出自己的利益诉求,将是中国从理论完善和实践运用上提升对国家经济主权掌控的基本路径。

关键词:国家　主权　经济主权

1999

中国保险市场准入与退出监管法律制度研究 / 许崇苗著 ; 吴宏伟指导. -- 中国人民大学, 2005. -- 150 页

本文主要对商业保险公司的市场准入和退出进行研究,以便对我国建立完善的保险市场准入和退出机制起到理论指导作用。本文运用理论联系实际、对比研究、法理分析、逻辑推理和例证分析的研究方法,分四章对我国保险市场的准入和退出的法律制度进行了论述。第一章为我国保险市场准入和退出监管概述。第二章为中国保险市场准入监管制度。首先指出了我国保险市场目前存在的主要问题,其次论述了我国保险市场准入应遵循的基本原则和保险公司设立监管重点是对保险公司组织形式的监管。第三章为中国保险市场退出监管制度,首先提出我国建立市场退出机制的必要性和我国保险市场退出应遵循的基本原则,其次详细阐述了我国保险市场退出的主要形式,重点阐述了保险公司市场退出与一般公司或企业市场退出的不同之处。第三章论述了保险公司市场退出所涉及的人寿保险合同转让和变更的处理机制,并重点论述了我国保险公司危机处理机制。第四章为我国市场准入与退出监管法律制度存在的问题及完善的建议。首先从保险立法和保险执法两个方面分析了中国保险市场准入与退出监管存在的主要问题,其次提出了完善我国保险市场准入和退出监管的具体建议。

关键词:保险市场　市场准入　保险公司　市场退出　监督管理　保险法

2000

国际技术转让所得课税法律问题研究 / 许秀芳著 ; 刘剑文指导. -- 北京大学, 2005. -- 184 页

本文对知识经济条件下国际技术转让所得课税的法律问题进行研究,分析了国际技术转让课税原则,研究了国际技术转让所得的征税客体、纳税主体及转让定价等问题。论文认为,所得分类与征税权分配其实是一体之两面,技术出让方究竟是否采用技术销售、技术授权、或技术服务方式提供无形资产给技术受让方使用,通常只能通过经济实质以明确技术交易合同的所得类别。不同技术转让形式产生的所得分类不同,征税权的分配不同,最终的税负也不同。传统国际税法理论的实质课税原则,对国际技术转让所得征税的适用性面临严重的挑战。技术服务费与常设机构是居住国与收入来源国之间征税权的焦点。电子商务商业平台与无形资产的特性对传统经济重视地理概念的常设机构认定标准造成很大的冲击和挑战。发达国家与发展中国家如何将目前的征税权竞争转变为征税权协调与合作,成为维护缔约国之间在电子商务时代征税权份额的重要课题之一。论文认为无形资产很难比照传统实物交易的评价方式去精确评估其价值,并取得合理的结果。关联企业之间的国际技术转让所得的计算与分配是否符合正常交易原则,面临很大的挑战。建议中国在拟定税收协定政策时,应审慎制定经济发展政策,并明确定位自身的经济发展阶段与潜在的跨国所得流向,才能使其征税权份额极大化。缔约国是发达国家,中国应尽量争取收入来源国的征税权;缔约国是发展中国家,中国则应强调居住国的征税权力。中国企业在对外提供技术授权或服务时,应注意所得分类和潜在全球总税负,以避免双重征税的后果。

关键词:技术转让　所得税　课税　国际税法

2001

我国上市公司监事会制度研究 / 姚德年著 ; 崔勤之指导. -- 中国社会科学院研究生院, 2005. -- 128 页

本文研究了我国上市公司的监事会制度,探讨了监事与监事会制度的含义、功能与目标,比较了不同公司治理模式下的监事会制度的内涵,澄清了多年来学术界对于监事会制度与独立董事制度、双层制与单层制公司结构的见解。论文探讨了关于监事会制度的各种法律规范的利弊得失及监事会制度在我国的历史沿革,仔细考察了从晚清时期的公司法、民国时代的公司法一直到解放初期的公司制度中关于监事会制度的规定及其历史背景。论文分析了我国现行上市公司监事会制度的各种法律规范,包括监事会的人数、监事的任免和任期、监事的资格限制、监事的义务以及监事会的权限及其行使方式等问题,以及这些规范的优劣得失和海外重要法域的一些相关规定。论文考察了监事会制度在我国的实践情况,分析了现行监事会制度的存在背景,从上市公司的来源、股权归属、股权分布以及法律环境等角度,考察了上市公司监事会制度的生态环境,深入分析和评估了监事会制度的实践效果,认为监事会制度在中国上市公司中实践效果不佳,并从监事会的功能定位、监事的任免制度、监事会的监督权限、监事的法律责任以及监事的监督能力等五个方面比较全面地分析了监事会制度失效的原因。论文阐述了中国监事会制度的改革建议,在分析监事会制度失效的原因之后,分别从监事会的功能重新定位、改变监事的来源结构、充实监事会的监督职权、增强监事的监督能力和强化监事的法律义务等五个方面阐述了改革监事会制度的建议和构想,并从监事会以外的角度强化了对上市公司董事和经理人员进行制度性约束的设想,包括董事的薪酬制度、信用评级制度、证券市场的监督以及经理人市场的监督等。

关键词:监事会　上市公司　公司法　公司治理

2002

中国民办高校法人制度研究 / 余临著 ; 刘文华指导. -- 中国人民大学, 2005. -- 138 页

民办高校必须有赖于政府自觉、学校自律、社会自助。论文认为,要吸收一切可以吸收的社会资源,推动中国民办高校的发展,民办高校本身的制度建设是基础。与强大的公办高校相比,中国民办高校总体上还比较脆弱,属于弱势群体。新中国民办高校产生的直接的法律基础是 1982 年修订的《中华人民共和国宪法》第 19 条的相关规定,早先民办高校基本上是在"三无"的基础上草创的。从学理上看,民办高校应属于"亦公亦私、非公非私"的经济法视野下的特殊法人。这种特殊法人是一种类法人,其立足的是民办高校的公益性、非营利性和社会性的特性。作为"亦公亦私"的中国民办高校法人,与一般法人相比,由于其社会影响较大,市场准入条件相对也较为严格。民办高校既要处理好与举办者关系及内部相关部门的内部关系,又要处理好与政府、社会中介组织及利益相关者的外部关系。论文建议,在现有立法的基础上,通过制定专门的《学校法》,将民办高校法人制度这一

特殊的法人类别确立下来,为我国民办高校持续健康地发展打下良好的基础。

关键词:民办学校　高等学校　高校法人

2003

外商证券投资法律制度研究 / 曾洋著 ; 孙南申指导. -- 南京大学, 2005. -- 195 页

本文结合外商投资法律制度和证券法律制度,运用语境分析、规范解读、比较研究、实证分析等方法,以市场准入、行为规制和风险防范为核心,致力于构建较为完备的外商证券投资法律制度。本文除导言和结语外,共分五章。第一章外商证券投资的法律语境分析。运用语境分析的方法,对外商投资法律制度、证券法律制度、国际金融法律制度、外资并购法律制度以及证券市场国际化法律问题中涉及外商证券投资的若干法律范围逐一进行讨论。第二章外商证券投资法律制度基本理论。首先确定了以广义的外商证券投资为研究内容,其次从调整对象、投资资本、调整范围、规范体系等角度讨论了外商证券投资法律制度特征。第三章外商证券投资市场准入制度。通过经济分析方法讨论了市场准入制度的基本原理。第四章外商证券投资行为的法律规制。对证券投资行为的基本理论结构进行分析。第五章外商证券投资风险的法律防范机制。基于对东南亚金融危机的分析来得出结论。

关键词:证券市场　证券投资　外商投资　证券法

2004

论中央与地方财政关系的法律调控 / 张道庆著 ; 张千帆指导. -- 南京大学, 2005. -- 186 页

本文将研究范围限定于中央政府与省级政府或州政府之间财政关系的法律调控。论文的命题是:中央与地方财政关系的实质是财政分权关系,这种分权关系必须由法律予以规范和保障。全文以财政权力的分配为主线,从理论到实践,再从实践到理论,按照中央与地方财政关系内容的逻辑顺序,依次论述中央与地方的财政支出关系、财政收入关系和转移支付关系的法律调控,并对美国、德国、日本和法国的中央与地方财政关系的法律调控进行比较,提出如何从法律层面构建我国中央与地方的财政关系。第一章论述中央与地方财政关系的基本理论。第二章论述中央与地方财政支出关系的法律调控,包括法律对政府间事权划分和支出权划分的规范两个方面,法律调控的重点是前者。第三章论述中央与地方财政收入关系的法律调控,主要论述中央与地方税收收入关系的法律调控问题,重点是税权划分问题。第四章论述中央与地方财政转移支付关系的法律调控。第五章对美国、德国、日本和法国的中央与地方财政关系的法律调控进行比较。第六章将前面几章的理论分析和国外实践比较所得到的启示,应用于建构我国中央与地方财政关系的法律调控。

关键词:中央财政　地方财政　中央与地方的关系　经济法　财政法

2005

公司重整中的利益平衡 / 张世君著 ; 崔勤之指导. -- 中国社会科学院研究生院, 2005. -- 140 页

本文以利益平衡为剖析主线,系统地分析了公司重整中主要利害关系人及其相互之间的利益冲突,权衡利弊,考量得失,进而对利益主体的权利义务配置提出在立法上兼具公平与效率的方案。论文对公司重整制度的基本概念与原理进行了研究,探讨了公司重整制度的定义、性质,阐释了其产生的社会背景和理论基础,同时广泛介绍了当今世界主要公司重整立法。论文对公司重整中的利益平衡进行了分析,提出利益平衡是重整制度构造的重点,认为应在公司重整制度中考虑三类利害关系人的利益需要,即债务人的利益、债权人的利益、公共利益。论文探讨了重整债务人以及重整人的法律地位,主要研究了重整申请阶段的债务人地位,比较了重整申请的裁定终止主义与自动终止主义,考察了重整人的选任模式以及重整机构的经营职权。论文研究了公司重整中债权人的保护问题。详细探讨了各国立法是如何从多方面、多个角度入手构建重整债权人的法律保护体系,如界定重整债权的范围、设置相应的权力机构、重整计划的规定、特殊债权人的特殊保护、重整制度与其他制度间的转换等。论文还探讨了公司重整中公共利益的法律实现问题,分析了公共利益的传统界定方式,指出其作为一种独特的利益形态,是一种类型化的事务。公司重整中的公共利益主要体现为维护经济秩序,在立法中可以设置对公共利益进行倡导或宣示的原则性与一般性条款并在制度上构建特殊的公共利益类型,从而将公共利益在重整过程中真正具体化地实现。

关键词:破产法　公司法　债务人　债权人　利益平衡

2006

食品安全法律规制研究 / 张涛著 ; 李昌麒指导. -- 西南政法大学, 2005. -- 250 页

本文对食品安全法律规制的生成机理和表现形式进行了探讨,并考察了中外食品安全法律制度和管理制度,旨在寻求食品安全法律规制的内在规律和应然状态,为构建中国的食品安全法律规制提供理论参考和结构性建议。其结论是:(1)完善中国食品安全法律规制具有重大现实意义,食品安全与否关系到一个国家国民整体的素质和健康水平。(2)市场失灵是国家干预食品安全问题的主要原因,食品安全法律规制要在防止市场失灵和政府失灵两者之间作出最佳选择。(3)食品安全法律规制是公共规制与私人规制互动的综合体系,食品安全法律规制的成功与否,有赖于公共规制与私人规制的互动。(4)中国食品安全法律规制存在诸多缺陷,主要体现在食品安全理念的缺失,没能充分反映新形势下消费者对食品安全的要求;缺乏食品安全基本法。(5)中国食品安全管理机构的重组势在必行,现行体制已不能适应现实的需要,综合模式是最佳选择。(6)产品责任法在食品安全法律规制中发挥着重要作用。在产品责任法的规制下,食品供应者存在向社会提供安全食品的激励,但激励作用发挥的好坏,依赖于产品责任法的设计及司法实践中食品安全诉讼的效果。(7)世界食品安全规制"趋严"现象既带来挑战也带来机遇。对那些做好准备的国家和供应商,增加标准意味着机会;而那些没有准备的,意味着安全和市场准入风险。(8)食品安全法律规制应确定优先发展方向:一是以改革食品安全监管机构为突破口,加大食品安全执法力度;二是强化食品安全立法工作;三是从食品链的关键环节着手,构筑从农场到餐桌的全过程控制体系;四是积极应对可能出现的不测事件,建立快速反应机制;五是全社会共同参与,加大教育宣传工作,建立政府与公众的沟通渠道。(9)中国食品安全立法的总体思路:建立综合化和一体化法律法规体系;实现国际化与本土化的有机结合;寻求水平性与垂直性法律法规的平衡。

关键词:食品卫生法　产品责任法　食品安全

2007

信用卡法律制度研究 / 张允祯著 ; 刘文华指导. -- 中国人民大学, 2005. -- 125 页

信用卡的法律问题应该提到建立和完善中国的信用法律制度的高度上来,信用卡的法律规制对未来国家的经济安全也有深远的影响,没有基础的信用法律制度作为前提和保障,信用卡的单兵突进只会是匹夫之勇。信用卡法律规制所依托的信用法律制度的构建已势在必行,而且任重而道远。论文认为,从各国的经验看,加大政策引导和扶持制度如建立健全的信用体系和征信制度,是维护信用卡市场的秩序和持续健康发展的基础和前提。这大体上综合起来可有三个方面:首先是加快相关立法工作。完备的信用卡市场管理法律体系是信用卡产业健康发展的基础和必然要求。从实践角度考虑,建议从两方面推进立法工作:一是充分借鉴发达国家的法律法规,在此基础上以比较完备的行政管理规定的形式颁布;二是抓紧研究、率先出台与信用卡业直接相关的基本法,对信用卡业的管理定下基本的制度框架,以促进健康发展。其次是建立健全的社会信用体系和征信制度。良好的社会信用体系可以使生产、交换、分配、消费各环节的参与者方便、快捷地获取交易对方真实的信息,防范不诚信的行为,提高整个国民经济的运行效率。再次是政府应对信用卡市场进行相应的政策和监管。从国际上看,主要分为两类:一类是以中央银行为监管主体,一类是以完善的法律法规为基础。

关键词:信用卡　银行法　信用制度

2008

电子商务中消费者权益的法律保护 / 赵秋雁著 ; 刘文华指导. -- 中国人民大学, 2005. -- 142 页

纵观国际立法和各国国内立法,尽管国际上和各国国内的电子商务相关立法很多,但是,关于网络消费者权益保护的专门立法寥寥无几,而且内容主要集中于数据保护、身份确认和电子支付等方面。论文借鉴国际立法并结合中国国情,运用经济法学基础理论,秉承"社会责任本位"和"平衡协调原则",提出同等保护原则、特别保护原则、综合保护原则和平衡协调原则的创新见解。网上消费法律关系主体在法律关系中居中心地位。网上消费法律关系的客体与传统消费法律关系的客体相比较,有共性也有个性,具有的共性呈现出新特点,个性涌现出新问题。消费者的权利和经营者的义务,是消费者权益保护法律规范的重心,也是本文的核心。安全权是消费者所享有的最基本的权利,是消费者追求的最基本的价值目标,是人身安全权、财产安全权和隐私安全权的有机统一体。论文认为,必须完善信息披露制度,使消费者便捷获取关于交易对象、交易标的、交易条件等在内的真实充分和容易理解的信息,实现知情权。完整的自

主选择权贯穿合同订立和履行的各个环节。公平交易权实现的途径是网上格式合同的规制。电子商务中消费者权益法律保护的立法趋势与展望是全文的升华。

关键词:电子商务　消费者权利　经营者义务　消费者权益保护

2009

贸易救济制度研究 / 赵生祥著 ; 赵学清指导. -- 西南政法大学, 2005. -- 153 页

全文共分五章。第一章在剖析理论界对贸易救济理念的几种界说的基础上,提出了贸易救济应同时贯穿促进国际贸易自由化理念(自由理念)和保障国际公平贸易理念(公平理念)的观点。第二章分析了贸易救济规则体系,指出有关贸易救济的国内规则和国际规则共同构成了贸易救济规则体系;这两套规则互相影响互相制约,并可能产生冲突。第三章对贸易救济案件成立的三大要素——外来贸易损害行为、国内产业损害以及外来贸易损害行为与国内产业损害之间存在因果关系进行了比较分析。对于外来贸易损害行为,作者指出,大多数成员方确定倾销、补贴和进口增加的国内规则,在立法层面上已与 WTO 相关规则基本保持一致;中国现行的反倾销法规,尚未将 WTO 关于确定倾销的规则全部转化为国内规则;虽然有关成员方确定倾销、补贴或进口增加的法律规则基本相同,但其在实践中的具体做法却存在差异。对国内产业损害,主要从两方面进行了比较:其一,不同类型的贸易救济各自要求的产业损害形态;其二,与确定国内产业损害有关的"国内产业"、"同类产品"及"直接竞争产品"。对贸易救济所要求的因果关系,主要从政策导向、规则演进和当前立法的角度进行了比较分析。第四章在简要介绍贸易救济基本运作过程的基础上,重点论述了贸易救济调查发起行为、补偿与报复行为以及规避贸易救济行为的法律控制。第五章结合中国贸易救济面临的挑战,对中国贸易救济制度的基本范畴、完善中国贸易救济制度的原则和途径进行了探讨,并对中国急需完善的出口救济制度和反规避制度作了重点论述。

关键词:国际贸易　保护贸易　世界贸易组织(WTO)　反倾销　政府补贴

环境与资源保护法学

2010

危险废物越境转移法律制度研究 / 陈维春著 ; 王曦指导. -- 武汉大学, 2005. -- 234 页

作者指出,中国危险废物越境转移问题的研究现状,远远不能满足现实的需要。一方面,国家立法对我国已经签署并批准的巴塞尔公约没有作出充分的反应,尚有很多需要与国际公约协调、统一之处;另一方面,对此问题还没有学者进行专题研究,国家政策难以获得理论支撑。全文分为三个部分:第一部分危险废物越境转移问题产生的背景分析。共分为两章:第一章比较详细地介绍废物和危险废物等概念。第二章分析了危险废物越境转移问题产生的国际背景和成因。第二部分是本研究的重点,主要论述危险废物越境转移可能引起的一般国际法问题。第三章详细介绍危险废物越境转移法律制度的发展。第四章详细论述了危险废物越境转移法律制度所应遵循的法律原则。第五章总结、归纳了危险废物的国内管理制度及其越境转移的国际法律制度。第六章论述了危险废物越境转移及其处置引起的损害的国际赔偿责任制度。第七章探讨了危险废物越境转移和废物贸易之间的关系。第三部分通过上述研究并结合中国的实际情况,论文试图为我国危险废物越境转移政策法律的完善提出自己的管窥之见。第八章论述中国对控制危险废物越境转移法律制度的因应。最后,笔者对整个论文作一简单回顾与总结。

关键词:国际法　环境保护法　危险废弃物　越境污染　巴塞尔公约

2011

环境行政权的监督机制研究 / 杜万平著 ; 蔡守秋指导. -- 武汉大学, 2005. -- 139 页

本文认为,我国的环境法制是一种环境行政管理机关占据主导地位的环境法律秩序结构,环境保护目标的实现在很大程度上取决于环境行政机关行使环境行政权力的状况。必须加强对环境立法的全过程监督,使立法过程更加公开和透明,鼓励各种利益主体的积极参与,并健全相应的备案、审查机制,在当事人有异议时允许寻求司法救济。在督促地方环境行政机关积极履行职责方面,与其他监督主体相比,上级环境管理部门的监督比较有力。但这种监督由于

监督者和被监督者在某种程度上是利益共同体,也有着难以克服的缺陷,因此需要其他监督方式作为补充。应该加强对环境执法的监督,改进各监督主体的监督方式,并注意各监督主体之间的衔接和协调,建立制度性的沟通渠道和参与途径,以发挥环境执法监督机制的综合效应和影响。事实上,环境立法监督和执法监督是紧密相连的。环境行政机关在立法和执法过程中缺乏有效监督与我国环境法律实施状况不佳之间有着重要的关联。

关键词:环境保护　行政执法　行政权　立法监督　执法监督

2012

遗传资源获取与惠益分享的法律问题研究 / 秦天宝著 ; 王曦指导. -- 武汉大学, 2005. -- 431 页

遗传资源获取与惠益分享是晚近新时期南北关系的一个焦点问题。目前,发达国家与发展中国家在遗传资源获取与惠益分享的问题上争论不休。在此背景下,遗传资源提供国可以在1992年《生物多样性公约》规定的基础上,确定符合本国国情的遗传资源获取与惠益分享管制模式。同样,各国在《公约》基础上确立的遗传资源获取与惠益分享管制机制,呈现出诸多共同点。我国拥有丰富的遗传资源,但近年来也成为发达国家生物技术公司进行生物剽窃的主要对象国,遗传资源流失现象非常严重。在遗传资源获取与惠益分享领域,我国虽然已经初步形成了对遗传资源获取与惠益分享进行管制、对知识产权进行制衡、对传统知识予以保护的框架,但从总体上来看这些框架缺乏针对性,存在着各种严重不足和缺陷。论文建议,我国应当以本国的基本国情和法制现状为基础,结合获取与惠益分享管制的基本原理和各国经验,完善我国遗传资源获取与惠益分享的法制。

关键词:生物多样性　国际公约　知识产权　遗传资源

2013

论环境法的逻辑嬗变 : 从"义务本位"到"权利本位" / 王彬辉著 ; 王树义指导. -- 武汉大学, 2005. -- 182 页

本文通过将环境法学与法理学紧密结合起来,运用价值与实证判断、批判分析以及系统化分析等方法,对环境法本位的学说、立法实践及司法判例等进行了较为全面、系统、深入的研究。全文共分六个部分,主要内容是:"引言",阐述了选题的意义、国内外研究现状、本论文研究的基本思路和研究方法及论文的创新之处。第一章"环境法本位之概述"解决了本论文的首要问题,即法本位和环境法本位之概念。第二章"义务本位:环境法本位的实然",从实证角度分析当代中国环境法制是以义务为本位的,具有国家负责为主、群众参与不足、强化行政管理手段、单向、线性、静态的特点。第三章"权利本位:环境法的应然"则是从应然角度对环境法本位进行判断,得出它应以权利为本位的价值判断。第四章"从应然到实然:以权利为本位完善中国的环境法律制度"和第五章"构建环境法学的权利模式研究体系"是论文进一步研究的问题。以权利为本位完善中国环境法律制度首先应将"以人为本"作为其基本理念。具体来说,主要从以下方面来完善"权利本位"的中国环境法制。首先,以环境宪章或环境基本法作为环境权利的宣言;其次,扩展公民环境权利受保护的广度;再次,增强公民环境权利受保护的密度;最后,实现政府在环境法中从"权力主体"到"责任主体"的角色转换。

关键词:环境法学　义务　权利

2014

《气候变化框架公约》研究 : 兼论气候变化问题与国际法 / 杨兴著 ; 王曦指导. -- 武汉大学,2005. -- 320 页

从促进我国经济、社会与环境的可持续发展这一根本目的出发,研究《气候变化框架公约》及其所派生的国际法文件,借鉴国外履行《气候变化框架公约》所出台的气候政策与立法的有益经验,进而对我国的气候变化政策与立法进行审视、评估和展望,是一项有着重大的理论意义和实践价值的课题。论文包括导言、正文和结束语。导言介绍了选题的意义、国内的研究状况、研究的主要目的和方法。正文由九章构成:第一章从环境科学的视角分析了气候变化问题。第二章对国际气候变化法进行了简要的定义,并简要概括了国际气候变化法体系的基本构成和发展趋势。第三章介绍和分析了《气候变化框架公约》的谈判和发展。第四章探讨了《气候变化框架公约》和《京都议定书》等文件与国际法的发展。第五章研讨了共同但有区别的责任原则。第六章着重分析了《气候变化框架公约》和《京都议定书》确立的若干法律机制。第七章探讨了《气候变化框架公约》的价值取向。第八章对若干国家和地区的气候变化政策和立法进行了比较和分析。第九章则分析和探讨了中国的气候变化政策和立法。

关键词:国际法　气候变化　环境保护法

2015

环境公益诉讼原告资格研究 / 张式军著 ; 蔡守秋指导. -- 武汉大学, 2005. -- 194 页

作者考察了环境公益诉讼原告资格的立法与司法实践的发展,并分析了原告资格的理论发展,以期建立中国的环境公益诉讼制度。主要观点是,放宽环境诉讼原告资格,降低对环境行政行为进行司法审查的门槛,是提高环境法实施效果从而实现环境法治的必要前提。一、阐述了与环境公益诉讼相关的基本概念,介绍了国外环境公益诉讼的产生和发展,以及中国环境诉讼的现状。二、考察了英美法系国家环境公益诉讼原告资格在立法与司法实践方面的发展,以美国、英国、澳大利亚和印度为考察对象。重点考察了美国的环境判例在确认环境"公民诉讼"原告资格的发展过程中的作用,介绍了成文法在原告资格方面的发展,并尝试分析了其原告资格曲折的发展过程及理论与现实的原因。三、考察了大陆法系国家原告资格的发展状况,包括德国、欧盟和日本。与英美法系国家相比,大陆法系国家环境公益诉讼的原告的起诉权限于较小的范围,表现在两个方面,一是原告的范围受到严格的限制,特别是在许多国家对环保团体的公益性诉权施加了严格的限制;二是对被诉环境行为的限制,大部分的大陆法系国家的环境公益诉讼仅能对法定违法事由进行起诉,而且限于行政行为。四、阐述了公益诉讼的理论基础。介绍了公共信托理论、环境权理论、私人检察总长理论,接着论述了"诉讼权"在权利实现方面的重要性,一方面,他保障着权利的实现和权利体系的稳固,另一方面,他又通过促使具体权利的生成,使得整个权利体系在动态中自我完善。五、提出了构建中国环境公益诉讼原告类型的制度构想。认为在中国环境诉讼制度设计中,结合中国国情,并从诉讼效益和防止滥用诉权方面考虑,应当允许国家政府机关、检察机关和环保社团等公益性社会组织提起环境公益诉讼,而环境公益诉讼这架机器最终"启动机"应交给普通公民。

关键词:环境保护法　行政诉讼法　原告法

国际法学

2016

保赔保险合同法律制度研究 / 艾素君著 ; 张湘兰指导. -- 武汉大学, 2005. -- 134 页

本文选取保赔保险制度的一个核心问题——保赔保险合同作为题目加以研究,希望通过考察各国(主要是英美法系国家)的立法和实践,结合海上保险合同法的基础理论,深化这一领域的研究,使我国的相关立法更趋于完善。本文除导言和结语外,共分五章。第一章是关于保赔保险合同的概念,分别探讨保赔保险的性质、沿革,保赔协会的法律地位及作用,保赔保险合同的主体和内容。第二章论述保赔保险合同的性质和海上保险法对保赔保险合同的适用。第三章讨论保赔协会的责任范围。保赔协会主要是为会员船东面临的潜在责任风险提供保险和保障,这种责任包括船舶侵权责任、合同责任和行政责任。第四章探讨会员在保赔保险合同下的主要义务。支付会费是保赔保险合同项下被保险人的基本义务。先行支付义务是会员的一项主要义务,也是保赔保险合同下的一项特殊义务。除此之外,会员还应履行其他义务如施救义务、通知义务和谨慎义务等。第五章探讨第三方对保赔协会的直接诉讼。

关键词:保障和赔偿保险　保险合同　海商法　保险法　海事仲裁

2017

论私人结构性参与多边贸易体制:对变动着的国际法结构的一种考察 / 蔡从燕著 ; 曾华群指导. -- 厦门大学, 2005. -- 322 页

本文运用国际法基本原理讨论私人参与多边贸易体制的有关法律问题,提出"因为私人变动,所以国际法在变动"的国际法结构变动动力说。论文考察了20 世纪 90 年代以来国际法的社会、政治及思想基础变迁,认为国际法范式正在发生转换,私人参与型国际法正在出现,提出私人结构性参与国际实践的模式。论文简要地讨论了中国国际法实践的应然发展,认为应该适当调整封闭性的国际法实践模式,适当支持私人参与国际法实践。通过语境与文本分析,论文揭示了多边贸易体制与私人间的关系,分析了多边贸易体制半个多世纪的发展,认为这些发展增强了私人参与多边贸易体制的正当性以及以法律方式实现参

与的可能性。论文评论了反映多边贸易体制与私人间关系的有关努力,从私人角度讨论了多边贸易体制的宪政问题,认为应该侧重从功能性角度理解私人与多边贸易体制间的宪政联系。讨论了私人参与多边贸易体制的具体问题,包括参与的方式与场所。分析了国际法创制的语境变迁与晚近发展,并从WTO与成员方的不同视角讨论私人参与多边贸易规则创制的价值与功能。论文分别从国际与国内场所角度讨论了私人参与多边贸易规则实施的法律方式。结合国际法国际实施机制的晚近发展,讨论了私人以当事方、参加方及法庭之友身份参与DSB程序的问题。批判了主张私人可以作为当事方的两种学说,侧重从法律实施角度论证并反对私人作为当事方,分析了DSB程序中的第三方参加制度,主张某些私人作为许可参加方;讨论了法庭之友制度的制度变迁、功能演变、实际效用等一般问题,分析了DSB的既有实践,进而在法律实施语境中通过对争端解决过程中的角色分析,主张私人有条件地作为法庭之友。论文在简要讨论国际法国内实施机制后,探讨了WTO成员方司法结构直接适用多边贸易规则问题,评论了欧共体及中国司法机关在世界适用多边贸易规则分析的司法实践及学术论证,分别从成员方与WTO角度讨论了使之直接适用从可能性转变为现实性的问题,认为行政机关直接适用国际条约具有不同于司法机关适用行为的独特功能,并借助于美国、欧共体及中国的贸易壁垒调查制度做了实证分析。

关键词:多边贸易　国际贸易法

2018

外资并购的法律规制 / 曹虹著 ; 陶正华指导. -- 中国社会科学院研究生院, 2005. -- 192 页

本文对外资并购的定义、特点和外资对中国企业并购的正负效应展开分析,并分别对外资并购的准入政策、反垄断监管、资本项目的外汇管制和所涉职工权益保护的国际经验进行比较借鉴,针对我国外资并购的现状,提出了建构我国外资并购法律体系的立法构思。论文分析了全球外资并购的动态,外资并购中国企业的原因、特点、方式、发展及外资并购中国企业的正负效应,并以其负面效应为依据,提出了规制框架。论文在介绍国内、国际投资法律对投资准入的规制的基础上,对传统投资法律的规制缺陷进行分析,提出了发展完善的意见。论文分别就国内法对合并控制的反垄断监管、双边和多边的协调活动、全球范围的国际合作进行介绍、比较与借鉴。在对资本项目外汇管制作了概述之后,论文对资本管制的国际经验进行借鉴,提出我国资本项目开放的原则和步骤。论文阐述了外资并购所涉职工权益保护的意义,分别论述了保护职工权益必须注意和解决的问题,即雇员参与制度对公司并购的影响、公司并购与劳动合同的继承问题、并购公司解雇目标公司职工的法律问题,分别从外资法、反垄断法、外汇法和劳动法的角度探讨了如何建立和完善我国的外资并购的法律体系。

关键词:涉外经济法　企业合并　并购　外资企业

2019

保证保险合同研究 / 陈百灵著 ; 沈四宝指导. -- 对外经济贸易大学, 2005. -- 121 页

本文采用理论研究与实证研究相结合的方法,对保证保险这一险种从保险原理、实务经营和司法实践等三大方面进行全方面、多层次的探讨。论文第一章是保证保险概述,介绍了保证保险的产生、现状、种类、概念等基础问题,对保证保险的概念重新进行了分析和界定。第二章论述了保证保险合同并对其进行法律分析,从保证保险合同的概念、合同特征、主体和客体以及特殊的财产保险特性三个方面进行了分析。第三章是全文的重心,也是当前争论激烈的一个问题:保证保险与保证担保是否具有同一法律属性?论文认为保证保险虽然具有二元性特征,但却只有单一属性,应适用《保险法》而不是《担保法》来调整。第四章结合司法实践中的若干问题,从实体法、程序法上,就保证保险合同的若干重要问题进行了探讨,着重研究了保证保险合同与基础合同的关系问题,保证保险合同中保险人的抗辩权问题和代位求偿权问题,以及保证保险合同与保证担保合同并存时的责任承担顺序问题。在最后一章,则将前文论述的理论应用于指导实践,结合我国保证保险发展的现状,就其存在的必要性和发展中存在的问题提出改革的建议。论文在结束语中对我国保证保险的发展作合理预期和展望,对保证保险的立法规制提出个人的建议。

关键词:保证保险　担保　保险法

2020

证券上市监管法律制度国际比较研究 / 陈岱松著 ; 曹建明指导. -- 华东政法学院, 2005. -- 263 页

本文在大量研究资料的基础上,对证券上市监管法律制度进行较为系统和全面的探讨。采用理论联系实际、比较分析、归纳总结等学习方法,试图从法学

的角度剖析证券上市监管,并通过比较探寻证券上市监管的发展趋势和最佳的监管制度。本文除导言外共八章,可分为四个部分。第一部分,包括导言,介绍论文研究的背景、价值和范围。第二部分包括第一章,对证券上市监管进行法理释义,探讨基本的理论问题。第三部分包括第二章—第六章。第二章比较分析主要国家和地区的证券上市监管法律体系和监管体制。第三章针对证券上市的准入监管——证券发行审核制度进行比较研究。第四章针对证券上市的标准监管——证券上市法定要件进行比较研究。第五章针对证券上市监管的核心辅助制度——信息披露法律制度进行分析。第六章探讨证券上市监管的国际化——法律监管的趋同与国际协作问题。第四部分包括第七—八章。第七章探讨中国证券上市监管基本法律架构及完善。第八章针对中国证券上市监管若干具体法律制度的构建提出设想,对构建对监管者监管法律制度、证券民事责任法律制度和证券纠纷司法救济制度等展开探讨。

关键词:证券监管　证券法　证券发行　信息披露　监督管理

2021

经济全球化趋势下反倾销的法律问题研究 / 陈明聪著 ; 曹建明指导. -- 华东政法学院, 2005. -- 250页

反倾销法是世界贸易组织(WTO)货物贸易多边规则的重要组成部分,在WTO法律体系中占有十分重要的地位。论文立足第一手资料,努力将WTO《反倾销协定》的文本解读与反倾销争端解决报告的法律解释相结合,跟踪反倾销领域的最新动态,深入剖析这一庞杂的法律体系;在这基础上,研究中国出口产品屡遭反倾销的对策,研究进一步完善中国反倾销法律制度,研究如何正确运用反倾销合法保护国内产业。本文共分七章。第一章“反倾销法律问题的背景:经济全球化和贸易自由化”。首先分析WTO体制下反倾销呈现的新特点和反倾销日趋强化的法律成因。其次考察了WTO反倾销法的历史发展。接着分析了目前关于反倾销与自由贸易争论的不同的观点。第二章“倾销构成要件研究”。研究倾销确定、产业损害确定和因果关系确定中的各种经常引起争议的法律问题。第三章“反倾销程序规则研究”。第四章“反倾销证据制度研究”。第五章“反倾销争端解决主要程序问题研究”。第六章“反倾销法的发展趋势”。研究WTO反倾销法的扩展问题、改革问题和新一轮谈判的反倾销问题。第七章“反倾销与中国”。是全文的结论部分。结语部分提出,面对反倾销,要以科学发展观为指导,坚持统筹兼顾,更新竞争观念,增强法律意识,探寻利弊平衡。

关键词:反倾销法　经济全球化　世界贸易组织(WTO)

2022

衍生金融交易国际监管制度研究 / 陈欣著 ; 李国安指导. -- 厦门大学, 2005. -- 191页

本文对金融期货、期权等衍生产品的国际监管制度进行探讨。第一章为导论。第二章选取国际互换与衍生工具协会提供的标准化合约作为研究的对象,该协会对于衍生金融交易国际监管的贡献在于减少监管的差异和冲突。第三章分析了国际清算银行、巴塞尔委员会和国际证监会组织,通过颁布指南、建议等“软法”性质的文件,促进了国际监管标准的统一并为各国政府提供了合作平台,进而探讨在世界贸易组织《服务贸易总协定》中纳入衍生金融交易监管内容的可行性和必要性。第四章选取美国、英国、日本等衍生金融市场较为成熟的国家,比较各国监管体制的差异,论证衍生金融交易监管的应然模式。第五章从巴林银行倒闭、安然公司会计丑闻等案件入手,探讨加强衍生金融交易政府间监管合作的重要性以及未来的发展方向。第六章探讨了我国衍生金融交易监管制度的完善。

关键词:国际金融　金融衍生市场　金融交易　金融监管

2023

美国反倾销法自由裁量权问题研究 / 陈玉祥著 ; 张湘兰指导. -- 武汉大学, 2005. -- 181页

反倾销自由裁量权是指美国反倾销行政机关在进行反倾销的过程中对于作出何种决定享有很大的自由,可以在各种可能采取的行动方案中进行选择,根据自己的判断决定采取某种行动,或不采取行动。第一章是关于美国反倾销自由裁量权的导论部分。阐述了美国反倾销自由裁量权的含义、性质、形式、渊源和美国反倾销法对这种裁量权的控制。第二章研究了商务部在裁决倾销时的自由裁量权。第三章研究了美国国际贸易委员会在裁决损害时的自由裁量权。第四章研究了反倾销行政机关在反倾销行政程序上的自由裁量权。第五章研究了反倾销自由裁量权的行政控制制度。第六章研究了反倾销自由裁量

权的司法控制制度。第七章是关于美国反倾销自由裁量权的实证研究。文章的结语部分认为,研究美国反倾销自由裁量权问题对我国的意义在于,它有利于进一步完善我国反倾销法制度;有利于提高我国处理反倾销案件的水平;有利于增强我国企业应诉反倾销案件的能力。

关键词:反倾销法　自由裁量权　司法审查　美国

2024

对冲基金及其监管的法律问题研究 / 陈肇强著 ; 丁伟指导. -- 华东政法学院, 2005. -- 200 页

本文是研究我国法学界迄今未系统涉及的几乎将香港国际金融中心地位毁于一旦的对冲基金及其监管的法律问题。本文主要从法律角度研究什么是对冲基金,为什么要监管对冲基金和如何监管对冲基金,综合运用了对比方法、哲学方法、经济学方法,从微观到宏观来分析论证对冲基金是受到很少监管、采用对冲投资策略和大多数场合通过私募发行建立的投资基金。对冲基金的投资策略从传统的避险功能转变为追逐高额利润、高风险的投资策略,给市场造成一定的负面影响,甚至是系统性金融风险。同时,通过与共同基金的比较,分析了对冲基金获取高额回报的法律制度方面的原因。结论是对对冲基金的监管是必须的,对冲基金的监管应该包括直接和间接监管在内的多层次的监管体系。论文最后结合当前《投资基金法》草案,提出中国加强监管的一些具体措施,包括基本面的措施和对对冲基金监管的直接措施。论文建议,有针对性地建立对冲基金的监管制度,成为一种防火墙,减少以国际对冲基金为代表的投机资本的冲击产生的系统性风险。

关键词:对冲基金　金融衍生工具　离岸金融　网上金融　证券法

2025

论私法主体资格的分化与扩张 / 崔拴林著 ; 徐国栋指导. -- 厦门大学, 2005. -- 216 页

本文对私法主体资格的分化与扩展进行了探讨。第一章界定了主体资格范畴的含义和类别,认为私法主体资格范畴属于法学上的"类型",其含义指特定的实体可以成为私法主体的能力,其构成要素包括"实体"、"可以成为"和"法律关系(主体)"。第二章考察罗马法中的主体资格制度,罗马法并未构建可以涵盖自然人主体和法人主体的"主体资格"范畴和理论体系。这些理论体系的建构在近代法上才得以完成。第三章集中分析了以德国民法为代表的近代大陆法确立自然人资格、法人资格和三种民事能力的思想基础。近现代德国民法确立的权利能力、行为能力和过错责任能力这三种主体资格体现了法律所追求的两种价值:平等和自由。第四章以权利能力、行为能力和责任能力为切入点,以私法追求的自由和平等为主线,介绍了近现代大陆法中主体资格的扩张,重点分析了死者和动物的法律地位问题。论文认为,因为死者、动物、物种和环境都不可能成为法律保护的利益的归属者,都不具有自由意志,所以它们都不应具备主体资格。论文还认为:应该使既有的主体资格类型与新的主体资格类型在逻辑上形成和谐的体系;哲学思想对于私法主体资格的类型化具有重要的指导意义。

关键词:私法　权利主体

2026

论企业破产程序中的利益平衡 / 丁文联著 ; 沈四宝指导. -- 对外经济贸易大学, 2005. -- 199 页

本文研究企业破产程序中的利益平衡问题,这是企业破产程序的一个本质性问题。本文主要研究利益平衡的政策目标、运作机制,以及各类利益主体之利益在企业破产程序中的保护与调整。全文除导论外,分为五章。第一章研究企业破产程序中的利益主体与利益冲突。对企业破产程序中利益诉求与利益冲突进行分类,并分析企业破产程序中利益冲突的社会性特征以及利益关系结构上公、私益混合特征。第二章研究企业破产程序中利益平衡的政策目标。根据企业破产程序中不同层次的公共需求,提出三个层次的总体政策目标:维护社会稳定、实现社会公正和财富最大化。第三章研究企业破产程序中利益平衡的运作机制。归纳企业破产程序中利益平衡的三条基本路径:立法上的利益安排、由债权人会议、破产管理人实施的团体自治和法官的裁量。第四章具体研究企业破产程序中各种利益主体之利益的保护与调整,即利益平衡的具体制度安排。第五章研究我国企业破产程序中的利益平衡。

关键词:破产法　法人　利益　破产程序

2027

国际民商事司法与行政合作研究 / 杜焕芳著 ; 黄进指导. -- 武汉大学, 2005. -- 312 页

论文从理论和实践两个层面,从国内和国际两种

体制，运用理论分析和综合研究相结合、历史分析和动态研究相结合、比较分析和规范研究相结合、实证分析和批判研究相结合、理论阐述与实际运作相联系的研究方法，对国际民商事司法与行政合作加以比较全面的梳理，对其基本问题、历史发展、组织架构、合作领域、合作方法以及国内实施等作比较系统的研究，并认为它正在成为国际私法中一个相对独立的新兴领域，具有实在性功效和潜在性意义。论文共分七章，前后有导论和结语。在导论部分，论文分析了国际民商事司法与行政合作的研究现状及研究意义，说明了国际民商事司法与行政合作的研究思路及研究方法。正文部分，除第一章属于基础性的理论铺垫之外，其余六章遵循国际民商事司法与行政合作的发生与创制、运作与实现、效能与再生这样一个思路来展开论述。在结语部分，论文对国际民商事司法与行政合作进行了再思考，总结了它的两种品性——构建性和国际性，并初步探讨了中国背景下的涉外民商事司法与行政合作以及区际民商事司法与行政合作的有关问题。

关键词：国际私法　民事纠纷　行政合作　海牙公约

2028

单边 PPM 环境贸易措施与 WTO 规则：冲突与协调／鄂晓梅著；饶戈平指导. -- 北京大学，2005. -- 196 页

本文研究分析了 WTO 规则和单边 PPM 环境贸易措施之间的法律关系以及这一法律关系中的不同参与者的立场和观点，提出了自己的解决问题的具体对策。论文介绍和分析了有关单边 PPM 环境贸易措施的重要概念和特征及单边 PPM 环境贸易措施有关的 WTO 规则，并具体探讨了 GATT／WTO 体系内关于单边 PPM 环境贸易措施的司法实践，结合具体案例探析单边 PPM 环境贸易规则和 WTO 规则之间的关系。论文在介绍不同参与者如国家、非政府组织和学者的不同立场和观点的基础上，研究分析了发达国家和发展中国家之间、非政府组织之间以及环境保护主义者和自由贸易主义者之间的分歧，以及这些分歧对单边 PPM 环境贸易措施法律地位的影响。论文从发展中国家的角度，提出了发展中国家应对分歧和挑战的对策。

关键词：国际贸易　环境保护　贸易协定　世界贸易组织（WTO）

2029

论国际私法上的公共政策之运用／高晓力著；沈四宝指导. -- 对外经济贸易大学，2005. -- 150 页

本文以国际私法上的公共政策的运用问题为研究对象，主要是针对目前我国涉外民商事审判实践中对于公共政策如何恰当运用存在的困惑，抱着解决问题的态度开展的研究。文章首先抽象分析了“国际私法上的公共政策”所具有的特征，而后从法律适用、外国法院判决的承认和执行、国际商事仲裁裁决的承认和执行、送达文书和调查取证司法协助、管辖权几个国际私法领域中对公共政策的具体运用分别进行分析，综合对各国相关立法和司法实践的比较分析、相关国际条约的背景分析、国际机构的研究成果分析、有关学者的理论分析等等，从纵向和横向为国际私法上的公共政策勾勒出大致的轮廓，最大限度地描述了公共政策这一以模糊性、不确定性为特征的概念。文章最后着重研究了目前我国司法实践中运用公共政策的现状及存在的问题，并从前文研究的启示中提出了相应解决问题的思路。即在公共政策模糊性特点所带来的利弊中取得平衡，一方面作为保护本国利益的坚实后盾依然不能从法律上规定得过于具体，防止自缚手脚，另一方面要提出相对具体的标准，以统一本国各级法院的司法裁判。文章突出强调公共政策运用的“例外”性。强调公共政策保护的是那些能够代表或者上升为本国或者本民族根本原则、价值取向或者利益的内容，而不是个别的或局部的利益。

关键词：国际私法　公共政策

2030

传染病控制之国际法问题研究／龚向前著；曾令良指导. -- 武汉大学，2005. -- 212 页

本文主要论述了有关传染病控制的国际法问题，旨在通过剖析各项国际法律制度在传染病控制中的作用及其存在的问题，揭示传染病控制之国际法律体系的各种弊端与应有构建。全文由前言、导论、第一章至第五章和尾论组成。前言介绍了国内外学术界对本问题的研究现状及论文选题的价值。导论主要分析了传染病全球化给国际社会带来的挑战，阐明了国际法在传染病控制中的作用和影响，并简要地介绍了论文所要阐述的与传染病控制有关的各项国际法律制度。第一章指出世界卫生组织（WHO）的法律制度延续了自 1851 年来国际卫生法发展的实践，构成有关直接涉及传染病控制的国际法的主要组成部分。第二章主要分析了世界贸易组织（WTO）法对传染病

控制的影响。第三章主要研究广义的国际环境法与传染病控制的关系,涉及自然环境保护、动植物卫生、生物安全与保障等问题。第四章认为尽管国际人权法没有明确规定有关传染病控制的问题,但它构成了唯一的直接干预国内传染病控制措施的国际法律制度。第五章主要从中国和平发展的角度探讨了传染病控制之国际法与我国应有对策及相关国内法完善的问题。尾论从总体上考察了传染病控制之国际法律体系的欠缺,提出了进一步完善的思路,并强调作为问题症结的主权与发展问题只有在国际新秩序中寻找出路。

关键词:国际法　传染病　传染病预防　人权

2031

不当得利的国际私法问题 / 霍政欣著 ; 肖永平指导. -- 武汉大学, 2005. -- 273 页

不当得利制度历史悠久、内容精深,是私法的基本制度之一。与其他民事法律制度相比,不当得利制度最为突出的特点是其在各国法制上的巨大差异,故有"比较法上千变万化的精灵"之雅称。在此背景下,对不当得利的法律冲突等一系列国际私法问题展开研究,必然具有重大的理论价值与现实意义。有鉴于此,本文主要从比较法和国际私法的角度,来探讨不当得利的相关问题。除引言外,全文共八章,第一部分"引言",在尚未进入主题分析前,对研究的意义、国内的研究现状、文章所采用的研究方法以及主要思路提出基础性说明,以提挈全文。第一章"不当得利的概念、历史沿革与法哲学基础"。第二章"大陆法国家的不当得利制度",分别介绍德国与法国的不当得利制度。第三章"英美返还请求权制度"。综合利用各种研究方法对英美返还请求权制度作了较为详细的梳理与研究。第四章"不当得利在若干国家国际私法立法中的地位"。第五章"不当得利的定性问题",讨论被各国学者认为最困难的国际私法问题。第六章"不当得利的法律适用",是全文的核心部分。第七章"确定不当得利准据法中的公共秩序保留与反致问题"。第八章"中国不当得利法律制度的构建",对我国不当得利法律制度完善提出建议。

关键词:不当得利　法律适用　国际私法

2032

婚姻冲突法问题研究 / 焦燕著 ; 韩德培指导. -- 武汉大学, 2005. -- 193 页

本文阐述了婚姻冲突法中的三个主要问题,分别是结婚的法律适用问题、离婚管辖权与法律适用问题,以及夫妻财产制的法律适用问题。全文共分五章。第一章导论指出,尽管婚姻冲突法是国际私法中最古老最悠久的部分,但我们仍应重视对婚姻冲突法问题的研究。第二章探讨结婚的法律适用问题。在结婚领域,除美国、中国等少数国家之外,大部分国家都区分结婚的形式要件与实质要件,并分别为这两类问题规定各自的冲突规则。论文还探讨了结婚领域的新问题,即同性婚姻的法律适用问题。第三章论述离婚方面的冲突法问题。由于管辖权问题在冲突法中具有重要的地位,在讨论离婚的法律适用之前,将前行分析离婚管辖权问题。在离婚的法律适用方面,存在两大基本规则,一是法院地法,一是本国法。第四章讨论夫妻财产制的法律适用问题。在夫妻财产制的法律适用问题上,意思自治已经成为首要原则。最后一章尾论指出,从表面上看,冲突法革命理论和婚姻冲突法无关,婚姻冲突法似乎顽固地拒绝了美国国际私法学界的革新思想,但是,婚姻冲突法的许多发展与冲突法革命影响下的整个冲突法的发展趋势是一致的。

关键词:结婚　离婚　国际私法　冲突法

2033

不干涉内政原则研究 : 国际法与国际关系分析 / 李伯军著 ; 余敏友指导. -- 武汉大学, 2005. -- 294 页

本文采用国际法与国际关系的一个跨学科的研究方法来对其进行探讨,旨在主要从法律与政治的互动关系当中来揭示和把握不干涉内政原则是如何在国际法和国际关系的实践当中不断发展、变化的。论文包括引言部分、主体部分(第一——六章)和结论部分(第七章)。论文的引言部分主要就该论文选题的缘起与意义、国内外的研究现状、论文的研究思路、研究方法与创新之处以及论文的研究重点与难点等问题进行了交代。第一章首先就国际法上的不干涉内政原则的理论渊源以及国家在这方面的相关实践作了一番考察。第二章就不干涉内政原则在当代国际法上的地位问题进行了一番探讨。第三章主要就不干涉内政原则在当代国际法上的例外问题进行了详细的探讨。第四章论述了不干涉内政原则是如何在国际法上适用的问题。第五章对不干涉内政原则在当代所面临的各种挑战进行了详细的论述。第六章对当代国际法上的不干涉内政原则进行了重新评估。第七章对全文作出了一个简短的结论。认为不干涉

内政原则作为国际法的一项基本原则并没有过时,国家主权平等原则和不干涉内政原则依然是保证在"无政府状态"国际社会中存在着国际秩序的两个最基本的国际法原则。

关键词:国际法　国际关系　国家主权　互不干涉内政

2034

国际法上的贸易与人权关系论 / 李春林著 ; 周洪钧指导. -- 华东政法学院, 2005. -- 218 页

本文以国际社会的结构和价值变迁为基础,抛开了传统的国家中心——单元视角,转而以制度中心——单元为视角来分析贸易与人权之间的关系:首先把世界贸易体制与国际人权体制置于整个国际法体系中来理解贸易与人权之间的关系,并把它们之间的关系定性为制度冲突;然后又发现制度冲突的解决之道是制度整合,并为贸易与人权的制度整合设定了一般性的框架。论文认为,国际法在未来必须就其自身的平衡性和体系性发展取得长足进步,即必须走制度整合之路。结构上,论文共计七章。绪章以论述国际法走向制度冲突的时代为主题。第一章以介绍贸易与人权研究的现状和意义为主旨。第二章以探讨贸易与人权制度冲突的发生及其消解模式为中心。第三章以论证贸易自由应当被看作人权为目的。第四章以分析知识产权与有关健康权之间的规范冲突和规范整合为核心。第五章以探讨贸易制裁与人权保护,从而为制度整合设定外部界限为主线。尾章以分析国际社会的主权并存和文化多元的变动对制度冲突的影响为宗旨。

关键词:国际法　国际贸易　人权　国家主权

2035

论保险法中的信息披露制度 / 李春彦著 ; 沈四宝指导. -- 对外经济贸易大学, 2005. -- 111 页

本文运用比较的方法较为深入地论述了保险法中的信息披露制度,通过重点对英美和中国保险法中有关投保人向保险人进行信息披露的法律规则的比较,探讨了如何改善投保人与保险人之间存在的信息不对称问题。根据英美保险法,在保险合同生效以前,投保人的信息披露义务分为三种形式:保证、陈述和禁止隐瞒。保证是最为古老的一种保险法制度,其产生可以追溯到海上保险产生的初期;保证必须得到严格遵守,任何对保证的违反,都会导致保单的无效。陈述则是相对宽松的要求,保险人可以以投保人进行了虚假陈述为由主张保单无效,但他必须证明这种虚假陈述是重大的、使其产生了实际依赖、并由此遭受了损失。与虚假陈述相类似,隐瞒同样会使保单持有人失去保险保障,但除了上述几个要件以外,保险人往往还必须证明投保人在从事隐瞒行为的时候具有相应的主观意图。出于保证制度对保单持有人造成的后果相当严重,现代英美保险法里已经通过判例法和成文法对其进行了实质性改良,结果是:现在投保人的披露义务主要由陈述和禁止隐瞒制度来规范。中国保险法在立法时大量地借鉴了英美的保险法,其中没有规定保证制度,但借鉴了陈述制度,并把故意隐瞒等同于虚假陈述来处理。在我国要不断完善保险法的同时,在司法实践中也需要继续向英美等比较成熟的保险法学习。

关键词:保险法　信息披露　虚假陈述

2036

美国证券法域外管辖权问题研究 / 李国清著 ; 李国安指导. -- 厦门大学, 2005. -- 333 页

本文探讨了证券法方面美国联邦法院的独特的管辖逻辑:管辖权的确立与准据法的援引同时、重合进行。引论介绍了管辖权、域外管辖权等基本概念。第二章和第三章探讨了美国证券法上的域外管辖权的实施,其中,第二章以法院的事项管辖权为主要对象分析了(域外)司法管辖权的实施。第三章以 SEC 在美国证券法国际执行方面的冲突与合作为对象分析了(域外)执行管辖权的实施。第四章为综论,提出:首先,证券法域外管辖权可以行使,但应在合理、适当的限度内,在这点上联邦法院和 SEC 的具体实践受到的批评多,赞赏与认可者少;其次,将立法管辖权——司法管辖权分析模式同法律(利益)二元结构分析模式相结合,找到了联邦法院过度扩张域外事项管辖权的根本原因,较有独创性地揭示了美国证券法在域外管辖权方面引起的"内部冲突"与"外部冲突",并从公法方向(以改进了的最密切联系原则为核心)和私法方向(回归传统冲突法)指出了冲突解决的变革趋向,该趋向扩大到立法管辖权和实施管辖权全局,是以证券法为代表的经济监管法域外管辖权规则的主要发展方向。

关键词:证券法　域外管辖权　法律域外效力　美国

2037

商事组织的法律构造 : 以信托与公司的比较为

例 / 李清池著 ; 吴志攀指导. -- 北京大学, 2005. -- 111 页

本文以公司与信托为例,从法律经济学的视角剖析了商事组织的法律构造,揭示了商事组织的本质。论文通过梳理企业"合约"理论与"资产分割"理论及相关文献,认为商事组织的本质应当从两个方面来解释:一是作为其基础的独立资产,二是基于相应资产的性质与目标而构建的治理机制。前者必须通过法律方有可能形成,后者则可以利用合同来设计。商事组织法发挥了"资产切割"的功能,而围绕降低特定条件下交易费用的目标,不同类型的商事组织形式会发展出有差异的治理结构。商事组织法的首要功能在于确立组织资产的独立性,其次是围绕特定资产的性质和目标建立起有效的治理机制。论文探讨了公司与信托两类组织形式,认为公司与信托都体现了资产的"分割",而治理机制的差异只不过是为了适应企业资产的性质与目标,缓解具体情况下的交易费用与信息不对称问题。论文讨论了公司法与信托法中的一些重要概念,包括法律人格、股权和信托收益权、诚信责任,澄清了其法律性质和商事组织法的贡献,追溯了工业革命以来公司与信托两种制度在英美法国家交互演进的历程,从历史角度阐释了商事组织的法律构造与本质。论文认为,从法律构造与演进历程来看,商事组织的当前形态只不过是暂时的定形,现实的发展要求我们摈弃成见,不断探求商事组织背后的经济、历史和法律因素,以期设计出合乎经济效率的组织形式。

关键词:公司法　公司　信托

2038

国际保障措施法的一般原理和问题研究 / 李圣敬著 ; 周洪钧指导. -- 华东政法学院, 2005. -- 213 页

本文围绕自由贸易和国内产业保护之间有效平衡的原则,从国际法的视角,综合运用条文分析、成案分析、历史分析等方法,理论与实践相结合,兼顾国际与国内的两个层面,对国际保障措施法律规定及其在实践中适用这一对象进行重点分析和研究,形成国际保障措施法的理论框架,力求"鸟瞰"国际保障措施法的各项规定以及与中国有关的规定的宏观全貌,"深挖"其具体条款的精确含义,旨在规范中国对内对外的保障措施法律与实践,妥善协调和处理好国内经济安全的保护与对外经贸关系的健康发展之间的关系。本文共 7 章。从论述的内容上看,论文包含了涉及理论和实务问题的四大方面:即国际保障措施法的基本理论、WTO 保障措施法现行规定的解读和适用、WTO 现行保障措施法的审视和完善建议,以及中国在国际保护措施法方面权利的行使和义务的履行。

关键词:国际贸易法　自由贸易　贸易保护　世界贸易组织(WTO)

2039

建立信用系统法律研究 / 利仕腾著 ; 吴志攀指导. -- 北京大学, 2005. -- 116 页

本文的目的是研究建立一个完善且合乎中国现有社会及经济制度的信用系统。论文先从经济,文化以及法律等不同角度解释了信用的各种定义,引入交易成本理论、激励理论等论证信用缺失的重要性,分辨信用与信用制度的不同之处。论文专门研究了信用和信用制度的历史发展及形成机理,分析了各种不同征信系统的状况以及各国的社会信用系统模式,以建立一个适合中国国情的社会信用系统模式。论文专门研究了如何建立中国信用体系,即先从中国社会信用系统的现状,一步步地发展出一个模式,并对系统的主体、客体进行定位,建立一个适合中国国情的社会信用系统模式。论文对信用系统进行立法,对中国信用立法的现状进行分析,并对立法的规范准则、立法步伐以及其他在立法过程中应该注意的问题进行解释,对立法的可行性及时间进度进行了实际探讨。论文提供了一个既实际可行又合乎中国国情的社会信用系统,建议软硬件的设计应加入成本考虑。

关键词:信用制度　法律规范　金融法

2040

美国联邦公司并购税收制度研究 / 林德木著 ; 廖益新指导. -- 厦门大学, 2005. -- 466 页

本文探讨了美国联邦并购税收制度的立法基本内容、立法价值取向及其缺陷与不足。论文将公司并购限定于企业扩张性重组行为,概括性介绍了公司并购交易的不同分类以及各种并购动机理论,论证了鼓励公司并购活动与防止避税型并购交易是美国联邦并购税制的两个立法价值取向。论文探讨收购性重组的制定法要件与普通法要件,认为美国联邦税法允许收购公司在重组中使用其控制母公司股票,使收购性重组扩及三角重组,彰显美国联邦并购税制的鼓励并购活动的价值取向,同时也符合实质课税原则。论文从目标公司股东、目标公司及收购公司三个层面讨论了收购性重组的一般税收待遇,认为通过目标公司及其股东层面不确认资产转让收益或亏损以及收购

公司对所收购的目标公司资产或股票实行结转原值规则,公司层面与股东层面都获得税收递延待遇,体现了收购公司继承了目标公司纳税人格,反映了美国联邦并购税制鼓励公司并购活动的价值取向。论文探讨了应税并购制度,通过比较经济实质与功能相同的应税资产收购与应税股票收购的不同税收待遇,认为这种区别待遇背离税收中性原则,通过分析税法对公司并购融资的限制规则的适用条件,认为这些限制规则仅仅旨在防止过度债务融资对企业及整体经济的不利后果,并非旨在限制杠杆收购;并深入探讨公司并购费用的税收待遇。论文研究了公司并购中净营业亏损等税收属性的结转利用,认为净营业亏损等有利税收属性的结转利用是滋生避税型并购的温床。为此,美国联邦税法列入各种反滥用条款,从客观标准或交易主观动机两个方面管制以获取净营业亏损结转利用为主要动机的避税型并购。论文专门探讨了跨国并购的特殊税收问题,包括跨国收购性重组中如何维护美国联邦税收管辖权、在跨国应税并购中如何防止跨国纳税人债务融资避税活动以及如何消除跨国并购中国际重复征税。论文还讨论了如何借鉴美国经验、完善中国企业并购税制。在对中美两国现行并购税制进行横向比较后,论文认为中国现行企业并购税制过于简略,存在许多制度缺失,提出应借鉴美国联邦并购税制,完善中国企业并购税制的具体立法建议。

关键词:税法　企业合并　税收制度　并购

2041

中国加入 WTO 后法律服务及其制度研究 / 凌慧明著 ; 曾令良指导. -- 武汉大学, 2005. -- 138 页

本文结合作者从事的实际工作,从理论和实务相结合的角度,在 WTO 服务贸易法律框架下,对中国加入 WTO 后法律服务业所面临的机遇、挑战、应对策略及中国法律服务贸易制度的调整作相关研究和探讨,并提出了自己的建议。全文共分为六部分。第一章为导论,揭示了法律服务贸易发展的趋势。第二章就《服务贸易总协定》与中国服务贸易法律体系的完善、中国服务业的开放及策略、中国服务贸易法律体系框架与完善提出了作者的看法。第三章是对中外法律服务业和法律服务市场的比较分析。第四章论述的是中国加入 WTO 对法律服务业带来的机遇和挑战及对策。第五章结合我国法律服务业的产业化和律师事务所的整合与规模化,论述我国法律服务业发展方向。第六章为结论,在论文前面论述的基础上,作者对入世后中国法律服务规则调整的必要性、调整的主要内容作了分析,并提出了自己的建议。

关键词:世界贸易组织(WTO)　法律服务　服务贸易总协定

2042

论投资公众的适当保护 / 刘慧敏著 ; 吴志攀指导. -- 北京大学, 2005. -- 133 页

本文围绕投资公众的适当保护的中心命题,探讨了投资公众为什么需要保护、需要什么样的保护、应该如何保护、什么样的保护才是既充分又适当的,以及如何评价一个市场中投资公众是否受到适当保护等五个问题。论文采取递进论证的叙述方式渐次展开,描述了现代金融环境中一般公众参与证券投资的问题特质及其存在的严重依赖,提出需要通过一系列制度安排给予特别保护,总结了各国实践,给出了投资公众保护的框架内容和主要方式,提出了投资公众保护的原则,对保护问题进行了辨析,提出了适当保护的概念,阐述了适当保护的内涵,比较了各国投资者的保护水平,深化了适当保护的讨论,并对我国现状进行了评价。论文认为传统方法在保护投资公众方面要么不够有效,要么不够充分,同时过度管制也不利于投资公众的保护,主张法律和监管应予以创新和跟进,对投资公众进行适应、适度、适用、适宜的适当保护。

关键词:证券投资　证券法　法律保护

2043

国际商事仲裁协议的法理与实证研究 / 刘晓红著 ; 丁伟指导. -- 华东政法学院, 2005 -- 254 页

本文以对国际商事仲裁协议的理论和实证研究为选题,凭借大量的国内外研究资料及已有成果,对国际商事仲裁协议所涉及的诸方面的法律问题进行了较为全面、深入和系统的探讨。论文采用了比较分析和归纳总结的方法,探究了国际商事仲裁协议的一些传统议题,并在此基础上试图为仲裁实践中出现的新问题提供解决方法。论文除导言外,共分七章。第一章为国际商事仲裁协议的本质。第二章为仲裁协议构成要件的法理及实务分析。第三章为仲裁协议及仲裁管辖权。主要对仲裁协议与仲裁管辖权之间的重要关系进行了探讨。第四章为仲裁条款独立性理论。主要以传统仲裁理论为基础,并结合具体案例,对仲裁条款独立性理论进行了全面系统的分析和论证。第五章为仲裁协议效力的扩张。主要针对国

际商事仲裁实践中仲裁协议对当事人适用效力扩张问题加以研究。第六章为国际商事仲裁协议的法律适用。主要对国际商事仲裁协议的法律适用问题进行了全面系统的理论及实证研究。第七章为网上仲裁协议有关法律问题之前瞻。主要对网上仲裁的出现对仲裁协议所产生的影响进行了分析和探讨。

关键词:国际商事仲裁　仲裁协议　法律适用

2044

国际律师服务贸易法律制度研究 / 卢成燕著 ; 李仁真指导. -- 武汉大学, 2005 -- 178 页

本文着眼于律师服务贸易国际化和国际律师服务贸易自由化,对国际律师服务贸易法律制度的几个基本问题进行了研究,对 WTO 法律服务贸易制度、区域性律师服务贸易法律制度、与中国经济往来比较密切或在国际律师服务贸易方面具有重要地位的几个国家的对外律师服务贸易法律制度进行了论述和评析。论文对中国涉外律师服务贸易法律制度的历史、现状与存在的问题进行了深入研究,并对完善中国涉外律师服务贸易法律制度进行了全面探讨。除引言与结语外,全文共分六章。第一章探讨了律师服务贸易国际化与国际律师服务贸易法律制度。第二章探讨了 WTO 法律服务贸易制度。第三章论述区域性律师服务贸易法律制度。第四章探讨发达国家(地区)对外律师服务贸易法律制度,主要对美国、欧共体及其成员(限于英国、法国、德国、和比利时)、日本和香港的对外律师服务贸易法律制度,进行了论述和分析。第五章分析了中国涉外律师服务贸易法律制度。第六章探讨如何完善中国涉外律师服务贸易法律制度,认为需要针对其存在的问题整合法律体系、健全法律规范。在结语部分,论文对国际律师服务贸易自由化与中国律师业的变革问题作了更深入的思考。认为坚定不移地推进依法治国,培养中国现代法治文化,是中国律师业规范发展的根本出路。

关键词:服务贸易　律师　贸易法　贸易自由化

2045

中国金融刑法改革研究 / 卢勤忠著 ; 刘宪权指导. 华东政法学院, 2005. --255 页

本文结合国际化发展趋势,运用逻辑分析和比较研究的方法,从刑法学、国际法学、金融法学的角度,对我国金融刑法的观念、政策、立法和司法等改革问题进行了全方位的理性思考。论文以国际法的视角探讨了全球化对我国金融刑法国际化的影响,区分了全球化与国际化的不同含义,指出了我国金融刑法的国际化与本土化的统一。论文在金融刑法的基础论部分,以法律观念的变革为起点,指出了我国金融刑法的改革须树立现代、平等、信用和创新等观念。以刑事政策的选择为导向,指明了我国金融刑事政策的法治主义、人道主义、科学主义和效益主义的价值目标。论文详尽地阐述了我国金融刑法的立法模式转变和立法体系重构,着重围绕犯罪论和刑罚论的改革剖析了我国金融刑法犯罪网构建及刑罚合理化的问题,提出了许多完善我国金融刑法的立法建议。论文还从金融刑法适用的层面,分析了我国金融刑法的司法改革。

关键词:金融犯罪　刑法　刑事政策　国际化　司法改革

2046

银行并购与控制权监管法律制度研究 / 罗英著 ; 吴志攀指导. -- 北京大学, 2005. -- 168 页

本文从银行监管的角度出发,研究了银行并购与控制权监管的立法目标、监管重点与程序规定,以及银行并购与控制权监管与公司法和证券法的关联和衔接问题。论文讨论了银行并购的法律界定与监管法律构架,基于银行并购与控制权变动的潜在金融风险,从银行监管的角度探讨了对银行并购与控制权变动进行监管的理论基础,分析了银行并购与控制权监管法律制度中和公司治理与信息披露之间的关联。论文探讨了并购与控制权的银行监管概念和判断监管标准,分析了银行并购与控制权的法律内涵与监管判断标准,从银行监管角度探讨了银行公司治理与银行监管之间的关系以及新近发展,分析了银行并购后控制权人的法律义务以及监管要求。论文从银行监管角度探讨了对银行并购与控制权监管的信息披露和审批制度,分析了银行并购中以控制权为基准的并购双方的信息披露责任、法律程序以及审批要求,研究了银行并购与控制权监管法律制度中银行法与证券法之间的法律冲突与协调问题。论文从中国银行并购的金融风险的典型案例入手,在分析中国银行并购的制度环境基础上,从证券法和银行法不同层面探讨了我国银行并购的法律制度与监管思路,从宏观与微观层面对我国银行并购法律制度进行了检讨。论文认为,中国构建银行并购与控制权监管法律制度具有重要性与必要性,有利于中国在金融稳健的基础上实现银行并购所追求的目标。

关键词:银行　企业合并　银行并购　银行监管

2047

论经济全球化下的国际技术转让法律协调制度 / 马忠法著；张乃根指导. -- 复旦大学, 2005. -- 199页

本文从南北关系考察了自由资本主义时期国际技术转让较为成功的历史,反思其经验对今天的启示,从主、客观两个方面分析了完善国际技术转让协调制度的条件准备,即必要性和可能性,探讨了该制度的特征。论文从国内国际两个层面分析了国际技术转让的法律基础,着重分析了现有主要有关技术转让的国际法文件,认为世界知识产权组织(WIPO)、联合国其他机构和世界贸易组织(WTO)管辖下的相关法律文件等三大体系涉及国际技术转让法律协调的规定一脉相承。近30年的有关技术转让协调活动可分为三轮:首轮自70年代初起至80年代中期,以发展中国家的形胜实败而告终;次轮自乌拉圭谈判起至1994年谈判结束,以发达国家取得阶段性实质胜利而落幕;末轮于WTO运转后至今,标志性发展于多哈会议,其相关文件不同程度地反映南方国家利益。论文认为现有制度的弊端是:发达国家意志起主导作用,忽略发展中国家利益和要求;无国际统一技术转让条约,强国国内法调整特征明显;重保护,轻转让;严重扭曲技术转让路径;实体制度欠缺、强制许可制度形同虚设;现有规定不具可执行性等。论文认为,国际技术转让法律协调制度必须找到自己的历史出路,它应遵循合法保护与合理使用、利益平衡、合作、效率和非歧视与公平等基本原则。它分为国内、国际两个层面,包括两条路径:一是通过多边谈判完善现有的技术转让制度,增强可执行性;二是形成一个WTO框架下统一的多边条约。论文建议,在引领中国融入国际社会加入国际条约时,需依国情而承诺并履行;在加入国际条约、制定和完善立法方面要走民主和科学之路,需征求被调整主体意见。

关键词:经济全球化　技术转让　国际法

2048

论国际法上的自卫权 / 潘国平著；邵津指导. -- 北京大学, 2005. -- 115页

本文全面考察了自卫权的历史,重点分析了《联合国宪章》第51条关于自卫权的规定以及习惯国际法上的自卫权与《宪章》规定的关系,探讨了自卫权相关的重大理论问题,解析了国家自卫权的演进规律和发展脉络,为解决当代国际社会面临的重大现实问题,诸如反对恐怖主义、预先性自卫等提供借鉴。论文阐述了研究国家自卫权的重要性及其复杂性,对自卫权做了简要概述,考察了国际法学界关于自卫权的定义及其重要性的学说,并根据自然法学派的理论证明了自卫权是国家的固有权利,是一项自然权利。论文考察了《联合国宪章》制订之前有关自卫权的历史:(1)历史上的正义战争理论;(2)无差别战争时代的自卫权;(3)国际联盟时期的自卫权。论文分析了自卫权应当满足的必要性和相称性标准和第五十一条的所有重要方面,包括在旧金山会议上《联合国宪章》第五十一条的入宪过程。自卫权行使的前提条件是武力攻击。自卫权与联合国集体安全机制的关系,集体自卫权的存在基础与区域办法的区别以及其不同于单独自卫的特殊行使条件。论文考察了《宪章》制订后近60年来有关自卫权的国家实践,分析了自卫权相关的几场国际战争和习惯法上的预先性自卫与《宪章》第二条第四款和第五十一条的关系。论文提出了解决预先性自卫对《宪章》的挑战的建议,认为重新解释或者修改《宪章》并不可行,应当发挥以安理会为中心的联合国集体安全体制的作用,为解决国际社会面临的重要难题,特别是预先性自卫提供了较为可行的方案。

关键词:自卫权　国际法　联合国宪章(1945)

2049

商标国际私法研究:国际商标法之重构 / 彭欢燕著；韩德培指导. -- 武汉大学, 2005. -- 199页

本文以国际私法学的"大国际私法体系"为理论指导对商标国际私法进行了系统、全面、深入的研究,并采取缩微的方法对国际商标法体系进行了重构。本文共分为导论、基本理论篇、基本内容篇、发展展望篇、结语五个部分,共九章。导论部分揭示了商标在社会生活中的重要性以及商标法研究的现状,提出了从国际私法角度对国际商标法进行了重构的设想,着重阐明了以商标法来缩微"大国际私法体系"的国际私法"部门化研究"思路,并对"商标国际私法研究"的方法论价值进行了概括。第一章为商标国际私法的法哲学思考。第二章为现代国际商标法的语境分析。对互联网、后TRIPS和后现代语境下,传统国际商标法面临的挑战进行了详细的分析。第三章为国际商标法体系的重构。第四章为国际商标冲突法。归纳了国际商标冲突的类型及其复杂性与特殊性的特点,对国际商标冲突法的发展提出了具体建议。第五章为国际商标统一实体法。第六章为国际商标程序法。在对国际商标争议的主要救济方式进行比较

的基础上，着重探讨了司法救济——国际民事诉讼中的管辖与外国判决的承认与执行问题。第七章为国际商标法商标构成要素的扩大。第八章为国际商标法范畴的拓展。第九章为国际商标立法与保护机制的最新发展动态。结语部分为国际商标法理念与中国商标法发展。分析了中国商标法发展所处的两难境地，并提出了有关中国商标法发展的建议。

关键词：商标法　国际私法　冲突法

2050

国际人权法上的工会结社自由 / 乔胜利著 ; 白桂梅指导. -- 北京大学, 2005. -- 103 页

本文以国际人权法上的工会结社自由为研究对象，探讨了工会结社自由与国际人权法上的工会结社自由在国家的国内法律体系下的实施。第一章回顾和总结了国际人权法承认和保护工会结社自由的历史和发展现状，探讨和分析了国际社会在工会结社自由领域的一些热点问题，特别是国际核心劳工标准的问题，并对国家在人权条约下的义务进行了一般性的探讨。第二章重点分析和研究了国家的三层义务分析方法及其对工会结社自由的可适用性、工会结社自由涉及的其他公民权利和自由以及人权条约所允许国家对工会结社自由的合法限制。第三章和第四章是对工会结社自由具体内容的探讨，重点探讨了国家对自由建立工会权利的实质性义务、国家对自由加入工会权利的实质性义务，并对消极加入工会的权利进行了研究。第五章研究了工会结社自由的权利性质，认为无论是作为公民政治权利还是作为经社文权利，工会结社自由都应该是立即实施的。第五章研究和阐述了国家在人权条约下所承担的在其国内法律秩序下实施工会结社自由的义务。论文认为，国家不仅应当确保其国内法与人权条约的规定保持一致，而且应当确保人权条约中的权利和自由在实践中确实能够被尊重和享有。

关键词：人权　国际人权公约(1966)　工会结社自由　国家义务

2051

金融控股集团风险的监管：以台湾地区为例 / 阮品嘉著 ; 吴志攀指导. -- 北京大学, 2005. --130 页

金融跨业经营有助于规模经济及范畴经济的达成，给金融业带来了收入增加的效益，然而其可能会带来额外的风险。本文以金融控股集团的风险监管作为核心，分析探究了风险监管的六个层面，并提出了一些看法；亦针对台湾地区 2001 年(金融控股公司法)的相关规范，详加了检讨。首先在导言中介绍台湾地区订定金融控股公司法后，给金融市场带来的蓬勃发展；然后在第一章探讨金融控股公司的定义，同时界定金融控股集团的范围，论述金融跨业经营法制上的选择。透过政策分析，认为金融控股集团的架构是金融跨业经营模式最佳的选择。其次分析了金融控股公司借由转投资可从事的业务，认为宜限制企业控制金控公司及金控公司控制企业。再次研究对金融控股集团以风险为基础的监理。作者认为对金融控股集团的监管，由传统的监理转向以风险为基础的监理极为重要，尤其应强调金控集团衡量、控制风险的能力；初期主管机关应从加强集团内部风险管理系统着手。接下来探讨了是否亦将个别的监理机关整合为单一的监理机关，指出监理机关的整合不应只是形式拼凑，更重要的是组织的改造及法规的整合。然后从市场制约及控股公司财务救助的角度，研究其他控制风险的机制。最后探讨了金融控股公司跨国、跨地区经营，监管主管机关应如何加强跨国、跨地区合作监管其风险。

关键词：金融公司　投资公司　风险管理　跨地区经营　台湾省

2052

建立中国—东盟自由贸易区的若干法律问题研究：老挝与中国—东盟自由贸易区建设中的关联 / 沙伦赛著 ; 余敏友指导. -- 武汉大学, 2005. -- 134 页

本文根据中国与东盟双方所共同签署的一些法律文件和共同制定的相关规则和制度对中国—东盟自由贸易区建设的若干法律问题进行深入分析与研究，此外将通过介绍中国—东盟自由贸易区建设过程中的关联，对缩小老挝位于其他东盟发达国家间发展水平的差距、推动自由贸易区如期建设、实现自由贸易区真正意义上的一体化等相关问题进行探讨和深入研究。本文共分为五章。第一章讨论区域经济一体化相关概述、东盟区域经济一体化法律制度、东盟与区域外国家的关系、东盟与中国经贸合作关系现状等基本理论问题。第二章讨论中国与东盟关系的法律安排，建立中国—东盟自由贸易区的必要性、重要意义及存在的困难。第三章通过介绍与分析中国—东盟自由贸易区的法律基础，对建立中国—东盟自由贸易区的法律依据问题进行阐述与深入研究。第四章通过介绍与分析中国—东盟自由贸易区的概念、特

征及其内容,对中国—东盟自由贸易区的规则制定、制度选择、模式构想及其推动措施等相关问题进行深入研究。第五章对老挝在中国—东盟自由贸易区建设中的法律对策和应对措施、逐步缩小老挝与其他成员国发展水平的差距来推动该自由贸易区的建立与发展等问题进行深入研究。

关键词:自由贸易区　老挝　法律制度　经济一体化　东盟

2053

备用信用证国际法律制度研究：兼对《国际备用证惯例》研究 / 余少峰著 ; 丁伟指导. -- 华东政法学院, 2005 -- 144 页

本文采用比较方法,从备用信用证当事人的权利与义务的角度出发,以《国际备用证惯例》为基础,通过将《国际备用证惯例》与《见索即付保函统一规则》、《跟单信用证统一惯例》和《联合国独立保证与备用信用证公约》进行深入比较,以达到揭示备用信用证国际法律制度的目的。全文共分九章。第一章探讨了备用信用证的起源及其背景,并对备用信用证的功能和使用范围进行了研究。第二章分别介绍和评述了备用信用证国际法律制度统一化所取得的成果。第三章探讨了备用信用证的法律属性和法律特征。第四章到第七章分别界定了备用信用证申请人、开证人、受益人和被指定人的权利和义务。第八章探讨了备用信用证的付款条件及其审查。第九章研究了我国有关备用信用证法律制度的完善。文章首先介绍了备用信用证在我国的使用现状及其未来展望,然后对我国有关备用信用证的法律制度进行了深刻剖析和评述,最后着重就完善我国有关备用信用证的法律制度提出建议。

关键词:信用证　国际法

2054

论资产支持证券发行的法律监管 / 石太峰著 ; 焦津洪指导. -- 对外经济贸易大学, 2005. -- 156 页

本文主要探讨的是资产支持证券的发行监管问题。论文试图回答的中心命题是:是否应将资产支持证券纳入统一的证券监管体系,如何在借鉴国外立法和监管经验的基础上,构建我国资产支持证券发行监管法律制度。论文以资产支持证券的发行监管为主线,从法律的视角看资产证券化的关键环节产品发行,对发行监管制度和法律体系进行比较分析和系统研究,深入分析了资产支持证券的特殊性质和以信息披露为重点的监管制度,具体分析了发行登记注册、信息披露、发行后的持续报告等具体监管制度,对资产支持证券发行主体的特殊运行机制也作了分析,在研究的基础上,从资产支持证券的特殊性和保护投资者利益角度出发,对我国如何建立有效监管框架和法律制度提出可行的建议。在对资产支持证券监管法律问题的研究过程中,论文主要采用了比较研究、实证分析等研究方法,其中重点运用了比较研究的方法。

关键词:金融法　证券发行　法律监督　资产证券化　资产支持证券

2055

GATT/WTO 同类产品问题研究：以非歧视原则为中心 / 舒细麟著 ; 廖益新指导. -- 厦门大学, 2005. -- 206 页

本文对 GATT/WTO 同类产品问题进行了研究。序言简要介绍选题背景、研究对象、研究目的和意义、研究方法、文献综述、体例安排和基本内容。第一章研究前置问题,主要从语词的角度分析同类产品及相关概念的关系,从历史的角度分析同类产品的谈判记录并得出若干结论,最后分析同类产品问题迄今悬而未决的可能原因。第二章介绍了学者和争端解决机构提出的、解决同类产品问题的理论方案,包括:边境税调整方案、目标和效果测试、比较经济优势理论、最终用途标准、市场导向的经济分析方法、抛弃同类产品测试论点,从中吸取有益的要素来建构自己分析和解决同类产品问题的基本框架。第三章从实体和程序角度建构分析和解决同类产品问题的基本框架。从实体上说,作者提出解决同类产品问题的产品的物理属性和市场属性;技术基础是条约解释理论,从程序上说,作者从微观和宏观角度分析了解决同类产品问题的步骤。第四章运用理论框架分析新出现的同类产品问题。这些新问题以 PPMs 为核心、包括但不局限于环境、劳工、转基因产品、电子产品等问题。结论部分对全文作出总结。

关键词:关税及贸易总协定(GATT)　世界贸易组织(WTO)　国际经济法　非歧视原则

2056

国际刑法与国内法的关系 / 司建军著 ; 陈泽宪指导. -- 中国社会科学院研究生院, 2005. -- 150 页

本文分析了传统国际法与国内法关系理论存在的种种缺陷,认为二者是两个不同但彼此协调的法律

体系。在二者调整范围重合的某些领域,国际法规范具有高于国内法规范的效力("一元"因素);而在除此之外的其他领域则彼此独立,不发生二者效力高低的问题("二元"因素)。论文认为,国际法是否具有优于国内法效力不能从应然或逻辑的角度来认识这一问题,也不能因一个法律体系中的规范或合法行为在另一个法律体系中被视为非法而应承担法律责任来判定,而应从法律所体现的意志来加以分析。论文分析了国际刑法与国际法间的关系,国际刑法与国内法的关系在实践上是十分复杂的,这主要与刑事法律往往涉及一国主权和有关个人的人权有关。论文从四个方面论述了这一问题:(1)二者间的相互影响;(2)国际刑法在国内法中的适用及国内法在国际刑法中的适用;(3)国际刑法与国内法间的协调;(4)国际刑事司法体系与国内刑事司法体系间的关系。论文提出了处理二者关系所应遵循的原则,还论述了国际刑法在我国的实施情况及在实施中存在的问题。

关键词:国际刑法　国际法　法律体系

2057

WTO《反倾销协议》改革 :政策和法律分析大学 / 孙立文著 ; 余敏友指导. -- 武汉大学,2005. -- 324 页

本文在对反倾销制度诞生的背景以及它在国际贸易中所扮演的角色的复杂性进行分析的基础上,从现行的世界贸易体制的法律特征出发,以世界贸易体制运行的平稳和效率的视角来分析《反倾销协议》所建立的反倾销制度的改革。论文主要讨论了以下几个方面的改革措施:倾销与损害的认定规则;《反倾销协议》的程序规则中存在的问题;非市场经济地位在《反倾销协议》中依据及其存在的问题;反倾销制度中的公共利益审查制度建立的必要性和可行性;以及《反倾销协议》的日落条款的不合理性。在讨论 WTO《反倾销协议》改革措施的基础上,论文对《反倾销协议》改革对中国的经济体制改革、竞争政策和法律、贸易政策的选择的影响进行了分析讨论,力图从《反倾销协议》改革的意义的角度为中国的贸易和竞争政策方向的确立,提供一个可行的政策参考。论文通过对中国的经济改革和贸易政策和法律的分析,认为改革的《反倾销协议》将对促进中国的市场经济改革、制定合理的竞争政策和法律、坚持自由开放的贸易政策产生具有重要意义。

关键词:世界贸易组织(WTO)　反倾销法　贸易协定

2058

金融隐私权与信息披露的冲突与制衡 / 谈李荣著 ; 丁伟指导. -- 华东政法学院, 2005. -- 161 页

本文采用比较分析和判例分析的研究方法,以金融隐私权与信息披露的冲突与制衡为主线,深入系统地探讨了金融隐私权与信息披露的主要法律问题,并借鉴国外及国际的立法和实践,提出建立与完善中国金融隐私权与信息披露制度的建议。导言阐明了课题的研究背景、研究思路与结构体系,以及课题研究的理论价值与现实意义。第一章研究金融隐私权的基本理论问题。第二章从比较法的角度研究金融隐私权的法律规范体系。第三章研究信息披露的重要原则与基本理论问题。第四章从比较法的角度研究信息披露法律规范体系。第五章探讨金融隐私权与信息披露冲突的法律实质及其表现形态,以及面对冲突的法律制度设计。第六章从法哲学的角度,深入研究金融隐私权与信息披露冲突与制衡的价值取向。第七章对中国金融隐私权与信息披露制度进行专章研究,提出全面建构国内反洗钱法律制度的立法建议。

关键词:金融法　隐私权　信息披露　冲突与制衡

2059

美国冲突法重述晚近之发展 / 王承志著 ; 肖永平指导. -- 武汉大学, 2005. -- 231 页

本文以美国冲突法重述为研究对象,通过对其发展历程的考察,旨在揭示美国冲突法重述晚近发展的趋势,以期为我国的冲突法立法提供若干思考。基于上述目的,全文除绪论外共分六章予以专门论述。绪论指出,在现代冲突法的发展史中,美国扮演了开路先锋的角色。第一章介绍了美国法学会统一冲突法的方法,即重述方法。第二章通过历史研究和实证分析阐述了《第二次重述》诞生的背景及其在美国司法实践中的运作现状。第三章重点介绍并讨论了美国学者对第三次重述的尝试。第四章从学理上探讨了美国冲突法重述中方法论的演进历程,并重点阐述了实证分析方法和比较分析方法在美国冲突法重述中的体现,并尝试着从方法论的角度揭示美国冲突法重述未来的方向。第五章通过比较的方法论述了美国冲突法重述与欧洲国际私法之间的互动关系。论文第六章从立法模式、法律选择方法和冲突规则三个方面阐述了美国冲突法重述对我国立法及司法的启示。

关键词:冲突法　法制史　美国

2060

ICSID仲裁撤销制度研究／魏艳茹著；陈安指导. 厦门大学, 2005. -- 205页

本文就ICSID仲裁撤销制度的基本框架进行了系统的评介,对ICSID仲裁撤销理由的运用实践进行了研究、比较和分析,并在此基础上指出,ICSID仲裁撤销制度都应该不但对裁决进行以程序问题作为切入点的审查,而且还进行以实体问题作为切入点的审查,以维护裁决的程序公正和实体公正。第一章结合最新资料探究了ICSID仲裁撤销制度的概貌,并介绍、分析、探讨了该制度的法律依据和特点,启动条件,以及其具体撤销机构——专门委员会的组成、权力和职能。第二章是ICSID仲裁撤销制度的撤销理由,对《华盛顿公约》第52条所规定的如下5个撤销理由进行逐节探讨:仲裁庭组成不当、仲裁庭明显越权、严重违背基本程序规则、仲裁庭的成员有受贿行为、裁决未陈述其所依据的理由。第三章的中心是ICSID仲裁撤销制度的价值定位。论文全面回顾、分析了历史上的ICSLD仲裁撤销制度价值定位之争,总结了这场争论后的主流观点,指出上述大辩论后的主流结论虽然大体符合《华盛顿公约》的本意,也基本就是ICSID仲裁撤销制度价值定位的现状,然而,与该制度的应然价值取向——对裁决同时进行以程序问题和实体问题作为切入点的审查、同时维护裁决的程序公正和实体公正——相悖。

关键词:解决投资争端国际中心(ICSID)　仲裁　国际法　仲裁裁决

2061

电子提单法律问题研究／向在胜著；韩德培指导. 武汉大学, 2005. -- 252页

本文试图运用比较的、逻辑的和实证的方法,对提单电子化和电子提单的法律问题作一系统、深入的研究。本文共分八章。在逻辑上共分为三个部分,分别涉及提单电子化法律问题、电子提单法律问题以及电子提单在我国的应用及其面临的法律问题。第一部分包括第一、二章。第一章重点研究提单电子化的历史背景。第二章主要研究提单形式主义与提单电子化。第二部分包括第三—七章。第三章主要讨论电子提单的含义、法律性质、种类、特点、优势以及电子提单与纸面提单的转换等法律问题。第四章主要从电子提单实施的角度研究了电子提单的立法与商业实践。第五章研究了电子提单法律行为与功能,重点研究了电子提单作为货物收据和运输合同证明、电子提单的质押、电子提单的流通性以及运输合同的转让和更新等。第六章具体研究了Bolero. net电子提单机制。第七章主要讨论了电子提单的冲突法问题,首先介绍了电子提单交易中的法律冲突问题,然后分别研究了电子提单的管辖权问题和法律适用问题。第三部分即第八章主要介绍了EDI和电子提单在我国的应用所面临的相关法律问题。

关键词:国际贸易　提单　海商法　电子商务　管辖权　法律适用

2062

论公司法的边界／徐菁著；高西庆指导. -- 对外经济贸易大学, 2005. -- 195页

本文旨在研究对公司组织与行为以法律手段进行规范的有效范围,即公司法边界问题。论文共分为五章。第一章为导论,介绍了选题原因、研究意义、分析方法与框架、并对相关概念进行了说明。第二章为理论分析部分。文章选取了六个角度,依次比较分析了公司本质理论、公司内部组织理论、公司运营效率理论、公司置身的外部市场效率理论、公司应承担的社会责任理论及法律目标理论。比较研究发现,上述各种理论都赞同公司法律规范存在的必要性,但对公司法律规范的目的、方式、结构、范围等具体问题存在着广泛的争论。第三章以理论研究为基础,分析了公司法的应然边界。认为公司法应该建立开放的规范结构。而且,公司法边界的确定并不仅仅只是一个公司治理的问题,还应该是一个公共治理的问题。第四章立足于公司法实然边界研究所面临的现实问题,分析了决定公司法现实边界的各种机制。第五章对我国公司法边界的具体分析。在此基础上,论文提出了具体有针对性的立法建议。

关键词:公司法　法律规范　强制性规范

2063

非法移民的法律控制问题研究／徐军华著；曾令良指导. -- 武汉大学, 2005. -- 176页

本文从非法移民问题入手,分别从国内法和国际法的角度分析控制非法移民的现实途径,最后得出结论并提出相关建议。本文包括引言和正文两大部分,其中正文又分为四编,共有九章。引言主要分析了研究非法移民法律控制的重要性。第一编“非法移民:世纪难题困扰世界各国”概述了非法移民现象。第二编“非法移民:国内法律控制”对非法移民的国内法律控制的有关理论问题进行了分析,指出国内法律控制

不能适应非法移民跨国性的特点,国家必须走出单边法律控制机制,寻求建立国际合作机制才是控制非法移民的理性选择。第三编“非法移民:国际法律控制”从控制非法移民的双边合作、区域合作、国际多边合作三种国际合作机制展开论述,分析了现行控制非法移民的国际合作机制中的相关国际法问题。第四编“非法移民的法律控制:结论和建议”对非法移民法律控制的问题进行全面的总结,指出法律在控制非法移民中的突出作用及其局限性。论文在对国内法律和国际法律控制非法移民的弊端进行分析的基础上,分别从国内和国际层面提出了改进和完善立法和执法的相关措施。

关键词:移民法　国际法　法律控制　非法移民

2064

国际私法上的意思自治 / 许军珂著 ; 韩德培指导. 武汉大学, 2005. -- 236 页

本文对国际私法上的意思自治原则的理论和法律适用进行了深入探讨。第一章分析了意思自治学说的发展史、意思自治原则的确立及其社会政治经济背景。第二章探讨了意思自治原则与冲突规范的适用制度的相互影响。第三章重点论述了法院地国、有密切关系的第三国的强制性规范对当事人意思自治的影响。第四章分析了当事人选择公法作为准据法的可能性和实现选择的条件。第五章探讨国际统一法和意思自治原则的关系。总结出意思自治原则的作用。论文论述了意思自治原则在国际私法的不同领域具体适用的问题。第六章重点就合同领域一些特殊问题进行了探讨。第七章论证了意思自治原则在侵权、物权、婚姻家庭、继承等领域适用的可能性、条件及限制。总结出意思自治原则和其他的法律适用原则的关系。第八章论述了意思自治在诉讼和仲裁中的不同特点,分析了实践中应注意的问题。总结了程序法领域意思自治原则对国家主权的挑战。第九章探讨了意思自治原则在我国立法及司法实践中的适用,评析其问题和原因,在此基础上提出解决方案,认为鉴于意思自治原则的优点,意思自治原则在中国的未来将发挥更大的作用。

关键词:国际私法　意思自治　法律适用

2065

区分所有建筑物自治管理组织制度研究 / 薛源著 ; 黄勇指导. -- 对外经济贸易大学, 2005. -- 161 页

本文在比较法的基础上对区分所有建筑物自治管理组织制度进行了较详细研究,主要关注点在于建筑物区分所有人组织的法律性质、对内对外关系、职能和责任以及行政机构和司法机构在区分所有建筑物自治管理组织制度中的作用。论文认为,我国法律需要对建筑物区分所有权人组织机构的设置重新定位,为保护建筑物区分所有权人的利益不受建筑物区分所有权人组织行为的损害,需要建筑物区分所有权人组织及其任职人员,以及物业管理公司、开发商对建筑物区分所有权人承担义务。行政机构在我国建筑物区分所有权人组织的建设中发挥重要的指导和监督作用。随着今后我国建筑物区分所有权人组织的日益成熟,对建筑物区分所有权人组织监督和指导职能可以考虑由行政机构向司法机构转移。

关键词:建筑物　所有权　自治管理　比较法

2066

建立中国本土特点的公司治理可行性研究 / 杨自然著 ; 吴志攀指导. -- 北京大学, 2005. -- 169 页

本文参考外国的各种立法案例以及 OECD 的公司治理准则,探讨了目前大陆、香港、台湾的公司治理模式。论文探讨了代理成本及管理阶层激励机制的问题以及公司治理的一些内部及外部机制的基本理论,认为世界上并没有一个完美的公司治理模式,但 OECD 的公司治理准则是唯一被国际所接受的公司治理原则。论文回顾了中国的商业发展史,研究了中国特有文化传统对中国商业发展产生的影响,探讨了中国式家族企业的经营特色及问题。论文探讨了中华人民共和国的公司治理情况和中国的公司法,包括董事会的受托义务和责任,集体诉讼及资讯披露和透明度等;探讨了台湾省的公司治理问题,介绍了台湾公司法以及台湾公司法中股东的权益及平等待遇、集体诉讼、资讯的披露与透明度及公司法不周全的部分,并提供两个台湾公司治理的实例(台湾积体电路股份有限公司和博达科技股份有限公司)加以研究;探讨了香港特别行政区的公司治理情况,认为香港特别行政区是普通法系地区,它的公司相关法律是以英国模式的法律为主体,香港的公司治理架构是以中国式家族企业的公司治理方式为出发。论文以安然的案例作为建立具有中国本土特色的公司治理模式的警惕,安然的案例除了警惕我们建立公司治理模式中应当预防的问题,同时美国政府在安然案发生后,所立的“企业改革法”也可供中国在建立具有中国本土特色的公司治理模式的法令机制的过程中参考。论

文还探讨了建立中国式公司治理的可行性，提供了一个具有中国本土特点的公司治理模式的架构。

关键词：公司法　公司治理

2067

海峡两岸民商事法律冲突问题研究 / 于飞著；徐崇利指导. -- 厦门大学，2005. -- 292 页

本文对伴随海峡两岸民商事往来不断扩大和加深而带来的越来越多的民商事法律冲突进行了探讨。第一章阐述了海峡两岸民商事法律冲突的一般问题。第二章区分1949年前后两个时段阐析了海峡两岸冲突法立法的演进。第三章从理论、立法与实践等方面对海峡两岸冲突法的一般制度，即识别、法律规避、公共秩序保留、反致制度、外国(法域)法的适用和查明等进行探讨。第四章区分属人法、行为地法、物之所在地法、意思自治、最密切联系等冲突原则，考察两岸学者对这些原则适用的基本观点或态度，探讨它们在两岸冲突法中的一般规定及具体适用，分析其在解决两岸民事商法律冲突时的运用。第五章对协调与解决两岸民商事法律冲突的一般问题的思路再次加以梳理，意在坚持解决两岸民商事法律冲突的基本原则，奠定承认与适用对方法律的理论基础，建立协调与解决冲突的宪法性机制，探寻多种合适的途径，协调与解决两岸的民商事法律冲突，发展两岸的民商事关系。解决海峡两岸民商事法律冲突的模式不是单一的，而是多元的。究竟应采取哪些模式，取决于两岸关系的发展变化。不论什么模式，在坚持“一个中国”原则的大前提下，只要对于解决两岸民商事法律冲突有利，本着积极务实的态度，应该被两岸肯定并使其向规范化的方向发展。

关键词：国际私法　冲突法　民事诉讼　商事仲裁　海峡两岸

2068

网上银行业务安全法律保障机制研究 / 余素梅著；余劲松指导. -- 武汉大学，2005. -- 211 页

本文在金融法学与国际金融法学理论的基础上，综合运用规范分析、实证分析、比较分析等研究方法，对网上银行业务安全及其法律保障问题展开了系统性研究。全文除引言部分外，共分五章。第一章网上银行业务及其安全问题概说。本章提出了问题的总体方案，为后文的深入分析确定了总纲和奠定了基础。第二章至第四章正是以第一章的初步分析为依据，分别从系统与信息安全保障、交易安全保障和银行机构及行业安全保障等三个方面对国际社会网上银行业务安全保障机制展开深入实证研究和考察的，这三章内容构成全文分析和论证问题的主体部分。其中，第二章为网上银行业务系统与信息安全法律保障机制研究。第三章为网上银行交易安全法律保障机制研究。第四章为网上银行机构及其行业安全法律保障机制研究。第五章则集中论述了我国网上银行业务安全法律保障机制的构建与完善问题。将国际经验与我国具体实践相结合，提出了完善我国网上银行业务安全法律保障机制，特别是完善我国网上银行业务监管法制的具体构想和建议。

关键词：网上银行　银行业务　信息安全　法律保障　监督管理

2069

宪法对冲突法的影响 / 袁发强著；肖永平指导. -- 武汉大学，2005. -- 296 页

本文探讨了宪法对冲突法的影响以及宪法影响冲突法的途径和方法，并就我国法律冲突的现状，提出了具体的宪法立法建议。第一章从基础理论的角度探讨宪法与私法这两类法律之间的联系，从中分析宪法对冲突法产生影响和限制的原因和依据。第二章从历史的角度分析了不同时期宪政思想对冲突法基本理论的影响。第三章分析了现代宪法理论对现代法律适用理论和方法的影响和限制。第四章对不同宪政体制下的冲突法进行了研究。第五章以美国为例，分析了可能影响冲突法的具体宪法条款。第六章介绍其他国家宪法条款对该国冲突法的限制和影响。第七章主要从我国冲突法视野看我国宪法的立法缺失，提出了解决区际法律冲突的若干宪法原则和协调区际法律冲突的具体宪法条文。论文结合前文的研究和分析，主张在我国建立切实可行的违宪审查制度。并且对完善我国违宪审查制度提出了相关建议。

关键词：冲突法　宪法　主权　人权　司法审查

2070

反倾销法损害确定问题研究 / 张亮著；曾华群指导. --厦门大学，2005. -- 185 页

本文对损害确定问题进行了系统的、深入的研究，提出了在WTO框架下完善中国反倾销法的相关立法和实践的建议。论文探讨了关于反倾销法损害确定问题的一些基础性问题，包括反倾销法的概念、损害确定的基本内容、损害确定在反倾销法中的地位

和作用，认为反倾销法的目的并非在于抵制倾销本身，而是在于抵制对国内产业造成损害的倾销。损害确定不仅是反倾销调查的一个重要环节，而且有利于在保护国内产业的同时限制反倾销措施的滥用，且具有防止过度保护国内产业的重大作用。论文界定了损害客体，对同类产品的认定和国内产业的认定进行了探讨；分析了损害的审查，对“客观审查”的含义和要求、审查的具体内容、损害的累计评估、关于实质损害威胁和实质性阻碍的特殊规定进行了探讨。论文探讨了因果关系的认定，对因果关系标准、因果关系的认定方法、非归因要求等问题进行了探讨，并就损害幅度的确定加以研讨，对从低征税规则的合理性、损害幅度的确定方法等问题进行了探讨。论文在结合 WTO 争端解决案件或立法史分析 WTO《反倾销协定》相关规定的含义的基础上，探讨了欧共体和美国的相关立法与实践，对多哈回合反倾销谈判中成员方的主要观点加以述评，提出了完善中国相关立法与实践的建议。

关键词：反倾销法　损害确定　世界贸易组织（WTO）

2071

投资银行诚信责任比较研究 / 张路著 ；余劲松指导. -- 武汉大学，2005. -- 241 页

本文从比较法的角度研究投资银行的诚信责任理论，以投资银行业务和诚信义务为两条主线，说明投资银行在不同业务中的不同法律关系，突出投资银行在其中的本质诚信义务，结合各国立法和案例进行实证分析，揭示其中诚信义务的规则化，从责任监督机制的角度探讨诚信原则在责任监督机制，尤其是民事责任监督和自律监督机制中的体现，并探讨投资银行诚信义务在国际监管中具体规则。全文分六章。第一章为导论，提出投资银行诚信责任同时具有契约性和侵权性，多为二者之竞合，诚信的社会资本性和社会契约性是投资银行侵权责任和契约责任竞合的基础。第二章分析投资银行诚信（fiduciary）原则的演化过程，分析诚信概念和规则制度的伦理和法律渊源，分析投资银行诚信义务关系、诚信义务理论和诚信义务的分类。第三章和第四章联系投资银行的具体业务，从立法和司法的角度分析投资银行诚信义务的具体体现，是第二章投资银行诚信责任理论的具体应用。第五章简要分析投资银行的诚信责任监督机制。第六章从投资银行国际监督理念和监管规则的角度分析投资银行诚信义务和责任在国际监管中的体现。论文还针对投资银行的不同业务，分析我国有关投资银行诚信义务立法方面的不足，并结合国外立法和国际立法与惯例，就相关立法进行预测并提出建议。

关键词：投资银行　银行业务　诚信　监督管理　国际经济法

2072

反对恐怖主义斗争中的国际法问题 / 张美荣著 ；陶正华指导. -- 中国社会科学院研究生院，2005. -- 198 页

本文探讨了恐怖主义的概念、国内外反恐怖主义的法律框架和主要国际法问题，对中国反恐斗争的现状和反恐立法等问题进行了探讨。论文分析了国内外有关恐怖主义概念的各种观点，指出恐怖主义具有政治性、袭击目标多元性、暴力性、恐怖性和突发性等特征，分别考察了古代中世纪恐怖主义、近代恐怖主义和战后恐怖主义的表现形式和危害，指出并分析了当前恐怖主义发展的六个新趋势。论文对民族主义型、宗教型、极右型、极左性和邪教型等当今五大恐怖主义类型的代表性恐怖主义组织进行了剖析，并从经济、政治、民族种族、宗教、思想等各个方面深入探究了恐怖主义产生的根源。论文论述了反对恐怖主义的国际法律框架。通过历史分析和比较研究，对构成反对恐怖主义国际法律框架的国际联盟和联合国制订的反恐规范性文件专门性国际组织制订的反恐条约、区域组织制订的反恐条约、国际刑事司法互助条约以及反对恐怖主义的国内立法进行了系统分析和综合研究。论文探讨了反恐斗争中的主要国际法问题，探讨了当前反恐斗争中的国际合作、反恐斗争与国家主权、反恐斗争与国家自卫权以及反恐斗争与国际人道主义法等重大理论和实践问题。论文论述了中国反对恐怖主义斗争的现状和反对恐怖主义立法的完善问题，分析了中国境内的恐怖组织及其危害、成因、现状、特点、组织、活动及其发展趋势，阐述了中国反对恐怖主义的立场、政策、立法以及国际反恐合作的实践，指出中国反对恐怖主义立法的不足，提出完善反恐立法的具体建议，比如刑法中增列有关恐怖主义罪犯的罪名、条件成熟时颁布《反恐怖主义犯罪法》等。

关键词：恐怖主义　国际法　反恐怖活动

2073

联合国教科文组织《保护水下文化遗产公约》研

究 / 赵亚娟著 ；徐崇利，傅崐成指导. -- 厦门大学，2005. -- 196 页

联合国教科文组织在 2001 年通过了《保护水下文化遗产公约》，目的是禁止不科学的商业打捞活动，保护、保全水下文化遗产。本文即以该公约为研究对象。论文分析了一些国际法律文书从“文化财产”到“文化遗产”措辞的转变，明确了文化遗产的若干特性和价值，分析了水下文化遗产的定义和分类。论文介绍了在教科文组织通过《保护水下文化遗产公约》之前有关水下文化遗产保护的国际法律，分析了有关文化遗产保护的国际公约、1982 年《联合国海洋法公约》、有关的区域性公约、国际习惯法和若干不具有拘束力的国际建议，认为在《保护水下文化遗产公约》通过之前，有关水下文化遗产保护的国际法规则十分不完善，也没有形成具体的习惯法规则。论文具体分析了《保护水下文化遗产公约》的出台背景和公约的具体内容。从 1993 年教科文组织开始关注水下文化遗产保护问题，到 1998 年形成第一份草案文本，再到 2001 年最终通过《保护水下文化遗产公约》，其间经历了众多的纷争，而公约的适用对象（即水下文化遗产的定义）问题、救助法的适用问题和领海之外海域内水下文化遗产的管辖权问题，是争议的核心问题，也构成公约的核心条款。论文分析了《保护水下文化遗产公约》的具体条文，介绍了公约的内容，澄清它和 1982 年《联合国海洋法公约》的关系。论文联系我国有关水下文化遗产保护的实际情况，对现行有关法律进行了梳理，分析了中国批准《保护水下文化遗产公约》的可行性，并简略分析了国务院 1989 年颁布的《水下文物保护管理条例》，对《水下文物保护管理条例》的修订提出了若干意见。

关键词：文化遗产　文物保护　国际法

2074

外商风险投资法律制度构建论 / 赵运刚著 ；丁伟指导. -- 华东政法学院，2005. -- 175 页

本文探讨了构建完备的外商风险投资法律制度问题。全文除导论和结论部分外，共分六章。第一章风险投资及其法律体系，揭示了风险投资的含义、特征及其重要作用，并对其整个运作过程进行了描述，指出其循环性的本质，勾勒出了外商风险投资法律体系的框架。第二章风险投资法律制度比较研究。第三章外商风险投资机构法律制度，就风险投资机构常见的法律形态进行了比较研究，还就风险投资协议常见的内容进行了研究，并就我国外商风险投资机构及其法律制度现状进行了评述，指出了我国外商风险投资机构目前可采用的组织形态及现有法律制度所存在的问题。第四章外商风险企业法律制度研究，分析了外商风险投资机构与外商风险企业之间的法律关系，就风险投资中的融资法律文件进行了研究，阐述了风险投资活动中的一些具体制度。第五章外商风险资本退出的法律制度，对风险投资退出的主要方式进行了阐述，论述了我国外商风险资本退出渠道及其相关立法的现状。第六章外商风险投资法律制度的构建，就各国政府在发展其风险投资时的措施进行了比较研究，总结了发展风险投资的经验教训，提出了政府构建风险投资市场的模板，分析了我国有关风险投资立法的现状及问题，最后提出了构建我国外商风险投资法律制度的原则和框架。论文回顾了风险投资运作的特点及其法律制度的框架，总结了构建外商风险投资法律制度的重要原则。

关键词：外商投资　风险投资　资本运作　法律制度

2075

论国际货物所有权转移的法律冲突与法律适用 / 周后春著 ；屈广清指导. -- 大连海事大学，2005. -- 232 页

本文从比较法角度对国际买卖合同中的货物所有权转移问题进行了探讨。论文对货物进行了界定，探讨了货物所有权转移的意义、时间界限及货物所有权转移的三种模式，即依买卖合同确定货物所有权的转移、依交付与合同相结合确定货物所有权的转移、依交付与物权合同相结合确定货物所有权的转移，认为中国有关货物所有权的立法宜规定为：当事人可以在合同中约定货物所有权的转移时间，但未经交付标的物不能对抗善意第三人，当事人未在合同中作约定的，货物所有权于标的物交付时发生转移，法律对货物所有权转移有特别规定的，依该规定。论文探讨了货物所有权的冲突规则，认为中国国际私法应依货物所有权转移的法律性质确定所应适用的法律，如果货物所有权转移属于强行法，则当事人不能自由约定所应适用的法律，但如果货物所有权转移属于任意法，则可以约定所应适用的法律，但货物所有权转移对第三人的影响则必须适用物之所在地法。论文认为，提单是物权凭证和占有权凭证，不是所有权凭证。仅仅交付提单不足以导致货物所有权的转移，还必须遵循各国有关货物所有权转移意思表示的规定。大多数国家规定适用提单转让时的所在地法。中国国际私

法应当规定提单的性质适用当事人在提单中所选择的法律,提单的转让适用提单所在地法。论文还探讨了货物所有权保留,分别对货物所有权保留的概念与制度价值、比较法上的考察、性质、类型、方式与形式、效力、买受人的期待权、出卖人的取回权及所有权保留与破产进行了阐述,认为中国国际私法对货物所有权保留的法律适用应规定为:所有权保留在当事人之间的效力应适用买卖合同的准据法,所有权保留是否能对抗第三人应适用第三人购买标的物时的物之所在地法。

关键词:所有权　物权　买卖合同　国际贸易

2076

南非国际私法研究 :一个混合法系国家的视角 / 朱伟东著 ; 肖永平指导. -- 武汉大学, 2005. -- 273 页

本文对南非国际私法进行了专门研究。第一章对南非国际私法的历史发展、名称、范围和渊源作了分析。第二章专门探讨了南非国际私法中的住所和居所制度,对南非国际私法的具体领域即管辖权制度、法律选择制度以及判决、仲裁裁决的承认和执行制度进行了探讨。第三、四、五章首先论述了南非法院的结构及其管辖权,然后对南非法院行使管辖权的基本原则和其他原则及制度进行了研究,最后作者对南非法院对几类特定案件的管辖权规则进行了详细的论述。第六、七、八、九、十章首先对南非法律选择制度中的基本问题进行了研究,用四章的篇幅详细探讨了南非有关财产、债、婚姻家庭关系和继承关系的法律选择规范。在外国法院判决和外国仲裁裁决的承认和执行方面,论文第十一章首先阐述了南非法院承认和执行外国法院判决的一般要求;然后对南非普通法和成文法中有关外国仲裁裁决的承认和执行的规则和规定进行了探讨。论文对南非国际私法的特色作一简单概括,对南非国际私法的发展趋势作了初步分析,并对南非国际私法给中国国际私法在立法和司法方面带来的启示进行了探讨。

关键词:国际私法　管辖权　法律适用　南非

2077

德国国际私法的欧洲化 / 邹国勇著 ; 黄进指导. -- 武汉大学, 2005. -- 235 页

本文采用历史分析、比较法、注释法学、演绎法等方法,以欧洲联盟国际私法统一化为背景,从法律渊源尤其是国际私法立法的角度,主要从国际合同法、国际破产法和国际民事诉讼程序法三个方面对德国国际私法欧洲化进行了比较系统和深入的研究。论文包括六章和一个结语。论文第一章重点阐述欧洲联盟国际私法的统一化及其与德国国际私法的关系。第二、三、四章分别从一般国际债务合同、国际消费者合同、国际保险合同三个方面阐述了德国国际合同法的欧洲化问题。第二章主要对《罗马公约》的制定过程、发展背景和主要内容进行了阐述,并在此基础上论述了《罗马公约》在德国的实施过程和效果。第三章从国际消费者合同法律适用规则的角度阐述了欧洲联盟统一国际私法对德国国际私法的影响。第四章为"德国国际保险合同法的欧洲化"。建立单一保险市场,扩大本国在欧洲共同体内的保险服务市场,是欧洲联盟及其成员国进行保险立法的主要目标。第五章为"德国国际破产法的欧洲化"。第六章主要从国际民商事管辖权、外国法院判决的承认与执行、域外送达、域外取证以及诉讼费用救助等五个方面阐述德国国际民事诉讼程序法欧洲化问题。

关键词:国际私法　欧洲一体化　欧洲国家联盟　德国

政治学理论

2078

中国中关村科技园区与东亚国家和地区科技园区发展及公共政策的比较研究 / 白万基著 ; 严强指导. 南京大学, 2005. -- 148 页

本文围绕"中国中关村科技园区与东亚国家和地区科技园区发展及公共政策的比较研究"这一问题,从公共政策的本质、特点与结构,科技园区的基本理论、类型与模式、运行机制开始分析,选择韩国大田大德科技园、日本东京筑波研究园、中国台湾新竹科技园、新加坡肯特岗科技园的发展特点及公共政策作为对象,与中关村科技园进行比较,基本结论是,公共政策的创新是加快中关村发展的关键。论文共分为六章。第一章绪论,说明研究动机与目的、研究范围、研究架构与资料来源、研究方法与限制。第二章文献回顾,讨论公共政策与科技园区的相关文献。第三章国外科技园区的公共政策研究,综合分析这些国家和地区的科技园发展的公共政策的经验。第四章中关村科技园区的发展现状,分析与东亚发达科技园区的主要区别。第五章中关村的公共政策现状及问题研究,

并与东亚发达科技园区进行比较,分析目前存在的问题。第六章结论与建议,提出公共政策的创新是加快中关村发展的关键,并对中关村的发展的战略定位与公共政策改进建议进行探讨,最后展望未来中关村的发展前景。

关键词:经济开发区　高技术园区　公共政策　东亚　中关村

2079

从古典到现代 :罗伯特·达尔民主理论研究 / 包雅钧著 ; 许耀桐指导. -- 北京大学, 2005. -- 113 页

本文通过系统清理罗伯特·达尔多元民主理论的方法论和具体理论内容,特别阐明了社会对于国家民主制度建设的积极作用和不利影响,比较了多元民主理论与古典民主理论及当代西方各种民主理论的差异,说明了多元民主理论在整个民主理论中的地位,对该理论作了一个系统的评价,对多元民主理论作了批判,并阐述了对国家社会研究模式中一些薄弱环节的理解。论文介绍了达尔民主理论研究的方法论背景,分析了达尔的多元政治理论。达尔通过批评麦迪逊式民主和平民主义民主,说明原有的理论不能给出现实以科学的解释。论文分析了达尔的多元主义理论即关于社会组织及文化的论述,认为多元主义是指多元的社会组织起到了权力制约的作用,是实现民主的必要但不充分条件,并特别提出了经济民主论。论文分析介绍了达尔民主理论关于现实中民主政治体制的论述。这包括他对传统宪法机制的定位——它与社会组织相比次要但仍有用。达尔还重点分析了规模尤其是国家组织结构对民主之实现的影响,认为美国立宪民主制度在历史演进中体现了不民主的因素,提出要加强民主。论文回顾分析了达尔民主理论的理论地位,主要是他对于古典民主理论的批评、继承与发展;他与当代其他各种民主理论的交锋。论文对达尔民主理论做了总体评介,说明了其在西方政治民主理论中的地位。论文坚持用马克思主义的立场对达尔所涉及的国家与社会之关系加以批判,说明西方理论对于我国实际民主建设的适用性问题——既要注意其中的有益之处,也要注意剔除其糟粕。论文阐明了国家——社会二分法在政治学理论研究中的若干不足之处,指出政治学中民主理论研究在当代呈现出来的理论变化取向,以及我国应如何对待民主的问题。

关键词:达尔(Dahl,Robert ALan 1915 ~),　民主　多元主义

2080

当代中国监督政府机制研究 / 蔡林慧著 ; 张永桃指导. -- 南京大学, 2005. -- 167 页

本文以辩证唯物主义和历史唯物主义为理论和方法论指导,运用结构与功能分析法,分析权力机关、执政党和民主党派、司法机关、社会舆论、人民群众等主体对于行政权力监督的不足及其机制性缺陷。论文认为,与现存政治结构相对应,每一结构主体都拥有各自的监督功能,但从实际的动态过程看,结构与功能并不总是协调的,诸多的监督主体对于政府的监督并非总能实现,监督的程序、监督的重点、多种主体监督的协调都存在着一定的问题。全文分为导论和六章,共七个部分。导论部分主要介绍本选题的意义和缘由。第一——三章,主要从监督政府的基本理论、中外有关监督政府机制的历史演变过程及新中国监督政府机制的发展过程等方面,从历史和学理的角度来诠释监督政府机制及其构成,监督政府的法理依据及性质。第四章至第六章是本文的重点。第四章系统分析了监督政府机制的结构,这一结构从监督政府机制运行主体、客体两个方面去分析。第五章除了对监督政府机制进行结构分析以外,还从过程和功能两个方面进行了分析。第六章针对监督机制的结构、过程和功能中所存在的问题,提出了完善监督政府机制的途径。

关键词:国家行政机关　行政管理　权力监督

2081

马克思恩格斯关于资本主义政治制度的批判理论研究 / 曹峰旗著 ; 方世南指导. -- 苏州大学, 2005. -- 109 页

本文评价了当前马克思恩格斯政治理论研究中的两种倾向,即认为马克思恩格斯没有政治理论或把他们的政治理论等同于无产阶级专政理论,分析了马克思恩格斯关于资本主义政治制度的批判理论对他们理论体系形成的作用和影响以及这一理论在其整个理论体系中的重要地位。论文认为,从马克思恩格斯政治理论的基本内容,即分析资本主义政治制度的批判理论基础——阶级理论和国家理论出发,把马克思恩格斯对资本主义政治制度论述归纳为资本主义政治制度的产生、资本主义议会制度、资本主义选举制度、资本主义政党制度。论文从现代政党理论的角度,分析了马克思恩格斯政党理论产生的背景,以及马克思恩格斯关于资本主义政党制度的主要观点,主要包括资产阶级政党的本质与功能、资本主义政党的

发展与变化以及资本主义政党制度主导下的无产阶级政党状况。论文以理论创新为视角分析了马克思恩格斯关于资本主义政治制度批判理论中的历史唯物主义与辩证法两种主要方法论及其实践性特点，总结了它的批判性与时代性的理论特征以及对当代中国政治理论创新的启示，从社会主义经验与教训和资本主义自身发展两个角度，论述了马克思恩格斯关于资本主义政治制度的批判理论的时代意义以及对于做到“四个如何认识”的方法论价值。

关键词：马克思（Marx, Karl 1818～1883） 恩格斯（Engels, Friedrich 1820～1895） 资本主义制度

2082

论中国转型发展中行政指导的危机与重构：以国家与社会的平衡关系为理论视角 / 曹静晖著；王彩波指导. -- 吉林大学，2005. -- 256页

本文以国家—社会关系为理论视角，运用历史分析与比较分析相结合、规范分析和经验分析相结合的研究方法，力图构建国家—社会与行政指导之间互动关系的论述框架，并在此框架内对行政指导的发展和模式作时间上的分析和空间上的比较。论文认为行政指导不仅仅是一种政府行为方式，而且是在国家与社会互动过程中产生和发展的，是体现国家——社会互动机制的制度设置。在现代社会，行政指导的设立和运行应以国家、市场与社会之间的平衡为基础，以实现公共权力与个人权利的平衡为目的。论文从国家—社会角度来阐释行政指导，以期拓展行政指导研究的理论视野。通过国家—社会关系理论的引入，在对行政指导进行系统分析的基础上，论文从基本原则、路径选择等方面为中国行政指导制度的完善提供了一些有益的参考。

关键词：行政管理 国家 政治制度

2083

治理的兴起与政府合法性重建 / 曹任何著；周光辉指导. -- 吉林大学，2005. -- 152页

治理的兴起是对政府在提供公共产品与公共服务方面的低效的回应，它契合了公众对公共事务管理效能的诉求，其目的在于享受更多更好的公共产品。政府的合法性危机，是治理理论及其实践兴起的直接原因。治理具有浓厚的工具理性色彩。治理的目的就在于力图通过新的思路和手段达成社会资源的最佳配置，以创造相对较好的经济绩效。治理的实质合理性表现为对民主价值的诉求。政治民主是治理理论兴起的政治前提，治理是对政治民主传统的扬弃，既肯定了政治民主的本质内容，又是对当前政治民主的代议制民主制实践形式的超越。第三部门以追求公共利益最大化为目标，其提供的产品具有公共产品或准公共产品的性质。治理还试图超越政府——市场的对立二分法，认为除了政府与市场之外，还有一种重要的经济制度安排，即第三部门。市场经济是第三部门得以发展壮大的前提与基础，第三部门的发展壮大反过来又可以促进经济的市场化、促进经济的健康发展，这一点在缺乏第三部门的历史传统但又面临公民社会与经济共同发展的国家表现得尤为明显。治理可以视为某种程度的去中心化过程。在政府系统内部的权力格局重新分配中去中心化则体现为上级政府向下级政府放权和地方自治。政府系统内部的去中心化是公共产品与公共服务的供给由中央层级向地方层级的由上而下的位移。从政治合法性的角度来分析探讨治理兴起的必然性与意义对处于政治、经济、社会转型期的中国有着很强的借鉴、启示意义。

关键词：公共管理 行政管理 政府职能 公共服务

2084

政府在社会信用体系建构中的责任研究 / 陈楠著；李德志指导. -- 吉林大学，2005. -- 197页

本文在马克思主义理论指导下，在对西方信用制度进行分析与反思的基础上，探讨中国政府在社会信用体系建构中的责任和作用。论文以政府信用与政府责任为研究视角，提出了以政府为主导建构社会信用体系，及政府在社会信用体系建构中应担负自我责任与他我责任两类责任的观点。运用经济分析、语义分析、历史分析、比较分析等方法，探讨了信用、社会信用体系及政府信用的本质、功能等问题，力求为市场经济条件下中国社会信用体系的建构提供思路。文章的主体分为六章四个部分。第一部分首先阐明本研究课题的理论意义与实践意义。第二部分论述了政府在社会信用体系建构中的一般责任。第三部分论述了政府在社会信用体系建构中的自我责任即政府信用问题。第四部分包括第四、五、六章，分章论述了政府在社会信用体系建构中的主要他我责任，即道德规约责任，市场规范责任，法律规制责任。完善的信用道德建设是构建社会信用体系的有力支撑。在市场经济条件下，明晰的产权界定也是社会信用制度的基础之一。法律是社会信用的重要保障。最后，

论文提出了作者所认为的政府在社会信用体系建构中应担负的其他一些责任,并提出必须认识到政府责任的限度。

关键词:信用　市场经济　政府责任

2085

中国民办教育政策分析 :以民办教育促进法及其实施条例为例 / 陈秋苹著 ; 严强指导. -- 南京大学, 2005. -- 127 页

本文立足规范分析,揭示政策、法律的外在冲突和制度安排的内在矛盾,指出:民办教育立法如果不在全社会的法律体系化中、民办教育如果不是真正嵌入教育社会共同体中,任何民办教育政策可能只具有内部合理性而无外部有效性。全文分为六个部分。第一部分导言,陈述《中华人民共和国民办教育促进法》、《民办教育促进法实施条例》的基本价值观。第二部分教育法的结构和原则,揭示了民办教育促进法的实质正义和程序拟制、自由主义和国家主义教育理念的冲突和融合。第三部分新体制生成中的政策选择:自由主义还是国家主义,自发秩序还是组织秩序,政策选择面临权利与权力、意识形态和经济因素、政治利益和经济利益等两难问题。第四部分教育产品的属性提供,探索了在教育社会程序复杂、考试制度没有完整的筛选能力的情况下,新体制生成的原则和标准。第五部分民办教育的决策效率分析,认为目标的多样性、主体的多元性、成本的复杂性、资源的分散性考验着决策效率。第六部分教育社会道德共同体构建,提出民办教育政策的目标既依赖具体的激励和约束机制,也需要理想化的价值追求。

关键词:民办教育　教育政策　行政法　民办教育促进法

2086

行政价值体系的历史——生态研究 :以美国中央政府行政价值体系的历史生态过程为例 / 陈世香著 ; 傅明贤指导. -- 武汉大学, 2005. -- 220 页

本文的基本出发点在于对行政价值进行研究,关系价值论构成了本文研究的基本理论依据。根据该理论,价值是特定价值主体的需要与特定价值客体的自身属性之间的肯定或否定关系。相应地,行政价值是行政价值主体需要与行政价值客体固有属性在行政管理实践过程中达成的一种肯定或否定关系。论文的研究目的正是要对特定行政价值体系与其外在环境之间长期演变过程,也就是特定行政价值体系的历史进程进行纵向对比研究,试图寻找出可能存在的一般运行原理或说运行规律。论文的基本思路在于,选择美国中央政府行政价值体系作为进行行政价值体系历史——生态研究的典型对象,通过对该体系的历史——生态演变过程进行实证分析,在对几个基本理论假定进行经验证实的同时,试图探寻特定行政价值体系在历史演变过程中得以形成的可资借鉴的价值发生机制以及这些机制的形成机制,并最终为进行理论总结提供理论与实践依据。

关键词:行政价值　行政管理　中央政府　生态学　美国

2087

政治、政治世界与新政治学 :汉娜·阿伦特的政治观 / 陈伟著 ; 李强指导. -- 北京大学, 2005. -- 214 页

汉娜·阿伦特是20世纪西方政治思想史上一位独具个性的伟大思想家。论文认为,阿伦特从对极权主义经验的理解和批判出发,阐发了她对政治的理解。她区分政治与支配、政治与社会,指出真正的政治经验是自由平等的公民之间沟通行动的生活。这种政治生活与人的自由、人生意义、美、公共快乐密切相连。阿伦特对政治的理解植根于她对人的理解:她反对从人的自然天性去理解政治,强调人的现象,指出要基于人的创生性、世间性、多样性等基本生存境况去构建美好政治生活。论文认为,阿伦特从政治的制度前提、美德基础、心灵之维三个方面对政治世界的创建与维系这一主题进行了阐述。阿伦特阐发了宪政主义以及议事会制度的思想,提出了一种综合联邦主义和公民政治生活二者的制度设计,强调公民应当培养如下美德:参与政治生活的“勇气”、政治生活中的“宽恕”与“承诺”、给世界的“爱”。论文认为,阿伦特为我们提供了一种新政治学或曰“纯粹政治学”的基本图式。她的新政治学注重实际经验,注重人物与事件之特殊性,可谓具体的政治学;充分运用多种方法,形象生动地描述政治现象和经验,寓深刻的哲理于叙述之中,可谓诗性的政治学;将公民文化之培养、公民责任之激发作为政治学的任务,可谓美德的政治学;力陈政治之自主性,可谓纯粹的政治学;倡导理解与对话,不以构建封闭的理论体系为目的,可谓开放的政治学。论文认为,她的立场介于现代自由主义与古典共和主义之间,并更多地接近古典共和主义政治传统。阿伦特的政治意图可以概括为:通过复兴共和主义式的政治生活来抵御现代社会极权化的危

险,以便走出时代的困境,开创美好未来。她的政治理论被当地称为“独具个性的古典共和主义”。阿伦特的政治观有其自身的局限性,但她为当代西方政治思想做出了重要的贡献,有着深刻而广泛的影响。

关键词:阿伦特(Arendt, Hannah 1906～1975) 政治思想 新政治学

2088

媒介垄断与文化渗透 : 冷战后美国传播霸权研究 / 程雪峰著 ; 王家福指导. -- 吉林大学, 2005. -- 187 页

本文通过对美国“软权力”、媒介垄断及文化渗透等方面的论述,建立起对美国传播霸权的研究框架,分析了美国传播霸权的效能。论文认为,冷战后,美国的霸权不仅表现在经济和军事上的优势地位,更表现在美国的意识形态、价值观念和生活方式对全球的影响和渗透上。确切地说,表现在美国“软权力”的扩张上。软霸权已成为时代的“焦点”,而其背后传播霸权的推力也彰显出战略价值。论文指出,20 世纪末以来,美国在全球形成了庞大的传播体系,信息文化单向流动的问题愈加严重。发展中国家在世界传播体系中处于从属和被支配的地位,信息主权和民族文化面临着冲击。对于中国来说,大众传媒的发展战略应变被动防守为主动出击,积极参与国际竞争,并加大对外信息文化的传播力度。

关键词:传播媒介 霸权主义 文化侵略 美国

2089

调和与制衡的二重变奏 : 西方混合政体思想的演变 / 储建国著 ; 谭君久指导. -- 武汉大学, 2005. -- 211 页

本文以混合政体的视角来观照西方自古以来的政体思想,将宪政民主视为混合政体的一个变种,探讨混合政体思想及其流变。论文认为,古代混合政体思想包括古希腊罗马和中世纪两个时期。第一章讨论了古代希腊罗马时期的混合政体思想。第二、三章讨论了中世纪的混合政体思想,现代混合政体思想包括形成、挑战与发展几个环节。第四章描述了在走向现代的过程中,意大利、荷兰和英格兰在混合政体实验方面所取得的转换性成果。第五、六章讨论现代混合政体思想的两大内容:一是国家治理权与所有权的分离,它是通过代议制度来实现的,二是国家治理权的分解,它是通过职能分析来实现的。第七、八章讨论两种非主流混合理论对现代标准混合理论的挑战。第九章讨论现代混合政体思想的一次发展,这是由美国联邦党人来完成的。结语部分再次指出了这项研究的中心目的:探讨古代与现代混合政体思想之间的传承与演变的关系,弥合古代与现代之间被夸大了的鸿沟。

关键词:政治思想史 政体 政治制度 西方国家

2090

论当代中国行政监督 / 崔剑仑著 ; 陈秉公指导. -- 吉林大学, 2005. -- 201 页

行政监督是指国家机关、政党、社会团体和公民等主体依照该国法律对国家行政机关及其工作人员的行政行为进行全面的监察、检查、督促和指导。近现代西方行政监督的理论,源于启蒙运动中权力制约与监督的理性思索。在近现代的西方国家政权变革与重组中,又出现了分权制衡论,行政科层制等理论。在当代,西方行政监督理论研究日益深入,产生了许多新的理论和思潮。本文认为,我国的行政监督是在马克思主义监督理论指导下建立和发展的。其根本理论是政府公务员是“人民的公仆”及人民监督的思想。列宁在继承和发扬马克思、恩格斯监督理论的基础上提出,广大民众参与式管理的理论,并将其制度化,形成操作模式。在中国革命和建设实践中,毛泽东、邓小平等几代领导人提出并实践了有中国特色的社会主义民主监督理论。奠定了我国行政监督的理论基础。我国行政监督的发展历程大致经过了两个阶段:第一阶段是行政监督体制的建立阶段。第二阶段是行政监督体制的恢复和发展阶段。新时期必须在马克思主义行政监督理论的指导下,建立和完善我国的行政监督体系。首先,应完善行政监督的内容体系;其次要完善行政监督的制度体系;再次,要完善我国社会主义行政监督的实施体系;第四,在完善上述三种监督体系的基础上,还应着力加强行政监督保障体系的建设。

关键词:行政管理 行政监督 国家行政机关

2091

政府职能、国家权力与社会发育 : 当代中国行业协会的政治学研究 / 董亚炜著 ; 林尚立指导. -- 复旦大学, 2005. -- 127 页

本文在归纳和梳理社会学提供的实证资料和具体案例,以及在分析历史文献的基础上,以行业协会发展的历史过程为基本线索,运用马克思主义政治学

理论,对行业协会产生和发展过程中的政府职能转变、国家权力转移、社会组织发展之间的关系进行了辩证、系统、动态的分析。论文论证了在建立社会主义市场经济体制过程中,政府利用行业协会这一经济和社会组织来实现其搞活国有企业、转变政府职能、调控社会等多重目标,行业协会则在政府实现这一目标的过程中不断地得以产生、发展和完善的互补与共生的内在逻辑关系。具体表现为:在政企分开和国企改革的过程中,"政府推动型"行业协会得以产生和发展。通过研究行业协会与国有控股公司间的关系来发现"政府推动型"行业协会的行为逻辑。"政府推动型"行业协会独特的行为逻辑导致了"政府推动型"行业协会成为行业垄断的一种组织形式。论文认为,行业垄断的改革要求政府职能进一步转变,政府职能转变为行业协会的进一步改革和发展创造了条件,行业协会的发展为政府职能转变提供了社会支撑。政府职能的转变使得政府的一部分权力向行业协会组织转移。行业协会行政化根源主要在于中国现存的行业协会等社团的"双重管理体制"。建议实现行业协会的组织转变,即实现行业协会从行政化的准官僚组织向真正的为会员企业提供服务的、自律性的行业组织的转变。

关键词:行业协会　政府职能　国家权力　政企关系　国企改革

2092

民族权利与国家整合 :以中国西南少数民族社会形态变迁为研究对象 / 付春著 ; 孙关宏指导. -- 复旦大学, 2005. -- 182 页

本文在比较全面地考察中国共产党民族政策和新中国民族工作的发展历程的基础上,聚焦于国家整合与民族权利保障之间的相互关系上,并将这个问题的研究落实在对西南社会形态变迁的历史考察中,用具体的历史逻辑来研究中国现代化过程中国家建设与少数民族之间的内在关系。论文研究了中华民族形成的历史逻辑以及中国迈向现代民族国家的历史基础和社会条件,考察了西南少数民族社会的传统形态以及中国在近代国家转型过程中所发生的变化;论文研究了中国共产党在探索解决中国民族问题和国家建设问题过程中形成的基本理论和基本实践,总结出中国共产党将国家整合与民族权利保障有机统一起来的理论基础和实践基础。以西南少数民族地区的实践为基础,论文研究了新中国建立后少数民族地区社会主义改造的历史过程和实际成果,分析了社会主义改造中以国家权力为基础的制度体系、治理体系和价值体系对少数民族传统社会原有的制度体系、治理体系和价值体系的替代过程,强调这种替代具有很强的国家整合效果。论文研究了在民族区域自治的制度安排下少数民族地区与国家之间的关系,考察了在这种制度安排下的少数民族的政治生活以及由此形成的政治意识,并由此说明以保障少数民族权利为宗旨的民族区域自治制度的国家整合功能。论文研究少数民族地区现代化的发展形态与实际后果,认为少数民族地区现代化对国家存在依赖,具有很强的国家整合功能;现代化发展直接冲击少数民族共同体的维系和发展,保障少数民族的文化权利,使其作为特定文化形态的共同体得以存续和发展,是力求实现统一性和多元性有机统一的国家整合的关键。论文还厘清了现代化、民族权利保障与国家整合之间的内在逻辑关系,认为,保障少数民族权利与国家整合的有机统一,是中国在建设现代民族国家中,妥善解决民族问题、促进国家整合的关键所在。国家的整合过程与国家维护少数民族的权利过程是有机统一的互动过程,中国的国家整合是不断维护少数民族权利的过程中得以实现的,而这个过程中的现实推动力量是中国的现代化发展。

关键词:少数民族　民族政策　社会形态　社会变迁　民族区域自治

2093

毛泽东的世界革命情结与抗美援朝决策 :中共对外政策中意识形态因素的历史考察(1944—1950) / 付平著 ; 张鸣指导. -- 中国人民大学, 2005. -- 133 页

本文试图通过对 1940 年中共对外政策和行为的追溯,以国际关系理论中的建构主义视角与历史学的考察方法相结合,进一步考察意识形态因素在中共对外政策中发挥的巨大作用,进而揭示毛泽东的"世界革命"情结与抗美援朝决策之间的必然性与内在逻辑。论文的导论部分主要介绍研究目的和相关研究成果与现状,以及本文的研究视角与方法。第一章从抗战时期回溯中共与美国的接触与和解努力,论述这一努力背后"双面政策"的核心实质,进而揭示双方面临的意识形态鸿沟在共同的敌人消失后就会不可避免地凸现出来。第二章回顾了中国内战中中共与美国对抗与敌意的加深进程,并对毛泽东这一时期针对美国形成的"纸老虎"理论、"中间地带"理论以及"两大阵营"观进行了分析,进而揭示对美缓和此时在毛

泽东的头脑中就已经彻底消失。第三章通过对新中国成立前夕中共对美奉行的“不承认”政策的分析，阐述深深植根于毛泽东内心深处的革命情结和浪漫主义气质，并从中发掘新中国对外政策中基于反帝使命的“外张性”和对东方国家革命的历史使命感。第四章通过大量历史资料介绍中共与朝共在长期历史中的互动合作情况，进而揭示两者双向意义上的“唇亡齿寒”关系。第五章通过对毛泽东在朝鲜战争爆发之前所处角色和行为以及战争爆发后一系列精心准备的回溯，论证毛泽东后来的出兵决策显然是对社会主义阵营承担国际主义责任和义务的因素在起着主导作用，是其“世界革命”情结和信念下的必然逻辑。

关键词：中国共产党　毛泽东（1893～1976）　对外政策　抗美援朝战争　意识形态

2094

国家兴衰中的制度创新：以古罗马共和制时期制度蜕变与成吉思汗时期制度创新为例 / 谷宏大著；谢庆奎指导. -- 北京大学, 2005. -- 123 页

本文批判地吸收了政治学中的新制度主义理论，以新制度主义方法作为研究背景，将新制度主义关于制度涵义、制度形成、制度改革和制度变迁的一些基本观点和理论融入对古罗马共和制时期制度蜕变和成吉思汗时期制度创新的分析之中，从制度创新特别是政府制度创新角度，对“国家兴衰中的制度创新”进行了分析研究。论文在对新制度主义关于制度和制度创新涵义进行阐明的基础上，提出了制度创新与国家兴衰间的相互作用与影响关系的四个假设，即制度创新导致国家的兴起、制度创新导致国家的衰落、国家兴起时的制度创新往往是出于现实的需要而进行的、国家衰落时期的制度创新很难从根本上挽救国家衰败的最终命运。论文以“古罗马共和制时期制度蜕变的研究”作为一个分析案例，阐述了古罗马共和政制的基本内容，对其蜕变为元首帝制的原因以及所造成的对罗马帝国国运兴衰的影响进行了分析。论文以“成吉思汗时期制度创新研究”作为分析案例，对成吉思汗建国时的全面制度创新进行了分析，剖析这种创新对蒙古帝国兴衰的影响。论文认为：制度创新对国家兴衰具有双重作用；国家兴衰对制度创新具有双向作用；制度精神与价值比制度内容与形式更能影响国家的兴衰；对推动国家兴起的制度创新要注意其消极影响；制度创新要注重制度的精神与价值；制度创新要注意制度的基本稳定性（刚性）和灵活性（弹性）等。

关键词：政治制度　制度创新　罗马共和国　帝制　成吉思汗（1162～1227）　比较政治学

2095

东盟自由贸易区的政治经济分析 / 郭宏著；王正毅指导. -- 南开大学, 2005. -- 194 页

本文运用国际政治经济学的分析方法，系统分析了全球化与国内政治之间的互动关系在东盟自由贸易区建构过程中的作用。论文认为：全球化是东盟经济地区主义的触发和推动力量，地区主义的最终形态则受制于国内政治的性质；正是全球化与国内政治经济之间的相互作用使东盟经济地区主义展现出一种复杂的形态。论文指出，东盟自由贸易区计划是东盟国家关注增长和分配紧迫性问题、以维护精英统治及其合法性而设计的一个关键政策工具。投资转移对增长和政权稳定的威胁是东盟国家通过 CEPT 项目构造单一地区市场的动力；投资自由化项目则是在跨国公司日益主导的世界里，东盟国家集体确保国内资本生存的重要工具，实质上体现了一种国家对分配的关注；而且，当国家寻求保护一些政治上重要的社会集团和国内企业的利益时，政治精英对分配的重视超过了对增长的关注，这是阻碍地区一体化进程、导致区域内国家间冲突的根源。

关键词：自由贸易区　经济一体化　国际政治　地区经济　东盟

2096

城市社会重构与新生国家政权建设：建国初期上海国家政权建设分析 / 郭圣莉著；孙关宏指导. -- 复旦大学, 2005. -- 198 页

本文以上海作为研究对象，通过原始档案资料细致考察了解放初期上海旧慈善团体、同乡会等社会团体的消失与居委会组织的创建，理论地再现了新中国国家政权在一个异质性程度极高的城市空间形成、发展并构建与自身相适应的社会基础的历史过程。论文提出二阶段的当代中国现代国家政权建设，认为在革命与现代国家政权建设的双重逻辑下，上海原有的商会等职业性社会团体被彻底推倒重建，代之以被纳入到国家体系之内的人民团体；而旧式慈善团体、公所、同乡会等救济福利性团体则由于其领导者被认为具有封建性，其组织被定位于封建团体而“自我淘汰”了。论文研究了上海城市基层社会结构的变迁，认为在同样的革命与国家逻辑双重作用下，新政权展开了对上海里弄空间社会组织及基础的全面而彻底的清

除，并在此基础上建立的国家政权的城市基层组织——居委会。论文认为改革开放后，在市场经济的基础之上，第二步的国家政权建设必须使现代社会充分发育，其核心点之一就在于建立社会自我服务的社会体系。没有社会体系的充分发育，现代国家不可能建立起来。

关键词：地方政府　社会结构　居民委员会　政权　上海市

2097

南京国民政府训政体制的建立与前期演化 / 韩英军著 ；张鸣指导. -- 中国人民大学, 2005. -- 165 页

本文通过对南京国民政府训政体制的描述与评论，研究中国现代化和政治发展的独特道路。绪论说明了选题的价值和研究方法，对训政体制作简明的阐述，并且对既往的研究成果作一概述。第二章论述训政的必要性和理论来源即孙中山的训政构想。第三章对训政的前一阶段即军政时期的政治秩序作以考察。在军政时期国民党已尝试建立党治下的政治秩序，政府、军队建制有所发展。国民党集权模式建立。国民党政府由国民党以委员合议制方式组织。国民党政府军事委员会统帅军权。国民革命军走向制度化建设。党军制度是突出特点。蒋介石军事集权崛起。但是诸多制度创新并不稳定，还有待于在以后的实际政治斗争中检验其制度化、稳定化与实践可行性。第四章论述训政体制的建立。在国民党的训政体制下，宪政、民主化进程实际上已被阻断了。第五章论述训政前期的训政体制的演化。第六章对训政时期的社会、经济、文化、法制建设加以论述，国民党的统治中央强下层弱，保甲制、思想文化党化控制、舆论钳制不会有预期的效用。训政阶段逐渐建立国家资本主义的法制体系，促进了法制化进程。结论部分对训政体制的总体情况加以总结和评论。

关键词：南京国民政府　政治制度　训政　宪政

2098

中国电子政务建设的政治学透视 / 侯康超著 ；方世南指导. -- 苏州大学, 2005. -- 123 页

本文对与电子政务相关的政治现象进行了唯物辩证的、历史的观察、分析、解释和研究。论文认为，电子政务是现代高科技和政治学联姻的新生事物。科技发展和政治改革催生了电子政务，电子政务的目标体系由技术目标体系和政治目标体系构成。国家通过运用和整合现代信息技术和电子技术，构建电子政务的技术目标体系，包括电子政务的电子业务系统、内网平台、专网平台、外网平台和电子政务门户网站等。电子政务的政治目标体系包括处理具体政治事务、提高政治能力、促进政治发展三个基本的组成部分。论文认为电子政务促进政治现代化；扩大政治资源范围，整合全部政治资源；提高政治主体的智力、体力；促成组织结构的扁平化和严密性；提高应急应变能力；提高监管能力；提高公共管理和公共服务能力；保持和提高竞争力等等。电子政务的推行，丰富了政治参与和民族政治的手段和途径，出现了电子投票、知识管理、网上监督、电子民主、阳光政务等崭新方式，促进了政治发展。应当发展电子政务，加强社会意识形态的控制；直面数字鸿沟，弥合信息的不对称性和电子民主的不平等性；高度重视信息时代的军事、文化和电子政务的安全问题。电子政务的安全关乎国家利益，我们必须有意识地通过技术保障、安全防范机制、相关法律法规等途径建设一个安全的电子政务运作环境。论文认为，电子政务的推行给政治学的发展带来了机遇和挑战。电子政务是形式和内容的统一体。电子政务是科学性政治行为，是服务性政治行为，是法制性政治行为。电子政务标志着传统政治学向现代政治学发展的新阶段和新形态，使政治学的研究对象、研究手段和研究方法等都产生了革命性的变革。论文认为既要重“电子”，更要重“政务”，要用电子政务理论构建出明确的电子政务建设的战略地图，使电子政务理论和电子政务实践紧密结合起来。

关键词：电子政务　政治学　行政管理

2099

理想的诉求与没落：儒家政治秩序理论的现代视角研究与考量 / 胡锐军著 ；宝成关指导. -- 吉林大学, 2005. -- 338 页

本文选择了从政治秩序的角度来重新解读、审视和考量儒学，进而分析儒学如何能够长存又如何最终没落的缘由，并对其如何实行现代转向进行试探性的构想。论文分为绪论和正文两部分。绪论部分首先对近代以来百余年学术界对儒学研究的历史境况进行了简要的回眸和反思。正文共分七章。第一章对政治秩序的内涵及儒家政治秩序理论的内容作了具体分析和宏观概述。第二章对儒家政治秩序建构的现实和理论根源进行了分析。第三章对儒家政治秩序的价值目标及其合法性基础进行了分析和论述。第四章对儒家政治秩序理论及其样式的演变和它们

的共性政治秩序结构进行了分析。第五章对儒家政治秩序的作用机理及其具体矢量的运作功能进行了具体解析。第六章对儒家政治秩序理论进行了全面的审视和考量。第七章对儒家政治秩序理论现代转向的缘由及其原则、路径、内容进行了分析和论证。最后在论文的结尾部分作者用了简短结语,对论文的整个论说及儒家政治秩序理论进行了整体性和前瞻性的总结。

关键词:儒家　政治思想　德治　礼治　仁治

2100

社会保障制度及其政治价值原则研究 :以社会正义为视角 / 胡威著 ; 韩冬雪指导. -- 吉林大学, 2005. -- 222 页

社会保障制度是一个具有重大理论价值的研究课题。全文除导论和结语外共分为五章。第一章社会保障制度的发展历程与价值定位。论文认为,真正现代意义上的社会保障制度应该从德国俾斯麦政府1883年实行强制性社会保险算起,它突破了穷人救济的范畴,使社会保障成为工业社会的基本制度。社会保障制度作为一项宏大的公益性事业和极其重要的“社会安全工程”,它的产生和发展有着深刻的理论基础。从庇古到凯恩斯,西方福利经济学改变了传统古典经济自由放任的观点,为社会保障制度的产生与发展提出了经济学的理论支持。作为社会保障制度的价值原则,社会正义也经历了一个从抽象概念到具体内涵,从理论探讨到政治实践的发展过程。第二章社会保障制度价值理念分歧与不同模式选择。主要分析古典自由主义和社会民主主义两种主要思潮的福利价值观。基于上述价值选择,本文将战后社会保障制度模式划分为三类:注重社会平等、崇尚经济自由、均衡与调和。第三章现代福利国家危机与社会正义原则的争论,认为罗尔斯与若齐克的争论反映了他们在福利价值取向上的个人自由与社会平等的分歧。自由至上主义的正义原则和福利价值观在经济和社会领域的延伸体现在新右派对福利国家的攻击与改革上。第四章分析了社会民主主义“第三条道路”及其福利国家政策。第五章分析了社会正义与我国社会保障制度的现实课题。

关键词:社会保障　正义　福利国家

2101

国家公务员复合利益均衡激励理论及其运用研究 / 蒋硕亮著 ; 施雪华指导. -- 武汉大学, 2005. -- 219 页

系统研究公务员的激励理论与机制在我国现阶段有重大意义。论文认为,马克思主义的利益理论是有关人的激励理论的基石。把利益作为人民行动的最有效动因要比把需要作为人民行动的最有效动因更科学。如果进一步分析,复合利益均衡激励理论比一般利益激励理论更科学。一般利益激励理论无法解决各种利益主体之间的矛盾和冲突,而复合利益均衡激励理论引入了利益博弈机制,较好地解决了这一问题。用复合利益均衡激励理论来检视当前公务员的管理机制,就会发现在公务员管理的几个重要环节,存在或大或小的激励不足和激励不均衡的问题,这需要我们在公务员管理的重要环节重塑公务员激励机制。要使国家公务员的个人利益、国家利益以及社会利益达到较高水平的均衡,在国家公务员的管理中要切实做好的两个关键环节是:国家公务员的工资制度、国家公务员的考核制度。针对国家公务员管理内在激励和外在激励失衡的问题,论文提出运用复合利益均衡激励理论来重塑国家公务员职位分类机制。为改变普遍存在的重视公务员的物质利益激励,轻视公务员的精神利益激励现象,论文提出的对策是完善国家公务员功绩升降制和竞争上岗制。为改变当前国家公务员的管理中出现的正激励与负激励失衡的问题,论文提出要以奖为主,奖惩并施。

关键词:公务员　公务员制度　激励　利益

2102

国家认同与对外政策 :冷战后朝美核争端的分析 / 金大洙著 ; 杨炳章指导. -- 中国人民大学, 2005. -- 217 页

冷战结束后,朝鲜半岛紧张局势并未得到缓解,朝鲜半岛南北僵局始终是困扰东亚和平稳定的重要因素。朝美关系及朝美两国内部政策的变动是造成这一困局的主要原因,本文的探索将为解决半岛问题提供有益借鉴。全文共分为六章。第一章将论文的研究目的、研究现状、理论背景及分析构架作一梳理。第二章说明了论文的理论背景,并以此为基础提出分析框架和研究假设。根据分析框架对朝鲜的安保环境和对美政策的决策构架进行描述。第三章主要阐述朝鲜的安保环境和对美政策的决策架构。第四章与第五章着重分析以朝鲜核危机为中心的两个时期,以及这两个时期中朝美双方政策的变化和导致这一政策变化的原因和这一政策变化的双边影响。第四章通过对第一次核危机过程的论述,分析朝美两国的

认同对外交政策的影响。第五章主要论述从日内瓦协议到2005年初的朝美关系。第六章是本文的结论部分,通过综合正文分析的结果,重申了由此产生的理论、政策的意义与本篇论文留下进一步可研究的课题。通过前五章的分析,论文提出:第一,行为主体的物质环境恶化时,它调动的外交手段集中在文化环境方面;第二,行为主体间文化环境对立时,行为主体的政策喜好从以权力为主的现实主义考虑转为以决策双边后果为主的博弈游戏;第三,行为主体与结构关系中,以认可行为主体的认同为前提,结构利用利益变量有可能控制认同变量。

关键词:对外政策　核武器问题　朝鲜　美国

2103

在权利与功利之间 : 近代自由主义视域中的休谟政治哲学 / 靳继东著 ; 王彩波指导. -- 吉林大学, 2005. -- 212 页

全文共分五章。第一、二、三章以休谟与权利自由主义和功利自由主义之间的联系、区别为主题,按照人性——正义——政府的逻辑结构分析和阐述休谟政治哲学的结构、内涵、特征。第四、五章分别探讨了休谟与近代自由主义的自由观和国家观之关系,并对休谟政治哲学的现代影响和价值作初步评估。论文首先指出休谟人性理论对政治哲学的根本价值,并强调批判不是休谟的最终目的,而是他获得科学的人性知识的途径。休谟寻求一种能够科学分析人性的理论框架,并在此理论框架内批判当时两种颇具影响的人性观念,即中古传统目的论和近代自然权利论对人性的基本认识。正义理论是休谟政治哲学的主要部分。通过对休谟正义理论的详尽分析,论文实际上回应了学术界长期以来对休谟政治哲学的一种误解,即休谟仅仅是一位社会契约论的批判者,而没有相对完整的理论构架。政府权威的必要性和有限性是休谟政治哲学的逻辑结论,但是休谟反对洛克的契约理性逻辑,认为这会在现实政治生活中埋下支持革命的隐患。自由是近代自由主义的核心概念。在分析休谟政治哲学的结构和主要内容基础上,第四章对休谟与近代自由观的关系进行分析。在自由的知识基础上,休谟指出,政府建立在信念之上,而这种信念之基础并不在于人的理性,而是在于人在利益基础上形成的情感、信念。第五章对休谟与近代自由主义国家观之关系进行了总结。

关键词:休谟(Hume, David 1711～1776)　自由主义　政治思想　权利　功利

2104

中国非公有制经济政策的演进 : 基于合约的分析 / 李风华著 ; 王浦劬指导. -- 北京大学, 2005. -- 145 页

本文采用合约理论作为分析工具,引入中央政府与地方政府的区分,将中央政府视为道德博弈的场所,而生命博弈的内容则界定为地方政府与私人的互动,分析了中国非公有制经济政策的演进。论文将非公有制经济政策的变迁分为四个逻辑阶段,第一个阶段是最初非公有制经济在法律上不被承认的时期,最初的社会契约称之为原初契约,分析它的执行机制及其内在的矛盾,而这种矛盾最终促成非公有制经济的必然诞生。第二阶段是允许个体经济存在的阶段,个体经济是如何从一种权宜之计演变成一种长期的经济政策。以个体商业代扣代缴营业税为例,说明个体经济与政府之间的互动,分析指出,地方政府与个体经济至今存在着一个"猫捉老鼠"式的游戏,这种互动模式对于个体经济政策的演进具有重要的意义。第三个阶段将描述私营企业如何取得合法性的过程。指出私营企业最初仅仅只是一种私人安排,它并不具有合法性。当中央政府发现私营企业的时候,试图将它引导走向合作经济。但在生命博弈的过程中,私营企业与地方政府彼此间的互动构成了一种关系交易,这使得私营企业获得事实上的长期存在,中央政府发现,其最优的策略是承认私营企业的合法性。第四阶段的内容是非公有制经济如何从补充地位演进到成为社会主义经济的重要组成部分。中央政府在承认私营企业合法性的同时,对于私营企业的进入领域也给予严格的限制。而在生命博弈里,地方政府之间的竞争迫使各个地方政府竞相给予私营企业各种为中央政府所限制的进入权利,最终导致中央限制政策的失败,非公有制经济成为社会主义市场经济的重要组成部分。

关键词:非国有经济　经济政策　非公有制经济　中央政府　地方政府

2105

对政治认同的功能和资源分析 / 李素华著 ; 王邦佐指导. -- 复旦大学, 2005. -- 126 页

本文通过分析以往政治认同的研究文献,梳理政治认同的概念史,提出政治认同的涵义,区分了它与合法性的异同,得出政治认同研究的价值。论文认为,政治认同的功能是使政治思想得到认同,使公民

树立共同政治信仰目标；使政治体制得到认同，使政治组织及制度获得合法性，提高组织制度化的程度；使方针政策得到认同，使政治过程获得参与和支持，贯彻落实方针、政策。论文分析了认同的一般涵义和政治认同的基本内涵，辨析了政治认同与合法性、国家认同、文化认同以及认同政治等诸多概念之间的区别和联系，分析了政治的意识性资源、制度性资源和功绩性资源。关于意识性资源，论文论述了意识形态在政治认同中的地位和作用，阐析了意识形态作为政治认同资源的特征，分析了意识形态的连贯性、持续性和发展性使政治认同稳定；关于制度性资源，论文论述了社会公正在政治认同中的地位和作用，阐析了社会公正的原则，分析了如何通过社会公正的制度性建设促进政治认同；关于功绩性资源，则分析了经济发展在政治认同中的地位，论述了经济发展长期严重不平衡危害政治认同。论文强调要资源开发，以应对可能出现的政治认同危机。权力机构需要充分开发政治认同资源，构建运行机制藉以预防和应对危机的爆发，将危机化解于萌芽状态，或者在危机发生时快速地解决。

关键词：政治理论　政治认同　意识形态　社会公正

2106

国有企业制度变迁：从政企合一到分离 ：以江厂为个案的研究 / 李亚雄著 ； 徐勇指导. -- 华中师范大学, 2005. -- 171 页

本文以湖北省武汉市一家百年老厂——江厂为研究个案，从国家与社会关系的研究视角，考察了新中国建立以后国有企业的制度变迁。论文第一章概述了江厂从解放前的国营工厂到社会主义国营工厂的历史性转变，并在此基础上探讨了政企合一的国营工厂制度形成的原因。第二章从权力结构、组织结构、政治分化与政治动员四个方面剖析了政企合一的工厂体制。论文认为，从根本上说，国营工厂政企合一的性质反映了社会体制的性质，并且适应了特定的社会体制的需要。第三章对政企合一体制下的劳动及劳动者的状况进行了描述与分析。在政企合一体制下，国家主导了劳动关系，劳动者对企业的依赖实质上表现为他对国家的依赖。从另一个方面看，这种领带增加了劳动者的反向权力，使工人能够在一定程度上采取有利于自己的行动策略。第四章考察了改革以来江厂与国家关系的重构，分两个阶段阐述了江厂与国家关系的变化。一方面，国家仍然通过国有企业完成某些政治性与行政性的职能；另一方面，国家与国有企业之间的产权关系日益凸显出来。第五章从企业内部权力、劳动人事制度、分配制度、国企工人与企业、国家之间的关系四个方面考察了改革以来江厂内部的重构。结语部分对论文的主要观点进行了总结，并且强调从国家与社会互动演化的观点理解国企制度变迁与社会经济变革。

关键词：国有企业　经济体制改革　政企合一　政企分离

2107

现代城市社会福利事业的兴起、变迁与模式转换 ：以武汉市为个案的制度考察 / 李占乐著 ； 沈洁指导. 华中师范大学, 2005. -- 186 页

本文对近代以来主要是 20 世纪中国城市社会福利事业的兴起与变迁进行了考察研究。论文运用国家与社会/公共领域和社会福利学的理论，首先建立起适用于城市社会福利事业的理论分析模型，然后以武汉市为案例，对现代城市社会福利事业兴起与变迁的历史进行了制度性的考察和分析。论文主要按历史时期进行划分，除导论之外共分为七章，第一章论述了中国现代城市社会孕育、产生和成长的历史过程。首先从城乡分离的视角简述了传统中国城市的形成与发展；然后考察了研究案例武汉现代城市发展的历史过程，并分析了武汉近现代时期城市社会的总体特征。第二章考察了现代城市社会福利事业兴起的社会背景，主要包括历史背景、宏观背景和主观背景。分析了近现代社会福利供给的三大主体即国家、民间社会和西方教会参与或扩大福利供给的主观原因和思想动机。第三章考察了现代城市民国时期社会福利事业兴起发展的具体表现。第四章对民国时期的社会福利事业的具体的模式从两种理论视角出发进行分析。第一种视角分析社会福利事业之中国家与社会之间的结构；第二种视角运用社会福利学理论对福利事业进行模式分析。第五章考察了计划经济时期城市社会福利事业的变迁与模式。第六章考察了改革开放时期城市社会福利事业的变迁模式。第七章是基本结论、前景展望和政策建议。

关键词：城市发展　社会福利事业　武汉市

2108

近代西方转型时期自由主义政治思想研究 / 李忠林著 ； 高建指导. -- 天津师范大学, 2005. -- 108 页

17 至 19 世纪是西方现代化的重要时期，经历了

从革命时代向改革时代的过渡,在政治文化上,表现为权利政治观的衰落和功利政治观的兴起。论文论述了西方近代以前权利观念和功利思想的源流,分析了它们的精神内涵和表现形态,概述了近代以来西方世界在各个领域发生的革命性变化,剖析了在革命时代的社会背景下权利政治观的兴起,并从自然法思想和社会契约论两个方面探讨了权利政治观的特点、内涵和形式。论文分析了19世纪初西方世界进入改革时代后,在经济、社会、政治和文化等领域出现的新变化,面对新变化,权利政治观出现了实践和理论危机,而功利政治观适应了新的实践和理论要求,在批判权利政治观基础上,成为改革时代的主导性思想。论文还系统地介绍了功利政治观两个代表人物边沁和密尔的政治思想,重点阐述了他们对改革时代的观念革新和政治改革做出的突出贡献。本文结语部分从价值观、方法论和政治实践三个层面对权利政治观和功利政治观进行了反思,认为它们在价值上表现为以个人主义为基础的权利和功利的分野,在方法上表现为自然科学影响下先验和实证的异殊,在实践上表现为自由主义演变中批判和建构的张力。

关键词:自由主义　政治思想　社会转型期　西方国家

2109

我国公共决策制度创新问题研究：公共治理理念与互动式民主决策／林志鹏著；韩冬雪指导. -- 吉林大学, 2005. -- 225页

本文试图在公共决策过程中引入公共治理理论的互动政治理念,在指导思想上以政府与公民社会互动合作的伙伴关系来代替传统的以"政府中心论"为主导的公共决策模式的单面向的思维方式;在模式上提出"互动式民主决策的构想";在制度上建立和完善公民参与机制和政府决策回应机制,以此来实现公共决策制度创新。论文认为,形成于20世纪70年代的公共治理理论是公共行政学引入治理概念,并对其加以发展和改造而成的包括政府行政管理和公共部门管理在内的新的理论范式,这一理论的提出被称为政治学和公共行政学研究范式(Paradigm)的革命。然而,公共治理理论研究的旨趣并不是为了证明公共利益是否存在的问题,而是更加关注公共利益如何实现以及实现到什么程度的问题。论文提出:换个角度来思考公共决策问题,如果政府与公民社会能够经由长期的互动关系形成稳定的信任感,建立一个相互依赖的治理关系和协商合作关系,对公共决策的科学化民主化将产生许多益处。

关键词:公共管理　民主政治　公共决策　制度创新

2110

晚清乡土教民的宗教意识：以顺直一带的天主教为中心／刘丽敏著；程歗指导. -- 中国人民大学, 2005. -- 136页

本文由三个部分组成:导论梳理评述关于近代中国教民的相关研究成果。第一章分析了天主信仰。"神"和"天主"是天主教所信仰的最高存在的两个最常用的汉语译名。教民体验到的"天主"大体上是一位伦理意义上的"大父母"、宗法意义上的"长老"和神功意义上的"全能神"、"最大神"。这种理解与教义中"三位一体"的创造者和拯救者的天主形象既相合又相异。一方面,"天主"被看成一个主动的创造和治理世界的神,从而在某种程度上接近于天主教的本义;另一方面,由于"天主"被突出地宗法化、神功化,导致天主"仁爱"品格的退缩及神人关系的世俗化、功利化。第二章分析了圣母崇拜。对圣母神功"灵迹"的颂扬是一个世界性的宗教文化现象,天主教传入中国后,许多修会对圣母崇拜的宣扬并在乡土社会自发地与中国民间的女神信仰传统相接洽,使中国教民的圣母崇拜,表现得更为突出。第三章分析了耶稣信仰。根据基督宗教的原义,历史的耶稣与神学的基督是统一的,耶稣基督是仅次于天主(上帝)的第二位的信仰目标。但由于圣母崇拜在天主教中的确立,圣母的地位有渐居耶稣之上的趋势,这种趋势在晚清乡土教民的宗教意识中表现得相当鲜明。论文结语部分对晚清乡土教民宗教意识表现出的较为突出的两个特色:神功崇拜心理以及功利心理进行分析,以期深化对教民宗教意识的认识。

关键词:天主教　基督教　宗教意识　信仰　晚清　乡土社会

2111

台湾地方自治制度研究／刘锡斌著；黄嘉树指导. 中国人民大学, 2005. -- 154页

地方自治制度作为人类政治文明的重要成果,与宪政制度、政党制度、分权制度以及选举制度共同支撑起现代民主政治制度的大厦。论文选取台湾地方自治制度加以研究,尽可能地揭示台湾50年地方自治制度的客观历史进程,研究、归纳、分析其"本土化"过程中的经验教训。同时,通过对台湾地方自治制度

发展和变迁的实证分析，为大陆地方制度改革的设计、建构提供正反两方面的借鉴。笔者提出，现代民主政治的理念与模式应当分开讨论，在与具体社会环境结合的过程中，理念应当融合，模式应当变通。在这方面，台湾的尝试具有一定的典型试验意义。论文由导言、正文和结语三部分组成。导言说明论文选题研究的相关问题，介绍论文选题研究的相关情况，为后面的研究奠定基础。第一章地方自治理论述评阐释和分析地方自治的概念界说、理论基础、实践模式以及核心价值理念。第二章是对台湾地方自治制度的纵向描述和分析。第三章分析了地方自治选举与政治民主化，从中揭示台湾地方自治制度民主价值的实现过程和具体表现。第四章分析了地方自治选举与政治恶质化。说明恶质产生有其特定的根源。第五章分析了地方自治"分权"问题。第六章分析了民主与绩效。台湾的草根民主，虽然政治意涵发挥得淋漓尽致，但是代价也是高昂的，废止乡镇市自治问题需要全面考虑。

关键词：地方自治　政治制度　台湾省

2112

城市社区治理中的组织与权力：武汉市长堤社区案例研究 / 刘娴静著；彭明指导. -- 中国人民大学，2005. -- 110 页

本文以研究湖北省武汉市的长堤社区为个案，运用政治社会学和政治学的基本理论和研究方法，详细考察了自中华人民共和国成立以来个案社区治理的历程。全文共分八章。第一章对长堤社区的人文特征、历史沿革和组织状况进行描述，这些因素构成了长堤社区的行政生态环境，是长堤社区组织与权力生成和变迁的场域。第二章描述和分析了中华人民共和国成立前后社区组织的转换和社区权力的更迭。第三章描述和分析 20 世纪 60—70 年代长堤社区政治的显著特点。第四章描述和分析了 20 世纪 80 年代社区权力与组织结构的重建过程。第五章分别从"组织网络的生长"、"权力的重组与分化"、"社区精英的角色与行为"等角度分析了建设"社区"的过程，具体研究了长堤社区四大组织网络、社区权力如何分化，社区政治人的脸谱。第六章对长堤社区治理中最为重要的两个方面——社区环卫和社区治安的考察。认为，通过界定政府与社区的权限，实现功能互补、协作共生，可以达到政府与社区的"双赢"。第七章首先通过对长堤社区权力结构与运作机制的考察，分析在社区治理中社区权力决策机制的动态运作过程；其次通过个案描述分析在社区日常治理中，社区冲突和纠纷是社区精英依赖所具有的权力资源和策略得到调解的；最后以具体案例描述和分析了长堤社区治理中社区组织共享资源的路径：沟通和合作。第八章旨在对此项研究进行简单总结，对国家、城市、社区之间的关系进行讨论并作理论上的解释，同时对城市社区的有效治理提出若干建议。

关键词：城市管理　社区　群众组织　权力结构

2113

中国农民工的行为分析：政策过程的视角 / 刘小年著；严强指导. --南京大学，2005. -- 126 页

论文在结构上分为八章，对中国农民工政策进行系统分析，探讨了中国农民工行为的发生、农民工行为的系统、农民工行为的过程、农民工行为的功能以及农民工行为的发展。论文认为：农民工参与和影响公共政策过程的行为是非正式的，但会随着中国现代化的进程，走向正式化。论文提出，农民工政策演变可以划分为松绑、控制、引导与扶持等四个阶段，并提示了这种政策发展的之字形轨迹，对这种政策演变规律进行概括，在进一步分析对农民工利益的分配功能时，探讨了农民工政策对农民工行为的规范作用。论文从政策过程的角度对农民工行为的状态进行了完整的描述与分析，对农民工的行为进行了系统的研究，在分析农民工行为发展逻辑的基础上，提出了一整套农民工行为管理的政策建议。此外，论文在对农民工行为进行系统分析的同时，还在政策研究的理论上，从政策过程的科学性提出了改进与完善农民工政策过程的有关建议。

关键词：农民工　公共政策

2114

治水：国家介入与农民合作：荆门五村研究 / 罗兴佐著；徐勇指导. -- 华中师范大学，2005. -- 128 页

本文具体考察和分析了新中国成立到 2004 年荆门区域的治水实践与国家介入和农民合作的关系。新中国成立后，国家在农村建立了以政社合一和集体所有为突出特点的高度集权的组织与管理体制。在这一体制中，国家的强力介入克服了几千年来农民的组织困境，从而在短短的二十余年中建造了无以计数的大大小小的水利工程，基本上实现了农田水利化。联产承包制的实施瓦解了人民公社的制度基础，乡村社会建构起了"乡政村治"的治理结构。2002 年税费改革后，国家进一步退出基层水利的供给与管理，与

此同时，国家继续推进农田水利市场化改革，由于税费改革后禁止乡村组织插手农户的生产环节，水利工程单位不得不面对高度分散且不能合作的农户。论文认为，国家介入是乡村水利有效供给的重要前提；不同区域、农民的合作能力不同，从而使不同区域的水利供给状况呈现出差异；在缺乏国家介入与农民合作的前提下，市场化取向的水利体制改革正日益陷入困境之中；乡村水利的制度安排，必须在国家、市场、村庄三者中寻求最佳的结合方式。

关键词：农村水利　农田基本建设　国家干预　农民

2115

宪政挫折研究：以美国、印度与巴基斯坦为例／欧阳景根著；宁骚指导. -- 北京大学，2005. -- 97 页

本文以美国内战、印度 1975 年实行的紧急状态和巴基斯坦在 1977 年前的三部宪法的中止为案例，进行了宪政挫折的案例研究和比较研究。论文对宪法、宪政、宪政挫折这三个核心概念进行界定与辨析，把成文宪法国家的宪政发展的必须经历的过程划分为宪政需求的出现与宪政领袖的兴起阶段、宪法制定的阶段、宪法初步运行／调适阶段、宪政巩固与深化阶段四个阶段，提出了研究宪政挫折的核心分析框架。第一阶段，主要考察宪政领袖的出现方式以及宪政需求的类型；第二阶段主要考察宪法制定过程和宪法文本本身；第三阶段主要考察宪政领袖的宪政精神及工作作风；第四阶段主要考察一个国家的宪政文化传统。论文运用自己建立的宪政挫折的分析框架对作为宪政挫折的美国内战的原因进行了分析，认为在美国联邦宪法制定阶段时就已经种下了美国内战的祸根。对印度的宪政挫折进行分析，认为它主要是因为在宪法制定阶段对结构性原则性问题的疏忽引起；分析了 1977 年前巴基斯坦三次宪法中止的深层原因，认为它是由宪政领袖与第一代领导人的角色错位以及在一些结构性原则性问题上的长期纷争所致。论文通过对三个国家在各个阶段上进行全方位的比较，认为各国正是由不同的根本自变量与辅助性自变量的合力作用导致了宪政挫折的发生，并在此基础上对宪政挫折进行了类型学意义上的模式研究，总结出了避免宪政挫折的一般性条件，推论出自由主义宪政制度建立与巩固的一般性条件。论文分析了宪法层次上由低到高的政治宪法、法律宪法以及社会／公民宪法三种发展形态，认为三种形态的宪法都不足以保证宪政制度的巩固，并最终认为，要增强民族国家的政治能力，确保宪政制度的巩固，避免宪政挫折的发生，必须把本国的宪法发展成一种三种形态兼备的复合宪法模式。

关键词：宪法　比较法学　宪政

2116

国家与社会：现代西方国家与社会关系理论研究／庞金友著；徐大同指导. -- 天津师范大学，2005. -- 154 页

本文以现代西方国家与社会关系理论为研究对象，系统阐释了现代西方国家与社会关系理论的核心内容、基本框架、演进脉络及未来走向。论文首先在宏观维度展开，通过前两章着力爬梳现代西方国家与社会关系理论的逻辑假设、路径选择及历史流变，然后切入微观维度，借助第三、四章详细剖解分别以国家和社会为思维平台的国家界限理论和公民社会理论，利用第五章具体分析全球化语境下西方国家与社会关系理论的发展与动向，从而揭示出本文的主旨：国家在社会生活中的地位与作用是现代西方国家与社会关系的重心，现代西方国家与社会关系理论的实质就是以个人权利为起点，围绕建基于公共权力的国家干预与根植于个人权利的社会自治之间的冲突、均衡和界限而产生的一系列的理论建构和价值取向。公民社会理论的复兴，给西方政治学界带来一种新的思维方式和研究视角。这一理论显示，公民社会所具有消极防御和积极参与功能，是其成为国家与社会关系的有效中介体的原因所在。西方国家与社会关系理论的发展与政治文化的嬗变密切相连，公民社会的形成与发展，对西方政治文化尤其是对现代西方政治文化（即公民文化）的萌生与培育起了不可估量的作用。全球化语境中衍生的三种理论路向，为论文探讨“国家与社会关系理论的未来”和“未来的国家与社会关系理论”提供了一些有益的思路。论文提出，和谐的国家与社会关系是现代西方国家与社会关系理论的理想追求。走向和谐，既是时代之需，又是大势所趋。

关键词：国家　公民社会　全球化　西方国家

2117

民主理论的反思与中国民主道路的探索／裴松宪著；徐大同指导. -- 天津师范大学，2005. -- 118 页

本文对民主化的理论与实践进行了分析，并通过思考中国民主化的发展道路，提出了我国民主政治建设的基本原则与路径。本文共分五章。第一章介绍

了西方民主概念的发展过程,分析了几种典型的民主概念。论文认为,所谓民主,就是为通过选举定期更换官员提高合乎宪法机会的政治系统,允许尽可能多的人通过选举在政治职位竞争中作出选择以影响重大决策,并依照一定的法律程序,对政府实施有效的监督。以实现人民的自由平等。第二章在对几种典型的民主化理论进行思考的基础上,重点对民主化理论的经济前提、政治文化前提、公民社会前提等几种理论进行了梳理,并分析了各种理论的优缺点。在此基础上,论文提出了民主化前提的综合理论。第三章以发展中国家的民主化进程为个案对民主的理论进行了检验,主要分析了新权威主义政权的结构以及新加坡民主化成功的个案,集中地梳理了新权威主义的基本特征、基本结构、政权的张力、政权的解构以及民主重构等内容。第四章以民主化前提理论为指导,从经济建设、政治文化以及公民社会等几个方面对中国的民主化建设进行了全面的思考,并从陕甘宁边区的民主发展以及新中国民主政治发展的个案对中国民主政治建设的成功经验进行了实证分析。第五章全面地提出了中国民主政治改革的基本原则与路径。

关键词:民主　政治民主　社会主义民主　政治文化　公民社会

2118

中国大陆中高级国家公务员核心能力培训研究:以国家行政学院公务员核心能力培训为例 / 邱志淳著;谢庆奎指导. -- 北京大学, 2005. -- 169 页

中国大陆加入世界贸易组织(WTO)以后,如何提升国家竞争力已成为当务之急,而竞争力的提升关系到一支高效廉洁的公务员队伍,这有赖科学化、系统化的培训才能达成。西方国家晚近兴起"管理人才架构"及"核心能力培训"的概念,认为公务员要胜任其职务及职责要求,应具备某种"核心能力"。本文经由对西方国家高阶公务员核心能力培训之理论发展及其所发展出来的能力框架进行梳理,找出其中的"共性"部分,从中国国情出发,以中国大陆国家行政学院办理公务员培训为例,借鉴西方公务员培训的做法,为设计"有中国特色"的国家公务员核心能力培训制度提供了建议。论文认为,面对新世纪的挑战,国家公务员(尤其是高阶公务员)应加强核心能力培训;公务员核心能力培训可借鉴西方国家"共性"做法,但不可忽视中国大陆的特有国情,培训理念上自不同于西方国家,制度设计的配套措施与完善做法自然与西方国家有所差异。论文认为,中国大陆中高级公务员应具备五种核心能力:逻辑思维、开拓创新、宏观驾驭、组织协调及危机处理的能力,并分别就培训理念、培训需求、培训课程设计、培训策略,以及培训管理与评估方面提出了完善中高级公务员核心能力培训的配套措施及做法。

关键词:公务员　干部培训　核心能力

2119

中国股市政策影响主体研究 / 孙小忠著;严强指导. -- 南京大学, 2005. -- 119 页

本文从中国的政策环境出发,对股市政策过程中各个利益主体及政策影响因素进行实证研究,试图揭示中国股市政策的运行机制及股市政策演变的内在逻辑。论文第一章阐述研究对象、研究意义、文献评述、理论框架和研究方法。第二章主要运用结构——功能主义分析方法描述当代中国政策过程的一般特征,并结合有关文献对中国经济改革的特征进行比较和综合分析。第三章通过政策价值观——政策目标——具体制度安排——政策后果的基本分析框架,揭示政府的政策目标以及对股市政策的决定性影响。第四—六章分别研究中央监管部门、地方政府、企业、投资者、大众传媒、学者如何参与政策过程、进行利益表达及影响政策的方式和途径。第七章分析中国股市政策运行机制的发展、演变过程及其社会、经济基础。在股票市场建立和发展初期,政府绝对主导了股市政策。第八章对中央政府2004年新出台的股市政策进行了简要评述,并对进一步调整和完善政策理念、政策目标、政府角色和政府过程提出建议。

关键词:股票市场　金融政策

2120

战乱与革命的村庄记忆:冀北川村土改前后的村庄权力纷争与嬗变 / 孙艳红著;张鸣指导. -- 中国人民大学, 2005. -- 158 页

本文是关于华北地区一个普通村庄20世纪30年代初期至40年代末之间乡村社会权力结构变迁的口述史研究。全文共分为六章,第一章导论,阐述选题意义、现在的研究状况、理论视角、研究方法等相关问题。第二章介绍川村及其所在林西县独特的历史地理概况,川村的社区状况、地缘认同与家族认同情况、主要的家族来源。第三章描述了村民记忆中1933年之前的乡村生活、同时代的国家政治生活的大背景、乡村社会权威结构及其变异。第四章内容涉及日本占领初期(1933—1945)对乡村社会的控制、日占初

期的村庄生活、共产党早期的革命动员、战争动员与两面政权的建立、集家并村与"人圈"中的生活、斗争的残酷与乐趣、革命名义下的村庄斗争、长期战火下的乡村经济与乡村负担,以及战争背景下的乡村权威结构变化。第五章详细地描述了1946—1948年这一村庄的土改的全过程,包括:土改前的乡村社会状况、运动初期的减租减息与建立村政权、五四指示后的斗争逐渐升级、初次斗争、土地复查运动的逐渐深入、第二次斗争、土地法大纲颁布后斗争进入高潮、第三次斗争、分配土地、挖财宝、划分阶级、产生新干部、纠偏与土改结束等等,特别重要的是,描述了土改这一大背景之下的村庄权力纷争与嬗变。最后一章结语,是对乡村革命与战争动员、战乱与革命中的乡村权力结构变迁、阶级斗争与村庄斗争、外来人和工作组与村庄斗争、历史与叙事这些理论问题所作的一些思考。

关键词:土地改革　乡村　权力　社会变迁

2121

意志、审议和政治合法性:从卢梭到哈贝马斯 / 谈火生著;程歗指导. -- 中国人民大学, 2005. -- 224页

本文主要围绕以卢梭和哈贝马斯为代表的人民主权理论、民主意志形成和政治合法性的关系展开,论文检视了在现代民族国家的架构下人民主权原则作为规范性合法性论证的可能性。论文从政治思想史的角度梳理了意志与合法性,围绕卢梭的"共同意志"(general will)概念为核心来讨论卢梭的合法性思想。论文考察了20世纪以来卢梭的合法性思想在民主理论中的遭遇,并以审议民主理论的代表人物哈贝马斯的审议民主思想和合法性思想为例来展示规范性审议民主理论对审议与合法性问题的思考。在探讨哈贝马斯思想时,论文考察了哈贝马斯的重建性的合法性概念及其对现代社会合法性问题的思考;哈贝马斯的沟通理性、话语伦理和公共领域概念;哈贝马斯的双轨制审议民主理论及其对社会选择理论的回应。论文还通过对墨菲(Chantal Mouffe)和杨(Iris Marion Young)等人对哈贝马斯的批评进一步考察了民主审议和政治合法性之间的关联。

关键词:卢梭(Rousseau, Jean Jacques 1712～1778)　哈贝马斯(Habermas, Jürgen 1929～)　意志　政治合法性　民主

2122

价值差异与多元政治秩序:西方多元主义政治思想研究 / 汪华余著;吴春华指导. -- 天津师范大学, 2005. -- 140页

本文系统阐述了西方多元主义政治思想的基本内涵和主要内容。西方多元主义政治思想的发展与自由主义的发展有着密切的联系,文章通过对自由主义与多元主义政治思想的逻辑的分析和历史的描绘,揭示了两者的内在联系。论文认为,经济利益多元化导致了政治多元化、社会多元化。私有财产权的确立为政治上分配权利提供了经济基础。多元主义政治思想赞成以自发形成的秩序为基础的开放社会,它当然尊重现存的多文化社会,这是由多元主义的宽容本性所决定的。多元主义政治思想重视对权力的研究,对它的研究,并非就权力本身进行研究,而是主张对权力实行限制。多元主义政治思想的基本诉求是个人主义,个人主义也是自由主义的理论前提和精神基础,中世纪的宗教宽容,由对各种观念的宽容发展到要求人从封建的禁锢中解放出来,多元主义兴起之后,面对的是社会团体的兴起,并要求从国家中分离出来,而新多元主义面对的是多元文化的背景。个人及其权利构成了多元主义政治思想出发点和终极追求。这种追求自始至终是在既定的社会制度框架内的一种行为,力求共识与承认,实际上是对现存的制度的修补,并且维护现存的制度(对传统的维护),因此渐趋保守。这种多元主义政治思想的背后是以西方现存的政治与法律制度的存在为前提。

关键词:政治思想　自由主义　多元主义

2123

理想的政治秩序如何可能:对秩序的实践逻辑与价值取向的政治哲学分析 / 王欧著;周光辉指导. -- 吉林大学, 2005. -- 172页

政治秩序是人类群体生活中可欲的价值,是人类文明发展过程中必然出现的一种现象。本文从政治哲学而非政治科学的角度探讨了政治秩序问题。论文围绕三个核心问题进行思考而展开:人类为什么需要政治秩序?良好的政治秩序是如何实现的?何种秩序才是良好、可欲的?这几个问题涉及对政治学最基本问题的理解。论文提出:(1)政治学研究对于特定人类生存状况的前提假定,尤其是近代以来人们对这个问题所形成的认识,是政治秩序产生的特定前提,也是政治学讨论秩序问题与其他学科讨论的根本不同之处。(2)由政治学特定的假设前提,决定了"政治性"秩序生产的方式:人类发展到一定阶段,必然需要通过政治权威才能解决群体生活的问题,形成

秩序的共同生活状态,也就是说政治权威是实现秩序的核心。但在政治生活中,政治权威只是活动的主体之一,与之相对的还有很重要的活动主体:个人或被统治者,他的实践与权威的实践方式直接对应,密切相连。个人或被统治者在政治生活中的这种实践方式就是政治义务。论文对政治义务的实践逻辑进行了分析,认为政治秩序是人类群体生活中的一个永恒的问题,这类永恒问题的探讨不存在着一个固定的最终答案。

关键词:政治哲学　政治秩序　政治权威　中立正义

2124

发展中国家政党认同比较研究 :以墨西哥、巴西、印度执政党为例 / 王庆兵著 ; 宁骚指导. -- 北京大学, 2005. -- 191 页

本文以墨西哥、巴西和印度在 20 世纪 80 年代的新自由主义经济改革为例,分析了改革进程中执政党参与政党选举失败的原因,探讨了经济转型时期巩固自身政党认同的对策。论文阐述了政党认同概念的来源以及在文中的特殊限定,分析了政党认同的四种构建途径,以印度、巴西、墨西哥为例分析了政党认同在组织、选举、政府三个层次上的影响,分别从组织中的政党、选民中的政党、政府中的政党三个层面论述了墨西哥、巴西、印度政党认同的变化及其原因,分析了政党制度化与政党认同的关系,阐述了政党制度化理论,并对印度、巴西、墨西哥政党制度化状况对选举的影响进行了检验,表明了政党制度化程度与政党认同之间的密切关联性。论文从竞选的视角分析了竞选战略和策略在执政党巩固政党认同中的重要作用,并以印度、巴西、墨西哥选举为例分析了选举战略和选举策略择定的原则、主要内容以及对选举结果的影响。从经济投票理论出发,检验了印度、巴西、墨西哥经济改革与选举中政党认同变化的关系,分析宏观经济因素与微观经济因素对政党认同的不同影响及其原因,并指出了经济投票理论的优势和局限性。论文还对墨西哥、巴西、印度政党认同的变化原因进行了综合分析,在此基础上,总结了执政党巩固政党认同的组合模式,并对中外执政党巩固政党认同的路径特征进行了比较。论文认为,执政党构成的政治体系,由担负不同功能的"政府中的政党"、"组织中的政党""选民中的政党"构成,组织的制度化程度、政府的经济绩效以及选举战略与策略是影响选民政党认同的重要变量,从三个层次上共同形塑了选民的政党认同,执政党遭遇的政党认同转换,集中表现是选举中执政党的失败,原因是政党认同结构体系整体功能状况的亏空,即正常运行的功能结构少于非正常运行的功能结构。

关键词:政党　执政党　选举　发展中国家　墨西哥　巴西　印度

2125

俄罗斯东北亚战略研究 / 王绍章著 ; 王家福指导. 吉林大学, 2005. -- 147 页

本文以"大历史"为背景,以安全、势能、平衡为论述主线,以冷战结束和"9.11"事件为时间分期,借鉴《国际战略学》的相关理论,对俄罗斯东北亚战略进行梳理和分析,论文共分为五个部分。第一章分析了俄罗斯全球战略中的东北亚的地位与作用。俄罗斯东北亚战略是其大国战略的组成部分,东北亚地区是世界地缘政治与地缘经济关系中十分重要的一个环节。东北亚地区是俄罗斯大国战略的一个重要方向。第二章论述了俄罗斯东部资源战略。俄罗斯东部资源战略是俄罗斯推动其东西伯利亚和远东发展的重大举措,并为突出其大国地位充实经济方面的内容。第三章分析了俄罗斯东北亚军事战略。在东北亚,俄罗斯不仅加强其远东军事力量的机动能力,而且对其与本地区大陆国家和海洋国家的军事关系进行调整。"9.11"事件后,俄罗斯开始从守势转向攻势。第四章分析了俄罗斯东部安全战略。保持国家东部边界稳定,维护东北亚地区安全,是俄罗斯东北亚战略的主要目标之一。俄罗斯以"安全合作"为理念,通过灵活多样的外交为本国谋求当前和长远战略利益。第五章展望了俄罗斯东北亚战略走势。俄罗斯东北亚战略实现了目标与手段的初步平衡,得到大国地位,保持周边稳定,获得经济援助是俄罗斯东北亚战略的主要目标。以冷战结束和"9.11"事件为界,俄罗斯与中国和美国关系的发展日益均衡。俄罗斯、美国、中国在东北亚、东南亚、中亚都存在程度不同的利益纠葛,中国应预防俄罗斯平衡外交的消极作用。

关键词:外交政策　外交战略　安全合作　东北亚　俄罗斯

2126

限制与保护 :警察的政治性研究 / 王智军著 ; 张永桃指导. -- 南京大学, 2005. -- 146 页

本文是对警察的政治解释,它的目标在探析警察现象和过程背景的政治属性。论文为警察的政治解

释提供了两个出发点，在这两个出发点中，都可以发现警察政治属性的主题——限制与保护。研究认为，警察存在三层意义：维护统治、防控犯罪和提供服务，在这三层意义上，研究发现警察政治属性的三层次内容：警察内生于国家的政治性质、警察外在于人类政治生活的政治特征和警察在当下政治生活中的政治表现。在警察内生的政治性质部分，论文考察了警察与国家的共同起源，警察发展与国家发展相生相随，在理论上预设了同属于公共权力的警察与国家会逐渐回归社会而走向最后的消亡。在警察外在的政治特征部分，论文考察了警察时刻出现在公民的政治生活中，外在于公民自由权利的实现过程中，考察了警察权作为国家这一公权力的组成部分，在怎样的程度和范围内干预和调整着公民的自由和权利。在界定警察权力边界和公民权利范围的过程中，论文探讨了警察权如何在保护公民权利和限制公民行为之间实现平衡、如何实现警察权与公民权的和谐的问题。在警察当下的政治表现方面，论文关注了当前在国内外警务战略模式变革中成为潮流的“国家警事社会化”战略。在性质、特征和表现三个层次上探讨了警察的政治性后，论文最后关注了警察的现代性。

关键词：警察　政治属性　权力　行政管理

2127

美国反垄断政策基本问题分析 / 吴玉岭著 ; 严强指导. -- 南京大学, 2005. -- 211 页

论文认为，反垄断政策由国会立法、行政规章与法院判决三部分组成。不同的历史时期，由于经济环境的不同、执政者理念的差异和受不同学派理论的指导，反垄断政策呈现出明显的不一致性和不确定性。反垄断政策的目标可以从经济与政治两个方面来理解。反垄断政策使美国远离了穷奢极侈的少数寡头与饥寒交迫的广大民众之间的尖锐对立与大规模冲突，为美国的经济繁荣、社会稳定和政治民主奠定了政策基础。论文认为，企业的自由度与政府的干预度是美国反垄断政策的一对核心矛盾。这构成了自由民主制度下的一个困境。二者矛盾的基础是在自由市场条件下，如何最大限度地实现资源的最优配置。美国历史上，哈佛学派主张扩大政府的干预力度，抗击市场力量，限制合同自由，保护贸易自由，以获得优异的市场绩效。芝加哥学派主张最大限度地抑制政府权力，尽其可能地给予企业充分利用自身资源的自由。哈佛学派成为上世纪 80 年代美国经济受到日本与欧洲挑战的替罪羔羊，而芝加哥学派指导反垄断政策的结果又使富人更富，穷人更穷，贫富之间的鸿沟变得大得惊人，美国贫困人口比率创下新高。今天的反垄断政策基本上走进了相对温和的“新时代”。反垄断豁免是对反垄断政策精神和目标价值的修正。反垄断政策的适用范围受到限制，普适性受到挑战，不再指向所有的商业活动。不仅管制产业基本上实行了反垄断豁免，工会组织、农业合作组织、职业体育运动、保险业、对外贸易领域以及与州行为等方面也适用垄断豁免。但同时，反垄断政策对这些豁免也作了一些限制，在一些领域常发生或明或暗的冲突，有些问题现在仍处于争议之中。反垄断政策与宪法第一修正案发生直接冲突。反垄断政策的出台与执行过程都被深深地打上利益集团的烙印。反垄断政策作为一项福利转移的工具，为各行各业的竞争者用来夺取竞争对手的经济利益或逃避激烈的市场竞争，提供了一个总体政策框架，被视作另类竞争方式，运用于各种经济领域。论文认为，利益集团对反垄断政策的利用与滥用，使这项时时处处打着公共利益招牌的、最为基本的经济政策偏离了公共利益方向，蜕变成为谋取私利最大化的工具。

关键词：反托拉斯法　反垄断法　国家干预

2128

漳河上游边界水冲突研究 / 熊向阳著 ; 杨炳章指导. -- 中国人民大学, 2005. -- 159 页

本文力图通过实证性研究，较为系统地总结漳河上游边界水冲突的历史过程，较为深入地挖掘冲突所隐含的内在实质，提出具有借鉴意义的解决边界水冲突的长效治理框架。首先，解决漳河上游边界地区水冲突要从流域治理的角度加以考察。其次，解决漳河上游水冲突的长效机制要合理选择路径，提出治理框架。解决和控制漳河上游边界地区水冲突要有具体措施。一是建立和完善海河流域治理结构。二是改组现有海河水利委员会作为海河流域委员会的执行机构，内设海河流域委员会执行办公室和各河流执行机构，负责流域公共物品的供给。三是将海河流域供水、发电、河道整治、工程经营等公共服务的职责与水资源和水环境管理相分离，流域执行机构通过特许方式交由社会经营性组织来承担。四是建立对执行机构、水利工程经营性组织、区域和社会群体取水和排水行为进行监管的三个环节的监管机制。五是在海河流域的治理框架下，针对漳河上游边界地区水冲突暴露出的问题，总结综合治理取得的经验，提出具体的预防和解决措施。六是为促进流域管理向流域治

理的转型，发挥目前流域管理中的治理元素的积极作用。

关键词：水资源管理　水权　漳河

2129

宪政与民主：相互关系与两者在近代中国传播的一般特征 / 徐国利著 ; 张永桃指导. -- 南京大学, 2005. -- 175 页

本文旨在探讨宪政民主是一种兼具理想性和可行性的政治制度，这一制度以及其形成的路径对未来中国政治文明的建设具有启示意义。论文第一部分从历史的角度对民主与宪政理论的来龙去脉作了详细的梳理，并从概念、理论源流、价值取向、制度安排以及理论原理等方面对两者进行详细的对比分析。两者更多地呈现一种互补和支撑关系。论文还分析了民主和宪政的相互支持关系，认为民主和宪政以其原理各自支持着对方，在客观上可能达到对方想要达到的结果。此外，论文还指出，西方社会实际上是从宪政逐步迈向民主的，宪政保护了私有财产，而私有财产则塑造了独立的个体，并进一步孕育了民主。论文第二部分对民主和宪政在近代中国的传播情况进行了梳理。通过对梁启超、严复、孙中山这几个有代表性的思想家在民主和宪政问题上基本倾向的分析，认为近代中国思想界有个共同特征，即"亲民主而远宪政"。进而，论文分析了近代中国思想界"亲民主而远宪政"的基本原因和后果。

关键词：政治思想　宪政　民主　政治文明

2130

功利主义与中国近代政治思想 / 徐庆利著 ; 宝成关指导. -- 吉林大学, 2005. -- 268 页

本文探讨了功利主义以及其对我国近代政治思想的影响。论文认为，功利主义对中国近代政治思想的影响，大致讲来主要表现在以下几个方面：首先，自然人性论——功利主义对中国近代政治思想逻辑起点的影响。其次，中体西用——功利主义对中国近代道器观的影响。近代思想家们对于西学的态度大多是从功利主义的视角出发，提出了"中体西用"式的理论策略，这样，从魏源的"师夷长技以制夷"，到张之洞等人的"中体西用"，再到康梁等变法人士的"君主立宪"，可以说，功利主义思维方式影响了近代思想家对于西学体认的全过程。再次，重利轻义——功利主义对中国近代义利观的影响。在中国近代，由于当时社会现实的需要，致使关于义利关系的讨论又成为当时的一个重要话题。在这场争论中，思想家们以功利主义为立场，提出重利轻义的义利观。最后，自由、民主——功利主义对中国近代功利主义政治思想价值取向的影响。在中国近代，思想家们对自由、民主等价值理念的体认与追求，是伴随着中国近代化的历史进程而逐步展开的。在这个过程中，近代思想家们虽然付出了许多艰辛，但始终没有形成对自由、民主的真正把握。对于中国近代政治思想的理论缺失，表现在两个方面：其一，就是其由于过分地追求现实的功效，导致其忽略了对人类政治生活普遍必然性的思考；其二，就是近代政治思想在进行具体政治制度设计时，缺乏对公平、正义等价值理念的优先思考。正是因为这两点主要缺失的存在，致使中国近代政治思想在中国近代化的政治舞台上，没有能成就其完美无缺的表演。

关键词：功利主义　政治思想　近代

2131

论当前黑恶势力对我国基层民主政治的影响及对策 / 许先国著 ; 傅明贤指导. -- 武汉大学, 2005. -- 142 页

本文由导论和六章组成。导论包括本文研究的缘由及研究宗旨，课题理论研究现状综述，研究内容、解决的关键问题和主要概念、研究方法、研究意义、创新之处和不足。第一章以黑手党和青红帮为例，对中外黑恶势力的起源、蜕变、特征及对政治的影响进行了历史考察。第二章概括分析了当代中国黑恶势力沉渣泛起。第三章概括分析了黑恶势力对基层政治的影响：一是数量多、地区广；二是影响方式多样；三是影响范围有限，但有不断扩大的趋势；四是具有历史传承性和世界共同性。第四章分析了黑恶势力影响基层政治的原因，包括黑恶势力侵蚀基层党政干部的原因、黑恶势力渗透和抗衡基层政治组织的原因、黑恶势力的"恶"演化为基层政治文化的原因。第五章分析了黑恶势力对基层民主政治的危害，包括黑恶势力对基层党的领导的危害、黑恶势力对基层人民群众当家做主的危害和对基层法治的危害。第六章提出如何治理黑恶势力并消除其对我国基层民主政治的消极影响的对策。

关键词：民主政治　基层组织　犯罪集团　黑恶势力

2132

人口问题与台湾政治变迁 / 杨莲福著 ; 黄嘉树指

导. -- 中国人民大学, 2005. -- 307 页

论文将台湾人口问题中人口数量及结构等静态统计资料的变化,结合动态政治现象及行为,在不同阶段社会形态的人口问题,利用不同人口的理论,来解释政治系统的变迁,并利用制度理论及政治变迁理论进行整体联结,探讨人口问题与台湾政治变迁的互动关系。论文分为三大部分:一是台湾移民波动五阶段互动模型;二是人口—政治模型;三是台湾研究以及两岸关系观察新方向。论文认为,当代台湾的主流价值是台湾本土意识,透过选举参与竞争,由台湾本省人逐渐取得政治上的绝对优势,特别是闽南人族群。论文结语指出:(1)台湾移民社会下政治发展具有历史的特殊性;(2)两岸在人口结构与政治体制的发展上,都呈现出不同的面貌;(3)台湾人口问题与政治变迁具有高度的依存性,在人口问题上,是以人口自然、空间以及社会结构资料来做基础资料,政治变迁概念则从其动力来源、形式及成分观察指针去构建,其中包含文化、结构、团体、领导、政策,再从人口变化的基础资料,进一步结合政治变迁的成分观察指针,由这些指针的变化范围与速率,来判断台湾历史不同倾向移民时期政治变迁的稳定程度。台湾在长时期的社会变迁过程中,人口问题的不断变化和结构分化,对不同阶段的政治变迁,扮演着催化剂的角色,二者存有高度的依存性。

关键词:人口问题　政治制度　台湾政治

2133

当代日本选举制度改革与政党体系变迁 / 杨增国著 ; 孙关宏指导. -- 复旦大学, 2005. -- 141 页

本文通过制度主义和理性选择理论的结合,从选举制度的角度来研究日本政党政治的变迁。论文介绍了中选区制的形成过程,以及在中选区制下日本的“五五年体制”形成的过程与原因,提出战前日本的选举制度史,是一部小选区制、大选区制和中选区制的轮替史。论文分析了中选区制与“五五年体制”的危机,讨论了日本社会经济结构的变化对原有体制形成的冲击,各政党试图转型时所遇到的障碍,以及自民党长期一党执政所造成的弊端,认为中选区制虽然不构成动力,但是却长期构成了政党改革的阻力,执政党难以推行新的选举改革方案,一党独大的局面难以打破,政党的革新能力萎缩和腐化趋势加剧。论文讨论了选举制度改革在目标和途径上的一些基本理论,“五五年体制”下新选举制度出台的背景与过程,新选举制度改革的阻力与机会,以及新旧选举制度的对比,认为日本的选举改革理念归结为“净化论”和“重整论”两大源流;在自民党内部,这两种理念又具体化为“推进派”和“慎重派”两派系。选举改革的推进过程,实际上也就是“慎重派”的不断失势和“推进派”的不断成长过程。新选举制度的选区划分和议席分配的好处仍然主要被自民党所接受;由于执政联盟的执政基础从农村地区、中间地区到大城市地区逐步递减;反对联盟的选票则在这三个地区依次递增。在新的选举制度下,两个政党轮流执政的体系能否形成,在很大程度上取决于反对联盟的成长状况。论文对日本选举制度改革进行了总的解释和评估,即选举制度与政党体系变化的原因、选举制度改革对政党政治的影响、选举制度改革的技术效果,并以在日本背景下对选举制度改革的综合影响加以分析。

关键词:选举制度　政党　政治体制改革　日本

2134

西方国家权力制约论 / 叶皓著 ; 张永桃指导. -- 南京大学, 2005. -- 123 页

权力制约思想是人类政治文明发展长河中的一个重要源流,是政治思想史上值得浓墨重彩书写的一笔,也给进行中的中国政治体制改革提供了值得借鉴与思考的元素。论文通过对权力制约思想在西方的萌芽、实践、发展和成熟的系统概括,从政治学的角度理清了其发展、演变的内在逻辑和历史脉络。权力制约思想博大精深,本文的核心正是在于对西方权力制约思想以及实战的理性概括,构建起权力制约思想的总体分析框架,以期获得对其一般规律和历史本质的理性把握,填补起西方权力制约系统分析的学术空白。在完成对西方权力制约的系统考察之后,论文从社会主义国家实践、国际共产主义运动和中国封建社会等多个维度对权力制约的历史经验与教训作了客观和全面的评估,并指出权力制约对于社会主义政治文明的重要性。论文提出了十个方面的探索性改革建议,明确指出政治文明的必由之路在于健全和完善社会主义国家权力制约体系。

关键词:西方国家　政治思想史　权力制约

2135

制度变迁中的政府行为分析 : 以苏南模式为研究对象 / 叶勤良著 ; 孙关宏指导. -- 复旦大学, 2005. 139 页

本文通过对苏南模式制度发展历史的剖析,研究了政府行为在制度变迁中的作用以及在经济社会发

展过程中制度安排的作用。论文提出以苏南模式发展历史上的两次制度变迁为分析依据，揭示了地方政府通过诱致性制度变迁与强制性制度变迁两种不同的制度变迁方式，促进地方经济发展，保证社会治理稳定，印证了国家改革、发展、稳定三者统一关系的正确性。论文界定了“制度及制度变迁”、“苏南模式”、“政府行为”三个主要关键词，以政府行为为线索，通过历史、比较、实证的研究分析，揭示出基层政府在农村制度变迁中的重要作用，即政府引导诱致性制度变迁并出于社会长远利益考虑，组织实施强制性制度变迁，其混合运用两种制度变迁方式，目的是为了促使地方经济的发展。市场化过程中，确保社会治理的稳定，同时通过与温州模式的比较和无锡县的实例分析研究，得出相同的结论。论文分析和研究了政府、社会、市场与制度的关系，认为发展的支撑框架是有效且相对较优的制度安排。构建平衡协调的制度框架，是实现社会对政府提出的要求，政府的制度安排以及对制度变迁方式的运用，保证经济革命性变革的同时政权治理基础的稳定。国家市场化过程中，以政府为主的制度安排是社会转型时期的显著特色，是行之有效的。概称之为“发展型政府”。论文认为，苏南模式是中国特色农村经济社会发展的典型模式，具有独特的研究价值，有待不断挖掘，不断创新研究。

关键词：政府行为　苏南模式　制度变迁

2136

“三农”问题的国家治理研究／殷勤著；王惠岩指导. -- 吉林大学，2005. -- 200 页

本文围绕“三农”问题，探讨了国家治理的若干问题。论文认为，国家治理的实质是为把“冲突”控制在“秩序”的范围内而对社会公共事务进行管理的活动和过程。国家治理可划分为控制型、自治型、合作型三种方式。不同的国家治理方式对社会发展变化的影响是不同的。在某种意义上讲，形成“三农”问题的政治原因就在于国家对“三农”采取的控制型治理。而且，当代“三农”问题的国家治理方式也是控制性有余，自治性、合作性不足，难以实现治理目标。新时期，随着以人为本，统筹城乡发展、工业反哺农业、构建和谐社会等理念和路径的确定，国家应以新的目标理念和路径原则治理“三农”问题，那就是继续坚持市场化、民主化、法治化的治理路径，构建“三农”问题的合作型国家治理模式。

关键词：国家干预　农业政策　农业经济　农村经济　农民　三农问题

2137

转型期苏南农村基层民主的政治文化分析：以坛丘村为个案的研究／于毓蓝著；张铭指导. -- 苏州大学，2005. -- 222 页

本文对政治文化、民主政治思想同我国当前开展的基层民主建设的政治理论基础的考察，严格限定在苏南地区，研究了该地区走向村民自治进程中村落外部的历史、经济、政治、社会、文化资源与村落内部资源之间在政治文化影响下的互动关系，尤其是改革开放以来在政治文化背景下通过国家与农村社会的互动关系而集中体现的村民自治的进程、特征和意义。论文分为六章。研究认为，苏南农村的政治文化变迁是一个历史发展过程，是在一个有着自身特殊“社会遗传基因”的社会生命系统内发生的，并与特定的农村管理体制形成一种双向互动建构的态势，构成了一个政治文化变迁与基层民主建设互动的完整机制。其中，国家与农村社会的关系是一个非常重要的变量，影响着政治文化的进程和在该文化背景下的农村基层民主建设。村民自治是农村基层民主政治的重要表现形式，体现着现实农村的政治文化发展状况，经济发展较快的苏南农村有条件、也应该在政治文化的变迁和村民自治的体制创新方面走在全国农村的前列。论文通过汲取大量的人类学、社会学及村民自治调查研究的已有成果，将这些微观材料与宏观分析结合起来，探讨了当代中国农村政治文化变迁的内在逻辑与规律。

关键词：农村　民主政治　基层民主　村民自治

2138

社会民主主义的变异与转型：社会民主主义与自由主义／曾良盛著；徐大同指导. -- 天津师范大学，2005. -- 126 页

论文的导言部分从社会民主主义与自由主义基本价值的关联和社会民主主义与自由主义的互动互融两个方面，分析了社会民主主义与自由主义的关系，对社会民主主义的研究状况以及本论文的研究路径与特点作简略说明。论文认为，社会民主主义产生后的最初几种理论形态和自由主义的修正以及科学社会主义的基本理论，客观上为社会民主主义理论体系化的形成起到了酝酿和准备的作用，提出费边主义和伯恩施坦修正主义的形成，标志着社会民主主义理论体系化构建的完成。论文认为，在社会主义中掺入自由主义、将社会主义与资本主义相嫁接、承袭着自由主义政治自由的理念是社会民主主义理论体系化

形成的基本特点。论文论述了社会民主主义的趋同性变异,指出了这种变异的特点:对自由主义现实价值目标、资本主义经济、多元民主政治、对资产阶级国家和对资本主义社会的认同。论文分析了保守自由主义的兴起以及给社会民主主义带来的巨大冲击和社会民主主义面临的主要挑战和危机,并论述了"第三条道路""超越左与右"的激进政治框架,阐述了第三条道路的主要内容。在分析了社会民主主义的基本理念之后,论文得出了三点结论:社会民主主义是"永恒的修正主义";社会民主主义已经是自由主义化的社会主义;社会民主主义在民主的市场、社会公正和自由的平等方面仍然保留着社会主义的"胎记"。

关键词:社会民主主义　自由主义　资本主义

2139

中国证券市场政府监管模式研究 / 曾琪著 ; 谢庆奎指导. -- 北京大学, 2005. -- 136 页

本文通过对我国当前证券市场监管及存在的问题进行分析,寻求符合中国特色的证券市场监管模式。论文简要介绍了中国证券市场的发展现状,回顾了从中国人民银行监管到中国人民银行和证监会共同监管,再到证监会独立监管的中国证券市场监管的演变过程,以及不同阶段的监管特点。论文对政府主导型的美国证券监管模式、自律主导型的英国证券监管模式和中间型的法国证券监管模式三种国际主要监管模式进行了比较;分析了我国目前证券市场监管中存在的主要问题及产生的原因。论文提出中国证券市场监管的目标模式为:形成独立的政府监管主体,建立完善的上市公司法人治理结构,并通过组建金融控股公司,形成中国证券市场独立统一的证券市场监管模式。论文充分考虑到从现有监管体制到目标模式的转化,受到外部环境的制约还需要一定的时间,提出了从现有模式向目标模式转化的过渡性措施,增加了目标模式实现的可行性。论文认为,中国证券市场监管制度的改革是一个渐进的、审慎的过程。能否达到预期的改革目标或达到预期目标的程度,取决于中国政治经济体制改革和市场化的总体进程。但从国际成熟证券市场的发展经验看,通过加强监管实现防范和规避证券市场风险的做法,是推动证券市场发展的关键环节。只有真正建立有效的市场监管体制,才能保证中国证券市场持续、健康、稳定的发展。

关键词:证券市场　市场监管　政府监管　监管体制

2140

卡尔·施米特政治观研究 / 张永会著 ; 王乐理指导. -- 中国人民大学, 2005. -- 137 页

本文的研究对象是卡尔·施米特(1888—1985)的政治观。卡尔·施米特是20世纪具有传奇般色彩的思想史人物,是当代最为卓越的公法学家和政治学家之一,同时又是一个备受争议的人物。论文以考察施米特最富争议的《政治的概念》为起点,对作者本人一生的著述和政治活动作出了相当详尽的梳理和归纳,通过对施米特所处的时代背景的探讨和几百年来欧洲整体政治发展的分析,揭示了施米特政治思考的宏大的历史变迁背景和理论发展在时代要求面前所出现的局限性。施米特在自己的学术活动中,对于种种的理论资源是兼收并蓄并选择性利用,从中而形成了自己的特色。不过,从其理论和政治气质来看,他对某些作家显得更感兴趣,从中吸取的东西也更多。这些人中,霍布斯、韦伯和天主教思想以及"反革命"天主教政治思想家尤其受到了重视。在充分考量以上因素的基础上,论文对于施米特的几部关键性的著作进行了分析和阐述。论文认为,施米特的政治观必须严肃对待。一方面,他在分析的过程中实际上对于众多的学术问题进行了重新的思考,对于许多传统的思想史命题提出了新的解释,做出了重大的学术贡献;另一方面,施米特理论分析所指出的政治发展趋势在现时代表现得已经越来越明显,这对人类社会的未来究竟会如何提出了严峻的挑战。

关键词:施米特(Schmitt, Carl 1888 ~ 1985)　政治思想　政论

2141

后冷战时期的民族分离主义研究 / 张友国著 ; 宝成关指导. -- 吉林大学, 2005. -- 203 页

本文重点论述后冷战时期民族分离主义的理论源流、产生原因、主要内涵、分离手段、时代特点以及影响和危害。其中"主要内涵"、"时代特点"是对民族分离主义研究的新发展。论文的主要观点是后冷战时期的民族分离主义是由于多民族国家内非主体族裔对于本民族国家建构的追求而形成的,它的理论、策略、目标以及为了达到分离目标而采取的手段对所在国的社会稳定与国家统一都是有害的。所有民族分离的思想与现实都是冲突的,在主观和客观两个方面都对国家安全和统一产生了消极的影响和现实的威胁。对中国而言,也是如此。论文在对民族分离主义的系统化、逻辑化、理论化研究基础上形成的

这一理论分析框架，在本研究领域中具有重大的理论价值。这是对以往民族分离主义研究领域欠缺系统和深度的一个突破，也是对政治思想史研究领域的拓展。

关键词：民族分离主义　民族主义　后冷战

2142

制度与人：当代中国民主政治建设理论研究／赵海月著；王彩波指导. -- 吉林大学，2005. -- 206页

在政治学漫长的历史中，制度与人的关系样式始终是一个探讨不衰的问题。虽然国体与政体的分析框架具有简洁性和深刻性，但制度与人的视野则更具有宏观性与全面性。民主政治是商品经济的产物，是一种新兴的"人—制"关系。论文认为，基于人性论、博弈论和实践论的假说或原理，可以推导出制度设计、制度安排和制度建设的逻辑进路，但人类历史证明，民主政治的发展要求以一定的政治文化为先导。因为民主的主体是人，如果仅仅有民主制度的外形而无人的价值理性，那么即使设计得再好的政治也会在实际的生活中扭曲变形。当代中国民主政治建设是一项十分浩大的系统工程，要解决"人—制"结构的动态平衡，首先必须在施政方略上把握好若干的变量关系，参照好他国的经验教训和确定好自己的路径选择。根据"中国式的现代化"逻辑判断，当代中国民主政治建设，要以完善和创新制度为重点，同时坚持以人为本的价值取向，最终在"人—制"格局上实现历史性的飞跃——"自由人联合体"。

关键词：民主政治　政治制度　制度创新　以人为本

2143

组织资本与政党延续：中国共青团政治功能的一个考察视角／郑长忠著；林尚立指导. -- 复旦大学，2005. -- 284页

本文以中国共青团与中国共产党之间内在关系为研究主线，以组织资本为核心分析概念，以政治学理论为主要分析工具，并综合运用社会学、历史学、心理学等学科的理论成果和研究方法，着重分析共产党的政党本质特征、中国共产党与中国共青团内在关系以及中国共青团自身运作规律等内容，力图揭示组织资本在中国共产党政党延续中的作用，并以此透视中国共青团作为一个制度性安排对于中国共产党保证自身延续与发展所具有的政治功能。论文认为，共产党的阶级特性和共产主义的理想追求要求有着共同理想的利益的人能够长期掌握政党的领导权以及国家的政权。接班人政治是以共产主义事业的不断延续为主要目标而展开的各项政治活动，并由此而形成的政治形态。政党延续在接班人政治中处于基础性地位。在保证政党延续的各项措施中，包含着一系列能够增强和维护政党组织与政党成员之间契合程度的内部资源性要素：信任、规范、关系和成员禀赋，构成组织资本。组织资本在政党内部不断获得再生产，为中国共产党政党延续奠定了组织内自我维护的基础。共青团是接班人政治与青年运动相结合的产物，标志着接班人政治体系的具体形式和制度安排。中国共青团是中国共产党内政治录用的一个特殊途径，使党团之间组织资本形成了制度化的衔接。在接班人政治体系中，中国共青团并非是单独发挥作用的，而是通过以其为核心的青少年工作组织体系共同产生影响。少先队和共青团直接为政党组织资本各要素生成奠定了基础，少先队、共青团、学联和青联在不同领域和不同层面为政党组织资本生成提供社会认同。改革开放带来的社会转型和政治发展，既对中国共产党延续提出了新的要求，也使中国共青团生存与发展面临着新的挑战。中国共青团通过不断推进自身发展和组织资本转型以回应这些要求，为中国共产党在新的历史条件下实现政党延续不断做出自己的贡献。论文认为，中国共青团作为接班人政治与中国青年运动相结合的产物，不论是在革命历史时期还是在社会主义建设年代，它都能够为中国共产党生成和输送大量组织资本，成为中国共产党政党延续的一个制度性安排。

关键词：中国共产党　共青团　政党　组织建设

2144

吉田茂政治思想研究／郑毅著；宝成关指导. -- 吉林大学，2005. -- 224页

吉田茂(1878—1967)是战后日本著名的传统保守主义政治家、亲英美外交家。本文探讨了与他所代表的日本传统保守主义政治思想。传统保守主义在战后日本的载体，就是所谓的吉田主义，其政治思想本身就是一个颇为复杂的混合体。论文分析认为，吉田主义尊崇皇室、推崇日本传统与历史、倡导国家神道和传统价值观的保存与弘扬；反共、反苏、反对工人运动，主张建立西方式的民主政治制度；反对军部主宰日本政治，积极参加并支持日本帝国主义侵华外交政策，但反对太平洋战争；在国内政治生活中推行经济中心主义国策，而在国际政治中则奉行商人式的国际政治理念，坚持防卫力渐增论，反对大规模重整军

备,实行对美一边倒的实用主义外交战略。吉田茂是主导战后日本政治发展轨迹的主流派政治家,其信奉的传统保守主义具有明显的功利色彩和实用主义特征,是近代日本明治国家主义的延伸和80年代日本新保守主义思潮的启蒙思想,也是日本作为周边文明属性中特有的政治文化的必然产物。

关键词:吉田茂(Yoshida, Shigeru 1878~1967) 政治思想 保守主义

2145

战后日本出版物中的价值取向变迁研究 / 诸葛蔚东著 ; 肖东发指导. -- 北京大学, 2005. -- 185页

本文从战后日本出版物中表现出来的价值取向,就战后日本出版业的形成和发展轨迹、社会转型时期的读者阅读取向与社会意识的变化以及出版业与社会的互动关系作具体分析,探讨战后日本出版物中表现出来的价值取向的变化过程。论文运用传播学和社会学等方法,对作为大众媒介的出版的传播倾向、议程设置、培养分析等功能进行考察,认为经由美国式的民主化改革,与战前相比,日本的大众媒介在传播倾向、价值取向和行政控制等方面都发生了根本性的变化。日本出版物中的价值取向基本上反映了战后日本社会的变迁、社会思潮和读者意识的变化。自20世纪50年代末期到石油危机时期出版物的价值取向是,在经济进入高速增长时期以后,处于适应迅速变化的社会的需要,在人们的价值观念由对强信任关系的信任转换到对弱信任关系的信任的同时,人们对于"做什么"和"怎么做"感到迷惘;在实现了经济的高速增长之后,出版物中表现出来的价值取向是,在西方文明所带来的发达的物质文明和社会问题面前,人们普遍感到认同危机;在进入网络化时代以后,网络有取代作为人们日常交流的手段的共同体的趋势,人们的归属意识和价值观念也开始发生变化。战后日本的出版物虽然在一定时期内和某种程度上成为较为客观的舆论和信息载体,但它并未能完全摆脱社会现实对它的束缚;市场竞争是沟通自由的基础,但市场上的垄断等因素也限制了自由。

关键词:出版物 价值取向 舆论 日本

中外政治制度

2146

专制与秩序:大一统国家形成研究 / 方卿著 ; 曹沛霖指导. -- 复旦大学, 2005. -- 112页

本文探讨了中国的国家形态从大一统国家转向民族国家的形成,大一统国家是疆域、制度、权力和思想统一的结晶。论文探讨了大一统国家形成的基本逻辑,通过阐述周代封建后形成的社会结构和国家观念,认为周代封建对族群的重叠性再组织导致族群观念对国家观念的渗透,也使得政治上世族支配因而权力分化,社会上世族层层节制因而秩序井然。历春秋战国时期,周代封建的政治地理分散结构被打破,引发了社会意识中大一统观念的形成,其共性为对疆域大一统的追求,其分歧则在疆域大一统之后的国家形式选择上。通过分析战国时代针对疆域大一统提出的国家形式设想,论文认为其意在恢复封建,封建制构成大一统国家形式的替代选择。论文回溯了大一统国家形式的诞生,阐明在郡县制这一大一统国家形式的支柱稳定下来后,前述替代选择已经丧失了取大一统国家形式而代之的历史契机。论文还分析了官僚制和郡县制等大一统国家制度得以形成的社会基础,在封建秩序的崩溃中探寻转制与秩序得以斗榫合缝的机缘。论文认为,大一统国家的形成为知识体系、制度体系和社会体系合力促成,其中,制度体系是君主专制的浮面,而知识体系中的大一统观念反映的正是社会体系对秩序的追求,专制与秩序构成大一统国家形成的深层次原因。

关键词:国家形式 国家制度 专政 政治制度史

2147

政治知识化与现代政治的成长:现代西方民主政治研究 / 何历宇著 ; 曹沛霖指导. -- 复旦大学, 2005. -- 191页

本文通过政治知识化这个视角,考察现代西方民主政治成长的基本过程,揭示现代西方民主政治的发展与政治知识化过程的紧密联系。论文提出政治知识化是考察现代民主政治的一个重要视角。政治知识具有经验性和规范性两重属性,基本内容包括政治科学化中的学科发展、制度建构中的知识转化、政治教育中的知识传播、价值提炼中的理想提升四个主要

环节。论文考察了政治知识化可能的条件:(1)政治领域成为可认知的对象是政治知识化的前提条件;(2)理性化是政治知识化的动力机制;(3)现代政治的社会化为政治知识化提供了坚实的主体基础。论文具体探讨了现代西方政治的成长过程与政治知识化的密切关系,把现代政治的要素分成四个方面:民族国家、民主制度、公民文化、民主价值。与之对应的政治知识化机制包括:政治科学化与学科发展、政治教育与知识传播、哲学批判与价值提炼。民族国家的成长与政治科学化与政治学学科发展的关系表现为:民族国家是现代民主政治的载体,民族国家的成长与政治科学化的发展密不可分,现代民族国家对政治知识的大量需求最终催生了现代政治学。现代民主制度与政治知识转化和创新的关系表现为:现代民主制度的产生和发展离不开其知识基础的发展,在制度的创建、运作和完善过程中,知识的阐释非常重要。现代公民文化与政治教育和政治知识传播的关系表现为:政治教育是现代政治学的基本使命之一,同时把理论性的政治知识转化为指导公民政治行为的常识、文化和心理实现了知识积累,现代公民文化需要政治知识的引导和培育。现代西方民主政治的价值困境与政治哲学的边缘化及其复兴的关系表现为:现代政治的成长离不开价值的引导,关注政治价值是政治哲学的使命,现代西方民主政治在其发展过程中存在着价值困境,包括价值中立、制度崇拜、程序民主的神圣化。论文指出,政治知识化对现代民主政治的发展具有两重性:一方面,促进和巩固了现代民主政治;另一方面,片面发展又具有一定的消极后果。只有把握政治知识化的固有限度,把价值关怀与知识建构结合起来,才能尽量避免消极后果。

关键词:民主政治　政治制度　政治知识化　西方国家

2148

新民主主义革命时期选举制度研究 / 王颖著 ; 徐育苗指导. -- 华中师范大学, 2005. -- 122 页

本文对新民主主义革命时期的选举制度进行了探讨。第一章绪论部分阐明论文研究的学术背景、重要概念,概括主要研究方法,论证论文研究的主题、范围及突破点,并阐述论文的框架设计。第二章是苏维埃政权时期的选举制度研究。中国共产党在中华苏维埃共和国建立选举制度是一件开天辟地的事情。重点论述中国共产党创建人民民主选举制度的政治、思想和文化的历史背景。第三章是抗日民主政权时期的选举制度研究。论文分析抗日战争爆发后,民族矛盾上升为主要矛盾对当时政权建设产生的影响,还分析了陕甘宁边区第一次民主选举运动与《陕甘宁边区选举条例》,并以 1941 年 2—9 月陕甘宁边区第二次民主选举运动、1941 年陕甘宁边区第二届参议会第一次会议和 1944 年第二届参议会第二次会议的召开为例,分析"三三制"政权的选举与竞选运动。论文还分析了抗日民主政权时期选举制度的主要特色,以及这一时期选举制度产生的政治影响。第四章是解放区人民政权时期的选举制度研究。侧重对该时期选举制度的政治生态和历史沿革进行分析,具体研究陕甘宁边区第三次民主选举运动的实践,剖析《陕甘宁边区宪法原则》等有代表性的有关选举的宪法性文件和法规。第五章总结了中国共产党在新民主主义革命时期选举制度建立与发展的基本经验。

关键词:选举制度　新民主主义革命　中国共产党

2149

共和主义的民主:自治的承诺与实现的可能 / 曾纪茂著 ; 曹沛霖指导. -- 复旦大学, 2005. -- 141 页

本文探讨了共和主义与现代政治的相关性,认为现代政治的正当性基础在于共和政治的公民共同体全体成员共同享有政治主权,即公民共同体集体自治原则,但是现代政治一方面是建立在对共和政治的规范性承诺基础之上,另一方面现代社会的内在动力以及现代社会的主流政治社会道德话语对于共和政治的实现和维持或者存在威胁、或者隐含缺陷。论文从古希腊罗马的政治经验和政治理论相结合来分析古典共和主义的内容,说明公民共同体全体成员共同享有政治主权是古代城邦的政治本质,即共和主义的核心原则,它要求在政治制度上得到体现以寻求最佳的实现方式,也与相应的公民观念和公民德行有内在的关联。论文从中世纪意大利城市共和国的政治实践和公民人文主义的兴起说明古典共和主义经过这一中介进入近代,成为西方近代国家建设的重要思想资源。但是,共和主义原则面临重大挑战:一方面已经成为现代政治的正当性基础,另一方面又有所偏离。从现代社会的内在动力和当代主流民主政治话语两个方面分析现代民主政治的危机,现代所具有的原子化个人主义趋势、官僚制的不断扩张及其对政治社会生活的支配、资本主义经济对政治生活的影响以及在这些驱使下公共领域的衰败,对共和政治的规范承诺构成主要的威胁,而古代占据主流的资本主义政治社

会道德话语,包括权利至上的权利观念,政治空间的市场化想象以及社会经济领域与经济政策上的物质中心主义,使得资本主义虽然能够接受共和政治的规范性承诺,但是其理论未能为政治的公共性提供有效的理论支持。论文认为,要维持和实现共和政治的规范性承诺,需要恢复公共善的优先性、重建协商的公共领域以及塑造公民德行,另外,共和主义的民主模式有其自身的缺陷,自由主义可以提供一些有益的借鉴。

关键词:民主 共和制 共和主义 自由主义 自治

科学社会主义与国际共产主义运动

2150

欧盟东扩与俄罗斯的选择:从俄罗斯的欧洲观谈起 / 毕洪业著;冯绍雷指导. -- 华东师范大学, 2005. -- 175页

本文以文明和现实的国家利益为观察视角,在探讨俄罗斯历史上所持欧洲观念的基础上,进一步分析欧盟东扩背景下俄欧关系的调整和发展情况,并对其可能的走势作出预测。全文主要由两大部分内容构成,共分五章。论文以主要历史事件为线索,论述苏联解体前俄罗斯的欧洲观念,探讨了十月革命以前俄罗斯的欧洲观和十月革命后整个布尔什维克掌权时期的欧洲观。论文以俄罗斯的全面转轨和欧盟的东扩为线索,深入探讨在这种转型的大背景下俄罗斯与欧盟关系的调整和发展,主要论述转型中的俄罗斯在外交政策领域的争论和调整,以及随着俄罗斯对欧盟政策调整,双边伙伴关系的形成和发展。论文还考察了欧盟东扩战略实施和俄罗斯的应对策略、欧盟东扩与俄欧关系发展前景。论文就俄罗斯、欧盟、北约在泛欧洲体系中所形成的三对关系现状及如何协调提出自己的观点。就俄欧关系而言,俄欧可以通过发展统一空间进行全面合作,但在安全领域的合作要相对复杂得多。但由于欧盟在安全上短时期内无法摆脱对北约的依赖,俄欧在安全领域合作的发展势头一定程度上必然要受到俄罗斯与北约关系的影响。

关键词:欧洲国家联盟 俄罗斯 国际关系 对外政策

2151

经济全球化与我国社会主义政治文明建设 / 陈海莹著;沈云锁指导. -- 中国人民大学, 2005. -- 142页

经济全球化是我国社会主义政治文明建设的重要背景,在为社会主义政治文明发展提供积极推动作用的同时,必然给我国的政治文明建设带来严峻的挑战。论文认为,经济全球化对我国社会主义政治文明建设所遵循的马克思主义理论从经济、政治、意识形态等方面带来一定的冲击,经济全球化的发展对社会主义政治制度形成明显的侵蚀,使社会主义国家主权越来越受到挑战,对当代中国社会政治的稳定产生了极大的消极影响。我国社会主义政治文明建设本质上是人民民主的政治文明,是以人民民主为核心的法制文明,我国政治文明建设必须坚持党的领导、人民当家做主和依法治国的有机统一,建设高度的社会民主。我国政治文明建设的重点和难点在于推进政治现代化建设(即实现政治制度的现代化、政治权威的合理性以及政府能力的有效性),推进执政党理论创新和推进政府管理体制的改革。在推进我国政治文明建设中,我们应坚持遵循人类政治文明的基本法则(包括民主原则、法制原则、公开原则和程序原则)和具有中国特色的基本性原则。在积极推进我国社会主义政治文明建设过程中,我们要积极吸收借鉴包括资本主义政治文明在内的一切人类社会的优秀政治文明建设成果,要从我国的基本国情出发,坚定不移地走有中国特色的社会主义道路。借鉴而不照搬,这是一个必须遵循的重要的原则问题。经济全球化进程要求一种新的社会形态为自己开辟道路,从而为社会主义价值理念和价值取向发挥作用创造了条件。论文提出,从人类社会的发展规律和趋势来看,经济全球化的最终结果将由社会主义进行主导。

关键词:社会主义 政治文明 社会主义精神文明建设 经济全球化

2152

论当代西方的"政党衰落"与前景 / 陈崎著;林勋健指导. -- 北京大学, 2005. -- 110页

本文按照政党与选民、政党的组织、政党与政府的分析框架考察了当代西方政党衰落现象,评价了当代西方国家政党政治的新变化,分析了政党在当代西方国家中的地位和作用,预测了西方政党未来的发展

趋势。论文阐明了探讨西方“政党衰落”问题的理论价值与现实意义，分析了20世纪60年代以来西方国家社会环境的变化对政党的影响，考察了西方政党主要模式的演变，引进了选民“政党认同”的概念，并以此为指标对西方选民的党派性进行了考察，揭示了西方国家选民“政党认同”削弱的发展趋势，分析了造成“选民中的政党”衰落的原因。论文对西方政党的党员人数减少、党的地方组织和基层组织萎缩等“组织衰落”的迹象进行了分析，在此基础上指出了当代西方政党组织的变化趋势：政党所掌握的各种资源，无论是人力资源、财力资源还是权力资源，都由党的地方组织和基层组织向党的中央组织集中；由体制外政党组织向体制内政党组织集中。论文分析了政党与政府之间相互渗透、相互融合的结果：一方面，政党对政府的控制加强，形成了政党政府；另一方面，政府对政党的影响力上升，导致了“卡特尔党”的出现，在一定程度上弥补了因选民政党认同下降和政党的地方组织、基层组织削弱造成的损失。论文总结了当代西方政党在结构和功能上的变化，指出西方政党在选举过程和政府过程中的作用仍无可取代，远未达到衰落的地步，“政党衰落”在可以预见的将来不会成为现实。

关键词：政党　西方国家　政治制度

2153

华侨华人与中国现代化 / 陈永胜著 ; 许征帆指导. 中国人民大学, 2005. -- 154 页

本文分析了华侨华人对中国现代化的作用，探讨如何增进华侨华人对中国现代化的积极影响。论文认为，自近代以来，华侨的命运就与祖国和人民相联系。新中国成立以后，由于众所周知的原因，我们的华侨政策也出现过反复。1978年以来，我国实行改革开放、建设社会主义市场经济的路线方针，唤起了华侨华人参与中国现代化建设的积极性。从经济上看，改革开放之初，海外华人资本对中国现代化贡献巨大。在中国加入WTO、中国—东盟经济贸易区逐步形成的新形势下，华商正好能发挥巨大作用。表现在东南沿海的侨乡并带动了全国经济的发展。论文提出，目前及今后一段时间，我们必须贯彻“人才资源是第一资源”的观念，积极开发海外华人华侨“智力库”，必须制定有吸引力的政策来延揽人才。

关键词：华侨　华人　现代化　国际交流

2154

意识形态与近代中国社会变革 / 傅静著 ; 周向军指导. -- 山东大学, 2005. -- 242 页

论文分析了意识形态与中国社会变革的互动关系，提出要充分重视意识形态在社会发展中的作用。论文认为，社会存在反映到社会意识，形成了各个阶级、阶层的意识形态。意识形态是我们认识社会的工具，更重要的是改造社会的工具。五四之前的中国，资产阶级意识形态的发展超越了它赖以生存的经济基础，尽管基本成熟，但是，封建经济依然强大，封建意识形态依然猖獗，最终使民国名存实亡。十月革命以后，在中国传播的马克思主义，其理论奠基石是唯物史观。它从生产力和生产关系、经济基础和上层建筑的规律出发，论证社会发展的规律性，产生了划时代的意义。共产党人把马克思主义与中国革命的具体实践相结合，提出了具有中国特色的新民主主义革命理论，找到了中国新民主主义革命的独特道路，开创了新民主主义现代化的创造性构想。通过考察近代中国社会意识形态的演变与社会发展变动的关系，论文分析认为，意识形态与社会变革之间的关系是精神与物质的互助关系，是互动的、共生共长的关系。

关键词：意识形态　社会变革　新民主主义革命

2155

毛泽东关于执政条件下加强党的自身建设的思想 / 傅锁根著 ; 沙健孙指导. -- 北京大学, 2005. -- 137 页

本文以毛泽东关于执政条件下加强党的建设的论述为核心内容，挖掘整理了党的第一代领导集体其他成员的党建著作和历史文献中的相关思想，阐述了毛泽东关于执政条件下加强党的自身建设的思想。论文阐述了毛泽东关于端正党的思想路线，实行马列主义与中国实际的“第二次结合”的思想，认为毛泽东建党思想的重要特色就是注重从思想上建设党，确保党的工人阶级先锋队性质。论文阐述了毛泽东关于警惕资产阶级糖衣炮弹的攻击，确保党的工人阶级正当的纯洁性的思想。正是毛泽东敏锐地看到了和平建设时期资产阶级腐朽思想侵蚀对我党的危害，要求全党坚持共产主义理想信念教育，牢记“两个务必”，正确处理党同人民群众的关系，树立政府的权力观，同时坚持不懈地开展反对官僚主义和反对贪污腐化的斗争，通过整党整风的方式来防止党的思想变质。论文阐述了毛泽东关于执政的中国共产党必须接受来自党内和党外的民主监督的思想，主要包括吸收和

借鉴国外实行社会主义民主和资产阶级民主方面的经验，贯彻群众路线，实行人民监督，允许民主党派长期存在和发展，坚持共产党与民主党派的“长期共存，互相监督”，加强党内民主制度建设，充分发扬党内民主的思想。论文还阐述了毛泽东关于对西方资本主义的腐蚀分化和“和平演变”战略保持高度警觉，提出要努力培养和造就千百万无产阶级革命事业的接班人，防止在党内、在党和政府的干部队伍中形成一个脱离群众的特权阶层、贵族阶层，以保证党和国家的长治久安和国家政权永不变色的思想。

关键词：毛泽东思想　党的建设　中国共产党

2156

21世纪台湾政党转换中的民进党“总统”竞选策略探析 / 高宏久著；周敏凯指导. -- 华东师范大学，2005. -- 222页

本文针对2000年到2004年之间的台湾政党竞争的态势，以“政治市场行销”的理论工具，深入剖析民进党选举策略，并试图比较台湾主要政党竞争的模式，来预判台湾主要政党未来可能的发展方向。论文由绪论和正文六章组成。绪论以台湾的“民主化”及其过程所衍生的相关问题作为研究的起点，试图研究台湾“民主化”过程中的负面现象来探究台湾迈向“独立”的深层次原因，进而导引出政治营销的概念与台湾政党竞争的现状。第一章以台湾“民主化”所带来的内外影响，讨论民进党政党竞争过程中，如何善于把握选民的动向，调节政党自身的脚步。第二章以历史回顾的方式，从台湾早期简易形态的竞选活动，导引到近年来的“总统”大选的营销专业化。第三章借助“执政优势理论”分析民进党“执政优势”，策略及其影响。第四章分析“政治营销”的一些具体手法，如政治语汇、政治符号的制造与利用，包括心理层面、社会层面、历史因素以及“营销手法”。第五章借用马克斯·韦伯(Max Weber)有关政治领袖的理论，探讨了李登辉与陈水扁的相互传承“摩西”与“乔舒亚”的关系，陈水扁的“领袖魅力”是如何被制造、维系并在竞选过程中个人魅力是如何发挥作用的。第六章在前面研究的基础上，进一步比较了各政党竞选策略的差异，借以对台湾未来政党竞争与发展，以及2008年“总统”大选作了一些预测。

关键词：政党　民进党　选举　地方政治　台湾省

2157

马克思主义生产力理论及其实践与发展 / 郭杰忠著；李崇富指导. -- 中国社会科学院研究生院，2005. -- 131页

本文以生产力本质的客观性为基础，以生产力发展为主要线索，以马克思主义生产力理论的形成、逻辑结构、发展逻辑和发展成果为主要内容，以生产力和生产关系的相互作用分析为切入点，从辩证唯物论和唯物辩证法等不同的角度，探讨马克思主义关于生产力的理论及其在实践中的发展。论文从哲学和经济学角度分析了马克思主义生产力理论形成的理论渊源，考察和分析马克思主义创始人关于生产力概念的涵义和制定，对马克思主义生产力理论的结构进行了逻辑梳理，以系统的方法分析了生产力内部要素及其相互作用，分析了生产力发展的动因及其与社会的作用关系。论文在注重挖掘马克思主义生产力理论丰富内涵的基础上，注重马克思主义生产力理论的发展研究，以世界上第一个社会主义国家苏联和社会主义的中国为例，研究了马克思主义生产力理论在社会主义建设中的地位和作用，研究了马克思主义生产力理论在社会主义实践中的发展。论文对列宁和斯大林的生产力思想进行了比较研究，对中国共产党三代领导核心毛泽东、邓小平、江泽民的生产力思想进行了逻辑梳理，从而探索马克思主义生产力理论在实践中成长和发展的规律性及其方法启示，阐述了生产力“革命论”、“建设论”、“发展论”、“动力论”、“创新论”、“环境论”等观点。论文突出马克思主义生产力理论在社会主义建设中的指导作用，把生产力理论问题研究和社会主义现代化建设结合起来，论证了中国共产党必须“代表中国先进生产力的发展要求”，牢固树立和全面落实科学发展观，构建社会主义和谐社会的必然性和必要性。

关键词：马克思主义　生产力　社会主义建设

2158

全面建设小康社会过程中的城市文化建设 / 郝风林著；龚育之指导. -- 中共中央党校，2005. -- 191页

本文以马克思主义文化学说和邓小平理论、“三个代表”重要思想为指导，分七章对全面建设小康社会过程中的城市文化建设进行论述。第一章概述了对城市、文化、城市文化、城市文化建设的初步认知，对城市文化的结构、城市文化的功能也进行了阐述。第二章概述了全面建设小康社会过程中城市文化发展的基本定位。第三章主要论述了全面建设小康社

会过程中城市文化建设的内容和形式，从城市精神、城市特色、市民素质、大众文化、历史文化遗产、建筑文化、群众文化及网络文化等八个方面提出了城市文化建设的措施和对策。第四章论述了要用科学发展观指导城市文化建设，提出坚持以人为本的文化发展原则，努力实现市民的文化权益；坚持文化的协调性和可持续性，正确处理文化发展各个方面的关系；坚持科学发展观，把握城市文化建设的辩证关系。第五章论述了全面建设小康社会过程中城市文化建设的战略和规划，提出了城市文化建设的战略设想和城市文化的规划设计。第六章论述了全面建设小康社会过程中城市文化建设的体制和机制，指出解放和发展文化生产力的根本途径是深化文化体制改革，对文化体制改革的设想作了较深入的阐述。第七章论述了全面建设小康社会过程中的城市文化产业，提出了发展城市文化产业的对策，对中外城市文化产业进行了比较，并尝试提出建立城市文化产业统计指标体系。

关键词：小康社会　城市建设　城市文化　文化产业

2159

当代中国制度现代化对工具理性与价值理性的统合：求解中国社会主义制度的当代性问题 / 何美然著；余金成指导. -- 天津师范大学, 2005. -- 145 页

本文主要阐释现代性问题在中国制度体系的具体表现以及其解决方案，认为这实际是中国社会主义制度的当代性问题。社会关系是人的本质力量的重要体现。制度是人民在实践中把作为本质力量的社会关系对象化的产物。制度现代化实质是制度系统适应现代生产力发展而发生的结构和功能转型，基本内容是利益制度现代化、权利制度现代化和能力制度现代化。在西方学者看来，工具理性和价值理性是理性的基本内容。现代性问题的出现主要是工具理性质态的跃迁使得原来的价值理性不能与之相适应，两者的和谐关系被打破。解决制度现代化的基本问题，从根本上说就是使制度体系的构建立足于工具理性和价值理性统合的基础之上。中国现代制度体系的构建体现工具理性和价值理性的统合，需要探索具有中国特色的工具理性和价值理性统合的形式。中国在继续推进制度现代化过程中，应该结合自己的生产力水平和结构、政权性质以及传统文化的特点，以工具理性和价值理性的统合为根本尺度，调适个体意志和社会公意，契合市场逻辑与社会主义制度基本价值，正确处理传统制度与现代制度、本土制度与外域制度之间的关系。

关键词：社会主义制度　现代化　制度理性　价值论

2160

环境问题与第三世界发展 / 贺新元著；卫建林指导. -- 中国人民大学, 2005. -- 151 页

本文在西方全球化的背景下探讨了环境与第三世界的发展问题。第一章主要阐述环境与发展问题是第三世界的时代课题。第二章主要论述西方全球化与环境问题：资本主义生产方式的全球扩张在自然方面造成了环境问题的日渐恶化，在人方面制造了贫富差距的不断扩大。这两个后果都直接制约着第三世界发展，使其国家和人民深度处于西方发展过程中的"客体"位置。第三章则对石油和水两种资源的资本主义利用进行案例分析，进一步论证资本主义生产方式的不可持续性，以及资本主义生产方式对第三世界环境、资源、发展破坏的可怕图景。第四章主要论述科学技术的异化是导致环境问题的技术性因素。第五章论述了人类社会发展进程中的几种环境观。第六章是在对西方全球化扩张造成的环境问题及科学技术的异化给环境带来的负面影响的分析基础上，主要阐述第三世界环境与发展问题的求解之路。第七章主要论述了中国的环境问题和原因分析、中国对环境问题的政策取向、中国人民对环境问题解决的创新。同人类社会已经历的生存与发展阶段相比，可持续发展思想为人类社会进化开启了一个新的历史时期——一个绝大多数人参与的、为绝大多数人谋利益的社会变革时期。即"自由人的联合体"的实现。到达这个阶段，建立和谐的人与自然的关系才真正进入历史议程，第三世界也就历史地消失。

关键词：全球化　环境问题　第三世界　可持续发展

2161

社会转型期的政府能力研究 / 侯彬著；李良栋指导. -- 中共中央党校, 2005. -- 126 页

本文从广义政府的角度，以社会从计划经济体制向市场经济体制转型为历史背景对政府能力的内涵、结构、影响因素、建设途径、评价等方面进行研究。认为政府能力是标示和评价政府依据和运用所垄断的强制性公共权力，履行政府职能的状况和程度的能量的总和。政府能力作为一个体系，具有内在结构，由社会发展能力、政治统治能力、公共管理与公共服务

能力、国际竞争与合作能力、动态平衡能力等方面组成政府能力层级结构和有机体系。在政府发展过程中,国家结构、政府性质、政府职能与政府权力、政党制度等政治因素,经济制度、经济体制、经济发展水平等经济因素,政治文化、政府价值、政府权威、社会心理等文化因素,社会组织等静态因素,和政府机构、政府职能转变、政府权力、政府运行、政府腐败等政府过程动态因素共同作用,综合影响了政府能力的维持和提升。需要从建立和谐、互动的社会结构,科学划分政府、社会、市场的边界,形成各自相对独立的活动领域;创新以政府价值为核心的政府文化,以强调人民主权原则和尊重人权为根本价值,建立包含高效政府、有限政府、责任政府、法治政府等内容的政府价值规范体系;以转变政府职能为中心,合理定位政府职能;以分权和制约为原则优化配置政府权力,规范政府权力运行机制;建立科学化、法治化的政府过程等多方面进行政府能力建设。从政府能力的经济、政治、文化、社会、伦理绩效方面,建立社会发展标准、社会公正标准、文化进步标准、社会和谐标准的政府评价标准体系,明确政府能力评价的原则、内容、程序和方法,为政府能力建设提供量化有形的理论依据。

关键词:政府能力　行政管理　公共管理　公共服务　政府职能

2162

毛泽东文艺思想的当代价值 / 侯肖林著 ; 梁柱指导. -- 北京大学, 2005. -- 115 页

本文从"问题意识"出发,针对当代文艺实践中比较突出的现象,选择毛泽东文艺思想与之相应的若干层面,探讨了"理论和现实——毛泽东文艺思想具有怎样的当代价值"的问题。论文站在科学社会主义的立场上,从价值哲学的角度切入,旗帜鲜明地提倡一定要用毛泽东文艺思想指导、匡正当代文艺实践,在实践中坚持和发展毛泽东文艺思想。论文分"本质论"、"源泉论"、"方向论"、"民主论"等四个方面,密切联系当时文艺实践,坚持认为文艺本质是社会意识形态的观点,文艺源于生活和文艺应是真善美的有机结合,社会主义文艺应提倡为人民服务,"文艺为大众"、"百花齐放"、文艺领域的"统一战线"等思想就是马克思主义的文艺民主观。论文从三个方面探讨了毛泽东文艺思想科学性的依据和源泉,分别针对理论界可能存在的问题进行了分析,对"一切从实际出发"的"实事求是"是不是文艺的"功利主义",对能否借毛泽东文艺思想的"集体智慧"性不加分析地指摘毛泽东的个别文艺主张的科学性,对如何正确认识毛泽东晚年的文艺实践等问题都提出了自己的看法。论文还分析了毛泽东文艺思想的当代价值,认为它是一门发展的科学。从纵向看,毛泽东事业的继承者从自己所面对的时代和实践出发,创造性地丰富和发展了毛泽东文艺思想,从横向看,毛泽东文艺思想与现当代西方学术成果至今呈现彼此阐释、相互映衬、彰显的关系,为毛泽东文艺思想提供了"借鉴"和"拿来"的可能。毛泽东文艺思想的当代价值首先表现在以他为代表的党的第一代领导集体观察、分析和解决文艺问题的根本立场和根本方法对当代的借鉴和指导意义,其次表现在他所提出的文艺的本质、源泉、方向、民主等问题,仍然是指引新时期社会主义文艺的精神旗帜。

关键词:文艺思想　毛泽东思想　价值

2163

当代世界民族主义研究 / 花永兰著 ; 龚学增指导. 中共中央党校, 2005. -- 123 页

本文探讨了经济全球化背景下民族主义不断变化的本质特征及其发展规律。正文共分六章。第一章着重讨论民族与民族主义概念、民族主义类型和历史分期,指出民族主义是指在人类社会历史发展进程中,建立于民族共同体基础之上的维护和扩大本民族政治、经济和文化权益的思想观念、理论思潮和实践活动,以促进本民族的生存、独立和发展。第二章总结概括了冷战结束前后以来世界民族主义的主要表现形式和基本特征。这些形式中有的直接表现为冷战结束前后兴起的民族主义的新景观,有的则属于原有民族主义问题的重新泛起和强化。第三章主要分析了冷战结束前后世界民族主义兴起的国际背景、国内现实及其理论渊源等,揭示了民族主义从量变到质变、从酝酿到爆发的主客观条件,指出民族主义不是空穴来风,再现了民族主义的生命力和持久性。第四章着重探讨了民族主义的凸显给国际政治所带来的一系列重大影响,如对国际新格局的塑造、全球化的影响、和平与发展的冲击以及对于世界民主化进程的推进等,充分体现了民族主义的"双刃剑"功能。第五章在分析民族主义现状的基础上,揭示当前世界民族主义的走向,指出不同类型的民族主义将出现分化走势,即极端民族主义将受到一定程度的遏制,而求生存图发展的经济和文化民族主义将出现强化的态势,和平解决民族问题成为大势所趋。第六章分析了世界民族主义对中国的影响,指出应把中华民族的崛

起、中国现代化的发展同中国如何处理民族关系问题共同置于全球化的大视野中，坚持和发展马克思主义民族理论和方针政策，维护国家主权和统一，稳妥构建和平与开放的“中华民族的民族主义”。

关键词：民族主义　民族国家　民族运动　国际政治

2164

中国社会主义道路及其在全球化时代的选择 / 黄燕著 ; 荣长海指导. -- 天津师范大学, 2005. -- 134 页

本文通过中国社会发展基因的考证说明中国社会基因的独特性，通过今天的中国特色社会主义理论与实践说明中国的社会主义与马克思主义的亲缘联系，以及中国在全球化时代坚持学习他国经验与自我独立发展的关系。论文认为，人类社会的发展不能仅仅归结为经济原因，政治、文化的、国家等基因对一个社会的发展有着自己的独特作用，忽视这一点就会犯教条地看待马克思主义原理的错误。在中国现实社会实践中，传统的政治、文化、经济基因共同影响着中国社会发展的前进方向。毛泽东尝试过以文化大革命的方式，希望通过暴风骤雨般的革命手段来改变中国社会“不良”的基因遗传。邓小平提出了“建设有中国特色的社会主义”道路，是尊重中国社会基因的最好的实践者。江泽民同志根据中国特色社会的基因遗传复制现实，进一步提出了“三个代表”重要思想，将马克思的共产主义理论与中国社会基因较好地结合起来。论文认为，华夏民族自诞生起一直遗传着这样的基因——社会主义基因。中国选择社会主义道路表面上是苏联取得革命成功的基因示范作用的结果，其实更深的原因是中国社会基因遗传的一种必然，是中国社会基因内在发展同位基因竞争的结果。中华民族的基因并不是先天就有闭塞的基因。在全球化时代，中国选择走社会主义道路还是走资本主义道路，是两个同位基因的竞争。在社会基因的遗传上，在中国能取得竞争胜利的只能是社会主义，发展前途只能是中国特色的社会主义。

关键词：社会主义建设模式　全球化　中国特色社会主义

2165

党政关系动态构建问题研究 / 景红著 ; 王韶兴指导. -- 山东大学, 2005. -- 171 页

当代中国党政关系动态构建的研究对象是党政关系的动态构建，是一个涉及党的领导、国家制度、政府管理以及法律建设等诸多层次的动态构建过程。这不仅仅是政党和政府两个社会政治组织之间的简单分开或协调的关系，而是包含有大到一个国家的政治经济社会关系甚至是国际形势，小到一个党员或政府公务员在内的全方位的协调和统一，论文运用的研究方法是规范研究、历史比较、逻辑推导、因果分析以及系统分析、结构——功能分析、平衡分析、学习理论和案例分析等现代研究方法相结合。研究范围是新中国成立以来中国共产党和政府在职能安排及目标定位上存在的互动匹配性以及政党和政府与环境系统的动态匹配性。研究特色是从政党和政府相互平衡以及动态学习的角度探讨党政关系的构建并提出了完整的党政关系动态构建的理论模型。论文认为，必须用动态发展的眼光进行研究，这种动态性体现在政党和政府作为两个既有联系又有区别的社会组织，它们具有自学习、互学习和环境匹配等特性。运用这种动态观点研究政党和政府在职能及目标模式方面的主要关系，并对二者的合理构建进行新的诠释和探讨是非常有意义的。

关键词：党政关系　中国共产党　党的领导　政府管理

2166

白银危机与中国币制改革 ：解析国民政府时期的政治、经济、与外交 / 李爱著 ; 相兰欣指导. -- 华东师范大学, 2005. -- 193 页

本文探讨了我国货币史上的白银危机与币制改革问题。论文分析了自明清到国民政府时期我国的货币体制、金融机制乃至民族经济发生的重大变化，探讨了银本位制下两、元并用的货币混乱状况。论文提出，国民政府在 1933 年 3 月正式下令施行“废两改元”，并于 1933 年 4 月 6 日起通令全国执行，结束了使银、两并用的货币制度，银本位币制得以最终确立，但我国经济仍没能摆脱受国际银价主宰和冲击的命运。1929—1932 年的世界经济危机，使用金本位币制的西方资本主义国家遭受空前沉重的打击，作为用银大国中国没有在此次世界性的经济危机中遭受重创，主要得益于中国实行的是银本位而非金本位的货币制度。1932 年起，为了制止国内白银外流及其引发的信用紧缩和经济衰退，国民政府对外向英、美等国寻求资金援助和政治支持，对内采取征收白银出口税等措施，以期通过这些途径来化解币制危机、减缓经济衰退。但由于日本的强烈反对，以及英、美各自问题

缠身,最终没有对华实行任何实质性援助。国民政府最终决定于 1935 年 11 月 3 日,废除白银本位,实行具有现代意义的币制改革。即原来的银本位制度被不兑现纸币流通制度所代替,白银在法律上已经不再作为流通货币,银币、生银、银锭及其他银类开始退出中国货币的流通领域。

关键词:货币史　白银　货币制度　货币改革　国民政府

2167

全球化背景下当代中国政治文化发展研究 / 李春明著 ; 周向军指导. -- 山东大学, 2005. -- 298 页

当代中国的政治文化发展,处于全球化的背景之中。全球化为当代中国政治文化发展提供了全方位的动力,全球化也给我国的政治文化发展带来强大的压力。论文认为,面临全球化带来的动力和压力,我们应该坚持独立自主的原则,趋利避害,积极融入全球化中。发展观问题是当代中国政治文化发展必须要解决的首要问题。有两种发展观对当代中国政治文化发展的消极影响最大,一种是新文化保守主义发展观,另一种是"全盘西化"发展观。在世俗化大的发展趋向下,我们可把当代中国政治文化发展的价值目标具体化为:发展"生产力政治文化"、"民主型政治文化"和"法治型政治文化"。我们要根据全球化的要求和中国的国情,为当代中国政治文化的发展,安排具体的路径,以实现政治文化发展的价值目标:包括生产力型政治文化发展的路径安排;民主型政治文化发展的路径安排;法治型政治文化发展的路径安排。政治认同的获得和维持工作、主流意识形态的合法性建设,是当代中国政治文化发展的着力点。作为政治合法性的辩护方法与手段,意识形态本身也存在合法性问题,即被大多数社会成员认同和接受问题。全球化背景下当代中国政治文化的发展,要付出一定代价,包括:必然的成本投入性代价和非必然的可能性代价。因此,我们必须确立正确的代价支付准则,来保证代价支付最小而获得最大的政治文化发展效益。当代中国政治文化的发展离不开合格的主体力量的推动和实践:中国共产党是领导主体;知识分子是探索主体;中产阶层是新兴的重要的实践主体。

关键词:政治文化　全球化　文化发展

2168

政治发展与社会稳定 : 当前转型时期中国社会稳定问题研究 / 李笃武著 ; 陈锡喜指导. -- 华东师范大学, 2005. -- 146 页

本文分析了转型时期中国的社会稳定问题。论文由导言、正文和结束语三大部分组成。第一章从当前我国社会转型过程中出现的社会问题着手,揭示了转型社会的发展对传统体制下的社会稳定机制带来了巨大的挑战,并提出了"维护社会稳定是转型社会的一道难题"的命题。第二章从对传统体制下社会稳定模式的回顾与反思中,揭示了传统体制下稳定模式的经验与缺陷,并在此基础上分析了传统体制下社会稳定机制的特点、弊端以及传统体制下社会稳定机制在转型社会失灵的原因。第三章鉴于传统体制下社会稳定机制在转型社会失灵,提出要树立科学的社会稳定观。第四章从政治发展与社会稳定的关系入手进行分析,重点阐述了社会转型时期影响社会稳定的主要政治因素、对转型时期社会不稳定的原因以及改革开放以来政治发展与社会稳定方面的措施进行了理论分析。第五章介绍了当前社会转型时期我国实现社会稳定的对策研究,提出要解决当前转型时期我国社会矛盾和社会冲突,在政治发展方面采取相应的对策与措施。第六章阐述要实现和维护转型时期我国的社会稳定,不仅要在政治发展方面采取相应的对策与措施,同时还要建立一套适应中国国情的相对完善的社会稳定机制,确保我国改革开放的顺利进行和社会稳定与社会和谐发展。论文提出,我们党和各级政府要加强对影响社会稳定相关因素的认识,不断提高维护社会稳定的能力和本领,在推进现代化建设的进程中构建和谐社会。

关键词:社会秩序　社会问题　社会稳定　社会转型　社会发展

2169

戈尔巴乔夫与苏联演变 / 李瑞琴著 ; 靳辉明指导. -- 中国社会科学院研究生院, 2005. -- 169 页

本文从整体(改革的全过程)和戈尔巴乔夫作为苏共总书记和国家领导人的角度,研究、探讨戈尔巴乔夫在苏联演变中的作用。论文分析了戈尔巴乔夫执政前的苏联社会主义历程,认为苏联社会主义建立后,经过 70 年的建设取得了举世瞩目的伟大成就,但面临着改革与调整的新的时代任务,对斯大林社会主义模式的社会主义进行改革是社会发展的客观趋势。选择何种改革前途和方向,成为制定改革目标的关键,也是改革成败的关键。论文分析了戈尔巴乔夫的背景和他选择建立人道的民主的社会主义的历史根源和思想理论基础。戈尔巴乔夫执政后,以抽象人道

主义价值观、历史观来指导苏联改革，逐渐形成了人道的民主的社会主义理论和改革路线。改革中，戈尔巴乔夫利用苏共总书记的权力和特殊地位，在国内外、党内外制造推行人道的民主的社会主义路线的条件，引导苏联改革走上歧途，社会制度发生演变。戈尔巴乔夫推行人道的民主的社会主义对苏联造成了破坏性后果：以意识形态多元化取代了马列主义指导思想，破坏、瓦解了苏共，取消了宪法规定的共产党的执政地位，建立了西方式议会民主制度；经济上确立了以私有制为基础的市场经济；外交上推行抽象而虚幻的国际关系新思维，全面倒向西方。改革直接导致了苏联民族矛盾的爆发，苏维埃联盟解体和资本主义全面复辟。论文认为苏联演变是历史必然性与偶然性的辩证统一。戈尔巴乔夫作为执政党领袖起着决定性作用，但苏联剧变不具备历史必然性。

关键词：政治制度　和平演变　戈尔巴乔夫(Gorbachev, Mikhail Sergsyevich 1931 ~)

2170

当代中国党政关系研究 / 李绍鹏著 ; 潘国华指导. -- 北京大学, 2005. -- 159 页

本文以辩证唯物主义和历史唯物主义为分析工具，以制度建设和法治成长为研究视角，以苏联、国民党在大陆时期以及中国共产党在民主革命时期的党政关系模式为借鉴，通过对当代中国党政关系形成与演变的历史考察，分析了一元化党政关系形成、发展与改革的全过程以及一元化党政关系的特点、形成的原因，揭示了在一元化党政关系之下的权力配置与运作的基本方式，并对一元化党政关系带来的现实问题进行了系统分析，探讨了改革一元化党政关系的基本方向。论文认为一元化党政关系的形成与发展受多种因素的影响，具有某种历史必然性，它所内含的行政效能曾在新中国的历史上发挥过积极作用。由于它本身所具有的体制弊端，也由于客观环境的变化，它已经成为增强执政党的执政能力和建设社会主义法治国家的制约因素，对它的改革已经不可避免。改革离不开中国共产党的领导，其目标也决不能削弱党的领导，改革还必须重视策略的选择，必须分步骤、分阶段地进行。论文揭示了一元化党政关系具有的特征，论述了党对国家政权进行领导的组织系统和党执掌国家政权的权力运作方式。以历史为脉络，论文论述了当代中国党政关系的形成、发展与改革的过程，分析了与当代中国党政关系密切相关的三种党政关系模式——苏联、国民党在大陆时期以及中国共产党在新民主主义革命时期的党政关系的理论与实践，论述了形成一元化党政关系的五点原因，揭示了当前党政关系存在的现实问题，指出了党政关系的改革方向。

关键词：党政关系　党的领导　政治制度　中国共产党

2171

中国现代化视野下的农村劳动力流动 / 李文安著 ; 俞思念指导. -- 华中师范大学, 2005. -- 130 页

中国社会主义现代化是 20 世纪世界现代化进程中的重大事件，伴随着现代化而发生的农村劳动力的大规模流动成为 20 世纪 80 年代以来中国社会巨大变迁之一。本文以中国现代化为背景，考察农村劳动力流动这一社会现象，探讨农村劳动力流动的原因，分析农村劳动力流动对中国现代化建设的重要意义，透视农村劳动力流动面临的制约因素，提出促进农村劳动力有序流动的基本思路与对策，对推动中国现代化建设的伟大实践，具有相当重要的意义。论文第一部分考察了 1949 年以来中国现代化发展的初期不同的现代化发展模式对农民转移的影响。第二部分探讨了农村劳动力流动的原因。第三部分分析了农村劳动力流动对现代化建设的重大意义。第四部分透视了农村劳动力流动面临的制约因素。第五部分提出了促进农村劳动力有序流动的基本思路与对策。论文在结束语中提出农村劳动力流动问题是与构建和谐社会紧密联系的。

关键词：农村劳动力　劳动力流动　二元经济　现代化　和谐社会

2172

论中国特色社会主义民族理论 / 李赞著 ; 龚学增指导. -- 中共中央党校, 2005. -- 181 页

本文梳理了中国社会主义民族理论的来源、形成、发展和完善的历程，结合现阶段影响中国社会主义民族理论发展的国际国内因素分析论证了这个理论的未来发展方向。以马克思主义民族理论为指导，构建了中国特色社会主义民族理论的体系框架，并从民族问题论、民族纲领论、民族发展论、民族关系论和民族工作政策论五方面对该理论体系的逻辑结构和基本内容进行了分析论证；指出中国特色社会主义民族理论具有严密的逻辑、完整的体系、丰富的内容、清晰的条理。对中国特色社会主义民族理论进行了国际比较，通过对其他多民族社会主义国家民族工作理

论与实践的考察分析，总结了社会主义国家解决民族问题的经验教训，探索了当代世界多民族国家解决民族问题的普遍规律和基本要求，并在此基础上分析和论证了中国特色社会主义民族理论的历史意义。

关键词：中国特色社会主义　民族关系　民族问题　民族发展

2173

当代英国社会保障制度的系统分析与理论思考 / 刘波著；周敏凯指导. -- 华东师范大学，2005. -- 178 页

本文梳理了当代英国社会保障制度的历史演进、发展过程和改革趋势，着重研究当代英国社会保障制度形成及改革调整的国际背景、区域背景和国内背景，并对当代英国社会保障制度与社会发展的互动关系和当代英国社会保障制度建设进行了理论思考，以便对中国特色社会保障制度建设有所借鉴与启示。论文介绍了现代社会保障的内涵、特征、体系与功能；现代社会保障的理论基础与主要流派；欧盟国家社会保障制度模式比较。论文主要梳理英国社会保障制度的历史演进脉络，并对现状分析，回顾了英国社会保障制度的历史演进过程，分析了英国社会保障制度的基本内容和主要特点及当代英国主要社会保险制度。论文分析了当代英国社会保障制度调整改革的国际背景和国内背景，论证英国社会发展对社会保障制度的影响和作用。论文探讨了当代英国社会保障制度与社会发展互动关系和英国社会保障制度建设的理论思考，分析了当代英国社会保障制度与社会发展互动关系，重点论证社会保障制度对英国社会发展的反作用，并对当代英国社会保障制度建设进行了理论思考。

关键词：社会保障制度　英国

2174

当代中国政治稳定机制研究 / 刘华安著；李良栋指导. -- 中共中央党校，2005. -- 140 页

正文共分五章。第一章主要论述利益重组与政治稳定机制建构的内在关系，分析当代中国现代化进程中社会利益结构的历史变迁、利益重组过程中产生的矛盾和冲突、政治不稳定的主要表现及其原因等，认为当代中国政治稳定必须实现从过去的政策性稳定到现代的制度性稳定的历史跨越，最后提出政治稳定机制建立的基本设想和基本路径。第二至四章，分别论述政治情绪排解机制、政治系统整合机制和社会冲突调处机制。从政治系统的输入功能分析作为切入点，提出政治情绪的排解对政治系统的重要功能，对当代中国建立政治情绪排解机制的基本思路进行了分析。指出政治系统的整合机制必须包括政治文化凝聚机制、政治制度整合机制和执政党的资源吸纳机制。从政治输出功能来看，任何一个政治系统都必须建立相应的化解社会冲突的机制，以弥补政治输出带来的社会不满。当代中国的社会冲突主要表现为有限的利益冲突，因此，必须在民主法制的基本框架内来化解冲突、调处矛盾，实现利益双赢。第五章主要论述当代中国培育社会自我管理机制的必要性和现实性，认为现代社会政治稳定的实现，越来越离不开国家与社会之间的合作，随着市场经济的进一步发展，社会中间组织正在崛起，社会的自组织能力和自我管理能力日益增强。在这种情况下，政治系统必须主动回应公民社会兴起的现实，自觉培育社会的公共空间，积极引导民间组织的健康发育，以“善治”理念，创新政府工作管理体制，不断推动政府与社会之间的良性合作。

关键词：政治制度　社会主义民主　社会主义法制　政治稳定

2175

当代中国农业现代化道路研究 / 刘立勇著；俞思念指导. -- 华中师范大学，2005. -- 123 页

本文运用马克思列宁主义、毛泽东思想、邓小平理论和“三个代表”重要思想为指导，从中国现代化和农业发展的实际出发，以科学发展观来探讨面向新世纪的中国农业现代化道路。联系国内外农业现代化历程和作者二十多年的农村工作亲身经历，从理论与实践紧密结合的新视角上，深入探讨当代中国农业现代化的主要问题，是一个涉及面广阔的大课题。论文的研究在于总结农业现代化的历史经验，明确中国农业现代化的必然性，在农业现代化的创新中寻找中国农业发展的出路，在农业生产方式、农村制度变革、农业政策调整和外向型农业模式建设方面，形成关于中国农业发展的基本方向的认识，为当前中国农业的现代化实践服务。全文分绪论和六个部分。绪论在总结、评鉴国内外现代化研究与实践的基础上，阐述了当代中国农业现代化的重大意义，概括了论文的主线、内容结构及研究方法。第一部分研究我国农业的生产关系问题。第二部分研究关于农业生产组织形式和农业的产业化问题。第三部分研究关于农业现代化的推进策略问题。第四部分研究关于中国农业

的外向发展和与国际产业化、市场化相连接的问题。第五部分对农业现代化实证的分析和评论。第六部分研究关于中国农业现代化的发展趋势问题。

关键词:农业现代化　农业发展　社会主义

2176

信息网络化与当代中国政治发展 / 刘文著 ; 李会滨指导. -- 华中师范大学, 2005. -- 120 页

互联网不再仅仅是一种生成和传播信息的媒介,而且深入到了人类政治、经济、文化和社会生活的各个领域并开始扮演主导角色,对各国的政治体系和公民政治生活产生了深刻影响,也使我国的政治发展面临着新的机遇和挑战。本文分五个部分对这一问题进行分析和探讨。第一部分是网络政治兴起的背景。伴随着互联网向政治领域的渗透,一种新的政治形态——网络政治应运而生。网络政治是在互联网这个特殊媒体上产生的,与现实社会政治生活密切相关的社会政治现象,具有独立性与整体性、虚拟性与真实性、隐秘性与开放性、平等性与垄断性相结合的鲜明特点。第二部分是信息网络化对我国政治发展的影响。信息网络化促使了电子政务在我国的兴起与发展,信息网络化开辟了我国公民网络政治参与的途径,也促使了我国参与型民主政治文化的培育和发展。第三部分是信息网络化对我国政治发展提出的挑战。一是对我国电子政务建设的挑战。二是对我国政治稳定的挑战。三是对我国社会主义主流政治文化建设的挑战。四是对我国国家安全的挑战。第四部分是应对信息网络化挑战,推进我国政治发展的对策。包括建立完善的电子政务安全保障体系,畅通公民网络政治参与渠道,制定我国政治文化的安全战略等等。第五部分展望了网络时代我国政治发展的走向。

关键词:政治制度　政治发展　互联网络　电子政务　政治文化

2177

人才竞争与山东省人才战略问题研究 / 刘赟著 ; 王韶兴指导. -- 山东大学, 2005. -- 127 页

论文首先分析了我国实施人才强国战略的指导思想——中国特色社会主义的人才观,并对世界各国之间专业技术人才竞争的历史与现状进行了探讨。论文还分析了我国专业技术人才资源分布情况与发展现状,通过分析我国专业技术人才的分布和高层次专业技术人才主要分布及其载体的现状,重点对北京、上海、广州、江苏等省市和沿海地区的人才竞争与发展策略进行比较研究,探讨了"九五"以来我国人才争夺的总体态势及其发展趋势。之后具体探讨了山东省专业技术人才现状与问题,分析了山东省专业技术人才队伍建设的战略意义与需求;总结了培育高层次专业技术人才必须遵循的规律及当代成功经验,提出山东省专业技术人才队伍建设的指导思想和战略目标。论文最后提出山东省专业技术人才队伍建设的重要举措建议为:实施人才竞争战略,要在国际环境的大背景和山东经济社会发展的大局中去思考、部署和落实,要把人才发展战略作为实施"科教兴鲁"和"人才强省"战略的核心来抓,要以高层次人才建设为龙头,全面加强山东省专业技术人才队伍建设,只有建立一支宏大的高素质人才队伍,才能在激烈的国际竞争中赢得主动权。

关键词:人才竞争　人才资源开发　人才培养　山东省

2178

戈尔巴乔夫改革与执政能力研究 / 鲁军著 ; 周尚文指导. -- 华东师范大学, 2005. -- 142 页

本文分析了戈尔巴乔夫改革与加强党的执政能力的问题。论文认为,80 年代中期,戈尔巴乔夫上台执政时,面临改革的必然。1985 年 3 月至 1988 年 6 月,是戈尔巴乔夫改革的初期,以"加速战略"为核心的经济改革,未能达到预期的效果。以 1988 年 6 月召开的苏共第 19 次全国代表会议为标志,改革的重点从经济体制转向政治体制改革。1989 年 11 月 26 日戈尔巴乔夫在《真理报》发表《社会主义思想与革命性改革》,从理论上系统阐述了改革路线、指导思想以及重要方针、策略,成为改革转向的理论标志。以 1990 年初的中央二月全会和同年 7 月召开的苏共二十八大为标志,苏联的改革进入了根本性转折时期。以 1991 年"8·19"事件为标志,随着苏共消亡和苏联解体,改革彻底失败。戈尔巴乔夫的政治改革给苏共执政地位带来了严峻挑战。论文认为,戈尔巴乔夫改革失败有历史的、现实的和国内的、国际的原因,但关键在党内、在于执政能力的衰竭。戈尔巴乔夫改革失败催化了一个社会主义政党执政地位的丧失,为加强党的执政能力建设提供了极为深刻的教训。社会主义国家所进行的改革,必须坚持党的领导核心地位;党要努力寻找符合本国化的改革道路;党必须进行自我改革和完善,提高执政能力。

关键词:戈尔巴乔夫(Gorbachev, Mikhail Sergsyevich 1931 ~） 政治改革 执政能力 苏联共产党

2179

当代日本社会主义思潮／门晓红著；周锡荣指导. 中共中央党校, 2005. -- 127 页

全文共分五章。第一章介绍马克思主义在日本的传播、发展、影响及其深远意义。包括：社会主义思想在日本的传播，自由民权运动，无产阶级队伍的壮大与工人运动，日本早期社会主义运动，日本共产党的创立和日本社会主义运动的高涨，日本社会主义思潮对日本社会的影响、对世界社会主义运动及马克思主义的贡献。第二章介绍、分析第二次世界大战后，日本经济复兴与高速增长期的社会主义思潮。主要包括：第二次世界大战后日本的政治、经济、外交概况，战后的“民主改革”与“五五年体制”；朝鲜战争、越南战争给日本带来的变化；这一时期日本社会主义思潮的发展与影响；日本共产党的理论与实践和日本社会党的理论与实践。第三章为经济高速增长时期的日本社会主义思潮，详细介绍了日本共产党的理论沿革，日本社会党理论的变化及影响。第四章介绍苏东剧变后日本社会主义思潮的兴衰。主要包括：苏东剧变给日本带来的影响，“五五年体制”崩溃到多党联合，日本共产党理论的新变化和日本社会党的更名及变化。第五章主要介绍当代日本共产党的性质及理论探索，“日本式社会主义”的探索，提出“社会主义成长期理论”和重新认识资本主义，对“苏联模式”的评价及对科学社会主义的再认识。

关键词：社会主义 政治思想 共产党 日本

2180

颠覆·建构·话语失却：文化传统背景下的俄国知识分子与斯大林模式／倪稼民著；周尚文指导. -- 华东师范大学, 2005. -- 142 页

本文探讨了俄国革命知识分子对俄国历史进程和社会发展的影响特别是对斯大林模式形成产生的作用及其两者之间的内在联系。全文共由六个部分组成。论文对现代社会的一般知识分子作了描述性的界定和分类，并对他们普遍所有的试图建立话语霸权的情结作了揭示。论文揭示了俄国知识分子在沙皇专制和农奴制历史文化传统背景下形成的不同于西方知识分子的特殊性及其激进倾向的根源。论文叙述了俄国那批由革命知识分子组成的职业革命家或布尔什维克，成为权力知识人后所面临的角色、政权和社会等一系列转换和建构问题。论文集中探讨分析了世界上第一个以不同于西方的方式完成工业化道路的模式——斯大林模式形成的文化根源。论文主要阐述了在高度集权的斯大林模式下，多数革命知识分子怎样从旧秩序的批判者、颠覆者、新文化的建构者、阐释者最后成为斯大林意识形态垄断下的独立话语的失却者甚至受害者，并对这种怪圈现象从渊源上进行了分析。论文认为，革命知识分子（社会主义执政党）要有一种文化自觉，对自身文化缺陷要有一个清醒的认识，然后在此基础上进行文化批判和文化建构。

关键词：俄国革命 知识分子 十月社会主义革命 斯大林（Stalin, Joseph Vissarionovich 1879 ~ 1953） 工业化

2181

中国现阶段收入分配公平问题研究／宁德业著；李崇富指导. -- 中国社会科学院研究生院, 2005. -- 145 页

本文在坚持以马克思主义收入分配公平理论为指导的前提下，对现阶段我国的收入分配公平问题进行了深入研究。论文评介了我国学者研究收入分配公平问题所取得的主要成果，界定了分配、公平、收入分配公平问题等基本范畴，区分了公平、平等、公正、正义等概念，阐释了分配制度、分配机制、分配功能以及公平的类别、公平的特征和公平的价值等相关原理。论文阐述了马克思主义收入分配公平理论的主要内容，论述了马克思、恩格斯创立的马克思主义收入分配公平理论的主要内容和列宁、毛泽东、邓小平、江泽民对发展马克思主义收入分配公平理论的重大贡献，并简要阐述了影响当代中国马克思主义收入分配公平理论的两种主要思潮。论文论述了当前我国收入分配制度与收入分配事实的公平性问题，揭示了当前我国微观领域存在的平均主义、非法非正常暴富和宏观领域存在的收入差距过大两类三种收入分配不公现象，分析了现阶段我国存在的几种主要收入分配公平观及其判断标准。论文分析了现阶段我国存在的收入分配不公现象的主要表现及其原因、当前我国公有制单位平均主义顽疾的主要表现及其原因、当前存在的四种类型的非法非正常暴富现象及其原因、现阶段我国居民收入差距过大的突出表现及其原因，认为我国现阶段尚未出现两极分化现象。论文论述了现阶段我国存在的收入分配不公现象对当前我国经济社会发展的消极影响：对经济增长的抑制作用；

对社会稳定的潜在威胁;对实现全面建设小康社会奋斗目标的制约作用;对构建社会主义和谐社会的危害。论文探讨了现阶段我国缓解收入分配不公、增进收入分配公平的原则与对策,认为我国增进收入分配公平应该遵循利益兼顾原则、"效率优先,注重公平"原则、按劳分配与按生产要素分配相结合原则、按需要调节原则;强调通过发展生产力、加强民主法制建设和公平观念教育、建立健全利益协调机制、构筑新型收入分配格局来增进收入分配公平;探讨了缓解和消除三大收入分配不公现象的具体对策。

关键词:收入分配　公平分配　分配制度

2182

网络发展与精神文明 / 彭跃辉著 ; 萧贵毓指导. -- 中共中央党校, 2005. -- 190 页

本文共分十章。第一章概述了网络发展既提供了精神文明建设的新载体和新领域,也提出了精神文明建设的新矛盾和新问题,赋予了精神文明建设新任务。第二章论述了网络发展推动了人们思维方式的变革和价值取向的多样化,焕发了人们的精神活力,增强了人们的现代意识,有利于人的全面发展和社会进步。第三章论述了网络发展造成"网民"们道德意识的模糊、道德规范的失效、道德行为的紊乱,深入分析了构建网络道德规范的必要性,阐述了网络道德规范的基本要求和基本内容。第四章论述了在网络全球化和信息全球化的大背景下,面对西方文化的强烈冲击,民族文化应该增强阵地意识和文化自觉意识,在文化全球化大潮中扎根、发展、创新和壮大。第五章论述了人的精神文化需要的不断增长是经济社会发展的普遍规律。网络发展给人的精神文化需要的增长和满足提供了新空间、新方式和新手段。第六章论述了网络发展对生活方式的影响。人类应该反思生活方式的嬗变过程,在网络社会化进程中倡导文明健康科学的生活方式。第七章论述了网络发展提高了教育手段,促进了学习方式的革命,推动了学习型社会的创建,有利于科学文化的普及和民众素质的提升。第八章论述了社会公共舆论的网络化趋势。以正确的舆论引导人,是网络社会的新课题。增强和扩大正向舆论的覆盖面和影响力,引导网络舆论的正确导向。第九章论述了网络发展开辟了精神生产的新领域,赋予了精神产品的新特征。必须加强网络精神生产的引导和管理,把社会效益放在首位,实现网络精神生产的经济效益和社会效益的统一。第十章论述了人的全面发展是社会主义社会的本质要求。网络发展拓展了人的全面发展的空间和机会。以高尚的精神文化塑造网络人,推进人的全面发展是社会主义制度的优势和职责。

关键词:互联网络　精神文明　道德　人的全面发展

2183

中国社会主义现代化中的大学文化建设 / 任亮著 ; 荣长海指导. -- 天津师范大学, 2005. -- 148 页

本文探讨了在社会主义现代化进程中,中国如何进行大学文化建设的问题。论文认为,在知识经济条件下,大学正从社会的边缘走向社会的中心,大学将真正成为科教兴国的生力军。大学文化是大学发展的灵魂和精神动力。新时期适应时代发展要求,开拓大学文化建设,必须准确把握大学文化的内涵、主要特征以及大学文化的追求;研究教育的本质与大学文化,为大学文化在新时期的发展确立应有的地位;通过对中西方著名教育家的大学理念和著名大学的大学文化的研究,总结大学文化历史积淀的精华;分析大学文化所面临的挑战,从而指出大学文化的地位和作用。站在社会主义现代化的战略高度,全面创新我国的大学文化,必须做到:塑造中国大学精神;建设大学物质文化;创新大学制度文化;更新大学教育理念。在新的时代背景和现代化发展的新趋势下,思考我国的大学文化发展的战略,必须从大处着眼:必须适应中国特色社会主义发展要求,把"三个代表"重要思想熔铸于大学文化建设中,在大学改革和发展中提升大学文化。

关键词:大学　文化建设　社会主义

2184

论社会主义计划经济的历史和理论起源 / 任晓伟著 ; 黄宗良指导. -- 北京大学, 2005. -- 181 页

本文以 20 世纪 20—30 年代的苏联和 40—50 年代的中国两个"内生型"的社会主义计划经济国家为研究对象,从历史、理论的视角研究了社会主义计划经济生成的历史过程及其与这一过程相伴随的逻辑变迁过程。论文阐述了系统研究社会主义计划经济起源的学术视角以及这一问题所具有的理论和现实意义,界定了社会主义计划经济的制度性内涵,认为社会主义计划经济是对社会经济资源的一种政治配置,是在教条化的马克思主义理论支撑下与强制工业化和集权政治相适应的一种特定制度安排。认为社会主义计划经济的历史起源主要体现为强制工业化

发展道路、社会主义集权政治模式和教条化的马克思主义三个历史因素的相互作用和相互促动。在这一过程中,核心的问题是落后国家的在全球资本主义体系的束缚下对工业化道路艰难的历史抉择。论文分析了推动社会主义计划经济确立的历史因素,认为社会主义计划经济的理论起源主要体现为“资本主义危机”理论、斯大林的国家理论、马克思主义再生产理论三个有特定含义的理论因素形成的逻辑过程及其结构性溶合。论文提出了一个以社会主义计划经济对市场化改革的结构性约束为核心概念的关于传统社会主义改革史的分析框架,认为中国社会主义市场经济改革道路的形成是对这一结构性约束的成功突破,是按照社会主义计划经济起源的内在逻辑成功地解构计划经济的结果。中国社会主义市场经济改革模式的提出完成了社会主义发展史和改革史上新旧道路的转换,成为社会主义的生命力在当代世界发展中又一新的历史证明。论文还以当代中国改革为背景,总结和梳理了社会主义市场经济改革的历史观和发展观。

关键词:社会主义经济　计划经济　市场经济

2185

全球主义批判与当代中国意识形态建设 / 申小翠著 ; 李崇富指导. -- 中国社会科学院研究生院, 2005. -- 178 页

意识形态不仅是一个纯粹的理论问题,更是一个关乎政权合法与巩固、社会稳定与和谐、民族认同和凝聚的重大现实问题。国际意识形态领域斗争复杂化主要表现为西方发达国家尤其是美国没有放弃意识形态战略,从冷战前的单纯反对共产主义意识形态转变为对一切与西方文明异质的文明类型宣战。本文认为,在“一球两制”的政治格局下,社会主义意识形态与资本主义意识形态对峙,两种社会制度之间的较量将长期存在,构成当今世界意识形态冲突的主要脉络。“全球主义”是西方发达国家借助一系列全球性现象的出现,打着“全球意识”、“全人类共同利益”的幌子,极力张扬其政治制度、经济制度和文化价值的普世意义而炮制出来的一种新型的资产阶级意识形态表现形式,旨在操纵全球化的方向和进程,推动全球化向西方化、美国化方向发展,用西方的特别是美国的经济模式、政治体制和价值观念统治全球,构建一个美国和西方“稳定获利”的全球模式。这种价值观正在侵蚀着广大发展中国家的民族认同和国家利益。论文认为,全球主义对我国社会造成的冲击将更为严重。“马克思主义过时论”、“取消公有制”、“全面私有化”的市场浪漫主义,以及以“宪政民主”代替四项基本原则的政治浪漫主义,都是全球主义在我国意识形态领域的投影。论文分析了全球主义的原因和危机,认为中国社会主义意识形态建设必须以马克思主义为基本指导思想,以服务中国特色社会主义现代化建设为基本目标,坚持“二为”方向与“双百”方针相统一的基本原则,实现“三个创新”:即通过实施马克思主义理论研究和建设工程、综合创新工程等来实现内容创新;通过改革文化体制、建构高度有效的社会主义意识形态的运行和传播机制等来实现形式和手段创新。

关键词:意识形态　精神文明建设　经济一体化

2186

落后国家向共产主义第一阶段过渡的基本问题 / 石镇平著 ; 智效和指导. -- 北京大学, 2005. -- 96 页

马克思的过渡时期理论是以发达资本主义为起点的,是直接过渡的理论。20 世纪以来走上社会主义道路的国家,由于经济文化都比较落后,因而不能照搬马克思的直接过渡理论。十月革命以后,列宁经过艰辛探索,找到了一条落后国家向社会主义过渡的新道路。列宁关于落后国家向社会主义迂回过渡的理论,是对马克思过渡时期理论的重大发展,对现实各国社会主义实践具有特别重要的指导意义。论文认为,落后国家向共产主义社会第一阶段的迂回过渡,是长期的和多阶段的过程。即必须经历发达国家所要经历的消灭剥削阶级和消灭阶级两个阶段,而且还必须首先经历一个利用非公有制经济和利用资本主义的长期的过程。用公式来表示,就是:落后国家的迂回过渡 = 利用资本主义阶段 + 消灭剥削阶级阶段 + 消灭阶级阶段 = 多种经济成分并存的阶段 + 以公有制为主体、多种经济成分并存的阶段 + 全民和集体两种公有制并存的阶段 + 单一的全民所有制阶段,然后才可以进入实行社会所有制的共产主义社会第一阶段。论文认为,现实中国的社会主义初级阶段是向共产主义社会第一阶段过渡过程中的一个比较初级的阶段。在这样的阶段,发展非公有制和商品经济并不违背马克思主义。我们要在实践中学会正确利用资本主义,把握过渡时期的社会主义方向,避免通往资本主义。

关键词:共产主义社会　过渡时期　马克思主义

2187

中国共产党与当代西方社会民主党之间的关系研究／舒新著；林建华指导. -- 华中师范大学, 2005. 121 页

本文运用马克思主义的基本观点和基本方法,把史实描叙与逻辑论证结合起来,对半个世纪以来中国共产党与当代西方社会民主党的关系按照不同的状态进行了梳理。论文认为,中国共产党和西方社会民主党半个多世纪来的交往,具有最全面的政党交往的内涵,最能体现双方关系的特征和实质。中国共产党和西方社会党的关系,走过了全面对立和有限接触的阶段;全面合作但不趋同的阶段;关系的逆转但并没有完全中断来往的阶段;达成共识,共同为维护和平、促进发展而努力的阶段。通过对这几个阶段的梳理,勾勒了中国共产党和当代西方社会民主党之间关系的演进过程。在这个基础上,论文对影响二者关系发展的主要因素进行了系统分析,对发展二者之间关系的理论问题进行了思考。第一部分对冷战高潮时期中国共产党和当代西方社会民主党之间关系的状态进行了叙述和分析。第二部分对冷战后期中国共产党和西方社会民主党的关系进行了述论。第三部分叙述了苏东剧变时期和冷战后双方关系的发展状态。第四部分对影响中国共产党和西方社会民主党之间关系的重要因素进行了分析。第五部分对发展中国共产党和西方社会民主党之间的关系进行了理论思考。

关键词:中国共产党　社会民主党　国际关系

2188

人的全面发展:理论分析与现实趋势：中国特色社会主义的现实选择／宋萌荣著；李会滨指导. -- 华中师范大学, 2005. -- 146 页

本文以马克思主义人的全面发展的思想为指导,从现实出发,分析人的全面发展在当代世界特别是当代中国实现的条件、趋势和要求,论证人的全面发展是中国特色社会主义的客观趋势和根本价值,人的全面发展现实推进与中国特色社会主义事业成败休戚相关,提出人的全面发展在当代中国的现实目标,并探讨了实现这一现实目标的制导机制。论文由引论和五个部分共六方面内容构成。引论包括两部分,一是关于论文的若干说明。二是马克思主义的"人的全面发展"观的解析。第一部分从全球现实运动的角度分析人的发展所处的阶段、特点和趋势,指出人的全面发展是当代人类文明发展的客观趋势。第二部分概述当代中国所处的发展方位与现实条件。第三部分提出中国特色社会主义的根本价值目标与当前阶段的现实要求。第四部分对全面建设小康社会中人的全面发展的现实目标进行定位。第五部分提出在全面建设小康社会中现实推进人的全面发展的导向机制。本文研究特点在于运用马克思主义的基本理论方法,从科学社会主义是研究人的解放的条件的科学的角度,从中国社会主义现代化发展的现状、要求和可能等方面,研究中国特色社会主义与人的全面发展的关系及发展的规律。

关键词:社会主义　中国特色社会主义　人的全面发展　小康建设

2189

马克思资本主义生产关系自我扬弃思想与当代现实／隋成竹著；李延明指导. -- 中国社会科学院研究生院, 2005. -- 104 页

本文以当代资本主义生产关系的变化为分析对象,在系统梳理马克思关于资本主义生产关系自我扬弃思想基础上,考察了资本主义生产关系自我扬弃的历史必然性,分析了资本主义生产关系自我扬弃过程中孕育着新社会因素的客观现实以及当代资本主义生产关系的根本性质,揭示了当地资本主义生产关系向社会主义生产关系不断趋近的历史趋势。论文认为,自我扬弃是资本主义社会基本矛盾的展开与克服过程,是一个不以人的意志为转移的自然历史过程。积极扬弃与消极扬弃是资本主义生产关系自我扬弃的两种基本形式,核心内容是资本扬弃,股份资本是资本扬弃的"最高形式"和"最适当形式"。论文认为,当代资本主义生产关系自我扬弃主要表现在财产占有关系社会化,生产管理社会化、收入分配关系社会化三个方面,其中孕育着许多与资本主义私有制生产关系相对立的新社会因素,这是资本主义社会与社会主义社会纵向沟通的桥梁,它通过克服内在矛盾对资本主义生产关系进行部分否定,产生部分质变,为社会主义生产关系的诞生奠定基础、创造条件。论文认为,资本主义生产关系自我扬弃始终只能在一定程度上缓和其内在矛盾,而不能从根本上解决它。资本主义生产关系内部能够产生新社会因素,必须正确认识新社会因素的历史地位,把握资本主义社会发展的历史趋势,积极探索当代资本主义社会向社会主义社会转变的具体方式。

关键词:资本主义　生产关系　社会主义　马克思(Marx, Karl 1818 ~ 1883)

2190

经济全球化与中国传统政治文化的嬗变 / 孙凡荣著 ; 严书翰指导. -- 中共中央党校, 2005. -- 108 页

正文共分八章。第一章具体梳理了西方和国内学者对经济全球化、政治文化和中国传统政治文化的概念界定并确定了本文的研究方法。第二章对中国传统政治文化与西方政治文化作了比较分析,并考察了明清之际的思想家们对中国传统政治文化的批判。第三章从社会经济基础的变动、利益格局的变化、社会矛盾和民族危机日益深重以及大量涌人的西学对中国传统政治文化价值基础的冲击四个方面分析了19世纪中叶至20世纪初期中国社会历史条件的变化,在此基础上论述了中国传统政治文化发生的嬗变。第四章从经济基础的变化、利益关系格局的变化、十月革命对中国的巨大影响三方面分析了第二轮经济全球化所带来的中国社会历史条件的变化,考察了五四时期政治文化和毛泽东无产阶级政治文化观的内容。第五章分析了"文化大革命"的挫折与当代中国政治文化的再建;阐述了邓小平理论政治文化观、第三代领导集体政治文化观的特色;考察了第三轮经济全球化背景下中国政治文化的重大变化。第六章提出了促进中国政治文化现代化的几个重要结论,认为只有从中国国情出发,在中国共产党的领导下,大胆地吸收和借鉴人类政治文化的成果,不断巩固和发展中国现代的、开放的社会主义经济结构,才能真正实现中国政治文化现代化。

关键词:经济全球化　传统文化　政治文化

2191

消除贫富分化,走向共同富裕 : 中国社会转型期的价值选择与整合 / 唐莉著 ; 许征帆指导. -- 中国人民大学, 2005. -- 160 页

本文以主体的价值选择为研究视角,从价值选择过程解读贫富分化现象。论文认为,贫富分化是中国现阶段社会转型中出现的最严重的社会问题。它成为社会不稳定的主要因素,在一定程度上动摇和影响了人们对社会主义的信念。通过实证分析,论文指出贫富分化不仅事实存在,而且已经非常严重。在综述和评价国内学术界关于贫富分化原因基础上,论文提出主体在价值选择过程中的失误,是导致贫富分化的主导因素,历史、自然条件等客观因素仅仅是产生贫富分化的次要原因。社会进步的尺度是历史尺度与价值尺度的统一,论文认为,以共同富裕作为衡量社会转型成败的价值标准既可以促进生产力的发展,也可以满足最广大人民群众的利益需要。只有消除贫富分化,实现共同富裕,才能超越资本主义,显示社会主义优越性。论文提出价值整合是消除贫富分化的主要价值手段。

关键词:贫富分化　共同富裕　收入分配　社会转型

2192

社会主义精神富裕论 / 汪青松著 ; 赵曜指导. -- 中共中央党校, 2005. -- 150 页

本文相对物质富裕提出了精神富裕的概念。首先探讨了社会主义精神富裕的内涵及其构成要素,认为中国革命精神、社会主义建设、改革时期的时代精神和社会主义民族精神是社会主义精神富裕最基本的组成部分,社会主义精神富裕是指有助于巩固社会主义政权、保持社会主义社会持续稳定、健康和谐发展的价值观念、理想情操、道德伦理、思想文化等积极向上的精神条件和精神素质的总合;并对精神富裕和物质富裕的关系作了简要分析。其次,论证了精神富裕是社会主义共同富裕的应有之义,阐明精神富裕是社会主义共同富裕的必然组成部分和内在逻辑构成。接着从价值的视角对社会主义精神富裕的效用进行了阐释,指出社会主义精神富裕的独特作用主要体现在获取社会主义的比较优势,构成社会主义综合国力,塑造良好的社会主义精神形象,并且关系到社会主义现代化的最终实现;同时,满足人们不同层次的精神需求和对意义的追求,合理引导人们的精神生活需求,使人树立正确的幸福观,是精神富裕对人的全面发展的效用体现。随后分析了社会主义精神富裕的现状,认为社会主义社会精神风貌总体是好的,但也存在诸多问题,并从历史、现实及思想认识三个层面对此进行了剖析。最后,探讨了社会主义精神富裕培育和生成的若干对策,指出社会主义精神富裕的培育需要遵循普适性原则、先进性原则、开放性原则、精神与利益相统一原则和向与度相结合原则。认为精神富裕的生成机制应包括正确的价值引导机制、完善的教育濡化机制、合理的领导管理机制和有效的宣传鼓动机制这四大部分,但最根本的还是要把精神富裕建立在经济发展这个根基之上。

关键词:社会主义　精神文明　民族精神　理想道德

2193

中美法院制度比较研究 / 王安著 ; 周尚文指导. --

华东师范大学, 2005. -- 192 页

本文从中美两国法院制度的历史比较入手,对两种社会制度下法院在国家权力结构中的地位、法官制度、审判制度和法院行政管理制度进行深入分析。第一章从历史角度对中美两国法院制度的形成与发展进行比较。第二章对法院在两国权力结构中的地位进行比较。三权分立的政治体制、法院在权力机构中的地位和法院的权威决定了美国的法院享有更多的职能。中国是社会主义国家,法院必须坚持中国共产党的领导,人民代表大会制度是根本的政治制度,法院由人民代表大会产生,对人大负责,受人大监督。我国法院在司法相对独立的原则下,履行审理案件、权力制约和法律解释等职能。第三章是对中美两国的法官制度进行比较,从法官遴选制度、法官培训制度、法官助理制度和法官保障制度入手,探求建立和完善适合我国国情的法官职业建设的法官制度。第四章对中美两国的审判制度进行比较。第五章对中美两国的法院行政管理制度进行比较,通过中美两国相关管理制度的对比对中国法院行政管理制度提出了大胆的改革构想。建议采用独立的司法预算和编制制度以革除审判权地方化所带来的弊端,为审判独立的真正到位创造合适的外部条件;建议调整审判人员与行政管理人员的比例,彻底解决审判机关行政化问题。

关键词:法院　法官　司法制度　审制　美国

2194

英美两国党政关系及其比较研究 / 王国新著 ; 林勋健指导. -- 北京大学, 2005. -- 122 页

本文以英美两国党政关系为研究对象,认为英美两国都是两党制国家,但政体上英国实行议会内阁制,美国实行总统制,党政关系相对稳定。论文概述了英美两国党政关系的历史演变,认为党政关系作为一种历史现象,经历了产生、发展、演变的一般过程。论文分析了两国党政关系的历史演变,认为党政关系应该是政党与政府之间的双向影响,从政策制定、人事任命及政治恩赐三个方面入手分析了政党与政府相互作用与相互影响。论文比较了英美两国党政关系的运作方式,在英美"三权分立"的政治体制中,国家权力一般由立法、行政和司法三个部门分别执掌,政党通过竞争性选举赢得执政地位,就是为了控制这三个部门。论文分析了英美两国政党在选举中的作用,政党与立法、行政及司法的关系,对两国党政关系的运作加以阐述。论文从国家政权组织形式和政党制度两个角度研究了英美两国党政关系的影响因素,认为英美两国政党与政府关系比较协调,政治运作基本上没有受到两者矛盾的困扰。论文从政党取得政权的途径、参与政权的方式以及政党与公共权力之间的界限等方面,对英美两国政党在处理党政关系的过程中体现出的规律性的东西进行总结,并总结我国党政关系的历史发展,提出了两国党政关系发展对我国的启示。

关键词:党政关系　政治制度　英国　美国

2195

毛泽东社会主义民主政治思想研究 / 王浩雷著 ; 沙健孙指导. -- 北京大学, 2005. -- 135 页

本文认为,在以毛泽东为代表的第一代领导集体的直接领导和指导下,人民民主专政的国体、人民代表大会的政体、共产党领导的多党合作与政治协商的政党制度、统一的多民族国家下的民族区域自治制度建设,是历史发展的必然和人民选择的结果,是马克思主义中国化的普遍原理和规律在国家制度和政治制度层面的一个集中体现,构成了我国人民民主制度的基本体系,成为我国社会主义民主政治建设的逻辑起点。以毛泽东为代表的第一代领导集体,为我国社会主义民主政治制度的不断改革和完善进行了艰辛的探索,在我国社会主义民主政治建设的动因、目标、环境和基本途径等问题上提出完善与改革的思想。论文认为,毛泽东关于两类不同性质矛盾学说的提出,为我国社会主义民主政治建设指明了前进的方向,即用专政的方法处理敌我矛盾,用民主的方法处理人民内部矛盾。论文系统地梳理了以毛泽东为代表的党的第一代领导集体关于这些问题的主要思想和观点,重点阐释和分析了几个具有极强现实指导意义的问题:(1)关于管理国家事务是人民群众最大的民主权利的思想;(2)关于保护少数人的意见的思想;(3)关于科学把握"大民主"和"小民主"的关系及对待少数人闹事的思想等等。论文认为,官僚主义、腐败问题尤其是特权阶层的产生,是阻碍社会主义民主政治发展的三大障碍,严重威胁着社会主义政权的性质。论文对以毛泽东为代表的第一代领导集体从防止无产阶级政权变质的高度出发提出的具有战略意义的思想进行了概括和阐释,认为毛泽东同志对我国社会主义民主政治的建立和发展做出了不可磨灭的历史性贡献。

关键词:毛泽东思想　社会主义　民主政治

2196

国大党的兴衰与印度政党政治的发展 / 王丽著 ；周尚文指导. -- 华东师范大学, 2005. -- 134 页

本文探讨了独立后印度政党政治发展的不同历史阶段,国大党地位、作用变化的原因及影响,并从中探寻一个大党、老党兴衰的若干规律性的东西。第一章分析了印度政党政治发展的主要影响因素,影响印度政党政治发展主要因素有历史传统、经济与政治发展、种姓和宗教等。这些因素既具有历史客观性,同时也与国大党政治、经济、种姓和宗教政策密不可分。第二章探讨了国大党的兴盛与国大党体制的建立。第三章分析了国大党逐渐衰落与印度政党体制的演变。印度政党体制的转换是一个渐进的过程,与国大党的衰落是一致的。第四章探讨了印度多党联合政治与国大党的发展演变。1989 年是印度政党政治发展的分水岭,其标志是进入了一个多党联合政治的时代。这种多党联合政治不仅是印度目前的较好选择,亦是印度未来一定时期内的发展趋势。第五章是关于国大党兴衰的理论思考。从政治发展的角度看,国大党成功地在印度实现了政治制度化,这对于印度国家和社会以及国大党自身的发展都是意义非凡的。论文认为,从政党政治的角度看,一个政党必须根据国情、党情来建设党,以保证党的生命力、战斗力和对民众的吸引力。从执政党的角度看,一个执政党必须不断提高执政能力,维护执政合法性。

关键词:国大党　政党　执政党　印度

2197

城市信息化与政府治理模式的创新：发达国家“电子政府”与上海“电子政府”建设的比较研究 / 王平著 ；周敏凯指导. -- 华东师范大学, 2005. -- 161 页

本文结合我国政府机构改革的实践,从上海“电子政府”建设入手,探寻全球化背景下城市信息化与政府治理方式变革之间的互动关系。论文介绍了国内外学者在政府治理和“电子政府”领域的理论成果及研究前沿,讲述了城市信息化与新的“电子政府”治理模式之间的关联性。论文认为,伴随“第三次科技革命”推动工业社会向信息社会转变,城市发展呈现出信息化趋势,“数字城市”成为政府治理创新的技术工具和强大动力。论文探讨了“电子政府”的概念、发展阶段、一般特征以及它与传统政府的区别,介绍了在当代公共行政领域中最有影响力的新制度主义理论、公共部门的网络理论和公共治理理论。论文对发达国家“电子政府”与上海市“电子政府”建设加以比较研究,简述了发达国家的信息化水平与“电子政府”建设,分析了上海的“电子政府”建设。论文对“电子政府”建设的发展趋势加以探讨,认为需要处理好政府与公民关系、公共人力资源管理和“电子政府”对民主政治的影响,分析了上海“电子政府”治理模式的民主价值。论文在回顾公共治理理论与信息技术应用相结合背景下的中外“电子政府”建设,为上海城市治理创新提出可供操作的建议。

关键词:电子政务　行政管理　信息化　市政管理　上海市

2198

论冷战后美国发动的四场战争的实质 / 王淑梅著 ；叶卫平指导. -- 中国人民大学, 2005. -- 149 页

冷战结束后,美国先后发动了四场较大规模的局部战争:海湾战争、南斯拉夫战争、阿富汗战争和伊拉克战争。本文以马克思主义战争观为理论依据,运用科学社会主义的立场、观点和方法,从战争发动者的政治目的入手,揭穿了美国发动战争的深层动机与美国新军事战略之间的内在联系,剖析了美国新军事战略企图用武力征服世界的深刻本质以及对中国国家安全的威胁。全文分为导论和五章内容。导论从总体上阐明研究这一课题的理论意义、现实意义、国内外研究情况、研究方法和本文的创新之处。第一—四章从个案分析入手,通过“不是什么”来分别论述四场战争的实质;这四章致力于“破”,先揭穿美国的谎言,从而为第五章的“立”铺平了道路。第一章揭露了“海湾战争是国际主义战争”的谎言。第二章主要反驳了所谓“南斯拉夫战争是人道主义战争”的论点。第三章对“阿富汗战争是‘反恐’战争”的说法进行了剖析。第四章论证了伊拉克战争不是为了安全的战争。第五章以宏观的视野,从理论的高度,通过“是什么”来阐述四场战争与美国新军事战略之间的内在联系,进而揭示美国新军事战略从东、西两面包围中国,以达到阻碍统一、遏制中国发展的霸权图谋。

关键词:海湾战争　南斯拉夫战争　阿富汗战争　伊拉克战争　美国对外政策　军事战略

2199

20 / 21 世纪之交的德国模式 / 王友明著 ；张世鹏指导. -- 北京大学, 2005. -- 124 页

本文认为,战后在联邦德国形成的以“社会市场经济”为主要内容的德国模式是传统自由主义和法西斯民族社会主义两个极端模式在德国失败后,在资产

阶级改良主义和工人运动改良主义“合力”推动下的产物，是一种介于传统自由主义与中央集权主义之间具有中间道路性质的经济社会发展体制。德国模式具有“强有力的国家干预、大众福利制度、雇员参与共决制度、团结互助的社团主义精神”的特点。论文认为，德国模式目前呈现衰退，世纪之交的德国模式的困境态势是全方位的：福利国家制度难以为继；社会分化问题凸显；团结互助的价值观念日渐瓦解；雇员参与共决制度因工会影响的衰落和雇主方面的抵制而遭遇严峻挑战。论文认为，德国模式步入困境主要是受到当代资本主义转型的影响：(1)资本主义的产业结构、阶级结构发生重大变化，传统产业工人队伍日渐萎缩，直接动摇了资产阶级向工人阶级采取让步政策的政治基础；饱和的国内市场与高劳动力成本导致德国资本向境外流动必然使国内劳动岗位进一步减少；两级格局的结束使得资产阶级对社会主义阵营的恐惧和压力消失，政府开始更多地关注雇主利益而向社会福利制度、劳资合作制度举起砍刀。(2)在全球化和欧洲一体化过程中，民族国家的主权出现了部分让渡，贸易政策、货币政策、财政金融政策的职能日益被超国家层面的国际组织和跨国公司所行使，德国模式运转依赖的民族国家经济职能的削弱成为它陷入困境不可忽视的重要因素。(3)新自由主义的个人主义和社会达尔文主义的冲击对德国模式价值观念构成强有力的挑战。论文阐述了德国社会民主党应对困境的改革：一是对传统理论进行了革新，基本价值观念发生了重大转变，在公正观念上完成了从分配公正向机会公正的转变；在福利观念上主张以风险和机会共担、权利和义务共享为原则的积极福利观；在社会治理观上主张从国家作为社会治理的首要实施者的“国家主义”向公民是第一责任人的“公民社会”转变。二是出台《2010 年规划》，触及德国福利体制根基，实施全面性变革。变革中的德国模式未来走势是明确的：不可避免地受到美国模式的冲击，也不会被美国模式完全同化。

关键词：福利国家　福利制度　社会民主党　德国

2200

毛泽东工农联盟思想研究 / 王玉云著 ； 李青宜指导. -- 北京大学, 2005. -- 146 页

毛泽东工农联盟思想属于毛泽东思想的科学体系，是毛泽东思想的重要组成部分。本文对毛泽东工农联盟思想做了比较深入系统的研究，认为以毛泽东为主要代表的中国共产党人适应马克思主义中国化的要求，对中国工农及其相互关系进行调查研究并作出马克思主义的分析，对中国共产党在这些问题上的经验教训进行总结和汲取，创造性地运用、丰富和发展了马克思列宁主义工农联盟理论，形成了毛泽东工农联盟思想。论文分析了毛泽东工农联盟思想的形成过程，历经了中国共产党成立初期的工人运动、大革命时期的农民运动，“工农武装割据”和“农村包围城市，武装夺取政权”的中国革命新道路等时期。到抗日战争时期，毛泽东工农联盟思想趋于成熟。解放战争时期与社会主义革命和建设时期，毛泽东工农联盟思想得到丰富和发展。论文认为毛泽东工农联盟思想是一个科学体系，主要包括：(1)工农联盟的现实基础和历史使命；(2)工农联盟与无产阶级的领导；(3)工农联盟的实现形式与中国革命的“三大法宝”之间的内在逻辑关系。(4)工农联盟与国家政权。无论是新民主主义革命时期，还是在社会主义建设时期，工农联盟都是人民民主专政(无产阶级专政)的基础，这个基础是无产阶级专政完成其历史使命的保证。(5)“社会主义工业化”语境下的工农关系。农业合作化是社会主义时期工农联盟的现实基础。毛泽东提出的“社会主义工业化道路”，为正确处理关系到工农联盟巩固与否这一大局的工业与农业、城市与乡村、工人与农民之间的关系，提供了理论指导。

关键词：毛泽东思想　工农联盟　农民问题

2201

当代中国农民工问题研究 / 熊若愚著 ； 余金成指导. -- 天津师范大学, 2005. -- 128 页

农民工是中国从农业社会向工业社会转变过程中出现的特殊群体，这是一个过渡性阶层，有自己的共同特征、共同利益和共同诉求。论文认为，中国的现代化进程与农民工产生、发展、消亡的过程相始终，认同农民工的工人阶级属性、保护农民工阶层的合法权益是现阶段必须解决的迫切现实问题；帮助农民工完成身份和角色转换、实现其工人阶级地位是中国共产党在推进中国现代化建设过程中一项重大现实课题。在社会主义制度下，在中国共产党执政的条件下，完全可以实现农民到工人、农村居民到城市居民的文明而非野蛮的转变，完全可以走出一条与早期资本主义社会完全不同的和谐转移道路。本文包括导论在内，共分 8 章。导论分析了进行此项研究的缘由，介绍并评述了当前研究的现状和深入研究的空间，阐述了创新点和研究价值。第二章介绍农民工和

农民工问题的由来，分析农民工的共同特征及其工人阶级属性。第三章从马克思主义关于农村劳动力转移理论出发，解释了农民工的生成原因和发展过程，探讨了促进农民工流动的政策措施。第四—六章，讨论如何确立农民工的工人阶级地位问题。第七章分析发达国家和发展中国家农民向工人、农村居民向城市居民转变的历史经验和教训，以及对我国的借鉴意义。第八章探讨农民工问题的解决前景，提出并论证和谐转移道路。

关键词：农民工　和谐社会　工业化　城市化

2202

西方信息社会理论评析 / 徐丹丹著 ; 秦宣指导. -- 中国人民大学, 2005. -- 124 页

本文运用历史唯物主义的基本原理，全面介绍、梳理和分析西方信息社会理论的主要内容和观点。努力把握西方发达资本主义社会的现实和发展趋势。分析时，对西方学者从信息技术革命对生产、经济、政治、文化和社会生活各领域所引发的变化中得出的一些具有积极意义的具体观点，给予充分肯定。同时，对西方学者在论证和分析过程中贯穿始终的历史唯心主义基本观点进行批判，以捍卫和坚持马克思主义。论文对西方信息社会理论进行客观、系统地分析和评价，进一步明确马克思主义理论对资本主义历史发展趋势研究的基本观点和初步结论。论文除导言外共分九章。第一章追溯西方信息社会理论产生的思想渊源。第二章回顾信息技术革命的发展历程及其对社会生产力的影响。第三章介绍西方信息社会理论的发展历程。第四章分析和评价信息社会理论的“知识价值论”。第五章分析和评价信息社会理论的“技术决定论”。第六章分析和评价信息社会理论的“意识形态终结论”。第七章分析和评价信息社会理论的“历史趋同论”。第八章分析和评价信息社会理论的“知识阶段论”。第九章从总体上分析信息社会与资本主义和社会主义并得出结论。

关键词：信息社会　信息技术　技术革命　意识形态

2203

印度经济改革与发展的制度分析 / 杨冬云著 ; 周敏凯指导. -- 华东师范大学, 2005. -- 209 页

本文以制度变迁理论为基本分析工具，探究了印度 20 世纪 90 年代以来经济体制改革和发展的轨迹，廓清改革以来经济发展模式的变化，研究印度经济体制改革的动力、绩效、政治社会因素与印度经济体制改革的相互影响。全文由绪论和六章内容组成。论文回顾了印度宪政体制和传统经济体制的确立以及相关制度的调整，为 20 世纪 90 年代印度经济体制改革提供制度变迁的背景；论文介绍了拉奥政府和瓦杰帕伊政府经济体制改革的具体政策措施，以制度变迁理论分析了政府作为制度变迁的主体，进行改革的决策动力，以及政府改革的成本约束和策略选择；论文总结了印度改革十多年来制度变迁的经济绩效，主要选取经济增长数据、宏观经济指标、产业结构调整、公营企业改革和对外开放程度等绩效评判标志，分析印度改革后经济增长的实绩、印度产业结构改革后呈现出的不同于其他发展中国家的特点、公营企业改革的进程和障碍、对外开放的特点。印度改革进程相对谨慎但成效也较明显；论文分析了印度民主政治制度与经济改革的相互影响，也就是宪政制度与经济制度变迁的相互影响；分析印度经济改革与社会发展的相互影响，如种姓制度和宗教对印度经济发展的影响和改革对传统文化的冲击。论文还对印度经济改革与发展作出思考和理论总结，认为印度在改革过程中根据自己的实际情况走出了一条独特的发展模式，为我们提供了不少有益的启示。

关键词：经济体制改革　经济发展　印度

2204

从上海公共租界会审公廨看中西法律制度和思想的冲突与融合 / 余华川著 ; 相兰欣指导. -- 华东师范大学, 2005. -- 133 页

上海公共会审公廨是上海公共租界史上的一个极为特殊的法庭，是中外为解决租界内的华洋纠纷而达成妥协的产物，它既是中国地方政府派驻租界内的一个司法分支机构，也是一个中外混合法庭。论文探讨了会审公廨产生的法律依据问题，回顾了公廨建立、发展和收回的全过程并分析了其中的原因。论文从会审公廨的机构组成、管辖权限、适用法律等方面阐述会审公廨的运作机制。就机构组成与管辖权限来说，会审公廨在其不同时期都各有变化。就适用法律而言，实体法中不论民事法、刑事法，一般多不采用中国法律，尤其是民事法，一般多采用西方法，而程序法基本上是采用西方法律，尤其是英国的诉讼程序原则。论文剖析了引发公廨内外中外矛盾冲突根源因之一，即双方对公廨司法主权的争夺与反争夺。论文还剖析了公廨内外中外矛盾冲突的另一根源，即双方在法律制度、原则和思想方面的碰撞与冲突。论文探

究了会审公廨对中国法律近代化的影响，认为由于外领的介入，给会审公廨带来了一系列的积极变化，比如，不滥用刑讯、慎用或减轻肉刑、允许律师出庭辩护等等。

关键词：法制史　租界　会审公廨　法庭　文化交流　文化冲突

2205

普京领导下的俄罗斯能源战略与外交 / 袁新华著；冯绍雷指导. -- 华东师范大学, 2005. -- 253 页

本文分析了普京领导下的俄罗斯能源战略与外交问题。第一章阐述了新世纪国际能源格局的特点与变化，石油与天然气在未来国际能源结构中的地位以及俄罗斯在新世纪国际能源格局中的地位与作用。第二章论述了普京领导下的俄罗斯能源战略的演变、《俄罗斯2020年前能源战略》的主要内容、实施《俄罗斯2020年前能源战略》的重大举措与效果分析、尤科斯事件以来俄罗斯能源战略的新进展等问题。第三章阐述了普京领导下的俄罗斯能源外交的五个向度：针对准国外的能源外交与重点；针对远国外的能源外交；针对中国的能源外交；俄日能源合作的前景分析；俄美能源伙伴关系的前景分析。第四章分析了影响与制约俄罗斯能源战略与外交实施的主要因素，阐述了国内能源供需的结构性因素、能源法规与政府管理体制因素、国际能源市场的影响因素、制约俄罗斯能源外交的地缘政治因素等。第五章阐述了俄罗斯石油天然气公司的外交政策，即国家能源外交在商务领域的体现，包括：第一，俄罗斯大型油气公司参与并影响能源外交决策；第二，俄罗斯大型油气公司的"外交"；第三，跨国石油公司与俄罗斯油气公司的合作与博弈。论文在总结俄罗斯的能源战略与外交实施效果的基础上，从七个方面就中俄油气合作提出建议。

关键词：能源经济　能源战略　外交战略　普京（Putin, F. F. 1952～）　俄罗斯

2206

社会主义初级阶段的公民道德建设：国家伦理与市民社会伦理的视角 / 张博颖著；荣长海指导. -- 天津师范大学, 2005. -- 240 页

公民道德建设问题是社会主义初级阶段文化建设的重要内容。论文认为，国家伦理是由党和国家倡导、提出的一种系统化、理论化的道德意识形态，其根本的内容是社会主义道德和共产主义道德。国家伦理的提出，其目的在于内化为公民内心的道德追求，成为他们现实的道德实践活动，成为他们道德生活的对象化。国家伦理虽然是由党和国家倡导、提出，并经由了思想家、理论家的加工、概括，但实质上是人民或公民为自己进行道德立法、提出道德的准则、规范要求。市民社会伦理是从合理个人利益出发的一种道德价值判断，是市场经济、民主政治条件下公民权利意识、合理个人利益意识自觉的表现。社会主义市民社会伦理不同于资本主义条件下市民社会伦理的个人主义原则。论文对西方和中国近现代的公民道德思想进行了考察，探讨了社会主义初级阶段公民道德的存在形态和特质，对国家伦理与市民社会伦理的内涵、特点及二者的关系进行了分析，并以国家伦理与市民社会伦理为主线对公民道德建设的目的和方针、经济科技全球化与公民道德建设、政治文明与公民道德建设、中华传统美德与公民道德建设、公民道德建设的途径、方法等进行了论述。

关键词：道德建设　公民教育　社会公德教育　伦理学　社会主义初级阶段

2207

技术创新战略的理性思考与模式选择 / 张丹华著；冯绍雷指导. -- 华东师范大学, 2005. -- 149 页

本文围绕技术创新战略选择的理性思考而展开。第一章"技术与社会发展相互关系的理性思考"是技术创新战略方法选择的理论依据部分，对技术决定论、社会批判理论、后现代知识论、社会建构主义和马克思唯物史观对技术与社会发展关系的观点逐一分析，厘清不同理论流派对技术创新战略方法论提炼的合理成分，以马克思的唯物史观为基本纲领，辅之以主要学术流派的合理内核，提出制定技术创新战略的三个基本范畴：整体性、自主性和人民性。第二章"技术创新的建构形式与知识社会的矛盾形态"从实践层面上阐述通过知识资本的自由流动和技术创新不可能使穷国和富国实现双赢，导致政治民主和社会公平。第三章"技术创新发展战略模式"以发达工业国家、新兴工业化国家、转型国家和拉美国家为参照体系，以技术创新战略的三个基本范畴即整体性、自主性和人民性为线索对不同国家的经济发展和技术创新战略模式逐一分析，总结其共性和特殊性。第四章"中国的选择"中，通过对中国技术创新面临的挑战、中国的科技国情和创新系统的国际比较，分析我国技术创新体系的结构性缺陷。

关键词：技术创新　科技发展　技术进步

2208

中西文化对中国政治制度的影响 / 赵本涛著 ; 叶庆丰指导. -- 中共中央党校, 2005. -- 151 页

政治制度作为社会上层建筑,归根到底是由该社会的生产力和生产方式决定的。但是,文化因素无疑是影响政治制度的一个极其重要的因素。在对文化、政治制度进行理论探讨、介绍中国文化和西方文化发展历程的基础上,作者着重论述了中国传统文化对中国政治制度的影响,分析了中国政治制度的产生变迁和中国政治制度发展的分期问题,概括了中国传统政治制度的三大特征——君主专制主义、中央集权、官僚政治,并从中国文化的地理物质基础入手,阐述了中国传统文化对中国古代和近代政治制度的影响,提出了中国文化对中国政治制度影响的几点启示。接着,论述了西方文化对近现代中国政治制度的影响,强调1840年鸦片战争之后,中国的封闭状态被打破,中国人被迫了解世界、认识世界。以此为开端,外国的政治制度等被部分介绍到中国来。中国的仁人志士,有主张用西方民主改造中国、呼吁仿效西方共和制度的,有主张撷取西方议会民主"之义"要求在中国设立议院的,有强调学习西方文官制度,进行官制改革的。新文化运动之后,马克思主义中国化开始成为中国革命的一条主线,中国的政治发展从此焕然一新。最后,文章着重分析整合中西文化的目的、原则和要求,论述了改革现行政治体制是社会主义政治文明发展的必由之路,阐述了社会主义政治文明的涵义、特征、发展进程、基本方针和主要内容,提出了整合中西文化建设中国特色社会主义政治文明的基本思路,强调建立现代政治制度、铸造现代中华政治文明的必要性和紧迫性。

关键词:政治制度　传统文化　西方文化

2209

东南亚区域制度变迁与对外政策相关性研究 : 兼论后冷战时期中国和东盟政治合作 / 赵银亮著 ; 冯绍雷指导. -- 华东师范大学, 2005. -- 175 页

本文通过对冷战结束以后推动东南亚制度变迁的多种要素,包括自由贸易区建设、经济危机、联合反恐、合作安全和地区治理等议题的分析,探索制度变迁与东南亚外交政策的相关性,并结合中国和东盟政治合作与经济发展历程的描述,揭示推动双边经济、政治和安全合作的制度因素。第一章着重探析了国际关系中的制度变迁理论的匮乏,并试图揭示国际社会的制度变迁与对外政策之间的内在联系。第二章考察了冷战结束以后东南亚制度变迁的诸多领域及相关议题,认为,冷战结束后的东南亚经历了深刻的历史转型,当前仍在进行的制度变迁对地区的国际关系和对外政策产生深刻影响。本世纪初东南亚加快了制度构建的步伐,向着地区一体化的制度建设方面迈出了重要的一步。第三章侧重讨论东南亚制度变迁的推动力量和作用机制,认为,推动东南亚地区制度构建的动力,主要来自传统和非传统安全问题对东盟区域发展所带来的挑战。第四章从东南亚区域和中国内部的制度变迁入手,描述这些制度变迁对中国和东南亚关系的推动。第五章侧重于中国和东盟制度变迁与对外政策的国际关系理论思考。第六章探讨东南亚区域制度变迁与对外政策相关性的特征,并对这种相关性作出基本的评估和判断。

关键词:东南亚　国际关系　对外政策　政治合作　东盟

2210

论中国应对经济全球化的策略 / 赵英臣著 ; 赵汇指导. -- 中国人民大学, 2005. -- 165 页

本文坚持历史唯物主义和辩证唯物主义的研究方法,运用马克思主义关于全球化问题的基本思想,力图从"经济全球化进程中的有中国特色社会主义"的角度去研究"中国应对经济全球化的策略"问题。论文认为在认识与了解当代经济全球化问题时,必须充分认识到:经济全球化是一种客观存在,是一个极其复杂和矛盾的进程,充满着机遇和挑战。论文在客观分析经济全球化加快发展而出现的许多新特征、新问题以及对中国发展的影响基础上,重点探讨了中国应对经济全球化的经济、政治、文化等方面的策略和实践创新问题。论文共分四章。第一章阐述了经济全球化的新发展及其对中国的影响。第二章阐述了中国应对经济全球化的经济策略。第三章论述中国应对全球化的政治策略。第四章主要论述中国应对经济全球化的文化策略。中国作为发展中的社会主义国家,全球化既是机遇,也是挑战,利弊兼之,这就要求我们要对全球化带来的机遇与风险、利益与代价作出客观的评估,能够根据本国国情,制定出一套既能积极推动本国社会主义现代化建设,又能同外来文明相互作用、积极抗衡的发展战略,这是应对经济全球化,推进有中国特色社会主义伟大事业发展的一项非常重要的任务。

关键词:经济全球化　经济政策　国家安全　中国特色社会主义

2211

改革开放以来中国政坛一把手腐败现象及其有效治理 / 赵增彦著 ; 余金成指导. -- 天津师范大学, 2005. -- 142 页

改革开放以来,中国在现代化建设取得举世瞩目的成就的同时,腐败尤其是县处级以上党政一把手干部的腐败蔓延也成为百姓最为关注的社会问题之一。一把手腐败如果不能得到有效控制,极有可能成为中国社会动荡的根源和危机爆发的"导火索"。只有首先管治好一把手,才有可能把方方面面都管治好,否则,就很难指望能管治好一把手统领下的其他干部。换言之,治理一把手腐败的成效,直接影响着中国共产党的执政地位与国家的长治久安。本文比较全面地研究了改革开放以来中国政坛一把手腐败的表现形式、发展趋势、基本特点、特殊成因、严重危害,比较全面地研究了中国共产党建党 80 多年来反对一把手腐败的基本理论、基本经验以及当今世界具有代表性的几个国家与地区的综合反腐败战略,比较全面地研究了社会主义执政党消除腐败的必然性、长期性,首先治理好一把手腐败的关键性以及有效治理一把手腐败举措的综合性等一系列重要问题,从反对一把手腐败的视角触及权力控制、体制改革、机制构建,依据权力制约的基本原则与善治的相关理论,以马克思主义党建学说为根本指南,借鉴国外的有益经验,构建了一整套治理一把手腐败的"四不为"机制,为解决这个关键问题提供了具有可操作性的实践模式。

关键词:腐败　廉政建设　改革开放

2212

"一国社会主义"问题研究 / 周作芳著 ; 智效和指导. -- 北京大学, 2005. -- 109 页

本文从历史与逻辑相统一的方法论出发,沿着三条线索深入探讨"一国社会主义"问题。论文系统考证了马克思恩格斯的共产主义革命"同时发生"论、列宁的"一国胜利"论的确切内涵,以及上个世纪 20 年代联(共)党内关于"一国社会主义"理论论争时期托洛茨基、季诺维也夫和斯大林关于"一国社会主义"的基本观点及理论论争的根由。对托洛茨基和季诺维也夫关于"一国社会主义"的理论进行了客观评价。论文认为现实社会主义并非如马克思所预言的那样,是几个发达资本主义国家同时发生革命的产物,而是首先诞生在一个落后国家。只有坚持无产阶级专政和公有制占主体才能在政治和经济上保证过渡的社会主义方向。无产阶级专政和公有制占主体是判定现实社会是否是社会主义的试金石。论文从"一国社会主义"的历史环境和"一国建成社会主义"论两个方面入手揭示斯大林模式形成的内在逻辑,为客观评价斯大林模式奠定了一个客观前提。斯大林模式的基本经验是坚持了阶级斗争和无产阶级专政的立场和观点,其深刻教训是超阶段冒进。论文认为,无产阶级的解放是国际性的事业,需要各国无产阶级的共同努力才能实现。一国(即便是落后国家)无产阶级可以首先夺取政权建立无产阶级专政。坚持无产阶级专政和公有制占主体两个前提,一国可以建成向共产主义第一阶段过渡的坚实基础。过渡到共产主义必将经历一个漫长的历史过程,只有从现实出发循序渐进才能到达胜利的彼岸。

关键词:科学社会主义理论　社会主义建设模式　公有制　无产阶级专政

2213

中国和平发展道路研究 / 朱成君著 ; 赵曜指导. -- 中共中央党校, 2005. -- 140 页

本文分七章。第一章阐述了中国和平发展道路的基本内涵和主要依据。中国和平发展道路是不同于西方发达资本主义国家和传统社会主义国家的发展道路;基本前提是独立自主、自力更生;必由之路是积极参与全球化,实行全方位的对外开放;基本推动力是顺应时代发展,全面推进改革;基本目标是营造和平的国内外环境。第二章论述了中国和平发展道路的时空定位。时空定位包括国内外的因素。中国正处于并将长期处于社会主义初级阶段和世界社会主义运动处于低潮时期决定了中国和平发展道路的长期性、曲折性。第三章从经济全球化的发展趋势出发,阐述了坚持科学发展观是国内经济社会发展的基本要求。第四章从国际关系民主化的发展趋势出发,阐述了国内政治发展的基本目标,即改革党的执政方式、建设社会主义政治文明和规范政社关系、建立社会主义公民社会,为国际关系民主化提供良好的国内民主、法治意识和社会基础。第五章从世界格局多极化的发展趋势出发,阐述参与现存国际体制的基本思路。必须创新理念,广辟途径,树立新安全观,正确处理意识形态与外交政策的关系,充分发挥非政府组织在国际事务中积极主动的作用,从而推动世界格局多极化的进程。第六章从世界文明多样性的发展趋势出发,阐述软实力的重要性和基本路径。大力发展社会主义生产力,建立意识形态宣传体系和社会评价体系,实现不同文化的交流和融合,提升与增强中华民

族凝聚力,为倡导世界文明多样性做出应有的贡献。第七章从以和平与发展为主题的时代要求出发,阐述实现祖国统一的重大现实意义和基本思路。

关键词:发展战略　社会主义建设　和平发展

中共党史

2214

土地家庭承包制下的农民负担问题研究 / 巴志鹏著 ; 郭德宏指导. -- 中共中央党校, 2005. -- 178 页

本文共分八章。第一章对中国历史上农民负担问题进行了回顾。认为农民负担过重问题,是历代政权更迭的主要导火索之一。第二章写土地家庭承包制下中国农民的负担状况,从整体上介绍20世纪80年代以来中国农民诸多负担的全貌和演变情况。指出20世纪80年代末以来,农民的税内税外负担到了难以忍受的程度,农民负担遂变成一个重大的经济、政治和社会问题。第三章剖析了农民负担过重带来的不良后果。农民负担过重,不但影响了农民生活水平的提高,而且影响他们生产和再生产的能力。农民负担过重问题导致农村干群关系紧张,因农民负担过重引发的群体事件时有发生,对社会稳定构成了威胁。第四章分析土地家庭承包制下农民负担过重的经济、政治原因,指出农民负担过重的最根本原因在于二元经济社会结构。第五章写中国共产党减轻农民负担的种种努力。减轻农民负担的实践大致可分为以制止"三乱"和规范农民负担为核心、以遏制恶性案件发生和强化领导干部责任为核心,以及以费改税、理顺税费关系为核心三个阶段。第六章对中国共产党减轻农民负担实践之绩效进行考察。中共中央和国务院三令五申减轻农民负担,但农民负担久减而不轻。究其原因在于农民负担的制度根源有待于根除。第七章写中国历史上农民税制和国外涉农税制的借鉴。第八章着重探讨解决农民负担问题的路径。解决农民负担过重问题的根本途径是统筹城乡发展。在目前的农村税费改革中,还必须做好对乡镇机构进行富有成效的改革和千方百计增加农民收入这两项工作。

关键词:土地承包制　家庭经营　农民负担　农业政策

2215

中国共产党执政能力建设的目标与路径选择 : 基于执政的本质、功能及过程的整体性思考 / 陈蔡志著 ; 蔡长水指导. -- 中共中央党校, 2005. -- 167 页

该文以辩证唯物主义和历史唯物主义为基点,借鉴了政治学关于执政的本质、功能及过程的基本观点,从理论到实践,对执政能力建设的基本理论与党的执政能力建设的目标、路径及其思路对策进行了探讨。全文分为五大部分。导论部分着重论述了加强执政能力建设对党具有的重大实践意义,并指明当前执政能力建设仍有进一步探索的理论空间。第一章围绕执政能力建设的若干理论问题进行了探讨。包括执政能力的概念、内涵与特点,执政能力的评价问题,以及执政能力建设必须遵循的理论原则等。第二章探讨了中国共产党执政能力建设的目标与路径,认为党的执政能力建设,其根本目标就是要增强执政为民的能力,即满足人民群众的各种需求,获取人民群众的自觉支持和认同。根据执政过程、执政合法性生成理论,指明了党的执政能力建设的路径:一是完善党的执政机制;二是加强党的自身建设。第三章论述了如何完善党的执政机制。首先,要坚持科学执政,既要从执政规律出发,坚持科学执政;又要从提高效能入手,推进科学施政。其次,坚持民主执政,完善党的执政权利机制,保证党的执政权利的合法、有效、正确行使。最后,坚持依法执政,规范党执政的权力关系与行为,为民主执政提供保障。第四章从维护党的执政权威的角度论述了如何加强党的自身建设。指出要坚持、创新与完善党的意识形态工作;要维护和加强党的组织力量和组织权威,包括完善党的组织体系和组织制度,提高组织成员的素质和能力,保持与完善党的思想作风、学风、领导作风、工作作风和生活作风,树立党执政的先进形象。

关键词:中国共产党　党的建设　执政能力

2216

"马克思主义中国化"的起源语境 : 20 世纪 30—40 年代中国新启蒙运动研究 / 陈亚杰著 ; 郭德宏指导. 中共中央党校, 2005. -- 163 页

全文除导论和结语外,分上下两篇,共六章。上篇包括前三章,系新启蒙运动基本史实研究。第一章结合新启蒙运动倡导者的相关论述,以分析20世纪30—40年代中国的政治、思想、文化基本状况为重点,力图再现新启蒙运动的历史背景。第二章以时间为经、参与者的著述为纬,对从1936年9月到1940年7

月的新启蒙运动作一番历史考察,阐述了新启蒙运动的演变进程。第三章以新启蒙运动亲历者和研究者何干之先生的概括为中心,对新启蒙运动的理性观、思想自由观、爱国主义观以及他们对中国文化发展方向的思考,作了一番详细的梳理。考察了这一运动宏富的思想内容。下篇包括后三章,以多维视角考察历史天平上的新启蒙运动。第四章主要考察新启蒙运动对五四运动的认知,分析新启蒙运动对五四运动重塑式的理解与超越。在此基础上,比较新启蒙运动五四观与毛泽东的五四观之异同,对新启蒙运动在马克思主义五四认识史上的地位作一估量。第五章考察新启蒙运动对"启蒙"与"启蒙运动"内涵的理解,然后从辨析关于"救亡压倒启蒙"的种种论说入手,分析中国"救亡式启蒙"的特点及其在新启蒙运动中的体现。第六章首先考证了1937年前后新启蒙运动参与者对"中国化"的倡导,简要分析新启蒙运动与毛泽东提出马克思主义中国化的关系;然后详述艾思奇对马克思主义中国化的论证和张申府、柳湜等人的"中国化"主张;最后重点论述了抗日战争爆发前后和抗日战争期间中国社会广泛弥漫的"中国化"思潮,分析新启蒙运动对"中国化"的敏锐的问题意识,以此来凸现"马克思主义中国化"的起源语境。

关键词:马克思主义　启蒙运动　五·四运动

2217

转型期私营企业党的建设研究 / 陈志谦著 ; 甄小英指导. -- 中共中央党校, 2005. -- 105 页

本文主要对为什么要在私营企业建立党组织,如何建立党组织的问题进行了研究分析。作者认为,加强私营企业党建工作,是保证和促进私营经济快速健康发展,实现全面建设小康社会目标的迫切需要;是把"三个代表"重要思想贯彻到社会主义现代化建设各个领域,体现在党的建设各个方面的迫切需要;是不断增强党的阶级基础和扩大党的群众基础,提高党的社会影响力,巩固党的执政地位的迫切需要。全文除导论外,共分五章。第一章研究了私营企业党建的基本依据,指出私营企业党建是有中国特色社会主义政党政治的内在要求,是加强党的基层组织建设的客观要求。第二章是对私营企业党建的现实分析。从组建私营企业的党组织、发挥私企党组织的作用、团结职工和教育业主以及领导机制四个方面,概括了私营企业党建的初步经验,重点分析了私营企业党组织存在的问题以及原因。第三章是对私营企业党建的效益分析,认为效益问题是研究私营企业党建的关键环节,指出要从根本上确立私营企业党建工作的效益观念,私营企业党建效益是政治效益和经济效益的统一。第四章是对私营企业党建的制度分析,指出在私营企业开展党建工作,党组织和企业具有利益结合点,是双赢行为,因而要使私企党建成为一项制度安排而非党组织单方面的政策。第五章为加强私营企业党建的对策思考,重点研究了目前私企党建中的热点、难点问题,即厘清私企党组织的地位和作用,明确私企党建的主要任务,分析私企党建的特点,提出私企党组织要把协调劳资关系作为工作切入点;要注重私企业主的政治参与,做好私企业主的政治引导工作;要加强私企党员队伍建设,增强党对私企的影响力和控制力。

关键词:私营企业　党的建设

2218

中国共产党党章研究 / 陈自才著 ; 陈明显指导. -- 中国人民大学, 2005. -- 148 页

中国共产党成立至今已经制定或修改了十五部党章。党章是党的最根本性法规,是全体党员和党组织都必须遵守的基本行为规范。党章对党的建设和工作甚至于国家的政治生活都产生重大而深远的影响。另一方面,党章不是孤立的存在。党章的发展变化不仅有其内在的规律,而且党章与其他因素之间也有着千丝万缕的联系。论文共分四章。第一章"党章的制定与修改",主要探讨两个方面的问题:为什么要制定和修改党章、怎样制定和修改党章。首先,党的成立需要党章;其次,党的生存发展也需要党章;再次,党的事业发展需要党章。而且,由于党和党的事业都是不断向前发展的,所以党章必须适时修改,才能始终成为党的建设和工作的指南。第二章"党章的结构与基本内容",从静态和动态两个角度,对文件形态的中国共产党党章进行了解剖和分析。完备的党章都是内容和形式的完美统一。完备的党章都由总纲和条文两部分组成。第三章"党章的功能与效力",从整体上分析了中国共产党党章具有哪些功能,以及党在不同时期如何发挥党章的这些功能,并指出不同的党章效力实现途径有何优点和不足。第四章"党章特点、价值评判与启示",从中国共产党党章发展历程的回顾、党章产生过程的横向透视和对党章内容结构的静态分析中,概括出一些结论性的东西。

关键词:中国共产党　党章

2219

中国共产党执政条件下实现先进性研究 / 崔晓庚著 ; 陈明显指导. -- 中国人民大学, 2005. -- 200 页

党保持和实现先进性,直接关系到中国国家的发展和社会的进步,关系到人民的切身利益。论文认为,党的先进性是党的生命,它关系党的生存和发展,是党建设的根本任务。离开先进性,党在理论上就失去了存在的理由,在实践上就会失去存在的阶级基础和群众基础。保持和实现先进性对于长期执政的中国共产党来说是十分重要的。因为,中国所处的时代是一个不断变革着的时代,世界格局发生新变化的一个最突出的特点就是全球化进程在加快。党执政不断地加强自身先进性建设是实现先进性的一个重要的途径。在对执政的中国共产党先进性的研究中,党在社会中实行领导和执政的活动,已成为分析党实现先进性的重要方面。党执政要有科学的执政方式,这是党先进性的重要标志。在新的形势下,使党能始终走在时代的前列,很大程度上取决于执政党具备科学的执政方式而带来的执政水平的不断提高。中国共产党与中国社会发展之间存在着相互密切的内在决定关系,党的执政历史表明,党的先进性建设与国家现代化发展之间的有效互动已成为社会发展的重要动力,它们之间发挥效能的关键因素是党在执政的过程中能不断地优化自身、提高自身在执政过程中的执政能力。

关键词:中国共产党　执政　党的建设　先进性

2220

20 世纪 50 年代初期高校知识分子思想改造运动研究 / 崔晓麟著 ; 王顺生指导. -- 中国人民大学, 2005. -- 196 页

本文研究了高校知识分子思想改造运动发生的原因,系统梳理运动开展的过程,结合思想改造的内容分析运动的特点及其影响,从总结经验教训的角度提出历史的思考。论文认为,50 年代初期的高校知识分子思想改造运动值得肯定,它统一了思想,稳定了社会,巩固了中国共产党的执政地位,为新时期有针对性地加强高校知识分子的思想政治教育提供了可借鉴的经验。第一章分析 20 世纪 50 年代初期高校知识分子思想改造运动的缘起,认为运动的发生是当时国际国内各种综合因素互动作用的结果。包括国际背景、政策依据、运动的动因、知识分子本身的主观因素等。第二章介绍马寅初和周恩来对高校知识分子思想改造运动的发动所起的关键作用,并根据运动的目的及结果将运动的过程分为动员学习、“三反”与“洗澡”运动、组织清理与“忠诚老实”运动、院系调整四个阶段,并以时间为线索、内容为依据客观地、系统地、全面地梳理了运动的过程。第三章结合高校知识分子思想改造的内容分析中国共产党发动和领导思想改造运动的特点。第四章以辩证唯物主义和历史唯物主义的态度尽可能客观地评价五十年前发生在高校的这场知识分子思想改造运动,结合史实分析运动所产生的积极作用和一些消极的影响。第五章从总结经验教训的角度强调了值得思考的问题。

关键词:知识分子　思想改造　高等学校

2221

党的十一届三中全会以来民事诉讼模式改革研究 / 都本有著 ; 吴敏先指导. -- 东北师范大学, 2005. -- 78 页

民事诉讼的核心是人的活动,离开人的活动,民事诉讼就不存在;离开人的需求的研究,就无法真正认识民事诉讼的本质所在。本文以人为本研究民事诉讼模式改革,认为民事诉讼模式改革必须着眼于公民人权的保障,即在民事诉讼模式改革中要坚持以人为本的理念,将以人为本作为改革理论,将程序价值理论作为民事诉讼模式改革的理论基础,完善民事诉讼程序中的人权保障机制,进而推动民事诉讼程序的法制化、民主化,促进人权在民事诉讼领域的普遍实现具有重要的现实意义。论文认为,国内民事诉讼模式改革重点在于民事诉讼模式的选择上,建立以当事人主义模式为主、以职权主义模式为辅的民事诉讼模式格局。关于涉外民事诉讼模式,要改变目前条文简单化、法律规定原则化的局面,从管辖权、证据、庭前准备、律师与翻译、交叉询问程序、外国法援用、上诉与再审程序、法院审判管理模式等方面进行研究。在我国涉外民事诉讼中倡导采取当事人主义的诉讼模式、国家主权原则改为国家尊严原则、检察机关不得抗诉、国际民事诉讼中一事不再理等等,期望对国际民事诉讼程序改革产生影响。

关键词:民事诉讼　诉讼程序　人权　党史

2222

近代中国大学(1898—1937 年)与社会现代化 : 近代中国大学的产生、本土化发展与社会变革 / 方增泉著 ; 张静如指导. -- 北京师范大学, 2005 -- 126 页

近代中国大学是在中国社会走向现代化的进程中孕育发展起来的,是时代变革和中西文化交流、融

合的产物。近代中国大学与社会现代化之间存在因果互动的密切关系。鸦片战争后的社会现代化趋向为近代中国大学的产生、发展提供了经济和思想文化基础;反之,近代中国大学的发展和变革又深刻地影响着社会现代化进程。相对于西方近代大学的内源发展而言,"移植性"是中国近代大学的首要特性。近代中国大学在五个方面促进了政治现代化。在20世纪二三十年代国民政府注重实科教育的政策影响下,近代中国大学初步扭转了清末新教育产生以来文、实科比例严重失调的局面,促进了工程教育及其他实类学科的发展。近代中国大学在四个方面促进了经济现代化。近代中国大学的发展奠定了现代科学文化的基础,促进了文化现代化。近代中国大学随着时代的步伐前进,并与祖国和民族的命运密切结合起来,有力地推动了近代中国从被动现代化向主动现代化的转变。但是,也有些因素制约了近代中国大学社会功能的发挥。

关键词:大学　现代化　教育史　高等教育　近代

2223

中国共产党执政方式研究 / 葛海彦著 ; 甄小英指导. -- 中共中央党校, 2005. -- 127 页

本文运用马克思主义基本原理和党的建设基本理论,紧密联系中国共产党执政的历史与现实,对党的执政方式问题进行了研究。全文共分四章。第一章着重探讨现代政党执政的基本原理,从理论上分析、明确现代政党执政方式的基本内容和主要模式。认为现代政党执政方式的基本内容主要包括公民授权原则、权力控制原则、权力运用原则、权力制约原则和法制规范原则,并概括了现代西方国家政党执政模式的基本特征及其对我们的启示,总结了社会主义国家共产党执政模式的主要特点及其经验教训。第二章着重考察党的执政方式历史,从中分析总结党的执政方式在形成、发展过程中的经验教训。分建国前、建国后到改革开放前、改革开放后三个阶段考察了党的执政方式历史,指出党的执政方式总是和党的中心任务联系在一起。第三章着重分析时代发展对党的执政方式提出的新挑战和新要求以及目前党的执政方式需要改进的主要问题。在新的历史条件下,世界形势的深刻变化和我国发展社会主义市场经济、实行依法治国、加强党的执政能力建设等,要求党必须切实改进、创新和完善执政方式。目前党的执政方式需要改进的主要问题是:执政理念上存在误区;权力过多集中在党组织手里;执政方式缺乏法制规范。第四章着重探索新时期改革完善党的执政方式的基本思路和改进党的执政方式的实践模式,认为改进党的执政方式,最终必须在法制的轨道上解决问题。实现党的执政方式法制化的基本思路是:树立科学的执政理念;党要在宪法和法律的范围内活动;党要保证国家政权机关依法独立行使职权;党要对国家政权及其运行依法实施控制监督。实现党的执政方式法制化的实践模式是:党要依法进入国家权力机关执掌运用国家权力;党要通过国家权力机关依法控制国家行政权力;党要通过国家权力机关依法领导国家司法权力。

关键词:中国共产党　执政　法治

2224

中国共产党民族政策史雏论 / 何龙群著 ; 石仲泉指导. -- 中国人民大学, 2005. -- 244 页

本文旨在对中国共产党民族政策形成发展的历史背景、历史过程、历史特点、历史规律、历史经验进行全面、系统、深入地研究,探讨马克思主义民族理论中国化的进程;探讨党的民族政策的历史根源、理论基础和现实原因;探讨党的民主政策的制定和实施、结构与体系、功能与作用、本质与特征;探讨党的民族政策与中国历史上民族政策、与其他政党、国家民族政策的异同;探讨中国共产党人对马克思主义民族理论的丰富和发展。本文内容包括:第一部分阐述论文的学术基础、学术规范与理论归属;分析党的民族政策的理论资源和历史依据。第二部分研究分析1921—1938年时期的民族政策:"主张以民族自决、联邦制方式团结各族人民"。第三部分研究分析1938—1949年时期党的民族政策:民族自决、联邦制主张向民族区域自治政策的转变。第四部分研究分析1949—1965年时期党的民族政策:以民族区域自治为核心的保证各民族平等权利得以实现的新中国民族政策基本框架的建立。第五部分研究和分析1966—1977年党的民族政策出现曲折和偏差的危害及其成因。第六部分研究分析1978—1989年改革开放初期党的民族政策:民族政策拨乱反正与民族区域自治法律法规体系初步形成。第七部分研究分析1989—2002年党的民族政策:社会主义市场经济条件下民族政策的发展。第八部分研究分析党的民族政策的特点和独创性。第九部分以史为鉴,高度重视中国共产党新世纪新阶段的民族政策。

关键词:中国共产党　民族政策　民族工作

2225

建国后十七年史学领域的大批判 / 胡尚元著 ; 郭德宏指导. -- 中共中央党校, 2005. -- 209 页

本文共分八章。第一章是史学领域的武训批判。这场批判是建国后意识形态领域的第一场大批判,也是史学领域的第一场大批判。第二章写史学领域的胡适批判。首先追溯了批判胡适思想的历史过程,然后从历史观的六个方面和方法论的两个方面具体阐述了史学领域批判的主要内容,最后探讨了这场批判运动对新中国史学发展的消极影响。第三章写对华岗历史观的批判。华岗是因为被诬陷为“反革命集团分子”而遭受批判的,批判内容涉及华岗在中国近现代史、中国革命史和社会发展史等方面的观点和理论。第四章考察反右派斗争中史学领域的大批判。首先回顾了史学界反右派斗争的概况,然后具体检视对雷海宗、向达和荣孟源的批判情况,最后就史学领域的具体情况谈了对“扩大化”问题的理解并探讨了这场批判对新中国史学发展的影响。第五章写 1958 年“史学革命”中的群众性大批判。首先概述了以大批判为主要内容的“史学革命”的情况,然后重点写了历史教学领域的大批判——“火烧教学”以及对“资产阶级‘学术权威’”陈寅恪和童书业的批判,最后对“史学革命”发生的原因及其影响作了简要的评说。第六章写对尚钺“修正主义”历史观的批判。首先考察了批判尚钺的激烈的学术论争背景,接着概述了尚钺遭到批判的三篇文章的主要内容,进而介绍了对尚钺“修正主义”历史观批判的具体内容,最后对这场批判运动的特点及其影响作了简评。第七章写阶级斗争迷误下的史学批判。包括:考察了批判刘节的过程以及对刘节历史观批判的主要内容;回顾了批判周谷城的过程以及对周谷城历史观批判的主要内容;阐述了围绕《李秀成自述》而展开的对罗尔纲和吕集义的批判;以及对孙祚民历史主义农民战争观和民族观的批判。第八章写阶级斗争迷误下的史学批判及其升级。对翦伯赞和吴晗历史观的批判是建国后 17 年史学领域大批判的终结,且对吴晗批判的升级又直接导致了“文化大革命”的发动。

关键词:史学　批判　史学史

2226

中国共产党农村土地政策的演进 : 从农村土地所有权和经营权角度进行考察 / 胡穗著 ; 李屏南指导. 湖南师范大学, 2005. -- 212 页

本文以建党初期党的农村土地政策主张为起点,以党的农村土地所有权政策和经营权政策的变化为线索,将党的农村土地政策的演变分为三大阶段,即:建党初期到建国后土地改革完成时期(1921—1953 年)“农民个体所有,家庭自主经营”的农地政策;农业合作化运动开始到党的十一届三中全会前夕(1953—1978 年)“劳动群众集体所有,集体统一经营”的农地政策;党的十一届三中全会以来(1978 年至今)的“劳动群众集体所有,家庭承包经营”的农地政策。而每一阶段的农地政策又是由若干具体政策发展演变而来的。比如“农民个体所有,家庭自主经营”的农地政策经历了“限租、限田”,“耕地农有”,“减租减息,交租交息”,“耕者有其田”等四个小阶段的演变过程。目前,以家庭联产承包生产责任制为主要内容的农村土地政策面临着全球化、现代化以及政策本身在执行过程中激励力递减等挑战。考察党的农村土地政策的发展演变,可以为党制定新时期的农村土地政策提供宝贵的历史借鉴。

关键词:土地政策　土地改革　土地所有权　土地经营　农村　中国共产党

2227

论依法治国与中国共产党执政方式的转变 / 胡翔著 ; 李屏南指导. -- 湖南师范大学, 2005 -- 173 页

本文围绕中国共产党执政方式的转变这个中心,从不同层面来剖析处于世界变革和中国社会变革中党的建设所面临的客观形势以及相关问题。论文立足历史的考察,对中国共产党在建国初期的执政方式进行了分析论证,指出在特定的执政环境中,中国共产党所采取的直接执政的执政方式有其合理性。文章分别从理论基础、经济基础以及社会基础三方面进行了论证。论文从剖析法律工具主义出发,对所谓的以法治国进行了论证,指出要建设社会主义法治国家,必须从以法治国走向依法治国,只有通过对法的本质深化认识,才能改善党的执政方式,从而走向法治。论文将依法治国与依法执政联系起来,指出依法治国的落实点必须在于依法执政。论文还从中西方传统文化的角度论证了依法治国战略的正当性,因而提升了法治方略的历史传承意义。论文最后对中国共产党“三个代表”的重要思想予以乐观期待,指出这是执政党自我革新的枢纽,在这一理论的指引下,依法治国与中国共产党执政方式的完善必能结合起来。论文还分别从立法引导、司法改革、依法行政以及法律实施等四方面对执政党的新型执政方式进行了建言。

关键词:中国共产党　执政　依法治国　依法执政

2228

邓小平与马克思主义中国化第二次飞跃研究 / 黄黎著 ; 陈明显指导. -- 中国人民大学, 2005 -- 121 页

论文认为,邓小平既继承前人,又突破陈规,开拓了马克思主义新境界,开创了建设有中国特色社会主义道路。真正实现了中国社会主义发展由革命向建设的转换,开创了社会主义新局面,完成了社会主义发展史上的又一次历史性飞跃。邓小平实现第二次马克思主义中国化是对毛泽东第一次马克思主义中国化的继承和发展。在毛泽东开辟的第一次马克思主义中国化基础上,邓小平等第二代领导集体结合20世纪70年代至90年代的中国国情和时代特征,以发展着的马克思主义理论指导中国社会主义建设新的实践,从而解决了中国社会主义发展中的一系列基本问题,形成了邓小平理论这一中国化的马克思主义理论成果,实现了马克思主义中国化的第二次飞跃。为建设有中国特色的社会主义现代化强国树立了一面伟大的旗帜,为共和国胜利地步入21世纪作出了最杰出的贡献。面对70年代中国社会对马克思主义中国化的强烈呼吁,邓小平首先站出来反对以“两个凡是”为代表的新的教条主义错误,通过倡导解放思想、实事求是的方针,重新确立了马克思主义中国化的思想路线,为第二次马克思主义中国化打下了坚实的基础。通过对“什么是社会主义,怎样建设社会主义”这个问题思考,党中央领导集体采取了另外一系列区别于过去“左”的政策,而其中最重要、最有决定意义的是改革开放。在改革开放的同时拨乱反正,取得了决定性的胜利。而社会主义初级阶段理论的提出和形成,是邓小平对社会主义所处历史阶段的科学判断,也是社会主义发展阶段论的新思想,为党的基本路线的形成奠定了理论基础,也促进了中国社会主义建设的持续健康发展,保证了第二次马克思主义中国化的顺利展开。

关键词:邓小平(1904~1997)　马克思主义　中国化　社会主义建设

2229

河南农村人民公社问题研究 / 姜建芳著 ; 陈明显指导. -- 中国人民大学, 2005. -- 149 页

本文以河南农村人民公社问题为研究对象,通过对河南农村人民公社从诞生到走向解体的原因分析,充分揭示了河南农村人民公社违背客观规律、不符合现实国情而最终消亡的历史必然性,深刻总结了河南农村人民公社的历史经验,为更好地解决当今的“三农”问题提供了借鉴。1958年中共中央和毛泽东领导发动了人民公社化运动。但实践证明,人民公社体制与落后的生产力不相适应。虽经多次调整,该矛盾始终没有得到解决,人民公社最终于1984年走向解体。河南农村人民公社成立早、规模大,为全国树立了榜样,中央把河南的经验推向全国,极大地推动了全国的人民公社运动。河南农村人民公社不仅是出经验的地方,发现问题的地方,还是中央调查研究的地方,在全国产生影响的地方。论文就河南农村人民公社体制的演变讲了三个方面的问题:第一,河南农村人民公社初期的体制及其特点。第二,河南农村人民公社初期“五风”产生的原因及其危害。第三,河南农村人民公社的调整。论文认为,河南农村人民公社的历史经验包括:坚持实事求是,一切从实际出发,制定农村政策;生产关系一定要适合生产力的发展水平;必须坚持“一切通过试验”的原则;必须始终将发展生产力放在农村工作的中心地位以及实现农业的集体化和机械化是农民走向富裕的必由之路等等。除此之外,河南农村人民公社还为促进马克思主义中国化做出了贡献。

关键词:农村人民公社　河南省

2230

党政领导干部选拔任用制度改革与创新研究 / 李军著 ; 王章维指导. -- 北京师范大学, 2005. -- 131 页

本文探讨了党政领导干部选拔任用制度的改革与创新。论文首先对党政领导干部选拔任用制度的历史与现状进行了分析。党的十六届四中全会提出了加强党的执政能力建设这一重大课题。干部人事制度改革是加强党的执政能力建设、增强党的领导水平和执政水平的重要措施。其中党政领导干部制度的改革尤其是选拔任用制度的改革又是干部人事制度改革的重心。因此,论文认为,目前的干部选拔任用制度,仍有许多不完善的地方,主要有:选拔任用程序虚设现象;选举制度不完善;干部任期制没有完全建立起来;干部“下”的机制不畅通;缺乏科学的党政领导干部实绩考核办法;缺乏准确严密的考核制度;对干部选拔监督约束手段缺乏刚性等。论文认为,党政领导干部选拔任用制度的改革必须以实现选拔任用条件的高素质化、选拔任用机制的竞争开放化、选

拔任用程序的民主化等方向努力。在具体措施上,论文也给出了建议。

关键词:中国共产党　人事制度　党政领导　人才选拔　干部管理

2231

李大钊文化思想研究 / 李强著 ; 张静如指导. -- 北京师范大学, 2005. -- 86 页

李大钊是五四时期文化界著名人物之一,其文化思想在近代中国人特别是早期中国共产党人中比较有代表性,因而对他的文化思想进行深入研究具有重要的学术价值。本文首先从历史的角度考查李大钊文化思想的形成、演变和发展,旨在说明其文化观,最后服膺于马克思文化观,既是李大钊自己的理性选择,又是历史的必然,可以说是内外因素综合作用的结果。其次,着重从哲学文化学和历史学的角度对李大钊的文化哲学观进行深入分析,表明李大钊把马克思主义作为中国的文化出路具有相当深厚的文化哲学基础。再次,论文分析李大钊对中西文化的差异的认识。李大钊认为中西文化既有民族性差异,又有时代性差异,还有社会性质的差别,这些认识对与李大钊形成自己独特的文化出路——"第三"文明观有直接的影响。论文还着重分析李大钊的文化出路观的形成原因、过程和丰富内涵,以及他对中国走"第三"文明道路所涉及的一些具体问题的独到见解:知识青年的重要使命、农民阶级的重要地位和作用以及对通过革命走上"第三"文明道路的认可。论文着重对李大钊文化思想在其整个思想体系中的重要地位以及对于当今中国文化研究的启示进行了具体的阐述。认为,以李大钊为代表的中国共产党人选择马克思主义作为中国的文化出路,是历史发展的必然。

关键词:李大钊(1889~1927)　文化思想　五·四运动　马克思主义

2232

社会转型时期中国共产党利益整合方式研究 / 李清华著 ; 甄小英指导. -- 中共中央党校, 2005. -- 156 页

本文以马列主义、毛泽东思想、邓小平理论和"三个代表"重要思想为指导,以执政党利益整合的一般规律和社会转型时期利益分化的现状为立论的理论依据和现实依据,通过中国共产党利益整合实践的历史考察,提出了实现党的利益整合方式"两个根本性转变"的思想,系统论述了社会转型时期党进行利益整合的目标、原则、指导思想、基本途径和实现机制,探讨了中国共产党有效利用整合资源、不断提高整合能力的主要途径。全文共分六章。第一章从政党与利益、执政与利益整合的关系上,论述了执政党利益整合的一般规律。认为利益整合是执政党的重要功能。第二章分析了社会转型时期利益分化的现状,论述了利益分化和利益矛盾给执政党意识形态、组织体系、制度体系、政治功能及执政地位提出了严峻的挑战。第三章论述了中国共产党利益整合方式的两个根本性转变。即由革命党的利益整合方式向执政党的利益整合方式、由计划经济时期的利益整合方式向市场经济条件下的利益整合方式的转变,并阐述了这两大历史性转变的深刻内涵。第四章论述了社会转型时期利益整合的目标和原则及指导思想。从利益整合的结构性目标、制度性目标、功能性目标和终极目标四个不同层次,阐明了利益整合的目标体系;论述了利益整合所必须遵循的一般原则;阐述了现阶段中国共产党利益整合的指导思想。第五章重点讨论了社会转型时期利益整合的主要途径,包括经济途径、政治途径、法律途径和道德途径。详细论述了每种途径的功能与作用,提出了整合机制的总体框架。第六章提出了要全面提高党的利益整合能力,构建社会主义和谐社会。认为构建社会主义和谐社会关键在党。提高党构建和谐社会的能力,关键在于提高党的利益整合能力。并且探讨了中国共产党有效利用整合资源,不断提高整合能力的主要途径。

关键词:中国共产党　利益　执政党　党的领导　社会转型期

2233

邓小平社会主义特色观研究 / 刘建武著 ; 文选德指导. -- 湖南师范大学, 2005. -- 221 页

提出建设"中国特色"的社会主义,是邓小平在马克思主义发展史上具有标志性的创新和突破。本文从"特色"的角度系统探讨邓小平的社会主义观,研究的基本思路主要体现在三个方面:一是关于邓小平提出社会主义特色问题的理论依据、历史依据、国情依据、时代依据。二是"中国特色"的社会主义,从历史起点上看,是脱胎于半殖民地半封建社会的后发展国家类型的社会主义;从目标模式上看,是切合中国实际的全面协调发展的社会主义;从发展道路上看,是在改革开放和自力更生基础上和平崛起的社会主义;从"两制"关系上看,是利用资本主义一切文明成果并最终超越资本主义的社会主义。三是邓小平社会主

义特色观，实现了社会主义从单一模式向多种模式的过渡，解决了当代社会主义发展中最重要的难题，摆脱了传统社会主义模式的束缚，实现了科学社会主义发展中最重要的飞跃。邓小平创造性地实现了科学社会主义基本原理同中国实际和时代特征的新结合，为正在坚持社会主义的国家如何建设社会主义提供了可供参考的思路，为国际共产主义运动低潮时期增强人们对社会主义的信念提供了强大的动力。

关键词：邓小平理论　社会主义　中国特色社会主义

2234

中国社会阶级阶层结构变迁中的利益分化与政治稳定 / 刘晓凯著 ；刘彤指导. -- 东北师范大学，2005. -- 104 页

本文着眼于中国社会阶级阶层结构的历史性变迁，分析了利益分化与政治稳定问题的历史发展，对协调利益分化与冲突、维护社会政治稳定提出了政策性建议。论文认为，作为伦理学领域的概念，利益在本质上属于社会关系范畴，利益分化是社会利益资源在社会各阶级、阶层间进行重新分配的一个过程，其最终结果必然导致社会结构的变迁和社会形态的转型。对于政治稳定，论文从政治稳定的内涵与基本内容、一般特性分析以及政治稳定协调机制的建立等三个方面进行了较为深入地分析和研究，并尝试在此基础上对利益分化与政治稳定的内在关联进行探讨。论文指出，改革开放 26 年来形成的获利最大者群体中的那些不合法、不合理暴富者经济政治地位不断膨胀的趋势，是当代中国社会利益分化与政治稳定问题日益突出的一个重要原因。关于目前中国社会的政治稳定态势，论文在综合分析的基础上得出结论，当前中国社会处于政治稳定时期，但社会承受力的某些部位有进一步脆弱的可能。构建当代中国新型利益协调机制，面临着来自经济全球化、全球性问题，中国传统利益协调机制和模式以及现代性问题的冲击，摆脱这些矛盾和现实羁绊，构建中国社会新型利益协调机制，必须确立新的目标和原则。论文根据对当前基本国情的深入分析，从加强机制控制，增大起点与过程的公平性；深化改革，从根本解决因无序带来的收入不平等问题；抓住“第一要务”，为公平分配和减少贫困奠定基础；运用法律和意识形态工具，遏制非理性获利行为等四方面提出了构建和谐社会、维护社会稳定的基本对策。

关键词：社会变迁　社会阶层　利益关系　和谐社会　政治稳定　社会结构

2235

执政党的社会整合功能研究 / 卢希望著 ；王长江指导. -- 中共中央党校，2005. -- 127 页

本文试图通过对执政党社会整合功能的一般性和中国共产党社会功能的特殊性的对比研究，进一步丰富执政党的社会整合理论，为新时期中国共产党社会整合功能的不断强化，提供理论方面的支持。首先介绍了社会整合的基本理论和执政党社会整合功能的基本问题，接着通过对执政党社会整合功能的功能来源、形成的外部条件，以及形成过程等问题的系统分析，比较详细地阐明了形成执政党的社会整合功能所必需的资源基础、外部环境以及形成的详细过程等问题。随后分析了执政党的社会整合机制。把执政党社会整合机制的内容细分为利益协调机制、组织动员机制、价值分配机制、制度规范机制、精神感召机制等五个方面，并对各个内容的运行原理、运行过程作了详细论述。还介绍了国外执政党的社会整合实践。通过对国外一些具有代表性的执政党的社会整合实践进行实证研究，总结出执政党社会整合的经验教训，初步得出“社会整合是执政党的重要功能”、“执政党的社会整合机制是具体的”、“执政党社会整合机制的调整必须慎重”等三点启示。最后，紧密联系中国共产党的自身实际及当代中国的现实国情，阐明了在新形势下不断强化党的社会整合功能的重要性和紧迫性；并根据社会整合的基本原理，分别从意识形态的创新、发展社会主义民主政治、依法执政，建设社会法治国家等三个方面，为进一步强化党的社会整合功能，提出了建议。

关键词：执政党　中国共产党　社会整合

2236

中国共产党民主思想发展研究 / 卢轶著 ；张启华指导. -- 中国人民大学，2005. -- 149 页

本文探讨了中国共产党不同时期的民主思想及其发展。论文认为，中国共产党诞生于特殊的历史背景下，是马克思主义与中国革命实践相结合的产物。中国共产党的民主思想以人民民主为核心，围绕着如何实现人民民主展开。在革命与建设的不同阶段，中国共产党的人民民主思想体现为不同的具体内容，即它是发展的，它围绕着如何实现与更好地实现人民民主向前发展。总体上体现为一个不断向前发展的过程，后一段的思想在前一段思想与实践的基础上向前

发展。新民主主义革命时期,中国共产党民主思想以进行革命与夺取革命政权为中心,目的是取得革命胜利,建立新的民主政权。新中国成立前夕,中国共产党以马克思主义的无产阶级专政思想为指导,根据中国实际创造性地提出了人民民主专政思想,指导着新生的中国建立了人民民主专政的政权及其他基本民主制度,为后来社会主义民主制度的建立提供了政权保障。中国共产党的民主思想发展一度误入歧途,“左”的思想泛滥,阻碍了社会主义民主的发展,甚至导致了“文化大革命”悲剧的发生。党的十一届三中全会恢复了马克思主义的实事求是的思想路线,提出了四项基本原则,指导中国共产党进行社会主义民主政治建设。以邓小平为首的中国共产党改变片面发展经济的现代化发展思路,制定了全面的现代化发展战略,提出要把我国建设成为富强、民主和文明的社会主义现代化国家。论文认为,中国共产党的民主思想在发展过程中受到诸多因素的影响,是诸多因素合力的结果,体现出人民民主、社会主义、适应革命与建设需要、不断向前发展的特点。

关键词:中国共产党　民主思想　人民民主专政

2237

1949—1966 年苏北农村集市贸易变迁 / 马永辉著 ; 李瑗指导. -- 中共中央党校, 2005. -- 179 页

论文以农村集市贸易发展变迁的时间先后为主线,叙述了农村集市贸易变迁的演进过程,分析了影响农村集市贸易变迁的背景和原因,探讨了农村集市贸易变迁对于农村经济政治文化发展及其对于中国社会主义建设的重大影响。正文共分五章。第一章描述了经济恢复时期苏北农村集市贸易的基本情况。新中国成立以后,中国共产党采取了多种措施,努力发展城乡经济。农村集市贸易日渐活跃,交易形式多样,产品丰富。同时,国营经济成分和集体经济成分的机构,比如粮站、供销合作社等等,也逐渐介入农村市场,发挥了它们的重要作用。第二章介绍了国家经济体制从新民主主义经济体制到社会主义经济体制转型前后的苏北农村集市贸易基本情况。在这一时期,农村集市与集市贸易发生了重大变化;农村供销合作社在农村市场上逐渐占据了垄断地位;私营商业迅速减少;农村商人经过改造也发生了重大变化;家庭副业生产经历曲折。第三章介绍了“大跃进”和三年困难时期的苏北集市贸易基本情况。大跃进和人民公社化运动改变了农村商业的基本经营方式,农村集市一度关闭,集市贸易受到严格限制。农村经济和农民生活陷入困难境地,农村黑市盛行,商品价格畸高畸低,生活生产物质匮乏。为了摆脱困境,国家调整了农村政策,重新留给社员自留地,鼓励家庭副业生产,调整农村集市贸易政策,农村经济开始好转。第四章介绍了国民经济调整时期苏北农村集市贸易的基本情况。由于政府采取了一些较为灵活和正确的政策,农村集市贸易逐渐活跃,农村副业不断发展,农村商业机构不断调整和恢复。但“四清”运动使农村集市贸易再次趋于冷落。第五章描述了苏北农村集市贸易发展的曲折历程,总结了中国共产党农村集市贸易基本政策,分析了苏北农村集市贸易变迁中所体现出的基本特征;总结了农村集市贸易发展的基本经验和教训。

关键词:农村市场　集市贸易　商业史　苏北地区

2238

党内选举问题研究 / 牛力伟著 ; 蔡长水指导. -- 中共中央党校, 2005. -- 137 页

本文从党内权力授受的合法性视角论述了党内选举的问题。首先,分析了党内选举的一般理论,包括党内选举的基本原则、基本方式、制度构成、基本功能、影响因素等;并就党内选举制度的评价标准进行了尝试性研究。接着对当代西方政党和苏共党内选举进行考察,旨在通过比较分析,为研究中国共产党党内选举问题提供更宽的视野。然后对中国共产党党内选举的历史沿革进行了回顾,对整个实践历程进行了评析,总结了中国共产党党内选举的历史经验。并在分析中国共产党党内选举现状的基础上,展望了党内选举的发展趋势,包括:实行开放式的竞争性选举制度;党内选举将关注人大选举候选人的党内预选;建立健全选举制、任期制和罢免制三位一体的党内选举制度体系。最后提出了中国共产党党内选举的改革思路,指出改革要采取自上而下与自下而上相结合的渐进式发展的战略步骤,要就党内选举制度及其相关制度进行配套改革。此外,还将研究转向党内选举与人大选举的衔接性关系上,指出在中国现有体制下,党内选举对人大选举有着决定性的作用,进一步改革党内选举制度有助于推动人大选举的发展,进而推动整个中国政治体制改革的进程。

关键词:选举制度　中国共产党　政治制度

2239

政党政治视角下中国党政关系研究 / 牛余庆著 ;

王长江指导. -- 中共中央党校, 2005. -- 126 页

现代民主政治处理党政关系的一般性要求是:从政党政治的视角看,政党、公共权力与民众是现代民主政治的三大要素,党政关系就是政党与公共权力的关系。将政党政治的一般原理与中国具体实际相结合,构建新型党政关系,是社会发展的必然要求。作者尝试提出了新型党政关系的概念、基本原则和基本构建思路。新型党政关系,是指以政党、公共权力与民众为主要框架,执政党以政府体制有效运转为基础,将民众的意见和支持进行整合形成政策,将经过民众认同的党员作为政府官员的候选人,通过合法程序输入政府体制,从而掌控政府,实现政党目标和民众利益的党政关系模式。建设新型党政关系的基本原则是:坚持党的领导、人民当家做主和依法治国的统一。构建新型党政关系的基本思路是:从党民关系的视角看,第一,发挥政党利益表达、利益凝聚、政治录用和政治社会化的功能,为人民执政、执好政;第二,改进党的领导方式和执政方式,实现科学执政、民主执政、依法执政;第三,调整党领导人大的方式,由直接领导变为间接领导,完善人大制度;第四,调整党与行政机关的关系,由直接控制变为间接影响,促使依法行政;第五,调整党与司法机构的关系,由直接干预变为间接影响,促进司法独立等。从党内关系看,主要是进一步扩大党内民主,建立科学民主的决策制度和公开公平公正的干部选举制度。从党际关系看,主要是用制度保障执政党与参政党的关系和加强民主党派对执政党手中公共权力的监督。

关键词:党政关系　民主政治　政党　执政党　中国共产党

2240

中国共产党建国思想研究 :1920—1954 / 潘焕昭著 ; 陈明显指导. -- 中国人民大学, 2005. -- 226 页

本文探讨了中国共产党的建国思想发展史。论文认为,马克思主义国家学说是中国共产党建国思想的主源和理论基础,中国共产党从一开始就把建立什么样的国家放在非常重要的地位来考虑,早期的国家观经历了由对以无产阶级专政为主要特征的社会主义国家的向往,逐渐走向从中国实际出发考虑建国方案的思想过程。苏维埃共和国是中国共产党建国思想的第一次真实实践,在全新的社会变革中所积累的经验与教训,客观上成为日后构建新民主主义国家理论体系富有价值的思想财富。从 1935 年末起,中国共产党的国家主张逐渐趋向于体现人民性、彰显民族性,并最终将民主革命成功之后的建国方案定格为"新民主主义共和国",经中共七大确认而成为全党的奋斗目标。"新民主主义共和国"的构想标志着中国共产党建国思想的成熟。主要表现在:一是系统地阐述和论证了共产党人在国家问题上的基本见解;二是设计了一个既不违背马克思主义又不拘泥于马克思主义具体结论的国家类型,多方面展现了马克思主义国家学说中国化的创意。建国以后,中国共产党得以把新民主主义理论关于国家的制度设计付诸实践,建立了人民民主专政、人民代表大会制、一党领导的多党合作以及民族区域自治制度。

关键词:中国共产党　新民主主义　国家制度　建国思想

2241

先进文化与党的建设初探 / 彭宏杰著 ; 文选德指导. -- 湖南师范大学, 2005. -- 235 页

江泽民"三个代表"重要思想包括"中国共产党始终代表中国先进文化前进方向"的思想,深化了理论界和实际工作部门对中国共产党与中国先进文化的认识,而且第一次从理论上深刻揭示了先进文化与党的自身建设之间存在着一种必然关系,并将这种关系由历史实践发展到理论上的紧密结合。本文认为,先进文化是在观念形态上反映先进政治和先进经济,并为它们服务的文化。中国先进文化与党的自身建设之关系,经历新民主主义文化与党的建设相互影响的阶段、社会主义新文化与党的建设休戚相关的阶段、社会主义精神文明与党的建设相互交融的阶段,以及中国特色社会主义文化与党的建设由实践中的紧密结合到理论上的紧密结合的阶段。世纪之交提出"中国共产党始终代表中国先进文化的前进方向"是基于对中国先进文化与党的自身建设之历史经验作的正确总结,是基于对国际国内党内的形势特别是文化形势作的科学分析,是基于对中国共产党在 21 世纪所面临的世界局势、所肩负的历史使命作的准确把握。二者必须紧密结合,是因为先进文化是政党的旗帜,是因为重视先进文化是马克思主义建党学说的基本原则,是因为先进文化对于党员的影响最持久有效,是因为先进文化建设与党的建设的共同性。

关键词:党的建设　先进文化　三个代表

2242

新时期中国共产党的农村政策在全面建设小康社会中的地位 / 曲丰霞著 ; 张同新指导. -- 中国人民

大学，2005. -- 157 页

本文以全面建设小康社会为背景，探讨了新时期党的农村政策的若干问题。论文认为，中国是一个农业大国，特别是城乡分割的二元结构体制的长期存在，要实现全面建设小康社会的宏伟目标，最繁重、最艰巨的任务在农村。新中国成立以后，中国选择了工业化优先发展的经济战略。工业与农业、城市与农村二元结构体制是目前形成“三农”问题的根本原因，也是阻碍实现全面建设小康社会的症结所在。要想实现全面建设小康社会的目标，必须彻底打破二元结构体制，并制定工业反哺农业、城市支持农村的相应政策，以实现工业与农业、城市与农村的协调发展。目前，加快经济发展，实现农村社会全面协调发展的关键，是促进农村民主政治建设的完善，为全面建设小康社会提供坚强的组织保障，同时，在经济、民主政治发展完善的带动下，加快全面建设小康社会的实现，而新时期党的农村政策是全面建设小康社会的基础，要实现农业的快速发展，必须进一步深化改革农村土地制度，促进土地规范流转，在家庭联产承包经营的基础上，逐步实现农业适度规模化的经营。论文提出，必须牢固树立“科学技术是第一生产力”的马克思主义观点，认真研究制定发展农村科技的方针政策，深化农村科技体制改革，实施“科技兴农”战略，在农村建立健全社会保障体系，逐步完善农村保障体系，才能为彻底打破城乡二元结构体制创造条件，为实现全面建设小康社会打下基础。

关键词：中国共产党　农业政策　农村经济建设　小康社会　城乡建设

2243

邓小平资本主义论研究 / 宋海琼著；罗正楷指导. 中国人民大学，2005. -- 142 页

本文以邓小平关于“什么是资本主义”、“社会主义在建设时期怎样认识和处理与资本主义的相互关系”两个根本性问题展开论述，把邓小平理论中有关这方面的思想加以全面梳理，进行整合式的研究，构成邓小平理论研究的一个新领域。论文认为，在改革开放过程中，不断出现的姓“资”姓“社”的争论，使邓小平深感必须坚持实践第一的原则，用改革开放的实践来解答这一重大理论问题。把资本主义社会作为一个独立完整的社会形态加以分析，提出“两个区分开来”的思想，即把资本主义的基本制度与其具体实现形式区分开来，把资本主义制度与其制度下创造的人类文明的优秀成果区分开来。邓小平对当代社会主义与资本主义的相互关系作出科学判定，指出了其和平共处、竞争发展的关系，互相学习、借鉴和利用的关系，根本对立、生死斗争的关系、代替与被代替的关系，从而架构了“四位一体”的当代社会主义与资本主义关系新体系。这既抓住了两者在和平与发展新时代主题下相互关系最重大调整和变化，形成了具有鲜明时代特征的关于两者关系的新判断，又以全新的理念实现了对前人思想理论的反思和科学继承，以理论创新的形式实现了对新时代社会主义与资本主义相互关系的重新定位。

关键词：邓小平理论　资本主义　社会主义

2244

党政关系视角下的党的执政能力建设 / 孙志明著；卢先福指导. -- 中共中央党校，2005. -- 205 页

正文共分五章。第一章介绍了国家与政党的起源，本质和职能以及二者之间的相互关系。第二章介绍了马克思主义关于党政关系的一般原理以及社会主义国家的实践。着重讲了前苏联和中国这两个共产党执政的社会主义国家在党政关系问题上的探索与失误，总结了其成功的经验和失败的教训，并对中国党政关系的历史与现状进行了简要回顾和评析，认为处理党政关系的根本出路在于党政关系的规范化，在于努力探寻一种适合中国国情和政党制度的新型党政关系。第三章介绍了党政关系视角下党的执政能力建设的内涵。认为党的执政能力应包括五个方面的内容：即党影响国家政权的能力，党建设国家政权的能力，党控制国家政权的能力，党运用国家政权的能力以及党巩固国家政权的能力。第四章揭示了党的执政能力的制约因素，共四个方面：(1)基础制约包括党执政的理论基础、阶级基础和群众基础对党的执政能力的制约；(2)主体制约，指主体性质、主体素质、主体的认知水平亦即主体对执政规律的认识和把握程度对党的执政能力的制约；(3)国家政权架构方式的制约，包括横向架构，纵向架构以及纵横交错架构三个方面对党的执政能力的制约；(4)体制制约，是指执政党的执政体制、机制和执政方式等对党的执政能力的制约。第五章阐述了党的执政能力建设的路径选择，概括为四个方面：即从基础建设入手，永葆党的先进性，通过不断增强党的先进性来提高党的执政能力；从主体建设入手，不断提高各级党委和党员领导干部的执政能力；从机构改革入手，通过理顺关系和强化功能来提高党的执政能力；从体制创新入手，通过完善执政体制、执政方式和用人机制来提高党的

执政能力。

关键词:党政关系　执政　中国共产党　执政能力

2245

毛泽东中国农业现代化思想研究 / 谭首彰著 ; 罗正楷指导. -- 中国人民大学, 2005. -- 116 页

毛泽东中国农业现代化思想,是毛泽东在领导探索中国农业现代化道路的过程中,对解决中国农村、农业、农民问题和实现国家工业化所作的卓越见解和战略思考,是对中国农业现代化建设实践经验的凝练和升华,有着十分丰富的理论内涵,是我们党制定农村政策的理论基础。论文认为,早在新民主主义革命时期,毛泽东就从中国的国情出发,揭示了中国社会贫困落后的根本原因,指出中国只有实现由农业国变为工业国的目标,才能彻底摆脱贫困和受欺侮的地位,并提出了要实现中国农业现代化的目标。毛泽东认为,只有把马克思列宁主义的普遍真理同中国的具体实际相结合,才能找到一条中国自己的社会主义农业现代化道路。毛泽东领导中国农业现代化的实践,主要是围绕着农村生产关系的变革和巩固而进行的,其轨迹可以划分为三个阶段:农业合作化运动阶段(1952—1956),人民公社化运动阶段(1958—1962)"四清"、"文革"和农业学大寨运动阶段(1962—1976)。但是,毛泽东的卓越思想并没有在实践中完全、始终地贯彻下去,有些正确的思想甚至还被歪曲和篡改,使得我国农业现代化走了许多不必要的弯路。究其原因,主要是由于他的农业现代化思想还存在局限性,他的思想包含有超越社会发展阶段的错误和认识上的主观主义错误。毛泽东农业现代化思想是我们党的宝贵的思想理论财富,在我国的社会主义现代化建设史上有着重要的历史地位。

关键词:毛泽东思想　农业现代化　社会主义建设

2246

关于中国共产党对社会主义市场经济的创新研究 / 汤建军著 ; 文选德指导. -- 湖南师范大学, 2005. -- 204 页

党的执政能力建设关系党的生死存亡。提高党的执政能力,首先要提高党领导发展的能力,提高领导经济工作的水平。对社会主义市场经济创新能力充分体现着党的执政能力。从十一届三中全会以来,党中央以全会决定的形式先后三次聚焦这个问题。十二届三中全会提出经济体制改革,开始探索社会主义与市场经济结合问题;十四届三中全会确立了建立社会主义市场经济体制的基本框架;十六届三中全会对进一步完善社会主义市场经济体制的目标任务、指导思想和应采取的各项方针政策进行了全面、系统、深刻的描述。论文认为,经济理论创新对经济体制创新起着重要作用。社会主义市场经济是理论认识深化的必然结果,特别是邓小平对计划与市场关系的科学分析为社会主义市场经济提供了直接理论依据。同时,社会主义市场经济体制创新是实践的要求,是解决发展中问题的需要,是改革开放实践发展的结果。社会主义市场经济创新的主要历程包括理论创新、体制创新和实践创新。体制改革成本影响路径选择。我党在深化所有制结构改革,解决好市场主体问题;深化分配制度改革,解决好公平效率和社会保障问题;健全和完善宏观调控机制,解决好国家宏观调控问题;培育市场体系,解决好市场体系问题;建立健全市场经济法规,解决好"法治经济"的问题;加强和改善党的领导,提高驾驭市场经济的能力等主要内容方面进行了卓有成效的创新。

关键词:中国共产党　社会主义市场经济　执政能力　经济体制改革

2247

当代中国政府法制建设研究 / 唐德先著 ; 田克勤指导. -- 东北师范大学, 2005. -- 130 页

论文在回顾新中国55年来政府法制建设历程并总结其基本经验教训和简要分析政治与经济的互动关系的基础上,重点分析了社会主义现代化建设新时期政府法治化进程中政府法制建设的背景、经济与政治的时空条件,从前瞻角度分析了政府法制建设的基本内容、主要方面及面临的任务。论文着重论证了行政立法、行政执法、行政组织法制建设、国家公务员管理法制化等方面政府法制建设需要进一步切实解决的一系列问题。所有论述的问题归结到一点是期望依法行使行政权力,科学地、合理地执行现代法治政府的基本职能,进一步实现我国政府行政管理的现代化、科学化、民主化和法治化。

关键词:行政管理　行政执法　社会主义法制　依法行政

2248

政党角色论 : 对中国共产党建设中一个基础性问题的学理探究 / 田忠著 ; 卢先福指导. -- 中共中央

党校, 2005. -- 133 页

文章分为两大部分:第一部分探讨政党角色的一般性问题;第二部分探讨中国共产党的角色问题。第一部分为三章。第一章对人类历史和现实政治生活中存在的政党角色进行了分类考察。文章把政党角色划分为四类:民主中介型政党、权威控制型政党、依附权威型政党和运动领导型政党。根据权威控制力度的差异,又把权威型政党进一步区分为两个亚类型:政治权威型和社会权威型。第二章按照政党角色分类考察的顺序逐一解析了每一类型政党角色的获致机理,论述了导致政党角色出现差异的外部环境要素和内部主体要素。外部环境要素归结为五类:制度环境、社会环境、政治环境、文化环境和国际环境。外部环境要素在政党角色的形成中起到了根本性作用。内部主体要素主要包括两个方面:政治地位状况和政治态度状况。第三章探讨了政党角色的变迁和建设问题,从动态和主体作为方面来研究政党的角色。政党角色的获得与外部环境和自身状况有直接关联,当这些影响要素发生重大变化时,政党的角色必然随之发生变迁。角色变迁的顺利进行面临的共性问题主要是:角色认知与调适。第二部分也分三章。第一章对改革开放前中国共产党的角色实践进行了考察。第二章解析了中国共产党的角色现状。认为改革开放以来的中国共产党正处于由社会权威型政党向政治权威型政党的角色变迁之中,并对中国共产党角色变迁的前景进行了瞻望。第三章在全面总结历史经验、理性剖析现实状况的基础上,提出了中国共产党角色建设的努力方向:重新定位政党角色,全面加快角色建设步伐。

关键词:政党　中国共产党　党的建设

2249

中国政党关系在国际环境中的演变:1945—1949 / 王树林著; 张同新指导. -- 中国人民大学, 2005. -- 170 页

1945 年至 1949 年的世界与中国均处于一个重大的历史转折时期。这一时期,中国政治呈现出国际干预与国内党争互动的局面。中国政党关系的演变与国际政治环境的变迁同步行进,国民党倒向美国和中共靠拢苏联几乎踏着同一节拍,中国政党关系由政争转化为战争与美苏对华政策由协调走向对立密切相关。中共在美苏冷战的国际环境中取代了国民党,中间党派演变成民主党派,中国政党关系的转型直接表现为国家政治秩序的转型,中国选择了共产党领导的多党合作制和人民民主的国家发展道路。论文分析了美苏国共在东北的角力,认为东北问题赋予政党关系的理论意义在于:在美苏由协调走向对立和国共由政争走向战争的环境中,中间党派的政治空间日渐紧缩,中国的国家发展道路要在冷战的国际环境中通过国共两党以武力来抉择。美苏冷战与中国内战的纠葛,使战后中国政党格局由多元化又恢复到两极化的状态,中间党派发生分化,多数加入到中共领导的人民民主阵营,少数则滑落到国民党的独裁统治阵营,而共产党领导的人民大众与国民党统治集团之间的内战结局却决定着中国政党关系的转型和国家发展道路的选择。冷战的国际环境制约着战后中国国家发展道路的选择。中共的政治理念与苏联的一致性决定了中国革命的发展方向,而国民党在坚持"一党专政"的前提下靠向美国。第二次世界大战后,中华民族对民族独立和民主改革的诉求,中国政党关系经过革命性的变革,中国共产党领导的多党合作和政治协商体制确立了新型的政党制度模式。

关键词:政党关系　中国共产党　国民党　国际政治

2250

当代中国文化创新研究 / 王树祥著; 朱志敏指导. 北京师范大学, 2005. -- 138 页

创新是文化的内在本质特征,是文化进步的不竭动力和源泉,文化创新作为以知识更新和价值开拓为目的的创造性实践活动,引起人类思想领域和精神活动质的飞跃,是社会改革、进步和人的全面自由发展的不竭的精神动力。这种"创新动力观"一方面是对唯物史观关于社会基本矛盾是社会发展根本动力学说的丰富和具体化,另一方面也是对"改革动力观"的深化。论文对文化创新进行了哲学上的阐释,首先提出当代中国文化创新是在一个多重复合的背景下展开的。其次,探讨了当代中国文化创新的内涵,文化创新是涵括一系列文化要素的系统工程。文化观念创新是文化创新的前提条件和思想领域,文化内容创新是文化创新的主体,文化体制的创新是推动文化创新的根本出路,文化形式的创新是文化内容创新的必然体现。文化主题的创新即人的创新是当代中国文化创新的核心和终极价值走向,即塑造适应社会转型和文化转型需要的自由自觉的文化创新的主体。最后,论文论述了当代中国文化创新的实现路径,分析了当代中国文化创新的有利条件和不利条件,分析了当代中国文化创新的实现路径是总结和提升人民群

众的创造性实践。论文提出，要促进传统文化的现代转化，积极进行跨文化交流与对话，借鉴和吸收世界文明的优秀成果，丰富中国文化的内容和形式。

关键词：文化事业　文化创新

2251

毛泽东的廉政建设原则研究 / 王以忠著 ；张启华指导. -- 中国人民大学, 2005. -- 157 页

毛泽东坚持的思想是马克思主义关于廉政建设理论在中国的运用和发展，它是毛泽东关于执政者要为民执政的理论基础，是党政干部树立正确权力观、廉政观的基石，是廉政建设必须把握的前提与核心。只有从政权的本质和历史发展的角度探讨毛泽东的“人民权利观”，才能把握他的廉政建设原则的理论基础。毛泽东认为，要廉洁从政，就必须搞好监督。在毛泽东领导下，我国建立了比较完备的监督制约机制。论文认为，毛泽东关于人民群众监督的思想和各民主党派对中国共产党监督的思想是我国监督制约机制的理论前提，反映了其廉政建设原则的重要方面。廉政的实质是强调按照廉政行为规范要求正确运用权力，防范和惩治腐败行为。为了使国家机关和工作人员廉洁奉公，毛泽东论述了廉政行为规范的思想。廉政行为规范就是廉政行为的准则，它是个多层次、多领域的复杂体系。论文提出，毛泽东的廉政建设思想还包括：廉政建设是一项系统的工程，必须通过多种措施，实行标本兼治；廉政建设必须依靠教育；要依靠群众开展专项斗争；要坚持以党风促廉政，必须依靠制度。

关键词：毛泽东（1893～1976）　廉政建设　人民权利观

2252

毛泽东思想成熟阶段研究 / 吴玉才著 ；罗正楷指导. -- 中国人民大学, 2005. -- 156 页

毛泽东思想成熟阶段的历史背景从客观环境来说，主要是中国共产党面对的国际政治环境、国内政治环境、党内思想状况，即世情、国情、党情发生了新的变化；从主观条件来说，主要是毛泽东开始在全党发挥领导作用，以毛泽东为核心的新的中央领导集体开始成熟，延安整风使马克思主义中国化深入人心。毛泽东思想的成熟，同时也是中国共产党反对党内长期存在的教条主义，进行马克思主义中国化的结果。毛泽东思想的成熟是个历史过程，有其内在的发展轨迹。从时间上讲，是不同阶段的成熟，即从遵义会议到党的六届六中全会、从六届六中全会到延安整风、从延安整风到中共七大；从内容上讲，是不同层次的成熟，即初步成熟：毛泽东哲学思想的成熟；基本成熟：新民主主义理论的成熟；全面成熟：毛泽东思想科学体系的成熟。毛泽东思想成熟阶段的主要理论表现是形成了三大法宝。成熟阶段的毛泽东思想对马克思主义创造性的发展，最突出地体现在其主体理论———新民主主义理论上。新民主主义理论系统地回答了中国革命最基本的问题：中国革命是什么样的革命，如何进行这样的革命，革命胜利后应该建立什么样的社会主义，如何进入社会主义，怎样建设这样的社会，这是一条连接中国革命的主线，这是毛泽东思想理论体系的主题。

关键词：毛泽东思想　新民主主义　社会主义

2253

张学良国家观研究 ：1919—1936 / 肖建杰著 ；张同新指导. -- 中国人民大学, 2005. -- 166 页

张学良国家观研究就是要探讨张学良救国理念的形成、演变与升华。本文通过对其国家统一观、国家富强观、国家复兴观和国家关系观的疏理和分析，阐释他的国家观所能达到的高度和独特之处，总结出具有规律性的东西，进而揭示其历史和现实意义。论文认为，国家观是政治观的核心内容。国家观就是对国家的总体看法，包括关于国家的基本观点、理论和学说。张学良不是真正意义上的思想家、理论家，他虽没有系统、完备的国家学说，但在他的意识形态里，国家确是最核心的内容。张学良全部的救国理念和实践恰恰就是对这些问题的回答。进入民国以后，北洋军阀的统治，帝国主义势力的侵入，给东北社会带来了巨大的影响，这种严酷的现实促使张学良思考、探索东北乃至整个中国的出路何在？救国理念和思想因此而萌生。对日本侵略东北野心的洞察，激发了张学良强烈的民族主义情感和抗日意识，成为后来“息内争、御外侮”主张最直接的思想基础。和平、统一、建设、致强是张学良救国理念中最基本的内容。论文指出，尊奉法西斯主义，拥护领袖独裁以达到抗日复土、救民族于危亡的目的是张学良救国理念发展历程的大曲折。他把炽热的爱国情怀倾注在对蒋介石的竭诚拥护和对法西斯主义的宣传上，反映了其思想的复杂与矛盾。“息内争、御外侮”既是张学良全部救国理念的起点，也是归宿；所不同的是张学良完成了救国理念的升华——联共抗日，从而将他一生的国家观和爱国思想推向了顶峰。张学良的国家观与一

般的国家观不同，它不具备典型国家观的内容和特征，而是在救国理念和实践中展开，这就决定了其思想基本特征：国家观随时代进步；国家观多样性与复杂性的交汇；爱国、救国是其国家观的主题。

关键词：张学良（1901～2001） 政治思想 国家理论 救国

2254

中国共产党依法执政研究 / 熊辉著；卢先福指导. 中共中央党校，2005. -- 232 页

本文系统地论述了依法执政的意义、目标和途径及实现条件。正文共分六章。第一章阐述了依法执政的提出和意义，涉及依法执政的内涵的理论分析、依法执政的由来以及依法执政的意义。第二章从历史和理论的高度探讨了依法授权对依法执政的重要意义、古今中外的授权形式；分析了执政合法性对政党特别是对中国共产党的重要性；探讨了民主选举是政党获得人民授权而执政的合法途径。第三章主要探讨了执政党依法用权的问题。依法用权，就是党依法定程序，通过国家权力机关实现执政。此外，依法执政必须首先做到依法行政。第四章从国外对权力进行监督制约的主要经验和中国共产党对权力进行监督的经验及教训出发，探讨了依法监督就是要依据法律对权力授予和权力运行进行监督和制约，防止滥用权力。第五章从中国共产党 50 多年的政治体制的变化特别是改革开放政治体制改革的经验出发，探讨了按依法执政要求完善和改革党的领导和执政体制。必须按依法授权的要求，创新和完善选拔任用干部体制，完善人民代表大会制度；必须按依法用权的要求从现在党的领导和执政体制入手，构建新型党政关系，改进党对人大的领导体制；必须按依法监督的要求，完善和创新监督体制。第六章探讨了提高依法执政能力问题。依法执政能力是指执政党依法定权限和程序行使权力的能力，也就是执政党各级组织及其干部严格按照法律规定的范围、程序、内容和手段来行使执政的能力。

关键词：中国共产党 执政 法治 依法执政

2255

中国共产党政治文明建设的理论与实践 / 杨弘著；田克勤指导. -- 东北师范大学，2005. -- 104 页

本文围绕“中国共产党政治文明建设的理论与实践”这一课题，在对政治文明的内涵及外延界定方面提出个人见解的基础上，比较全面、系统、概要地回顾和总结了中国共产党领导中国政治革命和中国政治建设的历程，从政治文明角度对其实质上属于政治文明范畴的实践和理论探索进行总结和评价，着重探讨了中国共产党对新世纪中国政治建设和政治发展的政治文明价值取向、目标选择、主要任务及其实现路径。论文认为，政治文明是人类在自身解放、发展和完善过程中，在政治智慧、政治能力、政治科学与艺术以及政治伦理精神等方面的发展和进步状态；政治文明的特征表现为文化的共融性、鲜明的阶级性和进步与保守的矛盾性；政治文明在结构上由文明的政治主体、先进的政治文化、合理的政治制度、规范的政治行为以及和谐的政治关系等组成。论文在分析了人类政治文明的历史演变及其规律的基础上，着重分析了我国古代至近代政治文明发展的特殊轨迹。论文分析了新世纪新阶段我国政治建设和政治发展所面临的国内外形势，论述了建设社会主义政治文明是中国共产党在中国政治建设的价值取向、目标体系，并从我国社会主义政治文明所赖以发生和发展的社会经济、政治、文化条件及其发展状况出发，分析了在新世纪历史机遇期，我国社会主义政治文明建设的现实起点，阐明了我国社会主义政治文明建设所应遵循的原则，并着重探讨了我国社会主义政治文明建设的主要途径。

关键词：中国共产党 政治文明 社会主义精神文明建设

2256

1949—1954 年的中国政治体制 / 杨火林著；谢春涛指导. -- 中共中央党校，2005. -- 230 页

1949 年 9 月 21—30 日，中国人民政治协商会议第一届全体会议在北平举行，会议通过了新中国的临时宪法——《中国人民政治协商会议共同纲领》（简称《共同纲领》）。本文旨在勾勒 1949—1954 年即《共同纲领》时期中国政治体制的基本轮廓，揭示其与当代中国政治体制的内在历史关联，以发掘当代中国政治体制改革可借鉴之处。作者认为，新中国成立后，以《共同纲领》为基础，在全国范围内确立了各项过渡性政治设制及其相互关系和活动方式，逐渐形成了新民主主义的政治结构、政权组织和政治规范系统，即新民主主义政治体制。其基本格局是：以中国共产党领导下多党合作的政党体制为核心，以立法、行政、司法体制为主体，以干部管理体制为网络，以意识形态管理体制为推动力。这种体制的政权形式、行为规范和功能是新民主主义的，体制运行的典型特征

是集权和分权相结合,但日益走向中央高度集权。新民主主义政治体制是短暂的,且处于草创阶段,其政治结构、政治规范有很多不定型、不完善、临时性的东西,带有明显的"过渡性体制"色彩。从1952年底开始,新民主主义政治体制开始向社会主义政治体制转型,这是新中国历史上的第一次政治体制改革,它奠定了当代中国政治体制的重要基础。无论新民主主义政治体制还是政治体制转型,对当代中国政治体制改革都具有重要参考价值。

关键词:政治体制　政治制度　新民主主义　社会主义

2257

建国初期中美关系研究 / 杨建英著 ; 张启华指导. 中国人民大学, 2005. -- 141页

本文通过分析建国初期中美关系发展状况的背景、新中国外交战略和政策的制定,以及朝鲜战争、第一次台海危机对中美关系产生的影响,从中找出制约建国初期中美关系的主要因素和这一时期中美关系的基本特点,总结新中国对美外交战略方针的经验,把握美国对华政策的本质,认识美国对华决策的运作模式及中美双方决策中的相互作用模式,为正确处理复杂多变的中美关系,提供一些借鉴和启示。其中通过国际关系理论中的建构主义理论来重点考察影响美国外交政策制定的相关因素;通过对美国情报机制以及在中国的情报活动的梳理,充分展示情报工作与外交活动之间的密切联系。论文除前言外共分四章。第一章主要是关于抗战时期和解放战争时期中国共产党外交策略的形成和基本外交主张,以及对美国的基本认识和态度。第二章是关于建国后中国独立自主、和平开放外交政策的制定和实行。第三章是影响美国对外政策的几个制约因素,其中包括美国的情报机制和对华情报活动的内容。第四章是就建国初期影响中美关系的朝鲜战争、第一次台海危机和中美大使级会谈进行的论述。论文认为,决定中美关系的重要因素在于美国的霸权主义的强权政治;台湾问题是中美关系中的核心问题;新中国坚持独立自主、和平开放的外交理念,坚持国际主义与爱国主义的统一。论文认为,随着全球化时代的到来和传统威胁与非传统威胁的并存,各国之间由双边发展到多边的合作会不断加强,在处理外交关系上坚持以斗争求团结,坚持原则性和灵活性的有机统一,应是中国外交不变的基本点。

关键词:中美关系　外交政策　外交史　美国对外政策

2258

建国十七年中学思想政治教育研究 / 易春秋著 ; 谢春涛指导. -- 中共中央党校, 2005. -- 238页

作者将建国17年中学思想政治教育置于中国社会变动的历史背景中,以时间为线索,分五个阶段对其进行了全方位的考察。第一阶段,国民经济恢复背景下的中学思想政治教育(1949年10月至1952年底)。继承和发扬老解放区学校教育和长期形成的思想政治教育工作的优良传统,全面开展新民主主义思想教育,建立健全学校内的共产党、青年团、学生会、少年儿童队组织,形成以普遍开设政治课为主体,密切结合各项政治运动而进行思想政治教育的体系。第二阶段,社会主义改造背景下的中学思想政治教育(1953年初至1956年底)。按照过渡时期总路线精神,提出了社会主义思想政治教育任务,通过各科教学进行思想政治教育,逐步形成在党支部领导下,由班主任、团、队、学生会等各方面配合的经常化的中学思想政治教育制度。第三阶段,"左"倾政治运动冲击下的中学思想政治教育(1957年初至1960年底)。曾一度强调加强中学的思想政治教育,颁布建国以来第一部《中等学校政治课教学大纲(试行草案)》。但由于"左"倾政治运动的冲击,使中学思想政治教育受到严重影响。第四阶段,调整背景下的中学思想政治教育(1961年初至1963年底)。中学思想政治教育开始逐步扭转前一时期"左"的倾向,并继续通过各科教学进行思想政治教育,逐步形成较完善的思想政治教育工作体系,开始构建学校思想政治教育网。但1962年召开中共八届十中全会后,强调阶级斗争为纲,使中学思想政治教育产生了波折。第五阶段,"反修防修"背景下的中学思想政治教育(1964年初至1966年5月)。随着中苏分裂,毛泽东日益重视"反修防修"、阶级斗争教育成为政治理论课的主要内容中。

关键词:思想政治教育　中学　政治课　教育史

2259

中国共产党隐蔽战线研究 : 1921—1949 / 游国立著 ; 罗正楷指导. -- 中国人民大学, 2005. -- 114页

隐蔽战线,是属于统一战线的范畴,它是指中国共产党在反动阶级统治的区域进行的非法的秘密斗争。其主要内容可以归纳为六项:情报和保卫工作、特殊军事活动、特殊政治活动(统战性质的)、特殊经

济活动、特殊文化活动、秘密社会工作。表现形式可以分为两部分:一个是“地下”,一个是“天上”(指无线电机要通讯)。本文以历史为经,以内容为纬,夹叙夹议,论从史出,对中国的新民主主义革命与隐蔽战线的关系,进行了系统而深入的梳理与研究,以期深化中国革命史研究的基本理论框架,丰富中国革命史研究的基本内容。中共隐蔽战线的形成,以1927年底中央特科的成立为标志;1927—1931年是发展时期,1931—1935年是萎缩时期;1935年以后,又是恢复发展时期,到解放战争中后期达到了高峰,当然,其间在抗战中期及解放战争初期有所波动或收缩。论文概括总结了隐蔽战线的主要特点:(1)隐蔽性和危险性;(2)战略性和策略性;(3)灵活性;(4)复杂性。论文概括总结了中共在隐蔽战线上的主要经验教训:(1)必须高度重视和正确领导隐蔽战线,特别是,必须始终坚持“隐蔽精干、长期埋伏、积蓄力量、以待时机”的正确方针。(2)必须把公开的群众工作和党的秘密工作既严格分开又密切结合。(3)必须重视秘密工作纪律教育和革命气节教育。(4)必须把提倡忍辱牺牲和保障正义公理结合起来。总之,中共的隐蔽战线是中共的统一战线、白区斗争及“第二条战线”的重要组成部分。它所创造的卓越功绩和丰富经验,在中国革命史上写下了特殊而重要的篇章,因而也是中国革命史不可缺少的重要组成部分。

关键词:中国共产党　地下斗争　统一战线工作　党史　隐蔽战线

2260

新中国初期(1949—1956年)中国共产党的文化建设 / 张长明著 ; 朱志敏指导. -- 北京师范大学, 2005. -- 77页

本文从党领导文化建设的主体角度切入,梳理新中国初期中国共产党员的文化建设的全过程,勾画其整套思路和整体脉络(而不去分析和论述这一过程中文化建设的具体细节)。本文的主要内容分三章。第一章论述党从思想上确立马克思主义在文化领域的指导地位。认为党是通过三方面的工作来实现这一目标的,即在宣传马克思主义的同时,对知识分子进行思想改造和批判文化领域里的封建主义与资本主义。第二章论述党发展文化的重大举措。这主要包括发展科学技术、改革教育制度和繁荣社会文化等方面的内容。第三章论述党发展文化的方略。“文化方略”是指党领导文化建设“全盘的计划和策略”,也是发展文化的方式方法。具体而言,包括“以实践为基础,理论联系实际”、“百花齐放,百家争鸣”和“古为今用,洋为中用”。“指导思想”、“发展措施”和“发展方略”三方面内容相互联系、相互作用,初步形成体系,共同构成文化建设的整体框架。论文最后指出,在这个框架内进行的文化建设,虽然还存在这样那样的问题,但无论如何,架子已经搭了起来。我们要在全面总结这一时期文化建设经验教训的基础上,以发展的马克思主义作指导,与时俱进地推进我国社会主义的文化建设事业。

关键词:中国共产党　文化建设　党史　文化事业　知识分子

2261

论新时期中国共产党关于中华民族凝聚力的理论与实践 / 张丰清著 ; 罗正楷指导. -- 中国人民大学, 2005. -- 120页

新时期中华民族凝聚力既受中华民族传统思想文化、物质文化和制度文化的影响,又具有鲜明的时代特点。新时期党关于民族凝聚力的指导思想主要包括:以民族平等团结作为解决中国民族问题的根本原则;以民族区域自治作为解决中国民族问题的基本形式和基本政策;以大力培养少数民族干部作为促进民族地区发展和协调民族关系的关键;以民族共同发展和繁荣作为解决中国民族问题的根本宗旨和现实目标等。在领导新时期的改革开放和社会主义现代化建设中,中国共产党找到了一条以不断提高综合国力为中心内容的有效增强中华民族凝聚力的发展道路。同时,在民族政策、宗教政策、祖国统一等问题上制定并贯彻了一系列的方针政策来直接推动和促进民族的凝聚。中国共产党在凝聚民族力量方面积累了十分丰富的历史经验,这主要是:始终坚持并不断强化中国共产党的民族凝聚政治领导核心地位;围绕“全面建设小康社会”等不同时期的具体历史任务,制定正确方略,最大限度地团结、凝聚民族力量;遵循“求同存异”原则,实行“社会主义”、“爱国主义”并举,结成最广泛的民族统一战线;高度警惕和坚决打击以“台独”势力为代表的各种形式的民族分裂势力。强大的民族凝聚力是实现国家统一、人民团结的前提条件。民族复兴是全体人民的事业,只有把各族人民紧紧凝聚在一起,才能调动各方面的积极因素和创造精神。在中国,只有善于把马克思主义普遍真理同中国具体实际相结合,善于集中人民群众的智慧,善于研究和总结历史经验的中国共产党,具备带领全国人民完成民族复兴伟业的正确理论、路线、方针和政策,

才能够真正凝聚中华各民族、各阶层人民的力量,共同建设中国特色社会主义,追求中华民族的伟大复兴。

关键词:中国共产党　中华民族　民族精神　凝聚力

2262

20世纪五六十年代中国农村包产到户变迁问题研究／张海荣著；王顺生指导. -- 中国人民大学, 2005. -- 137页

本文共分五章:第一章回顾了20世纪五六十年代中国农村包产到户缘起与变迁的历史。第二章着重分析农民的选择及影响。论文认为,从理论上分析,包产到户以其制度机理及客观适应性符合当时农业生产的要求;从经济角度分析,农民选择包产到户的直接原因是其产生的绩效满足了农民的需求;从社会心理层面分析,包产到户,某种程度上使农民久已扭曲的社会心理得以复原。第三章侧重分析地方干部的价值观、行为取向及影响。论文分析了地方中高层干部的价值观及行为取向对包产到户变迁的影响、基层干部的价值观及行为取向对包产到户变迁的影响。第四章集中分析中共中央的决策及影响。总之,20世纪五六十年代,包产到户始终未能在中共中央层面中取得合法地位。深层原因在于:第一,从理论角度分析,包产到户在传统的社会主义理论中找不到相应的支撑;第二,从经济角度分析,包产到户"有悖"于国家工业化的战略部署;第三,从领袖个人因素分析,包产到户没有取得最高决策者毛泽东的认同。第五章进一步探讨20世纪五六十年代中国农村包产到户变迁的深层社会历史原因以及若干启示:即尊重农民群众,发挥这一初级行为主体的积极性、主动性、创造性是搞好农业生产经营及推动制度变迁的中心环节;创设和谐与合理的政治经济机制,使地方干部在制度变迁中起到良好的链接作用;在农村经济制度的调整与变迁中,国家应定位好自己的角色,发挥优势功能;制度的选择与创新必须适应农业生产的特点及其发展水平。

关键词:农村经济　包产到户　制度变迁

2263

关于权力的制约和监督研究／张亚娟著；蔡长水指导. -- 中共中央党校, 2005. -- 157页

本文立足于解决中国权力制约和监督的现实问题,按照从权力制约和监督的"一般理论——西方启示——苏联经验教训——中国历史与现状——解决问题的基本思路——加强党内监督"的逻辑顺序展开论述。首先,对权力制约和监督的一般理论进行分析,论述了加强权力制约和监督的必要性,分析了权力制约和监督的基本内涵及其相互关系,强调要坚持制约与监督并重的方针;提出权力制约和监督活动中必须遵循的原则,并从积极和消极作用两方面论述了权力制约和监督的主要功能。随后对西方权力制约和监督理论、实践的发展进行了分析,介绍了英国、美国、法国和瑞士四种主要的分权制衡模式及其显著特点,预测了西方分权制衡理论的发展趋势。然后又简要地评析了马列主义权力制约监督思想及其在苏联的实践,总结苏联权力制约和监督问题上的经验与教训。此后,回顾了新中国关于权力制约和监督问题的探索,分析了中国权力制约和监督现状中存在的突出问题及其影响因素。在此基础上,提出了完善中国权力制约和监督机制的基本思路:一是科学配置权力;二是构建中国权力制约和监督的系统;三是构建不同监督主体间的协调沟通机制,明确划分不同权力制约和监督主体的职权,完善巡视制度以打破地方保护主义,实行对派驻机构的统一管理;四是加大制度创新的力度,使中国的权力制约和监督规范化、科学化、制度化。最后,根据中国的国情特点,突出强调了党内监督在国家权力制约和监督体系中的重要地位和作用。

关键词:国家权力　权力制约　法律监督

2264

网络时代执政党意识形态危机及对策研究／张衍前著；王长江指导. -- 中共中央党校, 2005. -- 155页

执政党意识形态除了鲜明的阶级性外,还具有实践性、延续性、渗透性、建设性和包容性等特点。作为一种全新的信息传播和信息沟通技术,互联网络既为执政党意识形态的发展和创新提供了难得机遇,同时又造成了前所未有的冲击。在这种强大的冲击下,执政党意识形态的基本功能呈现出弱化趋势甚至表现出某种程度的危机状况。执政党意识形态危机的主要表现是信仰危机、合法性危机、社会道德危机和社会整合危机等。意识形态一旦出现危机,必然动摇党的执政地位,执政党甚至会走向分化瓦解。文章指出,执政党意识形态内容的创新,是应对意识形态危机的根本出路。创新执政党的意识形态,要坚持理论与实践相结合的原则、继承与发展相结合的原则、灵

活性和开放性的原则等,在准确理解和把握网络时代执政党所处的环境的基础上,牢固树立"网络意识",增添和充实民主、法治、发展、公正、责任等时代新理念新思想。同时,执政党意识形态传播的创新也是应对意识形态危机的有效途径。树立和确立贴近实际、贴近生活、贴近民众的传播新理念,建立开放型的传播新体制,实现传播方式的即时性、形象性和互动性,是扩大和增强执政党意识形态传播实效性的根本手段。最后,作者指出,要充分利用先进的互联网络传播技术,按照意识形态传播的基本理论和基本规律,加强和改进邓小平理论和"三个代表"重要思想的宣传工作,不断增强马克思主义意识形态的说服力和影响力,这是当前中国共产党意识形态建设的一项重要任务。

关键词:执政党　中国共产党　社会意识形态　互联网络

2265

江泽民文化思想研究 / 张远新著 ; 谭献民指导. -- 湖南师范大学, 2005. -- 219 页

作为中国共产党第三代中央领导集体的核心,江泽民不仅重视经济和民主政治建设,而且十分重视文化建设,提出了一系列关于当代中国先进文化的重要论断。论文认为江泽民文化思想的主要内容包括:中国共产党始终代表先进文化的前进方向;文化是综合国力的重要标志;建设有中国特色社会主义文化;大力促进科技进步与创新,为经济和社会发展提供强大动力;繁荣和发展我国哲学社会科学;创新是先进文化的本质和发展动力;文化的先进性来源于文化的不断创新。论文提炼了江泽民文化思想的历史地位;初步构建出江泽民文化思想的理论体系。论文认为解放思想、实事求是、与时俱进,是贯穿江泽民文化思想各个理论观点的主线和精髓,实现"人的全面发展"是江泽民文化思想的出发点和落脚点,是江泽民文化思想体系的逻辑起点与终点。江泽民文化思想有自己的精髓和核心范畴、自己的逻辑起点与终点和从逻辑起点到达逻辑终点的措施和路径,构成一个科学的逻辑结构比较严谨的理论体系。

关键词:江泽民(1926～)　文化理论　文化思想　先进文化

2266

灾荒与中国共产党的救治对策 / 赵朝峰著 ; 张静如指导. -- 北京师范大学, 2005. -- 143 页

文章指出,灾荒是制约社会发展的主要因素之一。在创建革命根据地和实行局部执政的过程中,中国共产党继承和发展了传统的救荒方法,采取了一系列救荒措施,战胜了根据地内的灾荒,赢得了广大人民群众的信任和支持,为中国革命的胜利奠定了坚实基础,也为新中国的救灾工作积累了宝贵经验。在建国之后的数年里,灾荒依然猖獗肆虐,中国共产党领导全国人民积极向灾荒开战,渡过了一次次严重的灾荒,大大巩固了新中国政权,有力地配合了其他各项事业的开展。但是,在探索建设社会主义的过程中,受各种因素的影响,中国共产党想当然地认为中国已经彻底消灭灾荒,结果不自觉地制造了1959—1961年的大饥荒,致使几千万人死于饥饿,是中国共产党执政史上一个非常惨痛的教训。中央政府虽然通过调整政策使人民群众渡过了严峻的困难局面,但随着"文革"的爆发,国家政权处于一片混乱状态,各项事业的正常发展受到严重干扰,整个社会濒临灾荒的边缘。直至十一届三中全会后,我国经济得到恢复和发展,逐渐摆脱了困扰中国人民数千年的灾荒问题。由于人类认识和生产活动的局限,诱发灾荒的一些因素仍然存在。所以,中国共产党在加强执政能力建设的过程中,必须注意处理好以下问题:一是正确对待生产关系的变革,完善灾害保障体制。二是重视自然灾害的危害,构筑减灾系统工程。三是维护国家粮食安全是中国共产党和政府必须常抓不懈的工作。

关键词:救灾　中国共产党　社会救济　灾荒

2267

当代中国反贫困模式研究 / 郑丽箫著 ; 王章维指导. -- 北京师范大学, 2005. -- 98 页

本文通过对当代中国反贫困模式的探讨,论述了中国共产党自新中国成立以来领导中国人民反贫困的历史及经验教训,重点论述了改革开放以来中国特色的反贫困模式选择——穷人权利建设模式,主张反贫困必须走发展穷人权利的道路,这是取得成功的根本所在。论文运用比较手法对贫困与反贫困的相关概念进行了重新的说明与界定;对过去人们有关贫困问题认识方面的误区进行了纠正;强调了从穷人权利的角度研究贫困与反贫困的重要性,同时,考察了世界的反贫困模式。论文主要从理论和实践的角度,详细阐述了我国改革开放以来形成的、以发展援助为主体的反贫困模式的主要内容,它包括两部分:效率优先型的发展和对贫困地区进行的专门援助。前者具体表现为中国的改革开放,它也被称为中国的"第二

次革命”,后者即是上个世纪80年代中期开始的农村扶贫开发。论文在对中国反贫困模式的反思的基础上,提出“以穷人权利看待反贫困”的观点,并设计出面向未来的中国反贫困模式——穷人权利建设模式,必须以穷人权利的得失作为衡量反贫困成功与否的试金石。这既符合科学发展观的要求,也符合我国建立和谐社会的需要。

关键词:贫困　反贫困　扶贫　和谐社会

2268

邓小平理论与中国和平发展道路论析 / 朱奕冰著；张同新指导. -- 中国人民大学, 2005. -- 143 页

本文对中国选择的在邓小平理论指导下的建设有中国特色的社会主义道路与和平发展之间的关系进行论证,旨在说明建设有中国特色社会主义道路的实质就是和平与发展的道路。全文共分七章:第一章论证了邓小平的时代主题论和改革开放论是和平发展道路提出的基本依据,时代主题论和改革开放论是建设有中国特色社会主义道路形成的前提,而和平与发展又内在地包含于这条道路之中,所以它们也是和平发展道路提出的前提。第二章论证了邓小平的社会主义本质论是和平发展道路的基石,即邓小平的社会主义本质决定了我国的内政、外交的一切活动都要围绕着和平与发展来进行,和平发展体现了社会主义本质的内在要求。第三章论证了邓小平的社会主义初级阶段论是和平发展道路的根本立足点。第四章论证了社会主义市场经济论的提出是中国走向和平发展道路的决定性环节。可以说,没有市场经济论,就不会有今天的社会主义现代化建设成就,就不会有今天的和平发展道路。第五章论证了邓小平政治体制改革论为和平发展道路构建了合理的政治运行机制。第六章论证了邓小平的“一国两制”论为和平发展道路展示了良好的形象。它为中国走向世界,融入国际社会展示了良好的形象。第七章论证了邓小平党的建设论为和平发展道路提供了坚强的政治保证。

关键词:邓小平理论　和平发展　社会主义建设　一国两制

马克思主义理论与思想政治教育

2269

价值变迁与治理成长：社会危机治理的基础研究 / 蔡志强著；邱柏生指导. -- 复旦大学, 2005. -- 241 页

本文以发展中的危机入题,提出社会危机的实质是治理的危机,社会危机的化解与规避既是政府的职能,也是社会的责任。第一章运用发生学方法对危机生成的社会基础进行价值探讨,包括传统的自然原因分析,分析公共事务危机产生的历史背景和文化基础,解读危机发生的常规路径,并从我国正在变革的社会实际出发,探讨技术依赖和价值观演变对人们社会参与行为的影响,探讨危机治理的可行性基础,初步提出危机治理的理论框架,强调了社会危机的实质是治理问题。第二章探讨我国变革中的社会危机治理观,提出传统的自然观和社会控制理念影响着我国社会危机的形态和治理范式的选择标准,并进一步从结构功能角度分析了我国社会危机治理的基本要素、治理框架和功能发挥,指出有效的危机治理过程是“政府—社会”二元主体的互动共治过程。第三章对危机治理中政府的作用进行分析,提出危机治理作为政府的一项基本职能,它决定了政府在制度供给中的价值取向,政党推进型的危机应对必须转化为制度推进型的危机应对。第四章分析了社会在危机中的自组织能力和危机应对能力,提出社会的有效参与是危机治理的必然要求,以信任为核心的社会认同和社会宽容的培育是化解和规避危机治理的重要资本。

关键词:公共管理　危机管理　政府职能

2270

社会转型时期的价值冲突与主导价值观的确立 / 陈章龙著；龚廷泰指导. -- 南京师范大学, 2005. -- 184 页

本文认为,当前我们正处在一个从传统计划经济向现代市场经济转变的社会转型时期。该时期既是历史的必然性,又具有价值的合理性。以社会转型为基本的观察背景和分析框架,以“价值冲突”、“价值整合”为基本的理论支撑和概念分析框架,以历史唯

物主义为基本的研究立场和方法来探寻社会转型时期的主导价值观就既成为一种理论的期盼,也成为一种现实祈求。论文指出,新集体主义价值观作为社会转型时期的主导价值观,是奠定在社会现实深刻的理论反思基础上的一次深刻的辩证否定,它注重国家利益的权威性和优先性,又凸显了人的主体性和个人的正当权益,坚持国家、集体和个人之间利益的和谐统一,寻找到了个人利益和集体利益的平衡点和结合点,是科学合理的价值观。主导价值观的科学合理显示了其理论的力量,要把这种理论力量转化为现实的力量,就有一个价值观实现机制问题。政策导向、舆论引导、社会奖惩、社会教育、法律约束、认知接受等机制是主导价值观发挥其导向作用的内在动因和手段,也是主导价值观由理论转变为行为主体内在信念和价值取向的必要环节。

关键词:价值论　价值观　集体主义　社会转型期

2271

活动视野中的思想政治教育 / 褚凤英著 ; 张耀灿指导. -- 华中师范大学, 2005. -- 160 页

作者认为,思想政治教育是人类自有阶级以来就存在的一种社会现象,它是一个具有普遍性与历史性的社会事实。思想政治教育存在的客观必然性,在于它是人类存在和发展的一种特殊方式,是满足人的生存和发展需要的主体性活动。以马克思主义的活动理论观之,思想政治教育是作为主体的人与作为客体的思想道德文化之间的双向建构活动。在这个活动过程中,一方面实现了人的思想道德素质发展与完善,另一方面实现了社会思想道德文化发展与进步,由此,思想政治教育的存在与发展成为人的发展和社会发展的必然要求。具体来说,这个过程是通过思想政治教育者与教育对象之间的交往活动实现的。从人的活动的视角来看,思想政治教育本质上是活动主体在社会价值引导下对自我思想道德素质和社会思想道德文化的双向建构过程;思想政治教育的根本目的在于培养思想道德建构活动的主体和社会生活的主体;实现人的思想道德素质发展和社会思想道德文化发展是思想政治教育的本体功能。因此,社会化与个性化相统一、主导性与多样性相统一、个人主体性的发挥与诸主体间多向互动相统一是活动思想政治教育的基本特征。我们应当坚持"三贴近"原则、主体性原则与资源开发原则,建构活动思想政治教育的实践模式。

关键词:思想政治教育　主体论　人的发展　社会发展

2272

精神产品社会价值及其导向研究 / 董立人著 ; 林泰指导. -- 清华大学, 2005. -- 203 页

本文以辩证唯物主义和历史唯物主义以及马克思主义政治经济学原理为理论指导,从马克思主义奠基人对精神生产和精神产品的相关文献入手,探讨了精神产品内涵、本质特征及其分类,论述了精神产品的社会价值,探析了我国目前一些负面精神产品的表现及社会根源,并提出社会主义精神产品生产、消费与传播的一些导向性措施。论文分别从生产、消费传播两个方面较为详细地论述了精神产品的特征,在对精神产品分类研究中,提出了"公共精神产品"概念,以及"物质载体型精神产品"、"物态化精神产品"、"行为一体精神产品"的概念和区别。论文研究了精神产品的经济学价值,对精神生产劳动是否创造价值、精神产品价值构成和精神产品价值与价格背离进行了论述。论文分别从精神产品的核心价值——真善美,精神产品社会价值的外在表现——社会功能价值,以及精神产品作为商品在经济学意义上的价值等三个方面进行了比较全面的探索。论文除对精神产品社会正功能进行探析外,对它的负功能也进行了分析,提出精神产品社会价值"异化"的概念,对我国目前负面精神产品表现及产生的主要社会根源做了比较深入的剖析,探讨了如何加强我国精神产品生产的社会导向问题,全面论述了精神生产自觉的有关问题,并初步探讨了制度建设自觉的问题。

关键词:精神文明　文化产品　价值

2273

高校思想理论教育有效性研究 / 董艳著 ; 杨瑞森指导. -- 中国人民大学, 2005. -- 189 页

高校思想理论教育有效性问题,是高校思想理论教育战线乃至全党、全社会普遍关注的一个时代性热点问题。全文共分七个部分:第一章"思想理论教育有效性的理论基础"。第二章"高校思想理论教育环境和对象分析",分析高校思想理论教育的外部环境和思想理论教育对象的现状,是新时期高校思想理论教育有效性研究的逻辑起点。第三章"培育高校思想理论教育主体"。培育高校思想理论教育者是高校思想理论教育取得实效性的关键。第四章"拓展高校思想理论教育内容"。思想理论教育的内容,就是根据

一定的社会要求和针对受教育者的思想实际，经教育者选择设计后有目的、有步骤地输送给受教育者的一切信息。第五章“改革高校思想政治理论课课程设置”。教学内容是随着社会实践的发展而不断发展的，因此，课程设置就需要适时地作相应变革。第六章“构建高校思想理论教育方法模式”。构建高校思想理论教育方法模式是增强高校思想理论教育有效性的途径之一。第七章“改善高校思想理论教育的宏观指导”。改善高校思想理论教育宏观指导是加强高校思想理论教育有效性的根本保证。总之，高校思想理论教育是一个常论常新的课题，随着影响高校思想理论教育的诸因素与条件不断发展变化，这一论题也将不断发展和深化。

关键词：思想政治教育　德育　高等学校

2274

中华诚信文化与中学诚信教育研究 / 方妍著 ; 曹德本指导. -- 清华大学, 2005. -- 181 页

本文认为，诚信既是立身之本，也是立国之本，中国传统文化中的诚信文化必须加以传承和弘扬。论文运用历史唯物主义的研究方法，对中华诚信文化从哲学基础、伦理准则、核心价值、基础环节、理想目标等方面进行了梳理，并对其中的积极因素和消极因素作出了剖析。针对如何在中学开展诚信教育进行了深入探讨，从中华诚信文化与中学诚信教育的关系、中学诚信教育的重要性与可行性、中学生思想道德现状、中学德育工作现状等方面进行分析，最后对加强中学生的诚信教育提出对策性建议。

论文的基本结论是：中华诚信文化中的优秀内容在现代社会中具有现实意义，应该大力传承和弘扬。加强对中学生的诚信教育，学校、家庭、社会三方面的教育必须形成合力，方法得当、形式多样。诚信教育需要实事求是，敢于面对社会现实，解放思想、实事求是、扎实工作，在求实的基础上进行创新，使诚信教育真正发挥实效。

关键词：中学生　德育　社会公德教育　诚信

2275

古代中华民族精神化育研究 / 冯秀军著 ; 吴潜涛指导. -- 中国人民大学, 2005. -- 178 页

本文以一种过程思维与系统方法对古代中华民族精神的化育历程进行多维剖析与论述。论文对民族精神化育的内涵进行解析，认为民族精神化育在根本意义上是一个民族以社会主导价值观为核心建构与整合民族精神秩序的过程；民族精神化育的场域、民族精神的化育历程与该民族的生活和生产方式密切相关。论文认为，古代中华民族精神化育存在内在过程与机制：古代中华民族精神化育的理论支撑以人性可教可化为基点，以人之德性教化为桥梁，以和合理念为价值目标，构成了引导古代中华民族精神秩序建构与整合的理论主线，它为古代中华民族精神化育提供了重要的理论支撑；古代中华民族精神化育的制度保障，通过礼法制度的保障与规约，古代中国确定了以宗法人伦秩序和谐为最高价值目标的社会精神追求，并在此价值目标引导下建构起以儒家精神传统为核心的民族精神秩序。古代中华民族精神在这一精神秩序中化育和生成；古代中华民族精神化育的生活实践，古代中国“化民成俗”的生活教化实践是从根本上对古代中华民族精神化育的生活土壤的改良，它与人性教化理论和传统礼法制度共同提供了古代中华民族精神的化育机制，影响着古代中华民族精神的化育历程。论文认为，古代中华民族精神化育的当代启示是：一是加强先进文化建设，建构和谐的社会价值体系，提供培育当代中华民族精神的价值导引；二是加强制度文明建设，构建和谐制度体系，提供培育当代中华民族精神的制度保障；三是改造日常生活世界，构建和谐生活，提供培育当代中华民族精神的生活土壤。

关键词：中华民族　民族精神　德育　人性

2276

拉克劳与墨菲的后马克思主义辨析 / 付文忠著 ; 段忠桥指导. -- 中国人民大学, 2005. -- 123 页

后马克思主义思潮是 20 世纪 80 年代在西方发达资本主义国家出现的一种解构与重写马克思主义的学术思潮。本文试图对后马克思主义做出评判，分析其思路和根据，解读其矛盾和问题，并且就一些重大理论问题提出自己的判断和思考。论文认为，把后马克思主义解读为西方马克思主义的一个流派是不正确的，可能是误读了后马克思主义，或者回避了后马克思主义的反马克思主义理论本质。后马克思主义“后”字的解读是：传统马克思主义不灵了，传统的社会主义不行了，当代资本主义却赢了。这就是后马克思主义“后”字的全部含义。论文认为，后马克思主义是西方左派与资本主义主流意识形态共谋的产物。从客观方面讲，是资本主义意识形态霸权同化左派激进政治理论的表现；从主观方面讲，是西方左派一部分学者认同右翼学者鼓吹的“历史的终结”、“马克思

主义的终结"所付出的理论代价。论文认为,拉克劳与墨菲的后马克思主义不是对马克思主义的超越和发展,他们的三个核心观点是建立在错误的理论基础之上的。结论是:后马克思主义不是马克思主义,不是西方马克思主义的新发展。后马克思主义是一个反马克思主义思潮。

关键词:霸权主义　民主　西方马克思主义　拉克劳(Laclall, Einesto)　墨菲(Mouffe, Chantal)

2277

个体道德选择研究 / 葛桦著 ; 李萍指导. -- 中山大学, 2005. -- 158 页

本文从个体道德选择的概念、前提和依据出发,阐明了道德选择的实质,分析了在我国传统的"道德顺从"教育指向中,个体是顺从的、没有主体地位;指出现代道德教育必须突出个体的主体地位,必须实现从"道德顺从"教育转向以个体道德选择为中心的教育。论文认为,从微观上看,心理机制是个体道德选择的主体条件。个体的心理基础、心理特征和个体的潜意识领域,构成了个体道德选择的心理背景系统;道德情感在个体道德选择中起到特殊和重要的作用;个体道德选择的心理内部具有特殊的制约机制。从微观上看,情景是个体道德选择的客观限制。借鉴情境的相关理论,论文阐发了个体道德选择情境的内涵和结构后,把博弈理论引入到个体道德选择中来,对具体情境中个体道德选择的运作进行了博弈分析,然后分别考察了个体在公共领域和私人领域中的道德选择。从宏观上看,社会视阈是个体道德选择的社会前提。论文在个体和社会的张力与互动中把握个体道德选择规律的基础上,对个体道德选择的社会影响因素、社会调控机制进行了具体探微。论文认为,我国当代道德教育的主题是突出个体主体性、以个体道德选择为中心,回答了三个问题:德育理念的更新、德育方法的转换和现代德育的突破和创新。

关键词:个人品德　道德　德育

2278

论马克思的实践理性 / 关锋著 ; 刘卓红指导. -- 华南师范大学, 2005. -- 225 页

理性,是西方哲学史上一个长久性的重要概念,理性观念的发展演变是西方哲学发演变的缩影。本文认为,在哲学史上,先后主要有三种主导性的理性观:其一是本体论理性观;其二是近代认识论理性观;其三是德国古典哲学理性观。但是,由于缺乏科学的实践观,以及在科学实践观基础上形成的科学的主体观、历史观、社会观,它们陷入了自为的悖谬,无法走出来。马克思主义哲学认为,所谓实践理性,就是社会实践主体使自己的社会实践有效的能力,或者说实现自己自觉的、可行的目的知识和能力。马克思哲学实践理性观的科学性、革新性主要在于:一是它合理地解答了如何正确理解实践的问题;二是它正确回答了理性何以可能的问题,理性是社会实践主体在实践活动中形成的,具有一定的普遍有效性和逻辑规范性的知识和正确把握、妥善运用这些知识的能力,理性具有实践性;三是它强调了实践理性具有社会历史性、多元性、有限性、多维性、综合性。论文最后以哈贝马斯和萨林斯为例,分析了马克思的实践理性在当代西方学界的反响,认为西方学者对马克思实践理性的某些误解,根源于对马克思实践概念理解的不全面。

关键词:马克思(Marx, Karl 1818~1883)　理性　实践　实践理性

2279

德育文化论 / 郭凤志著 ; 张澍军指导. -- 东北师范大学, 2005. -- 144 页

德育文化论,是以文化思维方式研究德育现代变革的一种理论。德育文化研究的价值指向是意欲把德育与中国社会主义先进文化建设统一于社会主义现代化的过程中,使德育的力量奠定在深厚的社会文化基础上。全文由四部分构成:第一章是德育文化的本质、结构和特征。所谓德育文化是以文化视角解读德育。首先,在世界观层面上,把德育视为一种精神文化现象和精神文化存在,其次,文化对德育具有访求论的意义。人文文化特性、社会主导型文化、非功利性和隐性价值特征、民族差异性和人类性是德育文化的基本特征。第二章是中国德育文化历史演进的逻辑解读。第三章是西方德育文化现代性问题研究。它注重从教育对象立场出发研究德育问题和实施德育活动,对我国德育的现代变革具有一定启示意义。同时,西方德育又是一种情感主义式的德育,缺少必要的社会文化导向和客观首先标准,缺少必要的稳定性,造成许多负面影响,这也为我国德育的变革、发展提供了借鉴。第四章是中国新时期德育的创新与发展。处于现代社会图景基础上的德育现代性主要指的是:德育要努力获得一种与现实相联系的新德育文化态度和行为方式,一种时代的理性意识与人本精神,德育要融入当代中国先进文化建设的过程中,德

育更要以自己的作为实际地推动当代中国先进文化的建设。新德育要以文化价值含量的增强和文化的方式来实现德育的职能。德育的构建包括：方向上，先进文化的政治方向；确立以人为本的新德育理念；德育回归生活世界；建立不同层级的德育体系；建设具有现代精神文化气质的德育、建构和谐德育。

关键词：德育　思想政治教育　理性主义　以人为本

2280

人的全面发展与社会协调发展 / 郭宇光著 ; 王霁指导. -- 中国人民大学, 2005. -- 182 页

发展，是人类社会的永恒法则，人与社会密不可分，人的发展是社会发展的集中体现。从人的发展视角来说，人的全面发展是社会发展的价值目标。从社会发展的视角来说，社会协调发展是实现人的全面发展的必然要求。社会协调发展是合规律性与合目的性的统一。代价与社会发展既相互联系、相互中介、相互创造，又相互排斥。因此走低代价增长的可持续发道路，不断促进人的全面发展是社会协调发展的内在要求。从人与社会发展相统一的视角来说，人的全面发展与社会协调发展相互促进、相互依存，辩证地统一于中国特色社会主义的实践。论文认为，第一，人的全面发展与社会协调发展互为前提和基础。第二，人的全面发展与社会协调发展互为目的和手段。第三，人的全面发展与社会协调发展是不断推进、永无止境的历史过程。科学发展观的提出和实践把马克思人与社会发展相统一理论提升到新境界。人的全面发展与社会协调发展是社会主义现实的行动纲领，集中体现了在科学发展观指导下，构建社会主义和谐社会的基本价值取向。

关键词：人的全面发展　社会发展　和谐社会　科学发展观

2281

试论社群主义对以罗尔斯为首的新自由主义的批判 / 何霜梅著 ; 段忠桥指导. -- 中国人民大学, 2005. -- 117 页

文章指出，1971 年，为挽救西方社会面临危机的福利国家制度，罗尔斯发表了《正义论》。由于不满《正义论》的理论前提，社群主义向以罗尔斯为代表的新自由主义发起了攻击。主要的批判如下：一是对个人至上价值观的批判：新的自由主义认为，个人的人格“认同”和价值“归属”是由先天就有的普遍人性决定的，社会只不过是实现个人目的的工具。社群主义认为，社会是一个由拥有相同资格和平等地位的成员构成的共同体，人的最基本特征是其社群性。二是对普遍主义正义观的批判：新自由主义认为，正义是社会制度的首要美德，正义优先于“善”，正义原则是超越于一切社群之上的。社群主义批评说，正义总是存在于特定的社群之中，正义并不是社会生活中的“首要美德”，而只是一种“补救性美德”。三是对机会平等观的批判：新自由主义坚持机会平等观，即个人进入市场时拥有平等的自由和权利。社群主义认为，社会平等优先于机会平等，只有社会平等首先实现了，机会平等才会不只是一句空话。四是对中立国家观的批判：新自由主义认为，政府在各种相互冲突的价值观之间应保持中立，公民是否参与政治生活是公民自愿的选择，政府不鼓励公民积极参加政治生活。社群主义认为公民对政治生活的参与既是公民应尽的职责，也是公民实现人生价值目标的重要途径，国家应鼓励公民参与公共事务。五是对消极权利观的批判：新自由主义强调消极权利的优先性，把消极权利的实现当作最终目的。社群主义批判说，积极权利优先于消极权利，社群集体的权利高于个人权利，权利总是与责任相统一的。六是对规范教育观的批判：新自由主义认为，教育的目的是为维护一个组织良好的社会而培养具有正义感、能参与社会合作的、遵纪守法的公民，而不是培养具备美德品质的人才。社群主义者认为，教育的目的更重要的是培养具有德性的好人。社群主义对以罗尔斯为代表的新自由主义的批判具有积极的意义，但在批判新自由主义的同时也暴露了自身的缺陷。社群主义仍未摆脱唯心史观的影响，它的基本观点带有浓厚的乌托邦色彩，它的批判只是立足于对资本主义社会进行修修补补的改良。

关键词：社群主义　新自由主义　公共利益　正义　罗尔斯(Rawls,J. B.)

2282

建国以来中国共产党宗教理论和政策研究 / 胡军著 ; 段忠桥指导. -- 中国人民大学, 2005. -- 106 页

科学地总结建国以来中国共产党的宗教理论和政策以及在这些理论和政策指导下宗教工作几十年来的经验教训，是一项极富理论与现实意义的课题。本文由引言、正文(共四章)和结束语构成。引言主要介绍了旧中国的宗教及其社会作用、马克思主义宗教观在中国最初的传播和建国前中国共产党的宗教理论和宗教政策。第一章研究了新民主主义向社会主

义过渡时期(1949—1956),围绕过渡时期总路线,在进一步宣传马克思主义宗教观的基础上,中国共产党在宗教理论上从宗教的社会特征上提出了宗教“五性论”,在宗教政策上确立了宗教信仰自由原则,在宗教实践上对各宗教进行了改革和改造以适应新社会。第二章研究了社会主义建设时期(1957—1966),在宗教政策的制定上提出宗教问题属于人民内部矛盾,只能用民主的方法、讨论的方法、批评的方法、说服教育的方法去解决,但在宗教工作的实践中就是发生了急躁冒进、幻想通过一两次教育就消灭宗教的左倾错误。第三章研究了“文化大革命”时期,中国共产党在宗教问题上的极左理论,即提出宗教“反动论”,在宗教政策上强调要尽快地、人为地消灭宗教,在宗教工作中对宗教界和广大教徒采取了全面摧毁的极左做法,造成了许多惨痛的教训。第四章研究了改革开放的新时期,中国共产党在宗教问题上提出了宗教“适应论”,在宗教政策上强调要依法加强对宗教事务的管理,在宗教实践上一方面突出了积极引导宗教为社会主义建设服务,另一方面强调要大力抵御境外势力利用宗教进行的渗透。论文认为,中国共产党只有准确把握不同历史阶段的中国国情,才能制定出正确的符合中国宗教国情的宗教理论和政策;要坚决克服在宗教问题上的左倾急躁态度,绝不能依靠行政命令或其他强制手段,来达到消灭宗教的目的。

关键词:中国共产党　宗教政策　宗教理论

2283

新经济条件下产业集群与发展动力研究 :关于创新型网络资本系统的分析 / 黄建康著 ; 蒋伏心指导. 南京师范大学,2005. -- 126 页

本文是从创新型网络资本系统的视角来探讨在新经济条件下产业集群与发展动力的理论框架。论文探讨了创新型网络资本系统的基本结构与特征,并以此为分析框架,重点分析了该系统中的三个核心要素及其互动关系。论文认为,知识技术创新与扩散是产业集群的原因,反过来产业的地理集中又会加速知识技术创新与扩散的速率。知识技术创新是产业集群的营养基;是产业集群及其发展的内生性动力。政府(地方政府)对集群形成与发展的作用应当相对弱化,集群的国际市场参与能力是其本身能否持续创新发展的外生性动力或压力。三者之间力量对比关系的不同决定着世界各国或地区乃至各个国家或地区内的产业集群产生、成长和持续发展模式的差异性;它们之间的互动影响程度又决定着当今经济全球化与知识化中的产业集群及其创新发展动力乃至国际竞争力的差异性。论文认为,产业集群实质上是一系列知识技术创新与制度(组织)创新有机结合的过程,只有不断通过技术与制度创新,重塑区域微观经济组织,推动体制的整体创新;主动链接全球产业网络,发展创新型产业集群,超越集群竞争优势刚性,走新型工业化道路,才能驱动区域产业结构的不断升级,实现区域经济的可持续发展。

关键词:产业经济学　产业集群　技术创新　制度创新　高技术园区　网络经济

2284

教育发展机制论 / 黄林芳著 ; 肖巍指导. -- 复旦大学, 2005. -- 121 页

本文从系统论的角度出发,在综合描述国内外学者在教育发展各项内容上的研究成果的基础上,运用调查研究、统计分析和比较研究的方法,通过数据关联分析、现象结构与过程分析,形成了新的理论概括,明确了以教育投入为基础、以教育结构为杠杆、以教育规模为边界、以教育质量为保障、以教育效益为目标的协调和优化教育发展机制的新理念。论文对教育发展的理念与机制进行了理论阐述,在综合分析了近代已形成的发展基本理论的基础上,提出了“四个必须”的内涵式发展理念,即发展必须立足于全球高度、必须是经济与社会的协调发展、必须以人为中心、必须具有可持续性,明确指出 21 世纪最为核心的教育理念是可持续发展的教育观。教育发展理念的关键问题是实现整合。教育发展机制的五大核心要素表现为投入、结构、规模、质量和效益。论文对教育发展机制运行的外部环境进行了探讨,认为教育发展是政治发展、经济发展和社会发展的客观要求,政治、经济和社会的发展又是教育发展的先决条件,是推动和制约教育发展的主要外部力量,对高等教育在总体上的“资源短缺”环境及相应环境下的国民收入结构与财政支出结构、政府调控、公平与效率配置等进行了分析。论文对教育发展机制进行了中外对比的实证分析,从教育发展机制主要的要素环节,即国家政策主导机制、教育发展投入机制、教育资源配置机制、教育发展规模结构和教育发展质量效益五个方面进行,认为强有力的政策支持是教育发展的最大支持,教育投入的充分是教育发展的前提条件,运行机制的科学有效是提高教育质量与教育效益的最好保证。论文提出了建设适合国情的教育发展机制,从判断高等教育发展的国际趋势入手,提出了国家教育发展战略,

包括教育优先发展战略、教育资源优化配置战略、教育发展的区位战略，明确了各项战略的核心思想和主要内容，设计了教育发展机制的建设框架、建设途径，提出了实施分权化管理的机制提升教育业绩的建设思路。

关键词：教育理论　教育改革　高等教育　发展战略

2285

社会主义政治文明的主体诉求：公民的政治素质及其培育研究 / 黄月细著；李萍指导. -- 中山大学，2005. -- 156 页

本文论述公民在政治文明建设中的基础地位，构建中国公民民主政治素质的图式，分析其具体内容和要求，并提出培育公民政治素质的对策。首先，分析了社会主义政治文明建设的现实背景。认为随着社会主义市场经济的发展，中国的社会结构出现了明显的变化，公民社会开始萌生，市场经济的发展与公民社会的萌生带来了公民主体性观念的彰显和对政治权利的伸张意识，因此，以社会主义民主和法治为发展方向、以改革传统的政治体制为根本要求的社会主义政治文明建设就成为我国社会发展的必然结果。其次，从政治主客体的视角分析政治文明的结构，以突显政治主体在政治文明中的重要地位。同时分析政治文明的特点以及中国社会主义政治文明的特质，意在说明公民政治素质及其培育的中国特色。第三章界定了政治主体，梳理了公民的演变过程，并论述了公民的政治素质与社会主义政治文明建设的紧密联系。第四章详细论述了公民的现代民主政治素质，分析了民主政治素质的基本构成要素及具体内容，即公民的理性政治意识和参与能力（即狭义的政治素质），公民的法治素质，公民道德素质。第五章探讨了政治素质培育的途径，认为培育公民的现代民主政治素质需要诉诸现代公民教育。最后，阐述了公民的民主政治素质培育所应继承和吸收的中西方传统政治文化资源，在以儒家伦理道德学说为主线的中国传统政治文化资源中，需要继承的是儒家的积极入世的社会责任感、与人为善、严格自律的德行修养等主张，在西方的传统政治文化中，需要借鉴的有古典公民的政治参与意识、政治道德和现代公民的民主政治素养等资源。

关键词：公民　政治素质　政治文明　社会主义

2286

意识形态与美国对华政策研究 / 姜安著；张澍军指导. -- 东北师范大学，2005. -- 121 页

本文主要以中美关系中的意识形态问题为研究之切入点，重点考察意识形态与美国对华外交政策的互动关系，梳理、测度和评价美国对华外交政策的逻辑动因、运行机制和政治影响，并试图为中国对外战略和相关外交政策提供理论咨询。论文分析了意识形态与美国外交的关系，界定了意识形态的内涵、结构及功能，探讨了美国意识形态的基本元素与政治逻辑，国家利益既是美国政治意识形态的当然内容，也是美国外交政策制定、实施和修正的逻辑原点。论文分析了美国外交政策的历史传统，分析了意识形态与美国外交政策的关系及逻辑机理。论文分析了意识形态与美国对华政策的关系，探讨了意识形态与“反共主义”、“反华政策”的关系，认为意识形态影响美国对华人权政策，美国对华人权政策的动因来自意识形态的影响和国家利益的需求，属于霸权行径；论文还探讨了冷战思维与新冷战政策。论文分析了意识形态与中国国家安全对策，对美国对华外交政策利益主体测度，强调中国新意识形态制造的必要性和操作性；主张积极参与国际文化博弈，制定国家文化安全战略；主张理性选择中国外交模式，实施新意识形态战略。论文认为：第一，意识形态战略对中国国家安全利益影响重大；第二，就中美关系而言，意识形态不能成为处理两国关系唯一的“发动机”和“检验器”；第三，在国际社会面前，特别是在中美关系上，必须正面树立中国国际形象，以强大的理论逻辑力量为中国声辩。第四，一个国家在国际社会的主动地位与意识形态的掌控有密切联系。

关键词：意识形态　对华政策　美国对外政策　中美关系　国家安全

2287

邓小平发展观研究 / 金鑫著；文晓明指导. -- 南京师范大学，2005. -- 144 页

本文在和平与发展为时代主题的广阔背景下，在与中国特色社会主义现代化建设的实际联结中，多视角地对邓小平发展观进行研究。论文力图阐明邓小平发展观形成与发展既是时代和社会历史发展的需要，同时又受到时代和社会历史条件的深刻影响。论文努力揭示邓小平发展观把“社会主义本质论”作为坚实的基石，把“发展是硬道理”作为发展理论的内在核心，来体现中国发展的性质、目的和所处的位置，以及对邓小

平发展观的内涵和要求的展示，阐述有关发展的根本指向、模式和战略等根本问题。论文深入探讨邓小平发展观所具有的实事求是、以人民为本、和合、创新和开放等思维方式和特点，揭示邓小平发展观必然深刻地指导和影响着中国社会主义事业的发展和中华民族走向复兴的历史进程。论文通过对邓小平发展观所具有鲜明特色的思考，在中国社会主义现代化进程中与时俱进地解读；通过横向比较，所显示的对现代西方发展理论的扬弃与超越；通过世界范围内来考察中国的发展和实践是对跨越资本主义“卡夫丁峡谷”的成功探索，以及对中国的发展是世界发展的一个部分，是社会主义不断走向复兴的象征的分析，来凸显邓小平发展观所具有的重大的历史地位和意义。

关键词：邓小平理论　发展观　中国特色社会主义

2288

十三届四中全会以来中共执政党建设理论与实践研究 / 金钊著 ; 王炳林指导. -- 北京师范大学, 2005. -- 224 页

中国共产党的建设分为“革命党的建设”和“执政党的建设”，其中“执政党的建设”又可以划分为民主革命时期局部执政和新中国成立以来在全国范围内执政两个大的阶段。以毛泽东为核心的第一代中央领导集体，对于中共处于局部执政时期党的自身建设进行了行之有效的探索，开创了党的建设“伟大工程”，真正把中共执政党建设作为一个重大课题提出来的是邓小平。十三届四中全会以来，以江泽民为核心的第三代中央领导集体和以胡锦涛为总书记的新一届中央领导集体，立足于新的历史方位，结合变化了世情、国情和党情，与时俱进地推进执政党建设“新的伟大工程”，开启了中共由革命党向现代执政党的理论转型，集中体现为“三个代表”重要思想在全党指导地位的确立。十三届四中全会以来中共对全面执政条件下党的自身建设的探索，在坚持“老祖宗不能丢”的基础上实现了一系列理论和实践上的重大创新，取得的丰硕成果可以说是涵盖执政党建设的各个方面：既包括思想政治建设、组织建设、作风建设、制度建设和党际关系等执政党的自身建设问题，又包括执政方式、执政基础、执政能力等执政党如何执政的问题。探讨和总结十三届四中全会以来中共执政党建设的理论与实践，启迪是：要始终坚持以“三个代表”重要思想为指导；要在突出执政能力建设地位的基础上全面推进；要坚持不懈地开展党的先进性建设；要在不断总结执政经验的基础上把握执政规律；要加强中央执政理论体系建设；要积极借鉴国外执政党建设的有益成果，“善待政治文明”。

关键词：执政党　党的建设　中国共产党　十三届四中全会

2289

美国学者对当代中美关系的研究和影响 / 李青著 ; 金德湘指导. -- 清华大学, 2005. -- 149 页

本文探讨了美国中美关系研究的学者群体及学科本身的发展状况，对美国学者如何以及在何种程度上影响中美关系等问题进行了研究。论文对中美关系研究学科的历史发展、现状及学者的代际交替进行全面回顾，总结每个阶段的主要成果、主要代表人物及研究特点、研究模式。论文提出学者对于决策的主要功能在于生产思想和提供人才，并分别通过政学交流、提供咨询、合作方式影响决策的核心参与者和外围参与者，以确保其功能的最终实现，并对思想库的特殊作用进行了分析。论文选取中美关系发展的三个不同阶段，即“敌对时期”、“联合抗苏时期”和“非敌非友时期”，对学者们在各个时期有关中美关系的不同观点和政策建议及其影响对华政策的途径与程度进行了分析。论文认为美国学者的中美关系研究能紧密跟踪中美关系发展的现实状况，在研究内容、研究方法、队伍建设等各个领域都取得了突出成果，但受中美关系的复杂性、学者自身的价值观念和意识形态等因素的影响，研究具有一定的局限性。学者发挥的作用分为战略性影响和即时性影响两种类型，最主要的特点在于间接性。学者们的思想观点和政策建议与中美关系发展大趋势相吻合的程度、学者的观点与直接决策者的思想观念及政策主张相吻合的程度以及美国国内能够影响对华决策的各种力量斗争的态势及结果都将对作用的发挥产生影响。

关键词：中美关系　美国对外政策　对华政策

2290

探索中的双重变奏 ：1949—1978 年中国共产党指导思想研究 / 李曙新著 ; 文晓明指导. -- 南京师范大学, 2005. -- 227 页

中国共产党的指导思想是指导党的各项工作的根本方针，同时也是一个与时俱进的理论体系。本文将 1949—1978 年即社会主义建设前期党的指导思想作为研究对象进行研究。论文指出这一时期的总特征是正确发展趋向与错误发展趋向“双重变奏”的基

础上,从系统论的视角,将党的指导思想解构为三个层面即第一层面的宏观指导思想,第二层面的经济、政治和文化三大领域总体指导思想和第三层面的分领域具体指导思想,全方位地探讨三个层面上两个发展趋向的演变过程和基本内容,分析其特点、成因及其影响。论文共分五章。绪论界定了"社会主义建设前期"、"党的指导思想"和"两个发展趋向"等特定术语的含义,点明了社会主义建设前期党的指导思想的主线是探索。第一章概述了宏观指导思想两个发展趋向的演化过程和主要内容。第二、三、四章分述了经济、政治和思想文化三大领域总体指导思想和分领域具体指导思想两个发展趋向的主要表现。第五章分析了两个发展趋向互相交织和互相渗透的特点、客观上的认识原因和主观上的作风原因以及正反两个方面经验对于新的指导思想即邓小平理论的形成和发展所产生的影响。论文还总结出了一些如何在党的指导思想层面上开展理论创新的有益启示。

关键词:中国共产党　社会主义建设　党的指导思想

2291

公共管理者的责任问题研究 / 李韬著 ; 许启贤,吴潜涛指导. -- 中国人民大学, 2005. -- 146 页

论文始终以解决现实问题为旨向,围绕着公共管理者为何负责、对谁负责、负哪些责、怎样负责、负责任的行为为何如此之难等一连串的问题展开。全文共分六章。第一章着重对公共管理者的概念展开辨析,它既包括政治领导人,也包括一般的公职人员;既包括各级行政机关工作人员,也包括国家权力机关、司法审判机关及经依法授权从事公共事务的党派、群众团体和事业单位的工作人员。第二章对"公共管理者的责任"这一概念做了界定。论文认为公共管理者履行责任的对象必须是也只能是作为权力所有者的公民。公共管理者主要应承担政治责任、道德责任、行政责任、法律责任这四种类型的责任。第三章主要探讨公共管理者责任承担的逻辑前提。其一,在公共管理活动中,作为权力代理人的公共管理者必须对权力委托人切实承担起责任。其二,公共管理活动的公共性与政治性也要求公共管理者必须将维护社会公平、履行社会责任作为自己职业活动的首要价值目标。其三,现代公共管理者手中的自由裁量权是一把双刃剑,在赋予公共管理者自由裁量权的同时,必须对其课以相应的责任。论文第四章较为系统地介绍了西方学者如德怀特·沃尔多、J. 多贝尔等人及美国公共行政学会关于公共管理者责任内容的观点,同时批判性地梳理了美国、英国、德国、法国、日本五国政府对其公职人员的责任要求。第五章从人性与理性、制度与公共精神、传统政治文化、责任的冲突与专家治理模式几个层面入手,就公共管理实践中责任难以落实的问题展开探讨。第六章在深入分析赫尔曼·芬纳和卡尔·弗雷德里克等人围绕着"如何才能使公共管理者保持负责任的行为"这个问题所产生的论争的基础上,指出我们必须整合并超越传统的论争,从外部控制和内部控制两方面全面建构公共管理者责任的实现路径,以增进公共组织中的负责任行为。

关键词:行政管理　领导人员　公共管理

2292

中国社会转型时期效率与公平问题研究 / 李祥著 ; 马捷莎指导. -- 北京师范大学, 2005. -- 141 页

效率与公平对人类社会而言,是两个极其重要的范畴。效率是人类社会发展的动力系统,公平是人类社会发展的保障系统。从总体上来看,二者在人类社会发展中是相互协调、相互促进的关系。但在社会发展的不同时空背景中,二者又往往存在着矛盾,是相互制约、相互冲突的关系。本文以社会主义市场经济为考察背景,对效率与公平进行解构,把效率解构为经济效率和社会效率,把公平解构为经济公平和社会公平,并就效率与公平的结构性存在和结构性关系提出自己的观点和看法。接着对我国社会转型的国际、国内背景进行分析,提出我国社会转型时期在效率与公平等方面存在的基本问题。第四章重点分析我国社会转型时期处理效率与公平关系问题的对策,即"效率优先、兼顾公平"。第五章中,文章对我国社会转型时期如何实现效率与公平的协调统一,从政治、经济、法律、思想道德和教育等几个方面提出具体意见和建议。第六章就效率与公平协调统一的价值追求——共同富裕——进行了分析。我们认为共同富裕是一个动态发展过程,马克思主义关于共同富裕理论的说明和阐述最明确最科学,最后就共同富裕的实现提出几个方面的措施和对策。

关键词:效率　公平　市场经济　共同富裕　社会转型

2293

儒家与基督教利他主义之比较研究 : 文化的聚焦与价值的转换 / 林滨著 ; 李萍指导. -- 中山大学, 2005. -- 194 页

文章以马克思唯物史观的立场、观点与方法,从历史与文化传统的预制视角,对儒家与基督教两种利他主义进行深入的比较与理性的反思,深入分析了儒家与基督教的伦理道德价值观的本质异同,探讨历史与文化传统对伦理道德思想的影响及深层的制约性,以便为当代中国在市场经济条件下从文化向度与生命本体方面重塑社会不可缺少的“利他”精神提供借鉴,也为21世纪我国现代德育的发展与建构提供传统价值现代转换的思考与探索。首先,依据中西权威辞典与相关著作中对利他主义的定义,概括出界定利他主义的基本原则,并据此对儒家与基督教两种利他主义进行界定,从而为两种利他主义的比较研究提供前提与搭建平台。其次,围绕利他主义界定的三个基本条件,通过对儒家与基督教两种利他主义产生的历史与文化的预制,说明儒家与基督教两种利他主义伦理思想产生的“此在性”与“彼岸性”的性质差异,并由此为儒家与基督教两种利他主义的出发点——人性论的不同提供铺垫与解释。再次,通过儒家与基督教两种利他主义的出发点、方法与目标的比较分析,揭示了儒家人之本与基督教神之本的两种利他主义的本质区别。最后,通过对儒家与基督教两种利他主义所蕴含的不同理论核心问题的分析,指出儒家的道德和政治的联姻与基督教的宗教和道德的密合的原因及其弊端,并由此反观现代道德教育建构的问题,指出,应当从现代伦理道德服务于建立“和谐”社会的目标出发,建立与市场经济相适应、与现代社会相匹配及公民道德诉求相契合的伦理原则。这就需要对儒家与基督教两种利他主义伦理思想中的合理因素进行现代价值转换,并注意,现代道德教育应注重现实性与理想性的有机结合。

关键词:儒家　基督教　道德　利他主义

2294

我国非政府组织研究 :兼论志愿者活动的发展 / 林燕凌著 ; 肖巍指导. -- 复旦大学, 2005. -- 131 页

本文探讨了我国非政府组织的性质、功能和发展问题。论文认为,在全球范围内,非政府组织已经成为人们改善生活状况的有效组织方式,我国要求非政府组织承担起更多的社会责任。我国的非政府组织在性质上是政府支持甚至培养的与政府有着共同的促进中国社会发展目标的社会组织,具有经济服务的功能、社会支持的功能、代表民意的功能以及参与精神文明建设等功能,发展行业协会、培养社会保障组织、加强社区建设是当前的工作重点。论文提出,我国非政府组织具有不同于其他国家的特点,政府管理在非政府组织发展方面必不可少,要在防止非政府组织失控和保持非政府组织独立性之间寻求平衡,探索科学的监管途径,实现依法适度管理。对中国的非政府组织而言,制度上的建设仅仅是为其扫清发展上的障碍,更重要的任务还在于重构其社会支持网络,动员更多的民众加入,这种社会支持网络不仅是组织上的,也包括社会心理上的。从宏观的角度看,非政府组织的成长是与建设一个积极的公民社会同步的,不仅需要政府角色的转变,也需要人民转变角色意识,形成上下的有效互动。

关键词:非政府组织(NGO)　社会团体　行业协会　志愿者　激励

2295

当代中国跨越式发展中的协调问题研究 / 刘东建著 ; 王霁指导. -- 中国人民大学, 2005. -- 160 页

本文跳出对发展问题研究的一般范式,致力于跨越式发展中的协调问题研究。本文所研究的协调是指跨越式发展过程中,系统之间或系统组成要素之间在发展演化过程中彼此的和谐一致,可称为系统协调。论文除绪论与结语外,正文分为四部分:第一章“跨越式发展中协调的内涵分析”,深入分析了跨越式发展中协调的内涵与本质特征,是跨越式发展中协调问题研究的理论基础。第二章“跨越式发展中协调问题的历史经验探讨”,对几种跨越典型进行了具体分析,侧重于对跨越式发展中协调问题的国际历史经验探讨,提出了其对发展中国家的借鉴意义。第三章“当代中国的跨越式发展协调问题”,从分析跨越式中矛盾产生的必然性入手,提出当代中国社会发展中协调问题的重要性。第四章“当代中国跨越式发展中实现协调发展的基本内容与价值向度”,主要分析了跨越式发展中实现协调发展的基本内容,总结了跨越式发展中诸多需要协调的领域,及协调的重点等。跨越式发展中的协调问题具体包括五个方面:第一,经济社会协调发展;第二,区域协调发展问题;第三,城乡协调发展问题;第四是人与自然协调发展;第五部分简要分析了国内发展与对外开放的问题。结语部分,论文对全文作了简要的总结,提出要在跨越中实现协调,在协调中迈向新的跨越。

关键词:社会发展　发展战略　和谐社会　跨越式发展

2296

风险管理的当代反思 / 刘婧著 ; 唐伟指导. -- 北京师范大学, 2005. -- 143 页

本文着眼于风险社会的现实背景,多学科多角度地研究风险理论问题,分析传统的危机管理的成败得失,探求应对社会风险的有效途径,树立风险管理的全新理念,进而反思人类社会的生存境遇和未来发展。论文从不同角度对风险范畴、现实风险、风险社会、风险管理的内涵进行了深入分析,认为风险社会的客观现实决定了必须实现从危机管理向风险管理的转型,应构筑具有前瞻性的、符合时代特点的风险管理理论。论文论述了当代风险管理的发展趋势:即要实现管理重心的前移,倡导管理的主客体互动、发展管理的人文导向,贯彻管理的治理理念。论文选择风险识别、风险认知,也与他们风险控制三个重要侧面,阐述了风险管理的核心内容。风险识别作为风险管理的前提,本身也是风险管理的第一环。论文辨析了当代世界和中国社会风险的基本类别,剖析了风险识别的现实障碍,指出了风险识别的基本途径。论文着重分析了人们对风险的主观认知的偏差,分析了影响公众认知的主要因素,认为现代风险社会的高度不确定性使人们的风险认知更为困难,且在一定程度上加剧了社会风险。论文在探索个体风险认知规律的基础上,提出要树立公众参与理念,各种社会主体双向互动的风险沟通,是克服认知障碍的有效途径。论文对风险控制进行了探讨,重点阐述了风险控制的组织体系、快速反应机制和决策机制,论证了风险控制的过程,从实践层面上提出了风险的因应之策,力图建立全过程全方位的风险管理体系。论文认为风险管理不应囿于具体事件、具体风险的管理与控制,还必须反思人们的进步观念,建构责任伦理,树立科学发展观,建构和谐社会,才能为风险社会的管理开辟治本之路。

关键词:风险管理　危机管理　风险决策

2297

马克思主义与后殖民主义视域 : 以葛兰西为切入点的考察 / 刘莉著 ; 王宏维指导. -- 华南师范大学, 2005. -- 185 页

后殖民理论是 20 世纪 70 年代末在西方兴起的一种文化批判理论,后殖民理论借用了葛兰西文化领导权思想的分析模式来分析西方对东方的文化霸权。首先,用葛兰西的关于阶级间文化领导权的思想作为分析框架,运用文本研究法对后殖民理论家的文本进行深层阅读。在后殖民理论家视野中,西方对东方文化霸权的运作轨迹是:蕴涵着西方中心主义意识形态的知识生产——西方文化霸权的实施网络——西方文化霸权的实现机制。接着,以葛兰西作为中介,用经典马克思主义来解剖后殖民理论,运用哲学思辨法来提炼出后殖民理论对经典马克思主义的某些方面的丰富和根本上的背弃。然后,考察了后殖民理论的内在不可克服的矛盾和困境。因为后殖民理论对经典马克思主义根本精神的背弃,导致了它的内在矛盾和理论困境。最后,运用逻辑推定法逻辑地落脚在经济全球化背景下中国为什么和如何坚持文化领导权的问题上。作为第三世界的社会主义中国,必须坚持对社会主义文化和民族文化的双重领导权。这就是葛兰西的阶级文化领导权的思想和后殖民理论对西方文化霸权的揭露给我们的双重启示。

关键词:马克思主义　后殖民主义　葛兰西(Gramsci, Antonio 1891 ~ 1937)　文化侵略　霸权主义

2298

交往与人的发展研究 / 刘明合著 ; 张新指导. -- 中国人民大学, 2005. -- 125 页

交往作为唯物史观的重要范畴,从动态上看,它表现为人们之间的交往活动,从静态上看,它表现为人们之间的交往关系。人的发展具体地体现在人的社会关系、人的活动及能力、人的需要、人的素质和人的个性的发展上。交往与人的发展密切相关。交往是人的发展的重要基础和条件。首先,交往在人的本质的生成及发中起着重要的作用。其次,交往为人的发展创造了客观条件。第三,交往在人的主体意识生成及发展中起着重要的作用。交往形式的变化带来人的发展的不同状况。前资本主义社会的交往形式、资本主义社会的交往形式、共产主义社会的交往形式是交往的三种历史形式。与交往形式的历史演进相一致,人的发展也呈现出一个历史过程,这表现为马克思所讲的人的发展的三大历史形态。全球化作为一种新型的交往方式,对人的发展有着重大的影响,随着全球化进程的加速发展,人类的交往无论在广度上还是在深度上都发生了很大变化。这表现在交往手段、交往主体、交往范围、交往内容等方面出现了完全不同于以往时期的交往状况,为人的发展创造了条件,促进了人的发展。我国现阶段交往方式的变迁对人的发展产生了重大影响。伴随着社会主义市场经济的发展和交往方式的根本变迁,人的发展也呈现出

显著的变化。我国现阶段还存在着许多制约人的交往问题,这要求我们要采取一定的措施来促进人的交往,为人的发展目标的实现奠定基础。

关键词:交往　人的发展　全球化

2299

现代思想政治教育过程研究 / 刘烨著 ; 张耀灿指导. -- 武汉大学, 2005. -- 146 页

思想政治教育过程理论是思想政治教育学的基本理论和核心理论之一。论文论述了思想政治教育过程研究的意义,思想政治教育过程及其相关领域的研究现状,现代思想政治教育过程研究的基本思路。论文回顾了中国古代、西方的德育过程理论和实践经验、马克思经典作家们关于过程和思想政治教育过程的基本思想,意在站在一个较高的历史起点上对现代思想政治教育过程展开研究。论文从文化哲学、交往哲学、发展哲学的思维路径对现代思想政治教育过程进行了解读:文化哲学的视角侧重于从思想政治教育过程的内容、职能方面来解读现代思想政治教育过程;交往哲学侧重于从思想政治教育过程的存在形态与运行方式来解读现代思想政治教育过程;发展哲学侧重于从思想政治教育过程的终极目的与运行态势来解读现代思想政治教育过程。论文提出思想政治教育实践是思想政治教育过程研究的哲学基点。以实践作为研究的前提和逻辑起点比单纯的以过程为基点更为科学、合理。论文界定了现代思想政治教育过程的含义,分析了现代思想政治教育过程独有的人本性、超越性、开放性、协调性和内源性特征,提出思想道德主体的造就、生成是现代思想政治教育过程的本质。论文分析了现代思想政治教育过程的运行历程,重点从人的理性和非理性角度揭示教育者与教育对象思想行为互动和发展变化的内在根据和相互作用过程。论文阐述了现代思想政治教育过程的矛盾体系:一是思想政治教育过程与外部环境的矛盾,二是思想政治教育过程的内部矛盾,三是思想政治教育过程中主体自身思想品德发展的矛盾。论文还阐述了现代思想政治教育过程的规律体系。论文从规律和规律的价值性运用相区分的视角出发,指出了以往思想政治教育过程规律研究中存在的误区,并在此基础上对思想政治教育过程的规律体系作出新的说明。

关键词:思想政治教育　文化哲学　交往　德育

2300

中国共产党对马克思主义同中国实际相结合问题的认识 / 刘引著 ; 阎治才指导. -- 东北师范大学, 2005. -- 271 页

作者认为,中国共产党对马克思主义同中国实际相结合问题的认识,关系到党所领导的中国革命和建设的命运。中国共产党对马克思主义同中国实际相结合问题的认识,大体上经历了四个阶段。从 1921 年党的成立到 1935 年 1 月遵义会议之前是第一阶段,中国共产党对马克思主义同中国实际相结合有了初步的认识,但在当时,党内盛行着教条主义的错误倾向。从 1935 年 1 月的遵义会议开始到 1957 年是第二阶段,中国共产党对马克思主义同中国实际相结合问题逐步有了明确认识,马克思主义同中国实际相结合的原则在全党得以确立和坚持。从 1957 年到 1978 年党的十一届三中全会前是第三个阶段,党的指导思想上和实际工作中逐步偏离了马克思主义同中国实际相结合的原则,在"文化大革命"期间则全面背离了这个原则,在"文化大革命"结束后的两年间这种背离仍在相当程度上继续。从 1978 年党的十一届三中全会到现在是第四阶段,马克思主义同中国实际相结合的原则在全党重新确立,中国共产党对马克思主义同中国实际相结合问题的认识不断深化。从中应该吸取的基本经验是:必须正确地认识什么是马克思主义同中国实际相结合;必须正确地认识什么是马克思主义同中国实际相结合;必须及时纠正任何形式的主观主义错误倾向。

关键词:中国共产党　马克思主义　理论联系实际　教条主义

2301

当代中国社会各利益群体分析 / 卢斌著 ; 梅荣政指导. -- 武汉大学, 2005. -- 108 页

在新形势下,我们党要始终代表最广大人民的根本利益,就必须面对一个重大的政治课题,即:如何全面认识和正确处理新时期人民内部利益群体间的关系,维护好社会稳定,发展好最广大人民群众的利益?论文以我国新形势下人民内部各利益群体间关系为研究对象,以我国社会转型时期所面临的重大的利益关系为背景,致力于客观描述当代中国的利益格局的特征及发展趋向,公正评价当代中国的利益格局及其变迁,并尝试对协调各利益群体间关系提出既具现实性和前瞻性、又具理论的开放性和实践的可操作性的对策性建议。现阶段,我国正处在社会转型期间,各种利益关系正在重新分化、组合,也是人民内部利益矛盾与冲突的多发期。从根本上说,新时期的诸多人

民内部矛盾,是人民群众日益增长的物质文化需要同落后的社会生产这一主要矛盾的体现。这些矛盾是在社会主义社会自我完善、发展的过程中产生的,也将在社会主义进一步完善发展的过程中得到解决。正确认识和处理好人民内部各利益群体间关系,必须始终坚持人民根本利益的至上性,维护好人民群众的切身利益,切实从制度上消除那些制造和强化两极分化的体制性障碍,确保各阶层在改革中实现各自合理的利益诉求,公平承担改革成本,只有这样,才能形成全体人民各尽其能、各得其所而又和谐相处的局面。

关键词:人民内部矛盾　社会结构　利益群体　社会公正

2302

论日本出版的文化维度 / 吕振合著 ; 王德胜指导. 北京师范大学, 2005. -- 167 页

出版文化既是人类文化发展的必然结果,也是人类文化的重要组成部分。本文对日本出版文化的研究,就是以出版大国日本的出版文化为典型案例,从日本出版文化与日本社会的关系及日本出版的管理文化、流通文化、网络出版文化等方面进行考察、解剖、分析,探讨二战后日本出版文化成功发展的内在规律以及20世纪90年代中期以来走向崩坏的经验教训,以期对中国出版发展提供一定的启示和借鉴。经过战后五十多年的发展,日本出版形成了独具特色的管理文化、流通文化,形成了在日本出版文化中起重要作用的管理体制、流通体制和委托销售制、定价销售制等具体的制度文化,保证了日本出版在二战后长期稳定的发展并成为世界出版大国。日本出版自20世纪90年代中期以来出现了持续的低迷,有日本学者称为"出版大崩坏",造成日本出版走向崩坏的原因是多方面的。中国出版要远离"崩坏",必须充分认识所肩负的文化传承的历史使命,关键是要不断深化改革,消除政企、事企不分的体制性障碍,树立可持续发展的出版理念,保持出版结构的基本平衡,建立统一开放、竞争有序、健康繁荣的市场体系,积极应对网络信息技术的挑战。

关键词:出版工作　出版文化　日本

2303

邓小平"三农"思想研究 / 孟志中著 ; 陈占安指导. -- 北京大学,2005. -- 135 页

本文以邓小平"三农"思想为研究对象。论文首先把邓小平"三农"思想置于古今中外的历史背景下,考察其形成发展的历程、内容体系以及历史地位与现实意义,然后深入探讨邓小平"三农"思想的各个组成部分的内容及其特点。邓小平的"三农"思想体系,包括农村政策思想、农村改革思想、农业发展思想、农民脱贫致富思想、农村稳定思想等几个相互交叉而又独具特点的方面。邓小平农村政策思想包括关于农村政策地位的思想、农业是根本的思想、农村政策核心是调动农民的生产积极性的思想、农村政策要坚持制度创新等内容。邓小平农村改革思想包括农村改革性质、农村改革的路径、乡镇企业、尊重农民首创精神等几个方面。邓小平关于农业发展的思想有广义和狭义之分。广义上的邓小平农业发展思想包括一切邓小平"三农"思想;狭义上的邓小平农业发展思想就是邓小平就农业经济自身发展意义上的论述,包括科教兴农思想、农工协调发展思想、农业综合开发思想、农业集约经营思想、农业可持续发展思想等五个方面。邓小平农民脱贫致富思想以其深刻的反贫困理论——消灭贫穷论为理论出发点进行展开的,包括互相联系的农民脱贫思想、农民致富思想、农民扶贫思想、农民增收思想。稳定思想是邓小平理论的重要内容,而农村稳定论则是邓小平稳定思想的重要特征。论文提出,要成功解决我国的"三农"问题,就必须在新的实践基础上坚持和发展邓小平"三农"思想。

关键词:邓小平理论　三农问题　农村经济建设　农业发展　农民致富

2304

管理思想哲学基础反思 / 乔东著 ; 吴倬指导. -- 清华大学, 2005. -- 266 页

本文提出了两对基本概念,即实体人性论和模式管理、实践人性论和实践管理,认为以实体人性论为哲学基础的西方传统管理思想是一种模式管理,以马克思主义实践人性论为哲学基础的思想是一种实践管理。论文认为,模式管理在人性论上先后提出了"经济人假设"、"社会人假设"、"自我实现人假设"和"复杂人假设"等各种人性假设,在管理思想方面先后出现了科学管理理论、行为科学管理理论和由决策管理学派、权变管理学派等所组成的管理理论丛林等众多的管理流派。模式管理蕴含了一定的合理性成分,但是,模式管理存在"见物不见人"、"重利轻义"等局限性。片面的、既定的和抽象的实体人性论的哲学基础以及资本主义生产方式固有矛盾的社会历史根源,必然导致模式管理在思维方式、方法论和价值论上陷入难以自拔的困境。论文探讨了实践管理超越模式

管理的三个基本思路，即实践人性论是促使实践管理超越模式管理的哲学基础，人本管理是推动实践管理超越模式管理的方法论，企业文化是实现实践管理超越模式管理的价值追求。论文认为，建构马克思主义的实践管理是超越模式管理的必然选择，这不仅有着重要的理论价值和实践意义，而且对“以人为本”的科学发展观和建立和谐社会的目标具有积极的意义。

关键词：管理学　管理哲学　人性论　实践

2305

公有制与人的全面发展 / 邱启照著 ; 张雷声指导. -- 中国人民大学, 2005. -- 144 页

本文运用唯物辩证法、历史与逻辑相统一的方法、由抽象上升到具体的方法，对公有制与人的全面发展问题进行科学探讨。论文除导论以外，共有五章。论文阐述了马克思恩格斯关于未来社会公有制与人的全面发展关系的基本原理，分析了社会主义公有制条件下人的全面发展问题。认为公有制的建立，为社会主义国家人的全面发展提供了坚实的物质基础和有力的制度保证，使广大劳动人民成了生产资料的主人，消除了资本主义私有制对人的剥削和奴役。社会主义人的全面发展具有以下特点：公有制与劳动者的全面发展，具有一种内在的必然联系，存在着相互作用、相互促进的关系。他们的全面发展虽然具有不充分性和不平衡性，但又与未来社会的人的全面发展相联系，并以其为最终实现目标。论文认为占主体地位的公有制引导非公有制经济共同发展，适应了我国现阶段生产力的发展状况，促进了我国经济的繁荣。但是，公有制经济为适应市场经济的要求而实行产权多元化、分散化，并强调公有制企业对自身利益的追求，又在一定程度上制约着人的全面发展。与市场经济条件下公有制实现形式多样化相联系，人的全面发展受到价值规律的影响和支配，人的全面发展的不平衡性更加突出，人的全面发展在劳动时间与自由时间的非对抗性矛盾中不断推进。论文分析了经济全球化背景下公有制给人的全面发展带来的机遇和挑战，认为随着生产力的高度发达，生产资料公有制也会不断发展，集体所有制会逐步过渡到全民所有制，公有制形式会过渡到马克思恩格斯设想的未来社会的单一公有制形式。非公有制也会随着生产力的发展，而通过多种方式和途径逐步向公有制过渡。随着国际共产主义事业的发展，共产主义必将在全世界范围内最终得到实现，可以彻底地实现马克思恩格斯设想的每个人的全面而自由的发展。

关键词：公有制　私有制　人的全面发展

2306

论适应性管理：变革时代组织发展问题研究 / 孙健著 ; 唐伟指导. -- 北京师范大学, 2005. -- 152 页

论文认为，随着 21 世纪知识经济时代的来临和日益扩大的经济全球化趋势，以及人类技术创新能力的显著提高与组织所面临社会压力的空前增大，组织的生态环境出现了复杂化、动态化与不确定等时代特征，客观上要求管理者掌握能够揭示这种动态、复杂变化规律的更加先进的管理知识，以满足变革时代组织可持续发展的新要求。论文认为组织具有自己的生命周期，也受环境的深刻影响，管理不仅要关注组织内部各子系统及其相互关系，而且要正确判断组织与外部环境的相互关系。适应性管理理念主张人是管理的中心，管理必须以人为本，管理者的职责不在于控制员工，而是要善于协调各种关系。组织发展的保障是由各种因素相互作用、相互配合的动态适应过程，并致力于使协调与创新成为组织维持竞争优势的基本前提。管理是思想和行动、控制和学习、稳定和改变相结合的艺术性过程。管理哲学必须从机械论转变为唯物辩证法。适应性管理理念要求管理者转变在组织中的角色，通过培育学习型组织文化，提高组织学习能力，实施柔性战略，变革组织结构，重视团队建设，增强组织识别环境变化、驾驭环境变化、创造环境变化的能力。适应性管理是要为客户、消费者、员工以及其他利益相关者创造价值，学习与创新应当成为当今管理的根本职能。论文提出了一个有利于促进组织可持续发展的文化基础——组织条件——战略选择三维管理模型。学习型文化是适应性管理的基础；柔性化组织是适应性管理的载体；柔性战略是适应性管理的核心。变革时代组织文化建设的关键是培育学习型组织文化；组织条件的核心是加强团队建设；战略选择的重点是实施柔性战略。

关键词：组织管理　以人为本　企业文化

2307

推进中国现代化的动力问题研究 / 孙谦著 ; 肖巍指导. -- 复旦大学, 2005. -- 114 页

本文以社会基本矛盾为线索，紧紧抓住中国现代化进程中的社会主要矛盾，分析不同历史时期中国现代化发展的主要动力，以期对中国现代化的进一步发展提供理论上的支持。论文认为，近代以来，帝国主义和中华民族的矛盾、封建主义和人民大众的矛盾成

为社会发展的主要矛盾，只能用对抗性的暴力革命才能解决。反帝反封建的革命扫除了中国现代化发展的制度障碍，成为中国现代化发展的主要动力。建国以后特别是社会主义制度建立以后，由于错判了社会主要矛盾，导致了阶级斗争动力论的错误，中国的现代化误入歧途。十一届三中全会后，党重新正确把握了社会主义初级阶段的主要矛盾，并通过改革，改变了束缚生产力发展的生产关系和上层建筑，解放了生产力，中国的现代化逐渐转向正轨。改革成为中国现代化发展的主要动力。中国的现代化逐渐走向正常的发展轨道，需要从各个方面进行创新，特别是理论创新、体制创新和科技创新，以推动中国现代化的快速发展。创新成为新时期中国现代化发展的主要动力。中国共产党是中国现代化的领导核心，也是整合中国现代化发展动力的核心力量。中国共产党要正确判断自己所处的历史方位，及时实现党的转型，以促成现代化主要动力发挥作用，达到执政兴国的目的。

关键词：现代化　社会发展　社会基本矛盾　社会主要矛盾

2308

技术的文化维度：在进化论视野下 / 孙孝富著；刘晓力指导. -- 北京师范大学, 2005. -- 174 页

本文集中探讨文化概念与技术概念的重新解读和技术与文化之间的非线性作用。论文通过考察 19 世纪马克思恩格斯的技术观、19 世纪下半叶古典进化论学派的技术观和 20 世纪下半叶新进化论学派的技术观，发现社会文化发展中技术决定作用的递减性。即，技术在社会文化发展中始终居于一种基础性地位，并起着决定作用，但技术的这种决定作用随着社会文化体系复杂性的增加而逐渐减弱。新进化论充分揭示出环境和人口这两种生态因素对技术的影响。当文化被从信息—符号维度加以界定时，技术可被理解为：技术是依赖于符号的首先调控人与自然（包括自然人）关系的文化信息流。技术与文化之间的相互作用已有许多研究进路，但作为整体的技术与作为整体的文化之间的相互作用仍是一个尚待研究的问题。论文引入文化模式概念正是试图开辟一条研究技术与文化相互作用的新进路。这种研究进路的意义在于，把现实生活中的纷繁复杂并难以逐一描述的文化现象简化归结为文化模式这种模型，利于从整体上有效把握技术与文化之间相互作用的理论性阐释。由于技术以"技术文化"方式隐身于文化模式之内，文化模式本身的功能属性（整体性、协同性、自调性、有序性和转换性）需要就成为技术与文化模式相互作用的一般原则的关键根据。基于这种理论基础，解决技术文化危机的出路，最终在于建立一种有效的综合调适机制，使文化模式四种组面保持和增进整体协同效应。

关键词：技术　文化　进化论

2309

中国现代化道路探索的历史考察 / 谭来兴著；林娅指导. -- 北京大学, 2005. -- 189 页

论文认为，中国早期现代化涵盖了中国从 1840 年到 1949 年 100 多年间资本主义现代化的历史。清朝末年，中国发生了三次大规模的社会变革运动，即洋务运动、戊戌变法运动和"新政"运动。清王朝的覆灭，标志着中国早期现代化进入了一个新的发展阶段。以孙中山为首的中华民国临时政府、北洋政府以及南京国民党政府为推进中国的现代化，先后做出了积极的努力。中国早期现代化在程度上有所提高，在规模上有所发展，在成分上有所变化。半殖民地、半封建的近代中国缺乏实现现代化的历史条件。论文认为，中国走社会主义现代化道路，是近代中国革命发展的必然结果。中国社会主义现代化的领导者——中国共产党人进行了艰苦的探索。建国之初，党的第一代领导集体就开始了突破"苏联模式"、探索"中国式"现代化道路的最初尝试，但是探索陷入了严重的误区。十一届三中全会以后，党的领导集体把继承、坚持与发展、创新辩证地结合在一起，成功地开辟出一条有中国特色的社会主义现代化道路。论文认为，我国的社会发展潜伏着不少深层次的困难，现代化的进一步发展面临着严峻的考验。我们应该理解中国社会主义现代化建设面临的"基础差、任务重"的重大历史难题，以科学发展观为指导，实现社会主义现代化。

关键词：现代化建设　现代化理论　中国特色社会主义

2310

知识经济时代中国人力资源竞争战略研究 / 王德君著；金喜在指导. -- 东北师范大学, 2005. -- 135 页

本文运用马克思主义辩证唯物主义和历史唯物主义的研究方法，博取当代西方人力资源理论的精华，在进行实证分析与规范研究相结合的基础上，灵活采取比较研究手段，深刻剖析发达国家在提升人力

资源竞争战略中成功的经验与失败的教训,从人力资源开发与管理、人力资源配置等宏观和微观两方面深层次地研究21世纪知识经济时代中国提升人力资源竞争力的路径及对策。论文认为,21世纪的人类进入了一个以知识为主宰的全新经济时代。人力资源(HR)不仅是决定一个国家经济增长的关键因素,也是企业最有价值的一种资产,是主导企业持续发展的内在动力。在经济全球化和知识经济条件下,企业竞争的焦点是人力资源的竞争。人力资源战略关系到整个经济发展战略。特别是在知识经济条件下,劳动者作为生产力的主体,其地位已提升到空前的高度。论文认为,国内外经济发展的经验证明,人力资源是经济发展的第一要素。中国是一个人力资源丰富但总体质量差,人均自然资源水平低的大国。为保证21世纪社会经济的持续发展,中国应将人力资源作为第一资源加以战略考虑、优先开发和利用。中国应强化对人力资源的教育和培训,以适应产业结构的调整和经济集约型模式的转换。

关键词:劳动力资源　人力资源　知识经济

2311

"三个代表"重要思想科学体系探索 / 王观松著 ; 梅荣政指导. -- 武汉大学, 2005. -- 125页

本文以马克思主义为指导,运用马克思主义辩证唯物主义和历史唯物主义的方法从整体性上探讨"三个代表"重要思想的科学体系。论文由导言和五章以及结束语组成。论文探讨了"三个代表"重要思想的形成及其地位,认为江泽民同志提出"三个代表"重要思想,是他在世纪之交的关键时刻,面对新的历史条件的机遇和挑战,怀着崇高的历史使命感和责任感,通过认真总结历史经验,经过长期的深入考验得出的重要结论。论文阐述了"三个代表"重要思想科学体系的理论基础即"四个最":坚持马克思主义最根本的理论特征,坚持马克思主义最崇高的社会理想,坚持马克思主义最鲜明的政治立场,坚持马克思主义最重要的理论品质。论文介绍了"三个代表"重要思想科学体系的内容,即对胡锦涛在"七一"讲话中提出的建设中国特色社会主义的思想路线、发展道路、发展阶段和发展战略、根本任务、发展动力、依靠力量、国际战略、领导力量和根本目的等重大问题作深入展开。论文论述了"三个代表"重要思想科学体系的主题,介绍了学术界对主题的不同看法,以及个人对主题的见解并作出论证。论文阐述了"三个代表"重要思想的精神实质,阐明了贯彻"三个代表"重要思想,主张把坚持与时俱进、坚持党的先进性和坚持执政为民三者有机统一起来,从阶级基础、理论基础、实践基础、群众基础论述"三个代表"重要思想是发展的理论体系。

关键词:三个代表　党的建设　先进性教育

2312

人的发展的制度安排 / 王海传著 ; 钟明华指导. -- 中山大学, 2005. -- 149页

作者从人既是主体又是客体,人的主体性有本原性、能动性、交互性三种表现以及制度的性质即制度既是人的创造物,又是人的发展的制约物,制度亦有主体性和客体性的基本观点出发,分析人的发展和制度及其创新之间的制约关系。全文设序言共分五章。第一章分析说明马克思主义关于人的本质的理论、人的发展的理论、人的发展的制度条件的理论,得出制度的实质是社会关系。第二章论述了人的发展的制度基础,核心问题在于说明人需要制度。分析了马克思主义、制度经济学、罗尔斯的制度正义理论关于制度的内涵,从两个方面界定制度的内涵:从人对自身的约束而言,制度是人的存在和发展过程中为了调整、规范自身的行为、关系而约定或制定的规则体系;从人的社会性需求而言,制度是人获取或实现自己的社会性过程中彼此之间的结合方式,是浓缩的、固化的社会关系。第三章论述制度变迁的主体因素,核心在于说明人是制度及其变迁的主体。对中俄两个国家的制度变迁进行比较,说明主体选择不同,人的主体性的发挥是不同的;而人的主体性不同程度的发挥,则会推动人们进行不同的制度选择和制度变迁。第四章论述了中国现代化过程中的制度变迁与主体作用,分析说明中国现代化外源性和被迫性、迟滞性、依附性源于人的发展在主体性方面的错位和缺失。通过对现代制度框架和中国现代化过程中现代制度的供给不足的分析,说明制度变迁是中国现代化的根本要求。第五章则对中国现代化进程中的制度创新进行了论述,侧重于社会主义制度确立以后人的发展的制度创新。分析说明社会主义计划经济和社会主义市场经济都是中国社会主义的制度选择和制度创新,它们的存在都有其历史合理性,但对人的发展影响不同。最后指出,人创设制度,制度标志着人的发展;制度规约人,人的发展引发制度变迁核心的制度安排的出现。社会就是在人与制度的互动中获得进步动力和现实内容的。

关键词:人的发展　人学　社会主义制度　社会关系

2313

中日道德教育比较研究 / 王丽荣著 ; 李萍指导. -- 中山大学, 2005. -- 195 页

本文采用大量日本原文、调查数据、专家论著以及中小学德育教师的经验资料,独创性地探究了中日道德教育的内在规律和经验教训,将通观比较和专题比较相结合、陈述式和综合归纳相结合、历史文献与理论分析相结合、实证调查与抽象思辨相结合起来,借助了多学科交叉研究的方法,将教育学、哲学、历史学、比较学等融于一体进行研究。论文认为,当代中国道德教育要积极适应当前国际、国内的发展变化,必须站在一个新的视角,将他国的优秀、合理的文化成果作为自己的参照物。比较、研究中日道德教育的异同,对于寻求两国道德教育的客观规律,探索各自道德教育的不同机理有着深层的理论价值和现实意义。日本道德教育的特征表现为:第一,体系的学科化特点;第二,目标内容的生活化、普及化、实用化、序列化特点;第三,途径方法的实践化、细微化、情感化、隐形化和养成化特点;第四,教育计划的规范化、衔接化、整体化和针对性强特点;第五,教育观念的学习性、变革性、融合性特点。论文将中日道德教育的历史沿革、传统道德教育及道德教育的历史传统进行了纵向的比较研究;并对影响中日道德教育的若干基本理论问题进行了深入的横向比较;对当代中日道德教育的目标内容、途径方法、以及面临的问题与挑战进行了理论性、实践性专题比较;最后对制约影响未来中日道德教育发展趋势的若干因素,提出了自己的思考线索。从中日道德教育的比较研究中,论文鉴别了两国道德教育的共性和个性,找寻出中日道德教育的普遍规律和特殊规律;从调查研究中把握中日两国道德教育的现状;从联系和发展中把握两国道德教育的实质;从"实事"中把握两国道德教育的"是"。

关键词:德育　道德教育

2314

国家计划的制度分析 / 王文寅著 ; 蒋伏心指导. -- 南京师范大学, 2005. -- 102 页

本文把国家计划作为一种制度,运用制度的理论和方法对之进行研究,重点是研究市场经济中的国家计划的制度基础、制度安排和制度功能。国家计划经历了从古典市场经济的无计划到反市场的国家计划——自由市场经济引入国家计划——反市场的计划经济引入市场制度的演变。计划制度的基础决定计划的具体制度安排。在经济制度方面,所有制构成国家计划的利益基础,产权决定计划的规则结构,资源配置方式则是计划的运行基础。政治的民主程度是制定和实施计划的重要因素,文化即人的理性和精神对计划也有影响。国家计划的制度安排由三部分构成:计划组织,计划方案,保证计划实施的管理制度。国家计划的实质和深厚根源在于未来的不确定性。论文提出,计划需要进行三项"基本建设",即提供信息服务,进行经济预测,做好风险管理。计划的核心功能有:实现最优经济增长、总量平衡和结构平衡、公平与效率的均衡、促进科技进步。中国的计划经济制度的历史根源是落后的"半自然经济"制度和中央集权政治制度。建立计划经济制度是一个制度移植及其本土化改造的过程。中国的计划制度曾发挥过历史性的量大作用,但最终不得不让位于市场经济制度。计划制度的变迁是计划的制度基础、制度安排、具体运行机制乃至计划的意识形态的综合变迁。

关键词:市场经济　国家经济计划　经济制度

2315

宗教与社会主义社会相适应问题研究 / 王霞娟著 ; 刘建军指导. -- 中国人民大学, 2005. -- 144 页

本文从宏观理论的层面,特别是从宗教与社会主义社会相互关系的角度,对宗教与社会主义社会相适应这一重大理论与实践课题的基本方面进行了研究和探讨。论文认为,宗教在社会主义社会中存在具有长期性。从中国社会的实际情况来看,宗教存在的根源主要有自然根源、社会根源、历史根源、认识根源、心理根源以及国际宗教的影响。宗教在社会主义社会长期存在的客观事实,决定了社会主义国家的执政党必须正确处理社会主义社会与宗教的相互关系。在国际共产主义运动中,经典作家与共产党人对社会主义社会与宗教的相互关系进行了艰辛探索。论文分析了"积极引导宗教与社会主义社会相适应"论断提出的时代背景、历史过程、政策内涵和理论意义,认为宗教必须适应社会经济基础的变化而变化,是历史唯物主义的基本原理所揭示的宗教存在与发展的基本规律,这一规律已为宗教发展的历史所证实。宗教与社会主义社会相适应不仅是社会主义社会对宗教的必然要求,也是宗教自身存在与发展的需要。我国宗教界人士和广大信教群众积极投身于社会主义市场经济建设,在社会生活的很多领域发挥积极作用,是宗教与社会主义社会相适应的外在表现。论文提出引导宗教与社会主义社会相适应的对策,主要内容有:树立"和而不同"的理念,探索引导宗教与社会主

义社会相适应的基本途径，建立健全引导宗教与社会主义社会相适应的系统协调机制。

关键词：宗教　社会主义社会　宗教政策

2316

网络传播环境下的道德建设：大学生网络行为的道德研究 / 王贤卿著；秦绍德指导. -- 复旦大学，2005. -- 159 页

本文探讨了互联网在高等学校的普及以及对大学生正反两方面的影响，分析了大学生的网络行为问题，围绕如何做好网络传播环境下大学生的培养工作和防治大学生网上行为失范问题展开了研究。论文采用理论与实践相结合的方法，遵循综合概括和继承创新的原则，从理论基础与实践措施两个层面设计安排了论文内容。在理论层面，通过对网络传播含义的界定，网络传播的主要特征和大学生与网络接触程度的展开：大学生网络行为的实证分析、网络传播对大学生的影响、网络行为的主体性考察、大学生网络行为的道德失范及其成因、网络道德与现实道德的关系等六个方面。在此基础上，论文对网络游戏、校园BBS这两个大学生典型网络行为进行深入分析，深化对大学生网络行为道德建设的认识。在操作层面，鉴于大学生网络行为道德建设是个社会系统工程，论文从大学生网络行为主体建设、高校网络道德教育、社会网络行为的控制与管理等三个层次提出相关的对策，以期能指导实践，改善网络传播环境下大学生网络行为的教育环境和教育方式，增强大学生网络行为道德建设的针对性、时效性和持续性。

关键词：互联网络　大学生　道德建设

2317

生活世界观阈下人的发展研究 / 王晓丽著；钟明华指导. -- 中山大学，2005. -- 175 页

本文针对工业化进程中“科学世界”僭越生活世界，造成“单面人”这一现实问题，着重从理论和历史两个方面分析生活世界与人的发展的关系，反思当代中国生活世界与人的发展面临的新课题，构建出生活世界观阈下人的发展的当代图景。论文认为，从本质而言，生活世界是活动的世界，依据活动对象的不同，生活世界可划分为生产活动、交往活动和精神活动；就方法论而言，生活世界代表的是一种蕴含于对象性活动中的生成性思维，它是对体现“主—客”两分思想的本质主义思维的超越；依据活动性质不同，生活世界可划分为日常生活世界和非日常生活世界。相应地，人的发展也体现在三个方面：人的发展是内在精神丰富与外在能力提高的统一；人的发展是一个开放的体系；人的发展是个体由自发状况走向自由状况。历史地剖析生活世界视阈下人的发展可以发现：生活世界未分化时期的“原始丰富的人”、宗教遮蔽下的“信仰人”、王权宰治下的“政治人”；生活世界分化中的物质支配下的“功能人”、“多种人格形象”等，生活世界与人的发展是内在同构的。论文认为，当代中国人的发展有两层含义：人的自由发展与全面发展，人的自由发展是全面发展的基础，人的全面发展是自由发展的归宿。实现当代中国人的发展的现实路径有：扩大市场经济、加强教育、培育社会资本、注重生活质量等。

关键词：素质教育　人的全面发展

2318

中国青年期刊思想研究 / 魏树旺著；王德胜指导. -- 北京师范大学，2005. -- 95 页

本文以新闻出版学、传播学、社会学、哲学理论为基础，运用历史梳理与个案分析相结合的研究方法，以传播学研究的五个方面，即媒介控制研究、内容研究、媒介研究、受众研究和效果研究为框架，从传媒与社会、传媒与青年、青年与社会三组关系中，探求青年期刊的发展轨迹及内在逻辑，把握其媒介规律及特征，分析其在发展和实践中的种种问题，为当代青年期刊的发展提供理论对策。论文认为，青年期刊在发展的不同阶段都对社会产生了重要影响和作用。把握社会思潮的实质、引领时代潮流、关注青年自身的利益需求，是不同时期青年期刊的内容特征。独特的内容定位要力求可读性与思想性的统一、必读性与服务性的统一、选读性与个性化统一。受众定位是青年期刊发展的前提和条件，青年期刊要研究青年在社会化过程中的心理特征、社会思潮对青年的影响、青年社会参与方式、价值观念的变迁，分析当代青年多元化特征，对青年受众市场进行细分，提出青年期刊受众市场培育的问题与对策，实现对青年社会化过程的引导与帮助。青年期刊要实现新发展，必须建立现代化的办刊模式，以内容的独特卖点为基础，进行品牌化经营，实行市场化的立体发行操作，推行多样化的广告经营方式。

关键词：期刊　传播媒介　青年工作

2319

马克思主义公正观的历史考察 / 文小勇著；闻立

树指导. -- 清华大学, 2005. -- 249 页

本文遵循马克思主义立场,采取历史考察与文本分析相结合的方法,在借鉴国内外相关成果的基础上,以马克思主义发展史的分歧为依据,按照马克思主义理论的发展来考察其公正观的发展变化。论文认为,马克思以自由、权利与幸福的追问为逻辑起点,通过对资产阶级正义形态的多维批判,建构了马克思主义公正观,实现了公正观念史上的革命变革。论文认为,列宁把马克思主义公正观与十月革命相结合,创立了第一个社会主义国家,经过从战时共产主义到新经济政策的过渡,发展了按劳分配思想,提出了社会主义民主、依法治国与普及国民教育等思想。毛泽东通过实践马克思主义公正观,取得了新民主主义革命的胜利,让中国人民站起来当家做主,实现了新中国经济和社会的伟大进步。邓小平在社会主义本质论的基础上强调共同富裕的价值目标、原则与方法,成功开启了改革实践。江泽民提出了"三个代表"重要思想与全面建设小康社会目标和以人为本的全面发展观,为"促进公平与正义"及和谐社会建构提供了理论依据。论文认为,马克思主义公正观产生于资本主义的正义困境中,并立足于现实的人和现实的社会关系,从制度变革来解决社会公正问题,以生产力发展为依托来解决人的自由全面发展,建立起价值目标、理论体系与制度设计三位一体的科学公正观。在历史大视野下看待中国历史与现实的结论是:公正是中国共产党人的永恒信念与追求,必须坚持马克思主义公正观努力消除社会不公正现象。

关键词:公正　马克思主义　思想政治教育

2320

经济高速增长地区弱势群体伦理生态与伦理关怀研究:以珠三角地区为例 / 吴成钢著 ; 李萍指导. -- 中山大学, 2005. -- 149 页

本文以广东珠三角地区为例,在研究过程中主要采用抽样调查法、统计分析法、文献研究法、价值分析法等。通过问卷的形式收集相关资料,将调研过程中获得的大量数据和文字资料加以整理分析,从个人、他人、社会和政府关系四个向度把握经济高速增长地区弱势群体伦理生态失衡的现状、成因和危害;分析了经济高速增长地区弱势群体伦理生态失衡隐含着的伦理期待;提出弱势群体伦理关怀的理论依据、基本原则及其实施伦理关怀的主要途径。论文通过分析并得出最终结论,对弱势群体的伦理关怀是一种成本最小而能对人产生较深刻、深远影响的精神支持,在市场经济道德多元化的今天给予弱势群体更广泛、更充分的伦理关怀,并通过弱势群体自身努力,中国社会弱势群体必将逐渐消除"弱势",从而真正的实现社会公平,实现社会主义共同富裕的目标。

关键词:弱势群体　边缘群体　人文关怀　伦理学

2321

公民责任探析 / 吴威威著 ; 刘建军指导. -- 中国人民大学, 2005. -- 153 页

公民责任是指公民履行与其公民身份相适应的、符合社会公共善的义务以及对行为后果的承担。公民责任既体现了由公民资格赋予的积极行动的权利同时也是一种负担。公民责任的核心内容是公民如何在公共生活中履行责任,它体现出公民参与公共生活的道德性。论文研究了公民责任的理论内容,公民责任的主要特点。关于公民承担责任的基本依据,分别从逻辑前提、政治基础、社会基础、伦理基础等四方面予以研究。论文分析研究了西方社会公民责任思想。归纳总结了西方政治哲学三大流派:共和主义、自由主义、社群主义关于"公民责任"的思想论文研究探讨了中国传统社会的责任思想。论文探讨了传统社会中"民"的地位,分析了中国古代社会民本思想与民卑现象产生的原因。论文分析了传统儒家的责任思想,主要从两方面予以研究:一是儒家道德责任思想,二是儒家政治责任思想。论文还对中西方责任思想进行了比较。论文对新时期公民责任建设进行了理论思考:第一,介绍了建国后中国公民责任的发展状况;第二,分析了加强公民责任建设的重要意义;第三,探讨了我国公民责任建设的主要内容;第四,从公民责任建设的保障机制、培育机制、运行机制等三方面探讨了公民责任建设的主要途径。

关键词:公民　责任　义务

2322

作为一种批判理论的消费社会理论及其方法论导论 / 夏莹著 ; 邹广文指导. -- 清华大学, 2005. -- 186 页

本文以对批判理论的重新解读为出发点,以对鲍德里亚理论的系统考察为切入点,在对消费以及消费社会理论的核心概念及其嬗变进行系统梳理研究的基础上,初步建构一种一般性的消费社会理论及其方法论体系。全文共分五章。第一章通过对批判理论的重新解读,揭示了它的两个基本特征:批判性介入

的理论态度和异化的思维模式，通过对黑格尔和马克思异化思想的深入考察，进一步揭示了异化思维的一般模式：异化的原初状态（具有逻辑完满性而缺乏现实完满性）——异化（逻辑非完满性而具有现实完满性）——异化的终极状态（具有逻辑与现实的完满性）。第二章以批判理论的两个基本特征为标尺，在对鲍德里亚思想进行系统深入研究的基础上，指出了鲍德里亚的消费社会理论乃是一种批判理论。第三章对消费社会理论的核心概念：消费进行了系统考察，指出在当代消费社会之中，消费实现了一个重要转向：从对物的消耗转向了符号的交流体系。第四章重新回到了批判理论的视域之下，指出从经典批判理论到当代批判理论——消费社会理论，在批判的层次上，实现了一个飞跃：从对现实物的批判深入到对抽象符号的批判。第五章则把消费社会拉到了政治经济学的视域之下，通过对符号学方法的系统阐释和运用，建构了一个关于消费社会的符号政治经济学批判体系。

关键词：消费　批判理论　异化　符号学

2323

文化载体的哲学探索 / 肖三著 ; 王德胜指导. -- 北京师范大学, 2005. -- 145 页

本文对文化载体的哲学探索，目的就是为作为文化主体的人建构一种更为合理的文化生存图景，以最终实现人类自由全面的发展。论文界定的文化载体，特指记录承载文化知识信息的物质实体。结合当前文化载体应用状况的分析概括，论文从文化学、社会学、传播学等多学科视野对此进行解读，以求对文化载体的外延和内涵、能指和所指获得一个较为清楚的认识。按照历史与逻辑相统一的原则，讨论了文化载体产生（包括产生的历史、文化、社会经济背景）、发展、演进的图景以及相应的进化理论。在从两种方法对文化载体进行分类的基础上，论文着重探讨文化载体与文化主体、文化载体与载体文化、文化载体与文化数字化、文化载体与文化空间之间的内外关联，并从文化载体的角度勾勒出人类实现自由全面发展的理想文化生存图景。论文认为，文化载体之所以成为一种无可替代的存在，正是源于人的两种渴望：渴望生命的永恒和渴望对“物”的超越。文化载体是人类历史文化和时代文化的存在形式，是人类所有精神文明和智慧成果的结晶，是波普尔“世界3”的根本体现。21世纪是属于数字化与比特化的世纪，传统文化载体的式微和数字化载体的崛起注定将会成为文化载体发展的大趋势，但我们决不应该由此而陷入数字化时代的比特碎屑之中。建构理想的文化生存图景要求我们牢记文化载体的本原、通过文化载体的多元化保证文化的多元化以及通过多元的文化载体培养文化主体的反思功能。

关键词：文化哲学　传播媒介

2324

中国共产党的阶级基础和群众基础研究 / 谢俊春著 ; 王炳林指导. -- 北京师范大学, 2005. -- 203 页

党的两个基础建设是党的建设的基础工程。党的阶级基础是指在阶级社会中政党赖以产生、存在和发展的有着共同利益和要求的政治社会集团。党的群众基础是指党在长期从事政治经济活动中所领导和依靠的对历史发展和社会进步起促进作用的基本队伍。党的十一届三中全会标志着中国进入了社会转型加速期。党对阶级关系的调整，使我国社会结构突破了“两个阶级一个阶层”的僵化结构，党的阶级基础和群众基础都发生了新的变化。在当代中国，党的阶级基础始终是中国工人阶级。当代中国工人阶级由产业工人阶层、国家和社会管理干部阶层、专业技术人员阶层三部分组成。增强党的阶级基础，首先要加强党在非公有制经济组织中的工作；其次，向广大知识分子敞开党的大门；再次，不断发展和壮大工人阶级队伍，保持和发展工人阶级的先进性。在当代中国，党的群众基础是除工人阶级之外的全体中国特色社会主义事业的建设者，包括农民阶级、私营企业主、个体工商户、民营科技企业的创业人员和技术人员、受聘于外资企业的中方管理技术人员、中介组织的从业人员和自由职业者。扩大党的群众基础，必须吸收新的社会阶层中的优秀分子入党，通过他们影响新的社会阶层的其他成员，增强党的社会号召力和社会凝聚力。

关键词：中国共产党　阶级基础　群众基础　党的建设

2325

当代中国检察文化论要 / 徐苏林著 ; 闻立树指导. -- 清华大学, 2005. -- 209 页

本文以当代中国检察文化为研究对象，在界定检察文化的性质、内涵、外延、结构、功能的前提下，对中国检察文化的发展沿革、基本特点和现实状态进行了全面分析，探讨了建构中国特色检察文化的目标、内容和进路。论文认为，检察文化包括制度、理念、信仰

等具有意识形态特征的文化要素，也包括器物、仪式、符号等具有物质载体特征的文化要素。检察权是国家职权原则的重要体现，是复合性权力，是检察文化研究的核心概念。中国检察文化在法治贫瘠的土壤中生长和发展起来，当代中国检察文化的形成，是社会主义中国确立现代检察制度才真正开始的，仍然处于系统开发和全面培育的状态。西方国家的检察文化，起源于西方法制理念，反映于司法公权对检察制度的定位。西方国家经过长期的法治完善过程，形成了以比较成熟的检察制度为基础的检察文化，而中国也在西方以及亚洲部分国家的影响下，结合本国的司法实际，形成了具有自身特色的检察文化。论文在分析中国检察文化发展过程和比较中外主要国家检察文化特色的基础上，在法治化进程的大背景下，提出了推进检察文化建设的目标和设想。

关键词：检察机关　司法制度　法律文化

2326

中国大学文化研究 / 严峰著 ; 秦绍德指导. -- 复旦大学, 2005. -- 144 页

本文以历史研究为基本方法，运用文化分析的工具，以百年中国大学波澜壮阔的发展为背景，对中国大学文化作了系统解构和研究。论文在梳理有关大学、文化等相关概念基础上，提出大学文化是大学在长期办学过程中经过历史积淀而逐渐形成的办学理念、精神风貌、学术氛围、规章制度、价值标准、学生风格、学校环境等精神成果和物质成果的总和，是大学生命力、凝聚力、感召力之所在，包括精神文化、制度文化、物质文化三个层面的基本概念。论文对国外大学文化的发展演变作简要溯源，从三个层面即中国大学精神文化、制度文化、物质文化，分别论述中国大学文化的有机组成部分。论文认为，精神文化是大学文化的核心，主要由大学理念和大学精神构成，中国大学理念的萌芽融合了西方大学文化、中国传统教育思想的精髓，又受到苏联大学模式的影响，但总的来说走的是自己探索、发展的道路，而中国大学精神可以分为共性的和个性的大学精神；大学发展需要制度文化的保障，大学的变革通常是从制度文化的变革开始的，中国大学制度文化是不断发展演进的，新世纪中国大学面临的发展形势要求大学制度文化进一步创新和完善；物质文化是精神文化和制度文化的载体，中国大学物质文化有丰富的表现形式，大学物质文化建设应当有正确的理念指导。论文探讨了中国大学文化对人才培养、世界一流大学建设、社会发展的重大现实意义及其建设的若干原则。

关键词：大学　校园文化　高等教育　高等学校

2327

现代德育人本论研究 / 杨超著 ; 李萍指导. -- 中山大学, 2005. -- 136 页

本文从马克思人学的视角，在与西方人本主义德育思想的比照中，对德育人本论核心概念包括“人”、“以人为本”、“人的发展”等进行辨析，认为现代德育人本论的合理内涵即现代人本德育应以“现实的人”为出发点，以人的“全面”而“自由”的发展为终极目的，并在德育过程中贯彻“以人为本”的原则。论文以马克思人学世界观对我国现行德育理论和实践进行审视，对其中存在的人学空场现象进行批判，并梳理了中西德育发展史上德育人学空场的嬗变历程，从中可以窥到中西德育史上德育“以人为本”的沉浮。论文认为，德育以人为本是德育的应然要求，从德育理论建构的基础道德哲学上，我们应树立一种新的道德哲学即以人为本的道德哲学。道德应是以人为本的。当前，时代哲学——人学的凸显，促使现代德育籍此回归本真的存在。论文认为，在哲学思潮上，当今科学主义思潮日益与人文主义融和，在人们生活水平达到一定程度之后，人的价值、人的发展等人文思想受到崇尚，以人为本的发展观是我们进行现代化建设的指针；市场经济对人的独立性和人的进一步发展提出了要求；全球化、网络化、信息化对人类的道德、道德的主体都提出了要求，人本德育正是对时代要求的回应。论文从德育基本要素和德育基本问题两个视角观照现代德育人本论的理论特征，力图描绘出人本德育的应然图景。人本德育是以“现实的人”为中心构建的德育理论和实践体系，是对传统“以社会为中心”的德育理论和实践的根本性转换。论文阐发了人本德育原则、人本德育课程、人本德育教法，为德育人本论在实践中的应用提供了思路。以人为本是德育的应然之义，人本德育是善的德育。我国时代的发展和社会的转型要求德育向人本德育转型。

关键词：德育　以人为本　人学

2328

发达国家国有经济角色及配置变化研究 / 杨励著 ; 刘美珣指导. -- 清华大学, 2005. -- 220 页

本文通过对发达国家国有经济的角色和配置的详细考察，发掘其可资借鉴的经验启示，为中国国有经济的角色定位和配置调整提供一定的参考。论文

从基础层面界定分析发达国家国有经济的特殊角色及配置理论问题，涉及对发达国家国有经济特殊角色的基本界定和对国有经济配置理论的全面分析。论文从历史的角度对发达国家国有经济不同的发展阶段上的特殊角色及配置变化进行了经验分析，并在此基础上进行了理论提升。涉及对战前、战后以及20世纪80年代私有化以来发达国家国有经济的角色及配置变化的探讨。论文以国有经济不同侧重的特殊角色为标准，划分和考察了其不同发展阶段的角色作用；细致归纳和计算了不同发展阶段发达国家国有经济的配置变化；从新的角度分析了私有化的深层动因；总结探讨了国有经济的配置变化轨迹和影响因素，并对其发展趋势作了预测展望。论文探讨了发达国有经济角色及配置变化对中国的启示，涉及发达国家国有经济角色定位的启示、发达国家国有经济规模配置的启示以及发达国家国有经济布局配置的启示。论文认为，发达国家的国有经济在经济发展进程中始终扮演特殊的角色；国有经济的配置领域有着内在的变化规律，配置规模遵从大致相同的变化趋势。中国国有经济在进行角色定位和配置调整过程中，可以借鉴其经验，并结合自己的国情，探索出一条符合实际的调整之路。

关键词：国有经济　国有企业　发达国家

2329

团体竞争力研究：精神文化视域中的团体竞争力／杨晓光著；郑永廷指导. -- 中山大学，2005. -- 191页

论文认为，增强个体与团体的竞争力已成为我国社会关注的热点与焦点问题。物质资源、基础设备是团体竞争力的基础性要素，而植根于团体本身的文化特异性与文化底蕴才是团体竞争中最核心与持久的因素。论文分析了团体竞争力的研究的发展过程，认为团体竞争力是由驱动化、凝聚力、规范力、创造力等要素构成的。团体竞争力的构成原理包括目标原理、合力原理、沟通原理、创新原理。团体目标一致产生团体凝聚力，进而形成团体合力，沟通使团体价值目标保持趋同，对目标实现与团体发展的期望产生创造力。精神文化是团体竞争力的动力机制；制度文化是团体竞争力的保障机制；组织文化是团体竞争力的协同机制。论文认为，不同的团体有不同的精神文化特质，民族的差异性是历史的必然性，主要是历史发展的成果、先祖的遗传，不同国家、团体有鲜明的文化个性。团体竞争力在精神文化上表现为三个方面：深厚的文化积淀、先进的精神文化支柱、有特色的管理文化。传统文化为团体竞争提供创造的精神文化资源；精神文化为团体竞争提供精神动力；管理文化为团体竞争提供效能保证。论文认为，精神文化具有增强团体凝聚力、整合力的功能，为团体发展提供精神动力，发展团体个性，促进团体可持续发展。价值目标的确定是形成团体竞争力的前提，理想、信念的坚定为团体竞争提供精神动能。团体凝聚是强化团体竞争力的关键。团体竞争力的形成是对传统文化的继承与发展、对其他民族文化的借鉴与创新。因竞争的主体、竞争的对象不同，竞争的战略与策略多种多样。要充分认识精神文化资源是战略资源，充分认识精神文化竞争是战略竞争，才能应对国际化竞争，使国家在竞争中永远自立于世界先进民族之林。

关键词：团体　竞争力　精神文化

2330

当代中国财产权利研究：以人的发展为视角／姚德利著；盛宇华指导. -- 南京师范大学，2005. -- 141页

财产是人们生产和生活的最基本的条件，是人们竞相追逐的最主要的利益。对财产的需求是人们追求自身发展，也是社会追求效率的重要动力。人们这种对财产的要求必须通过人们财产权利的获得、保护和扩大来保证。论文通过分析当代中国人的财产权利状况，考察当代中国人的发展的物质基础，得出当代中国人的发展状况。论文利用结构分析方法，将财产权利结构化，从表征财产权利来源、结果、运用的职业选择自由度、人均可支配收入、教育和人力资本状况，以及财产权利的制度保障四个方面来考察当代中国人的财产权利，得出人的发展所需要的物质基础的基本情况。论文认为，人们的职业是人们财产权利的来源，职业越自由，显示人们获得财产权利的途径较大，职业自由程度体现了财产权利来源的丰富程度；人们的可支配收入越高，他们能够发展的物质基础就越多。不同的人们可支配收入的不同，反映了人的发展能力的不同；对财产权利的运用主要是提高人的发展能力，对教育的投入从人力资本方面提高人获取财产和促进自我发展的能力。论文分析了当代中国人的发展依赖的财产权利的问题：体制性问题、两极分化趋势导致财产权利的分化问题、财产权利的保障问题，等等。论文提出，要通过全面建设小康社会、实行终身教育并促进人力资本的提高、不断加强政治文明建设来保护和不断扩大人们的财产权利，为人的发展

提供更好的物质条件。

关键词:财产权　权益保护　职业选择　个人收入　教育投资

2331

民族伦理的现代境遇及其教育研究 :以云南、贵州、四川少数民族为例 / 余文武著 ; 李萍指导. -- 中山大学, 2005. -- 187 页

本文首先阐明民族伦理研究凸显的缘由是伦理学的勃兴,且民族伦理的价值在于融入与普世伦理的比照框架之中,其根源性的地方性知识正是参与普世伦理构建的活性力量。其次在民族伦理的实然传习的动态系统中作历时性与共时性两个路径的分途追踪,梳理民族伦理的地方性知识谱系,拟出民族伦理的现代瓶颈及其前景勾描,同时指出民族伦理的翻耕与重构根据两个途径去展开:一是深挖伦理传统中的民间资源,通过时代精神的熔铸而提炼出簇新的共相;二是基于对民族伦理中实然存在的顽疾病象的祛除,来达致对于伦理资源的内部梳理和外部改造。接续论证了民族伦理对于道德教育的资源奉献与道德教育予以民族伦理的留存空间,点明民族伦理如何尽显资源意味,指正道德教育何以善尽养护角色,再而考察体制外发生的知识传递形式,用以回应伦理与教育的实然关联。指出:精神空间的拓展在于涵厚德性的伦理实体的圆成,以及对于通达德性的传统德目的重组;道德共契的生成在于对表现出色的伦理殊相的眷注与对不可缺略的伦理个案的审查。再而作者进行了基于对民族伦理史的梳理与伦理典籍的审察之上的实证研究,其中分为深入实情实景的田野调查和在西南少数民族内部进行的问卷调查,得到如下结论:民族伦理观念在现代有实际的转向,伦理的同化是民族间的相互接触与相互融合充分展开以后产生的伦理新气象,伦理更新实际上就是遭受异域伦理文化的观照和现代化的冲击之下实际生发的内容变动,伦理更新可能促成在主流意识形态的引领下的伦理趋同性,“学在民间”的伦理知识传递的组织和形式都有较成熟的模型,它的运作可行性已得到实证研究的证实。然后,作者阐释了民间的真相与伦理的真释,在“发现西南”中着手谬误修正,寻求伦理知识的另类的陈述方式与范式呈现,关注伦理的现代语境与发展变动。最后,着力揭示伦理与教育的补偏救弊,以及伦理与教育的会通门径,进而寻求诉诸民间途径支持的道德教育进路。

关键词:民族学　伦理学　道德　民族伦理

2332

中华民族精神的现当代发展研究 / 宇文利著 ; 赵存生指导. -- 北京大学, 2005. -- 125 页

本文研究了中华民族精神及其在现当代发展的有关问题,探讨了中华民族精神的形成与表现、内容与结构、功能与作用及其在现当代发展的源流、形态、过程和影响其发展的突出因素,加深了对中华民族精神及其发展的条件、状况和规律的认识,为其在当今经济全球化进程中的发展探索了方向和路径。论文对民族精神的概念进行词源学分析,从时间、空间、形态和性质四方面相结合的角度对民族精神的概念进行界定,对民族精神发展演变过程中的影响因素进行探讨,对民族精神在发展状态上的起落和扬抑、在内容上的传承和取舍、在水平上的适应和超越以及发生易变时在条件和状态上的临界性变化的基本规律进行了初步概括和总结。论文认为中华民族精神具有多元性和综合性的特征,是由多要素和多层次构成的复合体系,其主要的功能和作用表现为对社会的整合和促进。论文依据时代主题的变化及民族实践主题的转换把中华民族精神在现当代的发展划分为在现代的更生与孕育、在当代的发展与曲折以及在当代的开拓与创新三个阶段,对其具体演进过程进行考察和分析。论文选取对中华民族精神在现当代的发展产生过重大影响的突出因素来深入研究其发展状况,集中探讨了中国共产党、马克思主义中国化及社会主义事业对中华民族精神现当代发展的作用,认为中国共产党、马克思主义和社会主义在先进性上与中华民族精神的先进性高度契合一致。中国共产党是引领中华民族精神现当代发展的向导、代表和核心;马克思主义中国化对中华民族精神在现当代的发展作出了指引;中国的社会主义事业尤其是中国特色社会主义实践推进了中华民族精神在现当代的发展。论文对中华民族精神在当今经济全球化进程中的现状及其发展所面临的机遇和挑战予以分析,初步探讨了弘扬和培育中华民族精神应把握的总体原则和根本途径。

关键词:民族精神　中华民族　马克思主义　社会主义

2333

朴正熙执政思想研究 / 禹美娘著 ; 李润海指导. -- 清华大学, 2005. -- 140 页

本文通过对朴正熙执政思想的主要内容、形成过程、主要影响因素、执政政策及其影响等方面的系统研究,旨在揭示出朴正熙执政思想的实质、各个主要

构成部分之间的内在逻辑与在历史变化中的互动关系,深化对朴正熙执政思想的研究,弥补以前关于朴正熙执政思想研究中的若干偏离与不足。论文综合运用历史分析、比较分析、系统分析等方法,探究了朴正熙执政思想产生的家庭因素、个人经历、社会历史条件、周边与国际环境及其相互关系,找出这些因素对朴正熙执政思想的形成及发展变化的内在变数与其内心深层次的符合逻辑的内在发展理路。论文通过分析朴正熙执政时期韩国社会的发展过程与朴正熙执政思想之间的相关性,把握韩国社会发展的脉络,并力图对朴正熙本人及其执政思想、执政实践与历史影响等做出更加全面客观的认识与评价。论文通过对朴正熙执政思想及其社会历史效应做历史的梳理和研究,析出对当今发展中国家的现代化进程中具有若干共性的东西,或者说带有某种规律性或普遍性的成分,希望能对其发展提供某种借鉴或启示,深化对不同国家与民族走向现代化多样化模式的比较分析,打破"现代化就是西化"的西方中心主义观和其他狭隘的现代化理论,多角度、多层次地理解世界历史发展的时代性与复杂性。

关键词:朴正熙(1917~1979) 执政 政治思想 韩国

2334

思想政治教育环境优化研究 / 岳金霞著 ; 陈占安指导. -- 北京大学, 2005. -- 146 页

思想政治教育环境是影响人的思想品德形成和发展的重要因素,其本身的规程要素、分类结构及整体功能具有一定的特殊性。思想政治教育环境优化对于形成高尚的思想品德具有良好的推动作用。论文认为,当前思想政治教育环境中存在一些具有普遍性的问题,如思想政治教育环境污染、思想政治教育环境资源结构不合理、思想政治教育环境安全隐患、思想政治教育环境缺乏整体功效等。这些问题的存在严重地阻碍了人们优良思想品质的形成,也使得思想政治教育的顺利开展受到了影响。论文分析了思想政治教育环境恶化的原因,既包括历史遗留因素的影响,也包括现代化进程中各种新情况、新问题的综合作用。同时,从主客观两方面进行问题分析,揭示出思想政治教育环境问题产生的深层机理。论文认为,要在马克思主义环境理论的指导下,坚持实效性,整体性、层次性和发展性原则,树立科学的思想政治教育环境优化观,努力拓展思想政治教育环境的时空纬度,实现信息文明与物质文明、政治文明、精神文明的协调发展,充分调动家庭、学校、社区和传媒等各方面的积极性,形成强大合力,对思想政治教育环境优化问题齐抓共管,努力营造一个健康和谐、文明有序、可持续发展的环境氛围。

关键词:思想政治教育 教育环境 社会环境

2335

当代中国改革的代价研究 / 张道全著 ; 龚廷泰指导. -- 南京师范大学, 2005. -- 150 页

本文分析了当代中国改革的代价问题。论文认为,当代中国改革的基本动因来自于我们对传统体制所付代价的深刻反思,正是传统体制的弊端及其所付出的代价促使我们进行改革。当代中国的改革,合理限度的改革代价应该小于改革的收益;不得"伤害社会主义的本质";不能损害最大多数人的利益;必须有利于和谐社会的构建。为了不使改革的代价突破合理的限度,必须对改革的代价进行调控。这既是市场经济的内在要求,也是改革获得支持的客观需要。在调控改革代价的过程中,必须正确处理好改革发展稳定的关系,协调好改革进程中的各种利益关系;坚持改革过程的公正性。科学发展观具有鲜明的代价意识。它坚持以人为本的发展,反对以牺牲人的发展为代价来追求物的发展;它坚持全面协调的发展,反对以牺牲社会的某一要素的发展为代价来追求片面的、失衡的发展;它坚持经济社会可持续发展,反对以牺牲资源、环境和后代人的利益为代价来追求一时的繁荣和发展。

关键词:经济发展 体制改革 科学发展观 以人为本

2336

领导者德才素质及岗位匹配研究 / 张坊著 ; 盛宇华指导. -- 南京师范大学, 2005. -- 128 页

本文通过重新反思在领导者选拔任用制度中的所谓"德才兼备"标准及其实际操作等问题探讨领导者素质与岗位匹配问题。论文提出,目前我国干部人事管理中的德才标准在理论和实践中至少暴露出三个问题:一是该标准过于抽象,缺乏可操作性,在实际衡量领导者德才素质时往往带有极其强烈的主观色彩;二是标准过于宽泛,缺乏针对性;三是标准只有质的规定性,缺乏量化设计。论文在对领导岗位分类和岗位评价理论与实践研究的基础上,针对目前我国各级各类领导岗位的实际,提出了描述领导岗位特征的三个主要变量(资源支配能力、决策非程序化状况、岗

位层级水平)，为对领导者素质与岗位要求进行科学合理的匹配奠定了基础。论文提出，目前我国在领导者选拔任用制度上还存在主观性、强制性、单向性、盲目性、无序性等问题。论文应用模糊数学和层次分析方法，提出了领导者德才素质和岗位匹配的道格拉斯方程，设计了一套包含领导者德才素质测评、岗位测评和人岗匹配的三维模块软件，并通过一个匹配案例检验了分析结果的科学性和可操作性。

关键词:领导者　人才选拔　德才兼备　素质　岗位

2337

中共第一代领导人对执政党建设问题的认识 / 张丽著 ; 阎治才指导. -- 东北师范大学, 2005. -- 215 页

中华人民共和国成立后，中国共产党成为执政党。如何加强执政党的自身建设，以领导全国人民进行经济文化建设和各项社会改革，成为党的建设面临的新的根本问题。以毛泽东为代表的中共第一代领导人对执政党的建设问题进行了不断的探索，形成了许多正确的认识，但也发生过长期而严重的失误。中共第一代领导人对执政党建设问题认识的历史，可以分为三个阶段。从 1949 年党开始执政到 1956 年党的第八次全国代表大会，是第一阶段。在这个阶段中，毛泽东等中共第一代领导人对执政党建设问题的认识是正确的。从 1956 年党的第八次全国代表大会之后到 1966 年“文化大革命”开始前，是第二阶段。在这个阶段中，毛泽东等中央第一代领导人对执政党建设问题有许多正确的认识，但在执政党建设问题上的错误认识开始出现并逐步发展。从 1966 年“文化大革命”开始到 1976 年“文化大革命”结束，是第三阶段。在这个阶段中，毛泽东对执政党建设问题的错误认识在党内占了统治地位。中共第一代领导人对执政党建设问题的正确认识，是对民主革命时期毛泽东建党思想的发展。毛泽东在执政党建设问题上的错误认识，既不符合马克思主义，也不符合我国实际。总结中共第一代领导人对执政党建设问题认识的历史，吸取认识执政党建设问题上的经验教训，对于今天加强执政党建设，具有重要的意义。

关键词:中国共产党　执政党　党的建设　第一代领导人

2338

契约秩序研究 / 张涛著 ; 万斌指导. -- 浙江大学, 2005. -- 106 页

契约秩序是一个规范契约关系的科学体系，是人类社会实践发展到一定历史时期必然呈现出的社会秩序模式。论文通过对“秩序”和“社会秩序”一般含义的考察，认为契约秩序就是指人们在社会交往过程中，普遍地按照契约的精神、规则、原则、制度从事社会活动和调节社会关系，从而使社会呈现出一种和谐、稳定、有序的运行状态。契约秩序是一种平等、自由、和谐、理性、扩展的秩序，具有实现社会公正、形成和谐人际关系、构建现代社会诚信和促进民主政治建设等方面的作用。论文具体分析了西方古代、近代、现代和中国传统社会的契约思想，尤其对马克思主义有关契约的思想进行了深入探讨，以期为当代中国契约秩序的构建提供一定的思想基础。论文具体阐述了中国古代契约秩序的历史生成、基本特点以及中国近代契约秩序的发展过程，并详细剖析了其历史成因，通过分析当代中国契约秩序的生成，在总结经验和吸取教训的基础上，提出了当代中国契约秩序实现的最佳途径和措施。

关键词:契约　社会秩序　民主政治

2339

论政府信用 / 章延杰著 ; 肖巍指导. -- 复旦大学, 2005. -- 155 页

政府信用是社会公众对一个政府守约重诺的意愿、能力和行为的评价，是在政治委托—代理关系中产生的代理人信用，反映了公众对政府的信任度。论文认为，政府信用是社会稀缺资源，主要由委托—代理关系本身以及代理人和委托人各自存在的风险造成，无法完全克服。论文认为，政府信用有由全能向责任变迁的过程，政府信用可以节约经济过程中的交易成本、促进市场化进程；可以增强政府合法性基础、推动法治国家的建设；能有效增进社会福利、促进和谐社会的建立，全能政府由于政府信用职责范围的无限性和信用实现能力的优先性之间的内在矛盾，无法有效实现政府信用承诺；与市场经济体制相适应的责任政府必须严格限定政府信用的职责范围，提高信用实现的能力，以有效地维护和提升政府信用。政府信用管理包括:在体制建设上需要转变政府职能，建设现代服务型政府，建立和完善监督约束机制、政府信用激励机制；加强对政府官员的道德教育尤其是信用道德教育；加快政府信息的公开化进程，促进双方之间的了解以有效增进公众对政府的信任。当代中国的政府信用建设需要关注中国国情:扬弃中国传统的

政府观念、尤其是对于政府和公众关系的传统观念；借鉴外国政府信用建设的经验；加大腐败治理力度；尽快完善与工业化相适应的官僚体制建设。

关键词：政府信用　委托代理　信用

2340

当代中国政府诚信建设论 / 赵爱玲著 ; 吴潜涛指导. -- 中国人民大学, 2005. -- 168 页

本文从政府诚信基本概念的剖析入手，深入探讨政府诚信的本质、结构、功能与主要历史形态，分析了当代中国政府诚信的现实态势、政府诚信缺失的主要表现、产生原因及其面临的挑战，提出完善政府诚信的若干建议。论文由导论和五章正文构成。论文认为，政府诚信诚心于民、取信于民的双重本质决定了政府诚信具有以权力为基础的政治性、以管理和服务为特质的社会历史性、以维护社会秩序和实现公共利益为主旨的价值导向性特征。政府诚信主要包括两种类型三个层面的内容。两种类型是指：社会美德型和社会制度型。三个层面分别是指：核心层——政府价值理念的诚信，制度层——政府制度与运行机制的诚信，行为层——政府实践活动的诚信。论文以主要历史分期为线索概括出政府诚信演变的四种基本形态。论文剖析了当代中国政府诚信的现实态势，着重考察当代中国政府诚信缺失的主要表现、产生原因及其面临的挑战，旨在说明当代中国政府诚信是什么、怎么样的问题，为当代中国政府诚信研究准备事实依托。论文从理念、制度和行为活动角度，由抽象到具体，侧重研究当代中国政府诚信建设的基本思路和实践创新。立足于对当代中国政府本质的合法性追问，从权力授予的合法性应然的角度论证当代中国政府如何从回应民意、保障公益和维护公正的角度探索出一条达臻善政的政府诚信模式。以马克思主义及马克思主义中国化的理论成果——“三个代表”重要思想为指导，以当代中国政府诚信建设应坚持的基本原则为依据，着重从权力运行与执行的合法与正当性角度考察和分析了当代中国政府诚信建设的两种制度选择。从政府诚信建设的行为层面，探讨政府如何通过密切联系群众、公开行政、惩治腐败与有诺必践的实践创新，兑现诚心于民、取信于民的服务承诺与宗旨，以提升政府公信力。

关键词：诚信　国家行政机关　以人为本

2341

认识创新的哲学探索 / 赵东海著 ; 刘晓力指导. -- 北京师范大学, 2005. -- 98 页

本文主要在认识论层次上探讨认识创问题。论文紧紧围绕“认识创新何以可能”这个核心问题，从反映与创新、事实与意义、认知与理解、独断论真理观与相对主义真理观、认识的主体性等方面展开论述。论文将认识创新问题放在近代认识论转向现代认识论的大背景中加以考察，力图在近代认识论和现代认识论的共同话语中揭示认识创新的合理性依据。论文提出反映与创新是两个层次的问题，反映与创新不是对立的关系，具有内在的统一性；事实与意义是两种不同的认识对象，认知与理解是两种不同的认识方式；独断论的真理观和相对主义真理观都有适用范围的限制；人的主体性渗透在认识创新的每个环节和整个过程之中。论文立足于马克思主义认识论的基本观点，坚持能动的反映论，在反映论的基础上肯定了认识创新的合理性和可能性，以期丰富和发展马克思主义哲学的能动反映论观点。

关键词：认识论　创新　反映论

2342

现代管理的价值视角 : 管理价值观研究 / 赵剑民著 ; 唐伟指导. -- 北京师范大学, 2005. -- 137 页

本文认为管理价值观是人们对管理价值的信念系统，既是一个价值生态，又是一个制度生态。管理价值观是由管理的价值主体意识、管理的价值目标观念和管理的价值手段观念相互联结、相互促进、相互作用的有机结构。即“三要素价值观模型”。管理价值观在管理活动中具有评价、定向、调节、激励和整合等功能。它随着主体的变化而变化，随着组织与人类社会的发展演变而发展演变。论文认为，现代管理的价值视角即价值观念包括现代管理的价值主体意识、现代管理的价值目标观念和现代管理的价值手段观念。现代管理的价值主体意识，即自治、基于个人贡献的业绩评价和晋升以及自我实现。它们分别可被称为价值主体的资格和权利意识、权责利相统一的意识和理想人格意识。利润至上、效率至上是现代管理的价值目标观念的显著特征。为实现管理的价值目标，企业及其管理者需要摆脱对日常经验的依赖，削弱人们的本能、欲望、情感、直觉等非理性因素的不利影响，借助专业化、科学化和制度化的手段，来提高管理的计划性、预见性和控制性，使管理依赖于、立基于理性化、理智化的因素。现代管理的价值手段观念突出表现为专业化的观念、崇尚科学的观念和依赖制度的观念。现代管理及其价值观发生了演变和转型，主

要表现为从利润至上向创造价值的转变、从崇尚理性到主张理性和非理性的平衡的转变、从个人本位和主张竞争到个人与团队相结合的强调合作的转变等。这不仅是管理范式的转变,也是管理由现代性向后现代性的转变。论文从社会发展和管理发展的历史方位分析了中国所处的历史阶段,认为当前中国的企业和组织要建设管理价值观,就是在符合社会主义现代化的价值承诺和价值理念的基础上,批判继承中国优秀的传统管理价值观,同时大胆吸收借鉴西方先进的管理价值观,最终建立起有中国特色的新型管理价值观。

关键词:管理学　价值论　价值观

2343

经济全球化视域中的爱国主义教育 / 郑志发著 ; 郑永廷指导. -- 中山大学, 2005. -- 155 页

文章以马克思主义关于国家、关于爱国主义以及关于社会历史发展的科学思想为理论基础,紧紧围绕经济全球化发展给爱国主义教育带来的挑战和机遇这一参照坐标,揭示了当今时代爱国主义教育的重要性、紧迫性及有效性。首先对爱国主义教育进行结构和功能分析,即对爱国主义教育的层次结构、内容结构以及过程结构进行分析。通过对爱国主义教育的社会功能和个体功能进行分析,确立爱国主义教育的价值。接下来对中国的爱国主义教育进行历史追溯,同时对国外爱国主义教育举隅并进行评价,再通过古今中外的爱国主义教育进行纵横比较,为探索中国新时期爱国主义教育的有效性提供可资利用的经验借鉴。然后,对经济全球化视域中的爱国主义教育所面临的时代课题进行探讨。再次,对经济全球化发展特点及爱国主义教育的主要内容进行了分析。分析经济全球化发展的特点,实际上是对这一时期爱国主义教育所面临的机遇与挑战进行分析,即对全球化与民族化的辩证发展问题进行剖析。认为,在新时期进行爱国主义教育必须在民族性和全球性之间保持一种适度张力,既反对极端全球主义者以全球性来取代并否定民族性进而损害民族国家利益的错误主张,同时也反对怀疑论者以民族性即民族国家利益为借口抗拒经济全球化进程的非理性认识。最后,对经济全球化视域中的爱国主义教育的对策进行了讨论。文章的中心思想是:经济全球化发展给爱国主义教育带来了种种挑战,但这并不意味着对爱国主义教育的弱化。爱国主义教育仍然是增进和维护民族国家利益、促进民族国家及个体不断发展的重要手段。社会主义的爱国主义教育为通往共产主义的道路搭起桥梁,而经济全球化发展则为共产主义社会的到来准备物质基础。

关键词:爱国主义教育　思想政治教育　经济全球化

2344

全球化背景下思想政治教育创新研究 / 周从标著 ; 张耀灿指导. -- 武汉大学, 2005. -- 192 页

本文阐述了全球化的含义及本质特征、全球化的起源、全球化的动力以及全球化对我国的影响,认为全球化的浪潮正席卷整个世界。全球化是一个历史范畴,并不是从来就有的。全球化是当代世界经济发展最根本的特征。论文阐述了全球化背景下的创新理论,分析了全球化与思想政治教育,思想政治教育面临的社会历史条件和全球化对思想政治教育的双重影响。论文阐述了思想政治教育观念的创新,认为思想政治教育必须从价值观、任务观、主体观、方法观、质量观、效益观等方面进行不断地创新。思想政治教育的内容是一个既相对稳定又不断发展的体系。思想政治教育的内容创新必须紧紧围绕改革发展稳定的大局,在突出抓好以理想信念为核心的思想政治教育的同时,从实际出发,不断丰富和深化思想政治教育的内容。从理想信念教育、爱国主义教育和诚信教育以及社会主义道德教育、普世伦理教育、生态伦理教育、基因伦理教育等方面,探讨了全球化背景下思想政治教育内容的创新。论文阐述了思想政治教育方法的创新,认为要不断探索和创新适合教育环境和教育对象思想变化的方法,包括灌输与双向交流相结合的方法;显性教育与隐性教育相结合的方法;区分层次,因材施教的方法;优化信息,讲求实效的方法;心灵沟通,思想互感的方法。要继续保持思想政治教育的生命力,必须在继承传统的基础上致力于思想政治教育激励机制、反馈机制、渗透机制、评估机制、预警机制和保障机制的创新。

关键词:思想政治教育　德育

2345

思想政治教育文化环境论 / 周琪著 ; 张耀灿指导. -- 华中师范大学, 2005. -- 146 页

思想政治教育文化环境研究是一个从思想政治教育视域向建设有中国特色社会主义视域、从理论向实践推进的现实课题。本文梳理并归纳出马克思主义关于思想政治教育文化环境理论的多维视角和体

系:社会结构论;人—境互动论;精神生产论;异化论;精神文明建设论,与之相对应,形成思想政治教育文化环境的社会定位、存在方式、三重性生成、当代批判和优化的理论体系。论文深入分析了思想政治教育文化环境的结构层次,并廓清每一种结构内部各要素的相互关系。论文对思想政治教育文化环境系统运行的分析,展示了思想政治教育文化环境运行的基本动力和内外领域,并尝试从文化环境的视角观照思想政治教育活动过程,揭示文化环境和思想政治教育之间的互动规律。论文展示了思想政治教育文化环境的现代物质和内涵:全球化背景下的文化全球化;现代化进程中的文化"悖论";我国社会主义改革实践中的文化际遇。论文把科学技术环境、大众传媒环境作为文化环境当代发展的新形态,运用较为翔实的资料论证了二者的特征、文化蕴涵和对人、思想政治教育的多维影响。审视了思想政治教育遭遇的两歧境遇:作为思想政治教育主体的人面临主体性的提升和丧失;思想政治教育面临当代文化环境所引发的共振与错位。论文从建设规律的层面展示思想政治教育文化环境建设的理路、原则和尺度,探讨思想政治教育文化环境建设的路径:一是推进和加强马克思主义理论建设与创新;二是建设和完善与社会主义市场经济相适应的社会主义思想道德体系;三是坚持和加强党在思想政治教育文化环境建设中的领导地位;四是建立和完善与社会主义市场经济体制相适应的文化环境建设制度;五是深度开发和整合思想政治教育文化环境的资源。

关键词:思想政治教育　精神文明　文化环境

2346

可持续发展伦理研究 / 朱步楼著 ; 王小锡指导. -- 南京师范大学, 2005. -- 189 页

本文从传统伦理学和生态伦理学的基本观点和方法入手,以可持续发展战略和政策的制定与实施为依据,力图从理论和实践相结合的角度,讨论可持续发展伦理观确立的重要性和必要性,尝试对可持续发展伦理的本质、内涵和手段进行分析,初步确立起一个有关可持续发展伦理体系的框架模式。论文认为,可持续发展观的提出并在全球范围内达成共识和付诸实施,反映了世界各国对解决目前威胁人类生存的环境问题的迫切愿望,标志着人类对发展问题的认识不断走向深入。历史和现实进一步告诉我们:随着生态系统遭到愈来愈严重的破坏和环境危机的日益加深,要在更加全面、深入的层面上实施可持续发展战略,不能仅仅依赖技术、经济和法律的手段,还必须同时诉诸伦理信念,建立相应的伦理机制。只有以伦理信念为基础,以伦理机制为保障,可持续发展战略的实施才能从幼稚走向成熟,从肤浅走向深沉。论文逻辑结构或框架安排按照"总—分—总"的逻辑次序展开,主要观点包括:提出"可持续发展本质上是一种新型伦理观"的基本结论;提出可持续发展伦理"三维度"和"三价值"的对称性分析框架;在生态伦理和代际伦理之外提出域际伦理的概念及分析体系;从制度创新的角度提出我国可持续发展伦理的实现模式。

关键词:生态伦理学　可持续发展　环境保护

2347

当代中国企业伦理的演进及模式研究 / 朱金瑞著 ; 王小锡指导. -- 南京师范大学, 2005. -- 179 页

本文通过经济伦理学、历史学、管理学等多学科交叉的视角,对当代中国企业伦理演进的特点及模式进行审视,以期给中国企业提供伦理建设的经验教训。论文分析了中华人民共和国成立以来中国企业伦理演进的历程、特点、原因及不足。包括:计划经济时代是我国企业伦理的初建阶段,革命性是其主要表现;从改革开放到20世纪90年代初,主要表现在伦理意识、管理伦理等方面的自主探索;从邓小平南巡谈话到20世纪90年代末是企业伦理的培育阶段。一些企业表现了强烈的道德自律意识。努力追求公(国)有资本人格化,实现国有资产的保值增值在国有企业经营管理者身上表现明显;进入21世纪以来,伦理成为企业经营管理战略的重要组成部分。企业伦理在借鉴与探索中完成了向创新的飞跃。论文重点对当代中国企业伦理演进过程中形成的不同伦理模式,如政治化模式、企业家权威模式、使命模式、制度伦理模式、血缘亲情模式、集体伦理模式和跨国公司的本土化模式等的特点、积极作用和不足等进行分析。

关键词:企业伦理　企业管理　企业道德

2348

论现代道德自教自律 / 朱孔军著 ; 郑永廷指导. -- 中山大学, 2005. -- 133 页

本文从个体如何认知和实践道德入手,对现代人道德的自教自律进行了全面的考察和剖析。论文认为,现代道德的自教自律是指个体或群体把自身作为教育对象,根据社会的需要和自身发展的需要,自觉地接受道德教育,规范自己的行为,完善自己的人格

的过程。自教自律具有教育的主体和客体统一、教育的目的和手段统一、主动接受和受动规范统一的特征,兼具道德认知、道德修养、道德规范和道德发展的功能。人类的自教自律,是人类本质的体现,它随着社会的发展而不断发展,并在不同的发展阶段呈现出不同的特征。马克思主义关于人的主体性的理论、人的主观能动性的理论和人的自由全面发展的理论为道德自教自律提供了坚实的理论支撑。哈贝马斯的"交往行为理论"、马斯洛的"自我实现论"、彼得斯的"道德学习理论"和罗尔斯的"合理自律与充分自律理论"等,为现代道德自教自律提供了现代思想资源。论文认为,道德自教自律是对社会发展演变的客观要求的道德回应。开放社会以其多样性、动态性、个性化特征要求强化道德自教自律;市场经济使市场规律的客观性和人的自主性,利益的最大化追求和理性的制衡机制,竞争的普遍性和现代秩序的制度运筹都同时得以强化,要求"理性自律人"的存在。论文论证了网络社会自教自律的必要性与可行性,认为道德自教自律成为现代人的生存方式,体现为:全球化的开放时代强调道德学习,网络活动中的"慎独",竞争过程中的"合作式竞争"的等等。论文概括了促发和影响道德自教自律的因素:道德需要和道德理想是自教自律的动力机制;人生幸福和伦理崇高是自教自律的催化机制;道德规范和社会正义是自教自律的保障机制。教育影响、社会评价、职业角色和行为习惯等是深入影响自教自律的外在条件。现代社会道德自教自律的特殊性在于:道德的自主选择性与道德选择风险性同时加大,道德的发展性与个体道德适应性并进,道德取向多样性与个体道德角色转化性共存,道德规范性与道德多重性影响同时强化。发展现代道德自教自律的方法应着眼于:认识现代自我、坚持自我学习、进行自我调适、开展自我反思和加强理性控制。

关键词:道德　自律　道德教育

2349

新时期理想信念教育的理论思考 / 朱喜坤著 ; 刘建军指导. -- 中国人民大学, 2005. -- 152 页

本文在充分吸收已有研究成果的基础上,按照理想信念——理想信念教育——新时期理想信念教育——加强新时期理想信念教育的逻辑结构,在对理想信念教育的内涵进行剖析的基础上,分析了理想信念教育的作用,总结了改革开放以来理想信念教育取得的成绩和存在的问题及其原因,探索了理想信念教育的主要任务、基本方法和一般规律。论文界定了理想信念与理想信念教育,认为理想信念教育与其他传授知识和技能的教育活动在根本任务上有所不同,理想信念教育具有重要意义。论文分析了新时期理想信念教育的现状,认为新时期理想信念教育存在这些问题的原因是多方面的。论文分析在改革开放新时期,进行什么样的理想信念教育的问题。围绕理想信念教育的教育目标,新时期的理想信念教育主要有四项任务:(1)马克思主义信仰教育;(2)社会主义信念教育;(3)对社会主义现代化建设事业的信心教育;(4)对党和政府的信任教育。论文认为,新时期理想信念教育的基本方法"灌输论"与"接受论"相结合,即理想信念教育与物质利益原则相结合;理想信念教育的共同性与层次性相结合;大心理引导与小心理引导相结合;此外,在理想信念教育过程中加强纪律教育,对有效进行理想信念教育也具有重要的意义。理想信念教育作为一种教育活动,在遵循一般教育规律的同时,也要遵循自身特有的规律:以信为本的规律、知识制约规律、渗透转化规律和反复施教规律。

关键词:思想政治教育　理想　信念

国际政治学

2350

美国思想库与冷战后美国外交 / 陈洪桥著 ; 王缉思指导. -- 中国社会科学院研究生院, 2005. -- 105 页

本文探讨了美国思想库产生、发展的过程及其种类和影响力。论文主要采用文献分析法和访谈方式,结合三个冷战后的案例(北约东扩、导弹防御计划及伊拉克战争)开展研究,指出从 20 世纪 60 年代以来,思想库的数目有了极大的增长,专业分工日益明显,同时意识形态色彩大为加强,推销观点的意识和能力比初创时已大有进步。论文详细考察了美国政治环境的变迁及其对美国思想库发展战略的影响,认为两者有密不可分的内在联系,分析了三个案例中美国思想库的推销战略对决策影响的重要性,比较了在不同情况下不同思想库影响决策方式的异同。论文认为美国思想库中的专家们实际上一直与政治决策紧密相关,这既源于他们对自身角色的认知,也与他们所在思想库的动员有关,更是决策者的需要或者说是他们所处的政治环境的强大压力。

关键词:美国对外政策　外交政策　思想库

2351

北约盟国与冷战期间美国的核决策 / 崔磊著 ; 刘金质指导. -- 北京大学, 2005. -- 97 页

本文围绕北约盟国对美国冷战期间核决策的影响,研究了美国核决策与美国同北约各盟国相互关系的处理问题。论文选取了冷战期间美国核决策的四个主要方面,即有关核技术输出、核武器使用问题、核武器控制权以及核裁军的决策,分别以时间为线索,回顾了冷战期间北约盟国对美国核决策的影响过程,然后解释了为什么有时美国会在核决策这样性命攸关的问题上对相对弱小的盟国作出某些让步。论文对冷战期间盟国与美国在核武器问题上的关系进行了全景式的记录,并将现实主义的不对称谈判理论和自由主义的规范理论相结合,解释了北约盟国为何能影响美国核决策。论文认为,北约盟国能对美国核决策产生影响的原因包括:产生强烈的影响美国核决策的欲望,这是前提条件。美国需要盟国军事上或政治上的支持,相互利用的现实主义考虑是美国与盟国关系的出发点。盟国的外交政策是对美国核决策施加影响的一个重要因素。与美国的亲密程度越高,对美国核决策的影响越大。英美特殊关系以及建立在这种关系上的领导人之间的友谊使英国有丰富的资源去影响美国的决策。这反映出共同价值观和国际规范对强大盟国的重要制约作用。现实主义不对称谈判理论无法全面解释盟国对美国核决策施加的影响,需要自由主义规范理论作为补充。

关键词:核武器问题　美国对外政策　北大西洋公约组织

2352

当代英国社会阶级结构研究 / 崔树义著 ; 刘玉安指导. -- 山东大学, 2005. -- 111 页

本文对当代英国的社会阶级结构进行了探讨。第一部分为导论,对有关阶级和阶级结构的几个基本理论问题进行简要述评,探讨当代英国社会阶级和阶级结构变迁的社会和经济背景。第二到第五部分分别对资本家阶级、中产阶级、中间阶级和工人阶级展开讨论。资本家阶级在英国通常被称为上层阶级,在英国各主要阶级中是规模最小的,大约占人口的5%到10%。第三部分讨论了中产阶级的兴起和发展、中产阶级的工作和市场处境、中产阶级的内部区分和中产阶级的意识与政治倾向。第四部分论述的“中间阶级”指的是处在工人阶级与严格意义上的中产阶级之间的社会层次,主要由低级非体力工作者和小资产阶级两个群体构成,成员队伍很不稳定。第五部分讨论以体力工作者为主构成的工人阶级,它目前大约占男性雇员的4/10和女性雇员的3/10,当代英国工人阶级的一个总体特征是它正在经历一个解组过程。第六部分讨论社会流动与阶级结构的关系。当代英国社会流动的一般特征是向上流动多于向下流动、短距流动多于长距流动;频繁的社会流动导致了社会阶级成员的交流和变动,也导致了阶级界线的模糊性和阶级结构的变化。但社会流动并不是一种公平的完全流动,不同阶级的社会流动有着不同的特征,它不仅受到不同文化水平的制约,更受到不同阶级地位和社会资本的影响。论文通过对不同政党和阶级在大选投票中的不同表现,来讨论当代英国社会阶级与政治的关系。随着中产阶级的稳定化而带来的阶级界线的再度明朗化,阶级与政治的联系不是没有可能在21世纪变得再度牢固起来,从而更清楚地反映当前阶级力量的平衡和这种平衡将来可能发生的变化。

关键词:社会阶层　阶级分析　英国

2353

两大国际体系的冲突与近代中国的生成 / 但兴悟著 ; 王逸舟指导. -- 中国社会科学院研究生院, 2005. -- 136 页

本文从国际关系理论的视角,探讨了近代中国的生成:一个国家(中国)按照天朝礼治秩序的原理建构了一个以自身为中心的同心圆国际体系——朝贡体系,它与近代西方国际体系——威斯特伐利亚体系遭遇,双方发生了激烈的冲突,朝贡体系破裂,作为体系核心单元的中国得以重新定义。论文分析了朝贡体系作为一种古代国际体系的基本内涵、结构特征、观念基础,指出朝贡体系的基本原理就是中国国内礼治秩序的国际投射,在结构上呈现为以中国为中心的同心圆结构,进而分析了作为朝贡体系观念基础的“天下”观和“华夷之辨”。从政治、经济、战争三个方面分析朝贡体系的互动进程,以具体的历史实例分析中国如何通过朝贡礼仪建构了一种“差序型”的国际秩序及其背后的利益层次以及“厚来薄往”原则背后的权力关系。论文通过“马嘎尔尼事件”和“律劳卑事件”展现朝贡国际体系与近代西方国际体系的冲突。焦点是中英彼此应该按照何种方式来展开彼此的关系。从国际体系的角度,近代中国与以英国为首的西方国家之间的冲突包含着“轨道”之争,亦即是按照朝贡体系的差序原则还是按西方的所谓“外交”方式来建构中英之间的关系。英国以武力击碎朝贡轨道,将

中国强行纳入到西方主导的近代国际体系中。论文从近代国家观念、主权意识、政府体制(外交体制)、国家领土四个方面分析了近代中国的生成过程,以“天下兴亡、匹夫有责”的再诠释来分析近代国家意识的形成,以主权意识的苏醒和观念变迁分析国家利益的重构,以近代国际体系的冲击之下中国对外关系体制的变迁来反映国内体制的改革,以及从边疆到边界的转变中体现对中国领土的再建构。论文指出国际体系影响的不仅是国家的行为,同时国际体系还会对国家的内涵产生影响。国家建构体系,体系也在塑造国家。中国近代以来的历程是一个中国内涵的再造过程,这一过程至今仍未最终完成。

关键词:国际体系　国际关系　国际政治　民族国家

2354

贸易摩擦下的美日关系 : 从里根到克林顿 / 丁启玉著 ; 梁守德指导. -- 北京大学, 2005. -- 130 页

本文从 1981—2000 年里根到克林顿时期的美日贸易摩擦入手,总结美日贸易摩擦的发展特点和规律,以及影响贸易摩擦进程的国内、国际因素,从政治、经济相结合,国际环境与国内结构相结合的视角考察这一时期美日贸易摩擦下的美日关系,尤其是美日安保同盟体制所涵盖的政治安全关系对经济关系的重要影响。论文认为,作为美日战后双边关系的重要内容,美日贸易摩擦呈现了低度政治化(1985 年前)——政治化升级(1985—1992 年)——高度政治化(1993—1995 年)——“脱”政治化(1995 年后)的模式。原因在于:(1)美日经济实力、经济利益的相对变化;(2)随着国际安全格局的变化所产生的美日同盟预期的政治安全收益变化,影响了两国贸易政策的决策过程和结果(包括政治联盟和政策网络),突出或弱化了两国贸易政策的竞争性和对抗性,尤其是美国贸易政策的进攻性,决定了贸易摩擦的进程。美日贸易摩擦从缓和到激烈复又走向缓和的过程说明了美日两国力图在国家经济利益与政治安全利益之间寻求平衡的努力,导致了斗争与妥协并存的局面,并最终以安全合作的加强代替了贸易关系的紧张。论文介绍了美日贸易摩擦的国内制度背景,说明日本与美国经济运行模式的不同,包括政府与企业关系,企业间关系的差异等。论文以历史与问题的交叉为线索,分析了里根、布什、克林顿时期美日贸易摩擦的形成、发展与双方基于战略相互需求的妥协,总结了里根政府时期美日贸易摩擦从低度政治化到政治化升级的转变。论文总结了布什时期美日贸易摩擦政治化持续升级的过程,总结了克林顿时期美日贸易摩擦从高度政治化到“脱”政治化的过程,归纳了美日贸易摩擦所反映的美日双边关系中“利益”与“责任”的调整,总结了对贸易摩擦多角度的考察方法,简单考察了进入 21 世纪后的美日关系。

关键词:日美关系　双边贸易　美国对外政策

2355

欧洲一体化的悖论 / 古莉亚著 ; 王杰,潘维指导. -- 北京大学, 2005. -- 222 页

本文分析了欧洲一体化的悖论:欧盟已经成为当今世界一体化程度最高的国家联合体;但欧洲一体化并未达到建立一个“欧洲联邦”的目标。论文认为,影响一体化的因素有三个:国际结构压力;地区同质性程度;领导者的数量。二战后欧盟国家面对的国际结构压力既强大又不足是导致欧洲一体化既取得巨大成就又尚未完成的一个因素。同时,美国对欧盟国家加强防务建设的努力提出种种限制,给欧洲一体化带来了负面影响。欧洲地区不仅具备由共同文化带来的欧洲认同感,由战争经历带来的欧洲统一观念,而且,欧盟各国在政治、经济、文化方面具有较高程度的相似性,为欧洲一体化的发展提供了十分有利的条件。较高程度的同质性还使欧洲一体化进程中存在着强大的外溢作用。然而,欧盟成员国内又存在着根深蒂固的异质性,对欧洲一体化的发展造成重要的限制。而且,外溢效应有限,成员国仍然能够基本上控制一体化进程,外溢作用的突出甚至可能会带来某种反作用。在欧洲一体化中,法德合作成为双头领导。它们具有推进一体化的意愿,它们拥有强大的实力说服其他国家接受它们的提议,大多数时候它们能够控制欧洲一体化的发展结果。而且双头领导模式具有一些独特的优势,这是欧洲一体化发展速度较快的原因。双头组成的领导存在着两方面的缺陷:双头之间对于主导权的争夺;双头对于一体化的不同看法。冷战之后,法德争夺主导权的斗争渐趋激烈,对欧洲一体化带来重大影响。

关键词:欧洲一体化　国际政治　欧盟

2356

新军事变革对当代国际政治的影响 / 管丽萍著 ; 李忠杰指导. -- 中共中央党校, 2005. -- 170 页

本文运用国际政治学理论,研究了新军事变革对国家安全、国际体系、国际法三个国际政治重要范畴

的影响,从宏观的角度探讨了新军事革命与国际政治之间的内在联系。全文共分五章。第一章介绍新军事变革的兴起与发展,新军事变革的主要内容,信息化战争的主要特点及未来的发展趋势。第二章分析了新军事变革的发展以及新的战争形态的出现对当代国家安全关系产生了怎样的影响。对新军事变革时代主要大国的军事安全战略调整的总体现状进行了分析,重点研究美国的国家安全战略的调整对国际安全体系的影响。第三章从宏观上分析了新军事变革在当代国际体系演化中的作用和影响。并对历史上的战争革新是如何影响国际秩序变革作了深入的分析。第四章分析了军事技术的进步,推动武器装备、军事理论、军事组织体制等方面发生了重大变革,新的战争形态以及新的武器装备的出现对国际法所产生的影响。重点对美国及其盟军在伊拉克战争中所使用的武器违反国际人道法有关条款的情况作了详细的分析。并在总体上分析了新的战争样式对战争法产生的影响以及未来作战手段与方法方面的国际立法趋势。第五章分析了美国亚太地区的军事战略调整,使中国周边安全环境发生了深刻而复杂的变化。并就如何加强中国军事战略的调整,有效维护中国的安全与发展问题提出几点建议。

关键词:国际政治　国家安全　国际关系　国际法　新军事变革

2357

全球化语境下的国家认同 / 郭艳著 ; 康绍邦指导. 中共中央党校, 2005. -- 127 页

本文从历史社会学和社会心理学角度,将历史实践、认知心理与身份认同结合起来研究国家认同,主要探讨全球化语境下发展中国家认同建构面临的困境:它们需要同时完成融入全球社会和民族国家建构这两大任务。正文共四章。第一章主要从理论上对国家认同进行了梳理。首先,通过对个人认同、集体认同及其动力机制的分析,得出成功的认同与人们需要的满足紧密联系在一起,并对认同理论对国家领域的适用性进行了分析。其次,对国家认同的内涵进行了界定,指出国家认同在本质上与合法性紧密相连。最后,讨论了现有国际关系理论在国家认同问题上的基本主张。第二章结合历史发展的现实,对西方国家和非西方国家的认同建构历程进行了比较分析。指出现代国家认同的形成是在一定的历史环境下建构的结果,国家在其中扮演了至关重要的作用。在非西方国家认同的塑造过程中,西方国家的认同霸权得到了充分显现。第三章主要从发展中国家视角研究国家认同在全球化时代面临的严重危机。在全球化时代,发展中国家遭遇着广泛的认同危机,主要表现在合法性危机和定位危机两个方面。其中,超国家认同和次国家认同的勃兴凸显了合法性危机,定位危机则表现为自我定位危机和他者的"承认"危机。这两方面危机的共时性及问题解决的矛盾性,使得发展中国家认同的建构面临着双重困境。第四章以中国为个案对前面所提问题进行实证分析。对中国来说,在迈向现代国家的过程中,既有来自台湾等分离势力对主权国家的挑战,又存在国际战略机遇期如何对国家进行定位,以及来自国际社会部分国家所宣扬的"中国威胁论"的压力。中国政府需要寻求新的合法性基础,确保台湾民众对中国的认同,维护国家的主权和领土完整,并正确认知自己的国际地位。

关键词:经济全球化　民族国家　国际关系　国家认同

2358

中国报刊话语对于本土中产阶层的形象和议题建构 : 以中产报刊为例 / 何晶著 ; 程曼丽指导. -- 北京大学, 2005. -- 160 页

本文关注了自 20 世纪 90 年代中后期以来中国中产报刊话语对于本土新兴中产阶层的形象和议题建构现象,借助费尔克拉夫的话语分析框架,从文本、话语实践、社会实践三个层面分析了这一现象的基本形态、产生过程及其背后的社会作用力量。论文认为,当前报刊文本对中国中产阶层的形象呈现以对其概念的界定和人物形象的展示交织进行为首要特征。这是一个新兴社会构成在形成初期显现的媒介文本特征。从文本来看报刊话语倾向于从生活方式的角度来建构中产阶层,初步形成了一个以理性和建设性为基本取向的中产阶层公共领域。从话语实践来看,当前报刊文本中的中产阶层形象是国内官方文本、国内学术文本、西方文本以及报刊自身话语发展过程中有关中产阶层的文本综合建构的结果。传播者基于对中产阶层的认知设置议题,并与公共知识分子一道就这些议题形成意见。这些议题也是在中产阶层的潜在要求和隐蔽的市场逻辑作用下被建构起来的。媒介建构现象和建构过程,是众多社会力量共同作用的结果。中产阶层、国家、公共知识分子、媒介以及作为中国社会外部力量的全球化进程共同实践着对"中产阶层"话语的社会建构。中产阶层在中国社会的蓬勃兴起是媒介建构行为得以进行的客观现实基础,媒

介对中产阶层的建构首先基于该阶层自我建构的要求。国家意识形态对中产阶层的认可和培养意图是媒介建构行为的合法性支持力量。公共知识分子是一个与媒介合作的角色,成为在公共议题意见形成上的建构力量。论文认为,中产阶层的报刊的建构行为既是对客观世界变化的必然反映,也是在市场化经营的条件下的所做出的主动行为。全球化作为一个外在的积极力量,推动了媒介对中产阶层的建构活动。它不仅生产了中国中产阶层媒介形象的现实"模本"和参照文本,还介入对中产阶层的议题建构过程。

关键词:报刊　话语　新闻报道　中产阶层

2359

利益集团与冷战后美国对华政策 / 何兴强著 ; 陶文钊指导. -- 中国社会科学院研究生院, 2005. -- 107页

本文围绕利益集团作用比较显著的对华最惠国待遇问题和PNTR立法问题,选取商业、人权、宗教及劳工集团为例,采用案例分析的方法,探讨冷战后利益集团在美国对华政策中的影响。论文对美国利益集团的概念、理论发展、美国社会中的蛀牙利益集团、当代利益集团的发展以及利益集团游说的策略和方式加以概括介绍,对利益集团及其影响的评价进行了阐述。论文论述了冷战后美国外交决策系统的变化和特征以及利益集团在其中作用的上升,对利益集团在美国外交决策中的策略和影响以及对这种影响的评价,包括利益集团在外交决策中作用的"两个层次博弈"理论作了探讨,分析了利益集团在冷战后美国对华政策中影响上升的原因。论文围绕美中贸易商界联盟、美国贸易紧急委员会、美国商会、美中贸易全国委员会、企业界圆桌会议和全美制造商协会六个大商业组织,运用案例分析法探讨了商业利益集团在1994年"脱钩"政策、1997年的最惠国待遇问题及2000年的PNTR立法问题上的作用,探讨了一个包括人权组织、宗教集团以及劳工集团在内的广泛意义上的人权集团在冷战后美国对华政策中的影响。其中包括对人权亚洲观察和大赦国际等人权组织在1989年北京政治风波后几年对美国对华政策的影响,家庭研究会和基督教联盟在1997年对华最惠国待遇问题上的作用以及劳联—产联在2000年PNTR立法上作用。论文认为,利益集团影响的上升使得冷战后美国对华政策的制定更加复杂。商业集团坚持美国利益与中美关系和利益一致,中美经贸关系是互利、双赢的。而人权等集团的反对则表明美国共识仍然脆弱。冷战思维将继续存在,推动中美关系的发展需要克服许多障碍。

关键词:美国对外政策　利益集团　对华政策

2360

新时期中国经济外交研究 : 理论与实践 / 何中顺著 ; 亓成章指导. -- 中共中央党校, 2005. -- 222页

文章认为:(1)经济外交是中国总体外交的重要组成部分。中国实行经济外交的过程,为评价中国的外交政策和外交行为提供了一个现实的平台。中国外交的总体目标服务于中国改革开放的总体国家战略,作为实现中国国家利益的手段之一,有足够的理由和需求对中国经济外交的研究投入更多的精力。(2)在改革开放的条件下,内政和外交的联系更为紧密。这种互动表现为三个层次:首先,制定国内政策离不开对国际形势的把握;其次,国内的经济和政治发展不断给中国外交提出新任务,外交工作处于配合中心工作的地位;最后,中国参与经济全球化的过程,在一定程度上影响中国国内的经济和政治体制改革进程。(3)中国经济外交的内容日益丰富、手段日趋多元、层次日益清晰,并开展形成诸多分支领域的议题。经济外交的表现形式有多样性的特点,包括国家经济合作外交、封锁禁运、贸易外交、关税外交、金融外交、能源外交等等。中国外交的主要任务将会是争取更多国家利益,特别是中国非常缺乏的能源。(4)经济外交作为一个重要的外交概念,已经与中国的大国外交、多边外交、周边外交表现出极大的重合性。中国经济外交的战略目标服务和服从于中国外交战略的总体部署。(5)经济外交和单纯的政治、安全外交等所谓传统外交比较表现出一定的独立性和特点。如中日、中美两国间的经济合作发展良好,但政治关系有时存在很多结症。中俄经济关系的滞后性也并不必然对两国关系产生影响。(6)中国经济外交作为对政治、安全外交的重要补充,还存在大量提升的空间,经济外交的质量和意识亟待提高。一方面有必要树立广义的经济外交观念,更加积极的参与国际与地区多边经济、金融事务的对话与各项"国际规则"的决策过程,真正把经济外交提高到中国国际战略的高度;另一方面,也要加大政府交涉力度,拓展中国经济发展的国际市场空间。

关键词:外交政策　外交关系　经济外交

2361

青年与国际政治 / 江广平著 ; 沈骥如指导. -- 中国

社会科学院研究生院, 2005. -- 131 页

本文以青年与国际政治为题,在国际政治与马克思主义国家理论的背景下,探讨如何在国际发展与合作中管理青年事务、保护青年权利、运用青年运动。论文认为,国际政治的微观分析目标分为两个层次:精英人物与普通大众。微观分析的目标应当扩大到普通大众。全球治理和全球公民社会范式分别从需要和供给的角度,为研究国际政治中的大众提供了路径。论文建议中国的国际战略必须考虑青年因素,一方面要加强中外青年之间的交流与合作,另一方面要加强青年的政治思想教育,抵御国外敌对势力的渗透。论文认为,作为国际政治活动的前沿范式,全球治理和全球公民社会在一定条件下将发挥国际政治微观层次的作用,以国家的社会管理职能为切入点,干预国家的政治、经济和社会管理,弱化国家的政治统治职能,达到侵害国家主权、危害国家安全、颠覆国家政权的目的。论文建议为国际合作和交流设定安全底线,即坚持以马克思主义思想为指导,正确把握国家职能运作的本质,一方面顺应经济全球化的发展趋势,进一步深化改革,扩大开放,加强国家社会职能范围内的国际合作,另一方面要抵制西方资本主义国家的政治统治职能对国际合作的干预和影响,防止在社会管理职能领域的国际合作和交流演变为颠覆国家政权的工具。论文认为,建设和谐社会是防范敌对势力对我国实施分化和西化策略的有效战略措施。

关键词:国际政治　国际合作　青年　政治思想教育

2362

欧洲一体化进程中的大国关系 : 民族国家与欧洲一体化(1945—1973 年) / 姜南著 ; 周荣耀指导. -- 中国社会科学院研究生院, 2005. -- 90 页

本文考察欧洲一体化进程中的大国关系,主要是英法德三国的关系及其对欧洲一体化进程的影响,并以此为基础探讨了民族国家与一体化之间的关系。论文认为,西欧民族国家经历了漫长的演讲过程:《威斯特伐利亚条约》为欧洲近代民族国家体系的形成奠定了基础,确立了民族国家在欧洲国家政治和国际政治中的主体地位;欧洲人在对民族国家和对战争的反思中提出了欧洲以联合来消除战争的思想;第二次世界大战以后,一体化的思想逐步变成了现实,民族国家开始走向一体化。欧洲一体化建立的超国家机构,对民族国家的形式是一种新的挑战。论文探讨了战后美国在欧洲实施的马歇尔计划以及美国对欧洲一体化的重要影响。欧洲一体化过程中,大国尤其是英法德等国对于一体化的作用不容低估。论文认为,在欧洲一体化的起步时期,法德的和解至关重要。法德的和解是欧洲一体化的前提和基础,法德的密切合作是推动欧洲一体化进展的重要动力。在英国加入共同体的过程中,法国因为两次否决英国的申请而使英法之间的矛盾和冲突成为焦点。法国的否决对共同体的发展产生了重大影响,它使共同体的扩大推迟了十年,也使发展初期的共同体共同农业政策按照法国的设想成型。英法德之间的关系在一般程度上决定了共同体的发展方向和速度,民族国家对一体化起着推动或阻碍的作用。欧盟的决策权掌握在民族国家手里,欧盟的命运也掌握在民族国家手里。论文认为,欧盟是一个以超国家性质为主要特征的、超国家与政府间性质并存的、高度一体化的区域性经济政治组织。一体化与民族国家之间是对立统一的关系,它们相互促进、相辅相成。

关键词:欧洲一体化　民族国家　国际关系　国际政治

2363

东亚区域经济合作研究 : 国际政治经济学视角的分析 / 姜运仓著 ; 宫力指导. -- 中共中央党校, 2005. -- 212 页

全文共分九章。第一章回顾了东亚经济合作的历史,时间跨度是从 1967 年东盟的成立到 2004 年。第二章对东亚地区经济合作的原因进行了分析,分析中使用了层次法,即从全球、地区和国家三个层次展开。第三章主要从政治、经济、文化、宗教等各个方面展示其对东亚地区经济合作的制约,并就如何克服这些因素提出了见解。第四章主要论述东亚经济合作同区外大国和国际组织以及区域内的重要关系,其分析的重点是世界第一大国——美国以及亚太地区最重要的国际组织——亚太经合组织同东亚经济合作的关系。此外,还分析了东亚经济合作同欧盟等国际组织以及俄罗斯等大国的关系,以及东亚区域经济合作中的中日关系。第五章以东盟——中国自由贸易区这一东亚次区域经济合作组织为例,分析了其从拟议到形成再到其影响的过程,旨在为整个地区的合作提供一种模式、一种理念、一种探索。第六章则对东亚的其他次区域经济合作形式进行了分析,重点是东北亚地区的经济合作。第七章主要对东亚地区经济合作的前景作一预测,包括东亚经济一体化的可能形式和最终走向东亚共同体的可能性。第八章则借用

了新功能主义外溢的概念,从地域和功能两个方面分析了东亚经济合作的影响。第九章分析了中国在东亚经济合作中的作用,并对中国的因应之策提出了建议。文章指出,东亚经济合作的进程是复杂而曲折的,但前景是光明的,东亚各国不但在经济上将走向一体化,成为世界经济舞台上重要一极,在政治、安全等各个方面的合作也将日渐紧密,东亚共同体的设想并不是水花镜月,而是未来东亚国家共同走向全球化的平台。

关键词:区域经济　经济合作　国际合作　东亚

2364

走向统一的两种互动模式：对于高丽亚南北与中国海峡两岸互动关系的分析 / 金润道著 ; 王逸舟指导. -- 中国社会科学院研究生院, 2005. -- 138 页

本文探讨了两国的统一问题及其对中韩两国的和平与稳定的影响,分析了历史经验和各方外部因素与内部的影响作用以及互动关系,对韩中两国如何克服困难恢复认同而实现统一进行了探讨。论文探讨了高丽亚问题与高丽亚南北关系:高丽亚南北统一进程、南北之间进行的会谈与达成的协议、南北交流合作方面,也探讨了中国两岸关系方面的有关内容,如中国两岸统一政策、中国两岸会谈与达成的协议等。论文比较分析了韩中两国同朝鲜与台湾的冲突以及纠纷,比如“朝鲜核问题”、“双方冲突与挑衅”、“脱北者问题”、“两岸双方武力冲突”所导致的两岸危机形势、在国际社会里双方所进行的“外交较量”和“台独问题”等。论文分析了统一的外部因素及其影响,认为美国具有重要影响,探讨了高丽亚南北与中国两岸问题的症结与解决方案,把内部和外部问题的症结综合起来加以分析,主要阐述了在南北双方政治思想体制上的鸿沟、朝鲜面临的经济与体制困境、朝美关系的影响与展望、双方恢复认同的互动措施,指出南北和解与共同繁荣的政策方向,从“国共内战”到“反分裂法”的两岸分歧推移、美国的双轨政策、两岸恢复认同的消极和积极因素和台湾的选择,指出以“大和平战略”为代表的时代要求。针对中国两岸统一,论文提出大陆对台湾“在一个中国原则下”先完全放弃使用武力,采取“大和平战略”决策的大陆主动的和平力量;高丽亚方面强调韩国应该摆脱依赖外势思考,也摆脱根本小国思维方式,应振兴民族主义,确立自主力量的国家形象。

关键词:国家统一　朝鲜半岛　台湾问题　两岸关系

2365

论国际体系与世界新秩序 / 孔庆茵著 ; 刘清才指导. -- 吉林大学, 2005. -- 226 页

国际体系与世界秩序之间有着密切的关系。任何世界秩序都以一定的国际体系为基础。冷战结束后,国际体系发生了重大变化,在新的国际体系基础上建构世界新秩序成为国际关系理论与实践的重大课题。全文共分五章:第一章介绍了国际体系研究范式。第二章分析了国际体系的结构特征,认为在当代国际体系中,主权国家仍然是最基本的行为体;国际无政府状态仍然是国际体系的重要特征;在国际体系中,各国之间的权力分配决定了国际体系的性质与特点。第三章是国际体系的动力结构,认为冷战后推动国际体系向前发展的仍然是国家对利益和权力的不懈追求。第四章是国际体系的控制机制,国家间力量的平衡,世界政治中存在的一些互动规则、道德和法律等机制要素,国际组织发挥的协调作用,这些因素作为控制机制保证了世界具有一定的秩序。第五章是世界新秩序的理性建构。作者认为,应当以主权国家为基本行为体,以多极格局为结构基础,以多边协调为机制,以利益和谐为价值基础,最终建构起全球共治的世界新秩序。全球共治的实质在于,它是国家间基于共同利益的合作和共同治理,以及国家与非国家行为体共建的复合治理。

关键词:国际关系　国际政治　世界新秩序

2366

国际战略通道研究 / 李兵著 ; 李忠杰指导. -- 中共中央党校, 2005. -- 382 页

全文共分 11 章。第一章从国际海上战略通道概念的辨析入手,指出通道是大量物流集中通过的地带,在分布上必然连接并跨越世界主要的经济中心和生产基地,通道的分布取决于世界生产能力的地域分布。第二章至第四章,分别研究大西洋、太平洋和印度洋中主要战略通道的地形地貌、基本概况、航运与物流状况、历史变迁和围绕通道所发生的重大事件等。第五章在对历史与现实概括总结的基础上,客观地评价国际海上战略通道的地位与作用,指出战略通道担负着多重的职能,是海上物流的通道和军事斗争的咽喉要地,它维系着民族的尊严与情感,在某种程度上关系到国家的前途和命运。第六章进一步探讨了促进战略通道历史地位与作用变化的深层次原因,客观评析了海权的历史地位及其局限性,指出未来战争中,不仅要取得制海权,还要取得制信息权、制空

权,这是夺取战争胜利的保障。第七章分别对美国、日本、俄罗斯、印度、英国等主要国家的通道战略思想及政策作了比较研究,指出各国家都很重视战略通道的安全与畅通,都在努力发展远洋海军,注重海上战略威慑力量建设,促进各国在海上通道安全方面的合作,以便在国际竞争中处于有利位置。第八章研究海盗及海上恐怖主义对通道安全的影响。对东南亚沿海海盗猖獗的深层原因、海上恐怖主义发展的新动向作了较为详尽的分析,对一些大国的战略通道政策作了客观的评析。第九章探讨海上战略通道的国际合作,认为维护通道安全是国际社会的共同职责,同时提出了具体的方法和步骤。第十章研究国际海上战略通道对中国的作用和影响。指出随着我国海外利益的扩展、海洋运输业的壮大以及对进口石油等资源依赖性增强,亟须保障相关战略通道的安全。第十一章对如何维护国际海上战略通道安全提出了具体的对策与建议,其中强调加强国际交流与合作是中国维护通道安全的必由之路。

关键词:国际贸易　海上运输　物流　国家安全　战略通道

2367

朝鲜半岛安全机制研究 :一种理论分析 / 李华著 ; 石源华指导. -- 复旦大学, 2005. -- 211 页

朝鲜战争结束后,基于 1953 年 7 月签署的停战协定而建立起来的半岛停战机制阻止了战争的再度爆发,维持了朝鲜半岛的冷战格局,为朝鲜半岛地区的和平与稳定做出了历史性贡献。论文认为,停战机制本质上是一种缺乏内在稳定性的机制,是以美苏为首的两大军事集团全球均势对抗体制在东北亚地区的体现,它受制于冷战安全格局,又必然会随着国际安全格局的演化而演变。半个多世纪以来,停战机制遭遇过严峻挑战。如 20 世纪 90 年代以来爆发的朝核危机是半岛原有安全机制失衡的表现,由此导致了诸多安全困境。由中美朝韩参加的四方会谈和现在的六方会谈都未能就将朝鲜半岛停战机制转变为和平机制作出适时的安排。冷战后的半岛冷战格局依旧,朝鲜半岛安全前景未定。论文认为,朝鲜半岛的现有格局是一个地区性多边战略框架,未来半岛新的战略稳定机制的构建除了朝韩两个当事国之外,仍然离不开美、中、俄、日等半岛周边各大国的参与。各大国之间存在着尖锐的利益分歧、竞争和摩擦。在朝鲜半岛维护现有的停战机制,同时以新的思维寻求建立持久和平的半岛安全机制,仍是有关各方的长期任务。针对后冷战时代的朝鲜半岛建立新的安全机制,论文从理论视角对国际安全领域中的均势机制、集体安全机制、安全对话机制的特点、功能及缺陷进行了全方位剖析,从历史视角对战后 50 多年来朝鲜半岛地区安全机制的流变及其成败得失进行了全面考察与审视,对目前世界上成功运作的地区多边安全机制实践进行了个案分析,对未来半岛安全机制模式及相关的构筑问题进行了创新性思考,并对未来中国参与朝鲜半岛安全机制问题提出了建议与设想。

关键词:国家安全　国际政治关系　朝鲜半岛

2368

普京外交构想研究 / 李俊福著 ; 亓成章指导. -- 中共中央党校, 2005. -- 113 页

本文在分析普京关于俄罗斯外交的言论和俄罗斯外交实践的基础上,力图对普京的外交构想进行全面分析和论述。首先分析了普京外交构想形成的历史背景与影响因素。指出和平与发展时代主题下的国际格局多极化趋势及影响、经济全球化给转轨国家带来的机遇与挑战、传统安全与非传统安全交织的安全局势,以及国内政治社会状况和经济形势,普京本人成长环境和爱国主义情结、职业背景与执政风格对其外交构想产生了重要影响。其次,阐述了普京对世界、俄罗斯和俄罗斯外交的认识与定位。普京认同和平与发展是当今世界的时代主题,认为世界格局向多极化发展,外交要体现国家利益至上、内部目标高于外部目标和目标与手段平衡。第三,阐述了普京对外交取向的构想。着重分析了普京"全方位"外交战略的依据、目的和内容,普京"融入欧洲"战略的缘由、内容和前景。第四,概括了普京的经济外交、能源外交和军事外交构想。分析了经济外交的含义和普京经济外交构想的主要内容;论述了普京能源外交的物质、理论基础和能源外交战略的内容;分析了军事外交的含义、内容和普京军事外交的内容与实践。第五,阐述了普京对俄罗斯主要双边关系的构想。分别论述了普京关于发展俄罗斯与独联体、欧盟地区国家和世界上主要大国美国、中国和日本等国家之间关系的指导思想。第六,对普京外交构想进行总体评价。认为普京外交构想最突出的特征是实用主义,并概括了普京关于实用主义外交的主要观点和其实用主义外交的主要体现,指出普京外交构想的本质是强国意识。

关键词:普京(Putin, F. F. 1952～)　对外政策　外交战略　实用主义　俄罗斯

2369

上海合作组织研究 / 李敏伦著 ; 宫力指导. -- 中共中央党校, 2005. -- 157 页

本文以上海合作组织的发展进程为主线,分别从该组织的理论基础、议题转换、发展前景及其与中国多边战略的关系等方面进行了研究和论述。全文共有七章。第一章主要就上海合作组织的理论基础——"新安全观"进行了探讨。指出相互安全、合作安全和综合安全是"新安全观"的理论支柱,共同安全是"新安全观"的着眼点,普遍安全是提出"新安全观"的终极目的。这就是"新安全观"的理论框架。上海合作组织的实践就是按照这一理论框架渐次展开。第二—五章主要对上海合作组织的发展历程进行了梳理。上海合作组织从 1996 年 4 月"上海五国"协商机制算起,发展至今已有 9 年。该组织的主要议题经历了两次转换,即:从寻求边境安全到联合反恐,从联合反恐到加强经济合作。由于议题的不同,上海合作组织呈现出不同的机制特征。第六、七章主要对上海合作组织的发展前景和其他重要地区性国际组织的发展经验和教训对该组织的启示进行了探讨。主要从成员国对该组织的国家利益诉求、该组织的发展难题、国际地位及发展潜力四个方面进行了研究,认为上海合作组织在具有广阔发展前景的同时,也面临着巨大的挑战。而要应对这些挑战,应尽量建立一套行之有效的组织机制,使之尽可能少地受外部和内部的影响。最后,作者还就上海合作组织与中国的多边外交战略的关系进行了论述,并认为中国可在这样几个方面进一步促进上海合作组织的发展,即:继续推进西部大开发战略,处理好与俄罗斯的关系,优先促进经济合作,保持与其他周边国际组织的接触和合作,打消美国对该组织的顾虑,积极探索在上海合作组织框架内实践"新安全观"的新途径等。

关键词:上海合作组织　国际组织　国际合作

2370

经济全球化时代的国家职能 / 李少琳著 ; 刘玉安指导. -- 山东大学, 2005. -- 128 页

本文探讨了经济全球化背景下国家的职能与作用等问题。认为经济全球化是一个进展很久的、逐步发展的、整体演进的历史过程,在这一过程中,国家具有多种调整经济的能力和管理经济的手段,作用不断扩大,并推动经济全球化的发展。论文分析了国家与市场的建立和运行的关系,认为拥有一个相对健全、稳定、广阔的市场是发展资本主义经济的前提,无论是国内市场的建立还是海外市场的开拓,国家一直扮演着非常积极和重要的角色。市场的运行要在法律和政治制度的框架之内运行,国家承担了经济管理和社会管理职能。论文分析了市场失灵条件下的国家,认为资本主义发展到垄断阶段以后,完全竞争的市场逐步被不完全竞争的市场所取代,20 世纪 30 年代爆发的世界性经济危机,暴露了市场调节的缺陷,使国家的积极、全面干预成为必然。国家不仅采取计划手段和国有化运动干预国内经济,还通过国际合作,利用国际组织开拓世界市场,同时,国家还建立和完善社会保障体系,以改善劳资关系,维护社会稳定,促进经济繁荣。论文分析了政府失灵条件下的国家,认为从上世纪 80 年代以来,西方国家的国家干预出现了从凯恩斯主义向新自由主义和第三条道路的转变。论文阐述了经济全球化浪潮中的国家,认为经济全球化浪潮下,国际行为体日趋多样化,国家受到前所未有的冲击和挑战。国家作用的形式和内容也在不断变化,而不是日益缩小。国家是经济全球化的推动者,经济全球化的浪潮决不会吞噬民族国家,它只会迫使国家在更深、更长远的层面上为生产力的发展创造条件。

关键词:经济全球化　国家职能　国家干预　民族国家

2371

俄罗斯传媒转型研究 / 李玮著 ; 程曼丽指导. -- 北京大学, 2005. -- 119 页

本文分析了俄罗斯传媒体系的重构与转型过程,探讨了转型的初衷、原因、现状、经验与教训等问题。论文认为,从 1985 年戈尔巴乔夫推行政治、经济改革起,"公开性"就催化了多年一贯的苏联传媒体制。被戈尔巴乔夫赋予自由的大众传媒,在国家改革、苏联解体的过程中起了推波助澜的重要作用。随着 1991 年《俄罗斯联邦大众传媒法》的问世,俄罗斯传媒开始转型,根据《传媒法》制定的三项基本原则:解除新闻查禁、取缔传媒垄断和实现传媒自治。转型的初衷被设定为迈向自由化、私有化和市场化,即追求"自由、独立和发展"。自由化和私有化意味着脱离国家控制,追求政治独立,市场化则意味着促进传媒的繁荣发展,获取经济独立。俄罗斯传媒领域的转型实际上就是一个私有化和市场化的过程。论文认为,近 20 年来俄罗斯传媒走过了一段环行路:从变革以前的国家垄断→80 年代末期激进改革者的控制→90 年代初期短暂的新闻人自己当家做主→90 年代中后期的寡

头垄断→新世纪的国家控制。今天的俄罗斯传媒已经形成以国家传媒为主,社会传媒、私人传媒(包括外国传媒)为辅的三足鼎立状态,多元化的传媒体系已经形成。今天的国家控制是一种新型的、国家控制下的市场化模式,它不同于美国的纯商业模式,也不同于欧洲的公共模式,它是国家资本主义模式。论文认为,导致俄罗斯传媒未能按照既定方向转型的原因是:变革目标过于理想化,"休克式"的方法过于激烈,传媒在完全不具备政治、经济和文化基础的情况下断然转向,茫然追求全盘资本主义和所谓的传媒独立与自由。近期内俄罗斯传媒在国家的强力下处于低调,远离政治,走向娱乐甚至庸俗。论文认为,俄罗斯传媒的转型(以及中俄两国传媒转型的对比经验)中,社会政治经济对大众传媒的影响是决定性的。大众传媒的繁荣取决于适当的政治和经济基础,大众传媒的模式必须适应社会的政治经济发展。俄罗斯传媒变革的艰难道路,正是它与政治经济之间关系不够协调和适应的写照。

关键词:传播媒介　大众传播　俄罗斯

2372

中国非政府组织的发展及其驱动力解析 / 李章源著 ; 王杰指导. -- 北京大学, 2005. -- 157 页

本文分析了以"社会团体"面貌出现的中国非政府组织,探讨了非政府组织自主参与社会事务的途径和驱动力。论文认为,中国非政府组织的发展主要表现在数量变化、活动领域的逐渐扩大、国际化程度不断提高以及作用的扩大。影响中国非政府组织发展的主要驱动力可分为两个方面:一是 1978 年至今在国内持续推行的经济、社会、政治领域的改革进程导致中国社会的变化,从三个方面为中国非政府组织创造了良好的发展环境:(1)所有制结构变化与社会主义市场经济体制的发展影响了在计划体制下形成的国家、市场和社会高度统一的社会结构的变化,从宏观角度为非政府组织创造了生长、发育的社会土壤。(2)实行"小政府、大社会"的政府机构改革改变了传统的"个人——单位——国家"链条式的社会结构,使之演变为"个人——单位 / 社会——国家"的结构,促成了体制外的各类非政府组织获得其存在的合法性和生长机遇。(3)改革开放的政治经济环境又带来了人们思想观念的变化,推动了民间自主空间的相对扩大与社会自觉意识的逐渐发育。二是国际环境的变化对中国的影响。新的国际环境使中国政府在国内政策上更加灵活和开放,对非政府组织也采取鼓励和监督的双重政策。论文认为,改革开放时期中国非政府组织的发展道路既不同于发达国家,也与其他发展中国家有别,它是在走一条具有中国特色的发展道路。发展的总体特征可体现在"官督民办"之中。中国非政府组织的发展是中国社会发展的总体需求所决定的。政府在政治、经济、社会变化中的政策是影响中国非政府组织独特发展的关键因素。

关键词:社会团体　社会发展　非政府组织(NGO)

2373

大陆—台湾经济交流及其对两岸关系之政治环境的影响 : 以两岸半导体产业发展为例 / 林崇诚著 ; 时殷弘指导. -- 中国人民大学, 2005. -- 187 页

两岸关系的发展一直就是当今国际社会非常关注的焦点。在两岸紧密的经济交流中,更明显地反映出海峡两岸相互矛盾与复杂的关系。绪论中阐述了研究的背景及动机。论文在第一章基本研究路径,藉由国际关系理论的套用、两岸经济交流的研究、香港回归模式的评价及国际组织的制度与规范,来检视两岸关系的发展。第二章是两岸政经现况的分析。除对当前国际情势及加入 WTO 前后,两岸政治、经济互动的转变作进一步分析外,论文对两岸政治现况、经济交流的发展、政治对经济的限制及"三通"政策对经济环境的影响等相关议题,亦作较深入的分析与讨论。第三章从产业研究的角度探讨两岸半导体产业的发展,分析未来双方产业发展的关联性及趋势。第四章是两岸经济交流对两岸关系之政治环境的影响。针对半导体产业对两岸经济发展的影响,论文作具体的阐述和探讨,并对两岸后续可能的合作及发展,作深入的分析和讨论。藉由前述对香港回归模式的探讨,论文进一步检视"一国两制"对两岸政治、经济互动的适用性。第五章是结论与建议,综合与归纳本文的相关探讨,对两岸现有经济政策、半导体产业政策等提出相关评论,并对以经济促进两岸政治统一提出相关建言,对"三通"有关的政策提出建议,及归纳"一国两制"在香港实行的经验,对"一国两制"和平解决台湾问题,提出相关的评析和建议。

关键词:经济交流　台湾问题　两岸关系　半导体工业

2374

论美国"帝国式霸权" / 陆京著 ; 方连庆指导. -- 北京大学, 2005. -- 132 页

本文分析了冷战终结之后美国霸权战略的改变,在分析美国寻求建立对全世界的“帝权”方面受到的内外牵制之后,提出了“帝国式霸权”的概念。论文认为,在美国,霸权稳定论、霸权周期论、霸权转移论、霸权代价论、新帝国主义和整合主义等形形色色的理论和流派层出不穷。美国新保守主义势力登峰造极,大行其道。突出特点是,迷信军事实力的作用,相信和重视用军事手段解决遇到的问题,包括非军事领域的问题。美国正在逐步对其全球战略目标进行根本性调整,即从努力在新世纪前50年维持美在世界上的独超地位转变为要将整个21世纪构筑成“美国世纪”;美国对外战略态势出现了重大转变,从思想上把“战略间歇期”转变为“战略机遇期”,在行动上把“战略间歇期”转变为“战略强化期”,意欲将全球综合国力对比中的优势转化为构筑单极世界体系的胜势。论文比较系统和全面地梳理了新保守主义的思想来源、发展历程、政策主张和现实影响,指出“新保守主义”没有反映出美国新保守派自由主义阵营出身之经历所遗留的痕迹,也给国际关系领域中传统的现实主义/理想主义划分造成了混淆。论文不仅分析了经济、军事等物质性因素,而且还分析了以往大多只在单一问题研究中出现的政治文化、宗教传统、机制规范等非物质性或观念性因素,特别是指出“有庇护战争”的消失,是美国敢于对其他国家动辄以武力相威胁的根本诱因。

关键词:美国对外政策　霸权主义　保守主义　帝国主义

2375

社会党国际与全球治理 / 禄德安著 ; 蔡武指导. -- 中国人民大学, 2005. -- 216 页

社会党国际是奉行民主社会主义或社会民主主义的社会党、社会民主党、工党以及其他一些政党的国际性联合组织。90年代以来,社会党国际适应时代特征和国际局势的变化,推行全球治理的对外政策。社会党国际的全球治理理论主张与民主社会主义的理论本质和基本价值观是一致的。其理论本质是改良主义、实用主义、折衷主义,基本价值是自由、公正和团结互助。社会党国际的全球治理理论主张也是时代背景的产物。首先,全球化以及全球性问题的突出;其次,社会党的阶级基础受到挑战;第三,新社会运动,对社会党的传统纲领和政策也提出了挑战;第四,80年代末至90年代,受苏东剧变的影响;最后,新保守主义、新自由主义在全球得势,新世纪初美国的单边主义猖獗,挤占着社会党人的国内和国际生存空间。它在理论上丰富和发展了全球治理理论和国际关系思想,在实践上促进了国际社会全球问题意识的勃兴,推动了全球问题和地区热点问题的解决。自1951年成立以来,社会党国际与中国的交往是一波三折。社会党国际的全球治理理论主张与中国共产党和中国政府对国际事务的看法和主张既有相同或接近之处,也有不同和差异之处。总体上讲,双方在对当今世界的看法是“同大于异”。社会党国际是政党国际组织的一个典型。随着全球化趋势的进一步加快,政党国际组织与世界政治的关系将会更加密切,可能起到很大的作用,但不是决定性作用。

关键词:社会党国际　国际政治　全球化

2376

非洲一体化研究 / 罗建波著 ; 陆庭恩指导. -- 北京大学, 2005. -- 147 页

本文选取“非洲一体化”作为直接的研究对象,详细地梳理了非洲一体化发展的历史进程,阐述了非洲一体化发展的几个重大问题,对今后非洲一体化的发展方向和战略选择提出了自己的思考。论文对非洲一体化的历史演进进行了详细的分析,非洲一体化可以划分成三个大的历史发展阶段,即1963年以前泛非主义与非洲一体化的酝酿、1963年至20世纪80年代末非洲一体化的兴起,以及20世纪90年代以来非洲一体化的发展。论文论述了非洲一体化选择的动因与理论解释。非洲一体化的产生与发展有着较为复杂的政治与经济动因、文化背景与思想基础,以及独特的理论解释体系,强调要超越欧洲一体化的“话语霸权”,力求从非洲在世界体系中所处的“历史地位”和“结构关系”出发来理解非洲国家的一体化选择。论文认为,从与民族主义的关系看,非洲一体化在本质上是一种“延伸的”或“扩大的”民族主义,其发展还主要处于民族主义的聚合阶段。从与全球化的关系看,非洲一体化主要是一种封闭的一体化形式。与其他地区的区域化进程相比较,非洲一体化具有若干显著的特征,体现出独特的“非洲个性”。论文分析了非洲地区一体化发展的制约因素,指出非洲一体化的出路在于制度创新,并提出两种制度性变革的思路与设想:一是对非洲传统的南南型一体化进行制度改造,以“发展型一体化”为其发展方向;二是超越传统的南南合作型一体化模式,实现跨区域的“南北型一体化”,以期借助外力来推动非洲的集体发展。论文认为,非洲一体化是一个实然的历史进程,一体

化仍将是非洲国家实现集体发展和地区复兴的重要选择。泛非主义是非洲国家实现合作与一体化的"活的精神",非洲一体化的基础是次地区合作,通过次地区合作的深入来实现整个大陆的最终统一是非洲一体化的必由之路;非洲一体化的出路在于制度创新,通过"内部改造+外来推动"两种方式的有机结合来实现非洲一体化的大发展。

关键词:一体化　民族国家　泛非主义　非洲统一组织

2377

论加勒比一体化进程中的新区域主义／倪考莲著；樊勇明指导. -- 复旦大学, 2005. -- 126 页

本文探讨了加勒比一体化进程中形成的新区域主义的理论与实践。论文认为,区域经济一体化战略是为了实现经济增长的,一体化应该针对在一国层面上不能有效完成的地区发展问题而实行,需要从国际政治经济互动的角度去理解和确立地区经济一体化的战略和策略。论文通对加勒比地区一体化的历史和现状的考察,把加勒比新区域主义的主要特征概括为:谋求投资体制的自由与和谐;推进结构调整并与全球最佳实践接轨;促进整个区域内的商品与服务自由贸易;推动运输与电信部门的竞争;提高宏观政策的一体化程度;为了适应西半球一体化的挑战而推动持续的机构改革;贸易谈判的有效参与准备;增强执行最终协议的能力。加勒比地区的一体化需要在增强南—南合作战略联盟的基础上逐步展开和深化。

关键词:区域经济　经济一体化　加勒比地区　区域主义

2378

冲突预防理论与东盟合作型冲突预防机制研究／牛仲君著；梁守德指导. -- 北京大学, 2005. -- 123 页

本文从冲突预防理论入手研究了东盟冲突预防机制的问题,认为冲突预防是冷战后迅速发展起来的新事物,特别是随着联合国、欧安组织、东盟地区论坛等国际组织或安全机制的实践而备受国际社会关注,正在逐渐成为处理国际安全问题的重要方式。论文针对冲突预防基本概念和用语混乱的情况,从冲突、信任、预防等基本概念入手,结合建立信任措施和预防外交的实践,重新整理了有关冲突预防的基本理论,进一步发展了冲突预防的阶段理论。论文完善了冲突预防机制的理论,将构筑安全共同体和强化冲突预防能力界定为评价冲突预防机制的标准,在冲突预防机制的发展动力方面,指出了功能"外溢"与规范形成的作用,指出了规范形成和发展冲突预防机制间的密切关系。论文运用冲突预防理论,得出了以软机制、渐进性和非强制性为特点的东盟合作型冲突预防机制的结论。论文认为,随着东盟的成立及发展,逐渐形成了以非重视性、非强制性、不干涉内政和协商一致为特点的"东盟方式",以东盟为基础,正在形成一种以"合作安全"为基础,渐进性发展的特色明显的合作型冲突预防机制。东盟合作型冲突预防机制有别于欧洲公式型的冲突预防机制,是一种渐进性发展的"软机制",反映了东亚地区多元化的安全环境,主要体现在强调合作方面的综合运用,重视建立信任的发展等方面,力图通过冲突预防功能的不断"外溢"与"和平处理习惯"的形成来强化地区的安全合作和实现冲突的预防与和平解决。东盟及其建立的东盟地区论坛通过"会议外交"的方式成功地形成和发展了合作型冲突预防机制,促进了亚太各国间的相互信任,缓和了紧张因素,一定程度上形成了安全共同体的雏形,为地区的和平与发展创造了条件。今后应当进一步以这种合作型冲突预防机制为基础,从安全合作功能的"外溢"和地区规范的形成两方面来发展有亚洲特色的冲突预防机制。

关键词:国际关系　冲突　国际合作　东盟

2379

相互依赖与中美贸易关系：20 世纪 70 年代以来的中美贸易摩擦／芮立平著；贾庆国指导. -- 北京大学, 2005. -- 202 页

本文探讨了中美贸易关系的发展历程,从产业结构互补、市场结构互补、利益的多元化,收益的平衡,分析了中美贸易摩擦的形成和最终解决。论文认为,贸易摩擦越来越多。中美贸易关系的显著特点是:"争而不破",中美贸易整体上不断向前发展。各国经济相互依赖性不断发展,"你中有我,我中有你"的程度进一步提高,制约了贸易战发生的可能性,使贸易摩擦的双方慎之又慎,大多以中途休战的方式来解决摩擦。论文以 1972 年中美建交为起点,将中美贸易关系分为五个时期。

关键词:中美关系　贸易关系　国际贸易　贸易摩擦

2380

全球化进程中的国家文化安全问题研究／沈洪波著；刘玉安指导. -- 山东大学, 2005. -- 131 页

本文以全球化为背景分析了国家文化安全问题。论文探讨国际政治领域文化概念,分析了文化与国际政治的核心概念——国家、民族、国家主权、国家安全、现代化的关系;论说文化与全球化进程的关系。论文对国家文化安全作了概念的界定与本质、特征的描述,并对文化霸权理论进行了论述并与国家文化安全进行了比较分析。关于"全球化进程对国家文化安全的影响",论文从三个方面进行了说明:一个方面是全球化进程为国家文化安全带来了理论困境;另一个方面是全球化进程对国家文化安全带来的现实问题;由前两个方面的论证论文得出了全球化进程对国家文化安全的影响。论文通过中西文化特征的比较,对我国文化在全球化进程中处于弱势地位的原因进行了分析;对全球化进程中中国文化的身份问题进行了探讨;从可能性与必然性两个角度论证了"受管理的全球化"是我国文化在全球化进程中的战略选择;并对实现我国国家文化安全的目标任务及途径进行了探索。

关键词:全球化　国家安全　文化　文化侵略

2381

"重新发现印度":印度人民党政府的国际政治思想、基本战略及其主要实践(1998—2004) / 宋德星著 ; 时殷弘指导. -- 中国人民大学, 2005. -- 223 页

印度人民党成功地于 1998 年 3 月上台执政,成为与国大党相抗衡的另一支全国性政治力量,直言不讳地用"曼荼罗"模式来阐释印度外交政策的优先排序,即借用考底利耶在《政事论》中提供的有益的概念框架,将印度的外交政策视为围绕着一个轴心展开的三个连续的中心圈。印度人民党政府推行了一项可称之为"整体战略"的基本战略,就是要在国家利益已经远远拓展开来、战略疆界也远远超出了南亚范围的全球化时代里,变革思想观念,用印度人民党一贯主张和倡导的整体思维模式,来严肃地思考国家战略问题。印度人民党政府首先摒弃了"尼赫鲁架构"的束缚,特别是摒弃了国大党政府企图游离于大国权势政治之外的"不结盟"战略,采取全部的四种方式——多边主义、地区主义、双边主义和单边主义——来追求其国家利益。印度人民党政府清醒地认识到,对印度政府治国能力的挑战依然是如何协调印度的安全需求与国际社会目前对核武器的合理担心之间的冲突。印度人民党政府,仍有几项根本的转变将会得到继承和弘扬:第一,印度外交政策的重心将从第三世界转向促进自身利益。第二,摒弃反西方、特别是反对美国的传统战略思维模式,充分挖掘和利用"民主政治"这张王牌,以便逐步形成一种"战略共生"关系;第三,从理想主义转向现实主义。

关键词:印度人民党　印度　国际政治　政治思想　对外政策

2382

全球化背景下的中国行政改革 / 孙浩然著 ; 刘玉安指导. -- 山东大学, 2005. -- 103 页

本文以马列主义、毛泽东思想、邓小平理论和"三个代表"重要思想为指导,主要运用规范分析与实证分析相结合、政治分析与生态分析相结合的方法,分析了全球化对政府管理的影响,回顾了西方公共行政的历史脉络,着重对全球化时代西方行政改革的理论基础和内容趋势进行了剖析,阐述了中国行政改革的历史进程、主要成就、困境及原因,并对中外行政改革进行了比较,探究其共同点和差异,并对深化中国行政改革的目标和途径提出了若干见解和建议。论文界定了"中国行政改革"的基本涵义和研究状况,明确提出中国行政改革的本质在于实现政府由经济建设型政府向公共服务政府的转型,分析了全球化迅猛发展的原因,论述了全球化对政府管理的影响,即:要求政府在理念上做出适应时代的调整;要求对政府的职能进行调整;带来了公共行政的职业化与公共行政功能的国际化;促成了各国政府之间的合作关系;要求政府内部增强活力、外部得到监督;要求政府借鉴企业的运作方式等等。论文从探寻西方公共行政的历史脉络入手,阐述西方行政改革的理论基础和内容策略。论文回顾了中国改革开放以来五次行政改革的基本情况,分析了取得的成就,认为在转变政府职能、实行依法行政、推行政务公开、建立民主参与制度、加快电子政务建设和加强廉政建设方面取得了重大进展,但是也存在许多问题。论文比较研究中外行政改革后认为二者具有若干共同点,即价值取向上都是理顺政府与市场的关系,实质诉求都是下放权力,范围涉及政府管理的全部内容,方法步骤都采取渐进方式。若干不同点是:改革起点的不同;改革的基础不同,改革的阶段不同。因此中国进行行政改革,既要借鉴吸收西方发达国家的有益经验,又不能照抄照搬。论文分析了全球化背景下中国政府管理面临的新挑战,提出深化中国行政改革的目标:即建设公共服务型政府,包括法治政府、责任政府、有效政府、透明政府的内涵,并分别从宏观和微观上提出了深化中国行政改革的措施。

关键词:行政管理　政治体制改革　国家行政机关　公共服务

2383

毛泽东国际政治理论研究：从权利的角度／孙君健著；梁守德指导. -- 北京大学, 2005. -- 131 页

本文从权利的角度对毛泽东国际政治理论形成的历史渊源、毛泽东国际政治理论的内容以及毛泽东国际政治理论的价值取向进行了系统的分析和研究。论文探讨了中国国际政治学理论研究中权利视角的基本观点和原则,认为以权利、权力与利益的辩证统一为中心,“以人为本”、“以法为准”和“以力为基”的原则,是研究毛泽东国际政治理论的一种有效视角。论文研究和分析了毛泽东国际政治理论产生的国际国内历史背景以及毛泽东国际政治理论产生的理论渊源,在提炼出毛泽东国际政治时代论、力量论、秩序论和战略论有关命题的基础上,从权利的角度总结和分析了毛泽东国际政治理论中关于时代、国际政治力量对比、国际政治秩序和国际战略等内容:(1)毛泽东创造性地提出和平也是现时代的主题;(2)毛泽东在战略上特别重视“中间地带”在国际政治力量对比中的地位和作用,在反霸斗争的实践中从理论上向两大阵营论和由此而形成的两级格局发出挑战,形成“三个世界”力量划分的论断,指明国际政治格局由两极向多极发展的趋势;(3)毛泽东提出民族自决原则、国家平等原则以及和平共处五项原则符合国际法的基本原则,是建立公正合理的国际政治新秩序的基本准则;(4)维护世界和平和国家安全是毛泽东国际政治战略的目标,坚持独立自主地发展国家力量是毛泽东国际政治战略的根本方针,建立广泛的反帝反霸统一战线以及开展人民外交是毛泽东国际政治战略的主要手段。论文从权利的角度总结和分析了毛泽东国际政治理论的价值取向,认为反对强权利益和维护国家主权利益是毛泽东国际政治理论的价值取向,毛泽东的国际政治理论是一种争取和维护国际社会弱势群体的国际政治理论。

关键词:毛泽东(1893～1976)　国际政治　政治理论　权利

2384

犹太利益集团与美国中东外交政策：1967—1984／孙晓玲著；樊勇明指导. -- 复旦大学, 2005. -- 145 页

本文通过对利益集团及其在外交双层博弈理论中的角色的分析,重点研究了犹太利益集团,分析了它的性质、历史、现状、资源和策略,最后选取 1967—1984 年为时间段,具体分析了犹太利益集团在特定中东外交政策制定过程中的作用。论文认为,犹太利益集团是特定历史于美国独特的政治文化相结合的产物,它是以犹太人为主体的亲以利益团体。犹太利益集团均是美国最优秀的利益集团之一,它成功地影响着美国的中东外交。美国中东外交政策是国内外政治力量双层博弈的结果,犹太利益集团参与中东外交政策博弈的方式是改变参与博弈的博弈方的力量对比,它需要积极动员基层动员,还要做其他影响美国外交制定的诸多因素,形成强大的政治合力,实现有利于犹太人或以色列的“获胜集合”。论文梳理了主要利益集团理论和外交双层博弈理论,分析了利益集团在外交双层博弈中的角色,分析了犹太利益集团的历史与现状,对犹太利益集团作一个系统工作性界定。从历史沿革的角度,介绍了犹太利益集团的产生原因和发展历程,重点分析了犹太利益集团的游说资源。论文分析了主要犹太利益集团及其在中东问题上的游说活动,选取两个最为突出的犹太利益集团作为考察对象,分析了美以公共事务委员会的国会工作和主要犹太组织主席会议的白宫游说。论文以 76 人事件和《美以战略合作协议》的复签为例,分析了犹太利益集团对美以特殊关系的影响。以 1981 年美国售沙特 AWACS 事件为例,论文分析了犹太利益集团与美国国家利益之间的博弈,犹太利益集团影响美国中东外交政策制定的优势和劣势。

关键词:美国对外政策　外交政策　中东问题　犹太人

2385

联盟理论与美国的联盟战略：以美日、美韩联盟研究为例／汪伟民著；石源华指导. -- 复旦大学, 2005. -- 215 页

本文立足新现实主义和新古典现实主义的基本分析框架,着重借鉴兰德尔·施韦勒“利益平衡论”的分析体系,提出一种全新的联盟理论,即“威权式联盟”(authoritative alliance)理论。论文认为,威权式联盟理论主要由互为一体的三个主要的理论假设构成。假设一:在冷战后的国际体系中真实地存在着一个史无前例的一元化的“威权式联盟”体系,几乎所有国家都在寻求与这一体系建立各种亲疏程度不等的关系;假设二:“利益平衡”与“安全平衡”既是作为失衡政治产物的“威权式联盟”赖以运行的隐性逻辑,也是各

国联盟政策决策的路标；假设三：国家性质的差异、国家利益目标的不同设定、国际体系加诸的不同压力及各国与美利益和价值观相容性程度的高低将导致各行为体迥然不同的联盟政策取向。论文在全面考察美国传统的联盟战略的基础上，着重通过两组案例透视了美国在威权式联盟时代展开其新型联盟实践的方式与形态，验证了“利益平衡论”和“安全平衡论”作为解析当今各国联盟行为的理论工具的有效性，认为威权式联盟既可能被美国劫持，形成某种“囚徒捆绑”效应而沦为构建“帝国工程”的利器，也可能因为美国对其力量的恶性使用、美国对联盟关系的不良管理、新型联盟困境的出现或国际体系中替代性选择的生成，而导致联盟内外强大制衡力量的出现，并最终导致威权式联盟的分崩离析或一个“专制式联盟”的生长。

关键词：美国对外政策　日美关系　美韩关系　外交战略　威权式联盟

2386

信息与国家安全：美国国家安全战略转型中的信息战略分析 / 汪晓风著；樊勇明指导. -- 复旦大学, 2005. -- 125 页

本文以美国国家安全战略转型中的信息战略为切入点，研究信息与国际安全的关系。第一章从信息的基本概念出发，提出考察信息与国际政治的关系时应引起关注的问题，并分析信息革命对国际政治的变革影响。第二章分析基本国家安全的信息战略，提出与国家安全相关的信息问题，然后分析信息时代国家安全的全新内涵，进而提出信息战略的基本概念，并从技术、组织和观念三个层次来分析信息战略的含义，信息战略有其特定的目标和手段。第三章从信息战略的角度考察美国国家安全战略的转型，冷战后，美国重新评估其国家利益和战略目标，根据新的安全威胁和可用的资源和手段对国家安全战略进行了调整。第四章分别从美国国家安全战略的不同层次来分析冷战后美国的信息战略及其相关政策、基础设施，并以美国反恐战争中对基地组织的打击为例来分析信息战略的具体实施和效果。第五章对冷战后美国国家安全战略转型中的信息战略进行综合评价，阐述信息战略对国际系统稳定的意义和信息时代国家安全的背景。论文认为，信息革命为冷战后国际政治的变革提供了持续动力，并将塑造 21 世纪的国际政治和国家安全。

关键词：美国对外政策　国家安全　信息战略　信息革命

2387

国际关系的历史社会学：历史与理论 / 王军著；王逸舟指导. -- 中国社会科学院研究生院, 2005. -- 167 页

本文阐释了国际关系的历史社会学的内涵、发展进程以及这一知识谱系下的核心议题和认识论特点，梳理和剖析了这一国际关系流派或思潮。论文对国际关系的历史社会学及其相关概念作出界定和分析，并从历史变迁的角度阐述了它的发展进程，具体分析了国际关系的历史社会学对国家理论的探讨。论文从国家理论的思想源泉、学术演进、核心议题、分析思路和比较研究的角度考察了他们对国家理论的研究，分析和比较了历史社会学视角下的国际体系和世界体系理论，从战争的历史社会学的出现和演进展示了历史社会学视角下的战争问题。论文考察了国际关系的历史社会学旗帜下部分学者的流派努力，并探讨了流派出现的背景、必然性和可能的问题，从方法论和认识论的角度考察了国际关系的历史社会学，特别详细地分析了倡导历史社会学方法的雷蒙·阿隆的历史社会学方法及其认识论内涵，进一步分析了深受马克思影响的历史社会学方法和国际关系的历史社会学视野下的历史观、空间观、理论观和方法论之间的复杂关系，论述和探讨了国际关系的历史社会学的跨学科特点，重点讨论了这一跨学科特点是如何生成的，其类型、力量与缺失。

关键词：国际关系　国家理论　历史社会学

2388

俄罗斯国防工业转轨研究 / 王伟著；邢广程指导. -- 中国社会科学院研究生院, 2005. -- 183 页

本文阐述了俄罗斯国防工业的形成发展、上世纪 90 年代的全面危机以及普京时期的一体化重组改革，以大量事实、数据、调查和案例论述了国防工业和苏联兴衰的关系、转型时期以国防为典型代表的计划经济体制和市场对接的艰难过程、国防企业的产权变革和治理情况。论文明确了国防工业的概念、苏联国防工业的特点、军民用工业的区别、国防工业“军转民”的概念以及本文所界定的全面转轨的含义，对国防工业形成的历史背景做了分析，为全面分析转轨找出了历史原因。论文分析了叶利钦时期的国防工业转轨，认为俄罗斯国防工业转轨的独特之处在于它始于计划经济全面崩溃、市场体系尚未健全之时和国家

体制转型迭加,介绍了转轨的方案选择、制度建设、三个专项计划执行的进程和内容,对十年来的转轨进行了经济绩效分析,找出了转轨的主要制约因素,指出这一时期转轨的失败既是企业自身生产和结构矛盾造成的,又是资金不足、投资体制不健全、中央计划与市场模式冲突、缺乏配套系统政策等的后果。论文探讨了普京时期的一体化改革,认为在"军转民"无法解决国防工业体制的情况下,以"结构优化重组、裁减冗余"为主的一体化改革(企业重组)成为转轨的主要措施。国防工业转轨和普京强国战略紧密结合逐渐跨越经济范畴走向政治领域。联邦政府和地方主体、不同政治集团之间围绕着企业一体化重组这一核心问题矛盾不断。论文从历史、系统的观点全面分析了苏联(俄罗斯)国防工业转轨的外部环境、内在发展动力和发展趋势,认为俄罗斯国防工业和苏联模式有着历史的密切联系,它的危机是苏联模式危机在特定领域内的持续发展。叶利钦时期一系列反危机的转轨措施失败,既有历史与现实的原因,也有社会系统失调的综合性原因。普京时期企业一体化重组加快了国防工业的分化组合,军民用技术在传统行业加速分离、在新兴产业加速融合,军事经济形态开始向"国有"("核心"企业和军工控股集团)和"私有"(未进入一体化结构的企业)两个不同的方向加速分化。

关键词:国防工业　企业重组　苏联　俄罗斯

2389

俄罗斯的东北亚政策 / 王晓泉著 ; 李静杰指导. -- 中国社会科学院研究生院, 2005. -- 103 页

本文探讨了沙俄、苏联与俄罗斯在不同时期的东北亚政策,分析了俄罗斯东北亚政策中的其他因素和发展趋势。论文认为,沙俄的东北亚政策分为两个时期:领土扩张时期和势力范围扩张时期。势力范围扩张时期,以日俄战争为界限分为独霸东北亚和联日称霸东北亚两个阶段。苏联的东北亚政策分为四个时期:固国政策时期(十月革命至二战结束)、红色阵营政策时期(冷战爆发至苏共二十大)、红色霸权政策时期(苏共二十大至戈尔巴乔夫执政)和大缓和政策(戈尔巴乔夫执政至苏联解体)时期。固国政策以"七·七事变"为界对日先后采取了消极防御和积极防御两种策略。红色阵营政策的主要成因是冷战的爆发,其核心目标是扩大以苏联为主导的红色阵营的集体安全空间,挤压以美国为主导的资本主义阵营的势力范围。红色霸权政策的核心目标是驯服中国,但最终却导致中苏对抗、中美联合抗苏。大缓和政策的主要成因是东北亚地缘安全形势恶化给戈尔巴乔夫的经济改革和外交新思维实践造成巨大的消极影响,核心目标是实现中苏关系正常化。俄罗斯的外交政策经历了亲西方时期和多极化大国外交时期,其东北亚政策在总体外交政策的调整下逐步成形。亲西方外交时期,俄罗斯的半岛政策"重南轻北";多级化大国外交时期,俄罗斯的半岛政策相对均衡,对日政策灵活主动,对华政策务实。影响俄罗斯东北亚政策的因素包括文化因素、美国因素、地缘政治和经济因素、国内政治因素等。文化因素是影响东北亚政策的深层因素。美国因素是影响俄罗斯东北亚政策的最重要的外部因素之一。论文还探讨了俄罗斯东北亚政策的发展趋势,认为它在总体外交中的地位将逐步上升,远东地区依托作用逐步增强,实施手段更为丰富,并提出了东北亚政策的应对方法。

关键词:外交政策　俄罗斯　东北亚

2390

科技革命与国家的作用 / 王钟伟著 ; 刘玉安指导. -- 山东大学, 2005. -- 132 页

本文以二战以来的美国为例,通过理论分析、历史考察、现实对照相结合的方法,融合国际政治经济学、科学发展史、科技哲学、管理科学等多学科之所长,揭示国家在科技革命中的作用,并对我国进一步发挥国家作用加快科技进步进行了探讨。论文把当代科技革命放到国家垄断资本主义的时代大背景下,反向探考国家在科技革命中的作用,并对我国深入实施科教兴国战略进行有益探索。论文通过对当代科技革命的新特点、资本主义国家职能的新变化、国家创新体系建设的新要求、科学技术与社会研究的新成果等的考察与评介,论述了国家在科技革命中发挥主导作用的理论依据。论文以二战以来的美国为例,从国家不断提高科技决策层次、制定科技发展战略及科技政策、提供研究开发经费、组织重大研究开发活动、制定科技有关法律条例、拓展科技成果市场需求、培育智力资源等方面详细分析了国家在当代科技革命中的具体作用,从体制、机制、法律、法规、政策、策略、投入、计划、教育、人才等不同的层面,翔实揭示了国家在科技革命中发挥主导作用的主要表现,反复论证了美国之所以能够成为当代科技革命的策源地、当今科技进步的最巅峰、当今世界最大的政治、经济实体,根源就在于美国具有持之以恒重视科技教育的良好传统,顺应了科技教育工作的内在规律和自身特点,建立完善了适应、促进科技教育发展的体制机制。论

文简要总结、反思我国建国后科技进步工作的经验教训，指出我国科技进步工作存在的主要问题，对我国牢固树立、自觉实践科学发展观和正确政绩观，切实发挥国家在科技创新中的主导作用，深入实施科教兴国战略提出了具体的对策、措施。论文对我国切实发挥国家在当代科技革命中的主导作用，正确处理国家与市场的关系、借鉴一切人类文明进步的优秀成果与建设中国特色社会主义的关系，防止指导思想上和具体实践中的片面化、绝对化，作了总结性的陈述和提升。

关键词：科技革命　科技进步　科技体制　科技发展　科教兴国

2391

论冷战后的中印关系 ：1991—2005 / 卫灵著 ；方连庆指导. -- 北京大学，2005. -- 149 页

本文以冷战后中印关系的发展为主线，研究了两国的政治外交、经济和安全关系，分析了南亚政治格局的变动和印度强国战略对中印关系的影响，探讨了两国关系的各种制约因素及跨越障碍、增强合作的根本途径，并从战略的角度对中印两国的根本利益作出分析。论文简要论述了冷战时期中印关系曲折发展的三个阶段，分析了中印边境战争引发的原因，并阐述了该时期中国对印政策和印度对华政策。论文论述了冷战后中印政治与外交关系，阐明了冷战后大国南亚政策的调整和印度外交的相应调整给中印关系和我国西南周边环境带来的复杂影响，并从宏观角度剖析了中国和印度在政治与外交战略上所具有的共同利益和相近立场。论文分析了双边经贸发展的轨迹，并对两国经济改革后的发展速度和水平进行比较，客观地考察了印度未来经济发展的潜力和优势，从战略的角度论证了发展中印经贸关系对于我国经济发展战略和政治外交战略的重要意义。论文阐述了冷战后和9・11后南亚地区的安全形势、印度安全战略，从多层面分析了中印安全关系的变化，剖析了印度安全战略给中国带来的双重影响，以及中印两国在安全利益上的结合点。论文分析了影响中印关系曲折发展的主要因素：一是中印边界问题和西藏问题；二是错综复杂的中印巴关系；三是美、俄、日等大国因素。论文就中国和印度国家安全理念的差异和共同点做出分析，并预测中印两国关系的未来发展，指出两国战略利益的重合大于分歧，增强互信是发展中印关系的重要途径。

关键词：中印关系　边界问题　外交战略　国家安全　西藏问题

2392

冷战后中美两国在朝鲜半岛问题上的合作与分歧 / 文日铉著 ；方连庆指导. -- 北京大学，2005. -- 137 页

本文对冷战后中美两国的朝鲜半岛政策全面进行了梳理和考察，分析与研究了中美两国在朝鲜半岛政策实施中的合作与分歧及其互动。论文对近现代历史发展过程中中美两国与朝鲜半岛国家间关系进行考察，以冷战后中美两国的战略调整为大背景，对冷战结束以来中美两国与朝鲜半岛国家之间的关系进行了系统分析，分析了中美两国针对朝鲜半岛从对抗到合作政策的转化，以及促成这种转化的多方面原因。论文以个案分析方式对第二次朝鲜核危机中的中美政策互动进行了重点探讨，说明中美两国的合作与分歧是如何体现在具体的政策实施过程中的。论文着眼于未来，即在对中美两国针对朝鲜半岛问题的合作与分歧进行系统分析之后，以朝鲜半岛问题的最终解决为目标，从战略层面上探讨了中美关系应该如何重新定位。论文从战略角度剖析了中美在半岛上的合作有三大立足之点：即冷战后中美两国对外战略与对共同利益彼此认知、中美两国的亚太战略与在亚太地区安全问题上的广泛共识和维持朝鲜半岛的和平与稳定符合中美两国的共同利益。分析了中美之间存在的三大根本分歧并提出了缩小、缓和甚至解决双方矛盾与分歧的途径。论文认为，“霸权”与“反霸”是冷战后的两种世界观与中美之间的战略分歧，冷战思维与新安全观是亚太安全问题上的两种不同思路，两国在以什么样方式来实现朝鲜半岛的和平与稳定方面存在重要差异，这是中美之间存在根本分歧之点。解决朝核的核心在于美朝双方。从美国方面而言，美国应“端正”对朝鲜的态度，这是顺利解决朝鲜半岛问题特别是核问题的关键。理解朝鲜、承认朝鲜、帮助朝鲜，走合作、和解之路，应当成为美国在面对朝鲜半岛问题时的唯一现实选择。从朝鲜方面而言，为亚太与周边安全，应彻底放弃核计划，尽早实现半岛无核化。

关键词：中美关系　朝鲜问题　朝鲜半岛　核武器问题

2393

防范与合作 ：后冷战时代的俄美核安全关系 / 吴大辉著 ；郑羽指导. -- 中国社会科学院研究生院，

2005. -- 149 页

本文尝试探究后冷战时代俄美核安全关系的发展历程,揭示两国在核安全领域既合作又防范的关系。论文对核武器的类别、效能与发展趋势、核军备控制与裁军、防止核扩散与反扩散、核安全与核安全关系等概念做出基本界定,探究了某些国际政治命题(当代博弈论模型与现实主义安全研究范式)对俄美核安全关系进行的宏观思辨与理论思考,为阐释纷繁复杂的国际核安全形势,尤其是解剖俄美核安全关系提供一个学理分析的视角。论文回顾了美苏两国近半个世纪的核威慑史,总结其间的经验与教训,为观察后冷战时代的俄美核安全关系提供了一个历史的视角。中国核安全理念的形成与冷战时期美苏两国的直接核威胁密切相关,研究中国核安全理念的形成,旨在提供一个看待俄美核安全关系的中国视角。论文分析了后冷战时代俄美两国在核军控与裁军、推动独联体三国无核化进程、防止独联体地区的核扩散以及在导弹防御和国际战略稳定问题上的利益联动:《中导条约》的签署与完成是俄美实际核裁军的开端。《美苏第一阶段削减战略武器条约》核裁军任务的最终完成,表明俄美核军控已进入大幅度削减战略核武器的时期,莫斯科条约已经不是传统意义上的战略削减条约,反映了美国核安全战略的全新变化以及俄罗斯国力上的衰退与政治上的无奈,标志着俄美两国间传统的战略削减模式的颠覆和“自助式”核裁军的开始;帮助俄罗斯解除独联体三国的核武器拥有权并将核武器运往俄罗斯销毁,是俄美两国在苏联解体之后在防止和扩散领域最初的,也是迄今为止最重要的合作,美国对俄罗斯的防扩散援助有效地防止了后冷战时期在独联体地区可能出现的核扩散的灾难性局面,但这并不是美国简单的“乐善好施”,而是其预防性防御战略向独联体地区的有效延伸;NMD 是俄美核安全关系中最具争论性的问题之一,美国最终决定部署 NMD 不仅动摇了国际战略稳定的基础,也极大地侵蚀了俄罗斯的安全利益。论文最后提出,“9·11”事件后,美国核安全理念进入快速调整期,俄罗斯的核战略理念发生了重大变化。

关键词:美俄关系　核武器问题　核安全

2394

哈萨克斯坦与中国新疆地区百年发展比较:1901—2000 / 徐海燕著;赵常庆指导. -- 中国社会科学院研究生院, 2005. -- 95 页

20 世纪世界格局发生的巨大变化,构成哈萨克斯坦和中国新疆百年变化的历史背景。本文针对哈萨克斯坦与中国新疆地区的百年发展变化进行比较分析,特别关注了冷战结束后哈萨克斯坦和中国新疆出现的两种截然不同的趋势,对哈萨克斯坦独立后采用的政治体制作了描述并分析了产生的国内和国际背景,以论证政治体制和政治结构的建构必须与国情相一致。论文分析了研究客体的经济发展状况,认为百年来它们的发展有相似的经历,在实力上又有明显的不同。但哈萨克斯坦独立后出现的经济危机和新疆经济的迅速发展拉近了双方发展的距离,经济发展水平与实力已经接近。中国新疆经济欲全面超过哈萨克斯坦任务仍很艰巨。哈萨克斯坦在城乡人口结构、居民受教育程度、教科文卫状况等方面都好于中国新疆。目前社会领域的若干指标仍好于中国新疆。但是,哈萨克斯坦独立后导致一系列社会问题,如失业、贫困、民族宗教等变得突出。哈萨克斯坦与中国新疆在反对“三股恶势力”方面具有更多的共同语言,具有广泛的合作基础。论文认为,哈萨克斯坦独立前,在政治、经济和社会领域等方面情况要好于中国新疆。但在独立后,发展差距在逐步缩小。通过探讨对比客体发展道路及政策选择上的相似性及特殊性,指出它们在发展问题上存在竞争合作的关系。竞争性表现在政治体制和经济领域的竞争,合作性表现在为促进地方稳定与发展而展开的经济、安全等方面的合作,建议互相借鉴,取长补短,更好地为本地区的发展服务。

关键词:政治体制　经济发展　哈萨克斯坦　新疆

2395

当前国际恐怖主义与反恐怖斗争研究 / 杨晖著;李静杰指导. -- 中国社会科学院研究生院, 2005. -- 140 页

“9·11”事件标志着国际恐怖主义和反恐怖斗争进入到一个新的发展阶段。本文探讨了国际恐怖主义和反恐怖斗争问题,阐明了马克思主义对恐怖主义问题的基本立场,厘清了恐怖活动与暴力革命的本质区别,科学界定了恐怖主义定义。分析了当代国际恐怖主义与伊斯兰教的复杂关系,恐怖主义与极端主义、分裂主义之间的联系与区别,以及现代恐怖主义泛滥的深层原因。论文认为,“9·11”之后国际恐怖主义势力不仅趋于活跃,而且出现了全球化、网络化、信息化和“基地”化的发展趋势,国际反恐斗争呈长期化之势。国际恐怖主义和反恐怖斗争作为非传统安

全因素,对国际关系格局、大国关系走向和地区局势演变,以及世界军事形势和各国军队建设都产生了重要影响,并促使美国对其国家战略进行了重大调整,进而带动了其他大国做出相应调整。俄美两国的反恐怖斗争是当前国际社会反恐斗争的主要组成部分。俄美都采用了反恐战争的方式对付恐怖主义,但由于两国面临的恐怖威胁性质完全不同,俄罗斯的反恐怖战略目标是遏制国内民族分裂主义,而美国更多的是要借反恐内保安全、外谋霸权。论文分析了中国反恐怖斗争面临的严峻形势,认为中国逐渐形成了完整、系统、成熟的反恐观,中国的反恐观不仅对指导自身的反恐怖斗争具有重大的意义,而且在国际反恐怖斗争中也将发挥重要作用和影响。论文分析了"9·11"事件后的"泛恐怖主义"问题,认为恐怖主义与不同的时代主题及战争存在互动关系,当前恐怖袭击的最主要样式——自杀性爆炸与宗教动因有着密切的关系,而国际反恐怖斗争与大国战略利益存在着明显的重叠性。针对恐怖主义的新特征,论文提出了有效开展反恐怖斗争的若干宏观对策。

关键词:恐怖主义　反恐怖活动　9·11 事件

2396

经济危机与当代资本主义 / 杨民刚著 ; 刘玉安指导. -- 山东大学, 2005. -- 128 页

本文以马克思主义经济周期和经济危机理论为研究的历史与逻辑起点,立足于当代资本主义发展的历史与现实,从当代资本主义生产关系的调整和生产力的发展这两大资本主义生产方式发展变化的主要方面入手,以国家干预经济生活的加强和科技革命的加速两大当代资本主义发展的历史趋势为研究主线,采取理论与实践相结合、规范与实证相补充、历史与现实相比较的研究方法,对当今资本主义国家职能转换和科技革命的加速所导致的经济周期和经济危机变化进行研究。论文认为,战后当代资本主义长足而稳定发展,既是科技进步飞速发展对其形成强大推动力的结果,也是当代资本主义生产关系适应生产力发展要求而不断变革的产物。由于生产力的发展和生产关系的调整,资本主义国家对经济生活的干预和调节已由最初的自发、消极和被动的过程转变为自觉、主动和积极的过程。论文认为马克思经济周期理论,不仅具有突出对危机阶段研究、以经济利益关系为主线、强调对社会制度的分析等鲜明特点,而且为自由竞争时期资本主义发展的历史所充分证实。资产阶级国家作为生产关系的代表,在仍具有阶级职能的同时,呈现出社会经济职能日趋强化的发展趋势;国家干预已成为当代资本主义再生产的有机组成部分,是社会经济生活的基础和决定力量;战后资本主义再生产周期和经济危机,已呈现周期进程界限模糊、危机破坏程度相对减弱、危机的周期性与非同期性交错出现等前所未有的变化和特点。科技革命是科技自身发展规律与国家垄断资本主义生产关系调整共同作用的结果,既是促进资本主义经济增长的重要因素,也是战后经济周期和危机变形的根本原因;科技革命为资本主义生产关系的进一步调整提供了基础,为生产力的发展创造了更为广阔的空间。当代资本主义已发生全面而深刻的变革,资本主义生产关系已从过去消极被动转向主动自觉地适应生产力发展要求;科技革命为资本主义发展开拓了更大的空间,但反过来资本主义也推动了科技技术发展;资本主义生产关系正在自我调整、自我改良和自我完善。当代资本主义不仅创造出前所未有的生产力,而且仍有生命力和发展空间。

关键词:经济危机　国家干预　资本主义　科技革命

2397

冷战后国际环境变化中的中国与东盟 / 尹永德著 ; 陆庭恩指导. -- 北京大学, 2005. -- 218 页

冷战后国际环境的重大变化体现为三种潮流和趋势:全球化的迅猛发展;区域化进程的加快;国际格局朝着多级化方向发展。本文探讨了冷战后国际环境变化给中国和东盟关系带来的变化,从发展中国家的角度分析了中国与东盟在未来的机遇和挑战。根据中国与东盟对国际环境的反应以及它们采取的具体行动,考察了中国—东盟关系的发展情况以及双方关系对地区及国际关系的影响。论文认为,冷战后中国与东盟关系的迅速发展,是在国际环境的深刻变化以及中国和东盟对此积极主动对应的过程中产生的结果,它将影响国际环境的进一步变化。论文考察了中国崛起的现状和面临的挑战,分析了中国对国际环境的认识及其所提出的对外战略目标,探讨了中国采取的主要对外战略内容。论文通过考察东南亚的一体化进程以及东盟所取得的成就和存在的问题,分析了冷战后东南亚地区战略环境的变化,探讨了东盟所采取的主要对外战略内容。论文考察了中国与东盟关系的发展历程以及冷战后双方间的战略目标和政策内容,分析了冷战后中国—东盟关系在各个领域的现状及其意义。论文集中探讨了中国与东盟关系对

地区及国际关系的意义和影响,分析了双方关系在东亚及亚太地区维持和平与稳定、促进区域合作中的意义和作用,并指出双方关系在促进国际关系民主化以及建立国际新秩序中的影响。

关键词:中外关系　区域合作　东盟

2398

论公众舆论对美国对华政策的影响 :1949—1971 / 袁小红著 ; 袁明指导. -- 北京大学, 2005. -- 263 页

本文试图通过对建国以来中美关系史上重要案例的分析和研究,从实证的角度分析美国公众舆论对美国对华政策的影响,从公众舆论的角度加深对美国对华政策的理解,以更好理解公众舆论与对外政策之间的互动关系。论文撷取1949—1971年间的中美关系中的三个重要问题进行研究:①美国对新中国的承认问题;②1954和1958年台海危机问题;③联合国内中国代表权问题。通过对美国历届政府对外政策决策层在对三个对华政策问题作出决策的思考和执行过程的考察,具体分析决策层对公众舆论的考量究竟达到了什么程度,分量究竟有多重,他们与公众舆论之间究竟是如何互动的。论文在充分利用美国国务院对外关系文件、决策者回忆录和日记以及其他辅助资料的基础上,通过对公众舆论与美国对华政策在宏观上的重合和在微观上的具体互动的介绍,重点考察公众舆论对决策层产生了什么实际影响以及是如何影响的。认为公众舆论的倾向与美国对华政策不能完全划等号,但二者之间的确存在丰富和强烈的关联性,公众舆论对美国的对华政策有实际的重大影响,甚至是决定性的影响。这种影响既表现在对相关政策的内容方面的实质性影响,又表现在对相关政策的执行方式和执行时间等方面的程序性影响,同时还对美国对华政策的稳定性产生重要影响。公众舆论是美国对华政策决策中一个重要考量因素,是理解美国对华政策的一个重要方面。

关键词:美国对外政策　对华政策　舆论　中美关系

2399

亚欧会议进程 :重塑跨国政策协商的区域间合作机制 / 张浚著 ; 周弘指导. -- 中国社会科学院研究生院, 2005. -- 86 页

本文从制度结构的角度分析了亚欧会议进程。针对亚欧会议的合作机制,欧洲成员和亚洲成员之间存在较大分歧,主要是欧方坚持亚欧会议目前的非正式、非机制化的合作方式,而亚洲成员则力图推动亚洲会议框架下的实质性合作。论文认为,亚欧会议不是一个拥有独立机构和资源的国际组织,但它具备政治制度的最基本要素:成员之间的日常交流渠道,不同领域和不同层次上的定期和不定期的政府间会议。即政府间交流出现了部门对部门的交流网络,政府和非政府部门之间建立了成员间市民社会组织之间的交流渠道,并积极推动非政府部门参与到政府间的政策讨论之中。亚欧会议具体问题的对话与合作、以软法律工具为基础、随需要而改变的灵活的交流渠道以及对外部世界开放。论文认为,亚欧会议的制度结构及其原则与欧盟内部的治理模式基本上一致,但在制度建设的方式上却有根本不同:亚洲会议以不具有约束力的"宣言"为基础,其框架下的政策讨论的规范和准则来自于现有的国际法律体系和各个领域中的主要国际协议。亚欧会议是欧盟及其成员国发展同东亚国家关系、参与亚太地区区域性多边机制建设的有效渠道,亚欧会议的制度结构有利于欧盟发挥自身优势,对东亚地区施加影响。欧方的优势主要表现在两个方面:一是知识的优势,二是制度的优势。欧方成员普遍具有进行跨国政策讨论和参与全球性多边机制的丰富经验。欧盟的制度优势表现在三个方面:一是欧盟—东盟对话机制是亚欧会议的基础,亚欧会议进程巩固了东盟在区域合作中的核心地位,推动东亚地区的秩序向着多边合作,而非大国主导方向发展;二是欧盟这个超国家体系所发挥的组织和协调作用;三是欧洲成员普遍发达的市民社会组织使其可以有效地通过非政府渠道发挥影响。论文还认为,亚欧会议的结构进一步反映了全球治理条件下国际关系多元化发展的趋向。多头参与导致了行为准则的变化,并且可以在国际舞台上通过不同的方式发挥影响。权力不再局限于传统的以军事和经济为主的"硬力量",知识和制度等"软力量"得到越来越多的重视。亚欧会议还探讨了不均衡参与等问题。

关键词:国际会议　国际合作　亚欧会议　全球问题

2400

欧盟的文化政策 :多样性与同一性的地区统一 / 张生祥著 ; 龚文庠指导. -- 北京大学, 2005. -- 154 页

本文以"欧盟的文化政策:多样性与同一性的地区统一"为题,旨在通过论述欧盟的文化政策来理解文化多样性与同一性在欧盟地区层面上的逐步统一和整合。论文从文化理论根源、政治实践(欧盟层面

与国家层面上)、欧洲认同建构等三个层面对这一地区性文化整合现象进行完整论述,提出合作性的多元文化主义模式应该是欧盟处理地区文化事务时在政治文化理念与政策领域的最佳选择,欧盟唯有在此理论前提下建立一种欧洲认同才能实现文化多样性与同一性的最终统一,才能使欧洲一体化得以完整。论文认为,欧盟的文化政策是全球化背景下合作性多元文化主义的典型体现,其主要目的有二:一是为了建立一种有别于美国单边主义的以信任、折中与协商为其主要特征的合作性的世界文化秩序;二是协调各成员国间或联盟内在文化事务方面的地区利益,并逐渐使之成为欧盟内解决问题、思想沟通与文化交流的合作性机制。欧盟的文化政策是这种文化统一的具体实践,后者是历史必然的而且具有可操作性。论文还对欧盟文化政策的概念内涵、产生背景、基本内容、现实意义和历史发展加以探讨,认为欧盟的文化政策具有超前性,欧洲一体化的前景充满变数。

关键词:文化政策　多元文化　欧洲一体化　欧盟

2401

美国对华政策与西藏问题 / 张植荣著 ; 李玉指导. -- 北京大学, 2005. -- 156 页

台湾问题、西藏问题和贸易(英文为 3T 即 TAIWAN、TIBET、TRADE),"3T"构成了美国对华政策的三个核心问题。本文旨在从历史演变与美国外交决策因素的视角,研究美国对华政策中的西藏问题,分析美国国内因素对西藏政策与决策的影响,阐述美国西藏政策历史演变过程。论文认为,美国西藏政策反映了美国外交的意识形态因素,特别是美国人民的宗教价值观念。西藏问题在美国对华"3T"战略中的相对次要性,是美国两种不同意识形态纷争在外交决策中的反映,始终服从其对华政策的总体战略。美国在西藏问题上的表现,是对中国主权和内政的干涉。从当前小布什政府的西藏政策来看,美国西藏政策与决策出现了新模式:未来美国的西藏决策的模式将更加复杂,总统与外交部门的权力相对下降,国会及其代表的美国国内因素影响将会上升;但是,在小布什时期以及将来,西藏问题仍然是美国对华政策的一个筹码。当前美国联合中国、"反恐优先"战略,并不会让华盛顿改变在西藏问题上对华"人权外交"的总体趋势。论文认为,西藏问题是美国外交战略中对华施压的现实工具之一,也是美国国内政治与外交道德理想主义的反映。从长远战略来看,美国对西藏问题的关注反映了美国社会普世主义的宗教观以及不同利益集团的交锋;美国国内因素对西藏政策的影响,增添了问题的复杂性,给我国对美外交工作提供了机会。"国会外交"、"民间交流"、"人权对话"等非政府途径,将为我国树立良好的国际形象提供新的平台。我国应清楚认识并加以利用,寻求灵活的处理政策,为西藏问题的最终化解探索出一条新路。

关键词:美国对外政策　西藏问题　中美关系

2402

译者角色的传播学阐释 / 章方著 ; 龚文庠指导. -- 北京大学, 2005. -- 142 页

本文以翻译的主体——笔译者作为研究对象,以近现代几次翻译高潮为考察背景,从传播学的理论和视角探讨了翻译传播的主体。论文认为,目前国内翻译主体研究是以文学翻译为主的研究。从研究的理论视野视角看,多数研究以语言学、传统美学或文化交流等作为切入点研究译者。研究者主要从文本出发,关注原作和译作的对比或不同文化的对比,探讨翻译过程中译者的翻译技巧、情感情绪、心理因素、认知结构、审美趣味和作为读者时的期待视野等等,然后再回归文本。论文借助传播学关于传播者角色、接受者角色、传播环境等理论板块,以及跨文化传播学的"文化要素说"、"文化结构说"等理论,描述和解释了译者作为传播角色的生成、特征及跨角色间的互为作用,分析和归纳了译者与相关传播要素之间的传播关系。论文从单一的传播要素——译者出发,通过描述、分析和讨论,力求看到翻译传播中主要的相关要素;在研究局部的传播行为时,关注相关的其他传播活动。论文认为,翻译传播具有五个特点——再传性、跨国家 / 民族性、跨时代性、社会性和协同互动性。认识和理解"译者"应考虑以下三个方面:(1)译者是跨文化的传播者,主要角色特征表现为:依附性、隐形性、跨文化性和创造性。(2)学者型译者是翻译传播的重要群体,他们的职业角色与译者角色互为作用对跨文化传播具有重要意义。(3)翻译传播中,译者是核心要素,并与传播中的相关要素:作者、原作、译作、受众、媒介组织、社会环境形成了一个多维直接或间接互动模式。鉴于翻译传播的复杂性,对译者的认识、理解和评价不能与其他要素脱离开来,要从翻译传播的主要过程审视他们,既考虑具体的传播事件,又要考虑现实的传播环境。

关键词:翻译　传播学　文化交流

2403

普京执政以来的俄美关系 / 赵淑芳著 ; 张琏瑰指导. -- 中共中央党校, 2005. -- 174 页

本文论述普京执政以来俄美关系的发展进程,揭示俄美战略互动及影响俄美关系发展的因素。正文共分五章。第一章分析普京执政后俄罗斯对外战略的调整以及俄对美政策的变化。指出在吸取叶利钦外交经验与教训的基础上,普京的对外战略更积极、灵活、务实,俄罗斯对美外交政策出现重大变化,不寻求与美发生战略性对抗和竞争,建立稳固的战略信任关系甚至战略伙伴关系成为俄对美外交政策追求的目标。第二章论述俄美建立新型战略关系以来在政治、安全领域的发展进程。指出"9.11"事件后俄美建立新型战略伙伴关系,俄美关系改善没有自然地导致俄美战略竞争的消失,俄美不仅在战略稳定、地缘政治、防扩散、反恐等领域有利益分歧,在世界地区热点问题上俄美的冲突也时隐时现。第三章考察普京执政以来俄美经贸合作进程以及俄美能源合作问题。指出普京执政以来俄罗斯经济出现恢复性增长,俄美互为经贸合作伙伴。但是由于俄经济规模有限、俄美贸易结构不均衡、俄市场经济制度不完善、美对俄歧视性贸易政策依然存在等因素制约,短期内俄美经贸合作状况不会有根本改善。加强能源合作是近来俄美关系中的亮点,然而油气资源、生产和运输成本、技术、投资等方面难以解决的问题也阻碍双方的合作进程。第四章探讨影响俄美关系发展的因素。作者认为在美国对外战略中,俄罗斯的战略价值在缩小。主要表现在两个方面:一是国力的衰败导致国际地位下降,俄罗斯已由超级大国变为在有些领域具有世界影响的地区大国;一是俄罗斯的发展离不开与西方的关系。第五章概述俄美关系发展对国际局势及中国的影响。指出俄美关系改善有利于国际局势的总体缓和,俄美关系改善并不损害中俄关系,加强中俄合作是改善俄美关系的重要砝码,未来中俄美三国建构以互补互利、合作共赢为基本特征的三边关系符合三国的根本利益,也有利于世界的和平与稳定。为此,中国在同步加强与俄美双边合作的同时,应积极推进与其他大国的双边、多边合作关系。

关键词:国际关系　俄罗斯　美国　普京(Putin, F. F. 1952 ~)　俄美关系

国际关系学

2404

论对冲基金投机冲击对国际经济关系的影响 / 陈高翔著 ; 陈乔之指导. -- 暨南大学, 2005. -- 112 页

在频繁爆发的国际金融危机中,对冲基金是产生金融危机的重要因素。对冲基金对当代国际经济关系产生了重大影响。就国际金融关系而言,在对冲基金的投机冲击下,现行国际货币体系的缺陷和不足暴露无遗。在国际金融监管方面,发展中国家金融法规制度不健全,监管水平和监管能力的不足,以及发达国家对投机资本的放任态度是对冲基金能够进行投机活动的关键;而国际货币基金组织制定的附带苛刻条件的经济援助,引起了发展中国家的普遍不满和质疑,要求改革国际金融组织的呼声越来越强烈。对冲基金投机冲击对国际贸易关系产生的负面影响,使正常的国际投资关系遭到破坏。论文认为,对冲基金是国际金融霸权新的表现形式和重要工具,对冲基金的投机冲击对发展中国家的经济发展、政治稳定和国家安全构成了极大的威胁。我国应该认真研究防范对冲基金投机冲击的策略与措施,正确选择金融开放的模式,把握好金融开放的步骤,加强金融法规建设,提高金融监管水平,积极参加国际金融合作,扩大在国际金融组织中的影响力和发言权,努力争取建立公平、公正、合理的国际经济新秩序,以保护我国改革开放的成果,为世界经济的健康发展作出应有的贡献。

关键词:对冲基金　投机　投资　国际经济关系

2405

东北亚安全格局中的中美关系 / 陈杨著 ; 倪世雄指导. -- 复旦大学, 2005. -- 111 页

本文以东北亚安全格局与中美关系之间的互动性为主要线索,认为东北亚安全格局的稳定与变化影响中美关系的走向,而中美关系的状态和走向对该地区的安全格局具有反作用。中美关系在一定程度上是影响东亚国际关系的一对最为重要的双边关系。东北亚安全格局与东亚安全关系互动中,中美关系起着决定性的作用。论文从地理和政治上对东北亚作了界定,简要分析了东北亚安全格局中的中美关系的重要地位一般特征,即特殊性、复杂性、微妙性和脆弱性。论文从三个层次分析了影响东北亚安全格局的中美关系的诸因素:(1)全球性因素,包括世界格局、

全球性国际机制和中美两国对外战略议程三个方面;(2)地区性因素,包括东北亚地区安全格局及环境和地区安全机制及其变化;(3)中美关系中的非传统安全因素,主要是经济因素和意识形态因素。这三大类因素对东北亚安全格局与中美关系的互动都发挥着重要作用。论文考察了东北亚安全格局背景下中美关系的互动状态和手段,主要包括:(1)安全对抗,表现为威慑和强制,如朝鲜战争时期的中美对抗以及台湾问题引起的中美关系危机;(2)安全竞争,如美国在东北亚地区推行均势和军事同盟政策,但中美之间存在的这种安全竞争同中美之间的安全合作并不是完全矛盾的;(3)安全合作,如双边安全对话、军事交流、全球战略合作(反恐)和地区安全合作(朝鲜核问题)等。这三种状态和手段是在东北亚安全格局和中美安全关系的大框架下发挥作用的。论文还以朝鲜核危机为例分析了东北亚安全格局与中美关系的互动,指出中美两国有可能以此为契机,对推动朝鲜半岛多边安全机制和东北亚多边安全机制的形成做出贡献。未来较长一段时间内,中美关系将出现两个相反相成的运动趋势:一是沿着全球→地区→双边层面呈现出依次递增的竞争性或矛盾性,二是沿着双边→地区→全球层面呈现出依次递升的对矛盾的制约性和对合作的期望。在东北亚安全格局中的中美关系的未来发展状态有赖于中美双方在竞争性和合作性当中求取一个符合各自国家利益的最佳平衡点。

关键词:国家安全　中美关系　核危机　东北亚

2406

冷战后美国国家安全战略的调整及其理论取向研究 / 崔海宁著 ; 陈岳指导. -- 中国人民大学, 2005. 190 页

冷战结束以来,面对国际安全环境剧变,后冷战时期美国国家安全战略历经了一个由探索、形成到进一步发展演变的过程。全文主体部分,由五章组成:第一章导论部分,主要阐明本文的选题缘由,并在界定"理论取向"内涵的基础上阐述本文研究前提、主要研究方法、文章可能的创新与不足以及论文的框架和内容安排。第二章则是为全文建立基本理论框架,通过梳理美国国家安全战略的历史发展,阐明国际关系主流理论——理想主义和现实主义始终是美国国家安全战略的根本指导思想并决定战略的理论取向。第三章按照美国国家安全战略制定的思维逻辑分析冷战结束后美国国内战略思想大争论,即现实主义与理想主义、新孤立主义与新干涉主义、单边主义与多边主义的战略大争论。第四章按照从老布什政府到克林顿政府再到小布什政府第一届任期的时间先后顺序考察冷战后美国国家安全战略轨迹。第五章是冷战后美国国家安全战略调整的理论取向研究。美国安全战略调整在后冷战时期由理想主义(包括新自由主义)理论取向转变为现实主义理论取向。在结束语中,论文从冷战后美国国家安全战略调整理论取向的内涵入手,概括性论述了主流国际关系理论——理想主义(包括新自由主义)和现实主义的国家安全观以及它们的此消彼长与美国国家安全战略调整之间互动机制。

关键词:美国对外政策　外交政策　国家安全　理想主义　现实主义

2407

韩半岛和平机制建设研究 : 兼论中国的外交作用 / 崔美玉著 ; 周启朋指导. -- 外交学院, 2005. -- 114 页

本文以和平机制的国际政治理论为基础,分析了韩半岛和平机制建设的方向,探讨了通过六方会谈、多边安全合作、中国的角色与韩国的政策等多种形式展开的韩半岛和平机制的建设方案。论文认为,韩半岛的和平机制不是只有当事者韩国与朝鲜的努力而能建设的事情。原因在于韩半岛地区的局势的复杂性和韩半岛和平现状的脆弱性。美国、日本、中国、俄罗斯之间军事安全、经济、文化等方面整体性的矛盾相互作用,成为阻碍该地区秩序的稳定的重要因素。为了建设21世纪韩半岛和平机制,需要构筑新的多边结构。冷战时期朝鲜、苏联、中国北方三角关系与韩国、美国、日本南方三方关系形成南北相互对立的结构。冷战结束以后,这种两方对立的结构图变化成韩国、朝鲜、美国、中国的四方图甚至可变化成韩国、朝鲜、美国三方结构的倾向,近年来又变为多边安全合作的倾向(六方会谈)。鉴于韩半岛地缘战略的重要性、历史遗留问题的复杂性及地域安全的脆弱性,"多边安全合作机制"的建立具有必要性。论文分析了建设韩半岛和平机制的最大障碍——朝核问题。探讨了美、朝、韩、中对待朝核问题的态度与政策,认为韩国政府不应该只依赖美国的政策,也要与中国协商调整外交政策。韩半岛统一问题要及时解决,但朝核问题的解决对21世纪东北亚秩序尤其重要。建议韩国政府放弃过去消极对朝政策,通过对话解决朝鲜核问题,鼓励朝鲜通过改革开放走向市场经济并结束韩半岛冷战局面,最终实现韩半岛和平。

关键词:和平　国际关系　国家安全　核武器问题　朝鲜半岛

2408

美国思想库对美国外交政策的影响 / 狄会深著 ；朱立群指导. -- 外交学院，2005. -- 234 页

思想库是以政策研究为核心、以直接或间接方式服务于政府和社会为目的的非赢利的独立研究机构。美国的思想库可以分为不同的种类,其中按照政治倾向可以分为保守派、自由派和中间派三种。与其他国家相比,美国思想库的主要特点在于对公共政策的影响较大。思想库在美国外交决策中发挥着如下五种重要作用:启发新思维、提供政策方案、储备和提供人才、教育公众以及充当政府与民众之间的沟通桥梁。它们影响美国政府外交政策的主要方式有:"入朝做官"、与政府官员和国会建立密切关系、参加总统候选人的竞选班子、向新总统提供施政纲领、利用媒体和利益集团的影响、举行研讨会、出版书籍、期刊、发表媒体评论等。思想库之所以能在美国兴盛并发挥重要政策影响力主要在于美国独特的政治文化、分权制衡的政治制度、松散的政党制度、自愿捐献的文化传统和发达的基金会、独特的社会多元结构和复杂的外交决策机制以及美国不断加大介入国外事务的力度。我们通过加强对美国思想库的政策主张和对华认识的研究,便能比较准确地分析、判断和预测美国的对外战略、对外政策特别是对华政策的走向;另一方面,通过加强与美国主流思想库的交流,也可以影响美国政界、学界及公众的对华认识和政策主张。同时,借鉴美国思想库的发展经验,进一步加强我国的思想库建设,使其发挥政策建言的作用。

关键词:美国对外政策　外交政策　思想库

2409

在危机中维护国家利益 : 中国处理中美外交危机研究(1989—2001) / 丁孝文著 ；袁明指导. -- 北京大学，2005. -- 203 页

本文主要运用结构—重点比较法,结合方法—目的分析法,从国家利益角度对冷战后期以来中国处理中美外交危机进行了研究,认为外交危机是指对国家重大利益造成严重损害的国际危机。国家重大利益包括国家安全、国家尊严、经济发展和国际环境,"严重损害"意味着某个重大利益受到的损害是实质性的,且受害国认为无法容忍。论文认为,中美国家利益的相容性是两国可以发展友好合作关系的基础;中美国家利益的冲突性是两国关系麻烦不断的主要原因。维护共同利益,搁置冲突利益,努力寻求利益的汇合点,是推动中美关系发展的建设性途径。通过对中国处理北京政治风波、李登辉访美、炸馆事件和撞机事件的分析,论文认为中国在处理冷战后期以来中美四次外交危机中积累了一些经验,总体上维护了国家的重大利益,但仍存在一些问题,包括沟通不畅、在国家尊严和原则是非等问题上过于突出以我为主。论文透过中国处理中美外交危机,总结了中国外交维护国家利益的"三大意识",即"大局意识"、"原则意识"和"中和意识"。大局意识决定了中国外交注重维护世界的和平与国家的稳定,原则意识决定了中国不会在原则问题上做出重大妥协,"中和意识"则体现在中国倡导国家间"和为贵"、"和而不同",强调对外斗争要"有理、有利、有节",处理对外关系要把"原则的坚定性与策略的灵活性相结合",在国际事务中"不当头、不扛旗"等思路。论文认为,进入 21 世纪,未来中美发生外交危机的可能情形包括三种,即:突发事件;因美国政府邀请台湾领导人访美和向台大量出售先进武器,中方做出强烈反应;因中国阻止台湾独立的事态而导致美国的军事干预。论文建议两国政府加强预防危机的机制建设,加深对对方文化和意识形态的理解,相互尊重对方的价值观,避免危机的发生。

关键词:国家利益　中美关系　外交政策

2410

非传统安全研究与中国 / 傅勇著 ；樊勇明指导. -- 复旦大学，2005. -- 137 页

本文对非传统安全问题进行了新的理论探索,对中国安全战略的完善和改进提出了建议。论文认为,非传统安全是指非国家行为体采用非军事手段对主权国家的生存、发展和国民人身安全、社会稳定形成的威胁,具有非对称性、多元性、社会性、跨国性。非传统安全与传统安全之间存在着内在的深刻联系。非传统安全概念的内涵和外延是由传统安全概念扩展而来的。非传统安全问题与传统安全问题相互交织,一定条件下会相互转化,应对非传统安全威胁需要动员包括对付传统安全威胁的手段在内的一切手段和工具,建立综合安全保障体系。非传统安全的研究范围可以划分为五大领域。即生态环境、经济金融、社会文化、科技信息和国际恐怖主义等。非传统安全可以分解为个体安全、群体安全、国内社会安全、国际社会安全、人类安全等层面。非传统安全危险的来源可以相应分解为个体、群体、国内非政府组织、跨

国组织机构、自然力量等非国家行为体。民族国家在应对非传统安全问题上已经不再拥有独占地位和发挥主导作用,超国家组织和非国家行为体在应对非传统安全问题的作用和地位不断强化上升。论文认为,非传统安全问题是国际社会的新安全问题,需要形成新的国际安全合作机制。单边主义和先发制人并非有效,多边国际安全合作的重要性正在上升。中国应该建立以互信、互利、平等、协作为核心的新安全观,通过对话增进互信,通过谈判解决争端,通过合作促进安全。

关键词:国际关系　传统安全　非传统安全　国家安全　安全观

2411

现代化论的传教士 :赖肖尔与美国对日外交 / 归泳涛著 ; 袁明指导. -- 北京大学,2005. -- 174 页

本文选取战后美国日本学的奠基人之一、前美国驻日大使埃德温·O·赖肖尔作为研究对象,采用实证研究方法,利用《赖肖尔文件》中的原始记录,结合当时日本和美国的报刊杂志资料,围绕他的职业生涯和思想历程,再现美国与东亚关系史中的一段重要时期。论文认为,赖肖尔既是一位学者,也是一位外交家。作为学者,他是战后美国日本研究中最重要的理论范式——日本现代化论的主要创造者和传播者,也是将这一理论运用于美国东亚政策的关键人物。作为外交家,他秉承理想主义的传统,以传教士般的精神在战后美日关系最困难的时刻出任驻日大使,开创了美日之间"对话"外交的先河。论文认为,日本现代化论是联结赖肖尔的学术思想和政治实践的关节点。理论上,既体现了美国用自己的价值观改造东亚的理想,也为冷战时期美国的东亚政策提供了一种理论武器,实践中挑起了一场与日本知识分子之间的"现代化论争",使同盟的现实主义舆论崛起并逐渐占据了日本社会思潮的主流。赖肖尔的历史作用在于,他的现代化论为主张重新审视日本近代历史、重新界定日本国际地位的人们提供了一个视角、一种方法。论文认为,赖肖尔与日本反对党、工会、知识分子以及学生的交流,一定程度上软化了日本国民中的反美情绪,是美国外交中"软力量"的一次充分运用。但是,在美国外交中,"软力量"和"硬力量"常常并行不悖。赖肖尔的"对话"外交随着越南战争的升级而陷入困境,他主张的日本现代化论也在越战的冲击下逐渐从历史舞台的中心淡出。

关键词:赖肖尔(Reischauer, Edwin Oldfather 1910~)　美日关系　美国对外政策

2412

西方国际关系理论方法论研究 / 胡宗山著 ; 程又中指导. -- 华中师范大学, 2005. -- 134 页

方法论是关于研究方法的逻辑,是学者在进行理论创作和学术发展过程中所积累的研究哲学。本文分为导论、正文和结论三大部分。导论的重点在于提出了论文研究的分析框架,即综合运用范式理论、科学研究纲领论等科学哲学理论来分析西方国际关系理论方法论的各项要素和评估国际关系学科的发展现状。正文的第一部分论述了作为普遍意义上的方法论体系的构成。论文从内容维度、形式维度和逻辑维度界定了作为整体体系存在的方法论。其中,本体论、认识论、研究范式和具体研究方法构成了内容维度,假设、模型、范式构成了形式维度,概念、命题和推理构成了逻辑维度,变量则是逻辑维度的中心环节。正文的第二部分具体描述了西方国际关系理论主要学派的方法论。论文通过理论文本解读,先后对现实主义学派、自由主义学派、科学行为主义学派、英国学派和建构主义学派中代表性学者和代表性作品的具体研究方法进行了论述。正文的第三部分对西方国际关系理论的方法论体系进行了总体的概括。重点论述了方法论是如何对西方国际关系理论演进和学科发展起到促进作用的,这主要体现在方法论对认识和理解实体理论、对理论学派的科学发展进程以及对国际关系学科成为独立和成熟学科这三个方面都具有重要的推动性影响。正文的第四部分是根据前面得出的结论,未来国际关系理论的生命力取决于方法论的革新;作为国际关系学科主导研究范式的理性主义虽然在冷战后面临着困境和危机,但作为主要挑战者的建构主义并没有替代理性主义成为主导范式。

关键词:国际关系理论　理性主义　现实主义　自由主义　建构主义　西方国家

2413

无政府性与国际制度有效性的实证研究 :从欧洲协调到联合国 / 贾烈英著 ; 秦亚青指导. -- 外交学院, 2005. -- 126 页

世界处于无政府状态是西方国际关系理论的基石,以此为起点,各种主流理论都形成了自己的理论体系,对于无政府性能否以及如何被削弱的问题,各派观点相去甚远。本文把国际制度的有效性作为一个因变量,通过考察历史上的三个案例,即欧洲协调、

国际联盟和联合国,力图找寻影响国际制度有效性的主要的自变量。论文主要围绕着大国权力分配、大国认同与国际制度有效性的关系展开实证性研究。论文的结论是大国实力分配的形式与国际制度的有效性没有必然的因果联系,但进程与结构因素要大体协调。在制度结构与权力结构基本一致的前提下,大国认同与国际制度的有效性是正向相关关系。而国际制度中的规范因素建构了大国间的认同。但国家观念(国内规范)对国际规范又有反作用,他们是相互建构的。国际制度可分为行为性制度和规范性制度,前者主要影响国家的行为,后者建构国家的认同,制度的性质不同,其效果也不同。论文认为,国际制度可以削弱无政府性,国际制度的核心是规范,研究规范与权力,规范与认同,规范与国际和平与安全的关系,是非常有价值的学术前沿问题。

关键词:国际关系理论　国际制度　欧洲　国际联盟　联合国

2414

米尔斯海默进攻性现实主义理论研究 / 李永成著 ; 陈岳指导. -- 中国人民大学, 2005. -- 240 页

作为现实主义国际关系理论在冷战后的重要代表性发展,米尔斯海默理论从学术层面看,进攻性现实主义颠覆了沃尔兹现实主义的权力观和战略观;从实践层面上说,进攻性现实主义是美国的部分精英层的国际政治观的集中流露,在相当程度上还是一种美国精英思潮对中国国际角色和中美关系本质的理论分析。从论文架构看,第一章探讨了米尔斯海默进攻性现实主义的理论演进和逻辑框架,提供了一种米尔斯海默理论的整体认识。第二章分析了进攻性现实主义的理论渊源,认为它对修昔底德、马基雅维里和霍布斯的古典权力政治思想多有继承,其最直接的来源是摩根索权力政治理论的内核和沃尔兹结构现实主义的方法。论文第三章论证了安全困境机制在进攻性现实主义理论中的基础性作用,否定了安全困境不适用于进攻性现实主义理论的流行看法。论文第四章从战略思想角度对沃尔兹理论和米尔斯海默理论的对立性进行了分析,第五章通过分析进攻性现实主义理论的霸权护持逻辑及其美国大战略含义,否定了米尔斯海默理论是布什政府对外战略之理论基础的观点,并指出其"离岸制衡论"和"遏制中国论"具有明显的非现实性。论文第六章对米尔斯海默进攻性现实主义进行了评判和反思,论证了米尔斯海默的理论在巩固结构现实主义的主流地位以及其他次领域研究做出的重要理论贡献。论文认为,尽管米尔斯海默的进攻性现实主义理论过于悲观和灰暗,也失之于偏激,但它所包含的历史观察和理论反思无疑在一定程度上包含了有价值的现实意义。

关键词:米尔斯海默(Mearsheimer, J. J.)　国际关系理论　现实主义　权力　霸权主义

2415

文化、利益与美国公共外交 / 廖宏斌著 ; 熊志勇指导. -- 外交学院, 2005. -- 170 页

本文探讨了文化、利益在影响美国公共外交中的作用。伴随新军事武器的出现、普通公众在政治生活中权力的扩大、通讯技术的发展和全球经济相互依赖的加深,传统外交已不能完全适应国际新形势的发展,公共外交应运而生并受到各国重视。美国高度重视公共外交,通过资助国际信息项目、国际文化项目、和平队、各种基金会和思想库、民意调查和大众媒体等方式来开展公共外交活动。国际舆论,巩固自己的强权地位,维护自己的全球战略利益。国家利益是美国政府开展公共外交的根本行为准则、物质基础,也是美国公共外交的利益动因。论文认为,美国公共外交是受美国文化和国家利益双重驱动的产物。论文以冷战时期的欧洲地区和9·11事件后的中东地区为例,分析了美国公共外交受文化和国家利益驱动的现象。

关键词:美国对外政策　外交政策　文化　民主自由

2416

布什主义 : 关于美国新帝国战略的一种研究 / 刘阿明著 ; 朱明权指导. -- 复旦大学, 2005. -- 141 页

本文以 2001 年 9 月 11 日恐怖分子劫持客机对美国纽约和华盛顿两地进行自杀性攻击,并造成数千人伤亡的悲剧性事件为切入点,分析了布什(George W. Bush)政府(2001 年 1 月—2005 年 1 月任期)在国家安全战略方面实施的一系列重大政策调整——即通常而言的布什主义,探讨了长期存在于国际政治中的(新)帝国(主义)理论与 20 世纪 60 年代产生的美国(新)保守主义政治思潮的结合对布什政府对外政策宗旨和行为的影响,揭示出以布什主义为标签的美国外交理念和政策实践所具有的浓厚"帝国"气息。论文认为,布什主义的基本思路是:美国应积极运用目前所享有的支配性军事及其他权力,改变目前它认为混乱和危险的世界体系,造就一种符合美国的偏

好、反映美国的利益和价值、保障美国国家安全的国际秩序。制度反恐、先发制人及单边主义三位一体地构成了布什主义的核心内涵。以布什主义为标识的一系列帝国倾向甚浓的美国对外/安全政策对当今国际体系产生了重大的影响:不仅对国际法、联合国的权威构成了挑战,甚至在某种意义上重塑了大国关系,改变了国际秩序。但这种帝国政策将被迫在一定程度上缓和好斗姿态,布什第二任期内会在这方面有所行动。

关键词:美国对外政策　帝国主义　国家安全　布什(Bush,George W. 1946～)

2417

论"政冷经热"的中日关系 / 刘江永著 ; 阎学通指导. -- 清华大学, 2005. -- 420 页

本文运用国际关系学、历史学、政治学、经济学、法学、社会学、新闻学等相关学科的知识,对中日经贸关系、政治关系两大领域进行综合研究,探讨了20世纪90年代中期至21世纪初中日关系出现的"政冷经热"矛盾现象及其产生的原因,并提出解决问题的思路与相关建议。论文通过从历史与现实、经济与政治、国内与国际、政府与民间双边与多边等多维角度,对中日关系的演变、现状、特别是存在的主要问题,进行了分析研究。论文通过归纳近年来中日关系"政冷经热"的新发展,分析其产生的历史原因、经济原因、政治原因、社会原因和国际原因等,进一步证明了中日关系"政冷经热"矛盾产生的必然性。中日关系"政冷"不会由于"经热"而自然好转,日本政治右倾化在发展,小泉首相坚持参拜靖国神社是其典型表现。中日历史观摩擦成为妨碍两国政治关系健康发展的主要矛盾。中日关系在安全领域面临新的挑战。"政冷经热"矛盾发展下去,"经热"可能降温,但不会受到严重影响。这主要是由于中日经济利益相互交织,贸易投资规模不断扩大,政治因素对经济交往的影响相对下降。中日两国相互依存关系正发生有利于中国的转变。在非传统安全领域,双方加强合作的潜力巨大。论文认为,从时代背景和国际关系体系全局看,在可预见的未来日本难以复活军国主义;中日世代友好符合双方根本利益;中日两国在谋求改善双边关系的同时,共同参与东亚一体化进程将是可取的选择。

关键词:中日关系　政治关系　经济贸易关系

2418

中国国家身份与外交战略的选择 : 1949—2004 / 刘智勇著 ; 曲星指导. -- 外交学院, 2005. -- 146 页

本文提出的中心问题是:中国如何确定自己的外交战略选择?本文所要研究的主要是国家的社会身份,即国家是如何在不同的团体划分中确定自己的身份认同的。根据不同的身份认同,论文将1949—2004年的中国外交分为四个阶段,并通过分析不同时期中国的战略选择来对上述假设进行验证。1949—1956年,中国将自己的身份界定为"社会主义国家",中国对社会主义国家(内团体)采取合作的战略;对民族主义国家(准内团体)采取合作的战略;而对资本主义国家(外团体)采取冲突性的战略。1957—1976年,中国将自己的身份界定为"革命的社会主义国家",中国对于所谓真正革命的社会主义国家(内团体)采取合作性的战略;对于民族主义国家(准内团体)也采取合作性的战略;而对资本主义国家(外团体)还是继续采取冲突性的战略;对修正主义国家(外团体)也采取冲突性的战略。1977—1995年,中国的国家身份被确定为"国际社会中的一员",中国在战略思维上逐步从非零和过渡到双赢;而在外交行为上,中国由有选择的参与和合作发展到积极的合作。1996—2004年,中国的身份被定位"东亚共同体的一员",论文主要论证了两点:一是东亚共同体正在形成的过程中;二是中国对东亚共同体的集体认同正在逐步加强。现在,中国在国际层面和地区层面上的集体身份正在逐步得到加强,这将把中国带上一条合作性的"轨道"。

关键词:外交政策　外交战略　国家身份　中国威胁论

2419

国际社会理论与英国学派的发展 / 苗红妮著 ; 秦亚青指导. -- 外交学院, 2005. -- 199 页

本文旨在说明英国学派在国际关系理论界的学术地位及其研究传统。论文的内容分为五章:第一章将英国学派放在国际关系理论四次"大辩论"的背景关照下,对"英国学派是否能够自成一种国际关系理论流派"的问题进行论述,体现其"不被承认——走向边缘——重新发掘"的地位变化。第二章主要追踪英国学派的国际社会观的演变过程,探讨"国际体系"、"国际社会"、"世界社会"这三个核心概念及其在英国学派中的本体论地位。第三章着眼于澄清国际社会的两种价值——秩序与正义这两个概念及其关系,并探讨使二者达到统一的方式。第四章以国际社会

的维系作为研究主题，试图阐明国际法、国际规范和冲突管理与解决体系对于维持国际社会秩序的重要性。第五章系统介绍了新生代英国学派学者通过世界社会这个概念对英国学派所进行的思想重塑，并且指出了该学派对于中国国际关系理论的思想启示意义。论文认为，不断走向成熟的英国学派已经并将继续对国际关系理论的发展产生积极影响。

关键词：国际关系理论　国际政治　正义　英国学派

2420

经济全球化与世界法制发展研究 ：兼论中国法制建设的现状与前景 / 任宗理著 ；陈乔之指导. -- 暨南大学，2005. -- 98 页

经济全球化是当今世界客观存在的现实和不可阻挡的历史发展潮流。经济全球化的发展直接推动了法律全球化趋势。在不同的历史发展阶段，经济全球化对世界法制发展均产生了决定性的影响。从经济全球化逐步形成开始，西方主要国家便率先初步建立了资产阶级法制体系，并逐渐向世界各地推广；尔后两大法系逐渐靠拢，法律制度出现趋同化倾向；到现阶段，法律出现全球化趋势，并不断发展。随着经济全球化在世界范围的日益扩展，中国也不自觉地被卷入全球化浪潮之中，并在清末开始进行法律改革。此后，受经济全球化影响的程度日渐加深，中国开始大量借鉴和移植西方发达国家的法律制度。但我国的法制改革并非一帆风顺，而是一波三折，直到改革开放以后，法制建设才逐步走上正轨。为了顺应经济全球化和法律全球化的发展潮流，我们要构建适应全球化要求的中国特色社会主义法制。这是一项艰巨而光荣的使命。为完成这一使命，首先要更新观念，树立符合全球化要求的现代法制观念；其次，要大胆借鉴世界法制文明成果，建立适应全球化要求的现代法律体系；再次，要大力发展社会主义市场经济和民主政治，为法制建设奠定良好的基础。

关键词：社会主义法制　民主政治　法制　经济全球化

2421

国际秩序的转型与东亚安全 ：共有利益的塑造与拓展 / 阮宗泽著 ；周启朋指导. -- 外交学院，2005. 177 页

本文旨在回答：如何推进东亚国际秩序的“和平转型”？冷战结束以来，东亚秩序出现“和平转型”特质，并体现在三个转型之中：一是中国的转型，二是东亚的转型，三是中国与东亚秩序之间的关系的转型。总的看，国际秩序的转型有利于中国的和平发展。本文对东亚国际秩序的转型的研究是建立在以下两个假设之上的：倘若任何一个国家均不相信以武力方式改变国际秩序有利可图，这个秩序就是稳定的。倘若任何一个国家均相信通过合作可以实现其利益或预期利益，就不会轻易选择战争或武力，那么，安全就是可以维持的。论文一方面强调东亚国际秩序是由“共有利益”来建构的，而共有利益包括既有的，物质的，也包括塑造的、社会性的成分；另一方面也强调东亚国际秩序反过来影响和重建行为者的方式。研究的创新点主要体现在：首先，提出了“共有利益”范式在秩序转型过程中的决定性作用。其次，认为秩序的转型或转型期的秩序，是否稳定不在于权力的大小，或者制度是否健全，也不在于是否有身份的认同，而取决于“共有利益”或共享利益的拓展与巩固。第三，认为相互依赖与国家偏好是增进“共有利益”的前提条件与有效途径。东亚的地区秩序正在发生巨大深刻的变化，从“共有利益”范式出发，未来东亚秩序能否实现“和平转型”，能否实现可持续安全，将取决于该地区有关各方对于“共有利益”的塑造与拓展。

关键词：国际关系　东亚　国际秩序

2422

开放、控制与合作 ：美国国家信息安全政策分析 / 沈逸著 ；朱明权指导. -- 复旦大学，2005. -- 128 页

本文以美国冷战后国家信息安全政策的演进为主要研究对象，运用认知—建构分析框架，以决策分析的路径，研究国家信息安全政策的制定过程以及影响国家信息安全政策演变的主要因素。第一章对国家行为体的决策行为进行分析，在分析了现有安全研究的主要分析框架之后，综合运用认知理论和建构主义途径，尝试建立“认知—建构”：以“认知”作为一个具有桥梁作用的概念，将基于杰维斯认知理论的决策者认知形成分析和基于温特建构主义途径的环境—行为体互动彼此联系起来，作为分析国家信息安全政策的理论分析框架。第二、三章是针对美国国家信息安全政策的由来、发展与现状的梳理，通过综合运用文本分析和案例分析的方法，研究美国国家信息安全的发展与演变的过程，以及特别是当 911 恐怖袭击事件发生之后，美国的国家信息安全政策是如何演变的。第四章单独讨论国家信息安全政策中的“合作”问题，从具体形式上来说，国家信息安全政策中的合

作目前仍然是非正式合作占据主导地位。论文认为，美国已经建立起了一套以“有限开放、积极管制和谨慎合作”为特点的国家信息安全政策，可以从中借鉴美国的经验，作为制定符合中国需要的国家信息安全政策的基础。

关键词：国家安全　信息安全　国际合作　外交政策　美国

2423

中印关系的社会认知研究 / 随新民著 ; 曲星指导. 外交学院, 2005. -- 249 页

中印关系的社会认知研究没有超越国家利益，但国家利益不是先验固有的，而是两国在认知和行为互动中建构的，并在中印两国认知具体事件、外交政策和相关行动中得以体现。中印两国的认知（自我认知和客体认知）就同中印关系（结构与进程）形成因果关系，认知主体的价值信仰（含历史传承）、学习过程、环境因素就成了影响中印两国认知的核心因素。中印两国的相互知觉决定两国的政策选择与行为模式，进而形成双边关系结构。基于社会认知的本质——主体感知客体，中印两国的认知过程和结构出现错误知觉在所难免，再加上认知相符、诱发定势、认知固化、愿望思维、认知失调等属性，两国之间一旦出现错误知觉或知觉错位，就极易进入一种恶性的互动螺旋状态。认知相符、认知固化、认知失调机制等属性并不排斥社会知觉的可变性，加强交流沟通、善于学习和反思可以提高知觉与事实的契合度，减少或避免认知中的错误知觉，这是中印关系走出困顿、建立真正意义上的睦邻伙伴及战略合作伙伴关系的观念基础。社会认知视野下，中印边界问题的症结在于两国对边界认知的错位和印度方面对中国的错误知觉。在安全领域，中印两国的相互知觉是不对称的社会认知，既有相符、固化、失调等内在逻辑，又有学习、调整、创新等属性。就中印关系而言，20 世纪 90 年代以前的两国关系更多地呈现出前一种特性；而 90 年代以来的双边关系则更多地表现为后一种特征，这也正是中印关系的希望所在。

关键词：中印关系　边界问题　西藏问题　国家安全　社会认知

2424

美日韩安全三角 / 孙俊华著 ; 宫少朋指导. -- 外交学院, 2005. -- 162 页

日本和韩国两国虽然在地理上只隔一湾浅水，但由于历史上日本对韩国长期的殖民统治，造成两国人民在心理上远隔千山万水。但与此同时，似乎又可以说，日韩两国通过他们共同的守护者（patron）美国，在某种程度上又形成了“远而又近”的关系。日韩分别在 1951 年和 1953 年与美国结成联盟，构成了事实上的美日韩安全三角。但是，美日韩三角关系中的美日、美韩的关系相对来说较为稳固，而日韩关系就严格意义而言并没有形成同盟关系。在国际关系中，三个国家或行为体之间形成作用和反作用关系，一般称为三边关系或三角关系。三边关系之所以得以形成，关键在于三个国家间存在相互制约、平衡互动的关系。美国学者洛厄尔·迪特默（Lowell Dittmer）富有创意地提出了三种形式的三边关系。即“三人共处”式（ménage a trois），“浪漫三角”式（romantic triangle）和“稳定婚姻”式关系（stable marriage）。在研究三边关系的形成问题时，“费尧之桥”（Fayol’s Bridge）的理论也常常被人所提及。论文使用上述三角关系和“费尧之桥”的理论概念框架，分析了战后韩国、日本和美国三边关系的形成、发展和变化的历史，并对其未来走向提出了一些看法。

关键词：国际关系　国家安全　美国　日本　韩国

2425

保守主义与冷战后美国对华政策 / 王公龙著 ; 沈丁立指导. -- 复旦大学, 2005. -- 246 页

本文以保守主义理念为视角，观察和分析了冷战后美国的对华政策。论文认为，保守主义的核心内涵在于捍卫传统的价值准则和行为规范，其中最为珍视的是自由。自由主义和保守主义并无本质区分。二者都强调捍卫并拓展美国的价值观，注重从意识形态的角度制定美国的对外政策，都将共产主义视为敌对的意识形态。从本质意义上讲，美国的外交传统只有一种，那就是保守主义的传统。论文认为，纵观冷战结束以来的美国对华政策的演变过程，保守主义是影响美国对华政策形成和发展的重要因素。老布什政府是传统保守主义的代表，注重从战略的高度认识中国对于实现美国利益的重要性。对华政策的基本面是温和的“接触”。但作为保守主义者，老布什政府对华政策的根本出发点是从政治制度上“演变”社会主义中国。克林顿的第一任期提出了对华“接触”政策，但缺乏贯彻“接触”政策的强烈意愿和坚定态度。在国会保守派强大压力下，克林顿步步后退，决定邀请李登辉访美，酿成了台海危机，从而严重冲击了中美

关系的政治基础。第二任期,克林顿政府推动"接触"政策的意志较过去坚定,开始牢牢把握对华政策决策的主导权。然而保守派力图干扰克林顿"接触"政策的实施。论文认为,冷战后国际力量格局以及地区形势的变化也促使布什政府在保持对华合作的同时,更多地强调对华防范的遏制,在新保守派的推动下,布什政府甚至一度将中国定位为美国的"战略竞争对手",对台政策也一度严重倾斜。"9.11"事件后,为了美国的国家利益,布什政府的对华和对台政策都出现了新的调整。中美在反恐、地区安全、经贸等领域的合作不断拓展和变化。

关键词:美国对外政策　对华政策　中美关系　台湾问题　保守主义

2426

冷战后中国东盟战略关系研究 / 王光厚著 ; 方连庆指导. -- 北京大学, 2005. -- 176 页

冷战的终结引发国际关系的深刻变革,中国东盟关系进入一个全新的阶段。本文从战略高度出发,对冷战结束以来中国东盟关系的演变及其背后的动因进行了深入的探讨和分析,并对未来双边关系发展的基本前景进行展望。论文对影响中国东盟战略关系发展的主要因素进行了深入分析,剖析了冷战后中国对东盟的国际战略以及东盟对华奉行的战略,探讨了冷战的终结对中国东盟战略关系的影响,论述了中国与印尼、越南等东南亚国家以及东盟组织官方关系发展的基本状况,并着重分析了东盟地区论坛创立过程中中国东盟双方在战略上的考虑。论文剖析了20世纪90年代中期中国与东盟在安全领域互信关系的构建,并对这一阶段双方经济关系发展的主要特点进行了概括和总结,还重点分析了亚洲金融危机对中国东盟关系的影响,论述了亚洲金融危机后中国与东盟在经济领域全面合作关系的新发展,以及双方在安全领域互信关系的深入,并对中国东盟战略伙伴关系的形成进行了深入分析。论文从中国崛起、东盟一体化发展、东亚区域合作三个关系到中国与东盟未来对外政策走向的主要方面出发,论述和分析了中国东盟战略伙伴关系的发展前景,提出东盟对话奉行的是一种以"接触"为主并辅之"大国平衡"的战略、东盟是中国"睦邻、安邻、富邻"周边外交政策的首要实施地区。

关键词:中外关系　战略伙伴关系　东盟

2427

当代中国非法移民研究 / 王显峰著 ; 周聿峨指导. 暨南大学, 2005. -- 105 页

自后冷战时代以来,作为一种非传统安全因素,非法移民已作为一个比较严重的全球性问题而纳入国际发展议事日程之中,它在经济、政治、文化、安全等领域对国际社会的发展提出了全面的挑战。在国际非法移民大背景之下,在经济全球化的促进之下,中国的非法移民问题也日益凸现出来,并引起国际社会的高度关注,这对正在发展与崛起进程中的小国带来诸多的不利。论文包括五个部分:(1)绪论部分论述了本课题研究的时代背景与意义、本课题的学术回顾以及结构设计与主要内涵。(2)第一章为"非法移民的概述",就非法移民的概念及相关概念的区别、非法移民的理论与评价、国际非法移民的历史进程以及成因和影响等内容进行论析。(3)第二章为"当代中国非法移民问题分析",就中国非法移民的概念、内涵层次、历史进程、成因、特征等内容进行学理性的阐释。(4)第三章为"治理非法移民的中国对策与国际合作",就中国政府治理非法移民的政策选择、治理非法移民的国际合作的内涵与层次等问题进行思考。(5)文章最后是"余论"部分,主要就非法移民的本质问题作了自己的判断。

关键词:移民问题　人口迁移　国家安全　非法移民

2428

美国新保守派外交思想及其影响 / 吴晓春著 ; 刘金质指导. -- 北京大学, 2005. -- 92 页

新保守派是60年代末、70年代初在美国崛起的一个政治团体。狂热信奉"美国至上论"、"美国使命观"、实力外交,并竭力将之付诸政治实践。他们的外交理念对美国外交政策的制定和实践产生过或正在发挥重要影响。本文围绕美国新保守派外交思想,分析了其独特的历史背景、师承和外交理念以及在美国的地位和外交影响。论文认为新保守派外交思想的核心是道德与武力,既以意识形态为出发点来界定至关重要的美国国家利益,强调意识形态领域的争夺,又主张实力外交。以1965年《公共利益》创刊为源头,60年代末70年代初新保守派崛起。70年代新保守派的活动主要在舆论界和学术界。在里根第一任时期,新保守派成员纷纷进入政府部门任职。他们对里根的联合国政策、第三世界政策和军控政策产生了直接影响。但是,里根政府的外交政策中现实主义占据上风,新保守派的影响有限。在里根第二任期间,他们先后就戈尔巴乔夫改革和冷战后美国的世界角

色发生争执，形成不同观点。90 年代新保守派对美国外交政策的影响下降，少有作为。这一时期，新保守派完成了内部成员的新老更替，整合了外交思想的分歧，达成了在世界新局势下建立美国帝国的共识。论文认为，小布什执政和 9.11 事件给了新保守派东山再起的机会。他们的外交理念在小布什政府内占据了主导地位。布什主义就是新保守派外交思想的翻版，伊拉克战争说明新保守派的外交能量已经登峰造极。新保守派是最致力于影响美国外交政策的派别，他们拥有财政、舆论、教育、政治等巨大能量，在美国民众中拥有一定市场，将继续对美国外交政策发挥影响，对美国外交产生巨大冲击。

关键词：美国对外政策　保守派　外交思想

2429

冷战后军事干涉的理论分析 / 徐蓉著 ; 倪世雄指导. -- 复旦大学, 2005. -- 142 页

军事干涉是国际关系领域中以武力介入他国事务以期改变现状的现象或行为。本文对冷战后的军事干涉进行了理论分析。论文认为，冷战结束以后出现的由民族种族矛盾、独裁暴政、恐怖主义、武器扩散等多种诱因引发人道主义危机是问题的一方面，现有的国际法律制度存在缺陷是问题的另一个(潜在)方面。冷战后国际力量对比发生明显变化，一些国家在拥有超强实力的同时又不受制约，再加上新干涉主义思想的蔓延从主观上推动了军事干涉的发生。军事干涉并不是一个必然的决策取向。从干涉主体的角度而言，作出军事干涉的决策是在权衡各种利弊得失之后的理性行为。缺乏正义性的军事干涉是通过挑战并跨越现有的国际法律制度而走向实践的，它以其不断重复的实践提出了修正制度的要求。军事干涉并不是一个纯粹使用武力的过程，军事行动还受到行为主体政治目标的支配。从结果来看，军事行动几乎都能有效地制止危机，但也带来了很多新问题，真正和平与安定的局面并不一定出现。军事干涉增强了干涉者对被干涉地区的影响力和控制力，并从而改变了一定范围的地缘政治结构。军事干涉的多次出现所形成的挑战，修正着现有国际制度的运动轨迹。军事干涉强化了干涉者各方面的权力和影响力，既改变着干涉者自身，也改变着原有的国际政治结构。

关键词：国际关系　国际政治　军事干涉　国家安全

2430

政治机会结构背景下国际非政府组织的发展及其国际政治作用 / 徐莹著 ; 李宝俊指导. -- 中国人民大学, 2005. -- 175 页

在对两个多世纪以来国际非政府组织的历史沿革进行系统归纳和总结的基础上，本文借重社会学领域内的社会运动理论，引入政治机会结构和国际政治机会结构这两个概念，通过对国际非政府组织分别与主权国家和政府间国际组织之间的互动关系的分析，揭示了国际非政府组织近 30 年来能够不断发展的根本原因及其对国际社会所产生的影响和作用。同时，论文还开拓性地对国际非政府组织同中国之间相互关系的历史和现状进行了有益的探寻和解析，并试图为正在和平发展的中国进一步加强多边领域的民间外交提供比较宏观的政策建议：正是由于主权国家和政府间国际组织分别为国际非政府组织创造越来越多的政治机会和国际政治机会，才促成了国际非政府组织近些年来不断持续的发展。面对较突出的非传统安全问题、面对台独势力借助国际非政府组织分裂祖国的图谋，身为一个不断发展的地区乃至全球大国的中国，既要不断拓展与国际非政府组织的关系，又要仔细辨别并有所取舍；通过加强对境内国际非政府组织的管理，充分发挥其资金、技术和经验等方面的优势。同时，还要警惕其结构性困难对中国主权与国家安全可能造成的不利影响，协调好发展与稳定两个方面的关系。正是因为主权国家和政府间国际组织分别为国际非政府组织提供了相应的政治机会结构和国际政治机会结构，国际非政府组织才获得了不断发展的动力并日益凸显其国际政治作用。而同国际非政府组织一直保持良好合作关系的中国，有必要将进一步加强同国际非政府组织的关系这一任务作为新时期国际组织战略的重要一环。

关键词：国际组织　非政府组织(NGO)　国际政治

2431

全球化背景下的东南亚地区主义 / 杨丹志著 ; 陈岳指导. -- 中国人民大学, 2005. -- 140 页

全球化和地区化是在全球结构变迁进程中并行不悖发展的两股潮流，它们分别在全球和地区层面上深刻地改变着国际社会的基本面貌。在全球化与地区化的进程中，国家的存在方式、行为方式，国家间关系的状态都受到极大影响和制约。当前，全球化已经在政治、经济、安全三个领域对东南亚地区主义构成

了严峻挑战。在政治领域,全球化导致了东南亚威权政治的式微、民主化转型和东南亚地区秩序的重建;在经济领域,重构经济伦理、推进市场经济并影响东南亚的经济制度选择;在安全领域,推动国际安全议程的转换并使东南亚面临新安全挑战,同时,还深刻地影响和改变着东南亚价值观。在东南亚地区主义近50年发展进程中,限制条件和有利条件并存。全球化时代东南亚地区的安全困境、民族矛盾和宗教冲突以及关于地区主义原则的纷争限制了东南亚地区主义的发展。大国因素、新型合作安全模式以及地区一体化则成为东南亚地区主义未来发展的有利条件。在地区主义的成因和特点方面,三者间存在较大的差异。全球化进程中,欧洲与东南亚地区主义互动成为当今世界较为成熟的地区主义间互动。经济因素和安全因素是影响中国与东南亚关系的两个重要变量。中国与东盟国家地缘接近,有着相同或相近的历史遭遇,特别是在地区主义战略利益上高度一致,成为中国东盟关系在未来持续、健康发展的强有力保证。

关键词:国际关系　全球化　地区主义　东南亚

2432

雁行模式与东亚经济合作 / 杨鸿著 ; 樊勇明指导. 复旦大学, 2005. -- 124 页

本文立足国际经济合作的角度考察雁行模式下东亚经济合作历史和现状,试图揭示雁行模式的合理内核及其面临的挑战。论文分别从理论和现实两个角度说明东亚经济雁行模式的发展和变迁,阐明雁行模式的内涵与外延,对东亚经济发展历史作了回顾,认为雁行模式对20世纪70—80年代东亚经济的发展作了较为贴近的描述。论文解读了亚洲金融危机与雁行模式的关系,从日本头雁地位的削弱、雁阵外部环境的变化以及作为雁阵成员国家和地区经济发展,特别是中国在东亚地区崛起等几个方面来分析雁行模式原有作用下降的原因。论文分析了日本泡沫经济与雁行模式的关系,认为经济的长期萧条、政府的决策摇摆不定、巨额财政赤字和政府债务缠身削弱了日本在东亚经济合作中的主导地位,使得日本在对外技术转移中出现了保守的倾向。论文探讨了全球化雁行模式的发展,认为跨国生产的网络化理论突破了雁行形态的垂直分工模式,中国国内的东中西产业的梯度转移在一国之内构成生产的雁阵,能够接续来自海内外不同层次的技术和产业转移。中国生产能力提高在向"世界的工厂"迈进时,也向世界展示了巨大的市场潜力。中国经济的崛起虽未完全超越但却极大影响着旧的"雁行模式"。论文认为,雁行模式作为国际经济合作的理论,仍具有一定的解释力。东亚区域经济合作需要总结经验教训,变化的雁行模式正在融入新的合作之中。中国要利用地区大国的优势,既要积极参与区域合作,更要加入世界分工体系,开展全方位的资金和技术引进,与竞争地区头雁相比,获取最终收益更为重要。

关键词:区域经济合作　经济模式　东亚经济

2433

国际能源合作模式与中国的战略选择 / 叶蓁蓁著 ; 周启朋指导. -- 外交学院, 2005. -- 148 页

能源安全是中国经济与社会发展所必须面临的重大问题。谋求和平崛起的中国必然要以和平手段、以合作的方式来解决能源问题,包括:与其他石油消费大国合作、与石油出口国合作、与跨国石油公司合作以及参与国际多变能源合作组织等。能源安全包括三个方面:供应充足、运输通畅、价格稳定,在正常情况下,能源安全的核心问题是油价问题。本文提出了"国际油价供需方程",将决定油价的供需因素分为四个方面:长期供应、长期需求、即时供应和即时需求。在油价的形成过程中,长期供应和长期需求之间的关系奠定了国际油价的市场基础,主要受到经济因素和市场力量的影响;而即时供应和即时需求则左右油价的短期波动幅度,主要受政治力量和心理因素的影响。运用国际油价供需方程,论文分析了1973年以来四次油价暴涨的原因和西方主要石油消费国的国际能源合作经验。论文结合历史经验分析了共同目标模式、共享信息模式、共同行动模式和双边相互依赖模式等各种类型的国际合作在解决国际石油市场的长期供应、长期需求、即时供应和即时需求方面的效果。以国际油价供需方程和国际能源合作模式为基础,论文对中国未来20年的能源合作战略选择进行了对策研究。在这一段时间里,中国的能源对外依赖程度将日益上升,但中国面临充足的外部能源供应状况,必须积极参与现有的国际能源多边合作机制,并推动亚太区域的国际能源多边合作和双边合作,以和平与合作的方式解决中国发展所需要的能源安全问题。

关键词:能源经济　能源合作　能源安全

2434

从美国"民主"到法国"革命":托克维尔其人其作 / 张茗著 ; 徐以骅指导. -- 复旦大学, 2005. --

112 页

托克维尔生活在一个“民主正满帆前进”的时代,他毕生在实践上为法国的政治前途左冲右突,在价值上为自由殚精竭虑,调和民主(平等)与自由是贯穿其政治生涯和著述的惟一主线。本文以时间为经、著作为纬全面地介绍托克维尔的思想以及西方对托克维尔的研究并加以评论。第一章简要介绍托克维尔的家庭、教育及时代背景,它们对托克维尔此后的一生都产生了不可忽视的影响。第二、三章探讨他的第一个主题(美国)“民主”,阐释他的第一部重要著作《论美国的民主》,涉及他对美国民主实践的解析以及以此为基础的抽象的民主理论的升华。第四、五章探讨他的第二个主题(法国)“革命”,阐释他的《回忆录》和《旧制度与大革命》,分析自法国大革命以来法国连绵不断的革命以及民主的困境,追溯法国革命的源头并试图找出法国民主举步维艰的原因。第六章介绍托克维尔研究的历史和现状以及托克维尔思想的源流。托克维尔试图表明:民主时代的中心课题是在迈向平等的同时保全自由,否则民主也面临堕入专制的风险,唯一的化解之道是自由——作为个人和作为公民的自由。论文通过对托克维尔关于近代西方历史的两大宏大主题——美国民主和法国革命——的评述,希望能有利于我们从国内政治的角度理解在世界权力格局中美国和法国这两个国家在19世纪地位慢慢翻转的原因。

关键词:托克维尔(Tocqueville, Alexis de 1805～1859) 民主 平等 自由 革命 美国 法国

2435

中华人民共和国外交制度变迁的理论阐释 / 赵可金著 ; 倪世雄指导. -- 复旦大学, 2005. -- 252 页

本文以合理性与合法性的互动为主要线索,从制度角度考察新中国外交行为的制度基础,在此基础上把握中国外交制度变迁的一般规律。第一章确立了本文的一个制度过程分析的模型。从生态视野、政治坐标、隐形结构以及动力机制等方面为本论文后面的分析提供了一个广阔的分析坐标系。第二章则在回顾中国共产党早期外交制度成长的基础上,把握新中国成立之后外交价值结构转型过程中存在的内部张力,即维护国家主权和服务国际共产主义运动,以及中国共产党对这一矛盾作出的痛苦选择及其对外交制度的影响。第三、四章具体回答建国以来到70年代末中国党管外交的高度集中的计划外交体制和外事无小事运行机制取得的成绩和存在的问题。特别是剖析在此期间中国外交制度变迁陷入自我闭锁轨道的过程和成因。第五章总结了从1949年到1978年的外交制度建设,并提出了新中国外交制度的选择和建设上就面临着一个合理性的悖论。第六—九章考察从毛泽东时期的外交制度向邓小平时期外交制度的轨道转变。第十章解释和论证了新中国外交制度的基本模型及其范式转换,即“依赖政党的国家权威主义”模型,并对自我闭锁的制度变迁范式与自我强化的制度变迁范式进行了比较研究。论文还分析了全球化、信息社会的发展和全球公民社会的崛起对中国外交制度范式的冲击,及其引发的中国外交制度面临的双重合法性挑战。论文认为,一是特定的历史结构决定了外交制度变迁的大致轨道;二是新中国外交制度的成长在遵循普遍规律的同时,也呈现出一定的中国特色;三是在外交制度的未来建设道路上,外交制度的法治化、民主化、科学化和社会化是主题和基本方向。

关键词:外交制度 外交史

外交学

2436

当代中国多极化思想的历史、理论和实践分析 / 李扬帆著 ; 叶自成指导. -- 北京大学, 2005. -- 143 页

本文研究的是当代中国的多极化思想,即中国对世界格局现状和发展趋势的认识和建立在这种认识基础之上形成的中国外交战略及政策主张。论文认为,当代中国多级化思想的提出夯实了中国当代外交战略的现实主义原则,但是,随着国际形势的快速和深刻的发展,无论从理论基础上还是现实应用上,它都需要进一步的完善和发展。论文坚持了中国国家利益最大化的基本立场,肯定了多极化思想在冷战后中国对外战略思想中的重要地位,指出多极化思想具有国际政治的现实主义和地缘政治渊源,也在一定程度上反映了中外历史的经验。但多极化思想建立在传统现实主义的“硬权力”的观念基础之上,具有缺陷。论文认为,多极化战略在争取实现国家利益最大化方面,应考虑其中的不确定性因素,进一步从依存和建构主义的范式中,提炼出“软权力”的概念,推导出软权力可以弥补上述硬权力的逻辑缺陷,指出多极化思想是一种传统现实主义的硬权力思维范式,不能完整地反映实现中国大国崛起目标所必须具备的软

权力要素。从维护中国国家利益的角度而言,要实现中国大国崛起的目标,应当思考如何使自己的外交哲学能够为世界所接受从而实现国家利益的最大化。即中国的身份(Identity)问题和中国的终极目的(目标)问题。多极化主张其实已经不能担任这样的角色,必须采取一种"多边主义的参与性战略"。

关键词:对外政策　国际关系　多极化　外交思想

2437

论东亚经济合作中的领导问题 / 向宇著 ; 叶自成指导. -- 北京大学, 2005. -- 133 页

本文从地区合作中领导作用的角度来分析东亚地区经济合作进展的原因,认为东亚地区经济合作中领导的缺位是合作缓慢的主要原因,东亚地区经济合作要进一步深入,离不开中国和日本的合作领导。论文阐述了目前国内外对东亚经济合作研究的主要观点,认为国际合作主要有四种类型:保证型博弈,协调型博弈,"囚徒困境"博弈和劝说型博弈。不同合作类型对领导提供要求,只有领导要求都得到满足,即有充分的领导供应,合作才可能取得成功。领导的供应是合作实现的必要但非充分条件。论文分析总结了承担领导角色的国家必须具备的素质,认为领导不仅要有一定的物质实力,还要有精神方面的力量,才能使得地区其他国家能够接受其领导。东亚经济合作对领导的需求和供应的讨论必须考虑到区域外霸权国家即美国的影响。论文通过对东亚金融危机前后东亚地区金融和货币合作的分析,认为在金融危机前,东亚地区中小国家在促进地区金融合作中提供了一定的领导角色但不充分,危机期间则陷入了某种"囚徒困境"。危机后因为大国如中国和日本的积极参与,合作出现了转机,但"清迈协议"的有效性还有待进一步考察。论文选取东盟自由贸易区、中国—东盟自由贸易区、日本—东盟全面合作伙伴关系、日本—新加坡自由贸易区为例研究,认为自由贸易区并不完全是对等的国际合作模式,由国家或国家集团提供领导是自由贸易谈判成功所必需的因素。中国与日本在和东盟谈判自由贸易协定时,分别采取了某种"补偿"措施,鼓励东盟国家参与自由贸易,体现了一定的领导的作用,但"东亚自由贸易区"的前景并不乐观,主要原因是东亚地区经济体的竞争性以及国内政治的阻力。论文还探讨了中国和日本合作承担领导角色的可能性和障碍,并对东亚目前存在的地区合作领导模式的特点以及原因加以总结,对东亚经济合作的前景做了评价,认为合作将继续深化。

关键词:经济合作　国际合作　自由贸易区　东亚

2438

抗拒与顺应 : 晚清外交变化的建构主义分析 / 张效民著 ; 贾庆国指导. -- 北京大学, 2005. -- 132 页

本文认为晚清外交的变化是中西互动的结果,是中国逐步进入国际社会并被国际社会社会化的一个过程。其变化既有受列强逼迫的被动性,也有因应形势的主动性。论文概述了建构主义理论的理论框架,认为建构主义理论从社会学的视角来考察国际政治,强调行为体之间的互动。国际社会的无政府状态的文化结构,具体有三种形态:霍布斯文化、洛克文化和康德文化。文化建构行为体的身份和利益影响行为体的行为。论文认为,在和西方列强交往的初期,清政府坚守传统的观念,利用传统的朝贡制度来处理双方之间的关系;西方国家则讲求主权平等,认为自己是近代文明的代表,坚持按照西方的惯例来处理双方的关系。冲突发生并不断升级,直至爆发战争,最后形成了霍布斯文化,双方处于严重的敌视状态。晚清政府只能利用传统的"恩威兼施"的外交方式来维护自身的利益。随着双方互动的加强,晚清政府的对外观念开始发生变化,继而开始寻求与西方的和解。同时,西方列强通过武力征服,确立了不平等条约制度开始在华实施"合作政策"。双方之间开始由敌视转向和解,建构了一种新的文化:洛克文化。履行和西方国家签订的条约成为清政府维护王朝利益的一种有效的行为方式。论文认为晚清外交变化的过程是一个认同并接受西方国际规范的过程。具体包括两个方面:一是压力过程,主要是西方国家的逼迫、劝说所产生的压力以及晚清政府自身的需求产生的压力;另一个方面是学习过程,主要是晚清政府对西方国际规范的模仿。论文还考察了晚清政府对国际法的接受以及常驻外交使节制度的确立。

关键词:对外政策　外交史　建构主义

2439

论国际危机管理中的信息沟通 : 以古巴导弹危机为例 / 郑伟著 ; 牛军指导. -- 北京大学, 2005. -- 135 页

本文把国际政治研究与历史研究结合起来,利用美国和苏联新解密的外交关系文件,从信息沟通和危机决策的角度,借助肯尼思·沃尔兹的层次分析理

论,从国际体系、国家危机决策体制和决策者个人等三个分析层次研究国际危机管理中影响体系沟通的诸多因素。论文研究了国际危机和国际危机管理的定义、国际危机管理中信息沟通的作用和意义以及国际危机管理对信息沟通的要求等,介绍了在古巴导弹危机的不同阶段美苏信息沟通的不同特点,认为国际行为体的对抗性、国家危机决策体制、决策者的错误和知觉以及威慑的存在共同构成了影响国际危机管理中信息沟通的因素,对国际危机管理中的信息沟通形成合理的影响。论文研究了国际行为体具有的对抗性特征对危机处理过程中信息沟通的影响,着重探讨了美苏冷战的根源、核武器与冷战的关系、柏林危机与古巴导弹危机的关系等,指出:信息沟通的过程也是威慑的过程,威慑的可信性与信息沟通的有效性存在正相关的关系;有效的信息沟通可以增加威慑的有效性;而威慑成功的基本要素之一是要保证信息沟通的有效性。论文研究了美苏国家危机决策体制与信息沟通的关系,介绍了决策体制和与国家决策体制相关的决策理论,如组织过程模式、官僚政治模式、小集团思维模式等,认为一个国家的外交决策往往集中了各种理论模式,在危机的关键时刻,不同国家决策体制对信息沟通的影响呈减弱的趋势,高度集权的决策体制更有利于危机中信息沟通的有效性。论文研究了决策者与信息沟通的关系,介绍了认知理论中与信息处理有关的内容,从决策者的认知角度研究国际危机管理中影响信息沟通的微观因素。分析了决策者的信念体系对信息解读的影响,赫鲁晓夫与肯尼迪的不同个性特点、信仰和价值观、"愿望思维"、"历史学习"以及"历史类比"等都对双方的信息处理方式产生了影响。决策者的不同认知结构对国际危机处理中的信息沟通产生的影响。

关键词:国际关系　国家安全　危机管理　加勒比海危机(1962)

社会学

2440

城市回族社区变迁研究 :以南京七家湾回族社区为例 / 白友涛著 ; 张鸿雁指导. -- 南京大学, 2005. 192 页

回族是中国独特的少数民族之一,在历史上形成了"大分散、小聚居"的分布格局。中国大多数城市都有回族相对集中的社区。这些传统回族社区在城市现代化冲击下面临着同样的命运和时代主题。本文重点研究的七家湾回族社区正是这个多元文化的重要一环。论文中心议题是:一方面社会的进步、现代化的发展导致社会文化多样性在消失;另一方面人们的人文精神、人类的多元文化还需要生存;两者之间的矛盾冲突如何能够避免?全文共分9个部分,除了绪论和结语外,还有7章。绪论简单介绍了研究的缘起,选择南京七家湾作为研究个案的主要理由,城市回族社区的特点,以及研究的时空跨度。第一章描述了城市回族社区正在经历的矛盾和困境——一方面城市现代化要对城市传统回族社区进行改造,另一方面城市回族社区要保持自己的民族文化特色。第二章回顾了百年来回族社区和城市社区研究成果。第三章简单讨论了七家湾回族社区的形成和发展历程。第四章探讨了民国后期比较典型意义上的城市传统回族社区结构。第五章探讨了"政府主导型"现代化对传统回族社区人文生态环境的冲击以及由此引起的城市回族社区人文生态环境的变化。第六章以西方华人社区为典型个案,进行了东西方民族传统文化态度比较,指出当前西方非常重视民族传统文化的保护。第七章讨论了社会学结构功能主义研究视角,总结了功能分析的几个主要原则,并运用结构功能主义视角,从显功能和潜功能两个方面论证了城市回族社区的社会与文化功能。最后讨论了城市回族社区变迁的原因。论文认为,城市回族社区将重获新生。现代化的、多元文化共存的城市不可能没有回族社区伊斯兰文化的生存空间。

关键词:回族　少数民族　社会变迁　社区　南京市

2441

迈向市场经济的老挝 :一种经济社会学的探讨 / 布恩马著 ; 宋林飞指导. -- 南京大学, 2005. -- 162 页

自从苏东剧变以来,社会主义国家的经济政策已经逐渐由"计划经济"逐步趋向"市场经济"体制发展,老挝也不例外地进行了经济改革。本文尝试以社会主义国家经济改革模型,来分析老挝经济改革的发展,整合政治和经济并从历史的角度出发,分别探讨在不同阶段下之老挝政治与经济互动的模式,将其过程、策略和结果加以比较,最后再对老挝未来经济发展提出整体评估和政策建议。论文探讨了老挝的政治结构与经济改革的过程、发展,以及如何逐渐迈向

市场经济。在老挝迈向市场经济的过程中,国家重视外资、鼓励私有化企业,老挝经济逐渐发展到一定程度,但经济发展也带来了较多社会问题,收入和财富的分化,城市和乡村的差异,劳动和就业问题。论文探讨了老挝旅游业对老挝经济发展的带动作用以及由发展旅游业带来的相关社会问题。论文对比其他国家发展旅游业的经验,对老挝旅游业现状进行分析,提出有效建议。对于老挝这样一个发展中国家,市场经济的发展过程必然是一个社会各方面因素交互作用的过程。在老挝的发展过程中,本土的政治体系是对全球化市场对本地渗透反应敏感的社会因素之一,而这个政治体系又涉及老挝的历史文化和现有的社会阶层结构因素。论文所要展现的就是在全球化背景下,老挝市场经济发展过程中,相关社会因素对经济全面互动的图景,并对未来的发展趋势作出预测。

关键词:市场经济　经济社会学　经济体制改革　老挝

2442

社区本位教育 :台湾高中职学校与社区关系研究 / 蔡政忠著 ; 张鸿雁指导. -- 南京大学, 2005. -- 207 页

本文叙述台湾学校与社区关系的相关概念。论文认为,公立中学教育具有多项特性,因为社区教育常被认为是解决社会问题的根本之道。学校与社区关系的建立有其必要性,而且学校内部与社区关系同等重要,建立双向沟通系统是学校与社区关系的核心。论文认为,学校与社区关系是教育改革成功与否的关键,学校内、外公众之间以相互尊重为立场而进行有计划、系统的、持续双向的、真诚的沟通与管理,并且强调利用媒体来参与达到资源互惠合作,以及相互服务等方式提升了解的程序,以使学校运作良好,提高教育品质因而获得家长与社区居民的支持与协助,并使学校教育方案能适当地适应家长与社区的需求。论文提出,建立学校与社区关系的主要目的包括:(1)维持组织内部正常运作并凝聚向心力,提升教育品质;(2)适应外部环境变迁,使组织获致外来的支持。论文分析了社区改革可能面临的挑战与因应之道:(1)学校系统在结构与运作上的不利因素;(2)目前学校仍缺乏学校与社区关系的整体方案规划;(3)学校成员与社会大众对学校所持有的错误意象;(4)学校忽视其外部社区环境已产生实质的改变;(5)教育改革所带来不确定性因素的冲击。

关键词:社区　社会教育　学校教育　台湾省

2443

书籍传播与社会发展 :文化社会学与首都出版产业研究 / 仓理新著 ; 郑杭生指导. -- 中国人民大学, 2005. -- 132 页

论文共有 4 章,第一章“对书籍的认识”中,论文探讨了书籍的定义、以历史学为视角观察书籍、以传播学为视角观察书籍、以社会学为视角观察书籍。第二章“书籍的生产及传播过程”,是运用社会学理论和方法对我国出版现象进行的实证研究,分别从对书籍生产和传播的微观认识,对中国出版产生状况的宏观认识,对国外出版产业的宏观认识,我国出版产业发展的趋势等方面对出版产业进行描述和预测。第三章“书籍传播对文化和社会的影响”,从理论上对文化的定义、文化对社会发展的双重作用、对先进文化的认识等方面探讨了书籍、文化和社会的关系。第四章“将社会学的理论和方法引入出版业”,是将社会学理论、方法与出版实践相结合,从考察社会需求、考察出版物需求、将社会学的研究方法引入出版业、运用社会学理论和方法分析取得成功的出版案例——《登上健康快车》、个人运用社会调查方法策划选题的案例、构建出版社会学理论体系的基本思路 6 个方面入手,探讨怎样把社会学理论和方法引入出版产业,生产传播先进文化的书籍。

关键词:书籍　大众传播　传播学　出版工作　文化社会学

2444

城市广场的人文研究 / 曹文明著 ; 傅崇兰指导. -- 中国社会科学院研究生院, 2005. -- 233 页

城市广场是城市政治、经济、文化活动的中心,也是城市重要的象征。论文采用社会学和历史学相结合的方法,运用社会空间理论,对中西广场的演变、发展进行了梳理和比较研究,对不同历史条件下广场呈现的意义与象征进行了探讨,对促成广场产生和广场生活的因素进行了系统的归纳和分析,努力寻求创造丰富多彩的广场生活的活力因素,并最后提出了建设中国文化特色的城市广场的理想。论文考察了西方的广场文化及其社会生活,对西方广场的产生、发展进行了梳理,把西方广场划分为古希腊、古罗马、中世纪、文艺复兴和巴洛克时期、现代等几个阶段,并对各时期的代表性广场的形制和社会文化进行了研究。论文梳理分析了中国城市广场的历史演变。传统广

场主要介绍中国古代的广场,并将传统广场分为若干类别;传统广场与新型广场的轮替主要介绍近代广场的发展情况,重在两个方面:一是新型广场的发展,一是传统广场的沦落;新型广场的大发展介绍了1978年以来广场的发展情况。论文根据丰富的古文献资料,论证中国古代城市中不仅有生动丰富的广场生活和广场文化,而且中国的广场体系不论从原始社会的仰韶文化算起,还是从夏代的二里头文化算起,都是世界上最古老的体系。论文深入分析了影响中国传统广场的活力因素和中国广场传统断裂与广场建设误区产生的原因及其经验教训,表明民众参与是解决当代广场诸多问题的根本途径,并对中国广场与西方广场进行了简要的比较研究,表明两者既存在许多的共通之处,更体现着各自不同的文化品格,是反映中西两大文化体系重大差异的物质表现。

关键词:广场　城市文化　城市规划

2445

违规群体的规则 :透视中关村贩假群体 / 陈鸿著 ; 郭志刚指导. -- 北京大学, 2005. -- 137 页

本文通过对一个特殊社会群体——贩假群体特征的描述,并对其从无到有的演变过程的分析,试图寻找当代中国在转型时期社会结构的特征以及在这一结构背景下不同的社会利益群体之间的关系。作为一个非正式的职业群体,贩假群体在发展过程中形成了其独特的群体特征:职业的过渡性,群体成员矛盾的自我认同等等。形成后的贩假群体以非正式职业的形式重新加入到社会生活中并参与社会生活的建构。在群体形成的不同阶段,贩假群体发展了与其他社会利益群体之间动态的关系模式:贩假群体与假物制造者之间的利益一体化关系,与政府之间讨价还价的关系,与利益受损者之间的对抗关系等等。这些关系模式是宏观社会结构条件下一种特定利益格局的外在表现。作为个体单位的“贩假群体”的成员,作为中间单位的“贩假群体”与其他群体交往的关系,以及作为宏观社会结构层面上的制度规则之间是一种多纬互动的模式。论文着重考察了不同群体之间关系的性质及其演变的轨迹,并尝试着在个体、中间单位以及宏观社会结构之间找到一种联结的方法,希望能够透过社会表象发现那些社会结构的特征,并探索使得这些结构再生的机制。全文通过对贩假群体社会参与过程的分析,概括了一些非正式职业群体的基本特征,并把这一特定历史时期的社会现象通过文字记载以及必要的分析为后来者提供了进一步探讨的基础。在方法上,通过多视角的观察,来全面把握群体生存的外在社会条件,展现当前社会中的一种关系格局以及其关系互动模式,在此基础上,探讨了关系互动的内在逻辑以及可能的规则。

关键词:贩卖假货　盗版光盘　伪造证件　社会问题　中关村

2446

区域社会资本 :开发区发展的目标与路径依赖 / 陈秋玲著 ; 沈关宝指导. -- 上海大学, 2005. -- 113 页

本文以区域社会资本理论为分析框架,将开发区视为一个嵌入社会结构中的社会事项,跳出开发区看开发区,对开发区发展路径进行社会学分析。论文从梳理国外社会资本理论体系的发展脉络入手,指出西方社会资本理论引入国内后的本土化研究现状及缺憾,界定了区域社会资本,分析了区域社会资本特性及其功效。论文以综合开发区——上海国际汽车城为例,探讨了开发区发展的逻辑起点,探究其在生命周期的不同阶段的运行机理以及初始功能目标定位,分析了开发区与区域社会之间的空间关系类型,归结出根本问题在于:在城市决策层经营城市的内部动力和资本全球扩张和跨国布局的战略意图的双重合力作用下,我国开发区由于发展的逻辑起点存在偏差而陷入经营开发区的泥潭;由于初始功能目标定位出现偏误,并且在运行过程中发展路径逐渐发生偏离,致使开发区与区域社会之间的空间关系出现断裂,居民边缘化问题日益浮出水面。论文以区域社会资本的操作性定义为分析框架,指出由于开发区不断膨胀过程中其价值取向的偏误而引发包括信任体系、网络体系、规则体系、区域文化以及社会认同等因素在内的区域社会资本的退化,对开发区发展进行人本化溯源,认为开发区设立的终极目标在于提升区域社会资本。通过对存在可比性的开发区之间的比较研究,论文提出理想型的开发区需要与区域社会形成良性互动的共生关系,开发区发展的终极目标在于提升区域社会资本而不是相反;开发区的发展路径依赖于区域社会资本。

关键词:开发区　社会资本　核心竞争力

2447

强制与遵从:收容遣送制度研究 :北京市个案剖析 / 陈星博著 ; 李强指导. -- 清华大学, 2005. -- 236 页

本文以社会学"强制--遵从"概念为分析框架,在历时性分析和个案研究的基础上,对新中国以来的收容遣送工作及其制度的演变过程,以及这一制度在城市流动人口的管理实践中逐渐扭曲变异的内在机制进行了剖析,提出了"非制度性强制"和"利益选择性遵从"两个核心假设,对城市流动人口管理及其秩序实现机制的逻辑和矛盾进行了分析和解释。论文认为,非制度性强制成为城市管理部门实现单方设定的社会管理目标的行动逻辑。巨型社会与高密度人口造成的资源与人口之间的持续性紧张,要求国家管理者及其组织以突破既有制度规范的约束而迅速消解危机;同时,由于在社会管理中单方面设定宏大而复杂的管理目标,而在实现目标的能力上又存在难以克服的能力资源的匮乏,使国家放弃以制度化方式进行社会管理的选择,以维护国家利益为理由,凭藉不受制约的单方意志性和管理的便利性,突破既有制度规范的限制来实现国家对秩序和稳定目标的迅速达成。非制度性强制权力极度蔓延和扩张,压制甚至取消了农民工群体的自主性意愿,使作为城市社会底层的农民工群体更加处于无权的状态,收容遣送制度对农民工公民权利形成肆意伤害。论文认为,农民工内化了对自身底层地位的角色认知,收容遣送制度的非制度性强制导致了秩序与稳定的丧失,使农民工在经济、社会活动中否定了对收容遣送制度的公正性。农民工形成了以形式上的遵从和以利益进行能动性选择为目的的行动策略,来消解收容遣送制度的非制度性强制。在管理部门非制度性强制与农民工群体利益选择性遵从的逻辑和行动策略的共同作用下,收容遣送制度更加背离其实现、维护社会秩序的目标,日益走向扭曲和变形。

关键词:城市管理　流动人口　人口控制　农民工

2448

经济全球化背景下的当代中国城市贫困问题研究 / 程胜利著 ; 关信平指导. -- 南开大学,2005 . -- 188 页

本文探讨了经济全球化背景下从减少制度性社会排斥和减少社会成员——特别是社会脆弱群体成员——的脆弱性两个方面进行城市反贫困的政策设计。论文共分五章。第一章介绍了研究经济全球化背景下的当代中国城市贫困问题的背景和选题的意义、研究思路、研究内容、研究方法和论文的主要创新点。第二章通过对有关贫困的经济学和社会学理论分析的梳理,提出了市场经济条件下制度性社会排斥与社会成员的脆弱性相互作用的贫困发生的因果机制模型,并在此基础上提出了经济全球化背景下的中国城市贫困发生的因果机制模型。第三章通过对宏观经济数据的分析从持续的产业结构调整与失业下岗、劳动用工和收入分配制度变革与贫富分化、社会福利政策的变革三个方面说明了经济全球化背景下制度性社会排斥的表现及其不断增强的趋势。第四章通过对济南市享受城市居民最低生活保障金的城市贫困者及其家庭状况的调查,详细描述了城市贫困人口的分布和生活状况,具体分析了城市贫困者的脆弱性及其表现。第五章从减少制度性社会排斥和降低城市贫困者的脆弱性两个方面提出了经济全球化背景下的当代中国城市反贫困的政策建议。

关键词:贫困问题　城市贫困　经济全球化

2449

现代化视野中的梁漱溟乡村建设理论 / 崔效辉著 ; 童星指导. -- 南京大学, 2005. -- 158 页

本文从现代化出发分析了梁漱溟乡村建设理论。梁漱溟是一名活跃于 20 世纪上半叶的教育家、思想家和社会活动家,他的"乡村建设理论"及其在 20 世纪 30 年代在山东邹平领导的"乡建"实验广为人知,他对中国文化及其与现代化的关系进行了全方位思考。在梁漱溟看来中国社会的崩溃源于中国文化的失败,是极其严重的文化失调的客观后果。梁漱溟认为对中国社会的改造,要求助于西方的"团体组织"和"科学技术"这两大法宝,并且从农村着手才能取得成功。论文认为,我们应当认真面对梁漱溟的乡村建设理论。梁漱溟乡村建设理论是中国现代化建设中的一份重要精神遗产,如果我们能够放宽历史的视野,我们就会对梁漱溟及其乡村建设理论有一个比较准确的定位。梁漱溟乡村建设理论的生命力就在于它为中国社会的改造提供了一整套的较为可行的方案,并进行了极为可贵的实验,为革命以后中国社会的改造和建设提供了有价值参考。梁漱溟在乡村建设理论中提出了一系列的设计和设想,这些设计和设想涉及农村中的政治、经济和社会生活的诸多方面,勾勒了一幅农村新社会的蓝图。对 21 世纪中国农村的发展仍富有启发意义。

关键词:梁漱溟(1893 ~ 1988)　乡村建设　现代化

2450

动员、市场风险与农民行为／邓万春著；景天魁指导. -- 中国社会科学院研究生院, 2005. -- 123 页

本文从国家动员和市场化进程的角度对农民在市场风险下的市场参与行为进行了理论分析和经验研究,探索了农民面对市场风险的行为逻辑。结合文献分析和中国农村的改革实践,论文提出与斯科特等人不同的研究命题:随着市场化的深入和国家动员力度的减弱,农民的市场参与行为由风险忽视趋于风险规避。并采取从理论阐述到宏观分析,再到中观分析,最后到微观解释的叙述策略,采用定性为主、定量为辅的研究方法,通过对中部两个乡村的个案研究,对命题进行了论证和解释。论文分析了中国农村改革的动员特征及农村市场化的启动,认为始于20世纪70年代末的农村改革不仅仅是一次制度变迁,改革具有浓厚的国家动员色彩。动员式改革开启了中国农村市场化的进程。论文探讨了农民市场风险的来源,认为农民的市场风险有两个基本来源:一是作为一般性市场的风险;二是作为制度的市场的特殊性引发的风险。前者是一个市场变迁的问题,后者是一个农民市场参与权利不足的问题。论文分析了市场化的深入与国家动员的历程,认为随着市场化进程的深入,国家动员的力度减弱。农民市场参与行为的动力由“欲望”转变为“需要”,农民的市场参与行为由风险忽视趋于风险规避,农民逐渐将市场参与的损失原因由归结于权利的主观方面不足,转向归结于权利的客观方面不足。在市场化的进程中,农民的市场参与行为逐渐由风险忽视趋于风险规避,这是一个由农民理性向经济理性转化的过程,国家的动员政策应对农民的市场参与行为及其转变负责。动员是一种非常规的手段,具有二重性,对动员手段的运用要适时、适当;动员和制度的共进互补是扬动员之长补其之短的可行之策。

关键词:农村社会学　农民　市场化　市场风险

2451

平安村的家庭财产继承／高永平著；郑也夫指导. 中国人民大学, 2005. -- 180 页

财产死后继承和继承权男女平等是现代继承法的两大基本原则。中国农村目前的财产继承实践却与上述法律原则相抵牾。首先,在有两个或两个以上儿子的情况下,中国农村普遍实行的仍然是“父母在就分家”的习惯;其次,出嫁后的女儿继承不到娘家父母的财产。在上述两大法律原则在中国确立70多年后的今天,法律和现实仍存在巨大反差的原因是什么?这就是论文要回答的问题。论文针对一个社区个案进行研究,研究地点是河北石家庄市的一个行政村——平安村。围绕着家庭财产继承这一中心,论文涉及了平安村的老人赡养、宗祧继承、从夫居制度、村籍制度、宅基地制度、婚姻制度、丧葬制度等一系列的问题,比较全面地探索了平安村财产继承实践的政治基础、经济基础、社会基础和文化基础。只有将上述这些内容进行综合研究,才能真正理解传统的财产继承制度。对传统财产继承制度的改革也应作如是观。只有同时革新上述的传统观念,才能革新农村的财产继承制度。另外,农村现行的经济社会制度是传统仍能大行其道的条件。在平安村的家庭生活领域,也有一些现代性的因素加入。但是,在这些现代因素都是在传统文化的框架内进入传统社区的。论文认为,新的文化因子对于传统社区的进入,如果是在传统文化允许的限度内进行的话,会更容易为传统社区所接受。当然,随着异质因素进入数量的逐渐增多,传统社区必然发生潜移默化的改变。最终,这种改变未尝不可以是一次脱胎换骨的嬗变。

关键词:家庭财产　财产继承　家庭社会学　农村社会学

2452

当代中国妇女生育间隔研究：基于分层线性模型(HLM)的分析／葛建军著；郭志刚指导. -- 北京大学, 2005. -- 221 页

本文从不同的角度,对妇女初婚初育间隔进行讨论。论文以分层模型的方式进行,在变量选择上,除了采用部分已有研究的个人层面的自变量(如妇女出生年、初婚年龄、受教育程度等)外,还通过研究妇女的民族差别、夫妻的年龄差、妇女生育相应孩次(parity)的年龄等变量对当代中国育龄妇女的生育间隔进行分析。论文认为,“未婚先孕”现象不仅是社会关注的问题,而且从人口学的角度来看,不同时期的未婚先孕妇女的生育间隔均有其特点。居住地的差异、文化程度的差异都是影响这些妇女生育间隔的重要因素。

关键词:计划生育　生育率　时间间隔

2453

知识与行动的结构性关联：吉登斯结构化理论的改造性阐述／郭强著；邓伟志指导. -- 上海大学, 2005. -- 240 页

本文对吉登斯结构化理论进行了改造性诠释,认为行动者是有知识的行动者,知识行动者的行动是知识化的行动,知识行动者的知识是实践性的知识。论文认为,吉登斯结构化理论的逻辑起点是行动者,而行动者是知识行动者。吉登斯通过对行动者的分层模式、社会定位、行动结果等问题的分析,得出了行动者是知识行动者的基本结论。吉登斯把行动者对行动条件和后果的知识看作是行动得以实现的条件,同时把拥有知识看作是行动者所具有的特征,而且这种特征对承载行动的社会成员来说具有普遍性。但是吉登斯最终还是遗留了"行动者问题",即社会学知识的本体论问题。论文通过讨论行动的定义、行动的知识化特性、行动的场域以及互动的维度等,分析了吉登斯的行动知识化思想。通过对知识的实践性意义、共同知识的构成、行动反思性的知识基础以及日常知识和专家知识的关系特别是社会学知识的双重解释特征等方面内容的述评,阐发了吉登斯的知识与行动之间相互关联的结构性关系。论文认为,吉登斯在政治上开辟的第三条道路事实源于其理论上的第三条道路,是"中庸化的调和模式"。吉登斯的基本意图是企图实现行动与知识的结构化关联,以及实现一般性社会行动到制度化行动的关联,从而在理论上开辟第三条道路:即在一般性行动的反思性和制度化行动反思性之间开辟同这两条道路相关联的现代性反思性的第三条道路,以解释现代社会的制度逻辑和用来说明现代社会变迁的知识行动以及实现制度逻辑与知识行动之间的沟通。但是,连接知识上的过去与现在以及科学知识和日常知识之间的第三条道路,吉登斯并没有修筑。吉登斯认为,现代制度(体系世界)并没有完全对日常生活世界的殖民和占有,残存在生活世界中的遗产基本上还是依然故我。行动者依然按照习惯、遵循常识进行独立的行动,同时日常生活性质的变化也以辩证的相互作用形式影响着脱域机制。

关键词:吉登斯(Giddens, Anthony 1938～)　知识　行动　结构化理论　知识社会学

2454

法与非政治公共领域 :一种社会学分析 / 何珊君著 ; 郑杭生指导. -- 中国人民大学, 2005. -- 176 页

本文在梳理前人的相关理论和研究成果(主要包括公共领域与市民社会理论)的基础上建构起中国本土特色的非政治公共领域范畴,为形塑法与非政治公共领域的良性互动关系奠定元概念条件。论文认为,非政治公共领域是包容了抽象与具体的多维度、多层次的一个立体性范畴,它所蕴涵的内核和主要特征,首先表征为一种空间状态,一种人为赋予的抽象空间。这种空间的存在形式是由它的重要载体组织、制度、文化包括运动来表现和实现的。论文通过揭示法与非政治公共领域的交互同构关系,考察当代中国社会结构潜在的渐变过程、深层次的转型与变迁,从而"在理论上建构中国实现现代化的良性结构性基础",进而探索社会良性运行的一般规律,为消解当今的统治合法性危机和社会问题并建构和谐社会做出努力,也为中国的法治和民主化道路、将中国的社会治理逐渐引入善治的轨道探索一条有效的途径。

关键词:法治　和谐社会　社会结构

2455

后单位制时期中国街区中的国家与社会 :基于乐街的个案研究 / 何艳玲著 ; 蔡禾指导. -- 中山大学, 2005. -- 112 页

本文以个案研究为基础,观察后单位制时期国家与社会关系在街区中的微观显现及其逻辑,并以此揭示不同街区组织在互动中所缔造的街区权力格局。作者首先对乐街进行了个案研究,在此基础上,讨论了基层政权的权威重建和权力运作,描述了街区中作为国家一方的组织体系并分析了这一组织体系的内在格局,指出党工委依然依靠其对人事权的把握占据着街区中国家权力体系甚至街区所有组织体系的中心,并阐述了党组织体系和行政体系权威重建的不同途径和面临的问题。然后,重点考察了街区中非常特殊的一个组织——居委会,分析了居委会的双重代理人性质,居委会组织变革的"内卷化"以及居委会权力的具体运作。再次,讨论了市民组织与街区集体抗争,介绍了在乐街的市民组织和发生在乐街的垃圾压缩站扰民事件,从而由"自上而下"的角度来观察了国家和社会在街区的互动。作者指出,对市民组织而言,它能否生存也取决于基层政权的认同,而其生存空间的大小,在某种程度上也取决于它与政府的合作程度。但当居民在街区中的利益受到国家权力威胁的时候,他们将不会再对国家采取一贯的合作态度,而会采取有组织、有技巧的形式来进行抗争。最后,在概括了个案研究发现的基础上,从理论概括的角度对研究的主题进行了总结,提出可以用"策略的地方合作主义"来概括后单位制时期街区中的国家与社会关系。这种"策略的地方合作主义"的特点包括:国家和社会在街区中表现出"合作"的倾向,合作是"地方性"的,"策略性"的、"工具性"的。

关键词:国家　居民委员会　社区

2456

家族企业二元代理模型研究 :身份、社会行动、社会交换与家族企业代理关系 / 贺志锋著 ; 丘海雄指导. -- 中山大学, 2005. -- 156 页

论文从社会学的角度阐述了企业代理问题,针对家族内的代理关系,进行了四方面的研究:(1)从企业的性质出发,厘清了家族企业的契约性质,认为家族企业是包含了家庭契约和交易契约的"二元"契约联结体。(2)引入社会学社会交换理论、行动者理论和身份理论,构建了家族企业代理问题的社会学研究模型。考虑到不同行动者的身份,引入"信任"、"沟通"、"承诺"、"权利"、"冲突"、"共同价值观"等经典社会交换理论概念,探讨其代理交换的整个过程。(3)将基于社会交换理论的研究模型,运用于家族企业内"所有者—家族管理人员"和"所有者—非家族管理人员"两组代理关系的比较研究,通过均值结构模型分析和路径分析,验证了家族企业内代理关系是一种"二元代理"关系,即在家族企业内,所有者和管理人员之间的代理关系中,同时包含了两类不同性质的代理关系,一类是所有者和家族管理人员之间形成的家庭契约,另一类是所有者和非家族管理人员之间形成的交易契约,两者同时共存于家族企业中,但不同的契约性质导致了不同的代理行为和行动过程,其契约性质差异源于家族身份。(4)通过路径分析,讨论研究模型中各变量之间的关系,为提高家族企业内代理关系的满意度提供了实践层面的建议。

关键词:家族企业　私营企业　企业管理　代理

2457

城市贫困家庭的社会关系网络与社会支持 / 洪小良著 ; 李强指导. -- 中国人民大学, 2005. -- 127 页

本文是一项关于城市贫困家庭的社会关系网络与社会支持的实证研究,探讨了城市贫困家庭的社会关系网络对于其获得社会支持的可能影响。论文分别在网络整体层面和网络成员层面对二者的关系进行研究。论文认为:(1)城市贫困家庭的社会关系网络规模相对较小;(2)以近亲(父母、子女、兄弟姐妹)为主的家庭网络是贫困家庭获取社会支持的最主要来源;(3)社会资源的缺乏极大地限制了贫困家庭获得的社会支持的种类和数量;(4)关系强度的作用依支持内容的不同而不同;(5)见面频度独立于关系类型对社会支持有直接的影响。据此论文指出如下理论启示:(1)在社会经济地位、网络资源和社会支持三者之间存在着复杂的相互关系,而且这种关系随着研究对象、支持类型的不同而不同;(2)关系强度的概念内涵有待澄清;(3)在研究中,有必要对实际发生的社会支持与意想的社会支持作出明确区分。论文还针对贫困家庭在社会关系网络和社会支持方面存在的问题提出了若干政策思路。

关键词:城市贫困　社会救济　社会关系　家庭

2458

制度变迁过程中的县级政府行为 :对安吉县个案的分析和研究 / 胡伟著 ; 李汉林指导. -- 中国社会科学院研究生院, 2005. -- 164 页

本文分析了在中国具体社会变迁过程中县级政府行为与乡镇政府行为之间的差别,界定了县级政府行为的三个重要特征。通过诱制性制度变迁和强制性制度变迁的角度,论文从制度变迁本身的嵌入性、意识形态、路径依赖等理论层面系统分析了安吉县政府行为所经历的三个重要变化:(1)主导型政府行为,(2)推动型政府行为,(3)服务型政府行为,阐述了中国县级政府行为具有代表性的变迁历程。论文分析了体制改革 20 多年来安吉县制度变迁的三个阶段以及县级政府行为模式的重要变化:一是主导型政府行为(1984 年县级机构改革至 1993 年财政分税制实施前)。改革初期,县级政府自觉扮演"政府经济人"的角色,行使政治、经济和社会的职能,具有很强的动员和调度各方面资源的能力,县级政府主动经营国有、集体企业,而且在逐步走向市场化的制度环境中利用自身的优势和权力为企业获得资源。政府权力与市场紧密结合,实现政府利益最大化。二是推动型政府行为(1994 年财政分税制实施至 2002 年国有集体企业改制完成)。自 1994 年财政分税制改革后,国有集体企业实施股份制和公司制改造,乡镇企业实施改制。县级政府不再对企业组织进行直接控制,不再直接干预企业经营和决策,不再扮演"政府经济人"的角色。政府与企业的关系在相当程度上体现在企业为政府提供更多的税收上。政府通过税收制度实现自身利益的最大化,在社会财富的再分配过程中去满足社会的公共利益。三是服务型政府行为(2002 年国有集体企业改制完成至今)。县级政府开始通过从"新公共管理"的角度营造公共性的市场环境,与企业之间建立起一种"互助"或"互惠"的关系。县级政府在职能上开始朝向"治理"方面发展,通过更合理和积极地处理与公共利益的关系,为构筑适应新的制度背

景下的政府与企业、公共利益之间新型的“公共空间”提供了可能。县级政府开始借助这种新型“公共空间”,在经济和社会发展方向上谋求政府利益和效益的最大化。

关键词:地方政府　政府行为　政府职能

2459

华北乡村集市变迁与社会结构转型 : 以定州的实地研究为例 / 奂平清著 ; 郑杭生指导. -- 中国人民大学, 2005. -- 182 页

本文选择既代表传统农业社会的特征、又是我国改革开放引进市场经济之发端的集市作为研究视角,从乡村集市的变迁来考察乡村社会转型。论文主要关注具有典型农业社会特征的华北乡村社会,又主要以八十多年前就曾经是平民教育实验基地的定州(县)作为实地研究的对象。论文以两个基本假设为基础:(1)乡村集市功能的二重性(市场参与和市场回避)假设;(2)乡村集市“内卷化”假设,人数众多的集市流动商贩利用城市工业品从农村有限的消费中赚取利润,这就是集市内卷化的本质。论文对定州乡村集市的历史变迁进行考察,对集市的数量、集期、集市体系和集市的功能及其变化作了分析,对于庙会集市的功能及其变迁作了描述,同时,考察了乡村集市外的交易途径——乡村店铺和专业市场。由集市到集镇再到城市的发展路径,是中国历史上城市化的自然道路,上个世纪 80 年代以来的小城镇理论和小城镇发展道路,也是以这种“集市—城镇”的自然发展道路为基础的。但是从二十多年来实践看,小城镇道路对于中国城市化进程以及农村社会转型的推动效果不是很明显,在华北平原农村更是如此。华北乡村通过各种途径形成的小城镇,在新的形势下产业结构转变面临困境。小城镇战略难以承担乡村人口大转移的艰巨任务,人口向大中城市转移,应该是华北乡村社会转型的主要出路。

关键词:集市贸易　社会变迁　乡村　社会转型　华北地区

2460

地方政府法团主义和地方社会法团主义 : 中越陶瓷专业产品区的比较研究 / 黄世英著 ; 丘海雄指导. 中山大学, 2005. -- 159 页

论文以中越两个陶瓷专业产品区为个案,从“整合因素”即从国家、市场、社会和文化的角度,研究中越两国专业产品区发展的成因,从而讨论两个社会主义国家的经济发展模型。作者认为在改革开放的新环境下,中国和越南这两个社会主义国家经济的发展模型迥然不同:中国是“地方政府主导型”,而越南是“地方社会主导型”。在中国,地方政府对促进地方经济发展扮演了主要角色。在对潮州枫溪陶瓷专业产品区的案例分析中,发现地方政府、行业协会与企业呈现一种新的组合形式,其中地方政府仍占主导地位,行业协会是半官方行动者,地方政府与行业协会两者职能混淆,相互替代;地方政府与企业互相依赖,行业协会与私人企业之间关系实际上仍是一种地方政府与私人企业之间关系的变形;行业协会是地方政府的延伸和附属物。而在越南,地方政府职能主要停留在管理农业和行政上,缺乏激励去促进地方经济发展。在对越南河内市嘉林县八幢陶瓷专业产品区的案例分析中,发现地方政府对生产陶瓷缺乏配套的知识体系和激励机制,在资源分配的分级管理体制下,地方政府没有职能为企业提供资源,而由八幢陶瓷行业协会为协会成员提供资源,弥补政府提供的公共物品不足。由此可见,由于在越南革新过程中,地方政府角色偏弱,使得行业协会在促进地方经济发展过程中扮演主要角色。基于对中越两个陶瓷专业产品区的分析,借用戴慕珍所倡导的“地方政府法团主义”和林南的“地方性市场社会主义”理论,并考虑社会力量因素的影响,作者指出不同社会主义国家专业产品区具有不同发展经济模型,从而提出了两种地方法团主义类型,即地方政府法团主义和地方社会法团主义。而从市民社会理论的角度,作者认为在中越两个专业产品区出现了不同的市民社会类型,在中国是“弱市民社会”,在越南是“强市民社会”。

关键词:地方政府　社会团体　陶瓷　法团主义　越南

2461

城市居住区空间结构模式的演变 / 黄志宏著 ; 傅崇兰指导. -- 中国社会科学院研究生院, 2005. -- 233 页

本文围绕“城市居住区空间结构模式演化”展开,认为城市居住区空间既是一种“地理空间”,也是一种“社会空间”,城市居住区空间的“分化”现象是城市社会等级结构的外在体现,实质上是人与人以及社会群体之间关系的反映,从而形成“社会空间统一体”。论文指出发达国家与发展中国家城市居住区存在空间范围的不同、城市与郊区关系的不同,分析了影响城市居住区空间结构的“生态因子”,各种因子在各个

历史阶段所起的不同作用，指出中西方城市居住区空间分化的动力机制具有差异性。论文认为，起源期城市居住区的分化主要体现为奴隶主与奴隶之间，在住宅规模、质量与舒适程度上存在差异，而地理空间上是“混居”型的空间结构模式；“中世纪”城市的居住区空间呈现“三大层次”的“镶嵌”式复合结构；古代中国城市特别是都城居住区空间结构具有很强的“个性”，皇权制度、封建伦理以及地理空间三者的高度统一是其最主要的特征。论文分析了现代西方国家城市居住区空间结构的特征与模式，认为“产业革命”以后，西方城市居住区空间结构产生了根本性的变化，“工厂”取代了原有“行会”与“家庭”，成为决定城市居住区空间分布的重要因素，形成围绕“工厂”进行居住区布局的基本形式。“后工业”时期的西方城市，居住区空间结构已经从原来的城市中心区与郊区之间的分化，进一步转入郊区内部的分化，形成了“边缘城市”与“无边缘”城市等新型居住区空间类型。城市居住区空间结构形态从原来的“单中心”、“圈层状”大都市区，进一步演化为“多中心”、甚至“无中心”的“星系状”弥漫大都市区。论文认为，新中国成立后城市居住区空间结构整体上呈现出生产空间压制居住空间。改革开放以后，城市社会不同阶层之间对城市有利区位空间资源的争夺日益激烈化，城市不同阶层之间的冲突日益成为当今中国城市空间结构的主要动力机制。经济地位是导致目前中国城市居住区空间分化的根本原因，同时指出中国快速城市化中城乡人口大规模迁移、民工收入低、工作不稳定、居住条件差加剧了城市居住区空间的分化现象。中国城市居住区空间的扩展与演化，不能走美国没节制的郊区化城市居住区空间模式。

关键词：城市规划　居住区　居住空间　空间结构

2462

社会资本、人力资本与高校毕业生就业 / 姜继红著 ; 童星指导. -- 南京大学, 2005. -- 200 页

本文运用“社会资本”与“人力资本”理论，对高校毕业生的就业意向和对策进行较全面的探讨。研究中，“社会资本”定义为高校毕业生从自身社会网络中所获得的资源。“人力资本”定义为高校毕业生的知识、技能、资历、经验和素质。研究中将结合实证资料所得分析社会资本、人力资本对高校毕业生就业意向、职业定位、就业过程、就业指导的影响。同时，在系统论证与充分分析的基础上研究探讨地方高校办学定位、专业设置、课程体系与人才培养等问题。论文采用文献研究和实证研究相结合的方法进行研究，比较系统地运用“社会资本”与“人力资本”理论分析、解释我国大学毕业生就业的现状；旨在运用实证研究得出的数据建议地方高校毕业生应主要面向中、小型企业，立足为地方经济服务；认为高校应根据社会和市场需求，科学地确定学校的办学方向、人才培养规格、专业设置改革、课程内容调整以及重视毕业生就业指导工作，加强毕业生就业、择业、创业观教育，以促进高校毕业生及时充分就业。

关键词：社会资本　人力资本　大学生　就业

2463

吉登斯结构化理论的逻辑 / 金小红著 ; 侯钧生指导. -- 南开大学, 2005. -- 150 页

本文以吉登斯的结构化理论为主线，理清了结构化理论思想的孕育背景、结构化理论与相关学术思潮的关联及它与社会学主要流派思想的关系，阐述和分析了结构化理论的主要内涵，具体分析了结构化理论与现代性研究和全球化分析的内在关联，探讨了结构化理论的局限性及对全球化分析中的一些问题。论文通过系统分析吉登斯的结构化理论的重要概念框架与他对现代性和全球化分析的内在逻辑关系，认为结构化理论是吉登斯指导经验研究的基础，结构化理论的思想来源于对经验事实的总结，结构化理论的很多概念能用于经验分析。论文认为，结构化理论的局限性是缺乏文化的分析框架，突出表现在两点：一是结构化理论对权力概念的分析是不完整的，结构化理论认为权力是通过权威性资源和配置性资源起作用的，它没有分析权力和精神层次文化的关系；二是忽略了对全球化中的文化方面的支配体系的分析，吉登斯的全球化四个体系的形成过程是和与权力作用相关的配置性资源和权威性资源在全球的扩张相一致的，它忽视了权力通过精神层次文化起的作用及其向全球扩展的表现。

关键词：吉登斯（Giddens, Anthony 1938 ~）　社会结构　结构化理论　现代性　全球化

2464

互惠原则、互酬原则与关系网络 ：两个水族村落礼物交换的实地考察 / 李承宏著 ; 刘珺珺指导. -- 南开大学, 2005. -- 181 页

本文是关于两个水族村落——九阡镇白庙村和水龙乡水龙村的礼物交换的民族志报告。通过记录

两个村礼物交换的民族志,论文分析了他们的礼物交换活动等,考察了两个村的基本情况,结合"民族志"对他们的礼物交换形式进行分类,描述了在仪式场合的礼物馈赠、非仪式性情景中的礼物馈赠、工具性的礼物馈赠、帮工和互助的四种礼物类型的活动情况和过程等。论文描述和分析了礼物与社会网络关系的关系,对白庙村和水龙村的送礼和回礼的规则——互惠原则、互酬原则进行讨论和分析;互惠是一种利益平衡,而互酬是一种心理平衡。结果发现,他们的礼物交换在不同场合中存在两种接近而不是完全相同的原则,而且,两个原则基础核心是地方道德和情感体验,即礼物交换是按着互惠原则和互酬原则两种形式进行流动的,而互酬是互惠的基础。认为他们的礼物交换始终是一种利益平衡与情感平衡的统一,并且,在礼物交换实践中,两种原则力量使礼物交换保持着一种实际意义和象征意义的张力。论文重点讨论了两个村的礼物的变迁和水族与汉族礼物的差异,结合水族社会历史,在访谈基础上回顾了两个村社会变迁中礼物交换的流变。同时,分析了在社会变迁中礼物交换如何保持本土化的形式和内容以及水族与汉族礼物交换到底有什么差异,认为:水族礼物交换与汉族礼物交换的差异实质是文化差异,是一种习俗和惯例的差异。论文还对两个村礼物的经济意义的功能和文化意义的功能进行了分析和比较,认为他们的礼物交换特点表现出了经济意义和文化意义的复合,相互作用和相互依存。

关键词:水族　村落　风俗习惯　社会关系

2465

围屋里的世界:赣南客家家族的个案研究 / 李芳英著;李银河指导. -- 中国社会科学院研究生院,2005. -- 127 页

本文选择位于江西省陇南县的一个围屋里的客家家族为个案研究对象,探讨围屋里的家族的完整结构形态,考察了家族变迁与现状。论文从生产与生活、婚姻与家庭、家族活动与村治等方面入手,以现象学社会学等理论为工具,对围屋里家族成员的日常生活世界进行描述和分析,侧重于家族成员赋予自己行动的意义,从较微观的层面透视家族如何在农民的日常生活实践中传承演变,分析了家族的结构功能变化及其内在动力,进而说明家族的生命力问题。通过对个案家族的田野调查和分析,论文认为,随着我国现代化进程的推进,处于社会转型中的家族正在发生一系列嬗变,当今的家族无论在结构上还是功能上都和传统家族有了明显区别,主要表现为家族结构化程度的降低,经济和政治功能的弱化以及社会和文化功能的加强。在家族的嬗变过程中,呈现出两种趋势:一方面,随着社会生产力的发展、工业化和城市化的推进,家族的生存不可避免地受到影响,在某些方面表现出弱化的趋势,主要为父权的式微,族权对族人控制力的软弱无力,家庭由父子轴向夫妻轴的转变,部分农民家族观念的淡化等;另一方面,在现有的社会经济条件下,家族表现出对变化了的社会环境的较强适应性,努力拓展生存空间以延续其生命历程。同时,农民对家族的某种依赖和需要,如生产和生活中的互助、心理上的认同、传统习俗的沿袭以及某些利益上的驱动,使得家族的影响和作用在农民的日常生活中几乎无处不在,家族仍是当今农民生活世界中的一个重要组成部分,具有其存在的合理性,表现为较强的生命力。

关键词:家族　客家　现象社会学　赣南地区

2466

制度转型与组织采纳 ISO9000 在中国电子制造企业中的扩散 / 李宏伟著;王思斌指导. -- 北京大学,2005. -- 133 页

本文以新制度主义和市场转型相结合的视角,考察中国电子制造企业采纳 ISO9000 行为以及制度转型对企业的采纳行为的影响。论文认为,自 1994 年开始的中国企业引进和采纳 ISO9000 这一全球通行的质量管理标准的过程是一个"同形"过程。趋同的机制包括三种,即模仿同形、强制同形和规范同形。通过引入制度转型的概念以及所有制类型和市场化水平两个变量,论文考察了组织场域发生转型时期这三种机制的作用情况,认为在制度转型期,三种机制的作用力发生了强弱变化。不同所有制类型的企业,三种机制的作用也各不相同。而且,地区的市场化水平也会影响到三种机制的作用。论文根据中国的市场转型特征和企业组织的所有制特征,区分了正当性的两个维度:政治正当性和效率正当性,认为不同所有制组织所拥有的两种正当性分布状况不同,而且不同所有制组织在制度转型期寻求正当性存在差异。论文还归纳了制度转型条件下组织变迁和正当性机制的基本特征,并提出了关于制度转型的制度主义理论框架。

关键词:电子工业　体制改革　新制度主义　质量管理

2467

社会心理学视角的心理契约与契约行为 / 李磊著 ; 乐国安指导. -- 南开大学, 2005. -- 143 页

本文从社会心理学的视角出发,以组织管理过程中的心理契约概念为研究对象,探讨了员工心理契约与组织心理契约概念的联系与区别,并通过概念分析、结构分析、过程分析与案例分析,重点探讨了组织心理契约概念。论文从社会心理学的理论视角,对组织心理契约范畴进行了探讨,对此范畴的内涵,特别是组织作为心理契约一方的主体性进行了比较深入的研究,从而使组织心理契约作为相互对立的一方,与员工心理契约内在地统一起来。论文揭示了心理契约的理念前提是社会交换理论,而其理论核心部分是社会公平理论。在此基础上,论文进一步揭示了组织心理契约的组织——环境——员工三维视野,进一步扩展了员工感知与期望概念,提出了组织感知与组织期望的理论观点。论文从心理学的依恋研究和社会学的互赖研究出发,探讨了从组织依恋到组织独立的组织行为规范发展趋势,探讨了组织管理中自律、他律与互律的契约行为规范。

关键词:社会心理学　组织管理　职工　心理契约

2468

白血病患者临床心理干预研究 / 李强著 ; 乐国安指导. -- 南开大学, 2005. -- 161 页

本文是一项以儿童青壮年高发恶性肿瘤疾病——白血病住院患者为对象的临床心理干预及效果评价研究。论文在对以往相关文献进行分析研究的基础上,通过采取参与观察法、访谈法、问卷调查法和预实验等方法进行了探索性研究,进一步弄清了开展白血病患者临床心理干预研究的必要性、可操作性及主要困难,确定了研究的主要内容、方法和实施步骤,进而完成了有关白血病患者临床心理干预及效果评价研究的总体设计。研究分为前后两个既相互独立,又互相关联的部分:一是编制白血病住院患者生活质量评定量表。研究者根据对白血病患者生活质量的概念界定、测量维度(领域)和方面的划分,参考和借鉴国内外具有代表性的与健康相关生活质量(HRQOL)量表和癌症患者普适性量表与特异性量表的有关条目,结合我国社会文化、制度和个体心理行为特征,力求反映白血病住院患者生活方式以及诊断和治疗所带来的副作用等因素,采用严格的程序化的决策方式和多种统计方法,编制出包括躯体维度、心理维度、社会维度和症状及副作用维度共计 34 个项目和 1 个总体评价项目的白血病患者生活质量评定量表(QOL – L)。经心理测量学考评,该量表具有较高的信度、效度和反应度,为下一步评定白血病住院患者生活质量提供了比较可靠的测量工具。二是开展白血病住院患者临床心理干预及效果评价研究。研究者采用具有无处理对照组的前测——后测准实验设计,对实验组患者进行临床心理干预,干预方法采取患者心理干预为主,家属心理干预为辅;一般心理干预与重点心理干预相结合;个别心理辅导与团体心理辅导并重的原则。以先前自编和白血病住院患者生活质量评定量表(QOL – L)以及简式心境量表(POMS – SF)和医学应对方式量表(MCMQ)为评价指标,统计结果显示,经过为期 5 ~ 6 周的临床心理干预,较之对照组,实验组患者在提高生活质量、减轻情绪应激和改善应对方式等方面均有显著的效果。

关键词:白血病　精神疗法　生活质量

2469

冲突的构成及其边界 : 以湖南省 S 县某事件研究为中心 / 李琼著 ; 李向平指导. -- 上海大学, 2005. 189 页

本文是以 S 县的“7 · 7”群体性冲突事件为研究对象进行的个案研究,考察了在面临社会冲突时,各非正式利益群体之间得以凸显的微妙关系,揭示了他们隐秘在日常情境之下的内在逻辑以及被综合成可操作的临时性行动方案,对群体冲突的构成因素和整合逻辑进行探讨,力图解释制度设计间的相互作用和多元冲突的演变过程,进一步认识影响社会冲突的微观社会结构基础。论文提出边界冲突的核心概念,建构了关于边界冲突的动态分析模式,作为该事件研究的理论工具,认为社会冲突是各类冲突群体在利益、权力、权利和制度等边界空间中互为控制和影响的行为。论文构建了一个关于“7 · 7”群体性冲突事件的博弈分析框架和模型,分析了各利益群体的角色特征、利益取向、心理状态及行动方式等在其中的表现与策略选择。分化的利益群体之间错综复杂的利益关系,导致各种权力和权利边界的相互交叠和模糊、制度性规则和非制度化手段相互兼容的状态,逐渐形成以利益为主要表达方式的边界交叉式综合结构。利益冲突及基层管理阶层的功能缺失、行为失范所造成的权力和权利边界空间失衡,是社会冲突的基础性根源。论文认为,多元边界同时并存,相互重叠的程度有限,其间必定存在整合上的真空区,边界在内外

利益等因素的驱动下而移动,在一定时候出现临界现象。越过临界区域外移,各种冲突因素难以保持共生状态,冲突由此生发。只有在各边界非常清晰的前提下,在相互冲突着的需求中找到适当的边界,才能把冲突的构成层级化、将冲突的边界制度化。对社会冲突进行整合的关键,是冲突主体都必须遵守各自的边界以各方收益最大化曲线的交叉区间为自由发展着的收益限度空间,必须在边界的柔性与刚性之间寻求张力平衡机制,才能形成相对合理的社会结构。

关键词:社会冲突　边界问题　利益冲突

2470

农村中小学教师工资拖欠的社会学研究 / 李泽才著 ; 宋林飞指导. -- 南京大学, 2005. -- 95 页

本文通过对农村中小学教师工资拖欠中的罢课和信访事件的研究,揭示政府官员在这类群体性事件中的活动规律,尤其是其所采取的非制度化行动的逻辑,并在这一基础上探讨政府在群体性事件中行动的规范性问题。论文从社会学角度对政府官员在这类群体性事件中的行动规律作了一个分类:从行动是否为法律规章所认可和是否被纳入常规这两个角度,将政府官员在群体性事件中的行动分为四种类型:制度化行动、惯例性行动、权变性行动和偶然性行动;其次通过重点研究由于农村中小学教师工资拖欠所引发的信访事件,对政府官员的行动类型进行深入的阐释和说明,以达到探索政府官员在跨区域群体性事件中的非制度化行动的规律的目的。阐明政府官员在区域内群体性事件中的非制度化行动的规律。论文还探讨了政府活动的规范性问题,认为要规范政府官员在群体性事件中的非制度化行动,需要从四个方面着手:政府制度创新,政府治理方式的转变,政府活动监督体制的完善和提高农村知识分子的社会地位。

关键词:农村学校　教师　工资　罢课　信访

2471

风险认知、判断与决策 :我国居民保险需求与消费心理研究 / 刘高峰著 ; 沙莲香指导. -- 中国人民大学, 2005. -- 196 页

我国的社会转型和体制转轨,改变了居民的不确定性预期的框架,对居民的生产、生活产生了深远的影响,使居民所面临的不确定性风险较以往大大增加了。保险需求与消费属于经济行为,不确定性条件下对风险的认知、判断和风险决策反映着特定情景下的行为个体的心理活动特点,但在一定的环境下又具有共性和规律性。居民保险需求与消费虽然受到绝对收入水平的限制,但相对收入差距过大则是影响我国保险业发展速度的根本原则,不同收入居民对风险与保险的认知以及需求也是不一样的。对消费者来说是经济理性的保险消费行为,实际上可能仅仅是社会或群体规范、价值观念的产物,从理论上来看则是“不完全理性”或“非理性”的。论文以制度因素作为分析的切入点,重点考察了三个变项:社会保险政策、作为资源配置基础的市场交换和与保险消费者相对的保险经营主体三个层面。传统文化与价值观对居民的保险需求动机与消费行为的影响是通过对行为主体的价值取向和价值判断的影响来实现的。社会文化层面上,论文主要分析了传统文化对居民的风险意识、风险规避行为选择以及消费决策依赖等方面的影响。集体主义取向规范着个人需求目标并对行为选择造成强大的压力。居民的需求与消费行为具有适应性特征,它取决于环境和行为主体瞬间的感知状态。居民的保险消费选择并非完全出于理性的考虑,而只是局部地适应于一个既定的环境。

关键词:保险业　保险业务　保险需求　风险分析　认知

2472

仪式、象征与秩序 :对民俗活动“旺火”的研究 / 刘锦春著 ; 刘珺珺指导. -- 南开大学, 2005. -- 134 页

旺火曾经是遍布华夏大地、在民间极有影响的民俗,也是中国传统文化的重要组成部分。但由于种种原因,其分布地域极度萎缩,影响逐渐减弱,濒临绝迹。晋北地区怀仁县旺火习俗留存完整,且广泛渗入岁时节日与人生礼仪,是中国旺火民俗文化的代表之一,具有浓厚的乡土特色。本文将怀仁旺火作为研究之文化事项,运用田野调查辅以文献调查与统计调查的方法,对其文化地理分布、史载与源起、仪式场景与象征意义、处于不断变迁中的承载这种符号的活态的人群、技艺、社会心理以及旺火作为民俗活动与社会经济的互动等,进行深入、系统的描述和分析。通过对这项民间活动仪式、社会支撑及其变迁的微观描述,反映社会文化变迁;并采用综合的视角,深层解释旺火文化表演活动背后的社会意义。论文通过对旺火习俗的起源、文化地理分布、旺火的仪式场景与象征意义、旺火的社会支撑及其变迁等内容的系统研究,认为它不仅是年节祭祀礼仪的组成部分,还跨入当地人的生命礼仪,具有仪式行为特点,对当地社会结构具有塑造作用,作为一种符号性文化表演反映了

一定的内在社会秩序。

关键词:风俗习惯　仪式　传统文化　旺火　民俗文化

2473

当代中国居民收入差距的结构化研究 / 刘育新著 ; 李培林指导. -- 中国社会科学院研究生院, 2005. -- 191 页

本文以劳动力市场分割理论和工作结构理论为依据,利用"2001 年中国社会结构变迁调查"的数据,运用百分数位回归等新的分析方法,研究了劳动力市场结构、教育、性别、内部劳动力市场、非农化和主观幸福感等诸多因素与收入差距之间的关系。论文认为,所有制结构、职业结构、产业结构、区域结构、城乡结构等工作结构差异,对不同收入水平的社会群体的影响有所不同。劳动力市场结构对城镇劳动力收入的影响比较明显。人力资本是对城镇劳动力收入贡献最多的因素,而对农村劳动力的解释力却非常有限。私营三资等市场化程度的单位,收入要高于国有单位,而集体所有制单位收入却低于国有单位。相同教育水平的人,其教育收益率并不是平均分布的。城镇教育收益率水平收入分布(从低到高)逐渐降低,这与发达国家的情况有很大差别。私营个体三资单位的性别收入差距最小,集体所有制单位的性别收入差距最大,国有单位介于两者之间。集体所有制单位的收入歧视程度最高,私营个体三资单位最低,国有单位介于这两者之间。在私营个体三资单位中,内部劳动力市场的效应更加明显,管理者地位和内部管理层级对收入的贡献率要远远超过国有、集体单位。在国有、集体单位中,对收入影响最大的还是人力资本。是否从事农业的生产经营活动,对农村劳动力收入的影响非常显著:税费、人均承包地、人均种粮收入等约束条件对于农村劳动力的从业选择均呈现刚性。论文调查获得:对于过去 5 年生活状况变化的主观幸福感受,农村的人群要比城市的人群更多地感到生活状况变好;西部的人群要比东部的更多地感到生活状况变好;农村人群预期生活状况变好的可能性要高于城镇。论文认为,随着市场经济体制的不断完善和发展,计划经济体制下的工作单位分割和制度性分割的因素仍然在发生作用,但是市场化带来的工作结构变化对当代中国居民的收入差距产生了显著影响;收入差距拉大对中国经济社会发展产生的负面影响,政府决策层应当给予高度重视。

关键词:个人收入　收入差距　劳动力市场

2474

疾病模式、求医行为与农民生活 : 以定县为例的医学社会学研究 / 刘仲翔著 ; 郑杭生指导. -- 中国人民大学, 2005. -- 194 页

本文运用个案研究的方法研究了定县农村医疗卫生的变迁,研究采用社会转型论和社会互构论作为理论框架,探讨了农民求医行为与农村社会的互构共变关系。从疾病模式来看,疾病模式的转变成为讨论当前农村医疗卫生的医学背景,对农村求医行为和农村医疗卫生传递系统产生了重大影响。从医疗传递系统来看,农村医疗卫生传递系统过度市场化,使得农村医疗卫生传统系统的可及性降低,成为农民求医看病的系统障碍。农民的求医行为实际上是一种结构性约束下的有限理性选择,农民的求医行为发生在农村特定的医疗空间之中。通过对定县农村医疗卫生个案研究,论文认为:其一,随着社会转型进入加速期,农村医疗卫生的宏观环境发生了重大变化,健康作为一种新的意识形态开始对农民生活产生重大影响,农民生活出现医学化的趋势。其二,与几十年前相比,农村疾病模式已经发生了重大转变,当前农村面临着双重疾病负担,慢性病模式对于农村医疗卫生产生了重大影响。其三,城乡医疗不平等成为制约构建社会主义和谐社会的主要障碍之一,需要对相关政策进行调整,在重构农村医疗卫生传递系统的时候,需要加大信息传递的力度,尤其要适应农村疾病模式的转变,大力开展健康教育。

关键词:农村社会学　农民　医疗卫生服务　医学社会学

2475

理性与文化之间 : 一桩土地纠纷之分析 / 吕文江著 ; 景军指导. -- 清华大学, 2005. -- 117 页

本文通过对一起农村土地纠纷的分析,探讨了纠纷背后政府、不同村庄、不同村民对一块土地的不同理解和态度以及基于理解差异提出的不同说法和采取的不同行动,认为在当代中国日常生活中,科层理性与经济理性强有力地支配着人们的思维与行为,但二者都不断遭到实质理性的挑战。论文从人类学的视角进行考察,将土地以及土地纠纷,放在特定地方具体而复杂的社会关系中进行讨论,通过对纠纷个案意义的描述,最终概括甚至只是呈现出若干具有一定普适性的论断,与某些从一般原理出发进行演绎的研究有所区别。论文阐述了土地与历史、国家、市场的关系,认为村民通过对本身宗族、宗教历史的追溯对

土地的地权进行界定;现代国家的土地改革对土地权属的界定进行了革命性的变动;市场逻辑已深刻地影响了土地的使用与受益,在此过程中个人经济自利的膨胀、资本与权力的结合,侵蚀了乡村的文化价值。论文还具体描述了这起土地纠纷的复杂过程,从中透视不同理性的冲突及理性与文化的关联。

关键词:土地问题　农业用地　民事纠纷　农村社会学

2476

断裂与重组的社会过程 : 三峡库区外迁移民的个案分析 / 罗静虹著 ; 李汉林指导. -- 中国社会科学院研究生院, 2005. -- 152 页

三峡移民与当地社会的融合过程,呈现出社会关系及结构的重构与再生的艰难过程。本文正是关于移民群体社会关系及其结构从断裂走向重组的一个个案研究。论文认为,移民过程使得移民前的经济基础和纵横交错的社会关系网络出现断裂。以迁出地的地缘、血缘关系为基础的强关系在保持其外迁移民文化传统、社会认同及提供安全需要等方面都以较强的内聚力和外应力为外迁移民的生活提供了帮助。但同时,强关系封闭状态对外迁移民融入新的生活环境构成了限制。融入是外迁移民在社会结构转变过程中社会关系的重组过程。论文认为,弱关系作为一种社会资源,在外迁移民社会关系与结构的重构过程中扮演了重要角色。在外迁移民的特殊环境里,弱关系成为一种现实与潜在的重要社会资源。弱关系与同质性高的强关系不同,表现出的信息异质性是全新生活环境中的生存和发展的要求。它是联系不相同群体之间的纽带,其负载信息的异质性成为传递信息的有效桥梁,进而为社会资源或社会资本的再生提供了许多可能的前景。论文通过外迁移民社会结构遭遇解体和重组的社会事实说明在外迁移民的适应过程中强关系带来的限制和弱关系所提供的可能,认为关系转换是特殊情况下社会关系与结构重建的一个概念,较之弱关系假设、结构洞思想,可能对关系强弱与社会资源、社会资本的关系提出新的补充。论文还探讨了三峡库区外迁移民社会关系被切割的“关系处境”等问题。

关键词:移民问题　社会关系　三峡工程

2477

基层政权合法性的再生产 : L 社区自治实践的考察与分析 / 马姝著 ; 夏建中指导. -- 中国人民大学, 2005. -- 186 页

本文以 L 社区自治实践为个案,选择已为诸多社科研究证明对于中国现代化中的社会问题具有解释力的“国家与社会”范式作为分析框架,以政治学中“合法性”理论为理论视角,从意识形态的训导、政府行为的循规、政府治理的绩效和社会公众的满意四个维度,分析 L 社区自治实践这一个案所反映的基层政权合法性的建设过程,力求发现社会自治实践的逻辑脉络,验证理论假设并尝试抽取一些一般性的概念和理念、经验命题。论文认为,1999 年,民政部制定了《全国社区建设实验区工作方案》。该方案提出,在强化社区功能的基础上,充分发挥社区力量,合理配置社区资源、发展社区事业,逐步完成城市基层管理体制由行政化管理体制向法制保障下的社区自治体制的转变。自此,“社区自治”成为我国社区建设的主要导向。2002 年底,位于北京市西郊的 L 社区响应社区建设的号召,开始了社区管理体制的改革。论文以此为研究对象,对社区如何获得自治合法性进行了探讨。

关键词:社区自治　社区建设　基层组织　行政权力

2478

农村土地交易中社会资本运作研究 : 以宁夏 T 县杨村为个案 / 牛喜霞著 ; 杨俊一指导. -- 上海大学, 2005. -- 178 页

本文选择了杨村基层社区,把农户看作是参与农地交易的主体,引入社会资本变量,通过对社会资本概念的界定和类型的划分,以及社会资本社会结构分析视角的确立,建立了农村社会资本的分析框架,以农户间的土地交易过程为个案,分析了各种类型社会资本在农户土地交易中的运作基础、运作途径与过程以及运作功效等问题,展示了农户土地交易的内在途径与过程,并揭示出了农户行动的逻辑。论文认为,个人关系型社会资本是微观层次(micro)的社会资本,主要指农户在土地承包经营权交易中动员的有助于节约交易费用、增加收益的私人关系网络。乡土信任、人情、面子与互惠是个人关系型社会资本运作的基础。在农户的土地交易中,亲缘关系是农户运用频率最高的关系网和社会资本,地缘关系次之,而业缘关系则是很弱的。在封闭和关系相对简单的农村社会,人们是严格按照“差序格局”理论来寻找关系的,即从强关系到弱关系逐渐扩展开来的行为逻辑。论文认为,社区规范型社会资本是中观层次(meso)的社

会资本,是一种"结构的观点"(the structural perspective),强调的是个人之间的关系网络模式和特征,主要指农户在土地承包经营权交易中遵循和调动的有助于交易系统顺利进行的地方习俗、宗教信仰、道德观念等社区非制度性因素。乡村社会"差序格局"的结构,封闭、自足的农耕经济和以家族文化为代表的传统文化,是社区规范型社会资本的坚实的基础。乡村社会的行动逻辑主要由非正式制度所主导,村民的日常行动基本上是在传统特色较强的乡规民约、风俗习惯、宗教信仰、道德观念等框架内展开的。论文认为,外部环境型社会资本是宏观层次(macro)的社会资本概念,是一种"嵌入结构的观点"(the embedded structural perspective),主要是指农户在土地承包经营权交易中遵循和调动的使其土地交易活动具有合法性和合理性的制度环境、法律政策环境和社会环境。农户对外部环境的了解和认知是外部环境型社会资本在乡村社会运作的基础。在土地交易中,农户基本上都能以自己对外部环境的理解和认知作出使其土地交易合情、合法、合理的解释。论文认为,社会资本在农户土地交易中的运作,不仅节约了农户间参与土地交易的交易费用,并且维持了村庄的秩序,使得农户间的土地交易在没有市场中介组织作引导的情况下依然能合法地进行。

关键词:农村　农户　土地制度　土地交易　社会资本

2479

独生子女家庭风险研究 / 潘金洪著 ; 童星指导. -- 南京大学, 2005. -- 239 页

本文以家庭为分析单位,在完成1200多例问卷调查、近百个个案访谈的基础上,利用人口普查等相关统计数据,估算了独生子女及其家庭若干风险。论文认为,计划生育缓解了我国人口过快增长与社会经济发展之间的矛盾,化解了部分社会风险,但是持续的、大范围的独生子女政策也导致家庭规模极度萎缩、家庭风险陡然增加。我国城市和部分农村地区实行独生子女政策已经20多年,已经到了该对独生子女政策进行调整和完善的时候。论文剖析了独生子女家庭风险特征;分析了独生子女家庭风险产生的原因及其危害;了解了独生子女家长对风险的认知、态度和行为;构建了独生子女家庭风险分析模型;论证了独生子女家庭是脆弱家庭和风险家庭;讨论了独生子女家庭与国防安全的关系;提出了政府应在化解独生子女风险中承担更多责任。

关键词:独生子女　计划生育　家庭安全　风险管理

2480

转型期职业股民的社会学研究 : 来自南京市的个案分析 / 潘伟荣著 ; 宋林飞指导. -- 南京大学, 2005. -- 144 页

职业股民是指以炒股为职业的股民,他们是在股票市场取得成功的并从股民群体中分化出来的股市精英。第一章导论首先对产生于日常生活和我国资本市场实践中的"股民"这一词汇,展开了充分的分析,引导出本文分析的主题——转型期职业股民的社会学研究。第二章在阐述投资者、投机者群体与证券市场发展关系的基础上,分析了我国股票交易所市场的产生和发展是股民群体和职业股民群体产生、发展和壮大的制度诱致背景。第三章探讨了我国职业股民如何在我国现有新兴加转轨证券市场制度背景下,结合证券市场自身的运行规律,总结出的在我国股票市场上的制胜之道——理性基础上的非理性的理性投机策略,同时分析了不能将我国独特的股民概念称为投资者或股东的社会历史背景。第四章从心理角度提示了职业股民作为股民群体精英的独特的心理特征和心理素质,具体分析了职业股民能够在变幻莫测的证券市场取得成功的心理因素。第五章阐述了职业股民作为目前我国社会上率先富裕的社会群体及其在生活方式上的种种表现。第六章通过职业股民作为资本市场的实践者,探讨了证券市场的社会功能。第七章根据韦伯的社会分层理论,指出职业股民可以看成是一个新兴的社会阶层。第八章对全文研究进行了总结,并在此基础上提出了若干需进一步探讨和思考的问题。

关键词:证券投资　股票市场　股民　社会学　南京市

2481

失业弱势群体及其社会支持研究 / 钱再见著 ; 宋林飞指导. -- 南京大学, 2005. -- 213 页

本文从社会学的视角出发,综合运用多种社会学理论和方法对失业弱势群体的现状和原因、失业弱势群体的社会风险进行深入的分析和研究,侧重从社会网络、社区服务、第三部门和社会政策等多种角度,探讨了失业弱势群体的社会支持途径,并且提出了建构适合我国实际国情的分层互补的失业弱势群体社会支持体系。论文具体提出了失业弱势群体的一种恶

性的"风险循环"模型、多因素"风险推拉"模型以及容易引发社会冲突的"风险升级"模型,并且还针对失业弱势群体及其社会风险提出要实施积极的风险管理,建构层级化的风险管理机制。论文提出的针对失业弱势群体的社会支持,也包括宏观领域的正式社会网络支持,在强调社会支持的同时,论文也指出,失业下岗人员自身也要改变择业观念,积极求知,努力实现再就业。对于失业弱势群体来说,其社会网络可以提供就业支持、生活救济以及心理抚慰和情感支持等。本文认为,就业领域向社区扩展是社会发展的必然趋势和社会进步的体现。只有通过社会各部门的通力合作,包括第三部门的志愿行动,广泛动员社会力量,建立完善的社会保障体系,才能化解社会风险,为弱势群体提供全面的社会支持。论文还强调了对失业弱势群体的社会政策支持是国家或政府的重要责任,同时,国家或政府通过社会政策为失业弱势群体提供社会支持也是其对社会经济资源的一种配置手段。

关键词:失业　弱势群体　就业　社会保障

2482

关系网络的建构:私营企业主的行动逻辑 : 以辽宁省D市为个案 / 秦海霞著 ; 李友梅指导. -- 上海大学, 2005. -- 170 页

本文把对北方场域私营企业主行为策略的研究作为研究的目的,以私营企业主的行动手段的选择为切入点,采用社会关系网络理论为分析视角,运用本土化的关系、人情、面子等概念为研究工具,并以经济体制的转轨和社会结构的转型为现实背景,探讨私营企业主在转型过程中的行为策略、企业主之间的游戏规则并进而剖析社会结构的变迁。论文从宏观的角度阐述了当前政治、文化、社会等结构性因素对私营企业主行动选择的约束与条件,说明关系网络的选择是行动者为了达到目的而进行理性决策的结果。论文从微观的角度阐释了关系网络是私营企业主行动策略的手段,并详细论述了关系网络建构的路径。关系网络不仅仅是先赋性存在的,而且是可以后天获致的,是一个动态的结构。论文将关系网络的建构过程分为寻找关系、编织关系、巩固关系和发展关系四个阶段,通过这四个阶段的营造和维护,私营企业主完成了从"关系"向"关系网络"的编结和建构,完成了"手段"向"资源"的转变,并使关系网络成为用来同他人交换所需资源的社会资本。论文对个体行动选择的社会性结果进行分析,认为私营企业主通过建构关系网络的策略,通过将控制资源的各级政府官员作为自己的网络建构的主要对象,获得了日常权威,实现了向制度的渗透,影响了改革的方向和实际的进程,影响了社会结构的变迁。

关键词:私营企业　企业领导　人际关系　关系网络

2483

当代乡村社会中的"社会资本"研究 : 以鄂西北X村为例 / 秦琴著 ; 邓伟志指导. -- 上海大学, 2005. 216 页

本文围绕当代乡村社会中的社会资本问题,探讨了当代乡村社会中"社会资本"运作的原因、机制和效果等问题。论文借用布朗的系统论视角,从帕森斯和巴克利的社会系统观入手,吸收吉登斯的"建构主义的结构主义"的方法论原则,建构了"社会资本"的动态系统嵌入模型。模型在"行动、结构和环境"三个层面上定位了社会资本,并突出了社会资本问题的三个特性:"双重嵌入性"、"两维动态性"和"过程性"。论文认为,在我国乡村社会中,"社会资本"运作的源头的力量在于"环境"的动力,可以从时空上定位为文化的积淀和制度的变迁。即,当我国乡村社会从"传统"经历"再分配"到改革开放以来,市场导向的利益驱使使乡村社会中儒家经典长期渗透所积淀下来的价值型"关系理性"迂回地成长为一种工具型"关系理性"。当代乡村社会中的行动者的"行动"的运作,也就是"社会资本"的运作,正是在这种工具型"关系理性"的支配下开始的,具体表现为"关系的资本化"过程的启动,即一定的"关系"经由行动者的投资或动员变为"社会资本"的过程。可分解为:社会吸引——审视交换关系——投资或动员——社会资本的产生四个阶段。论文不仅描述了"社会资本"的运作所产生的"结构"的力量具有的工具性效果,更指出了当代乡村社会中"社会资本"形成、维护和消亡的内在运作逻辑。论文认为,创造一定"结构性后果"的"关系的资本化"过程并非是人人都可以完成的,需要具备"情感性关系"或"义务性关系"或具有回报能力。"社会资本"的外部性问题及转让性问题使差别进一步扩展为一种模式化的差别,深刻的影响表现在两个方面:一是"社会资本"的运作,将和正式制度安排机制一同影响和决定着乡村社会的分化;二是"社会资本"的长期运作将导致乡村社会失范的进一步加剧。

关键词:乡村社会　社会资本　农村社会学

2484

移民的社会适应研究 ：以广西扶贫自愿性移民为例 / 覃明兴著 ；刘珺珺指导. -- 南开大学, 2005. -- 136 页

扶贫自愿性移民是我国扶贫攻坚过程中出现的特殊群体。本文通过深入北海市东山村、上京安置点和竹塘安置点三个微型移民社区生活,运用深入访谈法、参与观察法等定性研究方法,分析了移民建构新的身份的过程,剖析了移民在经济生产适应、社会关系适应和生活适应等方面的各种表现,探讨了移民社会适应的差异性和特殊性,讨论了移民在风险意识和风险行为方面的根本性转变,并通过相关群体的话语反映移民的社会适应的状况与前景。论文在探讨扶贫自愿性移民迁移动机的基础上,对移民主体性选择进行了分析,说明了潜在移民成为现实扶贫移民的具体原因,围绕作为移民生存意义的一种策略和方案的身份适应问题,分析了移民个人身份、地域身份和族群身份的变迁及其对移民生存和发展的意义,并对移民的身份磋商策略进行了探讨。论文从平面性的角度对移民在迁入地的社会生产生活的主要领域的适应状况进行分析,描述和探讨了移民在生产适应、生活适应和社会关系适应等方面遇到的问题和体验,并对移民的适应策略进行了初步的说明。论文着重讨论了移民的社会适应在不同的个体、群体以及空间上呈现出不同的特色和差异,描述了移民从风险规避者到风险承担者的转变过程,着重分析了他们在迁移之后风险意识和风险行为的变化。论文还从“他者”的角度考察了与移民相异的群体对移民在新环境的行为、意识、态度、生产生活样式等方面的态度与看法,并分析了政府在移民社会适应过程中的角色与责任。

关键词:移民　扶贫　社会生活　适应能力

2485

非营利组织的社会行动与第三领域的建构 / 任慧颖著 ；杨俊一指导. -- 上海大学, 2005. -- 187 页

中国的整个社会空间被划分为公共权力领域、第三领域、私人领域三个部分,社会结构特征由原来的“总体性”转变为后“总体性”。第三领域相对于其他两个领域表现出不成熟的特性,第三领域的建构问题成为当代中国现代化的题中应有之意。论文以中国青少年发展基金会作为个案,通过分析非营利组织的社会行动来揭示中国第三领域的当代建构。非营利组织的社会行动主要表现为与政府、社会公众和企业的交换行为,分别与它们通过交换各自的优势资源来实现各自的社会行动目的。在社会行动的过程中,非营利组织通过与政府的互动形成了第三领域中的权威关系,通过与社会公众的互动形成了第三领域中的信任关系,通过与企业的互动形成了第三领域中的市场关系。第三领域中的权威关系、信任关系和市场关系的形成过程中存在着内在的逻辑联系,前一种社会关系的形成为后一种社会关系的形成提供了必要的前提,呈现出相互之间的递进关系。同时,后一种社会关系的形成又为前面社会关系的进一步完善创造了条件,三者相互促进,共同发展。正是在建构权威关系、信任关系和市场关系的这种递进过程中,中国的第三领域得以建构,并呈现出自身的特征。非营利组织的社会行动起始于一定的社会结构之中,并不断地改变着相应的社会结构,第三领域的建构过程也就是社会结构的再生产过程。

关键词:非营利组织　社会团体　社会结构　政府行为

2486

社会网络与职业获得 ：转型期下岗失业女工再就业过程研究 / 苏春艳著 ；杨俊一指导. -- 上海大学, 2005. -- 196 页

本文以社会网络理论为基础,从社会性别的视角研究转型期的劳动力市场问题,具体研究了下岗失业女工的再就业过程。通过分析社会关系网络在转型期下岗失业女工再就业及创业过程中发挥的作用,论文解释了市场对下岗失业女工的社会排斥,描述了下岗失业女工在社会转型过程中面临的挑战与社会地位的变迁。论文综述了包括国外学者关于职业地位获得理论及有关求职与职业流动的实证研究、国内学者有关职业流动与职业地位获得的研究、国内有关职工下岗失业与再就业问题的研究,介绍了西方社会网络理论和“关系”理论的本土化研究,在阐述的基础上提出两者的相同点与区别。论文主要分析了下岗失业女工的基本状况、再就业途径的选择及影响下岗失业女工再就业途径选择的因素、下岗失业女工再就业情况。论文分析了下岗失业女工再就业过程及社会关系网络资源的运用、不同社会网络资源的运用与再就业效果之间的关系,阐述了社会转型期劳动力市场社会网络的嵌入性。分析了下岗失业女工的创业过程、创业过程中不同社会网络关系的运作及功效,阐述了社会交往能力与社会关系网络维持与再生产之间的关系以及对创业过程的影响。论文还从劳动力市场和制度缺失的视角,分析下岗失业女工再就业及

创业过程中所遭受的社会排斥以及就业地位边缘化的状况。论文把社会网络分析与社会性别分析结合起来,从社会性别视角分析劳动力市场的社会网络嵌入性问题,运用社会网络理论分析了下岗失业女工再就业的过程,以验证西方社会网络理论在中国的适用性。论文还提出了内敛型网络与开放型网络、社会交往能力影响网络的维持与再生产从而影响再就业机会获得等命题。

关键词:女职工　失业　再就业　社会关系　关系网络

2487

市场导向和家庭保障惯习指引下的农户经济行为 :基于社会转型加速期定州市农村的经验研究 / 汪雁著 ; 郑杭生指导. -- 中国人民大学, 2005. -- 291 页

基于对社会现实的困惑和对西方农户经济理论的中国适用性的质疑,本文以"社会转型加速期"为时代背景,以具有社会学"过程性"和"互构性"色彩的"社会转型理论"和"场域——惯习理论"为研究视角,以"农户经济行为特征及其形成机制"为研究重点,通过对"场域——惯习理论"在农户经济场域中的具体化,提出研究假设:"在社会转型加速期,'市场规则'和'家庭生活保障惯习'作为两种不同的结构性约束机制,嵌入于'农户劳动力剩余的资源构成结构'之中,从内外两方面对农户发生影响,从而使农户经济行为主要表现出对'家庭基本生活风险规避'、'经济收益最大化'和'劳动力充分利用'等多重行为取向"。围绕上述研究假设,论文以对定州市农村的经验研究为基础,意在探讨"市场化"、"农户劳动力过剩的资源构成结构"和"家庭保障需求",三种社会结构性因素对农户经济行为的影响及其作用机制,以求对"社会转型加速期"的农户经济行为进行理论探讨,并探询提高农户经济效益、改善农村生产要素配置的经济效率的政策途径。

关键词:农户　经济行为　家庭　社会保障　剩余劳动力　社会转型期

2488

农民外出就业和乡村社会的变迁 :兴曲村调查 / 王成斌著 ; 宋林飞指导. -- 南京大学, 2005. -- 141 页

本文以兴曲村及其外出就业的村民为研究对象,按照"从乡村社会走出来,再回去看乡村社会"的思路,研究农民外出就业与乡村社会变迁的交互作用,探究村民外出就业的状况、动因和路径,讨论村民外出就业对乡村生活水平、生活方式、文化观念、婚姻家庭、社会分化、组织和管理的影响,在此基础上提出对策和建议。第一章是绪论,主要阐述了从一个外出就业农民较多的村落(兴曲村)来调查农民流动及其对乡村社会影响的特殊意义。第二章通过查阅当地统计资料和论文的抽样调查,概述了兴曲村村民外出就业的基本情况。第三章着重比较了兴曲村村民外出就业的两种路径——乡土社会网络提供的非正式的路径和政府、市场提供的正式的、制度化的路径。第四章介绍了村民外出就业的收入状况及其在整个村民收入中的比重。第五章讨论了村民外出就业对乡村文化观念嬗变的影响。第六章讨论村民外出就业对婚姻家庭的影响。第七章讨论村民外出就业对乡村社会分化的影响。第八章讨论了村民外出就业对乡村组织的冲击。农民外出就业使乡村组织缺陷和滞后显露出来。乡村组织的改革迫在眉睫。第九章是结论。对全文进行归纳提炼后认为:一是农民外出就业与乡村社会的变迁是交互作用的动态过程;二是农民外出就业促进了乡村社会的变迁——"农民的现代性"和"乡村社会的现代化"。

关键词:农民　劳动就业　劳动力转移　社会变迁　农村社会学

2489

中国当代法律移植现象的社会学考察 / 王东著 ; 侯钧生指导. -- 南开大学, 2005. -- 168 页

本文以对国内外法律移植现象已有研究进行归纳分析为铺垫,以对诸如法律移植的概念、法律移植的条件、法律移植的效果等基本问题的界定和梳理为基础,对照世界范围内不同类型的典型国家法律移植现象,逐步把研究重点聚焦于中国当代的法律移植现象,展开了对中国当代法律移植原因、进程和现状的考察,进一步归纳总结并作了理论和实践的反思。中国当代法律移植仅仅是发生于一百多年前的清朝末年并延续至今的由中国传统中华法系逐渐向西方近现代法系转型过程中的一个时间段的截取。这一时期的法律转型身处中国社会沧桑巨变的宏观背景中,与中国社会的转型如影相随。法律移植非中国特有现象,对世界范围内存在的具有代表意义国家的法律移植现象的考察,对深刻认识当代中国法律移植现象大有裨益。论文探讨了法律移植的若干基本问题,包括法律移植概念的梳理和界定、法律移植的条件和类

型、世界范围内典型国家法律移植现象的考察、清末以来中国法律移植的简要回顾，并对世界和中国法律移植展现出的共性问题进行了总结。论文在对当代中国法律移植的原因进行剖析后，以法治理念、刑事法律、民商事法律三条主线对当代中国法律移植的进程和现状进行了全面考察。论文对当代中国法律移植过程中产生的“中国特色”和诸多特征进行了归纳和总结，并从法律移植过程中权力定位和自身功能定位的角度对当代中国的法律移植进行了反思。

关键词：法的理论　法律社会学　法律体系　法律移植

2490

当代中国城市中产阶级消费行为研究 / 王建平著 ; 周晓虹指导. -- 南京大学, 2005. -- 178 页

本文以当前中国的城市中产阶级为研究对象，以阶层消费与社会区隔作为分析框架，采用问卷调查和访谈法相结合，考察了阶层消费分化背景下的城市中产阶级的消费行为，分析了这种阶层消费的分化所导致的社会区隔及其内在逻辑和未来走向，同时运用消费的社会区分逻辑和相关理论对于城市中产阶级的消费镜像进行了新的诠释，最后讨论了现代消费与消费社会对于中产阶级未来发展的影响及其中产阶级研究中应注意的有关问题。论文认为：城市中产阶级已经初具规模，阶层消费的分化已经出现，中产阶级的消费本身已经开始形成了基于社会区分逻辑——树异求同——之上的社会区隔。这种区隔具有外在性与表面性，在布迪厄、甘斯、福塞尔等人所说的“品味”、“格调”区隔不同。中产阶级消费的社会区隔是由阶层攀比与地位竞赛、自我定位与认同建构、消费扩张的溢出效应、个性化消费与生活世界的拓展等机制相互作用达成的。对于中产阶级的存在与发展来说，现代消费是把一把双刃剑。即消费提供了中产阶级自我展现与社会认同的机会，但同时也将他们带入了与不确定性共存的风险社会。

关键词：消费　中产阶级　消费行为

2491

经典社会理论与现代性 / 王小章著 ; 周晓虹指导. 南京大学, 2005. -- 147 页

本文从托克维尔、马克思、涂尔干、韦伯、齐美尔等经典社会理论家的价值关怀、方法论立场的不同入手，解读他们对于现代性问题的切入点、侧重点的不同，及由此而形成的现代性诊断的不同，进而探讨他们互异的现代性话语中的三个现代性核心问题，即：体现在结构层面上的“共同体”问题，体现在制度层面上的“正当性”问题以及体现在个体行动层面上的“自由”问题。论文导言部分介绍问题的提出，本研究的基本视角和方法。第一章现代性的辩证法：围绕从现代性方案到现代性问题、理性与宗教的辩证法、革命辩证法、市民社会的辩证法进行分析。第二章价值与认识，讨论现代性知识反映的方法论之辩；涂尔干、马克思和韦伯对客观性的追求；后现代的颠覆和话语等问题。第三、四章现代性的诊断——多维视野下现代性（上、下），讨论托克维尔的民主化与自由、马克思的资本主义分析、涂尔干的整合的危机、韦伯的理性化和生命意义、齐美尔的从现代性结构到现代性体验。第五章现代性的治疗学兼论知识分子的现代性问题，分析知识分子的现代性和经典社会理论的治疗学性格；探讨托克维尔“改变旧的法制而不触动旧的信仰”、马克思从“政治解放”迈向“人类解放”、涂尔干的现代社会如何可能等社会治疗学；分析现代世界与自我实践、齐美尔的走向感性生命、韦伯的献身一种事业等个体治疗学。文章认为，托克维尔无条件地珍视的价值是自由，所集中关注的现代社会客观趋势是民主化即平等化；马克思的价值关怀是每个人作为“类存在物”，都能真正成为自觉、自由、自为的存在，是实质意义上的“平等的自由”；涂尔干所关心的是在一种与特定的结构形态相适应的道德意识（集体意识）的维系之下的社会的和谐整合；韦伯和齐美尔在价值关怀的一般方向上颇为接近，即作为个体的人必须通过一种真正有意义的生活而成就一种“人格”、“自我”或“个性”。

关键词：社会理论　现代性　价值　知识分子

2492

知识劳动力失业问题的实证研究 / 王效仿著 ; 童星指导. -- 南京大学, 2005. -- 150 页

本文从关注社会结构的社会问题分析视角出发，充分考虑到我国劳动力市场分割和知识劳动力分布极端不均衡的社会环境，通过对一个经济欠发达县区知识劳动力失业问题的实证调查，充分利用相关的统计数据和不同学者相对规范的大学生就业问题的抽样调查进行对比和验证，对主流观点进行了批判性的理论分析和实证考察。在此基础上分析了我国知识劳动力失业问题产生的社会性原因，并对缓解知识劳动力失业问题的战略性对策和应急性对策进行了初步的政策设计。论文指出，目前我国已经存在显性的

知识劳动力失业问题,知识劳动力失业问题是一种客观的社会事实而不是假象。造成我国知识劳动力失业问题的原因在于:劳动力总量过大及人口素质提高造成的知识劳动力就业的宏观压力;经济转轨期对于知识劳动力的需求不足;产业结构及城市化的滞后对于知识劳动力的就业限制;知识劳动力总量过大及增速过快造成的总量性失衡;知识劳动力的供需错位及文化失范。论文认为,虽然目前很多国家也存在知识劳动力失业问题,但是我国的知识劳动力失业具有一定的特殊性,具有非常强的负功能,对其必须给以足够的重视,并从战略性措施和应急性措施两方面切实加以缓解和解决。

关键词:大学生　就业　失业　劳动力

2493

博弈性互动、社会资本向度与社区整合：基于回迁社区"组建业主委员会"事件的经验研究 / 王雪梅著；马戎指导. -- 北京大学, 2005. -- 129 页

本文以两个案社区的实地调查资料为依据,将社区主要行动者——业主群体、物业公司与居委会——看作博弈局中人,从博弈—嵌入角度,分析社区主体互动逻辑、社区场域要素、社会资本、博弈结果与社区整合之间的关系,特别是社会资本的特质及其社区影响,探讨了回迁社区在重建初期阶段的社区转变与社区整合问题,尤其是社区整合机制与整合特点。论文认为,回迁社区是在特定历史条件和政策影响下,因城市危旧房改造而产生的独特社区类型。业主群体、居委会与物业公司三类基本行动者之间既有共同利益又有利益冲突,彼此存在复杂的利益关联,利益整合是社区整合的必经阶段。社区博弈局中人都是理性行动者,他们的行动逻辑是:"认知(认知调整)—策略运用—行动选择(行动再选择)"。在回迁社区,业主群体意在"组建业主委员会"事件过程中做出两次重大的认知—选择转换,整个博弈进程分成三个具有显著特点的时段:时段A,物业管理前期博弈;时段B,组建期博弈;时段C,后组建期博弈。形成不同时段博弈之独特性的就是行动者策略运用。社区博弈嵌入社区场域之中,相关制度安排、街道办事处—社区关系、居民社区记忆是回迁社区重要的三类场域要素。社区(居委会)管理制度与物业管理制度是在回迁社区内并立的两种正式制度安排。行动者博弈性互动以两种方式型塑社区整合:一方面,行动者博弈具有生产性,能够生产有向度的社会资本;另一方面,行动者博弈性互动具有收益性,体现为博弈结果(即收益函数),包括:一是行动者收益,即各行动者的利益得失;二是社区收益,即社区整合、制度整合、组织结构整合、功能整合与认同整合。行动者收益与社区收益二者密切相关,前者决定后者。论文认为,"非合作性"是回迁社区博弈的主要特征。在行动者博弈过程中,正向社会资本流失,负向社会资本积聚。博弈没有达成有约束力的协议,结果是业主权益受损,物业公司生存困难,居委会权威弱化。在"非合作性"博弈下,社区关系紧张,社区主体需求不能得到有效满足,社区冲突、失序,呈现"非协调整合"状态。

关键词:社区　物业管理　业主委员会　社会资本

2494

戒毒社区的理论与方法研究 / 吴成军著；关信平指导. -- 南开大学,2005. -- 211 页

本文在总结前人关于吸毒与戒毒研究的基础上,采取参与观察、无结构式访谈、文献分析等方法,理论与经验研究相结合,分析了吸毒行为的个体、群体及社会原因,并分别以昆明戴托普戒毒村和西部某市强制戒毒所为个案,分析了我国自愿戒毒和强制戒毒的基本过程、特色和存在的问题。论文认为,我国戒毒工作实现了制度化和规范化,但也存在着一些迫切需要解决的问题。论文建议将社区理念引入戒毒机构,构建戒毒社区。戒毒社区建设应着重抓好两大方面的问题:一要营造良好的物质、社会与文化环境。二要采取有效的戒毒方法和技术,以培养戒毒者优良的认知、情感、意志品质和激发戒毒动机为重点,加强戒毒者的心理建设。增强他们抵御各种诱惑、保持操守的能力,从而提高戒毒的质量和水平。

关键词:吸毒　戒毒　社会建设　社区工作

2495

教育民主主义的兴起：民初教育精神的知识社会学研究 / 熊春文著；苏国勋指导. -- 中国社会科学院研究生院, 2005. -- 121 页

本文应用知识社会学的理论与方法,对以教育民主主义的兴起为代表的民初教育精神加以研究。论文从近代以降的中国社会转型与教育转型的视角出发,对民初教育民主主义思想得以产生的社会学基础进行了研究,分别考察了民初十余年的几次主要教育改革——民国元年的教育改革、新文化运动时期的白话文教育改革及五四运动时期的新教育运动,以及这些改革的主要倡导者蔡元培、陈独秀、胡适和蒋梦麟

的教育思想。论文认为,贯穿于这些教育改革及其倡导者教育思想的,是一种一以贯之的教育民主主义的基本精神。这种精神遵循着"教育独立于政治"的基本设计,并以"共和国民健全人格之养成"为其理论核心,在实质意义上形成了对中国传统教育精神的超越。他们在制度建设上的丰硕成果,则为一种自由、平等的现代民主社会的形成提供了可能性。论文主要从社会学前提、社会学思维和社会学效果三个方面对民初教育民主主义的知识社会学意义进行了归纳总结。中国传统政治社会的解体是民初教育民主主义思想得以诞生的社会学前提。民初的教育民主主义者之所以主张从个体人格的培养出发奠定中国现代社会的基础,是出于他们对近代以降的这场中国社会转型的本质把握,因此,支撑教育民主主义理论核心的是一种社会学的思维,而不仅是一种思想史的思维。整个民初教育民主主义运动在社会学效果上还没有触及社会下层,但他们基于中国社会的现代性而提出的教育目标,至今值得我们借鉴。

关键词:民主主义　教育思想　知识社会学　教育史　民国

2496

杭州茶馆 : 一种城市休闲方式的社会学分析 / 徐明宏著 ; 张鸿雁指导. -- 南京大学,2005. -- 161 页

本文以杭州茶馆这一具有典型的民族性和地方性的城市休闲方式作为研究对象,试图对其进行一次社会学的探讨,初步构建一个新时代下城市居民休闲方式选择与变化的理论研究框架体系。本文的主体共有六章。第一章从人文区位学的角度出发,研究杭州茶馆作为一种休闲空间的社会历史性建构。第二章是对茶馆休闲主体社会结构的分析。通过对杭州茶馆休闲主体多元化现象的考察,以及中西方休闲主体历史的追溯,认为现代城市休闲主体已经从原来的有闲阶级转化为普通大众,城市休闲空间因此更具开放性,并进而梳理了这一社会结构变迁过程中各种社会要求的作用。第三章是对茶馆休闲在个体层面的意义进行揭示,休闲不仅仅是"存在",而且要"成为",而"成为"的过程也就是学习、发展和创造的行动过程。第四章根据功能结构主义理论,考察了茶馆休闲作为一种社会建制的社会功能。第五章是对茶馆休闲失位现象的解析。在一个麦当劳化的社会和消费主义盛行的时代,杭州茶馆休闲正在走向"标准化"、"物质化",休闲最本质的自由性和创造性正日渐式微。第六章阐述了杭州茶馆休闲的未来。只有立足于个性化、多样化、文化性的追求,通过茶馆自身、行业协会和地方政府的协作努力,杭州茶馆才能具有永久的竞争力和生命力。

关键词:茶馆　休闲　闲暇社会学　杭州市

2497

二十世纪无锡地区望族的权力实践 / 徐新著 ; 邓伟志指导. -- 上海大学, 2005. -- 177 页

本文把无锡地区明清以来的市镇望族作为一个整体进行考察,以近现代化的社会变迁为研究背景,在微观权力理论的框架内,采用访谈、个案分析等方法,结合对无锡地区历史资料的分析,从望族的历史演变、发展环境、结构与功能、社会特性以及日常生活中的权力运用等方面入手,将静态描述与动态分析相结合,探讨城市望族在急剧的社会变迁过程中发展演变的动因、类型、机制及其规律,展示望族的生活场景,揭示社会变迁与望族演变的互动关系,力求科学准确地评价望族的历史地位和作用。论文分析了望族在角色转换与地位提升过程中的各种权力策略与技术:(1)以钱氏的生活经历考察,再现望族以知识、社会关系为主的权力运作;(2)以秦氏故居的变迁,再现以声望、文化资源为主的权力运作;(3)以唐氏家族企业的发展,再现以经济资源为主的权力运作;(4)以义庄、祠堂和族谱为线索,再现象征资本的循环过程。论文认为,望族的特色就在于它的人文性。望族是特定历史阶段的产物,必然有兴盛和衰落的轨迹,望族有着强大的适应能力和应变能力。在社会转型中,望族保有传统优势和强大的应变能力,以至在改革开放的今天,其后代至今在政治上有地位、经济上有实力、社会上有影响、学术上有造诣、事业上有成就,不乏其人。论文认为,望族通过内部权力资源的不断转移,以及实践策略的不断丰富,仍会维持或提升其社会影响力。特别是随着市场经济体制的不断完善,民间力量的逐渐加强,以及私人财产的再度被承认,无锡地区不仅会产生新的望族,原有的望族将更容易东山再起。

关键词:家族　望族　社会变迁　无锡市

2498

扎根与弥散:回汉杂居村落社区权力结构变迁(1949—2004) : 河南汝州刘庄村个案研究 / 许斌著 ; 胡鸿保指导. -- 中国人民大学, 2005. -- 163 页

本研究以豫西南的一个村落实社区——刘庄村为研究对象,力图通过历时性和共时性的分析和研

究,展现村落社区建国五十多年来的权力结构变迁。本研究采用国家与社会的关系作为研究路径,以时间顺序形成框架设计,共分为九章。第一章是导论,其中包括研究缘起、前人研究的文献综述、研究内容和方法、研究路径和框架设计,以及主要论点和创新说明;第二章主要介绍研究对象——刘庄的社会背景,其中包括地理环境、历史沿革、经济概况和社会结构等;第三章着重描述和分析 1940 年代的村落社区权力结构,意欲对建国后村落社区权力结构的形成有一个铺垫;第四章表述的是扎根的国家权力,展现了国家权力中心的形成过程;第五章分析了国家强势下的家庭、民族与宗教,对浮出水面的家庭及其"伪消解"和被遮蔽的民族意识和宗教给予了充分的阐释,展示了国家、家庭、民族与宗教之间的互动和互构;第六章对人民公社时期的村落社区权力结构进行了较为详尽的论述。同时更多地关注于文革时期对村落社区的后续影响;第七章表述的是弥散的国家权力,展示了 20 世纪 80 年代之后国家权力的存在状态及其原因和影响;第八章则以村治作为背景,呈现在这一背景下的家族和民族。力图展示的是,在弥散的权力结构中,派别是如何形成和存在的? 国家、家族和民族是怎样在派别这个筐里被分离和组合的? 第九章是结论和思考,力图动态地再现研究历程中的骨架,对研究结论有一个概括性的说明。

关键词:村落　社区　回族　汉族　权力结构　民族关系　农村社会学

2499

"村(居)改制":中国城市化背景下的制度变迁:以济南市"前屯改制"为个案 / 轩明飞著 ; 张鸿雁指导. -- 南京大学, 2005. -- 162 页

改革开放以来,随着城市化进程的迅猛发展,城市边缘区近郊农村城市化的过程也随之加快,形成了既非农村,也非城市的社区形式——"城中村"。"城中村"虽然在形式上已经城市化,但仍然存在着许多遗留问题。2000 年 8 月,济南市槐荫区前屯居实施了以集体资产公司制改造为主要内容的村(居)综合配套改革,被认为极好地解决了上述问题,从而成为全国典型。通过对改制的内容分析,发现前屯的公司化改革只是一种形式上的、虚拟化的股份公司制,前屯企业是"准家庭企业",前屯社区组织具有"拟单位化"的特性。产权不清等遗留问题没有从根本上解决,企业公司化运作集体资产流失的可能性也没有排除,村落单位缺乏风险转换机制,社区企业承担的改制成本过高,而家庭企业中遗留下来的特殊主义传统,也与建设一个公共性的现代社区理想相对立。改制既没有使村民获得完整的市民权利,也没有使他们在现代观念与素质上有实质性的提高。而公司化改革后造成的社区行政管理弱化,使前屯成为国家政权建设的"权力空场"。前屯改制推出的以土地产权评估进入公司资产的方式解决了城市化推进过程中的土地使用权置换问题。由于受"城中村"特殊的场域环境与行动主体资源对比关系的影响,村落产权结构的残缺性未必会带来制度变迁的适应性效率,嵌入性的制度安排只能是一种"折衷"的选择。

关键词:城市管理　城市化　城中村　济南市

2500

中国市场转型过程中企业软预算约束的社会学研究 / 薛晓斌著 ; 侯钧生指导. -- 南开大学, 2005. -- 145 页

本文从社会学角度论证了企业软预算约束,旨在揭示企业存续或者退出市场背后的社会机制,提出了软预算约束社会学研究的基本观点:社会的制度化结构特点是软预算约束现象产生的重要制度背景,并在一定程度上决定了软预算约束现象的产生。论文认为制度化社会结构主要就是指社会的资源、权力分配状况以及紧密相关的社会意识或者认知结构。结合当今社会学家对中国社会分层以及单位制的探讨,论文认为转型期中国社会继承了传统社会主义制度化结构的基本特征,同时又由于资源分配市场化的兴起而出现了行政权力控制方式的转变以及民间资源的广泛兴起,这都与软预算约束的作用机制紧密联系在一起。论文以股票市场和劳动力市场对企业构成的软预算约束为例证来加以论证。由于国家和政府在经济资源上的绝对支配地位,强有力的行政性力量(权力)以及对社会意识形态的强有力影响,连同社会中不同影响力的利益主体的相互作用,形成了一个极度软化的股票市场机制。这个机制满足了政府的最初设计(向国有企业输送了大量的资本金),同时也造成了股票市场的重重危机。中国的劳动力市场化水平已经达到了一定的程度,劳动力市场既是由互动中的行动者建构的,同时也是由社会的制度性结构决定的一个场域。软约束的劳动力市场以此为基础而形成。论文还认为,软预算约束是一种社会再生产的重要机制。

关键词:企业经济　预算约束　社会学

2501

民国初年的制宪与民主转型 / 严泉著 ; 朱学勤指导. -- 上海大学, 2005. -- 182 页

本文对民国初年的民主宪政进行了探讨。第一章考察民国初年政治发展的概况。第二章简要叙述民初制宪历程。第三章借鉴比较宪法的方法,分析《天坛宪章》设计的宪政制度中结构性缺陷;并从制度变迁的角度观察制度性缺陷对制宪结局的影响,纠正过去对制宪失败道德化的评论。第四章进一步分析宪政制度中制度性缺陷形成的原因。论文通过叙述制宪议员关于宪政制度选择的争论情况,分析制度选择背后利益动机的形成状况与宪政制度理性选择的特点。第五章借助策略互动论的分析框架,阐述国会制宪会议与北洋派在制宪目标、模式、方法方面的策略互动情况,并且通过与美国、法国制宪过程的比较,探讨这一系列策略选择对制宪结果的影响。第六、七章研究影响制宪者政治选择的其他因素。其中的变量包括制宪议员社会背景、政体制度、政治传统等,这些因素的重要性在过去一直没有得到应有的重视。第八章在承认民主崩溃在世界范围内是一种普遍现象的同时,特别强调在民国初年充满机遇与挑战的民主转型中,国会政治精英与北洋派先后作出了违背民主政治原则的一系列错误的政治选择。

关键词:宪法　民主政治　宪政　民国时期

2502

何为社区,为何参与?:中国城市社区建设运动的个案分析 / 杨敏著 ; 郭于华指导. -- 清华大学, 2005. -- 156 页

本文通过对武汉市一个社区的社区建设运动个案研究,探讨了社区动员和社区参与的实践过程,在中国社会转型和社区建设运动背景下对"何为社区"做出了新的解释。论文认为,社区建设运动倡导的社区参与实际上是一个动员社区居民参与国家治理的过程,是为了整合民众对国家权威的认同和对政权体制的支持,而不是为了提高公民的参政议政技能和地方自治能力或培育一个独立于国家领域的市民社会。国家对社区居民的动员是通过居委会的地方性权威式动员来实现的。面对居委会的动员,不同的居民采取了不同的参与模式与参与策略:依附性参与、志愿性参与、身体参与、权益性参与和不参与。社区是一个阶层分化的地域空间,不同居民阶层对社区的需求不同,关注的社区事务和参与策略也不同;不同居民阶层的社区认知与社区认同互有差异,社区对于不同的居民而言有着不同的含义与意义。论文认为,中国社会转型和社区建设运动过程中建构出来的社区与西方社区概念相比具有独特的意义。中国城市社区不是一个自然形成的中性的地域社会,而是一个国家建构的有着明确边界的政治空间,是为了解决单位制解体后城市社会整合与社会控制问题的治理单元。社区建设运动实际上创建了两种社区空间:国家治理空间和日常生活空间,二者在重叠与冲突中建构着各自的认同与意义。

关键词:社区建设　参与管理

2503

我国城市社区治理结构的重建 :治理理论的视角 / 张宝锋著 ; 夏建中指导. -- 中国人民大学, 2005. -- 145 页

本文是一项从治理理论的角度研究社区治理结构的实证研究。选取的个案为郑州市金水区东风路街道办事处所辖的社区。论文研究的主题是社区治理结构的重建,就是重整各个治理主体之间的相互作用模式。涉及主要概念是居民、组织、权力、资源、机制等。论文紧扣社区治理结构的内涵,以治理理论为分析框架,在实证材料的解析的基础上,找出应然关系。研究方法是:对东风路街道办事处所辖社区的个案研究;定量定性相结合、以定性为主的方法,问卷调查是本文研究的重要手段,但论证主要是建立在访谈材料的基础之上。论文旨在建构一个由政府组织、社会组织、社区组织参与合作、分工负责、平等协商,以社区组织为主导的社区治理结构。论文认为,合理划分政府组织、非政府组织,市场组织的权力界限,在政府行政力量和社区自治力量之间找到一个均衡点和链接机制,实现两大力量间的有效"链合",是社区治理的关键。这一均衡点和链接机制就是发育成熟的社区内外非政府组织。

关键词:社区　社区治理　政府组织　群众组织　非政府组织(NGO)

2504

社区治理与权力秩序的重构 :对上海市康健社区的研究 / 张虎祥著 ; 李友梅指导. -- 上海大学, 2005. -- 108 页

本文以治理方式作为研究的切入点,通过上海康健社区治理实践的研究,使人们认识到在基层社区治理中权力互动与秩序重构的内在机制。论文通过分析当前上海城市基层社区的管理中心——居委会、物

业管理公司以及业委会之间的协调方式，指出在协调基层社区组织之间的关系时，非正式规则往往与正式规则共同发生作用，甚至在有些情况下，非正式规则对于组织关系的影响力要超过正式规则。论文认为，社区民间组织的运行处于社区党政组织的影响之下，遵循的是一种准社会化的运行逻辑。在这种准社会化的运行逻辑背后，蕴涵着民间组织与党政组织之间的围绕合法性资源的交换与合作。在当代基层社区中，动员式治理只有得到社会化治理方式的支持才能发挥其最佳效果。这种治理方式的转变反映了社区治理逻辑正在发生巨大的变化。论文认为，当代上海城市基层社区的治理结构正在从传统的“一元”结构趋于“多元化”；与此相适应的是治理方式与治理逻辑的转变，当代上海城市基层社区的权力秩序正在发生巨大的转变，传统的权力秩序正在经历着从“结构”到“解构”直至“重构”的过程，不同的行动者之间的互动促使社区秩序处于“互构”过程之中，在这个互构过程中，一种基于行动者的行动秩序或者说“局部秩序”正在浮现，并且不断改变着现有的权力秩序。

关键词：社区管理　社区治理　权力　秩序

2505

农民工的认同和适应研究 / 张向东著 ; 沙莲香指导. -- 中国人民大学, 2005. -- 159 页

中国社会的变革对于在相对闭塞环境中生活的农民而言，是一场撞击心灵的革命。论文选择了中原的一个县——商水县在北京的农民工作为研究对象。农民工的角色与身份却是分离错位的。他们离开了乡村，告别了土地，实现了职业角色的重组，但他们的身份却依然是农民。农民工的社会网络主要集中在以亲缘、地缘和血缘这种“三缘关系网络”为纽带的社会关系网络中。农民工利用乡民社会的地缘性同乡资源，改写并重建了关系网络，从而获得了在城市生存和发展的社会资本。农民工通过学习普通话、建立民间社团、聚居地和认同关系网络重建来建构自己的身份去适应城市生活。论文认为：(1)农民工认同农民身份和农民群体。(2)农民工具有边际人格特征，他们处在中国社会转型的特定时期，立足于乡村文化向都市文化迈进的前沿。农民工在乡土社会所依赖的生活逻辑无法适应城市社会的制度与规则，其结果便是在他们的人格走势中，“痛苦与憧憬并存，颓废与发奋同在”。(3)关系认同与关系网络的重建。(4)城市体验与农民工现代性的提升。他们有着改变命运的内在驱动力，而城市体验也在一定的程度上使他们改变着生活方式，趋同着城市的文明。(5)农民“市民化”的期待。农民工在给社会创造巨大财富的同时，彻底改变了社会身份，然而要享受到与城市居民平等的待遇还需要相当漫长的历程。

关键词：农民工　认同　社会心理

2506

转型时期的社会信用 ：一种经济社会学的分析 / 赵文龙著 ; 郑杭生指导. -- 中国人民大学, 2005. -- 221 页

本文从社会学的学科角度出发，综合运用多种方法分析技术，以理性选择和嵌入性观点作为微观基础，以社会运行论和社会转型论作为宏观基础，在比较经济学、法学、伦理学和社会学等不同学科的相关研究和对中西方社会信用及其制度历史演变进行梳理的基础上，对社会信用加以分析研究。文章认为，社会信用是指社会行动者在相互的社会互动过程中由于能够履行承诺而形成的相互信任和相互依存的一种社会关系。社会信用嵌入于社会结构之中，社会结构可以理解为社会行动者在互动基础上形成的相对稳定的关系协调体系，社会结构在本质上是一种互动关系系统。从博弈论的角度来看，社会信用是在社会行动者的互动过程中经过反复博弈而建立起来的，是社会行动者理性选择的结果。中国社会处在全面而快速的转型时期，这一时期以契约化为基础、以制度化和法制化为依托的适应社会主义市场经济体制的社会信用制度和体系还未能建立起来。因此，转型时期中国社会的信用危机和缺失，在很大程度上就是因为对社会信用这一基础性的制度建设不重视而引起的。在分析中国社会转型特征的基础上，结合访谈和案例分析，论文分别探讨了个人信用、组织信用和政府信用的缺失及其危害。认为，社会信用的治理主要应该从社会信用制度的建设、进一步规范政府行为提高政府公信力和增强行动者的社会信用意识三方个方面着手。

关键词：信用　经济社会学　社会转型期

2507

社会转型时期中国城镇居民消费观念的演变 ：以南京和镇江为例 / 郑红娥著 ; 童星指导. -- 南京大学, 2005. -- 234 页

本文从消费的视角出发，运用吉登斯的结构化理论，通过对南京和镇江居民随机发放问卷和深入访谈，描述了社会转型时期中国居民消费观念和消费行

为的演变,从此基础上就中国消费革命的性质、目前居民消费观念中存在的主要问题以及转型时期中国发展的困厄和出路等问题展开了论述。论文的主要结论是:通过问卷调查、统计分析以及大量访谈,证实了社会转型时期,中国居民的消费观念和消费行为发生了显著的变化。这场消费观念的革命是在中国消费的革命(中国这场消费的革命正处于向大众消费阶段过渡的阶段)的背景下发生的,目前正处在传统消费观念(注重省吃俭用)向现代消费观念(讲求成效、理性和开源)转变的阶段中,后现代消费观念(注重炫耀和符号消费的消费主义消费观)的成分比较少。为了顺利地实现社会转型,重建与即将到来的耐用消费品生产与消费的时代或消费社会相适应的精神价值,即建立新的消费发展观势在必行。

关键词:城镇居民　消费观念　社会转型期

2508

中国企业的社会公益事业发展研究 / 郑惠英著 ; 沙莲香指导. -- 中国人民大学, 2005. -- 249 页

企业社会责任的实现方法之一,即是企业参与战略性社会公益事业的方案。本文不只对现代社会中企业的角色、企业的社会责任、国外企业社会公益活动规模和发展现状作出描述,还试图与国外(美国、日本、韩国)企业的社会公益活动进行比较,然后得出启示。尤其对中国内资企业和外资企业之间进行现状的比较分析,寻找中国企业社会公益事业管理上的发展出路,为企业履行社会责任提供有效的指导。论文围绕三个预设基本理论进行,它们是:(1)企业与社会是相互作用的,中国企业的企业公民角色在社会上发挥着很重要作用。(2)当代中国企业的社会公益事业正处于管理上的转型时期。(3)国外企业的战略性社会公益事业的经验会带给中国企业启示点。论文认为,在中国企业的公益事业管理方面,需要进一步经营发展。企业应当是经济人和道德人的统一,两者从不同角度来体现了企业必须承担的社会责任。

关键词:企业管理　社会责任　公益事业　慈善事业

2509

迈入生意场:湖南农村当代商人阶层形成的资本与惯习 / 周鸿著 ; 李若建指导. -- 中山大学, 2005. 154 页

通过深入湘南的芙蓉村和周家村两个农村社区的生活,综合运用参与观察、个案深入访谈等定性研究方法,分析了农民进入生意场的缘由和条件,探讨了农村商人的经营策略和场域升降的原因,剖析了商人的阶层意识及阶层品位,揭示资本与惯习在农村商人阶层形成中的作用。研究目的在于在深层次上研讨壮大农村商人阶层队伍的途径,以推进我国农村的现代化和全面建设小康、和谐社会的前进步伐。主要内容如下:首先,介绍和简评了国内外阶级阶层形成的六种代表性的理论,尤其是布迪厄的资本—惯习阶层场域论。在阐释基本概念的基础上,提出了论文的研究框架和资本与惯习的研究假设。其次,从生存理性、行动预期、社会比较与趋同行为、生意传统等从四个方面探讨了进场的缘由;分析了进场的资本条件,比较了商人与普通农民在条件上的差异;揭示了生意惯习在农民入场中的特殊作用。第三,分析了在场的经营艺术和具体的策略,包括商业资本积累策略、人力资本更新策略、社会资本扩张策略和资本兑换策略。并指出生意惯习不同,经营艺术与塑场策略也会不一样。第四,说明场域置换包括升场和退场,都是必然的。升场和退场都受到惯习的制约。第五,分析了农村商人阶层意识上的反差,指出了商人的阶层品位,论述了农村商会的性质及其作用。最后,在对上述内容总结的基础上,对惯习的生产与再生产作进一步的理论上的归纳。认为惯习在农村商人阶层形成中具有重要的意义:不仅具有自身的力量,还影响各种资本的获得。惯习的再生产对扩大农村商人阶层队伍,推进全面建设农村小康、和谐社会有突出作用。

关键词:农村　商人　社会阶层　资本　湖南省

2510

国有商业银行社会成本研究 / 周凯著 ; 童星指导. 南京大学, 2005. -- 189 页

本文是国内首次从社会学角度来考察银行的社会成本,并指出社会成本是银行利润亏损、竞争力低下的最重要原因之一。论文揭示了国有商业银行社会成本的存在及形成动因,并且系统地从不同层面、角度剖析了其社会成本的构成要素,率先提出了"共谋性"不良贷款、"委托代理成本"、"净社会成本"等社会成本新概念,指出"国有"与"商业银行"二者本身就是在效率上相矛盾的结合体,这种矛盾体现在国有商业银行二元目标即追求利润最大化和追求社会贡献的冲突上,也体现在其双重功能即盈利功能与政策工具功能的相互牵制上,冲突和调和的结果最终使国有银行增长乏力,持续亏损。社会成本具体体现在:由于体制性因素,国有银行过度扩张的银行规模;

由于国有商业银行浓厚的政府机构色彩，造就了先天缺陷的组织结构；银行为保障国家利益和履行政府政策义务，而承担的过高却又负担不公的税费成本；国有商业银行扮演着中央的“第二财政”角色，承担着政策工具的职能；国家作为所有权者的管理缺位，导致商业银行“内部人控制”而引发的银行经营行为的短期化倾向等危害而付出的成本。国有商业银行在削减社会成本的同时，应该在其一定的资产和财力及追求利润目标的约束之下，承担起社会责任和社会义务。

关键词：国有商业银行　社会成本　成本管理　利润最大化

2511

社会支持网与障碍人士的权能感研究：基于广州和兰州两城市的调查 / 周林刚著；蔡禾指导. -- 中山大学, 2005. -- 145 页

论文以城市障碍人士为研究对象，试图从社会支持网的理论视角出发，遵循个体因素解释和网络结构解释的整合逻辑，探讨个体特征、社会支持网规模、支持密度等变量对障碍人士权能感的影响，在解读广州（中国南部发达城市）和兰州（中国西北部欠发达城市）两城市残障人社会福利实践领域的基础上，对当前中国社会福利理念加以透视。全文共分七章。第一章导论。第二章就研究主题、分析框架、研究方法和研究假设等方面作了一个简要介绍。第三章在对权能感测量工具的信度和效度加以检验的基础上，就障碍人士权能感的总体状况作了描述。第四章从社会支持的概念出发，描述了障碍人士社会支持网规模，提出了支持密度这个新概念，并就障碍人士的支持密度加以描述。第五章从个体因素和网络结构两个视角出发，重点就障碍人士权能感的影响因素进行了较为详细的探析。第六章以深访资料为基础，有针对性就第五章定量分析的有关结论进一步加以分析与解释。第七章在总结全文的基础上，提出建构残障人社会福利模型的设想，并对中国社会福利的去向加以了讨论。

关键词：社会福利　残疾人　社会保障

2512

形象与影像：对 DV 传媒文化的人类学考察 / 朱凌飞著；刘珺珺指导. -- 南开大学, 2005. -- 130 页

“媒介即信息”的观点说明一种新媒介形式的产生，必然伴生出相应的文化现象。DV 作为一种崭新的个性化影像工具，导致了“DV 潮”现象的出现。本文将 DV 视为富有含义的表述体，对 DV 所涉及的若干个系统进行考察，研究一切可以观察到的表意形态，运用文化人类学田野研究的方法和相关理论对“DV 传媒文化”进行分析。文化人类学向都市生活和现代社会的转向，使其在研究方法上面临新的难题，为此，论文围绕 DV 传媒文化，对“多点田野”方法进行了探讨。认为，媒介形态与文化的变迁有着重要的联系，在整个媒介形态变迁的历史中，作为一种个性化的影像工具，DV 的出现具有重要的社会文化意义。DV 人因其对这一影像工具的使用而成为一个“DV 共同体”。论文在此基础上分析不同使用者之间的区别，以说明不同的人是怎样创造和使用这一媒体的。DV 作品通过不同的渠道进行传播，与受众产生不同形式的互动。论文分析了各种可能的传播渠道，进而考察受众对这一媒体的反应——他们如何解读所收到的“信息”。论文还认为，DV 活动被看成一种文化表演，它是 DV 人对社会生活的一种解释方式，在承认他者的知识体系和解释话语的自主性的同时，论文对 DV 传媒文化进行了深描。

关键词：数码影像　传播媒介　大众文化　大众传播

2513

中国官办基金会与民办基金会能力建设比较研究：以中国青少年发展基金会和爱德基金会为个案 / 庄爱玲著；童星指导. -- 南京大学, 2005. -- 163 页

本文从社会学和组织社会学的角度出发，以分别代表官办基金会和民办基金会的中国青少年发展基金会和爱德基金会为案例，对中国两类基金会的核心能力，包括基金会的决策能力、资源动员能力、公益项目实施能力、社会互动能力和机构创新能力进行了全面、系统的研究，得出了能力建设是非营利组织可持续发展的重要手段的结论，并提出了促进非营利组织发展的对策和建议，为非营利组织的发展奠定了一定的理论基础。中国基金会可以分为两类：官办基金会和民办基金会。官办基金会包括官办官助基金会和官办民助基金会，民办基金会包括民办官助基金会和民办民助基金会。官办基金会是现阶段中国基金会的过渡形式。民办基金会的发展道路是官办基金会未来发展的方向。

关键词：基金会　非营利组织　能力建设　中国青少年发展基金会　爱德基金会

2514

秩序重构的组织社会学分析：以上海文广新闻传媒集团局部运行方式为案例的研究／宗明著；李友梅指导. -- 上海大学，2005. -- 121 页

本文以复杂组织中的"秩序是怎样形成的"问题为思考的出发点，在分析的过程中部分地吸纳了制度学派、理性选择制度学派等理论流派所关注的"公共意义、制度绩效、稀缺性资源"的分析要素。论文认为，社会组织中的个体与系统之间的关系如何，秩序由何而生一直是组织社会学思考的核心话题。在组织理论发展的早期，社会学家提出了关于组织秩序的两种极具张力的解释模式：一是以理性决策和科学管理思想为代表的理性系统理论；二是强调微观行为结构的自然系统理论。至 20 世纪中后期，组织研究发展出了以"结构制约力"为分析重点的制度学派和以经济学思想为内涵的相关理论流派（如威廉姆森的交易成本理论）因而形成了新的张力。20 世纪中后期在组织研究领域中得到不断发展的权变理论、网络理论和理性选择制度学派试图突破上述理论的局限，更注重在方法论意义上寻求对"复杂世界中的秩序是怎样形成的"作出反应。论文认为，要比较全面深刻地认识现时代的复杂组织的运行机制，必须同时使用公共意义、制度绩效、稀缺性资源三个分析要素。如果再加入"制度的自我支持机制"分析要素，就可能更为清晰而实际地观察到复杂组织中的深层秩序生成的方式。并以文广新闻传媒集团为例，就其发展战略、局部运行环境的结构、局部秩序的重建进行了研究分析。

关键词：社会组织　组织管理　秩序　组织社会学

2515

近代中国社会思想的转换及其限制：对 1840 年至 1949 年中西思想文化冲突的功能研究／邹千江著；王处辉指导. -- 南开大学，2005. -- 163 页

本文以近代一些重要社会思想与重大历史事件为研究范围，集中描述和分析了近代百年中西思想文化冲突与融合的历程，认为近代中西思想文化的融合多于冲突，冲突的正功能大于负功能，利胜于弊。论文认为，中国思想文化在应对近代西方文化的冲击时发挥了能动性的转换作用。即通过有效地利用外来文化，来促进自身文化体内与主流思想文化相对立的思想文化因子在新环境中的成长，使后者具备和主流思想文化因子相互作用，相互影响的力量。同时，人必须在"转换"中体现主体性和能动作用。论文通过对文献资料的诠释和分析，运用文化与社会互动的"实证"色彩的研究方法，展示和说明在近代中西思想文化的冲突中，中国思想文化对西方文化的转换过程、结果、策略及其限制，探求其中所呈现出的思想文化冲突——转换的某种规则，对近代中国思想文化的发展做出某一视角下的较为系统的描述和分析，它能对当代中国文化的发展提供某些启示。

关键词：社会思想　文化冲突　政治思想史

人口学

2516

企业年金投资运营的理论分析／韩永江著；张纯元指导. -- 北京大学，2005. -- 214 页

本文尝试对企业年金投资问题进行系统研究。论文首先分析了与企业年金投资管理相关的经济、金融理论，详尽分析了企业年金的信托模式，指出信托模式是企业年金的最优运行模式，但对于如何界定金融机构尤其是商业保险公司在信托模式下的作用，企业年金监管部门还有较长的路要走。论文认为风险控制和绩效评估是企业年金投资管理最重要的问题，且相互关联，并且分析了企业年金投资运营过程可能面临的主要风险，并提出了切实可行的控制办法。结合企业年金基金的特点，论文将年金基金投资绩效评价措施分为两类：内部财务评价和外部投资绩效评价。论文提出了综合评价办法及相关注意事项，并认为只有灵活运用各种评价方法，综合运用评价体系，才能客观准确地揭示企业年金投资管理人的投资绩效。论文认为，企业年金的监管主要归属劳动保障部门和金融监管部门，涉及劳动和保障部、银监会、证监会、保监会、财政部、国税总局、国家工商局等部委，各部门应加强信息互通，协调监管，只有避免缺位和越位，才能创建有利于企业年金市场良性发展的监管环境。

关键词：企业年金　养老保险　投资管理　风险管理

2517

中国计划生育与人权保护的研究／郝林娜著；邬沧萍指导. -- 中国人民大学，2005. -- 170 页

作为基本的人权，生殖权要受社会的经济、政治、

文化条件的制约。无条件的生殖权是抽象的,也是不存在的。论文的体系主要分为六大部分,共分八章。论文从理论上分析了人权的概念和理论起源、马克思主义和发展中国家的人权,认为生殖权是人权的重要组成部分,生存权、发展权高于生育权;论文分析了中国计划生育政策制定的依据和执行效果,认为不断完善计划生育政策是朝着保护人权的方向努力;论文分析了美国攻击中国计划生育政策侵犯人权的政治和宗教原因,认为国际人发大会行动纲领促进了中国计划生育朝着维护人权的方向改革。论文提出,人口计划生育的法制化是对人权的最大保护,并用国际上的人权标准对照中国的计划生育政策和相关政策进行了比较分析。论文提出:(1)从“人权入宪”到建立和谐社会是对人权的最大保护;(2)中国实行计划生育是维护中华民族的生存权和发展权,符合国家和人民的长远利益;(3)对比国际人权标准的研究证明中国的计划生育是保护人权的。(4)中国计划生育已经从过去采用行政强制性手段转变为促进保护人权的法制化;(5)对生殖权的保护必须以生存的环境资源为依据;(6)中国计划生育在促进人权方面发挥着巨大作用。(7)实行计划生育是中国的主权;(8)中国的计划生育从宗旨和效果上是促进保护人权的,但在局部地区推行过程中存在着强制甚至侵犯人权的现象,必须引起各级政府及计划生育干部的高度重视。

关键词:计划生育　人权　公民权　生育权

2518

我国老年人权益法律保障制度研究 / 李超著 ; 杜鹏指导. -- 中国人民大学, 2005. -- 168 页

本研究围绕“中国应该构建什么样的老年人法律保障制度”的预期目标来展开,并将研究置于人口老龄化、经济全球化等世界社会、经济、文化发展的大背景下,使论述具有国际视野。论文分为两条线索来展开论述:一条线索是从理论上界定老年人权益的内容、老年人法律的要领特征和基本理念,并在法理上比较国外老年人法律保障制度的立法模式和内容;另一条线索是围绕我国老年人立法保护的实践,指出我国现行的老年人法律保障体系存在的问题。论文首先对国内外老年人权益法律保障的理论研究和实践做法进行了有代表性的分析与总结,指出论文所研究的老年人权益法律保障制度,并非局限于对《老年法》的诠释和注解,而是老年人保护的整体法学理论的构建和阐述。接着,在分析了我国古代老年人法律保障思想的起源及其发展过程基础上,对我国老年人法律保障体系进行了评价,指出其特色和存在的问题。然后,又从宏观和微观两个层面对世界上主要发达国家和地区的老年人权益法律保护制度进行了立法模式和内容的比较。立足于我国传统法律文化和现实国情,论文逐次分析了影响老年人权益保障立法及其实施的主要因素、完善我国老年人权益保障制度的立法思路和《老年人权益保障法》的修改建议,专门探讨了老年护理保险法和防止虐待老人立法,并提出了我国未来老年人权益法律保障制度的发展架构。

关键词:老年人权益保障法　老年人权益保护

2519

人口就业问题的社会学分析 / 李国和著 ; 梁中堂指导. -- 西南财经大学, 2005. -- 170 页

人口就业问题是当今世界性的社会难题之一,人口就业问题的研究是一个意义十分深远的主题。全文共分为七章。导论阐述了问题提出的背景、研究意义以及主要的理论支持。第一章回顾与分析了有关研究主题的既有理论与现状。第二章对所研究主题进行总的概述,对人口就业的概念进行了界定,分析了人口就业问题产生的一般背景和我国人口就业问题的背景,描述了中国人口就业的基本现状。第三章围绕人口就业为何是一个全球性的问题以及其影响为何如此深刻等问题,从经济、社会、文化以及全球化背景等方面给予了探讨。第四章在对经济学关于人力资本理论进行客观分析的基础上,从社会学的角度来论述人力资本的本质与社会属性,提出人力资本本质上体现出个人和社会之间的一种互动关系。第五章运用社会资本理论来分析就业者社会资本的形式、特征及其对于就业的积极意义与消极影响。第六章运用经济社会学理论,分析就业帮助中的组织的作用与行为影响,着重探讨了一些制度性的因素,还探讨了制度缺失背景下人口就业中的歧视现象及其影响与后果。第七章着重从劳动力人口供给控制目标、政府职能与行为转变、就业体制转换和制度完善与创新以及营造良好的社会文化环境等方面提出了一些思路。

关键词:劳动力　劳动就业　人力资本　社会资本

2520

城市居家老人生活质量评价指标体系研究 : 以上海为例 / 刘晶著 ; 桂世勋指导. -- 华东师范大学, 2005. -- 191 页

本文探讨了城市居家老人生活质量的量化、指标体系设计及综合评价等方法的研究和实践。论文从对国内外有关生活质量及老年人口生活质量的研究文献评述入手，阐述了老年人口生活质量的研究背景、研究现状和特点，以及研究的理论意义和现实意义。简要介绍了对构建指标体系具有指导意义的相关老龄理论和老年期生理心理特点，在界定城市居家老人生活质量的概念和分析城市居家老人生活质量的影响因素基础上，建立了评估我国城市居家老人生活质量的层次分析理论模型。论文分别从评估城市居家老人生活质量的六个维度即经济状况与消费水平、居住条件与家庭设施、躯体健康与心理健康、社会支持、闲暇生活质量、生活满意度评价方面，深入探讨了它们的评估意义、概念界定、评估内容和量化方法，并建立了指标初选集。论文在反映物质生活状况、健康状况的指标层中增加体现城市居家老人特点的指标，构建了更全面的以客观评价为主、以主观评价为辅的我国城市居家老人生活质量评估指标体系。论文根据城市居家老人生活质量评价指标体系，深入开发2003年上海市老年人口状况与意愿跟踪调查原始数据资料，对城市居家老人生活质量进行了实证研究，分析比较了上海城市居家老人总体生活质量及不同人口经济社会特征的上海城市居家老人生活质量状况，并运用Logistic回归分析研究城市居家老人各生活质量因素对整体生活主观满意度的影响。论文还在探讨综合评价方法相关理论的基础上综合评价了城市居家老人的生活质量状况。

关键词：老年人　生活质量　生活满意度　城市　老年社会学

2521

职业维度的生涯历程研究 / 马士斌著 ; 朱宝树指导. -- 华东师范大学, 2005. -- 192 页

本文探讨了可开启有目的的生涯历程的生涯计划制定，沿着施恩圆锥体理论的职业维度，探讨了职业选择、职业转移与生涯历程的影响因素，并从理论上认识人的发展的深层障碍，探讨了建立平衡主义群己观的必要性和组织——个人共同发展的可行性。论文以个人视角与个人——组织共同发展定位，采取实证研究作为主要研究方法，辅以人口普查资料、个别深度访谈和传记分析进行补充。论文认为，低年龄组职业流动率高，不同职业的流入流出特征表现不一，在排除毕业生补充的情况下，有些职业表现为净流入，有些职业则表现为净流出；绝大多数样本都承认学历对个人生涯发展的重要性，低年龄样本、技术人员、国有单位样本、低学历样本更强调学历的重要性；绝大多数被访者也肯定了经验对个人生涯发展的重要性。在双生涯夫妻的生涯发展中，不仅存在“相互促进效应”，而且在当今中国文化下，许多样本感知的“净效应”相互促进。论文还分析了对人的发展的两个主要阻碍因素——社会倡导价值观的错位和微观组织“假”集体“真”集体主义，并认为消除这两个因素的阻碍作用要从理论上认识到必须重建群己关系的价值观，即平衡主义的价值观，以平衡主义指导集体与个人建立新的发展关系——组织与个人共同发展。论文还设计了“每10年人均职业转移频率”指标以考察人们在职业类属间的转移情况。

关键词：职业选择　职业生涯　人的发展

2522

健康投资绩效研究 / 彭现美著 ; 瞿振武指导. -- 中国人民大学, 2005. -- 222 页

健康投资绩效研究，是围绕疾病负担的有效减轻和避免不必要的健康损失而展开的，并从健康投资的内部绩效、影响因素和外在绩效三个方面展开。论文介绍了健康投资绩效研究的基本方法和评估依据，把医疗卫生投资作为健康投资的内部效用进行研究，其中在借鉴了WHO组织关于卫生系统评估方法的同时，也对其研究中的不足加以完善。论文针对影响健康因素的分析，把目前世界上存在的影响因素归类为以下几种主要因素：营养因素、行为因素以及环境因素。论文对健康投资的外在绩效进行分析，通过对健康投资的外在绩效——健康与社会经济关系及投资效用分析，说明健康投资与社会经济等多方面都存在着密切的关系。论文提出了健康投资绩效评估指标体系，把健康投资绩效的评价根据内部绩效、影响因素和外在绩效等几个方面加以综合，根据指标设计的基本原则，建立起一套评价健康投资总体绩效的指标体系。论文还对我国健康投资绩效进行实证分析，尽管健康投资绩效指标体系是在世界疾病负担数据分析的基础上建立起来的，但是对于内部健康差异较大的我国同样适用。

关键词：健康　投资　医疗卫生　疾病负担

2523

二元结构下中国农村养老保障问题研究 / 施琛华著 ; 蔡昉指导. -- 中国社会科学院研究生院, 2005. -- 93 页

本文运用人口学、经济学、社会学等理论方法，合理借鉴国内外研究成果，紧密结合中国实际，在“二元结构”的大背景下，从中国农村的实际情况出发，提出了建立一套适应我国社会经济条件和农村养老保障需求以及我国人口发展趋势的农村养老保障制度的设想。论文对养老保障进行了一般的理论考察，介绍了讨论养老保障的内涵、构成以及养老保障的制度变迁及有关理论，认为中国城乡“二元社会保障体系”是适应当时国家推进工业化的需要而形成的，是二元社会结构的一部分。二元社会保障体系曾有起积极的作用，但它的固化则产生了许多不利的后果，后果之一便是中国城乡采用不同的养老保障模式。论文分析了农村养老保障面临的现实挑战，阐述了现行农村社会养老保险制度发展的历程、存在的问题，讨论了在现有的经济水平条件下，农村地区推行农村社会养老保险制度的经济可行性。论文探讨了发达国家把农民纳入社会养老保障的背景、做法及其经验和一般规律。在分析阐述建立和完善农村养老保障制度的意义和原则的同时，对农村养老保障制度变迁进行理论解释，提出在当前二元结构将长期存在、存在较大的地区经济差别、农村人口老龄化进程加快的社会经济现状下，农村应选择多层次的养老模式；认为应在建立农村最低生活保障制度的基础上，针对农村非农劳动力的实际情况，建立非均衡的社会保障体系，除部分发达地区外，大部分农村农业劳动力仍实行以土地保障为基础的家庭保障，而将农村非农劳动力逐步纳入城镇社保体系，实现城乡社会保障制度的有效衔接。

关键词：农村　社会保障　养老保险

2524

中国人口老龄化背景下老年贫困预防 / 王琳著 ; 邬沧萍指导. -- 中国人民大学, 2005. -- 198 页

本文从可持续发展观的角度，利用人口学、经济学、社会学等多学科研究方法，将规范分析与实证分析相结合、宏观分析与微观分析相结合、时期分析与队列分析相结合、文献分析与比较分析相结合展开比较研究。全文共十一章。第一章绪论，阐明研究的选题背景、意义、研究思路和对已有贫困研究文献的回顾及评述。第二—十章为本文的中心内容，由四部分组成。第一部分，当前老年贫困的事实确定，包括第二、三章。第二章给出贫困的界定，并针对当前老年贫困的规模、程度以及老年贫困在当前中国贫困问题中所处的位置、贫困老年人特征等现状进行了事实判定，认为，农村整体经济水平的落后使得老年贫困风险表现尚不突出；城镇老年贫困率较高，且贫困人口构成及劳动力年龄人口贫困率正发生变化。第三章从贫困的概念和生命历程劣势积累两方面就当前老年贫困的原因进行了分析。第二部分，围绕老年贫困的发展趋势展开分析，包括第四、五章，分别从中国人口老龄化进程以及经济发展、收入分配变动趋势，即未来中国人口和社会经济发展不同角度对未来老年贫困可能带来的影响展开分析。由此，从理论上对未来老年贫困预防的必要性作以推断。第三部分即第六章，针对我国所存在的“未富先老”老年贫困的风险，从整体上分析了未来老年人与当前老年人养老能力上的差异，并基于第三章的分析路径，就未来老年人中贫困的高风险人群展开分析，目的在于为老年贫困预防对策提供理论依据。第四部分，老年贫困预防的对策分析，包括第七—十章，其中，第七章就未来老年贫困化趋势进行了归纳总结，并从可持续发展观的角度论证了老年贫困预防的意义所在，提出了建立长效预防机制的原则、架构。第八—十章则分别从终身经济安排和健康安排角度进行了老年贫困预防对策分析。认为，应以发展经济为老年贫困预防的立足点，建立完善社会保障制度预防老年贫困，构建和发展预防老年因病致贫的全民健康保健制度。第十一章研究结论，总结了本研究的主要发现和创新，指出了尚存的不足和有待深入之处。

关键词：人口老龄化　老年人　贫困　社会保障

2525

上海大都市圈人口发展战略研究 / 吴瑞君著 ; 骆克任指导. -- 华东师范大学, 2005. -- 179 页

本文基于都市圈及人口快速发展的现实，根据战略决策的要求和战略管理的流程，应用多学科的知识，采用耦合式综合研究的方法，对大都市圈人口发展战略的理论与实践展开深入的研究。论文在对国内外大都市圈相关研究进行综述和评价的基础上，依据大都市圈人口发展以及区域可持续发展的相关理论，从增强人口发展与上海大都市圈社会经济战略适应性出发，阐述人口发展战略作为与社会经济发展战略联系界面的重要性，并结合战略规划的方法和原则以及人口发展与大都市圈经济发展的相互作用关系，给出人口发展战略研究的基本思路及概念模型。论文应用战略管理的思想，比较纽约、东京、伦敦、巴黎等国际大都市圈的人口发展实践，总结国际大都市圈人口变动的阶段性特点，分析区域发展战略规划在其

中的作用，获取对上海大都市圈人口发展及战略研究的有益启示。论文通过对上海大都市圈人口发展的历史和现状的分析，揭示人口变动的特点，研究人口变动的机制，了解人口发展与工业化、全球化的内在关联、及其互动趋向，并采用回归和相关等定量分析的模型，考察人口发展变动在经济社会发展过程中所发挥的作用。论文还在探讨影响上海大都市圈人口发展因素的基础上，建立适合上海大都市圈人口发展特点的人口预测模型，并根据2001—2020年间的人口预测结果，对上海大都市圈未来人口发展的特点和可能面临的问题进行深入探讨。论文还基于“人口与经济、资源、环境协调发展”的考虑，提出上海大城市圈人口发展的战略类型、战略重点以及应采取的措施。

关键词：人口规划　发展战略　上海市

2526

中国就业结构变动研究 / 杨道兵著 ; 陆杰华指导. -- 北京大学, 2005. -- 174 页

本文在回顾国内外对就业和就业结构问题研究的基础上，研究了中国就业结构的变动历程、产业特征、性别、年龄以及受教育程度特征，分析了三次产业内部的行业就业结构和地区就业结构变动及其特征。论文通过对改革开放前后我国就业结构变动历程的回顾和分析，认为我国就业结构的变动总体上符合一般规律，即第一产业就业比重呈下降趋势，第三产业就业比重稳步上升，第二产业就业比重变化不大。最大问题是第一产业就业比重过高，第三产业就业比重过低。就业结构不合理的背后原因是产业结构失衡，产业结构失衡是由多年的需求结构不合理造成的，即投资比重过高而浪费比重偏低。论文分析了改革开放后我国就业弹性变化趋势，认为20世纪90年代以前就业增长与经济增长基本上一致，但随后就业增长滞后于经济增长，就业弹性显著变小，主要是因为技术进步和经济结构调整造成各产业资本和技术密集度提高、劳动密集度相对下降。就业结构转换与经济增长呈正相关关系。论文运用第五次人口普查资料，通过对就业结构的性别、年龄以及受教育程度特征的分析，发现女性在第一产业就业的比重相对于男性过高，而在第三产业太低；第一产业就业比重同受教育程度呈反比，第三产业的则相反。论文还利用第五次人口普查0.95‰抽样原始资料，运用Logistic回归分析探讨了性别、年龄、受教育程度和婚姻对就业的影响，发现年龄的影响很小，性别的影响在不同经济发展程度地区呈现出多样的变化格局，经济发达地区女性更可能在非农业就业，经济落后地区正好相反；受教育程度越高就越可能在非农业就业；婚姻的影响随经济发展程度和性别的不同而变化。论文通过对行业就业结构的分析发现：第三产业就业主要靠批发零售贸易业、社会服务业以及“其他行业”吸纳，尤其是“其他行业”就业发展很快，表明非正规就业吸纳就业能力很强且发展较快。通过对地区就业结构的分析发现：整个城镇就业的增长几乎全靠个体私营就业的增长，城镇个体私营就业中第三产业及服务业就业比重较高。

关键词：就业　就业结构　产业结构　经济增长

2527

消费外部性的经济学、人口学分析 / 俞海山著 ; 朱宝树指导. -- 华东师范大学, 2005. -- 252 页

本文以消费外部性为研究核心，遵循从消费外部性理论分析到消费外部性实践形式考察、从国内消费外部性研究到国际消费外部性研究的思路。论文从经济学和人口学两个视角提出相应对策，以轿车消费为例，系统分析轿车消费中各种形式的外部性以及中国轿车消费中的外部性问题。论文认为，消费外部性与人口密切相关，对广大发展中国家来说，控制人口数量、提高人口素质绝不仅仅是一个人口政策，也是减少消费外部性、保护环境的重要组成部分。论文提出并分析了适用于纠正消费外部性的政策，认为纠正消费外部性，必须以经济手段为基本，即通过征税、收费、押金等制度促使消费的环境外部成本内部化。消费外部性体现在衣食住行用等生活的各个方面，中国是否应该普及轿车消费必须考虑到轿车消费中的外部性问题。论文认为，国际消费外部性主要通过国际贸易、国际公共物品消费两个途径在国与国之间发生转移。要解决问题，除了国家应采取相应措施以促进外部成本内部化以外，还必须要有国际合作，包括区域性国际合作和全球性国际合作。

关键词：消费经济学　外部性　人口学　外部环境

2528

我国留守家庭研究 / 周福林著 ; 顾宝昌，段成荣指导. -- 中国人民大学, 2005. -- 135 页

留守家庭问题已经引起了国内外的重视。留守家庭是人口流动过程中，由于部分家庭成员流出，部分家庭成员留在原居住地而形成的特殊家庭类型，是

完整家庭分离后的一部分,它的对应部分是由外出成员形成的流动家庭。在留守家庭中,需要特别关注的是留守儿童、留守老人、留守妻子和留守丈夫。本文利用人口普查抽样数据提示了我国目前留守家庭及其主要成员的基本状况,并对人口流动模式对留守家庭的形成进行了研究。论文通过对人口普查数据的分析,提出:(1)留守家庭成为我国社会转型时期的重要家庭形式;(2)留守家庭的家庭结构明显的变异,家庭功能弱化;(3)留守儿童规模巨大,已经形成一个需要予以高度重视的群体;(4)人口流动改变了留守妇女的家庭地位;(5)留守老人承担着更重的隔代教育和抚养责任;(6)人口流动的比率和模式,是影响留守家庭问题的共同因素。

关键词:人口流动　人口普查　留守家庭

人类学

2529

族群性的建构和维系 :一个宗教群体历史与现实中的认同 / 哈正利著 ; 王建民指导. -- 中央民族大学, 2005. -- 176 页

本文主要以中国西北回族伊斯兰教中一个宗教性群体——西道堂为研究对象,目的在于将人类学理论和方法,尝试性地应用于中国伊斯兰教研究中,并进一步对西北回族内部差异性做出阐释。内容上,除导论和结论之外,本文前四章以历史材料为主,结合田野资料,将西道堂放在一个地方社会历史变迁的框架中描述、分析和讨论。交待其发祥地——甘肃省临潭县在历史地理、文化分布和权力机制上的边缘性,讨论中国西北穆斯林社会的苏非主义传统和马启西思想来源等,讨论它和地方社会中不同教派和民族之间的关系形成的历史变迁,研究它和地方社会以外的民族、国家权力和知识界之间的互动关系。后四章以田野材料为主,结合相关历史文献,就其内部关系和日常生活实践中的认同表达,展开民族志式描述、分析和阐释。论文认为,西道堂的产生、发展和延续,主要依托于特定自然和社会空间之下的社会关系。在此背景下,通过和各种社会力量的互动和交流,其群体规模和集体认同得到延续和再现。而且在西道堂的建立、发展和延续的过程中,族群间排斥对其族群性的维系和表达,产生了不可忽视的影响。

关键词:回族　少数民族　伊斯兰教　民族社会学　西道堂

2530

中缅边境拉祜西的亲属制度 / 韩俊魁著 ; 蔡华指导. -- 北京大学, 2005. -- 130 页

基于在两个拉祜西山寨——南段老寨、南段新寨的长期田野调查,本文系统地探讨了亲属称谓、血统制度、婚姻、家庭组织和与之相关的头人制度和宗教等问题。论文认为,拉祜西根本不是母系社会,更未经由双系而完成向父系的转变。拉祜西的血统制度是不对称双边系。拉祜西村民认为生殖器外显的人及动物的繁衍只与雄液(cha qhawd)、雌液(nir qhawd)的匹配有关。卡谷(khal kuq)是拉祜西文化中很有特色的词汇。自己的血亲包括与父亲卡谷相同的五代男性及其女儿以及与母亲卡谷相同的三代女性及其儿子。因取名、改名另认父母时均形成社会血缘。在离婚及再婚中均出现了血亲的变更,社会血缘的范围与乱伦禁忌的范围相互覆盖。拉祜西盛行从妻居,将交叉旁系置于优先婚配的地位。同时,娶寡嫂、妹嫁姐夫也被普遍认可。论文认为,20 世纪 50 年代的调查者们认定的所谓几十人甚至上百人的“大家庭”实际上是“大房子”。家与房的组合方式有而且只可能有三种,即:一房多家、一房一家、一家多房。一房多家是村民基于经济压力而采取的策略,即以家祭台为核心而构成的祭祀圈。村民普遍采取一房一家的居住方式。财产的传递多随子女的分家而转移,遗产只归赡养父母的子女所有。

关键词:拉祜族　亲属制度　婚姻　血缘家庭

2531

“身体”、“性”及其关系的主体构建 :基于对 70 年代出生的北京工薪阶层女性的日常生活研究 / 黄盈盈著 ; 潘绥铭指导. -- 中国人民大学, 2005. -- 246 页

本研究是在(欧美)“身体”研究的理论背景下来思考问题,以在中国的现时情境中、在女性的日常生活实践中所体现出来的“身体”概念为本研究的出发点,以女性对于“身体与性的关系”的理解为本文的着重分析点。论文共分五个部分。“女性身体”主要是介绍与分析中国的年轻女性对于“身体”这个概念的主体理解与日常实践。“女性之性”主要是介绍与分析中国年轻女性对于“性”的主体理解以及女性说性、读性、表达性等日常“性”实践。论文把性感作为身体与性关系的一种具体表达来进行重点分析,具体分析

了身体与性之间是什么样的关系,而不仅仅是关注两者在多大程度上相关。在女性的日常生活中,身体与性的关系并没有形成某一种固定的格局,相反,它处于一种受一定条件内在控制的、运动着的、变化着的链接状态。第一类条件是关系所处的语境因素;女性对于这种语境条件的选择受到更多的社会文化情境因素的控制。这种情境因素也构成了“身体与性的关系”的内在条件之一。在女性的日常理解与实践之中,“身体”可以表达为:存在于一定条件之中的、变化着的实体;这种实体具有很强的物质性、生理性特征,但是又不局限于物质性;构成实体的不同面向随着条件的变化而变化。在大多数女性的日常理解与实践中,“性”可以被概括为:在一定的条件下,典型地存在于性别关系之中的、不同程度地融合了情感色彩的、以身体的敏感部位的碰触为中心而扩散开来的一种格局。

关键词:工薪阶层　女性　日常生活　性社会学　北京市

2532

中国哈尼族奕车人的亲属制度 / 澜清著 ; 蔡华指导. -- 北京大学, 2005. -- 114 页

本文运用最新的亲属关系人类学理论,以云南省红河县大羊街乡妥垤和妥咪等村的实地田野调查材料为基础,全面描述和分析了奕车人的亲属制度。论文认为,奕车人的社会血亲由按父系和母系计算的两部分组成,通过婴儿的出生仪式、婚礼仪式、节日中的交换礼物和葬礼仪式来确认和保持这些亲属关系。奕车人结婚时男方需要付给女方高额聘金。他们的初婚一般由父母包办,从结婚至分娩之间,女性长住娘家,实行“不落夫家”制度。在此期间男女双方均享有高度的性生活和恋爱自由。奕车人社会中离婚率很高,大部分人都有两次或两次以上的婚姻经历。在男方提出离婚时,女方只需归还聘金原数;女方提出离婚时,男方可以要求更多的赔偿。高额的离婚赔偿和不允许女性在娘家分娩和死亡的规定使得奕车人的离婚过程极为复杂。论文认为,奕车人的亲属制度是奥马哈系。奕车人社会中性禁忌和婚姻禁忌有着明显不同的范围,表明在该社会中性禁忌和婚姻禁忌是两套不同的制度。奕车人的社会血亲范围很广,一般包括五个宗支——自我所属宗支、母亲的宗支、外祖母宗支和曾祖母宗支,加之禁止“交换婚”和奕车人的“断亲戚”制度,使得家族间难以建立稳定的联姻关系。通过两个社会事实的分析,论文质疑了列维—斯特劳斯的联姻理论。

关键词:哈尼族　亲属制度　婚姻　生育　家族

2533

母语存留区土家族社会与文化 : 坡脚土家族社区调查研究 / 刘伦文著 ; 宋蜀华,祁庆富指导. -- 中央民族大学, 2005. -- 189 页

本文根据田野调查资料和历史文献,描述分析了一个土家语存留区——坡脚土家族的社会与文化及其变迁事实。论文共分十章:第一章阐述了选题的背景、目的、意义、研究方法、前人的研究成果、论文的研究思路、创新之处以及存在的问题。第二章详细描述了坡脚社区的地理位置、生态环境、历史沿革、村寨布局及其特点。第三章描述分析了坡脚社区的人口变迁过程和现代人口的性别构成、年龄构成、文化构成、职业构成,以及人口变动情况。第四章从经济生活入手描述了坡脚土家族家庭的经济结构。第五章研究了坡脚土家族家庭的日常生活与消费情况,对土家族的吃、穿、住、用等方面的变迁状况作了比较详尽的叙述;第六章从家庭这一基本细胞入手,描述分析了坡脚土家族家庭社区血缘、地缘、行政三种社会关系交织的社会结构。第七章描述分析了坡脚土家族的人生礼仪。第八章叙述和分析了土家族的宗教信仰的现实状况和它所体现的宇宙观及思维特征。第九章描述分析了土家语传承的历史与现状,认为土家语已经是一种濒危语言,使用土家语的人口仅有数万人。第十章结论与讨论,综述了坡脚土家族家庭社会与文化变迁的基本情况及其主要动因。

关键词:土家族　社会变迁　民族文化　母语

2534

宗教的社会功能 : 几个穆斯林社区的对比调查与研究 / 罗惠翾著 ; 杨圣敏指导. -- 中央民族大学, 2005. -- 145 页

宗教的定义主要由三部分组成,即信仰、仪式与宗教组织,那么宗教所具有的功能也相应地由这三方面体现出来,本文围绕这三个部分分别论述其功能。首先,信仰是宗教的核心,宗教信仰对个体的观念、行为有着重要的影响,并进而影响其所处的社会。其次,宗教是在仪式中得到表现的:文章以伊斯兰教几种典型、的仪式——礼拜、朝觐、尔麦里——作为分析文本,论证宗教仪式的举行对于不同的参与者而言所起的作用。最后,伊斯兰教组织最重要的标志是清真寺。如今,清真寺适应时代的发展,依然具有重要的

功能。第一,在问卷调查中,80%左右的穆斯林都选择了清真寺是巩固信仰的地方。第二,清真寺是穆斯林社区一个重要的调解处,协调穆斯林内部以及穆斯林与外部的各种关系。第三,清真寺提供了穆斯林族群认同的场景。第四,在与国家权力机构的关系中,清真寺不仅对穆斯林群众起到了政治引导作用,而且积极协助政府解决一些社会难题,在政府与穆斯林群众之间搭建了一个交流互动的平台。第五,清真寺在适应社会的发展过程中发挥了自身的作用,积极投身于社会公益事业。

关键词:宗教　伊斯兰教　社会功能　信仰　穆斯林　社区

2535

流动的精神社区 ; 广州穆斯林哲玛提研究 / 马强著 ; 刘昭瑞指导. -- 中山大学, 2005. -- 369 页

本文选取哲玛提这一关键性概念,认为哲玛提和社区的区别并不在于构成要素,而是社区内的行为规范和社区意识,即社区人群的文化维系力不同。通过这一分析概念和透析穆斯林社会宗教文化生活的窗口,论文重点探讨了社区的历史变迁过程,包括社区边界、宗教崇拜仪式、宗教民俗、社区权力的运作方式、族群及族群认同等,提出了"流动的精神社区"的观点,对精神社区及其管理提出对策性策略。广州的穆斯林社区经历了蕃坊(唐宋)——四坊(明清)——五坊(民国)——无坊(文革之后)的变迁过程。目前哲玛提内部的区分也趋向多元化,同时也存在着一定的教派认同趋向。论文在研究广州的穆斯林族群,尤其是汉族穆斯林之后提出了"汉语穆斯林"这一新的认同趋势,回应了西方学者将穆斯林对"乌玛"的认同政治化倾向的观点。广州的哲玛提可以说是基于信仰和族群文化背景之上建立的,在不同的场合,不同的环境中,人数占优的族群承担哲玛提建立和维护的责任。论文认为族群的特性就是其文化属性,族群的边界主要是文化差异造成的。广州哲玛提的兴衰与国家的经济政策、商业活动、权力渗入、移民人口、族群构成、城市化、族际通婚、文化革新、时局动荡等息息相关。

关键词:穆斯林　社区　宗教文化　伊斯兰教

2536

北方蒙汉边际地区的轮养制研究 / 马威著 ; 庄孔韶指导. -- 中央民族大学, 2005. -- 114 页

本文在研究北方蒙汉边际地区汉人社会家庭的基础上,通过比较闽台与北方地区汉人社会的轮养制家庭模式,探讨汉人社会"大家族"理念及其在现实中的适应性调整。通过对农耕地区蒙古族"轮养制"家庭研究,探讨国家力量影响下,族群碰撞带来的周边民族亲属观念、家庭制度、社会组织变迁,讨论蒙古族在汉文化影响同时,如何基于本民族文化来理解、接受并适应性重建自身文化传统。文章导论介绍选题背景和研究主题、田野地点和田野工作,并就南北移民的形成与特点进行比较。第一章对轮养制家庭研究进行回顾,包括台湾、福建地区的轮养制家庭研究、轮养制特点以及相关因素。第二章蒙汉杂居地区的家族意识形成及特点,考察北方汉人社会的轮养制家庭特点和北方汉族移民社会的地域特点。第三章北方蒙汉边际汉人移民社会的轮养制家庭,考察田野地点的轮养制家庭,分析社会变迁对南北轮养的影响,考察分家及相关家庭观念,分析国家力量对轮养制的影响。第四章东蒙地区蒙古族尊老文化及家庭模式,评述历史上的蒙汉互动、蒙古族传统家庭和尊老观念,分析蒙汉沟通与互相影响。结论从边缘社会谈轮养制的民间实践。文章认为,轮养制是汉人家庭制度的一个独特设计,本身体现了汉人大家族理念的聚合向心力和兄弟均分财产的拆分离心力较量下的折中,也可以说是理想与现实的妥协,该制度在保证各个兄弟之间房份利益的同时,也保障了大家庭成员之间的联系,体现了以父母作为"根基家庭"的向心力,象征性地表达着"宗经拜祖"的理念;随着汉族的不断进入,当地蒙古族由游牧转农耕,为轮养制发生创造了条件,蒙汉杂居和族际通婚使蒙古族的亲属、家族、分家承继观念发生了变化,蒙古族社区出现了轮养制家庭;在民族、人口、土地等政策的综合干预下,并受到来自北部蒙区文化复兴趋势的影响,蒙古族一定程度上在轮养制中容纳了自己的理解,按照地方特色修正后的轮养制满足了家族经济合作、情感互动、养赡互助功能,被许多家庭继续实践。

关键词:家庭　蒙古族　汉族　族群　民族社会学　轮养制

2537

中国工人阶级的变迁 : 以安源矿工为例 / 梅方权著 ; 周大鸣指导. -- 中山大学, 2005. -- 281 页

本文以江西安源矿工为个案,研究中国产业工人的变迁过程,揭示工人阶级在日常生活的变迁中体现的阶级特性,与人类学关于工人的研究进行对话。论文采取社区研究的方法,结合主位和客位的研究视

角，通过对安源矿工的工作、谋生、家庭婚姻、子女教育、社区邻里、闲暇娱乐、信仰、亚文化特征以及矿区利益冲突的个案研究，展现了企业社区的形成和逐渐解体过程中矿工的职业分化与流动，农民工加入工人队伍以及矿工由单位制下的政治、劳动、社区三重属性的高度合一演变成三者分离的变迁过程，具体表现在：一是矿工构成和矿区劳动力就业的变化。二是不充分就业和现有谋生方式对矿工家庭生活、子女教育的不利影响。三是企业原有社区的解体和作为半自治组织的新社区、片区组织的组建，以及矿工交往圈、闲暇娱乐生活的变化。四是矿工精神生活以及亚文化特征的改变。三重属性的分离势必引起矿工在许多方面的失落、不满和不适应。矿区各种利益冲突加剧，"吵、闹、要"比较突出，企业和为争取利益的职工围绕情和理进行博弈。论文认为，中国工人阶级不仅深受制度设计、政策的影响，也深深嵌入到中国的社会文化背景之中。企业社区（单位办社会）的形成本来就是单纯追求经济利益的西方工业化组织在中国特殊文化背景下的产物，社会文化背景的改造最终要落实到日常生活层面。社会主义中国可以批判地借鉴西方马克思主义提出的"日常生活批判应成为社会变革的中心"论点，结合产业振兴、社区整合和文化重建，使中国工人阶级更好地适应现在的社会主义积累。

关键词：工人阶级　矿工　日常生活　阶级分析

2538

村落视角的性别偏好研究 ：场域与理性和惯习的建构机制 / 莫丽霞著 ; 潘绥铭指导. -- 中国人民大学, 2005. -- 156 页

性别偏好是指人们对生育孩子性别的意愿和需求，即人们期望生男孩还是女孩。本文提出了四个基本假设：理性和惯习都是在一定场域中形成；性别偏好的理性是在经济场域和非经济场域交织作用下形成的；性别偏好的惯习是传统生育文化在一定场域中的内化；性别偏好是理性和惯习共同作用的产物。围绕这四个基本假设，论文重点分析了经济场域、社会场域和文化场域对性别偏好的作用，性别偏好理性及惯习形成和作用的机制。论文认为：性别偏好的理性和惯习是个体在其所处的经济、社会和文化环境中形成的，"场域"概念的引入，较好地界定了环境的结构和关系特征。经济场域是指个体所处的经济环境和经济关系，特定的经济环境和经济关系使得人们从经济价值的角度盘算生育孩子的经济效用。社会场域是指个人所处的社会结构和社会关系。家庭场域对性别偏好的影响，主要表现在生育男孩是对社会资本的期望，能使妇女地位提高，利于家庭稳定。文化是人的理性思维及其表现。文化场域主要通过观念文化、习俗文化和器物文化对个人产生影响。重男轻女、传宗接代和多子多福的观念对性别偏好有重要影响。性别偏好的理性包括经济理性和非经济理性。单纯用经济理性来解释性别偏好现象是没有说服力的，在某种程度上，非经济理性的影响更大。性别偏好的理性和惯习，必然不同程度地外化为性别选择的策略或实践，由此产生严重的后果。

关键词：性别　村落　生育　文化人类学

2539

组织参与的力量性与缺失性替补 ：关中两大水利系统的历史与社会文化关联 / 石峰著 ; 庄孔韶指导. 中央民族大学, 2005. -- 103 页

本文的主要探讨在大族（规模大且力量强的血缘群体）缺失的社会，何种组织力量在牵引地方社会的运转。在关中众多水利系统中，本文选择了两个富有代表性的水系作为例子，泾惠渠和清惠渠。一般把前者称为"官渠"，后者称为"民渠"。不论是建设和管理，泾渠一直都是政府组织在起主导作用。但在某些时期，其基层管理也依赖民间组织"水老会"。清渠的主导性组织是跨地域的水利联合组织。另外，宗教组织也被深深卷入了民间的水事活动中。民间娱乐组织"社火"在对地方水利管理方面也起一些象征性的作用。以关中"水利社会"作为个案，论文在结论部分讨论了两个较为重要的问题。一是明确提出"人类学观察汉人乡村社会的两种模式"，即"宗族乡村"模式和"非宗族乡村"模式。目的是从亲属之远（beyond kinship）来重新认识中国乡村社会的复杂性。二是对多样性的中国乡村社会，试探性地建立一个解说框架，亦即本文的主题——"组织参与的力量性与缺失性替补"。

关键词：乡村　社会组织　水利工程　关中

2540

漂浮的时空 ：凯棠苗家人在深圳 / 王琛著 ; 周大鸣指导. -- 中山大学,2005. -- 258 页

本文以来自贵州凯棠乡的一群苗族小生意人在深圳的经历为个案，研究流动的少数民族人口在都市生存的适应过程与文化策略，通过对其家乡的追溯研究，展现出全球化现代化进程中的一个民族地区复杂

急剧的社会文化变迁过程。论文认为,从乡村进入到都市,从商品经济薄弱的民族地区进入到市场经济体系之中,这一族群在都市里还保留了许多的民族传统,并履行在日常生活的许多方面,但她们自然地发展出了一个与家乡传统性质不同的带有现代商业性质的社会关系和都市适应方式。其介入市场的文化策略,即对民族身份的利用,主要建立在国家对少数民族的优惠政策以及社会公众对少数民族的一般性认识基础上。她们策略地运用"民族服装"等外在符号来唤醒社会对少数民族的"想像",以此获得市场利润。由于这些因素以及其他因素的共同作用,在现代都市语境中,他们的民族认同出现了多维的层次:与主体汉民族相对应的对少数民族整体的认同,以及对家乡和本民族的原生性的根基认同;由于社会化过程的不同,进入都市的新生代不同程度地出现了传统的断裂与认同的迷失。

关键词:苗族　流动人口　民族文化　社会变迁　民族认同

2541

文身习俗研究 : 以中国和日本文身习俗为中心 / 王晓东著 ; 何星亮指导. -- 中国社会科学院研究生院, 2005. -- 204 页

本文根据国内外大量的考古学、历史学和民族学资料,以中日两国文身习俗为中心,较系统而全面地探讨文身这一文化现象的起源、发展和演变情况,探讨世界各民族的文身分布和特点,分析文身种类、文身部位、文身纹样、文身工具和颜料、文身仪式、文身禁忌等各种文化元素的发展变迁情况,探析文身的象征意义和社会功能,比较分析中日两国文身习俗的异同,阐述现代文身的特点、功能和象征意义。论文阐述文身的分布与种类,分别从考古学、历史学和民族学资料阐述,认为中国各民族的文身习俗源远流长,始于新石器时代,而延续至今。文身分布范围很广,南北民族历史上均存在文身习俗,尤其是南方民族,文身习俗更为普遍。论文从考古发掘及文献记载两个方面探查了日本文身习俗的历史,认为日本列岛至少在公元前后确有文身习俗的存在,并通过对中日两国文身历史的比较,发现中国的文身历史要比日本的久远。论文考察认为,中国古代文身民族的文身部位十分复杂,几乎遍及全身,古代日本人的文身无论男女,文身部位集中于身体上部。中日两国文身部位共同的特征,是有从脸部向其他部位延展的趋势。中日两国文身的纹样基本与世界各民族具有一致性的特征。文身纹样的一致性特征与文身民族的生活环境、生活经历等具有类型性有关。文身所用工具和颜料经过了一个从天然物到人工制造物的过程。文身民族的文身之男女差异,与男女之家庭及社会地位、婚姻等有着密不可分的关系。文身的丰富的象征性意义及功能证明,文身作为族群性的文化现象,它不只是简单的符号,而是一个有着丰富内涵的文化综合体,是文身民族社会生产生活中不可缺少的一部分。论文认为,现代文身是原始文身变异发展的结果,建议正视文身的文化价值,并引导其良性发展。

关键词:文身　风俗习惯　民族文化

2542

走向神圣 : 真武图像的综合研究 / 肖海明著 ; 刘昭瑞指导. -- 中山大学, 2005. -- 261 页

本文以学界较少涉及的真武图像为选题,以稀见的明代道教美术资料《真武灵应图册》为基础,广泛收集历代单幅和系列真武图像资料,运用艺术史中的图像学、文献学和人类学相结合的综合研究方法,对历代真武图像进行了初步的梳理,第一次较全面地整理出了从玄武到真武大帝的图像学系谱,即:秦汉玄武→魏晋南北朝玄武→隋唐玄武→武神真武→古圣贤模样的文武神真武→古圣贤模样的文神真武→天帝图真武。论文提出由玄武到真武大帝的图像变化受到佛教莲华化生思想影响的新观点,将宋元明真武图像变化归纳为"一线多元"格局,并以田野调查所发现的稀见武当山现存北宋真武铜像为例证提出:在北宋初年真武已完成了人格化的观点,以回应学界流行的南宋时真武才完成了人格化的观点。论文通过对历代真武灵应故事的分析,认为民间信仰是文化创造的产物,历代流传的灵应故事正是这种文化创造过程极好的印记。论文还通过对历代真武系列图像的"跨图像比较"后发现,所有真武系列图像都隐含着"走向神圣(由俗到圣),人神感应"的宗教象征意义,俗和圣之间的分界点,有的以仪式来区分,如《真武灵应图册》;有的通过服饰的变化来区分;有的以引入科仪画像来区分。它们的图像排序都隐含着"道士经过艰苦修炼,最后得道成仙,感应社会"的理想修道追求。真武大帝的成长历程正好为这种追求树立了一个极好的榜样。

关键词:道教　宗教艺术　图像　真武

2543

敖鲁古雅鄂温克生态移民 : 一个规划现代化的个

案／谢元媛著 ；高丙中指导. -- 北京大学，2005. -- 175 页

敖鲁古雅鄂温克生态移民是发生在国家发展观转型时期的事件。本文通过对内蒙古呼伦贝尔敖鲁古雅鄂温克生态移民事件的民族志叙述，从“规划现代化”的角度对这一问题进行解释。论文从对鄂温克猎民群体的基本情况的介绍开始民族志的叙述，主要围绕鄂温克生态移民工作启动的原因、过程、后果展开。论文在叙述中突出了当地政府和鄂温克猎民两方面的表述，一方面，揭示出政府的安排行为是一种“规划”——蕴涵了总体性历史观，执行了简单化的做法，并且忽视了“地方性知识”；另一方面，描绘出猎民们各种各样的“抱怨”——包括有声的话语和无声的抵抗。通过民族志的叙述，论文揭示出政府的“规划”行为与猎民的“抱怨”之间的必然联系。从历史的脉络里，揭示出导致鄂温克猎民今天生活状态的原因——政府一直以来是在搞“规划现代化”。“抱怨”因“规划”的实施对人们生活影响程度的加深而加重。论文反思了“规划现代化”，具体分析了“抱怨”，“抱怨”分为两种：一是“现代猎民”针对“规划”的后果而发的抱怨，二是“传统猎民”针对“规划”本身而发的抱怨。通过与“治理”概念的对比，论文指出“规划现代化”忽视了“传统猎民”的主体性。

关键词：鄂温克族　移民　生态环境　环境保护

2544

塘村纠纷 ：一个南方村落的田野研究／杨方泉著 ；周大鸣指导. -- 中山大学，2005. -- 222 页

本文追溯了塘村所在地域历史上的土地占有形态以及家族制度，描述新中国之后塘村的土地制度和家族结构的巨大变化，指出二者之间的历史联系和区别。论文以较大篇幅叙述塘村自改革开放以来围绕土地分配、开发使用以及流转的实践，包括分田到户的生产经营、沙石场的开发、土地股份制变革，指出土地纠纷的产生和解决是一个总体性的社会现象，其复杂程度远比现今人们所能理解的要高得多。论文重点探讨塘村所发生的大规模械斗事件，通过历史叙事的方法，对当今与历史上的宗族械斗进行了比较，指出了该事件发生的原因以及处理结果具有特殊性。论文还对村落纠纷中的权力互动作了探讨，指出了当前中国乡村实行的村民自治对纠纷解决的负面影响。论文在最后探讨农村基层调解组织的结构功能和运作机制，分析了这一有中国特色的纠纷解决制度在乡村的实际作用，并指出它在新形势下的局限性。论文认为：中国乡村社会的土地实践具有多重的面相，与国家法的表达存在着某种程度上的背离，但仍然可以作为乡村法治建设的本土资源；受罪恶纠纷观的影响，当前村落纠纷的解决机制存在很大的局限性，很多时候它不是为了寻求纠纷的解决，而总是将问题搁置起来，其结果往往会引发更大的纠纷；宗族纠纷在改革开放后变得激烈化是由于村民对宗族村庄组织的依赖仍然强烈，而村落行政与宗族的共谋更是加剧了这一激烈化倾向。

关键词：村落　宗族　土地所有权　民事纠纷　调解

2545

动荡中的围龙屋 ：粤东梅城护祠事件的人类学研究／周建新著 ；周大鸣指导. -- 中山大学，2005. -- 287 页

本文以“世界客都”广东省梅州市的一个城中村——钟村为调查社区，围绕着发生于钟村境内的房屋拆迁，以钟姓宗族为主的当地客家人如何面对城市化所带来的传统文化资源被侵占，并自发保护数座三百多年历史的祖祠和围龙屋古建筑这一长达数年的护祠事件为研究对象。论文提出“文化抗争”这一新的理论视野和研究思路，运用“文化经营”、“抗争的文化网络”等核心概念，将钟村护祠事件纳入传统与现代、国家与地方社会的框架，通过说明它的起因、过程与结果的内在联系与逻辑，分析宗族、围龙屋等为载体的传统文化在现代化进程中的角色与境遇。论文采用“过程—事件分析”的研究路径，细致描述了钟姓宗族如何进行文化抗争，不断改变和调适自己的实践和话语逻辑，通过与政府、拆迁办、开发商、学者、新闻媒体以及宗族内部成员之间的冲突和矛盾，合谋与妥协，最后达成保护祖祠的目的。“文化梅州”、历史文化遗产、客家、围龙屋、风水、牌匾等地方性知识和象征符号，都被钟村人策略性地运用于文化抗争。钟村文化抗争的个案以动态的、鲜活的事例表明，宗族、围龙屋等传统文化经历了一个构建和创造、再造的过程，并促使地方社会文化和面貌的变化发展，传统文化在“无意识地传承”的同时又被“有意识地进行创造”。论文最后还对钟村文化抗争所体现的客家社会文化，民间精英的作用，国家与地方社会的互动以及城市建设与文化保护等问题进行了讨论和反思。

关键词：祠堂　宗族　房屋拆迁　文化人类学　文化保护

民俗学

2546

论中国洪水故事圈：关于568篇异文的结构分析／陈建宪著；刘守华指导. -- 华中师范大学, 2005. -- 138页

本文试图从形态学角度,以微观分析与宏观描述相结合的方式,呈现中国洪水故事圈与故事层的客观面貌。"洪水再殖型故事"(通称"洪水故事")是一个世界性的著名故事类型。故事内容为一场大洪水毁灭了整个世界,只有极少数人幸存,他们经过许多曲折又重新繁衍出新的人类。目前世界上已有180多个国家或民族发现了这类故事。在中国,这类故事也广泛流传,仅作者搜集到的洪水故事文本就有568篇,分布于41个民族之中。论文采用在历史地理学派基础上加以改进的母题分析法,将560多篇洪水故事的结构归纳为四个情节段,解析出每一段的不变母题与可变母题,制作出主题词表的数据库,对各情节段中母题的变化形态进行描述,根据上述对不同母题的数量、地域、族属、文献记录与历史考证等因素的分析,研究不同母题间的组合关系,对中国洪水再殖型故事的亚型与变式作出概括与描述。论文认为,中国洪水故事的存在形态主要有如下亚型:汉族亚型;苗瑶壮侗亚型;藏缅亚型;南岛亚型;其他亚型。上述亚型只是描述了中国洪水再殖型故事的主体部分。有关这些亚型在不同民族不同地区流传和碰撞所产生的丰富变化,以及形成的独特地区变式,尚待进一步的研究。

关键词:民间故事　文学研究　洪水故事

2547

姻亲关系的秩序与意义：以山东枣庄红山峪村为个案／刁统菊著；刘铁梁指导. -- 北京师范大学, 2005. -- 182页

本文从各个角度考察村落的通婚圈,认为通婚圈是呈现传统社会生活与文化活动的空间场域,是某种人文社会的区位。论文主要通过田野调查的资料,展示婚姻偿付制度对姻亲关系的建构和生育对姻亲关系的维护与延续意义,以及丧葬仪式对姻亲关系的展演与重组。仪式对姻亲关系有一个统一的表达,那就是两个联姻家族之间存在着一种阶序性关系,这种关系若在地域上以一个核心通婚圈为范围,在时限上以两三代为长度,那么两个联姻集团之间无论交换还是地位最终都能实现平衡,但这种平衡并非是在同时、同地实现的,因此是一种"不对称的平衡性"。从姻亲之间的阶序性关系来看,给出妻子集团必然享有接受妻子集团的多方面的帮助,因此人们更愿意增加与不同家族的通婚关系。姻亲关系对宗族制度既有促进合作力、增强凝聚性的一面,也有加速分裂、强调分立的一面。由于父系社会的宗族始终以男性的血缘传承为线索,而姻亲关系自身却具有多向性以及代际相延的短暂性,这决定了它始终无法与宗族在观念上相提并论。

关键词:姻亲关系　通婚　宗族　婚姻

2548

彝族研究现代学术的建立：1928—1949年／李列著；刘铁梁指导. -- 北京师范大学, 2005. -- 281页

本文主要是对1928—1949年彝族研究学术史的梳理和总结,以杨成志、林耀华、马学良几位学者和彝族本土学者岭光电、曲木藏尧为主要研究对象,透视和分析了他们如何运用民族学、社会学、人类学、民俗学等,建构彝族研究的理论基础和方法体系,旨在厘清彝族研究学术史主线索。并在梳理了部分考察团的考察情况后,选择了1940年7月至11月考察凉山的"四川省政府边区施教团"为重点研究对象,分析了代表政府行为的考察团考察彝区的立场和意义以及施教团考察彝区对确立彝族研究学术地位的推动作用。此外,重点考察了抗战时期的彝族研究,指出这一时段的彝族研究呈多学科、多学派、多角度综合研究的特色,既把20世纪前半期的彝族研究推向了高潮,也使彝族的地位得到了前所未有的强调和重视。文中作者进一步思考了民族国家的意识形态、彝族本身的自我意识、汉民族对彝族的想象、学者个人的才情机遇等多重因素胶合一起而表达出来的"国家问题"。以国家意识形态为主要线索,确立了以民族主义为核心的民族国家建构的历史进程中,国家意识形态对学术领域的介入对学者研究视角和界域的影响。通过对20世纪前半期彝族研究的总结评述,作者强调彝族研究是人类学、民俗学、民族学等相关学科并行而又互相纠缠迸发的生动景观;彝族研究学术史的基本资料和基本问题也大体清楚,并形成了自己的理论体系和研究方法;彝族研究的学术地位已经确立。

关键词:彝族　学术研究　民族历史　民族文化

2549

民间叙事传统与故事传承：以湖北长阳都镇湾土家族故事传承人为例／林继富著；刘魁立指导. -- 北京师范大学，2005. -- 240 页

本文以湖北省长阳土家族自治县都镇湾社区中的民间故事传承人为例，结合地方志以及业已采寻上来的书面文本资料，对故事传承与民间叙事传统关系进行深入系统的调查，目的是为中国民间故事传承人的“深度理解”提供一种审读视角。全文首置引论，尾置结语，末附附录，正文共七章。论文提炼出故事传承与民间叙事传统关系带普适性的规则：回答了民间叙事传统的可定义性和可操作性；民间叙事传统由叙事和对叙事的批语两个构成层次；民间故事传统的地域叙事传统、故事自身传统和个人风格的三重结构法则；民间故事的乡土属性显现出来的文化意义以及传承人与叙事传统衰荣的密切联系。论文在研究基础上，提出了故事传承人进一步研究的方向。

关键词：民间故事　传承人　土家族　民间文学

2550

沧州武术志：从民俗志视角切入／刘汉杰著；董晓萍指导. -- 北京师范大学，2005. -- 138 页

论文以河北省沧州地区的乡村武术为研究对象，主要运用民俗学的基本理论与方法，吸收社会学、人类学、民族学等的相关研究成果，从民俗志视角切入，研究沧州乡村武术的传承背景、业内传承与村落传承，乡村武术的民俗内涵、拳谱与传说文本，业内授艺与村民习武爱好者传承的互动，以及沧州乡村武术在华北京畿地区的环境背景，与中国 20 世纪社会变迁的多种密切关系。正文共分四章。第一章以沧州武术的传承背景为题，从自然环境、社会历史、经济生活和民俗文化等方面介绍了沧州乡村武术的传承背景，分析了影响沧州武术形成的文化因素、区域性格、社会流动等几个主要因素，指出沧州独特的自然与人文是形成沧州武术最主要的因素。第二章以沧州武术的业内传承为题，从祖师、宗师、传承者、主要传承形式及其运作过程等几个方面入手，研究沧州乡村武术的业内传承。第三章以沧州武术的村落传承为题，侧重分析了武术与沧州乡村社会的互动关系及其影响。分析武术传说中的精神世界、民俗事象、价值观念和话语系统，说明沧州乡村武术传说在给民众以精神慰藉的同时，又给民众以英雄成就和群体文化体验；沧州乡村武术与民众娱乐生活相结合，带动了当地人亲和行为，辅助了沧州乡村社会秩序的架构与巩固。第四章讨论沧州乡村武术与 20 世纪中国社会变迁的关系，把沧州武术置于国家民族背景下，分析沧州武术与国家民族的互动过程和社会文化意义，包括沧州武术与义和团运动的关系，沧州武术与抗日战争的关系，沧州武术与国家体育的关系以及沧州武术与对外文化交流的关系等。

关键词：武术　民俗学　地方志　沧州市

2551

乡土社会与乡民的艺术表演：以山东昌邑地区西小章村竹马表演为个案／张士闪著；刘铁梁指导. -- 北京师范大学，2005. -- 212 页

“小章竹马”是山东昌邑地区西小章村在年节期间举行的一种仪式性表演活动。该村马氏家族以历史记忆为工具，借助于一年一度跑竹马的形式，表达了一种尊重秩序与推崇强悍的文化，其目的在于强化家族文化的内部认同，谋求与外部社区的融合。文章首先介绍了村落生活常景，揭示村落内部的“文化的语法”，在特定的村落时空中探讨了“小章竹马”这一村落性的表演活动。其次，探讨了信仰的体系。以 1996 年该村族谱续修、祠堂重建与竹马翻新为坐标，描述了“家族”在村落生活中隆重出场的过程以及神鬼精怪信仰的式微状况。再次，将“小章竹马”的演出场域分为家族内演与应邀外演两种，对由此形成的各种表演文本予以描述，尤为关注其中对村落语境具有意义的部分。最后，从西小章人的祠堂授艺、武德教化、竹马组织活动等生活事实出发，分析其对村民人格理想的塑造，并对“小章竹马”活动的组织者（俗称“热孙”）这一民间权威的形成过程进行了研究，指出“小章竹马”之所以成为村落标志性文化，是村民利用村落传统表达其意志情感的体现，也是“热孙”利用该村历史文化资源与运作民意的结果。

关键词：农村　农民　民间艺术　艺术表演　民俗学

民族学

2552

变迁与调适：鄂温克社会调查研究／包路芳著；黄有福指导. -- 中央民族大学，2005. -- 123 页

本文田野调查地点选择位于内蒙古自治区呼伦贝尔草原的鄂温克族自治旗。论文通过调查研究，期

待对我国民族地区的社会、文化和经济变迁现象,进行具体的描述和梳理,关注各民族普遍遭遇的现代化和传统文化的矛盾。从文化调适的角度,探索中国少数民族可持续发展之路。也试图在前人研究的基础上,进一步解析社会变迁和文化调适的理论构架,探索总结社会变迁和文化调适的一般规律。为人类社会和文化更加适应快速变化的世界,寻找一些经验和启迪。论文认为,鄂温克族的社会变迁,是在以国家力量为主的外力推动下的文化调适过程,同时也包括着本民族的主动适应与能动选择。政府在扶持少数民族发展的过程中,必须尊重他们的传统文化和本民族的自主性。在全球经济一体化和文化多元化的时代,我们不仅应研究文化的多样性和维护这种多样性,而且应当研究和倡导自觉的、充满人性的适应性变迁。

关键词:鄂温克族　社会变迁　民族变化

2553

东乡社会研究 / 陈其斌著 ; 王希隆指导. -- 兰州大学, 2005. -- 160 页

本文从民族学的视角出发,运用田野调查和历史文献方法,以甘肃省东乡族自治县北岭乡为田野点,由点及面,对东乡社会进行了较为深入、细致的调查研究。全文分为绪论、正文6章及结束语。绪论对论文的概念进行阐释、介绍研究现状、选题意义、研究重点、难点、研究方法,以及东乡族族源的概述和初步思考。第一章对东乡社会的构成从地理、历史和关系三个维度进行了阐述。第二章介绍东乡社会经济,包括农业经济、羊产业经济及其他经济形态;并进行理论思考进而提出发展东乡经济的四个问题。第三章对东乡社会宗教,即伊斯兰教在东乡的传播,教派、门宦与拱北,新教,新、老教区别在葬礼中的体现,者麻提问题进行调查研究,对宗教现象与相关理论进行分析思考。第四章调研东乡社会教育,教育的历史、宗教与教育、语言与教育方面的问题。第五章对东乡社会的婚姻进行民族社会学分析,调查研究东乡的婚俗、哈利、家庭状况。第六章对东乡社会组织的历史、现状进行调查与思考。结束语以“二源动力聚合转换理论”为背景,就东乡社会发展与转型提出建议。本文的主要工作是:(1)探讨了东乡族族源;(2)分析了构成东乡社会的四种主要关系;(3)针对东乡经济文化类型的旧观点,提出了新主张;(4)指出东乡羊文化、羊产业是东乡社会经济文化发展的一个突破点;(5)探究了东乡门宦具有分立增多和长期存在的规律性;(6)阐明了伊斯兰教伦理是东乡族民族性格形成的基础,以及由此形成的东乡族“撒尔塔”精神(商人精神)是东乡社会发展的精神支柱;(7)分析了东乡社会有多育、生男偏好现象,找出其形成原因在于生态条件所要求的生产力数量和质量;(8)指出乡、村组织建设急需加强;(9)提出外源动力间歇、稀缺,内源动力增长缓慢,二源动力的迅速增长、聚合、转换是东乡社会发展的关键。

关键词:东乡族　民族社会学　伊斯兰教　婚姻

2554

西夏法律制度研究 / 陈永胜著 ; 杨建新指导. -- 兰州大学, 2005. -- 222 页

西夏法律制度是公元10世纪至11世纪西北古代各民族法律文化遗产的重要组成部分,也是中古时期中华法系的重要内容,在中国法制史的研究中占有重要地位,但长期以来,由于语言文化、文献资料等方面的障碍,西夏法律制度的研究受到较大的制约。作为一个以少数民族党项族为主建立起来的区域性政权,西夏在近200年的立国中,继承其统治区域的法律文化传统,并结合本民族实际推陈出新,形成了富有农耕文化法律制度和游牧文化法律制度特色的西夏法律制度体系,其立法成就是不言而喻的。西夏法律制度是各民族法律文化互相融合、互相借鉴的产物,是多民族共同创造的,也是各民族共创中华的文化结晶。论文共分十个部分,对西夏立法、西夏行政法律制度、西夏刑事法律制度、西夏民事契约法律制度、西夏经济法律制度、西夏宗教法律制度、西夏婚姻家庭法律制度进行粗线条的分析和研究,也是对西夏法律制度从法学角度的整体梳理,力图形成对西夏法律制度的整体发展有比较全面的认识和把握。

关键词:西夏　法律制度　法制史　少数民族

2555

朝鲜民族传统生死观研究 / 崔荣根著 ; 黄有福指导. -- 中央民族大学, 2005. -- 117 页

本文以对韩国历代主要墓葬和抚顺市当代朝鲜族老年生活以及朝鲜族社会的葬礼的田野调查资料及神话、民间故事、历史文献等为标本,采用民俗学、社会学和历史学相结合的方法,研究朝鲜民族的生死观,尤其从世界观和人生观的角度对朝鲜民族的生死观进行探索性的思考和研究。论文认为,采集渔猎在先,农耕在后的生产历史,决定了朝鲜民族的先民形成了女性生殖崇拜在先,男性生殖崇拜在后的过程。

生殖崇拜的内容是祈愿人丁兴旺和生产丰收。以统一与协调为精髓的“韩”思想同由中国积极导入的儒家思想交融在一起，形成了以世俗五戒、杀身成仁及舍生取义等信念为人生最高追求的生命实践精神。基于“韩”思想和儒教文化的朝鲜民族传统生死观更多体现的是天人合一和将自我小生命融入群体、国家乃至宇宙之大生命的顺应协调思想。论文还阐述了以儒家孝思想为基准的朝鲜民族传统家族观念，并结合当前社会的发展，分析了朝鲜民族家族观念的变化及由此引发的老年生活和丧葬礼俗方面的一些问题。

关键词：朝鲜族　葬俗　生命哲学　生死观　世界观

2556

回顾与思考：近代以来中国西北边疆安全问题研究与战略选择 / 丁建伟著；杨建新指导. -- 兰州大学，2005. -- 266 页

本文通过对近代以来西北边疆安全问题的历史回顾，主要对鸦片战争至新中国成立前影响我国西北边疆安全的国际国内因素，及危害西北边疆安全的主要历史事件进行了深入分析。论文通过研究建国以来中国国家安全战略的几次调整对西北边疆安全产生的重大影响，对近代以来中国西北边疆安全战略思想和实践进行了评价和反思，文章以西北边疆安全作为研究主体，通过对国家安全理论及其相关问题的探讨，力图从地缘政治角度入手，解读 21 世纪影响我国西北边疆安全和稳定的各种因素，从国际、周边和国内几个层次具体分析当前我国西北边疆安全稳定所面临的地缘政治形势及发展趋势，准确判断了我国西北边疆安全所面临的现实和潜在威胁。论文通过对经济发展问题、民族关系问题、宗教问题、“东突”问题、跨国民族问题以及中亚极端主义势力问题等个案问题的研究，就当前学术界尚未达成共识的理论要领提出了新的看法，提出了“泛东突主义”概念，对“安全”、“国家安全”、“非传统安全”要领进行了理论界定，提出了实现国民、社会及国家“三位一体”的“优态共存”发展模式；还提出了解决跨国民族问题，实现西北边疆安全和稳定的机制模式。

关键词：边疆地区　国家安全　民族关系　宗教问题　西北地区

2557

甘青藏族现代教育发展研究 / 杜生一著；高永久指导. -- 兰州大学，2005. -- 221 页

本文基于教育发展理论，辅以结构分析方法，认为甘青藏族处于汉藏文化叠置区域，这种独特的地理格局，导致了甘青藏族现代教育在整个国家民族教育中的特殊性。论文认为，国民政府时期的边疆教育造成了甘青藏族现代教育结构变迁的发端和高潮，但没有形成完整的现代教育体系。论文对边疆教育进行了客观的评价，肯定了边疆教育在促进甘青藏族现代教育发展中的积极作用。论文积极评价新中国成立以后甘青藏族现代教育的发展，认为甘青藏族现代教育在形式结构、类别结构、层次结构等方面得到了很大发展。论文着重研究了在教育全球化浪潮和西部大开发的历史机遇面前，甘青藏族现代教育发展所面临的主要问题，从教育最核心的问题——课程出发，提出了课程改革要顺应综合化、推进多样化、坚持和改进双语模式以及课程本土化的具体思路，并对藏区教育结构的发展提出了新的建议。论文对藏区教育改革与发展中的寄宿制学校建设、师资队伍建设、教育技术现代化等问题进行了较为充分的讨论，认为寺院教育曾经发挥了积极作用，但是新世纪的寺院教育必须走现代化的道路。论文还分析了寺院教育现代化的途径，认为当前寺院教育与学校教育尽管存在冲突，但是相互协调仍将是必要的。

关键词：藏族　少数民族教育　教育事业　现代教育

2558

新疆文化遗产的保护与利用 / 樊传庚著；白振声指导. -- 中央民族大学，2005. -- 251 页

本文研究新疆维吾尔自治区的过去、现在、未来流传的文化遗产的保护与利用。论文认为，文化遗产是先人的创造，是历史的馈赠。新疆的文化遗产还蕴藏着几大文明交融的特殊价值。论文运用民族学、文化人类学、经济学的相关理论，对新疆的文化遗产进行价值分析，对其保护意义、利用的可行性进行探讨。论文按物质和非物质文化遗产分类法将新疆的文化遗产划分为两大类，对新疆的文化遗产进行摸底、分类、分级，也即常说的摸排。然后，对其意义、价值进行分析。再后，对新疆的文化遗产的功能进行分析，从立法性保护、技术性保护、项目保护、全民保护等方面，结合国内外的有关经验与措施，对新疆文化遗产的保护和利用进行可操作性分析，以及对新疆文化遗产的宣传、弘扬、承传（主要通过正规和非正规的教育）和振兴等方面给予可行性的建议。

关键词：文化遗产　非物质文化　文物保护　新

疆

2559

白龙江流域藏族传统文化特点研究 / 傅千吉著；杨建新,王希隆指导. -- 兰州大学, 2005. -- 186 页

本文运用人类学“共时研究”与“历时研究”相结合的方法,从多角度探讨研究了白龙江流域藏族传统文化特点。白龙江流域谷地狭长,居住的藏族人民都以村寨为单位,主要以农耕经济为主的多种经济类型,语言属于藏族三大方言中的康方言,保留了很多藏族古代文化习俗,同时还吸收了东南面的汉文化,基本上形成了多元文化并存的区域文化特点。论文运用民族学、人类学、民俗学、社会学等理论,着重探讨和研究了白龙江流域藏族传统经济文化、生态文化、宗教文化、民俗文化、建筑文化、习惯法、语言文化、口头文学等,以多视角由表及里,阐述了白龙江流域藏族传统文化的各个方面,深入系统地研究了区域文化的表象与结构,科学地分析和研究了白龙江流域藏族传统文化特点,从而为藏族社会的物质文化和精神文化起源和发展特征的研究提供了一条科学的认识途径。

关键词:藏族　传统文化　民族文化　白龙江流域

2560

藏族法律文化研究 / 甘措著；丹珠昂奔指导. -- 中央民族大学, 2005. -- 116 页

藏族的法律文化是在青藏高原,以佛教哲学和原始的苯教哲学为思想根据,在传统的农耕和游牧经济的基础上产生的,只有对这一民族文化传统有客观科学的认识,才可能更好地解决好党所倡导的依法治国、依法执政的理念,为藏区的稳定发展服务。论文对藏族法律文化的要领和理论进行了论述,从藏族法律文化的结构、模式等方面进行了研究,对藏族法律一词的本义、藏族的法的起源及藏族法律文化、藏人本身对法律的观念和法律意识,藏族法律与周边民族法律的差异性,其独特性、形成这些特点的因素,原始宗教、成文法典、佛教戒律、自然生态对藏人法律观念、法律文化的影响等方面作了开拓性的研究。提出藏族法律模式是一个在地球第三极以高寒农作物青稞为代表的农业和以高原牦牛为代表的畜牧业经济基础上形成的独特的宗教性和道德性综合的法律模式。论文从文化的全新角度,将藏族法律与文化进行跨学科的结合研究,以反映藏族法律文化的特点,探索藏族法律文化形成和发展变迁的客观规律。

关键词:藏族　法律文化　民族文化　佛教哲学

2561

教育文化与学校教育：多元文化背景下的少数民族教育发展不平衡研究 / 胡玉萍著；哈经雄指导. -- 中央民族大学, 2005. -- 160 页

我国少数民族教育发展极为不平衡,这种不平衡既存在于民族之间,也存在于地区之间。本文针对的民族教育发展的不平衡问题,研究的视野放在少数民族文化中教育观念、价值、态度,即教育文化。论文主要沿着以下两条线索进行:一是从文化的角度理解少数民族教育文化的内涵、表现以及它的形成、发展和现代化;二是分析少数民族教育文化与民族教育发展的关系,以期揭示民族教育文化的现代命运。论文的主要观点和结论是:(1)少数民族教育文化是影响民族教育发展水平的重要因素;(2)少数民族教育文化对学校教育的影响是多种多样的;(3)家庭和社会教育是特定民族教育文化传承的主要途径;(4)教育文化生成和发展于漫长的教育历史中,因此受到众多因素影响;(5)民族教育文化变迁有两种形式,一种是民族教育文化的自发性发展,另一种是有计划的自觉变迁。

关键词:少数民族教育　学校教育　教育文化

2562

中国彝族文化的民族学研究 / 金尚会著；白振声指导. -- 中央民族大学, 2005. -- 156 页

本文根据民族学的文化理论,从物质文化、制度文化和精神文化三方面对彝族文化的内涵与特点加以探讨。论文共分五章。第一章彝族的起源与发展。彝族是由部分从西北南下的古羌人到达金沙江南北两岸及滇中地区后,融合了当地以濮人为主的土著部落,逐步发展而成的。到公元 13 世纪的宋末元初,作为现代意义上的民族共同体,彝族已经基本形成。第二章彝族的物质文化特征。彝族的生产工具、衣、食、住、行等物质文化经历了各自的发展、变化过程,并体现了浓郁的民族特征、地域特征和时代特征。第三章彝族的制度文化特征。族外群婚制、对偶婚制、一夫一妻制的婚姻制度,是制度文化的又一显著特征,本章还专题探讨了彝族家支制度这一社会文化现象的生成、性质与基本特征。第四章彝族精神文化特征。一个民族的精神文化包括哲学、伦理、道德、法律、科学、文学、艺术、风俗习惯和宗教信仰等等。彝族的精

神文化创造成果卓著,令世人赞叹。第五章彝族文化研究的发展状况与彝韩文化比较。它们是:农耕稻作文化比较;宗教信仰文化比较;太极八卦涵义与运用比较;摔跤、射箭与民间竞技游戏比较;遵守孝道比较等。

关键词:彝族　民族学　民族文化

2563

东北地区传统民居与居住文化研究 :以满族、朝鲜族、汉族民居为中心 / 金正镐著 ; 黄有福指导. -- 中央民族大学, 2005. -- 197 页

本文以东北地区的满族、汉族、朝鲜族的居民为对象,具体阐明了自然环境及其他因素对居住及其文化的影响。论文共分成八个部分。绪论中涉及研究动机、研究目的、研究方法、研究范围,以及在研究过程中遇到的问题、局限性,还有对以往研究进行的综合分析。第一章指出研究的对象——住宅、居住文化以及与传统民居相关的基本理论。第二章对研究的总背景——东北地区的历史、自然地理、人文地理等情况进行阐述,并指出对各民族民居的外形及居住文化产生影响的要因。从第三章到第五章是论文的核心部分。论文从建筑学、地理学、文化人类学、民俗学、民族学角度,对满族、朝鲜族、汉族等三个民族的传统民居及居住文化,分别进行考察,还将与各民族的传统民居有关系的北京四合院、沈阳故宫、韩国传统民居等,与东北地区各民族的传统民居进行比较,阐述其共同点和不同点。第六章分析三个民族居住文化的共同点及不同点,找出决定三个民族居住形态及居住文化的各种要素和形成三个民族居住文化不同特点的根本原因。最后在第七章中,在前面几章的论述中所出现的事实和问题的基础上,为以后的研究者提示了方向。各民族的居住文化是在各民族社会文化的背景下保存下来的,又随着时代的发展不断地发生变化。

关键词:民居　民族文化　传统文化　满族　朝鲜族　汉族　东北地区

2564

民族心理学若干理论问题研究 / 李静著 ; 杨建新指导. -- 兰州大学, 2005. -- 248 页

民族心理学是介于民族学与心理学之间的一门边缘性、交叉性学科,同时也是具有发展潜力与强大生命力的一门学科。论文在分析民族心理学学科体系、研究对象,尤其是指出了民族心理学研究特质的基础上,对民族心理学的研究历史以及研究方法论与方法进行了分析,并进而分析与探讨了民族心理学研究的若干理论问题。其中民族意识论综述了国内外有关民族意识研究的观点,同时提出民族意识是反映民族心理的重要内容,尤其是在民族发展的成熟及繁荣时期,其作用越发显著,民族意识是民族发展到一定程度时,最能代表民族这个人们共同体的显著特征之一,并分析了当代民族意识发展的特点;民族认知结构分析了具有不同社会生活条件和经验、生活在不同社会文化或民族群体中的人,指出其认知必定要受其生活环境和生活经验与文化因素的制约,从而表现出独特的认识特点来;民族性别角色社会化论述了每个民族由于其族体形成与发展经历不同、所处的生态环境不同、文化背景不同以及宗教信仰不同等,使得每个民族的社会化过程体现出独特的民族性;民族众数人格是一个民族在共同的文化背景和特定的社会历史条件下形成的对社会与他人稳定、共同的态度和习惯化的行为方式;民族文化与心理治疗的意义场域是从民族学实例出发,来分析民族传统文化中的巫术同现代心理治疗之间的意义关系。

关键词:民族心理学　民族文化　民族意识　人格

2565

云南楚雄直苴村彝族婚姻家庭调查与分析 / 李晓莉著 ; 高发元指导. -- 云南大学, 2005. -- 100 页

本文通过对直苴婚姻家庭的调查指出:直苴彝族对爱情态度及择偶标准,经历了从强调爱(感情)向强调经济因素逐步转化的过程,与此相适应,恋爱方式也从自然发展向加以规范、约束的方式转变,这种规范和约束首先表现在对女性的限制上,体现了社会性别的不平等。论文认为,直苴彝族通婚范围不断被拓展,早婚现象突出,婚礼是一种契约形式。在家庭生产生活中,男女双方为了满足共同的生存需要而分工协作,共同创造物质财富。特别重视出生礼、葬礼,显示了直苴彝族生存条件艰苦,为了求得鬼神的保佑和保持群体传统而不惜牺牲现实经济利益的实情。尽管生存条件艰苦,但从总的方面看,婚姻家庭由于满足了直苴彝族的最基本也是最主要的生存需要。长期以来,由于自然条件和封闭等原因的影响,直苴彝族物质生存环境一直处于维持温饱的状态,建立在此基础上的婚姻家庭形式和本质也就没有根本性的改变,直苴彝族婚姻家庭的稳定性和典型性都很突出。论文指出婚姻家庭系统在很大程度上是在不自觉的

情况下服务于社会生产的。从人类发展的终极目标来看，现阶段婚姻家庭表现出来的生产服务性与终极目标有着逻辑上的一致性，实际上是对人类种的延续的一种支持或人类的一种存在方式。

关键词：彝族　婚姻制度　家庭　云南省

2566

藏人的灵魂观与活佛转世 / 李政奂著 ； 丹珠昂奔指导. -- 中央民族大学, 2005. -- 84 页

本文通过藏族的灵魂观及世界观，认识真正的藏族。论文认为，古代藏族的世界观是一种原始人的思维方式，就是天和人或者神和人的世界混在一起无法分清。这是藏族的自然观和人生观有关系的思想。本教初期是从没有分别的世界到产生天神思想的阶段。这时期称为本教的"笃本"，还是属于一种原始思想的因素。"笃本"后的第二阶段的本教时期"伽本"，这时期产生和发展了各种复杂的仪轨。本教最后阶段"局本"是佛教化的本教。佛教也吸收了本教丰富的仪轨等的因素，这样藏族的哲学也很自然地得到了发展。尤其是轮回观完全改变了藏族的死亡概念。佛教的进入引起了藏族灵魂观的变化。活佛的诞生是藏传佛教的一种精华，也是藏族灵魂观的精华。它反映了佛教理论的实践和藏族古老的灵魂观。而且还证明藏族在灵魂方面极为发达。在活佛转世的方式方面采取了古代灵魂观，即灵魂不灭的思想进一步发展形成了灵魂的转世方式。在民间或者寺院里的护法神等这一类的神都是采取这种灵魂移动的方式来传承的，只不过这种古老的思想被佛教的理论进一步加以完善，这是藏族古老的灵魂观的反映。

关键词：藏族　佛教　活佛　灵魂　轮回

2567

阿拉善蒙古研究 / 梁丽霞著 ； 王希隆指导. -- 兰州大学, 2005. -- 239 页

本文以额鲁特蒙古的一支——"阿拉善蒙古"作为考察对象，深入研究阿拉善蒙古出现、形成、发展以及在此过程中所涉及的种种问题。一方面对阿拉善蒙古的历史作纵向梳理，以期对其发展历程能有总体上的把握；另一方面对阿拉善蒙古发展过程中的若干问题作横向考察，形成相关专题研究，力求使这一研究更为全面、系统和深入。论文对阿拉善蒙古的研究，从时间范围上讲，向上追溯到蒙元时期，对阿拉善蒙古先世的历史活动及部落发展轨迹进行研究；下限则到清王朝灭亡，即集中考察清代阿拉善蒙古的历史。论文在对学界此前曾涉及的相关问题进行更为深入研究的同时，对学界尚未触及的研究领域也进行了探索性的考察。

关键词：蒙古族　民族历史　阿拉善　清代

2568

枧槽苗乡：川滇黔交界民族散杂区社会文化变迁个案研究 / 刘芳著 ； 邵献书指导. -- 中央民族大学, 2005. -- 207 页

这是一项关于我国民族散杂区的田野工作。工作中关注川滇黔交界处苗族社会文化发展变迁诸多表现和内容。全文除绪论和附录外共八章，共约 20 万字。绪论阐述了选题缘由和意义。第一章生境与源流。概述调查点——四川省泸州市叙永县枧槽乡生态环境、自然资源和历史沿革，以及人口婚姻及民族状况；分析"高山苗"山地文化特征。第二章物质与人文。主要分析"高山苗"迁徙与定居历史现状、居住格局特点、日常生活方式等物质文化内容。第三章生计与类型。概括历史和传统的生计特点、劳动生产工具、耕作技术、园艺业、家庭手工业、养殖业、传统分工以及商贸与交通。第四章文娱与技艺。描述其文学艺术、节日娱乐、服饰文化和工艺，归纳民族文化的艺术特色。第五章家庭与家族。分析其家庭、婚姻、亲属称谓制度和家庭的内在联系性和典型性特征。第六章巫术与宗教。分析以祖先崇拜和鬼神崇拜为主题特征的原始宗教信仰特征，并对上个世纪初基督教的传入及其影响作了描述和客观评价。第七章传承与教育。考察散杂区主流文化对亚文化的影响和碰撞，以及由此产生的少数民族传统教育同学校教育、社会教育的互动和矛盾问题。第八章结语是文化链接与苗乡社会。揭示该地区苗族文化在与主流文化互动过程中仍然保持其自身发展轨迹的原因在于其内部诸文化因子的链接所产生的功能。

关键词：苗族　民族地区　民族文化　社会变迁

2569

藏族习惯法研究 / 刘艺工著 ； 杨建新, 高永久指导. -- 兰州大学, 2005. -- 151 页

本文通过对习惯法的概念、藏族习惯法的产生和发展、藏族习惯法的主要内容、藏族习惯法的特点与价值、藏族习惯法与国家法的关系等问题的探讨，以期为藏族法制现代化和我国西部大开发提供理论与实践上的探索和思考。论文首先对习惯法的概念进行了重新界定，并对中外习惯法的要领作了比较，从

藏族法制产生的社会历史条件入手,对藏族法制发展的几个阶段进行了探讨,其次,从公法、私法、诉讼法三个方面对藏族习惯法的主要内容进行了探讨,系统地分析了藏族习惯法的特点和价值。最后,从新中国成立后藏区法制环境的变化、藏族习惯法回潮的原因、藏族习惯法与国家法的相互兼容与冲突、藏族习惯法与国家法冲突解决对策等方面对藏族习惯法与国家法的关系进行了探讨。

关键词:藏族　习惯法

2570

村落社区的傩仪与象征 :以贵池傩为中心 / 陆焱著 ; 祁庆富指导. -- 中央民族大学, 2005. -- 96 页

本文以贵州傩仪为对象,通过一个具体的社区的调查,透视这一古老的仪式的历史衍化脉络及其映射的乡土社区文化变迁。论文认为,贵池傩具有典型的农业文明特征,是社区自组织、自我形成与发展的,较封闭的地理环境和较保守的宗族文化心态都决定了贵池傩的"原生态"性质,是研究傩及其文化变迁背景的比较理想的调查对象。贵池作为一个典型的汉人宗族社区,傩戏传统上是依附于宗族文化的。贵池傩事的衍化可以概括为两条脉络的交织作用而成,一条是地缘关系,一条是血缘关系。因此贵池傩既是一种族祭,也是社祭。这两者后来结合在了一体。论文认为,传统社会的文化整合模式与其社会整合模式高度同一,宗族既是基本的社会组织,又是文化活动的单元,社会情感通过宗族文化的祭祀仪式(傩仪)得到规范化的表达,社会生产和物质利益领域的互惠、合作及竞争、冲突都能通过宗族情感的教化和权威予以有效地调节。传统的傩仪不仅是凝炼着文化、历史的认同感的有力象征,也是实际社会生活中的互动赖以展开的网络。傩仪是文化整合与社会整合共同的模式——宗族的象征仪式。随着现代化的进入,国家对地方社区的全面进入,消解了社区原有的一些功能,祭仪、节庆的组织及其开支不再由宗祠公堂来负责。现代的村民们恢复傩戏,不能说是复原历史的文化形态,而是在新的人际关系和社会结构之中寻求一个共享的文化,一个集体认同的仪式,创造一种使得大家在追求分散的私利之外还能相互关联、共同行动的文化模式,这种模式以前只要继承传统就可以达到,而现在则必须经过传统的更新与再造。傩仪的生存发展或许决定于这一过程,同时也在对这个过程起着"反作用"。

关键词:村落　社区　宗族　祭祀　傩仪　民族文化

2571

回族传统法文化研究 / 马克林著 ; 杨建新指导. -- 兰州大学, 2005. -- 165 页

本文首先对回族传统法文化及其相关要领进行了分析论述,通过多角度透视传统社会中各种法文化的存在状态,表明回族传统法文化的概念超越国家制定法的局限,具有地域性、民族性等特征。其次,分析了回族传统法文化的形成基础,认为伊斯兰法文化和中国传统法文化是回族传统法文化形成的两大文化基因,回族特定的生产方式、社会组织结构和文化形态构成回族传统法文化的社会基础。揭示了回族文化在中华法文化体系中的地位和影响。作者运用综合归纳方法总结了回族传统法文化的结构,并分析探讨了其构成要素的具体内容。最后,从法文化现代化的基本原理出发,探讨论述了回族传统法文化现代化的一般性与特殊性问题。论文认为,回族传统法文化是中华法文化体系的有机组成部分之一,它体现着伊斯兰法文化的某些影响和特征,对深入认识中华法文化的多样性、包容性等具有独特的跨文化比较价值;回族传统法文化在规范回族社会秩序、增强回族凝聚力、传承回族文化等方面具有重要作用,它是回族文化体系的重要组成部分;回族传统法文化作为一种传统,仍具有较为深刻的现实影响。

关键词:回族　法律文化　习惯法　民族文化　伊斯兰教

2572

单家集社会结构变迁研究 / 马宗保著 ; 高永久,杨建新指导. -- 兰州大学, 2005. -- 149 页

本文从微型社会学的视角出发,以历史社会学、相互联系的社会发展模型和文化——资本理论为背景,着重运用田野调查和社会统计方法,对宁夏南部一个典型乡村回族社区——单家集的社会结构及其变迁进行了较为深入的观察和研究。作者通过调查研究得出了以下主要结论和观点:第一,通过对村庄历史的复原性重建,展现了一个村落共同体的兴衰与国家体制和区域性社会历史变动之间的关联性。第二,乡村回族婚姻中的聘礼和嫁妆包含着补偿、互惠和财产转移等经济意义。第三,乡村回族社区的亲属关系呈现出舅舅、叔伯、姑姑亲属集团三足鼎立的格局。第四,回族村庄社区中存在着村干部、乡老集团和阿訇阶层三种权力类型,这三种权力的相关互动决

定着村庄社区的秩序化程度和村庄公共资源的配置效率。第五,单家集回族穆斯林在参加礼拜等宗教活动方面呈现出老龄化、渐疏化和节日化的趋势,中、青年人礼拜频次的减少主要与他们紧张的社会劳动有关。第六,非农产业的发展促进了村庄经济的发展,同时增强了村庄社区的开放度。第七,乡村回族社区的发展变迁是多种因素相互作用的结果,其中国家体制与地方传统的互动是社区发展的重要条件。第八,未来乡村回族社区的建设应坚持全面发展和穷人受益的原则,充分关注现代风格与民族传统、人类生活与自然环境的统一,社会政策应当指向保存和重建不同形式的地方社区。

关键词:社会结构　社会变迁　回族　乡村　单家集

2573

华锐藏区社会文化变迁研究 / 切排著 ; 杨建新,高永久指导. -- 兰州大学, 2005. -- 188 页

本文选择华锐藏区社会文化为对象,探讨了该地区的文化变迁问题。华锐藏区位于青藏高原的东部,祁连山东端南麓的湟水、大通河、庄浪河流域间,地理位置、语言、风俗上属藏区三大块中的安多藏区。华锐地区自然生态环境的多样性、复杂性和差别性,为在这种环境中产生和成长起来的华锐区域文化带来显著的特点。从经济文化类型上看,东部与中原农耕文化相连接,西部属草原游牧文化,两种经济文化类型在境内并存、交错;从民族文化发展上看,华锐藏区文化是青藏高原藏文化的一部分,是藏民族创造的一种古老的游牧文化,具有民族大融合性、居住的不稳定性,文化遗存的多样性和游牧民族本身顽强的自立性等特点。华锐藏区地处偏远边隅地区,历史上中央王朝的威力时而辐射此地,时而又无暇顾及,政权更替频繁。这里的藏族人民以经营农、牧业经济为主,生产方式属于半农半牧类型。族际通婚已大大促进了当地的民族融合,日常生活方式的趋同行为更是常见的现象。华锐藏区地处我国青藏高原东部的中原汉文化圈和青藏高原藏族文化圈的包围和辐射之中。因为历史和现实等各方面的原因,华锐藏区社会文化正处于一个迅猛变化的波动时期,华锐藏区各民族的传统文化也正在发生急剧的变迁。

关键词:藏族　民族文化　社会变迁　风俗习惯　宗教信仰

2574

中西方人"社会性"比较研究 / 阮静著 ; 徐万邦指导. -- 中央民族大学, 2005. -- 153 页

本文的研究主题确定为透过少数民族地区"洋人街"的平民化特征看西方人的社会性,并由此探讨中西方人社会性比较问题。论文由五部分内容构成。第一章绪论部分,具体阐明了论文选题的出发点和创新意义,并对"社会性"的涵义进行了界定。第二章探讨与分析西方人的社会性问题,详细阐述了西方人社会性所包涵的内容及其表现,并分析了西方人社会性形成的原因。第三章探讨与分析中国人的社会性问题,在总结与批驳认为中国人缺乏社会性的观点基础上,对中国人社会性的独特内涵与表现形式进行了阐述。第四章详细介绍了阳朔、大理"洋人街"的风貌,分析了"洋人街"的形成原因,归纳出两地"洋人街"的特色,并对其表现突出的平民化特征进行了中西历史溯源,同时进一步介绍了西方人社会性在"洋人街"的体现,从而对"洋人街"为什么受西方青睐的问题,有了一定认识。第五章着重进行中西方人社会性的比较分析,在探讨中西方人社会性的长短优劣及其差异与冲突的基础上,对如何正确看待中西方人的社会性问题提出了建议。

关键词:社会性　民族性　西方文化　文化人类学　洋人街

2575

中国饮食文化的民族学研究 / 孙补卿著 ; 徐万邦指导. -- 中央民族大学, 2005. -- 198 页

本文从民族学或叫文化人类学的角度分析中国饮食文化的突出贡献和明显弊端。论文以饮食文化为研究对象,是因为中国饮食文化从古至今一直处于世界领先地位,而且它是中国文化非常重要的组成部分。论文认为,中国饮食文化历史悠久典籍丰富、中国人的饮食思想系统科学、中国食疗理论独特完整、中国饮食文化内容博大丰富,论文分析了中国饮食文化的美学表现、悠久典雅的茶文化、多彩的酒文化以及中国饮食文化的蓬勃生命力,论文还对中国饮食文化弊端进行举例分析。

关键词:饮食文化　民族文化　文化人类学

2576

文化变迁与双语教育演变 : 东北地区达斡尔族个案研究 / 孙东方著 ; 哈经雄指导. -- 中央民族大学, 2005. -- 146 页

本文从文化变迁的角度，历时地较为系统地论述了达斡尔族双语教育的发展，深入达斡尔族聚居区调查了当前达斡尔族双语的新状况，为其双语教育革新提供了参考依据；运用教育学的规律，论述了发展无文字民族基础教育时，所应持有的对待少数民族语言转用和语言濒危现象的态度。论文认为，语言不仅是交流的工具，也是思维的工具，有着深厚的文化内涵。论文认为，达斡尔地区正经历着前所未有的社会文化变迁。达斡尔族是有语言无文字小民族的重要代表，是探讨该类族群双语教育的重要案例。论文通过对达斡尔族自身双语教育演变历程的系统深入的分析，探索属于这一类型少数民族双语教育的发展规律，从民族政策、民族关系、经济类型、教育水平等各个文化层面对制约达斡尔族双语教育形成和发展的各种因素进行历时与共时的分析，揭示双语教育演变与文化变迁的关系。针对达斡尔族双语教育的具体历史及现实情况，论文提出促进达斡尔族双语教育发展及濒危语言保护的对策性建议。

关键词：达斡尔族　双语教学　文化变迁　少数民族教育

2577

雪山蒙古人文化研究 / 特木尔巴根著 ；白振声指导. -- 中央民族大学，2005. -- 126 页

本文从雪山蒙古人历史实际出发，以充分可靠的文献史料和田野调查资料为依据，按照民族学的文化理论对雪山蒙古人文化进行了认真梳理和较为全面系统地分析、阐述。论文以研究者的角度，为雪山蒙古人优秀传统文化的保护、利用发展总结经验，探讨对策。论文认为，蒙古族是有着悠久历史和灿烂文化的民族。甘肃省河西走廊最西端、祁连山脚下，持鞭游牧、生息繁衍、创造独具特色文化的雪山蒙古人便是诸多族群中的一员。雪山蒙古人所保留传承的传统文化内容之多、形式之完整，是远非其他地方蒙古人所可比拟的。雪山蒙古人文化具有浓郁的地域特色，论文通过雪山蒙古人地域文化研究，试图解析此种文化的特殊性及其生成的原因，更重要的是揭示其形成发展的一般性规律。为进一步深入认识在社会转型中的雪山蒙古人文化的现状，论文采取了典型调查，并对此进行了整理和研究。

关键词：蒙古人　民族文化　文化传统

2578

布依族社会文化变迁研究 / 王鸣明著 ；徐万邦指导. -- 中央民族大学，2005. -- 144 页

文化变迁是文化人类学最富时代感的研究课题。本文共分为八章。绪论部分阐明了本文选题研究的目的和意义，并介绍了与选题相关的国内外研究状况及最新动态以及研究采用的研究方法和论文写作的主要思路。第一章在系统地介绍国内外关于文化变迁的理论的基础上，对变迁理论进行了归纳总结，同时介绍了论文拟采用的文化变迁理论。第二章介绍了布依族的历史源流。第三章对布依族社会文化植根的地理环境和经济基础进行论述，并在此基础上用文化模式的有关理论分析布依族文化的深层结构和布依族文化的民族个性。第四章通过展示田野调查的生动材料，对调查资料进行分类、整理、归纳、分析，详细介绍了布依族衣食住行方面变迁以及闲暇生活的变化，并进一步论述变迁的原因。第五章重点介绍了布依族社会传承和整合系统，即传统社会、官方委任的行政系统、乡规民约、婚姻及家庭的特点和变迁的表现。第六章对布依族地区的民族教育的历史沿革进行介绍，研究了现存的问题，分析了制约发展的因素，并提出了解决问题的对策建议。第七章对布依族社会文化变迁进行了理论分析，主要对变迁的阶段、表现形式和动因进行了总结。第八章对布依族文化在现代化进程中如何发展提出自己的见解和建议。认为民族文化在不断变迁的过程中应积极进行民族文化的自我扬弃，有选择地吸收外来文化并实现异质文化互动，从而形成新的进步的民族文化，真正实现民族文化的现代化和民族文化的全球化。

关键词：布依族　民族文化　社会变迁　少数民族教育

2579

蒙古族语言文字发展研究 / 文英著 ；王希隆，杨建新指导. -- 兰州大学，2005. -- 206 页

本文以蒙古民族形成之后的蒙古族语言文字发展演变为主线，从历时视觉出发，运用民族学、语言学等多学科理论与方法，比较全面地展示了蒙古民族近 10 个世纪的语言文字发展演变风雨历程，再现了 13 世纪至今的蒙古民族文字变迁史。全文除了绪论外共分八章。第一、二章首先介绍了蒙古族的分布和语言文字使用情况；其次介绍了蒙古民族语言的发展、统一和分化过程。第三章至第七章从语言文字与民族、社会的互动关系入手，将蒙古族语言文字发展演变放在历史语境中，对回鹘式蒙文、八思巴文字、托忒蒙文、基里尔蒙文以及阿力伽力文字、瓦金达拉文字、

索永布文字等文字的产生与发展背景、使用与废弃原因和对蒙古族文化发展产生的积极与消极影响等逐一进行了评述。另外对汉字、阿拉伯字等其他文字注音的蒙古语遗留物，如《蒙古秘史》、《华夷译语》、《穆卡迪玛特·阿勒——阿达布词典》、《莱登词典》等进行了评析。第八章回顾了近10个世纪以来的蒙古语言文字发展变迁史，在总结梳理不同历史时期蒙古民族语言文字使用情况的基础上，从民族心理、文字发展的内在规律和社会对文字发展的需求等多角度剖析了蒙古民族频繁更换文字的内在动因和外在条件。从可持续发展观着眼，论文对蒙古族文字发展前景进行了展望，提出了自己的见解。

关键词：蒙古族　蒙古语　文字

2580

地缘政治中的中亚民族关系问题研究 / 张新平著；王希隆，高永久指导. --兰州大学，2005. -- 194页

本文通过论述中国与中亚跨国民族关系的状况及存在的问题（如“东突”问题），探讨了中国与中亚跨国民族“和平跨居”的条件、途径和机制，论述了中国与中亚在上海合作组织框架内的合作为跨国民族的“和平跨居”提供了新模式。论文认为，从地缘政治和民族关系的角度研究中亚复杂的民族关系是认识中亚，了解中亚的一个视角。从这个角度出发，地缘政治中的中亚民族关系表现为三个层次：第一层次是中亚五国内部民族关系；第二层次是中亚五国与周边国家的民族关系；第三层次是中亚与更广泛的外围世界的互动关系。西方势力进入中亚对地缘中亚民族关系造成很大的冲击，使地缘中亚民族关系进一步复杂化。因而它属于地缘中亚民族关系考察的范围。论文通过论证、分析向人们展现一个地缘中亚民族关系的复杂画面，使人们进一步了解中亚、认识中亚。

关键词：民族关系　国际政治关系　地缘政治　中亚　突厥

2581

信仰与权威：诅咒（赌咒）、发誓与法律之比较研究 / 张永和著；张晓辉指导. -- 云南大学，2005. -- 137页

本文对比分析了诅咒（赌咒）、发誓与法律的联系与区别，探讨了如何处理信仰与权威等问题。论文认为，“另类规范”是存在于某一个共同体，能够有效调整人与人、人与社会、人与自然之间关系，但在国家层面上并不得到认同的社会规范。诅咒（赌咒）和发誓就是一种另类规范。法律的兴起是文化多元的必然，也是诅咒（赌咒）、发誓之类社会规范以及其他的社会规范已无力有效调整人与人之间、人与社会之间关系的必然结果。但法律的兴起并成为强势规范的结果，并没有使诅咒（赌咒）、发誓这样的“另类规范”消失，它们同样在社会中发挥着自己的作用，而这些作用却是法律所不能起到的。一般意义上讲，信仰是一种价值观，人类的一种精神现象，是人的精神性基础，纯粹的信仰具有理性的纯粹性，是人的内心定在。宗教以及诅咒（赌咒）、发誓只具有理性的实践性。一般的、具有理性实践性的规范尚存有信仰的因子，虽然法律是实践理性的体现，但由于法律以国家政治哲学作为支撑，就已经不具信仰的意义。“法律信仰”是一个错误的命题，人们将苏格拉底的死作为法律信仰的典范，这是错误的。信仰和权威是两个完全不同的概念。“法律信仰”是缺乏论证的想象，在西方不可能成为事实，在中国同样不应该存在市场。

关键词：信仰　权威　法律规范　诅咒　发誓

2582

东北民族天神崇拜研究 / 赵允卿著；黄有福指导. 中央民族大学，2005. -- 97页

本文对中国东北的朝鲜族、蒙古族、满族的民间信仰进行了较为系统的研究。论文认为，民间信仰是在人类精神和信仰的基础上发展而来的，是人类的原始精神活动和对大自然崇拜的最终体现。最初的原始信仰随着人类的诞生而出现并发展，其表现形式是最原始、最为自然的，因而反映了最自然而原始的世界。从世界各民族的建国及始祖神话中可以看出，人类的原始信仰最初表现为对天体的崇拜。这些崇拜在不同国家、不同民族中具有不同的表现形式，各有其特点及历史渊源。民族民间信仰的形成离不开各民族的居住环境。朝鲜族、蒙古族、满族先民的神话中几乎都强烈地表现出他们对天体的敬仰，这主要表现在他们把始祖的诞生多归结为天降的意识中。尚白是各民族天神崇拜的产物，一个民族对一种颜色的共同崇拜依据某种强烈的信仰而产生，三个民族的尚白习俗的产生就是源于他们对天神的强烈崇拜，继而发展成为系统化的崇拜意识。民族民间信仰的天神崇拜涉及这些民族的神话起源、民族习俗、信仰对象物等各个领域，构成一个具体的、统一的信仰体系。其中与民族民间信仰有关的具体信仰对象物最好地反映了各民族民间信仰的性格。由于信仰对象物的

存在,这些民族的信仰意识得以传承下来,完整地被保存着,见证了人类民间信仰发展历史的重要作用。

关键词:信仰　崇拜　朝鲜族　蒙古族　满族　东北地区

2583

宽容与管制:村落视野中的权力与性 : 阿昌族婚姻关系的性人类学研究 / 朱和双著 ; 高发元指导. -- 云南大学, 2005. -- 279 页

在阿昌族社会,缔结婚姻是使性活动具有实质内容的唯一合法途径。性行为与婚姻的密切联系是与家庭财产继承和家庭继嗣以及家庭权益相关的,阿昌族的婚姻制度经历了内婚制向外婚制的演变,同一个姓氏的男女不能结婚。阿昌族青年谈恋爱主要在同一方言区内进行,与其他民族通婚的现象也不多见。近代阿昌族最基本的婚姻制度是以个体经济为基础的一夫一妻制,各地区婚姻受限制的程度不同,因而缔结婚姻的方式也有所不同。在阿昌族社会性不仅仅是一个家庭和个人的繁衍方式,也不仅仅是一种获得性快感和愉悦的方式,性被他们看成了一种特权领域。阿昌族社会鼓励人们把性作为一种生育责任来冷静理智地履行,但夫妻之间的性愉悦则被忽视甚至视性为不洁之物。阿昌族不同性别、不同年龄段、不同经济地位的群体对待非婚性行为的观念和行为大体一致,这跟整个社会对性行为的严格控制有关。阿昌族社会标准的传统观念认为,只有婚姻关系之内的性行为才是道德的,凡是婚外的性行为在道德上一律是错误的。改革开放以后阿昌族的性观念受各种外来文化的影响发生了重大变化,青年男女婚前性行为乃至受孕的人时有所见。阿昌族社会对性的控制总体上来说已从严厉走向宽松。

关键词:阿昌族　婚姻制度　性社会学　民族社会学　权力

马克思主义
民族理论与政策

2584

民族地区文化产业政策理论研究 / 海江著 ; 崔运武指导. -- 云南大学, 2005. -- 81 页

本文首先回顾了西方文化产业合理化论争的基本过程和马克思主义关于文化生产理论的主要论述,简要阐述了民族地区文化产业鲜明的民族性、特殊的功能作用以及丰富独特的文化资源优势。分析了影响和制约民族地区文化产业发展的因素,其中最具基础性、关键性作用的是文化产业政策。其次,分析了作为文化产业细胞的文化产品的特性,认为文化产品的生产方式分为公共生产和非公共生产两种,而提供方式则分为政府提供、市场提供和混合提供三种。之后,对民族地区文化产品的资源配置效率进行了分析,论述了纯公共文化产品市场提供的无效率,政府提供在理论上应有一个最佳供给规模,并应根据纯公共文化产品的外部性确定供给的先后次序。并以民族博物馆为例对民族地区具有非竞争性和一定排他性的准公共文化产品的资源配置效率进行了分析,需求弹性越大,效率损失越大,越适合政府提供;收费价格越高,收费的效率损失越大,因而应尽量降低收费价格。论文认为,民族地区在文化产业发展中应正确处理好政府与市场的关系,充分发挥政府组织与市场组织各自的积极作用,形成文化产业发展的合力,政府应在市场优先的原则下积极发挥主导作用,弥补市场在提供纯公共文化产品、文化产品外部性价值反映失真、市场文化产品供给能力弱等方面的不足。最后,论述了民族地区文化产业政策执行的重要性,对影响文化产业政策执行的四个主要因素进行了分析。

关键词:文化产业　产业政策　民族地区

2585

城市化进程中的城市民族问题研究 / 林钧昌著 ; 金炳镐指导. -- 中央民族大学, 2005. -- 180 页

改革开放以来,城市居民的多民族化现象日渐突出,城市少数民族人口数量逐年增多,城市中不同民族之间因经济利益、传统文化、风俗习惯等方面的差异而产生民族矛盾也有所增多。本文探讨了城市化进程中的民族问题产生、原因和对策。论文首先论述了我国现处在社会主义初级阶段,中国的城市化是在社会主义初级阶段的基础上进行的。社会主义初级阶段的民族问题将始终存在,城市化进程中的城市民族问题只是其中之一部分。随后,论文以青岛、威海市为例对城市民族工作取得的成绩和经验,进行了简单的总结和归纳,借鉴了不同城市各具特色的民族工作方法,提出了建立和完善处理城市民族关系问题的机制,使新时期城市民族关系始终处于和谐状态。

关键词:城市化　民族问题　民族工作　少数民

族

2586

景颇族社会文化变迁与现代发展研究 / 陆云著 ; 纳麒指导. -- 云南大学, 2005. -- 191 页

本文以景颇族社会文化的纵向发展历史为“经”，以其中典型时期的横向发展为“纬”，通过对基本史实的叙述和典型事例的研究分析，整体把握景颇族社会文化变迁的脉搏，在提示其特点和规律的基础上，研究和思考当代景颇族发展的困境及解决线索。全文分两部分。第一部分是历史研究（第1—4章）。论文对景颇族社会文化变迁的总体情况进行了历史考察。通过对景颇族传统社会文化的形成及其基本特征的分析，寻找出研究景颇族社会文化历史变迁的最古老钥匙；通过考察明末清初至民国时期景颇族的社会文化变迁，概述了景颇族由迁徙走向定住后的社会文化发展状况；通过分析20世纪中、后叶景颇族社会文化的两次跃迁，透视了“直接过渡”后景颇族的发展历程。第二部分是现实研究（第5、6章）：对现实中景颇族的发展问题及对策进行了讨论。指出传统文化模式中的消极因素仍制约着景颇族的发展；景颇文化面临着传承与创新的突出矛盾；景颇族发展的整体素质还存在着明显的时代“落差”；特殊的地缘分布，使景颇族遭遇了境外毒品危害强烈的异常外力冲击，以致出现了危及族群生存的发展问题。景颇族要应对发展中的严峻挑战，消除社会文化发展中的不和谐因素，应增强民族自身发展能力，借助国家公共政策的特殊扶持，积极整合民族文化资源，推进景颇文化的产业化，完善民族教育体系，增大人力资本存量。

关键词：景颇族　社会变迁　民族文化

2587

危机管理视角下的中国北方草原传统文化 / 乔玉光著 ; 荣仕星指导. -- 中央民族大学, 2005. -- 63 页

本文提出“发展危机”的概念并对此一概念的内涵和外延进行扼要的界定与说明，同时运用这一要领所提供的观察角度，对于国内外传统文化危机状态下的应对以及传统文化之于社会发展的关系进行了历时性的梳理分析。随后以“游牧文明——历史性危机下的历史性成功抉择”为题，充分利用内蒙古高原考古发现的最新成果，对于草原传统文化的历史由来、演化发展进行了颠覆传统认知的全新解读，对于草原传统文化的本质内涵予以探微索隐式的深度开发，对于草原传统文化价值特别是其当代价值给以必要的重建性阐释。论文重点分析了草原传统文化现代条件下所遭遇的危机景况及其诱因，着重指出，危机之严重不仅仅在于以美国文化为代表的外来文化对草原传统文化生存空间的蚕食和表现形态上的覆盖，更为严重的是凭借强大经济优势的外来文化，在不动声色之间悄然改变甚至瓦解着人们的价值认知体系和价值判断标准，正在摧毁草原传统文化的生存底线。最后，运用现代危机管理理论，提出构建完善、有效的草原传统文化危机管理和危机应对体系的理论模式，论述了这一体系的基本构成和不可或缺的基本要素。

关键词：民族文化　传统文化　危机管理　蒙古族　游牧民族

2588

民族乡政府管理研究 / 许才明著 ; 荣仕星指导. -- 中央民族大学, 2005. -- 115 页

本文把民族乡政府管理放在一个相对较大的系统中加以研究的，即与它具有直接联系的县级政府和村级组织，形成一个“县—乡—村”的系统。目的就是希望通过改革现行的县乡政府管理体制、调适乡村关系，从而借助县级政府的拉动作用和村级组织的推动作用来加快民族乡政府管理的改革。民族乡是中国解决民族问题最具特色的形式之一。民族乡政府在建立社会主义新型民族关系、维护社会稳定、巩固边疆安宁都起着举足轻重的作用。民族乡政府管理已经越来越难以适应群众对物质文明、精神文明和政治文明的需求，甚至有时还成为发展道路上的阻碍。究其原因，有内外环境的变化也有相关政策的调整，但主要还是传统体制下民族乡政府管理自身存在许多缺陷：机构设置不合理、政府职能转变滞后、行政行为失范、管理方式落后以及公务员队伍建设缓慢等等。因此，民族乡政府管理能力的提升最根本的还是要靠自身的改革和完善。当然，这种改革是在中央政府有关方针、政策指引下结合各个民族乡的实际情况进行的。

关键词：民族乡　行政管理　民族工作　政府职能

2589

中国民族自治区民族事务行政管理研究 / 赵丽华著 ; 荣仕星，青觉指导. -- 中央民族大学, 2005. -- 93 页

本文选取省级自治地方——自治区作为研究重点，对自治区人民政府的各个职能机构在民族事务行

政管理过程中的作用,从少数民族自主管理本民族事务的角度,对自治区民族事务行政决策、行政执行、行政监督等行政管理的整体过程进行深入细致的分析,力求把自治区人民政府民族事务行政管理过程完整、全面、系统地呈现出来。论文认为,随着中国"西部大开发"战略的进一步推进,民族自治地方行政体制改革的成败成为影响民族自治地方经济可持续发展的重要因素。从自治区的实际情况出发,研究自治区人民政府民族事务行政管理的行政过程,减少阻碍民族事务行政管理工作的种种因素,有效发挥民族事务委员会保障少数民族权益的重要作用,促进自治区的全面发展已经刻不容缓。论文针对自治区民族事务委员会和自治区人民政府其他机构在管理民族事务过程中面临的问题,各民族自主管理本民族事务过程中出现的种种不利因素,以及如何充分发挥自治区民族事务委员会所具有的自治区其他政府职能机构无法替代的特殊作用等方面作一些探索,为自治区人民政府民族事务行政管理走向程序化、制度化、法制化道路提供一些参考意见。

关键词:自治区　民族事务　行政管理　自治权

2590

西部民族地区政治文明建设研究 / 赵新国著 ; 金炳镐指导. -- 中央民族大学, 2005. -- 139 页

西部民族地区社会主义政治文明建设面临着一些重大问题:政治稳定问题、民族关系的调适机制建设问题、民族区域自治制度建设问题、政府行政能力提升问题、党的执政能力建设问题等等。绪论部分界定了政治、文明、政治文明、社会主义政治文明的科学内涵,并简要概说了我国政治文明建设的一般性原则。第 1 章介绍了西部民族地区的基本情况、西部民族地区政治文明建设成就、政治文明建设存在的问题以及政治文明建设的必要性。第 2 章分析了西部民族地区政治文明建设所处的自然、经济、政治、文化、国际等方面的环境条件后,提出加强西部民族地区政治文明建设的方针和原则。第 3 章分析了影响西部民族地区政治稳定的因素,并提出了维护政治稳定的对策。第 4 章分析了西部民族地区的民族关系的基本类型、主要影响因素,以及建立以法律调适为主,行政、社会调适为辅的调适体系。第 5 章分析了西部民族地区地方政府从转变职能、依法行政等方面探讨政府能力的提升问题。第 6 章提出了完善和发展民族区域自治制度的对策,对西部民族地区政治文明建设有重要意义。加强党的各级组织建设和提高党员队伍各方面的执政能力建设问题,是西部民族地区政治文明建设的重要内容之一。

关键词:民族地区　政治文明　民族政策　民族区域自治　西部地区

2591

中国民族理论新范式的探索 / 周传斌著 ; 金炳镐指导. -- 中央民族大学, 2005. -- 102 页

本文以"范式"概念为切入点,展开对民族理论学科的回顾和反思,藉以提出民族理论研究的新思路。论文回顾了中国民族理论研究的以下四条线索:第一,马克思主义的创始人及其后继者对与阶级压迫相联系的民族问题作了大量研究,是社会主义国家民族理论学科的源头。第二,在政治学领域,与资本主义兴起的过程相伴随的"民族主义"与"民族国家"理论对中国近代以来的社会变迁有重要影响。第三,在中国史或民族史的领域,追溯"中华民族"的源头和脉络是近代以来中国史学的一个重要取向。第四,人类学族群理论构成了中国民族理论的一种参照或资源。而且在中国的环境中,人类学与民族研究本身有着难以割舍的联系。论文认为,上述四条线索实际上在中国传统的民族政治和族类观念的基础上发生了整合。西方舶来的"民族"、"民族主义"、"民族—国家"、马克思主义和苏联式的"民族问题理论",以及"族群"概念等,都要经过中国"传统"的过滤、吸收、改造或拒斥,形成以马克思主义民族理论为统摄的、多线式的民族理论新范式。

关键词:民族学　民族政策　少数民族

中国少数民族经济

2592

和合加速论:当代民族经济发展战略研究 / 曹征海著 ; 施正一指导. -- 中央民族大学, 2005. -- 273 页

本文借鉴中华民族优秀传统文化,提出和合加速发展这一全新的当代民族经济发展战略,系统论述和合加速发展战略的基本内容,提出"三个和合、三个加速"(民族与民族和合,加速共同发展;民族与社会和合,加速全面发展;民族与自然和合,加速可持续发展)的理论命题。论文在总结借鉴前人研究,特别是民族经济学 20 年研究基础上,提出全新的民族经济

发展战略及一系列理论观点,兼顾研究对象的广泛性与深入性、普遍性与特殊性、主体性与客体性,有关理论创新和理论探索对于深化民族经济学研究,完善民族经济学的理论体系,将起到积极推动和促进作用。论文立足于中国民族经济发展的成功经验,结合当代世界民族经济发展战略的实践,系统总结形成科学的民族经济和合加速发展战略,是时代的呼唤和民族经济发展的必然要求,也是中国民族经济学者为促进世界和平与发展做出的应有贡献。

关键词:民族经济　经济发展战略　协调发展

2593

论中国农民养老保障的社会化 / 公维才著 ; 刘永佶指导. -- 中央民族大学, 2005. -- 277 页

我国正在进行农村社会化养老保障的实践,其一是社区养老;其二是农村社会养老保险。本文共分五部分:第一部分(第一章)是对基本范畴的界定,以及当前研究的综述,并说明研究方法。第二部分(第二、三章)是对农民养老保障社会化实践的分析,探讨了农村社区养老,特别是"五保"老人供养制度及农村社会养老保险的实践进程,并指出二者的实践已陷入困境。第三部分(第四章)是对农村社会养老保障陷入困境的原因分析,否定了政府财力不足论及户籍制度制约论,确立了农民社会主体地位低下及政府利益市民化是问题成因的观点。第四部分(第五、六章)是对农民养老保障制度的探讨。其中,第五章主要探讨当前农民分化下的社会养老保障制度,主张分别建立针对不同农民的社会养老保障制度;第六章则是对农民养老保障体系的探讨,并构建了五层次养老保障模式框架。第五部分(第七章)指出,农民养老保障制度建设并不是孤立的,而是与农民的收入水平、负担状况,乃至医疗、教育等制度改革密不可分的,因而也需要对之进行相应改革。

关键词:农民　社会保障　养老保险

2594

论中国的货币政策 / 侯超惠著 ; 刘永佶指导. -- 中央民族大学, 2005. -- 176 页

本文重点结合改革开放 20 多年来中国货币政策的实践,系统、深入地分析我国货币政策在主体、最终目标、中介目标、操作工具和传导机制方面存在的突出问题,在此基础上,结合我国经济发展的现状和要求,对我国货币政策理论体系进行层次梳理和系统重构,并对提高我国货币政策制定的科学性和实施的有效性提出政策建议。货币政策就是货币政策主体选择中介目标和政策工具、通过传导机制以实现最终目标的政策措施。货币政策的制定和执行主体是中央银行,倾向政策的效果取决于中央银行能否在较大程度上保持自身的独立性,根据社会经济的发展状况而不是受行政机关和利益集团的影响作出相应的判断并制定相应的货币政策,进而使社会经济保持良好的运行。货币政策中介目标是为实现货币政策的最终目标而选定的便于调控、具有传导性的金融变量。货币政策工具是为调控中介目标,进而实现货币政策最终目标所采取的政策手段。货币政策传导机制是中央银行在选定货币政策目标之后,通过各种货币政策工具的运用,以期引起中介指标的变动,进而实现既定目标的全过程。货币政策效果是中央银行运用货币政策工具、确立货币政策中介目标,通过货币政策传导机制,最后实现货币政策最终目标的程度。

关键词:货币政策　中央银行　货币管理

2595

中国财政安全与预警研究 / 胡国强著 ; 刘永佶指导. -- 中央民族大学, 2005. -- 242 页

财政安全问题已经成为当今世界大多数国家经济发展中的一个重大问题。论文共分为六章。第一章重点探讨对国家财政安全的认识,研究了中国财政安全的问题,分析我国国家财政安全的研究现状。第二章财政风险与财政安全,探讨了财政风险的概念、特征与财政安全的关系,从财政赤字、国债、财政制度以及财政体制等几个方面对财政安全的影响入手,分析了财政风险所带来的财政安全问题。第三章金融风险与财政安全,主要论述金融风险对财政安全的影响,分析了金融风险的财政化,提出了金融风险的控制措施。第四章国企改革与财政安全。重点从国企改革与国家财政安全的一般关系、国企改革对国家财政安全的直接影响、国企改革对国家财政安全的间接作用,以及国企改革中财政安全的控制等四个方面论述了国有企业对财政安全的重要作用。第五章经济全球化与国家财政安全。分析了经济全球化条件下的国家财政主权、国家财政政策能力以及经济全球化条件下我国的财政危机问题。第六章预防财政风险构建预警系统。介绍了国外财政风险的管理经验,提出关于我国财政安全战略措施和构建财政风险预警系统的思路,分析了财政安全态势的指标体系与监测预警系统,在此基础上提出了完善我国财政赤字与债务规模预警系统,建立金融危机预警系统。

关键词:财政管理　风险管理　财政赤字　金融危机

2596

21世纪初西部民族地区农村反贫困法制保障研究／黄颂文著；宋才发指导. -- 中央民族大学, 2005. -- 162页

本文探讨了21世纪初西部民族地区农村反贫困的法制保障问题。论文认为,我国西部民族地区扶贫开发面临许多新的困境,呈现出新的特点和新的走势。21世纪初,西部少数民族地区的反贫困战略应该由过去单纯关注贫困户的收入贫困,更多地转向关注知识贫困(获取、吸收、交流、创造知识的能力)、权力贫困(就业机会、收入机会)和人力贫困(识字水平、营养卫生健康),在贫困地区实施可持续发展战略。我国政府需要制定一个综合性的反贫困的政策体系,要注意把经过实践检验的政策措施和成功经验适时地提升为法规,使我们的反贫困工作由过去主要靠政策逐步地转向依靠法律法规,确保反贫困具有政策的稳定性、持续性和法律的保障性,真正能够"依法治农、依法兴农、依法保护农民的合法权益"。要加快反贫困立法。农村发展要有新思路,要统筹城乡发展,停止对"三农"的剥夺,充分调动城乡经济主体的积极性和创造性,转变"城市偏向"的发展战略,形成西部民族地区城乡协调发展的局面。要完善和调整利于贫困人口减负的税费制度,进一步完善西部民族地区农村尤其是移民新村的土地承包经营权,解决好集体土地所有权归属、土地承包经营权权能结构等问题。要建立健全农村社会保障制度并走向制度化、法制化,真正让贫困农民"生有所靠、病有所医、老有所养"。必须对民族地区财政扶贫政策进行调整改革,建立有利于民族地区贫困人口的信贷机制。要结合《民族区域自治法》,制定和完善有利于民族地区发展的各种政策,促进民族地区可持续发展。

关键词:民族地区　农村　反贫困　扶贫　民族政策

2597

西部地区人力资源开发与经济增长／峻峰著；宋才发指导. -- 中央民族大学, 2005. -- 194页

本文从人力资源视角的教育观和教育价值观出发,提出教育的发展是西部地区经济社会发展所需人力资源的最基本的来源,而落实教育投入的政策和措施是西部教育事业持续健康发展的重要保障。在职培训投资和健康投资是人力资源开发的重要组成部分。西部地区的贫困问题主要是少数民族的贫困问题。论文指出,西部少数民族贫困地区的理性选择应该是依托人力资源开发反贫困。制度、政策对人力资源在经济增长中促进作用的发挥起着重要的作用。论文通过不同地区的比较研究表明,在西部大开发的进程中,人力资源的开发程度以及对经济增长的促进程序如何,在很大程度上还要取决于现行的制度和政策。西部地区人力资源开发现行制度的安排还存在着诸多缺陷。通过管理体制和制度改革,不断推动地区人力资源的合理配置与利用,推动地区经济的持续稳定发展,最终实现人口、资源、环境与经济社会的协调发展和可持续发展的总体目标。

关键词:地区经济　人力资源管理　经济增长　西部大开发

2598

民族地区旅游资源法律保障研究／李江玲著；宋才发指导. -- 中央民族大学, 2005. -- 107页

本文以民族地区旅游资源的法律保障作为研究对象,综合运用民族经济学、旅游资源学、法理学等多学科理论,以文献资料与理论分析相融合,通过对多种法律法规及实践案例的分析总结,结合民族地区工作实践,努力实现跨学科、多角度的研究。论文认为,民族地区的旅游资源,既具有旅游资源的基本特征,又因为植根于民族地区而具有其自身独有的魅力和特色。有效利用发挥好这一资源优势,能够促进民族地区经济快速增长。论文指出,由于目前学术界尚未就民族地区旅游资源的法律保护问题展开专门研究,因此,这一工作可以为正在蓬勃兴起的民族地区旅游业的可持续发展提供有益的参考。论文详细梳理和分析了旅游资源的国际法和国内法保护现状,并就如何对民族地区旅游资源保护工作作进一步的改进和完善,从理论和实践环节提出了具体明确的意见。

关键词:民族地区　旅游资源　法律保障　可持续发展

2599

西部地区人力资本开发的制度研究／李文武著；宋才发指导. -- 中央民族大学, 2005. -- 146页

本文运用制度经济学的理论和方法,认识西部地区人力资本开发制度的内容结构、功能和运行规律,为西部地区人力资本开发提供理论支持和政策建议。论文认为,人力资本开发是重要的社会实践活动。这

种社会实践活动能够决定社会经济发展水平，西部地区落后首先源于人力资源开发程度低，研究西部地区人力资本开发制度对加速民族地区社会经济发展以及西部大开发战略的顺利实施，实现国家的长治久安至关重要。论文认为，从西部开发所处的时代背景看，人力资本开发在经济发展中的地位日益突出，已成为经济发展中最重要、最稀缺的资源。新经济增长理论的研究表明，人力因素可以克服物质资本和劳动要素的边际递减倾向，而且可以产生递增的收益，从而保证经济长期增长。制度因素可以为人力资本开发提供支持，论文探讨了西部地区的人力资本开发相关制度。

关键词：人力资本　人才资源开发　经济发展　西部地区

2600

我国西部少数民族地区退耕还林（草）实践及对策研究 / 李彦著 ; 宋才发指导. -- 中央民族大学, 2005. -- 114 页

本文定位于我国生态环境极为脆弱的西部少数民族地区，在退耕还林（草）的理论基础上，对我国西部少数民族地区的自然生态环境现状和发展态势进行分析，结合西部少数民族地区的社会经济状况，结合我国西部大开发战略的实施和退耕还林（草）的实践来验证我国西部少数民族地区实施退耕还林（草）生态建设工程的必要性和可能性，并针对我国西部少数民族地区实施退耕还林（草）工程中出现或可能出现的诸多现实问题，从不同的角度（如退耕还林（草）中产权结构的调整、退耕经济活动中的生态移民问题及如何完善政策法律保障机制等）对我国西部少数民族地区退耕还林（草）工程的全面推进进行了探讨。论文还从与我国西部少数民族地区实施退耕还林（草）有关的方面，如建立较为完备的相关政策保障机制，通过法制化的手段切实解决影响退耕还林（草）各项措施有效推进的阻碍因素，最终保证经济建设和生态环境协调发展等方面进行了研究。

关键词：地区经济　民族地区　退耕还林　退耕还草　西部地区

2601

中华民族传统医药产业化发展问题研究 / 林江著 ; 施正一指导. -- 中央民族大学, 2005. -- 252 页

本文是从民族经济学的视野，研究凝聚着中华民族文化精粹的中医药学的产业化发展问题。本文共分九章，第一章通过简要考证中华民族传统医药学形成和传播的历史，确立现代的具有中国特色的中华民族传统医药学体系的思路。第二章在对中医药学科特点分析的基础上，提出了中医药产业化的基本条件及推进战略。第三章结合最新数据资料，对我国初具规模的中医药产业结构体系作了分析，并进行了与整个医药行业的比较，明确了已取得的成绩与尚存在的不足。第四章对我国传统医药的供需状况、市场培育策略与市场管理模式作出探讨。第五章按照经济发育的不同层面，对具有代表性的国家的传统医药开发利用状况作了介绍，以冀对中华民族传统医药产业化发展有所帮助。第六章从理论上论证了传统医药产业是我国西部地区的优势产业，并根据西部地区的传统医药发育基础对西部地区传统医药产业运作模式作出探讨。第七章对中医药产业国际经营理论进行研究。第八章对北大维信生物科技有限公司和天津天士力集团作了介绍。第九章根据文献资料，以同仁堂为标杆，分析了创建于明、清两代的目前尚在经营的中药老字号企业经久不衰的经验。

关键词：中华民族　产业经济　中医药学　产业化

2602

国有商业银行改革研究 / 刘清著 ; 刘永佶指导. -- 中央民族大学, 2005. -- 242 页

国有商业银行的改革已成为金融改革的重中之重，股份制改革是市场经济发展的必然。改革的核心是建立良好的公司治理，即通过股份制的改造和上市，改变原有的行政管理模式的诸多弊端，改善股权结构，引进战略投资者，建立以董事会为核心的“三会”的权利与责任相制衡机制，为强化对董事和高级管理层的监督，引进和借鉴发达国家的独立董事制度，从而形成国有商业银行公司治理结构的特点。转化经营机制是国有商业银行面临的又一个改革的重点和难点。无论从国家的注资、不良资产、还是银行发行次级债券以及资产证券等的尝试，特别是次级债和资本金补充渠道，通过市场化行为建立了资本金补充机制；不良资产的体内和体外的机制创新极大地化解了银行风险，对已形成的不良资产处置积累了经验，也完善了风险管理和风险防范机制。论文提出了建立国有商业银行的扁平化的组织模式，即建立以市场为导向，以客户为中心，整合资源，降低成本、提高劳动生产率、提升国家银行业整体核心竞争力，以适应国际金融网络化、全球化等新形势下的竞争需求。

建立和完善信用风险、市场风险和操作风险的全面风险管理体系是我国金融业与国际接轨的集中体现。

关键词:商业银行 公司治理 风险管理 经济体制改革

2603

中国农地所有权与使用权的法律问题研究 / 柳琳著 ; 宋才发指导. -- 中央民族大学, 2005. -- 139 页

本文通过我国农地使用制度进行历史的、比较的分析,利用法学、经济学、社会学的有关理论对其进行梳理,并且提出若干解决问题的建议。论文在探讨农地所有权和农地使用权之前,论述了我国农村土地使用制度两千多年来的变迁史,以期通过回眸历史,清理传统的理论和认识,重新审视过去的实践活动来前瞻未来,形成新的理论,更好地服务于未来的实践。论文着力对建国以来我国农村土地制度发生的三次大的变革进行分析研究,农村土地制度改革的实质在于土地之上各种权利主体之间利益结构的变化。农村土地制度改革必须与我国农村的社会、经济、文化、农民的意识等等非制度因素相吻合,必须尊重农民意愿,农村土地的权利结构本身也必须与农村社会传统与经济结构相协调。论文认为,明确农村集体土地所有权的法律性质是解决农村土地利用中存在的权益冲突等问题的关键。农村集体土地所有权首先是一项民事权利,是受私法规范调整和保护的民事权利。农村集体土地所有权关系在本质上是一种特殊的共同共有关系,是体现农民集体共同利益的民事权利。农民集体土地所有权是完整的所有权,它是受到国家利益限制较多的民事权利。而农村土地承包经营权具有自物权性质,土地承包经营合同是一种农村集体共同共有关系中对农村土地的利用与管理的分管契约。我国农村土地使用权的体系应当包括地上权、永佃权、地役权以及四荒土地使用权。建立我国农地使用权体系,可以克服单一的土地使用权不能在概念及内容上全面反映土地使用的权益所在的缺陷。农地使用权作为独立而主要的财产权利,是农民所享有的完全的、充分的、可支配的所有权。而可转让性是财产权利的最基本特征,农地使用权的流转,就是农民或其他主体对农地使用权的所有权的让渡。法律必须对其流转权利予以明确界定,并建立公正合理的农地使用权流转机制。

关键词:农业用地 土地所有权 土地使用权 经营权 土地法

2604

中国国有资产管理体制研究 / 马淮著 ; 刘永佶指导. -- 中央民族大学, 2005. -- 172 页

本文共分五部分。导言部分首先说明了本文的选题意义与价值,在提出本文研究方法的基础上分析研究中国国有资产管理体制的基本原则,最后概括本文的结构和主要观点。第一章国有资产与国有资产管理体制,从劳动者的社会主体地位和公有制的基本原则出发重新界定国有资产,指出国有资产是归全体劳动者个人所有,交由国家机构共同占有的具有增值性、流动性的资产。国有资产在外延上小于国有财产,是国有财产中用于经营性的那一部分资产。在此基础上,对国有资产管理的主体、对象、内容、目的进行分析,并对国有资产管理体制重新进行概念界定,指出国有资产管理体制是劳动者依据其个人所有权,依法对占有权、经营权等各派生权利主体及其行为进行管理、监控的组织结构和方式方法的总和。第二章中国国有资产管理体制演变历程,依据历史和逻辑的统一,将中国国有资产管理体制的演进历程划分为三个阶段:建国—1957 年,高度行政集权的“国有国营”国有资产管理体制的建立阶段;1957—1978 年,以行政性分权为核心的国有资产管理体制的调整阶段;1978 年至今,以向企业放权为核心的国有资产管理体制的改革阶段。本章依次对各阶段国有资产管理体制的演进历程进行说明。第三章中国国有资产管理体制存在的主要矛盾,指出所有权与占有权的矛盾是中国国有资产管理体制的主要矛盾。这一主要矛盾在国有资产管理体制初创时形成,集中体现于国家行政机构在虚置劳动者所有权的同时,高度集中行使国有资产的所有权、占有权、经营权以及国家行政权。中国国有资产管理体制的主要矛盾作用于国有经济的各个方面,导致政资不分、国有资产流失、资产结构不合理、经营权建设难以规范以及经营效益低下。第四章中国国有资产管理体制矛盾的解决,针对中国国有资产管理体制的主要矛盾,以确立劳动者所有权为核心提出矛盾解决思路:理论上明确劳动者的劳动力所有权以及由其派生的全体劳动者对国有资产的个人所有权;实践中落实国有资产管理体制中的各项权利,包括通过民主权落实劳动者的个人所有权,控制国家机构的国有占有权,以及规范企业经营权;制度上则通过民主法制以及建立隶属于人民代表大会的国有资产占有委员会,保障劳动者所有权的实现。

关键词:国有资产管理 所有权 占有权

2605

社会主义基本经济理论创新研究 / 陶国相著 ; 施正一指导. -- 中央民族大学, 2005. -- 245 页

本文以创新为角度,以社会主义经济理论发展史为线索,对社会主义基本经济理论的内容进行了研究。全文共分六章。第一章马克思、恩格斯对社会主义经济关系的科学预测。研究内容分为三部分:(1)空想社会主义经济学说是马克思社会主义经济思想的直接来源;(2)马克思的两大发现,使社会主义经济思想由空想变为科学;(3)马克思、恩格斯对未来社会主义经济的设想。第二章列宁、斯大林时代对社会主义经济理论的创新。研究的是列宁关于社会主义经济建设的理论与实践、主要思想、创新思想的特点及启示;考茨基对社会主义经济体制及运行的探索、布哈林与新经济政策、斯大林与苏联社会主义经济模式。第三章苏联东欧及西方经济学家对社会主义经济理论的探讨。首先是有关后斯大林时期苏联、东欧国家经济学家对社会主义经济改革的探讨的研究;其次是对西方学者社会主义经济理论的研究的评述。第四章毛泽东时代对社会主义经济建设理论的探索。包括对毛泽东对新民主主义经济理论的论述,毛泽东对社会主义经济理论的探索;刘少奇对社会主义经济建设理论探索的研究;20 世纪 50—60 年代我国经济学界对社会主义经济理论几个主要的问题的探讨的回顾。第五章邓小平时代对社会主义经济理论的突破和创新研究。研究的是邓小平建设有中国特色社会主义经济理论的创立及其特点,邓小平对社会主义本质的新概括,对社会主义发展阶段的新发现,对社会主义根本任务的新论述,对社会主义经济制度理论的新拓展,对社会主义经济制度的新创举;陈云对社会主义经济理论的研究;并回顾了改革开放时期中国经济学者对社会主义基本经济理论的探讨。第六章以江泽民为核心的第三代领导集体对邓小平经济理论的丰富和发展。研究内容包括,第三代领导集体对社会主义初级阶段理论的丰富和发展,提出把发展作为党执政兴国的第一要务,系统提出社会主义初级阶段经济制度的理论,系统提出和完善社会主义市场经济体制模式,以及对社会主义经济建设发展战略的创新。

关键词:社会主义经济　经济理论　邓小平(1904~1997)　社会主义初级阶段

2606

西部地区中小企业发展的法律保障研究 / 田东霞著 ; 宋才发指导. -- 中央民族大学, 2005. -- 190 页

本文分别从中小企业理论概述、国外扶持中小企业的法律政策借鉴、西部地区中小企业发展概述、西部地区中小企业设立法律制度研究、西部地区中小企业法人治理结构研究、西部地区中小企业信用担保法律制度研究、西部地区中小企业利用风险投资的法律问题研究、西部地区中小企业利用二板市场的法律问题研究、西部地区中小企业技术创新法律问题研究、西部地区中小企业吸引外资法律问题研究、西部地区中小企业国际化经营的法律保障等十一个方面研究了西部地区中小企业发展的相关法律保障问题,较全面地对西部地区中小企业发展中涉及的法律方面问题及其内在关系进行了归纳和探讨。论文在对和西部地区中小企业发展相关的现行法律政策进行分析研究的基础上,针对西部中小企业发展法制中存在的主要问题和缺陷,分别提出了切实可行的对策和建议,为制定与《中华人民共和国中小企业促进法》相配套的法规政策文件提供借鉴和思路。尤其是对当前经济和法律学界备受关注的中小企业利用风险投资、利用二板市场、融资的信用担保、现行的法人治理结构等热点问题作了重点分析和探讨。

关键词:中小企业　企业发展　法律保障　西部地区

2607

金融监管中的市场约束研究 / 田光伟著 ; 施正一指导. -- 中央民族大学, 2005. -- 156 页

本文运用马克思主义经济学、西方经济学的有关理论和方法,对金融监管领域的市场约束机制进行深入、系统的研究,希望能为提高我国的金融监管水平,增强金融竞争力提供一些有益的思路。论文认为,如何保证金融安全高效地运作已经成为无法回避的大课题。金融监管的权威在相当程度上塑造了金融业的面貌。金融监管水平对金融业的安全性和有效性有至关重要的影响。随着金融自由化的发展,金融机构风险自我控制责任的增强,道德风险行为的活动空间增大,通过市场纪律约束金融机构的道德风险显得更为重要,在这样的背景下,市场约束开始日益受到人们的关注。2004 年巴塞尔新资本协议明确将市场约束列为监管的三支柱之一,对市场约束在金融监管中的作用给予高度肯定。论文总结了管制经济学关于政府管制的理论背景,为后来的研究提供了一个理论平台。再进一步阐述了市场约束的一般理论,将之应用于研究中国的现实情况,得出对中国金融监管现

状的基本判断和对策,指出中国加强金融监管的前提是要加强市场约束。中国金融体系正朝着市场化方向推进,金融监管要转变传统的纯粹行政性监管的思路,加强市场约束,多从监管对象的内在要求出发来考虑设置监管措施,追求效率与安全的平衡。

关键词:金融监管　金融机构　市场管理　信息披露　银行监管

2608

决策经济学研究 / 王晓琴著 ; 施正一指导. -- 中央民族大学, 2005. -- 148 页

本文从剖析决策经济学的研究范式,决策学、管理学、经济学的发展史略和学科界定及其与决策经济学之间的逻辑关系入手,探讨建立决策经济学的必要性及其现实意义,构筑决策经济学的基本理论框架,从而为系统学习和研究决策经济学搭建一个平台。论文认为,决策经济学是经济学科体系中的一个有机组成部分,是联系理论经济学和应用经济学的一座桥梁;从学科的理论渊源来说,则是经济学和决策科学融合发展到一定阶段的产物。论文研究与分析了决策经济学的渊源与发展,阐述了决策学、管理学、经济学等学科在研究对象、概念体系、方法论等方面区别与联系,并就决策经济学与决策学、管理学、理论经济学、应用经济学、管理经济学、信息经济学、计量经济学以及民族经济学之间的关系进行了分析和探讨。论文详细探讨了公共决策的概念与特点、公共决策与公共决策体制的关系、公共决策中的功利主义和个人利益的博弈、公共决策失灵的治理对策等,并就我国建国以来经济领域所发生的一些重大战略决策案例进行了剖析。论文讨论了企业决策的类别与特点,重点讨论了企业投资决策的可行性分析与评价、投资决策的退出以及现代企业决策机制的构建等。论文还分析和探讨了领导决策和智囊机构的问题。

关键词:决策学　经济决策　经济学

2609

中国农民工的政治经济学考察 / 杨思远著 ; 刘永佶指导. -- 中央民族大学, 2005. -- 263 页

一般意义上的雇佣工人是劳动力的所有者,因而可以自由出卖自己的劳动力;劳动力商品以劳动力所有权为前提。雇佣工人劳动力是完全的商品,农民工劳动力只能是半商品。半商品劳动力价值只包括劳动力再生产所需要的一般费用,另一半费用由农民工从农业经营收入中获得。农民工受户籍制度限制拥有不完全的劳动力所有权,不是完全自由的劳动力。农民工劳动力半商品性质,是统制经济体制变革不彻底的产物。不完全的劳动力所有权造成农民工户籍身份与实际职业发生分离,这个矛盾是劳动者素质技能与社会地位矛盾在农民工身上的特殊表现,在乡农民工与进城农民工构成这个矛盾运动的两个阶段和两种形式。受这个矛盾支配,农民工在社会地位上既是工人又是农民,在实际职业上既从事农业,又从事工业。农民工的双重性质在经济、政治和文化上都有体现。经济上产生了二重收入,即农业收入与工资收入;政治上造成农民与农民工、农民工与城市传统工人之间的阶级分化;文化上产生了小农意识与阶级意识的对抗。矛盾运动的结果是农民阶级的没落,农民工成为末代农民。论文分析了农民工的发展趋势。农民工是末代农民,是中国农民发展的最高阶段。“民工荒”是资本对农民工进行绝对剩余价值生产的必然产物,是农民工对资本掠夺使用劳动力的一种独特的罢工方式。“民工荒”不会造成农民工回到农民,相反,它对农民工阶级的发展是一个健康因素,但农民工完成向工人的转化是一个长期的历史过程。

关键词:农民工　阶级　劳动力　政治经济学

2610

民族地区人力资源开发法律保障研究 / 张志新著 ; 宋才发指导. -- 中央民族大学, 2005. -- 226 页

本文以经济法学和民族经济学为底蕴,对当代中国经济发展热点问题之一的西部大开发作了全面考察和深入研究。在“人力资源是第一资源"的思想指引下,立足于西部地区人力资源开发现状,借鉴国内外开发欠发达地区的有益经验的基础上,充分论证了人力资源开发是西部大开发战略成败的关键。在如何作好西部地区人力资源开发上,结合人力资源开发有关知识和人力资源特性,创造性地提出西部地区人力资源开发应建立在法律保障机制基础上。论文认为,构建适合于西部民族地区人力资源开发的法律保障体系就是当前工作的重中之重。论文论述了西部民族地区人力资源开发的基本内涵、现实状况、基本思路以及开发利用问题。重点阐述了不能以开发论开发,而是要把人力资源开发与西部民族地区经济社会发展相结合;人力资源开发与促进就业相结合;要坚决剔除西部人力资源开发上存在的六大误区以及西部民族地区人力资源开发路径选择等具有实践价值和可操作性的重大问题。论文从人力资源开发法治环境的酿造、教育法与人力资源开发、人力资源开

发与社会保障、人力资源开发利用法律保障以及有利于人力资源开发的法律服务机制的构建等方面来论述西部民族地区人力资源开发法律保障问题。论文还简要地论证了西部地区人力资源开发不但要有良好的法律环境,而且优质的法律服务可以促使西部地区人力资源开发工作始终沿着法治的轨道运行。

关键词:人力资源开发　法律保障　劳动力　民族地区　法治

中国少数民族史

2611

《万历武功录》研究 :以蒙古、女真人物传记为中心 / 孟凡云著 ; 达力扎布指导. -- 中央民族大学, 2005. -- 110 页

作者指出,《万历武功录》(以下简称《武功录》)是明万历间湖北诸生瞿九思私撰的一部史书,其中对明代边疆少数民族的记载占据了大半,详细地反映了明代边疆各少数民族的真实状况,史料价值极高。但《武功录》又存在颇多瑕疵,给世人的使用造成诸多不便。本文以《武功录》为研究对象,对文献及其作者进行全面细致地考订和考察,对《武功录》的成书背景、创作宗旨、优缺点和作者的生平学术、史学思想等进行论考。还采用史料学的方法进行史源追溯、史料比勘,采用年代学的考订、推算等原则和方法,对《武功录》一书蒙古、女真部分的人物传记进行初步的整理和研究,指出其史源文献、讹误种类和讹误原因,并举例证明。最后,通过对比确定《武功录》的史料价值。

关键词:万历武功录　蒙古族　女真　传记　史料学

2612

金代社会等级结构研究 / 宋立恒著 ; 李桂芝指导. 中央民族大学, 2005. -- 137 页

本文以金代社会等级结构为研究对象,全面介绍了金代社会各等级以及等级内部各阶层的身份地位、权利义务、生存处境等基本状况,并进一步探讨了他们之间的相互关系、社会流变、社会表现,进而加深了对整个金代社会历史的了解。全文包括六部分。论文划分了贵族各阶层,描述了他们的政治、经济特权,对贵族间的矛盾斗争作了性质上的分析,客观评价了贵族在金初的特殊贡献及历史成因。论文表述了各级品官所承担的职务、职长和所享受的待遇,总结了其中的特点,对当时各机构中的吏员阶层进行尝试性研究,揭示了金代吏员的基本状况。论文对社会各种职业的平民的法律地位和权利义务进行了分别表述,指出女真农业平民的贫困化绝不单纯是生活的堕落,而是由于掠夺战争的结束以及封建因素的影响。论文对金代奴婢进行了类别划分,对各类奴婢的身份差别进行了辨析。论文分析了金代社会等级结构的主要特征:一是社会等级中虽然民族差异表现明显,但尚未达到辽代、元代那样的程度;二是金代虽然也信奉佛教,但始终没有形成僧侣贵族阶层。

关键词:金代　社会阶层　等级制度　社会结构　贵族　平民　奴婢

中国少数民族艺术

2613

多维视野中的白族大本曲 / 董秀团著 ; 段炳昌指导. -- 云南大学, 2005. -- 275 页

本文将大本曲视为一个相对独立的文化系统,借鉴艾布拉姆斯关于艺术作品四要素的分析模式,分析该系统内各要素间的关联和互动,建构了大本曲的文化系统模型:以大本曲为中心,其与社会文化、艺人和观众之间构成了一个既相对稳定又充满互动的系统。进而,论文对大本曲这一艺术形式的本身进行了分析,并探讨了大本曲与其文化系统中另外三个要素之间的互动关系,希望能更系统、深入地认识大本曲这一与白族民众生活紧密相关的艺术形式。论文共分为八个部分。论文提出大本曲的生存机制关乎大本曲与其他多维因素间的互动,大本曲的发展保护问题实际就是如何建立大本曲文化系统平衡的问题,因而大本曲的未来发展取决于大本曲文化系统当中的所有要素。

关键词:白族　大本曲　说唱艺术　曲艺

2614

关于蒙古包的审美研究 / 柳逸善著 ; 李魁正指导. 中央民族大学, 2005. -- 78 页

本文着重研究并进一步解释蒙古包文化的审美意义,从蒙古包审美关照切入,并从造型、色彩、图案三个角度去研究它的形成历史、发展变化和蒙古包与自然环境的自然契合等要素,以及蒙古包装饰艺术中

丰富多彩的民间文化资源，并以全方位的视角去研究蒙古包自身所具有的丰富文化、审美价值和审美内涵，她所形成的文化传统对今天草原民族发展本民族文化艺术都有着明显的启示。论文通过对草原文化观念形成原因的概述，说明草原地域文化和原始文化对草原文化及对蒙古包文化的深层影响。论文通过对蒙古包造型美的研究和探寻，对于蒙古包外形美和内在美特色的分析，对其文化成因的概括来揭示蒙古包深刻的民族文化内涵，并从绘画艺术的视角关照蒙古包外部的结构艺术、毡帐艺术和各种蒙古牧民使用的有装饰图案的器具，如蒙古包内使用的各种饰品、家具、民间手工艺品、刺绣物等。展示出蒙古包文化与蒙古民族独特生活方式的内在关系，包括民俗活动中人与建筑、人与自然的深层关系。

关键词：蒙古包　民族建筑　审美文化　蒙古族建筑艺术

2615

论苗族传统服饰图案的现代应用 / 申卉芪著；李魁正指导. -- 中央民族大学，2005. -- 77 页

本文通过苗族服饰上几何图案、动物图案、植物图案及其他神话传说图案的研究，来解读苗族文化的深刻内涵。论文努力探讨一个民族的历史文化是怎样影响其服饰文化的，反过来又怎样在其服饰文化中得以继承和发展的，苗族服饰图案的丰富内容恰好印证了这个相辅相成的民族学论题。论文探讨了一个民族对于生活美的发现包括其审美观念的形成是如何折射外化到其物质文化里的，苗族服饰图案也提供了这方面的众多案例。论文对于民族工艺在现代社会中的应用阐述了自己的观点，像苗族服饰图案对现代设计的启示及其意义、其纹饰造型与色彩的现代解读方法以及东方民间美术与西方现代艺术的比较等。

关键词：苗族　民族服饰　图案　审美分析

2616

云南少数民族传统图形中审美意象的延续与变迁 / 殷会利著；李魁正指导. -- 中央民族大学，2005. -- 120 页

本文对云南少数民族传统图形文化的同构性、共享性与地域和时代的变迁形态研究，通过展现少数民族视觉文化、视觉艺术的历史发展的真实情况和对民族审美意象延续与变迁线索的分析，强调在进行少数民族美术研究时，真实解读其文化本质的民族特征、地域特征与传统特征的重要性。论文就民族间的文化交流与融合历史作简要的系统梳理，以了解视觉图形审美意象变迁的历史根据。在分析民族文化交流的主要形式时，论文重点从民族迁徙、民族经济往来和宗教传播三个主要方面分析文化交流与融合的情况。民族迁徙分为自然扩张型、社会变动型、灾害转移型三种类型；经济交往主要从西南丝绸之路和茶马古道这两条云南商贸主干道的传播方向进行文化交流的方向研究；宗教传播主要从佛教、基督教这两个在近现代对民族文化影响比较大的宗教传播历史和现代文化影响方面进行论述。论文分析了各主要族群的文化延续要素，从族群内部不同文化发展形态的对比研究，解析民族传统文化延续的直线和曲线形式的复杂性，深入论述延续与变迁的关系。在对文化渊源的整理、比较中，直接探讨各主要族群的传统图形文化系统中的层次。论文将延续与变迁的关系置入两种不同的文化环境中观照，其一是“地域性”，其二是“时代性”。论文归纳了少数民族视觉艺术审美意象延续与变迁的历史规律，并在研究延续与变迁关系的基础上，提出对少数民族美术研究和少数民族美术本身在当代文化激烈冲突环境中发展策略的设想。

关键词：少数民族　民族文化　图形　审美　云南省

中国博士学位论文提要

（人文社会科学部分　下册）

2005

国家图书馆编

北京图书馆出版社

教育学

教育学原理

2617

自然与自由：卢梭与现代教育的困境 / 曹永国著；金生鈜指导. -- 南京师范大学，2005. -- 120页

该文作者认为现代性祛除了自然，最大限度地凸显了个人自由。自由已成为现代性语境下教育追求的价值与目标。然而，没有了自然，个人自由无法抵制去自由之物的侵蚀。现代性教育非但无法实现自己的承诺，而且精神的异化在现代性教育演进中也得到了膨胀。自由本是对异化的克服，即是完整性的存在和对完整性的追求，在自我与世界的关系中保持完整。自然的存在证实了个人的不自足，使人有了对完整、美好、永恒的追寻。自由的前提是承认个人之不足。现代性教育对自然的僭妄培养了不行反躬自身之人，促使了一种狂妄、蒙昧、盲目、自欺等等精神气质的形成。或许，现代性教育就是"去人"、"非人"的教育。自由失却了它存在的前提，原子式存在成为个人自由之害。作者认为卢梭重新发现了自然，并以之保护个人自由，希冀个人自由、社会、自然之间可能的统一。卢梭的整个教育正是以这个自由来安排的。自由是个人的自由，教育是"做人"的教育。自由是个人对自己在完整关系中生活的治理，是对完美生活的向往与践履；教育因之亦是个人的生活治理，是对完美生活的向往与践履。爱弥儿的成长经历阐释了卢梭对教育的理念。这一过程布满了许许多多的危险，教育需要深思慎行，这样才可能保持完整和个人自由。自由与教育不是一种轻松肤浅之行为，而是人生历险，甚或是一种重负。如是，自由与教育才倍加珍贵，在追求和接受它们的过程中个人才获得美好的享受。卢梭以一种新的方式思考了柏拉图的教育理念。教育就是"爱欲"，在"爱欲"中追寻永恒。然而群氓时代解构了"爱欲"：驱逐了"爱"保留了"欲"，无根基的教育中立了德性、价值。两者相互为谋，共同塑造一个个"欲望主体"。教育与社会生活陷入一种庸俗的唯利是图与享乐主义之中，混乱、无序、虚无。群氓时代的希望或许在于寻求一种自然与自由的和谐，而教育的存在方式应该体现出这个尽管是隐匿的和谐。这样的寻求永远在进行中，教育永远是一项未竟的任务。

关键词：卢梭（Rousseau, Jean Jacques 1712 ~ 1778） 教育思想 自由

2618

论教育身份 / 陈振中著；熊川武指导. -- 华东师范大学，2005. -- 168页

论文秉持教育社会学的学科意识，结合当代教育状况与"学历社会"现象，围绕"教育身份"这一核心概念，揭示人们接受教育的内在动因，思考教育与人的身份赋予关系，重新诠释教育功能的当代表现，并探讨教育角色的正确定位。论文认为，从社会个体的立场看，获得以文凭为标志的教育身份是人们接受教育的真正动因。人们因不同的教育身份而处于不同的社会阶层，也因教育身份的改变而导致社会流动。人们追求和提升教育身份，实质上就是追求和提升个人的社会经济地位。从教育的角度看，授予身份并影响社会地位分层是教育一种十分突出的功能。教育的身份功能，本质上就是一种影响人们社会流动和社会分层的功能。教育的"身份"功能有一定的合理性，以"文凭出身"取代"家庭出身"作为社会分层依据是一个历史进步。但当人们把学历奉若神明、为文凭而"文凭"时，教育身份就会严重约束人的自由和贬损人的尊严；当教育"身份"功能过度膨胀时，它就会扭曲和损害更高意义上的育人功能。在现实中教育身份的获致与教育公平问题的关系也始终处于矛盾和紧张状态：教育既"生产"出新的社会身份，改变原有的社会地位关系，又"再生产"原先的社会身份，继续复制原先的社会地位关系；教育使人冲破原有的社会阶层壁垒，但自身又成了新的社会分层屏蔽；教育有助于实现社会公平，但又强化了社会不平等。

关键词：教育社会学 教育身份 文凭

2619

从"控制"走向"治理"：政府职能转变视野中我国教师教育管理模式研究／陈正华著；劳凯声指导. -- 北京师范大学，2005. -- 141 页

论文从政府职能转变的视角研究我国教师教育管理模式，旨在探明在不同经济体制下，政府职能转变前后我国教师教育管理模式的变化。在计划经济体制下，我国政府是一个全能型政府，与之相适应的是，我国建立了控制型教师教育管理模式。在这种控制型管理模式下，政府包办了整个教师教育，政府主要通过直接行政管理的方式来管理师范院校。然而，今天，这种控制型教师教育管理模式必须面对市场的冲击，特别是要面对教师教育自身的历史转型，要面对政府自身职能的转变。因此，我国控制型教师教育管理模式与处在新的形势与环境下的教师教育发展之间不可避免地产生了诸多矛盾和冲突。为此，必须改革我国控制型教师教育管理模式。作者通过分析治理适用的条件，借鉴国际教师教育管理的基本经验，结合我国教师教育发展的历史与现实，认为我国初步具备了教师教育治理的基本条件，治理型教师教育管理模式在我国予以实施是可行的。同时作者构建了治理型教师教育管理模式的基本框架。提出构建治理型教师教育管理模式，主要应变革教师教育发展的基本理念，重新确立教师教育治理的目标与原则，合理选择教师教育运行机制，重构教师教育治理中政府与教师教育机构、社会之间的关系。治理型教师教育管理模式是在尊重教师教育事业发展规律的基础上实施的事业型管理；它综合利用多元化的权力主体与多种运行机制来为教师教育的发展服务；间接管理与宏观管理则是教师教育治理的基本方式。研究表明，我国政府应加快职能转变的进程，使教师教育管理尽快从"控制型"向"治理型"转变，治理型教师教育管理模式是我国未来教师教育发展的合理选择。

关键词：师范教育　教育管理　教师培训　政府职能

2620

学习型社会建设与教育的使命：一种生存哲学的视角／崔国富著；王逢贤指导. -- 东北师范大学，2005. -- 135 页

论文站在人类和谐生存与可持续发展的角度，以马克思主义理论为指导，运用马克思主义实践哲学、生存哲学和文化哲学的原理，从生存哲学的视角审视学习、教育以及学习型社会思想的内涵与实质，论述了人的生存和发展是教育的永恒主题，引导学会生存是教育的永恒使命，明确了教育在学习型社会建设中所应承担的历史使命。论文首先从人的生存的角度对学习与教育进行了阐述。认为人的生存不同于动物式的生命存活，而是"生成着的存在"。从生存论的视角看，学习就是人的生命机能的运用，是人的生存的基本方式。指出了学习与教育的相互依存关系，学习是教育的前提，教育引导着学习。其次，论文从人类的生存危机出发，呼唤学习型社会。文章认为，解救今日人类面临的生存危机，应该借助学习型社会思想，其中"学会生存"是学习型社会思想的精髓。它强调组织学习、公共学习和社会学习，更加注重社会生存方式的探索，体现着它的社会生存本体论立场和价值取向。最后论文对学习型社会与教育使命的转换进行了探讨。作者提出人类今日所面临的生存危机是与人类传统的学习模式密切关联的，新学习是改变人类未来命运的根本途径。新学习必然要求新教育与之相适应。在拯救人类生存危机的学习型社会建设实践中，教育将肩负起全新的使命，并应构建"和谐社会生活教育导学模式"，为学习型社会建设服务，为中华民族的和平崛起和人类的和谐共存、可持续发展而教育。

关键词：社会教育　教育哲学　人的生存　学习型社会

2621

儿童精神：一种人文的表达：论儿童精神的人文性／丁海东著；戚万学指导. -- 山东师范大学，2005. -- 212 页

作者认为，认识儿童精神乃是人类认识自我的一个永恒性课题。尤其当现代社会，科学和技术理性日益占据主导地位，技术理性文化侵蚀儿童精神的人文性质之时，克服技术理性的异化，重塑和回归儿童精神的人文性，成为促成儿童和谐成长和人文化教育的必然要求。据此论文从历史、文化和价值三个方面对儿童精神的人文性进行了探讨。作者首先从历史角度出发，对儿童精神人文性的历史生成进行了阐述。认为在人类进化的历史视野内，运用个体与类发生的一致性原理，可推导出儿童精神发育与人类原初文化的人文性一致。由此，逻辑地演绎出一种历史生成的可能：儿童精神的人文性。其次通过对儿童精神与人文文化的对应性比较研究，揭示并解读儿童精神表达或呈现人文文化的人文性特质。具体从儿童精神的

自我中心化到人文取向的人之自我意识的表达、儿童感知世界的整体混沌性到人文生成与承纳的体认性、儿童潜意识化的精神涌动到人文存在的不可言明性或隐喻性、儿童精神的诗性逻辑到人文文化的性情化理解、儿童的游戏精神到人文自由的永恒追求等五个方面进行了论证。最后论文站在价值层面探讨了儿童精神的人文魅力。认为基于儿童精神的人文性本质,其对于人类精神与文化之构建具有永恒性价值。在科技理性所主宰的现代文明中,向人文性的童年回归是克服现代人精神异化的有效路径,并提出儿童精神对现代文化构建与教育改革具有启示作用。儿童教育只有走一条人文化的道路,才可真正担当起呵护童心、善待成长的根本职责。

关键词:儿童教育　人文主义　人文精神　教育思想

2622

论现代教育中的实质非理性现象 / 方建锋著 ; 熊川武指导. -- 华东师范大学, 2005. -- 171 页

不管是从内容还是从形式上来看,现代教育都是一个不断追求合理性的领域,它与整个社会合理性程度不断增加的大趋势是相一致的。但是,这种合理性只是一种形式上的合理性,其往往导致背离理性设计的结果,论文把这种现象称之为"形式合理性中的实质非理性"。作者试图从个体人的微观立场来考察社会宏观领域中"形式合理性"的现代教育,揭示其中存在的"实质非理性"之处。首先,作者概述了理性及合理性思想的相关研究成果。指出,通常所谓的"合理性的时代"其实是指"形式合理性的时代"。这种形式合理性的趋势具有使行为方式常规化、使生活停滞化、单一化的危险,具有一种不可避免的"实质非理性"的结果。其次,作者对教育实践和教育理论中所存在的实质非理性现象进行了梳理和分析。认为,在教育内容方面,存在着"以逻辑化的世界代替世界的逻辑"的实质非理性现象;在教育形式方面,分析了现代教育成为一个规训的体系中所存在的实质非理性现象。教育理论方面,作者论证了追求形式合理性的自然科学化倾向导致的对普遍规律的寻求、对技术操作的追求以及研究人员的科层化等实质非理性现象。最后,论文尝试指出走出实质非理性困境的路径。认为,既然实质非理性的结论是从个体人的立场得出的,走出实质非理性困境的基本取向就是注重生活、关注个体的自主性(或谓个体的实质理性)。

关键词:教育理论　合理性　非理性

2623

内生追赶型中国教育现代化模式研究 / 郭永华著 ; 檀传宝指导. -- 北京师范大学, 2005. -- 142 页

论文认为:教育现代化是随着教育现代性的增长,促使传统教育向现代教育变迁或者转变的过程。教育的现代性主要体现在生产性、民主性、多样性、开放性、科学性等方面。教育现代化具有多种模式,可以概括为比较典型的四种:内生性、应激追赶性、植入型、内生追赶性。论文阐述了四种典型模式在中国教育现代化发展中进行过的尝试。鸦片战争前,曾经在资本主义萌芽和西学东渐的促动下出现相当程度教育现代性增长,但没有形成传统教育向现代教育的大规模转变。鸦片战争后,缓慢内生的教育现代化受到西方现代教育的强烈冲击而进行应激追赶,洋务派、维新派对中国传统教育进行改革,但终因条件所限而失败。"五四"运动后,教育大量移植西方国家的现代教育,出现了植入模式的教育现代化,终于因对中国传统教育的忽视而限制了中国教育现代化的进一步发展。"文化大命"期间教育现代化发展受到极大破坏,既失去了传统,又断绝了移植,教育在盲目中"内生"走入歧途。改革开放使中国逐渐能够理性地对待传统教育,结合国情积极学习借鉴其他民族的教育现代化经验,但仍存偏重于植入外国现代教育的倾向。中国的教育现代化追赶的目标是在较短的时间内摆脱植入模式,建立具有中国特色的内生追赶型教育现代化模式,达到其他国家经过数百年发展所达到的教育现代化水平。因此,中国的教育现代化应采取"压缩"跨越式发展战略,而中国各地之间教育发展的极端不平衡性,使之追赶成了各地非均衡发展的层级序列。根据中国特殊的国情,将普及义务教育和发展中等教育、高等教育、职业技术教育、社会教育等与不同地区经济社会发展实际结合起来,以实现人的现代化发展为目标,在中国传统教育的基础上建立现代国民教育体系,是中国特色内生追赶型教育现代化模式的实践体系。

关键词:教育事业　教育现代化　教育史

2624

学术与政治之间 : 大学教师社会角色的历史分析 / 胡金平著 ; 吴康宁指导. -- 南京师范大学, 2005. -- 171 页

作者认为,国家和社会的结构特征直接影响到大学的存在,使学校形成了官场型、剧场型和单位型三种类型的场域,相应地规定了学官、学人和干部三种

不同类别的教师身份。大学因知识的传承而产生,大学更因政治的需要而延续。论文正是从国家、社会与大学的关系角度,以历史的方法对大学教师的政治人和知识人的双重角色的统一、冲突、变异的过程进行了深度剖析。研究认为,传授知识、研究学术是教师的本业,知识人当然是教师扮演的最主要的社会角色。中国自古便是一个"知识社会",知识不仅帮助教师实现了社会阶层的向上流动,获取了文化资本和经济资本,同时也使他们拥有了较高的社会地位和精英身份,并获得了在社会生活中的"优先"话语权。在古代中国,由于教育知识所具有的伦理性和政治性特征,使大学教师们只是将知识的传授和研究作为实现自己政治理想的工具和手段,同时其介于统治集团与被统治阶级之间的"被统治的统治者"身份,使其一直以社会精英自居,自觉地将"社会良心"的代表的重任担在肩头,因而政治人也成为大学教师扮演的主要社会角色。然而,到了近代社会,尤其是1905年科举制度被废除之后,教师群体从制度层面上割断了与政治的关联,专业知识的传播和学术研究成为"新"大学教师们的职业。但在国家的危亡、社会时局的混乱的历史关头,大学教师的政治人的情结同样难以释怀。然而,政治人与知识人两者又存在着角色冲突,于是,有的行走于政治人与知识人之间,有的以政治为志业,托政治于学术,有的选择扮演纯粹的知识人,以此作为实现自己的个体价值和社会价值,也有的努力消解其精英意识,投身于大众社会之中。通过分析,作者指出,在当时的中国社会之中,两种角色的自由扮演是艰难的。大学教师们完全脱离政治而成为知识人难以实现;同时做一个独立自由的政治人也很困难。虽然根据与权力关系的远近,大学教师所扮演的政治人角色可分为立法者、阐释者、批评者、反叛者等不同类型,但无论是与权力婚媾时的依附,还是游离于权力之外的独立,教师对于政治的过度介入,不仅影响到知识人角色的扮演,而且常常以悲剧结束。

关键词:高等学校　教师　社会角色

2625

教育均衡发展的制度化研究 / 李秉中著 ; 王逢贤指导. -- 东北师范大学, 2005. -- 187 页

该文通过大量的数据和事实阐明了我国教育尤其是西部农村教育发展的非均衡状态,在深入分析当前教育非均衡发展的社会背景和历史因素的基础上,揭示了我国西部教育发展过程中已然出现的严重危机,并基于古今中外比较典型的教育均等思想和做法,着力构建一种消解问题、走向均衡的体系化且具操作性的教育制度。论文说明了立意并介绍了文章的逻辑体系。怎么样才能做到科学的发展?基石是教育!怎么样才能使我们生活的社会和谐?是机会均等的教育!怎么样才能使教育均衡发展?是一系列有效的制度!教育均衡不等于相等相同,我们所追求的均衡教育是:为受教育者提供相对平等的机会和条件,处境不利地区儿童能获得国家的同等对待和统筹,薄弱学校能获得教育执政者对有限资源的合理配置。文章考察了概念定义、体系分类,本质意义和实践特征。分析了教育失衡的社会背景,研究了国家财政政策、经济发展差距和教育投入差距。并从区域的角度研究治理制度,提出义务教育由国家拨付农村教师工资,国家扶持弱势群体特殊政策,以及各级政府的各自职责重新分工。观察教育体系的均衡问题,抓住主要矛盾——高等教育与义务教育投入的对比、高中阶段、民办教育的薄弱,以及终身教育等,分析了级别、种类投入的失衡,提出对策。建议在学校之间建立合理配置资源,淡化等级、自主办学、民主治校等制度。从谈质量、教师队伍专业化均衡发展和学生发展性评价角度,提出一些制度理念。我们所从事的一切都是为了我们自身——人的发展。自古以来我们就追求平等、大同、和谐,借鉴昨天、奋斗今天、为了明天,我们所要做的事情就是建立一个自由发展和良好秩序的社会,这一切都取决于我们全体公民的教育水准,取决于我们能不能、可不可建立一套合理的教育制度。

关键词:教育理论　教育发展　教育制度　义务教育　西部地区

2626

好人与好公民 : 古希腊公民教育思想史论 / 李长伟著 ; 金生鈜指导. -- 南京师范大学, 2005. -- 130 页

论文从思想史的角度,对古希腊公民教育理论中的好人与好公民概念及其相互关系,进行了深入论述。作者认为,好人与好公民的问题产生于"自然"与"习俗"的区分以及随之的城邦政治的产生。好人亦即哲人,是追寻整全的永恒的自然的人;公民是参与习俗性城邦政事的人,并且公民参与习俗性城邦政事即是在过一种教育的生活。以智者派为代表的习俗主义认为政治是人为的习俗性的,与自然无关,因此,公民资格来源于不同城邦的不同法律,公民教育则是传授辩论技巧的教育。苏格拉底反对智者派的观点,

坚持好公民与好人的统一。他在阿里斯多芬的启发下,认识到了哲学与政治之间存在的永恒冲突,从而从"自然"哲学转向了"政治"哲学,在政治物中发现了自然正当。并且,哲学转向政治,也是哲学教化政治,哲人教化好公民做趋向于善的好人,这种公民教育思想鲜明地体现在了苏格拉底的"辩证法"以及"爱欲论"中。然而,作者进一步指出,苏格拉底并没有很好地处理好哲学与政治、好人与好公民的关系,结果被雅典公民判处死刑。柏拉图接受了苏格拉底之死所传达的哲学与政治的永恒冲突的警示,走向了言辞中的城邦。这样的城邦显现于好人对持欲望政治观习俗主义的批评之中,是由好人设计并由好人充当教化者的教育城邦。柏拉图通过"高贵的谎言"、"船喻"、"太阳喻"、"洞穴之喻",展现了好人充当教化者以及好公民做好人的必要性。但柏拉图的哲人王统治的理想国远离了现实政治,使得教化公民做好人的公民教育成为一种"遥远的理想"。其学生亚里士多德在继承了柏拉图的"沉思"是最高的幸福的前提下,提出了"人是政治的动物"与"人是理性的动物"的命题,以此"修正"了柏拉图的公民教育思想所透露出来的哲学教化与现实公民教化无涉的倾向。具体说,亚里士多德从默观、伦理德性、实践智慧三个方面论证了好公民做好人的重要性和可能性。步入启蒙时代,追寻自然,坚持好人与好公民为同的古典公民教育思想被启蒙哲人所终结,公民教育由此堕落为权利的教育,教育中的虚无主义由此而生。

关键词:教育思想　公民教育　古希腊

2627

论教育启蒙与公民人格建构：教育哲学视域的一种思考／李朝东著；胡德海指导. -- 西北师范大学, 2005. -- 136 页

教育启蒙具有表层和深层两个方面的含义。通过知识传递和教化把人从无知状态提升到有知的文明状态,这是教育启蒙的表层意蕴。其深层含义则是指,通过教育而获得的知识对人形成新的蒙蔽,祛除此种蒙蔽的再启蒙。论文从教育哲学的角度,探讨教育应该通过什么样的知识要素启蒙和造就具有正义品性的人,即培养具有个体信仰、德性修养和知识能力的公民。作者首先概述了实证主义知识理论,该理论将知识分为虚构的宗教知识、抽象的形而上学知识和科学的实证知识,其中科学知识是最高层次的知识。这种知识观对于近现代中西方教育理论的形成具有决定性的影响。它使得我们在教育理念设计上只见知识,而失落了信仰和德性品质。作者认为,宗教知识、形而上学知识和科学的实证知识并不是线型替代的关系,而是历时互补关系,它们共同构成一个时代教育理念的先验前提。教育的首要目的是立足个体生命本质的自由发展,让每个受教育者坚守自己和事实秉性,教人学真,学做真人,而教会和学得科学知识是次一级的问题。任何时候,教育的基本立场应该是坚持个人人格的独立价值,坚持每个人对自己命运的终极负责。其次,论文从形态上把知识划分为科学知识、德性知识和信仰知识三种。通过对知识、德性和信仰及其现代教育的启蒙使命进行学理反思,深入探究教育学中一些重大的基本理论问题,从哲学的角度对教育在公民人格建构中的功能和作用进行理论阐明。最后,作者指出,教育的根本目的是塑造以信仰、德性、知识为基本构成要素的公民,并由之构成一个公民社会。在一个时代的教育体系中,必须同时具有信仰、德性和知识三个要素,并由此塑造公民的心灵结构。通过教育活动培养具有公民素质的人,就是要在我们的教育中培养自由、自尊、尊严、个性和有创造性的生命个体;教育活动所培养的公民不仅具有科学知识,而且应该具有德性和信仰,不仅具有理想和希望,而且还应该是受信仰牵引的理想和希望。

关键词:教育理论　教育哲学　人格　道德　信仰　公民教育

2828

百年语文育人功能检讨／李大圣著；张诗亚指导. 西南师范大学, 2005. -- 198 页

本文采用内容分析法、历史研究法及比较研究法,从"价值判断"和"事实判断"两个层面,通过纵向考察与国际比较,审视中国百年语文教育在促进儿童全人发展方面的困惑、问题及进展。论文侧重从语文课程目标、语文教科书选文标准、语文教科书内容编制、语文阅读教学这四个方面,检讨语文教育的育人功能。在分科主义、科学主义及"革命语境"影响下,百年语文课程目标,经历了从"圣人之学"到"为人生日用",从思想政治教育到全人发展的历程,表现出明显的政治社会化取向。中国传统的"文质兼美"选文标准在实践中表现为事实上的政治思想标准第一。中国教科书人物形象模式化、读物内容纯净化、单一成就模式以及宏大叙事特征背后隐藏的仍然是社会本位的儿童教育观。以"主题先行"、"理性肢解"、"架空分析"及"标准答案"为特征的语文阅读教学,无法造就尊重多元、亲近语言、自由表达与灵性生活

的儿童。百年语文教育最大教训是把人文学科蜕变为工具学科，把育人功能单一化为语言技能训练，把儿童发展目标畸形化为政治社会化。文章认为新世纪语文教育应致力于解决如下难题：着眼于完整的儿童及儿童完整的生活，整体设计语文课程目标与内容；寻求儿童社会角色化与儿童自我发展之间的平衡；重视"文化传承"、"普世伦理"及"文化反哺"的不同价值；认识"教化与内化"、"可教与不可教"的辩证关系，正视"内化"的意义与"不可教"的价值。

关键词：语文教育　语文教学　教学思想　儿童教育

2829

幼儿汉字多元化教育研究 / 李静著；张诗亚指导. 西南师范大学, 2005. -- 160 页

本文主要运用文献研究法和实验研究法，探讨汉字形态中的蕴含的教育资源、幼儿汉字教育的可行性和幼儿汉字多元化教育对幼儿发展的意义。通过对大量有关文献的收集、梳理和研究，提出实验构想和假设，选取三所幼儿园大、中、小班幼儿作为实验组和对照组，进行了近一年的汉字多元化教育的对比实验。研究最后证实了幼儿汉字多元化教育设想的合理性、可行性和有效性。(1)作为一种特殊的语言符号，汉字形态复杂多变、均衡匀称、能以形表义，汉字形态的发展稳定、连续，一脉相承。因此，汉字形态的冗余度大、分辨率高、富有浓郁的艺术气质和文化内涵——它反映了华夏民族的民族精神、符号化的思维和行为，以及社会生活与行为方式；汉字形态的演变具有不断抽象化、简明化的特点。所有这些均是教育可资利用的良好资源。(2)汉字字形复杂多变和结构均衡匀称的特征符合幼儿感知觉的心理机制；汉字中的"手思维"、"意象思维"和"我向思维"的思维方式符合幼儿直观行动思维、具体形象思维和"自我中心思维"的思维特点；汉字构形中的"泛灵论"能与幼儿的"泛灵论"产生共鸣；汉字中的"动点透视"和"直视其内"的透视取像特征与幼儿绘画时"视点游走"和"透明"的画面组织方法非常相似。所以，幼儿汉字教育具有可行性。(3)汉字发展演变过程中不同形态结构的比较和分析能促进幼儿的形状知觉、观察力、分类能力、推理能力等感知和思维的发展；汉字形态的会意思维张力和"古汉字—图画(或实物、实景)—今汉字—儿童表达"的教育思路和程序能促进幼儿想象的发展；汉字构字理据的揭示有利于幼儿客观知识经验的丰富，和幼儿坚持性、诚实、合作等社会性的发展；汉字书法艺术欣赏有利于幼儿审美感知能力的提高。同时，在教育过程中，幼儿能够自然地受到民族文化的熏陶，因此，幼儿汉字多元化教育还有助于民族文化的传承。

关键词：语文教学　汉字　幼儿教育　教学理论　教学法　多元化

2830

当代中国德育价值取向转型的理论研究 / 李伟言著；柳海民指导. -- 东北师范大学, 2005. -- 134 页

文章指出：当代中国德育价值取向的特征是"精英化"的，这一德育取向是"政党伦理"社会化的必然诉求，表明了国家对德育价值选择的垄断地位和学校德育价值选择的缺失。理论界中"精神教化"的德育主张在价值取向上也是精英化的，同样成为我们反思的对象。作者认为"性善论"是精英化的德育价值取向的思想基础。其"道德人性论"的性质使人以道德完善作为实现人生意义和价值的途径，由此使道德理想主义的追求绝对化。导致德育缺乏对生命应有的尊重。道德不是人性的唯一构成要素，意义承载的方式有多样。"道德规范建构说"相信道德规范来源于人的理性设计，道德的理想国的实现在于人的谋划和实施，导致德育与生活的疏离、规训化和主体性道德人格的失落。道德作为一种规则系统也是理性无力企及的范畴，是生成性的秩序。道德价值体系层级性的构成方式预设了处于高端道德的"价值优越性"，逻辑地规定了精英化的德育价值取向。道德类型学启示我们可以将道德分为两种类型：圣德和常德。"走向现代社会"是当代中国德育所处的时代背景。非市场经济社会中的伦理特性使精英化的德育价值取向具有历史合理性，而市场经济社会的伦理特性则呼唤德育价值取向的转型。"以义制利"是对时代精神的错误把握，也是对市场经济认识上的曲解。平民化的德育价值取向是当代中国的理性选择，它将启动目标系统和实施策略的重建。以常德的培养为本位，将"圣德"诉诸个体自由意志，避免终极价值的传授。将道德植根于人的现实生活，摆脱神圣价值对道德的规约，阐释的方式应用于道德教学中。叙事的主题将经由"人民伦理的大叙事"向"生活伦理的个体叙事"的转换。交往成为道德实践的基本方式，致力于改善学校生活中人际关系是教师的重要职责，榜样内涵的变化呼唤着成年人的"教育性生存"。

关键词：德育　价值　道德

2631

重构学校精神：学校功能偏离与现代学校制度建设/李兴洲著；朱小蔓指导. -- 南京师范大学，2005. -- 211 页

文章从学校功能的角度，探讨了现代学校制度建设问题。首先，论文指出，造成现行学校出现某些功能偏离的主要原因，是有关学校制度调整的缓慢和制度建设相对滞后。进而讨论了学校的基本功能问题，指出，教育人、培养人并以此实现学校发展人与发展社会的目的是学校的基本功能，也是学校精神的基本体现。在现代社会，现代学校既要注重“国际人”的培养，更要注重“民族人”的培养；既要培养“信息人”，又要培养“学习人”，从而使所培养的人不仅具有扎实的基础知识和较强的社会发展能力，而且具有开阔的国际视野和良好的合作精神，热情、关爱，尊重人、理解人，并富于创造力和学习力。接下来，论文讨论了现代学校制度的特征问题，认为现代学校制度应具有“现代性”、“学校性”和“制度性”三大特征。其中，“现代性”是指现代学校制度应体现现代社会的精神，必须是科学的、民主的、人文的、公正的，而且是普遍适用的。“学校性”是指现代学校制度应当追求并保障学校基本功能的正常发挥，应当体现学校的基本精神，现代学校制度建设应当以教育人、培养人为最高旨归，任何规则和政策的制定和出台都应当有利于人的培养与发展，有利于学校功能的发挥与实现。“制度性”是指现代学校制度要具有任何制度所必须具备的内在规定性，即制度的有效性和可行性。最后，作者指出，尽管在现代学校制度建设过程中，制度设计和制度安排很重要，但是，现代学校制度的有效实施和良性运行更具有现实意义和建设意义。因此，加强现代学校制度实施和运行机制的研究，加大现代学校制度的实施和运行力度，建设有利于现代学校制度实施和运行的有效环境，应当成为当下现代学校制度建设研究和探索的重要内容和有机组成部分。

关键词：学校管理　学校功能　教育制度

2632

事件 · 场景 · 交往：学生社会生活研究/李醒东著；陆有铨指导. -- 华东师范大学，2005. -- 180 页

该文着力思考并力图解决的问题是如何呈现和认识当前中学生的学校社会生活。其中“社会生活”是研究者观察学生生活特定领域而借用的概念。它与学生的学习、政治生活相对应，是对学生交往活动的概括。研究以交往作为分析学生社会生活的视角，并把交往视为社会生活的价值原则对之进行反思和批判。在论文中，主要通过对特定场景中学生交往事件的描述来呈现学生的社会生活。在此过程中，依据交往伦理对学生社会生活进行了分析，并进而反思学校教育中存在的问题。作者研究认为，需要以“具体个人”为本位来解释和理解学生的社会生活内容，以建构主义作为理解的学生社会性发展的核心机制，以叙事探究的方式来呈现学生社会生活的内容。论文按照学生交往活动的空间构成和不同要素在不同场景中的表现来呈现学生的社会生活的内容。对于不同空间中的社会生活内容，论文依次描述了学生在班级规范空间、自主空间、学校教育的制度空间中的交往活动。接下来，论文着重呈现了学生与主要影响要素之间的互动的情形。依次为学生与班主任的交往、学生社会生活与政治课教学、学生活动与团队组织以及学生在校外社会实践活动和主题班会中的表现。最后，该论文对理解学生社会生活的基本途径、方式等问题进行了一些讨论。作者研究认为，权力、权利和意义与学生拥有的社会资源和自我社会空间的建构是理解学生社会生活空间的基本架构。论文还尝试以学生的社会生活作为观察学校教育的视野，对学校教育中的学生与教师关系、道德性等问题进行了分析。认为学生与教师之间是一种连带着各自所在社会的关系，教育的道德性应以交往伦理作为基础。

关键词：中学生　社会生活　学校教育

2633

论农村义务教育的制度选择：义务教育制度下农村职业教育合理性研究/李艳著；谢维和指导. -- 北京师范大学，2005. -- 134 页

该文通过对农村义务教育的现状的分析，揭示农村义务教育存在的问题和制约及农村义务教育发展的症结，指出农村义务教育阶段渗透职业教育是控制失学和辍学的有效途径之一。分析农村义务教育初中阶段渗透职业教育的合理性和可行性。论文描述和分析了当前我国农村义务教育的实际状况，以及该状况对农村义务教育中存在问题的影响与制约。同时，论文还研究了农村职业教育发展的制约因素。并提出了我国农村义务教育应该在实行普通教育的过程中渗透职业教育的观点。论文认为，义务教育阶段渗透职业教育不但是防止失学和辍学的有效途径，而且是开发农村人力资源、积累与转化农村人力资本、提高劳动者素质的重要手段。从义务教育的统一性和多样性的辩证关系出发，文章论证农村义务教育初

中阶段渗透职业教育是教育适应社会经济发展状况的必然结果。通过对我国现阶段社会对职业技术教育的需求和政府对义务教育阶段渗透职业教育政策性的支持,并借鉴西方国家的经验,论文通过对我国农村义务教育阶段渗透职业教育的可能性,义务教育基础性的内涵分析,论证义务教育中的职业教育是义务教育的不同实现方式,是义务教育本身就应具有的重要内涵。同时还认为,确立适合农村实际的义务教育培养目标,构建职业教育和普通教育相沟通和衔接的制度体系,对于拓宽农村义务教育学生的发展面向和途径,更加有效地帮助他们实现各种不同的选择,对于进一步丰富和拓展义务教育的理论富有新意。而且对农村义务教育的实践创新也具有一定的启示。论文认为,农村义务教育问题的深层次的原因源于经济的贫困,而这种经济贫困源于我国城乡二元结构发展战略的决策,仅通过教育的内容、形式、制度的改革是无力改变这一事实的,所以城乡教育要达到真正的公平还有很长的路要走。

关键词:义务教育　职业教育　教育制度　乡村教育

2634

共生教育论纲 / 李燕著 ; 戚万学指导. -- 山东师范大学, 2005. -- 212 页

作者尝试建构一种共生教育理论体系以为解决当前教育的单向度发展问题提供一种价值选择与实践规范,并以此重新审视当前的教育理论与实践。作者认为共生的内涵是以竞争、冲突为前提,基于某些共同的价值、规范和目标向异质者开放的一种结合方式与关系,它体现了创生、发现、保持异质者的生命进程。进而,共生是指以人为中心、以生命为目的、以异质为前提、以关系为方法、以交往与对话为途径的生命进程。具体而言,以人为基点,共生是指人与自然、人与社会、人与人之间的一种命运关系,它是对同质性共生与竞争性共生的规避与超越:反映在个体身上,则指人与自我的共生以及个体的共生性存在与共生性发展。文章阐述了共生时代及其对教育的多重诉求。通过对中西教育史中的共生教育智慧的审视确立了共生教育生发的历史基础。分析了共生哲学理念对当代教育的批判价值。探讨了共生哲学,如何以自身的特质关照教育,具体包括基于共生哲学对教育的共生发生、教育的本质以及教育的价值等理论问题的重新审视,以及基于共生哲学对共生教育观的建构。指出共生教育研究的理论延伸与微观化。该文的重点主要是共生内涵及其意义的揭示和把握、共生在教育中的定位以及共生教育理论体系的建构。

关键词:教育理论　教育哲学　教育思想　共生

2635

自然·教育·创生:走向创生美学论教育 / 李业才著 ; 朱小蔓指导. -- 南京师范大学, 2005. -- 135 页

论文认为,必须对教育作返本开新的前提性反思:教育何以可能?学习活动是教育得以可能的最切近根据;教育为何?教育就是人类以帮助和引导其成员学习向善成长(成己、成人、成事)为直接目的进而促使人生和社会乃至整个世界越来越美好的智慧交往活动;教育何为?教育具有一种构成性价值;教育如何?教育偏枯了!“创造教育”是最当行的教育观念与教育实践形态。然而,教育已有偏枯现象,一向被认为是至美的“创造”往往又被遮蔽而异化。如此,对创造教育之“创造”及其一脉相承的传统创造美学(把创造归于人,从而把美的决定因从属于人的美学,简称属人美学)做出扬弃改造,进而化解创造、教育等的异化,为人类的实践活动找到一条健康的价值路向,便成为当然逻辑。创造观通常被作为技艺层面的理解,生命本体层面的创造常被忽视、遮蔽。创造的属人美学,将美视为人向对象自然世界“灌注生命”所致,自然被蔑视,相应的是外在自然和人的感性自然被先后压抑。天人和合创生美的“创造的生态美学”(简称“创生美学”)是一种强调“创造性生态美生存”(简称“创生”)的创造性生态存在论美学观。它是对传统属人美学的超越。创生美学必将为创造的复归本明、教育的返本开新,进而为自然生态的返魅、社会生态的和谐与心理生态的健美做出贡献。创生美学论教育以丰润认知、舒展意志、升华情感和创生人格为心理层面的建设;以中和位育为制度层面的保障;其技艺层面以定位创生美教学目的、建构创生美教学内容、活用创生美教学方法和适用创生美教学评价等为进路。

关键词:教育理论　教育美学　创造学　自然

2636

论教育叙事 / 林德全著 ; 熊川武指导. -- 华东师范大学, 2005. -- 145 页

论文从教育哲学的理论视野出发,对教育研究方法中的教育叙事法进行了深度阐释。首先,论文探讨了教育叙事的内涵,认为教育叙事即是讲述教育生活

中事件的活动,具有反思、建构、微型、培育和实践等关键特征。其次,论文探究了教育叙事的价值和功能,指出:(1)教育叙事中既存在着相互交织的事德与叙德,更有进行教育叙事时产生的叙事型道德体验的升华;(2)教育叙事不但影响人们对所叙的事件的认识和体验,而且此种认识和体验还会影响到其今后的教育实践活动,也生成教育智慧;(3)教育叙事中不但包含着对理解的追求,而且还从体验理解过程、凸现自我理解和促成相互理解三个方面增进教育理解,提升人们的理解力;(4)教育叙事不仅需要想象力的参与,而且更从提供培育想象力因子、运用虚构叙事手法和通过专门叙事类型来激发想象力;(5)教育叙事,尤其是其中的某些类型不但可以直接视为写作,而且还从提供写作素材、提供写作训练和提供写作实践三个方面有助于教育叙事主体写作能力的提高;(6)教育叙事中不但渗透、体现着评价,而且还在评价类型和评价方式等方面引领教育评价。前者表现为凸显自我评价和重视质性评价,后者表现为动态双评、直间接相融合和反思型评价。(7)教育叙事不仅仅是单纯的叙述事件,而且还从提供研究素材、促进教师发展和深化研究方式三个方面为教育研究的培育打下基础。最后,论文指出,教育叙事之所以具有这么多价值的原因,可能与其间涉及的因素有关。其中,教育叙事主体不但是事件的叙述者,而且还是所叙述事件的参与者,所叙述事件的受述者。他们既经历又左右着事件的发展进程,更从叙述过程中实现自身的飞跃发展而受益。这与他们在进行教育叙事时的教育叙事意识、教育叙事感情和教育叙事行为等密切相关。

关键词:教育理论　叙事　价值

2637

德育学科课程 :从理念到运行 / 刘黔敏著 ; 班华指导. -- 南京师范大学, 2005. -- 183 页

文章基于历史的视角,对新中国成立后我国的德育学科课程从理念设计到颁布实施的过程,进行了富有挑战性的分析与研究。首先,论文通过对历次德育学科课程的课程标准分析后发现:从教学目的来看,课程从接班人走向道德人的培养,继而逐步走向培养合格的社会公民;从教学要点的归类分析中可以看出,这一时期德育理念的发展经历了从强调外部的道德要求转向关注道德主体自身的道德生活,从培养“高大全”的道德高尚者演变为培养合格的社会公民等阶段。其次,作者通过对新中国成立后五套初中段德育学科课程教科书和两套小学段德育学科课程教科书分析后发现:教科书主要以“是什么,为什么,怎么办”的道德知识逻辑进行编排;教科书中的榜样选择体现了精英化、完人化的道德教育观,强调社会本位与男性的支配文化等;而且,教科书中的叙事潜存着这样一些理念,如没有把学生视作自由的道德行为主体、道德本身并未被理解为一种实践智慧、对人性简单化和平面化的设定,以及对学生道德世界的简单化理解等。再次,通过对德育学科课程教师进行研究后,作者发现,运行中的德育学科课程尚未形成自身独立的学科品格,在中小学课程体系中的地位较低,和实际效果不尽如人意等问题。最后,作者提出了德育学科课程改革的要点,即:需要教师对学生进行道德引领;需要变封闭的课堂为开放和真实的课堂;需要改革评价制度,使评价尽量摆脱选拔的功能取向,通过评价过程本身促进学生的道德学习。

关键词:德育　课程　课程改革

2638

论教育思维 / 刘庆昌著 ; 胡德海指导. -- 西北师范大学, 2005. -- 156 页

教育思维指人类的教育实践理性,它是教育理论认识在教育实践面前的凝结,也是教育实践经验在人们认识中的凝结;就其实质来说,是一定的教育观及其支配下的教育操作思路的统一体。论文以教育思维为研究对象,深入探讨了教育思维的构成要素、教育思维与教育思想史,以及教育思维和“教育理论与实践”的关系问题。首先,作者界定了教育思维的概念,认为教育思维具有两个基本要素,即教育观和教育操作思路。继而,分别探讨了教育观和教育操作思路的含义。认为,教育观是人关于教育的观念系统,其基本要素有五个,即教育目的观、关于教育者和受教育者的认识、教育内容观、教育方式观。教育操作思路是人们对于教育活动的理论构思,是教育实践的方法论,在教育思维结构中处于核心地位。一个完整的教育操作思路,是围绕着一定的教育操作模式构建展开的,具体包括教育操作模式、模式的合理性论证和模式操作的原则。然后,作者论述了教育观和教育操作思路的统一性,指出,两者统一的实质是人的意识功能在教育认识上的表现,也是教育认识发展的必然结果。其次,作者探讨了教育思维概念对于教育思想史学的方法论意义,认为,教育思维揭示了教育思想的内容本质,为人们提供了把握教育思想发展的基本线索。最后,作者分析了教育思维概念,在对教育

理论与教育实践关系的重新审视中的价值。认为,教育思维可以充当教育理论与教育实践互动的认识性中介。简言之,教育理论通过教育思维化进一步走向教育实践;教育实践的经验凝结为个人的教育思维,可以进一步升华为教育理论。

关键词:教育思维　教育思想　教育理论

2639

文学教育论 / 鲁定元著 ; 郭文安指导. -- 华中师范大学, 2005 . -- 152 页

该文针对我国基础教育阶段文学教育地位不明、语文教育中文学性缺失以及文学教育理论比较薄弱的现状,从历史和现实的角度,对基础教育阶段文学教育的性质、地位和方法问题进行了探讨。作者认为:文学教育应是语文教育的重要组成部分,随着学生年龄的增长,文学教育在语文教育中的比重应相应增大,并不能将其简单地当成语言、审美或政治教育。文学教育是分解的,更是整体的;文学教育是标准的、统一的,更是多样的、个性化的;文学教育是技能的传授,更是灵魂的交流。文学教育的实施,需要对文学和文学教育重新认识。论文对文学和文学教育的理论进行了探讨。认为教育是一种社会性的活动,文学也是如此。教育活动中文学具有语言性、艺术性、游戏性和人文性的特征。然后界定文章所言文学教育是指基础教育阶段的学校文学教育的特征。从文学本身具有的双重本质看,文学教育具有审美和求善的价值,文学教育具有促进个体人生进步的激励价值,同时;它肩负着文化的使命。作者研究了文学教育悠久历史及经验。认为我国远古时期的前文学教育是一种与生活合一的教育;我国古代的泛文学教育融合于综合教育之中,注重诗文教化和内外文化的交流;近现代的语言文学教育,文和言、文和道、文和知、语和文,分分合合,曲折发展留下世纪之问;文学教育地位何在?同时考察了西方文学教育的源流,归纳了英,美、俄三国处理母语教育和文学教育的三种类型。从深层分析西方国家语言和文学兼重,重视文学教育的方法,并具有模仿、分析和衍生三种模式。通过对我国文学教育现状的审视与思考,分析了当今我国文学教育的地位和方法问题。认为文学教育方法上对语文学科性质认识的偏差是根本原因,文学教育理论本身的转化和应用滞后不可忽视。并从理论视野、师生主体、文学教育活动等方面对改进文学教育的策略进行了思考。

关键词: 基础教育　语文　文学　文学教育

2640

高等教育供求主体利益冲突与整合 / 马永霞著 ; 范先佐指导. -- 华中师范大学, 2005. -- 147 页

论文提出,中国高等教育 21 世纪的发展,实现了由"精英化"向"大众化"、由计划经济向市场经济两个重要的转变,然而,中国高等教育供求自始至终受如何解决加快高等教育发展,缓解高等教育供给不足与高等教育需求旺盛之间的矛盾,如何解决社会高级人才短缺与大学生就业困难之间冲突这两方面问题的困扰。文章从高等教育供求及其主体概念、本质和特征入手,用假设的分析方法,从理论与实践两个层面,对高等教育供求主体利益问题进行了剖析。在理论层面上,从高等教育供求及主体的概念、特征和行为等方面界定了高等教育供求活动的含义,阐明政府、高等学校、学生和企业四个主体的利益表现、行为变化及其活动规律,文中阐述了如何改变政府垄断高等教育供给的不利局面,以形成高等教育供求主体多元化格局的构想;在实践层面上,从主观原因和客观的制度缺陷等方面剖析了高等教育供求主体利益冲突的表现、危害及其根源,并试图通过供给制度改革,实现整合高等供求主体利益的制度创新,寻找实现供求关系平衡的途径。作者认为,在市场经济条件下,供求主体利益已经成为高等教育供求活动的核心问题。高等教育供求主体追求利益最大化所产生的冲突是导致我国高等教育供求关系紧张的根源,而缓解这种紧张关系的主要出路,就在于通过制度变革的方式,扩大高等教育有效供给。论文阐释了高等教育供求主体的相关概念,剖析现阶段我国高等教育供求主益之间冲突的表现、危害及其根源;然后从公共管理改革的理念出发,指出应明确高等教育供求主体的内涵、构成和特征及高等教育供什么产品,供给谁,从而试图为研究高等教育供求利益主体关系变化提出理论基础;并提示高等教育供求主体利益的活动方式、行为表现及其变化规律;在借鉴发达国家高等教育有效供给的经验基础上,探索实现我国高等教给体制改革的基本路径。

关键词:高等教育　供求关系　利益冲突　教育经济学

2641

论教育科学:教育研究科学取向及其在中国的合理性建构 / 申仁洪著 ; 黄甫全指导. -- 华南师范大学, 2005. -- 238 页

文章以"教育科学精神和科学理性的批判与建

构”为基本主题,在中国传统文化和现实语境中,对教育研究中的人文与科学的关系进行了研究,试图超越各种科学与人文二元对立的思维模式,采用整体、动态、关系的思维方式,提出了自己的见解。作者认为,教育科学源于人性的内在需要,具有独特的人文追求。西方近代教育科学沿着追求内部的逻辑自洽和外部证实的经验证据这两条基本理路前进,在其发展中,教育科学首先以实践的精神,通过基于工具性质和技术导向的实践指向,针对教育实践中的问题提供解决之道,从而体现出其控制和引导教育实践的功利性价值取向;然后在理论化的追求过程中,通过纯粹的研究,以认知取向和创造性实践实现求真、向善和尚美的精神追求。深刻地体现出“人为”和“为人”的特性。作者继而提出,中国传统教育研究悟性的思维方式强调“人”对“文”的顺应和“文”对“人”的情境性和制约性,具有强烈的德性至上的人伦诉求,并受尚古、封建体制和科举的强化,使其关注个人如何发现和体认人固有的至善并践行之。因此做人和读书占据了教育研究的中心,很少有其他关于教育知识获得、表达和整理以及运用和发展的方法论存在。作者认为,“五四”之后,中国的教育科学研究学习全盘西化的外在转化之路和新儒家中体西用的内在转化之路,都进入困境。进而提出在现时期的教育研究中,无论是教育研究内在的整体关联,或者是外在的现实取向,都要求中国教育研究走向科学。同时在中国现代教育研究中建构科学精神和科学规范则要突显“人”的主动建构和“文”的情境性互动,从而克服内源性(以心智为中心)知识和外源性(以现实为中心)知识的分离,避免思维的僵化和权威的制约,增强对复杂教育情境的适应和适切性。

关键词:教育科学　文化哲学　教育理论

2642

中国教师政策研究 :基于教育政策内容的视角 / 石长林著 ; 孙绵涛指导. -- 华中师范大学, 2005. -- 176 页

论文首先对教师政策进行了理论探讨,提出了教师政策体系的新观点,对教师政策体系的基本内容进行了阐述。作者认为国家的教师政策体系是由教师要求政策、待遇政策和管理政策组成的有机统一体。其中教师要求政策是指党和政府为了满足教育事业的需要,提高教育发展的质量、保证人才培养的水平,对教师队伍及其个体在职业要求、培养培训等方面做出的战略性、准则性规定。教师待遇政策是指党和政府为了稳定和扩大教师队伍、提高教师队伍素质以及激励教师积极性,根据教师职业的特点和教师付出的劳动和作出的贡献,对教师的地位、教师职业权利、教师的工资及其他面做出的战略性、准则性规定。而教师管理政策是指党和政府为了保持教师队伍的活力,调动教师工作积极性,根据教师职业的特点和教师管理的规律,对教师的选拔、任用,考核及其奖惩等方面做出的战略性、准则性规定。然后该文对我国建国以来教师政策的内容进行了考察和分析。对我国教师政策在计划经济体制时期和社会转型时期表现出来的特点进行了探讨,通过对我国建国以来教师政策在计划经济体制时期和社会转型时期表现出来的特点进行对比分析,指出我国教师政策的发展走向。并根据以上的考察,在结合个别访谈中收集的资料,反思了我国教师政策存在的问题,并对教师政策问题产生的危害及其原因进行了分析。最后作者认为建设一支高质量的教师队伍,是国家发展教育事业、提高教育水平、培养优秀人才的关键.因此制定科学的教师政策以加强教师队伍建设具有重要意义。针对我国教师政策的建构提出了若干建议,探讨了建构我国教师政策的理论基础,认为“教师是专业人员”是我国建构教师政策的根本指导思想。在此基础上,然后分别就我国教师要求政策,教师待遇政策和教师管理政策的建构提出了若干建议。

关键词:教师　教师政策　教育管理

2643

创新精神培养与学校道德教育改革 / 孙其华著 ; 班华指导. -- 南京师范大学, 2005. -- 142 页

创新精神培养与学校道德教育改革是一种关系性命题。作者试图从整体上探讨在知识经济背景下,“时代—人—道德教育”之间的互动关系,阐释创新精神的意义,展示学校道德教育改革的理想及其框架。论文从结构上看,可分为三个部分。首先,论文主张,创新精神培养与学校道德教育改革是一种时代的命题。作为知识经济的时代精神,创新精神是人的生存精神,是学校道德教育的目标之一,教育生活应成为创新生活,教育精神体现为创新精神,以使人成为创新之人。其次,作者认为,创新精神与学校道德教育是一种悖论性命题。学校道德教育既有培养人的创新精神的功能,其保守性特征亦有阻碍创新精神形成的可能。这一悖论是学校道德教育众多悖论中时代性的主导悖论。悖论紧张状态的缓解是学校道德教育改革的取向。最后,文章指出,创新精神培养与学

校道德教育改革是一种共生性命题。创新精神培养需要学校道德教育提供价值观、动力等支持,而学校道德教育要完成这一使命,需要依据创新及创新精神给社会发展和个人生存带来的革新,改革自身,建构以发展人、解放人为取向的发展性生存形态,以自由、个性、积极的价值改善学校道德教育内在的张力结构,拓展主体规范、创新规范和权利规范,探索知识经济时代学校道德教育的生存样式。

关键词:德育　教育改革　知识创新　创新精神

2644

课程改革中的学校文化 :一所学校的个案研究 / 唐丽芳著 ; 马云鹏指导. -- 东北师范大学, 2005. -- 201 页

作者认为要研究课程变革下的学校文化,涉及学校文化的现状、学校文化形成的原因、它对学校课程改革产生的影响、如何借助学校文化的改造来推进课程改革等几个相关的问题。围绕这些问题,作者从学校文化的分析视角入手,以学校的历史、愿景与目标、制度规则、人际关系规范、教师的教学实践几个维度为主,采用多种方法,分析了一所普通中学在新课程改革背景下学校文化的实然状况、形成的原因、对新课程改革的影响以及学校文化的变化历程。研究的数据表明:在物质条件基本满足的条件下,这所学校的学校文化对课程改革产生了重要的影响。个案学校的文化中有积极的、适应与推进课程改革的因素,也有消极的、阻碍课程改革的因素。从力—场分析的角度看,消极的力量占据了主流,积极的学校文化特征彰显的程度较小。因此,在这种文化的影响下,学校的课程改革实施程度不高。论文分析了个案学校积极和消极两个方面的文化特征,认为消极的文化特征对课程改革实施产生了强烈的制约作用,使得传统规范约束下的课程革新步履维艰。积极的文化特征使对学生主体地位得到了认可,教师课程资源意识增强,教学文化有了转变,推进了课程变革的实施,促进了学校文化的开始转化。学校文化的形成是学校主观选择和客观文化生态环境多种因素相互作用的结果。因此,对于课程改革来说,要借助学校文化的力量来推进课程实施,实现课程改革的最深层次变革——学校文化的变革,关键是要促进实然学校文化向着理想学校文化的转化。个案学校的启示:要营造一种支持改革的文化环境;课程改革需借助学校文化的力量,同时要关注以下几个方面:识读、评估与理解当前的文化;寻找学校文化重建的策略和路径:抓住当前文化冲突时期的机遇;着眼于合作的教师发展:注重权力关系改变;培育学校课程实践的英雄;给教师以全面的支持。

关键词:课程　教育改革　基础教育　学校文化

2645

学生学习生活研究 / 唐荣德著 ; 陆有铨指导. -- 华东师范大学, 2005. -- 173 页

学习生活是学生以学业活动为表现形式的特殊生存过程。学习生活质量是学生在学习生活中的生命存在状况好坏的集中反映,包括学生的主观感受、客观结果、现实行为表现三大内容。论文立足于学习生活质量视野,从学习生活的科学性、人文性、社会制约性三个方面,对当前的学生学习生活进行了深度考察。首先,论文从科学性维度,探讨了学习生活的状况。认为,科学性是积淀在科学文化中的科学生活的品质体系,表现为确定性与不确定性的统一、经验性与思辨性的统一、继承性与探索性的统一。而当前的学习生活,强调了确定性,忽视了不确定性;强调了思辨性,忽视了经验性;强调了继承性,忽视了探索性。其次,论文从人文性维度,探讨了学生学习生活的质量。认为,人文性是积淀在人文文化中的人的生活的基本特性体系,表现为规范性与生成性的统一、理解性与体验性的统一、社会性与个体性的统一。而当前的学习生活,突显了规范性,弱化了生成性;畸显了理解性,远离了体验性;强调了社会性,削弱了个体性。再次,论文从社会制约性的角度,考察了学生学习生活状况。认为,我国家孝仁相结合的民族传统文化孕育了"全人"理想的现实学习生活价值取向,强调学生成为乖孩子、小大人与超人。资源竞取性质的制度化学习生活为了未来制度人的形成,突显了利益与效率的追求,导致学习生活目的明确化与狭隘化,学习生活高效化与片面化。学校与家庭的生存状况综合制约着学习生活的生态环境。学校与教师承载的生存压力强化了升学中心与训练样态的学习生活。家庭的生存需要,延续了学校学习生活样态,并泛化了学习生活时空。最后,论文提出,改善学生的学习生活状况,就应该要从学习质量走向学习生活质量。而实现从学习质量走向学习生活质量的转变,首先要树立潜能发挥的学习生活价值观,建立资源竞取与潜能激发相结合的新制度化学习生活。

关键词:学生　学习生活　生活质量

2646

汉字字源语境多媒体再现之教育研究 / 涂涛著 ; 张诗亚指导. -- 西南师范大学, 2005. -- 127 页

本文旨在通过实验回答下述问题:汉字字源语境能否通过多媒体再现? 这一再现的基础是什么? 再现有何教育意义? 文章建构了以华族文化溯源为中轴、以多媒体技术为支撑的"汉字字源语境多媒体再现"识字教学体系,即充分挖掘汉字以形表意的内在特点、规律及其富含的文化资源,顺应受古人造字之原始思维影响而形成的特有的华族心理和思维模式,利用多媒体技术再现古人造字时的原生语境,揭示汉字形体结构的内在机理,建立形音义的有机联系,促进汉字的识记和思维发展。文章指出,实验证明"汉字字源语境多媒体再现"识字教学体系是可行的,有价值的。它能提高幼儿识字教学的质量,增强幼儿认识汉字符号的兴趣,有利于儿童观察能力、理解能力、想象能力和创造能力的培养,促进儿童多元智能的发展。此外,"汉字字源语境多媒体再现"识字教学体系还可以挖掘汉字文化的多元性,滋养儿童从单一发展回归到多向性发展,推动教育由工具理性回归到价值理性的本源,促进华夏民族认同和文化复兴。

关键词:语文教学　汉字　字源　幼儿教育　多媒体　教学法

2647

论学校教育中的行为不当及其对少年犯罪的影响 / 王全志著 ; 谢维和指导. -- 北京师范大学, 2005. -- 152 页

少年犯罪行为是各种因素共同作用的结果,"学校教育中的行为不当"是少年犯罪行为的重要原因之一。作者认为,"学校教育中的行为不当"容易导致少年学生出现"反学校行为",失去监督和控制的"反学校行为"很可能成为少年"反社会行为"甚至"少年犯罪行为"的重要诱因之一。作者通过对一定数量"未成年犯"进行深入访谈和问卷调查以及对有关文献的分析发现,"未成年犯"在就学期间表现出的反学校行为的"指标性事件"——逃学、加入帮派团伙、打架斗殴、辱骂老师、携带刀械进入学校、偷窃同学财物、殴打老师与中途辍学,与"学校教育中的行为不当"具有一定的联系。与"未成年犯"就学期间"反学校行为"及后期"反社会行为"有关的"学校教育中的行为不当",往往也带有一些"指标性因素"。文章着重分析了"学校教育中的行为不当"中教育冷漠、学业歧视、学校管理失策、教师滥用权力与同伴排斥等几种"指标性因素"对少年犯罪行为的影响。"学校教育中的行为不当"与少年犯罪之间之所以存在千丝万缕的关联,主要是因为"学校教育中的行为不当"违背了"公民教育"的主旨。"公民教育"的目的是使学生获得有效参与社会公共生活的必备知识、态度与能力,发展他们的伦理自律人格,培养其爱国情感、民主观念和法治精神。"学校教育中的行为不当"不能够为学生传递有效的公民态度与知识,无法使学生具备有效参与公民生活的能力。该文从学校教育的角度对少年犯罪行为进行归因分析,试图对"学校教育中的行为不当"为什么会对少年犯罪产生影响的机制进行剖解,并且为预防"学校教育中的行为不当"的出现提出一定的建议。

关键词:学校教育　青少年犯罪　教育管理

2648

教育资源配置问题的理论研究 : 教育学的立场和观点 / 王卓著 ; 傅维利指导. -- 东北师范大学, 2005. -- 151 页

论文以功能形态的"教育资源"替代实物形态的"教育要素",以解决教育资源配置问题为切入点,以教育学基本理论问题——教育与人的发展、教育与社会发展以及三者之间的辩证关系为基本线索,从国内外教育改革的现实出发,批判地借鉴经济学、政治学和法学领域的研究成果,阐释教育资源配置问题中的教育学意义——服务于人的发展,并在此基础上对教育资源配置问题提出教育学的立场和观点。论文首先对教育资源配置研究已有的成果进行梳理与反思,揭示已有研究的盲点和误区,确立本研究的切入点。其次,以"教育是为人的发展和社会化的服务"为教育学基本理论假设,分析了教育目的价值取向和教育资源配置的关系,指出教育为个人发展服务是教育资源配置的出发点;进而,分析了教育权利的结构、行使方式及其历史演变对教育资源配置的影响,指出多元教育权利结构和可选择的受教育权是当今教育权利发展的趋势,充分肯定了教育资源配置市场化的合法性。然后,剖析了教育产品的性质,揭示经济学理论解释教育问题的不足,指出教育资源配置的特殊性在于教育本身具有多功能性和价值选择性。因此,国家有必要掌握教育的领导权,相应地政府也必须承担教育资源投入的责任。接着又探讨了教育资源配置中公平和效率问题,指出由于每个人的教育需求是不同的,无法给定统一的实质性教育公平,只有自主选择的程序性教育公平。而教育资源配置的效率也不进

行简单地经济计算，要在满足个人教育需求和社会均衡发展之间寻找平衡。再次，从中国教育资源配置的现实问题出发，揭示了计划体制下教育资源配置的弊端和市场经济体制下教育资源配置的困惑，从教育自身的发展要求和人的发展的角度，阐明教育资源配置的市场化改革的必要性，并对市场化的可能性进行分析。最后，对我国教育资源配置市场化改革提出建设性建议，指出教育市场化改革的目标是建立政府宏观调控下的教育资源市场配置体制，为此，应该转变政府职能，明晰学校产权，完善市场机制，建立和完善教育法律体系。

关键词：教育资源　资源分配　公平与效率　教育学

2649

教育创新组织的领导与管理 / 温恒福著 ; 袁桂林指导. -- 东北师范大学, 2005. -- 166 页

论文坚持辩证唯物主义和历史唯物主义的世界观与方法论，以“解放思想，实事求是，与时俱进”为指南，借鉴“面向事物本身”的现象学观察与分析方法，通过资料分析和调查研究，对教育创新组织的领导与管理问题进行了深入的研究。首先，论文对教育创新、组织创新、学习型组织和创新型组织等概念进行了界定，明确地提出现代教育组织应当以建设“教育创新型组织”与“教育创新型组织”为奋斗目标和理想状态的观点。其次，论文借鉴国内外教育领导和组织理论，总结了有利于提高教育组织创新能力的领导模型、组织创新的障碍与谜思；分析了教育组织创新文化的内容与特征，提出相应的领导措施；对教育创新组织领导者本身的素质进行系统的分析与提炼，得到了相应的素质结构模式图。再次，在强调领导作用的同时，论文还主张重视组织管理的作用。要从强调效果，加强制度管理、知识管理、问题与危机管理、绩效管理和会议管理等六个方面加强教育创新组织的管理创新。最后，论文将“教育思维方式”纳入了领导与管理的范围，认为“思路决定出路”，影响人、激励人和改变人的根本是影响和改变人的思维方式，研制了教育思维方式改变过程图，并且论述了积极思维方式、内在价值思维方式、平行思维方式、超越性思维方式和打破现状思维方式等五种教育创新组织应当努力建立的创新思维方式。

关键词：教育管理　教育创新　组织管理　创造教育

2650

教育现代性的合理性研究 / 吴全华著 ; 郭思乐指导. -- 华南师范大学, 2005. -- 148 页

教育现代性是教育的一种文化价值和以反思批判为主要特征的思维方式的规定。在价值取向上，教育现代性以理性主义、个体主体性发展或个体自由为核心取向。合理性作为一个评价性概念，规范性、逻辑一致性、相关性、社会历史性、具体性、理性性、实践合理性、合理性度是它的本质规定。论文从合理性的角度，对教育现代性的历史、理论基础、在中国的境遇、存在的矛盾与进路进行了深入研究。论文首先回顾了教育的前现代性，指出前现代性以客观理性或外在世俗权威为合理性基础。教育现代性的出现，则是在文艺复兴及其宗教改革和启蒙运动时，后经康德，完成了思想基础的构建。其次，论文指出，教育现代性在张扬个性的同时，也造成了反主体性效应，其展开是悖论型的。而造成悖论的内在根源，在于理性的排他性、分裂性、控制性、非创造性、非批判性。因此说，从合理性的合理性程度来看，教育现代性具有部分合理性；但从合理性的历史性、逻辑性、理性性、实践性来看，教育现代性具有合理性。再次，论文追溯了中国教育现代性的特殊境遇。认为，教育现代性一直未在中国得以真正生成。因而教育现代性启蒙和发展对我们来说具有实践合理性。这就决定了我们一方面要吁求教育现代性，一方面又要对它所导致的结构性危机进行批判和防治。必须在强化教育现代性的本土问题意识的基础上，形成跨文化视野的反思意识；在警惕全球化对教育的负面影响的同时，认真反思、仔细清理教育的非现代性；在辨析后现代主义教育思想与教育现代性关系的基础上，判明后现代主义教育思想的适切性：在进行外指批判的同时，进行内指的批判。最后，作者认为，教育现代性在我国的展开也会呈现为悖论型结构。因而，我们既要超越教育前现代性，又要超越以主观理性为合理性基础的教育现代性。实现这种双重超越的教育现代性应以新理性为合理性基础。这种新理性从静态来看，是由包含了多元特质的理性精神结构而成，而从动态生成的角度来看，新理性是包含了交往理性与复杂理性的理性。

关键词：教育理论　教育哲学　现代性　合理性

2651

市场引入条件下的政府、学校和中介组织：从民办中小学发展看现代学校制度建设中的若干问题 / 徐

冬青著 ; 叶澜指导. -- 华东师范大学, 2005. -- 176页

自20世纪90年代以来,民办中小学的发展和公立中小学的“转制”改革,标志着我国在基础教育领域中已经发生了市场引入。这种引入在带来效率的同时,也引发了一个非常需要探讨的问题,即在建立现代学校制度过程中,政府、教育中介组织和学校各自的定位问题与关系问题。论文正是对这一大问题的研究成果。首先,论文依据经济学的相关理论资源,在总结已有研究成果基础上,针对我国民办教育的发展现实提出了自己的系统认识,提出了教育公益性实现形式多样化的观点,并提出了约束营利性办学的逻辑和策略。其次,作者借鉴博弈论的思想,提出了“体制博弈”的假设,并对量式发展模式和制度演进模式两种学校教育的发展模式作了比较,提出,应该进行制度演进模式的尝试,并将此作为实现“体制博弈”的路径,以达到制度均衡。再次,论文对现代学校制度的内涵、建立现代学校制度的意义、主要环节和改革远景进行了讨论,并据此对学校的依附性、竞争不足和竞争过度以及竞争方式单一、公办学校与民办学校地位不平等、市场失灵和社区发育不全等问题进行了分析。最后,论文从三个方面,即公共权力的定位和制约、社会参与的机制和平衡、微观办学主体的活力和治理,对政府角色的定位、行政理念和方式的改革和控权基本原则进行了研究,依据公民社会理论资源对中介组织的功能及在权力分割中的定位问题进行了探讨,对民办学校发展中的产权界定、治理机制和资源交换等基本制度问题进行了考察。

关键词:基础教育　中小学　教育制度　社会办学

2652

政府分权与大学自主 / 许杰著 ; 劳凯声指导. -- 北京师范大学, 2005. -- 169页

在我国,大学的发展始终面临着政府控制与自主管理的矛盾。该文结合我国大学的发展历史,深入探讨了政府与大学发展之间的关系。首先,作者从宏观背景入手,探讨了大学自主权的历史线索,指出无论在西方还是改革开放前的中国,政府都是影响大学自主权演进的主导性因素。其次,作者指出,中国改革开放后,政府对高等教育的管理方式由集权走向分权,同西方大学一样,中国的高等教育也经历了分权化和市场化的洗礼。在这个过程中,政府的角色发生了改变,教育权力发生了转移,市场介入和政府淡出的现象也开始在中国教育领域浮现。而肇始于1998年的新一轮政府分权改革的市场取向,决定了现阶段大学自主的市场本位。市场本位的分权对大学发展产生了全方位的影响,使大学的组织特征、办学理念、权力运行模式、自由和责任的设定,以及对教师和学生的定位等方面,都充斥着市场逻辑和企业文化,传统的集权式中央政府控制在一定程度上被市场调控取代。这在一定意义上对现代大学的灵魂和根基——学术自由和大学自治进行了价值限定,并形成了一定的冲击,现代大学组织的合法性正从组织的内部慢慢地转移到组织的外部。再次,作者指出,由于受到特定的国情、制度、文化等因素的制约,中国大学发展具有与其他发达国家(尤其是欧美西方发达国家)不同的路径。中国高等教育基本上走的是自上而下的路线。这决定了市场取向分权,对学术性不彰的中国大学的冲击会是致命的。最后,论文指出,要走出市场取向分权给中国大学发展所带来的困境,关键还在政府。政府分权仍是大学自主的必要条件。而从新的理论向度出发,用治理理论超越和整合市场取向大学自主的源头——新公共管理理论,重塑政府和大学的角色定位,重理政府与大学的关系,重构大学自主的价值基础,进而使合作、共治、平衡成为治理中大学自主的价值选择,并据此做出具体的制度安排,则是消解市场取向大学自主的负面效应,提升中国大学的学术自主性,落实中国大学自主权的出路所在。

关键词:高等教育　教育管理　学术自由　大学自治

2653

区域教育政策行为研究 : 以县级区域为例 / 杨润勇著 ; 郑新蓉指导. -- 北京师范大学, 2005. -- 135页

我国教育体制改革“分权战略”的实施,使区域政府(区域教育行政部门)拥有了较大的区域教育政策制定权力和资源。因此,区域教育政策过程中的政策行为,正在成为制约区域教育发展、影响国家教育政策顺利实行的关键因素。该论文从全国“三片”地区选择了4个样本县区,运用政策过程阶段理论、政治学的人性论、利益论及公共选择理论,通过实地考察的方式,对样本县迎“普九”验收等典型政策行为,进行了个案分析,研究了县级区域教育政策行为的过程、相应结果和行为动因,总结了区域教育政策行为的特殊规律,归纳分析了政策行为的偏差问题。首先,论文指出,县级教育行政部门乃是县级教育政策

行为的实际主体;继而,分别研究了其参与县域教育政策制定行为和执行行为的基本过程,总结了涉及二者关系的"循环互动模式"以及县级教育政策行为过程的简约论规律;得出了区域教育政策制定与执行行为在现实中处于分离状态的结论。其次,作者分析了区域教育政策行为结果的特殊形式与影响,针对政策结果难于评判的现实,提出了区域政策行为结果和政策文本体系的分析标准,并以此对某样本县近10年的教育政策文本和"普九"政策行为结果进行了系统分析。再次,研究证明了利益追求是政策行为动力之源的论点,提出并证实了区域教育利益的内涵包括本地区教育发展以及地方教育官员追求"政绩"两方面的需要和满足的观点。认为,"区域教育利益至上,区域教育部门利益扩张以及个人利益膨胀",是导致区域教育政策行为偏差的根本动因。最后,作者认为,正是区域教育政策系统存在的诸种体制性问题,为区域教育官员追求"利益最大化"的"理性逐利"本性实现提供了现实条件;二者结合是区域教育政策行为偏差普遍产生的根本原因。在此基础上,论文提出了实现区域教育政策行为优化的基本策略和现实途径。

关键词:教育事业　教育政策　地方政府　地方教育

2654

民办高等学校产权配置法律问题研究 / 杨挺著 ; 周鸿指导. -- 西南师范大学, 2005. -- 116 页

本文通过对重庆市七所民办高等学校产权配置现状的调查和分析,指出我国民办高等学校的产权配置存在的主要法律问题有:法人属性定位的困惑,产权法律关系主体不明确,产权法人治理结构不完善,缺乏对各产权主体权利的有效限制和保护,缺乏相应的产权纠纷解决机制。在此基础上,根据法理学和民法学的相关理论,通过对我国与其他大陆法系国家相关法律规定的分析,提出了解决我国民办高等学校产权配置法律问题的初步构想:在《教育法》中增设"学校法人"条款,并以列举方式对"学校法人"进行界定;明确民办高等学校法人、举办者和其他主体在学校中的产权性质及内容;在《民办教育促进法》中增加学校董事会关于独立董事的规定,增设监事会条款并规定监事会的组成方式及其职权,对董事会的组成方式及其决策机制进行一定限制;在民办高等学校或教育行政机关设立教育评议会,凸现利益相关者对学校产权法人治理的制约;进一步加强对民办高等学校的举办条件和举办资格的限制;针对民办高等学校的产权纠纷,制定相应的处理规则。

关键词:民办高校　产权　法人　法人治理结构　独立董事　监事会　教育法

2655

音乐审美教育的人学研究 / 尹爱青著 ; 柳海民指导. -- 东北师范大学, 2005. -- 210 页

论文从人学的角度,运用价值判断与分析的方法,以设定的音乐审美教育的人学承诺理念为理论出发点,对现实的音乐教育进行审察和分析,从人的生命意义和生命质量提升的角度,探求音乐审美教育对人的生命质量提升的独特作用和价值依据。作者首先对音乐审美教育的人学承诺进行提问,并探讨其研究的理论和实践意义;进而,通过厘清音乐与音乐审美的人学本质、音乐教育与音乐审美教育、人学与音乐审美教育人学承诺这三组概念的内涵和外延,分析和解读了音乐审美教育人学内核,明确地从音乐与人、音乐形式与人的生命形式同构的维度,在理论上阐述了"音乐审美教育过程是体验生命状态和生命力量展开的过程,是唤醒人对美的感悟、以一种全新的精神状态超脱物质世界的过程,这不仅是人的独有享受,更是人之生命需要"的观点。其次,作者从马克思主义人学理论对前人的逻辑起点、本质揭示和价值取向的超越描述开始;继而论证席勒、弗洛伊德、马尔库塞的精神审美自由和马克思的现实审美自由以及人的最高目的的实现,从而赋予了音乐审美教育的教育人学意义。再次,通过对音乐审美教育人学承诺命题的立论起因的论证,以人类对艺术掌握世界的必然性和特殊性对音乐审美教育的人学承诺进行总括式的再确认。最后,论文探讨了音乐审美教育的人学方法论,指出,先导主体(教育者)必须有能力促进接受主体在审美实践中将客观物态化审美对象向其内心进行转化和外化表现,这是完成音乐审美心理结构(包括对个体审美感知、审美想象、审美理解和审美情感等能力)建构的前提。惟其如此,才能实现音乐审美教育的发展理想人格、实现音乐审美心理状态的整合的目的;进而,以此方法论为指导,透视和思考了20世纪的音乐审美教育与实践。

关键词:音乐教育　美学教育　审美　人学

2656

中小学学生政治生活研究 / 英配昌著 ; 陆有铨指导. -- 华东师范大学, 2005. -- 123 页

作者指出,受工具性价值追求的影响,当前学校

教育者普遍形成了狭隘的教育质量观。在这种观念支配之下,学生政治生活沦为学习生活的附庸,表现为政治生活中以学习成绩为标准的倾向,教育者缺乏对学生政治生活的足够重视。加之,由于学生家长只注重作为学生未来生存手段的学习生活,因此造成了当前学生学校政治生活意义弱化现象。政治生活意义的弱化不利于学生政治价值观的形成。认为,在政治生活中,学生民主能力的发展依赖于学生主体性的发挥。然而从目前的现状看,教育者在学生政治生活中忽略学生群体主体性、压制学生个体主体性的状况非常普遍。种种压制或忽略学生主体性的倾向,导致了学生主体性在政治生活中不能有效发挥作用,不利于发展学生民主能力。学生需要通过师生、学生自身的民主生活掌握民主知识、形成民主精神。然而当前的教育者民主知识与民主精神非常缺乏,这一方面直接导致了学生政治生活中的违反民主现象,另一方面,造成了学生政治生活正义氛围的缺乏。另外,作者指出,学生自我保护意识与能力不强,缺乏自控能力,也造成了政治生活中的违反民主现象。因此,文章建议,意欲提高学生学校政治生活的质量、培育学生民主素养,就需要教育者正确认识政治生活的意义,增强学生的认知与加深学生情感体验、真正发挥学生的主体性、真正引导学生创建民主的生活。

关键词:中小学　政治生活　民主教育

2657

县域义务教育均衡发展研究 / 于发友著 ; 赵承福指导. -- 山东师范大学, 2005. -- 121 页

所谓县域义务教育均衡发展,是指县市区政府树立均衡发展理念,根据当地经济社会实际因地制宜、实事求是地调整义务教育发展思路,实现城乡之间义务教育学校在办学条件和师资建设上的相对均衡,确保区域内的义务教育均衡协调高质量发展,确保不同的受教育群体在接受教育权利、条件等方面达到相对平等。该文通过对两个文化发展水平不一的县区进行抽样调查和比较研究,理清了教育均衡发展的制约因素,建构了适合我国实际的县域义务教育均衡发展标准体系,提出了义务教育均衡发展的科学理念和实践模式。论文首先分析了县域义务教育均衡发展的理论基础和价值取向,指出,均衡发展乃是效率和质量的统一。继而,通过对美、日、韩、台湾等国家和地区的研究,总结出在实现义务教育均衡发展方面的共同经验:一是强化政府责任,建立相对集中的投资体制;二是依法推进义务教育发展;三是制定科学发展规划,强力组织实施;四是统一学校建设标准;五是关注弱势群体,重视义务教育均衡发展。其次,通过对义务教育发展各有关要素的分析,建构了县域义务教育均衡发展的指标体系。该体系包括在三个层面:一是县域义务教育均衡发展的环境均衡度;二是县域义务教育均衡发展的城乡均衡度;三是县域义务教育均衡发展的结果均衡度。以此,可以检验一个县市区义务教育发展的均衡状况。再次,通过对利津县、河口区义务教育均衡发展状况的调查研究,发现,制约县域义务教育均衡发展的因素包括:教育理念、政策体制、经费投入、农村城市化水平和经济发展水平、教师队伍建设状况和信息技术教育水平等。最后,作者提出县域义务教育均衡发展的建议:一是确立义务教育适度超前并均衡发展的理念;二是健全义务教育均衡发展的相关政策及法规;三是建立城乡均衡统一的投资体制;四是建设城乡均衡优良的师资队伍;五是以城市化促进教育均衡发展;六是推动教育信息化发展;七是强化监督,实现督政和督学相结合。

关键词:义务教育　教育发展　均衡　地方教育

2658

现代性与教育 : 后现代语境中教育观的现代性焦虑与哲学应答 / 于伟著 ; 王逢贤指导. -- 东北师范大学, 2005. -- 321 页

论文坚持从与时俱进的马克思哲学出发,借鉴了历史本体论、生物进化论哲学、和合哲学以及人力资本理论,围绕着现代性的核心理念,从四个向度对后现代语境中教育观的现代性焦虑与哲学应答进行分析、论证,尝试回答了教育观的现代性何以可能、何以必须以及向何处去的重大教育理论问题。作者首先梳理了后现代性语境中,学术界对教育观的现代性焦虑与批判,进而寻求了哲学应答的方法论问题。其次,针对拒斥理性教育观的种种论说,集中回答了四个问题,一是理性与理性教育观的合理性问题;二是非理性与非理性教育的合理性问题;三是分析、批判反理性主义教育观;四是提出有限理性教育观的基本主张。进而,批判了反对人类中心主义的种种论说,强调人类中心主义的教育观是以人为本、可持续发展的教育观,是坚持走向文明进步的而不是回归原始和野蛮的教育观,反映了人类社会及其教育发展的规律性。因此,作者强调,当前教育改革背景下需要坚持三项主张:一是学校坚持以教学为主;二是教学以传授间接经验为主;三是教育源于生活,但高于生活。再次,针对当前理论界充满了浪漫主义及其乌托邦的

倾向,论证了实用理性教育观的合理性、必然性,也论证了学习化社会、学习本位、能力本位、人力资本理论的合理性与局限性。提出并论证了理想教育的主要形态只能是实用理性教育。进一步,针对后现代科学观对科学理性的挑战批判,集中分析、批判了后现代科学观(科学知识社会学理论、科学历史主义学派、后殖民主义科学、女性主义科学等)及其对科学教育观的消极影响;分析、评述了所谓量子力学中的测不准原理对科学观及其对科学知识教育观的影响;提出并论证了坚持以科学精神为核心的科学人文主义及其教育观的思想;梳理并批判了当前教育研究方法论中存在的科学精神缺失、科学与人文对立以及研究方法中的后现代倾向。最后,作者指出,对当代中国教育来说,坚持和完善教育观的现代性才是明智的选择。

关键词:教育理论　教育哲学　后现代主义

2659

批判与重构 : 人的形象重塑及其教育意义探索 / 岳伟著 ; 王坤庆指导. -- 华中师范大学, 2005. -- 185 页

作者从时代背景出发,通过对现实教育问题的批判性分析,批判分析了以往关于人的形象的理论,从教育的视角,对人的形象进行重构。从逻辑上看,文章可分为四个部分。首先,作者回顾了前人对人的形象的研究,并对人的形象进行了概念界定和价值分析,指出现代人的生存困惑源于人自身,教育作为一种培养人的活动,应该为解除人之困惑承担责任。然而,现实的教育由于其自身已经物化,已不能担此重任。分析认为,教育物化的深层根源在于理性人形象的自我认识,因此,为了克服教育危机,必须对人的形象进行重新诠释。其次,论文对理性人形象与教育思想的历史与现实进行了分析,在此基础上,对自然人形象、机器人形象、游戏人形象进行了反思。认为,在现代社会,随着理性的变异,理性人形象需要重新诠释。但这一前提是进行思维范式的转换。再次,论文从思维方式的转换入手,对人的形象进行重构,指出,现时代我们需要一种新的思维方式,即生成性思维。此种思维的最大特点是对"本质先定"的超越,乃是一种从人本身出发来认识人的思维方式,它强调人的形象的"动态生成"。最后,论文运用人的生成性形象来关照现实的教育,指出,教育乃是主体间"双向建构"的"交往实践活动";教育目的应该是"成人",或谓人的自我实现;教育过程就是教育者和受教育者的共同生活过程,其本身就具有自足性的价值和意义;教育实践的生活世界转向,实质上是走向生成中的人。

关键词:教育理论　教育哲学　人　思维方式

2660

学校教育的隐性力量 / 张家军著 ; 熊川武指导. -- 华东师范大学, 2005. -- 156 页

论文借鉴物理学中的"力量"概念,以"隐性(hidden)力量"这一概念为分析工具,深入探讨了学校教育的内在价值和精神。文章首先对"隐性"和"力量"这两个概念进行分析,认为,"隐性力量"就是指学生在学校的日常教育和生活中,通过交往、体验而潜移默化获得的非预期的作用和影响。继而,指出学校教育的隐性力量主要表现在三个方面,即知识力、情感力与行为力。知识力乃是指,统治阶级运用手中的权力,对知识进行选择、分类、组织和评价的能力,具有社会再生产和文化再生产的功能。情感力是指主体在已有条件的基础上(包括生理的、心理的以及认知的等方面),通过与自我、他人以及社会相互作用所产生的一种自我感受和体验的能力。行为力就是人与外界相互作用的过程中,所表现出的有目的的反应的能力。最后,文章对隐性力量的作用途径进行了分析。认为,隐性力量的作用途径主要有两种,即交往和体验。交往就是在生产实践活动过程中,主体之间借助一定的中介所表现出来的相互交流、相互影响的活动,它是人类活动的基本形式和存在方式。教育交往就是在教育过程中,教育主体通过一定的中介物(如语言和一定的实物)而进行的主体之间的相互交流、相互影响的活动。教育交往包括学生与人的交往和学生与物的交往,前者又包括学生与老师的交往和同学之间的交往;后者指的是学生与学校中"物化"东西(如教材、各种设备等)的交往。体验是人的生存方式,具有亲历性、个体性、缄默性和不可重复性等特点。在体验过程中,经验是体验的基础,感知是体验的前提,理解是体验的必要条件,移情是体验的关键。

关键词:学校教育　隐性力量　知识力　情感力　行为力

2661

科学教育 : 人性迷失与理性遍寻 / 张敏著 ; 柳海民指导. -- 东北师范大学, 2005. -- 258 页

近年来,我国科学教育获得了长足的发展,然而,伴随着全球化经济和社会的迅猛发展,现代科学教育的功利化倾向愈益突出,科学教育中的人性迷失加剧了人类社会的危机,需要重新呼唤科学教育对人性的

关注。论文从完善理想人性的自由教育——科学教育的人性化问题出发,从科学理性与人性的双重视野,综合运用教育学、教育哲学、科技哲学、科学教育史、社会学、人类学、美学、文化学等多学科的理论,对科学和科学教育的历史变迁及人性迷失进行剖析,挖掘了科学教育的人性价值、遍寻了科学教育的人性归宗、完善了科学教育的人性设计。论文首先从科学的源起出发,揭示了科学的本质内涵,进而分析了近代科学的成功、限度与蜕变;通过追溯西方科学教育的发源,指出科学教育的应有之意;并分析了近代科学文化与科学教育间的关系。继而,从人性假设与基本观点出发,探讨了科学的人性根基与终极追问。然后,针对科学教育功利性价值的弊端,从人性化视野出发,借助多学科的理论,分析和挖掘科学教育的发展价值、伦理价值;美学价值、精神价值。其次,在科学理性与人性的双重视野中,梳理了科学与人性二者间的辩证统一关系,使"人性归宗"成为科学教育理性遍寻的终极。最后,按照人性化的教育理念,从实践层面对科学教育进行多方位、多层次的探讨。从科学教育目的、科学教育内容、科学教育过程、科学教育方法的人性化设计等几个方面,创建了人性化的科学教育新景观。进而指出科学教育人性化研究是教育和人类追求的永恒主题,也对该研究的前景、贡献和不足进行说明。

关键词:教育理论　理性　人性　科学教育学

2662

教育政策合法性研究 / 赵爽著 ; 袁桂林指导. -- 东北师范大学, 2005. -- 141 页

教育政策合法性,是教育政策的权威所在,是教育政策之所以被认同和接受的依据,是教育政策有效性的前提。改革开放以来中国教育改革的理论预设,是教育不平衡发展为经济增长服务,通过规模扩张实现的有效性构成了教育政策合法性基础,但却陷入了有效性困境。为重建中国教育政策合法性,重塑教育政策的权威,作者借鉴政治学、法理学、社会学、制度伦理学等学科的相关理论,以及采用人类学的实地调查和参与式观察的方法,从理论和实践两方面,对教育政策合法性进行探析。首先,提出问题,即当代中国教育政策有效性不足导致教育政策权威贬值,引发教育政策的合法性危机。进而,剖析了教育政策合法性的内涵,认为教育政策合法性就是教育政策规范的有效性,并就教育政策合法性的理论基础、教育政策合法性的范畴和教育政策合法性的结构进行探讨。其次,论文探索了教育政策合法性演进的一般规律,指出,教育政策合法性是历史性的存在,不同历史时期的教育政策合法性需要不同水平的伦理辩护。继而分析了当代中国教育政策系统的合法性问题,描述了当代中国教育政策系统合法性基础的变迁。再次,论文分析了重建中国教育政策合法性的必要性和策略,指出,重建中国教育政策合法性的关键是诉诸教育政策实践过程中全方位的合理性。最后,作者对教育政策合法性进行了个案研究,指出,教育政策实施过程的合理性是教育政策合法性的保障,进而从实践层面为重建教育政策合法性提供现实依据。

关键词:教育政策　合法性　教育管理

2663

超越式学习论 / 赵义泉著 ; 张向葵指导. -- 东北师范大学, 2005. -- 194 页

从教育心理学的角度来看,学习方式分为接受式学习和发现式学习两大类。就发现的内容和范围而言,发现式学习又可分为教师预设的和非教师预设的学习,该文将后者称之为超越式学习。论文应用现象学方法,辅之其他研究方法,从教和学两个方面揭示出超越式学习现象,并从理论和实践两个方面考察了超越式学习。研究认为,超越式学习主张外在的超越和内在的超越应该统一于学习实践中。超越式学习首先表现在外在的超越上。外在的超越包括量的超越和质的超越。量的超越是对课本知识的扩展,是量的增加。这种量的超越能够帮助学生加深对给定知识理解。学生在学习给定知识过程中,能够对给定知识进行考问、质疑、批判,找出人们对其评价的问题,分析其不足,形成自己的观点,这是质的超越。量的超越是质的超越之源,只有学习的东西多,思维加工的材料丰富,才容易形成较深刻的思想。没有量的超越,质的超越就无法产生。外在的超越要能够促进学生内在的超越,即学习水平的提高、综合素质的升华。论文强调,超越式学习与接受式学习和发现式学习,既有区别又有联系。在学习过程中,不要把任何一种学习方式作为唯一的学习方式,三者应该互补。就学生获得知识来说,他既可以通过接受的方式来获得,也可以通过发现的方式来获得。当某种知识完全由教师讲述时,它是接受式学习;当某种知识在给定范围内由学生在探究的过程中获得时,它就成为发现式学习;当学生的学习超过了给定范围并产生新思想新方法时,它就是超越式学习。

关键词:学习方式　超越式学习　教学理论

2664

老年教育的理论与实践：以台湾地区为例 / 周德荣著；叶澜指导. -- 华东师范大学, 2005. -- 86 页

论文认为人口高龄化是世界共同面对的问题,这个趋势引发了老年人在诸种社会变迁中适应及转型的讨论。相应于此的,也有许多理论去解释老年人的现象。论文着重的焦点是老年人的教育,在理论部分,首先探究了为什么已往的教育并未将老年人引入考量,而自从“终身教育”的观点提出之后,始受到重视,因而指出老年教育如何定位,及其重要性和内涵。再者阐明老年教育必须要针对老年人的学习特性与学习环境,必先就有利的因素加以诱导,不利的障碍加以排除,当然,也应该从老人特殊的学习需求出发看老人教育之中有哪些较需特别考量的教育层面,去作加强及规划。复次,老年教育也包含许多丰富的哲学观点及理论,从解放哲学、转化理论、后现代主义到人文主义、进步主义、批判哲学等等均可以置放入老年教育中运用。论文还进行了实践层面的研究,首先概述世界主要国家如美、英、日、中等国家的老年教育实施情形,然后是台湾地区老年教育的实施办理现况,主要是以行政区划及施教性质为陈述分类之依据,就此两方面归纳出其特点。并根据这些陈述,对台湾地区老年教育提出有哪些需要加以检讨,又由哪些方式及途径来找出建议改进之道。以此,作者反思地指出:老年教育对教育应有一些根本改变的辩证性之创见,尤其是老年教育如若不是境遇好的老人之专利品,那么在所有教育都应该注意到一个去阶级性的问题,并且以“生命主体互动的视野交融”去作此视角,找出不同体验。不同位置的老年人如何去满足教育的需求。最后,论文从台湾地区老年教育的经验来讨论其与老人福利的关系究竟为何,另外则是老年教育必须置于全球化的视野与后现代的观点去掌握时代脉动,并展望未来。

关键词:老年教育　终身教育　台湾省

2665

制度下的教师文化 / 周海玲著；金一鸣指导. -- 华东师范大学, 2005. -- 169 页

作者指出,教育的任务是传递主流文化;教师通过自己的教育教学实践活动实现这一任务。由于教师的教育教学实践活动是由教师文化支配的,所以判断教师是否完成教育教学任务,判断教师是否称职以及是否优秀,其标准均是看教师文化与主流文化是否一致以及一致的程度。易言之,教师所要克服的最大矛盾就是教师文化与主流文化之间的矛盾,教师追求的目标就是使教师文化与主流文化一致。论文尝试运用叙事研究方法,通过光山县第二高级中学这一主要个案,考察在特殊的学校社会环境下,一所县城高中展现了怎样的教师文化,希望在理解教师文化的基础上提升教师文化,促进主流文化的传递。论文认为,学校是展示教师文化的平台,不同的平台打造不同的教师文化;教师课堂教学和教师交往是表现教师文化的两个方面。从教师的语文课堂教学方面看,其课堂诠释呈现这样的价值取向:坚持技术工具价值传统,淡化政治工具价值,加强人文价值;课堂教学所呈现的教师文化与当前教学大纲所代表的主流文化基本是一致的。教师交往是教师在组织规范制约下的自主交往,它调整了学校的组织关系,从另一个方面体现了教师文化。研究认为,从二高的实际出发,以校本培训方式加强教师合作、进一步改善组织中的教师交往是提升教师文化的有效途径。

关键词:教师文化　交往　课堂教学　教育社会学

2666

进城务工就业农民子女义务教育政策执行研究 / 周佳著；袁振国指导. -- 北京师范大学, 2005. -- 132 页

论文借鉴 K. G. 班廷关于问题认定的逻辑结构图,综合运用实证研究与文献分析、制度分析与行为分析等方法,遵循政策执行问题察觉、政策执行问题界定、政策执行问题陈述的逻辑顺序和分析框架,对进城务工就业农民子女义务教育政策及其执行进行研究。文章首先描述了农民工子女义务教育状况,介绍了户籍制度从产生、松动到改革的过程。着重分析了《流动儿童少年就学暂行办法》与《关于进一步做好进城务工就业农民子女义务教育工作的意见》中对有关问题的不同提法,分析了中央政府解决农民工子女义务教育问题的政策走向。其次,通过对上海、哈尔滨、北京三地贯彻《意见》情况的分析,发现,流入地政府比较积极地行使着调解性自由裁量权,观念上的约束已经不是关键性的制约因素。然而,由于“两为主”政策是一项“没有新资源”的政策,流入地政府在利用既有资源来执行新政策的过程中陷入困境,它所面临的另一个困难是不清楚决策者真正要达到的目标。由于《意见》没有明确评估标准,导致人们把“公办学校入学率”,作为衡量流入地政府执行“两为主”政策效果的唯一标准。最后,根据上述研究,作者得

出两点结论:一是,“两为主”政策的执行必须走渐进的路线,积极扶持简易学校,是实现“使进城务工就业农民子女受教育环境得到明显改善,九年义务教育普及程度达到当地水平”的过渡性工作,必须得到重视。二是,对于已经进入公办学校的农民工子女来说,仅仅强调“入学机会均等”这个目标还不能真正表达“两为主”政策所强调的“一视同仁”的教育机会均等的价值内涵。公办学校从行动上接收农民工子女,到心理上接纳农民工子女还有一段距离,以教师激励为前提加强师德建设是实现农民工子女义务教育状况明显改善的关键。

关键词:义务教育　教育政策　农民工

2667

学校教育中的知识问题研究 / 周志平著 ; 叶澜指导. -- 华东师范大学, 2005. -- 116 页

作者认为,学校教育离不开知识。自人类社会产生起,教育就与知识有着不可分割的联系。然而,处于学校教育中心地位的知识,自近代以来却屡屡遭到人们批评指责,成为学校教育改革矛头直指的对象。论文第一章从历史的角度考察了教育中知识问题的发展演变,探讨社会发展变化、知识存在形态的变化和知识观的发展演变,对学校教育中知识问题的影响。论文第二章从教育学角度研究当代社会发展变化、知识观的演变对学校教育中的知识问题带来的影响。本章首先集中指向知识观变化中的三个问题,即知识与能力、个人知识与公共知识、书本知识世界与生活世界之间的关系进行考察。论文的第三章对知识观、知识价值观与人们的发展观之间的关系作进一步的探讨,并对当前关于知识的教育价值问题的研究进行反思,指出当前学校教育面临的问题在于,人们仍然主要把学校教育中知识的价值定位于使学生掌握具体的学科知识,只重视掌握知识本身,忽视了知识对个体发展的价值;对知识价值问题的研究没有深入探讨知识对学生个体精神生命发展具有怎样的价值,以及如何更好地在学校教育中发挥知识对个体生命发展的价值。学校教育中知识对学生个体发展的价值如何实现的问题,构成了论文第四章的主题。论文认为,现代学校教育中只注重学生掌握学科知识,忽视知识对学生个体生命的滋养,一个很重要的原因在于,教师缺乏“具体”学生的观念。论文提出,应在对学生了解的基础上呈现教材知识内容,注重学科形态的知识和经验形态的知识之间的沟通和转化,让学生自主探究,充分体验知识生成的过程,并通过师生之间的交流、对话,促进知识所蕴含的人类精神生命能量向学生个体发展转化。

关键词:学校教育　知识　个体

2668

学校行为的社会逻辑 : 关系网络中的学校 / 庄西真著 ; 吴康宁指导. -- 南京师范大学, 2005. -- 144 页

论文试图运用社会学中的关系网络概念,以一个乡镇中学为个案,认识和把握学校行为的机制。文章共由七部分组成,分别是导论、第一章学校进入和研究方法、第二章学校行为的背景、第三章学校行为诸面相、第四章学校行为的动力、第五章学校行为的机制、结语。论文的主要观点有:(1)基于对现在的学校日益分化和异质化的判断,论文在学校行为研究方面引进了“关系论的方法论”,主张运用“典型个案分析”的方法分析学校行为,论文不仅对这种方法的合理性进行了辩护,而且尽量把这种方法贯彻到对学校行为的研究上面。(2)论文认为,应该在国家—社会—学校三者关系的框架中认识学校行为,国家只是影响学校行为的一个因素,从国家的角度理解学校行为,我们得出的结论是学校行为是同一的;不能忽视的是,社会同样是一个对学校行为产生影响的因素,在这里,社会是指与“国家”有一定距离的具体学校所依存的地方社区或者“关系网络”,从关系网络的角度理解学校行为,我们得出的结论就是差别,也就是说学校的差异化来自于所在地方的知识的不同,亦即不同的地方社会形塑了不同的学校行为。(3)在国家和社会的双重影响下,学校并没有丧失一定的自主性,恰恰就是因为国家和社会的既斗争又合作的关系,导致了学校行为的“半自主性”,这一点从学校获得资源以及配置资源的过程中可以清楚看到。

关键词:学校管理　学校行为　关系网络　教育社会学

2669

马丁・海德格尔对美国教育哲学的影响 / Philip Allen McBrayer 著 ; 孙绵涛指导. -- 华中师范大学, 2005. -- 149 页

美国教育哲学界受约翰・杜威的主导性影响几乎有六十余年。几乎所有的研究人员和高校教师至今仍然受其影响。该论文作者认为,约翰・杜威对美国教育哲学的影响依然存在,然而在近 40—50 年,已经逐渐被马丁・海德格尔的地位所取代。作者的研

究目的就在于证实这种转变存在的真实性。论文的数据来源主要包括两个部分:第一,约翰·杜威和马丁·海德格尔的早期原始著作,作为论文材料的主要来源;第二,美国学校所采用的课程和教学内容被用来考察两个思想家的影响以及这种清晰的转变过程。研究结果表明,这种变化主要是指由约翰·杜威的实用主义到马丁·海德格尔基于存在主义的后现代主义理论框架的转变。作者发现,马丁·海德格尔的著作能够进入美国教育哲学界,是因为它所倡导的“构成主义”与杜威的经验教育概念能够融为一体。作者还发现,“构成主义”是建立在更加主观的世界观基础上的存在主义概念,因此它在实质上与杜威的所谓实用主义又是完全相反的。“构成主义”是由马丁·海德格尔在1927年的一系列演讲中首次提出,此后被许多哲学思想家,包括在教育领域内的哲学家所沿用。论文的分析研究证实了作者的论断:马丁·海德格尔对于当今美国教育哲学界的研究以及教学领域起到了非常重要的潜移默化的影响。

关键词:教育哲学　海德格尔(Heidegger, Mardin 1889～1976)　存在主义　美国

课程与教学论

2670

多元智力的实证研究与物理教学的对策 / 陈娴著 ; 刘炳升指导. -- 南京师范大学, 2005. -- 89 页

智力观的问题是课程与教学必须面对的一个基本问题之一。不同的智力观在课程与教学的目标、内容、方法和评价等方面的体现和反映不同,从而深层次地影响着课程与教学的实质和功能。论文以美国哈佛大学心理学家霍华德·加德纳(Howard Gardner)提出的多元智力理论为依据,利用美国肯塔基州的Surfaquarium咨询公司编制的测量工具,在2004年4—6月,对江苏省四类高中学校(重点学校、普通学校、农村学校和职业学校)的1164名男女学生进行了多元智力的测量,得出以下结论:1. 四类学校的学生在视觉空间、身体动觉和音乐节奏智力上存在局部的差异;2. 即使在相同的智力强项或弱项上,不同的学生也有不同的行为表现和特点。提出相应的对策:(1)课程与教学应该发展学生的多元智力;(2)中学物理课程与教学应该发展与物质世界有关的四个智力,在物理教学中采用相应的教学策略来培养这些智力,即身体动觉智力与机械手的策略;视觉空间智力与图形呈现的策略;自然观察智力与现象观察的策略;数理逻辑智力与科学探究的策略。

关键词:教学理论　课堂教学　智力　课程　物理教学

2671

教学公平研究 / 陈云奔著 ; 万明钢指导. -- 西北师范大学, 2005. -- 149 页

教学是教育的主要途径,教学公平是教育公平的内部主要影响因素,解决教学公平问题,是实现教育公平的前提。论文在现时代背景下,在对国内外相关研究进行了综合研究的基础上,指出了当前研究中普遍存在的问题,并从学生权利和对师生发展资源的分配的视角,对教学公平的内涵、层次、目标和实现路径进行了系统研究。论文首先界定了教学公平的概念内涵。指出,教学公平的内涵主要包括三个基本内容,即教学制度公平、教学程序公平和教学实质平等。进而,从学生权利的视角,分析了教学制度公平。认为,教学制度公平具体体现在对教学中的学生权利规定的公平性。指出,学生权利具有层次性和复杂性的特征。然后,从教师和学生的发展资源的分配的角度,分析了教学程序公平。认为,权利的实现有赖于资源的保障,教学制度公平需要通过教学程序公平的保障才能实现事实上的教学公平,在教学活动中,教师是学生发展资源的主要分配者,因此,教学程序公平实际上取决于教师对学生发展资源分配方式的公平。最后,作者考察了教学实质公平。从教学公平的保证原则、机会均等原则、差别原则三个方面,对现实教学中教师在教学管理、师生互动、作业布置与指导、知识分配中的资源分配方式,进行了公平性分析。认为,教师对学生的刻板印象、教师的教学价值观、教师的教学公平观以及教师的教学能力,是制约教学公平的主要影响因素。

关键词:教育制度　教育理论　教学　公平

2672

小学语文小班化合作学习实践研究 / 董蓓菲著 ; 倪文锦指导. -- 华东师范大学, 2005. -- 267 页

论文分为三个部分。论文首先界定了合作学习的内涵,概述了合作学习的历史,阐明了合作学习的理论基础(社会心理学、认知心理学和动机心理学)并介绍了合作学习的教学策略与实施方法。其次,论文从两个层面对合作学习本土化问题进行了理论思考。

一个层面是,分析合作学习在实现语文课程特性、运用"小班化教育"载体所具有的优势,探讨了合作学习与"小班化语文教学"整合的必要性和可能性;另一层面是审视美、德和我国香港和台湾地区的母语教学实施合作学习所走过的验证、模仿到整合的轨迹,以为借鉴。最后,论文根据第二部分的研究,提出了"基于合作的小班化语文教学模式"构建的计划、框架,并对之进行了实验证实,论述了在识字、口语交际、阅读和作文等四个学习领域重模式实施的范式,并进一步提出模式推进和突破的方向。

关键词:小学　语文教学　课堂教学　合作学习

2673

数学探究学习内涵与策略研究 / 范文贵著 ; 顾泠沅指导. -- 华东师范大学, 2005. -- 194 页

该研究在梳理有关数学探究学习研究文献的基础上,结合数学探究课堂教学,对数学探究学习的内涵、意义和策略进行较为深入的挖掘。论文认为,数学探究学习应根据学生的心理特征及数学研究的规律性,发挥学生学习的潜能,体现学生学习的主动性和积极性,在教师的组织指导下,基于数学问题解决所需的情境和途径,学生充分利用各种数学探究课程资源,通过实物操作实验、数学思想实验、数据统计分析、信息技术实验等手段,收集与研究问题相关的各种信息,提出研究问题、形成猜想、利用特例进行实验验证、进行演绎证明、反思,经历数学概念、命题的形成、归纳过程,体验数学问题的生成、解决及其应用的过程,进一步领会数学研究的精神和思想方法。作者指出,在数学探究性学习中,教师应该为学生创设发现问题、提出问题的情境。数学探究学习问题提出策略主要包括:创设情境提出数学探究问题;在解决问题的过程中,通过学生之间、师生之间的对话交流提出数学探究问题;改变给定问题的限定条件是产生新问题的方式;通过对已有知识的变式提出问题;解决问题之后反思与回顾,提出新的探究问题。除此之外,教师还要善于创设合作学习的情境,使学生们相互帮助、在经历共同探索过程后达到对问题有一个新的理解。数学学习中"合作探究"策略包括:对同伴提出修正建议;合作探究小组分别从不同的角度思考问题,然后再汇总、概括;相互启发、引起学生探究问题的激情。而且,教师还应注意对话策略的使用。论文指出,数学探究中的对话意味着学生对探究问题提出不同意见:同意或反对,肯定和补充,在解释过程中澄清对数学探究问题模糊性认识。最后,还要注意信息技术与数学探究学习整合的策略的运用,使学生可以直接从信息化环境和数字资源中获取数学知识。

关键词:课堂教学　数学课　数学教学

2674

物理学史与物理教学结合的理论与实践研究 / 侯新杰著 ; 高文指导. -- 华东师范大学, 2005. -- 144 页

物理学史与物理教学的结合,是国内外基础教育改革的一项重要课题。论文首先论述物理学史和物理教学结合的教育价值,分析比较了皮亚杰认知发展论和库恩科学发展论,认为教育实践应与科学发展规律保持一致,应重视物理学史在物理教学中的应用,并从结构主义与物理教学的关系说明物理学史在提高迁移能力上可以扮演"先行组织者"的角色。其次,论文结合教材中物理学史和物理教学结合的典型案例——狭义相对论内容的历史考察和教材处理,对物理学史与物理教学结合的方式、模式、原则进行了深入分析,考察了科学教学改革的两种新模式:蒙克与奥斯本的教学过程模式、马修斯的适度目标模式,讨论了这两种模式对物理学史和物理教学结合的有益启示,调查统计了十套国内外物理教材,发现大多数教材在狭义相对论内容的处理上呈现实证主义的思维模式。再次,是基于历史探究的物理教学策略的实验研究。提出了基于历史探究的物理课堂教学策略,包括:课堂教学的准备策略、探究式的教学策略、课堂管理的策略和课堂教学的评价策略;设计了若干教学实验案例,选择了一所高中进行教学实验,开展科学方法教育,创造性思维能力培养,科学臻美方法教育,科学哲学观渗透。然后是对实验结果的评价。结果表明,物理学史与物理教学结合对学生的认知能力和学习情感都有积极作用。最后,论文对全文研究内容进行了总结,从科学观的嬗变对物理学史与物理教育结合中遇到的深层次问题进行深入分析,对教材编写和教师培养提出了建议。

关键词:物理学史　物理教学　课堂教学

2675

体育教师教育专业化研究 / 黄爱峰著 ; 顾渊彦指导. -- 南京师范大学, 2005. -- 116 页

作者指出,课程领域由"课程研究"向"教师研究"的现代转换,标志着教师在教育改革中的重要作用在世界范围内都得到了充分关注,而教师教育专业化正是提高教师质量的主要途径。在教师专业化的

大背景下,传统的体育教师教育过多地将目光投射到了"运动技术"上,以至它受到的关注超过了其本应该得到的关注,结果使得体育的技术性、生物性在某种程度上掩盖了体育课程应有的人文性,令部分体育教师往往惰怠于自身运动技术的简单示范与演练,而影响了在体育教学中积极反思求新能力的发展。论文在对体育教师专业内部结构所涉及的角色特征、知识结构以及文化差异进行系统剖析之后,提出了体育教师专业化的致力点——"学会教学"。作者认为,"学会教学"是一种在诸如社会地位、教师学历、教师职称等专业表层事物中抽象、精炼出来的一种教学智慧,它是过去体育教师专业发展以"运动技能"为主体的单一价值取向所无法企及的,它直接决定着体育教师教学所能达至的境界。用专业化的视角来审视我国的体育教师教育改革,本身是一个对体育教师教育历史的扬弃和对发达国家同类经验借鉴的过程。基于"专业"的理论依据,论文对体育教师职前教育所涉及的典型问题("体育教育类课程"和"'术科'课程")以及体育教师继续教育进行了全面系统的分析,并提出了相应的改革策略与理路。

关键词:体育教育　体育教师　教师培训　专业化

2676

探索作为整体的教学艺术 : 以国语教学为例 / 金永得著 ; 钟启泉指导. -- 华东师范大学, 2005. -- 124 页

论文主要是以鲁道夫·施蒂纳(Rudolf Steiner)和阿尔弗莱德·怀特海的教育思想为理论基础,采用案例分析的方法,围绕作者的国语教学实践,探讨了国语教学中听、说、读、写应该遵循的策略,即整体策略。作者相信,人具有无限的可能性,正是教育改变着人生,为人生提供无限的可能性。论文既是作者十几年国语教学的总结,也是在中国学习多年的总结。论文的内容,涉及了作者在韩国进行国语教学的各个方面,表达了他对教学作为整体艺术的探索和思考。作者指出,一个成熟的教师,不仅需要理论的学习,更重要的是,怎样把理论与教学结合起来,并在对教学的反思中,形成自己对教育的理解和观点。教师在教学中,在不断的学习和积累中,逐渐形成自己的教学风格。教师的整体素养,对学生的感情、心灵、人格、心理产生着影响。

关键词:教学理论　教师　朝鲜语

2677

结构主义视角下的化学概念教学研究 / 靳莹著 ; 周志华指导. -- 南京师范大学, 2005. -- 163 页

论文在广泛分析、借鉴国内外在哲学、心理学以及教育科学方面的研究成果基础上,基于结构主义的视角,对化学概念教学进行了深入的理论与实践研究。作者认为,概念的意义存在于概念的关联之中,化学概念的关联亦即化学概念的结构,不可避免地要涉及化学原理、理论。因此在研究方法上,除了要用分析的方法之外,还需用整体的、综合的方法。论文的理论研究表明,哲学的结构主义流派、皮亚杰的结构主义心理学和布鲁纳等人的结构主义课程论是一脉相承的,并与建构主义关系紧密。从理论分析中,论文得到的主要结论是:教学是从结构走向建构——将结构化的客体知识转化为个性化的个人知识的过程;对于结构的研究,不应只关注作为表层认知结构的化学概念体系,还应研究作为深层认识结构的化学基本观念与研究方法。为此,作者对化学科学结构进行了历时性综述,用以描绘在化学发展史上起到关键作用的基本观念与方法论特点。通过对国内外教材的共时性比较研究可见,国外教材在理论结构上基本涵盖了近代化学以来的研究成果。概念、原理的呈现重视描述过程而不是直接表述结果。任何教学都不能回避教育性。从结构走向建构的教学不是培养科技精英的教学,而是面向每一位学生,以培养均衡发展的公民为目的。论文对化学认知能力和化学素养的培养进行了实证研究和反思,认为化学认知能力应以思维能力和实验能力的培养核心;化学素养的培养应坚持以追求真、善、美为至高境界,以兼顾科学精神与人文精神为指导思想。

关键词:化学教学　化学概念　结构主义　建构主义

2678

教学美的价值及其创造 / 李如密著 ; 李定仁指导. 西北师范大学, 2005. -- 202 页

论文对教学美的概念、价值及其创造过程进行了系统研究。首先,界定了教学美的内涵。指出,所谓教学美是指教师和学生在教学过程中所共同创造的审美因素和美感效应综合而成的整体。教学美是一种综合美,它实现了教学与美的统一、教的美与学的美的统一、教学目的美与手段美的统一、教学内在美与外在美的统一、教学科学美与艺术美的统一、教学美的创造与欣赏的统一。教学美具有形象性、多样

性、愉悦性、教育性和自由性等特点。教学美可相对区分为作为手段的教学美、作为目的的教学美和作为境界的教学美等三个层次。进而，对教学美的存在形态进行了分析，指出，教学美的存在形态包括教学系统要素美、教学运行过程美、教学形式美和教学风格美。其次，论文认为，教学美具有多方面的价值。其一，对学生而言，教学美是学生全面发展不可缺少的"营养元素"，它对学生的智能发展、道德情操、审美情趣、个性优化、生命质量观等均能产生深刻影响。其二，教学美对教师而言，可以提升其职业体验、优化教学效果、提高教学效率，使教师在创造中获得幸福感受。其三，对学校而言，教学美的弥漫可以使学校成为学生的精神乐园，能够给学校的学生以更多的"节日"的感觉。其四，对社会而言，教学美有助于审美文化的形成，从而促进社会精神文明的建设。最后，作者提出了八种创造教学美的具体策略：一是大力提高教师的审美素质；二是加强教学内容的审美开掘；三是优化教学过程的审美设计；四是美化教学的各种手段；五是培养学生的审美能力；六是全面营造教学审美场；七是促进教学评价审美化；八是师生共同欣赏教学美。这些策略可供学校教学主体在进行教学美的创造时参考。

关键词：教育理论　美学　审美　价值

2679

教师校本学习研究 / 李志厚著 ; 李秉德，王嘉毅指导. -- 西北师范大学, 2005. -- 165 页

教师校本学习，就是教师以学习者的身份，立足于学校，或为学校的进步而进行的学习。在这个过程中，教师根据自身学习、工作的特点、需要，选择学习的内容、条件和性质，其目的是为了促进自身专业的可持续、高质量发展。论文梳理了中外教师学习研究文献，回顾和借鉴了体验学习理论、成人学习理论、自学理论、自我促进理论、行动学习理论，界定了教师校本学习及有关概念。在此基础上，进行了教师学习基本现状的调查研究和教师校本学习行动研究。论文首先对从广东、甘肃、青海三省选择的 13 所中小学的 214 名教师进行问卷调查。结果表明，绝大多数教师都有强烈的学习愿望和需求，并希望通过各种学习的机会，促进自己的专业发展和个人成长。其次，作者分别采用了学习共同体式、情境式和方案式的教师校本学习模式，在广东的 4 所中小学，进行了教师校本学习的参与式行动研究。结果表明，尽管各校的教师校本学习模式不同，但都可以对教师专业发展起到较为明显的作用。最后，作者指出，教师学习共同体是最为理想的教师校本学习模式。教师校本学习的内容可以跨越学科的界限，但其主题都应该能使各科教师容易理解、接纳与实行。教师通过个人阅读、群体研讨、集思广益、课题研究、写作交流等多种学习方式，获得专业素养的提升。论文认为，教学知识工程化，在教师校本学习促进教师专业发展的过程中，起着关键的作用，它可以帮助教师学会将从课堂获得的资料、数据、信息，通过语义解码、联系转化为知识，又通过实践的应用验证转化为教学能力，通过教学意愿转化为教学言行，并通过教学行动、教学创新转化为更高水平的专业发展。教学知识工程化过程，是教师的教学知识从量的累积向质的浓缩、提炼和转化，从知识形态向技能或能力形态转变的过程，也是一个旧的教学知识向新的教学知识发展和更新、教师学习与教师专业成长同步的生命周期。教师校本学习就是为了追求这种生命周期的延续和发展。

关键词：教师　师资培训　师资培养

2680

论教师教学生活的智慧 ：一种形上关怀 / 刘徐湘著 ; 张楚廷指导. -- 西南师范大学, 2005. -- 145 页

作者认为个体教师教学生活智慧是通过历史积淀与教师个体成长所生成的，包括认知、情感、意志及自由人格德性在内的整体心理结构与精神力量。文章首先讨论了教师教学生活中的认知与智慧的关系。认为有关教学的逻辑与知识必须内化为教师主体内在的知识，并由知识上升为教育哲学理论，形成教育哲学观念时，才能转化为智慧。智慧则以教育哲学观念的形成影响着对教育事实的认知。教师教学生活中的直觉是由理智直觉、生存直觉、审美直觉形成的整体，通过三种直觉的整合，教师能直观形上的智慧本体。其次，讨论了教师教学生活中的意志与智慧的关系。认为意志的智慧是由意志向自由意志形成的过程。教师的自由意志表现在自觉、自愿、自然三种维度上，当教师的自由意志达到自然的状态，便形成了教师的意志智慧，它具体外显为教师教学生活中的教学机智。教学机智是教师在教学活动中的行动智慧，它是教师身心整体的投入，与身心整体的智慧结构有关。再次，讨论了教师教学生活中的情感与智慧的关系。认为智慧是从一般情感向审美情感的超越过程。在审美情感中，教师能把对学生与事业之爱和对自我之爱相统一。于审美情感体验中，教师通达生活意义整体，并使有限的生命体验超时间的永恒。最

后,讨论了教师教学生活的智慧之境与自由。指出教师教学生活的智慧之境的形成包括知识与经验的积累、实践与反思、感悟与升华三个阶段。教师教学生活智慧之境的达成即形成了教师的自由,它是教师认知中的自由直观,意志中的自由意志,情感中的自由审美相统一的个性自由状态,它在教学活动中形成并使教师的生命由有限而达于无限。

关键词:教师　教学　认知　智慧　教育哲学

2681

遮蔽与澄明:德性教学的存在之思 / 柳士彬著;杨启亮指导. -- 南京师范大学, 2005. -- 165 页

论文站在教学生存论的立场,运用现象学的理论与方法,对德性教学内涵与策略进行了深入分析。作者认为,作为人之生存论本性,学生的德性比学生的知性更原始、更基础、更优先,学生的知性只能取决于、由出于、派生于学生的德性。德性教学的本质是一种生存论本体论意义上的特殊的实践活动,因为德性教学中人之本性从根本上说就是一种实践性,德性教学的实践性从根本上说就是一种人之本性。德性教学具有作为本体之物真实性的自明性,具有作为非特定化历史性的可能性,具有作为天人之际通一性的总体性,具有作为人之存在虚无性的潜隐性。德性教学在摆脱了任何现成化思维方式的生成境域中居间引发,在与现实而具体的教学时空本身的原发关联中虚实相生,在越出各种名言概念和逻辑推理之束缚的超然心态中体道参悟,在破除一切抽象化和虚拟化的真正自由境界中全面游戏化。正因为如此,德性教学场域就要超切同一、超切有限、超切思维、超切功利,德性教学中的师生关系就要由主体性(包括主体间性)转变为他者性,德性教学艺术就要超切审美、超切有用、超切创造、超切消解,德性教学语言就要由认识论意义上的工具性语言转变为生存论意义上的诗性语言。

关键词:教学理论　德育　德性　认识论　生存

2682

数学理解性学习与教学研究 / 吕林海著;高文指导. -- 华东师范大学, 2005. -- 216 页

作者基于国际上相关研究的已有成果,结合对中国本土的数学教育理论及实践的反思,采用了定量与定性相结合的研究方法,分别从关键词的内涵定位、知识、学习、教学以及实验研究等多个视角,对理解的内涵、数学知识观的反思、数学理解性学习的基本原理、数学理解性教学的设计框架与策略以及案例实验研究等具有层级递进关系的几个方面做了系统、全面的分析与阐述。论文的创新之处有以下五个方面:第一,对理解内涵的多领域视角下的探究,主要包括:哲学解释学视阈下的理解内涵;认知建构理论框架下的理解内涵;基于脑的理解观;基于社会、情境、文化的理解观。第二,对数学知识观的重新反思与定位。从数学史的视角透视了理解的意义与推动作用,站在数学文化的高度,对数学的内涵、本质及意义做了更深入、更全面的思考与分析。第三,对数学理解性学习中的层级发展和理解维度进行了框架构建。认为数学理解性学习的发展层级包括:经验性理解、形式化理解、结构化理解以及文化感悟和理解。理解的维度包括:个体性诠释、科学性解释、情境中应用、自我反思与认识、移情性体验以及具有洞察力。第四,构建了面向学习者的贯一性的数学理解性教学设计框架。指出,该框架包含三个具有整体性的互动关系的关键要素:目标与知识的设计、问题活动情境的设计、评价及反馈的设计。最后,对案例实验研究中的假设、基本状况、探究的问题、主要结论以及局限性反思,做了详细分析,并就未来研究的方向做了初步的理论分析与前景规划。

关键词:数学教学　教学理论　理解

2683

数形结合的解题研究:表征的视角 / 罗新兵著;王建磐指导. -- 华东师范大学, 2005. -- 158 页

论文选取数学表征作为研究视角,选取数形结合作为研究对象,具体研究了运用数形结合方法解决问题的有关问题。研究发现,(1)学生对表征的运用,主要存在两种形式:一是解题思考运用新的表征,但解答书写还是采用原有表征;二是解题思考和解答书写都是采用新的表征。新的表征运用既可以是主动的,也可以是被动的。(2)图形表征的呈现方式对解题表现有影响。图形表征共有四种呈现方式,分别称为缺失图形、被动图形、主动图形和示例图形。学优生在被动图形条件下表现最好,中等生在示例图形条件下表现最好,学困生在被动图形条件下表现最好,他们都是在缺失图形条件下表现最差。(3)图形表征的具体类型对解题表现也有影响。图形表征共有三种呈现类型,不同水平学生在不同图形类型下得分并不相同,有着显著差异。(4)数形结合解题过程涉及的解题活动基本可分解为以下四种:从图形表征中推导更多结论、数学性的精致化和新信息的再探究、关于直

觉表征运用设置新的目标和调控自己问题解决陈述。直觉推断和逻辑分析是运用数形结合方法解决问题的两种主要思维模式。(5)数形结合解题过程的基本特征有以下八个方面:信息基本属性(数式性—图形性)、思维主要品质(直觉性—逻辑性)、信息结合流向(单向性—双向性)、信息产生方式(识别性—激活性)、信息加工方式(组合性—衍生性)、信息加工范围(内在性—交互性)、信息转换跨度(渐进性—跃迁性)、数形结合频次(单击性—连击性)。(6)应将数学表征作为解题的一种重要活动,鼓励学生在解决问题乃至数学学习中运用图形表征,注意不同数学表征之间的相互转化,这是形成数学深度理解的一种有效途径。

关键词:数学教学　数学解题　数形结合　符号图形表征

2684

以科学探究为核心的科学教育教学策略研究 / 马宏佳著 ; 周志华指导. -- 南京师范大学, 2005. -- 126 页

论文选取“以科学探究为核心的科学教育教学策略研究”这样一个切入点,运用“教育叙事”、“案例分析”和“行动研究”等方法,开展了不同形式的实证研究,形成了以下五点结论:(1)理想的科学教育应该是科学理性与人文精神相平衡的教育,应该在追求科学之真的同时,追求人性之美。(2)目前我国的科学教育和科学课程,从内容和形式上说,来源于西方近代科学教育:从教学观念和方法上说,具有我国古代教育和传统文化的深刻烙印,缺乏科学探究的传统和相应的教学策略。(3)科学教育中的科学探究能促进学生对科学本质的理解,也是一种符合学生认知规律的活动。(4)在科学教师培训中运用以科学探究为核心的教学策略,能够促进科学教师对科学本质的理解和教学行为的优化。(5)通过科学探究活动学科学是重要的科学教育教学策略,科学探究活动设计要重视提出问题的质量、培养假设或预测的能力、强化证据意识、认识结论的局限和质疑的价值。

关键词:科学教育　教育理论　教学策略

2685

香港小学中国语文课业为本教学的理论与实验 / 莫淑仪著 ; 王富仁, 郑国民指导. -- 北京师范大学, 2005. -- 187 页

尽管从理论上说,香港的小学语文教学一直都强调“以学生为主”与“以培养言语能力为主”,然而,从实践上看,如今的课堂教学仍然是“以教师为主”与“以教科书为主”。针对这种困境,论文采纳课业为本教学的理念,通过“理论研究——教学实验——理论调适”的逻辑进路,探讨落实“以学生为主”与“以培养言语能力为主”的教学法,挖掘语文教学的发展性与可能性。该研究的教学实验,采取课业准备、课业执行和课业跟进等三个教学阶段,并以言语成果来对其进行评价。教学实验在香港两所小学的三年级进行,为期一个学期,各班均完成八个学习单元。根据语文能力测试的统计分析结果,学生的语文能力有显著进步,口语和书面语能力都提高了;就理解与表达能力来检定,除了阅读理解能力外,学生的聆听理解、说话与写作能力都有进步,且达到显著水平。按不同水平的角度分析,中分组与低分组学生的语文能力都有显著进步,高分组学生却没有显著改变。学生的课业表现显示,具适当难度的课业,能够促使学生发挥表述与创作的潜能,而且可以担当中介的角色,培养学生主动学习的素质。研究结果发现,从课程发展的角度看,教学实验启示了构建“以学生为主”与“以培养言语能力为主”学习范式的切入点,即:言语目标的拟定、教材素质的要求与互动策略的调适。此外,可从语文课程设计、语文课堂模式重构、师资培训与语文教学素质检视等四方面抓紧课业的关键概念,以提高学与教的成效。

关键词:小学　语文课　教学理论　教学实验　香港

2686

化学问题解决及其教学的研究 / 任红艳著 ; 周志华指导. -- 南京师范大学, 2005. -- 136 页

论文在对问题解决及表征文献进行综述的基础上,采用团体测试和口语报告法分别以初中和高中学生为被试进行了实践研究,提出了多重表征模型。研究表明:学生善于利用符号表征进行算法类问题解决,而拙于利用微观表征解决相关概念类问题。而符号表征因其未能与微观表征乃至宏观表征之间建立联系,充其量也只能属于一种较低水平的表征。在上述实践研究的基础上,以建构主义为理论依据,提出了基于多重表征的问题解决教学模式及相关教学原则。以此为指导,设计了三个与“平衡”观念有关的教学案例,并进行了初步的实践和分析。教学实践表明,在化学教学的相关领域中实行基于多重表征的问题解决教学是可实行的,且具有较好的教学效果。由

此,进一步说明基于多重表征的问题解决教学的合理性和可行性。

关键词:化学教学　教学理论　问题解决

2687

对话教学的意义与策略 : 公民教育的新视点 / 沈晓敏著 ; 高文指导. -- 华东师范大学, 2005. -- 121 页

论文以对日本社会科(Social Studies)教学实践的研究成果以及作者本人与基层教师(中小学教师)共同的实验研究为基础,借鉴哲学社会科学关于对话以及对话教学的理论、公民教育理论的研究成果,阐述了在公民教育中开展对话教学的意义以及实施对话教学的具体策略。全文分四章。第一章从分析对话的各种定义开始,对有关对话和对话教学的各种研究成果进行了梳理和分析。在此基础上,对对话及对话教学的概念进行了界定。第二章从三个方面论证了对话教学的意义。其一是对话作为目标的意义,即将对话力(包括对话意识、对话精神、对话道德、对话技能,等等)的形成作为公民教育培养目标的意义;其二是对话作为方法的意义,即对话作为公民课程的教学方法的意义;其三是对话作为价值之意义,即将对话如同民主、公正那样作为学校教育所追求的普遍价值、基本原则,在学校中形成对话文化的意义。第三章和第四章通过正反案例,从教材开发和课堂教学两个方面,阐述了有效实施对话教学的策略和方法。

关键词:公民教育　教学法　对话　德育

2688

高中数学课程价值取向研究 / 宋宝和著 ; 宋乃庆指导. -- 西南师范大学, 2005. -- 119 页

作者认为,科学主义课程文化与人本主义课程文化正在走向融合,形成科学人文性课程文化观。在此背景下,普通高中数学课程的价值取向也必然发生变化。在科学人文性课程文化的关照下,高中数学课程首先把学生持续和谐发展放在核心位置,同时强调关注数学本质,课程内容适度形式化,让学生在“做数学”的过程中生成数学经验。高中数学课程必须关注学生的个性差异及自主选择,体现数学学习的主体性和数学知识的建构性,允许适度非形式化,让学生理解和把握数学的实质,感受数学的精神、思想,掌握数学方法。在科学与人文整合的导向下,高中数学课程目标体现数学学习过程的重要性,突出再创造意义上的数学化。高中数学课程的内容选择彰显数学文化的丰富性,通过微积分基本思想方法、指数爆炸等函数中文化视点,让学生得到全面的数学文化熏陶,在数学交流、数学应用、数学思维、数学审美等方面都得到提高;内容组织有利于学生的再创造,注重数学知识的返璞归真、情境创设,以及数学问题的适度开放。在高中数学课程实施中,科学与人文整合的理念会在对话、探究、反思、合作中得到充分体现。对话激活学生思维,探究揭示数学的思想和方法,反思可以增强学生对数学、对人生的感悟,合作让反思基础上的思维实现碰撞,形成新的知识和体验。科学人文性课程文化要求高中数学课程的评价指标、评价主体实现多元化,评价方式实现多样化,让学生参与评价,让生活情境适当进入评价问题的设计;改变传统的过分重视结果评价取向,强调结果评价与过程评价的相互关照;在评价中注意考察学生数学化的能力和水平,把评价指向问题解决。作者认为,课程评价价值取向的改变和课程评价方式的改革,对学校文化建设和教师职业道德建设、教师专业化建设都提出了新的要求,有利于科学人文性课程文化观在课程实践中得到充分渗透。

关键词:高中　数学教学　教学法　价值取向　课程评估

2689

数学教学效率研究 / 王光明著 ; 单墫指导. -- 南京师范大学, 2005. -- 121 页

已有很多的经验证据证明,我国学生的数学双基与数学认知基础并不厚实,数学教学的效率亟待提高。作者出于对数学教学现状的忧虑,深入地探讨了数学教学效率的内涵、提高数学教学效率的途径与策略等问题。研究认为,数学教学效率不仅体现于学生掌握知识与学好当堂内容的近期学习效果(认知成绩)上,还体现于学生获得发展的远期学习效果(理性精神、效率意识、良好认知结构和数学学习能力)上,其高低不取决于教师打算教给学生什么,而取决于学生实际获得了什么发展。数学教学应能塑造学生的理性精神、培养学生的效率意识、帮助学生构建良好的认知结构、促进学生对数学的深刻理解与指导学生学会学习,为此需要重视数学的内在价值,即通过教学对学生的思维进行训练。论文强调,无所不适、无所不能的某种高效率数学教学方式是不存在的。高效率教学,从教师方面看,要注重数学教学中的理解问题,注意帮助学生构建良好的认知结构;从学生方面看,既涉及学生情感参与,又涉及学生思维积极参

与。提高数学学习效率,需要学生有先进的观念和良好的习惯。

关键词: 数学教学　教学效率　学习效率

2690

秩序校园 : 中小学教学秩序的田野考察 / 王丽琴著 ; 杨启亮指导. -- 南京师范大学, 2005. -- 224 页

论文以“教学秩序”为关键词,充分吸收“课堂纪律”、“课堂管理”等方面的已有研究成果,试图运用更广阔的学术视野对影响教学秩序形成与发展的诸因素做深入梳理。论文的主体部分由上下两编组成:上编为针对中小学生的教学秩序而进行的田野考察,重点在“拂晓小学”、“霞光中学”等学校展开,描摹了中小学生教学秩序的发生与发展过程,并对其中的若干问题如“小学阶段教学秩序的总体特征”、“中国特色的‘秩序教育’之路”等进行了讨论与反思。下编的考察重点是中小学教师的教学管理言行,考察方法除了倚重前文中的“现场考察”外,也把各种中小学教师在网络环境下写作的教学随笔作为考察与分析对象,分别探讨了中小学教师日常教学管理方法、教学管理特色与风格、教学管理角色与效果、教学管理能力等问题,并通过对一个特殊教育机构教学秩序的探访,对普通学校中普遍存在的“差生”教育等问题进行讨论。除了前言、主体部分之外,论文还提供了 8 个小学和初中的学生个案,通过这几个典型的秩序教育故事,讨论“个性化”、“人性化”的秩序教育取向问题。

关键词:教育秩序　教学管理　中小学

2691

语文课程知识的选择 / 王漫著 ; 裴娣娜指导. -- 北京师范大学, 2005. -- 193 页

所谓语文课程知识,主要是指语言本体和言语形式的规则、规律、方法、特征、理念。论文以语文课程知识的选择为研究对象,系统分析了语文课程知识观、语文知识的历史沿革、语文课程目的与学习机制、语文课程知识的选择与生成等问题。论文首先讨论了语文知识的选择问题。认为,知识选择,应以一定的知识观、语文观、语文课程观、语文学习观为基础。坚持知识的公共性与价值负荷性,是语文知识向学生个体言语智慧生成的前提。语文知识的选择应紧扣“语言/言语”,重视观念性的内容,体现“智慧”的丰富内涵,实现从语言到言语智慧的转化。其次,对古代小学、蒙学、科举、文话中的语文知识做了简单总结;对 1904 年以来的现代语文课程知识的演变进行梳理。指出,当前语文课程知识的最大问题是陈旧僵化,亟需吸纳语言学、文艺学等相关学科的最新成果,进行全面的改造更新。最后,基于相关学科的启示,文章对语文知识的选择提出若干具体建议,如:文学理论批评化,充分发挥指导作品鉴赏的价值;汉语知识、读写知识,不但要讲实用性,还要呈现汉语的审美属性与文化精神;反对修辞的独立;刷新文体知识;注意文言词义演化的训诂学规律,加强文言修辞的内容;口语知识不局限于交际口语,还需成段独白口语知识的补进;文化知识,应主要揭示语言本体和言语形式的文化特征,而不单是寄予作品的内容。作者指出,统领以上观点的核心思想是:一切知识都要紧扣语言,应兼顾知识的实用价值与本体意义,必须把“工具性与人文性统一”的精神体现在语文知识的选择构建中。

关键词:中小学　语文课　语文教学　知识

2692

试论走向生活世界的课堂教学 / 王攀峰著 ; 裴娣娜指导. -- 北京师范大学, 2005. -- 178 页

论文以现代生活世界观为理论基础,吸收了当代国内外哲学、心理学和教育学等相关学科的研究成果,对走向生活世界的课堂教学的基本理论问题进行了研究。首先,文章阐述了近代科学世界观的形成和发展,探讨了近代科学世界观对传统教学论的影响,以及传统课堂教学面临的困境。继而,论文分析了现代西方哲学关于生活世界问题的主要观点。在此基础上,论文提出,现代教学论应实现从近代科学世界观到现代生活世界观的理论基础之转换,具体表现为:在研究视界上,从“认知领域”扩展到“生活和生命全域”;在价值取向上,从价值中立走向价值负载,实现从塑造“知识人”到培养“现实生活人”的转变;在思维方式上,从实体主义思维走向关系性思维,促进教学活动从“物的世界”的思维方式转向“人的世界”的思维方式,真正成为一种“人对人的”活动。最后,论文对走向生活世界的课堂教学的目的观、走向生活世界的课堂教学的过程及其基本策略进行了研究。认为,现实性与可能性存在是个体生命的两种基本生存和发展方式,个体的生命具有非特定化、动态生成性、独特性和创造超越性等特征。课堂教学应具有以下两个基本目的:一是基础性目的,即教学活动应关注学生的现实生活,不断改善他们的生存状态和生活质量;二是发展性目的,即教学活动应积极建构

学生完满的可能生活，不断提升他们的生活意义和生命价值。在此基础上，论文认为，走向生活世界的课堂教学具有建构性、体验性、理解性和游戏性等基本特性，并提出了重建课堂教学过程的几个基本策略：关注学生的生活经验，打通书本世界与现实生活之间的关系；关注学生的生存方式，建设"以学生发展为本"的课堂文化；关注学生的生活意义和生命价值，建构"学习与生活共同体"。

关键词：课堂教学　教学理论　生活　生命

2693

基于图式的数学学习研究 / 王兄著 ; 王建磐指导. 华东师范大学, 2005. -- 188 页

论文采用理论分析与教学实践相结合、定性研究与定量研究相结合的方法，对图式理论在数学学习中的应用问题，进行了深入的研究。主要结论有以下五个方面：(1)比例推理图式的发展，同除法、乘法、分数、小数概念发展之间是相互联系、相互作用的，同样受到学习者对这些概念理解的影响；(2)结构良好的图式能够有效地促进数学问题解决。在数学问题解决中，高度组织化的图式能使个体探究问题的张力扩大、指向性增强，提高探索正确解题方案的效率。考虑到学生的学习是一个不断建构的过程，在课堂教学中，我们应该留出一定的空间用于展示或讨论学生关于某一主题所形成的图式。(3)"图式"把知识串点成线，织线成网，沟通知识间的联系，突出了数学知识的系统性。通过形成"图式"，学生可以得到简约的、结构化的知识，有利于学生系统地掌握知识，培养学生思维的整体性和敏捷性。"图式"为数学教学提供了以建构数学图式为中心的整体认识观，促进学生从整体上把握数学知识、方法和观念，从而有效地克服肢解数学知识和方法的现象；"图式"有助于克服教学只注意知识点增长以及把解题模式作为学习重点的倾向，增强学生数学学习的整体意识和结构意识；"图式"能使学生把习得的知识提高到功能强劲的原理性结构上的可能性增大，也使学生在已有知识的基础上，向新知迁移以及洞察新知的倾向增大，因此有助于提高数学教学的效率。(4)教会学生构建"图式"或许是转化学困生的一条有效途径；让教师参与到研究中来是非常重要的，因为如果他在实践中发现某一策略有利于学生的学习，那么在以后的教学中，他就会继续使用这一策略，这有益于策略的进一步推广。(5)学生在建构概念"图式"的平台上，不仅可以体验到概念"图式"不断完善的发生过程，更重要的是，在这一过程中，学生头脑中建构的概念图式也臻于完善。

关键词：数学教学　教学策略　图式

2694

信息技术中介的教育实习环境创设研究 / 王旭卿著 ; 高文指导. -- 华东师范大学, 2005. -- 174 页

作者首先介绍了教师培养的发展历程，比较了国内外的教育实习及其指导策略，认为在理论与实践的互动、教育实习指导策略等方面我国的教育实习存在明显不足。继而分析了以信息技术为中介的教师教育与教育实习，认为信息技术与教师教育包括相辅相成的两个侧面，即信息技术整合的教师教育和教师的技术教育，然后，探讨了信息技术中介的教育实习环境的理论基础，反思性教学、教师的实践性知识与专业学习、学习理论。反思性教学要求师范生在应用教学策略、模仿学校教师的教学行为的同时能探讨自己的教学实践，形成反思的意识、习惯和能力；教师的实践性知识与专业学习表明师范生专业学习的过程需要不断积累作为教师的实践性知识以提升教育教学的实践能力；以建构主义和情境认知为核心的学习理论提示了师范生的专业学习、成长是建构的、社会性的、情境的、认知分布的。进而建构了支撑师范生教育实习和合作，指导教师实习辅导的信息技术中介的教育实习环境，它由七个要素组成：教育见实习活动、信息技术工具、实习资源和案例、实习共同体、实习支架、实习评价和大环境。这个教育实习环境为我们设计和实施教育见习与实习提供了概念框架。最后，以网志(weblog)中介的教育实习行动研究为基础，作者设计了教育实习环境的各要素，并对实施效果进行分析。

关键词：实习　师资培养　信息技术

2695

教学的生命视野研究 / 燕良轼著 ; 张楚廷，张传燧指导. -- 湖南师范大学, 2005. -- 206 页

作者采用文本对话法、案例剖析法和理论建构法，从生命的视角，整合生命科学与生命哲学研究的成果，对教学目的、知识观、课程观、学习观、课堂与教学、自由与创造，以及师生关系等基本理论问题进行了比较系统的探讨。论文首先探究了生命与生命的教学价值。认为，生命的特征可以概括为整体性、生长性、变异性、自组织性、时间性、自我超越性、文化效能性等，并在此基础上阐述了生命的教学价值。继

而,从生命视角对教学目的进行探讨,充分肯定了生成性目的、内在目的、弹性化目的、多元化目的、行动之中的目的、过程性目的、体验性目的等在生命教学中的价值。进而,运用生命理论对理性主义的知识观、经验主义的知识观和实用主义的知识观进行反思与评价。认为,生命知识乃是人的内在自我经验,具有过程性、主观参与性和多元性等特征。其次,分析了生命课程。认为,课程存在于文本和自我经验之间,是在文本与学习者自我经验的互动中生成的。并进一步探讨了生命视域中学习观,从生命视角对记忆、直觉和合作学习进行了解读。作者批判了传统的知识课堂人的边缘化、时空的单一化、教学程序的刻板化,以及教师的单极表演等缺陷,认为,生命课堂的应然特征是:确立生命本位、重塑时空格局、超越技巧与诗意的追求,以及课堂中师生意义共建。再次,就生命教学的有关问题,如教学中的意义与生成、教学中的语言与理解等,进行了阐释。并从生命视角探讨了师生关系。认为,师生关系是一种共历生命成长的过程,是师生生命之间相互摄取与创造的关系,是师生共建意义过程的关系。最后,论文阐释了自由与创造的生命教学价值,认为自由是人的第一本质,创造是生命的自我超越,教学应当创造条件让学生率直地表达生命。

关键词:教学理论　生命　课堂教学

2696

高中物理教材设计论 / 杨广军著 ; 刘炳升指导. -- 南京师范大学, 2005. -- 193 页

不论是在东方国家,还是在西方社会,基础教育的根本任务都是增强学生的基本素质,尤其是科学素质。教育的实现仰赖课程,课程的落实仰赖教材和教学。课程是学校教育的核心,教材建设则在课程问题中占据核心地位。物理教学对提升学生的科学素养方面,具有不可低估的重要价值。论文在"教材即范例"、"教材是中介"、"教材是话题","是师生双方共同建构与发展的过程"的教材观指导下,针对2003版高中物理课程标准的要求,深入探讨了高中物理新教材的设计问题。论文借鉴了心理学、脑科学、学习理论、学习环境设计理论的新成果,梳理了我国高中物理课程标准(教学大纲)和高中物理教材的演变历程,分析了高中物理教材改革动因,多版本地全面对比了中外现行高中物理教材,总结了以往的高中物理教材设计理论,提出了我国高中物理新教材的部分框架结构和样章样节设计的构想。该研究有助于丰富我国高中物理教材的设计思想和策略,为我国基础教育课程改革中多家单位的研究、多版本高中物理教材设计的现实需要提供了理论和实践参考,因此具有重要的理论价值和现实意义。

关键词:高中　物理教学　教材　课程标准

2697

创造教育障碍研究 / 杨莉君著 ; 张楚廷,刘要悟指导. -- 湖南师范大学, 2005. -- 164 页

所谓创造教育障碍,是指教育中阻碍创造性发展的因素,和教育中制约和妨碍受教育者创造的机制。论文首先从教育哲学的角度,对创造及创造教育障碍进行了哲学审视,认为没有创造性的教育哲学观,创造教育就无法进行。继而,从教育文化学的视角,探讨了传统文化对创造教育的障碍;并进一步探讨了创造教育的社会本位障碍。认为,社会本位观只强调规范和统一,忽视个体新颖、独特的表现,把个体过分简化和社会角色化,忽视个体作为一个有血有肉的生命体,具有主观能动性、具有个人需要、具有选择能力,具有独特个性。社会本位观突出了要求个体奉献社会的一面,但忽视了个体突破已有社会秩序与常规发挥其创造性的积极价值。其次,论文从心理学的视角,对创造教育的心理障碍进行了剖析,认为,不同的个体在接受创造教育的过程中,心理过程的特点与个性差异被忽视,从而阻碍着创造教育。从课程教学来看,作者认为,现行课程内容脱离学生的生活世界;课程实施过程存在过于强调接受学习、死记硬背、机械训练的情况,学生少有根据自己的理解发表看法与意见的机会,学生无法创造性地表现自己,对创造教育构成了障碍。最后,在分析了创造教育的诸多阻碍因素之后,论文提出了克服创造教育障碍的对策。

关键词:创造教育　教育理论　课堂教学　教育哲学

2698

时间意识与教育之思 / 杨旭东著 ; 裴娣娜指导. -- 北京师范大学, 2005. -- 91 页

论文试图从现象学的角度出发,从对教育时间性的分析入手,探寻教育在、教育是与教育思,据此在哲学层面对教育的现状、教育学的现状进行深刻的反思。论文认为,个体由时光经历的教育对各自而言是性质迥异的心灵事件,因此这构成了教育存在本身的疑惑。同时"教育"显现着本己的时间性。在教育时光中,"我"与作品、"我"与"受教育者"或"教育者"、

“我”与物,“我”与事件互显其存在的性质,吐露各自存在的消息。从时间性的角度,作者认为,我们去学校之前,“教育”已经在那里等着我们,在接受教育的赠礼的喜悦中,“教育”就被安排在可计量的计划表里。计划表就是时间表,时间表就是作息表。在接受教育的赠礼的喜悦中,我们必须承受:物已经是功利世界的物了,物被计算为用途和可用之物,我们向来是在物尽其用中看待物,而将人自身看作万物之灵而凌驾于物之上。教育成为计量化时间承载的计量化教育。因此“教育意义”镶嵌在被给予的教育的时之间隔中。在时之间隔中,从“书一教一育一人”到“教书一学书”,这是规训预想的教化,却是教化不曾预想的规训。“唯一真性”知识和“听话”如是地显现了规训左右教化的现实。作者认为,不同的“教育”设计方案有其特别的时间性,“教育”在设计方案的时间性中获得它的所是,而不是在其本己的时间性中获得其所是。由于“教育”设计方案时间性问题,使得不同方案的互相解释和批判成为真正的问题,不同的设计方案只能在其时间性中得其本身的合理性,只有打开它们的时间性,真正的相遇乃至交流或许才有可能。基于以上分析,作者提出教育学,作为教育之学,是追寻教育之义的学问。如果“教育是”的追问能奠基在“教育在”上,终有一时教育之光将普照一照亮教育之学,教育学将是散发持久无穷魅力的伟大的人文之学。

关键词:时间　教育哲学　教育理论

2699

香港中学中国文学科课程的历史、现状与展望 / 姚素珍著 ; 王富仁, 郑国民指导. -- 北京师范大学, 2005. -- 244 页

论文以香港中学中国文学科课程为研究对象,以香港特殊的社会文化为背景,兼采质化与量化的方法,利用课堂观察、访问晤谈、文件分析和问卷调查等方法,进行课程实施的个案研究,探讨了香港中学中国文学教育与教学的历史、现状和发展。论文首先透过对该科三代课程的回顾,把握了课程的特征及影响其定位与发展的问题;并从课程反思的角度去探讨文学教学的本质、模式与取向、文学教材的选取与应用,以及文学学习的评估与考试,从而建议该科课程的发展方向,要以审美教育为中心,结合文化教育和语言教育,采取“读者反应”和“对话交往”的教学取向,发展有效教学的模式。这主要包括:情意目标导向的文学教学、能力为本的文学教学、过程模式的文学教学、建构主义的文学教学;教材方面,除了选取古今中外的经典名著,还应增加多元文化的文本,选取标准以富有道德内涵和情感素质的内容为主;而文学教学的目标是要建构学生对汉语审美特点的分析能力,培养语感,并丰富和更新学生的认知范式,优化和扩充他们的情感体验,使他们能深入认识中国文化的价值,从而获得终身受用的有用知识。其次,通过对个案的分析,了解了目前该科教学的现状。发现,该科课程实施,在目标方面表现最为理想;内容方面偏重应试教育,缺乏课外阅读指导与文学创作;教法方面仍然倾向传统讲述法,未能灵活运用教学活动;评估方面完全依照纲要建议,采取保守的做法。总而言之,该科课程实施,在目标、内容、评估方面都能达到文件课程的要求,唯有在教学方法的运用上,仍待改进。最后,综合以上研究结果,提出对该科课程未来发展的建议,主张把课外阅读教学和文学创作加入课程,并引入校内评估机制;在新高中课程发展方面,建议保留该科作为文科生的必修科和理科生的选修科,并发展“文学文本”取向的文学课程,以衔接中国语文课程。

关键词:中学　语文课　语文教学　中国文学　香港

2700

信息技术与写作教学整合研究 / 叶丽新著 ; 倪文锦指导. -- 华东师范大学, 2005. -- 187 页

论文从“学科立场”,即写作和写作教学的需要出发,探讨了信息技术与写作教学整合的问题。首先,陈述了论题的提出背景和在已有实践中遭遇的问题,揭示出信息技术与课程整合中“学科语境”薄弱的现象,由此明确在该研究中“学科立场”的重要性,并进一步对“学科语境”、“学科立场”的内涵进行了规定。接着,从“学科立场”的角度,以写作和写作教学必然会关注的三个基本问题“写什么”、“怎么写”、“写得怎么样”为切入点,审视了信息技术与写作教学整合的实践。指出,在信息技术与写作教学整合中需要着重思考的两个基本问题:一是特定的信息技术与写作教学整合关注的,或者产生的,是什么样的写作和写作教学问题;二是信息技术对于特定的写作和写作教学问题有何特殊意义。之后,论文对照信息技术与写作教学整合实践状况,归纳了信息技术与写作教学整合的基本发展空间,探讨了理论基础的作用问题。无论是关于发展空间的勾勒还是理论基础作用方式的解析,论文都紧扣“学科立场”,以弘扬“学科

立场”的优势和弥补“学科立场”的不足为基准。最后,论文勾勒了信息技术与写作教学整合的一个基本设计框架,并提供了一个设计样例。

关键词:信息技术　写作　语文教学　计算机辅助教学

2701

预成性语文课程基点批判 / 于源溟著 ; 周庆元指导. -- 湖南师范大学, 2005. -- 190 页

论文从课程设计立场出发,对过往预成性语文课程的基点——语文学科性质问题,进行了解构性批判。其目的是,消解语文学科性质这一预成性语文课程的本体论基点,为生成性语文课程的创生建立本体论基础。就论文的框架而言,全文可分为上下两编。在上编中,作者运用库恩的范式理论,综述了国内外以往课程与语文课程范式研究成果,从其所确立的语文课程范式的概念,归纳出语文教育史中的四种语文课程范式,即“工具—综合”范式、“工具—实用”范式、“工具—思想”范式和“工具—人文”范式,并对其进行预成性品格判定,认为这四种语文课程皆属预成性语文课程范式。进而,总结出预成性语文课程的思维方式特点,确证了语文学科性质是这一思维方式的基点。在下编中,作者通过梳理已有语文学科性质的研究成果,发现语文学科性质的研究有四大流派,即:工具论、人文论、言语论和悬置论,进而,归纳出各派的主要观点和基本的思维路径,并通过谁的性质、什么性质的性质、为何研究性质和怎样研究性质的四个提问,发现,以往语文学科性质研究对象不明、本体虚无、目的错位、方法失当,从而揭示出语文学科性质研究的虚妄性,进而消解了预成性语文课程的本体论基础。最后,论文从课程设计立场出发,进行问题转换,实现从语文学科性质研究向语文课程属性研究的格式塔式转换,提出研究语文课程属性的合理方式。

关键词:语文课　课程设计　语文教学

2702

论课堂中的差异发展教学 / 曾继耘著 ; 裴娣娜指导. -- 北京师范大学, 2005. -- 174 页

论文以马克思主义关于人的发展学说为理论基础,以主体教育理论为指导,对课堂中的差异发展教学的基本理论问题进行了系统研究。除了导论和结语,论文分为五章。第一章对历史上与差异发展教学相关的教育教学思想进行了梳理,确定了差异发展教学研究必须正视的基本问题和基本范畴,并在此基础上,界定了差异发展教学的核心内涵,阐释了差异发展教学的若干基本理念,即全纳式、融通式、成功式、扬长式。第二章从马克思主义关于人的发展学说、建构主义学习理论和主体教育理论三个方面对差异发展教学进行了理论检视,为具体研究差异发展的内在机制和差异发展教学的质性特征寻找理论基础。认为,马克思主义关于人的发展学说,从宏观上历史地阐明了差异发展的合理性和必然性,为确立差异发展的教育目标奠定了哲学基础;当代建构主义学习理论,则从微观的角度阐明了个体学习和发展的内在规律,为探讨学生差异发展的内在机制提供了理论支持;而当代主体教育理论对教育教学基本问题的深刻阐释,则为我们整体上建构差异发展教学理论体系提供了一个全新的理论视角。第三章具体研究了课堂教学中学生的个体差异结构。在此基础上,构建了课堂教学中学生个体差异的基本结构,对课堂教学中学生的基础性差异、动力性差异、操作性差异和方向性差异等逐一进行了具体分析。第四章探讨了课堂教学中学生差异发展的本质规定性和内在机制。认为,学生的差异发展是共同性与独特性的统一、社会化与个性化的统一、适应性与超越性的统一,这三者共同构成了学生差异发展的本质规定性。第五章探讨了差异发展教学过程的基本原理。认为,“自主选择”、“差异共享”、“动态生成”是差异发展教学区别于划一性教学的三个质性特征;“反思”、“选择”、“展示与欣赏”、“体验”是差异课堂中学生的典型行为特征,而“观察”、“建议”“激励”、“组织”则是差异课堂中教师的典型行为特征。

关键词:教学理论　课堂教学　主体性　个性人的发展

2703

自主学习在语文阅读教学中的理论与实践 / 张国松著 ; 王富仁, 郑国民指导. -- 北京师范大学, 2005. -- 165 页

自主学习是指学生在教师的适当指导下,对于学习目标、学习内容、学习方法、学习结果等都有积极、主动的参与机会,都有清醒自觉的认识的学习。论文集中讨论了自主学习的发展研究及其现状,自主学习理论及其在阅读教学中的探索和自主学习在阅读教学中的实践。作者指出,从人类对自主学习进行研究以及从其自身发展的角度来说,自主学习虽有悠久的过去,但却只有短暂的历史。说它有悠久的过去,是指早在两千多年前,中外教育家已经提出了一些与自

主学习有关的思想，说它有短暂的历史，则指以自主学习或相关术语进行系统的研究，一直要到20世纪五六十年代才真正出现。在语文阅读教学中，实施自主学习是提高教学成效的快捷方式。从理论上分析，强调体验、联系生活经验、自主建构知识和注重交往等等，是语文阅读教学中能体现自主学习特色的几项重要标志。自主学习有助于提升学与教的素质，该论文的实践部分证实，在语文阅读教学中实施自主学习，对学生和教师都会产生正面影响。对学生的影响而言，他们的学习动机、语文能力、学习方式等都发生了正面的变化；对教师的影响而言，他们的备课观念，教学方法、教师角色等也出现了转换和更新。

关键词：语文教学　阅读教学　自主学习

2704

课堂教学行为优化研究／张建琼著；李秉德，王嘉毅指导. -- 西北师范大学，2005. -- 205页

文章在展开课堂教学行为现状调查的基础上，通过理论探讨和实践验证，从理论和实践相结合的角度，对课堂教学行为优化的理论和现实问题做了较为系统的探究。论文首先通过实地调查，发现了课堂教学行为的形式化、教师课堂教学行为意识淡薄、认识和归因片面等亟待解决的问题，明确了本研究彼此相关的两大基本问题：课堂教学行为优化的内容和策略。继而，对课堂教学行为的理论进行反思，认为，课堂教学行为是师生"共同体"在课堂教学情境中共同促进积极教学和自我发展的整体行为，具有情境性、参与性、目标一致性、意义约定俗成性、整体性、文化性和发展性等特点。然后，在分析课堂教学行为状态结构和过程结构的基础上，探讨了课堂教学行为的整体结构，认为课堂教学行为是一个由行为动因、目的、过程和结果相互作用、相互影响而成的、为教师教学行为和学生学习行为所统摄的多层次结构系统；并提出了课堂教学行为优化的组织原则——条件的主体建构、整体原则——高效、稳态、规范。其次，论文分析了影响教师行为的态度改变的因素，在此基础上，认为，教学实践是促进教师行为态度改变的根本视界，教学观念的转变是教师行为态度改变的关键，教师生活是教师教学观念的动力来源；主张树立"教学即生活"的教师生活观。再次，以上述理论探讨为基础，从可持续发展的角度构建了三个层面的课堂教学行为优化策略，即：环境支持策略、发展性支持策略和具体实施策略。最后，通过以上述理论构建为主题的一个行动研究，将理论研究应用于课堂教学行为优化实践，并从反馈信息得出结论，即：课堂教学行为的现存问题严重影响课堂教学效果；课堂教学行为优化是提高课堂教学质量的重要保障；课堂教学行为优化是一个全局性的工作，需要全方位的推动。

关键词：课堂教学　教师行为　教学理论

2705

香港中学中国语文科校本课程发展研究／张寿洪著；王富仁，郑国民指导. -- 北京师范大学，2005. 253页

香港中学中国语文科的课程发展，在20世纪末仍属典型的中央课程发展模式。21世纪初，在教育改革的导向下，新颁布的课程文件提出取消中央范文，开放学习材料，让教师根据学生的需要自订教学内容和教学活动，语文科课程发展遂改变为校本课程发展模式。论文首先从历时的角度出发，梳理了香港语文校本课程发展在20世纪末的成长历程，剖析了课程发展模式改变的原因，综述了多个校本课程计划的角色及影响力。其次，论文借助斯基尔贝克的理性互动模式理论和三所个案学校发展语文课程的实践过程，归纳反映香港语文校本课程发展的工作步骤的"起始阶段实践模式"。再次，论文运用该模式在三所中学进行两项规模大小不同的试验计划，以验证模式的普遍意义。最后，根据实证试验的成果，优化"起始阶段实践模式"为"起始阶段理想实践模式"，让教师、课程发展人员和师资培训者深入了解语文校本课程发展在实践方面的工作流程、工作步骤和工作重点。指出，与传统的校本课程发展实践模式比较，"起始阶段理想实践模式"，更强调教师培训的重要性，更重视在教学开始时跟学生进行心理定向，说明了教师跟校外人士、团体的交流对课程发展的促进作用。

关键词：中学　语文课　语文教学　课程设计　香港

2706

对话教学研究／张增田著；靳玉乐指导. -- 西南师范大学，2005. -- 94页

本文从理论和实践两个方面展开对话教学研究，以教学的对话品性为切入点，合乎逻辑地引出对话教学。首先解读了教育教学中的"对话"，指出对话是人类语言交际的一种重要方式，是交往双方基于理解的视界融合，是一种态度、一种关系、一种意识和哲学观。在此基础上，描述和分析了遮蔽对话品性的教学的主要表征和原因，尝试提出了教学对话品性的彰显

之途,并对彰显了对话品性的教学进行了展望。文章从三个方面分析了对话教学的本质,明确提出和论证了对话是对话教学的理念和精神,探讨了对话教学的内涵和特点,阐述了在理解对话教学本质时不可回避的两对关系,进而探讨了对话教学的目的观、过程观、课程观和师生观。关于对话教学的课堂实践,文章讨论了对话教学的三种课堂实践形式和课堂设计的核心理念、目标设计与话题设计以及课堂设计的基本原则,指出现行对话教学实践中存在的典型问题有以下几种:刻意注重生成,迷失了基本的教学目标;一味追求对话,缺乏精彩、深刻的讲授;形式化的、虚假的对话大量存在;有意或无意地疏离了现实生活世界。在对以上问题进行梳理的基础上,分析了问题产生的主要原因,有针对性地提出了对话教学实践的改进思路,即加强对话教学的理论探索,进一步澄清教师的模糊认识;以区域交流为纽带,建立和完善中小学校教师的经验和学术交流机制;将教师培训落到实处,切实提高中小学教师的整体素养。

关键词:课堂教学　对话　教学理论　教学法

2707

科学课程及其变革的社会学审视 / 赵长林著 ; 石鸥指导. -- 湖南师范大学, 2005. -- 217 页

该文运用社会学、科学社会学、科学知识社会学、课程社会学的原理和方法,对科学课程方法论、科学课程及其变革的人文取向、科学课程与意识形态、科学课程与社会控制、传统科学知识观的解构与科学课程的新发展,进行了较为系统的分析和研究。首先,论文梳理了课程社会学的发展历程,分析了科学课程的概念,探讨了社会学的研究方法。其次,从技术理性批判的角度,对课程方法论进行分析。认为,技术理性作为科学理性的一种极化,是理解世界的一种逻辑思维方式,以技术、逻辑、理性为基础,信奉人与自然的二元分离的哲学观,关心实用目的,崇尚量化方法。技术理性在科学课程领域已经上升为一种方法论。论文对技术理性的课程方法论做了解读,以求实现科学与人文的融合,建构一种科学人文主义的课程方法论。论文进一步通过揭示科学所蕴含的丰富的人文价值,说明科学课程回归人文是实现其课程价值的自然选择。再次,论文探讨了科学课程的道德教化与社会控制功能。指出,科学课程通过宣扬一种普遍主义、实证主义、个人主义、价值中立主义的社会价值观,传播着社会主流意识形态。最后,论文研究了社会建构与科学课程发展的关系。认为,科学研究是人的活动,科学家是现代社会职业者,科学知识是科学共同体按照共同遵守的规范达成的共识,科学知识具有文化性、时限性、相对性和境域性,科学知识从本质上讲无非是一种社会建构物。因此,多元科学知识观的建立必然导致科学课程的新发展。

关键词:课程　科学知识　教育社会学

2708

学习共同体 : 关于学习的社会文化分析 / 赵健著 ; 高文指导. -- 华东师范大学, 2005. -- 117 页

文章从解析“学习”和“共同体”这两个基本要素出发,对学习共同体进行了社会文化视角的研究。首先,作者探讨了学习共同体概念和学习共同体研究中存在的诸多歧义,以及建构学习共同体的努力与学校中日常学习观念之间的冲突。认为共同体概念本身的意涵随着时代的发展不断演进。和“学习”结合的不是共同体的原始意义,共同体在当代语境下重建的意义,使之成为支撑以知识建构与意义协商为内涵的学习的平台,成为信息时代知识创生的社会基础。其次,论文指出,知识的社会建构性是将学习置于共同体境脉中加以考察的理论前提;知识在认识论维度和本体论维度的拓展,使得知识获得摆脱了对个人的和显性化的途径的依赖,参与到实践中成为学习的新的隐喻;知识的获得不仅是通过实践参与而实现,而且学习本身就是一种实践;通过建立学习共同体来创新教育,其实是要重建学习的实践。再次,从实践和身份这两个角度,阐述了意义的协商与学习者成长的机制,认为实践共同体的培育需要这样的空间,它包含了四个方向上的张力:参与—具体化;设计—自然发生;局部—整体;认同—协商。并进一步探讨了在这几个方向的张力中如何找到实践共同体的设计途径。最后,论文从实践共同体的分析及设计出发,向上、下两个方向拓展,建立了一个理解学习共同体的三水平分析模型;提出了基于学习共同体研究的多元学习空间的设计观点。

关键词:共同体　知识　学习　社会文化　教育理论

教育史

2709

话语权与教育宗旨之共变 : 中国近现代教育宗旨

的话语分析 / 但昭彬著 ; 周洪宇指导. -- 华中师范大学, 2005. -- 253 页

所谓话语权,乃是指以话语建构和表达来形成对他人控制的影响力。话语权的强弱与制度安排(政权、政体形式)、媒体掌控(纸质文本、电子文本、音像等形式)、经济操纵(小农经济、计划经济、市场经济等形式)、个人地位(德高望重、位高权重)等因素紧密相关。教育宗旨反映着国家的意志,代表着统治阶级的利益,集中体现了不同历史时期国家的教育意志及其关于教育发展的总方向、总目标、总纲领、总政策和总原则。教育宗旨的话语属性是官方权力话语,集中体现了教育与政治的关系。论文以马克思主义教育理论为指导,深入探讨了中国近现代教育宗旨与话语权之间的共变关系,得到了以下三个方面的结论。首先,研究认为,话语权支配着教育宗旨的"生产",话语权的流转必然导致教育宗旨的流变。教育宗旨的流变,折射出了社会的变迁;从社会变迁的轨迹里,也可探寻出教育宗旨流变的话语根源。其次,官、民话语权的强弱与"公共领域"的大小密切相关。每当一统化的意识形态重建或强化时,必定表现为官方话语强势而"公共领域"缩小,教育宗旨亦随之体现着当权者的意志和利益。而一旦出现宽松、宽容的话语氛围时,必定表现为学者与民众话语的昌炽,"公共领域"由此扩张,其意志与利益就可以在教育宗旨中得到一定程度的表达。最后,官、民话语权能否形成话语互动,与民主政体密切相关。在一个民主、开放、多元化的社会里,官方、学者和民众三者之间就能形成三维互动,获得双赢;反之,在一个专制、封闭、一元化的社会里,官方话语一统天下,学者和民众话语则处于"失语"状态。在政治民主化的进程中,官方,学者、民众三者之间,必须经常开展对话,形成一个畅通的话语管道;在对话中达成共识,在交流中产生共鸣。惟其如此,颁行的教育宗旨才能代表"大多数人的利益",也就可能得到全面的贯彻、实施。

关键词:教育方针　教育政策　教育思想　话语

2710

走向自由教育学 : 毛泽东教育学知识的形成和发展及其表征 / 董标著 ; 田正平指导. -- 浙江大学, 2005. -- 308 页

本文描述了毛泽东教育学知识的形成和发展及其表征,揭示了其知识基础和实践效应的情境制约,解析了毛泽东教育学的核心价值,进而探索走向自由教育学的可能性。全文共分四章。第一章述评了中国大陆研究毛泽东教育学的起源和演变的基本过程,阐述了西方主要国家研究毛泽东教育学的脉络,评估了西方毛泽东教育学。第二章聚焦长沙。认为长沙是毛泽东的第一个活动中心,毛泽东在长沙时期取得的教育学知识成就被命名为"批判教育学"。文章描述了毛泽东在长沙及其往来的主要经历和行动经验,分析了长沙文本的教育学信息和倾向,总结了批判教育学的基本内容及其取向转换。第三章以延安为中心。认为延安时期是毛泽东教育学取得最大理论成就的时期,这些成就被合称为"解放教育学"。文章从社会理论、文化理论和教育理论三个侧面,分析了延安文本的知识资源和规范体系,揭示了知识场域与民族灾难、中共团体的互动对毛泽东教育学的刻画。解放教育学以翻身理想和换位方法构建了自成体系的教育学。第四章以北京为中心。认为毛泽东在北京时期的指导思想是革命世界观,相应的教育学成就及其灾变被称为"革命教育学"。文章按照继续革命的心理—伦理学到不断革命的政治—解释学的演变过程,描述并分析了毛泽东的理论拓展策略及其效应,揭示了外交革命对于毛泽东教育学的独特意义,阐释了著名的"教育方针"的基本意图和不曾流行的"社会主义教育"概念的意蕴,总结了革命教育学的复杂属性及其断裂的意义。文章最后概括了批判教育学、解放教育学和革命教育学与时代精神的关系,论述了三者的关联方式、属性差异和整体意义,揭示了自由在毛泽东的心路历程中的中轴地位。

关键词:毛泽东教育思想　自由　实践　知识教育学

2711

印光教育思想研究 / 杜钢著 ; 王炳照指导. -- 北京师范大学, 2005. -- 129 页

印光是中国近现代佛教四大高僧之一,也是中国佛教净土宗的第十三代祖师。文章认为,他的教育思想主张乃是在中国近现代佛教教育整体上处于枯朽衰败和日趋衰亡的时代背景下提出的。印光的教育思想理念继承了净土宗传统教育思想理论的精髓,并对之加以契理契机的发挥和阐扬,从而在近现代社会的中国佛教信众中产生了异常深广的影响,并对中国近现代佛教教育从濒临衰亡逐渐走向新生和复兴,并进而实现由传统向现代的转轨,做出了不可或缺的贡献。印光的教育思想体系彰显着鲜明的"儒佛兼具,以佛摄儒"的特征。他在教育目的上,主张将儒家"入世成人式"的教育价值目的取向与佛教净土宗"往生

成佛式”的教育价值目的取向有机结合起来，“以儒学为佛学的基础，以佛学为儒学的归宿”。在教育内容上，印光大力崇尚净土宗行者应当以儒家所推崇的道德伦常教育为基础性教育内容，并进而借助于因果报应这一关键性教育内容所发挥的中介和枢纽作用，达成对净土法门这一净土宗特有教育内容的有效修学，从而为净土宗行者最终成功往生阿弥陀佛净土做好最充分的准备。为了使自己的教育思想主张能够在佛教信众中产生良好的教育影响和效果，印光在具体的施教过程中，尤其注重对言传身教法、应机施教法与答疑解惑法等几种主要教育方法的合理运用，并也确实受到了众多佛教信众的感戴和欢迎。这也大大奠定了印光在中国近现代佛教教育史上所享有的崇高声望和所具有的显赫地位的坚实群众基础。

关键词：印光(1861～1940)　教育思想　宗教教育　佛教　净土宗

2712

从专业协会到教师工会：美国全国教育协会角色转变之研究／龚兵著；单中惠指导. -- 华东师范大学, 2005. -- 194 页

文章主要探讨全国教育协会角色转变的背景、原因、过程与意义。该文探讨全国教育协会从教师专业协会到教师工会的角色转变，因此，在选题上既包括了全国教育协会和教师工会两种角色的塑造，也涉及协会从专业协会角色向教师工会角色转变的相关问题。全文共分为两大部分。第一部分主要展现全国教育协会全心全意扮演教师专业协会角色的过程。第二部分揭示全国教育协会出于权力竞争和政治竞赛的需要彻底转变为教师工会的背景、过程、结果与影响。该文第一部分的标题为“追求教育改进的专业协会——20 世纪中期以前的全国教育协会”，这部分表明自全国教育协会诞生到 20 世纪中期，它所扮演的是一个全心全意追求美国教学和教育改进的教师专业协会。该文第二部分的标题为：“权力和政治角逐中的教师工会——20 世纪中期以后的全国教育协会”，研究全国教育协会在一系列社会剧变的冲击下，不但完成了从教师专业协会到教师工会的角色转变，而且成为一个组织风格日益激进，热衷于追逐政治和经济利益的教师工会，协会对美国教育的态度也随之发生变化。该文研究美国教育协会的角色转变具有多重意义：首先，该文有助于我国外国教育史学科建设，特别是能丰富我国美国教育史研究；其次，该文能够为人们展现美国目前最大的教师组织，一个拥有 270 万会员的教师组织——全国教育协会角色转变的背景、经过与影响；此外，该文能够通过全国教育协会这一斑，窥视美国教育本身的复杂性与独特性之全豹。

关键词：教育协会　专业协会　教师工会　美国

2713

南京国民政府教育部及其行政制度研究／广少奎著；周洪宇指导. -- 华中师范大学, 2005. -- 258 页

论文在历史唯物主义和辩证唯物主义思想的指导下，运用制度经济学的路径依赖、权力政治学、行政管理学等理论对南京国民政府教育部进行了专题性的历史考察和解读，并认为对国民政府时期教育部的研究有助于总结和分析中央教育行政的经验和教训。论文将国民政府教育部及其教育行政制度的演进分成四个时期，即奠基期、成型期，变更期和调整期。并据此对教育部自身及其各方关系进行了以下几个方面的具体考察。一是人事与决策。论文根据派系背景，对教育部各个时期的人事关系以及决策方式作了细致的分析、对照和梳理，阐明了教育决策的实质及其影响，指明教育制度由路径依赖转向路径锁定的历史必然性。二是机构与职能。作者对教育部的各种机构和立法建制、规划统筹、经费资助、学术奖励、视察指导及教育辅导等基本职能进行了比较分析和评价，阐明了教育部历史分期的原因和依据，并探寻了教育行政由有效、高效到低效致失效的组织原因及其实质。三是社团管理。文章从教育社团与教育部的关系入手，指明教育社团的体制化，乃是国民政府教育制度运行日益沉重和滞塞的又一重要原因。四是学校管理。论文基于史料，对学潮消长、学生控制、教师管理、课程设置与教材审定等方面对教育部的学校管理状况进行了考察，并提出了自己的评价。通过以上四个方面的考察，作者认为国民政府教育部构建的“有限政府，有限管理，有力社团，有力参与，有权学校，有权办学”的教育行政与教育管理模式，是历史发展的必然选择。

关键词：南京国民政府　教育制度　教育机构　教育史

2714

自我统摄下的心理与行为：蔡元培、黄炎培和陶行知的社会心理与行为特点研究／胡志坚著；周洪宇指导. -- 华中师范大学, 2005. -- 166 页

论文尝试从社会心理学的角度，通过对蔡元培、

黄炎培和陶行知三位教育家社会心理和行为特点的分析和探讨，构建一种以社会心理学概念、范畴为基础的心理史学研究范式，拓宽中固教育史学研究的视野和思路，扩大中国教育史理解的范围，增强中国教育史研究的生动性。本研究共分三个部分。作者首先通过对西方心理史学产生、发展的历史回顾，指出了20世纪80年代以来中国历史学、教育史学等领域相关研究的特点和不足。其次，以自我概念为出发点，探讨了三位教育家的成长历程与自我概念形成之间的关系，在自我概念影响下独特的行为方式，以及以自我为“锚定点”的社会认知、社会态度和归因风格。论证了研究对象走上“教育救国”道路的社会心理基础，分析了研究对象对他人社会认知和态度的特点以及具体教育实践的社会心理动机等。最后，论文通过具体分析，确立了以社会心理学理论为基础的一套心理史学研究范式，具体操作程序为：首先，根据教育学和社会心理学已有的研究成果，确定取样标准，选取研究对象；其次，根据心理学和历史学研究的基本要求，确定史料选择的基本原则；再次，以社会心理学为基础，确定具体研究领域和范畴；最后，根据已经确定的研究领域和范畴，进行具体分析，进而得出结论。

关键词：社会心理　社会行为　自我　蔡元培(1867～1940)　黄炎培(1878～1965)　陶行知(1891～1946)

2715

知识演变与美国现代大学的确立 / 黄宇红著 ; 张斌贤指导. -- 北京师范大学, 2005. -- 187 页

该文以知识社会学和科学社会学的理论为基础，运用历史研究方法，研究了19世纪20年代到20世纪30年代知识演变和美国现代大学的确立，描述了两者间关系的变化曲线，以及变化所依赖的思想和制度上的背景。按照知识演变和现代大学确立的关系，将美国现代大学的建立，或者说美国学院向大学的转变划分为三个阶段：新学院——大学的酝酿时期，大致为1820到1870年，主要特点是在不违背旧的“真理统一”知识观下，新知识和新科学全面进入旧学院，迎来了“新学院”时期，新学院的学术和研究将学院完整带入大学时代；新大学学的建立时期，大致为1870到1890年，以不确定性、因果关系解释、进步为核心的新知识观推动了新大学的建立，新大学在与教会的分离过程中，完成了自身的世俗化，研究和服务成为新大学的重要职能，选修制成为新大学的基本原则；现代大学——大学的成熟时期，大致为1890到1930年，知识专业化带来了“科学无价值”的客观主义科学观，在这一过程中，大学内的学科纷纷建立，大学组织不断分化，教师实现了自身的职业化，美国现代大学模式建立并成熟起来。由此可见，正是这种对广义真理的拒绝和对客观主义科学观的接受，推动了美国高等教育从学院到大学的转变，形成了美国现代大学的模式。但一旦大学模式得以建立，知识，尤其是知识的创造和应用进入大学，知识和大学之间就不再是单纯的推动者和被推动者的关系，而是双向的互动关系，大学必然为知识的发展带来令人吃惊的丰厚回报。

关键词：知识　大学　高等教育　高等学校　美国

2716

美国“国际教育”：历史、理论与政策 / 李爱萍著 ; 单中惠指导. -- 华东师范大学, 2005. -- 281 页

文章探讨美国国际教育问题的历史发展，在此基础上重点考察美国的国际教育理论与国际教育政策。文章在厘清了美国国际教育发展历史线索的基础上，探明了美国国际教育的实质与特点；国际教育与国民教育、全球教育的关系；国际教育理论与国际教育政策及其实践的关系。文章分为导论、国际教育的历史与现实、国际教育的理论与观点、国际教育的政策与法规以及结语等五部分。“导论”部分阐述五个方面的问题：研究目的与意义；研究文献综述；研究范围与问题；研究思路与方法；研究特色与后续研究。第一章“美国国际教育的历史与现状”以几个重要国际教育法案颁布的时间为依据，将国际教育的历史发展划分为国际教育的“萌芽期”(1936—1946)；国际教育的“勃发期”(1946—1966)；国际教育的“回落期”与“抗争期”(1966—1991)；国际教育的“强盛期”(1991—2002)；国际教育的“转型期”(2002—)五个部分进行阐述，每一个部分又围绕国际教育政策、国际教育管理、国际教育实践与国际教育理论四个方面的问题展开叙述。第二章“美国国际教育的理论与观点”在对不同美国国际教育家的教育理论进行总体把握的基础上，将美国国际教育理论按“问题”而不是按思想家分为五个方面进行了介绍。第三章“美国国际教育的政策与法规”根据对美国国际教育四个重要法案和两个重要报告的充分研究，以“问题”为线索，将美国国际教育的政策与法规划分为：国际教育的性质政策；国际教育的目标政策；国际教育的管理政策；国

际教育的资助政策;国际教育的实施政策五个专题进行讨论。

关键词:国际教育　国民教育　政策　美国

2717

教育视野中的传统游戏研究 / 李屏著 ; 杜成宪指导. -- 华东师范大学, 2005. -- 148 页

本文对游戏的发展阶段进行了分期论述,考察了游戏的起源以及发展过程,并分析了教育在游戏发展中的作用,勾勒出了我国传统游戏发展的历史。同时,作者对游戏的道德性的消长进行了分析,得出我国传统游戏总体上崇尚道德的特点的结论,指出游戏是生活中的教育。同时对我国历代教育家的游戏观进行了分析与论述,用以清晰的把握游戏在传统教育中地位的变迁。这篇文章把我国传统游戏的发展分为五个阶段:第一阶段:远古至西周:游戏的起源;第二阶段:春秋战国至两汉:游戏的发展;第三阶段:魏唐:游戏的繁荣(一);第四阶段:宋元:游戏的繁荣(二);第五阶段:明清:游戏的鼎盛。通过对我国传统游戏的发展历程的纵向考察,作者得出我国传统教育的特点是:游戏的教育传承颇具特色;游戏道德性的消长与儒家思想地位的变迁密切相关,游戏总体上崇尚道德;游戏在传统教育中的作用总体而言是被忽视的,甚至是被否定的;游戏是生活中的教育。作者认为,游戏与教育的真正结合只有在现代教育中才能实现。这种实现表现在三个层面:一是确立了游戏在美育中的地位;二是学前教育倡导游戏课程;三是普通教育日益重视游戏的作用。

关键词:学前教育　游戏　传统教育

2718

警察职业变革与警察教育 : 英国现代警察教育的形成与演变 / 李涛著 ; 史静寰指导. -- 北京师范大学, 2005. -- 168 页

文章从警察教育与警察职业变革的关系的角度,从警察职业变革与警察教育发展这两条线索来分析和阐述近 200 年来英国社会发生巨变的过程中,英国警察职业的变革及其表现,以及警察教育与警察职业变革之间的关系。论文首先介绍了英国现代职业警察诞生的历史背景和复杂过程以及警察教育的基本制度的确立,表明,现代职业警察的诞生是在工业革命的大背景下各方博弈与妥协的必然结果。其次,作者阐述了二战前英国警察专业化的发展及警察教育的探索。认为,警察内部职能的分化、警察专业组织的建立、警察杂志的创办、警察知识的增长都促进了警察的专业化,而警察教育的种种探索,包括培训种类和内容的增多、警察培训机构的建立,尤其是伦敦亨登警察学院的建立,同样是警察专业化的一个重要组成部分。再次,论文考察了英国警察在二战后由地方警察迈向国家警察的历程,认为,国家警察培训体系的建立、尤其是英国警察学院的建立,不仅使英国警察能够培养自己的各种人才,而且也把全国警察有机地联系在一起,促进了警察国家化的进程。最后,作者描述了 20 世纪 80 年代以来英国警察的新发展以及警察教育的变化,指出,社区警务的兴起,使警察回归社区,回到公众之中。而新公共管理运动将市场机制引入警察事务中,促使警察更有效地提供服务。面对新形势,警察教育一方面加大了对警察社会技能的培训和社区与种族关系的培训,另一方面对警察教育资源进行整合,引入市场机制,以便更灵活地适应警察改革对警察教育培训的要求。

关键词:警察　职业教育　英国

2719

民国西医高等教育研究 : 1912—1949 / 慕景强著 ; 金林祥指导. -- 华东师范大学, 2005. -- 172 页

本文以民国西医高等教育作为研究对象。在结构上共分为四章。第一章从时间纬度上对民国西医高等教育作一个整体的把握。作者将民国西医高等教育划分为三个时期展开论述:奋力前行的萌芽时期(1912—1926);西医教育本土化及其鼎盛时期(1927—1937);逆境图存的低谷时期(1937—1949)。第一章也对民国前期西医的出现及其发展情况作了简要的回顾。第二章对民国西医高等教育采取了从类型切入,进行分类研究。每类的依据既考虑了院校的主办者,又考虑了创办的时间顺序,分为四类,每一类选取其典型代表进行了论述:教会医学在民国期间无论在数量还是在质量上都是首屈一指的,影响也最大,因此,教会医学是第一种类型;第二种类型是民国政府办的西医高等教育;第三种类型是外国政府或财团办的西医高等教育;第四种类型是国内私人创办的西医高等教育。第三章是对协和医学院进行个案研究。第四章以东北地区的西医高等教育为研究对象。在文章的结论部分,总结了民国西医高等教育的主要成就、基本经验与历史教训,并对民国西医高等教育的现实意义进行了探索。最大的成就就是西医的开创之功,民国期间,西医教育从无到有;另一个重要成就当然是培养的医疗人才,无论在数量上,还是在分

布范围上,都比民国初年有了质的飞跃。民国还积累了丰富的开办医学教育的经验,主要经验有:积累了丰富的在不同条件背景下的多元办学模式的经验;如何合理进行医学教育资源配置,在特殊状态下如何发展医学教育的经验;以及建立传统医学教育模式的经验等等。

关键词:医学教育　西医　高等教育　医学史　民国时期

2720

抗战以前中国基督教大学及其学生生活研究 / 孙崇文著 ; 丁钢指导. -- 华东师范大学, 2005. -- 205 页

本文以基督教大学及其学生生活为研究对象,借助历史叙事的方法,通过对基督教大学在华的生长、发展的最初十年间基督教大学学生群体与个人的历史叙事,全面展示基督教大学及其学生生活的各个不同侧面,以真正走进和重新认识中国近现代史上的基督教大学。该篇文章除了序言之外,正文分为三部七章。第一部分共两章,主要是对研究的背景进行分析。第一章,梳理和整理出一条基督教大学在华发展的基本线索,说明基督教大学在华设立的初衷,结合其在中国发展的实际揭示发展背后推动和制约的原动力,找寻基督教大学在华发展的基本规律。第二章则是在华基督教大学生的背景分析,分析其不同的宗教和地域背景及在不同学校的不同表现,揭示不同学生的入学愿望与动机,并从整体上把握基督教大学生在近现代中国社会发展进程中所处的重要地位与特殊价值。第二部分则是全文的核心和主体,共分四章,分别从基督教大学生的宗教生活、学习生活、政治生活和其他校园生活等不同的侧面来反映和"重构"基督教大学生们的丰富生活,分析其不同的特点,进而揭示基督教大学的不同功能在不同发展阶段的变动及其趋向。第三部分是全文的结语。作者认为:基督教大学在中国近现代史上有着十分特殊的地位与独特的价值:一方面,作为基督教传播媒介,承担着为基督教教会训练传播的使者;另一方面,基督教大学生又是中国社会近代化发展进程的伴生物,她的出现又反映了中国社会应对"数千年来未有之变局"的现实需求。对基督教大学生生活的研究,有助于更深刻的剖析不同时期基督教大学所肩负的宗教事工、教书育人、政治启蒙与文化传播等不同使命,并把握其发展的最终走向。

关键词:基督教　教会学校　学生生活　大学

2721

西方大学理想中的保守理智结构:从纽曼到布鲁姆 : 一项历史社会框架下的观念史研究 / 王晨著 ; 张斌贤指导. -- 北京师范大学, 2005. -- 198 页

论文从传统与现代特定的角度出发,根据历史实存和思想内容的因素,认为在西方近现代出现的对大学自觉系统的自我认同中存在保守和现代两种思想方式的冲突,并形成了不同取向的大学理想。在此基础上,结合西方思想史中保守主义的出现发展过程以及具体的历史社会背景,对其中的保守理智结构进行了历史研究。论文以大学理想中保守理智结构的三个主要思想主题:自由教育、理性与道德关系、人的根本目的和意义及自我与外部世界的关系演变为线索,根据不同时期所面临的不同问题,将保守理智结构发展过程分成四个阶段。第一阶段是保守理智结构史前时期。论文从大学、思想、社会三个方面对该时期进行了分析,描述了保守理智结构诞生前的背景,同时对主要思想线索做了简单追溯。第二阶段是保守理智结构确立时期,在对该时期代表人物纽曼的大学理想进行分析的基础上,揭示了该阶段宗教—道德取向的特征。第三阶段是保守理智结构的延续发展时期。这一时期以赫钦斯为代表,出现了现代思想方式对保守理智结构的渗透,在延续保守理智结构的基本因素的同时显示了文化—社会取向的特征。第四个阶段则是以施特劳斯、布鲁姆师徒为代表的新时期。在该时期,保守理智结构出现了对希腊哲学理性精神的追寻和对自由教育作用的新理解。总之,保守理智结构与现代思想方式是追求人和人类社会发展中两种不同的路向。前者作为一种反思力量,在体现了人类思想和实践过程中某些根本问题的同时,也对大学现代思想方式所带来的科学化、理性化、专业化、功利性、实用性等弊端进行批判,这在现代大学模式日益普世化的时期,无疑具有重大价值。

关键词:高等教育　教育思想　理性　道德　纽曼(Newman, J. H.)　布鲁姆(Bloom, Allan)

2722

走向"对话" : 杜威与中国教育 / 王彦力著 ; 单中惠指导. -- 华东师范大学,2005. -- 142 页

本文立足于教育领域,在对中国之行对于杜威教育影响方面展开的同时,还从历时性的角度主要揭示中国教育"杜威研究"中出现这种现象的经过和原因。作者所指的这种现象是:在国内外有关杜威与中国的研究中,与研究杜威对中国影响的著作、文章层出不

穷相比，对于中国之行影响杜威思想的研究成果几乎是空白。文章从对话的视角切入“杜威与中国教育”这一研究课题，主要是把“态度”作为考察重点。论文中所涉及的“对话”并不是指共同存在于某种语境下的不同各方之间的具体对话，而是从理论的角度来说明一种“对话的关系”，强调在对待“他者”的过程中一种介乎于“对抗”与“盲从”之间的态度。文章通过描述杜威对待欧洲历史文化和教育遗产的态度，对待美国社会现实和当时美国教育中存在的问题的态度；分析杜威教育思想在世界教育影响中发生的变化；重点考察了在不同的历史阶段、中国教育对于杜威和他的教育思想的态度。文章的主体部分由四章组成：第一章是杜威和他的教育思想：从美国到世界；第二章是杜威与近代中国教育；第三章是杜威与建国后的中国教育；第四章是杜威与改革开放时期的中国教育。作者认为文化交流是相互的，影响也是相互的，因此，作者站在与以往人们对杜威研究的反面，来研究中国之行对杜威教育思想的影响，对于全面的了解杜威与中国教育之间的关系是一个重要的发现，对于杜威研究来说不啻是扫除了一块盲区。同时，也会使我们对于杜威与中国教育之间的关系有一个更加全面、客观的认识，同时对于外国教育史，尤其是外国教育思想史的研究更具有深刻的意义。

关键词：杜威（Dewey，John 1859 ~ 1952）　教育思想　对话

2723

20 世纪前半期中国杜威教育学派研究 / 王颖著 ; 俞启定指导. -- 北京师范大学, 2005. -- 153 页

从学术史角度看，20 世纪前半期郭秉文、胡适、陶行知、蒋梦麟等在研究践行杜威教育思想过程中形成了中国杜威教育学派。论文运用实证研究的方法，通过纵向和横向的比较，分析了中国杜威教育学派这几位代表人物的教育思想，探讨了中国杜威教育学派对杜威教育思想的继承与创新，揭示了杜威以及中国社威教育学派在中国现代教育发展中的意义。论文的主要结论有以下方面：其一，20 世纪前半期中国杜威教育学派所进行的研究和实践活动始终从国家建设、社会发展的目标出发，围绕如何提高国民素质、促进中国现代教育发展而展开的。其二，由于所处社会发展阶段和各人的研究实践不同，他们对杜威思想的阐述、继承与创新呈现出不同特点：郭秉文在国立东南大学展开科学教育，实施学生自治，是将杜威思想运用到高等教育中的第一人；蒋梦麟在北京大学实行个性教育、教授治校，将杜威思想与中国传统教育结合起来，使杜威教育思想具有了儒家色彩；胡适在教育哲学领域对杜威思想做了很好的阐释，运用其实验主义的方法分析中国教育发展问题，为中国现代教育的发展提供了方法论；陶行知是将杜威思想从高等教育领域推广到乡村学校的第一人，他的生活教育理论被认为是对杜威的“教育即生活”，“学校即社会”的创造性发展，他在南京近郊创办的晓庄师范学校，是杜威的一般教育理论的具体示范。其三，中国杜威教育学派对杜威教育思想的研究实践，扩大了中国教育现代化的范围，推动了中国教育现代化发展。他们所开展的教育实践活动与各国杜威教育学派实践一道，成为世界现代教育改革的一部分。

关键词：教育学派　教育思想　教育史　杜威（Dewey，John 1859 ~ 1952）

2724

清前期社会教化研究 / 王有英著 ; 黄书光指导. -- 华东师范大学, 2005. -- 197 页

本文以历史唯物主义为指导思想，借助社会史的理论与方法，采用正史材料和野史材料相结合的方式，选取几个具有典型意义的问题来揭示清前期社会教化的全貌。清前期的社会教化是以儒家伦理为核心的儒、佛、道并存的教化体系，儒家伦理教化是这篇文章研究的核心内容。论文的重点不在于研究精英儒家的伦理陈述，而着重研究儒家经典的价值理想通过何种途径转化为活生生的现实实践。全文包括正文和结语部分。正文部分共分六章：第一章分别论述本文的研究方法、研究意义、框架结构及已有相关的研究成果和清前期的教化特征。第二章主要探讨学校组织与社会教化的关系。学校是专门进行教化的机构，它不仅有固定的场所，专职的教师，而且还有相对固定的经费来源，是教化的主阵地。第三章研究非学校组织与社会教化的关系。儒学之所以能够传播于天下，除正规的学校组织外，民众更多的依靠乡约、家训族规、调解纠纷来获得教化。第四章讨论了通俗小说、地方戏曲作为一种知识和文化载体，在社会教化中所扮演的角色。由于其生动形象、通俗易懂，社会教化在极其欢愉的氛围中就实现了。第五章考察了士绅与妇女这两个社会教化中的特殊群体。第六章研究了佛、道是如何曲折的生存并与社会教化发生内在关联的。劝人为善、戒人为恶始终是宗教的主旋律。佛、道自产生之日起，便与社会教化结下了不解之缘，是儒学教化的有力补充。在文章的结尾，作者

指出了社会教化的连续性与普遍性，描绘了它在当今民间的深刻影响。

关键词：教育思想　清前期　社会教化　乡约　蒙学

2725

伙伴关系的形成：20世纪美国大学参与中小学教育改革的历史研究／韦国锋著；史静寰指导. -- 北京师范大学, 2005. -- 137页

论文以"实验室时代"、"市场时代"和"伙伴时代"为时间线索，辅之专题研究的形式，探讨了20世纪美国大学参与中小学教育改革的历史，揭示了大学与中小学的伙伴关系形成的背景、动力和影响。首先，论文叙述"实验室时代"（19世纪末—二战前）大学与中小学的互动与实践。认为，在大学与中小学伙伴关系的初创阶段，从大学的立场看，中小学充当"实验室"的角色。此以杜威的芝加哥大学与其实验学校为代表。其次，战后到1983年为"市场时代"。这一阶段中，中小学教育改革以科学教育为主要内容。在冷战背景下，由大学研发的大量教育产品涌入中小学课堂。在大学的视野里，中小学是一个巨大的教育市场。此以战后科学教育改革的策划、科学教育课程的研发、教学机器的应用为代表事件。再次，"伙伴时代"，乃是指1983年到2000年。以1983年的《国家处在危机之中：教育改革势在必行》报告为分水岭，美国中小学教育改革进入了20世纪的最后阶段，教育问责制下的中小学教育改革为大学的专业知识资源打开了更广泛的市场渠道，大学更紧密地与中小学结成伙伴关系，大学参与应对"危机"的教育改革政治设计，并在参与中为推动教育优异运动而设计教育改革方案。这一阶段，由大学推进的教师专业发展和学校改进，可以准确反映此种伙伴关系。最后，作者沿着伙伴关系形成的三个历史时代的主线，对教育知识的构成要素进行了教育知识的考察。认为，大学与中小学伙伴关系的形成，既表现为两种教育组织之间联系的有形的历史演变，又体现在教育知识生产的历史演化，这是一条隐形的却包含本质的伙伴关系的历史主线。

关键词：大学　中小学　教育改革　教育史　美国

2726

中国传统德育的近代转型与初步建构研究／吴慧芳著；王炳照指导. -- 北京师范大学, 2005. -- 159页

所谓中国传统德育，主要是指以儒家思想为主导的伦理本位的教育。近代中国社会的急剧变迁，直接导致了中国传统德育的近代转型。学校德育作为传统德育的制度化载体，它的变迁直接标志着德育转型的规范程度和水平。因此，该文以学校德育的发展变化为着眼点和落脚点，从中透视了中国传统德育的近代转型与初步建构的进程，进而通过批判性的反思意识，考察了中国传统德育的体系构成、特点以及转型的内、外部条件。研究认为，中国传统德育的近代转型是一个充满矛盾的、有规律的过程，也是一个辩证的合乎逻辑的过程。从总的形势看，中国传统德育一直在从低级到高级、从中世纪向近代嬗变。具体来说，中国传统德育的近代转型，可以划分为四个阶段，即：酝酿期（1840—1894）、形成期（1894—1902）、"新政"运作期（1902—1911）和民初运作期（1912—1919）。论文进一步厘清了每个阶段观念转型、运作转型的具体表现形态，剖析了近代德育不完全转型的深层次原因。对于"五四"后的多元德育建构，文章则以专题的形式阐明了马克思主义德育观和实用主义德育观这两大德育建构范式及其德育实践。作者指出，当前中国社会转型、经济转型与文化冲突交融在一起，经济全球化、世界网络化、价值多元化正动摇着与时代发展不相容的德育观念，德育的困境表现得异常突出和严峻。现实要求我们对中国传统德育嬗变的历史经验做出总结，从而以古鉴今、古为今用，积极促进我国当前德育的平稳转型。

关键词：德育　儒家　传统教育　学校教育　教育史

2727

中国近代大学教师流动研究／吴民祥著；田正平指导. -- 浙江大学, 2005. -- 240页

教师的频繁流动对中国近代大学教育产生了重大影响，从近代大学教师流动的原因来看，既有大学内部的人事变动、思想的论争、校长的办学理念、学术交流活动的开展、学术机构的设置、课程专业的改革等原因，更有近代中国政治的风云变幻、经济窘迫的压力、战争的驱使等外部因素。根据人口迁移理论，作者将中国近代大学教师的流动分为两种类型：自由流动与压力流动。论文选取几所在中国近代大学发展过程中具有特殊意义的综合性大学：北京大学、清华大学、东南大学、南开大学、中央大学、浙江大学、西南联合大学作为研究对象，从自由流动与压力流动两

个方面,探讨了中国近代大学教师的流动。指出中国近代大学教师的流动对中国近代大学教育的影响是双重的,既有有利于大学近代化、学术交流与科研的开展以及教师队伍新陈代谢的积极一面,又有干扰教育与科研的正常开展、导致教师人力资源与教育资源浪费的消极一面。近代大学教师的自由流动有利于大学教育的健康发展,而近代大学教师的压力流动则对中国近代大学教育产生消极影响。建立与完善大学教师自由流动的机制,消除导致大学教师压力流动的因素,是大学健康发展的重要前提。

关键词:高等学校　教师　人才流动　压力流动　自由流动　教育史

2728

中国近代教育期刊与近代教育发展 : 以上海近代教育期刊为例 / 杨建华著 ; 金林祥指导. -- 华东师范大学, 2005. -- 207 页

本文以历史唯物主义为指导,主要从教育史学、期刊编撰学、大众传播学的视角,采取历史文献法、个案研究法、内容分析法等等,系统地考察了中国近代教育期刊的发展脉络,及其与中国近代教育发展的关系问题。论文重点研究了中国近代教育期刊的历史演变,以及中国近代教育期刊与中国近代教育发展中的教育理论发展、学制嬗变、教育方法变革等问题。揭示了教育期刊在教育发展中所扮演的重要角色、采用的传播策略、产生的积极影响及其对教育发展作出的杰出贡献。文章主要内容包括:(1)中国近代教育期刊发展研究。这部分从历史的角度考察近代教育期刊的产生与发展全过程;(2)中国近代教育期刊与近代教育发展的关系问题。这是论文的重点部分。该部分共分为三章,即“中国近代教育期刊与近代教育理论传播”、“中国近代教育期刊与近代学制嬗变”、“中国近代教育期刊与近代教育方法变革”等等,对近代教育期刊与近代教育发展的关系作了深入的分析;(3)分析与总结中国近代教育期刊对近代教育发展的贡献及其对当代教育期刊工作和教育发展的启示,并探索了在教育改革和发展过程中,更好地发展与利用教育期刊的规律。

关键词:教育工作　期刊　教育发展　上海市

2729

高等教育与社会公正 : 美国联邦大学生资助政策研究 / 杨克瑞著 ; 张斌贤指导. -- 北京师范大学, 2005. -- 158 页

论文运用文献分析方法,从政策价值的分析视角,以高等教育与社会公正的关系为线索,追寻了美国联邦大学生资助政策的历史发展过程。研究认为,美国联邦大学生资助政策经历了四个重要发展阶段。第一阶段为法制化追寻时期(1958—1968)。该时期,联邦政府为开发国家人力资源,促进社会的公正,逐渐确立了大学生资助战略。第二阶段为膨胀性扩张时期(1969—1980)。该阶段,1972 年《教育法修订》新建的基本教育机会助学金,成为美国大学生资助的核心项目。资助对象也从原来的普通大学生扩展到所有中学后教育的学生,出现了资助的第一次扩张。1978 年《中等收入家庭学生资助法》颁布后,联邦的资助范围又进一步扩大了对中等和中上收入家庭学生的资助。第三阶段为保守性对峙时期(1981—1992)。此阶段的大学生资助政策呈现出相对的均衡发展。第四阶段为第三条道路改革时期(1993—1998)。此一时期,联邦政府进行了学生贷款改革、大学生国家或社区服务以及学生家庭减税等多项政策改革,加大了学生贷款的资助偏好,突破了两党长期的政策相持,走出了第三条道路的新探索。研究指出,美国联邦大学生资助政策的发展呈现出“Z”字形的政策摇摆态势。四个阶段的面临的主要矛盾不同,分别表现为大学生资助政策的理念之争、范围之争、规模之争与实施技术之争。作者认为,在这些争论的背后,体现的是不同历史时期社会公正观念的变迁。研究发现,此四个时期政策发展的价值基础,分别体现了社会主流正义观念从公平观、权利观到持有观、自由观的演进。美国大学生资助发展的历史表明,它在日益走向贷款化的同时,也日益制造了更大的高等教育机会不公,因此,其历史的发展是偏离“正”轨,逐渐走向了“失真”。

关键词:高等教育　教育政策　助学金　大学生　公正　美国

2730

“教育活化石”的考释 : 英国公学研究 / 原青林著 ; 单中惠指导. -- 华东师范大学, 2005. -- 194 页

文章以英国公学作为研究对象,借助于历史文献法、综合分析法、个案研究法和比较研究法等不同研究方法对英国公学进行了较为全面而深入的考察与探讨。文章共分为五章:第一章主要对公学的历史沿革进行研究。这一章将公学的历史沿革分为五个阶段,14 至 15 世纪是英国公学产生的时期,16 至 18 世纪是英国公学发展的时期,19 世纪 30 年代到 50 年代

是英国公学的改革时期,19世纪中期到20世纪初期是公学继续蓬勃发展的时期,20世纪中期至今是公学继续发展的时期;第二章从教育目标、课程特色、日常教学活动、课外活动、师资队伍建设、寄宿制度与独立自主的运作体系这些方面考察了公学的办学模式;第三章分别从历史、教学组织与课程设置分析、教学辅助设施与奖励制度以及毕业生去向等方面对著名的伊顿公学进行了考察;第四章对公学现象进行了文化上的归因,得出的文化原因是教会教育与捐办教育传统的推动、宗教信仰的渗透、贵族情结的强化、自由主义思想的支撑与科学主义思想的影响;第五章最后对若干个相关问题进行了讨论。

关键词:私立教育　私立学校　公学　英国

2731

《诗经》教本考论 / 张蕊著 ; 俞启定指导. -- 北京师范大学, 2005. -- 139 页

《诗经》是我国最早的诗歌总集,从先秦到清末,一直作为教化修身的教本被世人讽诵涵泳,形成了古代教育史上特有的"《诗》教"传统。本文以《诗经》的产生作为研究的逻辑起点,探讨《诗经》作为教本的历史发展演变过程,力图揭示《诗经》两千多年历史适应性的背后动因,借以对当前经典诵读热中正确地理解传统文化提供一个解读视角。《诗》是周代"采诗观风"制度的成果,从成书开始即为大师教瞽矇的诗乐教本,继而被选作大司乐教国子的成才教本,孔子整理后作为"六艺"之一传授弟子,具有全面修身教本的功能。这三种教本均为原典形态的《诗》教本。《诗》三百在汉代地位上升,被称为《诗经》,立于学官并由博士传授弟子。通过经学家的注释,《诗经》适应了当时意识形态的要求,扮演了政治课本的角色,也因此形成了《鲁诗》、《齐诗》、《韩诗》、《毛诗》四家传授系统,各家均以本派经师的《诗经》学著作为教本,传《诗》的共同特点是谨守师法家法。从唐代开始,经学教育与科举考试紧密相联,相互作用。在科举考试统一标准的要求下,唐太宗时期由孔颖达主持编订《毛诗正义》,颁为明经考试的标准,成为全国统一的《诗经》教本。宋代熙宁兴学中,王安石改革科举考试制度,编撰《诗经新义》作为评判士子《诗经》经义的标准,借以推行新学改革思想。随着理学成为我国古代社会后期的主流意识形态,朱熹的《诗集传》在元代被官方指定为科举考试的标准用书,明清两代均沿用此制。朱熹废《序》言诗,教《诗》重讽诵涵泳和体会义理。到明成祖时,在《诗集传》的基础上,朝廷组织编撰《诗经大全》作为科举考试的教材,从此《诗经》教本与经学研究相分离,出现了大量指向科举考试的《诗经》学习参考书。文章认为,在《诗经》教育的发展过程中,各个时期所用的教本不同,但蕴涵的礼乐教化精神是贯穿始终的,这正是《诗经》的现代教育价值所在。

关键词:诗经　经学　教材　科举考试　礼乐文化　教育史

2732

解读上海外语教育 : 历史与文化语境的嬗变 / 赵鲁平著 ; 丁钢指导. -- 华东师范大学, 2005. -- 199 页

本文运用了现代西方现象学与解释理论的"视界融合"观点来解释社会现象,从外语教育视角探讨了上海外语教育变迁与中国教育现代化之间的关系。文章从这一视角,研究了一个多世纪以来的上海外语教育发展的特色,分析了学校、制度、课程、社会观念的演变过程。文章运用了文献分析与叙事研究相结合的研究方法,从宏观与微观两个层面分析研究上海外语教育问题。论文框架分为导言、正文、结语、附录、参考文献、后记六部分。论文主体由导言、正文、结语三部分组成,论文正文共分四章。序言部分重点说明了论文研究的目的和意义,提出研究的基本问题,阐明文章框架和研究思路。同时,该部分还对研究的时间和范围做出了限定,对研究的方法和视角做出了说明。第一章主要从宏观上对上海外语教育进行了历史的回顾。第二章主要选择了五所学校进行了个案解读。这五所学校分别代表了不同时期上海外语教育的特征与走向。第三章探讨了上海外语教育正规化后,从微观上考察了课程的设置、教材建设和教学方法运用等具体内容。结语中,作者对上海外语教育在教育现代化的地位与作用做出了评价。作为社会历史、文化发展到一定阶段的产物,上海外语教育满足了社会对外语人才的需求,培养了新型的知识分子,加强了中外交流,加快了中国教育现代化的步伐。它既是社会多种因素推动的结果,也是推动教育现代化和社会发展的重要因素之一。

关键词: 外语教学　上海市　教育史

2733

美国教师教育认可标准的变革与发展 : 全国教师教育认可委员会案例研究 / 周钧著 ; 张斌贤指导. -- 北京师范大学, 2005. -- 225 页

实施教师教育认可制度、对教师教育机构进行专业规范,是保证教师质量的关键环节。论文以美国全国教师教育认可委员会(NCATE)为案例,研究了认可标准在不同历史时期发展与变化的特征、原因、理论基础和对教学专业化的意义。研究认为,认可标准经历了四个发展阶段。第一阶段为20世纪40到50年代,此间,NCATE成立并颁发了第一套认可标准。受教育评价理论和实践的影响,NCATE的认可标准是"目标本位"的。这套认可标准在积极倡导教育专业化的同时,也反映出其保守与封闭的特征,蕴含着技术理性主义的教师教育观。该认可标准的实施,为教学职业增加了新的专业组织和伦理法规,确定了教学职业的服务和社会利益取向。第二阶段为20世纪60年代到70年代中期。期间,NCATE进行了自成立以来的首次改革,于1970年推出"课程本位"的认可标准,这套标准以CIPP评价为理论基础。受科南特和克尔那的影响,NCATE的新标准倡导教师教育的学术化,其教师教育观由技术理性主义转变为科学主义,体现出进步与开放性。这种"课程本位"的认可标准的实施,形成了对专业教育与培训的垄断。第三个阶段为20世纪70年代末至90年代初。其间,1987年NCATE颁发了重建后的新标准,"专业教育的知识基础"是这套标准的核心,借鉴了效用评价作为其理论基础。在一系列教师教育改革报告的影响下,NCATE的新标准倡导教师教育的专业化和智力化,体现出专业化的教师教育观。从专业社会学的视角出发,知识基础本位的认可标准的实施,确定了教学的知识体系,形成了对专业知识的垄断。第四阶段为20世纪90年代中期至今。由于教师教育标准的结盟,以及受反思型教师教育思潮的影响,NCATE于2000年推出绩效本位的认可标准。该标准倡导教师教育的标准化、科学化以及反思性实践,呈现出绩效标准本位的教师教育观。NCATE的努力实现了专业的自治或社会封闭,最终使教学职业成为一种专业。

关键词:教师培训　专业教育　职业教育　教育质量　美国

2734

教育期刊与中国近代教育 :以《新教育》为中心的个案研究 / 周晔著 ; 田正平指导. -- 浙江大学, 2005. -- 200页

本文以研究教育期刊对中国近代教育发展的作用为指向,审视教育期刊对中国教育近代化的影响及作用。全文共分四章。首先文章梳理了中国近代教育期刊发展的基本线索,即从综合性期刊到关注教育的综合性期刊,再到专业教育期刊,最后形成了综合性期刊及关注教育的综合性期刊和专业教育期刊并存共进态势;其次,通过对创办时间最早的《教育世界》、刊行时间最长的《教育杂志》等有代表性专业教育期刊的研究,揭示了近代教育期刊的发展路径、特征和作用;再次,从教育期刊对中国教育近代化作用的视角,重点研究了20世纪20年代影响最大的教育期刊之一的《新教育》杂志,分析其构成要素、运作模式、主要特点、影响作用,特别是其对杜威、孟禄教育理论的导入、传播及讨论,以及对"六·三·三"学制形成的促进和"教育独立"运动的倡导等,审视其作为传播媒介、舆论空间、成长园地,对当时教育改革所产生的作用;最后,在个案研究的基础上,作者认为教育期刊对中国教育近代化具有促进作用。

关键词:教育期刊　《新教育》　教育史　近代化

比较教育学

2735

教科书内容属性改革研究 / 陈月茹著 ; 钟启泉指导. -- 华东师范大学, 2005. -- 129页

文章从分析评价既有教科书内容属性编制方面的状况入手,结合新课程改革理念,探索教科书内容属性改革途径。在此,作者提出教科书的内容属性的内涵,包括:理论基础、目标、均衡、范围和顺序、主体的选择、知识的正确性和时效性、潜在课题等七个子效标,其中理论基础和目标是教科书编制理念方面的上位效标,统率其他内容效标。研究主要分为三部分:第一部分对时代发展给教科书在学校教育中的地位所带来的冲击这一前提性问题进行了考察论述。第二部分以新课程观为指导思想,从教科书内容属性中核心的理论基础和目标效标入手,分析既有教科书编制理念方面存在的问题,建构了与教学理念改革相配套的教科书编制理论基础,以此为依据,对教科书编制目标进行了再诠释。第三部分把均衡、范围和顺序、主体的选择、知识的正确性和时效性、潜在课题等效标评价都纳入到教科书内容的选择和呈现视野中。该研究选择了具有典型代表意义的问题进行评析阐发。这些典型问题是在依据内容效标对既有教科书进行评价过程中发现的,其共同特征是在各学科教科书中具有普遍性,并且对其他编制要素也有钳制作

用。在结语部分,作者指出了传统教科书编制中经验主义盛行造成的文本内容与理念的脱节的弊端,分析探讨了教科书内容属性改革与教学改革同步进行的必要性与可行性。

关键词:教材　教材改革　教学改革

2736

学校评估研究:以美国国家质量奖《绩效优异教育标准》为比较例证 / 乐毅著 ; 赵中建指导. -- 华东师范大学, 2005. -- 169 页

从比较的视域出发,文章评介了美国波多里奇国家质量奖《绩效优异教育标准》。在对波奖的由来、设立背景、管理方式、评奖过程及方法、影响及其导向性作用作了概述之后,着重评析了《标准》的理论基础、基本内容和变化、指标体系建构模式、关键主体与特征、核心概念、价值观及其框架。文章主体部分共有七章:第一章是学校评估的基本含义和理论基础;第二章是关于学校评估的指标体系及其建构;第三章是我国学校评估现状与标准问题剖析;第四章是波多里奇国际质量奖及其评奖标准的内涵与理念;第五章是《绩效优异教育标准》指标体系解读;第六章是应用《绩效优异教育标准》开展学校评估实践;第七章是关于学校评估及其指标体系的几点思考和建议。在比较研究的基础上,本文提出了切合我国学校评估实际的建议与设想。在此,作者着重谈了两个方面:一是关于制定我国国家质量教育标准和设立面向教育组织的国家质量奖的建议,而是关于建构"三位一体"学校评估体系、完善学校质保机制的设想。这三位一体的学校评估体系指的是:政府的督导评估(包括上级主管部门的行政性评估)、社会中介机构开展的独立评估以及由学校组织的自我评估。三者各自行使自己的职权、承担自己的责任义务、发挥自己的角色功能,互相补充形成合力,但又不互相取代,形成多层次、全方位的评估体系。这一评估体系的形成将有利于学校内部管理、促进学校自主发展。

关键词:教育评估　质量管理　教育质量　美国

2737

日本初中理科教科书设计研究 / 刘继和著 ; 钟启泉指导. -- 华东师范大学, 2005. -- 249 页

论文以日本 2001 年审定通过,2003 年正式出版并投入使用的《新科学》(东京书籍株式会社)、《初中理科》(大日本图书出版株式会社)、《中学理科》(教育出版株式会社)三套日本初中理科教科书为主要研究对象,采用历史研究法、文本分析法(定性研究与定量研究)、文献法、比较研究法等研究方法,从理科课程标准及教科书的历史发展、理科教科书的形式结构设计、理科教科书的内容结构设计、理科教科书中 STS 教育专题、理科教科书设计基础等五个方面,就日本初中理科教科书的设计进行全面、深入研究,以此揭示出日本初中理科教科书在设计上存在的共性与特点。文章由导言和五章构成。导言部分交代了选题的缘由与意义,然后阐述了理科教科书研究的含义以及现状,最后展现了论文的研究框架与研究方法。第一章"理科课程标准及教科书史的考察"讨论了如下三个问题,首先是对二战后日本初中理科课程标准的前 5 次修订加以历史的考察;其次,从理科课程标准的改定及其基本理念、课程目标和课程内容三个层面,就 1998 年新订初中理科课程标准加以全面深入的分析。第二章"理科教科书形式结构设计"讨论了如下两个问题:首先,对这三套日本理科教科书形式结构设计进行逐一分析与考察;其次,在此基础上,对这三套日本初中理科教科书形式结构设计的共性进行分析与讨论。第三章"理科教科书内容结构设计研究"讨论了如下三方面的问题,首先,对三套教科书内容结构设计的现状进行整体解读;其次,对理科教科书中基本科学概念的设计进行了研讨;再次,对理科教科书中科学探究的历史及其基本含义进行了考察。第四章"理科教科书中 STS 教育专题研究",是第三章内容的延伸、拓展与发展。第五章"理科教科书设计基础的研究"是在前面章节的基础上展开的,这一章从理科课程观、科学观和科学认识论三个视角就理科教科书设计基础展开了深入研究及对比分析。

关键词:教材　理科　初中　日本

2738

论外语自主学习能力之培养 / 吕良环著 ; 钟启泉指导. -- 华东师范大学, 2005. -- 181 页

文章从转变教学方式与学习方式的角度,论述如何使学生学习语言的过程成为他们形成自主学习能力的过程,探讨外语自主学习能力的培养。全文分为三部分:绪论、外语协商教学与外语自主学习能力之培养、自便式语言学习与外语自主学习能力之培养。绪论中的相关概念辨析一章,主要对"自主"、"学习者的自主性"和"外语自主学习者"的概念进行分析和探讨。第二部分尝试从转变教学方式的角度探讨外语自主学习能力培养的问题,即教师如何在外语教学中引入和实施程序协商,使学生获得外语基础知识

和形成听、说、读、写基本技能的过程同时成为培养学生的外语自主学习能力的过程。这一部分由五章组成:第一章是“协商”概念的形成与发展,第二章是“协商”的类型,第三章是程序协商的实施,第四章是国家课程框架下的程学协商,第五章是程序协商的案例研究。第三部分尝试从转变学习方式的角度探讨外语自主学习能力培养的问题,即如何实施自便式语言学习,使学生获得外语基础知识和形成听、说、读、写基本技能的过程同时成为培养学生的外语自主学习能力的过程。这一部分共四章:第一章是自便式语言学习概述,第二章是自便式语言学习的实施,第三章是在自便式语言学习中培养学生自我评价的能力,第四章是在自便式语言学习中培养学生设定学习目标的能力。

关键词:外语教学　教学理论　自主学习

2739

西方学术资本主义和企业化大学研究 :以英美澳为例 / 潘发勤著 ; 徐辉指导. -- 浙江大学, 2005. -- 144 页

20 世纪 80 年代以来,欧美等国出于全球竞争的需要,开始改变高等教育政策,通过建立市场竞争机制,迫使院校和教师走向市场,大学在运作中表现出一种学术资本主义趋向。所谓“学术资本主义”,就是指院校或教师为确保外来资金所表现出的市场行为或类似市场的行为。在学术资本主义体制下,大学逐渐具有企业属性,日益成为企业化大学。本文从全球水平的政治经济变化分析了学术资本主义产生的宏观背景;以英美澳为例,分析了国家水平上高等教育政策的变化,认为美英澳三国的国家政策推进了学术资本主义。以前由高校自由支配的资金被重新分配给那些被认为有可能直接贡献于技术创新和经济竞争的项目,技术科学领域获得了资源分配,而那些不同市场密切相关的领域,则失去了份额。通过分析英美两国财政模式的变化,从资源依赖理论出发,认为资源依赖关系的变化导致了组织行为的变化,为挣得越来越多的运作经费,大学已被推向和拉向准市场的竞技场。作者还在院校水平上论述了学术资本主义政策下大学的运营。对于大学如何作出创业型的反应,在分析克拉克提出的五个基本原理的基础上,分析了大学变革的可持续性原理。关于企业化大学中的教师,作者论述了大学教师的创业才能、工作生活与职业压力问题。认为大学教师更需要的是自治和机动灵活性,这可能是受到专业精神风貌、同行情谊和学术自治的责任感的激发。大学要为教师创业创造条件,改变奖励制度。最后,预测了学术资本主义的未来走向:学术资本主义潮流趋势不可避免,且将波及全球。

关键词:高等教育　教育政策　大学　企业化　市场竞争　学术自由

2740

教师入职教育理论与实践比较研究 / 任学印著 ; 孙启林指导. -- 东北师范大学, 2005. -- 246 页

入职期是教师专业发展的关键环节。大量研究表明,处于入职期的初任教师所遇到的专业发展问题,确实要比其他阶段的教师更多、更复杂而且更困难。因此,根据初任教师的专业发展需求,开展有针对性的入职教育,也就显得更为重要。鉴于此,论文对有代表性的教师入职教育理论,以及起步较早、体制较完善、成效较显著的日本、美国、英国的教师入职教育实践,进行了比较研究,并在此基础上,提出了关于我国教师入职教育的理性思考。文章首先在对教师专业发展阶段理论进行全面考察的基础上,分析了入职期在教师专业发展过程中的重要地位和作用。进而,从影响初任教师专业发展的因素,以及初任教师的成长经历、专业结构特点、所遇问题和困难、职业倦怠、专业发展需求等方面,分析了初任教师的专业发展特征。然后,从入职教育的界定、目标、构成、评价、形式等方面,对有代表性的理论研究进行比较分析。继而,对教师入职教育最常采用的“教学指导”形式进行深入剖析。接着,通过纵向(教师入职教育与职前培养和在职进修)和横向(教师入职教育与其他职业入职教育)比较分析,阐释了教师入职教育的特质。并进一步对日本、美国、英国的教师入职教育实践进行比较研究,分析了其共性和个性及成败得失。最后,对我国教师入职教育的现状和问题进行了全面检讨,构建我国教师入职教育的理论框架,并提出加强我国教师入职教育的若干策略思考。

关键词:教师　专业教育　职业教育　教育理论

2741

日本国立大学法人化研究 / 施雨丹著 ; 李守福指导. -- 北京师范大学, 2005. -- 130 页

日本国立大学法人化的提出始于 1997 年,2004 年 4 月 1 日国立大学法人制度正式实施,标志着国立大学法人化的完成。国立大学法人化实现了国立大学的身份更迭和制度重构,给日本高等教育带来了重

大影响。论文依据客观性、系统性、过程性原则,对国立大学法人化的背景、过程、影响进行深入研究。从背景看,20世纪90年代以来,日本国立大学面临一系列社会变革。在日本政府推进行政改革的过程中,作为减轻国家财政负担、压缩行政机构、削减公务员数量的重要途径,国立大学法人化进入政府的政策视野;为提高政府执行部门效率而创立的独立行政法人制度成为设计国立大学法人的制度蓝本。从过程上看,在国立大学法人化的政策形成、立法审议两个阶段,以文部科学省为代表的改革推进派与以国立大学协会为代表的改革反对派,就是否法人化、如何法人化展开了激烈论争,核心问题是,按行政改革思路进行的国立大学法人化如何保障大学的自治。经过双方的相互妥协,最终以独立行政法人特例的形式,通过《国立大学法人法》将国立大学法人制度确定下来。从影响上看,国立大学法人化给国立大学带来的影响,主要体现在两个方面。其一,国立大学的身份发生变化,大学与政府之间从行政隶属关系,转变为权利义务相对法律关系,从而为大学自治提供了制度保障。其二,国立大学的运营模式发生改变。从大学的外部关系来看,国立大学法人身份的确立,打破了政府一元化的管理模式,参与国立大学运营的主体多元化,形成了大学、政府、市场、社会等利益团体共治而产生的新的权力体系的平衡。大学内部以校长为核心的行政权力显著增强,以教授会为核心的学术权力被削弱,形成了集权与分权相结合的权力分配机制。

关键词:高等教育　国立大学　教育改革　法人　日本

2742

美国高校董事会制度的功能与效率研究 / 王绽蕊著 ; 王英杰指导. -- 北京师范大学, 2005. -- 147页

论文借助委托代理模型和交易成本分析等制度分析工具,对美国高校的董事会制度的功能与效率进行深入研究。全文共分五章。第一章对美国高校董事会进行了概念界定和分类。指出,董事会与董事会制度两个概念的内涵并不完全重合。论文按照所有权和控制模式,把美国高校董事会分为公立高校董事会、私立非营利性高校董事会和私立营利性高校董事会,并对每一类高校董事会又进行了更为细致的分类。第二章阐释了个体间治理结构意义上的美国高校董事会制度。指出,董事会与其他交易方如校长、州公民等之间建立的个体间治理结构实际上是一种委托代理关系,其中董事会既是委托人又是代理人。并对各种委托代理关系治理机制如董事遴选机制、激励机制等及其功能与效率进行了深入分析。第三章探讨了私人制度意义上的美国高校董事会制度。指出,私人制度是一种由会员集体制定的用于自我规制的私人规则和私人制度组织,认为私人制度具有推进高校董事会最优化治理、对高校董事会与其他利益相关者之间的冲突进行事前和事后仲裁等多种功能。第四章考察了公共制度意义上的美国高校董事会制度。分析了与美国高校董事会和董事有关的公共制度,如由宪法对公立高校董事会进行规制的制度安排、董事的法定责任和义务等等,并对各种公共制度规制的功能和效率进行了挖掘。第五章探讨了系统化制度与美国高校董事会制度的功能和效率。指出,美国高校董事会制度是一种系统化的制度安排,各个治理层次制度安排之间及其与整体制度环境之间存在某种形式的关联与互补。最后,在结束语当中,作者对我国借鉴美国高校董事会制度的意义和局限进行了一些简略的分析。

关键词:高等教育　高等学校　董事会　美国

2743

中小学心理学健康教育研究 : 中美比较研究 / 肖旻婵著 ; 李其龙指导. -- 华东师范大学, 2005. -- 215页

文章对心理健康的概念与标准、心理健康教育的发展历程与内容、心理健康教育的理论基础作了详尽的梳理,对美国中小学心理健康教育的发展过程、体系、内容与模式作了全面的分析,并通过两个个案研究深入挖掘美国中小学心理健康的内涵。对改善我国中小学心理健康教育的实效性提出了有效建议。本文主体部分共分为七章:第一章“心理健康的概念和标准”;第二章“中小学心理健康教育的概念和内容”;第三章“中小学心理健康教育的理论基础”;第四章与第五章“美国中小学心理健康教育”;第六章“我国中小学心理健康教育现状分析”;第七章“反思与展望”,在这一章中,作者认为,我国中小学心理健康教育问题的根源在于:心理健康意识缺乏、忽略学生心理健康需要、缺乏内在的驱动力、心理健康教育过程中学生主体性缺失等。并从观念、体制、内容与方法四个方面对提高我国中小心理健康教育的实效性提出了一些思考,包括:建构学生需求评价体系和心理将康教育质量保障体系,并提出了将心理健康因素与教育评价结合起来、重新塑造学校心理健康教育工作者的形象与地位、建立专业保障体系、建立早期

诊断、干预和预防体系、对学生进行生态化的干预等数十条具体的建议。最后作者指出,只有在坚持"以学生的需求为中心"树立心理健康教育是教育不可或缺的一部分的整体教育观,树立工具主义与价值主义相结合的心理健康教育观的前提下,这些建议和措施才能发挥真正的作用。

关键词:中小学　心理卫生　心理健康　中国　美国

2744

当代美国课程话语研究／谢登斌著 ; 王斌华指导. 华东师范大学, 2005. -- 219 页

文章选取课程文本为对象,分析当代美国课程话语专项的外源性和内源性动因。勾勒当代美国课程领域的话语谱系,通过对课程话语系统的重要主题进行阐释,理解其蕴含的丰富的课程意义。比较、评价多元的课程话语,概括其主要的特点,最后阐明当代美国课程话语对我国课程改革的启示。全文共分 10 章,由 3 部分组:课程话语转向及理论基础;课程话语系统及课程理解;课程话语的比较和启示。作者认为,当代美国政治、经济与文化的发展场景促成了课程话语转向,西方语用学的兴起以及抽象社会理论,成为课程话语转向的外部推力。美国教育自身的变革以及课程领域内发生的概念重建活动,使课程研究发生了范式的根本转换,这些是促使美国课程话语转向的内外原因。作者认为,当代美国课程研究一方面向外拓展,把课程置于广泛的社会场景中,从政治、经济、文化等综合的意义上理解和建构课程的意义,促成了政治性课程话语、种族性课程话语、女性主义课程话语和后结构主义课程话语。另一方面,课程研究向内深入,即课程研究深入到儿童日常教育生活的内部,深入到课程研究者本人生活的内部,通过对这些具体的生活进行反思,达成理解、建构课程意义的目的,开启了现象学课程话语、自传性课程话语。当代美国课程话语复杂而多元,需要理解和对话,具有隐喻性、批判性、价值负载性、建构性、反权力性、提倡人的解放,存在矛盾和悖论,镶嵌着各种关系。当代美国课程话语是对传统课程话语的超越。这种超越主要表现在两个纬度:一是多元的以叙事为基础的描述性话语,超越单一的以科学为基础的范式话语,二是以理解为基础的复合性课程,超越以操作和技术为基础的控制性课程。

关键词:课程　教学理论　美国

2745

高等教育办学体制改革研究 : 基于新公共管理理论的视角／颜丙峰著 ; 方展画指导. -- 浙江大学, 2005. -- 151 页

本文旨在从公共管理的视角,从宏观上分析高等教育办学体制改革的主要思路与问题。全文共分六章。第一章介绍了高等教育办学体制改革的理论基础。公共选择理论、新制度经济学理论和治理理论是新公共管理理论的基本内核,为高等教育办学体制改革提供了全新的理论生长点。第二章剖析了高等教育办学体制改革的背景。通过对高等教育办学体制改革的主体特征、环境特征和动力特征的分析,揭示了高等教育办学体制改革所面临的机遇与挑战。第三章阐释了高等教育办学体制的基本内涵。通过对资源配置方式的理论分析,力求寻找到政府与市场配置资源的最佳结合点;通过对高教规模结构的分析,力求实现办学规模与办学效益的统一;通过对教育领域内的各种利益集团的分析,从利益关系调整的角度来实现教育改革主体的利益均衡;通过对制度变迁的分析,阐释了高等教育制度变迁的特点及制度创新的实现。第四章分析了高等教育办学体制改革过程中政府(计划)和市场的发挥的效力及其面临的危机。计划和市场作为高等教育办学的两种主要调节机制,在发挥其有效性的同时,也不可避免地会出现力所不逮之处。作者认为,只有全面准确地认识高等教育两种调节方式的优势与不足,才能理性地推进高等教育办学体制改革的进程。第五章探讨了高等教育办学体制改革的制度保障——转变政府角色、实施教育分权、实行委托代理、明晰教育产权、建立中介组织。作者认为,高等教育办学体制改革的过程就是在各种正式制度和非正式制度的规制下,不同教育利益集团相互博弈的过程。这是本文的研究重点。第六章探讨了中国高等教育办学模式的变化与走向。伴随着高等教育的扩招而开始出现"卖方市场"现象,以及国外高等教育机构进入我国高等教育市场,使我国高等教育办学模式在多种社会因素的影响下悄然地发生了新的变化。教育集团办学、股份制办学、公立学校转制和大学城的兴起,在一定程度上昭示着这些新型的办学模式将在我国高等教育发展中日益显示出其强劲的生机与活力。

关键词:高等教育　教育制度　体制改革　办学模式新公共管理

2746

来华留学生跨文化适应问题研究 / 杨军红著 ; 李其龙指导. -- 华东师范大学, 2005. -- 184 页

文章主要研究了来华留学生对中国社会文化生活的适应问题。作者对全国六所高校 200 多位来自世界各地的留学生进行了问卷调查与深入访谈。从研究来华留学生的日常生活入手,从自然环境和日常生活、语言障碍、人际交往、学术状态、心理压力等各个方面了解来华留学生的适应状态,探索影响留学生适应的个人因素和社会环境因素。个人因素中,作者考察了留学生的国籍、性别、汉语水平、来华时间、先前海外生活经历等主要因素对留学生适应的影响;社会环境因素,作者运用保格达斯社会距离指标调查中国大学生对来华留学生的接纳程度,并设计问卷调查留学生对中国社会文化环境的满意程度、参与中国的社会文化生活的情况以及对中国的社会支持的评价。从调查分析中得出,留学生普遍感到人际交流适应较困难。根据调查发现的问题,作者考察了接受留学生较多的美国、澳大利亚和加拿大等国的留学生适应期的辅助项目。并分析了这些项目的共同特点以及可为我国的留学生教育和管理提供借鉴的地方。作者主张,尽早开发留学生适应关键期的入学辅导指导项目;设立留学生顾问的职位,为留学生的学习和生活提供长期的专门指导;发挥大学生组织的作用;推动互帮互助的活动。在实证研究基础上,作者提出了以下建议:改革留学生管理方式,实行无差别的"趋同"管理;建立多种形式的政策咨询活动和信息沟通网络,鼓励留学生参与当地的社会文化生活;加强全社会对留学生的支持;对中国大学生和从事留学生服务和管理的人员进行跨文化交际能力培训等等。

关键词:留学生　教育工作　文化交流　跨文化交际

2747

中美英三国高等教育经费筹措的市场化改革研究 / 杨明著 ; 王承绪指导. -- 浙江大学, 2005. -- 177 页

本文旨在考察中国、美国、英国等三国高等教育经费筹措的市场化改革,通过梳理高等教育经费筹措改革的进程、特点和原因,把握高等教育财政改革的基本走向。全文共分五章。第一章考察了建国以来中国高等教育经费筹措的历史发展,分析了中国高等教育经费筹措的市场化改革的发展阶段、高校教学拨款和科研拨款的市场化改革及高等教育学费制度、高校校办产业、民办高等教育经费筹措的市场化改革。在计划经济体制向市场经济体制转变的过程中,中国高等教育经费筹措日益体现出市场化倾向,1997 年以来中国普通高等学校普遍实行了成本补偿政策,一部分高校越来越依赖来自产业的经费收入。第二章考察了美国高等教育经费筹措的历史发展,具体分析了美国高等教育经费筹措的市场化改革的动因和历程、教学拨款与科研拨款的市场化改革、高等教育学费制度与私立高等教育经费筹措的市场化改革。认为美国高等教育的经费筹措是世界各国中最接近于经费筹措的市场模式的。各个高等教育机构讲求高度的市场责任制。第三章考察了英国高等教育经费筹措的历史发展,分析了英国高等教育经费筹措的市场化改革的动因与发展阶段、高校教学拨款与科研拨款的市场化改革、高等教育学费制度的市场化改革。认为除了美国,英国的高等教育系统也许是第二个最接近市场化取向的高等教育系统。英国采取的诸如教学拨款与科研拨款分开拨付、竞价拍卖制、基于科研评价实践的科研拨款等作法都是颇具特色的作法。第四章分析了美国、英国、中国高等教育经费筹措的市场化改革面临的若干问题与解决办法。第五章阐明了高等教育经费筹措的市场模式不同方面的正面效应与负面效应。

关键词:高等教育　教育经费　市场化　中国　美国　英国

2748

学校文化建设 : 组织文化的视角 / 杨全印著 ; 赵中建指导. -- 华东师范大学, 2005. -- 126 页

文章采用了学校文化的微观研究方式,以华东师大一附中作为自己的考察对象,以外部变革在学校层面所发生的嬗变为考察内容,细心体味了学校文化及其建设的历程。作者认为,学校文化即"我们在这儿做事的方式",具体体现于学校师生员工的生存状态和生活方式之中。学校价值观是学校师生员工生活方式的背后支撑,也是学校文化的核心。因此,学校文化建设过程就是在学校师生员工中间培植学校价值观的过程,具体而言,可以从三个方面进行:首先,从学校历史入手。学校文化从来不是无源之水,它是在学校发展的历史过程中逐渐积淀而成的。因此,较之学校文化建设过程中的简单移植行为,更应该重视学校的历史;其次,从学校制度入手。在学校文化建设过程中,学校制度化的过程并不仅仅是建立健全学校规章制度的过程,而是在学校师生员工中培植学校

价值观的过程;再次,从学校人员入手。教师、学生、校长是学校文化的建设主体,他们的生活方式和生存状态在体现学校文化的同时,也在营造学校文化。学校文化建设就是要通过对学校师生员工英雄人物的塑造,相互交往方式的确立等来孕育学校的价值观。校长则应承担起其对学校文化建设所起的推动作用,应该将更多的精力投入到学校精神的打造上、学校发展远景的勾勒上以及学校应该持有的发展方向上。究其根源,进行学校文化建设的目的就是在于通过这样一种建设过程,形成学校中共有的做事方式,重新确立自己对学校的认同感,在学校中重新找到共同体的感觉。

关键词:学校管理　校园文化　文化建设

2749

中小学质量管理研究 / 于家太著 ; 赵中建指导. -- 华东师范大学, 2005. -- 119 页

文章主要研究如何把用于企业的管理引入到教育中来,并探讨适合学校管理的质量管理模式。论文主要由三大部分构成,第一部分是导论,第二部分是质量管理的理论论述,第三部分是学校质量管理的实践。第一部分导论共分两章。第一章主要是引出问题、并就论文的研究意义、重点、方法以及创新之处作了说明。第二章首先论述了质量管理的历史沿革,同时介绍了质量管理领域中代表人物的思想和观点,表述了他们的"以顾客为中心"、"持续改进"的主题。并对主要国家把质量管理在教育领域的应用研究和进展作了一个简要的分析。第二部分包括两章。第三章的内容是质量和质量管理。探讨了产品和服务的质量观,从而引出文章的主题——质量管理。第四章论述了如何建构学校质量管理体系。第三部分包括了五章和一个附录。第五章讨论了学校教育的困境,指出有很多学校管理者误解了学校教育质量,使得学校教育无法得到有效改进。第六章就学校教育服务进行了探讨,说明了教育服务的内涵与性质。第七章论述了领导在质量管理过程中的重要作用。第八章讲述了学校全员参与和团队建设的意义和前景。第九章讲述了要满足和超越顾客的需求就必须持续改进学校业绩。附录是美国海瑟兰学校推行的质量管理的实践,特别陈述了他们学校实施质量管理后所取得的成果。

关键词:学校管理　教育质量　全面质量管理　质量管理

2750

五向度课程领导框架的构建 / 余进利著 ; 钟启泉指导. -- 华东师范大学, 2005. -- 140 页

文章借鉴在不同组织理论中已有根基的学校领导五向度假说,提出课程领导也是由结构领导、人际领导、政治领导、文化领导与教育领导五向度构成的命题。文章集中探讨前四个向度的课程领导问题。该文共分三大部分。第一部分"重构课程领导的向度",包括第一、二章,着重交代课程领导的几个向度是怎样得出来的。第二部分"理解课程改革的四种视角",包括中间四章,以廓清该文所要探讨的几种视角的内涵为主,试图为第三部分论述建立学理基础。第三部分"改善课程领导的实践",包括最后三章,进一步在整合课程改革视角的基础上,深入探讨不同向度的课程领导的具体内涵。第一章首先交代课程领导的缘起,接着多视点甄别课程领导和课程管理的内涵,最后通过检视多家关于课程领导"领导什么"的观点,得出课程领导的向度有待重构之结论。第二章在介绍学校领导五向度假说来历的基础上,初步论证这五度之于课程领导的适切性,以及对于达到学校成功的意义。第三章先破解课程改革中经常提到的"组织起来"在组织理论中究竟是什么意思,接着分析结构和重构中所要考虑的要素。第四章围绕人与组织之间适配性这个核心问题,先阐述人力资源理论所涉及的主题,再介绍有助于解决这些问题的种种努力。第五章先介绍课程改革的政治观点,接着分析我国课程改革中发生的政治生态变化,再提出政治领导所需注意的几个面向。第六章以教师文化作为论述的主轴,先探讨教师文化对课程改革的意义,再分析教师文化的一般特点,并对合作文化展开深入讨论。第七章对课程改革四种视角的长处和局限性予以评论,并探讨在实践中如何整合这几种视角。第八章、第九章转向分别具体、深入地阐述结构领导、人际领导、政治领导和文化领导的本质特征和实践策略。

关键词:课程　教学改革　课程改革

2751

美国联邦政府科学政策与世界一流大学发展研究 / 张东海著 ; 王英杰指导. -- 北京师范大学, 2005. -- 137 页

论文运用公共政策理论,从历史的角度,研究了自 19 世纪 60 年代以来美国联邦政府科学政策的演变历程,分析了科学政策对世界一流大学成长的影响,以及在科学政策的形成过程中联邦政府与大学之

间的互动。论文首先论述了联邦政府与高等教育之间的关系。认为,尽管联邦宪法做出了教育事业权归属各州的安排,但联邦政府仍然利用宪法规则介入了高等教育领域,且介入程度在总体上处于不断强化的趋势,而联邦政府对大学科研事务的介入正是以这种趋势为基础的。继而,以考察联邦政府与大学科研之间的关系为主线,分析了自19世纪60年代以来至20世纪末联邦政府科学政策的演变历程,并且关注了科学政策决策的具体过程。其次,文章运用触发机制原理,分别对《莫雷尔法案》、二战前夕科研事业安排的变化和《国防教育法》颁布之后联邦科学政策的变化,这三次科学政策的重大战略性调整进行了分析,认为科学政策的调整以维护国家利益为根本目的。此外,文章运用公共政策理论中的"争论方法",以国家科学基金会的建立和康普顿设想的失败为案例,分析了科学政策的制定过程,并与触发机制原理相印证。再次,作者探讨了联邦政府对大学的科研资助问题。首先把实现联邦科研资助的机构条件和资金条件作为分析对象,以国家科学基金会、国家卫生研究院和国防部为例说明了联邦政府多元分散的科研拨款体制,分析了科研预算出台的过程和科研资助的主要实现方式。继而,分析了一些在科研资助过程中存在争论的重大问题,如政府控制和研究自由、科研拨款的分配原则以及间接费用问题。最后,论文分析了科学政策决策的政治环境。认为,科学政策的制定是联邦政府与大学互动的结果,这种互动不仅体现在国家与大学之间的相互需要上,也体现在科学政策过程中双方的相互影响和相互需要上。

关键词:科技政策　科研管理　高等教育　大学　美国　联邦政府

2752

基于问题的校长培训模式研究 / 赵海涛著 ; 赵中建指导. -- 华东师范大学, 2005. -- 127 页

文章从解决我国校长培训实践中存在的问题出发,以国际上校长培训所呈现出来的新特征为基础,提出基于问题的校长培训模式。这一模式产生于美国的医学教学领域,并取得了一定的成功。它明显不同于我们传统的培训模式,它所关注的是问题解决、能力培养与参与性学习,这些都很适合于校长培训。作者在原有研究的基础上,对该模式进行了重新建构,并在实践中进行了初步的实验性研究。该论文共分五部分:第一部分主要分析了我国校长培训的现状,以及国际视野中的校长培训考察,在此基础上提出了该研究想要解决的问题:即能否将美国基于问题的校长培养模式合理地应用于我国的校长培训之中,以解决现实中存在的问题?第二部分从"基于问题的学习"的产生背景、主要特征、与传统教学模式的区别以及基于问题的学习的理论支撑等方面,对这一学习模式进行了较为全面的考察。第三部分着重对"基于问题的学习"在美国校长专业发展培养中的模式(以斯坦福大学的校长培训为例)作一介绍,以此窥视基于问题的学习在美国的校长培养中的具体应用,并作为进一步研究的借鉴。第四部分是试验研究。主要对作者所做的"基于问题的"培训试验进行了描述。第五部分是有关实验的反思。作者认为,基于问题的校长培训模式是一种富有生命力的校长培训方式,将会有非常广阔的发展空间,其所蕴涵的价值是不容忽视的,有很大的开发潜力,这值得校长培训的理论与实践工作者为之共同努力。

关键词:校长　干部培养　学校管理

2753

英国大学权力研究 / 郑文著 ; 王承绪指导. -- 浙江大学, 2005. -- 188 页

本文认为高等教育系统是一个权力系统,高等学校具有权力组织的一切特征。基于这一认识,文章详细考察了英国的大学权力。文章将英国大学的历史分为牛桥大学建立到资产阶级革命时期、资产阶级革命到20世纪之前和20世纪以来三个阶段,指出在各个阶段,英国大学与政府、教会、社会等的外部权力关系和大学内部权力关系都在不断地发生变化,尤其是20世纪80年代以来英国大学权力发生了令人惊讶的巨大变化。文章分析了英国大学与政府、市场和社会等形成的外部权力。以第一手资料论述了英国大学与政府关系中介—UGC中介权力行使的历程,突出了英国大学与欧洲大陆大学相比,作为自治机构的最显著特征。此外,按照学校层次、基本单位层次和个人层次的顺序论述了英国大学的内部权力关系。值得注意的是,文章论述了基本单位的权力运作和系主任等的权力,尤其是对大家非常关心的英国大学学院制作了专题论述。在有关个人权力部分,文章分析了具有英国特色的大学副校长权力,包括副校长的角色演变、副校长的选拔和工作方式、副校长的权力及其来源。文章还将阿斯顿大学作为英国大学权力的案例进行了专门分析。文章最后对中英大学权力进行了比较研究,对中国大学权力的改善提出了对策和建议,指出应该从政府治理模式的变革、健全法制、建立

中介组织、形成行政权力与学术权力的制衡机制几个方面改善中国大学权力现状。

关键词:高等教育　大学　权力　学院制　英国

学前教育学

2754

幼儿教育财政投资政策的研究 / 蔡迎旗著 ; 冯晓霞指导. -- 北京师范大学, 2005. -- 147 页

该研究回答了幼儿教育财政学的三个核心问题:第一,政府是否需要财政投资幼儿教育;第二;政府如何财政投资幼儿教育;第三,政府如何宏观调整幼儿教育财政投资体制和做出科学的财政投资决策。具体而言,作者首先介绍幼儿教育财政政策的发展历史与现状,回顾了我国幼儿教育财政投资和政策的发展历史,指出了我国幼儿教育财政投资体制方面的成就与不足,并进行了归因分析;然后,从幼儿教育的外在性、幼儿教育市场的不完善性和公共财政的角度,论证了政府财政投资幼儿教育的合理性和必要性。其次,评估了我国近五年来幼儿教育财政投资的总体水平,论证了幼儿教育财政投资的公平与效率的基本准则,并重点对我国幼儿教育财政投资的公平性进行实证分析。再次,探讨了政府对幼儿教育的供方——幼儿园的财政投资机制;进而提出了有关政府对幼儿入学的财政资助与政策的具体建议。最后,建议重构我国幼儿教育财政投资体制,提出了改进幼儿教育财政投资决策过程的政策建议,从整体上,设计了我国幼儿教育财政投资的政策体系。研究建议,在当前和未来若干年中,我国幼儿教育财政投资水平应略有提升,同时要挖掘民间资本的潜力,但不能改变以政府的财政性经费为主导的格局;我国幼儿教育财政投资在保障基本财政供给的前提下,实施补偿性援助,扩大幼儿教育财政经费的惠及范围,扶持弱者;建立上下贯通的、横向联合的幼儿教育财政投资和管理体制,提高幼儿教育财政投资决策的科学化、民主化和法制化程度;充分发挥有限的幼儿教育财政经费的使用效率和效益,建立以市场和社会为基础的,以幼儿入学为导向的幼儿教育财政投资体系和政策体系。

关键词: 幼儿教育　财政政策　投资

2755

艺术感觉与儿童发展 / 陈迁著 ; 滕守尧指导. -- 南京师范大学, 2005. -- 134 页

首先,文章从不同的维度探究了三个主要问题:一是揭示唤醒人们艺术感觉的必要前提——澡雪精神,即人们应做好一种转换精神状态的准备,由日常的精神状态转为欲与艺术品进行对话的精神状态;二是描述艺术感觉的发生阶段——对艺术品的感知和体验;三是描述艺术感觉的内在特质——情感性、自觉性、生发性、认识性和变化性。作者认为,较之成人,儿童的艺术感觉除了具有上述五种特质外,还具有阶段性特征,儿童的艺术感觉与儿童的艺术创造活动密切相关。其次,论文探讨了艺术感觉对于儿童发展的重要意义,认为其最为核心的意义就是良好的艺术感觉有助于儿童身心协调健康的发展。具体地说,良好的艺术感觉有助于儿童对艺术过程的全面参与,并有助于儿童形成艺术化的生存方式,以及调和儿童理性与感性发展不平衡的内在矛盾。最后,论文提出了促进儿童艺术感觉发展应该注意的三个问题,即激发兴趣、注重多元化与加强体验等问题。进而提出了促进儿童艺术感觉发展的四个艺术教育活动策略,即趣味游戏策略、变换形式要素策略、肢体活动策略和多感官连通策略,并结合具体的活动案例对这些策略进行了分析。

关键词:儿童教育　艺术教育　审美教育　艺术感觉

2756

幼儿科学探究特点、类型与影响因素的研究 / 洪秀敏著 ; 庞丽娟指导. -- 北京师范大学, 2005. -- 123 页

本文从幼儿探究过程的视角出发,通过对幼儿科学探究的本质、特征、结构、发展特点、类型、影响因素及其作用等方面的探讨,得出以下观点和结论:(1)幼儿科学探究是以幼儿寻求问题解决方法为主要形式的自主建构过程。它除具备科学探究的基本特征外,还具有突出的探究特征,如探究问题以自己生活为中心、探究过程具有简约化与间断性、探索行为具有直觉行动性与随意性、解决问题的方法具有简单性和试误性、探究发现与结论具有“非科学性”等。(2)幼儿科学探究主要由探究品质和能力两大维度构成:探究品质由好奇/兴趣、专注/坚持、主动性、独立性、创造性和合作性等因素构成;探究过程及其相应能力由观察与提问、猜想与预测、实验与验证、发现与解释等因素构成。探究品质与能力之间存在着相关关系。(3)在自主探究中,幼儿的探究品质没有明显的发展变

化,而总体发展水平和能力均有显著的年龄差异,随着年龄的增长而提高,尤其5.5岁以后提高显著。(4)在不同的探究形式下,幼儿探究的总体发展水平和品质无显著差异;而探究能力则存在显著差异,小组探究最高,其次为自主探究,教师指导探究最低。(5)无论在哪种探究形式和探究内容中,幼儿科学探究的总体发展水平、探究品质和能力均不存在显著的性别差异。(6)幼儿科学探究存在着投入思考型、过程体验型、直觉冲动型、无所事事型和一般型5种,各类型在探究品质和能力10个指标的发展上均存在显著差异。(7)幼儿自身因素、小组与同伴、教师、探究内容与材料等是影响幼儿科学探究的重要因素。其中,幼儿自身的认知能力、知识经验、认知风格、年龄、性别等内部因素,是影响其科学探究重要的内在动力机制;外部影响因素主要通过直接和间接两种机制作用于幼儿的科学探究。(8)幼儿科学探究的各影响因素之间彼此相互作用,并通过综合作用于探究过程而实现对幼儿科学探究的影响。

关键词:幼儿教育　认知能力　品质　幼儿心理学

2757

幼儿园数学教育质量评价研究／潘月娟著；刘焱指导. -- 北京师范大学, 2005. -- 123页

论文在分析以往幼儿园数学教育理论和质量评价研究的基础上,综合运用文献分析法、观察法、测验法和结构访谈法,对幼儿园数学教育质量评价进行了较为系统的研究。文章首先,研究了决定幼儿园数学教育质量的构成要素,探讨了高质量幼儿园数学教育在这些要素上应当具备的特征。在此基础上,论文深入分析了幼儿园数学教育质量评价的对象与方法,提出幼儿园数学教育质量评价应遵循发展适宜性与有效性的原则,从过程和结果两方面入手综合衡量幼儿园数学教育的质量,并修订了幼儿园数学教育质量评价的工具。文章认为,对于幼儿园数学教育结果评价,不仅要考察幼儿在"数"、"量"、"形"和"模式与关系"等内容领域的知识掌握情况,也要考察幼儿在问题解决、数学思维和数学交流等方面的能力发展情况;应当以熟练解决数学问题的成熟表现为评价依据,在幼儿解决生活情景中的数学问题的过程中评价幼儿的数学学习结果,揭示幼儿"能做什么"和"还能做什么"。依据对幼儿园数学教育结果评价对象和方法的分析,该研究以支架式教学理论为基础编制了幼儿数学学习结果测验。对于幼儿园数学教育过程评价,以对教育内容和教育方法的评价为主要内容,应当采用观察评定法,在幼儿园数学教育的过程中,收集有关幼儿园数学教育过程质量的信息,并以幼儿的自主建构与教师指导的平衡为标准,来衡量幼儿园数学教育过程的质量。依据对幼儿园数学教育过程评价对象和方法的分析,本研究修订了美国和英国的托幼机构环境评价量表。最后,作者采用自编的幼儿数学学习结果测验以及经过修订的托幼机构环境评价量表(ECERS—R和ECERS—E)对北京市6所幼儿园(一级一类和一级二类各3所)进行了过程评价,并对这6个班的120名幼儿进行了数学学习结果评价。评价结果表明,当前幼儿园数学教育质量普遍较低,论文从理论和政策两个方面分析了这种现象产生的可能原因。

关键词:幼儿园　幼儿教育　教育质量　数学教学

2758

我国社会转型中民办幼儿教育事业发展与政府职能转化问题的研究：社会正义视野／乔梁著；朱家雄指导. -- 华东师范大学, 2005. -- 126页

论文采用社会正义理论为研究视野,从"平等"与"公正"两个维度,以民办幼儿教育事业发展的相关理论问题与现实问题为中心,着重考察了在我国社会转型的背景之下民办幼儿教育事业发展的问题,认为政府职能转化是影响当前民办幼儿教育事业发展的重要根源,进一步提出有效改善政府职能,促进民办幼儿教育事业健康发展的可行性策略。论文的主要观点有:(1)社会的发展和变革是影响教育发展的重要因素,而教育发展的自身规律与特点也回应了社会变革。(2)社会正义是构成转型期社会核心价值体系的基础,是考察当下包括幼儿教育在内的社会各个领域发展问题的价值标准。(3)平等作为社会正义的基本概念,应用于考察民办幼儿教育理论问题时,具有四个层次的内涵。(4)对于社会正义之"公正"考察,能揭示出民办幼儿教育发展的实然状态,即民办幼儿教育事业发展中所遭遇的问题。(5)社会转型期间,民办幼儿教育发展问题的核心归因是:政府在民办幼儿教育事业发展中的职能转化问题。(6)解决民办幼儿教育事业发展中政府职能转化的策略是完善法人治理制度、建立中介服务组织以及政府给予民办幼儿教育资助。

关键词:幼儿教育　民办教育　教育事业

2759

行动学习法与幼儿教师专业发展关系研究 / 秦旭芳著 ; 庞丽娟指导. -- 北京师范大学, 2005. -- 142页

行动学习法是一个以完成预定的工作为目的,在同事支持下的持续不断的反思与学习过程,是组织变革以及组织中个人观念解放的过程,这个过程建立在一个或多个组织中存在的关键问题上,参加者通过解决工作中遇到的问题,反思他们自己的经验,相互学习和提高,通过有责任的行动从结果中进行学习,使未来的问题解决得以提高。基于对行动学习法和教师专业发展的已有的实践和理论分析,作者利用多元聚合式方式,遵循生态化原则,综合运用了问卷法、访谈法、观察法、实验法、反思日记分析法,通过对四个省市18所幼儿园的186名幼儿教师的科学教育专业发展现状的问卷调查,以及2所幼儿园的9名教师进行行动学习法的培训与培训前后的集体访谈、深度访谈以及随机访谈、深度观察、反思日记分析,并对对照组的9名没有参加行动培训的教师进行前后的深度观察和问卷调查,较为系统、深入地对行动学习法及其与教师专业发展的关系进行了研究。研究发现,幼儿教师在科学教育观念、科学知识经验、科学教育教学能力、科学教育专业自我方面存在不足。而改变此种不足,则需在幼儿教师中鼓励使用行动学习法,鼓励反思、提出问题、促成发展,以及扩大规模、增加形式,促进教师整体发展,并力图构建一个较为完整的发展团队的组织模型,通过优化组织文化,形成"学习共同体"来作为团队活动的有效保障。

关键词:幼儿园　幼儿教育　幼儿教师　行动学习法　师资培养

2760

智慧的翘翘板：幼儿元认知研究 / 王海英著 ; 许卓娅指导. -- 南京师范大学, 2005. -- 176页

所谓元认知即是对认知的认知,是反映或调节认知活动的任一方面的知识或认知活动。对于幼儿是否具有元认知能力以及具有怎样的元认知能力,学界争论不一。作者运用问卷调查、活动设计、临床法、微发生法等,通过量的分析和质的描述,勾画了幼儿元认知能力发展的大致轮廓,从而印证了幼儿具有元认知能力的观点。论文指出,幼儿元认知是指幼儿在认知活动中,对自身认知过程、认知过程伴随的情境的任一方面的知识或调节。这里包含两种状态,一是幼儿元认知的静态表现,如幼儿元认知知识的积累;一是幼儿元认知的动态过程,如幼儿元认知调节的自我计划、自我调节和自我评价。研究发现,不同类型幼儿园的幼儿在元认知能力方面没有显著性差异,性别不影响幼儿元认知的发展,年龄是影响幼儿元认知发展的一个主要因素:5岁是一个关键年龄,一直到6岁,幼儿元认知的策略调节能力才逐渐地发展起来。幼儿元认知的发展具有六个方面的特点,即情境性、差异性(风格差异性、领域差异性和年龄差异性)、局部性、可变性、选择性和依赖自我中心言语的调节。研究证明,如果从宏观上形成一个过程、动态、发展式的研究眼光,从中观上营造一个良好的教学生态,从微观上不断地增进幼儿元认知策略知识的积累,幼儿元认知能力会不断得到促进。

关键词:幼儿教育　儿童心理学　元认知

2761

上海以社区为基础的0—3岁儿童服务机构的运行走向研究 / 王峥著 ; 朱家雄指导. -- 华东师范大学, 2005. -- 127页

论文首先采用了以录像为平台的访谈方法,对在上海以社区为基础的0—3岁儿童服务机构的运行过程中所牵涉的各种社会成员进行访谈,从中提取出他们目前所面临的问题、矛盾、冲突以及其价值取向,在此基础上来探讨如何解决这些问题以及如何处理各种不同的价值取向,深入探讨上海以社区为基础的0—3岁儿童服务机构的运行走向。继而,解读了录像中两个儿童服务机构在"服务"理念上的差异。认为,随着社会的进步与发展,从"指导"走向"服务",必然是上海以社区为基础的0—3岁儿童服务机构的最终发展方向。然后,论文对"以社区为基础"的可行性进行了思考。认为目前上海0—3岁儿童服务机构只能做到以社区为依托。建立以社区为基础的0—3岁儿童服务机构是将来的走向。在向"以社区为基础"的方向努力的过程中,要加强社区的建设,提高人们的社区参与意识和参与能力,并且进一步改革管理体制,协调各方利益。接下来,文章详细论述了非政府组织的特点。提出政府要对非政府组织的发展予以大力培育与支持,建立起切实可行的向非政府组织采购服务的政策,要合理放权,避免干扰非政府组织的运行,并明确各自的责任。最后,作者论述了政府、市场和非政府组织的博弈中,政府处于优势地位。市场与非政府组织有着协作发展的基础。政府、企业和非政府组织,将构成0—3岁儿童服务机构运行工作的三大支柱,三者应各自在其擅长的领域发挥相互补

充、相互制衡的作用。

关键词:幼儿教育　社区服务　上海市

2762

纯真并快乐着 :论儿童幽默与儿童发展 / 徐韵著 ; 滕守尧指导. -- 南京师范大学, 2005. -- 114 页

文章从探究儿童幽默,描述儿童幽默的发生发展出发,揭示了儿童幽默与儿童发展的密切关系。首先,作者对幽默理论的历史发展进行了梳理,在此基础上提出儿童幽默的概念,认为儿童幽默大体上可以分为两类,即"无心生成的幽默"和"有意为之的幽默"。在"无心生成的幽默"中,儿童不是以自觉的心态与对象进行交往,而是凭自己特有的天真、童稚的活动方式,不自觉地陷入一种可笑的幽默情境。"有意为之的幽默"是儿童在幻想中玩笑式地考虑一些明知不可能发生或不大可能发生的事物,正是这种在幻想中对不谐调的玩笑而不是严肃解释,构成了儿童"有意为之的幽默"的本质。在明晰了儿童幽默的两种类型后,论文进一步去解读儿童幽默的发生发展过程,先考察了儿童的微笑和笑,以及儿童的玩笑幻想,认为玩笑幻想是儿童幽默的开始。一旦幻想和假扮活动的能力得到发展后,儿童在其幽默发展过程中就要经历一系列阶段,分别为动作假扮的幽默、言语假扮的幽默、歪曲概念的幽默和多重含义的幽默。虽然每个儿童达到一个特定阶段的年龄各不相同,但是阶段的顺序对所有的儿童都是相同的,也就是说,所有的儿童在第一阶段内所显示的幽默早于第二阶段,第二阶段早于第三阶段,第三阶段早于第四阶段。儿童的幽默发展呈现这样的规律,是因为儿童在每个特定时期所具备的幽默类型依赖于其所达到的认知发展水平。所以,儿童幽默的发展阶段与认知发展的总趋势相一致。儿童有一种潜在的幽默需要,幽默在帮助儿童摆脱压抑或其他不利的精神束缚,促进身心健康发展方面具有重要作用。同时,幽默在儿童创造力培养、社会性发展等方面的作用也是不可估量的。因此,在现代社会中,学校、家庭、社会应多方位、立体地为儿童营造幽默的环境氛围,培养儿童的幽默意识和幽默感。

关键词:幼儿教育　幽默　游戏　艺术　儿童

2763

儿童早期日常数学问题解决能力发展及其影响因素研究 / 许晓晖著 ; 庞丽娟指导. -- 北京师范大学, 2005. -- 107 页

本文探讨了儿童早期日常数学问题解决能力的发展特点、策略运用、错误类型及其影响因素。研究 I 选取 4 - 5 岁儿童 97 名为被试,结果表明:(1)儿童早期日常数学问题解决能力存在显著的年龄差异,5 岁儿童已初步具备解决日常数学问题的能力,而 4 岁儿童则处于问题解决能力刚刚萌芽状态。(2)儿童早期日常数学问题解决策略运用存在四种水平,4 岁儿童主要处于不知道该使用何种策略解决问题和具有初步的策略意识,但基本不具备策略实施能力的水平;5 岁儿童主要处于可采用正确策略,但策略实施有误差与可有效、正确地使用策略解决问题的水平。(3)儿童早期不同类型日常数学问题解决能力发展水平具有显著差异,解决过程中具有不同的优势策略,并存在不同的主导错误。策略运用类型与频率年龄差异不显著;错误类型出现频次存在显著的年龄差异。(4)儿童早期日常数学问题解决能力发展水平、策略运用水平及错误类型出现频次均不存在显著的性别差异。研究 II 选取 97 名儿童及其母亲作为被试,结果表明:(1)4 岁儿童数学认知水平与其日常数学问题解决能力相关不显著,5 岁儿童数学认知水平与其日常数学问题解决能力相关显著,说明数与计算认知是儿童早期解决日常数学问题运用的核心知识。(2) 5 岁儿童,数、几何形状/空间、模式成绩低分组儿童相应类型日常数学问题解决能力发展显著低于中间组和高分组儿童;测量成绩不同,各组儿童日常测量问题解决能力无显著差异。(3)日常数与计算、空间与测量经验的丰富性与其相应类型日常数学问题解决能力发展存在显著的正相关。(4)儿童早期日常数学问题解决元认知水平较低,各类日常数学问题解决的元认知水平与相应的日常数学问题解决能力存在显著正相关。(5)儿童早期数学认知水平与元认知水平对其日常数学问题解决的影响较大,日常数学经验丰富性对儿童早期日常数学问题解决作用较小。研究 III 进一步增加教师被试,结果表明:(1)受教育水平高母亲的子女日常数学问题解决能力发展显著高于受教育水平低母亲的子女。(2)母亲的数学教育观念可分为问题解决型、兴趣型和无倾向型 3 类,且不存在母亲受教育水平、儿童性别与年龄的差异。(3)持有问题解决型数学教育观念的母亲,其为子女所提供的日常数学经验丰富性显著高于持无倾向性数学教育观念的母亲,进而其子女日常数学问题解决能力显著高于无倾向型母亲的子女。(4)好园儿童日常数学问题解决能力整体及各类型日常数学问题解决能力的发展均显著好于中等园和差园的儿童。(5)幼儿

园教师对儿童数学兴趣、问题解决能力培养的重视程度显著高于对其数学知识学习的重视程度。幼儿园教师的数学教育观念、日常数学知识经验提供与其所带班级儿童数学问题解决能力的发展并不存在一一对应的关系。

关键词:儿童教育　数学教育　认识能力

2764

为支架式教学服务的儿童学习潜能动态评价研究：一种探索与尝试／赵南著；冯晓霞指导. -- 北京师范大学，2005. -- 103 页

本质上说,支架式教学是一个儿童独立与教师支持辩证统一的过程,它要求教师始终在儿童的"最近发展区"内与儿童互动,以帮助儿童跨越其"最近发展区"为根本目的。为此,支架式教学需要动态评价提供有关儿童学习潜能方面的评价信息。所谓动态评价,是一种通过成人干预评量儿童智力潜能的智力评价,表现出对儿童潜能实现的高度关注。加强与支架式教学的联系,也是动态评价自身发展的趋势。立足于两者的这种内在联系,论文首先从理论上分析了支架式教学与动态评价结合的必要性与可能性。认为,作为一种新的教学理念,支架式教学要求以儿童的"最近发展区"为中心,同时涉及儿童的整个认知心理特征,这决定了它是一种从动态评价开始、以评价为基础的教学。从动态评价的角度而言,作为一种新的评价理念,表现出注重儿童学习过程与发展性评价功能等发展趋势。这就为把动态评价改造成一种教育评价,使之为支架式教学服务提供了可能。其次,围绕儿童的"最近发展区",根据这种评价方案分别与支架式教学、动态评价的关系,确定了编制的一般依据,对其评价性质、评价功能、评价对象、评价者、评价任务、评价关系、评价程序、干预方式、施测方式、评价结果都做了具体而细致的规定;然后,依据这一编制,形成了两个具体的"为幼儿园支架式教学服务的动态评价方案",分别规定了它们的具体评价过程与评价记录方式。再次,在借用表现性评价的等级化评价标准形式的基础上,围绕每一评价任务涉及的关键认知能力,设计并修订了能够满足动态评价评量儿童现有水平与发展潜能双重需要的评价标准。最后,通过比较教师运用评价方案前后设计和实施支架式教学的水平,确定了评价方案的确能为支架式教学服务,并通过观察和访谈教师利用评价信息为支架式教学服务的探索过程,发现它能对教师的评价观念与评价能力产生积极影响。

关键词:儿童教育　智力开发　教师　教学理论　建构主义

2765

表情达意与心灵润泽：现代美术治疗理论综合研究／周红著；滕守尧指导. -- 南京师范大学，2005. 151 页

美术治疗是二战后在欧美兴起并正在发展中的一门跨学科的专业领域,它以心理学、艺术学、社会学、哲学等多学科的理论为基础,强调视觉符号或意象是人类经验最自然的交流形式,尝试通过让当事人在与专业美术治疗师建立一定信任关系的前提下,进行绘画、雕塑等各种美术创造活动,同时围绕作品开展多维度的互动活动,以此达到协调、整合当事人身心的治疗目的。该文以分析和研究大量有关美术治疗、心理治疗、艺术心理学以及艺术教育学等中外文献资料为基础,以占有大量美术治疗案例为前提,对美术治疗的内涵与外延、美术治疗在欧美的产生与发展现状、美术治疗的过程、美术治疗的主要理论与方法、儿童美术治疗的独特性等进行了系统的梳理与诠释,对美术治疗进入学校的可能性与有效性进行了探讨。同时作者指出,在我国目前美术治疗资源严重匮乏的情况下,可以尝试将美术治疗的理念融入儿童艺术教育,在针对特殊儿童开展治疗性美术教育的同时,充分发挥普通美术教育的自然调节作用,从而使特殊儿童与正常儿童皆能从艺术及其教育中获益。

关键词:儿童教育　艺术教育　精神疗法　美术疗法

2766

幼儿园教育行动的解释：梳理幼儿园日常教育实践的一种尝试／朱细文著；冯晓霞指导. -- 北京师范大学，2005. -- 173 页

作者深入到幼儿园教育教学实践,对教师在其中所采取的三种典型的教育行动进行描述、解释和分析,探询了教师在不同行动中的意向性意识的运动,并通过展开教师的行动在更大的背景范围内的逻辑,以寻觅不同行动背后的实践逻辑。论文首先对幼儿园的日常行动进行了分类,并挖掘了其深层意蕴。研究认为,幼儿园日常教育实践中,常见的有三种行动,即训导、训练和"教育"。这三类行动虽然很难截然区分,但仍可构成相对独立的行为。作者认为,训导背后的力量是权力,并因权力的支撑而成为一种政治行动;训练背后的力量是科学,并因科学的支持而成为

一种工业生产行动；而“教育”背后的力量则是交往理性，并因交往理性的运作而成为一种自由交往的行动。在更为宏观的实践的意义上，三种行动分别对应着规范世界、客观世界和主观世界。由于这些根本差别，研究者在对于三种行动所展开的解释中，也相应地产生了不同的态度，采取了不同的策略。其次，文章分析了幼儿园教育行动的结构。指出，幼儿园教育行动的关键，在于行动的内部意向和外部实施中所一致体现出的多维复合构造。在日常教育实践中的不同教育行动，越是具有真正意义上的教育性，就越是具有充分的多维复合性，并且这种多维复合性就越是被有效地整合为一种艺术化的外部行为。最后，作者从教育行动的视角，对当前的幼儿园课程改革进行了分析和评价。认为，改革突出地体现为从作为非教育行动的规训行动，向作为一般教育行动的训导和训练的转变；以及从作为一般教育行动的训导和训练，向作为“真正意义上的”教育行动的转变。

关键词：幼儿园　幼儿教育　教学理论　日常教育

高等教育学

2767

高等学校分类的理论与实践／曹赛先著；沈红指导. -- 华中科技大学, 2005. -- 189 页

高等学校分类是指根据高等学校的共同点和差异点，采用一定的标准和方法，依据一定的分类原则，对高等学校进行的全面、系统的划分与归类。论文探讨了高等学校分类的历史、理论和实践，并尝试为中国高等学校提出了一个多维动态的分类框架。论文首先考察了高等学校的源头——中世纪大学的发展及分类情况，接着，分国别研究了法国、德国、英国、澳大利亚、日本、美国等几个高等教育发达国家的高等学校类型发展情况及高等学校分类情况。发现，高等学校类型的变化与社会发展状况之间呈现出相互制约、相互渗透和相互促进的关系，各国的高等学校分类与它们的国情和高等教育实践紧密相连。其次，从高等学校类型发展的角度，透视了中国现代高等学校的发展轨迹，评述了我国已有的高等学校分类，分析了当前我国高等学校分类中存在的诸多问题。进一步，按照“类－分类－高等学校分类”的思路，梳理了相关分类理论，从区分高等学校分类、高等教育分类、高等学校设置以及高等学校评价和排名入手，揭示了高等学校分类的真正内涵；从高等学校职能、资源配置、知识分化和社会需求等多个视角探析了高等学校分类的一些理论问题。再次，通过上述研究，论文尝试为中国高等学校提出了一个多维动态的分类框架。从学科覆盖、学校职能、学位授予、服务面向、办学规模、资源获取等多个维度，对中国高等学校进行了粗略的分类构想，使中国高等学校的多样性得以完整地呈现出来，并且指出根据不同的分类需要可以选择不同的维度对高等学校类型进行分析。并对我国高等学校的分类发展提出了一些政策建议，指出要有珍视多样的态度、实现不同类型的高等学校之间的连接与沟通、帮助不同类型的高等学校准确定位、落实高等学校的办学自主权，从而最终实现高等学校的多样化及同类型高等学校的集群化发展。最后，论文陈述了研究的主要结论、创新之处和不足。

关键词：高等学校　高等教育　分类

2768

大学学术生产力引论／陈何芳著；别敦荣指导. -- 华中科技大学, 2005. -- 182 页

本文认为，大学学术生产力是大学学者与学术资源相结合，通过知识的授受，创造与应用而形成的培养专业人才、发展知识和社会服务的能力。它是大学作为一种社会组织得以存在的能量基础，是大学整体学术实力和学术资本的象征。大学学者是大学学术生产力中的劳动者。他们既有生物性、能动性、社会性等一般劳动者的共性；也有知识性、专业性、教育性、超越性这些职业特性。他们的自我定位、自律自主、不断创新、自我更新，直接影响其学术生产率。学科知识是大学学术生产的基本材料。对人类知识总体的借鉴与发展能力，是大学学术生产力水平的重要标志，学科的发展为大学及其学者的自我发展提供了沃土。大学学术活动是大学学术生产的根本途径。大学的知识传播、科学研究和知识应用活动，构成了大学学者学术劳动的三个中心。大学学术体制是生产的组织结构与规范。大学管理制度应该具有较强的学术性、松散性和灵活性特征，必须以人为本、以发展为本，体现一定的精神与价值追求。大学学术文化形成大学学术的“生产力场”。大学学科文化决定了特定学科学者的符号系统、生活方式和行为准则，是学者的专业忠诚形成之源；院校文化是大学内部相对稳定的、独特的社会心理环境，对学校成员的一切活动和行为都能产生潜移默化的影响。教学生产力是

大学培养专业人才的能力。它包括大学所培养人才的数量与质量这两个方面。科研生产力是大学发展知识的能力。其水平主要表现为基础性研究和综合性研究的水平。社会服务生产力是大学直接为社会提供学术性劳动与服务的能力。它具有多种特性、内容、形式和作用。大学学术生产力也表现为扶持大学学者发展的能力,它是一种隐性的、手段性的、个体层面的大学学术生产力。大学学术生产力的评价具有复杂性和全面性,因此要坚持量与质、经济效益与社会效益兼顾,整体评价与局部评价、内部评价与外部评价结合的原则,正视评价的局限性。

关键词:高等教育　大学　学术研究　学者　教育理论

2769

哈佛大学办学理念研究 / 陈利民著 ; 张应强指导. 华中科技大学, 2005. -- 147 页

本文以办学理念问题为核心,以个案分析的方法对哈佛大学的办学理念作了历史考察和分析,旨在揭示办学理念在哈佛大学成长为世界一流大学进程中的作用,并从中获得对中国建设世界一流大学的启示。在考察哈佛大学办学理念的演变时,重点对哈佛大学 19 世纪上半叶的办学理念、南北战争后的办学理念、第二次世界大战后的办学理念进行了考察。19 世纪上半叶哈佛大学的办学理念以保持传统为特征,始终在传统与变革之间徘徊;南北战争后哈佛大学的办学理念以变革为主题;二战后哈佛大学办学理念以创新为标志,具体体现在国际教育理念、普通教育理念和核心课程的理念等三个方面。文章指出,哈佛大学办学理念的历史演变说明:第一,大学办学理念既受到社会经济文化发展的制约,又受到自身传统的制约。传统与变革构成大学发展的一对基本矛盾。办学理念的创新是大学保持生机与活力的关键。第二,大学办学理念的形成是与一定的历史条件紧密相关的,具有强烈的时代特征。第三,大学与环境的互动是大学得以发展的基本前提。哈佛大学办学理念的演变说明,大学固然要适应社会的要求,但是大学决不能在对社会要求的适应中丧失了自身的个性。第四,大学必须准确定位,保持学术性,根据自身特点为国家发展和社会进步服务。文章进一步对影响哈佛大学办学理念的因素进行了分析,认为社会环境、大学校长的作用、高等教育管理体制是影响哈佛大学办学理念的三个重要因素。同时分析了大学办学理念中传统与变革、借鉴与创新的关系。最后,指出哈佛大学办学理念的启示:第一,根据时代发展的要求,不断调整大学的培养目标;第二,坚持学术性,不断提升教育和科研水准;第三,形成办学特色,通过特色创建一流;第四,坚持学术自由,创设良好的学术氛围。

关键词:高等教育　哈佛大学　学校管理体制　国际教育　普通教育　学术自由

2770

高等体育院校办学特性和模式的研究 / 陈宁著 ; 刘献君指导. -- 华中科技大学, 2005. -- 207 页

本文以学术性与竞技性的关系为主线,围绕学术性与竞技性的统一,构建教学、训练、科研结合(简称“三结合”)的办学模式展开讨论。学术性是大学的本质属性,是推动大学发展和改革的内在逻辑力量,是学校定位和发展的基本依据。竞技性是体育的基本属性,竞技一直是体育的重要内容和表现形式,竞技性反映了体育发展的要求和趋势,成为现代体育的核心表现。学术性与竞技性的统一,是高等体育院校生存与发展的理论和实践基础。在这对范畴中主要矛盾与矛盾的主要方面往往是随社会的发展而不断转化。高等体育院校没有学术性,就不是真正意义上的大学,也就没有作为高等学校存在的依据。高等体育院校没有竞技性,就不是真正意义上的体育大学,也就没有作为“体育”的高等学校存在的必要。解决好学术性与竞技性的辩证统一,就把握了高等体育院校的办学特性。办学模式是办学特性的具体体现,是学校形成的规范化的结构形态和运行机制。高等体育院校的办学特性,直接反映在办学模式上就是教学、训练、科研结合。教学与科研是学术性的具体体现,训练则是竞技性的具体反映。教学、训练、科研结合的办学模式,既反映了学术性与竞技性的统一的办学特性,又成为高等体育院校区别于其他大学的显著标志和比较优势。教学、训练、科研三者既有深刻的内在联系,又有明显的相对独立性。在高等体育院校发展中,三者有自己的具体目标和任务,在完成其任务时采用的方法就有所不同,适应的对象和程度有所侧重。办学模式着眼于教学、训练、科研为一个整体,充分反映了学术性与竞技性的融合。教学是“三结合”的基础,训练是“三结合”的关键,科研是“三结合”的保证。不同历史发展阶段,“三结合”的内容和形式会发生变化。

关键词:高等学校　体育院校　办学模式　学术性　竞技性

2771

我国公立高等学校与教师、学生法律关系之研究 / 陈鹏著 ; 刘献君指导. -- 华中科技大学, 2005. -- 162 页

本文从公立高等学校法律地位入手,以我国现行法律为依据,认为公立高等学校在不同的诉讼活动中具有三种不同的法律地位,即法律、法规的授权组织,行政相对人和法人。高校不同的法律地位与其当事人形成不同性质的法律关系。在与政府的法律关系中,高等学校是行政相对人;在与教师、学生的法律关系中,高等学校是法律、法规的授权组织和依法成立的法人组织。在高等学校教师资格制度中,高等学校受教育行政部门委托,认定本校任职人员和拟聘人员的高等学校教师资格,高等学校与教师是委托性质的行政法律关系。在高等学校教师职务评审过程中,高等学校是法律、法规的授权组织,具有行政权力,是行政主体;国家在对教师进行管理的过程中,将教师职务评审权授权于相应的高等学校,学校拥有的这种权力不是学校的法人权利,而是法律、法规授予的行政权力。高等学校对学生的学籍管理和处分,是法律、法规授予它的行政职权。高等学校在行使这一职权时,与学生形成两种不同类型的行政法律关系。当学校对学生的处分不涉及学生学籍与身份改变时,两者之间属于内部行政法律关系;当学校对学生的处分导致学生学籍丧失和身份改变时,两者之间属于外部行政法律关系。高等学校是依法成立的事业单位法人,具有民事权利,承担民事责任。一方面,高等学校与教师在自愿平等的基础上,以合同的形式确认双方的权利与义务,其性质属于劳动合同而非行政合同;学校与教师之间辞职、辞退及履行聘任合同所发生的争议,适用《中华人民共和国劳动法》;另一方面,高等学校作为民事主体,因财产所有、流转和人身权问题与学生之间形成复杂的民事法律关系。高等学校既是行政主体,又是民事主体;既有行政权力,又有民事权利。作为行政主体,高等学校在实施行政行为时应遵循依法行政原则和正当程序原则;人民法院应对高等学校的行政行为依法进行审查,防止学校行政权力的滥用;作为民事主体,高等学校是依法成立的事业单位法人,享有民事权利并承担民事责任。

关键词:高等学校　教师　学生　民事主体　行政主体　法律关系

2772

大学通识教育课程研究 / 陈小红著 ; 潘懋元指导. 厦门大学, 2005. -- 334 页

论文对大学通识教育课程的哲学基础、目标、类型、实施和发展趋势,进行了较为系统的研究。文章首先讨论了通识教育的内涵,介绍了通识教育在我国的发展历史,指出了素质教育与通识教育在深层次上的相通之处,继而分析了通识教育的历史和作为课程应该注意的问题。然后,论文考察了通识教育的四种代表性的课程哲学,认为,通识教育课程哲学经历了从"传统保守"到"现代自由"直至"后现代"的转变。事实表明,各种通识教育课程哲学在实践上有折中调和的趋势。其次,文章比较分析了美国、日本、台湾、香港的大学通识教育课程的目标、内容和组织,分析了通识教育课程的最新动向,认为"分布必修课"与"核心课程"的融合,是通识教育课程的合理模式。再次,论文考察了通识教育课程的实施过程与评价。指出,通识教育课程教学必须以学生为中心,注重学生自主学习,进行跨学科教学。指出,评价是课程变革的前提和促进,并以美国和台湾的实证例子加以说明。进而,分析了通识教育课程的变革动力、阶段,叙述了通识教育课程组织制度方面的变革,描述了通识教育课程变革的趋势。最后,作者通过调查,分析了目前我国大学通识教育课程存在的不足,并在比较借鉴的基础上,讨论了我国大学通识教育课程的改革。

关键词:高等教育　通识教育　课程设置　大学

2773

营利性私立高等教育进入资本市场研究 / 高晓杰著 ; 邬大光指导. -- 厦门大学, 2005. -- 364 页

文章以美国为个案,对营利性私立高等教育机构进入资本市场的原因、机制、后果,以及中国民办高等教育进入资本市场的可行性与障碍,进行了较为深入的研究。论文首先从高等教育系统、营利性私立高等教育机构、投资者、资本市场等几个维度,通过实证和理论分析,对美国营利性私立高等教育机构进入资本市场的动因进行了研究。认为,引入资本要素是营利性私立高等教育机构提升竞争力的重要手段,是营利性私立高等教育机构赢得市场的必然诉求。其次,从政府、教育主管部门、证券交易委员会、学校制度安排等维度,对美国营利性私立高等教育机构进入资本市场的准入机制进行了分析。认为,美国营利性私立高等教育机构之所以能够在资本市场中健康发展,主要是由于其具有完善的政策约束和制度安排。再次,用定量和实证的方法,对美国营利性私立高等教育机构进入资本市场的效益及其潜在效益,进行了分析和预

测,并对营利性私立高等教育机构进入资本市场的风险进行了客观分析。分析认为,营利性私立高等教育机构进入资本市场效益是显著的,但营利性私立高等教育机构进入资本市场的风险也是不可避免的。不过,只要加强自我监管,确保经营行为规范,不断提高教育质量,创新经营特色,是可以将风险降到最低的。最后,文章从中国民办高校面临的挑战和资金来源现状分析入手,对中国民办高校进入资本市场的可行性及障碍,进行了实证分析。指出,目前民办高校进入资本市场的主要障碍是,民办高校公益性与营利性的矛盾认识问题、营利性和非营利性民办高校之间的界限不明问题、民办高校的产权问题,以及民办高校的股份制改造问题等。

关键词:高等教育　民办学校　私立学校　资本市场

2774

高校科技产业发展的制度选择研究 / 郝远著 ; 杨叔子指导. -- 华中科技大学, 2005. -- 165 页

本文通过纵向比较与横向比较相结合的方法,总结了高校科技产业发展的历史、现状和特点,从制度经济学角度运用制度变迁与路径选择分析了高校科技产业发展的背景和原因,从高等教育理论角度研究了高校科技创新的功能,结合高校科技产业发展过程提出的两个"链条"理论,即"对象化"链条和"组织化"链条,作为制度分析的主线。在研究高校科技成果转化途径和制度影响的基础上,比较分析了高校向社会企业转让科技成果和科技成果内部化等方式创办高校科技企业的原因,通过对高校科技企业的性质评价,梳理了高校创办科技企业方式的制度选择;通过对高校科技企业经营性质和所有制性质及影响因素数据进行对比,探索了高校科技企业实行有限合伙制的制度创新,探讨了大学科技园与高校科技成果孵化问题。文章利用实证分析方法,建立了生存状态转移模型和高校科技企业退出时机选择模型,对高校科技企业生存与死亡进行了实证分析,得出了反映企业生存与死亡状况的基础资料和影响高校科技企业的退出时机选择的因素,对科技成果转化过程作出了系统的方向性说明,提出了产权多元化是高校科技企业存在与发展的有效制度形式。文章从政策与环境的制度选择视角研究了高校科技产业发展的管理体制选择与发展方向问题,提出了构建支持高校科技产业发展的政策、文化和法律环境。

关键词:高等学校　高技术产业　技术创新　科技成果　产权　有限合伙制

2775

地方大学办学理念研究 / 和飞著 ; 别敦荣指导. -- 华中科技大学, 2005. -- 190 页

本文立论的基础是从学与术的角度分析不同的大学应当坚持不同的办学理念。迄今为止,学与术在大学发展史上经历了统一——分离——再统一三个阶段。在大学发展的早期,学与术曾经是统一的。文艺复兴后,学与术在大学中开始分离,并逐渐形成了尊学贬术、重学轻术的传统,这种传统在洪堡的大学理念中达到了顶峰。学与术的重新统一在 19 世纪中叶的美国大学中生机重现,并成为一种时代潮流。我国的高等教育还没有自觉融入学与术由分到合的时代潮流中去,还没有形成尊学与崇术两类大学合理分工、竞相发展、自我完善的机制。本文认为,要想摆脱目前地方大学的被动局面,必须从办学理念的分工开始:国立重点大学坚持学、术兼容,尊学为主;地方普通高校坚持学、术并举,崇术为上。本文提出了地方大学的三种重要办学理念:第一,崇尚实用。崇尚实用是 19 世纪中叶以来世界高等教育发展与改革的重要趋势。崇尚实用主要体现在以下方面:一是办学宗旨要突出应用;二是人才培养应构建实践性教学体系;三是科学研究要贴近地方发展需要;四是办学特色要升华地方大学的价值追求。第二,服务地方。服务地方是地方大学的核心办学理念。本文认为,服务地方要从确立面向社会、服务地方的治校方略开始;要拓展服务内容,创新服务形式;要构建适合地方发展需要的模式与机制,切实提高地方大学为地方服务的效果。第三,面向大众。面向大众是走向大众化时代的地方大学的重要使命。本文从分析世界高等教育大众化这一时代潮流入手,指出高等教育大众化要通过两种途径来实现:一是高等教育的多样化。地方大学本身就是多样化的产物,它在多样化的过程中又承担着高教大众化的重要使命;二是高等教育的民主化。民主化旨在创造公平的教育环境。让弱势群体同享大学教育这一人类文明的共同成果,对此,地方大学同样肩负着不可推卸的历史责任。

关键词:高等教育　地方高校　民主　大众化

2776

中国高等教育系统的生态学分析 / 贺祖斌著 ; 文辅相指导. -- 华中科技大学, 2005. -- 171 页

论文运用生态学原理和方法,基于生态学的价值

取向,对中国高等教育系统进行了生态学分析。首先,文章从生态学的角度,探讨了高等教育系统的特征,确立了高等教育系统生态学分析的原则和视角。认为,高等教育系统除具有一般系统所具有的共同特征外,它还与其环境不断地进行着物质、能量与信息的交换,并具有生态演替、生态区域等特征。高等教育系统与其生态环境共同构成高等教育生态系统。由此认为,应从生态系统的关联性、适应性、共生性、平衡性、遗传性与变异性以及可控性等方面,来研究高等教育。其次,文章对现阶段中国高等教育系统的生态承载力、生态区域发展和生态环境等三个问题,从生态学的角度,进行了深入分析,得出三点结论。其一,高等教育发展必须建立在相应的生态承载力基础之上。短时间内高等教育急剧发展可能使高等教育系统超越自身的生态承载力而破坏系统的生态平衡,最终将导致高等教育生态危机的发生。其二,高等教育的生态区域反映高等教育的规模、层次、类型、学科专业等的区域结构状况。高等教育生态区域发展主要受区域生态环境、区域经济发展水平、高等教育的历史沿革与文化发展状况等因素的制约,其平衡是相对的、动态的,不平衡是绝对的、永恒的。针对我国东、中、西三大生态区域高等教育的不平衡发展现状,论文提出了调控和优化高等教育生态区域资源配置的措施。其三,高等教育系统的生态环境包括自然环境、社会环境和规范环境。其生态平衡主要取决于系统与环境的交换关系、系统的结构与功能平衡。论文以制度生态环境为切入点,分析了高等教育系统的生态环境的制度变迁、特征和存在问题,并提出了优化高等教育的外部生态环境和内部组织生态结构的策略。最后,文章提出,走生态可持续发展之路是高等教育发展的理性选择。

关键词:高等教育　生态学　生态环境

2777

我国大学本科教育理念与教学改革研究 / 康全礼著 ; 别敦荣指导. -- 华中科技大学, 2005. -- 198 页

本文将大学本科教育理念与教学改革研究放到历史与现实的时空背景下,梳理、总结了我国大学本科教育理念的演变过程及其对本科教学的影响,分析了不同时期本科教育的成因及其所发挥的历史作用与局限性。指出从通才教育到专业教育,再到厚基础宽口径教育是我国本科教育理念演变的基本历程。从高等教育内部分析了我国目前和今后一个时期高等教育发展及内在结构与功能的变化,重点是本科教育在整个高等教育中的地位和功能的转变;从高等教育与社会互动规律出发,分析了我国社会经济、文化、科技的深刻变革及其对高等教育的影响,从而明确了大学本科教育在新的形势下新的任务与使命。提出了我国大学本科教育的新理念及其对教学改革的要求,探讨了本科教育教学改革的新思路。文章认为,从历史与现实两方面分析,通识教育基础上的宽泛的专业教育是我国本科教育的发展趋势,中国本科教育的改革要以新的多元化思想为指导,不同层次、不同类型、不同科类的本科教育在不同的本科教育理念下,形成各自的特色。多元化的新理念是灵活的,它将建立一种新的专业与课程的运行模式,通过自由与灵活的机制主动地更好地适应社会、市场、科技的发展和学生的需要。实现这种理念需要更新观念、制度创新和恰当的操作策略。

关键词:高等教育　本科教育　教育观念　专业教育　教学改革　多元化

2778

地方中心城市高校的建设发展研究 / 李达轩著 ; 张应强指导. -- 华中科技大学, 2005. -- 130 页

论文以地方中心城市高校为研究对象,目的在于揭示这一特殊群体的办学规律,解决与其生存和发展有关的一系列问题。作者首先从外部分析了地方中心城市高校所面临的发展机遇和挑战,进而从内部分析了地方中心城市高校的布局、资源投入和调控的机制。其次,分析了地方中心城市高校与政府的双边关系,认为,坚持市场竞争原则,采取经费拨款机制与社会评价相结合的办法,以此调节地方中心城市高校的设置,能够实现高校的合理布局。限制公立高校的规模扩展,维持甚至降低公立高校的现行学费水平,扩展高收费的民办高校,充分利用各种财政金融手段,包括教育国债、彩票、教育银行等开拓财源,积累办学资金,是解决当前教育投资瓶颈问题的重要途径。再次,论文澄清了地方中心城市高校办学理念所存在的误区,认为,正是层次不清、类型不明、办学目标不确定造成了地方中心城市高校个性不鲜明、人才培养规格雷同、办学效益低下和严重的资源浪费。正确的理念是,根据自身不同的层次和类型、特定的服务对象,理性地决定方向选择、角色定位、特色所在。作者认为,地方中心城市高校要实现快速发展,必须走跨越式发展道路。应注意借鉴他人的经验,吸取别人的教训,利用有限的时间和资源实现跨越;选择某个方面重点突破,尽快地创立学校的特色和品牌;确立卓越

的办学理念,独立自主地超越同行、超越自我、超越环境的束缚,远远地走在同类高校的前头。最后,作者分析了地方中心城市高校发展中的内部矛盾,认为,这集中表现在跨越式发展与传统思维的矛盾、学科建设与基本建设之间的矛盾以及规模扩张与内涵发展之间的矛盾。地方中心城市高校要用先进的理论和观念教育教职员工,营造独特的创业文化。要合理配置资源,在学科建设上,实行地方化、特色化和非均衡发展战略,提高学校持久的竞争力。在校内管理上,引入市场经济的成本概念,讲究投入和产出效益,树立"企业"精神。

关键词:高等教育　学校管理　办学方针

2779

高等教育收费与学生资助的实证研究:云南省案例/李慧勤著;沈红指导. -- 华中科技大学, 2005. 166页

论文对云南省高等教育收费和学生资助问题,进行了较为系统的理论分析和实证研究。作者首先评述国内外相关研究成果,将各级财政及个人的高教经费投入情况,与全国有关省市区及该省高等教育自身发展的基本需求进行比较,结果呈现教育经费短缺的状况。继而,通过对全省高校14886份样本的实证分析,探讨了将新古典经济学理论、成本补偿理论和人力资本理论应用于该研究领域的难点及可行性,指出了从理论上研究学生收费的合理性、必要性以及成本补偿的水平。论文的主要结论包括:(1)云南高校学生付费能力普遍偏低。(2)学费弹性大于收入弹性,即与家庭收入相比,学费对学生高等教育需求的影响更大。(3)学生对未来学费的支付意愿是与现实价格为参照的。提高学费将导致学生继续上学的可能性下降,但在其他因素不变的条件下,学生愿意支付的最高学费水平随学费上涨呈显著提高趋势。(4)云南教育收益率的变化与全国平均趋势不同,私人教育收益率不随教育年限的提高而提高。学生及其家庭对高等教育的强烈需求,不完全归结于他们对高等教育经济利益的追求。(5)总体而言,目前云南高校学费上涨的临界值为23.17%,即当学费提高到该临界值,学生对高等教育的需求不会显著下降。(6)云南省高校学生对学费变化的反应,比对学生资助变化的反应强烈,即因学费增加而降低的学生继续求学的可能性,大于因各种学生资助额度增加而增加的继续求学的可能性。(7)学生对高等教育需求的价格反应不符合纯价格假设。即学生高等教育需求是对家庭收入、学费及一系列的资助政策进行反应的,不仅仅是对单一的纯价格进行文章通过对云南省高等教育收费和资助问题的结论分析,提出了结论所包含的政策性建议。

关键词:高等教育　助学金　学费　大学生　云南省

2780

西南民族地区高等医学教育发展研究/李培春著;刘献君指导. -- 华中科技大学, 2005. -- 180页

论文以医学、民族教育学、高等教育学等学科理论为依据,从西南民族地区卫生需求为出发点,结合西南民族地区高等医学教育发展的特殊性和医学教育的特点,着重分析了西南民族地区高等医学教育发展的存在问题和影响因素,发展的理论选择、发展的途径以及发展的规模和速度、发展的结构、发展的质量和发展的模式。论文首先对发展和教育发展理论进行了探析,认为教育的发展是一种价值选择和整合,其内涵包括数量的增长、质量的提高、结构的优化和效益的提高。然后,作者回顾和分析了中国西南民族地区医学教育发展的历史和现状,认为,在医学教育的发展过程中,经济发展和人民群众的卫生需求是影响发展最基本和直接的因素,但政治因素往往发挥极大的促进或制约作用,科学技术的发展和对外交流也是促进高等医学教育发展的重要因素。其次,论文对西南民族地区医学教育卫生的现状和需求进行了考察分析,发现,西南民族地区高等医学教育和卫生服务发展明显低于全国平均水平。同时,卫生人力配置呈"倒三角"状态,城市卫生资源相对过剩,占人口近80%的农村地区却缺医少药,形成明显的城乡差别。进而,对西南民族地区高等医学教育发展的特殊性和促变因素进行了分析。在此基础上,论文探讨了西南民族地区高等医学教育的发展基础与战略选择,提出了增加高等医学教育数量、内涵式发展与外延式发展并举、普及与提高相结合的战略选择。在这个战略选择下,论文根据西南民族地区人民群众对卫生服务的需求和已有的发展基础、发展的理论,提出了西南民族地区高等医学教育2010年和2020年两阶段的发展目标和任务,认为多元一体发展模式是构建西南民族地区高等医学教育体系、实现西南民族地区高等医学教育发展目标的主要途径和对策。

关键词:高等教育　医学教育　民族地区　西南地区

2781

中国研究型大学本科教育质量研究 / 李正著 ; 谢安邦指导. -- 华东师范大学, 2005. -- 155 页

论文采用实证研究和规范研究,定性分析和定量分析相结合的方法,提出了中国研究型大学在高等教育大众化时期的本科教育质量观、本科教育质量标准,探讨了中国研究型大学本科教育质量的关键要素,在比较分析世界范围内发达国家研究型大学本科教育质量状况及我国研究型大学本科教育质量现状的基础上,提出我国研究型大学本科教育质量改进的策略和思路。论文分为三大部分。在第一部分,作者首先分析了高等教育大众化时期的质量观和高等教育质量的制约因素,提出了中国研究型大学精英教育、通识教育和特色教育等三种质量观。继而讨论了中国研究型大学本科教育质量标准的价值取向及其相应的质量标准体系。在第二部分,作者比较分析了以美国、欧洲和日本为代表的发达国家研究型大学本科教育质量具备的优势、存在的问题、改进的政策及发展的趋势,剖析了发达国家研究型大学质量改进行动对我国的启示,然后通过选取六所研究型大学为样本,描述我国研究型大学本科教育质量的现状,分析其办学规模、学科专业结构、科研、办学条件、师资与生源等方面的变化,并总结研究型人学改进质量所取得的进展和存在的主要问题。第三部分为中国研究型大学本科教育质量改进的策略分析、选择和实施的应用研究,集中探讨了我国研究型大学人才培养目标定位、培养质量规格、培养方案及培养途径;讨论了我国研究型大学课程的特性、目标及历史沿革,剖析存在的问题,提出研究型大学课程改革的未来趋势;进一步分析了未来改革的基本取向,提出与研究型大学培养目标相适应的研究型教学、数字化教学和国际化教学等三种教学新模式。最后对研究型大学本科教学质量保证体系、教学管理制度、教学组织形式的构建与创新问题,提出了自己的见解。

关键词:高等教育　本科教育　教育质量　大学

2782

陕甘宁边区高等学校教育模式研究 / 栗洪武著 ; 刘献君指导. -- 华中科技大学, 2005. -- 116 页

本文以陕甘宁边区高等学校教育模式的形成历史为思维起点和重点,以建国之后高等教育的改造与调整历史为逻辑终点,在查阅大量的文献资料和进行调查访谈的基础上,分析、论证了边区高等学校的教育模式及其对新中国高等教育发展的影响。首先,作者论述了在陕甘宁边区特殊的历史条件下创办高等学校的必要性和深远意义。中国共产党在陕甘宁边区那样艰苦的条件下创办各级各类高等学校,不仅在中国革命发展过程中具有战略意义,而且在中国高等教育发展中具有重要意义。其次,系统地归纳出在陕甘宁边区创办的几种类型的高等学校,主要有抗大式、延大式、党群式和专门学院式等。研究这些学校中个性的东西,如不同的学校类型及其沿革历史、差异的办学形式与培养任务等,不仅能清楚地了解各个类型学校根据革命战争与边区建设需要的发展历史、办学理念和教育方法,而且能抽象出边区高等学校教育模式中共性的东西。这是研究边区高等学校教育模式的重要基础。第三,通过重点分析陕甘宁边区高等学校教育模式形成的历史条件、理论渊源、构成要素和基本特点,概括出边区高等学校教育模式为“干校教育模式”。第四,讨论了陕甘宁边区高等学校教育模式对新中国高等教育发展的影响。如果说学习苏联的高等教育经验,促使中国的高等教育在建国初期主要发生了形式上的变化,那么,学习陕甘宁边区高等学校教育模式及其经验,则促使其在这一时期主要发生了实质性的变化。所以,边区高等学校教育模式对新中国高等教育发展的影响,主要表现在深层次方面,即对教育宗旨和任务、学制和课程改革、学校管理体制和校风建设等方面的影响。这些影响在新中国高等教育发展初期,起了积极的作用;但随着形势发展变化和人们认识上出现偏差,某些负面影响也日显突出。

关键词:高等学校　高等教育　教育模式　教育史　陕甘宁边区

2783

高等学校创造教育的理论研究 / 林金辉著 ; 王伟廉指导 . -- 厦门大学, 2005. -- 189 页

该研究立足于对高校“创造教育热”的“冷”思考,围绕高校创造教育思想、教育目标和教育模式等基本问题作理论研究,力求从一个比较完整的体系上对高校创造教育进行理论勾画和实践路径的探索。论文共七章,除引论外,分为三个部分。文章首先采用历史与逻辑统一的方法,探讨高校创造教育的思想,认为,高校创造教育不是“创造技法教育”,本质上,它是一种教育目标和模式,是对现有的高等教育思想、教育目标和教育模式进行深刻反思、重新定位和全方位的、根本性的改革。作者在对国外和我国港台地区的创造教育、资优教育、创意教育、情意教育的

历史和现实进行比较的基础上,着重从高等教育的质量观、价值观、人才观、发展观等侧面,探讨了高校创造教育与传统教育、素质教育的关系,并剖析了大学生创造力的实质和大学生的主体性问题。其次,在对高校创造教育目标体系作总体分析的基础上,论文重点对处于核心地位的创造性目标作了分层细化。同时,根据认知、情绪与动机互相渗透、互相影响这一国外研究的新动向,力求揭示出大学生认知与人格之间的互动关系,以体现培养目标的整体性和一致性。最后,论文研究了高校创造教育模式及其管理体制和保障机制。针对当前"定位不明,模式趋同"的偏向,从不同类型高校分类定位的视角,探讨了高校创造型人才培养模式的选择及其多样化的趋势;并对高校学术自由环境与办学自主权、教学管理等环境因素作了相关的剖析,同时,对高校管理的"温室效应"与创造环境的优化和利用作了探讨,进而提出建构高校创造教育保障机制的若干构想和初步的原则体系。

关键词:高等教育　创造教育　教育理论　高等学校

2784

来华留学生跨文化人际交往研究 : 十八位来华留学生的个案分析 / 刘东风著 ; 喻岳青指导. -- 北京大学, 2005. -- 135 页

本文通过对在华留学的十八位外国留学生跨文化人际交往质的研究,探讨他们在中国的跨文化人际交往情况,并对其影响因素进行分析,为后来者更好地与中国当地居民进行跨文化人际交往提出可行性交往策略。全文分四部分。第一部分阐述研究问题及理论背景。第二部分通过对访谈资料的梳理,分析了这些受访者在居留国生活情境中的人际交往,包括与本国同胞留学生进行的文化内人际交往、与第三国家留学生进行的跨文化人际交往和与东道国居民进行的跨文化人际交往真实情况,以及遇到的相关问题与不适,着重呈现与剖析了他们对这些问题与困难的看法和解决方式。并描述与分析了这些研究样本在教育情境中的人际交往,包括因接受跨文化教育而与中国教师进行跨文化人际交往和所结成的跨文化师生关系、与中国同学及第三国家留学生展开的跨文化人际交往和所结成的跨文化同学关系,并对在教育情境中的人际交往遇到的问题及对策进行了阐释。第三部分论述了影响在华留学生跨文化人际交往的主要因素及障碍。指出跨文化人际交往过程中遇到的主要障碍是这些外国留学生对中国文化长期积淀而形成的内涵丰富的面子观念难以把握与有效运用。因面子问题,他们在跨文化人际交往时遇到了各种误会与矛盾冲突。为了深入地与中国人进行跨文化人际交往,经过一段时间的观察与模仿,他们基本上习得了一定的面子功夫,并运用于日常与当地人的跨文化人际交往之中。第四部分对在华留学生如何顺利进行跨文化人际交往实践的策略予以探讨。指出增进中国与留学生派遣国之间的理解与交往可以通过官方外交途径与民间文化交往途径并举,增进两国人民近距离的接触与沟通,消除因双方缺乏交往而出现的偏见与负面的刻板印象;当出现文化差异导致跨文化人际交往梗阻时,交往主体双方应共同探索出能为主体双方共同接受的第三条道路;保持虚怀若谷的心态去主动接受与习得异文化的价值观念和行为方式是在居留国成功与当地人进行跨文化人际交往的主要心理准备。

关键词:留学生　跨文化交际　人际交往

2785

关于合作教育的研究 / 刘华东著 ; 潘懋元, 邬大光指导. -- 厦门大学, 2005. -- 298 页

作为一种独特的教育模式,合作教育(Cooperative Education)源于20世纪初的美国,随后在加拿大等北美地区得到迅速发展,进而在世界范围内得以推广。它将课堂学习与工作实践结合起来,让学生把理论知识应用于实际工作中,然后把工作中遇到的问题带回学校,以此促进学校的教与学。历史和经验证明,合作教育对大学生的知识获取、能力锻炼和素质养成具有积极价值。论文从历史的角度,探究了合作教育的产生、存在和发展过程,并以美国和加拿大的合作教育为个案,分析了合作教育的现状和特点,阐述了合作教育在我国的演变和发展历程。文章颇有创见之处有以下几点:首先,作者从合作教育所蕴含的理论背景、学术教育价值和社会教育价值三个方面,对合作教育的价值进行了深入剖析,从而证明了合作教育是一种教育模式,而不是教育策略和方式。其次,文章从合作教育的概念、培养目标、模式等七个方面,比较完整地构建了合作教育的基本理论框架,为进一步研究提供了基础。再次,论文从动力机制、运行机制、保障机制和调控机制四个方面,对合作教育的机理进行了深入研究,揭示了合作教育运行的内在规律,分析了两种经济体制(计划经济体制与市场经济体制)、两种价值观念(学术价值与商业价值)以及经济利益矛盾等三个方面对合作教育的影响。最后,文章从合

作教育对人才培养、促进教育大众化、提高就业率与资助贫困生就学等四个方面进行了比较全面的论证和分析。指出，合作教育有助于解决当前我国高等教育发展过程中所遇到的重大问题。

关键词：合作教育　教育模式　高等学校　产学合作

2786

地方高等农业院校特色化研究 / 刘在洲著 ; 张应强指导. -- 华中科技大学, 2005. -- 155 页

在回顾高等农业院校的发展历程和对新中国的历史贡献的基础上，从透视地方高等农业院校面临的困难、问题及其成因入手，探讨了地方高等农业院校的出路问题。文章首先研究了特色化的相关概念与内涵，认为特色化的内涵应包括四个方面，即：观念和思想、过程、目标、状态和结果。继而，探究了特色化的本源，认为物质世界的差异性、个性张扬的本能性、社会需求的多样性，是特色化产生和存在的根源。然后，运用教育学、生物学、经济学等学科的相关理论，分析了高校特色化的理论基础，进一步阐明了高校特色化的必然性与合理性。在此基础上，对高校特色化的主要特征和基本原则进行概括与探讨。论文认为，地方高等农业院校特色化的内涵主要包括"三面向"、"两服务"的办学指导思想；"人无我有、人有我优"的学科与专业；多层次，低重心、宽口径、重实践、灵活多样的人才培养模式；注重应用，适应需要的科学研究；面向本地区，注重社会效益的社会服务等方面。文章在剖析云南农大、湖南农大、山东农大、河北农大以及湖北农学院等五所地方高等农业院校办学特色的前提下，着重探寻了地方高等农业院校特色化的途径，即：找准位置，明确思路，确立有特色的办学指导思想；填补空白，扬长避短，超前谋划，构建有特色的学科与专业：降低重心，适应需要，探索有特色的人才培养模式；因校制宜，注重实用，推出有特色的科研与社会服务项目；加强引导，积极鼓励，建设一支特色鲜明的师资队伍；探索招生就业新渠道，建立独到的招生与毕业生就业体系；营造物质、精神环境，建构有特色的校园文化；探索独到的管理模式，促进特色化目标的实现。最后，论文对与地方高等农业院校特色化相关的几个理论问题进行了探讨，阐述了高校特色化与高等教育综合化、高校特色化与高等教育区域化、高校特色化与高等教育国际化、高校特色化与高校创一流的联系与区别。

关键词：高等学校　农业大学　农业院校

2787

从统治到治理：治理理论视野中的政府与大学关系研究 / 龙献忠著 ; 张应强指导. -- 华中科技大学, 2005. -- 175 页

本研究从治理理论的视角，通过介入第三部门组织的力量，形成政府、大学和社会第三部门的三维研究空间，旨在解构过去政府与大学之间原有的统治与被统治关系，重构出两者新型的合作伙伴关系，为我国大学的健康发展创造出一个良好的外部制度环境。作者指出，大学属于非政府、非营利性质的学术组织，大学以知识的发现、发展和创造为使命，因而政府对大学的管理必须符合和遵从大学的组织属性和服务宗旨，这样才能促进大学的健康发展。为此，政府对大学的管理模式必然要从过去的统治模式走向治理模式。从统治走向治理，既是政府对社会公共事务管理改革的趋势，也是高等教育管理改革的方向。高等教育的治理要求改革政府过去对大学垄断统治的局面，要联合其他各种社会力量对大学实施共同治理。由于世界政治经济日益多元化以及各国基本国情的差异，使得各国政府在有关高等教育治理模式的选择上，表现出多元化特征。这种治理模式又有市场治理型、参与治理型、解制治理型、弹性治理型等几种表现形式。文章进一步指出，目前我国政府对大学的集权控制管理已造成诸多弊端，影响了大学的健康发展。随着政府职能的转变，政府与大学的关系也由直线关系转变为三角关系，通过"共建、调整、合作、合并"等改革措施，大学的办学自主权得到扩大和保障；在新时期，政府对大学的管理要从直接控制转为间接管理，政府的主要任务是培育大学竞争市场；在高等教育服务提供方面，也要从政府的垄断提供转向社会化提供，形成高等教育服务提供多元并存的局面，使公众有更多选择教育服务的权利。作者认为要使政府与大学走向合作伙伴关系，必须改革我国当前大学单位制度的存在，使大学从事业单位走向公共事业的拓展；确立大学的独立法人地位；重构政府的公共权力，将部分权力回归给大学和社会；推行多中心治理模式，大力发展和培育第三部门组织力量；构建出政府、大学与社会组织之间的参与协商机制，使政府与大学之间的合作伙伴关系制度化和法制化。

关键词：高等教育　教育管理　政府　大学

2788

我国研究生教育课程体系研究 / 罗尧成著 ; 谢安邦指导. -- 华东师范大学, 2005. -- 196 页

论文遵循"现状分析—明确问题—解决问题"的逻辑思路,采用调查研究法、系统分析法、事实研究和价值研究相结合的方法,对如何形成一个科学、合理的研究生课程体系这个问题进行了深入探讨。首先,论文指出了现行课程体系存在的三个问题,即:"不能很好地体现研究生教育本质"、"难于形成研究生个性化知识结构"、"在编制过程中存在着经验化倾向",从而说明建立新的课程体系的必要性。其次,论文详细阐述了"学术探究性"、"建构主义"和"课程审议"之所以能分别成为研究生教育课程体系建构的相关理论基础的依据,并明确了它们各自对于研究生教育课程体系设置的要求或启迪。再次,文章具体探讨了"专业层面"研究生教育课程体系的目标、结构、实施和评价四个要素。对这四个要素进行研究,其目的在于形成科学、合理的"专业层面"的研究生教育课程体系。最后,作者指出,研究生教育课程体系研究不能止于"专业"这一层面,必须继续深入到"个体"层面,即要形成与每位研究生适切的"个体课程体系"。关于研究生个体课程体系的建构,论文提出了"相关和集中"的思想,即应以研究生个体的学习经验与发展方向作为逻辑起点,以其个性的发展作为设计核心,并以个性化知识格局的形成作为目标指向。在具体建构上,"学位论文"可作为这一课程体系设计和评价实施的抓手,而其结构设计则可采用"三维架构"的空间结构设计以及"双螺旋"的时间结构设计方式。

关键词:研究生教育　课程　高等教育

2789

大学之治:道德领导的思维向度 / 彭湃著;刘献君,李太平指导. -- 华中科技大学,2005. -- 169 页

本文分析了道德领导理论产生的背景及大学道德领导的基本蕴涵,认为所谓大学道德领导是指一种"以德治校"的领导行为或历程。领导者以道德权威和专业权威为基础,甄别并建立学校作为学习共同体的核心价值观和伦理文化,建构学校共同愿景与理论;利用各种领导替身,以激发人性潜力,使部属成为追随者,进而基于责任和义务对共享的共同价值观、理论和愿景作出回应;本着正义和善而行事,共建德行大学,实现办学目标。透过人学、教育学、组织行为学、伦理学等多学科的视野,作者对大学道德领导立论的学理基础作了梳理和分析。认为大学道德领导理论对人性问题的预设正是围绕着"文化人"、"学习人"这一命题来展开的;大学领导的教育性与育人使命内在规定了对学校领导者的道德诉求;大学组织文化作为一种象征在精神层面反映着组织的社会价值,是联结内部成员的心灵纽带,大学领导形塑组织文化的过程,一定意义上就是实践道德领导的过程;大学领导是一种道德文化现象,具有明显的伦理特征或伦理性质,大学领导活动必须依据特定的伦理原则和道德要求来进行。审视和批判了大学科层领导模式的局限与危害,指出随着时代的发展,大学科层领导模式无论在应用技术上还是在解释效力上,均无法具体有效地诠释和解决诸多现代大学教育与领导管理问题;认为科层领导模式在20世纪中的所有失败都在于它根据工具理性的原则排斥了正向的道德价值的介入,在大学领导实践中,我们必须超越工具理性的思维,引入道德领导,走以德治校之路。同时,还提出就大学的组成来看,现代大学是一个兼容官僚、同僚、政治与符号架构的复杂组织,我们必须置道德领导于首位,建构现代大学领导架构的理想图景。论证了大学实施道德领导的优势与必然,阐述了21世纪中国大学实践道德领导的挑战与机遇,认为大学实现真正的道德领导,关键取决于两个方面:其一,是大学领导制度的道德化;其二,是大学领导者的道德化。

关键词:高等教育　大学　学校管理　领导者　道德

2790

高等教育与农村社会流动 / 彭拥军著;潘懋元指导. -- 厦门大学,2005. -- 264 页

文章从教育社会学的理论视角,深入探讨了高等教育与农村社会流动的历史、背景和影响因素。研究认为,在不同时期,高等教育对城乡群体所产生的吸引力不同,对社会流动的作用性质和作用方式也存在着显著差别。在改革开放前,我国高等教育引起的农村社会流动十分显著,但社会流动具有一次性和终身性的特征。改革开放以来,体制改革引发了中国大规模的社会阶层结构变动和社会流动,随着社会发展和高等教育发展的加速,社会流动形式日益呈现复杂性,社会流动具有多次性和不确定性的新特征,社会流动主体具有更多的选择性和自主性。此时,高等教育实际上把个人对知识和技能的需求、社会对人才的需求,以及国家对政治控制的需求统一起来。因此,高等教育一度成为社会流动的优先因素,大学生向上的社会流动一度取代了50年代的军人、60年代的工人和70年代的干部。但农村社会的熟人社会结构形态、城乡自然资源的差异,加上长期的政策性和制度性原因所形成的二元社会的政治、经济和身份壁垒,

和市场等其他因素，使教育筛选、人事筛选、市场筛选和政策筛选同时对农村社会流动产生作用。文章认为，要充分实现高等教育在促进农村社会流动方面的作用，一方面要不断提高社会生产力以提高社会对知识层的吸纳能力，另一方面要通过改革，实现以竞争性流动为主、赞助性流动为辅的流动格局，在社会流动中实现智力优先取代政治优先和身份优先。

关键词：高等教育　农村　社会流动　人口流动　教育社会学

2791

普通高等学校招生考试法治研究 / 覃红霞著 ； 刘海峰指导 . -- 厦门大学, 2005. -- 271 页

论文从“法治”的内涵出发，着眼于普通高校招生考试整个系统，以高校、招生考试管理机构以及考生三个主要法律关系主体在招生、考试等环节中的法律地位与法律问题为基本脉络，分析了各法律关系主体的权利（权力）义务（责任）关系，明确了在“法治”观念指导下实现对权力制约与权利保护，从而实现普通高校招生考试法治的观点。首先，追溯了我国普通高校招生考试法制建设的历史，提出了“法制”与“法治”的区别，认为，各个时期虽然都重视法律法规的作用，强调通过立法实现对招生考试的管理，但无论从思维观念、法律信仰还是从法律的运行与实践来看，都与目前所提倡的法治有一段距离。进而，从英国、美国、德国、日本四个国家的普通高校招生考试法治概况出发，探寻高校招生考试法治的基本特征与规律。从根本上说，确立法律的权威，逐渐实现招生考试制度的法制化，是我国在实现招生考试法治过程中必须考虑的问题。其次，厘清了“法治”的内涵，分析了普通高校招生考试法治的基本原则，探讨了普通高校招生考试法律关系与法律责任。进而，在对普通高等学校法律地位的分析基础上，具体分析了高校招生考试领域高校与考生的法律关系，并对招生自主权的性质以及高校招生过程中招生权力的异化与规制进行了具体分析。再次，文章对我国招生考试管理机构与考试管理相关问题，进行了研究，并对当前的热点问题——防止高考舞弊提出了个人的见解。继而，作者考察了考生受教育权的内涵与性质，分析了受教育权的保护与救济问题，对高校招生考试领域常见的信访与司法救济进行了具体的探讨。并结合对北京、上海、杭州、重庆以及厦门等城市与地区高三学生的调查，分析了当前我国考生的法律意识、权利意识的现状，并提出了具体的对策。最后，结合高校招生考试的实践需要，作者指出，建立《普通高校招生考试法》是当前法治建设的重要任务之一，并具体提出了建立《普通高等学校招生考试法》的七个基本原则。

关键词：高等学校　招生　考试制度　法治

2792

建国以来江苏高等教育结构发展分析 / 宋旭峰著 ； 周川指导. -- 南京师范大学, 2005. -- 147 页

论文基于历史的视角，描述了江苏高等教育结构发展的主要线索；具体分析了影响江苏高等教育结构发展的制度因素和关键举措；深入剖析了江苏高等教育结构发展的内在机制，形成了如下三大结论：首先，文章认为，建国至今，江苏高等教育结构的发展，大致经历了“科类分化—层次分化—类型分化—建构体系”的发展过程。其中，后一阶段在总结前一阶段成功经验、强化并放大前一阶段已经出现的趋势的基础上，又发展出新结构形式。如此，经过一个持续的螺旋式上升过程，逐步形成了具有较强自适应能力的高等教育结构体系。其次，作者指出，在江苏高等教育结构的变迁中，政治因素的影响，表现出“显性模式”不断减弱和“隐性模式”不断增强的趋势；经济因素的决定性影响不断增强，并出现了高等教育结构局部经济化的趋势；科技发展与高等教育之间的关系，开始由互动模式向立体模式发展；高等教育与高中阶段教育之间长期的制约性平衡关系被打破，形成了新型的“拉动—促进”关系；不同层次高等教育之间的关系，出现了由院校升格模式向学生升（转）学模式转变的趋势；不同类型高等教育之间的一体化趋势进一步加强；高等教育结构调整的重大决策，开始由单边决定走向多元协调：中央政府与省级政府的关系出现了由控制模式向博弈模式转化的趋势等。最后，文章指出，江苏高等教育结构发展的主要特征是：在发展方式上，主要表现为持续不断的调整；在调整方式上，主要表现为由行政直接调节向多元调节的转变。在发展过程上，主要表现为围绕“科学分化和社会分工”所进行的分化与整合、多样化与综合化的矛盾运动；在发展结果上，主要表现为传统与变革的统一。

关键词：高等教育　教育结构　地方教育　江苏省

2793

大学人文教育与人文课程 / 谭伟平著 ； 张楚廷指导 . -- 华中科技大学, 2005. -- 147 页

在大学教育中，人文教育与人文课程是密不可分

的,人文教育的价值属性需要依赖于课程尤其是隐性课程来实现。论文围绕着人文教育与人文课程所具有的内隐性特征展开研究,在回顾了大学人文教育的发展历史及其与科学教育的关系后,认为人文、社会、自然三大学科三足鼎立,是生成现代大学三大课程系统的基因。课程是大学教育的基本要素,也是体现大学教育质量和特色的三大要素之一。人文课程是应该是情感、人格的熏陶,是美和生活的创造,具有根基性、导向性、统领性、互补性、和谐性、民族性和本土性等特征。它有三种结构方式:一是以外显为主的常规结构方式;二是外显与内隐结合的复式结构方式;三是内隐的非常规结构方式。显性课程和隐性课程是构成大学总课程的两个有机组成部分,显性课程是“硬课程”,主要是一种理性教育,它构成了人才培养体系的骨骼框架;隐性课程是“软课程”,主要是一种非理性教育,目的在于培养人的非理性能力,它构成了人才培养体系的灵魂血肉。两者不可偏废。它们在不同的方面,以不同的教育方式共同完成教育的终极目的——培养全面发展的“全人”。隐性课程有三类:一类是经典的,如文学、艺术学、语言学、哲学、宗教学等;一类是模糊的,如历史学、教育学、心理学等;一类是交叉的,如人类学、文化学、考古学、新闻学等。大学的领导者管理者在充分重视显性课程建设的同时,也要充分认识隐性课程对提升大学品位的重要意义,有意识地进行隐性课程建设,不断积累和丰富大学历史文化资源,是提高大学育人质量。实现大学内涵超常发展的基本途径。人文课程的开发要注意解决课程观念、课程机制、课程内涵、课程师资等四个方面的问题。通识教育是一种特别能体现人文的教育。我们要善于借鉴国外大学人文课程改革的成功经验,确立通识课程的基础性地位,使通识课程贯通本科教育全过程。从而在科技发展中认识人文价值,在大学教育中体现人文理念,在课程设置中凸显人文目标。

关键词:高等教育　人文教育　课程设置　大学

2794

美国高等院校招生考试制度研究 / 唐滢著 ; 刘海峰指导. -- 厦门大学, 2005. -- 289 页

文章以美国高校招考制度为研究对象,从历史与现实、理论与实践的角度,描述了美国高校招考制度产生、形成与发展的历史;考察、分析了美国高校招考制度的现状、问题及特点,在实证研究的基础上,力图客观地展示其全貌,揭示其发展的内在规律。论文首先研究了美国的高等教育制度和政策法规,就美国高等教育制度、高等院校分类、高等教育政策与法规等问题进行了探讨,分析了这些因素与美国高校招生考试制度的渊源及对其产生的影响。然后,研究了美国高校招生考试制度的历史。讨论了美国高校招考制度历史时期的划分、重大历史事件对现行招生考试制度的影响、主要招生考试机构的兴起及其发展,对招生考试产生直接影响的主要考试理论及流派的创立及其发展。接着,对美国现行高校招生考试制度及其实践进行全面研究。归纳出美国现行高校招生考试制度的四个基本特征,即:灵活多样的招生制度、综合性录取标准与特殊录取标准的结合、高额收费和配套的财政资助体系以及重视考试科学研究。并对美国高校招生考试制度进行了个案研究。分别阐述了三种不同的招生政策及其实践——高选拔性政策、一般选拔性政策和开放式政策。最后,论文对中美两国的招生考试制度进行了比较和分析。在此基础上,提出了中国高考改革的对策建议:第一,建立统一高考与多元评价、多元录取相结合的综合选拔录取制度;第二,建立多元化的评价体系,采取多样化的录取方式;第三,建立专业性考试机构,实行考招分离;第四,制定合理的收费标准、完善财政资助制度;第五,加强考试科学研究,提高招生考试管理的水平。

关键词:高等教育　高等学校　招生制度　入学考试　美国

2795

控制与分等 : 权力视角下的大学学科制度的理论研究 / 万力维著 ; 周川指导. -- 南京师范大学, 2005. -- 186 页

论文以权力作为视角,分析了中西方大学学科制度的发展与运作的规律和机理,展示了大学学科制度在其发展演变过程中,国家、大学、教授、社会、知识等各种权力因素之间的复杂联系,透视了大学学科制度的运作中各种权力交互作用的过程。全文共五章。第一章界定了学科、大学学科、大学学科制度以及权力等相关概念。第二、三章考察了大学学科制度的发展史。探讨在中西方大学学科制度演进的背后存在着引发大学学科体系变迁的力量。展示了一幅各种权力或对抗,或迎合,或妥协的惊心动魄的学科制度史画卷。第四、五章以专题形式研究了大学学科制度,具体揭示了大学学科准入制度与等级制度运作中如何受到权力的控制。在结语部分,论文提出了大学学科制度变革的可能与路向。论文的主要观点有二:其一,权力对大学学科既具有生产性,也具有压制性:

一方面，权力诱导了新学科的产生，推动了大学学科体系的进化，带来了知识与社会的进步；另一方面，权力压制了某些知识体系的生长，使它们难以获得学科身份，或虽然获得了学科地位却难以获得发展资源。因而，权力控制对大学学科制度而言，不是需要彻底批判和清除的对象，而是需要去的协调和平衡的因素。其二，大学学科制度的运作模式与运作过程中蕴涵着诸多权力控制因素，正是权力影响、操纵着大学学科的进退兴衰、分层分等。因此，要改革大学学科制度，摆脱弊端与困境，就必须先清算权力得以专断和滥用的机制，质疑、颠覆原来的权力构成和权威标准的合法性，或者重置、重构权力结构和权威标准。

关键词：教育制度　学科建设　大学

2796

学位论文质量管理研究 / 王道红著 ; 谢安邦指导. 华东师范大学, 2005. -- 173 页

文章运用教育学、管理学、组织行为学等学科理论对学位论文质量的管理进行研究，分析了我国学位论文质量管理存在的问题，并提出解决问题的对策。论文共分为六章。第一章阐述了论文的选题缘由与研究现状，提出研究的基本思路与研究方法，并对有关概念进行界定。第二章对学位论文的质量进行分析，指出学位论文质量体现在形式与内容两方面。在形式上表现为学位论文的结构、排版格式以及字数等；在内容上表现为学位论文的意义、创新性、逻辑性和是否达到可以出版的水平等。第三章在对国外学位论文质量的管理进行比较分析后发现，尽管各国在研究生学位论文质量管理的方式上存在着差别，但在管理过程中给予培养单位以及系部更多的管理权力、重视学位论文质量生产过程的全程管理这些特点却是共同的。第四章对我国学位论文质量管理的现状及存在的问题进行分析，指出，国家集中管理在一定程度上导致了基层的自主性发挥不足；学位授予的国家性质容易产生委托代理问题；在培养单位对学位论文质量的管理过程方面，存在着重输出管理而轻过程管理、重规章制订而轻监督执行的问题。第五章研究学位论文质量管理理论，对学位论文质量的管理理念、管理目标、管理组织、管理过程与管理原则进行了研究。第六章研究的内容是寻求我国学位论文质量管理存在问题的解决对策，指出我国学位论文质量管理改革的出路应当从下放权力、加强过程管理与健全管理制度两方面着手。作者认为，在学位论文质量管理的权力配置上，政府应当给以高校更多的自主权，高校内部应给予院系(所)更多的管理权力；在加强过程管理方面，应当对学生进行环节控制与引导教师加强过程指导；在学位论文质量管理的制度建设方面，应当健全与完善学位论文质量管理的有关制度，并采取切实的措施以保证管理制度的落实。

关键词：学位论文　质量管理　教育质量　研究生教育

2797

第三部门视野中的现代大学制度 / 王建华著 ; 邬大光指导. -- 厦门大学, 2005. -- 337 页

论文在第三部门的概念框架下，集中探讨了以下四个方面：首先，从历史与现实两个维度，对世界范围内公私立大学制度的兴起、发展与变革进行了较为详细的分析与梳理；并在此基础上，以时间为维，分“传统”与“当代”两部分，对公私立大学制度的基本特征进行了进一步的抽象概括。其次，从学术与社会背景、历史与哲学基础等四个方面，对于第三部门的兴起以及第三部门理论，进行了梳理与诠释；在此基础上，论文重点论述了“第三部门发展与现代大学重新定位”，提出了“现代大学属于第三部门”，并对“第三部门视野中的现代大学”进行了详细展开。再次，从公立大学与私立大学两方面着手，对我国(建国后)公私立大学制度的历史、现状以及变革目标，进行了深入研究，着重探讨了单位制度对我国现代大学制度的影响，并从第三部门视野出发，提出了从“总体性社会”到“公民社会”、从“事业单位”及“民办非企业单位”到“非营利组织”、从“自然人、法人均可办学”到只允许“公益法人办学”、从“合理回报”到“不以营利为目的”、从“事业单位”到“智力城”、从“创收”到“盈利”等诸多改革建议。最后，在前三项工作的基础上，论文提出，未来的现代大学制度建设必须超越公私两分，走向第三部门；并以此为基础，进一步从高等教育改革与发展的实践以及理论研究的进展两个维度出发，提出了现代大学制度理想类型的三个共同的核心观念，即自治、非营利与非政府，并对此进行了具体阐释。在第三部门的框架内，现代大学不是更封闭，而是更开放；不是要远离政府与企业，而是要与之建立合作伙伴关系；不是不能营利，而是要学会经营；不是退守边缘消极自治，而是要积极地步入社会中心以图共同治理。

关键词：高等教育　教育制度　第三部门　大学

2798

解读高等教育的性别符码：基于女性主义认识论的研究 / 王俊著 ; 刘献君指导. -- 华中科技大学, 2005. -- 180 页

本文基于女性主义认识论,通过对高等教育四个核心概念(高深学问、学科、课程、教学)的社会性别分析,揭示了高等教育中性别歧视的认识论根源。高深学问作为整个知识文化系统中的一种特殊形式,并非性别中立或性别无涉的,它实际代表着一种男性形象,从本质上与女性/女性气质是相悖论的,而这个"本质"又与社会性别制度一样,是以男权为主导的社会文化建构的产物。在学科制度的进程中,只有男性才是学科化知识的局内人,女性成了学科知识的局外人。女性创造的知识和关于女性的知识,已被有意识地遗忘和无意识地扭曲。要想消解学科的性别隐喻,打破学科间的等级划分,并把女性创造的知识和关于女性的知识纳入学科的视阈,就必须超越传统思维模式,坚持学科建构主体的多元性和学科内涵的发展性与开放性。把课程理解为性别文本是女性主义在课程领域的新建树。在女性主义者看来,传统大学课程注重的是男性所关注的领域和议题,忽视和排斥女性的经验与认识,使女性的世界成为课程领域中无形的或扭曲的东西。要想消除课程领域的性别偏见,女性就应该作为主体参与到知识的建构和课程知识的选择、解释、研究之中。传统教学论表面上看起来是"去性别化"的,实际上它已内化了传统的社会性别规范,这主要表现在教学知识、教学策略、教学评价等方面。女性主义通过揭示大学课堂中的权利问题,批判隐藏其间的性别立场,创设出了一种新的教学理念与方法——"女性主义教学论",倡导平等、多元、包容、互相激励、赋权的学习关系和积极主动的知识创新精神。文章认为,高等教育长期对女性集体无意识的遗忘和教育过程中的性别偏见、教育结果上的性别差异,并不在于"女性"天生是什么,又能否做什么,而在于人们的性别观念以及对高等教育的认识,那就是——高等教育应该是什么、不应该是什么的文化规定。

关键词:高等教育　教育思想　认识论　女性主义

2799

"知识分子"视角下的大学教师研究：大学教师"知识分子"精神式微的多维分析 / 王全林著 ; 周川指导. -- 南京师范大学, 2005. -- 148 页

人们用"知识分子"一词专指那些具有社会公共关怀意识,并运用智识进行社会批判的人。该文采用多学科、跨学科研究方法,基于"知识分子"的视角,对大学教师的"知识分子"精神式微的原因进行了深度探究。作者认为,大学教师"知识分子"精神的式微,究其成因,意识形态话语转型,传统革命的阶级基础变化与知识阶层的"统治阶级中的被统治者"身份,斯大林社会主义模式,知识人与政治关系的复杂性,大学教师队伍的阶层化及其教师管理政策,构成其政治上的成因。"看不见的手"——市场的商品逻辑,学术生产的专业化,"文化工业""社会水泥"般的集体无意识屏障三者构成了"消解"大学教师批判精神的经济(市场)成因。"两种文化"的分裂,学科割据与规训,后现代对宏大与解放叙事的拒斥,大学"文化共同体"内诸亚文化间的冲突与分裂,是"消解"大学教师批评精神的文化根源。大学教师"知识分子"精神的复归需要"消极自由"与"积极自由"的匹配,美国式的终身教职制度是市场机制下卫护消极学术自由的最好的制度保障。我们期盼着中国大学教师"知识分子"精神的复归。

关键词:高等学校　教师　知识分子　社会角色

2800

美国营利性高等教育机构研究 / 温松岩著 ; 邬大光指导 . -- 厦门大学, 2005. -- 255 页

论文以美国营利性高等教育机构为研究对象,考察了其历史与现状,分析了联邦政府、州政府和认证机构对其进行的管理和规范,同时研究了其内部运行机制方面的一些问题,如日常的行政管理、课程设置、教学、师资及学生,并比较了其与传统高等教育机构的差异,揭示了这一新兴高等教育机构的独特性。具体来说,作者首先回顾和总结了美国营利性高等教育机构的历史和现状,认为,营利性高等教育机构在美国的产生及发展,是与美国人的历史文化宗教传统、实用主义高等教育价值观和社会对高等教育的多样化需求等因素分不开的。其次,论文从宏观和微观两个层面,对营利性高等教育机构的管理进行了梳理。从宏观层面看,美国的联邦、州政叔和作为中介组织的认证机构或是通过学生资助、或是通过州内的相关条例,或是借助于认证标准对营利高等教育机构进行扶持、管理和监督,这是其运行的规范和教育质量的有力保障。从内部运行机制看,无论是课程设置、教学、对教师的管理还是学生服务方面,营利性高等教育机构与传统高等教育机构都存在着区别。再次,作

者考察了营利性高等教育机构的学生,认为这一群体的构成与传统高等教育机构的学生截然不同,而且两类院校学生的学习动机、目的和学业成就也不尽相同。他们之所以能够走进高等院校的大门进行深造,得益于高等教育市场化改革,得益于营利性教育机构举办者敏锐的经济头脑,最重要的,是得益于联邦和州政府的学生资助政策。最后,用案例展示了营利性高等教育机构的微观运行模式。作者认为,营利性高等学位教育虽然在过去二十多年的时间里无论从院校数量和就学人数上都有了长足发展,增长速度超过了公立院校与私立非营利院校并对某些传统高等教育领域构成了威胁,但由于其鲜明的定位——提供直接指向具体工作岗位的教育与培训,面向社会的边缘群体,即在职成人、妇女和少数民族,这一类教育机构实际上承担的是高等职业学位教育的职能,从其长远发展来看,至少在未来相当长的一段时期内,它并不能完全"代表高等教育发展与改革的方向",也不会成为高等教育发展的主流。

关键词:教育机构　高等教育　教育质量　认证　美国

2801

日本高等教育近代化研究 / 吴光辉著 ; 刘海峰指导 . -- 厦门大学, 2005. -- 327 页

作者以现代性为研究视角,通过阐释日本高等教育近代化过程中的教育思想、教育制度、教育机构与教育课程的演变过程,指出"日本高等教育近代化取得了成功"的叙事结构之中潜藏的一系列的问题与缺失,进而推演出日本高等教育近代化的基本模式与走向质变的标志。文章认为,日本高等教育近代化的基本模式可以表述为:思想是根本前提、制度是基本标志、机构是外在表现、课程是内在基准。这一模式不仅可以通过逻辑的推演而得以论证,同时也是依据日本高等教育近代化的历史发展而得出的一个基本结论。日本高等教育转向近代化,实现自量变到质变的飞跃的基本标志,是1886年《帝国大学令》的颁布这一历史事件。论文分为绪论、正文与结语。绪论阐述本研究的基本缘起,前人研究与本研究的意义、对象、理论依据与基本构成。正文第一章以"日本近世的高等教育"为标题,指出它是日本高等教育走向近代化的基础。第二章至第五章分别以"日本近代的高等教育思想"、"日本近代的高等教育制度"、"日本近代的高等教育机构"、"日本近代的高等教育课程"为标题,描述性地勾勒了日本高等教育近代化过程中的各个演变过程与基本特征。第六章以"日本高等教育近代化研究综述"为题,着重于批判性地阐释与分析,指出日本高等教育近代化的,基本模式与转向近代化的标志,同时立足于多学科的研究视角,提示出日本高等教育近代化的一系列研究视角。在结语部分,作者提出,日本高等教育近代化对于现代中国存在了一定的借鉴意义,但中国绝对不可以盲从与依附他国模式,而要以继承传统文化精髓为立身的动力,以借鉴他山之玉为超越的契机,不断地锐意进取,开拓创新,走出一条具有中国特色的高等教育发展道路。

关键词:高等教育　教育史　近代化　日本

2802

中国高等教育研究中的若干方法论问题 / 吴玫著 ; 潘懋元指导. -- 厦门大学, 2005. -- 151 页

作者指出高等教育学如何进一步发展、成熟,是高等教育研究者们思考与探索的重大课题。相对于教育学和其他社会科学学科,高等教育研究长期以来较为忽视自身方法论问题的研究及建设,缺乏对所从事研究的反思和反省,从而在很大程度上造成了高等教育学科发展的随意性和无目的性,也导致了高等教育研究水平不高的局面。论文在参考借鉴其他社会科学学科方法论研究的基础上,根据当前高等教育研究的现状及特殊性,提出现阶段高等教育学方法论的研究应从问题而不是体系着手,以问题研究为途径来寻找和抽取高等教育学方法论的脉络,为日后方法论体系的最终建立做出前期准备性的工作。对当前高等教育研究界关注和疑惑的问题进行了研究、分析和反思,并得出了相应的方法论思路。论文共选取了三个大问题来进行探讨,分别是:高等教育多学科研究中的方法论问题、中国高等教育研究的国际化与本土化问题以及思辨、定量、质性方法与高等教育科学研究。围绕着这三个问题的研究,论文还界定了高等教育学的研究核心和外围,提出了多学科高等教育研究的机制,论证了中国高等教育学学科走向的发展目标,揭示了中国高等教育研究国际化和本土化的复杂性,阐明了高等教育学的社会科学属性等基础性问题,为高等教育学方法论体系的构建提供了基础。论文从不同侧面揭示了高等教育研究的复杂性和独特性,并通过不同角度的分析和论证,提出了中国高等教育研究应该继续走学科发展道路的主张。

关键词:高等教育　方法论　学科体系

2803

高等职业教育经济功能与规模效益的实证研究 / 熊健民著 ; 张楚廷指导. -- 华中科技大学, 2005. -- 170 页

本文在对我国高等职业教育的经济功能问题进行理论分析的基础上,通过对我国 248 所高等职业院校、1093 所高等学校,以及对 1998 年至 2002 年间湖北省高等职业院校和高等学校进行的案例分析,分别从高等职业教育收入与支出及其构成、教育内部效益等角度进行了实证研究,力图探索如何提高规模效益更好地促进我国高等职业教育经济功能的发挥。文章指出,我国高等职业教育并不存在一个包罗万象的规模效益。在当前高等教育经费分配格局下,规模是决定学校生均教育收入和教育总支出的重要影响因素。对于隶属、地区、学科和层次等不同类型院校,分别存在着不同规模条件下的最小生均教育总支出和生均教育经常性支出,即无论哪种类型的院校都存在着一定的适度规模。而且,高等职业院校内部教育资源利用效益随规模变化而变化。在规模为 5000 人以下时,随着规模的扩大,生均教育总支出降低,内部教育资源利用效益提高;当规模超过 5000 人以上时,生均教育总支出逐步提高,资源利用效率逐步下降(而从生均教育经济性支出来分析,最小支出的适度规模在 5000—8000 人之间)。高等职业院校人力资源利用效益较低,教职工、教师负担学生数只有高校平均水平的 60% 左右;物力资源利用效益较低,教学仪器设备、藏书册数和教室、图书馆、实验室实习场所等教学用房条件方面的利用效益,分别只有高校平均水平的 50—91% 之间;财力资源利用效益相对比较复杂,高等职业教育规模占全国普通高等教育总规模的 11.1%、学校数却占高校总数 22.7%,耗费了 17.3% 的教育支出,无论生均教育总支出还是教育经常性支出的绝对数值都远远低于全国高等学校平均水平。因此,本文认为高等职业教育还有较大发展潜力。但要注意与经济、社会协调发展,防止“过度教育”导致“文凭膨胀”,关键是调整高等教育结构及人才培养模式。本文建议政府全面落实教育法规定的“三个增长”,使高等职业院校真正成为具有一定决策权力和独立利益的办学法人实体。高等职业教育院校应注重保证教育质量,培养造就适应经济建设和社会发展需要的各种合格人才。

关键词:高等教育　职业教育　教育规模　教育经费　教育财政

2804

近代中国大学课程发展与变革研究 / 徐洁著 ; 王伟廉指导 . -- 厦门大学 , 2005. -- 227 页

论文以晚清及民国时期近代大学课程体系在中国的创建与发展为研究对象,立足于近代以来中国内部政治环境与国际形势变化发展的大背景,从不同时期课程权力的角度切入,试图通过对上述背景下中国大学课程演变过程的梳理,获得关于近代中国大学课程变革的基本脉络的清晰认识。作者首先疏理了近代中国大学课程发展的基本脉络,指出,从与外国的依赖关系来看,是由依赖到自主的过程;从学习的国家来看,经历了学习日本、德国、美国、欧洲大学模式的发展过程,战争对国人的选择起了指向标的作用;从课程设置的指导思想来看,晚清的指导思想主要是“中学为体、西学为用”,民初主要是“儿童本位”的,而国民党统治时期则是“儿童本位”与“民族本位”相结合,并更多地倾向于后者;从课程制度的建立来看,经历了由突变到不断调适以至成熟的过程。其次,论文从课程权力角度,总结了近代中国大学课程发展的特点,认为,近代中国大学课程的发展可分成统一课程、大学课程的自由化发展和大学课程的集中与统一发展这三个阶段。总体来看,初创时期的大学课程具有起点高、移植特色鲜明和自上而下的统一的特点,探索时期的大学课程在经历了一段时间的调整与过渡后,获得了自由化发展,其反面则是大学课程发展的无序化。整理时期的大学课程也经历了短时期的调整,而后通过政府的调控,使大学课程较好地与本土实际相联系,并逐步建立起较为成熟的大学课程体系。最后,作者指出,近代中国大学学科编制与组织形式不断发展的过程,正是大学理念不断提升的过程。

关键词:高等教育　课程　教育改革　大学　近代

2805

大学教学评价的价值反思 / 荀振芳著 ; 别敦荣指导. -- 华中科技大学, 2005. -- 183 页

本文基于这样一个理论假设,即:大学教学评价的价值认识问题是制约教学评价发展的重要因素。作者认为,教育活动是具有价值的活动;教育评价从功能上源于一种管理手段的发展,但从活动目的上,是一种具有价值意义的行为。大学教学评价是随着大学教学活动的发展变化而逐渐发展并深化的,从其发展的历史走向和教育哲学的两个维度分析,大学教

学评价的核心价值体现为管理价值和教育价值。随着市场经济的发展和整个社会对高等教育的全面介入,教学评价的"问责"职能得到强化,表现为大学教学评价的管理价值的彰显和教育价值的弱化。本文认为,大学教学评价是一个价值选择和价值博弈的过程。目前我国大学教学评价的问题,在实质性上体现为大学教学评价的教育价值与管理价值的相互对峙和冲突,由此引发了在评价价值取向、评价范式、评价制度、评价模式等方面的一系列的问题和矛盾。在现实性上,大学教学评价表现为评价的"管理主义"和"弱价值"的价值倾向;在评价的方法论上,表现为实证化的突出和人文化的不足。因此,大学教学评价的合法性应受到质疑,有效性也有待提高。特别是作为一种制度干预,大学教学评价对大学办学自主权的影响和学术自由的矛盾是显而易见的,应引人深思。为促进高等教育的可持续发展,大学教学评价的不同利益需求必须在谋求大学教学质量的提高、学术的进步发展得到整合和统一,形成教学评价的形式价值和实质价值的最大限度的一致性。为此,必须在理论反思的基础上,以评价的教育性基点,重构大学教学评价的价值理念,实现价值创新。本文认为,大学教学评价主体的复合性应成为发展的趋势,以对不同的评价利益诉求形成制衡和约束;而评价的理论创新可促使教学评价实践的进一步推进——评价不仅是一种价值判断活动,也是一种发现价值和建构价值的过程,这对教学评价的发展具有深刻的意义。最后,价值创新还必须归宿到制度创新的层面,营造一种教育性的评价文化,从多种制度的创新和建设入手,形成大学教学的自律机制。

关键词:高等教育　教学管理　教学评估　教育价值

2806

高等教育层次和科类结构研究 / 闫亚林著 ; 黄黔指导. -- 华东师范大学, 2005. -- 169 页

论文综合运用了高等教育基本理论、系统科学、社会学、经济学、历史学的研究方法,旨在通过对42个国家高等教育系统在1950—2000年间的层次和科类结构及其演变过程的研究,揭示二战以后各国高等教育结构适应和促进社会发展的一般规律,寻找高等教育结构各构成要素之间协调发展的机制与模式。具体研究分理论研究、实证研究和应用研究三部分。其中,在理论研究部分,重点探讨了高等教育的结构、功能以及高等,教育结构与社会发展需要之间的相互适应问题以及中西方古代与近代高等教育层次和科类结构的产生和演变过程;在实证研究部分,通过对42个国家高等教育发展历史数据的统计分析,探明当代世界各国高等教育发展和层次、科类结构的历史事实,深入分析了不同国家高等教育结构调整的不同模式和共同规律;在应用研究部分,通过对英国和韩国两个有典型意义的经济发达国家在二战后对高等教育结构进行调整的个案研究,试图寻找发达国家高等教育结构调整的成功经验,深入分析了新中国成立后50年来我国高等教育结构演变的历史,分析了现阶段我国高等教育结构调整的宏观背景和需要解决的几个问题,提出了优化我国高等教育的层次和科类结构、构建合理的高等教育结构体系的政策建议。

关键词:高等教育　教育理论　教育结构

2807

高等职业技术教育专业建设市场性研究 / 杨光著 ; 冯向东指导 . -- 华中科技大学, 2005. -- 179 页

所谓高职教育专业建设的市场性,是指高职教育专业建设受市场规律、市场机制、市场原则的影响和制约的特性。"市场性"是高职教育专业建设固有的基本属性,是基于社会经济结构、产业结构和教育结构相统一的要求而形成的。高职教育专业建设,必须同时适应劳动力市场和教育消费者市场"两个市场"的需求。强调高职教育专业建设的市场性,并非指它是高职教育专业建设的唯一属性。作为高等教育的一种类型,高职教育及其专业建设同样具有公益性;而且,在高职教育专业产出的"商品形态"以及其生产过程体现出公益性品质。高职教育专业建设必须坚持市场性与公益性统一的原则。高职教育的专业建设是集专业开发、专业设置、专业调整、专业教学为一体的活动,其要素包括:市场分析、专业设置和专业教学、实践教学体系和基地建设、师资队伍建设。其中,市场分析是前提,专业设置和专业教学是核心,实践教学体系和基地建设是基础,师资队伍建设是关键;四个要素相互关联,相互制约和促进,形成了专业建设的动态系统。从市场性要求出发,高职教育的专业设置、人才培养目标和规格、课程体系和教学环节等,都必须坚持以适应社会经济和产业结构发展、满足职业岗位要求为依据;专业的实践教学和实训基地的建设必须更紧密地结合地方经济和行业特点,坚持"校、企合作";师资队伍必须坚持理论与实践相结合的"双师型"结构,构建高职院校师资引进和培养的独特机制。只有紧紧围绕高职教育专业建设的市场性,才能

真正实现高职教育的教学模式由以学校为中心向以社会和市场需求为中心的转型。坚持高职教育专业建设的市场性,高职院校的教育和教学改革中创造了一些值得肯定的实践经验,包括“产、学、研相结合”的人才培养模式,以“三级技术能力等级”为特色的教学模式,体现全面素质教育的 KAQ 模式,推行职业资格证书制度,以及对高职院校办学水平的评估指标体系等。认真总结这些实践经验,有助于我国高职教育的改革和发展。

关键词:职业技术教育　高等教育　专业设置

2808

中国高等教育社会投入需求预测 / 叶欣茹著 ; 文辅相指导. -- 华中科技大学, 2005. -- 175 页

文章指出,自 1999 年国家提出实现高等教育大众化以来,连续超常规扩大招生,办学规模不断扩大,并将按这种趋势平稳地发展下去。但严重短缺的高等教育经费却制约着这种发展,成为影响我国高等教育高速发展的第一块“短板”。因此,国家急需改革现行的高等教育投入制度,加大社会投入,科学地预测中国高等教育发展对社会投入的需求,并分析这种需求的可行性,以便为国家政策调整及建立新的投入机制提供重要依据。文章首先考察自 1952 年以来,我国高等教育投入的历史和现状,并以 OECD 国家数据为参照系进行我国教育投入与国际水平的比较;进而探讨高等教育投入结构的演变过程及社会投入的增长动因;在此基础上提出高等教育社会投入的理论假设与预测架构,并由此进行总需求预测与分类预测;最后依据预测结果提出政策调整建议。本文利用 2000 年全国第五次人口普查资料数据,推算出 2004—2020 年中国高等教育学龄人口总量,预测了 2004—2020 年中国高等教育在校生总规模;采用国际先进水平的饱和状态和中国现有发展水平的非饱和状态两种计算思路,预测了 2004—2020 年中国高等教育生均教育经费及其到达国际水平的增长路径;通过对未来支撑政府财政性投入增长因素的分析,预测出财政性高等教育经费的投入,从而得出中国高等教育 2004—2020 年社会投入总需求的预测结果。在社会投入的分类预测中,选择了北京地区 26 所大学的数据,探讨大学在相对同样的外部环境中,引起社会投入量变化的原因;选择了国内 587 所大学,以每所大学 22 个项目共 13000 多个数据为依据进行回归分析,进一步论证了高校对社会投入的影响因素及拉动力;在此基础上进行学费和高校自筹经费预测。根据实证分析和预测结果,本文提出了 2004—2020 年中国高等教育经费需求中政府投入、学费投入及高校自筹的“三、三、三”结构,以及有关投入政策调整建议。

关键词:高等教育　教育经费　教育投资　政府投资

2809

云南高等师范教育发展战略研究 / 伊继东著 ; 别敦荣指导. -- 华中科技大学, 2005. -- 165 页

目前高等教育发展趋势主要表现在五个方面,即高等教育国际化、现代化、多样化、大众化、个性化。高等师范教育的发展趋势主要表现为:开放性教师培养体制逐步形成,教师教育走向专业化、终生化;教师培养由传统师范教育模式向现代教师教育制度转变,独立设置的师范院校仍然存续一段历史时期,教师教育的分工与竞争格局加剧。在这样的宏观背景下,云南高等师范教育的不适应性主要表现为:高等教育竞争日趋激烈与云南高等师范教育竞争力偏低的矛盾;社会转型期人们价值观念转变与建设高水平教师队伍的矛盾;社会对高素质人才的需求与传统高等师范教育培养模式落后的矛盾;传统高等师范教育管理模式与现代教师教育要求的矛盾。论文认为,云南高等师范教育发展战略,要坚持贯彻“三个代表”重要思想、三个面向思想、为基础教育服务思想、树立科学的教育发展观;遵循六大原则,即适度超前发展原则、结构优化原则、可持续发展原则、科学预测与规划原则和政府主导办学的原则。要坚持以适度超前发展为主题,以结构调整为主线,以体制创新为动力,以教育市场需求为依据,以改革教师人才培养模式为突破口的发展战略思路。围绕高等教育规模、质量、结构和效益协调发展这一核心问题,实现云南高等师范教育规模扩大、质量提高、结构优化、效益增进的目标要求。发展战略的重点是要树立现代高等师范教育新观念,即开放化、一体化、专业化、综合化、多样化和现代化;构建综合化高等师范教育模式,其基本内容是教师教育由定向型向开放型过渡,同时推进高等师范院校向综合化发展。并从立足本校、立足地方,着眼于未来的可持续发展,坚持开放化与国际化方向,遵循借鉴与独创、继承与发展的有机统一等四个方面培育云南高等师范院校的特色化。创新管理体制、实施分类建设、突破办学层次、推进开放发展、建立现代制度,是实现云南高等师范教育发展目标的五项基本战略措施。惟其如此,才能促进云南高等师范教育健康有序、持续快速的发展。

关键词:高等师范教育　教师　师资培养　云南省

2810

中国高等职业教育的发展研究 / 易元祥著 ; 沈红, 姚启和指导. -- 华中科技大学, 2005. -- 186 页

该文从历史与现实、理论与实践、制度与政策等多层面、多视角,考察了中国高等职业教育的发展与改革,分析了各类促进或阻碍高等职业教育发展的力量与因素,探讨了高等职业教育与社会经济以及科技发展之间的相互关系,揭示了高等职业教育的内在特点和办学规律,尝试提出高等职业教育的政策改进和发展策略。研究重点集中在五个方面。一是,发展的背景,通过对社会发展与高等职业教育的互动关系研究,明确了高等职业教育发展的环境、方向、目标及其任务,把握了其加快发展的功能价值和深化改革的社会动因。二是,发展的现状,主要从高等职业教育发展的历史回顾、办学机构的现实考察以及办学实践的状况分析等方面,展示了我国高等职业教育发展的成就及存在的问题。三是,发展的定位,主要从认识定位、政策定位和发展定位等三个层面,来审视高等职业教育发展中有关的理论的、政策的和实践的问题。通过理论研究、政策分析、国际比较和需求调查,探讨了高等职业教育的分类界定与发展理念、政策缺失与政策改进,并提出高等职业教育发展的主体是高等技术教育。四是,办学的特色,主要围绕高等职业院校的办学实践,分别从课程模式、人才培养模式和办学模式等三个层面,探讨了高等职业教育内在的特点、特征和特色,提出了实现高等职业教育办学特色的模式、体制和机制。最后,提出了发展的策略,即:培育和提升高等职业教育的核心竞争力;积极发展、注重引导、规范管理;构建高等职业教育的类型体系等。

关键词:职业教育　高等教育　技术教育

2811

合并型多校区大学融合过程中的管理研究 : 以武汉理工大学为典型案例 / 张安富著 ; 沈红指导. -- 华中科技大学, 2005. -- 174 页

文章以武汉理工大学为案例,通过广泛搜集相关文献和资料,借鉴和吸收这一研究领域的有关成果和观点,就合并高校融合中的管理问题,进行了系统的理论分析和实证研究,深入挖掘了合并高校融合中产生矛盾的内外部原因和管理的不适应性,分析了合并高校实质性融合过程中的多校区管理及成效评价等重要问题。首先,综述了现有的理论研究成果以及不同观点之间的论争;阐述了高校合并的背景、特点、动机,以及历史进展、现状和分类;继而,以武汉理工大学为案例,综述该校合并、融合与管理的成就,比较了合并前后发生的变化,评述了融合进程中的经验和问题。其次,作者把合并高校融合的进程分为三个层级,即表层融合、中层融合和深层融合,并揭示出影响融合的关键因素。然后,论文从管理的视角阐释促进融合的理念与策略,认为,重构合并型多校区大学的新质文化,加强合并型多校区大学非正式组织群体的引导与管理等,是促进融合的重要的管理策略。再次,论述了合并型多校区大学的管理变革与管理模式,包括管理变革的理论依据、现实依据、思想观念、结构要素以及管理模式。进而,基于合并型多校区大学应"因校制宜,管理模式多元化"的思想,提出了有限理性决策、"数字化校园"管理、事业部制组织机构模式和学院制管理模式等建议。最后,作者从教育经济学的视角,对合并型多校区大学管理的有效性进行理论辨析,阐述了制约合并高校管理有效性评价的因素和困难。并采用定性的方法,通过对合并型多校区大学办学的效益、效能以及三对经济关系的分析,初步判断管理的有效性,进而提出融合有效性的理论模型。

关键词:高等学校　学校管理　武汉理工大学

2812

建构主义视野下的教师素质及其培养研究 / 张奎明著 ; 谢安邦指导. -- 华东师范大学, 2005. -- 122 页

论文共分为四个部分。第一部分主要介绍了选题的缘由、研究的现状、存在的问题、研究的方法论基础和主要的研究方法。第二部分主要考察了建构主义的基本理论和教学论主张。认为,建构主义是关于认识和学习的理论,其基本观点包括:知识是个体基于已有经验基础上主动建构的,本质上是无法传递的,学习应以学习者主动参与为前提。学习也是以语言、文化等工具为中介的。以合作、交往为主的社会性活动是促进学生发展的重要途径。建构主义教育教学的主要目标,包括促进学生对知识的理解、发展创造能力、实现社会的革新和人的解放等;建构主义教育教学的原则包括主体性、情境性、因材施教和过程性、参与性评价原则等等。指出建构主义师生关系是以民主、平等、协商、对话和合作等关系为特征。第三部分分别考察了在建构主义教学改革中,教师作为

"学习的促进者"、"社会的改革者"等的职责、行为特征以及相应的素质要求。强调教师应具有批判反思能力、探究能力和多元文化下教育教学能力等。第四部分是教师教育的研究。先是对国外建构主义教师教育改革进行了考察,继而探讨了以建构主义为指导,改革我国教师教育的意义、可行性,以及措施和方法等。认为,以建构主义为指导改革我国教师教育,具有积极的意义和实践的可行性;建议应转变观念,确立新的教师观、教师知识观和教师发展目标观,构建以学习者主动参与、合作学习为基础的教育教学观;主张构建动态、开放、多元的课程体系,促进不同学科课程内容知识的融合;强调应促进以学生主动学习为中心的教学改革,构建以学习者自主发展为主的教学模式;在教师教育实践方面,主张教学实习与相关的理论课程学习相协调,增加教育实践的内容,保持指导工作的前后一致性,把行为研究与教学实践相结合等。

关键词:基础教育　教师素质　教师培训　建构主义

2813

伯顿·克拉克的高等教育思想研究 / 张丽著 ; 潘懋元指导. -- 厦门大学, 2005. -- 325 页

论文以伯顿·克拉克的高等教育思想为研究对象,描述了伯顿·克拉克的生平和学术职业里程,探讨了伯顿·克拉克高等教育思想产生的时代背景、理论基础、特点及其价值。并进一步,从系统论、学术论的视角,考察了伯顿·克拉克关于高等教育系统、学术系统和学术权力等问题的关键论点;然后,从实现途径的视角,探讨了伯顿·克拉克关于研究生教育、高等教育与政府的关系和建立创新型大学的研究成果,最后分析了伯顿·克拉克有关高等教育研究的方法论问题,从总体上指出伯顿·克拉克高等教育思想的现实意义。论述了论文分为四编九章。研究认为,伯顿·克拉克教授的工作重点,乃是运用组织分析和跨国研究的理论与方法,侧重于从内部揭示高等教育的规律及高校的运行机制,从而能够在更加广阔的范围内,更加深刻的程度上探讨高教制度变革的根源、要素成分及各种条件,其主旨在于试图阐释高教的内部发展是如何对外部世界包括社会发展、政治决策、经济繁荣发生作用及产生影响的,其程度又是怎样的。因此,对丰富高等教育思想宝库具有广泛而深刻的理论价值。而且,除了上述的理论价值,其实践价值也是显而易见的,即如何将外来优秀的研究成果的探讨同国内高教领域正在进行的变革现实结合起来,从而有益于推动我国高教改革的实践;另一方面,对高等教育基本理论的研究,有助于在实践中滋养出超越狭隘的宽容的学术氛围,百家争鸣与兼容并蓄,依然是学术生命力之所在。

关键词:克拉克(Clark,B.R.)　教育思想　高等教育　研究生教育　学术权力

2814

知识形态与大学建筑 :教育学视域下的中国大学建筑形态演变之考察 / 张奕著 ; 刘献君, 赵炬明指导. -- 华中科技大学, 2005. -- 188 页

本文从知识、知识活动和建筑三者间的关系出发,探讨了中国大学建筑的发展演变规律。认为作为一种特殊的建筑类型,大学建筑不仅遵循着建筑的发展演变规律,而且与(高深)知识和知识活动的变化相呼应。(高深)知识形态与大学建筑形态通过人的知识活动产生了内在的稳定关联,这种关联就是大学建筑发展演变中特有的持续而稳定的决定因素。高深知识与大学建筑有两个关联维度:(1)建筑作为知识活动的媒介,通过"象征"和"生情"传达不可言说的知识;(2)建筑作为知识活动的场所,通过为活动主体提供适宜的空间环境来协助完成整个知识活动的过程。文章以"大学建筑史实"为线索,分别对以中国传统学术为核心的古典大学和以西方现代科学为核心的现代大学作了专门探讨,指出中国古典大学以研究和传播儒学为主旨。在中国古典大学,除了"书本"中心的读书、讲书、写书等知识活动外,还存在着"情景"中心的祭祀行礼、躬行践履、优游山林等知识活动。中国古典大学建筑的空间、特征和路径不仅要配合这些知识活动的行为模式,而且要参与构筑特定"情景"。近代以降,西方模式的现代大学以极快的速度代替了中国古典大学,这种代替首先表现在科学对儒学的冲击。科学实验和"学科规训"作为两种全新的知识活动占据了大学生活的主流。科学实验使科研建筑呈现出量化、模式化、人工化的特征。"学科规训"直接导致大学的功能分区和系馆的出现。现代大学以明确的功能分区瓦解了古典大学整合统一的建筑布局,以功能化、模式化、高效而富有逻辑的建筑空间消除了古典大学曾经自由、闲适、富有情感的环境氛围,与古典大学建筑相比,现代大学建筑更像是一座工厂。

关键词:高等学校　学校建筑　建筑形态　知识　情感

2815

跨国办学的理论与实践研究 / 赵丽著 ; 杨德广指导. -- 华东师范大学, 2005. -- 170 页

论文基于历史与现实相结合的视角,采用案例法,探讨了跨国办学的主要形式,概括出制约跨国办学发展的若干矛盾,并从我国跨国办学发展的现状出发,探讨应该正确认识和处理的若干问题并对我国跨国办学发展提出一些建议。全文共分六章。第一章概述跨国办学的历史演变并分析其发展趋势。第二章主要分析跨国办学的动因,即:经济全球化的需求、国家发展的需求、大学自身发展的需求以及国际组织的倡导和推动。第三章从相近区域市场进入模式和相异区域市场进入模式两个方面来分析跨国办学的两种基本模式,并分别以澳大利亚和美国为例对上述两种模式进行探讨。第四章详细讨论跨国办学的主要形式,即:海外分校、公司大学和虚拟大学。讨论了它们各自的发展特点、经验和教训。第五章着重论述跨国办学的法规、政策、组织和质量保障问题。第六章总结了跨国办学发展中存在的矛盾,即:维护国家主权与打破贸易壁垒、贸易自由化与高等教育使命、人才交流和人才流失。提出了在发展跨国办学实践中要辨证认识和正确处理的若干问题:高等教育作为公益事业和作为服务产业的关系;平等参与国际高等教育市场竞争与国际知识体系不平等现状的关系;高等教育对外开放中数量和质量的关系。并进一步为我国促进跨国办学提出了若干建议:系统收集、深入分析国内外跨国办学的信息;加强高等教育贸易法律法规建设;建立国家和地区的质量保障体系;加强与国际机构在促进跨国办学方面的合作;鼓励有条件的高等教育机构赴境外办学。

关键词:高等教育　办学模式　跨国办学

2816

美日中三国女子高等教育比较研究 / 赵叶珠著 ; 潘懋元指导. -- 厦门大学, 2005. -- 235 页

论文运用比较研究的方法,通过大量事实与数据等资料,以美国、日本、中国三国的女子高等教育为对象,从女子高等教育产生的历史、发展过程、途径、学科和层次分布以及女子高等教育的思想与目标等展开分析与比较,归纳出三国女子高等教育的不同特点及共同发展趋势,认为,美国女子高等教育为"个人主导型"的欧美模式,日本女子高等教育为"家庭主导型"的东方模式,中国女子高等教育则由"家庭主导型"的东方模式在建国后转变成为"社会主导型"的模式。论文共分六个部分,除序言和结语之外,主体部分共四章。第一章主要探讨了三国女子高等教育的产生,并对产生的原因进行比较。第二章考察了三国女子高等教育发展的历史过程,并对发展过程的特征进行比较。第三章在前两章的基础上,从总体上分析女子接受高等教育的途径、学科、层次分布,并进一步对女子学院的专业设置进行考察,从而揭示了女子高等教育的质的内涵及其发展变化。第四章分析了三国女子高等教育的目标,并以此为主线将该研究所探讨的几个主题贯穿起来。在结语中,作者对三国女子高等教育的特点进行归纳,并对今后中国女子高等教育的发展提出建议。该文对于女性学的理论和学科建设都具有意义。同时,论文为认识目前我国普通高校女大学生比例迅速提高之后新出现的问题,提供了新的视野,具有一定的现实指导意义。

关键词:高等教育　女性　比较教育学　美国　日本

2817

21世纪公安人才培养模式研究 / 郑群著 ; 刘献君指导. -- 华中科技大学, 2005. -- 139 页

该文以"改革与建构"为主线,以"存在的缺陷"为切入点,在对人才培养进行历史与现状、国际与国内考察分析的基础上,从不同的方面、不同的角度对公安人才培养模式展开系统研究。论文首先对核心概念进行了界定,认为,公安人才培养模式是指,在一定的教育思想和理念指导下,以人才培养活动为主体,为实现培养目标所设计形成的某种标准构造样式和运行方式。其根本属性是一种"过程范畴",体现在对人才培养活动的谋划、设计、建构和管理环节上;它的主要特征在于它的多层性、特色性和实践性;它的基本要素主要涵盖培养目标、培养过程、培养制度和培养评价等内容;它与办学模式、教学模式既有联系又有区别,即公安人才培养模式处于二者之间。其次,分析了公安人才培养模式改革的动因。认为,在知识经济时代,大学由社会边缘逐渐走进社会的中心,大学成为引导社会的"思想库"、培养高级人才的"人才库"、推动经济发展的"动力源"。这就要求公安高等教育必须改革传统的人才培养模式,以培养出高素质的复合应用型人才。再次,进一步探讨了公安高等教育的人才培养模式,认为,公安本科人才培养的主导模式可以概括为"厚基础、强能力、善创新、优品德的复合型模式";通专结合或复合型教育是新的主导模式唯一的实现形式;"宽口径专业教育"是有公

安特色的通专结合之路。最后，对21世纪公安人才培养模式从理念和操作两个层面进行建构。在理念层面上，公安高等教育的人才培养活动要更新观念，牢固树立"政治建校、服务公安实践、素质教育、创新教育"等现代教育理念，并贯穿于人才培养的全过程之中。在操作层面上，公安高等教育要积极推行学科和课程的综合化，努力建立教学运行新机制，实施以培养创新能力为重点的素质教育，实现以培养综合素质为目标的学研践结合，构筑以警务化管理为重点的合力育人新格局。

关键词：高等教育　公安工作　人才培养

2818

我军院校初级指挥军官培养模式研究 / 周泉兴著；黄黔指导. -- 华东师范大学, 2005. -- 184页

论文以新军事变革为背景，以培养模式为切入点，通过历史研究、现状调查、国外比较、理论分析等途径，针对我军建设现状和发展需要，从理论和理论与实践的结合上，对初级指挥军官培养问题进行较为系统、全面、深入的分析研究，重构了初级指挥军官培养模式，并提出了相应的政策建议。主要结论如下：(1)我军初级指挥军官教育，经历了由"岗位型培养模式"到"学历岗位型培养模式"再到"复合型培养模式"的历史过程。(2)我军院校现行初级指挥军官培养模式是一种"统一化"、"技术化"、"刚性化"的培养模式，存在着一些弊端和问题。(3)以通识教育、专业教育、个性化教育等理论为基础，构建了初级指挥军官"四位一体"培养模式，并从宏观层面提出若干政策建议。

关键词：高等教育　军事教育　军事院校　干部培养　军人

2819

高师奥林匹克数学课程研究 / 朱华伟著；冯向东指导. -- 华中科技大学, 2005. -- 153页

本文认为，奥林匹克数学课程对于发现和培养青少年数学人才，提高学生学习数学的兴趣和能力，改善学生的思维品质等方面，发挥了积极的作用。但另一方面，理性主义的教育思想使奥林匹克数学课程的研究与教学走向狭隘的理性化、实证化道路；科学心理学实证化的方法体系、惟理性的价值取向使奥林匹克数学课程成了机械的逻辑演绎知识体系。从教育的角度反思，这种纯粹的认知训练，忽视了人的情感、意志、精神等因素，不利于人的全面发展。为了发展学生全面的创造性，在奥林匹克数学教学中必须超越纯粹认知取向的传统观念，充分挖掘数学创造中的文化资源，把数学探索、创造与人类的精神超越潜能结合起来，把对外部世界的探索超越与自身的更新提升结合起来，使数学教学中的创造活动成为人性完善和全面创造性发展的实践活动。文章指出，奥林匹克数学不具备完整的知识体系和严密的逻辑结构，但又具有相对稳定的内容，围绕着命题与解题，充分体现出奥林匹克数学开放性、趣味性、新颖性、创造性、研究性等特征。坚持命题的科学性、新颖性、选拔性、界定性等原则，善于运用多种命题方法，对于组织奥林匹克数学的教学和竞赛活动，具有重要的作用。高师数学专业学生开设的奥林匹克数学课程，必须涵盖上述重要内容，让学习者不仅了解奥林匹克数学本身的特点，而且把握奥林匹克数学的教育目标、教学特点和教学方法。文章最后指出，要让奥林匹克数学教学真正成为创造性教学，必须秉承现代创造观，即将创造性视为内在"人性"特质与外在"人力"表现相统一的全面的创造性，在教学过程中不仅注意培养学生在认知方面的创造性品质，而且注重知、情、意的整合，从而为学生的全面发展创设环境和途径。

关键词：高等师范教育　数学课　数学教学　教学理论

职业技术教育学

2820

高等职业教育发展与变革之比较研究 / 匡瑛著；石伟平指导. -- 华东师范大学, 2005. -- 260页

文章站在比较教育学的学科立场，采用比较和历史的方法，对二战后、特别是20世纪80、90年代以来的高等职业教育的发展与改革的历程、未来走向进行了深度研究。全文共分五章。首先，作者交代了选题的缘由、已有研究的局限、研究方法和概念界定等问题；继而，从历史的角度，对高等职业教育发展的过程进行了研究，整理了二战后高职发展的轨迹和动力；然后，以重大政策及重要事件变化为线索，重点描述了美、澳、德、英、日等五个国家和我国台湾省的高职发展脉络；并在此基础上，对战后影响高职发展的思潮和高职改革的基本走向进行了研究。最后，论文立足于我国高职的若干现实问题，从五个方面，即高职的培养目标、体系、投入、招考机制和学制，进行了深

人探讨。认为,现阶段高职培养的人才应以高技术人才为主;有必要建立从中等教育到研究生层次的职教体系;投入数量应继续增加,机制上应采用成本分担和多元办学的方式;在招考制度上,要实现从重理论到重实践,从考试到不考试的过渡;并对“三改二”的问题进行了详细阐述,认为,可以试点,但还需要注意其适用范围和支持系统的建设。

关键词:高等教育　职业教育　教育发展

特殊教育学

2821

普通话言语的发展 : 言语清晰度、音位对比及声学特征 / 韩知娟著 ; 黄昭鸣指导. -- 华东师范大学, 2005. -- 111 页

论文采用音位对比的分析框架,从言语清晰度、音位独立和声学特征等三个维度,研究了讲普通话儿童的言语声的发展过程。研究中采用了临床中的两种角度,即:知觉任务和声学性质。讲普通话儿童的言语清晰度和音位对比的发展,通过五位成年人的听知觉分析进行研究。声学测量用于考察讲普通话儿童的声学特征的发展。研究结果表明:年龄是影响讲普通话儿童的言语清晰度和音位对比发展顺序的因素。噪音起音时间和擦音噪音时间,随着讲普通话儿童年龄的增长变化而减小,并形成对比。论文最后考察了言语清晰度、音位对比和声学特征与言语发展的关系。

关键词:普通话　语言障碍　音位　声学　言语清晰度

2822

超常高中生自我意识及其对情绪的影响 : 特殊教育背景下对“统一人格”的追寻 / 苏雪云著 ; 方俊明指导. -- 华东师范大学, 2005. -- 117 页

文章立足特殊教育的语境,在知情意的大框架下,关注超常儿童“主体”意义上的自我特征,以及从功能上来探讨自我概念、自尊对于情绪的影响;在研究范式上,采用质、量结合,静态和动态研究,采用立体性、整体性的方法讨论了作为“人”的特殊儿童的需要,以及“自我”作为建构特殊儿童“统一人格”的途径的可能性。论文首先系统回顾了哲学、心理学(教育学)对于“自我意识”的思考和研究,归纳了主要的理论及其有影响力的观点,并阐明了特殊教育语境下自我意识研究的特殊内涵。进而提出了整个研究的着眼点和基本问题,并对本研究中的重要概念进行了界定和说明。然后,结合标准化量表和开放性的自我描述以及访谈,对超常高中生的自我概念和自尊特征进行了研究。发现,学业超常儿童的自我意识受智商水平和群体的影响,相对普通儿童而言,学业超常儿童学业自我概念较高,自尊水平较高,但在社会性自我概念上不具显著差异。论文进一步通过四个实验,研究了超常儿童在一个发展阶段的自我意识特征及其对情绪的影响作用,发现,在有无干扰两种条件下的表情识别上、实验室挫败或提升自尊的过程中,超常与否、智商水平高低、自尊高低对于不同表情识别、情绪体验和认知作业都有影响,其作用不是单向的,而是相互的;在生态性的现场实验里,不同自尊水平影响消极情绪(焦虑)的调节过程,学业超常儿童高自尊组相对焦虑程度较高,但对认知作业任务结果水平无消极影响。最后,作者对研究结果进行了总结:经实验证实,“自我”可以作为建构特殊教育背景下“统一人格”的可能性途径。

关键词:特殊教育　自我意识　情绪　高中生

2823

2—5 岁超常儿童对数的认知及其策略的研究 / 徐浙宁著 ; 方俊明指导. -- 华东师范大学, 2005. -- 97 页

研究选取了 2—3 岁、3—4 岁、4—5 岁三个年龄段的超常儿童和普通儿童共 100 人,进行计数、数守恒及集合比较等三项数认知活动的测查,并对相应的结果进行分析讨论,得到了以下四点研究结论:第一,2—5 岁超常儿童的数认知发展总体上优于同年龄普通儿童,且二者之间的差异不仅是量的,还是质的。在计数、数守恒和集合比较等数认知任务中,早期超常儿童与普通儿童之间存在不同程度、不同水平的差异。而且不同年龄段两组间的差异也不尽相同,3—4 岁组彼此之间差异最大,该年龄段的超常儿童在数认知上的表现相当于 4—5 岁组普通儿童。第二,2—5 岁超常儿童在数认知策略上总体上优于同龄普通儿童,超常儿童更可能选择适应性策略来解决问题,表现出策略运用上的更大灵活性、迁移性及有效性。在计数、数守恒及集合比较等不同的数认知活动中,超常儿童与普通儿童之间的策略运用差异又有具体的不同。另外,超常儿童认知策略上的发展优势可能与其具有更多的策略知识、元认知及自我调控能力等紧

密联系。第三,计数、数守恒及集合比较能力均与智商有显著相关,而且三者之间彼此存在相互作用,但每一领域又有其发展的独特性。最后,2—5 岁超常儿童在数认知上表现出的发展优势证明了早期超常儿童需要特殊教育,而且需要多元的、可持续性发展的教育。

关键词:早慧儿童　认知　儿童教育

2824

汉语幼儿心理理论与语言的关系 :不同语言能力幼儿的实验研究 / 张旭著 ; 方俊明指导. -- 华东师范大学, 2005. -- 80 页

文章旨在考察 3—4 岁汉语幼儿语言与心理理论能力发展之间的关系,并探讨幼儿语言能力的个别差异对二者作用机制的影响。主要结论如下:(1)在 3 岁半到 4 岁之间,幼儿的错误信念理解能力发生了显著变化。(2)3 岁半幼儿的语言能力和性别变量在心理理论任务表现上存在交互效应。(3)幼儿错误信念理解能力和一般语言能力发展存在着密切联系,但难以确定二者相互作用的方向。(4)年龄和语言能力对汉语幼儿在愿望、信念动词补语记忆任务和心理理论任务上的表现有显著影响。(5)普通语言能力的 3 岁、4 岁组幼儿和高语言能力 3 岁组幼儿在愿望动词补语记忆任务上的表现,均显著优于信念动词补语记忆任务和标准错误信念任务;愿望补语记忆任务与另外两种任务相比,除高语言能力 4 岁组幼儿外,难度均有显著差异,愿望补语记忆任务比后两者更容易;而信念补语记忆任务与标准错误信念任务之间的难度在各组间都没有显著差异。(6)各组幼儿在标准错误信念任务上的表现与心理状态动词补语句法结构的掌握存在显著相关;在控制了语言能力和年龄因素之后,该相关仍然显著。(7)降低了对语言能力要求的非言语性错误信念任务,并未改变幼儿在标准错误信念任务中表现出的年龄特征。(8)高语言能力组幼儿在各项实验任务上的表现均好于普通语言能力组幼儿。(9)言语性、非言语性和标准错误信念任务有显著相关,三种错误信念任务存在某种显著的公共成分。(10)高语言能力组幼儿在名词习得中运用了对他人知识状态觉知的社会性语用线索。而普通语言能力组幼儿的名词习得,未表现出对他人知识状态觉知线索的利用。不同语言能力组幼儿在两种条件下的新异名词习得上都不存在显著的年龄差异。(11)论文在上述研究发现的基础上,从心理理论发展模式、语言习得及心理理论任务的语言变量等角度对两者的关系进行了讨论,并认为不应该将二者的关系简化为谁依赖谁的模式,而应以动态、发展的视角探讨它们各自的发展规律及复杂的互动机制。

关键词:心理语言学　儿童语言　汉语　幼儿

教育技术学

2825

基于义素的网络本体模型及其应用研究 / 陈天著 ; 何克抗指导. --北京师范大学, 2005. -- 116 页

文章通过对现有本体表示方法的研究,针对目前本体建构过程中容易出现的客观性、共享性和描述能力等问题,提出了一个基于义素的网络本体模型——SWOM,并围绕 SWOM 模型进行了本体表示语言、本体建构方法、本体建构工具、本体计算方法和本体查询语言的研究,在此基础上开发了一套基于本体的智能答疑系统——KRQA。论文主要创新之处在于,首先,提出了 SWOM 网络本体模型,改变了以往直接标注概念之间关系的本体表示方法,而是采用了能够表达概念基本意义的义素作为本体模型的核心层,通过概念和义素之间的隐性关系来揭示概念本质。为了使模型具有较强的表达能力以及兼容 OWL 本体描述语言,在 SWOM 模型的第二层概念层仍然支持概念之间显性关系的描述。通过 SWOM 模型的第三层知识层,能够描述概念的实例、规则、事实等领域知识。其次,在 SWOM 的基础上,结合中文信息处理的实际需求,设计了 OWL-SWOM 本体描述语言。该语言是一种基于描述逻辑的网络本体语言,能兼容 W3C 推荐的 OWL 规范,并能够很好地支持 SWOM 本体模型的需求。再次,提出了基于 SWOM 的本体开发方法。该方法将本体的开发过程,分为面向项目管理的活动和面向开发的活动,同时采用迭代法进行本体的生命周期管理。此外,作者还开发了 SWOM-BUILDER 本体建构工具,利用这个工具建立了一个中国教育史学科的实验本体库。最后,根据 SWOM 的特点,设计了基于 SWOM 的概念相关度计算方法、概念相似度计算方法、概念扩展算法和概念查询算法。这些算法是 SWOM-QL 本体查询语言的基础。SWOM-QL 本体查询语言,是一个既能支持一阶谓词逻辑的精确查询,又能支持模糊查询的本体查询语言。作者设计了 SWOM-QL 的语法和问答式的本体查询过程,并开发了适合 Java 程序使用的 SWOM-QL 的 Java API。

关键词:计算机辅助教学　远程教育　本体

2826

现代远程教育质量评价内容体系研究 / 陈斌著；丁新指导. --华南师范大学, 2005. -- 190 页

该论文运用历史研究、质性研究、问卷调查和实践研究等方法,从对历史现状的梳理、理论建构、实证研究和应用探索四个角度,对现代远程教育内容体系的形成进行了系统考察。首先,论文对远程教育质量评价发展的历程进行了回顾和梳理,从实践、管理和理论三方面对我国现代远程教育质量评价进行了反思,指出我国应在实践中建立起现代远程教育独立的质量评价体系,在管理上应确立分权制的质量评价机制,在理论上应尽快发展和丰富具有现代远程教育特色的质量评价理论。其次,从质量评价的质量观和评价论两个方面,建构了现代远程教育质量评价内容体系制定的理论基础。在分析远程教育应有符合自身目标的质量观基础上,提出,应确立发展性的现代远程教育质量观。评价论则从哲学的角度对现代远程教育质量评价活动的本质进行了分析,指出现代远程教育质量评价活动中包含了政治、社会、个人、教育和学术等五种价值表现,每种价值表现都可能在具体的实践中出现错位。在理论建构的基础上,论文从质量评价的主体、方法、分类和标准等四个角度,对现代远程教育的特征进行了分析。再次,对现代远程教育质量评价的内容体系进行实证研究,通过结构方程模型对因素分析形成的内容体系进行验证,形成了现代远程教育评价内容体系、模型及其现代远程教育质量评价的参考指标体系。最后,从原则和方法、参考视角和评价结果在实践中的应用三个角度,对现代远程教育质量评价内容体系的应用的进行了分析和阐述。

关键词:计算机辅助教学　远程教育　教育质量

2827

网络环境下的跨学科知识共享 / 陈向东著；张际平指导. -- 华东师范大学, 2005. -- 168 页

论文首先从信息行为、网络环境下的非正式交流、实践社区等角度,讨论了跨学科知识共享的途径。认为网络环境下的非正式交流是一种与网络技术紧密结合的全新的交流方式,它克服了时空等许多客观条件对于跨学科知识共享的限制;在线异质的实践社区则可以通过交流和材料的组织而促进不同知识背景的参与者知识共享。然后,从解决这个问题的资源入手,讨论了在互联网时代如何利用网络工具促进跨学科知识共享的问题。论文介绍了三种非正式交流工具:Blog、Wiki 和开放本体导航工具,它们适用于跨学科协作的不同阶段,使跨学科的协作者能够连接成社会网络,建立异质的实践社区。Blog 是一个开放、低壁垒的交流媒体,它允许参与者交换想法,相互间的讨论可以突破学科壁垒的限制。同时,它还可以作为一个信息过滤器,使得跨学科的知识能够聚集。Wiki 中的内容是共同协商的结果,是社区的公共知识。它使得对某个不属于特定学科领域的问题有共同兴趣的人可以分享和构造他们的知识。开放本体导航工具是作者设计的模型,它对 Wiki 的功能进行了扩展。通过参与者协作建立轻量级的本体,不仅可以有效地对跨学科的知识结构化,也使得知识的检索更容易。最后,对三种工具的应用作了比较,介绍了一个综合应用这些工具的统一的平台,并探讨了未来的研究方向。

关键词:知识共享　跨学科　知识交流　计算机网络

2828

基于 LPSS 的教师专业学习研究 / 高丹丹著；张际平指导. -- 华东师范大学, 2005. -- 120 页

学习支持系统(Learning Performance Support System,LPSS),是基于专家系统、模糊逻辑和人工神经网络等人工智能技术来实现针对问题的学习支持,它能够满足学习者“即求即应”和“边干边学”的学习需求。论文就如何引入 LPSS 从而服务于教师专业学习这一问题,进行了深入思考。文章首先概述本研究的背景、意义及具体的研究内容与方法。进而,阐释了教师角色、教师专业素养的结构、教师专业学习的内容以及教师专业学习的特征;分析了技术在教师专业学习中的应用,包括:技术在教师学习中应用的基本观点、技术作为教师专业学习支持的应用原则、技术在教师专业学习中应用的类型与特征以及技术在教师专业学习中应用的实例分析等。接着,论文进一步论述了基于 LPSS 的教师专业学习支持系统的理论基础、功能与结构,包括 LPSS 的概念、特征以及教师专业学习支持系统每一功能模块的组成;讨论了基于 LPSS 的教师专业学习支持系统的技术实现,包括教师专业学习支持系统的技术框架、数据组织与事例推理的实现以及典型功能模块的介绍。最后,作者对全文作了总结,并对系统的进一步完善进行了讨论,提出了未来研究的方向。

关键词:教师　师资培训　专业学习　学习支持

系统(LPSS) 信息技术

2829

中小学教育信息化成本效益探讨 / 郭莉著 ; 祝智庭指导. -- 南京师范大学, 2005. -- 209 页

中小学教育信息化成本效益是新的研究领域,它包括成本研究、效益研究和成本—效益研究三大子领域。论文结合现阶段我国中小学教育信息化实践,对中小学教育信息化建设的成本效益问题进行了挖掘。文章首先对中小学教育信息化成本效益研究的学科基础(教育学、经济学和技术学)、研究内容,以及影响教育信息化建设的因素,进行了综述。在此基础上,讨论了中小学教育信息化成本结构和现阶段成本计量的可行性,指出教育信息化的成本结构包括硬件、软件和人员,现阶段我国中小学教育信息化硬件、软件和人员成本比例严重失调,硬件成本约占总成本的90%以上,而且全面计量教育信息化成本的条件还不成熟。但是,研究发现,中小学教育信息化进展是学校内各主体利益博弈的结果。因此,可以从教育信息化目标和教育信息化建设中各主体的利益这两个角度去考察教育信息化效益。最后,作者指出,教师有效使用信息技术课时比率是评估教育信息化最终效益的具有操作性的替代性指标。在学校教育信息化建设过程中,制度以及具有制度效应的领导者行为对教育信息化效益影响巨大;成本结构失调、人员培训不足和追求升学率是影响现阶段中小学教育信息化效益取得的主要因素。

关键词:中小学 信息技术 计算机辅助教学 成本—效益分析

2830

网络教育中道德自主学习体系研究 / 胡钦太著 ; 徐福荫指导. -- 华南师范大学, 2005. -- 220 页

作者运用问卷调查法、访谈法以及网络调查法,通过对中国人民大学、清华大学、中山大学、华南理工大学和华南师范大学等五所高校的网络教育学院及其教学点的调查,采用 SPSS 统计方法对数据进行分析,验证了网络教育中存在着道德教育缺失的基本假设,并进一步分析和阐释了造成这种缺失的主要原因。在此基础上,论文结合网络教育特点和道德教育规律,综合运用自主学习理论、教育本体论、人本主义学习理论、教育传播理论和建构主义理论等,提出在网络教育中开展道德自主学习,构建由学生自己自主道德教育过程的道德自主学习体系。本研究运用系统论的方法,从内容、模式、方法、监控以及评价等五个有机联系的子系统出发,建构网络教育中道德自主学习的科学体系。本研究结合网络教育和自主学习的特点,建构了基本文明习惯与行为规范、基本道德品质、公民道德品质和信仰道德品质等道德自主学习的内容体系;结合网络教育中道德学习的特点,依托网络技术的发展,建构了基于网络国际课堂的道德自主学习模式、基于网络学习社区的道德自主学习模式和基于网络虚拟现实的道德自主学习模式等道德自主学习的模式体系;借助于网络技术的发展,利用互联网平台,建构了 BBS 道德自主学习法、E-mail 道德自主学习法、OICQ 道德自主学习法以及 VC 道德自主学习法等道德自主学习的方法体系;将道德学习者及学习活动本身作为认知对象,建构了包括自我记录、自我记分和自我提问等道德自主学习的自我监控体系;根据道德评价规律和自主学习的特点,从能力和过程两个维度编制了评价指标体系,并在这一指标体系的指导下,从能力、过程和方法三个维度建构了道德自主学习的评价体系。该研究表明,解决网络教育中道德教育缺失的问题,促进网络教育的发展,确保网络教育人才培养的质量,关键在于构建包括内容、模式、方法、监控和评价等于系统在内的网络教育道德自主学习体系。

关键词:计算机辅助教学 网络教育 道德 自主学习

2831

问题化教学设计 : 信息技术促进教学变革 / 胡小勇著 ; 祝智庭指导. -- 华东师范大学, 2005. -- 253 页

论文尝试探讨了信息技术对促进教学变革方面的意义和策略,构建了由信息技术支持的问题化教学设计理论,并进行了相关实证。全文分为理论解析、模式阐释、教学实证三部分。在理论解析部分,论文描述了课程改革与教育信息化背景下的种种教学需求和实践现状,分析了各种关注问题的教学设计理论的主要特性、研究异同和局限性,以及信息技术促进教学变革,信息技术在教学应用中的误区和不足,从而提出构建一种新型问题化教学模式的必然性。在模式阐释部分,文章根据问题化教学的系统框架和流程框架,首先从主题单元的选择组织入手,分析了问题化教学的内容组织方法和教学目标表述;并接着对问题化教学中的问题设计域、不同类型教学问题的特性进行分析,从而构建了促进设计优质教学问题的设

计支架,以及检验教学问题设计质量的一系列有效性特征。然后,文章分析了将信息化教学环境作为实现全空间理念缩影的理论意义,并指出问题化教学环境设计的最终核心聚焦在于创设问题情境和问题知情权。接下来,论述了问题化教学过程设计的重要性,并从教学投入性、教学任务、教学活动、助学支架等方面进行了具体深入的阐述;继而,论述了问题化教学资源分布特性,以及信息化教学资源的各种作用,并提出和论述了问题化教学资源的主要应用策略;最后,提出应该从发展性视角来看待问题化教学评价的意义和倾向,并分析和提出了问题教学评价的设计原则和实施策略。在教学实践部分,论文依据"模式阐释"部分所构建的问题教学设计模式,阐述了如何依托教师专业发展和行动研究策略所展开的一系列教学实证工作,并对实证过程中所取得的数据、案例和经验进行了分析说明。

关键词:问题教学　信息技术　教学设计　教学改革

2832

句义形式化研究及在中文答疑系统中的应用 / 黄勇著 ; 何克抗指导. --北京师范大学, 2005. -- 109 页

句子相似度计算是自动答疑系统的关键技术,它的发展水平在很大程度上决定了自动答疑系统的性能和准确率。目前已有的句子相似度计算方法主要缺陷在于:难于解决"一义多词"和"一义多句"问题。针对上述状况,论文提出了基于句义结构匹配的方法,并围绕该方法,作了以下研究:首先,分析了菲尔默、贾彦德、陈昌来的格体系,总结出 12 种句义结构成分;以此为基础,提出一个以谓词结构为主体的句义结构模型及其形式化描述语言 SSDL。该模型扩展了"以谓词为核心"的理论观点,提出谓词结构是以谓词为核心,一个谓词结构只能包含一个谓词;句义不是以谓词为核心,而是以谓词结构为主体,一个句义可以包含多个谓词结构。这样,包含单个动词的简单句义就可以分析成一个谓词结构,而包含多个动词的复杂句义就可以分析成多个谓词结构,从而使得该模型可用于表示任何简单和复杂的句义。SSDL 可用于实现句义结构的形式化表达、比较和共享,提高了句义结构模型的通用性。其次,以句义结构模型为基础,实现了基于句义结构匹配的句子相似度计算方法。该方法本质上属于深层的语义分析技术,它能有效解决"一义多词"和"一义多句"问题。实验表明,使用该方法可以有效提高答疑系统的准确率。再次,以语序、虚词、词的句法语义属性为基本依据,以句干策略为基本策略,建立了一个句义分析规则系统,用于实现从句法结构到句义结构的映射。论文在参考大量句法理论和语义理论的基础上,归纳出 100 余条句法—句义映射规则,包括一般单句的规则、特殊单句的规则、介宾短语的规则、定中短语的规则、复句的规则。实验表明,上述规则覆盖了大部分常见句式,能够正确分析大多数常见的句子。最后,应用基于句义结构匹配的方法,实现了一个中文答疑系统 KRQA。

关键词:计算机辅助教学　远程教育　语文教学　句法　句子分析

2833

学习活动建模 / 李青著 ; 祝智庭指导. -- 华东师范大学, 2005. -- 229 页

论文从学习者为中心的视角,以建模方法论和教学设计的理论为基础,运用文献调查分析法、案例分析法和实证研究的方法,在教育技术领域内引入了工作流和设计模式思想,深入研究了学习活动建模这一新课题。文章首先阐述了建模方法论的概念和建模的基本原则,在此基础上阐述了学习活动建模的基本特征和研究意义,对现有的相关研究做出比较和分析,得出学习活动的基本要素。接着,从不同的角度介绍了活动建模和学习对象之间的关系、活动建模和教学设计之间的关系、活动建模和教学模式的关系以及以活动为中心的分析框架,以此奠定活动建模的理论来源。继而,从工作流的视角入手分析学习活动的流程,以学习流的方式对学习活动的流程进行分析和建模,建立学习流的元模型,并且探讨学习活动的基本编列模式,以指导活动编列的实践。接下来,论文引入了设计模式的相关理论和实践,研究了其在活动建模中的应用,对学习活动设计模式进行了分类,并且列举学习活动设计模式的范例。最后,作者在建立学习元模型的基础上开发了活动建模语言 LAML,并且从系统设计的角度设计了活动建模系统的软件架构,制定了活动单元的设计步骤,以表格和活动流程图为工具,规范了活动设计从分析到实现的具体流程。

关键词:教学设计　教学研究　工作流

2834

基于活动的 CSCL 多 Agent 系统研究 / 马秀芳著 ; 李克东指导. -- 华南师范大学, 2005. -- 183 页

目前计算机支持的协作学习(CSCL)领域的研究,存在不少问题。活动理论作为分析人类活动的框架,已成为解决多Agent系统中合作机制和协商问题的通用理论框架。论文认为,活动理论是目前解决CSCL-MAS研究问题的关键理论基础,研究活动理论指导下的CSCL-MAS的设计问题是该领域亟待解决的问题。为此,作者提出了以活动理论作为理论框架,研究基于活动的CSCL多Agent系统(简称:ACoLS)设计方法与技术的课题。首先,陈述了拟解决的关键问题和研究的基础、内容、目标与方法;综述了CSCL多Agent系统的国内外相关研究现状,归纳总结了当前CSCL多Agent系统的研究特点和存在问题。其次,论述了ACoLS系统设计的理论基础,包括活动理论、CSCL理论、多Agent理论与方法和分布式认知理论。然后,以活动理论为框架,结合多Agent系统的设计方法,提出了ACoLS系统的分析设计方法。在分析MAS建模的基础上,结合ACoLS系统的特点,详细阐述子ACoLS系统分析设计的内容和分析设计的过程。以活动理论的分析方法为基础,分析ACoLS系统的设计目标和系统本体,建立了ACoLS系统的理论框架模型,应用活动理论分析方法详细分析ACoLS系统中活动的类型及其要素,最后阐述ACoLS系统中活动设计的内容。再次,构建了ACoLS系统的软件模型。基于ACoLS的理论框架,利用MAS系统分析设计方法,构建了ACoLS系统的MAS软件模型,并具体分析与建构系统中各类Agent功能和结构,阐述了系统中活动的组织管理机制和活动事件的管理机制及系统的层次模型等多个方面的研究内容。最后,从ACoLS系统建模、系统通信机制、系统协商技术、MAS开发技术与平台等多个方面分析和解决ACoLS系统开发的关键技术问题。该研究为基于活动的CSCL多Agent系统的实现提供相应的分析建模方法、理论框架、系统模型和关键技术。

关键词:计算机辅助教学　计算机网络　协同学习　学习活动　多智能体系统

2835

成人自导学习与支持系统研究 / 王兴辉著 ; 张际平指导. -- 华东师范大学, 2005. -- 156页

作者指出,随着知识更新的加快,终身学习已经成为一种趋势。对于成年人而言,他们的学习与儿童的学习方式有着显著不同,成人教育的教学设计模式也不同于一般的课堂教学设计模式,支持这种学习和教育的技术手段也需要有自身的特点。成人的学习是自导式的,更倾向于自己控制学习的过程。论文从成人自导学习理论的历史发展、自导学习理论体系的形成等角度,对自导学习的概念和理论进行了考察和论述,并且提出了成人群体中自导学习程度的三维连续谱概念,构造了自导因素与自导程度之间的数学函数。论文在成人教学设计方面,根据成人自导学习的特点,提出了自导学习的教学设计模型,并在此基础上提出了三种教学策略,即:最佳匹配策略、接近匹配策略和避免不匹配策略。同时,从学习者角度,对成人自导学习进行了设计,归纳出常用的学习策略。此外,根据成人自导学习相关的理论,对成人学习支持平台进行了研究和开发,其目的是提高成人学习的学习过程和资源管理的效率,为不同类型学习者营造不同的学习环境。该系统具有跟踪和维护学习资源、制订学习计划、学习过程管理和评价、自我评价、学习类别判断、场景选择和身份管理等功能。

关键词:成人教育　教学设计　自主学习　学习支持系统(LPSS)

2836

企业E-learning应用模式的研究与实践 / 张京彬著 ; 何克抗指导. -- 北京师范大学, 2005. -- 112页

企业E-learning在其蓬勃发展的同时也出现了诸多问题,主要表现在企业E-learning学习模式没有与PT、Workflow、HR等关键应用进行深层次整合,企业需要构建一种基于工作流的嵌入式学习模式;另外,由于目前课程资源主要依赖外购或外包,长远看来,这不利于企业整体与员工个体之间的智慧互动和学习文化的养成,企业呼唤可持续发展的数字化资源建设的教学设计新理论和新型的工具性支撑平台。基于这种背景,结合中国平安保险(集团)股份有限公司和中国银河证券有限责任公司的企业E-learning项目成果,在以下几方面取得突破:首先是基于工作流的嵌入式学习模式。在考察PT、WorkFlow等E-learning相关研究领域的基础上,对嵌入式学习模式进行体系化的全面思考,构建一种“以绩效为导向、以工作流为驱动、以E-learning为具体实现”的嵌入式学习框架,使三个关键要素深层次整合,改变把本来相关的企业应用进行割裂式建设的误区;其次,提出了企业E-learning数字课程的教学设计新理论——基于课程元的教学设计。在对课程与课程元、学习对象与课程元等概念进行充分辨析的基础上,提出企业课程元理论,分析其设计模式、设计原则、结构模型、设计与开发以及基于课程元的APREM教学设计框架,这种小

粒度、动态、灵活的数字化资源组织形式为营造“群建群用”、“个体与企业智慧互动”的可持续发展的企业数字化资源建设提供指导;最后,提出基于课程元的嵌入式学习与管理系统建设。以课程元模型为基础,搭建能够有效支持嵌入式学习的企业 E-learning 应用平台系统,分析其分布式架构、系统体系结构以及功能模型。其中,分布式架构、胜任素质管理、嵌入式学习与管理等子模块的提出,以及以课程元为学习单位的时间运行环境模型具有开创性。

关键词:企业管理　企业信息化　教学设计　课程

2837

课堂网络学习环境下的小学英语听说教学设计研究 / 张文兰著 ; 何克抗指导. --北京师范大学, 2005. -- 120 页

如何抓住学龄初期儿童语言学习的关键期、依据他们语言学习的心理特点、恰当的运用多媒体网络技术,为他们创设一个良好的语言学习环境和氛围,提供恰当的学习支持和学习条件,使学生轻松的学习和掌握语言知识,有效的提高听说能力,是信息技术环境下小学英语教学亟待研究的课题。该文以“语觉论——儿童语言获得新论”作为理论基础,分析了其他几个相关语言学习理论的优点和不足,采取整合研究的方法,汲取已有理论的合理内核,从有助于教学设计研究的角度出发,构建了 web-based EFL 学习模型,分析了支持网络学习环境下儿童英语听说学习的内外条件,并在此基础上,提出了基于课堂网络学习环境的小学英语听说教学设计过程模式,并重点对模式中的几个设计要素——儿童英语学习动力激发和自我调控能力培养的教学策略、基于网络学习环境的小学英语听说教学策略、拓展听说教学模式的设计以及支持策略和模式实施的学习环境设计——进行了研究;此外,还结合英语学科教学的特点和已有教学设计方法的研究,进一步分析了网络环境下儿童英语学习的特征、拓展学习内容选择和组织的方法以及学习目标和学习评价的方法;最后,通过对测评结果的量化分析和教师自我报告的质性研究,初步验证了本研究所提出的课堂网络学习环境下的小学英语听说教学系统设计理论和方法能够有效的提高小学低年级儿童英语听说能力。论文为我国小学英语听说教学模式的改革探索了一条新的途径,对信息技术环境下的小学英语听说教学具有重要的理论指导意义。

关键词:小学　英语　听说数学　多媒体

2838

支持高级认知发展的 VIEs 设计理论与实践研究 / 周跃良著 ; 黄荣怀指导. -- 北京师范大学, 2005. -- 180 页

该研究在系统分析和总结了国内外信息技术(ICT)教育应用发展状况和各类“虚拟学习环境”(VLEs)开发与应用的基础上,结合我国中小学的组织特征和教育方式,设计开发了适合于我国中小学教学和学习需要的 VLEs-PRIME 学习支持系统,并对该系统的有效性和教育应用方式进行了实验验证,同时也提出了一些能够直接应用于课堂教学的、基于 PRIME 的新型教学和学习方式。PRIME 的设计和开发采用了改良的“开发研究”方法,以支持知识生成和管理过程、高级认知发展等作为主要目标。本文采用多元分析方法对 PRIME 验证性实验数据进行了分析。结果表明:该系统具有支持高级认知发展和高级知识获得的功能,尤其对一般元认知(计划、调节)、学科学习策略、ICT 素养的发展等有十分显著的作用。还描述了基于 PRIME 的阅读、写作、ICT 与数学等学科独特的教学和学习方式,这些方式突破了现有 ICT 与课程整合的一般做法,确立了 VLEs 对常规课堂学习和教学过程的支持机制,它们对学生学业成绩的提高也有积极的作用。实验结果发现,各科学习成绩与活跃指数、高级认知,尤其是一般元认知(计划、调节)、学科学习策略、ICT 素养和动机与之间的相关十分显著,说明高级认知在学业成绩和 PRIME 应用之间的关系中可能扮演者重要的角色。根据以上研究,对如何应用 VLEs 进行课堂教学和学习提出了一些建议,其中包括教学设计、学习活动规划与管理、教学常规等方面的要求。另外,还探讨了“虚拟学习社区”(VLC)的形成和发展问题,认为教与学是最核心的社区活动,教师在社区发展中具有关键的作用,而家校联系则是它的一种有效应用方式。最后,本文指出了研究中存在的若干问题以及未来研究的一些重点,为 PRIME 系统的进一步完善和教学实验的推广指明了方向。

关键词:计算机辅助教学　认知　信息技术　虚拟学习环境(VLEs)

2839

文化教育视野下的信息技术课程建构 / 朱彩兰著 ; 李艺指导. -- 南京师范大学, 2005. -- 113 页

论文在对信息技术课程的发展进行历史回溯的基础上,提出,需要在文化教育的视野下观察信息技

术课程,即在文化教育的层面上理解和实施信息技术课程。文化教育意味着信息技术课程追求的是人与文化的双重建构:于人,实现信息素养的培养与提升;于文化,促进信息文化的传承、建构与创新。在对信息技术课程与信息文化的相互作用进行分析之后,论文从信息活动的概念出发探讨了信息技术课程中的信息文化,认为它是大众化信息活动与专业化信息活动分别对应的信息文化的综合,本质上是大众群体与专业群体的信息活动规则的总称。在文化教育的层面上理解和实施信息技术课程意味着:内容建设要从目标、学生、过程三个维度加以考察,分别兼顾内容的技术性与文化性、阶段性与系统性、预设性与生成性;教材编写要体现适应差异、突出实践、穿插评价、价值渗透等原则;教学活动要关注过程体验文化、面向需求建构文化、全面促进适应文化、弘扬个性创新文化,这一切都需要以主体参与为前提;要实现课程创生,则需在内容、方法、过程、空间等方面做出努力。

关键词:信息技术　课程设置　文化教育　高中

基础心理学

2840

心理类型理论在中国高校中的应用研究 :以南京部分高校的调查为例 / 爱中华著 ; 余嘉元指导. -- 南京师范大学, 2005. -- 100 页

该研究以南京 11 所高校的 1190 名一年级本科生为研究对象,以 MBTI 为测验工具,考察他们的个性特征和类型及其行为方式。描述性统计结果显示,本研究的大一新生中存在着除 ENFJ 类型之外的其他所有个性类型。内向型、感觉型、思维型和判断型的学生在中国高校学生中占多数,ISTJ 类型的学生所占的比例最多。各项 T 检验结果表明,在外向型、直觉型和情感型的学生中存在性别差异,女生的外向程度要比男生高。但是在内向型、知觉型、思维型、判断型和感知型的学生中却不存在这种性别差异。交叉列联表和卡方检验的结果显示,男生选择男性比较擅长的专业,女生选择女性比较擅长的专业。外向型和判断型的学生在选择专业时容易受老师影响,而直觉型和思维型的学生则更喜欢自己选择专业。大多数 ISTJ 型的学生选择或者学习并不适合他们的专业。中国高校学生在选择专业的时候忽略了自身的个性类型,且不了解自身的潜力和弱点。他们喜欢的专业并不一定是他们实际上所学习的专业,他们喜欢的专业也并不一定符合他们的个性类型。ISTJ, INTJ 和 ESTJ 类型的学生通常会选择不适合自己的专业。该研究表明,中国高校学生们并不了解自己的个性和特征。作者建议教育部门应尽快地在初高级中学运用 MBTI 这一科学工具对学生进行教育,帮助他们尽早地发现自己的潜力,以便进入高校时能选择适合自己的专业。在一个由不同个性类型和学习风格的学生组成的课堂里,应当根据他们的学习风格、个性类型与特征将他们分成不同的小组进行教学。

关键词:大学生　心理测验　个性特征　学习风格　专业选择

2841

运动员情绪的个体理想功能区研究 / 陈勇嘉著 ; 许燕指导. -- 北京师范大学, 2005. -- 156 页

论文通过对 766 名不同项目运动员和运动员专业学生的施测,系统分析了运动员个体理想功能区情绪在个体差异性、人口统计学、训练和运动项目以及人格因素方面的特点。研究发现:理想功能区的情绪结构包括一阶二因素,即个体理想功能区正情绪和负情绪,和二阶五因素,即个体理想功能区个体性焦虑、社会性焦虑、躯体性焦虑、认知性正情绪、躯体性正情绪。理想功能区正负情绪存在显著的个体差异性。男运动员在所有维度的理想功能区情绪唤醒水平上,都高于女性运动员。随年龄的增长,运动员个体理想功能区负情绪三个维度——个体性焦虑、社会性焦虑和躯体性焦虑——的唤醒水平逐渐下降。性别与年龄对运动员个体理想功能区情绪的影响,主要表现在躯体性焦虑、躯体性正情绪和认知等三个维度上。在负性情绪唤醒水平上,随运动等级的提高,理想功能区的唤醒水平有逐渐下降的趋势;在正性情绪唤醒水平上,从国家三级运动员到运动健将级运动员,其理想功能区正情绪唤醒水平有逐渐上升的趋势。在负性情绪唤醒水平上,速度力量项目运动员高于技巧项目运动员,身体对抗项目运动员显著高于非身体对抗项目运动员;而在正性情绪唤醒水平上,速度力量项目运动员则低于技巧项目运动员,身体对抗项目运动员低于非身体对抗项目运动员。在个体性焦虑和社会性焦虑的唤醒水平上,开放性项目运动员明显低于闭锁性项目运动员。在个体性焦虑、社会性焦虑和躯体性焦虑的唤醒水平上,内向组运动员显著低于外向组运动员。而正情绪躯体和认知唤醒水平上,内向组

运动员显著高于外向组运动员。文章认为,通过对运动员状态情绪与个体理想功能区情绪的差异测量,采用针对比赛应激源特点的情绪干预训练方法,可以使运动员状态情绪向个体理想功能区靶情绪转化。

关键词:运动员　情绪　运动心理学　个性

2842

中国人情绪性人格维度的结构与测量 / 迟英梅著 ; 王登峰指导. -- 北京大学, 2005. -- 117 页

文章采取探索性因素分析、验证性因素分析和二阶因素分析,探究了中国人情绪性维度的因素结构,界定了中国人情绪性的基本内涵,编制了中国人情绪性量表,考察了性别、年龄等因素对情绪性特点的影响,建立了中国文化下情绪性的概念体系。论文包括五个部分。首先,通过文献综述,阐明了情绪性的理论渊源与概念沿革。其次,在此基础上,提出了论文的研究目的、方法与假设。再次,进行了两项内容的实证研究。其一,通过对 1359 个被试的测查,采取探索性因素分析、验证性因素分析和二阶因素分析,确定了中国人的情绪性维度的因素结构,界定了中国人情绪性的基本内涵;其二,编制了中国人的情绪性量表,进行项目分析和信度与效度的检验,进而分析了中国人的情绪性特点。第四,讨论了中国文化下情绪性概念体系,对论文的研究方法和量表效度检验进行了说明。最后,作者从三方面进行了归纳了研究的主要结论:(1)中国人的情绪性维度包括七个维度,分别是:CESl 平和、CES2 开朗、CES3 严谨、CES4 自信、CES5 乐观、CES6 理性和 CES7 自制。因素提取的顺序代表了情绪性七个小因素的相对重要性。通过对七个因素的分析,可以把中国人的情绪性定义为:反映个体在处理自我、与他人的关系、处理事情时表现出来的个体情绪调控的特点。(2)在确定情绪性基本内涵的基础上,编制了中国人的情绪性量表(Chinese emotionality Scale,CES),经检验该量表符合心理测量学标准,信度、效度指标理想,是准确评估中国人情绪特点的测量工具。(3)以 CES 为测量工具,考察了性别、年龄对中国人情绪性特点的影响,发现,总体上男性比女性情绪稳定性高,各年龄组的人在情绪性的某些维度上存在差异。

关键词:人格特征　情绪　心理测验

2843

青少年网络成瘾的界定、特性与预防研究 / 崔丽娟著 ; 梁宁建指导. -- 华东师范大学, 2005. -- 94 页

论文从心理学的角度,探讨了青少年网络成瘾的界定、内隐攻击性及预防的问题。通过对青少年网络成瘾标准的有效设定研究,为青少年网络成瘾和游戏成瘾提供科学的鉴定工具;通过对青少年网络游戏成瘾者的内隐攻击性研究,阐明网络成瘾对青少年身心发展的影响;通过对积极心理品质在青少年网络成瘾中的预防作用研究,为防止青少年网络成瘾提供新的思路和方法。论文包括三个部分。第一部分,作者采用了安戈夫(Angoff)方法分别进行了网络成瘾和网络游戏成瘾的标准设定研究,分别制成网络成瘾和网络游戏成瘾的界定量表。在第二部分,作者对网络游戏成瘾者的内隐攻击性及其干预手段进行了研究,认为,网络游戏成瘾者较非成瘾者会更容易形成攻击性相关的自我图式,并将攻击性相关概念有效纳入到个体的自我图式中;网络游戏成瘾者更容易形成或增强攻击性的评价。在第三部分,论文采用问卷调查法和跟踪研究法,探讨了积极心理品质在网络成瘾中的预防作用,认为发展或提升青少年的主观幸福感、成就动机、学习的快乐体验、家庭支持等积极心理品质将有助于预防青少年网络成瘾。作者还提取了成就动机为自变量对部分没有成瘾的青少年进行了跟踪研究,半年后发现,高成就动机者更容易拒绝网络的诱惑,这也从一定程度上说明了积极心理品质确实对网络成瘾的预防有积极作用。

关键词:青少年心理学　内隐反应　网络游戏　网络成瘾

2844

国有企事业单位气氛与员工行为关系及其影响因素研究 / 盖乃诚著 ; 俞文钊指导. -- 华东师范大学, 2005. -- 132 页

作者利用自编的组织气氛与员工行为问卷,在 8 家国有企事业单位中对其组织气氛和员工行为展开调查,深入探讨了组织气氛与员工行为之间的关系问题。研究认为,国有企事业单位中的组织气氛包括四个因素——沟通与管理成效、奖酬、温暖与支持、印象;其员工组织公民行为包括两个因素——工作援助和公民意识。调查结果显示,国有企事业单位员工心理气氛在"沟通与管理成效"和"印象"两个方面的相似性程度较高;在"奖酬"和"温暖与支持"两个方面则存在相对比较明显的群体现象;在国有企事业单位中,气氛的四个维度中只有"沟通与管理成效"和"温暖与支持"对员工行为具有显著预测作用,与工作满意度、心智模式的显著交互作用也主要存在于这两个

方面;国有企事业单位的"奖酬"因素与员工行为无关,如何制订更具激励效果的"奖酬"政策,应该是今后国有企事业单位管理制度改革应该重视的一个问题。研究还发现,工作满意度对员工行为具有部分直接预测作用,但更多的是作为调节变量影响心理气氛与员工行为之间的关系;改善员工的心智模式将有助于提升国有企事业单位员工的心理气氛和组织公民行为、角色行为。

关键词:管理心理学　组织行为学　员工　工作满意度

2845

噪音相关性变化的觉察及其心理调节机制 / 黄娟著 ; 李量,吴玺宏指导. -- 北京大学, 2005. -- 119 页

听觉系统对声音相关性的动态加工,是听觉场景分析的前提,对在混响环境中有效提取目标听觉事件具有重要意义。论文针对听觉系统对声音相关性变化的加工,从心理物理学、神经心理学、动物行为测试等三个方向对此进行了探讨。首先,作者介绍了对听觉双耳加工及其神经心理机制研究的成果,分析了在混响环境中进行有效听觉加工的必要前提和基础,从而提出了原始听觉记忆的概念,并就听觉系统对声音相关性加工研究的理论和实际应用意义进行了阐述。其次,论文描述了人对噪音相关性变化觉察的两个心理物理学研究,揭示了原始听觉记忆的持续时间和衰退的动态特征,分析了原始听觉记忆的衰退对老年人在混响环境中听觉加工的影响。实验结果表明,听觉相关性变化的觉察受原始听觉记忆能力的影响。老年人原始听觉记忆的保持时间较年轻人更短,并且他们的记忆痕迹衰退得较快。声音相关性变化程度的大小影响对该变化的觉察。在原始听觉记忆的保持范围内,人对等同噪音中的反相噪音片段的觉察比对不相关噪音片断的觉察更容易。随后,论文对有关双耳间声音相关性变化所诱发的头皮脑电活动进行了测量研究。结果表明,对噪音相关性变化的觉察受注意的调节。再次,论文描述了采用听觉惊反射的前脉冲抑制作为行为指标,而建立的对噪音相关性变化觉察的动物模型。最后,论文归纳得出了研究的主要结论及学术价值,即:(1)提出了原始听觉记忆的概念,为未来进一步研究原始记忆的神经机制提供了基础和实验依据。(2)揭示了噪音相关性加工的部分中枢机制,发现了双耳相关性加工、感觉门控、和听觉情绪学习这三个过程之间复杂的功能联系,有助于未来对优先效应和原始听觉记忆的神经生物学机制的研究。(3)建立了噪音相关性觉察的动物模型,为未来进行听觉相关性加工的神经机制的研究提供了一个有效工具。

关键词:听觉　噪音　心理调节　情绪

2846

意识心理世界的科学重建与发展前景 : 当代意识心理学新进展研究 / 霍涌泉著 ; 叶浩生指导. -- 南京师范大学, 2005. -- 208 页

论文以当前国内外意识心理学研究的新进展为主线,以史论结合、文理结合、宏观梳理与微观探析结合、文献分析与理论评述相结合的方法,紧密围绕20世纪90年代以来意识心理学的科学重建现状,总结当代多学科范式和心理学范式研究意识的新特点与新成就,着重就心理学视野下的意识实质问题的理解方式、热点领域和意识的前理论模型进行了比较系统的重点阐述,力图反映出90年代以来意识问题研究的基本现状和整体面貌,概括心理学范式下的一些关键性基础理论进展。并从元理论视角对当代意识心理学研究的理论价值、科学认识论与方法论问题开展评述性研究,探讨未来意识心理学发展的深层难题和发展前景。研究发现,近10年来意识研究的"文艺复兴"运动日益高涨,心理学范畴的意识研究取得了许多重要的实质性进展:在研究范式和技术方法上已有了明显的突破;在基础理论方面,意识概念的操作性定义日益明确,对于意识与知觉、注意、记忆、思维以及元认知之间的关系方面进行了比较深入的"切片性"精细研究;对于意识实质的理解和前理论模型的建构出现了不断递进的趋势;有关意识心理学的本体论、认识论、方法论等元理论问题的研究也有了初步的展开。当然,蓬勃发展中的当代意识心理学研究也面临着许多深层次的发展困境与挑战,意识世界的科学重建任务仍然异常艰巨。需要进一步确立符合人的意识的新科学观,加强跨学科整合与元理论建设的力度,提升意识心理学的社会实践应用水平。

关键词:意识　心理学　元认知

2847

学校变革中的教师效能 : 基于小学的研究 / 姜飞月著 ; 郭本禹指导. -- 南京师范大学, 2005. -- 199 页

本文以学习型组织理论、变革型领导理论、学校效能理论和新型学校组织文化理论为基础,在学校变革的大背景下,以小学教师为研究对象,采用经验实

证法,深入研究了教师效能问题。研究发现:(1)教师的个体效能感、集体效能感和总体效能感间,均存在极其显著的正相关;教师个体效能感对教师集体效能感具有显著预测作用;(2)学校学习型组织水平与教师个体效能感、教师集体效能感和总体教师效能感,均存在极其显著的正相关;学校学习型组织对教师个体效能感、教师集体效能感和总体教师效能感均有显著预测作用;(3)新型学校组织文化与教师个体效能感、教师集体效能感和总体教师效能感均存在极其显著的正相关;新型学校组织文化对教师个体效能感、教师集体效能感和总体教师效能感都有显著预测性;(4)学校变革型领导与教师个体效能感、教师集体效能感和总体教师效能感均存在着极其显著的正相关;学校变革型领导对教师个体效能感、教师集体效能感和总体教师效能感都有显著预测性;(5)教师个体效能感、教师集体效能感和总体教师效能感与学校效能及其各项评估指标均存在极其显著的正相关,且教师效能感与总体学校效能存在显著的典型相关;教师个体效能感、教师集体效能感对总体学校效能都有显著预测性;(6)教师个体效能感和教师集体效能感在学校效能获取中既有直接作用又有中介作用。

关键词:教师　能力　学校管理　小学

2848

社会判断的内隐和外显过程研究 / 李朝旭著 ; 杨治良指导. -- 华东师范大学, 2005. -- 135 页

为了分析社会判断中的内隐与外显过程,该文进行了如下四个实验研究:实验一采取一种假想情景的实验,结果发现,控制了局中人和局外人的实验情境因素之后,仍然出现局中人偏好冒险性方案的效应。原因是前者主要运用习俗启发法来进行判断,后者主要运用人格启发法来进行判断。实验二使用触棒迷津进行实验,让被试在学习五次后就后续实验方案做出二择一的选择,但采用恒定法就局中人和局外人的期望收益进行了对等处理。结果发现:受利诱的局外人和局中人在不确定性条件下,都倾向于选择高风险、高报偿的方案;从信息使用上看,局中人较受利诱的局外人在决策时更偏重客观情境信息的使用;局外人体验到更大的选择冲突。他们之间的差异,利害得失是最主要的原因,对于利害得失的中介反应就是使用了不同的习俗启发法或者人格启发法。实验三采用传统京剧《赵氏孤儿》故事情节作为构料,让被试从局中人和局外人两种角色来判断局中人的行为。另外一个因素是文化启动,即从时间、国家地区、官衔称谓、人名、文化常识等方面把这个故事改造成中西方两个版本,结果发现了文化启动效应以及它与判断者角色的交互作用。这些实证结果都支持内隐过程的文化积淀性特征。实验四采用一个激情犯罪同时也包含旁观者介入的实例作为材料,让被试进行和上面实验中同样的判断,结果未发现语义启动对于社会判断的作用。作为对上述发现的总结,作者提出了几种典型内隐过程:内隐冒险性、习俗启发法和人格启发法。它们都是社会判断与决策中的常见的认知机制,但是不具有人类认知的普适性。

关键词:社会认知　社会判断　内隐反应　社会心理学

2849

组织文化对组织效能影响的实证研究 / 李成彦著 ; 俞文钊指导. -- 华东师范大学,2005. -- 134 页

本文在已有研究成果的基础上,运用管理心理学、组织行为学、组织管理学、管理学及现代人力资源管理等相关理论,界定了组织文化研究的变量,确定了组织文化的结构,深化了组织文化的研究,为组织文化的理论研究和实践研究提供了理论基础。本研究利用管理心理学问卷调查法,对主要位于上海地区的各类企业组织的组织文化与组织效能的关系进行了实证研究。本课题研究所用的问卷有:自编的"组织文化问卷"、"员工满意感问卷"及已有研究中用到的"组织效能问卷"。在自编"组织文化问卷"与"员工满意感问卷"之前,本研究在已有研究的基础上,通过结构访谈等方法确定了问卷的基本结构,编制了预测试问卷。预测试获得了 189 个有效样本,通过对预测试问卷进行的项目分析,确立了本研究的正式问卷。在正式测试中,该研究获得了 852 个有效样本。通过对正式问卷进行因素分析和信度分析表明,该研究用正式问卷具有较好的信度和效度,适合本课题的研究。经过理论和实证研究,本课题获得以下结果:(一)界定了组织文化的研究变量,确定了组织文化的结构。(二)获得了以下具体实证结果:1. 组织文化的目标性、参与性、一致性与员工满意感有显著正相关,组织文化的目标性、参与性、一致性与员工的离职倾向呈显著负相关。2. 组织文化的目标性、适应性、参与性与企业的竞争能力有显著正相关。3. 组织文化的目标性、参与性与企业产品/服务范围的扩大或减少呈显著正相关。4. 组织文化的目标性、参与性、适应性与企业完成任务能力有显著正相关,组织文化的目标性、参与性与企业任务的扩大或减少呈显著正相

关。5. 组织文化的目标性、参与性、一致性与企业的经济收入呈显著正相关,与周围人对企业的绩效评价呈显著正相关。6. 性别、职位因素在组织文化上不存在差异,企业的不同特点在组织文化上存在差异。

关键词:组织文化　企业文化　管理心理学

2850

学习与记忆中无意识过程的整合取向研究 / 李林著 ; 杨治良指导. -- 华东师范大学, 2005. -- 91 页

作者认为学习与记忆中的无意识过程应该走向整合,为此提出了一些支持本观点的论据,并且设计了五个实验进行研究。实验一证明经典的人工语法任务也可以观察到如内隐记忆研究般的测验分离,体现出间接测验优势。实验二改变了训练阶段的记忆尝试次数,发现知觉流畅性对新合法串的促进作用减退,换而促进了对非法串的错误记忆,说明了知觉流畅性和组块样例回忆是两种并行的人工语法知识表达机制。实验三探索了基于知觉流畅性启发式的反应策略的特征,即知觉流畅性只有在其缺乏明显的外界来源时,才会被用作对当前项目进行属性判断的依据,这和错误记忆领域有关知觉流畅性角色的理论阐释完全一致,进一步表明学习与记忆的无意识过程在底层的知觉机制及其特征上具有共同性。实验四将内隐学习关注的信息获得与内隐记忆关注的信息表达整合在一起,研究不同的训练和测验任务组合下人工语法学习效果的表现,结果证明信息获得和表达的匹配将决定自动化策略如何发挥作用,修改了以往内隐外显学习简单区分的思路,说明了以整合取向研究学习—记忆全过程中无意识过程运作的优势。实验五采用典型的内隐记忆间接测验,在汉字辨别启动效应中论证了其知觉层面的机制,以及知觉流畅性启发式反应策略的存在,知觉流畅性机制可能是一种在缺乏其他途径应对当前任务时,自动启动的无意识策略,并普遍存在于广泛的学习记忆任务之中。

关键词:学习　记忆　无意识　内隐反应

2851

大学生社交回避的自我改变心理研究 / 李先锋著 ; 刘鸣指导. -- 华南师范大学, 2005. -- 142 页

论文以应用认知心理学的研究为理论基础,从六个方面对当代大学生社交回避的自我改变进行了系统探究。第一,综述了有关社交回避、自我改变的研究历史与基本成果,在此基础上提出了论文研究的思路与理论构想。第二,从三个方面探讨了大学生社交回避的自我改变的心理规律,指出:自我改变的心理过程经历“浑然不觉期”、“酝酿改变期”、“制订方案期”、“实施改变期”、“巩固效果期”和“结束完成期”等六个阶段;影响大学生社交回避的自我改变的因素包括一系列内部因素(自我改变的心理模式、自我改变的自我效能感、自我改变的成败归因、关于成败的认定标准、自我改变的目标设置策略、自我控制水平)和外部因素(校园社交文化氛围、社交活动明星人物、同辈群体互动关系、社会文化导向作用);自我改变的心理模式、自我阻抑作用、心理潮汐作用和即时后果短路现象等心理机制,影响自我改变的进展和成败。第三,探讨了自我改变的心理模式与社交回避的自我改变的关系,检验了社交回避的自我改变心理模式对改变成败的影响,表明,在自我改变的心理模式中,自我改变目标数量的确立、心理动力的品质、成败认定的标准、心理预期,与大学生社交回避的自我改变的成败呈现极其显著的相关。第四,提出了构建自我改变的心理导向系统的原则与方法,构建了大学生社交回避的自我改变心理导向系统。第五,就自我改变研究的可行性、测量工具和实证研究方法、心理导向系统的适用范围等问题,进行了深入的探讨,并就研究中存在的问题和进一步探索的方向做出了前瞻性思考。最后,归纳了该研究的主要结论,指出该论文的价值在于,开辟了社交回避的自我改变研究的应用认知心理学的新领域,并为大学生社交回避的自我改变,直接提供了理论依据和策略支持。

关键词:大学生　自我　人间交往　认知　社会交往

2852

重读和信息结构对口语语篇加工的影响 / 李晓庆著 ; 杨玉芳指导. -- 中国科学院研究生院, 2005. -- 126 页

论文采用听觉动窗技术、跨通道词汇再认、双重任务范式和 ERP 技术相结合的方法,在语篇的韵律结构和信息结构两个层面上,探讨了重读和信息结构的对应关系对口语语篇理解的影响,以及重读影响语篇理解加工的原因和时间特点。得出了以下结论:(1)与无强调重读的控制条件相比,一致性重读加速口语语篇的临场加工过程。不一致性重读减慢口语语篇的临场加工过程。(2)与无强调重读的控制条件相比,一致性重读提高被重读的新信息在语篇表征中的激活水平,产生相对较好的语篇加工效果:不一致性重读虽然会提高被重读的旧信息在语篇表征中的

激活水平,但是会抑制新信息的激活,产生相对较差的语篇加工效果。重读的这种促进或抑制作用,在关键词汇结束后的500毫秒或1000毫秒就早已表现出来。(3)口语语篇理解过程中,重读影响的是当前词汇与先前语境的语义整合过程。重读的意义解释与新旧语义信息的加工存在关联。(4)口语语篇理解过程中,一方面重读具有调控注意资源分配的作用,使得更多的注意资源分配给被重读的信息;另一方面重读与否传达着不同的信息加工方式,听者对重读的信息进行自下而上的加工、对不重读的信息进行自上而下的加工。(5)口语语篇理解过程中,首先表现出重读的效应,继而出现信息状态效应,然后是听者把重读和信息状态信息相整合。在听到被重读双字词的一半左右,听者已开始把重读信息与信息状态信息相整合来解释语篇的意义。

关键词:汉语　阅读　口语　语篇　重音

2853

汉语动词意义的心理表征：认知行为和ERP的研究 / 李雪松著；舒华指导. -- 北京师范大学, 2005. 101页

词汇在语言加工中具有重要作用,其中动词是各种词汇中最重要的一类。与其他词类相比,动词的心理词典中储存着大量的特殊信息,例如论题信息。关于动词的心理表征,即动词的论题结构信息是否是动词心理表征的一部分,这种信息在句子加工过程中是如何被激活和应用,在心理语言学研究中争论较大。基于此,该论文采用认知行为和ERP方法,分别在词汇水平和句子水平两个层面,考察了汉语动词论题(宾语/主语)信息的表征。论文包括两个部分。第一部分包括四个实验和汉语动词宾语/主语的语料库分析。四个实验分别操作了汉语动词与宾语/主语之间匹配的合适程度,使动词和宾语/主语在搭配上形成不同程度的语义违反,利用行为反应时方法和ERP技术,考察了被试对宾语/主语的加工情况,据此探讨了汉语动词词典中宾语/主语信息的表征情况。第二部分包括两个实验,分别操作了句子语境与句尾宾语之间的匹配关系,利用行为反应时方法和ERP技术,考察了被试对宾语的加工情况,并据此探讨了在句子理解过程中动词宾语信息是如何被激活和应用的。论文的主要结论如下:(1)汉语动词的宾语/主语信息是动词意义表征的一部分,而且这种信息是以语义特征表征的;在动词的加工过程中,动词的宾语/主语信息的语义特征得到了即时的激活。(2)语境对汉语动词宾语信息的提取有显著影响;在汉语句子加工过程中,动词的语义特征得到了即时的激活和应用。

关键词:汉语　动词　语义　认知　句子分析　心理语言学

2854

三种职业人群工作倦怠的比较研究：基于整合的视角 / 李永鑫著；俞文钊指导. -- 华东师范大学, 2005. -- 147页

论文首先在对相关文献进行详细综述的基础上,编制了适用于中国文化背景的中国工作倦怠问卷(CMBI),并在教师、警察和医护人员三个不同的职业样本中对CMBI的结构进行了验证。结果发现,情感耗竭、人格解体和成就感降低的工作倦怠三因素结构模型具有最优的拟合指数。在参考Maslach等的诊断标准的基础上,该研究还制订了CMBI的诊断标准,创造性地将工作倦怠分为轻度倦怠、中度倦怠和重度倦怠三种不同的倦怠水平。最后,作者在三个职业样本中,考察了人口统计学变量如年龄、工龄、性别和婚姻状况对工作倦怠的影响。其次,该研究在教师、警察和医护人员三个不同的职业样本中,考察了工作倦怠的前因变量与工作倦怠之间的关系。研究中的前因变量包括工作应激(工作负荷、缺乏控制、奖赏不足、共同体瓦解、缺乏公平和价值观冲突)、人格特征(心理控制源、精神质、内外向和神经质)和社会支持(主观支持、客观支持和支持利用度)。结果发现,前因变量与工作倦怠各因素之间的关系具有典型的职业特异性,与此同时,又具有一定的跨职业稳定性。最后,该研究还在教师、警察和医护人员三个不同的职业样本中,考察了工作倦怠与其后果变量之间的关系。研究中的后果变量包括心理健康、离职意向和工作绩效(工作奉献、任务绩效和人际促进)。结果发现,工作倦怠对于后果变量的预测作用既具有较高的跨职业稳定性,也存在一定的职业差异。该研究的显著特色在于采用比较的方法,在三个不同的职业人群中,对工作倦怠的结构与测量、工作倦怠与其前因变量、后果变量之间的关系进行了详细的探讨。

关键词:职业　情感　人格　成就感　管理心理学

2855

基于数据挖掘的远程学习评价研究 / 刘革平著；邱玉辉指导. -- 西南师范大学, 2005. -- 96页

在远程教育环境下,由于学生以分散学习和业余

学习为主,导致学习过程难以监控、学习效果不便诊断,因此普遍存在远程学习质量评价困难的问题。为了有效地解决这一问题,本文构建了一个远程学习评价系统。第一,在总结实践经验和继承前人研究的基础上,本文提出了远程学习多维一体化评价理论,指出远程学习评价应体现对象、质性、真实和发展等多个维度,采用集多种评价维度为一体的评价方法和技术,高效率地完成学习评价工作。第二,在总结远程学习要素和远程学习者的特点的基础上,研究并制订了远程学习的评价量规,进行了专家判定。量规包括学习态度、学习方法和学习过程三个一级指标,十三个二级指标。量规既考虑了学习评价的有效性,又具有可操作性。第三,提出了运用数据挖掘技术进行远程学习评价的方法。重点研究了利用文本挖掘技术对学生学习信息进行知识提取的技术;通过对向量关联技术的研究,实现了学生学习信息与学习目标之间的关联分析。借助使用记录挖掘技术,获取学生在线学习的数据,实现了学习行为分析。第四,文章从远程教育实践工作的需求出发,研究了远程学习的特点和规律;在对当代教育评价的新理论和新方法进行剖析的基础上,运用人工智能领域的最新成果,探索了远程学习过程评价的有效方法;形成了一套符合远程教育规律的学习过程评价体系,可以直接运用于远程教育实践。

关键词:远程教育　教育评估　学习评价　数据挖掘

2856

个人及组织因素对企业培训效果影响的理论与实证研究 / 刘建荣著 ; 俞文钊指导. -- 华东师范大学, 2005. -- 122 页

作者文认为,企业培训效果的理论研究表明,培训效果的评估主要有四个衡量标准:反应、学习、行为改变及结果。而影响培训效果的因素则有很多,主要有三类,一是个人因素(个人特征),二是组织因素(环境特征),三是培训系统因素(培训系统特征)。只有确定影响培训效果的关键因素,我们才能制定相应的干预对策,最大限度提高培训活动的效果。该研究运用自编问卷对影响培训效果的个人因素及组织因素构成进行了测试研究,在此基础上探讨了培训效果评估的结构,并对如何提高企业培训效果提出了一些建议。通过文献分析、专家访谈、现场调查等,该研究概括出了影响培训效果的个人因素及组织因素。其中,个人因素主要有七个:期望 1、期望 2、工作参与度、自我效能、学习动力、转化动力及转化感知。组织因素主要有两个:环境适合度及培训转化氛围。在对各因素进行分析的基础上,编制出了一套由 83 道题目组成的"培训效果影响因素问卷"。对测试数据的分析结果表明,问卷具有较高的信度与效度。该研究经过对 315 名参加过《团队建设》培训的学员及其直接上司的实际测试,分析了培训效果在七个个人因素及两个组织因素上的表现水平,并比较了不同性别与年龄的被试在个人及组织因素上的差异。同时,检验了"培训效果影响因素问卷"及各份问卷的构想效度。验证性因素分析表明,各问卷及总问卷的构想效度都表现良好。

关键词:企业管理　职工培训　管理心理学

2857

空间词汇运用对空间认知与时间认知的影响 / 刘丽虹著 ; 张积家指导. -- 华南师范大学, 2005. -- 93 页

论文通过一系列实验,在空间认知和时间认知两个领域,探讨了语言和思维的关系问题。作者首先介绍了新近出现的支持语言关联性假设的心理学证据和认知神经科学的证据。进而,采用莱文森(Levinson)的旋转实验范式,考察了习惯的空间术语对非语言空间认知的影响,认为,习惯的空间术语对人的非语言空间认知具有重要影响;在操作非语言空间任务时,我国北方人更多地使用绝对参考框架,而南方人更多地使用相对参考框架;当给予空间语言线索提示时,被试都更多地以所提示的空间参考框架来定向。但是,同样的语言线索,对南、北方被试的影响不同;与南方被试比,北方被试参考框架的转变更容易些。其次,作者通过运动迷津和语言描述任务,考察了情境和任务因素对南、北方汉语被试空间参考框架的影响,表明,情境因素和任务因素之间的关系,对被试空间参考框架的选择有较大影响。再次,作者研究了汉语中非定向性的、习惯的空间术语对空间认知的影响。结果发现,语言中对"南下北上"的习惯性用法,影响到人们对非定向性的空间特性的认知。在论文的第五章,作者主要探讨了汉语中用空间词汇表达时间对时间认知的影响,并与英语中用空间词汇表达时间的情况做了对比,指出,不同语言中用空间词汇表达时间的方式不同,对时间认知有不同影响;英语讲话者对时间主要做水平方向比喻,汉语讲话者在水平、竖直两种空间关系都被用来隐喻时间,但更倾向于对时间做竖直方向的隐喻;空间和时间的隐喻关系

是单向的，时间关系对空间位置关系的判断无启动作用。最后，作者主要结合新近研究，探讨了语言关联性假设得以实现的可能机制，认为这一机制主要包括以下四个方面：(1)语言表达强迫人们以不同的方式组织信息；(2)语义表征和概念表征并非一一对应；(3)抽象符号促进高级认知的发展；(4)语言为人们提供了整合各种信息的能力以及其他一些可能机制。研究结果表明，语言能够在一定程度上影响和改变人们的认知，这为语言关联性假设理论提供了新的证据支持。

关键词：认知心理学　词汇　语言　时间　空间

2858

表情与非表情信息非对称搜索影响因素的分析 / 刘蓉晖著；王垒指导. -- 北京大学，2005. -- 121 页

作者利用视觉搜索实验模式，考察了正(负)性表情和非表情的搜索非对称性，并在此基础上，提出了表情加工的三通路模型。作者首先综述了前人的研究成果，据此考察了正(负)性表情与非表情间搜索非对称性的影响因素。认为，正(负)性表情与非表情不同的几何模式、正(负)性表情与非表情的意义差异，以及正(负)性表情相对非表情的新异性均对两者的搜索非对称性有影响。据此提出了研究问题、目的、思路以及方案，确定从六个方面进行实验，对表情与非表情信息非对称搜索影响因素进行分析。其次，作者分别从六个方面进行了实验。研究一利用标准表情照片，使用视觉搜索的实验模式，验证了正性(负性)表情与非表情搜索非对称现象的存在性。研究二利用面孔知觉的“倒立脸效应”，考察了在面孔倒立条件下，正性(负性)表情与非表情之间的非对称搜索现象。研究三分析了面孔内部与情绪无关的局部特征的变化，对面孔非对称搜索的影响。研究四检验了面部轮廓变化对搜索非对称性的影响。研究五考察了正(负)性表情的高情绪负载区和低情绪负载区，与非表情相应区域的搜索非对称性。研究六利用撒切尔效应面孔，研究了对于可觉察到几何变化但却难以觉察其新异性的刺激之间，是否出现搜索的非对称性。最后，作者对实验结果进行了归纳，认为，表情的三通路模型，即是指在面孔信息结构编码完成以后，表情的局部元素被提取并从几何物理模式、新异性以及表情意义三个角度进行加工的理论。实验证明，该模型能够更好地解释表情加工中的问题，为正性(负性)表情与非表情搜索非对称性的方面的实验结果提供了较为统一的理论框架。

关键词：表情　情绪　认知　视觉搜索

2859

短时距标量计时模型研究 / 刘瑞光著；黄希庭指导. -- 西南师范大学，2005. -- 103 页

本文采用预期式研究范式，使用单任务研究程序，以视觉方式呈现刺激并且实验中选用几何刺激物，在对数据进行统计分析的基础上，从心理物理学的视角，通过六个实验考查了影响被试短时距(6s 至 24s)估计的信息源、转换点及韦伯函数的形态，同时对短时距估计的标量计时模型的基本结构和过程进行了构建。从时间信息的加工水平上看，该模型分为时钟、累加、记忆和比较四个动态加工过程。在时钟过程和累加过程层面上，人类的计时依赖于一种“调节器—开关—累加器”的计时系统，也称为“时钟—计数器”系统。本研究中间断位置和间断时距之间显著交互作用的缺失说明，被试的短时距估计与间断时距无关，时间估计的动态过程受到计时系统中一个“开关”的制约，“开关”控制着时间信息从一个加工水平向另一个加工水平的流动。而间断位置与激活水平之间显著交互作用的缺失又说明，注意和激活在两种不同的信息加工水平上起作用，激活和注意影响计时机制中不同的认知加工装置—调节器的节律和开关的打开。根据激活水平调节器发射具有一定频率的脉冲，这些脉冲通过开关装置进入计数器并在此得到累加，正是所累加的脉冲数构成了时间认知的基础。计时过程中，注意常被一个插入刺激或非时序信息的呈现所中断。当间断发生时，开关装置被打开，脉冲的累加过程中断，间断终止后，脉冲的累加得以恢复。当前研究证实了含有间断的时间任务中的期望效应。尽管被试对于间断的期望也消耗注意资源，产生时距与被试期望间断的时距(等待时距)成比例的假设没有得到证实。与有间断实验相比，被试在无间断实验中的估计时距较长，由此可知，对于间断的期望有损于时间估计的假设还有待于进一步考证。人类计时系统中包括认知计时器和刺激加工器两种装置，它们分别产生时序信息 P(t) 和非时序信息 P(m)。在记忆过程层面上，提示线索的呈现与不呈现对被试的时间估计行为具有重要影响，时间估计过程就是被试认知计时器和刺激加工器上产生的信息 P(t) 和 P(m) 的过程。被试的时序信息加工发生在工作记忆中，P(m)信息也是在工作记忆中建构的。

关键词：认知心理学　时距　时序　记忆　信息加工

2860

颜色经验对颜色信息加工的脑机制的调制作用及独立成分分析法的探讨 / 龙志颖著 ; 彭聃龄, 姚力, 金真指导. -- 北京师范大学, 2005. -- 100 页

该研究分为两个部分。在第一部分,作者采用横向研究的方法,通过两项研究的五个实验,系统考察了颜色经验对颜色信息加工脑机制的影响。研究一主要从认知行为角度,揭示颜色信息加工中经验的调制作用,包括两个实验。实验一,通过比较美术专业被试和普通被试颜色分辨的正确率,证明了经验会影响颜色的知觉加工。实验二,采用颜色命名任务,考察了经验对颜色的高级认知加工的影响,发现,正是经验使得两组被试在所用颜色词数量以及颜色命名方式上,存在着显著差异。研究二利用脑成像技术(MRI 和 fMRl),采用多种磁共振成像数据分析方法(如 VBM、GLM、SEM),探讨了经验对颜色信息加工的脑皮层的功能和结构的调制作用,包括三个实验。实验三和实验四,利用 fMRI 技术分别考察了经验对颜色分辨和颜色命名的脑机制的影响。实验五通过脑结构像(MRl)考察了两组被试的脑皮层灰质密度之间的差异。在第二部分,作者探讨了功能成像数据分析方法中的独立成分分析法(ICA),指出,该方法存在着诸如对噪音敏感、较强的空间独立的假设等很多不足之处,从而限制了 ICA 在功能成像数据分析的应用,尤其是对于多任务的 fMRI 数据。作者在 ICA 分析前,通过引入空间投影法,减少了不感兴趣成分对数据的影响,使其达到降噪的目的和对空间不独立的双任务的分离,从而克服了 ICA 方法的不足。模拟实验和真实的 fMRI 实验都表明空间投影法不仅提高了 ICA 分离出的独立成分的空间映射的检测力度而且改善了相应的时间序列波形。

关键词:脑　认知　知觉　颜色　信息加工

2861

通过结构方程模型探讨一般流体智力的结构与老化机制 / 罗婷著 ; 焦书兰指导. -- 中国科学院研究生院, 2005. -- 95 页

一般流体智力是个体的整体认知能力水平的反映,其认知结构一直是基础心理学研究中悬疑的问题。文章选取了涉及 3 种刺激类型(数字、语言、空间图形)的加工速度、工作记忆、注意分配和注意选择能力共 12 项测量任务,对青、老年被试进行了测试,以基础认知能力、一般流体智力和年龄作为潜变量,建立了关于一般流体智力结构和老化机制的结构方程模型,对一般流体智力的认知结构,以及一般流体智力的老化机制进行了深入探讨。作者通过建构多个结构方程模型并进行比较分析,检验了不同的一般流体智力的结构和老化假设,主要结论如下:(1)对于加工速度、工作记忆、注意分配和注意选择能力等基础认知能力的测量,采用简单的基础认知任务,受到与刺激材料相关的特殊能力的影响较小,能够较直接、准确地反映基础认知能力。(2)加工速度和注意控制能力是一般流体智力的主要成分,两者共同决定了一般流体智力的水平,其中加工速度的作用更大。注意控制能力在直接影响一般流体智力的同时,也对加工速度也产生影响。(3)年龄通过影响加工速度和注意控制能力,导致一般流体智力的老化,其中加工速度的中介作用更为重要。但在两者的影响之外,仍存在年龄对一般流体智力的影响。

关键词:认知　记忆　智力　衰老　结构方程模型

2862

类属性思维机制及其在我国警察盘查中的应用 / 罗震雷著 ; 张厚粲指导. -- 北京师范大学,2005. -- 96 页

作者运用参与式案例访谈和心理测量学技术,分别从静态、动态和压力角度,分析了不同情境下,我国警察盘查中类属性思维判断的准确性和思维过程,揭示了我国警察盘查中类属性思维的一般特征,以及在压力情况下警察盘查中类属性思维的变化和机制。研究得出了七个方面的主要结论:(1)信息的类别化过程、知觉信息的中心品质倾向、认知资源的丰富性程度,以及不同特征在信息加工中不同作用,影响类属性思维准确性。(2)按照被盘查人的行为、眼神、表情、身份、衣着、携带物品、语言、体貌特征、出现时间和出现地点是否合理,来确定或排除犯罪嫌疑,是我国警察在盘查时类属性思维普遍存在的一般分类特征。(3)背景因素和个体特征因素是警察盘查时的潜在分类。在警察盘查时的类属性思维中,这两个分类是无意识的。其中,背景因素不能单独预测盘查是否准确,而需要以个体因素为中介进行。(4)语言对警察盘查时的类属性思维有重要影响。加入语言中介作用后,不仅背景因素和个体特征对盘查成功的预测水平都得到了提升,而且两者间的负相关增大,这有助于减少警察盘查时对类属性思维所形成的刻板印象的使用。(5)信息资源丰富程度,对警察盘查时其类属性思维判断的准确性有很大影响。实验表明,当

警察盘查时的注意特征维度超过4小时,盘查的准确性将得到大幅提升。(6)有无盘查经验的警察,在压力情况下判断准确性的总体趋势完全一致。经验只在时间紧迫情况下,才对警察盘查中的类属性思维准确判断产生影响;在无压力和任务压力条件下,经验的作用不显著。相对于其他压力类型而言,时间压力对警察盘查中的类属性思维判断影响最大。(7)在实际工作中,警察盘查中的类属性思维中心品质倾向明显,在识别犯罪嫌疑人时比较关注行为、眼神和出现地点是否合理,而衣着、表情和携带物品除非强度很大,一般来说不是警察盘查中做判断的主要依据。

关键词:思维　警察　审查　认知心理学

2863

维果茨基对现代西方心理学的影响 / 麻彦坤著 ; 叶浩生指导. -- 南京师范大学, 2005. -- 138页

作者认为,维果茨基的一生虽然短暂,但是却是辉煌的,他创立的文化历史理论与独特的研究方法成为心理学知识宝库中的珍品,不但在当时产生了一定影响而且对当代心理学的发展依然具有积极的借鉴意义,西方出现的"维果茨基现象"就是有力明证。维果茨基与皮亚杰的论争代表了发展心理学两条迥然不同的研究路线,开创了两种不同形式的建构主义——认知建构主义与社会建构主义,两者互动互补,见证了20世纪发展心理学前进的轨迹;维果茨基的代表性理论——最近发展区历经时间和经验的考验步入了当代教育心理学的话语中心,在动态评估、同伴合作等方面启发了当代的教育教学改革,融入了支架式教学、合作性教学、互惠式教学、情景性教学等一系列当代教学模式;维果茨基对心理学危机的阐述与分析在今天依然具有现实的意义,他所描述的危机症状及原因在当代心理学的发展中依然存在,他对心理学危机的解决与处理为当代主流心理学摆脱危机、走出困境提供了借鉴与启发;维果茨基对文化因素的关注在当代心理学的文化转向中得到了有力诠释,文化历史理论的复兴为心理学的发展提供了一种新契机,为心理学的统一提供了一种新思路,直接影响、催生了跨文化心理学、文化心理学、本土心理学、多元文化论心理学等多种重视文化影响的心理学研究取向;作为社会建构论的先驱维果茨基为社会建构论心理学奠定了认识论、方法论、工具论基础,社会建构论心理学继承了维果茨基的反叛精神,动摇了现代心理学的基本预设。论文认为当下的"维果茨基现象"方兴未艾,维果茨基的理论与思想抹去历史的尘埃,散发出时代的光辉。西方出现"维果茨基现象"决非偶然,西方学者尤其是美国学者在积极寻找新的理论框架,而维果茨基的思想提出了许多见解促进了他们的探索。在这种意义上,维果茨基不仅走在了他所处的时代的前面,而且走在了我们时代的前面,当前研究维果茨基决不是研究历史人物的历史作用,而是在研究一位活生生的现代人对现代心理学的现实意义。

关键词:维果特斯基(Vygotski, L. S. 1896～1937)　心理学　发展心理学

2864

早期知觉组织的神经机制及注意的调控作用 / 毛利华著 ; 韩世辉指导. -- 北京大学, 2005. -- 85页

论文通过六项实验,研究了相邻性知觉组织早期阶段的神经机制和脑功能定位,以及注意和任务相关性对相邻性知觉组织早期阶段加工的调制作用。实验一使用事件相关电位技术,通过四视野呈现的知觉组织及一致性图形,刺激诱发出早期的ERPs成分(C1)。C1源自于距状裂皮层,最早在刺激呈现后50—90ms左右,相邻性知觉组织就会对C1有调制的作用。这说明距状裂皮层区域,参与了早期的相邻性知觉组织的加工。实验二通过基于真实头边界元模型的偶极子模型,将与相邻性知觉组织相关的早期ERPs成分Pd100定位于距状裂皮层,并且在实验四中使用功能磁头振成像技术,观察到相邻性知觉组织效应在距状裂皮层区域的显著性激活,进一步证明了距状裂皮层参与了早期相邻性知觉组织的加工。实验三和实验四观察到了相邻性知觉组织与形状相似性知觉组织不同的ERPs时程,以及不同的激活模式,这说明两者在时间与空间上都是分离的,各自对应着不同的神经机制,为两者在行为结果的不同提供了神经成像的证据。实验五使用事件相关电位技术手段,通过调整刺激的知觉组织特征的任务相关性及被试注意窗口的大小,来比较任务相关性及注意资源分配多少对知觉组织加工的影响,结果发现,如果刺激的知觉组织特征与任务相关性较小或者注意窗口不能够完全包含刺激阵列,那么与知觉组织相关的活动就会被减弱,这说明知觉组织的加工会受到任务相关性及注意的调制。实验六使用同样的刺激图形进行了功能磁共振成像实验,结果也表明,对于同样的相邻性知觉组织刺激,距状裂的激活会因为注意窗口的减小及任务相关性的降低而减弱,进一步证明了注意和任务相关性对初级视皮层中与知觉组织相关的活动的调制作用。总之,六项实验证明了,人脑的距状裂皮

层区域参与了相邻性知觉组织知觉早期阶段的加工，而注意及任务相关性则会对知觉组织在距状裂区域的活动有调制的作用。

关键词：知觉　注意　认知　事件相关电位

2865

巴基斯坦与中国11—13岁儿童自尊心的比较研究以及自尊心量表的修订和有效性认证／美娜（Mona Aeysha Khalid）著；张厚粲指导．-- 北京师范大学，2005．-- 180页

论文验证了为中国和巴基斯坦青少年设计的自尊心量表的效度、信度及其因子结构，并且针对巴基斯坦和中国的数据，在自尊心相关以及其他相关的人口学变量关系间进行了比较。首先，作者根据访谈数据和自尊心两表的研究，并考虑青少年的年龄需要和社会变量对青少年的影响，形成项目列表。对项目进行评估后，挑选出更为相关、更能表现和联系自尊心的性质和维度的94个项目。其次，论文根据平均的被试应来自中间阶层，以及数据应代表和睦健康家庭总体的一致性的原则，选取了年龄在11—13岁、6或7年级的青少年（巴基斯坦样本中男生57人，女生166人；中国样本中男生165人，女生224人）进行自尊心评估，分别在中国和巴基斯坦对挑选出来的被试进行施测。分析的结果表明，从整体上来说，中国总体自尊心要高于巴基斯坦。巴基斯坦男生的自尊心在所有维度上，都要低于女生的自尊心；而中国女生的社会自我接纳要显著高于男生，在其他维度的自尊心分数上并没有显著的性别差异。这些数据表示，中国学生比巴基斯坦学生在社会、学业和生理领域，具有更高的胜任力和社会接纳性。接着，作者又实施了两个效度研究，以评估自尊心两表的会聚效度和判别效度，结果证明，该量表在评价青少年的自尊心时是有效的，具有高信度和效度，并将之命名为“知觉自尊心量表”。最后，作者还对自尊心有关的人口学变量进行了研究，指出，自尊心的所有因素都与个体的心理因素存在正向显著相关：个体一般的自我满足感、娱乐、情绪以及避免受伤害。论文进一步深掘了中国被试的自尊心状况，指出，与高的自尊心分数正向显著相关的特质，更普遍存在于个体一般心理健康、高地位、独生子女、具有受过教育和成熟的父母，以及儿童的胜任力和社会化方面。

关键词：儿童　自尊心　心理测验　巴基斯坦

2866

内隐学习的动态系统研究／聂晶著；杨治良指导．-- 华东师范大学，2005．-- 107页

本文第一章介绍了内隐学习的人工语法范式、序列学习范式，并阐述了动态系统范式的发展历程。在这三种研究范式中，动态系统范式通过模拟人类的复杂问题解决过程来研究内隐学习，因而具有较高的生态效度。但是，动态系统研究中存在学习过程容易外显化的特点，从而为内隐学习研究带来了一定的挑战。第二章介绍了动态系统中内隐学习的研究历程。作者认为可能存在一些因素，它们能够在一定程度上影响内隐与外显学习的关系。本章还提出了内隐——外显学习的整合观：内隐与外显加工以及内隐与外显知识是共同存在并彼此作用的。第三章的实验研究是整个论文的重点。为了探讨内隐与外显学习的关系，作者精心设计了四个实验，试图揭示内隐与外显学习之间的交互作用，并期待发现动态系统范式中内隐学习的独特性。实验使用动态系统中较经典的糖生产任务进行研究。实验一旨在研究任务难度对内隐—外显学习贡献率的影响。实验证明，在较简单的任务中，内隐与外显学习共同存在并协同作用。实验二则探讨了练习对于内隐、外显学习的影响。实验表明，内隐学习与外显学习同样存在高原现象，内隐学习的过程也呈现“渐进—高原—突变”的趋势。实验三考察了规则探索努力程度对内隐和外显学习的影响。实验再次证明了外显学习与内隐学习的协同作用，并发现了规则探索努力与规则复杂性的匹配模式。实验四旨在考察动态系统控制任务中内隐学习的特点。实验证实了动态系统中的内隐学习的普遍性，对动态系统“不适合”进行内隐学习的言论提出了反驳；实验还与系统规则一致的提示线索促进内隐学习，与系统规则不符的线索提示则阻碍内隐学习。第四章对整个研究进行了总结、反思，并对动态系统内隐学习研究的应用前景进行了展望。

关键词：学习　内隐反应　动态系统

2867

SK—克雷佩林心理测验：一种客观性人格测验的研究和编制／余凌著；孔克勤指导．-- 华东师范大学，2005．-- 120页

该文遵循克雷佩林连续加算法的基本原则，参照其客观化的作业方式和操作方法，并加以改进，研究并编制出一套连续加法运算作业测验，命名为SK—克雷佩林心理测验。通过对2900多名被试进行初步

研究,本研究得到了各年龄组的平均作业曲线和平均作业量,发现不同年龄组被试的作业曲线在形态上前期轮廓总体接近U型,后期曲线轮廓总体上呈右倾下降型,后期平均作业量要多于前期,且具有作业量随年龄增长而增加的趋势,而不同性别、不同年龄组被试的平均作业量有显著性差异。这些都表明了研究编制的SK—克雷佩林心理测验符合克雷佩林连续作业的基本原理和要求。同时测验也有较好的重测信度和一定的效度,也符合心理测量学要求。论文根据作业曲线的变化特征提出了"作业商数"这一客观化指标,这是一种全新的尝试。借助于作业商数,可以对受测者作业曲线的总体分布以及与标准作业曲线的符合或偏差程度有大致的了解,并由此推断个体心理机能各方面基本倾向是比较协调还是略有偏差等。以作业商数为主要评定指标,以简单反应时、注意力集中、动作稳定、敲击等相关实验数据和EPQ人格问卷为效标,本研究分别验证了作业曲线初始部分、结束部分和变动特征的主要量化指标,即第1分钟作业商数、第15分钟作业商数、动摇率,对于评定作业曲线的主要特征是有效的,因而在反映其相应的人格行为特征方面也是有效的。这表明,以作业商数为基础的量化指标不仅客观简便,而且也包含了人格特征判定时所需要的重要信息。根据这些指标,并结合平均作业量水平,可以对受测者的基本能力和人格行为特征给予综合性评定。由此可见,SK—克雷佩林心理测验不仅测验形式客观、简便,而且结果评定也有可供参照的量化指标,并且还能了解受测者的基本能力、基本人格特征和行为模式及异常倾向,这是它最与众不同的特点,也是本研究的创新之处和价值所在。

关键词:心理测验　人格　心理测量学

2868

特征变化的时空条件对视觉客体表征连续性的影响 / 水仁德著 ; 沈模卫指导. -- 浙江大学, 2005. -- 72页

该文运用多客体追踪范式,通过操作客体特征变化所处的时空条件,系统地探索了时空条件对视觉客体表征连续性的影响,提出了人们在多客体追踪过程中维持视觉客体表征连续性的"碰撞—比较"模型。该项研究对加深有关视觉客体表征的性质及其机制的认识,丰富和发展相关的注意与知觉理论具有重要的意义。同时,该研究的成果也可用于指导多目标动态追踪、计算机动态图像识别、中央控制室显示系统的优化设计和飞行员、驾驶员的选拔与培训等领域,具有广泛的实际应用价值。论文由三个部分(6个实验)构成。第一部分以3个实验分别考察特征改变方式(实验1)、交换特征的客体的类型(实验2)和特征交换的时滞(实验3)等时空条件的客体特征变化对视觉客体表征连续性的影响。第二部分以两个实验分别考察了碰撞条件下颜色和朝向(实验4)、颜色与形状(实验5)等特征值变化的影响。第三部分探讨了注意在维持客体表征连续性的加工中的作用(实验6)。主要结论如下:(1)碰撞是一种特殊的时空条件,它将引发视觉系统对客体进行重新表征;(2)当两个客体碰撞时,客体的特征变化对视觉客体表征的连续性有重要影响;(3)颜色、形状和朝向特征的变化,对视觉客体表征连续性的维持具有不同的作用;颜色和形状特征的作用较大,朝向的作用较小;(4)视觉客体表征连续性的维持,需要耗费有意注意加工资源。

关键词:认知心理学　客体　视觉　注意　特征变化

2869

表现性评估的现代测量学研究 : 以国家公务员结构化面试数据为例 / 孙晓敏著 ; 张厚粲指导. -- 北京师范大学, 2005. -- 99页

作者以表现性评估这种测量形式为媒介,综合使用概化理论和项目反应理论,对评委、维度、评定等级和考生等表现性评估涉及的各个环节,从群体和个体两个层次进行细致考察,探索出了对表现性评估数据进行分析、提高其测量精度的一个全新的分析框架。研究数据为某省级国家公务员面试中,12名评委对两组共66名考生在仪表举止、口头表达、应变能力、综合分析、逻辑思维5个维度上,使用10点量表进行的评定。研究主要结果如下:本研究提出并验证了两种评委误差的存在:评委之间在宽严程度上的差异和评委自身的一致性问题。对面试维度的研究表明:维度难度的跨评委一致性对测评信度造成了影响,评委对仪表举止维度的不一致理解,使得接受不同评委面试的考生,在该维度上的得分很大程度上受到机遇因素的影响。概化分析发现,各维度在全域分中的方差贡献比例与决策机关的权重设定存在一定差异。综合分析和口头表达维度好的考生。在面试中得到了过多的优势。对各维度概化系数的分析表明,口头表达维度(0.86)的测量精度最高,而仪表举止维度(0.65)的误差未能得到有效控制。对面试各维度使用的评定等级进行多面Rasch模型的分析结果表明:各个维度统一使用的10点量表低端等级形同虚设,且假

定为等距的各等级之间实际并不等距。对考生主效应的概化分析表明,测量目标并未很好实现,误差控制的有效性有待提高。对国家公务员结构化面试的整体研究表明,面试的概化系数为0.87。公务员面试的高风险性,要求决策机关对测评过程中的误差做进一步的控制。概化理论的优势在于群体定位、关注实验设计的改进,而项目反应理论的优势在于个体定位、通过校正各种因素对测验结果的影响,准确估计考生真实能力水平,也为测验的进一步改进提供了大量诊断性信息。

关键词:面试　公务员　心理测验　心理测量学

2870

分裂症患者的人格、应对方式对精神症状和社会功能缺陷的影响 / 童永胜著 ; 王登峰指导. -- 北京大学, 2005. -- 115 页

文章观察了中国精神分裂症患者的人格异常模式,指出其文化特异性;比较了精神分裂症患者与情感性精神病患者的人格异常模式的差异;研究了患者的人格特质异常对精神症状水平和社会功能缺陷程度的影响。论文包括三项子研究。研究一采用QZPS对91名精神分裂症患者、39名情感性精神病患者以及92名健康对照被试,进行人格特质评定,发现,在精神症状明显减轻的患者身上,可以测量到稳定、独立的人格特质异常;精神分裂症患者的人格异常模式,不同于情感性精神病患者的人格异常模式,在"合群"、"利他"、"重感情"、"严谨"、"自制"、"宽和"6个人格特质小因素上,得分均低于健康对照;精神分裂症患者的人格特质,影响其未来精神症状水平;中国精神分裂症患者在与NEO的"愉悦性"对应的"利他"、"重感情"、"宽和"小因素上存在异常,与国外的研究结果有所不同,显示出文化特异性;男女患者的人格异常模式也存在差异,在"沉稳"、"耐性"、"爽直"3个小因素上,存在诊断与性别的交互作用。研究二通过对来自精神病人和普通人群的4个不同样本的实证研究,发现,精神病患者与普通人的应对方式结构存在差异。普通人的应对方式问卷,不能直接应用于精神病患者群体。在研究二的基础上,作者编制了适合精神病人使用的应对方式问卷。研究三评定了205名精神分裂症患者的人格特质(QZPS)、应对方式、精神症状水平(PANSS)、社会功能缺陷水平(SDSI)横断面数据。采用LISREL进行路径分析,发现,精神分裂症患者的人格特质"合群"和"重感情"对精神症状有直接作用;应对方式的"回避"、"认知调整",分别对精神症状和社会功能缺陷水平,有直接影响;人格特质小因素"严谨"、"决断"和"沉稳",通过"回避"应对方式的中介作用,对精神症状产生间接影响;"合群"、"利他"和"坚韧"特质因素,通过"认知调整"应对方式,对社会功能缺陷水平有间接影响;精神症状对社会功能缺陷有直接影响。总之,论文认为,精神分裂症患者有稳定、独特的人格特质异常模式;这些人格异常直接或通过应对方式,间接加重了患者的精神症状和社会功能缺陷水平。

关键词:精神分裂症　人格　社会功能　精神分析

2871

信息结构和重音对话语理解的影响 / 王丹著 ; 杨玉芳指导. -- 中国科学院研究生院, 2005. -- 131 页

该文在话语结构、信息结构和韵律结构三个层面上,分别探讨了口语理解过程中的三个问题,即新旧信息和重音的关系对话语理解的影响、重音对歧义代词判断的作用,以及焦点和重音的关系对话语理解的影响。研究的核心,是信息结构和重音之间的关系对汉语口语理解的影响。采用的研究方法是反应时和问答句匹配实验。通过实验,论文得出以下四个方面的主要结论:首先,新信息重读、旧信息不重读,话语的信息状态和重读方式的匹配关系,有助于理解的加工。在新信息条件下,听者将重读解释为先前话语中没有出现过的实体;在旧信息条件下,听者将重读解释为先前语句中出现过的不在话语焦点的客体。其次,口语中重读代词的解释受句法结构和韵律特征等多方面因素的影响。在不同的句法结构中,重读对听者注意焦点的转移起到不同的效果。在非平行结构的句式中,重读没有引起听者注意焦点转移到突显程度较低的代词先行语上,即歧义代词仍然解释为突显程度较高的代词第一个先行语;在平行结构的句式中,重读引起了听者注意焦点转移到突显程度较低的代词先行语上,即歧义代词解释为突显程度较低的代词的第二个先行语上。再次,论元的焦点与重音的关系:新论元负载焦点必须重读;重读论元会将焦点投射到句子的高一级单元上,但动词必须重读;旧论元不负载焦点不必重读,但负载焦点的动词必须重读。最后,修饰语的焦点与重音的关系:新的修饰语重读,旧的修饰语不重读;修饰语不投射焦点,即修饰语重读不将焦点投射到修饰语的中心语上。

关键词:汉语　口语　韵律　重音　话语　信息结构

2872

自闭症者的中央统合功能研究 / 王立新著 ; 彭聃龄指导. -- 北京师范大学, 2005. -- 85 页

本文旨在考察智力处于低功能和高功能中间的16名中等功能的自闭症青少年[平均年龄=14.2岁,平均智商(韦氏智力测验)=66]在信息加工过程中是否具有中央统合功能不足问题,以及任务的性质(自发命名、强迫命名)、刺激呈现的视角和刺激呈现时间对自闭症者的视觉信息加工的影响。以整体加工方式作为中央统合的指标。复合刺激加工中的整体优先是整体加工方式的指标。整体优先包括整体优势和整体干扰效应。实验一和实验二采用自发命名任务分别考察三种视角和刺激呈现时间(80ms, 200ms,500ms)对自闭症者的复合数字加工及自发命名反应倾向的影响。实验三和实验四采用强迫命名任务分别考察自闭症者在局部命名任务中的整体干扰效应和整体命名中的局部干扰效应。在自发命名任务中发现了自闭症者的局部优势效应,而且该效应不受刺激呈现视角大小的影响。自闭症者在刺激呈现时间为200ms和500ms条件下有局部优势。对复合刺激的整体和局部的自发命名选择比例趋向于随机水平。在强迫命名任务中发现尽管自闭症者有局部优先,控制组有整体优先,但两组被试都有整体对局部和局部对整体的双向干扰效应。自闭症组以局部对整体的干扰效应为主,局部干扰效应高于控制组;控制组以整体对局部的干扰效应为主,整体干扰效应高于自闭症组。结果显示,自闭症者在视觉呈现的复合刺激加工中具有局部优先,但整体加工能力没有缺陷。作者认为,中等功能的自闭症青少年不存在中央统合不足问题,其整体加工能力没有缺陷,局部优先更可能是低水平知觉加工增强的结果。自发命名任务中,自闭症者的局部优势与刺激呈现的视角无关,与刺激呈现时间长短有关。自由回答任务可能有利于自闭症者的局部偏向。强迫命名任务中,自闭症者有整体和局部的双向干扰效应,以局部干扰效应为主。

关键词:青少年　自闭症　视觉　信息加工　中央统合

2873

国际象棋进入学校课堂的实践研究 : 论国际象棋训练对青少年智力和综合素质提高的积极作用 / 谢军著 ; 张厚粲指导. -- 北京师范大学, 2005. -- 63 页

作者指出,在学校开展国际象棋活动,利用国际象棋独特的教育功能,为学校全面推进素质教育,成功进行课程设置改革进行了有益的探索。研究主要针对国际象棋训练在9—11岁参加国际象棋训练(实验组)和不参加国际象棋训练(控制组)的学生中展开,通过对小学低年级学生开展国际象棋教学活动的具体实验和相关情况调查,探讨青少年参加国际象棋活动对其智力和综合素质提高的作用。同时,对有国际象棋特长的低龄运动员学习、训练两不误的教体结合模式进行了研究,并提供了科学的数理依据。指出,国际象棋教学活动可以为大多数学生建立良好的思维习惯和高尚的文化品位,使下棋成为其业余生活中受益终生的健康爱好。而且在学校开展国际象棋教学训练,可以给少数具有国际象棋特长的学生提供学习、训练两不误的成长空间,为我国培养更多有发展潜力的国际象棋后备人才建造坚实的基础环境。研究表明,国际象棋进入课堂教学对学生的智力发展、心理素质的全面培养有积极的辅助作用;学生参加国际象棋训练的年限长短、水平高低的差异与其智力水平、非智力因素,如投入国际象棋训练的兴趣程度和自我成就感等方面表现为正相关;国际象棋教育对青少年智力发展与能力提高有促进作用,学生参加国际象棋训练,其耐心、耐挫力、逻辑思维能力及根据实际情况解决问题的能力都发生了明显变化。

关键词:青少年教育　素质教育　课堂教学　国际象棋　教学研究

2874

企业员工组织支持感受的作用 / 徐晓锋著 ; 车宏生指导. -- 北京师范大学, 2005. -- 126 页

文章以组织支持理论为基础,主要研究了以下三个问题,即:组织支持感受的测量、国有企业中员工组织支持感受的作用,以及企业中存在的组织支持感受差距。首先,作者分析了由伊森伯格(Eisenberger)开发的组织支持感受量表在中国的适用性;继而探讨了组织支持感受量表的结构,其研究结果验证了组织支持感受量表的单一维度结构。其次,在权变思想的指导下,作者运用量表调查法,研究了国有企业中员工组织支持感受的作用。研究结果没有证实,交换意识在组织支持感受和义分感联系之间,以及交换意识在组织支持感受和组织内自尊联系之间,起调节作用的研究假设;但证实了义务感在组织支持感受和情感承诺联系之间,以及义务感在组织支持感受和工作投入联系之间起中介作用的研究假设;此外,还证实了组织内自尊在组织支持感受和情感承诺联系之间,以及

组织内自尊在组织支持感受和工作投入联系之间起中介作用的研究假设。论文认为,上述变量之间的递归模型,揭示了组织支持感受的作用在于,能够促使员工产生回报组织的义务感,提高员工的组织内自尊,增强员工的情感承诺;并间接地促进员工的工作投入。义务感、组织内自尊,以及这两者之间的影响是组织支持感受发挥作用的重要机制。再次,通过问卷调查法,论文探讨了企业中存在的组织支持感受差距问题。研究发现,员工感受的上级支持强度,低于上级评定的对员工支持的强度;并证实了员工感受的上级支持强度和上级支持感受差距呈负相关的研究假设。

关键词:国有企业　企业员工　组织支持感受　心理测验

2875

演绎推理中信念偏差效应的研究 / 姚志强著 ; 余嘉元指导. -- 南京师范大学, 2005. -- 88 页

论文认为,信念偏差效应是指人们在演绎推理中评价结论的有效性或推出结论时常常受到已有知识的影响,表现出接受可信结论、拒绝不可信结论的倾向。该研究采用结论评价任务考察多种类型演绎推理形式中信念偏差效应的表现形式,甄别各种关于信念偏差效应的理论解释之优劣,探测前提可信性与信念偏差效应的关系,并探讨信念偏差效应随年龄发展变化的模式,以及逻辑教学对信念偏差效应的影响作用等问题。该研究得到的主要结论如下:1. 信念偏差效应在不同类型演绎推理任务中的表现形式是不同的。结论可信性主效应在各种类型的演绎推理中普遍存在,但结论可信性和有效性之间的交互作用在不同类型演绎推理中的具有相同逻辑性质的推理问题中并非必然出现。2. 已有的关于信念偏差效应的各种解释(选择性检查模型、必然性误解模型和心理模型理论)都不能充分地预期和解释本研究发现的全部信念偏差现象。比较而言,心理模型理论通过修正能够预期和解释较多的实验现象,并对信念影响推理的信息加工过程进行了较为具体的说明,从而显示出一定的理论优势。3. 在不同类型的演绎推理形式中前提可信性对推理的作用是类似的,即结论有效性在前提可信时的效应大于其在前提不可信时的效应,说明被试在前提可信时更倾向于进行逻辑分析。前提可信性可以改变多模型推理问题中信念偏差效应的大小,但并不改变信念偏差效应的表现形式。4. 信念偏差效应并不随着年龄的增长而必然减弱,信念偏差效应的发展模式似乎既与推理问题的逻辑形式有关,也与被试的特定推理能力有关。形式逻辑训练并不能改变信念偏差效应的大小和表现形式。

关键词:演绎推理　信念　认知　心理模型

2876

中学生自我价值感系统的理论与实证研究 / 翟群著 ; 黄希庭指导. -- 西南师范大学, 2005. -- 160 页

本文采用内隐联想实验技术和问卷调查等测量手段,综合运用相关分析、多元方差和回归分析以及协方差结构方程等多变量分析的统计技术,以及跨文化的视角全面考查了中学生自我价值感的心理结构和年龄发展的特征,分析了社会、学校、家庭等环境因素对研究对象自我价值感的发展与成熟所产生的影响效应。文章由文献综述和实证研究两大部分组成。在文献综述部分,作者从研究问题的历史渊源入手,并结合当今时代的发展,对自我价值感的概念界定、相关的理论观点与分歧以及有影响的研究结果和当今发展的趋向等问题进行了全面系统的梳理和分析。在整合了多种理论观点的基础上,提出了自我价值感的操作定义,并对自我价值感研究的发展历程、现状以及发展趋势进行了总结。实证研究部分由五项研究组成,分别是:中学生外显自我价值感结构系统的发展特征及其影响因素研究;澳门—西安两地中学生外显自我价值感结构系统发展的跨文化研究;中学生内隐自我价值感及其发展特征研究;澳门—西安两地中学生内隐自我价值感及其发展特征的跨文化研究;外显自我价值感与内隐自我价值感关系的验证性研究。文章最后进一步论证了本文采用的实验与测量的技术的实效性问题、外显自我价值感和内隐自我价值感的年龄发展问题以及社会文化与教育取向、人生目标追求、家庭人际关系、学业成就、课余文体活动等方面的影响效应问题、外显自我价值感和内隐自我价值感之间的关系和结构方面的问题,并对今后的研究方向进行了思考。

关键词:青少年心理学　中学生　自我价值感

2877

双边多议题自动协商研究 / 张虹著 ; 邱玉辉指导. 西南师范大学, 2005. -- 109 页

本文在研究过程中改变了传统的自动协商中只是关注协商结果的方式,强调了协商本身的过程,尤其是协商过程的每一步决策都涉及协商双方的心智状态,通过获取对手的偏好,可以动态决定自己的协

商策略,以便更好地给出下一轮提议,最终在自动协商过程中实现"双赢"。研究工作从以下几个方面展开:(1)构建了基于 Agent 的双边多议题自动协商模型。给出了自动协商的形式化定义,细分了协商议题的类型,提出了协商协议和协商流程;在分析 speech act 理论的基础上,定义了协商过程中最基本的通信原语;提出了自动协商的一种基本交互算法。(2)分析了参与双边多议题自动协商的买卖双方的心智状态,分别建立了自动协商中买卖双方各自的 BDI 模型,给出了协商双方的心智状态的形式化定义,并在此基础上提出了一种 Seller 的 BDI 的修正算法,讨论了在通信中 buyer 的心智状态的获取方法,以及从心理学视角剖析了影响协商双方的各种心智状态。(3)引入了学习机制,提出了基于时间的动态协商策略。通过分析个性心理因素中动机强度随时间的变化情况,提出将协商初始策略分成三大类,即经济性,冒险性和保守性,并分别对它们进行了函数表示;讨论了各种策略相互影响下的共同效用变化情况,得到了动态选择策略的方法,从而使自己在协商过程中处于主动地位。(4)分析了在协商过程中影响每一轮提议的各种要素,扩展了传统方法中的单一效用函数,提出了更加切合实际情况的多类型效用函数,并给出了各类效用函数的拟合方法;在分析多议题的不同权值基础上,针对每一轮协商的动态策略,设计了获取总体目标效用和单个议题目标效用的方法;提出了一种基于模糊规则的提议生成方法;从理论上分析和说明了自动协商系统的有效性。基于上述研究,本文还构建了双边多议题自动协商系统(Bilateral Multi - issue Negotiation System, BMINS)的人机交互实验平台,并运用 Matlab 工具进行了模拟实验。

关键词:自动协商　心智　偏好　商业心理学

2878

关于东西方自我差异的脑成像研究 / 张力著 ; 朱滢指导. -- 北京大学, 2005. -- 86 页

论文从社会认知神经科学的角度,用功能性磁共振成像技术,寻求在三个水平(社会、认知和脑神经)上对自我的理解。论文认为,独立性自我与互倚性自我,在三个水平上一致的差异,就是自我与他人分离倾向的差异。具体来说,作者强调,首先,在社会水平上,对于独立自我,自我与非自我的边界是在个体与任何他人之间;但是对于互倚性的自我,自我与非自我的边界在自己人与非自己人之间。其次,在认知(记忆)水平上,对于独立自我,参照自我的加工比参照母亲、父亲或者好朋友的加工,具有更好的回忆成绩,这证明西方人记忆中自我的角色不同于任何其他人;但是对于互倚性自我,参照自我的加工与参照母亲的加工,具有类似的记忆成绩,这证明中国人记忆中自我的角色与母亲的角色类似。再次,在神经水平上,独立性自我有其独特的大脑表征区域,这一区域与他人的大脑表征区域是分离的,但是对于互倚性自我,母亲共享了自我的大脑表征区域,这即是说,互倚性自我的脑表征区域是分离的,但是对于互倚性自我,母亲共享了自我的大脑表征区域。换言之,互倚性自我的脑表征区域和母亲的脑表征区域是重叠的。

关键词:自我　认知　脑　核磁共振成像

2879

初中生的依恋：结构及其相关因素 / 张杉杉著 ; 孟庆茂,郑日昌指导. -- 北京师范大学, 2005. -- 113 页

在综合分析依恋领域相关理论和实证研究的基础上,论文以我国 10 个地区、60 个初中班级、2000 名初中生为研究对象,使用访谈法和问卷法,采用验证性因素分析、重复测量的方差分析、相关分析的差异性检验、多层线性模型和结构方程模型等多种适合的统计方法,探讨了我国初中生的依恋结构,并编制了初中生依恋问卷;揭示了初中生针对不同对象的依恋之间的关系;明确了班级气氛对依恋的预测作用;了解了依恋对其人际关系满意度的预测作用。文章得出的主要结论包括以下七个方面:(1)依恋的对象集中在父亲、母亲和朋友,其中朋友以同性为主。(2)依恋主要由感受性、敏感性和反应性 3 个因素构成;对父亲、母亲和朋友,依恋对象不同,但依恋结构相同。(3)对父亲的依恋水平不存在显著性别差异;对于母亲和朋友,依恋水平女生明显高于男生;随着年级增长,对父母的依恋水平呈现显著下降趋势,对朋友的依恋水平表现出先扬后抑的特点。(4)对不同对象的依恋之间存在联系,而对父亲和对母亲的依恋之间联系更为紧密;个体特定对象依恋水平和一般依恋安全水平之间具有显著相关,且随着年级增长,个体对父母的依恋水平和一般依恋安全水平之间的联系具有减弱倾向。(5)对不同对象形成的依恋均可划分为四种类型:低型、感受型、敏感型和高型;其中,高型在被试群体中的比例最高,达到 60%—70%;对不同对象形成的依恋类型之间存在显著相关,个体和一对象形成某种特殊依恋类型,往往预示着他和另一对象也会形成某种特殊的依恋类型。(6)依恋水平在不同班

级之间,存在显著差异;在考虑班级层面影响的前提下,不同班级个体感知气氛变量师生关系、学业负担对父母依恋,具有稳定的正向预测作用,同学关系对朋友依恋具有稳定的正向预测作用;班级竞争对班级亲子依恋的平均水平,具有正向的预测作用。(7)依恋对相应的人际满意度具有明显的预测作用;依据自身所得而非付出,评价自身人际关系满意度。

关键词:初中生　人际关系　依赖　青少年心理学

2880

错误记忆的理论和实验／周楚著；杨治良指导. -- 华东师范大学, 2005. -- 112 页

本文探讨了 DRM 范式下因内在联想过程而导致的错误记忆效应的产生机制,证实了在错误记忆的产生过程中存在两个重要的加工过程:激活过程和监测过程,并对激活与监测的双加工过程可能的作用方式以及二者在记忆信息的编码和提取过程中动态的交互影响提出了假设性的解释。作者认为它们共存于对记忆信息的编码和提取两个阶段之中,在其中的任一阶段都可能因激活或监测的双加工过程的作用而导致错误记忆的产生,而错误记忆效应的大小则取决于二者之间互动的结果。全文共分四章。第一章在首先追溯了错误记忆研究的早期研究之后,重点介绍了错误记忆的主要研究范式——DRM 范式,以及该范式与误导信息干扰范式所揭示的两种来自不同加工过程的错误记忆。本章中指出,Roediger 和 McDermott (1995)所发展出来的 DRM 词表学习范式在错误记忆的研究中具有重要的地位,该范式以一种简单而精巧的方式使得在严格的实验室控制条件下引发错误记忆成为可能。第二章概括了 DRM 范式下错误记忆的研究现状。首先,错误记忆效应会因多种因素的影响而发生改变。其次,错误记忆随年龄的发展趋势、不同个体对错误记忆的易感性上的差异等方面的研究都进一步揭示了错误记忆现象的特点和本质。最后,近期对错误记忆脑机制的研究将逐步探明错误记忆的神经基础是否与真实记忆存在差别。第三章分别对错误记忆产生机制的几种重要理论模型的主要观点及其优势和不足进行了阐述和分析,其中包括内隐激活反应假设、总体匹配模型、模糊痕迹理论、来源监测理论、差异—归因假设和激活/监测理论。第四章是该论文的核心部分,通过四个系列实验研究对 DRM 范式中错误记忆的产生机制进行了较为深入的探讨。四个系列实验的结果证实了激活与监测的双加工过程在错误记忆产生中均具有重要的作用,而且激活与监测过程在记忆信息的编码和提取过程中存在着动态的交互影响,二者互动的结果直接导致了错误记忆效应的大小。

关键词:记忆　认知　错误记忆

2881

海洛因戒除者的认知与情绪加工特性及其脑机制／朱海燕著；沈模卫指导. -- 浙江大学, 2005. -- 104 页

论文采用行为分析与脑电分析相结合的研究范式,系统探讨了海洛因戒除者对海洛因使用相关正性线索和负性情绪线索的加工特性的动态变化及其脑机制。得到了以下主要结论:(1)海洛因戒除者对海洛因使用相关正性线索,存在明显的认知加工偏向及前注意选择特性;(2)海洛因戒除者对海洛因使用相关负性生理线索,存在明显的情绪加工偏向;(3)海洛因戒除者对一般负性情绪刺激具有显著的加工偏向及前注意选择特性;(4)海洛因戒除者的前额叶和中线区域的激活,与其对海洛因相关正性线索的认知加工偏向特性有关;(5)海洛因戒除者的认知加工和情绪加工特性,不随康复期延长而变化;(6)海洛因使用相关正性线索和负性生理线索,对诱发海洛因戒除者的主观渴求感具有同等效力,且随康复期延长呈下降趋势,而负性社会—心理线索对诱发海洛因戒除者的主观渴求感的效力更大,且不随康复期延长而变化。

关键词:药物依赖　海洛因　认知　情绪

发展与教育心理学

2882

当代大学生竞争心理特点与人格特征的关系研究／岑延远著；郑雪指导. -- 华南师范大学, 2005. 118 页

该文研究了当代大学生竞争心理特点与人格特征之间的关系,总结了当代大学生竞争心理的结构、特点、变化、影响因素等。首先,作者在问卷调查和专家访谈的基础上,提出竞争心理系统的基本层次结构模型,并据此编制大学生竞争心理量表。论文认为,竞争心理由竞争倾向、动机、策略和内容四个维度构成,其中竞争倾向由情绪倾向、行为倾向和认知倾向三个子维度构成,竞争动机由提高能力、自我展示和

获得利益三个子维度构成,竞争内容由地位竞争、学习竞争、权威竞争、兴趣竞争、特长竞争和生活竞争六个方面组成,竞争策略只有一个维度。其次,据此量表,作者对1306名大学生被试进行测量。结果表明,当代大学生总的竞争倾向属于中等偏上水平,同时表现出一定的年级和性别差异。作者又采用相关分析、多元回归及路径分析的方法,对大学生竞争心理和“大五”人格特征、成就动机和控制源之间的关系,进行了考察,认为大学生人格维度中严谨性、开放性和外向性与总体竞争存在显著的正相关,神经质则与总体竞争存在显著的负相关。不同人格维度在不同性别的学生中对竞争各维度的预测力是不一样的。再次,通过实验,作者发现,外显竞争与内隐竞争的表现具有一致性。同时内隐竞争倾向还存在着显著的性别差异,男大学生的内隐竞争倾向比女大学生要强。最后,论文总结了研究所获得的主要结论,对该研究的贡献和存在的问题进行了讨论,明确了该研究对丰富和完善本土化的人格心理学理论具有的学术价值,以及为具体的教育实践提供心理学依据,对提高大学生心理素质具有现实的指导意义。

关键词:大学生　竞争心理　人格特征　心理健康

2883

返回抑制发展的实验研究 / 钞秋玲著 ; 沈德立,白学军指导. -- 天津师范大学, 2005. -- 100 页

论文通过9项系列的实验,探讨了返回抑制发展的年龄趋势以及机制。首先,作者对易化和返回抑制的概念进行了界定,指出,在空间某一位置出现一个线索,被试对随后在该线索化位置上的靶子反应速度会加快,这种现象被称为易化(SOA)。然而,在从线索化开始呈现到靶子呈现的时间间隔较长一段时间后,被试对随后出现在线索化位置的靶子反应的速度会变慢,这种现象被称为返回抑制(IOR)。通过九项联系紧密的实验,论文得出以下七个方面的结论:第一,年龄和SOA对返回抑制有影响;第二,儿童返回抑制发展的关键年龄可能是12岁左右。第三,不同的靶子难度会吸引不同的注意资源,进而影响返回抑制的出现。第四,注视点处的注意分心会造成注意的转移困难,从而使返回抑制推后出现。第五,注意的运动转移会影响返回抑制。第六,工作记忆的负荷与返回抑制有关。当工作记忆没有负荷时,在所有的SOAs条件下均出现了返回抑制;而当工作记忆有负荷时,返回抑制只在特定SOA值上才出现。第七,影响学优生和学差生两者返回抑制差异的重要原因,是二者注意资源的不同。总之,论文认为,年龄、任务难度、分心干扰、注意运动、工作记忆的负荷等因素,都会影响返回抑制,返回抑制有可能是由注意资源的分配所造成的。

关键词:认知　注意　记忆　抑制　儿童心理学

2884

情绪干扰的个体差异研究 / 陈文锋著 ; 张建新指导. -- 中国科学院研究生院, 2005. -- 116 页

论文操纵了情绪干扰的注意竞争条件,选用针对性的刺激材料,考察了大学生在三个情绪干扰任务上的情绪干扰效应,并探讨了人格变量神经质、外向性情绪变量、正性/负性情绪和性别变量等常态个体差异因素与情绪干扰效应的关系,采用个体差异和认知加工结合的研究方法,对情绪干扰的注意成分进行探讨。研究认为:(1)刺激的情绪属性和个体负性倾向是影响负性刺激注意优先权的因素,在增加刺激的自动吸引注意特性和个体对刺激的敏感性的条件下,情绪干扰效应可以在非临床个体上表现出来;(2)情绪干扰效应可以分离为情绪敏感性和情绪反应性,这些不同成分与神经质、负性情绪、性别等情绪相关的个体差异因素和抑制能力之间有不同的关联效应;(3)不同的任务对情绪干扰有不同的敏感性,情绪Stroop任务表现出最明显的效应;(4)情绪干扰任务与情绪相关特质的相关并不高,特质和过程加工的整合仍然需要进一步的研究积累。总而言之,情绪干扰涉及了不同的注意成分,这体现为个体对负性刺激的检测敏感性和对情绪注意的抑制反应。

关键词:情绪　个体差异　人格　性别　心理测验

2885

复杂陈述性知识学习的研究 / 杜伟宇著 ; 吴庆麟指导. -- 华东师范大学, 2005. -- 109 页

论文共分为六章:第一章论述研究的背景、意义和构想。第二章着重论述复杂陈述性知识的特征和变化类型。从梳理概念改变的理论入手,阐明支撑概念改变的是复杂陈述性知识:随后从知识基数和组织两个角度,阐述复杂陈述性知识的特征:复杂陈述性知识的基数很大,并且表现出了复杂的组织。第三章重点建构复杂陈述性知识学习过程的模型。采用心理模型概念,从正确性、完整性、一致性三个维度表征学习者的原有知识,把复杂陈述性知识的学习过程构

想成一个模型,将学习过程分成理解监控和建构活动两个阶段,并根据此模型,提出实证研究的四个基本假设。第四章阐述实证研究中采用的研究方法。首先系统地梳理了相关实证研究文献中采用的言语分析方法,指出言语分析的八个技术步骤以及其他技术细节,然后详述了本论文开展实证研究所采用的学习材料、后测问题的设计、实验被试和实验程序。第五章分析言语数据,验证实验假设。作者从质和量两方面分析言语数据。作者认为复杂陈述性知识的学习过程是心理模型、学习活动和文本材料相互作用的过程;学习者的学习成绩受学习过程中深层次建构活动的影响:深层次建构活动越多,学习者的学习成绩越好,而浅层次建构活动对学习者的学习成绩影响不大;学习者的学习成绩受学习过程中自我监控活动的影响;自我监控活动越多,学习者产生的深层次建构活动就越多。第六章总结理论和实证研究,得出结论。作者在总结以上研究的基础上,从替换原有知识体系的角度,提出进一步研究的方向,并从支撑错误概念的复杂陈述性知识的学习过程入手,得出针对不同阶段的概念改变的教学策略。

关键词:学习心理学　教育心理学　认知　陈述性知识

2886

中小学生对课堂社会环境的知觉及其与自主学习的关系研究 / 范春林著 ; 董奇指导. -- 北京师范大学, 2005. -- 105 页

本研究采用问卷法,对4、6、8、9年级的16个教学班进行了考察,827名学生参与了本研究。研究工具包括:师生教学互动量表、课堂目标定向量表、学生间学习互动量表、学生成就目标量表、内在动机量表、学习效能感量表和学习策略量表等。研究一运用验证性因素分析的方法,对我国中小学课堂社会环境的结构进行了分析。结果显示:中小学课堂社会环境包括师生教学互动、课堂目标定向和学生间的学习互动三个大的方面。师生教学互动包括学习支持、促进合作、支持探究、支持自主四个维度;课堂目标定向包括掌握性目标定向和表现性目标定向两个维度;学生间学习互动包括学习竞争和学习互助两个维度。研究二考察了中小学生课堂社会环境知觉的特点。结果发现:(1)不同类型学校学生的课堂社会环境知觉存在显著的差异。(2)学生的性别与学段、性别与年级在学生的课堂社会环境知觉变量上不存在显著的交互作用。但学生性别、学段和年级的主效应都显著。(3)不同性别学生的课堂社会环境知觉差异显著。(4)不同学段学生的课堂社会环境知觉差异显著。(5)不同年级学生的课堂社会环境知觉的差异显著。研究三采用结构方程模型的方法,考察了学生的课堂社会环境知觉、自主学习(学习动机、学习策略)、学习成绩之间的关系。结果表明:(1)学习支持,课堂掌握性目标、学习竞争与学习互助对学生的掌握性目标和学习效能感有显著的正向影响;学习支持、课堂表现性目标、学习竞争对学生的表现趋近目标有显著的正向影响,学习互助对表现趋近目标有显著的负向影响;课堂表现目标、学习竞争对学生的表现回避目标有显著的正向影响,学习互助对表现回避目标有显著的负向影响;学习支持、课堂掌握性目标、学习互助对内在动机有显著的正向影响。(2)支持探究、课堂掌握性目标对学习的自我监控、深度认知加工有显著的正向影响。(3)学生的掌握性目标、表现趋近目标、学习效能感、内在动机对学习的自我监控有显著的正向影响;学生的掌握性目标、学习效能感、内在动机对深度加工有显著的正向影响;学生的表现趋近目标和表现回避目标对浅度认知加工有显著的正向影响。(4)学习的自我监控、深度加工对学习成绩有显著的正向影响;浅度认知加工对学习成绩有显著的负向影响。

关键词:中小学生　课堂教学　自主学习　自我效能感

2887

数学应用题问题表征与解题策略研究 / 冯虹著 ; 阴国恩指导. -- 天津师范大学, 2005. -- 148 页

文章从学生解数学应用题的过程入手,通过分析学生的解题结果和解题过程中的眼动指标,考察了学生对数学应用题的问题表征形式、问题表征层次,来分析学生解题过程中采用的解题策略。通过实验,论文得出的主要结论包含以下四个方面:首先,学生解数学应用题过程中,解题正确的百分数、问题表征的形式、问题表征层次、问题表征策略和解题策略等,都表现出了显著的年级特征。高年级学生解数学应用题过程中的各项指标均好于低年级学生。其次,数学成绩优生与差生解题过程中,解题正确的百分数、问题表征形式、问题表征层次、问题表征策略和解题策略等差异显著,数学成绩优生在解题过程中的各项指标要显著好于差生。再次,题目类型影响学生解题过程中的问题表征和解题策略。研究发现,学生了解正向表述或条件叙述完整的题目时,各项眼动指标好于了解反向表述或条件问题不完整的题目。有多余条

件的题目对学生问题表征和选择解题策略的影响最大。缺少条件和缺少问题的题目,对解题者而言相对简单。最后,题目的呈现方式影响学生解题过程中的问题表征和解题策略。在短时呈现条件下,学生解题过程中的各项指标显著差于在长时呈现条件下的各项指标。在短时呈现条件下,学生更多地采用直观表征形式来表征数学应用题。这种情况显著存在于低年级学生和数学成绩差生中。作者认为,其原因可能在于低年级学生的工作记忆容量较小,而工作记忆的主要任务就是从长时记忆中提取与当前要解决的任务相关的信息,对解释新异刺激的材料进行操作和整合。

关键词:数学问题　问题解答　认知心理学　学习心理学

2888

汉语儿童反语理解的研究 / 盖笑松著 ; 方富熹指导. -- 中国科学院研究生院, 2005. -- 62 页

反语是指使用与本意相反的字面形式表达本意的一种修辞形式,是儿童认知难度最大的间接言语行为之一。温纳(Winner)从二阶心理的角度,解释儿童的反语理解困难的原因。论文对此进行了批判性的检验。作者以 168 名 6—10 岁儿童为被试,描述了 6—10 岁汉语儿童反语理解能力的发展趋势;从错误分析、相关分析、信息提示和知识训练四个角度,考察了二阶心理推论能力和知识经验,在儿童反语理解中的作用。论文认为,首先,儿童反语理解能力的发展,表现为从低水平掌握向高水平掌握过渡的发展过程。可以划分为 4 种水平。学龄前儿童主要处于前理解水平和萌芽水平,入学初期的儿童主要处于直觉水平的理解。小学一至三年级期间,是儿童反语理解水平快速提高的时期,但直至三年级仍只有 40% 儿童达到概念水平的理解。其次,二阶心理推论能力与反语理解之间的相关关系并非直接的,而是以一阶心理推论能力为中介因素。而且,关于反语使用者的一阶心理状态信息的提示,显著促进了水平 0 和水平 I 儿童的反语理解;二阶心理状态信息提示,对这些儿童没有促进作用。再次,关于事实信息的提示,不促进反语理解,但影响错误类型。最后,关于反语的语言知识训练,促进了儿童的反语理解。具备二阶心理推论能力的儿童,并不比不具备者从训练中受益更多。不具备二阶心理推论能力的儿童在恰当训练条件后,可以完成反语命名任务和含义探测任务。最后,根据以上四个方面的实验结果,论文认为,至少就儿童反语理解能力的发生阶段而言,其困难根源主要在于相关知识经验的缺乏,而不在于二阶心理推论能力的不足,从而有力地指出了温纳理论的弱解释力。

关键词:反语　儿童　认知心理学　汉语

2889

三视角测评中学生心理健康的理论与实证研究 / 高翔著 ; 郑日昌指导. -- 北京师范大学, 2005. -- 113 页

作者以在校中学生(初一至高三年级)为研究对象,在文献研究、理论探讨、开放式问卷调查基础上,编制中学生心理健康的三视角问卷,分别从学生自评、家长评定和教师评定的角度,研究了中学生心理健康的结构,并将心理健康测评体系分为适应、困扰与复原力三个层次,形成三个分量表。以此为依据,论文构建了中学生心理健康测评体系的三视角多质多法(MTMM)模型,继而从三个角度探讨了中学生心理健康的发展特点,并进行对比分析。作者得出的主要结论包括以下三个方面:首先,从信度看,适应分量表自评问卷、家长问卷与教师问卷两周后重测信度较好,从效度看,三视角适应分量表各自的构想效度各指标均达到较好水平;困扰分量表,主要测量了抑郁倾向、焦虑倾向、强迫倾向与恐惧倾向等四个因子,其自评问卷、家民问卷与教师问卷具有较好的同质性信度与重测信度,而且构想、效度各指标均达到较好水平;复原力分量表,主要测量自信、积极认知、自我调节、社会支持四个因子,其自评问卷、家长问卷与教师问卷具有较好的同质性信度与重测信度,而且构想效度各指标均达到较好水平。其次,学生、家长与教师评价,既反映出了中学生心理健康状况的相似特点,也体现了不同评价者对学生心理健康关注点的不同,不同评价者所处的角度不同,促使他们对同样因子的知觉,给出了不同的发展趋势点评。总体而言,在适应与困扰分量表上,学生与家长的评价比较一致;而在复原力量表上,家长与教师的评价相对一致。最后,论文证实了各分量表四种特质的合理性,同时也说明在适应问题、困扰问题与复原力的评定上,不同评定角度都存在着偏见的影响。对相关矩阵的不同方法相同特质之间相关的进一步分析表明,学生自评与家长评价之间的相关程度,要高于学生自评与教师评价之间的相关程度;尽管如此,作者强调,不可忽视教师评价这一视角,应综合起来看。

关键词:中学生　心理健康　心理测验　青少年心理学

2890

青少年心境动态发展特点及不同调节策略对其心境变化影响的研究 / 李冬梅著；郭德俊，郭春彦指导. -- 首都师范大学，2005. -- 132 页

论文研究了在动态平衡模型下，青少年心境动态发展的特点，以及不同调节策略与心境变化的联系。首先，论文指出，动态平衡模型强调，个体在具有相对稳定心境主基调的基础上，其心境会由于内源性因素和外源性因素的影响，从而表现出一定的波动，由于机体调节适应机制和相对稳定人格特质的影响，在一定的时间里又使得心境从其偏离态返回到相对平衡态，甚至重新建立一个新的平衡。而个体偏离心境平衡态的幅度、速率，以及频率，会由于个体的稳定人格特质和生理机制的差异而不同。进而，在该模型的思想指导下，作者考察了青少年，主要是初中、高中、大学三个年龄段青少年的心境主基调（包括积极心境、消极心境）特征，以及与心境相关的感情强度、心理弹性、认知重评和表达抑制调节策略的使用特点及其发展特点。论文发现，青少年的心境主基调是稍微偏向积极的状态，随年龄增长，这个主基调呈现下降趋势，同时感情强度、心理弹性呈下降趋势。在心境波动动态属性方面，初中同学的心境波动幅度高于大学生，女同学的心境波动频率高于男同学。通过进一步研究，作者发现青少年的心境波动周期为 7 天和 28 天，在一天内的心境波动中，积极心境在中午某个时段达到最高点，然后逐渐下降，而消极心境一天内的波动趋势，则是从早上到晚上呈现递增趋势。从周一到周日，心境波动呈现出类似正弦波的趋势。初中同学明显地表现出“蓝色星期一（blue Monday）”效应，而大学生则没有明确的显现出这个现象。在情绪调节策略对心境的影响上，认知重评策略显著降低了消极心境体验，且 HF 值相对较高，而表达抑制策略没有降低消极心境体验，HF 却较低。在 LF/HF 值上，表达抑制组同时显著低于认知重评组和不调节组。最后，论文指出，表达抑制策略和认知重评策略无论是在体验上还是在生理上，都产生了不同的效果。在情绪调节策略的使用上，初中生和高中生显然对调节策略的理解和利用它来进行调节的能力，相对大学生来说较差。

关键词：青少年心理学　情绪　心境

2891

大学生同一性发展的特点及相关因素的研究 / 李文道著；邹泓指导. -- 北京师范大学，2005. -- 91 页

本研究的主要结论是：(1)除在人际领域同一性上年级差异显著以外，在总体同一性和意识领域同一性上年级差异不显著；在同一性危机上年级差异不显著；同一性地位类型在各年级的百分比分布差异不显著。(2)在总体同一性、意识领域同一性和人际领域同一性上性别差异显著，男生得分高于女生；在同一性危机上性别差异显著，男生得分低于女生；男大学生达成型的比例高于女生，女大学生混乱型的比例高于男生。(3)大学生同一性的短期变化以稳定为主，比例为 52.3%，进步的比例（29.4%）大于退步的比例（18.3%）。(4)在职业探索和职业决定困难上，年级和性别差异都不显著。高职业探索水平的个体在职业决定困难上的得分显著低于低职业探索水平的个体。(5)在父子依恋上性别和年级差异不显著；在母子依恋上性别差异显著，女生的依恋状况好于男生。母子依恋状况好于父子依恋。(6)不同同一性地位类型的大学生在同一性危机、亲子依恋、心理社会发展、职业探索、职业决定困难、亲密感、爱情上存在显著差异。(7)母子依恋和父子依恋对总体同一性各维度的直接效应不显著，母子依恋和父子依恋是通过心理社会发展间接作用于总体同一性各维度；母子依恋对早闭维度具有显著的负向的间接预测作用，父子依恋对早闭维度具有显著的正向间接预测作用；母子依恋和父子依恋对混乱维度和延缓维度均具有显著负向的间接预测作用，对达成维度均具有显著正向的预测作用。(8)亲子依恋通过心理社会发展、同一性而间接作用于职业探索、职业决定困难、亲密感和爱情。(9)心理社会发展对混乱维度、早闭维度和延缓维度具有负向预测作用，对达成维度具有正向预测作用；心理社会发展既对职业探索、职业决定困难、亲密感、爱情有直接效应，又通过同一性间接作用于它们。(10)同一性对职业探索、职业决定困难、亲密感、爱情有直接效应。

关键词：学生心理　大学生　同一性　意识

2892

希望理论与自我效能理论适用性的中英对比研究 / 廉串德著；郑日昌指导. -- 北京师范大学，2005. -- 82 页

该文将希望理论与自我效能理论应用于中英被试的差异，对其不同反应进行比较分析，可为国内学者进一步研究和应用希望理论提供支持。首先，作者修订了成人希望特质量表，以检验中国被试的数据是否支持二因子的希望理论。继而，运用问卷调查法，

考察了大学生希望特质、自我效能感与他们学业成绩和就业信心的关系。然后，运用自然实验法，比较希望特质和自我效能感在心理治疗过程中的效用。在此过程中，结合心理治疗的干预机会，作者对中国被试尝试运用了阅读自助团体辅导的方法，以探索该方法对改善大学生情绪问题的有效性。同时，结合中英数据的比较，考察了不同社会文化因素可能导致的结果差异。结果发现，中国被试的数据支持施耐德(Snyder)二因子的希望理论模型，即：大学生的希望特质与自我效能感之间有显著的正相关；一般自我效能感与择业决策自我效能之间的正相关显著，并具有中英跨文化的一致性；中国大学生被试的希望特质和一般自我效能感，显著低于英国大学生被试，但择业决策自我效能感显著高于英国；中英大学生被试的学业成绩与入学成绩和希望量表的动力意识分量表之间，都呈现出小而显著的正相关，而与自我效能感量表的相关系数不显著，中英大学生被试的就业信心，均与希望特质和自我效能感之间显著正相关，而与学习成绩无关；性别是影响中国大学生就业信心的重要因素；在心理治疗过程中，随着心理症状的缓解，被试的希望特质和自我效能感显著改善。但在希望特质方面，中国被试是路径意识的增强，英国被试是动力意识的提高；路径意识和动力意识分别与被试中途退出治疗过程有关；此外，阅读自助辅导过程中，中国大学生被试的焦虑和抑郁症状显著减轻。

关键词：大学生　就业　自我效能感　发展心理学　希望理论

2893

青少年恐惧情绪再评价调节机制 fMRI 研究 / 刘海燕著 ; 郭德俊, 郭春彦, 金真指导. -- 首都师范大学, 2005. -- 141 页

论文研究了青少年恐惧情绪的发生与调节的脑机制。首先，论文对情绪、情绪调节及其理论进行了综述，继而，介绍了恐惧情绪产生和调节的理论，指出了青少年恐惧内容及其调节方式的一般特征。其次，作者以动态协同加工模型为依据，采用专家评定的方式，对 IAPS 进行标准化修订，选择出有效诱发恐惧情绪的恐惧图片，再进行恐惧图片评价忽视和恐惧面孔评价重视情绪调节策略大脑加工的 fMRI 研究。作者发现，恐惧情绪的产生和调节是一个非线性的动态协同加工过程，认为再评价情绪调节策略大脑加工的年龄特征较为明显。初中生能够使用评价重视策略调节恐惧情绪反应，但还不能使用评价忽视策略抑制恐惧情绪反应。而大学生则能够有效地使用评价忽视策略，对恐惧情绪反应进行调整。而且，从再评价情绪调节策略大脑加工的激活模式上看，初中男女生间几乎不存在性别差异；男女大学生间存在性别差异。最后，论文采用了专家评定的方式，利用加权和的方法，对在国际上广泛使用的 IAPS 进行了中国化修订。其研究证明了，所筛选出来的恐惧图片具有较高的区分度，筛选方法具有普适性。该研究成果可以为揭示青少年恐惧情绪调节发展的规律提供实验依据，也可以为有效地开展青少年心理健康教育服务。

关键词：青少年心理学　情绪　恐惧

2894

不同类别结构的分类和推理学习 / 刘志雅著 ; 莫雷指导. -- 华南师范大学, 2005. -- 136 页

文章研究了不同类别结构下的分类学习和推理学习的影响因素及其相互关系。作者选择了 336 名华南理工大学、108 名星海音乐学院的共 444 名一年级的本科生作为被试，进行了 4 项实验，所得出的主要结论有下面 9 个方面，即：(1)在严格的直线分离类别结构上，推理学习和分类学习表现出相同的学习效果；在过渡的直线分离类别结构上，分类学习比推理学习好，结果表明，类别结构对两种学习产生显著影响。(2)类别结构中不同的内部结构因素，对两种学习产生不同影响。其中学习样例和特征维度的数目、维度的特征水平，对分类学习影响更大。类别原型的典型性，对推理学习影响更大。(3)特征区分类型对两种学习产生不同的影响。在原型特征区分的类别结构上，推力学习比分类学习更容易掌握原型；在例外特征区分的类别结构上，推理学习比分类学习更容易掌握规则。(4)在样例均等的非直线分类类别结构上，分类学习的学校效果要好于推理学习，表现在分类学习更快地达到学习标准，更早出现策略上的分化。(5)在学习过程上，分类学习更好地习得类别之间的差异性信息。(6)推理学习比分类学习更好地习得类别内部的特征之间的相关信息。(7)在非直线分离类别结构的归类策略上，分类学习倾向于以样例的策略进行归类，而推理学习倾向于运用原型进行归类。(8)在经典的支持样例理论的 4/5 类别结构材料上，使用原来的分类任务，学习者采用样例策略进行归类，但改用推理任务，学习者改用样例策略进行归类。(9)在不同的类别结构的分类和推理学习上，均可以形成三种学习策略，分别是单维度规则策略、规则加例外策略和信息整合策略；但在不同的类别结构

上,策略的分化或者转换不同。

关键词:学习心理学 分类 推理

2895

大学生创造力、心理健康的发展特点及其相互关系的模型建构/ 罗晓路著 ; 林崇德指导. -- 北京师范大学, 2005. -- 118 页

作者在对已有的大学生创造力与心理健康研究文献进行广泛综述的基础上,把横断研究和追踪研究结合起来,运用问卷法、测验法和自然实证法,对我国8大行政区10所不同类型学校的1043名大学生进行了研究。其研究的主要结论包含以下八个方面:一,大学生有较强的创造潜能,突出表现为创造性人格富有挑战性;创造性思维核心品质的新颖性表现突出,创造性思维能力的典型表现中透射未来、评估力和通感特点较为明显。二,专业类别对大学生创造力的发展有显著影响,艺术类大学生的创造力较为突出,社科类大学生的创造力较差,管理、经济和理工类大学生的创造力没有显著差异,其发展水平介于两者之间。三,大学生创造性人格和创造性思维的年级差异明显,大学二、三年级学生优于一年级学生。四,不同人格特征(内、外倾)的大学生,在创造性人格和创造性思维上存在显著差异;具有外向稳定人格特征的大学生创造力水平较高。五,大学生的心理健康问题主要表现,是对人际敏感、强迫症状和偏执,同时,焦虑和抑郁也显著高于全国常模;不同专业的大学生在心理健康水平上有显著差异,理工类、管理类大学生的心理健康水平较高,艺术、经济类大学生居中,社科类大学生的心理健康水平较低;大学生心理健康年级差异显著,一、三年级大学生心理健康水平较低。六,大学生创造力和心理健康存在显著相关,心理健康水平高的大学生,其创造力水平也较高。七,将创造力作为内源潜变量,心理健康和创造性人格作为外源潜变量,三者构成的结构模型是可以接受的,该模型表明,大学生的创造力受其创造性人格和心理健康的积极影响。八,对中等程度焦虑和抑郁情绪的大学生的心理咨询和治疗,使个体的焦虑和抑郁情绪恢复到正常状态后,可以提高大学生创造力的发挥水平。

关键词:大学生 创造力 人格 创造性思维 心理健康

2896

中小学生的尊重观念、在家庭和学校的被尊重经历及其与社会适应的关系 / 马利文著 ; 陈会昌指导. -- 北京师范大学, 2005. -- 79 页

本文以来自北京和河北省石家庄市2所小学、4所中学的38名中小学生为研究对象。文章的主要结论是:(1)中小学生对尊重概念,对尊重同学、尊重老师、尊重父母的理解,对老师、父母尊重自己的理解共同构成了中小学生的尊重观念。根据他们的表述,可以把他们心目中的尊重观念归纳为五种成分:礼貌、支持独立、亲和、平等、顺从。(2)根据学生对抽象的尊重概念的理解的表述,按照提及人数的多少,依次为:礼貌、支持独立、平等、亲和,表明绝大多数学生把礼貌看作尊重的主要内容,而很少有人把平等看作尊重的内容。(3)根据学生对尊重概念、尊重同学、尊重老师和尊重父母的理解的表述,按照提及平均人次的多少,尊重的5种成分的排列顺序依次为:礼貌、支持独立、亲和、顺从和平等。(4)中小学生对尊重的理解因尊重对象不同而存在差异。当尊重对象是成人时,他们提得最多的是顺从、亲和和礼貌,而很少提到平等和独立。当尊重对象是同学时,他们才认为独立和平等是重要的。(5)根据中小学生对老师、父母尊重自己的理解的表述,按照提及人数的多少排序,分别为支持独立,平等和亲和。(6)根据学生对老师、父母、同学不尊重行为的表述进行归纳,可以把所有的不尊重行为分为14个类别:伤害自尊;不恰当惩罚;不平等对待;剥夺正当权利;宣泄不良情绪;工作不负责任;忽视;否定;侵犯隐私;不守信用;不宽容;攻击行为;没礼貌;欺负。(7)学生提及频次最多的老师不尊重学生的行为依次为:伤害自尊、不恰当惩罚和不平等对待;提及频次最多的父母不尊重孩子的行为依次为:剥夺正当权利、不恰当惩罚和伤害自尊;提及频次最多的同学不尊重自己的行为依次为:伤害自尊、攻击行为、欺负行为。(8)父母对孩子不尊重主要发生在父母嫌孩子学习习惯不好、不顺从和考试成绩不好等情况下;当父母不尊重自己时,学生的主要应对策略是被动顺从、主动顺从、与父母共情、要求平等对待、争辩和拒绝沟通;在受到父母不尊重对待时,学生的主要情绪反应是:压抑、不服气、害怕和难过。(9)老师对学生不尊重通常发生在学生违反纪律、学习不认真、老师教育方法不当、老师对学生评价有偏差和老师性情急躁等情况下;当老师不尊重自己时,学生的主要应对策略是:与老师共情、顺从老师、与老师对立、以批判的眼光看老师;当老师不尊重自己时,学生的情绪反应主要是:压抑、难过、害怕、不服气和内疚。(10)在同学不尊重自己的情况下,中小学生的应对策略主要有:回避、讲道理并制止、报告老师、还击、宽容

以待。(11)在父母和教师鼓励独立、平等尊重环境中成长起来的儿童、青少年,通常具有良好的社会适应能力,他们在独立性、共情能力、自我同一感、同伴关系等方面表现较好,具有较好的生活满意度和主观幸福感。

关键词:中小学生 尊重 礼貌 平等 青少年心理学

2897

图形与汉字项目记忆与来源记忆的ERP研究 / 聂爱情著 ; 郭春彦, 郭德俊指导. -- 首都师范大学, 2005. -- 125页

该文采用事件相关电位方法,用图形与汉字作为实验材料,以声音与位置作为不同的来源,以大学生作为研究对象,考察了图形与汉字项目记忆与来源记忆的旧/新效应时、空分布异同,以便进一步考察项目记忆与来源记忆之间的关系,以及材料与来源特性对项目记忆与来源记忆的影响。先后进行了四个研究,分别是图形项目记忆与声音来源提取的ERP研究、汉字项目记忆与声音来源提取的ERP研究、汉字项目记忆与位置来源提取的ERP研究和图形项目记忆与位置来源提取的ERP研究。主要结论是:(1)图形与汉字存在显著的项目记忆与来源记忆的旧/新效应,但来源记忆比项目记忆旧/新效应的头皮分布更广,且持续时程更长。这表明来源记忆与项目记忆是两种不同的记忆活动,前者比后者的困难性更大,需要更多认知资源的参与。(2)与前人的研究相比,该文发现旧/新效应在200ms出现,测验任务可能对这一效应起着一定的调节作用。(3)材料不同,旧/新效应的时、空分布特征也不同,这表明材料对这一效应的影响很大。(4)来源不同,旧/新效应的时、空分布特征也不同,这表明来源对这一效应的影响很大。(5)来源测验中,非目标项目与目标项目旧/新效应的分布特征不同,这说明提取任务对项目判断的影响很大。(6)两测验中,新项目的波形波幅差异不显著,这表明测验任务对新项目判断的影响并不大。

关键词:记忆 图形 汉字 认知心理学

2898

青少年社会适应行为及影响因素的研究 / 聂衍刚著 ; 郑雪指导. -- 华南师范大学, 2005. -- 251页

论文研究了我国青少年(13—18或19岁的中学生)社会适应行为发展的水平和特点、内在要素与结果,以及影响因素与功能等问题,试图建立青少年社会适应行为的整合模型理论,为预防和诊断青少年的适应障碍,提高青少年社会适应水平,推动素质教育的更好地实施提供心理学的理论和实证依据。首先,作者回顾了社会适应行为的各种理论模型,在此基础上,提出青少年社会适应行为的整合模型理论假说;其次,通过1、2两项实证研究,论文进一步提出了青少年社会适应行为的具体结构体系,并据此编制了《青少年社会适应行为问卷量表》。该量表由两个部分构成:第一部分是正常(良好)适应行为分量表,包括7个因子。第二部分是适应不良行为分量表,包括3个因子。经检验认为,该量表具有较好的信度和效度。以此量表进行3、4两项实证研究,论文发现,总体上看初中学生比高中学生的社会适应性要好;在正常社会适应行为方面,不同年龄、年级差异显著,有下降趋势;在适应不良行为表现上,年龄、年级差异显著,且与年龄增长呈负相关。在学习适应性方面,男女之间差异显著,且适应性与年级增长呈负相关。再次,论文通过第5项实证研究,探讨了青少年生活学习的家庭、学校环境、个人生活经历等因素与社会适应行为的关系。通过第6项实证研究,作者探讨了青少年人格发展特点,研究了青少年人格与社会适应行为的内在联系。最后,通过第7项实证研究,作者编制了《青少年自我意识量表》,分析了青少年自我意识发展的特点及其与社会适应行为之间的关系。结果表明,量表具有较好信度和效度;青少年在自我意识方面存在显著阶段差异,但在该维度,性别差异不显著;自我意识与社会适应行为显著相关,其中与良好适应行为呈显著正相关,与不良适应行为呈显著负相关。

关键词:青少年 适应能力 人格 自我意识

2899

小学儿童诚实品德的发展特点和家庭相关因素 / 牛宙著 ; 陈会昌指导. -- 北京师范大学, 2005. -- 84页

文章采用整群抽样、三角互证(自我评价、教师评价和同伴提名)法、"副本技术"和问卷法,对北京市两所普通小学低、中、高年级的学生共212人进行了实证研究,意图考察小学儿童诚实品德的发展特点和相关的家庭教育因素。其主要结论有八个方面:(1)以教师评价得分为准,发现小学生诚实品德无显著发展趋势;指向自我的诚实品德得分显著高于指向他人;女生得分显著高于男生;指向自我的诚实品德与指向他人的诚实品德均无年级主效应。(2)自我评价

的诚实品德得分与教师评价的得分无显著相关，与同伴正向提名之间有弱相关，与同伴负向提名得分无显著相关；教师评价与同伴评价之间有中度相关；自我评价和同伴提名之间的相关随年级升高而逐渐降低。(3)各年级小学生在智力测验自评情境中普遍存在私自改结果的欺骗行为，年级效应显著。(4)儿童的自评、师评与同伴提名的诚实得分，与其在智力测验自评情境中的欺骗行为之间均无相关；(5)自评、师评与同伴提名的诚实得分，与父母教养方式中的惩罚、拒绝维度呈负相关，与接受性、鼓励独立、鼓励成就呈正相关。(6)家长评价与智力测验自评情境中的诚实行为、同伴正负向提名、自我评价和教师评价得分均呈显著相关。(7)家长自身的诚实观念与子女诚实品德无显著相关，但家长对子女的诚实教育与子女诚实品德有显著相关。(8)儿童智商对教师评价的诚实品德，有显著的正向预测作用；父母教养方式中仅拒绝维度对教师评价的诚实品德有显著的负向预测作用。家长诚实观念、诚实教育对教师评价的诚实品德无显著预测作用。

关键词：儿童　小学生　诚实　品德教育　家庭

2900

感觉功能在认知老化中的作用 / 彭华茂著 ；申继亮指导. -- 北京师范大学, 2005. -- 71 页

本文以视觉功能为指标，考察了感觉功能和加工速度、工作记忆、加工抑制之间的关系，同时验证了共因假说和信息降格假说。研究一选取老年被试(60—78岁)和年轻被试(17—26岁)两组，采用计算机标准化程序测查对比敏感度、加工速度、工作记忆、加工抑制的关系。研究二比较在视觉功能水平相同的条件下加工速度、工作记忆、加工抑制的年龄差异。研究三考察自上而下控制对视觉功能的影响，进一步验证共因假说和信息降格假说。主要结论：(1)对比敏感度与加工速度、工作记忆的相关高于视敏度与后二者的相关。相对于视敏度而言，对比敏感度能解释更多的加工速度和工作记忆的年龄相关变异，对于当前实验任务而言，对比敏感度是一个更好的视觉功能的观测指标。(2)横断研究中，视觉功能能够解释加工速度71.4%的年龄相关变异，加工速度能够解释视觉功能66.0%的年龄相关变异。操纵视觉功能不能改变加工速度的年龄差异。因此，感觉功能和加工速度在老化过程中，处于同等基础性的位置；共因假说可以解释二者的关系。(3)视觉功能能够解释工作记忆74.4%的年龄相关变异，而工作记忆只能解释视觉功能39.3%的年龄相关变异。操纵视觉功能可以改变工作记忆的年龄差异。当视觉信息输入水平为60%和80%时，工作记忆的年龄差异消失；当视觉信息输入水平为100%时，工作记忆的年龄差异恢复，并与无噪音条件下的年龄差异相同。因此，感觉功能在老化过程中相对工作记忆来说，处于更底层的位置；信息降格假说可以解释二者的关系。(4)无噪音条件下，负启动任务测得的抑制没有表现出年龄差异。施加噪音，降低视觉信息输入水平后，老年人和年轻人的负启动效应消失；信息降格假说可以解释视觉功能对负启动效应的影响。(5)改变高低信噪比刺激的比例，对个体识别低信噪比刺激的速度和正确率没有明显影响，没有表现出认知系统自上而下控制对感觉功能的影响。

关键词：认知功能　感觉　视觉功能

2901

4—7 岁儿童对生物目的指向性的认知发展研究 / 卿素兰著 ；方富熹指导. -- 中国科学院研究生院, 2005. -- 90 页

目的指向性是生物的基本特征，据此，通过动画呈现故事脚本的形式，论文系统研究了4—7岁儿童在目的指向性维度上的本体区分和因果认知的发展，以及在此维度上的朴素生物学理论的形成。论文认为，首先，儿童在进行生物和非生物区分的认知发展，受到领域知识的影响。在无提示条件下，4岁儿童处于"矛盾混杂"模式；5岁儿童处于"动物混杂"模式；6—7岁儿童处于"生物混杂"的模式。经领域知识提示后，4—5岁儿童发展到"生物混杂"模式，6—7岁儿童发展到生物的模式。其次，儿童对动物、植物和非生物基于本体的因果揭示的认知发展，表现出顺序性和阶段性：4岁儿童对植物的认知较好；5岁儿童对生物的认知较好；6—7岁儿童对生物和非生物都能进行合理的认知。尽管领域知识影响儿童的认知，但没有改变儿童因果认知发展的模式。再次，4岁儿童能对人的三种生物需要(吃、喝、睡)引起的目的指向行为，进行非意图的生物学解释。学前儿童能够认识到社会因素和心理因素影响的生物需要行为。最后，儿童对不熟悉物体的目的指向运动的认知，表现出年龄差异：4岁儿童不能利用目的指向运动，对不熟悉本体进行生物和非生物的区分；而5—7岁儿童都做到。4—5岁是一个快速发展期，速度不影响儿童的生物与非生物判断，但是轨迹影响儿童的生物判断，儿童对曲线运动条件下的生物判断显著多于直线运动。

总之,作者认为,学前儿童在目的指向性维度上,逐渐形成了朴素生物学理论。

关键词:儿童 认知 目的 生物学

2902

青少年犯罪:发展轨迹及家庭因素、价值观和自我控制的作用/屈智勇著;邹泓指导. -- 北京师范大学,2005. -- 116页

本研究采用问卷法和访谈法,考察了青少年犯罪的基本特点、发展轨迹以及家庭环境、父母监控、价值观、自我控制与青少年犯罪的关系。问卷调查的被试为普通中学、工读学校和少管所的740名青少年,访谈对象为18名青少年和6位家长。研究工具包括,青少年违法犯罪行为自我报告问卷、青少年成长中的负向事件问卷、家庭氛围问卷、父母监控问卷、价值观描述问卷、自我控制问卷。在自我报告的违法犯罪行为上,少管所、工读学校和普通中学青少年有显著的差异,少管所青少年最多、工读学校青少年次之、普通中学青少年最少。青少年刑事犯罪以抢劫、故意伤害、盗窃、性犯罪等类型为主。青少年在发生刑事犯罪之前,约有2年的违法犯罪行为史。从青少年成长历程中负向事件的发生情况来看,少管所最多,工读学校次之,普通中学最少。父母离异的比例,少管所和工读学校青少年显著高于普通中学青少年,中等和严重违法犯罪行为两组青少年显著高于无违法犯罪行为组;父母的受教育水平,少管所和工读学校青少年显著低于普通中学青少年,中等和严重违法犯罪行为两组青少年显著低于无违法犯罪行为组;少管所青少年父母的职业主要以农民和个体户为主,父母职业为公务员、公司职员或企业管理者的比例显著低于普通中学青少年。在家庭氛围上,与普通中学青少年和工读学校青少年相比,少管所青少年家庭的矛盾性高,亲密度、情感表达、文化性、知识性和娱乐性低;严重违法犯罪行为组在道德宗教观维度显著低于无违法犯罪行为组。少管所青少年、工读学校青少年受到的父母监控显著少于普通中学青少年。在价值观上,与无违法犯罪行为组青少年相比,严重违法行为组在道德观维度得分显著低、需要表达维度得分显著高。青少年的自我控制能力随其违法犯罪行为严重程度的升高而降低,严重违法犯罪行为组青少年具有高冲动冒险性和自我情绪性的特点。从家庭环境、父母监控、价值观、自我控制与青少年犯罪的作用关系来看,自我控制是对青少年犯罪解释率最高的变量,它也是家庭环境与青少年犯罪之间的中介变量;自我控制对价值观、父母监控的中介作用不显著;家庭环境对父母监控、自我控制有显著的预测作用,家庭环境与青少年犯罪之间存在父母监控、自我控制等中介变量。

关键词:青少年犯罪 家庭环境 价值观 自我控制

2903

初中学生在学校纪律情境中自我控制的心理机制及培养/王桂平著;陈会昌指导. -- 北京师范大学,2005. -- 100页

通过对数据的统计分析,本研究得出以下结论:(1)在学校纪律情境中,初中学生常见的自我控制问题主要表现为教师要求下的延迟满足模式(EID模式),该模式主要表现在学习、班级管理和人际关系等方面;(2)《初中生自我控制问卷》具有较高的信效度,可以作为测量初中学生自我控制心理结构的可靠工具;(3)学生的自我控制是一个系统性、结构性的心理过程,包括认知、情绪和技能三个亚结构;(4)在自我控制情境中,自控认知、自控技能以及自控情绪对初中生自控水平有显著的预测作用;(5)在自我控制的认知—技能—情绪模型中,自控认知是提高学生自控力的前提条件,自控技能是自控行为实现的保障,自控情绪在自控认知、自控技能和自控力之间起部分中介作用;(6)可预测学生自我控制水平的变量依次为:目标设定与计划解决(技能)、自我效能(认知)、对情境的积极评价(技能)、延时消极情绪(情绪)、价值判断(认知)和即时消极情绪(情绪);(7)学生的整体自我控制水平和自控的认知、情绪体验和调节技能存在年级主效应,随着年级升高,学生的自我控制呈下降趋势;(8)男女生之间的差异主要表现在自我控制过程中的情绪体验、自我效能和寻求社会支持技能部分;城市和农村学生的差异主要表现在自我控制过程中的情绪体验和积极评价技能部分;学生的整体自我控制水平不存在显著的性别的城乡差异;(9)学习成绩在自我控制过程中的认知、情绪体验和调节技能以及整体自我控制水平的变异上存在主效应;(10)本研究中设计的《中学生纪律训练方案》对于提高初中生以自控力为基础的遵守纪律能力有明显的促进作用。

关键词:初中生 自我控制 认知 情绪 技能 自我效能感

2904

小学2年级儿童工作记忆与算术认知策略关系研

究 / 王明怡著 ; 陈英和指导. -- 北京师范大学, 2005. -- 135 页

作者通过三个系列实验,对小学2年级儿童的工作记忆与算术认知策略之间的多层次关系,进行了逐步深入的研究。论文首先进行了第一个实验,发现:第一,不同工作记忆广度儿童在出声、手动、心里数数、竖式、分解、凑整、猜测和放弃策略的选择频次上,具有显著差异;在算术认知策略的执行上,差异明显;第二,随着工作记忆广度的增加,出声策略表现出了波动型的变化曲线,手动、心里数数、凑整和猜测策略具有门槛型的变化趋势,竖式、分解和放弃策略呈现出阶梯状的变化特点;第三,不同工作记忆广度儿童都表现出了对于题目类型的策略选择适应性;第四,不同工作记忆广度儿童在简单和复杂加法题目上的策略差异情况各有不同。其次,论文进行了第二个实验,结果表明:第一,中央执行的干扰对于儿童算术认知策略的选择,产生了针对性的影响,这集中表现在出声、唇动、手动、掰手、心里数数、猜测和放弃策略上。中央执行的干扰,对儿童算术认知策略的整体执行,产生了严重的影响效果;第二,在简单加法任务上,中央执行的干扰表现在唇动、手动以及掰手策略上。在复杂加法任务上,中央执行的干扰表现在出声、唇动、手动以及放弃策略的选择频次上。不论是简单还是复杂加法任务,中央执行的干扰都造成了整体执行效果的下降;第三,在受到中央执行的干扰时,不同工作记忆广度儿童的策略变化,并不完全相同,突出表现为低工作记忆广度儿童与其他广度儿童策略变化性质的差异。最后,通过实验三,论文分别对双任务协调、策略转换、抑制以及记忆更新四种执行功能,与受到和未受到中央执行干扰时,算术认知策略的表现进了测查。其结果表明,四种执行功能分别与儿童算术认知策略存在特定的关系。

关键词:记忆　认知策略　算术　小学生　儿童心理学

2905

第二语言学习者语言切换与选择的认知神经机制及语言经验对其的影响 / 王亚鹏著 ; 董奇指导. -- 北京师范大学, 2005. -- 116 页

对不同熟练水平的第二语言学习者语言切换的研究,不但有助于了解语言切换这一现象及其潜在的认知神经机制,而且有助于了解双语词汇选择的过程和内在的机制,以及第二语言熟练水平对其的影响。出于此目的,论文通过三个行为实验和一个脑成像实验,探讨了第二语言学习者语言切换和选择的认知神经机制及其语言经验对其的影响。实验1使用一般的语言切换范式,探讨了提示线索与目标刺激之间的时间间隔(CTI)的长短对第二语言学习者语言切换和词汇选择的影响,以及语言经验的作用。实验2和实验3结合语言切换范式和词图干扰范式,探讨了不同CTI条件下不同干扰对第二语言学习者语言切换和词汇选择的影响,以及语言的作用。实验4使用ER—fMRI技术,探讨了不熟练的第二语言学习者切换和选择的皮层激活模式,以及大脑皮层的激活模式是否因为切换方向的不同而不同。综合四个实验的结果,作者指出,第二语言学习者的语言切换和选择,受CTI长短、干扰类型以及第二语言熟练水平的影响。双语切换和选择的过程中,需要抑制控制过程的卷入,而且抑制控制过程的卷入随着切换方向的不同而不同,向前切换需要更多的抑制控制过程的卷入。最后,根据双语词汇通达的模型,从第二语言学习者的词汇通达、语言经验在第二语言学习者予以切换与选择中的作用、语言切换于一般的任务切换的关系等方面,讨论了该研究的结果。

关键词:学习　认知　第二语言

2906

青少年情感风格与攻击行为 / 王振宏著 ; 郭德俊, 郭春彦指导. -- 首都师范大学, 2005. -- 118 页

该研究以情绪系统对于个体适应的功能理论、情绪及情绪调节个体差异的情感风格理论为基础,结合已有研究现状,运用心理测量的方法、情绪生理学的方法和神经科学的方法,以初中学生为研究对象,系统探讨了青少年情绪反应、情绪调节等情感风格差异对青少年攻击行为的影响,探讨了高身体攻击行为青少年情感风格的特点。首先,作者对工读学生进行了问卷测量,结果表明,高身体攻击的攻读学生愤怒感、发泄水平高于正常学生,而恐惧感、悲伤感和情绪调节水平显著低于正常学生。其次,作者运用情绪生理学的理论,对上述现象进行归因。指出,高攻击行为青少年交感与副交感神经活动的唤醒模式与正常青少年存在差异,情绪的自主调节有所不同,这是导致高攻击行为的生理原因。最后,通过ERP研究表明,高身体攻击的工读学生的no-go任务错误率显著高于正常学生,高身体攻击的工读学生ERN成分的波幅与正常学生之间存在显著差异,表明他们的冲动性和对冲动调节的神经活动过程不同。总之,论文认为,高身体攻击或具有暴力行为倾向青少年的情感风格,

与正常青少年的情感风格不同。高攻击行为青少年高愤怒,低恐惧、低悲伤,情绪调节能力差,发泄水平高,在挑衅、威胁和侮辱条件下,比正常青少年有高的心率等交感神经激活,加之以前的研究表明,高攻击青少年的移情能力低,缺乏内疚感等,就构成了高身体攻击行为或具有暴力倾向青少年的基本情绪特征即情感风格。同时,这种不同的风格也具有不同的神经活动基础。

关键词:情绪 情感 攻击行为 青少年心理学

2907

阅读元理解的发展与干预研究 / 徐富明著 ; 沈德立, 白学军指导. -- 天津师范大学, 2005. -- 114 页

论文研究了大、中学生的阅读元理解的构成、特点、发展、干预和培养等问题。通过五项系列研究,具体探讨了阅读元理解的成分,阅读元理解监控的发展,阅读元理解评价的理解性,并对个体阅读元理解进行了融入式的教学干预实验。首先,通过研究1,论文分别以647名和491名大中学生为被试,对所编制的阅读元理解量表及其相关的学业意志调控策略调查表、目标定向量表、学业自我效能感量表和学业自我概念量表进行了检验,结果证明,量表的效度和信度指标均达到了心理测量学的要求。其次,通过研究2,使用错误检测研究范式,论文探讨了大中学生的阅读元理解监控的水平和发展特点及其与阅读广度,阅读理解效能,阅读理解成绩和阅读材料特征等的关系,发现高二生和大二生的阅读元理解监控水平要高于初二生;大学生的阅读广度、阅读理解效能和对所阅读材料的熟悉程度,直接影响其阅读元理解的监控水平。再次,通过研究3,使用错误检测研究范式和眼动记录方法,作者对大中学生的阅读元理解监控的水平和发展特点进行了探索,发现学生阅读元理解监控存在显著的年级差异,高一生和大学生在监控水平、察觉错误水平上要高于初一生。进而,通过研究4,使用理解评价研究范式,探讨了大学生的阅读元理解的准确性,发现大学生的阅读元理解评价具有相当的准确性;延迟概要组的学生的阅读元理解评价的准确性要高于即时概要组和不概要组学生;具有高元理解准确性的延迟概要组学生,对其阅读理解活动进行了更加有效的自我调节学习,这表明阅读元理解在自我调节学习中具有重要作用。最后,通过研究5,作者采用融入式的阅读元理解教学干预的准实验设计,进行了将阅读元理解训练融入学生普通心理学课的阅读理解和学科学习中的培养实验。结果发现,融入式阅读元理解教学干预实验,促进了实验班大学生阅读元理解的体验水平、监控水平、阅读理解水平和学业成绩的提高。

关键词:阅读 理解 认知 学习心理学

2908

学前儿童推测他人情绪和愿望能力的发展 / 杨小冬著 ; 方格指导. -- 中国科学院研究生院, 2005. -- 68 页

文章围绕愿望和情绪的基本关系,研究了3、4、5岁儿童在各种情景中,根据他人愿望推测他人情绪以及根据他人情绪推测他人愿望的能力发展过程和特点,同时分析了学前儿童对信念和愿望关系的认知发展。论文认为,首先,受观点采择能力和社会经验的制约,3、4岁的儿童推测他人情绪的成绩,随具体情景条件的变化而变化,缺乏稳定性。5岁儿童在推测他人情绪时,基本摆脱了具体情景条件的制约,在各种情景中的表现相对稳定。其次,各年龄儿童不同程度地受到情绪理解水平的限制和程式知识的影响,推测他人愿望的成绩,随具体条件变化而变化,5岁儿童的表现显著好于3、4岁儿童。再次,3岁儿童对他人情绪进行归因的水平较低,主要表现为不回答或做无关解释。4岁儿童主要以客观结果解释他人情绪。5岁儿童的情绪归因水平显著提高,主要结合主客观因素解释他人情绪。对愿望和情绪关系的认识在4岁到5岁之间有一个快速发展期。最后,3岁儿童在区分事实和错误信念的任务上还存在困难,不能确定愿望是建立在信念基础上,还是建立在事实基础上。4、5岁儿童能够正确认识事实、信念和愿望间的关系,认识到愿望不是直接建立在客观事实基础上,而是建立在个体的信念基础上。总之,研究发现,学前儿童根据他人愿望推测他人情绪的能力,随年龄增长而提高;其推测他人愿望的能力随年龄增长而提高;对情绪和愿望关系的认识水平也是随着年龄的增长而提高。

关键词:学前儿童 情绪 愿望 儿童心理学

2909

学前儿童现实性监测发展的研究 / 曾守锤著 ; 李其维指导. -- 华东师范大学, 2005. -- 102 页

论文考察了3—5岁儿童现实性监测能力的发展、影响因素,以及这种发展与易受暗示性发展的关系。实验一通过比较3、4和5岁儿童在互动性动作记忆的区分能力发现,虽然儿童总体的现实性监测能

力在学前期间得到了持续和稳定的发展，但这种发展主要体现在对想象动作的源记忆的发展上。实验二从统计控制和实验操纵两个角度为沉思—冲动能力的发展与现实性监测能力的发展之间的因果关系提供了汇聚的证据。研究结果表明，在控制了年龄、言语能力的影响后，儿童的沉思—冲动能力可以对现实性监测能力作出较好的预测。实验三的目的在于考察学前儿童现实性监测的发展与工作记忆发展的关系。结果表明，随着儿童可用的心理资源的增加，学前儿童区分真实与想象动作记忆的能力也在逐渐增强。实验四考察了延时对现实性监测的影响。结果发现，对真实动作记忆的源混淆更多地发生在延时3—7天之间，而对想象动作记忆的源混淆更多地发生在0—3天之间，且对想象动作记忆的源监测比对真实动作记忆的源监测更早达到随机水平。实验五对"现实性监测能力低导致了更大的易受暗示性效应"这一假设进行了检验。结果发现，在控制了年龄、对事件的初始编码和提取能力后，现实性监测能力可以显著地预测记忆的易受暗示性。该研究得出以下两个主要结论：(1)区分真实和想象的互动性动作记忆的能力(现实性监测)在学前期即已得到初步和持续的发展，这种发展不仅与对想象的概念性理解、记忆的表征方式、一般的推理能力和逐字逐句记忆的发展有关，还与沉思—冲动和工作记忆的发展有关；(2)学前儿童的现实性监测能力的发展影响了其易受暗示性的发展，且这种影响独立于年龄和对事件记忆的初始编码和提取能力。

关键词：学前儿童　现实性监测认知　错误记忆　儿童心理学

2910

科学创造人才心理特征及影响因素研究 / 张景焕著 ; 金盛华指导. -- 北京师范大学, 2005. -- 124 页

该文对从来自数学、物理、化学、地学和生命科学等5个领域中的34名科学家进行了访谈，内容涉及其创造性成果的产生过程和重要的生活事件。通过对这些材料的分析，作者运用了Q分类方法、多维尺度分析法、概念图和本体语义分析法，借助计算机的结构查询语言，建构了科学创造人才心理特征及影响因素的分类模型、概念模型，以及各个因素之间的关系的层次模型，并在影响因素分类模型的提示下，根据科学创造人才的标志性活动，划分出科学创造人才的成长阶段。其主要结论有以下五个方面：(1)科学创造性人才有26个重要心理特征，这些特征分属内部驱动的动机、问题导向的知识构架、自主牵引性格、开放深刻的思维与研究风格、强基础智力等5个因素。(2)创造心理特征的概念结构由两个维度构成：一般成就基础和个体主动性。(3)科学创造人才的重要生活事件包括：早期促进经验、研究指引和支持、关键发展阶段指引等3个因素。(4)科学创造人才的5个发展阶段依次是：自我探索期、才华展露与专业定向期、集中训练期、创造期和创造后期。其中，第1、2时期是个体主动性形成的重要阶段，早期促进经验对此间个体主动性的形成具有重要意义；第3个时期是一般成就基础形成的时期，关键发展阶段指引在此间具有重要意义；第4个时期是个体主动性与一般成就基础共同发挥作用并产生创造成就的时期，这一时期，研究指引与支持有助于创造活动的顺利进行。第5个时期是老一代科学创造人才成为新一代成长的重要他人阶段。(5)科学创造心理特征及各个印象因素，对创造过程和成果的影响是有层次的，其中强基础智力、问题导向的知识构架、开放深刻的思维与研究风格，直接影响到创造过程和成果；自主牵引性格通过影响知识构架、思维与研究风格进而影响创造；内部驱动的动机，通过作用于自主牵引性格进而影响创造；不同时期的生活事件，通过影响知识构架、自主牵引性格、内部驱动的动机进而影响创造过程及其成果。论文还研制了"科学创造人才编码手册"，可以为未来的研究提供有效工具。

关键词：人才　个性　心理特征　科学创造人才

2911

幼儿反事实思维的发展及其与心理理论的关系研究 / 张坤著 ; 李其维指导. -- 华东师范大学, 2005. 105 页

论文首先介绍了反事实思维的概念与类型、产生过程及功能；然后对国外有关儿童反事实思维的发展及其与心理理论等其他心理活动之间的关系等方面的研究成果、主要理论观点及研究方法进行了较为详尽的文献综述；接下来分析了该领域的研究所存在的问题；最后在此基础上进行了两项研究，对3—5儿童反事实思维的发展及其与心理理论的关系进行了探讨。结果表明：(1)幼儿在反事实推理中的确会出现现实错误。(2)幼儿在反事实推理任务中出现的错误反映了反事实推理中所特有的困难，而不是由于幼儿不能抑制现实的优势信息所致。(3)反事实替代情境的改善(提高反事实替代的可利用性)并没有提高幼儿反事实推理能力的表现。(4)幼儿在敲击命名和数

数命名任务中的表现可以显著地预测其反事实推理能力。(5)幼儿在反事实推理任务中的表观验证了心理模型理论的存在。对反事实替代模型的清晰表征要求幼儿具备一定的工作记忆能力。(6)无论是在故事法中还是连环画法中,幼儿在结果反事实推理和前提反事实推理任务中的表现均存在显著的年龄主效应,而性别主效应、年龄和性别的交互作用均不显著。(7)幼儿在故事法中的前提反事实推理因结构和方向不同而表现出不同的年龄变化趋势。(8)故事法和连环画法中结果反串实和前提反串实推理任务两两之间存在显著的正相关。(9)在所有的反事实推理中,只有故事法中的结果反事实推理可以显著地预测儿童在心理理论任务中的表现。

关键词:幼儿　思维　记忆　儿童心理学

2912

4—7岁儿童关于"繁殖"现象的朴素生物学理论的发展/张丽锦著；方富熹指导. -- 中国科学院研究生院, 2005. -- 89页

论文采用访谈法,以4—7岁儿童为对象,通过三个实验,试图从生物"繁殖"的多个层次、多种表现特征出发,系统地探讨儿童关于繁殖的朴素生物学理论的发展。实验1采用不同任务从亲代、子代的角度,观察儿童在繁殖维度上的生物本体区分和因果解释;实验2进一步研究了儿童对繁殖的"物种成熟后发生"和"代代衍生"的认知;实验3采用训练干预的办法,探查了相关领域性知识对儿童对植物繁殖认知的影响。研究发现,首先,4—7岁儿童关于繁殖的朴素生物学理论随年龄逐步发展。其中,对动物繁殖的认知表现出"逐步发展"的趋势,而对植物的认知却表现出"从学前期到学龄期快速发展"的趋势。其次,儿童对生物繁殖特性的因果解释,也是从低到高逐步发展的。学龄前期多采用生物器官和生物功能的解释,随着年龄的增长,指向概念本质特性的解释逐渐增多。各年龄儿童倾向于用非意图的生物学因果解释来解释动物的繁殖,并能对同领域不同项目本体进行一致的因果解释。再次,儿童对生物繁殖的认知存在个体内部差异。这表现在:第一,儿童对繁殖的理解是从动物到植物;第二,低龄儿童的认知发展容易受刺激物表现特性的影响;第三,任务形式对低龄儿童的认知产生影响;第四,儿童对生物繁殖的不同表现特征认知各异。最后,论文指出,降低任务难度的图片选择任务,可以有效地改善儿童对植物来源任务的作业成绩,并使5岁以上的儿童有较大获益。相关领域的知识训练可以普遍提高5、6岁儿童对植物繁殖的认知;同样的训练对6岁的效果好于5岁。

关键词:儿童心理学　学前儿童　生物繁殖　生物学

2913

青少年犯罪的影响因素：人格自我控制　家庭功能　亲子依恋/张秋凌著；邹泓指导. -- 北京师范大学, 2005. -- 129页

本文研究结果表明:(1)在人格方面,不同青少年群体在宜人性和谨慎性两个维度上存在显著差异。在宜人性上,犯罪青少年显著低于普通中学生,高分组低于低分组和零分组,居中组低于零分组;在谨慎性上,犯罪青少年显著低于工读中学生和普通中学生,高分组、居中组和低分组均低于零分组,高分组还低于低分组。(2)在自我控制方面,不同青少年群体均在冲动冒险性和自我情绪性两个维度上差异显著。犯罪青少年均高于工读中学生和普通中学生,工读中学生也高于普通中学生。高分组均高于其他三组,居中组也高于低分组和零分组,在冲动冒险性维度上低分组还高于零分组。青少年在自我控制各维度上不存在性别差异。(3)在家庭功能方面,3个青少年群体在家庭适应性、家庭沟通、父母关注和父母控制4个维度上存在显著差异。犯罪青少年和工读中学生的家庭适应性分数显著低于普通中学生,犯罪青少年的家庭沟通分数显著低于工读和普通中学生,父母关注方面的得分显著高于工读和普通中学生,父母控制的分数显著高于工读中学生。除父母关注这一维度外,自我报告的犯罪行为严重程度不同的4组被试在其他5个维度上均存在显著差异。在相互关系、家庭适应性和家庭沟通维度上,高分组和居中组的得分均低于零分组,高分组的分数还低于低分组,在家庭矛盾和父母控制两个负向维度上,高分组高于其他3组。(4)在亲子依恋方面,3个青少年群体与母亲的依恋不存在显著差异,但与父亲的依恋差异显著,其中犯罪青少年对父亲的疏离感显著高于工读中学生;以自我报告的犯罪行为严重程度分组后,4组被试在对母亲和对父亲的依恋上均出现了显著差异,在母子信任和父子信任维度上,高分组低于零分组,在母子沟通与母子疏离感维度上,高分组和居中组的得分均低于零分组;在父子疏离感维度上,高分组和居中组均显著高于低分组。文章指出,自我控制、人格五因素、家庭功能和亲子依恋对青少年犯罪行为均有显著的预测作用。

关键词:青少年犯罪　人格　自我控制　家庭功能　亲子关系

2914

小学高年级学生数学复杂问题解决的认知研究 / 张振新著 ; 吴庆麟指导. -- 华东师范大学, 2005. -- 137 页

复杂问题解决(Complex Problem Solving, CPS)是问题解决领域自然发展的产物,与学习理论的发展密切相关。该论文的出发点是,以情境认知与学习理论为理论基础,借鉴 CTGV 所开发的贾斯拍系列培养学生解决复杂问题能力的相关研究,以当今认知心理学问题解决阶段为基本框架,对小学高年级学生数学复杂问题解决展开认知研究。具体而言,该研究的理论基础是情境认知与学习理论,该研究将其放到近百年来学习理论三次革命的大背景下加以考察,对情境认知与学习理论的有关核心概念进行了界定,梳理了情境认知与学习理论的发展历程,并从能力的视角对情境认知与学习理论的基本观点进行了阐述,最后对情境认知与学习理论在实践中的应用,即 CTGV 所开发的贾斯拍系列的主要特征以及设计原则进行了介绍,同时引出了本研究的总体构想。论文的实证研究由逻辑上紧密联系的 3 个分研究构成。第 1 个实证研究是对小学高年级学生的数学问题解决观念展开调查。第 2 个实证研究是小学高年级学生数学复杂问题解决的认知分析,它是系列实证研究的重点。研究显示,优秀生在捕捉关键信息点能力、元认知监控水平等方面强于中等生,这也表明了优秀生在解决复杂问题的一些认知指标上优于中等生。第 3 个实证研究是 2 人配对合作解决数学复杂问题的互动特征研究。该研究以三种组合(优优配对、优中配对与中中配对)的形式,来探讨不同类型配对方式的互动特征以及互动质量的状况。在此基础上,作者进一步对我国当前此领域研究的方向提出了自己的建议。

关键词:小学　数学　认知　学习心理学

2915

婚姻冲突及其对青春期子女的影响 / 赵梅著 ; 郑日昌指导. -- 北京师范大学, 2005. -- 129 页

文章在对该领域相关理论和实证研究进行综合分析的基础上,确定了以我国初中生为主要研究对象(还包括大学生和中年已婚者),通过三个实验,对初中生对父母冲突知觉的结构、对其心理健康的影响、中国人目前婚姻冲突的原因和表现,以及孩子所受到的即时的、长期的影响进行了探讨。论文的主要结论如下:首先,经过修订的初中生对父母冲突知觉问卷,具有良好的信度和效度。其次,我国初中生对父母冲突知觉的一般特点是,初中生对冲突程度最为敏感,女生在多个维度的得分显著高于男生。再次,初中生知觉到的父母婚姻冲突,对其心理健康具有显著的预测作用。最后,质的研究形成十大概念类别,其中有五项核心类别,分别是:婚姻冲突的原因、程度、解决、孩子的三角处境、生活适应。根据研究结果,作者建议,父母应学会处理婚姻冲突的知识和技巧,了解青春期孩子的心理特点,尽量减少对孩子的负面影响,将消极的冲突变为积极的沟通,将冲突变为思考和反省的契机,以便孩子和承认共同成长。

关键词:婚姻　冲突　心理健康　青少年心理学　青春期

2916

持续性社会事件认知的初步研究 : 西部大开发的社会认知研究 / 赵玉芳著 ; 张庆林指导. -- 西南师范大学, 2005. -- 96 页

本文以西部大开发为例对持续性社会事件的认知进行了理论分析和实证探讨。文章首先提出了持续性社会事件的认知结构,继而通过验证性因素分析对提出的认知结构假设进行了检验,结果发现数据与提出的理论假设是吻合的,持续性社会事件的认知结构包括五个因素,即注意、期望、评价、预期和归因,各因素之间存在着直接或间接的关系。注意对期望、预期和评价有直接作用;期望对评价和预期有直接作用;评价对预期和归因有直接作用;归因对期望和预期有直接作用。对认知主体个人特征的分析发现,性别对各认知元素之间的关系性质和关系方向没有影响,但对因素之间路径系数大小有影响;年龄也只是影响认知因素之间关系的强度;职业和文化程度不仅影响因素间关系的性质,而且也影响因素间关系的大小。这些结果表明,认知主体的个人特征影响其认知结构内部的作用机制。文章采用结构回归的方法,对认知因素与情感之间的关系进行了分析。结果发现,注意、评价以及期望对情感有直接作用,预期对情感没有任何作用,归因对情感的作用是以期望为中介产生的。情感对注意、评价以及期望有直接效应,对归因和预期也有作用,但都是以其他因素为中介产生的。文章还对认知因素与不同行为类型之间的关系进行分析,结果发现,注意对所有行为方式都有预测作用,但是对社会消极行为没有直接作用,而且对个

人消极行为的直接作用值为负;期望对所有的行为方式都没有直接作用,而是通过其他因素为中介来产生作用;评价对所有的因素都有预测作用,但是对个人消极行为没有直接作用,而且对所有的行为方式的作用值都为负值;预期对个人积极行为没有作用,对其他的行为方式都是通过其他因素作为中介起作用,对个人消极行为和社会消极行为的作用值为负值;归因对所有的行为方式有作用,但对个人消极行为没有直接作用,对个人积极行为的作用值为负值。

关键词:西部大开发　社会认知　认知结构　认知主体　情感

应用心理学

2917

人格测量中的概率展开理论及其研究方法 / 蔡圣刚著 ; 莫雷, 罗冠中, 张敏强指导. -- 华南师范大学, 2005. -- 187 页

作者在全面分析和总结国内外关于展开模型以及16PF人格测量问卷的基础上,根据Luo提出的一般形式超余弦展开模型,对国内目前所使用的16PF人格测量问卷进行了详细分析,一方面进一步验证了展开模型更适合于人格测量的反应模式,另一方面对所使用的16PF版本的质量给予了分析和评价。论文首先探讨了展开理论的研究现状以及二值反应和多值反应的一些展开模型,对该研究的理论基础——概率展开模型进行了概述,并指出基于超余弦函数的展开模型是概率展开模型的一般形式;进而指出,对人格测量或态度测量,展开型反应模式比累进型反应模式更适合;其次,对国内外有关人格测验的相关研究分析,认为存在许多问题,指出展开反应模型是人格测验模型化研究的方向所在。再次,采用超余弦展开模型的参数,对16PF人格问卷及其测试结果进行了实证分析。最后,对上述理论和实证进行了综合讨论,认为:一,心理测量中的两类测量类型各自有不同反应模式和与之相适应的数学模型。在目前已提出的展开模型中,超余弦展开模型是这些模型的一般形式。二,在人格测量中,被试的应答反应是一个由理想点控制的展开反应模式,而非累进反应模式,因此,如果将累进模型用于人格测量之中,一方面会导致模型——数据的不拟合,另一方面会丢失由被试反应模式所提供的许多测量信息。三,对于16PF人格测量问卷,更适合的模型是展开模型。四,目前国内所使用的16PF人格测量问卷存在一些问题,尤其是题目的内容方面,因此有必要对该问卷进行更新和修订。

关键词:人格　个性　心理测验

2918

多维听觉刺激加工的时间进程研究 / 丁海杰著 ; 沈模卫指导. -- 浙江大学, 2005. -- 81 页

论文采用快速分类范式,以刺激呈现时间,控制多维听觉刺激加工的时间进程,分别考察听觉刺激加工早期、中期、后期听觉刺激的维度关系,并结合刺激加工不同时相的听觉刺激维度关系变化,探讨了多维听觉刺激的加工机制。研究包括三部分实验。第一部分实验探讨了刺激加工早期(呈现时间为50/100ms)听觉刺激加工的机制,以三个实验分别考察刺激加工早期响度与空间位置(实验1)、空间位置与持续时间(实验2)、音高与持续时间(实验3)等三对维度的关系。第二部分实验研究了刺激加工中期(呈现时间为100/200ms)听觉刺激加工的机制,以两个实验分别考察听觉刺激加工中期空间位置与持续时间(实验4)、音高与持续时间(实验5)等两对维度的关系。第三部分实验挖掘了刺激加工后期(呈现时间为150/300ms)听觉刺激加工的机制,以两个实验分别考察听觉刺激加工后期空间位置与持续时间(实验6)、音高与持续时间(实验7)等两对维度的关系。基于研究的结果,论文提出了多维听觉刺激加工的整合模型——整体—分析两阶段交叉理论。该理论认为,刺激的加工从整体加工开始,随后对刺激各维度进行分析加工;整体加工和分析加工并不是两个离散的过程,它们在时间上可以相互交叉,同时进行。

关键词:听觉　刺激　时间进程

2919

关注特性的变化 : 品牌转换的一种机制 / 丁夏齐著 ; 马谋超, 张侃指导. -- 中国科学院研究生院, 2005. -- 106 页

品牌转换是由于消费者对特定品牌的忠诚消退,而导致的产品选择结果的改变。关注特性是消费者认为对产品选择有重要价值,因而被用于其购买决策的产品属性。这些产品属性作为购买决策规则的操作对象,组成了有限元素且按权重排序的集合,并对决策结果产生影响。关注特性经常发生改变,并体现在消费者信息检索行为上。作者采用信息呈现矩阵(Information Display Board, IDB)方法,在可能导致品

牌转换的背景下,通过探查消费者检索产品属性信息的过程,发现以下现象:首先,品牌转换时,消费者的关注特性发生变化。其次,关注特性的变化,体现为关注特性集合中组成元素的改变和元素间权重排序关系的改变。再次,品牌间非关注特性的差异发生显著改变;将使其对决策的重要性提高,成为关注特性。总之,研究结果表明,关注特性的变化,导致消费者产品选择结果的改变,这是品牌转换的一种内在机制。由于品牌转换是一种购买决策,因此,这一结论可以用于解释一般情景下,产品选择改变的机制。

关键词:消费心理学　消费者行为论　品牌

2920

注意定向对立体视觉影响机制的 ERP 研究 / 房慧聪著 ; 沈模卫指导. -- 浙江大学, 2005. -- 69 页

该研究以行为范式结合 ERP 技术,以三维空间中外源性注意启动效应的 ERP 研究、三维空间中外源性注意返回抑制效应的 ERP 研究和中央符号提示下三维空间中注意启动效应的 ERP 研究三个实验,探讨了两种注意定向方式对立体视觉加工的影响机制,揭示了三维空间中后注意立体视觉加工的规律,探明了注意定向对立体视觉加工的影响。具体结论如下:(1)短 SOA 下,无论是 3-D 还是 2-D,非预测性边缘位置线索对后续辨认任务均发生了启动效应。3-D 空间中边缘位置线索提示诱发了注意的自动定向,注意从一个深度面转移到另一深度面需要耗费一定的时间。3-D 空间中产生的经典注意提示效应,在 ERP 上表现为有效提示下 P1、N1、N2 等早成分的增强;跨深度空间启动效应主要应由 N1 的增强效应加以解释。(2)长 SOA 下,2-D 平面上非预测性边缘位置线索导致了经典的返回抑制现象,3-D 空间中返回抑制效应波及了不同的深度平面上。3-D 空间中产生的经典返回抑制效应表现为 P1、N1、P2 等 ERP 早成分的变化;在跨深度返回抑制中,启动位置上的目标诱发了脑电波中 P1、P2 等早成分的衰减。(3)无论是短 SOA 还是长 SOA,3-D 空间中预测性中央符号线索对后续辨认任务均产生了启动效应,且启动效应量不随 SOA 延长而变化。短 SOA 下,经典提示效应和跨深度提示效应均表现为有效提示下的 N1 波幅大于无效提示条件;长 SOA 下,线索提示效应则表现出了无效提示条件诱发较大 N1 波幅的趋势。

关键词:视觉　注意　立体视觉　事件相关电位(ERP)

2921

意识、无意识记忆的认知、神经心理学研究 / 吉峰著 ; 梁宝勇指导. -- 天津师范大学, 2005. -- 105 页

论文采用雅格比(Jacoby)提出的加工分离程序(process dissociation procedure, PDP),以具体名词和抽象名词、具体图形和抽象图形为实验材料,以正常大学生和脑损伤患者为被试,分别对两种材料编码条件下的意识、无意识提取的贡献率进行研究,旨在探讨材料与脑损伤两种因素对意识、无意识提取贡献率的影响,为记忆的认知和神经心理学研究提供参考依据。通过研究,作者得出以下主要结论:一,验证了双重编码理论的正确性。二,选取不同程度的脑损伤患者为被试,发现不同程度的脑损伤对意识和无意识提取贡献率的影响不同,意识性提取对脑损伤更敏感。三,额、颞叶损伤研究结果显示,左侧额、颞叶在具体图形的意识性提取中,发挥重要作用;左额颞叶和右额颞叶联合作用在抽象图形的意识性提取中发挥重要作用。右颞叶在具体图形的无意识提取中发挥重要作用;左额叶及其相关皮层的联合损伤而不是单纯左额叶损伤,在抽象图形的无意识提取中发挥重要作用。

关键词:记忆　意识　无意识　神经心理学　认知心理学

2922

品牌延伸评价的行为机制研究 / 雷莉著 ; 马谋超指导. -- 中国科学院研究生院, 2005. -- 82 页

该文的写作目的是通过深入了解消费者品牌延伸评价的过程,为企业的延伸决策提供可供借鉴的科学的思考和评价方法。由五个子研究构成。主要探讨了消费者品牌延伸评价的行为机制。研究认为,消费者初始延伸评价要经历四个阶段,分别为信息激活、信息搜索与提取、信息加工和延伸评价形成。其中,信息搜索与提取、信息加工这两个阶段的行为模式,是消费者延伸评价形成的认知基础。将情境因素引入到了延伸评价的研究当中。主要情境影响因素包括消费者母品牌知识的丰富程度及其信息加工时的卷入程度。论文一共模拟了三种情境:有限信息情境、丰富信息高卷入情境以及丰富信息低卷入情境。研究结果表明,在有限信息的情境中,延伸评价是消费者对母品牌的好感刺激泛化的结果,与类别距离没有表现出清晰的内在联系。在丰富信息和高卷入情境下,延伸评价是精细的品牌特质加工的结果。研究基于对消费行为特点的分析,提出了另一种可能的精

细加工模式——联想加工预测模型,来展示消费者在这种情境中的认知加工过程。该模型认为,消费者会对已有的母品牌信息进行综合,并对其在延伸产品关键特性上可能的表现做出预测,根据预测最终做出延伸评价。丰富信息低卷入情境比较普遍,在该情境中,由于动机水平的限制,消费者的信息加工的精细化程度会受到影响,因此,消费者受品牌概括性特征的影响,而知觉到的延伸行为本身的合理性,影响到了由母品牌好感而来的延伸评价。研究认为,类别固着度、品牌抽象性与功能性特点,以及品牌声誉,是影响延伸成功的重要变量。

关键词:消费心理学　消费者行为论　品牌　品牌营销

2923

评价中心考官判断策略捕捉:并行分布式加工框架 / 李德忠著;王重鸣指导. -- 浙江大学, 2005. -- 197 页

论文通过模拟任务的结构化设计、对维度评分以及考生能力模式的实验操纵,为评价中心设计和效度提供了更完整的说明,通过关注考官运用信息形成判断的方式,构建了考官判断的神经网络模型。论文包含三项研究。研究 1 采用某软件公司高管人员选拔测试中 99 位考生的数据进行分析,发现在风险选择任务情景中,考官更加重视决策判断和计划组织维度;在时间压力任务情景中,考官更加重视决策判断和授权激励维度,即判断策略表现出非补偿特征。总体判断中有 21% 的变异是由考官因素引起的。研究 2 采用与研究 1 完全相同的测验工具,通过操纵维度评分获得了 10 位假想考生的能力模式。结果显示,考生能力模式对考官判断策略有影响,维度的突出程度随考生能力模式而变化。研究 3 依据动态过程追踪思路,探索了两类考官如何综合任务情景、考生能力模式、构思维度等方面的信息形成对考生的判断。结果表明,两种类型的考官可能采用了不同的信息整合策略来形成总体判断,在依据文件维度信息做出总体判断时,专家考官更多利用了情景关联信息形成总体判断,表现出人—职匹配的策略框架。研究 3 中,论文还描述并检验了考官判断策略的神经网络模型,该模型可以同时捕捉补偿和非补偿策略,并允许考官对不同的特征采用不同的策略。最后,论文依据并行分布式加工框架,对研究的主要结论和理论进展作了总结,讨论了研究的实践意义及未来研究方向。

关键词:管理心理学　认知　评价中心(AC)　考官

2924

五种基本情绪自主神经反应模式的实验研究 / 李建平著;阎克乐,郭念锋指导. -- 中国科学院研究生院, 2005. -- 72 页

论文用影片片断来诱导悲伤、厌恶、愤怒、恐惧和快乐五种基本情绪及一种中性状态,用“情绪报告表”采集女大学生被试产生的情绪种类及其等级,并根据情绪自我报告来确定是否成功地诱导出靶情绪,以研究基本情绪的自主神经反应模式及其影响因素。采集的数据包括:反映自主神经活动的指标(包括血压、呼吸率、手指皮肤温度、心率、心率变异性、皮肤电和脉压差)、情绪报告以及一些问卷测量结果(包括一般情况、心境、生活事件和人格类型)。研究得到的主要结论如下:首先,除愤怒情绪外,被诱导的每一种基本情绪,都有自己的特异性自主神经反应,并且不同情绪的自主神经反应模式之间是有差异的,基本情绪的自主神经反应是模式化的和特异的。其次,每一种情绪的自主神经反应模式,都不仅局限于经典诘抗模式(即交感神经活动增强伴随副交感神经活动减弱),还可以有副交感神经活动增强伴随交感神经活动减弱的诘抗模式、共同激活模式、共同抑制模式以及四种非伴随活动模式;不同情绪在各种反应模式的分布上不同。最后,五种基本情绪的自主神经反应模式,随着同种情绪体验的强度和反应阶段、个体的个性类型(情绪反应性)、心血管反应性、基础副交感神经张力、心境和应激水平的变化而变化,情绪的自主神经反应是可塑的;情绪及其反应的灵活可塑性以及实验设计上存在的困难和问题,是造成特异性情绪自主神经反应模式研究结果缺乏一致性的原因。

关键词:情绪　神经系统　心理活动　实验心理学

2925

目标和干扰子的关系对空间背景线索效应的影响研究 / 王松琴著;张智君指导. -- 浙江大学, 2005. 89 页

论文通过三个系列研究,系统探讨了目标和干扰子的不同关系对空间背景线索效应的影响。在系列研究一(实验 1)中,着重研究了目标和干扰子的关系是否会对空间背景线索效应产生影响;在系列研究二(实验 2—8)中,系统探讨了目标和干扰子的不同关系对空间背景线索效应的影响的特点与规律;在系列

研究三(实验9—10)中,采用眼部追踪技术探讨了目标和干扰子的关系对空间背景线索效应的影响机制。获得以下结论:(1)目标和干扰子的不同关系会对空间背景线索效应产生影响。(2)目标和干扰子的视觉关系决定了其对空间背景线索效应的影响的特点与规律:目标和干扰子的视觉关系一致时,不管两者的语义关系是否一致,都存在空间背景线索效应;而目标和干扰子的视觉关系不一致时,无论它们的语义关系是否一致,都会导致空间背景线索效应消失。(3)目标和干扰子的关系对空间背景线索效应的影响机制可由眼动模式解释:目标和干扰子语义不一致时,存在空间背景线索效应,这可由系列加工来解释。该机制在眼动指标上表现为:干扰子的空间布局固定时,与空间布局变化时相比,找到目标所需的注视点个数更少、首注视点与目标位置的距离更近以及首注视点更可能落在目标位置;而目标和干扰子颜色不一致时,空间背景线索效应消失,这可由平行加工来解释。该机制在眼动指标上表现为:找到目标所需的注视点个数、首注视点与目标位置的距离以及首注视点为目标位置的可能性不受干扰子空间布局的影响。(4)空间背景线索效应是内隐的。

关键词:视觉　干扰　记忆　背景线索效应

2926

基于事件前瞻记忆任务中的注意资源效应 / 王永跃著 ; 王健指导. -- 浙江大学, 2005. -- 97 页

作者指出,前瞻记忆是指对将来发生事件的记忆,包括基于事件的前瞻记忆、基于时间的前瞻记忆和基于活动的前瞻记忆三种基本的形式。前瞻记忆概念的提出突破了传统心理学对记忆的定义,迅速得到了心理学研究的关注。但是目前对前瞻记忆的认知机制的研究还没有得出一个统一的结论。自动激活理论认为前瞻记忆的加工是自动加工;多维模型认为前瞻记忆的加工是控制加工。还有其他的一些折衷的观点,认为前瞻记忆的加工既有自动加工的成分也有控制加工的成分。作者认为,探讨前瞻记忆的加工是控制加工还是自动加工的问题,其实质是要探讨在前瞻记忆任务加工过程中是否需要注意过程及注意在前瞻记忆任务的加工过程中作用的问题。作者在前人研究的基础上,通过对被试在前瞻记忆任务的加工过程中的注意操作,系统研究前瞻记忆中的注意资源效应,解决前瞻记忆研究中还尚未解决的理论问题。该研究共有6个实验,其中实验1考察前瞻记忆任务早期加工过程中是否存在注意过程;实验2、实验3和实验4是考察注意的分配对被试前瞻记忆任务加工产生的影响;实验5和实验6考察了注意资源容量有限人群在由正在运行任务转到前瞻记忆任务时注意的作用。研究得出如下结论:第一,在前瞻记忆任务的前期加工过程中存在注意过程。第二,注意资源的分配对前瞻记忆加工造成显著影响。第三,有限的注意资源容量对前瞻记忆加工造成显著的影响。

关键词:记忆　前瞻记忆　注意

体育人文社会学

2927

台湾沿大陆岛屿水域运动发展之研究 / 董燊著 ; 秦椿林指导. -- 北京体育大学, 2005. -- 116 页

台湾沿大陆较大的岛屿群分别属澎湖县、连江县,以及金门县三个行政区。这些岛屿蕴藏丰富的自然景观和生态资源。论文针对离岛地区水域运动的环境资源、水域运动发展现状、相关法规和课题,以及地区民众对水域运动的偏好情形进行分析。作者以上述三地12—65岁民众为抽样对象,采用文献分析、问卷调查、实地访谈和专家座谈等方法,对搜集上来的材料进行分析,指出,离岛居民参与水域休闲活动中,在"滨海陆地运动"方面,最受欢迎的是"滨海主题游乐园"、"观赏自然景观"、"团体活动";在"海滩与潮间带活动"方面,最受欢迎的是"退潮时海底步道踏浪"、"听涛、赏景";在"从事海域活动偏好"方面,最受欢迎的是"玻璃底船海底观景"、"海上观光"、"快艇"。在参与的阻碍因素方面,有六个,分别是"场地设施"、"附属活动的阻碍"、"主要活动的阻碍"、"食宿交通"、"参与者本身"和"自然环境"。其中,三个离岛在阻碍因素的差异达显著水准,经事后比较得知澎湖县参与的阻碍因素均低于金门和连江,显示其开放时间较早,观光休闲产业发展较快,阻碍居民参与水域活动的因素相对较少。为兼顾离岛地区环保和开发的持续发展,根据研究结论,作者向有关单位建议,建构水域运动资源整合系统,订制水域相关活动法规,培育人才发展水域活动等。

关键词:水上运动　体育运动　岛屿　水域运动　台湾省

2928

人学视野中的人文体育观研究 / 冯霞著 ; 杨文轩

指导. -- 华南师范大学, 2005. -- 143 页

该研究从人学的理论视野出发,对人文体育观进行了历史分析和理论建构。首先作者考察了西方人文体育思想的历史脉络,分析了西方人文体育思想的主要观点及其影响因素;进而,从人与宇宙的关系层面、人与社会制度的关系层面、人作为完整的个体存在这三个层面,对中国传统文化背景下的人文体育思想进行了研究,指出,中国人文传统强调天人合一,与西方在人与宇宙关系的主客二分法不同;但在人与社会制度的层面上,中西方有着相同性质的人文主义运动;在人作为完整个体的层面上,中国的人文传统有其普适性的一面,为现代人的人格完善和个性发展提供了积极的因素。其次,借助人学对人性和人的本质的理解,论文对人文体育观进行理论建构。从人的本质三个方面,分析了理想状态的"人的体育"。从中、西方对"体育"概念的争论及其关注的不同焦点,理解"现实中的体育"。最后,作者阐述了人学视野中人文体育观的实践意义。从体育领域的科学与人文的分裂与交融、以体育文化建设促进人的精神文明、体育对人的全面现代化的追求等三个方面,对体育中人的问题进行了积极思考。指出,人文体育观通过对体育实践领域中的现实问题的思考,强调了其"以人为本"的核心理念,即:在理论上科学完整地认识人,在价值上尊重人的主题价值和独立人格,在实践中实现人的身体的自然改造、促进人的社会化进程、塑造人格、引导人内心精神世界的功能,使体育真正成为促进人的发展的有效途径。

关键词:体育理论　人文主义　人学

2929

奥林匹克运动人文价值的历史流变 / 孙葆丽著 ; 任海指导. -- 北京体育大学, 2005. -- 124 页

作者主要采用了文献分析与比较法、专家访谈法和个案法,对奥林匹克的人文价值内涵,以及奥林匹克运动人文价值的历史流变过程进行分析,力图揭示奥林匹克运动人文价值的发展与演进规律。研究认为,首先,奥林匹克的人文价值,体现在个体、社会和国际社会三个层面上,表现为促进个体的全面发展、促进社会进步和促进世界和平的基本价值取向。这种价值结构的逻辑关系是建立在从微观到宏观、由个体到社会的相互作用之上的。其次,作者认为,奥林匹克运动以体育运动作为实现奥林匹克理想的工具和媒介。这一方面增进和扩展了体育运动的功能,另一方面,又使奥林匹克运动的人文价值与体育运动的人文价值密切联系起来。再次,论文认为,奥林匹克运动人文价值的历史流变过程以第一次世界大战爆发、第二次世界大战爆发和 20 世纪 80 年代萨马兰奇改革三个重要事件为标志,大致分为初创、初具形态阶段、发展与失衡阶段、改革与创新等四个阶段。奥林匹克运动人文价值的历史流变过程明显地呈现出逐渐发展和丰满的态势。最后,作者指出,奥林匹克运动的人文价值具有多元性。这对奥林匹克运动走向世界具有重要意义。

关键词:奥林匹克运动　体育运动　体育文化　人文价值

2930

中国体育现代化的基础理论研究 / 杨晓生著 ; 卢元镇指导. -- 华南师范大学, 2005. -- 128 页

体育现代化,是以人文关怀和人的发展为中心,使竞技体育、群众体育和学校体育协调发展,并使体育事业和社会现代化进程保持协调一致的过程。论文以世界现代化的兴起以及中国的现代化进程为经线,以现代体育的勃兴和中国体育赶超世界强国的步法为纬线,运用文献资料法、调查研究与理论分析相结合等方法,从社会学的角度研究中国体育现代化的概念、本质和标准;指出,中国的体育现代化是历史的必然选择;而来自体育观念、体育体制和体育资源等方面的因素制约了中国体育的现代化进程;因此,人的现代化就成为中国体育现代化的关键;健全的法制、充足的资源、同步于社会现代化的进程、科学发展观,以及科学的核算和评价体系,是实现中国体育现代化的必由之路。体育现代化的标准包括五个方面:一是,实现体育参与人群(体育人口)的结构优化;二是,实现体育运动机制和管理体制现代化;三是实现体育科学技术现代化;四是,实现体育效益与可持续发展;五是实现体育事业与社会进程协调发展。最后,作者提出,实现中国体育现代化的途径,首先要有健全的法制,这是中国体育现代化的前提;其次,要有充足的资源,这是中国体育现代化的保障;第三,要与社会现代化保持同步;第四,需要科学精神;最后,实现体育现代化离不开科学的核算和评价。

关键词:体育　现代化　竞技体育　群众体育　学校体育

运动人体科学

2931

Clap式冰刀弯道蹬冰动作技术原理的生物力学研究 / 陈民盛著 ; 金季春指导. -- 北京体育大学, 2005. -- 85页

新式冰刀的问世对传统蹬冰动作技术原理及其训练方法提出了新的挑战。为了有效阐述Clap式冰刀的蹬冰机制,作者采用运动生物力学方法,通过对影响速度滑冰滑行速度的技术要素分析,确立正确的弯道蹬冰技术概念,阐明动作技术的关键环节,明确速滑蹬冰动作加速理论的内涵,建立优秀运动员的弯道技术参数体系,进而揭示Clap式冰刀弯道蹬冰动作技术的生物力学原理。主要结论如下:(1)Clap式冰刀弯道蹬冰动作技术原理主要体现在两个方面:一是通过提高踝关节的灵活性来改变下肢各关节的发力性质;二是通过冰刀结构的改变来揭示速滑蹬冰技术动作加速理论的适用条件。核心是提高踝关节的灵活性。(2)重心前移程度(切向)与合理的侧蹬冰时机相结合是获得最佳加速度的前提,它反映了支点与重心间力的相互作用关系和蹬冰动作的加速条件。正是Clap式冰刀的这种特有结构为重心前移提供了可能。(3)从低速向高速滑行过程中频幅组合在步频与步速关系中,动态支撑方式遵循定点支撑方式的变化规律,满足步频对步速的曲线凹面向上的函数关系,两者具有一致性;但在步幅与步速关系中,动态支撑方式却与定点支撑方式相反。定点支撑方式表现为随着速度的提高步幅也增大(在极限速度条件下或保持不变或略有减小);动态支撑方式表现为随着速度的提高步幅减小的变化规律。这一结果揭示出:支撑方式(动态支撑和定点支撑)不同时,在步幅与步速之间的制约关系中,随着速度的提高步幅也增大的规律是有条件的,应根据动、定点支撑方式的性质加以区别对待。

关键词:运动生物力学　速度滑冰　弯道　蹬冰技术　冰刀

2932

游泳锻炼对实验性抑郁症大鼠神经内分泌及行为学的影响 / 崔冬雪著 ; 季浏指导. -- 华东师范大学, 2005. -- 94页

该研究从脑在抑郁症发病及治疗中的地位着手,探讨运动对慢性中等不可预知应激抑郁模型大鼠下丘脑、海马组织以及血浆中单胺类神经递质及其HPA轴功能状况的影响。得出如下结论:1.慢性中等不可预知应激对机体产生的影响是广泛的,包括行为学变化、单胺类神经递质水平失衡和HPA轴功能失调,是形成抑郁症发病的生理生化基础。2.慢性中等不可预知应激刺激造成模型组大鼠体重增长减慢、食物与1%蔗糖溶液消耗量减少、水平活动和垂直活动得分减少、降低大鼠胸腺重量和增加大鼠肾上腺重量等一系列行为指标的变化,表现出临床抑郁症状的特征,表明模型制备成功。3.慢性中等不可预知应激刺激可以降低动物下丘脑、海马组织和血浆单胺类神经递质含量,诱发单胺能系统功能失衡,促发抑郁情绪,支持抑郁症发病的单胺类神经递质假说。同时应激导致动物机体的HPA轴功能亢进,影响动物行为变化,动物呈现抑郁症状。4.游泳锻炼具有维持正常体重的功能;增加动物的食物消耗量,从而保证运动所需的能量。5.游泳锻炼对于动物脑内下丘脑、海马组织中的单胺类神经递质的影响不甚明显,可能是对运动适应的结果;同时具有降低HPA轴激素水平,增加动物应激耐受力,动物出现游泳运动适应现象,促使HPA功能优化。6.长期参与游泳锻炼,在应激期间,无论游泳锻炼停止与否,一定程度上可以减缓因应激导致的体重急速下降;增加食物消耗量;维持1%蔗糖溶液消耗量;有助于减缓和恢复动物不同脑区内单胺类神经递质含量的作用。7.游泳锻炼抗应激、防抑郁的效果可能是通过恢复提高下丘脑组织中的DA, NE和海马组织中的5-HT的含量发挥作用的。8.游泳锻炼纠正慢性应激对HPA的影响,可能是通过保护海马不受损伤,维持了慢性应激时海马调节HPA轴的功能,达到预防抑郁症的效果。

关键词:体育锻炼　游泳　抑郁症　内分泌

2933

丙酮酸补充对运动机体身体成份和脂肪代谢的影响及机理研究 / 郭英杰著 ; 王安利指导. -- 北京体育大学, 2005. -- 87页

论文分别以雄性游泳运动大鼠和男子散手运动员为研究对象,观察了丙酮酸补充对运动机体身体成份和脂肪代谢的影响。通过测定大鼠血清、肝脏和下丘脑等组织器官的生理生化和分子生物学等指标,以及人体形态学和血清生化指标,尝试对丙酮酸补充对运动机体身体成份和脂肪代谢方面的影响及机理进行探讨。研究表明,丙酮酸补充可在一定程度上减慢

运动机体体重和体脂的增长速度,加快运动机体能量代谢速度;并通过影响运动机体脂肪代谢相关调控酶和激素水平,使其血脂和血糖水平下降,从而影响其脂肪代谢过程。这些作用效果提示,丙酮酸有可能成为一种较为理想的减体重或控体重的膳食营养补充品,若结合运动进行补充,作用效果可能会更好。

关键词:丙酮酸　能量代谢　脂肪代谢　运动能力　运动营养

2934

我国优秀游泳运动员力量训练阶段生理生化指标的评价及机制研究 / 黄文聪著 ; 王安利, 陆一帆指导. -- 北京体育大学, 2005. -- 75 页

论文运用生理生化指标,对我国优秀游泳运动员力量训练阶段的身体机能进行评价,并以骨骼肌细胞 HSP70 变化为切入点,系统地研究和阐释了力量训练阶段对于机体系统水平应激和整体水平应激的影响的产生机制。论文实验分为人体和 SD 大鼠两部分。人体实验以我国备战 2004 年奥运会国家游泳队的优秀运动员为研究对象,追踪观察在大赛前的力量训练阶段,反映运动员机体机能的某些生理生化机能指标的变化。SD 大鼠实验以强度训练为特点,作者力图建立符合实际训练的强度训练模型,系统研究负重游泳训练对大鼠机体整体水平、系统水平和分子水平的应激反应的影响。综合实验结果,作者认为,力量训练中骨骼肌产生适应可能的机制如下:力量训练的方式和安排,使机体的激素生成发生改变,机体内合成代谢与分解代谢的平衡状态,向以内合成代谢为主的方向转变,配合着肌细胞的专门代谢物和自我保护机制(HSP70)的变化相互作用,来实现骨骼肌蛋白合成适应的形成,其中包括结构蛋白和酶蛋白的适应,加上神经肌肉系统的适应在内的骨骼肌其他适应,在整体上就表现出骨骼肌纤维增粗和运动能力(力量)的增强。

关键词:游泳　力量训练　运动员　运动训练

2935

运动及心理应激对免疫机能影响及其机制研究 / 黄文英著 ; 许豪文指导. -- 华东师范大学, 2005. -- 145 页

该研究力求从细胞、分子、基因水平系统地对运动及心理应激进行长时间的观察研究,对不同类型运动员进行全面分析,系统地观察运动及心理应激对免疫机能的影响,丰富心理神经免疫学的研究,指导运动比赛实践。基本结论有:(1)长时间大强度运动及慢性多相性情绪应激影响动物行为,心理应激使得动物肢体活动减少,抑制修整行为,排泄行为减少;(2)心理应激加不同强度运动导致白细胞数量增加,使机体炎症反应加剧;(3) 中等强度运动加中等强度情绪应激动物 TCD4 + lCD8 + 升高;(4) 长时间大强度运动及慢性多相性情绪应激导致 IL-2 下降,IL-10 上升,IFN 上升,sIL-2R 下降,sIL-6R 下降;(5) 长时间大强度运动及慢性多相性情绪应激导致 Cort 下降,心理应激使 ADR、NA 下降,而不同强度运动又使 ADR、NA 升高;(6)长时间大强度运动及慢性多相性情绪应激导致 c-fos mRNA 表达增强。这些说明:(1) 心理应激使得动物对外界刺激反应迟钝;(2)中等强度运动加中等强度心理应激使机体免疫能力增强;(3) 长时间大强度运动及慢性多相性情绪应激造成机体耗竭,细胞免疫下降,体液免疫上升;(4) 心理应激使应激激素和应急激素耗竭,长时间大强度运动应激使应激激素耗竭,应急激素增多。

关键词:运动心理学　心理应激　免疫学　情绪

2936

身体锻炼对大学生睡眠质量的影响及其心理机制的研究 / 李樑著 ; 季浏指导. -- 华东师范大学, 2005. -- 83 页

本文首先分析了心理学及相关学科对睡眠质量及其受影响的社会心理因素的研究成果,确定了人格、负面生活事件、焦虑、抑郁等因素是影响睡眠质量的关键因素。其次,采用分层加随机抽样的方法进行抽样研究。最后,以身体锻炼作为干预手段,对有睡眠障碍的学生进行行为干预,以自主式与合作式锻炼情境为自变量,以大学生睡眠质量和心理健康水平为因变量进行实验研究。通过对上述研究结果的分析,本研究获得以下结论:(1) 19% 的大学生有睡眠障碍问题。男、女生之间,一、二年级之间在睡眠质量上没有显著差异。(2)负面生活事件是影响睡眠质量的直接因素。大学生当前所面临的负面生活事件以学习压力和人际关系紧张为主要因素。(3)人格是影响睡眠质量的深层因素。性格外向、情绪稳定的学生睡眠质量更好。人格除了可直接影响睡眠质量外,还能通过对应激过程的调控实现对睡眠质量的影响。(4)焦虑、抑郁是影响睡眠质量的中介因素,其他影响因素都可通过它们实现对睡眠质量的影响。大学生的平均焦虑、抑郁水平高于常模。焦虑、抑郁水平越高,睡眠质量越差。(5) 90% 以上的大学生课外身体锻炼

的运动量等级是小到中等运动量。在一定范围内,身体锻炼的量越大,睡眠质量越好。身体锻炼发挥影响效益的因素是一次锻炼的时间和锻炼频率。(6)身体锻炼除可直接改善睡眠质量外,还可以通过减少应激、降低焦虑抑郁水平、改变人格特征等途径实现睡眠质量的提高。(7)自主式与合作式锻炼情境都能有效地改善睡眠质量以及促进心理素质的健康发展,但总体而言,合作式锻炼情境发挥的效益优于自主式锻炼情境。

关键词:体育锻炼　心理健康　大学生　人格　睡眠

2937

自行车测试车研制及踏蹬技术诊断分析系统软件的开发 / 罗炯著 ; 金季春指导. -- 北京体育大学, 2005. -- 94 页

作者根据当前自行车训练的要求,研制出一辆测试车,通过改变坐角、坐高获得九种组合位置,选择了5名自行车运动员和6名一般骑车人作研究对象进行技术分析,并对自行车运动员的“赛车定位”单独进行“诊断”,从中发现了某些技术规律,提出了一些可供评价踏蹬技术好坏的指标及对自行车运动训练有益的建议,开发出一套集数据采集、处理、存贮和回放一体化的踏蹬技术诊断系统软件。其主要结论包括五个方面:一,实验确证了恢复阶段驱动时相段的存在和两个理论推导的正确性。其一是恢复阶段的曲柄角速度应适当高于前蹬;其二是膝、踝关节轨迹的理论论证与实际结果的一致性。二,自行车运动员坐角应大于72°,坐高应大于或等于106% TH;对娱乐性健身选手来说,72°坐角、101% TH坐高是较佳的车坐定位标准。三,确定了用于踏蹬技术诊断分析的五种评价指标:其一是踏蹬过程中提拉阶段的曲柄角速度应适当高于前蹬。其二是不同组合下踏蹬时,上、下死点区域的大小。其三是不同组合下,前蹬阶段的平均作用效率。其四是膝、踝关节中心轨迹的重叠程度、光滑程度、对称性与非对称性。其五是踏蹬过程中左右两腿用力是否均匀。四,运动员在踏蹬过程中大腿角屈伸范围基本恒定,据此提出提高自行车运动员髋关节伸展功率力量训练方法,即力量训练应控制大腿屈伸角的范围在30°—85°之间;自行车运动员“大腿长与有效小腿长的比率”是影响骑行的重要因子之一,这对自行车运动员选材有重要参考意义。五,开发出一套踏蹬技术诊断分析系统软件,可同步测取运动员踏蹬过程中任意踏蹬瞬间下肢环节及曲柄的运动学参数,和脚蹬、车坐、手把三处的动力学参数,并能将所测取的力值与相关的夹角,通过相关软件获取作用于脚蹬上的有用力和效率指数。论文指出,该软件能实现一般水平与高水平以及高水平运动员之间图像及参数间的对比,以及时寻找踏蹬技术中的个别差异,对提高我国自行车运动竞技水平非常有价值。

关键词:自行车运动　运动训练　运动生物力学测试　踏蹬

2938

运动对老年小鼠骨代谢和凋亡相关基因的影响 / 沈志祥著 ; 许豪文指导. -- 华东师范大学, 2005. -- 102 页

该研究旨在从运动生物化学和生命科学角度,探讨运动对反映生物衰老进程变化的部分相关指标(基础生化指标、骨代谢及部分凋亡相关基因)的影响,以期从机体整体水平、器官功能水平及基因水平对影响衰老的运动因素,以及运动对生命质量和衰老进程的影响作用的机理进行一些探讨。主要结论有:1. 运动有利于体成分保持,延缓增龄性瘦体重下降趋势,以及增龄引起的体脂的升高。2. 运动可以改善和调节糖、脂代谢,减少机体因高血糖、高血脂引发的糖尿病、肥胖和心脑血管等慢性疾病发生的危险性。3. 运动对骨密度的影响与运动强度有关,表现为中低强度的运动对骨的矿化具有一定的促进作用。4. 运动对骨生物力学指标的影响与运动强度有关,适度的运动可以较好改善生物力学综合性能,运动强度不足或强度过大都无法优化运动效应。5. bax 和 bcl-2 基因在心肌中表达率较高,在骨骼肌和肝脏中表达率较低,呈现组织性差异。6. 运动对心肌 bax, bcl-2 基因表达的影响与运动强度有关,适宜的运动可以抑制心肌 bax 的表达,促进心肌 bc1-2 基因表达,使心肌 bcl-2/bax 比值升高。7. 适宜的运动使心肌细胞 bc1-2 基因表达增强及 bcl-2/bax 比值优化,有利于抑制心肌细胞凋亡,促进心肌细胞存活,延缓心肌衰老。8. 运动形式、运动强度,以及机体对运动的适应性机能反应,决定运动效应。适宜的运动产生良好的适应性的机能反应,这有利于改善运动个体的生理生化功能,促进机体健康,这种健康促进作用在运动延缓机体衰老过程中具有积极意义。

关键词:运动生理学　衰老　骨代谢　骨密度　生物力学

2939

我国中小学体育学习评价改革的研究 / 汪晓赞著 ; 季浏指导. -- 华东师范大学, 2005. -- 364 页

为了适应国家基础教育体育课程的改革,论文对我国中小学体育学习评价体系进行了大量的研究和探索。第一,分析指出,实施元评价在体育学习评价过程中的重要性,主张建立相应的评价监控体系,以保证体育学习评价的顺利进行;第二,根据小学生、初中生和高中生的身心发展特点,开发研制了"中小学生体育学习系列自评量表"(含小学生、初中生和高中生的体育学习态度自评量表、情意表现与合作精神自评量表、健康行为自评量表,共9张)和"中小学生体育学习兴趣系列评价量表"(含小学生、初中生和高中生的体育学习兴趣评价量表,共3张),经实验证明具有较好的信度和效度,其评价结果具有一定的科学性与合理性,前者可为体育教师指导学生进行体育学习态度、情意表现与合作精神、健康行为等方面的自我评价提供可靠工具;后者可为地方和学校评价体育教学和体育学习评价的效果等方面提供工具,有利于地方和学校有效地监控体育教师的教学和体育学习评价过程。第四,由作者设计开发的"中小学体育学习评价系统"软件,为实现多元的体育学习评价提供了一个简便易行的操作平台,既有助于体育教师更好地理解和落实体育学习评价新理念,又大大减轻了体育教师的评价工作量,使多元的体育学习评价更具可操作性,最终有效地促进学生健康、全面地发展。

关键词:中小学　体育课　体育教学　教学评估

2940

研究生体育锻炼与健康问题的研究 / 夏祥伟著 ; 季浏指导. -- 华东师范大学, 2005. -- 167 页

该研究采用调查访谈和实验法,对研究生体育锻炼与其健康之间的关系问题进行了较为深刻的研究。研究认为,目前高校对研究生体育锻炼和健康问题重视程度不够,研究生体育锻炼现状以及健康(包括生理、心理和社会健康)和体质现状不容乐观。研究证明,体育锻炼对研究生的生理健康、心理健康、社会健康、全面健康以及体质都有积极的影响和较大的促进作用;研究生体育锻炼的运动量与健康(包括生理、心理和社会健康)状况显著相关;研究生体育锻炼的健康效应和体质增强作用受到运动方式的影响,不同运动量(强度)的体育锻炼对研究生的健康(包括生理、心理和社会健康)效应和体质增强作用有显著不同,中等到大运动量(强度)的体育锻炼的效果最好。而且,研究发现,研究生的体质与健康显著相关,研究生的生理健康、心理健康、社会健康、全面健康相互之间也存在显著相关,它们之间互相影响、互相作用。该研究的不足之处在于,作者只对一年级的硕士研究生进行了实验研究,尚未对高年级的硕士研究生和博士研究生进行相关实验研究。

关键词:研究生　体育锻炼　健康　体质

2941

6周耐力训练对大鼠细胞免疫功能影响的机理初探及中药多糖干预效果研究 / 周丽丽著 ; 杨则宜指导. -- 北京体育大学, 2005. -- 100 页

该研究以大鼠在流动水池中递增负荷游泳训练6周为动物实验模型,观察了耐力训练对大鼠细胞因子水平、细胞因子受体表达、PBMC细胞周期细胞分布、PBMC Ca^{2+}通道开放速度和数量、T细胞增殖转化能力、淋巴细胞数量及亚组分分布、血清睾酮及皮质酮浓度等指标的影响,同时选用牛膝多糖和黄芪多糖进行干预,旨在探讨运动性免疫低下的机制,并为改善耐力训练引起的免疫低下寻找有效的干预措施。实验结果表明:(1)6周耐力训练后可造成大鼠淋巴细胞、T细胞、CD^{4+}细胞数量及CD^{4+}/CD^{8+}比值下降,T淋巴细胞增殖转化能力下降,表明耐力训练可以导致大鼠细胞免疫功能的降低,说明该动物模型符合实验要求。(2)6周耐力训练后可造成淋巴细胞周期运转受阻,这可能是耐力训练引起免疫功能低下的机制之一。(3)耐力训练后Th1和Th2型细胞分泌功能失衡可能是运动性免疫低下的原因之一。(4)耐力训练可能通过细胞因子及其受体途径,影响淋巴细胞的活化和增殖。(5)6周耐力训练后大鼠血清睾酮下降、皮质酮升高,可能通过运动—神经—内分泌—免疫网络机制引起运动性免疫低下。(6)6周耐力训练同时给予中药多糖提取物,有防止上述主要免疫功能指标改变的作用,而且有促进PBMC Ca^{2+}通道开放速度或数量增加从而促进细胞信号转导作用,实现对免疫功能的调节。

关键词:运动训练　运动卫生　耐力训练　多糖　黄芪多糖

2942

离心运动对骨骼肌细胞膜骨架蛋白含量影响的研究 / 周越著 ; 王瑞元指导. -- 北京体育大学, 2005. 55 页

论文研究了骨骼肌细胞膜骨架蛋白在大强度离

心运动及适应性训练后的含量变化特点，分析了肌细胞膜骨架蛋白缺失与延迟性骨骼肌损伤时血清酶升高之间的关系，及其对肌细胞膜部分功能的影响，探讨了细胞膜骨架蛋自在骨骼肌纤维中存在的特点和作用。论文以雄性 Wistar 大鼠为研究对象，进行“一次性大强度离心运动”和“6 周适应性离心运动训练”两种方式运动。其中一次性离心运动实验为 -16°下坡跑台跑，定量大负荷间歇性运动，跑速为 26.8 米/分钟，运动 5 分钟 ×10 组，组间歇 1 分钟。适应性离心训练为 6 周，每周 5 天训练，速度从 20.0 米/分钟增加到 35.0 米/分钟，每次 20 分钟，-5°下坡间歇跑。离心运动后不同时段和适应性训练后取大鼠后肢腓肠肌外侧头进行分析。结果表明，肌细胞膜骨架蛋白在离心运动的即时损伤中，以Ⅱb 型纤维中的缺失为主，延迟损伤以Ⅰ型纤维中的缺失为主。进行适应性训练的大鼠肌细胞膜骨架蛋白的含量有上升的趋势。膜骨架蛋白减少使膜蛋白活动性增加，并可能通过影响膜脂流动性而引起膜的通透性及 ATPase 活性变化。

关键词：离心运动　骨骼肌　骨架蛋白　肌肉损伤　运动生理学

体育教育训练学

2943

我国体育报刊经营策略研究 / 郭晓勇著 ； 葛春林指导. -- 北京体育大学, 2005. -- 76 页

该文运用了经济学、营销学等相关理论，采用了文献分析、实地研究、实例剖析、问卷调查、访谈及统计等多种方法，研究了在中国加入 WTO、经济全球化加速的背景下，我国体育报刊业所面临的挑战，以及现行经营策略所存在的问题，指出，在此种形势下，对我国体育报刊经营策略进行系统的、实证的研究，为其提高抗风险能力提供一些切实可行的、具有前瞻性的理论指导和发展策略是非常必要的。论文首先结合当前我国体育报刊经营现状，使用了大量体育报刊经营案例，对体育报刊经营所涉及的不同层面的经营策略分别进行了深入论述，力求在每个具体层面上得出一些切中肯綮、既有理论揭示又有实践指导意义的策略，同时在总体上得出一套相对完善、操作性强的体育报刊经营策略体系。在此基础上，研究认为，体育报刊的经营是一个系统工程，各经营环节相互关联。因此，经营的着眼点不能仅局限在广告经营、发行经营等具体的范畴里，应树立一种“大经营观”——从新闻传播业务抓起，报社各部门共同参与、协调一致，以创造最佳的社会效益与经济效益为目标而努力。在经营中，既要有重点，有自己的核心竞争手段，又不能偏废经营体系中任何一个环节。据此，论文提出了一个脉络清晰、层次分明的包括三个层次十个方面的经营策略体系框架，其中：第一层为体制、资本、定位、人才，偏重整体；第二层为管理、策划，贯通融合第一、三层，既偏重整体也偏重局部；第三层为发行、广告、采编、多元化经营，偏重局部。

关键词：体育报刊　经营管理

2944

我国竞技体育职业化过程中的经纪人管理与培养体系研究 / 靳勇著 ； 孙民治指导. -- 苏州大学, 2005. -- 213 页

论文研究了我国竞技体育职业过程中，对经纪人的管理和培养体系的建设问题，认为，对体育经纪人的管理，不仅要有来自政府、社会的管理，更要依托管理的运行环境（市场体系）来完成；对体育经纪人的培养，政府不应仅发挥规范、管理的作用，更应在培养和发展上发挥作用。首先，论文从市场营销学以及经济学的角度，对体育经纪人的经纪环境、经纪活动程序以及运动员经纪和体育赞助两个主要经纪活动，进行了研究，认为，体育经纪人作为市场经济的产物，不可避免地存在与营销对象之间的信息不对称。体育经纪人与球队（俱乐部）之间的信息不对称，也同样引起逆选择问题。其次，论文对我国体育经纪人管理模式、管理主体的进行了分析，认为，我国体育经纪人的管理模式，在现阶段应以政府管理为主、社会管理为辅，二者有机结合；并在此基础上，逐渐向社会管理为主过渡。再次，论文对我国体育经纪人的管理体系进行了深入研究，提出，我国体育经纪人的管理体系应包括：立法系统、组织系统、监督系统、信息系统四个系统。第四，论文对我国院校培养体育经纪人的途径、培养目标、专业设置进行了设计，并对社会培训的适宜渠道、课程设置、培训方法及考核进行了研究。最后，作者提出了构建我国体育经纪人培养体系的设想，即：由综合大学或师范院校的体育学院与其他经济管理类院校的联合培养；体育院校单独培养；体育院校与其他经济管理类院校联合培养的院校培养系统和各省市体育局、工商局联合培训；各省市体育局、工商局联合高等院校培训；国家体育总局各项目中心

(协会)培训;体育经纪人行业协会培训;网上教育培训;体育经纪人公司内部培训的社会培训系统,形成多层次、多渠道、多元主体、多种类型的培养体系。

关键词:竞技体育　体育产业　经纪人　职业化　人才培养

2945

乒乓球运动员接发球判断的思维活动特征 / 李今亮著 ; 梁承谋指导. -- 北京体育大学, 2005. -- 71 页

作者以分别来自国家队、省市队、北京体育大学竞技体育学院和体育教育学院的共 60 名现役选手和学生为研究对象,采用自行开发的"乒乓球运动员接发球判断测试系统",运用时间阻断和空间阻断两种技术,探讨了乒乓球运动员在接发球时判断的思维活动特征。论文首先做了时间阻断实验,结果显示,优秀组、普高组和一般组,在接发球旋转判断的准确性方面,均存在显著性差异。这说明接发球旋转判断的准确性,是一个有效的、适用于中高级选材的指标。但是,在接发球落点判断成绩方面,只在优秀组与一般组之间存在显著差异,优秀组与普高组之间未发现差异。因此,接发球落点判断成绩,可以作为选材的一个辅助性指标加以使用。其次,论文进行了第二项实验,即空间阻断实验,结果显示:发球员的发球动作,主要对接发球员判断的准确性产生影响,而与判断的速度的相关并不密切。其中落点判断准确性,受球拍和躯干动作影响较大,而旋转判断准确性则主要受球拍运动的影响。最后,作者讨论了乒乓球运动员接发球判断过程中的思维活动特点,认为:乒乓球运动员在接发球时的落点判断,是一个连续性的过程,而旋转判断则主要在拍触球之前 80ms 到拍触球时的一个狭小区间内进行。优秀运动员在接发球判断时,最重要的思维活动特点,是能够在恰当的、短暂的时间内,有效地捕捉到对解决问题有帮助的重要相关信息,并同时忽略无关信息的干扰。

关键词: 乒乓球运动　运动员　运动技术　接发球

2946

CBA 主客场赛季制训练的理论探索与实证研究 / 练碧贞著 ; 刘玉林指导. -- 北京体育大学, 2005. -- 85 页

论文研究了在新的赛制条件下,如何在较短的准备期中,形成运动员的竞技状态,并在长的竞赛期中维持这一状态的问题。作者从分析 CBA 球队赛季训练安排入手,对 CBA 主客场赛季制训练理论进行深层次的研究,探讨了 CBA 主客场赛季制训练特点与训练原则、训练任务与时间、训练内容与方法手段、训练负荷的安排、竞技状态的调控以及恢复训练的实施等,论文的主要结论有:其一,篮球主客场赛季制的特点是赛季时间长、准备期短、比赛场次多、主场优势和竞技状态呈波浪性等。其二,训练主要应坚持五项原则,即:小周期训练安排原则、针对性训练原则、赛练结合以赛促练原则、竞技状态调控原则和适时恢复原则。其三,在赛季制的准备期,身体训练要加强耐力和力量素质的训练;技术训练应集中到比赛的对抗性动作和应用技巧上;战术训练主要是全队的整体战术配合,形成自已特色的战术风格;心理训练主要是培养运动员具有适应篮球比赛所需要的心理品质,提高自我控制和防止各种干扰的能力。其四,在赛季期间的训练针对性要强,训练内容的安排和手段运用,主要是取决于比赛中对手情况、比赛中出现的问题、本队队员具体状况,以及下一场比赛将采用的技术和战术等因素;训练的负荷量和强度,应小于赛季前训练阶段,以中低强度为主。在竞赛期间,要调整好运动员的克技状态,使运动员竞技状态保持相对较长时间的稳定。同时,论文指出,要安排好赛间恢复训练,使运动员迅速从比赛疲劳状态中恢复。

关键词: 篮球运动　运动训练　主客场赛季制

2947

番茄红素补充剂对于衰竭运动引起大白鼠肌肉与体内氧化伤害之影响 / 刘介仲著 ; 张林指导. -- 苏州大学, 2005. -- 65 页

该研究探讨了补充低剂量(相当于人体每日摄取量 25mg)与高剂量(相当于人体每日摄取量 75mg)的番茄红素,对于衰竭运动大白鼠抗氧化能力之影响。作者首先将 48 只雄性 SD 品系大白鼠随即分作以下六组:对照组(C)、对照组补充低剂量番茄红素组(CLL)、对照组补充高剂量番茄红素组(CHL)、衰竭运动组(E)、衰竭运动组补充低剂量番茄红素组(ELL)以及衰竭运动组补充高剂量番茄红素组(EHL)。喂食 30 天之后,衰竭运动组大白鼠进行跑步机衰竭运动,坡度固定在 10%、最后速度为每分钟 30 公尺,相当于 70%—75% 的最大摄氧量。继而分析血液与肌肉中抗氧化酵素的活性,包括 GPX、GRD、SOD 以 CAT,抗氧化物质(GSH)的浓度以及脂质过氧化物(MDA)的浓度。此外,论文还分析了血浆与肌肉中 XO 以及肌肉中嗜中性白血球 MPO 的活性。实

验结果显示,血浆与肌肉中 XO 以及肌肉中 MPO 酵素活性方面,E 组皆显著较 C 组提高。相较于 E 组,肌肉中 XO 与 MPO 酵素活性在 EHL 组则是具有显著降低。而且,E 组血浆与肌肉中 MDA 的浓度均分别较 C 组显著增加 72% 与 114%;然而,在运动前补充低剂量或高剂量番茄红素则是具有预防 MDA 增加的作用。各组红血球 GSH 浓度皆无显著差异;但是,衰竭运动却是会造成肌肉中 GSH 含量显著减少。论文认为,这说明,番茄红素补充剂在衰竭运动后,的确具有保护肌肉组织的氧化伤害的功效。

关键词:体育卫生　番茄红素　力竭运动　氧化压力　抗氧化剂

2948

休闲体育的认识深化及在我国的发展研究 / 罗林著 ; 孙民治指导. -- 苏州大学, 2005. -- 165 页

该文以文化学、管理学、产业学、教育学等相关理论为支撑,运用文献法、访谈法、问卷调查法和逻辑分析法等研究方法,对休闲体育的认识在我国的发展进行了研究。首先,作者追溯了群众体育发展的历史,指出,休闲体育并不是体育的一种新形式,而是人们对体育多元价值的认识、并借助体育的方式对现代社会发展造成的人类自身发展缺陷的弥补。进而,论文从东西方体育文化比较的角度,指出东西方体育文化在诸多方面存在巨大差异,但这种文化共同的游戏本质、追求和平公正的文化基点和塑造完美人格的文化理想,使得它们能够成为人们休闲时的选择。在论文的第三部分,作者论证了休闲体育活动主体的主动性、创造性、目的多样性和户外化等特点,决定了必须建立与之相适应的政府与社会相结合的群众体育管理体制模式。继而作者指出,产业对文化发展的作用,决定了休闲体育产业发展是休闲体育文化发展的新途径,它能对休闲体育文化的发展起到重要的支撑和推动作用,同时,我国社会主义的性质和文化对经济发展的促进作用,也决定了发展休闲体育产业的根本目的在于发展休闲体育文化,因此,对于休闲体育产业的发展,必须从文化学的角度出发,坚持以人为本的原则,考虑人们文化价值观的不同,注重对民族体育文化休闲经济价值的开发。教育的文化发展功能又决定了我国休闲体育的发展必须与教育相结合。而高校既有实施休闲体育教育的条件,又有实施休闲体育教育的必要性,这决定了大学阶段是实施休闲体育教育的最佳阶段。最后,作者指出,体育专业院校培养休闲体育专门人才既是必要的,也是可行的。根据国外休闲体育专业发展的经验和我国群众体育发展的趋势,我国体育专业院校社会体育专业中必须增设休闲体育方向,以培养休闲体育专门人才。

关键词:群众体育　休闲体育　体育教育　体育产业

2949

补充活性肽和人参对离心活动后骨骼肌微损伤及其修复效果的观察研究 / 魏源著 ; 邢文华, 杨则宜指导. -- 北京体育大学, 2005. -- 96 页

论文以 136 只雄性 SD 大鼠为研究对象,观察了补充活性肽或人参对运动性微损伤及其修复的营养干预作用,旨在为能开发出一种良好的保护微损伤发生和促进肌肉再生的新型营养强化剂提供实验依据,以更好地服务于运动训练和大众健身。论文实验操作过程如下:首先,将大鼠按体重随机分为安静对照组,和补蒸馏水、大豆蛋白、大豆多肽和人参 G115 四个运动大组,依微损伤和修复发生的规律选取运动后即刻、运动后 24 小时、运动后 48 小时和运动后 72 小时等四个时间点;每个大组又分为四个小组,共 17 组,每组 8 只。然后,令运动组动物进行一次间歇性下坡跑运动,速度为 16 米/分,坡度为 $-16°$,5 分钟运动,2 分钟休息,总运动时间是 120 分钟。大鼠分别于相应的时刻点宰杀,取前肢的股四头肌、小腿三头肌以进行光镜、电镜观察和测定结蛋白与波形蛋白的表达,同时测定血清 CK、血清 MDA、尿液 3-MH、骨骼肌组织葡萄糖-6-磷酸脱氢酶(G6PDH)和 B-葡萄糖苷酸酶(GUS)等指标,安静组动物不进行运动,其他处理同上。通过上述实验,论文认为:第一,一次性离心运动能引起延迟性骨骼肌微损伤,其发生的原因,可能是机械因素和化学因素协同作用所致。第二,大豆分离蛋白和大豆活性肽,可阻止运动性骨骼肌微损伤的发生;但大豆活性肽的作用效果,要强于大豆分离蛋白,而且在促进运动后微损伤的修复方面的效果也明显要好;然而,从整体来分析活性肽对微损伤和修复的作用,更偏向于对修复和再生的促进方面,因此,补肽的作用机理主要在于促进修复。第三,人参能对运动引起的微损伤起到明显的抑制作用,可以使运动后微损伤出现的程度降低;但是,人参对运动性骨骼肌微损伤修复的作用机理,主要体现在它的保护作用方面。

关键词:运动医学　多肽　人参　延迟性肌肉酸痛(DOMS)　运动性骨骼肌微损伤(EIMmD)

2950

力的大小与角度对自由跤运动员动觉感受性的影响 / 于晶著 ; 梁承谋指导. -- 北京体育大学, 2005. 76 页

论文从力的大小和角度两个维度,采用实证与理论研究相结合的方法,对自由跤运动员的动觉感受性进行了探讨。研究采用德国进口 DIVAD 测试系统中的 DIVAD110、DIVAD120、DIVAD130、DIVAD140 为实验仪器,主要考察运动员腰部与颈部动觉感受性情况。得出如下结论:动觉感受性中的肌紧张感与运动幅度感两项指标之间相互影响,具有较为密切的相关。它们之间的关系表现为:当动觉感受性中一个属性处于较高或较低水平时,另一个属性也相应处于较高或较低水平。在自由跤运动员腰部动觉感受性中,优秀组的肌紧张感与非优势侧运动幅度感明显高于一般组;在颈部动觉感受性中,优秀组优势侧肌紧张感与一般组差别较小,但其非优势侧的肌紧张感与运动幅度感(左屈)则表现出高于一般组。总体而言,优秀与一般自由跤运动员相比,其非优势侧的动觉感受性相应处于更高水平。肌紧张感与运动幅度感相比,前者对于区分优秀与一般自由跤运动员具有更好的鉴别力。此外,自由跤运动员腰部、颈部优势侧与非优势侧的动觉感受性均差别较小,基本处于同一水平。在自由跤运动员腰颈部动觉感受性中,肌肉张力与肌紧张感之间关系呈现的趋势是:在肌紧张感这一指标中,表现出随着肌力增加,由其所产生的肌紧张感呈现下降趋势。在腰部运动幅度感这一指标中,表现出当关节活动幅度较大时,由其所产生的运动幅度感处于较低水平。

关键词:自由式摔跤　运动员　感觉　肌肉收缩

2951

现代篮球战术体系的系统研究 / 张勇著 ; 刘玉林指导. -- 北京体育大学, 2005. -- 71 页

论文采用文献资料法、调查访谈法、数理统计法和录像观察统计法等,通过对篮球战术的本质、组成要素、基本矛盾、特征和功能的研究,探讨了现代篮球战术的体系及其结构,深度阐释了篮球战术的价值。论文认为,篮球战术的本质是为了取得比赛的胜利,队员根据一定的战术指导思想,以篮球技术为基础,在战术意识的支配下,按照一定的阵势,全队有组织、有策略地进行协同配合的方法和原则,包括战术指导思想、战术意识、技术、阵势和方法等五个要素。篮球战术的基本矛盾是进攻战术和防守的战术的矛盾。其特征包括:战术设计的针对性、战术活动的整体性、战术运用的灵活性和战术方法的多样性。其功能有控制比赛节奏、增强全队战斗力等方面。根据球队与球权的关系,论文将篮球战术体系分为三大部分:进攻战术、争抢球战术和防守战术。其价值有竞技、经济、娱乐欣赏等方面。论文指出,篮球比赛是在一个完整的战术体系中进行的,在战术设计时,要全面考虑战术体系的各个方面,使战术和比赛实际相结合。在训练中,应注意战术的系统性,坚持从一个战术环节过渡到另一个战术环节,使战术的运用更加流畅。在比赛中,根据比赛的实际情况,灵活运用战术体系,争取比赛的主动。

关键词:篮球运动　运动训练　战术体系

2952

排球运动员智力特征的研究 / 张禹著 ; 葛春林指导. -- 北京体育大学, 2005. -- 59 页

作者在回顾近期国内外对运动员智力的研究的基础上,利用调查问卷确定排球运动员智力特征,并利用经过改进的瑞文推理测验,和认知心理学的决策、注意和视觉元认知的研究范式,对排球运动员智力特征进行了新的实证研究。在实证研究部分,作者利用由 DMDX 软件开发的排球运动员智力特征的测试系统,对一级排球运动员、体育教育专业学生和非运动专业学生的推理、决策、注意和视觉元认知四个方面的特征,进行了测试和对照研究,并利用测试结果进行了判别分析。结果发现,不同组被试在四个特征之间,存在不等的差异。具体结论如下:(1)排球运动一级运动员,具有与体育教育专业和非运动专业学生不同的智力特征。具体表现在单纯求快的推理、快而准的决策、快速注意和准确的元认知方面。(2)改进的瑞文标准测验材料、快速决策研究范式、变化盲视和变化盲视的盲视范式,可以作为研究排球运动员智力特征的范式,同时对其他项目运动员智力的研究有借鉴和参考价值。(3)判别分析结果表明,排球运动员智力特征的测试,在排球运动员心理选材和训练中,具有一定的应用价值。

关键词:排球运动　运动员　智力

2953

我国篮球训练与竞赛组织系统的优化配置研究 / 赵晶著 ; 王家宏指导. -- 苏州大学, 2005. -- 207 页

论文研究了我国篮球训练和竞赛组织系统及其优化的问题。首先,作者分析了我国篮球运动管理组

织系统，认为，现阶段国家篮球运动管理中心与中国篮球协会、国家篮球运动管理中心与教育部全国学生体育联合秘书处、地方体育局篮球运动管理部门与地方教育厅体卫艺处等，在“管篮球”、“办篮球”的过程中，缺乏有效的沟通与联络。为此，作者提出进一步完善我国篮球运动管理组织系统的构想：第一，要明确篮球运动管理体制改革的目标；第二，要建立与完善具有中国特色的篮球运动协会化的管理组织体系；第三，要明确篮球运动管理中心的主要工作任务；第四要理顺“篮球运动管理组织系统”的“纵、横”关系。其次，论文研究了篮球训练组织系统，认为，在现阶段，体育系统存在的主要矛盾是体制问题，并提出进一步完善我国篮球训练组织系统的近期构想：在国家体育总局篮球运动管理中心的领导下，进一步发挥教育系统与社会系统办篮球的优越性，进而从整体上，系统、合理地设置与规划篮球训练的组织层次、组织部门与组织责权。其远期构想为：在立足于我国具体国情的基础上，借鉴国外先进经验，形成以“教育与社会系统”为依托、以协会制为组织平台的篮球训练、组织网络，实现篮球整体资源的集中管理与优化配置。最后，作者分析了篮球竞赛组织系统。认为，在现阶段，体育系统在“管竞赛、办竞赛”的过程中，尚未建立起完善的组织运行机制。为此，提出对我国篮球竞赛组织系统的近期构想：在国家体育总局篮球运动管理中心的领导下，进一步发挥教育系统办竞赛的优越性，进而从整体上系统、合理地安排，各阶段、各层次的篮球竞赛组织形式。其远期构想为：形成以中小学生篮球联赛为塔基，以大学生篮球联赛为塔身，以职业篮球联赛为塔尖的组织层次清晰、责权明确、规程合理、赛事完善、运转有序的篮球竞赛组织系统。

关键词：篮球运动　运动训练　竞赛　联赛

2954

ISO9000 在高等体育院校教育管理中的应用研究：体育教育质量管理体系的理论探索与模式构建 / 赵子建著 ；黄汉升指导. -- 福建师范大学，2005. -- 144 页

文章探讨了高等体育院校引入 IS09000：2000 族标准，建立新型教育质量管理体系的必要性与可行性。进而，在确认高等体育院校教育质量管理体系之特殊性的基础上，提出了高等体育院校在实施教育质监管理体系中应注意的问题，以保证体系的有效实施和持续改进。其主要结论包括以下六个方面：其一，在高等体育院校教育管理中，应用 IS09000 建立教育质量管理体系是必要的、可行的。其二，高等体育院校教育质量，是指高等体院院校教育满足教育需求主体明确或潜在的需求的程度，即高等体育院校提供的教育服务达到或超过学生、家长和用人单位期待的程度；其三，教育质量管理，是指高等体育院校在教育质量方面，指挥和控制组织的协调活动，即确定教育质量方针、教育目标和职责，并在体育教育质量管理体系中，通过教育质量规划、质量控制、质量保证和质量改进，使其实施的全部教育质量管理职能的所有活动；其四，高等体育院校的产品，是体育教育科研服务；顾客是学生、家长以及用人单位。其五，教育质量管理体系是指在教育质量方面指挥和控制高等体育院校的管理体系，包含管理职责、资源管理、体育教育服务实现与测量、分析和改进等四大要素；其六，高等体育院校应用 IS09000 建立并实施教育质量管理体系，能强化教育质量管理，提高教育质量，实际上，它也能够满足学生、家长和社会，对高等体育院校教育种类和质量的要求。

关键词：体育院校　教育管理　教育质量　质量管理体系

民族传统体育学

2955

近代以来中国武术项目管理过程及其评价与发展 / 李蕾著 ；徐伟军指导. -- 北京体育大学，2005. 97 页

该文应用项目管理理论，研究了近代以来，中国武术项目管理过程，并对其进行评价。首先，作者对项目与项目管理进行界定，继而分析了近代西方竞技体育的项目管理，推定西方体育的影响，是中国武术开始实行项目管理的直接原因。进而，描述了中国武术项目管理自近代以来，历经清末新政时期的放任自流状态、到民间社团组织的管理、再到被纳入国家部门或机构进行管理的演变过程。其次，作者指出，客观的评价是提倡武术工作的一个必须的出发点。主要项目关系人对项目的明确要求是否被满足，是评价项目成功的一个重要的标准。项目各方不同的观点和意见的反馈，有助于了解武术项目进行、实施中存在的问题。论文确定了武术项目各方以及评估问题，并较为全面地收集了项目各方的意见，以主要项目关系人对项目的明确要求是否被满足，对武术项目做出

评价并找出武术项目中存在的问题。论文认为,问题主要集中在:武术项目各方对于经过项目管理部门改造后的武术不甚满意。同时,分别论述了不同历史时期管理部门改造武术的过程。概言之,三个阶段从时间上看是连续的,对武术的改造也是有连续性的。不同历史阶段、社会背景下的项目管理者出于对武术的不同认识,采取了各种途径改造武术,使之适应社会需求。再次,作者对改造过程中武术自身发生的变化进行了总结,认为武术在项目管理者的改造下,完成了由非竞技体育向竞技体育的转型,已跻身于现代竞技体育大家庭中。最后,作者认为,在新的历史时期和社会环境下,继续改造武术是武术管理部门的必然选择。通过对武术历史和日本武道的分析,选取最佳参照模型,对传统武术的改造进行了诸如概念设计等理论方面的思考,并从技术层面、制度层面和精神层面进行了改造传统武术的实践方面的探索。

关键词:武术　体育运动　项目管理

2956

我国徒手格斗项目(散打)优秀男子运动员核心竞技能力评价体系的研究 / 叶伟著 ; 徐伟军指导. -- 北京体育大学, 2005. -- 78 页

论文在理论分析、调查访问、实验测试以及统计分析的基础上,对我国徒手格斗项目(散打)优秀男子运动员核心竞技能力及其评价体系进行研究,得到的主要结论包括以下四个方面:第一,运动员核心竞技能力,是指在运动员整体竞技能力中,对运动员竞技水平起决定性作用的子竞技能力。徒手格斗项目运动员的核心竞技能力是其体能和技能,二者在运动员竞技能力结构中的位置几乎同等重要,对运动员的竞技水平起着决定性作用。第二,体能是指运动员在训练和比赛中的身体运动能力,由运动员的身体形态、身体机能和运动素质构成。技能是行为者为完成一定的任务(目标)运用专门的知识和经验的能力。徒手格斗类项目所需的运动技能通常是分立的、开式的、运动性技能。第三,由4项一级指标、11项二级指标及其代表性(三级)指标和指标权重,以及相应的评价标准构成的我国优秀男子散打运动员核心竞技能力评价体系,经逻辑分析和定量化检验,具有较高的有效性。最后,在实践中应抓住技能的主要特征进行定量化评价。今后在对徒手格斗类项目运动员技能进行定量化评价时,应加强运动员时空感知能力的研究,尤其是预测与判断能力的研究,以及摔法技能的定量化评价研究。

关键词:散打　运动员　竞技状态

文 学

文艺学

2957

赵树理小说叙事研究 / 白春香著 ; 童庆炳指导. 北京师范大学, 2005. -- 182 页

本文借助叙事学的理论方法,从作家、读者、社会历史文化和艺术的视角对赵树理的叙事小说做出分析,从而揭示赵树理小说叙事通俗的本质特征及其扎根于知识分子立场、融社会关怀和民间关怀为一体的内在的艺术精神。全文分三编。上编从文本话语层面入手,分析了赵树理"评书体"小说的叙事特征和"问题小说"的内在叙事结构,提出对可"说"性的追求是赵树理"评书性"小说叙事特征的本质所在,而"提出问题——解决问题"是赵树理小说稳定的叙事结构。中编从赵树理小说的文本主体层面入手,提出以知识分子立场为核心,坚持民间立场第一性、政治立场第二性的思想立场是赵树理小说独特叙事特征形成的根本原因,与此同时这种特征也是受隐含读者(农民)影响的结果。下编从现实层面考察了赵树理小说读者的历时性接受状况,揭示了赵树理小说在当代沉寂的根本原因在于其叙事自身固有的深层理性内涵和现代艺术技法的缺失,同时指出赵树理小说在中国小说史上的独特价值在于它超越了"五四"叙事传统,回归了我国传统小说通俗的本质特征。

关键词:赵树理(1906~1970) 小说 叙事 文学研究

2958

挣扎中的审美眺望 : 西学东渐背景下的朱光潜美学 / 陈洪杏著 ; 黄克剑指导. -- 中国人民大学, 2005. -- 112 页

本文把朱光潜美学思想置于西学东渐的背景下进行考察,运用学术"生命化"研究方法,探讨了朱光潜美学与其生命情调乃至整个民族文化运会的关联,检讨其美学的人文价值祈向与其早期所采取的心理学方法之间可能存在的扞格,考察其后期实践论美学的得失,并借马克思"自由王国"说为当前美学和文艺理论提供了启示。"生命化"是指一种立于生命实践,使研究者的生命和研究对象有可能相互成全的研究方法。在论文的开头部分,作者按照"生命化"方法研究了在东方文化派、科学方法派和苏俄马克思主义共同影响之下的朱光潜美学,认为它带有经验主义和自然主义的倾向。因此,作者提出朱光潜美学在很大程度上囿于经验,没有对"应然"达到完全的自觉。论文的中间部分,作者研究了 1949 年以后朱光潜对于美之为美的寻求,提出由于朱光潜对马克思主义学说的挖掘仅限于苏式马学的框架,又受到经验主义和自然主义的束缚,所以他始终没能更深地探到艺术的起源,没能确立典型人物在典型环境中的主体地位,没能更透彻地理解典型人物身上的"典型与个性"的统一。在论文的最后部分,作者根据马克思"自由王国"理论考察了朱光潜的实践论美学的不足,提出只有在"必然王国"彼岸的地方才能找到有着"实践"内涵的"美"或有着"美"的内涵的"实践"得以生发的契机。

关键词:朱光潜(1897~1986) 美学思想 生命实践论

2959

体词谓语句研究 / 陈满华著 ; 胡明扬, 张安祺指导. -- 中国人民大学, 2005. -- 152 页

体词谓语句是由体词(名词、代词、量词)或体词性结构充当谓语的句子。本文系统研究汉语语法中与体词谓语句相关问题。全文共分 10 章。第一章为综述,回顾了体词谓语句的研究历史并考察了其现有研究状况。第二章、第三章分别从形式与意义两个角度考察了体词谓语句的结构类型与语义、功能和语气类型问题。第四章讨论了区分体词谓语句与非体词谓语句的判别标准与二者之间的异同。第五章考察了体词谓语句在方言和古代汉语中的使用情况。第六章研究体词谓语句与语体、文体的关系及其语用、修辞效果。第七章主要考察体词谓语句的性质及相关谓语问题。第八章讨论影响体词谓语句自足与否

的因素,包括语义层面与语言形式层面两大方面。第九章考察熟语中体词谓语句的使用情况。第十章为全文结语。

关键词:体词　体词谓语句　谓语　语法

2960

西方文学中死亡叙事的审美风貌 / 陈民著 ; 何永康指导 . -- 南京师范大学, 2005 . -- 99 页

论文着重于西方文学的死亡叙事,从文学发展史的各个时期对死亡叙事进行历时性的分析,并提出了八种死亡叙事的模式,力图勾勒出西方文学中死亡叙事的概貌。首先,文章概述了西方原始文化、哲学、宗教与死亡的关系,回顾了原始文化对于生命、死亡的认识、理解,西方哲学和基督教的死亡思想,并从文学中死亡叙事的特质、西方文学中的死亡叙事以及死亡叙事的变迁三个方面论述了文学与死亡的关系。其次,涉及死亡叙事的本体论述,从古希腊罗马神话、民间童话两个方面,归纳了死亡在西方早期文学中的表现和意义,来展示西方文学死亡叙事的渊源,进而从灾难性死亡、献身性死亡、新生性死亡、预感性死亡、偶然性死亡、抗拒性死亡、保护性死亡、生存性死亡八种死亡类型入手,以文本分析的方式,从群体与个体、必然与偶然、抗拒与放弃、救赎与沉沦等方面,对西方文学中死亡叙事的不同形态和审美,进行了分类与论证。最后,探讨了西方死亡文学中的两个核心问题,即论述死亡叙事在西方文学中对个体生命的关怀,对个体尊严的崇高性和无限性的张扬;阐述西方现当代文学如何表现荒诞社会中人的虚无和绝望,并在回归自我、走向自由的期盼中寻找人的精神家园和出路。

关键词:外国文学　死亡　叙事　审美

2961

20 世纪 90 年代中国报纸副刊发展研究 / 陈叙著 ; 邱沛篁指导. -- 四川大学, 2005. -- 203 页

本文立足于 90 年代社会文化语境和传媒生态,从文学、文化和传播视角对 90 年代以来报纸副刊的转型与发展进行梳理与研究。文章分五章。第一章为 90 年代副刊发展的动因分析。作者认为在文化转型和媒介生态环境这两大主要动因的制约下,90 年代以来副刊的发展呈现出由精英主导的文人副刊向大众化副刊转变的趋势,以及副刊新闻化与新闻文学化的现象。第二章是对传统文艺副刊式微现象的剖析。第三章分别以机关报副刊、晚报副刊、都市报副刊和行业报副刊为对象,展示了 90 年代副刊形态的多元化发展状况。第四章讨论了副刊生产机制的市场化转型以及在其制约下编、读、写三者身份的变化和副刊文体的新发展。作者指出,在市场化运作下,副刊读者需求的被重视程度日益提高;新型自由撰稿人成为副刊的作者群;编者也由传统文人向新型文化媒介人转型。在这种副刊由编者单向度运作向受众、作者的多方参与发展的形势下,副刊文本生产随之向市场化、大众化、消费化发展。第五章在对 90 年代副刊在发展和转型中的种种缺失进行了反思后,作者指出在"解读"时代建构作为公共论坛的副刊是副刊发展的前景。

关键词:报纸　副刊　报业

2962

20 世纪 90 年代中国文化批评研究 / 陈源著 ; 胡有清指导. -- 南京大学, 2005. -- 99 页

本文对 20 世纪 90 年代中后期在中国人文社会科学领域出现的文化批评实践这一学术潮流进行了清理和思考,从历史、基本特点和形成原因等三个方面进行研究。全文分三章。第一章讲述 20 世纪 90 年代中国文化批评的发展历史。文章首先对中国文化批评进行概念清理,然后考察了 20 世纪 90 年代中国文化批评的形成和发展历程,同时清理和评价了这个过程中出现的历史事件,划分基本历史阶段,分析和总结了各阶段文化批评的选题倾向。第二章总结了 20 世纪 90 年代中国文化批评的基本特点。文章从中国文化批评研究对象、中国文化批评学术资源的运用、中国文化批评的研究思路等三个方面分别进行了特点分析。第三章考察了 20 世纪 90 年代中国文化批评的成因。文章认为中国文化批评的出现是多种因素共同作用下的结果,因而系统地阐释了社会语境的变化、学科发展的困境、知识分子的主体境域这三个方面的因素对中国文化批评的影响。

关键词:文学批评　文化研究

2963

美的问题 : 人类学个案分析 / 戴明朝著 ; 郑元者指导. -- 复旦大学, 2005. -- 110 页

作者试图通过对纳瓦霍社会的个案分析,深入研究纳瓦霍的"美"与中国文化中的"美"的差异及各自的流变,揭示"美"与文化情境的复杂粘连和互动机制。全文共三章。第一章首先提出了一个历史悠久的问题:美本质问题是一个伪问题吗? 并对这一问题

在东西方不同的追问途径进行了描述,同时分析了美本质问题的当代境遇,以“五十年代美学大讨论”和“蒋孔阳美学”为例。接下来引入纳瓦霍的个案,讨论了风、气的观念与美的关系,并将纳瓦霍社会中风、气观念与中国文化中的风、气观念进行对比,分析了“气”在甲骨文中的含义和这个观念在先秦的演化,并进一步从对“气”的文化解读中呈现了“美”与“礼”的情境相关性。在第三章中,作者又针对“在何种意义上成为美”这一问题,深入文化情境对霍佐进行解读,并描述了霍佐的复杂内涵,分析了霍佐与美,以及和与美之间的深层关系,并试图解释中国文化深层文法的“和”,同时对“美”字作了尝试性解释。

关键词:美学　艺术美学　人类学　纳瓦霍人

2964

中国诗法论 / 段宗社著 ; 曹顺庆指导. -- 四川大学, 2005. -- 204 页

本文将诗法问题置于诗歌史和诗学史中,分唐、宋、明、清四部分对诗法论在各个时期的表现形态及主要特征作了历史描述,并从诗法角度对一些重要诗学问题进行重新思考。作者认为,诗法是一个理论范畴,更是一种实践形态,它生成于诗歌史,与其他诗学问题紧密相连,在不同的历史时期有着不同的形态特征。文章指出,唐人诗法伴随着近体的完备,以诗律为重心,可称之为“近体诗法”。皎然要求诗歌创作“深入作用”,其“作用”涉及“以意运物”,正概括了唐诗以物象构造诗意的基本特征,与具体诗法相对应,诗人的“作用”主要是为了解决意与物结合而生成语言的问题。宋人诗法代表着多样化表现技巧的探询,江西诗派的诗法之学是宋代诗法论的典型形态。黄庭坚的句法论确立了中国诗法论的典型的辩证结构,他的“尚意”也是宋诗区别于唐诗的基本创作精神;严羽的诗法论将技巧探索引向一种更加保守的方向,古典诗歌的体制之辨、严守正体成为后期诗法论的主要课题。明代诗法旨在为各体诗歌确立一种典范性的法度,七子派“格调论”正是诗法论在明代的特殊表现形式。七子派在诗法问题上的总立场是折衷于“悟”与“法”之间,一方面他们反对宋代以来的诗法之学,倡导汉魏、盛唐自然圆融的创作精神,另一方面他们要学古,要追摹高格正体,又不得不在法度方面作种种阐述,主张“悟不成法”。清代是中国诗法论的总结期,其总结性特质主要体现在两方面:一是对中国诗法论内涵与特征作理论思考,二是中国诗法论的重要命题被清代诗论大家重新阐发。

关键词:诗歌　诗法　诗律　诗学　诗歌史

2965

汉语言隐喻特质 / 范爱贤著 ; 陈炎指导. -- 山东大学, 2005. -- 138 页

本文主要选取隐喻这一理论视角来反思汉语言文字符号的诗性特征,力图从美学的维度揭示这一符号机制与人类自由情感表达的天然亲和性,从而彰显在这一机制深处积淀着的人类语言、文化及存在的关联。第一章分析汉文字的隐喻特质,认为从历时角度分析整个汉字体系的形成,始终以象为中介,保持了与自然、文化、生活世界最密切的隐喻关联;从共时角度分析,最基础的自然物象符号也是汉字体系中构字能力最强的义符,由于汉字体系对外部世界的摹写原则“以义象区,不以质体别”,同一象可以隐喻系连关涉不同语域,使汉语字义场呈拓扑性特征,表意灵动,充满自然活力。在汉字中人类语义空间的符号拓展始终与自然保持密切的关联。第二章分析汉语词的隐喻特质,认为就语词的隐喻特质而言,以字作为符型载体的象仍是基本的中介,就象义单元的具体存在来看可归结为身体之维、大地之维、结构之维三个层次。汉语词以物象符号组合开拓自身的语义空间,在其结构基质中仍凝聚了与外部、内部自然最密切的关联,充分发挥了象在结构及指义上的隐喻潜能,“象而有滋”,并能时时通过语词的天然话语结构——语言最活跃的动力机制,召唤源始的自然关联在场。第三章分析汉语言话语结构即句子的隐喻特质。认为在汉语言中,“象”是贯通字、词、句的生命基因。汉语言话语结构从符型分析:以“呈象”为基本结构原则,在“因字而生句”的自由中,强调虚实转化相生,尊重自然感官的直觉体悟,淡化形式的、抽象的结构逻辑;从符象分析,强调在话语结构运作中表达之象的生成;从符义分析,表达意识的这种自觉,正体现了话语自身敏感的隐喻禀性。汉语以“象”作为传意中介的句法结构集中了汉语言自身的表达智慧,其结构意识,积淀着人与自然更具本体性的隐喻关联。总之,汉语言这唯一秉承象形文字根基的语言,能把语言与存在的原始关联时时唤回现场的语言,其诗性价值也许就在它保留了人类回身反顾的一面镜子。

关键词:汉语　汉字　隐喻　语义　语法结构　诗性文化

2966

试论西方美学史上趣味理论的变迁 / 范玉吉著 ;

朱立元指导. -- 复旦大学, 2005. -- 212 页

本文对西方美学史上趣味理论的变迁做了系统的梳理,将趣味的变迁分成了前美学阶段、美学阶段和社会学阶段三个不同的时期。作者认为,在前美学阶段,趣味主要和个体的身体感官相关,体现为主体对饮食味道的感官体验,不具有审美意义,反而对审美体验有负面的影响。在美学阶段,趣味研究的流派以及理论都很多,总括起来大致有经验主义趣味、理性主义趣味、社会学观点的趣味、表现主义的趣味、自然主义的趣味等,不同的趣味理论都是不同的哲学观的体现。而在社会学阶段,19 世纪孔德的实证主义哲学奠定了其研究基础,随着马克思主义哲学的传播和影响,到 20 世纪蔚为大观,不少哲学家和社会学家对趣味理论的深化都做出了可喜的成绩。此外,作者在对趣味理论梳理的基础上,结合现代神经医学和现代心理学研究的新成果,指出趣味既不完全是社会建构的产物,也并非完全是一种主体的心理构成,而是一种在特定生理基础上的社会建构,是生命冲动的内在选择。以此为据,论文对高雅趣味的虚假性作了剖析,指出根本不存在趣味的高雅与否之分,而只存在趣味的真假之别,并从趣味的真假出发,进一步对现代社会的审美趣味诸问题进行了研究。

关键词:美学史　审美感受　审美趣味　西方美学

2967

欢乐诗学:消费时代大众文化的审美想像 / 傅守祥著 ; 徐岱指导. -- 浙江大学, 2005. -- 137 页

本文以审美文化视野中的文化与审美从神性体验的精神圣祭到世俗生活的日常消费的现代转型为背景,从精英主义与民粹主义、审美主义与消费主义的张力中,探讨大众文化的新型审美理念与想像方式,透析大众文化审美化所蕴含的文化美学、时尚美学、身体美学与欢乐诗学内涵,剖析大众文化典型文本以身体欢乐与视觉解放为审美内核的叙事策略、修辞风格与话语狂欢,总结审美泛化的形而下之轻与审美现代性的人性解放之重。指出消费时代文化的重心由思想精英型走向消费大众型,文化影响极广却不厚重,造就了许多沉浸于替代性与虚拟性满足的精神盲流;同时,人们又借助大众文化带来的感性欢乐与影像冲击实践着新型的审美解放和意义生产。

关键词:审美文化　大众文化　消费文化

2968

杨慎文学思想研究 / 高小慧著 ; 陈熙中, 卢永璘指导. -- 北京大学, 2005. -- 183 页

本文分为三章,论述了明代中期著名学者和文学家杨慎的生平、思想和文学创作、杨慎的文学思想以及杨慎的文学史论。第一章,作者论述了杨慎的生平、思想和文学创作。第一节包括杨慎的家世生平、交游和著作,以此推断这些对杨慎的文学生涯和诗论的影响、杨慎对云南、四川文化发展所作的贡献;第二节是杨慎的思想,包括儒家思想、玄学思想和佛学思想,作者认为这三种思想分别在杨慎人生不同的阶段占据着主要地位,从而使得杨慎的诗学理论在前期和后期呈现不同特点。第二章论述了杨慎的诗学思想。首先论述了明代中期的文化背景,以便为杨慎的诗学提供一个参照物。然后以杨慎诗学之要义作为本章主线,依次论述了杨慎论李杜优劣、论唐宋诗之争、论"诗史"及其文学鉴赏论等几个问题,重点论述了杨慎在这几个问题上的独特的创新和贡献。第三章论述了杨慎的文学史论。第一节论述了杨慎认为秦汉文学是中国文学的开端、《诗经》是含蓄风格的开创者等观点;第二节论述了杨慎认为六朝文学虽不足以和《诗经》媲美,但却为唐代诗歌的繁荣奠定了基础的观点,认为应当给予充分的肯定。

关键词:杨慎(1488 ~ 1559)　文学思想　诗学

2969

视觉隐喻与空间转向:当代视觉文化的哲学分析 / 高燕著 ; 朱立元指导. -- 复旦大学, 2005. -- 178 页

本文以视觉隐喻和空间转向这两个角度及其相互关系为切入点,对当代视觉文化进行哲学分析,揭示出隐藏在视觉文化背后的视觉隐喻和 20 世纪下半叶以来西方思想和学术中"空间转向"的倾向。本文共五章。第一章指出,在中国和西方,眼睛作为五官中最具优越性的器官历来都受到思想的青睐。柏拉图对两种眼睛的划分,使心灵之眼成为通达集真善美为一体的理念的唯一的、也是最完美的途径。随着柏拉图的理念最终演化为在西方思想中占主导地位的形而上学传统所追求的终极本质,眼睛也进入了西方的形而上学之中,并被用来指称一切和终极本质相关的性质。另一方面,眼睛在哲学领域中的这种重要地位也有助于它在人类文化的其他领域中产生影响。第二章分析了视觉中心主义和视觉的文化象征意蕴,同时探究了眼睛的历史性问题、图像时代的基本性质

和图像时代美之表现形式。第三章讨论了作为背景的现代性的诸种概念,分析视觉隐喻与身体、空间转向的相互关系。第四章研究20世纪以来西方思想中对视觉隐喻的破译,重点对本雅明和鲍德里亚,伽达默尔,马尔库塞和威尔什,保尔·利科和罗兰·巴特,胡塞尔和梅洛·庞蒂,海德格尔和德里达,西美尔的思想作了阐述。第五章是视觉文化的个案研究,运用前述理论对当代电影、电视、手机、图像再现中的女性等文化现象进行哲学分析。论文最后指出:现代性和后现代性是连续的整体,在后现代性的空间转向中,视觉从以前向精神的靠拢转而回归身体,相应地,图像也展示出全新的性质和特点,从而导致了生活世界的图像化和审美化,当代视觉文化则是集中体现生活世界图像化和审美化的经验领域与实践场所。

关键词:视觉文化　隐喻　文化哲学

2970

马一浮诗学思想研究 / 高迎刚著 ; 马龙潜指导. -- 山东大学, 2005. -- 153 页

本文通过对马氏诗学思想产生和发展的理论背景、思想条件以及逻辑线索的梳理,运用历史与逻辑相统一的方法,概括了其诗学思想的主要内容、揭示了其诗学思想的主要特征,阐明了其诗学思想对于我国当代文艺学美学研究所具有的启示意义。

首先讨论了马一浮先生作为"现代新儒家"的学术定位问题,认为马一浮先生的新儒学思想提供的是一种从中国传统学术资源出发,开出儒学现代复兴之路的可能;通过对马一浮与梁漱溟、熊十力、冯友兰、唐君毅、牟宗三等"现代新儒家"其他领军人物哲学思想的对比分析,指出马一浮先生所代表的从传统文化中寻找当代儒学持续发展动力的做法,对于解决"现代新儒学"发展过程中所遭遇的思想危机具有启示意义。其次通过对马一浮学术生涯的回顾,揭示了其学术成就与其学术生涯之间的内在联系。再次分析了马一浮诗学思想的哲学基础。指出马一浮先生的哲学思想中,儒家"六艺之学"是最基本的内容,是其思想的根基,佛学与西学亦是极为重要的思想资源,而考据学只是作为一种治学方法。接着论述了马一浮的诗学观念与诗学理论。认为马一浮的理论主张是建立在"诗教主仁"这一基本观念之上的;马一浮的诗学中,诗人的"胸襟"和"魄力"显然要比诗歌的"格律"和"神韵"之类重要。然后分析了马一浮的诗歌评论。在其具体的诗歌评论中,他注重运用"理学"的与"诗学"的两重标准,最后分析了马一浮的诗歌创作。他诗歌创作最重要的特点就是秉承儒家传统,另一个显著的特点是"含蓄"。总之,马一浮以及其他"现代新儒家"学者的诗学研究对现代以来那些在西方文化观念的强势压力下仍执著于以传统的方式表达自己观点的"诗学"主张得以凸显出来,具有现代意义。

关键词:马一浮(1883~1967)　儒家　诗学　诗歌评论　诗歌美学

2971

自由之远与艺术世界的价值根源:徐复观艺术思想的扩展研究 / 耿波著 ; 童庆炳指导. -- 北京师范大学, 2005. -- 184 页

本文研究了徐复观艺术思想的价值来源与他独特的人生经历之间的关系,以及对中国传统儒学中孔、孟、宋明理学之"心学"传统的继承。为此,作者以徐复观的"心性"为起点,为寻找真正的价值根源而对徐复观的艺术思想做出扩展研究。作者认为徐复观的"心性"之超验是一种"内在超越",有局限性,在循"畏"去"远"与远而复"返"的过程中,真正的价值根源由此显现,于是得出艺术即是在声息相通的自由之远中对价值根源的指引与守护的结论。在文章中,作者从两个方面入手,对徐复观艺术思想进行研究。一是对"中国艺术精神"进行探讨,分析徐复观艺术精神研究背景,指出其局限性,认为在双向建构之"开辟一克己"的意义上,中国传统山水画对于价值根源的指引有所局限,而民间艺术与现代艺术则意蕴丰厚。二是在对《文心雕龙》的"文体"观念研究中分析徐复观"文体出于情性"观念的"独白"特点,进一步阐明复调文体指向价值根源的开始。基于以上几点,作者认为唯有在呼唤"他者",开启"远"境的声息相通之自由之远中,人置身其中的价值根源才能得以涌现,而艺术的真谛即在于此声息相通的自由之远中对于价值根源的指引与守护。

关键词:徐复观(1903~1982)　艺术思想　自由　价值

2972

图像与本质:胡塞尔图像意识现象学辨正 / 耿涛著 ; 黄克剑指导. -- 中国人民大学, 2005. -- 133 页

胡塞尔既是西方传统哲学最后一位大家,又开创了西方现代哲学。本文对他的图像意识现象学进行了辨证研究。全文分五章。第一章介绍胡塞尔图像意识理论的"三重构造",即内在统一的图像事物立

义、图像客体立义和图像主题立义。其中,图像主题与图像客体立义相互作用、成全,对胡塞尔图像意识的现象学考察关键是对这两者“奇特”关系即“模像”的领会。第二、三章分别是对图像主题的否定和修正后的图像意识结构。文章认为,在研究这些问题时,胡塞尔使用了“感觉材料—立义”模式进行意向分析。普通感知的特征是相应的感觉材料只能被立义为一个对象,因此“由物执到象执”在自然意识中成为必然。图像意识中,图像客体立义的“象”与图像事物之“象”叠合着“显示”,以至于人们把图像客体之“象”看作在图像事物之“象”“之中”。事实上,在“感觉材料—立义”模式中,人们直接看到了作为“纯然之像”(即图像客体之“象”)的“图像”,没有“模像”作用。第四、五章介绍了或性保留和图像审美的有关研究。作者认为,1918 年胡塞尔提出的戏剧观看中的“虚构性”本身只成全于“叙事性”,“模像”问题没有从其图像意识现象学中排除。只有在对绘画艺术的审美关照中,人们才可能根本地进入图像审美的独立领域。画家寻求感觉材料如何被立义成象,使本质展示于画布上,同时本质在涂抹中“变形”,成为绘画审美向度上的“朴”。在对这朴拙的本质侧显的“二次侧显”中,人们依然可以确定地把握到本质。本文作者把在这种绘画审美中把握到纯然之像时所感受到的“顺畅”称为“雅”,并进一步将“看本质”阐释为“或性保留”,并认为现象学的言说总是根本地这样“或性”地“保留”着其必要补充,这不存在传统“现象—本质”理论的压制与极权倾向,同时也守住了本质。本文的余论部分探讨了后现代主义哲学的根本问题,作者认为生存本身可以被怀疑,先验现象学正是通过对这一切的彻底悬搁而要找回人生的根本的绝对的依据。

关键词:胡塞尔(Husserl, Edmund 1859 ~ 1938) 现象学 本质图像 意识

2973

意义的追寻:罗兰·巴特文本理论研究 / 龚小凡著;杨恒达指导. -- 中国人民大学, 2005. -- 141 页

罗兰·巴特是法国著名的符号学家、文学理论家,是解构主义的主要代表人物。与以往对罗兰·巴特理论的研究不同,作者以意义问题为中心,对他的文本理论,尤其是其后期的文本理论进行研究。全文分 7 章。第一章是文本的解读与意义的确定。罗兰·巴特的文本理论以现代语言学为基本背景与思想资源,涉及语言与文本、读者与文本、结构与文本、文本与文本等,文本意义是其中一个重要方面。第二章介绍语言与写作的关系。20 世纪 50 年代,他将写作视为语言结构与作家风格的协同行为,认为文学与写作的真正意义在于形式的因素即语言。第三章介绍叙事文本与符号。60 年代他将文本视为一个封闭、自足的对象,文本的意义由文本的结构关系所决定。罗兰·巴特认为,形式是文学的真正对象,将形式、结构作为文本分析的中心与对象;意义是与形式、结构相联系并被形式、结构所决定的意义。这些与传统文学理论有很大不同。第四章介绍从结构主义到后结构主义。第五、六章介绍其后期的文本理论,即后结构主义的思想背景下他的文本理论。他开始关注阅读,认为阅读使读者与文本联系起来并相互作用,读者成为参与文本意义生成的重要角色。他对文本的看法也发生了转变,认为文本是多种声音、多种文本的编织,是诸多片断的并置与聚集。同时,他还认为复数性、可写性是文本最重要的特征,表达着多元、复数的意义理论。第七章作者试图揭示罗兰·巴特文本理论的价值与意义,认为罗兰·巴特的理论富有特色,尤其是后期理论视野更为开阔,富于活力与创意,对西方文论与中国文论均有一定意义。

关键词:巴特(Barthes, Roland 1915 ~ 1982) 文本 结构主义 后结构主义 意义

2974

《诗经》经典化历程中的阐释与意义生成 / 郭持华著;金元浦指导. -- 中国人民大学, 2005. -- 159 页

本文对《诗经》经典化历程中的阐释和意义生成进行了研究。文章首先表明了写作目的,并进一步指出了依托先秦到两汉的时代背景作者关注的两个基本中心问题。接着,分两部分分别运用解释学的研究方法和儒家阐释《诗经》的实践进行个案研究的方法对两个基本中心问题进行了探讨。文章认为:(1)在共时的维度上,《诗经》伦理、政教意义的生成与转化是它本身的原初视域与儒家阐释主体当下视域相互融通化合的结果;在历时的维度上,这个过程是带有历史延续性、层累性的推进,是一个意义不断被建构、承传和丰富的“效果历史”。(2)儒家的阐释在《诗经》的经典化和伦理、政教意义的生成过程中起了重要作用。(3)归纳出了先秦两汉时期儒家在阐释《诗经》的实践中的三种解释方法:语言解释的方法、历史解释的方法、心理解释的方法。最后,指出了几个前人没有涉及的研究问题和进一步的拓深研究计划。

关键词:诗经 经典化 儒家 阐释学

2975

堕落生命的世俗拯救：论鲁迅的中间物及其革命 / 何浩著 ; 王一川指导. -- 北京师范大学, 2005. 171 页

文章从重新考察鲁迅的"中间物"意识出发,研究论述了鲁迅的中间物及其革命。全文由绪论、正文五章和结语共七部分组成。绪论梳理了鲁迅研究综述并说明了文章结构;第一章分析了"中间物"的概念和特征,认为鲁迅的中间物是"进化中间物",这种进化是由于中间物消解了终极目标后而向"真的人"不断前行的永远循环式战斗;第二章分析了中间物由于教育大众求真而引发的真与善(这里的"善"指大众道德伦理)的冲突;第三章分析了求真之善和求生之善的两难,考察了鲁迅对它们的缝补和修辞,并认为这个矛盾构成了中间物行医崴脚的原因;第四章分析了未来中间物,指出中间物否实"真的人"在尘世实现的可能,并声称拯救的世俗特征,其内在的精神张力来自于世俗与彼岸,其拯救堕落生命来自于儿童和无产者,但中间物还面临如何安慰为子女牺牲的父母的难题;第五章分析中间物带来的决战与绝望;结语简要总结了文章主要内容,并对中间物与现代人形象、中间物与"反抗"的文学和现代知识分子与大众的关系这三个问题进行了进一步探讨。

关键词:鲁迅(1881~1936)　文学研究　真　善　革命

2976

文艺消费研究 / 何志钧著 ; 冯宪光指导. -- 四川大学, 2005. -- 210 页

作者认为,对于当代文艺学无法回避的一个问题——文艺消费应该持一种平和的、历史的、辩证的、建设性的"致思"态度,将它理解为众多复杂因素交相作用的共时性的复杂系统和动态展开的历史变化过程,以一种冷静的、分析性的学理研究态度,一种开放的、建设性的胸怀对待之。本文正文分为四章。第一章通过将文艺消费、文化消费、文化产业、文艺欣赏、文艺接受、文艺阅读、文艺收藏进行比较,对文艺消费进行了界说,指出文艺消费是一个远远大于物质消费、商品消费的范畴。第二、三章对文艺消费的主体与客体问题作了论析。第四章对文艺消费与文化转型的关联做了论述。余论部分对文艺消费与文艺生态建设的关联做了论述,指出畸形的文化生态结构常常导致文艺生态系统的生态变异,因此推动文艺消费健康发展,加强文艺生态建设,优化文艺生态环境是当前文艺消费中面临的重要课题。

关键词:文艺理论　文艺消费　审美　文化产业

2977

葛兰西的领导权与文化研究 / 和磊著 ; 陶东风指导. -- 首都师范大学, 2005. -- 141 页

本文以葛兰西的文化领导权理论为核心,阐述葛兰西对文化研究的影响和文化研究中的葛兰西接受问题。写作思路上,本文力求以"史"为经,以"人"为纬,以个案为"点",由面到点地分析葛兰西与文化研究之间的细密关系。全文共分六章。第一章阐述葛兰西的文化领导权理论;第二章分析文化研究的文化主义传统对葛兰西领导权的接受;第三章重点分析伯明翰当代文化研究中心(CCCS)对葛兰西的接受;第四章集中分析斯图亚特·霍尔(Stuart Hall)对葛兰西领导权理论的接受;第五章通过分析拉克劳、墨非的话语理论,具体阐述他们如何在话语中重新认识和理解葛兰西的领导权理论;第六章讨论费斯克的"在资本主义社会中的大众文化理论"。在文章的最后,作者总结了葛兰西领导权在文化研究中的意义及在中国语境中的运用问题。

关键词:葛兰西(Gramsci, Antonio 1891~1937)　领导权　文化研究　接受学

2978

现代汉语欧化语法现象研究 / 贺阳著 ; 胡明扬, 章安祺指导. -- 中国人民大学, 2005. -- 195 页

本文采用对比和频度统计的方法对"五四"以来汉语欧化语法现象进行考察和分析,探讨汉语语法系统接受外来影响的特点、途径、方式和后果,并以此为基础回答有关语言接触的若干理论问题。全文共分十章。第一章概述已有研究成果,讨论以往研究提出的主要问题,并说明本文的方法和材料;第二章到第八章依次考察和分析汉语中动词和形容词、代词、区别词和数量词、介词、连词、助词以及共用格式的欧化现象;第九章考察和分析汉语被字句的发展与外来影响的关系;第十章归纳总结了汉语语法欧化的方式、后果和特点。作者认为,由于汉语欧化语法现象是典型的间接语言接触的结果,因此对汉语欧化语法现象的方式、后果和特点的总结对认识间接语言接触的性质和特点有直接的参考意义。

关键词:现代汉语　语法　语言接触　外来语

2979

晚明文学主情思潮研究 / 洪涛著 ; 周群指导. -- 南京大学, 2005. -- 149 页

本文对晚明文学界的主情思潮的特质内涵、历史逻辑走向和理论意义进行了论述。文章分五章。第一章探讨晚明文学主情思潮兴起的历史背景。作者指出,经济发展导致的利欲狂潮、政教疏离造成的文人特殊心态、阳明心学的流行和文学领域的复古运动,构成了主情思潮兴起的历史背景。第二、三、四章对不同时期具有代表性的主情观念进行梳理,探讨这些历史形态的具体内涵。作者认为,徐渭的"本色论"标志着主情思潮的兴起;李贽的"童心说"是这一思潮的灵魂;袁宏道的"性灵说"是晚明文学理论的典型表述,将主情思潮带入狂飚突进期;汤显祖的"情至说"则将主情思潮推向高潮;冯梦龙的"情教说"达到了主情思潮理论演进的最高形式,也显示了其向传统理性精神回归的动向;孟称舜的"情正论"表明了主情思潮的回落与消退;《红楼梦》中"情幻论"所传达的幻灭感可视作主情思潮最后的归结。第五章试图探讨主情思潮关于情的思考所具有的特殊内涵。作者认为,晚明主情思潮对情的观念的突破集中在两点:一是将"情"放逸出来取代在社会中占支配地位的"理"(礼),一是引入个体的感性欲望以肯定世俗生活和欲望的合理性。从更广阔的理论背景上,作者将主情思潮的特质解读为三点:一是主情思潮对情的高扬与理、欲处于复杂的纠缠中;二是主情思潮吸取了佛道对于情感的思想资源,表现出沉沦与超越悖论式的演进模式;三是主情论者强烈的古典诗歌衰落的焦虑情绪,使得他们在表达方式上更多地转向了民间道路。最后,作者对晚明文学主情思潮作出评价,认为它不仅是文学思潮,更是一场社会革新思潮。它的幻灭,"宣告了明清知识分子为中国文化重新寻求安身立命根据的失败,在某种意义上也表明了中国古典文化的资源和中国人的内在世界的枯竭"。

关键词:文艺思潮　主情思潮　个性解放　晚明

2980

王弼的经典解释与六朝文论 / 胡海著 ; 袁济喜指导. -- 中国人民大学, 2005. -- 166 页

本文探讨了王弼玄学对六朝文论的根本观念、思路、方法及体系建构的启示,并在一定程度上联系西方文论阐发六朝文论的当代意义。文章分为导论和四章。导论概括了本文重点和研究中的问题。第一章探讨了王弼经典解释启示六朝文论的思路和方法。作者认为,王弼的玄学体系以"无"为根本观念,带着以人为本的价值观,以崇本举末的思路与得意忘言、辨名析理相统一的方法组织了一个整体的思想体系。王弼方法论中的本体"意"联系着魏晋的新型人生观,而其得意忘言的方法转化为人物品鉴和山水赏会的审美原则。第二章论述了儒道会通与六朝重人尚文的价值观。作者认为,王弼在以人为本的价值观和人文理想层面实现了孔子和老子的会通,其"圣人有情说"打破了圣人和凡人间的界限,从而避免把经典教条化。综观这两点,王弼会通孔老也是会通本末有无,是对重圣轻人和重道轻文的观念的突破。这一突破推动了六朝文论价值观的新变,拓展了六朝文论家关注的领域;六朝文论家对人能达圣和文能载道明道的坚信,也促成了一批文论专著的诞生。第三章论述了言意性情之辨和六朝文之性质与功用观。作者认为,结合王弼的"本体之性"理解,刘勰所谓情文"乃由人之本性感物外发为情,以言为媒介而成辞章"。以《文心雕龙》为代表的六朝文论体系,总体结构上借鉴了王弼释大衍义的思想;刘勰所原之"道"当按王弼之"无"来解释,其"文变"即表明其作文之道乃本体道而非具体的文术。第四章总结了王弼的玄学体系和六朝文论体系的关系,并联系当代语言文本理论和西方文论,探讨了王弼玄学和六朝文论的当代意义。

关键词:王弼(226~249)　文学理论　玄学　文心雕龙　六朝时代

2981

吴梅戏剧美学思想研究 / 胡庆龄著 ; 马龙潜指导. -- 山东大学, 2005. -- 157 页

本文研究了吴梅戏剧理论及作品所呈现出来的美学思想和审美意识。首先探讨了吴梅的生平及其戏剧美学思想产生的背景,指出吴梅的戏剧美学思想是在继承古典文论、曲论的基础上结合自己的社会实践形成的,既是中国戏曲美学发展的产物,也是清末民初特定历史阶段文化学术环境的产物。其次,具体梳理和分析了吴梅关于戏剧本质、戏剧文体、戏剧创作、戏剧音律、戏剧批评及其戏剧作品中的女性观,指出吴梅提出戏剧应以搬演为最终指归,他描述了戏曲作为一种文体在不同历史时期的发展变化,他继承和发展了王骥德、李渔等人的戏剧创作理论,并结合自己的见解对戏剧结构、语言作了详尽阐释,对宫调、音韵、度曲作了系统研究,形成了一套民族传统声乐有关度曲的美学原则、艺术规律和方法技巧。他对戏剧作品的时代背景、风格流派、思想内涵以及音乐唱腔

等也做了全面的艺术分析。文章指出吴梅的婚姻观、女性观具有矛盾的两面,既对封建婚姻制度提出了深刻的批评,又将女性的不幸归结为自由恋爱。再次,从五个方面论述了吴梅戏剧美学思想对现代精神的吸纳:(1)吴梅的文体观念隐含着时代精神;(2)其戏曲史观受到了西方进化论思想的影响,把戏曲作为文学进化的必然产物;(3)采用了抽象、分类、综合、归纳等新的曲学研究方法;(4)时代促成戏剧地位的提升;(5)形成了以观众为中心的戏剧理论。最后,总结了吴梅的戏剧美学在中国古典美学中的地位:第一次提出了"真、趣、美"统一的观点,在曲辞创作理论和表演理论上取得了丰硕成果,其戏曲理论阐发了戏曲艺术独特的审美特征,具有重要理论意义,他的戏剧美学对现代美学思想具有开启作用,他的言传身教培养和影响了新一代戏曲理论家。

关键词:吴梅　戏剧理论　美学思想　审美意识　女性　古代文论

2982

启蒙理性的缺失与中国现代审美思想的发生 / 黄丽莎著 ; 杜书瀛,党圣元指导. -- 中国社会科学院研究生院, 2005. -- 125 页

本文认为中国现代审美思想形成和演变与近代中国启蒙思想相伴而生。20 世纪初,近代知识分子在重建中国思想文化传统和改造国民性的启蒙背景下,借鉴西方现代哲学和美学思想,在对中国传统审美思想进行创造性阐释的基础上形成了有别于西方和古典的、具有独特内涵的现代审美思想。由于中国启蒙运动第一推动力来自外部的民族性危机,因此启蒙运动所产生的现代性原则与西方启蒙运动产生的现代性原则并不相同。西方启蒙精神的核心标识是人作为理性主体的地位的确立。但中国启蒙运动未对西方近代化的根源、人作为理性存在的主体地位之确立给予多少关注。中国启蒙运动中诞生的现代性原则是感性主体、浪漫主体的逐渐合法化,这一主体存在非理性化趋势是启蒙式的审美与审美式的启蒙产生的结果。本文以戊戌到五四时期为考察范围,围绕"启蒙"与"审美"中的主体、理性、感性之间的关系,在具体历史情境中还原这一主体的非理性化产生与发展的深层根源与逻辑演化规律,并从非理性化主体的角度来考察蕴含在启蒙与审美现象中的现代性问题,并从此角度进入对中国现代性的批判。全文共分五章论述。第一章从人类心理结构一般分类的"知、情、意"三方面考察启蒙主体文化结构层面发生的一系列变动。第二章论述启蒙运动中的理性缺失现象以及启蒙主题导向"立人"层面的过程。第三章论述在"立人"这一启蒙语境下,中国现代审美命题的建立。第四章论述贯穿于启蒙之中的审美精神,审美主体引导下的启蒙运动的特征。第五章论述非理性主体的表征及其在启蒙与审美中产生的现代性问题。结语论述了启蒙理性缺失下审美主体的困境。

关键词:审美　美学思想　启蒙运动　理性　现代性

2983

现代视野下的电视历史剧研究 / 黄耀华著 ; 饶芃子指导. -- 暨南大学, 2005. -- 91 页

鉴于电视历史剧是否应尊重历史及如何尊重历史的争论,本文借助叙事学、阐释学、历史和文化学的理论,对争议所隐含的历史与美学问题进行了探讨。全文共分六章。第一章导论。第二章从 90 年代以来文化形态的变迁入手,剖析了 90 年代以来多元文化并存局面对电视历史剧生产和流通的影响。指出主流精英文化、大众文化、消费文化成为中国当下文化的主要组成部分并主导了电视历史剧生产的多元化的格局。进而指出历史剧中出现的重塑历史、颠覆历史和戏说历史都是多元文化合力的产物。第三章对历史剧的历史叙事和艺术叙事进行了区分和辨析。指出了人类书写的历史不可能完全揭示历史的真相,还原历史只是一个乌托邦,打破了历史对于历史书写的优先权,揭示了历史与文学艺术的共通性,认为历史消费、历史想象和艺术的陌生化规律共同支配着当代历史剧的生产和消费。第四章从现代性的视角对电视历史剧如何实现现代转换、电视历史剧如何获得了与现代性紧密相关的特征、历史如何进入又以何种形态出现在当代电视历史剧中等问题进行了探索。第五章以《大明宫词》为核心,并联系到其他两部以武则天为题材的历史剧,进行比较分析,进一步回应了前四章所阐述的理论问题。第六章结语。

关键词:电视剧　历史剧　叙事　电视艺术

2984

生命解释与文本释义 : 狄尔泰解释学思想研究 / 惠鸣著 ; 詹杭伦指导. -- 中国人民大学, 2005. -- 140 页

本文以狄尔泰历史理性批判工程为背景,对狄尔泰的生命哲学及诗学实践进行了系统分析,并通过分析生命价值与文学传统中的意义解释范式转变之间

的联系,讨论了文本释义中的生命价值问题。狄尔泰的生命哲学、生命解释学及其诗学理论都是其历史理性批判工作的有机组成部分。文章的开头分析了狄尔泰以生命体验为基础的个人生命观。作者认为狄尔泰的生命哲学从认识上解决了长久以来精神与躯体的二元对立,具有强烈的建构性和价值意味。论文对狄尔泰在以生命为基本对象的解释学的分析中,揭示了理解生命与理解文本其内在同一性,即狄尔泰认为凡是生命体验到的东西,必能表达出来。随后,作者探讨了狄尔泰诗学的基本原理,即从生命出发理解生命的精神科学的基础方法论。作者将狄尔泰关于诗与生命表达的观点归结为:所有的艺术都使我们的经验得到强化。作者认为,狄尔泰的诗学体系是一种建构性的努力,但对艺术作品内在的审美维度、艺术的形式要素与艺术规范的表达和论述非常模糊和粗糙。不过狄尔泰给我们的重要启示是,文本解释应该重视生命的价值维度。最后,作者从生命价值在文本解释模式中的地位出发,将文本解释模式分为作者中心论解释模式、文本中心主义和对话交往解释模式,并对这三种解释模式分别进行了阐释。

关键词:狄尔泰(Dilthey, Wilhelm 1833 ~ 1911) 阐释学　文本　生命哲学　诗学

2985

“双面缪斯”:李贺诗歌研究 / 吉新宏著 ; 童庆炳指导. -- 北京师范大学, 2005. -- 183 页

本文所要揭示的问题是:李贺诗歌的“二元性”特质及其作为底层知识分子的生存困境之间的复杂关系。作者具体展示了李贺诗歌鲜明而独特的“二元性”特质,比如,诗歌结构的多种并列形式、意义的复杂生成方式、一隐一显两个声音的对话、游移不定的两种视角、永远无法进入的两个世界,等等。作者认为这种“二元性”特质是他的生存困境的表征。论文的具体论证分为三个层面:第一个层面作者以品读诗歌的语言为起点,从微观和宏观两个方面分别揭示了李贺诗歌在意象的选取与构置、意义生成方面的“二元性”特征以及李贺诗歌意象的审美特质。第二个层面通过对李贺组诗的考察展示李贺心灵世界的“二元性”特征。第三个层面作者探讨了李贺诗歌对现实生存世界中残酷秩序的揭示,以及李贺的尴尬身份在这种秩序面前的无所适从。最后一部分是论文的结论,作者认为李贺的两重尴尬身份与他艰难的现实生存互相扭结,造成了他难以摆脱的生存困境。而独特的生存困境又造就了李贺诗歌独特的审美价值悖论。

关键词:李贺(790 ~ 816)　诗歌　文学研究　意象　生存困境

2986

中、韩近代文学及文艺思想研究 / 金洪大著 ; 谭好哲指导. -- 山东大学, 2005. -- 104 页

本文通过具有代表性的近代文学现象和近代文人的文艺思想与理论,对中、韩两国的近代文学和文艺思想的发展情形和特征作出一个整体性的概述。全文除引论外共分三章。第一章是对中韩近代文艺思想形成前景的分析。作者认为,中国在 1840 年鸦片战争中被英国打开国门、尤其在《辛丑条约》签订之后,完全沦为半殖民地半封建社会,救亡图存成了中国民众的最强心声,知识文人们更是以启蒙民众、救亡图存为己任,展开了文学救国的活动。韩国则在 1860 年被西方列强打开国门之后,进入近代时期,韩国的知识分子和民众也以救亡图存为目的,展开了甲申政变、东学农民革命、甲午改革等一系列抗争斗争。这段时期内,韩国社会的思想、文化也逐渐朝着近代化的方向发展起来。第二章主要讨论中韩文艺思想的发展过程及其结构变革。主要从中国近代文艺思想的发展历程及其结构变革、韩国文学的特征及近代文艺思想的萌芽两个方面进行探讨。第三章是对中韩控文艺思想的研究。在全文的结论部分,作者认为,中、韩两国近代文学是在本国传统文学发展的基础上,在外国文学的冲击和影响下,形成的一种典型的过渡期文学形态。因此,近代文艺思想也必然是一种承上启下、东西交融的理论形态。中、韩两国近代文学和文艺思想在创作主体的转变、文学语言和文学样式的变化、西方文学及文艺思想的影响、功用主义文艺思想等方面都极具相近性。同时,两国文学和文艺思想又因其发生发展时期的前后差距、文字变革所体现的民族性、民众文学及其文艺思想发展的相异性而不可避免地带有极大的差异性。

关键词:近代文学　文艺思想　民族意识　韩国　中国

2987

俗文学的地域个性与都市消费情结:清代扬州的个案观照 / 柯玲著 ; 陈勤建指导. -- 华东师范大学, 2005. -- 245 页

本文从地域文化个性视角对清代扬州俗文学的盛衰成因与文化特点进行了个案分析。首先,文章分析了清代扬州俗文学活动,指出共同的地理环境、社

会背景和文化传统，使扬州的俗文学具有很多相似或相同的风韵与标格；作者以描写风土、反映现实为己任，形成了一个具有鲜明地方色彩的"扬州派"；这一俗文学活动的主体是普通的市民与艺人以及一批知识分子；其表现形式分为口承俗文学活动和笔传俗文学活动，前者又根据功用的不同侧重分为侧重叙事的扬州评话、侧重抒情的扬州戏曲，其中扬州戏曲还可以分为扬州戏剧和扬州俗曲；后者分为，竹枝词、风土笔记文章以及侧重游戏的扬州灯谜诗钟等等。其次，剖析了清代扬州俗文学生成的各种因素，从清代扬州俗文学生成的社会地理条件中提取了三个代表：即水、盐和杨柳；从"诗文扬州"、"歌吹扬州"和"礼俗扬州"三个方面分析了清代扬州俗文学生成的历史积淀；从"方言民俗"、"仪式祭祀"、"茶肆书坊"、"行规惯制"四个角度梳理了清代扬州俗文学生成的都市民俗风情；从"实用性"、"夸示性"和"人格化"三个层次提炼了清代扬州俗文学的消费特征。最后，对清代尾声中的扬州俗文学活动进行了考察，分析了清末扬州俗文学活动中几种"相反相成"的比照关系，从以后兴起的"鸳鸯蝴蝶"探讨其对清代扬州俗文学活动的"精神延续"，并对当下都市俗文学蓬勃发展之必然趋势作了反思。

关键词：通俗文学　消费文化　文化地理学　扬州

2988

20 世纪中国绘画美学 / 孔新苗著 ；周来祥指导. 山东大学, 2005. -- 213 页

本文通过对 20 世纪美术现象、思潮、重要画家及作品的美学风格和艺术创新特征的分析，展现了中国美术在 20 世纪的转变和发展过程。全文共两篇七章，可分为三个部分。第一部分为上篇共两章，描述了中国古典绘画的审美特征特点和古典后期绘画品评特点产生、成熟的历史根据与线索。第二部分为下篇第三至第五章，通过对代表性美术现象、画家和作品的分析阐释，梳理出 30 年代—70 年代之间中国绘画脱离古典形态，在抗日战争时期及新中国成立之初充满政治斗争的社会环境下的发展轨迹。这部分又分为两个阶段。第一阶段是 50 年代前，绘画创作的特色是写实和唯美。第二阶段是 60 年代后期，介绍了"红、光、亮""样板"模式的流行对中国美术创造力的压抑。第三部分为下篇的第六、七章，时间范围是 20 世纪的最后 20 年，中国美术在国家改革开放的时代又进行的一次变革，脱离了前一阶段的单一化、概念化的形式，转而注重追求艺术家的个性风格，同时加深了对西方艺术的研究，从而使当代中国绘画艺术得到了丰富和发展。

关键词：绘画　艺术美学　中国

2989

审美情境与美感 ：美感的人类学分析 / 李波著 ；郑元者指导. -- 复旦大学, 2005. -- 168 页

作者试图以审美情境作为审美活动得以发生、发展的效应环境和关系系统，勾勒主体的文化认知图式，分析艺术语境中审美意图的表现形态，描述不同情境中的审美主客的遇合方式及情感反应模式，进而梳理审美判断的多重标准。在引言中，作者首先谈到美感研究的范式变革问题，通过本体论范式的美感研究、知识论范式的美感研究和艺术人类学范式的美感研究，把美感研究的范式转变不仅看作学科方法上的应用，而且看作当代思维范式变革和转换在美学研究中的反映。其次，通过对"美感"这一术语的语义学分析，确立"美感"这一术语在当代美感研究中的合法性。本文正文共分四章。第一章阐释"审美情境"的理论内涵，分析审美情境的构成要素以及它的转换机制等对美感研究的意义。第二章通过分析审美情境与审美活动的关系，比较对审美流程的不同观点，勾勒出审美情境中的审美流程图，以图表的形式复现美感生成的几个主导因素以及它们相互作用的复杂性。第三章论述在一定的审美情境中，影响美感形成的审美客体的关键要素：语境和审美意图。第四章论述审美判断，主要研究审美判断的主体条件——审美认知图示，影响审美判断的知识以及审美标准等，通过对影响审美判断的要素分析，把美感问题的复杂性加以细化，并揭示出跨文化背景下美感研究的新景观。

关键词：审美　审美感受　艺术美学　人类学

2990

电视与中国彝民生活 ：对一个彝族社区电视与生活关系的跨学科研究 / 李春霞著 ；李杰指导. -- 四川大学, 2005. -- 207 页

草坝子是一个有 14 户彝族人家（60 口人）的高山村落，本研究以草坝子为研究"电视与彝民生活"的样本和二者关系发生的"源头"，通过"仪式"的视角，呈现了近六年来草坝子电视文化建构、社会文化变迁的过程。发现电视植入草坝子的过程实际上就是草坝子通过电视的"仪式"。绪论及第一章阐述了选题缘由，解决了研究理论和方法有效性的问题。第二、

三、四章以电视的三个维度(物质层面、技术层面和媒介层面)为线索,分析草坝子通过电视仪式中面对电视及其带来的变化所进行的种种调适性行为。第五章呈现了草坝子传统传播环境中人际传播、群体传播与电视的互动关系,以及草坝子对电视的消费方式。结论总结了草坝子的电视通过仪式过程,呈现该仪式中草坝子社区结构及其组织模式的调适,并总结相关的大众传播仪式理论。本研究的创新之处在于:首次用仪式的视角去呈现和分析一个社区与电视的关系,并在此基础上,尝试性地总结出关于社区及其成员,或族群通过大众传播的仪式理论,也为人类学、民族学研究地方文化变迁提供了传播学的路径;在研究方法上把民族志方法和问卷调查法结合起来,不仅解释电视和电视文化,也解释电视“工作”的场域——族群生活及其社区文化的变迁。此外,本研究在田野中采集了第一手材料,更接近被研究者的真实情况。

关键词:彝族　社会生活　电视　电视文化

2991

历史边缘的文化颠覆 :后现代语境下的唯物史观与历史虚无主义 / 李舫著 ; 陆贵山指导. -- 中国人民大学, 2005. -- 172 页

历史虚无主义产生于后现代主义语境中,并在历史虚实领域具有“去历史”的不良倾向。本文介绍了在当代中国社会在后现代主义语境下,历史虚无主义的产生和发展,并主要针对文艺创作和文艺评论中的各种历史虚无主义态势进行研究。全文共三部分。第一部分阐述了后现代主义价值观对历史虚无主义形成的影响、历史虚无主义形成的理论脉络和心理源起,作者以尼采、海德格尔为代表剖析了历史虚无主义的产生并形成思潮的三个主要方面的因素。第二部分对历史虚无主义的各种文化表征进行逐一论述,并运用历史唯物论的方法对各种历史虚无主义的创作与理论表现进行分析。这些相关的文化特征包括:新时期以来文学创作从驱逐历史到文学终结论的发展线索,文学批评中的“去历史”和“反历史”倾向,艺术特别是影视创作中的历史缩减与碎片拼凑式的影像叙事,及虚拟世界对现实世界的影响和文化殖民主义的消失。第三部分作为结语指出了历史唯物论对当代中国社会的现实意义。

关键词:后现代主义　文艺理论　文艺创作　文学批评　唯物史观　虚无主义

2992

法兰克福学派的审美现代性 / 李进书著 ; 章安祺指导. -- 中国人民大学, 2005. -- 182 页

作者认为,法兰克福学派成立于 1923 年,它以人道主义为中心,以社会批判为武器,是世界上最有影响力的学派之一。审美现代性是现代性的一种,它以美学形式激进地反工业生产,公开地拒斥甚至否定工业现代性。本文分为五章。第一章指出了现代性存在的危机:启蒙退化为压抑人的魔鬼,人的异化呈现深度化和全面化趋势以及世界的碎片化。第二章介绍了法兰克福学派的理论背景。作者认为纳粹主义仇视犹太民族的现实、适时的文化语境和德国独特、深刻的哲学资源是法兰克福学派诞生的必要条件。第三章阐述了法兰克福学派对工具理性的批判。作者认为,法兰克福学派眼中的工具理性是具有意识形态功能的,它的目的就是把人们同化为统治阶级的奴仆,工具理性不仅把社会规划为一个单面性的模式,而且它还力图把它的意识形态带进人们的日常生活中。第四章介绍了法兰克福学派对大众文化的批判。作者提出法兰克福学派认为大众文化是统治阶级统治大众的得力助手。由于大众文化的标准化、同一化特征,它使得作者变成了商品的奴隶,也蒙蔽了读者大众。在最后一章中,作者阐释了法兰克福学派提出的解决方法,其中包括以否定姿态来对抗社会的统一性和解放爱欲,加强语言交流,使系统与生活世界统一起来。

关键词:现代主义　法兰克福学派　审美　文化批判

2993

中国影视明星的符号学研究 / 李启军著 ; 李杰指导. -- 四川大学, 2005. -- 340 页

作者认为,在当今这样一个符号统治的时代,明星符号构成了当代人日常生活、思想沉思、艺术想象、社会批判的文化语境的一个重要方面。本文试图对明星总概念下的影视明星做出了自己的符号学阐释,认为影视明星是实际的影视演员个体(对象—实体)与附着于其上的符号意义(所指—象征)的综合体,是一个象征符号,一种偶像符号。其结构暗合皮尔斯所说的符号三角关系。因此,作者从考察影视明星入手,更深入的目标是认识社会人生、认识世道人心。本文共分六章,前三章为共时性考察:第一章陈述了选题的重要意义;第二章重在表述作者从符号学立场看待影视明星的基本观点和见解;第三章分析影视明

星被认定和被生产的“符号学工程”。这个工程包括名导名片、出镜率、曝光率、人气指数、片酬与出场费、票房号召力、奖牌榜等等文本符号,影视明星就是被这些方面形成的合力所塑造出来的。后三章为历时性考察:第四章分析了早期电影明星作为整体符号所具有的“反叛”的符号学意义;第五章着重分析建国后30年中电影明星主体作为“神圣英雄”的符号意义;第六章分析了改革开放以来影视明星从平民英雄符号向平民符号的转变。

关键词:电影演员　电视演员　符号学　电影理论

2994

价值评判与文本细读:“新批评”之文学批评理论研究 / 李卫华著 ; 章安祺指导. -- 中国人民大学, 2005. -- 194 页

“新批评”是20世纪西方影响最大的文学理论之一。本文采用分析式方法,研究“新批评”在我国当代文学批判发展中做出的贡献及未被人发现和重视的价值。本文共分五章。第一章研究“新批评”的文学批评对象论,作者比较了艾略特、瑞恰慈、兰色姆、布鲁克和韦勒克这五位“新批判”理论家的观点,认为他们将价值作为文学批评的出发点和关注核心的做法值得我们借鉴。第二章分析“新批评”的批评标准论。作者介绍了艾略特、燕卜荪、维姆萨特、比尔兹利和韦勒克的批评标准,提出他们强调文学批评标准的客观性和确定性的做法对我国文坛上存在的文学批评失范问题具有积极意义。第三章作者将“新批评”的批评方法划分为三个层次:文学批评基本原则层面上提出的,如“细读”法;文学批评的角度和切入点层次上提出的,如“语义分析法”、“词义分析法”、“双重情节分析法”等以及文学批评的具体操作步骤。第四章作者提出我国文学界对“新批评”的借鉴不足,既存在对“新批评”理论话语的移植,也存在着在中国特定的文化语境中对其进行的有意无意的误读和变异。最后一章中,作者探讨了“新批评”的借鉴意义,提出重新发掘和审视“新批评”合理的内涵,运用其有效的方法,能够矫正后现代主义和文化研究理论给我国文学批评界带来的问题。

关键词:文学批评　价值　文体

2995

中国古典音乐思想的美学探究 / 李颖著 ; 彭修银指导. -- 南开大学, 2005. -- 158 页

本文认为中国古典音乐思想根植于探讨人与自然、人与社会、人与人之间的谐和关系的哲学思想基础上,广义上是一种建于“生生和谐”、“天人合一”观念上的生命哲学。其“乐”的概念作为人的生命存在与宇宙万物的存在交流、贯通的媒介,恰恰是这种生命哲学得以存在和发扬的根据。全文分为四章,主要从四个方面展开论述:(1)探讨哲学、美学和音乐的关系,从哲学的角度看音乐,得出音乐的哲学和美学本质规定;从音乐的角度看哲学,讨论音乐与哲学在人类思维起点上的同一性。(2)从中国古代社会文化和哲学美学对音乐的影响和作用入手,揭示古典音乐思想产生和发展的背景,并通过对中国古代各个时期的音乐审美实践及音乐思想状况进行梳理和审视,展现中国古典音乐文化的整体风貌,以寻求中国古典音乐美学思想形成的根基。(3)考察中国古典音乐思想的美学精神,从思想形态,艺术形态和审美形态的角度分析中国古代哲学、音乐思想与人的生命状态的同构关系,具体分析中国古代音乐思维方式、形态特征和审美意境,进一步阐明中国古典音乐审美的生命化特征,探讨中国古典音乐思想对文化的意义,说明“和”是中国“乐”文化意识中最理想化的范畴,音乐与人生、宇宙内在生命的同构正是中国古典音乐思想美学精神的内涵。(4)简要探讨中西方音乐文化的不同取向。

关键词:古典音乐　音乐美学　音乐文化

2996

中国古代的技术与诗 / 刘朝谦著 ; 曹顺庆指导. -- 四川大学, 2005. -- 371 页

作者针对当前学术研究中的一个热点问题,即在技术时代人们却找不到可供诗意栖息的维度问题,通过对中国古代技术与诗之间关系的阐述,以及二者之间如何和谐共处的解释,试图为今天迷茫的人们勾画出一幅可以仿效的示例图。作者首先指出,技与诗的主体,本是同根生,却又必须忍受分分合合的苦楚。技与诗的主体共同源于巫术,“技”是指物质与精神两种生活的技术,“诗”是人们诗意的生活的维度。中国古代文化的特点使之形成了“诗主技次”的话语格局。在这种话语格局的影响之下,中国古代对“诗”的追求永无止境,甚至出现了为“诗”而舍“技”的局面。文章认为,中国古代诗技之所以能实现和谐共处,儒道两家的力量不容小觑。儒家以“文”作为世界诗性及其构成一切现象的技术机理。道家则倡导“泯化诗、技,众妙一门”,用“妙”字来综合“诗”、“技”,指出诗

技本是同门师兄弟，借此来平复中国古代人于诗技之间徘徊不定的心情。但总体来说中国传统文化还是重诗轻技的。技术或被文人墨客所不齿，或被神化和圣化，始终游离于时代的中心话语之外。此外，作者在文章中也对中国古代的某些传统观点，如认为贫困时代反而是最富诗意的时代提出质疑，认为中国人对技术的恐惧在老庄身上已体现出来，老庄主张消灭一切技术，认为诗技是完全矛盾的，不可同时存在的，道家试图救赎世人于技术时代中，并采取了消解技术的主体性的基本方式。

关键词：古典诗歌　文学研究　技术

2997

社会转型与女性杂志的变迁：对中国当代女性杂志的研究 / 刘胜枝著；马新国指导. -- 北京师范大学，2005. -- 133 页

本文考察了从新中国成立后到当前女性杂志的发展变迁，作者将女性杂志的发展历程分为三个阶段。作者认为，第一阶段是从 1949 年到新时期开始。这个阶段的女性杂志属于政治宣传性刊物，以《中国妇女》为代表。这类杂志致力于塑造劳动妇女的光荣形象，培育以国家为本位、以劳动为实现形式的理想女性。第二阶段是 80 年代初期到 90 年代初期。作者认为，这一阶段兴起的女性杂志属于婚姻家庭类，以《家庭》为代表。这类杂志关注婚姻家庭领域的问题，致力于塑造以家庭为本位、以情感为实现形式的理想女性。第三阶段是从 90 年代初期到现在。作者认为，在这一阶段中，时尚消费类女性杂志迅速崛起，以《时尚》为代表。这类杂志以年轻的白领女性为读者对象，致力于培育读者的消费价值观念，努力塑造以个体为本位、以消费为实现形式的理想女性。本文从出版理念以及内容呈现两个层次入手，分析了女性杂志出版的变迁及其背后的制约力量：政府力量、读者力量、学术力量和商业力量。作者认为，我国的女性杂志依次经历了政府力量、读者力量、商业力量为主导的一个变迁过程，这种变迁过程是自发的、缺少理性干预的，呈现出偏颇的面貌。在论文的最后作者提出要加强对女性杂志的积极干预，推动其向着更好的健康和平衡的状态发展。

关键词：女性杂志　女性　社会转型　文化史

2998

大众文化：意义的生成与理论的张力 / 刘水平著；张玉能指导. -- 华中师范大学，2005. -- 138 页

本文从美学和文艺学的基本视角，对大众文化的多向理论维度和张力进行了研究。作者认为大众文化是处于一种错综复杂的关系和张力之中的，使用静态的审美主义去研究大众文化已经阻碍了对于大众文化的深入研究，必须突破审美主义的静态思维方式，从多维的向度、在不同的关系中去透视和把握大众文化。全文共分为五章。在第一章中，作者从艺术之神圣意义的获得和失去的历史过程中，梳理了从精英艺术到大众文化的文化逻辑。在第二章中，作者提出将精英审美当作文化唯一的意义来源是一种偏执狭隘的审美至上论。作者认为突破审美主义思维，寻找和阐释新意义的生成是当今大众文化研究取得突破的主要方向。第三章中，作者指出只有将大众文化从高级审美和艺术的审判台上解放出来，将其放回本来所处的位置，才能开启大众文化的政治潜能。第四章中，作者分析了媒介文化兴起的原因及其与大众文化两位一体的关系，指出正是因为媒介文化研究生机勃勃的理论活力，才促成对传统大众文化理论不断超越和扬弃。最后一章中，作者探讨了大众文化审美与现代主义审美的三组对立统一的关系：追求奇观与走向自足；复制与纯粹、抽象；创造流行模式与为创新而创新。这一章中，作者还提出现代视觉文化、类型化通俗叙事以及身体美学取向是大众文化别具一格的审美品质，这三个特点构成了一种新的美学方式，事实上占据了当今美学的统治地位。

关键词：大众文化　文化哲学　审美　美学

2999

左翼文学运动的兴起与上海新书业 / 刘震著；程光炜指导. -- 中国人民大学，2005. -- 143 页

本文所探讨的"左翼文学"是作为一个历史事件而非文学类型的"左翼文学运动"。本文把左翼文学的存在首先看作一个出版现象，尝试在上海新书业勃兴的背景下为左翼文学运动的兴起提供一种新解释。全文分为五章。第一章中，作者将上海的城市空间分为租界和华界两个权力实体。作者认为这两个实体之间的"界限"客观上为上海出版业在公共租界内的繁荣以及后来左翼文学的"突然"兴起提供了政治上和制度上的可能。而上海都市化进程也为上海出版业促生了一批庞大的读者。第二章中，作者介绍了上海出版业的现代历程。作者指出，新书业的迅速崛起使得左翼文学运动的兴起成为可能，而左翼文学运动的兴起反过来也为新书业的发展提供了机遇。第三章中，作者介绍了"革命文学"论争与"报刊之战"。

作者认为“革命文学”的发生是《创造周报》同人自我分裂、自我批判的结果,而数十家书店和出版机构的参与和支撑则将七十多种报刊沦入了这场论争,使得一场原本平常的文学论争演化成了“全文坛的论战”。第四章中,作者指出20年代“革命+恋爱”小说的兴起不仅第一次大规模地实践了左翼文学的基本理念,还迅速制造出一个庞大的左翼文学的“读者大众”,为左翼文学运动赢得了叙事的合法性。当“革命文学”被禁之后,盗版业取代了大书局,继续扮演着革命文学传播者的角色。

关键词:左翼文化运动　革命文学　文学研究　上海市　书业

3000

思与诗的张力:本雅明批评思想研究 / 刘志著;徐岱指导. -- 浙江大学, 2005. -- 111 页

本雅明的批评观主要受到浪漫派批评家弗·施莱格尔、诺瓦利斯、荷尔德林、歌德等的影响。从现代性的角度看,他力图运用马克斯·韦伯、西美尔、马克思等的思想方法来考察现代性的起源以及现代审美经验的历史变迁问题。但由于个人坎坷的命运和所处的历史境遇使得他又青睐于一种带有审美色彩的神学救赎思想,并希望以此走出困境中的历史时间之流,这一点在其后期体现得尤为明显。本雅明在其批评实践中创造性地提出了一些重要术语,如氛围、灵光、反讽、寓言等,集中体现了他的批评思想,展示了他个人独特的批评风格。作为一个思想者的批评家,本雅明的批评文本贯彻着一种通过对文学的解读旁涉整个文化领域,努力从文学中挖掘哲学、美学、神学等内涵的思路,体现了浪漫派思想家冷静反思的批评原则和通过思来建构艺术哲学本体的追求。本雅明的批评思想涉及语言、翻译、历史、政治、神学等多个文化领域。他从对《圣经》的解读中提出神学语言学思想,并用其考察人类的整个精神发展史,由于其语言学思想具有符号学的维度,从而在解释广泛的可理解性的文化现象时具有一种涵盖力。他的历史瞬间救赎思想有着浓重的神学和美学色彩,在对文化史的考察中他提出了一种有机的文化史观,避免了各学科孤立地研究历史问题的弊端。从审美现代性的角度看,本雅明从自己的体验出发,深入到现代人审美经验变迁的深处,从现代艺术中提炼出一种新的感受模式,它体现在艺术灵光的消失以及讲故事和现代抒情诗的衰微之中。当本雅明对这些审美经验变迁从感性描述转变到用一种社会理论来把握时,便导致了理性建构上的偏失。从对时间的沉浸与游离的角度看,本雅明将波德莱尔的震惊的现在、卡夫卡的绝望的将来和普鲁斯特的回忆的过去时间体验,纳入到自己的文艺批评思想中,并从自己的体验出发去理解和印证,使得他对现代艺术的批评不仅仅是一种理性之思的分析,还是一种感性之诗的体验和介入,思与诗的张力构成了本雅明批评思想的主旋律。

关键词:本亚明(Benjamin, Walter 1892~1940)　美学思想　文艺批评　审美　救赎　神学

3001

文学性研究 / 马生龙著;胡有清指导. -- 南京大学, 2005. -- 100 页

本文旨在对文学性概念进行较为系统的理论研究,以期说明文学与非文学的区别,证明文学对人类文明贡献的独特方式。本文共分四章。前三章属于文学性的“正题”研究。第一章是内涵研究,主要界定文学性的内涵;第二、三章是外延研究,分别讨论文学活动中文学性的形成要素、形式和功能,非文学活动中文学性形式的独立性问题。第四章是文学性的“反题”研究,主要探讨文学的文学性与非文学性的关系。第一章中,作者指出文学性只是被历史建构出来用以区分文学与非文学、表明文学独特性的概念,而文学性的内涵,其实正是人类语言活动中展示的审美精神。第二、三章中,作者阐释了文学性的形成要素,包括作为文学性变量的文学作者、文学作品、文学读者和作为文学性恒量的文学体制;文学性的形式主要包括虚构想象、陌生化、诗兴功能支配、期待视野与召唤结构的视界融合,以及文学程式等;文学性的功能在于创造文学世界。作者又指出非文学性的存在有两类:历时性存在和共时性存在。历时性存在的内在原因是文学性变量构成文学性恒量时的事迹“时差”;而共时性存在其内在原因是文学活动与其他人类活动由交叉。第四章中,作者指出文学的文学性是对非文学性的超越,文学的非文学性是文学性的基础,文学的文学性通过非文学性最终发挥作用。

关键词:文学理论　文学性　文学价值

3002

涵化与归化:论延安时期解放区的“民间文学” / 毛巧晖著;陈勤建指导. -- 华东师范大学, 2005. -- 139 页

本文首先分析了清朝中后期前学科的民间文学发展的状况,指出当时知识分子中间形成了对民间文

学零星、片断的看法和理解,出现了前学科的民间文学理念,为延安时期民间文学的出现作了学术积淀。其次,考察了20世纪10至30年代中期的民间文学,指出民俗学伴随着新文化运动诞生,研究者涉及民间文学研究的目的是文学革命,这一传统在延安时期得到了极致发挥,文学革命的提倡者当时处于启蒙者的立场,他们从民间文学中寻找与启蒙一致的思想,构建了一个想象的“民间”,这一理念在延安时期得以延续。再次,探讨了影响延安时期民间文学的发展和兴盛的另外两个因素,认为中国共产党重视民间文学传统使得延安时期中共在民间文学领域形成一套较成熟的政策,将民间文学纳入到了文学的体系,而且将其作为结合群众的一种表现;陕北生态环境中丰富的民间文化蕴涵则为延安时期解放区民间文学的兴盛提供了环境境遇。最后,分析了延安时期解放区“民间文学”的建构,从这一时期民间文学的理论研究、对民间文学的改造、作家的民间文学创作以及民间艺人的民间文学四个层面进行论述,指出“民间文学”具有涵化与归化的特性,而知识分子是民众的领路人、中国共产党政策的宣传者、民间文学的改造者,他们在民间文学的研究中构建了一个想象的“民间”。

关键词:民间文学　新文化运动　延安　解放区

3003

歌剧《白毛女》研究 / 孟远著 ; 程光炜指导. -- 中国人民大学, 2005. -- 126 页

本文通过分析歌剧《白毛女》的生产和传播过程,研究革命叙事的改编经过和修改历程,跟踪其传播路线,透视其经典化过程,以探究革命文艺的复杂构成。在本文的开头部分,作者介绍了《白毛女》的生产过程,认为《白毛女》诞生于秧歌运动中,是被延安时期“民族新歌剧”所选择的结果,是被“革命叙事”所改变的结果。在本文的中间部分作者分析了《白毛女》的改编和修改过程,指出第一次创作失败是由于文化人对延安新文化秩序的理解出现了分歧,而第二次创作的成功在于剧组人员的调整。作者认为《白毛女》诞生的曲折历程包含在“五四”以来戏剧现代化演变的进程之中,是伴随着传统与现代、民间与革命的矛盾而产生的,是知识分子在文艺现代化追求当中对文学自愿选择和拒绝、调整与确认的继续。在本文的最后部分,作者研究了《白毛女》的经典化过程,指出“集体创作”形成的多话语之间的张力关系是其成为经典的内在动因,国家政权的话语建构行为是其成为经典的重要推动力,而权力话语内部的胜负则导致了《白毛女》的没落。

关键词:歌剧　《白毛女》　文学评论　叙事

3004

诗学形而上学的建构与解构 / 莫运平著 ; 王元骧指导. -- 浙江大学, 2005. -- 91 页

作者指出,诗学的发展受哲学的影响,有着一个在形而上学理论预设下的建构到对形而上学的解构的过程。作者认为如果不对传统诗学建构的理论预设及结构主义诗学的观念和方法加以厘清,那么对于西方诗学的研究和批判吸收将会成为无的放矢。本文共分四章,具体分析诗学形而上学的建构和结构过程,并在此基础上提出一种后形而上学语境中诗学应该转向生存论诗学的设想。第一章主要考察在形而上学语境下传统诗学的建构,指出传统诗学是以逻各斯、真理和正义这三个形而上学的核心概念作为理论预设建构起来的。第二章主要分析解构主义诗学是如何参与解构传统形而上学的。作者认为解构主义先是解构了哲学/文学的传统二元对立,接着通过一系列的批评实践最终消解了传统诗学。第三章从广义的解构的意义上分析诗学形而上学内部的解构历程。作者认为形而上学本身具有超越性和规范性的双重品行及知识形而上学和道德形而上学的双重内容,注定了形而上学的命运会纠缠在不断的建构与解构之中。第四章作者提出了诗学无论是建构还是解构都应有一个自我反思的精神。作者认为应该建立一种生存论诗学,这既是对知识形而上学的克服和超越,又是对道德形而上学的保留,同时也是使诗学回到生活世界的有效途径。

关键词:诗学　形而上学　生存论

3005

中国古代选官制度与审美风尚的变迁 / 庞飞著 ; 陈炎指导. -- 山东大学, 2005. -- 176 页

本文以选官制度与古代审美文化的变迁的互动关系为主线,梳理了自汉代察举制度到清代科举制度过程中每一次选官制度上的重大变动及其与审美风尚变迁之间的关系。全文共五章。第一章以汉代为起点,论述汉代察举制为后世选官制度确立了基本标准和原则,那就是以德行作为评判人才优劣的首选。在此基础上,指出汉代在审美取向上,明显体现出从汉初的以质朴粗野、感性的渲泄为特征的审美风尚到汉代中叶以后以彬彬儒雅为典范的典丽雅正的审美风尚。汉末察举途径不畅以及道德意识的退化促成

了此际思想的解放和士人个体意识的崛起,以文取人随着考试制度的逐渐开展以及汉末以来审美意识的走向独立而愈益鲜明了,且为魏晋时期审美意识的独立作了前提准备。第二章认为选官标准中德行与才能的分离是魏晋时期选官制度发展的总趋势,这不仅是官方评价体系中的标准,更是魏晋人物名士自身形成的一个评价体系。在这种新兴的评价体系之下,选官标准开始从汉代对人物德性之美的弘扬转而为对风姿神韵的品藻,人物成为审美的主要对象。第三章论述唐代以诗赋取士的观念不仅是对汉至魏晋以来以文取人观念的历史继承,也是唐代开明的政治文化与多元的审美心理共同作用的结果。指出在选官制度历经从初唐到中晚唐时期文辞与经术、吏能与儒学之间的不同标准的转换中,社会审美文化也呈现出相似的变化轨迹。第四章指出这段时期的取士标准,试经义最终战胜试诗赋,成为选官的主导取向。第五章认为明清以后的八股取士将科举以文取人的观念发展到了极致,八股文成为明清以来趋于模仿、复古的审美风尚的重要表现。文章最后指出,自汉代以后中国古代审美风尚的每一次重大转向几乎都与同时代选官制度的变迁有着一定的关系。

关键词:官制 选官制度 审美 政治文化 察举制 科举制度

3006

论"松雪体"对高丽末朝鲜初书画艺术的影响 / 朴相泳著 ; 陈炎指导. -- 山东大学, 2005. -- 175 页

宋末元初的赵孟頫在书法、绘画、诗歌等各方面都取得很高成就,文章研究了赵孟頫的"松雪体"对古代的韩国(特别是高丽末到朝鲜初的阶段)书画艺术的影响。文章共六章。第一章说明研究动机、研究目的及研究方法等。第二章叙述赵孟頫所生活的时代背景、忽必烈的求贤活动及对南方人士的态度、赵孟頫的官宦生涯。第三章通过对赵孟頫的生涯和家境的了解,探究不同时期赵孟頫的艺术活动,从中了解他的学书过程和书风,并研究赵孟頫书体形成的渊源与书体特征,对赵孟頫艺术思想的核心——复古主义进行研究。第四章认为,赵孟頫的艺术成就也表现在绘画上。他的绘画风格不限,取众家之长且题材广泛。第五章主要探讨古代韩国的高丽末期。这一时期高丽王在元大都建立万卷堂并同当时的元大儒相交游,使松雪体传入并发挥了很大的作用。第六章的时代背景为古代韩国的朝鲜时期。松雪体自高丽时传入,在朝鲜时期达到鼎盛。此章讨论的主要内容为当时朝鲜的社会背景、文化状况以及朝鲜前期书法界的特征。总之,文章根据上述考察的内容来研究艺术和精神的关系,以及从此角度来评价赵孟頫的书画艺术世界。

关键词:书画艺术 赵孟頫(1254~1322) 松雪体 朝鲜

3007

生活在此处 :法兰克福学派大众文化理论在中国的接受 / 秦海英著 ; 蒋原伦指导. -- 北京师范大学, 2005. -- 137 页

本文从接受史的角度,考察了上世纪 80 年代以来中国大众文化研究界对法兰克福学派大众文化理论的接受过程,并探讨了法兰克福学派大众文化理论与其他大众文化理论间的相互影响。为了重新认识并发展马克思主义,中国的哲学、政治理论界在 20 世纪 80 年代开始大量译介法兰克福学派的理论,其大众文化理论也被介绍进来,但开始并未被广泛运用。这是因为 80 年代在中国大众文化还处于萌芽状态,研究领域对它的关注比较少,它的合理性功能未予确认。90 年代上半期随着中国大众文化的发展,法兰克福学派的大众文化理论被广泛地运用到了中国的大众文化研究实践中。研究者在借鉴过程中既有对原理论的机械挪用,也有结合中国具体文化现实进行的适当的改动。这些改动主要有:在批判对象上,法兰克福学派揭露大众文化中隐含的极权主义统治,中国的批判者斥责大众文化中的商业逻辑和低级审美趣味;在批判目的上,法兰克福学派追求的是革命性的政治目标,中国的批判者追求的是审美和道德目标;在否定程度上,法兰克福学派完全否定并放弃大众文化,中国的批判者对大众文化是否定中有肯定,意在进行收编引导。90 年代后期理论界开始对借鉴法兰克福学派大众文化理论的情况进行反思,批判了借鉴活动中的机械搬用现象,但没有总结既有的借鉴经验,以更好地利用法兰克福学派大众文化理论研究中国的大众文化。针对法兰克福学派大众文化理论的悲观否定论调,文化研究理论把评判大众文化的标准扩展到广义的意识形态标准,改变了法兰克福学派精英主义的审美批判模式。约翰·费斯克用文化消费过程中接受活动的能动性反驳法兰克福学派的文化工业统治说,使中国的大众文化研究开始重视对接受过程能动作用的探讨。这些理论间的相互作用对法兰克福学派大众文化理论的修正,既有合理的地方,也有走向极端的倾向。

关键词:法兰克福学派　大众文化　文化理论

3008

现代汉诗的发生:晚清至“五四” / 荣光启著 ; 王光明指导. -- 首都师范大学, 2005. -- 220 页

在晚清至“五四”这一中国现代知识分子追求现代性的语境下,本文试图通过对知识分子对新的汉语言说方式的追求和具体诗歌创作情况来考察“现代汉诗”的“发生”的语言脉络和形式依据。作者认为“五四”以来的“新诗”并不能反映 20 世纪中国诗歌的特质,而“现代汉诗”的概念是在强调现代诗歌与古典诗歌的连续性、“汉语”的特性及“诗”的本体特征,以其包含的“现代经验”、“现代汉语”和“诗的形式追求”等必要因素与晚清至“五四”一些诗歌现象和理论问题的“对话”,所以作者用“现代汉语诗歌”概念来代替传统的“新诗”。本文分为上下两篇。上篇中,作者把“现代汉诗”视为一种新的汉语言说方式。作者指出现代汉诗的发生首先源自于现代性历史境遇与汉语言说方式之间的冲突。这一冲突使得晚清至“五四”的知识分子一直在追求“言文一致”的语言目标,而这种目标最终在具体的文学实践中“生成”了,即“国语”。下篇中,作者把诗歌作为一种特殊的言说,作者认为辨析从晚清至“五四”以来的诗歌文本就会发现古典诗与现代诗在经验、语言和形式之间冲突与互动的丰富形态,从而发现“现代汉诗”的“发生”的内在机制和隐藏的问题。

关键词:诗歌　新诗　文学研究　现代汉语

3009

文艺“民族形式”论争研究 / 石凤珍著 ; 陶东风指导. -- 首都师范大学, 2005. -- 201 页

本文分为四章。第一章介绍了文艺“民族形式”的产生。中国共产党在抗日战争时期,由过去的国际主义向民族主义作策略上的调整与转变。这一转变要求文化上也有一个相应的民族主义转向,“民族形式”就是作为文化“民族化”、“中国化”的中心诉求应运而生的。第二章中,作者分析了文艺“民族形式”论争的第一个主要焦点:对“五四”新文学的评价问题。作者指出当时的中国在西方他者的冲击之下,濒临现代化滞后与民族性丧失的双重危机与双重困境,而“五四”新文化的欧化和外来身份使它难以达到宣传效果,难以激发民族的情感认同,却可能引发民族身份的认同危机,所以自然产生了对“五四”新文学的非难和质疑。第三章中,作者分析了文艺“民族形式”论争的第二个主要焦点:关于“民族形式”创造的“中心源泉”问题。以向林冰为代表的论证一方认为“民族形式”创造的中心源泉是民间形式,而以胡风为代表的一方则认为是现实主义,即“五四”新文艺。作者认为“民间形式中间源泉论”更接近“民族形式”运动发起者的意图,但它的狭隘性在于从僵化的民族主义立场出发来标举民间形式。最后一章讨论了民族“民族形式”运动的意义。作者认为该运动是中国文学现代化道路的转折点,是中国新文学由个人文学向集体文学转折的真正开端。

关键词:文艺理论　民族化　现代化

3010

价值学视域中的当代中国大众文本 / 宋革新著 ; 陆贵山指导. -- 中国人民大学, 2005. -- 121 页

本文从价值、评价、价值观这三种视域探讨了当代中国大众文本的概貌和商业杂志的详态,并从宏观和微观两个层面对当代中国大众文本进行了一次价值学考量。本文分为五章。第一章,作者阐明了选题因由,综述了相关论题的研究现状,并说明了本文的研究方法。第二章,作者综合了马克思的劳动价值论和费斯克的两种经济学理论,在大众文本价值研究领域提出大众文本价值的流通物是意义、快感和社会身份,大众文本价值的内涵是被施与的自由劳动,而它的尺度则是人类心理空间。第三章中,作者探讨了担待中国大众文本的评价问题,指出大众文本在当代中国实为“小众”文本,其运作在典型的“消费”之外,而广大“仰视”大众文本的人群则处在自我“失语”的局面,用“消灭剥削,消除两极分化,最终达到共同富裕”的社会主义理想型价值观来衡量,是不合理且应改变的。第四章中,作者深入到大众媒体的具体运作情境之中,从跨媒体和分媒体两个角度考察了当代中国大众文本的价值观分布规律。第五章中,作者研究了当代中国商业杂志的盈利模式和评价方法,指出为了把握 20 世纪 90 年代中期以来中国都市“白领/中产”和“小资”在实践上和观念上进入消费时代的机遇来发展自己,中国当代商业杂志在传播着消费社会享乐本位价值观的声音。

关键词:大众文化　价值　文本　商业杂志

3011

先秦两汉怪诞艺术的审美观照 / 宋雄华著 ; 邱紫华指导. -- 南京大学, 2005. -- 111 页

本文以中国先秦两汉的怪诞审美观念和怪诞艺

术作为主要研究对象，在借鉴西方怪诞理论的基础上，考察了中国古代怪诞一词的涵义和中国古代的怪诞观念，结合对先秦两汉文学艺术中的怪诞现象的具体解析，揭示了中国先秦两汉文学艺术中的怪诞现象的多重文化成因和多元结构之谜，论证了先秦两汉的怪诞美学思想和艺术表现手法对后世美学思想和艺术表现产生了持续而深刻的影响。本文分为五章。第一章为绪论。第二章中，作者考察了中国古代怪诞的词义，并以孔子时代的怪诞观念为例透视了先秦怪诞观念的普遍性。第三章，作者探讨了先秦两汉怪诞艺术的多重文化成因。作者认为原始思维的万物有灵观和互渗律是催生原始怪诞艺术的根本原因。第四章中，作者解释了先秦两汉怪诞艺术的多元结构之谜。第五章中作者论述了先秦两汉怪诞艺术的深远影响及其现代意义，指出怪诞是中国美学思想的艺术表现的重要特征之一。

关键词：怪诞　艺术美学　审美　先秦时代　汉代

3012

审美无利害说与审美关系问题：人类学视野下的元批评 / 苏东晓著；郑元者指导. -- 复旦大学，2005. -- 129 页

本文从本土的问题情境出发，从审美关系问题与审美无利害说之间的纠缠关系切入，试图在人类学的视野下突破功利—审美二元对立话语中对审美关系研究的限定，来具体勾勒一种在开放的、创造的、宽容博大的人生论美学中的审美关系。文章中提出了对审美关系的核心理解：审美关系是一种人与现实相互建构中的谐和关系。并提出了审美关系的层次论，既试图在起源论的逻辑构架中阐明人与现实相互建构中的审美关系是如何形成的，又试图以此理论构架形成一种体系建构的开放性来包容以往理论的合理性和本文所提倡的宽容性。作者用文化的全景式眼光、主客位转换、跨文化的比较等人类学研究的理念，以及个案和事实性材料来重新阐释、表述审美关系的基源性（普遍性）和特殊性问题，将审美主体的主观性消融为一种特定情境中的交流和超越。同时，文章对审美关系问题的探讨是从发生学和起源学的角度进行的，通过“审美关系的起源环”来阐明人与现实的审美关系是人与生俱来的本性，并且试图勾勒出审美关系发生的基本机制的大体构架——通过“隐喻”构成对象化，通过“仪式”实现当下的审美关系。

关键词：审美　美学　人类学

3013

陈三立诗学研究 / 孙老虎著；胡晓明指导. -- 华东师范大学，2005. -- 301 页

本文研究了陈三立文学世界及其思想世界，力求还原历史，并对“同光体”诗学一般特征进行了考察，发掘了其中被遗忘的诗学精神。首先，文章介绍了陈三立生平经历、学术思想与学术特点、政治思想，总结其学术特点是：突出其作为政治家的渐进变法思想、人才风俗为治国之本思想和以人性论为基础的民主思想，并深入考察其政治思想背后的文化关怀。其次，对陈三立诗歌进行了分类研究，考察了陈三立诗歌中体现的“内圣外王”思想、民本思想与隐逸思想，揭示了其政治的诗史品格、闵灾诗“以文为诗”的艺术特点与峭庐诗以“真性情为诗”的审美艺术特色，分析了贯穿其全部诗作的悲情体验。再次，文章由五个议题展开，论述了陈三立的诗学，其诗学的渊源是家学、宋诗学，以曾国藩、范肯堂为中心的桐城派诗学；他的“写忧言志”说旨在揭示诗道关系，透着政治与审美的张力，要求诗歌挺立主体精神；他的“养气诗学”论可落实为人格与诗格的一致，是为一种人格诗学论；他“骨重神寒”说的典型特征是融道德意识、历史经验、诗书教养与情意美感于一炉；他的“格韵说”强调人文精神是诗歌的根本，将诗歌美学传统上溯到魏晋时期的陶渊明，确立了陶渊明诗学的典范意义。最后，论述了陈三立诗学的新旧观以及陈三立诗学对新体诗诗体的建设意义，并论证了陈三立诗学的现代意义。

关键词：陈三立（1852～1937）　诗歌　诗学　同光体　文学思想

3014

政治与美学的变奏：西方马克思主义文艺思想的逻辑演进 / 孙盛涛著；夏之放指导. -- 山东师范大学，2005. -- 160 页

政治与美学关联性指社会生活与艺术领域政治与美学两种因素相互关联所形成的总体特征，本文主要探讨西方马克思主义文艺理论对于政治与美学关联性的研究成果。全文分为五章。第一章追溯问题的理论史背景，解析西方马克思主义理论体系中由政治通达美学的逻辑理路。作者认为在新的资本主义社会形势下，西方马克思主义理论呈现出学院派的乌托邦主义色彩：以“解释世界”的方式“改造世界”。第二章以现实主义向现代主义的美学转换为背景，探讨了 20 世纪 30—60 年代以法兰克福学派为代表的第二代西方马克思主义理论家有关政治与美学关联

的总体立场。作者指出此期美学的内涵被大幅度扩张,与传统学科意义的美学内涵截然不同。第三、四章分别探讨了70年代之后的西方马克思主义理论代表者詹姆逊和伊格尔顿有关政治与美学问题的深化研究成果。作者认为政治与美学关联性表现为:在两者范畴内涵重构基础上,直接、外显的政治倾向表达,文学理论与美学思想中的政治性不是隐蔽或者不存在的,而恰是处于所言说的思想或理论的共生状态。第五章作者总结了美学与政治关联性问题在西方马克思主义理论中的总体发展和中西方马克思主义者在当代的对话交往和相互影响。

关键词:西方马克思主义　文艺思想　美学　现实主义　现代主义　后现代主义

3015

中国当代现实主义文学的理想精神 / 孙喜睦著 ; 陆贵山指导 . -- 中国人民大学, 2005 . -- 160 页

本文研究了中国当代现实主义文学的理想精神,展现了本文中国当代文学的变化和发展的来龙去脉。首先,探讨了"审美理想的作用"、"审美理想和社会理想的关系"、"审美理想的社会属性和阶级属性"等有关审美理想的问题,并通过"洋溢理想精神的新中国社会"、"对旧苏联'社会主义现实主义'的引进"、"毛泽东文艺思想对文学理想精神的弘扬和倡导"等内容的分析与综合,阐明了中国当代现实主义文学理想精神产生的历史必然性。其次,对20世纪50、60年代产生的革命英雄主义小说创作和"典型论"、"英雄人物论"等有关理论主张进行分析和梳理,论述了20世纪"十七年"时期现实主义文学理想精神产生和发展的来龙去脉;梳理和综合新时期初对"典型论"、"两结合创作方法"、"写真实与写本质"、"社会主义新人形象"等关于现实主义理想精神的论争;分析了自20世纪70年代末至80年代中期产生的"伤痕、反思文学"、"改革文学"、"军事文学"、"知青文学"等的作品所呈现出来的多样化的现实主义文学理想精神,并对"人文精神讨论"的缘起、论争的过程、理论价值和实践意义,进行了综合和梳理。再次,针对20世纪80年代后期以后出现的一些爱情小说、王朔的小说、"新写实小说"等作品对现实主义文学理想精神的消解和否定,进行了批判。最后得出两点结论:中国当代现实主义文学的理想精神经历了高扬时期、多样化时期和被消解的三个阶段;中国当代现实主义文学理想精神失落的原因大体上可归纳为对社会主义理想的怀疑、市场经济的冲击和西方哲学文艺思潮的负面影响等等。

关键词:当代文学　现实主义　文学研究

3016

意境的现代阐释 / 王海铝著 ; 徐岱指导. -- 浙江大学, 2005. -- 141 页

本文以介绍"意境"概念的发生、发展、演变脉络为起点,通过比较、对照"意境"的各种阐释之间的联系与区别,展开论述"意境"研究的现代发展与"意境"阐释的现代深化,探索"意境"的多元内涵与审美特征。首先,从史学的角度,对"意境"概念的发生、演变、深化等进行纵向梳理,指出"意境"理论在儒家、老庄、魏晋、禅宗等时期和领域各有不同,认为真正的"意境"理论的形成受到了老庄思想与佛学禅宗的合力影响。同时,"兴"、"味"、"游"、"空"等古典概念、范畴,凭借其特点,也为"意境"理论的生成、发展提供了一定的元素。但真正让"意境"概念得到广泛应用并形成一定气候的,是在现代。因为直到从王国维开始,"意境"才获得了中国现代美学的基本概念。其次,从文艺发展的角度,考察传统"意境"理论所具有的局限性,及现代阐释对于传统的拓展与超越。从传播学、文艺学、心理学、符号学的角度,对"意境"范畴的现代发展进行具体研究;分析比较了古代"意境"史料与近现代"意境"研究在传播学意义上的不同效果;论述了王国维、李泽厚、宗白华等"意见领袖"在意境传播链上的重要作用。再次,通过中西比较、古今对照,突破传统"意境"理论的古典、艺术、作者角度,从生命哲学、接受美学、现象学、文化学的角度展开对"意境"的现代阐释的透视。采用多维度、立体化的比较方法,展现出现代语境下的"意境"的多重内涵;阐述与分析"意境"产生的不同背景,探讨现代"意境"理论。最后,辨析"意境"被视为古典理想与现代追求、佛学境界与诗学概念、民族话语与世界范畴的立场争论的各自理论依据和利弊得失。

关键词:文艺理论　意境　美学　审美

3017

沈潜德诗歌选本研究 / 王宏林著 ; 张少康,张健指导. -- 北京大学, 2005. -- 155 页

本文主要考察沈德潜诗选的版本源流,通过和前代选本的比较研究,来揭示沈潜德诗学理论的具体内容及清代中期诗学思潮的流变。全文由绪论和五章组成。绪论主要叙述沈德潜诗学研究现状,简介研究思路。第一章《唐诗别裁集》研究,认为沈德潜唐诗选

本有两个系统，一是由《唐诗宗》不分卷本到《唐诗宗》十七卷本，二是由《唐诗宗》不分卷本到《唐诗别裁集》十卷本，再到《唐诗别裁集》二十卷本。《唐诗别裁集》的主要特色是推崇盛唐诗作，兼及中、晚唐诗人。本章还考察了《杜诗偶评》和《唐诗别裁集》的关系，认为两选对杜甫的评价深受《钱注杜诗》的影响。第二章《古诗源》研究，认为《古诗源》对古诗真伪的考辨主要依靠诗歌的审美风格。选诗时侧重有充实的社会内容，评点时侧重分析古诗和唐诗的渊源关系。此选本特意突出了陶渊明和谢朓的诗学地位。第三章为《明诗别裁集》和《宋金三家诗选》研究。认为《明诗别裁集》改变了《列朝诗集》和《明诗综》的选诗倾向，重新树立明七子在明代诗坛的权威地位，回到了《皇明诗选》的立场。但和明七子不同，《明诗别裁集》又重视对诗歌神韵和风雅精神的考察。晚年所选《宋金三家诗选》没有改变早期"尊唐黜宋"的诗学观念。第四章为《清诗别裁集》研究。认为沈德潜以儒家诗论为基本标准，结合格调和神韵对清诗加以评价，对清人诗论多有借鉴，评点时往往结合亲身经历，因此也具有很高的史学价值。第五章为总论，认为沈德潜诗学思想以儒家诗学理论为基础，吸收了明七子和王士禛的诗学主张，他通过各部诗选所建立的诗歌格局至今仍有很大影响。本章还讨论了沈德潜诗歌选本对原作的删改情况。

关键词：沈德潜(1673～1769)　诗歌　诗学　审美

3018

荒诞的人：加缪文学思想研究 / 王洪琛著；徐岱指导. -- 浙江大学, 2005. -- 109 页

本文研究了加缪的文学思想。首先，分析了加缪的思想渊源，指出其从存在主义哲学与希腊悲剧精神中汲取营养，接续法国哲人作家传统，由现代人的生存困境出发，倾全部心力于"个体生存的边界性"这一20世纪的严峻问题，显示了一个异端思想者的姿态；同时，他对悲剧情有独钟，除了《卡利古拉》、《误会》等带有哲理阐释味道的作品外，他更以一个现代悲剧的倡导者与实践者的身份著称于世，其散文随笔《西西弗神话》、《反抗者》等是他荒诞哲理的浓缩体现。其次，分析了加缪的思想处境，指出荒诞之思是加缪所有作品的出发点与最终归宿。再次，探讨了加缪的精神抉择，指出加缪探讨了"荒诞的人"的灵魂挣扎与精神出路，在他看来"荒诞的人"就是不为永恒做任何事情，又不否定永恒的人，对他们来说，现实就是在场中的认同性，不现实就是缺席中的认同性，在场与缺席之间的张力构成了行动的姿态。再次，探讨了"荒诞剧"的产生，指出加缪继承康德的启蒙思想，不愿意任何人为了明天牺牲现在，他鲜明地主张，"人是他自身的目的，而且是唯一的目的。假如他想成为什么，也是在人生中进行。"他对"荒诞"展开的殊死搏斗，是要在一个荒诞的世界里实现意义，他对"荒诞的人"的刻画，是要通过"审美"完成对可能世界的探究。最后，阐述了加缪的美学追求，指出加缪通过聚焦于"荒诞的人"的写作，思考了荒诞与反抗之间的辩证关系，探讨了现代悲剧诞生的可能性，在故事的维度中尝试诗与思的统一，他主张用希腊艺术精神照亮现代人的虚无之旅，从而拓展了生命的可能性，提示了由"荒诞的人"走向"审美的人"的精神路径。

关键词：加缪(Camus, Albert 1913～1960)　文学思想　荒诞文学　审美

3019

沈从文文艺美学思想研究 / 王济远著；陈伟指导. -- 上海师范大学, 2005. -- 144 页

本文从沈从文关于艺术观念、艺术与人生等一些最基本问题的看法入手，研究了沈从文文艺美学思想。首先，论述了沈从文文艺美学思想生成的社会历史文化背景。接着，分别从沈从文个人独特的自由主义艺术观念、沈从文对于"人性"的美学思索和艺术表现、沈从文对于悲剧审美意识的理解以及沈从文文艺美学思想的实践等几个主要方面论述了沈从文文艺美学思想，指出探索、表现和抒写人性，是沈从文关于文学艺术与社会人生关系的最基本看法，他更钟情于理想的"人生的形式"的表现，而其中"性"、"性爱"在沈从文的"人性"领域占有重要位置。然后，通过与"同时代人"的比较，论述了沈从文文艺美学思想的现实性与本土性特征，指出沈从文并没有脱离时代，相反，他与时代保持着一种紧张的关系，并企图借助艺术的思索找寻到个人和民族生存所依赖的"抽象"。再次，通过对沈从文文艺美学思想的溯源论述沈从文文艺美学思想对中国传统文化和西方文化的借鉴和吸收，也就是作为艺术家的沈从文如何使传统文化现代化和西方文化本土化的转化，指出沈从文的文艺美学思考，一方面表现出对五四的继承，另一方面，也表现出他对五四以来"科学主义"、"历史进步"的某种反拨。最后，通过半个世纪以来中国美学形态的变化来考察了沈从文文艺美学思想的浮沉，指出沈从文文艺美学思想作为中国民族文化现代化过程中的重要

组成部分，其浮沉的历史，显示出中国社会现代化进程的曲折，显示出民族文化现代化建设的曲折，同时也显示出民族文化现代化建设的持续努力。

关键词：沈从文（1902～1988） 文艺美学 美学思想

3020

互文性：理论与批评 / 王瑾著；陶东风指导. -- 首都师范大学，2005. -- 165页

本文以互文性为研究对象，将宏观把握与微观分析相结合，对互文性在原初语境中的发生及后来的理论流变过程进行了介绍，同时阐发了在互文性理论辐射下西方文论中的一些重大问题。首先，分析了巴赫金的互文性思想，指出巴赫金虽然没有直接提出互文性术语，但是作为互文性理论的精神教父，他的"对话主义"思想对这一理论的确立产生了重大影响。其次，分析了克里斯蒂娃的互文性理论，指出克里斯蒂娃为西方文论"发现"了巴赫金，首创了"互文性"一词，她试图综合索绪尔和巴赫金的语言观念，并用"文本性"置换了巴赫金的人文主体，她的"互文性"发展了巴赫金的对话主义，而且，她的互文性理论的提出有其特定的理论语境。再次，分析了罗兰·巴特的互文性理论，指出他的"作者之死"挑战了传统意义上的主体性问题、文学独创性等问题，他又将研究重心偏向到了读者一边，并在其中融入了独特的文本享乐成分。接着，分析了布鲁姆的互文性理论，指出他以互文性确立了自己的文本观，并切入了对文学史的思考。然后，分析了以德里达为代表的互文性理论发展的解构方向，指出这一方向趋向于对互文性概念做宽泛而模糊的解释，把它变为一个批判武器，揭示众多文本中能指的自由嬉戏现象，进而突出了意义的不确定性。最后，分析了以热奈特为代表的互文性理论发展的诗学与修辞学方向，指出这一方向明显脱离了克里斯蒂娃最初的意识形态批判意图，而趋向于对互文性概念做精确的界定，使它成为一个可操作的描述工具。

关键词：文学理论 文本 互文性 结构主义

3021

宗白华美学思想述评 / 王进进著；王元骧指导. -- 浙江大学，2005. -- 107页

宗白华是20世纪中国美学史上的杰出美学家，他以艺术体验为美学研究的切入点，构筑了以艺术境界为核心的美学思想体系，为美的基本性质探讨与中国传统的艺术所具有的美学思想内蕴的双向契合做出了示范。本文主要从三方面探讨了宗白华美学思想的基本内容。作者在第一方面分析了宗白华对美的本质性认识，他指出宗白华对美的基本性质的分析是结合艺术体验来进行的，这样的分析方法表现出了中国生命美学的价值意蕴。第二方面，作者从意境的创构方面入手，指出宗白华将意境的玄邈落实到了时间和空间上，拓宽了意境的言说学理空间，克服了意境只可意会，不可言传的局限，归纳出了中国艺术空间节奏化的特征——乃至中国艺术空间的时—空统一体的总特征。第三方面，作者指出了宗白华生命美学的原生点：宇宙生命在传统哲学看来是气的大化流行，而艺术是介于反映和表现之间的体悟气的大化流行，美就蕴含在这种生的态势当中。本文的最后，作者评述了宗白华美学的思想局限，认为宗白华对辩证精神的创发性吸收为其学问人生之美的旅途的内在的涵容性提供了有利的精神和方法的支持，最终达成了以美为中轴线的学问和人生的内在结合。

关键词：宗白华（1897～1986） 美学思想 意境 生命哲学

3022

生态文化的审美之维 / 王茜著；王岳川指导. -- 北京大学，2005. -- 203页

本文基于对当今世界日益严重的自然生态危机和通过现代审美文化领域中的颓废迹象透射出的人的精神生态危机这两个现实问题的思考，试图寻找一条通向这种包含着多重和谐关系的生态文明理想的可能途径。文章分六个部分。绪论部分概述了本论文的写作背景、国内外生态审美研究的主要状况以及本论文的方法论和基本构架。第一章主要通过现代审美文化状况的现象描述揭示现代人的精神危机并指出了其具体表现。第二章分别从哲学美学和艺术层面对中国传统文化中的生态审美精神进行发掘，主要包括对《周易》、以孔子为代表的先秦儒家和以老庄为代表的先秦道家文化中生态美学思想的反思等。第三章主要从哲学美学和艺术层面对西方现代文化中的生态审美精神进行发掘。第四章对生态审美精神进行尝试性理论建构，提出了以"有机整体性"、"信仰精神"、"自然生成性"为特点的生态思维方式。结语部分，作者提出了天、地、人、神共在的价值和谐论，认为四者的统一构成了包括东西方在内的人类诗意栖居的生态文明家园。

关键词：生态环境 生态文明 文艺美学 审美

3023

丑的历程:理性视阈中的非理性变奏 : 丑的历史演变与现代阐释 / 王庆卫著 ; 张玉能指导. -- 南京大学, 2005. -- 152 页

本文试图从实践美学的基本观点出发,在考察丑范畴内涵的演变基础上,就实践美学的某种可能的发展趋向进行探讨。丑是一个具有独特的重要性的美学范畴。西方在理性文明的指导下把人原本浑然一体的精神存在划分为理性与非理性精神的对立,然而作为人的自然生命冲动和欲求的非理性精神无时不在冲突和涌动,渴望恢复人的精神本性。作者认为,丑是非理性的形象,显现着人在实践中不自由的状态,从人类审美意识的发展历程上看,审美意识的每一次进步都体现为美的观念中不和谐的(丑的)因素的增殖。作者指出现代的丑是与压迫人和异化人的技术理性、工具理性相对立的,它鄙弃理性规范下的秩序和幸福承诺,张扬人内在的真实,揭示理性遮蔽下世界的真相。作者认为当后现代"荒诞"范畴登场,审美价值的确定性和美的普遍性被完全消解,此时丑的因素弥散到一切领域,而失去了参照系和相对性。在本文的最后,作者提出了审美理想的重建思路:以诗性和理性的结合来克服单纯依赖理性给人类发展带来的种种弊端,恢复人与世界全面的丰富的生命联系,使人的在世由"畏"和"烦"的功利人生状态向诗意的生存状态提升。

关键词:美学　审美　丑

3024

接受美学视野中的都市报新闻传播策略 : 兼论城市化与都市报四个市场形成 / 吴定勇著 ; 邱沛篁指导. -- 四川大学, 2005. -- 239 页

本文探讨 20 世纪 90 年代中期以来都市报在中国报坛得以迅速崛起的内外部原因,主要采取文本研究和实证研究方法,借鉴汉斯·罗伯特·尧斯和沃尔夫冈·伊泽尔等人的接受美学理论和于根·哈贝马斯的公共领域理论。分成上下两篇,上篇将都市报的新闻传播策略纳入接受美学理论视野中考察,认为都市报茁壮成长的内在原因是其新闻传播策略合乎接受美学原理。上篇共三章。第一章指出接受美学的原理可以用于解释和指导报纸的新闻传播实践;归纳出报人应从接受美学那里获得的五条重要启示。第二章对都市报一系列重要的新闻传播策略进行学理性观照和解读,认为都市报的新闻传播理念合乎接受美学原理,是都市报走俏最重要的内因之一。第三章承接上一章,继续阐述都市报合乎接受美学原理的新闻传播策略的又一个方面——与时俱进、锐意创新,不断超越读者的期待视野;又从中展示出都市报若干重要发展趋势。下篇在城市化以及与之相伴随的市场化进程中阐述都市报产生、发展所必需的四个市场,即读者市场、广告市场、新闻来源市场、投资市场的孕育和形成,剖析都市报得以生存立足的外部原因。下篇共两章,第四章重点谈中国近百年来的城市化进程以及城市化同市场化、现代化之间的关系。第五章在城市化、市场化的宏阔背景中论述都市报四个市场的培育与形成。

关键词:报纸　传播学　接受美学　都市报

3025

从历史传统的现代转型看当代美育的使命 / 吴东胜著 ; 蒋述卓指导. -- 暨南大学, 2005. -- 76 页

本文试图从中国美育的现代转型与当代形态的历史变迁中寻找中华民族现代精神的内在张力和缺陷,在古今转换与中西融合中造就中国当代美育崛起和伟大民族复兴的时代精神。全文分为四章。第一章介绍中国传统美育的历史状况。作者认为在论述中国传统美育具有悠久历史的背景下,突出其长于思想的内在品质、重在私人教育的存在方式和综合交叉的表现形式的历史状况。第二章介绍中国美育的现代转型与基本特征。作者通过历史传承、理论分析和个案研究来展示中国美育现代转型的时代风貌和基本特征,突出西方美育东渐对现代中国的影响。第三章介绍中国美育的当代形态和历史代价。作者认为美育代宗教是在中国现代文化科学跨时代潮流中出现的历史现象,但是必须认清美育与宗教悖立、互补的基本品质。作者也指出改革开放后西方学术和社会思潮的涌入推动了民族经济的发展和人民思想的解放,但也必须清洗张扬的经济欲望和拯救衰落的社会信仰。第四章介绍中国当代美育建设的使命。作者认为必须正当理解美育作为一门独立学科的意义,美育不能代宗教,美育不能无视世俗化、技术化、权利化等问题的侵袭,它应当在以信仰为根基的基础上,注重人的心灵的启蒙、注重人的听觉能力的解放,注重美育的真实、纯粹和总体性的意义。

关键词:美育　民族精神　信仰　历史使命

3026

现代汉诗的合法性研究 : 1917—1926 / 伍明春著 ; 王光明指导. -- 首都师范大学, 2005. -- 154 页

"新诗"由于其诞生方式的独特和文类的个性，具有属于其自身的问题。本文从"新诗"合法性问题入手探讨了"新诗"的自身问题。作者认为"新诗"的合法性问题是可以从外部话语空间的合法性和美学合法性两个层面分别进行论述。作者指出所谓外部话语空间合法性的寻求是指"新诗"在"旧诗"的巨大阴影下，必须迅速建立起自己的话语场地，并以此为据点，既有力地回击反对派的进攻，也从自我命名、观念演绎和文本塑造等各个方面建构一个"正统"的位置。媒体对"新诗"的热烈响应和"新诗"在中学的广泛传播也是外部话语空间合法性成果的重要体现。同时，作者又阐释了美学合法性的寻求："新诗"在经过最初的热闹后，被普遍指责为缺乏"诗味"，要改变这种窘迫的局面，就需要回到诗歌艺术的基本问题上来，在新诗坛内部的辩难中修正既有观念的偏颇，重建"新诗"的文类观念，并从创作和翻译两个向度积极回应美学合法性的焦虑。在本文的最后，作者指出"新诗"美学合法性的寻求不是完成时态，是应该被看作是一个流动的探索过程。

关键词：诗歌　新诗　合法性　美学

3027

西方美学情感范畴论 / 谢勇著 ；朱立元指导. -- 复旦大学，2005. -- 117 页

本文运用现代生成论思想，以牟宗三先生"四因说"为切入途径对情感范畴进行了澄明、对"情感"进行了哲学美学意义上的解释，并对整个西方美学史上关于情感范畴的理解进行了梳理。作者主张，具有内省圆融特征的中国智慧可以把对情感范畴的理解上升到本体论、生存论的高度。通过对《中庸》及郭店楚简等元典性文献的解读，作者指出情感恰恰是易于被西方文化忽视的"四因"中的动力和潜能因，是"使性成体"之用，情感范畴则是对人的生命展开进程的描述。本文主体部分共有三章。第一章是对古代西方美学特别是古希腊罗马美学阶段情感范畴的描述；指出这个阶段的美学对情感范畴的思考更愿意强调美本身与情感特别是肉体感觉的区别。第二章中，作者论述了近代美学中对情感范畴的界定，把这一阶段理解为情感范畴发展史中的"美感论"阶段。第三章中，作者主要分析了西方美学进入现代阶段后的情感范畴，并将这一阶段称为"先验情感"。

关键词：美学史　审美　情感　西方美学

3028

现代中国的小城文化与小城文学 / 熊家良著 ；王纪人指导. -- 上海师范大学，2005. -- 170 页

本文试图回答现代文学名家多出自小城，现代文学作品多以小城为描写对象或者背景的原因以及小城文化与小城文学的关系。全文分为七章。第一章绪论是对全文的概说。第二章对"小城"概念作出了辨析，对中国小城的历史演变作出了勾勒，从题材、意识和风情三方面对小城文学和小城文学家做出了分类。第三章作者以描述的方式对小城的自然情趣、物化形态、家的感觉、熟人社会、赶集庙会等群体活动、"守夜"与"新变"等小城的一些主要文化特征在经验概括的基础上作了理论表述。第四章作者从地域空间和童年记忆的双重角度，考察了小城独特的地理环境所形成的特殊文化意蕴对现代作家的玉成之功。第五、六章是对小城文学文本的研究。作者在第五章中提出小城文学研究是一种地域研究，并把 20 世纪中国文学的整体叙事空间分为小城文学、农村文学和都市文学三大板块。作者还指出重视审美现代性是小城文学取得成功的重要原因。第六章中，作者用文化阐释的方法进行分析论说，认为开启"小城文学研究"，提出小城文学这一地域文学研究模式，可以弥补和矫正被二元对立的线性思维逻辑、非此即彼的价值选择、意识形态主流话语所遮蔽了的现代文学的本来面目和丰富内涵。在第七章的余论部分，作者再次强调了本文选题的价值、意义和方法论策略。

关键词：城市文化　小城市　文学研究　现代文学

3029

中国悲剧引论 / 熊元义著 ；郑欣淼，张玉能指导. 华中师范大学，2005. -- 184 页

作者认为，中国悲剧精神就是中国悲剧的抗争精神，而提倡和弘扬中国悲剧精神实际上就是提倡和弘扬中国悲剧的抗争精神。作者分析了中国悲剧的状况和特点，指出中国悲剧既有正义力量和邪恶势力的先后毁灭，即悲剧冲突的双方的先后毁灭，也有正义即道不但得到延续，而且是克服重重困难和阻遏后取得胜利，这些方面和西方的悲剧没有根本上的区别。同时，作者也指出中国悲剧是悲剧人物肉体的毁灭，而精神是不朽的。正义力量是没有罪过和不义的，正义力量的毁灭也不是因为自身的局限而是因为邪恶势力的野蛮摧残和毁灭。作者指出这种文艺的命定神话是中国悲剧与西方悲剧在根本上的不同，也是真

正地消解了中国悲剧精神的力量。这种文艺的命定神话要求人们认命,不挑战不合理的命运,不反抗不合理的秩序,放弃了积极的追求,其实这种命定的神话就是现实生活中的虚假意识形态的一个有机组成部分。作者认为文艺的命定神话在中国悲剧中有两种作用:一是掩盖作用,杀人者不足责;二是消解作用,即被杀者也不足悲。

关键词:悲剧　大团圆　美学　文学研究

3030

蒋士铨研究 / 徐国华著 ; 齐森华指导 . -- 华东师范大学, 2005 . -- 222 页

本文梳理与探究了蒋士铨的文学创作,挖掘了其作品的精神内涵和艺术底蕴。首先,作者通过翻检、稽核各种地方志、清人著述以及蒋氏诗文集内的记载资料,对蒋士铨的家世与生平作了考述。其次,考察了蒋士铨的戏曲创作,从区域文化的角度论评蒋士铨戏曲与江右文化的渊源关系,尤其对蒋士铨、汤显祖二人作了比较分析,指出蒋氏在戏曲创作中敢于摒弃陋规与改革创新,突出表现在戏中串戏与戏中融戏、插科打诨与亦庄亦谐、史笔填词与入文为词三个方面,案头场上两可观,所谓"乾隆曲家第一"当之无愧。再次,对蒋士铨的诗歌创作进行了分析,指出其别开生面的诗风在乾嘉诗坛上与袁枚、赵翼鼎足而立,并对其反对规唐模宋、亦步亦趋与提倡绝去依傍、独抒性情的诗学观进行了分析,又从忠孝意识、循吏情怀和山水性灵三方面对蒋氏诗歌中的主题意向进行了深层次的阐释,并论述了其刚健雄豪的诗风、诗歌的教化价值与历史评价等问题。最后,对蒋氏的词创作、古文创作与骈文评点进行了阐释与探究,分析了蒋词的"风人"之怨与激昂旷放的词风;指出蒋氏古文各体皆备,大都写得质朴无华,清晰流畅,至性真情流溢笔墨之间;蒋氏堪称清代骈文评点大家,其评点主要包括四六作法和源流品评,多注重艺术风格与作家创作个性,推崇文气,充分反映了他的文学批评观。

关键词:蒋士铨(1725~1785)　戏曲创作　诗歌　词　古文　骈文

3031

《乐记》:视域融合中的阐释 / 薛永武著 ; 金元浦指导 . -- 中国人民大学, 2005 . -- 145 页

本文运用阐释学的基本原理和方法,在视域融合中对《乐记》几个重要命题作了初步的思考。第一,阐述了《乐记》礼乐相融的文化图式,指出《乐记》体现了合规律性与合目的性的和谐统一,在较大程度上体现了价值的普适性和永恒性。第二,论述了《乐记》对和合思想的阐释,指出《乐记》以天地为思维的两极,运用整体思维和模糊思维,以意象化的语言,阐释了"大乐与天地同和"、"乐者,天地之和"的和合美学思想,认为它体现了宇宙万物运动的和谐,而它的天人合一注重真善美三个向度及其统一。第三,论述了《乐记》对乐的生命本体论的阐释,指出《乐记》非常重视乐与心、心与物的关系;其论乐有内在、隐蔽的逻辑结构,它把"乐之道"与"人之道"联系起来,使"乐之道"富有了生命美学的内蕴。第四,分析了《乐记》对文艺创作论的阐释,指出它的"唯乐不可以为伪"从不同侧面强调了乐的内在情感的真实性,还强调了创美主体在心理的前结构中应该保持"情深"、"气盛"与"和顺积中"的特点,同时,《乐记》全篇更重视"情"字,倡导"雅颂之声",反对"郑卫之音"。第五,论述了《乐记》对乐的文艺伦理学的阐释,指出其把是否知乐视为判断君子和众庶的重要标准,把"移风易俗"、"天下皆宁"的和谐社会看作是"乐达"的重要标志,以和谐社会为最高的价值标准,追求人类理想的生存方式,它以"道"导"欲",旨在破除"欲"的屏障,促进精神生命和肉体生命的统一;它还以"先王作乐崇德"为先见,把"乐以象德"上升到"人道"的大道德观,创设了一种能够含蕴宏大境界的"真前见",从而使乐更具有对人类生存和生命体验的指向性。第六,论述了《乐记》对创美主体论的阐释,指出其高度重视创美主体的确认,认为创美主体应该以君子特点为视界,要"慎所以感",必须对"人欲"进行自觉节制,大力倡导和谐之情。

关键词:《乐记》　文艺美学　和合　阐释学

3032

新一代西方马克思主义批判理论家与媒介文化研究 : 以道格拉斯·凯尔纳为个案 / 闫玉刚著 ; 金元浦指导 . -- 中国人民大学, 2005 . -- 154 页

本文对凯尔纳的媒介文化研究理论进行了梳理、阐释、剖析、评价,在此基础上,力求管窥新一代西方马克思主义媒介文化研究理论之一斑,并对中国本土化的媒介文化研究理论构建加以反思。首先,在介绍了新一代批判理论家的理论特色、发展方向,并对凯尔纳与其他批判理论家的异同进行大致的梳理后,对凯尔纳和贝斯特的"后现代转向"观进行详细阐述,讨论了凯尔纳的许多观点以及其重新构建批判理论的最终所指。其次,讨论了凯尔纳的媒介文化理论,指

出凯尔纳认为,大众文化、流行文化等概念都带有某种二元对立的精英主义色彩,应该直接谈论文化和传播——即"媒介文化",同时发展一种穿越整个媒介和文化领域的"媒介文化研究";他还从盖伊·德堡那里借用了"奇观"一词来描述当代媒介的重要作用,并对当代美国社会的各种媒介奇观现象进行了剖析和批判。再次,讨论了凯尔纳的多视角文化研究、"诊断式批评"等媒介文化研究理论,指出在凯尔纳看来,任何一种单一的视角都难以把握媒介文化与社会语境之间的复杂关联,他用"多视角文化研究"的理论方法,将政治经济学批判、文本分析、受众分析结合起来阐释媒介文化的内涵以及与社会语境的复杂关联;在对媒介文化的阐释过程中,他将批判的触角延伸至现实的社会语境,采用"诊断式批评"的方法分析当代社会状况,并以此为社会变革提供理论准备。最后,在纵横交错的坐标中评价凯尔纳的媒介文化研究理论,指出凯尔纳对以约翰·菲斯克等人为代表的文化民粹主义进行了激烈的批判,并力图通过自己的努力来纠正这种不良的理论倾向。

关键词:凯尔纳(Kellner, Douglas 1943~)　文化研究　传播媒介　批判理论

3033

明清小说评点中的叙事结构论 / 杨爱君著 ; 李壮鹰指导 . -- 北京师范大学, 2005 . -- 121 页

本文以明清小说评点对小说叙事结构的研究为对象进行个案研究。首先,对中西方对文本整体性的认识的异同进行了考察,探讨了中西方叙事文学及文论形成的文化环境及过程的不同。其次,分析了明清评点对叙事结构整体性的认识。指出评点家们注重讨论的是叙事结构的整体性的形成过程,他们认识了到"闲笔"的运用使小说叙事结构成为有"意味"的结构形式;他们看到了古典长篇小说的叙事结构具有双构性,表层和深层的叙事结构共同缔造了完美的叙事世界;他们认为在小说叙事结构的时空架构上,空间性占主导,结构小说和建筑房屋及设计园林有着相似之处。再次,论述了评点家们对叙事结构的叙事动力问题的探讨。指出他们从结构的动词性入手,论述了在二元思维下小说叙事结构的叙事动力,从阴阳相对和阴阳相蕴两个方面分析了整个小说叙事的进程;他们还注意到了小说的文势,认为叙事结构形成的文势是指作品的内在结构与读者审美心理机制之间的契合,它不仅包括叙事形成的"曲"的结构形式,还包括叙事结构和读者审美活动之间的张力。最后,总结认为,以西方叙事学为参照系进行对比研究,可以看出评点家们对叙事结构的观点和西方当代叙事学的观点形成了互补关系:在叙事时空结构的研究上可以互补,在叙事的动态和静态研究上可以互补,对叙事结构和读者审美活动之间的张力的研究上可以互补。

关键词:小说　文学评论　叙事　明清时代

3034

民间生活的审美言说 : 汪曾祺小说文体论 / 杨红莉著 ; 童庆炳指导 . -- 北京师范大学, 2005. -- 267 页

本文研究了汪曾祺独特的小说文体。首先,从结构层面分析了汪曾祺小说的结构特征,指出他的小说文体是以民间风俗生活模式为原型的"民间生活结构",是对于民间生活中人的生命过程的符号式显现,彻底改写了革命文学切断历史、创造历史、否定民间生活的"参加革命—领导革命"的结构模式。其次,从叙述层面分析了汪曾祺小说的叙述个性,指出他的小说采用了"使日常生活情致化"的叙述策略,一方面是朴实的和民间风俗生活相协调的平铺直叙,另一方面采用多种叙述技巧,使叙述富有情致,呈现着日常生活的审美化特征。再次,分析了汪曾祺小说语言的内涵,指出他的小说提供了一种具有文人和民间双向文化特征的"诗化生活型"语言。最后,对汪曾祺小说文体进行了描绘,指出他的小说是独特的"风俗体"小说,以"民间生活结构"为骨,以"日常生活情致化叙述"为血脉,以"诗化生活型语言"为肌肤,是普泛的民间风俗化生活和汪曾祺生动的自我合而为一的产物,是汪曾祺追求民间生活和人的审美生活的结果,是他寻求"生活中的诗意和美"的文学观的结果,体现了汪曾祺"生活审美主义"的艺术精神。

关键词:汪曾祺(1920~1997)　小说　文体论　文学评论　审美

3035

焦虑的美学话语 : 存在主义视域中的焦虑理论及其当代意义 / 杨钧著 ; 章安祺指导. -- 中国人民大学, 2005. -- 123 页

本文旨在通过对存在主义三位哲学家基尔克果、海德格尔和保罗·蒂里希的焦虑理论的研究,揭示他们焦虑理论的哲学内涵与美学特质,分析他们之间的相互影响的内在关系,并引申出其理论当下的哲学与美学意义。本文共分为四章。第一章中,作者结合基尔克果的人生经历,较为全面地介绍了他的焦虑理论

及其开创意义。作者指出通过对焦虑的体验与分析，尤其是通过将人的焦虑置于上帝面前，基尔克果不仅开创了从生存论角度研究焦虑的先河，而且他对焦虑与恐惧所作的哲学区分也成为海德格尔等人的理论基点。作者认为海德格尔将焦虑视为一种缘发性的情绪机制，它笼罩着此在，同时又解释着此在沉沦的真相，这样存在之真理的既遮蔽又敞开的本性就在焦虑中得到了清晰的展开，这种对于情绪的源初性的解释就是对文艺美学的一大贡献。第三章主要介绍了美国存在主义神学家蒂里希的焦虑理论。作者认为蒂里希的焦虑论提出了焦虑的不可克服和人对焦虑的担当，并用耶稣的"新存在"作为神学对人的启示，重新唤醒人们对于人生意义与价值问题的关注，显示出其理论强大的现实生命力。第四章主要介绍了几种心理学中的焦虑理论以及存在主义焦虑理论的差异。作者通过对这几种心理学理论的概述，与前面的存在主义焦虑理论形成对比，以此来凸显存在主义焦虑理论的哲学和美学特质，并期望以心理学对焦虑的研究成果，来进一步深化人们对于焦虑现象的本质的理解与体认。

关键词：焦虑　存在主义　生存　美学　克尔凯郭尔（Kierkegaard, Sфren 1813 ~ 1855）　海德格尔（Heidegger, Mardin 1889 ~ 1976）　蒂里希（Tillich, Paul 1886 ~ 1965）

3036

宋明理学美学引论 / 杨庆杰著 ；王振复指导. -- 复旦大学, 2005. -- 113 页

本文的论证和研究力图回答宋明理学的道德审美如何可能这个问题，并在此基础上尝试性地探讨关乎宋明理学美学的基本理论内涵及其内在矛盾。本文首先在总体上澄清了宋明理学的基本哲学特质：一种具有中国特色的道德形而上学。因此认为对宋明理学美学的研究、思考和阐释都应该以此道德哲学底蕴为基础。本文对宋明理学美学的内蕴的论述主要从美学本体论、审美范畴、审美境界、美感体验及艺术美学等方面进行阐释。在揭示宋明理学美学的历史意义和影响之后，作者指出了宋明理学美学对于中国当代审美经验的现代性意义。

关键词：理学　美学　道德　审美

3037

诗歌传播研究 / 杨志学著 ；吴思敬指导. -- 首都师范大学, 2005. -- 107 页

诗歌传播是与诗的起源同步的、古已有之的现象，但对它的系统研究却是一个比较新的热门话题，这与传播学在当代的崛起并成为显学是密切相关的。本文共分为四章。第一章介绍诗歌的传播类型和特征。作者认为从传播范围的角度可以把诗歌划分为内向传播、人际传播、群体传播、组织传播和大众传播。而诗歌传播的主要特点在于它难以转述，文本不离；文体难度与智性考验；情感的冲击与交流；易记易诵的传播效果；朗诵优势与视觉吸引。第二章介绍诗歌的传播者和受传者。作者指出诗歌传播者是发出诗歌信息的一方，诗歌受传者是接受诗歌信息的一方，二者共同构成了诗歌传播活动的两极，从而演绎出诗歌传播的完整过程。第三章介绍诗歌传播媒介的演进。作者认为诗歌的传播依赖着媒介来进行，经历了从口语传播、书写媒介传播、印刷媒介传播、广播电视媒介传播和新媒介传播五个阶段；其中，新媒体诗歌主要是网络诗，手机短信只是一种辅助。作者指出新媒体诗歌给诗歌传播造成了巨大冲击，但其优势和弊端共存，需要有足够重视。第四章分析了诗歌传播的效果。作者认为制约诗歌传播效果的因素是多种多样的，但从大的方面可归纳为三类，即外围因素、文本因素和主体因素。

关键词：诗歌　传播学　传播媒介

3038

论"艺术界"与"艺术场"：当代西方美学的"文化社会学"转向 / 殷曼楟著 ；周宪指导. -- 南京大学, 2005. -- 104 页

本文以当代文化社会学转向为背景，结合对社会学视域下艺术场理论的讨论，重新评估了艺术界理论在当代美学转型中所具有的重要意义，并在此基础上探讨了美学当代转型进一步发展的可能性。全文分为三章。第一章主要讨论了后分析美学家丹托和迪基的艺术界理论。作者通过对丹托的语义学艺术界理论和迪基的体制论艺术界理论的分别论述，总结出艺术界理论为分析美学带来的两个转向，即美学焦点从"艺术品"向"艺术品资格"的转向，以及与这一转向相伴而生的美学提问从"艺术品是什么"向"某物为何是艺术品"的转向。第二章主要论及社会学家贝克和布尔迪厄的艺术场理论。作者指出贝克与贝尔迪厄对艺术场的惯例机制以及信仰机制的相关讨论有利于我们进一步探讨"艺术观念是如何生成的"的问题，从而将艺术界理论所开启的当代美学转型继续深入下去。同时，作者认为在贝克和布尔迪厄所提供

合作的艺术场以及冲突的艺术场的分析框架下,美学可以落实到艺术活动的复杂情境中,对艺术与美学问题加以把握,进而实现美学自身的反本质主义反思。第三章是对艺术界、命名、代理人的考察。作者结合美学与社会学视野,探讨了艺术界弱体制性的特点。作者认为对艺术界弱体制性的充分把握可以推进美学当代转型的进程。

关键词:艺术美学　文化社会学　分析美学

3039

媒介性:后现代艺术的存在 / 于林立著 ; 谭好哲指导. -- 山东大学, 2005. -- 146 页

文章认为,媒介并不是后现代社会特有的艺术现象,而是每个不同时代都存在并与艺术发展密切相关的事实,但是后现代艺术的媒介具有其存在的独特性。后现代艺术的媒介不仅仅通过震惊效果的达到,突现出后现代艺术的自反性命名,并且更进一步成为后现代艺术发展的技术建构,通过传媒、消费和网络实现了后现代艺术的媒介性存在。全文共分四章。第一章考察了关于媒介的几个基本概念,主要就"媒介"、"艺术媒介"和"媒介与后现代艺术"三个问题进行了阐释。第二章探讨了媒介与后现代艺术作品体制,认为在后现代艺术作品中,媒介通过与固定意义链条的脱节,使艺术体制表达受到了阻碍、破坏与置疑,从而在对原有艺术体制的否定中,使运用媒介进行否定成为表达的核心,虽然后现代艺术标榜对核心概念的排斥与消解,但结果却指向了否定性与媒介性的概念中心,否定性与媒介性就成为后现代艺术作品的核心概念。第三章讨论了媒介与后现代艺术作者/读者身份。后现代艺术试图通过对身份系统的否定,达到取消作者/读者概念的目的,但这种否定只使原有身份系统得到了瓦解,即取消了作者与读者的主体性认识论特征。作者/读者不再作为一对作品赖以存在的对立逻辑,而是非对立、非互相规定的身份存在;在后现代这两种身份成为平行的、可以互换的、当下多重的划分。第四章指出如果说媒介是后现代艺术世界作为先锋反叛的策略,从而塑造出一大批具有震惊效果的艺术作品的话;那么媒介更是后现代世界的核心概念,以更加广泛的技术形式为后现代艺术作品的产生创造出一个大的社会背景,作为后现代艺术的一种更为广泛的参与建设形式,以大众、消费、传播、商品的方式存在着,通过视觉系统、消费图景和虚拟空间发生作用。

关键词:传播媒介　后现代主义　艺术现象　文艺研究

3040

主体伸张的文论建构问题研究 / 詹艾斌著 ; 杜书瀛指导. -- 中国社会科学院研究生院, 2005. -- 148 页

本文将 20 世纪 80 年代中期刘再复提出的文学主体性理论和近年杨春时提出的主体间性文学理论纳入同一个问题领域进行研究,并对当代文艺学的建设问题及其由此产生的相关文学基础理论问题进行探讨。作者认为,文学主体性理论和主体间性理论的确立遵循着同一条文论建构的理路,这是一条以文学活动中的主体问题为思考原点并力图使主体的自由得以伸张的文论建构理路。坚持现代性价值诉求的发展方向是当下中国文学理论建设的根本选择,基于现代性问题是一种双重现象,建构中的文论应该体现出对健全而又充分的现代性价值观念的诉求。基于主体间性文学理论和文学主体性理论各自存在的主要局限,尤其是在主体性问题上的重大理论欠缺,作者认为当下的着力点并不在于如同杨春时所说的,要以主体间性理论为建构力量完成从主体性文论到主体间性文论的转向,而是应该对于文学活动和文学思想中的主体性问题予以足够的深度关注。因此,论文最后一章回应了后现代主义哲学对于主体性的批判,较为全面地看待了西方后现代主义哲学在主体性问题上的态度和立场,并以马克思主义关于人的主体性思想为理论基础,对文学活动中的主体性问题进行了当下思考。

关键词:文学理论　主体论

3041

我国网络传媒的文化产业经营研究 / 詹恂著 ; 邱沛篁指导. -- 四川大学, 2005. -- 263 页

本文分四个部分论述了网络传媒的发展与经营状况。第一部分综述。第二部分导论,介绍了网络传媒的概念和类型,以及网络传媒经营的意义。第三部分正文,分为五章,第一章论述了数字化时代对网络传媒经营的推动,主要分析了传播格局的数字化倾向、传媒研究理论和方法的新发展和网络传媒经营的规律和内容。第二章是我国网络传媒的现状透析,指出我国网络传媒经营已体现出产业化特点,有三种普遍采用的运营模式和八种最常见的赢利模式。第三章对我国的网络传媒经营进行拓展研究。作者认为,首先要加强对我国传媒政策的研究,包括政策面的传

媒体制改革、传媒业积极应对和经营活动中的规范行为；其次，应从内容入手来增强核心竞争力；再次，应加强与传统传媒的竞争与合作；第四，应加强网络营销的技巧分析和品牌管理。第四章论述了网络传媒经营活动中经济资本的策略和运用，分析了网络传媒的融资与资本往来情况。第五章分析了网络文化资本的经营价值。文章从网络文化的生存态势入手，分析了网络文化的含义、主要特征和四大悖论，并分析了网络文化产业与文化资本的关系，最后指出，要充分挖掘网络文化资本的价值。文章的最后部分是结语，总结全文。

关键词：互联网络　传播媒介　文化产业　经营管理

3042

媒介诗学导论 ：传媒视野下的文学与文学理论 / 张邦卫著 ；徐岱指导. -- 浙江大学, 2005. -- 150 页

作者把传统文学研究向当代形态的文学研究的转型放到媒介社会/媒介文化场的结构逻辑内部，放到媒介社会文学文本形态转折的大背景之下来加以理解，提出"媒介诗学"的概念。以"诗学正义"为逻辑起点，明确了文学的边界推移与诗学的不确定性；分析了诗学的文化论转向与传播学转向；探讨了文化传播与诗学重构的关系，分析了诗学重构的内在张力与可能性、外在推力与必要性。在确定"媒介优先原则"的基础之上，讨论了媒介革命与文学革命的内在关系，并具体分析了大众传播媒介（含机械印刷媒介、电子媒介）、网络媒介、超媒介、手机短信媒介的文学意义。在明确文学泛化、弱化的现实后，指出文学并非文学的专利，而是媒介制品的公器，分析了文学性的外流与他用、深度或意义的丧失，指明拓展文学生存空间的策略。并分析了文学改编、影视文学、电子文学、休闲文学、消费文学对文学转型的推动。剖析了网络文学的兴起与旧文学神话走向破灭的关系。认为文学的异化主要表现为文本的畸变、语言的锐变、作家的蜕变与读者的叛变。关于媒介时代的文学危机问题，重点审视了现代传播媒介对文学的消解、传媒文艺批评的潮涌、语言文化的式微与图像文化的狂欢、文学的产业化与经济化、媒介的商业策划与文学策划，并指出危机的根源在于现代传播媒介与媒介文化的强力渗透与冲洗，"文学救世"为"文学用世"所替代。主张要重组媒介时代的文学场，并具体剖析了文学场新增场素诸如媒介与媒介文化、编辑与编辑权、记者与报道权、出版社（商）与出版权及策划权、书商与销售权、评奖、书评与"象征资本"的颁发权。最后还分析了提出"媒介诗学"的学理基础，界定了"媒介诗学"的内涵与研究视域，以及"走向媒介诗学"的必要性，并对媒介时代的"可能性文学"的文本形态、文学属性、审美价值的转变进行了前瞻性的展望。

关键词：文学理论　文学研究　诗学　传播媒介

3043

当代中国传媒的受众策略研究 ：从社会转型中受众身份衍变的角度 / 张春林著 ；邱沛篁指导. -- 四川大学, 2005. -- 286 页

本文对当代中国传媒的受众策略进行了集中研究。本文从分析影响传媒发展的社会因素入手，主要从"政治层面、经济层面、文化层面"，"主体层面与客体层面"、"群体层面与个体层面"这三个维度对受众身份进行了深入分析。在本文的开始部分，作者对当代中国传媒的受众策略进行了历时性考察，指出受众策略经历了从无视受众存在到服务型、满足型策略再到细分型、精细型的转变。在本文的中间部分，作者对当代中国传媒的受众策略进行共时性考察。作者在分析影响传媒发展的社会因素的变化趋势和受众身份的衍化规律的基础上，对传媒策略要解决的大众化与小众化、细分受众的度与量等问题进行了分析，并探讨了广播、电视、报纸、互联网等四类媒体的受众格局变化与媒介全球化问题。在本文的最后部分，作者对当代中国传媒的受众策略分为报纸、广播、电视和互联网四类进行考察。在报纸方面，作者认为都市类报纸的同质化竞争导致了资源浪费，应该寻找长远发展的受众支持，办出自身的特色和优势，而党报也应该建立一套与市场接轨的运作机制。在广播方面，作者指出"窄波"是广播发展的必然选择。在电视方面，作者认为频道专业化是电视发展的必然趋势。在互联网方面，作者指出互联网多媒体功能的挖掘，既是互联网发展的必然趋势，又是凸现报纸、杂志、广播等传统媒体竞争的新天地。

关键词：传播媒介　受众　社会转型

3044

立体的展开 ：当代诗学观念研究 / 张大为著 ；吴思敬指导. -- 首都师范大学, 2005. -- 114 页

本文重点在于当代诗学观念的关键形态与理论关节点的提取与阐释，以及在此基础上进行的对于当代诗学的真实的话语情境的还原与历史构成的复杂性的展示。作者用"立体的展开"来代表中国当代诗

学的观念空间的不可还原的具体性，体现的是对于线性的历史观念的解构。本文分为上中下三编："历史"与"美学"的纠葛、"现代性"与"后现代性"的错综以及"传统"与"当下"的融合。作者试图通过这三编的论述来凸现对于新诗本身的历史整体性与连续性的坚持，对于当下情境的复杂理解，对于传统的眷顾和接续。作者提出历史观念的残缺与历史事业的匮乏必将造成思想与现实双重的贫瘠，而对线性的历史观念的解构能够将我们从一维时间的单调与紧张中释放出来，还原为多位共存的丰富与舒展。

关键词：诗学　诗歌　新诗　现代性

3045

批判与救赎：从存在论美学到生活诗学 / 张公善著；徐岱指导. -- 浙江大学, 2005. -- 163 页

本文分为三个部分。第一部分中，作者主要从艺术论和诗论两方面探讨了海德格尔的美学：艺术论主要从真理的维度论述真理在艺术中的生成与发生；诗论主要从道说的维度论说诗与艺术、诗与存在、诗与栖息的关系；作者认为海德格尔美学以存在为本体，启示了我们未来的美学必须以人的"生活存在"为本体，而从存在到生活存在的变化预示着美学主题的变更，意味着从"存在诗学"向"生活诗学"的转变。第二部分中，作者提出生活诗学要重建一种更加浑整复杂的生活观念，即"生命—生活—存在"一体观。作者认为立足于西方思想史的生活诗学有着深刻的理论背景：存在的虚妄，生命的无助和生活的实在。第三部分中，作者提出生活诗学的意义在于积极生活，它是以浑整的生活观来审视美、诗以及艺术，得出一些与众不同的结论。作者认为生活诗学强调美是完整的人与完整的生活的共鸣或"异质同构"，它还给诗一个"生命—生活—存在"三位一体的整体生活，并对艺术和生活之间的关系做出了解释：艺术的崇高使命在于呈现和追问生活存在的意义与价值。

关键词：文艺美学　诗学　存在主义

3046

走向生态美学 / 张华著；章安祺指导. -- 中国人民大学, 2005 . -- 181 页

本文大致勾勒出生态美学在整个文艺理论与美学发展历程中的地位、意义和重要作用，并通过分析提出建立生态存在论美学体系的设想。首先，探讨了生态美学思想发生的时代与思想语境，描述了当下在全球范围内伴随文化及精神危机而来的环境危机、生态危机状况，作者认为这是生态美学发生的直接动因，这些现象的出现有着深刻的思想根源，也就是西方现代性危机，并从美学和神学两个重要维度概述了思想界对该危机的种种回应，美学在该危机中的位置以及在现代性进程中神学与美学的关系等等。其次，探讨生态美学思想的发展历程，指出生态意识越来越深入人心，生态思想越来越受到重视，描述和研究生态学与美学、生态美学与其他生态人文社会学科的密切关系，探讨生态美学建立的哲学基础，并对生态美学自身发展的逻辑进行理论研究。最后，对生态美学未来建设提出的构想，作者认为美学研究者不仅不应停留在生态美学与其他学科的影响研究中，也不能停留在生态与文学的关系研究，以及对过去文学作品生态意识的挖掘中，更要深入到文学艺术和其他文化现象的内部，这是美学走向生态美学特别是走向生态存在论美学的重要环节和内容。

关键词：文艺理论　文艺美学　生态学

3047

言意之辨与中国美学 / 张家梅著；胡经之指导. -- 暨南大学, 2005. -- 133 页

中国哲学早已经注意到"言之不足"，并对此进行了积极的探讨，形成了言意之辨。作者认为这种探讨是书哲学范畴内的，它首先要转化为艺术的、审美的美学方法论。在这转变中，通过对圣人有情无情的探究，树立了"诗缘情"的中国艺术本体论；在"立象以尽意"的影响下，中国美学建构了意象，并在其后与佛学的合力下，创构了意境。但作者认为，无论是意象还是意境都是对语言有限性的超越，对含蓄、蕴藉的艺术理想的追求。同时，受王弼"得意忘言"玄学方法的启迪，中国形成了以"会意"为主的中国美学鉴赏论。作者指出言意之辨所促成的中国美学"意内言外"的思维方式对文学之所以为文学进行了终极的追寻，这个追寻从创造主体上树立了言为心声的艺术表现论，从诗性智慧上确立了中国诗学原创范畴——兴，并对其所达到的"言尽而意无穷"的整体审美进行了功能性的概括，孕育了"味""韵""趣"等美学范畴，最后还在清代词论的"尊体""立体"中发挥了重要作用。作者认为言意之辨贯穿了中国美学的创造论、方法论、鉴赏论、作家论，意义极为深远。

关键词：美学理论　艺术美学　审美　意境

3048

小说中的"文革" / 张景兰著；杨文虎指导 . -- 上

海师范大学, 2005. -- 156 页

本文研究了新时期以来小说对“文革”的记忆、想象与阐释。认为“文革”题材小说大体上经历了三个阶段。第一阶段(1977—1984)是拨乱反正话语体系下的灾难与新生、控诉与反省,这一时期小说对“文革”的表达建立在知识分子结束灾难历史的情感体验和“拨乱反正”的国家意识形态一致的基础上,知识分子视角的文革叙事体现出母与子的传统伦理型文化结构,农民视角把政治批判的焦点严格限定在政治投机者及其底层追随者,红卫兵—知青视角则在英雄主义和人道主义两种价值取向上呈现出自辩与反省的不同姿态,共同构成了一个批判“文革”又遮蔽“文革”的叙事景观。第二阶段(1984—1992)是现代化和主体性话语时代的文化反思和人性解剖,这一时期“文革”历史几乎被创作者普遍搁置,小说大都摆脱了历史亲历者的情感局限和把“文革”简单归罪于少数人的道德谴责模式,从政治诉求转向文化诉求,反思“文革”话语中英雄主义的人生观和价值观,揭示“文革”意识形态的乌托邦性质、历史文化基因和人性心理基础等,同时因远离传统阅读心理而减少了社会效应。第三阶段(1922—2002)是世俗化时代和“告别20世纪”历史语境下的崇高解构与心灵忏悔,这一时期小说从权力、性、个人意志等非理性角度来想象和阐释文革,显示了对宏大历史叙事的怀疑与放弃,民间的生存形态和生存意识受到关注,小说以喜剧式归谬和解构,把苦难谑化、游戏化,同时对“文革”中的童年犯罪作心灵的自我解剖,类宗教式的忏悔与救赎模式透露出知识分子在躲避崇高、解构精英的时代寻求精神家园的新动向。

关键词:小说　文学研究　文化大革命　叙事

3049

莫言小说与民间文化中的生命主体精神 / 张灵著 ; 程正民指导 . -- 北京师范大学, 2005 . -- 137 页

本文从“生命主体精神”和“民间文化”的双重视角观照莫言的小说创作,试图阐释莫言小说的意义和特色,并期望给小说诗学的建构寻找有益启示。首先,从作品创造出的艺术世界的“构成物”和话语意义的角度来理解莫言的小说中的生命主体精神,通过莫言早期创作阐发了其作品表现出的肉体与生命存在在主体精神中的合一景象,揭示了其作品的艺术生命之源和所敞亮的人类生命主体精神的存在之源;探讨了其作品中的所谓身体问题,认为它们是出于艺术表达的需要,也是作品中的人物实际生存境况的真实表征;作者着力阐发了莫言作品表现出的生命主体的困境和救赎问题;并用他作品中的一些特别的、触目的事象景观进一步阐发了莫言小说的诗学内涵。其次,对莫言作品的文体进行了分析,认为莫言作品的肌理与结构反映出“旋涡”,“复调”与“对话”两大特征,他在叙述人称的使用上表现出许多特别之处,这些连同他小说独具特色的物象景观与词语创造表征了他的小说创作对于生命主体精神及生命主体间对话的强烈眷顾。再次,分析了莫言小说诗学与民间文化的关系,探讨了莫言文学话语诞生的机缘,指出莫言小说体现出“民间”视域的根本所在:民间生命及民间生命主体精神。最后,从小说诗学的角度总结了莫言文学话语的诗学特征,认为莫言的作品沉默的、表现的方式显示了不同主体的差异处境及其叙述的不同动机与内涵,在叙述的极限处使不同的叙述话语之间形成了解构效应,而在这尽头,不可解构的生命主体精神存在的源泉不断渗涌。

关键词:莫言(1955～)　小说　文学研究　诗学　文体

3050

心史之间 : 黄宗羲的文学理论批评 / 张敏杰著 ; 卢永璘指导. -- 北京大学, 2005. -- 185 页

作者认为,黄宗羲的文学理论批评及其实践活动,是以批判易代之际的学风、士风,整合儒学内部的学术分野,克服内圣心性之学和文学之间的紧张关系为前提;黄宗羲文学理论批评活动的脉络,随其讲学著述活动的进行而得以历史地展开;在清初的甬上讲学过程中,文学问题真正成为黄宗羲学术思想领域的重大问题;以王阳明—刘宗周之学为底蕴的儒家心性论是黄宗羲诗学性情论的根柢;在诗学走向史学的精神、境界的过程中,黄宗羲在不同的社会政治条件下,从不同方向上追求主体精神的“真”,以获得相应的历史价值。黄宗羲的心史之辩,是本文讨论的重点。作者认为,古文理论中的心、史大结构,进一步呈现为经、史两者的辩证关系。“本之太史以求其洁,本之六经以求其精微”的理论主张,主要从经史两面切入古文领域。“荆川底蕴”是黄宗羲对学力学养特别是王阳明心学在文论领域的突出强调;黄宗羲贬斥文章形式、文辞句法上的“有意”,推崇以学力学养为基础,撰述创作中自然而然的“无意”。黄宗羲充分强调研经读史对古文的重要性,希望主体能够“融圣人之意而出之”;在诗文领域的“学”的问题上,黄宗羲主张修、悟同一,突出强调主体的实践工夫。

关键词:黄宗羲(1610~1695) 文学理论 文学评论 心学

3051

先秦儒道身体观及其美学意义 / 张艳艳著 ; 王振复指导. -- 复旦大学, 2005. -- 116 页

本文选取从身体观的角度谈儒道审美文化的独特视角,细致考察先秦儒道身体主义理论、深入领会身体主体的生命意识与存在体验,由此进一步体悟先秦儒道身体理论的美学品质。本文主要分为两部分。上篇集中探讨了两个问题:首先是先秦儒道得以确立的理论依据"道",其次由气论展开对先秦儒道身体观的特质辨析,认为气论是理解先秦儒道身心问题的关键所在。下篇建立在先秦儒道身体理论的基础上,首先探讨先秦儒道身体主体的美学意义。作者将其分为两个层面来讨论:一、身体主体自身的美学意义,二、身体主体开出的独特审美关系诠释向度,认为儒家和道家在不同的层面上实现着不同的境界。其次,作者讨论了先秦儒道身体理论与艺术的密切关系,探讨了"体现"作为中国传统艺术的表达范示,并对儒家和道家在此问题上的不同特质进行了描述。

关键词:儒学 道家 佛经 美学思想 词汇

3052

何其芳精神人格演变解码 / 赵思运著 ; 夏中义指导 . -- 华东师范大学, 2005 . -- 209 页

本文在20世纪中国文论的框架里考察了何其芳的理论贡献及其症结,运用文献—发生学方法,研究了何其芳精神人格的发生、发展及其这种精神人格的演变是如何外化到他的文学研究中的,做到"人"与"文"的统一。首先,文章考察了1912—1938年何其芳的创作,指出何其芳早期的精神人格基因里存在着"人"与"文"的缺失:一是自我建构没有完成,导致个体精神价值根基缺失;二是非自觉性的青春期写作,导致没有建立独立而坚定的文学价值理念。其次,考察了1938—1949年何其芳的创作,指出抗日战争和延安整风运动的时代语境,以及何其芳个人精神世界的微观语境使其发生了由"文人"到"文艺战士"的角色演变,导致其文论话语呈现出"被启蒙"(接受知识分子改造)和"启蒙"(宣传毛泽东文艺思想,去改造别人)的复调性质。再次,考察了1949—1966年何其芳的创作,指出进入共和国17年时期,何其芳一方面呈示出大一统文艺体制下极强的体制性人格,另一方面,其体制性人格又呈现巨大裂隙,不时流溢出被压抑的早期诗性基因,从而在其文学活动和文艺研究中做出一定贡献;文艺界长期的政治斗争造成何其芳精神人格的自我贬抑,导致他最终仍是"人"与"文"的双重失落:"人"的价值立场的缺失与"诗性"的崩散;其人生历程画了一个圆圈,终又回到原点。

关键词:何其芳(1912~1977) 文艺思想 文学理论 人格 知识分子

3053

"西方马克思主义"批评理论"总体性"概念研究 / 赵文著 ; 董学文指导. -- 北京大学, 2005. -- 155 页

本文尝试研究在马克思那里"总体性"概念是以什么样态存在的,在"西方马克思主义批评理论"中又如何存在,其理论功能又是什么,希望通过这一考察来界定"西方马克思主义"批评流派的理论性质及其缺欠。本文分为序言、本论和结论三部分,其中,本论部分又由四章内容构成。序言阐述了概念、界定"西方马克思主义"批评流派的范围,以及"总体性"概念在该批评派中的关键作用。本论部分,第一章主要对马克思主义经典文本进行分析,厘定"总体性"在马克思主义经典文本中的确切意涵,指出"人道主义伦理总体性"、"科学认识总体性"和"世界历史总体性"在马克思文本当中作为一个理论整体而存在。第二章探讨第一代"西方马克思主义"的"人道主义总体性"批评和美学特征。第三章剖析法兰克福学派批判理论的文学批评将"总体性"置入"作品"的内在理论根源。第四章分析最后一个历时形态的"总体性",即"结构主义的马克思主义"批评流派的"总体性"概念。结语部分在全文论述的基础上,阐明"西方马克思主义"批评流派割裂总体性概念的理论效果,指出"西方马克思主义"文学批评在很大程度上只是西方学院知识分子"想象"的革命武器。

关键词:西方马克思主义 文学批评 意识形态

3054

肤觉经验与审美意识 / 赵之昂著 ; 杨守森指导. -- 山东师范大学, 2005. -- 144 页

本文试图从肤觉—躯体经验的角度,在肤觉躯体经验——视觉——意识的关系链中探讨审美意识、特别是当代审美意识的深层内涵。肤觉经验包括了两方面的内涵:直接的皮肤感知和由于肤视先天联系和视觉化而渗透进了视觉和思维中的肤觉—躯体经验。作者探讨了肤觉躯体经验的审美创造性,提出人类根据肤觉躯体经验进行直接的和间接的创造:直接创造

主要是人类双手的创造,间接创造是指非接触的情况下人类对对象的感受、判断和营造。作者将人类肤觉躯体经验的空间分为两类:在自然方面的空间扩展和在人际关系的空间扩展。从肤觉躯体经验看一般的社会关系,这一层次上的空间扩展就被称之为肤觉感受的视觉化。作者指出肤觉感受的视觉化在人类文明史上基本上处于被压制状态,但在现代社会中由隐而显,形成新的道德观念和审美观念。作者认为肤觉感受的视觉化能够消解现代人的孤独和意识的工具化,是人类所能调动的自身维系和交流的本能力量之一,是人类本性的表现之一。人之间的肤觉感受的视觉化作为人类潜在的愉悦感和快感的根源之一,在现实和艺术中起着潜在的沟通和交流的作用,艺术的美感就是基于这样的愉悦感和快感的升华。同时作者也指出由于肤觉感受的视觉化形成以男子为中心的肤视权力,肤视权力在一定程度上是一种人性的、人格的扭曲,从而在一定程度上表现出某种不公正和不公平。

关键词:文艺美学　审美　触觉　身体　意境

3055

历史话语的文学性:论海登·怀特的历史诗学/赵志义著;余虹指导. -- 中国人民大学, 2005. -- 129 页

本文针对学术界对海登·怀特的研究现状,以海登·怀特的"历史诗学"为研究对象,把论题的焦点集中于"历史话语的文学性"问题。本文分为四章。第一章中,作者试图勾勒西方思想史上有关"诗"与"史"的关系的主要看法,进而将怀特的"历史诗学"置入其中来厘定其基本位置。作者指出怀特的这一"历史"观不仅是对古希腊神话中"诗"与"史"不分之信念的当代应和,也是在吸取现代结构主义语言学思想资源的基础上对文学话语与历史话语之关系的全新阐释。第二章和第三章对海登·怀特"历史诗学"的基本内容进行阐释。第二章主要阐述海登·怀特对历史话语的性质的思考。作者认为历史叙述中呈现出来的各种解释无论在类型或者数目上都受语言表述的基本转义形态的制约,因为,诗性结构、叙述形式以及转义之间形成了一种内在的相关性。第三章主要阐述了海登·怀特对有关历史话语的文学性机制的剖析。作者认为情节编排模式、形式论证以及意识形态寓意模式在揭示历史话语的"文学性"时具有一致性。第四章中,作者力图将怀特的历史诗学置入后现代语境中来关照,以便在更广阔的视野中来看它的特点与意义。作者指出怀特的"历史诗学"彻底的拆除了"历史"与"文学"、"历史学"与"诗学"之间的藩篱。

关键词:海登·怀特(White, Hayden 1928 ~)诗学　历史主义

3056

回忆与存在:普鲁斯特小说的审美意义研究/钟丽茜著;徐岱指导. -- 浙江大学, 2005. -- 108 页

在西方文化传统中,回忆与存在有特殊而深刻的关系。本文选取了一位法国现代作家普鲁斯特,以他的小说《追忆似水年华》为例,考察了回忆与存在的关系,揭示了审美回忆对现代人建构存在意义的作用。普鲁斯特将审美回忆中的"心理时间"与通常的"物理时间"区分开:物理时间始终单向、匀速流动,生命在其中必然衰朽、死亡,这造成了人类的生命悲剧感;但在心理世界中,人们可以凭借回忆摆脱单向时间的必然性,将过去与现在融合互渗,达到审美的自由境界,得以体现心灵的主观真实。普鲁斯特又把记忆分成"自主记忆"和"非自主记忆"。自主记忆是受理性支配、为实用所需的记忆,不是审美的记忆;非自主记忆则是关于感性印象、心境氛围的记忆,它是形象性、情感性的因而也就是审美性的记忆。普鲁斯特认为非自主记忆的出现有偶然性,要靠外界情境唤起。普鲁斯特擅长以通感方式体验事物,他的许多非自主记忆都被通感体验唤醒。通感本是审美色彩很强的一种修辞手法,在普鲁斯特小说中被发展为一种观看世界的隐喻性思维方式。普鲁斯特摆脱"集体记忆"的笼罩,从自己对世界的亲身体验提炼出种种"个人真理",书写出一部"自己的历史"。《追忆似水年华》展示了回忆与现代生存的种种关系,探索了如何通过审美、发挥心理能量去超越日常生活、提升生命质量和创造存在意义。普鲁斯特的局限性在于:生活体验不够丰富,题材单薄狭窄。他的回忆基本解决了"审美与时间"的问题,但对"审美与空间"问题较少涉及,其社会含蕴和审美视野均不够深广。

关键词:小说　普鲁斯特(Proust, Marcel 1871 ~ 1922)《追忆似水年华》　存在　审美　法国文学

3057

文化产业政策法规研究/周斌著;何永康指导. -- 南京师范大学, 2005. -- 114 页

本文探讨了文化产业的法律政策体系。首先,文章对文化产品的产生条件进行了分析,指出文化产品

是直接诉诸心灵的精神消费品，发展文化产业，离不开良好的外部环境——健全的法制、合理的政策、有效的管理机制，这些不仅能给文化产业的发展以可靠的保障，更是促进产业发展的动力和"催化剂"。其次，通过对目前文化产业及其政策法规的关系分析、中外文化政策的比较、文化产业法规政策环境的构成的分析，指出中国文化产业至今仍处于培育和初步发展阶段，需要借助于国家政策的力量制定有效的文化产业政策。最后，文章提出创新文化产业的法律政策体系：根据文化产业开放性、自主性、竞争性，文化产品的可复制性，文化产品对不同人群的适应性等，制订有关法律和法规；根据文化产业所需要的政策环境、资源环境、社会环境、自然环境等方面的特性，制订有关文化产业的环境保护法规；根据文化团体种类繁多、形式多样、文化消费人群对不同文化产品的接受能力的不同，可以制订文化市场分类准入的法律和法规；根据文化产业人才和技术的需要，制订以引进文化人才和技术的法律和法规；根据文化产业进入投资市场化、社会化和投资主体多元化的现实趋势，制订文化产业相关的投资融资的法律和法规，对不同经济成分部门、单位和外资投入文化产业发展的资金，要在数量、投资期、经营方式、股权结构上作出规定，对享有的财税优惠、市场准入优惠、文化产品出口、融资优惠等政策作出制度安排。

关键词：文化产业　产业政策　法规

3058

"艺术的终结"研究 / 周计武著 ；周宪指导．-- 南京大学，2005．-- 87 页

本文在现代性的语境下，从叙事学的视角研究了"艺术的终结"问题。首先，分析了以黑格尔为代表的启蒙叙事，指出黑格尔建构了庞大的艺术哲学体系，并提出"艺术的终结"的三个命题，分析了其启蒙话语的叙事逻辑，指出该逻辑是从启蒙的立场出发，按照有机整体的历史观逐步展开的，在这个意义上，艺术的终结意味着艺术的和解与自由，但是，这种逻辑的推论并不能忽略艺术所面临的现实困境。其次，研究了以阿多诺为代表的审美叙事话语，指出阿多诺在一些现代主义艺术作品中发现了一种新的艺术形式，并将它命名为"反艺术"，这种对抗性的艺术通过卷入"意义的危机"和"表达的危机"获得了新的意义和形式，阿多诺从审美的立场出发，选择了一种"非同一性"的叙事结构，它以非连续性的艺术史观为前提，并以艺术的危机作为叙事的起点和终点。再次，研究了以阿瑟·丹托为代表的反思叙事话语，指出丹托对以叙事结构的艺术史进行了批判性的描述，认为这种艺术史的叙事终结了，这种艺术的终结具有三个层面的意思：现代主义的终结，哲学对艺术剥夺的终结，艺术史的终结。最后，总结认为，"艺术的终结"具有四个层面的内涵：艺术在社会中所扮演角色的降低、艺术困境的表现、一种历史的断裂感与危机感、一种"危机—回应"式的叙事话语。

关键词：艺术理论　现代性　叙事　意识形态　黑格尔（Hegel, Georg Wehelm Friedrich 1770～1831）　阿多诺（Adorno, Theoder Wiesengrund 1903～1969）　丹托（Danto, Arthur）

3059

《诗式》研究 / 周萌著 ；卢永璘指导．-- 北京大学，2005．-- 142 页

本文指出皎然以《诗式》援引佛学入诗学，影响了中国诗学观念在中唐发生重大转折，反映了佛教与儒教之间内在的互动关系。文章站在三重维度上进行立体的综合透视：首先，在考察皎然的家世血统、佛门宗派和以其为核心的大历湖州诗人群的基础上来考察《诗式》所依托的历史和地域背景；其次，把《诗式》放到从盛唐之音至元和诗变的诗学背景下来考察，分析《诗式》与大历诗坛的关系，考察其内在个性，尤其是与诗风之变的关系；再次，将《诗式》置于整个诗歌批评史的链条上，特别考察与《诗式》同样注重诗歌美学特质的诗论专著，分析它们之间的理论传承关系。力图逐步还原《诗式》的历史面貌，并将价值判断寓于其中。作者认为，《诗式》分享着中唐诗坛的重心，不仅对贞元诗风的形成有主导性作用，还凝聚了对中晚唐诗论家产生重要影响的大历湖州诗人群。《诗式》上承盛唐之音，下启元和诗变，成为连接中国古典诗歌发展两大高峰的重要链条之一。更为重要的是，皎然在儒家诗教之外，援引佛学入诗学，以"诗家中道"思想为指导来探讨诗歌理论，得出"复古通变"、"取境"、"诗工创心"等很多为后人普遍承认的理论创见，既拓展了中国诗学原有的理论空间，又为人们认识诗歌的艺术规律提供了新的视角和方法，应该在中国文学批评史上给予《诗式》合适的历史地位。

关键词：皎然　诗式　诗学　佛教　文学研究　唐代

3060

清代书法碑学的发生与建构 / 周睿著 ；黄克剑指

导 . -- 中国人民大学, 2005 . -- 187 页

本文探讨和阐释了清代书法碑学的发生与建构。认为清代书法碑学的发展可以分为四个阶段。(1)碑学的发生,可追溯到中晚明传统帖学的变革,明代中期士人以其狂者人格气象直接激发了"尚气势"的书法审美风尚,徐渭、晚明四子、傅山和碑学先导,都为清代碑学的萌发作了拓展性的铺垫。(2)碑学的崛起,明清易代之际以及清前中期,审美理念调整,艺术发生新变,书法领域开始推重秦汉篆隶和魏碑,道问学思潮以求实为核心,并在此基础上形成了怀疑精神和包容精神,直接导致了金石学领域的尚碑运动,最终促成了碑学谱系的开出,而学者书家和民间专业书家成为清代碑学的中坚力量。(3)碑学的深化,清中晚期,碑派书法在创作上高古、丰伟、厚重、朴拙,兼以雍穆、雅正、清超,以整饬严谨为主,在理论研究上,出现了几部总结碑派书法的理论专著,确立了碑学审美观,形成了碑学体系,探讨了书法的气质风格以及与人的性情和价值追求的深刻关系。(4)碑学的发扬,晚清,康有为的《广艺舟双楫》张扬了碑学审美理念,确立了碑学在书法艺术中的崇高地位,同时,新的创作高峰在篆、隶和魏碑诸领域出现,而碑帖熔冶的经典——沈曾植独创一格的碑体行草也在这一时期诞生。

关键词:书法　碑帖　清代　审美

3061

茅盾文学批评的"矛盾"变奏 / 周兴华著 ; 夏中义指导 . -- 华东师范大学, 2005 . -- 231 页

论文考察了茅盾文学批评的"矛盾"变奏,探讨了它所蕴含的历史文献价值和思想史意义。首先,文章分析了茅盾文学批评中的"变"与"不变"、"显"与"隐"的矛盾,指出茅盾文学批评在具体观点上呈现的"矛盾"表现在他的文学理念中,其重"功利"而轻"学理"的观念导致了功能的放大和本体的缺失——观点变形摇摆,话题断裂转移,也导致了他的作家作品批评在艺术的"门外"与"门内"徘徊,在"我"与"我们"之间游移;这种轻重失衡、前后不一的"矛盾",也表现在他的批评实践中,体现为"表"与"里"的相悖——语气的冲突,暧昧的言说,有意的回避,它所形成的意味复调不仅透射出茅盾内心的困惑和迷惘,甚至还潜藏着价值的两极。其次,探讨了茅盾文学批评"矛盾"的出现的原因,指出这一方面源于他在"文学与政治"、"审美与实用"、"个人与集体"之间选择的悖论,一方面又与他在"职业与兴趣"、"位置与距离"、"身份与立场"之间不断调整又不断遇到阻拒的心理冲突有关,这种悖论与冲突造成了茅盾文学批评在理论上的缺失和美学上的贫困,但却生成了思想史上的巨大价值。最后,探讨了这种矛盾的历史文献价值和思想史意义,指出作为历史的文献,它记录了批评窗口的时代风云,为社会、文学及批评发展留下了具体的实证;它为中国文学批评的百年历程提供了一份个人证词,表征了思想史落实到个体身上时那种矛盾重重的同化与顺应;它也浓缩了一代知识分子的灵魂悲剧,在思想史上留下了一个人格的缩影。

关键词:茅盾(1896～1981)　文学思想　文学批评

3062

西方女性主义理论对中国女性写作的影响及其变异 / 周曾著 ; 章安祺指导 . -- 中国人民大学, 2005 . 156 页

本文从追寻中国现有女性文学创作中的本土化、中国化因素入手,探讨了西方女性主义理论在中国的影响与变异。首先,指出中国的女性主义文学创作与西方女性主义理论之间存在着直接的渊源联系,但女性及女性主义文学一经在中国诞生、出现,就已经是中国的、本土的女性或女性主义文学了,其中国性、本土化特征,主要表现在社会性书写中的女性叙事、"个人化写作"中的公共意识、传统"回归"中的女性抵抗等三个方面,而社会性书写中的女性叙事是对传统女性文学创作的一种惯性归属,意味着中国女性文学依然是附属于男权文化的一个子部,"个人化写作"中的公共意识,显示出中国女性文学的不彻底性,传统"回归"中的女性抵抗同样表现了对菲勒斯中心主义的反叛与解构。其次,分析了使得中国女性主义文学显示出本土特色的原因,大概分为三个方面:父权制作为一种普遍的、超历史的压迫女性的方式的表述,不仅体现为男性中心制度,同时还体现出"长者本位"伦理;新中国成立之后出现的"铁姑娘",以忽视女性与男性生理差别为前提,是"男女平等"制度下的性别迷失;中国由计划经济向市场经济过渡的转型时期,就是由国家主宰的意识形态向市场主宰的意识形态转变的时期,这种社会语境使中国女性主义文学在强调突出性别意识和始终不能摆脱的"被看"处境之间,始终位于一种两难的尴尬境地。

关键词:妇女文学　女性主义　文学研究

3063

全球化语境下中国新生代电影文化阐释 / 朱洁著 ; 何永康指导. -- 南京师范大学, 2005 . -- 100 页

本文以全球化语境下中国新生代电影研究为视点,对新生代电影的产生、发展及当前创作进行了文化透视与阐释。首先,文章分析了"全球化"与 90 年代以来的中国电影,并以 1999 年《新主流电影:对国产电影的一个建议》的发表为界,把新生代电影分为前、后两个时期。其次,对新生代电影的"得"与"失"进行阐述与论证,指出新生代电影之"得"在于具有超越传统的创作理念,将电影定位于由真实影像完成的对时代、历史的记忆,其创作实践也由此成为一份独特的中国底层社会民众生活的影像文献,在艺术精神上承袭了中国电影自第一代到第五代始终如一的人文关怀精神,其创作昭示着现实主义本质精神的回归,认同巴赞、克拉考尔纪实美学的主张,创作中拒绝作出任何带有主观色彩的批评与暗示;新生代电影之"失"在于前期新生代电影未能处理好保持艺术个性和适应市场需求之间的关系,其创作呈现出"墙内开花墙外香"的独特风景,后期新生代电影在对主流意识形态话语进行艺术传达的方式上,尚有待完善。最后,从理论探究上归纳了新生代电影的创作意义,并结合中国电影全球化进程的特点与存在问题,提出了中国电影的应对策略,以及中国新生代电影面向未来的可行之径。

关键词:电影文化　电影艺术　电影美学

3064

美学的实践、生命与存在 : 中国当代美学存在形态问题研究 / 朱寿兴著 ; 冯宪光指导. -- 四川大学, 2005. -- 250 页

本文所说的中国当代美学指的是 90 年代以来的中国美学。作者认为,中国当代美学的存在形式问题也就是中国当代美学的实践、生命与存在的问题。本文从本体论、现象学及解释学三位一体的方法论原则出发,探索了实践美学与美学的实践、生命美学与美学的生命、存在论美学与美学的存在六个维度两个层面上的中国当代美学存在的形态问题。作者指出在当今时代的中国,一方面是人的整体性存在的内在需求空前突出,另一方面是人的整体性存在的真实实现面临着极大的困难或者说挑战。而中国当代美学的存在形式是多元、多层次、多状态并彼此渗透、相互影响的,这里面既涉及人的美感性存在,也涉及人的整体性存在。作者认为学理上或理想中无所不可能至是美学必与人的整体性存在有关的学理依据;现实中又多所不至是美学必与人的美感性存在直接相关的现实原因。所以,作者指出,实践美学、生命美学、存在论美学皆可视为"狭义美学",而美学的实践、美学的生命、美学的存在可视之为"广义美学";"狭义美学"研究的深入有助于反对美学取消主义,"广义美学"的研究有利于美学至上主义的消解。

关键词:美学　实践　生命　存在　马克思主义本体论

3065

四百年《西游记》学术史 / 竺洪波著 ; 齐森华指导 . -- 华东师范大学, 2005 . -- 275 页

论文意在对四百年《西游记》学术史进行全面审视和通盘考察,将明清时期、"五四"时期和新时期三大主要发展阶段纵向贯通,将作者论、源流论、版本论、思想艺术论横向融合,在历时性和共时性中总结治学经验、把握演进脉络、揭示发展规律,构建一个充满丰厚学术意蕴和现代意义的立体学术体系。文章包括三大单元:"明清《西游记》学术史轨迹"、"现代《西游记》学术史进程"和"当代《西游记》学术史流向"。就其理论内核而言,即以明清《西游记》评点,"五四"《西游记》研究的现代转型,新时期《西游记》研究多元化为基本框架。具体而论,明清时期以世本、李评本等评点本立纲,现代("五四"时期)以鲁迅、胡适、郑振铎、孙楷第、刘修业等《西游记》研究大家立纲,当代(新时期)则以《西游记》研究之源流论、版本论、作者论、思想与艺术论等论题立纲。最后,对于世本作为最早的评点本、《西游真诠》的"谈禅"意蕴、"五四"时期《西游记》研究的现代学术范式意义、唐僧取经目的地灵山究在何处、当下《西游记》文化研究的成就与不足(弊端)等为学界关注的具体理论问题,论文也进行了详细的辨析和考论。

关键词:《西游记》　文学研究　学术史

语言学及应用语言学

3066

"时"概念的蒙汉语对比研究 / 朝格吉乐玛著 ; 潘文国指导 . -- 华东师范大学, 2005 . -- 209 页

本文从对比语言学的观点出发,对蒙汉语进行了共时的对比研究,考察和检验了语言的共性,识别了

具体语言的特性。首先,文章探讨了“时”概念、“时”定义、“时”范畴的重要性,指出蒙古语有“三时”,“过去时”、“现在时”和“将来时”,以绝对三时和绝对时间基点相对三时和相对时间基点研究动词的“时”范畴是重要的。其次,考察了蒙汉语在具体表现现在时、过去时、将来时时,蒙汉语各有的特点,指出蒙古语主要是通过动词本身的形态变化(附加成分)来体现出“三时”的概念,蒙古语语法学上体现在动词身上的“时”,蒙古语句子中,陈述式动词有绝对时间意义,形动词和副动词有相对时间的意义;而汉语主要用时间词语来表“三时”的概念,也就是用分析性的手段;而蒙古语用动词形态手段来表示时间,其谓语动词仍然要用形态手段来表示出时间概念。再次,文章具体从宏观与微观上对蒙汉语各自的特点进行了考察,从蒙汉语的本质出发,认为蒙古语的语法是显性的,汉语是隐性的,蒙古语是刚性的,汉语是柔性的,两种语言的显性和隐性以及刚性和柔性对“时”表现上各有特征;蒙汉语对“时”表现上在过去时、现在时、将来时的表达法与方式各有异同,并在此基础上对产生异同的原因进行了探讨和对比。

关键词:蒙古语　汉语　语法　时态　比较语言学

3067

面向泰国汉语教学的现代汉语“了”的考察 / 陈楚芬著 ; 陈小荷指导 . -- 南京师范大学, 2005 . -- 86 页

本文从泰国汉语教学出发考察了现代汉语的词尾“了”。首先,文章从语法上分析“了”,认为不用“了”的情况可分为三种:未然情况、已然情况 A(不可以用“了”)、已然情况 B(“了”被隐去),描述未然情况时,谓语动词前有表将来、否定、评议或动作进行语,动词也可能不做谓语,而是出现在一些表示时间的结构中,或者做句子的主语、定语和宾语等等;已然情况 A 指的是经常性的情况;已然情况 B 主要有三种:谓语动词前有表示完成、实现或过去意义之类的词语,或者是表示非持续结果意义的动词做谓语,或者是文章标题。其次,从语义上分析“了”,认为“了”可用于“实现完成状态”,也可用于“实现持续状态”;“了”只表示实现,实现完成体或者实现持续体,是由动词的语义特征和“了”共同表现的。再次,从语用上分析“了”,认为“了”表实现,但并非所有的实现体都要有“了”;用“了”和不用“了”不是只有语法起作用,“了”还是语用和修辞的重要手段;用不用“了”有区别歧义和强调意义之用、有语句调整之用、与语体的选择有关和与个人的语感有关等四种情况。最后,文章结合泰国汉语教学的实际分析了“了”的习得规律与课堂教学问题,并提出了自己的建议。

关键词:对外汉语教学　“了”字　语法　语义　语用学　泰国

3068

成年韩国学生汉语比较句习得考察 / 陈珺著 ; 周小兵指导. -- 中山大学, 2005. -- 164 页

本文在语料比较充足的情况下,选取了语法包蕴量较大的比较句来做在华学习的韩国成年人的相关习得研究。正文共分五章。在第一章中,作者主要是对汉语本体、韩汉对比、习得研究和对外汉语体系研究四个方面作了相关方面的文献综述。第二章中从学习者的角度,采取“由内而外”(从语义到语形)的方式对韩语和汉语中主要的比较句句式作了比较细致的对比,并且发现了一些系统的语义范畴上的差别。第三章中,作者在定量统计分类的基础上对偏误作了定性分析和较为详细描述。在第四章中,作者以自然语料统计、针对性测试相结合的方式对不区分国别的留学生和韩国学生各自作了比较句习得顺序的考察,并主要根据口语个案跟踪和横向调查的样本对各个阶段所出现的比较句式的习得过程做了一些定性描述。第五章中,作者以前面几章的研究成果为依据,考察对外汉语有代表性的语法大纲和中韩两国的汉语教材,分析其优点和不足,并将研究成果直接服务于教学。

关键词:对外汉语教学　比较句　语法　留学生　韩国

3069

电视法制节目语言传播特质论 : 电视法制节目主持创作研究 / 丁龙江著 ; 张颂指导. -- 中国传媒大学, 2005. -- 106 页

本文以我国电视法制节目的主持创作作为研究对象,并集中从电视法制节目的形态、法律语境、话语权、叙事模式以及主持人语言等几个层面具体地展开论述。作者从主持内容角度将我国电视法制节目分为三个形态:“法理型”、“情理型”与“道理型”。作者认为电视法制节目的主持创作研究是在法律语境下研究支持人语言。作者指出法学三形态直接作用于电视法律节目的制作,成为主持人语言的法律生存环境:法理学的知识形态要求“法理型”节目使用评介

式、法社会学的知识形态要求"情理型"节目采用叙说式特点,而法哲学知识形态要求"道理型"节目采用说理式主持语言样态进行传播。作者还指出话语权的获得既与法学知识有关,也取决于拥有这种知识、握有此种权力的部门的授权,同时也有媒介话语权的充分自觉。在语言传播实际中,主持人要准确地使用手中的话语权,防止因为掌握了直接话语权而滥用话语权,这样才能获得应有的传播效果。在本文的最后,作者还归纳出电视法制节目的主持解说语言的特点:形象表达的描述性、逻辑演绎的严谨性、法理精神的关怀性和法制昌明的公正性。

关键词:电视节目　法学　话语权　叙事　传播学

3070

儿童和成人语法中的否定和否定辖域 / 范莉著 ; 方立指导. -- 北京语言大学, 2005. -- 281 页

论文以儿童和成人语法的否定和否定辖域为研究对象,以否定辖域问题作为切入点,在成人语法和儿童语法的研究中实现了两个"统一":就否定辖域问题,实现了对汉语成人语法和儿童语法的统一描写;实现了对汉语否定和量化、否定和情态两种辖域问题的统一描写。作者认为汉语儿童和成人在判断两种辖域关系时使用的原则是相通的。论文共分为五章:第一章介绍文章的理论框架和语料来源,第二章分为理论研究部分和习得研究部分,主要界定了"否定"、"否定词"和"否定句",提出供进一步讨论的观点,并从历时两年对两名北京儿童的定期追踪语料中,发现他们获得否定词、否定概念和简单否定结构的顺序。第三张首先讨论了主要量词的语义性质,然后讨论了否定和量化的辖域问题。第四章基于语言测试结果,建立了汉语中一些主要的情态词的语义层级,并运用可能世界逻辑形式化地辨析了"应该"、"可能"和"可以"的不同否定式之间意义上的区别和联系。最后,文章得出结论:就汉语否定辖域的问题来说,形式语义学是具有很强解释力的;成人和儿童的语法体现出连续性的特点,用于描写成人语法的形式化系统也适用于描写儿童语法。

关键词:汉语　语法　否定　儿童　成年人

3071

国别化"对外汉语教学用词表"制定的研究 : 以韩国为例 / 甘瑞瑗著 ; 张普指导. -- 北京语言大学, 2005. -- 296 页

作者认为传统的"对外汉语教学表"的拟定多只考虑到"该教外国学生什么"和"怎么教"的问题,不太注意教会他们如何用汉语将他们固有认知中的思维表达出来,因此大多只采用汉语方面的语料,而且多为 20 世纪 90 年代以前的,有些词显得比较陈旧和过时。加之对外汉语教学不只限于中国本土的汉语教学,也包括在学习者母语国进行的汉语教学,因此,考虑学习者的表达需要也就显得特别重要。本研究试着从人类理解和表达的认知层面和交际的本质以及生存的需要出发提出"国别化"的对外汉语教学的理念和研究方向,以动态更新的大规模汉语和韩语真实语料库为主要的研究材料,不但考虑汉语学习者在汉语理解上的需要,也考虑他们用汉语表达时的需要,将静态式、被动式的教学带向动态式、主动式的教学。本文将"国别化"界定为"针对不同的国家而实行不同差别的汉语的教学",并试着界定对外汉语教学中所谓的"词"为"语言中能说能听或用来造句的单位,它一般具有相对固定的语音形式,是一个在现实交际中用来理解和表达,具有'意义充分性'和'流畅充分性'的语言单位。"所谓"意义充分性"是指内部结合紧密,意义明确且已经凝固为一个整体,不能随意切分的语言单位;所谓"流畅充分性"是指在语音形式上凝固性强,且为人类认知记忆范围内整体输入和输出的一个不大不小的组块单位,具有所有"词"和"词汇"的属性,但包含层面却更广泛。本研究最终的目标是藉由"对外汉语教学用词表"的研究提出一套拟定"国别化"的"对外汉语教学用词表"的方法论,将对外汉语教学从粗放型的量化教学进一步推向更有针对性的精准型量化教学。

关键词:对外汉语教学　词汇　词表　韩国

3072

晚清洋务学堂的外语教育研究 / 高晓芳著 ; 李宇明指导. -- 中国传媒大学, 2005. -- 142 页

本文以清末的四所洋务学堂(京师同文馆、上海广方言馆、广东同文馆、湖北自强学堂)为主要研究对象,运用文献考证的方法,对晚清的外语教育的一些基本事实进行梳理和分析,并试图从中总结出一些启示现实的教益。全文共有五章。第一章是绪论,分为四个部分,分别涉及选题的研究范围、研究综述、选题的目的和意义、选题依据的史料。第二章是我国近代以前的外语教育小史,作者分别考察了我国在元代前、元代、明代,以及清初的学校外语教育情况,并由此总结出早期外语教育的特点和影响。第三章与第

四章是本文的研究重点,作者以京师同文馆、上海广方言馆、广东同文馆、湖北自强学堂四所清末洋务学堂为对象,考察学校创办的时代背景、历史沿革、机构、管理、经费来源、教习、学生、课程设置、教学内容、教材、考试、教学特点、成就及影响等问题。第五章是从外语教育规划的角度,总结晚清政府及其机构在实施学校外语教育的过程中所发挥的职能。另外,在此章中,作者希望在分析总结的基础上,寻求某些启示现实的教益。作者认为,晚清对各外语学习语种的安排与比例调整,以及在开办外语教育的同时强调母语以及母语文化学习的要求,在今天仍有积极意义。

关键词:外语教学　教育史　洋务学堂　晚清

3073

宣化方言变异与变化研究 / 郭风岚著 ; 曹志耘指导. -- 北京语言大学, 2005. -- 208 页

本文在综合运用描写语言学、地理语言学和社会语言学等学科理论与方法的基础上,以语言变异理论与词汇扩散理论为依据,将显像时间研究材料和真实时间研究材料结合起来,对宣化方言变异与变化问题进行了多角度的描写、分析与研究。在第一章中,作者重点介绍了宣化人文历史和宣化方言概况,以及本文的研究材料、方法、目的和意义。第二章中,作者通过对宣化方言系统的实地调查,重点讨论了宣化(老派)方言的语音及词语特点。在第三章中,作者分析了宣化方言地理的变异与变化,描写了 2003 老与 2003 少两个共时年龄组方言的地理分布,概括分析了分布形成的原因及特点,讨论归纳 1948 少—2003 老—2003 少同言线束的变异与变化过程及特点。第四章里,作者以对两类语料部分变项的具体分析为基础,结合第三章的有关内容,通过对词汇扩散与音变机制及特点、语言接触与词汇扩散等问题的描写分析,探讨了宣化方言变异与变化的机制。第五章则从语言内部机制与非语言因素两个角度讨论了引发宣化方言变异与变化的原因。

关键词:方言　语言演变　地理语言学　社会语言学　宣化

3074

范畴语法与汉语非连续结构研究 / 韩玉国著 ; 方立指导. -- 北京语言大学, 2005. -- 165 页

本文在范畴语法这一词汇主义句法理论框架内对汉语非连续结构进行全面、集中的描述,所涉及的内容包括汉语语法关系的确立、话题句的生成、"把"字句、"得"字补语句、兼语句与非连续相关的紧缩句等,并从"非连续"这一独特的视角下将这些语言现象统一在一起。作者坚持词汇主义语法的主张,在理清基本语法关系的基础上探讨主语、主谓语句、话题、次话题等难题。依照非连续现象的三种不同类型,正文共分四部九章进行论述。第一部分包括第一和第二章,是对范畴语法及非连续性结构的总论。第二部分包括第三和第四两章,讨论的是词汇规则、语法关系及汉语非连续结构的话题句。第三部分包括五、六、七、八四章,通过事件的整合讨论非连续 TVP 结构。第四部分即第九章,基于同序、同构的汉语非连续结构,介绍汉语缺口句及 NCC 结构。作者希望通过论文对词汇语法的运用来说明:句式意义固然重要,但词汇语义分析同样不可忽视。而对后者,由于一直以来缺乏深刻的认识和足够的信心,做得还远远不够。

关键词:汉语　语法　词汇

3075

认知语境研究 / 胡霞著 ; 黄华新指导 . -- 浙江大学, 2005. -- 121 页

本文从认知语境的基本特征、心理表征、建构整合、功能实现等维度,综合认知语言学、认知心理学、逻辑学、人工智能等多学科的重要观点,尝试构建一个有关认知语境的全面而系统的理论框架。首先,文章对认知语境重新作了界定,并对其进行了形式化处理,提出了明示语境和缺省语境的概念,强调明示语境与缺省语境具有同等的重要性,论述了认知语境的完形性、动态性和人本性三个特征。接着,从内容上把认知图式区分为概念图式、个人图式、角色图式、环境图式、程序图式和情感图式;从形式上把认知图式区分为听觉图式、视觉图式和结构图式,提出认知图式是认知语境的心理表征,对不同群体的认知图式进行了一致性和差异性研究。其次,论述了认知语境作为心理建构体的建构整合过程。认知语境的建构基础是交际话语的物理环境、交际者的认知图式和个人的认知能力,其建构视角是主体性、主体间性和主客体间性,其建构整合过程经历了模式识别、图式激活、知识选择和假设形成四个阶段。在第一阶段,模板匹配模型可以用来解释模式识别和模糊模式识别;在第二阶段,刺激物和认知图式是图式激活的两个关键材料,外在刺激通过认知结点激活认知图式,认知结点一般由交际中的关键词语充当;在第三阶段,刺激形式、知识点频度、当前话语的近现性和主体认知水平

对知识选择具有重要影响;在第四阶段,主体从综观的角度出发,根据前三个阶段,作出最后的建构整合。最后,探讨了认知语境的功能实现,提出了认知缺省推理的模型。在这推理模型中,主体可以通过缺省主导、知识引导和主体调控三大原理来确定优先级。

关键词:认知语境　图式　认知语言学　认识心理学

3076

唐五代佛典音义音系研究 / 黄仁瑄著 ; 尉迟治平指导. -- 华中科技大学, 2005. -- 251 页

唐五代佛典音义总约 280 万字,其中有大量的语音材料。这些材料主要包括反切和梵汉对音两个部分。本文在对《大唐众经音义》、《新译大方广佛华严经音义》、《一切经音义》、《新集藏经音义随函录》、《续一切经音义》等佛典音义进行文献学研究的基础上,利用其中的梵汉对音材料,根据反切系联法和对音还原法相结合、横向的平面描写和纵向的立体分析相结合的原则,讨论了唐五代佛典音义音系的声韵调系统。全文分文献学和语言学两个部分。文献学研究考察唐五代佛典音义的编纂、内容、体例和价值,还有梵汉对音及其对于唐五代汉语音韵研究的意义;语言学研究则着力于描写唐五代佛典音义音系的语音系统。作者指出,唐五代佛典音义音系有许多相同的语音特征。文献学和语言学的双重证据证明唐五代佛典音义音系的语音基础有很大的一致性,它们都源于唐五代时期的长安方音。并对玄应音系、慧苑音系、慧琳音系、可洪音系和希麟音系作了专题讨论。最后指出唐五代佛典音义音系的发展大略可分隋—初唐、盛—中唐以及晚唐—五代三个时期。此外,作者还分别从声母、韵母和声调三个方面分析了唐五代佛典音义音系的具体语音特征。

关键词:佛经　音义　音系　语音　反切　梵汉对音　唐代　五代(907 ~960)

3077

1912 年—1949 年中国的语言规划(政府部分) / 黄晓蕾著 ; 李宇明指导. -- 中国社会科学院研究生院, 2005. -- 125 页

本文运用现代语言规划理论对民国时期的语言规划进行描写和分析,以"言文一致"、"国语统一"为宗旨,以创制文字辅助系统——汉语拼音为发端和主线,涉及汉语标准语的确立和精致(语音、词汇和语法),以及文学语言、行政语言、教育语言和媒体语言等功能语言的形成等语言规划的各个方面。作者试图总结这一时期的经验和教训,归纳出中国现代语言规划的一些基本规律,为我国当代语言规划总结历史背景、提供资料建议。文章首先在绪论中交待了论文的研究主题、目前已有的研究状况和该文的研究价值,然后通过以下三大部分分别进行论述:第二章地位规划部分,从拉丁化文字辅助系统、国音和白话文的确立,说明民国语言地位规划的状况;第三章本体规划部分,从标准化、民族化和现代化三个方面详细地论述了民国时期语言规划的本体;第四章推广规划部分,通过展现推广的过程、方式和效果,从主体、措施以及过程和效果等方面探讨民国语言规划的实施状况。最后在余论部分,作者总结民国时期政府机构的语言规划发展规律,探讨其对于中国传统语言规划的继承和发展,对于中国现代语言规划,尤其是新中国语言规划的巨大影响。

关键词:语言规划　汉语　民国

3078

澳门语言状况与语言规划研究 / 黄翊著 ; 曾志耘指导. -- 北京语言大学, 2005. -- 166 页

本文全面考察澳门早期和现今的语言状况和语言生活,并且对澳门的语言政策和语言规划问题进行讨论。全文共分六章。第一章主要为澳门的概况,为全文提供背景资料。作者认为,汉语(包括方言)、葡语、英语等组成了澳门丰富多彩、纷繁复杂的语言社会。第二章论述澳门早期(16 至 19 世纪)的语言状况。第三章论述澳门当前的语言生活,对现在通用的各种语言、方言进行了梳理,重点考察了澳门土生葡人的语言。第四章讨论澳门最通用的口语(粤方言)和书面语(语体文)的使用情况。第五章选择"土生的中文姓名"和"街道的中文名称"两个专题进行调查研究,以观察中葡两种语言文化互相接触和影响的情况。第六章讨论语言政策和语言规划问题。论文在介绍了澳门回归前后的语言政策后,分析了中英葡三种语言势力的消长情况,然后从共同语和方言角度,分析了普粤二言的势力的消长情况。最后针对澳门语言的现状,作者提出了澳门语言规划中应当着力解决的三个问题以及解决对策,即:加强语言规划理论研究、建立语言规划的学术机构和行政机构、在语言规划中注意与各种因素相配合。

关键词:语言规划　语言政策　澳门

3079

合作与会话：合作原则及其应用研究 / 金立著；黄华新指导. -- 浙江大学, 2005. -- 156 页

本文遴选生动鲜活的汉语语料，在语言学、哲学、社会学和文化学的背景下，系统分析了合作原则在汉语交际中的作用、影响和表现。全文共分六章。第一章对合作原则理论的提出以及国内外的研究进展进行了梳理。在回顾莱文森的 QIM 原则、利奇的礼貌原则以及斯帕波与威尔逊的关联理论的基础上，对徐盛桓的语用推理机制、周礼全的隐涵推导原则、索振羽的得体原则和钱冠连的目的—意图原则进行了专门分析。第二章从合作的内容、形式与态度出发，明确了合作原则概念的涵义和所指；从话语交际的礼貌性、幽默性和委婉性出发，补充并丰富了态度准则；甄别了"成功交际"、"合作交际"以及"得体交际"等相关概念，从遵守和违反两个维度对合作原则与话语表达的关系进行了细致探究。第三章从语旨、语谓和语效三个层面重新解读合作原则，在区分语谓合作、语旨合作和语效合作的基础上，重点对语效合作的概念、表现以及意义进行了探索。第四章从大学生日常话语交际入手，对合作原则在话语交际中呈现出来的规律和作用进行了概括，检验并丰富了合作原则的理论研究，为合作原则研究的深化提供了思路。第五章从浙江企业经营管理者的言语沟通实际出发，对企业经营管理者的话语风格与合作原则的关系进行了透视，并将合作原则在经营管理者和大学生话语交际中的不同表现加以对比，从而为勾勒不同话语交际的真实面貌提供了现实依据。第六章以国外图灵测试的全真对话为素材，对合作原则各个准则在人机对话、人工智能研究中的普遍功能和不同作用进行了分析，为突显合作原则在人机对话和人工智能研究中的重要作用作了初步探讨。

关键词：语言交流　言语交际　合作原则　人机对话　人工智能　语言学

3080

英源外来词的引进与演变过程研究 / 李海燕著；许嘉璐指导. -- 北京师范大学, 2005. -- 95 页

本文选择清末以来的英源外来词作为研究对象，通过描述和分析其译介方式及词义的演变，探索其对汉语词汇系统的影响。全文共分四章。在第一章中，作者将历史上英源外来词引进的三个高潮期进行了对比，总结了这三个时期英源外来词的特点和引进途径。第二章对英源外来词译介方式的演变进行了分析，作者认为，纯音译向意译过渡并非汉语发展的必然趋势。第三章将英源外力词词义演变分为"自发而生的词义演变"和"借用而生的词义演变"，即考察英源外来词在汉语的语用环境中自发生成的演变，以及其在发展过程中受英语原词影响而发生的演变。第四章主要研究英源外来词的引进对汉语词汇系统的影响。文章认为，英源外来词的引进扩展了汉语的语素系统和同义词场。另外，对英源外来词的回潮现象和冗余组合现象，本论文也进行了尝试性的研究分析。

关键词：翻译　词义　汉语　语言演变

3081

单音形容词原型性研究 / 李泉著；赵金铭指导. -- 北京语言大学, 2005 . -- 229 页

作者在现代汉语形容词尤其是单音形容词的研究成果的基础上，采用范畴化的原型理论、语言标记理论、语法化学说等相关的语言学理论和方法，对 700 个单音形容词句法特征、句法功能进行了考察与分析，提出了单音形容词原型特征范畴模式，并利用这个模式对单音形容词进行了再分类。在对单音形容词句法特征考察分析中，作者通过实例的运用和对比分析等方法在数据统计的基础上详细描述了受程度副词修饰、受否定副词修饰的单音形容词的特征。重点考察了单音形容词重叠的语言现象，不仅分析了可重叠词项的语义和句法特征，还指出了单音形容词的性质动因及语法意义。同时作者也对由单音形容词构成的祈使句、评价句、比较句做了相关介绍。单音形容词的存在是以其句法功能为基础的，作者从单音形容词做主宾语、定语、谓语、状语入手，分析了单音形容词的句法功能和句法特征，并提出了单音形容词的原型序列。在对句法特征及句法功能考察的基础之上，作者建立了一个由三层次序列构成的单音形容词原型特征范畴模式，并利用这个模式对单音形容词进行了原型分类。

关键词：现代汉语　形容词　单音词　句法

3082

非汉字背景留学生汉字习得研究 / 李蕊著；周小兵指导. -- 中山大学, 2005. -- 154 页

本文采用偏误分析、调查、访谈、实验等多种研究方法，对非汉字背景留学生的汉字习得问题进行了研究，得出了一些有关留学生汉字习得方面的推论性研究成果，并提出了有关汉字教学的设想，以期直接指

导对外汉字教学。全文共八个部分，正文六章。在第一章中，作者对留学生汉字习得方面的有关文献进行了综述。第二章对目前最新的教学大纲所收形声字的表音、表义状况进行了详细的描写分析。第三章以二语习得中的“中介语理论”为背景，通过偏误分析，探讨了留学生习得汉字的一般发展过程。第四章设计了四个以“纸笔测试”为主要形式的实验，分别考察留学生的形声字形旁、声旁意识发展过程，及不同水平的学习者对不同结构类型汉字的习得情况。第五章是一个有关学习策略的“介入性研究”，用实验的方法，考察学习策略培训对学生汉字成绩的影响。第六章在此基础上，提出了相关教学设想，并对教学中如何运用现代和传统文字学理论进行了反思。

关键词：对外汉语教学　汉字　教学研究

3083

作为方法论原则的元语言理论 / 李子荣著 ；王希杰指导．-- 南京大学，2005．-- 116 页

本文从方法论原则的角度探讨元语言理论，系统阐述了哲学和语言学领域的元语言的概念特性和内容，明确了哲学和语言学的元语言理论之间的关联和分野，把元语言和对象语言这对范畴纳入语言学视野，从形式研究、功能研究和语用的角度阐述其方法论的意义和内容，并将其运用到汉语修辞现象分析中提出“元语辞格”说。全文分六章，第一章简要辨析元语言和对象语言等概念，概述元语言特性，并回顾了元语言理论。第二章对元语言理论的产生渊源进行了梳理。第三章阐述了语言学（符号学）中的元语言理论，指出作为语言学术语系统的元语言的革新有内外两种方式。第四章探讨了雅柯布森语言功能学说的来龙去脉与雅柯布森、格雷马斯对话语元语言结构特点的揭示。第五章阐明了语言学意义上的元语言学的含义，给出了元语用学的两种定义。第六章从结构语义学和符号学中梳理出修辞学元语言理论的内容，并运用元语言和对象语言的区分这一方法论原则结合汉语实际进行分析，提出“元语辞格”说。

关键词：语言学　元语言　面向对象语言　方法论

3084

李清照词英译对比研究 / 郦青著 ；潘文国指导．华东师范大学，2005．-- 162 页

本文以语言世界观及建立在此基础上的翻译诠释学为哲学基础，研究了中西李清照词英译。首先，文章综述了国内外李清照词的翻译与研究现状。其次，对中西李清照词英译进行了宏观对比分析，认为，中西李清照词英译研究可划分为中国（包括港台地区）译者的李清照词英译、英语世界西方译者的李清照词英译、英语世界华裔译者的李清照词英译三种类型，并分别进行了理论上的探讨和论证；同时，认为李清照词英译并不只能是由西方译者进行翻译，中西译者各有所长，应该互为补充，而对韵体译诗不能一概加以否定，韵体译诗最关键的是对译诗韵律在“度”的把握上。再次，从语音、词汇、句法和语篇等方面中西李清照词英译进行了对比分析，分析了英译李清照词中语音的翻译、英译李清照词中词汇的阐释和翻译、英译李清照词中句法的翻译、英译李清照词中语篇意义、语体色彩及意境的翻译等问题，从实践层面上论证了在理论上提出关于中西李清照词的三种研究类型划分的观点，提出在研究中既要借鉴西方成功的翻译理论，同时也要努力挖掘本国传统文化文论中的可利用资源，努力摸索出若干立足于本国传统的诗歌翻译理论，为中国古典诗词的译介提供建设性意见。最后，概述了今后中西李清照词翻译研究所面临的种种挑战和发展方向。

关键词：李清照（1084～约 1151）　宋词　翻译理论　汉译英　翻译诠释学

3085

广东廉江方言助词研究 / 林华勇著 ；施其生指导．中山大学，2005．-- 216 页

本文在考察廉江方言助词的基础上，运用语义功能语法，结合语法化理论，对廉江方言助词及相关问题进行了分析和挖掘。论文共分七章。第一章介绍了廉江方言语法概貌，对廉江方言助词的范围、分类及作用等进行列举和说明。第二、三章“体貌助词”：重点对实现（“□[$tε^{21}$]”）、持续（“在、倒”等）、将现（“跟□[$tε^{21}$]”）、经历和重行（“过”）、先行（“正、头先”）、起始（“起身”）、近过去（“来”）等意义的体貌助词及相关问题进行考察。在此基础上，进一步讨论体貌意义的概括和区分、谓词对体貌形式的语义影响、助词的语义基础、语法化的不一致现象等问题。第四章“度量助词”：对小称“仔”进行分析，认为汉语小称不仅是语音、词汇问题，还是句法问题；根据“啲”与名词、形容词的选择性，对名词、形容词进行分类。第五章“语气助词”：结合共现顺序对繁多的语气助词进行分类；对疑问语气助词的范围进行确定；言说义动词“讲”的语法化，具有一定的普遍性。第六章“结

构助词”:考察廉江方言的结构助词,提出了不同以往的补语系统;结合结构助词“得”在廉江方言中的表现,对汉语史结构助词“得”的演变提出看法。第七章“问题讨论”:对体貌助词“□[$tɛ^{21}$]”、“倒”的语源进行探讨;结合本专题,对助词的来源、方言语法研究的必要性及研究方法等问题进行讨论。在具体考察问题时,本文注重运用以下方法:(1)重视语义的作用;(2)重视语法化的共时研究;(3)灵活运用比较法,扩大比较的视野;(4)坚持意义和形式相结合的原则,注意结构中组合与聚合的密切联系。

关键词:方言　助词　语义　语法　广东省

3086

现代汉语属性范畴研究 / 刘春卉著 ; 王希杰指导. 南京大学, 2005. -- 130 页

本篇论文试图从属性指称和属性表达这两方面展开论述,建立起现代汉语属性范畴系统。全文共分四章。其中前两章主要讨论属性指称,后两章集中研究属性表达。在第一章中,作者论述作为属性指称形式载体的属性名词所具有的语义语法特点。第二章考察了事物属性名词和动作属性名词这两种属性名词,实现明确指称的两种形式:“N 属性主体 + N 事物属性”与“V 属性主体 + N 动作属性”偏正结构。第三章对属性表达中的属性值和属性特征这两方面进行分析,在对二者的意义和形式进行过区分后,作者分别讨论了人们为表达它们所采用的语言形式。并且作者认为,在属性表达中,属性名词位于借口地位,连接着表示属性主体的词语和表示属性特征的词语,并且存在着一种隐现与激活机制。第四章是与属性表达相关的三个专题研究,分别是:从属性特征表达的角度下的形容词分类研究、区别词和区别词性结构的构造特点和句法功能研究,以及比喻句的形成和作为比较点的属性及其特征的关系。

关键词:现代汉语　语法　名词　形容词

3087

基于关键短语的文本内容标引研究 / 刘华著 ; 张普指导. -- 北京语言大学, 2005. -- 93 页

文章利用特征提取方法,在大规模分类语料库中将具有较强特征表示功能的关键短语(key phrase)提取出来,并按主题聚类。在此基础上完成了一个知识与统计相结合的文本分类和主题词标引系统,从而将文本内容已经精练准确的形式标引出来,方便用户只须查看容量少信息量大的类目和主题词,即可快速把握文本内容,提高浏览和检索的效率。文章首先探讨了关键短语与词语表构建,通过短语的相关研究、该研究对关键短语的界定、关键短语与其他相关成分的关系、关键短语的获取和关键短语与词语表等几部分进行了阐述;其次论述了基于统计的主题领域知识获取,涉及超大规模层级分类语料库建立、基于主题依存分析的领域词语聚类、扩展的词语聚类等方面;之后通过文本分类综述、分类算法实现与训练集、分类结果分析比较等三方面研究了文本分类实现,并探讨了主题词标引实现的问题。最后,作者提出了系统设计与实现的具体规划,并对研究进一步的工作进行了描述。文中,作者提出并证明了关键短语比词更适合作为文本表示特征的观点,构建了一个超大规模、详细标注的层级分类语料库,同时以关键词语为基础,构建了一个含 32 万词语的大词语表,利用特征提取方法进行词语聚类,构建了一个超大规模的领域知识库,完成了一个层级多标记和自适应的文本分类系统,并最终完成了关键词动态标引系统。

关键词:短语　特征提取　语料库　文本分类　自动标引

3088

口语交际中的话语标记 / 刘丽艳著 ; 黄华新指导. 浙江大学, 2005. -- 127 页

本文在对大量汉语口语交际语料进行考察的基础上,从整个交际过程出发,力求构建汉语话语标记的理论框架,并试图将该理论贯穿于对话语标记个体使用模式和功能的分析之中。本文所做的工作主要体现在以下几个方面:根据话语标记对口语交际信道的依赖性、意义的程序性、功能的元语用性以及句法的可分离性等特征,对话语标记作了重新界定;从口语交际的特点(动态性、互动性和随意性)和目标出发,明确话语标记的存在动因和形成条件,认为口语交际的特点和交际所要达到目标之间的矛盾是话语标记产生的直接动因,它们在互动性口语交际中的广泛使用为话语标记的语法化提供了频率条件;阐述了话语标记的元语用功能——语篇组织功能、语境顺应功能和人际互动功能,从而进一步增强了话语标记理论在互动性言语交际活动中对言语的建构和理解等方面的解释力;从有代表性的中外学生在不同阶段运用第二语言进行口语交际的实际情况出发,对第二语言话语标记的习得过程和使用情况进行了考察,对话语标记的误用原因进行了分析,认为话语标记的误用与母语的负迁移效应和语码转换规则的过度泛化有

关,从而在另一侧面求证了话语标记在语篇组织、语境顺应和人际互动等方面所发挥的元语用功能,同时也为丰富和发展二语习得理论作出有益尝试;对话语标记理论进行完善的基础上,结合大量汉语口语交际实例,对汉语口语中几个典型的话语标记——“这个”和“那个”、“不是”、“你知道”等进行了考察和分析,揭示出汉语话语标记的显著特点和一般规律。

关键词:汉语　口语　语言交流　话语标记

3089

现代汉语代词隐现的动态研究 / 刘伟著 ; 方立指导. -- 北京语言大学, 2005. -- 172 页

本文试图在动态句法学的框架下,构建现代汉语的动态解析模型,并应用动态解析模型对代词的隐现进行解释,旨在揭示现代汉语代词隐现的规律。本文共分七章。第一章为引言。第二章简要回顾了不同理论框架下代词及空代词的研究,评析了不同理论框架的优势及局限性。第三章介绍本文的理论框架动态句法学以及动态句法学对代词及空代词的动态解析方案。第四章是全文的核心,构建了现代汉语动态解析模型,确定适用于汉语的词项定义、计算规则及语用规则。在对部分语料解析的基础上,提出关于汉语的加接规则、合并规则和链接规则所受限制的假设;分别对一价动词、二价动词、三价动词和名词组的词项行为进行了刻画,并在解析句子的过程中验证了关于计算规则和词项行为的假设。第五、六章是对第四章所构建的现代汉语动态解析模型的应用和检验。其中第五章验证了第四章解析模型中对汉语一般计算规则的限制条件;第六章考察了关系从句和宾语从句代词隐现的规律。第七章是全文的总结。

关键词:现代汉语　代词　句法

3090

现代汉语中的“MQ + N_1 + 的 + N_2”语串的组合型歧义研究 : 面向信息处理的汉语语法研究的一个个例 / 刘云峰著 ; 范开泰指导. -- 上海师范大学, 2005. -- 138 页

本文把现代汉语中的“MQ + N_1 + 的 + N_2”语串作为考察对象,研究语串内部组合型歧义的排歧知识问题。作者试图通过确定语串内部边界的语言知识,为中文信息处理对语串做句法分析提供语言知识支持。本文共分六章。第一章阐述了研究主要问题、选题缘由、意义以及研究的理论基础和研究方法。第二章主要分析了语串内部边界歧义排歧知识的多层性特点。文章认为,真实文本中的“MQ + N_1 + 的 + N_2”语串可以是合法形式,也可以是不合法形式,有内部边界歧义。消除这种歧义要用到不同层级的语言知识。另外,本章还对七种语义关联模式进行了详细的讨论,并且提出,这种多层级的知识可以作为语串内部边界歧义排歧知识分析的框架。第三、四、五章则用这个框架对真实文本中的三个语串子集合“一个 N_1 的 N_2”“一种 N_1 的 N_2”“一些 N_1 的 N_2”进行了具体分析,详细讨论了框架中的不同侧面在各语串子集合中的具体表现。第六章是结语。

关键词:现代汉语　语法　语串　歧义

3091

含同一语素的同义单双音节动词研究 / 刘智伟著 ; 陈绂指导. -- 北京师范大学, 2005. -- 130 页

含同一语素的同义单双音节动词(简称同素同义双音节动词)是同义词中非常重要的一类,它们之间的异同关系涉及语音、语法、词汇、修辞等多个方面。本文尝试着对《现代汉语词典》中具有解释和被解释关系的同义单双音节动词进行相对封闭的全方位考察,在对其作共时的描写的同时,也力图对其产生的历史原因和存在共时理论作理论上的探讨,并解释其中的一些现象。本文除绪言外共有六章。第一章主要探讨同素同义单双音节动词的形式对应关系和同义关系的类型。第二章主要研究双音节动词能够与单音节动词构成同义关系的主要方式:同义复加、异义化合和复加词缀。第三章主要探讨与单音节动词同义的双音节动词产生的主要原因,以及同义单双音节动词并存并用的原因。第四章和第五章对同义单双音节动词进行了全面的对比研究,比较了二者在词义、语法功能、语法特征等方面的差异,并试图解释这些差异产生的原因。第六章主要分析《现代汉语词典》中具有解释和解释关系的同素同义单双音节动词的注释方式,并以《现代汉语词典》的注释为例,分析对这类同义词的注释应当注意的问题,并提出了编纂专门词典的建议。

关键词:动词　同义词　单音词　双音词

3092

对外汉语课堂言语交际问题研究 / 吕玉兰著 ; 许嘉璐指导. -- 北京师范大学, 2005. -- 185 页

本文采用课堂教学实录资料,结合教育学、第二语言教学和言语交际理论,从课堂言语交际的性质和要素、课堂言语交际的互动面貌、课堂言语交际的理

想状态等方面进行了分析与研究，并在此基础上总结出对课堂言语交际进行评估的项目和标准。首先，论述了对外汉语课堂教学中言语交际的地位和特性，指出课堂言语交际的目标是包括认知目标、情感目标和跨文化交际能力目标在内的三维目标体系。分别研究了课堂言语交际的基本要素即交际语境、交际参与者、交际话题内容和交际语言媒介的特点，深入把握了各个要素与语言教学和语言习得的关系，指出教师应该善于把握和创造合适的语境状态，适时地变换角色，精心选择话题内容，在交际中努力调整言语形式，更好地为学生的语言习得服务。接着，作者又从动态的方面，描写和分析了课堂言语交际进程、互动模式和微观互动方式，分析了影响课堂交际进程的因素，认识对外汉语课堂教学中言语交际活动的规律和面貌。然后，重点分析了人们一向忽视的学生之间的言语交际问题，指出了学生间的言语交际一是纯粹自发的，二是在小组活动时产生的，并阐述了它的实现条件和对语言教学和语言习得的重要意义。在此基础上，作者给出了课堂言语交际的理想状态：第一要克服交际障碍、达到顺利沟通，第二为学生的语言习得创造理想条件，第三为对外汉语教学的三维目标服务。同时，还给出了课堂言语交际的评估标准和评估项目。

关键词：对外汉语教学　语言交流　言语交际　教学理论

3093

闻一多新诗韵律与句法研究 / 欧阳骏鹏著 ；王希杰指导. -- 南京大学，2005. -- 112 页

本文以中国现代史上著名的学者、诗人闻一多所创作的全部新诗为研究对象，尝试着从韵律与句法上考察其新诗语言的形式与功能，解析其诗歌音乐美、绘画美、建筑美形成的内在机制和外部形式特征。在第一章导论后，文章在第二章中集中讨论闻一多新诗的韵律及其功能特征。作者认为，相对自由灵活的韵律形式，保证了闻一多新诗具有突破中国传统律诗的多样化格律形式，并且使其新诗具有“音乐美”和表现力。同时作者指出，按照诗歌格律理论来提炼日常白话语言，又使闻一多保证了自己的新诗仍然保留诗歌必须具备的外在形式。在第三章中，作者主要讨论了闻一多新诗的句法及其功能特征。文章指出，闻一多新诗中运用了一种相对灵活的句法结构，它主要是依靠一些特定的句式和带有特殊虚词的句法结构来实现的。闻一多正是利用它们实现了对律诗的固定的语言形式的突破，形成了一种“建筑美”。在最后一章中，作者肯定了闻一多对新诗格律理论和现代汉语文学语言的贡献，并且认为，闻一多新诗创造的成功依赖于两个要素，即继承中国文化的优良传统，同时吸取外来文化的精华。

关键词：闻一多(1899～1946)　新诗　韵律　句法

3094

吴语瓯江方言韵母演变研究 / 帕维尔·玛突来维切著 ；曹志耘指导. -- 北京语言大学，2005. -- 126 页

本文在参考了前人研究成果，借鉴了前人的研究方法的基础上，依据自己亲身调查所得到的温州地区 32 个方言点的材料，系统地归纳了瓯江方言韵母的演变层次，并详细论证了韵母的演变过程。全文共五章。在第一章中，作者从对温州地区的概括介绍入手，指出了温州地区在地理、历史、行政、人口等方面的特点，正是基于上述特点，才形成了温州地区复杂的语言状况，除瓯江方言外还有七种其他少数民族语言。第二章中，作者描述了瓯江方言韵母的演变，分别对古阴声韵母的演变、古阳声韵母的演变、古入声韵母的演变作了系统的介绍，并对这三者进行了共时性分析，探讨在演变过程中共有的规律，同时对一些游离于规律之外的特殊语言现象给出了自己的解释。第三章中，作者以洞头县为例，介绍了洞头县移民及其方言的现状，分析了洞头列岛上瓯江方言的古阳声韵今音、古阴声韵今音、古入声韵今音，并对洞头瓯语的韵母与移民原居地方方言进行比较，说明韵母演变的异同。第四章中，作者分析了温州城区话韵母的共时变异，并在分析韵母演变时考虑了年龄差异和性别差异。第五章中，作者针对高元音摩擦化问题和韵尾变化的问题，结合自己的调查材料提出了新的看法。并指出在韵母演变层次中，“破裂化”是“拉链”变化的第一步。

关键词：吴语　方言　语音变化　韵母

3095

现代汉语受事前置句研究 / 彭锦维著 ；赵金铭指导. -- 北京语言大学，2005. -- 126 页

本文立足于对外汉语教学，探讨包括“受事＋VP”、“受事＋施事＋VP”、“施事＋受事＋VP”三种语序在内的受事前置句的有关问题，共分五章。第一章“引言”交代本文的研究对象、所用研究材料和方法，

介绍了研究现状和存在的问题。第二章“现代汉英语受事前置句的特征”，在定量统计的基础上，对受事前置句分受事、施事和谓语三部分进行了共时描写。就受事成分而言，讨论了它的认知地位、形式特征、数量特征和无指的受事成分等问题；就施事成分而言，主要考察了有施事出现的 PAV 和 APV 两种语序，发现充当施事的成分以光杆人称代词为主，且第一人称最多。就谓语成分而言，讨论了它的基本构成、谓语动词的前加成分和后附成分、谓语动词的类等问题。第三章“受事前置句的及物性”，主要是把受事前置句受事、施事、谓语三部分的特征统一在 Hopper & Thompson 广义及物性理论的框架下讨论。发现进入 PV 格式的受事个体性较强，动词多为动性强的动作动词，句子多表达在现实世界中完成了的动作或动作完成后出现的状态。受事通常是完全受影响，所以及物性高。进入 PAV 格式的受事中有一部分是由小句充当，这个时候动词都是静态动词，还有一部分感官动词充当谓语，受影响的是感事本身，整句的及物性低。进入 APV 格式的受事个体性较弱，多为类指，受事几乎不受影响或受很小影响。受事前置句及物性的高低影响它们在篇章中的位置恶化功能。大部分受事前置句属于低及物性的句子，多作为篇章背景，起补充说明的作用。高及物性的受事前置句中有部分位于篇章前景，推动事件的发展；有部分位于篇章背景，起描写说明的作用。第四章“受事前置句的使用条件”着重探讨受事前置句在使用上的强制性。第五章讨论了受事前置句与被动表达的关系。作者认为，无标受事主语句的范围可以从宽，但无标被动句的范围却要根据动词的特征进行限定。无标被动句所表被动意义的特点有二：一是感情色彩倾向于非贬义，二是表达弱影响性。

关键词：现代汉语　句型　谓语　句法　被动句

3096

基于普通话的汉语阻塞辅音实验研究 / 冉启斌著 ; 石锋指导 . -- 南开大学, 2005 . -- 179 页

论文分六章对汉语普通话的阻塞辅音进行了实验研究。第一章介绍选题和方法。第二章分析有关辅音的基础问题。论文把辅音产生的时程阶段叫做辅音的气流过程；接受 Arnold(1966)提出的辅音气流过程四阶段；把一般所谓的“塞擦音”称为“闭擦音”，认为从逻辑上和语言事实上闭擦音都可以看成是一个音素。将辅音格局从音类配列格局、语音变体格局、阶、层关系等方面进行了分析。第三章试验分析普通话的爆破音。介绍爆发音的一些特殊现象、优势部位和汉语方言中的爆发音等，认为爆发音最常见的部位是舌尖(舌冠)；[t]、[k]基本上出现于所有汉语方言；后接音素[u]有使双唇爆发音 VOT 增长的倾向，[u]对爆发音 VOT 的影响是成部位的；音节中元音的声学空间与单念时相比有所缩小，其中后高元音[u]前移明显；音节中元音 F2 频率值的变动范围比单念时扩大了。第四章对汉语擦音进行实验分析，指出擦音最常见的是[s]；较长的一类擦音大致音高较高、音强较强，较短的二类擦音大致音高较低、音强较弱；普通话擦音一般音长较长、音高较高、音强较强的一类，在擦音空间上则谱重心较高，分散程度较低；时域上的结果和频域上的结果具有相互对应的关系；音位上看起来相同的擦音在不同方言中的声学表现具有不同程度的差异；浊擦音比相应的清擦音谱重心要低得多，分散程度和分布范围要小得多。第五章对普通话闭擦音进行了实验分析，指出闭擦音基本上存在于所有汉语方言当中，一般至少具有一个[ts]；普通话的 zh、ch 在语音特性上介于闭擦音和爆发音之间；送气闭擦音与擦音有比较接近的方面。第六章为结论：阻塞辅音的声学特征受自身性质这一内部因素的影响明显，而相邻音素以及声调等外部因素的影响相对小得多。

关键词：汉语　辅音　爆发音　擦音　普通话

3097

汉语方言元音格局的实验研究 / 时秀娟著 ; 石锋指导 . -- 南开大学, 2005 . -- 273 页

本文运用元音格局研究理念、语音实验的方法研究了九大方言区 40 个方言点的元音格局，考察了其元音的定位系统。首先，进行语音实验，通过对实验结果的分析得出结论，认为汉语方言元音格局具有以下特点：(一)顶点元音有高元音/i、u/和低元音/a/，元音基本的构形都是三角形，可分为等边形、等腰形、锐角形三类；(二)高、中、低三种位置的元音都有，从元音的个数来看，元音格局的类型有 6—11 元音系统，其中高元音丰富，中元音次之，低元音最少，只有一个/a/；(三)中元音/ɣ/具有游移性。其次，将元音格局与方言分区相联系进行分析，发现：官话区元音三角形的构形的类型与其八个次方言的分区有很强的一致性，从方言区来说，同一方言区内元音三角形构型的类形基本一致；从元音三角形构形的类型来看，同一种类型中，要么是同一方言区的，要么是相邻方言区的，再则是有渊源关系；非官话区内部既有一

致性，又有差异性；元音格局反映出汉语方言的南北大界和方言间的亲疏关系。最后，分别考察了元音格局的高、中、低元音，得出结论：(一)各系统格局之间具有以下特点：(1)各元音格局具有独立性，(2)元音系统间同一元音音位占据的声学空间具有相对性，(3)汉语方言元音 F1 离散度大，F2 离散度小，说明元音在高度维上比较分散、灵活，在前后维上较集中、稳定；(二)方言元音系统内有：(1)高、低元音的稳态性原则，(2)舌尖元音的不稳定性原则，(3)中元音高低维度上的灵活性及/γ/的游移性原则，(4)低元音的趋中性原则。

关键词：汉语　方言　元音　声学元音图

3098

现代汉语重动句研究 / 孙红玲著；赵金铭指导. -- 北京语言大学，2005. -- 143 页

文章结合结构主义的分布、变换等研究方法，对现代汉语重动句进行了系统深入的研究，着重探讨了重动句的语义、功能、使用动因以及与相关句式的功能差异等问题。文章首先对重动句以往的分类进行了概述，在此基础上针对现有分类的特点及不足，遵循形式和意义相互验证的原则，对重动句的“致使/非致使”意义类型进行了重新划分。其次，文章提出重动句在整体上表现的是一种量变的过程，在这一过程中，不同语义类的重动句凸显的是不同的量变阶段，从而提出了重动句的量变图式。作者认为，非致使性重动句凸显的是这一量变过程的前段，致使性重动句凸显的是这一过程的后段。这样，从非致使性重动句到致使性重动句，动作行为达到的量从“常量”到“非质变性超常量”，再到“质变性超常量”，直到引起质变。之后，文章探讨了重动句使用的动因，认为使用重动句在句法、语义上主要是为了解决因句法或语义的限制而导致的“宾补争动”的矛盾，在语用上则主要是为了突出强调特定活动中动作行为达到的量。最后，文章以把字句为例对重动句与相关句式之间的语用功能差异进行了对比研究，并表现出这些不同的语法表现对重动句的教学带来的重要启示，根据这些启示对重动句的教学提出了一些参考性建议。

关键词：现代汉语　重动句　句法　语用学

3099

永州南部土话语音研究 / 唐伶著；曹志耘指导. -- 北京语言大学，2005. -- 162 页

本文根据对永州南部 75 个土话点的实地调查和资料，对永州南部土话语音的共时特点和历史演变进行了研究和探讨，对永州南部土话进行了地理分类，并简要探讨了永州南部土话和周边方言的关系。全文共分七个部分。第一章概说介绍了永州概况，对“永州南部”的范围给出了界定，并交待了研究的背景、研究的对象和材料，以及研究的目的和方法。第二章“永州南部土话的声母”主要讨论了全浊声母、帮端母、精组、知系、尖团音的读音类型和演变情况。第三章“永州南部土话的韵母”主要讨论了鱼虞韵、止摄、咸阳摄、阳声韵尾、入声韵的读音类型和演变情况。第四章“永州南部土话的声调”分别分析了古平声、浊上、去声和入声在发展演变过程中所表现出来的一些比较有特色的现象，详细讨论了浊上和入声的归并方式。第五章对永州南部土话进行地理分类。第六章从语音角度比较分析永州南部土话和周边方言的关系。最后部分是余论，主要讨论了两个问题：一是语言的发展与非语言因素之间的关系；二是和永州南部语言生活相关的问题。

关键词：湘语　方言　语音

3100

结果/使役结构和双宾语结构的事体结构分析 / 唐世民著；吴一安指导. -- 北京外国语大学，2005. -- 243 页

该论文的目的是探索事体结构是如何实现为句法结构的。论文总结了四种基本的事体结构：行为事件、运动事件、状态变化事件和关系事件。认为行为事件和其他任何一种事件结合就形成了一种复杂的事体结构，这种复杂的事体结构是结果结构、使役结构和双宾语结构的语义基础。论文提出了一个表征事体结构的体系，并对句子的事体结构给出了树形图结构的表征形式。论文认为，这个事体结构观点为结果结构、使役结构和双宾语结构提供了一个完美的解释。述谓成分和目标或状态的结合方式影响句子的句法结构，不同的结合方式对应不同的句法形式。论文根据汉语中和英语中的证据，证明 Simpson 提出的直宾限制不是管辖结果结构的有效概括。提出双宾语结构和 to 与格结构实质上是结果结构的一种特殊类型，并遵守约束其他结果结构的同样原则。此外，论文还提出了汉语“把”字结构的特点和制约条件，认为事体结构框架能够为汉语和英语中的结果结构、使役结构和双宾语结构提供令人满意的解释。

关键词：事体结构　双宾语结构　使役结构　句法结构　结果结构

3101

汉语关系从句的类型学研究 / 唐正大著 ；刘丹青指导. -- 中国社会科学院研究生院, 2005. -- 114 页

本文从类型学角度对汉语关系从句的概念、范围、结构、功能以及关系从句理论体系建立等方面进行了初步探讨。全文分为七章。第一章综述对汉语关系从句及其相关问题的研究领域、深度、成果，指出汉语关系从句理论建立和发展的重要性；阐述本文主旨、基本要点及创新之处。第二章廓清汉语关系从句的内涵和外延。得出汉语名词短语的基本结构类型，即最复杂 NP 形式[N/AP/Rel/PP—Dem－Num－Cl—A－N－Nh]和[N0/AP/Rel/PP/NumCl－的/个－A－N0－Nh]。发现 M3 位置是真正意义的形容词和表性质等语义范畴的无指名词；M2 位置的最复杂形式是指数量组合，语法化成为具有联系项作用的非专职定语标记；M1 位置可以出现意义限定性名词（质料、领属等）、形容词短语、介词短语和表计量的数量组合。关系从句就是 M1 位置诸多修饰语中的一种。提供三条标准以确定关系从句身份，即命题、小句形式、同指。第三章讨论 M2 位置作为限定词和泛化的定语标记的关系从句标记类型，发现“光杆‘的’类—从句的属性谓语类型—主句的属性谓语类型”的无标记关联模式，在书面语文本中[Rel－Dem－N]与关系化宾语的关联模式，[Dem－Rel－N]与关系化主语的关联模式以及[Rel－Dem－N]的优势语序类型。第四章讨论汉语限制性和非限制性关系从句在形式语义上的理解标准，对汉语只有限定性关系从句的论述进行质疑。第五章概括与关系从句结构语序类型密切相关的三条语序类型原则：主语核心尽早确认、宾语核心紧靠动词、关系从句结构与主句结构有所区分，集中解释了汉语为何成为几乎唯一的关系从句前置的 SVO 语言，以及其他一系列优势语序现象。第六章分析讨论汉语对于违反两条共性原则的后果和补偿。第七章总结全文要点，并归纳出尚未解决的理论体系问题，以及可以继续展开讨论的领域。

关键词：汉语　从句　语序　类型学

3102

语法和修辞的区别与语法学和修辞学的关系 / 滕慧群著 ；王希杰指导. -- 南京大学, 2005. -- 178 页

本文分三个步骤研究语法和修辞的区别、语法学和修辞学的关系。首先，对我国语言学研究中的语法和修辞、语法学与修辞学的关系进行回顾和总结，简要列举了我国语言学研究各阶段中的各种语法修辞关系观。第二，通过对国内外语言学、语法学、修辞学发展历史的回顾和总结，明确了国内外语法学、修辞学的研究对象与学科地位；澄清了作为语法学和修辞学研究对象的语法与修辞的区别；理清了国内外尤其是国内语法学和修辞学与语言学的关系。第三，从语法和修辞、语法学和修辞学的关系这一角度对语法修辞结合问题、三个平面、小三角语法研究方法的提出进行考察，解释出隐藏在我国语言学界多样化的语法观、修辞观、语法修辞关系观背后的深层原因，说明语法修辞结合问题的提出与三个平面、两个三角语法研究方法的提出是由基本相同的原因造成的，作者尝试着提出了解决语法修辞结合问题的方法，并且明确语法研究和修辞研究之间的关系。

关键词：语法学　修辞学

3103

汉英语气系统对比研究 / 王飞华著 ；潘文国指导. -- 华东师范大学, 2005. -- 233 页

论文以陈述和疑问为基础对比研究了汉英两种语言的语气系统。首先，文章研究及界定了语气的定义及其所含内容，并界定了本文所研究的语气：它以汉语语法研究所定义的语气为基准，涵盖了西方语气和情态两方面的内容。其次，从宏观上对比了汉英语气系统，归纳汉英语气系统的共性特征有：二者都综合运用多种手段表达语气，表达手段的重合度较高；二者的功能语气类别共同的也比较多；二者均为有层次的系统，均可实现不同语气的同句共现。从语用上看，两种语言都能利用隐喻手段达到同一语用意义在不同语气间的转换，都能在语用表达上进行相似的语用功能扩展。两种语言的语气表达的主要手段从类型学来看都符合距离象似动因。在语气表达的历史发展上，两种语言都朝着分析型为主的方向在发展。它们也具有极大的个性差异：英语语气表达更注重与现实世界的联系，注重现实性与非现实性的区分，而汉语的语气表达更注重对交际对象的关照；英语的语气与时体等其他语法范畴紧密纠结，而汉语的语气与时体等相互疏离；英语是分析及综合并重，以动词为中心的语气表达，汉语则是纯粹分析型，以语气词为中心的语气表达；汉语语气的表达是柔性的，更为灵活多变一些；而英语语气的表达是刚性的，规定性多一些；英语是时突显的语言，汉语是体突显的语言，但是从 GOSP（语法化、强制性、遍布性及系统性）来看，汉语也很可能是语气突显的语言甚至更可能是语气突显的语言。最后，文章以陈述和疑问语气为基础，

进行了具体语气表达手段的对比,从微观验证了论文的观点。

关键词:汉语 英语 语气 陈述 疑问 比较语言学

3104

外国学生汉字构形意识发展的模拟研究 :基于自组织特征映射网络的汉字习得模型 / 王建勤著 ; 赵金铭指导. -- 北京语言大学, 2005. -- 177 页

本文主要研究了外国学生汉字构形意识的发展,理论背景主要是"联结主义"认知理论和汉字构形理论,采用了汉字字形表征的方法和模型构建的方法。作者在研究的过程中应用了一个模型——自组织特征映射模型(SOFM),并对这个模型依据"汉字部件识别模型"的结构和算法做了简单的修正。作者在对模拟文本的用字进行统计分析之后得出了这样的结论:模拟文本中潜在的知识结构对模型汉字识别能力的发展以及汉字构形知识的获得具有潜在的影响。模型的汉字识别效应可以从模拟文本或训练样本包含的潜在的知识结构中得到解释。汉字表征方法主要有拼音文字的表征方法和表意文字的表征方法两种,作者在考虑了汉字字形表征特征的选择原则及表征方法,结合了系统的结构和难度之后提出了本研究所使用的汉字字形表征系统。最后作者在构建"CRCC"模型之后,对模型汉字认知效应针对模型的三个子模型进行了模拟研究,分别是:汉字构形规则认知效应模拟,汉字结构类型认知效应模拟,模型汉字识别错误模拟,并认为这个三个子模型成功地模拟了人脑知识积累的过程。

关键词:对外汉语教学 汉字 构形 自组织模型

3105

基于内涵逻辑的动名组合问题研究 / 王淑华著 ; 陆汝占指导. -- 对外汉语学院, 2005. -- 117 页

本文是面向中文信息处理的现代汉语动名组合问题研究,以内涵逻辑模型论思想为指导方法,以叠置原理为核心原则,寻找各种动名组合体的内部组合方式和组合规则,力求达到汉语语义分析和语义合成形式化的目的。全文共分六章。第一章为绪论。第二章是全文理论基础。作者重新定义了动词的外延,主张区分动词的内涵用法和外延用法;运用叠置原理,按照意义标准,把汉语中的"词"分为原子词(固定点)和叠置词(非固定点)两种,主张把"原子词"作为语义研究的最小单位,建议将机读词典分为原子词表和叠置词表两部分;论述了建立动词模型的必要性、具体过程以及动词模型的应用范围,并同义素分析法、格语法进行了比较。第三、四章具体考察了汉语中动语素和名语素、动词和名词的组合情况,并将结果用形式化的方法表示出来,从而尝试着为中文信息处理提供语义知识的支持。第五章考察由动词和名词组成的名词性短语——"N_1VN_2",探讨了该结构的语法属性、层次划分、语义组合模式和相关结构的变换问题。第六章为总结,并提出进一步研究的方向。

关键词:现代汉语 动词 名词 短语 语义分析

3106

借代修辞格论析 / 王天星著 ; 王希杰指导. -- 南京大学, 2005. -- 98 页

本文从辞格借代和借喻的界定之争出发,尝试明确借代的定义和本质,并且对借代这种修辞辞格进行较为全面的分析讨论。全文共分五章。在第一章绪论中引出借代语借喻之争后,作者在第二章中指出,界定借代需要区别传统文论诗话中的借代语和修辞学中的借代辞格;需要修正当前通行的"换名"说;需要妥善处理西方修辞学的影响。接下来,文章从相关与相似关系这两种修辞操作的基础来区分借代与借喻,即:相关关系所造就的典型辞格为借代,而相似关系所造就的是比喻。在以上的论述基础上,作者为借代从三个不同角度(传统论诗话、作为思维与认知方式、作为修辞手段)下了定义。第三章就借代所基于的相关关系,分别从物理、文化、心理、语言四个世界予以论证和阐述。第四章中,作者试图通过探讨借代与相关修辞格的区别和联系来更加明晰对借代的认识、理清借代与其他相关辞格的界限,以确立借代这一辞格在辞格系统中作为基础的重要地位。第五章是从修辞、词汇、文化三个方面阐述了借代的功能。

关键词:修辞学 借代 比喻 辞格

3107

宋词用韵研究 / 魏慧斌著 ; 尉迟治平指导. -- 华中科技大学, 2005. -- 181 页

本文采用计算机辅助研究和数理统计两种方法,以《全宋词》为工作底本,并吸收近年词学研究的最新成果,对宋词电子文本进行标注,生成韵段、词人、词调等数据库,编制了韵段、韵字观察系统和丝贯绳牵

系联等用韵研究程序，对存世宋词用韵进行了考察和分析。共收录北宋太祖建隆元年(960)至南宋帝昺祥兴二年(1280)之间，1330余位词人的20191首词作，并摘录为26420个韵段。作者将宋词用韵分为17部，其中阴声韵七部，阳声韵六部，入声韵四部，并对宋词用韵的主要特点进行了讨论。通过对宋代西北、江苏、安徽、湖南、湖北、广东等地区词人用韵的研究，对词韵反映的宋代方音进行了较完整的描述。指出宋代各地区词人用韵基本符合17部系统，宋人用通语入韵，宋代汉语方言的分布情况跟现代汉语差别不大。词韵中反映的主要方音特点有：福建词人歌萧两用；湖南词人尤侯部唇音字不押鱼模部；南方地区词人梗、臻二摄阳声合用极多；中原地区，安徽因接近南方吴语区，各种通押现象较河南、河北等地要多；西北地区词韵相对于其他地区来说通押最少，最接近于当时通语的面貌。在此基础上，作者指出，从历时的角度来看，两宋三百余年间词韵的变化不大。此外，作者还对部分词调文字和韵律进行了校勘和讨论。

关键词：宋词　《全宋词》　词律　词韵　通语　通押　文学研究

3108

周秦两汉连动式的发展变化 / 魏兆惠著；尉迟治平指导. -- 华中科技大学, 2005. -- 118 页

论文主要选取上古汉语的四部经典文献《尚书》、《左传》、《史记》、《论衡》，观察上古一千多年来连动式经历了怎样的发展和变化，并对这些发展变化作出解释。论文认为，(1)在周秦两汉汉语中，一般动词直接连用，动词之间不插入连词时，如果动词之间的语义关系是承接关系，这类连动式很少发生变化，因为它们自始至终是遵循时间顺序原则的。(2)连动式中使用连词的频率，自商周时代至两汉经历了从少到多再到少的变化过程。早期连词少是因为连词系统及其表达功能不完善造成的，两汉时期连词少是由于动补结构的出现等原因造成的。(3)不含连词的连动式，一个句子中出现了几个连用动词，这几个动词的语法地位是相等的，但语义地位却不同。几个动词必然有一个动词是核心动词，而另外一个动词则是次要动词。当另外的动词经常充当次要动词时，动词性会逐渐减弱，词义会逐渐抽象化，语法位置会逐渐固定下来。如果该动词出现在 V_1 的位置，表示时间、地点、方位、原因、凭据、对象、伴随等时，容易语法化为介词，如"在"、"从"、"凭"、"对"等；如果该动词出现在 V_2 的位置，而且是不及物动词(如趋向动词、状态动词等)，它们带宾语时是使动用法，和时间顺序原则(施事者在前，动作在后)不相符。使动用法将逐渐衰亡以适应该原则的要求。如果这些动词表示方向和结果，必然会语法化为趋向补语和结果补语。因此，介词、趋向补语和结果补语多是连动式经过语法化发展而来的。可见，汉语语法具有稳固性，但这种稳固性是相对的。连动式的发展变化不仅对汉语自身的语法结构产生巨大的影响，使汉语的谓语更加复杂化，也使汉语的表达向更加精密化的方向发展。周秦两汉汉语是汉语史中不可忽视的阶段，是汉语很多语法现象的源头所在，在周秦两汉汉语连动式发展变化的影响之下，中古汉语的连动式发生了更为剧烈的变化。

关键词：汉语　复杂谓语　连词　介词　动词

3109

汉语成语和韩语成语对比研究 / 文美振著；郭熙指导. -- 南京大学, 2005. -- 106 页

本文以中韩两国的各种史书和成语词典作为基本材料，试图对汉韩成语之间的异同和变化规律加以探讨。本文共有六章。在绪论部分之后，第二章主要讨论汉字在朝鲜半岛的传播和吸收。本章分为三个部分，第一部分是传播的渠道，重点探讨汉字和汉语文在朝鲜半岛的传播渠道；第二部分介绍朝鲜如何吸收和应用传来的汉字和汉语文；第三部分讨论汉语成语的传入。第三章研究汉语成语和韩语成语意义上的异同。在介绍过两国的形同义同成语后，作者对其作了较为详尽的分析。第四章在分析过汉语成语和韩语成语在次序、组成成分、次序和成分上的差异后，作者探讨了它们之间产生差异的原因。另外，对于这样一些未见诸汉语成语词典甚至来源不明，但却在韩国继续使用的成语也进行了研究。第五章为对韩源成语的来源进行的初步探讨。第六章为研究的结论。

关键词：成语　汉语　朝鲜语

3110

通过猜词策略看欧美韩日学生汉语阅读能力发展过程 / 吴门吉著；周小兵指导. -- 中山大学, 2005. 198 页

本论文以阅读猜词策略研究为切入点，考察欧美、韩国、日本学生的汉语阅读能力的发展过程。作者运用定性分析与定量统计相结合的方法，尽可能从详尽细致的数据处理中发现不同语言水平的学习者对汉语猜词策略使用的规律，从而考察学习者猜词能

力的发展过程,以揭示欧、美、韩、日学生的汉语阅读能力发展过程。论文共分九章展开论述。作者在对已有阅读文献研究的基础上,论证了猜词能力和阅读能力的关系,并对汉语阅读猜词策略进行了分类,进而从阅读与文字、阅读与语言、阅读与认知的关系出发,提出了本文的研究假设。通过口头报告、测试、问卷调查等实证研究,获得了本文的研究成果,主要包括影响猜词的因素以及欧美、韩、日汉语学习者的猜词能力发展过程及其特点。在此基础上,作者提出了汉语阅读的"汉字门槛"说,讨论了语言水平、语义建构能力对汉语阅读能力的影响。最后,根据本论文的研究结果,作者对对外汉语阅读教学提出了相应的教学建议,提出要特别强调阅读教学的国别差异、阅读教学的系统性和阶段性。

关键词:对外汉语教学　阅读

3111

汉语部分句式的形式语义分析 / 吴平著 ; 方立指导. -- 北京语言大学, 2005. -- 192 页

本文提出了一种扩充的逻辑语义分析法,并致力于应用这一分析框架来研究汉语部分句式的语义问题。作者所提出的逻辑语义分析法的扩充性主要体现在两个方面:一是加入了(语义)类的重设原则;二是语义的分析过程坚持把逻辑谓词视作是承载着整个句式的主要语义信息。本文共分八章:第一章引言;第二章讨论形式语义的基本理论及其自动分析的原理;第三章集中讨论应用于本文的一种扩充的逻辑语义分析法;第四章是对论元控制谓语与非论元控制谓语的逻辑语义的分析与计算;第五章是量化句的逻辑语义分析与计算;第六章是对"NP + 在 + 处所 + VP"句式的事件语义分析与计算;第七章再谈若干句式的事件语义分析;第八章为结语。作者将汉语中由动词充当的谓词情况归纳为论元控制谓词和非论元控制谓词,其中论元控制谓词又分为主语论元控制谓词和宾语论元控制谓词,并对这几类谓词的语义形制进行了形式化的定义,对宾语论元控制谓词做出了进一步的次类区分和归纳。作者对比并分析了生成量化句的逻辑语义表达式的四种方案,讨论了如何借助 HPSG 的语法框架中有关量词储存的理论来描写汉语量词辖域歧义的现象,讨论了汉语中的存在量词、能够视为典型的存在量化句的"有"字句和周遍性主语句分析作全称的量化句的条件。本文还对"NP + 在 + NP_loc + Vt + NP"的句式进行分析,认为这个句式能体现复合处所事件的充分必要条件有两个:一是主语论元必须具有[+ 原点处所]的语义特征,二是处所事件在所发生的持续时间内实际包孕着另一个通常是非处所性质的事件。

关键词:汉语　句型　句式语义　形式语义

3112

跨境壮语研究 / 吴小奕著 ; 尉迟治平指导. -- 华中科技大学, 2005. -- 151 页

论文分别对中越边境地区所使用的跨境壮语的语音、词汇、语法等进行了探讨,揭示了跨境壮语诸方面发展变化的全貌;介绍了跨境壮族文字和跨境壮语使用状况,回顾了跨境壮语的发展,总结了使跨境壮语在跨境条件下保持一致的社会因素和语言因素。通过上述研究,得出如下结论:境内外壮语在跨境条件下仍在许多方面保持了较高的一致性;紧密的地缘关系,密切的民族文化交流与接触,相同的语言发展走向,较高的民族聚居程度等因素是跨境壮语在经历漫长跨境历史后仍能保持高度一致的主要原因。在新的社会历史条件下,越南语凭借着国家主体民族语言和国家通用语的优势地位,对岱侬语的影响正在日益增强,促使岱侬语逐渐脱离与境内壮语共同发展的轨道;而境内外壮语自身的独立发展也导致了跨境壮语差异的产生。随着汉语与壮语关系日趋密切,越南语对岱侬语影响逐渐增强,跨境壮语的差异将进一步扩大。

关键词:岱语　侬语　壮语　越南语

3113

现代汉语话语情态表达研究 / 徐晶凝著 ; 王洪君指导. -- 北京大学, 2005. -- 204 页

本文采用情态研究民族模型的理论框架和研究方法,从现代汉语的语言事实出发,以语法化程度较高的成系统的封闭类作为研究对象,探讨现代汉语话语情态表达的总体面貌。并且与英语或日语进行比较,分析它们在情态表达的某些方面所具有的共同点和差异。全文共七章。绪论中主要阐释了话语情态的含义以及本文的研究视角。第一章和第二章,作者对国内外汉语学家的情态研究现状进行了综述,并就以往研究中出现的几个问题进行了理论上的探讨,进一步确定了本文的情态研究范围,并勾勒出了现代汉语话语情态的总体框架。第三、四、五、六四章,分别研究了现代汉语的句类系统、语气助词、情态助词和情态副词在情态表达上的总体面貌。第七章总结梳理了全文所提出的主要观点,并指出了还有待研究的

一些情态问题。

关键词:现代汉语　语气　语气助词　情态副词

3114

杭嘉湖方言语音研究 / 徐越著 ; 曹志耘指导. -- 北京语言大学, 2005. -- 284 页

本文共分七章,在实地调查的基础上,对杭嘉湖方言的语音进行了全面描写,重点研究了杭嘉湖方言的"气流分调"、"次浊声母字的归调"、"小称音"、"文白异读"等现象。第一章为概说,简要介绍了杭嘉湖地区的人文概况和方言概况,以及有关方言的研究情况、本文的研究目的、对象、方法和材料来源。第二章为语音概况,主要运用传统方言学的方法,从总体上归纳杭嘉湖方言语音的共同点和内部差异。第三章中,作者认为气流分调是中古帮端精知照见六母和滂透清彻穿溪六母因气流强弱的不同所引起的声调进一步分化的现象。在杭嘉湖地区,嘉兴、嘉善、平湖、海盐四县方言存在气流分调现象。杭嘉湖方言的气流分调囊括了汉语方言中迄今发现的气流分调的所有类型并具有自己特点。本章并从单字调和两字组语音变调入手,探讨了杭嘉湖方言气流分调的类型和分布、与周边方言的关系、发展演变的特点,特别是对嘉善方言独特的气流分调现象进行了深入了剖析。在第四章中,作者认为,在杭嘉湖方言中,次浊上归阴上的现象以及其他调类中次浊字归阴调不归阳调的现象都比较普遍,且形式多样,作用重要,本章对这一地区方言中次浊声母字归阴调的各种类型和演变规律作了初步考察。第五章中,作者归纳了杭嘉湖方言中小称音的类型和地域分布情况,着重分析了杭州、余杭和嘉善三地的小称,作者认为,杭州方言的[əl]缀小称具有明显的官话色彩,余杭方言的[n]缀小称是吴语小称中的典型类型,嘉善方言的变调小称在功能上已经超出一般小称的范畴,是一种小称泛化现象。在第六章中,作者运用社会语言学定量研究的方法,分析杭州方言文白异读的内部差异,并从语言接触的角度探讨杭州方言文白异读的形成和发展。第七章则讨论杭嘉湖方言中其他一些比较特殊的语音现象,包括鼻音增生、语音避讳、例外和特字三个部分。余论部分则从地理语言学的角度,运用方言地图的方法,从行政地理、自然地理、人口迁徙和地理交通等方面探讨杭嘉湖方言的地理分类。

关键词:吴语　方言　语音变化　浙江省

3115

突发事件信息提取研究 / 杨尔弘著 ; 张普指导. -- 北京语言大学, 2005. -- 162 页

本文在对突发事件新闻报道特点广泛分析的基础上,以同一突发事件的多个新闻报道(同事件多文本)为处理对象,进行突发事件的信息提取研究。主要内容包括:同事件多文本的数据分析,从中获取支持突发事件信息提取的有关特征;基于多特征融合的命名识别方法研究与分析;特定信息的模式自动获取方法研究;突发事件信息提取的模型研究,在此基础上获取突发事件的信息结构及特定信息。作者认为,信息提取是一个有机融合多种资源和技术、面向实际应用的研究,其研究是在对文本进行分词和词性标注的基础上进行,旨在从一个新的视点对突发事件信息提取进行初步探索,提出以信息结构表达突发事件的有关信息、以特征项获取模式并进一步提取特定信息的思想。本文的研究特色主要包括:(1)提出一个突发事件信息提取模型;(2)实现了一种具有较强适应性的无指导的模式获取方法;(3)分析、论述了现有资源和基础加工对信息提取任务的支持和制约,探讨了在弱知识条件下信息提取技术的发展空间。

关键词:紧急事件　突发事件　信息处理

3116

基于动态流通语料库(DCC)的汉语熟语单位研究 / 杨建国著 ; 张普指导. -- 北京语言大学, 2005. 153 页

本文对词组研究、熟语研究进行了反思,提出"熟语单位"(Idiom Unit, IU)的概念,并给出了判别 IU 的三条原则:是否"结合紧密,使用稳定";是否符合人们的认知规律;流通度要达到一定的阀值。IU 理论上包括一切具有熟语性的词语组合单位,本文讨论的 IU 单位包括三字格中的惯用语和"差不多、靠不住、来不及"这样介于词和短语之间的结构串和四字格中的成语和新固定短语以及简称略语、插入语和字母语等。三字格中,本文重点讨论音节为"1 + 2"式、结构为"V + N / P"式和音节为"2 + 1"式、结构为"V / VP + N"式两类,验证了"音节为'1 + 2'式的是短语,音节为'2 + 1'式的是韵律词"的论断。作者在四字格中重点讨论了"N + V"式和"V + N"式,发现定中关系的"N + V"式四字格熟语性最强,数量最多,状中关系次之,主谓关系的四字格熟语性最弱,且 N 与 V 之间存在离散性。关于"V + N"式作者认为:"V + N"式四字格如果表示通名,往往是或者容易成为一个 NP 习

惯性搭配;"V+N"字四字格中的N如果是比较抽象的双音节名词,则NP熟语性相对较强;"V+N"式四字格如果是双音节述宾式动词,则这种"双音节述宾式动词+宾语"形成的NP熟语性很强。

关键词:汉语　熟语　语料库

3117

长沙人学习普通话过程中的语音中介现象研究／杨洁著；许嘉璐指导. -- 北京师范大学, 2005. -- 130页

中介普通话是一种以方言母语为起点但又与普通话标准有一定差距的不完全标准的普通话。语音是中介普通话的典型特征,本文从此入手,研究以湘方言为母语的长沙人学习普通话过程中的语言中介现象。除绪论外,全文共分四章。第一章是对长沙中介普通话语音状况的调查研究,从调查材料的规定性素材和自由素材中,总结长沙中介普通话语音的偏误类别,并具体进行了六类语音现象的母语迁移分析。第二章在总结长沙中介普通话语音特征的基础上,从方言母语迁移和普通话学习条件等两个层面对其成因进行了分析。第三章以湖北恩施方言区(西南官话)的中介普通话为参照,通过对比,进一步解析了长沙中介普通话的形成机制。第四章先探讨了中介普通话的语言学意义,作者认为其具有系统化、中介性、动态性和合理性的特点。然后文章又讨论了中介普通话的语言规划意义,文章指出,中介普通话会在我国复杂的语用环境中长期存在;在普通话教学和测试中,应该坚持普通话的规范标准,加强普通话、中介普通话、底层方言母语的相互关系研究。最后一章是对研究的理论、方法、过程与结论的反思。

关键词:普通话　语音　中介语　方言　长沙

3118

现代汉语介词功能研究／杨丽姣著；许嘉璐指导. 北京师范大学, 2005. -- 145页

本文使用国家语委4500万字核心语料等实际语言生活材料,从句法、语义、语用三个角度切入现代汉语介词功能研究。结果显示,介词的功能不仅应该解释为句法功能、语义功能、语用功能的密切相关性,而且也应该解释为系统成员语法功能的连续性。本文共分为五部分。在第一部分绪论后,文章在第二部分集中讨论现代汉语介词的句法功能。作者认为其由标引功能与标志功能组成,即介词不仅可以介引相关成分组成介词结构,修饰表述中心动词;也可以引进和标明主题。这两种功能具有动态的竞争关系,但从总体上讲,标引功能是介词的基本句法功能。文章的第三部分指出介词标引的最主要的语义角色是时空角色。作者考察了由介词标引的与空间角色相关的其他语义角色,并从认知的角度分析了这种关联发生的途径以及类型。另外,本部分还阐述了语序及相关成分的语义特征对于介词语义功能的影响,以及介词结构和动词的组配关系及其对介词语义功能的影响。第四部分主要探讨介词与介词结构的语用功能。介词结构的语用范围与介词的主题标志功能具有内在关联,介词结构的衔接功能与介词的主题标志功能也可以互相说明。虚拟与现实对现代汉语介词结构在不同句式中的分布有很大影响。另外,作者还在这一章中讨论了介词的标志功能、标引功能对于介词隐现的制约作用。第五部分为文章结语。

关键词:现代汉语　介词　语法　语义　语用

3119

面对信息处理的现代汉语同类词短语句法功能歧义研究／杨泉著；冯志伟指导. -- 中国传媒大学, 2005. -- 127页

歧义问题是自然语言理解和机器翻译中难以解决的问题。在自然语言中,由于人类天生具有在交流中排除歧义的能力,因而歧义很少真正影响过人们的交流,但这种排歧能力是机器欠缺的。作者希望找到人类排除歧义的主要依据,经过算法转换后帮助计算机解决自然语言处理过程中的歧义问题。文章主要试图解决的是同类词短语句法功能的歧义问题。同类词是由同一种词性的词构成的短语,其主要构成成分是名词、动词或形容词,数量是二元或三元。本文探究的是其中五种的消歧问题,包括:n+n结构、v+v结构、a+a结构、n+n+n结构和v+v+v结构。针对计算机处理语言,文章提出了格式真歧义短语和实例真歧义短语的概念,并且总结了它们的特点以及它们在语言信息处理时代的意义。本文在编写消歧规则的同时,建立了一个可供计算机使用的汉语知识本体雏形,提出了一个面向中文信息处理的词典和规则库模式。它们二者构成了本文消解同类词短语句法功能歧义的语言知识库。作者提出的具体消歧方法如下:以机器可读词典和规则库为核心,把ONTOL-MT作为语义特征来源,将一个手段(语义、语法、上下文语境)作为知识表示内容,用复杂特征作为知识表达形式,最终凭借PATR在计算机上实现。

关键词:现代汉语　自然语言理解　歧义　短语

3120

现代汉语语气副词的主观性和主观化研究 / 杨万兵著 ; 许嘉璐指导. -- 北京师范大学, 2005. -- 153 页

语气副词是表现人的主观意志、情感认识的副词,意义较为抽象、空灵,语用条件也颇为复杂。本论文集中探讨的就是这种副词的主观性(说话人在说话的同时表明自己对这段话的立场、态度和感情)和主观化(语言为表现主观性而采用相应的结构形式或经历相应的演变过程)问题。作者在共时考察的基础上,从历时角度构拟语气副词及其意义的形成过程和轨迹,归纳其相关特点与规律。根据本文主旨,文章构架如下:第一部分为绪论,介绍相关概念、研究状况、理论基础、研究方法和意义;第二部分是对现代汉语语气副词的性质、特点和分类的总结;第三部分是对现代汉语语气副词主观性差异的分析,作者从共时角度考察了语气副词主观性差异的两种情况;第四部分主要探讨的是现代汉语语气副词意义和语法功能的嬗变,考察了代表不同来源类型的个案,总结了语气副词语法化、主观化的特点和规律;最后一部分是本文结语及研究展望。

关键词:现代汉语　副词　语气词　词义

3121

英汉词语文化语义对比研究 / 杨元刚著 ; 潘文国指导 . -- 华东师范大学, 2005 . -- 475 页

本文探讨了词语文化语义的定义、三个研究原则、四个特征、五种分类和英汉词语文化语义四种照应模式和翻译方法,分析了英汉文化语义形成的五个原因,总结了英汉词语文化语义的研究意义。全文分八章。第一章首先探讨了语言认知观的含义,对文化的定义进行了梳理和重新界定,分析了思维能力、思维媒介、思维模式和思维方法四者之间的差异和辩证关系,强调研究一种语言必须首先了解这种语言背后所蕴藏的民族文化精神——尤其是其中的哲学元典精神。第二章探讨了词语文化语义的本质和形成的哲学基础,分析了西方语言哲学中七种意义理论的得失,提出了自己的认知语义观:词义是客观性与主观性的统一、形式与内容的统一,词语的文化语义是认识主体的人和客观世界之间互动的产物,是特定的民族文化精神通过语言这个认知符号外在所形成的结果,主张坚持文化语言学的异质语言观,从语言—文化互动论出发来研究各种语言现象;主张把词汇的文化内涵放到两种民族文化背景上进行对比研究。第三章主要从语言本体的角度阐明语言认知观的含义,试图说明语言的人文属性就是语言使用者的民族文化精神的反映。第四章从多级语言符号系统说出发,运用认知语言学和跨文化交际学等理论,研究英汉词语文化语义的五种表现形式。第五章探讨英汉词语文化语义照应的四种形式,分析语言和文化的互动关系对词语文化语义产生的制约和影响。第六章分析英汉词语文化语义的成因,重点分析了中西哲学元典精神的内核"道"和 Logos 对东方天人合一与西方天人相分哲学观的影响。第七章探讨英汉词语文化语义的研究意义,提出了交际翻译观,并把文化语义分成词语表层概念信息、语用内涵信息和美学修辞信息三个层面进行了探讨。第八章为检讨与展望。

关键词:英语　汉语　语义学　比较语言学

3122

现代汉语程度量表达研究 / 姚占龙著 ; 齐沪扬指导. -- 上海师范大学, 2005. -- 239 页

本文以语义为线索,探讨潜藏于语言单位内部或语言单位之间的程度量语义特征与语言单位句法功能的制约作用。全文共分六章。在第一章绪论后,从第二章到第五章,作者对五种程度量表达形式及程度量对句法结构的影响进行了全面的描写。第二章根据词句的程度量大小,将词语划分为若干程度量等级,对不同等级的程度量词语作句法功能上的考察,并进一步指出程度量不仅限于同义词,反义词也是程度量的一个重要表现。第三章对"有 + 名"和"副 + 名"两种结构进行了考察,前者能够表示程度高是结构赋予的结构意义,主要表达两种程度量意义;后者是由凸显名词内部不同的意义类型造成的,使意义发生裂变,甚至进一步发展成为名形兼类词语。第四章构陷考察了"就"的语法化历程,确定其标量功能是怎样发展而来的,然后对它在现代汉语中的三种主要程度量表达形式进行了描写。第五章中,作者认为不仅不同类型的重叠式状态形容词之间存在着程度量等级差别,而且同一重叠形式之内也存在着程度量等级的差别。另外文章还从多个角度重点考察了 ABB 式状态形容词的程度量等级。

关键词:现代汉语　语义　句法　程度量

3123

有声语言大众传播的生命活力研究 / 张政法著 ; 张颂指导. -- 中国传媒大学, 2005. -- 115 页

本文是关于有声语言大众传播生命活力的研究。

在绪论中,文章对"有声语言大众传播的生命活力"这一概念进行了定义,即:在有声语言大众传播中,传播者有效履行传播责任,以其生活体验和生存理念为底蕴,在传播过程中调动起主体意识,凭借自身的有声语言传播能力,激活受者的生存生活感悟,取得良好传播效果与积极社会意义的一种传播实现。随后论文在正文部分对这一问题进行了集中论述。在第一章中,作者指出有声语言大众传播的生命活力取决于传播中传播者主体意识的强化。在这里,主体意识主要表现为传播者的传播身份自觉,这种传播身份的自觉启动了有声语言大众传播的生命活力,而且意味着传播者话语责任的承担。话语责任承担所关联着的目标性、意义感、价值追求与所需要的主体的主动性、能动性、创造性,推动了有声语言大众传播生命活力的形成。第二章主要讨论有声语言大众传播的生命活力的体现形式。文章认为,这种活力体现在有声语言传播的创作中,其中,传播者积极高妙的有声语言创作(包括传播状态、语言功力、声音和语言等)为其起到彰显作用,而传播者的创作个性为其注入灵魂。作者认为,创造是有声语言大众传播生命活力的根本所在。第三章中,文章指出,大众传播营造了一个传受主体都生存于其中的生存空间;真诚性对于它们之间的交流活动至关重要;传受主体生命活力互相激发、共同增长的"超循环"效用,有力地实现了生命活力的增殖。第四章中,作者提出有声语言大众传播的生命活力融会于有声语言传播的整体和谐。整体和谐关照下的有声语言大众传播的生命活力具有整体性、多重性和生长性内涵。把握好有声语言大众传播的各个方面、各个层次的"度",是有声语言大众传播生命活力实现整体和谐的关键。结语部分进一步强调了关注和改善有声语言大众传播生命活力的重要性。

关键词:大众传播　语言学　有声语言　传播学

3124

语言创新及语言创新能力研究 / 赵俐著 ; 于根元指导. -- 中国传媒大学, 2005. -- 85 页

语言创新是指语言交际中,在语音、语法、词汇、修辞、谋篇布局或说法等方面以新颖的表现形式,承载更丰富的思想、情感和色彩而使交际进一步到位。本文从语言创新的可能性入手,分析其内因和外因,继而列举语音、语法、词汇、修辞等方面的语言创新现象,对语言创新语料进行了分类研究,总结出语言创新的三个途径:思想、概念和表达的创新。作者指出每一次语言创新都是这三个方面的综合体现,只是侧重不同。预测也是语言创新的途径,作者在接下来尝试着预测出"名+着"这样的新的格式。本文还利用抽样调查的方法,将搜集的语料依据交际效果进行了层次分析,观察高层次语言创新的实际表现。这种层次的语言创新表达准确、新鲜、品味高,对生活有更深刻的认识;或者是语言表面比较平实,但蕴含新思想和深刻情感。文章接下来探讨的是表达方式的手段背后的能力培养问题,提出了教育中唤醒与充实语言创新能力的理论与方法,作者还用实验的方法检验了它们的正确性、有效性,发现了其中的不足和发展空间。有声语言的二度创作中的语言创新问题,是指基于理解感受稿件内容与形式,用富有个性的声音内涵及形式表达出来,使其具有更强表现力和感染力的有声语言创作表达能力。因其与其他语言创新及能力培养问题有区别,作者在文章的最后将其单列出来进行了讨论。

关键词:语言交流　语言创新

3125

基于动态流通语料库(DCC)的汉语字母词语识别及考察研究 / 郑泽芝著 ; 张普指导. -- 北京语言大学, 2005. -- 180 页

字母词语是汉语中出现的一种新型的外来语,目前,它们在汉语中的使用率越来越高,并在一定程度上存在着使用形式的混乱。本文对字母词语的使用和字母词语的自动识别进行了深入的分析和研究。全文共分八章,在对字母词语的使用状况和字母词语的自动识别进行了较为深入的分析和研究后,取得以下主要成果:提出了形式化的字母词语工程定义 ELWP;通过对字母词语自身的特点和其出现的上下文语境的分析,得出了字母串为中心的"中心扩展规则+统计"的字母词语自动提取算法,并设计和实现了一个字母词语自动提取系统;建立了 56 万字经人工校对的字母词语标注语料库,用作字母词语自动识别和提取;在此基础上,基于错误驱动的机器学习策略对已有规则系统进行学习和修正;对《人民日报》、《北京青年报》、《羊城晚报》的字母词语使用现状进行了初步考察;得出共由 62058 个词汇组成的字母词语数据库;对文本中的字母词语释义进行了考察,提出了分层次提取字母词语释义的观点。

关键词:自然语言处理　语料库　字母　词语

3126

汉语句子的信息结构研究：从话题突出到焦点突出 / 周士宏著 ; 傅爱兰指导. -- 北京师范大学, 2005. -- 204 页

名词性成分的可识别性和活动状态、语用角色——话题与焦点是信息结构中两对重要的范畴。本文对这两对范畴以及它们对汉语句法的影响进行了探讨。全文共分七章。第一章是对本文研究的理论准备,主要介绍了一些基本概念和它们之间的关系。第二章探讨了汉语中名词性成分的可识别性问题。包括可识别范畴、不可识别范畴,以及这两种不同认知状态的指称在担当话题或焦点的可能性上具有的倾向性规律。第三、四章考察了汉语信息结构中一个重要的关系概念——话题。作者指出,话题是与命题相关的实体,话题在句法上没有固定的成分与之对应。主语经常是无标记的话题,但不一定就是话题。根据句子有无话题,我们可以把句子分成二分判断句和无分判断句,这两种句子具有不同的语用功能。句法上有标记的"话题——说明"句是汉语中一种基本的、常用的类型,根据其话题的位置又可以分为"常规话题结构"和"对话题结构"。第五、六章是本文重点,讨论了另一个重要关系概念——焦点。作者认为它和命题之间的关系不可预测。根据焦点辖域的大小,焦点结构可以分成三种类型:谓语焦点结构、论元焦点结构以及句子焦点结构。文章还指出,汉语有一种强烈的倾向:把信息焦点置于无标记的焦点位置。即使是在有标记的焦点结构中,汉语也尽量将焦点成分/非话题成分置于动词后位置。第七章总结了全文的内容并尝试从焦点结构和句法结构互相适应的角度来给汉语的语序类型分类。汉语的语序要适应焦点结构要求——信息焦点成分只允许出现在动词之后。因此,作者指出,汉语在某种程度上是将信息焦点结构化的语言。

关键词:句子分析　现代汉语　话题　焦点

3127

现代汉语人称与语气选择性研究 / 朱敏著 ; 齐沪扬指导. -- 上海师范大学, 2005. -- 151 页

本文以功能语气和意志语气两分的语气系统为基础框架,探讨了人称与语气之间的选择关系。全文共分六章。第一章为绪论,主要是语言研究问题综述。作者对国内与国外的相关问题理论研究情况进行了整理与介绍。第二章至第五章对现代汉语中人称与语气,尤其是人称与功能语气的选择关系进行了全面的描写。第二、三章讨论人称与祈使语气的选择关系。文章首先建立了祈使句主语人称系统的相对多分标记模式。在此基础上,从人称对祈使事象的语用要求、与强调标记和否定标记的共现选择等角度探讨了"您"主语、第一人称复数主语的标记性表现;描写了第二人称主语隐现的选择条件以及人称对祈使句句末语气词选择的影响。第四章对人称与陈述、疑问语气的选择关系进行描写。作者提出第二人称和第一人称分别是陈述语气和疑问语气的标记人称,并且详尽描写了它们在相应语气中的选择限制表现。文章认为,这两种人称之间既存在很强的平行性,也各有特点。第五章考察人称与意志语气之间的选择性。描写了人称在意志语气种类、意志语气成分、多义性意志语气成分的义项选择等不同层次上所表现出的选择影响。第六章是全文结语。

关键词:现代汉语　人称　语气　语法

汉语言文字学

3128

《说文通训定声》词义引申研究 / 安兰朋著 ; 白兆麟指导. -- 安徽大学, 2005. -- 174 页

《说文》自成书以来,历代都有学者对其进行研究,成就最大的当属清代的乾嘉学派。段玉裁的《说文解字注》与朱骏声的《说文通训定声》,则是其杰出代表。段氏将汉字的形、音、义三者相互结合进行全面的研究,首次明确提出"引申"这一概念;朱氏则将《说文》重新排列,在"通训"部分着重讲述"转注"和"假借",前者多涉及词义之引申。本文对朱氏《说文通训定声》中所揭示的词义引申现象作了全面考察,认为引申是对词义的发展。与段氏相比,朱氏对词义引申的看法有 10 个方面的不同,包括语言的表达方式、继承与发展、引申理据的说明等。具体说来,朱氏所指的词义引申方式有 13 种,即:个别到一般、部分与整体、实虚引申、动静引申、因果引申、功能引申、部位引申、相似引申、转移引申、制料与成品、时空引申、致使义成固定义和正反引申。与此同时,作者对朱氏在分析词义引申时所涉及的文字分化现象,即异体字也作了说明,指出其源于形符不同、声符不同、省形、组字部件位置不同和文字来源的不同。在厘清词的引申系统和引申规律的基础上,作者还对《说文通训定声》其他方面和学术成就予以评述,并从整体上探

求朱氏在学术上所达到的高度。本文有两个附录:一为朱氏引申义列之分析,一为《段注》中的词义引申义例。

关键词:《说文通训定声》 乾嘉学派 词义 引申 转注 假借

3129

汉语五类常用动词比较研究 / 白云著 ; 李如龙指导. -- 厦门大学, 2005. -- 286 页

本文作者抽取了表动作行为概念的五类常用词——即"吃类词"、"打类词"、"看类词"、"听类词"、"走类词"等为研究对象,对它们各自的同义聚合系统及主导词的词义系统进行了古今南北全面的比较研究。首先以义位为单位,详细梳理了五类常用词的同义聚合系统在不同历史时期的演变情况和现代汉语不同方言的共时分布状况,比较了古今演变与共时的方言分布,同时对纵向演变与横向分布之间的关系进行了对比分析。并进而对常用词动态发展过程中的一些理论问题,包括常用词演变的方式与动因、常用词词义演变类型及原因、实词虚化及其等级性与梯度问题、常用词的稳定性与变异性的关系等进行了思考,同时作者根据抽样调查的研究结果对汉语词汇史的分期问题及现代汉语方言的分区问题提出了自己的问题。

关键词:汉语 常用语 动词 词义

3130

永明体研究 / 蔡平著 ; 曹旭指导 . -- 上海师范大学, 2005 . -- 272 页

本文以永明声律论为基点、核心,从大永明体观念立论,对永明体这一时代的文学形态、美学范型进行了研究。首先,对"永明体"这一概念进行考证,从萧子显的对"永明体"的载述、《南齐书·陆厥传》中对"永明体"内涵的辩证,确定了"永明体"产生与存在的时间域限为"永明末",描绘了其时的文学盛况,明确了"永明体"的代表人物——吴兴沈约、陈郡谢朓、琅琊王融,以及"永明体""以四声制韵"的创作范式。其次,追溯了"永明体"的生成渊源,指出"和"美思想,清言谈论、讽诵诗文、诵经说法中的声音之美,萧齐文学集团,佛经翻译重文饰、梵呗、伎乐供养等都对"永明体"的生成起了促进作用。再次,对"永明体"的特征进行了探讨,从"永明体"诗的调声与用韵、"永明体"的篇制与对偶、"永明体"诗题材的开拓和体裁的创新、"永明体"诗境的深婉与隽秀、"永明体"诗气格的孱弱与俗化五个方面进行了阐释。再次,对"永明体"声律论进行分析,探讨了四声及永明四声论、永明文人运用四声的原则、四声运用上的病犯避忌("八病")等问题。最后,对"永明体"的文学史地位及影响予以评价,认为其对骈文形制、对词体形成、对文学理论都有独特的影响。

关键词:永明体 古典诗歌 诗律 诗韵

3131

《世说新语》方位词研究 / 蔡言胜著 ; 吴金华指导. -- 复旦大学, 2005. -- 170 页

本文以《世说新语》等文献语料的方位词使用情况作为调查重点,由绪论、正文、余论三部分组成。绪论从"方位词"的名义、属性入手,交代本文选题缘起,研究目标与方法。正文对《世说新语》的语料性质及典型后置方位词进行语义分析和历时比较;对典型方位结构的语法分布描写及其历时比较进行了讨论;作者还讨论了《世说新语》及中古汉语中一批新兴方位词的语法化现象、不典型方位词的后置用法及其源流,以及《世说新语》中方位词的独立运用情况。余论讨论了中古时期合成方位词的出现以及汉语史上方位习语的形成问题。本文通过穷尽性现象描写和相应的认知学考察,认为先秦到中古时期汉语后置方位词系统有普遍语法化(或虚化)趋势,即语义指称上发生具体空间到抽象空间、空间到时间的迁移,而方位短语入句后的语序及功能特征也发生相应变化,在此基础上汉语方位词进一步受到双音化和词汇化的影响,其结果就是中古以降合成方位词的出现和方位习语的形成。

关键词:世说新语 方位词 语法 语义

3132

汉语词汇的生成与演化 / 陈宝勤著 ; 项楚指导. -- 四川大学, 2005. -- 387 页

本文在前人汉语词汇历史研究的基础上,从词与词义两方面对汉语词汇的生成和演化进行研究。本篇论文属于汉语历史词汇学范畴,是对汉语词汇发展历史的研究。本文分上下两篇。上篇是对汉语词生成与演化的研究。此篇以远古、上古、中古、近古汉语所积累的再生词和音译外族词为研究对象。共分四章,主要通过对汉语音节语素化、语素词缀化、词汇语法化、结构词汇化四个方面的研究,考究了汉语再生词生成的不同途径,寻求了汉语词汇的共时发展特点和历时的演化规律及共时与历时的内在联系,阐明了

汉语词汇生成与演化的动因。下篇是对汉语词义生成与演化的研究。此篇共分两章，主要探讨汉语词义的转化与新化问题。其中在第一章中，作者从实词与虚词两个方面进行研究。分析了汉语实词与虚词意义转化的动因、条件、差别。机制。在第二章中，作者主要探讨的是中外文化交流而导致的汉语词义新化问题，指出了汉语词义新化的动因、过程、结果以及意义。

关键词：汉语　词汇　词义

3133

《国语》词汇研究 / 陈长书著 ；杨端志指导. -- 山东大学, 2005. -- 128 页

本文在占有丰富的《国语》语料基础上，对《国语》近4000个词进行了研究。首先将这些词区分为基本词汇和一般词汇，分别描述了它们的类型、特点、功能以及其中容纳的《国语》词。接着，描写了《国语》5种典型的词汇类聚：单音词、复音词、同义词、单义词和多义词，对它们的内部结构、类型特点、功能流变都进行了较为细致、全面的梳理。本文还将《国语》词汇在与同时代其他著作词汇进行比较的基础上，提出了《国语》基本词汇判定标准，并把基本词汇划分为12种类型，一般词汇区分了方言词、新词、社会方言词和固有词4种，它们也是整个先秦词汇的构成类型；如把复音词作为当时的新兴现象单章加以描述，并把它贯彻到新词、同义词、单义词等部分中论述；其他如同义词产生的途径、多义词义项的衍生方式等，都是整个《国语》时代词汇共有的特点。同时，通过比较《方言》等记录上古方言词的一些材料，离析出近40个《国语》方言词，并把它们所在的国别和方言区的对应情况进行了分析，在此基础上推断了《国语》作者以及战国中前期雅言和方言的情况。通过对《国语》词汇的综合性考察，作者认为这一时期词汇具有以下特点和规律：第一，当时的词汇系统已经初具规模，词汇门类已经相当齐备，但无论从词的数量还是词的类型上都还是相当不完善的。第二，在语言交际能力和交际职能相互作用下，当时出现了很多新的词汇，最突出的是复音词以及相关的复语现象的大量产生。此外，还有单音词词义的引申和孳乳，导致相当数量的新义产生。第三，通过分析《国语》词汇的性质，可知雅言成为了语言使用者头脑中一个比较模糊的概念，由于方言背景、活动区域的差别，在使用雅言进行写作或者交际时，中间也掺杂了少量的方言词。

关键词：《国语》　词汇　方言　雅言

3134

战国文字谐声系统与古音研究 / 陈鸿著 ；马重奇指导. -- 福建师范大学, 2005. -- 122 页

本文主要对于《战国文字编》所收的见于《说文》的谐声字进行研究。首先介绍了关于上古韵母、声母的研究以及谐声与上古音断代研究的相关成果，并对谐声进行新的定义。指出谐声包含两层意思：形声字以及形声字的声符，非形声字以及其得声之字。接着，作者概括性地介绍了汉字谐声系统的历史层次，分为甲骨文谐声孳乳现象，全文谐声孳乳现象，战国文字谐声孳乳现象，《说文》小篆谐声孳乳现象。以实例分析的形式，对战国文字谐声的通例和变例进行了全面归纳。其通例有：加形字、加声字、形声字之异体。变例有：讹变、省略、声符叠加、形声字加饰笔。并且以声素为首，按上古韵母顺序排列，关联有关谐声字，对战国的谐声现象进行了全面的梳理。最后整理并构拟出战国语音的声类和韵类。拟测声类、韵类的同时，还采用“离析参照系”的观点，运用概率统计法，对谐声字的声母（韵母）频率和几率进行了量化。战国的谐声现象有着丰富的通例和变例。通过对其谐声现象的全面梳理，发现归纳所得的声类和韵类与周秦音系同中有异，同主要表现在韵母方面以自谐为主，异主要表现在声母方面谐声现象非常丰富。

关键词：《说文》　谐声字　谐声孳乳　语音

3135

形名粘合结构研究 / 陈青松著 ；储泽祥指导 . -- 华中师范大学, 2005 . -- 195 页

本文研究了形名粘合结构，即形容词不带“的”直接修饰名词的定中结构。首先，考察了形名粘合结构的整体情况。先从偏正结构谈起，说明定中结构的性质，然后分析定中结构的组合式和粘合式两大分野，认为粘合式定中结构与组合式定中结构是两类平行相关的结构，人们对两种定中格式的选择是功能驱动的结果，并着重分析了影响选择粘合式定中结构的各种因素；接着重点就形名粘合结构的成分选择、构成条件和表达功能进行分析，考察了形名粘合结构的形容词的语义特点、与名词的语义关系以及能构成形名粘合结构的名词的特点等等，并讨论它们构成形名粘合结构的句法、语义、语用条件，发现形名粘合结构定语的语义功能不是匀质的，既有限制性的也有非限制性的，形名粘合结构可以分为表“分类名称”和表“显著属性名称”两大类。其次，对形名粘合结构进行了一个个案考察。先选择以“大、小+名”作为研究形名

粘合结构个案的原因，指出“大、小”是对事物的属性范畴的度量，分析“大、小”这对形容词作粘合定语时的语义模式，从量类和量式两个角度对“大、小”的语义进行梳理和归纳；然后，以“大、小＋名”用例为基础，分析能和“大、小”构成形名粘合结构的名词情况，分门别类，分析“大、小”和名词组配的语义适配性与“大、小”量类的选择，并讨论了“大、小＋名”的不对称性；接着，从“大、小”的比较方式（量式）出发，分析了不同语境中“大、小＋名”中定语的语义功能。

关键词：汉语　语法　形容词　名词　定中结构

3136

战国简帛文学文献考论 / 陈斯鹏著 ；曾宪通，陈伟武指导. -- 中山大学, 2005. -- 151 页

本文是一种多学科交叉研究的尝试，综合运用了古文字学、文献学和文学史论的知识和方法，对数十年来出土的战国简帛中的文学文献进行比较全面考察和研究。文章立足于简帛文学文献的基础性研究，对若干重要文献如楚帛书甲篇、竹简《诗论》、《彭祖》、《曹蔑之阵》等，都作了文本考订校理工作，探讨了一系列的文字释读、文意疏解，以及竹简编联等方面的问题。在此基础之上，作者试图对有关的文学问题进行一些探讨，如楚帛书甲篇的神话构成及其性质、楚帛书创世神话学意义、《诗论》的诗学思想及其在中国文学批评史上的意义、战国简帛散文的文学价值和文学史意义等。本文由五章组成：第一章绪论，第二章战国简帛神话文献考论，第三章战国竹简诗学文献考论，第四章战国简帛散文文献考论，第五章结语。

关键词：古文字　帛书　神话　诗学　散文　战国时代

3137

贺州本地话研究 / 陈小燕著 ；李如龙指导. -- 厦门大学, 2005. -- 332 页

本文从共时比较与历时分析相结合的角度入手，运用定性分析与计量分析相结合的研究方法，对贺州本地话语音系统、词汇系统及若干封闭性词类进行了全面的比较研究。研究结果表明，贺州本地话与桂东南（玉林）白话、粤北（连山）白话、粤西（怀集）白话及广州话语音系统、词汇系统之间都具有很高的一致性。本着“运用综合标准而非单一标准为方言分区”的原则，同时结合人文历史的考察与分析，作者认为贺州本地话归属粤语。贺州是典型的多语多方言地区，语言接触的广度和深度都很高，通过比较研究，作者认为，贺州本地话在形成和发展过程中有着较深的受古百越语语音、词汇影响的烙印，同时也在一定程度上受客家方言、西南官话、湘语的影响，从而带有明显的混合性特征。

关键词：粤语　方言　语音　词汇　地理语言学　贺州

3138

考古文献《诗经》异文辨析 / 程燕著 ；何琳仪指导. -- 安徽大学, 2005. -- 408 页

本文收录若干铜器铭文、石鼓文、信阳楚简、郭店楚简、香港楚简、上博楚简一、上博楚简二、上博楚简四、阜阳汉简、武威汉简、汉石经、汉铜镜、马王堆汉墓帛书、敦煌抄本、吐鲁番义熙文书、日本所藏唐抄本中出现的《诗经》异文。以《毛诗》305 篇为顺序，逐篇列出诗句异文，在学界研究的基础上对其异文产生原因进行细致分析，比较诸家之说，择善而从，或加按语加以补充说明。本文涉及先秦文字、汉代文字以及唐代六朝俗文字，对其辨析大致如下：一、通过对《诗经》异文的考察，总结出《诗经》异文类型大致有古今字、通假字、讹字、异体字、俗体字、同义词、衍文、脱文、倒文等 9 种。二、通过异文比勘对某些古文字形体演变作简单梳理，对其演变线索提出构想。三、通过异文的音理分析，为某些文字通假关系提供了新的论据，指出通假类型大致有：谐声相通、双声叠韵相通、双声相通、叠韵相通等，并在文后附有异文通假字表，丰富了文字通假资料。四、通过俗体字字形的辨析，在学者研究基础上对俗体字的分类作了一些进一步划分，增加一类源于古文字形体的俗字，并对个别偏旁的讹变现象总结其规律。五、通过异文比较，发现某些文本同时存在简略虚词的现象。这一特殊现象对于虚词研究及《诗经》文本研究方面都有重要意义。

关键词：诗经　异文　古文字　通假　异体字　俗体字

3139

闽语的历史层次及其演变 / 戴黎刚著 ；游汝杰指导. -- 复旦大学, 2005. -- 132 页

文章以闽语的历史层次及其演变为研究对象，首先从理论上对历史层次分析法进行归纳总结。作者阐明了历史比较法产生的背景，界定历史层次的定义与类型，并总结历史层次的具体分析方法，比如，如何离析不同的历史层次、如何确定不同层次的年代及来

源。同时,作者也讨论了目前历史层次分析法存在的一些问题。其次,文章分韵摄讨论闽语的历史层次。在具体的分析中,作者从比较莆仙话的历史层次入手,排比其历史层次,然后通过层次关系字,系联闽语其他方言的历史层次。同时,作者详细列出闽语各地的层次对应表。作者还尽可能为各个层次确定其年代和来源,并揭示闽语的内部音变。通过音系的对比,作者发现了许多前人不曾留意的历史音变。另外,作者运用历史层次分析法,作了一些专题研究。通过分析莆仙话"五"的特殊语音地位,展示其与闽南话、福州话、吴语和官话的复杂关系。作者还发现莆仙话白读层的撮口呼并不是受福州话影响产生的,而是原始闽语特征的保留。作者论证了闽南话鼻化韵的历史演变,并指出这是闽南话早期固有特征,并引泉州话、漳平话为佐证,进而拟测早期闽南话的鼻化韵都是如此。最后,作者离析出了闽南话曾、梗摄韵尾的历史层次。

关键词:闽语　语音变化　语言演变

3140

昆明方言语法研究 / 丁崇明著 ; 钱曾怡指导. -- 山东大学, 2005. -- 288 页

昆明方言属于北方方言西南次方言,本文共分十章,主要运用描写语言学的方法,对以下昆明方言虚词和某些句法现象进行研究:"着"字、动词重叠超常句法组配、形容词重叠、非形容词重叠式词及其特殊组配、量词的特殊组配、儿化、"格 VP"句、特殊"V得"及其句型等。通过对具体语言现象的研究,本文得出以下的原则和规律:第一,在对"着"的共时与历时深入研究基础上,提出在语法化过程中的历时择一与共时制衡原则;第二,不同方言的共时差异映射历时演变的时间层次,对统一成分在不同方言中共时层面中的不同形式及其功能差异进行比较,可以揭示其特点,甚至可窥视某一语言成分在历时演进中的不同阶段、时间层次;第三,提出语言变异的过程模式,并用方言例证加以证明。

关键词:方言　语法　语言演变　昆明市

3141

《汉书》通假研究 / 冯靓芸著 ; 吴金华指导. -- 复旦大学, 2005. -- 223 页

本文以东汉班固《汉书》中的通假字为研究对象,以穷尽性的调查对专书通假展开专题的深入研究。作者全面搜集各类《汉书》相关注本、专著以及论文、专门辞书等所涉及的所有通假字,并尽可能加以辨析,共得到通假字 1202 组。作者针对通假研究"内涵丰富复杂,外延交叉模糊"的现状,在分析了通假研究尤其是 80 年代以来新的研究成果后,明确提出通假研究必须建立在共时的层面上,并且提出本文通假字判定的三个原则:共存、非同义、同音。作者以区分"通假字"和"讹字"为前提,运用定量统计和定性分析相结合的研究方法,勾画了《汉书》通假字的基本面貌和主要特点。作者还利用通假字"同音想假"的特征,第一次通过全面深入分析专书通假字的音韵联系探析汉代音韵发展情况。按"形体联系",作者对《汉书》通假字做了全面的分类,通过与《史记》和各类出土文献的对比,深入分析各类通假字与汉代文字发展之间的关系。在通假字大体的发展演变考察上,作者充分利用了《汉书》所具有的庞大的异文系统,在以上的研究基础上,作者总结了通假研究的实践意义,以具体事例揭示出《汉书》通假研究对辞书编纂及古书整理的重要意义。附于文后的"《汉书》通假字表"是《汉书》通假研究成果的直接表现,也可为后人研究提供重要的参考资料。

关键词:《汉书》　通假

3142

魏晋南北朝碑刻文字研究 / 付继伟著 ; 李国英指导. -- 北京师范大学, 2005. -- 318 页

文章指出,魏晋南北朝时期是汉字发展史上楷书逐步形成与成熟、各种字体交互影响的一个时期,这一时期汉字的发展变化直接影响到其后 1000 多年的汉字的发展状况。论文以魏晋南北朝时期的碑刻文字为材料,通过对 10,000 多个不同字体的字形比较分析,从字体的演变、字体的过渡、字体间的转写、书写变异以及社会文化因素等角度对汉字的发展变化进行描写阐释。全文共分六个部分。在第一章绪论后,作者在第二章中对汉字形体演变研究进行了综述。文章指出:汉字形体的演变是渐变的,是书写快速、汉字表意的明确性以及审美需求共同作用的结果。第三章是有关于字体演变的研究。和隶书比较,楷书受到行草书的影响,因此动作更为连续进而加快了书写速度。在楷书成熟过程中,书法艺术起了重要作用。另外作者还认为,楷书字体与字体来源的多样性使汉字字形更富于变化,同时也使异体字的数量大大增加。第四章有关于过渡字体。处于从一种阶段发展到另一种阶段之间的过渡时期的字体有着不同于前后时期的特点。作者从中得到的启示是:字体过

渡是客观发展的过程,但对字体的使用却有许多主观因素,二者不能混同。第五章讨论字体间的转写,分为笔形描写性转写和构件对应性转写。转写会给汉字在构形理据、字形繁简、异体字数量等多方面带来影响。第六章是对书写变异规律的探究。作者指出,书写因素、刊刻,以及社会文化因素一直影响着汉字的变化,描写并分析书写变异的规律,有助于了解汉字字形存在的各种差异。

关键词:碑刻　文字　字体　字形　魏晋南北朝时代

3143

傈僳族竹书文字研究 / 高慧宜著 ; 王元鹿指导 . 华东师范大学, 2005 . -- 135 页

本文以汪忍波编的《识字课本》为研究对象,通过田野调查,研究了傈僳族竹书文字,以期对普通文字学、比较文字学、文字史及其他民族文字的文字学角度上的研究提供一定参考。首先,文章介绍竹书文字的创制概况和文字材料以及竹书文字研究的历史和现状,并以方国瑜《纳西象形文字谱》中东巴文的文字分类为分类标准,考释了 243 个竹书字形的造字方式。其次,探讨了竹书文字符号与傈僳语语言单位的对应关系,分析了傈僳语语言特征,首次整理了《识字课本》中竹书字形所对应的傈僳语的音节,指出竹书可以完全记录傈僳语的所有音节,因此它是一种音节文字。最后,分别研究了竹书自造字、借源字、异体字,指出竹书的自造字主要包括象形、指事和会意,竹书的象形字的抽象化较高,竹书的指事字字数较多,指事字的类型繁多,竹书的会意字分为象形 + 象形、象形 + 不定物、象形 + 指事字几种,竹书的造字过程是一个抽象化的飞跃过程,绝大多数字形在造字之初就直接采用了抽象符号来表意和表音,竹书是一种具有表意功能的原始的音节文字;竹书借源字主要为借源复合字与借源字两大类型,借源字的研究证明了竹书是采用汉字符号体态又同时仿照纳西哥巴文音节文字一个字记录一个音节的特征,并借用少数汉字和哥巴文的一种民族自创文字;竹书的同音字就是异体字,它带有时代、地域和多元文化融和的个性特征,造字取像的多样性是造成竹书异体字的根本原因,而竹书异体字的存在,说明了竹书是一种不完备、不成熟的音节文字。

关键词:傈僳族　竹简文　自造字　复音字　异体字

3144

敦煌写本祭悼文研究 / 龚泽军著 ; 项楚指导 . -- 四川大学, 2005. -- 215 页

作者以并未成为研究重点和热点的敦煌祭悼文为研究对象,并通过对祭悼文的研究来体现敦煌文献在民俗、宗教、语言、文学等方面的成就。文章主要从三个方面对敦煌祭悼文进行研究:民俗宗教,词汇,文学。敦煌祭悼文是敦煌地区民俗风情的体现,通过祭悼文的描写我们可以看到当时盛行于敦煌地区的忌日行香之俗、祈求生产丰收之俗、丧俗、祭畜之俗等。敦煌是一个佛道教并存的地区,借祭悼文的研究可以了解敦煌宗教的分布、盛衰以及佛道当时的教义教规等,这对佛道教的研究也有促进作用。作者把对敦煌祭悼文词汇的研究分为以下几个方面:新词新义研究,复音同意语义场研究,佛教词汇中的音译词、音译加意译词、意译词、旧词新义以及道教词汇。在研究中,作者以《汉语大辞典》、《唐五代语言词典》等辞书为参改对象,认为有助于发现这些辞书中的纰漏之处并加以修改。本文还通过对祭悼文的文本结构、用典典故、诗研究、真情实录等的考察来研究祭悼文的文学特点,认为敦煌祭悼文与我们通常所见的一些文人墨客所作的悼文不同,它具有很强的实用性的特点。除一些针对性很强的篇章之外,都具有很强的灵活性,此地可以用之,彼地亦可以用之。

关键词:敦煌写本　祭文　文学研究　词汇　风俗习惯　宗教仪式

3145

《篆隶万象名义》反切考 / 郭萍著 ; 麦耘指导 . -- 中山大学, 2005 . -- 136 页

《篆隶万象名义》(以下简称《名义》)的反切是研究《切韵》同时期语音中最为重要的材料,本文校正并整理了《篆隶万象名义》的反切。论文主要做了两件事:一、全面校正了《名义》的反切。因为此书只有一个日本传抄本,不经校正不能使用。因此作者依凭原本《玉篇》残卷及其他材料,同时运用了数据库、编程等计算机辅助手段,对《篆隶万象名义》的反切反复进行校正,并从中定出校正规则。二、根据反切整理出这个音系的声、韵、调系统,包括反切系联、统计、音位分析等。本文在传统的陈澧系联法的基础上有所发展,充分认识到介音对反切用字的影响。音系整理时还运用了"系统参照",拿《切韵》作参照系,根据《名义》反切的情况来合并或离析。在音系分析汇总方面,本文运用了严格的音位方法,归纳出《名义》音系

的声母、韵母和声调系统。最后,本文从《名义》的角度对《切韵》音系的性质进行了探讨。

关键词:篆隶万象名义　反切　语音　《切韵》

3146

黄侃字词关系研究 / 韩琳著 ; 李运富指导. -- 北京师范大学, 2005. -- 134 页

本文着眼于解析《黄侃手批〈说文解字〉》中的字词关系观点,以期对黄侃先生语言文字学理论和实践进行较为全面的理解和阐释,从而更充分地认识其在语言文字学史上的地位。本文包括六个部分。在第一部分绪论后,作者在第二部分中分阶段(清代以前、20 世纪上半叶、20 世纪下半叶)对字词关系研究历史进行了概述。第三、四、五部分是文章的重点。在第三部分中,文章对黄侃的字体分类研究进行了讨论。作者在对黄侃"字体"的八个类别所涉及的字迹关系进行分析和统计后认为,"字体分类"反应了造字与用字两大领域的问题,分类的立足点即确立《说文解字》在汉语研究中的统治地位,分类的拓展是造字与用字两大领域的字词关系。在第四部分里,作者联系相关材料和论述,分别从同形字、变易字、假借字、同源字四种类型出发对黄侃字际关系概念进行讨论。第五部分有关黄侃字词关系研究。黄侃对字词关系的探讨分为造字和用字两个领域,分别对应于文字的贮存和使用两个系统。这两个系统将《说文》中字与文献用字相对应,在用词通用上相互交叉,不仅反映了两大系统间的选择和适应,而且证明了汉字记录功能的复杂性。基于以上的讨论,文章在第六部分结语中肯定了黄侃字词研究成果在语言文字学史上的地位。

关键词:黄侃(1886 ~ 1935)　文字学　说文解字　字词关系　字体

3147

杜诗动词研究 / 胡绍文著 ; 胡奇光指导 . -- 复旦大学, 2005 . -- 136 页

本文主要从五个方面来研究杜诗中的动词:(1)异文辨析,(2)语法分析,(3)语义分析,(4)语用分析,(5)炼字面面观。在杜诗动词异文辨析中,作者认为杜诗动词异文的类型主要有七种,分别是:后人妄改而形成的异文、同音词或音近词替代所形成的异文、近义词或同义词替代所形成的异文、形近讹误所形成的异文、异体字所形成的异文、偏旁增删所形成的异文以及文字颠倒所形成的异文,因此针对这几种异文提出了从诗律方面、从词义方面、从诗歌的语境方面、从词语语言容量方面来对杜诗动词进行异文辨析的四种方法。在对杜诗动词的语法分析中,作者首先对杜诗动词作了简单的分类,对其中的常用字作了语法分析,又针对与动词有关的特殊句式,如颜色 + 动词 + 其他成分、动词省略句、成分异置等进行了详细分析。作者把杜诗动词词义划分为词内义和词外义两种,又针对杜诗动词使用中普遍存在的多义性现象从词义本身的多义性、语法关系复杂造成的多义性、修辞所造成的多义性、读者鉴赏造成的多义性等四个角度进行分析。在作者对杜诗动词语用分析的过程中,作者总结了由用词反映出的作家的风格,并用三个词来概括:诗风沉郁、境界阔大、画面优美。最后在分析杜诗炼字时,作者着力于从语音角度探讨字眼和叠字在诗句中的分布规律。还从理论和实践方面总结了杜诗动词炼字所达到的飞动之美的艺术效果。

关键词:杜甫(712 ~ 770)　诗歌　动词　语法　词义

3148

从肯定和否定的不对称看情态词的语用逻辑 / 胡勇著 ; 沈家煊指导. -- 中国社会科学院研究生院, 2005. -- 128 页

本文采用泛时研究视角,对汉语情态词的肯定否定不对称现象进行全面细致的研究,认为情态词具有肯定否定不对称用法的义项通过推理产生。第一章进行文献综述,给情态范畴分类,论证语用推理本质上是回溯推理,说明事理的特点及其在语用推理中所起的作用,指出研究思路。第二章归纳出事理一:如果你不被许可做某事,那么你就不具备做某事的条件。然后全面描写情态词"能、得、容、好"条件可能和道义许可两义项用法,发现后者经由推理从前者中发展出来,多用于否定。后者的语法化和肯定否定不对称用法可用"事理一 + 回溯推理"的语用逻辑解释。第三章归纳出事理二:如果主观推测某种状况不可能发生,那么该状况就不具备发生的客观条件。然后全面描写"能、can、得、容、肯、解"条件可能和认识可能两义项用法,发现后者经由推理从前者中发展出来,多用于否定。其认识可能义项的语法化和肯定否定不对称用法可用"事理二 + 回溯推理"的语用逻辑解释。第四章归纳出事理三:如果你被阻止做某事,那么你就没有必要做某事。然后全面描写"须、用、假、要"条件必要和道义必要两义项用法,发现后者经由推理从前者中发展出来,多用于否定。后者的语法化

和肯定否定不对称用法可用“事理三+回溯推理”的语用逻辑解释。第五章归纳事理四:如果主观推测某种状况很可能发生,那么该状况就具备发生的情理条件。然后全面描写“宜、当、应、合、该、应该”条件当然和认识当然两义项用法,发现后者经由推理从前者中发展出来,多用于肯定。后者的语法化和肯定否定不对称用法可用“事理四+回溯推理”的语用逻辑解释。第六章总结全文。

关键词:汉语　情态动词　肯定　否定　语法

3149

《全宋词》副词研究 / 黄斐著 ; 滕志贤指导. -- 南京大学, 2005. -- 126 页

作者指出,《全宋词》记录了两宋三百年间词人吟唱的口语事实,反映了中古汉语向近代汉语过渡的交叉状态,具有较高的语料价值。本论文力求准确地反映宋代副词的全貌和部分副词演变的机制,从而揭示宋代副词在汉语发展史中的地位。全本文分上下两编共分十章。上篇为《全宋词》副词的基本概貌的描写。从第一章到第六章,作者分别对《全宋词》中时间副词、范围副词、程度副词、情态动词、语气副词、否定副词的概貌进行了探讨。在这六章中,作者除了逐一列出每个副词出现的频率外,还重点解释了新兴副词和一些副词的句法功能及其演变轨迹。研究表明,宋代副词在数量上超过中古,呈现出沿用和新兴共存的格局、句法位置固定化的态势、副词词义的多义性和句法功能的专职性并存的特点。下编为《全宋词》主要为关于副词虚化规律的个案解释。第七章是数词虚化为副词的个案解释,分析了“千万”、“再三”的词义虚化特点。第八章是数量词虚化为副词的个案解释,分析了“十分”、“一成”的演变特点。第九章是动词虚化为副词的个案解释,分析了“抵死”、“看即”、“倒”、“到底”、“过于”的语法化历程。第十章是形容词虚化为副词的个案解释,分析了“猛”的虚化机制。研究表明,宋代副词形成的途径广泛,演变的机制多样,是副词发展的重要时期之一。

关键词:《全宋词》　副词

3150

笔记小说俗谚研究 / 黄建宁著 ; 项楚指导. -- 四川大学, 2005. -- 216 页

本文在搜集、整理从汉魏六朝到元明的笔记小说俗谚的基础上,对笔记小说俗谚进行了系统的描写和说明,试图探讨俗谚的特性,理清俗谚在发展过程中的演变规律。本文共分六章。在第一章为绪论。第二章讨论了俗谚的外部结构形式,包括语音和与语法结构。第三章研究笔记小说俗谚的语义。在语义内容上,作者认为笔记小说作者的身份与创作兴趣确定了其在写作中会排斥不合训诫意义的俗谚。另外,这一章还研究了俗谚语义的浅层义和深层义以及同义俗谚和反义俗谚的问题。第四章主要探讨笔记小说俗谚在具体的语言环境中起到的不同语法功能,包括句群成分、复句成分、单句成分。第五章是对笔记小说俗谚的来源与发展进行的研究。作者总结出,笔记小说俗谚在文献上的来源是多方面的,如儒家经典、先秦诸子、史传文学、文人诗文、宗教文献等;其发展演变方式主要有词语的替换、结构的变化、语义的演变、形式的套用等。第六章则主要从政治制度、哲学、宗教、礼俗、医学、饮食等方面,简要地研讨了文化对俗谚的影响。

关键词:笔记小说　谚语　俗语　语法

3151

《贤愚经》状语研究 / 黄增寿著 ; 柳士镇指导. -- 南京大学, 2005. -- 79 页

《愚贤经》是公元 420 年左右由慧觉等据听讲而集成的编译佛经,约于 435 年定稿。本文以《愚贤经》为研究对象,从构成状语的词类成分或结构类型入手,全面考察和分析其中的状语,并对相关问题作理论探讨。本文由三部分构成。第一章描写和分析名词状语和介宾结构状语,共分五节。第一节和第二节概述《贤愚经》的名词状语和介宾结构状语,突出新兴的时间名词和各类新兴介词。第三节对传统的名词比喻式状语说提出质疑,作者认为应该将其看成主谓结构表示比喻。第四节主要考察时间方位词“以来(来)、以往、以去”的来源和使用情况。第五节集中探讨表示被动的“被”及相关问题,分析了助词“被”和介词“被”的来源和产生过程。第二章研究的是形容词和副词状语,也分五节。第一、二节概述《贤愚经》形容词状语和副词状语,突出了新兴的各类副词。第三节对“甚大”作状语这种汉译佛经中特有的语言现象进行了考察。第四节主要研究中古时期常见的副词(形容词)词尾“自、复、然、尔”的来源与发展。第五节是对形容词和副词状语“多、久、倍、倍加、偏”的个案研究,第三章分析动词、代词、和数词(包括数量词)状语。第一、二节概述《贤愚经》的动词和代词状语,突出了新兴的代词状语形式。第三章首先概述《贤愚经》数词(数量词)状语的使用情况,然后从语

义表达的灵活性上分析动量词产生的原因。最后是个案研究,重点分析表示“何”义的“何所”的来源以及状语位置“得”的性质。

关键词:《贤愚经》 状语 语法

3152

小句中枢全译说 / 黄忠廉著 ; 刑福义指导. -- 华中师范大学, 2005. -- 159 页

小句中枢全译说是研究小句在全译的理解、转换和表达过程中发挥中枢作用的假说。本论文试图通过研究,确立全译的中枢单位,揭示全译的基本机制,构筑全译的理论核心。全文共五章,其中第二至五章是重点。第二章考察小句对原语理解的瞻顾作用,包括瞻前作用和顾后作用。其中瞻前作用是指:小句的理解基于词,词的理解受控于小句;小句理解基于短语,短语理解从属于小句。顾后作用是指:小句推进复句的理解,小句理解受控于复句;小句延伸句群的理解,小句理解受制于句群。第三章讨论小句的跨语交际中转作用,包括中介作用和转换作用。作者在此章中分别对词—小句、短语—小句、小句—小句、复句—小句、句群—小句这五类双语转换机制进行了揭示。第四章考察了小句对译语表达的顾盼作用,包括左顾作用和右盼作用。其中左顾作用是指:小句规约词的选择,词的选择促进小句组织;小句辖制短语的组造,短语组造构建小句格局。右盼作用是指:小句的表达受复句控制,复句的表达依赖于小句;小句的表达受句群远控,句群的表达寄托于小句。第五章讨论全译中小句的表里值关系。揭示了由表及里求语义和语值离形求风格的原语理解机制、语里转换求意似和语值转换风格似的语际转换机制,以及由里及表句成型和语值驱附句成活的译语表达机制。

关键词:小句 分句 翻译 句法 英语 俄语

3153

高频及物动词与低频及物动词的及物性差异 / 姜先周著 ; 张伯江指导. -- 中国社会科学院研究生院, 2005. -- 138 页

本文主要考察现代汉语中高频及物动词与低频及物动词的及物性差异。作者选取 50 个最高频的单音节二价动作动词与 50 个最低频的单音节二价动作动词,运用真实的文本资料,逐一分析这 100 个动词的及物性。文章对动词及物性的分析,主要从宾语的受影响性及个体性、动词的情状类型和自主/非自主用法、参与者三个大的方面来着手。作者认为,动词的及物性,不仅反映在支配宾语的能力上,也跟词义有紧密关系,因此本文同时考察了高频动词和低频动词在词义上的明显区别。全文共分八章。第一章为绪论,讨论本文的选题、取材和研究方法等基本问题。第二章到第七章是论文的主体,分为两大部分:第二章至第五章为低频动词的分析,第六章与第七章为高频动词的分析。第八章为结语,作者归纳以上六章的总体规律,从整体上论述高频动词的及物性低于低频动词,并指出了这种现象对语法理论的启发意义。

关键词:现代汉语 及物动词 语法 语用学

3154

词义聚合对词汇词义的影响 : 词义框架研究 / 金春梅著 ; 蒋绍愚指导. -- 北京大学, 2005. -- 173 页

本文主要是对词义框架进行的研究。作者指出,“词义框架”是一种复合词的构词模式,进入这种构词模式的词素可以用同义、同类、相关或其他词素来替换而整个复合词的词义不变。经过词素变化的复合词与原来的复合词是属于同一词义框架的平行词。全文分六章。第一章为绪论,在回顾以往对词汇词义和词义框架的研究后,提出要以比较的方法和形式与意义并重的方法来考察词义框架中的词汇词义问题。第二章从共时角度研究平行词的关系及词素变化的方式,归纳了研究共时平行词的意义,并提出了“词义嫁接”的概念。第三章除了讨论历时平行词的关系和词素变化的方式外,还分析了历时平行词存在的状态,总结了历时平行词的研究意义。第四章重在研究分析平行词不同的意义发展,侧重讨论了平行词在引申中的可能性、引申的方向性、引申的时间差、引申义在多义聚合中所占比例等方面的差异。第五章重点分析平行词词素。最后一章作了理论总结,认为平行词的产生不仅要有理据,还要约定俗成,讨论了平行词的空间因素,归纳了词义框架中的规律,并且提出了两种既有区别又有联系的概念:狭义词义框架和广义词义框架。

关键词:复合词 构词法 词义 词汇

3155

上古汉语形态研究 / 金理新著 ; 潘悟云指导. -- 上海师范大学, 2005. -- 257 页

本文试图通过对上古汉语的语音、词汇和语法的综合考察来解决这样一个问题:上古汉语是像没有形态或缺乏形态的现代汉语还是像有形态而且有丰富形态的同源语言——藏语。本文通过论证,得出的结

论是:上古汉语更像藏语。本文的核心在于论证上古汉语的形态。通过同族词的对比分析,本文描绘了上古汉语形态的基本轮廓。作者在本命题的论证过程中,得出另一个重要结论是:古代注释家以及中古韵书留给我们的每一个语音信息都是极其重要的,是我们研究上古汉语语法所绝对不能忽视的。上古汉语的词汇研究离不开语音研究,语法研究同样离不开语音研究。作者指出,任何认为可以抛开上古汉语的语音形式同样也能发现上古汉语语法真实面貌的企图都是难以实现的。

关键词:古汉语　语音　词汇　语法

3156

现代汉语感叹句研究 / 李成军著 ; 萧国政指导. -- 武汉大学, 2005. -- 135 页

本文根据收集到的近四百万字的现代汉语语料,从语言事实出发,对现代汉语感叹句的真实面貌进行了探讨。全文共分七个部分,包括正文五章、导论和结束语。导论分为两节。第一节主要梳理并讨论汉语及现代汉语感叹句研究的历史、现状以及存在的问题,包括对感叹句句子性质的认识、分类的探讨、句法结构具体微观的研究及我们对以往感叹句研究的整体看法。第二节陈述作者进行现代汉语感叹句研究的语言学理论指导和具体研究方法,交代本文关于感叹句研究与写作中运用的语料及其出处。第一章讲述了现代汉语感叹句的性质、特征和基本范围。第二章研究了现代汉语感叹句的感叹义子,包括感叹义子的情感语义分析及感叹义子的语形描写。第三章分析了感叹义子的感叹标记,着重对副词感叹标记和叹词感叹标记进行综合分析。第四章从感叹句的语形结构和感叹义子两方面进行了英汉感叹句的对比研究,分析了导致英汉感叹句具有很多差异的原因。第五章围绕情感形成的基本原理、影响情感形成的因素、情感表达的语言形式以及感叹句的情感表达展开分析,论述了人类情感的表达与感叹句的生成。结语主要概括本文研究中所做的创新工作,同时指出本文写作中还存在的问题与不足、今后的研究计划与应该进一步努力的学术方向。

关键词:现代汉语　感叹句　句子分析　语义

3157

马叙伦"六书说"研究 / 李春晓著 ; 许嘉璐指导 . 华东师范大学, 2005 . -- 157 页

本文从"六书说"的角度对马叙伦的文字学著作进行了考察,研究并评价了他的"六书"理论和具体的"六书"分析成就。首先,文章述评了马叙伦的"六书说",指出其研究目的在于"撷粹存眞,解决时局三需";他的"六书说"明确了"六书"乃"造字之本",是文字构造法;后来马叙伦对"六书"说进行了修正;他在"六书"次第的问题上提出假借先于形声,实为"声系之首列",别具特色;他的"六书二系"之说,"形系"与"声系"联贯相生;他指出金石刻辞范于"六书",俗字不合"六书"。其次,考察了"六书说"在《说文解字六书疏证》中的运用,分别从象形、指事、会意,假借、形声、转注等对每一书的情况进行了分析研究,探讨了马叙伦对"六书"的具体看法,考辨了他研究的得失。最后,总结了马叙伦"六书说"文字学思想所取得的主要成就,并寻求其取得成就主观客观的原因,指出其成就在于强调"六书"的每一书必须具备音形义三条件;博引甲骨文字,考证《说文》形体,予以"六书"定类;分析字音,明转注,辨假借,探求语源;考本字,阐明本义;总结发展前人"六书"说成果。论文还附有马叙伦学术年谱。

关键词:马叙伦(1884 ~ 1970)　文字学　《说文解字六书疏证》　六书

3158

《齐民要术》农业专科词汇系统研究 / 李润生著 ; 王宁指导. -- 北京师范大学, 2005. -- 182 页

本文以《齐民要术》中的农业词汇作为语料来源,在学习、借鉴、总结前辈学者对词汇系统研究成果的基础上,以中国传统训诂学的语义观为指导,在描写《齐民要术》农业专科词汇系统的实践过程中,总结专科词汇系统研究的相关理论和方法,并进一步论证专科词汇系统研究对于全民词汇系统研究的理论价值以及应用价值。共分五章。第一章为绪论,主要阐释了研究宗旨和选题依据,论述研究目标和研究意义,综述了有关本课题前人研究的学术成果,分析了研究范围。第二章梳理了专科词汇系统研究的理论基础,描述专科词汇系统研究的方法。第三章作者从词汇系统御物类系统之间的关系入手,确定从言语作品中类聚农业用语的原则和方法,进而根据词汇语义学原则,运用"义位内部结构分析法",从农业用语中提取农业专科词语,概括分析《齐民要术》农业词汇的分类和特点。第四章根据农业词汇的特点,总结出农业词汇义位之间有序关系的五种表现形式,而义位又以这五种基本的有序关系形成农业专科词汇系统的网络状结构,由此完成对《齐民要术》农业专科词汇系统的

描写。第五章论述了农业专科词汇系统研究的理论价值与应用价值。作者认为,专科词汇系统研究重要的理论价值在于农业专科词汇系统的实证描写从一个侧面证明了全民词汇的系统性,而词汇系统研究对词义的探求与词义的训释都有重要的应用价值。

关键词:《齐民要术》 农业词汇 专科词典

3159

现代汉语"名$_1$+(的)+名$_2$"定中结构研究 / 李绍群著 ; 林玉山指导. -- 福建师范大学, 2005. -- 183页

现代汉语中的定中结构是名词性的偏正结构,由定语和中心语两部分构成。本文借鉴现代语言学的理论知识,并在已有研究的基础上,运用多种分析方法及表里互证的研究思路,按照形式和意义相结合、静态和动态相结合、描写和解释相结合的原则,对现代汉语"名$_1$+(的)+名$_2$"定中结构进行较为全面的考察。(1)分析描写了现代汉语此类定中结构的内部语义关系、句法功能以及标记"的"的隐现机制,并探讨了其词汇化的制约因素、此格式对名1、名2的制约以及"名$_1$+(的)+名$_2$"定中结构篇名化的动因。(2)从历时角度考察了此类定中结构在各个历史时期的语法功能分布情况、内部语义关系,并指出它的标志经历了"之—底—的"的兴替。(3)从英汉比较和类型学的角度,考察了现代汉语"名$_1$+(的)+名$_2$"定中结构与其他语言在语序等方面的异同,指出汉语作为SVO型的语言,其"修饰语+中心语"的定中结构语序和汉语基本语序不和谐。(4)建立了现代汉语此类定中结构的语义组合模式,为中文信息处理中的机器切分、语义理解提供了可形式化的规则。

关键词:现代汉语 定中结构 偏正结构 名词 语义 语法

3160

汉语并列连词历史演变研究 / 刘爱菊著 ; 朱庆之指导. -- 北京大学, 2005. -- 153页

本文研究了在逻辑语义上具有并列关系、以连接两个词性NP为初始功能的汉语并列连词的历史发展演变,包括单音节和双音节共33个词。全文共五章。第一章绪论。第二至第四章分别对上古、中古、近代三个阶段汉语并列连词的使用情况进行了梳理。第五章总结出一些汉语并列连词的历史演变规律:连接功能由"句内"向"句际"扩展;被连接成分之间的逻辑语义关系复杂化;结构形式上由"自由"的"单向"向"不自由"的"关联"或"构词语素"发展变化。基于以上研究,作者认为"句内"并列连词连接功能的发展顺序是:连接宾语>与"对称性"VP共现的伴随介词或并列连词>连接主语。据此认为现代汉语共时平面中所存在的伴随介词和并列连词的纠葛反映的是并列连词历史发展演变过程中间阶段的信息。本文对一些并列连词"與""共""和""並"的来源,提出新的解释。还认为现代汉语"连"字句是替代中古时期的并列连词"合"而来的。汉语历史上能够与副词"亦/皆/也/都"构成类似"连"字句关联的词还有"和、并、及、雖、唯、惟"等。不同类型"连"字句的逻辑语义关系有所不同。"连"类虚词的词性为连词。此外,对历史上一些以往不被注意的并列连词进行系统性和整体性的考察,找到了双音节并列连词"以及"在中古的更早用例;指出并分析了并列连词进一步语法化为"构词语素"的现象。

关键词:汉语 连词 语法

3161

《论语》注释歧解研究 / 刘畅著 ; 李运富指导. -- 北京师范大学, 2005. -- 92页

歧解是指在典籍流传过程中形成的影响对原文词、句、段、章原意理解的歧异的注释。本文拟以刘宝楠《论语正义》为材料,参考程树德《论语集释》,对《论语》注释中的歧解进行分类描写,在此基础上分析注释歧解的成因,并探讨有关注释结果评价的理论问题。论文分为四章。第一章绪论,阐述研究材料、研究主题和文献综述。第二章作者通过列举《论语正义》前五章中的歧解,分析说明《论语》注释歧解可分为影响句义的歧解和影响文意的歧解两个类型,并对这两大类型进行细分。第三章从客观因素和主观因素两方面论述了《论语》注释歧解的成因。作者认为,客观上的语词歧义和语境缺失都可能引起歧解,而在主观方面,注释者的出发点和知识修养不同也可能导致歧解。第四章为《论语》注释歧解的评价。作者通过对歧解的辨析,总结出评价古籍注释歧解的若干标准,可从语言规律和语用规则两方面来考虑,并列举了部分实例来具体说明如何运用以上标准来评价注释中的歧解,以及应当如何对待难以证实和无需辨误的歧解。

关键词:《论语》 注释 歧义

3162

两汉韵部与声调研究 / 刘冠才著 ; 李开指导. --

南京大学，2005. -- 123 页

本文对两汉语音研究中存在的一些有争议的问题进行重新审视，重点讨论了如下几个问题：(1)脂微两部在两汉时代的关系（也包括质与物、真与文的关系）；(2)侯部在两汉时代是否独立；(3)先秦两汉次入韵的有无问题；(4)先秦两汉去声字的有无问题。全文共分七章。第一章绪论部分阐述了选题的意义，以及对研究材料和研究方法的说明。第二章从“脂与微”、“质与物”、“真与文”的分合关系入手，论述了脂微两部在两汉时代的关系。第三章分析了两汉时期不同方言区鱼侯两部的关系，并通过对通假材料的研究，探讨侯部在两汉时代是否独立。第四、五章分别从与收[-t]尾入声韵和收[-k]尾入声韵相配的次入韵入手，探讨了先秦两汉入韵的有无问题。第六、七章分别对先秦两汉时期阴声韵中的去声字，以及阳声韵中的去声字进行研究，探讨先秦两汉去声字的有无问题。附录则著录了两汉诗文作家籍贯生卒年表。

关键词：语音　韵母　声调　汉代

3163

普通话讲授小学中国语文课的实验与研究 / 刘筱玲著；王宁指导. -- 北京师范大学，2005. -- 165 页

作者通过为期五年的追踪实验与研究，以尽量减少变数的比较方法，采集了大量的资料，证明了用普通话教学小学语文课对提高学生的语言和思维能力的绝对优越性，为香港地区以普通话代替粤语作为语文科教学语言的改变提供了一些论据。本文是在实验的基础上，通过表述与分析，结合香港的现实情况，用理论来阐发和解释实验的成果。全文共分六个部分。绪论阐释了课题的现实依据与理论根据，明确实验的性质和方法。第一章分析了香港中国语文课程教学用语的历史和现状。详述从社会语文生活到基础教育用语的历史和现状，香港普通话教学的发展，和各界对用普通话教中文的不同意见。第二章和第三章阐释从 1999 年开始的普遍推进型和重点对比型实验两种教学的设计和实施情况，分析了校长、教师、学生和家长的资料，追踪历年校内成绩的效果检验，更对重点对比实验的效果作出专门的检验，掌握可靠的数据。第四章论述了对实验结果的理解与理论阐释。作者从语文能力与语感的培养的关系，标准语与地域方言的关系，迁移理论与儿童年龄特征等方面，说明实验结果的普遍性与可信性。第五章提出对香港地区小学中文课程教学用语的建议。作者根据研究的结论作出分析，认为要充分认识用普通话讲授中文课的必要性、可行性与迫切性，并提出具体措施的建议。

关键词：普通话　小学语文课　语文教学　香港

3164

东汉碑刻复音词研究 / 刘志生著；徐莉莉指导. 华东师范大学，2005. -- 289 页

本文对处于汉语发展史上重要发展阶段的东汉出土材料——东汉碑刻语料的复音词进行了研究。首先，文章从总体上介绍东汉社会与东汉碑刻兴盛的关系、东汉碑刻语料特点以及国内外对东汉碑刻在各方面研究的现状，并讨论了东汉碑刻语料复音词研究的价值。其次，具体研究了东汉碑刻复音词的构词法，从语义构成、内部形类构成、词序构成三个方面对联合式复音词的形态结构进行了剖析；论述了偏正式复音词的形态结构和在语义构成、形类构成方面的继承、发展情况和词义的历时演变特点；分析了支配式的词性分布情况和在数量、涉及的事物范围、词语来源等方面的特点；探讨了表述式复音词词性分布和内部形类组合方式；指出碑刻补充式复音词主要有表结果、表趋向两大类，其意义类型和结构类型均呈现出多样化特点；论述了附加式复音词的附加后缀，并分析了它们使用的情况；对重叠式复音词中的 AA 式、ABB 式、AABB 式、ABAB 式四大类进行了分析描写和历时的比较，分析了非重叠式单纯词在东汉碑刻中的使用情况和历时发展的特点；论述综合式复音词和数词系位结构，分析了东汉碑刻中由两种或两种以上构词方式构成的三音节或多音节的职官名词和普通名词等综合式复音词以及由系数和位数合成的复合数词和更复杂的系位结构的使用情况和发展变化特点。最后，文章分别对东汉碑刻语料中的新词新义、典故词与缩略词语、成语进行了考察，揭示了东汉碑刻复音词的新词和新义的出现情况；分析了典故词的文献来源、结构形式和产生的原因，考察了数字缩略语、非数缩略语中的人名缩略语和地名缩略语的特点；考察了东汉碑刻成语的来源、形成方式、语法结构和主要特点。

关键词：碑刻　词汇　东汉　构词法

3165

面向对外汉语教学的现代汉语比较句研究 / 柳多利著；陆俭明指导. -- 北京大学，2005. -- 99 页

作者在提出了自己的研究框架和资料来源之后，对现代汉语比较句系统展开了详尽的研究。首先作

者对前人对现代汉语比较句系统的研究作了简单的综述,主要是针对吕叔湘、刘月华、赵金铭的研究,提出了前人的研究成果和可商榷之处。接下来作者把重点放在现代汉语的等同比较句和现代汉语的差等比较句上,指出目前现代汉语语法学界对比较句的内部结构、语义特点以及语用功能都已经进行了很多研究,取得了不少研究成果。而作者则主要从对外汉语教学的角度,提出一个适用于对外汉语教学的现代汉语比较句系统,并对外国留学生如何理解和生成现代汉语的比较句提出了简明而有效的教学方案。作者认为韩国学生在使用比较句上主要存在七种偏误,分别是:句式杂糅、遗漏偏误、误加偏误、误代偏误、错序偏误、语义矛盾以及一些其他类型的偏误。作者分析了造成这些偏误的主客观原因,指出了前人处理策略中的不足之处,并取人之长补己之短,提出了自己的处理策略。

关键词:对外汉语教学　现代汉语　比较句

3166

粤方言与普通话常用词比较研究 / 卢兴翘著 ; 李如龙指导 . -- 厦门大学, 2005 . -- 197 页

本文分为三章,从词汇学的角度,比较广州话和普通话常用词的差异及其大小和程度,从而说明广州话常用词的特质。比较的范围包括源流、造词、结构、意义和价值(派生能力和使用频度)五方面。研究结果显示,广州话和普通话常用词最大的差异在意义方面,源流次之,造词和构词又次之,价值的差异最小。意义的差异表现在义项数量不同,和同一个义项之间的各种大小差别。源流方面,粤语除了有两成常用词承传自古汉语外,还有五成变异词保存了一至两个古汉语的用法。本文除从质、量两方面讨论上述五项差异外,还联系语言内部和外部的因素论证差异形成的原因。

关键词:粤语　普通话　方言　常用语　比较词汇学

3167

《荀子》词汇研究 / 鲁六著 ; 杨端志指导. -- 山东大学, 2005. -- 148 页

本文以《荀子》词汇作为研究对象,在吸取传统训诂学的成果的基础上,运用现代语言学理论的观点和方法,全面描写《荀子》词汇系统,探讨《荀子》词汇的发展规律。全文共分为六章。第一章绪论,概述荀子生平和《荀子》的流传情况,并讨论了选题的原因、本课题的研究现状及研究方法,同时对汉语史的分期、语料取舍及版本择定的情况作了说明。第二章,《荀子》基本词汇研究。作者通过统计各个词类的基本词,并进行了分类研究,重点分析名词基本词,来探讨《荀子》基本词汇各构成成分之间的联系。第三章,《荀子》复音词研究。作者在综述古汉语复音词研究情况的基础上,从音节、语法两方面讨论了《荀子》的复音词的分布情况,并从语义、词性两方面重点讨论了复合词的构成情况。第四章,《荀子》词义研究。作者在确定《荀子》词义研究的三个原则的基础上,先讨论了词的多义现象,然后重点讨论了《荀子》词语的演变。第五、六章分别为《荀子》同义词研究和反义词研究。作者回顾了古汉语同义词和反义词的研究概况,并从音节、语法等方面分析了《荀子》同义词和反义词的分布情况,而且对《荀子》的同义词和反义词进行了分类辨析。同时,在反义词研究中,作者讨论了《荀子》反义词的意义关系和对应关系,并分析了反义词对应关系不平衡的原因。

关键词:《荀子》　词汇　复音词　词义　同义词　反义词

3168

明代散曲用韵研究 / 陆华著 ; 鲁国尧指导. -- 南京大学, 2005. -- 114 页

本文从谢伯阳先生主编的《全明散曲》中选取江苏、浙江及山东、河北等地共 177 位作家的 4979 首小令、929 首套数作为研究对象,运用鲁国尧先生倡导并付诸实践的“历史文献考证法”与“历史比较法”相结合的方法展开研究,旨在全面揭示明代散曲用韵的特点。论文首先揭示明代通语的语音特点。作者采用《中原音韵》作为参照系,据《全明散曲》韵脚字系联得出明代通语十六部,分析书面音和口语音两个层面的特征。其次揭示明代方言的语音特征。作者发现《全明散曲》的用韵显示了明代南、北五大方言的特征,五大方言既有各自特点又有相通之处与交叉地带。再次讨论“北叶《中原》,南遵《洪武》”之说的来龙去脉,将明代散曲中南曲的韵脚字验之《洪武正韵》,认为《洪武正韵》的性质从根本上决定了它不适合南曲用韵,但其中个别的音韵特征与南曲曲韵特征相一致。同时,论文还探讨了《全明散曲》用韵繁复的原因以及韵谱收字的情况。最后,探讨明散曲用韵中的声调问题,作者从明代散曲曲律中观察到,平声不分阴阳,认为可能是曲律要求宽松所致。此外本文还从字的读音和唱法的角度出发,讨论南曲入派三声与

北曲入派三声的不同。在文末,作者展望了未来的曲韵研究,提出:如何将汉语史、语音史背景下的曲韵研究与文学史、音乐史背景下的曲韵研究有机地结合起来,应是研究者们需要关注的焦点。

关键词:散曲　《中原音韵》　方言　音韵学　明代

3169

东汉石刻砖瓦等民俗性文字资料词汇研究 / 吕志峰著 ; 詹鄞鑫指导 . -- 华东师范大学, 2005 . -- 244 页

本文对东汉时期石刻砖瓦等带有民俗性的实物文字资料中的词语进行了研究。首先,文章考察了东汉民俗性实物文字资料的词语构成,探讨了字与词的关系、字与单音词的关系、复音词语与词组的区别;从总体上介绍了石刻砖瓦等民俗性文字资料词汇的构成情况,指出其共有词语 2168 个,按性质可分一般词语 1685 个、专类词语 483 个,按音节可分单音词 655 个、复音词 1513 个,从词类角度看,名词 1332 个、动词 496 个、形容词 80 个、数词 113 个、量词 22 个、副词 70 个、代词 26 个、连词 17 个、语气词 5 个、助词 1 个、助动词 6 个,分析了东汉石刻砖瓦等民俗性文字资料词汇的特点。其次,研究了其中的复音词,从音节、词类、结构等方面介绍了复音词的分布情况,考察了联合式复音词、偏正式复音词、动宾式复音词、主谓式复音词、补充式复音词、附加式复音词,并考察了重叠式、单纯词以及综合式等构词法,分析了民俗性实物文字资料中的复音词在汉语史中的地位。接着,对东汉民俗性实物文字资料词语进行了考释,主要考释了一般词语、部分专类词语、部分固定词语。再次,探讨了东汉民俗性实物文字资料词语研究与大型语文辞书的编纂的关系,介绍了东汉石刻砖瓦等民俗性文字资料的词语对于编纂辞书的重要价值。最后,文章从"读为字"、"异体字"、"错字"三个方面调查分析了东汉民俗性实物文字资料的用字现象。

关键词:石刻　词汇　复音词　东汉

3170

《毛诗叶韵补音》研究 / 骆瑞鹤著 ; 宗福邦指导. 武汉大学, 2005. -- 164 页

《毛诗叶韵补音》共十卷,宋代吴棫撰。原书久已亡佚,因此当代学者只能提其书名而不能述其具体内容。鉴于《诗补音》为佚书,论文分为上、下两编。论文的上编,即《〈毛诗叶韵补音〉辑校》,是作者在对有关文献进行考证的基础上作出的,在一定程度上展示了《诗补音》的原貌。《辑校》的凡例确定辑佚的原则和体例,正文为分条目依次列出古籍中征引《诗补音》的原文,多数条目都附有相关的校语。论文的下编,即《〈毛诗叶韵补音〉考论》,共分四章。第一章《〈诗补音〉作者吴棫生平考》,考证吴棫祖籍为福建建安,本籍舒州同安郡(今安徽潜山),后又迁居苏州,有著作七种。第二章《〈诗补音〉文献综论》,认为诗补音成书于南宋初,亡佚于明清之际,因战乱而失传。第三章《〈诗补音〉的成就与不足》,认为诗补音继承了六朝以来的协韵说,着重考证了〈毛诗〉古韵,并在考证中对我国传统的古音学进行了初步构建,是传统古音学的第一部专著。第四章《〈诗补音〉的影响》,作者指出诗补音的撰作与发表,促进了当时古音学的发展和繁荣,而明代陈第作《毛诗古音考》亦当是直接源于《诗补音》。作者以论文上下编相结合,确定《诗补音》的历史地位,并试图阐明传统古音学从萌芽到建立的发展过程。

关键词:《毛诗叶韵补音》　吴棫(? ~1153)　古音　音韵学

3171

《三国志》称谓词研究 / 马丽著 ; 吴金华指导. -- 复旦大学, 2005. -- 146 页

本文通过考察《三国志》中的所有称谓,描述亲属称谓和社会称谓的概貌,探讨汉语称谓词产生的方式和称谓词义发展演变机制,界定了称谓词的概念,提出从语义、语用层面把握概念内涵,剔除不具有概括性和典型性的代词和姓氏名号,对魏晋时期的断代称谓词系统作了初步探讨。正文共分五章。第一章从共时分析和历时比较的角度,在把亲属称谓与社会文化相结合的基础上,采用现代语言学的结构分析法,全面考察了《三国志》亲属称谓词的使用和发展状况,指出魏晋时期汉语亲属称谓词发展的主要方式和总体趋势已经大体确立。第二章通过对《三国志》社会称谓系统、帝王诸侯称谓系统、年龄称谓系统和情感称谓系统的具体分析,勾勒出《三国志》社会称谓概貌,并着重考察了一批富有时代特色且容易被误解的社会称谓词。第三章对《三国志》称谓词的产生方式和词义演变机制进行了探讨。第四章选择两组称谓词聚合群为对象,通过个案分析,系统考察语义场内各要素之间的互动导致词义发展变化的情况。第五章以"兄"、"弟"、"姊"、"妹"为对象,从共时和历时两方面探讨古汉语亲属称谓泛化现象,分析了产生这

一现象的语言结构内部的原因和社会原因,研究社会文化因素对称谓词的作用和影响。

关键词:《三国志》 称谓 亲属称谓 社会称谓 语义 语用 语言学

3172

陈望道对中国语法修辞研究的历史贡献 / 马晓红著 ; 李熙宗指导. -- 复旦大学, 2005. -- 143 页

本文着重探讨陈望道对语法和修辞研究的历史贡献。作者认为,陈望道在研究中借助广博的学科基础和深厚的唯物辩证法、语言学理论基础,采用古今中外法和学术中国化的研究方法,其具有前沿性、开创性和奠基性的语法修辞学理论、观点和研究方法对中国的语法修辞学研究产生了巨大影响。他对中国语法研究的历史贡献在于发动了“文法革新讨论”,提出功能学说,并以功能学说构建了词类系统和句法系统。他在《文法的研究》中纲领性地说明了功能理论,阐述了功能词类理念及其在汉语词类划分上的运用,明确提出汉语词类划分当以功能为中心的观点,而其《文法简论》则建立了一个有特色的语法体系。他的功能观点已被语法学界广泛接受,他的词类理念、划分词类的标准和方法都对后世产生了重大影响。陈望道区分词类的方法与目前语法学界根据西方认知理论中的原型理论和词类范畴家族相似性来建立词类体系的方法相契合。他的句子分类不分单复句、句法分析时结合语义的句法体系也很有特色。作者认为陈望道对修辞研究的历史贡献主要体现在《修辞学发凡》这本书及一些修辞学论文中,指出《修辞学发凡》建立了我国修辞学史上第一个比较科学的体系,兼顾文言文和白话文修辞,在中国确立了第一个现代意义上的修辞学体系,完成了“中国传统修辞学向现代修辞学的转变”,对后世的修辞学研究影响很大。

关键词:陈望道(1890~1977) 语法 修辞学 学术思想

3173

现代汉语疑问代词的多视角研究 / 玛琳娜著 ; 刘俐李指导 . -- 南京师范大学, 2005 . -- 105 页

本文从理论角度对疑问代词进行了探索和研究。通过“共核论”的“多区”参考和验证的方法对疑问代词范围作出了界定,又根据其使用频率的高低,把它们分为常用和非常用疑问代词,并阐述了印欧语言与汉语疑问代词的异同。从“小三角”理论的三个角度考察了现代汉语疑问代词,并从各个角度对它们作了分类。首先,文章通过语表形式进行了考察,指出所谓语表形式是指疑问代词显露外在的可见形式,包括了疑问代词的构词法(主要有单纯的和合成的,并考察合成词素之间的关系)、构形法(论其少数形态变化)、组合形式(组合式和附加式)、重复形式和游移形式。其次,通过语里意义进行了考察,指出语里意义是指疑问代词隐含的不可见的关系和内容,本文中的语里意义包含了疑问代词的语义功能和句法功能;语义功能描写了其一般标准用法——疑问场合中的意义以及疑问代词在其游移形式中的语义表现(同形同指和同形异指);进而还考察了语里意义的另一部分——疑问代词的句法功能,并把它们分为体词性、谓词性和加词性疑问代词。最后,通过语用价值进行了考察,从疑问代词的语言运用的角度考查了疑问代词的节律值、表义值、语义连接值、信息传递值等,具体分析和研究了疑问代词的活用法——非疑问场合中表现的意义和语义特征,指出非疑问用法研究包括疑问代词在外素(特定格式或特定词语)或在内素(疑问代词本身特有的形式)影响下表现出的语义特征,又归纳了疑问代词在非疑问场合中的语义类型分为任指性、不定指性(半确定性和非确定性)和例指性疑问代词,并分析了它们形成的条件;此外,还分析了疑问代词和整个特指问句的语用功能,并分析了它们在语境中表现的语义类型等问题,指出特指问句的语用价值的研究包括了一切影响其语值的因素,其中有心理与社会文化等因素。

关键词:现代汉语 语法 疑问代词 构词法 语用学

3174

论汉语上古音无复辅音声母 / 庞光华著 ; 张双棣指导. -- 北京大学, 2005. -- 370 页

本文从方法上和音理上比较全面地论述了汉语上古音不存在复声母的问题。论文主要分为四个部分:第一章绪论,第二章从方法上讨论上古音的复声母问题,第三章从音理上讨论上古音的复声母问题,第四章总结。作者认为,从音理上推论,sl、st、sr 这些复声母都不能成立,而 sd、sdh、sth 这些 s + 舌尖塞音的复声母也就完全不能成立。舌尖清擦音 s 能够与舌尖塞音直接相通转,不可能与复声母的分化有关;心母与来母可以相通是因为上古音中的来母是送气流音,可以发生擦音化的音变,直接与心母 s 相通,作者否定了学者构拟的 sx 这样的复声母,推论出 sk、skh、sγ、sg、sgh 这些复声母都不能成立;而 sm、sn、sŋ

这样的 s + 鼻音式的复声母不能成立，其中学者们构拟 sm 式复声母式因为错误地理解了古文献中的材料，sn、sŋ 这样的复声母不能成立则因为与心母相通的 n、ȵ、ŋ 都是三四等字，是细音；在 CL 式复声母中，学者们构拟 ml、pl、bl、phl 都是因为错误运用了古文献和谐声字的材料；明母与晓母相通的语音条件是晓母为合口，从而指出 mx 或 xm 式的复声母不能成立。

关键词：汉语　上古音　复声母　训读　连音变读

3175

现代汉语情态研究 / 彭利贞著 ; 戴耀晶指导 . -- 复旦大学, 2005 . -- 249 页

本文运用语义学和认知功能语言学的基本概念和理论，讨论了情态及现代汉语情态动词表达的情态语义系统，考察了现代汉语多义的情态动词与其他语法范畴的互动关系，重点讨论了现代汉语动词的情状、体、否定等范畴与多义情态动词同现时对情态解读产生的影响，建立了一个现代汉语多义情态动词情态语义的语法形式解释系统。本文分八章。第一章绪论。第二章回顾了逻辑学和语言学对情态的研究，并进行了对比分析。第三章分析了现代汉语中情态的主要表现手段，即情态动词。第四章考察了句子主要动词的情状特征与情态语义类型的关系，并分析句子中主要动词的情状特征对多义情态动词语义解读的影响。第五章分析了情态与现代汉语的体范畴的关系，并考察了体标记对多义情态动词情态解读的分化作用。第六章分析了否定对情态表达的影响。第七章考察了现代汉语情态动词连用时多义情态动词的语义解释情况。第八章结语。

关键词：现代汉语　助动词　情态动词　语义

3176

现代汉语方位词“前、后、上、下”研究 / 朴珉秀著 ; 戴耀晶指导. -- 复旦大学, 2005. -- 205 页

本文运用认知语言学和语义学的一些概念和理论，讨论了现代汉语空间和时间系统，主要研究对象是方位词“前”、“后”、“上”、“下”。作者提出了现代汉语“空间方位”系统的结构框架，讨论了与方位词所表示的方向场有关的认知推理，并考察了“前”、“后”、“上”、“下”的具体表现。全文共分八章。第一章绪论主要交代研究对象、意义、研究范围和研究方法，并列举了文中所用语料，指出现代汉语的“空间系统”的四个特点。第二章综述以往汉语语法学界对空间方位系统和方位词的研究，梳理了方位词研究的脉络。第三章主要研究了“空间系统”的子系统，分出立体空间、线性空间、时间和抽象空间几大领域，并对以往关于空间系统的研究进行了分析和解读。第四章采用一种新的研究推理问题的方法——“运算器模型”，讨论研究了现代汉语中由方位词表示的空间方向场的确定问题。第五和第六章中，作者分别考察了“前、后”以及由“前、后”构成的合成方位词的语义域与句法格式；“上、下”以及由“上、下”构成的合成方位词的语义域与句法格式，主要是立体空间和时间中的表现。第七章讨论了三个问题：(1)认知推理造成的歧义；(2)“前、后、上、下”的相互替换；(3)“前、后、上、下”的不对称现象。第八章对本文讨论的内容进行了总结，列举了今后拟进一步研究的与本文有关的课题。

关键词：现代汉语　方位词　语法　语义场

3177

李善《文选注》修辞训诂研究 / 乔俊杰著 ; 白兆麟指导 . -- 安徽大学, 2005 . -- 170 页

本文认为，在历代《文选》注本中，李善注本独冠群首，他特别重视选文的修辞表达方式，比较自觉地揭示了一些修辞现象。首先，李善对《文选》中丰富多彩的比喻尤为青睐，并指出了“比喻”的一些类型，如“皆喻”、“自喻”“兴喻”、“讽喻”等。其次，李善揭示最多的是征引，在训诂实践中运用较多的也是征引，而且在汉语训诂史上，最早建立了“征引”式的训诂体例：(1)举先以明后，(2)转以相明；(3)引后以明前；并提出了征引训释应遵循“不以文害义”的原则。另外，李善《文选注》还揭示了其他一些修辞手法，如：互文、变文、偶辞、假言、连言、反问、详略、连珠、美言、贬言、敬谦、讳饰、声律、摹拟、仿拟、借代等。论文观照《文选》中大量存在而《文选注》尚未及提的修辞现象，分析出《文选》中“反复、顶真、错综、节缩、藏词、夸张”以及“镶嵌、联边、重言、转品、回环、通感、列锦、设问、排比、层递、衬托、对比、合叙”等修辞手法。论文还从文化角度观照李善注修辞训诂，探讨了五个方面的问题：(1)摹绘、比喻的生动、形象——原道自然的哲学观；(2)征引、仿拟的典雅蕴藉——征圣宗经稽古的社会思想背景；(3)敬谦、讳饰的委婉含蓄——尊卑礼制的历史积淀；(4)互文、对偶的整齐错综——自信自觉的文学时尚；(5)藏词、夸张、顶真、层递等的疏漏欠缺——李善个人及时代的修辞观局限。最后，论文认为，李善《文选注》之贡献：它全面系统地创立了

征引的训诂体式;翔赡的引例亦具有一定的文献价值。另外,此书对于文学理论和批评也很有见地,启发了后世不少文论家。

关键词:李善　文选　训诂　修辞学　比喻

3178

现代汉语量词现象解析 / 盛林著 ; 葛本仪指导. -- 山东大学, 2005. -- 112 页

目前量词的研究中存在诸多问题,可以归纳为四个方面:量词外延的异质性、个体量词的冗余性、量词的界定以及汉语量词与英语单位名词的差异性比较。本文以这些问题为思考线路,在现代汉语在共时平面上,用综合分析的方法,从汉语中各种性质不同,组合形态多样的量词现象入手,多方面多角度地对繁杂的量词现象进行梳理与剖析,试图给长期以来关于量词的种种争议找出符合逻辑的解释。论文正文共分为四大部分。第一章讨论了量词研究的历史与现状,探讨了定名的困惑、意义以及量词研究中存在的问题。第二章讨论了量词与量词形式,主要研究了量词的语义性质及语法特征、量词短语与量词结构式、量词界定中的形式标准、非单位性量词的定位以及量词的定义与概念等问题。第三章分析了量词形式与量词现象,包括形式量词、"数量名"的形式化以及量词修辞与量词化修辞等方面。第四章是关于量词和汉语的研究,作者探讨了汉语量词与英语单位名词异同点,认为个体量词是汉语组织结构中的基础配置,并试图阐明汉语言的量词现象的内在动因。

关键词:现代汉语　量词　语法

3179

汉语作格动词的历史演变及相关问题研究 / 宋亚云著 ; 蒋绍愚指导. -- 北京大学, 2005. -- 456 页

本文共分七章,以上古汉语的作格动词为研究对象,并结合百年来有关上古汉语动词研究的理论、方法和得失,适当借鉴国内外有关作格动词研究的方法理论和研究成果,在对上古汉语作格动词的句法语义特征进行全面、深入考察的基础之上,初步提出了一个上古汉语动词三分体系:及物动词、作格动词和不及物动词。本文对每一类都进行了次类划分,并解释了各类动词相互转化的类型和演变机制。本文还对作格句和反宾为主句、活用使动句的纠葛和关系进行了考辨和区分。同时本文还分三类描写了汉语作格动词从上古到中古的历史演变,勾勒了各类作格动词的大体演变趋势和规律。在此基础上,本文还指出,作格动词的这种演变趋势和汉语动结式的形成具有深刻的内在联系,探讨二者之间的关系具有重要意义。

关键词:古汉语　动词　句法　语义

3180

义净译经身体运动概念场词汇研究 / 谭代龙著 ; 张联荣指导. -- 北京大学, 2005. -- 264 页

本文以唐代高僧义净(635 – 713)译经为研究语料,以其中指称身体运动概念的相关词汇为研究对象,以此获得初唐时代该类词汇的面貌和系统属性,并对其中反映出来的规律性现象进行了理论概括。文章首先描写了这类词在义净译经中的分布情况,进而探求各个成员及其系统属性的历史来源和演变历程。在研究中,作者还结合认知语言学的有关思想,对该类词汇系统的构成和演变情况作了深层探索。全文共分五章。第一章对本项研究的背景和理论作了概括分析;第二章"义净及其作品",对义净及其作品的有关情况作了介绍,重点论述了义净作品的语料价值;第三章"义净译经身体非位移运动概念场词汇研究",讨论"卧睡"、"蹲坐"、"跌倒"和"起立"四个概念场词汇的情况;第四章"义净译经身体位移运动概念场词汇研究",讨论"前进"、"却退"、"内入"、"外出"等十四个概念场词汇的情况;第五章"结语",总结本研究所获得的基本事实和理论认识,并对研究中存在的一些问题作了分析。

关键词:义净(635 ~ 713)　佛经　翻译　身体运动　词汇

3181

《逸周书》词汇研究 / 唐元发著 ; 滕志贤指导. -- 南京大学, 2005. -- 125 页

本文以先秦史籍《逸周书》中的单音词、复音词、反义词的词汇系统为研究对象,吸取训诂学研究的经验和成果,借鉴众说、甄辨考量,并运用现代词汇学的理论方法,对全书词汇作系统描写、穷尽统计,对词的意类聚合、结构规律以及时代特征作客观的分析归纳。全书共分三部分。第一部分以界定标准、层级分类为基础,对单音节词汇中所有的实词和虚词作系统描写,并选择重点进行讨论。主要选择战国以前的典籍和材料,纵横比较,以展现《逸周书》词汇的特点。第二部分用审意法确定复音词及其数量。以其分布描写为基础,从功能、结构形式和构词手段上,全面细致地考察和分析复音词的语法性质、内部的组合层

次、成分之间的语义关系。第三部分从语义、语法两方面全面考察《逸周书》反义词,分析反义词的语义聚合、对立关系、词义构成、对应关系、兼类与活用以及反义词之间在语音上的联系。

关键词:古代汉语　词汇　逸周书　单音词　复音词　反义词

3182

先秦货币文构形无理性趋向研究 / 陶霞波著 ; 臧克和指导 . -- 华东师范大学, 2005 . -- 371 页

本文从材料的实际面貌和自身特点出发,归纳了货币文文字形体变异的若干特征,揭示了文字构形在书写压力下趋向无理性演变的汉字形体发展规律。文章先综述了先秦货币文的研究情况,接着对构形无理性趋向的各种表现进行了专题研究。第一,探讨了无理性之直线化,量化统计了货币文中的直线化倾向,又就代表字符的形体演变与两周金文进行了比照研究,指出货币文中具有直线化用笔的特点和趋势,并结合文字书写活动分析了其中的原因。第二,探讨了无理性之轮廓化,从全局上认识了轮廓化构形,归纳该现象在货币文中的特点,又通过个案研究,尤其是与两周金文的比较,就轮廓化构字对汉字结构理据的破坏进行了再认识。第三,探讨了无理性之借用,就货币文中构字元素的借用和钱纹借用分别作了讨论,指出在货币文中"借用"这一富有理性的简省方式同样造成了构形的无理性。第四,研究了无理性之十以上数字的文字表示法,对先秦货币文中十以上数字文字表示法的排列方式和构词理据进行考察分析,指出货币文在十以上数字文字表示法的多样性和随意性,体现了其对传统文字的突破。第五,阐述了无理性之传形,文章先对"传形"这一概念的源流和发展进行了检讨,又对先秦货币文中"传形"现象作了系统考察,并结合货币的铸造工艺对该现象进行了原因分析。

关键词:货币文　汉字　构形　先秦时代

3183

元以前叶音考论 / 汪业全著 ; 李开指导. -- 南京大学, 2005. -- 107 页

叶音是汉语史上的特殊现象。本文在搜集了叶音材料的基础上,着重从音韵学以及叶音史两个层面对元以前叶音进行考察。全文共分六个部分。第一章绪论,作者在把握叶音史上各种叶音形态及其内在联系的基础上,对叶音作了新的界定,提出了叶音认定的标记与音理两个原则。第二章梳理了元以前叶音概况及其研究概况。第三章探讨了叶音的产生和叶音前的古音之注等问题,同时作者对陆德明的"韵缓"说作出了新的诠释,认为惟标记叶音在元代形成一定规模,跟宋元以来叶音所注韵文归属类型的转变以及古音学的影响有关。第四章论述了作者对《诗集传》、《楚辞集注》和《风雅翼》这三部元以前的叶音作品的语音根据与叶音韵系的考察。第五章以今人古音研究成果为参照,在尽可能多的占有叶音材料的基础上,对元以前叶音中古音与非古音成分作了统计考察,通过分析叶音的音理机制以及唐代变调叶音,得出元以前叶音是一种泛古音的结论。

关键词:叶音　泛古音　音韵学

3184

《尔雅》同义词考论 / 王建莉著 ; 黄金贵指导. -- 浙江大学, 2005. -- 189 页

《尔雅》是中国古代第一部训诂学专著,以同义词为主要研究对象,即通过同义类聚的方式训释词义。本文对该书中的同义词问题从训列至全书进行了研究。全文分理论阐述与疑难训列考释两大部分。理论部分包括五个方面:第一,《尔雅》同义词的表达方式。作者论述了同义词表达的术语式与非术语式,并对训诂方式中与同义词无关的声训进行详细分析,同时还讨论了"同义字"的构成及与同义词的关系。第二,《尔雅》同义词的通同义。作者从《尔雅》前三篇的一般同义词入手,着重分析了一般同义词的聚合关系、二义同条、反训词、重言词、同义虚词的通同义。而对后十六篇的文化同义词,则探讨了文化同义词的聚合关系、原始专名的聚合特点、复合词作为名物同义词的特点。第三,《尔雅》同义词的辨通别。作者论述了《尔雅》辨释同义词的方法与不足,并对异名辨通别做了进一步研究,探讨了异名的识别方法,又于语用层次、词语构成层次辨析了异名之异。第四,《尔雅》同义词的义类特点。作者论述了同义词系统的内部不等同性、动态开放性以及义类编排系统的递属多级性、认知模糊性。第五,《尔雅》的同义性质、地位及传统。作者综合前几章的论述,阐述了《尔雅》的同义性质,并归纳阐释了该书同义词在训诂学、语言学发展史上的地位及影响,同时概括分析《尔雅》代表古汉语同义词研究的传统及存在的不足。在疑难训列考释部分,作者分别对通同义类、辨通别类、二义同条类和非同义词类进行研究分析,得出《尔雅》同义词占全书训列 75% 左右。

关键词:《尔雅》 同义词 词义 训诂

3185

苏皖区域方言语法共同特征研究 / 王健著 ; 袁毓林, 李小凡指导. -- 北京大学, 2005. -- 178 页

本文从区域语言学的角度描写、分析苏皖两省境内的吴语、徽语和江淮方言的五种语法现象,比较不同方言点的异同,探讨它们之间的关系。本文选取的“区域特征”包括:三种动态范畴(进行体、持续体、存续体)的表现形式;苏州话表体貌的“脱”及在各方言中的对应成分;量词独用现象;跟动词重叠有关的几种句法语义现象;跟数量词连用的词缀“头”。全文共分七章。第一章交代了研究背景和工作思路;第二章描写了17个代表点三种动态范畴的具体表现,比较了它们的异同,并从历时的角度分析了广泛存在于三大方言区的一些动态范畴标记的来源;第三章首先描写了苏州话体貌的“脱”的句法语义特点,然后比较了其他16个点“脱”类成分的具体表现,然后根据不同的指标刻画了不同方言“脱”类成分语法化的等级;第四章主要描写了广泛存在于苏皖地区的量词独用现象;第五章研究的是动词重叠式在苏皖的特殊语义表达和句法组配格式;第六章描写了在苏皖地区分布的跟数量词连用的后缀“头”、前缀“头”、中缀“头”;第七章结语部分试图从理论上对区域语言学的方法在方言语法研究中的作用、苏皖方言的底层问题、方言层次问题作一总结,最后指出了本文的成绩和不足。

关键词:吴语 江淮方言 语法 江苏省 安徽省

3186

俞樾校勘训诂研究 : 兼论《古书疑义举例》 / 王其和著 ; 滕志贤指导. -- 南京大学, 2005. -- 176 页

俞樾(1821—1906),晚清著名的经学家,语言学家。在语言文字学方面,俞樾治学以高邮王氏为宗,在校勘学、训诂学等方面取得很大成就,尤其《古书疑义举例》备受后人推崇。本文以俞樾的代表著作《群经平议》、《诸子平议》(附补录)和《古书疑义举例》为主要对象,对其校勘学、训诂学和《古书疑义举例》取得的成就进行研究,探讨其方法,寻求其不足,阐明其原因,总结其规律,以期为校勘学、训诂学及中国古代语言学史的研究提供一些有用的资料。论文共分四部分。第一章,绪论,概述了俞樾的生平、学术渊源以及前人的研究概况和本论文所涉及的材料。第二章,俞樾校勘学研究。前三节主要从校勘术语、校勘内容、校勘方法等方面论述俞樾的校勘学成就,归纳其校勘古书的类型,总结其主要校勘方法和特点。第四节举例分析俞樾的校勘失误,对126例俞樾校勘提出商榷,按其失误原因从八个方面对其作了较为深入的剖析。第三章,俞樾训诂学研究,主要从训诂术语、训诂原则、训诂方法等方面总结了俞樾的训诂学成就,分析了俞樾的音义观、语法观、语义观、词汇观以及在训诂实践中的运用,并对57例俞樾训诂提出商榷,按其失误原因从九个方面作了分析。第四章,《古书疑义举例研究》,主要从训诂、语法、修辞、称名、校勘、古书文例等方面对该书的成就进行分类论述,并对其中的一些失误提出个人意见。论文最后附录了《俞樾年表》和《俞樾著述目录一览》。

关键词:俞樾(1821~1907) 校勘学 训诂 古书疑义举例

3187

上古汉语称谓研究 / 王琪著 ; 黄金贵指导. -- 浙江大学, 2005. -- 216 页

本文以上古汉语称谓为研究对象,分三章进行讨论。在前两章中对上古亲属称谓和社会称谓进行了分类研究,采用语言与文化相结合的研究方法,揭示了上古称谓造字理据或构词理据,说明了本义造字、引申和假借造字的来龙去脉,并对同义词加以辨析。在第三章中,作者对前面内容进行了总结和归类,利用造字理据和构词理据的概念对上古汉语称谓的289个单音词和862个复音词进行了分类研究,并且得到结论:上古汉语称谓词单音词与复音词之比是1:3,体现了复音化的趋势;单音词以引申造词为主;在复音词中,除了单纯词以外,共有九种构词方式:偏正式、正偏式、并列式、附加式、动宾式、同位式、主谓式、所字结构及动补式。其中偏正式和并列式是占有绝对优势的两种构词方式。作者认为这一结构与先秦汉语词汇构成情况完全吻合。

关键词:古汉语 称谓 造字理据 造词理据 亲属称谓 社会称谓

3188

幽默言语的认知语用研究 / 王勤玲著 ; 李熙宗指导. -- 复旦大学, 2005. -- 149 页

本文在认知语用的大框架里对幽默言语的生成、理解、接受和应用进行了研究。作者利用语用学里的预设、指示语、合作原则、言语行为理论、面子原则和礼貌原则来对幽默言语的生成机制进行研究;利用幽

默的语义脚本理论、言语幽默的普遍理论、有标记的信息量需要和最佳革新假设以及认知语言学里的一些解析操作来对幽默言语的理解进行解释；在接受美学理论的指导下，对幽默言语在接受时需要注意的场合问题和对象问题进行了讨论；并根据中西方的古典幽默理论对幽默所具有的功能的描述，大致总结出幽默言语所具有的释放功能、亲善功能、化解功能、攻击功能和教育功能，并对这些功能在交际中的具体运用作了阐述分析。

关键词：语用学　幽默　言语分析　语言艺术

3189

梁山方言音变研究 / 王彦著 ; 钱曾怡指导. -- 山东大学, 2005. -- 121 页

本文从共时、历时两个角度全面考察梁山方言的音变状况，对方言特点作出动态的描写，从中总结出各种语音变化的规律；并通过对梁山方言几个语音特点与其他相关方言的对照，从方言地理学的视角探讨汉语方言特点的成因和地域流变。同时作者希望，本文对方言字音的定量分析可以为方言分区提供科学的依据。全文共分五章。第一章为绪论。第二章讨论语流音变问题，主要介绍了梁山方言的变调、儿化等共时音变情况。第三章讨论历史音变问题，通过梁山声母、韵母、声调系统与中古音的对照，纵向把握梁山方言历时音变的源流，提示方言语音特点。第四章是对梁山几个语音特点的地理方言学探讨。通过与周边方言的对照，对梁山的几个语音特点在地域分布上作动态的观察，并以中古音为参照，探讨梁山语音特点的形成过程，同时从汉语的音系结构特点出发，分析介音在声母系统的演化过程中所起的决定性作用，从时间和空间上立体地考察梁山方言的音变状况及其过渡性特点。第五章为同音字表，提供了梁山方言语音状况的基本材料。作者提出，梁山方言作为官话方言的组成部分，受共同语和强势方言的共同影响，正在发生剧烈变化，许多语言现象正是这种变化的写照。所以及时记录、描写梁山方言、对梁山方言的音变现象作动态的观察并从中梳理出汉语音流变的一般规律，正是本文选择梁山方言的音变现象为论文选题的意义。

关键词：方言　语音变化　山东省

3190

汉泰称谓语比较研究 / 魏清著 ; 董志翘指导 . -- 南京师范大学, 2005 . -- 148 页

本文对比研究了汉泰称谓语的差异。首先，文章明确了称谓语的定义和汉泰称谓语具有可比性，指出谓语是具有表示亲属关系的词；泰人未南下之前的祖语（原始侗台语）吸收了大量的汉语借词，中国大量人口移居泰国，又为泰语输入了一批汉语闽方言词，汉语、泰语同属汉藏语系，汉语与泰语的称谓语既有相同之处，又存在较大差异。其次，就汉泰称谓语进行了比较，对比了汉泰亲属称谓语，指出二者的语义功能、构成系统、内容和对象、构成特点、使用特点和语用规则都有差异；对比了汉泰社会称谓语，指出二者在分类、结构与运用规则、语义特征等方面都有不同；对比了汉泰称谓语词汇和决定汉泰称谓语使用差异的相关因素以及汉泰称谓语的同源词，指出称谓语翻译除了把双方语言的同义词对应以外，还必须考虑语言背景的文化、民族、信仰、政治、宗教等客观因素，这样才能准确地对应。最后，文章分析了研究结果，指出汉泰语与东南亚地区的语言使用称谓语的情况相当一致。用于称谓语的词语主要有名字、亲属称谓语及人称代词；称谓语的使用因素主要受性别、年龄、人际关系的制约。

关键词：汉语　泰语　称谓　社会习惯语　比较语言学

3191

春秋文字研究 / 吴国升著 ; 黄德宽指导. -- 安徽大学, 2005. -- 182 页

本文是从纯文字学的角度对春秋文字所进行的综合研究。作者根据所收集的春秋文字材料，编成了《春秋文字分期分域字形表》和春秋早、中、晚三期及全期的隶定字表，并以此为基础统计出春秋早、中、晚三期及全期的字量，清理出各时期的沿用字和新增字，分析每个字的结构类型。考察汉字构形方式系统的演进状况。在作者所收集的春秋文字资料中，共用汉字 1194 个，其中沿用字 786 个，新增字 408 个。结构类型总数为 1236 个，其中新增字结构类型为 409 个。正文共分九章，分别从春秋文字字量、字形结构、新增字、省简、增繁、替换、讹变、时代特征、地域特征九个方面进行考察和分析描述，基本上反映出春秋文字的概貌和文字系统的功能状态。作者认为，总的来说，春秋文字在西周文字的基础上有相对平缓的发展，又为战国文字的进一步发展提供了基础，是汉字系统发展演进中承上启下的一个重要环节。作者希望本文所做的工作能为汉字发展史的研究提供一些翔实的资料。

关键词:古文字　文字学　构形　春秋时代

3192

《老乞大》四种版本词汇比较研究 / 夏凤梅著 ; 方一新指导. -- 浙江大学, 2005. -- 123 页

《老乞大》是元朝时期朝鲜人学习汉语的教材,最早刊于元代。明清两代在朝鲜曾多次重刊,重刊时均按当时的语言实际作过一定的修改。因此,不同的版本大体上能反映出元明清时期我国北方汉语的语言面貌。本文以《老乞大》四种版本(《原本老乞大》、《老乞大谚解》、《老乞大新释》、《重刊老乞大》)的词汇为研究对象,着重比较四种版本的词汇在不同时代所反映出来的差异,从中总结出我国北方汉语词汇在元明清三代的变化,揭示其发展演变的规律,为近代汉语词汇研究提供比较具体可靠的依据。全文分为五章。第一章概述有关《老乞大》的版本及研究现状,较为详细地总结了前人时贤的研究成果。针对《老乞大》词汇研究的不足之处,阐述了本研究的必要性和意义。第二章从口语词、方言词、外来词等几个方面反映的情况,讨论了《原本老乞大》词汇的性质,并对其中的一些词语作了简要的解释。第三章比较《老乞大》四种版本词汇的差异,重点考察了名词的更替情况。以《老乞大》为依据,同时参考大量其他同期和前期的相关语料,对其中的三组时间名词、四组处所名词、六组称谓名词以及其他七组人事名词的更替过程进行了较为细致的描写和分析,得出较为可信的结论。第四章重点考察了《老乞大》四种版本的十组动词和四组形容词的更替变化。第五章从《老乞大》的词汇变化来探讨整个近代汉语词汇的发展情况,具体讨论了近代汉语的发展趋势以及发展变化的原因。最后,描写了《老乞大》和《朴通事》二书里的俗语,从语义内容、结构关系以及语用价值等方面对这些俗语进行了分析,归纳出其特点。

关键词:《老乞大》　古代汉语　北方汉语　词汇　俗语

3193

《祖堂集》判断句研究 / 向德珍著 ; 袁宾指导. -- 上海师范大学, 2005. -- 113 页

本文在前辈时贤的研究成果基础上,运用定量分析与定性分析相结合,共时与历时相结合,形式与意义相结合,句法、语义和语用相结合等研究方法,从新的视角对《祖堂集》判断句进行研究。全文共分六个部分。第一部分对《祖堂集》判断句按其句型类别进行分类描写分析。第二部分讨论《祖堂集》判断中项"为"的性质。作者在将"为"与"是"作对比研究的基础上,从 8 个不同角度论证"为"的系词性,通过共时的比较与历时的调查,得出在汉语发展的历史长河中,"是"乃是作为"为"的历时替代形式而呈现的结论。第三部分是讨论《祖堂集》判断句的语义类型。作者在内部环境中考察了判断句的主语和宾语之间的关系,在外部环境中考察了复句判断句中判断分句与其他分句之间的语义关系。第四部分把《祖堂集》与唐五代前佛典特式判断句进行比较,揭示《祖堂集》在文献亲缘属性方面的特点,指出《祖堂集》特式判断句的来源。同时作者还将《祖堂集》判断句与《宝林传》判断句进行比较研究,揭示了《祖堂集》在文献文本属性方面的特点,探讨了《祖堂集》文献的性质。第五部分从语用角度研究《祖堂集》中的疑问式判断句,对其进行调查与分析,并考察了"莫"表示测度判断的由来,对前辈的相关研究提出了商榷意见。文章最后一部分从语用方面对《祖堂集》判断句的加强和减弱的问题进行分类探析,对加强判断前项的标记词"只"、"即"、"则"的源流问题提出一些见解。

关键词:《祖堂集》　判断句　语法　系词

3194

古汉语动补结构成因研究 / 肖贤彬著 ; 唐钰明指导. -- 中山大学, 2005. -- 142 页

论文试图在材料利用、事实描写和理论解释三方面,对古汉语动补结构成因的研究有所阐释,具体在以下方面取得进展:其一,利用最新近的语料、传世文献口语化的资料、"时差资料"、大型电子文献检索工具,使研究的各个结论建立在大量的资料基础之上。其二,提出了用于汉语史的动补结构定义及判断标准,列举了依据这个标准而检索到的先秦两汉动补结构的若干实例,同时也对学界目前提出过的一些例子重加鉴别;对动补结构的定义提出"语义差"理论,即:上字的动作性强于下字,从左至右,语义的虚实必须有一个落差,这个落差典型地表现为"V(O)令 C"式,可以此检验动补结构 VC 式。其三,讨论了致使句("使/令"字式)发展历程及句型特点,从而得出的结论是:"令"字并不是一个介词,而是一个特殊的表致使义的动词,"使/令"字及其后续成分是动·结关系。其四,发现了一个语言事实:上古至当代汉语始终存在动补结构与状中式、"隔开式"、双补语结构、"使/令"字式并存的情况。这说明动补结构与"隔开式"、"使/令"字式并没有渊源关系。古代汉语存在一种

"焦点信息提取式"。动补结构（粘合式）带宾语时，就形成了"隔开式"。"VO使/令C"式后世被重动句取代，这两种结构在时间序列上大体互补。其五，讨论了"使动用法"问题，以及它与动补结构起源的关系。论文认为"使动"现象的实质是：性质状态动词带宾语。它直接催生了最早的动补结构（动结式）。具体过程是：远古至先秦汉语行为动作动词与性质状态（结果）动词往往合而为一，后来，动作性减弱、形容词性增强，但它们后边的宾语位置却不变，这样为了符合因果关系律或动·结语义模式，在结果动词的前边形成一个空格，此种状态不能长期维持，空格被激活，话题动词逐渐后移，进入空格，或者由大脑词库中提取一个动词，填补空格，这样，语言中的动补结构就形成了。

关键词：汉语　动补结构　语法

3195

宋代河南地区诗词用韵研究 / 谢洁瑕著 ; 鲁国尧指导. -- 南京大学, 2005. -- 83 页

本文选择宋代河南地区诗词用韵作为研究对象，目的是对宋代通语韵系作深入的考察。作者通过对宋代河南地区14634首诗歌、1388阙词，共17690个韵段的分析研究，并利用邵雍《皇极经世·声音倡和图》十声图表现出的韵系作为旁证来检验诗词用韵的结果，发现二者反映的语音体系基本一致。由此，作者根据诗词用韵把宋代通语韵系归纳为18部，认为宋代河南诗词用韵显示了通语中重要的语音演变现象，发现宋代河南诗词用韵中韵部之间的通押现象有24种，其中阴声韵7种、阳声韵13种、入声韵4种。同时，作者通过分析诗韵中全浊上声字的入韵情况，发现在宋代河南地区，浊上变去的速度较其他地区要快。此外，作者还对宋代河南诗词用韵中出现的特殊韵字进行了考察，试图证明宋代韵书的音和义皆有失收现象，并对北宋哲学家邵雍的《皇极经世·声音倡和图》作了进一步研究，认为其韵系与河南诗人用韵相吻合，反映了宋代中原地区的语音。

关键词：诗词　音韵学　宋代　河南省

3196

现代汉语差比范畴研究 / 许国萍著 ; 戴耀晶指导. --复旦大学, 2005. -- 161 页

本文从范畴的共性角度研究了现代汉语差比范畴问题。文章大致分为四个板块。首先，按照原型范畴理论和方法建立了现代汉语的比较范畴，认为可定义为"如果一个结构可以在某个谓词量级上赋予两个或两个以上事物分级（相同的或不同的）位置，具有这种语义功能的结构就是比较结构"；提出的比较结构的主要属性有：（1）至少有两个参与者，比较主体（subject）与比较基准（standard）；（2）参与者属于同一范畴，且一般为基本范畴的事物；（3）参与者有明确的指称；（4）参与者的所指不同；（5）参与者具有共同的属性，这个属性通常可以明确出现；（6）参与者之间的比较关系明确；（7）比较结果清晰；（8）比较结果是从和比较基准的比较中得出的。并指出比较范畴是个连续的、边界不清的范畴。其次，从整个范畴角度探讨了比较范畴的否定，指出可以利用否定的一般规则和量级否定来考察比较范畴否定的特点，即差等否定；"不比"的基本功能是说话人不必、不能或不愿清晰地表明事物的高下量级关系；"没有"和"不如"句都来自于平比的否定，其表达量级的关系是相同的。再次，文章着手于比较范畴的表现状态问题，分别具体考察了比较句的不对称结构、"比"字句中情态意义的分布情况、差比标记的语法化过程问题，指出主体和基准在句法结构上都不存在对称的必然性，并分出八种差比格式对它们的话题结构进行了具体的考察；认为比较句表达的是说话人对两个事物相对的量关系的认识，句中最常出现的是认识情态意义，此外，人们也使用比较句实施要求、承诺、禁止、等言语行为，多为道义情态义；勾勒了"不如"的语法化过程，认为"不如"兼表比较和结果，语义稳定，构成的句法形式灵活，且不及级的语义本身就比胜过级简单，因此动词"不如"缺乏语法化的动因，虚化速度缓慢。最后是本文总结与展望。

关键词：现代汉语　句型　比较句　比较结构　差比　平比

3197

北魏石刻楷书构成系统研究 / 杨宏著 ; 秦永龙指导. -- 北京师范大学, 2005. -- 224 页

本文以王宁先生汉字构形系统论思想为指导，借助计算机手段，对中国历史上北魏时期出现的一些墓志、摩崖石刻、墓碑、造像题记、塔铭、砖志等不同用途上的3万石刻楷书字形做了封闭性的构形测查与研究，描写出北魏石刻楷书的构形特征和书写特征，对出现的现象加以论析，并结合历史文化特点对北魏石刻楷书加以阐释，确定它在汉字发展史上的地位。在具体的工作中，作者整理了字样，选定3万北魏石刻楷书原始材料，整理出6621个不重复字样，得到2672

个字位主形，3949个字样变体，统计出他们出现的频度；拆分字位主形，归纳出基础构件479个，揭示出北魏石刻楷书的构成系统，并对各项构形参数和现象进行了描写和历时比较；制定《北魏石刻楷书基础构件及变体表》和《北魏石刻楷书构形总表》；总结了北魏石刻楷书的书写特征，并从字体、刊刻加工等方面论析了其成因；结合北魏社会文化状况着力对这个时期石刻楷书的面貌成因进行了阐释；在一系列的数据、现象的基础上为北魏石刻楷书在汉字发展史上作了定位，从汉字构形角度和书写角度总结北魏石刻楷书的总体特征，确定其历史地位和研究意义。

关键词：石刻　楷书　字体　字形　北魏

3198

《佛本行集经》词汇研究 / 杨会永著 ；方一新指导．-- 浙江大学，2005．-- 148页

论文选取处于中古、近代汉语转型期的汉译佛经词汇作为考察对象，探讨佛经词汇的汉语史研究价值。全文共分为六章。开篇首先回顾了自上个世纪80年代以来汉译佛经词汇研究的现状，并指出了其存在的问题。然后对论文的选题缘由、写作内容、写作方法作了简要交代。第二章对《佛本行集经》词汇的口语性、词汇的言语性特点进行了考察，通过与东汉时期《论衡》和汉译佛经新兴复音词的比较，通过与《唐五代语言词典》的比较，重点说明了其口语性和言语性两个方面的特点。第三章首先对《佛本行集经》并列式合成词词义、语素义之间的关系进行分析，然后在此基础上对《汉语大词典》中部分同义复词的释义作了辨正。第四章主要论述了《佛本行集经》词汇研究对大型语文辞书修订的作用，分修正释义、补充义项、增补词条、提前书证、补充书证五个方面展开说明，比较全面地说明了该经词汇研究对语文辞书编纂的意义。第五章对《佛本行集经》的同义词聚合进行了研究。内容涉及同义词的判定、同义词的类型以及同义词聚合的历史演变。最后一章对《佛本行集经》中的减少、耽荒、惭愧等38个疑难词语进行了考辨。

关键词：《佛本行集经》　佛经　词汇　复音词　合成词　同义词

3199

清末粤方言语法及其发展 / 杨敬宇著 ；唐钰明指导. -- 中山大学，2005. -- 111页

利用文献资料研究粤方言的历史，是汉语方言语法一个新的和迫切的研究方向。本文利用清末粤方言学话课本《粤语全书》，并结合《粤音指南》和《Cantonese Made Easy》两本不同性质的学话课本，参考《新约》、《俗话倾谈》、《新粤讴》和《金丝蝴蝶》等各种类型的清末语料，在系统普查的基础上，从语法发展的角度描写清末粤方言的词类和句式，归纳语法的类型特征，确定书面语料所归纳语法内容的性质，并与当代广州方言进行比较，获取百年来的变化点，考察发展的内部机制。全文共分五章。第一章引言部分，回顾了汉语方言语法的历时研究，简述了粤方言语法历时研究的条件，阐明本文研究的内容、方法和特点，以及本文使用文献的版本。第二、三章分别从词类和句式两方面对清末的粤方言语法进行共时语法描写。第四章对清末粤方言语法进行了百年历时研究，揭示清末语法系统的性质，论述了百年来粤方言语法的变化以及变化体现出的共同语和方言两条线等问题。第五章阐释了“方言发展向共同语靠拢”观点存在的问题。作者通过比较《粤音指南》与《官话指南》来考察百年发展的机制中共同语的作用，发现共同语变化诱因的作用不明显，只要“后置”的语法基础仍然存在，粤方言将一直与共同语保持基本的距离。

关键词：粤语　方言　语法　语言演变　清末

3200

《音韵日月灯》研究 / 杨雪丽著 ；鲁国尧指导．-- 南京大学，2005．-- 115页

由明末吕维祺、吕维祜合著的等韵化韵书《音韵日月灯》（以下称《日月灯》）由《韵母》、《同文铎》、《韵钥》三部分组成，有两种版本：初刻本刊于明崇祯六年（1633），重订定本刊于崇祯七年（1634）。全文分五章。第一章介绍了《日月灯》的内容、版本、作者以及研究状况。第二章是对《日月灯》中“沈韵”的考证。文章认为，《日月灯》中的“沈韵”与《韵府群玉》关系最为密切。第三章是对《日月灯》等韵模式的探讨。文章认为，《日月灯》中三十六字母分四等模式以及各个小韵所属的字母和等，是从金人韩道昭的《五音集韵》中套用来的，对开合口的划分则依据元人刘鉴的《经史正音切韵指南》。但是，书中与模式不相符的现象表明作者使用该模式不是用来反映实际语音的，而是作者竭力维护的“正音”、“雅音”标准。第四章论述了《日月灯》声母的特点。文章认为，作者调整反切用字的主要原因是为了改良反切。第五章论述了《日月灯》韵母和声调方面的特点。文章认为，《日月灯》中的非入声韵有十四类，入声类有六类。《日月

灯》分平上去入四声，平声未分阴阳，全浊上声变为去声。

关键词：《音韵日月灯》 音韵学 等韵 声母 韵母 声调

3201

“这”、“那”系词语的篇章用法研究 / 杨玉玲著 ；陆俭明指导. -- 北京大学, 2005. -- 138 页

本文采用实证性研究的方法，在大规模统计真实语料的基础上，全面系统地分析了“这”、“那”系词语(包括单个“这”/“那”、“这么”/“那么”、“这样”/“那样”、“这 + x” /“那 + x”、“这时”/“那时”、“这里”/“那里”等)的篇章用法及其明显不对称现象。作者认为，这种不对称主要体现在以下几个对立上：(1)空间距离远近的对立；(2)时间距离远近的对立；(3)定指与不定指的对立；(4)现实与虚拟的对立；(5)熟悉度高低的对立；(6)新旧信息的对立；(7)心理距离远近(好恶)的对立。论文将七个对立分散在各章节中，用认知语言学的可及性理论对这种明显的不对称性进行了解释。本文的结论是“这”系词语是高可及性指示词语，“那”系词语是低可及性指示词语。而这表现出的明显不对称性是因为从记忆系统中提取“这”系词语的所指要比提取“那”系词语的所指更容易一些，而回指使用频率的极大悬殊是造成“这”、“那”系词语在篇章中明显不对称的根本原因。

关键词：指示代词 语法 这 那

3202

秦文字字体研究 / 杨宗兵著 ；秦永龙指导. -- 北京师范大学, 2005. -- 475 页

“秦文字”的范围为：春秋战国时代的秦国文字和秦代文字。论文基于秦文字出土“第一手”材料(同时参考传世文献《说文解字》)，主要运用以启功、王宁、秦永龙等为代表的“北师大汉字字体学理论体系”的思想、观点、术语，按文字制作方式分铸刻和书写两大类，试图从“笔形、部件、结体、笔、笔顺”和“笔势”、“体势”等属性对秦文字字体作较全面的梳理、考察、分析和描写。论文分析认为秦文字“草化”现象属于自然书写状态下的“草书萌芽”，在一定范围和程度存在，与严格意义的狭义草书已经相距不远，对汉代草书的形成、趋于成熟具有“导源”意义和“示源”作用。同时，论文运用“汉字字体学理论”、“字体属性分析”等研究思想、方法，讨论了秦文字的“早期隶变”现象。此外，论文选取春秋战国楚文字为参照物与秦文字进行横向共时比较，将秦文字与晚周文字、汉初文字分别作纵向历时比较，认为秦文字在汉字字体发展史上真正发挥了承上启下的桥梁作用。

关键词：汉字 字体 草书 秦代

3203

《六十种曲》和明代文献的量词 / 叶桂郴著 ；蒋冀骋指导. -- 湖南师范大学, 2005. -- 237 页

本文在分析量词的实质的基础上，探求量词在汉语中产生的原因，考察《六十种曲》和明代其他文献量词的使用情况，对明代量词进行了断代研究。全文共分四章。第一章探讨了量词的起源问题，作者通过分析总结功能派和语法派的观点，同时对量词的历时演变进行分析和考察，提出了复合说。此外，作者还试图通过论证汉语量词虚化的轨迹和理据来指出几类量词的虚化步骤，认为“基准单位”是量词的虚化过程中最为关键的一环，尤其是集合量词的虚化过程。第二章关于量词的分类，作者试图用一种全新的分类法：即用“量”和“序”来作为标准进行分类。第三章关于《六十种曲》及明代量词研究。作者回顾了研究概况、重点和难点，阐明语料的选择和研究方法，具体分析了明代量词对前代的继承关系，同时指出明代某些量词消失的原因，具体分析了明代新量词演变的轨迹，认为明代是汉语量词发展的又一个重要时期。第四章关于量词个案考察。作者通过考察三组量词的历时演变，从微观上解释了汉语最重要的量词“枚”被“个”替代的原因。

关键词：《六十种曲》 量词 语法 明代

3204

汉代汉语被字句研究 / 游舒著 ；萧国政指导. -- 武汉大学, 2005. -- 113 页

本论文的研究对象是现代汉语被字句，着重讨论被字句的基本格式、被字句的成分隐现及其制约因素、被字句与受事主语句的转换等几方面的内容。全文共分六章。第一章是绪论，介绍了现代汉语被字句的研究现状及其存在的问题，说明了本文的研究框架、研究方法以及语料的来源。此外，作者着重区分了被动与被动句、被动句与被字句、被动意义与被动形式等概念，探讨了被动意义实现的三种语法领域：短语域、小句域和语篇域。第二章是被字句的基本格式，主要讨论了被字句成分 A、B 和 VP 的句法语义特点，以及被字句五种基本格式的句法语义特点。第三章是被字句的成分隐现及其制约因素。作者通过对

被字句成分 A、B、“被”、VP 的隐现状况的分析，说明被字句成分的隐现不仅是组形的问题，还受到深层的语义表达和信息传递规律的制约；不仅是被字句内部的问题，还受到语篇内和语篇外的多种因素的制约。第四章是被字句与受事主语句的转换，主要分析Ⅰ类完全式与Ⅱ式以及Ⅰ类简化式与Ⅲ式之间的转换情况及制约规律，以期通过比较更好地分析被字句的特点。第五章是 HNC 理论与汉语被动句，HNC 理论从计算机理解语言的角度出发，对于汉语中被动句的理解提出了新的思路和处理方式，这种思路和处理方式对于我们从语言学的角度来研究被动句也具有很重要的参考价值。第六章是全文的结语，主要是概括了本文的主要观点，说明了关于现代汉语被字句还需进一步研究的问题，这也是本文作者今后的努力方向。

关键词：汉语　句法　语义　被动句

3205

《集韵》及其词汇研究 / 于建华著 ； 董志翘指导 . 南京师范大学, 2005 . -- 137 页

本文研究了《集韵》的词汇。首先，文章探讨了《集韵》词汇的构成及释义特点，指出在词汇构成方面，《集韵》原则上不收释复合词，而广收名、字（尤其是女字、女名）、连绵词和外族词；从《广韵》到《集韵》昭示出从百科性字典向语词性字典的回归；在释义方面《集韵》则有复古的倾向，总的释义风格简明扼要，但也不乏较详细的补释和对词的理据的说明；《集韵》的同源词研究大有可为。其次，进行了《集韵》词汇专题概述，指出《集韵》收了许多唐宋以来产生的新词、新义，它所蕴涵的俗语词是很丰富的，许多俗语词很可能是方俗语，其对宋代口语的反映是比较及时的。再次，分别具体研究了《集韵》与中古、近代汉语词汇、《集韵》方言、《集韵》的引用、《集韵》的文字，发现吴方言词占很大优势，并对疑似方言词、方言读音及同字为训逐一进行了分析；认为《集韵》义项大多数来自前代故训，《集韵》明引最多的三部书依次为《说文》、《广雅》和《方言》；指出字头的各个形体之间的关系很复杂有三种情况值得注意：不同字的合并、异体字之间不同音、同义字合并。最后，文章考辨了与词汇有关的错误，指出“张冠李戴”是被释词的牵混，“假词”是读音的讹变，断句错误导致释词错位。除了一般的释义无据或错误外，另有线性释义和因形生义两种带有规律性的释义倾向。

关键词：《集韵》　词汇　俗语　方言

3206

《祖堂集》祈使句研究 / 于涛著 ； 袁宾指导. -- 上海师范大学, 2005. -- 124 页

《祖堂集》是近代汉语的重要口语资料，其中的祈使句特别丰富，具有类型完备、语义多样、用法灵活的特点。本文对《祖堂集》中的祈使句进行了考察，描写了《祖堂集》祈使句的基本类型、语法结构、语义及语用特点，通过历时考察，作者认为该书中的祈使句既是历史积淀的产物，又是现实发展的结果，在祈使句发展历程中具有重要的价值。全文共分六章。第一章绪论，阐述了《祖堂集》祈使句研究的目的和意义，概括介绍了祈使句的研究现状和研究成果，并进行了相关说明。第二章概述了《祖堂集》祈使句的基本类型。作者按形式把《祖堂集》祈使句分为有标记祈使句、无标记祈使句和特殊形式的祈使句，并作了进一步的细分与说明。第三章至第五章分别进行了《祖堂集》祈使句的语法分析、语义分析和语用分析。在语法描写中，作者分析了主语、谓语及句中的动态助词；在语义分析中，作者论述了《祖堂集》祈使句对动词的自主性及褒贬义的选择；而在语用分析中，作者着重研究了《祖堂集》祈使句的语用功能以及信息反馈。第六章进行了《祖堂集》祈使句的历时描写。作者选取了《祖堂集》祈使句中的禁止副词与语气词进行了历时的分析描写，按继承上古、继承中古、近代新兴三个层面作了考察。同时，作者对祈使标记“请”作了个案分析。

关键词：《祖堂集》　祈使句　语法　语义　语用学

3207

居延汉简虚词研究 / 张国艳著 ； 詹鄞鑫指导 . -- 华东师范大学, 2005 . -- 497 页

本文对居延汉简中的虚词进行了描写，并进行了调查和定量分析，力求反映居延汉简的整体面貌，揭示其中存在的语法规律。文章上篇，对虚词与相关词类的区分标准作了说明，对居延汉简虚词的总体面貌进行了描述；然后以词类为纲，采用专书研究的方法，描写了居延汉简中的代词、副词、介词、连词、语气词、助词和词缀，指出居延汉简共出现虚词 252 个、词缀 4 个，副词是虚词中使用最多的；居延汉简虚词承袭先秦汉语而来的占大多数，汉代新产生的仅有 35 个；居延汉简虚词状况与先秦汉语比较接近，与先秦汉语相比，各类词都有发展变化，而且承袭先秦而来的虚词生命力多比较强；从汉语史分期上来讲，可将先秦与

汉代划分为两个时期。文章下编，整理了居延汉简中有特点的几个虚词，指出居延汉简的“乃”主要用作副词，而“迺”主要用作指示代词；居延汉简中“並”主要用为人名用字，而“并”主要用作范围副词；“弗”发展到汉代，在用法上与“不”之间的区别逐渐减少，口语中“弗”的消失已经是不可逆转的事实了；汉以后的文献中书写简单的“即”这种六国方言中使用的字取代了秦国方言中“節”，并最终成为历朝历代的正统文字；与材料的性质相适应，居延汉简中出现了很多表数量范围副词，这构成了居延汉简范围副词的一大特点。

关键词：居延汉简　虚词

3208

中古汉语同素逆序词演变研究 / 张巍著 ; 吴金华指导. -- 复旦大学, 2005. -- 232 页

本文尽可能详尽地搜集《庄子》、《韩非子》、《吕氏春秋》、《史记》、《汉书》、《论衡》、《三国志》、《后汉书》、《世说新语》、《宋书》等十余部代表性专书中所见的同素逆序词，探讨中古时期同素逆序词的产生、发展和流变，了解其内部约制机制。文章既从宏观的角度，把同素逆序词放在汉语词汇系统中考察；又从微观的角度，对同素逆序词组进行了个案分析，以探寻词义的变化轨迹。作者论述了同素逆序词发展过程中存在的两序分布不平衡性状况，归纳总结了同素逆序词从中古到近现代汉语的演变规律，并探讨了日语和韩语中同素逆序形式汉字词的来源、概况以及相互对应关系。全文除“绪论”外，分“中古及中古以前常见同素逆序词分布情况”、“古汉语同素逆序词类型论析”、“同素逆序词演变研究”、“日语韩语中的同素逆序汉字词”、“同素逆序词成因探析”、“同素逆序词的应用价值”等六章。

关键词：古汉语　词汇　同素逆序词

3209

疑问代词的非疑问用法：以“谁”和“什么”为主要样本的探索 / 张尹琼著 ; 范晓指导 . -- 复旦大学, 2005 . -- 161 页

本文以三维语法（三个平面）理论为指导，研究疑问代词（以“谁”和“什么”为主）的非疑问用法。全文分九章。第一章引言。界定了疑问代词的疑问用法和非疑问用法，并扼要说明了论文的语料来源和引用文献。第二章疑问代词非疑问用法综述，总结了各个时期疑问代词非疑问用法研究的成果和特点，包括各家有关疑问代词非疑问用法的含义、分类、研究角度等。第三章对“谁”的非疑问用法进行了比较深入的探讨，把“谁”的非疑问用法归纳为“任指”、“某指”、“持指”三类。第四章至第五章是“什么”的非疑问用法，把“什么”的非疑问用法归纳在“任指”、“某指”、“特指”、“类指”、“非指”五类。第六章探讨疑问代词非疑问用法与预设、疑问域、焦点的关系。第七章运用语法化理论对疑问代词“谁”、“什么”的语法化进行阐释。第八章是汉语和韩语的疑问代词对比研究。第九章余论。

关键词：疑问代词　语法　语义

3210

魏三体石经古文辑证 / 赵立伟著 ; 曾宪通指导. -- 中山大学, 2005. -- 204 页

本文对历代传抄或发现的石经古文作了全面收集，并通过与出土古文字材料的比较，对这些古文进行了客观的评价，总结了石经古文的形体演变特点。全文共分六章。第一章介绍了碑数、经数、刊立时间等有关三体石经的基本情况，回顾了石经变迁、劫难的历史以及出土著录的情况，统计历代出土或发现的石经材料，共得古文单字 542 个。第二章对石经古文与篆隶二体文字的用字进行了比较，并探讨了产生差异的原因，在此基础上展开了石经古文的形体研究。文章认为，石经古文仍保持着战国文字的构形与用字特征，同时还呈现出许多出土战国文字甚至是同类传抄古文所不具有的新特点。第四、五章将 38 则共 56 个形体讹别不知所从的石经古文纳入研究范围作了详细疏证，并以这些古文为例结合其他材料，从简化、繁化、偏旁变换、笔势变异、形体讹变、以隶作古六个方面探讨了石经古文的形变特点。研究发现，这些变化有的是在汉字形体发展过程中发生的，有的是在传抄过程中发生的，有的则是后人篡改伪造的结果。文章认为，研究传抄古文的形变现象首先必须看它们是否符合汉字发展的一般规律，然后重点考虑古文在传抄过程中所发生的变化，最后结合当时特定的时代背景与载体特征来考察是否有后世伪造的因素存在。文章最后一部分是石经与今本《尚书》、《春秋》文字的比较研究。

关键词：古代汉语　石经　古文字

3211

指令行为与汉语祈使句研究 / 赵微著 ; 戴耀晶指导. -- 复旦大学, 2005. -- 164 页

本文以言语行为理论为指导,全面、系统地讨论了指令行为及汉语祈使句的特征。全文共十章。第一章引言主要介绍了本文的研究意义、所采用的理论框架、研究范围、语料来源和研究方法;第二章言语行为及指令行为研究概述以时间为线索,全面梳理了从Austin开创言语行为研究以来有关言语行为及指令行为的研究脉络;第三章介绍了指令行为的定义及种类,讨论了指令行为的实施与各种语言形式及语义因素的关系;第四章分别介绍了直接指令和间接指令;第五章讨论了直接指令和间接指令表达的汉语手段;第六章主要研究的是汉语指令行为的操控度及礼貌度等级问题;第七章通过两种文体(使用说明书及法律文书)的对比研究考察指令行为在书面语中的实施;第八章对用来实施指令行为的重要手段之一——汉语祈使句的研究概况进行了总结;第九章主要是对汉语祈使句的句法及语义相关问题的研究;第十章对全文的研究进行了系统的总结,提出了研究中的创新部分和仍存在的不足以及尚需深入研究的问题。

关键词:汉语　言语行为　指令　句法　祈使句

3212

汉字转注系统研究 / 钟如雄著 ; 宋永培指导. -- 四川大学, 2005. -- 187 页

本文以《周易》的"变易"思想为指导,以孔颖达的"旧形改变"为理论基础,以杨雄的"转语"理论中的"形转"为方法论,在研读《说文解字》、《甲骨文字典》(徐中舒主编)、《战国古文字典》(何琳仪)、《汉语大字典》(徐中舒、赵振铎主编)的基础上,将汉字的形体嬗变放在历时和共时两个"时点"上进行考察、比较,从中总结、归纳出了汉字集团中某些字群的变化规律——汉字构形法和旧形转换规律。作者经过研究分析,发现汉字构形法从象形的发明到形声的普遍运用,其间经历过三次飞跃,而"转注"在其中起着将旧的构形法转换成新的构形法的变易转换作用,既是构形法的转换中枢,同时又是对汉字旧形实施改造翻新的构形原理和方法,同时还可以改变原有构形法的发展方向和协调构形法的造字能力。此外,作者还揭示了作为构形原理和方法的"转注",其本质是改造原有汉字的旧形,使之更加适用语言社团用字的需要,并指出其换形规律。

关键词:汉字　转注　构形法

3213

现代汉语礼貌语言研究 / 周筱娟著 ; 杨合鸣指导. 武汉大学, 2005. -- 179 页

本文主要应用"小三角"、认知、功能等理论,立足于礼貌语言句法,从句法单位(词语)的礼貌范畴分布,礼貌句类的形式特征,以及句法的礼貌认知规律入手,研究反映人际间交际互动行为在线的"谦虚恭敬"之语言。论文由前言、第一至第六章和结束语组成。前言阐述了该课题的研究意义,回顾了国内外的研究现状,介绍了论文工作的实施与基本框架。第一章分别从定义、本质和管控等三个方面对礼貌语言进行了概述。第二章研究了礼貌元的范畴分布,主要包括典型礼貌范畴与非典型范畴的研究,以及对礼貌范畴的年龄段特征的探讨。第三、四章分别从祝愿脚本、谦逊脚本和恭敬脚本,以及客套脚本、感激脚本、问候脚本和委婉脚本阐释了礼貌脚本的语表、语里和语值。第五章从时间投射、空间投射、身体动作投射、容器图式和重叠图式这几个方面阐释礼貌语言的认知特性。在作者看来,时间上,礼貌语言既有自然时间复制,也有"全时间"和"熟交往时间"心理认知等特色;空间上,礼貌语言有势差空间和生存空间投射;身势动作能够比较准确全面地反映人的生理、心理状态;汉语礼貌语言具有实体和心理容器图式,并且已经形成了"内谦""外敬"的礼貌容器隐喻规则。第六章,论文综合礼貌语言形式、人类经验和心智等动、静态因素,主要探讨了现实会话中,礼貌语言的完形心理模式、宏观共识模式、微观定型模式、语境模式和价值模式。

关键词:汉语　礼貌　敬语

3214

古玺文字量化研究及相关问题 / 朱疆著 ; 臧克和指导 . -- 华东师范大学, 2005 . -- 166 页

本文分析整理了《古玺汇编》著录的所有古玺字形,描述了这一类型文字的整体面貌,在字频、字量、构形等方面为古玺文字的研究提供了一系列较完整的数据,为进一步深化对它的研究提供了资料。首先,文章研究了古玺字字频,整理出了古玺中的常见姓氏、人名以及常见成语用字,指出《古玺汇编》5708方古玺上的13119个字样,12207个字形可供分析统计,进而对这12207个字形作字频统计,整理出2710个文字单位,以降频排列,由此讨论了古玺文字的字频分布特点、字频和字用之间的关系,以及古玺文字的释读率和传承率。其次,研究了古玺字构形类别,将400个字频在5个以上(包含5个)的古玺文字的所有呈现字形进行穷尽性分类整理,并按构形类别的

使用频率降序排列出来,给出了一个古玺文字的最常见构形以及所有构形类别,共涉及8909个字样,在此基础上探讨了古玺文字构形的特点、构形歧异的方式及构形类别与字用、国别之间的关系等相关问题。最后,文章对于整理字形过程中发现的古玺文字的特殊书写(主要指合文、反书、倒书三种特殊书写现象)进行了分析。

关键词:古印　古文字　字形　字频　战国时代

3215

古天文词汇研究 / 朱习文著 ; 黄金贵指导. -- 浙江大学, 2005. -- 119 页

古天文词汇是我们阅读古籍不可回避的一道障碍,也是古汉语词汇研究中的薄弱环节。广义的天文包括天文和历法,狭义的天文则指日月、五星、三垣、二十八宿、天文仪器等。以往学术界对古天文词汇的研究,主要集中在词义训释、得名缘由与来源、文化内涵及应用上。本文内容主要分两部分,一是订补《汉语大词典》所收天文语词,一是分析天文词汇的文化内涵及应用。《汉语大词典》所收古天文词汇涉及面广,各类天文及与天文有关的语词无所不包,所涉及的文献遍及经、史、子、集,在词义训释方面水平较高。因此,本文的古天文词汇词义训释主要针对此书进行。研究中,作者提出并广泛实践了系联法,对其中的古天文及其相关词条作了较全面的探讨,清理出约300个不善不确的词条。接着,作者运用排比归纳法和演绎推求法,对于天文词汇的星占学意义、时间及历法意义、神话意义以及对普通语词的影响等,通过文学作品中天文词汇的实例分析,揭示其深厚的文化内涵。

关键词:古代汉语　词汇　天文　词义　《汉语大词典》

中国古典文献学

3216

《红楼梦》情感讲述语词研究 / 曹诣珍著 ; 郭英德指导. -- 北京师范大学, 2005. -- 143 页

"情感讲述语词"是指以"讲述"的手法表现情感状态的语词,如"悲伤"、"喜悦"、"忧愁"等等。针对福楼拜以来对这部分语词表现功能的质疑,作者认为,《红楼梦》的创作实践足以证明,情感讲述词同样具有生动准确的情感表现力。本文着重在庚辰本与程甲本之间展开比较,以探讨相对恰切的表达方式。通过对情感讲述语词的细致分析,希望能够对《红楼梦》的情感世界和曹雪芹的语言艺术有更深的了解,并且进一步明确文学作品中情感讲述语词的功用和意义。全文共分六章,按三个步骤对《红楼梦》中的情感讲述语词进行系统的梳理和考察。第一步即第一章,就情感与讲述之间的关系这一基础性的理论问题作了阐释。主要是借助了韦恩·布斯与佛斯特等人的小说理论,对福楼拜以来重"展示"而轻"讲述"的文学观念作了有力的驳斥,指出情感讲述词有其存在的合理性和必要性。第二步包括二、三两章,分别从情感讲述语词的构成和内涵的角度,探讨了《红楼梦》中这部分语词的选择与组合的灵活性,以及内涵的丰富性。指出只要善于运用这些语词,它们完全能够承担起表述情感的功能。第三步包括四、五、六三章,进一步从小说的基本功能入手,考察了《红楼梦》中情感讲述语词对于表现人物性格、建构故事情节和揭示作品寓意的作用,意在说明这部分语词是《红楼梦》文本重要组成部分,渗透到了小说创作的方方面面,很大程度上构成了小说细腻柔美、生动明快而又富含哲理的文体风格。

关键词:《红楼梦》　情感　语词　修辞学　文学研究

3217

乾嘉易学三大家研究 / 陈修亮著 ; 刘晓东指导. 山东大学, 2005. -- 149 页

本文从文献学的角度对乾嘉易学三大家惠栋、张惠言、焦循的易学进行研究,说明了他们易学的考据学特色,并阐述了乾嘉易学在发展中表现在他们身上的学术个性。首先,阐述了乾嘉易学产生的社会背景与学术渊源。然后,对乾嘉时期惠栋、张惠言、焦循的易学进行了分析与研究,指出惠栋对汉儒各家易说进行了广泛的发掘和深入的阐发,在具体的治《易》过程中,他从象数学的角度出发,运用汉代各家易说,"重小学,以文字、音韵、训诂知识解《易》",使乾嘉学术注重考据的特征得以凸显;张惠言专攻虞翻易学,企图全面而系统地恢复虞翻易学,他挖掘出了虞翻易学消息说的本质与内涵,并提出"易有太极为乾元"的宇宙观及"日月在天成八卦,庖牺则天作八卦"的八卦生成观,他也重视对《周易》经、传文字的训诂及虞氏《易》注的校勘,亦注重对郑玄、荀爽等汉代各家易说加以整理与阐释,对《易纬》及图书之学作出了进一步

的考证，并得出了重要的学术结论；焦循则提出了旁通、时行、相错及比例诸说，在具体的治《易》过程中，将其渊博的数学知识与易学相结合，对探索易学与自然科学之间的关系作出了有益的尝试，“以假借、转注解《易》及注重对《周易》经、传文的训诂”，则充分显示了乾嘉学者重视考据的治学风格。

关键词：《周易》　惠栋（1697～1758）　张惠言（1761～1802）　焦循（1763～1820）　易学　清代

3218

戴震诗经学研究 / 程嫩生著 ; 何俊指导. -- 浙江大学, 2005. -- 113 页

本文主要以戴震诗经学的三部著作——《毛诗补传》、《毛郑诗考正》、《杲溪诗经补注》为核心，来探讨其治诗思想。作为当时考据学的重要代表人物，戴震主要通过考证名物字义与探讨诗之意两个方面来研究《诗经》。戴震考证名物字义方法多元化，所作考证颇为精辟，后来大多数治诗者均绕不开戴震一些名物字义的考证。虽然考证名物字义为戴震说诗之重镇，但戴震并非弃诗之意于不顾。戴震探讨诗之意时遵循“思无邪”宗旨，采用知人论世与以意逆志等多种方法，与《孔子诗论》相较，戴震诗说瑕瑜互见。戴震治诗经历了一个相当长的历程，通过将其未定稿《毛诗补传》与代表作《毛郑诗考正》以及《杲溪诗经补注》加以比较，可觇戴震治诗水平之进展以及治诗思想之异同。文章认为，戴震说诗时既能吸取汉代诗学铺陈政教的思想，以美刺方式说诗；又能接受宋代诗学之熏染，注重诗的文本语言，以诗说诗。无门户之见，对汉、宋诗学均作了不同程度的继承与批判。虽重视《传》、《笺》之说，但戴震对此二者扬抑相参，故其并非主毛或主郑。戴震在早期作品《毛诗补传》中对朱熹的“淫诗说”屡作批判，既可见其根深蒂固的尊经意识，也可觇其早期并非朱熹的学术干城。与《毛诗补传》相较，戴震在后期作品《杲溪诗经补注》中对朱熹有明显重视。反对朱熹具有选择性，并非全面痛诋，由此可窥戴震实事求是的解经思想。接着，作者还将戴震与惠栋诗学研究作了比较，发现二者均有信古思想，不过惠栋以古为尚，而戴震能冲破古之牢笼，以求是为鹄的。最后，文章指出，戴震诗学硕果累累，影响深远。由于历史的原因，戴震诗学也呈现出时代的局限性，缺陷不克自掩。

关键词：戴震（1723～1777）　诗学　文学思想　考据学

3219

中古常用并列双音词的成词和演变研究 / 丁喜霞著 ; 王云路指导. -- 浙江大学, 2005. -- 229 页

作者针对上世纪80年代末以来关于常用词演变研究基本上限于常用单音词的历时更替性研究的现象，指出双音词是现代汉语词汇系统的核心与关键，其中有许多属于常用词。如果对常用词的研究只集中于单音词的替换研究，就难以了解汉语词汇由单音词为主过渡到以双音词为主的演变过程，难以全面描写汉语词汇的发展历史。因此，本文以中古时期成词的常用并列双音词为主要研究对象，在典型个案描写的基础上，探讨常用双音词成词的途径、演变的机制和规律，并对现有相关理论进行商补。本文内容分为六章。第一章，确定了本文的研究对象，对“中古汉语”、“常用词”和“并列双音词”做出了明确界定，分类评述了常用词、双音词和中古汉语词汇研究的概况，进而提出了进行常用双音词成词和演变研究的主要方法。第二章，结合本文的研究成果，从四个方面举例论证了常用双音词的成词和演变研究的实用价值。第三章，首先讨论了划分双音词和双音短语的标准，其次讨论了并列双音词的成词条件和成词机制，同时探讨了并列双音词的来源和成词途径。在并列双音词句法和词法两个来源中，着重讨论其词法来源的根据，并且通过举例来说明认定并列双音词源头的标准和方法。第四章，首先从同义并列双音词语素构成的新旧关系，将同义并列双音词分为四类，每类选取有代表性的双音词，对其成词和演变的过程进行个案描写；其次考察了三组同义并列双音词的历时替换过程，并对其演变和替换的原因进行解释；在静态分类和动态考察的基础上，从五个方面归纳了同义并列双音词的成词和演变特点。第五章，以例释的方式分别考察了类义并列双音词和反义并列双音词的成词和演变，进而归纳这两类双音词在成词时间和成词数量、意义关系、词性和语音等方面的特点。第六章，基于前面两章对个案的描写，对各类并列双音词在成词和演变过程中表现出的特点进行概括，并总结出常用并列双音词成词和演变的主要规律。

关键词：古汉语　构词法　双音词

3220

碑帖书画与诗歌文献研究 ：以宋代诗歌作品的辑佚、校勘、辨误为例 / 丁政著 ; 陈永正指导. -- 中山大学, 2005. -- 260 页

作者用碑帖书画来考察诗歌文献，并以宋代的单

篇诗歌作品为例,详细论述了碑帖书画与诗歌文献辑佚、辨误、校勘的关系,以此对文学史的研究提出了自己的看法。作者研究的出发点是"诗文书画互证"的观点。碑帖书画的资源在我国古代非常丰富,上个世纪以来,一方面简牍、帛书、墓志、石刻不断出土,另一方面许多珍贵的碑帖书画资料因先进的印刷技术得以迅速流布。这些都为碑帖书画资源的利用创造了有利条件。通过碑帖书画的研究,作者认为,可以发现许多诗歌文献中并未收入的诗歌资源,甚至还能发现一些虽有诗作,但由于种种原因而未为世人充分认知的诗人。并且通常还附有大量的有关诗人、诗作、诗事的考证材料,有利于对诗歌资源的辑佚。在作者研究的过程中,共辑佚出100余首《全宋诗》未收录的诗歌作品,并发现了10余位《全宋诗》未著录的诗人。同时作者认为,碑帖书画上的诗作多为诗人本人所书写的自己的诗歌或他人的诗歌作品,是难能可贵的第一手材料。作者在本文中对宋代米芾、蔡襄、扬无咎等诗人诗歌进行了校勘,发现了大量的异文,还对10余位诗人的作品进行了辨误,纠正了一些文献上的错误。

关键词:诗歌　碑帖　书法　绘画　文献学　校勘学

3221

中国古代土地信仰研究 / 杜正乾著 ; 项楚指导. -- 四川大学, 2005. -- 212 页

作者认为,中国古代的土地信仰是以土地崇拜和"地母"崇拜为原生态,以中国传统观念中的"天父地母"思想为哲学基础,以文献典籍中有关土地祭祀的典礼和融合佛道思想的土地神验传说为载体,以土地神崇拜为核心而形成的信仰体系。本文试图对其予以全面的阐释。全文共分绪论、正文五章和附论三大部分。正文第一章介绍了土地神观念的产生及其演变。第二章论述了土地神的祭祀系统,包括古代的地神祭祀系统和土地神的祭祀系统。作者认为,古代的地神在宽泛的意义上具有多神合并的特点,狭义的源头是先秦的"社",后来演变为国家的社稷祭祀和民间的土地神、城隍神;而我国古代的土地信仰和土地神祭祀,存在着代表两种不同阶级、不同信仰群体的祭祀系统。第三章从两个方面论述了土地神的类型和形象,分别是盛行于先秦时期的以实体象征物作为土地神的神主形象,和自汉代以来颇为普遍的人格化的土地神主。第四章论述了土地神的祭仪,包括社坛的规制和演变以及土地神的祭仪两部分。第五章对土地神的职能进行了研究,包括土地神庙宇的空间、地域分布和土地神职能两个部分。

关键词:土地神　宗教信仰　祭祀

3222

《抱朴子》版本研究 / 高原乐著 ; 董洪利指导. -- 北京大学, 2005. -- 125 页

本文在前代《抱朴子》版本研究基础上探讨《抱朴子》成书及原始版本,通过对历代史志及官私目录的调查以及对存世版本的目验,整理《抱朴子》版本刻、存、传的历史线索。本文对六朝古写本、宋荣六郎本、明代版本、清代版本作了专题研究。在对六朝古写本的研究中,作者重点分析现存六朝古写本的文字内容,认为虽然其抄写质量较差,但其中某些词句保存了原书旧貌,以之能够纠正宋明清诸版本的错误。在对宋荣六郎本的研究中,作者从荣六郎本的形成、前人的著录与研究、版本状况与特点、与其他版本的比较几方面展开论述,认为荣六郎本与六朝古写本不属同一系统,而与明清诸本属同一版本系统。在对明代版本的研究中,作者重点对存世明代版本的版本状况和文字内容进行比较分析,认为明代版本上承宋代版本,下启清代版本,是清代版本刊刻的底本和依据,是《抱朴子》存世版本的主体部分,也是纠正六朝古写本、宋荣六郎本、清代版本错误的重要依据。在对清代版本的研究中,作者重点对存世清代版本的版本状况和文字内容作了比较分析,认为清代版本对宋荣六郎本和明代版本有一定的修正,清平津馆本以其校勘和刻印精良为后代的学术研究提供了良好的基础和依据。

关键词:抱朴子　版本学

3223

《涅槃经》的汉译及涅槃信仰研究 / 郭迎春著 ; 项楚指导. -- 四川大学, 2005. -- 181 页

本文旨在探求佛教这一外来文化融入汉传统文化后的嬗变与发展的轨迹以及佛教对中国古代文化的影响。作者认为,《涅槃经》的汉译和涅槃信仰可以作为其中一个典型代表来反映这一段历史时期的真实情况。佛教《涅槃经》通常是指《大般涅槃经》(maha - parinirvanasutra),此经列大乘五大部经(般若部、宝积部、大集部、华严部、涅槃部)涅槃部之首,尤显在佛典中地位之重要。涅槃,是梵文 Nirvana 的音译,旧译"泥曰"、"泥洹",意译寂灭、圆寂,译经初期还曾译作"无为"、"灭度"。南朝梁释僧祐《出三藏记集》(简

称《祐录》)记载七人曾出《般泥洹经》,今存《泥洹经》(《涅槃经》)译本有六部,分列在大、小乘下的各有三部。本文在诸多学术前辈研究的基础上,试图探寻《涅槃经》的汉译过程以及佛教信众涅槃信仰的形成。论文依据《祐录》所集七人所出《泥洹经》的线索,不以大小乘类别,而是按先后所出时间顺序,通过搜检历代经录、史传及经序(记)等,对《泥洹经》的汉译诸本一一加以探讨。作者通过分析汉魏时期、两晋时期、晋末及南北朝时期《涅槃经》的译本及汉译情况,揭示了《涅槃经》一直影响着汉地僧俗信众对佛陀的崇拜和信仰。作者认为《大般涅槃经》汉译本的出现,其影响远远超出前出诸本《涅槃经》,经中所提倡的"一切众生皆有佛性"、"阐提也得成佛"的主张在相当程度上促进了汉地佛教的发展和兴盛,为佛教的流布建立了一个更为广泛的信众基础,而其提出的"度生死海、达涅槃彼岸"更为广大的佛教信众指出了生死归宿和精进修行所要臻至的理想的终极目标。由此,作者认为从南北朝至唐代,涅槃信仰在中土广为流布,影响之深远,宣流之广泛,在中国佛教发展史上绝无仅有。

关键词:涅槃　佛经　佛教

3224

《诸病源候论》词语研究 / 郭颖著 ; 王云路指导. 浙江大学, 2005. -- 146 页

作者在对《诸病源候论》作了概括性的介绍,阐述了自己的研究方法理论依据之后,在第一章中详尽地指出对《诸病源候论》进行词语研究的价值和意义。作者认为《诸病源候论》的语料具有时代性、俗语性和专业性的性质,对其进行研究在语源推求、文本校勘、辞书编纂方面有着重要意义。在第二章中,作者针对《诸病源候论》中的大量存在的同义词现象提出了自己的观点。作者对大量的同义词进行总结例释,如:恶露、恶血、秽露、秽汁、秽沃、秽液、孤浆;澳汁、恶液、恶汁、脓汁、脓涕等,在此基础之上,提出了大量同义词形成的外部原因和内部原因。在第三章中,作者从《诸病源候论》中重叠式复音词的概貌、来源、重叠方式探讨了《诸病源候论》的词形问题,接下来从《诸病源候论》中的病愈类词语着手,对其进行了专题分析,在举例说明这类词语的相似相异之处的基础上,进一步考察它们在上古至中古汉语中的分布使用情况和演变过程,认为这类词语存在着四个主要特点:一、存在着常用词演变现象;二、各词的生命力不同;三、各词的来源不同;四、词义引申途径各不相同。

关键词:《诸病源候论》　词语　词汇　同义词

3225

郭璞注释语言词汇研究 / 胡晓华著 ; 王云路指导. 浙江大学, 2005. -- 144 页

本文以东晋郭璞的《尔雅注》、《方言注》、《山海经注》与《穆天子传注》为研究对象,考察了郭璞注词语的构形、性质及词义特征,并探讨了注释语料词汇研究中应当重视的问题。全文共分五章。第一章主要概述注释语料的语言特征及研究概况,分析了郭璞注的注释特点,回顾了训诂学、音韵学、方言学及语言学等学科针对郭璞注的研究历史。第二章以郭璞注释的词语特点与研究价值为主题,提出郭璞注词语具有典型性与特殊性,能够充分反映中古时期词汇发展的特点,也具有注释语料词语的特殊性质;阐明了郭注词语的双音化与注释体例之间存在密切关系,研究注释语料中的词汇现象,必须兼顾注释对象及注释语境的特征;最后从补正现有语言研究成果角度探讨了郭注词语研究的参照性价值。第三、四章以郭璞注双音词的构形特征为主要研究对象,详尽分析了郭璞注中的并列式、偏正式及附加式双音词。以并列式双音词为研究重点,探讨其语素意义、语素序位关系,并论述了并列式双音词趋同舍异、提示限定及平等易粘合的语素特征及其对双音词逻辑顺序、词义及结构的影响作用。从语素的限制关系与修饰关系入手,考察了充分反映新事物与新概念的偏正式双音词。最后从附加式双音词中的旧有词缀与新兴词缀研究入手,以名词词尾"子"为重点考察对象,探讨了词缀判定标准中应注意的问题。第五章以郭璞注中的口语词为研究对象,重点讨论注释语料的口语词判别标准,并详细分析了郭璞注口语词中专名词语的类型特征,探讨了普通口语词词义的辨析方法。

关键词:古代汉语　词汇　双音词　口语　郭璞(276~324)　《尔雅》　《山海经》

3226

汉文西夏文献考述 / 胡玉冰著 ; 孙钦善指导 . -- 北京大学, 2005 . -- 232 页

论文以时代为经,文献为纬,结合文献自身的成书特点,将汉文西夏文献分成宋、辽金、元、明、清等五个时段共五章,对汉文西夏文献进行整理介绍和分析。第一章"宋代汉文西夏文献",宋代汉文西夏专书文献主要成书于宋仁宗时期,编修者多为御夏前线的武官,专书卷帙都较少,绝大多数已经亡佚。专题西

夏文献主要以奏议、诏令和历史专题为主，多见存于宋代史籍中。宋代西夏地理文献和御夏“议边”文献是两类很有特色的文献，对研究西夏地理及宋夏关系都有很高的史料价值。宋代其他散见的西夏史料数量和内容也很丰富。第二章“辽代、金代汉文西夏文献”，主要通过梳理相关的目录学著作及文章总集，考述辽、金时期汉文西夏文献的基本情况。第三章“元代汉文西夏文献”，结合西夏文献在元代的聚积与散佚情况，剖析了元代史家的西夏史观，探讨了元朝史家对宋、辽、金三史《夏国传》的编修情况，对三史和元代其他文献中散见的西夏史料作了概要式的考述。元代史家对待西夏历史的态度直接影响了明清史家，经过元朝史家的删汰篡改，传世西夏文献不但数量大大减少，其史料的可信度也大打折扣。成于元代的石刻文献和方志文献提供的材料可信度较高。第四章“明代汉文西夏文献”，论文发现了《韩范经略西夏始末纪》等四种亡佚文献，并对《宁夏志》、《宁夏新志》、《永乐大典》、《元史》等典籍中西夏史料进行系统考述，对明代方志中的西夏遗民资料也进行钩辑。第五章“清代汉文西夏文献”，从考证清代亡佚的汉文西夏专书文献入手，以传世的西夏史籍为考证重点，依次对周春《西夏书》、吴广成《西夏书事》、张鉴《西夏纪事本末》等文献详加考证，考证围绕西夏史籍作者的生平及其著述、史籍主要内容、成书年代、版本源流、史料来源、史料价值及文献学特点等问题展开，对于史籍存在脱、讹、衍、倒等问题也举例说明。

关键词：文献学　西夏　史料

3227

明代科举制度研究 / 黄明光著 ；龚延明指导. -- 浙江大学，2005. -- 174 页

论文共分十章。第一章重点讨论了明太祖朱元璋的科举制度和“治天下以人才为本”的人才观，同时也探讨了明代其他帝王和朝廷大臣有关科举制度的重要性的论述以及科考目的、科举考试选拔人才的标准，如何改进明代学校教育，加强地方提学官的职能等问题。第二章首先论述了明代乡试的基本情况，认为乡试具有考试官员的皇帝钦派性和乡试名额的递增性两个特点；其次，阐述了举人在朝廷及地方政府中的任职、地位、任官品级及特点，统计数据表明举人在洪武年间任职的品级比景泰年间及以后要高。景泰年间及以后逐步出现了重进士、轻举人的现象。第三章对明代会试特点进行了讨论，认为会试中分南北中“三色试卷”取士是明代会试的一大特点。第四章中，作者认为进士发榜上“春夏榜”的出现和进士鼎甲的健全性是明代殿试的特点，文中还讨论了状元、榜眼和探花三甲的政治作用，并进行了评论。第五章对三级考试中的监临、提调、监试、考试、同考试、印卷、收掌、试卷、受卷、弥封、誊录、对读、巡绰、搜检、供给等十四种考试官的人数、科举出身、官职、籍贯诸情况进行了专项研究。第六章对明代科举考试的试题种类、结构、评阅人员、评阅程序和方式等问题作了分析。第七章指出明代科举制度考试科目的特点是重进士科，考试文体的特点是创设八股文。此外，馆选庶常、观政进士的出现也是明代科举制度的特点。第八章论述了明代荐举制度的特点，认为短暂的高峰期、被荐人数的短期突增是明代荐举制的两个特点。第九章，在讨论科举制度对学校教育的影响时，作者花费了较多的笔墨对明代武学、译字教育作了详细论述，使该部分比其他教育史书论述较细。第十章对亚洲外国官生来华留学和科考的情况作了探讨，比较了中越两国科举制度的异同点。

关键词：官制　科举制度　乡试　殿试　八股文　荐举制度　明代

3228

王者之风 ：《诗经·周南》研究 / 简良如著 ；郭英德指导. -- 北京师范大学，2005. -- 227 页

本文主要的研究对象为《诗经·周南》。该篇不仅是开启《诗经》的篇什，而且在先秦礼乐活动以及孔子之教中，受到极大的重视。全文共分五章。第一章回顾了《诗经》学史，分析了《诗经》主要类目——《风》、《雅》、《颂》所代表的不同心志内容，说明了《诗经》定位及相应应有的阅读方式。第二章以下进入对《周南》本身的研究。第二章分析了《周南》的立篇宗旨——“王者之风”和《周南》的篇章结构，作者将《周南》十一首诗概分为四组主题，认为除最后一组为呼应前述内容的结论外，前三组主题间则具有由内而外逐步拓展的关系，自个人情感进入现实成就、人性对象及其限度等普遍原则的讨论，而且以第一组主题为核心。因此，第三、四章特别针对第一组诗作——《关雎》、《葛覃》、《卷耳》加以阐释。第一组诗作分述情感之两类：基于肯定对方而生的爱好，以及对情感对象无所要求的承担之情。它们涉及以心志向往为本的生命建立问题、和身体劳作有关的现实生活层面问题，而从自身与他人、向往与现实等方面，相对成组地体现出对个人而言最基本的道理。第五章结论，简述了前面各章纲领，并就《诗经》中意象运用的特点，提

出归纳性的补充意见。

关键词:诗经 《周南》 文学评论

3229

明代套色印本研究 / 蒋文仙著 ; 严佐之指导 . -- 华东师范大学, 2005 . -- 400 页

本文对明代套色印本进行了较为全面深入地调查和整体研究。首先,文章选录了八种套色印本书影,建立了比较清晰、直观的认识,介绍了套色印本发展简史、研究现状等,又通过检寻历代书目、相关文献和实地目验的手段,对明代套色印本的历史著录和现存状况进行全面的清理和辨析。其次,从明代套色印本的图书内容、出版者、刊印年代、刊刻地域分布四个方面,通过文献数据的统计、比较,分析了明代套色印本的出版状况。再次,从明代套色印本的形式特点、套色体例、插图、刻工、绘工、书工等方面,考辨了其不同于其他版刻形式的特色。随后,将明代套色印本按刊刻者分为闵刻、凌刻、茅刻、坊刻以及其他私人刻本,并对各种本子作了进一步的文献考述和特色分析。然后,选取明代套色印本中具有代表性的闵刻本、凌氏刻本的个案进行考辨,主要对二者版本的优劣、凌氏版本源流与版本优劣进行了文献考述和版本订正。最后,从文献、文物两方面入手,总结了明代套色印本的版本价值并鉴于闵氏、凌氏在套色印本出版中的重要地位,选录了闵、凌氏刻套色印本书志。

关键词:版本学 文献学 套色印本 明代

3230

清代满族诗人群体研究 / 雷晓彤著 ; 启功,李真瑜指导. -- 北京师范大学, 2005. -- 94 页

此处的"满族"是指清代兴起于东北地区,以建州女真为主体,结合了海西、野人女真及周围其他一些生活在辽东的民族而形成的族群。本文以清代满族诗人群体为研究对象,拟从整个满族诗人群体生活的历史大环境特别是以满汉互动为背景,采取整体与个案研究相结合的方式,对其进行整体性研究,以探讨数百年来几代满族诗人的心态历程。全文共分六个部分。引论和第一章综论清代满族诗人群体概况,主要指出满族诗人群体是以族籍为划分依据的诗人群体,他们区别于他人的特殊性,即在于他们在文化上的特殊性。作者认为,满汉文化的互动影响着诗人的心态和创作。第二章主要综论满人入关前后,最早期的满族诗人如何借助本民族文化起飞之际诞生于草莱之间,着重介绍第一位满族诗人鄂貌图。他以满族第一代自己培养的文人身份,在满人建国的战争中作为幕僚赢得了荣誉,但诗人的心灵已经感受到两种文化的冲突带来的问题。第三章主要论述满族著名诗人纳兰成德在双重文化身份下心态的矛盾和痛苦。第四章比较分析了两位人生道路截然相反的诗人长海和铁保。作者认为,他们均为较为全面的满族诗人。第五章研究晚清的满族女诗人太清,她是最后一位驰名诗坛的满族诗人,她对王朝盛世不再的慨叹和对现实的冷眼旁观以及精神上隐居于宗教和诗画之中的心态,在当时极具代表性。

关键词:诗人 满族 清代

3231

先秦兵家研究 / 李桂生著 ; 束景南指导. -- 浙江大学, 2005. -- 151 页

全文共分五章。第一章主要考察先秦兵家的形成与发展的社会背景、实践基础、思想基础。先秦兵家大致分为齐、魏两大系统以及司马派、孙氏派、吴氏派、太公派、稷下派五个兵学流派。第二章主要考辨《孙子兵法》、《吴子》、《孙膑兵法》的作者、成书与流传。指出今本《吴子》六篇是贾诩《吴子》一卷注本的传本,是班固著录的《吴起》篇中的一部分。贾诩只注释过《吴子》,没有删削、整理过《吴子》。《孙膑兵法》由孙膑的弟子所纂录,成书当在孙膑死后。第三章主要考辨《司马法》、《尉缭子》、《六韬》的作者、成书与流传。《司马穰苴兵法》的追论者是齐国稷下的兵家。《司马法》逸文的大量散失当在南北朝时期。《司马法》不是伪书,今本《司马法》五篇是班固《汉志》著录的一百五十五篇中的一部分。《汉志》著录的杂家《尉缭》与兵家《尉缭》同源于战国古本兵家《尉缭》。战国古本兵家《尉缭》成书之后,在秦汉的流传中,经过增益补充,形成了杂家与兵家两种本子。在魏晋南北朝的三百多年中,兵家《尉缭》亡失,杂家《尉缭》存世,这就是《隋志》、《唐志》分别著录的杂家《尉缭子》五卷、六卷。《六韬》不是《周史六弢》,也不是《金版六弢》。《六韬》虽然又名《太公六韬》,但并非太公所作。《六韬》是战国晚期的兵家著作,其作者可能是齐国稷下学者。第四章讨论先秦兵家与诸子之关系。指出先秦诸子从人类道德角度来评价军事行为和看待兵学流派,基本上对战争持否定态度。第五章探讨先秦兵家的人文主义精神与当代价值,并从军事、文化、商业经营与企业管理以及民族心理、民族性格塑造等方面阐释了先秦兵家的当代价值。

关键词:兵家 兵法 考据学 人文主义 民本

思想　诸子　先秦时代

3232

苏轼与佛学 / 梁银林著 ; 项楚指导. -- 四川大学, 2005. -- 179 页

本文从佛学的角度审视和研究苏轼其人及其文学创作,从学佛习禅、佛学修养、佛禅与文学等几个方面对苏轼与佛学的密切关系进行了研究和探讨。作者认为,苏轼的佛教因缘是多方面的,既有社会与地域文化背景的因素,也有家庭和天生慧敏的原因。他亲好佛道,但并不真正信奉佛祖,他终究只是一个士大夫之学佛者,而非虔诚的佛教徒。在苏轼的思想学识府库中,儒、释、道三家是完全融会贯通的。苏轼有较高的佛学修养,但他又不是专精佛禅义理的理论家,而是佛学精神的实践者。苏轼为官一任,造福一方,既是儒家勤政为民思想的体现,也有佛家慈悲为怀的精神。他在政治上多次遭到迫害,却能处变不惊,心无挂碍,随缘自适,洒脱旷达,这与他的佛学修养有很大的关系。佛学对苏轼文学创作的影响更是全面而深刻,他的创作随地而出、渺无涯际,主要即是得力于大乘般若之智;苏轼谙熟诸多佛学典籍,他主要是用文学而不是哲学的方式来发表对佛教的看法,阐述他的佛学观点;他往往能够把受佛学启发而获得的深沉感悟和体念,举重若轻地转换成文学话语,深入浅出地在诗、词、文中充分表达出来;他的诗歌较多地融化摄入佛禅事典、义理和语汇,在一定程度上改变了言志缘情、状物写景的诗学传统;他成功的艺术实践,加快了宋诗议论化、哲理化的进程。在佛教和佛禅思想文学化亦即诗化的运动中,苏轼可谓是上承王维、白居易诸公,下启黄庭坚、秦观等人的中坚人物。

关键词:苏轼(1037~1101)　佛学　佛教　文学研究

3233

《资治通鉴》胡三省注研究 / 林嵩著 ; 安平秋指导 .-- 北京大学, 2005 . -- 171 页

论文从四个方面重点就"胡注"的"渊源与背景"、"内容与价值"、"缺欠与不足"及"地位与影响"这四方面内容展开讨论。其一为"胡三省之生平及注书始末",首先,网罗地志、文集中之遗献并结合《音注》中之相关内容,对胡氏之家世、生平及其学术活动作了简要勾勒。随后,考察"胡注"产生之文化背景与学术渊源,论文认为,宋代的史学与文献学高度发达,区域性的学术流派开始产生,胡三省生活在南宋时期的经济文化中心浙东地区,"浙东学派"的发展是"胡注"产生的文化背景;而宋代"《通鉴》学"的发轫及早期《通鉴》注家的研究成果,则构成了"胡注"的直接渊源。其二为"'胡注'的内容与价值",这是对"胡注"所作的正面描写,"胡注"从内容上可以分为"史文的疏解"、"史事的考订"、"史义的探求"与"史法的归纳"这四个层面;相应地,它具有史料性、学术性、思想性这三方面的价值。其三为"'胡注'的缺欠与不足"。其四为"胡注"的地位与影响。论文的结论是:"胡注"创造了编年体史注的新义法,发展出一种"全方位的百科式注解";注释中不仅贯穿了胡三省对现实与历史的深切思考,更熔铸着一位学人对于国家民族的拳拳深意与赤子之情。

关键词:胡三省(1230~1302)　《资治通鉴》　注释学　文献学

3234

陈奂交游研究 / 柳向春著 ; 吴格指导. -- 复旦大学, 2005. -- 267 页

本文主要通过对陈奂生平及其与师友交游状况之梳理,从实证出发,以考察陈奂与其同时代学人交游本事为重点,藉此反映清代中后期部分学者在学术上互相切磋,互相启发的状况,从而探索当时学术研究发展及演变之脉络。作者指出,陈奂是清代著名经学家,尤以研究毛诗著名,所著《诗毛氏传疏》被誉为清代毛诗研究三大家之首。陈奂不仅治学闻名,而且交游广泛、影响深远。吴县江沅、金坛段玉裁,高邮王念孙父子都是陈奂的老师;绩溪胡培翚、泾县胡承珙、棲霞郝懿行等皆其友;而清代著名算学家李善兰、今文学家戴望等都是他的学生。此外,校勘学家张文虎及龚自珍、魏源等人,也都和陈奂是朋友。

关键词:陈奂(1786~1863)　生平事迹　经学　文学研究　清代

3235

中国近代绘画社团研究 / 乔志强著 ; 陈振濂指导. 浙江大学, 2005. -- 99 页

本文以社会学和社会史的视角切入,对近代绘画社团的发展演变与历史分期、地域分布及其大规模出现的社会文化原因,以及其运作模式、组织结构及在近代画坛上的地位与作用等进行了考察和研究。作者认为绘画社团是近代中国社会转型的产物,也是近代绘画艺术发展的必然选择。它的发展演变经历了

承续转型期、初步发展期、繁荣昌盛期和曲折发展期等四个历史时期,多集中在经济文化发达的地区,在地域分布上呈现出明显的不平衡性。就运作模式而言,近代绘画社团大体可分为雅集模式、社团模式、协会模式和编辑部模式四个类型。运作模式不同,其内部的组织结构也不同。它的大规模涌现,标志着近代画家力量的成长壮大,对近代绘画艺术的发展及画坛格局产生了很大的影响。

关键词:近代　绘画社团　运作模式

3236

《史》《汉》比较研究 / 沙志利著 ; 安平秋指导 . -- 北京大学, 2005 . -- 162 页

论文遵循文献学的方法,以对《史记》、《汉书》进行了详细比勘之后得到的材料为根据,对于《史记》、《汉书》在体例、史料、文字、叙事、思想等各个方面的异同进行了分析和论述,并从史学著作内部发展的规律和社会环境对史家产生的影响两个方面出发,对于产生《史记》、《汉书》异同的原因进行了初步探析。首先,论文对于以前的研究成果作了一个简单的回顾与总结,其次,对于编纂体例进行比较,《史记》是纪传体的开创之作,《汉书》继承了这一体例,在细节上作了不少变更,文章详细地列出了这些差异,并分析了班固如此更改的原因。再次,从史料和文句上入手,分析《汉书》对于《史记》的增、删、润色的特点。《汉书》较《史记》而言,在文字上形成了新的风格,在史料上拓展了新的领域,在术语的使用上有了明显的思想倾向。随后,进行文学比较叙事方法的比较。《史记》在常例之中夹杂着变例,《汉书》则作了更改,使之更加整齐划一。在文学比较上,《汉书》具有更强烈地为更多人物立传的倾向,它比《史商》更多地使用了"互见法"。而且《汉书》对《史记》所作的删削中,比较侧重场面与语言的描写。最后,以《史记》、《汉书》中的最能反映司马迁、班固思想的论赞文字为材料,比较了二人思想中对立性质比较明显的几个方面,并与大的社会环境结合起来,表明司马迁、班固同是继承了儒学精神,但是由于时代不同,所以呈现出不同的思想倾向。总之,《史记》、《汉书》的异同可以归结为形式与内容两个方面。

关键词:《史记》　《汉书》　体例　文字　文献学

3237

古代官名的语言研究 / 沈小仙著 ; 龚延明指导. -- 浙江大学, 2005. -- 120 页

本文研究的对象是记录官名的语言符号。文章从大量历史文献中归纳出古代官名的命名方式主要有三种:一以"受命祥瑞"命官,二以"五行四时"命官,三以"职事"命官。同时从官名的形成过程中发现官名具有袭古性的特点,即沿袭前代或上古官名,这使得官名与职事之间产生了"名不副实"的现象。而官名的袭古保留了命名时的社会政治、历史文化、思想意识等信息,保存了古语特征,为后人在这些领域的研究提供了珍贵的资料,这是本文研究的一个重点。文章的另一个重点是从语言学的角度,对官名的语言形式、结构特征、运用方式等作了归类描述,并且将官名的语言符号与普通语言进行了比较分析。普通语言经过变异组合构成官名,而官名经过僭称使用逐渐渗透进普通语言,丰富了普通语言的表达。官名语言符号的能指和所指关系是复杂的。官名既承担了语言本身所指的词汇含义,又承担了官制的内容——职能的范围和规定,还是对担任一定职能的官员的称谓,因而它是一个集多种关系于一身的语言符号。而称谓形式则是它作为社会关系符号的最突出的表现。因此古代官名的语言研究对于汉语史、词汇学研究有着不可忽视的价值,同时对于历史学、文献学也有着十分重要的意义。

关键词:官名　官制　词汇　文献学　语言学

3238

1912—1949 年民国绘画史学史视野下的滕固史学 /沈玉著 ; 陈振濂指导. -- 浙江大学, 2005. -- 75 页

滕固(1901—1941),作为民国时期一位学贯中西同时具有现代意义的著名学者和美术史家,曾留学日本、德国,在中国现代美术史上第一个引进并介绍西方现代美术史研究方法。在其短暂的一生中,致力于美术史研究与美术考古研究,是中国现代文化转型时期一位不可忽视的中坚人物。文章以民国绘画史学史作为背景,以滕固及其绘画史学思想和方法为研究核心和切入口,即把民国绘画史学史视野下的滕固绘画史学融入当时的社会、历史大背景中去,从时代的、文化的、学术的和学者个人的要素中揭橥滕固史学构成的理由——从横向上,把握这一时期的中外文化、学术及史学发展状况,特别是德语国家艺术史研究的思维与方法模式对滕固绘画史学的影响;从纵向上,从滕固本人的学术渊源、治学方法及史学成就等方面,把握这一时期滕固绘画史学的特点,即在概括民

国时期绘画史学总体发展的基础上，对这一时期滕固绘画史学的思想、史学研究方法、史学理论成果的积累以及对当时绘画史学的影响进行分析和阐述。以此为契机，对民国绘画史学史视野下的滕固绘画史学给予关照，并揭示出滕固绘画史学的成就对当代中国绘画史学的研究所具有的重要启示意义。

关键词：滕固(1901～1941)　美术史　绘画史史学史　民国时期

3239

唐五代社会救助研究 / 盛会莲著 ; 方建新，张涌泉指导. -- 浙江大学, 2005. -- 168 页

唐五代的社会救助，可分为灾时救助和日常救助两类。本文主要对这一时期的日常社会救助进行了探讨。全文共分五章。第一章对弱势人群的社会救助。分养老、慈幼、恤妇女、助残疾等方面，从政府和民间两个层面探讨了唐五代时期对弱势群体的救助和优恤，着重剖析了民间力量在救助弱势群体中所起的作用。第二章以官僚、学生、将士等特殊人群为救助对象，从俸禄、致仕、赋税、医疗、丧葬等方面探讨了政府对特殊人群的救助，及民间力量在特殊人群救助中所起的作用。第三章探讨了唐五代时期政府和民间在疾病、婚嫁、丧葬这三个方面对百姓的救助状况。第四章利用敦煌文书中的大量社邑文书，并结合其他史料，探讨了唐五代时期社邑在丧葬、造舍、婚嫁、出行、患病及防范安全等问题上对社人的救助，并分析了社邑组织对民间救助的意义及历史局限性。第五章分别选取社会救助中的抚孤、助学、济贫、助婚丧、抗灾避难等社会问题，探讨了唐五代时期宗族、姻亲进行社会救助的具体状况，分析了宗族、姻亲在社会救助中所起的作用。在此基础上，文章认为这一时期社会救助的特点是，唐五代政府主要以律令形式，将社会救助措施予以法制化，有的也逐渐形成制度。在救助机构方面，首次在全国范围内设置了专门救助贫病人员的机构——病坊，这对宋以后类似社会救助机构的设置，有着重要的借鉴意义。在政府社会救助很有限的情况下，宗族在民间救助中发挥了较大作用。唐代宗族救助尚处在自发阶段，缺乏物质和制度保障。因此，庶民阶层往往与乡里异姓结成相互“济苦救贫”的组织——社邑，以补充国家和宗族救助的不足。

关键词：弱势群体　社会救济　法制　病坊　社邑　唐五代

3240

日本红学史稿 / 孙玉明著 ; 郭英德指导. -- 北京师范大学, 2005. -- 133 页

本文旨在对《红楼梦》在日本的流传、翻译、影响、评价及研究情况，按时序进行全面而又系统的梳理与研究。时间跨度上起 1793 年，即《红楼梦》传入日本之时，下迄 2000 年。全分共分五章，前有绪论，后有结语及附录二则。绪论部分阐明论题所涉及的研究范围及进行该项研究的目的与意义，简要评述此前涉及该论题的有关论著，也点明了本文所使用的研究方法和写作原则。第一章缕述“日本红学”的酝酿与确立，从 1793 年《红楼梦》传入日本之时起到 1893 年“中日甲午战争”爆发前夕。在这一百年间，中日两国都曾发生过沧桑巨变，而这期间对日本红学事业贡献最为突出者，便是“日本红学”的奠基人森槐南。第二章论述日本汉学转型期的红学研究状况，从 1894 年“中日甲午战争”爆发至 1938 年“二战”爆发。这一时期，中国的学术几度转型，红学领域在索隐派取代评点派不久，新红学又取代索隐派而成为红坛盟主。这一时期也是日本汉学名家辈出的时代，取得突出成就者是“红谜”大高岩。第三章论述 1939 至 1955 年这 16 年间的红学史。由于战争，这一时期的中日两国学术研究均陷入了低谷。第四章比较论述 1956 至 1978 年这 22 年间中日两国红学发展的历史。在中国，60 年代曾掀起过《红楼梦》普及与研究的热潮，但“文革评红”却又将学术带入了魔道。而这期间，日本的红学却平稳发展，许多知名汉学家投身到红学领域，而且写的文章很有特色，使日本的红学事业，达到了一个前所未有的高峰。第五章论述 1979 至 2000 年这 21 年间中日两国红学的研究状况。中国的红学出现了前所未有的繁荣局面，日本的红学界也后继有人，尤其是饭冢朗全译本《红楼梦》的出版问世，为这一时段的日本红坛增添了亮色。结语部分对本文内容作简要总结。附录部分则著录相关论著的目录，以便同好参考。

关键词：《红楼梦》　文学评论　红学　日本

3241

唐代类书与文学 / 唐光荣著 ; 张海明指导. -- 北京师范大学, 2005. -- 134 页

作者认为，类书作为一个大的图书类型，在魏晋以后的古代社会曾有广泛的影响。类书的大量编纂和普遍使用是我国文化史上一个不容忽视的现象。唐代是类书发展史上一个重要时期，而唐以前的类书

几乎都失传了，因此研究唐代类书对整个类书史的研究尤其有意义。基于此，本文试图描绘唐代类书的总体风貌，并探讨类书与唐代文学创作的关系。本文分为绪论和五章。绪论部分展示类书在我国古代社会中所扮演的多重角色，强调其重要的文化史地位；论述传统类书研究与现代类书研究的不同特点；综述唐代类书的研究史，说明本论文的选题意义。此后的第一章，介绍、评论了古人和今人对类书的种种认识，探讨了类书的定义，并划定本文所要研究的类书的范围。第二章根据《宋史·经籍志》以前的目录著作，尽可能全面地统计产生于唐代的类书，并为部分唐代类书作解题，从数量上直观说明唐代类书的繁荣。第三章通过与前后不同时代类书的比较，分析了唐代类书类目结构和撰述体式的成熟程度，从整体上研究唐代类书的编纂水平。第四章从文学自觉的大背景下来分析类书的产生、繁荣，以及类书所承载的文学功能，并通过探讨类书与唐代官人文学的关系，展示了类书在文学创作中的广泛使用。第五章从题材惯例的角度，以唐代七夕诗歌为中心，揭示类书在文学创作中的独特作用及其在文学传统的形成与传承中的特殊影响。

关键词：类书　古典文学　唐代

3242

《史记》在明代的传播与接受 / 王齐著 ; 郭英德指导. -- 北京师范大学, 2005. -- 195 页

文本运用传播学与接受理论，结合文献学、历史学等理论方法，从《史记》被广泛地开始刊刻与传播的明代切入，从文学接受史的研究角度勾勒《史记》在明代的传播与接受概况，并探讨这种传播与接受对当时社会及文化方面的影响。论文分析了明代在《史记》传播与接受史上的地位及传播特点。认为功利主义和实用主义的接受观一直是阅读史的主导，而《史记》在这方面留下了巨大的空间。作为一种通俗易懂、文采洋溢的“百科全书”，《史记》为统治者提供了治国的借鉴和建立各种秩序的规范；另一方面，《史记》的接受者也得到了审美需要的满足。但对《史记》文学性的发掘只有到了明代才正式展开。明代的接受者借助复古运动将《史记》的传播引向高潮，他们采用评点、序跋、咏史等新旧形式传播《史记》，在模拟论的主导下取法于《史记》进行创作，将接受形成结果，并真正将《史记》的接受纳入文学的轨道。论文还着重描述了明代《史记》的传播渠道与传播类型。通过对藏书家收藏、借阅与传抄《史记》，《史记》在明代的刊刻与买卖以及《史记》借由戏剧、讲史与讲学等形式的传播状况的描述，探讨明代交换渠道、市场渠道和公共渠道中《史记》的传播特点。最后，论文选取明代精英层的《史记》接受展开分析，论述了明代文学复古运动的主流——秦汉派及其对立面——唐宋派对《史记》的接受，并以两派的代表人物王世贞和归有光为例展开个案分析。作者认为，以前、后七子为代表的秦汉派强调从形式上模拟秦汉文章，打倒了数十年来风行的台阁体，并将《史记》推至文章本原的地位展开模拟。《史记》的接受地位之所以在明代真正超越《汉书》，与这些精英的推崇是分不开的。而唐宋派虽然在对《史记》的理解和接受上有所不同，但殊途同归，在确立《史记》在文学史上的地位上，其接受作用可与秦汉派比肩。

关键词：《史记》　传播学　接受学　明代

3243

嘉业堂藏书聚散考 / 王茜著 ; 吴格指导. -- 复旦大学, 2005. -- 119 页

本文以嘉业堂藏书聚散为课题，采用文献学研究方法，就日记、函稿、文集、专著、论文集、图书馆档案、书目及期刊文献等资料进行讨论。除绪论外，全文分为四个部分，第一部分主要介绍刘承干的家世及其个人生平活动，第二部分考察了嘉业堂藏书由无到有、发展至盛的过程，对嘉业堂藏书得以迅速积聚的原因、藏书积聚的途径、藏书的来源、特点及嘉业堂藏书楼的兴建均有评述。第三部分对嘉业堂藏书书目的编纂及现存书目进行考证，第四部分详述嘉业堂藏书几次较大规模散出的经过，并对目前海内外收藏的原嘉业堂藏书进行调查。作者认为，嘉业堂藏书的聚散，标志了传统私家藏书楼的终结，其藏书从无到有，又由盛而衰，前后不过半个世纪，这种“自我得之，自我失之”的急剧聚散，既有其个人及家族原因，又受到所处时代的影响。

关键词：藏书楼　嘉业堂　刘承干(1882～1964)　文献学

3244

明代人编选明代诗歌总集研究 / 王文泰著 ; 吴格指导. -- 复旦大学, 2005. -- 164 页

本文以所调查的明人所编的明代诗歌总集为基础，对明人所编明代诗歌总集作了比较系统的研究。文章分为上下两编。上编为概论部分，作者首先对前代本朝诗歌特别是唐人编选唐代诗歌总集对明人编

选明代诗歌总集的影响作了总结研究，并对明代人编选明代诗歌总集的研究现状作了说明。然后，作者按照总集编纂的时间，将明代人编选明代诗歌总集的活动分为四个阶段，对各个阶段有代表性的总集作了重点研究。下编为明人编选明代诗歌总集汇考，分别从明人编选本朝诗歌总集和明人通代诗歌总集两个部分进行论述研究。

关键词：诗歌　总集　文学研究　明代

3245

王莽改制新证 / 王艺著 ；李零指导. -- 北京大学, 2005. -- 163 页

作者认为，历史上各个时期的文人史家对王莽的评价都是站在所谓封建正统思想的立场上，对其进行口诛笔伐。然而在西汉末年大厦将倾的情况下，王莽受命于危机之机，一时权倾朝野，踌躇满志，也未尝不是众望所归。康有为在《新学伪经考》里说班固的《汉书·王莽传》全抄刘歆为王莽写的材料，但是我们今天看此传，班固那些事后诸葛亮式的叙述一定是在刘歆所留下来的材料里面努力爬梳，才找到那么多不利于王莽的材料。相反，在刘歆当初作这些材料时，一定是抱着和班固相反的态度进行的。所以我们今天看到的《王莽传》应该是经过两次观点不同的作者大力删削和重组材料以后所成的。因此当文献不能提供更加真实的历史面貌的时候，我们应该把目光投向更加真实的出土材料。本文希望通过对王莽时代的文物进行考证，可以超越文字资料枯涩、简单的限制，尤其超越历代史家的史学观念的限制，更清晰地看到西汉末年王莽改制获得支援并推行的真实情况，将一个理想主义者从踌躇满志的实践到万劫不复的惨败过程具体呈现，从而看到王莽在帝国制度化、规模化的过程中承前启后的重要作用。全文分导论、正文、余论三个部分。导论论述了历代学者对王莽改制的研究和评价，以及王莽改制的背景和前提条件。正文依据礼乐制度、政治制度和经济制度的分类思路，对王莽的各项改革分而述之，先谈历史文献记载中的改革，再以出土或传世文物对文献进行正面或反面的论争。这部分为论文的主体部分。余论部分是作者个人对王莽改制成败及其历史遗产的看法。

关键词：王莽改制　《汉书》　古文献学　西汉时代

3246

永嘉学派与南宋温州区域文化的进展 / 王宇著 ；何俊指导. -- 浙江大学, 2005. -- 155 页

永嘉学派是南宋时期可与朱熹的朱学、陆九渊的陆学相提并论的重要学派，其代表人物主要有薛季宣、陈傅良、叶适等。它与温州区域文化的发展有着密切关系。本文重点探讨了永嘉学派的产生、主要思想及其与其他学派的关系，同时对南宋时期温州社会文化发展与科举制度的关系也作了较为深入的研究。全文共分六章。第一章讨论了二程的道学向温州输入的过程；第二章讨论了这一输入改变了南宋初期温州的文化边缘地位；第三至五章，讨论了温州士大夫对道学遗产进行了反思和重构，产生了“永嘉学派”，这一学派通过与朱熹的论争，反过来丰富了道学主流的思想；第六章叙述朱子学派最终征服温州。这一过程反映了主流文化与区域文化之间的互动关系，由此回应西方汉学界认为地方知识精英在南宋趋于关注地方事务的论断。接着，作者还考察了南宋温州发生的文化资本与社会资本交换。在北宋后期，程学向温州传播改变了温州文化边缘地区的处境，进而引起了社会资本的扩大再生产，此为第一期；第二期，在社会资本、文化资本的积累达到一定程度后，新的知识传统在温州成长起来，即永嘉学派，这一传统在南宋活跃了大约五十年，促成了文化资本与社会资本的良性互动，至宋宁宗庆元党禁前夕为一个高峰；进入理宗朝，永嘉学派的传统归于消歇。不过温州的文化资本和社会资本交换保持到元末。新的知识的输入，带来了科举上的优势。当文化中心在河洛地区时，当地也取得了科举诸方面的便利，温州士子不得不到这一地区寻求新的思想养分和学习科举知识。在文化中心向江南转移后，温州把科举的知识与独创性的永嘉学派思想进行了某种程度的结合，从而取得了在科场的优势。

关键词：永嘉学派　区域文化　文化资本　社会文化　知识分子　温州市　南宋

3247

北宋经学与理学之关系研究 / 吴国武著 ；杨忠指导. -- 北京大学, 2005. -- 155 页

论文着力于经学史和学术史来研究北宋时期两者之间的历史关系以及从经学到理学的学术转型过程。首先，略述北宋儒学、经学、理学的整体面貌，并在文化视域下从政治文化和制度文化角度集中讨论北宋经学新变与理学形成的深层原因，前者为引经议政的崇儒风气和君子有党的党议风气，后者则主要为经筵、科举、学校、校书等四类制度的更张和完善，贯

通二者的是北宋士大夫阶层的兴起。其次,讨论文献学视野中的北宋经学与理学之关系,重点谈经传文本的选择与性理典籍的形成、经解体式的变化与理学文体的出现、经学的子学化与理学形态等三个问题。论文认为,性理典籍多模仿传记而成。北宋盛行议论类经解体式,理学文体多援此而来,儒家语录体式是其结晶。北宋经学经历了子学化的过程,北宋理学主要是子学形态的儒学。在讨论思想史视野中的北宋经学与理学之关系时,重点谈经学思想与理学思想之异同,五经思想、四书思想如何转化成理学思想等问题。从"易"之义到"易"之道,道学诸儒多由此讲道之体;从《春秋》大义到《春秋》王法,道学诸儒多由此讲道之用。传统诗教、涵咏诗篇,《洪范》"皇极"、"道心人心","礼即是理"、周官之政,构成经学思想转化之线索。《中庸》之"诚"体到《大学》之"诚"用,从"正心诚意"转而至格物致知,本体、功夫由此而生。《论语》言仁、孟子说性,合圣贤气象与性命微言为一身,至此学圣人即是学圣人之道。最后,考察北宋经学与理学之关系的历史变迁,北宋前期经学新变的重要方向就是义理之学,北宋中期"道学六先生"在经术与性理的互动中推动理学形态的构建。北宋后期理学逐渐疏离经学,洛朔门人多重传记而轻本经,《中庸》、《论语》、《大学》等自成一家。至两宋之际又开始理学化经学的初创。认文指出,北宋经学与理学之关系本质上是儒家经学与儒家诸子学之关系。

关键词:经学　理学　儒学　文献学　思想史　北宋

3248

古文源流考 / 徐刚著 ; 李零指导 . -- 北京大学, 2005. -- 173 页

论文分五章,考察古文之发展演变与影响。第一章"古文源流论"着重从学术史的角度总体上论述了汉代、六朝、隋唐至宋代古文流传的基本情况。文章认为,古文在汉代的经学、小学、文学、艺术等各个领域中产生了重要的影响。经过王莽的提倡,古学大兴,魏三体石经的建立,标志着作为意识形态的古文经学的确立。此后,又开始了古文经学内部的争论,这种争论一直延续到唐代。在晚清,今古学之对立又重新被揭示出来,演变为古文学的真伪之争,而这一争论又被20世纪初的疑古思潮加剧了,最终由于王国维等学者的努力,以及20世纪后期的大批重大的考古发现,逐渐使人们从疑古的思潮中走出。第二章"古文经传考"考察了各古文经传在历史上的流传情况,揭示了每一种古文经传各自的发展历史。认为,古文字形逐渐在许慎的《说文解字》之后,形成了新的字指之学,这一学问也反过来促进了对于古文的搜集研究工作,编纂古文字书的学者代不乏人,直至《汗简》,《古文四声韵》而融入宋代金石学的传统。第三章"古文字书考"勾勒出历史上诸多已经亡佚的古文字书及相关的人与事。指出,古文在流传过程中,显示出浓厚的神秘色彩。促进了书法艺术的发展,产生了很多用古文书写的著名碑刻,而且使得一些古文碑刻充满了传奇色彩。第四章"金石古文考"对金石载体上的古文材料作了的搜集和整理工作。第五章"古文学与学术史"考察了在历史上起过重大作用的古文学的历史

关键词:古文　经学　古文字学　金石学　学术史

3249

20世纪中国书学疑古考辨之研究 / 徐清著 ; 陈振濂指导. -- 浙江大学, 2005. -- 89 页

本文对"20世纪中国书学疑古考辨"的产生背景、时代条件,疑辨的主要对象和内容,疑辨的历史意义和当代启示等一系列内容作出研究。文章认为,20世纪书学疑辨一方面以传统书学中的疑古辨伪为历史渊源,沿承其考辨方法以及怀疑批判的精神,另一方面,它更依赖于20世纪中国新思想、新学术的启发和推动,尤其是与史学界的变革、考古学的建立与发展、自然科学从西方的引进等因素有着直接的关联。此阶段的书学疑辨有其特定的内容和专门的疑辨对象,并非20世纪之前疑辨的简单延续,它主要包括:(1)古代书法文献的真伪与年代,如余绍宋《书画书录解题》、唐耕余《笔阵图》等;(2)古代书迹的真伪与年代,如《石鼓文》、蔡邕所书汉碑、《兰亭集序》、《平复帖》等;(3)书体的起源与发展史,包括篆书、隶书、草书。最后,作者指出,20世纪书学疑辨在百年书学史上起到了思想启蒙和学术深化的历史作用,不仅如此,它还给予当下和未来的书学发展、"书法学"学科建设以重要的启示:必须注重书法与其他多学科之间的对话,以跨学科的视野来反观书法内部、外部的种种问题,才有可能开拓出更大的思考空间和发展空间。

关键词:书法学　考辨

3250

缪荃孙文献学研究 / 杨洪升著 ; 徐有富指导. --

南京大学, 2005. -- 117 页

缪荃孙是晚清民初时期的一位重要文献学家,他承乾嘉之余绪走上了以考据为根本治学方法、以实事求是为目的的治学道路。全文分六章介绍了其学术成就。第一章介绍晚清民初文化背景下的缪荃孙。第二章介绍作为藏书家的缪荃孙,主要介绍他的藏书特点、藏书思想及对建设公共图书馆的贡献。第三章介绍缪荃孙的目录学、版本学特点及成就。第四章介绍缪荃孙的文献整理和出版活动,主要介绍了他编刻丛书、总集和编撰史表和《续碑传集》的特点和贡献。第五章对缪荃孙的金石文献学进行探讨。第六章介绍了缪荃孙的文献学的地位与影响。作者认为,缪荃孙的文献学在近代文献史上具有承前启后的作用。他承乾嘉诸老之学,在晚清民初的藏书界、金石学界、目录版本学界、出版界等领域都有很大的影响。他搜集的金石拓片、藏书,以及其他方面的学术成果是我们的宝贵财富。

关键词:缪荃孙(1844~1919) 文献学 目录学 版本学 金石学

3251

扫叶山房史研究 / 杨丽莹著 ; 陈正宏指导. -- 复旦大学, 2005. -- 139 页

本文的主要研究对象是有清一代著名的书坊——扫叶山房。该坊由苏州洞庭席氏创设,世代相传,有着近两百年的发展历史。本文分四章,第一章考订扫叶山房的创始年代;第二章考察扫叶山房创设人席世臣的生平,以及其在乾嘉时期刊印古籍的特点;第三章探讨其同光时期的刻书特点以及与书林同业的关系;第四章主要考察其清末民初石印书籍特点之变迁,以及所发行《文艺杂志》的特点。本文选择扫叶山房发展过程中重要的环节和相关古籍来进行研究,对其发展史上一些关键性的问题进行了重点研究。如对扫叶山房创始年代的考证,纠正了当前关于扫叶山房诸多说法的一些错误和不符合史实之处;对同光时期扫叶山房等三家书房关系的发掘,为正确著录三家书房同光时期刻本提供了重要的依据;对扫叶山房以及早期书业同业公会作用的考察,为研究版权意识在晚清的萌芽提供了线索。同时,对扫叶山房石印古籍的考察和知见书目的编录,有助于考察清末民初石印技术的整体发展情况。

关键词:扫叶山房 刻书 刻本 古籍 石印本

3252

钱谦益诗学研究 / 杨连民著 ; 徐有富指导. -- 南京大学, 2005. -- 142 页

本文系统探讨了钱谦益的诗学理论。全文共分为四章。第一章分析钱谦益诗学理论确立的背景,指出前后"七子"诗派对早年钱谦益的诗学倾向影响甚巨,使他一度沉迷于其中。其后汤显祖通过书信勉励钱谦益学习古文应以宋濂为宗,以真为尚,摒弃"七子派"之伪学,向唐宋大家靠拢,对钱谦益诗学取向的最终确立产生明显影响。此外,归有光及其后人、归氏的高足子弟对钱谦益有着更为直接的影响,使钱谦益由"七子派"的束缚中解脱出来,诗学指归大致确立。而钱谦益与东林人士的交游及其成为后期东林学派的领袖人物则使他在确立选诗标准及对诗家知人论世时采取了文学与政治双重尺度。第二章考察钱谦益诗学理论的"批判性",阐述钱谦益从不同视角对"七子派"和"竟陵派"的批评。第三章考察钱谦益诗学理论的"继承性",从对以李东阳为首的"茶陵派"的积极因素的肯定和吸收、对归有光及其弟子诗学理论的继承与发展、对李贽及"公安派"的批判与发扬三方面进行阐述。第四章主要探讨钱谦益的诗学理论核心"诗有本"论,指出其"诗有本"论将诗有本源、诗有实物、诗讲真情三者结合起来,亦即将灵气、学问和世运三者联系起来,使之成为一个不可分割的理论整体。

关键词:钱谦益(1582~1664) 诗学 汤显祖(1550~1616)

3253

先秦法家思想比较研究 : 以《管子》、《商君书》、《韩非子》为中心 / 杨玲著 ; 束景南指导. -- 浙江大学, 2005. -- 202 页

本文首先对先秦法家作了界定,并从政治背景、经济背景、学术背景三个方面阐述其产生的原因与条件,继而探讨了法家的学术渊源,即儒、道、名、墨对法家的影响。其次,比较了齐、晋文化的异同,并分析法家产生在齐、晋两国的必然性和两类法家差异存在的原因。然后,探讨管仲和《管子》、商鞅和《商君书》的关系,从人的角度阐释两类法家之不同。文章指出:在经济上,重农是齐、晋法家相同之处。在民众观上,齐法家重视民众的智慧和力量,晋法家轻视之。在人口思想上,齐、晋法家都注意到人口与生产资料的比例、人口职业比例以及人口质量在治国中的重要作用,但其内涵却不同。在君臣关系上,晋法家视君臣

绝对对立，齐法家则在君尊臣卑的前提下力求建立二者之间的和谐。在立法原则上，道是法家共同的立法基础，但齐法家是“法出于道”，而晋法家则是“因道全法”。在刑赏思想上，齐法家客观认识刑赏效用，主张刑赏适当，晋法家力主重刑厚赏；贵必贵诚、无刑无讼、慎刑慎赏是齐、晋法家在刑赏观念上的相同之处。在法律与道德关系上，齐法家治国法、德并用；晋法家治国以法为主，但认识到道德对法律实施的影响。在势论上，齐、晋法家势论的共同之处在于势为人君独有、势是君王的治国之资和获得尊重之资，不同的是齐法家重势但没有将其绝对化，晋法家把势绝对化。在术论上，“审合形名”、“无为而治”是齐、晋法家均认可的治国之术，其不同表现在齐法家术论偏于治国之道，晋法家偏于君人南面之术。在官吏的选拔上，齐法家置德于才前，晋法家置才于德前；在治吏上，齐法家重课功，晋法家重监督。在兵学思想上，《管子》论兵时把道义放在首位，注重计谋、兵器在战争中的作用；《商君书》视战争为治国手段之一，论兵不论正义与否，仅注重刑赏、勇气在战争中的作用。在文化专制上，齐、晋法家均主张文化专制，但晋法家将其推向极端。最后，得出结论：《管子》对和谐、适度、公平的提倡、注重和追求证明了齐法家所具有的“中和”的治国理念，而从《商君书》的“壹”到《韩非子》的“道”体现出的正是晋法家对绝对君主专制的追求。

关键词：先秦哲学　法家　哲学思想　学术思想　《管子》《商君书》《韩非子》

3254

先秦文化传播研究 / 杨永军著 ; 郑杰文指导. -- 山东大学, 2005. -- 195 页

本文认为，自人类诞生以来，传播活动也随之出现；文化传播在社会发展中起着承上启下的作用，是人类自身生存和繁衍的前提、基础。先秦文化是中国文化传播研究的基石，是中国文化传播的缘起阶段，中国几乎所有的文化传播现象和传播规律都在这一时期初露端倪或形成。研究先秦文化，可以更好地指导文化传播的实践。在论文写作上，作者试图立足中国传统文化，紧跟传播学理论研究前沿，同时用“以破立之”的创新精神和“小心求证”的实证方法从事研究。在传播学理论方面，作者对西方传统的传播“五要素”说(传播者、受传者、传播内容、传播渠道、传播效果)依据传播规律进行调整，提出了“四要素”说，即将“传播者”与“受传者”都归类于“传播行为主体”，这是对受传者地位予以充分的肯定。在传播载体方面，作者对“传播载体”进行了定义，并对“传播媒介”和“传播载体”进行了认真的界定和区别，首次提出传播的“物化载体”概念，即将抽象意物化于某一意象物，并对物化载体进行了细致的研究。在传播方式上，作者提出了文化传播的五种方式：口语、文字、图像以及音频、视频，认为人类的传播活动离不开这五种方式。在传播效果方面，作者认为有效传播是文化传播追求的终极目标，在先秦文化传播中，有许多成功的经典案例，因此加以分析和归纳，并上升到理论高度。同时对传播的效果进行深入分析，主要对传播的反馈进行了重点研究，从而提出了传播效果论。在传播模式研究方面，西方传播学将“传播渠道”作为传播要素之一，而作者则认为传播模式更能涵盖传播过程，因此应将传播渠道和传播类型并归于“传播模式”。作者认为，目前传播学界对传播要素等微观领域研究较多，对宏观文化传播却很少论及，因此在文中增加传播宏观研究。论文不仅对先秦各代传播思想进行挖掘和评价，而且还对古今传播的经典案例进行深入分析，特别对中国传播谋略、技巧和原则多所论述，从而总结出有中国特色的传播理论。

关键词：文化传播　先秦时代

3255

鲁迅与自然主义 / 姚诚著 ; 束景南指导. -- 浙江大学, 2005. -- 122 页

本文首先对中西方的“自然主义”概念进行了分析和界定，简要说明其对鲁迅的不同影响。接着阐述了自然主义在中国的流变及吴越地域文化的精神，重点叙述了自然主义与吴越地域文化之间的交流、融合与互补。然后，通过鲁迅的成长经历，论证他自然主义思想的确立和成熟的基本过程。鲁迅的自然主义思想，以始于庄周、弘扬于魏晋的自然主义思想为本，以吴越地域自古以来的激烈与反抗的自然主义精神传统以及宋明之季渐起的理性自觉和独立批判意识为源，以及家庭环境的潜移默化和章太炎的教导陶冶，再加上西方文化的影响，互为补充，粹然融为一体。但是，他的自然主义思想并未形成完整的理论体系，却主要渗透进他的生命意识，表现在他的人生观、文化观、创作观和具体的文学作品中。最后，从文化、启蒙、创作三个方面，论述了自然主义对鲁迅一生理论思想和创作实践的深刻影响。一、文化观，主要指鲁迅对待中西方文化的态度、方法和标准，结合鲁迅一贯以来的学术研究和文章旨趣，及其所处的现实环境和时代要求，解读他对儒佛道思想、古代文学以及

地域文化的基本观点和态度,理解以鲁迅为代表的一代学人与传统文化之间"破"和"立"的关系。二、启蒙观,主要指鲁迅对改革国民性的意见,即立人思想,鲁迅的人学思想在生成的过程中对个性主义的垂青,对"尊个性而张精神"的推举,对各种主义和带有政治色彩运动的疏离,折射出庄子和魏晋士人对精神自由和个性解放的追求,进一步显示出其与自然主义的默契。三、创作观,主要指鲁迅对文学作品所具有的独立品格的要求,一方面,鲁迅的创作既承传了中国自然主义文学关注自我、张扬个性的传统,又把它们拓展到现实领域,形成了"为人生的文学"这一创作主张;另一方面,鲁迅的创作动机、思想内容、作品风格虽随时间不同而有所差异,但其中一以贯之的是他对"立人"问题的深入思考和积极实践。

关键词:鲁迅(1881~1936) 文学研究 自然主义

3256

敦煌道经词汇研究 / 叶贵良著 ; 张涌泉指导. -- 浙江大学, 2005. -- 289 页

作者认为,道教是中华传统文化的重要组成部分,道教语言斑驳古奥、华丽优美、风格独特、意象鲜明,为汉语词汇的丰富做了重大贡献,而道经词汇研究却长期不被重视。因此,本文以敦煌道经为语料,从共时和历时两种角度对道经语词的来源、系统、构成及其词义的演变进行分析研究。全文分为十章。第一章是绪论,阐述敦煌和道教的历史渊源、敦煌道经和道经语词的研究概况以及本文的选题缘起和研究对象。第二章敦煌道经写本叙录,对本文研究的语料进行鉴定,目的在于弄清敦煌道经的成书年代、流传情况、写本的抄写年代及数量。第三、四章,分别介绍了敦煌道经的研究价值和词汇研究方法。第五章是敦煌道经文字与词汇考释,考察了道经中的形误字、音误字、古今字、俗体字、合文、拆字、武周新字、避讳字等,考释那些因为抄写及用字等原因产生的疑难语词。第六、七、八章,分别分析和研究了敦煌道经词汇对传统文化的吸收、对佛教文化的借鉴和对道家文化的传承情况。第九和第十章,则分别研究了敦煌道经中的道教义理语词和道教特色语词。在结语部分,作者总结了全文,认为敦煌道经吸收了传统文化,传承了道家智慧,借鉴了佛教思想,创造了富有哲学思维的词汇体系。而其中大量的极具特色的语词,为丰富汉语词汇做出了很大的贡献。

关键词:道教 词汇 敦煌写本

3257

西汉"士"与思想的发展 / 曾祥旭著 ;蒋广学指导 . -- 南京大学, 2005 . -- 143 页

本文从士人与西汉思想结合的角度,分析各家士人的生活情态、思想变化、道德追求、政治思想、社会作用、历史影响等。论述了士人对西汉思想的理论建树和实践意义。探讨了西汉思想在士人推动下发展演变的基本规律。全文分六章。第一章分辨出西汉道家或黄老之学应存在广义和狭义两种理解,结合史事论述道家士人的政治智慧和人生韬略,论述道家在独尊儒术后向两个方向发展。第二章按历史发展的次序分别论述汉初、汉中期、汉后期儒与儒家学术,儒家学术与政治的互动关系。第三章以儒士为中心,首先研究儒者"灾异"论的起源、特点和意义。然后论述儒士生活境遇和仕进悲喜剧。最后以乐府为例说明西汉儒家思想指导下的政治宿命。第四章从辞赋作家作品入手,分析辞赋思想嬗变的三个特点:流淌心底的"俳优意识"、由追悼屈原而引起的生命悲歌、辞赋家创作之路。第五章认为中国远古就存在数术方技之学,古代"天文学"既是数术方技之学发展的重要分支,也是它的起源。第六章首先从司马迁和班固对游侠的理解论起,论述游侠的性质、作用和特点,认为游侠是一个广泛的存在。最后从更广阔范围内论述游侠存在的思想意义和文化意义。

关键词:士人 道家 儒家 学术思想 西汉时代

3258

《洪范》诠释研究 / 张兵著 ; 冯浩菲指导. -- 山东大学, 2005. -- 142 页

本文对历史上的《洪范》诠释进行了系统研究。作者将由汉至清的《洪范》诠释分为五个时期,即汉代、魏晋至隋唐、宋代、元明、清代,每个时期的《洪范》诠释研究为一章,全文共分为五章。每章又分四个部分进行论述:(1)时代背景对《洪范》诠释的影响。这一部分主要从政治氛围与学术思潮两个方面出发,选取与《洪范》诠释相类的背景资料,以点带面,做到重点突出,避免泛泛而谈。(2)《洪范》诠释文献概述。这部分主要从数量、类型、著录、版本、内容等方面对各个时期出现的《洪范》诠释文献进行系统的梳理与概述,在充分占有材料的基础上,对诸书的评介力求全面、详实、客观、公正。(3)《洪范》诠释特点。这一部分主要从诠释体式、诠释原则、诠释方法、诠释风格、诠释内容、诠释思想等方面全方位、多角度地归纳

与总结各个时期的《洪范》诠释特点。(4)《洪范》诠释代表作剖析。这一部分主要选取能够凸显时代特色、具有代表性、在《洪范》诠释学史上产生过重大影响的《洪范》诠释著作,从作者、著录、版本、内容、诠释体式、诠释思想、字词训释以及对具体问题的考辨等几方面加以剖析。作者指出,历代《洪范》诠释既受政治文化背景大气候的影响,又有自身发展的规律,从中可以得出一些总体性的认识,主要有以下四点:一、历代《洪范》诠释与政治的关系相当密切;二、"五行灾异"思想的主线始终贯穿于《洪范》诠释的整个历程中;三、《洪范》诠释的阶段性、时代性特色鲜明;四、作为中国传统经学的重要组成部分,《洪范》诠释与经学共荣损,今古文经学影响了各自《洪范》诠释的风格。

关键词:古文献学　尚书　阐释学　经学

3259

汉人所谓古文研究 / 张富海著 ; 裘锡圭指导 . -- 北京大学, 2005. -- 325 页

论文对于汉人所谓古文进行了全面考察,研究对象包括《说文》古文、三体石经古文、汉代经注中的古文以及《汗简》和《古文四声韵》所引的经书古文。《说文》古文和石经古文的考察,按《说文》字序排列,分析字形或用法,与出土古文字尤其是战国文字作对比;对汉代经注中的古文包括《仪礼》古文、《周礼》故书以及《周礼》郑注、《礼记》郑注、《毛诗》郑笺中注明的古文的考察,则说明其假借或异体关系,与《说文》、出土古文字包括秦汉简帛文字作对照;最后是选取《汗简》和《古文四声韵》所引《周易》、《毛诗》、《周礼》、《礼记》、《论语》、《尔雅》、《孝经》、《尚书》九种经书的古文,用表格的形式列出,并简要对比《说文》古文、篆文、籀文、石经古文以及出土古文字。论文的考察发现,汉人所谓的古文并不单纯。汉人所谓古文可以分成两部分,其大部分是六国文字,小部分是非六国文字。属于六国文字的古文的主体是战国齐系文字中的鲁文字,同时含有战国晋系文字和楚文字的成分,也是不单纯的。非六国文字成分更驳杂,有西周铜器铭文中的字形,有汉代小学家考定为古文的字形,甚至有编造拼凑的字形。

关键词:古文字　《说文》　石经　字形　假借　异体

3260

前后蜀文学研究 / 张海著 ; 祝尚书指导 . -- 四川大学, 2005 . -- 224 页

在政治分裂的背景下,五代十国的文学相对停滞落后,而前后蜀时期的文学则是其局部繁荣的文学之一。本文基于前后蜀文学具有特定时空下的独特性这一认识,从几部分展开论述。本文正文分六章。第一章论述前后蜀的历史文化背景。文章认为唐末五代乱世造成了文人命运的恶化,使他们对社会态度冷漠,并表现在文学作品中,并且分析了巴蜀地域文化及经济繁荣对前后蜀文学的影响。第二章对唐求、卢延让等前后蜀部分重要作家进行了考论。第三章按经、史、子、集四部分类对前后蜀时期著作的历史著录情况进行考证。第四章研究了前后蜀诗词。文章指出,前后蜀诗歌的主题倾向呈现出复杂性,以"花间词"为主的西蜀词是前后蜀文学的重要组成部分。第五章按内容将前后蜀的文章进行了研究。第六章为前后蜀的小说研究,指出前后蜀小说创作呈现较为繁荣的局面。

关键词:古代文学　诗词　小说　前蜀　后蜀

3261

杨万里思想研究 / 张玖青著 ; 束景南指导. -- 浙江大学, 2005. -- 217 页

作者在考察杨万里生平经历和思想承传脉络的基础上,研究了杨万里的易学、理学、社会政治和文学思想;在定位其文学家的身份之后,把握和复活了他在南宋理学史和《易》学史上的位置。关于杨万里的易学思想,主要阐述了杨万里的《易》学研究框架,《易》学史上以他为标志的"援史入《易》"的特征,以及他在《易》学研究中所展现的个性化阐释体系。关于杨万里的理学思想,指出在杨万里的思想体系中,宇宙结构论、宇宙演化论及其他现象论,是一种自然哲学的起点,他的观点是以"气"为主体构成的气本源宇宙论;从本体论的角度考察,杨万里是"道"本体论者;对于天命和人事之间的关系,杨万里则是天人合一论者,但他尤为强调人的主动性对改变命运的作用。关于杨万里的社会政治思想,通过考察杨万里一生的官宦生涯,阐述了其仁政爱民的儒家思想,展示了杨万里的思想核心,即儒家"齐家治国平天下"的济世情怀,表达了杨万里期望君王仁政爱民、强国安邦的思想。关于杨万里的文学思想,着重阐述了杨万里的文道观、散文观和诗学观,解构了杨万里散文和诗歌呈现不同风貌的内在因素。

关键词:杨万里(1127～1206)　哲学思想　文学思想　易学　理学　本体论　天人合一

3262

中国古代女教文献研究 / 张秀春著 ; 杨忠指导 . 北京大学, 2005 . -- 262 页

本文分综论和分论两部分,从宏观到微观对中国古代女教文献进行考察。综论部分对中国古代女教文献进行了整体系统地探索,论文认为,出土文献《季子女训》、失传文献《女宪》以及传世文献《礼记·内则》等都可以反映出女教文献的萌芽,两汉刘向《列女传》和班昭《女诫》的问世标志着中国古代女教文献的产生。此后,女教文献经历了魏晋隋唐的发展期、宋元的低落期,到明清时达到鼎盛并发生变异。从现存古代女教文献的内容来看,可分为传记类、理论类、综合类和仪则类,涉及道德品行、人际关系和才智技能等方面。女教文献在由少到多、到鼎盛的发展过程中,其数量呈马鞍形变化,它们的读者群由社会中上层扩大到下层、由已婚妇女扩大到几乎所有女性,作者群中女作者逐步增多、帝王后妃亲自参与撰著,内容和形式也渐趋通俗化,到清末发生变异,向新式女教文献转变。在女教文献的教导影响下,我国古代妇女形成了孝亲相夫教子的人生观、宁玉碎不瓦全的贞节观和夹缝中艰难展露的价值观,同时女教文献还吸引了大批男性学者积极编写、注解和传播,直接或间接地教诲、帮助了中国古代男士。分论部分对现存的、影响较大、富有代表性的《列女传》、《女诫》、《女孝经》、《女论语》、《内训》、《闺范》、《女儿经》和《女界钟》进行了微观具体的探索,考察了其作者和写作背景,探析了其各自的思想内容中对前代女教理论的继承和突破,并对其流传和影响予以进一步分析,揭示中国古代女教文献的内容怎样随着社会的变迁和思想统治的需要而不断发展变化、其表现形式怎样渐趋通俗化、其妇女教育思想怎样逐步走向片面苛细并发生变异、其影响怎样增广而深入、对妇女思想行为的束缚又怎样愈来愈加严紧。

关键词:妇女教育　文献学　女性

3263

敦煌本《老子》研究 / 朱大星著 ; 张涌泉指导. -- 浙江大学, 2005. -- 145 页

本文对敦煌本《老子》作了系统的探讨。首先回顾了近百年来敦煌本《老子》研究的有关情况,并作了简要评论。接着对敦煌本《老子》写卷作了介绍,指出了有关各写卷的著录、刊布、整理和研究情况。其次,对敦煌本《老子》写卷的文本特征、篇章、字数及传本系统等问题进行了探讨,指出《道经》三十六章、《德经》四十五章的《老子》分章形式可能受到古代神秘数字信仰的影响,渊源颇早,似乎在汉代即已出现。这种分章形式,与《道经》三十七章、《德经》四十四章的《老子》分章形式一样,有其自身的合理性,并在一定时期内被广泛应用。此外,选取了四种敦煌本《老子》注疏加以讨论。然后,对敦煌本《老子》的流传问题作了重点讨论,指出作为学校教材使用、政府颁赐、道教因自身经教传承的需要及世人因消灾祈福等需要而传抄,是敦煌本《老子》流传的主要途径。而敦煌本《老子》与《十戒经》的结合流传,与当时的社会历史环境及《十戒经》的自身特点是密切相关的。另外,《老子》自身地位的不断提高以及唐代的一系列崇道政策是敦煌本《老子》写卷得以产生并广泛流传的重要原因。最后,主要探讨了敦煌本《老子》在辑佚、校勘、考证等方面的价值,并指出敦煌本《老子》与马王堆帛书《老子》可能各有不同的来源,敦煌本《老子》是《老子》从出现向传世本演变过程中的一个重要过渡阶段。

关键词:《老子》　道家　敦煌写本　古文献学

3264

安南汉化研究 : 以公元十世纪的史实与传说为中心 / 朱旭强著 ; 王小盾指导. -- 上海师范大学, 2005. -- 99 页

本文研究的是汉文化在公元 10 世纪安南地区(今越南中、北部地区)的传播与影响状况。作者在文献学方法的基础上,通过对一个广泛流传于中、朝、越的传说文本的发生地进行多学科多角度的考察,发现汉文化与原有文化底层在局部达到了一种共存与相互结合的状态。而这种状态反映了特定时空范畴中汉化的典型事实与具体细节。全文分为五章。第一章是绪论,介绍了本文立论的出发点和研究对象的时空范围,区分了本文所使用的三类文献的结构,强调了民间传说对于这一特定论题的重要性。第二章是对 10 世纪安南所发生的历史事实的概述,从正史记载中找寻汉文化的影响力,认为这一时期安南的信史所反映的信息不够丰富,是因为安南地方的史学尚未建立的缘故。第三章以 10 世纪安南最主要的历史人物丁部领的历史传说为对象,辨析了正史著作以及笔记小说所采录的传说文本所具有的不同内涵,认为这种差异代表了不同的文化因子的价值体系。此外还对笔记小说所载的传说进行了类型分析和学术史的回顾。第四章呈现了丁部领的传说所代表的民间故事类型所蕴含的汉文化内容。通过对 80 则分布于中

国各省、越南及朝鲜的同型传说进行文化系统分析，以及历史学等几个不同角度的研究，考证了安南是该型传说的发源地，发源时间是在公元10世纪之后不久。第五章是结语部分，在阐述丁部领传说所反映的汉化意义的基础上，申论公元10世纪安南地区的汉化状况。

关键词：越南　汉文化　汉学　文化交流

中国古代文学

3265

杜甫诗和韩国朝鲜时代诗研究 / 安末淑著 ; 马瑞芳指导 . -- 山东大学, 2005 . -- 172 页

本文研究了朝鲜时代代表诗人徐居正、南龙翼、申纬在诗歌创作过程中对杜甫诗歌的接受、吸收和借鉴。首先，考察了朝鲜早期诗人徐居正对杜诗的接受，指出他把自己与杜甫同一视之，模仿杜甫关于国家和百姓的作诗姿态及诗精神，同时在字里行间中流露出其对自身所作诗的自负心；他在《东人诗话》中对杜诗进行了高度的评价；他以杜诗为基础，在自身的诗作中也表现出了纤细的对句和律诗的结构等作诗技巧。其次，考察了朝鲜中期诗人南龙翼对杜诗的吸收和借鉴，指出他的"情景一体"的主张，与杜甫的"先景后情"的作诗方法相通，他的"诗中有画，画中有诗"的理论，与杜甫的作诗方法相通，他的诗作"以景入情"，是采用了杜甫的作诗态度，他主张诗中的绘画氛围的作诗方法，是吸收了杜诗作诗法的一个文学上的特性；他接受了杜甫的"读书破万卷，下笔如有神"的主张，通过大量阅读来充实其历史的知识，其诗歌的一大特点就是："诗中有史，史中有诗"，具有锐利的观察历史的视觉，王道思想、忠义思想等历史意识。最后，考察了朝鲜后期诗人申纬对杜诗的学习和接受，指出其对杜诗的学习和接受表现在："由苏入杜"的学杜方式，为了达到杜甫的境界而逐步兼修熟读杜诗和历代名家诗作，在学杜方面开辟了其独创的方式；在杜甫影响之下形成了具有独创性的诗论和诗评，其《东人论诗绝句三十五首》是在杜甫的影响下形成的文艺批评的一种。

关键词：杜甫(712～770)　诗歌　接受学　徐居正(1420～1488)　南龙翼　申纬　朝鲜

3266

宋人笔记研究 : 以随笔杂记为中心 / 安芮璿著 ; 王水照指导. -- 复旦大学, 2005. -- 162 页

本文主要探讨了宋人为何喜欢撰写笔记，笔记主要表现了什么内容以及在宋人创作中笔记具有何等的意图与地位等问题。本文分为两大部分，前篇对宋人笔记作综述性的考察，后篇对三部笔记进行个案研究。前篇探讨了宋人笔记的总体内容，作者认为宋人笔记不但在写作态度上与此前不同而且宋代新兴的文人阶级具有与前代不同的成长背景、生活环境以及思维方式，而这些又带来了笔记形式与内容上的变化，形成了宋人笔记固有的特点。后篇作者选择了苏轼《东坡志林》、叶梦得《避暑录话》和周密《癸辛杂识》等三部笔记著作进行考察，从其私人性、随意性出发，分别以"自适其适"、"泛话古今"、"狃于私意"概括三者的特点。据此，作者认为宋人笔记与正统文学具有不同的立场，不拘泥于作文的规范、习惯、形式，而是根据自己的经验和主观来写作。

关键词：笔记　随笔　文学研究　宋代

3267

《诗经》"比、兴"研究史论 : 自先秦至宋代 / 安性栽著 ; 褚斌杰指导 . -- 北京大学, 2005 . -- 111 页

论文主要通过从先秦至宋代关于《诗经》"比、兴"诸多观点的分析，考察中国古代文学史中"比、兴"理论所占的地位，并阐明每个朝代对《诗经》"比、兴"认识中所蕴涵着的时代精神。全文分四章，第一章对一些先秦古籍中所出现的"赋诗、引诗"与"比、兴"之间的关系进行研究，把《毛诗传》的"比、兴"也看成"用诗之比兴"。文章认为，《郑笺》与《孔疏》作为《诗经》研究专著，一方面传习、继承了《毛诗传》，另一方面有所突破。第二、三章主要研究《毛诗传》、《郑笺》以及《孔疏》"比、兴"观之异同点。认为，南宋的朱熹是中国文学史上第一位从文学角度来考虑"比、兴"的人物，他关于《诗经》具体作品的解释，虽有不少未能摆脱《毛诗传》影响之处，但就整体而言，他的观点毕竟与众不同，有所突破。第四章分析了朱熹对《诗经》"比、兴"所持的看法，并与《毛诗传》、《郑笺》及《孔疏》加以比较。文章指出，古今对"比、兴"的认识，一种是将"比、兴"视为一体，进行总体论述；另一种是将"比"、"兴"二者各自看成独立的艺术表现手法。毛诗独标"兴"体，显然已将二者分开了。

关键词：诗经　比　兴　修辞学

3268

《毛诗正义》的文学研究 / 白长虹著 ; 张伯伟指导. -- 南京大学, 2005. -- 157 页

本文认为,《毛诗正义》是《诗经》注疏史上一部里程碑式的著作。由于《诗经》本身是一部文学作品集,因而《毛诗正义》中也蕴涵了丰富的文学见解。但长期以来,由于认为经学著作文学研究意义不大,所以对《毛诗正义》的文学研究一直较为薄弱。基于此,本文试图探讨并归纳《毛诗正义》(参照《五经正义》中的其它四经正义)的文学研究和见解。全文分为四章。第一章对《五经正义》的撰者及修撰时间作了考察,将《五经正义》修撰分为三个主要阶段,一段插曲和一段尾声,并对其各次参撰者作了统计和比较。第二章主要归纳了《毛诗正义》对诗的基本看法,包括《毛诗正义》对诗的本意的说明、《毛诗正义》中诗言“志”与诗言“情”的关系及其内涵、《毛诗正义》注意对篇章大意的把握和对诗篇的个性化特征的认识四项内容。第三章主要探讨《毛诗正义》的《诗经》辨体观和篇次观,认为《毛诗正义》已明确认为《诗经》的已有分类属于不同的“体”,并从多个方面加以说明和辨析,具有一定的系统性和完整性。而《毛诗正义》对《诗经》的编排次序问题有一系列的论说,也具有一定的系统性和完整性。第四章是对《毛诗正义》辞章观的讨论,主要从篇章字句、对篇章的划分、对篇章结构的说明和对修辞手法的说明四个方面归纳和探讨了《毛诗正义》的辞章观念。通过以上研究,作者认为,《毛诗正义》蕴涵着丰富的、有价值的文学批评观念和见解,比汉儒的经学论说对《诗经》的探讨更为深入,更触及到了诗的文学本质,体现了六朝文学理论发展的深入影响,在文学批评领域有不可忽视的地位。

关键词:《毛诗正义》　诗经　文学研究

3269

《水浒传》与《红楼梦》的性别诗学研究 / 白军芳著 ; 霍有明指导. -- 陕西师范大学, 2005. -- 221 页

本文认为,《水浒传》与《红楼梦》既是中国著名古典小说,也是性别诗学特征极为明显的两部古典小说,从两性互鉴角度看,在所有的中国古典小说中,《水浒传》最具阳刚之气,而《红楼梦》最具阴柔之美,可以说象征着中国古典小说中最具性别意识的两座高峰。分析这两部小说的性别意识,能够充分挖掘封建社会性别观随着人类文明的发展渐渐朝着文明方向发展的历程,还可以验证女性渐渐浮出历史地表的轨迹。全文分为六章。第一章提出《水浒传》与《红楼梦》的诗学趋向。第二章分别对《水浒传》与《红楼梦》中的男女性别观进行研究,认为《水浒传》崇男抑女,《红楼梦》崇女抑男。第三章重在探讨《水浒传》与《红楼梦》中所应用的相同的艺术创作手法,认为在稳定的民族审美心理影响下,两部作品都具有浓郁的抒情化特点,人物形象追求多元化性格表达,注意环境、心情、衣饰造就的特定意境等。除相同的艺术技巧之外,作者认为两部作品最明显的特征就是在表现性别观念中不同的艺术技艺的使用了,因此在第四和五章,分别介绍了《水浒传》至刚与《红楼梦》至柔的诗学趋向,并对其不同的艺术效果进行了分析。第六章评价了《水浒传》与《红楼梦》对性别诗学的建设性贡献,认为《水浒传》的神性是超越人性的,是男性对拥有勇武力量的理想建构;而《红楼梦》尊重女性、认同女性,这种具有前瞻性的两性态度,与现代女性主义有不谋而合之处。作者认为,从《水浒传》到《红楼梦》的人物形象塑造完成了从英雄到佳人的人物塑造过程;讲述过程开始是国家兴衰民族存亡的“大事”,后来则主要表现个体人生的喜怒哀乐的“小事”;主题的转移也从描绘英雄业绩和战争风云变幻为展示个人的命运和青年人的爱情生活。爱情主题变得在小说文本中具有举足轻重的意义。另外,从英雄到佳人,意味着价值观念的巨大转变,从原来的男性崇拜“武力”“尚义”到贾宝玉的女性意识张扬,反对封建道德说教,社会性别的主体发生了变异。而由宣传“义”到宣传“情”,则反映了作者对于封建社会中两性关系的思考和美好理想。

关键词:《水浒》　《红楼梦》　性别　文学评论

3270

《红楼梦》“矛盾”现象考论 / 曹金钟著 ; 张锦池,刘敬圻指导. -- 哈尔滨师范大学,2005. -- 312 页

作者认为,《红楼梦》中存在着许多“矛盾”现象,前人虽已不同程度地注意到了,但对这种现象及其形成的原因进行梳理、研究还很不够。有鉴于此,本文选取《红楼梦》中的“矛盾”现象作为研究对象,以文本为依据,对“矛盾”现象进行归纳、梳理,并试图从主、客观两方面对其产生的原因进行全面、系统、深入的探讨。全文由引言、正文、附录三部分组成。引言部分简要概述了研究《红楼梦》中“矛盾”现象的意义、“矛盾”现象研究的简史及研究的特点、本文的研究方法等。正文部分由上、下两编组成,共九章。上编由四章组成,主要对《红楼梦》文本中存在的“矛盾”现象分类进行梳理,辨析其产生的原因。其中第

一章对时序的“矛盾”进行考辨,第二章对地点的“矛盾”进行考辨,第三章对人物年龄的“矛盾”进行考辨,第四章对人物关系的“矛盾”进行考辨。下编由五章组成,主要探讨“矛盾”与作者创作思想、艺术表现手法等的内在联系,以及“矛盾”在人物形象的塑造和情节描写中所起的作用及其产生的客观效果等。其中第五章论述“矛盾”与作者创作思想的关系,第六章论述“矛盾”与意境创造的关系,第七章阐述“矛盾”与人物形象塑造的关系,第八章论述“矛盾”与情节描写艺术的关联,第九章阐述了“矛盾”与艺术辩证法的关系。附录部分则包括后四十回“矛盾”简论和对前人“误读”文本的学术清理两部分。

关键词:《红楼梦》 文学评论 矛盾 人物形象 文学创作

3271

汉赋与汉代制度 :以都城、校猎、礼仪为例 / 曹胜高著 ; 袁行霈指导 . -- 北京大学, 2005 . -- 230 页

论文分三章,分别阐述了汉赋中所记载的两汉都城、校猎、礼仪制度,以及相关制度与汉赋的关系。首先,文章揭示东汉京都赋创作的繁荣与东汉迁都之争关系密切。在迁都之争中,都洛派支持“居中而王”的都城选址观念,认为东汉洛阳城具有借鉴“周制”的都城布局和强调礼制的建筑风格,这与东汉重视经术和儒学的文化氛围相契合。迁都之争中繁荣起来的京都赋创作,不仅推动了新的汉赋高潮的形成,也为两汉都城制度研究保存了若干原始的资料。其次,根据汉赋的记述,结合其他资料,考证汉代的校猎制度,涉及许多细节。校猎是“以猎相较”,目的在于较量武功,考核士卒。校猎的时间、地点、参加人员相对固定。校猎准备、出行、检阅、猎杀、宴乐、游玩等程序相对规范。汉代校猎活动已经制度化,上承先秦田猎制度,下启魏晋校猎礼仪,具有军事训练和礼仪活动两方面的性质。两汉赋家既看到了校猎的正面作用如“简车徒以讲武”、“因兹以威戎夸狄”和“成礼三驱”等,又认为其存在贻误农时、侵占耕地、务为独乐等弊端,从而使汉赋的主题呈现出一定的矛盾性。由于历史背景和文化氛围的不同,两汉校猎制度的变化也在一定程度上影响了校猎赋的主旨。再次,考证汉代的礼仪制度,以及礼仪制度与汉赋创作的关系。汉赋大量描写了两汉礼仪,文章利用这些资料考证了其中所见的祀天、祭地、享祖等吉礼,朝仪、巡狩、乡射、宴飨等嘉礼,以及出师、大傩等军礼,对汉赋的礼制描写与有关史料、考古发现进行了横向的比较,又分析了两汉礼仪制度的变迁的大致线索,初步讨论了汉赋创作高潮与汉代礼制变革之间的关系。

关键词:汉赋 都城 校猎制度 礼仪

3272

论汉魏六朝之拟作 / 陈恩维著 ; 王钟陵指导 . -- 苏州大学, 2005 . -- 97 页

本文以汉魏六朝之拟作为研究对象,考察其概念、发生过程、类型演变、功能、性质以及对于汉魏六朝文学理论的影响。正文分六章。第一章对拟作进行界定,并将其与代言、抄袭剽窃作了比较区分,认为仿拟是指以某一作家或作品为范本,追求与之求同存异的创作过程。第二章探讨拟作的发生,认为拟作的发生过程就是拟作者审美活动展开的过程。第三章探讨拟作类型,将拟作分为字模句拟之作、拟意之作、拟体之作、泛拟四种类型,认为它们与原作对应关系渐行渐远。第四章分别从文体形成、个人成长和文风递变三个角度论述了拟作的功能。第五章分析了拟作的批评、传播特性,认为拟作集创作、批评和传播三种性质于一身。第六章探讨拟作对中古文学理论的影响,认为拟作推动了文体论、创作论和风格论的发展。

关键词:汉魏六朝 拟作

3273

元杂剧批评史论(古代部分) / 陈建华著 ; 赵山林指导 . -- 华东师范大学, 2005 . -- 246 页

本文论述了元杂剧的批评主体和批评观念。首先,文章描述了元杂剧批评的脉络,指出其发展经过了杂剧盛行期、传奇盛行期两个阶段,元朝前期,元杂剧初兴,对这个新生事物的理论批评并不充足;其后期,元杂剧的表演趋缓,批评的概念和对象逐渐明晰。明代中期阶段,批评呈现出过渡性。批评对象中,元杂剧仍占据了主导位置,批评观念中,王氏心学的影响初露端倪,文学观念开始强化;至明末清初阶段,批评触及到元杂剧本体、戏剧本位等深层次问题,文人化色彩加重;清代中期的批评,缺少创建,多作整理前人的工作,对元杂剧地位和价值的评价降低。其次,探讨了批评的主体,指出文人是批评中最为成熟的主体,杂剧盛行期的前期以北方文人为主,批评重在实践而多市侩风气;后期以南方文人为主,批评更为单纯,理论色彩凸现。统治层的批评可分作政治性批评和个人性批评,前者旨在维护政治稳定,体现于政策命令、政府管理行为等;而后者多出于个人真正的喜

好，大众的批评观念则极具世俗气和宗教气息，杂剧的观念较为淡薄。最后，探讨了批评的观念，分析了戏剧观念的批评，指出杂剧盛行期的戏剧观念经历了从“戏”向“剧”的演变，“元杂剧”的概念被广泛使用并逐渐清晰起来。传奇盛行期元杂剧的戏剧本体得到本质层面的确证，与南曲传奇相较以明确“元杂剧”本体特色；后期的戏剧批评在元杂剧源流、作品分析中广泛展开；分析了“曲”观念的批评，指出杂剧盛行期的前期，元杂剧和普泛的“唱”纠缠，并处于批评的边缘地位；后期，曲批评相对成熟并开始呈现一定特色；传奇盛行期的曲批评是以整个“曲”作为批评对象的，而传奇成为本时期的主导戏曲后，元杂剧不再占据批评的主要位置。明代中期批评的目的主要为恢复北曲原生态，此后则主旨在建立南曲的批评体系、辨别南北曲的体制差别。

关键词：元杂剧　戏剧评论　文学批评史

3274

《山海经》学术史考论 / 陈连山著 ; 褚斌杰指导. 北京大学, 2005. -- 193 页

本文针对《山海经》的学术史进行了全面的探索。全文共分八章，除第一章绪论外，其余七章主要依照时代线索，分别考察了《山海经》的著作年代和性质，汉代社会与经学视野下的《山海经》，魏晋社会思潮与神仙学视野下的《山海经》，宋代社会、道教、儒学与《山海经》，世俗化的明代《山海经》研究，考据学的兴盛与清代《山海经》研究，现代神话学视视野下的《山海经》。作者所做的主要工作为：第一，考证了《山海经》的性质、成书过程和注解插图过程。第二，结合时代思潮，分析历代《山海经》研究的起因、特点和成就，指出整个《山海经》学术史是反映历代社会思想的一面镜子。通过相关的考证和分析，作者认为《山海经》在历史上先后被视为形法家书、地理书、道教经书、小说家书、神话书、民俗志书、百科全书，这些评价是历代学者根据所处时代的社会思潮和《山海经》在当时的实际功能所作的判断。《山海经》这部中国第一奇书对中国文化的发展具有多方面的影响。

关键词：《山海经》　文学研究　社会思潮　阐释学

3275

春秋辞令研究 / 陈彦辉著 ; 傅道彬指导. -- 哈尔滨师范大学, 2005. -- 214 页

本文认为，春秋辞令是中国先秦文学中重要的文学形态，对其研究与先秦其他经典一样经历了经学——史学——文学的认识过程，春秋辞令对中国文学产生了深远的影响。全文分为六章。第一章“春秋：一个讲求辞令的时代”中认为，春秋时代继承了从西周时期开始的尚言传统，在礼乐文化教育和雅言兴起的影响下，整个社会形成了尚言的社会风气，使春秋辞令不仅成为追求雅言的知识阶层自身修养的标准，并且与“立德”、“立功”一起成为人们心目中“不朽”的目标。第二章研究了春秋礼制与春秋辞令的关系，认为春秋辞令的成熟以礼乐文明为基础，是城邑文明礼乐文化背景在现实生活中的缩影。礼不仅规定了社会秩序，也规定了春秋辞令以礼为核心的言说方式。第三章介绍了春秋行人制度与行人辞令，认为春秋行人在邦交中以邦交礼仪为基础，信礼、尊礼、守礼，在现实中实践着礼和发扬礼的精神，春秋行人辞令个性化的语言、浓厚的文学色彩和机智多谋的邦交策略为世人认同、景仰。第四章介绍了春秋笔法与春秋辞令。第五章则比较了春秋辞令和战国策士辞令，认为战国策士辞令在继承春秋辞令的委婉含蓄等风格的同时，自身具有善用比喻、夸张、排比的铺张扬厉风格，与春秋辞令典雅、简约的风格形成鲜明对比。第六章探讨了春秋辞令的历史意识与审美意义，认为春秋辞令深厚的历史意识、文雅含蓄的表达方式、自信的气势和丰富的美学思想，以及辞令中体现的春秋知识阶层天文、地理、诗书、哲学、历史等文化修养，充分展示了春秋时代精神。

关键词：言语交往　礼　辞令　雅言　春秋时代

3276

《红楼梦》体态语研究 / 陈月华著 ; 张锦池，刘敬圻指导. -- 哈尔滨师范大学,2005. -- 256 页

作者认为到目前为止，《红楼梦》体态语研究还是洋洋大观中的“红学”研究中一个少有人关注的冷寂的角落，因此以此作为研究对象。论文通过对《红楼梦》四位主要人物贾宝玉、林黛玉、薛宝钗、王熙凤体态语的系统解读与分析，考察《红楼梦》作者如何通过体态语来塑造人物，探析其对作品人物体态语处理上的特色，寻求在体态语运用方面带有规律性的东西，在此基础上，对《红楼梦》体态语的艺术成就进行总结与概括，并对其在《红楼梦》总艺术成就中的地位给予评价。全文分为八部分。第一部分导论主要对目前《红楼梦》体态语研究状况进行了简单陈述，对论文研究中将会涉及的相关概念、理论进行了简要界定与介绍，对体态语研究的认识论前提进行了必要的阐述。

第一、二、三、四章,分别对王熙凤、贾宝玉、林黛玉、薛宝钗四人的体态语进行了系统分析与解读,主要包括各自“标志性的体态语”、“印象管理”、“与他人体态语之比较”三项内容。第五章主要从体态语和印象管理视角对前八十回与后四十回进行了比较研究,剖析了续书作者如何自知地参照人物在前八十回中的音容笑貌来设计人物在后四十回的体态语和印象管理风格,或进行取消、改变、保留的处理,以及这种处理对人物性格塑造的影响。第六章对《红楼梦》体态语的艺术成就进行概括与总结,对体态语描写在《红楼梦》中的重要作用进行了分析与论证。第八部分结语,作者提出了本文的基本观点:《红楼梦》在体态语方面的成就不亚于其在有声语言方面的成就,在《红楼梦》的总艺术成就中占有重要的一席之地。

关键词:《红楼梦》　形态语言　文学研究

3277

明代前中期诗学辨体理论研究 / 邓新跃著 ; 吴承学指导. -- 中山大学, 2005. -- 225 页

本文认为从诗学辨体批评的角度看,中国文学史是一部文体形态演变发展的历史,因此拟为明代前中期诗学批评理论,尤其是复古格调派的诗学体式与风格批评理论理清发展的线索,探索明代诗学辨体理论批评的演变发展历程、特征、成就及其在文学批评史上的意义,在一定程度上完成对整个古代诗学批评中诗歌体制与风格辨析理论的梳理与总结。全文主要内容包括六部分。绪论部分主要阐述了明代诗学辨体理论的基本内涵及研究现状、与格调论的关系、批评史意义与影响等。第一章介绍了明代诗学辨体理论的学术渊源,对明代以前的诗学辨体理论的发展进行了简要的说明。作者认为,宋以前是文体规范的确立与我国古代诗学辨体理论萌芽与发展的过程,而宋代则是我国古代诗学辨体理论的重要发展时期,突出表现在对各文体之间尤其是诗文与诗词之间的文体形态界限的重视与探讨,严羽的《沧浪诗话》是其集大成的理论著作。第二章介绍了明初诗学批评家高棅与李东阳的诗学辨体理论,认为高棅编选的《唐诗品汇》是明代最有影响的唐诗选本,而李东阳以声辨体的格调论诗学理论,从声律形式的角度来探讨诗歌本质特征与时代格调,具有重要的辨体批评意义。第三章对明代格调论的主要提倡者前七子,尤其是李梦阳与何景明的诗学辨体理论进行说明。认为前七子诗学思想的批评史意义在于对宋代理学与诗学的反动,与以阳明心学为核心的解放思潮颇为相通。第四章对明中叶杨慎的诗学批评理论进行阐述。认为在前七子阵营外独树一帜,他对宋代诗学及其流弊的批判,肯定诗歌独立与历史与思想文化的价值与意义,维护了诗歌格调,代表了明代诗学辨体批评的理论高度。第五章介绍了后七子的诗学辨体理论,认为其中王世贞的《艺苑卮言》是明中后期诗学辨体理论的杰出代表,正确认识王世贞“晚年定论”对前七子诗学辨体理论的发展与修正,对全面考察明代中后期诗学思想的演变发展具有重要的意义。

关键词:诗学　诗歌　诗体　明代

3278

生命哲思与诗意言说 :《庄子》文学的现代阐释 / 刁生虎著 ; 蒋凡指导. -- 复旦大学, 2005. -- 202 页

本文以《庄子》文本为中心,从“道”的层面,以诗思融合和以艺进道为线索,对《庄子》文学展开多层面的综合考察,发掘出蕴藏于《庄子》文本当中的文学质素,揭示出其与中国文学的精神关联。全文共分五章。第一章从哲学理论的形象化与具体化、哲学概念的生命化与境界化以及哲学语言的诗性化与艺术化三个层面揭示了《庄子》文学道艺相同、诗思融合、以艺进道的品格。第二章从时代基因和文化依托的角度揭示了《庄子》文学品格的外在成因,指出现实社会的动荡不安和学术文化的繁荣昌盛是庄子所处时代的历史背景,商宋文化和荆楚文化的交相融合为《庄子》一书的出现提供了深厚的文化背景。第三章从语言哲学和表意方式的角度揭示了《庄子》文学品格的内在成因,认为庄子“说‘不可说’”的语言哲学以及由其决定的“寓言”、“重言”、“卮言”等三种言说方式决定了《庄子》诗思融合的基本品格。第四章提出“三言”即“隐喻”的看法,并将隐喻进行思维和文化层面上的界说,认为它是揭示中国文化诗性特征的一把钥匙,其中以《周易》为代表的象征、以《诗经》为代表的比兴、以先秦诸子为代表的寓言等中国文学和文化中的普遍性、核心性术语和现象都属于广义隐喻文化的范畴。庄子的贡献就在于他进一步发展了隐喻的形式、丰富了隐喻的内涵,改变修辞性的、语词型的、单句式的隐喻为文化性的、篇章型的、故事式的隐喻。而且相对于同期其他诸子来说,庄子寓言型隐喻也自有特色。第五章从宇宙意识的角度揭示了庄子哲学观念与《庄子》文学特色的隐秘联系。主要从无限观念与浪漫风格、物化思想与变形艺术、天人关系与叙述模式等三个层面进行论述。

关键词:庄子　道家思想　语言哲学　生命哲学

隐喻　诗性　天人关系　文学研究

3279

周礼与文学 / 丁进著 ；蒋凡指导. -- 复旦大学，2005. -- 327 页

文章首先讨论了周礼的性质、源流和《周礼》一书的可信度问题，研究了《周礼》、《仪礼》、《礼记》的关系，指出西周是周礼的建立、巩固和繁荣期，《周礼》侧重于制度，《仪礼》侧重于实践操作，《礼记》侧重于理论阐释。然后分别就周礼与神话、周礼与诗、周礼与早期散文的关系作了论述。作者指出，周礼利用神灵不死的观念推行对祖先神灵、皇天上帝的崇拜，在祭祀活动中追求"敬"的心理效果，在一定程度上促进了神话的繁荣；由于它的礼乐艺术对神话进行了改造，为保存神话做出了一定贡献，如《周颂》、《大雅》都带有一定神话因素；但周礼对神话也有副作用，它力图将神话纳入自己的体系，从而抽空了神话中丰富的故事情节和细节，损害了神话的审美效果。周礼与诗歌的首要关系表现在对诗歌的使用上，它在制度层面上规定了一定的诗歌与一定的礼仪的对应关系，产生了诗歌的"符号"功能，使诗歌直接参与了社会生活，如赋诗、讽谏诗，但却导致中国古代诗歌过于繁重的政治负担，为文字狱、"偶言《诗》、《书》者弃市"提供了借口；周礼对诗歌的创作有广泛影响，它所倡导的审美习惯影响了作者和读者，对诗歌创作的风格、样式都起到了规范作用，其中颂诗的创作直接来源于祭祀的需要；周礼促进了诗歌评论的诞生，从"乐语"教学到宴饮献乐、赋诗、答谢，再到《礼记·乐记》，最后到《诗大序》，形成了中国早期诗歌批评体系。周礼本身有一个诗乐体系，它的风、赋、比、兴、雅、颂"六诗"是《诗经》的前身，这些诗篇为后人总结《诗经》的创作经验提供了思想资料。周礼与早期散文关系密切，由于早期的文章写作实践的主体是史官、占卜官、贵族官僚，他们制作出用于国家政治、外交、经济生活的文件，即早期散文，而两周政治制度属于广义的礼乐制度，因此大部分文章属于周礼实践的产品。周礼的礼乐文化制度促进了书写在多个社会生活领域的运用，催生了各种文体，也留下了精彩篇章，为春秋战国时代文化艺术的大发展提供了前提条件。

关键词:《周礼》　《礼记》　礼乐制度　礼乐文化　诗歌　散文　神话

3280

苏州派传奇研究 / 董晓玲著 ；张锦池，刘敬圻指导. -- 哈尔滨师范大学，2005. -- 145 页

作者认为，苏州派是明末清初一个阵容强大的传奇创作群体。他们的作品以独特的风貌成为戏曲史上不可或缺的一环，其价值和意义有待于更全面更深入的发现与研究。本文分为三大部分，绪论、上篇和下篇。绪论部分讨论了苏州派作家身份人格的边缘化特征，认为文人情怀与曲家身份的结合是其传奇作品案头场上两擅其美的重要原因。上篇为总体研究，分为四章。第一章讨论苏州派传奇的时空坐标，主要从明末清初的社会背景、戏曲史的纵向比较和戏曲史上的横向比较三个维度加以阐释。第二章为苏州派传奇思想内涵补论，认为苏州派传奇中的读书人价值观念正发生多元化的转变；对于女性价值虽有积极的发现又有总体方向上的趋于保守；义殉现象不仅是出于尽忠或报恩，其中不乏积极的思想和深厚的美感。第三章是对苏州派传奇艺术品位的探讨，认为从文学艺术的角度看，其作品具有语言角色化、小人物塑造个性化、艺术手法多样化的特点；从戏曲艺术方面则认为其双线式结构和典雅的声腔有其优点但也有不足，需要进行辩证分析。第四章是对苏州派传奇传播的研究，通过对多种传播形式的补充性统计和分析其传播状况的内外因素，认为苏州派传奇的衰歇与昆曲的整体衰落有直接关系，而其自身在文学与戏曲两方面的失败也导致了传播不能久远。下篇为个案研究，也分为四章，分别介绍了苏州派的四位代表人物，即李玉、张太复、朱素臣和朱佐朝的艺术创作及其成就。其中，介绍朱佐朝的一章未完成，存目待写。

关键词:传奇剧　戏曲研究　苏州派　文学研究

3281

古代文论"韵"范畴研究 / 杜磊著 ；汪涌豪指导. 复旦大学，2005. -- 192 页

全文共分上下两篇，上篇主要叙述了"韵"范畴之审美文脉。作者认为"韵"范畴之美学发轫于魏晋六朝，这主要是从字源生成、多维视角、美学特征来看；认为"韵"范畴之美学演进在唐代，主要表现在唐代在诗学领域正式将"韵"引入，重心从魏晋时期的乐、人向客观之物转化，蕴含形神合一、物我合一的审美理念；"韵"范畴之美学成熟是在宋金元实现的，这主要体现在审美意蕴之滥觞，审美独立之完成，审美趋向之正变；"韵"范畴之美学衍展在明代，明代对前代的"韵"范畴既有承继又有新变，既有抗弊又有纠偏，既有回归又有创见；最后清代对"韵"范畴之美学作了一个总结，这既表现在审美内涵的理论完善上，又表现

在审美创造的理论归结上。下篇中作者主要分析了“韵”范畴之审美群落。认为“韵”的范畴主要包括“气韵”、“格韵”、“神韵”。作者指出“气韵”范畴成熟较早,其审美内涵在不同时代又有相应的延伸流变。“格韵”范畴主要形成于宋代,“格”和“韵”的结合有其内在精神理路和审美维点。“神韵”范畴的开拓在明清两代。最后作者从审美定位和文化生成两方面对“韵”范畴作了总结,认为“韵”中有“中和”,“韵”中有“大象无形”,“韵”中有“乐”,“韵”完成了华夏美学最具有代表性的范畴体系的营造。

关键词:古代文论　美学　审美分析　文学研究

3282

清代女诗人研究 / 段继红著 ; 罗时进,严明指导 . 苏州大学, 2005 . -- 219 页

本文梳理分析了清代女性创作的整体风貌,以女性立场、视觉和感受,通过对“私人日记”式的文本细读,将其鲜活的个体生命和丰富的情感立体呈现,分析其创作的独特审美价值,为其在文学史上寻找定位。正文分上下两编。上编分四章。第一章为清代女性文学概况,总结清代女性创作的丰硕成果,并对兴盛原因加以分析。第二章从清代女诗人主题的继承和突破入手,分析清代女性生存的状况及女性意识觉醒的历程。第三章对清代女诗人常用的题材进行类型分析,认为由于清代女诗人获得了较为自由的生活方式,因此她们的视阈相对广阔,笔下涉及的内容也就较前代更加丰厚。第四章分析清代女性婉约基调下异彩纷呈的艺术风格。下编为作家论,分为五章,选取清代最具规模的女性文学团体——随园女弟子及最具代表性的几位女诗人进行个案分析。如袁枚及其随园女弟子席佩兰、孙云凤、金纤纤、严蕊珠、骆绮兰,清代闺秀三大家徐灿、顾春、吴藻,农妇诗人贺双卿,薄命女词人熊琏,清代中晚期重要女诗人沈善宝等。

关键词:女诗人　女性　文学研究　清代

3283

汉魏六朝书法理论与文学理论之关系研究 / 冯翠儿著 ; 张伯伟指导. -- 南京大学, 2005. -- 293 页

作者认为,文学和书法是中国传统文化的元素,从两汉至今,文人的兴趣和牵涉的文化范畴相当广泛,于是在进行不同门类的艺术创作和鉴赏时,便往往将不同艺术的理论互为引用,这促进了理论间的相互渗透,也扩大和丰富了各门类艺术的理论内容。所以,要全面理解中华文化的产生和发展,对各种文化门类的理论作综合而深入的考察是有必要的。而书法理论和文学理论,在先秦时就已出现,二者的关系和影响十分微妙,很值得深入研究。东汉是书文论的滥觞时期,所以本文研究时段选择在东汉魏晋南朝(因书文论创作集中于南朝),期望从其中一个侧面找出中国文化多元性的渗透和发展情况,进而为日后进一步的文艺研究作铺垫。本文的撰写注意到以下三点:首先,既注意进行定点的考察,也注意全面性的变动考察;既进行横的关系考察,又注意纵的承传变化、风格形成和评鉴取向的转移。其次,校理清楚当世的文论和书论作品,弄清作者的写作动机、目的,也要注意到与此相关的作品。最后,要对有关文献的真伪、产生、流传作严格的学术考证。为了达到这三项目标,作为基础性工作,作者编写了《汉魏六朝书论和文论系年》、《东汉 · 赵壹〈非草书〉作时考》和《初盛唐书论重法的文化考察及与诗格的关系初探》,作为全文的三个附录。正文除绪论外,主要分为基础篇和发展篇两大部分。基础篇先弄清东汉及以前的书论和文论情况,而重点放在文献的梳理上。发展篇着眼于理论的进深和发展的探讨,选择当时最具代表性的《文赋》、《文心雕龙》、《诗品》为“经”,以其他文献作“纬”,论述该时期书、文关系最密切的、与创作有关的几个美学范畴,包括“体裁、《文赋》与书、文论”(创作过程)、形神、通变和品鉴。

关键词:书法理论　文学理论　汉魏六朝

3284

北宋经学与文学 / 高明峰著 ; 田汉云指导. -- 扬州大学, 2005. -- 173 页

本文以北宋的经学与文学之关系为研究对象,着重展示其互动的历史面貌,揭示其演进的某些规律。本文分为六章。第一章为“绪论”,主要讨论两个问题,一是经学与文学的联结,二是有关本课题的研究价值及状况。第二章为“中晚唐经学研究的新风与文学的新变”,首先讨论了安史乱后的现状与变革,其次分析了中晚唐经学研究的新风与文学的新变。第三章为“北宋庆历以前的经学与文学”,首先考察了北宋庆历以前的政风、士风与学风,其次讨论了这一时期的经学与文学的发展过程及特点。第四章为“庆历、熙宁间的经学与文学”,首先探讨了庆历、熙宁间的经学,认为这一时期经学产生了新变;其次讨论了这一时期的文学面貌;再次揭示了此间经学与文学的关系,认为经学新风影响到了文学的内容、风格和体式;

最后以欧阳修的经学与文学为个案作了专门研究。第五章为“熙宁、靖康间的经学与文学”，首先讨论了熙宁、靖康间的经学实绩和文学面貌；其次分别对荆公新学与文学、濂洛理学与文学、三苏蜀学与文学进行个案研究。第六章为“结论”，对北宋经学与文学的演进作了宏观把握和总体评价。

关键词：经学　文学　文学史　北宋

3285

一个被文学史遗忘的重要作家：王次回及其诗歌研究 / 耿传友著；章培恒指导. -- 复旦大学，2005. 162 页

本文以明末作家王次回及其诗歌为主要研究对象，以实证研究方法对王次回的家世、生平、著作、交游等进行考辨；在内容和形式的统一中，对王次回诗歌进行美感的描述和艺术魅力的揭示，并注重从中国诗歌发展的历史线索中探寻其独到之处和在文学史上的意义。本文分为上下两篇，从整体上探讨了王次回诗歌同晚明具有积极意义的文学思潮的关系。作者抓住“情”和“狂”两个字来分析王次回诗歌与“童心—性灵”说的相通之处；从意象、辞藻、典故三个方面讨论诗歌的艺术特征。另外，作者还分别从“艳体诗”、“悼亡诗”、“感怀诗”几种诗歌类型上展开讨论，侧重进行美感的描述和艺术魅力的揭示，并在中国诗歌发展的历史线索中寻找王次回对于文学史的意义。另外，作者认为，王次回之所以被文学史遗忘，主要是因为偏重道德伦理、强调文学教化功能的文学观念和基于这种文学观念的文学史评价标准。

关键词：王次回（1893？～1642？）　诗歌　文学研究　晚明

3286

方东树学术与文学研究 / 龚敏著；张伯伟指导. -- 南京大学，2005. -- 174 页

本文对桐城派第二代中坚作家——方东树的学术与文学思想作了具体的探讨。全文共八章。第一章从方东树的家学、师承、桐城理学风气及清初致用学风的影响四方面讨论方东树学术思想的渊源及其思想特色。第二章主要依据《汉学商兑》和《书林扬觯》二书，论述方东树批评汉学的路数及其主要论题。第三章对方东树“晚耽禅悦”说提出质疑，认为尽管方东树晚年对佛教十分感兴趣，但仍是以儒家的价值观念来看待佛教，并为程朱理学被人诋斥为“阳儒阴释”进行辩护。第四章从清代学风转化的角度来看方东树在学风变化过程中的作用及地位，认为不当视他的《汉学商兑》一书为争汉宋门户，其书中其实倡导一种应当兼取汉、宋儒学长处的态度，对晚清汉宋兼采学风的兴起有着重要的作用。第五章主要从家学、父执辈的影响、师承及对前代诗学的继承四个方面来探讨方东树的诗学渊源，并讨论了方东树本人诗歌创作的特色。第六章主要从《昭昧詹言》一书中析出方东树对格调派、性灵派、神韵派及桐城派的批评文字，认为从他对格调和性灵的批评可以看出其论诗的大致倾向为重法且强调活法，从对神韵说的批评可以看出他强调一种豪宕雄奇的诗风。第七章指出方东树不仅在理论上给予了评点学正确的定位，并且身体力行地进行了评点的实践，他的《昭昧詹言》一书对各诗的详释即可视为评点，他的评点尤为重视诗歌的文法。第八章探讨了方东树的“文道观”及因时致用的古文观，以及方东树古文创作的特色。

关键词：方东树（1772～1851）　文学思想　桐城派　诗学

3287

韩愈柳宗元“气”论与文论 / 管仁福著；莫砺锋指导. -- 南京大学，2005. -- 88 页

在韩愈、柳宗元的作品中，“气”和以“气”构成的语词频频出现。作者认为，这些有关“气”的语词是他们表情达意的关键词。本文从“气”文化的视角，循着“气”之识见、为人之气、为文之气和“气”之积蓄的解读路径，对韩愈、柳宗元及其散文文本进行了整体观照和多维论衡。全文主要分为六部分。绪论部分简述了韩愈、柳宗元共同的文气特征，以及中国古代“气”文化与文气的密切联系。第一章“气”之识见，主要从自然物质之气、生命生理之气和人间精神之气三个维面，阐释了韩愈、柳宗元有关文章中叙写的“气”的文化底蕴。第二章为人之气，主要从韩愈、柳宗元的人生经历、政治实践，以及在思想文化方面的贡献来展示他们的为人之气。第三章为文之气，主要结合韩愈、柳宗元的散文作品的分析，阐释了他们的为文之气。第四章“气”之积蓄，主要从韩愈、柳宗元的读书养气、先天禀气、生活激气等方面论述了他们“气”之积蓄，探讨了他们为人之气和为文之气形成的深层原因。结论部分主要综述了韩愈、柳宗元在“气”之识见、为人之气、为文之气和“气”之积蓄等方面的异同，由此引出结论，认为韩愈、柳宗元对中国古代思想文化、文学的卓越贡献，不仅开辟形成了一个道统和文统，而且从中国古代“气”文化发展来看，他们还

开辟形成了一个贯通道统和文统的论“气”、“养气”的传统。

关键词:气　文学评论　韩愈(768~824)　柳宗元(773~819)

3288

唐代涉医文学研究 / 郭树芹著 ; 项楚指导. -- 四川大学, 2005. -- 192 页

本文选取了与人类历史同样古老的医学与文学这两个领域的交叉部分,主要论述了萌芽于先秦两汉,形成于魏晋南北朝的涉医文学在唐代的发展过程。文章的绪论部分主要介绍写作缘由、研究对象的界定、研究方法及纲目大要。正文第一章主要阐述了涉医文学创作的缘起。第二章主要论述唐以前的涉医文学概况,分为先秦两汉时期、魏晋南北朝时期和隋朝几个阶段进行。第三章以时间为序,论述了唐代涉医文学作品,主要包括唐文中的涉医作品、唐五代词中的涉医作品和敦煌变文与唐代笔记中的涉医作品。第四章选取了涉医文学中的涉医诗为研究对象,分别从药名诗、药具诗、采药诗、种药诗、“药食同源”以及描写医疗技法、方剂、保健的涉医诗等几个方面进行研究。第五章主要阐述了唐代涉医文学创作的文化成因及其对后世的影响。结语部分分别从文学自身和文化层面两个角度点明了涉医文学在人类文明史上是一笔不可忽视的文化遗产。

关键词:文学创作　医学　传统文化　文学研究　唐代

3289

清代唐诗选本研究 / 贺严著 ; 莫砺锋指导. -- 南京大学, 2005. -- 139 页

中国古代诗歌至唐代达到极盛,后世以唐诗为诗歌创作的楷模,历代唐诗选本层出不穷。清代唐诗选本发展到了集大成的历史阶段,唐诗通过不同选本,展现出了各种不同的风格面貌。通过这些诗选,人们对唐诗的认识更加全面和深入。清代唐诗选本是清代诗学的直接体现,同时与清代政治、学术、教育等方面的要求的密切相关。由此,作者认为研究清代唐诗选本不仅是唐诗学以及整个古代诗学的需要,同时有助于了解清代社会各个领域的问题。全文分四部分。第一章绪论,介绍了唐代诗选的历史发展以及清代唐诗选的概况,认为唐诗选本的编选发端于唐,经宋、元两代的发展,到明代极为兴盛,清人在继承前人成果的基础上,以自己的审美尺度来编选唐诗,在集大成的总特征下又体现出自己丰富鲜明的个性。第二章阐述了唐诗选本与清代社会的关系,认为清代社会有其独特的文化政策和文化崇尚,乾隆朝又在科举制度中恢复了自宋至明停黜已久的诗选之制,对唐诗选的发展有重大影响。第三章对清代唐诗选本与诗学思潮的关系进行了研究,认为清代唐诗选是清代诗学思潮的直接体现,清代各大诗坛盟主、各种诗学流派都极为重视选本的作用,他们多数人都直接以唐诗选来宣扬自己的诗学观,因此清代唐诗选本有着深厚的诗学内涵。第四章研究清代独具特色的唐诗评点选本,认为清代是唐诗评点别开生面的时代,不仅形式丰富多样,还发展了以零星感悟为主的传统评点方式,使诗歌批评向理论性和逻辑性迈出了一大步。

关键词:唐诗　诗学　文学研究　清代

3290

戏曲与儒学 / 赫广霖著 ; 徐振贵指导 . -- 山东大学, 2005 . -- 172 页

本文从五个方面阐释了戏曲与儒学的内在联系、互动关系。第一,阐释了古代戏曲的产生与儒学的联系,指出二者同属上层建筑的组成部分,相互之间存在密切关系,从儒家的学派渊源、兼重文武以及重视礼乐等方面深入分析,可以看出儒学对戏曲的产生起到了某种促进作用。第二,阐释了戏曲作者与儒学的关系,指出戏曲的文本作者、从事戏曲再创作的演员、导演都汲取了儒家的人生态度、道德观念和行为准则,在戏曲创作、演出以及“教率”活动中,均表现出浓厚的儒家思想文化色彩。第三,阐释了戏曲内容与儒家思想的关系,指出古代戏曲以忠孝节义为主要题旨,表现各色人等的道德关系、思想风貌等,其所承载的忠孝节义思想,内蕴十分复杂,对民族传统美德的弘扬居于主流位置。第四,阐释了戏曲艺术所受的儒学影响,指出戏曲的人物塑造、结构方式、脸谱造型、理论批评等,均表现出浓厚的儒家文艺观的浸润。第五,阐释了儒学流变与戏曲衍革之间的联系,指出宋元之际,理学对戏曲采取钳制或利用的两面手法,而戏曲艺术亦对理学的禁锢做出某种程度的反拨;儒释道三家的融汇合流以及其间影响力的消长对戏曲的命运与发展产生了影响;近代以来,儒学的生存面临危机,古典戏曲也变得支离破碎;而今,儒家传统文化的精义与核心价值得到重新确认,戏曲改革也成果丰硕。

关键词:戏曲研究　儒学　传统文化

3291

刘柳诗歌明前传播接受史研究 / 洪迎华著 ; 尚永亮指导. -- 武汉大学, 2005. -- 154 页

刘柳诗歌指唐代刘禹锡和柳宗元的诗歌,其在后世的传播和接受经历了一个渐进发展的过程,本文对刘柳诗歌出现后直到元朝时的传播接受状况进行了研究。全文共分三章。第一章研究刘柳诗歌在中晚唐至五代时期的传播与接受状况。作者认为,由于创作动机、生存状态和立名思想等方面的原因,柳宗元在当世的高名主要是其文名,他的诗歌并没有得到及时有效的传播,故盛名之下诗名寂寞;而刘禹锡得助于民歌传唱、诗酒唱和、编刻文集和选家收录等传播形式诗名远扬,并对杜牧、李商隐、温庭筠等大家乃至整个晚唐的诗歌创作产生影响。第二章研究北宋诗人对刘柳诗歌的诗学阐释和创作接受,认为在北宋时期,刘柳诗歌的传播与接受进入了一个新阶段,不仅刘柳的集子得到了重新整理和编刻传播,而且北宋时人对刘柳作为政治家一面的接受态度也有了新的转变。不仅推崇其政治才干和实绩,而且对他们参与永贞革新的政治行为予以辩护。第三章研究刘柳诗歌在南宋至金元时期的传播与接受状况,认为这一时期在诗文别集的编刻传播和对刘柳政治作为的接受上,继承并进一步发展了北宋人的研究成果,同时又以诗话、诗选的批评形式对刘柳诗歌进行接受。在以上研究基础上,作者认为从中唐至金元时期刘柳诗歌传播接受的状况看,整个宋代是刘柳诗歌传播与接受的高潮时期。

关键词:唐诗　刘禹锡(772~842)　柳宗元(773~819)　传播学　接受学

3292

汉魏六朝赋多维研究 / 侯立兵著 ; 张新科指导. -- 陕西师范大学, 2005. -- 260 页

本文在材料梳理和文本细读的基础上,分别从文学源流、文学产生学、哲学、接受学、民俗学、文体学、题材学和意象学等视野对汉魏六朝时的赋体文学进行了多维考察。除绪论与结语外,全文共分九章。绪论部分除了陈述文本研究的对象、范围和相关学术背景之外,着重阐述了研究的主要思路和基本方法。第一章从源流学的角度来探讨汉魏六朝赋体文学,着眼于文化精神之变迁,考察赋在汉魏六朝期间嬗变的主要规律。第二章从文化生产学的视野考察汉魏六朝赋,在探究赋的生产机制时,着重将那些带有制度性意味的问题作为讨论重点,集中论述了献赋、试赋、酬赋、和赋的留存状况、表现形态和文化生成等相关问题。第三章从接受学视野来考察汉魏六朝赋,主要选取了在赋体文学发展进程中较为突出的模拟与批评问题作为讨论重点。第四章从哲学和宗教视野来分析儒释道玄入赋的问题,并分别探讨对赋的发展所具影响。第五章则主要从民俗学和俗文化的视野来观照,发掘汉魏六朝赋中所蕴藏的节日、婚庆、信仰、礼仪和游艺等民俗文化内涵。第六章从文体学视野来研究汉魏六朝赋,着重考察了设论、七体、连珠三种特殊的赋体。第七、八章是汉魏六朝赋的题材学研究,分别选取艺术赋和都邑赋作为研究对象。第九章从意象学的视野来考察汉魏六朝赋,鸟意象、蝉意象和扇意象是本章选取的三个重点。在研究实践的基础上,本文结语着重从方法论的高度归结出对赋体文学乃至整个古代文学研究的启示,就是要坚持文学本位与多维视野的有机结合。

关键词:赋　文学研究　汉赋　汉魏六朝

3293

《西游记》传播研究 / 胡淳艳著 ; 于天池指导. -- 北京师范大学, 2005. -- 87 页

本文借鉴传播学理论,对《西游记》成书后明清、民国时期的传播、流布情况作出细致的梳理、描述和分析。文章从评点、续书、改编和图像传播四个方面,多侧面、多角度地论述了《西游记》历时三百多年的传播状况,认为该时期《西游记》传播的总体特征要可以概括为宗教性和游戏性的杂糅。全文分四章。第一章评点传播,包括评点本传播和散评传播两部分。作者认为从评点传播内容看,《西游记》评点经历了很大的变化,即从明代末年的"心学"评点,到清代金丹之道。评点传播的宗教性越来越显著,同时游戏性也是评点的另一主要特征。第二章续书传播,认为《后西游记》、《续西游记》和《西游补》三部严格意义上的续书,在宗教性和游戏性上或追踪仿效,或另辟蹊径,都取得了一定的传播效果。此外晚清时期还出现了若干《西游记》的"拟旧小说",借《西游记》人物演绎新的故事。第三章改编传播,主要分为戏曲改编和曲艺改编两部分。作者认为这是《西游记》在明清、民国时代重要的传播形式。京剧、地方戏中都有大量"西游戏",游戏性是其传播的突出特色。曲艺改编则与戏曲改编相互渗透、相互影响,但更趋向世俗世界,娱乐色彩更为浓厚,以适应占主体的中下层观众的审美趣味。而在宝卷中,对《西游记》的改编传播则以宗教性为其特征。第四章图像传播,认为明清、民国时期的

版画、年画、月份牌、烟标、连环画中,《西游记》的传播一直不断发展,此外在民间雕塑等立体艺术品中,也大量存在着《西游记》故事和人物形象的传播。游戏色彩占据这一媒介传播的主要特色,但在民间神像中,则存在着浓厚的宗教色彩。

关键词:《西游记》 传播学 文化研究

3294

《聊斋志异》与宗教文化 / 黄洽著 ; 马瑞芳指导. 山东大学, 2005. -- 136 页

本文从宗教文化的角度,对《聊斋志异》的宗教文化内涵进行考察。全文分为五章。第一章分析了蒲松龄的创作心态,认为蒲松龄的创作心态主要有两种,救世和自救。作家借用宗教鬼神观的超自然、超社会的神学形式和鬼神形象来实现他的救世和自救的目的。第二章论述了蒲松龄的神道观与神道设教思想形成的原因,指出蒲松龄的神道观是以儒为主,佛道辅之,以神道的形式来维护儒家的伦理道德。蒲松龄的神道观,既有知识分子层面对宗教的理解与自觉运用,又有大众层面的实用功利心理。第三章讨论了《聊斋志异》与佛教的关系,认为蒲松龄深受佛教因果报应思想的影响,含有因果报应思想的作品在《聊斋志异》中,不但数量众多,而且贯穿作者写作成书的始终。作者有意借助神道的手段来弥补现实社会职能机构的黑暗不公、无能失利。另外,他对佛教思想的接受并不是完全被动和盲目的。第四章讨论了《聊斋志异》与道教的关系,认为蒲松龄受道教的影响也是明显的。《聊斋志异》中众多幻想故事的构思方式与道教存想致神的思维方式是一致的。第五章探讨了《聊斋志异》与原始宗教,主要从两个方面即人妖关系、变形故事来研究《聊斋志异》的妖类故事。认为蒲松龄笔下的妖类是作者的精神慰藉、异类知己。因此《聊斋志异》中对妖类的描写具有理想化和令人愉悦的艺术效果。此外,作者还有意将妖境与现实界相比照,将异类作为人的对立面,形成反照,讥讽人不如妖,讽世之意显然。文章最后指出,《聊斋志异》中的谈狐说鬼之作反映的是现实社会和人情世态,具有浓郁的人间气息,宗教的超现实形式和鬼神形象只是达成作者救世与自救愿望的载体,是表现其思想蕴含的形式手段。

关键词:《聊斋志异》 蒲松龄(1640~1715) 宗教文化 神道观 佛教思想 文学思想

3295

薛福成研究 / 黄树生著 ; 马亚中指导 . -- 苏州大学, 2005 . -- 348 页

作者指出,在近代中国这个变局时代,薛福成活跃在晚清中国政治界、思想界、外交界和文学界,呼吁变法、倡导西学、自强救国,是杰出的爱国志士之一。全文分为两个部分,第一部分为作家与散文研究,第二部分为年谱与著作述考。本文认为,薛福成不仅是一位忠于职守、兴利除弊、政声卓著的能员干吏,而且还是个敢于直面丧权辱国之痛、积极进取,以自己的智慧和心血探索民族复兴的改革思想家。他在政治上提倡政治体制改革,推进近代化进程,主张民主选举;经济上主张振兴工商业和民族经济,提高综合国力;在外交上建议对不平等条约进行"补偏救弊",建立新的睦邻国际关系;在文化上呼吁废止科举,兴办新学,采纳西方先进技术,中体西用,培养人才;在军事上建议创办新式海军,全面更新武器装备,作"可战之势"相威慑,力求和平发展的局面。此外,薛福成还是一位思想敏锐、著述丰赡的散文家。他以继承传统、善于创新和搏击浪潮的勇气,突破了"桐城派"的义法范畴,并有与时俱进的创新。其文学理论与实践对后世文学产生了深远影响。

关键词:薛福成(1838~1894) 学术思想 政治思想 散文 晚清

3296

《高僧传》研究 / 黄先炳著 ; 张宏生指导. -- 南京大学, 2005. -- 177 页

《高僧传》是南朝梁代慧皎所著,是我国佛教文化史上一本保存较完整的高品格的僧传。本文主要通过材料的对比,辨证其中的关系,从而论述慧皎的写作态度和方法,辨析其局限,并评价其作品的特质。全文共分四章。第一章介绍《高僧传》及其产生的背景,分为三节。第一节考证与作者慧皎相关的事项,包括其生卒年及其交游等;第二节考证与僧传相关的问题,例如僧人传记中的别传、类传、总传等类型,指出像《名僧传》、《高僧传》之类的总结式传记到了梁代才出现。第三节考证与《高僧传》有关的事项,包括取名意义、成书年代及流传情况等。第二章研究《高僧传》与《名僧传》的关系,分四节。第一节论述《名僧传》的流传情况,第二节比较两部僧传所传录的传主的异同,第三、四节分别比较了两部僧传的纪事与写作手法。第三章对《高僧传》与《出三藏记集》的关系进行研究,分三节。第一节论述僧祐其人其书,第

二节对《高僧传》采集《出三藏记集》译经师列传作出考证,第三节说明二者写作手法异同。第四章探讨了《高僧传》与“释氏辅教之书”的关系,分三节。第一节论述“释氏辅教之书”的性质与价值,第二节考证《高僧传》与《冥祥记》的关系,第三节论述《高僧传》与其他“释氏辅教之书”的关系。作者认为《高僧传》征引了不少“释氏辅教之书”的材料,其中以《冥祥记》为主。但慧皎舍弃了许多灵验纪事,专注于突出具有高行的僧人形象,并使其传记向信史靠拢。

关键词:《高僧传》　慧皎(497～554)　佛教文学研究

3297

隐逸诗研究(先秦至隋唐)／霍建波著 ；霍松林指导. -- 陕西师范大学, 2005. -- 188 页

本文主要探讨先秦至隋唐时期隐逸诗的发展流变状况。全文分为五章。第一章主要是基础性的研究工作,考证隐逸诗的历史来源,界定其内涵和外延,对隐逸文化、隐逸文学和隐逸诗研究的历史进行回顾,并揭示了本文的研究思路和基本方法。第二章论述了隐逸思想形成的渊源,认为我国的隐逸思想历史悠久,来源复杂。附节简单考察了隐士的 17 种名称和两种别名的来历,并论及了 10 个既可称呼隐士又含有对隐士分类性质的名词,列举了 13 种前人对隐士的分类方法,简要表明了对隐士分类的态度。第三章探讨了魏晋南北朝隐逸诗主题形态上的多元化局面。作者首先从社会秩序、思想基础、士人心态、隐逸传统等方面阐述了隐逸诗精神高扬的社会根源和历史根源;其次对魏晋南北朝时期的诗歌进行考察,统计了此时的隐逸诗作;再次根据主体形态的不同,把此时隐逸诗分为游仙隐逸诗、招隐诗、田园隐逸诗、山水隐逸诗、佛理隐逸诗、吏隐诗等几种类型。第四章为个案研究,重点考察了陶渊明与田园隐逸诗创作的成熟情形。第五章探讨隋唐隐逸诗的繁荣状况,考察了隐逸精神在唐代的嬗变情况,并按隐逸诗的不同类型研究其各自的代表性人物,对唐代隐逸诗创作的繁荣状况给予考察。在论文的结语部分,作者认为,研究隐逸诗能为改善现代人的生存状态、寻找和谐的精神家园提供不少有益的借鉴,因而具有现实意义。

关键词:诗歌　隐逸诗　文学研究　魏晋南北朝时代　陶渊明(365～427)　隋唐时代

3298

中国口头文化遗产 ：董永遇仙传说研究／纪永贵著 ；程杰指导 . -- 南京师范大学, 2005 . -- 193 页

本文研究了董永遇仙传说,探讨了传说的演变过程、董永的身份以及演变的内在动力等。首先,文章具体分析了传说主流传播的三个发展阶段,指出汉魏旧传说时期文化背景是孝感文化与遇仙文化,并分析了当时行孝—封侯—遇仙等社会背景;唐宋新传说时期传说的形式是与俗众互动的说唱,内核是与俗信接轨的佛道;元明以来的后传说时期出现了许多戏曲作品《董秀才遇仙记》、《董永遇仙》、《遇仙记》、《织锦记》、《槐荫记》以及地方戏,而黄梅戏电影《天仙配》对《天仙配》的改写,完成了从“孝感模式”到“情感模式”、从民间性到人民性、从民俗理想到艺术原则的转变,将传说模式定型。其次,分析了董永遇仙传说的口头传播的地域性特征与时代性特征,并对山东博兴、湖北孝感、江苏东台—丹阳三个传播中心的传说口头形态进行了分析,进而探讨了该传说在传说家族中的地位。再次,考探了传说中的人物,指出董永的历史原型其实是生活于两汉之间的高昌侯,而宋后董永多籍贯的衍生不过是地方传说的产物;七仙女的形象则来源于纺织女、织女星、七仙女的整合。然后,研究了董永遇仙传说的民俗,指出其情节的嬗变体现了民俗理想的加强与确立,而传说中的槐荫树也具有民俗象征。最后,文章分析了传说的现实状况,指出当代关注主要受利益驱动,作为口头文化遗产其生存处境十分艰难。

关键词:民间文学　民间传说　口头文学　天仙配　董永　文学研究

3299

明代苏文研究史稿／江枰著 ；王水照指导. -- 复旦大学, 2005. -- 216 页

“苏文”特指北宋苏轼的散体文章。本文对明代的苏文研究进行了线索性的梳理,将其分为三个时期:平静发展期、变化过渡期、全面繁荣期,大致对应着明代的前期、中期和后期。作者认为,明代的时代背景和文学思潮决定了苏文地位的升降变化和研究重心的转移。明代前期,苏文的研究处于波澜不惊的状态,作者认为这既与明代前期经济、政治状况相关联,也由当时思想、文化方面的特征所决定。到了明朝中期,苏文研究在一些派别和个人的作用下,呈现出明显的过渡特征。明朝晚期,随着王世贞的去世,李贽的童心说和以公安三袁为主体的性灵派登上文坛,苏文研究在他们的推动下得到很大发展。但随着明朝的灭亡和清朝统治的稳固,热潮消退,苏文又恢

复到与唐宋八大家并列的位置。

关键词:苏轼(1037~1101) 文学研究 明代

3300

我诗故我在:杜甫与唐代文化 / 姜玉芳著 ; 张忠纲指导. -- 山东大学, 2005. -- 187 页

全文共分三章。第一章从儒家思想、道家思想、佛教思想三个方面探讨了杜甫对唐代思想界这三种占据主导地位思想的接受情况。作者指出,杜甫诗中有大量的心理展示,充分体现了他实践儒家修身过程的真诚;唐人开始重视学习陶渊明,而杜甫对陶的接受,源于儒家。在道家思想方面,虽然杜甫早年跟随李白学道的经历短暂且缺乏宗教热情,但他仍认真地从中汲取了养生的理论,小心加以实践;后来的杜甫对于道教的追求主要表现为对隐逸思想的向往。杜甫跟佛教的因缘很深,他对于佛教的接受有一个发生、发展、变化的过程,是藉由心灵的指引,一步步亲近佛教的;杜甫的最终向佛,其引导者是诗人全部生命的真实体验。第二章探讨了杜甫与唐代文艺的关系。文中列举了多个与杜诗有渊源的诗人,从接受与被接受两个角度,考察了杜甫对于时代诗歌艺术的基本态度。同时,指出唐朝的科举制度、饮酒文化、书画艺术、乐舞风习、狎妓时尚都是构成杜甫文化特征的不可缺少的部分。第三章重点讨论了杜甫与时代风尚(包括唐代科举、酒文化和狎妓风习)的关系。作者认为,杜甫的诗歌全方位展示了时代、展示了自我,他的文化品格的形成过程得益于时代思想的开放性、宽容品格。杜甫在时代文化中有接受也有奉献,他的文化品格中有优点也有缺陷,他的勇于改过、勇于接受新东西是其最突出的优点。他的诗歌是他的文化存在真实、全面的写照,展示了他的生命在文化中辗转、嬗变乃至涅槃的动人过程。他对于后来人的意义,不仅仅是瞻仰,而是从观照杜甫中发现自我。

关键词:杜甫(712~770) 文学思想 诗歌 唐代文化 文学研究

3301

李攀龙研究 / 蒋鹏举著 ; 霍松林指导. -- 陕西师范大学, 2005. -- 239 页

本文对明代诗坛领袖李攀龙从生平经历到文学观念、文学创作进行了分析研究,全文共分为七部分。绪论部分介绍了本课题研究的状况以及研究的意义、方法。第一章考察了李攀龙的生平经历,本着"知人论世"原则,按其行踪分五个阶段,重点则在其任职京城、顺德时期(1546—1556 年)和归隐历下时期(1558—1567 年)。第二章梳理了李攀龙作品的刊刻和流传情况,主要着眼于文献学的意义,对作品的结集情况以及编辑诗歌选本的情况进行溯源清流,此外还包括作品辑佚和系年部分。第三章是李攀龙文学思想研究,从时代、环境和儒道思想的影响上分析作家思想形成的原因,并概括了其文学思想的五个主要方面,即:(1)认为文学既具有辅佐政治的功能,又具有自我愉悦的功效;(2)文学应以情为主,以情动人;(3)在理与辞的关系中,实际取向认为理通辞顺,"文质彬彬"才是最佳状态;(4)在格调、才情与法式关系上,认为格高调古是追求目标;(5)变俗趋雅,以符合古雅的艺术标准。第四章是李攀龙的诗歌创作研究,对李攀龙创作的两千余首诗歌按体例和题材进行内容分析和艺术考察,通过辨证分析,认为其诗歌的艺术创作不可一概而论,要分别评定研究。第五章是李攀龙文章创作研究。此章厘定了李攀龙散文复古理念,对长期以来认定七子派"文必秦汉"进行了辨证,认为在创作观念上,李攀龙主张取法古人,自出心得。文中并通过对"后七子"与"唐宋派"的重新考察,认为两派关系不是对立,而是和而不同。终明一代,唐宋派的影响都小于七子派。结语部分对李攀龙及其作品进行了综合性、立体化地勾勒与评价。

关键词:李攀龙(1514~1570) 文学创作 文学思想 诗歌 后七子

3302

汉魏六朝道教文学思想研究 / 蒋振华著 ; 张毅指导. -- 南开大学, 2005. -- 186 页

本文探讨了汉魏六朝的道教文学思想与当时道教文学创作的关系,以及对当时教外文人的文学创作、文学理论问题的探讨和文学理论观点的形成与发展的影响。首先,挖掘了早期道教典籍所蕴含的道教文学观念,指出《太平经》认定"文"是由"欺神"造作的文饰之章等观点体现了较浓的道教神仙色彩,它阐述的文与气的关系对魏晋六朝的文气说具有导夫先路的作用;而《老子想尔注》、《老子河上公章句》、《周易参同契》都以老庄素朴归真的文学思想为依据。其次,认为葛洪是两晋时期道教文学思想的杰出代表,指出仙可学致的生命进化理论是他文学进化论的理论基础,神仙禀受星气之说是他星气之清浊决定文风之"参差万品"的文学思想的神学依据,骨髓健朗的养生理论是他文章骨气说的指导思想。作者认为,他的许多道教文学观点对同时及南北朝许多文学理论思

想的形成发生了较大的影响。再次，揭示了汉魏六朝道教文学思想的转变，指出陆修静建立和完善的灵宝斋醮仪式表演体现了他对戏剧表演的朦胧认识；再次，作者指出以陶弘景为代表的上清派道教在弘扬魏晋神仙道教和灵宝斋醮理论的优良传统的基础上，把道教修持推向了更高层次的发展，以更为清雅的存思、玄想、内观、守静作为道教修炼的主格调，并以这种手法创作了大量上清派仙歌、仙话、步虚词，推动了六朝浪漫主义文学思潮的发展。最后，总结概括了汉魏六朝道教文学思想的总体特征：神秘玄奥的“天文”观念，自然求真的思想倾向，质朴简洁的风格理论，仙学与文思水乳交融。

关键词：道教　文学思想　宗教文学

3303

论钱谦益的明代文学批评 / 焦中栋著 ；徐朔方，廖可斌指导. -- 浙江大学，2005. -- 161 页

本文从钱谦益的批评初衷、立场、主要心态、美学标准等各个方面阐释钱谦益在明代文学批评中所具有的总体原则和态度，以及这些原则和态度形成的原因。分析他对明代不同时期的不同文学思潮、文学现象和相关作家作品的评价，以及这些评价产生的内外原因。并通过钱谦益的和黄宗羲、朱彝尊、沈德潜、陈田等人的明代文学批评的对比，总结出钱谦益明代文学批评的特征。指出针对纷繁复杂的明代文学，钱谦益提出了自己态度鲜明的观点：反对李梦阳、王世贞为代表的前后七子的复古运动和钟惺、谭元春为代表的竟陵派，坚持“读书”“真情”对文学活动的重要性，希望以此来矫正不学无识的社会风气。因此，他将宋濂、李东阳、归有光、程嘉燧确立为明代文学发展的主流正脉，将李梦阳的文学思想斥为“北地云雾”，将钟、谭的文学影响斥为“鬼气”、“兵气”、“亡国之音”。虽然钱谦益的这些观点不乏针砭时弊的独到之见，也有许多符合文学规律的正确观点，但是钱谦益的明代文学批评并非完全是公允和理性的。因此，本文除了总结钱谦益对明代文学的客观分析之外，还探究了他在批评中的偏激、片面的看法，并努力挖掘他的这些看法产生的深层原因。江南世家的家庭出身、入阁为相的人生理想、风流放诞的晚明习气、明清易代的痛定思痛、情绪化的个人性格，都对他的明代文学批评产生了深刻的影响，使他的批评具有了鲜明的个人特色，这些特色有些是真知灼识，有些是门户之见。

关键词：钱谦益(1582～1664)　文学思想　文学批评　明代

3304

《情史》故事源流考 / 金源熙著 ；黄霖指导. -- 复旦大学，2005. -- 230 页

本文分为两编：前编(第一章、第二章)探讨了《情史》一书的编纂经过及大致情况；正编(第三章至第八章)则着重考索《情史》故事的来源及演变。在第一章中，本文先讨论了《情史》作者是否是冯梦龙的问题，并探讨其成书年代。第二章，在编纂方面研究《情史》的体例及其分类的意义。第三章，研究明前故事来源。第四章首先讨论当时传闻和名人轶事。其次，考察《情史》一书中的文人传奇，分为冯梦龙作品和明人文集两类。第五章，作者认为明代志怪小说有不少人选《情史》，并从明代志怪小说集陆廷枝《说听》、钱希言《狯园》、梅鼎祚《才鬼记》等讨论了志怪小说的变迁。第六章，作者讨论了明代传奇小说，认为“剪灯”系列小说等传奇小说和女性专题小说选集如《青泥莲花记》等不少入选《情史》。第七章，作者讨论了明代笔记小说。本文最后讨论了明人宋存标的小说集《情种》，旨在说明冯梦龙在编辑《情史》的时候，曾经参考、引用过《情种》一书。

关键词：冯梦龙(1574～1646)　文言小说　《情史》　文学研究

3305

宋代晁氏家族文学研究 / 李朝军著 ；祝尚书指导. 四川大学，2005. -- 204 页

晁氏是两宋时期享有盛名的文学世家，产生了以晁迥、晁补之、晁冲之等为代表的一批知名作家和文化名人。本文首次比较完整地勾勒出宋代晁氏家族的文学发展史。全文共七章。第一章对有关晁氏文人的文献记载和研究中存在的混淆和失误进行辨正。第二章集中探讨了晁氏家族传统的基本内涵和文化底蕴，指出晁氏家族以礼齐家、慈惠爱人、投师问学、广交文友，具有浓厚的家学氛围，晁迥作为晁氏家族的奠基人，以其显赫的庙堂文学活动和诗文创作开启了晁氏“以翰墨为业”的家族传统。第三章考察晁迥的文学活动，指出晁迥漫长的文学活动经历了宋初主要的文学浪潮，基本上代表了宋初文学的健康发展方向。他对宋代文学的巨大影响尤其体现在他开创了晁氏这个文学世家的优良文学传统。第四章重点阐述了晁氏家族复兴时期形成的晁氏作家群与元祐文坛主将的交游活动。第五章探讨了作为“苏门四学士”之一的晁补之的乐府、歌行与七古。第六章揭示了晁氏作家在北宋晚期的创作呈现出来的共同特征：

流露出明显的衰门意识和怀祖情节，家族荣誉和清正家风得到弘扬，浓厚的宗族亲情和批判现实的创作精神得到充分展现等，说明了晁氏深厚的家族传统和家族文化成了文学表现的重要内容和激发文学创作的重要动力。第七章对晁氏词人的创作特色与成就进行揭示和总结，对晁端礼、晁补之、晁冲之的词作作了单独的研究。

关键词：晁迥（951～1034） 晁补之（1053～1110） 文学研究 宋代

3306

《二十四诗品》接受史 / 李春桃著 ；陈尚君指导. 复旦大学，2005. -- 132 页

本文从读者接受的角度，系统探讨了《二十四诗品》的接受史，旨在探析其经典化的过程和原因。全文共分七章。第一章梳理了与传世《二十四诗品》文字基本相同的《二十四品》的早期状况和流传途径以及题司空图《诗品二十四则》的出现，并论述了郑鄤、费经虞对《二十四诗品》的初步认识。第二章论述清代王士禛对《二十四诗品》的阐释奠定了《二十四诗品》在中国诗学上的理论地位，康熙《御定全唐诗》对《诗品二十四则》的收录、乾隆对《二十四诗品》的偏爱以及袁枚《续诗品》等续作的纷呈扩大了《二十四诗品》的影响。第三章探讨了清代翁方纲、沈德潜等基于个人的诗学主张对《二十四诗品》的解读，以及清代《二十四诗品》诸种注释本对其体系上的认识。第四章通过对朱东润、李戏鱼等关于《二十四诗品》研究的考察，理清了《二十四诗品》在 20 世纪 50 年代前的概况。第五章考察了 20 世纪 80 年代后学人在《二十四诗品》的体系等方面进一步的研究，以及运用形式感、符号学等西方文艺理论解读《二十四诗品》的状况。第六章全面评述了近十年来学界关于《二十四诗品》真伪问题的争鸣，并在分析的基础上提出了自己的看法。第七章就《二十四诗品》的海外研究情况作了全面介绍。

关键词：二十四诗品 接受学 马空图 文学研究

3307

《红楼梦》的传播与接受 / 李根亮著 ；陈文新指导. -- 武汉大学，2005. -- 204 页

本文从传播学和接受反应理论的角度，阐述了《红楼梦》的传播与接受问题。首先，论述了《红楼梦》文本的传播过程、传播方式和传播环境，以及《红楼梦》受众的接受视角和行为特点、脂砚斋对《红楼梦》的接受活动、近现代作家对《红楼梦》的接受与借鉴等方面的问题。认为《红楼梦》的传播过程伴随着传播技术的不断更新和利用，在很大程度上决定着《红楼梦》的传播效果。另外，明清两代言情之风的盛行应是《红楼梦》禁而不绝的主要原因，而近现代和当代的政治文化环境又促使《红楼梦》深入人心。其次，考察了《红楼梦》的未定性特征与续书产生的原因，认为透过这些续书作品及其序跋，我们虽然不能看到清人精神生活的全部，但却感受和触摸到旧时代的人们在面对《红楼梦》这一经典时心灵的颤动，了解到他们的文化情趣、他们在文学接受观念上的固执和保守。第三，对清代以来红楼戏剧的剧目和传播情形进行了系统梳理，分析了不同红楼戏剧形式对《红楼梦》的传播意义和特征。同时，分析了清代红楼戏对原文本意义的接受观念与倾向，民国红楼戏对《红楼梦》的误读及其时代精神，当代红楼戏的反封建主题等问题。第四，对《红楼梦》子弟书、大鼓、弹词开篇等红楼说唱作品进行了分析，并指出红楼说唱之所以对《红楼梦》的普及传播起着至关重要的作用，与民间说唱特有的存在和表现方式有很大关系。第五，介绍了 20 世纪以来出现的红楼影视作品，强调了在现代社会中影视改编对《红楼梦》传播的巨大意义，以及红楼影视对现代大众审美接受模式的影响。最后，主要讨论了《红楼梦》在港台、日韩和欧美的传播和接受情况，特别分析了《红楼梦》的翻译传播问题；探讨了《红楼梦》网络传播的特征和优势，并强调指出，互联网为《红楼梦》广大的普通受众和红迷提供了一个自由表达其接受态度和倾向的平台。

关键词：《红楼梦》 传播学 接受学 文学研究

3308

中国写人学 / 李桂奎著 ；黄霖指导. -- 复旦大学，2005. -- 266 页

本文以传统画论的“形神”相对论为基础构架，在中国“写人学”的构建中，主要探讨了描形绘态、设色敷彩、摹神写心、传情达性等一系列理论问题。在描形绘态方面，作者主要探讨了中国小说人物形貌描写的“物象比拟”特征，并进而从性别诗学的视角，阐释了男性躯体描写的“动物化”倾向与女性容貌描写的“植物化”倾向及其成因；关于姿态描写，作者主要讨论了中国古代小说中男女异质的身势造型图景，并讨论了这种区别背后的原因。在设色敷彩方面，本文指出，中国古代小说中的服饰描写与肌肤描写基本上立

足于传统的"五色"文化,大多拥有一份特定的角色意蕴。在传神写心方面,作者主要探讨了实现"传神"和"写心"的艺术手段。在传情达性方面,作者在探讨人物性情描写的角色特征的基础上对中国古代小说描写人物脾性的特点、艺术表达手段和具体运笔进行了研究和总结。

关键词:古代小说　人物形象　文学研究

3309

汉魏盛唐咏史诗研究:"言志"之诗学传统及士人思想的考察/李翰著;杨明指导. -- 复旦大学,2005. -- 175 页

本文共分五章。第一章为咏史诗源起之寻绎及对咏史概念的界定,得出咏史诗为言志之诗的认识,认为咏史之源可导自瞽史讽诵劝戒,故其先天即禀赋政治教化之品格。第二章在对汉魏咏史诗的具体考察中,发现此期咏史诗的两大基本类型:功利教谏型与以史咏怀型,论述了以班固为代表的教谏型咏史诗,并考察了左思以前士人的思想精神状况。第三章以士的文化传统作为背景,主要论述左思及陶渊明的咏史诗,认为从精神层面来说,隐士与志士有相通之处。第四章论述初唐咏史诗,认为这一阶段咏史诗主要还是沿着班、左体式发展深化,在论述中结合时代文学思想,以求对文学现象之因由有更切实的了解,并对陈子昂做了重点论述。第五章重点讨论盛唐咏史诗,认为就基本类型来说,依然不出班、左体式,作为言志之诗的咏史诗在盛唐达到高峰,"盛唐气象"的代表李白,同时也代表了咏史诗中的"盛唐气象"。

关键词:咏史诗　诗歌　诗学　士人　文学研究

3310

闺阁与画舫:清代嘉庆道光年间江南文人和女性研究/李汇群著;刘勇强指导. -- 北京大学,2005. 224 页

论文考察的重点是清代嘉庆道光年间(1796—1850)江南文人与女性的交游唱和及相应的文学创作。"闺阁"特指能诗善文的闺阁女诗人,"画舫"借指和文人交游唱和的"名妓"。论文致力于探讨清代中期除袁枚和陈文述之外,其他文人对闺阁女性文学的奖掖和唱和,试图还原当时文人和女性的交游唱和情况。与闺阁女性相比,画舫女子在文人的文学交游活动中亦占有相应的位置,嘉道文人对"闺阁"和"画舫"的书写中,存在着一些相同的特点。这些书写和它们所指向的对象之间,存在着一定的差距。这种差距折射出来的就是文人对书写符号的投射和寄寓,从中反映出文人独特的女性书写观念。论文探讨的问题主要包括闺阁女性和嘉道文人的交游活动、文人的画舫冶游生涯及这种生涯对文人文学创作的影响、文人独特的女性书写观念,论文就此三点展开,对一些具体问题作了更为深入细致的梳理,对袁枚身后随园文人和闺秀的文学交游活动作了进一步的探讨。对于"冯小青"故事在嘉道时期文人女性理解角度各有不同,却都用"絮兰因果"来表示,显示出相同的书写符号中,有着女性不同的投射和文人独特的寄寓。作为嘉道时期著名女诗人汪端的丈夫和陈文述的独子,陈裴之本人的文学活动和女性书写,亦很能体现出嘉道文人的特点。论文将蒋坦和关锳放置在嘉道时期的文人和闺阁女性这样一个大背景之下,对两人的生平及和同时文人的交游活动作了详细的考证。

关键词:文学创作　创作思想　江南文人　女性交游　文学研究　清代

3311

《诗经·周颂》考论:周代的祭祀仪式与歌诗关系研究/李瑾华著;赵敏俐指导. -- 首都师范大学,2005. -- 118 页

作者认为《诗经·周颂》是周王朝祭祀仪式所用歌诗,被视为诗之"正经",在周代诗乐教化中占有很重要的地位。本文旨在通过对这类歌诗所用的祭仪背景及相关祭祀制度的追溯,考论周代祭礼歌诗的源起、创制主题、内容及形式特色,揭示形成这些特色的原因,并从仪式的角度讨论周代祭礼歌诗的仪式功能。全文分为五部分。绪论回顾了《周颂》研究史,指出在《周颂》研究中存在的不足、本论文所用的研究方法及研究目的,概要介绍了周代王朝祭礼颂诗设计的范围和基本内容。第一章主要讨论周代颂诗的性质、创制主体、表演特色及形成此特色的原因。第二章全面回顾了周代祭礼仪式的构成情况,并重点考察了与歌诗表演相关的仪式环节。指出除了祭祀过程中告神祝祷涉及演诗活动外,在周代祭礼及其他仪式中,还广泛存在着以生发仪式义理为目的的"合语"之礼,内容主要包括"道古",即唱赞祖先功德以及赞扬祭祀过程,劝诫时王等。本章并考察了祭祀过程中的乐舞,对前人"颂为舞容"说进行了检讨和补充,认为在演颂过程中,不仅包括舞容,还包括礼容。第三章对被誉为"四始之极"的《周颂·清庙》、《维天之命》、《维清》三章进行全面考察,证明这三首同是用在洛邑建成、周公致政成王并以此告祭文王的仪典上的歌

诗,通过祭祀告神受命,强化了君权神授的观点,神化了宗法统治,对后世产生了深远的影响。第四章通过考察周代祭礼颂诗的仪式功能,揭示颂体诗内容多样性的原因。

关键词:诗经　祭礼　诗歌　文学研究

3312

曾巩研究 / 李俊标著 ; 莫砺锋指导. -- 南京大学, 2005. -- 170 页

本文拟对曾巩作一较为全面的研究。作者首先就其政治思想以及史学思想展开论述,以求对其有广泛而深入的了解,也为之后的文学分析建立丰富的研究背景。在文学创作方面,本文分别探讨了曾巩散文与诗歌两个方面的创作成就。全文分为四章。第一章研究了曾巩的政治思想,指出曾巩在政治思想上具有崇古与变通相结合的灵活性,随后阐述了其在官制、财政、兵制、学制等方面的施政主张,认为他借鉴了以《管子》为代表的法家思想成果和黄老无为之治的成功经验,同时又用儒家思想予以积极地改造,显现出自己的独特之处。第二章对曾巩史学思想进行了研究,认为其史学思想的关键是史必足以传深微之意,这一点既与儒家传统史学观念有关,也受到了他的老师欧阳修的深刻影响。另外,曾巩还分别就“明”、“文”、“道”提出了“周万事之理”、“发难显之情”、“适天下之用”三项原则,其史学思想具有承上启下的作用。第三章研究了曾巩的散文,认为其散文除受欧阳修、刘向影响外,还更多吸收了战国策论文以及汉大赋的成功经验,由此形成的雄浑之风才应是其散文创作的主要风格。而在内容上善于言理,也是其散文的一大特点。第四章是曾巩诗歌的研究,认为他的诗歌与其以“致用”为本的散文不同,体现出一种内敛的倾向,具有个性化的特点,更多的是追求自我情感的抒发,风格上具有超旷洒脱的特点,在继承中谋求变化,为宋诗独特面貌的形成作出一定的贡献。

关键词:曾巩(1019~1083)　政治思想　史学思想　散文　诗歌　文学研究

3313

庆历士风与文学 / 李强著 ; 洪本健指导 . -- 华东师范大学, 2005 . -- 195 页

本文研究了的庆历年间活跃士人的主要政治文学活动与文风的变化。首先,文章研究了庆历之际的政治、士风与文学,通过对仁宗庆历年间四大政治事件的考述,研究了庆历之际士人的政治行为和心态发展,描绘出庆历士风的基本风貌,并探寻了士风发展的内在机制矛盾因子,以及士风不同侧面在文学上最典型的呈现。其次,探讨了庆历士风与论兵之文,指出庆历四年发生的水洛城之争反映了庆历“和而不同”政治理念,其间也出现了不和谐的声音;庆历之际的论兵之文体现了文人对现实军事政治的关注,其重议论和逻辑思维的特点,也构成了宋文重要的审美特征。再次,以《庆历圣德诗》为中心探讨了庆历士风与诗文干政之间的关系,分析了这种特殊政治文学现象产生的社会背景,以及其对现实政治和士风造成的影响,指出庆历之际出现的以“诗文干政”为代表的政治文学,其精神价值虽不容抹煞,但其所作出的历史审判却并非公正,而这样的不公正加速了士人的分化。随后,探讨了庆历士风与迁谪文学之间的关系,以《岳阳楼记》为中心,通过对相关人物和事件的考述,审视了文人政治的局限性和庆历士风自身的颠覆因子。最后,通过“进奏院狱”分析了庆历的文人心态,指出庆历四年的“进奏院狱”在当时产生巨大冲击波,主要原因在于案件发生地点的特殊性、涉案人员的特殊性和当时政治背景的特殊性,其表面上是一起经济案件,实际上是统治层对文人轻薄之风的调整与纠正,它在文人心态发展历程上的历史作用应该得到重视。

关键词:士人　士风　政治文学　文学研究　北宋

3314

乾隆三大家诗学比较 / 李然著 ; 刘永翔指导 . -- 华东师范大学, 2005 . -- 163 页

本文从诗学思想、创作论、鉴赏论和诗歌的审美价值论方面对袁枚、蒋士铨和赵翼三家诗学进行了比较研究,揭示了乾隆诗坛之真实概貌。首先,文章概述了袁枚、蒋士铨和赵翼三家的学术思想和诗学思想,指出三大家的诗学思想也不同程度地受到了学术思想的影响。袁枚反对理学,所以他的诗学体现出反传统和反对以学问为诗的倾向;赵翼诗学中最突出的就是发展的诗史观和创新观念;蒋士铨诗学思想上则是对传统诗教的张扬和发展。其次,分别从三大家的诗歌创作论、鉴赏论和诗的审美及社会功能三个方面对三家诗学进行了具体的比较阐述,指出在创作论上,三家从诗人的性情、诗才及诗歌本身的通变性和独创性等要求方面表达了各自的观点;在鉴赏方面,三家都对古今诗人采取了“爱古而不薄今”的原则,尤其表现出对当代诗歌的重视;而在关于人品与诗格的关系、当时诗坛以考据学问为诗的现象等问题上,三

家表达了各自不同的见解;关于诗的审美与社会价值,袁枚注重的是诗的审美特征,蒋士铨注重的是诗的道德教化功能,赵翼持论则在二家之间。最后,本文对三大家之间的交游过程的进行了考辨。

关键词:袁枚(1716~1797) 蒋士铨 赵翼(1727~1814) 文学思想 诗学 审美

3315

王安石诗歌论稿 / 李唐著 ; 邹进先指导. -- 哈尔滨师范大学, 2005. -- 164 页

作者认为王安石的诗歌创作,以他独具个性的大政治家、思想家而兼杰出诗人的特有的艺术风貌,区别于前代诗人和同代诗人,卓立于宋代诗坛。本文试图在前人研究成果的基础上,以王安石诗歌的总体特征及其在中国诗歌史上的定位为经,以具体的诗歌艺术为纬,对其做进一步考察和探讨。全文分为六章。第一章是王安石的诗学思想,认为王安石的基本主张是"以适用为本",并把"适用"与诗歌的诗性特质统一起来,提出了情感充沛、清新自然、意味隽永、讲究工炼等一系列主张。第二章以诗风为中心,分析研究了王安石诗歌创作的四个时期。作者认为前人把王安石诗歌按诗风变化分为前后两个时期不够准确,如果把王诗阶段性特征与诗人各时期的人生经历、思想性格、审美取向及所处社会思想文化背景结合起来考察,以分为四个阶段为宜,即:走上仕途任官地方时期,入京为官、丁忧居家时期,身居宰辅执政变法时期,罢相离朝隐居金陵时期。并分别对各时期诗的不同风貌特征及其思想文化成因做出了分析。第三章分析王安石诗的政治情结,认为这是王诗的最基本特征之一,并贯串其整个创作历程。文中具体论述了他以诗议政的多种艺术方式、艺术构成及相对于前代同类型诗歌的新特点,还特别就他议政诗的"诗"特征做了说明,指出其议政诗创作是"诗"的审美把握,而不是政论的理论把握。第四章研究王安石诗歌的思理,认为这是王诗的又一基本特征,也是其重要的诗歌构成要素。对此,本章主要从哲理性、深刻性和情韵性三个方面展开分析。第五章研究了"王荆公体",对该概念的界定及特征等做了探讨,认为它主要是指王安石罢相隐居后所写的大量绝句融工巧生新与平淡深婉为一炉的风格。第六章研究了王安石与宋诗发展的关系,认为王安石才是"宋调"的奠基者与确立者,在诗史流程中论定王诗的历史地位。

关键词:王安石(1021~1086) 诗歌文学研究

3316

唐五代词文化内涵研究 / 李沃夏著 ; 莫砺锋指导. 南京大学, 2005. -- 227 页

作者认为,唐五代词的出现是一种文化现象,是古代文化与文学的结合,其文化内涵具有多义性、层次性。历来唐宋词文化学的研究成果虽对宋词研究的理论和思想都有穿透力,但却忽略了涉及唐五代词的文化内涵,全面发掘唐五代词的文化内涵,会给词与文化的相关研究领域带来一定的推动作用。因此,本文运用了文化学的研究方法,将唐五代词内涵的文化内容归纳为外缘文化和内缘文化加以分析和研究。全文分为六章。第一章是绪论部分,对本文论题所涉及的"词"、"唐五代词"、"文化"、"唐五代文化"等各种名词进行界定,并考察既往对唐五代词的研究状况,以及叙述唐五代词的外缘文化与内缘文化结合的研究方法。第二章与第三章探讨唐五代词的外缘文化环境。第二章通过论述与唐五代词演进相关的社会环境、文人社交方式、音乐环境这三大文化环境要素,分析唐五代词与它们的相互作用与影响,以及探讨唐五代词包容的各种文化信息。第三章对唐五代词与唐五代文化的层次划分作了新的构想,试图从宫廷、城市、民间三个文化层次来分析唐五代词所体现出的某些文化现象,提示各个阶层文化及各文化阶层与唐五代词的关系,由此得出通过三大文化阶层的并存才可以完成一个时代文化——唐五代的外缘文化因素这个结论。第四、五、六章探讨唐五代词的内缘文化环境。第四章阐明了唐五代词的产生、发展是各阶层文化互相吸收、传播、反复交流的结果,其中所包含的宫廷文化、城市文化与民间文化也是相当丰富的。第五、六章从词调运用、词调体制方面来探讨唐五代词的文化。第五章从词调运用的角度探讨了唐五代词体的发生与词调的生命力和词调流行的关系,还从唐五代词多半以"小令"为主的句式运用角度分析了唐五代更适合表现曲情、达到娱宾遣兴的效果等情况。第六章则分别探讨了唐五代词调来源、词牌缘题运用和词体同调异名现象这三方面所体现出的文化内涵。

关键词:词 文学研究 唐五代

3317

《卮林》研究 / 李禧俊著 ; 潘树广,杨海明指导. -- 苏州大学, 2005. -- 302 页

考据学在清代发展到巅峰,清代的先辈大师和鼎盛时期的中坚人物对明代的学术研究都颇有微词。

但本文作者认为，明代中后期已有不少学者强调经世致用和考据之学，要对明代考据学进行恰如其分的评价，必须建立在对具体个案的研究基础之上。为此，作者选择了周婴的《卮林》作为研究对象。文章分上下篇。下篇"《卮林》校证"，主要是搜罗明刻本及后来各本"对校"，并追索《卮林》所引用的原始文献进行"他校"，为上篇提供研究基础。上篇"周婴及其著述研究"分为四部分。第一章通过归纳有关周婴及其《东番记》、《卮林》研究的现状，说明本文选题的学术意义和学术目标。第二章"周婴生平、著述考略"，通过阅读罕见的周婴撰写的《远游篇》，考证出周婴一生大致的行事和不为人知的著述。第三章"《东番记》研究"，将周婴和陈第写的同名《东番记》以及《东西洋考》中的《东番考》进行比较，确定陈第之作在前，是散文形式。周婴根据陈作及自己的见闻进行艺术再创作，是骈文形式。第四章先探明了考据学方法的概念及种类，然后以《卮林》为例，说明周婴对各种考据学方法自觉或不自觉的运用。综上所述，作者认为《卮林》这部考据学著作旁征博引、严谨踏实、考核精审，对清代的学术研究产生了积极的影响。

关键词：《卮林》　考据学　周婴

3318

文中子考论 / 李小成著 ；赵逵夫，尹占华指导. -- 西北师范大学, 2005. -- 207 页

王通字仲淹，隋河东郡龙门人，卒后门人谥曰文中子。一生聚徒讲学，著书立说，以毕生精力续作《六经》。其著述有《太平十二策》、《中说》、《续六经》等，其中，《续六经》包括《续诗》、《续书》、《礼论》、《乐论》、《易赞》、《元经》，今仅存《中说》与《元经》，其他皆散佚，但从《中说》中可观其梗概。关于文中子其人其书的真实性，学术界已基本取得一致的意见，本文主要针对文中子研究中几个疑点加以考辨和论述。全文首先以文献著录为切入点，时段上选取距文中子生活时代较近的唐宋时期的文献，通过文中子弟子、家人及学者们对其人其书的著录与论述，在一种客观的描述中反映文中子其人与其书的真实性。其次从书目文献对文中子其书的记载，检视其《中说》及《元经》的文献学价值。关于文中子的家世，作者考证了其祖先、兄弟、儿子和文中子本人的生平。对文中子弟子的考证，论文根据史料分为重要弟子、一般弟子和交游问学者。关于《元经》，人们一般认为是阮逸伪作，作者在对文献考究后认为今传《元经》不是伪书。在《续六经》的考证方面，前人较少涉及。作者认为从《中说》中能知其梗概，从各经的篇数、卷数、体例、创作意图、基本内容等方面进行了考察，并把《续六经》中的各篇与先秦六部元典进行了比较，发现其中都贯穿着"王道"这一主导思想。

关键词：文中子　王通（584～617）　《中说》　考证　儒学

3319

报人作家陈景韩及其小说研究 / 李志梅著 ；陈大康指导 . -- 华东师范大学, 2005 . -- 175 页

本文研究和论述了陈景韩和他的小说，反映了近代报人作家的努力和局限，展现了近代小说前进的艰难历程。首先，文章概述了陈景韩的生平和他的报人生涯，介绍 1878—1896 年，陈景韩在松江生活，接受中国传统文化教育，结识了好友雷奋、钮永建等 1897—1902 年，是陈景韩人生的转折期；1902—1929 年，是陈景韩服务于报界，一生中最辉煌的时期；1930—1965 年是他晚年生活时期。其次，叙述了陈景韩的小说活动，指出从光绪二十九年（1903）在《江苏》发表第一篇翻译小说《明日之战争》开始，他陆陆续续发表了百余种小说，其小说活动可以分为三块，《新新小说》和《月月小说》、《小说时报》、《时报》。再次，研究了陈景韩小说的类型，具体分析了他最具代表性的三类小说：虚无党小说，讲述的是俄国无政府主义者的革命行为和暗杀活动；侠客小说，以马贼为主角的侠客任侠爱国的故事；自著短篇小说，多学习西方短篇，将笔墨集中在某一个片断的场景上。最后，文章研究了陈景韩小说的特点，指出他的翻译小说多于自著小说，多不尊重原文，随意删改，体现了当时的翻译风气；他的小说具有新闻报刊性特点，经常与新闻相混，有的甚至具有新闻时评的体式和特征。

关键词：陈景韩（1878～1965）　小说　文学翻译

3320

刘禹锡与佛教关系原论 / 李志强著 ；陈允吉指导. 复旦大学, 2005. -- 145 页

本文从刘禹锡的文学创作、哲学主张与生平交游等方面探讨了其与佛教的关系。第一章以中唐佛教与当时政治文化上各主导阶层之间的关系为对象，对刘禹锡与佛教关系的背景作了叙述。分析了刘禹锡所主要经历的中唐六位帝王与佛教的关系，揭示该时期最高统治者对佛教态度的微妙变化；阐释了与刘禹锡交往较多的士大夫与佛教的关系，以见出中唐士大夫受佛教熏染之深厚与普遍。第二章分别从纵向和

横向厘清了刘禹锡与佛教的关系。从纵向上来看，刘禹锡幼年即密切接触江南佛教及僧人，贬谪期间更深入地转向佛教，有一定的信仰倾向，晚年仕途渐渐顺利之后，他奉佛的热情又渐渐消退，但仍以佛禅来陶养性情。从横向上来看，刘禹锡与当时佛教各宗派僧人均有交往，对各宗义理均有深入了解，但于禅宗最为爱好，所受影响也最大；刘禹锡有意识地在其思想的各个方面引入佛教义理，形成他独特的以儒为本、援佛入儒的思想特色。第三章通过对刘禹锡著作中与佛教关系密切的诗文进行分析，探究其与佛教人物、仪规、义学的关系，揭示刘禹锡深厚的佛学素养。第四章着重分析了刘禹锡与中唐诗僧的关系，以诗僧灵澈和皎然为主。指出刘禹锡幼年时随他们二人学诗，深受其影响。第五章选取刘禹锡的《救沈志》和《因论》七篇两部作品，分析它们与佛经形式内容上的传承关系。第六章考察和分析了刘禹锡的"援佛入儒"思想，指出了刘禹锡作为"以儒为本"的士人，其转向佛教的原因，及其在哲学思想上对于佛教思想的借鉴。

关键词：刘禹锡（772～842）　哲学思想　文学思想　诗歌　佛学　禅宗

3321

钱氏吴越国文献文学考论／李最欣著；陈尚君指导. -- 复旦大学, 2005. -- 244页

本文在对吴越国历史艺文志作了充分考察的基础上，把吴越国文献文学分为吴越国王室文学论和幕僚文学论两种。在吴越国王室文学论中，作者以钱镠为代表，认为其对文艺诗歌方面的贡献不亚于南唐后主，且与南唐后主相比，文笔更以民为本，气势宏伟，能凸现其要建功立业的志向，而不似南唐后主的感伤往事，也更配得上帝王文学的称号。钱镠诗歌这种特色的形成与吴越国的环境和其本身果断的个性是分不开的。作者认为原因主要有三个：(1)戎马的漂泊不定使写战乱景象的时间受到限制，(2)文艺末世的态度使写诗的心情受到影响，(3)杀伐果决的个性使写诗的冲动减少。作者也对吴越国王室其他成员的文学进行了简单的分析，并将其与南唐、西蜀等进行了对比。在幕僚文学论中，作者首先对吴越幕僚的入幕方式和处幕状态及吴越国人才的选拔途径和方法进行了简单的分析介绍。随后以罗隐为代表分析吴越国的幕僚文学，并辅之以对罗邺、罗虬、吴仁璧的分析。作者指出吴越国幕僚文人成就不及南唐西蜀等国的状况，并认为造成这种现状的原因主要是以察举代科举的落后的人才选拔方式。

关键词：古代文学　吴越　钱镠（852～932）　罗隐（833～909）　文学研究

3322

杜甫与宋代文化／梁桂芳著；张忠纲指导. -- 山东大学, 2005. -- 183页

本文第一章首先对宋代杜甫接受的背景及概况做了简要叙述，并与李白、韩愈、陶渊明的宋代接受做了比较研究。接下来作者从四个角度阐释杜甫与宋代文化的关系，这四个角度分别是：哲学、审美、文学、艺术。在哲学篇中，作者认为"尊杜思潮"极大地影响了宋代哲学的发展，杜甫对前代文化的集大成式的总结，使得人们有了"老杜似孟子"的看法，杜甫对儒家哲学的推崇也使得宋代士人大多以其为榜样。在审美篇中，作者指出，杜甫沉郁刚健的底蕴、老成朴拙的风貌、平淡清雅的理想、世俗之美的选择都在很大程度上影响了宋代的审美。在文学篇中，作者认为杜甫直接导致了宋词的形成与变异。其诗词题材的广泛性促进了宋词题材的拓展，同时还促进了宋诗的尊体与破体，促进了宋诗的议论化和理趣化，并催生了宋诗语言的创新发展。然其最大的影响源自于其"诗史"的精神。在艺术篇中，作者指出，杜甫还影响了宋代的书法思想，他的题画诗引致了宋代文人画的产生，并推动了唐宋艺术精神的嬗变，极大了影响了宋代的书画创作。

关键词：杜甫（712～770）　文学研究　诗歌　宋词　文化

3323

走向世俗：宋代文言小说的转型／凌郁之著；陈尚君指导. -- 复旦大学, 2005. -- 328页

本文以宋代文言小说为主要考察对象，在一个全面而真实的背景上把宋代文言小说作为文化现象加以思考解读，在社会文化、文学生态和小说文本三个层层递进而环环相扣的层面上加以开掘和阐释，探讨宋代文言小说在宋代文化、文学转型中的表现及其与转型的内在关联，揭示它走向世俗的必然趋势及其现象与本质。作者在从宏观上把握并描述了唐宋小说史的流变，揭示其观念发展、风格变迁的表现与依据后，从唐宋文化转型的角度考量了宋代小说的转型；接着又从宋代文学史全局上讨论宋代小说的走向世俗的趋势。作者认为宋代文言小说吸收了白话小说的一些质素，开始有向说话艺术倾斜的趋势；同时作

者又考察了说唱戏曲表演形态的小说,更全面地揭示了宋朝小说走向世俗的趋势和意义;作者还从题材、叙事、接受三个层面,进一步印证了宋代小说走向世俗的结论。本文最后对《丽情集》、《青琐高议》、《云斋广录》、《绿窗新话》、《醉翁谈录》等进行了个案研究,认为这些作品是文言小说与白话小说、文士小说与市井说话交流互动的生动例证,是宋代小说的新变。

关键词:文言小说　文学研究　文学史　宋代

3324

晚明政治小说与党争 / 刘鹤岩著 ; 石昌渝指导. -- 中国社会科学院研究生院, 2005. -- 134 页

本文以晚明政治小说和党争的关系为切入点,试图采用文史互证的方法,研究分析晚明小说与政治的关系,并详细论述这些政治小说在党争中的表现形式以及在党争中所起的作用,同时对这些小说的创作方法、特点和传播影响给予概括总结。文章共分六章,具体内容主要为:第一章,主要通过分析小说传统上与政治的密切关系、万历以后统治的松弛状况、晚明的士风变化、万历朝政的政治纷争、明代通俗小说地位的提高等因素,来说明晚明政治小说兴盛的原因和条件。第二章,从晚明政治小说创作的总体情况出发,概括总结了晚明政治小说与党争结合的契机及三个发展阶段,并通过对小说的具体剖析,分析作者在政治小说中如何处理政治题材,探讨了小说后面的政治内幕和作者的创作动机。第三、四章分为上下两个部分,结合较多的个案分析,详细阐述了晚明政治小说与东林党和阉党、诸党斗争的关系,辨别作者在党争中的政治倾向。第五章是通过分析晚明政治小说选材的现实性、创作方法的纪实性、叙事的政论性、急就的风格来总结晚明政治小说的创作方法及特点,以及这些特点形成的内外在原因。第六章则从晚明政治小说的传播、小说创作与党争的互动及其对后世的影响三个方面,论述晚明政治小说的传播与影响。

关键词:古代小说　政治小说　党争　文学研究　晚明

3325

晚清四大家词学与词作研究 / 刘红麟著 ; 马亚中, 严明指导. -- 苏州大学, 2005. -- 191 页

王鹏运、况周颐、郑文焯和朱祖谋为晚清词坛四大家。本文视四家为一个密切相关的词人群体,主要探讨四家词学与词作的个性与共性,同时涉及四家与词坛的关系,以标示四家的地位与影响。本文共分四个部分。第一部分为绪论,是对四家研究背景与缘起的介绍。包括研究的现状、目的与方法、词派理论的背景、词坛活动的风气与晚清词复兴之契机。第二部分为上编,是对四家词学理论的阐述。本编重在探索四家词论的个性和共性,通过专题专论的方式,运用对比的手法,呈现四家独特的风貌。第三部分为下编,是对四家词作的具体分析,为本文的重点。此编对四家词的主题和艺术风貌进行了深入的挖掘,并从主体意识与艺术审美两个方面对四家词作了对照,力图刻画四家的特色与联系。最后是结语,简要阐述了前人对晚清四大家的评论,并以此为切入点,具体分析了四家的词史地位与影响。

关键词:词学　王鹏运(1849 ~ 1904)　况周颐(1859 ~ 1926)　郑文焯(1856 ~ 1918)　朱祖谋(1857 ~ 1931)　文学创作

3326

明代成化至正德前期士人与诗派研究 / 刘化兵著 ; 王平指导 . -- 山东大学, 2005 . -- 128 页

本文运用个案分析与综合比较相结合的方法,对明代成化至正德前期的士人心态与诗派关系作了解析与梳理。首先,分析了成化前后的士人心态,指出士人的盛世幻象破灭,以庄昶为代表的翰苑士人首先觉醒,开始了改变自己台阁体创作主体身份的努力。其次,分别对茶陵派、七子派、陈庄体、吴中派进行研究,指出茶陵派诗人普遍具有"朝隐"心态,邵宝等虽然也主张诗文复古,但态度要比李梦阳温和灵活得多;成化中后期,郎署士人文学群体的诗歌创作呈现出刚健向上的艺术风貌,崇尚格调高古,但并没有形成明确的专重汉魏盛唐的师法取向,直到七子派兴起;陈献章、庄昶等认为,天理大道不在外在的典籍讲说,而在人的自然本心,其诗作大多是用来体道、明道、证道、传道;吴中士人将当地重才尚情的文学传统与当时尚俗尚趣、重利重商的时代精神相结合,呈现出舒展人性、自由解放的特点,并有意识地将目光转向古人,呈现出博雅大气的艺术风貌。最后,对这几大诗派进行了比较研究,认为七子派与吴中派都提倡古学,但前者功利性诉求强烈,专重诗文复古,对格调过于强调,后者对朝政相对澹泊,提倡全方位的复古,将"情"放在中心位置;吴中派与陈庄派都为在野群体,但前者更关注个人本体,诗作重"情",其俚俗自由疏放,后者则以拯救世风人心、发展圣学为目标,诗作重"性",其俚俗往往堕入恶趣;陈庄派与茶陵派共有

隐逸心态,但前者积极而自觉,后者则是自慰与妥协。

关键词:士人　台阁体　茶陵诗派　七子派　陈庄派　文学史

3327

周密研究 / 刘静著 ; 祝尚书指导. -- 四川大学, 2005. -- 254 页

本文以宋元之交著名的文学家、文献学家周密为研究对象,全面考察了周密的生平履历、著述、交流、思想以及诗、词、笔记三种不同体裁的创作与著述情况。全文共分三个部分。第一部分是绪论,对课题的研究现状、选题意义、预期目标以及研究方法作了简要介绍,着重对学术界关于周密卒年的不同说法进行了辨析,采纳了夏承焘认为周密的卒年为元大德二年(1298)的观点。正文部分用了七个章节,分别考察了周密的生平履历及著述、周密的交游情况、周密的思想、周密的笔记著述、周密的词创作以及周密的诗歌创作。结语部分在正文全面研究的基础上,充分肯定了周密在文学以及史学上的突出贡献。认为他足当宋末元初作家的典范,他的民族气节,不愧为宋代遗民群体的代表。在他身上,集中体现了宋季遗民的精神风貌和宋代文化的特质,同时也具有鲜明的个性特征。

关键词:周密(1232~1298)　文学研究　笔记　诗歌　词

3328

韩孟诗派传播接受史研究 / 刘磊著 ; 尚永亮指导. 武汉大学, 2005. -- 163 页

韩孟诗派包括韩愈、孟郊、李贺、贾岛等诗人,是中唐时期的重要诗派之一。作者认为他们的诗歌极富变革性、创新性,在中国诗歌史上占据着重要地位。本文在当前已有研究成果的基础上,以传播学、接受美学为主要理论借鉴,系统考察了韩孟诗派在中唐至近代的传播和被接收的历史,总结其中的接收规律和诗史演进特点,并进一步探究这段传播史的深层社会文化原因。全文分为两大部分。第一部分包括四章,主要按时代顺序纵向考察历代读者对韩孟诗派的阐释评论和创作传承。在尽量全面描述各时代接受情形的前提下,突出一些重点接受者在韩孟诗派接受史中的意义。第一章研究中晚唐五代时期对韩孟诗派的接受,认为虽然对韩孟诗派的艺术特点曾有态度不尽一致的情况,但中晚唐五代对韩孟诗派的接收状况总体上是高涨的。第二章研究了宋代对韩孟诗派的接收情况,认为宋人在文献整理、阐释评论、创作传承等方面对韩孟诗派的接收多具开创之功。第三章研究金元时期对韩孟诗派的接受,认为金朝文人对韩孟诗派的评论,没有超出北宋人的识见;元人延续了南宋、金朝的传统,倾向于尊崇唐诗。尤其是元代后期崇尚李贺的奇诡之风,成为元代诗坛上的一大特点。第四章研究明清时期对韩孟诗派的接受,认为明清时期韩孟诗派传播接受的范围、层次都有大幅扩展,对韩孟诗派诗史地位的评价、诗风异同的分析等方面都已非常深入。尤其是清代,持论更为公允、客观,见解也更成熟。第二部分即第五章,主要考察了韩孟诗派诗歌文本载体的流播演变及其对接受的影响,主要从别集和选本两个方面入手进行了分析。

关键词:唐诗　传播学　接受学　韩愈(768~824)　孟郊(751~814)　李贺(790~816)　贾岛(779~843)

3329

晚唐乐府诗研究 / 刘亮著 ; 潘百齐指导 . -- 南京师范大学, 2005 . -- 88 页

本文探讨了晚唐乐府诗的创作概况、题材和主题、诗歌艺术等情况。文章明确了晚唐乐府诗的概念,指出晚唐是指从敬宗朝到唐末,乐府指传统乐府文学中除去词和曲后的部分,包括汉乐府及后代拟作、六朝乐府及其拟作和隋唐以来创制的新题乐府。首先,文章分析了晚唐乐府诗创作的社会历史基础和文艺思想背景,指出晚唐时社会的动荡不安、经济重心的南移、江南的重赋现象,以及佛、道两教继续兴盛,对作家的人生观、世界观以及题材、艺术手法的使用产生了广泛影响;前代乐府诗晚唐近体诗的高度成熟和怀古、现实主义两股文学思潮的相继兴起,对晚唐乐府诗创作上多用近体形式和主题、风格多元化上产生了影响。其次,考察了晚唐乐府诗的创作概况,指出晚唐乐府诗人的乐府诗观念主要有三种:以张祜为代表的以绮丽为美的乐府观、以皮日休为代表的现实主义乐府观、以贯休为代表的"以文为戏"乐府观;晚唐乐府诗人在创作中经常使用前代已有的旧题,但也有不少自拟的新题;以地域和诗人身份为划分标准,晚唐乐府诗人可分为三个大的群落:前期的绮丽派诗人群、后期的现实主义诗人群及乐府诗僧群。再次,阐述了晚唐乐府诗的题材和主题,指出晚唐乐府诗所使用的包括"礼乐颂歌"、"艳情闺怨"等题材类别,表现了"怨别伤离、人生艰辛","讥时刺世","怀古咏史";边塞乐府中具有"尚武"与"思乡厌战"等主

题取向。最后,文章分析了晚唐乐府诗的艺术风格,指出晚唐乐府诗既有学习六朝乐府绮丽诗风的一面,又有继承和发展中唐新乐府现实主义诗风的一面,其在诗歌语言通俗化方面有着鲜明的特点。

关键词:唐诗　乐府诗　艺术风格

3330

《才调集》研究 / 刘浏著 ; 谢思炜指导. -- 北京师范大学, 2005. -- 94 页

《才调集》是后蜀韦縠选编的一部唐人诗选。本文以此为研究对象,全面研究了此书的编者、版本、文献价值、诗选来源、编排体例、编纂思想等问题。全文分四章。第一章为编者及版本研究,考证了编者韦縠的生平、《才调集》的成书时间、版本情况及其源流,共叙版本 34 种,并对其中较为重要的版本作了详尽的考证。第二章是文献价值研究,对《才调集》诗署名与别本不同者之正误、《才调集》诗异文分别进行了考证,并辑考《才调集》所保存的诸家佚诗。第三章为成书过程研究,考述了《才调集》的诗选来源,分析了《才调集》的编排体例,其中着重探讨了三个问题:(1)《才调集》不选杜诗的原因;(2)《才调集》将诗体分为古体、律体、杂体三类,这体现了以韦縠为代表的唐末五代人的诗体观念;(3)《才调集》在编排上遵循的是将相同体裁、类似题材、风格相近的作品置于一处的原则。第四章研究了《才调集》的编纂思想。作者首先分析了《才调集》与《又玄集》的传承关系,其次分析了《才调集》的"韵高"、"辞丽"的选诗观,最后分析了《才调集》与唐末五代宗白诗风、温李诗风、姚贾诗风的关系,认为韦縠对这三种诗风都有所去取,其认识与态度体现了编者的审美标准。

关键词:《才调集》　韦縠　诗歌　唐诗

3331

李商隐的诗学观及其在创作中的体现 / 刘青海著 ; 钱志熙指导 . -- 北京大学, 2005 . -- 164 页

论文计五章,意在全面、系统地重构李商隐的诗学体系,对于其诗学的重要组成进行深入研究。第一章探讨李商隐的诗歌本源论:"元气自然论",具体研究其理论内涵及其对具体创作的影响,认为,"元气自然论"的基本内容是诗歌源于元气、自然,创作应该以造化为师,以无法为法。其中还包含了尚真、任情的诗歌思想,并在艺术上表现为无题诗对个人真挚爱情的抒写和诗歌总体上的"缘情"特征。第二章探讨李商隐以言志为旨归的诗歌本体观,包括其基本内涵及艺术表现,它与缘情的关系及其对儒家诗教的偏离。认为李商隐的诗歌本体观是言志的,同时有很突出的缘情特征,前者对其个性化诗风的形成起到了决定性的作用,是其诗歌艺术出于晚唐而能够高于晚唐的重要原因,值得格外重视。第三章探讨李商隐的兴寄观及其对传统兴寄艺术的发展。认为李诗在总体上具有兴寄的性质,对于传统的比兴方法、比兴意象有着自觉的继承,并且在表现内容的拓展和近体的兴寄化两方面极大地发展了传统的兴寄艺术。第四章探讨李商隐的体裁观念。认为,李商隐对于古、近二体的态度是通达不拘的,表现于创作,是二体兼攻而以近体偏擅,且在援古入律方面有丰富的艺术实践。同一题材内体裁处理的多样化和个性化,与同一体裁内部题材处理的多样化和个性化,是他处理体裁和题材关系的两大原则。第五章以学杜和学长吉体为中心,试图再现李商隐对前代的继承和发展的原初图景,认为,学杜和学长吉体是其诗学的重要课题,对其诗歌创作道路有着至关重要的影响,也是其个性化诗风得以形成的重要环节。

关键词:李商隐(812~约 858)　诗学　本源论　本体论　兴寄观　体裁观

3332

六朝史传、杂传与小说叙事比较研究 / 刘湘兰著 ; 巩本栋指导. -- 南京大学, 2005. -- 124 页

本文运用叙事学理论,对中国六朝时期的史传、杂传与小说进行比较研究。全文分文五章。第一章对六朝史传、杂传与小说的文献资料进行考察,对三者内涵进行了界定;并认为历代史志书目和私家目录对"杂传"、"小说"的著录有很大变化,这种变化说明,随着历史发展,杂传的史学性得到加强,文学性却越来越弱,"小说"却正好相反。第二章对六朝小说与唐修《晋书》的叙事特点进行比较分析,认为《晋书》采六朝小说入史时,常运用点面结合的方法来编排小说资料;六朝小说与唐修《晋书》都采用"史官式"的叙述,但彼此的叙事视角不同;出于修史的目的与原则,唐修《晋书》取材于六朝志人小说与志怪小说时,形成了各具特色的叙事艺术。第三章讨论释道二教对六朝杂传与小说叙事特点的影响。认为佛教"生死轮回"时空观念拓展了六朝文人的叙事思维;梦幻成为结构作品的一种手段并形成相对固定的叙事模式;道教"洞天福地"理论亦真亦幻的特征,激发了中国文人的想象力与创造性;而"异形"叙事情节则反映了阴阳五行学说、佛教因果报应等观念。第四章分析六朝

释道类杂传的叙事特色，以《高僧传》和《神仙传》为代表。认为这类杂传既有史传的文体特征，又笼罩了强烈的宗教色彩，形成了独具魅力的叙事艺术风格。第五章着重对六朝史传、杂传与小说的人物类型进行分析，分析了六朝史传与志人小说中存在着的两种截然不同的孝子形象、"列女"意义发生的变化及女性形象刻画的丰满生动等。作者认为就总体而言，六朝叙事文学中多"扁平人物"，少有"圆形人物"，这正是叙事文学发展初期的体现。

关键词：史传　杂传　小说　叙事　六朝时代

3333

论先秦文学的水意象 / 刘雅杰著 ; 付亚庶指导. -- 东北师范大学, 2005. -- 118 页

作者认为，水既是人类赖以生存的物质基础，又是人的精神的重要寄托，承载着人的喜怒哀乐，是人的思想情感的载体。因此，先秦文学中出现了大量水意象，内涵十分丰富。本文在运用民俗学、文字学、历史学、宗教学、文化学等多种方法基础上，更多地运用原型批评的方法，试图深入到先秦文学的文本内部，从不同角度论述先秦文学的水意象。全文分为六章。第一章论述由水的属性生成的意象，即属性型水意象，主要对由水的流动性、趋下性、柔弱性和清浊之分所生成的不同的水意象及所蕴含的多种多样的情感进行了研究。第二章论述由水的功能生成的意象，即功能型水意象，主要研究了水的洗涤功能、润物功能、承载功能、鉴照功能和观赏功能所生成的意象，及在不同的人里所具有的不同的审美价值。第三章论述理念型水意象，认为古代先民在对水进行审视时，产生许多感悟和联想，常常把水和某种理念联系在一起，比如水代表智，象征有本，又是道的化身，是道、德、义、勇、法、正、察、善、志等九种理念的综合载体。这些理念型水意象一方面具有自身的一些属性，另一方面又积淀了某种社会内容，具有社会意蕴。第四章论述情感型水意象，主要包括饮水意象、涉水意象、溺水意象、投水意象等。认为这些水意象所表达的情感体验是丰富和复杂的，但都是人的切身感受。第五章论述先秦文学水意象的形态，主要论述了水意象的原生态和次生态、普通态和特殊态。第六章论述先秦文学水意象的结构类型，认为先秦文学水意象的结构可分为单一型与复合型、片断故事型与完整故事型，各种结构类型的水意象错杂在先秦文学中，各有其特点和产生原因。文章认为，先秦文学水意象内涵丰富，异彩纷呈，为后代文学的水意象确立了原型，对后代文学有奠基作用。

关键词：先秦文学　文学研究意象

3334

越南汉喃古籍的文献学研究 / 刘玉珺著 ; 王小盾指导. -- 扬州大学, 2005. -- 245 页

作者认为，从 21 世纪中国学术的角度看，越南汉喃古籍是一批亟待发掘和认识的资料，它不仅是历史文献和文学文献，而且是汉文化在越南的特殊结晶，代表了一种用汉字来记录历史、记录文化的重要方式。而且，这批古籍在抄写刊印、传播流布和记录分类等方面也展现出不同于其他民族古籍的特殊风格。本文即对越南汉喃古籍从文献学的角度进行了系统的研究。全文共六章。第一章主要介绍了古代中越的书籍交流，包括中国典籍在越南的传播、越南汉喃古籍北传概观和影响中越书籍交流的文化因素。第二章论述了越南古籍的刊刻与抄写，对越南古籍刊刻的技术与系统、安南本的刊刻形式和越南古籍的抄写及抄本类型等问题进行了探讨。第三章为越南古籍目录研究，分为越南古籍目录编修概况、目录分类与越南学术流变和越南古籍书目所著录的中国典籍三个部分。第四章为越南古籍的文献特色，包括越南古籍的特色文献和越南古籍包含的两种书籍关系两个主要部分。第五章为越南北使文献与诗赋外交，对北使文献的创作概况和北使诗文的创作繁荣以及使节文献所反映出的中越文学交流进行了深入探讨。第六章为越南、敦煌民间文本的比较研究，涉及的三个主要问题为民间文本的文献特点及学术意义、从口头传播看民间文本所记录的唐诗以及民间文本文献特点的文学透视。最后的结论部分，作者对全文提出的主要观点进行了系统的总结和归纳。

关键词：汉学　古籍　文献学　文化交流　越南

3335

宗教文化与唐五代笔记小说 / 刘正平著 ; 陈允吉指导. -- 复旦大学, 2005. -- 167 页

本文开章明义，指出在唐五代笔记小说创作中存在很深厚的宗教情怀，这和唐代佛道盛行是分不开的，同时也和笔记小说的作者多在佛道中找到自己的精神归宿有关。接下来作者对宗教的内涵和外延进行界定，指出"儒教"并非宗教，并按照"宗教四要素"对宗教的观念、情感、行为和组织制度作了较为详细的阐述。文章把宗教主要界定为四种：巫术文化、道教、佛教、民间宗教，并分别阐述了其对唐五代笔记小

说的影响。(1)巫术文化:作者主要以《广异记》和《会昌解颐录》中的虎故事为例,进行巫术文化解读,并指出此类故事的民间文学特征。作者在进行这种解读的同时着重指出,巫术与法术是两个截然不同的概念。(2)道教:道教源起之时本有多个流派,在唐五代之时道教进行创制改造,作者对在唐五代传奇中广为存在的道教法术进行了介绍,并论述其与唐代笔记小说的关系。(3)佛教:佛教在唐代由于政府的提倡得到广泛发展,作者主要从因果报应观念、唐代地狱观的演变、佛教法术、寺院变相与小说的对比研究等几个角度展开论述,指出笔记小说和寺院变相的辅教特征。(4)民间宗教:主要论述弥勒教、摩尼教、祆教、景教与唐五代笔记小说的关系。

关键词:笔记小说　宗教文化　道教　佛教　文学研究

3336

元代平话研究 / 卢世华著 ; 石昌渝指导. -- 中国社会科学院研究生院, 2005. -- 166 页

元代平话是元代盛行的以讲史故事为内容的长篇通俗小说,代表着元代通俗小说的成就,其盛行时间长达150余年。本文的研究共分三章。第一章论述宋代讲史口头创作向元代平话书面编写的发展过程,指出宋元讲史口头创作的成就为元代平话的产生奠定了基础。第二章论述平话作品的成书方式、时间、作者等问题,指出平话作品的成书不能简单地归结为来自说话人的底本,而是因刻印出版通俗小说的需要结合讲史故事和历史资料编写成的,平话的作者主要是下层文人或者乡村学究,平话的成书时间就是刻印时间,即元代。第三章主要分析平话的特色,指出平话首创了用图文并重的方式讲故事、用阴文凸现故事内容并作精彩提示、主要用简体字和白话文讲述故事的独特传播方式。平话的故事以传奇为主,有着浓厚的命定论思想,宣扬残酷直接地复仇和诚恳地报恩,平话还流露出对社会不平的愤恨、对发迹的渴望、对正统文史的仰视和对超凡方术的迷信。作者认为平话的这些特征均表现了普通民众的意识和爱好。

关键词:通俗小说　评话　讲史小说　文学研究　元代

3337

走出盛唐 : 安史之乱与盛唐诗人研究 / 吕蔚著 ; 杨恩成指导. -- 陕西师范大学, 2005. -- 229 页

作者认为,安史之乱对于诗歌来说,标志着一个新时代的开始,研究安史之乱中的诗歌创作,对于理解盛唐到大历乃至中唐文学的转变有着重要的意义。但目前的相关研究涉及甚少,因此希望着意于这一历史时期,"捕捉历史心绪之变迁"。全文除绪论外共分六章。第一章试图通过对玄宗朝后期政治、经济及文化矛盾的揭示与剖析中,指出安史之乱爆发的必然性。而这些诸多的社会隐患促使盛唐诗人形成了新的心理状态和生存状态,开始在诗歌创作中注入理性的成分,展开了对社会问题的理性思考。第二章考察玄宗朝后期盛唐诗人的心态及诗歌创作,在对作品的解读中寻找能够表达时代思想转型的信息。作者认为,盛唐诗人超越了一己之穷达,把忧家、忧己与忧国、忧民结合起来,表现出对社会全方位的关注与思考,开始在恣肆的激情中注入理性思考,这是诗人心态转型的起点,也是安史之乱中诗歌创作之滥觞。第三章分析安史之乱中唐代社会政治、经济及文化格局的转变,指出其对文人心态及社会文化产生强烈刺激和重大影响。第四章在安史之乱中人口大迁移的背景下,考察盛唐诗人群体的迁移。通过对安史之乱中盛唐诗人的迁移路线、原因、地点、类型及其审美观照的考察,探寻盛唐诗人对战争的不同态度和心理变化,从而指出战争中的时空变化为诗歌的新变提供了可能,是盛唐诗人心态及创作转变的契机。第五章考察安史之乱中盛唐诗人群体及诗风新变,指出新变的主要特征是:创作心理由热情激越趋向冷静凝重,诗歌的文化品质由异彩纷呈趋向单一务实。第六章通过对李白、杜甫的个案分析,折射出安史之乱对盛唐诗人群体的生存状态、心理状态及人生理念的影响。最后作者得出结论:在安史之乱及其以后的一段时间里,在诗歌的层面,盛唐精神仍在继续。它不仅是在盛唐之世中的昂扬与激越,更重要的是在乱世之中对社会理想的坚持与执著于现实的悲壮。

关键词:诗歌　文学研究　安史之乱　诗人

3338

宋元讲史话本研究 / 罗筱玉著 ; 陈尚君指导. -- 复旦大学, 2005. -- 193 页

本文考索了宋元讲史及讲史话本的历史发展、现存九种话本的版本及内容,并对宋元讲史话本的体制、艺术渊源及其文学成就、历史地位等进行多方位探讨。全文分为六章。第一章为绪论,阐述了宋元讲史话本的发现、研究现状及选题的研究意义,并对《五代史平话》成书年代等悬疑问题进行再探讨。第二章考察宋元讲史及讲史话本的历史及其繁荣的原因,进

一步考辨了说话四家数以及敦煌演史类变文对宋元讲史话本的影响。第三章探讨了现存九种讲史话本的版本及内容等问题。对处于过渡状态的话本《梁公九谏》的内容及成书过程等作了详细的考辨,并对《五代史平话》、《宣和遗事》的成书年代及性质等悬疑问题作出结论。第四章探讨宋元讲史话本的体制,包括讲史话本分段标目形制、讲史话本的范型以及正文中所穿插之诗词与韵语。认为《秦并六国平话》、《三国志平话》的阴文标题不是书商所为,很可能源于艺人底本。还探讨了咏史诗在讲史话本中的运用及其所起作用。第五章分析讲史话本的渊源问题,认为民间文化中的宗教信仰对讲史话本的主体倾向及情节结构都具有较大影响。第六章借用西方叙事学理论,从叙事视角、叙述者、叙述结构等方面对讲史话本进行了探讨,并分析其语言艺术中文白兼用的特色,认为讲史话本为明清章回小说"文不甚深,言不甚俗"的成功范式提供了经验,并肯定了讲史话本在中国小说史上不容忽视的影响与地位。

关键词:话本小说　讲史小说　文学研究　宋元时期

3339

汉魏六朝乐府诗研究史(汉唐部分) / 马萌著 ; 徐公恃指导. -- 中国社会科学院研究生院, 2005. -- 151页

本文截取汉魏六朝乐府诗研究史的汉唐部分,以雅俗观念为纵轴,以政治、哲学、种族、出身、音乐、文学诸要素为横轴,从作者、文献和背景三个方面,对所选取的汉唐时期关于汉魏六朝乐府诗的代表性乐志、解题、乐录、文论、总集、著作等文献进行分析,重点探讨雅俗观念在不同时代的渗透和转换,及其对汉魏六朝乐府诗研究所施加的影响,梳理出汉唐时期汉魏六朝乐府诗记录与研究的发展脉络。本论文分为上编、下编、外编三部分,上编考察正史乐志、琴曲解题、宫廷乐录等。就这类文献兼及乐府诗的部分而言,又具体分为三种情况:《史记·乐书》、《琴操》深受儒家礼乐教化思想的影响,《荀氏录》、《宋元嘉正声技录》、《大明三年宴乐技录》涉及清商旧曲,《宋书·乐志》、《古今乐录》涉及清商新声。下编考察文论、总集、乐府诗研究著作,包括《文心雕龙·乐府》、《诗品》、《文选》和《乐府古题要解》。这类文献全部是齐、梁时期"乐府"问题独立之后的产物,除《文心雕龙·乐府》带有过渡性质外,其余主要记录、研究脱离音乐的文人拟乐府。其中,《文心雕龙·乐府》堪称汉魏六朝乐府诗研究的开端,《乐府古题要解》则是第一部严格意义上的汉魏六朝乐府诗研究著作。外编收录《〈琴操〉撰者考辨》、《〈琴操〉版本辨析》二文。作者认为,如果对汉魏六朝乐府诗研究史作整体考察,以《文心雕龙·乐府》为分界,之前是萌芽期,之后至《乐府诗集》是形成期。汉魏六朝乐府诗研究史的汉唐部分,虽然以乐录为主,研究的特征并不是很明显,但它却是整部汉魏六朝乐府诗研究史的开端,没有这一部分内容,将无法对此后宋、元、明、清学者们的研究成果给予准确的把握和定位。

关键词:乐府诗　诗歌史　魏晋南北朝时代

3340

《韩非子》的成书及其文学研究 / 马世年著 ; 赵逵夫指导. -- 西北师范大学, 2005. -- 133页

本文分为《韩非子》的成书与文学研究两部分,第一部分包括除导论外的前三章,分别探讨韩非生平事迹、《韩非子》编集过程以及《韩非子》各篇的真伪问题。第二部分包括后三章,是对《韩非子》的文学思想、文体和寓言等问题的探讨。第一章为韩非生平事迹考辨,作者依据多种史料考定韩非为保存韩国,曾于公元前237年和公元前233年两度出使秦国,这对于理解和评价韩非的思想与人格精神有着重要的意义。并就韩非的身世、生卒年代、求学经历、死因等问题做了补证。第二章为《韩非子》的编集与版本研究,作者认为《韩非子》的编集是一个较长的过程,前后经历两个编集阶段,而到西汉刘向校书后再无大的变化。第三章是对《韩非子》55篇真伪的考论,作者认为从史实、与其他典籍的重复、语言特点等方面考证,可以确定《初见秦》等七篇或其中的部分内容不是韩非所作,《忠孝》等三篇疑为后学之作,其他篇目则都是韩非的作品。第四章为《韩非子》文学思想研究,主要从两个方面进行探讨:一是韩非有关文学的主张;二是韩非散文中体现出的诸多文学思想,例如文体学、文学思维方式(包括"想象"与形象思维、"矛盾""二难推理"与逻辑思维)、"典型化"的创作方法、"博喻"理论,以及文学接受中的误解与多元阐释等。指出这对后来的文学理论有着较为重要的影响。第五章是《韩非子》文体研究,主要研究了《韩非子》中几类特殊文体的性质与文体学意义,如"难"体、"经说"体、韵文等。第六章为《韩非子》寓言研究,作者着重探讨了《韩非子》的寓言理论与中国寓言独立这样两个问题。认为《韩非子》中体现出的寓言理论涉及寓言的本质、体态、功用等方面;而结合《韩非子》的寓言

来考察整个先秦寓言,可以看出中国寓言独立于战国中晚期。

关键词:《韩非子》 文学研究 版本 文献学 文体 寓言

3341

《焦氏易林》作者版本考 / 马新钦著 ; 张善文指导. -- 福建师范大学, 2005. -- 222 页

《焦氏易林》上承孟喜《易》学,下启京房《易》学,是汉代《易》学中一部重要文献。本文以翔实的文献资料为依凭,主要考证了《焦氏易林》的作者归属和版本两大问题。《焦氏易林》的作者权问题实质上是焦延寿和崔篆作者权之争。文章首先考证焦延寿的生卒年;然后全面考察元代以前文献所援引的《焦氏易林》材料与焦延寿的关系,以揭示今见《易林》确为焦延寿所撰;继而考析《焦氏易林序》,以揭示牟庭等人的崔篆说是建立在伪序上的假说误断;最后逐次考辨疑焦派诸说,以证明他们立论的另一基础——所谓《易林》用事均为附会臆测。总之,在拥焦派诸学者研究的基础上,通过破立结合的方法,考证出《焦氏易林》的作者确实是焦延寿。接着作者对《焦氏易林》版本进行了考辨。首先考察历代《焦氏易林》版本著录;然后考察元代以前《焦氏易林》与今见版本的关系,继而梳理今见版本的三大系统——元本、明本、校宋本的沿革线索;最后探究今见主要版本的特征。通过对《焦氏易林》版本的考证,揭示今见版本都存在着的较严重讹误,从而为研究者提供一些借鉴。

关键词:《焦氏易林》 版本 焦延寿 崔篆 古文献学

3342

《华严音义》研究 / 苗昱著 ; 王继如指导 . -- 苏州大学, 2005 . -- 187 页

本文分为五章,分别研究了唐代音义书《华严音义》与《华严经》的关系、版本系统、音系、俗字,并附校勘记。作者认为,《华严音义》流传至今的版本共有29 种,分为两个系统:一是《慧苑音义》系统;另一是《古写本华严音义》(以下简称《古写本》)系统。而《慧苑音义》是流传最广、音义质量较高的版本。通过对《华严音义》的版本梳理可以发现藏内单刻的《慧苑音义》,是它流传至今的主要版本。通过对《慧苑音义》较早的版本《赵城藏》本的音切采用反切系联和比较归纳法进行整理,参照当时历史语音发展情况,可得以下系联结果:声类方面,云母从匣母中独立出来,没有俟母字出现;韵类方面,有些韵类已经合并;声调方面只有四声而无八调。通过对单刻本《慧苑音义》的校勘,可知《永乐北藏》是整体质量较高的藏经,《赵城藏》和《高丽藏》由于版本较早,可以与之相比勘,以校正其不足。通过对《古写本》文献的考察,可以初步确定它以《慧苑音义》为主,其作者是一个对新、旧译《华严经》有研究的日本人;而且《古写本》俗字的特点和具体例子都与敦煌俗字相似。

关键词:华严音义 版本 中古音 音韵学 校勘学

3343

南宋理学大家古文研究 / 闵泽平著 ; 熊礼汇指导. 武汉大学, 2005. -- 158 页

作者认为,当下南宋古文研究相当冷清,其中的一个原因,就是研究者误将爱国志士的慷慨之文作为南宋古文的主体,舍学者之文而不顾,因而难以有所发明。要改变这一情况,必须转变观念,重新厘清理学与古文的关系,将理学家之文作为南宋古文的重要组成部分纳人研究的视野。全文共六章。在第一章中,作者梳理了理学与古文的关系。认为古文本为宣扬"古道"而兴起,宣扬"古道"意在复兴儒学,而正是在对"古道"的阐发之中,理学开始萌芽直至形成。唐宋古文大家,尤其是北宋大家,多为理学先驱或理学家,可以说古文的兴起与理学的滥觞发生于同一文化思潮之中。理学与古文,并非天然的敌人,道学家与古文家的对立,即在于他们各自对"道"有着不同的理解与要求,因此文统与道统的融合,只有在各自得到充分发展之后才可能进行。而学者之文,实为南宋散文的重要组成部分,南宋理学大家的古文对南宋散文的发展做出了巨大贡献。从第二章到第六章,作者依次探讨了陈亮、朱熹、吕祖谦、陆九渊、陈傅良与叶适等南宋理学大家风格各异的古文艺术论。作者据此认为,南宋理学大家的古文创作艺术成就非常突出,在南宋散文中占据着十分重要的位置。这些理学大家大多重视古文写作艺术的分析与总结,形成了自己系统的创作理论,这对元、明、清三代的散文创作与古文理论,都产生了深远的影响。

关键词:理学 古文 文学评论 文学创作 南宋

3344

叶梦得研究 / 潘殊闲著 ; 祝尚书指导. -- 四川大学, 2005. -- 244 页

作者指出，叶梦得是两宋之交重要的政治与文化名人，一生经历神、哲、徽、钦、高宗五朝，出仕哲、徽、钦、高宗四朝。虽作为蔡京的“门客”，不幸卷入北宋新旧党争，并在历史上多受诟病。但作者认为，其为人坦荡，既追慕前贤，亦提携后进。又因学问博洽，门生遍地，在南渡之初，他“岿然耆宿”，享有“石林风范”、“翰林风度”的美誉，可谓引领一时风骚。叶梦得好读六经，“不可一日去手”，藏书丰富。饱读诗书的他诗学思想相当丰富，除了著名的《石林诗话》外，其众多的笔记以至残存在他人文献引述中的诗学遗珠，也非常可观。本文的研究共分七章。第一章重在分析他与北宋新旧党争的关系，此后各章，侧重论述叶梦得的文化成就及在文坛的影响，分别讨论了他的阐释学、诗学、诗文创作、《石林词》，并对其众多笔记进行分析，最后评价他在两宋之交文坛上的地位与影响。

关键词：叶梦得（1077～1148） 诗学 文学研究 宋代

3345

刘安与《淮南子》／漆子扬著 ；赵逵夫，伏俊琏指导. -- 西北师范大学，2005. -- 98 页

文章运用传统的整理古典文献的考据辨证方法、归纳总结的方法和系统梳理材料、宏观理论研究的方法对与刘安及《淮南子》相关的诸多问题进行了系统的分析研究。全文共五章。第一章考察刘安的身世和生平。作者对《史记》、《汉书》中关于刘长、刘安父子的生平材料来自宫廷档案的可能性进行了归纳总结，并通过对汉武帝的政治性格分析，揭示隐藏在史料背后本来的历史面目，其中涉及到其父刘长的身世、父子“谋反”等问题。第二章介绍刘安的生活时代，主要从社会政治背景和学术文化背景两方面进行考察。指出由于汉武帝时期不断加强中央集权，采纳董仲舒“罢黜百家，独尊儒术”的方针，使文化从多元转向独尊，这一转变，注定了刘安乃至司马迁等人将成为历史的悲剧人物。第三章考述刘安及其宾客的著述。认为作为诸侯王，刘安周围聚集了一批学识渊博的文人，形成了以辞赋创作为核心的淮南文化集团。刘安不不仅是我国第一个研究屈原的人，而且是第一个整理编订《楚辞》的人。第四章考察《淮南子》编撰的相关问题，主要内容包括：(1)《淮南子》的作者；(2)《淮南子》从原名《鸿烈》到北宋小字本称《淮南鸿烈解》的演变过程；(3)对《淮南子》编写体系及体例进行了归纳整理，并分析其旨在提供治国方略，表达虚无思想，确保诸侯王位，总结前代学术的编写目的。(4)《淮南子》的版本主要有两个系统、200 多种版本，文章选择了古今最具代表性的 21 种版本加以评析。(5)运用数字统计方法，对《淮南子》引用前代典籍的情况进行了统计，论述了其采用明引和暗引两种引文方式的意义。第五章介绍《淮南子》的黄老思想、文艺思想和文学价值。作者认为：《淮南子》的黄老思想是对先秦道家学说的继承和突破；《淮南子》具有认为“道”是创作的源泉、文艺要贵真尚朴、要表达真情实感、是情感的外化、具有审美价值、创作要因时变化等六个方面的文艺思想；《淮南子》的文学价值主要体现在神话创作、格言创作和成语典故创作等方面。

关键词：刘安（前 179～前 122） 《淮南子》 文学思想 文学研究 哲学思想

3346

明清社会思潮与人情小说性爱观研究／齐浚著 ；王平指导. -- 山东大学，2005. -- 187 页

本文的写作目的是对明清人情小说性爱观的复杂表现进行有针对性的考察和梳理，以期探寻其演变轨迹及其蕴涵的规律性。文章确定的研究对象，是明清时期包括拟话本小说、才子佳人小说、艳情小说在内的人情小说性爱观，研究范围是以《金瓶梅》和《红楼梦》为标志，将其间近 200 年时间跨度作为研究的时间限定。对于《金瓶梅》，作者认为是人情小说的奠基之作。书中充分裸露人欲，描写世态黑暗，挖掘人性弱点，客观上有一定的反封建礼教效果。但由于性行为描写与人的本质不相合拍，道德判断与人物形象之间存在格之处，致使文本深层结构与表面教化宗旨之间产生矛盾和悖离。对于冯梦龙的“三言”和凌初的“二拍”，作者认为在冯梦龙的思想体系里，“人道”主题、“惩劝”主题与“果报”主题三位一体，表明了市民意识与儒释思想处于相互碰撞又互相融合的矛盾统一状态。而凌初身上杂糅了商人气质和士人精神，“二拍”中市民意识比“三言”更加强烈，表现了较为先进的妇女观、婚姻观和平等意识，宣扬果报教化，也比“三言”有过之而无不及。其表现出的价值判断在儒家正统思想和新兴市民意识之间游移不定，构成了道德判断与审美趣味之间的龃龉现象。对于李渔《无声戏》和《十二楼》等小说创作，作者认为表现出极强的文人性和独特的个性，由于他从实用主义的角度来解释道德内容，因此显扬了既欣赏男权主义，又提倡“男女同情”；既对女性失节、再嫁持宽容态度，又对女

子嫉妒心理严择苛求的矛盾心理。对于艳情小说,作者认为明末时期的涌现喷发是当时人们撕破理学对人性的蒙蔽、以偏激的极端方式来反对禁欲主义的产物。但到了清代,原有的惩淫戒欲宗旨完全似是而非了,与性直接关联,迎合了一部分读者的阅读趣味。对于《醒世姻缘传》,作者认为关注的是家庭夫妇伦理的颠倒以及整个社会秩序的混乱。而对于《红楼梦》,作者认为是古典小说的顶峰,既暴露了贵族家庭的龌龊和罪恶,不回避现实生活,却也不作自然主义的展鉴,避免污秽笔墨的出现。作品提倡自由平等博爱思想,对两性关系作了创造性的阐释,散发着人性觉醒的气息,展示了男女平等意识,达到了空前的思想高度。据此,作者得出结论认为,封建正统性爱观承认人的本性,但在现实中,禁欲与纵欲常常结伴而行,二者并不总是平衡的。晚明时期纵欲之风盛行,明清之际"欲""理"相互激荡,清初期以后禁欲主义慢慢占据了上风。

关键词:小说　社会思想　明清时代　文学评论

3347

魏晋士大夫玄儒兼治研究 / 秦跃宇著 ; 田汉云指导. -- 扬州大学, 2005. -- 229 页

本文以历史时间为顺序,着重就魏晋时期士大夫并蓄儒道的思想接受过程进行研究,努力揭示这个视角下玄儒思想在不同时期体现的对立融合状态,并且以前后相承的内在贯穿性论述,从一个侧面展现六朝儒家与道家思想渗透交织的流变。本文分为七个部分,除了绪论简述六朝以前儒道关系以外,正文的五章分别从曹魏到东晋按照朝代以及思想重要发展时期截取代表人物进行分析,而且有意识地根据逻辑脉络将他们作适当的详略顺序安排。五章的章目分别是:曹魏时期名士的儒道兼治;正始名士:名教出于自然;竹林名士:越名教而任自然;西晋时期士大夫的玄儒兼治;东晋时期士大夫的玄儒兼治。结语部分是关于魏晋士大夫玄儒兼治的历史评价,以及随之形成的影响,包括了南朝宋、齐、梁、陈四代士大夫的玄儒兼治情况。

关键词:士大夫　儒学　玄学　哲学思想　魏晋南北朝时代

3348

基于演出视角的明清戏剧文本形态研究 / 任广世著 ; 康保成指导. -- 中山大学, 2005. -- 267 页

以戏剧演出为视角,力图将明清戏剧文本形态和演出形态置于明清戏剧演出的背景下考察,阐释明清戏剧文本的组成部分和整体的关系,并涉及文本形态和演出形态的互动关系。本文提出了如下一些观点:(1)吊场是戏文传奇文本的重要组成部分。吊场最早可能是大曲结束之前的独舞。刚开始仅具有转换戏剧场面的功能。而后表演内容逐渐增加,吊场的功能也更加丰富。明清戏剧中出现的"上吊场"和"中间吊场"均受到了文本形态的影响。(2)折子戏是一种演出组织的形式,其特点是可以由一些表演内容互不相关,甚至艺术类型完全不同的表演艺术组成一场演出。折子戏不仅促进了表演艺术的发展,同时对戏剧文本体制也产生了巨大的影响。(3)戏中戏是指戏剧中插入的其他演出或文本片段。作为整个戏剧的组成部分之一,戏中戏和整个戏剧有复杂的关系,并且直接影响了整个戏剧的风格。(4)戏剧中的仪式也是戏剧的组成部分之一。包括民俗仪式、佛道法事、社会仪式和巫术杂祀仪式等。仪式进入戏剧需要按照戏剧的要求进行某种改变,这种改变可称为仪式的戏剧化。(5)在成熟的明清戏剧的巨大存在面前,一些说唱类、小戏类的表演逐渐开始向戏剧形态转变。在转变的过程中,说唱形态、小戏形态互相混杂,导致我们几乎无法将它们区分开来。清代的滩簧是一个说唱形态、小戏形态混杂的典型例子。本文基于一个新发现的最早的完整的滩簧文本,采用演出形态和文本形态相结合的考察方式进行研究,认为滩簧最早可能是宣卷。

关键词:戏剧文学　戏剧文本　演出　吊场　折子戏　滩簧

3349

袁枚诗学思想述论 / 沈玲著 ; 姚文放指导. -- 扬州大学, 2005. -- 152 页

本文以袁枚为研究对象,对其诗歌创作、诗学理论及其美学思想进行论述。正文共分为四个章节。第一章论述袁枚其人,对其生平、性格等进行了介绍。第二章以《小仓山房诗集》为研究蓝本,主要讨论袁枚的诗歌创作。袁枚在诗歌创作方面的兴趣不仅仅是将世界真实地再现出来,而是要将自己的精神世界与现实人生相联,在创作中他始终坚持随心随性的态度,将诗歌创作视为一种愉悦自我、抒写个人情怀的手段,随着人生境遇的不同,他的诗歌显出不同的风格。第三章论述袁枚的诗学理论。作者认为,袁枚随顺真理,不随波逐流,不随人所尚,依据其鲜明独特的诗歌观的指导,既身体力行地进行诗歌创作,又从自

己的创作经验出发，大力提倡诗之真美，无论在对诗歌语言还是在对诗歌创作、批评、接受理论等的看法上，不局限于某个固有观点，持论随意又不乏圆通。第四章依托诗歌文本，具体探讨袁枚对中国绘画艺术的审美主张与具体的艺术创作要求，研究他真善美的园林美学追求，同时勾描袁枚古典的素朴的生态思想。本文在前人研究成果的基础上，用文艺学、美学的研究方法对袁枚的作品、诗学思想和美学思想再次进行审视，对袁枚进行了评价。

关键词：袁枚（1716~1797）　诗歌创作　诗学　美学思想

3350

明代“神仙剧”研究 / 沈敏著 ；郑传寅指导 . -- 武汉大学，2005 . -- 90 页

论文以明代“神仙剧”为研究对象。所谓“神仙剧”，是指以道教神仙故事为题材，或者以神仙为剧中主要角色的一种戏剧类别。明神仙剧计有庆赏剧26部，度脱剧23部，谪仙剧3部，修仙剧5部，捉鬼降妖剧5部，遇仙、婚恋剧16部，神仙逸事剧6部。论文认为，明初的神仙剧以宫廷庆赏剧和度脱剧为主流。明代的度脱剧有近一半是在明朝前期创作的。思想内容也由元代的愤世逐渐向崇道转变，宣教成分越来越浓。明初排场热闹、歌舞升平的神仙剧是唱给经过外族统治和长期战乱之后终于走向大一统的汉族地主政权的颂歌，表现出作为华夏之主体的汉民族的满足感、自信心和社会认同感，是明初“太平盛世”及其社会心理的艺术写照，明代中后期神仙剧反映出深刻的社会矛盾，重在讽世，透露出批判的锋芒，更明显地继承了元杂剧中描写人生悲剧境遇和心理的传统，并有所发展。与前期相比，此时的神仙剧突出的是作者一己的私愤、私怨，表现了创作主体强烈的情绪性，即以个体情绪反对传统的整体精神。其叙事性逐渐减弱，抒情性明显增强，寓意抒怀成为首要的主题取向，一定程度上起到了反映作者心声和社会批判的作用。此时神仙剧追求情节的曲折、人物的奇特和故事的奇幻，剧中频繁出现描写神仙超度以及遇仙、神人恋爱的作品。明代宗教状况直接影响到神仙剧的发展，明神仙剧中对丹药的崇信和对长生不老之说的张扬与明代统治者的宗教取向不无关系。明神仙剧生动、形象地反映出当时社会的宗教现象和宗教观念，也透露出一种世俗化趋向，“三教合一”对这一状况有充分的展示。阴骘观念、积善成仙等思想在戏曲中多有体现。此外，明神仙剧的演出活动相当频繁，神仙剧的舞台性一般都较强。

关键词：戏剧研究　神仙剧　宗教文化　明代

3351

排律文献学研究 / 沈文凡著 ；霍松林指导. -- 陕西师范大学，2005. -- 559 页

“排律”诗体产生于唐代，名称形成于元代，创作繁盛于明代，本文即为研讨解决这一奇特现象而作。选题以“‘断代’的研究内容与非‘断代’的研究方法”为理论支点，论文包括导言和八章。导言中概述本文的研究动机、取向、范围，通过历代对排律的评价，以确定从唐代到明代排律发展演变的特殊规律与特殊现象。并征引有关排律起源与变化的论点，简述、检讨历代排律研究的状况，从而确立排律研究的重要学术价值。第一章探究明代诗人的“唐诗诗体”的观念，以展示明代诗人成熟的唐诗观与诗体观，进而分析排律概念产生的确立与创作演进的轨迹。第二章以相关排律文献为基础，从文学活动的形式上，分析明代诗人结社蔚然成风，数量和规模前所未见的现象，与排律创作繁盛的关系。第三章对明代排律使用平水韵韵字进行汇考。认为明代排律创作使用平水韵韵字已成为普遍现象，对诗歌格律声韵的研究已从理论阶段完全转变为实践阶段，是诗韵史上的辉煌时期。第四章对唐代“排律”诗体名称的隔代确立和域外传播进行缉考，以描画出“排律”概念逐步清晰明确的历史进程。第五章以五七言百韵排律研究为剖析撰写对象，以探讨其发展演变。第六章分类排比、统计明代排律韵数，将其作为研究排律发展演变的重要文献展列出来。第七章缕述明代的唐诗选本，可以发现其中有关排律诗体概念、范畴所蕴含的系统性和完善性的轨迹，同时也可见出“排律名称概念隔代确定”这一奇特景观，为进一步研究唐宋元明清排律奠定基础。第八章整理明代诗文别集中的排律诗目，以供学界在研究排律时使用。

关键词：诗歌　排律　文学研究　文献学

3352

《孟子》与《庄子》文学的比较研究 / 沈振奇著 ；蒋凡指导. -- 复旦大学，2005. -- 269 页

作者从孟子和庄子的生平比较入手，对孟子和庄子的名字及出生地、家庭及家境、仕宦、师友及弟子、博学、情感、习性与品德、思想与学说、生卒年、著述及他们互不相提之谜一一提出自己的看法，通过这种比较，对孟子和庄子做了一个概括性的介绍。接下来作

者为将《孟子》与《庄子》的文学特色加以比较作准备,分别从美学意识和文学理论的角度论述二者的文学特色。概括地介绍之后,作者从以下十一个方面对《孟子》和《庄子》的文学特色进行比较研究:文如其人、富于感情、长于气势、篇章结构、论说方式、辩论特色、寓言特色、现实与浪漫的统一、笔调幽默辛辣、语言艺术、创作风格。此后作者更进一步,由其文学特色推论其对后世的影响,认为《庄子》开浪漫文学创作的源头,对中国古代诗歌,尤其是诗人心态和人格模式的建构产生了重大的影响。《庄子》与《孟子》二者都对后代的散文创作产生了深远的影响。同时,《孟子》讲道德修养工夫的"知言养气说"和《庄子》的"言意之辨"及其哲学观点都对后世文学理论产生了重要影响。此外,二者在赋的形成、小说的形成及文学批评的发展方面也起了重要作用。

关键词:孟子　庄子　文学研究

3353

才子佳人小说演变史研究 / 苏建新著 ; 齐裕焜指导. -- 福建师范大学, 2005. -- 227 页

作者认为,才子佳人小说并非只是局限于明末清初之交的章回小说,不应是公认的一个特定时期的狭义概念,而是历时的广义概念,其主人公是才子佳人,题材上隶属于言情,文体上文、白兼备,篇幅上有短、中、长多种类型。小说史上从唐前至元明清产生的志怪、志人小说,传奇、话本、章回小说,长中短篇等几乎所有体裁的作品中都能找到它的身影。其中影响最大的是清代章回小说。才子佳人小说在演变过程中逐渐形成了由才子、佳人、小人、助手、家长五种主、次要角色构成的、充满艺术创造活力的人物关系模式。总起来看,包括文言传奇、话本、章回小说三种不同文体在内的才子佳人小说,在从唐传奇发展到明清章回小说的过程中,主要由雅文学向通俗化转变,由程式化向多样化发展,由单一的格局演变为诸体的杂糅兼备。它的故事复杂多变,仅从冲突、人物、笔墨分寸着眼即可划分为三大类九种范式。在才子佳人小说的全盛期,由于社会、文化、经济等多方面因素的作用,其南方文学的特性表现得愈来愈明显。

关键词:小说史　才子佳人小说　言情小说　章回小说　文学研究

3354

佛经叙事文学与唐代小说研究 / 孙鸿亮著 ; 霍松林指导. -- 陕西师范大学, 2005. -- 183 页

本文意在从比较文学的角度出发,探讨汉译佛经与唐代小说这两类叙事文学之间的交涉及影响。绪论外,全文共四章。在绪论中,作者首先论述了佛经的文学属性及其价值,指出民间文学与宗教文学作为佛经文学的两大内涵,共同构成了佛经文学的重要叙事内容与主体风格特色。接着通过回顾学术史,确立本文研究方向和内容重点,最后是对研究范围和方法做了简要说明。第一章是对佛经叙事文学的类别和分布情况进行概说。在借鉴前人观点的基础上,兼顾经典内容与形式体制,将佛经叙事文学分为佛传、本生(含本事)、因缘、譬喻四大类别,接着列举主要经典,概述其内容形式特征。第二章为传播途径研究。作者认为,民俗佛教承担了唐代佛教社会性发展的主体,通过各种组织形式,以及宗教节日、法会等一系列仪式行为,成为经典阅读之外佛经传播的主要途径,其传播的故事成为小说家征奇猎异的对象;唐代佛寺世俗文化娱乐功能空前发达,为唐代小说创作及小说家接受佛经影响提供了场所;变文讲唱作为在佛教影响下的一种通俗性艺术形式,也极大地促进了佛经故事的传播,并承担了佛经故事形式影响唐代小说的中介;而中土佛教文献也为佛经文学的传播和影响唐代小说作出了贡献。第三章旨在揭示佛经对唐代小说内容的影响,主要以题材影响为主,分别选取《冥报记》、《广异记》等有代表性的唐代小说集,逐书胪列熔裁佛经题材的小说条文,以考察与佛经故事的关系。第四章转入叙事形式的研究,主要采用影响研究与平行研究相结合的方法,就诗(偈)在汉译佛经与唐代小说这两类叙事文本中的功能进行比较,揭示其异同。

关键词:佛经　宗教文学　叙事　小说　唐代

3355

论朱学见证人真德秀 / 孙先英著 ; 谢谦指导. -- 四川大学, 2005. -- 259 页

作者认为,真德秀是朱子的再传弟子、私淑弟子,是一位践履笃实的理学大师、政绩彪炳的政治家、声誉卓著的文章家。他既丰富了朱子学说,又成为朱子学说对社会发生重大影响的见证人,为朱子理学的官方化和世俗化作出了卓越的贡献。本文以这样一个宋末理学精英人物为个案,切入朱子研究领域,微观而深刻地透析朱子学说在宋末的理论流变、实践价值、官方化和世俗化方式及其对文学的影响。正文共分四章。第一章"朱学的信仰者和光大者——真德秀",着重介绍了他以儒名家,出入经传,泛滥释老、陆

氏心学，归本朱子的历程以及在本体论、方法论、认识论、人性论、修养论等方面对朱子学说的承袭。第二章“朱学的践履笃行者——真德秀”，研究了针对学术界对朱子理学空疏的指责和假道学的逆流，真德秀如何自觉地在个人生活、政治和文本三个层面实践朱子的学说。第三章“朱学官方化和世俗化的推动者——真德秀”，研究了朱学是如何经历漫长而艰难的发展后终于在理宗时期获得崇高的地位，以及对社会产生的革命性影响。第四章“朱子文学观的继承和发展者——真德秀”，重点研究了他作为理学派文学观的代表人物，如何按照实用标准把文章分为“文人之文”和“君子之文”两大类，并由此得出的“德本文末”观。

关键词：真德秀(1178～1235)　理学　哲学思想　文学研究

3356

文学庄子探微 / 孙雪霞著 ; 栾栋指导. -- 华南师范大学, 2005. -- 250 页

作者考察两千多年庄学研究各阶段的特点，认为文学研究一直比较薄弱。因此本文提出“文学庄子”的概念，力求从“以庄解庄”方面入手，使“文学”成为走进庄子的路标，进而揭示本真庄子。除绪论外，正文分为上下两篇，各三章。上篇题为“文学庄子寻绎”，分三章指出文学庄子思想发轫于对前庄子时期一系列相关思想的“继承”、“反思”及“反动”。第一章“继承”部分，作者介绍了前庄子时期“人们从淫巫习俗向注重理性精神的转型”、“天地神人共话的神话”和“星相学的成熟”这三个因素对庄子的影响；第二章“反思”部分，作者依次介绍了庄子对《诗经》、孔子和老子的反思及改造。第三章“反动”部分，作者介绍了庄子对“百家争鸣”、“以有观有”和“审美”的反动，并通过对具体篇章主旨的辨析、与芒德勃罗的互读和对庄子“丑学”的举要，以彰显其独特的意义。下篇题为“文学庄子观幾”，依次介绍文学庄子蕴育着的“自然之情”、“运思之言”和“化裁之体”等原创性理念。第四章中作者认为，庄子以自然之心写自然之境，通过构筑起自然界之“自然”、自然而然之“自然”及自然不然之“自然”这自然三境界，在机缘启蔽中集合出文学庄子的自然本色。第五章中，作者依次介绍庄子“言——字之辨”、“言—— 思之合”、“言——象之通”和“言——说之花”的理论，并阐释了其多方面的意义。第六章中，作者介绍了前庄子时期的文体样态，认为可以分为前文体样态、准文体样态和文体样态三类，指出庄子熔裁诗歌、论说文、记事文等文体进行创作，并在某种意义上创制了“寓言”文体。

关键词：庄周(约前369～前286)　文学思想　文体　道家

3357

古典戏曲中文士婚姻与两性问题研究 / 谭美玲著 ; 吴国钦指导. -- 中山大学, 2005. -- 137 页

作者认为，婚姻是男女社会角色确立的开始，也是落实男女关系的一种制度；而戏曲里的文士角色，是文人作者的自我投射。从戏曲中的婚姻关系，能凸显各朝两性关系的定位，以及文士社会角色的因局。然而历来的戏曲研究，并没有注意到各朝文士与其种种婚姻行为模式的变化，更没有看到当中隐藏的男女两性的社会角色的原始意义。因此本文希望透过戏曲中文士婚姻变化的轨迹，找出文士在婚姻行为、社会角色定位上的深层意蕴。全文共七章，大致分为三个部分。第一部分，文章先以两性关系、行为取向的源头为讨论基础。作者认为，逐步巩固的男性主权地位和愈演愈烈的对女子的行为规范，影响到了文学文本的书写，唐传奇以至宋元南戏中凸显的“负心”主题，都是对现实宗法父权文化的暴露。作者对于此种社会行为的认同，表现出文士在现实压力与个人抉择上的出路。第二部分，作者认为从社会角色的角度来分析文士婚姻行为模式，可以看出都是为了现实权力的认同。这种核心权用的认同，在宋元南戏中有负心婚变，元杂剧有共患难，明代有坚贞与不渝，至清代有惧内、贞烈、道化等主题。论文并筛选出151种(188段姻缘)与文士婚姻行为或夫妻相处相关的剧本，来探析文士出路与婚姻行为间的抉择涵义。发现他们的婚姻行为、两性相处的模式全是受当朝的政治权力的影响。文士在各朝婚姻与两性关系中的困境，都离不开宗教理法的父权圈套和社会的要求，文士也是父权圈套底下的一个阴柔、辅助的社会角色。第三部分，作者以东西方的文士丈夫作对比，来探究中国文士形象的苍白、阴柔，实际始于诗教的温文尔雅的培育与要求，一切以公家、宗族、礼教为前提，私人的感情、行为全后退或忽视。所以戏曲文本中的文士，少有独特的、有个性的狂狷者，往往都拥有正面性格，全为社会宗族服务。

关键词：戏曲研究　婚姻　人物形象　士人　两性关系

3358

日本诗话及其对中国诗话的继承与发展 / 谭雯

著；蒋凡指导. -- 复旦大学, 2005. -- 134 页

文章采用综合比较研究的方法,以日本诗话及其对中国诗话的继承和发展为主要研究对象,在系统地分析了日本诗话各类作品的前提下,探索其繁荣发展的学术渊源和诗学基础所在,从而发掘其在汉诗批评领域中的学术价值及汉字文化圈中的社会价值。论文引言部分对日本诗话的概况,儒家文化对日本诗话的影响以及选题的意义和前人相关的成就作了总体的论述。之后通过六章讨论了日本诗话所探讨的不同类型的问题,并总结了日本诗话对中国诗话的继承之处以及其本土化的特色。第一章论述了日本诗话中诗史类诗话的总体特色和风貌,及其对中日诗歌的渊源、诗歌的发展情况和规律等问题的思考和研究。第二章探讨日本诗话对于用韵、平仄、对仗、用事等诗歌格法问题的探讨,并阐述了日本诗话中有关声律论争的情况。第三章探讨日本诗话对于诗歌本质问题的探讨,第四章则探讨日本诗话对于诗歌批评标准、批评方法和态度,其中涉及到对中日诗话本身的批评情况。第五章是日本诗话对于日本诗人、中国诗人、中日诗人的比较研究,以及对唐宋诗之争的讨论。最后总结了日本诗话在诗话体例和诗话内容两方面对中国诗话继承和发展的情况,重新肯定了日本诗话的学术价值。

关键词:诗话　诗歌　文学研究　中国诗话　日本

3359

元遗民诗人研究 / 唐朝晖著 ; 欧阳光指导 . -- 中山大学, 2005 . -- 205 页

论文以元代遗民诗人作为研究对象,对其成员构成、诗文成就及其相关的文化、文学现象作了较细致、全面、系统的梳理、阐释,力图完整准确地描述出元遗民诗人的成员构成、诗歌成就及与此相联系的各种文化现象。论文上篇"元遗民诗人综论"全面揭示了元遗民产生、存在的深层历史文化原因及当时的社会政治背景,明确指出元代理学、蒙古汉化及元明之际的社会现实与元遗民的密切关系。接着,系统分析元遗民的地域分布与成员类型,并从经济、政治、文化等方面把握其形成原因,然后,从元遗民诗歌的主题取向与话语特征两方面分析元遗民诗歌的创作成绩及与之相关的文化原因,最后,从元遗民诗歌与元代文学、明初文坛及中国遗民诗史三个方面揭示元遗民诗歌的独特价值与重要地位。元遗民诗歌既是元代诗歌的一个光辉总结,又是明代诗歌的重要组成部分,比它之前的元代诗歌多了一份刚健质朴之气,比他之后的明初诗歌多了一份个性色彩,少了一点道德说教和台阁体式。元遗民诗歌以其鲜明特色对明初、明代文坛产生了较大影响,是中国诗歌史上重要一环。元遗民诗人又是中国遗民史和中国遗民诗史的重要组成部分,他与宋明遗民既有坚决不仕新朝、顽固依恋旧朝的共同思想情感特征与行为处事模式,又有以恬淡闲适、个性独立为主的独特群体特征,具有特殊的地位和价值。下篇"元遗民诗人考论"试图全面、完整地勾勒出元代遗民诗人的生平经历、诗文成就及诗文版本情况,为上篇提供扎实可靠的文献基础,并为后来者提供一份有益的文献资料。

关键词:遗民　诗人　诗歌创作　创作风格　元代

3360

民国戏曲史论 / 唐雪莹著 ; 吴国钦指导 . -- 中山大学, 2005 . -- 304 页

论文将民国戏曲概括为三个历史发展阶段,并指出各阶段不同的特征:民国前期,戏曲出现了极度繁荣的景象,戏曲改良成为主旋律,新老剧种争奇斗艳,尤其是作为"国剧"的京剧,由成熟走向鼎盛,不仅出现了庞大的编剧队伍,而且在舞台表演方面,也涌现出众多的风格流派。"四大名旦"的脱颖而出,更是中国戏曲发展史上深具里程碑意义的大事。论文在论述民国前期戏曲繁荣的同时,进一步深入探讨了其繁荣背后之原因。抗日战争爆发以后,贯穿抗战戏曲的主线,由民国前期的启蒙、救亡,发展为抗日、争民主。戏曲编演内容也由前期的反帝反封建,尤其着重于反封建,转向抗日反汉奸,尤其着重于抗日。这主要是因为时代主题的衍变所致。解放战争时期,戏曲编演的主题进一步发展为反内战、保和平,反压迫、争民主。初具现实特点的中国戏曲投入了火热的战争,戏曲改革也从战前的着重形式转而强调内容以为现实服务,艺术形式的变革也从民国前期对传统演剧的精益求精,转而在中西戏剧的交流中借鉴汲取以探求新路。从"旧瓶装新酒"到"推陈出新",中国戏曲终于走出了一条大众化、民族化之路。论文认为,民国戏曲的发展呈现出一个鲜明的特点:因启蒙、革命、救亡的政治需要,引起了全社会对戏曲前所未有的关注,戏曲的社会地位也因此得到了极大地提高,社会功能受到了极大地推崇。

关键词:戏曲史　戏曲艺术　民国

3361

吴门画派的诗画结合研究 / 汪涤著 ；胡晓明指导. -- 华东师范大学，2005. -- 117 页

本文研究了明代中叶吴门画派在诗画结合方面的成就与影响。首先，文章分析了吴中地域文化传统、社会文化因素对诗画结合的推动作用，指出吴中文人处在社会的中层，这使他们既不过于热衷权力也不愿全然投入商业活动中，他们在文化上处在介于传统精英文化和新兴市民文化之间的中层状态，而诗画结合的形式最能恰当地表现其社会身份和文化艺术趣味；吴中诗画的结合也解决了艺术的自我表现性和艺术的实用功能性之间的矛盾，一方面使艺术家们在进行创造时更加自由和富有想象力，另一方面作品在传播过程中不断吸纳受众参与创造，起到了人际沟通的作用，并且也为创造者和受众带来了一定的经济收益。其次，分别以沈周、唐寅和文徵明为例分析了吴门画派诗画结合的三种不同类型，指出沈周继承并振兴了元末吴中诗画结合传统，然而他的作品弱化了元人诗画中普遍存在的避世情绪，代之以一种与自然和现实人生和谐共生的自得情绪；唐寅在才学和遭遇之间的巨大反差，使得他的诗画结合更强调一种豪侠与凄婉并存的风流之意，这种风格特征与其生平紧密相连，是部分吴中文人落魄的生存状态的反映；文徵明的诗画结合始终与其人品道德的内在之美相连，表现出温厚和平、古雅端庄的面貌，正是这种品质使得文徵明及其追随者能够获得普遍的赞誉，并最终奠定了吴门诗画在文艺界的主流地位。最后，文章探讨了吴门诗画的衰弱与影响，指出吴门诗画结合在明末衰弱源于社会经济状态的恶化以及吴中文人内在独立精神的消亡，然而吴中诗画结合促进了诗画在理论和审美趣味上的靠拢，对明清诗、画艺术各自的发展产生了重要影响。

关键词：绘画　诗歌　画派　吴门画派　沈周（1427～1509）　唐寅（1470～1523）　文征明（1470～1559）　诗画评论

3362

大观园研究 / 王慧著 ；于天池指导. -- 北京师范大学，2005. -- 185 页

本文从中国古代小说戏曲史的角度出发，从文学的眼光，在对《红楼梦》的文本细读中，旨在对《红楼梦》中的大观园进行较为全面、历史的细致梳理与研究。文章采用纵向与横向的研究方法，共分五章，前有绪论，后有余论及附录。绪论部分，作者简述了以往大观园研究的主要基调，提出了本文的主要研究方法和基本框架。第一章综述大观园研究的历史状况。第二章是把大观园放在中国古代小说戏曲史以及园林文化史中，梳理大观园之所以在曹雪芹笔下出现的文学文化根源。认为作为中国古代小说中环境描写的最高境界，大观园的出现，不仅是对以往小说戏曲中花园的继承和拓展，也与园林文化的渗入有关。从第三章开始，主要是在《红楼梦》的内部、从不同角度讨论大观园。本章讨论的是大观园的叙事艺术，认为大观园在《红楼梦》中的魅力首先在于其作为叙事背景却不断闪耀着诗意的灵光，而这离不开曹雪芹叙事中对时间和空间的设置。第四章把大观园作为环境背景来研究，讨论其中的主要人物的性格及其居住环境。认为大观园不同于以往的花园，作者在故事的渐次展开中塑造了“典型环境中的典型人物”，把环境与人物紧密结合在一起，互相映衬，成为一个整体。第五章主要从太虚幻境的设置看大观园，讨论其理想性问题，同时论述了《红楼梦》中的“情榜”，试图就“情榜”中部分人物来探讨曹雪芹情榜思路。作者认为，情榜的排列离不开贾宝玉，也离不开大观园，没有了大观园，也就不必奢谈情榜了。

关键词：《红楼梦》　大观园　曹雪芹（1715～1763）　文学研究

3363

东晋南迁士族与文学 / 王建国著 ；骆玉明指导. -- 复旦大学，2005. -- 175 页

论文共分为四章。第一章从研究玄学兴起的地域着手，分析了南迁士族的文化品格在魏晋时期形成的过程，并从政治、文化、经济等方面探讨了南迁士族与留北士族迁与不迁的原因。第二章论述了南迁士族南渡江左后在新的环境中形成的士风和学风。作者认为南迁士族对南方学风的形成有着重要影响。第三章，论述了东晋文艺与南迁士风及学风之间的关系，认为玄言诗与东晋门阀政治有着密切的关系，并认为山水诗产生于东晋中期南迁士族在会稽地区的山水审美实践；同时还探讨了东晋书法、绘画和音乐等艺术与南迁士风的关系。第四章则为对南迁士族中都孙氏的个案研究。

关键词：士族　文学研究　东晋时代　学风　士风

3364

陈霆研究 / 王磊著 ；汪涌豪指导. -- 复旦大学，

2005. -- 196 页

本文通过解析明代中期重要词人陈霆的创作成就和词学思想,认为那种以为明初和明末词尚称可观,而明中期词进入“中衰”曲线最低点的观点过于粗糙而有失公允。作者认为,比较陈霆于诗、词两方面的理论阐发和不均衡的创作成就,不仅可见其个人的偏好,又可见其诗学观对词学观的影响;他的哲学思想、史学思想在他的文学世界里多有折射,如他写隐逸之志的词尤多,论诗尚诗法与史笔兼重等;他的博学和浓厚的史家意识使得其论词尤重思想性和道德意识,主张把人品与词品紧密联系起来互为佐证,并进而主张以词存史,因此有必要对其史学思想、哲学思想也作一番考察。本文除绪论和结语外,共分五章。第一章是陈霆的生平及文学背景。第二章是陈霆文学思想的学术背景,讨论他的哲学思想和史学思想。第三章是陈霆的文学思想,以词论为主,分词论的内容、特色和失误三小节来谈。第四章是陈霆的诗文。第五章论陈霆的词。

关键词:陈霆　文学思想　文学评论　词　词品

3365

《妙法莲华经》的一乘思想及其文学特征 / 王丽洁著;陈允吉指导. -- 复旦大学, 2005. -- 139 页

本文从佛教与文学结合的立场进行佛经文化研究。全文分为三个部分:《法华经》的原典及其翻译与注疏弘传、法华义学宗旨、《法华经》的文学性研究。文学性研究包括《序品》的文学意义、法华譬喻艺术研究。第一章,作者用文献学的方法梳理了《法华经》从古至今的流传情况,透视了《法华经》的文本背景。第二章,介绍历代法华思想研究“以一乘为宗”的背景,重点介绍“释教之经”的观点,并由此确立了从教、理、行、果等不同角度探讨其一乘思想构成的研究方法。第三、四章《法华经》的文学性研究,是本文重点。本文认为其文学意义主要来自“法华六瑞”的隐喻象征艺术、六瑞序与疑念序的戏剧性效果,以及“文殊答疑”与《法华经》的特殊叙事结构。作者提出大乘譬喻观是将譬喻当作直观真谛的殊胜方便和“庄严论议”来使用,强调的是譬喻令人“信著”和“乐著”的作用及其“以声遮声”的审美效果。作者还重点分析了drstānta 和 avadāna 两类譬喻的审美特性,认为前者侧重于随顺人情,后者重在神通夸饰,显示了《法华经》作者为赋予佛菩萨形象双重真实性所做的努力,一是以其世俗的人性而自庄严,一是以神通示现令庄严更加殊胜。最后,从譬喻角度论述《法华经》的叙事文学成就,主要从情节结构艺术、诸佛菩萨形象的塑造、庄严的审美意境等几个方面展开。

关键词:佛经　法华经　宗教文学　文学研究

3366

渊源·风会·正变:晚清小说研究 / 王同舟著;陈文新指导. -- 武汉大学, 2005. -- 139 页

作者认为,晚清小说,即晚清作家、批评家自己所称的“新小说”,既可以视为中国古典小说的尾声,又可以视为现代小说的先声,它的历史定位问题也因此而难于处理。笼统地概括为“过渡阶段”或“新旧杂陈”,已不能令研究者满意,而这正是本文的意图所在。论文将晚清小说置于传统小说的背景下进行观察,将此期间所发生的种种重大变化同时纳入视野,以期比较准确地呈现晚清小说的总体面貌,比较客观地评价晚清小说的历史地位。全文共五章。第一章与第二章,以小说观念和小说格局的变化为线索,旨在梳理晚清小说的发展历程。作者认为,小说观念的变化是晚清小说格局变化的内在动力。自 1895 年第一批新型小说出现,到 1902 年《新小说》创刊,“小说界革命”完成了其理论建构,小说文体由此进入理论家的视野。大致在 1906—1907 年之交,相当多的小说家在实际创作中背离了“小说界革命”的方向,将小说视为“消闲之书”,导致“小说界革命”的消沉,倾向于迎合一般读者的趣味。不过即便在这一阶段,小说家也未放弃“小说界革命”口号,仍然宣称他们的小说具有促进社会改革的意义。第三章与第四章,以传统小说为参照系,重点考察晚清小说在内容方面的重大变化。第三章重点研究晚清小说的“真实性”问题。作者认为,由于科学观念的增强,晚清小说作家严格地面对现世和现实进行写作,将题材限定在人的、物质的世界以内,将情节的进展植于现实的力量的冲突之上,从多方面冲击了传统小说的总体格局,为后来写实主义的提倡提供了坚实的基础。第四章重点研究晚清小说的“非个人化倾向”,认为突出的是人作为社会成员和作为“国民”的属性,所表达的信念是,人必须抑制个人的情感、需求,而优先履行其“国民”义务。这反映出传统的人性观念、伦理道德观念对晚清小说价值取向的强大影响,也反映出其与现代小说的差距。第五章则探讨晚清小说从“寓教于乐”到“寓教于悲”、从“笔伐深刻”到“滑稽玩世”的重大变化,介绍了晚清小说社会批判意识。

关键词:小说　晚清　文学研究

3367

三礼用诗考论 / 王秀臣著 ; 傅道彬指导. -- 哈尔滨师范大学, 2005. -- 277 页

“三礼”是《周礼》、《仪礼》与《礼记》的合称。作者认为,“用诗”是先秦社会一种普遍的社会现象和文学现象,“礼”是“用诗”产生和发展的整个社会背景和文化背景,并作为一个重要角色直接参与了这一特殊的文学实践。因此,从礼的角度去研究《诗》的形成和发展史,或从《诗》的角度去研究先秦礼制的演变过程,均不失为最便捷最有效的途径。全文共六章。第一章,介绍“三礼”的成书时代、文学价值以及其文学史意义。第二章,探讨了礼与诗、乐关系的历史演变。作者认为,“乐”在先秦文化中具有独特的重要性,深刻地影响了先秦的政治、文学和艺术,礼乐关系是诗礼关系的历史形态。“诗”作为先秦时期重要的文化角色,几乎同所有与“礼”相关的问题相联系,而礼的变化也带来了诗的变化,所有与“诗”相关的问题几乎都受“礼”的影响。三者之间错综复杂的关系和发展演变,反映了礼乐制度的建设周期和演变规律,体现了礼乐文化背景下中国诗歌发展的独特历史轨迹。第三章,系统介绍宗周“雅乐”的具体内容及其同礼乐文明的关系。指出“雅乐”的内涵极其丰富,它是政治的伦理的宗教的,也是文学的,“诗”、“雅乐”和“礼乐制度”三者之间构成一种同源同构关系。第四章,探讨周代礼典制度与《诗》的传播和接受。作者认为,由诗到《诗》的发展,不仅是文本形成的过程,更是走向贵族、宫廷、社会和礼典的过程,礼典属性是《诗》最基本的属性。《诗》因礼典而结集,也因礼典而传播和接受。战国时期百家争鸣,但把《诗》运用到逻辑论辩领域用以说明自己的观点,却表现出惊人的一致,言语引诗的盛行把先秦用诗机制推到了发展的极致。第五章,讨论燕飨礼仪与秋时代的赋诗风气,认为赋诗言志是春秋时期用诗的特点,而这一特点同春秋礼制的发展状况相联系。第六章,讨论“礼义”的发现与《孔子诗论》的理论来源。作者认为,虽然到了战国时代,礼制就彻底崩溃了,但作为一种文化却不会马上消失。因此战国时代是对礼进行理性思考和理论总结的重要时期。从《诗》的传承与接受的角度而言,用诗机制的延续和发展是《孔子论诗》的理论背景,《孔子诗论》是用诗的诗论。这一诗论的思想前提是“礼义”和“性情”,所以既是“礼义”的诗学,也是“性情”的诗学。

关键词:《周礼》 仪礼 《礼记》 诗歌 礼乐 文学研究

3368

才子佳人小说史论 / 王颖著 ; 李时人指导. -- 上海师范大学, 2005. -- 255 页

才子佳人题材的小说独立于唐代小说文体,至清代前期形成流派,并于清代中后期发生衍化和变异。本文试图对这一文化现象作整体考察,梳理才子佳人小说的发展脉络并探究其演变规律,解读各时期才子佳人小说的文本并考察其与文化语境的关系,全面审视才子佳人小说在小说史、文学史、文化史上的地位和价值。全文由绪论、正文和结语组成。绪论部分主要是对才子佳人小说的概念和研究范围进行重新界定,并回顾才子佳人小说研究的历史,提出本文重点解决的问题。正文第一章,总结小说文体独立前的爱情故事对才子佳人小说的艺术滋养,分析唐代小说的成熟、爱情题材小说的发达与才子佳人小说出现之间的关系,并从唐诗文化、豁达民族心理与门第观念相矛盾的角度,对典范才子佳人小说的文本特征和审美意蕴进行解析。第二章,研究两宋时期才子佳人小说的创作概貌,详细阐释渐兴的市民文化与理学思潮对两宋才子佳人小说的文本特征、美学风貌产生的双重影响。第三章,考察小说创作式微下的元代才子佳人小说取得的成就,并对其文本特征的形成的原因从文化多元建构与戏曲繁荣的层面予以关照。第四章,关注明代才子佳人小说从文言到白话的转化为才子佳人小说格式固定所起的作用,探究繁荣的市民文化、涌动的启蒙思潮与小说的文本特征以及俗化的审美意趣之间的关系。第五章,探讨在复兴的儒家文化与深入的市民意识等多元文化语境下,才子佳人小说流派形成并走向模式化的具体原因,透视作家回归雅正的文化情结及抒写理想的创作心态,发掘流派作品的文化内涵,重新评价这些作品的价值。第六章,从妇女观、人生观、爱情观及诗意审美等六个方面,论述《红楼梦》对才子佳人小说的借鉴与超越,揭示《红楼梦》的出现对才子佳人小说创作走向的影响。第七章,对清代中叶后才子佳人小说衍化及变异的概况及原因予以关注,重点论析儿女英雄小说与狭邪小说在文本特征上表现的对才子佳人小说的依附与变异。第八章,进一步考察才子佳人小说的余脉,即20世纪前10年的写情小说对古代才子佳人小说美学范式的继承与消解,指出其沉淀千年的艺术经验对后世的小说创作仍产生着影响。

关键词:才子佳人小说 小说史 文学评论

3369

初盛唐七言古诗研究 / 魏祖钦著 ; 陶文鹏指导. -- 中国社会科学院研究生院, 2005. -- 134 页

作者认为,七言古诗是一种体制灵活的诗体,具有自己特有的体制特征和审美规范。初盛唐时期七古成就斐然,对后世具有深远影响。本文即立足于初盛时期七言古诗的文学文本,采用定量分析与个案分析相结合的方法,分析研究了七言古诗的体制特点及其在初盛唐的演变规律,探讨了诗体背后的文化内涵。论文正文分为六章,分别从七言古诗相关概念、诗体特征、唐前七言诗的演变、初唐七言诗的嬗变、盛唐七言诗的全面繁荣和繁荣原因的探讨及影响述略等方面展开讨论。作者认为,七言古诗特定的体制特点和审美规范是在长期的发展过程中逐渐形成的。它可以综合运用句式、句法、声律、韵律、修辞等多种因素来表现特定的内容和情绪,所以具有很强的表现力。一般说来,七言古诗适宜表现复杂的社会生活、阔大的景物、大悲大喜的情绪和复杂的人生哲理。七古的繁荣是特定时代的产物。繁荣的唐代社会为七言古诗的繁荣提供了物质基础,更重要的是,七言古诗的内在诗体精神与文人心理结构存在着同构对应性,它满足了诗人们施展才情、表现繁富多彩的生活和复杂多变情绪的需要,所以其在唐代走向繁荣有着内在的必然性。

关键词:唐诗　七言古诗　诗体　诗歌研究

3370

张问陶论诗诗及其诗论研究 / 温秀珍著 ; 蒋凡指导. -- 复旦大学, 2005. -- 165 页

张问陶是清代乾嘉时期著名的诗人和诗论家,但没有诗论专著问世,他的诗歌理论是通过以诗论诗的形式来阐述的。本文共分四章。第一章主要对张问陶生平与思想做了研究。第二章作者从论诗诗的起源、发展和繁荣入手,分析了张问陶论诗诗的贡献,并通过解读和评析他的论诗组诗,探讨了张问陶的诗学观点。在第三章中,作者认为研究张问陶对历代作家的批评,有助于全面、客观地把握他的"性灵说",因此分成五部分进行研究,分别为:张问陶论先秦、两汉作家,张问陶论魏晋六朝作家,张问陶论唐代作家,张问陶论宋金元作家,张问陶论清代作家。第四章继续分析张问陶"性灵说"理论,同时兼与袁枚、赵翼进行比较,以更好地认识其诗学理论的合而不流。

关键词:张问陶(1764~1814)　诗歌　文学评论

3371

魏晋南北朝音乐文化与歌辞研究 / 吴大顺著 ; 许建中,李昌集指导. -- 扬州大学, 2005. -- 275 页

本文尝试在音乐背景与歌辞文学形态演进之间寻找二者的内在联系,将魏晋南北朝"歌辞"置于当时音乐文化建构和具体音乐活动中进行审视和描述,从而认识"歌辞"丰富而复杂的多重意义,阐释由此引发出来的歌辞文学与文学史的若干问题。论文在总体结构上分成"魏晋南北朝音乐文化建构史论"和"魏晋南北朝歌辞文化专题论"两部分,全文共八章。"魏晋南北朝音乐文化建构史论"部分为一至四章,重点着眼于魏晋南北朝音乐文化背景的动态考察。第一章重点梳理了魏晋时期民间音乐发展变迁和宫廷音乐文化建构的过程,讨论了二者之间的关系。第二章重点讨论东晋吴歌等民间音乐发展与宫廷音乐文化建构的关系。第三章主要讨论南朝吴歌、西曲等民间音乐兴盛繁荣与南朝宫廷音乐建构的关系。第四章重点讨论了北朝民间音乐发展与宫廷音乐文化建构的关系。"魏晋南北朝歌辞文化专题论"为五至八章。第五章重点讨论了胡乐入华与华胡音乐交流的历史过程及其对歌辞创作,尤其是文人歌辞创作的影响。第六章主要讨论南朝音乐文化活动和宫廷音乐文化政策对歌辞创作的影响。第七章讨论了魏晋南北朝文人歌辞的演唱与传播问题。第八章主要梳理了中国诗歌史上"歌诗观"与"徒诗观"形成演进的历史过程,讨论了"徒诗观"确立的诗歌史意义。

关键词:音乐文化　民间音乐　宫廷音乐　诗歌　魏晋南北朝时代

3372

宋代试论与文学 / 吴建辉著 ; 许结指导. -- 南京大学, 2005. -- 174 页

本文探讨宋代试论与文学创作、文学风尚的关系。全文共六章。第一章阐述论在题材内容上的演变过程,论体的艺术特征,以及论、试论与文学的关系和试论与古文的关系。第二章首先叙述了试论在省试、殿试中确立的过程及伴随该进程发生的一些相关的改革活动,揭示了试论在进士试中日益隆升的地位;其次介绍了试论的内容和考试规则;再次通过北宋庆历新政、熙宁变法和嘉祐贡举事件对试论发展的影响,阐述在这一系列政治活动中试论与文学所发生的关系;最后点出了北宋末期科场不正的文风及对南宋科场、文风的影响。第三章考察制科的反复置罢过程,揭示试论的地位不断得到稳定的情势,介绍了制

科试论的出题范围、方式，并对制科试论与文学的关系以及过分的程式化带来的八股倾向作了探讨。第四章从两方面对试论与文学的关系作了探讨：时文与古文发展的互动关系，试论在审美追求上与北宋整个审美趋向及文学作品审美趣味的一致性。第五章分析苏轼试论的时代意义及内容特色，指出其试论新颖的内容、精湛的技艺为北宋科场带来了一股清新之风，扭转了科场的不正之风，入仕后的继续创作则为文坛带来了生机和活力。第六章以南宋论作名家叶适的试论为研究对象，将其与苏轼进行比照，分析了叶适论作的艺术特征，既表明与苏轼的传承关系，又凸现叶适的创作特色，进一步说明试论在南宋仍然与文学有着重要的联系。

关键词：古代文论　科举制度　苏轼(1037～1101)　叶适(1150～1223)　文学研究

3373

李涵秋小说研究／伍大福著；郭豫适指导. -- 华东师范大学，2005. -- 191页

本文以清末民初"海内第一流社会小说大家"李涵秋(1874—1923)及其小说为研究对象，解读了其人其文。首先，文章以扬州的地域文化为背景，介绍了李涵秋的生平、交游情况，揭示出李涵秋女性化、才子气的性格特征及其生成的地域文化、家庭环境原因。其次，将李涵秋与其几乎同时的三位颇具盛名的小说家进行比较，分析了李涵秋早年诗歌创作的家庭、社会特点，借以阐明李涵秋小说创作发生的与众不同之处；并简单梳理了清末民初小说观、小说创作实况的演变轨迹，以此为依托，阐述了李涵秋小说创作的嬗变特色。再次，论述了李涵秋小说对中下层家庭生活的展示，指出涵秋小说主要描写绅商和读书人的核心或直系家庭，家庭生活描写中侧重死亡、婚姻缔结方式以及家庭成员之间的关系，这些都体现了李涵秋"善"、"勤"、"和"与因果报应的家庭观，"保守旧道德"成为涵秋小说摹写家庭生活的主要着眼点。随后，从革命与共和、不同人群在动荡社会中的生活选择、民俗文化等相关侧面，探讨了李涵秋小说对中下层社会生活的反映，指出"拥护新政制"、"正人心，移风俗"成为涵秋小说描述社会生活的基本出发点；并从叙事结构、叙事视角、叙事语言三个方面，指出其小说具有域外与本土、文人与民间互相交织的艺术特色。最后，本文强调了李涵秋固守本色、孤介绝俗的为人和改良社会的为文，指出其小说采用传统形式对于描述新生活与表达新思想的局限性所在以及偶尔出现的瑕疵。

关键词：李涵秋(1873～1923)　小说　作品风格　清末民初

3374

《醒世姻缘传》研究／夏薇著；马瑞芳指导. -- 山东大学，2005. -- 236页

本文以小说《醒世姻缘传》为研究对象，分为三个部分。其中正文部分共分七章。第一章中，作者依据廪生保结制度、提督山东学政、服装颜色、《醒世姻缘传》与《姑妄言》及《红楼梦》的关联四个方面，对《醒世姻缘传》的成书年代进行了考辨，认为其成书年代定为清雍正四年至乾隆五十六年间。第二章对《醒世姻缘传》的作者"西周生"基本状况进行了画影图形，用粗线条色勒出他的基本轮廓，并得出西周生不是蒲松龄的重要结论。第三章中，作者指出《醒世姻缘传》中的虐恋本质，认为它是中国古代虐恋文学之冠。第四章概括了《醒世姻缘传》的全景伦理道德体系，详细论述小说中儒、道、释三者的关系及在小说中的各自功用。第五章评析了《醒世姻缘传》的叙事艺术，指出了它在叙事方面的独到之处。第六章为故事编年，作者按小说的回目顺序，将出现在《醒世姻缘传》中的所有时间按两世姻缘的发展排序编年，并推算出小说主要人物的年龄及其在各年龄段的大事。第七章为故事题录，涵盖了绝大部分《醒世姻缘传》中提及的发生有关主线人物、副线人物以及主、副线之外人物身上的小故事梗概。

关键词：醒世姻缘传　成书年代　叙事　文学研究

3375

中国诗学理论中的"法"范畴／谢群著；汪涌豪指导. -- 复旦大学，2005. -- 108页

文章力图挖掘"法"范畴的理论内涵，勾勒其发展的轨迹以及确立其在中国诗学体系中的地位。作者认为，"法"是中国诗学乃至中国古代文艺理论中的重要范畴，然而长期以来"法"并没有被研究者当成范畴看待，其作为一个范畴的理论内涵及其可能产生的影响也没有得到应有的重视。文章共分为五个部分：第一章主要考察文化哲学范畴的"法"向诗学范畴"法"汇通、演变的过程，意在追溯"法"的哲学根源，为"法"的特定内涵寻找依据。通过考察，作者认为，"法"由"礼"而来，具有"礼"的某些特性。第二章则对出现在批评文本中诸多的"法"进行内涵的界定，将

"法"分为文心之法、文体之法、技巧之法。第三章结合诗学的发展历史,阐述诗法的几个重要发展阶段,并在诗法的发展中勾勒"法"范畴的发展进程。作者认为,杜甫建构了一个初步的诗法理论体系,"法"范畴在宋代得到了最终的确立,由于细密诗法的极致发展,王夫之等对"法"进行了消解。第四章在第三章的基础上对"法"范畴从形式价值和主体的角度进行了理论的分析,意图从中揭示诗学批评和创作的内在规律以及本民族思维方式、文化传统对它的影响。最后,对"法"范畴在中国诗学体系的地位进行了探讨,认为"法"是一个重要的艺法类范畴。

关键词:诗学　诗法　文学研究

3376

先秦兵书研究 / 解文超著 ; 赵逵夫指导. -- 西北师范大学, 2005. -- 135 页

本文是对先秦兵书进行的整体研究,采取专题讨论的形式,强调先秦兵书的文献学价值和兵书本身所体现的思想精华,围绕先秦兵书发展及思想的一些中心论题,进行具体而深入的探讨,展示先秦兵书特有的学术价值。全文分上、下两编。上编分为六章,分别对《孙子兵法》、《吴子》、《孙膑兵法》、《司马法》、《六韬》、《尉缭子》六部先秦兵书进行文献学研究。作者首先采用"外证"的方法,即运用目录学、版本学、校勘学等知识,在前人研究基础之上,将兵书与同时代的文献进行对比研究,对先秦兵书的真伪、作者、成书年代及流传情况等问题进行考察。其次采用"内证"的方法,即从兵书本身所提供的时代背景、人物、风俗、制度、语言文字特点等来探讨先秦兵书的文献学问题,进行系统的阐发和梳理,从而提出自己的看法。下编是对先秦兵书进行思想研究,共分五章。第一章论述了先秦兵书所体现的哲学思想,归纳出三种主要的哲学内涵。第二章探讨先秦兵书所体现的政治思想,认为具有人文与政治双重特征。第三章论述先秦兵书所体现的管理学思想,依据现代管理学观念和原则,认为具体表现为人才管理、领导素质和部门和谐管理三个方面。第四章论述先秦兵书所体现的心理学思想,着重讨论了所反映的心理战的几种心理特点和依据。第五章论述先秦兵书的文体特征及文学表现等问题。作者首先将六部兵书进行了文体分类;其次针对兵书作者驾驭语言的才能和技巧进行修辞艺术方面的分析,以加深对兵书体现的散文特点的理解;最后结合现代文学的观念,对先秦兵书的文学表现进行深入的讨论。

关键词:兵法　文献学　文学研究　文体　学术思想　先秦时代

3377

唐宋词意象的符号学阐释 / 辛衍君著 ; 杨海明指导. -- 苏州大学, 2005. -- 151 页

本文基于中西方对文学批评的对象的不同,避开了我国主要以内容为研究对象的批判形式,试图用西方符号学理论对唐宋诗词进行系统的阐释,以拓宽唐宋词意象的研究领域。文章引言部分简要地论述了唐宋词意象的符号学研究之学术意义。正文部分分为八章。前两章主要对"意象"以及"意象"理论的形成和发展进行了梳理,并论述了东西方审美意象观念的碰撞与交融。第三章运用苏珊·朗格等符号美学家的理论对唐宋词意境进行符号学分析,得出唐宋词作品是意象符号的创作这一结论。随后的四到七章是论文的核心部分,作者将唐宋词意象符号分为时间、空间、人物(美人)、景物四大类进行分类研究。为更好地说明问题,特精选了月(夜)、黄昏、楼、帘、美人、水、柳、花、鸟等九个具有代表性的意象符号进行剖析。第八章总结部分着重论述了两个问题:一是唐宋词单句符号的选择与词风形成的关系;二是唐宋词单句符号的排列组合与词境营造的关系,进而自然地引出了唐宋词是由多个意象符号组成的动态符号系统的结论。

关键词:唐宋词　意象　符号学　文学研究

3378

北宋文人集会与诗歌 / 熊海英著 ; 王水照指导. -- 复旦大学, 2005. -- 157 页

作者探讨北宋文人集会与诗歌发展之间的关系,重点研究雅集对诗歌创作的促进作用。全文分上中下三篇。在上篇中,作者首先指出北宋以来文人集会尤其是雅集的发展情况,着重介绍了怡老真率会、曝书会、茶会、中秋聚会、诗社等五种类型的集会。同时还对北宋文人集会的特质进行了总结归纳,将其概括为四点,即格调文雅化、关系平等化、创作多样化、雅集风气下移化。中篇作者全力阐释雅集与诗歌创作及批评的关系。作者认为在集会背景下诗歌有四个主要特征:表现出文人创作争胜意识和娱乐心态;形式上以长题、诗序、自注作为对诗歌的补充;诗歌内容中出现了人我关系;诗中多人文题材和以学问为诗。在雅集与诗歌批评的阐释上,作者认为诗话源于文人集会,指出文人集会与诗歌体派存在着对应发展的现

象。在下篇,作者分析了北宋文人集会的思想背景,认为北宋文人对魏晋风雅的承继与超越及其在日常生活中就存在的审美化和去俗崇雅的倾向促使了北宋集会文化品格的形成。同时北宋文人乐易精神也奠定了北宋文人集会的情感基调。北宋文人群体意识的觉醒以及"意合心赏同"的交游原则和文人精英地方化的趋势导致了集会特有的活动方式。

关键词:文人　诗歌　文学研究　北宋

3379

唐五代北宋词学思想史论 / 徐安琪著 ; 陈庆元指导. -- 福建师范大学, 2005. -- 292 页

本文以唐五代北宋词学思想为核心,深入研讨了其产生的社会时代背景,以宏观的视野论述了词学思想与社会文化思潮的关系,清晰地勾勒出唐五代北宋词学思想发生、发展与嬗变的历史,细腻地分析了发展诸阶段的具体状况。在展示唐五代北宋词学思想的基本内容即词体特性论、词体功能论、创作主体论、创作论以及词学审美理想的基础上,论证了缘题所赋、本色当行、诗词一体、变旧声作新声、屯田蹊径、富贵气象、以诗为词、自有一种风格、别是一家、闲雅、清绝、韵、清真等唐五代北宋词学思想的重要命题与概念。文章力图将词学创作与词学批评和词学理论结合起来考察,使传统的词学理论批评研究转化为词学思想史的研究,探讨这个时期人们的词体意识、词学观念以及审美理想,同时还采用了美学、文化学、社会学等研究方法,注意史料运用与理论分析的统一、微观分析与宏观统摄的结合,从而初步建构了原生形态的唐五代北宋词学思想史体系,把握了唐五代北宋词的艺术精神。全文共分五章。第一章主要论述唐五代的词学思想为宋代词学思想的发展奠定了基础。第二章论述北宋初期的词学思想是由唐五代词学思想向宋代词学思想过渡的梯航。第三章论述北宋前期的词学思想的发展与文学革新思潮潜存着既对抗又互动的关系,指出该时期人们对歌词创作具有了自觉的意识。第四章论述北宋中期的词学思想在诗文革新的激荡下开创出了新的思路。第五章论述北宋后期的词学思想一定程度上引导了创作倾向由北宋向南宋的转型。

关键词:词学　文学思想　文学研究　唐五代　北宋

3380

陆游诗歌研究 / 徐丹丽著 ; 莫砺锋指导. -- 南京大学, 2005. -- 130 页

本文是对南宋诗人陆游诗歌中的一些问题进行的探讨,分为五个部分,包括绪论和正文四章。绪论部分,首先对陆游的著作和人生做整体介绍,然后简要陈述了前人的研究成果和当前学术界关于陆游诗歌研究的状况,指出这些研究大体局限在少数题材和少数篇目上,并在此基础上提出本文选题的缘由、研究设想、预期结果和意义。正文第一章论述陆游诗歌的渊源,重点考察他对《诗经》及屈原、陶渊明、李白、杜甫、白居易、梅尧臣等的接受与学习,论证其诗歌兼备众妙、自成一家的原因和过程。第二章论述陆游诗歌的内容,分别对陆游的爱国诗、情义诗、饮酒诗、读书诗、农事诗进行分析。第三章论述陆游诗歌的发展历程,将其分为早、中、晚三个时期。指出:其早期诗歌入门雅正,已表现出了陆诗的整体轮廓。中期诗歌是陆诗的跃进阶段,其中的重要转变形成于离开南郑后的数年之内,在爱国诗中表现得最为突出,七古以雄浑奔放为主导风格,而其后的七律转向雄浑沉郁。晚期诗歌归于平淡,求新求奇的精神达到形迹尽泯的境界,以精警的艺术构思、朴素的语言实现对平凡事物的审美升华;以自然意象为主,用典减少;晚期重复诗在诗歌语言艺术的表现力上有积极意义。第四章论述陆游诗歌的接受问题及其影响。认为南宋后期诗坛上的江西诗派和江湖诗派中的一些人都不同程度地受到陆诗影响,而以爱国内容和关心民生疾苦的诗篇影响最大。但从宋金之际直至明代,陆诗的影响都极其有限。至清代学习陆诗的人很多,其中钱谦益、宋琬、查慎行等人取得了较好的成绩。

关键词:陆游(1125~1210)　诗歌　文学研究

3381

清代戏曲小说相互改编研究 / 徐文凯著 ; 刘勇强指导 . -- 北京大学, 2005 . -- 225 页

本文从清代戏曲小说之间的相互改编入手,对两种文体之间内在的相互渗透和借鉴,以及由此引发的规律和意义进行了初步探讨。第一章从理论批评、作者构成、作品文本三个角度对清代戏曲与小说关系的特殊性进行全面透视,认为,清代出现了一批戏曲小说双栖作家,他们的创作题材上有相通之处,但是对于两种文体的处理方式有时却有微妙的区别。从作品文本来看,两种文体相互借鉴与渗透也极为广泛,尤其是小说中戏曲艺术的运用在诸如人物出场描写、场面调度、背景点染、人物语言等各个方面都有突出的显示,在表达主题思想、揭示人物命运、推动情节发

展上都发挥了无可替代的作用。第二、三章分别论述由小说改编为戏曲的传统模式和由戏曲改编为小说的逆向操作。文章先按时间顺序对“三言”、李渔小说、才子佳人小说、《聊斋志异》、《红楼梦》、公案侠义小说几个热点的改编从不同的角度进行了勾勒和论述,拼合出清代戏曲改编的全貌及不同时期不同的改编兴趣和倾向。进而论述了清代“传奇改编类”小说在语言上删去曲词而连缀宾白、在情节上“增”、“删”、“改”、“化”的独特性,并着重分析了三组不同方式的个案。第四章为两类改编的综合研究,主要论述改编的趣味及价值。论文所讨论的清代由小说改编的戏曲多是文人基于“借他人酒杯,浇自己块垒”目的之下,将通俗小说雅化以展现文辞的结果;而传奇改编类小说则是一批已经商业化了的下层文人,仅仅关注戏曲所讲述的故事,将戏曲简单化、通俗化的粗糙产物。文章主要透视了改编与独创、评点和续书、传播之间的关系,对改编的价值进行了全面考察。通过两种文体之间相互改编的艺术得失还可以看出,小说与戏曲之间的相互影响固然对二者的发展大有裨益,但它们也应该有各自的特点与畛域,当它们之间的延用超出了界限,也会有消极的影响。

关键词:戏曲研究　小说　改编　清代

3382

李绿园的创作观念及其《歧路灯》研究 / 徐云知著 ; 张燕瑾指导. -- 首都师范大学, 2005. -- 251 页

在 18 世纪的中国,与《儒林外史》和《红楼梦》几乎同时产生的小说还有《歧路灯》,由李绿园耗时 30 年撰成,是我国古代第一部长篇白话教育小说,也是浪子回头题材的集大成者。本文从“教育小说”概念的界定入手,试图对李绿园创作观念的成因、《歧路灯》文本意义的构成以及二者之间的关系进行探讨和论证,以此透视《歧路灯》的文学意义与教育意义的构成,以期在人文反思和重构社会文化语境中寻求文学理解与教育理解的具有借鉴价值的普遍性。全文共三章,沿着“总体—部分—总体”的研究思路展开。第一章是总论,从宏观角度对以往关于李绿园及其《歧路灯》的研究进行梳理把握和关照,作为研究的出发点和立足点。第二章为时代论和作家论,分析李绿园以小说行教化创作观念形成的时代因素,指出康乾盛世的经济、文化与社会风气是影响李绿园创作《歧路灯》的重要因素;并从李绿园的生平切入,解析时代对作家及其文学创作的影响,以及作家又是如何在与时代互动的同时,从其教育家与小说家的社会责任感出发,以其独特的视角来关注和解决社会问题;最后概述其以小说行教化的创作观念。第三章为作品论,侧重研究《歧路灯》文本内容,主要从李绿园的教育观及其教育对策、《歧路灯》教化的内容与形式及其教育影响系统的构成等五个方面,来研究李绿园在创作实践中如何赋予其小说以“教化之上”的实质内容,其小说又在多大程度上实现了他以小说行教化的创作观念。在结论中,论文作者认为李绿园以小说行教化的创作观念的教育意义有三:一是揭示出教育与经济发展之间的必然关系,指出富教并重的重要性;二是揭示出教育是一个综合的影响系统,学校、社会和家庭应组成立体化的系统全面地施加教育影响;三是揭示出教育内容与形式要与个体的发展与时代的要求相适应。

关键词:李绿园(1707～1790)　文学创作　小说《歧路灯》

3383

中古隐逸诗研究 / 许晓晴著 ; 骆玉明指导. -- 复旦大学, 2005. -- 122 页

本文以中古隐逸诗为研究对象,指出在特定的隐逸文化氛围中,中古文人以创作隐逸诗作为一种精神生活的象征,追求精神上超越世俗的自由状态,客观上拓展了中古诗歌的审美表现领域。文章主要分五个部分进行论述。第一章探讨隐逸诗的概念和分类并进行溯源研究。首先在辨析隐逸诗概念的基础上,从内容方面进行分类研究。然后对中古隐逸诗歌进行了溯源,探讨先秦、两汉时期隐逸诗的初始表现形态。第二章探讨中古隐逸诗兴起的渊源及背景。中古隐逸诗是在特定的隐逸文化氛围中产生的,通过考察其形成的思想理论基础、社会历史背景等因素,进一步揭示隐逸诗在中古兴盛的必然性。第三章对中古隐逸诗进行了分期研究,根据隐逸诗在中古各时期的形态特征,对隐逸诗进行历时性研究,考察其在不同时期的演变与发展情况。第四章对中古隐逸诗进行专题研究,这包括:招隐诗与反招隐诗研究,探讨其产生、发展以及消亡的规律;陶渊明田园隐逸生活的诗化建构,探讨陶渊明如何构建诗化的田园隐逸生活;园林集会与隐逸诗,探讨文人集体创作的隐逸诗的特征。第五章,对中古隐逸诗进行文本分析,分别从意象分类、结构模式、情感表现等方面论述中古隐逸诗的共同特征。

关键词:古典诗歌　隐逸诗　文学研究

3384

汉唐边塞诗主题研究 / 阎福玲著 ; 张采民指导 . 南京师范大学, 2005 . -- 145 页

本文在汉唐文化背景下对汉唐边塞诗的苦寒、尚武、思乡、征战与风俗等五大主题及其创作模式作了探讨研究。首先,文章通过分析“边”与“塞”的具体内涵,比较边塞诗与征戍诗、本土诗、边疆诗的差异,为边塞诗作出较为合理的定义,进而概括边塞诗的三大特征:政治性、地域性和特殊的时代性。其次,探讨了边塞诗的苦寒主题,从边疆自然地理特征、边疆开发迟滞和写景抒情需要三方面探讨了边塞诗苦寒特色的成因;进而从共时性上探讨苦寒主题的具体内涵,分析诗中表现的征行、思乡、失意和生死抉择四种苦寒体验。再次,探讨了边塞诗的尚武主题,认为受农耕生活和传统教化的影响,汉民族文化有任侠精神而无尚武精神,先秦和东晋南北朝两次民族融合为秦汉文明和隋唐文明融入了尚武精神,在边塞诗中表现为爱国精神、功业歌唱和任侠精神的高涨。接着,讨论边塞诗的征战主题,具体分析了汉唐边塞诗对民族征战的表现,唐代边塞诗对边塞战争的思考,进而概括蕴含在边塞诗中的深沉哀婉的悲剧精神。然后,讨论了边塞诗的思乡主题,认为征戍的广泛性、恒久性及艰苦性构成汉唐征戍制的总特征,是思乡主题产生的现实土壤;并从征夫乡恋、战士乡恋与军幕文士乡恋的差异方面,分析了边塞诗思乡主题的嬗变及特征。最后,本文从写景与风俗两方面纵向勾勒古代边塞诗自然写景的基本格局和时代特色,描述汉唐边塞风俗诗的创作状况,概括了风俗诗的写作模式,进而阐释了边塞诗风俗主题的价值与意义。

关键词:边塞诗　创作主题　风俗　汉代　唐代

3385

汉魏六朝文体论与文体观念的演变 / 杨东林著 ; 吴承学指导. -- 中山大学, 2005. -- 136 页

文体论是汉魏六朝文学批评理论的主要表现方式和基础性环节,起源上及先秦时期,在两汉时期创作领域文体增繁的历史基础上成立。本文正文共分五章,以文体理论形态和“体”概念蕴含构成的演变作为结构全文的基本理路。作者认为,从文体论理论形态的演变发展看,由先秦萌生的文体功用论,到汉代史志目录学中的文体分类研究,再到魏晋时分类辨析文体源流的文体流别论,是一条线索;而魏晋时期形成的单纯论文体艺术体式的文体风格论,是另一条线索。二者逐渐合流,在南朝发展衍生出文学理论批评的新的方向和新的理论形态,把南朝的文学理论批评引向了一个极为宽广的天地。从“体”概念蕴含的构成演变看,由汉代作为一般语言体式概念的文体概念产生,到魏晋时期体类、体性、体貌结合的综合性文体概念的形成,再到刘勰在文体形式构成要素之间的关系、文体客观规范与主观情性之间的关系等多种关系中所建构的综合性的辩证的文体概念的最终成型,是“体”概念发展的基本脉络。本文认为,魏晋时期曹丕将才性论引入文体论,陆机从艺术体式上论文体,标志着文学文体论的形成。而发展至南朝已经成熟,其最重要的表现便是在对各别文体进行论述的基础上,文体论者把视野延伸到了各体文类共有文学质性和形式技巧的探求。刘勰的“论文叙笔”形成了一个自足的体系,使后人难以超越。汉魏六朝文体论与文体观念的演变过程,展示出了其时文学概念逐步净化、文学形式特征不断彰显的历程。

关键词:文体论　文学评论　汉魏六朝

3386

唐代咏物诗研究 / 杨凤琴著 ; 黄宝华指导. -- 中山大学, 2005. -- 141 页

本文首先对咏物诗进行概念界定,指出咏物诗即以“物”为吟咏对象的诗歌,其中的“物”是指除了“人”以外的所有客观有形的存在或可触可感的实体,但不包括以写景为主的山水田园诗。文章将咏物诗分为单纯咏物、借物抒情、托物言志以及借物明理等类别,进而对历代研究咏物诗的状况进行概括,对研究唐代咏物诗的意义进行阐述。正文共五章。第一章概述唐代以前咏物诗的发展状况。认为唐代咏物诗蔚为大观,在很大程度上继承了《诗经》、《楚辞》中借物抒情和托物言志的表现方法,赋予了所咏物象以精神的内核。而六朝时咏物诗初具规模的发展,也为唐代咏物诗的进一步发展打下了坚实的基础。第二章介绍唐代咏物诗的独特风貌。作者认为唐代咏物在艺术上的创新主要表现为两点:首先,总体上从形式到风格都体现出了宏大的气魄,这是与当时的国势和诗人博大的胸怀密切相关的;其次,心物交融达到了完美的境地,在描摹物象的过程中体现出了物的神韵,创造了诗的意境,给人以美的享受。而在思想内容方面,唐代咏物诗不仅表现出诗人对自然的热爱,对个人生活和情感的体贴,也反映出了他们对社会现实和国计民生的关注。所以是美与善的结合,是文字与道德之间比较恰当的连接。第三章探讨唐代咏物诗的发展流程,分为初唐、盛唐、中唐、晚唐四个时期,

研究其不同的特点。第四章分析唐代咏物诗繁荣的社会和思想原因。作者认为,唐代咏物诗之所以能发展到“擅其美”的高度,除了诗歌自身的发展规律外,更重要的是社会为其提供了一种发展环境,这既包括政治、经济、时代风尚等外在的社会因素,也包括哲学、文学、艺术等思想层面的内在因素。第五章分析总结唐代咏物诗的美学意义,认为总体上显现着蓬勃奋发的生命力量,其中蕴含着异常丰富的美的形态,或刚柔并济,或浓淡相宜,达到了难得的艺术造诣。

关键词:咏物诗　唐诗　文学研究　美学　唐代

3387

王弼及其文学研究 / 杨鉴生著 ; 杨明指导 . -- 复旦大学, 2005. -- 112 页

本文正文共分五章。第一章中,作者从王弼关于《周易》和《老子注》的佚文考论入手,对学者的相关研究提出了不同的看法,从哲学方面对相关的佚文进行推理考证与评价。并根据这些佚文对王弼的哲学思想进行总结归纳。第二章中,作者认为王弼的哲学思想主要包含两个基本问题:一、其对于“时”的观念,二、王弼的刚柔观,因此对此进行了考察。第三章中,作者叙述了历史上对于王弼哲学的接受与评价问题,并把主要的时间段限定于魏晋南北朝至唐这一时期。第四章中,在前人研究的基础之上,作者主要阐释了王弼文章的艺术价值,并主要着眼于王弼的两类文章:注疏体文和散文。第五章中,作者把“得意忘言”与六朝文艺和文论加以比较,深刻阐述了“得意忘言”的内涵,并认为其对六朝的文学创作、文艺鉴赏、文艺理论产生了不可估量的深刻影响。同时作者认为王弼的“得意忘言”的本质是“言不尽意”,实质是“得意”,指出“言意之辨”兴起缘由与汉魏间名理学研究无关。

关键词:王弼(226~249)　佚文　文学研究　哲学思想

3388

中国早期悔过观念及文本研究 / 杨金文著 ; 吴承学指导. -- 中山大学, 2005. -- 147 页

本文从文化角度,以本土观念来审视中国古代的悔过现象,认为中国古代的悔过文化传统,不但源远流长,内容丰富,形式多样,且深具民族特色。这在中国人文实践的早期阶段,就有着生动的表现。应该在充分尊重古代悔过文化原生形态的基础上,对其进行当代的文化解读和理论揭示。中国古代悔过现象的最初发生,依托于早期的生活方式和人文环境。礼文化的逐渐成熟为悔过行为的发生提供了必要的逻辑前提。氏族首领风范和“余一人”的责任意识以及相关的行为表现和文本创作,彰显着“敬天尊祖与罪己责躬”的价值导向,也包孕着伦理意义上的悔过心理。甲骨卜辞和早期文献中“悔”字的出现,为中国古人自我认识中对“悔”的感知提供了真实见证。从个别关乎事理逻辑的言论内蕴着对悔过的期许,到对“悔过”一词的明确概括,再到具体定义下的广泛应用,则标志着该主题在伦理意义上的觉悟水平。而诸子和汉儒在理性反思中对悔过及相关问题的直接触及,也为悔过理论的后世发展奠定了初步基础。作为对象,主体自身也纳入认知的视野,而“悔”作为心理范畴中的情绪因素被感知并诉诸文字表现领域,是主体自我认识的成果之一。中国古人的主体自觉,还为中国悔过文化提供了以人为依据的两种行为类型,即世俗伦理觉悟下偶发的悔过事件和修身理论指导下的主动反省。它们与“敬天尊祖”下的“罪己责躬”现象一道演绎出先秦悔过文本的丰富内容和多样形式,也体现了感情诚挚、态度悬切和原型真实的总体特点。罪己诏的勃兴,既是汉代悔过文化在承袭历史积淀的基础上持续发展的结果,也得益于董仲舒的“灾异告谴”说的直接支持以及汉代精神世界感应氛围的有力推动。总之定型于汉代的帝王悔过制度和罪己诏传统,在当时及以后中国封建君主专制政体下的社会生活中发挥着广泛而深刻的影响,也衍生出这一领域内独有的文化现象。中国早期的悔过文本具有“缘情而发”、“依事而记”、“据理而论”的特点。在这些原生态的早期悔过文本中,尽管有审美意味、生动可感的文学欣赏价值,但从文学角度凸显悔过展开过程中主体内心的冲突与灵魂的撕搏,并不是文本创作的重点和方向,这也从侧面说明了这些文本中内容表达的真实性。

关键词:文化传统　悔过　文化研究　道德修养

3389

汉晋文学中的《庄子》接受 / 杨柳著 ; 徐公持指导 . -- 中国社会科学院研究生院, 2005 . -- 111 页

本文主要探讨了在汉晋时期思想学术领域庄学全面复兴的背景下,文学中的《庄子》接受状况。正文分四章。第一章介绍分析汉晋时期《庄子》接受概况,描述汉魏之际庄学的复兴状况及其原因,以《文选》所收先秦至晋末的作品为例讨论汉晋文学中的《庄子》接受状况。第二章论述汉晋文学对庄子生命意识的

接受，讨论庄子因时空忧惧感、世界荒谬感和自身遭遇的生活、人格、言说的困境而来的生命焦虑，及其这种焦虑对汉晋文人文学的影响。第三章论述汉晋文学对庄子人生理想的接受，论述了《逍遥游》的主旨，认为庄子理想人生境界有三个层面，即游于无穷的绝对自由境界、游于有间的相对自由境界和游于心或游于艺的精神自由境界，并论述了汉晋文学对庄子三重理想人生境界的接受。第四章以“卮言”为中心论述汉晋文学对庄子言说方式的接受，对庄子“卮言”旧说进行辨析，探讨“卮言”乃无心无己而言本质及其跳跃性叙述的特征，并以《洛神赋》为例论述汉晋文学中所体现的“卮言”的叙述方式。

关键词：庄周（约前369～前286） 古典文学 接受学 汉代 晋代

3390

颜延之生平与著述考 / 杨晓斌著 ； 赵逵夫指导. -- 西北师范大学, 2005. -- 134 页

在南朝刘宋文坛，颜延之与谢灵运都以辞采闻名，并称“颜、谢”。本文是对其生平与著述的考证之作，正文共五章，大体可分为三部分。第一部分即第一和第二章，为颜延之生平考。其中第一章涉及“家事、出生地与墓地考”、“同姓名者考辨”、“‘颜虎’抑或‘颜彪’”、“三十以后出仕质疑”等问题，第二章则梳理其仕途历程，主从门第、任职、免官、贬官等角度关注颜延之的命运。第二部分即第三和第四章，为颜延之著述考。作者指出，颜延之一生著作较多，内容博杂，除文学创作与文章写作外，还有经学、小学、杂著、佛学、注疏，以及总集的编集等，但至今日大多散佚，有的仅为残篇，有的只存书名和篇名。因此在第三章中，作者逐一研讨其《论语说》、《逆降义》、《诘幼》、《纂要》等经学著述和《庭诰》等家诫类杂学著述；而在第四章中，则研讨佛学著作、其他著作、辑佚与辨伪，以及别集、逸集考辨与颜延之著述的归属等问题。在这一章中，作者发现前人辑本漏辑其文残篇二则，分别为《诘幼》和《庭诰》佚文，据以补出；并发现前人著作误引、误辑颜延之诗文共十三处，也都一一进行了考辨和厘正。第五章为《颜延之集》版本研究，内容涉及对已佚梁旧本、已佚隋唐旧本、已佚宋旧本的结集与流传稽考，和对从明代以来各传本系统的特征、异同、优劣比较与版本源流等问题的考证。

关键词：颜延之（384～456） 文学研究 生平事迹 版本

3391

明人编选汉魏六朝诗歌总集研究 / 杨焄著 ； 杨明指导. -- 复旦大学, 2005. -- 147 页

本文在中晚明文学思想发展的背景下，对明人编选的汉魏六朝诗歌总集进行了专题研究。全文共分七部分。引言部分对研究对象做了界定，并简要地回顾了以往的研究状况。第一章讨论了明代出版业的发展以及汉魏六朝诗歌文献在明代的流传情况，研究了明人编选汉魏六朝诗歌总集的不同动机，并介绍了这些诗歌在刊行过程中的一般情况。第二章至第六章，按照这些总集的不同特点，将明代编选汉魏六朝诗歌总集的活动划分为四个不同阶段，对每个阶段所出现的具有代表性的重要总集，如《续玉台新咏》、《五言律祖》、《六朝诗集》、《古诗纪》、《古诗类苑》、《古诗所》、《古诗镜》等都作了专题研究，包括编选者和出版者的生平，编选工作的具体过程，删选的标准等等。结语部分简要归纳了明人编选的汉魏六朝诗歌总集的理论价值和文献价值。

关键词：诗歌 总集 六朝时代 文学研究 明代

3392

西汉文学系年 / 易小平著 ； 王洲明指导. -- 山东大学, 2005. -- 325 页

本文以年为单位，通过对西汉233年历史里130位作家和59位相关人物的生平事迹的全面考察，对1000余篇作品和有关文学现象及相关事物进行的时间定位，同时又结合西汉各帝后在位期间的具体实际与相互之间的差异，将西汉文学史分为六个时期，即高惠高后时期、文景时期、武帝时期、昭宣时期、元成时期、哀平王莽时期。通过逐年的考证，对每个时期的几乎所有作家、所有作品进行了介绍，在正文之后附有西汉作家及相关人物索引。该索引将作家或相关人物各年的生平事迹与作品集中到一起，这有利于克服正文之中作家的生平事迹和作品分散于相关各年的缺陷。这对于全面、集中地了解和认识作家的生平、思想和创作显然是有利的。这两点使本文在相当程度上克服了分体式文学论著的缺陷。从而西汉文学发展的时间脉络变得比以往任何时候都要清晰，西汉文学的整体面貌也变得比以往任何时候都要完整。此外，本文在对西汉文学的整个历史进行系年的过程之中，深入到西汉文学所处的各种复杂的关系之中，在作家与相关人物的考证、作品的考证、作家作品背景与动因的揭示以及西汉文学与其他上层建筑关系

的揭示等四个方面取得了一系列突破和创新。

关键词:文学史　文学研究　作家　作品　西汉时代

3393

中国地藏信仰研究 / 尹富著 ; 项楚指导 . -- 四川大学, 2005 . -- 332 页

本文以地藏信仰为研究对象,以"中国化"为核心概念,对地藏信仰在中国的兴起、展开、转型、与中国文化的融合等进行了全面的考述,并对历代文人与地藏信仰的关系,以及与地藏信仰相关的文学作品进行了研究。本文正文分五章。第一章首先考察了地藏菩萨及其信仰传入中国的时代;其次对早期宣扬地藏信仰经典的传译情况及其内容予以考察;再次对地藏信仰在中国发展的原因进行了讨论;最后对隋及唐初的地藏信仰状况进行了研究。第二章以唐高宗永徽二年(651)玄奘重译《十轮经》为讨论起点,着重探讨了新译本的出现对地藏信仰发展的意义,以及7世纪中叶至8世纪初地藏造像的繁荣状况。第三章首先讨论了地藏救赎重心向幽冥世界偏移的过程及原因;其次考察了地藏"幽冥教主"地位的取得及原因;最后讨论了密教以及净土宗与地藏信仰的关系。第四章主要考察《地藏菩萨本愿经》的早期流传情况及产生时代,以及在它的影响下地藏信仰进一步中国化的表现。第五章主要以列举的方式考察了历代文人与地藏信仰的关系,并对与地藏信仰相关的文学进行了研究。本文的结论与余论部分在总结以上五章内容的基础上探讨了知识精英、一般民众以及文化选择在地藏信仰中国化中所起的作用,并指出了剖析地藏信仰对了解佛教偶像崇拜在中国发展的一般历程的意义,也指出了本研究还需要进一步拓展的领域。

关键词:佛教　地藏　菩萨　文学研究

3394

清代小说中的女神研究 / 于丹著 ; 陈洪指导. -- 南开大学, 2005. -- 125 页

本文对清代小说中的女神形象作了分类研究。全文共五章。第一章探讨清代小说中的母性女神形象。从女娲神化的渊源流变及其信仰崇拜的衰微、东汉至明代中叶佛教中的男性护法神观音被改造成富有母性的女神,以及明代中叶至清末民间宗教中最高神祇无生老母成为小传统文化中的母亲神并对清代小说产生很大影响三方面作了阐释。第二章探讨清代小说中的战争女神形象。对中国战争女神的源流——先秦时的西王母,以及由唐至清传授兵书兵法的九天玄女成为真正的战争女神作了阐释,并探讨其对文学尤其是小说所产生的影响。同时,指出清代小说中还涌现出了大批九天玄女般具有战神职能的女神,并通过对《女仙外史》的个案分析阐释明清民间宗教的女神崇拜与清代社会女性意识的双重影响。第三章探讨清代小说中的才情女神形象。通过对中国文艺神祇存否进行考辨,得出中国神系不存在真正意义上的文艺神祇的结论。其次论析清代小说中众多才情女神的出现与盛行于清代才女文化的关系,最后由花神形象的流变探析清代小说中花神形象的意蕴。第四章探讨清代小说中的爱情女神形象。首先考证了中国广义神话和狭义神话中没有爱情神祇,只有到了清代小说中才出现了真正意义上的爱情女神,并论述了清代小说中的爱情女神及女神们的爱情生活与清代女性文化之关联,最后对清代小说《载阳堂意外缘》中的女性形象进行了解读。第五章对清代小说中的女神形象与清代文化之间的关系进行了更加深入的探讨,认为清代小说中的女神形象具有世俗化、人性化,能力的平等化,意识主体化等方面的特征,并以文化视角从宗教文化与女性文化两个层面阐释了清代小说中出现的大批女神的原因。

关键词:小说　女神　宗教文化　女性　清代

3395

宋前咏物诗发展史 / 于志鹏著 ; 张可礼指导 . -- 山东大学, 2005 . -- 79 页

论文以宋前咏物诗发展史为研究对象,意在梳理出宋前咏物诗的发展脉络,以及不同时期咏物诗的创作特征,全文由绪论、四个章节和结语三部分构成。咏物诗的萌芽期——先秦时期:通过对咏物诗起源的几种不同观点的剖析,指出,咏物诗起源于《诗经》中的咏物描写,经过发展与创造,形成了我国古代诗歌史上影响深远的"香草美人"的比兴传统,同时屈原还创作出我国咏物诗史上第一首咏物诗——《橘颂》。咏物诗的形成与发展期——两汉魏晋时期:西汉时期,咏物类诗歌发展缓慢;东汉时期,咏物诗终于形成;到了魏晋时期,咏物诗大量出现,此时以托物寄兴为主的咏物诗占有较大的比重。咏物诗的繁荣期——南北朝时期:刘宋咏物诗摆脱传统束缚,诗歌所咏之物的感性特征逐渐成为主旨,客观物象的审美价值开始被文人所认识,咏物诗托物言志的功能不断被弱化;永明文学中咏物诗与前代迥异,呈现出寄托的卑弱与描摹物象的细腻、艳情融入咏物与香艳风

气、声韵的协调与为文清浅之风等诸多特征;梁陈咏物诗,梁前期咏物诗总体上以永明诗风为主要创作风尚;梁后期迄陈,宫体诗风对咏物诗有重要的影响;北朝咏物诗是南朝咏物诗的延续与发展。咏物诗的鼎盛期——唐代:以太宗及初唐宫廷文人主要延续南朝咏物诗的创作风范,以"初唐四杰"和陈子昂为代表的中下层文人,在创作与理论中提出恢复托物言志的咏物诗;盛唐咏物诗主张创作"即物达情";中唐前期主要以"大历十才子"和韦应物为代表;中唐后期,一条是以白居易、刘禹锡为代表的文人,以咏物诗作为揭露时弊、讽喻现实的武器,以韩愈、孟郊为代表的"韩孟诗派"诗人的咏物诗注重奇峭怪异风格的营造;晚唐咏物诗前期主要以托物寓怀类咏物诗为主,以李商隐为代表,把个人的身世遭遇及悲剧心态与所咏物紧密地结合起来,托物寓怀,主要运用比兴手法;后期咏物诗以讽时刺世为主,其中以罗隐为代表。

关键词:诗歌　咏物诗　比　兴

3396

宋代文言小说创作与时代思想文化 / 余丹著 ; 李时人指导. -- 上海师范大学, 2005. -- 239 页

本文关注宋代文言小说与时代思想文化之间的关系,试图从宋代特定的思想文化背景的角度考察宋代文言小说整体风格面貌及其成因,发掘宋代文言小说中所包蕴的丰富文化内涵。全文分上、下两篇。上篇"宋代文言小说概观"共四章,将宋代文言小说分为北宋前期、北宋中后期、南宋中前期、南宋末期四个发展阶段,按照神怪、历史、情爱、轶事等题材类型,对各个阶段的重要作家、作品做出描述和评价,对各个阶段出现的文言小说类书和选集进行全面梳理,在对具体作品分析的基础上总结各个阶段文言小说创作的主要特点,力图呈现宋代文言小说的整体面貌,探究其演进、演变的规律。下篇"宋代文言小说创作与时代思想文化"在上篇的基础上探讨宋代文言小说创作与时代思想文化的关系,共分为三章。第一章论述宋代文言小说创作与理学文化的关系。作者认为,在中唐以来儒学复兴基础上建立起来的理学思想体系,深刻影响了宋代文人的价值观念和文体性格,培养了他们的道德意识和理性精神,并引导时代审美风尚趋于平实和内敛。第二章论述宋代文言小说与史官文化的关系。认为我国古代小说与史传文学之间有着天然的血缘关系,而宋代又是一个史学高度发达、史官文化精神格外强烈的时代,所以宋代文言小说作者普遍地具有史官角色意识,认为创作小说的目的在于"补史",应当遵循"实录"的原则,具有鉴戒意义,并用史学尺度来评价小说。第三章论述宋代文言小说的通俗化问题。作者认为,宋代城市经济繁荣,市人阶层兴起,通俗文艺蓬勃发展,使文言小说出现了通俗化的倾向:内容上较多地反映了当时市井社会的众生百态;叙事语言和方式上吸收了一些"说话"艺术和白话小说的成分;更重要的是,文言小说中渗入了市人阶层的审美趣味,很多作品表现了对金钱的渴求、对艳情的兴趣,以及猎奇的审美心理。总之,宋代文言小说所体现的文化内涵,与时代精神是息息相通的。

关键词:古典小说　文言小说　文学创作　文学思想　理学　史学　通俗文学

3397

明清小说戏曲版画演剧图像研究/ 元鹏飞著 ; 康保成指导 . -- 中山大学, 2005 . -- 295 页

论文以图像为研究对象,以演出形态为立足点,结合丰富的剧本材料,探讨了明清时期小说戏曲插图中与演剧活动有关的图像资料。论文首先通过对故事画发展历程的探索,初步认识了图书出现前图像与叙事的联系,其次,通过对插图书籍产生和发展的探索,初步展示了明清时期小说戏曲插图的刊印情况,尤其是形式特征的基本面貌,接着,通过对图像与演出关系的探索揭示了图像"再现"演出与"表现"演出的不同特点和规律,尤其是深入揭示了图像参与到演出活动中的方式、特点,指出了图像对戏曲演出活动深入全面的影响。在以上研究的基础上,论文首先对具有写实性质的演出图及其中反映出的与演出活动有关的内容,侧重探讨了明清传奇舞台艺术中砌末与脸谱的运用及发展面貌。其次,是通过对表现梦境图像的分析,联系舞台演出特点,尤其是剧本资料,探讨了古典戏曲搬演梦境的特点、规律、价值。再次,以开场图为典型,剖析了古典戏曲演出形式的变化特点,结合宋金元戏曲文献和文物材料指出了开场脚色及形式的来源,根据不同时期开场图的变化,揭示了古典戏曲动态演化的规律和特征。最后,演出"舞蹈化"的特征在一定程度上制约了图像对于戏曲演出活动的反映。论文根据文献与剧本材料探讨了这一特征的来龙去脉,指出中国戏剧形态和西方戏剧本无大的差距,主要是后来出现的各种叙事歌舞,发展出了一系列表演经验和手段,在宋官本杂剧段数和金元本名目中得到了程式化的应用,加上唐五代以来"参军戏"提供的脚色机制,造成了中国古典戏曲的演出走上了

"伎艺化歌舞演故事"的道路。而小说戏曲插图是故事画,所以很难直接表现戏曲演出动作伎艺化的特征。

关键词:古代戏曲　表演　图像　叙事　明清时代

3398

近代曲辞研究 / 袁绣柏著 ; 吴相洲指导. -- 首都师范大学, 2005. -- 116 页

本文试图通过对近代曲辞的文献学研究,明确近代曲辞的含义,确定近代曲辞的收录标准,并在此基础上,对近代曲辞的表演机构、法曲、近代曲辞流传等音乐学问题,以及近代曲辞对诗歌题材、诗歌风格的影响等文学问题做出阐释。全文除绪言和结论外共三章。第一章是近代曲辞的文献学研究。作者依据宋代郭茂倩《乐府诗集》中对"近代曲"的理论界定,认为"近代"与"杂曲"这两个概念是判定"近代曲"的基本要素,从而确定了"近代曲辞"的含义,并在此基础上通过补充和勘误,重新确定近代曲辞的范围。第二章是近代曲辞的音乐学研究。主要论述了三个问题:首先,以太常寺、梨园和教坊等作为研究对象,对近代曲的表演机构进行考察;其次,以近代曲中的"法曲"为切入点,通过对"法曲"流变的梳理区别"法曲"与"法乐",并以一些曲调为研究对象,将存辞法曲的具体曲目逐一进行了考论,同时针对前人的观点提出自己的意见;再次,考察近代曲传播的阶段性特征,认为初盛唐时期近代曲主要盛行于宫廷之中,中唐以后近代曲的传播中心由宫廷转向了民间。第三章是近代曲辞的文学研究。作者依次探究"隋朝近代曲辞的风格"、"近代曲辞的创作方式对唐代诗歌的影响"、"近代曲辞创作对初唐诗风的影响"等问题,并对薛道衡《昔昔盐》的创作时间以及《杨柳枝》主题的嬗变等问题进行了个案分析。

关键词:诗歌　曲辞　文学研究　唐诗

3399

复社与文学新探 / 曾肖著 ; 曹虹指导. -- 南京大学, 2005. -- 143 页

复社是晚明时期一个具有鲜明政治性质的文社,也是迄今为止中国历史上规模最大、人数最多的文人社团组织。本文以复社为个案,从政治、文化、文学及士人心态等方面来探讨其兴衰演变、学术思想、文学主张与具体实践,试图把握其作为一个流派的整体面貌与独特之处。全文共分五章。第一章探讨复社成立的各种因素,指出面对天启、崇祯年间衰颓的国运与世途,部分士人试图扭转这种局面,结社为友,相互砥砺,其中的佼佼者张溥将各地文社统合成一个以应社为核心的庞大组织。第二章论述复社从崇祯二年到弘光元年共17年间的兴衰演变,指出在兴盛、分化与衰亡三个发展阶段中,活动重心与成员心态各有不同。第三章分析复社丰富复杂的学术思想、文学批评及具体实践,指出复社主张"兴古复学,务为有用",表现为学术上的尊经重史,和文学上的号召复古。他们提倡雅正、经世的文风,主张性情与才学的统一。第四章论述复社在散文与诗歌方面取得的成就。散文主要介绍文集、表彰人物、评议时事等,并反映这些体裁的写作与他们的社群生活的关系深度;诗歌则分为早、中、晚三期分析,作者认为,早期诗歌多是社群生活的产物,中、后期诗歌则多着眼于现实社会。第五章则从谭元春为首的竟陵派加入复社、与复社诸子的交游、复社成员对竟陵派的复杂态度、复社与竟陵的相互影响四个方面探讨复社与竟陵派之间错综复杂的关系。

关键词:复社　文学史　张溥(1602～1641)　文学研究　竟陵派　晚明

3400

玉山雅集与元末诗风研究 / 曾莹著 ; 欧阳光指导. 中山大学, 2005. -- 303 页

本文以玉山雅集与元末诗风为中心展开研究,在解决具体个案的同时,力图对文人雅集与诗歌发展之间存在的关系问题作出回答,并且尽可能抽绎出诗歌发展中的一些规律性问题。文章认为,玉山雅集之所以能够在元末那样一个政治昏暗、天灾频繁、兵戈四起、民不聊生的时间出现,与元代的士风,以及元末江南一地的特殊性是分不开的。元代士风的特殊性主要表现为:政治上的疏离、经济地位的独立、思想文化上的多元、市民性的孱入。元末的江南一地,则不但拥有十分强大的山水园林文化传统,而且还维持了相对的富庶与安定。玉山雅集和元末诗风的主要体现者铁雅诗派之间有着密不可分的联系,所以玉山雅集对于元末诗风的形成来说也有十分重要的意义。一方面,它是元末诗风形成的载体。另一方面,它也是元末诗风形成的推动力。在玉山雅集的作用下,铁雅诗派才真正成为元末诗坛的主流风尚,元末诗风的形成才成为可能。此外,玉山雅集与元末诗风在精神特质方面也是相通的。这是玉山雅集能够对元末诗风有所作用的一个主要原因。通过玉山雅集与元末诗

风的具体研究,作者发现:诗歌在其发展过程中,有一条很明显的依循轨迹——"变"与"复",只有"变"中有"复",或者"复"中有"变"的诗歌创作,才能取得一定的成就,在诗歌发展史中具有一定意义。文人雅集对于诗歌发展存在两方面的作用。就积极方面来看,它能够提升诗歌创作的质量,促使某种风气生成;消极的一面则是:它也会使诗歌失去个性,面目过于趋同。就诗歌发展的历史而言,文人雅集所起过的作用仍是以正面居多,其对于诗歌发展的意义,是不容忽视的。

关键词:诗歌研究　诗风　玉山雅集　铁雅诗派　元代

3401

汉末魏晋文人群落与文学变迁之走向:关于中国古代"文学自觉"的历史阐释 / 张朝富著;王永平,李昌集指导. -- 扬州大学, 2005. -- 204 页

本文在考察文学与从事文学创作之文人群体在整个社会文化系统中的存在、发展情况的基础上,认识汉末魏晋文学变迁的特点,进而具体探讨了"文学自觉"发生、发展的历史过程。全文共分七章。导论为"文学自觉"问题与汉末魏晋文学的变迁。首先对20世纪"文学自觉"的研究现状进行梳理,并对其中主要的研究方面及研究趋势予以辨析,在此基础上提出本论文的研究理据及展开的思路。第一章为汉代的"文化格局"与"文人群落",主要论述了汉代所形成的文人与文学格局及其背后的原因;第二章为汉末曹魏文人群体的分化与重组,这一时期,"文士"地位得到了空前的提高,"文"与"经"等列"并重"的趋势初步显现;第三章为曹魏时期文学创作的历史变迁,这一时期,文学的"人本"特性在各文学体类中普及,"文事"成为一种重要的社会文化行为,反映着"文学自觉"局面已初步显现。第四章介绍了两晋文学,作者认为这一时期是文学表现模态的深入发展及其定型时期。第五章为两晋文人对"文学"的确认。两晋时期人们对"文才"已有了极高的认同,这时后世所谓"经"、"文""同尊"的文化面貌已经确立。在结语部分,作者指出了"文学自觉"局面的形成及其根本标志。

关键词:文学史　文学创作　魏晋南北朝时代

3402

南宋清雅词派研究 / 张雷宇著;陆坚指导. -- 浙江大学, 2005. -- 141 页

作者在前人研究的基础上,将以姜夔为首的词人创作群体命名为清雅词派。论文从宏观的角度,将清雅词派置于南宋时期的社会时代背景、文化背景和学术背景的大框架下,对其发展演变、作家作品、文艺思想、艺术成就及其在南宋文化中的定位进行全景式探索。全文共五章。第一章分三节介绍清雅词派产生的社会、文化和学术背景。作者认为,清雅词派的出现,不仅是宋词发展到特定阶段的产物,而且具有深刻的社会、文化、学术背景。宋人较之前代文人,社会地位有所提高,但其心态变得内敛,转而追求一种闲淡的心态,作为清雅词派的祖师,姜夔正是在这样的背景下登上南宋词坛的。它引江西诗派清劲瘦硬的笔法入词,对绮靡软媚的词风加以改造,为词的雅化做出了重要贡献。同时,宋代的佛教、道教和理学,也给予了清雅词人深刻的影响。第二章研讨唐五代、北宋、南渡及南宋时期的雅化问题。作者认为,词的雅化是一个历史的过程,唐五代、北宋词的雅化,主要是相对于俗词而言,而南宋时期的雅化,主要是相对艳词而言。第三章主要介绍清雅词派代表人物姜夔的生平、词作及其艺术特色。第四章通过对清雅词派发展演变问题的考察,探讨姜夔的词风和诗风对后人所产生的深远影响。作者认为,宋代理宗朝后,清雅词派逐渐形成并发展起来。以杨缵、张枢等人为代表的清雅词人形成了清雅词派的社区——西湖吟社。南宋覆亡后,周密、张炎、王沂孙等人采用比兴寄托、托物寓意等手法,在词中抒写亡国之痛和遗民哀思,因此本章对这些问题逐一进行了探讨。第五章探究清雅词派的文艺思想及其在文学史上的地位。作者认为,作为南宋词坛上与辛(弃疾)派并驾齐驱的一个词派,清雅词人在词中塑造了具有独特个性的词人形象,提高了词的品味,开创了非豪非婉的清雅词风,从而树立了在词史上不可磨灭的地位,在文学史上具有重要的一席。

关键词:宋词　姜夔(约1155~约1221)　清雅词派　词曲史　南宋

3403

中国文学传统的现代回响及其与"现代性"之关系:以赵树理、张爱玲为中心 / 张黎著;章培恒指导. -- 复旦大学, 2005. -- 172 页

本文以20世纪40年代解放区赵树理和沦陷区张爱玲的小说创作所共同出现的"回归传统"与"雅俗共融"的文学现象为中心,以"现代性"为理论思考的总纲目,梳理了从"晚清—民初—五四—40年代

赵、张两位作家"这一条历史脉络中，不同时期的文坛主流意识形态对中国小说"现代性"方案的设想、实践、具体的成败得失及其相互之间交织纠结的复杂影响。作者认为，与一般认为正式确立于五四的中国小说"现代性"并非是铁板一块、因而与古代文学传统完全决裂的观点正相反，中国小说的现代性萌芽恰恰起始于晚清，并且在整个发展过程中都汲取了古代文学的大量养料。赵树理、张爱玲对二三十年代依赖五四现代小说形式的偏离和重新"选择"传统，实际并非背离、而是扩大了中国小说的"现代性"方案，同时也有力地说明：中国古代文学传统中本就有大量可以实现"现代性"转化、被整合和吸纳进现代文学中的因素，古今文学之间是存在演变和对接关系的。

关键词：赵树理(1906～1970)　张爱玲(1920～1995)　小说　现代性　文学传统

3404

北宋徽宗朝诗歌研究 / 张明华著 ; 巩本栋指导. -- 南京大学, 2005. -- 170 页

本文的研究对象是北宋徽宗朝前后的诗歌。全文共七章。第一章，介绍徽宗时期诗歌生存的背景、诗人的生活状态和诗歌的发展趋势。作者认为，徽宗时期政治环境非常险恶，新党当权，旧党在政治上遭受严厉打击，绝大多数诗人都被甩到社会的下层，由此形成两个创作群体：一是学黄的诗人，他们悄悄聚集，在民间逐渐形成了"江西诗派"；一是徽宗皇帝多次组织与近臣间的唱和，以歌咏升平。而生活在不同环境下的诗人，创作心态不同，这些因素深深影响了他们的诗歌创作，也决定了当时诗歌的基本风貌和发展方向。第二章主要探讨苏门后学歌诗创作的嬗变，重点研究了唐庚、苏过、吴可的诗歌创作。认为此时苏门后学不但在数量上大为减少，而且创作上也呈现出新的特点，主要是作者的主观精神由乐观旷达渐趋低沉，创作方法也从师法自然走向模拟。第三章探讨江西诗派的演进与分化，主要以李彭、洪朋、洪刍、晁冲之为个案。作者认为，相对于学苏的人日少，学习黄庭坚的江西诗派却兴盛起来，但他们大都也兼学别家。总的来说，尽管徽宗时期江西诗人尚未能做到自成一家，但多数人的诗风已趋于平易，初步显示了北宋诗歌向南宋过渡的迹象。第四章题为"回归苏轼"，认为靖康之乱以后，一些原本学苏的诗人，如晁补之、吴可等人在新的历史条件下重新焕发了创作热情，而江西诗人中有幸活至南宋的诗人，如徐俯、汪藻、陈与义、曾几、吕本中、韩驹等诗风都发生了重大的变化，在"回归苏轼"的共同追求下形成了自己的诗歌特点，取得了较高的成就。第五章介绍以惠洪、饶节、祖可与善权等人为代表作家的僧诗在徽宗朝前后的空前发展，指出其特点是题材和主题的世俗化与谈禅说理并重。第六章介绍徽宗赵佶、慕容彦逢、王安中等诗人以歌功颂德为主要目的的宫廷诗创作，认为客观上反映了当时朝廷的许多事件，具有一定的纪事性。第七章探讨集句诗、柏梁体与六言诗在徽宗朝前后的逐步发展与成熟，认为这几种诗体从此成为诗歌家族里的正式成员。

关键词：诗歌　江西诗派　诗人　文学评论　北宋

3405

西王母神话传说研究 / 张勤著 ; 王锺陵指导. -- 苏州大学, 2005. -- 103 页

本文用王锺陵先生提出的"原生态式"的把握方式为研究方法，对西王母神话传说进行研究，力图从人类早期文化心理和民族文化交融两个方面对西王母神话传说形成及其流变给予合理的阐释。论文的引言部分简述了本课题的研究史略、研究现状及研究方法和意义。正文共分三编。上编四章研究的重点分别是：甲骨卜辞中的"西母"；西王母神话传说中"月"和"虎"的文化内涵；西王母"司天之厉及五残"的神职功能；西王母神话传说中"昆仑"原型的分析。中编三章主要以《穆天子传》、《史记》、《汉书》等"正史"中的西王母为研究对象，运用文化史、地理学、民族学及民族关系史等研究方法，结合出土文物，来寻找出历史中西王母的"母体"及其所反映的历史文化背景。并结合第一编的结论，尽可能还原西王母作为历史人物的"历史文化根据"，挖掘出深藏在西王母神话传说中的共同的民族文化心理。下编两章以甘青高原的古羌戎部族的迁徙为线索，将西王母神话传说与中原地区的神话传说、东部地区的神话传说以及西南地区少数民族神话传说进行联系和比较，对西王母神话传说系统的形成、发展和演变进行研究，力图从部族文化上揭示西王母神话传说体系的发展历程和丰富内涵。

关键词：民间文学　神话　西王母　文学研究

3406

明清艳情小说研究 / 张廷兴著 ; 王平指导. -- 山东大学, 2005. -- 201 页

作者运用马克思主义对待文化遗产的态度来对

艳情小说进行研究，着眼于历史与逻辑的统一，将研究对象放在一定的政治、经济、文化历史背景之下，采用了理论分析与文本个案研究相结合的方法，运用社会学、心理学、性学、文化人类学、民俗学等理论成果，结合当今的文化、文学现象，用调查数据分析等方法，去推论其文化价值和文学地位以及艳情小说对文化传承与发展所发挥的作用，和带来的严重的社会负面影响。论文的第一章首先对艳情小说的概念进行了界定，并分析了其特征，限定了它的范围。第二章通过对明清的政治、经济、文化以及文学自身发展的分析，解释了艳情小说的成因。第三章回顾了艳情小说从明中后期、明末清初、清中叶一直到嘉庆中后期至光绪年间的四个发展阶段，讨论了各个时期的代表性作品及其影响。第四章对艳情小说进行了价值判断，作者认为艳情小说在文化、历史的认识意义上有着独特的认识价值，许多在其他史料里难以找到或者说不清楚的问题，比如思想的、观念的、文化的、生活的、风俗的，都可以到艳情小说里去寻找，艳情小说对此提供了丰富、生动和典型的个案。而对于社会学家、医务工作者、教育界、性学专家们，艳情小说也有着非常特殊的警示意义。第五章讨论艳情小说的意义借鉴，认为现在对艳情小说的研究意义，就在于对色情的滔滔洪水防微杜渐，应当以人为本，在承认性爱是人类本性的同时，一手抓性科学知识的传播和性的教育，一手抓扫黄，宽容与拟制相结合，打击与引导结合，弹性管理与市场控制相结合，效果可能会更好。

关键词：古典小说　言情小说　文学研究　明清时代

3407

温李诗风流变研究 / 张巍著 ; 莫砺峰指导 . -- 南京大学, 2005. -- 109 页

本文研究了以李商隐、温庭筠等为代表的诗人群体风格的特征、形成渊源及其对后世诗词的影响。正文分为四章。第一章分析温李诗风的主要特征，认为就艺术面貌而言，温李诗人群在诗歌中多选用精丽华美的诗歌意象，并偏好叙写女性化的题材，同时在绮丽的外表之下包蕴着沉郁与感伤；就艺术境界而言，经常采用描摹意象化图景追求言外之意的创作方法，诗歌境界因而趋于朦胧深婉；就艺术形式而言，在前人创作经验的基础之上，对律体的各种构成因素均予以了积极的探索，其近体诗普遍显得严整精工。第二章分析了温李诗风的艺术渊源，认为主要表现在对楚辞、杜甫、六朝诗人和李贺等前代诗人的继承。第三章阐述了温李诗风对宋诗的持续性的重要影响，认为宋初杨亿等人学习其工整典丽的特点；王安石晚年绝句受到李商隐的影响而呈现婉丽精工的特点；江西诗风在工于锤炼、着重学力方面与温李诗风有共通之处；而江湖诗人的部分诗作在题材上叙写女性及恋情，风格上婉丽缠绵，亦受其影响很深。第四章则分析了温李诗风与唐宋词的密切联系，认为突出地体现在三个方面：(1)文人词鼻祖温庭筠以作乐府诗之法填词，这对于词体面貌有决定意义。(2)香奁诗充分具备了词体的审美特质，因而有不少被后人误认为是词，在阐释过程也出现了与词体解读相同的某些现象。(3)宋词中袭用或化用大量温李诗人群的诗句。

关键词：温庭筠(812～约870)　李商隐(812～约858)　诗歌　文学研究　唐代

3408

西汉前期的经学与儒家政教文学观 / 张伟岐著 ; 费振刚指导. -- 北京大学, 2005. -- 92 页

作者认为，中国文学的主流创作思想是儒家政教文学观，这种大致形成于西汉前期的文学思想是以五经的教化精神为基础，而基本性格是强调文学的社会和道德作用。作者试图透过考查儒家政教文学观的形成过程而论述作家在进行文艺创作这种社会行动时应有的态度并探讨政教文学观是否仍然适用于现代社会。本文除绪论和结语外，共分四章，第一章指出西汉前期的经学是以教化为目的；第二章论证西汉前期经学对政教文学观的形成有重大的影响；第三章阐述汉武帝在推动经学和文学发展方面担当的重要角色；第四章以司马迁和司马相如这两个文学家的典范为例，指出理想的文学创作方式是将社会良知与卓越的专业表现结合。

关键词：经学　儒家　文学思想　西汉时代

3409

先秦诸子人性论与文艺观研究 / 张学君著 ; 钱志熙指导 . -- 北京大学, 2005. -- 167 页

论文以人性论为背景来研究了诸子的文艺观。文章指出在先秦时代，人性的问题得到了空前的重视，人性论成为诸子思想的一个重要组成部分。思想家们从各自的人性论出发提出一系列政治主张，他们对文艺的态度也服从于他们对人性的认识。人性论与文艺观的结合点主要有两个：一个是艺术对人性的表现，常常表现为情与理的关系；一个是礼义对人性的修饰，常常表现为文与质的关系。只有道家思想比

较特殊,所以又从超越世俗艺术的角度探讨了艺术新的可能性。全文基本上以时间为线索,论述了儒、墨、道、法四个学派七个思想家的思想,包括孔子的"性相近,习相远"、立足于人性的仁与礼的人性论,及"兴于诗"、"立于礼"、"成于乐"的文艺观;墨子兼爱和贵义的人性论,及"尚用而非乐"、"重质而反文"的文艺观;孟子义内说与性善论的人性论,及养气与观人、观书、观乐,"不以文害辞,不以辞害志"的文艺观;老子的道德论、"常使民无知无欲"的人性论,与"反对五音五色"、"大象与大音"文艺观;庄子"道之所以亏,爱之所以成"、"坐忘与心斋"的人性论,及"道隐于小成,言隐于荣华"、"天地有大美而不言"的文艺观;庄子后学道家人性思想的分化、不失其性命之情的人性论,及对自然内涵改造、对虚静说与物化说改造的文艺观;荀子本性可善可恶,礼能养、能别、能化的人性论,及"养其天情与以道制欲"、"情文俱尽"的文艺观;韩非子的性恶论,及"艺术寡功而害性"、"取情而去貌,好质而恶饰"的文艺观。

关键词:孔丘(前 551 ~ 前 479)　孟轲(约前 372 ~ 前 289)　庄周(约前 369 ~ 前 286)　文艺思想　人性论　文艺观

3410

宋辽金元明诸代教坊与演剧 / 张影著 ; 吴国钦指导 . -- 中山大学, 2005 . -- 183 页

论文以史为经,考察历代教坊与演剧的关系。文章对宋代教坊演剧主要考察了以下几个方面:第一,考察教坊宴乐制度下的供盏献艺对我国古代戏剧发展的影响,如戏剧演出的"驳杂性","浓淡相间、雅俗并陈"的演出风格,对民间祭祀演剧的影响及对戏剧情节长度的影响等;第二,教坊杂剧演出的特征,如仪式化、雅化以及诙谐讥刺风格等;第三,教坊演剧与民间的关系,具体表现为民间艺人承应内廷演出、教坊艺人与民间艺人同台演出、民间艺人与教坊艺人的互动等;第四,教坊参军色与引舞、引戏的关系等。另外,少数民族建立的政权辽金元的教坊制度与教坊演剧,对前朝教坊既有承袭,又有本民族特征。文章对明代教坊演剧主要考察了明教坊司与钟鼓司的关系及教坊演剧的种类,其中教坊演剧的种类有戏文、杂剧、院本等。金陵南教坊演剧承应对象主要为官长、商贾士绅以及普通百姓。另外,以剧本为参照对象,考察明教坊编演本杂剧的特征。这类杂剧内容方面多为庆寿贺节。体制上一个特征表现为排场热闹,常见手法有增加场上演员、在剧中插演歌舞以及紧张的战争打斗场面等;体制上另一特征是砌末奇异、辉煌。明代内府本杂剧体制上的特征表现为表演的规范化、程式化;排场热闹。论文认为,藩王作家朱有燉对明教坊演剧产生了影响,主要表现为朱有燉部分杂剧曾在教坊上演;教坊编演本杂剧对朱有燉杂剧创作手法的吸收;教坊编演本杂剧与朱有燉杂剧存在相似点,但各有不同的特色。

关键词:古典戏剧　教坊　演剧　杂剧　朱有燉(1379 ~ 1439)

3411

新乐府辞研究 / 张煜著 ; 吴相洲指导. -- 首都师范大学, 2005. -- 149 页

本文以《乐府诗集·新乐府辞》为研究对象,从文献、音乐、文学三个方面进行综合研究。其中第一章是文献研究,第二章是音乐研究,第三章到第五章是文学研究。在第一章中,作者根据郭茂倩《乐府诗集》所提出的界定和唐代新乐府的实际情况,认为新乐府是产生于唐代、有确切文献记载的、内容广泛的新体乐府诗,并不只限于元白讽喻性新乐府。并依据这一界定标准,对唐人所作新乐府进行了重新认定,为《乐府诗集·新乐府辞》辑补唐代新乐府 170 题。在第二章中,作者通过考察相关文献,证明有 40 题唐代新乐府是在唐代及唐以后曾入乐歌唱,或是确为诗所作的歌词。由此证明新乐府并非全部与音乐无缘,新乐府与音乐之间是可以结合的,后人判断新乐府绝对不可歌的观点太过绝对。第三章探讨唐代翰林学士与新乐府辞创作的关系。作者通过相关文献考察提出,唐制规定翰林学士具有创作乐章歌词的职责,而这些人往往具有音乐素养,他们从本身的职责出发,创制出具有政治讽喻性质和娱乐性质的两类新乐府诗进献朝廷,因此与新乐府的繁荣密切相关;而新乐府在内容和传播途径上也都与朝廷密切相关。第四章是对白居易《新乐府》创作情况的再考察。作者认为第一次发现和提出了两大重要事实:一是白居易《与元九书》表达了诗歌与新乐府必须入乐、借助音乐以深入人心的自觉和音乐意识;二是白居易《新乐府》50 首创造性地以《尚书·五子之歌》为原型,以民本政治思想告诫君主,以诗歌形式直接揭露现实时弊。第五章是元、白之外诗人的新乐府研究。主要是对张籍、王建、刘禹锡、李贺、温庭筠五人的新乐府作品及相关文献进行了考察。

关键词:乐府诗　文学创作　文学研究　白居易(772 ~ 846)

新乐府　唐代

3412

唐赋分体研究 / 赵成林著 ; 李中华指导. -- 武汉大学, 2005. -- 217 页

本文的主要内容是对唐赋的内容和艺术风貌进行分体式研究,并通过赋体的沿承、流变和唐代社会文化因素纵横两方面的梳理来探讨此风貌形成的原因。全文共八章,主要依据不同的赋体进行分类研究。第一章是骈赋研究。作者指出,唐代骈赋现存300多篇,数量仅次于律赋。大多内容充实,有感而发,以颂美教化和抒情咏怀为主。前者符合赋体文学"润色鸿业"的传统,是唐帝国国家昌盛、文治武功的反映。后者则展现了唐代士人丰富多彩的内心世界,折射了社会的时代脉搏,因而在唐赋各体中尤其具有价值。第二章是律赋研究。作者指出律赋是唐代新兴并且影响最大的赋体,现存作品900余篇。其兴盛受骈赋和科举的双重影响,内容以颂扬教化、谈论治道和阐释道理为主,有时不免远离实际或因循经典旧义。第三章是骚赋研究,认为其在唐代的复兴与两个因素紧密关联:一是中唐复杂的政治斗争,落败而被贬谪的正直士人,常借骚赋抒写内心的悲愁愤懑;二是"古文运动"反对骈赋,于是不少作家采用骚赋和文赋进行创作。第四章是文赋研究。作者认为唐代文赋包括仿古和"新文赋"两类。仿古文赋追效汉魏古赋,是唐赋中以气势高古见称的作品。"新文赋"是"古文运动"影响下产生的赋体,韵散结合、骈散兼施,内容主要是批判现实、针砭时弊,因而是唐代最富有现实批判意义的赋体。第五章是诗赋研究。认为它有四言和五七言两种体式,主要出现在中晚唐,柳宗元、李商隐和陆龟蒙是主要作家,内容与文赋一样,以批判不合理现实为主。第六章是俗赋研究。主要指上世纪初敦煌出土文物中所见赋中的部分作品,内容可分为通俗故事赋和俳偕杂赋两类,前者或流行于民间,后者为文人作品,但有意弃雅就俗,诙谐浅俗,这向人们表明,赋体文学并非清一色的"阳春白雪",也有"下里巴人"的存在。在分体探讨了唐赋概貌后,论文另外安排了两章,分别研究唐赋流变与唐代社会文化思潮的关系,以及唐赋与唐代诗文的相互影响。

关键词:赋　文学研究　唐代

3413

南朝咏物诗研究 / 赵红菊著 ; 曹旭指导. -- 上海师范大学, 2005. -- 182 页

咏物诗是以自然风物,包括天象、植物、动物、人工物品以及物化的人等具体的物类为吟咏对象的诗歌。作者认为这是古代诗歌史上的一个重要类型,其大规模出现并在诗歌史上正式确立地位,都是在南朝,因此本文试图对南朝咏物诗进行全面、系统的研究。全文分为七个部分,分别是导论、正文五章和余论。导论为"南朝咏物诗研究之回顾"。作者将对南朝咏物诗的研究分为古代和现代两个阶段,梳理其发展脉络。正文第一章为"南朝以前的咏物诗发展概况"。作者首先明确咏物诗的定义,进而采用追根溯源的方法,探讨咏物诗的萌芽、正式确立以及初步发展的历程。第二章为"南朝咏物诗的发展进程"。作者在纵向上把咏物诗分为刘宋和齐梁两个标志性阶段进行总体把握,并对谢朓、沈约、萧纲等代表性作家进行个案分析。第三章为"南朝咏物诗的类型和特征"。作者从描写对象、手法、创作方式三个角度对南朝咏物诗进行分类,把握南朝咏物诗的各种表现形态;在此基础上,从题材、语言形式、刻画形象和创作方式等方面,对南朝咏物诗的基本特征进行了归纳;最后总结了南朝咏物诗的艺术成就。第四章为"南朝咏物诗兴盛的原因"。主要从两个方面加以探讨。即:南朝咏物诗的兴盛是缘情、体物诗学观念的必然产物;统治者的大力提倡和实践是有力保障。此外,乐府民歌的影响,文学本身发展过程中的诗赋合流的趋势,以及咏物赋的促进也是重要因素。第五章为"南朝咏物诗的诗学意义"。主要从三个方面进行了总结,即:对"言志"、"缘情"两大诗学观的继承与反拨;对古代诗歌题材上的开拓意义;对促进五言诗律化的意义。余论为"南朝咏物诗对唐代咏物诗的影响"。主要从题材、创作方式、艺术追求、形式特点等四个方面分析南朝咏物诗对唐代咏物诗的深刻影响,从而进一步提升南朝咏物诗的历史地位和诗学意义。

关键词:咏物诗　诗歌　诗学　南朝时代

3414

董说研究 / 赵红娟著 ; 孙逊指导. -- 上海师范大学, 2005. -- 386 页

董说是晚明复社名士、清初著名遗民和临济宗高僧,也是明末清初独树一帜的小说家、诗人、史学家和易学家。本文旨在全面搜集第一手资料的基础上,运用文献学、心理学、文艺学、统计学、文史互证等研究理论与方法,对董说进行综合研究,以期为思想史、学术史、文学史及心理学研究等提供一个鲜活的案例。全文共六章。第一章为"董说家世考",考察董说先世

及子孙事迹，揭示董氏家族的特点，分析董氏家族在万历年间由盛骤衰的家庭变故及其对族人的巨大影响，同时一并考察对董说有重大影响的董斯张的生平经历及其与明末文化名流的交往。第二章为"董说生平交游考"，集中关注其友人的身份、籍贯地域以及共同嗜好等，揭示董说在明末复社、清初东南僧界及环太湖遗民群中的地位和影响。第三章为"董说精神世界析解"，考察董说的种种奇行怪癖，认为董说的奇行异迹、性情心理虽有明末文人、清初遗民的共性，但也颇具病态的个性因素。第四章为"董说的著述及其学术成就"，对其120种著述进行内容分类，对其中的61种著作进行了编年，对现存42种著作版本进行了论述，特别是对同一著作的不同版本进行比勘，并在此基础上，对董说的史学、易学、文字音韵学和书画理论等学术与文化成就进行了评述。第五章为"董说的诗文创作及诗文理论"，分析董说诗歌的内容与艺术特征，论述其前后期散文的不同艺术风格及其原因，并考察其诗文理论。第六章为"董说《西游补》新说"，通过详细考察董说的散文风格、语气口吻、日常之梦的内容与《西游补》之间的对应关系，确认《西游补》是董说所作。另外还通过考察其与《西游记》的关系，认为《西游补》介于真正续书与新说型续书之间，是最好也是独一无二的形式，并重点探讨了小说中的怪诞性与意识流、小说对人的压抑与焦虑问题以及小说的白话叙事技巧，认为《西游补》是一部可以和世界新锐的现代主义文学接轨的小说。

关键词：董说（1620～1686）　学术思想　生平事迹　诗歌　小说　文学创作　《西游记》

3415

明末清初女词人研究 / 赵雪沛著 ; 程郁缀指导. -- 北京大学, 2005. -- 242 页

作者指出，明嘉靖后，女性文学开始出现繁兴的迹象，晚明个性解放思潮与明清鼎革带来的巨大冲击在很大程度上影响了女词人的生活环境、创作内容与艺术风貌，使她们在词的题材与风格上较前代有所突破。在明末清初大约一百年的时间里，女词人的创作无论在数量上还是质量上，都具有承前启后的重要意义。论文分上下编。上编从整体的角度对明末清初女词人的文学活动与创作成就进行了梳理分析。论述了当时女词人唱和交游之风的兴盛、其诗文中所反映的生活空间与文学追求的热情，从中窥见才女在时代风尚的影响下对传统闺范与生存状态的一定突破。介绍了当时女性词创作的两大主体——名妓与闺秀，一方面，论析明末名妓的不俗个性与才情、名妓与才士的交往及其词的创作；另一方面，展现了明清之际经历家国之变的闺秀词人的生活及情感变化。指出了明末清初女性词创作在题材上的继承与突破及其艺术成就，从继承前人的角度看，相思别离与伤春悲秋依然是不变的主题；从拓展的角度看，此时期的女性词作内容则体现出社会时代的鲜明烙印；在传统女性词纤约缠绵、婉雅清丽的风貌之外，亦有恬淡超逸的林下风致及沉郁悲慨、洒落不羁、沉雄苍劲等不同特色的变声别调的出现。下编是对明末清初女词人的个体研究。以具有一门唱和特色的明末著名女词人沈宜修、叶纨纨、叶小鸾母女为代表，就其身世及词作进行了分析与评述；以擅写家国之思的明清之际女词人徐灿为对象，在考证生平的基础上，分析了其词在主题方面的拓展与宛转娴雅、丽而不佻的词风；选取了身世与词作独具特色的朱中楣与顾贞立，重点评析二者在作品内容及风格方面的独树一帜；论述了柳如是、李因、王微、杨宛等名妓词人的身世与词作，表现了她们不同于闺秀词人的创作风貌。

关键词：词人　女性文学　文学研究　明末清初

3416

明散曲史研究 / 赵义山著 ; 项楚指导. -- 四川大学, 2005. -- 291 页

作者认为，散曲晚出，兼融诗词艺术而又别开新面，不仅体式繁多，内容驳杂，同时大多自然通俗，是"五四"新文学运动所倡导的白话体新诗的先导，成为诗歌发展史上沟通传统与现代的血脉。因此完整的的古代诗歌研究，理应包含诗、词、曲三大体式。而且徜就作品数量而言，明代散曲是元散曲的三到四倍，而艺术质量和总体成就也不分伯仲，因此无论从文体学、文化学、民俗学、语言学等方面，还是从散曲史、明代文学史研究等方面看，都有着独特的研究价值。全文共十章。第一章就明代南北曲盛衰等重大问题发表个人意见。第二章对明散曲的发展阶段做出重新划分并陈述理由。第三章到第十章，分过渡期、衰落期、复兴期、鼎盛期、继盛期等五个阶段论述明散曲的发展演变与作家创作。作者认为，论文主要做了以下工作，并取得了进展：第一，广泛深入的个案研究。作者结合前人评述，对50位重要曲家做了更为深入的个案研究，并首次对李昌祺等20余人进行个案研究，扩大了明散曲作家论的范围，发现了以往对明散曲发展史认识的一些失误和偏差，使明散曲发展史的论述更为客观，作家创作论述的内容更为丰满。第二，南

北曲发展演化的新认识。作者通过研究发现了在“未有昆曲以前”南曲已盛的事实，并通过扩大作家研究范围，发现在“昆曲以后”也并非“只有南曲”，还有薛论道等重要的北曲作家，由此澄清了明代南北曲盛衰变化的历史事实。第三，明散曲复兴基本事实的考订。作者通过对明中叶13位重要散曲作家创作活动年代的考订，发现使明代散曲重新振起的首开风气者，应当是陈铎和王磬等南派曲家，而不是康海和王九思等北派曲家；明中叶散曲的复兴，也不仅是北曲的兴盛，而是南北曲联袂并兴。第四，明散曲发展史的客观论述。作者认为，论文按南北地域再综合时代环境来论述作家群体，并综合运用多学科理论，紧密结合当时的文化、时代思潮和其他文体的演变来把握其历史脉络，纠正了以往一些错误或似是而非之论，对重新认识散曲乃至整个散曲文学和明代文学的成就，都有一定启迪作用。

关键词：散曲　北曲　诗歌史　文学史　明代

3417

“李卓吾”小说、戏曲评点研究 / 郑菡著 ； 黄霖指导. -- 复旦大学, 2005 . -- 169 页

本文研究了中晚明的署名“李卓吾”的小说、戏曲评点，中国文学批评史上这一既高峰耸立而又有参差不齐的评点现象，即“李卓吾现象”。文章认为，“李卓吾”小说、戏曲评点在中晚明的出现，既受惠于当时小说、戏曲文本的丰富及其传播的广泛，也得益于那个时代特殊的文化政策和文化氛围。当时人们的心态可以用“自愿”、“自尊”以及“忌讳”来概括。“自愿”心态是当时通俗文学地位有所提高，文人亦能够接受用小说、戏曲评点的方式来抒情感怀。“自尊”体现了当时人们对时作的时代自尊感。“忌讳”一方面使评点家们能够接受将自己的评点冠以不相干人之名；另一方面，则为一部分托名评点者敷衍了事提供了方便。这部分评点一时无法找到确切的证据，而它们出现的时代又确实比较特殊，我们不妨将它们看作一种托名评点。“李卓吾”的评点与它们能够顺应那个时代的时尚意识有密切的关系，这些评点有针砭时弊的“补世”思想、感悟人生的“扬真抑假”思想，以及令人释怀的游戏笔墨，反映了当时评点的整体质量与时代风气的变迁。文章指出，以容本、袁本《水浒传》评点为代表，“李卓吾”小说、戏曲评点中所流露出来的“史笔”观念、在“人情物理”的逻辑下完成的笔法选择、对行文技法所作的有益探讨，都具有重要的意义。并且具有以“奇”为美、欣赏形神兼备，以及崇尚“自然”、“自在”的“化工”境界的倾向，构成了“李卓吾”小说、戏曲评点审美意趣的主要内容。具体到“李卓吾”小说、戏曲评点，评点符号具有自身的符号功能，其中既有区别于评语的某些功能，也有与评语互相发明的方面。它与评语一起构成了甄别版本、进行理论评价，以及提示某种深层意义的评点形式。这部分论述以容与堂本、起凤馆本、西陵天章阁本三种“李卓吾”《西厢记》评点本为例，对评点符号在其中的运用进行了个案研究。

关键词：李贽（1527～1602）　小说　戏曲研究　文学批评　明代

3418

唐代科举诗研究 / 郑晓霞著 ； 黄珅指导 . -- 华东师范大学, 2005 . -- 331 页

本文研究了唐代科举诗，力图勾勒出唐代科举诗的真实面貌。文章以《全唐诗》为蓝本，对科举诗作出重新界定，完成了《全唐诗科举诗索引》，在此基础上，分三编论述了唐代科举诗。上编，梳理出唐代科举诗发展的基本脉络，并分析、探讨了其在各个发展阶段的创作状况；特别对前人关于省试诗讨论得失进行了回顾、分析，重新界定了省试诗的定义，对省试诗的起源、出现的背景、及以诗取士与唐诗繁荣的关系等一些重要问题进行了重新讨论，勾勒出省试诗发展的简要历史。中编，分析了唐代科举诗在思想及艺术表现方面的特点，并对其美学成就作了进一步探讨，指出科举诗的创作更强调“情志沟通”的功能，其主题集中于举子的物质生存状态和精神生存状态，具有强烈的读者意识以及独特的意象和体式语言，其思想和艺术上的特点不仅是它成为独立诗歌类型的决定性因素，而且在题材开拓、写志功能、表现手法、人际沟通四个方面对中国诗歌传统的继承与发展具有重要的示范意义。下编，以著名科举诗家为个案，由宽泛而深入、由理论探讨到情感体验层面，对盛唐、中唐、晚唐时期科举诗的风貌及其思想艺术特性进行了体认。

关键词：唐诗　科举制度　科举诗

3419

钟惺评点研究 / 郑艳玲著 ； 黄霖指导. -- 复旦大学, 2005. -- 152 页

本文以明代钟惺的评点为研究对象，结合晚明社会的历史文化背景，探讨其评点特点及评点理论，力图为中国古代的评点研究提供个案，同时也丰富钟惺研究的内容。全文分为五章。第一章导论，介绍了钟

悝的诗文创作并梳理其研究史。第二章论述了晚明评点浪潮及其中的钟惺评点。第三章,作者解读了全面反映钟惺文学观、评点史上的重要作品《诗归》。第四章,作者解读了钟惺评点的《诗经》、《东坡文选》、《三注钞》等其他评点本。第五章,作者从题名钟惺的评点本中选取了一些较有价值的文本进行研究。作者认为,钟惺的评点,角度新颖,分析独到,提出了一些有价值的理论,其中虽然也有一些不足之处,但总体而言,有所创新,应该在中国文学评点史、中国文学批评史上具有一席之地。

关键词:钟惺(1574~1625)　文学评论　文学批评史

3420

中国通俗叙事文学繁荣的先声：敦煌讲唱文学综论／钟海波著；张学忠指导. -- 陕西师范大学, 2005. -- 119页

敦煌讲唱文学是敦煌文学的重要组成部分,也是敦煌文学研究的重心。作者认为,20世纪的敦煌讲唱文学研究的成就极高,但也存在一些薄弱环节,比如属于叙事类型的敦煌讲唱文学在中国通俗文学发展史上有着重要的作用和影响,是有信史可证的通俗叙事文学的主要源头。但从这一方面进行的系统研究尚嫌不够,因此论文试图从这个角度入手,探讨敦煌讲唱文学的文学史意义和价值。全文共四章。第一章探讨敦煌讲唱文学的产生,分为五节。既从时代条件和地域条件探讨了其产生原因,也分析了敦煌讲唱文学的发展经过,并分析了其地域性、通俗性和叙事性等几个主要特征,对文体类型及特点也进行了归纳。第二章研究敦煌讲唱文学的文化内涵,分四节依次研究儒家文化、佛教文化、道教文化和民俗文化对敦煌讲唱文学的影响,并指出几种文化是以互相融合和相互渗透的形式呈现的。第三章研究敦煌讲唱文学的叙事特征,主要借鉴叙事学理论,从情节、结构、人物、叙事者、叙述视角及叙事修辞等方面展开论述。第四章分析敦煌讲唱文学对宋元以后的通俗小说、戏曲、曲艺等通俗叙事文学的影响。论文的主要结论是:敦煌讲唱文学是我国通俗文学史上一个重要发展环节,无论思想内容还是表现形式,与前代通俗叙事文学相比都有了质的飞跃。它在叙事形态上由自发阶段跨入自觉阶段,为宋元以后通俗叙事文学的大繁荣奠定了坚实基础,是宋元以后通俗文化繁荣发展的先声。

关键词:通俗文学　叙事　敦煌学　说唱文学

3421

元杂剧民俗文化遗存研究／周玲著；吴国钦指导. -- 中山大学, 2005. -- 164页

本文从衣、食、行、市商、婚姻、游戏、节日七个方面分类梳理了元杂剧的各种民俗文化,并从理论上探讨了民俗与杂剧的关系,综论元剧中民俗文化遗存的特点及其对元剧的功能和作用。指出元杂剧中处处蕴藏着丰富多彩的民俗,民俗文化风情的展示是通过剧中人的宾白、唱曲或舞台动作表现出来的。从民俗的角度看,元剧中的民俗文化遗存呈现出集体性、传承性、扩布性、稳定性、民族性、变异性、地域性、服务性等诸多特点。民俗文化遗存在元剧中的描写展示具有亦古亦今的历史感、亦蒙亦汉的民族性、亦中亦外的乡土性、亦雅亦俗的两重性等特点。从戏剧特性来看,元剧的民俗文化遗存是由中国戏剧的通俗性、娱乐性、教化性决定的,作为一代文学的元杂剧,它真实地反映了当时的生活,那么作为生活的重要组成部分的民俗必然会在元剧里得到表现并被搬上舞台。民俗文化遗存在元剧中的大量存在,对戏剧表演展示的功能和作用是十分明显的:深化主题,广泛反映社会生活;交待戏剧故事的历史背景,增强其时代感;营造故事氛围,推进故事情节的展开和发展;丰富人物形象,深化人物性格;加强生活环境的典型性;对元剧题材风格有着巨大的影响。从民俗与戏曲的关系看,民俗是构成故事的基础和底色,有了剧中人的衣食住行、生老病死、婚丧嫁娶、出行经商、游戏娱乐等民俗生活的表现,戏剧故事才得以展开,并以鲜活的故事来吸引观众,达到剧作家和演员宣泄歌颂的目的。正因为戏曲中有了广泛大量的民俗文化的展现才使戏曲与广大观众紧密相连,使之在观众的喜爱和欣赏中成长壮大。

关键词:元曲　杂剧　民俗学　文学研究　文化遗存

3422

初唐宫廷诗考论／祝良文著；黄珅指导. -- 华东师范大学, 2005. -- 263页

本文研究了初唐宫廷诗的发展演变过程,探讨了其与政治、文化的关系,考察了初唐宫廷诗从繁荣走向衰落的过程,揭示了初唐百年间诗歌由于性情、声色和社会责任感的逐步完善而过渡到盛唐的嬗变轨迹。上编,把初唐宫廷诗的下限划在开元八年,首先,阐述了初唐宫廷诗的嬗变轨迹,指出贞观前期的宫廷诗以箴规为主,诗歌崇尚雅正;贞观中期,箴规的隐退

和颂美的崛起；贞观后期至高宗武后时期的宫廷诗以颂美为主，龙朔诗风的主要内容是以许敬宗为代表的“颂体诗”；武周代唐后，谄媚之颂体诗得以延续，盛世情怀在宫廷诗中有所表现；中宗朝后，宫廷诗娱乐化倾向明显；开元八年以前，宫廷诗创作较前有所回落，而以张说为代表的贬谪诗人在促使初唐宫廷诗所缺乏的性情和社会责任感的回归上也迈出了重要的步伐；开元九年以后，宫廷诗身份由贵族而平民的变化，对宫廷诗风格的影响开始显现，文学和经世之儒并重，文学之士地位的真正提高，文人政治格局的出现，最终促使初唐宫廷诗的蜕变和盛唐之音的到来，此后的宫廷诗与此前的宫廷诗有本质的区别。下编以宫廷诗文本为中心，逐年考订排比了从唐武德元年到开元十八年间的宫廷诗及与之相关的其他的重要史料，主要包括作品系年；与作品相关的作家行迹；对当时宫廷诗创作产生影响的政治事件、文化活动或日常公务，如宫廷政变、文馆建设、史书修撰、律令修订等。

关键词：唐诗　宫廷诗　颂体诗　儒学

3423

宋人笔记中的诗学讨论热点研究／邹志勇著；钟振振指导．-- 南京师范大学，2005．-- 97 页

本文在中国传统文化及诗学理论的大背景下，对宋人笔记中五个诗学讨论热点，作了分析和研究，以期有益于今人了解与诗歌创作主体相关的诗歌本事、诗坛掌故及奇闻逸事，考察宋代诗人的生平、交游，为其作品辑佚、系年，研究宋代诗歌的创作背景、审美风尚，以及把握宋诗的思想内容和艺术特色等。首先，文章对笔记的概念作了限定，区分了笔记与小说、诗话的关系；对宋人笔记的数量作了统计，从内容上予以分类；并就宋人笔记所彰显出的宋人的群体风貌作了粗线条的描述；综述了关于宋人笔记中的诗学讨论热点。其次，分别对笔记中诗谶、仕隐心态、诗教观念、气象、理趣等五个诗学讨论热点进行了分析，考察了它们之所以成为宋人笔记讨论热点的原因，以及隐藏在它们背后的宋人的诗学观念，认为宋人笔记中所反映出的宋代诗学观念，侧重于对诗歌本事（即创作背景）、时代风气以及诗人精神风貌的综合展示；对此进行细致的剖析，可以从宋人的心灵深处去挖掘宋代审美风尚和创作风格的深层规律。最后，从纵向和横向的维度，对宋人笔记中诗学讨论热点的特征作了简单的考察，总结出宋人笔记中诗学讨论的四个特点：涉及面广、方法多样、体现了笔记作者零金碎玉式的诗学观念、具有共时性与历时性的特征等，本文认为，宋人精神风貌与诗歌创作、诗学评论以及审美趣味之间存在着互动关系，宋人笔记中诗学讨论的背后潜藏有一种诗学体系。

关键词：诗学　笔记　《大唐中兴颂》　文学研究　宋代

中国现当代文学

3424

无政府主义精神与 20 世纪中国文学／白浩著；龙泉明，樊星指导．-- 武汉大学，2005．-- 185 页

作者认为，无政府主义对于 20 世纪初的思想启蒙有重要意义，马克思主义与无政府主义的论争并胜出对于二三十年代中国思想史的转向亦有重要意义，这两者对文学革命与革命文学的发展与转向均有影响。共产党文艺政策的建立是对无政府主义因素的清除；无政府主义具审美性，而文学具无政府主义性，二者有契合之处。鲁迅的个人无政府主义成分与人道主义、启蒙主义既并存又存在矛盾，与后面的阶级论也存在冲突，这些使他在“个”与“群”之间既呐喊又彷徨，陷入绝望与虚无，但又反抗绝望。郭沫若的“天狗”、“匪徒颂”带有鲜明的个人无政府主义色彩，泛神论成为其个人无政府主义色彩的特殊形态，他继而转向马克思主义，中历无政府共产主义阶段，推动了他从文学革命向革命文学的转化。巴金是现代作家中唯一的安那其主义者，其无政府主义生涯经历了政治信仰期、文化信仰期、清除改造期和复苏期四个阶段；他从狂热接受“原理的无政府主义”发展到重视实际问题的理性的“我的无政府主义”，在革命与文学的矛盾中从政治领域转向文学领域，历经建国后几十年改造，在《随想录》、《再思录》中重新复苏了安那其元素下批判的锋芒。文革中的无政府状态与无政府主义有从现象到哲学观念上的相近处，但它是政治逻辑与解放逻辑的混合，并不是真正的无政府主义；文革对于“六八年人”的未来文化反抗、现代主义、后现代主义的兴起亦有反面的催生作用。先锋派的概念经历了从军事到政治到艺术的迁徙，而无政府主义也经历了从政治无政府主义向文化无政府主义、美学无政府主义的转化。后现代哲学中的文化无政府主义色彩鲜明。中国先锋文学中也体现出从现代主义向后现代主义文化的转换，尤其是第三代诗、王朔现象等呈现出了世俗化、多元化、审美化的文化无政府主

义内在精神。

关键词:中国文学　文学思想史　无政府主义　鲁迅(1881～1936)　巴金(1904～2005)　郭沫若(1892～1978)

3425

悬浮中的自救焦虑和艰难确认：转型文化语境下当代中国电影场域的多重身份认同(1983—2004) / 包燕著；陈坚指导. -- 浙江大学, 2005. -- 143页

作者认为,作为从属于社会学和心理学范畴的、用来指涉角色意识的重要概念,“身份”(Identity)一词正被移用或延伸到文化研究的各个场域。对于当代转型文化语境中的中国社会来说,一方面是以精英文化为主导的80年代向以大众商业文化为主导的90年代的文化换幕;一方面是强势的全球化语境对自足的本土文化的解构和冲击,个体及民族国家的身份认同凸现为问题。本文以“身份概念”和“问题意识”来考察当代转型文化语境中的中国电影场域,指出电影制作者、评论者、接受者、主导决策者在充满对抗与妥协的多方会谈中参与了电影场域的多重身份认同。全文主体包括正文四章和终章。正文第一章,评述渐行渐远的“精英文化”和长袖善舞的“大众文化”以及二者的关系。第二章,在“批评、政治、市场”的三方会谈中,梳理大众文化发展过程中“电影本体”的主导身份的叙述置换。第三章,聚焦于90年代中国商业大众文化语境中的意识形态氛围,在“艺术、政治、市场”的三方会谈中,考察作为精英知识分子的第五代导演的立场移位和身份重写。第四章,评述在“体制、市场、艺术”三方无法缝合的现实下,新生代导演面向“都市现代性”的“怀旧、悬浮、直面”的影像叙事风格。终章,置中国电影于大众文化的全球化和好莱坞电影的强势化语境中,在“大众心态、导演心态、体制心态”的三方会谈新动向中,以“开放的本土文化”和“大众文化的人文精神”为关键词,力图对中国电影可能的多元身份认同提出启示性的建构策略。

关键词:电影理论　身份认同　精英文化　大众文化

3426

《中国小说史略》研究 / 鲍国华著；王富仁指导. 北京师范大学, 2005. -- 108页

鲁迅的《中国小说史略》作为中国小说史研究划时代的名著,在20世纪中国学术史上有着深远的影响。本文以《中国小说史略》为论述中心,一方面通过对该书相关史料和成书过程的论析,试图展示其整体面貌;另一方面从中国小说史之发生的角度立论,试图通过对该书的考察揭示其在现代学术史上的意义,进而凸现鲁迅小说史研究背后的文化选择。全文分为绪论、三个章节和三篇附录。绪论提出本文选题的缘起和集中讨论的问题。第一章讨论《中国小说史略》的成书过程。作者通过论述《中国小说史略》的学术准备和版本叙录,探讨各史料专书的理论特色及与《中国小说史略》的学术联系,并对该书修订中体现的鲁迅小说史观的演变做出学术史的分析。第二章将《中国小说史略》作为中国现代学人对小说史写作的最初尝试,对其进行发生学意义上的考察。作者从鲁迅对小说史的理论定位、《中国小说史略》作为教材和专著的学术职能、鲁迅对进化史观的接受与超越这三个角度,考察该书的理论特色和学术史价值。第三章考察“小说史家鲁迅”研究的历史状况。作者以时间为线索、以研究者及其代表性成果为中心,论述“小说史家鲁迅”研究历史的演变轨迹。附录一通过对《中国小说史略》各版本的汇校,对该书目前最通行的版本——人民文学出版社1981年版《鲁迅全集》第九卷《中国小说史略》版本——的若干问题提出商榷。附录二对《中国小说史略》由初版本到再次修订本的五个版本进行汇校,通过比较,展现鲁迅对《中国小说史略》增补修订的具体情况,进而揭示该书的形成过程。附录三将鲁迅从事中国小说史研究的各类知识、成果及论争的情况以编年方式记录,力图展现《中国小说史略》及其相关论著的生成过程和鲁迅中国小说史研究的基本情况。

关键词:小说史　《中国小说史略》　鲁迅(1881～1936)　版本

3427

现代中学语文课程与文学教育的演变 / 蔡可著；温儒敏指导. -- 北京大学, 2005. -- 103页

本文通过回顾上个世纪二三十年代中学语文课程发生发展过程及其与文学教育的关系,在对历史的梳理中发现和提取有利于当前中学语文改革的理论资源。本文共五章,第一章探讨1904年中国文学独立设科时期,指出中国文学的独立是现代语文的萌芽,此时文学刚开始学科化的过程,中学里的中国文学及民国元年的国文体现出语文课程的高度综合化。第二、三章讨论国文改国语对语文及文学教育的影响,指出国文改国语是现代语文课程诞生的标志,白话文学大量进入语文教科书、对文学本质认识的深入

都促进了文学教育观念的凸现，但由于国语复杂的内涵，语言运用、文学诉求、文化传承以及新国民的任务承载在国语课程中，形成了丰富多元的语文教育形态。国语课程纲要的制订者之一的胡适则试图在国语教育中解决一切文化问题，初步形成了国语教育中重文学、重语言、重文法、重思想的倾向；语言教学与文学教育的矛盾也推动了语文课程与文学教育的发展。第四章讨论壬戌学制背景下的中学文学教育，指出中学文学教育以独立的学程谋求自身价值的实现，但毕竟蕴涵在语文教育中，并不能摆脱社会现实、学制宗旨对国语教育的各项要求，文学教育开始向一种知识技能型的教育靠拢，以文学作品为中心的美育及情感教育意义上"文学"很难在课堂上实现，高中的文学教育则近于大学的"预科"式教育，文史是其主要的形态。第五章主要讨论30年代语文教育趋于科学化之后对文学教育的影响，这在教科书方面有着明显的体现，文学作品的份量渐趋稳定，由于受到了语言教学强烈的影响，被分割成不同的现代文章类型，成为学习写作时需要分析的对象。此时语言文字应用的学习已渐渐探索出一条明晰的道路，出现了以《国文百八课》为代表的典型教材，1949年语文命名以后，曾实行短暂的汉语文学分科教学，试图明确语言与文学各自的本质，但并未能与教育教学很好的结合，此后现代语文课程长期处在单一封闭的课程结构下，内部矛盾一直不能得到妥善的解决。

关键词：中学语文课　教育学　教学改革　教材　教育史

3428

文化与商业困境中的电视品牌建构 / 陈兵著 ; 邵培仁指导. -- 浙江大学, 2005. -- 161 页

电视作为大众文化的主要代表，目前正陷入文化与商业的困境。因此，科学建构电视品牌迫在眉睫。在文化与商业困境中如何进行电视品牌的建构，这种品牌建构如何处理与受众的微妙关系？这是本文研究的主要问题。全文共分五章。首先，分析了电视与电视品牌陷入文化与商业困境的背景，认为文化与商业的沟通需要有效的电视品牌建构。然后，对电视品牌消费的受众心理进行分析，着重阐述了"电视品牌——受众关系"，特别关注电视品牌忠诚与电视品牌崇拜问题。紧接着提出以受众导向的电视品牌传播观点，阐述受众的电视品牌选择动机、知觉与记忆、态度与决策行为，并细化电视品牌传播过程，指出其障碍，对效果给予评估。进而以电视的视觉对电视品牌建构问题进行深入剖析。认为电视可以在文化与商业的困境中崛起，关键是进行基于核心价值的电视品牌建构，重点内容是品牌生命周期、品牌核心价值、品牌定位、品牌延伸以及品牌叙事。鉴于电视品牌叙事这一观点的特殊性和创新性，作者以一章的篇幅对其进行了专门研究。认为电视品牌叙事是文化、商业、受众体系的联结纽带。一个有效的电视品牌叙事应考虑五个因素：情节、人物、主题、场景、效果。受众在叙事过程中始终是一个能动的主体。

关键词：电视理论　大众文化　品牌　受众　传播学

3429

1950—1957年现代作家选集的出版研究 / 陈改玲著 ; 商金林指导. -- 北京大学, 2005. -- 153 页

本文以1951—1957年出版的现代作家选集为研究对象，探寻现代作品出版与文艺政策、经典确立、知识分子思想改造、现代文学传统打造，以及文学史写作等诸多方面的联系，展现了50年代在以解放区文学为主体的新中国文学建构中，主流意识形态对"五四"以来的新文学的选择和改造。本文共五章。第一章探讨新中国第一套现代作家选集开明版"新文学选集"的出版缘起，"组织化"的编选方式，以及旨在传布新文学史知识的"编辑凡例"，并以赵树理入选"新文学选集"为个案，剖析"五四"新文学及解放区文学与新中国文学的内在关联，展示建国初期文艺界领导人为确立文艺新方向所作的种种努力。第二章从出版社国营化的角度切入，分析人文版现代作家选集对开明版"新文学选集"的拓展，关注第二次文代会和1956年的文艺政策以及知识分子政策对人文社现代作家选集的人选的影响。第三章对现代作家选集序言中的"批评与自我批评"展开研究，以"新文学选集"中的《序言》为主要对象，分析了健在作家在新的文艺政策规范下的"自我重塑"，以及编选者对已故作家的非现实主义创作方法和个人主义思想的"批评"，从序言这个层面看思想改造的路径，以及新中国文学的规则。第四章从现代作家选集的"篇目过滤"和"文本修改"两个方面切入，考察作家和编辑编选"代表作"的过程，篇目变动和文本修改的背景，以及"好的修改也就是创作"这一共识的形成。第五章对作家在语言和内容两个方面的修改以及所带来的风格变化进行分析，梳理作家及编选者的"二度创作"与民族国家的创建和文学规范化的联系，探讨修改与批评之间的复杂关系。

关键词:文学作品　出版工作　新文学

3430

北碚文化圈与1940年代文学 / 陈刚著 ; 陈方竞指导. -- 吉林大学, 2005. -- 254页

本文通过北碚文化圈的文学、文化景观的个案分析,试图对40年代文学的流寓现象和文本生成做出探索和思考。全文分绪论和上、中、下篇。绪论提出本文的研究视野和方法择取,并概述了北碚文化圈的形成与文化生态,提出个案研究的合理性和必要性。上篇阐述北碚文化圈的文化奠基和文化生成。其中第一章论述中国现代文化启蒙的乡村视野;第二章从实业促教育、集团生活、教育社会化、启蒙本土化等方面分析北碚现代文化启蒙的特点;第三章论述中国乡村及北碚的文化救亡。中篇论述陪都氛围之下,北碚文化圈的文化与文学"共语"特征。其中第四章通过对北碚文化圈演艺实践的分析,概括出北碚文学的泛化特征;第五章通过对北碚文化圈文艺刊物的分析,概括出北碚文学与文化的政治抒情性和青春气质。下篇通过在碚文人的文学性生存的个案研究概括出北碚文学的"私语"特征。要其中第六章以文学早慧与北碚时期的创作,论述路翎与北碚的关系;第六章通过在艺术与现实间的挣扎、文化之思的精神苦旅,论述老舍与北碚的关系;第八章以"雅舍"的诗意与将世界"雅舍"化,论述梁实秋与北碚的关系。作者得出的结论是:以"人"为轴对抗战时期的诸多文化圈的分梳重构,是40年代文学研究的生长点;文学人类学研究路向具有可行性与必要性。最后的附录包括北碚时期路翎的部分作品,及与北碚相关的地区的部分资料。

关键词:现代文学　北碚　路翎(1923~1994)　老舍(1899~1966)　梁实秋(1902~1987)　文化启蒙

3431

中国左翼文学的发生 / 陈红旗著 ; 陈方竞指导. -- 吉林大学, 2005. -- 324页

本文论述了中国左翼文学的生成条件、作家主体体验、理论实践表现以及它与其他文学形态的关系,探讨了中国左翼文学的本质和特性。全文分为五章。第一章论述中国左翼文学的产生。作者认为,20世纪20年代五四新文化运动的暗疾使得"文学革命"力量衰竭,这一状况促使左翼知识分子酝酿革命文学运动,而"无产阶级革命文学"口号的提出则确立了左翼文学的基本发展走向。第二章论述无产阶级革命文学倡导者的主体经验。作者认为,中国无产阶级革命文学运动主要由留学日、俄的中国知识分子发动。他们的"日本体验"和"苏俄体验"为左翼知识界和左翼文学形态的形成和确立提供了雄厚的精神资源;而他们的"中国体验"则是左翼文学发生的更为深刻的内在推动力。这些主体经验的相互作用,对左翼文学的"发生"至关重要。第三章论述中国现代文坛上与左翼文学密切相关的进步文艺社团、刊物及它们的理论、创作活动。作者认为,此类刊物上的作品一方面反映出左翼作家对文学进行无产阶级意识形态性质的建构,以及他们对积极参与社会政治的发展意识进行的实践,另一方面也反映出中国无产阶级和左翼文学的觉醒与自觉。第四章论述鲁迅与"无产阶级革命文学"的关系。作者通过探讨鲁迅"无产阶级革命文学"思想的文化生成,鲁迅与创造社、太阳社和新月社的论争及鲁迅思想的超越性,总结了鲁迅所突显的左翼作家特征,以及鲁迅独特的生命风度与文化品格。第五章概述了中国左翼文学的生成。作者论述左翼知识界的形成,并认为其对本民族传统文化资源和日俄等世界无产阶级文化资源的汲取,构建了左翼文学的认知、伦理和审美维度,明确了左翼文学的本质——"文学是宣传"。最后,作者总结了中国左翼文学的特征并为这一特征的根源做出解释。

关键词:左翼文学　左翼文化运动　鲁迅(1881~1936)

3432

语丝社研究 / 陈怀琦著 ; 陈思和指导. -- 复旦大学, 2005. -- 205页

本文共分七章,对中国现代文学史上的重要社团语丝社的成立、发展、分化等作了系统论述。首先,文章阐述了语丝社的缘起与成立,指出从1924年底至1930年初以《语丝》周刊为依托,围绕鲁迅和周作人在"语丝社"的旗号下聚集了一批后来在文学史上留下赫赫名声的作家和学者。其次,从周氏兄弟与语丝社、语丝社与《语丝》杂志、语丝社与北新书局三个方面论述了语丝社的发展过程,指出鲁迅尽管没有参加北京时期语丝社的聚会活动,但他以巨大的感召力和在《语丝》杂志上撰写的大量文章成为"语丝派"的主将和领袖。其时鲁迅和周作人虽已失和,但同为语丝社的核心人物,他们在与社会上的敌对势力作斗争时仍能联手作战,结成暂时的统一战线。在《语丝》杂志迁往上海出版以后,"语丝派"内部的分歧因空间距

离、时事变化及人际关系纠葛等逐渐凸显，至柔石与李小峰接受编辑第五卷《语丝》周刊时，语丝社事实上已经解体。再次，论述了语丝社与莽原社、未名社、狂飙社的关系，指出作为莽原社与未名社领袖人物的鲁迅出于不满于语丝社的"疲惫"与"灰色"、有意培养敢于向黑暗社会挑战的生力军而成立莽原社，为了出版翻译著作和介绍外国文学而成立未名社。狂飙社领袖高长虹是莽原社重要成员，他在鲁迅领导下编辑《莽原》周刊，得到过鲁迅的赞赏和扶持。但鲁迅离开北京南下后，莽原社内部"狂飙社作家群"与"安徽作家群"之间发生激烈冲突，高长虹迁怒于鲁迅，并公开向鲁迅宣战，导致了现代文学史上一场至今仍聚讼不休的公案。最后，对钱玄同、林语堂、刘半农、废名、俞平伯等语丝社一些重要作家逐一进行了介绍评析。

关键词：语丝社　莽原社　未名社　鲁迅（1881～1936）　北新书局

3433

魔幻现实主义与20世纪后期中国小说：以加西亚·马尔克斯与"寻根"小说之关系为中心 / 陈黎明著；朱栋霖指导．-- 苏州大学，2005．-- 116 页

本文主要采用了比较文学中传播—影响研究的方法来探讨魔幻现实主义文学对20世纪后中国小说的影响，并兼顾了平行研究的方法，力求客观公正。本文分六个部分。绪论主要梳理了魔幻现实主义这一术语的由来及其演变，并就其与20世纪后期中国小说之间的关系作了总体性概括，提出了比较研究的依据和意义。第一章详细介绍了魔幻现实主义文学在20世纪后期中国传播、接受和译介的状况。第二章主要探讨了魔幻现实主义文学进入20世纪后期中国文坛之后，对此期中国文学"人"的观念的嬗变与思维中心的转移的重要影响。第三章、第四章、第五章则择取了魔幻现实主义与20世纪后期中国小说的几个重要问题加以探讨和研究。分别从魔幻现实主义与20世纪后期中国小说的孤独母题、魔幻意象的创造以及叙事艺术的多样化三个层面，分析了魔幻现实主义文学对20世纪后期中国小说思想与艺术方面的影响。结语由魔幻现实主义文学与20世纪后期中国小说对民族性的回归和本土化的创作实践的成功，指出了全球化与本土化语境下中国文学未来的发展方向，并提出了建构开放性民族文学的可能和意义。

关键词：加西亚·马尔克斯（García Márquez, Gabriel 1928～）　魔幻现实主义　小说　文学思想

3434

传统伦理与五四作家人格及其文学创作 / 陈留生著；朱晓进指导．-- 南京师范大学，2005．-- 99 页

本文研究了传统伦理与五四作家人格及其文学创作之间的关系。首先，文章探讨了传统伦理与五四作家人格构成的关系，指出五四作家的人格是以传统伦理的"三不朽"思想为基点的，也有西方学说的影响，但中国传统伦理是"体"，西方学说只是"用"，这种人格特征也造成了其心灵的矛盾、交战，形成了他们的"双重人格"，让他们充分显示出了"历史中间物"的地位。其次，探讨了五四作家人格与五四文学发生的关系，认为五四文学发生的动因是感时忧国，由于中国伦理文化素有"借思想文化以解决问题的途径"的传统，五四作家的救国也就是"伦理救国"，必然倡言"人的文学，当以人的道德为本"。再次，分析了五四作家人格与其文学功能观的确立，指出在文学功能观上，"人生派"的主张与"文以载道"有了内在的联系；而"为艺术派"的观念也在很大程度上承续了"诗言志"、"诗缘情"的传统，他们基于传统伦理的"民本"意识、忧患意识而竭力张扬文学的教化功能、怨刺功能。随后，分析了五四作家人格与文学创作的取材指向上，指出五四作家人格的传统伦理为"体"、西方学说为"用"的特点，造就了对家的厌弃与眷恋，出现了人欲与人伦的交战，表现了在"兼"与"独"之间彷徨的矛盾，抒写了文化浪子的怀乡情怀。最后，文章分析了五四作家人格在五四文学美学风貌上的体现，指出五四文学在美学风貌上以善为美、以真为美、沉郁的悲剧意蕴以及感伤的抒情风味等特点，表现了与传统文学美学观念的承接。

关键词：五四文学　作家　传统文化　伦理　人格

3435

基督教文化与中国小说叙事新质 / 陈伟华著；吴定宇指导. -- 中山大学，2005. -- 315 页

19世纪中叶以来，作为西方文化基因的基督教文化与中国文化发生整合，并波及到中国小说，使其出现新的元素，促使中国小说由传统向现代转型。本文运用文化学、叙事学相关理论，从叙事的角度考察了基督教文化与中国小说叙事新质方面的关联，探寻中国小说变革的原因及结果；诠释中国小说的生长和发展；探讨宗教与小说叙事之间的关系；从一个方向考察了宗教文化与文学之间的互动；一定程度上探讨到转型时期的文化与文学的关系。文章分上、中、下

三编。上编为结构篇,论述基督教文化对中国小说叙事符号层语体化形成以及叙事时间更新的作用。指出白话《圣经》的广泛流传,使得中国现代白话文运动意外地获得了外援力量,加速了白话文运动成功的进程。基督教文化的渗入,拓展了中国小说的叙事空间。中国小说的叙事视角也发生了变化,并由此引发了中国小说叙事功能意义层的新质的出现。中编为功能篇,论述基督教文化中的某些物象,诸如上帝、羊等,被中国作家所捕获,化成作品中的意象,承担着特殊的叙事功能;而一些宗教故事以及由此生发的原罪、惩戒、救赎、宽恕、试探等母题成为中国作家创作的灵感和刻意演绎的模式,并演化成特定的叙事类型,为中国小说增加了新的样式。下编为源流篇,从生产方式角度考察基督教文化对中国小说叙事的影响,认为可以找到两种典型的样式,一种是引用《圣经》典故,并将该典故的叙事模式作为小说的叙事模式;另一种是将《圣经》故事加以译介和重构,使其直接融入中国文学家族之中。

关键词:小说研究　宗教文化　基督教　叙事　文学研究

3436

京派作家与中国传统文学 / 崔荣著 ; 赵学勇指导. 兰州大学, 2005. -- 193 页

本文从京派作家的精神结构和文学创作与传统文学的历史联系出发,试图对京派作家的个体创作与传统文学的关系作出比较研究和历史分析。全文分为五章。第一章探讨凌叔华小说的风格。作者认为,凌叔华小说所受的中国文人画的明显影响,成就了她简淡幽逸的小说风格;同时,她的小说也通过独特的视角反映历史转折期中国妇女的命运,省察五四时期存在的历史悖论。第二章探讨废名小说的风格。作者从"人的发现"与"文的自觉"这两个方面探讨废名清峻通脱的小说风格,认为废名带有古典烙印和强烈个性的文学创制,既体现出魏晋风度,又传达出现代性的小说思维。第三章探讨沈从文小说的风格。作者论述"传奇"概念的构成,并认为沈从文倚借传奇建立起了具有神性的人性样本。在此基础上,本文论述了沈从文小说内容所传达的本质内涵,以及沈从文小说所表现的传奇"想象"的文学特性。第四章探讨汪曾祺小说的风格。作者认为汪曾祺利用笔记表达世界的诗学方式冲决了"情节"的定义,也改变着人们看问题的角度。第五章探讨萧乾和芦焚的创作。作者认为他们的创作既是京派作家与传统文学的又一种历史联系形态,又体现出与时代变化的协调及对处理文学和政治的关系的叩问。最后,作者总结了传统文学(文化)对京派作家的影响和京派作家对传统的选择、塑造,探讨了传统与现代文学创新之间的深层联系。

关键词:京派　凌叔华(1900 ~ 1990)　废名(1901 ~ 1967)　沈从文(1902 ~ 1988)　汪曾祺(1920 ~ 1997)　萧乾(1910 ~ 1999)　芦焚(1910 ~ 1988)　文学研究

3437

当代文学中的"屋"与"人" / 邓玉环著 ; 杨匡汉指导. -- 中国社会科学院研究生院, 2005. -- 127 页

作者认为,"屋"具有喻示人类生存状况的功能,与人类的生活和历史有诸多关联,成为一种特殊的文化载体。本文以当代文学中的"屋"与"人"的内在关系为考察对象,从关于"屋"的物质、两性、城市和精神四重文学话语入手,分析论述了半个多世纪以来,中国当代文学中人类生存的空间——"屋"与生活于其中的"人"的关系的历时性话语表达,以及当代人现实生存状况和精神追求在这两者关系中是如何被深刻揭示的。本文共四章。第一章对关于"屋"的文学物质话语在当代文学史上的消失与复苏的过程进行梳理,分析在不同历史阶段,特定时代的经济、文化与意识形态对文学物质话语表达的影响。第二章以"屋"的性别话语为中心,分析两性对于"屋"/"家"的空间想象以及身份建构。第三章从"屋"的角度分析城市文化和城市人的生存景观,及其特有的心理和精神状态。第四章主要论述当代文学中关于"屋"的精神性话语,对具有象征和隐喻意义的"房子"、"屋"与"人"关系的哲学意蕴、人如何才能"安居"的终极追问等精神性话语出现的历史与现实的原因进行了分析。

关键词:当代文学　文学研究　住宅　人类生存　话语

3438

林语堂文化追求的审美现代性倾向 / 董燕著 ; 孔范今指导. -- 山东大学, 2005. -- 136 页

本文通过林语堂的作品,将具体个案的剖析与审美现代性研究的"大话语"结合起来,分析了林语堂带有审美现代性倾向的文化追求与人生选择。文章在介绍现代性理论、分析中国学人对审美现代性追求的基础上,将林语堂的生活经历与他的文化追求相结

合,廓清其人生观、文化观的审美现代性倾向;从审美现代性的视角观照林语堂的文化选择,矫正以历史现代性/启蒙现代性解释审美现代性所造成的误读,力争扩展审美空间。同时,将林语堂与同为对现代文明做出反应并表现出审美现代性倾向的中国现代都市文学作家进行比较,在不同维度中勾勒出林语堂文化追求的独特性,指出其文化追求的审美现代性倾向的意义与局限。认为林语堂在西方发达国家的生活背景中致力于对抗、矫正现代物质文明所带来的人性异化,符合人的感性层面的发展要求,这是他创作成功的重要因素,但是同时也导致了他一定程度上对中国社会现实的忽视,使他的文化追求与20世纪的中国社会不完全合拍。这一悖论性价值判断是由中西文化落差和国情落差造成的,对此我们应当作出客观的评判。

关键词:林语堂(1895~1976)　文学思想　审美文化观　现代性

3439

翻身道情:解放区小说主题叙事研究 / 杜霞著;王富仁指导. -- 北京师范大学, 2005. -- 125 页

本文通过对"翻身"主题小说的意义逻辑、叙述模式及修辞策略的分析和梳理,考察"翻身"是如何发生并被讲述的;讲述者、接受者各自拥有怎样的话语系统,又在怎样一种特定的需求下达成共识;各种表现方式在被主题所规范的同时,又是如何对其进行意义重构甚至有意无意的偏离和质询的。全文的主要内容由上、下两篇构成。上篇通过对建构主题的具体要素——即事件内容及演变过程的分析,揭示出有着不同人物、背景、遭遇的"翻身"故事的趋同性:即如何为"翻身"这一主题意义形态所架构。在研究方法上,受法国叙事学家克洛德·布雷蒙"叙事序列"的启发,以"翻身"主体即"改善"的"受惠者"为着眼点,归纳出"翻身"故事的意义逻辑:苦难/落后(要得到的改善)——斗争/改造(改善过程)——翻身/翻心(得到改善)。这里不仅寻求"翻身"叙事与潜在的人类行动结构的联系,更重要的是要探讨这一特殊叙事领域本身的规定性,看"翻身"故事如何重构了时间与历史,为我们呈现出革命语境中特定的意义逻辑。同时参照布雷蒙对于人物的功能定义,分析三种主要人物角色(改善的受惠者、同盟者,对敌)在"翻身"叙事中的不同功能,并兼顾性别角色、文化身份、阶级归属等的区别,探询了历史文化体系对行为主体的内在构设。下篇切入到小说"话语"层面着重对叙事结构、技巧以及修辞方式等形式构成因素进行了分析。参照赵毅衡对"中国小说文化范型"的叙事学分析,"翻身"叙事大多属于"史传范型"和"说教范型",而"自我表现"这一"五四"时期的主导"范型"却并不多见——由此显示出特定意识形态对文本的塑形与规范。作者从叙述视角、叙述声音、叙述时间等几个方面,探讨了"翻身"叙述的"可靠性",以及"翻身"史对民族/国家历史进程的隐喻性指涉。同时,通过对表意系统、阅读成规以及话语权力运作机制的考察,解读"翻身"文本的修辞策略。最后,在"结语"部分,阐明了"翻身"主题叙事与中国革命的内在同一性及其在现代民族国家生成中的话语建构作用。

关键词:解放区文学　小说　叙事　修辞学　文学研究

3440

神秘主义:祛魅与复魅:二十世纪中国文学现象之一种 / 方秀珍著;曹惠民指导. -- 苏州大学, 2005. 152 页

作者认为,神秘主义作为一种认识世界的思维方式,在我国文化形态上主要表现为鬼神信仰、万物有灵,并在民间有着深厚的积淀,同时也反映到文学创作之中。从总体上来说,神秘主义在20世纪的中国文学中经历了一个由祛魅到复魅的过程。全文分四章展开论述,指出,清末民初,中国上下还被巫魅文化氛围所笼罩。在"赛先生"号领下和进化论盛行的情况下,中国出现了一种极为相悖的现象,一方面中国本土神秘文化遭受大力批判,另一方面西方神秘主义又被大力译介模仿。直到30年代末期,文学精英才开始批判这种神秘倾向,并陷入了科学的质疑。但总体而言,科学对神秘主义的祛魅已经演化为一种意识形态。80年代中期,民间的鬼神文化、原始宗教被先锋作家看作走向世界的筹码。神秘主义在文学作品里复魅了。复魅的文学作品显示了三种不同的价值立场:以韩少功为代表的寻根作家对鬼神文化持否定立场;以贾平凹为代表的作家对民间神秘文化持完全认同立场,并在世界观上陷入了神秘主义;先锋作家更多是基于审美的考虑与标榜姿态地需要,把民间鬼神文化与现代审美精神结合在创作中。

关键词:现代文学　文学思想　神秘主义　文学研究

3441

老舍叙事作品悲剧品格研究 / 冯健飞著;黄曼君

指导. -- 华中师范大学, 2005. -- 114 页

本文论述了老舍叙事作品悲剧品格的形成原因、具体体现及其所蕴含的哲理品格。全文分为四章。第一章论述老舍作品悲剧品格的文化成因。作者认为,中国传统文化的复杂性以及世纪之交中西文化的交汇、撞击是老舍创作悲剧品格得以形成的主要原因;同时,老舍的创作在其自身文化气质影响下体现的乡土情感与现代理性的"二律背反",也丰富了其作品的悲剧内涵。第二章论述老舍作品中现代视野下的时代社会悲剧。作者认为,老舍对转型时期古老帝国状况的批判可分为三点:"抽血"的士大夫精英文化的消极危害,大众平民的"病态"人格,传统"国粹"的式微。第三章论述老舍作品中平民视角下的帝都文化悲剧。作者认为,老舍作品中的老派市民具有独特之处而又与古老的中华文化密切相连。"迷官"情结与主/奴人格,没落旗人的不思进取,老派市民自我压缩的人格,都是老舍作品中悲剧的代表。第四章论述老舍叙事作品的哲理品格。作者认为,老舍作品具有一定的存在主义倾向,他笔下的人物在与环境、他人及自我的对立中产生的不可避免的人生悲剧,成为其作品悲剧的深度标志所在;同时,老舍叙事作品经常存在一个"介入/逃避"的结构、行文模式,这使得他的作品呈现出"悲/喜交融"的美学特点。最后,作者对老舍的创作特点进行梳理与回顾,指出老舍的时代价值及其创作和自身人生悲剧的意义。

关键词:老舍(1899～1966)　叙事文学　悲剧意识　作品风格　存在主义

3442

老舍之死与口述历史 / 傅光明著 ; 舒乙指导. -- 河南大学, 2005. -- 229 页

本文从口述历史下的老舍之死出发,探讨老舍之死的史学意义,并从老舍作品及其性格分析"老舍之死"。全文分为三章。第一章论述口述历史之下的老舍之死。作者认为,口述历史作为经过重新组合、编排和过滤的历史,使得老舍之死更加错综复杂和扑朔迷离。第二章论述老舍之死的史学意义,分析了口述史在老舍之死这一历史事件上的意义与特点。作者认为,以不同的方式研究和艺术地表现老舍之死,都在把对历史、人性的理解融入其中,这使得它们成为实在的历史印迹。第三章从老舍作品及其性格分析"老舍之死"。作者认为,老舍之死不应成为历史的"遗产",而应成为现在发展着的历史的一部分。

关键词:老舍(1899～1966)　口述历史学　文学史　文学研究

3443

论新时期话剧文学的精神流变 / 谷海慧著 ; 张健指导. -- 北京师范大学, 2005. -- 105 页

20 世纪 80 年代,中国的话剧文学以"立人"为意旨,表达的是知识分子的启蒙理想。而 90 年代以来,在世俗化的要求下,启蒙精神走向消歇。本文试图对两个时代话剧文学精神内涵及其流变做出描述,并分析其背后的原因及影响。全文分为四章。第一章从主题类型入手,论述从 80 年代到 90 年代话剧文学在话题上的转向。第二章从表现形态入手,论述 80 年代话剧文学"立人"的沉思在 90 年代向"渎神"的狂欢的转变。第三章从剧坛现状入手,作者认为随着 90 年代导演中心时代的来临和剧本中心地位的取消,80 年代话剧创作者的形式创新有走向形式自娱的趋势。第四章从剧作家入手,作者认为作为知识分子的剧作家在 90 年代后剧坛的缺席,是启蒙话语被世俗话语取代的更为主要的原因;但是 80 年代的启蒙精神并没有完全中断,而在世纪之交的个别剧作中获得了接续。

关键词:话剧　启蒙思想　世俗化　文学研究

3444

消费文化语境中的文学叙事 / 管宁著 ; 孙绍振指导. -- 福建师范大学, 2005. -- 111 页

作者认为在消费文化语境中,由于商业原则的凸显,文学的生产、传播和阅读方式发生了深刻变革:一方面,文学在社会文化的新秩序中处于边缘化地位;另一方面,文学本身被迫或不自觉地纳入到商业原则主导下的文化生产体系之中,逐渐从具有相对独立性的艺术创造、精神建构和审美欣赏行为,转化为一种复杂的社会文化活动。对此,本文在阐述消费文化与后现代理论的基础上,论述了"媒体场域"作用与中国消费文化对文学的影响,具体探讨了消费社会符号生产与文学时尚化的关系,重点分析时尚化的三个主要表现特征:美感表现的物化倾向、非道德化的个人叙事和人性叙写的极端化想象;并进而考察了小说艺术方式上的重要转换:时间的空间化倾向。与此同时,作为对文学审美范式转换的一个背景,探究了新媒体与视觉文化的崛起对文学构成的压力。文章最后指出,考察消费文化语境中的文学叙事,既不能放弃文学的审美维度,也不能忽略文学作为一种文化消费品的商品维度,而要在既吸纳精英与大众、又超越精英

与大众的视野中去把握文学的现状与未来。

关键词:文学　叙事　时尚化　社会文化　消费文化　文学研究

3445

《格萨尔》原型研究 / 韩伟著 ; 程金城指导. -- 兰州大学, 2005. -- 119 页

本文以神话—原型批评理论为理论依据,对藏族英雄史诗《格萨尔》进行研究。全文分为七章,对《格萨尔》的原型系统、象征系统和仪式性进行梳理。第一章论述原型与《格萨尔》文本、传唱的关系。第二章从《格萨尔》史诗的原型系统、母题研究和意象系统对《格萨尔》的文学原型意义进行探讨。第三章论述《格萨尔》史诗的原型系统,涉及诞生原型、英雄原型和恶魔原型三方面。第四章论述《格萨尔》史诗原型的独特内涵,分析其原始性、英雄崇拜和部族意识。第五章论述《格萨尔》史诗的象征系统,涉及色彩、形体、行为的象征,数字的象征,语义、宗教、神力、动物的象征以及三元关系的象征。第六章论述《格萨尔》史诗的仪式性及其中的巫术文化印迹和内涵。第七章论述《格萨尔》史诗的文学意义,涉及《格萨尔》对民间文学艺术、当代文学创作的影响,以及《格萨尔》与其他世界著名史诗相比的意义和价值。

关键词:英雄史诗　《格萨尔》　神话原型批评　藏族

3446

现代小说还乡母题研究 / 何平著 ; 朱晓进指导. 南京师范大学, 2005. -- 128 页

本文从母题的构成和序列、作家用意、基本主题、母题嬗变等方面研究了现代小说“还乡”母题。首先,文章探讨了现代小说还乡母题的构成模式和基本叙事序列,指出现代小说还乡母题具有现实和精神还乡两种类型,“还乡者启悟”、“还乡者遇故旧”、“还乡者践行理想”、“还乡者歇隐乡里”、“还乡者复仇”和“还乡者一个人的抗战’”六种母题构成模式,“离乡”——“还乡”——(“离乡”)、“幻得”——“幻失”两种基本叙事序列。其次,分析了现代作家选择还乡母题的用意,具体考察了还乡母题构成、序列与作家文化心理关系。再次,进一步思考了还乡母题构成、序列的文化内蕴,即现代小说“还乡”母题的基本主题,指出其具有“动荡、转型时代的现实图景”、“文化‘转换’与‘安置’中的中国经验阐释”、“现代性寓意:故乡想象和身份问题”三个基本主题。最后,文章从母题传衍的角度分析了现代小说还乡母题对中西“还乡”母题的选择和创造性转化。

关键词:小说　创作主题　还乡

3447

反叛与超越:论现代性语境中的中国当代先锋文学 / 洪治纲著 ; 吴秀明指导. -- 浙江大学, 2005. -- 132 页

本文选择中国当代先锋文学作为考察对象,将之纳入现代性的历史语境之中,借助丰富的外国文学理论与实践,论析了它们在反叛与超越的过程中,逐渐走向现代化和本土化的内在轨迹。绪论部分重点考察了先锋概念的源起,以及从“先锋派”到先锋文学的演变过程,并对先锋文学的基本特征——独创性、叛逆性、区域性、动态性、前瞻性等进行了归纳与分析。第一章着重梳理了中国当代先锋文学的历史境遇,包括它与现代性的关系,以及它所产生的文化背景和原因。第二章从宏观上勾勒了中国当代先锋文学发展的主要历史脉络,即四次主要潮流以及每次主潮所呈现的重要特征。第三至五章则从创作主体(作家)——艺术实践(创作)——文本特征(作品)这一艺术系统出发,重点探讨了中国当代先锋文学的主体性精神特征、开拓性艺术思维以及一些富有创见的文本表现。指出它们既涉及创作主体的思想深度、怀疑姿态、价值诉求等方面,又包含了想象、超越、隐喻等开拓性的艺术实践,并由此在文本中形成了时间的主观化、人物的符号化、结构的碎片化、张力的隐蔽化和互文性实验等重要的审美特征。第六章重点剖析了当下的中国先锋文学发展之所以出现某种迂回与停滞状态的一些危机和障碍,包括主体精神的浮泛、独立意识的孱弱、想象力的匮乏、形式实验的乏力,以及物质上的障碍和先锋批评的滞后等,为中国先锋文学的进一步发展,提供了思考。结语部分从文学发展的整体性角度,再次强调了先锋文学存在的合理性、重要性和必要性,并且指出,面对各种新型文化消费模式的兴起,中国当代先锋文学要在全球化的文化语境中重获生机,必须恪守审美现代性的某些重要本质,唯有如此,中国当代先锋文学才能重获反叛与超越的激情,为中国文学的未来发展提供新的艺术思维和审美空间。

关键词:先锋文学　审美　现代性　文学研究

3448

周作人中庸思想研究 / 胡辉杰著 ; 易竹贤指导. --

武汉大学，2005. -- 185 页

作者认为，周作人思想的核心便是中庸，因而论文从周作人的中庸思想的形成以及其中庸思想的精髓出发，深刻剖析了周作人的中庸思想。并重点阐述了周作人对于中国传统中庸思想的改造。文章指出，周作人的中庸思想在起源于中国传统文化的同时也深受希腊中道观的影响。周作人对希腊古典文化非常欣赏，认为希腊古典文化不仅对于希腊后来文化的进程而且对于中国乃至世界文化的发展都有重要的影响。作者认为周作人中庸思想在影响其文学观念中的价值取向时主要表现在两组范畴上：贵族与平民、载道与言志。受中庸的影响，周作人的文章讲究"中和"，文章讲究平和冲淡之美，注重节制和均衡。基于这种观点，周作人在审美观念上提出了"趣味"说。同时，作者认为周作人的中庸之"中"是对于礼法权威的"反动"。这包含两层含义，一是周作人的"个人主义的人间本位主义"的体现，讲求"重生"和"乐生"；二是对新偶像"群众"的"反动"，群众运动的宗教式的狂热信仰完全背离了周作人所信奉的中庸之道，走向了另一个极端。此外，作者认为周作人转"礼"成"智"，实现了中庸之"中"的潜在转换，追求仁与智的合一。最后作者总结提出，周作人中庸思想的实质是中国传统中庸思想的创新，是使中庸适应多元的现代社会价值的创造之举。

关键词：周作人(1885～1967)　中庸　文学思想　文化思想

3449

第一次文代会研究 / 胡慧翼著 ; 温儒敏指导. -- 北京大学，2005. -- 150 页

本文从文学史框架中对 1949 年召开的中华全国文学艺术工作者代表大会进行了研究，将其作为当代中国重要的文化现象进行考察，着重论述文代会现象中所呈现的某些重大问题，如文坛"团结"和宗派命题、对新文学传统的打造、对新中国文学的期待和"设计"、新的文学规范的确立、文艺体制化建设等。文章共六章。第一章对第一次文代会作整体的把握，梳理文代会的发生背景、筹备和进行的过程，其中重点是从三个方面对"大团结"主题进行反思。第二章到第四章主要探讨"文代会如何打造新文学的传统"的主题，从文代会对新文艺"性质"、"统一战线"、"两条路线的斗争"的阐释，文代会对"五四"革命文艺传统的评价与对国统区文艺传统的"检讨"，文代会对"新的人民的文艺"的界定这三方面进行探讨。第五章重在解析文代会在"文艺新方向"上对新中国文学的期待和对它的理想样态的"设计"，考察新的文学规范话语形成的内在理路，在批判审视的同时理解其得以历史形成的某种必然性和合理性。第六章阐发文代会统一的文艺界组织的建立和文艺体制化建设的三个相关问题，考察了解放区文艺实践对文艺体制化建设提供的经验资源，分析了国统区爱国民主作家、文艺家对新的文艺组织的"设想"，对"体制化"的愿望和要求，辨析了文代会成立的"文联"、"作协"的性质、职能，及其规范化过程。

关键词：文学史　文艺思潮　新文学　文艺政策

3450

传统与现代之间的探询 : 吴趼人小说研究 / 胡全章著 ; 关爱和指导. -- 河南大学，2005. -- 137 页

吴趼人是中国近代报人出身的职业小说家，其作品是晚清新小说创作实绩的重要组成部分。本文考察了吴趼人的小说创作的社会背景、主题意蕴、叙事特征与文体意识。全文分为六章。第一章考察上海租界特殊的文化环境和吴趼人作为报人与职业小说家的文化角色、社会情怀，分析吴趼人成为报人小说家的原因。第二、三、四章考察吴趼人小说的主题意蕴。第二章分析吴趼人小说现实批判的层面，指出吴趼人对"怪现象"的聚焦契合晚清小说"暴露与批判"的主基调，并反映出其批判主题背后的价值支点。第三章分析吴趼人小说道德救世的层面，指出吴趼人以"我固有之道德"救世的观念中所包含的传统道德内涵。第四章分析吴趼人小说所描述的"文明境界"，论述吴趼人的乌托邦主题与中西乌托邦传统、晚清乌托邦小说的联系。第五章论述吴趼人小说的叙事特征，从叙事人称、叙述自限与叙述干预、叙事时间与叙事空间这三个角度，分析吴趼人为中国小说现代化做出的贡献。第六章论述吴趼人小说的文体意识，认为其纯洁小说文体的自觉意识与开创小说文体的创新意识，使得以之为代表的新小说文体更接近了现代小说体制。

关键词：吴趼人(1866～1910)　小说　文体　晚清

3451

灵魂的翱翔与折断的文学之翼 : 张承志、史铁生、北村综论 / 胡书庆著 ; 王晓明指导 . -- 华东师范大学，2005 . -- 115 页

本文采取个案分析与比较分析相结合的方法，从

心理和文本两个层面对中国当代文坛张承志、史铁生、北村三位较富宗教情怀并有相应宗教诉求的作家进行了考察研究。首先,文章简要阐述了三位作家成长、创作的时代背景,以及各自的心理、文本特征;点明了本文的研究方法及叙述脉络。其次,从文本的心理透视出发,联系了有关背景资料,对三位作家进行了详细的心理分析,绘出了他们各自的心灵路线图谱。再次,考量了三位作家在各自的自我意识里与其诉求对象的实质关系,其中考察的重点是作家个案的宗教诉求情形,也即三种不同的宗教心理类型。随后,从宗教与文学的关系方面,就三位作家的宗教情怀及宗教诉求对他们文学创作的内在影响作了考察分析,从"文学性"之维尽量客观地对他们的创作进行了评估,并对中国当代文学创作的主要缺陷进行了简单阐析,进而对中国文学今后的发展方向提出了一己的期望。最后,本文结合论题,简单论述了终极意向的精神诉求在当代的意义。

关键词:张承志(1948 ~)　史铁生(1951 ~)　北村　宗教文化　自我意识　文学研究

3452

历史定位与文革之后的农民文学形象 / 皇甫风平著 ; 陈晓明指导. -- 中国社会科学院研究生院, 2005. -- 106 页

作者认为,中国文学 20 世纪差不多是乡土的世纪、农民的世纪。而作家们对于作为弱势群体的农民命运的关注,对农民现实生存和现实生活的书写往往带有深切的同情。对农民形象的塑造也就成了一种带有叙事者强烈幻想色彩与对未来良好愿望的叙事过程。这个形象塑造的逻辑是农民生活的逻辑,是时代变异的逻辑。但是,叙事者与农民之间巨大的距离感和天然的陌生感使得尽管农民能够被"发现",能够被叙述,但他们从来都不会自我叙述。文章引言部分着重于对 20 世纪农民形象的整体反思。正文四章分别研究了时代变异与农民形象的历史定位;文革之后宏大叙事视角下的农民文学形象;话语转型时代农民文学形象的选择;历史叙事与农民文学形象中"人"的意识。

关键词:当代文学　人物形象　农民　文学研究

3453

艰难的蜕变 : 中国当代小说情节(高潮)的命运及其与时代的关系 / 黄灯著 ; 程文超,林岗,李荣明指导. -- 中山大学, 2005. -- 170 页

作者指出,20 世纪 30 年代至 80 年代,小说形成了明显的文体特征,它们以马列主义为创作的指导思想,以党在各个时期的意识形态观念和政策目标为准绳,在小说情节的结撰和设置、人物的安排、叙事方式的选择上,体现了一种从抽象到具体的构思过程,有着明显的演绎痕迹。这类小说被称为"政治演绎体小说"。论文以小说的情节为切口,以情节的枢纽部分"高潮"的"命运"为线索,对小说依赖的社会背景进行了考察,展示了政治演绎体小说建立、打破的过程,并对小说文体转换的原因进行了透视。得出结论:其一,现代性和反抗现代性始终是小说文体发展所依赖的客观语境,政治演绎体小说本质主义写作模式的确立是现代性目标作用的结果,政治演绎体小说的建立和打破显示了两者在文体上的张力关系;其二,中国作家在自我体验的表达上,还存在巨大的发展空间,而文学超越性的匮乏是其最明显的表现。针对这种现实,作者认为在创作主体和表现对象之间,只有重新恢复自我经验的地位,作家才能在个体经验的触动下,自由地表达心灵的流淌,实现对人类共同经验的有效表达,从而达到文体发展的理想境界。

关键词:情节　高潮　作家　现代性　小说研究

3454

丁玲文学编辑活动研究 / 黄蓉著 ; 朱文华指导. -- 复旦大学, 2005. -- 177 页

本文逐一解读了丁玲 20—80 年代人生及创作转折时期所主编的五种重要的报纸副刊和期刊杂志(即《红黑》月刊、《北斗》、《解放日报·文艺》副刊、《文艺报》和《中国》),着重分析具有复合文化身份的党报党刊"把关人"丁玲在现代文学生产过程中"自我"(组织者)与作品生产者(作者)、大众消费者(读者)、意识形态规训者(党的文艺政策及其官员)之间错综复杂的交往实践及其形态。文章认为,丁玲文学编辑活动的复杂性在于中国社会革命的复杂性,而根深蒂固的五四精神血统使丁玲对党的文艺意识形态始终处于冲突中逢迎、逢迎中冲突的暧昧状态。丁玲的文学编辑活动表明:在丁玲与意识形态之间,意识形态(包括大众文化)对丁玲通过赋予编辑一职完成了利用—规训——惩罚——再利用的过程,但丁玲从来不是消极的规训对象,作为一位介入型的知识分子,借助编辑"岗位",她一直没有放弃为革命知识分子在合法性前提下言说自我寻找缝隙与可能。

关键词:丁玲(1904 ~ 1986)　文学思想　意识形态　知识分子　文学编辑

3455

身体的解放与规训：中国现代文学身体意识论／黄晓华著；易竹贤指导. -- 武汉大学, 2005. -- 186页

本文首先以现代文学中一条极为重要的主线——“立人”作为出发点,把现代文学创作划分为4大类型,然后以4类创作为经,以社会身体与生理身体为纬,试图从整体上把握现代文学身体意识的转型与流变脉络。作者指出“‘为人生’,而且要改良这人生”为宗旨的人生派文学是中国现代文学的主流;人生派切入了身体中潜含的政权的运作,并由此批判国民又凶又怯的两面性;人生派又切入了传统父权与夫权的运作,从根本上解构传统的家族权力;在生理身体方面,人生派则关注性与疾病的问题,凸显身体病痛的社会因素;又以下层民众的病与死展开对传统文化以及传统社会的双重解构。艺术派则有着更多的个性解放意味,表现出鲜明的个人主义倾向;在艺术派的身体书写中,身体的解放与自由得以凸显,个体始终是身体绝对的主人,使身体的属己性得到更彻底的张扬。革命派与人生派及艺术派有密切的联系,也有显著区别,后两者关注的都是普通人,革命派则更为关注革命者。对于革命者而言,身体有着更特殊的意义,参加革命不仅意味着精神上的奉献,也意味着身体上的奉献。在这种身体的奉献中,身体的属己性与属他性之间的矛盾凸显出来,使革命文学中的身体意识呈现出某种精神分裂症状。翻身派文学主要表现阶级革命与阶级翻身带来的社会巨变。阶级翻身使社会身体从传统的父权、夫权中解放出来,对个体身体有着巨大的诱导作用;翻身派完全摒弃了革命派中的个人主义,从而治愈了革命派的精神分裂症状;阶级翻身对身体的调控,使身体获得了平等的同时失去了自由。

关键词:现代文学　文学流派　文学创作　身体意识　现代性

3456

苏曼殊文学论／黄轶著；孔范今指导. -- 山东大学, 2005. -- 177页

论文将苏曼殊放置于晚清民初中国思想文化急剧变动的宏大历史背景中考察,探究其与文化及文学选择的历史动因和表征,以期最终确立苏曼殊在文学史上的地位。全文共四章,第一章界定其思想和文本内涵,认为,苏曼殊虽然曾经是披发长歌的革命者,也曾经试图以体现东方智慧的佛学和西方人文精神的浪漫主义诗歌来启蒙民智,更执著追求“断惑证真、悟入真如”成为高僧大德,但是他最终以艺术的、审美的力量参与了中国文学现代转型的历史建构。第二章把苏曼殊翻译放在晚清民初引进西学的文化思潮中观照,通过对其翻译的三大板块即小说翻译、浪漫主义诗歌翻译、印度文学及佛学经典翻译的细致分析,证明苏曼殊不仅在实践上而且在理论上都为先驱性人物。第三章探讨苏曼殊诗歌、小说旁及翻译和绘画文本在自叙性的叙述模式和主体性、抒情性、感伤性等艺术形态方面对古典文学的超越,对五四抒情文学的滥觞及勃兴的重要意义,苏曼殊体现了旧时代的中国文学传统和西方的新鲜的鼓舞人心的浪漫主义的巧妙结合。苏曼殊的浪漫诗情体现在各类文本中,无论是对家国的想象还是对佛禅境界的追随抑或对爱情的审美相互纠葛,都体现了他对人生的诗化追求。他为现代浪漫抒情文学潮流搭下了一座颇为结实的引桥,第四章探讨了苏曼殊哀情文本在民初雅俗格局中的影响与价值,阐明了他与通俗文学鸳鸯蝴蝶派的内在纠葛。苏曼殊哀情文本与“鸳蝴派”审美体系上有不少共同之处:本质内涵上他并不属于“鸳蝴派”,其差异在于:(1)教育背景不同;(2)苏曼殊叙事不在“言”而重在“情”;(3)苏曼殊的文字拒绝平庸,蔑视压抑,崇尚天才、自然和灵感;(4)苏曼殊小说悲剧的收束不在外力,而在主人公追求自我实现的内在深层精神困惑。论文认为,苏曼殊为我们打开了历史的丰富性,在启蒙文学变革和革命文学诉求的场域外,展现给了我们历史转折过程的复杂性和悖论性,丰富了20世纪中国文学的思想内涵。

关键词:苏曼殊(1884～1918)　文学研究　审美现代性　鸳鸯蝴蝶派

3457

创伤记忆与灵魂诉求：当代小说中“文革”叙事的精神历程／黄云霞著；吴秀明指导. -- 浙江大学, 2005. -- 121页

本文将当代小说中“文革”叙事的“精神”历程大体划分为“精神的蛰伏”、“精神的自立”和“精神的突围”三个相对独立的阶段,通过对不同阶段代表性文本的解读,剖析了当代中国作家的精神特质,反思了“文革”所达到的精神深度。作者指出,“精神的蛰伏”阶段,是“精神”尚处于感性的“意识与自我意识”的初步阶段。80年代前期以感伤与反思为基本特征的小说中,政治意识形态与民族国家叙事仍旧是文学书写的自明的前提。由于这个时期“民族—国家”主

体全面压制了人的“精神”主体的真正确立,才引发了人们对于“人性”及“人道主义”的强烈渴望。认为“精神自立”的重要标志就是“理性”的确立。80年代中期开始的文化寻根实际上正是在为“精神”主体寻找某种能使其得以立足的坚实的根基,但“根的无根性”决定了这种寻根最终只可能走向文化守成主义;人的“精神”主体的确立问题最终可以归结为确立主体“话语”的问题,如何将“人”的独立精神话语从政治意识形态话语中剥离出来,可以看作是当代文学精神诉求无法回避的难题。在“精神的突围”阶段,指出“精神”的确立必须通过使“精神”从一切貌似“精神”的假象中“突围”出来才能得以实现。“精神”的“自觉”本身就包涵了深刻的“自否定”特征。通过对“文革”叙事的“精神”历程的剖析,作者认为当代中国作家对于“文革”的反思同西方对于“奥斯维辛”事件的反思之间存在差距,应该从感性的现实和历史中抽离出来,对“文革”进行“哲学视野”上的深刻反思。

关键词:小说研究　文化大革命　精神　话语　叙事　人性　作家

3458

新时期电影文学寻根思潮研究 / 金昌庆著 ; 叶子铭,朱寿桐指导. -- 南京大学, 2005. -- 124 页

寻根思潮是在文化全球化和本土化的冲突与融合中形成的社会文化现象。本文以“电影文学中的寻根思潮在新时期寻根文化思潮中占据主流地位”这一命题为核心,试图探寻新时期电影文学中寻根思潮的演进面貌、价值取向、审美选择和文化贡献。全文分为导言和三章。导言论述了寻根电影的概念和地位,并介绍了该领域研究的现状和意义。第一章论述新时期电影文学寻根思潮的演进轨迹,概括新时期电影文学中寻根思潮的超前性显现、暗流涌动阶段、高潮迭起阶段和延绵阶段。第二章论述电影文学中的寻根思潮在新时期寻根文化思潮中的主流地位,分析这一主流地位获得的原因和产生的深远影响。第三章论述新时期寻根电影文学的文化价值取向和审美选择。作者分析了新时期寻根电影文学的三种文化价值取向——断根、续根、归根,以及寻根电影文学的媒介特质和审美选择,并对电影文学中的寻根思潮做出整体评判。

关键词:电影文学　寻根文学　寻根思潮　文学研究

3459

通俗小说在当代(50—70年代)的流变 / 金孝柍著 ; 洪子诚指导. -- 北京大学, 2005. -- 145 页

本文主要讨论通俗小说在50—70年代大陆中国文学中的处境。绪论部分,讨论80年代以来有关通俗小说研究的状况,说明论文关注这一问题的原因和试图解决的问题,以及研究选择的视角与方法。第一章主要讨论通俗小说在40年代的情况,作者认为,一方面,在抗战中通俗小说出现趋于“高雅”、重视文学社会参与意识与功能的“新文学”化倾向;另一方面,“新文学”阵营对通俗文学的对立、批判姿态也有所缓解。第二章考察40－50年代文学转折期通俗小说在“当代”的可能性的种种探索。第三章讨论50年代通俗小说被“规训”的情况,特别是50年代逐渐完善的出版法规的制定与文学刊物、书籍出版发行制度的确立,如何动摇通俗小说存在的基本的物质条件,以根本的、隐蔽的方式有效制约通俗小说在当代的发展。在第四章中,作者认为无论从当代文学所要承担的任务,还是从存在着数量庞大的读者群的角度看,通俗小说这一文学“类型”都不可能完全消失或被放弃,其中的某些“元素”作为重要的构造成分,被吸纳到不少小说文本之中,因此,文章主要考察了这种“元素”融合和“代替性”类型出现的诸种情况,和这一情况对通俗小说艺术成规、文学史定位产生的影响。

关键词:通俗小说　文学研究　当代文学

3460

立于人类精神深层的缪斯之舞:新时期小说宗教信仰叙事研究 / 荆亚平著 ; 吴秀明指导. -- 浙江大学, 2005. -- 115 页

论文以新时期宗教信仰叙事作品为研究对象,主要思考这样一些问题:新时期中国小说与宗教信仰存在着怎样一种关系?宗教信仰是怎样进入小说叙事当中的?宗教信仰叙事在打开与“神”对话的维度之后,在小说叙事和审美方面表现出怎样的独特性?这些经验能为未来小说发展提供什么样的可能性?这涉及宗教信仰叙事产生的社会文化背景、宗教信仰主题与小说叙事进程的关系、宗教信仰叙事的叙事形态及其审美特点等等几个方面。与此同时,论文还尝试从读者和批评的角度对宗教信仰叙事小说进行叙事伦理解读,旨在发掘现代性伦理视野下宗教信仰叙事的面貌,为更好地理解宗教信仰叙事作品提供一条可能的途径。虽然新时期宗教信仰叙事作品都不同程度地存在着各种缺失,还远不是成熟状态的宗教信仰

叙事,但它们却延续了“现代小说之父”鲁迅所开创的关注人的灵魂世界的小说叙事传统。为拯救当前创作脱离过度的经验主义和抽象主义,保证文学的精神质量提供可能;使小说同时在形式和精神内涵两方面实现了双重意义的先锋性;为作品取得经典小说所含蕴的类似宗教启示录的品质提供了可能。这应当是新时期以来宗教信仰叙事小说能够被认同的最主要原因。

关键词:新时期小说　宗教信仰　叙事　文学研究

3461

“重造的工具”与“工具的重造”:沈从文文学理想研究 / 康长福著 ; 王继志指导. -- 南京大学, 2005. 130 页

本文从中国现代文学的生态环境出发,对沈从文的文学理想进行研究。全文分为三章。第一章论述中国现代文学的生态环境与沈从文的文学理想确立。作者认为,现代中国的民族危机、意义危机、政治危机这三者及其相互间的关系构成了中国现代文学外源性生态环境;因此,以文学作为“重造的工具”,重造人性以抗争政治危机、重造生命以抗争民族危机、重造民族品德以抗争意义危机成为沈从文的人生选择和文学理想。文学的生产方式、文学运动与文学论争,以及文学群体之间、作家个体与文学群体之间的相互关系构成了中国现代文学内源性生态环境;现代文学内源性生态环境的恶化,促使沈从文高扬“工具的重造”的理想主义旗帜,重造文运以拯救文学的精神堕落,重造经典以克服文学的审美危机。第二章论述沈从文“重造的工具”的文学理想。作者认为,沈从文的“重造的工具”的出发点,是把“自然人性 + 现代理性”的和谐统一作为重造健康人性、克服现实危机的根本途径;其核心,是寻觅“生命一种最完整的形式”以凸现生命的价值和意义;其归宿,是进行理性启蒙和审美救赎以重造民族品德。第三章论述沈从文“工具的重造”的文学理想。作者认为,沈从文的“工具的重造”的理想是通过重铸文运灵魂和作家主体人格来拯救文学的精神堕落,进而重造文学的经典。在余论中作者指出,沈从文将人的品德、实践、理想、信仰及人类社会的进步等纳入文学范畴,使之在社会行为意义上的“为人生”主题提升到价值关怀的层面。他追求生命理想与审美理想的统一,致力于弥合“功利追求”与“艺术追求”的冲突与紧张。因此,沈从文穿越了中国现代文学的历时性存在而具有了永恒意义。

关键词:沈从文(1902～1988)　文学理论　文学思想　人性　生命

3462

二十世纪初(1898—1911):女权启蒙思潮与女权启蒙文学研究 / 李春梅著 ; 吴定宇指导. -- 中山大学. -- 156 页

本文探讨了20世纪初的本土女权思想及其文学再现,试图揭示本土女权思想的复杂性、多样性和女权启蒙文学的特征,评价它们在20世纪中国文化转型和女性现代转型中的价值和意义。全文分为绪论和五章。绪论交待选题价值、回顾研究现状、界定相关概念。第一章论述20世纪初本土女权思想的产生和特征。作者论述了本土女权思想产生的背景、形成的标志——《女界钟》,及其进一步的发展和实践。第二章以小说和人物传记为主,论述女权启蒙文学的形成及其特征,并分析女权启蒙文学与女权启蒙思潮的互动关系。第三章选取梁启超、柳亚子、周作人作为个案,分析男性知识分子的女权思想和文学。作者认为,男性知识分子主要站在民族解放的立场倡导女权,他们理想中的女性具有男性化、雄性化的共同特征。第四章以秋瑾、燕斌、何震为代表,探讨知识女性的女权思想和文学。作者认为,知识女性的不同声音不仅显示了女性的真正觉醒,同时也表明20世纪初本土女权思想的复杂性和多样性。第五章论述女权启蒙小说中的女性形象。作者分析了女权启蒙小说里展示的社会中的理性女性、婚姻家庭中的理想女性以及激进的女权革命者,指出这些女性形象的特征和社会文化意义,并对其文学史意义进行评价。最后作者总结了本土女权思想产生的背景、基础、内容和特点,并评述其意义。

关键词:妇女文学　启蒙文学　文学思想　女权主义　女性

3463

都市里的青春写作:论70后作家群的小说创作 / 李虹著 ; 王泉根指导. -- 北京师范大学, 2005. -- 104 页

“70后作家群”指出生于1970至1979年、出道于90年代中后期、大量作品集中问世于新世纪初的一批作家。70后小说属于上个世纪90年代兴起的大陆城市文学一脉。本文描述了70后作家作品所呈现的文学图景,试图辨析其创作实绩和创作问题,评价该作家群的小说赋予我国当代文学创作的新质美感,通

过该群体的崛起与发展透视文学在当今社会与时代中的处境。全文分为绪论、四章和余论。绪论回顾了“70后作家群”与媒体的关系。第一、二章论述“70后作家群”的写作在欲望化时代的青春、成长的主题取向。作者认为,70后小说在由“自传体”或“半自传体”迈向对更广阔的当下国人都市人生的想象时,始终以青春为本位、保持着“成长”或成长性主题,始终未曾脱离消费时代的欲望化写作策略。第三、四章论述“70后作家群”的性—身体叙事话语、对日常中国社会底层的想象,以及打破通俗文学和纯文学界限的“新狎邪体小说”等创作特征和创作现象。余论对70后作家群小说的风格流变予以大致的梳理和评述。

关键词:作家　小说创作　文学风格　青春　成长　性

3464

韩国曹禺早期话剧研究概况与曹禺剧本分析 / 李康仁著 ; 吴立昌指导 . -- 复旦大学, 2005 . -- 130 页

本文研究了韩国曹禺早期话剧演出以及研究的概况,探讨了曹禺的代表作的人物形象,以及曹禺的戏剧美学思想成因以及受外来思潮的影响情况。首先,文章梳理了20世纪40年代以来曹禺剧作在韩国的演出实践,以及从80年代以来韩国的曹禺研究现状,指出,曹禺作品中在韩国最初演出的作品是《雷雨》,1946年经过禁演长达近40年后才被解禁,由此展现了阻碍和推动中韩文化交流的政治原因,以及对于一个异国剧作,韩国民众的接受历程。其次,通过观察曹禺写作的创作动机和曹禺的艺术世界,研究了曹禺其人,认为他从易卜生到契诃夫学习了西方的现实主义手法,他自觉吸收了外来的观念和创作理念,并发掘了适用于中国的现代的话剧的审美原则、审美方式;而现实社会中的残酷使他不断加强对人的命运的思考,“人”的意识很自然地渗入他的审美观,他所理解的剧本的复杂性和深刻性即在于对于社会、人生和人的理解。再次,具体分析了曹禺话剧的结构,认为《雷雨》的悲剧性在于人物之间的复杂血缘关系;《日出》采取了横断面描写方法;《北京人》把人物的悲剧性寓于喜剧情节中,越是平淡的日常生活,越能显示出悲剧的真实性与深刻性来,此外该剧使用了象征手法。接着,研究了曹禺话剧的人物形象,认为《雷雨》总体来看男性的形象是以支配的形象为主,女性的形象是以被压迫的形象为主;作家运用人物的典型描写了自己的思想、希望等;作家通过女性的形象表现了对原始世界的渴望;曹禺塑造的女性形象都有一些共同特征。最后,文章介绍了中国曹禺研究的简况,并比较了韩中的曹禺研究,指出中国曹禺研究可分四个阶段(1949年以前、1949—1978年、80年代、90年代以来),其中许多理念对于韩国人是全新的。

关键词:曹禺(1910~1996)　话剧　《雷雨》　《日出》　《北京人》　韩国　戏剧研究

3465

当代马华小说研究 :以“以文证史”为视角 / 李满枝著 ; 叶子铭, 刘俊副指导. -- 南京大学, 2005. -- 135 页

本文探讨的主要对象和范围是1966年到1999年出版的当代马华小说文本,文中把“马华文学”定义为“马来西亚的华人用华文创作的文学”。本文利用1966年到1999年出版的当代马华小说论证相关的史实,并试图通过对这些文本所涉及的历史事件的描述,勾勒出马来西亚华人从“落叶归根”(侨民)到“落叶生根”(公民)以及争取平等的公民权利的历史进程,进而从文学的角度实现对马来西亚华人史的叙事。全文分为七章。第一章论述马来华人在当地的殖民统治时期进行的反殖民努力。内容涉及马来西亚华巫两族在二战时及独立后种族关系紧张和冲突的根源,英殖民和日本法西斯占领时期马来西亚华人的生活情况,二战后英殖民地政府的返回,马共和砂共产生抗争的情况和对这些政治事件的反思及历史记忆。第二、三、四章论述马来西亚华人与当地人的种族关系。第二章从“五一三”事件、80年代的紧张种族关系、华人与土著的通婚这三方面,论述种族关系的基本情况。第三章论述教育形态下的种族关系,包括华文中小学的改制、马来文成为国家唯一官方用语产生的影响。第四章论述了种族政策的行政偏差,包括非法移民和移民政策、华文招牌事件。第五章论述华族内部的分歧,主要从华族内部的分裂、合作社风波和华教人士的分歧这三方面展开。第六章论证马来西亚华人的文化传承。作者指出,社会的发展和变迁使得马来西亚华人对自己文化的式微感到焦虑,这一现象包括华人成“峇”的忧虑、华人身份认同的转变、孝道的“淡化”。第七章论述马华文学的发展,并通过不同流派的代表作家来展示马华小说的艺术特色。

关键词:华人文学　小说　华侨史　种族主义　马来西亚

3466

现代性语境中的乡村政治文化言说：新时期河南小说主题研究／李少咏著；刘增杰指导. -- 河南大学, 2005. -- 178 页

本文尝试从区域文化的角度入手,以新时期河南小说为主要考察对象,对“现代性语境中的乡村政治文化言说”进行一种基于文本分析的文学主题学研究。全文分为导论、四章和结语。导论梳理现代性的缘起以及它与中国文学的关系,指出“现代性语境中的乡村政治文化言说”是河南新时期小说的一个基本主题。第一章探讨乡村政治文化与创作主体之间内在的精神联系。作者论述了乡村政治文化的基本含义、主要内容和三大特征,以及它对中国小说创作的重要影响。第二章以《败节草》、《画匠王——一九八八》等作品为例,分析河南新时期小说家对于现代性的既欢迎又抵触的精神心理。第三章以《羊的门》为例,分析乡村政治文化中的权利、欲望等对于普通人日常生活的无形的宰制和规约,试图揭示出在追求现代性的过程中人们内心的隐忧和所付出的无可回避的精神代价。第四章对张宇、阎连科、田中禾、李佩甫、刘庆邦等作家的一些作品进行解析,探讨乡村政治文化制约下的身份认同寻求对于河南新小说创作的深刻的影响和制约。结语对河南小说的未来给予了展望。

关键词:乡土小说　政治文化　现代性　《败节草》《羊的门》　河南省

3467

晚清思想文化与鲁迅：关于鲁迅思想文化个性的考察／李生滨著；朱文华指导. -- 复旦大学, 2005. 249 页

本文回溯晚清思想文化,观照鲁迅思想文化个性,从晚清历史和文化思潮的背景上,考察了鲁迅文化选择、文化实践、文学素养以及思想文化个性形成等相关问题。文章具体研究了“关于晚清思想文化背景与鲁迅研究”、“近代中国与鲁迅的维新思想”、“晚清文艺启蒙思潮与鲁迅的文化选择”、“鲁迅思想文化个性的形成”、“鲁迅个性化追求及其人文思想”、“传统与现代之间的超越”等六个方面。集中而言,文章主要讨论了两个问题。第一,近代历史和晚清思想文化对鲁迅的影响与塑造,认为晚清不仅是新旧交替思想驳杂的历史时期,也是中西文化冲突,传统思想与现代文明递延嬗变的多元价值社会;民族的忧患、社会的动荡、思想的维新、小说启蒙的文艺思潮、崭新的文学传播方式和文化活动方式,影响并塑造了鲁迅思想文化个性的独特品格。第二,晚清思想文化影响下逐步发展的鲁迅思想文化个性,在整个鲁迅的思想发展和文化实践中的具体表现和总体倾向性,文章指出在晚清和“五四”的文艺启蒙、新文化建设运动中,鲁迅自觉地走向了一个自由文人——边缘知识分子的文化立场和文化选择,秉承了一个民族知识分子和现代知识分子双重的使命,成为中国现代文化史和现代文学史上最为复杂深刻的现代作家和文化批判者。本文认为,小说杂家,是对鲁迅独特的思想和文化创造的充分肯定和总体观照,是对鲁迅思想文化个性的真正认识和深入把握;鲁迅作为小说杂家一生的文化创造活动,既凸现了“精神界战士”的现代人文精神和悲郁情怀,又体现了其文学创作的深刻性、思想性、艺术性,以及文本的独特性和创造性。

关键词:鲁迅(1881～1936)　思想文化　个性　人文精神　晚清

3468

汉语写作：全球化语境中当代文学的生命空间／李霆鸣著；刘锡庆指导. -- 北京师范大学, 2005. -- 154 页

本文尝试从语言哲学和文化语言学的角度,对“汉语写作”的概念进行内涵和外延的描述,并由此展开对全球化语境中汉语写作的当代症候的剖析,及对汉语的文化意蕴和汉语写作的历史特征进行梳理和总结,进而分析当代精英作家在全球化语境中的汉语写作实践。全文分为绪论、三编和结语。绪论论述“汉语写作”的概念。第一编论述全球语境中汉语写作的当代症候,分为三章。第一章论述 20 世纪 80 年代以来汉语写作受到的西方影响及产生的结果。第二章论述在后现代理论的影响下,汉语后现代文学出现的“减法运动”。第三章论述汉语写作的视觉转向。第二编探讨汉语的文化意蕴和汉语写作的历史特征,分为三章。第一章论述汉语的文化意蕴。作者认为汉语是一种生命感强、诗性浓厚的艺术性语言,但在思辨理性和终极价值的表达方面较为薄弱。第二章论述汉语古代文化“轴心时代”的形成和古典汉语写作。作者认为先秦诸子的古代汉语写作实践拓新了汉语作为语言本身的智慧空间,开辟了数千年来汉语文学发展的线路。第三章论述“五四运动”与现代汉语写作。作者认为五四时期的文言白话更迭引领了汉语的现代性生长,但是白话与文言传统的断裂也造成了汉语审美属性的弱化。第三编论述当代文学与

精英作家的汉语写作实践,分为三章。第一章探讨以汪曾祺、何立伟和贾平凹等为代表的作家进行的古典话语资源的现代重构。第二章探讨以韩少功、李锐和莫言等为代表的作家在写作中开掘民间话语资源的实践。第三章探讨以余华、史铁生等为代表的作家,在西方语言的互文策略中寻找汉语的诗性之外的哲思表达的努力。结语提出在21世纪全球化的语境中,汉语写作应当呈现的文化立场和审美形态,以及当代汉语应当体现的精神指向。

关键词:当代文学　汉语写作　语言哲学　文化语言学　文学研究

3469

互动中的盘旋 :“十七年”的读者与文学 / 李卫国著 ; 朱文华指导. -- 复旦大学, 2005. -- 148 页

作者用三种理论来总结“十七年”(1949—1966)的读者与文学,分别是:原型论,延安文学中的读者与文学互动;读者论,“十七年”间的读者话语;互动论,“十七年”间的读者与文学的互动。在文章的第一部分,作者对延安文学中的读者与文学互动作了从理论到实践的思考。首先提出以毛泽东为代表的中国共产党人对读者与文学互动关系做的理想建构,第二步结合《三八节有感》、《野百合花》、《白毛女》等具体作品分析读者与文学互动关系在社会生活中的初步实践。接下来对理想建构与实践之间的分歧做了简单阐述,肯定了理想建构的贡献同时也指出其在解释实践中存在的不足。第二部分中,作者把“十七年”间的读者话语分成大众型读者话语、权力型读者话语、专业型读者话语三类,并分别阐述了这三种读者话语的基本特征、发展脉络和相互间的影响。在第三部分中,作者分三阶段阐述了“十七年”间读者与文学的互动:由1949—1957年的左支右绌,到1958—1962年的秩序与权威,再到1962—1966年的急转直下。认为读者与文学的互动也经历了由作家检讨和对读者批评到由文学编辑和政治权威引领互动再到由意识形态对阅读活动和读者话语全面掌控的转变。

关键词:文学研究　读者　话语权

3470

人道主义与“文革叙事”:中国“文革”后小说中的“文革叙事”研究 / 李兴阳著 ; 丁帆指导. -- 南京大学, 2005. -- 105 页

本文探讨了人道主义与“文革”后小说中的“文革叙事”的关系。全文分为导论和四章。导论阐述了论题的意义、研究对象、研究方法及本文的创新之处。第一章概述了“文革”后人道主义文学思潮兴起的历史背景、社会基础、嬗变过程、思想资源、内在构成及其与“文革叙事”的关系。作者认为,在“文革”后的不同社会文化语境中人道主义文学理想形成了蓬勃的“思潮”,其内在结构也相应地表现出多元性特征;人道主义思想从内在的精神意蕴到外显的叙事风貌,都深刻地影响着包括“文革小说”在内的“文革”后当代中国小说。第二章论述了“文革叙事”中的饥饿与贫困、身份焦虑与公民权竞争和“文革暴力”等问题。作者认为本文论析的重点,在于“文革小说”讲述文革中的非人状况时,对其成因进行了追问和揭示;在文革的现实权力场域,人道主义只能否定性地诉诸那些指称并试图解释人类共同本质的歪曲和“失落”的概念。第三章论述“文革叙事”在对历史暴力问题的清理中所秉持的人道主义历史观念问题。作者认为,部分“文革小说”以人道主义为革命暴力的修正和必要补充的做法,已经减弱或干脆丧失了人道主义应有的历史批判与道德批判意义;而以“爱”为旗对历史暴力进行超越,才是“文革叙事”对历史暴力进行解释与评价走向深致的契机。第四章论述“文革叙事”所揭示的“文革”政治文化和国民人格中的人道主义缺失问题。作者认为,“文革叙事”在解析文化的缺失的同时,所吁求的正是中国现代政治文化与国民文化人格所共同缺失的人道主义。结语总结研究过程,并再次点明本文的目的。

关键词:小说　人道主义　叙事　文化大革命

3471

日常生活和新时期文学 / 李秀金著 ; 王铁仙指导 . -- 华东师范大学, 2005 . -- 112 页

本文研究了日常生活和新时期文学之间的关系。首先,文章探讨了日常生活与新时期文学的转型的关系,对新时期以来文学日常生活写作的形成过程进行了具体分析,指出个人的日常生活开始成为普遍的文学写作对象,日常生活的独立性价值在文学写作中得到承认,这种写作立场通过在具像中呈现和在身体感受中展开,逐步构建起新的文学话语形式和写作形态,并从现代性进程中的日常生活写作和文化消费中的日常生活审美化两个方面,分析了在日常生活写作背后的语境。其次,探寻了日常生活写作中的生存主题,分析了日常生活写作中生存主题的展开策略:精神向物质还原和历史向当下缩减;并指出生存主题的话语意味人生的悲剧性,意味对世俗生活价值的承

认,但潜在陷阱。再次,探讨了日常生活写作中的情感叙事,分析了当代情感叙事中人的情感世界的特点,指出具有丰富多样精神意味的人的情感体验褪化成世俗生活的欲求,当代人很难获得传统中的那种浪漫情感体验。随后,探讨了日常生活写作中的道德关怀以及当代道德关怀的难度,指出传统的伦理道德观念在日常生活中失去了统一和稳定,不断地被突破底线,陷入一种远离时代需要的存在危机之中;当代道德关怀难在个人自由和传统道德的矛盾。最后,本文认为,新时期文学的日常生活写作转向根本上意味文学写作审美意识本身的转型,它突破了长期以来中国文学以宏大叙事为特征的政治话语传统,转向以日常生活价值基准为特征的生活话语,尝试以此重建文学叙事的新的审美空间。

关键词:当代文学　日常生活　生存　情感　道德

3472

租界文化与三十年代文学 / 李永东著 ; 黄万华指导. -- 山东大学, 2005. -- 174 页

本文旨在研究租界文化对中国 30 年代文学的思潮流派、作家作品的影响。全文共分六章。第一章扫描中国租界历史,聚焦上海租界的地位、历史和性质,提出租界现象的历史文化意义,着重论述租界文化的特征。在与海派文化、都市文化的辨析中,确立了“租界文化”概念在文学研究中的价值及其文学史意义。第二章,首先概说租界文化与 30 年代文学现象的发生及特质之间的关系,然后专门讨论了租界文化对新感觉派和京派的影响。第三章从殖民性、商业化、自然精神家园三个角度,分析了租界文化语境下 30 年代文学的特点。第四章阐发左翼文学思潮的兴起、左翼文本的叙事症候与租界文化的关系,并且选择了《子夜》作为分析范例。第五章通过考察沈从文的租界体验和创作新变,指出正是上海时期的租界体验,促使沈从文确立了个人的文化立场和文化主题,并从“对抗存在的被遗忘”和殖民性两个角度分析了租界文化对沈从文小说创作的影响。第六章剖析鲁迅“如身穿一件未曾晒干之小衫”的租界体验,揭示了鲁迅后期杂文的变化以及《故事新编》的文本特征与租界文化语境的关系,指出租界生活造成了鲁迅后期创作的低落、迷失和对租界风气的趋附。

关键词:租界　文学研究　左翼文化运动　沈从文(1902 ~ 1988)　鲁迅(1881 ~ 1936)　海派文化

3473

“当代文学”中的浩然 / 李云雷著 ; 曹文轩指导 . 北京大学, 2005 . -- 151 页

论文以浩然为中心,探讨当代文学中的断裂与关联,以及“左翼文学”在建国后各个时期的命运,试图回答这样的问题:“左翼文学”传统在今天有没有继承的可能,如果可能,应当从历史中汲取怎样的经验与教训?全篇共分绪论与上下两编。绪论以“自传体三部曲”为中心,探讨浩然的成长道路及其意义;上编分别对浩然不同时期的三部代表性作品——《艳阳天》、《金光大道》、《苍生》作出探讨,在对小说作艺术分析的同时,也关注 20 世纪 60 年代、70 年代、80 年代、90 年代文学思潮与时代的变化,并试图阐明浩然的作品在时代中的演变,以及他不同时期艺术上的风格与追求;下编则从不同的角度,以纵的线索来探讨浩然的小说与时代的变化,这些主题包括“左翼文学”传统、“社会主义新人形象”等,文章最后则探讨浩然的文学观念——“写农民,为农民写”——的来源、实践以及在历史中的变迁,分析其利弊,并探讨了其在当下的意义。

关键词:浩然(1932 ~)　文学思想　作品风格　左翼文学　当代文学

3474

小说身体 : 中国现代性体验的特殊视角 / 李自芬著 ; 赵毅衡指导 . -- 四川大学, 2005 . -- 200 页

作者认为,从晚清开始的中国社会的现代性转型,给予中国人伤痛和复杂的心态。首先,“西方”是一种压抑性力量,同时也成为中国人自我想象力的源泉。启蒙主义者开始寻求“身体”这一文化表征。另一方面,现代性促成中国人时空观念的裂变,促成不同于传统身体存在方式的“身体流动”和“城市流动”的产生。在这样的历史语境下,中国现代小说开始诉求个人身体解放。本文正文分四章尝试进行现代文学中的身体研究。第一章“中国现代小说身体叙事的历史语境”,从整体上阐述和提示中国现代小说身体叙事产生的历史语境及所呈现的总体特征。第二章“解构老中国的病相身体”,具体分析阐释现代小说对传统中国身体存在形式的解构。第三章“拯救与解放的神话:身体的民族国家化重构”,具体分析中国现代小说身体叙事对现代中国人身体存在的想象和建构的一个重要面向——身体成为民族国家想象和建构的工具,体现出鲜明的启蒙现代性理解认知模式。第四章“压抑和反抗的悖论:欲望化身体书写”,分析论

述中国现代小说身体叙事对现代中国人身体存在的想象和建构的另一个重要面向——日常生活中的个体身体存在，揭示出这一叙事模式所体现出的中国人对现代性的另一种体验、理解和认知模式。

关键词：小说　叙事　现代性

3475

三个人的文学风景：多维视镜下的路遥、陈忠实、贾平凹比较论 / 梁颖著；雷达指导. -- 兰州大学，2005. -- 108 页

本文对路遥、陈忠实、贾平凹三位作家文学活动的共性进行了归纳，对他们在中国当代文学中曾达到的文学高度给予评价。全文分为六章。第一章引论提出选题原因、研究方法及其价值，简要介绍三位作家曾经的文学高度及其在中国当代文学史上的意义。第二章论述地域文化对三位作家的气质个性、文化心理、文本风格的陶铸作用，并将乡土诗意与当下文坛西化写作的“无根”状态进行比较。第三章论述生命体验对三位作家文学创作的重要意义及他们在人文关怀方面的不同侧重点。其中，作者对路遥作品的苦难意识、人民性与底层立场、道德理想主义光辉、崇高感和“修辞姿态”给予了极高评价。第四、五章论述时代推衍给三位作家的文本带来的艺术新变及这些新变所具有的意义。其中，作者论述了文学创新的重要前提；对陈忠实《白鹿原》在当代历史叙事中所具有的罕见的真实感和“复调”风格予以肯定，并对贾平凹后期创作在审美追求上的变迁进行分析归纳。第六章论述三位作家创作中存在的局限与不足。作者认为，以他们为代表的乡土作家目前面临的创作危机与困境，缘于四个方面的原因：现代意识与批判立场的空缺；缺乏创造性整合形式技巧的能力；对生活经验的过分依赖；经典情结向商业意识的滑动。

关键词：路遥(1949～1992)　陈忠实(1942～)　贾平凹(1952～)　文学研究　乡土文学

3476

影视艺术与中国当代文学的互动研究 / 梁振华著；张健指导. -- 北京师范大学，2005. -- 127 页

本文对中国影视艺术与中国现当代文学的互动进行了研究。全文分为绪论和六章。绪论论述文字与影像、文学与影视的差异与互通，以及电影艺术与中国现代文学的双向选择。第一章论述影视艺术与中国当代文学的历时性关联。作者首先分析建国初期的影视改编理论和实践，进而探讨艺术现代化和社会转型对影视艺术与中国当代文学的互映互动造成的影响。第二章论述入世传统与诗画风格在影视艺术中的呈现。作者论析了儒家入世传统与现实主义的修复，古典美学精神与诗化风格的继承，并对谢晋和吴贻弓的影视实践进行分析。第三章论述第五代导演与当代文学的频繁互动。作者认为，80 年代登上影坛的第五代先锋电影人以文学为依托进行着影像本位的艺术探索，成就了中国电影的时代奇观。第四章论述新生代导演文学态度的嬗变轨迹。作者认为，90 年代初以背叛文学的姿态出现的新生代导演，置身于市场化和全球化语境中，其文学观念也发生了面向传统的转型。第五章论述转型期电视剧艺术的泛文学生存形态。作者认为这种生存形态一方面依赖于文学而存在，另一方面也以大众文化尺度对文学与电视的传统对应模式进行了改造。第六章论述影视时代的作家立场与文学趋向。作者认为，在影视文化的冲击下，中国作家的身份认同方式和角色选择处于不断的转型之中；与此同时，小说中出现的影像化叙事既寓示了文体革新的可能，也潜伏着文学本性异化的危机。

关键词：当代文学　影视艺术　电影　电视剧

3477

鲁迅之疑：多疑与鲁迅世界中主体生成困境之研究 / 刘春勇著；刘勇指导. -- 北京师范大学，2005. 183 页

本文试图通过概念“多疑”对鲁迅的思想、生活和创作进行一次重新的梳理。正文共分四章。第一章：启蒙时期：我是谁？主要讨论了现代世界的诞生及自我认同的形成；西方强势话语——历史进步观——的传播及其在中国的变形；鲁迅的立人。论文认为：现代世界诞生的标志是主客两分的“世界观”的形成；现代人在这种“世界观”之下的自我认同是分裂的而非和谐的；鲁迅他所要立的理想的人是有主观内面之精神的“内面”之人，而这正是西方主体“我思”确定性的一种典型表达。第二章：鲁迅世界的诞生：鲁迅是谁？主要讨论了鲁迅世界的诞生及多疑对鲁迅世界诞生的决定性意义；多疑产生的原因；多疑在鲁迅文学作品中的表现。论文认为：多疑使鲁迅对留日时期形成的主体形而上学思维进行了质疑与否定；辛亥革命失败所致的打击是鲁迅多疑产生的最根本性的原因；多疑使得鲁迅的文学作品呈现出与众不同的风貌——奇特的风景。第三章：鲁迅的身——位感：我在哪里？主要讨论了鲁迅多疑的加深及其原因；加深

后的多疑在鲁迅生活世界中的新表现;鲁迅对自己身-位的调整;多疑在鲁迅文学作品中的新表现。论文认为:鲁迅多疑加深的原因是兄弟失和、文学论战以及青年的背叛;这一时期鲁迅的多疑呈现出一种更为独特的风貌;一种全然不需要任何预感、任何先兆的"奇毒"的多疑,迫使鲁迅对自己的身-位感进行了一次大的调整,最终将自己定位为"进化链条上"的"中间物";多疑的加深迫使鲁迅在文学创作中进入深层的自我剖析阶段。第四章:鲁迅之信:我往哪里去?主要讨论了虚无主义产生的原因及其与信及信-仰的关系;鲁迅对虚无主义的克服;多疑的实质;鲁迅道路在文学中的表现。论文论为:虚无主义主要是由meta-physics式的思维所引起的,克服虚无主义的方法就是还信以本来的面目,绕过导致虚无主义之因的信—仰,代之以一种全新的信的形式;鲁迅克服虚无主义的药方是中间物、对当下/现在的执著、韧,这三项是鲁迅在尼采、中国传统和自身体验的基础上所作的道路选择;多疑的实质是鲁迅对主体形而上学的一种质疑,它最终使得鲁迅导找到了一种奠基于尼采、中国传统和自身体验之上的生活道路,这种生活道路既不同于西方主体思维方式下的生活道路也不同于中国传统的生活方式,是鲁迅所苦苦寻求的第三道路;《故事新编》中的墨子和大禹正是鲁迅所寻求的第三条生活道路的形象体现,可这两个人物形象的遭际却表达了鲁迅找到出路而不能走下去的大孤独、大寂寞与大绝望。

关键词:鲁迅(1881~1936)　文学思想　多疑　文学研究

3478

现代新儒学文化视野中的梁实秋 / 刘聪著 ; 魏建指导. -- 山东师范大学, 2005. -- 164 页

本文从现代新儒学文化视野出发对梁实秋进行研究。全文分为绪论和四章。绪论论述梁实秋与现代新儒学运动的因缘,提出在现代新儒学文化视野中研究梁实秋的合理性和必然性。第一章论述梁实秋在五四新文化场中的另类感。作者认为,梁实秋在清华和美国求学期间都持一种与五四新文化场、文学场不同的东方文化或传统文化立场。在清华期间,他用"诗是贵族的"来挑战"人的文学"和"平民的文学"两种权威法则,与学衡派既有区别又有微妙的关系;在美国期间,他以儒家伦理学为体,以白璧德人文主义的文论——古典主义文论为用,开始构建中体西用的中国特色的文学话语。第二章论述梁实秋文学话语的诗教品质。作者认为,梁实秋义理式的文学批评与新儒学守护意义追求价值的立场十分契合。他与现代新儒家一样,用道德理性批评五四新文学的情感放纵;以人本主义的人性论批判马克思主义的唯物论。在建构文学批评体系的过程中,梁实秋认为文学批评应该与伦理学相关联,并与左翼的"新美学"观念产生共鸣。第三章论述梁实秋的文学话语式微的必然性。作者认为,梁实秋在政治立场中与共产主义理念的冲突及其"抗战无关论"的辨析,使得他放弃了文学批评而开始了雅舍系列的散文创作。1949 年之后梁实秋的人性论话语被误读为资产阶级人性论并成为反动意识形态的符号;他的身份也在新儒学文化派和资产阶级西化派之间发生混淆。第四章分析梁实秋与鲁迅之间的经典学案。作者认为,梁实秋与鲁迅的论争标示着两种不同的文化立场的冲突。鲁迅光环之下的梁实秋的人性论话语经历了惨淡的命运。二者的恩怨可归结为在两种文化话语中塑造成的典型文化人格——"战士"和"绅士"的冲突。

关键词:梁实秋(1902~1987)　儒学　人本主义　人性论　文学研究

3479

论报人生活对张恨水及其小说创作的影响 / 刘少文著 ; 陈方竞指导. -- 吉林大学, 2005. -- 259 页

本文试图从报人职业对作家生活创作的影响来研究张恨水及其小说文本。全文分为上、下两编,共九章。上编是作家研究,论述报人职业对作家生活创作的影响,包括前两章。第一章论述张恨水的人生际遇与选择,描述他作为报人在生活中从困顿走向小康的轨迹。第二章论述张恨水在现代报人与传统文人的双重角色中的影响与调试。作者认为,在张恨水的生活及创作意识中,报人职业的核心影响是鲜明的:它不仅改变了他的生存状态,矫正了他的消极避世的传统文人观念,而且决定了他积极入世、干预生活的创作意识。第二编是文本研究,论述报人职业对于作家小说文本的影响,包括后七章。第三章分析小说素材。作者认为其来源多得之于记者生活积累的新闻矿藏。第四章分析小说内涵。作者认为,报人作家聚焦于都市生活、描摹畸形社会与畸变人生,既是为报纸媒介的网络布局所决定,也是报人的批判意识使然。第五章分析张恨水小说中的"洁者"形象。作者认为这些"洁者"虽出污泥而不染,却都有着悲剧的命运;洁者的悲剧既含有对畸形社会的指控,也有增强传播效果的企图。第六章分析张恨水小说的报纸化

特征。作者认为,张恨水的小说文本征服广大读者的因素之一是其语言,而影响其语言的核心是报纸新闻写作。第七章分析张恨水小说的叙事特点。作者认为,叙事的自由度对外倾性现实主义小说的创作十分关键,而张恨水的叙事策略离不开新闻性要素——记者视角、新闻面孔等。第八章分析张恨水小说的次文类、副文本特质。作者认为,"次文类"使文本话语"杂语化"、"社会化";"副文本"对文本的辅助性打造,是灵活运用媒介手段的体现。第九章分析张恨水小说的局限之处。作者认为,张恨水小说文本的局限——粗糙、夭折等都深深打上了大众媒介的负面印迹;这既是记者作家的通病,也是报纸连载的痼疾。

关键词:张恨水(1895~1967)　文学创作　小说　职业

3480

中国现代人道主义文学思潮研究 / 刘卫国著 ; 黄修己指导. -- 中山大学, 2005. -- 218 页

作者认为人道主义是"现代性"的核心观念,人道主义文学思潮参与了现代中国的"现代性叙事",它的曲折命运折射了中国"现代性叙事"的艰难进程。文章先后考察了人道主义文学思潮的发生、发展和消退,指出在中国,人道主义文学思想的最初形成,是以周作人的"人的文学"为标志的;中国现代文学家依据不同的人道主义版本,不断地提出新的人道主义价值观念,建构出新的文学观念,从而形成了人道主义文学思想的潮流;中国现代人道主义文学思潮在发展中遇到了民族主义、现代主义和马克思主义的严峻挑战,而中国的客观环境对其也没有提供足够的支持,由此引起了人道主义文学思潮的危机;人道主义文学思想逐步隐退到马克思主义文学思潮之中,但随着马克思主义纯洁化运动的展开,人道主义文学思潮在20世纪60年代中断。继而对人道主义文学思潮进行了反思,总结了人道主义文学思潮的历史贡献和经验教训。指出人道主义文学思潮在推进中国文学的现代性转型和推动中国的"现代性叙事"上都做出了重要贡献,为重建新的人道主义文论积累了宝贵的理论资源;中国现代作家和批评家陷入了民族主义、阶级论和进化论的误区,未能建立起对人道主义的坚定信仰,未能充分认识人道主义在"现代性叙事"中的作用和意义;中国的"现代性叙事"仍是一个没有完成的工程,有必要重建新的人道主义文学观念。最后,就重建新的人道主义文学观念提出了初步构思,认为新的人道主义文学观念,应以"表现人性"作为文学的本质观,以"关怀人生"作为文学的功能观,以"人类意识"作为文学的境界观。

关键词:现代文学　文学思想　文学观　人道主义　现代性

3481

1939—1945 年东北地区文学期刊研究 / 刘晓丽著 ; 马以鑫指导 . -- 华东师范大学, 2005 . -- 337 页

本文研究了"1939—1945 年东北地区文学期刊",对伪满洲国时期的中国本土文学的现状和发展作了考述。首先,作者对伪满洲国时期存在时间最长的一本中文文化综合期刊《新满洲》进行的考述,考证出 1939—1945 年东北地区文学的主体倾向,指出在特殊语境中,杂志既要维持自身的生存,又要维护文字的尊严,以文学为手段,在顺从文艺政策的同时却走向与之无关的不合作之路;在妥协和抗争的同时运作下,杂志中的文学也为中国现代文学做出了独特的贡献:通俗文学承载了创生新文体的文学精神,女性文学提供了新的文学经验。其次,对文学期刊《艺文志》、《文选》、《作风》、《诗季》及"文丛刊行会"进行的考述,考察了《艺文志》、《文选》、《作风》三种杂志以及"文丛刊行会",展示了伪满洲国时期东北部分作家、作品及文学期刊的经营形式,进而考察了当时唯一的一本中文诗歌杂志《诗季》,揭示出当时文坛的诗歌发展状况,指出这些纯文艺同人杂志,虽然只出刊了两到三期,但这些当时文人的心血之作寄托了他们的文学梦想和社会愿望,忠实地记录了艰难时世中不甘坠落的个体心灵的坚韧与挣扎。再次,是对大众文化杂志《麒麟》进行的考述,指出此杂志以一半以上的篇幅,刊出了言情、实话秘话、侦探、史材、幽默、武侠等各式通俗文学,显现出当时大众通俗杂志的运作方法、通俗文学的各种态势及强权挤压下通俗文学变体发展的特点。随后,对伪满洲国晚期的一本文化综合杂志《青年文化》进行了考述,指出《青年文化》杂志既刊登了大量的质量上乘的新文学作品,促进了东北新文学的发展,同时也刊出了一些"时局"作品,为建设并促进"协和精神"和"青少年运动"做出了"贡献";可以看出殖民地知识分子相互矛盾行为背后的复杂心态和扭曲心灵等问题。最后,文章对刊登了大量的附逆作品"满洲文艺家协会"中文机关杂志《艺文志》进行了考述,具体描述了伪满洲国时期东北文坛的怪胎——附逆作品的具体形态,并解释、探讨了其背后的原因。

关键词:文学期刊　文学研究　东北地区

3482

重读胡适 / 刘岩著 ; 解洪祥指导 . -- 山东大学, 2005. -- 106 页

论文分五章,重新阐释了胡适思想与学术。第一章主要交代胡适人格性情的养成,包括胡适成长的时代背景、地域文化、家庭背景和求学经历,从文化心理结构上初探他的思想学术的根基与渊源。第二章梳理晚清梁启超、严复等第一代自由主义者的启蒙思想、内在理路和对后世的影响。文章认为,事实上胡适与第一代自由主义播种者梁启超、严复等人之间,无论是从启蒙方式、启蒙主题还是启蒙特征上,都有着深层的承继关系与文化延续性。第三章重点分析胡适的文化启蒙思想。认为,胡适提倡的"文学革命"不是一件单纯意义上的文学领域的革新工作,他以实用理性的态度将进化论观念实际应用于文学领域,自始即和他抱定的"再造文明"的理想联结在一起,构成一场广义的文化变革的一部分,从而引起了哲学、历史学等其他领域的变革。胡适提倡"健全的个人主义"与"非人主义的新生活",以"不朽"作为自己的宗教,没有脱离传统文人个体与社群之间的关系紧张,以及"立德立功立言"并以天下为己任的思维模式;他倡导唯科学主义的人文宗教,是在重估一切价值——主要是非儒反孔之后,在旧思想的废墟上建造新的信仰大厦的一种企图和努力。第四章解析胡适对政治的参与及其主张停留在常识介绍的层次,只以清议和舆论监督为职志,将自己确定为"诤臣"地位,其实质就是传统士大夫精神的现代版。第五章着重阐发胡适思想的内在限制。论文揭示了胡适思想学术之所以呈现复杂性、矛盾性和悖反意味的社会与文化根源。

关键词:胡适(1891 ~ 1962)　学术思想　文学思想　哲学思想　儒家

3483

中国现代作家的孤独体验 / 刘艳著 ; 刘勇指导. -- 北京师范大学, 2005. -- 125 页

本文立足于中国现代作家的孤独体验,试图考察中国作家所具有的、带有历时性积淀性质的孤独体验在整个文化与文学转型的现代时期的意义呈现问题。全文分为引言和八章。引言对"中国现代作家的孤独体验"作了简要界定,提出了论文的研究目标和理论意义。第一章从四个层面对带有历时性积淀性质的现代作家的孤独体验进行考察,认为中国现代作家的孤独体验,既隐喻了他们身处传统与现代夹缝所面临的现实生存困境,又喻示了他们身处文化困境中的精神历程的复杂与思想演进的艰难。第二章提出孤独体验的社会含义,指出中国现代作家的孤独体验不仅是一种自我主观的心理体验,更具有对历史民族国家做出深刻思考的价值意义。第三章到第八章,选取鲁迅、郁达夫、萧红、张爱玲、冯至和穆旦、钱钟书等作家,围绕"中国现代作家的孤独体验"展开论述。每章从作家作品中的"孤独者"形象解析入手,论析作家孤独体验的成因及其具体表现,以及作家对自身孤独所做的反抗。结语对论文主要内容进行了梳理和总结。

关键词:作家评论　鲁迅(1881 ~ 1936)　郁达夫(1896 ~ 1945)　钱钟书(1910 ~ 1998)　文学研究

3484

在后现代性的地平线上 : 新生代小说论 / 刘永春著 ; 牛运清指导. -- 山东大学, 2005. -- 118 页

在 20 世纪 90 年代以来的中国文学格局中,新生代小说是一个重要的组成部分。本文认为,后现代性是新生代小说创作的重要特点,也是分析其创作形态的重要手段。作者从后现代性的角度对新生代小说进行了细致的分析,力求揭示出新生代小说创作中的一些共性问题。全文共分四章。第一章对新生代小说进行了界定,在此基础上考察了新生代小说的创作情况与研究现状,并回顾了后现代主义理论在西方的产生发展过程及其在中国的引入和传播。第二章从新历史主义的角度分析了新生代小说的历史写作。20 世纪中国文学对历史的书写先后经历了历史小说、新历史小说和新历史主义小说三种形态,新生代小说的新历史主义倾向达到了一个新的高度。重点论述了新生代历史写作中的"游戏性",指出游戏性是新生代小说后现代性的重要表现,新生代小说必须认真处理游戏与历史真实之间的关系。第三章探讨新生代小说中的成长记忆,作者指出新生代小说非常关注成长主题,并在对成长主题的书写中表现出了新的特征:一方面,他们往往在成长主题中表现出一些"创伤性"的成长记忆;另一方面,新生代作家笔下的人物往往为精神上不断漂移的"无根"者。第四章分别从狂欢化、平面化和时尚化三个方面分析了新生代小说的后现代性特征。最后对新生代小说在 1998 年发起的"断裂行为"进行了研究,指出这是新生代小说争夺生存空间和话语空间的一种努力。断裂之后,新生代小说必须真正找到自己个体化的写作立场,才能在新世纪中顺利发展。

关键词:小说创作　后现代主义　历史主义　游

戏性　小说研究

3485

论中国现代文学史诗意识的建构／刘勇著；陆耀东指导. -- 武汉大学,2005. -- 243 页

本文从史诗意识建构的角度,从一个侧面描述和分析了中国现代文学发展历程。正文共分三章,分别对新文学第一、第二和第三个十年的史诗意识建构情况进行描述和分析。第一章讨论了文学研究会的文艺理论建设活动,论证了文学研究会文艺理论建设活动的宗旨之一,就是树立一种新型的创作严肃性;围绕"问题小说"认为问题小说展示一种新的小说观,并初步确立了一种新的提问法则和提问的自主性;分析了这一时期的叙事文学创作在呼应和展示新型创作严肃性上的成绩;讨论了鲁迅的小说创作,指出鲁迅开创了开掘"民族秘史"的史诗创作传统,鲁迅在小说里,体现了深刻的文化反思和社会批判精神。第二章讨论了革命文艺理论建设活动,对革命文学史诗意识建构的道路进行了简要的描述和评价;通过对"革命加恋爱"的叙事程式、蒋光慈的《咆哮了的土地》、丁玲的《水》以及叶紫的《丰收》等的分析,讨论了这一时期的革命文学创作,在实现革命文学理论所确立的"先行"的史诗意识上的复杂过程;讨论了茅盾在中国现代文学史诗意识建构上的独特影响,指出茅盾是一个全面引进和实践"欧洲正宗现实主义"的文艺家;讨论了巴金的创作,认为巴金是在史诗创作的高度,将五四时期以人道主义情怀为核心的创作严肃性加以实现的作家。第三章首先描述了抗战文坛出现的呼唤史诗和"竞写史诗"的热潮现象,并通过与其他一些国家的反法西斯文学的比较,分析了抗战文坛产生这一文学现象的深层文化心理;其次围绕"写新人"的文艺思想和艺术手法在中国的传播和接受的情况,讨论了苏联社会主义现实主义创作原则对中国现代文学的影响;再次讨论了老舍的创作,分析了老舍的创作与"幽默"精神的复杂关联;并以胡风和路翎为代表,分别讨论了"七月派"的文艺理论建设活动与创作实践活动;最后讨论了土改题材的长篇叙事作品的创作情况,认为土改题材的作品特别需要求助于某种史诗意识展开叙事,并指出土改题材的长篇叙事作品,对十七年文学有着最为直接的影响。在结语部分着重分析了中国现代文学史诗意识的民族特征和时代特征,认为这种特征特别鲜明地体现在中国现代文艺家大都有着追求民族整体新生的历史欲望。

关键词:现代文学　史诗　民族性　文学研究

3486

行动才是生活 : 丁玲生平与创作／龙敏君著；王富仁指导. -- 北京师范大学, 2005. -- 176 页

作为中国现代史上著名的女作家,丁玲以其女权主义者、革命的女儿和政治化的人的身份而独具特色。本文的切入点,是丁玲作为幻想者与冥想者到走向行动的生活的转变。全文分为上、下两编,共八章。上编论述丁玲生为女人的思考与创作,包括前四章。第一章为"隐忍的被看者——《梦珂》提出的问题"。第二章为"自身欲望的主体——莎菲的女权意义"。第三章为"脆弱的姐妹情谊——从《暑假中》想到的"。第四章为"恹郁的感情幻想——阿毛及其他"。下编论述丁玲走向行动的生活的转变,包括后四章。第五章为"行动才是生活——也频之死"。第六章为"生命的涅槃——延安时期的丁玲及其创作"。第七章为"人民不朽——延安整风后的丁玲及其创作"。第八章为"乌托邦的共产主义——新时期的丁玲及其创作"。

关键词:丁玲(1904～1986)　生平事迹　女权主义　文学创作

3487

影响与重扬 : 汪曾祺小说创作记／卢军著；牛运清指导 . -- 山东大学, 2005 . -- 141 页

汪曾祺是一个在中国现代文学和当代文学都作出斐然成绩的作家,作者在考察其艺术渊源,审视其文体风格,品味其思想意蕴的基础之上,用五个词来概括汪曾祺:领异标新、融入新质、边缘叙事、悲悯审视、重塑民间。与这五个词相对应,作者在文章中主要考察了汪曾祺和外国现代文学的关系,汪曾祺对文学薪火相传的作用,其在先锋文体的实践,以及在其小说中深藏的悲剧思维形态和他对"文学的启蒙"传统的承传。作者认为,汪曾祺是一个现代意识很浓的当代作家,是典型的中西合璧、现代与古典集于一身的中国作家,他 80 年代的创作中包含了许多对传统文化继承的因子,如中国古代民族传统和中国现代抒情小说传统,并且成功地实现了传统的现代转化,因此是传统和现代的一个不可或缺的连接点,将传统推向了一个新的高度。同时作者认为汪曾祺是新时期作家中对小说文体最为自觉的作家,充分意识到了文体和内容的一致性,他的这种追求和探索动摇了传统的观念和模式,对新时期小说观念的革新具有先导意义。作者还指出,汪曾祺对生命的悲剧性质有着清醒、充分而深刻的认识,因而反对汪曾祺与深刻、与悲

剧无关的观点。作者认为汪曾祺的小说与社会背景相结合,他的悲剧美学特征容纳中西文化精神,兼具启蒙主义特征和人道主义色彩。最后提出,汪曾祺的小说之所以具有如此广泛的影响是取决于其文化意识与审美取向的民间性。

关键词:汪曾祺(1920~1997) 小说 文学创作 文学研究

3488

新时期文学历史的见证与参与:以五个文学刊物为例看期刊在文学生产中的作用 / 陆雪琴著;叶子铭,丁帆指导. -- 南京大学, 2005. -- 73 页

文学期刊作为文学传播的重要媒介,以其自身的优点成为建构文学史丰富性与复杂性的要素之一。本文选取了20世纪80年代前后这个阶段来考察文学期刊在文学生产中的作用,试图以此见证新时期的文学历史。全文分为三章。第一章以《人民文学》、《收获》、《十月》为个案,分析文学期刊在新时期初期推动文艺领域思想解放的重要作用。第二章以《上海文学》、《十月》、《收获》、《钟山》为个案,分析文学期刊促进文学探索的重要作用。第三章以《钟山》推出"新写实小说"旗号为个案,分析文学向市场化转型的过程中,文学期刊如何参与市场化运作、为坚守和保存纯文学的领地而努力。结语总结作者观点,提出在确立"文学自主原则"的过程中,文学编辑应发挥的作用。

关键词:文学期刊 《人民文学》 《收获》 《十月》 《上海文学》 《钟山》 文学研究

3489

寻找"个人":论晚清至五四现代个人观念的发生 / 罗晓静著;周晓明指导. -- 华中师范大学, 2005. -- 156 页

"个人"是现代中国文化文学历史进程和历史阐释中的一个关键词。本文选取晚清至五四这一时段,把"个人"这一关键词和核心观念从相关思想表述、文化文学话语中剥离出来,试图将其作为现代中国思想、文化、文学的一种元话语、元观念加以研究。全文分为引论和三章。引论论述本文研究的主要问题及其界定。第一章论述从鸦片战争到戊戌变法这一时期,"人"的观念与"天"的观念的分离。作者认为,"人"与"天"的分离,以及"人"由此获得主体性和独立性,是中国现代个人观念发生的逻辑起点。其中,龚自珍和谭嗣同等人主要从"破"的角度重估人的价值;早期改良派和康有为等人主要从"立"的角度来重释"人"的本质。第二章论述清末民初这一时期,从"人"的观念到"个人"观念的过渡。作者认为,从"人"的类意识中剥离出具有个体性内涵的概念,是中国现代个人观念发生的一个重要过渡阶段。这一时期的主流话语,是分别由严复、梁启超等改良派和以孙中山为领袖的革命派发起并壮大的"新民"思潮与"国民"革命;与此同时,章太炎、鲁迅等人把以普遍性名义出现的一切都否定掉,并通过这种否定性的方式张扬"个人"价值。第三章论述五四前后这一时期,现代个人观念的确立和多元化。作者认为,以"个人"为价值之源、公开宣扬个人本位的现代个人观念,在五四新文化运动中真正确立起来。其中,对于陈独秀和李大钊等激进派来说,选择"个人",时代是最主要的动因;对于胡适和周作人等自由派来说,"个人"乃至个性,永远是他们安身立命的精神家园;这一时期的鲁迅,在显现的层面成为"改造国民性"的代言人,但"个人"始终是他情感里的核心意向。

关键词:文学思想 个人 天 五·四运动 晚清

3490

现代中国文学史书写的历史建构:从清末至抗战前的一个历史考察 / 罗云锋著;杨扬指导. -- 华东师范大学, 2005. -- 217 页

本文考察和研究了晚清至抗战前的中国文学史书写历史,重点探讨了文学史书写历史中文学史观(包括文学观)、文学史编撰体例的特色及其发展演变。文章将抗战前中国文学史书写历史分为萌芽期、探索期、发展期、高潮期等四个时期进行梳理论述,并分别介绍了每一个时期的总体文化学术背景、文学史书写的具体成果、总体面貌特色,以及造成此种面貌特色之原因;同时采取个案式研究方式和思路对所选取文学史家之文学史书写进行历史的分析论述。重点选取并研究论述了萌芽期时林传甲的《中国文学史》,黄人的《中国文学史》;探索期时夏曾佑的《最新中学中国历史教科书》,刘师培的《中国中古文学史讲义》,梁启超的《中国之美文及其历史》,王国维的《宋元戏曲史》;发展期时鲁迅的《汉文学史纲要》、《中国小说史略》,胡适的《白话文学史》;高潮期时郑振铎的《插图本中国文学史》,周作人的《中国新文学的源流》,分析了他们在文学史书写方面的面貌特色,并试图在尊重历史事实的基础上对文学史书写的历史予以重新反思和评价。最后,本文对此一时期其他一些

颇有特色的文学史家及其文学史书写,或对文学史书写的思考和意见等进行了论述。

关键词:文学史　文学史观　文学研究

3491

中国形神理论发展演变研究 / 马汉钦著 ; 陈良运指导. -- 福建师范大学, 2005. -- 164 页

本文对中国古代形神理论的发展源头进行了追溯,认为早期道家的“器”——“道”关系论乃是形神理论的源头。到了庄子,形神理论在哲学里已趋成熟,并开始了它向人的转化;此后,关于“形”“神”谁为本的哲学之争就随之而起,斗争以儒教神学、佛教神学的失败和唯物主义者的胜利而告一段落。就在这场论争的过程中,六朝的道玄理论家们则在“形”“神”谁为主这一理论偏锋中寻找到了形神理论通往文学艺术的幽径。至此,形神理论开始了它向文学艺术领域的转化。它首先转化为艺术形神理论,主要包括音乐形神理论、绘画形神理论和书法形神理论。在这一转化过程中,道家的形神观对中国古代的艺术理论的影响与时俱增,乃至最终成为主导。而由于文学和艺术的特殊关系,形神理论又从艺术领域进入文学领域,“形神兼备”而侧重“神似”的审美指向成为文学形神理论的主流,足见道家形神观的特殊作用。源远流长的形神理论在中国现当代文学史上依然是异彩纷呈。首先,形神理论依然在大家、名家的创作实践中得到了成功的运用,如诗歌方面有艾青,散文方面有朱自清,小说方面有鲁迅,戏曲方面有曹禺,绘画方面有齐白石,等等;其次,“形散神不散”论,成为形神理论在中国现当代散文学理论建设中的一大亮点,其美学价值是不可低估的。

关键词:文学艺术　形神　道家　文学研究

3492

端木蕻良小说创作与中国文学传统 / 马宏柏著 ; 王铁仙指导 . -- 华东师范大学, 2005 . -- 124 页

本文研究了端木蕻良与中国文学传统的关系,并探讨了中国传统文学对他的影响及其在小说创作上的体现。首先,文章探讨了端木蕻良小说中的浓郁的忧患意识和强烈的社会责任感,指出其生命的自觉,忧国忧民的责任感、使命感、失去故土的痛苦与悲愤使端木蕻良既写土地的沉实、草原的美丽,又写土地的蒙难、故土的沦丧,更写土地的觉醒、民众的反抗,勾画出“大地之子”忧郁、憎恨、反抗、战斗的情感历程;表现了“大地之子”深广的忧患意识,“时代之子”强烈的爱国情怀,平民百姓英勇杀敌、舍命报国的英雄主义精神,继承和弘扬了中华爱国主义文学传统。其次,探讨了端木蕻良的创作与中国史传文学传统的联系,指出其表现在立意构架上“通古今之变”的历史意识,题材选择上执著现实人生的实录写真,人物刻画上美丑并举、善恶并陈,价值评判上采用史传论赞,借鉴“春秋笔法”,追求小说的“潜流”等方面;同时指出端木蕻良又承传了新文学传统,接受了西方传来的现实主义理论的影响,在叙事手段上也推陈出新,实现了叙事时间、叙事视角和叙事结构的现代性转换。最后,探讨了端木蕻良小说与抒情文学传统之间的关系,文章认为,端木蕻良很重视作品感情的抒发,他的小说创作从古代和现代叙事、抒情两大文学传统中吸取营养,形成了颇具个性的抒情特色:或通过独特的自我抒写,直露作者的主观情怀;或刻意追求作品的“潜流”,通过冷静客观地写实叙事,像戏剧那样地客观呈现,春秋笔法、微言大义,不写之写,意在言外;或描写意象营构意境,将主观感情艺本地渗透于独特的客观意象,从而营造出一种诗化的审美氛围、艺术境界。

关键词:端木蕻良(1912~1996)　文学创作　小说　文学传统

3493

民族悲剧意识与个体艺术表现 : 中国现代重要作家悲剧创作研究 / 马晖著 ; 程金城指导. -- 兰州大学, 2005. -- 147 页

本文对中国现代文学的悲剧现象进行了探讨。宏观上,本文在探讨了 20 世纪中西悲剧观念和悲剧理论的基础上,考察了中国现代文学悲剧意识生成及其悲剧精神特点,将中国现代作家悲剧艺术创作置于中国悲剧艺术发展的美学历程和中西悲剧美学思想对话中考察,以分析其在中西悲剧艺术长河中的重要学术价值。微观上,本文研究了中国现代文学史上几位具有代表性的悲剧作家及其作品,解读和阐释文本中所蕴藏的悲剧精神,体味其各具特色的悲剧艺术表现。全文分为引言和上、下两篇,共十一章。引言论述“悲剧”意识的理论建构,并简述中国现代重要作家的悲剧审美意识。上篇论述中国现代文学悲剧意识和悲剧精神的生成与嬗变,包括前四章。第一章论述中国现代文学悲剧与传统悲剧的关系。第二章论述中国现代文学悲剧意识与西方悲剧的关系。作者认为,中国现代悲剧意识的生成固然直接受益于西方文化和文学的思想观念、价值体系和审美意识,但更多

的是中国现代作家的人格、精神的体现,来自他们对现实的关注和对传统文化哲学的探索等综合因素。第三章论述中国现代文学悲剧意识的生成与历史演进。第四章是对中国现代文学悲剧审美意识的综合分析。作者试图以此揭示悲剧意识与中国现代文学相关联的广泛性、多义性和复杂性。下篇对中国现代重要作家及其创作中的悲剧意识进行研究,包括后七章。第五章到第十一章,作者选取鲁迅、郭沫若、郁达夫、矛盾、巴金、老舍、沈从文、曹禺、张爱玲等现代作家,将他们放入中西文学、美学思想对话和中国文学发展中进行研究。作者认为,在中国现代作家的创作中,对于人的存在的终极性追问和个体生命的形而上体验始终占据着话语言说的中心,本文在对作家悲剧情节的阐释中重点对此加以分析和阐释。结语对悲剧审美意识在中国当代文学中的嬗变、发展进行了总结。

关键词:悲剧　悲剧意识　审美　文学研究

3494

近二十年现代文学作家传记研究 / 孟丹青著 ; 许志英指导. -- 南京大学, 2005. -- 92 页

本文对近 20 年的现代文学作家传记进行了考察。全文分为四章。第一章为导论,对传记的本质属性、文化功能和中国现当代传记文学的发展轨迹进行探讨。第二章以现代文学作家传记为例,探讨传记文学中的历史性和文学性的关系问题。作者认为,传记文学需要建立在史料基础上的合理想象,其真实性是相对的而不是绝对的。第三章探讨了传记文学中的隐讳传统。作者认为传记作家应能够突破种种束缚,力图在传记文学中表现出真实而复杂的人性。第四章探讨现代文学作家传记文学中的主体性问题,包括主人公和传记作家的关系,传记作家的价值判断能力和传记作家的文体意识这几个部分。作者认为,传记作家在揭示传主的同时也揭示着自我,传记作家与传主的关系直接影响到传记的写作;传记作家应抓住传主的精神实质和性格特征,对传主做出自己的价值判断;当代传记作家树立明确的文体意识,对传统传记观念和写作方法进行革新,是当代中国传记文学获得发展的重要条件。

关键词:传记文学　作家　文学研究　文学性　主体性

3495

论战争背景下的 40 年代女性小说 / 沐金华著 ; 朱晓进指导 . -- 南京师范大学, 2005 . -- 107 页

本文研究了战争背景下的 20 世纪 40 年代的女性小说。具体探讨了战争与 40 年代女性作家的书写环境、战争与 40 年代女性作家的审美心态、战争与 40 年代女性小说的时代特色、战争与 40 年代女性小说的文化意蕴等问题。论文主要观点是:战争影响了女性作家的生活,改变了她们的创作环境,影响了女性作家在创作中的审美心态,在战争的影响下,女性作家在创作中主要表现的是世俗化的心态、流亡者的心态以及在特殊的生活环境中的政治化的心态;在这种心态的影响下,40 年代的女性作家在小说的主题上主要是表现了对生存的忧虑,在意象的描写上主要是通过家园的追寻表现了对安定的生活的渴望,在主体意识的表现上主要是将女性意识融入民族解放和阶级解放的意识中,从而表现出鲜明的时代特色;受战争和作家审美心态的影响,女性作家的创作在文化意蕴上也与以往任何一个时期有着明显的不同。文章认为,受战争的影响,人们更加注重现时性的、实实在在的日常生活,反映在作家的作品中就是人与人之间所表现出来的商业化的关系以及因外国入侵而呈现出来的殖民化的色彩;战争使得作家因此而失去了家园,流亡者的生活使她们加深了对故乡的思念,地域文化成为作家在战争语境下的一种精神依托;在特殊的政治环境中,作家不能避免政治的干扰,特别是解放区的女性作家,她们的创作表现出与男性作家一样但又有区别的带有政治文化的特征。

关键词:女性文学　小说　女作家　主体意识　文学研究

3496

叙述的狂欢与审美的变异 : 叙事学与中国当代先锋小说 / 南志刚著 ; 朱栋霖指导 . -- 苏州大学, 2005 . -- 131 页

本文以文化本土化和审美主体性为基本立场,运用比较叙事学的方法,在全球化视野中分析西方现代叙事学和中国叙事传统的冲突与融合,通过解剖以马原、余华、莫言、苏童、格非为代表的中国当代先锋小说的叙事特征和美学属性,探讨中国文学面对全球化语境的对策和出路。全文包括绪论、结语和正文五章。在绪论中,作者分析了叙事学的文化本质和文学价值观,并揭示了中西文化在 20 世纪 80 年代人的思想解放背景下的不同选择。第一章,动态地描述叙事学的中国接受语境和接受过程,并对中国叙事学研究的状况和成果进行了必要的评述。第二章,分析西方

叙事学理论对马原"叙事圈套"的影响。第三章,分析余华小说的叙述时间问题,揭示了余华从自我迷失到个体自我、再到回归文化自我的成长历程。第四章,针对批评界关于莫言"民间写作"的评论,从叙事学语域理论的角度,分析莫言小说的文化立场和话语关系,质疑"民间写作"这一理论本身的必要性。第五章,以中国叙事传统中诗意追求的思想基础和形式技法为基本依据,分析苏童和格非小说与中国叙事文化的关系。在结语中,作者提出中国文学面对全球语境,要以中国的独立身份,带着自己的文化个性,参与世界文学建设和文化建设。为此,必须坚持三个回归与三个抵抗。

关键词:先锋小说　叙事学　文学研究　审美

3497

二十世纪中国女性新诗书写研究 / 欧阳小昱著 ; 邓国伟指导. -- 中山大学, 2005. -- 162 页

论文分四部分内容:第一部分,架构本文理论观点,阐释女性自我形成的基本理论。简略回顾女性诗歌写作的历史景观,归纳其中的精神特质及其诗歌的表现特征;为以后的历史变迁溯源,并以此作为20世纪中国女性新诗写作的背景,便于作历时性的比较。第二部分,讨论20世纪70年代末之前的女性新诗创作。其总体特征是在特定的历史语境中,女性诗歌中的自我普遍表现出与男性共同参与社会、国家、历史中心话语的言说、重建的倾向;她们借助对于人道、国家、民族、阶级话语的诗性修辞,令女性新诗写作内涵发生重大变化。然而由于各种原因,这一时期的大部分女性新诗书写中,性别意识较为茫然。第三部分,讨论20世纪70年代末以来的女性诗歌书写。70年代末80年代初,中国历史文化语境发生重大转型,人道话语再次浮现。女性新诗再次以启蒙之姿,承担起慰抚、启蒙、呼唤的功能,其中的性别意识已经开始强化。80年代中期以来,通过对西方女性主义理论的借鉴、吸收以及自身体验的深入,女性性别意识与立场获得敞亮,女性诗歌书写表现出女性自我塑造与诗歌修辞的巨大变化。进入90年代以来,由于中国历史语境的再次重大变化,女性新诗书写呈现出某种多元化状貌,女性自我的内涵与诗歌修辞也表现得更为复杂多元。第四部分,讨论总结20世纪女性新诗创作的总体特色以及它的独特风貌。归纳20世纪女性诗人们的自我意识的延展轨迹及其历史意义,探讨女性诗歌修辞的特征,反思其间良莠,并展望其未来的发展趋向。

关键词:新诗　诗歌创作　女性文学　文学研究

3498

"鲁迅"在延安 / 潘磊著 ; 赵园指导. -- 中国社会科学院研究生院, 2005. -- 130 页

鲁迅在延安被作为新民主主义文化的旗帜,本文通过不同历史时期延安对鲁迅的阐释的变迁研究,展示出延安政治、文化状况的若干重要方面,并探究鲁迅在建构"延安文化"方面的重要作用,透视了1937年至1949年延安历史文化的变迁以及延安知识分子的精神世界。作者指出,整风运动前,鲁迅的形象相对丰满,鲁迅的思想与创作颇受重视。1941年至1942年出现的王实味、丁玲等人的杂文、暴露延安黑暗面的小说、反映延安社会生活中种种矛盾的漫画都表现出了对鲁迅批判精神继承的自觉。为配合抗战及共产党革命事业的需要,鲁迅为民族解放和大众解放奋斗的战士形象也被树立起来。1942年后,延安对鲁迅的阐释被纳入到整风话语的框架之中,鲁迅的"党性"成为流行,对于鲁迅作品的模式化解读也已形成。到1945年抗战胜利后,鲁迅及其作品又被作为对付国民党和美国帝国主义的一个有力武器,鲁迅对苏联的倾向性得到了强调。作者认为,延安对鲁迅的阐释只是突出强调某些方面,如"韧"性的战斗精神、对国民党统治的讽刺和批判、对大众的爱与同情、对托派的痛击和对抗日民族统一战线政策的拥护、献身民族解放的牺牲精神等。这凸显出延安所处的情势与需求,有其独特的价值,也难免以牺牲鲁迅有关思想的复杂性与丰富性为代价。

关键词:鲁迅(1881~1936)　文学研究　延安

3499

存在主义视野下的鲁迅:穿越生存虚无、撞击世界"黑暗"的现代信仰者 / 彭小燕著 ; 王富仁指导. -- 北京师范大学, 2005. -- 406 页

本文在存在主义的视野下研究鲁迅,把他作为一个超越"死亡——虚无"、创造自我生命意义的现代信仰者,一个介入、批判、反抗"苦难——黑暗——虚无"世界的"战士"来进行分析。全文分为四章。第一章简述19至20世纪的存在主义思想与鲁迅的精神之路之间的联系。作者认为,对于"虚无——意义"问题的回答及其生命践履,把鲁迅与存在主义思想者联系起来。以鲁迅生命之路中的虚无境遇为中心,可以看到鲁迅生命中内有联系、但又相对独立的三种境状、两次质变。第二章论述1881年至1908年鲁迅生命

相对自由、自然的“战士”生命初成期。作者在此探讨了鲁迅“怀疑——否定”式思维特质的最初激发点,以及1907年、1908年鲁迅独立的精神生命的初次出场。第三章论述1909年至1925年鲁迅生命中的“锻冶——自救”之路。其中,第一节探讨归国鲁迅直面现实时的思想重构;第二节考察鲁迅遭遇虚无、沉潜虚无与反击虚无、超越虚无的生命之路。第四章论述1926年至1936年鲁迅自觉践履“战士真我”的生命实践。其中,第一节探讨鲁迅在杂文写作中践履其“战士真我”的话语实践,以及他的一系列“左翼”文化活动、文坛论争活动;第二节将鲁迅杂文作为一个整体,探讨其在“批判——解构”的话语形式中所蕴含的三层理想建构。结束语论述鲁迅生命的启示,即走向现代人类的信仰、走向现代知识分子的自救与“警世”的道路。

关键词:鲁迅(1881~1936)　文学思想　存在主义　虚无

3500

金庸小说叙事研究 / 邱健恩著 ; 朱栋霖指导. -- 苏州大学, 2005. -- 149页

本论文以结构主义叙事学分析金庸小说,采用的叙事学理论计有俄国普罗普的叙事功能说、法国托多罗夫的叙事句法、布雷蒙的叙事逻辑及格雷玛斯的语义方阵。全文共分五章。论文的第二章着眼于金庸小说的故事情节,化繁为简,归纳出四个类别共九种叙事功能。第三章以托多罗夫的叙事句法为理论基础,着重分析金庸小说的叙事语法,并以《倚天屠龙记》为例,把故事分为七个命题,从而探讨《倚天屠龙记》的主题。第四章以格雷玛斯的行动元及语义方阵为理论基础,并以《天龙八部》为例,着重指出三个主人公个别的故事发展模式及语义方阵,从而探讨《天龙八部》的主题。作者指出,本文的用意在于为分析金庸小说建立一套相对客观的方法,先从小说的情节归纳若干法则,从而探讨小说的总主题与个别主题。

关键词:金庸(1924~)　小说　叙事　文学研究

3501

四十年代后期中国的“文艺复兴”:《文艺复兴》《文学杂志》研究 / 邵宁宁著 ; 杨义,李存光指导. -- 中国社会科学院研究生院, 2005. -- 153页

《文艺复兴》、《文学杂志》是40年代后期代表南北文坛最高水平的重要文学期刊。本论文以其为研究对象,有利于我们对这一时期文学的发展状况,以及涉及抗战胜利和中华人民共和国成立这两次历史转折的一些重要问题有更清晰的认识。文章由导论和四章正文组成。导论主要针对与40年代后期文学以及文学期刊研究有关的一些基本理论问题,如研究现状、核心问题、研究方法、理论意义等,展开梳理和剖析。一、三章,分别通过对《文艺复兴》、《文学杂志》创刊、停刊、复刊过程的考察,对刊物各自政治倾向、文化立场、艺术理念的论证剖析,具体描述围绕在两个期刊周围的两种不同文学力量,揭示其在40年代后期特定历史环境中的复杂境遇。二、四两章,分别通过对杂志文本及其发表的各种体裁作品的分析,具体展示40年代后期国统区文学生态的基本状况。通过研究,作者认为,作为该时期国统区南北文坛的两份重要的文学刊物,《文艺复兴》、《文学杂志》(后期)一先一后,不仅分别代表了以郑振铎、李健吾和朱光潜、沈从文为核心的,具有民主主义和自由主义倾向的两个文人集团的“文艺复兴”努力和“新文学”想象,而且也分别体现出40年代后期两次“转折”对于文学的不同影响。同时,通过它们所刊发的大量文学作品和理论文章,在推出战后文坛最重要的文学新人的同时,也展示了当时文学所取得的最高成就和最重要的追求。

关键词:现代文学　文学创作　文学研究　文化生态学　文学期刊

3502

中国当代女性小说中的历史叙事 / 佘艳春著 ; 王万森指导. -- 山东师范大学, 2005. -- 117页

本文在现代性的研究视野中对当代女性小说中的历史叙事进行考察,试图在当下重写历史的文化语境中,提出性别意识作为进入历史的一个角度的设想。全文分为导论和三章。导论对当代女性小说中历史叙事的内涵进行辨析。研究侧重当代主要是80年代后,在女性主义历史观指导下出现的女性历史叙述作品,其中主要包括女性历史叙事的理论来源、主要内容以及判定女性历史叙事的几个标准。第一章分析性别意识与历史重写的关系。作者首先揭示传统男权文化通过剥夺女性话语权,强行解说历史来遮蔽女性历史的真实存在状况;其次指出“男女平等”掩饰下的性别歧视;进而说明性别将与政治、经济、种族、阶级并列,成为追溯历史并建构当下社会模式的一个因素,并由此显现性别意识与历史重写之间相互促进的关系。第二章阐述性别诉求在女性历史叙事文本中的表达。作者首先指出女性创作的发展繁荣

总是出现在社会和文化的“断裂”转型期,这意味着女性写作至今没有摆脱充当男性无法平复“断裂”带来的焦虑和无暇无力钳制时的抚慰和疏漏的局面;其次对女性历史叙述文本进行具体分析;最后论证女性话语的“双声”表意策略。第三章在现代理性视域中考察女性历史叙事的得与失。作者首先指出,女性历史叙事揭示了女性历史主体认同的危机;其次讨论理性主体沦丧的具体表现,即女性主体在世俗中的沉沦使自我承诺与确认失去了内在的需要;最后阐述女性历史叙事对理性的呼唤。结语提出了继续研究的几个设想。

关键词:女性文学　小说　叙事　性别意识

3503

论中国早期电影与文学的互动关系 / 石秋仙著 ; 张华指导. -- 山东大学, 2005. -- 125 页

早期中国电影指的是从电影的出现到 30 年代有声电影占领影坛主导地位这段时间的无声电影创作。这一时期的电影创作,不仅受到新文学思潮与创作的影响,而且从通俗文学创作中吸取了大量营养。通俗小说对电影的影响,一是作品的影响,二是作家的影响。而受通俗文学影响最深的,则是爱情片和武侠片。本文首先分析了爱情片和武侠片两类通俗小说影响下的电影创作概况及大众接受的内在的文化心理。爱情片是从通俗文艺的记录性改变开始的。其拍摄多取材于现实生活。早期电影拍摄了许多涉及妇女、爱情、婚姻、家庭、伦理道德等领域的社会问题剧,这与五四新文化运动所倡导的平等、自由、科学、民主等新文学主题相呼应。大众接受的原因主要是电影对情的描写与表现投合了中国这个重情国度人民的欣赏心理。言情小说和爱情片还与现实生活密切相关,具有很强的时代性,反映了社会现实,展现了中下层社会的生活图景。武侠电影是从《红粉骷髅》开始的。而早期武侠电影的真正繁荣,是与“古装片”的兴起分不开的。武侠片受到欢迎有审美心理方面的原因,包括宣泄效应、补偿效应、代入效应、松弛效应,也有社会历史原因,但最重要的是文化方面的原因。侠的精神特征是“自由”与“个性”,而传统的儒、道、释文化因素也已深入武侠文化中。最后,文章论述了文学与电影之间的关系。文学对电影的影响主要体现在五个方面,一是以现实主义为主导的艺术创作方法,二是言外之意的表述方式,三是追求故事完整统一的叙事性特点,四是以戏剧性为基础的人物命运的表现,五是充满哲理教化目的的思想倾向。而电影对文学的影响主要体现在新感觉派小说的创作之中。从总体来说,文学对电影的学习还是肤浅的、表面化的。

关键词:电影　电影创作　通俗小说　大众文化　新感觉派　文学研究

3504

文学研究会研究 / 石曙萍著 ; 陈思和指导. -- 复旦大学, 2005. -- 214 页

本文主要从社团内部发展史、人物史的角度对文学研究会展开论述,介绍了文学研究会发起人以及部分成员的生平和创作,再现了文学研究会发起、成立和解体的具体经过。本文对文学研究会的论述以刊物为重点,从刊物的发展过程、人事关系、编辑风格等方面对《小说月报》、《文学周刊》、《文学旬刊》、《诗》进行论述。本文认为文学研究具有一种结合岗位实践知识分子人文理想的精神,以叶圣陶为中心的白马湖作家群在文学研究会解体以后很好地继承和发展了这一精神。

关键词:文学研究会　社会团体　知识分子　文学研究

3505

中西童话的本体论比较研究 / 舒伟著 ; 王泉根指导. -- 北京师范大学, 2005. -- 199 页

本文从中西童话的本体论比较研究视角出发对童话的特质和根本属性进行探讨。一方面,作者从童话发生论的角度探讨童话的演进历史,并对童话的名称及其他相关特质进行辨析;另一方面,作者从认识论的角度探讨童话的研究状况,梳理人们对童话的理论探讨,并把 20 世纪以来有代表性的童话的心理学研究成果作为重点。全文分为六章。第一章为童话辨析论,内容包括童话的基本演进过程与童话名称的由来、童话的历史印记、童话的神话胎记、汉语的“童话”名称辨析、童话的基本艺术特征。第二章探讨欧洲童话源流。作者根据欧洲童话的演进轨迹,追溯童话故事如何从口头流传到被人记述下来从而形成童话的童话传统。第三章探讨托尔金的童话观。作者认为托尔金的童话文学观包括神话想象和童话艺术这两个重要层面。第四章通过托尔金的童话观探讨以《山海经》为代表的中国神话传统的童话因素。第五章探讨《西游记》的童话性。作者用托尔金的童话观进行观照,认为神话想象和童话艺术这两个层面在《西游记》里得到了最佳的结合。第六章从童话研究

的状况出发，探讨童话心理学流派的内容和价值，及其对中国童话创作的启示。

关键词：童话　本体论　发生论　托尔金（Tolkien, J. R. R. 1892～1973）　童话心理学

3506

复旦大学文学史传统研究 / 苏永延著 ; 唐金海指导. -- 复旦大学, 2005. -- 234 页

本文所论述的是复旦大学教师所著的文学史。作者认为，复旦大学的文学史写作是与中国的文学史写作发展历程紧密相连的。早期的复旦文学史写作，带着新旧文学史观混杂的痕迹，这种新旧思想的交汇，或体现在文学史观上，或体现在语言上；20 年代中期以后，在五四新文化运动思潮影响下成长起来的新一代文学史家，在接受了西方的文艺思想后，以进化史观或初步的唯物史观思想指导文学史写作，为构建具有现代意义形态的文学史作出了不懈的努力和辛勤的探索。解放后，社会制度的变更，人们生活发生了急遽的变化，欲迅速改变现状的急功近利的左倾思想弥漫一时，复旦诞生了以意识形态思想为指导的文学史，这是特定时代、特定思潮指导下的一种特殊写作。80 年代以来，复旦的文学史家们发扬稳重扎实而又锐意创新的文学史写作传统，清除了庸俗文学社会学的观念，以辨正、科学的态度和方法重新审视文学史。本文指出，文学史写作的首要问题是确立文学史观，这是一部文学史著作的核心和灵魂。在文学史观方面，要处理好历史性与主体性之间的辩证统一关系，把尊重历史的客观性和发挥撰史者的主观能动性很好的结合起来。

关键词：文学史　文学思想　复旦大学

3507

当代台湾自然写作初探 / 孙燕华著 ; 陈思和指导. 复旦大学, 2005. -- 283 页

作者认为，“自然写作”是伴随着台湾生态环境的日益恶化而产生和发展的，是台湾在面对生态问题中逐渐形成的具有一定地方特色的文学现象。本文的正文部分主要探讨了四个问题。第一，台湾自然写作产生和发展的现实缘由和思想资源；在探讨现实缘由方面，以台湾的依附型工业化发展进程引发环境问题为线索，考察自然写作在当代台湾萌发的社会背景及其繁荣的人文背景；在对思想来源的讨论中，既阐述西方生态思潮对台湾的影响，又说明台湾自然写作与中国传统文化的渊源关系。第二，台湾自然写作作品概况与思想内涵。第三，台湾自然写作作家创作历程与作品审美特质。在这一部分，作者分别用五章的内容讨论当代台湾最具代表性的五个自然写作作家刘克襄、徐仁修、廖鸿基、王家祥和吴明益的作品，梳理其写作历程，分析创作的审美特质，阐述各家的生态思想，展示台湾自然写作文坛上的各种题材风格。第四，台湾自然写作的当代处境与未来发展。本文并在附录中简述了大陆生态文学创作和研究的现状。

关键词：文学创作　自然写作　生态环境　台湾省

3508

论当代文学中的动物叙事 / 唐克龙著 ; 乔以钢指导. -- 南开大学, 2005. -- 208 页

作者认为“动物叙事”与 20 世纪中国的思想文化变迁存在着非常紧密的联系。动物叙事中的动物形象经历了从作为认识论工具的“象征符号”到“生命主体”的演进历程，反映出近现代以降中国人的伦理观、价值观等现代文明观念是如何艰难演进和确立的。文章主要从两大方面来展开论述。第一，作为“象征符号”的动物在中国现实中承担了哪些伦理化或意识形态化的文化认知功能；第二，作为“生命主体”的动物是怎样完成其伦理主体的地位转换的。文章包括绪论和正文五章。第一章以人道主义思想为分析的逻辑起点，分别探讨了鲁迅、周作人、巴金等三位现代文学大家的动物叙事。表明现代文学动物叙事贯穿了以对包括动物在内的生命价值的体认和爱惜、强烈的文化批判意识与科学理性精神为特色的人道主义思想线索。第二章讨论了动物叙事与中国当代文学中的教化传统之关系。认为以鲁迅为代表的人道主义动物叙事传统没有在当代得到必然的延伸。第三章探讨动物叙事与中国当代文学“人本”思潮的关系。认为中国并没有出现真正的“人本主义”。第四章讨论动物叙事与中国当代文学的生态意识。认为 20 世纪 80 年代开始兴起的中国生态文学写作导致动物在当代文学中开始回归本体。第五章认为动物叙事中的动物并不能从象征符号的地位一蹴而至于生命主体的位置。注重资源保护的生态写作就仍然没有顾及动物的道德身份问题，动物仍然是不具备自身“内在价值”的“物”。把动物作为“生命”来看待，表面看来是伦理观的进化，但实际上是对以鲁迅、巴金为代表的现代人道主义动物叙事传统的接续。结语简要归纳和概括了本文的逻辑线索及观点，并指出了本文还存在的问题与不足。

关键词:当代文学　动物　叙事　象征

3509

现代汉语诗学与基督教／唐小林著 ；曹顺庆指导. 四川大学, 2005. -- 319 页

现代汉语诗学与基督教这一课题,具有重大的现实意义和学术意义。它是现当代中国思想史的一个重要子课题。如何从汉语诗学之现代性价值建构这个最为核心的问题切入,深入探寻其与基督教之间的关系,仍然留有较大的开拓空间。本文的第一章,从现代问题与基督教、审美主义与基督教、现代汉语文学与基督教三个方面,全面论述了晚清以来近百年间,现代汉语诗学得以可能的基督教语境。在第二章里,作者勾勒了现代汉语诗学与基督教近一个世纪的历史演进轨迹,运用"伦理话语"、"政治话语"、"宗教话语"这四个关键词,揭示了基督教在现代汉语诗学中的三次历史性转换,以及所提供的相应的思想资源;敞现出现代汉语诗学发展与基督教之间的内在逻辑联系。论文第三章至第七章为个案研究,分别论析了鲁迅的启蒙诗学,周作人的普世诗学,冰心的爱的诗学,史铁生的存在诗学,于坚的民间诗学与基督教之间的潜在关系。第八章从现代汉语诗学的元叙事、世俗性、超越性和反思性这四个维度,在整体上总结的论证了汉语诗学的现代性建构与基督教的关系。并得出基督教参与了现代汉语诗学的价值奠基与价值重构,进入了现代汉语诗学价值核心的结论。最后在结语中,作者从第八章得出的结论推翻了基督教对现代汉语文学影响的"边缘说",并进一步提出,现代汉语诗学的古今转型,是否是因为支撑其价值地基的"终极实在",在基督教的影响下发生了根本性转换?如果是,我们的诗学又如何可能等一系列尚需要继续探讨的问题。

关键词:现代汉语　诗歌　诗学　基督教　文学研究

3510

在回归传统中走向现代 ：废名小说论／田广著 ；常文昌指导. -- 兰州大学, 2005. -- 71 页

本文选择废名小说作为研究对象,试图以中国现代文学与古典文学以及西方现代主义文学所构成的三维坐标作为参照系,通过纵向贯通与横向比较、理论阐释与文本解析相结合的方法,就废名小说的艺术特质和精神内涵及其与传统和现代的关系提出观点。全文分为五章。作者认为,"文学是梦"的文学观是解读废名小说的一把钥匙,因此第一章首先论述了废名"文学是梦"文学观的形成因素,并着重从"距离"和"想象"两个方面入手,分析了这一文学观在废名小说创作中的具体体现。第二章对废名小说晦涩的表现形式及其形成原因进行了论析,认为晦涩不但是废名小说的语言和文体特征,而且是一种诗学现象,是废名小说美学的自觉追求,暗合了西方现代文论中的"陌生化"理论。第三章以弗吉尼亚·伍尔夫的小说理论与创作为参照对象,阐述了废名小说与西方现代主义小说的一个重要契合点——内向性,同时认为废名小说中的有些描写与意识流手法十分接近。第四章在评述了中西传统小说结构的差异及其在现代的错位之后,选取普鲁斯特的《追忆似水年华》与废名的《桥》作比较,指出了二者在结构上的相似之处。第五章将废名小说中的人物与以卡夫卡为代表的西方现代主义作家笔下的人物进行对照,认为他们都具有非性格化、非典型化的特点。作者认为废名在汲取中国传统文学艺术资源,对中国现代小说观念和形式进行探索和创新的过程中,有很多方面与西方现代主义小说家的艺术追求不谋而合。而废名小说与西方现代主义小说的契合主要是在艺术层面,而不是精神和价值层面,废名在回归自身传统中走向了现代。

关键词:废名(1901～1967)　文学思想　现代主义　小说研究

3511

"群"与"己"的嬗变 ：国民性思想与中国文学的现代转型／田广文著 ；解洪祥指导. -- 山东大学, 2005. -- 156 页

本文在中西文明、文化、文学"三位一体"的宏观视野中考察了群己观的发展历程,概述了国民性思想在群己观上对中国文学现代转型影响的整个历程和具体特征;指出国民性思想包含了启蒙与救亡两大历史主题;在群己观的变动中揭示了启蒙与救亡对文学发生影响的具体关系和特征。作者认为中国近现代国民性思想是中西文化冲突的结晶,而中西文化的本质差异在群己价值观上。中国传统文化是以群体本位价值观为主要倾向,西方近现代文化则是以个体本位价值观为主要倾向。中国文学的现代转型是以挣脱传统文化群体本位价值观、确立个体本位价值观、完成人的发现、开创人的文学为根本标志的。正是在群己观这一范畴的思考和变动上,国民性思想推动了中国文学的现代转型。作者分别考察了近代时期、五四及周氏兄弟的国民性思想与中国文学现代转型的

关系,指出梁启超和孙中山等人"群重己轻"的国民性思想特征对作为中国文学现代转型开端的近代文学特征产生了影响;以《新青年》同仁为代表的五四国民性思潮,核心价值观是个体本位主义,对文学的创作活动也产生了深刻影响,主要体现为五四文学的两大特征,一是个性自我的觉醒和张扬,一是在随之而来的沉重现实压迫下,个性精神的理想的幻灭;鲁迅和周作人是推进中国文学现代转型的重要人物,国民性思考是他们文学活动的最初动力,并且决定着他们的文学成就,他们一个选择了文学本体的逃避,一个选择了文学功利性的痛苦承担,这是五四国民性思想群己观本身包含的两歧性发展的典型路向。文章还探究了国民性思想在文学中的消隐及新文学主要特征形成的深层原因,指出中国国民性思想在群己观上一直关注的是群体组织形式下的群体实体——民族,从而造成影响新文学的个人主义在五四时期的无根性和悬浮性,新文学只能以其短暂的辉煌存留在历史的记忆中。

关键词:中国文学　文学思想　群己观　价值观

3512

论澳门土生文学的文化身份 / 汪春著 ; 朱栋霖指导. -- 苏州大学, 2005. -- 107 页

土生葡人是澳门社会的一个特殊的族群,由于复杂的历史和双文化背景,土生作家的作品中常常面对的是他们的身份认同尤其是文化身份的问题。本文试图对澳门土生葡人文学作品中所呈现的深刻而错综复杂的文化身份问题进行理论阐述,提高并深化对澳门土生文学的研究,为澳门文学整体的文化身份研究提供一种参照,也为当前文学界文化身份的研究,提供一个范本。全文共五章。绪论部分对土生葡人作出界定,并对文化身份这一概念进行理论的阐述。第一章对土生葡人这一特殊族群错综复杂的历史起源问题进行梳理,并论述有关土生文学产生、发展的文化背景。第二章介绍土生文学重要的作家与作品。第三章对土生文学中出现的"美丽疍家女"这一独特现象进行分析和探讨。第四章探讨土生文学中特殊的语言现象——"澳门语"。第五章综合论述土生文学中凸现的"我是谁"这一问题,而这一问题包括习俗中呈现的文化身份、土生文学中色彩最浓的"澳门情结"——地理认同与身份认同的关系以及种族特征带来的身份认同的困境。余论部分展望土生文学及土生文学文化身份在新的历史时期的发展与转变,并指出土生文学文化身份的研究对当前文学、文化研究的作用与意义。

关键词:文学研究　种族　文化交流　澳门　葡萄牙人

3513

七月派与中国现代革命文学思潮 / 汪洁著 ; 解洪祥指导. -- 山东大学, 2005. --145 页

作者指出中国现代革命文学思潮以文学的形式表达了中国社会发展的潜在要求,创造了一种崭新的文学形态。但因此而产生的与革命实践的紧密联系又使其在不同的历史时期获得了截然相反的命运。新中国成立后的共和国文学史将其置于唯一合法的地位,并以此排斥了其他范式的文学创作。而作为对这种文学史叙事的矫枉,20 世纪八九十年代,革命文学又被列入清算的队列,否定革命文学一时成为一种"学术时尚",革命文学中是否还有值得继承的文化传统被忽视。作者指出这种整体上的肯定与否定都不是学理的立场,都没有走出二元对立、非此即彼的思维模式。在这种认识基础上,本文以七月派——这一同中国现代革命文学既紧密联系又有所疏离的革命文学中的"异端"者——为视角,将其置于 20 世纪文学史的整体架构中,尊重其在特殊年代对历史的选择及因此而体现出的个性价值,对其得失作出了学理性的梳理。本文透过七月派与中国现代革命文学既联系又疏离的立场,及革命文学对其内部这群"异端"者的拒斥来探讨中国革命文学的价值意义及教训。与此同时,立体地展示七月派这一丰富、复杂的创作群体在文学史上的贡献。他们的理论与创作对革命文学过于强调文学的政治功能、忽视文学自身的审美特性的缺陷在客观上起到了一种抑制作用。在与主流革命文学的对立冲突中,共同丰富了革命文学的内涵。

关键词:现代文学　革命文学　七月派　文学研究

3514

知性诗学与中国现代诗歌 / 汪云霞著 ; 於可训指导. -- 武汉大学, 2005. -- 184 页

本文从知性这一概念切入对中国现代诗歌进行分析,以西方诗歌理论批评和诗歌创作实践为参考背景,考察中国现代诗歌中的知性精神,一方面,揭示西方知性诗学对中国诗歌发展的影响,另一方面考察知性在中国现代诗歌中的萌芽、兴起、发展和走向成熟的历史。本文主要以"两个群体"——30 年代的"知

性诗群”、40年代的“西南联大诗人群”和“四个诗人”——卞之琳、废名、冯至和穆旦等为研究重点，勾勒知性在中国现代诗歌中的历史线索和发展脉络。本文共五章。第一章，探讨西方现代诗学中的知性思想。第二章，梳理西方知性在中国的接受与传播过程，考察艾略特和瑞恰慈如何进入中国诗坛并影响中国现代诗歌。第三章，分析中国现代诗歌中的知性滥觞以及中国现代诗歌批评界对于知性理论的倡导；作者认为，初期白话诗歌的说理倾向、小诗派的哲理化色彩以及后期新月派以理性节制情感的追求等，可以视作中国现代诗歌中的知性滥觞，为知性诗的真正兴起奠定了基础，袁可嘉的“新诗现代化”建立了比较系统的理论构想，标志着中国知性理论在40年代的成熟。第四章，以卞之琳和废名为代表，着重分析了20世纪30年代“知性诗群”的创作；本文从精神内涵和艺术策略两个方面阐述了卞诗中复杂的文化精神内涵，并从叙述人称和叙述结构上讨论了戏剧化、小说化的新的抒情策略，对于废名的分析，重在揭示他与中国古典诗人温庭筠、李商隐的渊源关系。第五章，以冯至和穆旦为代表，分析了40年代西南联大诗人群的知性写作。作者认为，冯至40年代《十四行集》的哲学精神主要体现在两个方面，一是对日常生活的关注，一是对自然之物的观照，通过对这两个方面的分析，总结出诗人渗透在《十四行集》中的生命观与自然观。文章从三个方面对穆旦的知性精神进行论述，即“用身体思想”的抒情方式、“围困—突围”的精神困境以及对爱情的复杂体验等。

关键词：诗学　诗歌　文学研究　知性

3515

中国当代文学体制研究：1949—1976年 / 王本朝著；陆耀东指导. -- 武汉大学，2005. -- 103页

本文主要以1949—1976年间的中国当代文学体制作为考察对象，通过考察当代文学体制的形成、表现及其意义功能，来审视中国当代文学的发生与生产方式这一历史命题。现有的当代文学研究中，文学的意义与形式讨论是主导性的研究模式，这形成了当代文学研究的基本格局。对文学“自主”与当代社会“他律”之间是如何发生转化与互动的，需要进行文学体制问题的讨论和追问。在文学观念与社会历史之间，文学体制起着重要的中介作用，它是文学生产、流通和消费过程中不可缺少的社会机制和文学场域。本文分为四章。第一章主要从中国现代文学、延安文学、苏联文学和毛泽东文艺思想几个方面讨论当代文学体制形成的历史背景和资源性力量。从中国现代文学到毛泽东文艺思想，文学由人民性到阶级性再到党性，它表现的或服务的对象越来越明确具体，工具性愈发鲜明，文学最终由党性的文学变成了党的文学。第二章从对文学的领导机构和管理部门讨论文学是如何被组织起来，并成为一种绝对性的力量。作者提出文联和作协等文艺团体实际上是外围的政治组织，文学的领导方式主要采用思想和组织领导。在一个意识形态占主导的社会里，皈依体制给作家所带来的影响是两面的。第三章主要从文学刊物的国有化、科层化角度讨论文学刊物对文学创作和文学批评的影响，同时以《人民文学》和《文艺报》为范例，讨论文学刊物与一个时代的复杂关系及其运作方式。第四章则分别从文学政策、文学会议、文学批评几个方面讨论当代文学政策是如何展开的。

关键词：当代文学　文学体制　文学政策　文学组织

3516

儒家文化与新时期作家研究 / 王彩萍著；朱栋霖指导. -- 苏州大学，2005. -- 119页

本文集中探讨了儒家文化对新时期文学的影响，选取了作家这个角度。全文分五章。第一章首先概述了在广大的社会意识层面新时期儒家文化经过的正、反、合的过程。其次探讨儒家塑造社会的人、道德的人的人学观念及其现代应用，指出在现代人学观念基础上接纳儒家人学观念是整篇论文观察儒家文化与新时期作家关系的一个基本立场。第二章论述儒家士的精神对新时期作家的影响，提出在多元化的时代，作家如何以个体的方式实现他的社会责任感和历史使命感，实现士的精神的现代转化，是一个值得探讨的问题。第三章论述新时期作家在其文学创作中对士的精神的追寻，主要以宗璞、陈忠实和唐浩明的小说为分析对象。第四章论述儒家道德意识对新时期作家的影响。认为丛维熙的文革记忆小说显示了历史的道德化解释，王润慈的小说显示了在社会历史转型期儒家义利之辩的展开。第五章论述儒家中和意识对新时期作家的影响，主要探讨儒家中和审美意识和中庸之道对新时期作家的影响。文章的结语，进一步阐述了对儒家文化批判继承的态度，提出汲取儒家文化精华塑造现代人格，汲取儒家美学精神建构中国文学审美现代性的主张。

关键词：新时期文学　儒家　传统文化　作家文学研究

3517

女子高等教育与中国现代女性文学的发生 :以北京女子高等师范为个案 / 王翠艳著 ; 王富仁指导. -- 北京师范大学, 2005. -- 104 页

中国女子高等教育的诞生与现代女性文学的发生不仅同步,而且关系相当密切。女子高等教育及其校园文化语境不仅为具有主体意识的"新女性"的产生准备了必要条件,同时也为"新女性"与"新文学"的结合提供了偶然的历史契机。本文以北京女子高等师范为考察个案,对女子高等教育与现代女性文学发生之间的密切关系作出史实层面的基本梳理并展开相应的理论探讨。论文导论部分对女子教育与女性文学之间的关系进行了现象层面的简要梳理。第一章中,作者着眼于对中国现代女性文学发生的教育文化背景的宏观考察,勾勒了晚清到"五四"期间女子教育思潮由家国本位向女性个体本位转化的历史轨迹,并对作为本文研究个案的北京女子高等师范的教育概况进行梳理和分析。第二章从微观分析入手考察了女子高等教育在塑造"新女性"、提倡"新文学"过程中所发挥的作用。论文第三章以"北京女子高等师范文艺研究会与《文艺会刊》"、"庐隐、王世瑛、隋玉薇与文学研究会"等为个案,从女大学生自组文艺社团、汇入新文学主流中心及介入大众传媒等三个层面梳理了女子高等教育与现代女性文学发生之间的关系。第四章通过探究女高师作家的群体性出现这一中国现代文学史上颇具代表意义的文化现象,提出了"女高师作家群"的概念并从内容上和审美表现上,对这一产生于特定教育文化语境中的、代表了发生期女性文学的特有风貌的作家群体的创作特征进行了归纳和分析。

关键词:妇女文学　女性文学　高等教育　北京女子高等师范

3518

左翼至抗战 :文学英雄叙事的当代阐释 / 王寰鹏著 ; 朱德发指导. -- 山东师范大学, 2005. -- 185 页

本文以文本重读新解为基础,在新的理论视野下,对左翼至抗战文学英雄叙事进行宏观与微观相结合的探索,旨在把握英雄叙事与主流意识形态的关系,确立英雄主义在现代中国文学史上的价值地位,研究英雄叙事的形态类别、叙事特征和叙事模式,找出隐含在文本中的叙事结构以及叙事结构所包含的最本质的意义,从而发现英雄主义在文本显现中的内在逻辑,揭示英雄叙事在现代中国文学史上的发展规律。论文第一章,从文化语境、嬗变轨迹、形态类型三方面来总体把握英雄叙事的特征和风貌。第二章,作者梳理了左翼至抗战英雄叙事的三种主要形态类型:表现阶级对立与革命斗争的英雄叙事形态;展现民族战争画卷的英雄叙事形态;立足现实反思历史的英雄叙事形态。在阐述上述叙事形态时,分别对其作了叙事学分析。第三章,选取左翼时期的鲁迅、蒋光慈、萧红、郑振铎五位作家对他们作品中的英雄叙事进行个案剖析。第四章,选取在英雄叙事上很有代表性的端木蕻良、宋霖、谢冰莹、姚雪垠四位作家的文本进行了剖析。作者在结论中总结出值得注意的七个方面。第一,英雄叙事是现代中国文学史上重要的也是最具生命力的叙事形态之一。第二,英雄主义作为现代中国文学重要的价值追求随着时代的发展在不断发生变异。第三,在左翼至抗战时期的英雄叙事中,从早期普罗文学起,就开始出现英雄形象在社会结构中"体位下移"的总体趋势,并出现了英雄形象"群化"、"多元化"现象。第四,文学中的英雄叙事与历史中的英雄叙事有本质区别,又有深刻联系。第五,绝大多数左翼作家将自己的创作标榜为现实主义创作,他们在现实主义中试图改造现实,用话语构筑未来世界。第六,"伦理 / 革命英雄"置换模式和"匪类 / 民族英雄"转化模式实际上有很大的同构性,左翼文学中的英雄以伦理的牺牲成就英雄事业。第七,现代作家英雄叙事的动力与他们的良知形态有关。

关键词:左翼文学　抗战文学　叙事　英雄主义　文学研究

3519

迷恋与拒抗下的孤独守望 :张炜小说创作论 / 王辉著 ; 刘增杰指导. -- 河南大学, 2005. -- 114 页

作者指出,转型时期的中国社会面临着道德滑坡和价值失范等严峻问题,张炜作为新时期最重要的小说家之一,其"殉道精神"和丰富深邃的创作思想,关涉到新时期文学和当代文化发展中诸多前沿课题。本文以现有研究成果为基础,从思想史、文化哲学和心理学的角度,运用社会分析、文化批评、心理分析、比较研究等方法,对张炜小说的创作理路和思想价值进行新的耙梳和探索。作者认为,张炜小说创作的"思想资源"多元而丰富,但总体而言他的创作主导思想仍然偏向于中国传统文化,表现出"怀旧"姿态。"道德"是张炜小说创作思想的支点和价值判断的标尺,也是一条贯穿始终的思想线索。张炜力主"道德理想主义",构筑起"乌托邦"世界,倡导"文化保守主

义”，表现出对传统农业文明的“固守”和对畸形工业文明的“拒斥”，对价值理性的认同和对工具理性的批判，并在后现代理论“建设性”的思想指向与传统文明之间，寻找重建人类文明社会理想的可能答案。作者在第三章中将张炜小说放在世纪交替的文化视野和现代语境下给予多层面和角度的剖析，认为张炜小说创作写出了社会转型时期知识分子的历史命运，表现了当代中国知识分子的人文精神和人本主义思想，彰显出其小说创作的哲学内核。第四章中，作者通过心理分析的手法，揭示了童年记忆对于张炜小说创作产生的复杂影响，知青情结不仅是张炜小说“集体主义”、“理想主义”等思想产生的心理基础，也成为阻碍他自我超越的关键性因素。作者从“源头”和“归宿”的映照中，认定张炜小说创作的思想价值及其在新时期乃至中国当代文学发展中的地位和独特性，并且挖掘影响、阻碍张炜小说创作的心理因素，完成了对张炜小说创作思想的整体关照。

关键词：张炜（1956～）　小说研究　人本主义

3520

危城中文学话语空间的开拓：《万象》研究／王军著；杨义，李存光指导．-- 中国社会科学院研究生院，2005．-- 122 页

《万象》是上海沦陷时期唯一贯穿始终的、具有相当影响的文学性期刊。本文在大量文本分析基础上，从“新旧”合流、市民意识等方面，探讨《万象》对中国文学的独特贡献。论文按照时期分为两大部分。“前期《万象》”部分包括第一至第三章。第一章主要讨论现实批判与市民趣味的融合，认为《万象》通俗小说负载起批评现实的重任，同时又具有中国本土化的现代特征。小说富于现代市民的娱乐趣味，这既是沦陷时期批判现实的叙事策略，也是通俗文人于 40 年代的价值追求。不同的文体和小说类型，都以其自身特点，参与这一进程。第二章讨论生活领域现代市民观念的构建。认为《万象》的价值在于，在恋爱、婚姻家庭、女性等日常生活领域，开始了由“善情义”为核心的封建意识向张扬理性的资本主义意识的转变，显示了通俗文学对现代海派精神的吸收，构建了现代市民话语空间。第三章讨论《万象》的散文与杂文，认为散文具有现实世相与现实心态结合的特点，杂文具有隐晦曲折与尖锐泼辣结合的特点，但都以市民为视点。“后期《万象》”部分包括第四到第六章。第四章讨论沦陷时期的“国民性”话语，认为在沦陷环境下，《万象》的国民性批判具有重要价值，显示了不同于市民文化的具有重精神、追求超越的可贵的文人精神。第五章讨论都市人性的开掘，认为在都市文学建设上，后期《万象》注重人性透视，对中国都市小人物的灵魂给予了生动深刻的表现。同时立足现代立场，体现了对消费社会的批判以及深切的人文关怀。第六章主要讨论散文的新生面，认为柯灵时期《万象》散文以对中国传统风韵的肯定和向往，对都市的现代进行反思。同时在文化殖民背景中也具有一定的文化抵抗意识。

关键词：万象　文学期刊　新文学　通俗文学　都市文学　上海市

3521

上海风度：《现代》杂志研究／王鲲著；马以鑫指导．-- 华东师范大学，2005．-- 126 页

本文针对《现代》杂志呈现出的自我风格、独立意识进行了个案研究。首先，文章研究了《现代》杂志文本与文学文本表现出的文学景观与《现代》杂志的生成经验，指出《现代》从杂志文本与文学文本双重角度所表现出的是“对话”性与“先锋想象”的文学趣味；《现代》杂志表现出的文学多元化的文学趣味，可从三种角度来对它的生成进行归纳和梳理：即（1）冯雪峰：《现代》杂志派左翼视野的媒介；（2）学说而非信仰：马克思主义文艺观的输入；（3）商业操作：杜衡、张静庐与《现代》。其次，阐述了《现代》杂志在创作、译介以及重视和追赶世界文艺潮流的文艺先锋姿态，指出《现代》杂志的诗人群体在创作上，呈现出多元化的特点，它是中国诗歌史上第一批提倡中国诗歌创作的“现代”化的诗歌流派，另外，施蛰存对在《现代》上发表的具有个性化的诗歌，在诗学、翻译上都是倾向于扶植和支持这种结合西方现代诗歌创作手法，并且表现本土化的诗歌创作；《现代》的译介活动可以称得上是现代“经典”，具有极其开放的现代风度，杂志翻译群体涉足的范围很广，选择的国家众多，选译的题材众多，尤其是对于《美国文学专号》的介绍和登载，使它成为现代文学史上第一份专门介绍美国同时代文学的期刊。最后，文章研究了《现代》杂志的商业色彩，指出《现代》杂志的广告是《现代》杂志表现得最具商业色彩的一部分，广告宣传的力度、手法、表现出的商业气息都是当时杂志中最厚重的。

关键词：文学期刊　《现代》　上海市　文学研究

3522

中国现代知识分子题材小说综论／王卫平著；王

富仁指导. -- 北京师范大学, 2005. -- 174 页

本文以中外有关知识分子的理论为基础,以历史与现实中的知识分子为参照,在与中国古代、近代以及外国文学中的同类题材的小说作品及其人物形象的联系与比照中,综合研究了中国现代知识分子题材小说及其形象创造。全文分七章。第一章追踪与描述中国现代知识分子题材小说32年的历史发展,寻找其内在的关联和嬗变的轨迹。从中窥见知识分子地位的变迁,对一些作品的创作得失进行文学本体性重估。第二章作者提出中国现代知识分子题材小说的中心冲突是个人与社会现实的冲突,并且阐述了这一中心冲突的表现形态、演变历程以及最终的结局。第三章是对中国现代小说中知识分子总体形象的综合审视,认为"文人无用"和"文人无行"是其根本性特征。第四章作者指出在中国现代知识分子题材小说中,知识分子的漂泊与流浪是一个永恒的文学母题。第五章通过现代知识分子形象透视出中国知识分子在知识思想与道德人格方面的不平衡乃至悖反现象,作者认为这在深层心理上反映出知识分子的原罪意识、自卑情结和自我贬抑。第六章,作者指出在中国现代知识分子题材小说中,知识分子与革命、与民众都不可避免地联结在一起,三者之间的关系以及位置的变化,构成了小说史叙事的三重变奏。其发展脉络——从自我认同到革命认同再到人民认同——恰好代表现代文学的三个时段。第七章从形象创造和描写艺术入手,探讨了中国现代知识分子题材小说的成就与不足。

关键词:小说　人物形象　知识分子

3523

整合营销传播观念及其理论构架 / 卫军英著 ; 邵培仁指导. -- 浙江大学, 2005. -- 125 页

本文首先对营销传播观念的发展作了历时性描述,通过演变观察说明了整合营销传播发展的必然性。其次,对整合营销传播作业构架进行了系统分析。在对传播对象的分析中,引入有关心理学和行为科学模型,结合传播学和营销传播理论,探讨了系统性和非系统性干扰状态下的信息受众的接受困惑,从整合营销传播的角度对传统营销、传播模式加以反思,提出了给予传播动因转变所确立的信息整合中的新型营销传播模式。并以此为前提,进一步对整合营销传播的工作程序和策略流程进行了介绍,从而实现了整合营销传播从观念形态向操作形态的延伸。再次,探讨了整合营销传播的终极价值追求,具体分析了关系构建在整合营销传播中的意义,系统解释了整合营销传播的关系模式,把品牌价值主要归结为品牌与顾客和相关利益群体的关联上,论述可获利的品牌关系在品牌价值追求中的意义。在此基础上延伸出品牌价值与品牌资源整合问题。最后,从宏观背景上探讨了整合营销传播的局限和现实应用中的障碍,把整合营销传播思想从操作层面上升到认识层面,认为整合营销传播首先是一种观念,它所带来的变革并不单纯体现在操作手段的变化上,而是体现在营销传播中对传统手段的认识转变中。

关键词:大众传播　影视传播　整合营销　品牌营销　传播学

3524

论中国"现代文学"和"当代文学"的关联研究 / 魏冬峰著 ; 曹文轩指导 . -- 北京大学, 2005 . -- 133 页

论文认为,在20世纪中国大陆语境内,在文学史和学科史意义上双重有效的中国"现代文学"和"当代文学"之间的关系,始终处于一种暧昧不明的状态。全文分五章,在历时性背景中对两者相生相克关系进行了研究,即"变革"迹象、"文学"与"政治"的"双重变奏"、"宏观研究"的可能与限度、在"当代"与"历史"之间:关于"当代文学不宜写史"的历时考析、"时间的政治":中国"现代文学"和"当代文学"的分期问题。论文从80年代以来中国"现代文学"和"当代文学"的"关联"角度入手,着眼于此时期中国大陆思想文化背景下经由文学史研究反映出来的现当代文学学科建设状况,通过对此时期一系列围绕中国"现代文学"和"当代文学"的历史叙述和学科建设生发出的相关学术命题的详细陈述、分析、考辨,对此类命题进行研究。这些命题包括:"文学史就得是文学史"、"20世纪中国文学"、"中国新文学整体观"、"当代文学不宜写史"、"重写文学史"及中国"现代文学"和"当代文学"的分期论争等。这些命题分别在当代与历史、文学与政治等诸多层面上不同程度地触及19世纪80年代以来中国大陆思想状况的某个方面,对其整理可以成为反思同时期中国大陆知识界状况的一种方式。

关键词:现代文学　当代文学　学科建设　文学史

3525

民族国家意识与现代乡土小说 / 魏家文著 ; 陈国恩指导 . -- 武汉大学, 2005 . -- 124 页

论文分四章对现代乡土小说的发生、思想主题及价值取向、艺术选择、接受与变形进行了梳理,过程大致如次:民族危机促进了民族国家意识的觉醒,以鲁迅为代表的知识分子认识到现代民族国家创建的基础是国民精神的现代化,尤其是农民精神的现代化转换成为知识分子关注的重点,乡土小说应运而生;由于中国民族国家的建构在不同历史时期的具体任务不同,民族国家意识的内涵也随之不同,这就影响了乡土小说的思想主题和价值取向的变化;五四时期,在以鲁迅为代表的乡土作家笔下,改造国民性思想显示出浓郁的文化批判色彩,乡土作家在乡风民俗的展示中寄寓着自己改造国民性的思想。与此同时,当知识分子用启蒙思想来审视乡土中国和传统文化时,知识分子开始了悲剧意识的觉醒,鲁迅的乡土小说创造了悲剧艺术的典范;30年代,以左翼为代表的乡土作家侧重于乡土小说中作家人生观和世界观的投射,茅盾的乡土小说更注重对农民阶级觉悟和斗争精神的肯定,却忽视了对农民先进思想和传统思想之间斗争过程的展示,乡土文学在总体上表现出对"力"的文学的审美追求,具体表现在艺术上的"简化"和"直语"倾向;40年代,解放区作家侧重于表现农民在政治经济上获得解放后所展示的新的精神风貌,虽然部分作家也涉及改造国民性问题,但它已经被遮蔽在现实的政治斗争中,不复具有独立的意义,解放区文学的地方色彩和风景画面已经基本消失。论文认为,鲁迅在接受源自西方的国民性理论时候,又不自觉地对它进行了解构,《阿Q正传》即是矛盾的产物。萧红的小说《生死场》是从女性独特的生命体验出发,表达了作家对女性命运的独特理解。赵树理的创作以民间化的写作方式提出了许多现代性的问题。

关键词:乡土小说　国家意识　国民性

3526

女性文学的批判与反思：近年女性小说文本解读／魏天真著；王又平指导. -- 华中师范大学, 2005. -- 103页

本文通过对近年出自女性之手的小说进行文本解读,分析当前本土女性写作的问题与症结,并在反思女性主义的基础上,探寻女性文学的发展方向。全文分三章。第一章讨论了基于女性主义立场而创作的小说和以"身体写作"为特征的小说。作者分析了女性写作"叙事人在所有故事人物中突出女性人物,在女性人物中突出主人公,在主人公身上突出作家自身的经验和趣味"的"三突出"特征。着重分析了当下女性写作中"身体"的粗放形态,作者认为身体写作不是反叛,而是代表大众消费的欲望水平。作者指出女性写作倡扬直觉贬抑理性的做法背离了女性主义的多元和差异认同原则,在文本特征上也使得女性自我膨胀,无以担当书写女性的使命,甚至使之异化为反女性主义的文本。第二章中,作者选取了"他者"、"姐妹情谊"、"身体正直"、"观看"等女性文学的关键词,进行追根溯源式的梳理,试图对当下女性文学研究中理论范畴的误用或滥用有所匡正。作者把解读对象放在"女性写作"以外的女性小说上,以此检视女性主义的文学观念、思维方式的开放性,并且考察了女性写作的女性主义意义。第三章将近年来女性小说放在本土文学文化情境中、放在与男性作家作品的对比中进行考察,从人物形象、故事情节、细节场面等角度进行读解。分析了女性叙事文本中的老年男性形象,对近年女性小说中的"弱者杀人"情节进行文化解读,并且聚焦文学作品中的性爱内容,探讨了性爱描写的现实意义和审美价值。作者引入男性作者的叙事文本作为参照,旨在表明性别差异绝非决定女性写作和男性写作差异的主要原因。最后作者得出结论,非女性写作的女性小说比女性写作具有更高的境界,它们在表现社会生活、表达大众心志、表述底层状态方面更好地担当了女性主义的使命;并且提出,对于女性文学而言,只有摆脱了市场操控和观念束缚的双重困境,才能实现向"人的文学"的复归。

关键词:妇女文学　女性文学　小说　女性主义

3527

泛政治化语境中的历史叙事：17年历史剧创作话语形态论／温潘亚著；杨洪承指导. -- 南京师范大学, 2005. -- 139页

本文研究了17年历史剧创作的话语形态。首先,文章明确了17年历史剧的内涵,指出17年历史剧主要是以一批现代剧作家构成创作主体,建国后登上剧坛的年轻剧作家积极参与,大多创作和发表于1958—1962年之间的一批历史题材的话剧作品。其次,论述了17年历史剧创作的话语生成,指出17年历史剧是在泛政治化创作语境下形成的一种复杂而独特的话语形态体系,作为史剧家们建国初表现现实题材创作转型失败后形成的"政治无意识"积淀升华的一种"社会象征行为",呈现出在总体上对人民讲述"民族寓言",而在具体寄寓上又对历史进行"多样化"解读的双层意蕴。再次,研究了17年历史剧创作的话语构成,指出17年历史剧作为一种历史叙事,在

尊史写剧、完全虚构、“失事求似”这三种不同的“历史”呈现方式中，以“失事求似”为主；以情节推进式为主的结构模式，由于强烈的政治思维定势的规训与制约，造成了极为明显的“非整一性”现象；所塑造的历史人物形象多具有演绎政治理念的功能及代码；以曹禺的《胆剑篇》为代表，形成了“历史/现代”形态的亦古亦今、化古为今的独特语言风格。最后，文章研究了17年历史剧创作的话语价值，指出在话语价值层面上，17年历史剧在承载着演绎权威话语所建构的各种新历史观念的意识形态功能，流露出工农兵文学颂歌话语模式潜在的制约与影响的同时，还凝聚着17年中，特别是1958至1962年间中国社会政治文化所赖以生成的信息基因，折射出中国人民的精神生态与价值向度，从而成为特定社会历史时期的镜像；另外，以历史剧的形式进行话语言说还昭示着史剧家们内心世界潜隐着的种种矛盾的心理与欲望，以及对历史和生活的独特思考。

关键词：历史剧　文学创作　叙事　语境　文学研究

3528

审美现代性视野下的中国当代都市小说 / 巫晓燕著；吴义勤指导. -- 山东师范大学，2005. -- 106 页

都市不仅被看作现代化的物质空间，而且也被构想成催生新精神文化机制的媒介，它较为集中地体现了转型期的种种价值矛盾。本文尝试从审美现代性的视野来透视中国当代都市小说，力图揭示当代都市小说所具有的现代审美特质、丰富的审美形式、复杂的审美意识理路及内在的审美精神。作者首先研究了中国都市化进程及其与都市化进程同步的社会结构的变化对都市小说形成产生的影响，同时又分析了都市小说缘起的现代性文化背景，探讨了物质文化空前繁荣、大众生活行为消费化、都市居民心理的新取向等等都市所特有的文化现象，作者认为都市小说随着逐渐成熟，逐步形成了富有现代性的文化理念：经济意识的膨胀、自由和个性精神的张扬、后现代主义精神的呈现，特别是各种审美文化间的交融、质疑为世纪末的都市小说提供了一个开放的现代性语境，同时也使得这一时期的都市小说呈现出多元的审美特质。其次作者分析了当代都市小说现代审美意识的形成、发展及现状，对都市小说不可或缺的现代意识做了历史性梳理。再次，作者探究了当代都市小说中的现代审美精神，从当代都市小说主题的多样性及审美现代性的内涵着手，揭示蕴藏在都市小说之中的现代人的多层面、多色彩、多角度的审美精神。作者认为都市小说体现出了人本精神，在同抹杀个性自由的某些主流意识形态的对抗中彰显了积极意义；然而都市小说体现出的世俗精神也具有矛盾性的一面；都市小说中的先锋精神集中体现在对异化人格和流浪意识的表现中。最后，作者揭示了当代都市小说的现代审美形态及审美困境，提出当代都市小说在审美层面上比前期的都市小说有了长足的进展，然而审美语境的不确定性、都市中主体的失重以及作家主题经验的单一、审美视野的狭窄、物质驱动力的强大等内外原因制约了都市小说的发展。

关键词：都市小说　审美　现代性

3529

周作人与中国传统文化（1885—1949）：以儒道为中心 / 吴炳钊著；邓国伟指导. -- 中山大学，2005. 147 页

本文梳理了1885至1949期间周作人与中国传统文化特别是儒道的关系。文章按时间顺序分为四章，第一章探讨了早年周作人所受到的传统文化教育和熏陶、周作人的传统思想及其对于传统文化的态度等。第二章探讨了周作人基于“野蛮”理论展开的对传统文化的批判，对各种文化主张、文化观的批判，以及他与传统文化的关联和对传统文化的肯定等。第三章探讨了周作人20年代末期发生转变的内在原因和“文抄体”写作的意义，周作人对六经、孔子及《论语》、儒家道德，特别是儒道的科学思想与精神所作的肯定、发掘和阐释，以及他对程朱派道学家、儒家道教化的批判等。第四章探讨了儒家的事功思想对于周作人附逆产生的影响，周作人对于中国传统思想特别是儒家思想所作的把握和阐释，以及他所提出的以“道义事功化”和“伦理自然化”为要点的思想革命主张和文化复兴主张等。通过分析，论文得出四点基本结论：(1)在五四时期，周作人基本上属于激进的《新青年》一派，而与顽固复古派、近代文化保守主义派处于对立的地位。(2)20年代末期之后的周作人以“文抄体”的写作方式，批判传统文化，肯定和发掘其中的科学精神和人道精神，所致力的仍然是思想改造。至40年代中期他更是倡导以“伦理自然化”和“道义事功化”为要点的思想革命，所承继或者说坚守的正是五四思想革命、思想启蒙的传统。(3)自30年代开始，周作人自称属于儒家。至40年代，极力推崇先秦儒家思想，并提出了以中国固有思想（也即儒家思想）为基础的文化复兴设想，已经属于近代文化保守主义

一系。(4)自30年代起,周作人极力批判程朱道学,主张回归先秦儒家。所承继的正是自颜元、戴震以来的回归先秦儒家的思想传统,与“现代新儒家”接续宋明理学传统有明显的不同。

关键词:周作人(1885~1967)　传统文化　儒家思想　道家思想　文学研究

3530

论影响沈从文创作的六个因素 / 吴世勇著 ; 杨扬指导 . -- 华东师范大学, 2005 . -- 175 页

本文考察了乡土、都市、出版、大学、女性、政治等六个方面因素对沈从文创作的影响。第一,从乡土因素的角度考察了湘西对沈从文创作的影响,指出湘西在沈从文创作中的影响情形可分为三个阶段:从1924年到1927年,提供了一种原料;从1928年到1936年,沈从文创作依照自己对生命的理解对理想人性的追求,虚构了一个“湘西世界”;从1937年到1949年,沈从文开始以一种历史纵深的目光来观照湘西,把湘西作为诊断民族文化病根和追寻民族出路的历史文本。第二,从都市角度分析了沈从文文学创作的成长历程,指出20年代初北京的多元的文化空间、20年代末上海多元文化体制的形成、1933年“京派”群体的存在都对沈从文的创作产生过很大的影响。第三,从现代传媒的角度考察了报刊出版因素对沈从文创作的影响,指出20年代末上海报刊出版业的商业化转型才是对沈从文创作产生最根本影响的因素,他由单纯地面对自己心灵写作,转为面向读者进行写作;广阔的发展空间,为他坚持走自己的文学道路提供了强有力的保证;他对文学过度商业化可能导致的不良倾向有了一种警惕。第四,考察了大学对沈从文创作的影响,指出1929年沈从文被胡适聘请到吴淞中国公学任教,使沈从文在精神和创作上都受益匪浅;1939年,西南联大任教后,迫于学术压力和创作困境沈从文选择文物研究作为自己学术上的突破点。第五,考察了与沈从文的人生历程有着密切关系的几位女性对他创作产生的影响,指出他与张兆和的恋爱和婚姻生活,以及三四十年代与高青子之间的婚外情,都对他的创作产生了丰富而复杂的影响。第六,考察了政治因素对沈从文创作的影响,指出沈从文对文学与政治、个人与时代关系的独特认识和理解,是他与左、右翼文学作家发生冲突的内在原因,1949年后,社会结构的深层变革,终使沈从文转向了文物研究。

关键词:沈从文(1902~1988)　文学创作　文学研究

3531

创造社研究 / 咸立强著 ; 陈思和指导. -- 复旦大学, 2005. -- 242 页

本文从社团的角度,以人事为主,采取社团与人相互参照印证的方式研究创造社,梳理其发生、发展和流变的历程。作者以泰东图书局和创造社出版部为中心,将创造社活动划分为两个阶段。首先,根据创造社同人留下来的各种文字资料,参照他们在创造社刊物上发表的文字以及在创造社内部进行的具体活动,对社团成员进行了清理,确认出55位创造同人和12位外围同人,分别做了小传,简略叙述他们与创造社的关系,列出在创造社刊物上发表作品的清单。其次,从学缘的角度描述初期创造社同人聚合离散的过程,从流浪型知识分子的角度剖析创造社成立前后的活动特征,从投进文学圈的起因和翻译问题的角度重新探索创造社成为文坛异军的原因。最后,将创造社出版部视为一个完整的发展阶段,划分出前、中、后三个时期,分别对应创造社出版部小伙计、郁达夫和后期创造社同人,显示出创造社出版部与人事关系变迁的同步性,从人事变换的角度分析创造社自身变化的内在动因,同时从经济实体的角度出发,考察出版部对创造社同人相互关系以及文学和社会活动的影响。

关键词:创造社　文学研究　知识分子　泰东图书局出版部

3532

植物与儿童文学研究 / 谢芳群著 ; 梅子涵指导. -- 上海师范大学, 2005. -- 115 页

本文分为四章。前两章分别以圣经和古希腊神话作为研究对象。圣经和古希腊神话反映了西方所认识的世界的秩序,它们从整体上影响了西方的想象力,是西方文化艺术灵感的源泉。作者认为儿童文学作为西方文化的产物,同样处于西方整体的文学想象系统之中。本文通过对圣经、古希腊神话的研究,分析其中体现的人们对植物与人的关系的认识,并详细剖析了这些认识对儿童文学的影响。第三章分析了民间故事作为儿童文学直接的文学想象供给来源,所描绘的宇宙秩序以及人生轨迹。民间故事对植物的赞颂体现在它所描绘的和谐统一宇宙的图景中,作者考察了那些较多涉及植物的篇章,发现植物不仅与孩子、大人、老人的物质生活相关,更与他们的精神生活相关。作者指出,西方对人对自然的认识过程深刻地影响了儿童文学,对孩子的同情是19世纪对一切纯

真事物表示同情的一种现象,城市发展使人产生的厌恶感引起了人们对自然的热爱,人们将"纯真"的性质同时赋予了自然和儿童,这也是儿童文学诞生的原因之一。第四章探讨了中国和日本的儿童文学情况。日本学者作家将日本的文化概括为"森林文化",作者认为这同时对他们的儿童文学产生了深远的影响。对比西方日本与中国各自不同的草木文化,呈现出不同民族相异成趣的精神生活,作者得出结论——这种精神生活在他们各自的儿童文学中也打上了深深的烙印。

关键词:儿童文学　民间故事　植物　人与自然

3533

新时期知青小说研究 / 谢维强著 ; 王庆生指导. -- 华中师范大学, 2005. -- 181 页

本文的研究对象是新时期以来的知青小说。作者根据新时期知青小说的创作实绩及其走向,纵向研究分析了从 1978 年至 2002 年各个时期具有代表性的作品。同时,作者从中国的政治变革、社会发展、作家下乡时所处的环境、年龄构成、创作个体的心态、情结、创作理念守望与变化、社会与文艺思潮的影响等诸多方面横向入手,对具体的作品进行个案或类别的分析研究,试图对新时期知青小说不同主题的形成因素和表述方式加以探索与确证。作者从时代进程、文学思潮、政治观念、生活环境、题材选择、作家创作理念等诸方面进行分析,将这些小说归纳为六大类型。全文分为七章。第一章论述的主要是对知青生活持否定态度、对知青上山下乡运动持批判姿态的小说,作者提出这类作品或清醒地描写对前途绝望的知青的生活和人生选择,或理性地展示了因理想破灭走向毁灭的知青的悲剧命运。第二章论述的主要是对知青生活持理想主义态度的知青小说,这类作品或是对知青的务农生活给予了激情的赞颂,或是对一些知青所宣扬的"青春无悔"情怀予以充分肯定。第三章论述的主要是知青视角下的农村和农民的作品,这些小说细致地描述了北方农民艰难的生活处境,流露出对农民苦难命运的深切同情。第四章论述的是具有启蒙性质的知青小说,这类小说运用创作者实际生活体验和零距离的观察结果,通过对农民日常生活行为与人际关系冲突的描述,剖析了农民的文化性格与时代局限性。第五章论述的是守望个人精神立场的知青小说。第六章论述的是审视知青人性的知青小说,是知青作家对回城知青生存现状的思考、对知青这个群体价值追求的审视和反省的作品。第七章,作者对新时期知青小说的文体变革意义作了探讨,分析了新时期知青小说作家在小说表现技巧和文体实验方面做出的努力和成绩。最后,作者从新时期文学的建构性,始终不渝的人文情怀,美学理念的开放性三方面概括了新知青小说的美学价值,指出其创作保持着生命活力,具有深入追踪、扩展研究的美学价值。

关键词:知青文学　小说　美学

3534

中国现代诗学发生论 / 谢应光著 ; 赵毅衡,易丹指导. -- 四川大学, 2005. -- 190 页

作者根据中国现代诗学的研究状况,提出了中国现代诗学的发生研究问题,其基本思想是试图将中国现代诗学与中国古典文论和西方诗学拉开一定的距离,从而在整体上证明中国现代诗学的性质,即中国现代诗学既不是西方诗学的翻版,也不是对中国古典文论的注释,而是具有中国"现代"意义的诗学,是属于"第三种"诗学。中国现代的诗学既不是西方诗学的影子,也不是中国古典文论的附庸,它具有自己的个性与特征。具有不同于西方诗学的"中国性"和不同于中国古典文论的"现代性"。根据这种思想,本文分为六章,分别从哲学基础论、诗歌本质论、本体架构论、语言生成论、诗学形态论和发生机制论等六个方面对中国现代诗学的发生进行了考察。在第一章中,作者认为,中国现代诗学的发生受制于中国现代文化和哲学的基本格局和基本思想状态,它们从更深的层面上制约着中国现代诗学的基本格局、精神面貌及个性气质。第二章中,作者认为,中国现代诗学对西方诗学本质观念的接受,是在认同中有所悖离;对中国古代文论思想的继承,则是在悖离中有所传承、认同和更新。第三章中,作者认为中国诗歌的本体架构只是到了近代才开始发生根本性的裂变,这种裂变是伴随着西方文化的冲击而产生,逐渐确立了现代诗歌的本体结构。第四章中,作者认为,中国现代诗学的语言主要由古汉语、西方语言和现代白话口语三部分组成,三者共融入现代汉语语境之下,分别获得了现代汉语这个语言系统的新质。第五章中,作者认为中国现代诗学主要有三类,即现实主义诗学形态、浪漫主义诗学形态和现代主义诗学形态,并对此进行了描述。第六章中,作者认为,中国现代诗学的发生机制有三个关键因素,即:文化因素、语言因素和"寻找文学性"因素。

关键词:诗学　诗歌

3535

镜中野兽的醒来：论电影“奇观”／徐晓东著；陈坚指导. -- 浙江大学，2005. -- 269 页

论文在考察了经典“真实”理论的基础上，通过电影的自体反思，以及对观影心理与现实胁迫的梳理，将理论史上零星提到的电影“奇观”推举到与“真实”同样重要的地位。着重从电影本体论上考察和界定了“奇观”，结合世界电影并借助于对当下中国电影的个案分析，对“身躯奇观”、“文化奇观”、“叙事奇观”进行了逐一论说，在论述“性奇观”时，肯定了电影中某些性展示的美学暴力与伦理暴力的必要性与合理性；对“文化奇观”的分析则讨论电影如何以清醒、平和、真诚的态度来描述自己与他者的文化奇观，在涉及电影的叙事奇观时，指出“极端情境”是将非常态的生活、遭际、人物、心态加以精雕细刻，相对、甚至绝对地切断个体在现实原则下所遵循的宗教、伦理、法律、道德、惯例与习俗的关系，为探索“人”的深层欲求与本真状态提供一个理想艺术平台。在此基础上，探讨电影奇观的美学品质，即，“唯美的实用”和“（新）巴洛克风格”。最后作者提出了一种理想电影构想，营造一个处于两极之间的张力域，一极是“真实”，一极是“奇观”；一极是“世俗”，一极是“神话”——完美的电影总是“在虚实之间游荡”。

关键词：电影理论　电影语言　电影艺术

3536

先锋叙事新探／徐彦利著；牛运清指导. -- 山东大学，2005. -- 176 页

作者认为，1985 年前后出现的先锋思潮绝非空穴来风，而是有着特定的时代背景与历史产生条件，它与 80 年代的政治、经济环境不无关系。其次，先锋思潮也与作家个人的主观努力息息相关。先锋小说的发展大致可分为三个阶段：幼稚期、成熟期与衰落期，每个阶段都有其自身的特色。由此，作者对“先锋死了”的论调不予支持。任何一种文学形式或文学风格都不可能无所依傍地孤立产生或存在，横向的借鉴与纵向的继承总会或隐或显地被体现出来，先锋小说也不例外。先锋小说虽然从西方文学身上吸取营养，欲彻底推翻现当代文学中的现实主义传统，但它既不可能摇身变成干脆彻底的西方后现代主义，使自身的写作成为西方文学在中国的分支，也不可能因为先锋作家对传统的轻蔑便能彻底割断与传统的联系。再者，先锋小说在时间上的技巧是一个绕不开的话题，“时间”成为一种叙事工具而非现实性存在，它以分裂、重复、静止、循环、变形、错位等复杂多样的形式出现。如果说先锋小说种种外部形态只是一层果皮，那么其精神层面的追求与价值取向才是果核部分。先锋作家们用“非理性”对抗理性，用“非道德”对抗道德，用“无主题”、“多主题”消解着主题，用“无意义”颠覆着“意义”，用诙谑表达着质疑。作者指出，先锋小说在语言上的创新是一次非常有意义的探险与开掘，可以从中倍感其想象力的涌动与丰饶。更多意义上，先锋欲通过语言更新达到思维上的转变，即对“理性世界”合理性表示出最大程度的怀疑。然而先锋小说也并非毫无瑕疵，譬如它的模仿、自恋、重复、不合与众、模式化等就甚为严重。但也并不应因此就否定整个先锋群体和先锋在创新上的努力，事实上，先锋们不仅改变了人们对小说的认识，同时也部分改变了人们对小说的要求。

关键词：小说研究　先锋小说　叙事

3537

废墟上的裂变：《废都》之后的贾平凹论／许爱珠著；许志英指导. -- 南京大学，2005. -- 86 页

长篇小说《废都》既是贾平凹本人的创作分水岭，也是有关他的研究的分水岭。本文对贾平凹在《废都》之后的创作转型进行了整体的研究，主要以贾平凹在创作转型后的五部长篇小说为研究对象，从四个角度对贾平凹其人其作进行了纵横解剖和分析。全文分为四章。第一章作者对五部长篇小说做了深度解读，认为贾平凹转型之后的创作主要呈现三个阶段性特点：《白夜》与《废都》相衔接，本质上属于心态小说，寄托了作家极度孤独苦闷的内心世界；《土门》和《高老庄》是作家对乡村文明和都市文明的复调批判；《怀念狼》与《病相报告》剖析中国社会缺失的人性，并在艺术形式的创新上有所努力。第二章探讨作家转型后的整体创作规律，论证作家创作思想冲突裂变的具体过程及其特点，并对其小说的艺术形式尝试作了分析和归纳。第三章从艺术哲学、文化人格和心理需求三方面进一步对贾平凹创作变化的深层文化心理进行分析、求证和阐释。第四章从贾平凹的整体创作成就出发，尝试梳理了他与中国古典文学、现代文学之间的继承与创新的关系，并分析了贾平凹在创作上的两点基本局限：艺术表达上的随意和深度情感体验的不够。作者认为，贾平凹在美学风格和思想内涵上有接近古典性灵文学的自觉，并对性灵文学思想有自己独特的理解和艺术实践。作者探讨了贾平凹在文学大众化方向所作的努力，认为贾平凹的“新汉语”

写作承接现代文学的优秀传统,自觉致力于推动现代小说雅俗转化的实践,并取得较大成就。另外,作者还从理论上提出并论证了贾平凹转型后的小说在形式上初步建立现代“说话”小说和“意象”小说的两大范式,并辨析了现代“说话”小说与古代话本小说的异同,“意象”小说与现代象征小说、语言小说之间的异同。

关键词:贾平凹(1952～) 性灵文学 文学思想 小说 大众化

3538

革命历史图景与民族国家想象:新中国革命历史长篇小说再解读 / 杨厚均著;王又平指导. -- 华中师范大学, 2005. -- 163 页

本文从民族国家想象的角度对新中国革命历史长篇小说进行了再解读,以寻求革命历史长篇小说在中国现代化进程中所发挥的特殊作用。全文分为“绪论”、“历史”、“革命”、“英雄”、“史诗”、“结语”六个部分。绪论部分主要介绍了论题的学术背景并对本文所涉及的主要理论范畴进行了界定,在此基础上对新中国革命历史长篇小说与民族国家想象的关系进行了初步的概括。本文所涉及的核心理论问题包括民族国家、民族国家想象与新中国革命历史长篇小说。作者认为,所谓“民族国家”应该从现代政治意义上去理解,它是伴随着现代化过程产生的,强调的是共同政治组织的整合与协作。作者指出,新中国革命历史长篇小说在现代民族国家想象中有着独特的优势。第一章对新中国革命历史长篇小说的历史内涵进行考察,认为新中国历史长篇小说对革命历史的巨大兴趣是出于新的现代民族国家历史记忆重构的迫切需要,而这种重构的历史就是革命历史。第二章能够对新中国革命历史长篇小说的革命主题进行探讨,认为革命是现代民族国家确立的基本路径,任何关于现代民族国家的想象都不可能脱离关于革命的想象。作为民族国家想象的革命历史长篇小说,其任务就是通过对“革命”的想象,将“革命”意识深深地嵌入每一个国家成员的思想深处。第三章对新中国革命历史长篇小说中的英雄形象塑造进行分析,认为革命历史长篇小说之所以如此重视英雄的塑造,是因为在民族国家想象中,英雄常常成为现代民族国家理想的集中体现者。第四章则从革命历史长篇小说在艺术形式上的史诗追求中来进一步理解其民族国家想象的特质,作者认为,史诗体式的追究对革命历史长篇小说并非偶然,因为史诗艺术形式与生俱来的强大阐释功能以及史诗艺术形式在表达认同上发挥着其他艺术形式所不能替代的作用。

关键词:长篇历史小说 革命史 民族国家 史诗 文学研究

3539

近代广府风俗研究:以城镇为中心 / 杨秋著;叶春生指导. -- 中山大学, 2005. -- 169 页

本文对近代广府的风俗做了全景式的鸟瞰,以新旧两种不同类型习俗的发展变化,探讨在现代化背景下的广府风俗的传承和变异,以及由此而带来的移风易俗的问题。近代是中国历史上变化最为急剧的时期之一,广州则是中国近代最具影响的城市之一。在社会变化的过程中,广府的风俗民情也随之发生变异,产生了许多新的社会风尚,为其他地方提供了典范。近代广府风俗呈现出中西交融、新旧结合的特点。新风尚的形成,是社会发展和知识分子鼓吹移风易俗的共同结果。而传统习俗的盛行是因为习俗随时而异以适应社会发展,而且民众的心理需要决定民间信仰不易改变。近代广州地区的风俗还有城乡一体化的特点。由于广州的市区与乡镇界限不很明显,一些新风是从乡镇蔓延到广州市区的,而一些传统习俗也会由广州市区传到市郊。无论是新风还是旧俗,都与社会发展休戚与共,清末和民初的许多次移风易俗的改革措施都失败或者效果不力,说明移风易俗要视乎民众的需要。在文末,作者以生菜会为典型的传统民俗在当代广州复又兴起为例,说明这种现象同样是现代化与传统习俗关系的问题。通过古今的对比研究,作者认为,娱乐化是传统习俗的一个发展趋势。在移风易俗的过程中,还要注意保护传统,使它能更好地为当代社会服务。

关键词:风俗习惯 社会风尚 娱乐化 广州市

3540

复旦剧社与中国现代话剧运动 / 杨新宇著;周斌指导. -- 复旦大学, 2005. -- 139 页

本文从复旦剧社的时代坐标、历史进程、话剧史地位等角度入手,将复旦剧社放置在中国现代话剧运动的宏观大背景下进行考察,探讨了复旦剧社与现代话剧运动之间的互动关系。首先,文章从时代背景入手,通过对现代话剧传播方式和爱美剧运动的分析,论述了复旦剧社诞生的必然性,并指出洪深作为复旦剧社的偶然性因素,为复旦剧社奠定了基础。其次,分析了复旦剧社的演出阶段,认为其大致可以划分为

三个阶段:第一阶段分为爱美剧、左翼戏剧运动、国防戏剧运动时期,其中爱美剧时期又可分为游艺会戏剧与文艺戏剧运动时期;第二阶段为抗战戏剧运动时期,又因地点的不同,分为重庆与上海两部分;第三阶段的演出活动则与抗战胜利后的学生民主运动紧密相关。再次,分析了复旦剧社的演剧倾向,指出复旦剧社在各阶段演出剧目的选择体现了不同时代的特色,但始终贯穿着对喜剧、唯美感伤剧、改译剧与知识分子题材话剧的热爱。最后,文章论证了复旦剧社在现代话剧史上的地位,爱美剧时期,它对改译剧的选择积极推动了文艺戏剧运动的开展,为西方戏剧文化在中国的迅速传播起了桥梁的作用;复旦剧社还首演了《五奎桥》、《日出》等经典剧目,在话剧传播史上具有重要的意义;还培养了众多有成就的戏剧家。

关键词:复旦剧社　话剧　爱美剧　戏剧史

3541

清末民初北京的舆论环境与新文化的登场 / 杨早著 ; 陈平原指导. -- 北京大学, 2005. -- 147 页

本文探讨清末民初北京的舆论环境与"新文化登场"之间的关系。首先,梳理清末民初的北京舆论环境,指出以《京话日报》为中心的清末下层社会启蒙运动使用各类启蒙手段构筑了一套启蒙新体系,有效地改变了原本大大落后于南方的北京舆论风气。除了启蒙者本身的努力,北京特殊的人文与政治环境,也为这种启蒙新形态提供了适宜的土壤。其次,从世界舆论发展的潮流着眼,以《顺天时报》为个案,讨论外资媒体如何在舆论理念、新闻手段和版面设计等方面影响中国舆论发展的进程。中国舆论界在与"西方"对话的背景下逐步成长,部分摆脱政党喉舌和牟利工具的地位,也是新文化能够在五四运动前后获得广泛传播的重要条件。再次,讨论民元以后,新式知识分子从热衷于投身政治、经营政党报纸,到自觉地疏离政治,追求舆论的独立性,试图在中国实现西方式的舆论图景。而知识精英的集团重组,不仅在人才养成方面,更从舆论资源上,为新文化运动的发端奠定了良好的基础。其后,对新文化运动如何从知识精英内部的学理探讨逐步延伸至公众舆论层面的表达和学生群体中的传播进行描述。指出新文化运动从借助他人的言论机关发展至拥有自己的舆论阵地,为新文化运动与公众舆论直接对话创造了条件,而借由"学生社会"为中介,新思潮在全国范围内赢得了广泛的支持和影响。最后,考察新文化"登场"后与舆论环境的交流与互动,指出由于思想层面的争论转化为政治层面的对抗,新文化运动得到了多数舆论的支持,然而其文化立场未能获得主流媒体认同的局面并未改变。

关键词:舆论　新文化运动　五·四运动　知识分子　清末民初

3542

冯至和杜甫诗歌比较研究 / 杨志著 ; 刘勇指导. -- 北京师范大学, 2005. -- 93 页

本论文选择冯至和杜甫这对古今诗人作为切入点,进行比较研究,希望阐明:旧诗与新诗存在的差异何在;在这些差异的基础上,旧诗在哪些地方可以称为新诗的资源,在哪些地方又会限制新诗的视野。本文分为五章。第一章首先分析了冯至在接受杜甫时具有的知识结构,然后在这个基础上分析冯至的《杜甫传》,指出冯至撰写这本书具有"人民性"的写作理念。作者认为这种理念使冯至忽略了众多不符合其写作理念的杜甫诗歌。第二章,作者比较了两者的思想资源,发现他们的三个共通之处:他们的思想结构都呈现出个人的精神解脱和社会的伦理担当的结合;思想都具有强烈的政治性,与国家政权联系紧密;思维模式的实用色彩比较强、不系统。第三章,作者主要从诗学资源和创作动因两方面考察两者的诗歌创作。通过比较,发现杜甫诗歌创作的直接文本是古代诗歌,冯至诗歌创作的直接文本资源却主要是西方诗歌及其汉译;杜甫诗歌在政治领域和生活领域都有很强的实用性,冯至诗歌所联系的社会性则大大减弱。第四章,作者比较了两者对时空的体验,发现:杜甫对时间抱有"不变"的感受,冯至则持有一种"新"的感受;杜甫描绘的空间比较具体,冯至的则比较抽象。第五章,主要从词语、句式和叙事方式等方面,考察了杜甫和冯至在诗歌形式上的异同。在词汇上,比较了两人在炼字上的差异和词语在诗中的活动范围上的差异。在句式上,比较了两者的对句和跨句运用的不同。在叙事形态方面,论文比较了两者诗歌的叙事中"记录式叙事"和"虚构式叙事"的各自差异。作者的结论认为诗歌的使命之一是不断突破人类精神已经达到的界限,据此作者提出,在研究诗歌时,必须保持一种"批判的赞赏",发现诗歌的局限,注意它们在"已然性"中潜藏的"可能性"。

关键词:冯至(1905~1993)　杜甫(712~770)　诗学　叙事

3543

民族形象的自我书写：韩国类型电影研究及对中国电影的启示／叶勤著；颜纯钧指导. -- 福建师范大学，2005. -- 85 页

近年来，韩国电影在商业方面的长足进步突出地表现为类型电影的繁荣，这与中国电影的类型单一、进入国际市场只能依靠武侠片形成了鲜明的对比。本文通过中韩两国电影市场的对比，认为二者最关键的区别在于类型电影的发展。类型电影是商业电影的主要形态，唯有丰富的类型电影才能支撑起成熟的电影市场。因此，在简要地介绍了类型电影的概念与理论之后，选定韩国类型电影作为研究对象，研究宗旨是从类型电影的角度来研究韩国电影的成功因素。首先，论述类型电影与意识形态的关系。选取两部韩国大片《生死谍变》、《共同警备区》和一部政治讽刺喜剧《孝子洞理发师》作为研究个案，分析韩国的类型电影是怎样既遵循好莱坞类型电影的惯例，又作出富有韩国特色的变奏，并且像好莱坞电影一样成功地将意识形态渗透于其中。其次，分析类型电影中叙事冲突展开与解决的模式。以爱情喜剧《我的野蛮女友》和《我的老婆是大佬》为个案，分析两性角色的错位与回归，或是在想象世界里的性别僭越；以家庭情节剧《快乐到死》为个案，分析中产阶级的性别话语对性别越界所做的严酷惩罚。同时简析了中国爱情片的叙事冲突。再次，探讨了类型电影的空间表现。认为，类型化的空间对于每一种戏剧性冲突的展开都具有不可替代的作用。以两部风格迥异的韩国黑帮片《袭击加油站》和《朋友》为个案，分析黑帮片对于城市空间和黑帮世界的表现。还分析了作为黑帮片亚类型的中国盗贼片《天下无贼》的空间表现，指出其最关键的问题就是缺乏想象色彩，无法为观众提供幻觉迷醉。最后，将初步建立的研究框架运用于中国的类型电影，以武侠片《英雄》、《十面埋伏》和《功夫》为例，分析中国武侠片在类型探索方面存在的问题。认为中国类型电影的整体性匮乏，关键的原因在于现代性意识形态的缺失。

关键词：电影市场　类型电影　电影评论　韩国

3544

现代中国家族叙事文学研究／叶永胜著；王铁仙指导. -- 华东师范大学，2005. -- 205 页

本文研究了现代中国文学的家族叙事。首先，文章分析了现代家族叙事流程，指出家族主题贯穿了现代中国文学史，表现了现代知识分子阶层在现代化进程中对家族的观照与省察；现代家族叙事的流变反映了人们在不同时期关于个人、家族和民族国家的想象，反映了人们的现代化追求，并折射出一个世纪文化语境和话语主体情感体验的变动。其次，探讨了家族叙事特征与话语分析，指出题材特有的伦理、亲情内容，日常生活场景中体现出来的丰富文化景观，家事国事共生的浓厚历史意味，宏大繁复的组织结构，复杂多样的人物形象，是家族文学共有的特征；现代知识分子对家族的矛盾心态孳生了家族叙事批判与眷恋的背反书写，体现了叙述者的“围城”意识；现代家族叙事在叙述视角和叙事功能方面也不断变化，由全知叙事转向限知叙事，由对政治文本的想象转向对文化文本的虚构；叙事文本中的话语之争，文本间的仿拟等修辞策略和悲喜剧艺术手法，都提示了言说主体的心理意识和价值准则。再次，分析了家族文学的叙事景观，指出关于家族性生存方式的展现是家族叙事重要的内容，20 世纪叙事中，叙述家族衰落的颓败型叙事成为主要形式；另外，家族的恩怨情仇、神奇传说也是题中应有之义；在家族叙事中还包蕴着其他主题；家族叙事通过塑造一系列人物形象，揭示了中国人的生存形态，展现了人性之丰富驳杂。最后，文章对中国家族文学进行了批评，指出其还有很多不足，如遵循政治性原则的功利性写作、日常生活的庸常化书写、叙事的影像化商业化等，艺术上缺少独创性。

关键词：现代文学　家族文化　叙事　文学研究

3545

国家主义与中国现代文学／易前良著；朱寿桐指导. -- 南京大学，2005. -- 118 页

本文探讨了国家主义在中国现代文学形成和发展过程中扮演的角色和所起的作用。作者提出国家主义对中国现代文学的“发生”和“发展”施加的影响具体表现在三方面：引发晚清小说出版物的繁荣；顺应潮流，不自觉地对文学观念的现代转型起到推动作用；以及，以三种不同的方式在文学作品中得到体现。对文学观念的影响涉及中国文学的现代转型问题，是全文的重点，作者想通过一些基本事实来证明国家主义的存在。20 世纪初期“文学”观不再是传统文学观念的延续，而是实现了根本的转换，作者提出这些观念转换和晚清的国家主义诉求存在内在的联系，国家主义思潮与中国文学的现代转型息息相关，推动了中国现代文学观念的“发生”。全文分为导论和三章。导论在与民族主义相比较的基础上，厘清“国家主义”的含义，考察其理论渊源，并且从文学的角度确定考

察范围和研究对象,并对国家主义与中国现代文学的关系进行概括论述。第一章,作者以梁启超为中心,讨论国家主义在晚清从出版刊物、观念、语言、创作等方面对文学发生的影响,国家主义通过报刊这一中介对文学施加影响。作者的论述重点是国家主义如何不自觉地促成整体“文学”观和“中国文学”观念的产生,最后辨析《新中国未来记》的国家主义色彩及其影响。第二章,讨论国家主义在1920年代对文学发生的作用:国家主义整体上趋向政治化,“醒狮派”疏离文学,诉诸教育;“大江会”除了带有政治化色彩外,还有鲜明的文化主义取向。第三章探讨了国家主义在抗战时期的文学作为,主要从历史哲学、文艺观和文学创作三个层面去考察“战国策派”的国家主义色彩。

关键词:现代文学　文学思想　国家主义

3546

近代日本与中国现代小说的发生 / 于九涛著 ; 王继志, 朱寿桐指导. -- 南京大学, 2005. -- 138 页

本文以“文学发生学”作为基本的理论支撑,旨在弥补比较文学领域中传统的“影响研究”、“平行研究”的不足之处。力求在对明治、大正时期日本文坛的准确把握基础上,把作家及其相关文本放置于日本文坛的“文化语境”中加以考察,再现历史的细节,溯清中国现代小说发生的日本渊源。作者认为,中国现代小说在小说观念、主体建构和语言等方面都与近代日本休戚相关。在小说观念上,日本的“政治小说”理论为中国小说摆脱传统的“小道”之说成为“文学最上乘”功不可没,五四时期“人的文学”以及创造社的现代小说理念都有日本源头;在现代主体建构方面,许多晚清及五四小说家曾经游学、留学日本,他们或为日本的近代风气所染,或在日本接受了完整的现代教育,这对他们现代意识的培养和现代主体的建构起到了关键性作用;在语言上,日本的“言文一致”、“国语统一”等日语现代化运动,不但诱发了晚清的文字改良运动,而且处于文化高位的日语词汇、文体大量融入汉语,为白话文运动的发生与发展作了重要铺垫,促进了汉语的现代化的进程,并在思想、观念和思维等诸多方面产生了重大的影响。近代日本对中国现代小说的影响一方面表现在强大的动力功能和催生作用,另一方面表现在日本文化因子在中国的变异以及“日本文坛流毒”等对中国现代小说发展的较大负面作用。

关键词:现代小说　文学研究　日本

3547

论新文学中宗族叙事的演进 / 袁红涛著 ; 朱文华指导 . -- 复旦大学, 2005 . -- 124 页

本文探讨了新文学中宗族题材相关小说整体上升沉起伏的变化历程,分析了不同时期的小说呈现宗族场景和生活的原因,研究了这一题材本身又是如何消失与复现的,从宗族叙事的演进中认识了新文学发展的动因。首先,文章分析了近现代社会转型的历史时期新文学中宗族叙事的演进,指出乡土小说作家们对于乡土生活的呈现,内在地包含着现代“民俗学”的视野,建构了一个愚昧、落后的“旧中国”形象,自现代社会转型以来,宗族村落内显示出阶级生成的迹象。其次,具体分析了十七年时期新文学中宗族叙事的演进,指出土地改革使它不但具有“记录”“历史”的性质,本身也参与了对于“历史”的建构,从这一视角来分析宗族叙事,《桑干河上》以对乡村社会宗法背景的揭示沉淀了小说的文学价值,《暴风骤雨》以对乡村宗法性的全面遮蔽显示了阶级叙事的进展;在《桑干河上》中,宗族村落的生活气息、宗法社会秩序作为要被颠覆的对象而呈现,而《暴风骤雨》则以阶级分析的眼光全面覆盖了乡村社会宗法性的一面;《桑干河上》详尽展示了阶级话语颠覆宗法秩序的过程,《暴风骤雨》则直接以阶级话语统领小说叙述,宗族形态开始了在小说中长时期的“缺席”状态;在十七年时期的小说中,宗族生活场景基本消失;如果涉及则一般是出于阶级斗争叙事需要的一种借用。最后,文章分析了新时期以来新文学中宗族叙事的演进,指出小说家对于宗族生活的深入揭示和展现又逐渐突破了政治主题的设计,作为社会和文化问题的一面逐渐凸现,因而得到了更多层面的展现;如《白鹿原》立足于宗族村落本身,展现了外来力量冲击宗族村落、并促使其解体的过程,揭示了宗族社会盛衰变迁的历史背景。

关键词:新文学　小说　宗族　宗法　民俗文化　叙事

3548

生命的表达与存在的追问 : 李锐小说论 / 翟永明著 ; 陈继会指导 . -- 山东大学, 2005. -- 159 页

论文围绕李锐“从个人出发去追问普遍的人类困境”这一创作原则展开论述。首先,总体论述李锐小说创作的基本原则及价值立场:李锐着力表现的是人的自然本性,他对“人”的表现具有精神性与哲学性的韵味;对个体生命价值尊严的维护则具体显现在三个方面:自然生存中个体生命的闪光、社会历史中个体

生命的捍卫、众语喧哗中个体生命的狂欢。其次,论述李锐小说对整个20世纪话语情境的回应,这种回应集中表现在对“历史”、“启蒙”及“革命”诸问题的思考上;李锐的小说显现了对历史颇具个性的阐释,重点表现在与以往历史题材小说的差异上——正史中简化的历史描述的否定、对历史进化论的质疑、对历史必然性的反思等;在启蒙的话题上,他表现出鲜明的启蒙立场,启蒙话语的背后还如影相随地存在着一个强大的质疑声音,坚守形成一种相互消解、相互制约的双声对话;在关于“革命”的认识上,他发现了在革命“合历史目的性”的掩盖下必然存在的暴力以及这种暴力带给个体生命的损害,并尖锐地批判了那些已发生了质变的异化了的革命。再次,论述李锐小说创作的终极价值指向,他对存在的追问,主要集中于两个方面:苦难与死亡、宿命与荒诞。李锐笔下,死亡反映了人类在生存困境中的悲苦与绝望,其小说中人物的宿命大致表现为人自身的性格缺陷造成的人生悲剧以及历史、社会、环境导致的人的命运两种。最后,论述“如何表达”的问题,指出李锐整个小说中的话语系统分为四个层次:代表正统的官方意识形态的话语集团、吕梁山和银城中的下层民众话语集团、文化话语集团、其他发出声音但没有具体意义的话语集团;其小说结构大致上分为四类:钟摆式结构、众星拱月式结构、时空交错式结构、多线并置式结构;其叙事声音,分为作者型叙事声音、个人型叙事声音以及集体型叙事声音三类。

关键词:李锐　小说　生命　存在　叙事

3549

“文革”后期主流文学研究：1972—1976 / 张红秋著；张颐武指导. -- 北京大学, 2005. -- 120页

本文以1972年至1976年间的文学环境、文学状况、作家、作品为研究对象,对“文革”后期的文学发展脉络进行了梳理,揭示出“文革”主流文学与“新时期”文学之间的转承关系。第一章梳理了“文革”后期的文学环境,指出文学与政治的密切关系在“文革”时期被推到了极端,“九·一三”事件、“批林批孔”运动、邓小平主持中央日常工作、“反击右倾翻案风”,每一个重大政治事件,都直接影响、改变着文学的发展,使得“文革”后期的主流文学呈现出两起两落的发展趋势。第二章从整体上描述“文革”后期的文学状况。从1972年开始,“文革文学”开始走向丰富和成熟,表现在文学数量的陡增、体裁的丰富和题材的广泛以及文学规范的理论化、系统化、实践化。但是“文革”文学在走向成熟之际,也孕育出自身文学规范的内在悖论,文学规范逐渐成为一套失去内容的空洞形式,文学越来越远离现实生活。第三章和第四章从作家的角度,分析了不同作者群在“文革”后期的写作心态、写作困境、写作状况以及“文革”后的写作转型。指出“文革”后期从事文学创作的作家主要有三类:“九·一三”事件之后被解放出来的老作家、五六十年代的工农兵作家和在“文革”时期培养起来的新一代工农兵作家,后者是“文革”后期文学的主力军和生力军。具体描述了“文革”后期老作家因各自不同遭遇而表现出来的不同心态以及五六十年代工农兵作家在“文革”时期的政治命运;以知识青年群体为对象,在整体回顾知识青年在“文革”后期的思想动态和文化生活的基础上,以兵团战士张抗抗和回乡知青路遥为个案,分析了“文革”后期知识青年的写作之路及其对“新时期”写作的影响。

关键词:文革文学　文化大革命　文学研究　当代文学

3550

颓败线的颤动：鲁迅与中国文学的现代性 / 张克著；龙泉明,陈国恩指导. -- 武汉大学, 2005. -- 136页

论文主要以“倘若……然而……”的思维方式为方法论,对鲁迅与中国文学的现代性问题进行了反思与探析。全文共分五章。第一章建立了鲁迅话语形式的“理想类型”:“倘若……然而……”,指出从纯粹形式上讲,它是对某种可能性的否定性表达,并从话语句式、行文的节奏、立意等几个方面,就鲁迅整体的价值意向、生存体验特点等作出了阐释。第二章基于尼采、舍勒对怨恨所作的探讨,分析了鲁迅在国民性批判中对传统中国人的价值体验方式的揭露和试图突破这种方式时的困境。指出鲁迅选择了既与现代中国的“怨恨境遇”同步振荡又对其反抗的道路,鲁迅在国民性批判中触及到了造成怨恨心理的“社会结构”和社会的“价值体验结构”方面的原因,并塑造了集怨恨心理之大成的阿Q经典形象。第三章讨论了鲁迅批判国民性中的怨恨心理机制这一行为本身,进而讨论了鲁迅是否有着一颗怨恨的心灵。作者认为,鲁迅的国民性批判使鲁迅避免了陷入到怨恨心理的泥沼中,看似“怨恨”的杂文恰恰是怨恨心理的解毒剂,在以复仇为艺术主题的作品中鲁迅展开了对自己心灵的“抉心自食”的解剖。第四章从语体、文体以及意义表达的策略三个方面考察了在中国文学从“文”

到"文学"的过程中鲁迅的意见和做法。作者指出,在这一过程中一方面鲁迅进行了"新的文学精神"的阐述,另一方面在鲁迅身上这种新的"文学"理念与传统"文"的资源又呈现出相互改写、犬牙交错的状态。第五章探讨了鲁迅与中国文学的审美现代性问题,指出鲁迅对审美现代性的理解,更强调"感性地注意自我或意志精神"和"同民族主义即同政治的结合"二者之间的共通性。鲁迅对中国现代文学史上出现的审美主义思潮的质疑和批评,是批评其以审美主义为借口,逃避承担社会责任的做法。

关键词:中国文学　鲁迅(1881～1936)　文学思想　审美　现代性

3551

在永恒中结晶 :论余光中散文理论及创作实践 / 张黎黎著 ; 曹惠民指导 . -- 苏州大学, 2005 . -- 152 页

本文全面剖析了余光中散文,从他散文的精神内涵、散文理论、散文艺术手法和散文风格四个方面人手,力图挖掘他散文艺术的美、分析美的成因、找寻他对散文的创新和贡献、把握他不同时期的风格,同时尝试从他的成绩和不足评价其在当代散文界中的历史地位。论文分为四章展开讨论。作者认为,从散文理论而言,余光中认为散文应该是现代化的,并且在遣词造句、散文结构、修辞手法等多方面体现散文现代化。从而拓展和丰富了散文园地,是散文世界里一道别样的风景。从散文创作内涵上来说,余光中的作品缺乏痛苦的思索,缺少对人类命运的深层思考及对人性的洞悉,有待于进一步拓展。但是他在作品中加大了亲情书写,是一种创新。从艺术手法来说,余光中具有鲜明的个性与独创性,因此无愧于散文艺术大师的称号。本文侧重于余光中具有独特性的几个方面,挖掘其作品中的人文主义精神,分析其作品的文字美及其散文对音乐、绘画等艺术方式的借鉴方式等,并且将其散文艺术创作分期,通过与其他散文家的比较探求他的散文风格。

关键词:余光中(1928～)　散文　文学研究　人文主义

3552

新文学的通俗化实践与赵树理 / 张霖著 ; 林岗指导 . -- 中山大学, 2005 . -- 195 页

论文从文学的生产、传播、接受、挪用角度入手,以赵树理的文学实践为中心,对 20 世纪 30 至 50 年代共产主义文艺运动中的新文学通俗化实践的过程进行系统的描述,指出,以往研究中所忽略的民众意志与民众参与的历史因素对 20 世纪中国文学史发展的影响。文章通过对这一文学实践中上层精英与下层民众之间文化关系的考察,强调下层民众所具有的文化能动性,展现共产主义文艺运动内部的矛盾与冲突。论文共分五章,第一章论述了新文学通俗化实践的理论准备阶段,重点分析新文学通俗化实践的理论背景和赵树理通俗化创作思想的产生。第二章叙述根据地、解放区的新文学通俗化实践,以赵树理的形式实验与多种文化趣味的平衡的"赵树理方向"为中心和个案,阐释了知识分子与民间艺人的合作。第三章从"大众文艺创作研究会"的成立、《说说唱唱》的创刊及繁荣、城市传播渠道的开辟这三个方面叙述了建国初年北京的新文学通俗化实践。第四、五章的论述则注重矛盾与纷争,文章分析了新文学通俗化实践中的宗派纷争,重点放在太行山的门户之见,东、西总布胡同的是是非非这不同阶段和区域的两大现象上;论述了新文学通俗化实践的危机,分析了市民趣味与工农兵文艺标准的抵牾背景下,《说说唱唱》的检讨、《说说唱唱》的终刊这两个过程。概言之,论文采用文学史与新文化史相结合的方法,描述了新文学的通俗化实践这一 20 世纪中国文学史上的重要文学潮流,并重点描述了它在 20 世纪 50 年代的延续状况。

关键词:新文学　通俗化　赵树理(1906～1970)　文学研究

3553

史铁生哲思文体研究 / 张路黎著 ; 王庆生指导. -- 华中师范大学, 2005. -- 139 页

本文提出史铁生哲思文体的问题,将他的哲学思考和文体探索融会起来进行考察,认为史铁生文学文本的显著特点是发自他的生命体验的哲思,他的哲思又是通过文学写作呈现出来的。史铁生哲思文体的创造是他对中国当代文学的贡献。全文分为六章。第一章主要研究体现在史铁生文学文本中的哲学思想,考察了史铁生对"为什么活"一类问题的生死哲思,关于"宗教精神"、信仰、忏悔、终极关怀的哲思,以及对爱情、男人和女人、温暖与沟通等问题的哲思。作者认为史铁生的哲学思考渗透着个人的生命体验,成为他的文学文本的灵魂。第二章,论述史铁生对文学的基本观点,阐述他对为什么写作、有没有资格写作、写什么和怎样写等问题的思考,阐明提出史铁生哲思文体的理由及哲思文体的涵义,考察它的文体意

识和哲思文体形成的轨迹。作者将关于哲思文体形式的研究分为叙事、人物、意象和结构语言等四个方面。第三章主要研究史铁生哲思文体的叙事，认为史铁生的“平视叙事”以具有中国本土特色的“移步换影”与散点透视法来观察，构成一种自审式的个人化叙事方式，从而突破传统，创建哲思文体。第四章主要研究史铁生文学文本所描写的人物及其特点，人物的活动其实是作者生命印象的表现。第五章研究史铁生文学文本中的哲思意象，认为他的哲思文体的又一个特点是通过意象的中介来表达哲思，追溯了哲思意象的渊源，探讨了史铁生哲思意象的特点和哲思意象对文体建构的意义。第六章，研究史铁生文学文本的结构和语言特点，提出史铁生哲思文体的结构是一种周而复始、循环相生以寄托哲思的艺术生命结构。他的叙事语言特点是运用多种形式的哲思对话，以及语言的不确定性、混淆、重叠和悖论等方式，营造虚实相生的语境，建构哲思文体。

关键词：史铁生（1951～） 文学研究 文体 生命体验

3554

鲁迅与中国左翼文化 / 张宁著 ；杨剑龙指导. -- 上海师范大学，2005. -- 138 页

“鲁迅与左翼文化运动”是个老课题，也是一个历久弥新的课题，作为其中核心命题之一的“鲁迅的‘向左转’”，在 70 多年的漫长历史中并非是一成不变的，而是流动性的，并包含了丰富的历史内容。本文认为，鲁迅的“向左转”只是政治性的，并非思想上的巨大转折或“突变”。作者提出，鲁迅带着机能化的主体性和“非政治”的政治性走入左翼文化阵营，并赋予了左翼文化以新的品性。鲁迅在“革命文学”论争中与创造社等的冲突，并非政治分歧，而是思维方式、存在论意识和伦理学上的冲突。作者认为，这种冲突埋藏在随后的左翼文化运动之中，以另一种形式反复出现。这种冲突的外部表现是人事纠纷，但在相当程度上，却是两种文化逻辑的冲突。鲁迅将一种中国式的独特的左翼文化品性作为遗产留给了后世，使现实共产主义运动即使遭受挫折甚至产生不幸的历史后果，仍可使左翼文化熠熠闪光。

关键词：鲁迅（1881～1936） 左翼文化运动 文学研究

3555

现代中国文学话语变迁与中学语文教育 / 张伟忠著 ；朱德发指导. -- 山东师范大学，2005. -- 207 页

本文旨在探讨现代中国文学与中学语文教育（主要是文学教育）的相互关系和相互影响，重点研究的问题有四：(1)现代中国文学思潮、文学运动、文学作品、文艺理论形成了怎样的文学话语，对中学语文教育产生了怎样的影响；(2)现代中国教育体制、教育观念、教育方法、教育改革对现代中国文学的传播、接受起到了怎样的作用；(3)文学发展与母语教育互动关系的连接点是什么，二者如何在相互影响、促进的过程中共同走向现代化和全球化；(4)新世纪文学话语和教育话语如何走向融合，中学文学教育应该怎样开展。本文的研究视角是话语实践和话语分析。作者认为现代中国文学话语主要经历了晚清时期的教育话语、五四时期的启蒙话语、20 世纪 30 年代的大众话语、40 年代的革命话语、50 至 70 年代的政治话语、80 至 90 年代的人文话语、世纪之交的全球话语 7 个阶段。这几个阶段的文学话语，既有其规定性的特征，又有其交叉、错位性，但都能大致反映出时代的主流话语趋向。在每个阶段中，文学话语和语文教育都有着复杂的关系，这个关系可以用话语分析的方法，从文本、话语实践、社会实践三个向度得到说明。全文分为九章。第一至第七章按历史顺序分别梳理、论述了现代中国文学话语和语文教育的关系；第八章研究了话语体系变迁中的鲁迅作品选文和教学；第九章论述新世纪文学教育应如何开展；“结语”总结了文学话语变迁和语文教育互动的一些规律性认识，并对现代中国文学、语文教育和建立、建设现代民族国家之间的关系进行了审视、反思、和展望。

关键词：文学话语 文学教育 语文教育 文学研究

3556

论转型期小说“人”的发现 / 张喜田著 ；唐金海指导. -- 复旦大学，2005. -- 112 页

本文以“人”为视点，分析了转型期小说创作中“人”的发现与表现的特点。论文第一章分析了转型期小说的生存语境。第二章分析了小说从人的基本生存状态出发，表现了人的需求与欲望的合法化，以及爱情观念的转变。第三章从个性化出发，分析了作家的个性化的创作与反映出的现实生活缺乏个性的悖论。第四章从私人化出发，分析了女性作家的解构经典叙述、重建女性传统的努力，以及“躯体写作”以确证自我的意图。第五章从生态观念出发，分析了作家对现实的生存处境尤其是城市生活的不满意。第

六章从宗教观念出发,分析了作家们所表现出来的知识分子的忏悔意识以及宗教追求,并以北村为例分析了人的救赎之途,作者认为,由于中国的文化是缺乏宗教精神的,转型期小说的宗教追求只能是一种尝试。第七章利用叙述学的理论,论证了作家的叙述意识的自觉的价值,以及他们试图通过时空的转化与结构的安排来创造意义的努力,说明了叙述的能动性造成了作家的自由与解放。

关键词:小说　文学研究　人

3557

挣脱文字梦魇后的舞蹈与歌唱 : 新诗的语言和形式 / 赵彬著 ; 张福贵指导. -- 吉林大学, 2005. -- 199 页

本文立足新诗的语言和形式问题,从语言学角度尝试探讨了诗的本质,诗歌韵律的形成,诗歌语言和日常语言的差别以及形成这一差别的原因,揭示出正是文字出现造成的语言文字之间的矛盾运动导致了五四新诗的必然发生和转型,推导出白话作为新诗语言的历史必然性,进而从理论和实践上推导出白话新诗的韵律应与第一轮口语型诗歌文学时代《诗经》民歌的韵律风格一致,而不应以文字型诗即古典律诗的格律模式为参照。作者还重新解释了自由诗和韵律之间的关系,指出自由诗并非无韵律,韵律是自由的必然性结果。从语言文字之间的矛盾运动关系,从诗歌语言文体自身演变规律的角度,重新梳理了新诗与旧诗、新诗与传统、新诗与西方外来文学影响之间的关系。全文分为七章。第一章是对诗本质的探寻,认为诗是在韵律的节奏中舞蹈与歌唱,而韵律是无意识语言的特殊形式,第二章对韵律的无意识语言的环形重复结构形式进行阐释,认为韵律是无意识重复性活动结构造成的语言客观上必然出现的一种形式。第三章中,作者区别了诗歌语言与日常语言,认为诗歌语言的艺术特性就在于,诗是无意识诉诸声音表现激情和想象的口语性艺术,而日常语言是属于理性意识层面的语言。第四章中,作者进一步指出并论证了正是由于文字出现造成的言文分离及语言文字之间的矛盾运动,才造成诗歌语言和日常语言的分离与差异,导致口语型诗歌文学和文字型诗歌文学的分化及二者的轮回交替出现,从而推导出五四新诗、新文学的发生及其转型的历史必然性。第五章,作者提出由于文字型文学长期占统治地位,造成文字对语言的压抑,进而造成理性对情感的压抑,压抑积郁太久后,情感就会产生反抗力量,从而导致语言和文字的斗争。由这种语言文字艰难的矛盾运动关系,作者进一步推导出了白话作为新诗语言的历史必然性。第六章,通过以新月派诗歌为代表的新诗与第一轮口语型诗歌文学时代的《诗经》韵律情况的详细对照分析,证明新月派诗和《诗经》的韵律风格确实一致。最后一章,作者指出自由诗并非无韵律,韵律是自由的必然性结果。

关键词:新诗　语言　文字　形式　韵律

3558

文学与阶级意识 : "革命文学"论争中阶级问题的研究 / 赵寻著 ; 钱理群指导. -- 北京大学, 2005. -- 137 页

本文以"革命文学"论争为对象,重点讨论了在这场争论中显性的和隐性阶级问题。作者首先在引论部分对"革命文学"论争作了"编史学"的反思,追述和反思了在"文学阶级性"叙述的确立过程中"内部争论"模式的形成和瓦解,指出正是"内部争论" 模式自我瓦解带来了近30年文学研究中对"文学阶级性"问题的回避,同时也提出了以面对外来敌手时"内讧"的结束以及态度上的一致性来描述"革命文学"阵营内部共识的确立的缺点和局限。在正文部分,作者根据对文学的阶级性的认同中存在着的以"智识阶级"、"小资产阶级"、"无产阶级"为主体的三种不同路径,把文章分为三个部分:翻译与鲁迅的阶级之眼,"小资产阶级文学"的浮现,"无产阶级及阶级意识"的由来与归宿。在这三个部分中,作者分别讨论了鲁迅对"真的智识阶级"基于自我阶级意识的批判,逐渐理解和接近大众的可能性的思考;在"八七会议"将国共合作的失败归咎于小资产阶级对革命背叛的语境下,茅盾重提小资产阶级革命性的历史意涵;重新分析了李初梨等后期创造社成员由此展开的"无产阶级文学"的论述及批评活动,指出"无产阶级阶级意识"有其内在的逻辑。

关键词:革命文学　阶级性　小资产阶级　无产阶级

3559

小说上海(1976—2004) : 世俗精神的承传与嬗变 / 赵艳著 ; 於可训指导. -- 武汉大学, 2005. -- 121 页

本文将20世纪70年代末至今以上海和上海人为文本中心的小说作为研究对象,依据原型批评的理念,在历时的层面上探讨了它在世俗性的相关问题上

对其内部资源的调整与创新。首先阐述了“世俗精神”和“世俗”、“世俗化”三者的内涵以及彼此之间的互动关系，对小说上海的世俗精神进行了溯源，将小说上海的母题和核心特质归结为摩登、颓废、日常、传奇四个关键词，辨析了这些特质的内涵，进而分析它们在不同历史阶段的具体表现，得出结论：世俗精神的兴盛与世俗气质的蓬勃发展是小说上海最为人瞩目的事实。指出，作家的习惯思维束缚了他们对上海世俗生活进行更为全面透彻的把握，为后来的创作预留了空间。其次，以20世纪90年代中期前后为界将文革以后至当下的小说上海划分为两个阶段，论述了小说上海世俗精神的再生与繁荣。接下来分专题具体论述了两个世俗性主题——日常和颓废，探讨其反映的世俗趣味，分析其中反映出来的作家世俗精神的特点。日常主题，即文本中琐细平实的日常生活，作者从日常本质观的树立、以日常为观照基点、日常的史传特质和日常的传奇化四个方面研究了这一主题，指出在本期，日常真正是一个兼容并包的范畴，作家以之为切入点，对传统话语资源进行了整合与创新。颓废主题，即文本中的颓废生存景观，作者指出，在本期作家对颓废主体进行了深度探寻，深化了“颓废”的内涵，扭转了传统小说上海在此问题上的官能偏至；展示了颓废文体中的西方诱惑，对“上海与西方”进行了系统清理，重点表现为对女权主义和后殖民问题的关注；集中表现了身体与性的张狂绝美，大力褒扬情欲和情欲主体，促成了欲望自为机制的全面生成；发展了颓废风格，在极度精致的文本特征和上海独特的世俗性气质之间建立起紧密联系。最后论述了作家对上海世俗生活未来走向的思考与表达。

关键词：小说研究　世俗精神　世俗化　颓废主义　文学思潮　上海市

3560

镜中之舞：当代消费文化语境中的文学叙事 / 郑崇选著；王铁仙指导. -- 华东师范大学，2005. -- 135 页

本文从在社会文化肌体的整体动态系统中考察了文学，揭示了消费文化“镜像”之中，文学叙事独特的生存境遇。首先，文章探讨了如何认识中国语境内的消费文化的问题，指出消费文化正在不可阻挡地成为当代中国文化认同的重要文化来源，它明显具有某种意识形态的性质；消费文化在中国明显具有“后发外生”的被动性，也必然带来由消费文化的虚假繁荣所掩盖的真实匮乏。其次，探讨了应如何认识当代消费文化对于文学生产的整体渗透和影响，揭示了消费文化语境下文学生产活动的复杂性以及文学叙事所面临的危机，认为消费文化为文学生产带来了新的承载空间、新的机制和规则；文学生产的消费目的成为文学文本的重要目的，带来文学批评的角色转换；影像在某种意义上的“霸权”地位已经渗透到了文字生产的各个领域。再次，探讨了应如何认识消费文化“镜像”之中当代文学所呈现的种种叙事转变，指出欲望叙事成为20世纪90年代以来文学叙事文本的主要风格，并呈现出巨大的消费性，在不同的欲望形态中，揭示了叙事形象不同的生存状态以及主体性的不断丧失，而知识分子在消费文化语境中的人格嬗变，更能说明消费文化改造力量的强大，女性叙事在消费文化语境中的繁荣，在其背后却是消费文化对女性叙事顽强的改造和隐秘的控制；另外一个方面，文学叙事的重点大规模地转向消费性的空间，对真实的生活和历史的建构以及人的生存命运构成了一种严重的遮蔽。最后，文章探讨应如何应对这种现状，认为应在文学消费化的潮流中大力地彰扬文学非消费性的一面，建立起一种区别于消费机制的文学生产模式，提倡文学叙事在精神和思想上的独创性和原创性。

关键词：消费文化　当代文学　叙事　语境　文学研究

3561

现代传媒视野中的中国现代文学 / 周海波著；朱德发指导. -- 山东师范大学，2005. -- 167 页

本文从现代报纸期刊为主体的传媒角度，分析中国现代文学的形成流变、文学特质、文体特点，以文学史研究方法提出建构现代“大文学”的理论设想，并在实践层面上进行了初步探讨。论文从分析20世纪80年代以来中国现代文学研究中“走向世界文学”和“中国文学的现代转型”两大成果入手，提出重新认识和重建中国现代文学概念的学术思路。中国现代文学的场是以现代报刊为主题的现代传媒所形成的，与政治场和商业场密切联系在一起的文学现象。现代传媒不仅作为文学载体存在，而且也作为文学本体存在，与现代文学具有物质性、中介性、语境和共生性的多重关系，带来现代文学的现代新质。作者认为，以现代报刊为中心形成了知识分子参加的“文学场”，这个“场”影响了现代文学的现代属性。现代传媒视野中的现代文学新质，呈现出某些原创性的特征。作者提出，现代文学首先是传播媒体、传播方式的现代性，现代文学创作的现代性正是文学传播媒体与方式所

引发的现代创作思维和现代审美特征。此外,现代传媒是面向以市民为主体的平民大众的媒体,这也决定了现代文学的平民化大众化发展趋向。科学理性也是现代传媒语境中文学新质之一,现代传媒作为工业时代的产物,体现了工具理性和科学理性。作者认为,现代知识分子以民族国家现代化为主的启蒙思想是现代传媒引进西学后的诱惑性话题,现代传媒为启蒙运动奠定了物质基础,但现代传媒参与启蒙运动时也存在一些负面效应。从现代传媒与文体的关系来看,传媒符码的现代变革,带来了现代文学语言以及文体类型的现代变革,带来现代叙事方式的变革。作者提出:现代文学语言方面,现代传媒是白话文的最佳载体;小说成为文学的正宗,与现代传媒的兴盛有直接关系;现代散文是一种报刊文体,报刊体制对散文文类、功能都产生了根本性影响。

关键词:现代文学　传播媒介　文体　文学研究

3562

民间信仰与地域群体关系:汕尾疍民信仰研究 / 周玉蓉著;叶春生指导. -- 中山大学, 2005. -- 152 页

本文运用民俗学和人类学的理论和方法,通过汕尾疍民民间信仰的研究,展现疍民的信仰活动和社会生活,把掩盖于其中的群体意识和群体之间的矛盾重新诠释,指出陆居疍民的村庙和宗祠强化了地缘群体和血缘群体的整合,疍民参与其他地域神庙的祭祀活动则表明其与城区其他群体的互动以及群体边界的变动性。本文首先对汕尾瓯船疍民的发展历程和地域分布进行了系统梳理,展示陆居50年来疍民的社会变迁和现状。其次,考察了庙宇、仪式和群体认同、群体界限的关系。通过对汕尾城区五大妈祖庙及妈祖祭祀仪式的全面考察,论述汕尾不同群体在信仰活动中,如何表现自己的群体身份,制造群体界限并不断调整群体界限,揭示疍民群体和城区其他群体萌生的"汕尾人"意识。第三,以村庙的祭祀仪式和祭祀组织为主要考察对象研究村落认同。第四,从疍民宗祠的修建考察疍民血缘群体的整合。第五,从疍民妇女祭祀组织考察社群性的祭祀组织的形成过程及意义及其祭祀活动地域范围的拓展,揭示疍民妇女信仰群体的分层、竞争以及外界交流,由此进一步观察民间信仰对地域群体关系的影响深度。本文通过疍民信仰与群体界限、群体认同的动态研究,展示疍民群体认同的变化历程。透过研究,作者进一步认为,处于"弱势"地位的疍民,为争取生存、发展空间,通过参与各种祭祀仪式及活动,努力融入其他群体的经济、社会、文化精神生活圈,同时也吸纳其他群体分子进入自己的祭祀权,以此获得共同地域及身份的认同。作者指出,在民间信仰的影响下,地域内群体间的社会界限渐趋淡化,多元一体的"汕尾人"群体意识逐渐产生,这对于构筑地域内群体间的和谐社会关系,具有重要作用。

关键词:民间信仰　宗教仪式　祭祀　疍民　渔民　群体认同　汕尾市

3563

"民族主义文学"(1930—1937年)论 / 周云鹏著;吴立昌指导. -- 复旦大学, 2005. -- 134 页

论文阐释了30年代中国现代文学研究中的"另类"——"民族主义文学"创作及其文艺思潮兴起的历史呈现。论文分为七个部分,引言对涉及本论文的"右翼文学"和"民族主义"两个关键词作了相关的界定,对"民族主义文学"的主要特点作了简要阐述。第一章分别从"民族主义文艺运动"发生的历史语境和艺术文化语境阐释了其出现的内涵,阐述了近代以来中国民族主义思潮对于文艺创作的积极影响,指出"民族主义文艺运动"的发起绝非单纯的政治背景而引起。作者认为,后来成为"民族主义文艺"理论的主要观点来源于傅彦长、叶秋原等人过去的艺术理论主张;第二章主要从文艺与民族主义、民族主义与"个人"及文艺与时代三个角度阐述了民族主义文学理论中存在的狭义理论基础和片面性问题,作者认为"民族主义运动"企图作为国家权力的意识形态工具的实质;第三章以上海、南京、杭州及其他地域为例,主要从文艺社团的成立、文艺期刊的创办、创作及翻译介绍等方面简要介绍了各地"民族主义文艺运动"实践形态的复杂性;第四章以"民族主义文学"的代表性作家黄震遐的《陇海线上》、《黄人之血》和《大上海的毁灭》为例,分析其作品的"民族主义"思想特征的具体表现,认为过去左翼文坛存在着对其批判不确的片面性,并对黄震遐创作中崇尚武力的思想作了简要的评述;第五章分别以王平陵、黄震遐、万国安、李赞华、李朴园等"民族主义文学"骨干的创作为个案进行剖析;余论部分则从左翼文坛由于策略的失误和"民族主义文学"正是抓住了时代的某些特征而对于"民族主义文学"存在的合理性作出了判断。文章还对"民族主义文学"与左翼文学相比影响不够广泛的历史政治、艺术创作根源作了简要的分析。

关键词:现代文学　民族主义　黄震遐(1907～

1974） 文学研究

3564

中国现代文学中的儿童叙事／朱勤著；杨义，李存光指导．-- 中国社会科学院研究生院，2005．-- 112页

本文通过对中国现代文学中关于儿童的叙事文本的分析，梳理了"五四"到20世纪40年代作家们的儿童观及主要儿童叙事文本中的儿童形象和儿童叙事的特征，剖析了中国现代文学视野中的"儿童"论题的文化内涵，探讨了与儿童相关的诸多问题。作者认为，现代作家们关于儿童的不同叙事，是不同时代不同文学思潮在儿童这个新的文学因子上的表现，作者们对于儿童的思考，体现了对民族国家的希望和想象，表达了对于未来理想社会的向往。论文正文分为四章。第一章中，从内容、历史背景、影响等方面论述了"五四"时期揭开儿童进入现代文学叙事序幕的周作人的"儿童的发现"，指出这既是周作人"人学思想"的重要组成部分，也引起了全社会对儿童的极大关注，并引发思想界、教育界、文学界的一系列变化。第二章中，论述了"五四"时期文学表现儿童的两大趋势：在诗歌中赞美童心，在小说中表现苦难，指出是对儿童的"爱"贯穿了作者们的创作实践。第三章中，分别对左翼文学及其影响下的儿童叙事、京派小说中的儿童叙事、鲁迅笔下的儿童、丰子恺笔下的儿童作了梳理，以此观照一代文人想象中国的方式。在第四章中，作者认为，在战火纷飞的40年代，儿童、童年进入关于乡土的文学叙事，对童年的回忆有了更深厚的文化内涵，对生命之根、文化之根的探寻，也传达出作者渴望重塑民族精神灵魂品格的欲求。

关键词：现代文学 儿童文学 叙事 文学研究

中国少数民族语言文学

3565

西双版纳傣语中的巴利语借词研究／保明所著；季永海指导．-- 中央民族大学，2005．-- 101页

傣语是汉藏语系壮侗语族壮傣语支中的一种语言。公元6至8世纪，南传上座部佛教传入西双版纳傣族地区，与统治阶级相结合，与傣族原始宗教相融合，逐渐成为了傣族人民的主要宗教信仰。与南传佛教密切相关的巴利语随着佛教的传播而进入傣语，所以佛教文化浪潮在傣语中留下了不少巴利语借词。本文以傣语辞典、傣文文献、田野调查中收集到的巴利语介词为主要研究对象，在吸收前人研究成果的基础上系统地论述了巴利语借词的结构类型和特点，借词与傣语的整合，巴利语借词对傣语词汇的影响；文中还以《佛祖巡游记》为例，从微观语用角度分析了傣文佛经中巴利语借词的特点与功能；在前面研究的基础上进一步探讨了南传佛教对傣语的影响和编纂巴利语借词词典的必要性与可行性。全文分为六章。第一章介绍了傣族历史文化概况和巴利文与老傣文的关系。第二章从结构、语义等方面对巴利语借词进行了分类，提出佛教文化浪潮给傣族带来的冲击很大。第三、四章探讨了巴利语借词与傣语词汇的双向影响。第五章以《佛祖巡游记》为例分析了佛经中的巴利语借词特点与功能。第六章中，作者结合调查材料与南传佛教在傣语传承中的作用进行探讨，认为南传佛教通过佛教经典、宗教活动、佛寺教育等具体行为对傣语的传承起着积极的促进作用。佛教还从深层的意识形态，宗教情感等方面影响傣族的语言观念，进而影响傣语的传承。

关键词：傣语 巴利语 借词 南传佛教 语用学

3566

蒙汉历史接触与蒙古族语言文化变迁／曹道巴特尔著；张公瑾指导．-- 中央民族大学，2005．-- 227页

本文采用系统科学浑沌学理论与方法，从蒙汉历史接触出发，考察中国蒙古族语言文化在自然地理、人文社会大环境中的整体性变化。利用翔实可靠的考古、传说、文献依据，分析蒙古族语言文化三大类型的产生。通过物质文化和制度文化变迁与语言文化变迁之间的相互关系，系统探讨中国蒙古族语言文化原生态、过渡态、次生态的变迁。通过蒙古语语音、语法、词汇演变分析，探求汉语言文化对蒙古族语言文化的影响和作用。全文分为五章。第一章交待了研究对象、研究意义、以往成果及论文采取的理论与方法，作者介绍了蒙汉历史接触所产生的蒙古族语言文化牧区、半农牧区、农区三大类型并存格局，指出牧区语言文化是蒙古族语言文化的原生态，半农半牧区语言文化是过渡态，农区蒙古族语言文化是次生态。第二章具体分析蒙古族语言文化三大类型的产生。第三章运用语言文化同构理论，探讨物质文化变迁和制度文化变迁在语言文化变迁中的表现，作者通过分析

展现了牧区、半牧区、农区三个不同类型之间在物质文化和制度文化上的差异。第四章从语言要素的角度分析蒙古族语言文化的变异。文章通过对蒙古族语言文化三大类型区语音、语法、词汇的仔细分析和比较,找出文化变迁在语言要素差异上的表现。第五章,作者指出蒙古族地区农牧文化结合的必然性,分析过度农耕的后果,探讨蒙古族语言文化现状,并且从历史贡献、语言活力、在中华语言文化整体格局中的角色,展望蒙古族语言文化发展前景。

关键词:蒙古语　语言文化　民族文化　语言交流　汉语

3567

蒙古语基本动词短语自动识别研究 / 达胡白乙拉著 ; 白音门德指导. -- 内蒙古大学, 2005. -- 99 页

蒙古语基本动词短语自动识别研究属于语言学基础研究,是语言信息处理重要研究课题。蒙古语基本动词短语自动识别研究包括边界识别和结构判定两部分内容。为归纳基本动词短语识别规则作者从100万词级现代蒙古语语料库中选取部分语料建立训练集Ⅰ(约4万词)和训练集Ⅱ(约20万词),并对训练集Ⅰ的全部句子(共1501个句子)进行短语结构分析。根据短语结构分析结果,挑选出2751条基本动词短语,创建基本动词短语库VPset。在对VPset的全部实力进行统计分析的基础上,归纳基本动词短语词类组合类型与相应的形态特征、基本动词短语成分之间的结构关系类型与相应的形态特征,并提出给予特征、基本动词短语成分之间的结构关系类型与相应的形态特征,并提出基于结构性质与统计信息的基本动词短语识别优先级别。根据VPset的实例分析,一方面,对某些基本动词短语类型的组成成分进行再分类探索,另一方面,利用现有的短语结构规则研究成果建立面向基本动词短语自动识别的上下文信息表。结合本课题研究,本文提出原因俱全原则和约束适度原则,在两种原则的支配下,把词类、形态、子类和上下文特征等信息组织成基本动词短语识别规则。根据基本动词短语识别规则,用VB程序设计语言编写基本动词短语识别软件,并在训练集Ⅰ和训练集Ⅱ中进行自动识别测试,给出自动识别的召回率和准确率。根据测试结果分析,归纳边界潜在歧义格式和关系潜在歧义格式的同时,对其消解策略进行探讨,并利用上下文信息优化基本动词短语识别规则。根据优化的基本动词短语识别规则,在100万词级现代蒙古语语料中进行自动识别,结果表明,边界识别的准确率达86.12%,结构判定的准确率达80.12%。

关键词:蒙古语　动词短语　自动识别

3568

藏传因明思维逻辑形式 / 达哇著 ; 祁顺来指导. -- 中央民族大学, 2005. -- 96 页

本文首先探讨了"存在"的涵义及其"存在"的诸对偶概念范畴,作者认为,藏传因明关于"存在"的这些对偶概念范畴,是对"存在"事物给予的不同方面、不同层次的具体分析,这种分析正是我们认识和把握"存在"现象的不同方法和步骤。藏传因明对"实在"的定义是:具有生起自己结果作用的事物。对这种意义的"实在"宗喀巴分为两类,即"物质"和"精神"。藏传因明在探讨概念及概念间关系问题的同时,还探讨了一种事实性的事物关系,即因果关系和不能共存关系。这两种关系抛开了概念外延上的逻辑关系,以一种哲学意义上的事物关系去探讨事物,是藏传因明理论特有的关系范畴。对于事物所谓的"关系"问题,藏传因明倾向于"唯名论"观点,并且有自己的一套求因果三步法。"充足理由"和"非充足理由"是藏传因明关于论式的两个术语。"充足理由"指有效证明论式,"非充足理由"指无效证明论式。作者对充足理由的定义、划分、特点等作了重点分析,揭示了藏传因明在推理论证方面的逻辑意义和理论突破。西方有亚里士多德的演绎三段论式,藏传因明也有自己的二支演绎论式。二支演绎论式与三段论省略式的最大区别就在于是否有大前提的例证的问题。研究因明的现代学者一致认为,例证包含着类比推理的因素,因此认定因明推理还没有达到纯演绎的高度。作者对此提出了自己的看法,并从思维的规律性进行了分析,给予了理论上的支撑。此外,"反驳论式"是藏传因明中占有特殊地位的一种论式。作者认为,"反驳论式"不但超越了印度因明,而且补充和完善了因明学说的逻辑内容,为世界逻辑研究开辟了新领域。

关键词:因明　藏传佛教　对偶　存在　演绎推理

3569

当代蒙古语诗歌综合研究 : 1947年—1978年 / 丁玉龙著 ; 全福指导. -- 内蒙古大学, 2005. -- 320 页

本文把"当代蒙古语诗歌"(1947—1978年)当作"蒙古族现代(性)文学"(清末至今)的一个特殊形态——"革命时期的蒙古语诗歌",试图拓展前人研究的阈限,将社会历史、诗歌本体、写作主体、生产活动、

传播活动、接受活动均纳入研究视野，深入诗歌生产内部，对其内在逻辑、结构、规律进行了探索。第一章从诗歌观念、创作方法、发展方向、生产—接受—传播活动、诗学资源等方面对构筑起当代诗歌形态的“规范体系”作了探讨。第二章探讨了当代蒙古族诗歌的分期、艺术模式、流派、发展逻辑等问题。第三章重点分析了写作主体的特点，试从写作主体的规范化、角色意识与自我意识、知识分子传统、诗人的体验模式、意识结构等方面揭示其深层结构。第四章试图把民族文化传统与继承创新问题的探讨引入学理深层，重点讨论了体裁体系的重构、文化心理的传承、“运思潜在模式”的运用等。第五章从思维方式、表现方式、形式体裁等方面探讨了外来影响对构建当代蒙古语诗歌形态所起的积极作用。

关键词：蒙古语　诗歌　文学研究

3570

面向信息处理的蒙古语动词语义研究 / 额尔敦朝鲁著 ; 白音门德指导. -- 内蒙古大学, 2005. -- 116 页

作者认为，面向信息处理的蒙古语语义研究，仍处于空白状态，而语义分析和描述方面基础研究的不足，制约着蒙古文信息处理工作的进一步深入，蒙古文信息处理的很多工作迫切需要蒙古语词语语义属性的描述体系。本文从自然语言信息处理的角度出发，对蒙古语动词语义分类、动词和名次的语义搭配、动词配价、在“语法信息辞典”中设置动词语义属性值对等方面进行了探讨。本文分为五章。第一章导论部分，主要介绍了蒙古语语义学研究的历史概况、阐述了选择该题目的意义、与本题目有关的理论问题，以及资料的选择等内容；第二章，制定面向信息处理的蒙古语动词语义分类及其标记集。主要从动词语义分类的目的、原则、具体的分类等几个方面进行了研究。第三章，针对动词配价及其兴致，动词支配能力的体现，如何确定动词的“价”、价量和价质匹配等问题阐述了自己的观点。第四章，以三个平面的理论为指导思想，全面讨论动词谓语句句模、句型、句类以及这三者之间的对应问题。第五章，论述了“蒙古语语法信息词典”中动词语义属性字段及其取值规范的确定，以及与此有关的具体技术问题。

关键词：蒙古语　动词　语义　信息处理

3571

元杂剧曲文与其明传奇改写本的跨文化比较研究 / 郝青云著 ; 扎拉嘎指导. -- 中国社会科学院研究生院, 2005. -- 118 页

元代是一个由游牧民族建立的政权，游牧民族的特征不仅表现在其统治方式上，也渗透到元代的杂剧文化中，而随着明代的取而代之，农耕民族重掌政权，其文化的表现形式及内容也必将发生变化。作者从这种思路入手，综观元明社会的历史变迁，和中国古代戏剧的沿革，对元杂剧及明传奇做了比较研究，从而看出二者之间很明显的文化差异。相比于孤立地研究元杂剧，作者认为比较研究更易看出元代多元文化的特征，证明蒙古游牧民族文化对元代杂剧的影响。文章中，作者以《西厢记》故事的演变为主，分析了不同的文化背景对《西厢记》艺术形式和思想内容的影响；同时又辅之以大量其他的例子，如《窦娥冤》与《金锁记》、《青衫泪》与《青衫记》等等，通过深入的比较研究，作者认为元杂剧与其明传奇改写本之间所存在的明显差异主要表现在：一、在人物形象塑造上，元杂剧在一定程度上偏离了儒家的文化传统，间接证明了游牧文化对元杂剧审美意识的影响。而明传奇则不同程度地按照儒家传统进行了人格重塑，突出了忠、孝、节、义等道德意识。二、在故事情节上，元杂剧中一些情节带有明显的元代游牧文化特征，明传奇则按照明代的生活真实，对不符合儒家传统和明代生活的情节进行了改写。三、在主题思想上，由于篇幅的限制，元杂剧的故事情节相对比较简单，因而主题比较单一；明传奇的篇幅较长，容量较大，主题也比较复杂。在社会功能上，元杂剧偏重于娱乐功能；而明传奇则更多地继承了儒家传统的“文以载道”精神，突出了戏曲的教化功能。通过比较，作者认为，元杂剧与其明传奇改写本的文化差异，证实了蒙古游牧文化在元杂剧中的影响，也实证了多元文化对元代文学的影响，同时也证实了少数民族文化对中国古代文学的影响。

关键词：元曲　杂剧　传奇　游牧民族　文学研究

3572

瑶语语音词汇比较研究 / 胡鸿雁著 ; 黄行指导. 中国社会科学院研究生院, 2005 . -- 141 页

本文对瑶语固有词和借词的语音系统进行了比较研究。基于瑶语方言 6000 多个词语音词汇语料库及 3000 多词的汉语借词语料库，使用历史层次分析法和音类系连法，对瑶语中大量的汉语借词划分了方言和历史层次；根据瑶语代表性方言的基本词汇，使

用历史比较法和类型学方法,对瑶语做了历史比较研究,并初步构拟了瑶语共同的语音系统。全文共分五章。第一章综述了前人的瑶语历史比较研究,认为借词和同源词研究处于脱节的状态。第二章介绍对民族语中的汉语借词进行层次划分的方法及其假设,把瑶语中的汉语借词粗略划分为官话层、平话层和上古层,并对各层次借词列表进行了说明。第三章研究了瑶语各方言同源词的语音系统,在现代4个方言代表点音系的基础上,尝试构拟了古瑶语的语音系统。在构拟中尽可能辨认出可能的借词,并标注出了其古音形式。第四章讨论了瑶语中汉语借词的语音系统,列出了瑶语的声母、韵母系统和三个借词层次的语音对应,揭示出瑶语的共时系统实际上是一个异质的语音系统,然后对4个方言代表点中的汉语借词情况进行了列表描写和说明。第五章对全文进行了总结,指出了文章的不足之处,并提出了一些应该进一步研究的问题。

关键词:瑶语　语音　词汇　借词

3573

蒙古神话的文化解读 / 金海著 ; 全福指导. -- 内蒙古大学, 2005. -- 219 页

作者指出,神话是浓缩原始时期社会文化的语言符号系统,是原始文化各种形态的浑融体,也是文明时代各种文化形式和意识形态的源头和原型。因此,本研究是对民族文化、心理和历史最深层结构的一种探讨,是对民族文化之根的一种挖掘和剖析。论文在导论中,对口传和文献记载的所有蒙古神话材料进行了逻辑分类,并从原始思维发展的逻辑出发,对各类神话产生的大致逻辑次序及其内在联系作了推导,从而为后面的研究奠定基础。论文主体由六章组成。研究从神话母题和意象入手,分别对氏族起源神话、解释自然神话、征服自然神话、文化起源神话、人类起源神话、创世神话、天神神话等各类神话的文化内涵进行跨文化和跨学科的分析和阐释,提出了一些新的见解。同时对上述各类神话的生成和变异规律、民族个性和人类共性及其在民族文化形成、发展过程中的功能、地位与作用等进行了较为深入和系统的理论探讨。在具体研究过程中,力求以现代人类学跨文化、跨学科的开阔视野,对蒙古神话进行深入考察,并试图综合运用实证研究和理论辨析、综合分析与比较研究、意义阐释与价值判断相结合等研究方法,对其进行微观释读和宏观把握。结论部分在综合、归纳本文的研究结果后,进而就蒙古神话的总体特征和文化体系提出了自己的初步见解。

关键词:神话　蒙古族　民族文化　文学研究

3574

中朝现代女作家作品中的内在意识比较 : 姜敬爱与丁玲、萧红、张爱玲比较 / 李秀兰著 ; 文日焕指导. 中央民族大学, 2005. -- 118 页

无论中国还是朝鲜,在现代文学史这一特殊的文学历史时期,两个国家的整个文坛都很繁荣,与之前的历史时期所不同的是,这时期两个国家都出现了真正意义上的女作家,这些作家以其深厚的文学功底与男作家一起进入到文学创作领域。本文主要以这一文学历史时期出现的两个国家的女作家创作的文本为研究对象,对姜敬爱与丁玲、萧红、张爱玲进行重点比较。文章主要从内在意识的角度进行剖析,全文分为四个部分进行阐述。首先是内在意识的界定,作者将内在意识界定为性别意识,时间、空间意识和苦难意识,并且从这三方面入手,对中朝女作家的作品进行分析比较。第二个部分从性别意识入手,从女性意识的产生、女性意识的自我觉醒与展现、女性性意识的流露等方面进行了比较阐述。女性意识是本文的最基本立足点,也是能够展开以后叙述的大前提。第三个部分从中朝现代女作家的文本出发,从叙事学的角度分析时间和空间意识在作品中的自然流露与掌握。本部分重点撷取了作为时间、空间意识的生命意识与死亡意识。从生命意识角度仔细分析了作家在结构文本之时所展示的作为一个人,尤其是一个女人在潮流中以"生"为本位所做的挣扎与努力。本论文重点从女作家们在作品中体现出来的对理想与现实的冲突的绝望;悲观情绪与对死亡的恐惧;把死亡看作自我人生的完善等方面入手对这个"死亡"意识主题进行阐述。第四部分从女作家作为女性所体验到的人生苦难出发,分析与阐述了她们在家庭与社会角色中所扮演的特殊角色,物质匮乏带给个人、家庭、甚至一个阶级的影响,以及她们如何在作品中对此进行深刻的描述。

关键词:女作家　作品风格　文学研究　朝鲜

3575

清代台湾平埔族文化变迁之研究 / 罗春寒著 ; 曾思奇指导. -- 中央民族大学, 2005. -- 210 页

本论文以清代台湾平埔族社会的文化变迁为研究对象,目的是对平埔族社会变迁全过程及其原因和性质有一个较为全面的认识。在台湾诸多南岛语民

族中，平铺族是一个较为特殊的族群，其内部分有许多不同的亚族群，而且因为最早与大陆汉文化以及西方荷兰文化和西班牙等文化接触，成为台湾少数民族中社会文化变迁最为迅速彻底的族群。文章前四章主要对清代以前平埔族社会经济文化状况作回顾性介绍，以期对平埔族社会文化变迁过程有较全面地了解。第五章的内容主要是对清代平埔族的分布以及学术界对平埔族的分类等基本情况作叙述。其中对被称为“熟番”的平埔族与被称为“生番”的山地族群以及介于两者之间的“化番”三者间的联系和区别作了重点讨论。第六章重点对清朝统治者的治台政策以及治理平埔族民族政策作了探讨，认为清政府的治台政策和“理番”的民族政策对平埔族社会文化变迁的影响是深远的。第七章主要讨论清代平埔族社会经济文化状况，并认为在汉族移民不断涌入之下，平埔族传统的生产方式很快被汉族定耕农业生产方式所取代，平铺族传统社会文化的经济基础被彻底破坏，平埔族被汉族所融合成为必然。第八章从生活方式、婚姻家庭、社会组织、宗教信仰、风俗习惯等方面对清代平埔族社会文化变迁的具体表现作全面的阐述。第九章主要讨论平埔族语言的消亡问题，认为平埔族语言消亡有一个重要特点就是平埔族语言的消亡与其社会传统文化的消亡几乎是同步的，这也是清代平埔族社会文化消失最快最彻底的原因所在。第十章对平埔族社会文化变迁的原因、性质作了分析和总结。

关键词：高山族　社会文化　民族文化　台湾省　清代

3576

阿尔泰语系蒙古语族语言语法比较研究 / 司提反·米勒(Stefan Müller)著；张公瑾指导. -- 中央民族大学, 2005. -- 203页

阿尔泰学主要研究阿尔泰语系的突厥语族、蒙古语族和满—通古斯语族语言，传统的理论和方法是结构主义语言学和历时比较语言学。在语言学各学科中，大部分学者只将自己的研究限制在一种语言中，使阿尔泰学失去了整体性，其理论和方法没有继续发展，导致了阿尔泰学的危机，造成其无法应对现代批评者。传统阿尔泰学理论主张阿尔泰语系各语言之间的“同源关系”，其他学者提出“接触关系”，两种说法形成互不相容的对立面。面对这种现状，本文试图用一些新的理论和方法研究传统阿尔泰学的内容。以蒙古语族语言的一些具体语法范畴的比较研究为基础，发现蒙古语族语言有许多现象适合利用混沌学的理论和方法去研究。本文从形式和内容上反映阿尔泰学可能渡过的发展阶段：在绪论中，介绍了阿尔泰学先驱对阿尔泰学的发展和对各个蒙古语族语言研究的贡献，然后阐释了语言在自然环境中的位置。作者认为语言学应该从具体的语言现象出发，因此论文主要部分是对蒙古语族各个语言的一些代表性的语法范畴进行比较研究，这部分比较详细、全面地介绍和解释了所选择的几个范畴。文中第二章虽然在传统语法范畴里进行比较，但提出了作者自己的意见，通过比较多种语言中的同样的语法现象，对许多语法现象又有新的认识。第三章，作者试图用混沌学理论解释具体研究中发现的一些现象。通过全面地介绍、研究各个范畴可以避免折衷主义态度选出来一些适合证明混沌学理论的例子，避免尽量省略不符合或者驳斥混沌学理论的例子的态度。通过比较研究作者发现，语言确实符合复杂系统的规律。自从蒙古语族各语言来到语言学可以研究的范围，各语言有了自己的特点。语言的发展受许多内外因素的影响，根据语言和语言环境的关系表现，可以得知语言所处的发展阶段。在不断变化的语言环境中，语言内含的语法规律提供理解各文化现象和现象之间的关系的一种模型。

关键词：阿尔泰语系　蒙古语族　混沌　文化语言学

3577

汉藏语四音格词研究 / 孙艳著；戴庆厦指导. -- 中央民族大学, 2005. -- 156页

本文以汉藏语系(以下简称“汉藏语”)为研究对象，描写汉藏语四音格词的基本特征(包括共性和个性特征)，并揭示四音格词产生、发展的内部动因和外部影响。本文认为汉藏语四音格词是语言类型作用的结果。全文共五章。第一章简述汉语和非汉语四音格词的研究概况，提出研究的难点和本文的突破点。第二章通过共时描写，说明汉语四音格词是由四个音节按一定的结构规则构成的、结构词化、意义词化或准词化的特殊的词汇单位。第三章讲述汉藏语系中非汉语的四音格词。第四章阐述了汉藏语四音格词的共性和个性。第五章论述了制约四音格词发展演变的语言动因。本文认为研究汉藏语四音格词的意义在于有助于加深对四音格词的认识和语言类型学研究的深化。同时能为语言机制研究提供新语料，并且能够为历史比较研究补充参考证据，也有助

于语用研究。本文采用描写和比较相结合、共时与历时相结合的研究方法,在语料的基础上进行描写,在描写的基础上进行比较。既对汉藏语中绝大多数语言的四音格词作出共时描写,也选取有代表性的语言进行历时的考察分析。通过共时和历时两个方面的相互验证,为汉藏语拥有丰富的四音格词提供语言机制方面的解释。

关键词:汉藏语系　四音格词　语言学

3578

文化变迁与语言传承：土家语个案调查研究／谭志满著；张公瑾指导. -- 中央民族大学, 2005. -- 123 页

本文运用文化变迁的基本理论,把民族语言当作文化生态系统中的重要组成部分,选取目前土家语保存较好的坡脚社区作为个案,使用田野调查并结合文献资料对土家族语言的使用情况、交际功能以及承传进行了论述。文章分为八个部分。第一部分介绍课题所运用的理论、方法以及选题的缘起、基础、范围和意义等,说明选取调查点的依据。第二部分先概述了土家族的历史和文化特征,然后从沿革、自然和文化生态三个方面对坡脚社区进行了概述。第三部分从三个方面对土家语的特征进行了概述。第四部分分别从语音、词汇和语法角度论述了汉语对坡脚土家语本体特征的影响。第五部分重点探讨民族文化变迁对土家语承传的影响。第六部分梳理了土家语交际功能历时变化的过程,并论述了引起变化的动因。第七部分就土家族的母语危机现象和语言规划进行了论述。第八部分先阐述了文化变迁和语言传承的关系以及保护语言文化多样性的重要意义,并对土家语的传承提出了一些具体建议。

关键词:土家语　民族文化　语言文化　文化变迁　文化语言学

3579

凉山彝语形容词研究／唐黎明著；黄行指导. -- 中国社会科学院研究生院, 2005. -- 147 页

本文从标记理论出发,把形容词分为标记形容词和非标记形容词。再将形容词小类放到形态变化、句法功能以及语法范畴的框架下进行描写分析。全文分五章。第一章对凉山彝语形容词的语法特点作了总体的描述,并界定了一些争议点。第二章把形容词同动词、名词和描摹词作了区别,并从语义、形态变化等方面对彝语中较典型的形容词作一大体界定。第三章详细描写了凉山彝语形容词的附加、重叠和复合三种形态变化方式。第四章描写了彝语形容词作定语、谓语、状语和补语的句法功能。第五章描写了彝语形容词的体、式、程度、比较等语法范畴。

关键词:彝语　形容词　语法

3580

蒙古语语法成分的语法化过程研究／套格敦白乙拉著；贾拉森指导. -- 内蒙古大学, 2005. -- 227 页

语法化理论强调从语言的内部寻找语法发展的动因,探索语法发展的规律。本文利用这一理论的研究成果,采用共时和历时研究相结合的方法,对蒙古语言的现象进行了研究,试图从中探索出蒙古语言的语法演变规律。本文研究了蒙古语语法成分和表示语法意义的多种虚词的来源和形成过程及其原因,对蒙古语语法的发展阶段等问题提出见解,探索了语法成分形成的历史过程,力图弄清实词虚化的机制,即虚化是如何在日常语言使用的过程中引发和实现的问题。作者认为,任何一个语法成分和语法结构的产生都是某种动因起作用而引发的,研究表明,能引起语法化的动因很多,如认知、语用、语言接触、系统内部的调整等,都有可能导致语法的变化。现代蒙古语言以虚词和语法形式作为主要语法手段的一种形态语言,有丰富的语法成分。作者指出,深入探讨蒙古语言的实词虚化的诱因和机制、过程和模式,无论是对蒙古语言研究,还是普通语言学研究都具有重要的理论意义和深刻的现实意义。

关键词:蒙古语　语法　虚词　实词

3581

《阿萨拉格齐史》研究／王梅花著；贺希格指导. 中央民族大学, 2005. -- 193 页

《阿萨拉格齐史》是17世纪的著名蒙古文历史文献之一,长期以来备受国内外学术界关注。本文主要运用考据学、校勘研究与比较研究的方法对《阿萨拉格齐史》的作者善巴的生平、《阿萨拉格齐史》与同时期编年史的关系、《阿萨拉格齐史》的写作背景及内容和史料价值与文学性等主要内容进行了研究。全文共分七章。第一章研究《阿萨拉格齐史》作者善巴的生平。第二章对现存的三个版本进行校勘,找出和·普日来版本、巴·巴根版本中出现的疑点与错误,并分析讹误的原因。第三章分析《阿萨拉格齐史》写作的历史背景,分别从政治和文化两个方面来加以论述。第四章通过《阿萨拉格齐史》与《蒙古秘史》、《大

黄史》和《黄金史》的比较研究论述了上述三者是《阿萨拉格齐史》编纂时被引用的重要文献资料之一的观点。第五章对《阿萨拉格齐史》的史料价值及文学性进行了研究。第六、七章为总结部分，从三个方面概括全文内容及作者观点。

关键词：善巴　《阿萨拉格齐史》　版本　考据学　文学性

3582

同语族语言深度接触产生的语言　：莫语 / 王宇枫著 ；曾晓渝指导 . -- 南开大学, 2005 . -- 139 页

本文通过莫语和水语、布依语的比较，分析了莫语各个子系统的异源结构特征，论证了莫语是同语族语言深度接触融合的产物。首先，考察了荔波地区的人文环境和莫语的基本情况。指出荔波当地各族大多聚寨而居，一寨一姓，同姓不婚，异族不婚；莫语主体处于布依和水两大语言集团之间，语言虽然有水语特色，但他们与布依族通婚，并整体归属于布依族；总结出关于莫语的性质主要有两种观点，一种认为莫语是侗水语支的语言，另一种则认为莫语是水语和布依语接触融合的产物。其次，分析了莫语的异源结构特征。指出莫语和水语有最近的亲属关系，莫语和布依语既有亲属关系，又有很深的接触关系。从语音系统看，莫语保留了一些水语的语音特征，核心词的语音结构也主要来自水语，但总体语音格局指向布依语；从词汇系统看，莫语核心词以莫水关系词为主，但语义场的构成和义位格局与布依语有很强的一致性并同步发展。从语法系统看，莫语的词法结构和句法结构还是与布依语有更多的共同特征。再次，论述分析了莫语的形成。指出就整个系统而言，莫语只保留了早期水语的一部分语音结构，在要素、格局、甚至语法结构方面都受到布依语的深刻影响；莫语既不是典型的侗水语支语言，也不是布依语的方言，而是由水语和布依语接触融合形成的一种深度异源结构语言；莫语的形成是由其所处的社会背景决定的，从发生学看，莫语来自早期水语，从发展趋势看，莫语指向布依语。

关键词：佒佬语　布依语　水语　壮侗语族　语言接触　语言融合

3583

《蒙古源流》语言研究 / 乌仁其木格著 ；呼格吉勒图指导. -- 内蒙古大学, 2005. -- 176 页

本文研究了《蒙古源流》的书写特征和语法形式。首先，在《蒙古源流》书面语书写特点方面，主要描写了《蒙古源流》中书写短元音、复合元音、长元音以及辅音的特征。其中论述有关语音和谐的书写特征，并叙述了“[illegible]”辅音的不谐调使用情况及带有“[illegible]”辅音的附加成分在软、硬辅音以及元音结尾的词干后面均可连写的独特的书写特征，连接元音规则方面，以变字母“[illegible]”结尾的动词词干后面出现“使变字母”时，增添“[illegible]”和“[illegible]”(u ~ ü 字)的特点。《蒙古源流》中出现了一词多形的书写特点，作者从十二个方面分析了产生这种现象的原因，并与现代蒙古语的书写特点相比较，归纳出了《蒙古源流》中的正字法的书写特点和字、词的书写特点，描写了词和词素的分写和连写情况；并简要介绍了借词及标点符号的使用情况。其次，描写研究了《蒙古源流》语言的词法：(1)包括静词的格、数和反身等语法范畴的使用范围及其意义和作用等。(2)在动词方面，从动词的式体、态等语法范畴到形动词、副动词等诸形态进行了系统研究。并通过中世纪蒙古语和现代蒙古语的比较研究，阐明了《蒙古源流》语言动词变化情况。

关键词：蒙古源流　蒙古语　语法　书写规则

3584

傣语四音格研究 / 吴东海著 ；张公谨指导. -- 中央民族大学, 2005. -- 174 页

本文主要以西双版纳傣语四音格为语言材料，运用结构语言学、文化语言学以及混沌学等理论和方法，分析了傣语四音格的特征和功能，论述了傣语四音格的语言性质及其与傣族文化的关系。全文共六章。第一章简要介绍了傣族地理环境和文化历史，傣族语言文字的状况和傣语四音格词的基本状况和本文的研究思路。第二章阐述了傣语四音格的功能。第三章论述了作者对傣语四音格语言性质的认识。第四章阐明了傣语四音格的产生。第五章作者将自己对傣语四音格语言性质的认识推及汉语成语。第六章作者通过介绍傣语四音格中的傣族文化，表明傣语四音格的语言价值。在篇末，作者总结提到“水”是傣族文化和语言产生的重要影响因素。

关键词：傣语　四音格词　结构语言学　傣族文化语言学

3585

阿美语动词的语义特征及结构分析 / 杨梅著 ；曾思奇指导. -- 中央民族大学, 2005. -- 130 页

阿美语是以主、谓、宾的语序组织句子结构的语

言,谓语主要由动词充当并总是位于句首,动词形态制约和规定着其他成分的格位标记及句子语义结构的生成。阿美语动词在形态上存在 ni-型与 ma-型的自然对立分类。本文认为,动词在形态上的这种对立,实际上同动词在语义平面是否具有[自主]的语义特征有关。本文共有五章。第一章介绍了阿美语的使用和研究现状及作者选题的缘由和研究方法。第二章主要从[+自主动作]和[-自主动作]两个方面阐述了阿美语的语义特征。第三章在语义区别特征、语义指向、动名词形式等方面研究了阿美语的自主和非自主动词。第四章从自主与及物两个角度论述了阿美语自主动词和非自主动词的语义结构差异。第五章得出结论。

关键词:阿眉斯语　动词　高山语　语义　结构

3586

拉布占巴·咱雅班第达·那木海扎木苏之研究 / 叶尔达著 ; 贺希格指导. -- 中央民族大学, 2005. -- 332 页

本文在前人研究基础上,对 17 世纪蒙古族历史上著名的语言学家、翻译家、文学家和政治家咱雅班第达(1599—1662)的一生进行研究。全文由九个部分组成。导论由"咱雅班第达平生研究的学术史"、"选题意义、研究方法及主要参考文献"两部分组成。第一章由"咱雅班第达的家世和游学西藏的经过"和"咱雅班第达返回四卫拉特"两部分构成。第二章也是两部分,分别论述了"咱雅班第达在四卫拉特、七旗喀尔喀弘扬佛教的事迹"和"咱雅班第达为和解四卫拉特的内部矛盾的贡献"。组成第三章的两部分分别介绍了"咱雅班第达创制托忒文的时间、地点、目的、倡议者、咱雅班第达和倡议者的关系"和"托忒文的历史地位"。第四章论述了"咱雅班第达佛经翻译事业有关'寅年至寅年考'"和"咱雅班第达译经之遗留情况及其弟子们的翻译事业和咱雅班第达的跋诗研究"这两个方面。第五章介绍了"咱雅班第达创建也克库仑的时间及其弟子的来源、也克库仑的经济状况"和"最终命运"。第六章从"咱雅班第达与西藏的关系"及"咱雅班第达给清朝顺治皇帝的信"两个方面进行了研究。第七章对"咱雅班第达的贡像"和"咱雅班第达转世灵童"进行了介绍。最后的附录部分包括咱雅班第达年谱,相关历史事件表,咱雅班第达翻译事业有关的表格、主要参考文献、引用文章和咱雅班第达研究相关的文献资料目录等。

关键词:咱雅班第达(1599~1662)　生平事迹　佛教　佛经　翻译

3587

巴·布林贝赫诗学研究 / 玉明著 ; 巴·格日勒图指导. -- 内蒙古大学, 2005. -- 171 页

巴·布林贝赫是我国蒙古族当代著名诗人和诗学理论家,是系统地建立蒙古族诗学理论体系的第一位学者。本文以巴·布林贝赫诗歌作品和诗歌理论作为研究对象,结合对巴·布林贝赫本人的采访和自己的研究,穿插运用文本研究和比较分析法,研究巴·布林贝赫的诗歌作品和诗歌理论,论证巴·布林贝赫对蒙古族诗学理论系统的建设所作出的突出贡献和在理论界应有的学术地位。作者认为,巴·布林贝赫的蒙古诗学理论研究虽没有覆盖蒙古族民间文学韵文的所有类型,但在以蒙古书面韵文为基础的诗歌理论、蒙古族英雄史诗诗学、蒙古诗歌美学等三方面的实践,在蒙古族诗学研究上取得了前所未有的巨大成就。本文由导言及三个部分组成。导言全面总结和概括了前人对巴·布林贝赫诗歌和诗学理论的研究情况。第一部分,从诗歌的概念、基本形式、特点以及与政、生活的关系等方面对巴·布林贝赫的观点进行了阐述。第二部分,对巴·布林贝赫诗歌创作理论观点进行了全面的研究。第三部分,作者探讨了巴·布林贝赫诗学研究的主要特点并概括为三个主要方面:第一,巴·布林贝赫的诗学研究始终坚持以蒙古族诗歌为主要研究对象,巴·布林贝赫的蒙古族英雄史诗诗学、蒙古诗歌美学的研究填补了蒙古族史诗研究和诗歌美学研究的空白;第二,巴·布林贝赫以自己的诗歌创作实践为基础,总结出了自己独特的诗歌创作体系,第三,巴·布林贝赫在研究和创作中坚持科学的学术态度,发扬"拿来"主义精神,其诗学理论不仅在蒙古族诗学领域具有最高水平,在全国诗学理论界也有很高的学术地位。

关键词:巴·布林贝赫　蒙古族　诗学　诗歌　文学研究

3588

黄金镇仫佬语里汉语借词研究 / 岳静著 ; 曾晓渝指导. -- 南开大学, 2005. -- 149 页

本文共八章,分为五部分:(1)黄金镇仫佬语和当地汉语方言土拐话音系特点介绍。(2)黄金镇仫佬语里汉语借词历史层次分析。作者认为,黄金镇仫佬语的汉借词可以分为四个大层次——现代借用层、近代借用层、中古借用层和上古借用层,其中中古借用层

又分早期和晚期,通过对黄金仫佬语中各个历史层次汉语借词的语音特点的分析,找到了黄金仫佬语汉语借词的不同借源——现代汉借词借自当地汉语方言土拐话,近代汉借词表现了受西南官话影响后产生的特征,中古汉借词来源于当时通行于广西的汉语方言古平话的一支次方言,上古汉借词来源于当时的汉民族共同语。(3)通过汉语借词的特殊读音考察黄金镇仫佬语的历史音变。论文针对仫佬语里古代汉语 t-声母本族词来源进行讨论,认为中古时期,仫佬语的本族词声母系统能够发生了 s->t-的音变,这种音变影响中古汉借词精组字由最初借入时的 s-读音演变为现在的 t-类读音。(4)通过汉借词探求古平话的声韵面貌。作者将仫佬语、水语、壮语和越南语四种语言里的中古汉借词读音加以比较,指出,三者在读音上既有高度的一致性,同时也存在一些差异,中古时候,通行于广西的古平话在各地的读音并不是完全相同的,还存在一定的地域差异,从精组读音看,仫佬语中古汉借词和越南语汉越音所借的可能是古平话的同一种次方言音。(5)立足汉借词,从语言接触角度探讨汉语方言对黄金镇仫佬语的影响。

关键词:仫佬语　汉语　借词　方言　语言接触

3589

汉藏语系语言判断句研究 / 张军著 ; 戴庆厦指导. 中央民族大学, 2005. -- 132 页

本文运用构式语法、语言类型学、语法化学说等现代语言学理论,对汉藏语系语言的判断句进行专题研究。分析其在形式、意义、功能等方面的特征,明确判断句在汉藏语语法研究中的地位和价值,揭示判断句发展演变的过程和规律。本文共七章。第一章为绪论,介绍了汉藏语系语言判断句的研究理论和研究状况。第二章主要论述了汉藏语判断句的构式,并与藏缅语、壮侗语和苗瑶语的判断句构式进行比较。第三章阐述了汉藏语系词的意义。第四章介绍汉藏语判断句的类型学特征。第五章论述了判断句的历时演变。第六章分析了语言接触对判断句的影响。第七章为结束语。本文的创新之处在于从构式的角度认识和描写判断句。

关键词:汉藏语系　判断句　语法

3590

双语学与新疆双语问题 / 张卫国著 ; 张公谨指导. 中央民族大学, 2005. -- 91 页

本文的目标是在探讨双语问题的基础上,提出建设新疆和谐进步语言生活的规划、步骤和措施。本文共七章,分为四个部分。第一部分为第一章,在这部分,作者叙述了本文与作者个人的关系。第二部分为第二章,提出了双语学的概念。作者在这部分指出双语学习、教学和社会化过程都可以统一到双语学的研究中来,并提出了双语学的基本理论框架。第三部分为论文的第三、四、五章,依次展开了对双语学习、双语教学、双语社会化问题的研究,提出了一批关于双语问题的初步理论与观点。第四部分为本文的第六、七两章,回顾了新疆民族、经济、政治、文化(宗教)、语言文字的历史与现状,并提出了建设新疆和谐进步语言生活的理念。本文为建设新疆和谐进步的语言生活提出了一个进行科学研究的理论框架,提出了一批初步的理论与观点。

关键词:双语教学　汉语教学　新疆　双语学

3591

二十世纪以来香港中文报纸语言的变异 / 赵汝庆著 ; 戴庆厦指导. -- 中央民族大学, 2005. -- 112 页

本文试图以香港 20 世纪一百年的中文报纸为语料,结合香港社会百年来的发展历史,以系统分析法、多学科交叉法、文献追踪法和访谈法等方法,研究香港粤语的产生、发展、演变规律,发掘蕴藏在粤语方言词汇中的社会因素,揭示语法、词汇现象、应用特点及其规律。本文共六章。第一章绪论。第二章介绍了报纸用语变异的主要阶段。第三章阐述了香港地区词汇用语的特点。第四章论述了香港中文报纸语用变异的特点。第五章介绍了香港中文报纸的语法特点。第六章总结了香港中文报纸语言变异的社会原因及结语。在本文后还附有后记。

关键词:报纸　粤语　词汇　语法　香港

比较文学与世界文学

3592

审美现代性语境中的王尔德 / 陈瑞红著 ; 杨正润指导. -- 南京大学, 2005. -- 101 页

本文以当前的现代性讨论为理论背景,将英国唯美主义作家奥斯卡·王尔德纳入审美现代性语境中来加以审视和考察,揭示其文学创作、美学思想与处世风格的现代性审美意蕴。本文导论在回顾王尔德研究历史的基础上提出研究思路,并对现代性和审美

现代性这两个概念做出探讨、描述和界定。正文部分首先就艺术自律性进行探讨,文章认为王尔德忽视了艺术自律性的历史性和相对性,将其推向极端,从而在其唯美主义理论内部及理论与实践中造成了矛盾。在此前提基础上,文章论述了王尔德用审美的救赎代替了宗教,从而使形式代替内容成为其唯美主义所关注的重点,并且这种形式诉求显示了王尔德变革生活现实的激进倾向。文章一方面通过王尔德的价值判断、他对清教主义道德的批判和发展无政府主义色彩的社会主义政治理想揭示其反抗资产阶级的审美立场。文章另一方面指出,王尔德不可能根本超越资本主义的价值体系,其作品中媚俗的表征正反映出他审美现代性遭到资产阶级现代性的冲击。文章认为颓废是王尔德唯美主义特别是纨绔主义的内部特征,而这种特征又正好反映了审美现代性所遭遇的危机与困境。

关键词:王尔德(Wilde, Oscar 1854～1900) 美学思想 唯美主义 审美 现代性

3593

西方唯美主义诗学研究 / 杜吉刚著 ; 曹顺庆指导. 四川大学, 2005. -- 207 页

本文从现代性文化语境的角度对西方唯美主义诗学展开系统性的研究,主要分为三大部分。第一部分主要对唯美主义的诗学生成语境以及在这种语境当中所呈现出来的诗学问题展开分析与考察,并对唯美主义诗学流派的生成发展线索、诗学流派的边界及其诗学文献分别予以梳理、界定与整理。意在廓清论文的研究对象,构建进一步展开研究的参照平台。第二部分主要分析、探究唯美主义相对于现代性文化语境所呈现出来的几个诗学主题:文学艺术的自律、个人主体性地位的确立、超验领域的销蚀、现世人生的拯救。目的在于力求达到对于西方唯美主义诗学基本内涵的一种较为全面的清理与发掘。第三部分主要探讨、辨析唯美主义诗学与其他诗学流派——前浪漫主义以及浪漫主义、实证主义以及自然主义、20 世纪西方文论等之间的关系,目的在于力求达到对于西方现代诗学的总体特征及其在整个西方现代诗学史上地位的准确把握,和对于它的生成机制与运作规则的清晰认识。

关键词:诗学 唯美主义 现代性 西方文学

3594

民族歌手与精神骑士 : 张承志与伊斯兰文化 / 高宏存著 ; 王向远指导. -- 北京师范大学, 2005. -- 160 页

本文梳理了回族的民族特性和中国伊斯兰教的历史特点,分析了张承志的第三世界知识分子立场在一些国际化题材作品中的表现;着重研究了他的民族意识、神性之维的形成、宗教神秘主义的文学世界以及他的伊斯兰文化研究等问题,指出张承志的宗教意识由隐而显,最终皈依伊斯兰教的哲合忍耶教派,从世俗本位走向神性膜拜;张承志的民族意识是逐渐走向自觉的,民族意识从尊重不同民族的禁忌作为起点,"双语"是确立民族平等观念的途径与通道,而从"相知"走向"相容"才是处理民族关系的理想;哲合忍耶改变了张承志的人生和他的文学,苏非神秘主义哲合忍耶对张承志文学创作产生巨大的影响,张承志文学中具体表现了宗教灵修世界;张承志的回族伊斯兰文化研究独具创见,生活在底层、宗教实践家体验研究的方法,使他找到了对母族伊斯兰文化的实践与研究的真知;"张承志现象"具有典范的文化研究价值,他以自己的回族文化认同寻找中华民族文化精神,从传统文化资源中寻求中华民族文化精神本源,在东西方文化的冲突中体现出了对民族文化的护卫和坚守。

关键词:张承志(1948～) 民族意识 民族文化 伊斯兰教

3595

互联网上的"作家迷"虚拟社区研究 : 以"鲁迅论坛"和"金庸茶馆"为中心 / 葛涛著 ; 高旭东指导. -- 北京语言大学, 2005. -- 273 页

本文通过对"作家迷"虚拟社区的实证研究,在一定程度上反映出"作家迷"在网络中的互动及由此形成的亚文化,而且也在某种程度上反映出当代中文网络文化发展过程中所存在的一些问题,并总结了"作家迷"虚拟社区的发展经验。本文分为三大部分。第一部分"导论",主要概述本研究的背景与问题意识,综述国内外的相关研究成果,介绍本文的研究方法与研究架构。第二部分名为"互联网上的'作家迷'虚拟社区研究",主要选择互联网上的"鲁迅迷"、"张爱玲迷"、"金庸迷"、"王小波迷"这四个虚拟社区进行研究。第三部分为"研究结论与研究建议",主要是对研究进行总结,并分析研究中存在的不足之处及需要进一步研究的问题。

关键词:虚拟社区 文化现象作家迷 文学研究

3596

十字架遭遇龙图腾：明清基督教与中国的宗教性文化对话 / 管恩森著；高旭东指导. -- 北京语言大学, 2005. -- 203 页

本文从宗教性文化对话的角度切入,分上下两编来探讨这一对话的有益探索与实践、冲突与破裂的过程及其内在缘由,揭示宗教性文化对话的艰难及其现代性启示。上编内容阐述明清传教士入华后,摒弃带有鲜明欧洲中心主义色彩的武力征服和精神殖民的策略,创造性地探索文化对话之路,通过文化披戴、经典诠释与文化会通、科技融入与文化支配等方面来探讨基督教与儒学的有效对话。本文认为,以利玛窦为代表的入华耶稣会士进入中国后积极学习中国语言,坚持用汉语和中国人交往并著书立说,赢得了明末社会的信任和接纳,并通过科技传教,促进了中国文化的革新和传教事业的融合。对此,本文还指出,他们这样的做法一方面有利于适应中国社会文化传统,积极展开文化对话;但另一方面儒士化也制约他们的传教使命,为后来的宗教文化冲突留下了隐患。下篇通过"夷夏之争"、"正邪之争"、"权力之争"等探讨中西宗教、文化间的碰撞和冲突。本文认为,"南京教案"的发生是由于中西宗教与文化之间的差异性日益暴露,明末社会对传教士的真实面目的警觉而酿成的。本文指出,清初"历狱案"背后隐含着的正邪之分实际上是中国儒士面对外来基督教所必然产生的自觉反应;中国礼仪问题背后的根本原因也是在于罗马教皇教权与中国皇帝王权之争。本文最后提出了从错位对话向跨文化对话的发展建议。

关键词:基督教　儒学　文化冲突　对话　明清时代

3597

弗吉尼亚·伍尔夫小说叙事研究 / 郝琳著；刘象愚指导. -- 北京师范大学, 2005. -- 127 页

本文在文本细读的基础之上,以弗吉尼亚·伍尔夫的《远航》、《雅各的房间》、《海浪》、《到灯塔去》、《幕间》、《达洛维太太》等小说作品为主要研究对象,剖析并阐释了伍尔夫富于女性主义特色的语言观、自我观、时间观和小说叙事策略。全文共分四部分。第一部分绪论,简介伍尔夫的家学渊源、学术活动、文学成就、社会批评以及精神病患、自溺身亡等生平经历,总结迄今为止有关伍尔夫及其小说创作的研究成果。第二部分先通过详细阐述伍尔夫小说中"女儿们"的家庭罗曼史,指出唯有将"母亲的语言"与"父亲的语言"二者恰当地融合为一体,才可能完成女性艺术的创作。文章认为伍尔夫在其小说中实践了这一创作原则,即通过标点符号和"自由间接引语"的使用,在拆解男性叙事权威的同时建立起女性的叙事权威。第三部分是多角度叙述。从横向上多角度叙述伍尔夫小说中众次要人物围绕着中心人物展开的叙述,由于人物的叙述角度不同,中心任务的自我形象呈现出多元化的倾向;纵向上多角度叙述从人物、三位一体的人物—艺术家—作者和人物化的大自然三个不同的层次高度展开,借此展现出三种不同的时间概念。第四部分结语。通过对"大鱼"和"飞蛾"这两个重要意象的分析,探究伍尔夫的死因,肯定伍尔夫探求人类无意识领域的努力和成就。

关键词:伍尔夫(Woolf, Virginia 1882 ~ 1941)　小说　叙事　女性主义　文学思想

3598

对"过度诠释"的诠释 / 何玉蔚著；杨正润指导. 南京大学, 2005. -- 97 页

本文是对"过度诠释"这一概念的辨析。文章认为此概念具有模糊性,缺乏精确性,是二元对立思维模式的产物,其实质是指文本在解读过程中所出现的无限衍义。在某些情况下,诠释难以找到一个客观的标准,此时的阅读、理解、诠释是浑然一体的,诠释者的理解能力(主要表现为先见与兴趣)决定了他怎样去阅读,怎样去诠释,从而出现了无限衍义。全文共分五部分。引言部分对"过度诠释"的概念提供了学术背景、争论焦点、主要人物代表性意见的简介。第一章论述了"证伪"原则不能确定什么是"过度诠释",因为不能以作者意图、文本意图、读者意图为标准。并提出了对文本客观意义的要求,即文本所固有的潜能的综合或本源只能通过诠释活动才能实现。第二章分析"过度诠释"产生的原因,分两方面来阐:就主体方面来看,先见与兴趣是诠释活动的产生原因;就文本方面而言,存在着语言作为符号所具有的概括性、有限性与它所表达事物的具体性、无限性之间的矛盾,这种矛盾主要表现在三个方面:文本表达的是难以表达的事物,文本具有相当程度的空白、未定处,文本自身的语言具有复义与朦胧的特征。第三章中,文章认为文化误读(包括翻译)和对传统(文本)的过度诠释是过度诠释的两种主要体现。对于翻译,作者认为由于两种语言不存在一一对应的关系,加上翻译者的主体性,翻译往往是过度诠释的;而文化误读产生的是一种他者的视角,是对自我理解的补

充。结论部分作者提出相对正确的阅读和理解是必要的,而“过度诠释”是难以避免的。作者同时指出文本意义的传达必然留下各个时代诠释者的痕迹,这时出现的文本意义会出现无限衍义的现象。

关键词:文学理论　文体　诠释

3599

话语转型与诗学对话：泰戈尔诗学比较研究／侯传文著；曹顺庆指导. -- 四川大学, 2005. -- 282 页

本文是以泰戈尔诗学为个案的比较诗学研究成果。全文共六章。绪论首先介绍了泰戈尔生活时代和对其诗学的整理研究。在第一章中,文章介绍了诗学思想的发展历程。第二章是对诗学本体的研究。第三章阐述了诗学话语对于传统民族精神和文化的继承。第四章论述了西方对于泰戈尔诗学的影响。第五章阐明了泰戈尔的中国情缘。第六章从民族诗学的话语转型、诗学对话和文化输出以及诗学的跨文明研究这三个方面进行了总结。本文有很多创新特点,首先就表现在选题上。在研究思路和方法方面,本文的特点是本体研究与比较研究相结合、纵向与横向比较相结合,并在横纵比较的基础上,对东方诗学的话语转型、诗学对话、文化输出、东方现代诗学话语重建、诗学的跨文明研究等当前学术界的前沿和热点问题进行探讨。在学术观点方面,本文关于泰戈尔诗学的发展阶段、体系架构和各种关系的论述都具有一定的创新性,其中重要观点主要有:(1)到20世纪初,泰戈尔诗学思想发展成熟,形成了比较完整的具有主体性的诗学思想体系。(2)泰戈尔诗学的审美意识、超越精神和语言情结都是对印度民族诗学话语的继承和发展,同时他以激活民族话语的方式实现了印度诗学话语的现代转型。(3)泰戈尔诗学体系架构的思路和方法有对西方文论的借鉴,其崇尚情感等诗学思想也有西方浪漫主义诗学的影响。(4)泰戈尔诗学与中国古代的儒、道、佛三大诗学体系都有相通之处。(5)泰戈尔诗学是东方诗学话语从传统向现代转型的范本,对于东方诗学的话语转型和东方现代诗学的话语重建有示范作用。

关键词:泰戈尔　文学思想　诗学　话语

3600

卡夫卡现象学／胡志明著；郑克鲁指导. -- 上海师范大学, 2005. -- 304 页

本论文从“卡夫卡神话”现象入手,在卡夫卡与犹太传统文化和西方现代文化理性精神的复杂关系中,以及他在布拉格的“悖谬式”生存方式中,探讨了卡夫卡的思想性格和文学写作的一些基本特点及其产生根源,并将他放在与存在主义思潮的一些代表人物的比较关系中,对他的思想性格中诸如“恐惧”、“孤独”、“存在”和“自由”等特点进行了考察。本文认为卡夫卡文学对人们影响最显著的两个方面在于:他形象地展示了社会上弱势群体的生活形态和犀利地揭露了社会政治现实的荒诞本质。本文主要从他的作品中较为引人关注的一系列弱者形象,如被放逐的人、“被剥夺了继承权”的儿子、“地洞”生存者、永远等待审判的被告和“未完成的人”等来描绘“弱者”生存的场景。同时,本文也对他作品中所描述的权威政治和官僚政治现象进行了概括,并特别强调了他的作品中所具有的政治预言性。文章认为卡夫卡文学的成功之处在于它的美学上的“变形”、所采用的“另类”的话语方式、“第三时”的小说美学和超寓言的拟寓言结构。最后作者指出,前人强调的卡夫卡文学自身的“自我性解构”特征是卡夫卡成为永久性话题的原因。

关键词:卡夫卡(Kafka, Franz 1883 ~ 1924)　文学思想　作品风格　弱势群体　现象学

3601

异国形象研究：清朝中晚期中美形象的彼此建构／姜源著；曹顺庆指导. -- 四川大学, 2005. -- 203 页

中美之间的冲突和矛盾,人们大多习惯在政治领域中寻找答案,而忽略了从文化范畴内思考此类问题。作者针对这种现状,主要着眼文化领域,从形象研究入手,考察中美的“异国形象”。中美两国的相互研究由来已:19 世纪中期我国士大夫和外交使者对美国形象的想象性建构,将其视为不同于其他列强的“异邦”,认为美国人是“恭顺”的“新人”,而美国则认为中国是一个文化“他者”、政治“独裁专制”、社会“半野蛮”状态、贸易和军事上的落后帝国,并且这种印象并没有发生很大变化。但中国对美国的印象却有很大变化,20 世纪时已经变成一个“强者服人、弱者服于人”、“多用霸气”的列强。在对国人早期接触的美国和美国形象形成的初期进行研究时,作者侧重于通过具体案例分析,如对两广总督蒋攸铦对美利坚的印象和我国海员口述的美利坚人及报刊上的花旗国进行分析。在分析美国对中国人的早期印象时,作者把着眼点放在传教士和来华商人上,分析了他们眼中的中国及中国人。同时作者还借助了第三国——

英国的著述，指出英国著述中对中国的描写影响了美国对中国的早期印象。作者主要从以下几个主体描写中国人对美国人的印象：早期“开眼看世界”的中国人、士大夫、中国幼童留美学生。并对中国对美国印象由“不切实际”到“面对现实”的过程作了简单描述。

关键词：国家形象　文化交流　中美关系

3602

神学光环下的但丁诗学思想 / 姜岳斌著 ；邱紫华指导. -- 华中师范大学, 2005. -- 113 页

广义的诗学定义是对文学与艺术的一般规律的研究，包括创作原理、形式的构成要素、各类艺术特征、审美与教育作用以及文学与其他艺术门类或其他意识形态的关系。本文对但丁诗学思想的特殊性的研究采用了广义诗学定义。本文认为但丁诗学思想的独特性主要表现为他的“诗为隐喻说”、喜剧审美观和他提升俗语的诗歌语言要求。在此基础上，本文进一步考察了但丁对意大利现实的伦理与政治的关注，以及这种关注的诗学意义，并指出但丁诗学思想最突出的特征是强调诗的伦理性与政治功能。本文认为但丁的主张及功能超越了西方传统的“寓教于乐”思想，他已经把古典诗歌中的说教变成了崇高的精神探索与升华。本文从分析但丁诗学思想的独特性入手，考察了但丁诗学思想的哲学基础和伦理、政治思想，并根据《新生》和《神曲》考察了但丁的诗学寓言。其中但丁的伦理思考是本文解决的核心问题。本文指出但丁处在欧洲中世纪与文艺复兴交替的时代转折点上，他最大的贡献就是对旧时代的种种理论观念进行梳理与整合，使人们对过去时代有一个理性的认识。本文认为但丁论证了基督教伦理的合理性并用此来整合人们重新发现的古希腊罗马伦理概念，实现了人类精神的和谐进步。本文认为但丁的伦理思考在实践意义上是解决了现实中意大利政治的混乱问题，因为他指出这个问题的根源在于教会对世俗政权的控制。文章以为但丁的诗学隐喻是其诗歌在艺术与道德方面取得成就的原因。最后作者总结但丁探索人类精神的重要意义体现在人类在迷惘中如何克服错误以及人类精神追求如何走向真理和至善这两方面上。

关键词：但丁(Dante, Alighieri 1265 ~ 1321)　诗学　文学思想　政治思想　伦理学

3603

论吴宓中西融合的文化理想与实践 / 蒋书丽著 ；张弘指导 . -- 华东师范大学, 2005 . -- 133 页

本文首先借助吴宓和新文化派之间的分歧，阐述了吴宓建设新文化的思路，即“中西融合”，并具体探讨了吴宓产生这种文化思路的现实背景和理论资源，指出在吴宓看来，文化是“古今思想言论最精美者”，他的“融会中西”的思路里包含的是人类一切优秀的文化遗产，即西方的古希腊人文传统和基督教精神，以及中国的儒家思想，而在新文化派眼里，文化是一个民族的生活方式；在中西文化的对比中，吴宓看到的是贯穿在其中共同的人文主义精神，道德是他的文化思想的核心，新文化派看到的是差异；吴宓选取的建设新文化思路是兼收并蓄、融会贯通，新文化派否定旧有的，输入新近的；吴宓认为“仁”是儒家思想的核心观念，新文化派则将之化约为扼杀人性的“礼教”。然后，文章论述了吴宓的文化理想在文学和教育领域里的具体实践，并从他的人生选择来看他对自己的文化理想的艰难守护，指出“融会贯通”的思想贯穿在了吴宓的各种学术活动中。在文学上，他主张要经过模仿、融化，最后达到创造的境界；在教育上，他强调博雅和通识；他不仅通过比较文学的方法例证了《红楼梦》作为中国传统文化的代表的伟大和优秀，而且以自己的人生作注脚诠释了他的文化理想和文化使命。

关键词：吴宓(1894 ~ 1978)　学衡派　新文化派　文化思想

3604

向着中西文化“第三元”的自觉探寻 ：程抱一的中国诗结构分析及译介之研究 / 蒋向艳著 ；朱静指导. 复旦大学, 2005. -- 180 页

本文研究了法籍华裔学者、法兰西学院院士程抱一在对中国古典诗歌语言结构的研究和对中国古诗的译介等领域为中西文化交流事业所做出的独特贡献。作者认为，程抱一中国诗研究最突出的特色在于源自西方的方法论的运用。首先，程抱一运用普通语言学理论厘清了各种中国古典文艺形式之间的内在关系，将它们有机的联合起来，共同构成一个有机整体，对于从一个新的角度重新认识各种中国文艺形式具有开创性的意义；此外还表现在他发挥了雅各布森关于相似和相关的理论和拉康的“能指连环”理论，对中国古典诗歌作出了创见性的阐释。其次，程抱一研究中国古诗语言运用了结构主义和符号分析学的方

法论,将中国古诗这种文学形式结构化、符号化,既挖掘出了中国诗的表层结构,又挖掘出了中国诗的深层结构。论文指出,正是由于程抱一对中国古诗语言表层和深层结构的认识,使得他译介的中国诗呈现出不同于其他译本的独特面貌,既用娴熟的法语表达出中文原诗的诗意,又在很大程度上真实地呈现了中文原诗的结构,传神地传达出了原诗的意蕴和境界。最后,作者总结得出,程抱一这些研究正是他向着中西文化第三元的自觉探寻。并指出,程抱一广泛涉猎中国传统文化各个方面,如书法、画论、诗歌创作等,在中西文化交流的广阔领域里始终向着中西文化第三元进行不懈的探寻。

关键词:程纪贤(1929~)　古典诗歌　文学研究　东西文化

3605

纪德现代性研究 / 景春雨著 ; 朱静指导 . -- 复旦大学, 2005. -- 118 页

本文简要评述了法国现代作家安德烈·纪德在思想上和艺术上所具有的现代性特质。正文共分三章。第一章概述纪德在中国的接受历程。从不同的历史时期着手进行分析,认为他在中国所引起的关注点的不同,是由于作家的个性和客观接受环境双重因素影响造成的结果。第二章解析纪德作品中的现代性思想主题。他在作品中处处表现出对人性的深切关怀,倡导人性解放,提出"无动机"原则来展现主体的自由本质;同时纪德还对苏联的诸多现实问题提出了质疑。第三章分析纪德在艺术上的现代性表征。《伪币制造者》是他的代表性作品,集中体现了纪德的现代小说理念。在结语中,作者简要描述纪德一生的创作轨迹和思想概貌,对他的现代性特征作了简单总结,并指出纪德现代性的两面性。

关键词:纪德(Gide, Andre 1869~1951)　文学研究　现代主义　法国

3606

文化生存与发展的空间 : 关于洛特曼文化符号学中符号圈理论的研究 / 康澄著 ; 张杰指导 . -- 南京师范大学, 2005 . -- 104 页

本文选取文化符号学中的符号圈理论为主要研究对象,提出了符号圈(сеМИосфера)理论是洛特曼文化符号学的制高点,是其理论大厦的栋梁。首先,文章着重论述了符号圈理论的基础,描述了洛特曼的理论从符号到文本、从文本到文化、从文化到符号圈的辩证发展过程,并具体阐释了洛特曼的符号圈理论,对符号圈的三大基本特性——不匀质性、不对称性及界限性进行了归纳和梳理。其次,论述了符号圈理论所具有的突出的空间性特征。再次,阐释了洛特曼符号圈理论空间观的独特性所在,论证了这种独特的空间观是洛特曼整个文化符号学理论最本质的方法论之一。接着,揭示了符号圈理论独特的对话性机制,说明了洛特曼的文化符号学、尤其是1984年提出的符号圈理论是这种对话性思维的积极成果与直接体现,论证了巴赫金的对话性理论对洛特曼后期符号学思想发展的深刻影响,阐释了洛特曼在吸取巴赫金对话思想精华的基础上做出的重大贡献与创新。然后,揭示了符号圈理论的地位、方法与意义,论证了符号圈理论在洛特曼整个文化符号学中的重要地位,阐明了进入符号圈中的洛特曼思想从早期的确定性、系统性、逻辑性到后期的不确定性、不可预见性,从研究的客体性、科学性到文化及符号圈的主体化与智能化的转变;指出了洛特曼之所以能不断地实现自我超越关键在于他寻求"他者"的独特思维方法,考察了洛特曼二元对立的思维方法及其对传统哲学意义上的二元对立的消解;论述了符号圈理论视角和方法,文章认为,它提供了一种崭新的文化研究视角和方法,其本身就是人类文化自由、多元、动态精神的完美体现。最后,本文总结了洛特曼整个符号学理论的发展历程,提出了"第二模拟系统"、"文本"和"符号圈"是洛特曼理论发展的三个里程碑。

关键词:洛特曼(Lotman, Juri M. 1922~1993)　文化学　符号学　符号圈

3607

二十世纪西方思潮对刘以鬯小说的影响 / 邝锐强著 ; 刘象愚指导. -- 北京师范大学, 2005. -- 112 页

本文集中讨论了五种对刘以鬯小说有较大影响力的思潮。第一种思潮是存在主义,本文认为它影响了刘以鬯的人生观,使疏离、孤独、虚无、焦虑、荒谬等情绪体验成为其《酒徒》、《对倒》等小说的题材。第二种是弗洛伊德的精神分析说。它使刘以鬯明白透过文字描写客观表象是不足以反映真实的人生的。在刘以鬯的作品如《岛对半岛》、《他有一把锋利的小刀》中可以看到大量有关无意识、梦、幻想、欲望等人类精神活动的描述。第三种是后殖民主义。它影响了刘以鬯较后期的作品,这些作品探讨本土与他者的关系和殖民地的文化内涵。第四种是形式主义,它使刘以鬯加深了对文学形式的重视,本文认为在《链》、

《寺内》等作品中刘以鬯透过诗化语言、精巧的结构和象征等艺术手法,令读者产生陌生化的美感经验。第五种思潮由博格森的绵延说、威廉·詹姆斯的意识流理论、乔伊斯的美学观等组成,它影响了刘以鬯的创作观。在一些作品中刘以鬯运用西方意识流小说技巧,使小说任务的外部形象和内心活动紧密联系起来。

关键词:刘以鬯　小说研究　文学思潮　存在主义　精神分析

3608

18 世纪英国小说文体的形成及其特征 / 赖骞宇著 ; 朱宪生指导. -- 上海师范大学, 2005. -- 218 页

本文以叙述学为基本理论,结合文化批评、社会历史批评、文学史研究等方法以及中国传统批评思想和社会心理学、文艺发生学、美学、传统小说批评等理论,以话语与故事两个层面为基本框架,对 18 世纪英国小说文体的形成及在此过程中所表现出来的突出的特征以及小说与时代文化的关系进行分析与探讨,揭示了 18 世纪英国小说形成的文化背景、艺术传统和初期形成阶段所体现出的叙述模式、结构模式以及文化上的意义。本文第一章首先从文化、历史和文学创作史的角度,对 18 世纪英国小说形成的背景进行研究。文章认为,小说问题的形成与欧洲文化中的人文主义传统、文学艺术经验的积累以及 18 世纪之前欧洲社会历史的进步、人们思想观念的变化密切相关。第二章从叙述模式的角度,主要运用叙述学理论,分析 18 世纪小说在叙述者、叙述聚焦与叙事时间方面的特征。文章认为,这一时期小说叙述者的类型尚较简单,只有第一人称人物叙述者与全知全能的外在式叙述者两种类型。作者认为这一时期小说的聚焦对象涉及 18 世纪社会生活方方面面;在叙事时间上,18 世纪小说虽然还较为简单,但是斯特恩已经作出了探索。论文第三章从叙述结构的角度,主要运用叙述学理论,分析了 18 世纪小说的结构模式。18 世纪英国小说中的故事主要采用时间、空间、人物和因果关系作为联结的方式;故事的主题都体现了“追(寻)求——成功(失败)”这样一个大致相似的结构。论文第四章主要运用传统小说批评理论。研究 18 世纪小说中的人物与人物塑造方式。论文专设“余论”一章,从文化角度探讨 18 世纪英国小说的意义。论文的最后部分“结语”对 18 世纪英国小说文体的特征作了简要概括。

关键词:小说　文体　叙述　英国

3609

化俗从雅文学观的建立 : 朱自清与西方文艺思想关系研究 / 李先国著 ; 刘锋杰指导 . -- 苏州大学, 2005 . -- 153 页

本文运用文本细读和实证分析的研究方法,从朱自清对西方文论的借鉴来考察朱自清的文艺思想,认为朱自清立足现实,在借鉴西方、阐释传统中形成了化俗从雅的文学观。全文分五章。第一章从主体欲求方面探寻朱自清借鉴西方的目的,认为他是出于发展新文学、阐释传统文学的目的,在当时潮流的推动下主动接受西方文论的影响。第二章分析朱自清对列夫·托尔斯泰人道主义的借鉴,对照时间是从 1916 年到 1922 年,认为朱自清在期间形成了与托尔斯泰的“大多数人的艺术”观相联系而又有区别的民众文学观。第三章探讨朱自清对沃尔特·佩特等人的唯美主义的接受,认为朱自清的刹那主义与其极其相似,对应时间是从这个意义上 922 年到 1928 年。第四章探讨朱自清对瑞恰慈和燕卜荪的语义分析学说的接受,对应时间是从 1929 年到 1948 年。第五章是对朱自清形成的化俗从雅的文学观的分析。详细分析了朱自清在人道主义、唯美主义、语义分析学说影响下是如何从对“俗”的认同,到新“雅”的建立再到解“雅”的尝试的全过程。

关键词:朱自清(1898 ~ 1948)　文学思想　人道主义　唯美主义

3610

纳博科夫研究 : 那双眼睛,那个微笑 / 李小均著 ; 谢天振指导. -- 复旦大学, 2005. -- 218 页

弗拉基米尔·纳博科夫是 20 世纪最重要的文学家之一,对俄语文学和英语文学都作出了巨大的贡献。本文从比较的视角着眼,通过考察纳博科夫的文化身份、理论阐述和创作实践,勾勒出了一个被忽略的纳博科夫形象——自由主义的反讽者。正文第一章从语言、生活和文化三方面勾勒出纳博科夫是一个偶然的独立个体,他不属于任何的具体归类,无法归于某个语言、某个民族或某种文化的范畴,所以他才不相信任何“超越时间与机缘”的“核心信念与欲望”,从而彻底成为反讽者。第二、三、四章从纳博科夫的理论文字中逐步考察他对媚俗、个体和记忆的看法和书写。第五、六、七、八章分别解读纳博科夫在《从左边佩带的勋带》、《洛丽塔》、《普宁》和《微暗的火》等四部作品中折射出的“自由主义”反讽者的倾向。

关键词:纳博科夫(Nabokov, Vladimir 1899 ~ 1977) 自由主义 文学研究

3611

明清时期西方传教士笔下的中国佛教形象研究 / 李新德著 ; 孙景尧指导. -- 上海师范大学, 2005. -- 192 页

本文所做的即是从大量文献资料中梳理出当年西方传教士笔下的中国佛教形象。文章认为,对于中国佛教形象,西方传教士习惯于从自己所熟悉的文化环境加以考察和评论,因此传教士笔下的中国佛教形象是欧洲中心主义、基督教文化至上观念映照下的产物。作者认为,自唐时基督教初入中国,就有了基督教宣教士与中国佛教的交流与碰撞;后历经宋、元、明末清初,直至晚清,传教士从传教策略到传教实践都走过了漫长的适错过程:从罗明坚、利玛窦等耶稣会士把自己混同于佛僧,和将佛僧误认为同类,到后来确定"补儒易佛"策略、进而有了自己明确的身份标志;从早期新教传教士崇尚欧洲文化至上的"欧洲中心主义"、拒斥鄙视佛教到后来少数新教传教士研究中国佛教,承认佛教里面也有部分真理,发现佛教并非基督教的敌人,而是可以利用的"朋友"。作者认为,构成本文框架的是中国佛教文化注视者的历史,而非被观察者的历史。本文的意图在于对传教士塑造的中国佛教形象作概述,论述在多大程度上传教士诠释中国佛教是出于言说自我的需要。

关键词:传教士 佛教 文学研究 明清时代

3612

解构的文化政治实践 : 斯皮瓦克后殖民文化批评研究 / 李应志著 ; 罗钢指导. -- 北京师范大学, 2005. -- 182 页

斯皮瓦克是继赛义德之后当代最重要的后殖民批评家和理论家,被称为"女性主义马克思主义的解构主义者"。解构主义作为一种思维方式和批判精神始终贯穿了斯皮瓦克的批评实践。本文主要以解构思维为中心,从四个方面分别探讨了斯皮瓦克与解构主义的学理关系以及解构主义在其后殖民批评中的具体实践情况。首先,本文探讨了斯皮瓦克对德理达《论文字学》的解读,从中分析出斯皮瓦克在解构问题上所关注的中心问题。文章认为,一方面她把解构主义理解为对西方形而上学历史进行的一种最为彻底的批判;另一方面斯皮瓦克也清醒地认识到解构主义本身所受到的必然限制,即它在批判传统形而上学的时候,不得不寓居其中,并利用其中的资源。接着文章研究了作为德理达解构主义思想的最初翻译者和权威的评论者,斯皮瓦克在其后殖民批评中继承了解构思想的批判精神,通过对哲学、历史档案以及文学等各种文本的解构式阅读,揭示了殖民话语的认知暴力及其深层次认识论基础。第三,斯皮瓦克也通过解构思想检视了后殖民批评领域中存在的问题。尤其是在关于属下主体意识的问题上,她否定了印度属下历史写作小组在其早期写作中存在的本质主义倾向。最后,在德理达后期的解构伦理的影响下,斯皮瓦克还努力探讨了解构主义在政治介入中可能具有的建设性。她认识到对于绝对他者的伦理回应和他者的异质性经验的重要性,并把这种思想运用到属下阶层的主体意识问题上来。本文认为,斯皮瓦克从"踪迹"的角度强调了"策略上的本质主义"在属下主体效果问题上可能存在的作用,并通过具体的文本分析来积累属下阶层的生存经验,从而推进了解构思想在文化批评中的政治介入。

关键词:斯皮瓦克 解构主义 后殖民主义 主体意识 文学批评

3613

唐代景教"格义"规律探析 / 刘振宁著 ; 孙景尧指导. -- 上海师范大学, 2005. -- 190 页

景教是聂斯托利教派入传中国后的易名,也是最早进入中国的基督教。文章认为,聂斯托利教派"始于乖睽",其"乖睽"性表现在始终坚持玛利亚感灵所生的是人子耶稣而非神子救世主,因此玛利亚的身份只能是"人之母"。如此的"乖睽"性使它背上了"异端"的臭名,并为此付出了惨痛代价。在景教入华之后,为求生存,不得不步先前佛教"格义"的后尘。然而景教实际只有"格"而无"义"所以最终它必然消亡。本文对于景教"格义"规律的探究从三个方面展开。首先是"格义"的起因。作者认为,聂斯托利教派不得不效仿先前佛教的传习模式,走上了"格义"之道。第二章所探究的是"格义"外在的"形",拟从文本的规模、关键词的选用、文本的内涵、文本的特色等方面,对 8 篇汉语经文作历时性的梳理。第三章在对 8 篇汉语景教文典中的核心"术语"进行分类统计和释读的基础上,着重对"景教"、"上帝"、"基督"及"圣灵"四个术语之"名"作了深入阐释,并论证了它们分别是入乡随俗式的"景教"。第四章通过对聂斯托利派入传中国前与流播中国后基本教义的比较和阐释,从总体上把握景教在最重要的核念上所发生的变异,

进而洞悉出景教在传播过程中自身的根基向本土文化作出的迁移。本文认为景教没有改变中国文化的原因在于:上帝的神性教义无法也不能置换,否则它就不再是基督教;另一方面中国文化具有现世人本特性,具有巨大的“过滤”作用。

关键词:基督教　乖睽性　格义　景教　教义　唐代

3614

渗透中的解构与重构:后殖民理论视野中的华裔美国文学 / 陆薇著 ; 王宁指导. -- 北京语言大学, 2005. -- 146 页

作者在对大量文本的精研细读的基础上,以20世纪70年代萌芽的后殖民主义理论的视角入手,试图对20世纪40年代到90年代的华裔美国文学的特征及意义给出自己的解释。这时期的美国仍然存在对国内少数民族裔的与殖民主义相类似的种族主义、东方主义的压迫。但这种殖民主义、种族主义并不像赛义德在《东方主义》中所讲的殖民者对被殖民者的单向权力运作,华裔美国人也充分发挥了自己的主观能动性,对这种压迫进行了各种形式的反抗,如:反叙事策略、沉默、“胃口的政治”、模拟、含混与杂糅、“忘物”的心理情结和“物读”历史与文化的方法,以及寻求跨度的第三空间等。全文共分六章。第一章为引言,主要介绍了选题意义、研究方法及华裔美国文学的兴起、发展与研究状况。第二章对华裔美国文学的后殖民理论研究背景做了一些简单介绍,重点清理了它与华裔美国文学之间相互交织、纠缠的复杂关系。在第三章中,作者回顾了这一历史时期美国主流文学,集中列举了大量的例子,生动的描述了这些主流文学文化对华裔美国人的刻板化描写,向读者阐明了压迫并没有消失,只是在多元文化的外衣下,以主流强势文化对少数族裔弱势文化的更隐蔽的文化殖民的形式存在。在第四、五章中,作者在文本细读之后在华裔美国文学中抽化提取了几种美国少数族裔对当代东方主义、殖民主义反抗的形式和策略,利用文学话语层面的抵抗策略对主流文化霸权进行渗透解构和重构。第六章在综合了以上研究的基础上,作者得出有关华裔美国文学的几点启示:目前在国际上仍然方兴未艾的流散文学,美国文学史的改写与经典的重构,在全球化条件下的第三世界对后殖民主义的抵抗的政治。

关键词:美籍华人　文学研究　后殖民主义

3615

论中西悲剧精神的审美意蕴 / 马小朝著 ; 刘象愚指导. -- 北京师范大学, 2005. -- 186 页

本文在历史研究和美学研究基础上从人类文化发生学角度,运用比较研究方法,探讨中西方人历史文化实践活动的发生发展如何生成相应的审美文化心理,这种心理又如何培育相应的人文艺术精神,这种艺术精神又如何引动相应的文学艺术实践活动,从而最终推动悲剧精神的发生发展的。文章认为,中西方人在各自的历史文明进程中都会有心灵自由理想遭到失败或毁灭的历史现实际遇,因而都会有相应的悲剧精神。本文指出,悲剧精神作为人类心灵审美自由表现的文学艺术方式具有相似的审美要素,如命运观、英雄主义、内心冲突或性格矛盾以及社会现实批判性。文章同时指出,中西方人由于各自历史文化实践活动的诸多差异更必然具有不同的审美文化心理、人文艺术精神和文学艺术实践,因此中西悲剧精神的审美本质、审美发生特征和审美风格也会有相应的差异。文章认为,西方悲剧是命运悲剧,旨在从更形而上、更遥远的历史允诺出发,昭示历史与人伦的二律背反并寄寓历史进步中的人伦失落情感。西方悲剧运势充满无可奈何的命运感,其悲剧人物内心常有尖锐的内心冲突。中国悲剧是英雄悲剧,旨在从更现世、功用的伦理理想出发,关注社会现实中的伦理受害并讴歌美妙的道德理想和崇高人生态度。中国悲剧运势贯穿着抑恶扬善的道德责任感,悲剧人物常有殉道精神。

关键词:悲剧　审美　文艺美学　文学研究

3616

马尔罗:东西方文化交流大潮中的探险者 / 宁虹著 ; 杨武能指导. -- 四川大学, 2005. -- 183 页

本文以法国20世纪著名作家、政治家安德烈·马尔罗为研究对象,将其放在20世纪东西方文化产生激烈碰撞、交流和融合的背景下进行考察。文章共五章。第一章指出在马尔罗从单纯的冒险家成长为“本体论”意义探索者的过程中,亚洲供给了他小说创作的灵感,使他成为法国文坛里独树一帜的、带有传奇色彩的作家。第二章通过对马尔罗《西方的诱惑》的解读与分析,探讨他与东方的关系:他是东方与西方对话的见证人。在这个过程中,他的比较视野逐步形成,表现出来东西方间相互诱惑、融合同时又相互排斥和抗拒的现象。他对生命荒诞的意识来自在亚洲的经验和他亲眼目睹的亚洲现实。第三章对马尔

罗的亚洲三部曲(《征服者》、《王家大道》、《人类的状况》)中的亚洲丛林、中国城市和中国人物进行具体的比较和分析,从而探索他的文学艺术观。指出亚洲作为"他者"使马尔罗看到自己和养育自己的西方文化,看到了这个文化体系面临的问题,也促使他提出了自己的问题:面对人类的状况,人应该怎么办。第四章指出马尔罗对政治的介入是一种探险,是寻找反抗荒诞命运的途径之一。但由于他的具体介入,他的文化政策的制定给当今的法国带来了实际的好处,因此他成了一个具有建设性的知识分子。第五章对马尔罗生命后期对于艺术的痴迷与狂热、其作为部长或戴高乐总统特使访问中国时的报告中文学成分大于历史成分等"新的求索之路"作了补充阐述。

关键词:马尔罗(Malraux, Andre 1901 ~ 1976) 文化交流 文化思想 文学研究

3617

文学生态学建构 : 生态批评的思考 / 宋丽丽著 ; 王宁指导. -- 北京语言大学, 2005. -- 181 页

作者认为,文学生态学是生态批评潮流中重要的文学研究方向和主体流向,利用生态学的思想阅读文学、重新审视文学研究如何将文学作品再现的自然真实与现实对话,可以碰撞出有利于人类与自然共存的世界观、价值观。因此,本文尝试通过研读文学生态学的主要代表人物约瑟夫·米克,乔纳森·贝特,卡尔·克鲁伯尔和劳伦斯·布依尔等人的著作,整合各批评家的论述,构建文学生态学框架。全文分五章。第一章与第二章回答什么是文学生态学,阐述了文学生态学的概念和模式。第三章讨论文学生态学的建构基础,论述文学生态学的诗学生态系统,认为人类只有在自然本体的意义上才能实现自由、快乐的人生理想,这为生态时代新人文主义的建构提供了动力参考。第四章探索文学生态学的阅读策略。作者认为,在文学生态学的文本重读中,文学再现的自然不再仅仅作为人类活动的背景、而是作为独立的在场身份出现,不仅是人类生活、更是人类与自然环境关系的审美体现。第五章探讨文学生态学的文化价值取向,论述文学生态学的田园主义价值建构。作者认为田园主义是浪漫主义生态观的产物。将人类个体生命与自然整体的生命合为一体的田园理想势必是文学生态学言说的目的。最后作者提出,在后物质时代,在后现代之后的生态时代,重提建构田园主义理想将不可避免具有一定的挑战性,同时它也将意味着生态时代人文主义精神的可能建构方向。

关键词:文学生态学 文学理论 文学批评

3618

生活的谎言和艺术的真相 : 当代批评视野中的《古拉格群岛》 / 隋旭升著 ; 余一中指导. -- 南京大学, 2005. -- 94 页

俄罗斯当代著名作家亚历山大·索尔仁尼琴的巨著《古拉格群岛》是 20 世纪争议最大的作品之一,争议的焦点在于其"非文学性"问题。本文认为《古拉格群岛》"非文学性"问题产生的原因和实质在于其思想和形式的叛逆性与创新性。《古拉格群岛》不仅是对苏联专制体制也是对人类现代文化弊病的反思。而反对主流话语制造谎言,揭露历史真相成为反思的切入点。本文指出,在《古拉格群岛》中,文学创作所具有的诗意和激情冲击了僵化、刻板的官方历史话语,同时历史纪实的严肃性保证了作品道德和情感的真诚;在文风方面,作家以碎片化的叙述方式表现了苏联人民破碎的命运。本文的最后部分分析了《古拉格群岛》艺术创新最为突出的三个方面——多重空间的构筑、对话性和语言的叛逆性。本文尝试分析了索尔仁尼琴如何通过构筑艺术空间,揭穿谎言,反思人性弱点,观照社会本质;并从多声部的对话代替了官方话语的独白,多种自由个性话语的纪录,在文本中与读者形成了对话和论辩关系,以及以潜对话为中心的广阔对话关系的形成这四个方面来分析《古拉格群岛》中的"对话"。最后,本文通过对《古拉格群岛》语言的反叛和创新意义和途径的分析指出这是颠覆官方话语霸权的重要途径。

关键词:索尔仁尼琴(Solzhenitsyn, Aleksandr Isayevich 1918 ~) 《古拉格群岛》 非文学性 文学研究 俄罗斯

3619

种族、性别与身份认同 : 美国黑人女作家沃克、莫里森小说创作研究 / 唐红梅著 ; 艾晓明指导. -- 中山大学, 2005. -- 281 页

本文以艾丽丝·沃克和托尼·莫里森的小说创作为研究对象,采用美国黑人女性主义文学批评立场,结合后经典叙事学理论,分析了两位作家笔下黑人女性形象身份认同的特征及发展脉络,探讨了创作中黑人女性主体意识与再现的互动关系,认为黑人女性主体意识在两位作家创作中不断增强。同时,两位作家的创作又呈现出不同特征。沃克的创作起步于对黑人种族身份的思考与肯定,但很快就走向了认同

黑人女性精神传统和黑人女性自我，并继之发展为认同跨越种族、性别和肤色的边缘群体，其笔下人物由黑人男性转变为敢于反抗的黑人女性先辈们，再到积极追求自我实现的当代黑人女性。这一发展路径通过重构时间和空间得到具体表现，当代取代历史成为关注之所在，空间日益拓展，在形成开阔的想象空间之同时，叙事的共时性特征也日益突出。而莫里森的创作更多地关注黑人历史，通过不断地探寻历史，莫里森对黑人历史的认识不断走向深刻、具体，由抽象的历史走向具体的事件，最后揭示了历史叙事的虚构性特征，在审视自我内心、种族内部的"他者"与复杂性的同时，肯定了黑人女性在黑人历史发展中的重要作用。与其认识相一致，莫里森笔下黑人女性形象也随之发生了变化，由陷于身份选择困境的黑人女孩成长为自信、自主、认同自我的黑人女性，由历史的受害者，变成摆脱历史创伤、关爱自己的黑人女性，再到敢于面对来自自我、集体、种族内部的邪恶与欲望，审问自我立场和责任的黑人女性，最后成长为积极的行动者。其叙事在时间上呈现出回溯的特征，在空间上突出了地域的社会性，从而获得一种面向黑人群体发言的隐喻效果。在莫里森对"过去"的不断关注、思考、再现中，其叙事不仅接近、认识了历史，也重新阐释、重新书写了历史，反映了黑人女性作家言语的历史感与权威性。

关键词：美国文学　莫里森（Toni Morrison 1931～）　沃克（Walker，Alice 1944～）　女性主义　种族　性别　身份

3620

斯特拉奇与"新传记"：历史与文化的透视 / 唐岫敏著；杨正润指导. -- 南京大学，2005. -- 94 页

本文从历史与文化的视角探究上个世纪在英国两次世界大战期间发生、发展与消亡的"新传记"现象，着重讨论了"新传记"的两个主要特征：反抗维多利亚时代的价值观和重视传记艺术的形式实验，揭示出"新传记"反叛性与实验性关系的本质内涵。全文分为导论、正文三个章节和结束语。导论部分评价了斯特拉奇与"新传记"，描述与界定了"新传记"的内涵与外延。明确在历史语境里考察"新传记"的反叛性与实验性是本论文深入探讨的内容。第一章主题为"'新传记'的历史与思想资源"。这部分考察了"新传记"产生的历史语境，挖掘了"新传记"的三个思想资源：G·E·穆尔的伦理学、罗杰·弗莱的审美思想和弗洛伊德的心理分析。第二章主题为"'新传记'的反叛性"，具体探讨了维多利亚时代的价值观和"新传记"在思想上对维多利亚时代价值观的反抗，以及爱德华时代的社会变化对"新传记"的直接影响。第三章主题为"'新传记'的实验性"，通过考察"新传记"主要作家的传记观，探讨了"新传记"的传记艺术。本文指出，与维多利亚时代旧传记相比，"新传记"的突出特点是主张传记作者的"精神自由"。结束语认为，斯特拉奇的《名人传》之所以能够引发"新传记"的历史现象，思想的反叛性是主要原因，形式的实验性因素是第二位的。

关键词：斯特拉奇（Strachey，Lytten 1880～1932）　传记文学　价值观　英国

3621

拉丁美洲文学汉译与中国当代文学：1949—1999 / 滕威著；戴锦华指导. -- 北京大学，2005. -- 163 页

本文在文化研究的视野中考察中国在 1949—1999 年间对拉丁美洲文学的翻译与接受，揭示翻译与接受过程中的种种误读与错位、改写与挪用，尝试从不同的角度去观照当代中国的文学与历史。论文共分五部分。导论部分主要涉及四方面问题：首先，追溯现代文学史中对拉美文学的零星译介；之后，阐明论文的选题意义；然后，简述论文的写作方法及理论资源；最后，提出论文写作框架。正文第一部分着意勾勒新中国设立西班牙语专业以及开始规模性地输入拉美文学的历史动力与社会机制，分析 50—70 年代拉美文学汉译的策略，试图发现此阶段中拉美文学等同于革命文学这种同一性关系是如何在本土的翻译过程中发生并确立的。正文第二部分试图探讨在翻译政治化、文学政治化被彻底清算之后，曾经在 50—70 年代被高度政治化的拉美文学翻译在 80 年代如何被赋予新的合法性，进而掀起"拉美文学热"，并通过对拉美"文学爆炸"和"魔幻现实主义"的知识考古，试图发现拉美文学在 80 年代的翻译与接受过程中经历了怎样的非政治化的改写。通过揭示与描述种种错位，尝试去揭示 80 年代的"现代化"进程中，翻译与文学的"非意识形态化"如何成为一种新的"意识形态实践"。正文第三部分首先论述 90 年代中国开启的市场化与全球化的历史进程对拉美文学翻译与出版的复杂而深刻的影响，之后以对博尔赫斯的翻译与接受为个案，试图揭示将博尔赫斯书写为"文化英雄"及命名为"后现代主义大师"的话语实践如何参与了 90 年代新的文化领导权的建构。结语部分在简要概述全文之后，试图将对拉美文学汉译历史的考

察同思考中国的自我想像与世界视野的变迁联系在一起,从而切入翻译与文化身份建构的理论问题。

关键词:拉丁美洲　当代文学　文学翻译　魔幻现实主义　博尔赫斯(Borges, Jorge Lnis 1899 ~ 1986)

3622

比较视野中的张贤亮和劳伦斯性爱主题研究／田鹰著；叶华年,孙景尧指导. -- 上海师范大学, 2005. 144页

性爱是文学中永恒的主题。张贤亮的《男人的一半是女人》描写了性成熟而没有性爱的生命苦闷;劳伦斯的《查特莱夫人的情人》则通过展示无性无爱或有性无爱的人生悲剧来盛赞有性有爱的灵肉和谐的爱情。本文正是针对张贤亮和劳伦斯通过文学作品所刻画的人类生命深处的渴望与躁动进行研究和探讨。本文首先通过张贤亮和劳伦斯作品中性爱意识的比较揭示了性对于人类的普遍意义和不同民族、不同文化体制下人们对于性的认识的异同;其次作者运用接受美学、精神分析、女性批评以及民间隐形结构等文学批评理论对他们作品中的男性形象和女性形象、性爱与婚姻和性与政治几个方面分别进行了对比、分析和阐释。在本文作者看来诸如康妮和黄香久的婚姻悲剧具有普遍性,她们的悲剧是由于婚姻制度本身的不完美导致的,而不是某个国家、某种社会制度所特有的产物。作者认为康妮和黄香久对婚姻反叛的主要原因是本能驱使的结果,是渴望生命喷薄而出的激情左右着她们的思想和行为,而非理性的选择。作者还指出对文学作品中性爱主题的研究具有现实意义和终极关怀价值,因为对性爱的否定就是对美和生命的否定。

关键词:张贤亮(1936 ~)　劳伦斯(Lawrence, David Herbert 1885 ~ 1930)　性爱　比较文学

3623

《女声》杂志研究：上海沦陷时期妇女杂志个案考察／涂晓华著；严绍璗指导. -- 北京大学, 2005. -- 156页

论文是关于沦陷时期上海的《女声》杂志的研究。作者认为《女声》杂志不仅是上海沦陷时期女性生活的一份珍贵的历史纪录,而且是了解日本侵华战争时期,中日不对等关系下矛盾交织的文化互动的特殊标本。论文"引言"清理了《女声》的研究现状,确立了推进《女声》研究的问题意识和研究方向。第一章构建了《女声》创刊的舆论氛围,凸显其多重的对比图景。这一部分追述了近代中国的女性报刊小史,并在关注日本占领总的文化政策下探讨了上海沦陷时期日伪统治下的文化结构和话语空间。第二章主要论述《女声》的风格和编辑策略,第三章主要通过杂志的主要栏目论述了《女声》的政治倾向,第四章叙述主编田村俊子与《女声》,第五章叙述关露的《女声》时代,第六章介绍了《女声》的言语空间,从杂志的编辑角度切入,采用文本分析和作品细读等深入文本研究的方法,涉及了杂志人员构成、栏目设定、作者群和编辑策略等方面的内容,全视角呈现出《女声》图影。第七章回到《女声》历史现场,作者将《女声》杂志与同期的《天地》杂志作出比较,通过信箱、戏剧等栏目的分析,进一步揭示了《女声》所表现出的沦陷区话语空间的复杂性及殖民地文化传播的特点,本土文化人及侵略国文化人之间的共同点和互动关系等问题。

关键词:女声　杂志　文学研究　新女性　上海市

3624

绝海中津汉诗研究：日本"五山文化时代"游学派禅僧汉文学的主要成就／丸井宪著；严绍璗指导. -- 北京大学, 2005. -- 166页

本文以日本"五山文化时代"(13世纪至16世纪)中期出生于日本、具有游学中国经历的日本禅僧绝海中津所遗留下来的汉诗为主要研究对象,并通过介绍和分析其生平和文学成就,进一步解释东亚文化与文明的发展过程中所显现出来的中日两国文化互动的基本特点。作者认为,日本"五山汉文学"是日本奈良、平安汉文学与江户汉文学之间上下连接的唯一通道或纽带,对于这种文化现象,只有比较文学这一领域才能够提供一个新的整体把握。本文依据绝海中津的生平轨迹,将其学识修养时期划分为四个时期,即日本修行期、中国江南游学期、归国后活动期和京都住持期,主要探讨其汉诗创作部分。全文分为五章。首先从诗体的选择和意象等表述上分析其美意识特征。作者认为,绝海汉诗因诗体的不同而其风格也有所差异,如五言律诗"清峭",七言律诗"清壮",五言绝句"婉约",七言绝句"高雅"等等。他的汉诗风格特点可以归纳为两个层面:一是充分展现"清幽"风格,自觉摆脱僧诗范畴,二是试图接近"唐诗正统",逐渐增强宗杜意识。作者继而提出,绝海汉诗的这些美意识特征,为日本本土的新文化的兴起起到了重要的作用。中国新的美意识形态以"诗"与"禅"为载体

传入日本,在当时日本知识阶层的心态中占据了重要的位置,日本人的美意识形态也随之开始走"清淡"化的过程。

关键词:绝海中津　汉诗　文学研究　日本

3625

乔纳森·卡勒诗学研究 / 王敬民著 ; 曹顺庆指导. 四川大学, 2005. -- 229 页

本文系统研究了美国著名文学理论家乔纳森·卡勒的诗学思想。认为卡勒的诗学研究可以分为三个阶段:第一阶段核心内容是对结构主义文论的研究;第二阶段将注意力置于解构主义;第三阶段的诗学研究在文化研究的大潮中进行。作者认为,卡勒早年的语言学背景成为他投身结构主义和解构主义文论研究的优势所在,他诗学思想的一个核心基点是对文本和文学符号意义的关注,对文学意义产生和接受机制的"追踪"。"绪论"部分首先描述卡勒简要的生平和学术背景,然后考察卡勒诗学研究的主要论著,揭示出卡勒诗学研究的理路,并初步论证卡勒诗学的体系性,进而分析卡勒诗学研究的意义和研究方法等问题。第一章主要考察卡勒诗学研究的逻辑起点。卡勒先是进入语言学,然后又离开纯粹意义上的语言学范畴,来探究文学语言符号的特性和符号学的学科建设的问题。第二章主旨是"超越文本阐释,走向诗学建构",将那种注重单个文本阐释的分析模式放逐到文学研究的次要地位,主张探索文学意义背后潜在的制约因素和意指过程,从整体上建构结构主义诗学。第三章"解构视野里的诗学探索"是对卡勒的追踪研究。探讨了解构理论在文学阅读和文本阐释中的运用,对解构主义理论在文本意义解读中的创造性价值给予了强调。第四章认为,卡勒开拓性地跻身于各种理论话语的研究之中,在其他理论话语中发现了文学性的统治和胜利,又提出在新的视野中返还文学本身,对文学和文学理论进行深刻的反思,并对文学研究的一些基本问题做了澄清。"结语"通过梳理卡勒留给我国学人的印象,并结合文学理论在跨文化"旅行"的过程中常常求生变异的现实,来分析和归纳卡勒诗学研究提供的借鉴意义。

关键词:卡勒(Culler, Jonathan)　诗学　结构主义　解构主义

3626

多元文化语境下的康拉德研究 / 王晓燕著 ; 方汉文指导. -- 苏州大学, 2005. -- 158 页

本文以 19 世纪末 20 世纪初波兰籍英语小说家约瑟夫·康拉德的文本为研究对象,将其置于多元文化语境下,以比较文学的方法进行研究。作者分别从叙事学、文学的人类学与文本分析等方面,来论述康拉德小说中的文学意蕴。全文分为绪论、正文和结语三部分。绪论部分简述了课题的研究方法、研究目的以及康拉德在国内外的研究现状,进一步指出当前我国学界存在和需解决的问题。正文部分由六章组成。第一章探讨了康拉德生平对其小说题材、风格的影响,同时从康拉德的身份认证和语言选择入手,来考察作家的文化心态。第二章从文学人类学的视野来研究康拉德的文本,指出其文本中表达了文化混杂并存的思想。第三章把康拉德放在纵向文化背景之下,探讨他对圣经和古希腊罗马神话题材的创造性运用,归纳出康纳德文本中几种主要的神话原型模式。第四章探讨康拉德在表述他者时所发出的多元声音,也探究了康拉德对中国这一"异质文化"既好奇又排斥态度,表明作家在通过他者求证自我的过程中所流露出的心理阴暗的一面。第五章重点探讨康拉德的叙事艺术,并通过具体的文本分析来阐述他在叙述者功能、叙述结构和叙述语言方面的创新。结语部分进一步强调了康拉德在文学史上的特殊地位,他对全人类命运的关注、对多元文化混杂交融的包容态度以及采用的辩证叙述策略深化了其文本的文学蕴涵。

关键词:康拉德(Conrad, Joseph 1857 ~ 1924)　文学研究　小说　叙事　多元文化

3627

小说的时间性与现代性 : 以欧洲成长教育小说为中心 / 王炎著 ; 王岳川指导. -- 北京大学, 2005. -- 160 页

论文对成长教育小说进行"谱系学"分析,意在将文学形式作为探讨现代性的一种中介方式,以揭示出现代性时间叙事如何重塑了文学对世界的想象。首先,文章多层面分析了成长教育小说的时间性叙事与现代性话语之间的表象关系,各种小说时间性的研究方式及其在认识论层面上的局限。进而为成长教育小说时间性研究提出新的研究范式:成长的存在论维度和成长教育的生存论时间性。其次,以两个新范式为出发点,揭示出包括巴赫金、卢卡契和墨罗蒂等在内的小说理论家在成长教育小说时间性的研究中存在的问题,即往往局限在认识论的时间性的单向度上,未能展开主体成长的另外两个时间性维度——存在论和生存论的讨论。再次,进入问题的核心——现

代性的时间性研究中,进而力图阐明:从现代主义的认识论时间性叙事,到后现代的存在论空间叙事,这一转化过程中潜藏的错综复杂的深层原因。在分析叙事的存在论因素与认识论的时间性之间张力的同时,深入研究多样性和碎片化的空间性叙事,以及它与存在论哲学思潮之间的关系。这种关系蕴涵在现代性意识形态内部的矛盾之中。最后,梳理出三组重要的叙事关系:现代性与认识论的时间性叙事、存在论与生存论的时间性叙事,以及存在论与后现代空间性叙事。这三组关系既是小说叙事研究的重要范畴,也是现代性研究的可资参照的有效坐标。

关键词:小说 叙事 时间性 认识论 存在论 生存论

3628

论伽达默尔美学对审美现代性的批判 / 王业伟著 ; 刘象愚指导. -- 北京师范大学, 2005. -- 78 页

作为 20 世纪解释学的代表人物,伽达默尔在西方当代思想中的重要地位和深刻影响已为人所知,他在美学和文论领域也具有不可忽视的价值。本文试图通过梳理和分析伽达默尔美学的基本思想和基本概念在哲学现代性的大背景下,深入探讨伽达默尔美学思想对于审美现代性的解析与批判。文章认为,作为哲学解释学的重要组成部分,伽达默尔的美学不仅仅提供了一种理解理论,更通过对于审美现代性的批判,建构了一套以艺术存在论和艺术真理性为核心的艺术理论,为哲学解释学反对以抽象的先验主体性为核心的哲学现代性思想、克服“现代性危机”奠定了基础。本文共分四个部分。第一部分澄清了审美现代性的概念并梳理了审美现代性与解释学传统在海德格尔开启的存在论解释学中相遇的过程,并指出审美现代性中存在着双重矛盾:审美现代性与现代性之间的矛盾及审美现代性内在的悖论。第二部分分析了伽达默尔对于美学传统的解析。本文认为这种解析是在“历史性追溯”和“现象学的概念分析”两个方面展开的。第三部分深入探讨了伽达默尔对于艺术作品存在方式的分析。作者指出哲学解释学美学的最终理论指向,以及它与海德格尔解释学思想的深刻联系和重要差异。否定了将伽达默尔作为以读者为中心文论代表人物的观点。第四部分澄清了伽达默尔艺术真理性的内涵。

关键词:伽达默尔(Gadamer, Hans - Georg 1900 ~ 2002) 美学思想 审美 现代性 解释学

3629

《庄子》英译研究 / 徐来著 ; 谢天振指导. -- 复旦大学, 2005. -- 164 页

本文对近 100 多年出现的《庄子》的英译本中比较重要的译本进行查考,以《庄子》英译本为例,揭示翻译在道家文化与文学西传过程中所起的作用。全文共六章。第一章是绪论,主要交代了论文的起因、之前的研究综述、本论文的意义、目标和方法等。第二章是通过考察各个译本对先秦整个历史政治及哲学氛围的分析、对道家重要人物、著作、思想的评价,对《庄子》文本本身的认识等几个方面,了解译本对庄子思想、道家文化,以及整个先秦时期的总体把握。第三章从《庄子》几个基本概念的译名出发,从译名的选择解读庄子思想在英语世界中被接受的类型及轨迹,关注译名对目的语文化产生的影响和刺激,并揭示汉英、英汉词典中隐含的文化霸权色彩。第四章讨论《庄子》作为文学著作的译介,通过译本对《庄子》文学特点的翻译、英语世界《中国文学史》关于《庄子》的评析,以及英语作家对《庄子》的接受,来了解道家文学在西方的接受和传播。第五章选取三个不同时代、不同国籍、不同身份的译者的译本,寻找不同译本表现出的整体特点与译者身份、翻译动机、翻译策略、目的语文化环境等因素之间的复杂联系。第六章是结语,主要总结本论文所得出的结论,并指出今后进一步补充和深化的研究方向。

关键词:庄子 文学翻译 英语

3630

积极的黑色世界 : 杜拉斯创作主题研究 / 杨茜著 ; 刘象愚指导. -- 北京师范大学, 2005. -- 217 页

本文旨在对法国作家玛格丽特・杜拉斯一生的创作主题进行研究。其创作领域包括小说、电影和戏剧。时间跨度从 1943 年第一部作品发表到 1995 年最后一部作品结束。本文将杜拉斯一生的创作从主题上分为四个时期。第一章论述杜拉斯在第一个时期即 1943—1955 年的创作主题——烦恼,以小说《厚颜无耻的人》、《平静的生活》、《抵挡太平洋的规则》、《直布罗陀水手》和《塔吉尼亚的小马》为重点分析对象。本文认为,从内容上看,几部小说塑造了局限于婚姻家庭而苦恼的女性人物,以及为单调乏味的生活而陷于厌倦情绪中的男性角色;从形式上看,前期作品用相似的时空环境、结构模式和线性时间顺序,以现实主义的风格记叙角色为生存烦恼所包围以及为摆脱烦恼所做的追寻。第二章阐述作家在第二个时

期1958—1968年的创作主题——疯狂,选取了最能代表杜拉斯此时期成就的几部作品,如《英国情人》、《如歌的中板》等小说,以及电影《广岛之恋》作为考察对象。本文认为,杜拉斯在其中基本上表现了三种不同程度的疯狂形态——想象性疯狂、实质性疯狂和破坏性疯狂。第三章分析杜拉斯第三个时期1969—1980年的创作主题——毁灭。这一时期集中了杜拉斯的电影作品,如《恒河女子》、《印度之歌》等。本文认为,在这一时期无论是小说还是电影里都有代表毁灭原则的人物。这一时期的创作具有强烈的政治色彩,作家在毁灭主题中也夹杂重建的愿望。第四章研究作家最后一个时期1980—1995年的主题——死亡,着重分析的作品有《死亡的疾病》、《情人》等。杜拉斯在此期间的叙事作品中,创造了诸多挣扎在死亡边缘的任务。本文认为,作家以此表达了对爱的呼唤。结束语部分对文本内容作简要总结。

关键词:杜拉斯(Duras, Marguerite 1914～1996) 文学创作 创作主题 作品风格 文学研究

3631

叛逆与困惑:中国新生代电影比较研究 / 杨晓林著;刘锋杰指导. -- 苏州大学, 2005. -- 97页

本文认为,中国新生代导演以叛逆形象在国外获得荣誉,但在中国却受到冷落。90年代后期,新生代导演回归传统,皈依主流,以其创作的亮丽人生电影,获得广泛的好评。论文分六个部分。导论先对中国新生代电影研究的现状进行了梳理和评论,然后探讨了建立比较电影研究的可行性,最后确认新生代电影比较研究的对象。第一章介绍新生代电影对西方电影的接受情况和发展概况,阐述了新生代导演与西方电影的渊源关系,介绍了新生代电影的发展概况。第二章论述新生代电影接受西方电影的影响所形成的三个艺术特征:表现边缘人生的黑色电影风格、反思与批判社会人生,突出人性的复杂性、倡导纪实的美学表达方式。第三章分析了新生代电影接受西方电影的原因。第四章论述新生代电影与西方电影的差异,主要有三点:新生代电影表现出了中国90年代的特定时代色彩;表现出对民族电影根性的皈依;表现出“大团圆”式的“和”与西方电影悲剧性的“分”的差异。第五章阐述新生代电影的电影史意义。在此基础之上,本文得出三方面结论:一、新生代电影关注中国当下弱势群体的生存状态,这种人文关怀是在新中国电影史上罕见的。二、新生代电影表现出对审美现代性问题的深刻思考,具有终极关怀的意义。三、新生代电影15年的创作几乎涵盖了西方百年电影史上的大多数主题,成功地借鉴和运用了西方电影的表现形式,使中国电影具有真正的世界性品格。

关键词:电影艺术 新生代电影 接受学

3632

列斯科夫小说文体研究 / 杨玉波著;朱宪生指导. 上海师范大学, 2005. -- 208页

作者指出,尼古拉·谢苗诺维奇·列斯科夫及其创作目前已成为俄罗斯学术界一个热点话题,他与俄罗斯三巨头屠格涅夫、托尔斯泰和陀斯妥耶夫斯基一样,被诸多研究者视为俄国文学史上的一流作家和语言大师。本文认为,列斯科夫创造的小说世界,不可辩驳地证实了他在俄国文学史上的重要地位。研究列斯科夫小说文体是本论文的主旨。本文的绪论部分从题材、主题、艺术形式和基本表现手法等方面简要勾勒列斯科夫小说创作和艺术探索过程,回顾了作家文学声望的变迁以及学术界在列斯科夫研究领域取得的成果。第一章“列斯科夫小说文体论”分别论述列斯科夫长篇小说和中短篇小说的文体类型及特点,总结其小说文体的总体特征。第二章“列斯科夫小说语言论”分析列斯科夫小说语言的基本特征。本文认为杂糅是其小说语言的聚合方式,展示是其小说话语的言说方式,语层渗融是其小说语言的存在方式。第三章“列斯科夫小说风格论”分析列斯科夫小说的主要风格特征。本文结论部分分析了列斯科夫对后世作家的影响及其在俄罗斯文学史上的地位。

关键词:列斯科夫(Лесков, Николай Семенович 1831～1895) 小说 文体 语言风格

3633

中国镜像的明与暗:葡萄牙十六至十九世纪文学中的中国形象 / 姚京明著;谢天振指导. -- 复旦大学, 2005. -- 151页

本文以比较文学形象学为切入点,参照“东方学”理论,选择16—19世纪葡萄牙文学中具有代表性的文本,考察其中中国形象的生成和演变的脉络,探讨作为“自我”(注视者)的作者在塑造中国这一“他者”(被注视者)形象时的想象和认识,同时在平行的比较中,关注中国面对注视者所表现出来的文化心态。本文基本上以时间为顺序,除导言和结论外,共分六章,第一章概述西方对中国的向往和想像、葡萄牙海外扩张的动机和民族心理的构成;第二章论述16世纪葡萄牙人眼里的中国形象,以及对这一形象的利用;第

三章集中讨论费尔南·门德斯·平托(Fernâo Mendes Pinto)狂想式赞颂中国的原因;第四章评述诗人和教士对中国的态度以及欧洲对中国形象的"误读";第五章论及小说家埃萨(Eça de Queiróz)笔下的中国形象以及一些诗人对中国诗歌的翻译;第六章聚焦澳门,考察在澳门生活过的葡萄牙作家如何描述中国。

关键词:文学研究　国家形象　自我　他者　葡萄牙

3634

厄内斯特·海明威与现代性的悖论 / 于冬云著 ; 刘象愚指导. -- 北京师范大学, 2005. -- 99 页

本文将海明威及其文学文本置于美国社会现代化历史进程中充满张力的现代性历史情境中,对海明威本人的两面性、其文学文本的内部张力与美国文化的内部张力之间的互动关系进行阐释。本文分为三章。第一章名为"20 年代美国的商业消费文化与现代性的悖论"。本文主要分析《太阳照样升起》与 20 年代美国的文化构成、现代文学艺术之间的关系,揭示出该文本所蕴涵的清教伦理与消费文化之间的价值冲突,个体在美国社会向工业化、城市化消费社会转型过程中的自我建构与身份焦虑,以及海明威话语的双重性与现代艺术的悖论。第二章名为"美国化的边缘与异域叙事",本文指出海明威在边缘和异域文化空间中的文学书写活动意义在于:其一,召唤反现代社会控制和异化的主体自由和感性解放;其二,在日常生活实践的层面上,海明威的书写活动带动了一种与现代消费社会的商业利益一致的美国式生活方式——运动、休闲和旅游;其三,海明威的文本为读者审视和反思美国社会现代化进程中的白人与少数族裔、主流文化与异质文化、主体价值与生态伦理等问题提供了可能性。第三章名为"精英、传媒、大众合谋打造的海明威神话",通过探讨海明威与美国的大众传媒、大众文化消费活动之间的密切关系,本文揭示出:(1)在美国的商业消费社会中,精英文学如何与商业运营合谋生产大众需要的文化意义和快感;(2)文学生产与资本主义意识形态之间的复杂关系;(3)在后工业化社会中,精英文化与大众文化之间的疆界已经越来越模糊。

关键词:海明威(Hemingway, Ernest 1899 ~ 1961)　文学研究　消费文化　精英文化　大众文化

3635

中英诗学的物我关系论 / 余建荣著 ; 乐黛云指导. 北京大学, 2005. -- 161 页

作者认为,物我关系是主体对生存环境的体认,这种认知是沉默的,因它对同一思想背景下的人们而言,是一个不需讨论的共识。因此要了解、欣赏一国文学的美,先要知悉他们是如何看待这个世界,才能真正走进作者所精心营造的文境中。但因此,物我关系在诗学的探讨中,出现了三大非常值得研究的问题,即各文化背景下的物我观是什么;物我关系如何影响并发展出文学创作模式;物我关系不同的运用,各自所形成的文学特色。本文依照这三大方向,分为五章探讨中英诗学中的物我关系。作者首先从中西神话和圣经与老庄之道入手,溯源中英物我观的思想背景,并从神话与哲学的分析中,说明中英的物我概念。接着以中英的物我观为基础,解释中英为什么发展出不同的文学创作模式及其生成动因,再以中英文论比较中英创作模式的差异及最终达到的审美境界。最后,借英国的象征隐喻和中国的比兴中物我关系的运用,一方面验证中英文论中所指出的观点,一方面剖析这些文学文学修辞学的特色与本质,进而由交叉比较中,提出个人从物我关系出发研究所获得的心得。

关键词:比较诗学　诗歌　文学研究　英国　中国

3636

第一部汉译英文小说《昕夕闲谈》 / 张卫晴著 ; 周发祥指导. -- 中国社会科学院研究生院, 2005. -- 118 页

作者在第一章中简单介绍了西方小说传入中国的历史背景:鸦片战争之后国人开始反思,究竟是什么原因导致了我们在这场战争中的惨败? 这种反思也相应地引起了我们对西方社会的好奇,因此西方小说开始传入中国。西方小说传入中国之初是以上海为主要基地,这一方面是因为上海是通商口岸,其居民对洋化生活的接受力较强,另一方面也是因为上海社会当时存在着一股学习英语的热潮。当时译介西方小说的主要载体是《申报》副刊。第二章重点讨论了英国作家利顿及其小说《夜与晨》,也就是《昕夕闲谈》的原作。作者认为利顿的《夜与晨》以犯罪问题为切入点,揭示平民犯罪和贵族犯罪的种种社会根源,呼吁学习法国革命,废除特权制度,建立人人自由平等的新社会。在第三章中,重点讨论了蠡勺居士和其译作《昕夕闲谈》。作者认为,利顿《夜与晨》中的观点引起了蠡勺居士的同感,他在充分尊重原作的基

础之上，在其译作《昕夕闲谈》中融入了较多的中国特色，包括译作结构的章回化，专名、数字汉译法，异国事物中国化等，其中也包含了较多的增译、减译、改写和反译。第四章重点透视译者的翻译观。作者指出，蠡勺居士的《昕夕闲谈》中既有文化和结构的忠实观、达雅观，也有关于读者身份设定、读者文化习俗的读者中心观。第五章讨论利顿小说及其译本的影响。作者认为，蠡勺居士的《昕夕闲谈》深受利顿的《夜与晨》的影响，这种影响不仅反应在作品内容上，也反应在作品中渗透出来的小说功能观和作者的革命观上。

关键词：文学翻译　昕夕闲谈　小说　文学研究

3637

中国现代悲剧观念的生成流变 / 章池著 ；刘锋杰指导 . -- 苏州大学, 2005 . -- 157 页

本文认为中国现代悲剧是一个在西方悲剧影响下发展起来的、有别于中国传统悲情戏曲的概念。"现代"与其理解为时间的限定，不如理解为性质的界定。论文正文分为四章，将悲剧在中国从引进到确立、衍变的整个20世纪的发展历程作为研究对象，采用历史梳理和现象分析相结合的研究方法，以史为线，在历史的梳理中分析中国现代悲剧观念的流变过程和基本状况、整体特点，以现象为点，选取有影响的观点、作品、现象作相应探讨。本文在对20世纪中国现代悲剧观念作具体研究的同时，也对悲剧在中国孕育、生长中所出现的种种现象或问题，从思想文化的层面上进行了考察。作者认为，相对于传统文化的浸润和时代倾向的影响来说，动态而开放的多元化思维方式，尤其是作家独立深刻的主体精神和思想的养成，在中国现代悲剧的发展中更具有决定性的意义。

关键词：悲剧　悲剧意识　曹禺(1910～1996)　郭沫若(1892～1978)

3638

突围与回归：文化碰撞与融合语境下的郁达夫 / 赵艳花著 ；高旭东指导. -- 山东大学, 2005. -- 107 页

将郁达夫放在中西文化碰撞与融合的历史语境下，从最能突显其个性的四个方面，即自我形象、知识分子品格、情欲观念、性别意识入手，探析了中外两种异质文化在郁达夫内心的融合与碰撞，厘清了郁达夫对传统文化、外来文化的选择与扬弃，解读了上个世纪处于传统与现代转型时代的中国知识分子的内心矛盾与艰难选择。指出郁达夫通过将个人生活文学化，最终树立起一个想象中的自我，这一自我是道森身上表现出来的西方世纪末性格、罗亭等人身上表现出来的俄国多余人性格与黄仲则身上表现出来的中国传统名士性格的整合，其中，中国传统名士性格构成了这个自我形象的底色。一方面，郁达夫接受了西方民主观念与启蒙理性的影响，将中国社会现实和国民性作为抨击的对象，表现出现代知识分子的批判意识；另一方面，他又受到儒家文化与佛道文化的影响，赋予他深切的忧患意识、舍生取义的道德操守与功利性的文学价值观，使他具有强烈的虚无意识，并崇尚自然。郁达夫在作品中将自我的情欲本能作为描写的对象，但传统禁欲主义思想的影响又使其充满罪恶感，为了缓解内心的道德焦虑，作品的显性层面和隐性层面表现出强烈的忏悔意识。郁达夫的忏悔意识受到了来自基督教忏悔意识和中国传统自省理性的双重影响。郁达夫笔下的女性是作为欲望符号存在的，她们大致可以分为妖妇型与天使型两种，前者无一例外地受到了男性作者和男性主人公的惩罚，后者得到了他们的肯定与赞赏。对妖妇型女性欲迎还拒的态度表现出郁达夫对西方现代文明的矛盾心态，对天使型女性的认同则代表了他内心向传统文明的回归。

关键词：郁达夫(1896～1945)　文学思想　自我　情欲　女性

3639

王蒙小说与苏俄文学 / 朱静宇著 ；方汉文指导. 苏州大学, 2005 . -- 125 页

作者认为，近百年来苏俄文学与中国文学关系密切，原因有二，一是由于两国相近的经世致用的文学传统，二是由于十月革命的胜利，使得中国政治界和文学界皆向苏联学习。这就使得中国文学无保留地向苏俄文学倾斜，并造成了20世纪50年代空前的苏俄文学的译介热潮。正是在这一背景下，王蒙受苏俄文学的影响，并在创作出表现出很浓的苏俄情结，几乎是别无选择。本文分为上下两篇。在上篇思想篇中，论文从少共情结与英雄史观、人道主义与人性异化、面向生活与揭露矛盾、历史反思与理性精神这四方面综合阐述了苏俄文学对王蒙创作思想的影响。在下篇艺术篇中，本文从文体探索与语言个性、心理描写与叙述视角、文学多元与艺术渗透这三方面探讨了苏俄文学对王蒙艺术上的影响。作者指出，托尔斯泰、契诃夫等文学大师的艺术探索精神，果戈理、契诃夫等的幽默反讽的语言特色，艾特玛托夫的心理时空

的叙述模式,陀思妥耶夫斯基、托尔斯泰等大家那种既是流动又是理性的内心独白,苏俄作家常用的以梦境与幻觉刻画人物心态的表现手法,以及苏联作品中的人物视角的叙述模式,都对王蒙的文学创作产生过不同的影响。

关键词:王蒙(1934～)　小说　文学研究　俄罗斯文学　苏联

3640

美国生态文学研究 / 朱新福著 ; 方汉文指导 . -- 苏州大学, 2005 . -- 185 页

本文以生态批评为理论支撑,以美国文学的历史发展为线索,采取跨文化、跨学科、文本阅读和史论相结合的研究方法,通过阅读美国经典作家的作品,探讨了从殖民地时期到后现代时期美国文学中的环境意识和生态思想,指出了生态文学研究的意义和影响。正文分五章。第一章对早期美国殖民地时期文学作品中的生态描写进行研究,指出这些生态描写的目的是弘扬基督教教义、构建清教神学思想和美国国家意识。第二章对美国浪漫主义时期以爱默生、梭罗等为代表的生态思想进行研究,指出他们不仅是细心而热情的自然观察者,而且是自然界各个部分应该协调一致的生态学思想表述者。第三章以生态批评的观点阅读了现代经典作家的作品,如海明威的《老人与海》和福克纳的《熊》等,揭示人类与自然、人类与现代文明的关系,阐述现代人们渴望回归自然、保护环境的愿望。第四章探讨了后现代作家 W.S.. 默温、加里·斯奈德和唐·德里罗等在作品中表露出的强烈的生态保护思想和环境意识。第五章指出生态女权主义批评是生态文学批评的一个重要组成部分。

关键词:生态环境　文学批评　文学研究　美国

英语语言文学

3641

二语词汇应用能力及其与二语写作质量的关系 / 鲍贵著 ; 丁言仁指导. -- 南京大学, 2005. -- 193 页

该文试图构建一个二语词汇应用能力的理论框架,并以二语作文为材料,验证该理论框架并确立该项能力与二语写作质量关系之强弱。作者将二语词汇应用能力分为词汇的丰富性和词汇搭配。词汇丰富性包括词汇的变化性、词汇密度、词汇的复杂性和独特性;词汇搭配包括实词搭配、语法搭配和习语。作者首先用数据验证了二语词汇应用能力理论,并在此基础上建立词汇丰富性和词汇搭配与写作质量的关系以及整体意义上的二语词汇应用能力与写作质量的关系。研究假设为:词汇的丰富性和词汇搭配都直接影响写作质量;同时词汇的丰富性还通过词汇搭配间接影响写作质量。基于统计结果,文章又对高分者和低分者的词汇搭配的差异性进行探讨,分析研究学习者在词汇搭配应用能力方面存在的问题。研究结论是:一、二语词汇应用能力的结构框架得到验证。二、词汇丰富性影响二语写作质量的路径系数为 0.42,可解释 18% 的写作质量变异,二者的关系呈中等程度;词语搭配影响写作质量的路径系数为 0.27,仅可解释 7% 的写作质量变异,与二语作文质量的关系较弱;词汇丰富性可通过词汇搭配间接影响二语写作质量,其路径系数为 0.18,可解释 3% 的写作质量变异;就整体意义上的二语词汇应用能力对写作质量的影响而言,二语词汇应用能力可解释 28% 的写作质量变异。三、无论在实词搭配的量还是质(体现为低频搭配的使用)的方面,高分者和低分者没有呈现显著的差异。四、词汇搭配主要通过语法搭配的使用对写作产生影响。

关键词:英语　写作　词汇　语法

3642

现代汉语被动式原则与参数模型 / 曹道根著 ; 褚孝泉指导. -- 复旦大学, 2005. -- 193 页

作者首先提出了国内目前对被字句的研究存在的缺陷:仅仅局限在对被字句的结构描写上,缺乏理论的生成。而目前国外对汉语被字句的研究多采用乔姆斯基的转换生成语法,研究历史已久,但在以下几个方面的问题仍有待解决:保留宾语现象,汉语"被"字的语类特征及句法地位,领有名词提升现象,接应代词现象,零主语被字句,兼语被动式,无标被动句。为了研究上述问题,本文运用功能和认知语言学方面的知识,构建了现代汉语被动式的生成模型。这一模型主要包括以下四个参数:空动词、汉语零形式被动语素、汉语被动化功能语类、右嫁接和致使性非限定时态短语。模型在对汉语形式被动句、领属被动句以及兼语被动句的生成解释上体现了其优越性。同时作者将无标被动句的句法生成和被字句的句法生成统一考虑,指出无标被动句中的受事主语句不同于受事主题句,受事主语句是被动句而受事主题句不是。继而作者着眼于汉语中接应代词的指称情况,对

其进行了深入的考察，在遵守约束理论的前提下，提出了两种解释方案。

关键词：现代汉语　被动句　句型　句法

3643

翻译描述中的"语域"分析：英汉虚构类翻译平行语篇的"语域"分析模式 / 柴秀娟著；胡壮麟指导. 北京师范大学，2005. -- 219 页

文章首先界定了基本概念，然后对前人相关研究成果进行了梳理。作者从理论上的普遍性出发，论证语域分析与翻译描述的理论相关性，并基于这种相关性和翻译描述的具体内容及要求，对以前语域的相关理论进行综合评价，指出"语域"概念界定标准的不统一、语境和语言功能理论阐释上的过度概化、语域分析中实例化过程和系统化过程的模糊处理以及对相关参与者认知过程的忽略，是制约语域分析理论和实践发展的重要因素，也是把语域分析应用于翻译描述中必须面对的问题。作者认为，"语域"和"语类"涵盖相同，都是用来指语言系统中的社会语义系统，同时也是一种参与者的认知图式结构；但在使用中，前者是出于系统的视角，后者是实例视角。所以，文章提出"语域"分析的新框架，其中包括系统视角下的语类分析和实例视角中的语域分析。在此基础上，作者阐释了虚构类语篇的"语境"化过程及其"互文"关系的识别过程，并探讨了平行语篇与翻译行为之间的关系，翻译"对等"和"转换"概念在"语境"分析框架的定位和解释，由此建立平行语篇描述的综合"语域"分析框架及其基本分析步骤。最后，作者探讨了"语域"分析基本框架在平行语篇描述中的应用性问题，并提出了一些初步的建议。

关键词：翻译　语篇　语境　英语　汉语

3644

语篇连贯：言语行为模式 / 陈海庆著；张绍杰指导. -- 东北师范大学，2005. -- 235 页

作者在分析了与语篇连贯相关的各种观点的基础上提出，连贯是多层次的概念，体现为语义层面、语用层面和交际双方的心理互动层面，这三个方面的连贯形式完全可以纳入言语行为理论的框架内进行分析和研究。在第二章，作者首先对 Austin 言语行为理论的起源、意义，以及 Searle 等人对该理论的修正和发展作了重点阐述。其次，阐释了有关语篇的重要概念，包括语篇的定义、语篇的功能、语篇的性质，以及语境在语言交际中的作用和意义，然后，分析了西方语言学家和有关学者在语篇连贯方面的理论。在第三章，作者提出了语篇连贯的言语行为模式，认为语篇是一个完整的言语行为，并从其三个次行为，即言内行为、言外行为和言后行为的层面上界定并分析了连贯的特点、机制、认知关系及它们之间的逻辑关系。从第四章到第六章，作者分别讨论了三个层面上的连贯机制和特征。在言内行为层面上，连贯主要是由于语言语境内的非结构关系、结构关系和语音衔接等有形标记所形成的；在言外行为层面上，连贯通过非语言语境在语用推理过程中形成；在言后语言行为层面上，连贯是在一定的语言语境和非语言语境中通过话语产生者和接受者双方的心理互动来实现。第七章，作者重申了言语行为模式中语篇连贯研究的重要意义、语篇连贯的特点和机制，指出了研究中所涉及的问题，提出了今后研究的建议，并强调言语行为理论不但关注语言现象，还关注语言之外的现象。

关键词：语言交流　语篇　语境　言语行为

3645

论哈罗·品特戏剧双重性的创作内动力 / 陈红薇著；何其莘指导. -- 北京外国语大学，2005. -- 213 页

本文从作家与文本的角度出发，阐释哈罗·品特早年形成的双向视角是如何成为他在戏剧创作上的内动力，从而导致了其作品在主题和风格上的双重性特点，并最终决定了品特在战后英国戏剧史上的独特地位：虽不同于占大多数的政治剧作家，但却又能在英国主流戏剧舞台上处于领导地位。该论文共分五章。第一章探讨品特早年形成的双重视角。通过探讨他在二战前后和 Hackney 青年时期的经历，向人们证明，正是这些经历导致了品特后来戏剧创作上的双重视角：一方面，这段经历使他终身关注于折磨、背叛和罪疚等心理现象（即人类社会关系的内在现实）；另一方面，它也促成了品特对现实中权力和暴力关系的社会性（外在性）视角。第二章讨论品特作品中的政治主题，这个主题反映的是权力"游戏"与道德审视。第三章探讨了女性主题，反映了品特作为作家和男性的两个声音。第四章探讨的则是家庭主题，其间反映了品特永远的矛盾心理。第五章分析了品特作品体现的内在现实主义和记忆性话语。在结束语中，作者讨论了哈罗·品特与当代英国话剧的关系。指出品特对社会内在现实的关注和超然于意识形态以外的道德愤怒，使他最终拥有与时代声音相共鸣的地方，这也为什么品特几十年来一直与众不同却能代表主

流的根本原因。

关键词：品特（Pinter, Harold 1930～）　戏剧创作　戏剧文学　英国

3646

口译交际过程中的跨文化噪音：来源及降噪途径／陈菁著；连淑能指导. -- 厦门大学，2005. -- 205页

本文通过聚焦口译交际过程中的跨文化噪音，从跨学科角度系统地探讨了口译中的文化因素。第一章主要阐述了研究的目的和方法，并通过语言与文化、文化与翻译学，以及文化与语言学等相关研究领域的理论的梳理，论证本研究的意义。第二章从口译的任务和特性着手，论述了口译的跨文化交流本质，指出口译是两种语言与文化之间的职业交际行为，译员与交际环境之间存在互动关系。并说明跨文化噪音对整个交际过程形成障碍。第三章对口译交际过程中跨文化噪音的定义、来源和影响进行了探讨。着重指出，噪音主要源于原语文本和语境两个方面。第四章通过定义交际行为的主体、客体和规范，试图建立一套降低口译中跨文化噪音的理论框架。第五章则围绕第四章建立的理论框架，提出了一系列降低口译中跨文化噪音的策略。

关键词：翻译　口译　跨文化交际

3647

Henry James's Conception of Art and Its Moral Consequences／陈丽著；刘乃银指导. -- 华东师范大学，2005. -- 179页

本文从艺术无为和艺术作为、艺术的距离感和情感投入的角度分析了詹姆斯作品中艺术对道德的影响。首先，文章探讨了詹姆斯作品中艺术无为与道德的关系，就詹姆斯如何看待佩特艺术无为的理论作出了新的阐释，文章认为，在艺术无为的原则对道德有何影响的问题上，詹姆斯的态度是复杂的，他认为这一原则鼓励追求艺术享乐，从而可能导致道德的堕落和自我主义，但他渐渐意识到，艺术无为可以为人提供一种人生的自由感；同时，佩特的理论强调敏锐的观察和对新事物的吸收，这对詹姆斯来说也是作出正确的道德判断的基础，因而詹姆斯认为，艺术无为会促进对道德的更深刻的认识，形成更高的道德感。而后，讨论了詹姆斯如何看待艺术创造与道德的关系，作者指出，詹姆斯强调艺术不是对某些文学的陈词滥调和世俗观念的重复，而是要通过艺术形式赋予生活意义，展现生活的价值；他认为，艺术家往往会被头脑中一些文学的陈词滥调和世俗观念所控制，用它们代替艺术的形式，并使生活符合这些现有的模式，这时，艺术控制与操纵就导致不可原谅的自我主义和专制，而当艺术的控制与操纵真正赋予了生活形式与意义，把生活提高到艺术的完美状态时，艺术的操纵和控制虽然不可避免但可以原谅。最后，本文从艺术的距离感和情感投入的角度讨论了詹姆斯作品中艺术与道德的关系，认为在詹姆斯的作品中，距离感在艺术审美和艺术创作中都会导致对道德的漠不关心和自我与他人的分离，而只有将艺术的距离感和情感的投入结合在一起，才能避免由艺术的距离感所引起的道德上的冷酷无情；能否达到艺术的距离感和情感投入之间的平衡对保持道德感至关重要。

关键词：詹姆斯（James, Henry 1843～1916）　艺术理论　艺术美学　道德

3648

中国大学生在全国英语专业四级口试中过去时使用的研究／陈萱著；丁言仁指导. -- 南京大学，2005. -- 220页

本研究试图通过对规则、不规则动词过去式正确率以及影响因素的对比，探讨两者在生成过程上的异同。其研究框架是，从动词本身、动词所在的口试任务，以及学习者个人的口语水平三个方面入手选择比较适合口语研究的因素。这些因素包括动词的语音凸现度、语法意义、动态性、时间状语、动词位置、任务类型，以及学习者的口试得分、流利度和冠词使用正确率。研究所用语料来自从南京大学所建的中国学习者英语口语语料库随机抽取的两组共65名学生参加2001年口试的录音材料，以及根据录音转写成的文本。研究者根据过去时使用的正确率给每个动词打分，并根据所要研究的因素对每个动词进行标记。这些数据用软件SPSS12.0保存，各类词的数目用WordSmith工具软件进行统计。此后的统计数据分两个步骤：(1)确定对动词过去式正确与否有影响的因素；(2)测量这些因素对动词过去时使用准确性的预测力，并比较不同因素预测力的大小。研究结果如下：(一)在65名学生中，有7人的正确率高于95%，说明掌握这一语法点的可能性是存在的；(二)不同因素对学生过去时使用的正确率的影响不同；(三)对实义词而言，与动词有关的因素总是比与任务或学生有关的因素对动词过去时使用正确率的预测力要强；(四)与对实义词的影响相比，各种因素对助动词和系

动词的影响有同有异。

关键词:英语　口语考试　动词　时态　过去式

3649

语言文化认同规约下的词汇借用与异化翻译 / 陈燕著 ; 连淑能指导. -- 厦门大学, 2005. -- 284 页

论文从语言文化认同建构的角度探讨英语和汉语的词汇借用现象及翻译中的异化策略,主要回答两个问题:英语和汉语借用词汇的方式为什么存在巨大的差异?译文异化受什么制约?文章采用描写与解释相结合的方法,通过大量案例分析,从语言、历史、社会心理等多个角度探讨语言文化认同的性质、行成模式、建构缘由及作用,揭示语言文化认同在某些接触情形中对语言使用者的影响和制约。为此,文章从建构的过程和认同的对象等角度对语言文化认同进行探讨,认为语言文化认同的建构受到强势语言和权力关系的影响,因此可以将建构语言文化认同的缘由分为:合法性的语言文化认同、拒斥性的语言文化认同和计划性的语言文化认同,这三种认同的关系是动态的,一种认同可能演化为另一种认同。文章还从汉语 1949 年以来在音译词方面的历史发展的角度着重探讨了母语语言文化认同。认为汉语对音译词的抗拒不仅仅与汉语的表意性有关,而且受特定历史条件下所建构的语言文化认同的影响和制约。并认为,在现今,异化翻译成为总的趋势,不是因为西方语言在词汇、表达法、语法等方面优于汉语,而是出于对外来语言文化成分的理解与尊重,主张在译文中保留外语语言文化的特色。因此,异化翻译也是有限度的。

关键词:英语　汉语　词汇　借用　翻译　语言文化　异化

3650

第一人称认识性插入语的演化 : 语法化与比较视角 / 程丽霞著 ; 连淑能指导 . -- 厦门大学, 2005. -- 270 页

作者针对近年来日益引起语言界广泛关注的插入语成分进行研究,在提出自己的理论框架和对前人的研究进行文献综述后,开始对认识性插入语的演化给出自己的解释。作者把第一人称认识性插入语分为"第一人称 + 思维动词","第一人称 + 言语行为动词","第一人称 + 感官动词"三大类。在每一类下,作者都按照以下的思路着手进行研究:首先对英、汉语中本类认识性插入语的语用分布、功能及语法属性进行简要解释,继而分别对英语和汉语中本类认识性插入语的演化用具体例子给出说明,最后根据从三类研究中得到的共性的和个性的信息对两类语言中第一人称认识性插入语的演化作了比较研究。作者认为,插入语成分语义上它已不同于原始结构式的字面意义,而是用来表示说话者的认识情态即对命题的主观判断和个人态度。第一人称认识性插入语由"第一人称 + 动词原形"构成,在日常会话中经常出现。因此运用语法化和比较研究的方法对此进行历时的回溯与比较。作者还认为,语法化研究的最终目的是对语法现象作出解释和预测,以往的语法化研究集中在词汇层面,因此尝试对结构式的演化进行语法化的推测和假设,从而得出结论:英、汉第一人称认识性插入语的原始结构的演化呈现一定的规律性,由原来的内容义发展为内容义和程序义并存直至最后的程序义。语言之间的差异有时不能仅仅通过共时层面的研究获得,还应该通过历时层面的比较研究获得。作者通过这些研究方法得到这样的结论:语言在共时层面上显现的共性和个性往往是历时作用的结果。

关键词:英语　汉语　插入语　语法

3651

历史的叙述与叙述的历史 : 拜厄特《占有》之历史性的多维研究 / 程倩著 ; 申丹指导. -- 北京大学, 2005. -- 154 页

本文采用叙事学、神话原型、女性主义文论及巴赫金的对话主义等多种批评理论,对拜厄特的小说《占有》故事与话语的双重历史性展开多维研究,揭示出作品之历史性的独特性和丰富性,并挖掘以往被忽视的诸多层面的隐含意义和有机关联。本文正文部分共分四章。第一章采用叙事学的方法分析《占有》的历史性,提出了《占有》的故事结构具有三个虚构的历史时空。然后运用叙事学的基本理论,从叙事层次和叙述节奏、叙述视角和叙述声音等方面来分析拜厄特的虚构历史叙述策略。第二章从互文对话的角度切入《占有》的历史性研究,着重探讨作品中不同时期的虚构历史内容及其相应叙述形式之间的历时性对话。第三章通过神话原型解读,探讨穿插于《占有》中的大量神话和童话故事对整个作品的重要结构性意义和价值参照作用。第四章在女性主义批评里融进历史视野,并结合叙事理论来分析《占有》所表现的女性生存意象及其丰富的女性主义意味,评述拜厄特对女性生存的历史性思考,以及她对女性主义批评的理论回应,认识这种女性历史叙述的独特性和深刻性。

关键词:拜厄特(Byatt,A.S.)　小说　文学研究

叙事　女性主义

3652

《喜福会》的人物话语和思想表达方式：叙述学和文体学分析 / 戴凡著 ；黄国文指导. -- 中山大学, 2005. -- 208 页

论文从叙述学和文体学的角度研究美籍华裔作家谭安美的小说《喜福会》中 4 个完整小故事的人物话语和思想的表达方式。论文进行文体分析的基础是系统功能语言学理论框架中的三大纯理功能、评价理论、格律等概念。第一章介绍研究的理论背景、研究目的、研究方法和语料。第二章对叙述学和文体学在叙述视角、人物话语和思想表达方式方面的研究综述。第三章建立论文的理论框架,重点介绍系统功能语言学的相关概念和功能文体学对人物话语和思想的研究。第四章结合第一叙述者的叙述眼光研究人物的话语和思想以及相应的评价。第五章重点分析各种话语和思想表达,尤其是同时具有心理过程、言语过程和行为过程特征的动词的思想的表达方式,解释他们如何保证第一人称叙述者进入其他人物内心的可靠性。第六章探讨视角和话语、思想表达方式及其在叙述中的突出文体特征。研究表明:叙述学和文体学相结合和理论框架对《喜福会》四个故事中各类人物话语和思想的表达方式在宏观和微观两个层次上分析具有相辅相成的作用,充分表达了故事中的三个主题。同时,系统功能语言学对情景话语的强调、及物性系统中的尤其是心理过程对第一人称叙述者进入他人内心而没有导致视野越界的现象极具说服力,为语篇分析提供了强有力的工具。

关键词:小说　《喜福会》　人物语言　叙述学　文体学

3653

康拉德小说的空间艺术 / 邓颖玲著 ；宁一中指导. 湖南师范大学, 2005. -- 173 页

论文从空间的角度对康拉德的三部经典之作《吉姆爷》、《诺斯托罗莫》和《秘使》进行了探讨,认为这三部作品代表了康拉德以空间艺术进行创作的最高成就。论文试图通过对这三部小说空间形式的解读,探寻出康拉德极独特的创作手法与他的作品思想主题、美学价值、反映的意识形态等的内在关联性,从而对康拉德的小说提供一种新的理解。第一章对现代文学中的空间理论形式进行了梳理,并分析了以空间形式理论分析康拉德小说的可能性。第二章考察了康拉德小说中以时间的变形表现的空间形式,认为康拉德采取了凝固时间的手法来增强小说的空间性。第三章论述了并置手法在康拉德小说中的运用。第四章探讨了印象主义创作手法在康拉德小说中的运用。最后一章从审美和认识论的角度对康拉德小说中空间结构艺术进行了探讨,认为康拉德通过空间化技巧将小说从时间的延续性、因果律的牢笼中解放出来,呈现给读者以建筑体式的立体世界,空间形式的美学意义也就从小说本身的形式技巧中凸现出来。

关键词:康拉德(Conrad, Joseph 1857 ~ 1924)　小说　印象主义　空间

3654

威廉·加斯的元小说理论与实践/ 方凡著 ；杨仁敬指导. -- 厦门大学,2005. -- 190 页

威廉·加斯同罗伯特·库弗、唐纳德·巴塞尔姆一起拥有小说缪斯的称号,在美国后现代文学中占有重要的地位。本文着重探讨威廉·加斯这位难懂而有出色的作家的后现代主义观点、文学创作、对文字的关注以及他在作品、作家和读者作用方面的哲学观点;揭示作为首次提出"元小说"一词的加斯如何力求在"小说死亡"和"文学枯竭"的后现代信息时代推动和发展美国元小说的理论和实践。本文由绪论、四章和结束语组成。绪论部分探讨了 20 世纪 60 年代以来美国元小说的起源和特点,以及加斯的成长背景和过程。第一章深入探讨了元小说和后现代主义之间的联系。第二章探讨了加斯作为一个文字哲学家如何从理论和实践上宣称小说就是一个文字的世界。第三章着重研究后现代结构张力,即结构与反结构的概念背景下加斯的叙述技巧理论与实践。第四章深入研究了加斯对于有自身价值的小说、作为方法论者的作家,以及作为表演者、听众和构建者的读者等元小说观点。结语部分深入评价了威廉·加斯的后现代视野和艺术革新,指出他在当今美国元小说界的重要地位以及在战后美国文坛的影响。

关键词:加斯(Gass, William)　小说　后现代主义

3655

言据性的系统功能研究 / 房红梅著 ；朱永生指导. 复旦大学, 2005. -- 125 页

言据性是指说话人对信息 / 知识来源以及对信息 / 知识可靠程度的说明。本文旨在系统功能语言学的框架下探讨言据性问题,其所涉及的系统功能语

言学，既包括韩礼德的系统功能模式，也包括新兴的、被视为系统功能语言学新发展的评价理论。作者认为，言据性研究和系统功能语言学在研究言据性语言现象方面是可以相互补充的，系统功能语言学的理论框架与成果可以改善言据性研究目前的研究状况。本文从言据性的本质及其人际功能两个方面探讨和证明这一点。本文共分六章，第一至三章主要介绍言据性的概念、分类、研究历史与现状等。第四章主要是根据系统功能语言学的理论来探讨言据性的本质问题，着重于以下四个方面：(1)言据性揭示了语言、语言使用者、世界这三者之间的互动关系，反映了语言使用者对世界的认知角度；(2)言据性在本质上是主观性的；(3)言据性是一种动态而非静态的语言现象，反映说话人与听话人在特定语境中动态的语言交流；(4)言据性体现语言的人际意义，协调交际双方的人际关系。最后，作者做出了一些尝试性的结论，同时也指出了本文尚未解决、有待以后解决的一些问题。

关键词：功能语言学　语言学　英语　系统功能

3656

新闻报导中语法隐喻的系统认知研究 / 高明强著；朱永生指导. -- 复旦大学, 2005. -- 137 页

本文通过整合认知科学与语言的语法系统来研究隐喻，以构建一个通过语法隐喻来阐释现实世界的框架体系。作者认为，对隐喻的研究不能停留在理论层面上，而应该通过分析语篇将实践与理论结合起来。本文中的例证全部取自新闻报导，并且认为语法隐喻是新闻报导中语义生成和解读的重要方式，语法隐喻在语义潜势的认知处理和词汇语法构建过程中发挥着重要的作用。全文共分六章。第一章简要回顾了隐喻研究的历史，介绍了隐喻研究的现状、相关学科、理论及研究目标。第二章提到词汇隐喻和语法隐喻既有共性又有区别，并且指出，在语法隐喻研究方面，可以把认知科学和系统功能语言学有机结合起来。第三章主要叙述了语法隐喻化的信息构建方式在新闻体裁的语篇中所具有的特殊作用。第四章主要研究了语法隐喻的机制和动机，并开始构建语法隐喻的系统认知解释框架。第五章则主要研究了小句层面上人际和语篇纯理功能语义潜势的语法隐化体现过程。第六章中主要阐述了语法隐喻研究与认知科学和系统功能语言学的关系。文章认为仅仅选取新闻报导的角度来研究语法隐喻，虽然有着局限性，但也有一定的代表性，因为新闻报导与人们的社会生活和交往密切相关，在引领人们的认知方式的变化方面具有不可低估的作用。

关键词：新闻报道　语法　隐喻

3657

后现代语境下的福克纳文本 / 管建明著；张冲指导. -- 南京大学, 2005. -- 222 页

作者指出了现代话语和后现代话语之间的差异和延续性，并选择它们之间的差异性作为重新审视福克纳文本的视角。论文从三个方面揭示福克纳文本中的后现代倾向，这三个方面是：福克纳在重建人类社会中终极精神价值的过程中所表现出来的质疑，对于南方种族主义文化语境下种族身份的文化建构和主体身份认同中的分裂，以及在构建南方历史的过程中所表现出来的历史真理的不确定性。在引言部分，作者确定论文的研究定位、介绍了研究的缘起和研究的方法。第一章主要论述 20 世纪初处于急剧变化的南方社会中，福克纳对于人类社会中终极精神价值的追求，突现这样一个悖论，即现代主义文学家在尝试各种先锋技巧表现破碎化的世界的同时，又在竭力想赋予破碎化的世界以秩序，追求一定的"深层模式"。第二章主要探讨"我是谁"的问题，其主要任务是探索处于种族身份的形成，并由此引发出南方社会中种族主义的意识形态对于种族身份的外在性决定作用和主体对于种族身份内在性认同的思考。第三章主要论述福克纳对于重建南方历史所表露出的对于历史真理的客观性的质疑。在结论部分，作者强调，后现代话语的引入，使我们可以从一个崭新的视角重新审视福克纳的文本，并揭示以前的批评视野中未曾揭示的一些层面。但它仍然需要结合现代视角和其他视角，才能丰富我们对于福克纳文本的认识。

关键词：福克纳(Faulkner, William 1897～1962)　现代主义　后现代主义　文本　文学研究

3658

中西比较语境下的文化翻译批评理论 / 胡德香著；张春柏指导. -- 华东师范大学, 2005. -- 209 页

论文分五章，试图在比较中西翻译标准与翻译批评的基础上提出一种新的理论模式。第一章为中西翻译标准及翻译批评的理论综述。第二章讨论中西翻译标准的异同。文章认为，两者相同点在于：两种传统都起源于宗教翻译；两种传统标准都有很强的规定性和主观性，旨在为译者或评论者提供可执行的标准；都经历了相同的发展轨迹，从传统的忠实原文为

最终标准的片面模式发展到多元化方向。但是中西翻译标准的思想在数量、发展时期与理论深度上存在差别。中国的感性标准和西方的理性分析之间具有差异。中国的基本概念混淆、标准单一和研究视野狭窄;西方翻译标准则表现出多样化的途径,且有着更系统更科学的分析。第三章比较中西翻译批评在理论和实践上的区别。中国翻译批评的特征可以归纳为随意性、浅表性、单向度和盲目性。传统的西方翻译批评与中国的批评很相似,但进入现代化转变以后,他们的批评则表现出更多的理性成分。中国翻译批评在研究范围上更狭窄,理论上更浅显,注意力多放在翻译的语言方面;西方则相反,自20世纪70年代起就有了理论和学科意识,从而进入了理性的翻译研究阶段;而中国研究者还没有完全摆脱原文与译文的二元对立,单向度的思维方式,仍固守传统标准,理论基础薄弱。第四章初步构建文化翻译批评的模式,提出了文化翻译批评的概念,即在翻译与文化理论指导下把翻译看作文化现象或产品加以描述、解释和评价,并讨论了文化翻译批评的原则、任务、方法及标准,论文认为,翻译批评的研究就应该更关注译作的文化因素;文化翻译批评总的原则是从大的文化角度考察翻译的交流与调解特征,揭示翻译在社会中的功能和作用;翻译批评标准是一个多元开放的动态系统,应该将语言批评与文化批评结合起来形成对翻译的综合评价。第五章是对《简爱》两种译本的文化批评案例研究。

关键词:翻译理论　翻译标准　翻译批评　文化批评　语境

3659

论译学词典的研编 / 黄希玲著 ; 孙迎春指导 . -- 山东大学, 2005 . -- 249 页

本文探讨了译学词典的研编。首先,回顾了译学理论的发展和译学学科的建立过程及从整体上对专科辞典进行考察的研究成果,指出译学词典是翻译学发展的必然结果,和译学词典研究不宜因袭"词典篇章论"和"词典交际论"的模式。其次,探讨了译学词典的分类,回顾了比较有影响的描述类型、区别性特征类型以及发生类型三种词典分类法,指出系统理论中的层次性观念为译学词典的分类提供了崭新的视角,并用不同的词目类别形式对译学知识进行了梳理,提出了译学知识下辖的具体词目类别凡二十种。再次,提出了译学词典编纂三原则:系统原则、就近访问原则和面向对象原则,指出三原则是一个有机整体,其辖域由小到大,层次清晰,全面而且系统地反映译学词典编纂的全部:面向对象原则指导词目的撰写;就近访问原则决定译学词典应收哪些词目类别,具体指导复合知识译学词典词目的收录问题;系统原则要求要同时考虑到学科知识、词典编纂工程和词典篇章这三个体系。最后,探讨了三原则的具体应用,分析了英国学者编纂的《翻译学词典》,认为该词典在内容编写以及内容的呈现方式两方面基本符合三原则的要求;依据三原则,本着"编修译学词典,繁荣翻译事业"的精神,提出了对我国第一部复合知识译学词典《中国翻译词典》修订的设想。

关键词:翻译学　译学词典　词典学　词典编纂法

3660

华莱士 · 史蒂文斯诗学研究 / 黄晓燕著 ; 蒋洪新指导. -- 湖南师范大学, 2005. -- 213 页

论文立足于史蒂文斯的生活历程及其诗歌这一本原性的文本,尝试研究史蒂文斯如何在混乱中利用他的艺术想象力探寻秩序,并揭示生活的真谛,从而帮助人们生活。论文不仅追溯了斯蒂文斯的想象理论,阐释了其探寻秩序的渴望与热情;此外,还探悉了史蒂文斯关于秩序的理念。论文分四部分,引言部分对史蒂文斯的思想进行了总体概述,介绍了国内外对史蒂文斯诗学研究的概况和不足。第一部分追溯史蒂文斯想象理论的根源,剖析了斯史蒂文斯对科尔律治想象理论的继承和发展。第二部分立足于历史背景,分析斯蒂文斯信奉尼采哲学的缘由,以及他认为艺术想象力能代替宗教赋予混乱的现代社会以秩序的主张。第三部分探析了斯蒂文斯关于秩序的理念,阐释他为追求秩序所付出的努力,并进一步论述他所提出的"超级虚构"理论,即人们生活所需要的终极秩序观。论文第四部分阐述中国文化,尤其是道家美学与哲学思想对斯蒂文斯的诗歌、诗学,特别是对其秩序观和探寻秩序的行为的影响,认为史蒂文斯所追寻的"超级虚构"与"道"存在许多相似之处,为解释斯蒂文斯的诗歌、诗学寻找新途径。

关键词:斯蒂文斯(Stevens, Wallace 1879 ~ 1953)　文学思想　诗学　秩序　虚构主义

3661

流动中的生命 : 德勒兹内在性理论及对于文学解释的初步研究 / 贾福生著 ; 吕长发指导. -- 河南大学, 2005. -- 173 页

论文对德勒兹内在性哲学的隐含意义进行了探讨,并挖掘德勒兹哲学作为一门文学理论的文学解释力,探索德勒兹学术实践中"内在性"概念在各个阶段的不同意义,以及德勒兹学术生活和现实生活背后的无意识,试图推断出德勒兹何以坚持"事件"、"单一体"、"幻象"等一系列的流动性的"内在性"概念。论文由八个章节组成。引言评述了德勒兹的生活经历、学术思想,并将之与福柯和德里达进行比较,并确定论文的研究方向和研究方法。第一章就德勒兹把不同哲学思想融入自己哲学体系的努力进行了分析,认为,理解"德勒兹"生活的追求和其哲学取向的关键在于其对于"内在性"的迷恋。第二章至第五章讨论德勒兹和加塔里合作的结晶"精神分裂症分析",指出精神分析的弱点在于其思维和方法方面是线性、停滞和封闭的,而"精神分裂症分析"则是多样、开放、流动的。然后,对弗洛伊德和拉康的欲望概念与德勒兹的欲望概念进行了分析比较,阐述了欲望生产过程中的欲望机器、无器官的身体和游牧的主题等三个组成部分,以及这个过程中的三个生产阶段:生产的生产、记录的生产、消费和圆满的生产,这三个环节形成一个连续的生产循环。在第六章,论文转向德勒兹美学和艺术的研究,探讨他对于"生成"和"情感"的阐释及其"生成"和"情感"的本质和隐含意义。结论部分,论文认为,有关德勒兹的研究可以置于更宽广的哲学、社会和历史语境中,以推进研究的进行。

关键词:德勒兹(Deleuze, Gilles 1925 ~ 1995) 哲学思想 文学理论 悖论 精神分析

3662

言语过程动词的隐喻性评价研究 / 金娜娜著 ; 杨信彰指导. -- 厦门大学, 2005. -- 236 页

论文对前人言语动词的研究成果进行了梳理,介绍了四种研究言语过程动词的主要途径:传统的途径、言语行为理论、统计学途径和系统功能语法理念,并指出了这些研究途径局限在形容词上,因此,论文将言语过程动词和评价分析联系起来,认为言语过程动词,即有关言说的动词,具有隐喻性评价特征。论文通过对言说经验和系统功能语法中人际隐喻的认知分析,说明了言说过程动词如何隐喻性地表达评价意义。在分析言语过程动词中,作者将言语过程动词划分为以说话者、受话者和以目标为中心的三类,认为每类动词在表达意义时各有侧重。论文作者以英语本族人在文学著作、新闻报道、法庭和日常生活中的真实话语为语料,从三个层面出发——小句层面下、小句层面中和小句层面上,对这些动词表达评价意义的理据进行了探析,认为言语过程动词和心理过程动词本质上能描述同一现象,因而是声音化的思想并且能间接表达言说者/作者的态度。此外,论文将隐喻性评价分析框架应用于分析新闻报道和法庭会话,认为不同参与者在新闻报道中被赋予了不同的言语过程动词,即言说过程动词表明了记者对事件及其中人物的态度。论文据此认为,隐喻性评价方式在新闻报道和法庭语篇中表现非常突出。

关键词:英语 动词 隐喻

3663

双语语料库与汉英词典词目翻译质量的进一步提高 / 李安兴著 ; 陆谷孙指导. -- 复旦大学, 2005. -- 121 页

本文从探讨我国传统汉英词典编写方法的局限性入手,就如何利用名家的翻译材料建设平行语料库,以及如何利用因特网信息资源建立对比语料库,进一步提高汉英词典词目翻译质量等诸多问题,展开了论述。本文认为,衡量一部汉英词典词目译义质量优劣的标准,首先是看词典编者是否收集了大量的双语语言材料,建成一定规模的双语语料库。通过对自建小型平行语料库以及对比语料库中语料的观察,以汉英词典中文化局限词及科技和百科术语的翻译为例,本文论述了两种语料库在汉英词典编写中所表现出来的积极作用。同时,作者也指出了这两种语料库尤其是平行语料库在汉英词典编纂中表现出的不足,如语料库中语料的代表性以及语料的来源等问题。为了利于词典编者提高这样一个"双语词库"的收词质量,本文提出了一个具体阅读计划,以利于词典编者手工采集语料。本文还就如何使用这样一个"双语词库",提出了具体方案。

关键词:英语 汉语 语料库 词典 翻译

3664

中国新时期翻译研究考察 : 1981—2003 / 李林波著 ; 王宏印指导. -- 南开大学,2005. -- 173 页

本文共分九章,通过对 1981—2003 年这一阶段中国翻译研究的发展历程的梳理与总结,旨在显示出已经取得的成果,理清所经历的变化,揭示仍然存在的不足,并为中国翻译研究今后的发展方向和需要改进的地方提供一些基于实证性研究的参考。文中指出,从 20 世纪 80 年代开始,西方翻译理论在中国开

始得到译介,西方译论的引进为中国翻译研究注入了现代化与科学化的观念。在此之前,中国翻译研究主要是传统的研究模式。20余年中国翻译发生了巨大的变化,开始了语言学翻译研究的建设道路。语言学模式在中国已经成为一种主要的翻译研究模式,同时中国翻译研究格局也发生了新的变化。文章首先介绍了西方翻译理论的引进,分为引进的初始期、拓展期和西译论引进的评价与总结等三部分进行了详细的论述;其次介绍了中国传统译论的研究与继承,并提出在诠释中继承中国传统译论,整合创新;之后论述了中国翻译研究的语言学路线、文艺学路线、描述了中国翻译研究的多元共生局面、在冲突中发展的中国翻译研究以及中国翻译学的成长,最后在结论中,作者分析了中国翻译研究的成就与发展的动力,并提出了中国翻译研究的问题与反思。

关键词:翻译学　翻译理论　语言学

3665

IF条件句与常规关系 / 李淑静著 ; 徐盛桓指导. 河南大学, 2005. -- 173页

该研究首先考察IF条件句结构式所表现出的多种语义关系,并对这一多义现象进行解释,探讨条件结构式形成的理据;其次,将语用学关于常规关系的运用嫁接到逻辑学充分条件的运用上来,提出一个条件句解读的推理机制。研究理论框架的建立基于条件句使用的要素,即逻辑规则、人们的交际原则和常规关系理论。在研究方法上,采用了归纳演绎法和溯因推理法,并从这样五个步骤进行说明:确认状况、分析可能存在的各种常规关系、指导暗含的特定关系、得出结论、预测可能存在的变化。论文认为,if条件句是充分条件假言判断的语言表达形式,若if条件结构式的显性表述的语义内容不存在通常的充分条件和结果关系时,就成为所谓"非标准"条件句,即"推理条件句",它实际上是一种不完善的表述,常规关系是其形成的重要理据。而"真值标"和常规关系相结合可以达到对具体条件句特定的理解。条件句处于严格的逻辑关系和不同的常规关系的渐变的连续体中。条件结构式的形成,是客观外部世界自身的条件关系,通过人们的认知作为媒介,投影为语言规则的结果。

关键词:英语　条件句　充分条件　语义　推理　认知语言学

3666

《克拉丽莎》的狂欢化特点 / 李小鹿著 ; 刘意青指导. -- 北京大学, 2005. -- 199页

本文对塞缪尔·理查逊的《克拉丽莎》的狂欢化表现进行了探讨。文章认为,理查逊在一定程度上继承了欧洲狂欢化文学的传统,小说中的男主人公拉夫雷斯表现出了较强的狂欢精神,他与克拉丽莎以及家庭的矛盾反映了当时不同社会阶级之间的意识形态上的冲突。不同的世界观和人生观在作品中构成了立体的对话关系,即复调的结构,加强了小说的艺术性和思想深度。理查逊谴责以拉夫雷斯为代表的对社会秩序具有颠覆性、破坏性的狂欢精神,但是这个浪子式的人物赋予了他的创造者一种坦率和放肆的特权,使他可以无所顾忌地嘲笑资产阶级的贪婪虚伪和人性的种种弱点。文章从四个方面讨论了《克拉丽莎》中的狂欢化表现:第一是"加冕和脱冕",拉夫雷斯多次企图实现对克拉丽莎彻底的"脱冕"没有成功,最终克拉丽莎完成自己的"加冕"和对拉夫雷斯的"脱冕";第二是"悲剧人物性格及命运的复杂性",讨论了男女主人公性格中的矛盾性、两个人物之间的对立、人物的疯狂以及所涉及的"贫民窟自然主义"、地狱和死亡等主题;第三是"喜剧性"的狂欢化因素,包括闹剧、惊险情节、笑和嘲讽;第四是"体裁形式上的狂欢化特点",分析该小说与梅尼普讽刺和苏格拉底对话等庄谐体作品的相似之处。

关键词:理查逊(Richardson, Samuel 1689～1761)　小说　文学研究　书信体小说

3667

新保守主义与冷战后的美国外交政策 / 李志东著 ; 梅仁毅指导. -- 北京外国语大学, 2005. -- 244页

文章以政治理念对政府对策产生影响为主旨,在廓清新保守主义历史渊源的基础上,着重阐述了冷战结束以来新保守派为美国谋划的对外战略目标和实施蓝图,探讨这一思想流派对美国外交政策,尤其是对布什政府对外政策发挥影响的方式和途径,并对其产生的效果和未来走势作出评估。首先,文章阐述了新保守主义思潮的历史渊源,展现了自上世纪30年代至80年代末新保守派在三个方面经历的历史嬗变过程,这包括:思想上由短暂的激进派转向自由派,至60年代后向保守派靠拢;社会角色上由起初的社会评论家至更多参与社会和政治活动,至进入政府决策层;政治上完成了由民族党阵营向共和党阵营的转

变。其次,文章对冷战后形成的新保守主义战略思想进行了全面梳理和归纳。再次,文章对新保守派在后冷战时期所从事的政治和组织活动进行了论述,指出新保守主义已经由一种战略思想发展成为一场颇具规模的思想运动,旨在影响美国的对外政策。再次,文章分析了布什政府的外交实践活动和对外政策实施原则,揭示了新保守主义与布什政府外交政策的内在联系。最后,文章对新保守主义的影响进行了评估,对新保守派重新崛起的原因进行了探讨,对布什主义在伊拉克战争中的实施效果进行了分析,并对新保守主义的未来作了初步展望。

关键词:美国对外政策　保守主义

3668

中国学生英语作文自动评分模型的构建 / 梁茂成著 ; 文秋芳,丁言仁指导. -- 南京大学, 2005. -- 221 页

该研究的目的是构建中国学生英语作文自动评分的统计模型,探讨学生英语作文的多种文本特征项对学生作文成绩的预测能力。研究所使用的语料为南京大学英语专业一至四年级学生的 220 篇限时英语作文,研究准备阶段,组织三名资深评分员对 220 篇作文采用分析性评分量表,就作文的语言、内容和篇章结构分别进行人工评分,然后将这些作文分成训练集(120 篇)和验证集(100 篇)。研究过程分为模型建构和模型验证阶段。在模型构建阶段,利用自然语言处理技术、信息检索技术、语料库研究方法和语料库统计技术,从训练集的 120 篇作文中提取若干文本特征项,利用统计方法分析这些特征项与学生作文总得分(均值)之间的相关性,以确定哪些文本特征项对作文质量具有预测能力。研究结果是,共 15 个文本特征项与作文得分之间存在显著相关。研究又以这些文本特征项作为自变量。以作文得分为因变量,进行多元回归分析,得到一个共含有 13 个变量的回归模型。在模型验证阶段,利用之前得到的回归模型,对验证集 100 篇作文进行自动评分,得到机器评分结果。在此基础上,又进行双重交叉验证,即基于验证集的 100 篇作文构建模型,并以此模型对训练集的 120 篇作文进行自动评分。最后,对机器评分的信度进行分析,以验证模型的可推广性。研究认为,构建的回归模型对中国学生英语作文的质量具有较强的预测能力,得到的机器评分信度达到甚至超过人工评分的信度。

关键词:英语　作文　评分

3669

言语幽默的图论模型 / 刘乃实著 ; 熊学亮指导. -- 复旦大学, 2005. -- 155 页

现代意义上真正定位于语言学框架内的言语幽默研究以幽默语义脚本理论(SSTH)和言语幽默一般理论(GTVH)为典型代表,然而作者认为 SSTH 和 GTVH 都未能充分揭示幽默解读的本质。文章在语言学的范围内展开论述,宗旨是对幽默文本的本质要素及其解读进行形式化处理。研究方法采用 Attardo 等人(2002)引入幽默研究的图论工具,构建出笑话的简式图论模型(RGMJ)。文章主体部分是关于对 RGMJ 的具体阐述和应用。RGMJ 的整体框架是依照离散数学中关于图的标准要求建构起来的。其组成部分包括顶点、边和子图。RGMJ 的范式图是一个标准的图结构,包括两对配对属性、四个顶点、四条边和两个子图。在阐明结构的属性、顶点、边和子图这些必要部件的基础上,进一步讨论 RGMJ 对笑话的形式研究。这一部分引入顶点计算法和边计算法,分别描述笑话解读中的静态属性配置和动态推理过程。顶点计算法旨在解决图结构中所有的顶点表达式,操作的依据是平衡配对原则和矩阵算法,用以体现幽默意义要素在文本中的排列和组合方式。在此基础上执行标准化操作(压缩、扩展或复制),最后得到范式图。边计算法旨在描述笑话解读中的意义流动和推理路径。在一套数目有限的规则系统的制约下,边和点的计算相互结合以反映幽默意义的建构过程。实践证明,除个别情况外,RGMJ 模型在对笑话意义解读的形式描述上取得了相当的成功。这一模型克服了传统理论的一些缺陷,如冗余的脚本概念和脚本对立,和先前理论未涉足的幽默解读机制。

关键词:语言学　幽默　笑话　图论

3670

文化对抗:后殖民氛围中的三位美国当代印第安女作家 / 刘玉著 ; 杨仁敬指导 . -- 厦门大学, 2005. 221 页

后殖民理论家认为,通过文化或意识形态对抗可以实现去殖民化,如:恢复前接触时期的传统、收回土地、接受杂糅性等。本文分析了以艾伦、希尔科和厄德里奇为代表的美国当代印第安女作家在其文本中采用的上述三种文化对抗策略,以及她们凭借这三种策略结合部族世界观,重书印第安妇女形象和展现当代印第安人生活的真实面貌的情况。正文分四章。第一章包含四个部分,“后殖民批评的合法化”探讨后

殖民批评是否适用于美国当代印第安文学研究;"表征与歪曲"考察了公共宣传的印第安妇女历史人物形象;"后殖民时期之殖民化与西方女性主义的共谋"则深入发掘美国印第安女性的殖民化问题,探究后殖民时期之殖民化与西方女性主义之间的共谋关系;"对抗策略"通过梳理后殖民理论家对文化对抗或意识形态对抗的阐释,提出了本课题所研究的三位女作家在其作品中主要采用的三种文化对抗策略。以下的三章中,第二章深入研究了艾伦这位知名诗人、小说家和批评家的思想脉络。第三章指出景色刻画是希尔科小说中身份构建的重要因素。第四章以厄德里奇为例,集中讨论女作家在其北达科他系列小说中构建的以女性为中心的齐佩瓦人社会群落。论文的结束语重申了后殖民批评之于印第安文学研究的重要现实意义,并强调土著作家、学者应该以一种开放的心态看待后殖民问题,不要一味排斥外来元素的介入。

关键词:印第安文学　女性主义　后殖民主义　艾伦　希尔科　厄德里奇　美国

3671

探索·焦虑·超越 :库尔特·冯尼格特的未来学说 / 罗小云著 ; 王守仁指导. -- 南京大学, 2005. -- 138 页

作者认为冯尼格特在长期的创作中有意识、有步骤地构建他的未来学说,因此,作者从西方的未来学说、福柯的权力关系理论、詹明信的文化研究和其他后现代理论出发,对冯尼格特在各个时期的创作特色、美学思想、未来学说进行了考察。在第一章,作者分析了战后美国的社会状况和冯尼格特的思想之间的关系。认为"卡拉斯"、"扩展的大家庭"等概念体现了冯尼格特对后现代社会种种困境进行抗争的努力,冯尼格特选择科幻小说的形式表现其思想与当时的美国政治局势和权力关系有密切的关系。在第二章,论文对冯尼格特解构"美国梦"和对后现代社会的分析进行了探讨,认为冯尼格特在揭示现实社会的弊病、寻求针对制度化暴力的反抗策略中,注重对工业文明的影响和消费文化的浸染的摆脱,他努力抵制悲观主义和宿命论,表现出强烈的历史责任感。在第三章,论文分析了 80 年代后期的学术思潮对冯尼格特的影响,并对其思想进行了总结,认为冯尼格特以文学形式揭示科技发展可能对人类的危害,主张以人文主义精神加以控制和监督;突破思想禁锢,摆脱传统约束,以全新的时空观综合审视人类文明的发展;强调文化和文学在社会变革中的重要作用,以及作家在文明进程中的历史重任;主张加强人际交流和沟通,以社区扩大的形式战胜孤独感,建立新人类的社会模式。最后,论文认为,冯尼格特思想的发展既是美国社会文化环境变迁的结果,也是他对人类文明持续关注的结晶,从而成为文学上独特的未来主义者。

关键词:冯内格特(Vonnegut, Kurt Jr. 1922 ~ 2007)　文学思想　未来学　科幻小说　后现代主义

3672

弗拉基米尔·纳博科夫的政治意识 / 马红旗著 ; 严启刚指导. -- 南开大学, 2005. -- 202 页

作者对于弗拉基米尔·纳博科夫这位 20 世纪享誉世界文坛的俄裔美籍文体大师的研究基于以下这个矛盾,即:纳博科夫本人声称在其文学创作中对任何一种政治思想或运动都不关心,而事实上,在纳博科夫的声明和人们从其作品中所能体察出来的意义以及本人的种种身份性之间存在着明显的差异。本文旨在揭示纳博科夫的政治意识其实是贯穿在其整个创作生涯之中的,是非常持久而坚定的。他的政治意识集中地体现在两个方面:即对个性自由的捍卫以及其强烈的俄罗斯情结。本文将研究重点放在对纳博科夫的十四部作品中的主要女性人物以及主要的流亡者形象进行的分析和探讨方面。研究的作品包括:《玛丽》、《王、后、小丑》、《防御》、《眼睛》、《荣耀》、《黑暗中的笑声》、《斩首的邀请》、《天赋》、《塞巴斯蒂安·奈特的真实生活》、《邪恶绶带》、《洛丽塔》、《普宁》、《微暗的火》、《阿达或激情:家庭纪事》。

关键词:纳博科夫(Nabokov, Vladimir 1899 ~ 1977)　文学创作　政治思想　女性　人物形象

3673

"写回"帝国中心 :彼得·凯里小说的文本性与历史性研究 / 彭青龙著 ; 黄源深指导 . -- 华东师范大学, 2005 . -- 243 页

本文以当代澳大利亚文学的发展为背景,以彼得·凯里的作品分析为主线,以后殖民主义、新历史主义和文化批评为方法,揭示其文化身份建构的历史负荷与现实困境。论文分五部分,第一部分回顾和总结彼得·凯里的创作生涯和学界对其作品的评价。彼得·凯里的创作生涯可以分为两个阶段,他的多数作品都激荡着历史的回声,其作品所探求的不仅是个体求变的现实困境,而且更多地揭示民族求变的历史束缚,其作品中到处都有大英帝国的影子。第二部分为主题论,探讨彼得·凯里文本主题的历史性。他的

五部长篇小说分别从民族叙事、帝国远征、殖民文学、历史记忆和文化霸权等方面探求了澳大利亚的民族心理,以及与英、美帝国之间的关系。彼得·凯里的小说贯穿着很强的后殖民主义历史观:重新审视和纠正被殖民者歪曲的历史与文化。第三部分讨论小说的文本性和历史性。从驳论入手,指出彼得·凯里在小说创作的过程中绝不局限于一种写作形式,他在继承了澳大利亚文学传统的基础上,大胆创新,既有别于亨利·劳森的现实主义,也异于帕特里克·怀特的现代主义,而是以多种手法来表现主题。其小说是事实与虚构、科幻与真实、高雅与通俗的结合,是后现代主义、后殖民主义、现实主义和魔幻现实主义的结合,是多种形式的"杂交"或者是兼而有之的"第三空间"。第四部分分析了重建文化身份,指出彼得·凯里小说的互文性中包含着很强的颠覆性,包含两个层面:解构与建构民族神话,这实际上揭示了澳大利亚人建立独立文化身份的强烈愿望和艰难历程。第五部分为结论:困境与演变。论文认为,彼得·凯里是一个具有强烈民族意识和深厚历史情结的小说家,彼得·凯里小说里的人物生动地表现了现代人所处的困境,他写回帝国中心的过程,其实质是争夺话语权和建立"反话语"的文本革命。

关键词:凯里(Carey,Peter 1943~)　小说　文本性　历史性　后殖民主义　历史主义

3674

生命树上凤凰巢:叶芝诗歌象征美学研究 / 蒲度戎著 ; 区鉷指导. -- 中山大学, 2005. -- 187 页

本文以爱尔兰诗人叶芝的核心理念"象征"为视角,在整体把握的基础上集中评述了其诗歌象征主义的独特理论,详尽剖析了该理论的五大源泉并澄清了一些长期存在的、有关其源泉的理解误区。本文以叶芝自身的诗歌理论为依据,着重研究了其象征主义的魔幻诗学与智性诗学,深度探索了其诗歌创作中呈现出的魔幻美与智性美,提出了叶芝乃"魔幻象征主义诗人"与"智性诗人"的概念。作者得出的结论为叶芝之所以成为独具风格的象征主义理论家和大诗人,是因为其魔幻美与智性美的理论与实践,其象征主义诗学堪称在生命树上修筑凤凰巢。

关键词:叶芝(Yeats, William Butler 1865~1939)　诗歌　象征主义　文学研究

3675

神圣的责任:乔治·艾略特后期小说中的社会融聚理念 / 乔修峰著 ; 陆建德指导. -- 中国社会科学院研究生院, 2005. -- 93 页

本文主要研究"责任"在乔治·艾略特后期小说中的体现。全文共分四章。第一章通过分析《罗慕拉》女主人公的两次出走,论述艾略特对"责任"观念的质疑和重建,反映了她对社会责任的强调和对责任内在动力的探索。并结合艾略特前后期小说中责任观念的嬗变及同时代其他作家对责任的描述,讨论艾略特责任观念的时代语境和独特之处。第二章讨论《米德尔马契》。艾略特探讨了责任在失去宗教神圣性之后,如何成为一种凝聚社会的力量。从责任角度反驳评论界两种"悲观论",即认为女主人公第二次婚姻是不幸的、她未能实现理想是可悲的,指出作者对当时中产阶级价值观的批判。第三章讨论艾略特后期三部小说重复出现的"改革"主题,着重在她思考"改革"时的语言忧虑。《菲利克斯·霍尔特》对无政府状态和激进改革的批判以及阶级责任观念的提出,体现了艾略特对文明保存和文化传承的重视,也体现她对启蒙者责任的忧思。第四章通过分析《但尼尔·狄隆达》,讨论艾略特后期小说中的去邦离乡主题,指出乡土之根对个人道德和社会融聚的作用。艾略特批判同化思想,反思英国社会分裂倾向。狄隆达的犹太复国观念与作者对乡土之根的认识一致,体现了一种民族内聚和社会融聚的理念。文章的结语部分总结了艾略特对责任观念的探索,并结合她在中国的接受,对她创作中的语言忧虑和"重复"做出进一步阐释。

关键词:艾略特(Eliot, George 1819~1880)　小说　责任

3676

从宗教到文学:《圣经》汉译研究 / 任东升著 ; 崔永禄指导 . -- 南开大学, 2005 . -- 282 页

本文挖掘、梳理了中国翻译史上的《圣经》汉译传统,从文学翻译的角度探讨了《圣经》的翻译和接受。首先,综述了世界范围内的《圣经》翻译传统,指出:(1)参与《圣经》汉译的人员庞杂,文化背景多样,并出现了翻译主体的更替;(2)《圣经》汉译实践产生了丰富的翻译思想,汉译者对《圣经》汉译进行了理论探索,具有中国特色;(3)中国传统诗学对圣经诗歌的翻译具有强大的制约作用,中国文人的读经传统对《圣经》的文学诠释起到了重要作用。其次,从《圣经》汉译历史、《圣经》汉译理论、华人翻译主体、严复翻译个案、圣经诗歌翻译等方面对《圣经》汉译研究进行深入

研究。最后,得出三个结论:第一、《圣经》汉译史是中国翻译史不可缺少的一部分;《圣经》汉译理论是中国翻译理论的有机构成;第二、以严复介入《圣经》片断翻译为标志,《圣经》汉译呈现出文学化趋向;以李荣芳采用"亚卫"神名为标志,《圣经》汉译呈现多元化局面;第三、中国翻译家的圣经诗歌翻译深受中国诗学传统的影响;《圣经》译本在现代中国语境下的接受深受中国文人读经传统的影响;多种《圣经》汉译本,包括"和合本"、《现代中文译本》以及《圣经新译本》,在当代中国(教外)的社会文化语境和文学认知语境下被接受为"翻译文学作品"。

关键词:《圣经》 文学翻译 宗教文学 翻译理论

3677

个人主义还是平等主义 :诺曼·梅勒小说中权力与道德的文化批评 / 任虎军著 ; 严启刚指导 . -- 南开大学, 2005 . -- 217 页

本文研究了诺曼·梅勒小说中的权力与道德,揭示了美国个人主义与种族主义、性别歧视和帝国主义之间的联姻关系以及梅勒与美国个人主义之间的复杂关系。首先,探讨了梅勒小说的视角,指出其犹太裔美国人这一文化身份为他提供了看待当代美国的双重视角,他深切关注权力的道德性,认为权力既是压抑性的又是生产性的,他批判奴役束缚别人的权力但却倡导能使别人得到自由的权力,希望所有的人都能平等地享受自由和幸福。其次,分析了梅勒小说关于个性的描写,指出梅勒在其小说中表明,在当代美国,不是每个美国人都可以自由地表现自己的个性,受控制、受压制的人常常不能表现自己的个性,不加区分地认为在当代美国所有的美国人作为个体都受到压抑的观点掩盖了在当代美国文化和社会中存在的种族主义、性别歧视与帝国主义。再次,研究了梅勒小说对道德的关注。梅勒表明,美国个人主义是当代美国社会、政治、文化和宗教生活中所奉行的那种个人主义,意味着自私自利、征服和统治,与种族主义、性别歧视和帝国主义之间存在着密切的联姻关系,它们使美国人的道德意识日趋恶化。最后,分析了梅勒对美国个人主义的态度,指出其总体上是批判性的,但有时却表现出一定的含混,他严厉批判当代美国文化和社会中存在的种族主义、性别歧视和帝国主义,严厉批判男性奴役束缚女性、美国白人压迫统治少数裔族美国人以及美国企图称霸世界的美国个人主义行为,但他似乎对少数裔族美国白人比对美国黑人更具同情心,美国优越论也在他身上时有反映。

关键词:梅勒(Mailer, Norman 1923 ~) 小说 权力 道德 个人主义 美国

3678

五四时期外国文学翻译研究 / 任淑坤著 ; 崔永禄指导. -- 南开大学, 2005. -- 146 页

本文以五四时期外国文学翻译为研究对象,在简要介绍了五四时期翻译的状况、特点、趋向之后,着笔于五四时期关于翻译的几次论争:新文化人与林纾关于双簧信与文学翻译趋向的论争,郑振铎与沈泽民关于可译性与不可译性的论争,文学研究会与创造社关于翻译的作用和地位、翻译的动机与目的、翻译批评的论争。作者认为五四时期之所以成为论争纷起的时期,一个重要的原因是五四时期是各种文学社团勃兴发展的时期,各个社团之间在翻译本质、翻译标准、翻译体制以及作品、作者选择上有很大的分歧,这种论争直接导致了五四时期翻译对晚清时期翻译的扬弃:扬的是晚清文学重视社会功用的传统,虽然表现形式趋于隐形化;弃的是晚清时期翻译方法的简单,翻译理论自觉的匮乏,翻译语言形式与途径的单一。五四时期的翻译以白话文为主,语体文欧化的现象比比皆是,大多采用直译的方法,翻译人员的理论自觉意识增强,语体选择集中在现实主义、浪漫主义和弱小民族文学三个方面。作者认为,翻译世界的变化也对中国现代文学产生了深刻的影响,在新诗运动、戏剧改革、题材的改进方面起了重要作用;五四时期外国文学的翻译与当时的时代背景结合,以思想启蒙和政治救亡为追求,同时与世界文学潮流呼应:审美主题普遍化,悲剧审美意识生成。最后作者选取鲁迅为五四时期外国文学翻译的代表,考察鲁迅的翻译实践,分析其翻译思想,并探究其与当代译论的关系。

关键词:外国文学 文学翻译 五·四时期 鲁迅(1881 ~1936)

3679

性别·种族·阶级·空间 :四部当代黑人妇女小说解读 / 申昌英著 ; 钱青指导 . -- 北京外国语大学, 2005 . -- 176 页

本文以女权地理学的研究成果为理论基础,分别解读了格温德琳·布鲁克斯的《莫德·玛莎》,波勒·马歇尔的《褐姑娘,褐色砖房》、格罗莉娅·内勒的《布鲁斯特街的女人们》以及《林敦山》四部当代黑人妇女小说。首先,大致概括了性别和空间关系的理论

研究,考察了城市空间是怎样根据性别、种族和阶级等因素来进行分割的。其次,分别分析了四部当代黑人妇女小说,分析了《莫德·玛莎》女主人公莫德·玛莎的代表性空间,以及“家”这个空间和她的身份形成之间的互动关系,指出了莫德·玛莎创造一个可扩展性的内在空间时运用的策略,而正是这一内在空间使她能够在象征意义上和身边的种族、性别歧视以及阶级压迫抗衡;分析了《褐姑娘,褐色砖房》中褐姑娘塞利娜在纽约布鲁克林的巴巴多斯人聚集区成长时所面对的各种互相对立的观点及其代表性空间,认为她就像一个穿梭于各种空间的游子,尽量整合自己的经历,以便有一个完整的自我意识和身份,同时又对未来保持开放的心态;解读了《布鲁斯特街的女人们》中七个女人在日常生活中的抗争故事,指出其中的墙是种族、性别歧视和阶级压迫的象征,是其边缘化身份的空间标记,但这一空间也排挤了被当作另类的女同性恋,从而削弱了它的力量,同时又再生产了主流社会的等级制度;研究了《林敦山》中住在高档小区林顿山的黑人妇女,认为她们在追求财富的过程中进一步受到了男性的压迫,失去了自我,而只有重新找回妇女们失落的历史和声音,跨越时空建立一个女性社区空间,妇女才有可能强大。最后,总结了黑人妇女的身份和她们的社会空间之间互动的一些共性。

关键词:妇女文学　小说　性别　种族　阶级　文学研究

3680

汉语称赞语中的性别研究 / 史耕山著 ; 田贵森指导. -- 北京师范大学, 2005. -- 364 页

论文运用了民族学的方法对发生在三个汉语言语社区的939个称赞语进行了实地考察和定型、定量分析。首先,论文就称赞语在不同性别组合角色关系上的总体分布情况进行了考察,然后将相关情景因素作出对比,进一步揭示性别在日常交际中的作用。通过性别对比分析(性别在乘坐率、策略、话题、回应、功能、效果和褒义语义载体等层面的分布),论文提出性别与宏观社会文化语境以及微观情景语境互动的理论模式,认为性别差异是动态的、相对的,并受这两个语境的制约。论文据此认为,必须将社会因素和情景因素结合,才能更好分析语言和性别之间的共变关系。经过对这种共变关系的分析,论文提出女性与男性的话语风格虽有差异,但也有差异之处。但论文认为,有四种条件会使性别话语交际发生趋同现象:不同性别组的性别话语风格差异小于相同性别组的差异;同时,话题越重要、角色关系越不平等、场合越正式(仪式化),女性与男性的话语风格越趋于一致。论文还在最后探讨了性别互动的社会语用功能,认为性别话语风格趋同在性别互动中同样具有社会语用功能,减弱了彼此性别身份的强度。

关键词:汉语　称赞语　性别差异　民族学

3681

从“人的心灵”到“杰作”:格特鲁德·斯泰因的创作思想及实验艺术研究 / 舒笑梅著 ; 王守仁指导. -- 南京大学, 2005. -- 126 页

论文把斯泰因看作一位大胆的试验作家,同时,更是杰出的理论家。因此,论文没有局限于研究斯泰因的早期试验作品,而是以她后期创作的一系列理论著述作为建构其独树一帜的创作思想的参照体系,以探究斯泰因自己提出的理论概念的内涵,发现她早期创作和后期创作之间的内在联系,理解斯泰因长达40多年的创作生涯。同时,论文将斯泰因作为个案。回溯她的思想的发展历程,就她的美学实践经历进行追踪,藉此分析文学与绘画等其他艺术类别之间的关系,以理解西方审美旨趣的变化和美学标准的改变。论文以斯泰因1936年发表的论著《美国地理历史或人的本性与人的心灵的关系》中的“人的心灵”和“杰作”等两个概念为切入点,通过分析这两个概念的转变过程,探讨她如何在审美领域中把超验的认知思维方式和作家所能进行的具体活动结合在一起,将抽象的、现实的和非经验的存在,即“人的心灵”,和体现“人的心灵”的艺术作品——“杰作”联系起来。因此,论文始终将斯泰因和创作实践和批评主张有机贯穿在一起,分析斯泰因在语言学、文学和心理学的探索。论文认为,斯泰因继承和发展了西方形而上学哲学传统,在表达形式上背离和批判了传统美学原则,拓展了美学表现形式,从而在她和现代主义及后现代主义创作之间的异同点方面进行了澄清。并认为,斯泰因是一位对现代主义和后现代主义文学均有所贡献的旗帜性的人物。

关键词:斯泰因(Stein, Gertrude 1874 ~ 1946)　文学创作　创作思想　心灵　本性　美学

3682

批评性跨文化阅读的主体间评价研究 / 唐丽萍著 ; 胡壮麟指导. -- 北京师范大学, 2005. -- 236 页

论文定位于系统功能语言学与中国英语教育两个研究领域之间的对话。通过构建批评性跨文化阅

读的主体间模型，以评价理论为语篇分析工具，以2004年《纽约时报》和《华盛顿邮报》上的六个媒体语篇和十个中国大学二年级英语专业学生的信件语篇为语料，研究中国英语学习者身份的阅读主体与英语写作主体在跨文化阅读中如何相互定位彼此的立场，从而通过提供语言证据来说明培养批评性跨文化阅读的原因。第一章为前言。第二章在批评社会理论，后现代主义和后殖民主义的哲学理论基础之上，对批评性跨文化阅读做出清晰的定义，指出批评性跨文化阅读将使英语学习者识别语言中隐含运作的权力，从而能够从西方霸权话语的控制下解放出来。第三章在Fairclough的三维框架基础之上，融入主体间视角，构建了批评性跨文化阅读的主体间模型来研究跨文化语境下围绕语篇进行的批评性的教育实践。第四章针对语篇的生产过程，通过对六个媒体语篇的评价分析，研究英语写作主体是如何使理想读者立场中立化的。第五章针对语篇的解释过程，以第四章中对中立化读者过程的分析作为参照点，与十个中国的英语学习者身份的阅读主体所持的实际阅读立场进行对比分析，论证批评性跨文化阅读作为培养目标在英语教育中的重要作用与意义。

关键词：英语　阅读　写作　语篇　系统功能语言学

3683

包装名词与语篇信息包装 / 唐青叶著 ; 杨信彰指导. -- 厦门大学, 2005. -- 263 页

论文首先对信息结构和抽象名词的研究做了文献综述，认为过去对信息结构的研究忽视了当语篇中信息复杂庞大时的传递方式，抽象名词的研究也只集中于其词汇、句法意义和语篇照应功能。因此，论文提出包装名词这一概念，并用信息包装把信息结构和抽象名词这两项研究自然嫁接，认为包装的使用有其现实的理据，即象似性和经济原则。基于系统功能语言学的语法隐喻、情态和投射理论，认为信息包装是从最高层的语篇到较低层的名词短语的隐喻性级转移，因此是更高层次上的语法隐喻。由于情态成分在语篇中普遍存在，这使得同一语篇包装具有多样性、主观性，透射是包装名词语义延伸的一种语法手段，透射范围就是包装所及的语义范围。通过这一语义分析，论文确立了信息包装的理论模式，认为包装可发生在语言的所有层面，包装层面的多样性反映了作者对语篇内容介入的程度和包装的视角化。论文认为，这一理论假设在实证研究中部分地得到验证。首先，对包装名词任职状态的研究证明了读者对报纸语篇的解码与作者的编码不完全一样，包装呈现出范畴连续体的特点。其次，某些包装只在某一语篇中频频出现，而且包装在不同语类中也有量的区别，这暗示了人类在处理复杂、大宗信息时认知方式的差异以及包装词选择的优先性，交际的目的和信息复杂程度的不同要求与其相应的包装方式。最后，由于话语权的作用，新闻报道中的包装名词具有视角制约性。

关键词：名词　信息包装　语篇　语法　语义

3684

隐喻妙笔生花 ：隐喻之语用视角研究 / 田学军著 ; 周流溪指导. -- 北京师范大学, 2005. -- 270 页

论文首先对相关的概念进行了梳理。认为隐喻被定义为有助于更有效交际的语言手段和策略。而语用学研究的是：以交际者为主体，以语境为依托，以运用和理解语言为手段，以策略、成功的交际为目的的互动意义的建构和磋商。论文借鉴了佛舒然的观点：语用学是对语言的一种纵观，从而搭建了语用视角研究之支撑理论CAT（交际顺应理论）和统辖全文的整体模式。然后，论文对交际顺应理论中的策略、隐喻的生成和功能等进行了详细分析。(1)论文认为含义调控准则是CAT以及任何策略交际的发动机和内趋力。它包括五项准则：关联准则、质准则、经济／量准则、明晰准则和礼貌准则。(2)论文认为，从宏观上来说，隐喻生成的大背景是社会，主体是人，赖以实现的手段是语言，仰仗的神经物质基础和保障是认知，隐喻式社会背景下交际者、语言、认知互动的必然结果。在这个基础上，论文分析了隐喻生成在中观和微观层次的机理。(3)隐喻的功能包括外显功能，内隐功能（即错配功能）和模糊功能。该论文的一个较大的特点是大量运用图表来说明、分析研究对象的机理。

关键词：隐喻　语用学

3685

生命的真谛 ：论多丽丝·莱辛的艺术和哲学思想 / 王丽丽著 ; 郭继德指导 . -- 山东大学, 2005 . -- 163 页

本文从生命哲学的角度探讨了多丽丝·莱辛的作品及她的生命哲学理念和其小说形式的关系。首先，论述了多丽丝·莱辛从历史和文化的角度，通过精心设计的小说的结构，创造了一个特别的小说世界，指出在这个世界里，从历时的角度看，社会呈线形

发展,而个体生命呈循环状态;从共时的角度看,人与社会之间相互交叉和影响。同时还指出,在同社会的关系方面,人物的发展又呈现为旋涡和喷泉状。其次,阐述了多丽丝·莱辛关于人的完整性的思想,作者指出,多丽丝·莱辛认为,无论男女,只有通过寻找自己的另一半,在肉体和精神上获得双性同体的力量才可能达到完整,只有冲破社会的枷锁才能解放自身,达到自我的更高境界,从而超越普通人的局限,才能领悟到生命的真谛——服务于社会。再次,论述了多丽丝·莱辛通过特别的时间序列的安排所体现的关于时间的观点,指出她认为过去、现在和未来都处于流动之中,它们互相交叉,相互影响,而这样运用时间可以剥去虚假的自我层或人格面具,重现真正时间中的真正自我,达到完整。再次,分析了她通过互文和独特的象征和意象所构筑的一个比喻的世界,指出她利用互文、借用经典引证她的生命哲学思想,她的象征和意象,既具有互文性,又创造性地为她所用。再次,分析了苏菲主义的起源及对多丽丝·莱辛的影响,指出对苏菲主义的推崇是她善于吸收全人类智慧的又一有力的证据。最后,指出多丽丝·莱辛的小说充分体现了她艺术和思想的完美结合。

关键词:莱辛(Lessing Doris 1919~) 小说 生命哲学 哲学思想

3686

叙事声音:小说叙事后结构主义研究 / 王勇著;郭继德,王守元指导. -- 山东大学,2005. -- 182 页

本文从包括语言学与语用学在内的不同的源头与路径,对小说叙事声音进行了多方位的探讨。第一章中,论文首先总结了图兰对叙事小说话语类型的划分,进而对班菲尔德出的"不可说出的句子"的命题进行了分析探究,最后追溯到弗鲁德尼克的"自然"叙事学,指出班菲尔德试图在叙事与言语或者说声音之间扯开一道裂痕。作者指出,弗鲁德尼克则更为激进,认为叙事声音在很大程度上是读者的思维建构。第二章对巴赫金的对话理论进行了颇为深入的研讨,指出巴赫金的多重声音是一种共时性在场,它接续不断地发出相互独立、未混合的多元声音与意识;每个声音都是独立的,但任何一个声音都没有特权地位;意义不是存在于孤立世界里的,而是参与并出现在对话交际中;对话中多种声音的组合是终极目的与状态,并以完成通过不可终结性的事件呈现人物这一任务作为实现这个目标的标志。第三章以后结构主义的语境为背景从哲学的角度再度审视了班菲尔德与弗鲁德尼克的论断,认为叙事声音属于一种不确定、无法梳理甚至无法驾御的本体,叙事声音这一概念又似乎与依存文本之内的主体性密不可分。第四章对叙事声音进行了从小说到电影的延伸性研究,指出小说叙事声音可被视为现实生活声音的一种污染形式,而电影声音虽然看似更为忠实生活现实,实际上亦不过是真实世界里声音的延搁。第五章探讨了当代叙事学的哲学基础,提出了一种理解叙事声音的理念——听与俯听,认为在很大程度上理解声音是一个认识与认知过程,声音要由读者去听与俯听。

关键词:小说 叙事 结构主义

3687

论译者的主体性 / 吴波著;张春柏指导. -- 华东师范大学,2005. -- 202 页

论文对于译者的主体性因素如态度、动机、文化价值观念、偏见、目的和本身的历史性等对翻译过程、译文和译语文化的影响进行探讨。第一章为文献综述,归纳了迄今为止翻译理论在认识译者的角色和作用上存在的问题和谬误:翻译的绝对控制权、翻译中的完美主义、对等概念、解构主义。第二、三章提出了若干以译者主体性为核心的命题,并展开探讨。这些命题是:译者在翻译中总会留下自己的印记;译者的历史性、视域、偏见等会影响译者对翻译策略的选择;译者的主体性因素对译文的形成产生重大影响;译者在翻译过程中总是维护某种文化价值观念,或是偏向于主体文化,或是偏向于译语文化,虽然他/她可能声称自己在翻译中保持不偏不倚的态度;译者在翻译中会协调来自于自身的主体性要求和外部制约因素之间的冲突等等。论文重点讨论译者主体性这个概念对传统翻译理论形成的挑战。指出译者在选择翻译任务时表现出来的对个人偏好的满足和对权力和原语或译语文化意识形态的服从或违背是其主体性的体现,传统意义上的忠实几乎是不可能达到的。对超越论的关注不应该停留在讨论该理论的优劣上,而是应该看到它对传统翻译理论思维所带来冲击以及由此产生的积极意义。第四章分析译者主体性在政治文化语境下的各种表现,这些表现可以归结为译者在翻译行为中对自己认同的文化价值的保护,同一位译者在不同的翻译任务中都会给自己不同的定位。domestication 和 foreignization 作为翻译策略,既包括译者对某种文化的偏向,也包括译者在认为文化平等的前提下,对特定文化价值的突显。除文化意识形态之外译者的个体倾向、美观、创造性、经验和语言特色等

在翻译中不可避免的流露。第五章讨论了翻译过程中的几组人际关系，指出译者和作者的关系是翻译过程中最重要的一对人际关系。译者需要通过一定的操纵使读者接受译文从而达到翻译目的。

关键词：翻译理论　主体性　人际关系　翻译　翻译策略

3688

《尤利西斯》的前景化语言特征：文体学解读／吴显友著；徐有志指导. -- 河南大学，2005. -- 236 页

作者鉴于尤利西斯不知疲倦的语言文体创新精神，而把研究对象定为前景化语言特征。第一章，论文对背景知识和研究思路作简要介绍，包括三个主要问题：作品简介，《尤利西斯》的批评和研究思路的确定。第二章，论文讨论了某些声音、语音修辞和音乐体裁的文体效果。第三章对转类词、合成词和词汇游戏进行分类，并探讨他们在不同语境里的特殊功能。第四章论述了小说中的一种特殊语体：爱尔兰英语。归纳了小说里四种主要的爱尔兰英语句式：(1)倒装；(2)从句中关系代词或连接词的省略；(3)特殊的时、体、态标记；(4)其他情况。第五章，论文讨论了文体模仿与拼贴在《尤利西斯》里的特殊作用：嘲讽、表达作者的崇敬心情以及隐喻作用。第六章对全文进行了总结，认为乔伊斯在《尤利西斯》里的语言创新实验涉及语言的方方面面，取得了显著的成效。前景化的语言特征，新奇别致、生动形象，经济实用，富有表达力；它们通常蕴含丰富的文化意义，对刻画人物性格或烘托小说主题也有积极作用，也拓宽了文学语言的表达空间。

关键词：《尤利西斯》　语言分析　词汇　文体学解读

3689

从"半边天"到边缘群体：下岗女工身份多重性的社会语言学研究／项蕴华著；张迈曾指导. -- 南开大学，2005. -- 224 页

本文阐释了中国巨大的社会、经济变革中新出现的下岗女工群体的多重性的身份构建过程。首先，将政府文件、党和政府领导人的报告作为在不同领域解决失业问题、促进就业和再就业的纲领性措施加以分析，并分析了新闻媒体对下岗女工的描述，重点分析了有关下岗的新闻报道的体裁结构特征，认为此类语篇由四部分构成，即记者的态度——语境——问题——解决办法，其中，"记者的态度"反映了政府对下岗女工的态度，"语境"反映了国有企业改革的大环境，"问题"指大批国有企业职工下岗的问题，"解决办法"反映了政府提倡的自主择业的再就业政策。其次，依据2004年2、3月间在长春市搜集的录音采访20名下岗女工的语料，对下岗女工的身份构建过程进行了叙事分析，提出了下岗女工社会身份多重性的论断，即政府理论描述的身份、媒体折射的身份和下岗女工本人叙事构建的身份；指出下岗女工的社会身份远非限制其语言实践的、固定的社会范畴，而是在特定的社会、文化和历史语境中动态的、多重性的意义构建过程。最后，采用现实主义视角研究了下岗女工这一新兴社会群体的身份问题，指出下岗女工的社会身份实际上是中国政府在特定的社会、经济和历史条件下为了明确的改革目标而进行的理论描述，这一社会范畴的产生与消失是政府根据国有企业改革既定的时间表和现代化进程的总目标而界定的。

关键词：妇女　下岗职工　社会语言学　身份

3690

重访红云镇：薇拉·凯瑟的生态女性主义研究／杨海燕著；严启刚指导. -- 南开大学，2005. -- 218 页

本文使用生态女性主义批评方法探索和解读了薇拉·凯瑟作品中人与自然的关系和人与人的关系。论文在对凯瑟的神话批评、浪漫主义批评和女性主义批评的文献回顾基础上，从生态女性主义视角解读和阐释凯瑟的主要作品，对薇拉·凯瑟神话批评中包含的父权文化给以批判；对其浪漫主义批评中所蕴藏的人类中心主义加以批判，并且指出凯瑟既与华兹华斯为代表的英国传统浪漫主义作家不同又与以爱默生为代表的美国超验主义作家不同；对其女性主义批评则增加了生态批评因素，并根据生态女性主义批评解读薇拉·凯瑟的主要作品为颠覆文本、批评文本、和隐含文本。颠覆文本研究指出，凯瑟在其作品中彻底颠覆了占统治地位的西方二元对立思想：理性/感性、文化/自然、主体/客体、自我/它者、男人/妇女，并且解构了父权制创立的非此即彼的妇女刻板形象。批评文本讨论指出，凯瑟在其作品中描述了一个商业化、物欲横流的社会，导致人与自然疏离，精神家园丧失，抨击了人类中心主义和男性中心主义对自然的破坏和对妇女的诋毁，批判了父权制文化对妇女和大自然的攻击性态度。生态女性主义隐含文本则通过关怀伦理探讨凯瑟在其作品中构建的一个充满关心、关系、爱、理解、信任的理想和谐的社会。凯瑟把印第安

人崇尚自然、敬畏大地和尊重生命写进了她的主要作品,与西方对自然的无情掠夺和贪婪形成鲜明的对照。

关键词:凯瑟(Cather, Willa 1873~1947) 文学研究 女性主义 生态学

3691

原型理论与后现代语境下文学的文化批评建设 / 杨丽娟著 ; 刘建军指导. -- 东北师范大学, 2005. -- 110 页

论文进行研究的理论基础是当下正在形成的文化整合理论,其出发点是重新阐释和理解"原型"、"原型批评",对这些基本概念作出新的界定,揭示"原型批评"作为一种文化批评的内在基因。论文的基本思路是在把原型以及原型批评置于后现代文化语境中进行重新阐释的同时,对后现代语境下的文化特点进行较为深入的梳理。论文力图揭示后现代文化中被人忽略的各种思想、意义、价值的交织和融合。论文指出,新的文化特点和趋势就是一方面非常重视个体的意义和价值,另一方面又非常强调个体意义及其在人类共有精神价值之中的统筹,从而形成二者的平衡和统一。在这样的后现代语境下,文学理论各派也表现出与他者对话和相互结合的努力。在这一过程中,原型理论一方面对身处后现代语境下的各种文学理论流派的发展作出贡献,另一方面在其他批评流派的关注和运用中,原型理论自身也获得了发展,造就了原型批评理论的新形态,即原型——文化批评。论文认为,原型——文化批评的基本内涵在于:这是一种既注重考察历史纵向发展所形成的人类共有价值,也是注重把握各种共识关系、意义和价值的批评,是在历时和共识相互作用中把握人类精神结构的新的世界观和方法论。

关键词:文化批评 文学理论 原型(文学) 后现代主义

3692

法律语言与权力的互动关系研究 :功能语法与批评方法相结合探讨立法语篇 / 杨敏著 ; 胡壮麟指导. 北京师范大学, 2005. -- 245 页

本研究的目的在于描述立法语篇的语言特点,探索法律语篇与权力之间的互动关系,为分析机构或职业性语篇提供一个理论框架和实用性参考。作者收集了 14 部中国法律和 14 部英美法律,并运用了定量和定性的研究方法。在第二章,论文对相关理论进行了回顾。在此基础上,第三章提出了一个三段式理论框架,从批评和功能两个角度研究立法语篇的意识形态。在第四章,论文简要讨论了文化语境和情境语境。作者运用汤普森的"时空场合"概念补充韩礼德的分析模式,分析了立法语篇的文化语境,认为,从历史背景、纲要式结构和体现样式等方面来看,权力在立法语篇的文化语境中得到了清晰的展示。从第五章到第八章,作者重点分析语篇的语言特征,认为,为了反映权威性、客观性、正式性、精确性和包容性,立法者使用语言时有选择的,大量的语言技巧的运用隐藏了国家权力,神秘化并进一步增强了语言的权力。在第九章,论文就立法语篇的本质和功能进行了阐释,认为,立法语篇的本质是一种特殊的秩序化过程,是对社会秩序进行恢复、保持或创造的特殊过程;他的功能是制约社会、平衡利益、教育社会、调整经济、维持历史的延续以及维持信义的意志;立法语篇表面的平等隐藏了背后的不平等。论文最后认为,法律权力语言并非自然生成,语言表现权力,权力选择语言,它们之间的关系是互动的。

关键词:法律语言学 语篇 权力 语法 语境

3693

英汉语中动结构式认知研究 :基于语料库的对比分析 / 杨晓军著 ; 王克非指导 . -- 北京外国语大学, 2005 . -- 182 页

本文研究了英汉语中动结构式。以语料库检验关于中动结构式特征的四个假设,发现了中动结构式用于一般现在时、一般过去时和进行体的分布规律;中动结构式副词的选择由其动词语义和主语所指对象的物性决定;中动结构式在文体分布、肯定和否定形式上没有明显差异。论文探讨了中动结构在句法、语义和语用三个维度上的共性与个性。在句法维度上,共性为:其句法主语都是由结构式动词的直接或间接域内论元生成的,都是以主动形式表达被动意义,句法结构也都是由主语、谓语和补足语构成,句法表征为:NP + VP + (O) + XP,说话人通常采用对比或对照等方式来突显主语的属性,英汉语中动结构式都既能位于独立分句,也能位于从属分句。个性为:充当中动结构式的谓语动词有几大差异,汉语动词后都有附加成分标志,而英语动词则为零形态标志,英语动词的时体变化比汉语动词多,英语中动结构式的补足语通常是由副词、介词词组等构成,而汉语中动结构式的补足语则是由形容词词组、主谓结构等构成。在语义维度上,共性为:充当英汉语典型中动结构式

和非典型中动结构式主语的语义成分完全相同。个性为:英语中动结构式的语义限制总体上比汉语的要严格一些。在语用维度上,共性为:表达意图高度一致,都是表达说话人对英汉语中动结构式的主语所指对象的属性、功能、价值的主观评判,注意的焦点一致,英汉语中动结构式的合格性很大程度上都需要依赖于相关的百科知识和语境、语用信息,中动结构式通常需要状语或情态成分提供最大量信息来突显主语具有某些出人意料的新闻价值。个性为:英汉语中动结构式在语用维度上的差异性较少,汉语对中动结构式主语受影响的程度性要求没有英语高,理解的角度也有所差异,汉语中动结构式的隐喻扩展形式比英语的多。

关键词:英语　汉语　动词　语料库　认知语言学

3694

走向话语的意识形态阐释 : 以超链接文本为分析对象 / 叶起昌著 ; 胡壮麟指导. -- 北京师范大学, 2005. -- 160 页

论文主要解决两个相关的问题:从意识形态角度理解超文本和从批评话语分析角度分析超文本。第一章论述超文本分析的必要性、强调意识形态在语篇分析中的主导地位,阐释意识形态与理解之间的内在联系,讨论意识形态的范围、作用和定义,介绍本论文的目的、方法、研究对象和分析框架与分析步骤。第二章综合批评话语分析、批评实在论、意识形态理论以及新伦敦学派的观点,论证分析框架的理论基础。第三章综述批评话语分析学科,重点从历时和相关的研究主题两方面来回顾,并指出这些研究的长短处。其中 CDA 的近期成就和超文本是综述中重点介绍的对象。第四章围绕"从意识形态角度理解超文本"的主题展开。贯穿本章的主线是从社会实践层面考察超文本,从而透视社会。第五章从批评话语分析的角度分析超文本。在第六章,论文提出自己的看法,认为意识形态不仅仅是一个观察话语的不可忽视的视角,更是自我反思的视角。理解意识形态就必须超越意识形态。以超文本或整个网络而言,自我反思比以往任何时候都重要,因为这种超越与理解我们自身息息相关。

关键词:意识形态　超文本　话语　语篇

3695

中国大学生英语口头叙事话语的结构范式研究 / 俞洪亮著 ; 文秋芳指导. -- 南京大学, 2005. -- 270 页

该研究以二语学习者组织信息过程中的话语结构特征为切入点,设计了一项以定性研究方法为主。研究对象是中国大学生在口语测试环境下的独白式叙事话语,研究的目的是从中描写和解释学习者叙事过程中的结构特征。该研究采用 2000 年和 2001 年全国英语专业四级口语考试中的即席演讲作为语料,选出 6 组考生,计 203 个样本,最终涉及总体样本共 60 个叙事独白。根据研究问题中的两个变量,总体样本分为两大类,一类根据描写人物和描写事件的测试任务分为两个不同话题组,另一类根据考生的口试成绩分成高分组和低分组。该研究有以下主要发现:一,通过内容分析和内嵌理论分析等定性研究方法,描述并抽象出了中国大学生在测试环境下的独白话语中的宏观叙事结构。第二,通过叙事分析,宏观叙事结构范式又可分解为第二层次和第三层次的微观叙事结构成分。第三,总体样本在宏观叙事结构上没有显著差异。第四,学习者的叙事结构特征主要表现在微观叙事结构上。第五,高分组和低分组在宏观结构上的差异主要表现在"结论性评价"的缺或上,说明这个范畴是区分口语水平的主要指标之一。

关键词:大学生　英语　话语　口语　叙事

3696

社会科学论文中的人际意义研究 : 体裁分析视角 / 袁邦株著 ; 田贵森指导. -- 北京师范大学, 2005. -- 221 页

论文试图通过从跨学科的角度研究社会科学论文体裁中的人际意义。论文以功能语言学对人际意义的研究为基本框架,融合体裁分析、语用学、修辞学、批评话语分析、巴赫金对话理论和社会建构理论,建立了一个社会科学论文人际意义的分析模式。该模式建立在语篇层次上,包括宏观和微观两个分析层面,并把人际意义的分析调整为互动性、评价性、说服性和多声性四个要素。论文运用该模式对 30 篇心理学、社会学、教育学和应用语言学进行了人际意义的分析,归纳了社会科学论文体裁的人际意义特征,探讨了其中有代表性的四个人际意义的实现项目:宏观上的体裁图式结构和微观上的情态表达、模糊限制语和转述性动词,对构筑社会科学论文人际意义的贡献。最后,论文借鉴体裁分析的视角,运用定量的方法,通过对微观层次上三种人际意义实现项目的分析,比较了社会科学论文中四个组成部分(简介、方

法、结果和讨论)体现出来的人际意义特征和学科之间的差异。论文认为,社会科学论文的作者通过语言策略的使用,建立了与语篇社团的良性互动,并试图说服读者其命题的可接受性。四种不同学科的论文在人际意义上的特征区别并不明显。

关键词:论文　体裁　社会科学　功能语言学

3697

"他者"的声音：吉恩·瑞斯西印度小说中的抵抗话语 / 张峰著 ; 张在新指导. -- 北京外国语大学, 2005. -- 185 页

本文试图用新历史主义与后殖民主义文论解读英国现当代小说家吉恩·瑞斯的西印度小说(《藻海无边》、《黑暗中的航行》及四个短篇小说)。作者认为瑞斯的作品通过"逆写"英国19世纪的殖民话语场,试图改写被欧洲中心主义意识形态不断刻写的殖民历史,从而给那些一度被边缘化和被迫失语的西印度"他者"们以说话的机会。由于"阀限空间"内部存在的差异,他们的声音表现出多样性特征,但作为一个整体,这些声音却构成了一种强有力的后殖民抵抗话语。论文主体由四章组成。第一章"殖民话语与后殖民抵抗话语"确立了整篇论文的理论框架。本章首先检视了殖民话语的内容与本质,然后概述了后殖民抵抗话语的性质与形式,进而集中阐述了两种重要的后殖民抵抗话语策略:具有"伪装"特点的"模仿"与具有"双刃剑"特征的"文化杂交"。第二章"英国殖民话语场中的西印度'他者'"试图为第三、四两章树立批评与逆写的靶标。通过分析19世纪英国殖民话语场中历史、科学、文学三种话语形式中的代表性文本,本章考察了西印度"他者"形象是如何确立起来的。第三章"帝国边缘的殖民遭遇"通过分析《藻海无边》和三个短篇小说(《他们焚书的那日》、《重访安的列斯群岛》及《先驱,啊,先驱》)论证了在殖民者和被殖民者的第一个"接触区"内西印度"贱民"们抵抗殖民霸权,从而发出了自己声音。第四章"帝国中心的殖民遭遇"通过分析《黑暗中的航行》及短篇小说《让他们称其为爵士乐吧》中西印度移民们在"母国"所受到的种族、文化歧视及其无望的思乡之情,证明帝国中心才是"黑暗的心脏"。

关键词:里斯(Rhys, Jean 1894 ~ 1979)　小说　英国

3698

英汉名词化对比研究：认知—功能取向的理论解释 / 张高远著 ; 王克非指导. -- 北京外国语大学, 2005. -- 253 页

本文以认知—功能理论为导向,分析英汉语名词化的几个侧面。文章分析了英汉语名词化的标志,指出英语行为动作名词大多加缀派生,而汉语则采取无标记形式;探讨了英汉语名词化的共性,指出两种语言存在着大致相同的几种名词化;分析了英汉语名词化的表现,指出词汇层面上的名词化是同一个品级上的功能再分化,而句法层面上的小句名词化则体现为一种语用单位的品级转移,这种转移总是自上而下;探讨了英汉语名词化的特征,指出英汉语主宾位置上及介词后的动词都属于动词名用的临时句法表现,从句法特征来看都表现出不同程度的名词化倾向;分析了英汉语名词化中词与意义的关系,指出英语名词化一词多义现象普遍,这与英语"词义空灵、词义范围广、义随境迁"的总体语义倾向相吻合,汉语的名词化大多词义范围较窄、词义具体明确,这与汉语词义"严谨、凝滞"的总体特征相一致;探讨了英汉语名词化属词结构,指出英语属格名词化结构和汉语"NP的VP"均属"参照体—目标"构式,都是自指性名词化。作者认为词汇上的派生和语义上的转指实质上是在认知框架内通过概念相邻实现的转喻;"X-er"、"VP的"等转指形式都是在认知框架内概念相邻关系作用的结果。论文研究了英汉语名词化的转喻,指出语法上的名词化、语义上的名物化、语用上的指称化都是概念转喻的表现方式;认为动词是一个抽象的整体,名词是一种抽象的部分,动词名化属于以整体转指部分的特殊转喻。

关键词:英语　汉语　名词化　词汇　语法

3699

人民诗人卡尔·桑伯格：桑伯格诗歌及诗学的人民性研究 / 张广奎著 ; 区鉷指导. -- 中山大学, 2005. -- 331 页

本文以卡尔·桑伯格普通的美国中西部家庭出身为出发点,从其社会实践、理想信念、诗歌、诗学等方面论述了桑伯格成长为人民诗人的历程。首先,桑伯格的社会主义思想信念引导他参与了许多站在人民立场上的社会实践。而他的社会主义的实践又给他带有浓厚人民色彩的诗歌创作提供了素材。其次,通过依次分析他的诗歌作品集《芝加哥诗篇》、《剥玉米的人》、《烟与钢》、《晒焦的西部柏油路》、《人民,是的》等,分析了人民诗人的成长之路和其高度的社会责任感和人民情,从而表现了人民的伟大与威力,以

及诗人对人民的忠诚。本文还进一步讨论了桑伯格的诗歌理论和他一贯所坚持的诗人应当在社会中发挥作用的原则。作者认为,桑伯格对现代诗歌的影响是巨大的,他作为人民诗人的社会价值也是不可低估的。

关键词:桑德堡(Sandburg,Carl 1878~1967) 诗歌 诗学 文学研究

3700

重读霍桑:从宗教哲学视角解析霍桑作品中的清教主义观 / 张晶著;郭棲庆指导. -- 北京外国语大学, 2005. -- 150 页

本文主要从宗教哲学的角度分析霍桑作品中的清教主义观,旨在论证霍桑作品是对清教徒极端主义本体论、认识论危机的拯救。全文分为序论、三章和结论,共五个部分。作者认为,17 世纪到 19 世纪美国社会所存在的两种二元对立的危机——善/恶、科学/神学,是霍桑作品对清教徒极端本体论、认识论批判的原因。霍桑作品,如《好小伙布朗》、《教长的黑面纱》、《伊桑·布兰德》、《拉帕其尼的女儿》、《红字》、《玉石人像》等,提示了在清教徒所生活的世界里,邪恶正以各种形式存在着,同时世俗世界所充斥的邪恶和罪成了人物主体性身份建立的基础,作品中的人物都以此为中心来看待整个世界。于是恶被上升到本体论的高度,这样便导致了邪恶的普遍存在与基督教的基本教义——上帝的绝对存在之间的矛盾,造成了清教徒本体论认识上的危机。霍桑不是要对上帝的存在做出形而上学的论证,而是在肯定上帝存在的前提下,强调善恶并存的可能性和人获得救赎的办法,这就修正了清教徒极端主义本体论的认识。他的作品大多采取追寻的主题,认同清教徒的不可知论观,但从来都没有放弃人类救赎的可能,常常以光来比喻作品中人物所渗透的宇宙人生哲理。霍桑认同奥古斯丁神学理论的核心——光照理论,指出清教徒只有认识到阐释论上的相对性和多义性才是走出危机的唯一出路,旨在体现一种宽容的精神。通过对霍桑主要代表作品的分析,作者认为,霍桑作品为挽救人类因原罪论造成的与上帝疏离的危机,恢复失落的清教主义精神,寻找真正的人性复归之路,走向一种道德化、人性化的宗教作了可贵的尝试。

关键词:霍桑(Hawthrone, N. 1804~1864) 文学研究 清教主义 极端主义 宗教哲学

3701

方式即意义:自《黑暗之心》到《现代启示录》改编的中国古典美学观照 / 张璟慧著;高继海指导. -- 河南大学, 2005. -- 137 页

论文主要以《现代启示录》对《黑暗之心》的创造性改编为研究对象,藉中国古典美学理论来关照自小说文本到电影的转化过程及审美过程,以期体现中国古典美学对作为新技术化媒体的电影所可能具有的、独特的理论阐释意义与审美鉴赏作用,同时突出东西方两种文化的互补态势与彼此促进。论文从电影对鲁迅的冲击出发,说明论文要探讨的是视觉文化对传统主流文化进行演变的背景下电影与文学的关系。接着,作者就《现代启示录》在同类影片中的历史地位、艺术价值和小说与电影之间存在的巨大差别进行了分析,探讨了科波拉对《黑暗之心》异于常规却合乎艺术规律的改编手法。然后,作者对改编的具体问题进行了探讨,即改编如何传达原文本的精神,又实现转化者与原文本作者的生命体验达到契合,同时,在这一过程中审美依据的基本准则如何确定。论文认为,中国古典美学重视"虚实之境"和"虚实结合"的艺术创造,其中对"虚"的注重正好符合艺术精神的再生的指向。科波拉重"虚"的转化,正突出了艺术创新精神的发挥,因而与中国古典美学的趋向相契合。论文最后总结认为,视觉文化正改编着文字文学的存在方式及作家对文字文学本身的思考,并使有关问题在新的艺术形态中体现出新的意义,因此,形式即意义。而中国古典美学则能提供对转化的理论阐释,厘清超克两种艺术界限的再创造的作用,探究电影对小说的改编的某种趋向及艺术境界。

关键词:小说 电影剧本 电影艺术 文艺美学 《黑暗之心》《现代启示录》

3702

外语教师个人理论的研究 / 张莲著;吴一安指导. 北京外国语大学, 2005. -- 263 页

该研究旨在提出高校英语教师教育的核心是教师个人理论的培养和发展这样一个倡议。倡议的提出基于这样一个理论假设,即教师的职业成长是一个"学习教书"的动态过程。该研究认为,这个过程的根本特点是教师个人理论的进行性演变,即教师经过一系列的学习活动和在具体的教学环境中的教学实践,建构和发展了自己的外语教学个人理论。这些理论充当了教师课堂决策的参照系,指引并知会教师的课堂实践。这个参照系的内容和结构是什么,教师们如

何建立并发展了这样的参照系，构成了该研究的核心问题。研究者采用了解释性的、定性的个案研究方法。深度访谈、课堂实录以及学生态度和任职的问卷调查构成了三个层面的研究设计。基于数据的分析和讨论，论文对这些教师的个人理论的内容、结构，以及他们建构和发展自己的理论的过程进行了描述。研究的结果表明：(1)教师个人理论是这些教师关于英语教学的理论知识、个人理念和朴素假设的交织聚合体；(2)教师的个人理论会随着时间通过与教师个人实践经验的交互作用进行演变。最后，论文提出，高校外语教师教育的核心是帮助教师建构和发展他们的关于外语教学的个人理论。

关键词：英语　外语教学　教师　职业教育

3703

矛盾情结与艺术模糊性：超越政治和族裔的美国华裔文学 / 张琼著 ; 张冲指导. -- 复旦大学, 2005. 170 页

论文从美国华裔文学的矛盾情节与艺术模糊性两个特征入手，从更普遍和更综合的角度来看待美国华裔文学作品。作者在文章中主要结合对谭恩美(Amy Tan)、黄玉雪(Jade Snow Wong)和任璧莲(Gish Jen)的作品进行分析，指出无论是家庭范围的矛盾情结和模糊性还是族裔内外追索上的矛盾情结和模糊性，亦或是不同边界地带的矛盾情结和模糊性都建立在一个前提之上，就是美国华裔作家的作品首先是一种文学的表现形式。族裔家庭见证了跨种族的转变，在美国华裔文学作品中，“家”这个字眼多是思乡之情彰显的表现，同时族裔因素和文化冲突也带来了文化同化和归属感的消退，现代的文化观念与传统的落叶归根的情结的冲突，现代的生活方式与传统的意识形态的碰撞丰富了美国华裔文学的内涵，使其作品产生了特有的艺术魅力。同时作者指出，正因为美国华裔文学作品的特殊性，也对读者提出了更高的要求，它要求读者用更综合的知识加上对美国众多方面现实情况的了解，来体会这些作品中包含的美学意蕴。族裔之间的融合，差异文化的确立和融合都使得我们很真切地感受到自己处于一个动态的过程。作者强调美国华裔文学虽源起于美国，却没有办法摆脱其他文化，尤其是东方主义的影响。这种影响，使得美国华裔文学要求自由抒发自我，力争从美国文学中发出自己独特的声音。作者最后阐述，在文学创作的过程中，多种因素都会对其作品产生影响，除了文化和社会因素外，其他一些和文学作品形式相关的因素也应该引起足够的重视。

关键词：华人文学　美籍华人　文学研究　文化冲突

3704

会话含义中规则性推理的形式化研究 / 张韧弦著 ; 熊学亮指导. -- 复旦大学, 2005. -- 198 页

本文以两种最基本的会话含义——一般会话含义(GCI)和特殊会话含义(PCI)为重点，通过建构一般会话含义推理的缺省逻辑方案(DL_G)和特殊会话含义推理的混合式模型(HMPI)，用形式化的手段揭示会话含义推理过程中的规律。首先，作者根据一般会话含义非单调性推理的特点，在 Reiter 的缺省逻辑理论的基础上创制了描述各种类型一般会话含义及相互抵消现象的综合性解决方案——DL_G。其次，创制了一个建立在目标关联框架基础上的六元模型——HMPI，用以刻画特殊会话含义中的推理规律。之后，将 DL_G 和 HMPI 相互结合，创制了会话含义的综合模型(GPCI)，以系统、全面地反映会话含义中的推理规律。这一模型以非单调性逻辑形态和语境的参与方式为根本纽带，将一般会话含义和特殊会话含义的推理过程统一在一个整体的框架体系内，从而使其各自的特点和推理规律获得了更为精确和明晰的表述，此外这一模型还在一定程度上刻画了这两种会话含义相互作用的方式和特点。

关键词：会话　语义　推理

3705

毛泽东诗词英译比较研究 / 张智中著 ; 王宏印指导 . -- 南开大学, 2005 . -- 200 页

本文采用文本分析、比较分析、统计等研究方法，研究了毛泽东诗词的 12 个英译版本。论文探讨了有关诗歌形式的翻译问题，指出诗歌形式在诗歌翻译过程当中十分重要，跨行与形断意连在译诗当中的运用，不仅构成了视觉形式上的局部创造性叛逆，而且具有更好的美学效果；同样诗行内韵、头韵与谐韵在译诗当中的运用，弥补了译诗过程当中原诗词音韵美的流失。作者讨论了修辞格的翻译问题，指出译者应将原文的修辞格识别出来，竭力传译，而有时原文的修辞手法又需要变通。文章探讨了意象的翻译，指出诗歌翻译的关键就在于原文诗词意象在译文当中的转存或再生，译诗若不能如实地再现毛泽东诗词当中的意象，便不能与毛泽东诗词的风格相吻合。论文研究了语言风格的翻译问题，指出毛泽东的遣词造句颇

具个性,译者自当悉力转存,同时,还可发挥主观能动性,积极合理地利用译文语言当中有效的表达方法或手段,更好地再现原文的语言风格。作者探讨了文化因素的翻译问题,指出文化翻译的要点,是译者应该注意避免文化翻译上的过度归化倾向。文章还探究了翻译的策略,指出诗歌译者必须充分发挥译语语言的优势,甚至创造性地使用译语语言,这样才能使译作提高到文学创作的水平。

关键词:毛泽东诗词　文学翻译　英语　翻译理论　语言风格

3706

《圣经》与爱德蒙·斯宾塞的《仙后》/赵冬著;何其莘指导. -- 北京外国语大学, 2005. -- 249 页

论文从基督教的经典著作《圣经》对斯宾塞的长诗《仙后》的影响来阐述斯宾塞的宗教观。论文的重点是论述英国女王伊丽莎白一世统治时期《圣经》对该时代历史的影响在《仙后》及同时期文学作品中的反映。论文第一章综述了几个世纪以来批评家们对斯宾塞宗教观的论述,力图就其中的不足进行分析,并提出解决办法。第二章从文艺复兴时期《圣经》作为世俗文学存在合理性进行辩护的有力工具入手,论证了斯宾塞及其同时代诗人利用《圣经》中的诗歌形式来为自己的诗作辩护。三、四章从女王伊丽莎白一世统治时期《圣经》、教会及女王三权合一的历史大背景出发,论证了斯宾塞、莎士比亚及弗莱彻等代表性诗人作品中所表现出来的天启与末世思想的历史观。第五章着重论述《圣经》作为文本对斯宾塞写作风格的影响,归纳并列举了斯宾塞数种援引《圣经》的方式及表现。第六、七、八章以《圣经》文本及当时的《圣经》阐释为依据,分析了《仙后》整首诗(以第一、二部为重点)的主题及意义。

关键词:斯宾塞(Spenser, Edmund 1552? ~ 1599)　宗教思想　《仙后》　《圣经》

3707

身份的矛盾:论吉卜林的印度小说/郑云著;黄梅指导. -- 中国社会科学院研究生院, 2005. -- 88 页

本文主要运用细读法,参考后殖民理论,以殖民背景下的身份问题为主线,讨论英国首位诺贝尔文学奖得主鲁德亚德·吉卜林的印度题材小说。全文由五个部分组成。"引言"部分提出论点,认为吉卜林的印度小说显示出深刻的矛盾性。一方面,作为帝国的"象征"和"先知",吉卜林在理智上持效忠大英帝国的立场;另一方面,由于吉卜林在印度出生且生活过十余年,他对印度社会有敏锐的观察了解和深厚的个人感情。引言部分还简要回顾了迄今对吉卜林作品的研究状况。第一章分析了一组吉卜林早期的短篇小说。吉卜林在其中描绘了错综复杂的印度图景,敏锐地意识到殖民体系内的不稳定因素,而身份困境是英印双方交往过程中的最大问题之一。第二章主要研究《丛林之书》中莫格力系列故事。拥有双重身份的莫格力是吉卜林思考如何解决身份困境的转折点。莫格力的故事可以看作一则殖民寓言,他的统治建立在以"奋斗"、"尽责"和"服从"为核心的"丛林法则"之上,这一点值得注意。第三章探讨吉卜林的长篇小说《吉姆》。拥有双重身份的吉姆的成长过程也是寻求身份认同的过程,最后他象征性地和印度大地融为一体,从而"痊愈"了他的身份危机。但《吉姆》的结局是相对开放的,再次印证了吉卜林的矛盾性。结语总结了吉卜林的印度小说体现的主要思想,再次明确了全文的观点。

关键词:吉卜林(Kipling, Joseph Rudyard 1865 ~ 1936)　小说　文学研究　印度　身份

3708

输入频次与输出频次对中国大学生故事复述能力影响的对比研究/周丹丹著;文秋芳,丁言仁指导. 南京大学, 2005. -- 218 页

该论文以频次在二语学习中的作用为出发点,探讨了中国大学生英语口语表达能力在频次作用影响下的发展和变化,旨在揭示频次作用引起的故事复述在内容和语言形式诸方面的发展变化规律。论文将频次区分为输入与输出频次,以比较两者在语言学习中的不同作用。研究者对收集样本的分析采取定性和定量相结合的方法,定量分析描述出故事复述的内容和语言形式,包括流利性、准确性和多样性等各方面的变化,定性分析补充说明各方面的变化是如何发生的,以及引起这些变化的内在和外在原因。经过分析,论文认为,首先,输入频次对故事复述内容的影响非常显著。在输入频次的作用下,故事内容逐渐丰富并与原故事逐渐吻合,但这种影响局限于对次要内容要点的帮助上,以及流利性和多样性。其次,输出频次对故事复述内容的进步无明显帮助,其影响主要体现在对语言形式的帮助上。在输出频次的影响下,流利性、准确性、多样性都有不同程度的进步。第三,输入和输出频次对故事复述的帮助有所不同,它们引起不同方面的变化,各方面的变化规律也不同。最后,

输入和输出频次对故事复述都有一定的滞后影响,一周后,不仅故事的内容能够较好地回忆出来,语言形式大部分也能保持一周前的进步。

关键词:英语　口语　语言学习　大学生

3709

**再现奥尼尔 :中国戏剧的跨文化衍变 / **朱雪峰著 ; 刘海平指导. -- 南京大学, 2005. -- 218 页

论文以奥尼尔的剧作在中国的再现与重演为案例,并以我国对其他西方剧作的搬演为背景,来说明中西戏剧(尤其中美戏剧)在现当代中国社会文化语境中的相遇、碰撞、交流和衍变。第一章作者论述话剧队奥尼尔的改编与演出,认为我国话剧作为西方移植引进的剧种,始终立足于本国社会历史文化语境,根据需要来理解和吸收西方戏剧,并已经发展成不同于其西方戏剧原型的戏剧形式,这正代表了中国戏剧跨文化衍变的一个重要方面。第二章论述戏曲队奥尼尔戏剧的改编与演出,认为话剧对奥尼尔的改编在内容上有许多本土化的尝试,但形式上总的来说没有脱离西方戏剧的框架,而三次戏曲改编从剧本内容到舞台演出形式都作了本土化的变动,体现了本国戏剧传统的自信,代表了我国戏剧与西方戏剧对话的一个新台阶;另一方面,以话剧为媒介,中国戏曲从多方面吸收了西方戏剧元素,衍生出一种有别于传统戏曲的现代戏曲。第三章,论文提出,中国主体意识的增强有助于中西戏剧间的平等对话,而这种平等对话又有助于我国戏剧突破中西双方的局限,达到某种新的平衡。由我国艺术家与西方艺术家合作的奥尼尔演出,从某种意义上表达了对这种新平衡性的渴望和追求。论文最后总结道,20 世纪初期以来,我国戏剧以西方戏剧为参照或对照,经历了多方面、多层次的复杂衍变,体现了对一种多元的"中国现代民族戏剧"的探索。

关键词:戏剧研究　奥尼尔(Oneill, E. 1888 ~ 1953)　舞台演出　文化交流

3710

**中国大学生英语口语中冠词使用的研究 / **朱叶秋著 ; 文秋芳指导. -- 南京大学, 2005. -- 205 页

该研究旨在了解中国大学生在口语中使用冠词的情况,并揭示出 7 种因素对正确使用冠词的预测力。这 7 种因素是:名词的语义作用,名词的可数性,名词的结构,名词在小句中的位置,学生的口语流利度,过去使用正确率和英语口试成绩。该研究对 60 名中国大学生在口语测试的两项任务中冠词的使用进行了定量分析,并选取其中 10 名学生,对其冠词使用情况进行了细致的比较。研究的结论如下:(1)中国大学生口语中的冠词使用仍存在一定困难;(2)学生使用冠词的两个主要问题是漏用冠词以及过度使用定冠词,其中漏用冠词在高分组和低分组都存在,但随着英语水平的提高,有从漏用冠词到过度使用冠词的转化现象;(3)在口语中,学生很少对冠词的使用进行监控;(4)从对冠词使用正确性的预测因素来看,三种冠词既有不同点,也有共同点。对定冠词和零冠词来说,与英语水平相关的因素的预测力相对较大,而对不定冠词来讲,与名词相关的因素的预测力较大;(5)口语中,英语学习者的在线信息处理量对其冠词的使用的影响较为明显。

关键词:英语　口语　冠词　外语教学　大学生

3711

**后殖民理论视角下的美国印第安英语文学研究 / **邹惠玲著 ; 郭继德指导 . -- 山东大学, 2005 . -- 228 页

本文以后殖民理论为依据,探讨了美国印第安英语文学的后殖民性。首先,文章概要论述了印第安民族的文化和精神传统,进而阐述了印第安民族对神圣环形的崇拜,印第安人认为,宇宙间所有形态均以环形存在,而无数环形则构成宇宙这一永不休止的循环连续体。其次,论述了美国内部殖民主义统治对印第安民族的征服与文化灭绝,并揭示了美国政府的印第安政策给印第安民族带来的深重灾难和毁灭性后果——维系部族群体的纽带被切断,宗教、社会和政治结构被瓦解,部族文化传统的圣环被摧毁,印第安人失去文化身份,被迫接受殖民者强加于他们的属下地位。再次,把美国印第安英语文学置于后殖民理论框架之中,探讨了印第安英语文学所蕴含的后殖民性,认为美国印第安英语文学的发展可界定为三个阶段:在同化阶段,他们在创作中所表述的同化于白人社会的愿望;在回归传统阶段,印第安作家的创作始终围绕反抗白人殖民主宰、回归祖先土地与传统这两个密切相关的主题展开;在文化杂交阶段,文学既表达了对印第安文化和精神传统的认同,同时也强调印第安传统与主流文化的融合。之后,进一步论证了美国印第安英语文学第二阶段回归传统的总体倾向以及美国印第安英语文学第三阶段的杂交特征。最后,论文得出结论,在美国印第安英语文学的所有三个发展阶段,印第安作家把白人殖民者的写作形式挪用于

自己对种族/文化身份的寻求,在这一意义上,他们以复兴印第安传统、使之适应当今多元世界为目的的写作证明了后殖民理论的一个基本观点:属下的人民可以讲话,本土的声音可以恢复。

关键词:美国文学　印第安文学　民族文化　后殖民主义　文学研究

俄语语言文学

3712

文化文本的意义研究：洛特曼语义观剖析／白茜著；白春仁指导. -- 北京外国语大学, 2005. -- 126页

论文将文化文本的意义置入文本的结构化体系中,并结合体系内外的互动,动态地分析文本意义的产生、发展及变化过程。其任务是通过对文化文本编码与意义进行分析,探讨文化交际中信息的变化。第一章概述西方文本意义研究的历史与现状。分析了符号学确立前后哲学思想中形而上的产生与发展情况。又从符号学的发展历史中,围绕意义问题梳理前人研究符号、文本意义的思路、方法和成就。第二章对洛特曼文化符号学思想中的文本与意义理论进行了详尽的研究与概括。着重对左右脑分工、散立式与混成式符号机制、自然语与文化符号系统、隐喻与转喻思维机制等进行了阐发。第三章,论文系统地阐明了文化文本的编码和意义特点,对文本内部的三层次语言(自然语、体裁语和自建语)进行互动的分析,明确了文本在概念、指物、结构、价值、创新等方面的意义特征,并探讨了影响文本意义生成的交际因素。然后,论文将这一分析结果推广到艺术、历史、仪式文本的研究中,认为文化文本的意义生成与符号结构同民族符号域有紧密的关联。第四章,论文以别列夫小说《恰巴耶夫和了空》的文本为例,进行文化符号学的文本意义分析,阐发了俄罗斯后现代文化和文学的基本特征。

关键词:符号学　文本　文化　语义学　洛特曼(Lotman,Juri M. 1922~1993)

3713

俄罗斯弥赛亚意识的起源及其文化语义内涵／郭小丽著；李英男指导. -- 北京外国语大学, 2005. -- 150页

论文从发生学的角度出发,对俄罗斯弥赛亚意识进行考察。首先,论文概括了弥赛亚意识包含的两个互动要素:线性时间向度和范围空间维度。论文认为,在线性时间向度上,弥赛亚意识关注的不是“现世”,而是来世美好的“千年王国”;在世俗层面,弥赛亚意识则常表现为对“绝对”、“终极”和美好未来的乌托邦追求。在范围空间维度上,弥赛亚意识关心的是谁是世界终极问题的人选。其直接表现形式是救世主义,因而俄罗斯以救世主为符号,强调本民族有义务、责任甚至有权力拯救其他民族,是把民族和国家神圣化和神话化的民族理想,其本质是强调俄罗斯之于他人的独特性,强调俄罗斯在世界上的大国地位和作用。其次,论文对“第三罗马说”产生和发展进行了分析,认为其产生的原因是地理人文因素和历史积淀。并总结了弥赛亚意识在俄罗斯历史上的两个彰显时期。认为弥赛亚意识的凸显从宗教或宗教哲学开始,接着在社会政治领域进行实践。在彰显和社会实践的循环过程中,弥赛亚的意识逐渐丰满,呈现出螺旋上升趋势。第三,论文指出空间维度上俄罗斯弥赛亚意识的文化语义内涵:英雄主义、牺牲精神、全人类性。最后,论文总结认为,从本质上来看,弥赛亚意识是一种乌托邦思想,但俄罗斯人却想方设法地把这种思想贯彻到社会实践中,于是,弥赛亚意识在社会层面体现出来,并经常表现为爱国主义、民族主义甚至沙文主义。

关键词:俄罗斯　意识形态　弥赛亚　民族文化　基督教

3714

高尔基与安德列耶夫诗学比较研究／李建刚著；张冰指导. -- 北京师范大学, 2005. -- 179页

论文试图在前人对两位作家个体研究的基础上,结合时代大背景的关照,从两位作家的具体创作文本入手,采用实证和比较的方法,从小说美学、小说诗学、叙事学等角度对两位作家的创作进行剖析;同时结合两位作家的交往历史,对他们之间友谊破裂之后的书信论争和交锋做了客观的梳理,对两人关系破裂的原因进行理性的评定与反思,发掘他们交往背后所蕴涵的深层内部原因,认为,他们两人的友谊及其破裂在某种程度上折射出“白银时代”俄罗斯现实主义与现代主义两个文学流派之间的角力与对抗。最终,论文从文学、美学、文化学等不同角度探讨两位作家文艺美学思想形成和个体差异,探求两人创作分歧的根源,从一个侧面洞悉两大文学流派在19世纪末20

世纪初角力与对抗的实质，进而探求文学发展的规律性实质。

关键词：高尔基（Gorky，Maxim 1868～1936） 安德列耶夫（Andreyev，Leonid N. 1871～1919） 诗学 现实主义 现代主义 俄罗斯

3715

20世纪二三十年代俄罗斯反乌托邦小说探析 / 尹霖著；石南征指导．--中国社会科学院研究生院，2005．-- 189页

作者在绪论中对乌托邦思想及其在欧洲文学和俄罗斯文学中的概况作了简要介绍，并解释了从乌托邦到反乌托邦主题的这个嬗变的过程。在接下来对20世纪二三十年代这个俄罗斯文学史上最著名的反乌托邦小说不断涌现的时期的探析中，作者以三个人及其主要作品为代表：扎米亚京、普拉东诺夫、布尔加科夫。作者认为其中扎米亚京的《我们》是公认的世界文学史上最具经典意义的三部反乌托邦小说的作品之一。普拉东诺夫的反乌托邦三部曲《切文古尔镇》、《基坑》、《初生海》别具一格，在批判中杂糅悲悯，在否定中寄予希望。布尔加科夫的《不祥的蛋》和《狗心》蕴含了很多独特的反乌托邦的因素。作者在文中分析了作家对现实社会中践踏人权的、藐视人性的集权主义的批判，也指出了在反乌托邦小说中其实也包含了某些乌托邦的因素，最后指出了反乌托邦小说的共同的主题：对科技的走火入魔的崇拜和追求，必然会导致一个看似美好，实则荒谬无比的乌托邦世界，乌托邦的“美好”必然成为反乌托邦的悲剧；反乌托邦小说的目的就在于警示人类不要让这种悲剧真的在生活中上演。

关键词：俄罗斯文学 小说 乌托邦 文学史

法语语言文学

3716

莫泊桑与中国现代短篇小说 / 王斌著；许钧指导．南京大学，2005．-- 144页

论文主要运用描述研究方法，并结合统计手段和比较文学中的影响研究法，试图勾勒莫泊桑对中国现代短篇小说产生影响的背景、原因、过程和结果。在绪论部分，论文对中国短篇小说史进行了回顾，限定了中国古典和现代短篇小说的定义，明确本论文的研究范围、内容和方法，并对前人的研究成果进行了梳理与回顾。第一章主要从理论和现实的角度分析莫泊桑作品进入中国并产生影响的背景和初期情况，认为正是在以莫泊桑为代表的外国作家的短篇小说的影响下，中国新型的短篇小说逐渐面世。第二章就鸳鸯蝴蝶派对莫泊桑小说的翻译和解读进行分析，认为鸳鸯蝴蝶派的翻译深受读者导向式的翻译要求的影响，在翻译时处处考虑读者的审美趣味，不惜损害原文。因此，这时期的翻译严重歪曲了原文的主旨，但客观上却扩大了莫泊桑作品的影响力。第三章论述了莫泊桑对中国现代短篇小说的影响。论文认为，当时，为了完成反对旧文学、建设新文学的任务，新文化运动的主力将莫泊桑作为现实主义的代表和最高峰大加推崇，并以之作为短篇小说的范例加以学习模仿，从而对中国的文学青年产生了巨大的影响。第四章论述建国后莫泊桑作品的翻译和影响，论文指出，即使文革期间，他的小说也在地下悄悄流传。文革后又大量出版，有的还引进了中学和大学教材。最后，论文在结语部分再次指出，莫泊桑小说对中国现代短篇小说的发展起到了巨大作用。

关键词：莫泊桑（Maupassant，Guy de 1850～1893） 短篇小说 比较文学 文学翻译

德语语言文学

3717

德国早期浪漫主义的断片诗学 / 王歌著；谢莹莹指导．-- 北京外国语大学，2005．-- 209页

本文探讨德国早期浪漫主义作为独立文学体裁的断片及其诗学含义。全文分为五章。第一章中，作者首先对断片进行历时性考察，指出断片在历史中衍生出的复杂的外延和内涵；后半部分则从共时性的多角度考察断片，进行参照式描述。第二章中，作者在试图理顺作者/文本/读者讨论的热点与盲点的基础上，以《雅典娜神殿》、《花粉》、《杂思》等断片为文本基础，探讨作者/文本/读者的关系。随后的三章，作者分别通过对弗·施雷格尔、诺瓦利斯和克莱斯特的哲学、诗学或文学作品的细读，分析断片诗学在其作品中的显现，并试图阐析三人异同。其中第三章主要通过《诗苑对话录》中“论神话的演说”一文和《论无法理解》，分析了弗·施雷格尔的诗学作品；第四章分析了诺瓦利斯两篇对比十分鲜明的作品，即哲学断片

《费希特研究》和诗作断片《克林佐童话》;第五章则道过克莱斯特的书信,解析了他的所谓"康德危机",并对其剧本《破瓮记》进行了阐释。

关键词:诗学　浪漫主义　文学研究　德国

3718

德国的信息经济 / 姚晓舟著 ; 殷桐生指导. -- 北京外国语大学, 2005. -- 234 页

论文首先分析了德国信息经济发展的现状,指出,信息经济在德国发展迅速,已经成为汽车业和电气工业之后的第三大产业。接着,论文分析了德国信息经济的发展给德国带来的影响。论文指出,信息经济为德国经济带来了新的气象,大大拉动了德国的经济增长,促进了就业,并带来许多新的商务形式,为各项经济活动的展开提供了前所未有的可能性。信息经济还推动了风险投资、二板市场等新的融资形式的形成和发展。此外,还促进德国产业结构的调整,加快了传统产业的更新换代,使"老经济"产业现代化、信息化,提升了在国际市场上的竞争力。其次,论文分析了德国信息经济得以快速发展的原因,认为这首先得归功于德国在欧洲和世界都处于领先的信息基础设施。同时,德国政府的重视和大力推动,特别是完善了相关的各项法律为信息经济的发展提供了必要的保障。第三,论文指出德国信息经济迅速发展的同时也面临许多困难,如专业人才缺乏、全球 IT 业进入调整期的影响、教育上重理论轻实践缺乏创新、信息安全和数字鸿沟等。这些困难构成了德国信息经济发展的障碍。但是,德国政府为了促进信息经济的发展对以上问题采取了针对性的措施,并加强了合作。因此,在最后,论文认为德国的信息经济在今后几年里会得到飞速的发展。

关键词:信息经济　互联网络　数字鸿沟　德国

日语语言文学

3719

日本近代文学的性质及成立 / 关冰冰著 ; 孟庆枢指导. -- 东北师范大学, 2005. -- 215 页

论文在梳理日本当代具有代表性的理论家相关论述的基础上,以西方文化与日本文化的碰撞、交融为切入点,以宏观和微观相结合,探讨了"日本近代文学的性质以及成立"这一命题。论文抓住"国家、语言和文学"的关系来揭示日本近代文学的特质,并从西方国家向近代移行过程中拉丁语的变化作为参照系来阐释日本"国语和国文学"的紧密关系。同时,论文以坪内逍遥为个案,在梳理了日本文学评论界对他的重新评价之后,通过探讨先前被排斥在日本近代文学之外的政治小说与坪内逍遥的关系,"进化论"与坪内逍遥的关系以及坪内逍遥把小说规定为"艺术"的真正内涵与加之这三个方面深入论述了先前的从宏观上所提出的问题。通过分析,论文得出以下观点:(1)对日本近代文学的反思与重新审视是面向 21 世纪时对东西方文化交融、东西方批评话语在更深层次上的对话。日本的国文学是近代国家的产物,"国家意识"与"世界史"是界定日本近代文学的视域。坪内逍遥把国家意识注入到日本文学中,并把他带入到世界文学的范畴内,同时以西方为中心构建了"先进与落后"的框架,使日本文学置于西方话语的言说当中。(2)后现代主义理论对日本文坛产生了重大的影响,日本评论家们主流上是吸收,并将之本土化。(3)日本文学界已经开始显示出摆脱"世界史"思想框架以及对本国文化再确认的趋势。这种动向应该值得中国的日本近代文学研究界的重视。

关键词:近代文学　文学史　日本

3720

岛崎藤村小说研究 : 告白与藤村文学关系考察 / 刘晓芳著 ; 于荣胜指导. -- 北京大学, 2005. -- 158 页

本文主要围绕岛崎藤村文学中告白特征最为突出的四部大作《破戒》、《春》、《家》和《新生》展开论述,从藤村的近代自我意识的形成入手来分析形成藤村告白意识或者说告白冲动的原因,并通过岛崎藤村文学中告白这一形式的形成、确立、成熟以及达到顶峰的状态来进行考察和分析。作者认为,自从岛崎藤村在《破戒》中成功地运用了告白这一形式并取得了意想不到的成功后,在《春》这部作品中还是确立了他的自我告白形式,并一发不可收拾写出了《家》和《新生》。在《家》中,藤村通过深沉的自我凝视精神,刻画出了处在衰败的封建大家庭和自己组建的小家庭之中的主人公,也就是藤村自己的精神成长和烦恼的历史;而《新生》则是作者以自己的人生危机为素材来进行告白、堪称形式与内容的完美结合的作品。论文指出,在藤村文学中自我告白既是一种文学理念,又是一种创作方法;既是一种创作动机,又是一种表现形式,还可以作为主题和内容来体现。自我告白这一

理念深深贯穿在整个藤村文学之中。而且,以自我告白为中心,藤村文学所表现出的三大主题即觉醒者的悲哀、家的困扰、性的困扰,正是藤村一生最受困扰的三个方面。藤村文学的自我告白,是基于他对近代自我的不懈追求来实现的。作者认为,藤村将文学真实和人生真实相结合,通过在文学创作中的自我告白来试图克服现实中的挫折感。也正是这种自我告白的方式使他最终摆脱了个人生活的怪圈,支撑了藤村的近代人生。

关键词:岛崎藤村(1872~1943)　小说　文学研究　告白　日本文学

3721

閃鑠する青春 ：中国文学研究会会员武田泰淳／熊文莉著 ；严安生指导. -- 北京外国语大学, 2005. 154 页

论文以中国文学研究会为背景,对中国文学研究会会员武田泰淳进行论述。在第一章中,论文考察中国文学研究会成立初期的武田泰淳,重点放在了中国文学研究会的成立上。第二章就两年的战争体验如何改变武田泰淳的中国观进行了重点分析,讨论他如何形成他的新的关于文化、关于人的认识。第三章讨论太平洋战争时期的武田泰淳。第四章专门论述被认为是战后派作家武田泰淳原点的《司马迁》。在分析的过程中,论文将论述的焦点从作家武田泰淳转向了中国文学研究者武田泰淳,目的是为阐明武田的精神变迁,进而思考外国研究的本质和外国文学研究者的责任等问题。

关键词:武田泰淳(1912~1976)　文学研究　司马迁(约前 145 或前 135 ~ ?)　日本

印度语言文学

3722

独立前的印度英语小说／杨晓霞著 ；唐仁虎指导. 北京大学, 2005. -- 130 页

本文研究了独立前的印度英语小说创作的情况,从历史文化的视角剖析了印度英语小说产生、发展与繁荣的深层原因。此外,对印度英语小说史上著名的三位小说家列专章进行分析,概括介绍他们的小说创作,总结他们创作的艺术特点。全文包括绪论和正文上下两篇。上篇分为两章。第一章主要介绍印度英语小说产生的时间和历史文化背景,以及早期印度英语小说的创作。这一时期的小说创作多是为迎合读者,尤其是英国读者猎奇的需要,小说中充满印度风情和神秘传奇色彩。第二章阐述了在新的历史文化背景下,印度英语小说家为突破"套话"所做的努力,有些作家已经开始在传统题材中增加新的思想,带有一定的时代色彩。下篇分为四章。第一章介绍了 20 世纪 30 年代印度英语小说创作的繁荣景象,说明印度英语小说家的视野更加广阔,他们的叙述技巧比以前的作家成熟。印度国内的政治风云变幻、人民的现实生活景象等都成为他们小说的描写对象。这一时期出现了著名的印度英语小说三大家——安纳德、纳拉扬和拉迦·拉奥。第二章介绍了安纳德的生平与小说创作。从文化研究的角度,运用拉康的镜像理论分析了安纳德在印度独立前出版的几部长篇小说,论述了安纳德通过对小说中主人公遭遇的描写来对自我和民族文化身份的探寻。第三章介绍了纳拉扬的生平与小说创作,分析了纳拉扬的"马尔古蒂"系列小说。研究了纳拉扬如何通过对马尔吉蒂镇的人和事件的描写,生动地表现西方思想和观念对印度的影响和冲击。第四章介绍了拉迦·拉奥的生平与创作,通过对他在印度独立前出版的小说《根特浦尔》的分析,阐述了拉迦·拉奥对印度政治问题和甘地主义的看法和思考。

关键词:小说　安纳德(Anand, M. R.)　纳拉扬(Narayan, R. K. 1906~2001)　拉奥(Rao, Raja)　文学研究　印度

西班牙语语言文学

3723

西班牙平面新闻的语篇研究 ：一种分析模式／刘元祺著 ；李多指导. -- 北京外国语大学, 2005. -- 228 页

本文对影响外语学习者理解对象国新闻报道的因素加以归纳和总结,探索一个有助于新闻理解的模式。作者关注这种理解模式的可操作性,立足于语言的社会功能,采用了语篇研究的研究方法,综合运用了新闻学、传播学、语用学、认知科学等多学科的基本理论。在影响语篇的三个语境:上下文语境、情景语境和社会文化语境中,作者认为起决定性影响的是情景语境和社会文化语境。因此作者从情景语境和社

会文化语境两方面入手分析新闻语篇。并分别指出在这两个语境中分析新闻语言的特点主要应该从哪些方面入手。在情景语境中,作者认为新闻具有篇章性并且这种篇章性主要体现于新闻语篇的连贯性,可以从其宏观结构研究入手来探讨新闻语篇的整体制约机制。最后得出结论:可以从语义、句法、词汇、词法的维度入手,分析新闻语言的特点。在社会文化语境中,作者认为新闻语篇具有社会性,指出不是具有新闻价值的事件就会上报,还要受到有不同的社会文化界定的新闻的社会功能的影响。但新闻对受众都发挥着"引导"的作用,只是在西方这种"引导"是隐形的。在本部分,作者着重分析了报纸如何安排新闻语篇的信息结构,如何选择宏观语义结构以及如何通过词汇手段将事件或人物典型化等问题。在论文的最后,作者得出了这样的结论:理解新闻即是读懂新闻的"社会——语篇 ——社会"这一循环过程。

关键词:新闻报道　语境学　大众传播　西班牙语

3724

歧义与翻译 / 徐蕾著 ; 董燕生指导. -- 北京外国语大学, 2005. -- 243 页

作者认为,歧义会使人们在沟通时遇到障碍,但同时可能丰富语言。作者认为,歧义分为狭义和广义两种。前者指的是经过种种消歧手段,一种表达方式的解释方式仍然不止一种;而双关语是一种修辞手段,不算在歧义之列。广义的歧义泛指一切拥有一种以上解释的表达方式,包括词汇手段、句法手段。文章讨论广义的歧义,从语音、语法、语用、地域、个人、修辞等角度分析了歧义的产生根源。除了语音和个别语法现象之外,做了中文和西班牙语在此方面的比较。文章探讨了歧义对于交流到底起到积极抑或是消极作用的问题。作者认为歧义的作用分为两类。第一类,修辞上所说的双关语是一种丰富语言表达手段的积极因素。第二类,当作者无意为之时有两种可能:或如修辞手段中的双关语,起到特殊的语言效果;或制造障碍,使作者的意图无法正确、完整地传达给受众。作者认为,对于歧义的翻译可以有以下方式:(1)完全保留歧义,不管是形式上还是内容上;(2)用另一种双关语来代替,即保留了双关的形式,而牺牲了内容,这种形式虽然较前一种逊色,却很适用于作者的意图在于纯粹的文字游戏的情况;(3)分别解释双关语的潜在表达方式,与第(2)种方式相反,这里保留了内容,而受众却无从欣赏原文作者的睿智语言;(4)也是最无奈的办法:采用加注释的办法,让信息接受者明白原作者的意图,这使原文的风采尽失无遗,但也是一种不是解决办法的办法。

关键词:西班牙语　翻译　歧义句　双关语

亚非语言文学

3725

中国朝鲜语汉源词汇研究 / 金红莲著 ; 全学锡指导. -- 延边大学, 2005. -- 194 页

本文以中国朝鲜语吸收的汉源词汇为研究对象,从社会语言学理论的语言接触和语言规划出发,采用共时研究和历时考察相结合的办法,着眼于社会和语言之间的诸问题,探讨了被中国朝鲜语吸收的汉源词汇的基本状况以及朝鲜语在中国的地域变化等。作者认为吸收汉源词汇的原因在于语言构造的内部原因和语言外部原因以及语言使用者个人的心理原因。同时,作者还指出,中国朝鲜语吸收汉语词汇时有一定的原则和方法,一般可分为普遍性原则、填空性原则、明确性原则、效率性原则。方法上则尽量利用朝鲜语汉字词音读方法和用既有词造句,部分利用音译法和音译加朝鲜语的方法。作者还通过统计学的方法研究了汉源词汇吸收的现状,指出汉源词汇和朝鲜词汇规范形成相互影响的关系,并经常出现规范化和实际使用不一致的现象。作者通过中国朝鲜语汉源词汇的吸收研究,阐明了汉源词汇的吸收是朝鲜语在中国发展的必然结果。并认为该研究对以后朝鲜语词汇研究、对外韩国语教育乃至其他少数民族的双语研究领域都有一定的参考价值。

关键词:朝鲜语　词汇　词源　汉语　语言规划

3726

田荣泽文学研究 ：以小说与诗为中心 / 金奇镒著 ; 金柄珉指导. -- 延边大学, 2005. -- 185 页

本文对韩国文坛历史上早期重要人物"长春"田荣泽的小说和诗进行研究。田荣泽通过 1912 年 2 月韩国最早的文学"同人杂志"《创造》开始他的文学生涯。在田荣泽的文学创作的早期,他以自然主义和写实主义文学及其牧师的身份特征,确定了他的文化地位。通过对他在被日本侵占时期为背景的作品《自然的抵抗》、《社会的抵抗》、《宗教的抵抗》中的历史史实研究,作者认为,田荣泽是一位具有鲜明"抗日精

神"的抗日运动家,也是一位努力开创以人道主义为主的作家。本文认为,田荣泽的一生,从1894到1968都生活在国家的动乱和逆境时期,却能50年坚持不懈地从事宗教和文学活动,通过《现代小说的开拓》、《基督教文学的开拓》以及《抵抗的诗》等进行独立运动,并对存在不正确观点的《民族的批判》进行修正,为了人们能走上正确的道路而苦苦探索,是一位孤独而行的《韩国文学的先驱自适》的作家。

关键词:田荣泽　小说　诗歌　人道主义　文学研究

3727

白华梁建植文学研究 / 金英今著 ; 金宽雄指导. -- 延边大学, 2005. -- 196 页

本文立足于近代转型期和日本殖民时期这一广泛影响梁建植的生命历程和文学生涯的生存环境,重新阐释当时文学的内涵与外延、传统与近代及朝鲜文学与中国文学的关系,以求切实接近梁建植的文学实际,正确评价梁建植文学的文学史地位。作者认为,梁建植在特定的生存环境下,逐渐萌生了自主意识和忧患意识,知识分子的苦闷、彷徨,对弱者的同情以及人的异化和堕落构成了梁道植小说永恒的主题。作者还认为,梁建植对外国文学尤其是中国文学的翻译和介绍是引人注目的。他借助对中国新文学和古典文学的翻译及介绍,进一步表达了对殖民统治者的反抗和对民族英雄的礼赞,以及对未来自由社会的美好憧憬。作者还指出,梁建植的文学表现出了民族灾难时期朝鲜知识分子的探索精神,呈现出了中国文学在近代转型期的朝鲜的意义和作用。作为一个自觉的民族主义作家,梁建植的文学在接受近代思想和文学的同时,始终没有忘记保持自我的主体意识。

关键词:梁建植(1889～1944)　文学研究　文学史　比较文学　朝鲜　中国

3728

明清时期中朝小说中的婚恋比较研究 / 李花著 ; 金宽雄指导. -- 延边大学, 2005. -- 218 页

作者指出,朝鲜时代在时间上大体与明清两代相契合,在长达500多年的岁月中,大量的中国文学作品源源不断地传到朝鲜,被当地读者所接受和模仿。本文以"婚恋"为聚焦点,将社会历史学研究方法和比较文学中的主题学方法相结合,考察了两国小说中的婚恋主题。全文共分为六章,主要从两个方面论述了两国小说与民众的道德、人生的交互影响:(1)作者认为,两国小说中的婚恋都受到中国儒教思想的影响。中国的儒学传播到朝鲜等东方诸国,与这些国家的传统思想相结合,成为该国思想文化的有机组成部分。再加上国家政策法规的影响,使得这个时期的作品难免会有儒家思想的痕迹。(2)作者认为,两国小说中婚恋的表达方式有所不同。这是因为朝鲜民众在认同中国儒家文化的同时,又保留了自己根深蒂固的传统民族思想。具体而言,主要是朝鲜民族所特有的风流道精神影响着作家的创作心态和读者的阅读趣味。这种精神注重"歌乐"与"道义"的相互结合和相互制约,即便是反映男女之间的七情六欲也是很有"节度"的,并不会发展到在明清被认为"淫书"的那种被唾弃的地步。

关键词:小说　婚姻　恋爱　比较文学　儒学　朝鲜　中国

3729

朝鲜诗学对中国江西诗派的接受 : 以高丽后期至李朝前期朝鲜诗话为中心 / 马金科著 ; 金宽雄指导. 延边大学, 2005. -- 170 页

本文试图从接受者出发,以接受者为主体,从接受者的视角考察朝鲜诗学对江西诗派的吸收和借鉴,研究接受者的接受屏幕和期待视野,寻找接受过程中的中间媒介,从作家、理论观点考察接受的实际,从中探索朝鲜诗学接受江西诗派影响的规律,进一步揭示朝鲜诗学与中国江西诗派的深层联系,弄清江西诗派在朝鲜诗学中所产生的积极作用与消极影响,同时也可以澄清以往对江西诗派认识的偏见。本文共有七章。第一章为导论;第二章主要讨论了朝鲜高丽后期至李朝后期诗学的接受屏幕和期待视野;第三章探讨了朝鲜接受江西诗派的中介因素;第四章介绍了朝鲜诗学对中国江西诗派代表作家的接受;第五章研究了朝鲜诗学对江西诗派诗法的接受;第六章阐述了朝鲜诗学接受江西诗派的特点和意义;第七章则介绍了江西诗派诗风在朝鲜汉诗创作上的反响——海东江西诗派。

关键词:诗学　江西诗派　接受美学　朝鲜

3730

朝鲜诗家论唐诗 / 孙德彪著 ; 蔡美花指导. -- 延边大学, 2005. -- 158 页

文章以朝鲜李朝时期的诗家对唐代诗歌发表的观点为研究对象,总结出李朝诗家对唐诗八个方面的论述:唐诗总论、唐诗本质、唐诗体裁、唐诗风格、唐诗

正变、唐诗学法、唐诗摘句、唐诗评注,指出这八个方面的中心是唐代诗歌的性情本质。绪论中说明了论文运用的批评方法、中朝诗歌交流的条件和历程。在唐诗总论中,指出李朝诗家对唐诗的主要批评指向是具体的诗人、诗歌,及其对唐诗选本及中国诗论著作的选择,并阐明格律、气格、意兴、用事是唐、宋诗的主要区别。在唐诗本质中,从李朝诗坛状况入手,说明李朝诗家将性情作为诗歌本质的原因,性情的含意、作用、发展,并论述了性情与载道的关系。在唐诗体裁中指出诗歌各体至唐大备,诗歌各种体裁的含义、诗体与意、声的关系,律诗与古诗的关系。在唐诗风格中,通过唐、宋、明诗风的比较,形象化地说明唐诗总体风格如"雍容君子",律诗八句如春、夏、秋、冬四时,此外还具体说明了唐代十种诗风的楷模、六种诗风的状态、七种风格的优劣。在唐诗正变中,首先说明了正变理论的含义及其与温柔敦厚、吟咏性情的关系,之后指出唐诗之正在于继承了《诗经》的传统,唐诗之变在于其整体上不如《诗经》。在唐诗学习方法上,李朝诗家推举的学诗范本是《诗经》与唐代律诗,指出诗人修养的五方面,即贵在养气、宗主经典、博学就才、感受外物、关怀民生,强调诗歌创作要抒写真情、注意诗歌内容与形式的关系、恰当运用赋、比、兴等修辞手法。在唐诗摘句中,探讨了摘句法的产生、发展,分析了朝鲜诗家摘句中包含的崇尚自然、和谐融洽、优雅生动等审美心理。在唐诗评注中,分单独评注与比较评注两方面,论述了朝鲜诗家唐诗评注在域外视角、诗歌赏析、诗歌品评等方面的价值。结论指出朝鲜诗家唐诗论的客观性、自主性、指导性、理气说、天机论的总体特点。

关键词:诗人　唐诗　诗歌评论　朝鲜

3731

蒙古文学开放结构的历史性探索:Ts. 达木丁苏伦比较文学思想研究 / 王浩著;扎拉嘎,裴晓睿指导. 北京大学, 2005. -- 113 页

本文正文共分五章。在对蒙古国学者 Ts. 达木丁苏伦的生平事迹、学术活动、文学创作及翻译活动进行简要介绍之后,首先从理论上归纳和阐释了蒙古国学者 Ts. 达木丁苏伦对于蒙古文学与周边文学关系、蒙古文学翻译活动及其蒙古本土化、蒙古文学与周边文学题材类似作品甄别等方面的认识,明确了 Ts. 达木丁苏伦比较文学思想的主要内涵。进而以《蒙古文学概要》和《蒙古古代文学精选百篇》作为主要研究文本,阐述 Ts. 达木丁苏伦甄别与周边文学类似题材作品、文学翻译蒙古本土化以及蒙古人的藏族语言创作方面的具体实践,进一步考察《蒙古文学概要》和《蒙古古代文学精选百篇》在结构上所呈现出的跨民族、跨语言、跨文化及跨学科的开放性特征。最后,分别以《〈格斯尔传〉的历史根源》《〈罗摩衍那〉在蒙古的传播》两本比较文学专著为例,阐述 Ts. 达木丁苏伦比较文学思想在具体文本研究中的应用。作者认为,Ts. 达木丁苏伦以其开创性的比较文学研究在蒙古文学研究史上占有突出的地位,他探索并构建出蒙古文学开放结构框架,从而开创了蒙古比较文学研究的先河。

关键词:蒙古文学　策·达木丁苏伦(Ts. Damdinsuren 1908~1986)　比较文学　文学思想　本土化

3732

韩国语副词句法语义研究:以空间量副词为对象 / 武斌红著;全学锡,张光军指导. -- 延边大学, 2005. -- 147 页

本文以现代句法语义理论为基础,运用描写和解释相结合的方法,从第二语言学习者的角度,对韩国语范围副词、程度副词的句法语义进行了不同角度的考察分析。目的在于较全面认识韩国语副词句法语义的特点,并探讨以第二语言学习者为对象的语法教学中语法规则细化的途径和方法,以帮助解决第二语言学习者对韩国语副词句法语义的正确理解率,在运用中减少偏误,达到运用语言进行交际的学习目的。在第一章的绪论中,作者提出了本文的研究对象及目的,简述了韩国语副词的研究概况,说明了本文的理论前提和研究方法,并着重阐述了语义指向的理论和方法。第二章结合已经取得的研究成果和相关资料,参考句法语义特征,对韩国语副词分类进行了整理;并在此基础上,对范围副词和程度副词进行了下位分类。第三章主要运用语义指向分析法考察分析了范围副词的语义指向。第四章根据句法语义双向选择性原则,考察句法结构中程度副词与中心语的组合关系。第五章中,作者对全文主要内容加以归结,并指出有待于进一步深入研究的问题。

关键词:朝鲜语　副词　句法　语义

3733

韩国语程度副词研究:以类义词为对象 / 俞春喜著;全学锡指导. -- 延边大学, 2005. -- 177 页

本文是对韩国语程度副词的共时研究,全文由七章组成。作者以现代语言学理论为基础,运用描写和

解释相结合的方法,基于大量语料,对韩国语程度副词中的类义词进行了形态、语义、句法方面的特性分析,揭示了类义词之间的共性与差异。同时还从第二语言教学的角度,分析学生的语料,考察了程度副词语病及其产生原因,为第二语言韩国语教学提供了实践依据。本文首次把韩国语程度副词按语义、句法特性分为绝对程度副词和相对程度副词,并在正文的第一、二、三、四、五章选取代表性的副词进行了分析研究。在第六章中,作者基于中介语理论考察了学生的副词使用现状与程度副词病句,并分析了语病产生的主观原因和客观原因。

关键词:朝鲜语　副词　语义　句法

3734

英语特殊疑问句与朝鲜语说明疑问句转换生成对比研究 / 张贞爱著 ; 全学锡指导. -- 延边大学, 2005. -- 175 页

本文在转换生成语法理论框架中,以原则—参数理论为依据,对英语特殊疑问句与朝鲜语说明疑问句进行对比,并以此为基础,试图对英朝 Wh - 问句转换生成机制中的共性规则和主要参数差异进行描写与解释,进而探讨英语 WH - 移位与朝鲜语 WH - 原位的言内原因。本文由四部分组成。第一章对英语特殊疑问句和朝鲜语说明疑问句的研究概况作了简要的回顾,并提出了本文的研究目的、对比研究的理论框架以及对比原则。在第二章语言对比本体部分,对英朝陈述向 Wh - 问句的转换生成进行了以语料为主的本体对比,归纳描写出两语所遵循的转换规则及其限制条件上的共性与个性关系。在第三章采用演绎方法对英朝 Wh - 问句转换生成的共性规则进行了分析;以句法不对称性为理论依据,以错位语序和 wh - 词的一词多功能为着眼点,对主要参数差异进行了生成解析。在第四章,对英朝 Wh - 问句对应关系和上述对比研究进行归纳总结的基础上,在句法系统中进一步讨论了英语 WH - 移位与朝鲜语 WH - 原位的言内原因。

关键词:英语　朝鲜语　句法　疑问句

外国语言学及应用语言学

3735

限定性关系结构的句法研究 / 陈宗利著 ; 温宾利指导. -- 广东外语外贸大学, 2005. -- 258 页

论文总结了以往相关的研究成果。认为最佳的分析方法应该既要满足"解释的充分性"原则,又要符合最简方案的精简精神。因此,论文提出了新的分析方法——RelP 分析法,并将这种方法用于分析不同类型语言中的关系结构。论文认为,按照 RelP 分析法,关系结构应该是一个 RelP,或者其扩充结构 DP, NumP, GenP。在论元与半论元关系化结构中,中心语是由分句内部提升出来的,而在嫁接成分与松散成分关系化结构中,它是直接通过合并而来的。这样,重建效应和长距离关系只会出现在前一种结构中,而不会出现在后一种结构中。论文指出,Rel^{o}在逻辑语义上表示交集符号∧或布尔算子 AND。这样,就可以遵循强式组合原则,将关系结构的句法结构翻译为其语义表达,即关系结构表示的是中心词与分句所分别表示的集合的交集。论文还使用 RelP 分析法来分析不同语言的关系结构,认为这一分析法能很好地预测并解释不同形式关系结构的句法辑语义差异,而关系结构的所指特征是由关系化的成分决定的,而关系结构的形式则由该成分与分句的内部特征共同决定。

关键词:句法　句法结构　关系结构　分句

3736

正面的还是负面的?:大学英语四、六级考试对我国大学英语教学的反拨效应实证研究 / 辜向东著 ; 杨惠中指导. -- 上海交通大学, 2005. -- 306 页

该研究探讨了大学英语四、六级考试与大学英语教学的关系,把反拨效应界定为大学英语四、六级考试对我国高等院校大学英语教学的影响。主要研究的几个问题时:四、六级考试参与者对该考试及其反拨效应的认识;大学英语课堂教学的过程;大学英语教学的产出。此外,还分析了大学英语教学的非考试因素。研究的主要结论是:(1)大多数大学英语四、六级考试相关人员对该考试,尤其是该考试的新措施评价很高,认为正面地反拨效应远大于负面的反拨效应,且负面的效应主要是考试的使用者对考试的误用造成,不是考试本身引起的。但也有部分相关人员认为存在不令人满意的地方。(2)四、六级考试对大学英语的教学内容、教学进度和教学态度影响较大,对教学方法影响小。其影响也因学校、年级和教师而异。(3)四、六级考试对英语教学的影响有正负两方面。正面效应主要是学校领导的重视、提高了教学双方的积极性、提高了学生的阅读能力;负面效应主要是干扰了正常的教学进度。(4)创造性地使用教材和

其他教学材料能使学生在四、六级考试中的成绩更好。同时,教师对课堂教学的影响超过四、六级考试的影响。(5)英语写作和口语测试对大学英语教学产生了积极的反拨效应。(6)四、六级考试是一种有效的检测手段,考试结果能准确反映同一所学校不同阶段和不同学校同一阶段的大学英语教学情况。(7)四、六级考试仅仅是对课堂教学产生影响的一种因素。最后,论文还对今后四、六级考试的改革提出了建议。

关键词:外语教学　大学英语水平考试　高等学校

3737

英语对现代汉语的影响:语言接触引起的语言变化/郭鸿杰著;周国强指导. -- 上海交通大学,2005. -- 241 页

该研究的研究对象是规范的现代汉语,即以典范的现代白话文作为它的词汇和语法规范的大陆书面标准汉语。该研究采用的是语言接触理论的分析方法,在理论上试图用词汇化和语法化的理论来解释英语影响汉语变化的内部语言机制和动因。认为接触作为一种"催化剂",诱发并加快了汉语自身的演化过程,即语言是在这种"共振关系"下发展变化的。论文还对英语对汉语词汇、语法和句法三个层面的影响进行探讨,系统分析英汉语言接触中由表层到深层的影响与递变。论文指出,翻译是在英汉语言接触中造成语言变化的一个重要途径。

关键词:现代汉语　英语　语言翻译　语言接触　词汇　语法

3738

中法关系:1964—1980/李洪峰著;薛建成,(法)Jean-Marc Delaunay 指导. -- 北京外国语大学,2005. 371 页

从 1964 年中法建交到 1980 年左右,中法关系经历了一个进度缓慢却相对稳定的发展阶段。对独立自主的共同追求成为两国对话的重要基石。但不同的意识形态和社会制度也给两国的交往带来了难以逾越的障碍。本文主要依据法国已经开放的外交档案(1949—1973)和中法两国关于中法关系的资料和著作,对中法关系在这一历史时期发展过程进行深入分析,凸显影响中法关系的各种因素,评析两国外交总策略对两国关系的积极作用和局限性,以及这一阶段的中法关系对后来两国关系发展的正面和负面影响,同时兼及历史人物在历史事件中所发挥的作用。论文论述了中法建交过程,着重对中法建交前两国往来的方式和效果进行论述,对中法建交谈判过程以及建交后初期中法关系的发展进行分析。论文论述了中法关系在 1966—1980 年这一时期的发展过程,主要分为两个阶段:1966—1969 年为停滞阶段,1970—1980 年为基本稳定发展阶段。在停滞阶段,中法关系受到了文革等因素的冲击,但在两国领导人和外交官的努力下,两国关系并未恶化,对 70 年代两国关系的进一步发展不无助益。在稳定发展阶段,高层互访逐渐频繁,对国际事务的讨论不断增多,经济因素不断升温。论文还重点阐述了中法两国在共同关心的几个重大国际问题上(印支问题、核武器问题、对苏缓和问题、欧洲联合问题等)长期进行的磋商,以及两国最终未能达成共识的深层次原因。论文专门论述了中法经贸关系和文化关系,反映了政治经济文化三者间密不可分的关系,探讨了中法经贸关系一直以来相对落后于中英、中德、中日经贸关系以及中国文化存在逆差现象的历史原因。

关键词:中法关系　外交政策　经济贸易关系　文化关系　外交史

3739

外国留学生汉语需求分析/倪传斌著;王同顺(王德春)指导. -- 上海交通大学,2005. -- 215 页

本文通过对外国留学生汉语需求的大型调查,旨在从三个方面开展探索性研究,其中包括:汉语需求分析的整体框架构成;外国留学生的汉语需求;外语需求分析技术在汉语作为外语/二语教学中的应用。全文由理论篇、调查篇和应用篇三部分组成。理论篇通过回顾外语需求分析近五百年的发展历程,综述了国内外上个世纪 90 年代以来外语需求分析的主要研究成果,从语言学和相关学科的角度论述了"外语需求"的定义、特点和"外语需求分析"的定义、方法、分类,重点归类了以往外语需求分析的不足,着重阐述了外语需求分析的整体框架构成。调查篇针对外国留学生、教师和用人单位三种调查对象,以问卷法为主,文献分析和访谈法为辅,从语言态度、学习目的、目标场景、学习需求、学习困难和目标水平六个方面开展外国留学生汉语需求调查。应用篇针对外语需求分析技术应用技术受到局限的现状,通过两项研究展示拓展其应用领域的主要方法。其中,第一项研究为功能项目表的综合量化研究;第二项为汉语需求分析技术应用的规范化、小型化和普及化研究。

关键词:对外汉语教学　留学生　教学法　第二语言

3740

迪斯尼电影中"他者身份"的再现／彭保良著；毛思慧指导. -- 广东外语外贸大学, 2005. -- 219 页

在过去的几十年里,特别是 20 世纪 80 年代以来,学者们研究迪斯尼影片中的"他者"身份通常从三方面进行:符号层面、符号活动的主体以及与此相关的社会学研究。作者认为,迪斯尼电影作为一个符号系统,可供人们探讨"他者身份",但是它不应该是一个一成不变的科学结构,而是一种产品,是一种社会活动。符号学、新马克思主义、女权理论、福柯的话语—权利说、罗兰·巴特的神化理论以及尼采的反历史主义的思想等一起构成了本论文的多视角和跨学科的批评方法。在这些解构主义批判者的视域里,迪斯尼电影所谓的"干净、健康和天真"的招牌实际上是一种比其他话语更容易施加权力和控制意识的话语形式。由于迪斯尼电影的对象是儿童,所表现的是"经过加工和处理的天真、烂漫和无邪"的世界,所以长期以来,它的这种"非主流电影的身份"并未引起影评界足够的关注。而后殖民理论和批评所热衷的"他者身份"就更少为迪斯尼影评者所论及。在当今全球经济一体化大潮中,谈论强势文化中的"他者身份"、操守弱势民族的文化、保持世界的多样性就显得尤为重要。"他者身份"与人们的认识规律、知识结构和价值观等密不可分。表面上,那些耳熟能详的荧屏故事是孩子们打发时光的好去处,但实际上,在后结构主义者看来,每一个故事的讲述都是在不知不觉中巩固和构建"说话人"的话语权。就本论文所探讨的主题而言,这种话语权是在不断地强调"我—他者"的各种关系中得以实现的。在以美国为中心所构建的话语中,"我"和"他者"处在对立的态势之中。"我"(美国文化及价值观)是中心、主流和统治者;而其他民族都是"我"的对立面,即边缘、非主流和受支配的一方。迪斯尼电影通过改写、重讲这些"老生常谈"的故事表现了自己的权利意识。

关键词:电影语言　符号学　他者　话语

3741

雅克·希拉克的欧洲观／孙兆龙著；薛建成指导. 北京外国语大学, 2005. -- 377 页

本文围绕希拉克的欧洲观探讨了希拉克主张的欧洲及其建设方法、欧洲观的演变和意义。论文认为,希拉克起初是反对一切超国家因素的,但后来改变了态度。他对欧盟性质的阐述也从"民族国家的欧洲"变成了"民族国家的联盟"。希拉克积极推动欧盟向中东欧国家扩大,但是他的欧洲不包括俄罗斯,他原则上支持土耳其入盟,但附加以条件。至于如何建设欧洲,希拉克接受并支持欧盟机构强化权力,他主张扩大有效多数票的实行范围,提出了"先锋小组"的观点以深化欧洲一体化。在经济货币领域,他接受了欧元。在共同外交与安全政策领域,他是反对美国单边主义的欧洲旗手。在防务领域,他试图在北约内部建立"欧洲支柱",后又积极发展欧盟独立防务,并取得了一定成果。通过分析全球化的冲击、冷战后欧洲战略新格局、法国与欧盟不可分割的密切联系等影响希拉克欧洲观的客观历史因素以及戴高乐主义欧洲思想、法国政党政治等影响希拉克欧洲观的政治思想因素,论文认为,希拉克的思想连接着戴高乐主义的过去、现在和未来,其欧洲观的演变体现了戴高乐主义欧洲观的演变。希拉克新戴高乐主义欧洲观与戴高乐将军以及蓬皮杜总统的戴高乐主义欧洲观的区别只是形式或方法上的不同,本质都是一种着眼于法国民族利益的务实主义。欧洲建设对希拉克而言既是一个目标,也是一种维护和发展法国民族国家利益的手段。希拉克的欧洲观符合法国的中长期国家利益。

关键词:希拉克(Chirac, Jacques 1932～)　政治思想　戴高乐主义　欧洲一体化　法国

3742

义项的区分与描写：关于多义词的认知语义学研究／田兵著；黄建华, 章宜华指导. -- 广东外语外贸大学, 2005. -- 182 页

对于词典编纂者来说,如何确定多义词的词义是他们经常要面对的一个问题。本文主要探讨词义的任意性、词义的派生以及词义排序等问题,并进一步指出,这些都是传统的词典编纂过程中的内在问题。作者认为,如果以传统的方式来解决上述问题,注定会失败。为了探究语义的微观结构,除了常规的历时性和共时性语义变化之外,作者还深入研究了语义生成机制。在理论探讨的基础上,作者构建了一种模式,该模式提供了一些识别基本词义及独特词义的原则,这些原则可以归结为一套操作规则。为了检验该模式的有用性及有效性,作者运用该模式对现代汉语中的超级多义动词"打"进行了个案研究。在这个个案研究中,作者通过比较确认了"打"这个字的语义识

别及区分,因为这个模式涵盖了这两个语义网络的基本结构以及大部分的词义,尤其是核心词义,这与他们被引用的频率是相关联的。本文共分九章。第一章为导言,介绍多义词的定义及本文的研究方法。第二章论述词义及多义现象。第三章介绍在词典编纂过程中,词义的确定及区分。第四章介绍多义词的语义结构。第五章论述语义的演变以及意义的生成。第六章论述词典编纂模式下的意义划分。在第七章里,作者对现代汉语中的多义动词"打"进行了个案研究,从而论证多义动词的意义划分。在第八章里,作者分别构建了老舍和曹雪芹的语料库,分析出在他们大脑里"打"的语义表征。第九章对全文进行了总结,并对未来的研究进行了展望。

关键词:多义词　同义词　语义学

3743

基于语料库的中国英语学习者搭配行为研究 / 王海华著 ; 王同顺指导. -- 上海交通大学, 2005. -- 255 页

本研究以中国英语学习者英语语料库(CLEC)和英语国家语料库的部分语料(SBNC)为主,同时使用了 BROWN 和 LOB 两个语料库,在作对比分析时使用的是 PFR 汉语语料库,检索工具使用的是 WordSmith Tools 和 ConcApp。基于上述语料库和检索工具,本研究从三个方面来探讨中国学习者的词语搭配行为。首先,作者从学习者在词语搭配方面的错误着手,研究中国学习者的搭配行为特点,并由此总结出了中国学生搭配错误的主要特点。其次,作者又以词语搭配的一种特殊现象——语义韵为切入点来研究学习者的搭配行为。第三,作者对二语习得主要是对第二语言学习者的中介语能力及其发展特点进行研究。该项研究对中国英语学习者使用扩大词的总体情况进行了分析,并重点从搭配的类型、形符及其准确率方面分析六个提升词搭配的使用。最后,在对本研究作总结的同时,作者也对本研究的局限性及今后研究的发展取向进行了探讨,并在以上研究的基础上,谈论了该研究在教学中的意义,即如何根据中国英语学习者的具体特点来进行词语搭配的教学。

关键词:英语　学习方法　语料库　词汇　中介语

3744

十七世纪英国普遍语言运动 / 武波著 ; 姚小平指导. -- 北京外国语大学, 2005. -- 146 页

本文以研读 17 世纪普遍语言运动的经典为前提,探讨英国普遍语言思潮及其实践,评述 17 世纪英国的语言科学思想。论文从回顾近几十年来国内外有关研究的成果入手,逐步梳理 17 世纪英国学术的总图景,在研评普遍语言运动思潮的同时,穿插评述有关的经典文献。本文的主要结构可分为以下 7 个部分:首先,绪论部分介绍了 17 世纪英国普遍语言运动研究的学术背景,包括本选题的缘起、国内外有关普遍语言运动的研究已经取得的成果,以及本论文所依据的经典文献及其版本,目的是为后续研究提供学术背景和历史坐标;第二章从语言交际层面探讨普遍语言运动的背景和起因,特别是当时英国人在日常生活中遇到的交际问题,以及随之而来的困惑和思考;第三章论述 17 世纪英国知识界对语言的哲学认识,涉及普遍语言运动的思想基础;第四章将考察的视角拓展到欧洲大陆,探讨欧陆学者在普遍语言思想上对英国普遍语言运动的影响;第五章专题探讨汉语如何介入普遍语言运动;第六章从科学分类学的角度探讨普遍语言运动,旨在梳理科学和语言学之间的相互影响;最后是全文的总结,作者从一个中国语言学者的视角,对 17 世纪英国普遍语言运动作了分析和评论。作者还结合 17 世纪中国学者在普遍语音问题上的求索,对中、英 17 世纪的语言共性研究,提出了进一步研究的方向,并提出了四点结论。

关键词:语言学史　英国　洛德威克(Francis Lodwick)　达尔加诺(Dalgarno, George)

3745

英语母语者对汉语非宾格动词的第二语言习得研究 : 检验"非宾格陷阱假设" / 薛常明著 ; 吴旭东指导. -- 广东外语外贸大学, 2005. -- 200 页

本论文在语义—句法关联理论的大框架下研究成人英语母语者对汉语非宾格动词的第二语言习得过程。相关文献表明,不同母语背景的学习者在习得第二语言的非宾格动词时都会遇到问题,但是前人研究中所涉及的第二语言绝大部分是英语,而且这些研究都采用的是非实证的研究设计。Oshita 试图克服这个弱点,于是在 2001 年提出了"非宾格陷阱假设",力图对多种语言非宾格动词习得研究中出现的各种现象进行统一的解释。但是,Oshita 的模式也存在问题,特别是他引用来证明习得路径的有关汉语非宾格动词的证据在可靠性方面存在问题。为了克服"非宾格陷阱假设"的不足,本研究首先对非宾格现象进行了跨语言的详尽分析,重点比较英、汉非宾格动词现

象的异同。作者的分析重点讨论了汉语非宾格动词的显性特征以及可以用来区分汉语非宾格动词与非作格动词的可靠的诊断式问题。基于"非宾格陷阱假设"及详尽的语言分析,本论文采用的是横断研究法,实验工具包括产出性任务和语法判断任务。参加实验的受试包括60名英美留学生以及20名汉语母语学习者。本研究的实验结果验证了"非宾格陷阱假设"的基本思路:初级学习者在习得非宾格动词时无法正确区分非宾格动词和非作格动词,只有到了高级阶段,在学习者能够正确区分上述两类动词之后,有关非宾格动词的语法结构才能为学习者习得。但是,本研究发现,在有关典型的汉语非宾格动词和体标记的习得路径以及对汉语非宾格动词的习得顺序等方面,学习者呈现的是一种"犁型"的习得路径,而不是如"非宾格陷阱假设"预测的"U型"路径。作者认为造成这种现象的因素有三个:目的语环境下的语言输入、语义联结规则的结构限制及母语迁移。

关键词:对外汉语教学　动词　宾语　第二语言

3746

中国当代语言学史口述研究 / 张宜著 ; 姚小平指导. -- 北京外国语大学, 2005. -- 130 页

本文的目的在于用新的视点和新的方法观察并研究中国现当代语言学的发展史,汇集那些曾经为中国现当代语言学的发展做过贡献的前辈学者的学术成果,以清楚了解中国语言研究的历史和现状。本文第一章介绍了史料与史学的关系,阐述了历史研究的前提,即正确的历史观和充分占有史料。第二章讨论了口述历史的起源,对口述历史从现代意义上进行了归纳,阐述了口述历史的意义、特点和作用;回顾了口述历史的确立;指出口述历史的某些缺陷,对口述历史提出了三点质疑,并介绍了现当代中国口述历史研究。第三章从五个方面论述了口述历史在中国当代语言学史研究中的新视角,即口述历史与语言学史研究的关系、语言学史口述研究的特点、口述历史研究法在中国当代语言学史研究中的可行性、语言学史的口述研究,以及口述历史在语言学史上的学术价值。第四章重点介绍并归纳了语言学史口述研究的技术规程。第五章是全文的核心部分,作者详细介绍了"中国当代语言学家口述档案研究"的来龙去脉,通过三个典型案例,对中国当代语言学家作了个性化的分析。结语部分是对全文的总结。

关键词:语言学史家　口述历史学　史料

3747

中国英语学习者英语名词化习得的认知语言学实证研究 / 钟书能著 ; 吴旭东指导. -- 广东外语外贸大学, 2005. -- 280 页

本研究从认知语言学中关于"现实生活中的一些规则可通过人类的认知机制映射到语言中"的基本原则出发,把认知语言学中"界"这一概念作为解释名词化的理论依据。通过对三组不同英语水平等级的中国英语学习者和以英语为母语的一组外国人对英语名词化习得的实证分析,作者发现:作为反映人类认知经验的"界"的概念普遍存在于人类语言中;不管是母语学习者还是二语学习者,他们对于"有界"或"无界"的动词或形容词的名词化均掌握得相对较差;二语学习者对于按"界"分类的动词类型判断与动词名词化表现出一致的习得行为,但母语学习者和二语学习者之间却又存在一定的差异;二语学习者对于按"界"分类的形容词类型判断与形容词名词化表现出不一致的习得情况,但母语学习者和二语学习者之间却不存在差异;二语学习者的英语水平在按"界"分类的不同词类上起不同的作用。综合上述研究结果,作者认为现实生活中具体的"界"与语言中的"界"是相同的概念;语言中"界"的概念需要经过长期的自然语言输出才能获得。因此人类对语言中"界"的概念的习得几乎是纯无意识的,其间必然会经历由不稳定到自然固化的过程。作为外语或二语学习者,由于无法在自然环境下长期获得自然语言输入,他们对外语或二语中"界"的概念的习得必然要受到其他诸多因素的影响。作为对英语名词化的开创性认知语言学实证研究,本研究对用实证的方法验证认知语言学中某些概念的心理现实性起到了很好的启示作用。本研究中对"界"与数量的关系,"界"与完型心理,名词动词化,名词形容词化是否也可用"界"的概念作基本理论基础等问题尚未涉及。

关键词:英语　第二语言　认知语言

3748

中国学生英语冠词过渡语知识研究 / 周保国著 ; 王初明指导. -- 广东外语外贸大学, 2005. -- 198 页

本论文着重研究过渡语知识的一个方面,即中国学生英语冠词过渡语知识。一项探索性调查结果显示,中国学生对某些冠词用法掌握较好,但对另外一些冠词用法的掌握存在知识缺陷,即使高水平学生也是如此。针对这种冠词知识缺陷,本研究围绕三个问题展开:英语和汉语之间的语言类型差别如何影响中

国学生英语冠词习得？冠词语义如何不影响不同用法的习得难易度？学习者因素如何限制英语冠词习得中的输入处理？文献综述表明，研究问题中所涉及的三个因素与二语学习者英语冠词过渡语知识的发展有密切关系。在文献综述的基础上，本论文提出了一个统一的符合第二语言习得认知研究的框架以指导后续研究。后续研究包括三项具体研究，都在先前建立的框架中进行，每一项研究聚焦三个因素之一。研究1考察学习者因素对冠词习得的影响。研究结果显示，成人所特有的认知学习风格在输入处理中发挥作用而导致习得过程中出现语际和语内两类干扰。研究2探索二语冠词习得中定冠词过渡使用现象，并提供证据表明，复杂的冠词语义可能是造成过渡使用错误的深层原因。研究3调查二语冠词习得中零冠词误用现象。通过对名词词组类型所作的分析可以看出，英语和汉语名词词组内部结构存在差异，导致英语中光杆可数名词单数形式的分布受到限制。但是，本研究结果显示，不同英语水平的中国学生表现出一种强烈的倾向，在理解与表达中大量使用这种不符合母语规范的形式。这项研究所得出的结论是，零现象与名词词组类型密切相关。本论文报告的三项研究在一定程度上对三个研究问题提供了答案。研究所涉及的三个因素都对中国学生英语冠词习得造成影响并以不同的方式导致冠词的知识缺陷。

关键词：英语　冠词　第二语言

新闻学

3749

中国广播电视产业核心竞争力研究 / 巢立明著；张骏德指导. -- 复旦大学, 2005. -- 124页

本文是对新世纪广播电视产业开发和提升核心竞争力的方法与对策及应用的描述和分析。论文共五章，第一章是对广播电视核心竞争力的内涵进行解析，并对其基本特点、研究策略方法以及现实意义进行了论述。第二章对中国广播电视产业开发核心竞争力的战略环境进行了分析，包括：外部战略环境分析：世界广播电视产业的发展与转型；内部条件分析：中国广播电视产业发展现状与入世的冲击。第三、四章是核心竞争力战略的实施过程。分别为战略资源的利用与核心能力的培养。第五章是基于中国广播电视产业核心竞争力的应用研究，包含中国广播电视产业的资本经营和数字化经营两部分。本论文的重要观点：广电传媒的核心竞争力是指传媒在经营和发展中胜过竞争对手的核心的资源和能力的总和。在自我发展和与国外媒体巨头竞争过程中，政府的指导、政策的扶持、文化的先进性、体制的灵活性等因素所发挥的作用对于广电媒体的影响要远远大于一般性企业。战略资源的利用、核心能力的培养这两个阶段实质是核心竞争力战略的实施过程。从资源来看，它主要包含了政策资源、文化资源、制度资源。这三大资源是中国广电产业打造核心竞争力的前提和基础，但其本身并不直接成为核心竞争力。对它的利用过程就是核心能力的培养过程。从能力来看，其核心能力的培养应注重于三个重点，这就是核心人才的培养、核心内容的培养、核心受众的培养。政府行为要坚持和强化，应更多的以政策性、法规性、监管性、调控性的形式出现，并对民族文化资源的开发利用给予足够的重视。传媒业内容的不断更新和发展是提高其核心竞争力的关键。广电产业涉足资本市场是不以人的意志为转移的必然选择，推进数字化是广电系统压倒一切的重要任务。

关键词：广播事业　电视事业　核心竞争力　发展战略

3750

争夺与控制：20世纪的青年报刊史研究 / 陈彤旭著；方汉奇指导. -- 中国人民大学, 2005. -- 200页

本文在前言部分阐述了研究对象和研究方法，并对相关文献进行简要的回顾。本研究在前辈学者已有成果的基础上，第一次系统考察长时段的青年报刊发展史，以宗教、政治、经济等各种社会力量对青年的争夺与控制为线索。本研究注意使用第一手资料，注重对文献进行辨析。以新闻史的视角为核心，以传播范式的变化贯穿全文，还借鉴了语言学、历史学等相关学科的知识与方法，以跨学科的视角研究青年报刊的历史，结合对传媒的社会文化功能的研究，最后以此为基础对青年报刊的发展轨迹进行总结。为了弄清源流，作者考察了美国的基督教青年杂志和商业性青年杂志、大学校园报刊的历史，以及苏联、东欧国家青年报刊的变迁，以为我国的镜鉴。第一章首先探讨基督教青年会的传播系统，分析它是如何受到青年会海外传播模式和基督教传统的影响。接下来分析基督教青年会会刊在中国的传播内容，尤其是推广现代生活方式与回应新思潮两个方面。第二章首先回顾太学传统对维新派的影响，以及该传统在20世纪的

延伸。接下来重点分析从《青年杂志》到《新青年》,在议程设置上的转变。本章还分析了新文化运动如何通过传播活动,与基督教争夺青年。最后探讨《新潮》、《少年中国》等社团报刊如何形成相互呼应的杂志群落,共同对青年受众发生影响。第三章重点分析1949年以前民国多元的传媒生态环境中,民营青年报刊是怎样争夺和控制青年的。第四章首先分析了语言变迁与报刊名称的关系,辨析青年报刊名称在不同时代的涵义。并且以报刊名称为线索,通过对创刊数量增减关系的统计分析,发现了促进青年报刊发展的几个契机。第五章指出,中国的青年共产主义运动在1920年代学习苏联,50年代以后建立的报刊体系更沿袭了苏联共青团的工作模式,并且形成"青年报人风格"。第六章分析了青年报刊传统模式受到的冲击,以及正在进行的渐进式市场改革。

关键词:新闻事业史　报刊　青年　文化传播

3751

新闻理论新思路:新闻理论范式的转型与超越 / 陈作平著;郑保卫指导. -- 中国传媒大学, 2005. -- 179 页

本论文共分为三个部分,是按照提出问题、分析问题和解决问题的顺序展开研究的。论文第一部分对当前我国新闻理论研究的基本范式进行了简要评析。首先介绍了目前新闻理论范式的状况,主要以建国以来比较有代表性的新闻理论教材为脉络,对我国新闻理论范式的基本内涵进行了较为系统的介绍,并充分肯定了现有理论范式对我国新闻实践活动的指导地位和重要贡献。在此基础上,论文从学术研究层面指出了目前新闻理论存在的一些具体问题,然后从单一的分解式研究、朴素的经验归纳方法、研究的抽象程度不够以及实用主义学术取向等方面对造成这些问题的根源进行了剖析。论文的第二部分对新研究所采取的研究方法及逻辑起点进行了较为深入的分析。首先针对传统理论研究中存在的问题,提出了新研究所应该达到的研究目标,然后对实现这一目标的可行性以及研究方法和逻辑起点的重要进行了论述。然后,论文对本研究的意义进行了分析。最后,还介绍了新研究所要采取的具体研究步骤,确立了基本概念分析、实践活动的内部结构分析、实践活动的演化发展分析这样三个基本的研究步骤。论文的第三部分是新闻理论新体系的构建,这是论文的主体部分,这一部分完全是按照第二部分所确定的研究步骤展开。基本概念分析包括新闻理念分析、媒介功能分析以及媒体形态分析。在进行新闻实践活动的结构分析时,论文首先对结构主义研究方法进行了简要介绍,然后对不同元素之间的逻辑关系进行了细致梳理。在进行新闻实践活动的演化分析时,作者将新闻实践活动的演化区分为形而下和形而上两个层面,最终得出了新闻实践活动发展必然日益逼近新闻理念的绝对状态的结论。论文的最后还对本研究的现实意义进行补充说明,指出了普遍性研究与实践应用性研究的区别,简要阐述了本研究对目前我国新闻实践工作的现实意义,并对新闻理论教材的改进提出了自己的设想和建议。

关键词:新闻学　传播媒介　媒体

3752

新闻责任论 / 董岩著;梁衡指导. -- 中国人民大学, 2005. -- 164 页

本文共分为三个部分七个篇章。主要采用史、论、实务相结合的研究模式,力图全面而深入地揭示新闻责任的理论本质、表现特征与实现途径。第一部分是关于新闻责任的历史沿革与理论辨析。其中,第一章阐述的是新闻责任的历史梳理与现实考察,主要包括三个内容:西方社会责任理论的由来与发展、马克思主义经典作家关于社会责任的阐述与观点、中国新闻界对于新闻责任的认识与研究。第二章是关于新闻责任的概念与理论依据,主要内容:新闻责任的定义、新闻责任的理论依据、新闻责任的指导原则与实现条件。第二部分包括第三章至第六章,是新闻责任论的主体。主要论述了新闻四大责任:传播责任、安全责任、监督责任与文化责任,它们的含义与具体履行原则。作者认为:在传播有中国特色社会主义的先进文化过程中,必须坚持先进原则、引导原则与普及原则,积极履行文化责任。其中,引导原则是核心,先进原则是基础,而普及原则是保证,只有在新闻传播过程中始终坚持这三个原则,才能满足人民大众的精神文化需求,提高国民精神文化素质,增强全民族的凝聚力和向心力,促进人的全面发展,为社会主义现代化建设提供强大的智力支持和精神支持。第三部分,即第七章,是关于新闻责任的个案研究。就新闻实践中的具体责任案例进行分析和评价,再次论证了:新闻责任重大,其中一个责任的缺失,往往会导致新闻责任的集体迷失,造成意想不到的严重后果;同时,在新闻四大责任中,传播责任是基本责任,其他责任的实现皆以此为基础。

关键词:新闻工作　社会责任　传播学

3753

中国报纸广告图像基本传播范式转型(1983—2003年):以北京地区大众报纸为例 / 冯丙奇著 ; 陈力丹指导. -- 中国社会科学院研究生院, 2005. -- 118页

本文以北京地区为样本地区,主要分析陈列广告,选取1983年、1993年和2003年三个年份中的14天进行分析。在分析中,将图片成分作为分析对象,必要时参考广告讯息中的标题部分对暗示性含义进行量化。本文共有七章。第一章导言,主要说明选题来源、广告讯息传播模式研究状况、研究问题、研究意义、研究框架和研究概念。第二章"研究方法",主要包括与广告图像研究相关的各种理论与方法,第三章"相关背景"介绍在研究方法方面涉及的各方面的问题。第四章"报纸广告图像传播范式转变",展示北京地区两份有代表性的大众报纸(《北京晚报》、《北京青年报》)自1983年到2003年期间广告图像基本传播范式的转变,同时,还通过文献分析的方法来综合其他已有的关于报纸广告的研究中的相关内容成分,来探讨大众报纸之外的报纸以及北京地区之外的报纸广告图像的传播范式特点。第五章"总体阐释框架"。确定对广告图片成分传播范式的具体转变进行分析的理论框架(机制分析框架)的各方面的因素。第六章"阐释与分析",按照确定了的机制分析框架对本研究的统计与分析结果进行分析。第七章"结论及对继续研究的展望",介绍了研究结论研究不足以及将来的研究。作者通过分析与验证确定了中国报纸广告图像的四种基本传播范式的内涵:产品咨询范式,产品形象范式,人格化范式,生活方式范式。作者认为广告图像传播范式方面,中国报纸广告存在明显的象征化、形象化和分化转变趋势,并从社会经济状况的转变、广告讯息中体现的文化价值的转变、广告受众文化价值和生活方式的转变、视觉文化——印刷广告中图像的发展、国际广告以及国际广告机构的活动的发展、广告产品类别转变等六个方面对这种转变的原因作了说明。

关键词:报纸　广告　图像　大众传播

3754

中国近代儿童报刊的历史考察 / 傅宁著 ; 方汉奇指导. -- 中国人民大学, 2005. -- 186页

作者首先将中国近代儿童报刊划分为以下四个历史时期。1874—1895年是中国近代儿童报刊的滥觞时期,这一时期主要是传教士创办的儿童报刊;1895—1918年是中国近代儿童报刊的本土化时期,这一时期主要是国人自办儿童报刊;1919—1937年是中国近代儿童报刊的成熟期,这个时期儿童报刊在进化论、实用主义、古希腊真善美思想、马克思主义等几种思潮的相互作用以及五四运动的催生下开始了质变:以儿童心理、儿童需求和儿童趣味为根本的新型儿童报刊诞生了;1937—1949年是中国近代儿童报刊的磨难期,按照中国历史的分期,这一时期又包括抗日战争与解放战争两个阶段。抗日战争时期的儿童报刊办刊宗旨发生了改变,开始为了祖国危亡而办,报纸作为舆论斗争工具的性能日渐强大。随着抗战的胜利,国共开始了争夺舆论工具的斗争,儿童报刊非常注重用本集团的价值观争取和教育儿童。随着解放战争的胜利,中国近代儿童报刊发展的结局就是:广阔天地一片红。通过对中国近代儿童报刊不同时期的论述,作者抽绎出中国近代儿童报刊的本质、特征、发展规律、作用和历史定位,并指出:儿童报刊的本质是成年人与儿童在儿童观、教育观、价值观、审美观等领域的碰撞、融合与协调,但归根结底要接受儿童需要、感受和经验的最后评价;儿童报刊具有成人报刊较少体现的年龄特征,也有不同于成人的艺术特征;儿童报刊随政治经济文化环境的变化而变化,独特的国家民族思想观念和文化意识造就儿童报刊不同的风格;儿童报刊具有对儿童思想感情和精神面貌产生积极的影响,从而转化为物质力量的社会功能。

关键词:新闻事业史　报刊　儿童　近代

3755

中国电视纪录片史论:1958—2004 / 何苏六著 ; 朱羽君指导. -- 中国传媒大学, 2005. -- 143页

本文将中国电视纪录片从诞生的1958年起到当前的2004年近半个世纪的发展历程,分为四个时期,即政治化、人文化、平民化和社会化纪录片时期,对其分别作了专题性论述。作者指出,中国电视纪录片发展的总轨迹,是一个从国家工具形态逐步演变为大众传媒形态、从政治产品演变为文化产品、从国内走向国际、从民族走向世界、从个人行为走向社会行为的过程。中国电视纪录片在时代变化中,出现了不同的承载职能、形成了不同的意识、产生了不同的视角,以及不同的话语权、话语方式和主题表征。四个时期纪录片职能依次渐变的轨迹是:国家政治和阶级斗争——唤起民族激情——体察记录平民生存状态——关注记录社会主流现实生活;各个时期纪录片服务和观照的观念依次为:国家、阶级意识——民族、

集体意识——百姓、个人意识——市场、社会责任意识;而纪录片视角的变化则出现了如下的轨迹:敬畏——反思——平视——审视。四个不同时期中国电视纪录片的话语权和话语方式也有相应的变化,呈现出由国家拥有绝对统一的话语权,到群体化的话语方式,再到较为明显的个人化的话语方式,最后市场占据话语权的渐变历程。与之相对应而出现的各个时期纪录片的主题表征,依次为国家政治的主题——民族精神的主题——人的主题——多元化的主题。作者认为,中国电视纪录片的观念以及形态的演进,与中国社会思潮以及技术发展的历程基本同步,但所纪录的内容与社会时代的变革则差异较大,其观念和形态与国际纪录片也存在较大的差别。中国电视纪录片的发展在局部的走向方面有着很大的偶然性和随意性,这也是中国纪录片尚未成熟的一个标志。不过,中国电视纪录片仍比较全面地记录了时代沿革和发展的整个过程。

关键词:电视史　电视纪录片　政治化　人文化　平民化　社会化　话语权

3756

论美国新闻教育的职业化 / 黄鹂著 ; 吴廷俊指导. 华中科技大学, 2005. -- 172 页

作者认为,新闻教育的职业化涵义由三个要素组成,即,职业技能的训练、职业精神的培养和学术性的形成。技能训练是基础,在任何时期新闻工作都必须以实践工作为主,满足实务工作的需要。这就需要新闻工作者在大学教育中掌握牢固的采、写、编、评等业务知识。此外,职业化还应该具备相应的职业精神与职业道德,在美国,这种职业精神或道德被提升到了"新闻专业主义"的高度。同时,职业化还必须与一定的学术性相结合,才能具有长久的生命力。在新的历史时期,单一的技能训练已经不能满足社会的需要,因此在新闻教育的过程中,需要灌输各门学科的知识和理论,进行通识和通才教育,所培养的人才才能胜任不断发展的社会变革的要求。本文论述了职业化在美国新闻教育中的发展规律和趋势。首先介绍了美国新闻教育职业化形成的历史;接着阐述了职业化的思想及其形成的原因;然后分别从新闻教育的内容、新闻教育方式手段和新闻教育工作者三个方面阐述了职业化在当前美国新闻教育中的实施;继而探讨了跨世纪的新的历史时期新闻教育可能会产生的一些变革以及新闻教育的职业化会面临一些研究领域和课题。最后,作者在对美国新闻教育的职业化问题的进一步思考中,得出了对它的初步评价:职业化的三个要素之间是怎样的关系;它对于美国的新闻事业有什么贡献,相比起其他国家新闻教育的特征它有什么优势;以及能否对当前中国的新闻教育事业起到借鉴作用等等。

关键词:新闻教育　职业化　新闻工作者　美国

3757

论新闻传播与政府公共政策 / 霍志坚著 ; 郑保卫指导. -- 中国传媒大学, 2005. -- 131 页

本文以新闻传播和政府公共政策两大主题为切入点,从政府、媒体和公众三方的信息交流和话语互动关系着手探讨现代社会新闻传播和政府公共政策两者的关系、相互的影响和作用,并提出了解决问题的方法和建议。本论文按照公共政策的五大环节和过程循着两条思路将研究引向深入:一是新闻传播对政府公共政策的影响和作用,二是政府公共政策影响下的新闻传播。本论文按此结构分为三个部分,第一部分界定概念和相互关系:第一章探讨政府公共政策的基本概念。第二章从新闻传播的三个要素入手分析新闻传播的特点和过程。第三章从政府、公众、媒体三方面入手简要论述新闻传播与政府公共政策的关系。第二部分为政府公共政策对新闻传播的影响和作用:第四章分析作为政府公共政策之一的新闻传播政策的特点和功能。第五章论述政府利用新闻传播媒介宣传检验政府公共政策的意义和方式。第三部分则是讨论新闻传播对政府公共政策的影响和作用:第六章论述新闻传播的特点和功能决定了它是政府制定公共政策依赖的重要信息渠道的原理。第七章分析新闻传播如何吸引公众参与公共政策活动以及运用议程设置影响政策制定的方式和作用。第八章进一步以案例的形式探讨新闻传播在公共政策执行、评估、监控和终结过程中所发挥的作用。本论文认为,在现代政治活动中,政府公共政策的决策已经成为政治领域最重要的内容之一。关注公众意见、体现民意,增加决策过程的透明度、提高决策的民主程度是政治民主对决策提出的必然要求。新闻传播可以为决策的执行营造有利的舆论环境、并发挥守望功能,监督决策的执行。

关键词:新闻传播　公共政策　新闻报道　政府行为

3758

新闻精品 : 一种理论建构和组织文化的框架 / 孔

祥军著；刘海贵指导. -- 复旦大学, 2005. -- 153 页

本文在学理和术用两个层面对新闻精品展开带有原创色彩的系统研究。作者认为新闻与精品之间的关联性不强,使得“新闻精品”成为一个“矛盾”概念。本文以概念建构化解矛盾。在吸收以往成果的基础上,对新闻精品做了新的定义:“新闻精品是指内容精确、体式精练、有精神张力的新闻作品。”在介绍了“新闻精品”的概念后,本文又从新闻精品的成因、基本动力、产生机制等方面论述了新闻精品原理的具体内容。在此基础上,作者提出了新闻精品生产势必从媒体组织文化建设开始的观点。在对媒体组织文化进行论述之后,作者又阐述了新闻精品是三种资源即内容、形式、思想性(精神张力)的有机统一,认为行为文化的目标就是整合这三种资源。作者认为,新闻精品是媒体组织文化的一种物化产品,也是一种重要的载体,它承载着媒体组织的精品价值观。同时作者还试图为精品新闻制作的各个环节均提供一种示范。至此,作者基本完成了新闻精品理论的建构及其运行框架媒体组织文化的设计。

关键词:新闻工作　组织文化　价值观　新闻报道　新闻写作

3759

中国行业报的历史衍变 / 雷海秋著；方汉奇指导. 中国人民大学, 2005. -- 187 页

自 1897 年第一张行业报出现以来,到 2004 年,行业报在中国已有 107 年的历史。一百多年来,中国行业报发展的历程大体可分为前后两个时期。第一个时期是 1897 年到 1949 年,是旧中国行业报的产生发展期。第二个时期是 1949 年到 2004 年,是新中国行业报的产生发展期。从行业报的办报方针来看,新中国行业报保持了总的办报方针的一致性和延续性:即坚持为行业经济发展服务,为行业干部职工服务。同时,随着国家政治经济形式的变化,随着行业主管部门的变动,行业报在某个具体阶段的办报方针又呈现出一种间歇性的调整。这种调整前后经历了三次:一是从服务群众到服务机关;二是从围绕机关转到面向全行业;三是从依托本行业到拓展产业链。行业报的经营活动经历了一个从无到有、从可有可无到不得不做这样一个变化的过程。在这一过程中,经营理念的变化始终引领行业报经营工作的全局。作为一般媒体,行业报具有和普通大众相同的属性,作为“特殊媒体”,由于受行业属性和其他各种条件的限定,行业报又具有不同于普通大众传媒的特殊性,引发了一系列的传播效果。行业报在其产生和成长的过程中,形成了一些不同于其他新闻传播媒介的特点和规律,同时也产生了不少困扰自身的问题与困惑。世纪初的中国行业报面临全新的办报环境。中国行业报未来发展的道路在于:找准报纸定位;深化体制改革;选择合适的竞争策略。从未来行业报未来发展道路来看,进入市场是大势所趋。进入市场的行业报,弱小的将被淘汰,强者将越做越强。

关键词:新闻事业史　报刊　行业报　经营管理

3760

网络政治参与在我国的兴起 :条件、形态与前景 / 李春著；丁淦林指导. -- 复旦大学, 2005. -- 72 页

本文从政治发展的角度,考察互联网络技术的广泛应用对我国公民政治参与的影响。全文共分五章。第一章认为 90 年代中期以来,互联网络哺育了不同于以往的公众舆论、公民结社和政治人,它们构成当前公民政治参与的新形态。第二章至第四章分别讨论我国公民网络政治参与的三种形态。第二章认为网络舆论以其自主性格重新塑造了传统媒体制度所构建的信息秩序和言论空间。第三章指出网络社群和网络社团的出现对既定的社团管理体制提出了急迫的变革要求。第四章认为网络政治人是网络政治参与的主体,他们当中的少数人凭借良好的组织能力成为网络政治精英,还有少数人关心社会核心价值并运用专业话语评判现实社会,他们是网络知识分子。第五章探讨了我国公民网络政治参与的前景,认为网络政治参与在某些方面弥补了现存政治制度的不足,推动了我国政治进步,但是终究不可能超越政治发展的阶段性,在一个农业社会、工业社会和信息社会并存的时代,网络政治参与将长期处于边缘状态,这是无法逃避的现实。

关键词:互联网络　政治参与　公民

3761

媒介形态理论研究 / 李明伟著；陈力丹指导. -- 中国社会科学院研究生院, 2005. -- 108 页

作者对传统意义上的传播学提出质疑,认为传播学并非只有经验学派和批判学派,英尼斯、麦克卢汉、梅罗维茨、利文森等人的研究构成了一个比较规范的研究范式,作者称之为媒体形态理论。本文共有七章,主要分为三个部分。论文首先界定了本文的研究对象:定义媒体形态理论,并从对这个研究传统的不同命名这一细微之处着手,进一步明确媒介形态理论

的内涵;解读思维代表人物的思想特色和学术贡献,一并展示媒介形态理论在不同历史阶段的成就;简要地分析他们的主要研究内容,提出重要理论和研究结论,从中梳理媒介形态理论的思想逻辑和理论框架。其次,从本体论、认识论、目的论三个方面考察他们的价值立场、研究取向和研究方法,以检验媒介形态理论作为一个研究范式的合法性,试图对媒体形态理论作出实事求是的评价,从清理既有的批评入手,重点围绕有关“技术决定论”的指责,就技术的兴致及其与社会的关系问题,提出自己的看法,总结媒介形态理论的主要缺陷和贡献。本文最后一章运用媒介形态理论,结合社会学、人类学、社会心理学等学科在社会化方面的研究成果,从社会主导媒体的变化这个角度,考察社会化在不同历史时期的特征,以期有助于我们认识当前中国的社会化问题。

关键词:传播媒介　媒介　传播学

3762

日本报刊媒体的中国报道研究 / 刘林利著 ; 成美指导. -- 中国人民大学, 2005. -- 174 页

本文主要就有关日本大众传媒及其对中国的报道模式进行了分析。首先,作者对报纸、放送、出版和电影四个环节进行了归纳,认为日本是信息高度发达、高度垄断的国家,日本媒体制度的形成深受政府政策和法律的影响。之后,作者还对日本报刊媒体的中国报道进行了整理和分析,并阐述了电影媒体在战后日本的舆论背景中所发挥的作用和扮演的角色。接下来,本文分析了战后日本的舆论基础,主要分为“象征天皇制民主主义”、“议会制民主主义”、“自由主义”、“爱国主义”、和“和平主义”五个部分。此外,本文也交代了在战后日本媒体在与中国相关的舆论背景中的几个特点,并认为强调价值观的不同已经成为强调中日两国差异的意识形态领域的潜台词。在对近年来日本报刊媒体中国报道进行分析的过程中,本文主要就读卖新闻、朝日新闻、每日新闻、产经新闻、日本经济新闻等全国 5 家大报和西日本新闻——一家地方报纸的中国报道进行了定性和定量的分析。经过分析,本文发现六家报纸媒体都十分关注中国所发生的事件,但是缺少呼吁“友好与合作”的报道。各报社的立场有着明显的不同,但其对中国的报道都呈现出负面报道超过正面报道的倾向。在对中国人的报道中除了在日留学生犯罪报道外基本上都是积极和客观的。在分析日本报刊媒体中国报道中负面报道较多的原因时,本文提出了日本媒体在报道理念、报道立场、记者个人因素以及中国政府信息公开方面的因素,并希望日本的大众媒体克服目前中国报道中存在的问题,认为中日双方有必要建立双方的新闻对话机制。

关键词:新闻报道　报刊　媒体　日本

3763

广播听觉文本初论 / 孟伟著 ; 曹璐指导. -- 中国传媒大学, 2005. -- 203 页

本文是以广播媒介本体和广播内容为研究对象,借鉴了文本学解读模式,拓展至广播听觉文本传播规律,尝试构建我国当代广播听觉文本优化的基础理论体系。当前我国广播事业发展面临着新的发展环境,对广播媒介内容和文本表达形式都提出了新的要求。我国广播实践领域积极回应新的发展要求,广播改革在多个领域中展开。针对以上的研究问题和研究背景,本文采用了文本学的解读模式作为主要的研究方法。此外也重视对定量研究成果的使用,重视广播发展的实践,使用个案调查法、观察体验法等获得一手资料。本文分为五章,主要从三个部分讨论广播听觉文本的优化体系。上篇:“广播听觉文本的传播特性”即本论文的第一章“广播听觉文本的声音本体属性”,系统总结了广播声音传播的规律特性。中篇:“广播听觉文本的构建规则”,使用了两章的篇幅来论述,即第二章和第三章。前者讨论了话语、音乐、音响和无声静默等四类符号在构建文本意义中的作用和特点,后者针对不同的电台类型和不同的节目类型,系统总结了文本建构的基本要求和原理。下篇:“当代我国广播听觉文本的优化系统”,讨论了数字化时代我国转型期社会中,在广播听觉文本功能得到拓展的前提下,广播听觉文本可行的一些发展理念,以及广播媒介分层发展的策略指导和文本创优的多层保障体系。同时在全球化语境下,作者还分析了数字化整合时代在发达国家包括我国局部呈现出的新的媒介趋势引发的新的媒介传播方式、媒介接收方式和媒介使用习惯上的一系列变化。考虑到上述情况,本文提出我国当前和不远的未来广播听觉文本的发展理念——应该建构在大众传播需要和部分小众传播需要之间的平衡点上,即“族群”传播理念。本文在原初意义场内厘清广播听觉文本的特性、符号系统、功能及基本规则建构,为广播媒介内容创新、创优奠定新的思考起点。

关键词:广播语言　听觉　传播媒介　文本

3764

我国传媒市场运行机制研究 / 强月新著 ; 罗以澄指导. -- 武汉大学, 2005. -- 119 页

本文试图以相对系统的视角,对传媒市场运行机制进行较为深入的研究。本文共分五章。序言部分是80年代以来我国传媒市场研究成果的量化分析,旨在梳理已有成果,了解研究现状和发展趋势。第一章对传媒市场含义做了一般性探讨,分析其市场特征。作者认为,从传媒经济的角度考察,我国传媒市场具有三个基本特征:既是信息市场,又是典型的公共品市场和注意力资源的主要市场。本文第二至第四章,分别阐述我国传媒市场的成本机制、价格机制和竞争机制,是全文的重点。在第二章,作者提出了一个新概念"传媒成本转嫁",并对其产生的原因、方式、对象进行了集中探析。本文第三章集中探讨传媒市场的价格机制。作者认为,我国传媒产品的价格具有很强的模糊性、明显的层次性和时效性以及效用的不确定性。论文对传媒产品的定价方法、价格调整及其影响进行了探讨,并在此基础上解读我国传媒价格串谋现象。本章最后一部分,依据一般市场竞争理论,探讨不同市场结构条件下我国传媒的竞争行为和竞争策略。本文第五章研究传媒市场政府规则。作者认为,传媒的自然垄断属性、传媒市场的外部不经济以及宏观结构不平衡、传媒和传媒产品的独特性使得传媒政府规则成为必然。本章第二节对政府规则理论进行了梳理和概括。本章最后一部分对我国的现行传媒政府规则进行了集中探讨,作者认为,我国现行的传媒政府规制在规制主体、规制目标、规制制度、规制行为等方面均存在欠缺;并在此基础上对我国传媒政府规制改革和完善进行了宏观思考,提出了具体建议。

关键词:传播媒介　市场竞争　政府规制　价格

3765

媒介品牌战略研究 : 理论分析与中国实证 / 宋祖华著 ; 刘海贵指导. -- 复旦大学, 2005. -- 135 页

作者从分析媒介品牌的个性特征入手,认为个性特征的界定是媒介品牌战略研究的起点。作者把媒介品牌划分为公共事业性品牌和商业性媒介品牌两大类,认为这两类媒介品牌有着不同的个性特征:公共事业性品牌注重社会价值等非经济价值,商业性媒介品牌则强调品牌的双重性和品牌关系利益人的复杂性两个方面。接下来作者简要介绍了中外媒介品牌的历史与发展现状。作者把世界媒介品牌发展历史分为成型期、快速成长期和成熟期三个阶段。认为中国媒介品牌的发展虽然落后于世界整体进程,但是也经历了类似的阶段,目前的主要特征是以国营公共事业性媒介品牌为主。在第三章中,作者主要阐述了中国媒介产业品牌经营的动因和制约因素。认为外国媒介品牌及其进入是中国媒介产业品牌经营的主要外部动因,而中国媒介竞争不断加剧、媒介产业化的发展、媒介市场体系的日益成熟等等则是主要的内部动因。接下来作者重点研究媒介品牌战略,并将其分为单一品牌战略和品牌系统战略,分别阐述了如何进行品牌的推广延伸及品牌间的优化组合。最后,作者用一个个案研究:"东方卫视——一个不轻松的品牌梦想"来对前几章品牌的战略理论进行具体化的分析,也大致体现了品牌战略管理的基本流程。

关键词:传播媒介　品牌　战略管理

3766

新闻传播与国家发展理论研究 / 孙聚成著 ; 成美指导. -- 中国人民大学, 2005. -- 330 页

本文以综合性的研究视角和批判性的研究方法,对新闻与传播发展理论的基本内容、代表人物、主要观点及其理论的发展和衰微过程进行梳理概括,对新闻传播学者在参与第三世界国家发展和建设中提出的具有历史价值的见解进行重新反思,对新闻传播事业参与国家发展应该重视的一些战略问题进行初步探讨。作者首先从历史回顾入手,概述新闻传播与国家发展理论在参与发展中国家波澜壮阔建设中所扮演的角色,评价此理论所取得的成就和结果,分析全球范围新闻传播事业参与国家发展新的理论动向。依据对新闻传播功能的关注重点,作者把新闻传播与国家发展理论分为实证学派、技术学派、现代化学派、信息发展学派、批判学派和新发展学派等多个学派,并对他们各自代表人物强调的重点进行论述与回顾,发现理论本身所包含的历史价值。最后,作者结合我国社会转型的现实,呼吁加强对新闻传播与国家发展理论的研究,借鉴国外新闻传播事业参与国家发展的先进经验,以使新闻传播真正实现促进国家发展的功能。

关键词:新闻传播　社会发展　第三世界

3767

全球化新闻传播与大学德育创新研究 / 唐景莉著 ; 成美指导. -- 中国人民大学, 2005. -- 159 页

本文分析了国内外网络新闻传播发展态势,分析

了网络媒体的基本特征，并着重就网络媒介把关人特征、网络媒体的传播效果等进行了分析。作者从政治安全和文化安全的角度，分论述了网络媒体对政治生活的介入，以及网络在不同文化的交流、融合以及碰撞的大潮中所具有的影响。在全球化网络传播对高校德育影响的分析中，作者着重分析了全球新闻传播特别是互联网给高校德育带来的新环境、新途径、新变化；当前，互联网正取代报纸、电视等传统媒体，成为当代大学生获得信息来源的首要渠道，从而打破了高校原来分级传达的方式；同时，互联网对大学生价值取向与行为带来了影响，特别是网络信息对大学生思想政治素质的影响；网络条件下高校德育工作策略和方法的创新探索，主要包括工作的基本策略、网上思想政治工作阵地建设、校园 BBS 中的舆论引导，校园多种媒体与校园互联网的整体配合以及网上网下夺取道德与工作方法的研究。文中对互联网发展的态势作了分析，探讨了在网上开展进一步深入的思想政治教育的问题，提出在全球化新闻传播的背景下来研究大学德育创新，必须关注四个问题：德育目标创新（超越软德育观）；德育内容创新（超越政治教育）；德育方法创新（超越灌输压服）；德育途径创新（超越课堂德育）。

关键词：新闻传播　全球化　互联网络　德育　高等学校

3768

当代中国灾难新闻研究 ：以新闻实践中的政治控制为视角 / 田中初著 ；张骏德指导. -- 复旦大学，2005. -- 162 页

作者认为，当代中国的灾难新闻报道有一个特征有别的流变过程，主要是因为它受到政府的政治控制和新闻专业控制。本文以国家—社会理论为分析框架，根据社会结构特征把当代中国分为总体性社会和分化性社会两个阶段。作者认为，在不同的社会背景中，政治控制和专业控制有着不同的作用方式和结果，因而灾难新闻也有着不同的表征。在梳理了当代中国灾难新闻流变的过程后，作者认为，政府与新闻媒体之间既有冲突的一面，也有相互依存的一面，在灾难新闻报道实践中，政府和新闻媒体应该建构一种新型的合作关系：政府给予新闻媒体制度化的新闻空间，新闻媒体给予政府专业化的信息服务。

关键词：新闻报道　灾害　政府干预

3769

论媒介与社会正义 / 汪武著 ；郑保卫指导. -- 中国人民大学，2005. -- 145 页

本文旨在通过主体理论框架阐述媒介主体与社会正义的关系，试图对媒介伦理道德和社会正义进行研究。论文首先阐述了主体理论和论文研究的问题与目的、研究思路、论文结构。主体理论认为，主题首先是一种解放力量，是一个社会行动者和实践者。媒介作为社会主体，对社会正义目标的实现必然负有对社会共同体的责任，同时媒介在社会正义的实践活动中也不断发展和完善了主体人格。对社会正义的概念和媒介作为社会正义实践主体所具有的基本特征论述时，提出自由、平等、权力等基本理念对形成一个秩序良好的正义社会具有重要意义。在对媒介主体的政治和社会功能的论述中，作者提出，媒介主体的社会责任就是通过政治功能和社会功能的发挥，维护社会成员的自由、平等权利，营造正义的社会环境；媒介的政治功能呈现两个面向：媒介通过议程设置为公众提供一个参与政治生活的公共论坛，形成公众舆论以影响政府决策；媒介通过对司法行为的监督，促进司法公正的实现。媒介的社会功能主要体现在媒介对改善弱势群体传播资源不平等现状的社会责任，通过公共新闻运动的实践，为弱势群体提供一个公正、平等的信息传播资源环境和礼仪表达的渠道。论文最后，作者从制度的角度阐述了媒介作为社会正义的实践主体，自身亦需要一个规范的制度环境为其提供保障。在媒介主体自律意识尚不充分的阶段，通过外在的法律制度和内在的道德自律制度的约束与规范，有助于媒介提高道德自律意识。

关键词：传播媒介　正义　社会责任　职业道德

3770

我国新闻舆论监督的多维审视和路径选择 / 王永亮著 ；郑保卫指导. -- 中国传媒大学，2005. -- 119 页

本文首先就中国新闻舆论监督研究的政治环境和学术环境作了描摹，作为本文的研究背景，从中国新闻舆论监督的形态转变着手，分析了人文论证、党派论战、极权论语这三种新闻舆论监督形态的历史性转变，进而理解新闻舆论监督出现现实困境的深层原因（新闻舆论监督疲软；舆论监督法规不健全；新闻从业者的素质不高），通过对美英俄等国家新闻舆论监督类型的探讨，具体考察了从苏联到俄罗斯新闻舆论监督的演变及其特点、美国新闻监督的社会机制、英

国新闻舆论监督的法律框架和政府管制。之后,作者对有中国特色新闻舆论监督的构想框架从政治文明、市场经济、先进文化、依法治国做了阐释,在论述政治文明和新闻舆论监督的关系时,提出建议:一方面,新闻自由发展的程度决定了新闻舆论监督实施的深度,创办公共报刊成为可能;另一方面,提高党报批评政府机关的级别。同时,在市场经济条件下,通过对英美俄等国的比较研究,形成思路:政府传媒与商业活动的分离;加强政府对传媒市场的规制;加大对企业特别是大企业实施新闻舆论监督的力度;新闻舆论监督的指向对象应是公共领域。作者提出我们用先进的传媒文化重振新闻舆论监督的声威,必须从以下三个方面着手:提升媒体公信力;强化新闻自律意识;开展媒介素养教育。本文认为在依法治国的框架内充分保障新闻舆论监督,呼吁加快新闻立法的步伐,为制定《新闻法》提出见解:明确的确认新闻舆论监督;强有力的保障新闻舆论监督;合理限制新闻舆论监督等。作者在论文结尾提出,为了应对跨国新闻舆论监督,借鉴国内外先进经验,在海外创办合法性媒体;鼓励国内媒体大胆就国内外大事发表评论,并切实把握对外宣传和外交政策之间的关系。

关键词:新闻工作　舆论监督　新闻自由

3771

改革与创新:制度创新论视野下的央视新闻改革 / 魏金成著 ; 张骏德指导. -- 复旦大学, 2005. -- 119 页

央视自上个世纪70年代以来进行了一场与时俱进的新闻改革,但这场改革并不是要以一种全新的新闻体制完全替代原有的新闻体制。作者认为,要摆脱原新闻体制一些不合时宜的内容,央视必须从理论的高度提供充分而必要的表达。基于此,本文把"制度创新论"引入央视,在坚持新闻性与事业性不变的前提下,以"制度创新论"为视角来解读央视的新闻改革。制度创新论认为,"创新的收益"、"创新的成本"、"收益的支配权"这三个内在变量决定着一个组织的创新欲望。作者以共时性眼光对影响央视创新的内外变量同时进行考察,以揭示央视新闻改革中的创新动力与外部条件。在分析了央视新闻改革的创新历程(恢复创新——行为创新——制度创新)之后,作者又对央视在制度创新层面对创新模式的选择进行了阐述,并且对央视新闻创新的优势及其创新后带来的收益进行了分析阐述。作者认为,今后央视的影响力将体现在多个层面,也必将会对新技术的要求越来越强烈。

关键词:中央电视台　新闻工作　体制改革　制度创新

3772

大众传媒新闻信息资源增值研究 / 吴海荣著 ; 蔡雯指导. -- 中国人民大学, 2005. -- 213 页

本文侧重从经济学角度分析传媒开展新闻信息资源增值活动的内部推动力,传媒开展新闻信息资源增值活动是传媒尊重新闻信息产品所具有的一般信息产品经济特征和其特殊的经济特征的需要,是传媒管理集约化的需要,尤其是进入本世纪传媒市场化的发展,新闻信息资源此时被认为是媒体发展核心资源之一,狭义新闻信息资源增值活动的价值得以充分凸现。作者认为已经加工过的新闻信息资源是增值活动的客体,是增值活动的基本落脚点,而新闻传播者是增值活动的主体。由于新闻信息资源资产具有不同于一般物质资产的特征,新闻信息资源增值活动也具有不同于物质资源增值的特殊性,作者认为新闻信息资源的资产评估方法主要有三种:经验评估,量化评估和综合评估。新闻信息资源增值活动有效健康的发展需要与社会大系统形成良性互动,这要求它遵循新闻传播活动的基本规范和专业原则,尤其是重视把握其特有的专业化原则,即适度增值原则、差异诉求原则和追求成本领先原则。同时,新闻信息资源增值活动能否取得成效,还要取决于活动本身的组织管理,它对我国传媒的组织创新提出了新的要求,探索构建网络传媒组织形态是传媒新闻信息资源增值活动可持续发展的必须。

关键词:大众传播　信息资源管理　新闻

3773

公共利益与广播电视规制:以美国和英国为例 / 夏倩芳著 ; 罗以澄指导. -- 武汉大学, 2005. -- 95 页

作者认为,广播电视规制主要包括产业结构规制和内容规制,前者调节和控制广电媒介的所有权和市场结构,后者调节和管理媒介的编辑方针,目标是控制媒介的传播行为以符合社会的文化和政治思想。广电媒介政府规制的正当性是公共利益,规制目的是为了调和产业利益与公共利益之矛盾。本文以美国和英国为例,讨论广播电视规制与公共利益之关系,是因为这两个国家具有深厚的商业主义传统和公共服务传统,分别代表了西方国家两种规制体制类型。全文共分三部分,第一部分讨论政府规制理论与公共

利益之关系；广播电视规制的理由及历史；重点讨论广播电视规制的公共利益概念内涵之不确定性和功利性。第二部分讨论广播电视规制的工具选择和公共利益之实现。包括规制的目标、结构性规制和内容规制的主要内涵、规制执行过程中政府的角色以及公共利益如何表达。第三部分分析了广播电视放松规制与公共利益之冲突，讨论放松规制的结果，市场自由如何变成腐败，媒体全球化如何创造不公平的规制环境，使产业利益与公共利益之矛盾更加难以调和，并迫使公共利益重新界定以符合经济主义和消费主义的价值观。

关键词：广播电视　政府规制　传播媒介　公共政策　公共利益

3774

中国省级卫视发展研究／熊忠辉著；张骏德指导. 复旦大学, 2005. -- 189 页

本文指出，在西方电视媒体加速进入中国领土的背景下，中国充分竞争的全国性市场格局尚未形成，与西方电视媒体竞争乏力，因此建立中国电视业新秩序意义重大。省级卫视的扩张发展对于中国电视业整体实力增强具有隘口和突破口的意义。但按照行政区划设置的省级卫视的活动经营范围被限制在本省，大部分省级卫视发展受本省经济和文化发达程度制约，市场价值没有得到彰显，并表现出严重的同质化竞争倾向。随着市场经济的发展，省级卫视产生突破本省范围的发展诉求。省级卫视竞争力的培养在总体上必须依赖于其所处的技术、政治等宏观环境因素变量，这些变量构成省级卫视的两难处境：行政事业属性和产业属性如何平衡。省级卫视要实现扩张发展，不仅需要国家宏观支持，也需要省级卫视单个和群体的积极探索。近年对于省级卫视的扩张发展，政府已经提供了基本政策指向，省级卫视自身也进行了一些有益尝试，但一些旧有障碍性因素产生了反作用力。在传统格局和体制作用下，省级卫视间呈现出非均衡发展态势。此外，省级卫视发展存在的外部性和信息不对称，加剧了无序竞争。要解决这些问题，需要推行“系统优化、协调发展”的原则性策略，在确保省级卫视事业性的基础上，运用政策调控和市场机制，对产业部分的资源进行重新配置，在事业和可经营性业务相剥离的前提下大力发展其产业部分。省级卫视也要认清当前电视产业的形势，判断和估计自身在电视产业整体格局中的地位，依据自身的资源和条件，采取资源驱动、价值驱动和区域驱动等三种战略谋求发展。此外，竞合时代与电视业的整体建设呼唤省级卫视加强协作，可以成立省际卫视联合体，也可以在相关业务上进行协同联盟，逐步探索现实条件下省级卫视群体的系统优化、协调发展、共同提高的道路。

关键词：电视台　电视事业　卫星电视　发展战略

3775

中国近代社会变迁中的报刊改革（1860 年—1911 年）／徐利著；方汉奇指导. -- 中国人民大学, 2005. 153 页

本文以近代历史的发展为线索，将 19 世纪 60 年代至辛亥革命前的近代报刊的改革作为研究对象，着重以系统扫描与案例分析相结合的方法，对不同历史阶段中报刊改革活跃先锋的改革背景、实施手段以及改革所取得的社会效果进行具体剖析和历史解析，从社会变迁的角度厘清近代报刊前进的轨迹和脉络，探索了社会变迁中报刊改革的历史规律，同时分析报刊改革在社会变迁中所起的作用和所具有的影响，对报刊改革与社会变迁之间动态互动关系作了探索研究。本文的创新之处，一是在研究的视角上，本文首次将报刊改革的研究聚焦在近代，并将报刊改革置于社会变迁的大背景下，以动态的眼光从社会变迁与报刊改革所形成的互动关系中寻找报刊改革的历史规律；二是在研究方法上，本文将系统扫描与案例分析结合起来，对近代报刊改革的轨迹进行了系统梳理，陈述社会变迁给报刊改革带来的阶段性特点；三是在研究方法上，本文以翔实丰富的史料为基础，从当前新闻改革的焦点问题出发，用新闻学、传播学、社会学、信息论、控制论等多个视角审视和研究近代报刊的改革，探索报刊改革的历史规律。

关键词：新闻事业史　报刊　社会变迁

3776

社会转型期弱势群体新闻报道研究／许向东著；蔡雯指导. -- 中国人民大学, 2005. -- 176 页

作者首先从分析弱势群体新闻报道入手，进而阐明了研究社会转型期弱势群体新闻报道的理论意义和现实意义，以及目前国内学术界的研究现状和本论文的研究思路和方法。在对弱势群体新闻报道的对象的研究中，本文分析了弱势群体成为新闻报道对象的缘由，阐述了这一特殊报道客体对该类报道在内容和特色上的反作用，并对弱势群体的话语权的问题进

行了剖析。作者运用内容分析法对弱势群体新闻报道进行研究,从四家不同类型、跨度近10年的600份报纸进行了数据统计,对现存的问题提出了解决对策。在弱势群体新闻报道中的媒体角色研究中,作者首先分析的是新闻媒体在弱势群体新闻报道中行使角色时出现的行为缺席和行为失常问题,并从其存在的特点和引发的问题两个方面进行了探讨,阐述了媒体是如何通过弱势群体报道来发挥其政治功能的。作者在对弱势群体新闻报道的价值取向和舆论引导的探讨中,认为在当前,媒体实行的是“反新闻价值”的新闻选择标准,突出强调的是“亲社会意识”,体现了对受众的“有用处”和“获益性”,而对报道“度”的把握不当,忽视弱势群体的议题,导致了新闻价值观的转变。之后,作者对弱势群体新闻报道的实际操作问题进行论述时,认为报道选题的策划、报道角度的选择和报道分寸与时机的把握最为重要,认为在当前的社会环境下,新闻媒体应该针对存在问题,克服不足,坚持以疏导为主的原则,采取相应的举措,真诚服务于弱势群体。

关键词:新闻报道　弱势群体　社会转型

3777

试论中国社会转型期经济新闻报道的价值取向 / 余勇著 ; 成美指导. -- 中国人民大学, 2005. -- 152页

经济新闻报道价值取向当下研究的幼稚性是一个不容忽视的现实。既有的成果虽然对论题的某些方面有过涉及,但是从涉及的深度及广度来说,并不能令人满意。本文首先从新闻学最基本的概念出发,着重解释了转型中国经济新闻报道价值取向的核心概念;作者认为由于作为新闻文本的新闻报道对于新闻本体的新闻的偏离,以及市场经济对经济新闻及其价值形成的影响,致使新闻报道的价值新闻的价值并非总是一致。从价值取向转变的角度,作者着重讨论在向市场经济转轨过程中,中国经济新闻报道呈现出的两个转变(开始突破计划经济时代的桎梏;改革进程和商业报道得到关注)。本文通过审视当代中国经济新闻报道的现实,得出了此类报道价值取向存在3个方面的重要问题:经济新闻报道中对客观存在的难以完整把握而导致理性思维欠缺;媒体或记者由于商业因素的影响,出现不良价值取向问题;新闻传播主体轻视对经济新闻的准确报道而造成价值取向的扭曲。最后作者从扭转经济新闻报道中价值取向存在的问题出发,提出三个解决方案:一是归纳总结出走向市场经济中国的经济新闻报道价值取向的具体内容;二是提供一种相应的经济新闻报道的采访写作程序来保证价值取向不走样;三是从新闻事业的崇高价值,新闻记者的伦理道德出发,认为经济新闻报道的从业者从主观意图上不要扭曲经济新闻的价值,以构建一个价值取向范式。

关键词:新闻报道　价值取向　市场经济　社会转型期

3778

互联网传播中行政权力模式的比较研究 / 袁胜华著 ; 谢宏指导. -- 中国社会科学院研究生院, 2005. 114页

本文集中梳理了当今世界上一些较为成熟、且对我国有较大借鉴价值的管理模式,并从“横线”——各个国家之间的差异,以及“纵线”——各国政府对本国内不同媒体的管理差异这两个维度上进行了比较性的研究。作者指出,互联网之所以造成“脱缰”的局面,是因为互联网传播与传统的传播方式之间存在着结构上的差异,需要各国政府采用新的管理模式来管理新媒体。另一方面,各国行政权力体系在管理本国各种传播媒介的时候,又需要保持政策的相对连贯性、整体性和一致性。因此,对于各国政府来讲,关键的不仅仅是要尽快着手改革,而且还要在变与不变之间寻找一个相对合理的平衡点。在对我国行政权力体系的研究基础上,作者提出,我国正处于从计划经济向市场经济转轨的过程中,经济体制改革和政治体制改革持续推进,所面临的挑战更为严峻。新闻改革作为政治改革的核心部分和敏感区域,经过多年的探索,正面临着如何推进的关键时刻,在国际资本主义强势舆论的围攻下,我国社会主义文化和主流价值观念的传播都面临着寻找突破口、扩大影响力的迫切需求。

关键词:互联网络　行政权力　大众传播

3779

新闻发现研究 / 张征著 ; 成美指导. -- 中国人民大学, 2005. -- 191页

本论文通过分析和探究新闻发现的本质和特征,梳理和研究记者在新闻发现过程的思维状态,剖析和展示实践中新闻发现的动态过程,总结和探讨新闻发现客体的特征以及发现主体应该具备的素质。作者认为,新闻发现是新闻工作者为达到传播目的,对事实传播价值和新闻作品最佳表达方式的率先认知。

新闻发现的本质实际上是为了达到新闻传播的目的和认知、评价,更是一种创造。新闻发现的效果具有相对性,新闻发现的思维则是双向的,新闻发现活动本身具有机遇性和实效性的特点。而在新闻发现活动中,新闻评价标准起着决定性的作用,对受众需求的不同理解,决定着不同媒体、不同记者的新闻价值观,也决定着其发现新闻的标准。作者认为,新闻发现的任务就是从普通的事实中发现出新闻事实,但无论是普通事实还是新闻事实,它的第一要求就是报道的真实性,因此真相发现即为新闻发现的首要内容。从动态角度来分析,新闻发现的过程大致分为四个阶段:新闻发现的准备阶段、新闻发现的灵感阶段、对事实的预测和对信息的筛选阶段以及对新闻事实及其价值的印证和确认阶段。作者最后指出,新闻发现是一种复杂的认知、评价和创作思维过程,因此记者有必要对这些陷阱或误区有一定的了解,首先在对事实的新闻价值进行评价的时候,发现者要明白,发现的最终目标是一个价值"点",而不是价值"面",而这一切,都要求记者在新闻发现的一开始,即在采访过程中,就要考虑事实的表达问题。

关键词:新闻学　新闻工作　记者　新闻发现

3780

东方的微光　林中的响箭:中国电视新闻早年历史 / 周小普著 ; 方汉奇指导. -- 中国人民大学, 2005. -- 177 页

本文首先对我国电视事业的创办初期进行了回顾,认为中国电视以及电视新闻的出现是在世界电视发展的第二波阶段。紧接着作者分阶段地介绍了北京电视台的创办及发展过程,并对北京台早期一些电视栏目的创办进行了叙述。而中国形成电视事业团队,以及中国新闻精神在1960—1966年,1960年北京电视台就与日本电波新闻社签订了交换电视新闻片的合同,当时的广电局制定了"立足北京,面向世界"的办台方针。早期的电视新闻人的行为规范,强化了电视新闻事业的追求,锻炼的团队,打造了电视新闻传统,同时也摸索出操作规律。在对"文革"期间的电视新闻事业发展情况的叙述中,作者认为文化大革命十年,电视在技术上有了较大的改善,从彩色胶片、微波、卫星传送到彩电的实现,另外,这期间,各省、自治区基本上都建立了电视台,初步形成了全国性规模;但由于文革对文化的限制以及节目形式的控制,实际造成了当时电视事业的倒退。

关键词:新闻事业史　电视事业　电视新闻

传播学

3781

网络传播与公众表达:网上公众表达的现状与影响研究 / 陈红梅著 ; 张国良指导. -- 复旦大学, 2005. -- 105 页

本文从中国的社会文化环境和网络传播的实际运作状况出发,结合文化研究和实证调查两种方法,对网络上的公众表达情况进行了系统深入的研究。在第一章绪论中,作者对国内外的网络传播研究成果进行了回顾和梳理,特别从公众表达的角度进行分析;同时阐述了研究的目的、问题和研究思路。第二章从公众表达的意义背景入手,梳理了"公众"概念的由来和发展,界定了"公众表达"的内涵;同时还梳理了学术界对公众表达的基本立场和态度,分析了公众表达与大众媒介之间的关系。第三章主要以国外网络传媒为研究对象,介绍了网上公众表达的发展历程,指出国外网络传媒大体走过"精英游戏——大众参与——商业渗透"的道路。第四章主要介绍了我国网上公众表达的现状。第五章总结了网上公众表达的影响,指出网络正成为公众表达的新的管道和平台,并对现实进程产生作用。第六章对学界比较关注的有关网上公众表达的几个问题进行了总结和探讨。

关键词:互联网络　大众传播　传播学　公众表达

3782

传媒并购新论:关于数字化传播背景下传媒并购特征分析 / 董璐著 ; 黄升民指导. -- 中国传媒大学, 2005. -- 113 页

本篇论文是按照不同的论点进行组织的。论点一着重阐述了传媒企业中的一个重要特征——成本递减性,作者认为这是传媒企业之间进行并购的重要推动力;论点二考察了在传媒产品生产过程中,优秀的内容或是有市场潜力的创意的稀缺,这对传媒企业的收购和并购活动产生决定性的影响;第三个论点探讨了传媒企业同时服务于两类顾客——目标受众和广告客户,而两类客户之间既互相独立,又相互关联,在这样的复杂关系形成的合力作用下,无疑对传媒企业的并购产生影响;而在论点四中,作者注意力在传媒企业并购的额外成本之上,传媒企业并购的主要障

碍来自反垄断法、文化保护以及传媒企业并购企业文化整合,以及如何比较准确的评估传媒企业中的无形资产等问题。作者认为,传媒企业与生俱来另一项标志性的特点是先天的不确定性,因此,传媒企业的发展和企业产出很大程度上依赖于明天的市场发展。本论文通过对媒介行业中的并购活动进行研究、考察,以寻求扩展现在已有的关于传媒行业和传媒企业的知识。

关键词:传播媒介　企业并购　收购　数字传播

3783

当前我国政府对外传播与国家形象建构策略 / 段鹏著 ; 胡正荣指导. -- 中国传媒大学, 2005. -- 161页

本文认为国家形象在客观状态之外的建构会受到该国的传播"软实力"是否强大,以及国际社会主流舆论如何看待该国因素的影响。本文开始首先对论文选题的原因、既有的相关研究、借助的理论范式以及采用的研究方法作了简明扼要的说明。作者在对对外传播与国家形象进行界定的论述时,比较归纳出对外传播的特点和功能;厘清了国家形象概念的三个层面(实体形象、虚体形象和公众认知形象)之后,作者又从我国对外传播媒介的不同类别(印刷媒介、国际广播、电视、通讯社、互联网)入手,描述了我国政府对外传播的现状,并从历史的角度考量西方国家对我国国家形象的认知演变,以对多个国家多次的民意测验和抽样调查的形式来分析我国国家形象的现状;作者又从宏观层面和微观层面分析了我国对外传播力不足的原因。作者认为,境外媒体的误读是我国国家形象现存问题的外部原因,并从内部和外部、宏观和微观两个方面对我国国家形象建构以及改进提出策略。最后作者通过对不同时期西方主流媒介对华报道所进行的数据分析和文本分析,总结出西方主流媒体对华报道的三个阶段(接受期、对抗期和调和期),并对改善我国国家形象被西方主流媒介误读提出了因应策略。

关键词:中外关系　传播学　国家形象　对外宣传

3784

转型社会中的新闻生产 :《南方周末》个案研究(1983 年—2001 年) / 洪兵著 ; 李良荣指导. -- 复旦大学, 2005. -- 181 页

本文以媒介生产社会学的方法取向,描述和分析《南方周末》从 1983 年试刊至 2001 年期间新闻生产的过程及其特点。全文共分四章。第一章,筚路蓝缕的起步(1983—1995 年);第二章,对中国发言(1996—2001 年);第三章,公共表达的通路;第四章,《南方周末》与知识分子撰稿人。作者认为,以 1996 年《南方周末》的第二次扩版为分界,《南方周末》向中国社会所提供的新闻产品的主要形态,经历了从文化/娱乐资讯向与公共事务有关的调查性报道和言论意见转变的深刻变化。与此相联系,具有社会责任感和职业意识的新闻从业者,通过对于事实和"真相"的深入发掘和呈现,通过接纳公众对于中国现实的意见的表达,使得《南方周末》新闻生产过程体现出鲜明的服务于公共利益的、"参与式新闻业"的特征。

关键词:报纸　新闻工作　《南方周末》

3785

传播的话语分析理论 / 胡春阳著 ; 张国良指导. -- 复旦大学, 2005. -- 170 页

本文站在传播的视角上吸收对传播研究具有紧要意义的话语研究成果,试图提供一个"传播的话语分析"的理论框架。本文正文部分共分为五章。第一章讨论什么是话语分析。第二章讨论修辞话语分析。作者指出,修辞具有强大的话语力量,这种力量的差距形成了"修辞沟",修辞的话语分析势必成为弥补、消解"修辞沟"的一种方向。第三章是言语行为理论与会话分析,作者主要对奥斯汀和赛尔提出的言语行为理论、格赖斯提出的会话合作原则、利奇的礼貌原则以及萨克斯等人的会话结构理论的精髓和要点作了回顾和评价,同时选取了一些会话实例与社会事件进行分析。第四章具体讨论话语分析,侧重于福柯及其启示。作者对福柯的知识考古学以及系谱学中所表述的话语、知识与权力的关系问题作了分析、研究,将福柯及其启示与殖民主义话语、女性主义话语以及文化研究等理论进行了对比研究。第五章的内容是批判的话语分析,作者分析了话语制作、分配与理解的语言过程和认知过程以及话语中权力运作的细微机制,对费尔克拉夫和梵·迪克两范式的原则和应用过程作了总结说明。

关键词:传播学　语言分析　话语

3786

中国大众媒介公信力测评研究 / 靳一著 ; 喻国明指导. -- 中国人民大学, 2005. -- 170 页

本文首先从媒介公信力的起源、评价的标准以及

公信力在不同的社会文化背景下的差异入手，对现有公信力测评研究需突破和关注的问题进行了论述，指出中国文化独特，社会和媒介体制与西方存在巨大差异，因此中国在对国外公信力研究成果的借鉴过程中，需采取谨慎态度。作者对媒介公信力概念的解析中，将大众媒介公信力的本质含义归为：公众对于大众媒介的社会期待被落实情况所引起的公众心理感知和评价，同时公众的这种感知和评价也是媒介获取公众信任的能力和素质的体现，其要求我们对媒介公信力研究应从公众对媒介的期待入手。论文采用实证主义的研究方法，通过访谈搜集民众对于媒介的期待和意见，并根据访谈的资料和前人的研究成果设计了“媒介期待量表”，并成为公信力评判准则重要程度量表。作者依据公信力评判准则的“认同程度”和“重要程度”，参考多项统计数据，对“重要性量表”进行了样本总体和不同学历人群评价情况的分析和甄选。作者认为，中国现阶段大众媒介公信力评价准则具有以下四个特点：为老百姓说话的媒体更可信；“媒介专业主义”让位于“社会关怀”；“媒介操守”、“新闻技巧”成为公信力评判的次要准则；媒体应该与官方的保持怎样的关系成为最大分歧。最后作者提出，测评量表指标的建构是一个不断发展完善的过程，本论文所确立的量表是本文研究的结果，同时也是更多公信力量化测评研究的开始。

关键词：大众传播　传播媒介　公信力

3787

论党报体制的二元结构：党报体制创新研究 / 李忱著；胡正荣指导. -- 中国传媒大学，2005. -- 198 页

本文用传播学、新制度经济学、产业经济学、社会学和系统论等有关理论重新审视党报的宏观变化趋势、分析党报主体的微观体制和机制，提出党报二元结构，并对其文化事业和经营产业两部分的目标体系和操作机制进行了分析。文章导论部分阐述党报体制创新的意义和指导思想，用系统的结构与功能的分析方法分析党报体制二元结构的内涵及特征。作者从党报的发展历程、党报的外部环境、内部状况、经营状况等入手，对党报及其体制进行历时性和共时性的考察和分析。作者在对党报文化事业体系的创新进行论述时，分析了报纸“服务”的理念体系；新闻业“公共服务”性质的确立以及党报公益服务体系的创新。最后，作者对党报产业经营体系的创新中，提出党报在坚持正确舆论导向的同时，必须加快推进报业改革与发展，创新经营方式，提高资本运行，增强党报在市场中的份额；同时，也对党报的发行、广告、多元化经营、集团化经营以及资本运营的现状、问题和对策做了详细的分析和讨论。

关键词：党报　体制改革　二元结构

3788

全球性媒介事件与国家形象的建构和传播：奥运的视角 / 李凯著；张国良指导. -- 复旦大学，2005. 114 页

本文首先介绍和梳理了国家形象的概念、内涵和外延、作用和意义，尤其强调了“软力量”与国家形象的关系。作者在重点分析以美国为首的西方发达国家对我国国家形象的报道后，对我国在国际上的国家形象现状进行了探讨，认为由于意识形态、国家利益和价值观等因素的影响，再加上以美国为首的西方发达国家的大众传媒控制着国际信息的流通，我国在国际上的国家形象基本上是由美国等西方发达国家的媒体塑造的；同时也阐发了中国“和平崛起”的新形象。接着，文章对全球性媒体事件——奥运会进行了解释，并以东京奥运会和汉城奥运会为例分析了奥运会对国家形象的建构和传播作用。最后作者从北京申奥片和“绿色奥运、科技奥运、人文奥运”三大理念的角度，深入解读了它们对中国国家形象的建构和传播作用。

关键词：传播媒介　国家形象　大众传播　奥运会

3789

中国大众媒介可信度指标研究 / 李晓静著；张国良指导. -- 复旦大学，2005. -- 188 页

本文是关于中国“媒介可信度”概念测量的实证研究。研究的基本问题有两个：中国“媒介可信度”的指标是什么？哪些因素可能会影响中国受众对“媒介可信度”指标的评估？这两个问题又可细化为六个具体问题：中国的媒介机构/新闻从业者的可信度指标及各指标的权重如何；中国媒体新闻报道的可信度指标及各指标的权重如何；中国受众不相信媒介机构/新闻从业者以及新闻报道的理由；哪些因素可能影响中国受众对于来源（媒介机构/新闻从业者）可信度指标的评价；哪些因素可能影响中国受众对于信息（媒介新闻报道）可信度指标的评价；哪些因素可能会影响中国受众评价媒介不可信的原因。全文分为五章：第一章总括了本文的研究目的、背景和研究问题，以

及对研究对象和核心的界定方式;第二章对西方的"媒介可信度"研究进行文献梳理,从研究的历史脉络、"媒介可信度"指标研究、"媒介可信度"影响因素研究三个方面进行了文献回顾,并在中国的社会背景和媒介环境下提出理论假设;第三章对本文将要采用的研究方法和步骤进行陈述,包括初步研究、焦点小组访谈、入户问卷调查等;第四章在第三章的基础上,对调查结果进行汇总统计分析,得出中国"媒介可信度"指标的构成,并对其影响因素进行分析,从而检验指标的效度如何;第五章根据研究结果进行小结并与西方"媒介可信度"指标进行比较。

关键词:传播媒介　大众传播　可信度

3790

欧盟电视节目市场研究 :电视节目市场结构及竞争优化 / 罗青著 ; 郭镇之指导. -- 中国传媒大学, 2005. -- 174 页

本文首先在第一章中应用媒介经济学和产业组织学理论廓清了"电视节目市场"在研究学理上的概念、范围,并引述了市场结构分析和结构优化的产业组织学和媒介经济学的相关理论,将电视节目市场的研究分为三个体系——电视节目市场要素体系、电视节目市场交易体系、电视节目市场制度体系,以此作为电视节目市场系统进行结构分析的理论基础。然后分上、下两编探讨电视节目市场结构的建构和市场竞争结构及其优化问题。上编(包括第二章到第五章)按照市场结构体系逐一解剖,首先树立电视节目市场的发展历史,逐一分析结构中的六大市场主体和两大客体的市场角色和功能,总结建立欧盟电视节目市场的结构模型及特征。下编(包括第六章到第九章)注重统合性思考,在欧盟区域市场变化和全球竞争环境背景下总结其竞争结构优化策略。一是体制优化,通过对欧盟电视的双重体制的市场角色的演变、社会价值、机制保障等方面的详细分析,可以清楚看到欧盟模式中的市场竞争与政策调控机制是如何促进电视节目市场的整体优化的。二是节目管理优化,对电视节目的管理优化是保障欧盟电视业实现社会、经济功能的至关重要的部分。为了研究欧盟国家对电视节目进行管理以实现市场优化的措施、方法和效果,选择了欧盟具代表性的六个国家(比利时、法国、德国、丹麦、荷兰、英国)进行比较调研分析。三是投资体系优化,着重研究欧盟如何和怎样优化影视节目的投资体系,以保障建立完整的节目产业链,实现电视节目的价值增值。最后,从欧盟影视产业模式建立的观念出发,以欧盟电视节目市场为镜像,提出同样处在产业化转型和国际化竞争接轨的探索过程,简要分析中国电视节目市场的定位、发展瓶颈,提出未来我国在面对全球化的挑战、区域化整合的趋势以及建构中国特色的电视节目市场的过程中,可能有的更多开放性的思考。

关键词:电视节目　市场竞争　欧盟

3791

制造快乐:走向娱乐的新闻技巧 :对中国传媒新闻娱乐化的实证研究 / 罗亚著 ; 张国良指导. -- 复旦大学, 2005. -- 135 页

本文是对中国传媒新闻娱乐化现象的一个实证性研究,关注的重点在于新闻娱乐化在中国传媒生产中的具体呈现,以及这种呈现在不同新闻类别和新闻媒体中的技巧性表达。本文选取报纸的体育新闻、社会新闻和时政新闻作为研究对象,考察这三类新闻在娱乐性递减和指导性递增的序列中是如何用不同手段构建并呈现出不同的娱乐化特征。本文分为六章。第一章描述了我国新闻娱乐化的研究现状;第二章还原了西方语境下新闻娱乐化这个概念的对应相关研究,以此明确不同的语境下概念不同的范畴和表达;第三章至第五章分别分析了体育新闻、社会新闻和时政新闻对新闻娱乐化的不同接纳及表现形式,讨论了中国语境下新闻娱乐化的发展趋势;第六章结语部分结合受众群体访谈对新闻娱乐化的定位进行了再认识。作者认为,如同中国新闻改革的路径一样,新闻娱乐化对新闻生产各个环节和部类的进入同样遵循着"边缘突破"的方式,从娱乐性最高的新闻门类开始,逐步向娱乐性最低的政经新闻过渡,并且在不同的新闻部类中体现出不同的改造方式。新闻娱乐化作为一种新闻业的运作手段,必将潜移默化地改变中国的新闻生产模式。

关键词:大众传播　新闻报道　新闻娱乐化

3792

中国报业法人治理结构及其变革问题研究 / 宋建武著 ; 郑兴东指导. -- 中国人民大学, 2005. -- 110 页

中国报业面对的一个突出挑战,就是如何在适应我国社会的基本经济体制从计划经济向市场经济转轨的同时,完成自身从事业单位到现代企业的转型,并在此基础上,重新构建其法人治理结构。本文首先重点讨论了文化体制改革的目标、途径及其对报业法

人治理结构的改革和重构的意义，并通过对报业产业化发展进程的总结和回顾，指出法人治理结构问题已经成为阻碍我国报业发展的瓶颈问题。作者从我国媒体制度的起源特性及其对媒介制度的影响入手，提出现代法人治理结构在本质上是由所有制决定的，因此研究报业的治理结构，必须研究决定报业所有权问题的我国媒介制度；基于此，本文并对我国的法人治理结构做了分析，提出法人治理结构是一个多层次、多角度的概念。在讨论了我国报业建立现代企业制度的必要性和迫切性的基础上，本文对我国建立现代企业制度的实践进行了理论上的梳理，概括出我国报业建立法人治理结构的主要难题和可能途径。最后，作者对我国报业构建现代法人治理结构的可行性的四个问题（社会主义传媒制度和理论如何适应市场经济；事业性质的报业单位如何转制；党对报业的领导如何与现代法人治理结构相结合；在报业转制过程中，如何防止内部人控制等“转制病”的产生）进行了探讨。

关键词：报业　法人治理结构　传播媒介　报社体制改革

3793

入世以来中国传媒市场生态研究 / 王国珍著 ; 童兵指导. -- 复旦大学, 2005 . -- 161 页

论文围绕传媒市场生态选题，在分析我国入世承诺和传媒生存环境的基础上，着重探讨了我国传媒市场主体和市场竞争两大问题，并以此为切入点对我国传媒市场作了现状分析、问题探究和对策思考。在入世承诺方面，文章梳理了我国入世时与传媒相关的承诺，分析了我国的入世身份、权利和义务的平衡分歧等问题。WTO 所倡导的市场开放和公平竞争等原则，将为我国未来发展提供一个外来的参照。就我国传媒业而言，虽然入世承诺十分有限，但开放趋势还是端倪可见。我国传媒市场的进一步开放需要考虑国情因素，但过多的媒体保护显然不利于传媒业的活力激发。在传媒生存环境方面，分析了入世后我国政治和经济环境的变化，以及传媒与政府、市场关系模式的相应变化。认为在我国传媒对政治的从属关系中，需要引入一个健全的法律体系，赋予传媒相对独立地位。传媒与政府关系的调适，是传媒与市场关系达致和谐的保障。在传媒市场主体方面，分析了我国传媒市场主体的渐进式培育过程，探究了我国传媒市场主体内涵的缺失问题。作为市场主体的企业或个人，需要具备三大内涵：产权独立、拥有自主决策权和追求自身经济效益最大化，我国传媒的国有产权是一种虚置产权，只有赋予传媒真正意义上的市场主体内涵，我国传媒才能激发出进一步的生机和活力。在传媒市场竞争方面，探讨了我国传媒市场的竞争态势。我国传媒市场，呈现一种垄断竞争态势，市场准入控制也十分严格。从市场经济角度看，我国传媒市场竞争机制还有待健全：一方面，政府应减少对市场的干预，为市场竞争提供法律保障；另一方面，传媒不应通过政治庇护获得竞争优势，而应更多地引入 WTO 公平竞争理念。

关键词：传播媒介　大众传播　市场主体　市场竞争

3794

意义的解码：上海居民收看电视新闻形态研究 / 王昊著 ; 张国良指导. -- 复旦大学, 2005. -- 134 页

文章是以依据霍尔“编码与解码”的经典理论而开展的一个质化研究，考察这一源自西方的理论在中国本土会呈现出怎样的特征，上海观众在收看电视新闻时与其中的意识形态会发生怎样的关系。研究主要分为两个部分：第一部分，主要研究电视新闻话语的编码，选择在上海地区收视率最高的新闻节目《新闻报道》为研究对象，对该节目进行话语分析，勾画出其主导性阅读的“优势意义”是什么，“优势意义”又是如何被节目制作者嵌入电视新闻的声音、图像中的。第二部分，研究观众收看电视的形态，也就是霍尔所说的解码阶段。研究者按照社会阶层划分的标准，走进挑选出的 12 户不同阶层的家庭，用民族志、焦点访谈和话语分析的方法研究他们收看《新闻报道》的具体形态。作者通过两个层次来把握观众对电视新闻的解码：一是观众对新闻报道本身的理解，二是观众对“嵌入”新闻报道中的意识形态的解读。在研究中，作者发现了观众对新闻报道内容理解的三种方式和对新闻报道中意识形态解读的三种倾向，并得出了一些推论，为进一步的电视观众研究提供了可选的路径。文章通过“深描”式的个案描述，呈现了许多电视新闻传播过程中新鲜、真实的资料，通过详细地研究不同阶层家庭如何解码电视新闻，作者发现观众对电视新闻意义的解码，远比霍尔的模式复杂，观众的阅读取向与其阶层类别并无对应的关系。

关键词：电视新闻　新闻报道　意识形态　大众传播　观众

3795

中国・企业・媒介：转型期间中国大众媒介与企业发展关系研究／王昊青著；张国良指导. -- 复旦大学，2005. -- 172 页

论文目的有二:一是解释在中国改革开放和经济转型的特定环境中,大众媒介与中国企业群体之间的关系演变;二是借助对这种关系的认识和解释,进一步阐释在中国经济转型期间,大众媒介如何在特定的历史环境中,在特定的互动作用下完成其促进企业群体发展的使命。文章分为三篇:上篇是有关论文主题的理论考察,分析了新时期社会科学研究的总语境和中国传播学研究个性、变革中国家的新闻媒介功能,并在此基础上分别探讨了西方传播学视野里的企业与传媒、中国社会主义市场经济体制与传媒,进而联系当前分析了中国经济转型中的企业群体和大众媒体。最后的结论是:企业与媒体互为环境,互动发展。中篇是一则针对三个层面展开的以"中国企业信息化建设"这一全国性的发展议程为例的专题研究,包括企业信息化建设与中国社会传播系统、媒介系统发展和国家发展、伙伴式的创新代理机构:以《计算机世界》企业信息化联盟为例、国家创新运动中的媒介活动四个专题,在这四个专题所涉及的三个层面里,政府、媒介和企业分别是三种传播力量和主体,也是三个层次研究展开的研究对象。下篇是关于"上海大众媒介和企业发展关系研究"企业典型调查的综合性分析报告,也是对相关理论的实践应用。

关键词:传播媒介　大众传播　企业发展　企业信息化

3796

公共危机管理中的媒体角色研究：SARS 危机的启示／王淑军著；郑保卫指导. -- 中国人民大学，2005. -- 157 页

当前,公共危机已经成为社会发展的一种常态现象。当危机发生后,如何有效地开展公共危机管理便成为各国政府必须面对的严峻课题。从传播学的角度看,公共危机管理主要表现为政府、公众、媒体三者间的互动,互动效果决定着公共危机管理的成功与否。其中,媒体起着关键性的作用。本文以公共危机管理中的媒体角色为研究对象,以 SARS 危机为案例,提出在我国构建一个相对独立的各种意见信息充分沟通并达成舆论共识的公共领域势在必行,这是完成我国社会平稳转型的重要基础。作者认为,计划经济体制下的总体性社会模式包括新闻体制,已难以适应多元化社会发展的新形势,并暴露出诸多问题,SARS 事件正是这样一个典型案例。最后本文提出媒体有必要在未来的社会中重新定位,发挥自身连接、整合、协调公众和政府关系的中介作用,改进党管媒体,在法律框架下调整与政府和公众的关系,实现本体角色的回归。社会媒体必须社会化,政府应当推进信息公开,保障公民知情权,以法治为基础,赋予媒体一定的自主权,让媒体扮演好党和人民"喉舌"的双重角色。

关键词:公共管理　危机管理　传播媒介　信息公开　政府行为

3797

互联网与欠发达地区社会发展研究：互联网在西部农村的两种应用模式的探讨／王锡苓著；柯惠新指导. -- 中国传媒大学，2005. -- 152 页

本文针对性地选择了欠发达省份甘肃古浪县作为研究对象,探讨了互联网之于贫困地区社会发展的作用,以及传播技术与政治、经济、文化等因素的复杂关系。通过实地调查和入户问卷采访,本研究指出,在应用互联网技术推动欠发达地区农村社会发展的过程中,首先在以网络技术促进欠发达地区农村社会发展过程中,强有力的政府主导作用不可或缺。西部农村信息化发展既需要国家的资金扶持和政策倾斜,也需要地方政府的全面介入。其次,欠发达地区农村传播体系主要由电视传播和人际传播构成。电视媒体在传播农村农业信息方面与农民的信息需求之间有一定的差距、报纸媒体的传播范围狭小。对农村信息化全面、立体、多途径发展产生了一定的制约作用。也不利于包括互联网在内的新技术、观念的扩散和普及。再次,欠发达农村经济落后,农民受教育程度低下是影响其社会发展的主要制约因素。改善农民受教育环境、提高农民学习的条件是农村社会发展中不可忽视的问题。在文中作者也提出互联网技术在推动农村社会发展的过程中,并非唯一的决定因素。网络技术与一定社会、政治、经济、文化有着复杂的互动关系,只有与这一特定社会环境的诸多复杂因素相协调,网络技术才能与之形成合力,有效推动发展。最后,本文提出为谁传播的问题是农村信息化进程中必须正视的,结合了农民实际生产、生活需求的网络传播内容,才能转化为促进经济发展的助力。

关键词:互联网络　社会发展　不发达地区　传播学　农村

3798

1956年《人民日报》改版探源 / 王晓梅著 ; 李良荣指导. -- 复旦大学, 2005. -- 139页

本文描述和分析了1956年《人民日报》改版的动因、过程及其呈现的新气象,揭示了它是一次"向新闻本位"回归的伟大实践,并通过论述当时中国社会发展的基本逻辑来阐明这次改版夭折的内在原因。本文从梳理与中国革命历程紧密相连的党报发展入手,说明在"革命"中诞生的、与战争年代相适应的"以宣传为本位"的党报模式,到了社会主义建设时期因社会需求和办报条件的改变而必须加以改革。因而在社会主义改造完成之后,在探索独立自主的社会主义建设道路之时,就有了"如何在社会主义建设条件下办好一张能够体现报纸本质的党报"的积极探索。而体现这一实质的"1956年《人民日报》改版",通过反思盛行一时的"苏联报纸模式",着眼于读者需求、探索新闻本质规律,在实践中完成了"向新闻本位的回归"。但是,这场对中国新闻事业发展有巨大裨益的改革探索,却因与当时主导中国社会发展的逻辑不相适应而被迫中断。本文在分析这次改版夭折的原因时,揭示了当时中国社会发展逻辑,即:通过政治动员来启动经济建设,而有效的政治动员须通过意识形态来发动。作者认为,在这种逻辑下,报纸"宣传功能"自然发挥着无可比拟的基础作用,从而导致了"1956年《人民日报》改版"的中途夭折。

关键词:党报 《人民日报》 改版 新闻工作

3799

论小康社会与大众传媒的互动关系 / 王新杰著 ; 童兵指导. -- 复旦大学, 2005. -- 127页

作者主要从物质文明、精神文明、政治文明与传媒业发展之间的关系入手进行探讨。本文以三个文明建设为宏观背景,对小康社会与传媒业发展之间的关系进行了论述,并对小康社会背景下传媒产业结构、舆论引导致效、行政公开等具体问题进行了分析论述。从物质文明角度,着重探讨恢复产业职能的传媒业在目前中国的国民经济中的重要作用;在对中国传媒的产业进程进行梳理的基础上,引入产业经济理论与博弈论对目前中国的传媒产业市场结构及传媒负责人与主管官员之间的合谋情况进行了分析;从精神文明角度着重分析了作为精神文明一部分的科学技术对于小康社会传媒业发展的促进作用;从政治文明角度,在分析小康社会政治文明特征的基础上,提出舆论监督是小康社会政治文明的内在要求,而行政公开则是舆论监督的基础。

关键词:小康 大众传播 传播媒介 舆论

3800

以人为本 : 我国大众传播的新理念 / 吴风华著 ; 郑兴东指导. -- 中国人民大学, 2005. -- 133页

传播是社会的一种文化进化机制,大众传播的产生不仅是印刷术等技术发明的结果,也是反对专制、追求自由民主的启蒙运动的产物,要探讨传播与人的关系,首先必须了解传播系统在整个社会系统中的作用、功能与地位。从以人为本的角度看,大众传播必须由专业化的传媒组织来承担信息中介的作用的特点,导致了不同的人在传播过程中的地位不对称。同时由于技术特性使大众传播能对广大的不确定的人群产生影响,使得大众传播媒介的控制者拥有了一种特殊的权力,因此传媒价值观是否遵循以人为本的原则,在很大程度上决定了传播的结果是否符合以人为本的要求。作者认为,传播的一切功能都要通过受众的接受行为才能实现,受众具有双重角色(媒介的消费者和公共生活的参与者),任何媒介的受众都是全体公众的代表,而不仅仅是这些受众自己,以人为本要求媒体把受众看成不仅是消费者,还是必须对之负责的公众。同时,本文在分析传播资源配置的宏观层面时,对湖南新化县进行了实地调查,发现当地缺乏接近大众传播的渠道,且信息需求得不到满足。作者认为传播内容和传播方法分别是实现以人为本的中观层面和微观层面,并针对性的探讨了媒体如何充分保障公众的知晓权、公平分配话语资源、正确而有效的设置议题以及传媒与采访对象、报道对象的关系等问题,提出传媒在关注弱势群体,反映他们的利益和要求时,应采取平等和真诚的态度。

关键词:大众传播 以人为本 价值取向 受众

3801

电视文化形态论 : 兼议消费社会的文化逻辑 / 徐瑞青著 ; 喻国明指导. -- 中国人民大学, 2005. -- 157页

本文所探讨的电视文化是指以一系列电视技术为手段和载体进行传播的精神观念文化形态和接受消费这种精神观念文化的生活方式。本文首先以历史唯物主义方法为指导,根据"社会存在决定社会意识,而不是相反",以及"文化是一定的经济政治的观念的反映,是一定时代的产物"这两个历史唯物主义的基本原理,立足当代科技的发展和社会形态的变化

的大背景和大视野来透视电视文化。并运用文本研究方法和实证研究方法来反映电视文化的发展历程。作者从考察当代科技革命和全球化趋势带来的社会形态的深刻变革入手，阐述了消费社会中的基本特征是符号的消费、身体的消费，消费成为再生产的动力；并认为电视文化在内的视觉文化的崛起，表明了一个以书刊为主要载体的印刷文化时代的结束，开启了一个以图像为主要载体的视觉文化或影像文化时代，这是文化传播史上的新阶段；深入论述了电视文化的内涵、性质以及在当代文化转向中的地位和作用。作者着眼于电视文化的最新变化，阐述了消费社会的发展是如何促使电视文化的不断“变法”，并概括了电视文化在消费社会中的新形态和新方向。在对电视文化的消费属性进行论述时，提出了电视文化产业运作的逻辑：“眼球——注意力——收视率——广告收入”。在电视文化的市场潜力和产业运作论述中，作者认为电视文化产业必将出现购并扩张和经营的多元化，并提出电视节目生产制作以及经营的产业化，将成为电视机构新的利润增长点。作者认为因电视文化具有意识形态属性和产业属性，所以如何将此两个方面有机统一起来必是实践中的难题。

关键词：电视文化　文化产业　消费　受众

3802

大众媒介公信力理论研究 / 张洪忠著 ；喻国明指导. -- 中国人民大学, 2005. -- 192 页

大众传媒公信力问题在美国已经有了八十多年的研究历史，而在我国，媒介公信力在基本概念的界定、研究范式的确立、理论假设的提出等方面都还几乎是空白。本文首次对媒介公信力问题进行了系统的理论探讨，并对媒介公信力的中英文概念及相关概念关系作了基础性的界定，将媒介公信力定义为：在公众与媒介的相互作用关系中，媒介赢得公众信任的能力。作者提出公众是否信任媒介的判断不是单一维度的，而是从多维度来判断，常见的维度有客观性、准确性、公正性、可靠性、权威性等。在对大众媒介公信力的影响因素分析的论述中，作者分别从宏观的社会系统（一是社会系统的整体性影响；而是政治因素的支配性作用）、微观的受众系统（个体差异论、社会分类论、社会关系论三种受众理论）和媒介系统（媒介使用、媒介依赖、媒介知识、社会团体、政党认同等）对媒介公信力的影响因素进行了分析。从而提出任何媒介的公信力都是受到宏观、微观因素的共同作用，即影响因素的系统性作用。在论述媒介如何从自身角度来控制公信力以及媒介公信力如何生成的问题中，通过对信任生成机制的分析，提出了研究媒介公信力生成模式之后，作者又对公信力对媒介功能的影响进行了阐述，并且从公信力对媒介的政治功能、经济功能、文化功能的影响入手，认为媒介公信力一方面是社会资本的一个构成部分，另一方面又通过媒介文化传承与塑造的作用，进而影响社会资本。

关键词：大众传播　传播媒介　公信力

3803

新闻自由与经济自由的和谐与悖谬 ：美国新闻业编营分离制度研究 / 张健著 ；李良荣指导. -- 复旦大学, 2005. -- 225 页

作者在导论中首先提出编营分离这个未获解答甚至未被提出的问题，认为编营分离的内在逻辑和本质特征尚未得到新闻传播学必要的关注和重视。因此采用“行为—关系—制度”的理论框架对此问题进行分析。作者认为，18 世纪 70 年代—19 世纪 30 年代经济和报刊新闻自由的强化和制度化，为编营分离制度的出现创造了有利的客观环境。而 19 世纪 30 年代—70 年代大众报业的勃兴给被忽视的民众一个表达自己呼声的平台，在这种形势下，报业要求实现经济独立和能够自由表达意见的政治独立，这种勃兴直接催生了编营分离制度。进一步，美国新闻业“持久价值观”的确立及普利策和奥克斯的新式新闻事业的建立导致了编营分离制度的最终确立。由于大萧条、战争、冷战等对媒体的影响，客观性理想的型塑，社会责任理论的提出，新闻评议会的制度化，政府对媒介垄断的规制等因素使得编营分离成为普泛性的制度安排。但后工业社会的新现实，如媒介空间化和政府的放松规制等因素，使编营分离的制度走上了转型与变异的道路。在对其发展的路径做了详尽分析之后，作者把论述转向美国新闻业私营的内在逻辑及其悖论，阐释了编营分离制度的政治文化本质、制度保障及其内在局限。最后，借用美国新闻业的视角，分析中国新闻业编营分离问题的背景、模型选择、目标预期等。

关键词：新闻事业　新闻自由　美国

3804

焦虑与希望 ：对北京城市贫困群体的传播社会学研究 / 张磊著 ；胡正荣指导. -- 中国传媒大学, 2005. -- 137 页

本文基于转型期背景下的中国社会个体的精神

问题而展开,城市贫困群体位于变动最剧烈、文化冲突最集中的场所,他们是否会被置诸视野之外? 又会造成何等影响? 本文对15户北京城市贫困家庭进行了传播社会学研究,试图回答上述问题。作者首先回顾了芝加哥学派的学术思路,并沿着传播政治经济学和文化研究提供的思路,在李普曼的"两个世界"理论基础上,提出了"真实世界—媒介世界—脑海世界"的基本分析框架。在对贫困者真实世界的研究中,为了有别于与其他贫困的社会学研究的区别,作者侧重对15户贫困者的资本状况,及其日常生活中体现的消费与文化的关系进行了分析;通过对社区环境的描述和分析,提出贫困群体集中的区域,明显的呈现了现代化新景象与传统社会旧景象的杂陈与对照,并用布尔迪厄资本理论来看,贫困者生活的基本状况显示出一种资本匮乏的状态;并提出,在这个群体中,电视媒介比文字媒介更受欢迎。在对贫困者对媒介的接受和解读的观察研究中,作者运用了"交叉论述"的思路,对一档电视栏目《法制进行时》做了文本分析,从中寻找形象再生产的机制和结果;然而对贫困者的更广泛媒介解读的分析中,却发现了主观能动性的存在,但总体评价,贫困者的脑海世界仍然在丰富性和组织性两个维度上处于较低层次。作者认为,只有在一个丰富多彩,一个有组织的明亮世界中,社会个体才能明确自己的位置,才能让社会个体产生希望。

关键词:传播学　社会学　城市贫民　贫困　新闻报道

3805

大众媒介变迁中隐私公开现象研究 / 张晓辉著 ; 郭庆光指导. -- 中国人民大学, 2005. -- 152 页

20 世纪 90 年代至今,正是中国社会急剧变化的时期,媒介自身也在经历着巨大变革。本文正是在这样变动的历史背景中选择隐私公开现象作为研究的主题,试图阐明这种现象是怎样的、何以出现、它的出现表明了什么、反映了什么、有什么意义。作者首先对隐私作了界定,并从在大众媒介上看到、听到、观察到的各种隐私公开的节目或栏目入手,进行隐私公开类型的划分,然后从隐私述说者的个体情况和大众媒介的表现两个方面进行分析,详细描述隐私如何在大众媒介上公开。在经验研究与理论表述部分中,作者以经验研究为基础,以典型节目和栏目为代表,结合传播学中关于大众媒介的理论知识,以及社会学与心理学的相关理论,总结出自己的四个观点:大众媒介具有社会附加功能,这是其功能的补充;大众媒介传播范式发生了改变,即平民意识的确立;通过对"真人秀"节目的考察,阐述了隐私公开现象也反映了市场化的发展要求与商业因素影响使大众媒介具有大众文化倾向;隐私公开在一定程度上是社会多元化的表征。作者也将"大众媒介变迁中的隐私公开现象"放在社会文化背景下进行分析,从社会、经济、政治层面以及人们价值观的改变这些宏观因素不仅影响和推动了大众媒介的相应变革,而且对个体进行公开隐私行为提供了一个合理存在的框架;另外,隐私公开现象与现存的某些社会哲学思想紧密相连,包括精英主角替换、大众社会中的个体生存以及消解解析,在隐私公开中得到了现实层面的生动表达和深刻反映。

关键词:大众传播　传播媒介　隐私　受众　价值观

3806

信息社会媒介素养研究 : 兼论中国媒介教育的必要性与可行性 / 张艳秋著 ; 郭庆光指导. -- 中国人民大学, 2005. -- 172 页

本文遵循"历史解读"、"批判分析"和"比较研究"的方法,对为什么提出媒介素养,什么是媒介素养,如何提高公众媒介素养这三个领域展开递进式研究。作者首先以麦克卢汉的"媒介即讯息"为理论支点,遵循其"媒介四律"推演逻辑,从媒介和媒介技术发展的角度,提出媒介传播技术的每次进步都将对人们获取和传播信息能力提出新的挑战。并以施拉姆的媒介社会功能说为框架,通过辩证分析媒介的主要功能及其影响,提出媒介传播必然对公众批判性解读和使用媒介信息能力提出挑战。作者从媒介生态学入手,提出媒介生态中各元素既相互制约、又相互依存,从而提出维护媒介生态系统的健康发展,不仅依靠媒介一方,媒介使用者同样有责任。同时,本文认为:媒介素养的历史必然性决定了媒介素养本身是一个属概念,它既包括文字读写素养,也包括广播电视视听素养以及网络信息素养等,认为媒介素养是公众获取、解读和使用媒介信息的能力。针对媒介教育的研究,作者依据教育学对教育目的和教育取向的研究,在分析我国教育现存问题的基础上,指出媒介教育是以媒介为教育内容的现代教育,具有"人本主义"内在教育的性质;在对象上,媒介教育应是全民教育,在时间跨度上是终身教育,在渠道上是立体教育,在教学方法上适合采取体验教育模式。对于我国媒介教育发展的问题,作者认为,我国并不是没有正式的媒介教育,近 20 年来在我国大、中、小学以不同形式

开展的影视文化教育课程，具有媒介教育的延展性特点，但影视文化教育的价值在我国目前还没有被充分认识和挖掘。同时，作者还提出我国的媒介教育存在很大的发展空间，即开展以提高公众媒介为核心的教育实践。

关键词：媒介素养　媒介教育　信息素养

3807

论中国媒体的危机报道 / 赵士林著 ； 李良荣指导． -- 复旦大学，2005． -- 131 页

本文分四个部分系统总结了当前中国媒体危机报道的成败得失、经验教训。第一部分对于危机的基本理论进行阐述，重点分析了危机的概念、分类和功能，分析了现代危机的特点，探究了全球化背景下危机报道的要求。危机是一个不以个人意愿为转移的客观存在，客观世界的复杂性和人类本身认识的局限性是危机产生的一般原因。坚持实事求是，坚持以人为本，坚持危机报道的“3T”原则，是现代中国媒体危机报道的基本要求。在危机发展的不同时期，媒体具有不同的功能：在潜伏期，媒体如果发出预警，就可能提醒社会危险的临近；在爆发期，媒体能够提供充分的危机信息；在扩散期，媒体可以协调社会关系、动员社会资源、实施舆论监督；在消退期，媒体可以反思并总结经验教训。第二部分论述中国媒体危机报道的传统框架及其不断获得突破的动力机制，指出有关媒体危机报道的各种相关的法律法规及我国的新闻观念和新闻政策，是规约当前中国媒体危机报道的两个重要的因素，中国总体上缺乏民法精神是媒体危机报道难以全面展开的深层原因。正面宣传为主的方针，对于舆论监督的理解以及在长期新闻实践中形成的各种惯例，都需要重新认识。中国改革开放的不断发展尤其是政治文明的不断进步，是推进中国媒体危机报道不断拓展的根本动力。第三部分回顾了党的媒体危机报道发展历程，重点介绍了不同时期不同类型的案例。第四部分是对策研究，强调在法律上应该加紧制订《紧急状态法》、《信息公开法》和《新闻法》，应该充分保障公民的知情权，应该建立行政信息公开制度，同时应该加强相关的学术研究。

关键词：紧急事件　新闻报道　危机报道　新闻政策　知情权　信息公开

3808

危机传播研究 ：信息流及噪音分析 / 钟新著 ； 喻国明指导． -- 中国人民大学，2005． -- 252 页

本文研究的核心概念为：“信息流”、“确定信息与可变信息”、“噪音”。分析信息流就是研究信息传播的全过程，本文力求在两个方面对现有的危机传播理论做出创新：一是以社会系统视觉构建公共危机信息传播的分析框架；二是从多学科视觉对影响危机传播信息流的主要因素做出更有说服力的解释。作者基于对危机特性的分析，提出危机传播只有在正确的危机信息通过正确的传播渠道被得到正确的传播并被受众正确地理解后做出正确地反应行为才能真正形成完全畅通无障碍的信息流；同时，在影响范围较大的公共危机状态下，最重要的信源是管理公共危机的政府，而最重要的信宿是利益相关者，最重要的信息是正确的危机识别信息和危机应对信息，最重要的传播渠道是大众传媒介。在对影响大众媒体危机报道的主因分析中，作者认为危机产生的新闻扩散和集合效应赋予大众媒体强大的信息沟通功能和社会动员功能，而信息沟通功能是大众媒体不可或缺的基本功能，媒体通过传播危机信息帮助社会克服危机，同时获得社会回报，而制约媒体在公共为集中充分发挥社会功能的力量主要来自媒体竞争和政府控制。在对影响政府危机传播决策的主因中，作者提出行政官僚和政治家在危机传播信息流中起着决定性的角色，而影响他们履行角色职责的最重要的因素是传统的思维惯性。本文还以唐山大地震、SARS、南亚海啸等事件分析了影响知识分子危机传播的因素，认为影响知识分子识别危机的主要原因是信息不完全或缺乏有效的信息采集网。最后作者对影响公众非理性危机应对行为因素分析中，提出公众在危机状态下有群体化特性，而心理群体的主要特征是轻信和盲从，并认为减少甚至避免公众非理性行为的基本方法是培养公众的危机意识、公民意识以提高其社会责任感和危机应对能力。

关键词：危机管理　信息流　信息传播　信息公开

3809

大众传播效果研究的历史考察 / 周葆华著 ； 张国良指导． -- 复旦大学，2005． -- 152 页

本文是关于大众传播效果研究的历史考察。本文定义的“大众传播效果研究”，是大众传播研究中的一个具有独特取向的领域，其特征是：着重考察受众，试图确认各种影响，力图将这些影响追溯到大众媒介的某个相面，并采取实证科学的方法和语言，以检验理论的假设。本文选择对“受众”的理解和认识作为

大众传播效果研究历史书写的线索，按照这样的思路，作者在阅读一手文献的基础上，将效果研究大体按照五个阶段来叙述，并且指出这五个阶段不存在彼此替代的关系，每一阶段积累的对于受众的理解和认识实际上都融入了后来的效果研究中。同时作者认为，大众传播在“宏大理论”层面上受着带有批判色彩的结构功能主义思想的指导，并遵循着建构“中层理论”的研究模式。大众传播效果研究虽然不对效果进行直接的价值判断，但效果研究者应当秉持对于民主观念的承诺，这也是效果研究的基本价值取向和制约情境。最后，作者还对效果研究的未来发展、中国效果研究的开展及建立在对于受众/人的理解认识基础之上的更为宽广的效果思潮史等问题提出了自己的思考与建议。

关键词：大众传播　受众　传播学

3810

论信息公开 / 朱春霞著；童兵指导. -- 复旦大学, 2005. -- 135 页

本文梳理了国内外法学界、政治学界、新闻传播学界、哲学界对于信息公开的一般表述，在法理学和新闻传播学的框架中，厘清信息公开、信息平等、信息自由以及公众的知情权等概念，从制度、体制、政治文明的层面上对信息公开、政府信息公开进行了诠释；通过实地调查，专家深度访谈和文献整理，对我国信息公开制度的发展的现状、问题进行综合分析，并提出了解决问题的对策。本文运用案例分析、抽样调查和比较研究的方法，借助新制度主义的制度变迁理论、权利利益分析和博弈分析理论等理论，通过对知情权在我国的认知和实践情况的调查分析，探讨新闻传媒失职与缺位背后的管理理念和体制原因，对信息公开与传媒发展之间的联系、信息公开对于新闻改革的意义作出思考，对信息公开潮流中我国传媒的改革与发展提出对策和建议。

关键词：信息公开　知情权　传播媒介

艺术学

3811

艺术文献学论纲 / 董占军著；张道一指导. -- 东南大学, 2005. -- 160 页

本文首先从文献的基本内涵出发，探讨艺术文献特点，并确定艺术作品的文献属性，然后阐述艺术文献学的研究范围、对象和目的，以及艺术文献学研究成果对艺术学研究的作用。艺术文献学的建立是艺术学建立和完善的需要，本文明确提出：中国古代“艺术”内涵是不断发展变化的，古典文献中称为“艺术”的并非都属于今天艺术文献的范畴；古典文献中的一些没有冠以“艺术”的，有众多属于今天的艺术文献范畴，而且这类艺术文献占有很大比例，广泛分布于“经、史、子、集”各部之中，特别是“集”部文献的艺术学价值还没有被充分认识。从金石学和艺术学研究对象看，金石文献也属艺术文献范围。从文献内涵出发，艺术作品的文献属性也是艺术文献学讨论的内容。艺术文献学研究方法和目的密切相关，包括文献“本体”和内容研究。“本体”研究与一般文献学关系密切，即：文献系统化——目录、结集、分类整理；文献客观化——版本、校勘、辨伪；文献现代语释：断句、注释、翻译；文献信息化、数字化——载体转移与数据库的建立。内容研究包括：艺术作品信息解读——艺术作品文献属性探讨，图像学方法运用与图像艺术史的建立；利用艺术作品文献学研究成果，辅助艺术学研究。“本体”研究是内容研究的基础和前提，内容研究是目的。艺术文献的分类是艺术文献研究的重要任务之一，古典艺术文献的分类应该结合内容和形式进行，又与艺术文献学研究目的相对应。

关键词：艺术　艺术品　金石学　文献学

3812

论现代主义和后现代主义设计的思维 / 杜军虎著；凌继尧指导. -- 东南大学, 2005. --108 页

本文针对现代主义和后现代主义设计的不同设计观和表现，指出了思维的差异是它们区别的根本原因。据此，论文探讨论两种设计思维形态产生的根源、发展的历程以及展现出来的特征，以期为当代设计界提供辨别现代主义和后现代主义设计这两种不同设计现象的有效方式，从而能够更好的理解和借鉴两种设计形态。论文运用了现象学的方法，采用了德国哲学家海德格尔的存在哲学理论，对现代主义和后现代主义设计进行分析。在论据的使用上，论文以设计师的言论为佐证，以求做到理论分析与设计实践相结合。论文分为上下篇，分别论述现代主义设计和后现代主义设计思维的本质、发展和形式表现。作者认为，现代主义设计是以“人类中心论”为思维基础，用主客两分的认识观看待设计，从而导致了现代主义设计注重理性规范和现代技术，使得现代主义设计陷入

"框架"中,以至于现代主义设计在思想上遵从系统论等同一性原则,在表现上风格趋于一致和单调;后现代主义设计是以参与者,而非统治者的角色对待世界的。它是以多元化的视角反对同一性原则,追求设计的艺术化思维和展现,表现形式不拘一格。后现代主义设计本着关系的场域性原则拒绝被现代主义的框架化处理。论文以现代西方思维变化为主线分析西方设计的形态变迁,厘清了复杂的设计现象的根源所在,对提高我国设计师在关于现代主义和后现代主义设计的认识与借鉴方面具有帮助。

关键词:艺术设计　现代主义　后现代主义　人类中心论

3813

中国传统书画艺术观念研究 / 龚文著 ; 张道一指导. -- 东南大学, 2005. -- 126 页

作者从书画一体的角度来阐述传统书画的奥妙,以观念的反思态度来看待这一课题:从观念的文化反思出发,作者溯源而至书画传统的文化源头;从观念的形态特征着手,作者又触及传统书画充分视觉化的形式面貌。文化背景和形态特征是中国传统书画艺术观念两种最基本的构成元素,与这两种基本构成元素紧密相连的有六个涉及书画观念的核心内容,即风俗与书法观念、书画同源的观念解析、天人合一与中国画观念以及书法笔法的实质、碑学帖学与北宗南宗和永字八法与谢赫六法。本文重点讨论了这六个方面所具有的观念意义,以及由于有效地运用了这些观念,书画传统如何得以牢固建立。作者认为,追溯这些观念可以进一步确认书画艺术变化发展的内在逻辑并展望其未来的道路,经由书画艺术观念这座桥梁,书画艺术不仅可与古老的传统文化发生越来越深的联系,而且凭借现代视觉思维研究的最新成果,还能进一步挖掘出传统书画艺术中潜藏着的强大艺术感染力。

关键词:书画艺术　传统观念　书法　中国画

3814

文化之帛 : 中国女红文化四论 / 胡平著 ; 张道一指导. -- 东南大学, 2005. -- 151 页

中国女红对于构筑整个中国文化的性格有着不可低估的意义。本文尝试以文化人类学的概念和方法,通过田野调查和文献分析来构架女红文化理论的叙述方式,力图将理论表述建立在真实的田野资料之上。作者讨论了女红的文化功能、人文意蕴、文化类型、艺术特性四个基本问题。功能论主要论述了作为物质文化和伦理文化的女红在家庭和社会组织中的作用原理;指出女红的功能特点是"一品多能"。文化论主要从诗文、信仰、风俗等方面,论述了作为精神文化的女红的符号特性;提出了"女红文化丛"的概念。类型论在以往宫廷文化、文人文化、民间文化的基础上进一步对女红的文化类型作了详细分类;提出了"趣味文化圈"在这三种类型互动机制中的作用;在强调这三种女红文化类型各自特性的同时,指出它们之间是互动互补互为转换的关系而不是僵死不变的关系。艺术论则分析了"朴素的善"与"悦目的美"是女红作为一种艺术的精神创造动机,而技术与形式则是女红成为艺术的重要因素;指出女红艺术就是"诗化的图像",并尝试以此观点论述女红优雅、含蓄、婉约的女性气质之特征。

关键词:工艺美术　手工艺品　文化功能　女红

3815

冲突与融合 : 百年中国设计艺术研究(1842—1949) / 李轶南著 ; 张道一指导. -- 东南大学, 2005. 124 页

本文以中国近现代百年(1842—1949)的经济、技术和文化为大背景,深入考察文艺图案——工艺美术——设计艺术的历史流变,用例证法、引证法、分析法、比较法等考察这一时期设计艺术表现突出的几个方面——广告设计艺术、日用品设计艺术、服式设计艺术和建筑设计艺术,在不同阶段、不同经济状况、生产技术和文化思潮影响下的发展状况与发展轨迹;阐述了设计艺术的相关理论建树;归纳出这一时期设计艺术具有多元化、先锋性、世俗化、地域化、时代性、融合性、民族性等特征。作者在结论中总结出近现代设计艺术的孕育、兴起和转型具有外来影响和内部选择双重原因;并从文化学角度提出,设计艺术也是一种文化机体,它的物质外形是其文化内涵的载体,其文化内涵主要表现为急速变化的物质机能和潜在稳定的民族心态。近现代的设计艺术发展历程将对今天充满创新意识、多元共生的设计文化生态系统的形成具有重要的启示作用。

关键词:工艺美术史　设计艺术

3816

汉代造型艺术及其精神 / 刘宗超著 ; 张道一指导. 东南大学, 2005. -- 129 页

作者指出,"汉代图像艺术"和"汉代文字艺术"

是汉代造型艺术的两个最主要的门类。其造型原理一为具象,一为抽象,相关且互补,代表了汉人对形象世界的完整把握方式。在此基础上,本文运用图像学、艺术风格学及文献学的方法,对它们分别进行了发展历程的纵向考察和具体作品的横向研究,揭示它们的意蕴及美学特征。全文分为五章展开论述。通过对造型实践活动的追根溯源,作者发现,汉代造型艺术精神的形成来源于汉代的大小两种文化传统。"小传统"指的是汉代人的一般思想观念和通俗信仰,包括孝悌、阴阳五行、神仙方术等观念因素;"大传统"指的是当时的经典思想,表现为以儒道互补为主的思想。二者一俗一雅,关系非常密切。作者指出,对这两种艺术门类、两类文化传统的独特阐释和综合探讨,凸显出了汉代造型的艺术精神:包容精神、浪漫精神和雄浑气象。而这一精神是对朝气蓬勃、开拓进取的大汉时代精神的反映,对其后艺术的发展具有范型意义。

关键词:造型艺术　图像　文字　汉代

3817

艺术设计流派的思想内核及其流变研究 :基于工艺美术运动到后现代主义等主要流派的深度考察 / 陶云著 ; 凌继尧指导. -- 东南大学, 2005. -- 144 页

本文试图理清西方艺术设计流派的发展脉络,更好把握其思想内核,以期有助于人们在借鉴经验中驾御设计、有效改进生活。资本主义机械化大工业生产也带来了工业产品艺术质量的下降等问题,因而导致莫里斯等人倡导的工艺美术运动的诞生。用康德的理论来看,工艺美术运动概括起来包括审美(判断力批判)、伦理道德(实践理性)、科学技术(纯粹理性)三大领域。随后出现了新艺术运动、俄国构成主义、德意志工业联盟三分天下的局面,分别在审美、社会伦理和科学技术领域取得了丰硕的成果。包豪斯的诞生是现代主义设计出现的标志,它是艺术设计的集大成者,把三分的天下重新综合起来探索,并用标准化生产、理性主义、功能主义和机器美学等理论,开启了艺术设计主战场的大门。20 世纪 50 年代以来,西方社会进入后工业社会,与此一致的是在艺术设计领域展开的对现代主义基础——功能主义、理性主义的反思,出现了后现代主义思潮。现代主义偏重人类中心主义、侧重理性主义和科学主义传统、侧重机器美学和批量化工业生产,从而一度忽视了丰富多彩的审美领域,后期出现了呆板单调的国际主义风格;后现代主义则具有反理性主义倾向,重视审美个性的多样化,出现了多元化的格局,在体现对艺术性的"当代崇拜"的同时也对折衷主义、人体工程学、生态设计、绿色设计等进行了富有特色的积极探索。

关键词:艺术设计　艺术流派　工艺美术　现代主义　后现代主义

3818

产品的意义阐释及语意构建 / 王方良著 ; 凌继尧指导. -- 东南大学, 2005. -- 92 页

本文立足于产品意义问题本身,并采用符号学的观点,现象学的分析方法,从概念的辨析和设计观念沿革的追溯入手,对其进行了研究。全文共分九章。第一章对产品意义的概念进行辨析。第二章介绍了产品意义的观念沿革。第三章分析产品符号的意义特征。第四章分析产品意义的层次结构。第五章从形态解构的原则与方法、设计符号的语意传达方式、设计符号的语意特征几方面对产品形态语意进行解析。第六章从产品的功能性、示意性、象征性、关联性、情感性、表征性、美观性、物质性等方面对产品的形态语意进行阐释。第七章论述了产品语意的塑造原则:符合产品的功能和目的,符合自然规律和造物法则,符合人的生理、心理特征和行为习惯,符合特定地域人群的民俗文化,把握时代感和价值取向,传达积极的语意信息,突出主体语意的诉求,与既有产品形成一定的语意延承。最后两章对产品形态的语意认知和情感体验问题进行了分析和论述。作者的目的在于建构一个使设计师能透过浮夸表象、直触设计问题本身的有效方法体系,并以此为人们提供对于产品意义解读的策略和产品合理造型的指导原则。

关键词:产品设计　艺术设计　阐释学　符号学

3819

氛围设计的艺术学研究 / 余晓宝著 ; 凌继尧指导. 东南大学, 2005. -- 90 页

21 世纪以来数字化信息技术的飞速发展引发了整个社会和人类观念的深刻变革,设计的形式和内容也都有所改变,逐渐脱离物质层面,向纯精神的东西接近。由此,本文提出"氛围设计"的概念,力图从设计中非物质因素的角度来重新审视设计创作和欣赏活动。本文的第一章提出"氛围"是一种无形的东西,却能有效引导人的情绪,决定创作者与欣赏者的沟通,并阐释了"氛围设计"的本质;第二章理清了"氛围设计"的历史渊源和发展现状;第三章总结了"氛围设计"的六种特征;第四章分物质性和非物质性两类

分析了其构成要素；第五章提出了相关的七种方法；第六章分析了包括欢乐谷主题公园、南京大屠杀纪念馆、汉诺威博览会等在内的六个“氛围设计”实例；第七章提出，氛围的体验是一个观众与环境对话和交流的过程，人们必须融入设计师所创造的外在环境气氛之中才能产生情感共鸣，进而得到美的启迪和享受；第八章则分析了数字时代的设计，作者认为其将立足于氛围的营造和体验，在高技术与高情感结合、自然环境与人文环境的结合、智能化、双向沟通、符号化五大思路上展开。

关键词：设计艺术　情感　氛围设计　数字化

音乐学

3820

李焕之的音乐生涯及其历史贡献／蔡梦著；梁茂春指导．-- 中央音乐学院，2005．-- 132 页

论文以历史唯物主义为指导，运用唯物辩证法，从中国近代音乐发展的客观实际出发，在吸收以往音乐成就研究成果的基础上，对李焕之的音乐生涯、成就和贡献进行了研究与探讨。首先，文章从他重要作品的声乐分析入手，结合有关音乐创作的论述，考察研究了他的声乐创作的实践成果和艺术特色，指出他声乐创作的艺术特色表现为：时代—生活—人民；具有自然淳朴的艺术风格；表现出丰盈超拔的艺术追求；其形象鲜明、内涵丰富；具有民族风情和地域风格。其次，研究了他器乐创作的实践成果和艺术特色，通过对其作品《春节》、《天风海涛》等的分析入手，结合他有关论述，指出其作品具有浓郁的爱国情怀、鲜明的“民族”烙印，是中外古今艺术创作经验的融会化合。再次，对他在中华人民共和国“建国后17年”和“改革开放以后”两个重要时期的理论著述进行综合研究，梳理和概括了他所涉猎的不同领域的丰硕学术成果，指出他的理论折射了时代光辉的审美理想，立足于人民大众的审美追求，倡导“有感而发”体现创作个性。最后，结合当时的历史背景，总结了对这位具有历史代表性的人民音乐家进行研究和探讨的理论价值和深刻启示。

关键词：李焕之(1919～2003)　音乐创作　音乐评论

3821

利盖蒂结构思维研究／陈鸿铎著；钱亦平指导．-- 上海音乐学院，2005．-- 158 页

本论文以西方享有盛名的一位仍然健在的作曲家乔治·利盖蒂的音乐创作作为研究对象，具体内容涉及其结构思维观念的形成及其表现形式。本文以利盖蒂结构思维观念的形成和发展、其作品中所运用的主要结构方法、作品的结构形态特征、其结构实践对西方现代音乐创作发展的影响为主要研究内容，所涉及的作品以1956年利盖蒂离开匈牙利后的创作为主，个别匈牙利时期创作的作品也有分析。在结构上分为两大部分，即上篇与下篇。上篇包括两章，主要对利盖蒂的结构思维观念从产生到形成进行宏观论述，着重探讨了20世纪的历史、文化、音乐创作大背景对利盖蒂结构思维发展的影响；下篇包括四章，主要对利盖蒂的结构思维表现手法进行微观分析。第三、四、五章从“技法形态”对其作品进行分析，第六章从“布局形态”对其作品进行分析。这一部分比第一部分偏重，也是本文的重点。最后的结语说明本研究对于认识利盖蒂音乐的理论意义和现实意义。

关键词：利盖蒂(Ligeti，Gyorgy)　音乐创作　结构过程

3822

中国近现代普通学校音乐教育思想研究／褚灏著；王耀华指导．-- 福建师范大学，2005．-- 310 页

本文分为上下两篇、共十章，以中国近现代(1840—1949)的音乐教育思想为研究对象，旨在通过对晚清政府、教会学校、民国政府、革命根据地政府的音乐教育指导思想，以及该时期中康有为、梁启超、王国维、蔡元培、萧友梅、黄自、青主、丰子恺、黎锦晖、陶行知、陈鹤琴等代表性的思想家、教育家、音乐教育家的音乐教育思想及其形成背景进行剖析与梳理，以期对当今的音乐教育改革有所启迪。作者认为，该时期的音乐教育思想表面上颇为纷杂，但实际上隐含着两条主线，即音乐教育是从社会政治功利性着眼而附庸于德育，还是从培养国民健全人格着眼而保持其独立审美性质。两条主线既有传统的思想渊源，又吸收了西方现代美育思想，既冲突又融合。而在现代社会，后一条主线要更为突出一些。

关键词：音乐教育　教育思想　美育

3823

20世纪上半叶中国音乐思潮研究／冯长春著；魏

延格,居其宏指导. -- 中国艺术研究院, 2005. -- 238 页

本文是对20世纪上半叶中国音乐思潮的考察与研究。全文除绪论和结语之外,分为六章。第一章介绍清末民初音乐新思潮的兴起,作者指出,20世纪上半叶,中国音乐发生了深刻的变化,这种变化是从西方音乐传入、新的音乐思潮发生开始的。而"学习西乐思潮"和"音乐启民思潮"则对20世纪上半叶中国音乐文化发展产生了极为重要的影响。第二章探讨20世纪的音乐美育思潮。作者认为,这种思潮萌芽于学堂乐歌早期,在"五四"后获得较大发展,为中国音乐教育的发展、社会音乐生活的丰富及新音乐的初创,发挥了积极有力的推动作用。第三章至第六章,作者分别对20—40世纪学习西乐思潮的深入发展、国粹主义音乐思潮、国乐改进思潮和救亡音乐思潮等问题进行了较全面的讨论。并且指出,这个时期的中国音乐思潮与"新音乐"发展有着密切关系,同时也是音乐上的中西关系、古今关系、雅俗关系和主附关系等主要矛盾的体现。在结语部分,作者指出本文的根本目的,是深入地了解历史,深刻地理解历史,在历史的回顾中学习历史,在时代的发展中超越历史。

关键词:音乐思想　音乐史

3824

豫剧演唱艺术研究 / 郭克俭著 ; 伍国栋,居其宏指导. -- 中国艺术研究院, 2005. -- 259 页

本文从豫剧演唱的历史轨迹、方法技巧、语言吐字、谚语口诀、演唱理论系统等方面展开论述。全篇由六章组成。第一章是关于演唱发展历史的描述,以演出场所更迭和社会、人文、公众背景变化为参项,把豫剧演唱历史划分为三个时段,概略地梳理剧种的发展背景,详细地论述总结了演唱艺术的成就。第二至四章是关于演唱技法本体的研究。作者首先借用现代科学成果分别对大本腔、二本腔等七种用嗓方法类型的呼吸、发声、共鸣、音色、吐字等进行了细致分析,对豫剧"窝班"教习机制和演唱训练规程进行了系统的整理、挖掘,尤其对"夹板音"给予新的关照;对方言土音辨析、语言创作特征也进行了总结。第五、六章是关于演唱理论系统的提炼,作者从演唱谚语口诀的搜集调查与整合分类入手,把它分为纪事、督学、授艺、赏评四种类型,分别对其进行理性认知、品格考察和内容释义,以完成豫剧演唱理论系统的初步构建。

关键词:豫剧　演唱　表演艺术

3825

缪天瑞音乐学术研究评述 / 国华著 ; 汪毓和指导 . -- 中央音乐学院, 2005 . -- 151 页

本文就缪天瑞所涉猎的音乐教育、音乐编辑、音乐译著、音乐著述等方面进行了分析研究,并据他在中国20世纪就已开始的新音乐发展道路中的贡献,给予其历史定位。首先,文章回顾了缪天瑞的生平,对其建国前的学习和工作、在天津的工作、在北京的工作情况予以了介绍。其次,分析研究了他的音乐编辑工作,指出他曾经参与主编的音乐刊物《音乐教育》和参与编订的音乐辞书,编写的《音乐百科词典》,无论就内容还是形式而言都始终处于学术前沿的位置。然后,分析研究了他的著述、译著与文论,指出他所翻译的音乐理论译著和文论在中外音乐文化交流中,起到了学习、了解、沟通和促进的历史作用,其翻译作品中,该丘斯的音乐理论丛书尤其出色。再次,重点分析研究了他的《律学》专著,回顾了《律学》的成书过程,从《律学》中探询了律学研究的轨迹,探讨了《律学》与音乐实践活动的关系,并指出《律学》集律学原理和应用于一身,行文通俗易懂,经多次的修订后更使其显现出律学学科"集大成"者的特点。最后,对缪天瑞音乐学术研究对20世纪新音乐发展的历史贡献和其显著特征进行了总结,并强调他对我国音乐事业的发展的影响,指出他在音乐实践活动中所运用的科学研究方法和自身所具备的学者品质有着密切的关系。

关键词:缪天瑞(1908～)　音乐教育　音乐理论　律学　音乐研究

3826

新疆出土箜篌的音乐考古学研究 / 贺志凌著 ; 王子初,刘绪指导. -- 中国艺术研究院, 2005. -- 86 页

作者认为,在考古发现箜篌的实物标本之前,有关这种外来古乐器的研究主要建立在文献和图像等资料的基础上,存在的问题较多。文章以1996年在中国新疆且末扎滚鲁克地区出土的箜篌(公元前5世纪左右)和2003年在新疆鄯善洋海墓地出土的箜篌(公元前7世纪前后)为主要研究对象,运用音乐考古学的方法对这两次较为重要的考古发现进行分析和研究。中国文献关于箜篌的记载,最早出现于汉代(前206—公元25):而中国一些佛教洞窟壁画中的图像资料则是公元4世纪才有的产物。新疆出土的6件实物标本,将箜篌进入中国的时间由原来的汉提前了将近500年。与美索不达米亚、亚述、伊朗壁画及

阿尔泰地区出土的巴泽雷克竖琴相比较，新疆出土的箜篌在型制和风格上既存在相当的共性，也具有鲜明的个性，体现了它在完成异文化演变为自文化的过程中的多元文化属性。这种文化的多元性使箜篌成为中西音乐文化、音乐审美的重合体，为研究中国音乐文化史提供了一个全新的角度和视野。文章力图结合箜篌跨越2000年的中国古代文献和遍布中国各地的近200幅图像遗迹，对这种古老乐器的传入、发展及消隐的历程，作一完整的阐述。

关键词：箜篌　古乐器　考古学

3827

论“音色”和“织体”在乔治・克拉姆作品中的运用／姜小鹏著；杨立青指导．-- 上海音乐学院，2005．-- 75页

作者指出，乔治・克拉姆是对当代音乐最具影响力的美国作曲家之一，他立足20世纪，将过去和未来、传统与现代链接在一起，并以其富于独特个性的创作使当代音乐的“场景”变得分外缤纷、迷人。本文以“音色、织体在乔治・克拉姆作品中的运用”为中心议题，分四章进行研究，第一章为绪论，第二章“克拉姆作品中音色、织体的基本变化手段”，第三章“结构重要部位的音色、织体处理”着重作品局部的分析，第四章“音色织体的统一与变化对整体、结构的影响”则对克拉姆的两首作品进行整体分析。在对作品中各种音色、织体现象进行比较分析后，作者得出结论：一、克拉姆作品中音色的变化，大部分情况下是通过非常规演奏法和常规演奏法的运用而产生；织体方面，声部不再遵循传统和声复调的法规，而是强调节拍、节奏律动、速度、力度、音色、音区等因素的综合表现作用，根据各自的对比与变化组合在一起，并通过声部线条的迥异性格加以表现。克拉姆在音色和织体方面的与众不同之处在于，变化极其丰富，对比十分强烈。二、音色、织体在克拉姆作品结构中的作用，具有简化结构组织、对比依靠音色和织体的变化的特点。三、就单纯的节奏、律动而言，具有静、动两种基本形态。四、和声与旋律在音乐中相互交融。

关键词：乔治・克拉姆（George Crumb 1929～）音乐创作　作曲　音色　织体

3828

师范类音乐专业大学生对乐句结构认知特点的研究：从音乐认知发展的视角／蒋存梅著；张前指导．-- 中央音乐学院，2005．-- 122页

本文通过考察师范类音乐专业大学生对乐句结构划分的总体能力水平，论述了被试对乐句结构划分的特点，探讨了被试对乐句结构认知的特点。首先，文章提出了理论设想，个体的乐句结构划分能力应涉及两个层面的内容：第一，对于调性音乐乐句构成的基本组合规则的感知能力；第二，个体对乐句结构进行划分的能力。其次，根据这一设想，设计了两个实验并分别对其结果进行了分析。实验一与乐句结构划分能力中第一层面——乐句构成的基本组合规则的感知能力相关，它包含调式调性的确定、旋律音高的倾向、和声的功能解决、拍号的识别以及节奏组合的划分等测验项目，实验结果表明，师范类音乐专业大学生对调性音乐音高层面基本组合规则的感知能力不存在统计意义上的差异；是否学过和声对个体把握音乐在时间层面的基本组合规则具有影响作用。实验二与乐句结构划分能力中第二层面——对乐句结构的划分能力相关，主要测验被试在8个调性音乐片断中，划分乐句、乐节以及乐汇的能力水平差异，实验结果表明，在大学阶段，音乐学习年限以及是否学过和声影响着师范类音乐专业大学生的乐句结构划分能力。再次，对实验一与实验二的综合结果进行了进一步的统计，探讨了师范类音乐专业大学生对乐句结构划分总体能力水平的差异，指出师范类音乐专业学生的乐句结构划分能力在大学阶段经历了四个不同的水平，并通过实验访谈进一步分析指出，在大学阶段，师范类音乐专业学生对乐句结构的认知体现出从表层直觉向深层理性演进的特点。

关键词：大学生　乐句结构　和声　音乐心理学

3829

中国传统笙管乐申论／景蔚岗著；袁静芳指导．中央音乐学院，2005．-- 157页

本文对中国传统笙管乐进行了廓清历史衍变、钩沉艺术实践和传承统系中隐沦的中国传统乐律学理论体系和实践经验的工作，并提出了传统乐种冠名、分类研究中的从俗原则；提出加强传统音乐基础性研究，完善和发展分类理论的新思路；对目前乐种分类中存在的分歧进行了辨析。论文得出以下结论：(1)传统笙管乐是源于华夏中原文化的古典音乐，形态上保留着许多周代礼乐文化的印痕。(2)笙律与人声音域吻合，显示出笙管乐音律与人声的内在联系。(3)从传统笙律的稳定性推测，古代乐工的十二律实践并没有受到历代宫廷律名变易的影响。乐工以不变应万变，维系着十二律旋宫实践。古代文献中十二律旋

相为宫的记载是客观存在的事实。(4)"笙·母律居中八五度调律法"是乐工艺术实践的经验性成果,它的实践性、可操作性、准确性、灵活性、简便性是其他生律法无可比拟的。17簧笙按照"笙·母律居中八五度调律法"即可以十二律齐备,乐工在实践中已经较好地解决了十二律八度循环、旋相为宫的问题。(5)笙管乐合四乙上勾尺工凡八个谱字隐含着十二律和黄钟、大吕二均声,一字二律,一调二宫,传统七调名义下隐伏着十二律旋宫实践的可能性。(6)近世以来,笙律普遍失减,十二律旋宫实践日渐荒废,乐器配置不齐,乐器演奏技术糙疏,大量曲目失传。其根本原因,是社会缺乏十二律旋宫实践的需求。

关键词:传统音乐　笙　乐律学　十二律　宫调

3830

西藏传统音乐的结构形态研究 / 觉嘎著 ; 贾达群指导. -- 上海音乐学院, 2005. -- 166 页

作者主要研究了西藏传统音乐的结构形态,全文分为四章,主要包括以下四个方面的内容:(1)西藏传统音乐的文化源流,既指特殊的自然环境,亦指特殊的历史文化,包括宗教哲学、人文思想、艺术审美等;同时还探讨了社会生活与西藏传统音乐的关系。(2)西藏传统音乐的系别属性,既指不同的题材因素,亦指不同的体裁类别,包括民间音乐、宗教音乐、宫廷音乐等;同时探讨了文化交流对西藏传统音乐的影响。(3)西藏传统音乐的结构特征,既指二分性并列手法,又指三分性框架结构,包括歌舞模式、乐舞模式、戏剧模式等;同时还探讨了西藏传统音乐结构中的个性与共性。(4)西藏传统音乐的结构技法,既指整体性扳式逻辑,又指局部性随兴技法,包括旋律技法、和声技法、对位技法等;同时还探讨了西藏传统音乐结构形态的变异与发展。

关键词:传统音乐　藏戏　乐舞　音乐研究　西藏

3831

两周编钟音列研究 / 孔义龙著 ; 王子初,刘绪指导. -- 中国艺术研究院, 2005. -- 215 页

本文认为西周编钟的音列是以一弦等份节点为理论依据进行设置的,这一数理可追溯至晚商,而延续到春秋早期。文章指出,在两周之际随钮钟出现并运用于东周编钟的9件组设置模式中,正鼓音列始终呈现着按"徽—羽—宫—商—角"排序的五音,它应是与曾侯乙墓所出"均钟"的弦序相一致的五声。本文通过分析表明,与五声相对应的五弦音高来自西周三种一弦等份取音法主要节点的综合。这一正鼓音列设置的改变,使编钟的旋律性能进一步加强。随着正鼓音列对变声的安排,以及侧鼓音由多声趋向统一,编钟音列逐步实现着旋宫转调的理想。通过编钟音列现象来看钟弦关系的实质:调音在钟,取音在弦,钟弦关系自编钟出现之日便密切联系着。

关键词:编钟　音列　周代

3832

河北霸州胜芳镇民间花会音乐民俗志 / 李莘著 ; 乔建中, 张振涛指导. -- 中国艺术研究院, 2005. -- 141 页

本文的研究范围集中在河北省霸州市胜芳镇,研究建立在对其民间会社组织从历史、政治、经济、文化等方面进行的综合田野考察实践上,以镇内由类别各异的会社联结而成的基层农村摄取文化共同体——"花会"作为基本考察对象,并着重描述和分析胜芳镇花会中六个传统乐社的音乐活动和生存状态,将这种以血缘和地域为纽带,在相对狭小的地域范围内集中并均匀分布、有着共同地域神崇拜的民间会社组织作为研究分析的核心内容。本文在严格的田野工作基础上,通过历史及具体现状考察,从民族音乐学、民俗学、社会学、人类学等多学科角度对这些文化现象加以归纳和阐释。同时还试验性地引入了民俗学"双窗口阐释法"的研究方法,使得"总述→微观分述→总述"的结构框架在研究中更加客观。正文共分四章。第一章以综述的形式铺陈胜芳镇的自然、历史、社会及宗教人文背景,以为理论铺垫。第二章基本上是从民间组织和民间力量的联合体角度,对胜芳花会会社及其摆会活动进行从宏观到具体的概述。第三章的论述更为微观具体,直接深入到个体会社的内部,以六个抽样调查的乐社个案分述不同乐社的特征及生存状态,兼顾音乐学和民俗学两种视角对各个研究主体进行深层理论挖掘和探究。第四章则是对前两章部分问题的归纳总结,从社会、经济以及国家权力角度阐释会社衰微的具体原因。

关键词:民族音乐　民俗学　社会学　元宵节

3833

现代京剧"样板戏"旦角唱腔音乐研究 / 刘云燕著 ; 汪毓和指导 . -- 中央音乐学院, 2005 . -- 233 页

论文分三章探讨京剧"样板戏"中旦角的唱腔音乐。第一章论述京剧的形成与旦角艺术的发展,概述

京剧的形成与发展中老生及其唱腔的艺术特点以及旦角艺术演变的时代背景及其唱腔艺术特点，概述京剧“时装戏”的发展和京剧现代戏的产生以及京剧“样板戏”的形成。第二章论述前期京剧“样板戏”旦角唱腔音乐的艺术特点。从旦角人物唱腔设计，创作手法，套式、板式运用，音乐组合形式，演唱方法、技巧等方面，论述前期京剧“样板戏”旦角唱腔在传统基础上的创新和发展，主要表现在于：改变传统结构运用新的手法创制新唱腔；改变定调、定弦关系创制新唱腔；生活语言带来新的音乐语言；旦角唱腔套式及板式的发展；唱腔音乐组合、演唱形式及背景音乐的发展；前期“样板戏”旦角唱腔的演唱风格。第三章论述后期“样板戏”旦角唱腔音乐的艺术特点。从旦角人物唱腔设计，新创板式、套式，主题音乐贯穿手段，歌曲体裁借鉴，合唱形式运用，中西混合乐队编制，纯音乐创作，唱腔演唱等方面，论述后期“样板戏”旦角唱腔音乐如何融入新的创作观念，在传统唱腔及前期“样板戏”唱腔创作基础上的进一步创新和发展。主要表现在于：唱腔音乐组合、演唱形式及背景音乐的发展；前期“样板戏”旦角唱腔的演唱风格；唱腔套式及新创板式的进一步丰富和发展；旦角唱腔与老生唱腔的融合；主题音调的贯穿使用；歌曲写作手法的借鉴；唱腔演唱形式的进一步发展；“求新突变”的创作观念；旦角唱腔及念白背景音乐混合乐队的使用。论文结论认为：京剧“样板戏”的发展，体现了中国戏曲音乐——京剧这一传统艺术形式在新的历史条件下的变革和发展。旦角唱腔音乐的凸现，反映了中国传统京剧唱腔音乐艺术与现代音乐艺术及世界音乐艺术的高度融合。

关键词：京剧　戏曲音乐　唱腔　样板戏　音乐研究

3834

彭修文民族管弦乐艺术研究 / 彭丽著 ; 梁茂春指导 . -- 中央音乐学院, 2005 . -- 202 页

本文以彭修文具有代表性的数十部民族管弦乐曲、他影响下的广播民族乐团的编制结构演进以及相关乐器改革实践为研究对象，总结归纳了彭修文在民族管弦乐创作方面的风格特征，审视了建国以来民族器乐合奏文化的发展历程，提炼了彭修文在民族管弦乐艺术方面的观念，并评价了“彭修文模式”的历史贡献与不足。首先，文章对彭修文的音乐生涯进行了回顾。其次，针对彭修文几十部代表性的民族管弦乐曲，从题材、旋律形态及发展、和声语言、复调手法、曲式结构、配器特色等方面进行了全面而深入地分析，并得出有关彭修文创作方面的简短结论。再次，通过梳理中国广播民族乐团的编制结构演进过程及相关乐器改革实践，指出彭修文在乐队模式建立发展过程中所起的重要而积极的作用，并检讨这一乐队模式及乐器改革的得失。最后，总结提炼出彭修文的民族管弦乐艺术观念，认为，彭修文是中国当代民乐界的突出代表；彭修文民族管弦乐艺术是中国当代音乐事业中的宝贵财富；“彭修文模式”是建国初期新文化的突出代表，也是传统文化的突出载体；它是由民间音乐形态向专业音乐形态的一次嬗变；它继承并发展了中国民族音乐传统，引领中国民族器乐文化走向世界；同时也指出了彭修文民族管弦乐艺术的局限性，阐述了作者由“彭修文模式”所引起的思考。

关键词：彭修文　民族音乐　管弦乐　音乐研究

3835

中国钢琴音乐创作与演奏的五度关系研究 / 秦川著 ; 王子初, 韩钟恩指导. -- 中国艺术研究院, 2005. -- 192 页

本文通过对《小河淌水》不同版本以及具有代表性的中国钢琴作品的分析比较，得出五度关系及其延伸的五声性特点、同宫系统以及中国传统音乐中的调式音阶理论是中国风格钢琴作品的代表特征。文章认为，在结合一些西方近现代作曲技法的钢琴作品中，五度关系特征依然具有显著的外部特征和地位，它是区别于西方传统大小调体系的主要特征，为中国风格钢琴作品自身特色的形成奠定了基础。从五度相生律角度解释五度关系特征的形成，为音响的实际处理和音程的功能倾向性提供了理论上的参考依据，但实践检验的道路还很漫长。演奏的实践正是利用平均律对自然律的替代作用，通过演奏技术的灵活运用为听觉的转化起到指引作用。触键的力与距离的关系构成了演奏技术理论的基础，它们的相互转化为演奏的二度创作开辟了更广阔的音响空间，中国风格钢琴作品的演奏特色就是在这一空间下与创作中的五度关系特征结合的产物，它最主要的表现还是与大小调体系对比下的对五度关系的强调和对三度关系的弱化。

关键词：钢琴曲　传统音乐　演奏　艺术风格

3836

雷格尔的复调技法探索 / 曲致正著 ; 林华指导. -- 上海音乐学院, 2005. -- 129 页

马克斯·雷格尔(1873—1916)作为19世纪晚期浪漫乐派传统音乐的最后一位复调大师,其复调技法主要体现在变奏曲和赋格曲的创作中。作者从复调发展的视角,通过对雷格尔的变奏曲和赋格曲的考察、分析和研究,探索其复调技法并给予历史评价,以期从中得到创作上的启示。本文分为五章。第一章概述了雷格尔音乐个性的形成,尤其早期胡戈·里曼的影响;探讨了雷格尔对评论家们的批评所表现出的无法容忍的态度和即时反应,以及他对四处周游尽可能多地指挥或演奏自己作品的痴迷。第二章概述了雷格尔的音乐风格与变奏原则,并对在他作曲技法发展过程中有重要意义的作品以及其他一些作品进行了归纳。第三章有选择地分析了雷格尔的几部大型变奏曲作品,其中包括:Op.81,Op.86,Op.100和Op.132等。第四章对雷格尔赋格写作进行了研究和概述,有选择地分析了他在管风琴、钢琴、室内乐以及管弦乐领域里的赋格技法。第五章,结语。

关键词:马克斯·雷格尔(Max Reger)　音乐创作　作曲　复调　变奏曲　赋格曲

3837

朱载堉乐律思想研究 / 王军著 ; 冯文慈指导 . -- 中央音乐学院, 2005 . -- 94页

本文挖掘和研究了朱载堉乐律思想及其根源。首先,文章对其科学指导思想与乐律成果进行了评估,指出其注重自我人格修养完善的内圣境界;在冲突的社会思潮中,接受实学思想;在乐律研究的思想、方法和表述上,既有摆脱不了的中国传统文化负面影响,又有践行实学和近代西方科学的研究特征;丰富和发展了中国传统的算学理论和方法,为乐律计算所用;批判律法候气,挑战虚妄臆说;精研物理声学原理,提出正确的管口校正方法。其次,论述了他坚持理论联系实际的道器合一思想,凡事调查研究、考证、制作,虚心向乐工请教;从音乐的经验事实及理论研究中,概括出音律之间的规律性认识——十二平均律,用准及乐器笙验证十二平均律的可行性、合理性。接着,研究了他对"自然之理"的崇尚,指出他注意把律学研究与传统的天地人合一思想合理地联系起来;提倡以数为本;强调遵循自然法则。再次,分析了其潜在的唯物辩证发展思想,指出他以存在为依据,认为乐律产生于自然界的阴阳之气;坚持十二律能够"终而复始,循环无端",具有"无往不复"的中国式辩证思维;在律学研究中,灵活运用中国传统体用哲学思想,使"律与度量衡"、"九进制与十进制"、"音与数"等中国律学史中,较为复杂的关系得到合理诠释;以发展的眼光认识事物,所论乐律产生与发展契合事物发展的内在逻辑。最后,探讨了他乐律思想的最终归属——复兴古代礼乐,指出他阐述传统中和之乐的伦理意义和方法论思想;主张用"乐从乎今,情合于古"的办法,创编拟古舞谱五种,冀复兴古代礼乐制度。

关键词:朱载堉(1536～约1610)　音乐思想　乐律学　传统文化

3838

1978—2003年间中国城市流行音乐发展和社会文化环境互动关系研究 / 王思琦著 ; 王耀华, 修海林指导. -- 福建师范大学, 2005. -- 406页

本文分为五章,以中国当代流行音乐发展过程中出现的主要历史事件为线索,以其与社会文化环境的互动影响为主要研究视角,在对中国当代流行音乐发展进行历史梳理的基础上,针对流行音乐的文化特征、文化功能、流行音乐与社会文化互动影响的关系展开分析与研究。作者认为,在近30年的发展历程中,中国当代流行音乐从最初的备受指责、边缘化状态逐渐地被社会认同,并从文化的边缘状态中逐步走向文化中心地带,成为中国当代社会音乐生活中影响力最大的一种文化样式。而作为大众文化的一种重要文化样式,流行音乐在整个社会文化中不是孤立存在的,它的形成、发展以及在不同时期所表现出来的不同发展特点,必然受到该历史时期整个中国社会政治、经济、文化等各种因素的影响。

关键词:通俗音乐　流行音乐　大众文化

3839

斯克里亚宾晚期和声手法在十首钢琴奏鸣曲中的发展轨迹 / 王文著 ; 吴式锴指导 . -- 中央音乐学院, 2005 . -- 160页

论文通过对斯克里亚宾十首钢琴奏鸣曲中的和声手法的研究,梳理和概括了他具有独特性的和声语言及其发展轨迹。首先,文章研究了晚期和声思维在古典调性基础上的早期萌芽,主要从晚期浪漫派和声思维的延续、斯克里亚宾晚期和声思维对传统和声思维的渗透,以及四度和弦的早期迹象三个方面对斯克里亚宾早期创作中的和声特点作了全面的研究和概括。其次,研究了晚期和声思维在两种调性观念冲突中的发展,针对斯克里亚宾创作中期,在传统思维和他个人探索性的和声手法之间的交融和冲突中所运

用的和声语言进行了具体的分析和研究。再次,探讨了斯克里亚宾晚期和声手法的进一步完善,从晚期调性与和声手法的理论性探索、斯克里亚宾晚期和声手法的具体运用,以及晚期五首钢琴奏鸣曲主部主题和副部主题和声研究三个方面,探索和研究了他晚期具有独特思维特征的和声语言。最后,对斯克里亚宾音乐思维与创作手法进行了整体评价,从宏观的角度对斯克里亚宾的创作手法所产生的背景、比较他的和声思维与传统调性思维和20世纪非调性思维的不同特征,以及评价斯克里亚宾在20世纪欧洲音乐中的地位等方面提出了本文的观点:斯克里亚宾的晚期和声手法是一种不仅体现出对传统调性思维的扩展,同时还溶入非调性意识的独特的"调性和声手法",因此,他是20世纪初期在调性思维和非调性思维之间架起桥梁的一个重要作曲家。

关键词:斯克里亚宾(Scriabin, Alexander Nikolaievievich 1872~1915) 音乐创作 和声 钢琴曲 奏鸣曲

3840

扬州清曲音乐稳态特征研究 / 王小龙著 ; 江明惇指导. -- 上海音乐学院, 2005. -- 259 页

本文旨在解决中国传统音乐"稳态特征""是什么"和"为什么"的问题。文章以"扬州清曲"为个案作为解决这一疑惑的先导,首先从形态分析的角度,弄清扬州清曲音乐稳态特征的内涵,即音乐形态中不变(稳定)的质素;进而探究这些稳定质素形成的主客观原因。论文的第一、二两章以扬州清曲的两个主体曲牌[满江红]和[南调]为分析对象,采用谱例比较、范式描写、抽样统计等定量与定性相结合的研究方法,对这两个曲牌的结构内部特征和不同场合下的应用状况作了详细深入的考察,发现这两个曲牌的结构内部,是由许多层次不等的重复材料"常备片语"构成的,作者称之为"材料稳态";两个曲牌在不同的运用场合下,所呈现出的不是随不同的场合作结构上的调整,而是保持结构的稳固不变,作者称结构稳定的情形为"结构稳态",称旋律近似的情形为"旋律稳态";因为这两个曲牌有上述稳态特征表现,特别是根据其"结构稳态""旋律稳态"特征,可以推知其历史遗存的稳定性,文章由此出发,分别考察了两个曲牌的"近亲"和"远亲",找到了一些音乐形态上的共同不变的因素,并进而认为这些共同因素是同名明清俗曲的历史音乐形态。第三章从口传文化独特的传承方式考察中,追寻了扬州清曲这些稳态特征的形成缘由,认为"材料稳态"是由口传文化的一般特性决定的;"结构稳态"则是由扬州清曲传承中独特的规约性机制,即以"曲会"等作为扬州清曲严格规范的传承方式,以及传承中对"板眼"、"摆字"等艺术要素的严格强调等因素造成的。进而认为这也许就是中国传统音乐"高文化特点"的体现之一。由此使得"曲调考证"这一命题成为可能。

关键词:扬州清曲 传统音乐 民族音乐

3841

李凌音乐评论研究 / 项筱刚著 ; 梁茂春指导 . -- 中央音乐学院, 2005 . -- 102 页

论文遵循"历史与逻辑的统一"和"史论结合、论从史出"的原则,采用音乐学的方法,结合文化学、美学、社会学方法,对李凌在音乐评论领域有代表性的评论案例进行了研究。文章分三部分,第一部分描述了李凌音乐评论的发展轨迹,认为李凌的音乐评论历程分为三个阶段:四十年代、五六十年代、"新时期"。总结出他的音乐评论多为"XX杂谈"、"XX漫谈"等,"杂而不乱,漫而不散",这种特点自40年代起一直保持到他的晚年,堪称"李凌式"音乐评论。第二部分分别论述了李凌在40年代、"十七年"和"文革"后不同历史时期的音乐评论,并选择有代表性的个案进行评述,如关于《新音乐》时期的评论,介绍了李凌关于新音乐民族形式的评论以及相关争鸣;关于"音乐的民族风格"的问题,则介绍了李凌的独到见解;"轻音乐"问题,则详细叙述了这场讨论的缘起、过程以及影响;在新时期的评论,则论述了李凌关于流行音乐和"新潮音乐"的论述。第三部分探讨了李凌音乐评论的历史地位,从主、客观两方面分析了李凌音乐评论"凸现"的历史原因,认为李凌音乐评论的凸现不是偶然现象,而是中国音乐史发展的必然现象,是李凌自己音乐生涯发展的必然结果。

关键词:李凌(1913~2003) 音乐 音乐理论

3842

胡尔奇 : 科尔沁地方传统中的说唱艺人及其音乐 / 杨玉成著 ; 乔建中, 乌兰杰, 萧梅指导. -- 中国艺术研究院, 2005. -- 250 页

本文对近代以来东蒙科尔沁地区所出现的说唱艺人——胡尔奇及其负载着的音乐进行了研究,主要包括:(1)胡尔奇及其音乐艺术所赖以生存的社会文化背景以及造成其兴盛衰微的缘由和动力因素;(2)科尔沁叙事系统的内在构成以及与民众观念、民俗生

活之间的关系；(3)胡尔奇表演——创作的本质及口头文本的基本属性；(4)口头音乐的运作机制以及在口头表演中的应用；(5)表演的意义、功能以及与语境之间的关系；(6)胡尔奇与传统之间的关系；(7)胡尔奇及其音乐在当代社会文化背景中的存在方式及变迁。

关键词：胡尔奇　说唱音乐　民间音乐　传统音乐

3843

中国汉民族戏曲声腔类属研究／姚艺君著；王耀华，乔建中指导. -- 福建师范大学，2005. -- 179 页

作者以"全国戏曲音乐集成"卷本为对象，根据入卷声腔的实际情况，结合集成各种形式的文本资料，对声腔词语使用及概念等问题进行论说。论文以音乐本体为主要研究对象，提出"同源共祖、曲调沿用、用中有变、变不离宗"的声腔限定十六字标准。并就现有戏曲声腔整体性梳理与重组问题，提出了自己的看法、思路与建议。正文分为三章，第一章是对声腔词源论的研究。第二章声腔系统论是全文的重点，内分上、中、下三部分。其中第一部分是整体概述，主要介绍了《大百科全书戏曲、曲艺类》和《中国戏曲音乐集成》二书的声腔分类、戏曲声腔的基本概念，并对不同的声腔类型进行了梳理；在第二部分，主要对晋冀秧歌戏、江浙摊簧戏、江西采茶戏、湖南花鼓戏和云贵川采茶戏的声腔进行了重点梳理；第三部分则是对河北省境内的秧歌戏声腔所作的个案简析。第三章为声腔申论。在研究中，作者强调音乐属性之共同性，依照声腔"曲调沿用"之客观规律，将那些音乐风格相近的声腔合，反之拆，但只梳理部分剧种音乐中起主要作用的声腔。具体研究方法则按照《中国戏曲音乐集成》各剧种主要声腔之记载，遵循戏曲音乐形态与结构的客观规律，将戏曲声腔划分为三个大的类型，即：全国性传播声腔、地区性传播声腔和非传播性声腔。各大类型中，分别以群体声腔与单体声腔辨之。

关键词：戏曲研究　声腔　民族音乐　汉族

3844

库塔克的音乐创作及其观念／叶国辉著；林华，徐孟东指导. -- 上海音乐学院，2005. -- 106 页

本文对20世纪匈牙利著名作曲家库塔克的音乐创作及其观念进行了研究，分为上篇、中篇、下篇三个部分。上篇阐述了库塔克的音乐创作观念，涉及匈牙利的文化积淀、西方先锋派音乐的影响、西方传统音乐与文化底蕴三个方面。在20世纪众多音乐风格流派并存、交织、冲突和发展的格局下，库塔克表现了一种海纳百川的胸襟，他广博于文学、语言学、心理学等知识领域，创作观念汇聚和浓缩了多种音乐和文化的内涵。中篇从承载库塔克音乐思想总体的创作技术及其具体细节入手，对他不同时期的主要作品进行详细分析。库塔克音乐创作的第一阶段具有转型与重构的特征；第二阶段表现出对声乐形式的倾向性，同时对文学投入极大热情，将音乐与歌词文本融合为一种简洁的、充满表现力和具有个性的语言；第三阶段呈现出多元格局，逐渐走出面对大型乐队的困惑，将简洁与表现力运用于大型器乐作品的创作，生产了一些重要的声乐作品。下篇对库塔克音乐创作的主要特征进行归纳，涉及库塔克的"微观世界"、对音乐与文学的关系处理、节奏之形与人智论韵律运动学说的应用等，并从库塔克的编号和无编号作品出发，提出了一些问题。

关键词：库塔克（Kurtag György 1926～）　音乐理论　音乐创作　匈牙利

3845

中国音乐美学史中的"平和"审美观与"不平"审美观研究／叶明春著；蔡仲德，郭乃安指导. -- 中央音乐学院，2005. -- 182 页

论文考察了中国音乐美学史中"平和"审美观与"不平"审美观的产生、发展及演变的历史规律。首先，文章将这两种审美观的发展划分为四个发展阶段，即萌芽时期、上升时期、成熟时期和转化时期，进而对不同阶段的情况进行了分析研究。探讨了萌芽时期二者的共生与互动；考察了上升时期先秦儒家从"平和"审美到"中和"审美的蜕变，道家自然乐论对"平和"审美的牵引和对"不平"审美观的影响，墨、法、阴阳、杂家对"平和"审美观和"不平"审美观的态度等；考察了上升时期两种审美观在魏晋南北朝音乐与音乐美学思想中的反映、在隋唐音乐和音乐美学思想中的冲突与融合、韩愈"不得其平则鸣"说对"不平"审美理论的深化；考察了成熟时期从"平和"、"中和"到"淡和"的过程、宋元音乐审美实践的基本状况、"不平"审美观在明清"主情思潮"中的凸现、明清雅俗文化与"平和"审美观和"不平"审美观等。而后，对这两种审美观作出历史回顾及反思，指出二者在审美趣味、审美形式、审美标准等方面既存在相互对立，又存在相互吸收，此消彼长，共同发展的种种特质；从先秦至清末，强调以"平和"、"中和"、"淡和"为

美的审美观成为历代统治者,或士大夫阶层的主流思潮,而以强调以"不平"为美的审美观则处于非主流地位在历代宫廷及民间流传,后者往往成为前者批判,甚至打压的对象。

关键词:音乐美学　音乐　美学思想　审美

3846

卢托斯拉夫斯基成熟时期的创作思维及其技法 / 尹明五著 ; 杨立青指导. -- 上海音乐学院, 2005. -- 101 页

维托尔德·卢托斯拉夫斯基(Witold Lutoslawski, 1913—1994)是20世纪国际乐坛上极具影响的波兰作曲家,是"波兰学派"最重要的代表人物之一。本文主要从技术角度,以能够反映卢托斯拉夫斯基成熟时期创作基本风貌的一些重要作品(包括相关的部分早期作品)作为主要分析研究对象,考察具有他独特个性的"有控制的偶然"技术在这些音乐构成的诸多因素——音高、时值与和声、对位处理等方面的运用以及对管弦乐配器技术特征和音乐曲式结构特点等进行分析、研究和归纳。全文主要由五个部分组成。在引言之后,第一部分主要介绍卢托斯拉夫斯基生平及创作风格的形成及发展;第二部分至第五部分是论文的主体,通过实例分析,论述和声、织体、管弦乐配器和音乐曲式结构等;结语,对卢托斯拉夫斯基成熟时期创作风格特征进行概括性总结,并提出论文作者的观点和见解。

关键词:卢托斯拉夫斯基(Lutoslawski, Witold 1913～1994)　音乐创作　和声　织体　管弦乐法　曲式

3847

论勃拉姆斯的历史地位 / 周炜娟著 ; 沈旋指导. -- 上海音乐学院, 2005. -- 153 页

1933年阿诺德·勋伯格在纪念约翰内斯·勃拉姆斯诞辰一百周年的电台讲座上首次指出勃拉姆斯是一位伟大的改革者。1947年勋伯格在电台讲座的基础上加以扩充,完成《改革者勃拉姆斯》,并翻译成英文编入他的《风格和思想》一书中。本文除前言和结语,分两个部分七章进行论述,分别涉及勋伯格重新评价勃拉姆斯的历史背景、勃拉姆斯生前所处的地位、勃拉姆斯去世后人们对他的重新评价、勋伯格有关勃拉姆斯理论的核心、(勃拉姆斯)创新的和声技法、(勃拉姆斯音乐中的)节奏以及对勋伯格早期创作的影响。由此,作者试图通过对历史的回顾以及具体的技法分析,揭示勃拉姆斯大胆创新的精神,以及勋伯格如何以其独特而犀利的眼光发现这一事实并从中寻找到自己的音乐发展方向的。

关键词:勃拉姆斯(Brahms, Johannes 1833～1897)　音乐创作　古典音乐　音乐史

美术学

3848

近代书画市场与风格迁变:以上海为中心(1843—1948) / 陈永怡著 ; 卢辅圣, 潘公凯指导. -- 中国美术学院, 2005. -- 205 页

作者指出,近代,以上海为代表的新型商业城市的崛起,改变了传统书画家的生存境遇、身份地位和思想观念,并深刻影响到他们的创作方式和创作风格。这种影响一直持续到20世纪40年代并绵延至今。影响中国近代绘画进程的,是由多种内外因素纠葛互动并互相影响形成的合力,其中,西方文明的冲击和商业文明的渗透是两股主要力量。而研究界对于后者的关注,远不及前者。论文在尽可能掌握和爬梳史料的基础上,分析了传统书画家在近代的角色变化;从书画润格、书画经营机构、书画社团、书画展览和书画赞助人等角度,梳理和架构近代书画交易的网络,同时进一步考察它们在多大程度上影响到近代绘画艺术的迁变,并以此审视近代书画家赖以生存的社会和经济生活状况。作者希望通过对近代书画市场交易与风格迁变的考察,展现历史的复杂性和多面性,使近代绘画史研究与其本态一样,呈现出丰富多彩的局面,也期望借此推进中国美术史领域艺术与经济问题的研究深度。

关键词:绘画史　绘画风格　书画家　绘画艺术市场　近代　上海市

3849

宋代景德镇青白瓷的审美研究 / 陈雨前著 ; 金维诺指导 . -- 中央美术学院, 2005 . -- 78 页

本文对宋代景德镇青白瓷进行了审美研究与探讨。首先,文章研究了宋代景德镇青白瓷的兴起与五代制瓷业的关系,通过文献的考察,梳理了与青白瓷相关的几个名称——影青、映青、隐青、罩青等,确定了以"青白"瓷为宋代景德镇这类瓷器的名称;通过胎、釉原料的科技测试结果、器物形制、呈色及其装饰

风格和装烧工艺等的考察,结合出土文物的考证,考察与探讨了五代青瓷、白瓷向宋代青白瓷过渡这一合乎陶瓷自身发展逻辑和历史发展逻辑的问题。其次,通过胎、釉情况、装烧工艺、器物形制、装饰技法及风格等的考察,探讨了宋代景德镇青白瓷的历史分期及其特征,指出宋代景德镇青白瓷分北宋、南宋两个历史时期,经历了北宋前期草创与初兴、北宋中期至南宋初期为发展高峰及南宋后期演变及趋于衰落三个过程。再次,考察了宋代景德镇青白瓷在元代的流变情况,分析了元代景德镇青白瓷的流变情况,指出它们都共同呈现青白瓷的风格,但各自有自己的创造和时代特色。最后,对宋代景德镇青白瓷进行了审美探讨与研究,探讨了宋代政治、理学、宗教思想影响下的景德镇青白瓷的风格特征、审美情趣与文人书画审美情趣的趋同性,“尚玉”意蕴及所呈现的“雅”、“俗”审美两极等问题。

关键词:陶瓷艺术　青白瓷　审美　景德镇　宋代

3850

学校制度下中国美术教育的起源与早期发展:三江师范学堂与两江师范学堂图画手工科研究 / 崔卫著;陈传席指导. -- 南京师范大学, 2005. -- 180 页

本文探讨了近代学校美术教育产生的历史背景,通过大量文献资料对刘坤一、张之洞、张謇、魏光焘、李瑞清等人物在其中所发挥的作用进行了分析评价,就三江师范学堂和两江师范学堂图画手工科的创办过程及其原因、发展情况、办学成就等各方面作了详细介绍和分析,并对其历史影响、启示作了进一步探究。论文首先介绍了近代学校美术教育产生的背景,即社会背景——近代中国社会的三重危机,制度背景——中国近代学校教育发展概况。其次,叙述了学校制度下美术教育的起源,包括三江师范学堂的创办、图画手工课程的开设、学校制度下美术教育起源的时间与地点界定,并叙述了两江师范学堂图画手工科的建立:从“三江”到“两江”、李瑞清与图画手工科的建立。再次,论文从招生与考试、课程与教学、教师教材与学具、考核与毕业四个方面介绍了图画手工科招生与教学情形。最后,论述了图画手工科的成就、影响与启示,即办学成就、历史影响与启示。本文的结论是:三江师范学堂是近代中国最早创办的师范学堂之一,它首次在我国学堂中开设图画手工课程,这些学生是我国第一批系统接受美术教育的近代人才,李瑞清建立图画手工科,确立了近现代学校美术教育的课程和制度体系。

关键词:美术教育　图画课　手工课　三江师范学堂　美术史

3851

中国古代造像史纲 / 董立军著;陈绶祥指导. -- 中国艺术研究院, 2005. -- 129 页

本文以中国古代造像为研究对象,以历代人像为主要线索,依据中国历代造像的历史文化背景,考察历代造像的基本状况。在此基础上,梳理中国历代造像的发展脉络,结合历史文献认识影响历代造像的相关观念,探索宗教仪轨与工匠制作、宗教阐释与民众接受之间的关系,研究造像的艺术风格。文章认为,中国历代造像与文化观念同步发展,在这一过程中,民众积极参与,选取经典样式,熔铸自身的文化观念与审美喜好,创造用以表达人生观念的各种造像,以圆满的精神寄托对现实社会的无奈,实现了观念与艺术的恰当结合。

关键词:造像　艺术风格

3852

文人画的书法化倾向研究 / 顿子斌著;薛永年指导. -- 中央美术学院, 2005. -- 115 页

本文旨在采取文献学、文化史和风格分析的方法通过书画史论中的思想资料,结合作品分析对文人画的书法化演进过程进行梳理,探讨中国汉字书法对文人画发展造成的深远影响。本文共分四章,作者认为,文人画自南朝诞生即以书法艺术以及书法载体汉字的造字方法为重要参照系,显示了书法化趋向。在十几个世纪的书法化过程中,文人画家从把握世界的“图载”方式,以用笔提炼对象的抽象因素,笔迹点画形态及笔法体现“笔踪”运动的“笔势”,以用笔的风格个性、笔法点画“筋骨肉”的生命意识等等方面,在保持绘画“存形”特点的条件下,参照吸取消化汉字书法的经验和理论,形成了造型在抽象与具象之间,用笔在引导状物的提炼之外,重视书写性和直抒内心的写意性和点画及其组合中体现“阳舒阴惨”多种对立统一的相对独立美,从“师古人”临摹入手运用古人图式和近似“会意”手段“集其大成自抒机杼”营构意象的学习创作途径,在文人艺术兴起前的上古民间艺术中领悟文化精神与创造意识的道路。

关键词:文人画　书法　美术评论

3853

美术教育价值取向的历史变迁与现实观照／冯晓阳著；常锐伦指导. -- 首都师范大学，2005. -- 108页

本文试图通过对历史经验、信息的回顾、分析与总结来寻求某种对人类美术教育价值取向的结构给予限制的规律，以期发现必要事实，作为当前谋求改革和建构新时期我国美术教育价值取向工作实践的参考。论文通过对人类美术教育价值取向历史本源的追溯及对美术教育价值取向中"反技艺论"或"无技艺论"的批判，对人类美术教育价值取向的历史变迁作回顾，得出两个对人类美术教育价值取向的结构给予限制的规律：一是美术技艺的传承是建构人类美术教育价值取向的一个前提与先行条件；一是人们所作出的种种有关美术教育价值取向的拓展与抉择，出于一种有节制的描述与研究需要，皆可归入教化与共性的培养、表现与个性的发扬、谋生与利益的实现这三个传统中。以这两个规律考察当下我国美术教育领域内的美术教育价值取向现状，主要矛盾是如何在三个传统中取得和保持平衡，这也应当是我们能否建构一个符合新时期我国美术教育事业现实发展需要的美术教育价值取向的关键。就此，作者提出解决方案——一种以"实践为检验真理的唯一标准"并以批判和自我批判精神贯彻始终的美术教育价值取向建构之道——"积极的中庸之道"。

关键词：美术教育　价值取向　教育史　中庸之道

3854

审美文化语境中的商品拜物教批判／高岭著；王宏建指导. -- 中央美术学院，2005. -- 120页

论文分析和研究了商品拜物教的本质、存在方式和发展变化，探究了有关人类商品活动和审美活动发展的具有普遍意义的规律。首先，文章对马克思的商品拜物教批判进行了论述，以期还原一百多年前马克思这个著名理论产生的政治经济学语境；其次，对马克思之后西方著名学者围绕这个话题所展开的审美文化理论批判之路径的梳理和辨析，分析了卢卡奇对资本主义物化现实的批判、阿多诺对文化工业的批判、本雅明的承上启下作用、巴特对商品社会的符号学解码、勒斐弗尔和德波尔的消费社会和景观社会批判、鲍德里亚的符号拜物教论等，探究商品拜物教在资本主义商品生产不同阶段发展变化的结构、形态和规律。最后，从审美文化和审美观念转型的角度来分析商品拜物教批判所面临的思维模式困境与出路，指出对待当代文化尤其是当代审美文化发展中的商品拜物教及其各种变体问题，应该摆脱传统思维模式的二元对立，从一种更加辨证、宽容、开放和多元共生的视角出发，来完整地理解商品活动与审美活动的相互关系，来看待和处理当代市场经济发展中出现的当代审美文化的得与失、利与弊。

关键词：审美文化　商品拜物教　大众文化　商品化

3855

当代西方生态建筑的美学研究／黄丹麾著；王宏建指导. -- 中央美术学院，2005. -- 105页

论文认为，生态建筑是西方进入后现代主义时期以来逐渐兴起的，尽管现在仍处于边缘状态和试验阶段，但已经开始引起注意。论文导论部分阐述了这一选题理由以及与此相关的研究状况。论文主体部分用四章的篇幅从生态思维论、生态美学论、建筑生态美论、生态技术论四个方面，对生态建筑的成因、本质、形态等分别予以了界定。首先，探讨了生态建筑的哲学依据，对生态哲学产生的背景、生态学的问世与生态伦理学的建立、对"人类中心主义"世界观的反思进行了阐述，并分析了后现代主义与生态世界观的关系。其次，探讨了生态建筑的美学支点，分析了生态美学的美学生成条件、国内研究现状，并对其进行了学术定位。再次，探讨了生态建筑的美学本质，着重从生态思维、生态美学角度入手，并对生态建筑的特征进行了扫描。最后，探讨了生态建筑的实现方式，指出其蕴含了生态技术，并分析了基于生态技术而形成的功能美、环境美。本文的结论是：生态建筑是以生态学为切入点，以生态思维为理论导向，以生态美学为依托，以生态技术为保障，以生态法规为制约，以可持续发展为指南，研究建筑与自然、人、环境、生态、美学、艺术等诸种和谐关系的一种具有综合性、共生性的后现代建筑范式。

关键词：生态学　生态哲学　生态美学　生态建筑　建筑美学

3856

秦宣夫研究：美术史论研究的贡献及其画风演变／吉春阳著；范扬指导. -- 南京师范大学，2005. -- 159页

论文着重阐述和分析秦宣夫的美术史论研究及其画风演变。首先，文章从中国近代教育体制的变革

以及人才培养观念的转变出发,分析了秦宣夫在受教育过程中所构建的知识结构,指出秦宣夫所具备的知识结构是他进行美术史论研究的基础;同时,在近代美术教育发展的情境中分析了他与艺术结缘的原因及其过程。还从文化的角度从两个方面对秦宣夫进行了分析,即秦宣夫作为新型人才的批判性性格分析和有别于传统文人的显与隐的意识的分析。认为这两个部分是秦宣夫在艺术理论和实践上作出成就的基础。其次,阐述了秦宣夫美术史论研究的历程和涉及的范围,将他的研究分为美术批评、美术史研究以及个案研究三个部分,指出了秦宣夫各历史阶段的美术史论研究、美术创作和美术教育之间的密切关系,认为,他的研究代表了中国艺术史论研究在特定历史阶段所达到的水平。再次,由于经历多次时代变革,秦宣夫等第一代西画家的艺术创作受到了极大影响而几乎被历史遮蔽。论文从秦宣夫艺术创作的三个时期出发,以作品分析为途径,并结合美术史和时代发展的特征,揭示出秦宣夫风格演化的原因、艺术特色以及各个时期绘画风格的差异和联系。最后,论文指出在近现代中国美术史发展显示出新的特点背景下,应该对于秦宣夫先生在美术史论、美术创作和美术教育等领域作出的贡献和成就,重新进行估价并给予正确的历史定位。

关键词:秦宣夫(1906~1998)　绘画理论　美术史　绘画风格

3857

林散之大草艺术研究／(韩)金建构著 ；王冬龄指导. -- 中国美术学院, 2005. -- 179 页

作者指出,林散之以自己的智慧和胆识,用一生的努力开创了书法的新境界,成为 20 世纪最杰出的大草艺术家。他在艺术品格上特立不群,在生活中又融入了全部生命热情,在艺术道路上真正达到了以德感人、以理服人、以功力取信于人的境界。论文以"林散之草书艺术研究"为研究方向,主要分为四个部分。第一章以书法为主线,生平为副线,围绕书法的发展脉络展开论述,对林散之的艺术生平进行梳理。第二章是本文的重点,针对林散之大草书风形成的背景和草书特征两方面内容展开研究。第三章在前两章的基础上,从林散之的用笔、用墨、掌法三个层面,立足书法本体对完整的作品进行条分缕析,力图让读者更清楚地了解林散之书法构成的内在技术层面的支撑。第四章,将林散之放回他所生活的 20 世纪,试图让读者在抽象—具体—抽象的过程中对其形成更全面、深刻的认识;通过林散之与古代及同时代草书大家的比较,力求既理性又感性地去看林散之独具的艺术特色;从学书先做人的高度对林散之大草艺术的深层意义进行再挖掘,并以林散之对 21 世纪书法人文建构的启示结束全文,也是作者研究林散之大草艺术的根本宗旨。

关键词:林散之(1898~1989)　生平事迹　书法　草书

3858

中国当代城市环境设计的美学分析与批判／梁梅著 ；张绮曼指导．-- 中央美术学院, 2005 ．-- 145 页

论文从美学角度审视了中国当代城市环境设计的现状,对环境设计中存在的问题进行了美学上的分析与批判。首先,文章分析了城市的自然形态之美与人文景观之美,指出美丽的自然风光构成了城市环境的独特魅力,城市环境的自然美丰富了人们的审美体验,历史遗迹是城市最具审美价值的财富,"历史地段"在城市环境设计中具有独特意义,传统生活方式、地方风俗文化是人文景观的重要组成部分,应寻找优秀"基因",传承人文景观。其次,研究了城市环境的个性之美,指出将城市现代化等同于城市欧美化是城市环境设计的误区,一些标新立异的建筑或仿古或追求"欧陆式",表明城市环境设计趋同、城市个性魅力消失,应该追求审美差异,以显示城市个性的美学魅力,塑造城市的内在气质。接着,探讨了城市环境景观设计的美学趣味,指出"权力美学"在目前占有审美优势,商业景观和豪华摆设、文化广场和城市雕塑都是对真正的美学价值的忽视。再次,分析了城市环境的尺度与空间之美,指出城市环境空间具有美学意义,"国际化大都市"的城市设计思想失去了尺度与空间的节奏美和韵律美。最后,探讨了城市环境设计的生态之美,指出中国当代的城市环境设计存在着种种矛盾:生态设计的非生态方式、绿化指标与绿色饥渴、水环境设计与"盆景水"景观等,注重视觉美观、忽视真正的美学价值已经成为了中国当代城市环境设计的弊端。

关键词:城市　环境设计　建筑美学

3859

"南画北渡":梁清标的书画鉴藏综合研究／刘金库著 ；薛永年指导. -- 中央美术学院, 2005. -- 150 页

本文采用"本土性综合研究方法",即以传统的考

据与辑佚方法为基础,又综合知识社会学、文化人类学、历史学等有关学科的研究方法,进行多层面的研究:从梁清标(明末清初"南画北移"的核心人物,清初最大的私人鉴藏家)曾收藏过且传世的书画入手,辑佚出其鉴藏过的617件书画目录;结合梁清标家谱、手稿、著述、诗集、出土的墓志铭等第一手资料及明末清初文人官僚的数十部文集考证梁清标的生平、交游经历;梳理与分析他的书画收藏时间、收藏的作品、鉴藏的方式方法、藏品的来龙去脉等;探明梁清标的鉴藏理念与标准、收藏来源、收藏功用,对同时代、后来的鉴藏家的重大影响以及其在鉴藏史上的重大贡献;并试图去回答一百多年从翁方纲始到谢巍止的考据学家对梁清标的疑问。进而,得出结论:梁清标的"鉴藏模式"在很大程度上修订了明末"董其昌时代"鉴藏的方式方法;梁清标的装裱、藏品的等级影响了整个清代;梁清标在"南画北移"历史及"中国古代书画鉴定知识系统"知识增长过程中发挥了重大作用。

关键词:梁清标(1620~1691) 中国画 收藏家 书法

3860

女性主义艺术批评 / 罗丽著 ; 张晓凌指导. -- 中国艺术研究院, 2005. -- 146 页

本文分为女性主义与女性主义艺术、艺术史批评和艺术批评三个部分,探讨女性主义艺术批评方面的问题。作者试图以新的人类学阶段分类方式,从人类生存依偎到趣味选择的社会发展的阶段定位,对女权主义运动和女性主义理论的建树和成就再度进行分析和梳理,积极主动地调试、规划女性和女性艺术创作与批评的多种社会关系,并运用情趣主义思想分析艺术史、女性主义艺术家及其艺术创作,实践女性主义艺术批评以及对男性艺术批评的批评。作者认为,对女性主义艺术批评问题的研究,更是以女性主义艺术批评的方式对于社会性别关系和生活世界进行分析和思考,试图探索超越社会性别关系局限的可操作性,为人类的性别摆脱困惑找寻途径。

关键词:女性主义 美术评论 艺术创作 艺术评论

3861

两晋书法研究 / 孟云飞著 ; 欧阳中石指导. -- 首都师范大学, 2005. -- 131 页

本文把晋代书写作为一种文化,分析了它发展及繁荣的时代背景,论述了它的主要特征、在书法史上的地位及对后世的影响。全文除引言和结语,主要由四个组成部分。第一部分包括第一章和第二章,主要论述了两晋书法形成和繁荣的时代背景。第一章论述了两晋政治背景、经济基础和社会风尚对当时书法的影响;第二章则从文化教育、文房用具和文化思潮等方面讨论了两晋书法昌盛的文化原因。第二部分包括第三章和第四章,从历时性和共时性两个方面,把晋代书法放在大的时空和文化背景下对其特征进行概括。第三章主要论述两晋书法的地域性特征,由于特殊的地域状况和地域文化,形成了特殊的地方体和地域书风;第四章讨论了两晋书法的世家性特征,两晋门阀制度的盛行形成了许多门阀世族,进而形成了许多书法世家。第三部分即第五章,从师承、性格、学养、书迹、笔法、风格以及对后世的影响等方面对二王的书艺进行了比较全面的研究。第四部分即第六章,在前几章的基础上对两晋书法作简单概括。

关键词:书法史 书法研究 晋代

3862

"南宋画院"之省舍职制与画史想像 / 彭慧萍著 ; 薛永年指导. -- 中央美术学院, 2005. -- 143 页

作者指出,北宋翰林图画院是一省舍独立、职制完整之机构实体,但作者认为,南宋宫廷并没有实体画院。南宋画师打破了北宋集中、单一却封闭的供职模式,以"御前画师"、"非御前画师"两大系统服务于宫廷。编制于官府衙曹之画师画匠各自隶籍于官僚机构,构成庞大的非御前画师。非御前画师于各自注册的岗位上提供实用性的绘画服务,并受上属机构的科派控制。画艺精湛的宫廷画师则被招徕为"御前画师"。御前画师蒙帝后宣诏并频繁召见,画史声名烜赫,成为后世构筑南宋院体画风形象的主体精英。他们以轮流排班的流动模式宿值待漏于帝王跟前,不受有司机构操纵;供职地点随机而灵活,行踪视皇帝而定。任职三省百司之"非御前画师"由隶属机构登记在案。"御前画师"直隶帝王但居无定所,受赐职官多系寄禄官,而非正任的位阶层级。于是在实体机构的严格意义上,无论"御前"或"非御前",其制度规模之分散程度无法匹配"御书院"、"医官院"、"天文院"等其余翰林三艺局。总之,南宋并不存在任何一处静止不变、独立运作、自给自足并堪称画院规格的殿堂,只有辐散的"画家十三料"交织成宫廷绘画的流动网络,元人所谓南宋"御前画院"不是实质的画院机构,而是御前画师之抽象集合。这样可以节省浩繁的机构开

销并降低朝廷的生产成本;而宿值殿前的漏夜随侍让画师更直接伏蒙圣谕,绘制更高品质、迎合帝意的奢侈品。正是这一批精英画师,成为后世雕筑“南宋画院”虚拟想象的依凭。

关键词:画院　绘画史　中国画　画师　南宋

3863

十七世纪下半叶山水画中的黄山形象 / 邱才桢著 ; 薛永年指导 . -- 中央美术学院, 2005 . -- 259 页

本文以17世纪下半叶的黄山题材画出发,结合版画等其他材质画作,探讨这一特定时空(17世纪下半叶、徽州乃至江南地区)下的画家以及其他特定人群是如何通过塑造绘画作品中的黄山形象来反映他们对于这一时空的认识的。同时,本文还揭示了各种人群之间纵横交错的观念问题,剖析人群之间与特定社会情境的互动关系。全文分四章。第一章对17世纪之前黄山的历史、文本、图象与形象作了回顾和总结。第二章对17世纪下半叶山水画中的黄山形象作了细致的区分。第三章分析了不同的黄山形象与17世纪朝代更换、康熙新政之后“徽州意识”的重建以及其他特定人群,如遗民、绅士、文人画家的身份、际遇、选择之间的关系。第四章则指出,黄山形象不仅为画家所塑造,同时也进入当时人们的接受系统。通过对不同身份人群不同的接受状况,可以更为细致入微地看到17世纪下半叶各种人群的观念问题。

关键词:山水画　黄山　美术评论

3864

北朝晚期青齐区域佛教美术研究 : 以“青州样式”为中心 / 邱忠鸣著 ; 金维诺指导. -- 中央美术学院, 2005. -- 136 页

佛教至迟在4世纪便已传入中古青齐地区,可直到北朝晚期才从边缘走向中心,进入该地区的主流信仰、意识形态与文化和各阶层的日常生活。这一巨大转捩是通过该地区丰富而立体的佛教遗存反映出来的。本文围绕三个中心问题展开论述:第一,北魏晚期至东魏舟形背光三尊像组合的高度成熟体现出弥勒、释迦崇拜的法华信仰;作者结合造像记讨论了在以青齐士族为主导的各阶层信众的支持下,佛教在此时该地的立足并长足发展。第二,重新讨论了“曹家样”,以明辨北齐“青州样式”与“曹家样”、青齐区域文化与邺都文化之间的关系。第三,以北齐独立圆雕式“薄衣”佛像的样式为出发点,讨论在以清河崔氏为代表的青齐豪强及中上层僧侣的倡导和支持下义学特征明显的卢舍那信仰的兴起;这一过程中,经典佛教与当地民众信仰及儒、道思想等异质文化的竞争与互动,宗教与伦理规范、家族精神象征及家族凝聚力相互作用,带来了寺院佛教信仰的高峰。在此基础上,作者试图结合不同功能材质的遗存,构成对北朝晚期青齐区域佛教义学、信仰与图像的整体认识,进而探讨青齐冠冕旧族所代表的“精英”文化在青齐地区乃至整个南北朝后期佛教“由南入北”的过程中所起的作用,同时一窥汉唐之间的文化转捩。

关键词:佛教美术　美术史　北朝时代　青州

3865

“韵”与“逸” : 文论与画论的共享概念 / 邵宏著 ; 范景中指导. -- 中国美术学院, 2005. -- 91 页

本文试图结合西方艺术观念史的态度,以新的视角来解读文论与画论中的共享概念——“韵”与“逸”。“韵”与“逸”在中古即为人物鉴识中的主要评价语。由于传统中将文章视为独立的生命,以及人物鉴识与人物画品评对象的天然同一性,“韵”与“逸”便成了人论、文论与人物画论的共享术语。在画论中,“气韵”被“生动”诠释,其题材所指为有生命之物,又因其在“六法”中的首要地位,成为画论中的核心评价语。唐代(618—907)以后,“气韵”在题材上的所指逐渐扩展到所有绘画母题。而与艺术家的身份相联系,出现了“逸品”。此后,因绘画与书法技术上的相似特征以及“书画当观韵”的文人要求,“韵”与“逸”逐渐成为关于诗、文、书、画的批评术语。明清之际,“韵”在具有了“诗画一律”的身份限定、“书画同法”的技术限定以及题材范围极度拓展的丰富所指后,作为一个重要的批评概念又重新回到文论中。1903年,“六法”被首次译成西文,之后“韵”进入西方汉学界研究的视野,不断被阐释。全文除导论与结语,主体包括顾恺之“传神”说的语境、谢赫《画品》与中古文论、“六法”断句小学考、“逸”由文论入画论、“韵”文论与画论的关纽五部分内容。

关键词:绘画理论　绘画艺术　文论

3866

北京公共艺术与城市建设的文化思考 / 时向东著 ; 袁运甫指导. -- 清华大学, 2005. -- 236 页

公共艺术概念是20世纪中期随着欧美国家政治、经济以及城市建设的发展变化而被提及并受到关注的。改革开放后,中国公共艺术逐渐起步,在大规模的城市现代化建设、建筑和城市环境迫切需要艺术

的配合的大潮的推动下，20余年来，在形式上从壁画、城市雕塑入手，与建筑、环境设计、园林绿化、公共设施相配合，进行了多样化的探索，为城市环境的美化、文化建设做出了重要的贡献，彰显了城市现代化和精神文明建设的成就。与此同时，公共艺术与城市建设的关系、公共艺术在城市建设中的作用如何等一系列问题也逐渐显露。基于此，本文力图通过对公共艺术概念及公共性的分析和梳理，透过对北京公共艺术这一具体对象的分析，包括伴随城市变化而发展的北京公共艺术、现状反思、历史文化遗产对当代北京公共艺术创作的启示及“百分比艺术”法令的启示与建议，提出公共艺术不是一种或几种艺术形式的统称，而首先应表现为一种艺术观念，其宗旨在于通过公众的广泛参与，将艺术融入城市建设，通过城市规划、建筑、园林、街道、广场、社区、公共设施等载体，以雕塑、壁画、艺术设计以及其他视觉艺术形式为手段，与城市历史文化脉络、与公众的公共核心价值观相结合，以提升城市的整体文化品位。

关键词：城市环境　建筑设计　建筑艺术　城市建设　北京市

3867

儿童绘画与认知：不同认知风格的儿童线画作画过程和线画表现特点之个案研究／唐斌著；常锐伦指导. -- 首都师范大学，2005. -- 147页

儿童绘画具有多元性、多样性的特点，人们在儿童绘画因材施教方面一直没有停止过探索，但过去的指导多从经验出发。作者力求从认知角度切入对儿童绘画的研究，将研究的焦点锁定在不同认知风格的儿童在线画作画过程和线画表现上的特点，及其认知风格对线画作画和表现的影响，进而提出其自己的观点：在儿童绘画的过程中都有认知进行控制；儿童认知的要素——认知风格影响儿童的绘画，包括线画；对儿童绘画的指导，需要有区别、有针对性地根据个体的认知风格特点以及儿童的绘画表现提供帮助，培养儿童灵活地运用不同认知风格的能力，以提高个体在具体绘画任务中的表现，同时提高其创造水平。本文共五个部分。第一部分说明研究背景、研究目的、研究内容、论文结构及有关概念的界定等；第二部分文献综述，介绍与研究相关的文献，包括认知风格的有关理论、儿童绘画的有关理论及人们就线条的相关研究等；第三部分为研究设计和研究过程，包括研究问题的浮现，研究方法，个案确定，研究工具，资料的整理分析，研究过程，信度、效度和道德问题的探讨等；第四部分对所获资料通过归类作文本分析，并结合文献综述展开讨论；第五部分为结论和研究展望。

关键词：绘画教育　儿童画　绘画心理学　认知

3868

潜在与显现：雕塑草稿研究／滕小松著；顾森指导. -- 中国艺术研究院，2005. -- 124页

本文应用历史叙述与逻辑分析相统一、个案考察与综合论述相结合的方法对雕塑草稿进行研究。论文的绪论部分，介绍了雕塑草稿研究的内容、意义与方法。正文第一章，为雕塑草稿的典型个案研究，分为外国雕塑大师雕塑草稿和中国雕塑家的雕塑草稿两部分进行考察。第二章讨论雕塑草稿的潜在品格问题；第二章讨论雕塑创作过程的显现，主要分为动机的兴起、意象的生成和形式的建构三个部分。在论文中，作者首先考察七位具有典型意义的雕塑家的雕塑草稿，进而论述雕塑草稿的潜在品格和雕塑草稿对雕塑创作过程的显现。本文把雕塑草稿置于“潜在雕塑”的地位，详细地探讨了它们的三个潜在品格——原创性、艺术性和模糊性。针对雕塑草稿具体显现雕塑创作的主要过程，本文围绕雕塑草稿的演变深入地分析了雕塑创作中动机的兴起、意象的生成和形式的建构，并触及雕塑创作演变中的一些机制和规律。

关键词：雕塑　草稿　艺术创作　创作方法

3869

方法与对象：两种中国视觉艺术研究的实践／王菡薇著；曹意强指导. -- 南京师范大学，2005. -- 106页

本文认为，欧美中国艺术史自上世纪80年代以来有了新的发展，并深刻地受到自60年代起流行于欧美的各种学术思潮的影响，在吸收了中国艺术史的传统研究方法和西方的“新艺术史”，尤其是社会艺术史方法后，欧美中国艺术史进入新的阶段。在新一代学者中，包华石（Martin J. Powers）和克雷格・克鲁纳斯（Craig Clunas）极具代表性，前者对汉代艺术与公众、艺术趣味与集团利益，后者对中国13世纪以来的物质文化视觉文化作出了开创性的研究。他们通过解析艺术品在社会文化中的角色与作用，进一步洞悉中国艺术及人的精神；他们积极倡导在艺术研究中打破国家主义，给艺术史研究创造一个脱离范畴化的平台。他们的探究代表了两种欧美中国视觉艺术研究的实践，尽管其研究方法与对象有所不同，研究结果却殊途同归，都是要理解潜含于中国艺术中的政治和

社会因素，包华石将汉代艺术阐释成政治表达工具时，克鲁纳斯将明代艺术转换成开启和理顺明代社会复杂结构的钥匙。不同的研究方法与对象的结合使得两种视觉艺术研究呈现出既有关联又存差异的生动面貌。论文意在深入探讨包华石和克雷格·克鲁纳斯的艺术史方法，并以此为主线梳理欧美中国艺术史近来的发展状况、研究形态及跨文化艺术史研究中的得失利弊。

关键词：艺术史　视觉艺术

3870

中国画"图真"论 / 吴冬梅著 ; 刘巨德指导. -- 清华大学, 2005. -- 129 页

本文围绕中国五代山水画家荆浩"图真"说而展开对中国传统绘画精神本质的研究和讨论。从"真"这一角度出发，将中国画的历史发展纳入"真"这一艺术范畴，从艺术史复杂的表象中，挖掘中国传统绘画的精神本质。以传统中国画中的核心艺术范畴："神"、"理"、"意"，来阐释"真"，分析"真"的具体内容和表现。"神"、"理"、"意"就是"真"在历史进程中的具体展现，它们是特定时代思想文化之产物。论文运用了史论结合的方法、比较研究的方法以及文献考据、分析、推理和例证的方法。通过的中国画核心艺术范畴的研究，探寻古代大师艺术创作思维及审美理想的真义；通过对中国传统绘画特征与创作规律的揭示，进一步理解中国画的精神本质。文章主要分为五部分：引言简述了研究的目的和意义、方法等。第二章主要论述了"图真"说的源流，说明了荆浩的"图真"说来源及对后世绘画的影响。第三章则论述了"图真"说的意蕴，通过"传神"与"图真"、"明理"与"图真"、"写意"与"图真"等三部分，阐明了"神"、"理"、"意"与"真"的关系。第四章通过论述"生命即本体"的思想、"图真"与"生命精神"两方面，阐明了"图真"说的本质。最后，作者论述了"图真"说的当代意义，指出继承中国画传统中的求"真"精神，构建具有当代精神内涵的中国画艺术形态。

关键词：绘画理论　真　中国画　山水画

3871

中国当代公共艺术研究 / 吴士新著 ; 张晓凌指导. 中国艺术研究院, 2005. -- 89 页

本文将中国当代公共艺术作为研究的课题，对中国当代公共艺术中的一些现象作出批评和反思。文章首先对与"公共艺术"相关的概念——"公众"、"公共"、"公共空间"等进行了阐释，并对公共艺术的形态、公共艺术产生的缘由和历史等作了较为系统的梳理，探讨了公共艺术与环境艺术之间的密切关系。接着，论文对中国当代公共艺术发展的历史进行了回顾。作者指出，中国公共艺术大体上经历了壁画热、城雕热、环境艺术等几个阶段。文章对 80 年代公共艺术作品的特点、公共艺术的作用、公共艺术的实施过程作了有重点的分析和研究。结合 90 年代中国社会发展的特点，作者从中国市民社会的形成、公共艺术的语言特点、环境设计艺术、公共空间福利化和商业化特点、社区公共艺术、公共艺术的民主性和开放性、唯美性(公共景观艺术)等不同层面对 90 年代公共艺术的发展作了梳理、分析和研究。最后，作者提出中国当代公共艺术的发展中许多问题值得反思。比如，对公共艺术受众主体的认识、公共艺术家对艺术语言及公共性的理解、公共艺术主体问题以及公共艺术制度等，文章对这些问题进行了分析探讨。

关键词：城市景观　环境设计　公共艺术　壁画　雕塑

3872

德国表现主义绘画在中国的传播和影响 / 徐沛君著 ; 王镛指导. -- 中国艺术研究院, 2005. -- 112 页

本文探讨德国表现主义绘画在中国的传播和影响。文章认为，兴起于 20 世纪初的德国表现主义绘画，其风格语言乃至精神内涵都在西方现代主义诸艺术流派中独树一帜。表现主义艺术思潮的产生和繁荣与德意志民族的艺术传统、德国社会的现实处境以及外来文化的影响有关，也间接地反映了 20 世纪初前后整个欧洲的社会心态。德国表现主义在 20 世纪 20 年代传入中国后，其精神要素与中国当时要求变革的文化心态相呼应，由此出现了中国表现主义绘画的初步实践。80 年代前后，表现主义再次对中国绘画产生影响。中国绘画从自身的需要出发，对表现主义作了有选择的吸收，并对它作了转化。表现主义传入中国，对中国多样化绘画格局的形成具有促进作用。

关键词：绘画风格　表现主义　德国

3873

分流与整合："马来西亚华人中国绘画"概念的梳理和思考(1919—1965) / 颜泉发著 ; 范景中指导. 南京师范大学, 2005. -- 118 页

本文从马来西亚华人中国绘画的产生背景，对基

础概念进行了梳理和思考，并为马来西亚华人中国绘画如何面对中国传统绘画，提出了理论概念的发展、解释基础的增强和分析方法等问题。论文分四部分，首先，对"马来西亚华人中国绘画"的概念进行了梳理，回溯了当代中国移民动态与马来西亚中国绘画的萌芽问题、马来西亚华人美术史的划分时期，指出"马来西亚华人中国绘画"及"国画"被当作现有的概念来应用，但它所蕴涵的历史文化意蕴，却远远超越了现有的概念和定位的意义。其次，阐述了"五四运动"的影响和侨民意识，指出马来西亚华人中国绘画总体上是旧和新的交错，是对中国绘画的临摹。再次，阐述了马来西亚华人中国绘画逐渐本土化的过程，重点放在对南洋色彩的提倡，并分析了其作品色彩的转变和身份认同。最后，总括马来西亚华人中国绘画的最终形成，指出其确立了"马来亚化"本位，探讨了中国国画、中国绘画、南洋色彩、南洋风格、马来亚化、马来西亚华人中国绘画等诸概念的演变及形成过程中，构成了马来西亚华人关于自身历史命运的艺术叙述链条中的一环。

关键词：中国画　华人　马来西亚

3874

毛泽东图像研究 / 杨昊成著 ； 范景中指导． -- 南京师范大学，2005． -- 167 页

本文认为，毛泽东图像制作的发展与研究已经超出意识形态和纯美术领域而堪称一门独立学科，文章意在挖掘它产生的源头，寻找其发展的脉络，揭示其与现当代中国社会各个层面之间千丝万缕的联系。全文除绪论外共四章。第一章介绍毛泽东由一介平民逐渐成为中国人民"大救星"的历程，认为，毛泽东图像的诞生正是对这一初升的"红太阳"真诚、朴素的形象写照。第二章写建国后至"文革"前的十七年，毛泽东作为新生共和国的最高领导者。毛像及其制作越来越呈现出超美术的特征，从而在组织者、创作者以及欣赏者的心中均造成有别于一般美术品的情感回响。毛泽东图像被赋予的不同寻常的政治美学功能，使它的制作在安全有保障的同时，也带有极高的风险性。第三章研究了"文革"期间的毛泽东图像。认为它是中外美术史上旷古未见的一道神异的景观。它既是"文革"的直接产物，又最为形象地强化了"文革"的权力意志和话语霸权，被无情而泛滥地用作造神的最便利的工具。它首先是政治的，其次才是美术的；值得注意的是毛泽东本人的态度：他由起初的鼓励或默许，逐渐变为反感和无可奈何。第四章论述了后毛泽东时代，将其具体分为后"文革"、"'85 美术新潮"、"'89 现代艺术展"、20 世纪 90 年代前后复燃的"毛泽东热"，以及中国社会由政治型向经济型的转换等几个阶段。文章认为，最后走下神坛的毛泽东被维护、怀疑、追问、指斥、怀恋、戏说、赏乐、开发，而总的趋势是被边缘化。

关键词：毛泽东（1893～1976）　肖像画　文化大革命　意识形态

3875

美术史视野中的知识与观念 ：清季民初美术史写作的批判研究 / 杨振宇著 ； 曹意强指导． -- 中国美术学院，2005． -- 162 页

本文尝试从美术史学科的成果出发，重新梳理、回顾、反思清季民初学人所积累的美术史写作遗产。文章以滕固为主线，以康德—新康德哲学和德语美术史学观念的东渐为视点，对梁启超—王国维—蔡元培—宗白华—滕固等学人的相关美术史写作个案进行批判性阐述，力图勾勒出清季民初美术史写作（或可称为潜 / 前美术史）和德语美术史内在的发展关系；描述和揭橥中国现代美术史得以形成的知识和思想资源，致力于为理解中国现代美术史写作的发生和形成提供一种新的阐释语境。本文具体章节内容：第一章导论，阐述论文主题的学术背景和渊源；第二章"梁启超和中西文化冲突之间"，阐述清季民初"危机"背景下梁启超对于文化冲突的理解和反思，美术得以进入思想史同康德思想东渐之间的内在理路；第三章"王国维和交织中的学术范式转换"，主要论述王国维对以康德为代表的德国哲学、美学、教育观念的引介，以及由此而成的新知识学平台、语言观、美术观和批判式的美术写作模式；第四章"蔡元培和包罗万象的美育公共方案"，蔡元培将中国和德国的两种教化传统统摄在"美育"理念中，成为一个包罗万象的方案，由此扩大了美术概念的内涵，推进了美术史写作的范围和方法；第五章"宗白华和被构建的艺术学'传统'"，阐述宗白华对于康德美学思想的挪用、"非历史化"的艺术学写作以及在对中国艺术观念开掘和建构过程中表现出的新传统主义价值取向；第六章"滕固和中国现代美术史学的雏形"，阐述滕固借德语"文化科学"的观念解决自梁启超以来中西、新旧文化冲突的问题而采取的写作方案、阐述模式和风格理念，通过这种批判性阐释来梳理和反思滕固美术史写作中面对的情境和问题；第七章"结语：回顾和反思"。

关键词：美术史　清末民初

3876

丰子恺绘画中的诗意 / 张斌著 ; 邵大箴指导 . -- 中央美术学院, 2005 . -- 183 页

本文分四章展开论述。首先简述了“诗意”在中国画领域的滥觞,并理解其四点内涵:一、它是一种较为抽象的创作法则与审美尺度,是艺术表现的中和适宜的状态。二、它是具有创造性的想象力,是一种形而上的幻想性的审美精神。三、它她是艺术品的情感形式。四、它是一种常理,核心是永恒不变的人情。基于这样的理解,文章从五个方面来考察丰子恺绘画诗意的渊源:即丰子恺童年时代民俗浓郁的乡村生活、对佛教的感悟与体验、周围的人文环境、学习经历、个人生活磨难。接着,论文从文化人类学、佛学、古典美学、中西文化比较、文艺心理学等五个视角,讨论了丰子恺绘画中诗意的理论性质和特点,并按诗意特点对丰子恺绘画作品进行了分类。最后,扼要阐述了探讨丰子恺绘画中的诗意对我国当代美术创作实践和理论研究的现实意义。文章指出,丰子恺绘画中诗意温柔敦厚的中和精神和宁静致远的境界,体现了他的人格力量和全面的文化修养。

关键词:丰子恺(1898 ~ 1975)　中国画　诗意

3877

明末清初徽州商人的艺术赞助与收藏 / 张长虹著 ; 卢辅圣,潘公凯指导. -- 中国美术学院, 2005. -- 227 页

本文以明末清初徽商与艺术赞助和收藏的关系为考察要点,以期就徽商赞助于明清艺术史发展的影响梳理出一条线索,对徽商藏品的出路作出交代。作者意在以跨学科视角,以为人所忽视的史实,说明艺术品的投资与经营也是明清徽商的主要经营项目之一。与徽商集团的兴衰相始终,明清时期的艺术品投资和收藏与其有着直接联系;徽商赞助对于“新安画派”和“扬州画派”的兴起客观上起了重要推动作用。徽商藏品的出路,除丰富的国内市场和广阔的海外市场,有家族传承式的“世守”现象。而“世守”过程中,可能会出现因外在因素(战乱、家道中落等)而导致的藏品散失,或者因子孙登科,藏品性质转变,游离于产业资本。艺术品交易能获致高额利润,使得徽商的产业资本进一步扩大化,因此,在徽商艺术品的经营过程中,进入流通市场的艺术品也具有商业价值,也更能体现徽商商品意识和市场意识的超前性。全文除绪论和结论,包括“明中期鉴赏风尚的转移”、“晚明徽商与苏州艺术市场”、“晚明徽商对艺术品的赞助与经营”、“徽商赞助与艺术传播”、“石涛《黄山图》与清初徽商赞助群体”、“明末清初江南艺术市场与艺术交易人”、“明清徽商艺术收藏品的世守现象”、“明清徽商与艺术品的海外贸易”八个部分。

关键词:徽商　艺术赞助　收藏　艺术品　明末清初

3878

艺术中的复杂性问题研究 / 张歌明著 ; 杜大恺指导. -- 清华大学, 2005. -- 150 页

随着 20 世纪量子力学的出现,模糊性和不确定性逐渐取代了决定论的确然性,复杂性科学应运而生。本文即试图以复杂性思维去认识和研究艺术发展和艺术规律方面的问题。全文共四章。第一章为引言,介绍了本文的研究背景与意义、国内外理论研究现状及研究方法。第二章是对艺术中复杂性问题的具体探讨。作者通过对整体与局部、线形与非线性、偶然与必然、有序与无序、模糊与清晰、混沌与创造之间相互关系的分析,试图解释艺术中的复杂性问题。第三章从“什么是艺术”——“现成品”产生的必然性、分出新型的艺术——艺术的分型、以混沌的方式——结合教学的探索和实验、对残缺做设计——日本文字的设计和使用四个方面,分析了复杂性理论对艺术的影响。第四章为结论。作者认为,如果克服简单性思维的束缚,就会看到一个更全面、更微妙、更自然、更客观和更富于变化的艺术图景,并帮助开启艺术创作、艺术诠释和艺术教育的新领域。

关键词:艺术理论　复杂性　偶然性

3879

汉至清代《考工记》研究和注释史述论稿 / 张言梦著 ; 范景中指导 . -- 南京师范大学, 2005 . -- 72 页

论文以汉至清代《考工记》注释和研究情况作为研究目标,对清末以前《考工记》的注释和研究史进行一次全面的、科学的、富有批判性的考查和梳理。文章内容主要是评析汉唐、宋元明、清三个时期《考工记》训诂、疏证、阐义所具有的不同特点和学风,包括:汉唐时代《考工记》的流传和注疏、《考工记》补配《周礼》和《周礼》的行世流传,三国两晋南北朝《周礼》研究和注释辑说,宋元明时代对《考工记》的注释和研究、宋元明《周礼 · 冬官考工记》的研究和注释情况等等。重点研究郑玄、贾公彦、乾嘉汉学大师江永、戴震、程瑶田和孙诒让在《考工记》注释研究上所取得的重要贡献,包括汉儒对《周礼》的注释及郑玄注《周礼

·冬官考工记》的成就、唐·贾公彦《周礼·冬官考工记疏》的得失、林希逸《鬳斋考工记解》与宋明《考工记》单注本的出现、俞庭椿《周官复古编》对宋元明《考工记》研究的影响、乾嘉学派主导下的清代《考工记》注释和研究、乾嘉汉学的振兴与江永和戴震对《考工记》的研究和注释、程瑶田的《考工创物小记》与清代对《考工记》开展专题研究的情况、清代《考工记》研究和注释的集大成之作——孙诒让《周礼正义·冬官考工记》。

关键词:《考工记》《周礼》 工艺美术史 手工业史 文献学

3880

"油画民族化":董希文的理论与实践研究 / 周功华著 ; 邵大箴指导. -- 中央美术学院, 2005. -- 100页

作者指出,"油画民族化"是20世纪五六十年代间在中国美术界产生的重要现象。它不仅是一个口号,而且也是一个理论命题,一次美术思潮——一种风格样式的实践追求。"油画民族化"这一话语的出现,既与中国近现代复杂的社会历史演变和思想文化进程相关,又牵涉到政治、思想、文化、艺术等复杂关系。董希文与"油画民族化"理论及实践有着直接关系。他是这一口号酝酿及形成的最早参与者,而且对这一命题作过系统的阐述,这个概念曾长期影响到中国油画的实践和理论的发展。他的绘画实践和理论是中国"油画民族化"理论的具体阐释范例。董希文的艺术实践历史地成为"新中国美术"早期的一个重要组成部分。本文采用话语分析的方法,旨在对"油画民族化"进行语境还原和语义辨析,从而对其命题的时代性和实践的规范性予以限定,探明其历史的真实内涵,释放其语义张力;将董希文置于"油画民族化"这一历史话语中,考察其相关艺术理论与实践,比较并确立其独具特色的个人风格及地位。

关键词:董希文(1914~1973) 油画 绘画技法 民族化

艺术设计学

3881

从一体化到分化:中国现代陶瓷艺术发展历程的分析 / 蔡孟著 ; 杨永善指导. -- 清华大学, 2005. -- 174页

作者首先描述了现代陶瓷艺术一体化发展的情况。在对20世纪40年代陶瓷业的发展状况作了概括性的介绍之后,作者指出现代陶瓷艺术的一体化发展主要表现在四个方面:一是对"陶瓷美术"认识的一体化。二是行业生产、管理体制的一体化。作者认为计划经济体制是行业生产、管理体制一体化的主要原因,同时指出这种一体化在促进传统陶瓷技艺的恢复、继承以及建国瓷、出国展览用瓷的创作方面都有着积极的影响。但是这种观念严重阻碍了陶瓷产业的工业化发展进程,用工艺美术品产业化的生产观来进行美术品的生产必然违背艺术的发展规律。三是艺术表现形式、风格的一体化。作者认为意识形态的集权是造成这种一体化的主要原因。四是陶瓷美术教育的一体化。作者指出经济发展的功利性在很大程度上导致了陶瓷美术教育的一体化。接下来作者将讨论转向当代陶瓷艺术的分化,认为现代陶艺创作与艺术设计是当代陶瓷艺术表现形式的分化;大众化与精英化是其文化形态的分化;美术教育与设计艺术教育是其教育形式的分化;在这种讨论的基础之上,作者得出分化是当代陶瓷艺术的发展趋势的结论,认为这是陶瓷美术创作与陶瓷设计艺术各自建立起各自系统的自律性、规范性走向成熟的开始。

关键词:陶瓷艺术 陶瓷设计 艺术风格 一体化 工艺美术史

3882

巧适事物:从"金"探究中国古代设计思维方式 / 胡飞著 ; 柳冠中指导. -- 清华大学, 2005. -- 316页

本文从五行之"金"入手,探究中国古代设计思维方式及其现代转化。研究主要包括三部分:第一部分,运用文字学方法和考古类型学方法,通过"金"的典型器物研究,探讨中国古代"金"之造物的设计演进逻辑和设计文化意识。作者指出,五行之"金"具有典型的人为特征、技术特征和服务于国家机器的特征。中国古代之"金"之造物设计,以主体价值为核心,依据"事"的变化而不断转化,整体呈现出从实用到观念的倾向。以此为线索,文章又在第二部分探讨中国古代设计思维方式,透过古代工艺典籍的考察,追溯至古代思维框架的源头"三才观",进而综合而成中国古代设计思维方式,其整体的认知结构模式、联系的思维方法模式、和谐的价值结构模式,既呈现出从致用到应变出发、因任自然、重视社会群体和实用技艺的倾向,又存在一定的缺陷。第三部分,作者通过与西

方现代设计理论的互读互译以及对现代设计实践的重新思考,探讨中国古代设计思维方式的现代转化。作者认为,以西方现代设计科学理论为支点,建构出“巧适事物”的设计思维方式系统模型,并以之对“筷子——亚洲食文化研究”项目进行重新思考,同时提出“知行相须”,对设计知识、程序、方法进行了论述。最后,作者总结了中国古代“金”之设计演进逻辑、中国古代设计思维方式的评说以及“巧适事物”的再透视。

关键词:金属器物　工艺美术　设计理念

3883

制陶传习与系统施教 :对我国高校陶瓷设计教育的认知与思考 / 李正安著 ; 杨永善指导. -- 清华大学, 2005. -- 171 页

本文全面系统地阐述了我国高校陶瓷设计教育,共分七章。第一章为引言,提出了研究的问题,陈述了研究动机、思路和方法,并对相关的文献进行综述。第二章和第三章,阐释了高校陶瓷设计教育的基本概念,以及它所具有的历史性、文化性、双重性和无可替代性等,围绕人类生活与陶瓷设计教育的关系,陈述陶瓷设计教育理应成为一片极具教育潜能、值得我们去倾力扶植的教育园地。第四章和第五章,则分别侧重于梳理、串联、探析我国几种主要的陶瓷设计教育形式的历史演变,就其较为典型的成败优劣,做出相应的研究论证。第六章总结了一些国外近现代陶瓷教育渐变发展与注重特色的经验,以及他们建立在全局观念上的教育思想和实践,以作为我们改进、完善高校陶瓷设计教育的参照。第七章中,作者阐述了在完善教育思想、建立全局观念的前提下,抓住现代化发展机遇,坚持和优化专业特色,利用当前增长因素,整合各种资源和加强学术建设的主张。作者提出,为全面认识我国高校陶瓷设计教育,就必须从两条基本线索入手:一是长期以来以手工技艺传习为特点的中国传统陶瓷设计教育及其对后世根深蒂固的影响,二是在产业革命后社会不断进步的影响和作用下以系统施教为特征的高校陶瓷设计教育。

关键词:制陶方法　工艺设计　艺术教育　高等学校

3884

中国旅游的文化创意设计理念与再造策略 / 林采霖著 ; 高中羽,杨夏蕙指导. -- 清华大学, 2005. -- 199 页

文章以整个中国(含港、澳、台)为空间范畴,其中又以海峡两岸为主要研究场域,努力实现了定性和定量方法地结合。定量调查经由模糊德尔菲法专家问卷筛选再造策略之关键要素之后,应用阶层层级分析法专家问卷建立权衡排序,再辅助叙述分析法大众问卷了解一般民众对此研究议题的观点与共识。调查结果证明,无论是内地或台湾学者专家及民众的观点相当一致,共识性高,由此证明“理”是不分地域而相通的。文章再造策略研究的重要思维是“在原有基础下进行再深挖、再创造”,所得结论是:中国旅游的文化创意设计理念分为“文化价值开发”(文化资源)及“创意形象设计”(形象增值)两大主轴,提升文化无限价值力。文化创意再造策略对内以“地方活化策略”(文化体验)、对外以“地方营销策略”(品牌营销)来推动文化旅游,体现文化无限的再造力,创造感动消费的价值。论文主要分为引言、文献研究、文化创意设计理念与再造策略基础建构、定量研究设计与结果分析、实践案例解析、结论等部分,其中以广东珠海御温泉、台湾安平港历史风景区、台湾叁山公营风景区等案例对旅游的文化创意、设计理念与再造策略进行了分析。

关键词:旅游规划　旅游设计　文化产业　文化创意

3885

以人为本 :设计程序与管理研究 / 刘瑞芬著 ; 李砚祖指导. -- 清华大学, 2005. -- 254 页

作者认为,中国设计界提高自身设计水平和能力的途径之一是对自身的“管理”。文章研究重点在于如何建构对设计艺术自身的管理理论和机制,包括设计咨询、设计策略、设计组织、设计稽核、设计沟通诸环节等。本文研究均建立在以“人”为中心的思想基础上,基本采用量化的研究方法,以“设计人”(设计者等)为研究对象,对中国大陆、港台地区的相关设计组织及其人员的现状,从系统管理学角度进行分析,建构了一个初步的设计管理的理论框架,并对中国设计界开展设计管理提出建议。研究主要成果包括:1.提出设计程序与管理的核心理念和原则,这主要涉及:①设计核心能力;②设计源泉;③影响设计变化的因素;④设计的威胁性。2.提出了突破屏障实施设计咨询的理论与方法,重在确立设计者在设计咨询中心的职能角色,并应注意策略思维、策略适合与策略目的及设计程序提供者方面的因素。3.提出设计策略中应树立主体意识,建立完善的设计策略架构,包括

五个方面:①阐释企业的竞争性策略;②执行设计策略的要求;③确保设计策略和其他功能之间的交流;④设计策略计划;⑤设计策略绩效测量。4. 提出再造流程与竞争优势中进行设计组织革新及利用组织外资源的问题,包括设计关系的确立、设计资产保持等内容。5. 探讨了设计稽核变革的成因,对设计界进行设计稽核提出关于设计稽核程序、设计稽核实务和设计稽核的未来等三方面的建议。6. 提出了设计沟通的模式,认为在设计沟通中,要注意两种关系,即设计和品牌结合的关系、设计沟通和设计管理的关系。论文最后论述了研究的结论和相关建议,并作了进一步的总结。

关键词:产品设计　艺术设计　设计管理　以人为本

3886

设计文明的事理研究方法 :以古代美索不达米亚与中国的案例比较为例 / 吕杰锋著 ; 柳冠中指导. -- 清华大学, 2005. -- 168 页

作者认为,以事理方法研究设计文明的目的,就是基于对设计文明面貌的感性还原,通过对人为事物的内在联系和作用的理性重构,探求一般抽象的人为事物之事理、设计文明之哲学。全文共分七章,分别从相关概念、研究视野、设计文明事理观、研究方法、设计文明案例的事理研究等方面展开探讨。文章将设计文明事理研究的方法体系,分为方法观念层、方法理论层和方法操作层三个层次。方法观念层表现为"设计文明事理观",是对认识对象的观念、对认识活动的态度、规划认识方法的原理、提携认识的过程的条理。方法理论层表现为狭义的"设计文明事理研究方法",它将人为事物抽象为由"内部因素"、"外部因素"、"目标"、"主体"四大要素构成的一般结构。方法操作层次表现为设计文明事理观下的设计文明事理研究方法的现实应用。本文以"楔形文字与甲骨文的事理比较研究"探求目的与内、外部因素之间联系与作用的形式及其规律;以"美索不达米亚与中华古战车的事理比较研究"探求外部因素与内部因素之间联系与作用的形式及其规律;以"圆筒印章与中国玺印的事理比较研究"探求主体与目的、内部因素、外部因素之间联系与作用的形式及其规律。

关键词:艺术设计　工艺美术　美索不达米亚　艺术史

3887

天声人语 :中国传统木设计文化研究 / 杨瑞著 ; 柳冠中指导. -- 清华大学, 2005. -- 202 页

本文研究的主题是中国传统木设计文化发展及其核心精神,共分七章,着重研究了三部分内容:(1)传统木设计文化的发展脉络及发展变迁的深层原因;(2)传统木设计文化的多样性与普遍性;(3)传统木设计文化的象征意义和核心精神。文章指出,中国传统木设计文化发端于原始社会时期,奴隶社会至春秋战国是其历史变革期,确立了它的基本性格特征。传统木设计文化在唐宋发展到高度成熟阶段,在明清时发展到鼎盛,清代以后则由高峰滑向低谷。中国传统木设计文化的变迁有自然、社会等因素,中国古代地域的广博和相对封闭性,木材资源分布的广阔和多样性,是其形成多元一体格局的主要影响因素。社会结构因素中,古代经济、技术等的发展对传统木设计文化带来直接的影响,导致其进化式发展,而农业经济生产方式带来传统木设计文化重实用、保守的一般社会风貌。社会虚设因素则从心理结构层面对传统木设计文化产生影响,其中"天理"宇宙观对其核心精神的形成具有更为深刻的影响。作者认为,传统木设计文化是蕴涵着丰富文化象征性的观念文化,它所沉淀下来的文化资源是今天发展中国特色的设计文化的重要源泉,是承载着"天声"与"人语"和谐对话的造物文化。其理性层面实现了自然与人事的理性之"和";感性层面实现了自然与人为的审美之"和"。两个层面实现的纽带——传统木作技艺以"自然造化"和"人工意匠"的合一为最高境界,在心灵层面将"和谐"精神净化与升华了。

关键词:木材　艺术设计　传统工艺

3888

我国高校校园规划的前期论证体系研究 / 朱宇恒著 ; 王国梁指导. -- 中国美术学院, 2005. -- 202 页

本文通过分析研究我国高校自1999年扩招以来校园建设的现状,针对高校校园规划中出现的诸多问题,提出并构建了一套高校校园规划前期论证体系,明确了该体系的构成要素,从认识论和方法论两方面论述了影响高校校园规划的一系列理念和原则,分析了高校校园规划前期所要论证的具体内容,并以亲身实践为例阐述了对该体系的实际应用。论文除前言、结语,包括三个部分:第一篇,现状,概述了我国高等教育规模的发展历程和高校校园建设,评析了当前我国高校校园及大学城规划;第二篇,体系,构建高校校

园规划的前期论证体系，分析了包括政策、技术和规划规模在内的影响体系构建的因素，指出体系对高校校园规划的方法论意义上的先导性，并且细化了高校校园规划的前期论证内容；第三篇，实践，以浙江大学紫金港校区西区规划为例，讲述了前期论证的背景、目标、过程、内容，评述概念性规划设计的各竞赛方案，并在对规划的前期论证进行经验评析的基础上指出其存在的主要问题。文章从完善我国高校校园规划前期论证机制和方法、提升高校校园规划理念和层次的研究目的出发，对高校校园规划前期论证体系概念和理论的创新及其应用实效性进行了探索。

关键词：校园规划　高等学校　大学城

戏剧戏曲学

3889

对抗与交融：明代中后期雅俗观念与戏剧创作 / 蔡美云著；麻国钧指导. -- 中央戏剧学院, 2005. -- 106 页

本文探讨了明代中后期在戏剧创作和理论领域中存在的雅俗观念既交融又对立的关系，以及它们对当时戏剧的创作思想和艺术特征的共同影响。全文共四章。第一章从明代中后期的背景出发，勾勒出雅俗观念在此时发展和变化的轨迹，指出明代中后期商业经济兴盛和蓬勃发展带来新文化思潮兴起，新的价值观念影响并促进新的生活和艺术的选择，此时的雅俗观念和它们之间的关系也呈现出与以往不同的面貌，与文学艺术形成互动影响。第二章着重论述了明代中后期戏剧雅俗关系的嬗变，指出属于俗文化范畴、体现俗的审美趣味的宋元戏曲到了明代被贵族化、文人化，文人与贵族的审美好尚和价值观念从内容到艺术形式都深深浸染着此时的戏剧创作。第三章论述明代中后期戏剧创作思想的雅与俗，指出戏剧作家们自觉以“情真”作为审美价值的标准，不仅在作品中酣畅淋漓地抒发自我的情志，更为突出的是情爱意识得到了前所未有的重视和张扬，但同时文人作家也受到来自强势的传统观念或多或少的束缚，因而或隐或显地表现出内心的不安、惶惑和矛盾。第四章从戏剧语言和声腔两方面论述了明代中后期戏剧艺术特征的雅与俗，指出明代戏剧语言的风格大体上经历了由俗到雅、以俗为美、追求雅俗共赏的审美理想的过程，而戏曲的声腔也经历了雅与俗的此消彼长的过程。

关键词：戏剧创作　戏剧语言　戏剧美学　审美

3890

第五代电影：现代性的追求与反思 / 陈捷著；胡星亮指导. -- 南京大学, 2005. -- 105 页

本文以将“现代性”与“现代意识”引入中国电影研究的基本视点，就“第五代除了在影像层面的创新之外，在文化和思想内涵的‘现代意识’上为中国电影提供了什么，以及这种‘现代意识’如何呈现”这一核心问题进行讨论。“中国现代电影”的主流传统是一种以“进步电影”为源头，以“五四”思潮所带来的“中国现代意识”为内核，以“影戏”模式为外观的电影传统。作为第五代电影创作主体的第五代导演，其“知青一代”的身份认同和在“文革”中的个体经验，决定了他们对于历史尤其文革的反思指向和深度，一种面向“现代性”的反思，面向作为主流传统的“中国现代意识”的反思，分别呈现为一种具有个体意识的“人”的表述、一种具有生命意识的“乡土”表述、一种建立在城市反思基础上的“城市”反思。由此，第五代电影呈现出这样一种建立在“主题性”基础上的“现代意识”：试图以个人的主观视点重视“历史”，以个体的有限生命对抗无限的压抑个体的非生命因素，不断强化个体力量，同时追求将个体生命融入自然中以获得更大的生命能量。这种乌托邦化的理想不仅与主流的中国现代意识发生冲突，也在他们自己的现代性话语中产生了裂隙。

关键词：电影评论　第五代电影　现代性

3891

中国现当代历史剧的启蒙精神 / 邓齐平著；董健指导. -- 南京大学, 2005. -- 125 页

启蒙精神是中国现代社会现代性的核心，它的本质内涵是怀疑、批判、否定的理性精神。在历史剧创作中，主体精神的现代性是保证历史剧现代性的前提。现代历史剧创作中的主体精神的现代性标志是主体对启蒙精神的把握和运用。五四史剧是翻案史剧，剧作家以人性为基点解读历史和理解古人，使历史剧创作的真实观由古典意义上的客观真实转向现代意义上的主题性真实；翻案史剧中的启蒙精神和心理史剧的现代性为中国现当代史剧发展奠定了基础。1940 年代，剧作家借助“新启蒙”的爱国民主精神，将历史剧创作推向新的高峰，启蒙精神成为历史剧现代精神的内在灵魂。同时，作者认为，中国现当代历史

剧的现代性的发展是在与反现代性的较量中艰难发展的。50—60年代,启蒙精神被消解,历史剧的现代性发展被中断,"历史主义"和"古为今用"的原则成为此后历史创作中的教条主义。1980年代,历史剧回归五四启蒙精神,创作主体地位的合法性得以确立,富有时代特征的启蒙精神使新时期历史剧创作取得了辉煌成绩。本文从大量史料出发,对中国现当代历史剧创作和理论进行梳理和分析;并且,作者提出,在历史剧创作中存在着"历史戏剧化"和"戏剧历史化"两种不同的思维方式,在中国现当代历史剧创作中,相应地出现了两种不同的创作方式。

关键词:历史剧 戏剧创作 现代性 启蒙精神

3892

"人民电影":政治主导与审美选择 : 中苏比较视角下的"十七年"中国电影研究 / 洪宏著 ; 胡星亮指导. -- 南京大学, 2005. -- 114 页

在参与形成"十七年"中国电影个性和特质的种种合力中,苏联电影作为主要的外来影响源,扮演了重要的历史角色。它在"十七年""人民电影"创造机制的作用下,推动着"十七年"电影的历史发展,对"十七年"各种题材、种类的电影创作及银幕美学形态的形成,发挥着独特作用。本文在中苏比较研究的视角下,以中苏政治、文艺的事实联系为基础,围绕政治和审美两大因素,从上述几个方面,揭示了"十七年"中国电影与苏联电影的内在关系。全文分为六章:第一章主要探讨苏联影响与"十七年""人民电影"创造机制之间的关系;第二章着重论述苏联影响与"十七年"电影历史发展进程的关系,突出苏联影响的事实基础,并讨论了"十七年"电影与美国好莱坞、意大利新现实主义及法国新浪潮等世界电影间的联系,旨在将"十七年"电影置于多重外来电影资源中考察,以发现苏联影响的实际效果;第三、四、五章对苏联影响在"十七年"电影创作与改编实践中的表现进行具体分析,分别论述了苏联电影对"革命历史题材"电影、现实题材喜剧电影和文学名著改编电影的影响,并评判了这种影响所产生的正、负面作用;第六章则探讨了"十七年"银幕美学形态与苏联电影美学的内在关系。

关键词:电影史 电影艺术 审美 苏联电影

3893

论中国传统戏曲表演中的形与神 / 李季纹著 ; 张仁里指导. -- 中央戏剧学院, 2005. -- 101 页

本文的要旨在于爬梳"形"与"神"在中国戏曲表演中的定义、特殊性与作用,从中国古典美学的论述中寻找"形"与"神"在艺术审美价值上的特殊位置,从各种古典剧论中寻找"形"与"神"在表演创作方法上的关系、地位与原则。论文第一章从历代古典剧论中爬梳出关于表演的论述对于形、神的界说、要求,以期对古典剧论中的形神论进行全盘了解;第二章以形神论为切入点,讨论"写意"与"写实"的戏剧观在戏曲表演创造上互相拉扯或相辅相成的关系;第三章以京剧的第一个流派——梅派的创始人梅兰芳及生行中表演特征最为突出的麒派周信芳为范畴,从这两位艺术家在京剧表演上进行的创造讨论形神论在其中的作用及其创造规律;第四章结论,透过以上论析,说明形神论不只是一种美学评价,还是一种创造原则,传统剧目的搬演是否能有新诠释,新编剧目能否在移步换形的条件下创造神采,都必须过形神这一关的检验。在当代中国话剧舞台上,传统戏曲表演的形神论,也有值得借鉴之处。

关键词:戏曲表演 戏剧美学 表演艺术

3894

现代戏剧对非理性心理的开掘及表现方式研究 / 刘红卿著 ; 丁涛指导 . -- 中央戏剧学院, 2005 . -- 141 页

作者通过对易卜生、斯特林堡、奥尼尔、田纳西·威廉斯和阿瑟·米勒戏剧作品的精读,考察了现代戏剧中表现方式与表现内容的关系。首先,文章考察了象征这一表现方式,指出在易卜生的后期戏剧中,象征已成为展现人物深层非理性心理的重要表现方式,读者可以感受到主人公潜意识世界中的激情和矛盾困境。其次,考察了梦幻,指出在斯特林堡的后期戏剧中,梦幻成为一种展现人物深层潜意识世界的一种表现方式,表现了人物内心深处灵魂的斗争与痛苦。再次,考察了独白和旁白,指出在《麦克白》、《从清晨到午夜》和《琼斯皇》中,独白成为展现人物非理性心理的一种表现方式,它的运用和展现人物深层无意识心理是合一的;旁白也成为展现人物深层无意识心理的一个重要表现方式,在展现人物内心深层隐蔽心理方面有着独特的优势。接着,考察了面具,指出在开掘人物深层的心理世界方面,它起着重要的作用,可以成为人物潜意识心理的物化形象,而在奥尼尔的《大神布朗》中,面具的作用是人格的置换,是双重和多重人格的形象化外观,是打开人物深层心理世界的一把钥匙。再次,考察了回忆和幻象,指出回忆也是展现人物深层无意识心理的重要表现方式,在特定情

境刺激下,人物直接讲述往事和把往事直接外化到舞台上,是回忆的两种基本方式;幻象是把戏剧人物潜意识中涌现出来的事物或行动直接在舞台上展现出来,从而取得比人物直接叙述更强烈的戏剧效果;对回忆和幻象的使用,受制于其所要表现的内容,要为表现的内容服务。最后,文章通过以上考察得出结论:对人物深层非理性心理深入开掘的特点,是西方现代文学和艺术的一个基本特征,现代戏剧对戏剧人物非理性世界的开掘与整个西方现代文学和艺术思潮是同步的,它们都深受非理性主义思潮的影响。

关键词:戏剧研究　人物形象　心理描写　艺术手法　象征

3895

后现代文化的重要表征:美国当代动画电影研究 / 彭骄雪著 ; 周安华指导. -- 南京大学, 2005. -- 164 页

20 世纪 70 年代以来,美国当代动画电影逐渐发展成型,在艺术风格、类型模式、美学追求以及所负载的文化内涵等方面都已产生了颠覆性改变,趋向于认同和呈现后现代美学追求,成为一支不可忽视的后现代文化支流。本文立足于在明显呈现后现代社会性的当代美国社会下来考察美国当代动画电影。论文的绪论对动画电影的概念进行界定,简述了国内外对动画电影(包括美国当代动画电影)的研究现状,勾勒了美国动画电影的整个发展史,将其分为初创期、现代期和当代时期三个阶段,分析了进入后现代社会阶段的美国的社会及其文化概况,并阐发了作者研究的逻辑和价值;论文的主体分为四章,分别论及,美国当代动画电影的发展、动画电影艺术特质及其与后现代文化在审美取向上的契合、美国当代动画电影中后现代美学特性的深化及其与美国后现代社会文化的互动;结语部分得出结论:美国当代动画电影是其所处的后现代社会重要的文化表征,研究的意义还在于,对目前国产动画电影从产业到文本模式全面借鉴美国动画电影的战略进行反思。

关键词:动画片　后现代主义　美国

3896

明清江南曲会研究 / 任孝温著 ; 俞为民指导. -- 南京大学, 2005. -- 141 页

曲会指演唱曲子的集会,它是明清时期流行于江南一带的演艺活动形式。本文试图就曲会作初步研究和探讨。全文由三章组成:第一章,关于曲会生态和背景的研究,主要涉及吴歌、民俗、家班、园林、狎妓和结社等六个方面;第二章,关于曲会本体的研究,以廓清曲会的历史面貌,包括曲会的特点与不同类型例说,曲会的分期与发展概貌,曲会参与者身份考,曲会演唱方式、伎艺类型与曲目剧目考,虎丘曲会小考五个方面;第三章,关于曲会作用的研究,涉及曲会与昆曲的清曲传统,曲会与昆曲声乐理论的形成与发展,曲会与昆曲生态,昆曲的多元生态与昆曲研究等问题。

关键词:曲会　昆曲　明清时代

3897

从仪式到艺术:中西戏剧发生学研究 / 汪晓云著 ; 周宁指导. -- 厦门大学, 2005. -- 253 页

本文认为,中国戏剧与祭祀仪式有着内在的联系,以表演作为戏剧本质特征,仪式与戏剧具有概念交叉重叠,只有从情感差异——仪式的集体性情感与艺术的个体性情感才能看出两者不同,因此仪式与戏剧的关系本质在于仪式与艺术的关系。作为艺术的戏剧发生于作为仪式的戏剧,中西戏剧从仪式向艺术转换的起点是宋元戏剧与古希腊戏剧。促使这种转换的根本原因是社会巨变导致的集体性不安全感使知识阶层和民众阶层具有同样的个体形式的"补偿需要"。由于社会稳定后中国知识阶层从与民众阶层的互动转向与统治阶层的互动,作为艺术的中国戏剧具有功能上的仪式性,区别于西方戏剧从仪式到艺术的彻底转换。

关键词:戏剧研究　仪式　祭祀

3898

走出"经典":新时期中国实验性话剧文体研究 / 袁联波著 ; 周安华指导. -- 南京大学, 2005. -- 89 页

本文从文体变革角度对新时期中国实验性话剧进行研究,主要包括三方面的内容:新时期实验性话剧文体变革的发生、发展,新时期实验性话剧文体的"实验性"何在,对新时期实验性话剧文体变革的反思。全文由导论、正文三章和余论共五部分组成。导论阐述了什么是戏剧文体,并指出,中国传统话剧在后来的发展中出现的审美形式结构的贫乏、布局形式结构的僵化及其互相消极地影响,路越来越窄,进入新时期,话剧文体变革势在必行,同时简要分析了新时期实验性话剧的三次文体变革。第一章论述了新时期实验性戏剧家们对话剧本性的重新认识。第二章描述了新时期实验性话剧在表现形态上呈现的新

模样——它们广泛地从姊妹艺术中吸收所需要的文体资源,从而激活了新时期实验性话剧的文体潜能;“跨文类”创作成为一个明显而重要的文体表现特征。第三章从话剧文体的“形”、“意”(即形式和内容)媾和,话剧文体的“规范性”及创作者的身份、“角色”意识等方面,对新时期实验性话剧的文体变革进行反思。余论部分则指出,新时期实验性话剧在赢得20世纪最后一次历史机遇的同时,也不得不面对种种两难的文化命运。在当下的文化困境中发展实验性话剧依然可行,问题的关键在于找到商业文化语境下艺术实验和观众接受的平衡支点。

关键词:话剧　文体　实验性话剧

3899

从戏曲改良到话剧成形 :清末民初戏剧的形式磨合与美学变迁 / 张军著 ; 董健指导. -- 南京大学, 2005. -- 70 页

本文从大量史料出发,回顾和梳理了从戏曲改良到话剧成形的历史过程,以期理清清末民初戏剧形成的轨迹及在此过程中伴随的美学变迁。中国现代戏剧是在中国本土现代性作用下生成的一个戏剧美学结果,话剧则是现代性作用于戏剧领域最突出、最集中的体现。这一过程肇始于晚清戏曲改良思潮。而晚清戏曲改良运动最早取得的突出实绩,是由梁启超戏剧所开启的戏曲创作热潮,其中戏剧现代化的两条基本美学路向在此已依稀可辨:较多拘守传统戏曲美学原则的“旧瓶装新酒”法和“新瓶装新酒”法。后者启发了戏曲“减唱”甚至“废唱”的思路,经由上海学生剧、海派京剧及诸多加唱、加锣鼓的“新戏”的不断尝试、摸索,最终产生彻底废唱的“对话剧”,这也就是除春柳派之外的“主流”文明戏所走过的道路。这条道路与较先进的春柳派文明戏合流,经过长期的艺术探索,最终缔造了话剧这一中国现代戏剧的主要样式;而在这一过程中,任天知将“演说”技巧的大量引入使彻底废唱的“话剧”得以迅速确立、广泛传播和基本定型,王钟声所引进的写实性布景和分幕手法为话剧的最终完形起了决定作用,而家庭戏中情节与故事的区别的凸现则使得文明戏逐渐向一种更高级、更有效的时间性——情节——过渡,真正的戏剧性得以建立。

关键词:戏曲改革　话剧　戏剧美学　清末民初

3900

纪录电影的观念 :论纪录真实的建构 / 周振华著 ; 胡星亮指导. -- 南京大学, 2005. -- 102 页

本文主要针对不同时期、不同纪录电影流派对“纪录真实”的理解与实践,力图从整体上把握“纪录真实”的内涵和外延,廓清历来理论探讨中的模糊与含混;通过对纪录电影历史上几种真实观念的解构,在电影本体的层面上重建纪录电影真实的内涵。论文共分为四个部分:绪论,从纪录电影的发生与命名入手,从纪录电影类型创立的四个主要代表人物——弗拉哈迪、维尔托夫、伊文思及格里尔逊的言论与实践出发,分析纪录电影的特点,得出纪录电影的内涵,并从发生学的角度分析出“真实”是纪录电影的美学精神;上篇“纪录电影‘真实’观念的演变与反思”,围绕纪录电影“真实”观念的演变历程进行反思;下篇“纪录电影‘真实’观念的重建”,从写(纪)实手法入手,反思长期以来纪录真实观念探讨中真实与虚构二元对立的现状并分析其产生的原因,从纪录电影的本体出发从假定性、影片结构的特征及电影观众接受三方面解构出纪录电影“真实”的叙事本质,从纪录电影真实的生成机制出发剖析它们制造真实的手法,从事实真实、结构/意义真实、想象真实三个具体层面重建纪录真实的内涵;余论,主要针对纪录电影的社会功能,论述纪录电影的真实是一种深层的真实、启蒙的真实、人道主义的真实,要正确运用人们对纪录电影真实的信任,才是纪录电影精神的旨归。

关键词:纪录片　电影理论　真实

电影学

3901

中国电视“媒体监督”刍论 / 常江著 ; 周星指导. 北京师范大学, 2005. -- 96 页

本文研究与论述的问题是关于中国电视“媒体监督”,包括其内涵、功能、使命及作为社会舆论的一个种类存在的价值与意义,并从社会学、传播学、政治与经济学、哲学及心理学原理出发,具体剖析了中国电视“媒体监督”最有代表性的两个电视栏目——中央电视台《焦点访谈》和《新闻调查》,形成如下结论:中国电视“媒体监督”在改革开放、民族觉悟向纵深开掘的过程中应运而生,但“媒体监督”与“舆论监督”存在指称混淆,二者关系需要澄清;中国电视“媒体监督”因长期受到体制因素左右,生态环境芜杂、艰难,本体功能尚未得到充分彰显;中国电视“媒体监督”遵

循“物竞天择、适者生存”原则,需要选择科学的生存方式;中国电视“媒体监督”意欲发挥本体内涵所牵引的功能与作用,必须将法律、自律、“反监督”保护与防守机制视为基本前提。论文在此基础上开辟了三处新的思考空间:“媒体监督”与“舆论监督”存在异同;中国电视“媒体监督”身处“逆三角关系”难以立足;“同体监督”带有明显“中国特色”究竟应该怎样进行。论文的主体分为四章:第一章,中国电视“媒体监督”的“生成”与“发展”;第二章,中国电视“媒体监督”的“本体内涵”与“生态环境”;第三章,中国电视“媒体监督”的“障碍跨越”与“生存方式”;第四章,中国电视“媒体监督”的“基本权利”与“机制保障”。

关键词:电视事业　舆论监督　媒体

3902

历史影像与影像历史 / 高峰著 ; 黄会林指导. -- 北京师范大学, 2005. -- 136 页

本文的主要立论点在于通过对中外历史题材纪录片的全面论析,探讨并阐释历史题材纪录片的文化读像与叙事策略。全文分为四个部分:(1)通过对“纪录与虚构”、“历史与表现历史”、“讲坛与宣传”和“触摸历史与实录变迁”等概念与现象的阐述,探寻影像历史的文化历程;(2)通过对人物的影像传记、文献、考古与发现等影像行为的论析,本着“纪录今天、勘探文化、实录变迁”的历史眼光及其目的,关注当代具有重大影响的事件和大众化生活形态的历史影像表现视阈;(3)通过对“汇编性”、“口述体”和“再现式”三种具有代表性的历史题材纪录片的梳理,重建历史影像的叙事策略及艺术形式;(4)通过对影视叙事学理论阐发与纪录片实践经验总结,研究历史影像的话语风格及叙事结构,从而完成全文关于历史影像的文化形态与叙事策略的论述。

关键词:纪录片　历史片　电影艺术　叙事

3903

当代中国影视艺术的接受与“接受美学” / 冀星著 ; 黄会林指导. -- 北京师范大学, 2005. -- 115 页

本文尝试将德国人汉斯·罗伯特·尧斯(Hans Robert Jaus)和沃尔夫冈·伊瑟尔(Wolfgang Iser)创立的接受美学融入我们影视艺术研究,以马克斯艺术生产理论为指导,结合我国影视和美学的相关研究,立足我国传统文化,对接受美学进行批评性接受。论文主要围绕以下内容展开论述:一、当代我国影视艺术受众接受的基本特点;当代我国影视受众,与西方相比,在影视艺术接受方式、文本选择、接受过程、接受心理上都呈现出差异。二、当代我国影视受众接受的文本解读;我国的影视艺术受众在接受对象、文本类型、文本要素上有自己独特的喜好。三、受众与文本的互动关系;我国影视艺术与受众的互动是在影视业“双轨制”和政府严格的管理体系下进行的,影视创作者根据“隐含观众”进行构思和创作,现实的影视观众在实际过程中根据自己的期待视野对文本进行解读和接受,并受文本的影像。四、我国当代影视艺术接受的演变;我国影视艺术的接受,几十年的发展,在社会诸多因素影响下,在不同时期呈现出了不同特征。五、关于我国影视艺术接受前景、走向和问题的思考;我国影视艺术的发展处在后现代的文化语境中,面临影像文化的崛起和本土文化的转型,影视合流、影视接受的互动性、商业化大众化娱乐化是必然趋势,但也面临一些问题和困惑有待去面对和解决。

关键词:影视艺术　接受美学　受众

3904

冯小刚现象研究 / 李春著 ; 宋家玲指导. -- 中国传媒大学, 2005. -- 148 页

作者认为“冯小刚现象”是由冯小刚贺岁片创作引发的广泛的市场、文化和社会效应,是由冯小刚创作道路、冯氏贺岁片的创作运营及社会反响共同构成的庞杂多面的复合体。“冯小刚现象”的出现,标志着中国电影商业和娱乐属性的高调登场,对中国电影的发展具有路标意义。本文着眼于“冯小刚现象”中经济、社会、文化的联动,旨在建立一种体系化的论述框架和结构,从整体上把握这一艺术和工业的电影现象和社会文化现象。作者对冯小刚现象中所呈现的复杂多面的事实作了归类和剖解,着重分析了其中作为审美、消费和社会文化现象的部分。首先,从电影观念的变化、市场化制片和发行主体的出现,以及电影与观众关系的变化三个方面论述了冯小刚现象产生的背景。其次,以电影学的类型研究和作者研究作为考察冯小刚现象的两个维度,还原了作者论和类型理论的本来面目,从这两个不同视角考察了冯小刚现象。接着,从电影作品带来的审美体验角度解剖了冯小刚现象。再次,着重研究了电影经济行为中的消费环节,指出了票房的真实含义以及冯小刚现象中所包含的消费行为。最后,探讨了社会历史状况、文化结构和社会结构对冯小刚电影创作与欣赏的影响,以及冯小刚和他的贺岁片的社会文化角色。作者指出,冯小刚面向本土的商业电影创作路线是中国电影在全

球化历史进程中的必然选择,对冯小刚电影的争议是“三元文化”结构的体现,冯小刚本人则是市场意识形态文化偶像的代表。

关键词:冯小刚(1958～)　电影经济　贺岁片　社会文化　消费行为　审美

3905

复调与独白:中国当代青年影像作者及其影像实践研究/苏松妹著;周星指导. -- 北京师范大学,2005. -- 102页

中国当代青年影像,是本文的中心论题。作者从“青年影像作者与影像实践”的角度概括出其共同点——大部分生于60年代后,在90年代后,从各个向度探索影像实践的可能性与有效性。论文在一种广义电影史的视野观照中,对具体流变进行概括,在其中发现相关问题进行剖析,而每个章节之后的个案分析,则是以影像作者论为理论背景,以新批评的文本细读的方法对作品进行的文本分析。全文除导论与结语,主体分为四个部分:第一章,梳理了独立电影的形成与分类,讨论了独立电影与国际电影节与国内民间观影团体之间的关系,这两类观众意味着独立电影试图获得的双重认可、双重可能;第二章,讨论“新主流电影”,他们不同于“主旋律”,也不同于“独立影人”,他们继承的是夏刚、宁瀛这些“五代后”的传统,他们的状态描述中少了对人生人性的反思,多了时尚性娱乐性的文化符号,他们的榜样是好莱坞成功的商业制作;第三章,从DV的技术含义开始,讨论了DV带来的影像民主与美学前景,并涉及DV媒介、文本与语境之间的互动关系;第四章“现状与前景”,对当年的电影文化生态进行描述,并分析了青年影像的发展趋势与前景。

关键词:电影评论　电影导演　青年　独立电影

3906

草根的力量:多元文化视阈中的中国独立纪录片/温细鎚著;桂青山指导. -- 北京师范大学,2005. -- 71页

本文的基本研究对象是中国(大陆)独立纪录片,对其历史发展、总体叙事特征及生存现实、未来发展进行探讨。论文主要内容由四部分构成:导论,界定了“中国独立纪录片”这一概念,简析了国内业已出现的诸多有关独立纪录片的命名方式如“个人纪录片”、“实验纪录片”、“新纪录片”等,并阐述了论文的基本框架和研究方法;第一章,“中国独立纪录片的历史梳理”,将中国独立纪录片的历史发展分为三个阶段,1990年代初至1990年代中期以前的“叛逆而生”阶段、1990年代中期到末期的“反思与追问”阶段、1990年代末至今的“兴盛与多元”阶段;第二章,“中国独立纪录片叙事的总体特征”,探讨了独立纪录片叙事在题材倾向、视点选择等方面呈现的一般性、普遍性特征,对DV等技术因素对独立纪录片带来的影像,及体制内、外纪录片在叙事的“个人化”与“真实”两个美学角度上的“交叉”和“疏离”进行分析、指认,并对中国独立纪录片作为一种影像文化现实其文化属性进行讨论;第三章,“中国独立纪录片的生存与发展”,对十几年来独立纪录片业已出现的生存现实如“体制内生存”、“国际化生存”、“酒吧生存”、“电影节生存”等进行回顾与分析,并在此基础上展开对独立纪录片未来的展望。

关键词:纪录片　独立电影　叙事

3907

探索中的建构:早期中国电影美学研究(1905—1937)/吴青青著;胡克指导. -- 中国传媒大学,2005. -- 99页

20世纪初到30年代,早期中国电影在独特时代背景和文化思潮中形成了本民族的电影文化,以其卓越成就给中国电影历史写下了绚丽多彩的开篇。本文侧重从美学角度对其进行研究和考察。全文主要由三部分构成:一、从本土文化和外来影响两个方面梳理早期中国电影的美学源流;20世纪初期,在由无到有,由西方而东方,由戏曲、文明戏和流行小说的模式中,早期中国电影逐渐建立起本民族的电影文化,并通过外国影片的输入,外国电影理论、艺术技术、导演演员研究等的文章译介,电影工作者知识经验的交流传播,吸收了美国、苏联、欧洲电影在艺术技巧和美学观念上的影响。二、从叙事方面探讨早期中国电影艺术的原创性和中国电影观念的变化;在借鉴和探索中,早期中国电影的叙事观念经历了一个变化过程,也在实践中形成了自己的叙事模式和习惯,既和世界电影发展保持某种一致性,又形成了自己的特色。三、从二元对比的思维模式、比兴的艺术想象、“游观”的动态镜头布局三个角度,对早期中国电影的部分美学特征进行分析阐述;中国以二元对比为基础的哲学的深刻影响也渗透在早期中国电影中;中国人具象性的思维方式,对文艺美学影像深远,形成了讲究比兴、注重意象、重视对艺术意境的创造等特点,这也是早期中国电影中表现出的鲜明美学特征;中华民族对世

界的观照方式，是强调一种目光自由游动、心态超脱的“游观”，绵延连续的“游观”也影像形成了早期中国电影多移动摄影的特征。

关键词：电影理论　电影美学　叙事

3908

技术视阈中的电影艺术：论电影艺术的数字化生存 / 肖庆著；周星指导. -- 北京师范大学，2005. -- 104 页

技术与艺术之间，科学与文化之间，一向存在一种微妙的关系。本文以辨证的眼光对待技术与艺术的关系，试图通过技术语境中的艺术之思，向人们澄清技术时代的存在方式，以期电影艺术能在“数字化生存”和“艺术化生存”的相互渗透中寻找到发展空间。论文首先从技术和艺术的关系入手，阐述了电影艺术在诞生、发展到成熟的过程中与科学技术的紧密联系。第二、三、四章，从“技术器物”、“技术方式”、“技术观念”三个层面具体分析了数字技术对电影创作、电影生产传播以及电影文化变迁的影像。数字技术对电影艺术的影响首先表现在器物层面，表现在其作为艺术的物质条件对电影艺术的保障；数字技术、网络艺术的出现，数字电影将逐步改变整个产业的组成形态，使电影从传统的大工业生产转向现代的全数字化的生产模式，引发整个产业结构大的调整；技术观念表明人类通过科技对人与世界关系的一种理解，它对人的精神生活产生着支撑其感悟方式的作用，如赛博空间的形成及平民化艺术观影响下的 DV 创作。第五章以技术的悖论为突破口，论述了数字技术对电影艺术形成的“双刃剑”效应，通过对技术价值反魅和艺术精神重建的分析，揭示了在电影艺术中反拨“技术乌托邦”的重要性，并指出在高技术与高情感之间走人性化的发展之路才是数字技术平衡发展的前景。第六章从数字技术对中国电影产业发展带来的机遇及所面临的问题两方面对中国电影的数字化生存进行了展望。

关键词：电影艺术　数字技术　电影创作

3909

叙述位置与叙述立场：中国电影叙事角度研究 / 于丽娜著；章柏青指导. -- 中国艺术研究院，2005. 101 页

本文将叙事学中叙事角度研究的基本理论应用于中国电影叙事研究当中，采用理论分析与文本解读相结合的方式，探寻中国电影在叙事角度运用上的独特发展轨迹。引言部分通过对电影叙事角度研究现状的梳理和描述，提出叙事角度的研究是电影叙事作品解读的重要途径。第一章厘清并界定电影中的叙事角度和叙事角色概念，对中国电影视角意识的觉醒过程作了简略的分析和描述。第二章通过对中国电影叙事角度类型的梳理，勾勒出其发展轨迹。认为中国电影中的全知叙事经历了创造性的转化，限知叙事在创作实践中得到充分尝试，客观叙事在中国电影史上一再以误读的形式出现是中国特定历史文化影响的结果。第三章通过对叙事角色在中国电影中位置和立场演变的梳理，分析了叙事角色位置变化与特定时期中国电影独特叙事特征的关系。认为中国电影中的叙事角色经历了由说书人叙事向个性化叙事、由权威叙事向人物叙事的转变，叙事角色身份和态度也经历了由单一明确向暧昧性的转变。第四章分析了叙事角度的多样化对中国电影叙事模式的影响。认为引起中国电影叙事模式转变的诸多原因都属于或源于视角问题。结语补叙了严格的叙事角度分类之外的变音，认为现代叙事角度运用的趋势是打破固定搭配，发展出更多样、更复杂的视角选择。

关键词：电影理论　叙事

广播电视艺术学

3910

电视艺术时空美学新论 / 卢蓉著；高鑫指导. -- 中国传媒大学，2005. -- 146 页

本文把电视时空纳入高科技时代日益深化的“视觉文化”大背景，通过剖析电视作品的时空形式及其语法修辞、时空运动规律、组合关系以及独特的互文与象征意义等，力图专门而系统地探讨电视时空美学的特征、规律、价值和意义；重新审视电视时空模式在汲取传统美学营养的同时，给现今图像时代的美学研究造成的变革，思考电视借助于新技术对我们整个时代和社会产生的深刻影响。从而指出电视时空语言内部复杂交错的多元构成和外部动态形式演变，的确表征出当代美学的时代转型。当今高科技时代，电视时空的重组是以一种迅疾、交感的方式发生着，这种变动正使得电视制造并融入一个社会神经网络之中。不断演变中的电视媒介与人类、与世界、与美学、与哲学，以及与一个我们正置身于其中的崭新的全球化时代正在形成一种新型结构和新型关系。在这个意义

上,电视时空衍生出一系列的象征意义。

关键词:电视艺术　电视美学

3911

新时期家庭伦理题材电视剧研究 / 吕乐平著 ; 王伟国指导. -- 中国传媒大学, 2005. -- 154 页

本文以“新时期家庭伦理题材电视剧”为研究对象,除导言和结束语,共分为四章:一、“新时期家庭伦理剧的发展轨迹”;将新时期家庭伦理剧分为两个时期,发生时期(1979—1989 年)和发展阶段(1990 年—目前)。二、“新时期家庭伦理剧的社会文化环境及价值取向”;20 世纪 80 年代以来,随着市场经济的推行,中国社会发生了深刻变化,一种既适应市场经济发展的内在要求又不割断传统伦理道德历史联系的新型伦理道德的建构就成为一项迫切任务,包括对孝的当代价值的发掘、婚姻关系传统与现实的审视、在多元文化格局中对民生、民本的关注及人们认知迷茫的解读。三、“新时期家庭伦理剧的日常生活叙事策略”,从日常生活叙事的哲学和美学背景、日常生活结构对电视剧叙事本体的支撑和日常生活情感的放大三个方面进行了论述。四、“新时期家庭伦理剧的叙事结构”,尝试在“功能”层次上归纳出四种新时期家庭伦理剧的主要叙事结构类型,融合结构、血缘错位结构、生死亡故结构、背叛结构。在此基础上,作者还指出了家庭伦理题材电视剧在民族文化和电视剧艺术本体建构上体现出的价值和意义,以及其在文化价值取向和艺术创新方面存在的局限。

关键词:电视剧　伦理片　家庭生活　叙事

3912

中国警匪涉案题材电视剧研究 / 马勇诚著 ; 王伟国指导. -- 中国传媒大学, 2005. -- 108 页

警匪涉案题材电视剧是电视剧类型中的一种重要形式。随着现实的客观环境与文化环境的多元化,此类题材电视剧在满足观众日常的文化和审美需求方面曾呈现出上升趋势,内容的丰富和形式的多样也一度使其占领很大舞台。但以后不久的事实说明,中国警匪涉案题材电视剧并没有沿健康良性的方向发展,反而成为引起社会不稳定的因素,造成不利于振兴民族精神和凝聚力的负面影响,甚至引起政府有关部门的关注和干预。警匪涉案题材电视剧从“持续高温”到“打入冷宫”的过程,成为论文最初的创作动力。本文除导论和结语,共五章,分别论及“中国警匪涉案题材电视剧的界定”、“关于叙事”、“中国警匪涉案题材电视剧的视觉形式要素分析”、“中国警匪涉案题材电视剧中存在的主要问题和现象的探讨”、“与国外警匪涉案题材电视剧的比较研究”。由此,作者试图从此类题材电视剧的创作规律入手,通过研究其叙事特点、影像结构,通过对文本的解读和作者本身实践总结的升华,通过与国外同类题材电视剧的比较,能够从文化学的观点对这一凸现的文化现象做一番剖析。

关键词:电视剧　警匪片　叙事

3913

电视文艺生态批评论 / 张文娟著 ; 张凤铸指导. -- 北京广播学院, 2005. -- 159 页

本文关注的研究对象是“电视文艺”,内容涉及电视文艺批评研究,以“生态哲学”为基础,重点借鉴与“生态批评”相关的理论资源,目的在于建构一种与以往批评方式有所不同的电视文艺批评模式。文章从“语境论”、“结构论”、“方法论”、“价值论”四个方面阐述了建立“电视文艺生态批评”这种电视文艺文化研究方法的必要性、可行性、具体方法及目的所在。本文由六个部分构成:绪论对论文研究的学术史与方法论作了说明;第一章“电视文艺发展的语境论”对与电视文艺生态批评相关的学术与环境背景作了系统梳理;第二章“电视文艺生态批评结构论”,将电视文艺当作一个生态系统来考察,同时结合生态学人文转向、生态哲学思想、生态批评方法及后现代文艺批评理论建立电视文艺生态三方面的评价指标——精神生态、文化生态、社会生态;第三章“电视文艺生态批评方法论”,分析了批评的功能、电视文艺批评的特点、历史及现状,介绍了现当代西方文艺理论中与电视文艺生态批评相关的理论资源,阐述了如何在电视文艺批评实践中将丰富的理论资源加以有效灵活整合利用,并说明了电视文艺生态批评方法的有效性、必要性及对于研究视野拓展的意义;第四章“电视文艺生态批评价值论”集中论述了建立“电视文艺生态批评方法”的意义和价值;结论则说明电视文艺生态批评将会促进电视文艺生态的价值重建,并且这一方法的最终目的指向是电视文艺实践的蓬勃发展。

关键词:电视评论　文艺评论　生态学　生态批评

3914

中国电视艺术美学的传承与变异 / 张应辉著 ; 仲呈祥指导. -- 中国传媒大学, 2005. -- 134 页

本文围绕“中国电视艺术美学”这一研究对象,导

入“变异”的概念对电视艺术进行观照,尝试从电视艺术的本质特性出发,并将电视艺术与传统的各种艺术门类相结合,寻找出在电子技术手段下传播和发展的各种艺术形态产生的美学变化,进而考察它们的当代生存状况并改善它们的生态环境。以比较研究为主要方法,以影响研究为主导,此外借助传播学、文化学、心理学、政治经济学等相关学科的研究方法,本文主要从三个层面进行研究:一是技术介入后发生的形态上的变异,技术是改变形态的主要原因,并作为外因出现。二是各种艺术形态自身发展产生的变异,艺术形态在历史发展中受社会变革等诸多因素的影响发生内部的适应性变化,这种变异来自内因,是按照艺术的本来发展规律产生的自变异现象。三是作品创作主体和接受主体的感觉上的变异,一种审美层面的变异。电视艺术在这些因素的合力下发生美学上的变异,这样的变异是针对传统的各种艺术形态而言的,并始终以传统艺术形态为参照。

关键词:电视艺术　电视美学

3915

电视剧叙事话语 / 张育华著 ; 曾庆瑞指导. -- 中国传媒大学, 2005. -- 95 页

本文从电视剧文本出发,侧重从形式美学层面考察诸多加工出色的电视剧叙事话语形态,或审美实践中发人深省的典型问题,深入其中从修辞维度探寻电视剧叙事话语的深层规律,以期强化电视剧编创者的叙述智力和美学自觉。论文导论着重阐述了“主控思想”在电视剧故事叙述全程中的统摄性力量。对电视剧叙事话语的分析则从五个层面展开:(1)对叙述方位的研究,涉及常规设定和聚焦谋略两个方面;(2)对叙述时况的研究,对当下较有代表性的电视剧时间观——“故事时间”、“情节时间(叙事时间)”与“屏幕持续时间”提出质疑并提出自己的看法,并按照递进思路,从叙述时况的普通处理与修辞调度两个级次分别加以阐释;(3)对叙述空间的研究,从“优化配置”和“意境创设”两个层面对电视剧的叙述空间问题予以阐发;(4)对叙述中的“时空结”与造型意义的研究,借鉴巴赫金关于“时空结”的美学之见,沿纵横方向,通过解读不同类型的电视剧文本,把散见于部分电视剧文本中具有代表性和意义含量的“时空结”典型梳理出来,将隐含其中的原型内蕴和符号意义及在叙述过程中的枢纽功能、造型意义给予揭示;(5)基于话语视角的人物造型与塑形策略研究,对话语视野中电视剧人物景观,人物叙述和性格建构过程中的美学基准和实施策略进行相应阐释。

关键词:电视剧　叙事　人物形象　电视美学

3916

“入世”与中国国家电视文化安全 / 张志君著 ; 张凤铸指导. -- 中国传媒大学, 2005. -- 188 页

本文尝试运用文艺学、文化学、经济学、传播学、统计学等的研究方法和相关概念,将“中国国家电视文化安全”放入“入世”的“语境”中加以考量,放入“全球化”的背景下加以研究。论文正文主要从四个部分展开,全球化语境中的中国国家电视文化安全问题、并不只与经济有关的 WTO、“入世”对中国国家电视文化安全的整体影响、后 WTO 时代如何确保中国国家电视文化安全。由此,论文着重揭示了 WTO 与“中国国家电视文化安全”之间显在的和潜在的联系;在学术界通常所说的“文化主权”的基础上提出“电视文化主权”的概念,并从“立法主权”、“司法主权”、“行政主权”等方面加以阐释;从“生于忧患,死于安乐”的古训展开,提出要树立全民的电视文化安全意识,树立“和而不同”的健康心态,尽快建立“国家电视文化安全预警系统”,政府部门应放下不必要的“心理障碍”,通过内容管制和播出管制对可能危及中国国家电视文化安全的行为进行必要干预,政府部门应合情合“理”想方设法大力扶持本土电视文化产业的可持续发展,处理好“对外开放”与“对内开放”、“主动开放”与“被动开放”、“效应”与“公平”的关系等;理论联系实际地论述了中国本土电视文化安全机构如何发挥“守家在地”的优势在确保本土电视文化安全方面发挥独特的作用。

关键词:电视文化　国家安全　文化事业　全球化

历史学

史学理论及史学史

3917

理查德·霍夫施塔特的史学思想研究 / 陈茂华著；张广智指导. -- 复旦大学, 2005. -- 162 页

作为美国二战后到越南战争期间美国最著名的历史学家之一,理查德·霍夫施塔特(1916—1970)在美国史学的发展中做出了重大贡献。通过对霍夫施塔特的史学思想的研究,可以揭示处于转型时期的美国史学特征,乃至整个西方史学的特征。过去我国学者对他多持批评态度,将其与“保守主义”或者“反动”这样的称号联系在一起。本文以历史唯物主义理论为指导,力求在合面占有相关资料和吸收前人学术研究成果的基础上,梳理与解读霍夫施塔特的史学思想。指出霍夫施塔特的史学思想是在第二次世界大战的厮杀声中逐渐形成的,并在冷战的极端保守主义氛围中发展,而其主旨就是探究这些人类历史上最重大的政治问题在社会思想生活中的表现。从进步主义史观、“地位革命”史观、反智主义史观三个方面来看,他所强调的历史观是以观察和领悟现实社会生活为逻辑起点的,而他对历史演变过程中反讽情节的认识以及视角之独特,反映出他对西方传统社会历史观的继承、反抗与超越。这一切都体现着霍夫施塔特作为一个历史学家对现实生活的关怀。在历史方法论方面,霍夫施塔特对史料、历史编纂的文学风格、历史学与社会科学关系的认识、哲学反思与实践都有自己的见解。以霍夫施塔特对政治文化史的建构为例,可以看出批判与创新是他毕生的学术追求。但他并没有处理好反学术权威和追求创新与尊重历史之间的关系。尽管霍夫施塔特在学术人生中体现出更多的是一个保守主义者,但激进主义思想冲动在他身上一直徘徊不去。霍夫施塔特对现实生活深度关切表现出其自觉的社会责任感。

关键词:霍夫施塔特(Hofstadter, Richard) 史学思想 史学史 美国

3918

先秦中国和古希腊人性比较:中西历史文化比较的另一种尝试 / 陈延庆著；庞卓恒指导. -- 天津师范大学, 2005. -- 109 页

本文将生产生活方式所决定的价值观念和行为方式视为“国民性”或“人性”的基本内涵,按照唯物史观“生活决定意识”的基本原理,从价值观念和行为方式的视角对先秦中国与古希腊文化特性或人性进行了比较研究。全文由前言、上篇(三章)、下篇(三章)和结语四部分构成。上篇选取了三个角度,在总体性比较的层面上,对先秦中国与古希腊两民族的价值观念或人性特征进行了对比分析,第一章分析比较了先秦中国与古希腊人的神人关系观和人生价值观,第二章分析比较了先秦中国与古希腊人的社会理想和治国安邦理念,第三章分析比较了先秦中国与古希腊人的战争观。下篇则是对典型人物或派别的相关思想的比较研究,第一章分析比较了孔子与苏格拉底关于神的观念,第二章分析比较了儒家与柏拉图、亚里士多德的治国安邦观念,第三章分析比较了孙子和色诺芬的战争观。结语部分比较研究了先秦与古希腊生产生活方式及由此所决定的价值观的异同。得出结论,先秦中国与古希腊人的一些观念确实反映了两种文化的差异,不过并非二元对立,而是各有异同。相同之处是,双方都强调依附、服从;不同之处是中国人“尚和”,强调和谐、合作的价值观念,而古希腊人“尚争”崇尚竞争取胜的价值取向。这种差异源于不同的生产生活方式,并非不可改变而永远对立,或一方被另一方吃掉;未来必然是相互取长补短,最终走向世界大同。

关键词:人性　东西文化　先秦时代　古希腊

3919

环境史学在美国的兴起及其早期发展研究 / 高国荣著；于沛指导. -- 中国社会科学院研究生院, 2005. -- 134 页

本文以研究环境史学在美国的兴起及其早期发展为主旨,着重探讨环境史学在美国诞生的背景、早

期发展概况及其学术贡献。作者指出,美国环境史学是在战后环保运动推动之下产生的以生态学为理论基础、着力探讨历史上人类社会与自然环境之间的相互关系及以自然为中介的社会关系的一门具有鲜明批判色彩的新学科。环境史学的兴起,与人类生存环境的恶化和美国现代环保运动的推动有直接关系。西部史学大师特纳、韦布和马林是该学科的先驱。该学科在早期发展阶段研究的主要问题是森林史、水利史、荒野史、印第安人与环境、人物传记研究五个方面。从对这五个领域的研究概况不难看出,在早期发展阶段,美国环境史学研究的主要问题都属于自然保护和资源保护的范畴,而且具有比较明显的时空特点。同时,环境史研究具有显著的环境保护主义的道德与伦理诉求。其学术价值在于纠正了史学著述中长期以来忽视自然作用的偏差,可以丰富人们对过去的理解,并增加历史研究的新维度和新思路,在一定程度上指出了进步史观和现代化理论的缺陷。本文最后还对环境史学在西方史学发展史上的位置进行了初步评估。

关键词:史学史　环境保护　环境史学　美国

3920

中西中古税制比较 / 顾銮斋著 ; 侯建新指导. -- 天津师范大学, 2005. -- 119 页

全文共分六章。第一章是对中西中古税制研究的述评。第二章为赋税基本理论的研究。指出中国赋税基本理论即我们习见的"溥天之下,莫非王土,率土之滨,莫非王臣",西方中古赋税基本理论则包括三部分,即共同利益、共同需要和共同同意。中国赋税理论具有两个显著特征,一是与政治理论同体或二位一体,处于依存状态;一是与西方相比缺乏征税理由的论证和说明,具有不完全性特征。西方赋税基本理论则注重对纳税人意见的征求,强调国王与纳税人在赋税征纳中的一定平等,蕴含着民主思想。第三章论述税权。指出税权归属问题是关于制税、用税和审计等几方面权力归属的综合。中国中古社会税权由皇帝执掌,表现为官府组织制税、用税和审计诸活动,税权为统治者天然所有。在西方,纳税人、议会与国王争夺税权的斗争贯穿整个中古社会,税权由议会执掌,有的国家甚至形成了"先补偿,后供给"的原则。第四章探讨赋税组织问题,指出赋税组织包括制税与管理两部分。在中国,由于制税的随意性,似乎没有也不需要专门的制税组织,皇帝可以随时随地作出征税的决定。所以,通常意义上赋税机构主要是征收和管理机构。但在西方,制税权一直由某一权力集体执掌,国王可以参加某一权力集体的制税,却不可专横独断。在管理上,中国中古社会基本上采取帝室财政与国家财政分理的方式,一般有两套管理系统,而西方主要是一套管理系统。第五章研究赋税收支。指出赋税收支包括税物与税款的收入与支出两部分,中国中古赋税收入主要是强权收入,西欧在中古社会前期主要是特权收入,后期主要是协议收入。与此相适应,中国赋税支出也主要是强权支出,而西欧则主要是协议支出。第六章对赋税结构进行了探讨,作者将赋税划分为农业税和工商税两大类,考察了中西中古赋税结构的演变。指出在中古社会的第一阶段,中西赋税都以农业税为主体;进入第二阶段,中国仍以农业税占据主导,西欧则转而以工商税作为政府财政的基础;进入第三阶段,中国赋税结构的演变再一次证明了农业税无可争议的地位,而在西欧,如英国、西班牙仍以工商税为主导。

关键词:税收制度　赋税　税权　中古

3921

东亚发展观研究 : 以战后西方学者为中心 / 何爱国著 ; 盛邦和指导. -- 华东师范大学, 2005. -- 546 页

全文共分四编二十二章从历史学、社会学、哲学、政治学、经济学的视野探讨了东亚发展观。第一编通论,分析了现代化研究浪潮的兴起与历史研究的新趋势以及全球现代化研究浪潮中的东亚发展观。第二编分析了韦伯与帕森斯、费正清与墨菲、毕乃德与艾森斯塔德等人的东亚发展理论,考察了全球化视野下中国现代化的历史与反现代化视野下亚洲文化民族主义与现代化的表现,讨论了《白银资本》、《大分流》所表达的东亚发展理论的新思维,以及沃勒斯坦、萨米尔·阿明、曼纽尔·卡斯特关于东亚发展与危机的认识。最后概括了"亚洲资本主义精神"的内涵,即传统文化、民族主义、社会市场与现代化。第三编分别讨论了杜维明、福山、亨廷顿、郝大维与安乐哲东亚发展的理论,指出他们主要从新儒家理论看东亚现代化。第四编分别研究了吉姆·罗沃对东亚崛起的制度分析,霍夫汉、卡德尔对东亚成功的结构分析,乌尔里希·门泽尔有关东亚模式是"范例"还是"特例"的讨论,格罗·詹纳对东亚模式为何制胜美国模式的解答,阿马蒂亚·森对"亚洲价值观"的自由主义分析以及约瑟夫·斯蒂格利茨对东亚现代化如何从全球化中受益的阐述。

关键词:东亚　发展观　现代化

3922

澳大利亚中国学研究 : 借鉴·引进·本土化 / 胡再德著 ; 朱政惠指导. -- 华东师范大学, 2005. -- 160 页

本文主要通过考察澳大利亚对中国近代史的研究情况,探讨了澳大利亚中国学的发展历程。全文由导论、正文四章与结语三部分构成。作者将澳大利亚中国学发展过程分为传统汉学的产生、现代中国学的确立、中国学的繁荣和中国学的继续发展四个阶段,分四章进行了具体分析,揭示了澳大利亚中国学发展的原因及特点,阐述了澳大利亚中国学在整个海外中国学界的地位。作者指出,1947 年,莱德敖受聘悉尼大学并开设中国文化史课程,标志着澳大利亚传统汉学的兴起。费子智早期对中国历史和文化的研究成果,对澳大利亚中国学的兴起具有借鉴作用。莫理循和端纳关于中国的新闻报道,有利于澳大利亚人及全世界对中国的了解。新中国成立后的 50 年代和 60 年代,澳大利亚的中国研究开始涉及中国政治、经济、文化、外交等各方面,费子智于 1952 年出版的《中国革命》一书,标志着澳大利亚现代中国学的确立。20 世纪 70 到 80 年代,在中澳外交关系的推动下,在悉尼大学和澳大利亚国立大学的带领下,澳大利亚的中国学走向繁荣。1971 年澳大利亚国立大学成功举办了第二十八届国际汉学会议,扩大了澳大利亚的中国学影响。一些专门的研究机构纷纷建立,创办了后来具有国际影响的《中国研究》杂志,建立了全国性的研究协会,涌现出一批具有世界知名度的中国学家。进入 20 世纪 90 年代,澳大利亚的中国学继续发展,一些领域的研究达到了海外中国研究的顶尖水平,为国际学术界所瞩目。

关键词:中国学　汉学　澳大利亚

3923

西方史学在中国的传播 / 李孝迁著 ; 邬国义指导. 华东师范大学, 2005. -- 221 页

全文除绪论外,共分七章。绪论追溯了中国现代史学发生的渊源,分析了现代史学发展过程中所形成的职业史家群体,总结了 20 世纪上半期西方史学两次东传的过程与特点。第一章梳理了 20 世纪初汉译历史教科书的出版、流传和影响。认为国外历史教科书的译介与编译是晚清教育改革的产物,也是新史学思潮的一个组成部分,对国史改造运动与"世界史观念"的形成富有意义。新史学思潮的深入发展本身又推动了当时影响广泛的译介历史教科书运动。第二章探讨了 20 世纪初法国、英国、日本等国文明史学在中国的传播和影响。指出文明史学从西方与日本输入,是新史学思潮的灵魂。然其具有内在的政治批判性,所以随着中国社会形势的变化,文明史学也很快沉寂下去了。第三章论述了西方史学理论在中国的早期传播。指出西方史学理论知识在学界中的脉络,事实上并不清晰,内容尽管很丰富,但又没有形成一个较有影响的史学流派。认为借助多种媒介,西方史学理论主要通过日本输入中国,期间留日学生贡献尤著。第四章以个案研究的形式,考辨了梁启超新史学中的西方(日本)史学资源,认为梁启超流亡日本之前的新史学思想主要受英国社会学家斯宾塞的影响,同时又是在他的老师康有为引导下产生的。后受日本史学影响,尝试建构新的史学理论体系,《中国史叙论》与《新史学》即为开山之作。第五章梳理了美国鲁滨逊新史学派在中国的传播轨迹。认为该派在中国曾经风行一时,但与本土史学研究范式毕竟差距较大,其影响力始终停留在思想面,对史学实践影响有限。第六章讨论了斯宾格勒"文化形态史观"从五四时期到 20 世纪 40 年代在中国的传播和影响。指出民国史坛出现的"战国策"派,预示了西方文化形态史观与本土史学的一次"联姻",但西方文化形态史观同样没有在中国现代史学中留下有价值的成果。第七章探讨了兰克史学与中国现代史学的学缘关系,从史学方法论的角度,分析了它在中国现代史学的学院化、专业化、独立化上所发挥的作用。认为兰克史学一定程度上影响了中国现代史学的专业化方向。

关键词:史学理论　文化传播　西方国家

3924

马叙伦与民国教育界(1913—1936) / 林辉峰著 ; 桑兵指导. -- 中山大学, 2005. -- 233 页

本文对 1913 至 1936 年间马叙伦在教育界的活动进行了研究。全文由绪论、正文三章与结语三部分构成。第一章讨论了 1913—1919 年间马叙伦在北京教育界的活动。指出从受聘于北京医学专门学校,到两年后进入北京大学任教,马叙伦开始与北京教育界发生关系,并亲身经历了民国初年北大的新旧之争。第二章讨论了 1919—1926 年间马叙伦在教育界的活动。指出五四运动后,马叙伦逐渐走向了教育界的中心,不仅连年参加北大评议会,领导北大及北京教职员联合会。1921 年起还担任浙江一师校长、教育厅长

等职,两次出任教育次长,执掌中央教育行政,并出任教育特税督办。在风潮迭起的教育界扮演了重要角色。第三章讨论了1926—1936年间马叙伦在教育界的活动。指出"三一八惨案"后,马叙伦响应北伐而南下;国民党"清党"后,主持浙政,离开教育界;1928年任南京国民政府教育部次长,1931年回北大任教;"九一八"之后,忧心国事,思想日渐左倾,受到排挤,于1936年淡出教育界。作者认为,马叙伦之所以能够长期处于教育界的核心位置,除个人禀赋及学术渊源外,主要得力于晚清以来江浙知识群体崛起的大背景及其在北大任教的履历。同时,和他治学、从政等方面的阅历也有着密切关系。通过马叙伦在教育界的经历,可以展现民国教育界派系斗争的复杂情况,而这种派系斗争,既是晚清民国时期中国教育迟迟不能走上正轨的一个原因,又是当时教育偏离正轨的外在表现。

关键词:马叙伦(1884~1970)　教育思想　教育史　民国

3925

《食货》与中国经济社会史研究 / 阮兴著 ; 陈春声指导. -- 中山大学, 2005. -- 164 页

《食货》杂志是20世纪30年代产生了重要影响的中国经济社会史学刊物。本文将《食货》置于近现代中国经济社会史学及整个中国近现代史学发展的学术脉络中,对其学术内涵、学术价值及研究局限进行了考察探讨。全文分为四章,第一章考察了中国经济社会史研究兴起的过程,20世纪初,随着西方历史学、经济学、社会学的传入,传统的"食货"之学向近代意义的经济史转化,中国经济社会史研究亦逐步兴起,但这一由社会革命运动而起的研究,有着滥用理论,轻视材料的严重流弊;第二章考察了《食货》的创刊过程,指出研究法学出身的陶希圣步入史学领域,殷鉴于社会史论战滥用理论、轻视材料的流弊以及基于学术上的自我反省,创办《食货》,确定了重在史料收集的办刊方针;第三章考察了《食货》在30年代中国经济社会史界的作用与影响,指出《食货》摒弃政论,倡导史料收集,培植学界新进,加强交流合作,推介研究方法,翻译国外论著,为推动中国经济社会史学发展做了大量工作;第四章考察了《食货》的研究旨趣及学术内涵,指出《食货》对中国社会的特征、奴隶制度有无、封建社会的断限、商业资本主义等问题进行了广泛研究。同时开展各种专门研究,一些论文颇有学术价值,具有开创意义

关键词:经济史　社会史　《食货》　陶希圣(1899~?)

3926

宋代官方史学研究 / 王盛恩著 ; 乔治忠教导. -- 南开大学, 2005. -- 218 页

本文对宋代官方史学进行了研究。全文由绪论、正文七章与结语三部分构成。第一章讨论了宋代社会政治环境对官方史学的影响。第二章讨论了宋代的史学政策及其实质。第三章讨论了宋代的修史制度,包括宰执监修制度,皇帝审阅制度,临时命官修史制度,内侍监察制度和保密制度等。第四章讨论了宋代的修史机构,包括宋代史馆、编修院、国史院、实录院、日历所等。第五章讨论了宋代的史官包括记注官和修史官。第六章讨论了宋代官修当代史的资料来源及史书形成过程。主要分析了《时政记》、《日历》,宋代实录,《会要》的史料来源和编纂。第七章讨论了宋代官方修撰前代史书的成就,包括《五代史》、《新唐书》、《册府元龟》、《资治通鉴》等。作者认为,由于中央集权统治的加强与文治社会的需要,宋代统治者极其重视修史活动,并受到皇帝的直接监控。宋代史学政策与相关制度的核心在于将史学活动纳入封建专制统治的轨道,使史学成为维护政权和巩固统治的工具。主要由政坛精英构成的宋代史官具有兼职性、流动性的特征,执笔写史仅是其作为文人官僚安身立命、效忠朝廷的政治活动的一个组成部分。宋代大规模、成系统地修史,不仅形成了丰硕的史书成果,而且在历史编纂学方面取得了重大成就。宋代官方史学带有明确的政治目的和明显的政治功利主义色彩,宋代史书修撰避讳多,曲笔严重,对史学的学术品格造成了极大的伤害。

关键词:史学史　官方史学　宋代

3827

英国中世纪晚期村庄共同体研究 / 王玉亮著 ; 侯建新指导. -- 天津师范大学, 2005. -- 120 页

本文从村庄共同体的视角,展示了英国中世纪晚期村民的自治权利,从而揭示了该历史阶段的社会发展变化,以及它与英国近现代社会发展变革的关系。全文共分六章。第一章导论,探讨了"村庄共同体"的概念,指明英国村庄共同体最重要特性——自治性说明了村庄共同体与村社、庄园、教区的关系以及人员构成。第二章展现了村民在村庄共同体行政事务管

理中的参与权。指出在村庄内部,村民借助村庄法庭这个政治舞台,制定管理规则,积极参与事务管理;在村庄外部,共同体作为一个政治实体,使政府的行政管理明显带有“农民政治”的色彩。第三章介绍了村庄共同体的经济事务职能。认为村庄共同体组织制定村法,安排各项生产活动,在经济事务中拥有很大的自主能力。村庄共同体作为一个具有强大凝聚力的集体,在与领主、政府、王权的斗争中,不断获得经济权益,为资本的原始积累奠定了物质上的基础。第四章展现了村民在村庄共同体的司法管理中的权利和地位,并揭示了村民对王权和领主的法律制约。指出在村庄内部,村民拥有立法、司法、治安等参与权和决策权。共同体的法律机制使他们能有效地制约特殊阶层的剥削,为村民个体物质力量的发展提供了有力保障。第五章简略剖析了英国中世纪晚期村庄共同体衰落的原因和表现。认为庄园制解体,村庄生产结构、土地关系和生产方式已经发生根本变革,使共同体走向衰落。第六章简述了英国中世纪晚期村庄共同体的发展变革。

关键词:乡村　群众自治　共同体　中世纪　英国

3928

南高史地学派研究 / 吴忠良著 ; 胡逢祥指导. -- 华东师范大学, 2005. -- 144 页

本文以南京高等师范学校史地学派为研究对象,通过考察其史学活动,进而揭示了中国史学现代化的进程。全文由导言、正文四章与结语三部分构成。第一章回顾了从南高史地研究会到史地学派形成的过程,分析了史地学派与学衡派的关联,分析了其与胡适、傅斯年等为代表的科学实证派在治学观念和路向等方面的异同,和所谓南、北学派对峙的思想焦点和实质,从中凸现了南高史地学派的总体学术特征。第二章从史学观、历史观和治学路向几方面,讨论了史地学派的学术理念与研究方法。指出史地学派一方面大力输入和吸收国外近现代史学的优秀成果,另一方面又对本土传统史学遗产进行深入研究和总结,推动其向现代的转化。同时,他们更为注重义理与考据并重的“通识”。第三章分别论述了柳诒徵、缪凤林、郑鹤声、王玉璋、陈训慈、向达等人在中国文化史、中国史学史、中国通史、中西交通史等学科领域的成就,认为他们的一些研究成果在该学科领域具有开创性的贡献。第四章专论该派有关现代史学建设的理论,及其在历史教学、专业学术期刊和专业学会等制度或运行环境建设方面的具体实践。指出史地学派的史地教学观和实践在社会上也曾起过较大反响;他们持之以恒创办学术期刊以为治学喉舌;致力于史学专业学会建设,并最终促成中国史学会的成立。

关键词:史学史　史学流派　史学理论　南京高等师范学校

3929

美国“新左派”史学研究 / 徐良著 ; 张广智指导. 复旦大学, 2005. -- 145 页

作为20世纪60年代在美国史坛上突起的一支狂飚,“新左派”史学无疑代表了美国激进主义史学的传统。其强烈的史学批判精神和“自下而上”的研究取向,给美国史学及社会留下了深刻的影响。“新左派”史学的兴起既是这一时期美国社会动荡不宁和阶级斗争尖锐化的反映,亦是美国史学自身流变的结果。其史学特征总体上表现为激进主义、现代理念和下层意识。“新左派”史学家们在从事历史研究时,多从当时的社会环境出发,按照现实的需要,以“自下而上”的思维取向来考察美国社会与历史,表现出与传统保守主义史学截然不同的特征。由于“新左派”史学与同时期发生的美国新左派青年政治运动之间有着千丝万缕的联系,所以后者的指导理论亦可以视为前者的重要理论渊源。从“新左派”史学家们对美国国内若干重要历史问题的批判性分析中,可以看到“新左派”史学的成就与缺陷。从内战和奴隶制问题、劳工运动和社会流动问题及罗斯福“新政”问题等三个有代表性的问题来看。“新左派”史学的目的就是为了变革不平等、不自由的美国传统社会。外交史是“新左派”史学的重要组成部分,史学家们敏锐地发现,美国传统的扩张主义外交政策在给美国带来一定的繁荣与发展的同时,也破坏了美国“自由”、“民主”的国际形象,不仅导致了大国的争霸斗争,还引起了许多弱小国家的反感,在世界各地引发了连绵不断的革命和动乱。所有这些,都不能不说是美国外交的悲剧。“新左派”史学家在外交史研究中表现出来的史学批判精神,是对美国史学的贡献之一。“新左派”史学随着20世纪70年代以后国际、国内形势的改变而逐渐衰落,但其影响并没有完全消失,其史学价值和社会意义不容忽视。

关键词:史学　激进主义　新左派　史学史　美国

3930

兰克史学研究 / 易兰著 ; 张广智指导. -- 复旦大学, 2005. -- 273 页

兰克(1795—1886)是德国历史学家,由其创立的兰克史学则代表着19世纪西方史学的最高成就。他将古典史学中的求真精神发展到极致,为历史学的科学化奠定了坚实的基础。兰克史学是19世纪欧洲特别是德国社会政治文化的产物,也是在18世纪末到19世纪初西方史学的基础上发展而来的。"如实直书"、"上帝之手"、政治性是兰克史学最重要的组成要素。追溯兰克的学术生涯,可见他的思想发展是一个流变的过程,但这种变化并不完全都是日趋进步的。"如实直书"是兰克史学最为人熟悉的理论,其内涵是指兰克所提出、倡导的一整套收集、辨别、运用史料的方法,以及由此而形成的一套撰写历史著作的基本原则。但这一理论也并非完美无缺,同样面临着诸多挑战。面对"如实直书"理论存在的种种缺陷,兰克将目光投向了神秘的上帝,于是,兰克史学与"上帝之手"紧密地联系起来。这一神秘的"上帝之手",是兰克史学的最高精神所在。他认为历史认识的目标就是通过直觉体认上帝。兰克把历史研究的最后依托放到了上帝那里。史学家只要做到"如实直书"就可以了。在兰克的观念里,历史与政治既有联系又有区别。兰克在政治上的保守主义实质也反映在他的历史撰述中。兰克史学对西方史学的影响是深远而巨大的,无论是称霸20世纪史坛的新史学,还是现今叙事史学的复兴,都可以看出其影响。在中国史学的近代化过程中,兰克史学的影响力也十分突出。

关键词:兰克(Ranke Lepold von 1798 ~ 1886) 史学思想 史学史 德国

3931

论中华文明圈的内发性发展史观 : 以当今日本学界的相关研究为中心 / 翟意安著 ; 盛邦和指导. -- 华东师范大学, 2005. -- 210 页

本文从当今日本学术界的相关研究出发,对以今天的东亚、东南亚为范围的中华文明圈的发展规律进行了研究。全文由绪论与正文六章构成。第一章按照历史段落考察了日本人亚洲观的演变过程。指出日本人亚洲观的演变可以分为古代、中世纪、近世、近代以来几个阶段,而当今日本学术界对中华文明圈研究的关注就是日本人亚洲观发展的延续。第二章对日本学者中村哲、宫岛博史的东亚小农社会理论进行了评论,指出了中华文明圈的精耕细作型农业是一种独特的、不同于西方的农业模式,它立足于东方独特的气候和历史文化,有其历史合理性和现实合理性。而中华文明圈农业社会的形成和发展对其近代工业化的影响巨大。第三章对滨下武志的朝贡贸易体系理论进行评论,指出中华文明圈的贸易渠道在该地区各国开港之前就是畅通的,并且形成了跨国境的、自成体系的贸易网络,将中华文明圈在经济上紧密地结合起来,使其在近代形成了统一的市场。第四章从中华文明圈的人员流动的角度来审视中华文明圈的内在发展,指出华人华侨在该地区的活动,将整个区域的经济有效地联系起来。第五章对川胜平太的海洋亚洲理论进行了评论,论述技术交流对中华文明圈发展的推动作用。认为,在近代之前中华文明圈之间从文明中心向周边地区的技术输出,促进了该地区的共同发展,形成了有区域特色的日常生活用品结构,以及在此基础之上的经济结构,而中华文明圈近代的经济发展,在很大程度上又是生产具有地区特色的商品的竞争的结果。第六章结论。

关键词:文化史 中华文化 现代化 亚洲

3932

中国近代佛教史学探研(1900—1949) / 周霞著 ; 邬国义指导. -- 华东师范大学, 2005. -- 317 页

本文以1900—1949年间的佛教史学作为研究对象,对该时期佛教史学兴起的背景、发展历程、特点进行了探讨。全文共分八章,按历史时代考察了佛教史学研究的历程和成就。第一章论述中国近代佛教史学兴起的社会文化背景。指出:中国近代佛教史学的兴起,是近代佛教复兴思潮、中国近代尤其是五四以来的文化论争以及日本佛学研究的影响共同作用的结果。第二章阐述梁启超对佛教通史的探索。指出梁启超是佛教史学的奠基人物。1920年代初,他所进行的一系列研究,建构了中国佛教史学的基本轮廓。第三章探讨蒋维乔和黄忏华对佛教通史研究的贡献。指出,蒋维乔、黄忏华各以其《中国佛教史》,把佛教通史研究提高到一个新的水平。第四章讨论胡适的禅宗史研究。指出胡适的禅宗研究,开现代禅宗史研究的先河。第五章考察陈寅恪的中古佛教专题史研究。第六章探讨汤用彤的汉唐佛教史研究。指出20世纪上半叶,对中国佛教断代史研究贡献最大的学者当数汤用彤。第七章论述陈垣的佛教文献和明清佛教史研究。指出陈垣研究佛教史,往往是作纯历史的研究,很少涉及佛教教义;善于将佛教与其他宗教进行比较研究,在研究方法上,以考据为核心。第八章探

讨藏传佛教史的研究。吕澂的《西藏佛学原论》、李翊灼的《西藏佛教史》、妙舟法师的《蒙藏佛教史》和法尊法师的《西藏民族政教史》,堪称这一领域的典范。结语部分对近代佛教史学研究的特点进行了总结。

关键词:佛教史　史学史　近代

3933

长江下游文明化进程探析 / 曹峻著 ; 王巍指导. -- 中国社会科学院研究生院, 2005. -- 183 页

本文按照时间顺序,对不同阶段长江下游的社会经济、组织结构、宗教信仰、文字符号等进行了探讨。作者认为,新石器时代末期,太湖地区经马家浜、崧泽发展而来的良渚文化代表了长江下游社会的最高水平,出现了以稻作农业为主的发达经济生产和建立在这个基础之上达到相当复杂程度的社会文明,等级分化严重、聚落级差出现、神权与王权合而为一,陶器上出现成组刻划符号,已是存在着某种形式的政治实体。但是,良渚社会最高权力并非唯一,可能存在着最高权力"团"的形态,这正是区域文明化进程在良渚时期的阶段性特征。夏商时期,长江下游农业经济呈现衰退迹象,采集渔猎成为主要的生产方式,社会复杂化程度下降,远不如良渚社会那般发达。点将台、湖熟、马桥文化中外来因素的出现,表明夏商时长江下游社会趋于开放,次生文明的步伐由此迈出。西周春秋时期,该地区社会经济重现繁荣景象,农业、手工业、渔猎业全面繁盛。吴国、越国先后建立,并被纳入春秋诸侯林立的政治体系当中,标志着长江下游文明化进程最终完成。由于自然环境、社会内部自身协调性和外文化入侵三方面因素的作用,长江下游文明化进程经历了兴盛——衰落——再兴盛的曲折过程。

关键词:文化史　铜器时代　长江下游

考古学及博物馆学

3934

新疆天山地区公元前一千纪的考古学文化研究 / 郭物著 ; 刘庆柱指导. -- 中国社会科学院研究生院, 2005. -- 243 页

全文共分四章。第一章从典型墓地与综合研究两个方面分析了天山以南中部地区(焉耆、轮台、库车拜城和且末)的考古学文化。第二章分析了天山以南西部与东部、天山内部盆地和沟谷、天山北麓地区的考古学文化。第三章考察了天山地区早期铁器时代考古学文化的渊源、天山地区公元前一千纪时期诸考古学文化同其他地区考古学文化的关系及诸文化类型之间的互动。第四章分析了新疆游牧文化的形成与特点,考察了考古发现所反映的天山地区公元前一千纪社会发展的重大变迁,探讨了山地游牧社会和绿洲城郭国家的分野及互动。作者指出,这个时期分布于天山地区的考古学文化有焉不拉克文化、苏贝希文化、察吾呼文化、阿克塔拉文化、索墩布拉克文化、四道沟下层文化、三道海子文化等。这些文化的渊源主要是新疆青铜时代晚期考古学文化。公元前一千纪以前是古代东西方文化在新疆接触、融合的时期,公元前 10 至前 3 世纪是新疆自身文化形成、发展和分化的阶段。西汉王朝和匈奴长期的斗争,以及西汉对西域的经营,使新疆纳入到一个大的政治体系。丝绸之路的开通,极大地提高了东西方文明沟通的速度,同时也加快了新疆古代人群文明化的进程。天山地区早期铁器时代考古学文化内部存在着互动关系,主要表现为东疆文化西进、苏贝希文化的扩张、察吾呼文化对塔里木盆地文化的影响、天山北麓地区游牧文化的斗争等。山地游牧文化的发展导致天山地区人群的分化,山地草原人群成为游牧性质的社会,绿洲地区的人群发展成为城郭国家。这个过程中,以天山—绿洲—戈壁为特点的自然环境、铁器的事业、社会内部财富的分化和来自外部的压力及扩张起到了很大的作用。新疆公元前一千纪的考古发现可以大致证明斯基泰西迁的传说,可以发现历史时期吐火罗语及吐火罗人的来源及不同方言的分布等。西汉时期天山地区的历史表现为绿洲城郭国家、游牧国家和西汉王朝三者的互动关系,西汉王朝直接的政治统治,极大地提高了天山地区社会的文明程度。

关键词:考古学　考古学文化　游牧民族　新疆

3935

论陈师曾与清末民初画坛的文化保守主义 / 胡健著 ; 范曾指导. -- 南开大学, 2005. -- 189 页

本文分上、下两篇。上篇以四章的篇幅论述了陈师曾与其所处的时代环境及人文环境。第一章"清末民初社会文化思潮",述清末民初社会文化背景;第二章"清末民初的画坛",述清末民初画坛概况;第三章"陈师曾的家学渊源",述陈师曾之家学背景;第四章"陈师曾的'日本影响'",述陈师曾创作中的"日本影响"。下篇以四章的篇幅论述了陈师曾文化保守主义的理论和实践。第五章"陈师曾文化保护主义的理

论”,述陈师曾有关文化保护主义的理论;第六章“以日新全其旧”,述陈师曾保守的革新实践;第七章“陈师曾文化保守主义的美术活动”,述陈师曾在美术社团的活动及其对齐白石艺术的推广;第八章“陈师曾与同时代文化名流”,述陈师曾与同时代文化名流的交游。也即,从陈师曾艺术思想、艺术创作、艺术活动的构成背景入手,通过对清末民初社会文化思潮、清末民初画坛、陈师曾的家学渊源、日本文化对陈师曾的影响等,剖析和梳理了陈师曾艺术思想和艺术风格的脉络,分析论述了他的文化保守主义的艺术理论体系、艺术革新实践、艺术社会活动及与同时代激进与保守的文化名流之间错综复杂的关系,阐述了他在近代美术转型中所起的作用。文末并附有陈师曾年表简编。

关键词:陈师曾(1876~1923) 绘画 文化思潮 保守主义 清末民初

3936

三峡地区秦汉墓研究 / 蒋晓春著 ; 霍巍指导. -- 四川大学, 2005. -- 306 页

秦汉是三峡地区的一个重要历史时期。但由于文献不足,对在秦汉政权统治下的三峡地区的社会变迁的了解十分有限。为此,对三峡地区秦汉时期的考古遗存,尤其是丰富的墓葬材料进行系统的整理、研究十分必要。经过对墓葬形制和随葬品的综合排比,三峡地区的秦汉墓可以分成四个时期,其中第三、四期又各分为三段。各期段在文化面貌上一脉相承,时代上也前后相继。秦汉时期,三峡地区的丧葬习俗在很多方面都在不断演变。与此同时,墓地本身也在悄然变化。根据墓地结构的变化,可推测这种现象可能跟家族墓地的形成有关。三峡地区的夫妻合葬墓有异穴和同穴两种形式。多人合葬墓也在西汉中期登场。墓葬形制本身也在不断演变。东汉以前,墓葬属于密闭型墓,东汉时期主要流行开通型墓。开通型墓代替密闭型墓是丧葬制度的巨大变革。墓葬的头向和墓向也在随着墓葬形制的变化而变化,这是墓葬形制由密闭型墓向开通型墓转变过程的内在要求。随着墓葬形制变化,棺椁制度也在悄然变化。地区间的文化交流,是三峡地区丧葬习俗发生变革的重要原因。具体而言,西汉中期是以关中和洛阳地区为代表的“汉制”在三峡地区的确立时期。东汉时期,“汉制”又得到了进一步发展,是“汉制”在三峡地区的成熟时期。综观“汉制”在三峡地区的确立过程,具有以下四个方面的特点:不平衡性、地域性、等级性和选择性。对于“汉制”的各个方面,三峡地区虽然在总体上接受了,但在具体内容方面却是有所选择的,部分引进的文化因素受到了改造,成为汉文化的一个地方类型。

关键词:汉墓 墓葬形制 随葬品 三峡地区 秦汉时代

3937

南北朝时期墓葬美术研究 :以绘画题材为中心 / 金镇顺著 ; 杨泓指导. -- 中国社会科学院研究生院, 2005. -- 121 页

本文以现存的南北朝时期的墓葬壁画资料为基础,对该时期墓葬美术的特点及其在中国墓葬美术史中的地位进行了探讨。作者指出,当时的装饰墓葬大体可以分为北方和南方两个地区。北方地区大体上可分为两个阶段:第一阶段是北朝前期即北魏时期,第二阶段是北朝后期即包括东魏、西魏、北齐、北周时期。南方地区大体上也可分为两个阶段:第一阶段为南朝前期即宋、齐时期,第二个阶段为南朝后期即梁、陈时期。北方和南方的壁画墓葬在墓葬结构和装饰壁画方面,两期之间具有较为明显的变化。首先,从墓葬形制来看,北朝前期有单室墓、双室墓和多室墓,而北朝后期只有单室结构;南朝前期墓葬的平面形状多为长方形,而后期墓壁呈现外凸弧线。其次,就墓葬装饰而言,北魏时期以壁画来装饰墓葬的方式未成为主流,占主导地位的是使用描绘或线刻画像的装饰葬具来安置尸体的风俗。一直到了东魏和西魏之后,壁画才成为墓葬装饰的主要方式。这种风习与佛教石窟美术的发展有密切的关系。南朝前期的墓葬壁画题材承袭汉魏墓葬美术的传统,多为反映墓主日常生活和羽化升天的内容,而后期墓内装饰则带有浓厚的佛教色彩。文章的最后,综论南北朝时期的墓葬美术与当时人的生死观念。

关键词:墓葬 美术考古 绘画 壁画 南北朝时代

3938

巴中石窟研究 / 雷玉华著 ; 霍巍指导. -- 四川大学, 2005. -- 186 页

巴中是中国南方石窟重要的分布区之一。作者在对巴中摩崖造像进行系统调查的基础上,利用考古学研究方法,首先对现存隋唐龛像作了分期研究,将其分为五个时期,其中第三期,即唐开元天宝时期为

巴中造像的高峰期。接着,对巴中石窟的来源、产生的历史背景和造像的题材等进行了分析,得出如下结论:巴中在隋代全国崇敬佛教的形势下开始有了摩崖造像,到唐代武则天推动的全国崇佛时期,造像达到高峰。从武周时期开始,由于唐与吐蕃之间的战火,入川的主要通道从经由广元的金牛道渐渐转移至经由巴中的米仓道,广元交通地位渐渐衰退,巴中突显。因此,开元以后直到唐末,这里造像不衰。巴中石窟属中原北方造像系统,其造像龛形既有北方的圆拱形浅龛,又有四川特有的外方内圆拱形双层龛和巴中自己的外方内佛帐形龛,其中巴中特有的外方内佛帐形龛最发达,双层龛是来源于北方的圆拱小龛和佛帐形龛与四川多雨的实际情况相结合的产物。造像题材方面,菩提瑞像、阿弥陀佛与五十二菩萨、观音、地藏、毗沙门天王、如意轮观音等内容均来源于北方中原地区,有少部分造像题材如双头瑞像等可能直接来自河西。唐朝灭亡之后,南北政权分裂,米仓道作用不再,巴中成了蜀国的偏僻地区,佛教摩崖造像趋于衰落。

关键词:石窟　佛像　摩崖造像　巴中

3939

北京大学珍藏甲骨文字的整理与研究 / 李钟淑著 ; 葛英会指导. -- 北京大学, 2005. -- 596 页

作者对北京大学考古与艺术博物馆珍藏的甲骨文字进行了整理与研究。全文分为七个部分。第一部分序言;第二部分著录北京大学所藏甲骨文字;第三部分关于北京大学所藏甲骨的辨伪;第四部分关于北京大学所藏甲骨中一些甲骨的缀合;第五部分编制北京大学所藏甲骨文字的著录重见表;第六部分卜辞考释三例;第七部分结语。作者在著录北大所藏甲骨文字的过程中,改进了编撰体例与刊布资料的技术手段,提出了卜辞分类的基本原则:一是采用先分类后分期的方法,把卜事相同的甲骨刻辞分列在不同期别之下;二是以完整卜事为单位并推断不同卜事的主从关系,确定甲骨刻辞的分类原则,这一原则依以下三种情况而略有依违:一版甲骨载有多条卜辞的,一版甲骨只有一条卜辞的,因甲骨残断无法判断主从关系的;三是将北大所藏甲骨文字分为十二类,其中农事、田猎二类有关殷商社会经济,祭祀、战争、巡狩、贡纳、征调、刑狱有关殷代社会政治,王事有关商王与王室贵族疾、梦与旬夕祸福,天象气象有关天时,干支历数有关纪数纪时,杂卜则囊括十一类之外的其他类。此外,也进行了刻辞的辨伪与缀合,形成了以数码照相与传统捶拓、摹写、位置对应的释文的获取甲骨文资料的四位一体的方法。

关键词:甲骨文　古文字　著录　分类

3940

朝鲜半岛三国时期寺院平面布局类型研究 / 朴待男著 ; 马世长指导. -- 北京大学,2005. -- 112 页

本文将朝鲜半岛高句丽、百济、新罗三国在新罗统一三国之前的中古期(514—654 年)前后约 300 多年间建造的佛教寺院遗迹的考古发掘资料,通过考古类型学的方法进行了分析和研究,对佛教寺院平面布局的类型和特征、三国佛教寺院建筑布局诸类型的发展、变化、渊源和本土化过程,以及东亚地区佛教寺院建筑布局与佛教文化交流的关系等问题作了探讨。作者指出,佛塔和金堂建筑是整个寺院建筑的核心。根据佛塔和金堂建筑的组合方式,三国时期佛教寺院建筑群的构成呈现出五种寺院平面布局类型:一塔三金堂式、一塔一金堂式、三塔三金堂式、无塔式、包括石窟在内的寺院布局类型。其中,一塔三金堂式布局类型可分为两种:一是以塔为中心,东西北三面安置金堂,以高句丽清岩里寺址为典型;二是三金堂并列配置的类型,以皇龙寺第一次重建寺院为代表,这种类型不见于一般的寺院建筑,而接近于古代宫阙中的正殿,即太极殿的形态。一塔一金堂式寺院集中建造于百济地域,这还可以与百济佛教的戒律性质联系起来。三塔三金堂体现了百济武王的意念,将弥勒信仰化为一种寺院建筑类型。作者以这五种三国时期的寺院布局类型为基础,考察了各个类型之渊源,并进一步讨论其本土化的特征。

关键词:寺院　宗教建筑　佛教　朝鲜半岛

3941

济南大辛庄遗址出土商代石器的生产与使用研究 / 钱益汇著 ; 于海广,方辉,沈辰指导. -- 山东大学, 2005. -- 161 页

济南大辛庄遗址是一处以商代遗存为主的大型中心型遗址,1936 年由英国人林仰山(F. S. Drake)发现。通过对 1984 年和 2003 年大辛庄遗址出土的商代石器组合的研究,特别是关注其石器生产技术模式与使用方式,考察不同时期石器在技术上的变化,同时对石器生产中遗留的废料进行分析,可得出:第一,石料是影响工艺技术与石器形态不可忽视的因素,而原料的可供数量和质量是一个对石器文化面貌具有重大影响的因素。对石料的研究,可窥见当时人们对自然界的利用和认知水平,甚至能了解其社会组

织状况。第二,石器制作技术的不同反映了不同群体文化上的差异,石器制作充分考虑工具的实用性和功效性问题。石器生产是一个带有生产和使用这些特别目的的石器原料修整过程,包括原料的获取、剥片的程序、使用、维修和废弃的全过程,是剥、琢、砸击、磨、钻孔、雕刻等多道程序的综合体。总之,磨制石器生产在新石器时代、青铜时代都是一种重要的生产活动,它能反映社会生产组织的过程与变化,石器生产技术也是社会文化变迁的温度计。只有开展对磨制石器的产地、技术以及功能的研究,才能更好地从石器本身获取关于社会生产发展以及社会组织结构等深层次信息,才能全面地、多层次地复原古代社会。

关键词:石器　出土文物　商代　大辛庄遗址　济南市

3942

三代至两汉玉器分期及用玉制度研究 / 石荣传著 ; 刘凤君指导. -- 山东大学, 2005. -- 235 页

考古发现的玉器大多出于墓葬中,因此要了解用玉制度,就必须了解墓葬中出土的玉器。通过对三代至两汉玉器的出土情况的考察,可将三代至两汉的玉器初步分为十期,即夏至商前期、商后期、商末至西周早期、西周中期、西周后期至春秋早期、春秋中晚期、战国早中期、战国晚期至西汉早期、西汉中期、西汉晚期至东汉。每一期都有自己的艺术风格和特点。从三代至西汉玉器装饰风格的发展演变过程中,可以看出明显的继承性,也可以看出中国古玉的发展历程与中国文化的发展是一致的。虽然用玉制度来源于史前社会用玉的各种规范与秩序,但作为制度,应始于夏朝。商代用玉制度大多承袭于夏。但这一时期青铜器繁荣一时,而玉器在祭祀礼仪活动中的地位下降,但这并不意味着玉器退出礼制的范畴,而是开始更多地运用于其他场合,如佩饰与随葬。鉴于商灭亡的教训,西周统治者加强了从精神方面对人民的控制,无论在日常生活还是礼仪活动中,均制定了一系列严格的制度,佩玉制度与葬玉制度由此产生。春秋战国时期是西周社会的延续和发展,各诸侯国用玉制度的使用方面出现了逾制和僭越的现象,同时玉文化与地方文化特点相结合,逐渐形成了各具特色的用玉制度,这为两汉用玉制度的形成奠定了基础。两汉是三代至两汉用玉制度的一个继承与转折。由于两汉升仙思想的流行与儒家学说在上层建筑中的统治地位,葬玉风行,所以葬玉制度是两汉用玉制度的重要组成部分。两汉以后,玉器作为等级制度载体和道德教化的作用也逐步淡化,而呈现出唯美的、世俗化的特点,用玉制度也随着葬玉制度的衰落而最终消亡。三代至两汉是中国古代用玉制度的产生、发展到高峰的阶段,是玉文化发展进程中最为重要的时期之一。

关键词:古玉器　等级制度　考古　玉文化　三代时期　汉代

3943

黄河中下游地区史前人口研究 / 王建华著 ; 栾丰实指导. -- 山东大学, 2005. -- 314 页

本文从考古发现的黄河中下游地区史前聚落遗址资料的搜集和整理入手,利用墓葬分析法和聚落考古学方法,在典型遗址分析的基础上进行不同时期人口规模、人口地理分布以及人口性别年龄构成等基础研究,进而结合不同人口规模的聚落分布情况探讨人口与社会组织结构、环境、资源以及人口在社会复杂化进程中的作用等。本文首先探讨了裴李岗时代、仰韶时代、龙山时代、二里头时代人口规模的变化发展以及人口地理分布情况。指出人口规模在仰韶时代不同地域以及不同时期内存在着显著的变化,具体表现为河南、山东仰韶时代各期的人口规模呈现持续上升趋势,而陕西、山西晋西南地区的人口规模则呈现出先升后降的趋势。到龙山时代,人口规模呈现出明显增长的趋势,其晚期更达到史前时代的最高峰。二里头时代,有人口明显集中的现象,而绝大多数地区人口规模迅速下降。其次,通过对人口性别构成的研究,初步确定了史前时代"高性比"现象,并对"一妻多夫"现象在不同时代的表现形式进行了简单的分析。而龙山时代晚期青年男性大量死亡的现象,又说明人口的年龄构成与社会发展直接相关。关于这一地区史前社会发展,文章初步确定裴李岗时代聚落内部存在家庭—家族—氏族三级社会组织结构,而聚落之间为两级管理体系。仰韶时代中期,处于由平等社会到分层社会的过渡阶段,而其晚期则已进入分层社会,大家庭作用明显强化。龙山时代晚期核心家庭开始取代大家庭,到二里头时代则已居于主导地位。与此同时,气候环境和资源条件的变化,也对这一地区史前人口规模及社会发展产生了重大影响。

关键词:人口分布　人口构成　史前文化　历史人口学　黄河中下游地区

3944

中国早期陶器研究 / 王涛著 ; 赵朝洪指导. -- 北京大学, 2005. -- 89 页

本文选择典型遗址,从早期陶器的制作工艺技术、陶器依存的环境及陶器在整个新石器化进程中的作用诸方面进行了个案分析,同时结合世界其他国家和地区所发现的最早的陶器资料,探讨了中国早期陶器的起源机制和发展状况,并力图通过陶器这一古代人类的重要文化遗存获取更多的早期人类的信息。作者认为,中国早期陶器发生与初步发展的时间约在距今17000—9000年之间,从一开始中国南北方早期陶器就已表现出不同的特征,南方地区多为圆底器(或尖圆底器),北方则一般为平底器。从陶器制作方法看,在早期阶段,南方北方都出现了泥条筑成法,但两个地区陶器的拼接方式略有不同,说明其具有各自独立的起源。南方的代表是江西万年仙人洞与吊桶环、湖南道县玉蟾岩、广西桂林甑皮岩等遗址的早期陶器,北方是河北阳原于家沟、徐水南庄,北京怀柔转年、门头沟东胡林等遗址的遗存。中国陶器的起源一般早于栽培农业的出现,适应的生产方式为高级的采集狩(渔)猎阶段。其主要功能为炊煮食物。从世界范围看,陶器起源是多中心的。中国是世界上最早阶段陶器的发现地。

关键词:陶器　制作工艺　考古

3945

克孜尔洞窟组合调查与研究 :对龟兹佛教的新探索 / 魏正中著 ; 马世长指导. -- 北京大学, 2005. -- 91页

本文通过两种组合类型及由此组合构成的区段,对克孜尔石窟进行了研究,并揭示了该遗址中所见的佛教的两个小乘部派。作者认为,该石窟几乎都是彼此相连并构成组合关系,极少例外。其存在两种组合类型,第一种组合由一个或更多的方形窟与一个或更多的僧房窟组成,第二种组合至少有一个中心柱窟。并提供了两种主要组合的不同形式,以标明其差异和年代序列。将克孜尔石窟划为七个区段,这七个区段显示了其功能上的差异。关于相对年代,以四种主要石窟类型的年代序列和分期,并且将组合的洞窟看作不同类型间的连接因素,作为遗址分期的可靠依据。关于绝对年代,依赖相对年代将每个一期石窟列出碳^{14}数据,绝对年代为大多数数据一致。表明论文中选择制定出每一个时期的绝对年代而不依赖单体石窟的碳^{14}数据。该石窟两种组合在结构、建筑、壁画塑像内容及绘画风格上的差异表明,克孜尔现象可能与"法藏部"(集中在第一种组合)和"说一切有部"(集中在第二种组合)两个不同的小乘部派有关。

关键词:佛教考古　文化遗址　小乘　石窟　龟兹

3946

鄯善地区考古学文化与中西文化交流的关系 / 肖小勇著 ; 孟凡人指导. -- 中国社会科学院研究生院, 2005. -- 190页

本文通过探讨汉晋时期鄯善地区考古学文化及其演进机制,对该地区考古学文化与中西文化交流的关系进行了研究。重点讨论了五个问题:(1)汉通西域前本土文化的内涵与特征;(2)汉晋时期鄯善考古学文化中的汉文化因素;(3)汉晋时期鄯善考古学文化中的域外文化因素;(4)具有鲜明域外文化特色的魏晋鄯善佛教文化;(5)汉晋鄯善考古学文化"三位一体"的融合模式。作者指出,汉通西域后,鄯善地区变成中西交通的桥梁,其考古学文化开始了融合多文化要素的一体化进程。以汉通西域为时间分界点是本文进行考察的一个重要视点,它解决了本土文化的认识问题。汉通西域前代表本土文化的墓地,其内涵与特征是原始性、土著性和单纯性,处于较低发展阶段;汉通西域后,汉文化和域外文化文化开始进入鄯善地区并与本土文化融合,在中西文化交流的进程中不断整合并向一体化方向发展。故而,鄯善地区考古学文化与中西文化交流的关系,就是在中西文化交流这个动力推动下,本土文化向汉文化和域外有机融合和动态发展的关系,它被概括为"三位一体"融合模式。

关键词:考古学文化　文化交流　鄯善

3947

黄土高原仰韶晚期遗存的谱系 / 许永杰著 ; 张忠培指导. -- 吉林大学, 2005. -- 254页

本文将黄土高原诸仰韶晚期遗存作为一个整体进行了综合研究。全文共分五章。第一章绪论,讨论了黄土高原自然地理概况、"仰韶晚期遗存"概念和分区情况。第二章运用考古层位学和类型学的方法,对黄土高原仰韶晚期遗存的50余处典型遗址及50余个典型单位逐一梳理,完成了黄土高原仰韶晚期遗存的分期。第三章通过对数十处遗址的有意义的叠压打破关系的全面检索,并结合典型单位出土器物形态花纹分析,得出诸仰韶晚期遗存晚于西阴文化、早于诸龙山时代考古学文化遗存的相对年代结论,并进一步排比了诸仰韶晚期遗存之间的相对年代。通过对大量碳十四测年数据的分析,研究了黄土高原诸仰韶

晚期遗存的绝对年代。第四章通过对黄土高原诸仰韶晚期遗存文化性质和源流的考察，研究了仰韶晚期遗存的谱系。第五章总论。作者认为，考古学文化发展的同步性与不平衡性的对立统一，成为黄土高原仰韶晚期遗存发展的规律，考古学文化有分布在稳定的亲缘文化区内的文化因素单一的遗存，也有分布在波动的历史文化区内的文化因素多样的遗存；一支考古学文化的兴起，可以终止一些考古学文化的进程，改变一些考古学文化的发展方向，统一一个地区，进而结束一个历史时代，开启一个历史时代；中国历史统一——分化——再统一——再分化循环往复的重剧，在史前时期的黄土高原就已经上演了。

关键词：仰韶文化　新石器时代考古　文化遗存　谱系　黄土高原

3948

汉墓结构和随葬釉陶器的类型及其变迁 / 杨哲峰著 ; 宿白，徐苹芳指导. -- 北京大学，2005. -- 331 页

作者就已发表的汉墓资料进行整理，总结了汉墓整体分布的阶段性变化，并结合历史文献对其历史背景进行了分析，提出了汉墓分布中的“旧区”和“新区”问题，对汉墓分布扩大过程中所呈现的“突变”和“渐变”模式、不同区域之间的汉墓结构变化等进行了考察，揭示汉文化随着汉统一疆域的扩大而广泛传播的事实。内容分两大部分：一是关于汉墓结构的类型及其区域变迁，认为汉墓的结构类型包括木椁墓、空心砖墓、砖室墓、石室墓、砖石合构墓、土洞墓等，其演变的主要规律是以木构的衰落和砖、石结构（包括砖石合构）的兴起为主线，以竖穴和洞穴两大类别相互影响为主要特征；影响两汉墓葬结构变迁的四个主要区域即关中、郑洛、苏鲁豫皖交界、南阳鄂北，共同构成了汉墓结构演变的核心区域。二是关于汉墓随葬釉陶器的类型及其区域变迁，认为汉墓中随葬的铅釉陶器和青釉陶器属于汉代两大釉陶系统，发展演变、空间分布状况以及因时代早晚产生的区域变化鲜明：铅釉陶经历了以两京地区为中心向四周传播的三个发展阶段，而青釉陶则分为江东、岭南、湘赣三大地域类型；江东、岭南两大地域类型的发展彼此相对独立，而湘赣类型兼受江东和岭南两大类型的交互影响。

关键词：墓葬形制　陶器　陶釉　汉代

3949

太原古交旧石器与晚更新世早期人类活动 / 于振龙著 ; 王幼平指导. -- 北京大学，2005. -- 133 页

本文分八章对位于山西省太原市西部的古交地区后梁、王娄北岭、四晌洼三个旧石器时代遗址石制品的打制技术、组合以及在遗址中的分布情况进行了研究。第一章绪论，论述了古交地区旧石器时代文化的发现与研究简史，以及研究的目的、材料与方法；第二章古交地区地质、地理与环境历史概况，论述了古交地区生态环境概况，以及更新世以来环境变迁及其对古交地区地貌的塑造；第三章后梁遗址，介绍了遗址的发掘概况、石制品的分布与遗址性质；第四章王娄北岭遗址，介绍了发掘概况、石器工业、王娄北岭石制品的分布与遗址性质；第五章四晌洼遗址，介绍了发掘概况、石器工业、四晌洼石制品的分布与遗址性质；第六章其他遗址或地点，介绍了王家沟砖厂遗址、石家河地点、寨上遗址、长峪沟地点、火山地点、凤凰岩地点；第七章讨论了古交旧石器工业演变的区域性特点及古交区域内遗址的时空分布与人类的活动；第八章结语，对全文进行概括总结。作者认为，三个遗址的石制品，既具有中更新世砾石石器工业的因素，同时也出现了以片状坯材制作的刮削器等中小型石器，显示出从旧石器时代早期文化向晚期文化过渡的性质；三个遗址具备了制作坯材、加工石器及工具的使用等功能，表明古交晚更新世早期的人类在相对独立的区域内，利用当地丰富的石材原料资源，生存繁衍，创造了远古区域性文化。

关键词：旧石器时代　晚更新世　人类活动

3950

燕辽、海岱、中原地区新石器时代玉器研究/员雪梅著 ; 严文明，赵朝洪指导. -- 北京大学，2005. -- 236 页

本文对燕辽、海岱及中原地区出土的新石器时代玉器进行了综合研究。作者认为，三大区总的玉器与玉文化面貌存在着明显的差别，各自的发展过程大致经历了三个明显的发展阶段：第一阶段以燕辽地区的玉器工艺最为发达，表现为优质透闪石软玉较多的选用，典型的玦、匕形器、弯条形器和少量的动物造型，以及线切割和管钻技术的运用。中原地区次之，海岱地区此阶段的玉器工艺最落后，还没有形成自己的典型特点；第二阶段燕辽地区在选材、造型和技术上形成典型特征，而海岱地区玉材品种较多，出现了绿松石镶嵌技术，中原地区则工艺落后；第三阶段海岱地区和中原地区玉器工艺基本处于同一发展水平，而燕辽地区玉器工艺则相对落后，在选材与造型上，三个地区各有特点。作者也对玉料产源作了地质矿物学

的研究,通过对三地玉器的类型、工艺与玉料的矿物学研究成果的综合分析,得出了结论:三大区考古学文化区及与周邻考古学文化区之间的交汇和传播非常明显,并在频繁的交流和融合中逐步趋同,最终在中原地区汇集和再创造,从而孕育了夏代及其以后的玉器文化和中华文明。

关键词:玉器　制作工艺　新石器时代

3951

明清徽州建筑艺术特点与审美特征研究 / 臧丽娜著 ; 刘凤君指导. -- 山东大学, 2005. -- 135 页

徽州建筑发轫较早,发展至明清时期,达到了鼎盛的阶段。徽州建筑具有独特地域文化特征,是长江流域重要的建筑流派之一。在地面文物中,大量的最有特色的是古建筑。根据建筑的使用功能和性质的不同,可将徽州建筑分为四大类型:民居建筑、礼制建筑、园林建筑和书院建筑。徽州建筑装饰是徽州建筑价值中极有份量的部分。明清时期的徽州建筑一直是在地狭民稠的条件下发展,又受到等级制度的制约,因此建筑装饰就成为拓展艺术空间的途径。徽州工匠们赋予特定的思想内涵于其中,形成了徽州建筑装饰精美细腻、纤巧雅致的艺术风格。徽州民居是徽州建筑类型中最能反映地域建筑文化特征的类别。通过与苏州民居在平面格局与立面样式、建筑装饰特点和审美特点方面的比较,可以看出,徽州民居的艺术特点与审美特征因袭了中国传统民居营造理念的因素,同时又表现出富含徽州地域特色的审美趣味和审美心态。徽州礼制建筑主要有宗祠建筑与牌坊建筑两种,其艺术特点与审美特征分别是平面布局规整明晰、宏伟庄重,梁架结构宏大肃穆、装饰精美、宗祠装饰主次分明、目的明确等艺术特点;宗祠建筑反映的是封建宗法制度笼罩下的审美心态,注重伦理教化的审美功能。而牌坊建筑的艺术特点是平面样式单一,立面型制多样,其审美特征表现为审美教化功能。徽州园林建筑的艺术特点是依山傍水、因地制宜、灵活多样、秉承传统、潜移默化;其审美特征是师法自然、宁静恬淡、追比文人与风雅精致、追新求异与兼容并蓄、幽深含蓄与化育子孙。徽州古建筑经历了浩浩荡荡的历史发展进程,融合了徽州文化的各种特质,各种类型建筑样式与风格的背后蕴涵的是深厚的文化根基,徽州建筑的审美特点反映了明清时期徽州市民的审美风尚和审美趣味。

关键词:建筑艺术　建筑美学　审美　徽州地区　明清时代

3952

商周墓葬比较研究 / 张明东著 ; 刘绪指导. -- 北京大学, 2005. -- 212 页

本文以晚商、西周墓葬资料为中心对商周文化异同进行了比较研究。全文分为七章,一曰晚商西周墓葬的等级序列,包括等级序列标准的讨论及等级序列的确定;二曰晚商西周的墓地制度,包括墓地的选择、构成、安排及墓祭;三曰晚商西周墓葬形制与结构,包括形制分类、竖穴墓结构、墓上标志;四曰晚商西周墓葬的葬具,包括棺椁的材质、棺椁的形制、棺椁的重数、棺饰与垫木、棺椁之封护;五曰晚商西周墓葬葬式与墓向,包括晚商西周墓葬的葬式和墓葬两部分;六曰晚商西周墓葬的器用制度,包括礼器、兵器、陶器、原始瓷器;七曰晚商西周墓葬的葬俗,包括晚商西周墓葬的殉与牲、晚商西周墓葬的毁兵。概而言之,全文主要内容可分为三部分:首先,对晚商和西周时期墓葬的发现及研究状况进行了总结;其次,根据有无墓道及墓室规模,对晚商、西周时期的墓葬划分了等级,并以此为基础,从墓地制度、墓葬形制结构、葬具、葬式与墓向器用制度以及葬俗等进行了比较研究;最后,商周墓葬制度的异同进行了概括总结,从而诠释商周文化的异同。

关键词:墓葬　西周时代　商代　商周文化

3953

内蒙古和林格尔县新店子墓地人骨研究 / 张全超著 ; 朱泓指导. -- 吉林大学, 2005. -- 152 页

本文从人口学、骨骼测量学、食谱分析、人种学等多个方面入手,并结合考古学文化背景,对内蒙古和林格尔县新店子墓出土人骨进行了综合研究。全文共分八章。第一章绪论。第二章对新店子古代居民的性别和年龄结构进行了研究,计算了新店子东周时期古代居民的死亡年龄分布,并从人口学角度分析了该墓地人口死亡比例构成和性别间寿命差异的原因。第三章通过对新店子古代居民的肢骨研究,分析了该组居民的职业与身高,认为他们可能是长期从事畜牧业生产的牧人,男性居民身高较低,而女性则相对较高。第四章分析了新店子墓地古代居民的食谱,结果表明该组居民的饮食结构以动物性食物为主、植物性食物为辅,男性居民在动物性食物的摄入上要明显高于女性居民,暗示了该群体在动物类食物的分配和占有上存在差异。第五章对新店子古代居民进行了人种学研究,认为该组居民在颅骨形态特征上与现代蒙古人种的北亚类型具有很大的一致性。在古代和近

代的对比组中,该颅骨组分别接近于阳畔组以及近代的蒙古组和布里亚特组。第六章通过与内蒙古中南部地区其他先秦时期古代居民的比较研究,概括和总结了该地区先秦时期的人种地理分布情况,并探讨了东周时期北方游牧人南下及所引起该地区考古学文化及经济形态发生转变的问题。第七章探讨了新店子古代居民的种系源流,提出了"古蒙古高原类型"的古代人种命名。第八章结语。

关键词:墓地　墓葬　人骨　人种学　先秦时代　内蒙古

3954

汉代四川农业考古 / 佐佐木正治著 ; 霍巍指导. -- 四川大学, 2005. -- 198 页

四川地区的农业问题对汉代农业研究具有重要意义。近年来,四川农业问题的有关考古资料逐渐增加,这为以考古学为中心,来考察秦汉时期四川地区的农业生产活动提供了条件。自然地理、气候等生态环境是形成四川古代社会的重要因素,"贸易关系"是四川古代史中的历史因素,这些都对四川地区的民族关系有重要影响。但秦国入蜀后,破坏了贸易关系,推行郡县制度,形成了包括多民族在内的新社会。早期铁器的发展明显反映这种复杂社会背景。四川地区有三种铁器系统:汉民族、古蜀民、游牧民族,而汉民族这一铁器系统不只对汉族社会,还对古蜀民和游牧民族的社会均产生很大影响。以铁农具为中心的铁器广泛普及,使大规模水利工程成为可能,促进了农业生产水平的提高。都江堰是最具有代表性的水利工程,其地理位置与堰堤构成状况与现在不同,它对当时社会和农业生产发展具有重要的作用。通过对四川地区农具(钹镰、铁犁)的考察和分析,可发现四川地区的农业生产具有一定的独特性。西汉后期,豪族地主在具有封闭性的庄园内设置小规模陂塘水田而使自给自足成为可能。画像、模型资料所表现的就是这种情况。最后,作者还对汉代四川农业生产和郡县制度的关系作了探讨,指出农业生产的提高可以支撑增大的人口和新社会的发展,而郡县制度的推行以及乡、亭、里的行政组织的建立,形成各种民族混居的新社会,古蜀民也进一步汉化,古蜀民传统的土著农业风俗逐渐与汉民族的农业方式相融合,促进了当地经济和社会的发展。

关键词:农业考古　农业生产资料　出土文物　郡县制　四川省　汉代

历史地理学

3955

天津港口贸易与腹地外向型经济发展 : 1860—1937 / 樊如森著 ; 吴松弟指导. -- 复旦大学, 2005. 163 页

从 1860 年天津开埠,到 1937 年日本帝国主义武装侵占天津,其间经过了 77 年的岁月。它给北方经济和社会发展所带来的变化与影响,却是空前巨大而深远的。本文通过研究天津港口的发展及其进出口贸易概况来确定天津在近代北方广大地区经济发展中所处的地位。天津在辟为通商口岸后,利用其特殊的政治、经济优势,不断加强港口建设,带动腹地大力发展外向型经济。与此同时,天津在近代工业金融方面,也有长足发展。这一切奠定了天津在近代北方广大地区经济中心的地位。通过对天津港及腹地交通运输发展的研究,可以看出交通运输在腹地范围不断扩大、经济外向化程度不断提高,以及港口与腹地间经济联系不断加强中所发挥的重要作用;通过梳理天津港主要出口货物的来源状况、主要进口货物的销售状况,可以大致描绘出近代天津港的综合腹地范围;天津港的经济腹地是由进口腹地和出口腹地两大部分共同组成的。而且,天津港的综合进口腹地与综合出口腹地有着很大的重合性。天津开埠以后,腹地农业、畜牧业、工业、商业等领域经济的外向化程度得以不断提高。农业和畜牧业日益成为天津港商品出口的两大支柱。在天津港口贸易的直接推动下,天津逐步成为北方最大的近代工业中心。

关键词:贸易史　港口　港口腹地　地方经济　天津市

3956

河南回族社会历史变迁研究 / 胡云生著 ; 葛剑雄指导. -- 复旦大学, 2005. -- 200 页

河南回族是中国回族的重要组成部分,在历史上具有重大影响。河南回族在自身发展历程中,呈现出独特的中原特色。本文从历史民族地理学的角度,来探讨河南回族社会的历史变迁。唐宋时期,为河南回族的"传说时期"。回回人进入河南途径和方式是屯田落籍、官宦世家仕籍、其他民族成分的融入等,通过对这些途径的考察,河南回族真正的源头在元代,元代回回人在河南呈现"小集中"居住分布格局。明清

以来,河南回族移居出现一个高潮,且回族聚居区在分布格局上发生了很大的变化。一方面,由小集中向大分散变迁;一方面,由相对独立的封闭性寺坊聚居区转变为开放性象征聚居区。这种变迁是多方面因素共同作用的结果。河南回族来源和迁移有明显的"虚构"和"重建"的成分,这种回族民间移居传说对回族的民族认同有重要的作用。河南回族有自己的内部运作机制,掌教制度就是表现之一。掌教制度是民政组织和宗教组织的统一体。它通过权力在国家和宗教之间,以及在回族内部之间的不断调整变化,对回族内部松散的联系进行整合和维系,不仅使伊斯兰教在回族内部不断地得以延续和发展,而且加强了对回族认同范畴的构建。河南回族教育也是探求其内在运作机制的重要一面。经教育的萌芽状态,到经堂教育的确立和全面发展,再到经汉义学的兴起与创办、近代新式学校的兴起和回族社团的控制,是河南回族教育的发展历程。回族社会中的寺坊,是伴随着回族先民在中国的定居和民族共同体的形成发展而产生并完善起来的一种独特的社区形态,它维系着回族社会;对回族文化的延续和更新发展发挥着无可替代的功能。通过对河南回族民间社会存在的"二元忠诚"论、汉名与经名取名习惯、回族语言上的跨文化传承、婚姻和丧葬仪式的二元化等考察,可发现河南回族在土著化和本土化过程中呈现出传承与调适的特点。总之,在河南回族社会历史变迁中,伊斯兰教、汉文化、国家政权的力量起了关键作用,三者交织在一起,相互作用,并产生重大影响。

关键词:回族　民族历史　社会变迁　河南省

3957

古代洛阳都城空间演变研究 / 李久昌著 ; 朱士光指导. -- 陕西师范大学, 2005. -- 310 页

本文以古代洛阳都城空间为核心,从"国家-空间-社会"的视角,对夏宋间的洛阳都城空间形成、演变及机制进行了研究。全文共分七章。第一章导论。第二章考察了古代洛阳的都城建置,提出衡量古都的具体标准,西周实行多都并存并重制,偃师商城和唐东都洛阳都级动态变化等观点,重新考定了洛阳在古代的具体建都朝代与年代。第三章分析了古代选择洛阳建都的原因,认为周公"天下之中"说成为历代建都洛阳神圣合理的依据,并由此引申出"择中立宫"、"择宫之中轴线立朝",对后世的建都选址及都城空间结构形态规划布局产生了重大影响。第四章研究了都城的核心空间——宫城的发展进程与影响,提出我国古代都城的最早形态是"非城郭形态"宫城,"非城郭形态"和"城郭形态"是宫城的基本形态;认为宫城制度经历了多宫城制、双宫城制和单一宫城制三个发展阶段,展现了古代都城核心空间建构与重构的基本过程,反映了不同的政治变化;宫城既是都城空间发展的起点和原型空间,也是其他空间定位展开的原点和定位维度。第五、六章探讨了里坊与市场制度,认为西周洛邑里制形成、北魏洛阳城里坊制和隋唐洛阳城坊里制是古都洛阳都城发展过程中的三个关节点,隋唐洛阳城里坊存在"四区"和"四区"以上的多种结构,且具有环墙街巷,以及小的巷曲等。在最早的都城二里头都城内已出现了市场;古代都城与"市"的结合,形成了管制性与非管制性两种不同的商业活动及两种市场。第七章结语。

关键词:城市史　城市空间　都城　洛阳

3958

唐宋都城空间形态研究 / 李瑞著 ; 吴宏岐指导. -- 陕西师范大学, 2005. -- 350 页

本文以唐长安和北宋东京两座都城为对象,运用现代城市地理学的形态分析理论及其他多种方法进行研究,通过两座都城空间形态要素的分析比较,揭示了唐宋都城空间形态演化的特点、影响因素和动力机制。全文十章,分为三个部分。第一部分包括第一、二章,确定了研究对象,明确了本文的研究内容及研究意义。分析了我国古代都城空间形态的概念、内涵,建立了都城空间形态要素体系。第二部分包括第三至八章,从空间形态要素的数量和地域分布入手,分别探讨了唐宋都城不同类型的空间形态,即由城垣、道路、河渠、中轴线等构成的城郭空间形态、由坊市制与街市制构成的商业空间形态、面向全体市民的休闲娱乐空间形态、由地形和建筑物要素结合形成的立体空间形态和由各类园林和河渠街道绿带构成的园林绿地空间形态等。第三部分包括第九、十章,分析了唐宋都城空间形态的结构特征、相互作用关系及演变规律,考察了影响都城空间形态演变的因素,揭示了都城功能体系和空间形态发展演变的动力机制。得出以下基本结论:古代都城空间形态是由形态要素的结构、形状和相互关系所组成的一个多维空间系统。由唐到宋都城的城郭空间形态由规矩方正向灵活自由演变,但都城政治核心区的形态结构及价值理念未变,这是都城的政治功能所决定的。唐宋都城空间形态发展演变的核心特征是坊市制的崩溃和街市制的诞生,它引起了都城物质与社会结构的整体嬗

变,宋东京空间形态与唐长安相比,表现出相对开放性。影响都城空间形态变化的核心因素是政治因素和经济因素,都城空间形态的发展过程实际上是功能要素不断增加而导致形态适应性改变的过程。

关键词:都城　城市空间　历史地理　唐宋时期　长安　东京

3959

边塞农牧文化的历史互动与地域分野:河陇历史文化地理研究 / 李智君著 ; 周振鹤指导. -- 复旦大学, 2005. -- 262 页

作者指出,地处黄土高原、青藏高原和内蒙古高原之间的河西和陇右地区,在中国历史文化发展历程中始终承担着双重角色。首先是沟通。沿着丝绸之路,佛教、伊斯兰教、基督教从旧大陆的中西部传向东方,把草原文化渐次输入内地。同时把中华农耕文明输出至旧大陆的中部和西部。其次是防御。农耕民族为了避免或减少游牧民族的掳掠,在修筑长城进行防御的同时,还建立了一个防御性地带,即边塞地带。河陇地区在历史上就长期担任这一职责,从历代长城由陇右至河西都有分布就可见一斑。因此沟通和防御就成了河陇历史文化产生地域差异的驱动力。本文首先分析了河陇历史防御的层次性,即地域形胜的分层结构,揭示了这一结构对河陇社会空间格局的控制作用。事实上,为了达到边塞地带防御的有效性,塞内农耕民族力量与塞外游牧民族力量始终在反复的拉锯中寻找双方在势力、空间上的均衡点。这一反复过程,极大地促进了农牧文化的交流。汉晋学术文化在边塞地带的扩展、壮大与衰落可以看作是农耕文化在边塞地带推进与后退的结果,而河陇历史语言地理也同样受制于这一过程。传唱于河陇的"花儿",是研究不同文化在不同时期于不同地域交流的"活化石"。作为庶民的程式化生活方式——民俗地理的研究,体现了农耕民族与游牧民族由于社会经济环境不同,形成了不同的人生礼仪与时间生活。佛教地理的研究更能看出边塞地带文化多元给异域文化在这一地域孵化、壮大与东传所带来的诸多好处。民间信仰受区域地理环境和历史背景的影响更大,具有浓厚的边塞特征。独具特色的边塞文化,在唐人的边塞诗意象中有着边塞环境寒苦的共同性,也有着不同地域诗词意象的差异性。由此可见,河陇文化是由多民族在这里冲突与融合中缔造的边塞文化,但其历史文化的主体是中原农耕文化。

关键词:文化史　传统文化　文化地理学　历史地理　河陇地区

3960

明以来海河南系水环境变迁研究 / 石超艺著 ; 邹逸麟指导. -- 复旦大学, 2005. -- 235 页

本文利用历史文献法、野外调查法、地名地物法、舆地图判断等方法,采用地理信息系统技术,对明代以来海河南系水系的变迁进行了研究。首先,分析、总结了滹沱河、漳河、大陆泽与宁晋泊变迁的特点和规律,其中最重要的两点为:一方面,明清时期,海河南系表现出水系格局稳定性急剧降低,水资源逐渐减少,水问题日渐突出,水环境不断恶化的总趋势;另一方面,滹沱河与漳河虽然变迁无定,但其泛滥影响的主要范围、河道变迁的主要路线和决徙的多发地点等都有其自身的特点,从中亦可以发现某些规律来。在当时的历史条件下,若将区域气候特征视为相当恒久不变的自然前提,则水系格局对流域水环境具有决定性影响。通过对明清时期发生在海河南系的水环境整治活动的介绍,以及各种整治方法的效果和影响的分析,并归纳、总结了该区总体上"以不治为治"的水环境整治特点,可以发现海河南系水环境变迁的原因所在。在基本上排除水事工程对水系格局的影响后,导致水环境不断恶化的主因中,最重要的就是该流域的天然植被在明清时期遭到急剧破坏。这就导致水土流失日益严重,河道变迁随之逐渐频繁,水系水文状况不断恶化,湖沼湿地走向萎缩与干涸。此外,来自浊流的泥沙、人类的围湖垦殖和拦截水源等因素,也是其中重要的原因。在以上研究的基础上,文章最后对该流域今后水环境的规划和整治提出了如下建议:将洪水资源化;保护和恢复平原湿地;合理分配水资源;保护生态环境,保护水土资源。

关键词:海河　水环境　水资源　水土流失　生态环境建设

3961

北魏政区地理研究 / 毋有江著 ; 周振鹤指导. -- 复旦大学, 2005. -- 118 页

行政区划是国家在地方的空间表现形式。从中国历史政治地理发展的角度来看,北魏政区是从十六国政区向北朝及至隋唐政区发展演变的关键一环。北魏国家的成长是通过领土扩张来实现的,在领土扩张过程中政区体系出现并不断生长。疆域变化是北魏政区演变的首要因素。通过复原北魏疆域变化过程,一些政区的废置变更就有了断代依据。又由于

《魏书·地形志》是北魏永熙版籍与东魏武定版籍的拼合物，有必要把北魏、东魏与西魏疆域政区的演变情况作一个整体过程来复原。这样不但可以为整理《地形志》提供便利，而且有助于把北魏政区变化与后来两魏、齐周联系起来，凸现其历史影响与地位。北魏统一北方的历史过程，它与东晋、南朝的对峙和斗争，都在相当程度上影响到其政区的设置。北魏政区承自十六国、东晋、南朝，又在现实基础上有所调整，通过探讨北魏政区与十六国、东晋、南朝的具体沿革关系，可以为后续研究提供一个合理的出发点。影响北魏政区演变的重要因素还有徙民、迁都。北魏在开疆拓土的过程中，依据自身统治需要，相机调整行政设置，是一种惯常的政治手段。而时机的选择在很多情况下又与新占地区人口的大规模强制性外迁有关。移民是北魏政区演变的一个重要因素。北魏是州郡县三级制，而北魏置州情况前后期相差甚大，梳理郡县沿革，必须首先复原州的设置过程。同时，由于《地形志》存在诸多阙失讹误，因此，还对《地形志》进行了辨正。全文共分十章，前五章是对北魏政区沿革的总体研究，后五章则对北魏州郡两级政区设置过程按地域进行了逐个复原。

关键词：行政区划　政区　历史地理　北魏

3962

西夏地理初探 / 杨蕤著 ; 葛剑雄指导. -- 复旦大学, 2005. -- 224 页

作者指出，本文利用汉文史籍、西夏文献和考古资料，通过对西夏不同地理要素的剖析，试图展现西夏立国的地理基础。首先，通过对宋夏、夏辽、夏金、西夏西缘疆界的论述，梳理了从唐定难军五州之地到西夏灭亡近四个世纪中西夏疆域的形成和演变过程，展现了西夏疆域的盈缩，考订了疆界的具体划分，同时就疆界的相关问题进行了讨论。其次，通过对黑水城出土文献——《天盛改旧新定律令·司序行文门》的解读，说明了西夏政区与"汉式"政区存在着一定差别，如层级关系不明显，政区的设置较为灵活，将州降级为与城寨同级的地位等，具体而言就是五府、十州、两郡、九县、十军、十七监军司、二十六城寨。第三，依据西夏文献《月月乐诗》、《圣立义海·月之名义》中物候现象的古今对比对西夏气候冷暖状况的分析，发现西夏具有早霜等气候寒冷的迹象，与现在西北地区的物候大致相差一旬到半月的时间。通过对西夏水旱灾害发生频率的分析，发现西夏是一个旱象严重的国家。第四，通过对西夏时期的鄂尔多斯高原、宋夏沿边、河套平原、阿拉善高原、河西走廊等区域的生态面貌的分析，可发现西夏的植被状况：变化很小，植被基本呈现自然演进的状态；植被状况的变化幅度较大的地区，主要指宋夏沿边地带和宁夏平原区。通过对西夏野生动物的考察，发现这些动物的生存环境已经发生了相当大的变化，如大面积草原、林地的退化和消失、湖泊干涸等等。就西夏而言，战争、垦殖、修筑城寨以及樵采是对环境影响很大的因素。当然，自然灾害也是诱发环境恶化的重要原因。西夏政府和民众采取了不少保护环境的措施，这些做法客观上对保护环境起了积极的作用。最后重点分析西夏经济区形成的人口因素，自然条件是西夏经济区域形成的静态原因，而人口状况则是动态因素。党项内迁对西夏经济区产生了重要作用，影响到沿边地带的经济、文化状况。

关键词：历史地理　自然地理　行政区划　生态环境

3963

十六至十九世纪初中韩文化交流研究：以朝鲜赴京使臣为中心 / 杨雨蕾著 ; 周振鹤指导. -- 复旦大学, 2005. -- 237 页

明清时代的中韩关系正是一种典型的制度化的朝贡关系，这种关系虽然形式上主要反映在政治层面，但实际上还渗透于经济、文化诸方面。朝鲜入华朝贡使臣的活动，在明代被称为"朝天"，而在清代，则被称为"燕行"。这种关系具有主从性。朝鲜赴京使臣与明清学人有着丰富的交游史事。以诗文与笔谈为主的文字之交，实为汉字文化圈下两国文人交游的主要形式。在这种形式下，双方频频以诗文沟通思绪，并进一步关注学术文化的发展。而且这种交往有一个变化的过程。从这个变化过程中，一方面可以感受到燕行使臣与清朝汉族文士内心深处"视清为夷"的共鸣；另一方面可以感受到笔谈中使臣眼中清朝社会的变化及其对清学术文化的接受。尽管明清交替一度影响到两国的文化关系，但双方学人的感情交流和学术往来不仅没有因此中断，相反却进一步有所加深。如果从较为纯粹的学术角度来考察，明清朝鲜社会从来没有摆脱过中国学人及其学术的影响。赴京使臣在明清两代汉籍东传朝鲜的过程中都担当着重要的角色。与明代"朝天"使臣相比，清代"燕行"使臣对汉籍东传颇具积极性和主动性，而且东传汉籍的范围更为广泛。此外，赴京使臣积极主动传入大量汉译西学书，并在中国寻找各种机会与西方传教士接

触。在西学东渐下,这种西学传入一方面是东西文化交流的重要内容,另一方面更属于中韩文化交流的范围,因为其主要推动者不是耶稣会士,而是朝鲜的入华朝贡使臣。朝鲜使臣"燕行"所具有的文化意义再一次得到体现。明清中韩文化交流与朝鲜华夷观的变动可谓密切相关。一方面,双方文化交流的内容和形式随着朝鲜华夷观的变异而不断发展变化;另一方面,明清中韩文化交流本身也直接对朝鲜华夷观的变动造成影响。因此,文化在传统中国与周边国家关系中所具有的重要地位不容忽视,传统东亚华夷秩序下中华文化所具有的向心力可谓中国与周边国家朝贡关系赖以持续和发展的一个原动力。

关键词:文化交流　文化史　朝贡　明清时代　朝鲜

3964

清代云南(1711—1911年)的季风气候与天气灾害 / 杨煜达著;邹逸麟指导. -- 复旦大学, 2005. -- 395页

本文主要利用档案、方志和文集等历史文献中的相关资料,对云南历史气候进行研究,讨论其气候变化的特点和机制,对亚洲季风和全球变化的影响,并建立了目前最完备的云南历史气候史料ACCESS数据库。主要研究和结论如下:(1)初步探索清代气象情况奏报制度的形成,并通过对清代档案中降水、灾害和收成资料的具体研究和分析,指出了其中存在的系统偏差及其原因,并提出了对历史天气资料系统偏差的检验方法。(2)对云南1711—1911年间的雨季早晚进行复原。分析表明,云南雨季开始期在长时段上有明显的变化,并存在明显的准3年和11年周期。El Nino事件对云南雨季的开始期有重要的影响,但这种影响存在明显减弱的时期。(3)探索精度介于降水量复原和旱涝等级间的降水等级的复原方法,并尝试采用了更符合降水实际的偏态分布。分析表明,这一时期昆明雨季降水可分为4个大的阶段,太阳活动的长周期有可能影响到昆明的雨季降水。(4)建立冬季降雪和干季降水的双因子回归方程,恢复了1721—1855年间昆明的冬季平均温度序列。分析表明,18—19世纪昆明皆处于偏冷的时期,但又有一定的波动,且昆明气温存在跃升现象。(5)对发生在1815—1817年间遍及云南大部分地区的大饥荒的气候成因进行了考察,指出大饥荒是连年夏秋低温导致的农作物大幅减产造成的,其原因为印度尼西亚坦博拉火山喷发。(6)指出1905年和1907年的先旱后涝都有El Nino事件的背景,而1906年的大旱则可能为东亚季风环流的异常所造成。连续性的大灾可能和气候转折期的不稳定有关。大灾的社会原因主要是连年战乱以后的社会重建未能很好进行,仓储衰败,水利失修,鸦片大量种植使全社会的粮食生产和储备能力下降,加剧了大灾的破坏性。最后,提出云南历史气候的演变有其特殊性,雨季降水较之雨季早晚的演变原因更加复杂。而云南虽然干湿、冷暖的配置情况多样,但在百年尺度上主要还是冷湿—干暖的交替演变。云南气候的变化常以突变的形式完成,且存在气候超常不稳定的时期。云南气候存在雨季开始初期的降水量变化、全雨季的降水量变化和夏季气温的变化的几个气候脆弱面。历史上的重大天气灾害基本和这几种情况有关。气候变化对云南社会有重大的影响。

关键词:气候变化　季风气候　气象灾害　自然灾害　云南省　清代

3965

近代苏州地区市镇经济研究:以吴江县为中心 / 游欢孙著;曹树基指导. -- 复旦大学, 2005. -- 151页

本文首先从苏州地区市镇与清末民国以来江南县以下行政区划的演变关系入手,讨论了传统市镇志的叙事空间范围,论证了确定市镇地域范围与乡村的大致边界对于江南市镇经济史研究的重要性,分析了清末民国以来改划自治区域过程中,国家政治的制度性安排和以市镇为中心的地方应对之间的复杂关系。接着,着重讨论了近代苏州地区各县的市镇数量差异问题。指出各县市镇数量的多少,不仅与其面积、自然地理环境、农村经济结构有关,而且还与明清以来各县地方志对市镇数量记载时对市镇的界定标准、地方志本身特定的写作背景以及叙事的"小传统"紧密相关。然后从行政区与贸易圈的关系角度,对1929－1934年前后吴江市镇的贸易圈进行了研究。在此基础上,对各个时期地方志中的市镇人口数字进行了辨析,探讨了吴江、常熟市镇人口的数量以及近代上海城市的发展对周边地区市镇经济、市镇人口的影响与局限性问题。以吴江境内的十个市镇为例,利用民国时期及50年代初期该县的档案与调查资料,对盛泽、震泽及其他中小市镇的工商业结构进行了分析,指出了江南地区"专业市镇"与"非专业市镇"在工商业结构方面的差异。最后,讨论了民国时期吴江县市镇工商业税收在县级地方财政收支中的比重以及市镇税

收与市镇财政收支的关系等方面内容。

关键词:城镇经济　贸易经济　经济史　城市人口　税收　苏州市

3966

中国传统工匠现代转型问题研究 :以江南早期工业化过程中工匠技术转型与角色转换为中心(1520—1920) / 余同元著 ; 邹逸麟指导. -- 复旦大学, 2005. 306 页

明代中后期以来,江南区域社会经济发展较快,以苏州、松江、常州、杭州、嘉州、湖州等地为核心的长江三角洲地区,率先启动了中国社会近代化与现代化的历史进程。本文着重从技术转型与角色转换的角度,对 1520 年至 1920 年间江南传统工匠的现代转型及其发展规律进行了探讨。技术转型指以经验技术向科学型技术转化,角色转换指传统工匠向现代技术工人工程师转变。文章从 1950—1920 年江南工业技术的科学化、1520—1920 年明清江南工匠技术的科学理论化、技术引进与江南机器工业的兴起等方面,认识了这一时期江南工匠技术转型的主要内容和基本表现。而对于传统工匠的角色转换,则从工匠除籍入仕与江南传统工匠身份地位的提高、明清江南工匠群体的角色转换趋势等方面,认识了传统工匠向近代专业技术工人和技师、工程师等科技专家角色转换的途径与标志。作者认为,中国传统工匠的现代转型,障碍主要来自制度与观念两方面。明清江南区域早期工业化的发展,本质上是一个工业发展(即早期工业化)为主、工业科技进步(即工业技术教育与科学研究)为先、人力资源开发(即传统工匠的技术转型与角色转换)为本的社会历史进程。这一历史发展的脉络显示出:早期工业化是明清江南区域社会发展的核心内容,传统工匠现代转型是江南区域工业化的基本动力,工业人力资源开发是传统工匠现代转型的本质内涵。

关键词:工业化　手工业者　手工业史　工匠　工业技术

3967

明清时期汾河流域经济发展与环境变迁研究 / 张慧芝著 ; 朱士光指导. -- 陕西师范大学, 2005. -- 264 页

全文除导言和综论外,共分七章,将汾河流域分为上游、中游、灵霍峡谷、下游、尾闾地带五个经济区进行了讨论。文章指出,上游属高寒山地区,农牧交错地带,明以前其产业结构为农林牧兼有,明清时期农业逐步占据主导地位。从区域开发角度分析,这种变化具有进步意义,但就流域经济地域系统而言,由于植被破坏严重,水土流失加剧,不仅使当地生产力下降,且导致原本富庶的中下游盆地区,出现日趋严重的洪涝等灾害,制约了整个流域经济发展。中游盆地区开发历史悠久,迄至明清"地狭人稠"的矛盾逐步显现。为此,当地采取了增垦农田、扩建水利、推广水稻等措施,并利用优惠的国家政策,抓住北部边境贸易的时机,商业也得到了较大发展,并进一步推动了当地的水利事业,但河渠过多、规划不当,使当时生态系统遭到不同程度的破坏。灵霍峡谷以山地、丘陵为主,农业生产条件较差;水土流失严重,生态环境十分脆弱。明清时期凭借矿藏丰富、交通便利等优势,采矿业逐步成为当地的主导产业。然而由开矿而引发的水土流失、水资源匮乏益趋严重,经济环境恶性循环加剧。下游盆地区具有适宜的生产条件,物产丰饶,毗邻盐池等优势资源,使其明中叶商业盛极一时,至清产业结构更为优化,棉花、粮食等种植逐步扩大,商品性农业进一步发展,始终保持着流域经济重心区的地位。尾闾地带肩负整个流域泄洪功能,滩地难以增垦,洪涝灾害易发,生产受到一定制约。明清当地推广烟草种植,带来了较大的经济效益,但烟草对土壤肥力消耗较大,农业生产力下降。此外,本区商业一直较为发达,流域门户地位是其区位优势所在。总之,明清是汾河上游产业结构大调整时期,最终确立起了农业的主导地位。流域内任何局部开发,皆需从流域系统利益出发,进行整体规划,只有这样,才能保证整个流域的可持续发展。

关键词:流域经济　经济发展　生态环境　汾河　明清时代

3968

徽州传统学术文化地理研究 / 周晓光著 ; 邹逸麟指导. -- 复旦大学, 2005. -- 233 页

徽州传统学术文化是 12 世纪中叶以后在徽州区域内出现的以新安理学和徽派朴学为主要内容的学术文化体系。其形成的主要标志,一是与同时代的其他区域相比,它是学术文化的发达地区;二是出现了统一的学术文化理念;三是具有相对稳定的区域范围。徽州传统学术文化区的形成,与该区域相对封闭、完整、独立的自然地理环境有关,也与南宋徽州人文地理环境发生重大变迁密切相联。这种变迁主要包括徽州从越文化圈到汉文化重心区的演变、从崇武

到尚文的风尚变迁、从鄙野到富州的经济地位的变化等。从学术文化空间布局上考察，徽州传统学术文化区在南宋形成了以歙县、休宁、婺源为中心区的区域学术文化格局。元明，徽州学术文化中心区在宋代基础上，有了进一步扩张。迨及清代，徽州学术文化区则呈现出比较明显的三级层次。徽州区域传统学术文化既有一以贯之的学脉，又有各个时期的特色。南宋至明前期，朱子之学一统徽州；明代中后期，徽州传统学术文化出现了朱子之学与心学杂存的格局，而以朱子之学为基本色调；清初徽州出现朱子之学复兴运动，但很快因徽派朴学的兴起而进入朴学独尊时期。徽州区域传统学术文化的历史变迁，是 12 世纪以后中国传统学术文化发展、演变的一个缩影。徽州传统学术文化在发展过程中，显现了整体的区域表征。它包括阶段性与延续性的统一、兼容性与独立性的统一、学术性与社会性的统一等内容。徽州传统学术文化的空间传播是由中心地开始的一种文化扩散过程。它有多种传播途径、方式和特点，有因时因地而异的传播动力，对不同地区亦产生不同的影响。在徽州传统学术文化的影响下，徽州出现了丰富的物质文化景观和非物质文化景观。前者如牌坊、书院、楹联、丘墓等，后者如宗族观念、节烈之风等。各种景观要素有不同的形成原因，在徽州六县也有不同的分布。总之，徽州是中国传统学术文化的典范之区。有关徽州传统学术文化的地理研究，对把握中国传统学术文化的发展及其风貌、推进徽学研究有着重要的意义。

关键词：文化地理学　文化史　传统文化　徽州地区

历史文献学

3969

战国古玺分域集释 / 陈光田著 ; 刘钊指导. -- 厦门大学, 2005. -- 393 页

本文以战国时期的印章，包括官玺、私玺和吉语格言玺为对象进行了分域和集释研究。主要内容可分为五个部分：第一部分绪论，综述宋元以来特别是清末以降有关古玺的著录、古玺的理论研究、文字考释以及有关的分域集释成果和古玺研究的现状，兼及古玺分域研究的价值和研究方法；第二部分讨论了分域集释的标准，即古玺文字的形体、官制和地名的不同、古玺印面的款式、封泥和陶文等旁证、古玺钮制和印台的薄厚以及考古发现的实物参考等六项；第三部分讨论了古玺分域集释的具体内容，作者将所搜集到的古玺原始资料按照齐系、燕系、楚系、晋系、秦系等进行分类和解释，各系又按官玺、私玺和吉语格言玺的顺序进行排列，在官玺中，尽量按照相同或相近的职官进行排列，并对玺文内容进行诠释和分析，在私玺中，把文献有记载的姓氏放在一起，把文献无记载的姓氏放到本节的最后，在吉语格言玺中，按照玺印印文所体现的古代思想观念的不同进行排列；第四部分为存疑部分，凡难断定究竟属于哪一系的玺印归入此类；第五部分结语，对本文每一章节的内容与文中出现的官名、姓氏等作了归纳总结。

关键词：古印　官玺　私玺　战国时代

3970

敦煌归义军出行图研究 / 陈明著 ; 樊锦诗, 郑炳林指导. -- 兰州大学, 2005. -- 119 页

本文从历史画卷所见的归义军不同时期敦煌地区的历史现实和社会状况着眼，对敦煌壁画中的“张议潮夫妇出行图”、“张淮深夫妇出行图”、“曹议金夫妇出行图”和“慕容夫妇出行图”进行了研究。全文由绪论、正文六章与结语构成。从下面三个层面展开研究：第一，从对每一出行图所在洞窟的开窟背景入手，对该出行图的历史背景、绘制动机和表现主题等进行了探讨。认为，作为归义军时期在敦煌石窟出现的第一幅出行图，“张议潮夫妇出行图”首开归义军节度使绘制出行图之风，其主旨在于庆祝驱逐吐蕃和受获旌节。第 156 窟的开窟时间可能早于咸通二年(861)，归义军政权的独立性是敦煌出行图产生的根本原因，归义军上层统治者以出行图的形式宣示自己的文功武绩及炫耀其家族威势是敦煌出行图的直接动机。张议潮之后的另外三幅出行图基本上都是对前者的模仿，尽管开窟背景和时间有异，但其主旨和意义则大同小异。第二，通过对出行图内容的解读，对中国古代特别是唐代的典章制度进行了研究。发现出行图所反映出的有关礼仪程式和内容既有符合中原卤簿制度的，又有反映归义军政权独立性和地域性特点的。第三，通过对归义军出行图产生的社会文化背景、人文心理特别是佛教背景的探讨，说明人文意识的觉醒和佛教的世俗化是敦煌归义军出行图绘制于佛教洞窟的深层根源。在对中国传统出行图发展演变的轨迹研究的基础上，说明了敦煌归义军出行图的源流背景并对其本身价值进行了研究。

关键词：敦煌石窟　敦煌壁画　归义军　出行图

3971

中国古代诗歌编辑专题研究 / 范军著 ; 熊铁基指导. -- 华中师范大学, 2005. -- 159 页

本文以专题研究的形式选取从《诗经》到唐诗编辑的各个历史时期具有代表性的总集、选集和有影响的编辑家,对其编辑思想、编辑旨趣、编辑方法、编辑体例以及在编辑史与文化传播史上的贡献进行了研究。全文由引言、正文六章与结语三部分构成。第一章从排列体例、集稿方法、孔子删诗、乐官编诗与孔子正乐几方面,讨论了《诗经》编辑成书的问题。认为孔子并不是《诗经》的删订者,但其对《诗经》的整理、正乐工作等仍是具有重要编辑理论与实践价值的。第二章探讨了《楚辞》的编辑,从"楚辞"的三重含义入手,分别研究了从汉代刘向父子、王逸,南北朝时期的挚虞、萧统,直到宋代晁补之、朱熹等楚辞学家的辞赋编辑理论、编纂实践及其文化贡献。第三章首先辨析了"乐府"的词义与变化,然后按照汉魏六朝、唐宋、元明清,分别对乐府的分类与编辑历史进行了研究,其中对郭茂倩《乐府诗集》的编辑成就给予了特别的关注。第四章从文学总集的编纂问题入手,分别从编辑目的、编选标准、诗歌编辑旨趣、价值与影响以及抄写、刊刻与传播等方面,对《文选》诗歌编辑问题进行了研究。提出"事出于沉思,义归乎翰藻"并不能作为萧统的总体标准,其诗歌包括散文的编选标准是辞采之美、抒情之美、中和雅正之美。第五章讨论了《玉台新咏》,分析了其产生的文学土壤,论述了其撰录艳歌的编辑旨趣,同时探讨了其突破宫体的重要价值和以史为纲的编排体系。第六章对唐诗编辑问题进行了研究,并评说了《唐诗品汇》与《唐诗三百首》的编辑成就。

关键词:古典诗歌　编辑　诗经　楚辞　乐府诗　诗集　文选　玉台新咏　唐诗　文学研究

3972

清代《诗经》学研究 / 何海燕著 ; 周国林指导. -- 华中师范大学, 2005. -- 134 页

本文以清代《诗经》研究著述为主要对象,对清代《诗经》学史的整体面貌和重要成果进行了研究。全文由绪论、正文四章与余论构成。第一章勾勒了清初《诗经》学的基本面貌,描述了清初《诗经》学的发展演变轨迹和《诗经》考据学风的形成过程。认为清初《诗经》学呈现出多元格局的风貌,孕育着清代《诗经》学流变的种子,而在多元格局之下,又显示出趋向汉学的总体特征,为乾嘉《诗经》考据学的兴盛打下了基础。第二章讨论了《诗经》考据学派的治学类别、治《诗》宗旨与治《诗》方法,论述了《诗经》考据学派的三大名著,并着重分析了马瑞辰《毛诗传笺通释》的训诂成就。得出结论:《诗经》考据学派已逐渐以训诂考据等征实之学代替了以往以政治伦理说《诗》的传统模式。第三章对清代晚期的《诗经》今文经学进行了专章研究。认为清代《诗经》今文学已不同于西汉的三家《诗》学和清代的公羊学,而显示出偏重学术的讨论和无明显的师法和家法观念的风貌。并重点分析了《诗古微》、《诗三家义集疏》两部代表作。第四章对清代以文学说《诗》所取得的成就进行了研究。在对前代《诗经》文学阐释成就回顾和总结的基础上,对诗话类说《诗》文献、评点类说《诗》文献、题解类说《诗》文献选取具有代表性的著作进行了分析和总结,同时对清人在《诗经》艺术性质探索上所取得的具体成就进行了归纳。认为清人在《诗经》篇旨的探索上和对《诗经》艺术特性的把握上都取得了巨大的成就。

关键词:诗经　诗学　文学研究　清代

3973

商周青铜器族氏铭文研究 / 何景成著 ; 吴振武指导. -- 吉林大学, 2005. -- 511 页

本文对商周青铜器族氏铭文进行了整理与研究。全文由绪论、正文四章构成。第一章讨论了族氏铭文的性质和特点,认为它是家族标志的代表符号,与周代的"氏"意义相当,并且族氏铭文已经是一种文字;探讨了族氏铭文的字形特点和族氏铭文常联缀以职事性铭文的特点。第二章主要从文字考释、出土情况和族属的分布与行迹等三个方面研究了 9 个单一氏名:①举②冉③戈④'[illegible]'⑤亚醜⑥史⑦息⑧夆⑨无终。前八例为单一氏名中的单氏,第九例为单一氏名中的复氏。第三章研究了复合氏名的产生原因,并据此进行了复合氏名的分类,进而对各类复合氏名的含义进行了分析。认为复合氏名可以分为三类:(1)地名与族名的复合,(2)母族氏名与子族氏名的复合,(3)妻族氏名与夫族氏名的复合。第四章从聚落形态的角度,讨论了殷商时期安阳殷墟的族氏分布状况与殷亡后殷遗的状况,并分析了族氏铭文这种标识族属的方式对西周姬姓贵族的影响。认为各区域所出土的族氏铭文的不同状况,体现了殷商时期各族氏之间社会地位的差异和社会分工的不同。族氏铭文资料所体现的西周王朝对殷遗的政策和文献记载基本一致。相当数量的族氏铭文在西周时期基本不再出现,说明它们所代表的族属随着商朝的灭亡而消亡了。

一些族氏铭文在西周时期继续存在,其所代表的族属有的在周王室中任职,有的在卿大夫贵族家族中任职,有的甚至于被分封为侯或保留其原有的侯的地位。

关键词:青铜器　金文　家族　姓氏　商周文化

3974

敦煌、吐鲁番社会经济文献词汇研究 / 黑维强著 ; 郑炳林, 樊锦诗指导. -- 兰州大学, 2005. -- 189 页

敦煌、吐鲁番文献是唐五代最重要的口语文献。而敦煌、吐鲁番社会经济文献因其同时代性、真实性、丰富性和口语性强具有较高的词汇价值。全文共分五章,分析了敦煌、吐鲁番社会经济文献词汇的构成成分;发掘了文献中的一批新词、新义,考释了一些疑难词语;调查了文献中来自佛教和西北一些民族语言中的外来词;分析了文献词汇与现代方言词汇的关系,通过现代西北方言考释了文献中的一些难解词语;通过大量的实事说明了文献对辞书的修订、完善是不可缺少的,指出文献可以解决大型工具书存在的一些问题,诸如词条漏收、释义不确、释义不全、例证滞后、例证不后、孤证、无证等;还对文献中的几个重要词头、词尾作了讨论。最后还选择了文献中一些词语作详细考释。全文除前言外,共分五章。第一章敦煌、吐鲁番社会经济文献中的新词、新义,第二章敦煌、吐鲁番社会经济文献中的方言词、外来词,第三章敦煌、吐鲁番社会经济文献中的几个词头、词尾,第四章敦煌、吐鲁番社会经济文献词汇与辞书编纂,第五章敦煌、吐鲁番社会经济文献词语考释。

关键词:古文献学　敦煌学　吐鲁番　社会经济词汇　方言　外来词

3975

古文字考释中的通假关系研究 / 洪飏著 ; 李无未指导. -- 吉林大学, 2005. -- 235 页

本文从正反两个方面对古文字考释中的通假关系,即确定古文字与古书中对应的字、词的音同或音近关系进行了研究。全文共分六章。第一章绪论。第二章从正面考察了在甲骨文、西周金文、战国文字中通假关系的论证情况,主要包括古文字与古书中对应的字和词语两个方面。指出古文字与古书中对应的字并不都是一对一的对应关系。在对应于古书中的词语部分,考察了古文字材料中的成语和专有名词(包括地名、人名、器物名以及官名等)考释中通假关系的论证情况。第三章主要根据字形、音理与思想内容几方面,考察了出土典籍与传世典籍对读中通假关系的论证及应用情况。主要从古文字考释和古书校读两个方面对此加以了总结。第四章从理论上就古文字考释中的通假关系与古音研究提进行了探讨,并通过实例加以验证。第五章主要从形、音、义几个方面考察了当前古文字考释中论证通假关系存在的问题。从字形方面考察,包括对字形还没有作出合理地解释,主硬用通假来沟通;误释字形导致误用通假;古文字中的形近混同现象影响通假关系的论证;据错误字谈通假;误以"转注字"定通假;与古文字对应的古书中某字为讹字;古文字与后世字书某字是音义不同的同形字等。从语音方面考察,主要包括音理和文献用例两方面的伪证。从上下文义方面考察,举例说明了古文字考释中论证通假关系的上下文义伪证,即虽然字形可识,语音上"律例兼备",但是揆之于上下文义,并不是很合适的情况。第六章讨论了古文字考释中论证通假关系应该避免的几种倾向。即照字面意思已经能解释得通,就应该避免再用通假迂回解释;要综合考虑其他方面的因素,避免只是根据音韵来确定问题;要有阙疑精神,避免牵强附会、似是而非。

关键词:古文字　通假　考释

3976

8—9 世纪藏文发愿文研究 :以敦煌藏文发愿文为中心 / 黄维忠著 ; 郑炳林,施萍婷指导. -- 兰州大学, 2005. -- 150 页

敦煌藏文发愿文文献是历史上吐蕃民众信仰佛教最宝贵的材料之一。本文以 8—9 世纪的藏文发愿文为题,从翻译藏文文本着手,并结合同期汉藏文文献以及后期藏文典籍,利用历史学、宗教学、文献学等多种学科的理论和方法,分 7 章,以藏文发愿文分类研究、文本研究、汉藏文发愿文对比研究、藏文发愿文与敦煌法会为主线展开对藏文发愿文的讨论。第一章导论。第二章藏文发愿文研究评述。第三章就藏文发愿文的分类问题,作者根据所考察的 21 篇发愿文将藏文分成忏愿文、祈愿文、功德回向愿文、迎请诸佛愿文、酥油灯祈愿文、祈善文、菩提愿文、常愿文等八类,并着重就前五类进行了分析,认为以普贤七支发愿文为代表性的结构特征,是藏文发愿文的显著特点之一。第四章在藏文发愿文文本研究方面,则就藏文发愿文中的发愿者、发愿对象、供养物与时人的实际供养物关系、发愿目的等内容进行了阐述和分析,认为就发愿者、发愿对象的广泛性、供养物的丰富性、发愿目的的功利性和实践性而言,显示出吐蕃佛教世

俗化的明显特征,也就是说佛教已经从倚重王室转向至民间,百姓的生活已经和佛教有着紧密联系。第五章通过对藏汉文发愿文的比较研究,发现藏文发愿文既有其独特性,也有借鉴汉文发愿文的一面。第六章透过藏文发愿文及其同期的其他文献所显示出的敦煌法事活动的频繁性则再一次印证了吐蕃佛教无法阻挡的世俗化倾向。第七章余论。

关键词:敦煌学　藏文　佛经　发愿文

3977

《诗论》简制、简序及文字释读研究 / 康少峰著 ; 彭裕商指导. -- 四川大学, 2005. -- 229 页

上博《诗论》简是先秦最重要的佚文文献之一,其内容与《诗经》有密切关系。本文以此为对象,主要从竹简现状、竹简形制、残简类型、竹简编联与复原以及文字释读等方面进行了研究。全文共分五部分。第一部分绪论。第二部分结合《子羔》三篇同卷而又残简众多的具体现状,将《诗论》竹简残断纳入《子羔》三篇残简研究的体系之中加以整体考察,利用竹简残断规模性的特点,对《子羔》三篇竹简残断的类型性和规律性加以把握和认识。初步将《诗论》竹简残断划分为九种类型,并依据不同的竹简残断类型相对客观地判定契口位置进而判断残简在各自竹简中的具体位置。对《诗论》竹简现状逐简重新加以分析和判断,并对濮茅左先生《〈孔子诗论〉竹简现状》一文提出部分订补意见;同时将"竹简残断类型"广泛运用于残简缀合以及残简文字补缀的判断和认定,从而将 26 简与 23 简、17 简与 25 简加以缀合。对于"留白简"与"满写简"之间所存在的分歧进行了分析,认为"留白简"与"满写简"之间实际并不存在"简制"上的实质性差异,《诗论》竹简"留白"当与"简制"无关。还对《子羔》三篇所使用的句读符号进行了考察,认为《子羔》三篇同一书手在句读符号的作用上是准确的,其含义是相对确定的,并举例论证了句读符号对于准确实施简文断句以及文字释读的积极作用。第三部分从研究现状、编排原则、简序与分章三个方面,对简序进行了研究,调整了《诗论》29 枚竹简的顺序,并以新排简序为基础,根据简文的思想内容,将简文调整为八章。第四部分以新的简序和分章为顺序进行了文字释读研究。指出整篇《诗论》文字释读重在文义疏通,强调以《诗》旨解《诗论》,以《诗论》证《诗》旨,互征互求,并在此基础之上对《诗论》评《诗》的思想进行了相关地论述。第五部分余说。

关键词:竹简　竹简文　古文字　诗论　诗经

3978

敦煌莫高窟千佛图像研究 / 梁晓鹏著 ; 郑炳林, 樊锦诗指导. -- 兰州大学, 2005. -- 112 页

本文运用现场考察、文献研究、图文对比分析等研究方法,对敦煌莫高窟千佛图像进行了研究。全文共分六章。第一章序论,指出莫高窟大量的千佛图像与不成规模的千佛图像研究成果之间的不协调,提出千佛图像在石窟整体中可能起到的统摄功能,并从整个石窟出发研究千佛图像的必要性。第二章回顾了千佛图像的研究状况。第三章通过相关佛经与莫高窟佛教图像的比对分析探索了千佛图像的定义、类别和功能,认为千佛图像是根据佛经描绘的一种佛像,是视觉上对佛的群体创造性的形象表达;广义的千佛图像指数量多但缺乏具体名号的佛像群体,狭义的千佛图像则指有具体名号且有确定数量的群体。还分析了《法华经》等与千佛相关的佛经与莫高窟千佛图像之间可能存在的关系,指出千佛对佛教信徒同时具有礼敬对象、见证者和提携者的功能。第四章从宏观与微观两个方面,对千佛图像进行了图像学研究。指出千佛图像整体上具有线性、对称性、连接性、交替性、动态性和互文性等特点,而千佛图像个体可分解为佛体、台座、背光、华盖、题榜、边框等特征,这些特征又可进一步分解,所得到的特征又具有一定的系统性和丰富的含义。第五章从语言学角度分析了千佛图像、千佛名经和敦煌遗书中千佛文书的关系,从各种版本以及不同千佛名经抄本中发现的差异探讨了它们的产生过程。第六章余论,考察了千佛图像流行的原因,提出运用符号学的方法研究千佛图像在佛教图像系统中的位置。

关键词:敦煌石窟　壁画　千佛图

3979

汉魏六朝老学研究 / 刘玲娣著 ; 熊铁基指导. -- 华中师范大学, 2005. -- 185 页

本文对汉魏六朝老学发展的基本情况和特点进行了分析和归纳。全文分为上下二篇,每篇各三章。上篇分析了"老子观",即对老子其人其书的不同看法;下篇讨论了这一时期《老子》的不同注本及其思想倾向。第一章主要论述老子在汉代人眼中的角色变化,特别是老子是如何逐渐从人演化为神的。文章认为,尽管西汉出现了不少有关老子的神秘传说,但老子基本上是人不是神。黄老学在政治上的失势以及神仙家、方仙道向道家的靠拢促使了老子身份的进一步变化。东汉后期,太平道习"黄老道",桓帝也好

"黄老道"并祭祀老子,但它们并不是同一意义上的"黄老道"。第二章主要考察道教徒和佛教徒如何认识老子其人其书。在汉魏之后,特别是南北朝时期,有关老子的神话传说大多是围绕老子的化生故事展开的,它们是道教历史观和世界观的依凭。佛教徒的老子观则主要是围绕着老子化胡说展现出来的。为了反对道教,他们一方面强调老子是人不是神,另一方面也强调道家之书中只有《老子》是真典。第三章讨论魏晋玄学及与玄学关系密切的士人如何认识和评价老子,具体分析了何晏、王弼、阮籍、孙盛等人的老子观。指出士大夫评论老子呈现出来的差异,体现了玄学从正始时期的会通儒道,到形式上的反对儒学,再到重新肯定儒学及其圣人的内在发展轨迹。第四章以《老子河上公注》和《老子指归》为对象,从宇宙、养生观和政治观三个方面详细分析了这两部《老子》注本是如何在注释中体现黄老道家的思想的。第五章以《老子想尔注》(残本)为中心,从"道"的道教化、"道"、"气"、"精"、"一"的四位一体,以及信道守诫、为善至诚等方面,分析了《老子》注释的道教化特征。第六章以王弼的《老子注》为中心,从老子与玄学、"道"的玄学化、有无问题的玄学化、自然问题的玄学化等方面分析了《老子》的玄学化特征。总之,汉魏六朝时期是中国古代道家道教思想最为活跃的时期,道家人物和经典不仅被道教徒充分利用和重新解释,也成为道教以外各个阶层广泛关注的对象,并对这一时期乃至以后的学术、宗教和思想产生了深远的影响。

关键词:老子(约前580~前500)　道家　道教　玄学　汉魏六朝

3980

吐蕃统治河陇西域时期制度研究 / 陆离著 ; 施萍婷, 郑炳林指导. -- 兰州大学, 2005. -- 187 页

全文由绪论、正文十五章与结语三部分构成。文章指出,吐蕃在敦煌地区设置的乞利本为敦煌最高军政长官,节儿观察使为敦煌地区第二军政长官,中等节儿、小节儿、汉人都护也是敦煌地区的重要军政官员。敦煌部落的基层官吏五十岗、五岗实际是分别管理耕种五十岗和五岗田地民户的基层官吏。吐蕃在河陇西域地区设立的扎论、牧地管理长分别负责吐蕃河陇西域地区的军事、畜牧方面的事务。另外,还设有文书官、税务官、营田官等,它们都深受唐制影响,并和牧地管理长等一起被归义军政权所继承和发展。吐蕃给普通百姓授予木牌告身,对基层官吏还授予大藏、果藏之位,它们很可能就是藏文传世史籍记载的铁告身。吐蕃在松赞干布时期创立了大虫皮制度,给立有战功者奖披虎皮,南诏建国后则仿效吐蕃建立了自己的大虫皮制度。吐蕃、南诏、大理的虎崇拜意识实际上都源于古羌戎,对后世藏、彝、白、纳西各族的虎崇拜有着深厚影响。吐蕃军队中的"桂"(武士)、"庸"(仆役)制度对敦煌阿骨萨军事部落的基层兵制和西夏兵制"抄"都产生了重要影响。吐蕃驿传制受到唐制影响,自身特色也比较鲜明,西夏驿制和元代在吐蕃地区所设驿制都对吐蕃驿传制度进行了借鉴和模仿。吐蕃王朝所制定的"三喜法"等取自《贤愚经》等佛经,并为后世藏区法律所继承。吐蕃王朝融合原有司法制度和唐朝司法制度,建立了统治河陇地区的司法制度。赋税方面,敦煌地区百姓要交纳地亩税——地子和户税——突税,在归义军时期演变为地子(地亩税)和地税(户税)。此外,百姓一般要承担运输、驿传、修造、守囚、抄经、畜牧等劳役。吐蕃在沙州设有仓曹,它源于吐蕃职官岸本,又受唐朝仓曹参军、司仓参军等的影响,仓曹及其下属负责当地官仓、军仓和寺院用粮的征收、发放、核查等。吐蕃河陇西域政权对民间奴婢牛马交易颁发市券,主要目的在于加强管理,防止犯罪。赤松德赞赞普实施的寺院属民制度和三户养僧制与西州等地寺院中原有的"家人"、"净人"制度相结合,实际上都源于印度的"净人"制度。吐蕃王朝的僧官制度也深受中原王朝僧官制度的影响,体系较为完备,而且自身特色鲜明,对后世也产生了重要影响。

关键词:吐蕃　政治制度　经济制度　唐代

3981

敦煌画稿研究 / 沙武田著 ; 郑炳林, 樊锦诗指导. 兰州大学, 2005. -- 288 页

本文以敦煌莫高窟藏经洞白描稿为基本资料,运用考古学、文献学、历史学、美术史学等多种方法,对敦煌壁画、绢画、麻布画、纸本画等绘画品所依据画样画稿进行了研究。全文由绪论、正文九章与小结三部分构成。第一章介绍了画稿的历史渊源与发展关系,陈述了画稿的基本内容、分类方法与分类概况。第二至五章分别就藏经洞发现的诸多白描画稿:弥勒下生经变稿、药师经变稿、观无量寿经变稿、无量寿经变稿、净土变说法会稿等净土变画稿;金光明最胜王经变、劳度叉斗圣变、维摩诘经变等其他经变画草稿;新样文殊变、毗沙门天王变、南方天王变、地藏十王变、千佛变等主体造像简单的经变类画以及说法图、故事

画、窟顶画、洞窟壁画结构布局、经变人物画以外几类较为特殊的洞窟壁画画稿进行了研究。第六章主要对佛像、菩萨像、观音、天王、力士、伎乐飞天、引路菩萨等尊像画画稿、人物写真邈真画稿进行了研究，其中涉及到“雕空”类画稿与“刻线法”等特殊性画稿与绘画技法。第七章分别就由洞窟壁画反映出的画稿的使用，绢画、麻布画、纸本画、版画与画稿的关系，“临”“摹”技法在画稿中的运用以及“色标”新资料的发现与运用等问题进行了探讨。第八章主要结合洞窟壁画的制作，就画稿的使用在不同的历史时期对洞窟壁画的艺术影响进行了研究。第九章结合敦煌文献探讨了与画稿研究连带的一些问题，如壁画文字稿、配合经变画画稿的文字（即壁画底稿）、插图式佛经与画稿的关系、画稿在藏经洞的保存等。

关键词：敦煌学　敦煌壁画　画稿　绘画研究

3982

中国古代荒政史籍研究 / 邵永忠著 ; 周少川指导. 北京师范大学, 2005. -- 139 页

中国古代荒政史籍是以减灾救荒活动及其相关的法令制度、政策措施、思想见解等为主要记载内容的政书体史书，本文对此进行了研究。全文由绪言、正文五章、结语三部分构成。第一章探讨了荒政史籍的产生原因与发展演变的过程。认为荒政文献产生的原因，在于古代救荒活动的持续开展，相关文献的增加，宋代史学的繁荣及荒政制度的进步，主要经历了宋元、明、清三个发展阶段。第二章讨论了荒政史籍的体裁体例特征，指出荒政史籍具有记述、汇编、议论、考证等类型，在编排方式、编撰原则、材料来源和语言风格等方面继承和发展了传统史书的编撰体例。第三章讨论了荒政史籍所记载的古代荒政措施与荒政制度，指出其所记载古代主要的荒政措施涉及防灾备灾、赈救和灾后恢复等；主要的荒政制度有仓储制度、灾情勘报制度、蠲免制度、赈济制度、救荒监察制度等。第四章探讨了荒政史籍的思想文化内涵，认为天人感应思想、备于未荒思想、变通思想、人才思想、社会批判思想等对古代荒政发挥了重要的指导作用，而儒家的民本思想、仁政思想、重农思想在古代荒政中产生了重要影响。第五章分析了荒政史籍的史学价值，认为荒政史籍在荒政史、灾荒史、经济史、社会史等专题史研究上与历史文献学两个方面，都具有重要的价值。

关键词：荒政　史籍　救灾

3983

清代史馆与清代政治 / 王记录著 ; 周少川指导. -- 北京师范大学, 2005. -- 173 页

本文以清代史馆本身的运作及清代史馆与政治的关系为核心，探讨了二者之间的互动关系。除绪论与结语外，正文共六章。第一章讨论了清代史馆的建置沿革与清代政治的关系。指出入关以前清廷的制度建设尚不完备，还没有形成专门的史馆；顺康时期，随着清廷文化政策的调整，史馆格局基本形成；雍乾时期，国力强盛，是史馆制度完善阶段；嘉庆以后，国力衰微，政局变化，史馆也相应衰落下去。第二、三章探讨了清代史馆的机制和运作。对清代史馆常开、例开、阅时而开、特开四种类型中的重要史馆进行了研究，厘清了它们设置演变的过程，分析了各类史馆之间的关系，剖析了清代史馆与内阁、翰林院以及其他中央机关的密切关系，及其政治与学术在史馆中的双重渗透。第四章论述了史馆的人员构成。指出在清代，史馆的人员设置一般由管理人员、纂修人员、佐员和勤杂人员四部分组成，史馆总裁对皇帝负责。依靠朝廷的力量，有比较畅通的史料征集的渠道。清代史馆制度有稳定性与灵活性相结合、皇帝全面干预修史、维护满人特权等特点。史官是史馆修史的主体，有很大的流动性。史官在史馆修史时经常发生学术争论，他们在史馆之外的撰著活动往往受史馆修史的影响。史官具有贯通经史的学术修养和修史以经世的政治情怀，同时又具有多重人格和保守性。第五章探讨了幕府修史、私家治史与史官修史之间的关系。文章指出，史馆修史与幕府修史、私家治史是并行发展的，三类修史形式之间因为学者的流动而发生联系，并相互影响。三类修史形式之间的关系随政治的制约而发生变化。第六章讨论了清代史馆与清代社会政治的关系。指出史馆修史与清廷内部斗争、帝王文治、民族问题、边疆问题等都发生着关系。清廷利用史馆修史直接进行政治对决，通过篡改史书强化统治，宣扬正统理论，风励臣节，加强满族的自我教化和推崇，宣扬“中外一统”的民族观，强化国家版图意识，彰显保卫边疆的思想。此外，清代史馆还试图通过修史来引导学术的发展，史馆修史与清代宋学、汉学和西学纠葛在一起，相互影响，既有融合，又有矛盾。

关键词：史馆　史官　修史　史学　政治制度　清代

3984

秦汉社会消费问题研究 / 温乐平著 ; 熊铁基，黄

今言指导. -- 华中师范大学, 2005. -- 136 页

本文主要依据传世文献与考古资料,对秦汉社会消费进行了探讨。全文共分四部分:第一部分分析了秦汉社会消费主体的阶层划分及经济收入差异。将消费主体划分为三大阶层,即贵族与官僚阶层、庶民地主与工商业主阶层、农民与其他劳动者阶层,对不同阶层的经济收入与家赀拥有量的差异进行了考察,并探讨了当时消费需求产生的经济基础,以及当时消费观念的演变过程及其原因。第二部分考察了不同阶层的物质与精神生活的消费状况。从动态上考察了不同阶层的衣食住行用等方面物质生活消费的改善与消费水平的提升,探讨了不同阶层在精神娱乐、文化教育、宗教信仰等方面精神生活消费的演进与发展趋势。第三部分探讨了当时消费的基本特征及消费与诸经济因素间的关系,归纳出秦汉社会消费具有消费水平曲线波动、商品性消费比重增加、贫富悬殊及城市引导乡村消费等特征。认为当时消费与生产力发展及商品经济之间形成了互动关系,生产力发展是实现消费的基础和前提,商品经济发展为消费水平的提高创造了条件,而消费需求又是拉动当时商品经济发展的主导力量。第四部分探究了秦汉国家对消费问题的政府行为以及当时消费与社会之间的相互关系。指出秦汉社会存在奢僭逾制、厚死伤生、损害消费者权益等消费问题,为此国家采取了若干对策:实行等级消费制度,严惩奢僭逾制的行为;加强消费引导,提倡节俭消费;加强对市场的监管,维护消费者合法权益等,这些政策都产生了较大社会影响,反映了秦汉政府在消费问题上的积极作为。

关键词:消费水平　消费结构　社会阶层　经济史　秦汉时代

3985

汉末魏晋南北朝道教戒律规范研究 / 伍成泉著 ;刘韵军指导. -- 华中师范大学, 2005. -- 207 页

本文主要围绕禁、戒、律、科四个方面,对汉末魏晋南北朝时期的道德戒律规范进行了研究。全文共分四章。第一章探讨了道德戒律的起源和初步形成。文章指出,道教戒律规范的源头可以一直上溯到早期人类社会原始宗教的禁忌规定,其次先秦宗法性国家宗教的禁戒规范、世俗的国家政令形式也曾对其产生过重大影响;直接前身是汉代儒家的谶纬神学的“天戒”,演化而成的《太平经》“天诫”是其雏形,而五斗米道“道诫”的出现则标志着道教戒律规范的初步形成。第二章讨论了魏晋南北朝道教戒律规范的经典文献。指出道教戒律规范在魏晋南北朝经历了从魏晋之际的缓慢积累到东晋南北朝时期的重大发展的演化过程。门阀士族的纷纷奉道造成了东晋南北朝道教的重大变革。为使道教向正统官方转变,这些道派多以托神降经的方式造作大批的戒律规范类经典,其中上清、灵宝和三皇等新兴道派成果大为丰富。到南北朝中后期,奉持三洞经戒已逐渐成为了正在形成中的正统官方道教重要特征。第三章论述南北朝道教戒律规范对儒释道思想的融贯和吸收。作者认为,这一时期道教戒律规范明显表现出兼容并蓄的特点,不仅佛教的戒律和义理被大肆借鉴和融摄,儒家“三纲五常”等伦理道德观念、老庄道家以及玄学的一些思想观念亦通过宗教神学化的手段渲染纳入到道教的戒律规范之中。第四章对魏晋南北朝时期道教戒律规范的内容、表现形式和实际持行状况进行了研究。指出道教在成长过程中虽然吸收各种思想成分,但所有这一切都必须服从于其长生成仙的主旨,儒家的伦理、世俗的礼法、魏晋玄学与佛教般若中观学说等,对道教理论体系的构建可能具有方法论、认识论意义,但是在价值观等核心部分始终并未脱离道教仙学藩篱。从实际持行的角度来看,随着道教组织形式和根本旨趣的重大转变,到南北朝时期道士出家之风逐渐形成,并出现了一大批持行戒律规范的奉道者和一整套的制度规范,从而使宫观制度这一正统官方化道教的基本组织形式得以最终确立。

关键词:道教　戒律　魏晋南北朝时代

3986

唐代西方净土礼忏法研究 :以敦煌莫高窟西方净土信仰为中心 / 杨明芬著 ;郑炳林,樊锦诗指导. -- 兰州大学, 2005. -- 208 页

本文结合文献与石窟图像资料,对敦煌石窟经变图像中的西方净土变图像进行了研究。全文由绪论、正文六章与结论三部分构成。正文前三章对佛教文献进行了整理与分析,分别探讨了西方净土礼忏法之源流、善导之忏悔思想及礼忏行仪,以及其他唐代西方净土礼忏行仪。作者认为,西方净土礼忏法在形成过程中,吸收了北魏昙鸾、隋代彦琮的西方净土礼赞文,并参考了其他礼忏法及净土行仪的内容,由唐代的善导完成净土礼忏仪。善导的礼忏行仪有四部,本文以《大正藏》及敦煌相关文献为主要资料,对其展开分析。后来,法照继承西方净土礼忏法以偈赞为忏法主体的特色,并将善导致力发扬的称名念佛,纳入净土行仪中,创立五会念佛法门。后人更依法照的五会

念佛编出不同的版本。后三章从纵向与横向两个方面对敦煌石窟造像进行了研究。其中第四章主要探讨敦煌莫高窟西方净土信仰的源流与发展。文章指出,敦煌净土信仰及西方净土变的发展过程,经历了石窟初期初具净土思想、阿弥陀佛说法图出现、隋代简单的西方净土变、唐代华丽壮观的西方净土变的发展轨迹。第五、六两章讨论了西方净土造像与礼忏仪轨、西方净土变与其他经变的关系。文章讨论了西方净土礼忏法与西方净土变与弥勒经变、观音经变、药师净土变和天请问经变搭配的原因与意义。

关键词:佛教　信仰　忏悔　敦煌石窟　唐代

3987

欧阳修文献学研究 / 余敏辉著 ; 曾贻芬指导. -- 北京师范大学, 2005. -- 166 页

本文就欧阳修在文献学方面的成就进行了研究。全文由绪论、正文六章与结语三部分构成。第一章讨论了欧阳修从事文献学研究的社会文化背景与个人条件。第二章讨论了欧阳修在文献收藏、著录与校勘方面的成就。指出:他在收藏学上,收藏观点精辟,私家藏书富有特色,尤其是开启了金石收藏和研究的风气,意义重大;在目录学上,预修了国家藏书目录《崇文总目》并在其中发挥重要作用,主编了《新唐书·艺文志》史志目录,编纂了第一部金石学专科目录《集古录跋尾》,还撰写了许多学术价值很高的书序与跋;在校勘学上,对校勘者的素质提出了很高要求,信守"慎改"的校勘原则,并首次大量使用了金石文字作为校勘资料,一生所校古籍数量惊人,质量精审。第三章讨论了欧阳修在文献辨伪与注释方面的成就。指出:他在辨伪学上主张以圣人的言论判定真伪,敢于大胆质疑经书与史书;在注释学上他提倡注释者要有"公心通论"探求《诗》义,阐发《易》理,考究《春秋》大义,舍传求经,自出己意,重在阐发义理。第四章讨论了欧阳修在金石、谱牒文献上开拓性的成就。指出:他在金石学上辨析了欧阳修金石学著作,并认为他金石证史成就很大;在家谱学上编修了《欧阳氏谱图》,确定了编撰义例与原则,提出了新的谱图法,影响深远。第五章讨论了欧阳修文献学的特色。指出:他的文献学旨趣在于"求国家之治",所坚持的文献学原则是实事求是,所具有的文献学思想是科学理性,所采取的文献学方法是崇尚考证。第六章讨论了欧阳修文献学的影响与评价。指出:他的文献学对宋代学术文化发展的贡献很大,并对清代的文献学产生了影响。

关键词:欧阳修(1007～1072)　文献学　金石学　校勘学　辨伪

3988

上博楚简文字研究 / 张新俊著 ; 吴振武指导. -- 吉林大学, 2005. -- 172 页

本文从文字学的角度,结合其他文字资料,对上博楚简进行了研究。全文共分八章。第一章绪论,重点介绍了《上海博物馆藏战国楚竹书》(一)—(四)与《香港中文大学文物馆所藏战国楚竹书》中所发表的资料,并讨论了上博楚简的文字国别问题、上博楚简在文字学上的重要意义。第二章探讨了楚简文字的构形,重点分析了楚简中文字的糅合现象与文字的减省现象。第三章探讨了楚简中的错字,重点讨论了楚简文字中错字的类别、错字产生的原因等问题,并对出土文献中的错字进行了新的界定。第四章探讨了上博楚简中文字的误释现象,主要从误释标点、形近混同、位置改变、饰笔、讹变、异时异地文字比附六个方面进行了分析。第五章探讨了楚文字中的文字同形现象,总结了其产生的具体原因。指出在楚文字中,既存在着文字的同形,也存在着旁的同形,还有因为种种因素所造成的文字的混同。第六章分别以楚文字中的"见"与"视"、"衣"与"卒"、"举""兴"与"迁"、"古"与"由"四组字为例,重点总结了楚文字中文字的同与异问题,并对《容成氏》等相关的楚文字进行了新的考释。第七章探讨了楚文字中文字的分化现象,分别以上博楚简中的"酉"、"命"与"令"、"文"字的分化为例,讨论了在战国时期的楚文字中,因为所要表达的文字意项的不同,而在某一文字形体上添加区别性符号这种现象。认为这种现象仅仅具有地域性的特征,并非有统一性。第八章对上博楚简中的一些疑难字词及相关文字进行了新的考释。

关键词:竹简史　古文字学　楚国　考释

3989

清代广东盐业与地方社会 / 周琍著 ; 熊铁基, 吴琦指导. -- 华中师范大学, 2005. -- 185 页

本文从社会史的角度就清代广东盐业对于地方社会的影响进行了探讨。文章除绪论、结论外,共分五章。第一章介绍了粤盐的构成及其特点。在清代,粤盐分官盐和私盐。官盐行销七省,由两大运盐中心(省河和潮桥)负责所有配盐的批发,行销各埠。官盐的发展大致经历了清前期、中期和后期三个阶段,每个阶段呈现出不同的特点。在盐法制度上,经历了按埠定商制、改埠归纲制、改纲归所制、通纲包饷等制

度。私盐主要来源于灶户透私,盛行地区广、数量多,食盐走私贸易极其活跃。总的来看,清代广东盐业总体表现出发展规模不断扩大、官营向自由贸易的发展趋势、突出的地域特性以及私盐盛行等特点。第二章探讨了清代广东盐业对地方政务的关系。盐课收入是地方财政收入的重要组成部分,清代广东的盐课收入广泛地应用于官员薪俸、养廉、边防军需、缉私费用、抵筹赌饷、河工建设等方面,对地方政务起着重要的支撑作用。第三章分析了盐商在地方社会建设中的作用与影响。清代历史上,盐商获得殷实资本后,通常采取捐输、报效等方式来回馈社会。盐商的捐助广泛地表现在对书院、对学术文化的支持;对军饷、缉私、捕盗等社会秩序的维护;对育婴堂、河工、灾荒赈济等地方公益事业的资助等方面。同时,盐商也成为"地方"的代表,进行着宗族建设和地方社会建设。第四章讨论了私盐活动及其社会影响。清代两广地区的食盐走私猖獗,较全国其他盐区更为活跃。文章通过揭示参与走私的各个阶层人员构成及其走私的特点,来展示国家与地方社会、官与商、官与民、商与民、官与盗、民与盗等错综复杂的关系,并进一步探讨了私盐盛行的地域特征,以及私盐销售对百姓民生、商品经济、社会风气、地方财政的影响。第五章论述食盐贸易的范围与市场。粤省食盐不仅行销广东本地,还流通到江西、福建、湖南等省,与周边地区发生经济贸易联系,对周边地区有着重要的辐射功能,形成了闽粤赣、粤湘赣两大经济区域。

关键词:盐业史　制盐工业　地方经济　广东省　清代

专门史

3990

从《旧满洲档》到《满文老档》:1626 年之前满蒙关系史料比较研究 / 敖拉著 ; 齐木德道尔吉指导. --内蒙古大学, 2005. -- 104 页

本文对 1626 年之前满蒙关系史料的编写过程、资料运用、它们之间的关系、记录事件的异同诸方面进行比较研究,以弄清档案与文献间的关系及区别,指出它们各自的特点。文章对清初满蒙关系档案的整理研究概况进行了探讨和说明,比较了《清太祖武皇帝实录》与《旧满洲档》、《旧满洲档》与《满文老档》,并作出了相关人文历史的解释。综合探讨了《满文老档》、《清太祖武皇帝实录》、《旧满洲档》三部书的史料学关系及相关问题,认为三部史料形成的时间、地点、环境各不相同,但有渊源关系。《旧满洲档》是爱新国时期(1607—1636)对皇帝日常活动的记录。《清太祖武皇帝实录》是顺治年间修纂《清太祖实录》的一种文本,而且很多内容来自《旧满洲档》。《满文老档》是乾隆年间对无圈点满文《旧满洲档》的新满文转写,抄写过程中对原文进行了整理、规范、删改。三部史料都记有努尔哈赤的一生活动和当时社会历史状况,但随着时间和社会环境的变化,它们的记录或叙述有所改变。另由档案与文献角度比较,发现作为原档的《旧满洲档》记录情况比较客观,作为官方文献《清太祖武皇帝实录》则是从原档选择有利于太祖皇帝形象和皇朝权力的内容。同样作为《旧满洲档》抄本的《满文老档》,因是在另一个环境中形成,很多内容发生变化。

关键词:《旧满洲档》　《满文老档》　《清太祖武皇帝实录》　满族　蒙古族　民族关系　史料

3991

晚清理学学术研究 / 车冬梅著 ; 陈国庆指导. -- 西北大学, 2005. -- 117 页

本文从思想史的角度对清代道咸同时期的理学内在学术思路及其学术思想发展的一些基本问题进行了探索和研究。作者指出,晚清道咸同时期理学的复兴有其特定的社会政治、经济、文化背景。其萌动于嘉道时期,至咸同时期达于全盛,代表人物以陕西、湖南、安徽、河南籍理学家为主,他们推动了全国范围内研习理学风气的形成。晚清理学强调"体用","体"主要以理学基本范畴为基础,"用"主要以"明体达用"与"经世致用"为主,崇尚二者的结合。"程朱陆王之辨"是晚清理学的一个重要组成部分,它既具备了理学学术思辨的一般定式,又被赋予了新的时代特征。一方面显示出强烈对立的统绪之争,另一方面却又出现了学术思想的调和。晚清理学仍以"汉宋之争"为主导,但为发展理学的学术思想,解决儒学本身的危机,也有部分理学家主张"汉宋会通"。晚清理学学术思想形成了继承性、致用性和融合性三个带有时代特色的学术特征。晚清理学学术思想在道咸同之际的学术兼容,不仅使理学学术思想的内涵有所扩充,而且使学术价值也有所提高。然而历史证明,中国传统思想文化在转型过程中,向内寻求的思想文化资料,只有通过近代科学、民主思想的检索,才能有助于思想转型的完成。

关键词:理学　学术思想　古代哲学　清后期

3992

美国与《反导条约》：从维持“恐怖平衡”到谋求“单极优势” / 陈妙峰著 ; 朱瀛泉指导. -- 南京大学, 2003. -- 91 页

全文共分四章。第一章主要论述美国弹道导弹防御政策的缘起及《反导条约》形成时期的情况。指出美国弹道导弹防御政策起源于第二次世界大战末期,其早期发展经历三次重大变化,即从“圣人”与奈基-宙斯之争到奈基-宙斯系统的研制;从奈基系统到“哨兵”;从“哨兵”到“卫兵”。美国弹道导弹防御政策的变化既有技术因素,也有国内政治斗争因素,但最根本的是50、60年代,在与苏联的对抗中,美国政府奉行以进攻性武器为基础的核威慑战略,其弹道导弹防御政策的发展明显滞后。第二章讨论了《反导条约》的谈判及签署,并对条约文本做了详细解释。指出1966年,约翰逊政府首次向苏联提出限制防御性武器的建议,双方于1969年11月正式开始谈判。谈判中,尼克松政府在反弹道导弹系统(ABM)问题上立场几经变化。1972年5月美苏正式签署《反导条约》,双方保证不部署全国性防御系统。《反导条约》实际是以条约的形式将“核恐怖平衡”制度化。第三章分析了里根政府对《反导条约》发起挑战及挑战失败。指出70年代末,美国转向以防御性武器为基础的威慑战略,1983年里根总统要求制订长期的反弹道导弹研发计划。1985年,又宣布对ABM条约做出重新解释。为此,美国国内展开了关于弹道导弹防御政策的第二次大辩论。不过,“战略防御计划”最终因技术不成熟而胎死腹中。第四章论述《反导条约》的终结。指出冷战结束后,由于国际战略环境发生变化,美国的核威慑战略也相应地再次发生转变,从里根政府单纯依靠“防御性威慑”到同时依靠进攻性武器与防御性武器为基础的威慑战略。后来,克林顿政府与俄罗斯谈判对《反导条约》做出修改,继任的布什政府最终宣布退出《反导条约》,从而为部署国家导弹防御系统大开方便之门。文章指出,“核恐怖平衡”只是美国在60年代末美苏战略力量达到大致均等的情况下被迫接受的一种无奈之举。美国政府的最终目的,是谋求对苏联的战略优势直到实现其绝对单极优势的历史。

关键词:战略防御　导弹防御系统　弹道导弹　国家安全　美国　美苏关系

3993

清官：研究传统中国政治文化的一个独特视角 / 陈旭著 ; 刘泽华指导. -- 南开大学, 2005. -- 266 页

本文从政治文化的角度切入,通过研究清官政治思想,对蕴含在清官问题中的中国传统政治文化内涵进行了探讨。作者认为,清官主要是以循吏为主体的一部分官僚,在整个官僚群体中数量极少,不能改变传统吏治的整体腐败。儒家政治思想对清官群体的政治实践具有理论上的指导意义,但不能忽视儒家思想基本上是文本中的道德,通过时文应举入仕的大多数官僚同清官的儒家道德理念形成很大的反差。清官群体基本上是地方官吏,他们竭力行政,主动地为民兴利除弊,通过教化的方式解决刑案。然而,在历史故事化、艺术化的转换中,清官的行政能力逐渐被淡化和掩盖,而重在塑造和彰显其司法审判能力。这主要体现了下层民众“圣王贤臣”的政治价值取向,通过清官和权贵的斗争表达对不合理的社会政治秩序的抗议,借清官昭雪冤案来呼唤社会公正与正义。清官政治思想模式为“孝亲——爱民——忠君”,其最终归宿为忠君。清官是典型的政治自律文化类型,行政约束主要依靠官员道德自律,政治体制上的监督机制被弱化,政治体制之外的社会实体与舆论监督机制却严重缺失。清官在政治统治中具有政治调节、政治教化与政治心理安慰三个有利于社会政治秩序稳定的功能。

关键词:政治文化　政治思想　清官

3994

宋代《诗经》学与理学：关于《诗经》学的思想学术史考察 / 陈战峰著 ; 张岂之指导. -- 西北大学, 2005. -- 218 页

本文选择《诗经》学史上打破定于一尊的宋代《诗经》学作断代研究,揭示了《诗经》学学术现象和理学的内在关系。除导论和结论外,全文共分九章,两个部分。第一部分包括一至四章,从横向上探讨宋代《诗经》学思想学术史研究的学术渊源、价值观以及经典解释的方法和理学之间的关系,涉及四大问题,包括:宋代《诗经》学的相关概念、研究资料与阶段划分;宋代《诗经》学流变的思想学术原因考略,即与汉唐《诗经》学、三家《诗》及《四书》学的关系;宋代《诗经》学学者基本的《诗经》观,宋代学者对《诗经》载道功能的认识和弘扬、对《诗序》的复杂态度以及对“淫诗”的看法,构成了宋代《诗经》学学者基本的《诗经》观,并与理学有着内在的关联;宋代解《诗》的两种方

法史论与理学,即“据文求义”与“古今人情一也”,基本可以贯穿宋代崭新的《诗经》学研究。第二部分包括五至九章,则从纵向上探究宋代《诗经》学内涵的思想因素,按照时间划分,呈个案研究的序列结构。以“义理解《诗》”的增强和演变为主线,以关键人物(欧阳、苏、王、张、二程、谢、杨、朱、陆、吕、王(柏)等)和学派为着眼点,探讨了门生后学及其他附及,包括程大昌、王质、叶适、陈亮、戴溪、谢枋得等。作者指出,从欧阳修等开始,在学者眼中,《诗经》就不只是文学的、章句的文献,而是传达“道”和承载“道”的方式,宋代《诗经》学学者的疑郑、疑毛、疑《序》,进而废《序》、疑经、改经,乃至否定《诗》为徒歌、主张“淫诗”说等皆与这种“道”的观念相关。宋代的疑古思潮和解经新风在现代以及当代《诗经》学研究中也得到一定的呼应和推进。

关键词:诗经　理学　学术思想　宋代

3995

清朝经营傣族研究 / 程印学著 ; 胡绍华指导. -- 中央民族大学, 2005. -- 131 页

本文运用历史学、民族学、政治学和社会学的理论与方法,对清朝经营傣族地区的政治、经济、文化、军事等政策进行了研究,分析了清朝治理傣族地区经济政策的利弊得失,从而揭示了傣族历史和社会发展的关系。全文由正文五章与结语构成。第一章主要叙述了傣民族的形成、历史上傣族地区的建制沿革以及傣族社会形态的演进与发展。第二章主要论述了清朝在傣族地区继续推行土司统治的政策,对土司制度的建立、土司的分布与格局、承袭与奖惩等进行了研究。指出作为清廷经营傣族地区的主要政治制度,土司制度较好地适应了云南傣族地区以封建领主制为主的社会经济形态的需要,确保了对傣族地区的有效治理。第三章主要论述了清朝在傣族地区推行的改土归流政策,突出论述了傣族地区的改土归流的特点。第四章主要论述了清朝治理傣族地区的经济文化政策。分别对清代傣族地区的移民开发政策、土地政策、赋税减免及赈济政策、文教政策等进行了系统的论述。第五章主要论述了清朝对傣族的镇压政策以及傣族人民反封反帝斗争。

关键词:傣族　民族政策　土司制度　改土归流　清代

3996

先秦战争观研究 / 程远著 ; 张岂之, 方光华指导. -- 西北大学, 2005. -- 132 页

本文对先秦时期的战争观进行了探讨。作者认为,先秦战争观大约经历了四种形态:天命战争观、民本战争观、功利战争观和战争观的初步融合。推动先秦战争观丰富和发展的动力有三个:一是战争目的上的服人与兼并,可分三个时期:以争夺生存空间、掠夺财富为目的的原始部落战争,以“服人”为目的的三代战争,以“兼并”为目的的战国时期的战争;二是战争手段上重人道、重实力:前者的内涵是黜暴力而重仁义,但并不完全否定战争,后者则是战争理性的表现;三是王权与军权即政治与军事的关系,由于先秦各个利益集团之间争权夺利的斗争非常激烈,所以,王权与军权的关系并非一个固定不变的模式,概括起来,可分三个时期:王权直接统驭军事;王权与军权分离;文武分职,专职将帅出现。先秦战争观具有三个特点:一是由天命战争观的一元化向民本战争观、功利战争观等的多元化发展,战国后期又有了融合的趋势;二是民本战争观始终没有成为战争活动的主导思想;三是以德、仁、义、礼为核心的军事伦理思想虽然被逐渐挤出了战争实践,但在思想理论界充分发展,作为一种战争文化的批判理论与功利战争观相抗衡,为中国传统军事文化打下了坚实的思想理论基础。

关键词:战争理论　军事思想　先秦时代

3997

傣族法律制度研究 / 刀伟著 ; 胡绍华指导. -- 中央民族大学, 2005. -- 127 页

本文以现存的法律规范为依据,结合各种傣族文化、历史的文献资料,对傣族封建制度的法律规范、渊源及刑罚制度等进行了研究。全文共分五章。首先,对傣族早期的法律进行了研究,涵盖了传说中的早期社会规范、9—14 世纪的早期法律及《芒莱法典》等内容。通过对“篾恒蚌”(竹虫集中)时代、“盘巴”(狩猎首领)时代、“赖盘赖乃”(多领头多首领)时代以及“叭桑木底”(种植定居)时代的社会规范研究,探讨了雏形期的傣族封建法律制度。第二,围绕西双版纳、德宏、孟连地区的封建法律规范,研究了现存的傣族封建法规和遗留下来的一些习惯法。还将傣族封建习惯法与内地成文法进行对比研究,寻找了两者的差异之处。第三,通过探究原始宗教、小乘佛教、自然条件、经济条件、道德观念对傣族社会生活的影响,探讨了傣族封建法律制度的渊源。第四,重点研究了傣族的封建刑罚制度,涉及判罪原则、刑罚制度、有关刑罚的赎罪原则以及刑罚的特点等内容。

关键词:傣族　法律制度　刑罚　法制史

3998

宋朝与越南关系研究 / 邓昌友著 ; 马明达指导. -- 暨南大学, 2005. -- 172 页

全文共分五章。第一章讨论了宋朝的周边形势与外交政策。包括北部边疆宋与辽、夏、金的和战,宋朝与东南亚各国的关系。第二、三章按照历史时期分别讨论了宋朝与交阯的关系,包括北宋与丁氏、黎氏王朝的关系,宋、黎之间军事冲突爆发的根本原因,北宋与李氏王朝的关系,并且对宋代中越边界的形成、宋李边境侬智高事件、南宋与李氏王朝的关系,南宋、蒙元和交阯陈氏王朝三边关系等问题进行了探讨。第四章从宋朝与交阯关系的视野中,探讨了宋朝与占城、交阯与占城的关系。第五章讨论了宋朝与越南经济与文化交流的历史。涉及朝贡贸易、边境互市及市舶贸易,物质文化、精神文化交流,移民问题。作者指出,两宋与越南北部的交阯及南部的占城一直保持着政府间的通使关系,来往频繁,内容丰富,这构成了宋、越关系的主要形式,是双方经济文化交流的基础。宋、越宗藩关系体制、领土争端、与边疆少数民族关系、边境移民和追逃四个问题的处置直接影响着双方关系的进程。什么时候处理好了,宋、交双方就享有良好的外交关系和边境和平。而四个因素中任一个出了问题,宋、交关系就会遇到麻烦,宋、交边境就会动荡不安。

关键词:中越关系　外交史　宋代

3999

民国时期国立大学教师聘任之研究 / 邓小林著 ; 谢放指导. -- 四川大学, 2005. -- 292 页

大学教师的聘任直接关系到大学的师资力量和办学水平,是大学发展的重要因素。民国建立之初,大学教育最为引人注目的举措,就是《大学令》的颁布。其中涉及教师聘任的内容虽然仅有大学教师种类的规定,但是它毕竟开启了民国时期国立大学教师聘任制度化之先河。此后,北洋政府颁发了一系列与大学相关的法律法令,强调与调整了教师种类,并在聘任权限上作出了相应规定。1926 年,广州的国民政府颁布了《大学教授资格条例之规定》,使得教师聘任制度所包含的教师种类、聘任权限、资格审查三方面内容逐渐完善,也代表着国立大学教师聘任制度初步形成。但是一些国立大学在遵守制度的同时,亦根据自身的传统与实际进行教师聘任。南京政府关于大学教师聘任的规定相对较前时期严格一些,最主要的表现就是 1940 年 8 月教育部公布《大学及独立学院教员资格审查暂行规程》,将教师聘任资格审查权收归教育部,是加强对教师聘任控制的表现。而且,从实际审查过的教师人数来看,为数还不少。不过,因处于抗战时的特殊历史阶段,也同样有一些国立大学根本未曾执行。1948 年颁布的《大学法》则是第一次明确以“法”的形式对包括教师聘任在内的大学发展各种事宜作出规定。而就国立大学教师聘任的具体实践来看,则是因地因时因人而异。同时,在教师聘任上也反映出了近代中国社会的特点,如校长因素,熟人或准熟人的社会关系因素,政治经济因素,“本土派”与“海归派”的关系,教学、科研与聘任的关系等等。此外,教师聘任不仅是大学发展的重要机制,也影响和推动了近代学术的发展。从创办学术刊物、学术机构到发表学术成果,都可为证。

关键词:高等学校　教师　聘任制　高等教育　民国时期

4000

明朝宫廷与佛教关系研究 / 杜常顺著 ; 马明达指导. -- 暨南大学, 2005. -- 197 页

本文对明代宫廷与佛教关系进行了较为系统的考察,指出既倡导崇奉又约束限制是其对佛教的政策基调。具体说来,明太祖以佛教有“阴翊皇度”之功和社会教化之用,在思想文化层面上取推崇和扶持之策,同时,在社会组织的层面上又对其进行强有力的整肃,特别是教寺的设立对明代及其后佛教的走向产生了深远影响。成祖上台后,意图通过佛教的宣传为其篡夺皇位正名、给自己树立忠孝仁义的“明君”形象,又极力加强同藏传佛教的关系,藏传佛教在明宫廷的影响由此大幅增长。自明中期开始,皇室奉佛,佛教不仅为社会教化之具,更被视为护持宗社国脉的护国之器,诸帝奉佛亦多有耽溺之态,对藏密等尤其热衷。而诸帝奉佛,既伴以政事荒殆,又将无数人财物力投入寺院的兴造和佛事的供奉,不仅偏离了儒家正统的帝王“圣贤之道”,也糜财耗民,佛教也因此被推置到“异端”、“左道”的境地。晚明皇室崇兴佛教,对佛教“复兴”起到了重要的推动作用,然而佛教虽兴,国政不修,国运日颓。明代宦官普遍信奉,与佛教僧团也有广泛的交往结纳,成为影响甚至左右佛教丛林事物的力量,佛教僧团也隐隐然成为支持宦官的一种社会力量。宦官与佛教的关系中折射出明代政治错综复杂的关系。总之,明代宫廷与佛教关系的基本

特征表现为:宫廷崇佛护法,于佛教的发展不仅不能有所助益,反而使佛教成了一种十分消极的文化,促使了佛教僧团的媚俗庸劣。

关键词:宫廷　佛教　皇帝　皇室　宦官　明代

4001

“国难”与“思想界”:中国政治出路的思想论争(1931—1937) / 冯峰著 ; 章清指导. -- 复旦大学, 2005. -- 224 页

20 世纪 30 年代,在“国难”即“九一八”以后日本入侵所造成的民族危机背景下,以知识分子为主体的“思想界”依靠报纸、刊物等发表他们对中国政治问题的看法。本文主要以几个重要知识分子群体所办刊物的言论为中心,对“思想界”所关注的四个具体问题进行了论述。其一,在国家问题上,主要知识分子群体的国家意识得到了增强。他们大都致力于建立现代国家的基础。以胡适为首的《独立》群体,要求把国家的基础建立在现代化、专家政治、宪政等合理的制度之上。以张君劢为首的《再生》重视如何建立现代国家的道德基础。张佛泉宣传“邦国主义”,希望中国成为一个政治的共同体。《大公报》、《国闻周报》注重宣传国民爱国的义务。其二,在政党问题上,思想界普遍反对国民党所谓的“党治”,要求国民党放弃“训政”,早日实现“宪政”,以团结民心共赴“国难”。思想界在反对“党治”上意见基本一致,但《时代公论》群体却力图为“党治”辩护,他们否认中国有实现“宪政”的基础。其三,在政治制度模式上,有关民主与独裁,究竟哪个是中国发展的方向,思想界的论争一直持续。论战中,思想界开始重视一种“政制”存在的条件,指出这是“事实之争”,而非“价值之争”。其四,有关社会改造、社会改造走哪条路和究竟该如何看待社会主义和共产主义的问题,思想界面临的主要选择是,走苏俄式的共产主义道路,还是向英美学习。当时“社会主义”思潮在思想界是主流。基于上述分析,作者指出,思想界在 30 年代的思想论争有以下特点:(1)“事实的论争”,即在中国现实的基础上为中国政治出路谋划;(2)大量留洋归来的政治学出身的学者介入讨论,使得思想界可以初步将西方政治学的理论与中国的社会现实相联系。

关键词:知识分子　政治思想　国家　政党　政治制度　胡适(1891～1962)　张君劢(1887～1969)

4002

清末民国时期中华民族自觉进程研究 / 高翠莲著 ; 陈连开指导. -- 中央民族大学, 2005. -- 163 页

本文采用历史学、民族政治学、民族学理论和研究方法,根据中华民族自觉进程的线索,对清末民国时期中华民族的自觉进程及特点进行了探讨。正文共五章。第一章讨论了中华民族从自在走向自觉的历史转折,分析了中华民族自在实体的发展趋势与动因及发生自觉转折的社会与思想根源。第二章探讨中华民族自觉进程中的起步行动,着重分析了自觉起步的形态、步骤以及自觉意识的传播情况。第三章论述中华民族在自觉进程中的曲折发展,并分析了所面临的困惑和民族救亡对自觉的影响。第四章讨论了中华民族自觉理论政策的不同取向与共同追求,分析了国家主义、国族主义、反帝反封建主义的理论、政策、学说等与中华民族自觉的关系,兼及学者视野中的中华民族观。第五章讨论了民族战争与中华民族全体自觉的关系,着重探讨了民族主义理论的发展、中华民族自觉的群体特点与其他表现形态以及中华民族的文化自觉与发展趋向。文章指出,中华民族的形成发展虽然体现了从自在到自觉的民族发展的一般规律,但又具有以下特点:第一,它将民族共同体自觉与民族现代性自觉两个步骤合二为一,从而使民族自觉变得更加复杂与曲折;第二,它虽遵循了由民族精英先“自觉”再“觉人”的一般规律,但民族精英自觉与大众自觉在不同层次上展开,精英自觉与大众自觉相脱离,从而影响自觉进程;第三,尽管中华民族共同体成员在政治和文化价值上一度缺乏共同价值认同,但抗战时期中华民族的整体性、命运的共同性使中华民族成员对民族共同体产生了深刻的认同;第四,尽管影响中华民族自觉的因素是多变的,但中华民族在历史上形成的一体性和多元性对现代中华民族自觉模式形成根本性制约。

关键词:中华民族　民族精神　民族意识　民国　清末

4003

道次第蠡测 / 高泽祯著 ; 石硕指导. -- 四川大学, 2005. -- 227 页

“道次第”是藏传佛教史上最具影响力的修行体系之一,其全称为“菩提道次第”,意即通往究竟菩提之路上所要经历的不同阶段。该学说由后弘期之初的阿底峡大师提出,格鲁派祖师宗喀巴加以充分发挥,使其臻于极致,成为格鲁派的根本教法。三士说乃道次第学说的基础,随着道次第学说的发展,三士说在表述上产生了“三士道”、“共道”等概念,更为精

确地传达出道次第学说的理论内涵。道次第不仅是佛学学说，更是一种佛教修行体系，对它的讲习使其得以生生不已，这点引起汉地佛教界的重视，进而成为汉传佛教界学习的对象，道次第的汉传史由此开启。道次第因其在宗教领域的巨大影响也渗透到政治领域，曾对藏地的和平安定起了相当作用，同时也使藏地社会长期裹足不前。作为个案研究的对象，宗喀巴的道次第学说无论从宏观的佛教史，还是仅从藏传佛教史的角度来看，皆占有十分重要的地位，是对既往佛家学说的比较系统的概括。以出离心、菩提心和正见这所谓的"道之三要"为核心是宗喀巴道次第学说的显著特色。而选择以"不离善知识为教授之首"作为引导法并加以弘扬，遂使这一引导法取得优于其他引导法的地位。止观理论的阐发是宗喀巴道次第学说的精彩之处。通过对宗喀巴所著《广论》中止观二品的分析，可见他定学轻神通、依止应成见的思想背景及理由。作为补充，作者还翻译并罗列了道次第著述目录，以及宗喀巴《菩提道次第广论》所征引的文献。

关键词：佛教　喇嘛教　藏传佛教　道次第　宗喀巴（Tsong－Kha－Pa 1357～1419）

4004

刘歆与两汉今古文学之争／部积意著；朱维铮指导. -- 复旦大学, 2005. -- 176 页

在经学史上，刘歆是开启汉代今、古文学之争的人物。本文通过后世今、古文学争论中几个主题的分析，对刘歆与两汉今、古文学之争进行了较为系统的研究。指出"引传文以解经，轻相发明"是刘歆以经、传互证，而非自创传文。而后世却混同《左传》与刘歆之学而导致刘歆伪窜《左传》的观点。此种混同还体现在对刘歆日食说的误读上。这表明在考察刘歆之学时，须对原初史实与后世阅读史所引发的问题有明确的区分。两汉召开的石渠、白虎会议对于章句之学影响不同。石渠阁之会，因增设博士，故使章句学得以充分发展，师法间的分歧更显剧烈。白虎观之会，因为吸纳古文学之"异说"以及相关的一系列措施，使得十四博士的师法渐渐遭到破坏，章句学开始走向没落。明了这些关联，就会对以往学者的一些观点有所修正。以刘歆"移让太常博士"而论，如果明了经学之争与章句学的发达及博士制度的关联，那么刘歆出于克服经学弊端的动因而提倡古文学，就不无可能。两汉今、古文学之争，不仅出于争立博士官的分歧，也出于义理的差异。经义之争具有佯谬性特征，即学者们通常设一种谬误的立场，然后加以批判。何休与郑玄的争论，不仅也具备佯谬性特征，而且在史实、训诂，乃至于在辞例学的辩难上，都彰显了经学之争的逻辑性。此种逻辑特征与争立博士官截然不同，这对于重新认识汉代今、古文学之争的知识学形态，更是直接的素材。此外，廖平认为今、古学之分的关键在于礼制，这是对今、古文学之争本质差异的认识。虽说在经学史意义上不能低估以礼制分今、古的深远意义，但廖平自身的观点却有进一步修订的余地。

关键词：刘歆（前 53～23）　经学　今文经学　古文经学　汉代

4005

约翰·梅纳德·凯恩斯与国际经济关系（1914—1945）／郭海儒著；朱瀛泉指导. -- 南京大学, 2005. 147 页

本文对英国理论经济学家凯恩斯在国际经济关系舞台上开展的主要活动及广泛影响进行了研究。全文由正文五章与结语构成。第一章导言。第二章研究了凯恩斯与一战期间的国际经济关系，主要考察了他的国际货币思想的起源，研究了他在一战期间开展的涉外金融活动，指出凯恩斯在处理战后问题上不是亲德，而是希望惩罚德国；还研究了凯恩斯在巴黎和会期间开展的活动，揭示了凯恩斯重视中欧的战后重建，但重建欧洲计划失败。第三章研究了凯恩斯与20年代的国际经济关系问题，主要讨论了他在拯救欧洲、帮助挣脱赔款和战争枷锁方面的贡献以及在国际金融体制重建与危机中的作为。第四章研究了凯恩斯因经济萧条不断发展所作的理论思考，以及应对政策的筹划及政策宣传的活动，着重讨论了大萧条爆发与凯恩斯思想的转变与对策、国际经济秩序的崩溃与拯救及凯恩斯与罗斯福新政的关系等问题。第五章研究了凯恩斯与二战期间的国际经济关系的筹划及影响，探讨了《通论》发表后凯恩斯经济思想的主要变化，重点分析了凯恩斯需求管理思想的新变化、军备支出与救治失业的关系，放松信贷等思想；揭示了凯恩斯的国际经济关系筹划主要是为了防止战后的经济萧条和稳定汇率，把货币的国际管理同国家的自主权结合起来；分析了他对二战后资本主义世界的广泛影响等。

关键词：凯恩斯（Keynes, John Maynard 1883～1946）　经济思想　国际经济关系

4006

18—20世纪前期鄂尔多斯农牧交错区域研究：以伊克昭盟准噶尔旗为中心 / 哈斯巴根著；齐木德道尔吉指导. --内蒙古大学, 2005. -- 128页

本文研究了18—20世纪前期即内地汉族向内蒙古移民的重要时期，当地蒙古族与汉族移民从冲突、磨合到共处的历史及鄂尔多斯地区形成新的独特的区域社会文化的历程。文章叙述了鄂尔多斯地区的自然环境和历史上的农牧交错带形成及演变情况，包括汉族移民进入鄂尔多斯地区的时间、规模和与之相关的历史地理问题、清廷的禁令、移民的环境适应、经济生活、定居与村落化、移民人口估算等。并论述了鄂尔多斯地区社会制度的演变情况，围绕移民和蒙汉交涉案件的管理、处置，对理事司员、总甲和牌头、达庆和达拉古等新制度的产生、发展和蒙旗制的演变等问题进行分析，揭示出扎兰、苏木章京制逐渐被达庆、达拉古制所取代的史实。文章考察了作为蒙汉关系的焦点——土地关系问题，勾勒出鄂尔多斯农牧交错区域土地关系的特点和变迁轨迹，认为原先的鄂尔多斯地区土地制度是游牧状态下的总有制，随着移民的进入产生了分割所有制，这也是移民获得永租权和蒙古人逐渐失去实际上的土地占有权的过程。文章还讨论了农牧交错带的社会面貌。研究了鄂尔多斯地区风俗信仰的变化、债务与贫困化、灾害与救济等社会现象，指出农牧交错区域研究的诸多优点，并明确了农牧交错区域的性格特点。

关键词：移民　民族关系　社会变迁　农牧交错带　鄂尔多斯

4007

中国俄语教育史(1708—1949年) / 郝淑霞著；张国刚指导. -- 南开大学, 2005. -- 206页

本文以中国俄语教育自身发展为轴心，对1708—1949年间中国的俄语教育史进行了研究。全文共分五章。第一章绪论。第二章讨论了清代前期(1708—1862)的俄语教育，主要就中国最早的俄语教育机构俄罗斯文馆的创立、发展、衰落的全过程与学习俄语的第一部教科书进行了研究。第三章讨论了清代后期(1862—1911)的俄语教育，主要论述了京师同文馆的俄语教学、一些地方开展的俄语教育、近代第一个新学制颁布后各学校的俄文教育、清后期的留学教育以及19世纪末20世纪初沙俄在中国东北的奴化教育等。第四章讨论了中华民国时期(1911—1949)的俄语教育，主要就中小学俄文设置、专门学校的俄语教学、大学的俄文教育以及俄语教育先驱张西曼在推动中国俄语教育上的贡献等进行了研究。第五章讨论了1921—1949年间中国共产党领导的俄语教育，研究了中国共产党自创立之初至新中国成立前在艰苦条件下创办外语学校，加强俄语教育，培养俄文干部人才的历程，展现了中国共产党领导的俄语教育特点、培养俄语人才的特别模式。

关键词：俄语　教育史　外语教学

4008

清代贵州商品经济史研究 / 何伟福著；林文勋指导. -- 云南大学, 2005. -- 175页

论文共分八章。第一章介绍了贵州商品经济发展的自然生态环境，涉及自然地理条件、农业水利设施、水陆交通状况及经济区域划分等内容。第二至五章主要从生产角度考察了清代贵州农业生产结构、农副产品加工业、林产品开发利用、矿产品资源开发诸方面的情况，分析了自然资源利用的深度与广度，资源利用的合理性程度以及经济效益的高低等。认为清代贵州经济发展的主要表现是：农业生产结构得到调整。经济布局实现优化，非农产业的发展——农副产品加工业、商业运输业在贵州经济中所占的地位越来越重。第六、七章从流通角度讨论了清代贵州经济的发展状况。其中第六章主要考察贵州城乡市场和商人的发展水平，及其在商品流通中的枢纽作用。认为当时贵州已形成由农村市场、商业城镇和区域中心市场三个层次构成的较为完整的市场体系，而水陆交通条件的改善，进一步加强了贵州各地的经济联系，并与湘、川、滇、粤、桂等省连为一体，推动了省内外贸易活动的开展。第七章主要考察贵州市场上几种主要商品：棉纺织品、丝织品、桐油、茶叶、木材、食盐和鸦片的流通状况。第八章总结了贵州经济发展的特点。指出清代贵州经济发展从整体来看是商品经济的发展过程，也是一个产业结构的演化过程。

关键词：商品经济　商业史　清代　贵州省

4009

"与狼共舞"："同治中兴"时期的中外和局研究 / 何文贤著；林金水指导. -- 福建师范大学, 2005. -- 281页

鸦片战争打破了中国是世界文明中心这一政治神话，清政府官员从两次战争中深刻体会到西方物质文明的优势，出现了要求摆脱困境、变法自强的洋务派，他们以中央的恭亲王奕訢和文祥，地方的曾国藩、

左宗棠和李鸿章等为代表,通过承认不平等条约,求得和平安定的外部环境;通过"自强"新政,努力去实现国富民强的理想目标。这就是清代历史上著名的"同治中兴"时期(1862—1874)。从某种意义上说,"同治中兴"是晚清中外关系的"蜜月"期,列强国家改变其武装侵略策略,采取与清政府的"合作政策",其具体表现是中国海关外籍税务司制度。清政府面临内忧外患不得不确立屈服与合作的方针:洋兵助剿、保卫王权,并开始学习西方的"奇技淫巧",重建军事。经济上,农业稍有复苏,而"中兴"领导者对发展与贸易所需的交通工具、通讯、江海航运业则无甚作为,中国经济终成畸形发展。恭亲王等面对列强势力不可遏制之势,开始调整外交政策,蒲安臣使团是中国外交早期现代化迈出艰难一步的标志,而1868年的"阿礼国修约"则因未能满足美国商人的贪欲而遭美政府否决,次年的"天津教案"使中外"十年和局"毁于一旦。由于"合作"的基础和出发点不同,西方列强心中的"合作"只是一种迂回和缓的侵略政策,因此,这样的"合作"可想而知是同床异梦,它也因在华外国商人与传教士的胡搅蛮缠而最终有花无果。

关键词:中外关系　外交政策　清后期　同治中兴

4010

西部大开发与新疆多元民族文化关系研究 / 贺萍著 ; 周伟洲指导. -- 西北大学, 2005. -- 197 页

本文通过共时与历时、主位与客位相结合的研究视角,把文献资料和田野调查资料结合起来,运用历史学、文化人类学和社会学的理论与方法,对新疆多元民族文化的历史变迁及其现状进行了研究和探讨。全文分四章:第一章讨论了新疆多元民族文化的历史变迁,介绍了古代西域多元民族文化的发展与变异、近现代新疆多元民族文化的形成发展及其特点;第二章讨论了西部大开发视域下的新疆的多元民族文化,介绍了西部大开发战略及其在新疆的实施、新疆大开发的社会文化意义及其成就、新疆多元民族文化的变迁及其表现;第三章讨论了实现新疆民族传统文化的现代性转型,介绍了实现转型的必要性、障碍因素、应当处理好的几种关系;第四章讨论了培养文化认同,增加中华民族的凝聚力,介绍了文化认同和民族认同的关系、新疆少数民族文化认同的现状分析、培育文化认同、增强中华民族整体意识、抵御文化渗透、维护新疆文化安全。作者着重指出,实现新疆民族传统文化的现代转型,符合时代发展的潮流和新疆各族人民的意愿。在实践中,必须处理好民族文化与经济发展、民族文化的保护与开发以及民族文化的继承与发展三大关系,并且要重视文化认同在增强中华民族凝聚力方面的作用。

关键词:西部大开发　民族文化　民族关系　民族历史　新疆

4011

噶尔丹统治时期的准噶尔与清朝关系研究 / 黑龙著 ; 齐木德道尔吉指导. -- 内蒙古大学, 2005. -- 135 页

本文利用《蒙文老档》、《蒙古堂档》、满汉文《康熙起居注册》(三十五年部分)及其他清代官私史籍,探讨了噶尔丹统治时期(1672—1697)的准噶尔与清朝之间的政治关系、经贸往来及军事冲突。全文由序言、正文五章与结语三部分构成。第一章回顾了准噶尔同中原的历史关系、噶尔丹的兴起与统一天山南北的过程等。第二章阐述了准噶尔汗国与清政府之间的通使关系与贸易往来。认为噶尔丹主动同清朝接近,积极争取清廷对他的承认和支持,并谨慎处理与清朝间发生的各种矛盾与纠纷,尽力避免发生冲突;清廷也作出积极回应,取消使节往来的限制,鼓励噶尔丹遣使访问、贸易。对奇塔特使团的出使目的、在准噶尔的活动情况以及回国后准清关系的变化作了探讨。还指出噶尔丹时期准清互市贸易呈现长期、持续、递增的发展态势,认为准清之间尚未建立臣属关系,因而不可能有朝贡贸易,二者的贸易关系应该是不以称臣纳贡为先决条件的新型互市贸易关系。文章还对准清关于青海、西套蒙古问题的交涉进行了专题研究。第三章研究了准噶尔汗国与清政府在喀尔喀问题上的冲突和准清战争的爆发。对准清第一次战争——乌尔会之战的起因,双方的兵力、装备、战术、指挥等环节作了探讨;认为乌兰布通之战是一场胜负未明,或严格说清军伤亡多于准军的战争,而且在形势对清军有利的情况下,致使噶尔丹逃逸,失去一举歼灭的机会,导致康熙三次亲征,付出了巨大的代价。第四章论述了康熙两次亲征噶尔丹的军事活动。对噶尔丹放弃克鲁伦河而后退、准清两军在昭莫多的决战以及康熙在第二次亲征噶尔丹中的决策提出了见解。第五章描述了康熙第三次亲征噶尔丹的过程与噶尔丹败亡的结局。

关键词:准噶尔　清代　噶尔丹(1644~1697)　民族关系　民族政策

4012

入唐三韩人研究 / 姜清波著 ; 纪宗安指导. -- 暨南大学, 2005. -- 252 页

高(句)丽、百济和新罗这三个朝鲜半岛国家在唐代被称为"三韩"。本文充分利用正史记载,并结合石志资料、野史、笔记小说、各种文集和杂记等,对三韩人的生平、出身、家庭情况、婚姻状况、宗教信仰、生活追求等,以专题的方式,进行了论述和探讨。作者指出,唐朝时期,高丽、百济、新罗都试图通过遣使者入唐交涉活动达到某些政治目的,但是使者们与唐朝交往的结果各不相同,这是由于使者们的才智、个人品质、修养从属于国家利益和国家力量的原因导致的。迁入唐朝的原百济、高丽王室和高丽权臣泉氏家族仍然受到了朝廷重视,特殊的身份地位,使得他们在唐(武周)朝的政治、军事、文化、民族等方面做出了贡献,但因与当时的政局紧密联系,导致他们的命运各异。同时,作者对正史记载简略或缺载的各领域内三韩人的事迹进行了补充论述,认为:某些地位低下的三韩人(主要是高丽人)在参与政变之后,地位迅速上升,这是由政治赌博心态、三韩与唐文化上的相似性以及形势之需等原因促成的;三韩商人在促进东亚地区的商业往来,尤其是与唐朝的经济交流方面做出了贡献,但对其作用不能过于高估;三韩僧人在唐朝的求法毅力值得肯定,但认为其刻意保持本土语言习俗的看法则应当重新审视;与昆仑奴在唐朝的悲惨地位相比,三韩奴婢在唐朝受到了朝廷的重视,这是由国力强弱、国家对海外国人的重视程度、种族和文化异同三方面因素促成的。

关键词:文化交流　中外关系　唐代　朝鲜　新罗　百济　高丽

4013

中共早期反帝理论与策略研究 : 1921—1925 / 金富军著 ; 蔡乐苏指导. -- 清华大学, 2005. -- 148 页

本文对 1921 年至"五卅"前中国共产党反帝国主义斗争的理论与策略进行了研究。作者指出,1921 年中共成立时,因共产国际代表马林与"一大"大部分代表所关注的重点不同,故"一大"各项决议中并无反对"帝国主义"的提法,只是一般性地反对西方资本主义。为对抗华盛顿会议,在共产国际召开的远东劳动人民大会上,中共代表确立反对帝国主义为中国革命的主题。由于华盛顿会议损害中国的利益,遭到了中国舆论的谴责,在列宁理论和苏俄革命模式传入后成为中国抛弃西方列强,转向国民革命的关键因素之一。共产党对帝国主义的认识,主要是受到了列宁的帝国主义理论的影响。亦带有世纪初流传的帝国主义思想的痕迹。根据新的主题,共产党适时选择斗争的主要对象,而并非一概反对西方国家。在国共合作过程中,两党联合反帝国主义,共产党将不同政治倾向的国民党员划分为左、中、右派,对不同派别采取不同政策,由于划分标准不断细化,逐渐形成日后重要的"三大政策"。1924 年,共产党挖掘历史资源,重新评价义和团,肯定其反帝国主义的正义性,为当下革命斗争寻求历史的合理性。

关键词:中国共产党　反帝斗争　帝国主义

4014

宋代转运使与地方控制研究 / 靳小龙著 ; 陈明光指导. -- 厦门大学, 2005. -- 125 页

本文以地方控制为契入点,选取转运使在宋代国家机器中的地位与组织性质,对宋代转运使与地方控制的关系做了探讨。全文共分五章。第一章绪言。第二章宋代转运使的组织性质问题再探。从中央政府和地方政府的关系入手,通过阐述宋代转运使设置的历史背景,分析了转运使的主要职能,考察了转运使与并立监司之间的互动关系,认为宋代转运使具有中央政府派出机构的组织性质。第三章宋代转运使履职方式与地方控制。以巡历制度为重点,论述了转运使履职的具体方式,讨论了宋代转运使制度运作过程及其对地方控制的影响。阐述了转运使巡历制度及其对地方控制的实际效果。指出转运使在巡历过程中,点检公事,以澄清地方吏治为重点,在加强中央对地方的控制、稳定社会秩序等方面发挥了不少的作用。但由于行政职能过于繁重,宋代转运使在履职过程中,其"职司"职能与"监司"职能之间存在着无法同时兼顾的矛盾。第四章宋代监司并立与地方控制。以转运使与提刑司、提举司的关系为考察中心,阐述了宋朝中央建立监司并立制度是出于分权制衡和行政实务的两方面考虑,并分析了监司并立制度对地方控制的双重影响。指出监司并立在一定程度上发挥了加强中央对地方控制的作用,但最终激化了当地社会矛盾,削弱了中央对地方的控制力度。第五章结语。

关键词:官制　转运使　宋代　中央与地方的关系

4015

"改行的作家":市长李劼人角色认同的困窘,

1950—1962 / 雷兵著 ; 罗志田指导. -- 四川大学, 2005. -- 266 页

本文在大量原始档案材料的基础上,从其生存状态和人际关系入手,对四川现代作家李劼人在1950—1962年间的思想进行了研究。揭示了一个旧知识分子,由于其所处的特殊位置,在新时代新社会的工作和创作中所面临的种种矛盾,特别是他在作家与官员这两个身份认同之间来回转换的尴尬和困窘。同时,揭示了李劼人既想积极融入新的社会,又难于完全融入其中的一种生存状态,并对产生这种状态的社会和思想背景进行了思考和分析。全文由绪论、正文六章构成。第一章梳理了李劼人解放前的生活经历和思想脉络,考察了1949年前后其思想的内在联系。第二章叙述了李劼人由作家变成官员的身份变化过程、他在副市长上的作为与实际地位。第三章讨论了李劼人在早期政治运动中的态度与表现。第四章讨论了李劼人在"反右"运动中的经历。第五章讨论了李劼人在"反右"运动后的状况。第六章结语。作者指出,解放后李劼人在思想、生活方面的经历大致可分为三个阶段:从1950年7月至1954年9月是第一阶段,主要担任行政职务及从事相关的行政工作,文学创作几乎完全停顿;第二阶段从1954年9月到1957年"反右"开始前,他将很大一部分时间用于文学创作;第三阶段从"反右"后至1962年12月逝世,他仍以文学创作为主,但其思想颇压抑与沉闷。

关键词:李劼人(1891~1962)　生平事迹　作家　知识分子　身份认同

4016

清代广东十三行的儒商传统与中西文化交流 / 雷传远著 ; 蔡鸿生指导. -- 中山大学, 2005. -- 258 页

本文从文化交流与文化传播的角度,对广东十三行与中西文化交流的关系进行了研究。正文共五章。第一章回顾了十三行的学术研究状况。第二章讨论了十三行的儒商传统,认为十三行行商保持了传统的儒商精神,并培养了以诚信、互助互济为核心内容的行商精神。他们还努力发展社会事业,特别是地方文教事业。广东行商是一个特殊的商人群体,他们儒化而非洋化,与以后的买办不可同日而语。第三章从瓷器、家具及银器、茶叶、丝绸及纺织品、扇与鼻烟壶、雕刻品及钟表诸方面,探讨了十三行与中西物质文明交流的关系。认为十三行行商将西方物质文明输入后促进了相关的物质文化交流,而上至清帝,下至地方官吏对西洋物质文化的推崇,则是其中一个重要原因。第四章从医学、基督教传播、语文与出版物及科技等方面,探讨了十三行与中西精神文明交流的关系,认为十三行在西医输入上贡献突出,而马礼逊、郭士立与裨治文等人所开展的各种形式的传教活动,以及语文与书籍的交流,"广东英语"的出现,西洋火焰、战船、水雷等的引进,都与十三行关系密切。第五章讨论了徽商与十三行在文化传播上的关系、十三行与京城的文化交流,以及十三行在牛痘传播上的贡献等问题。

关键词:对外贸易史　十三行　文化交流　儒商　清代　广东省

4017

晚清美籍税务司研究 : 以粤海关为主 / 李爱丽著 ; 梁碧莹指导. -- 中山大学, 2005. -- 175 页

本文以海关档案和清政府外交文献为基础,从近代化视角研究了美籍税务司的职业活动,分析了他们对中国的影响及其在中外关系中的地位。全文由绪论、正文四章与结语三部分构成。第一章介绍了美国与中国海关外籍税务司制度。第二章讨论了美籍税务司在中国海关的工作,介绍了美籍税务司对中国海关造册处做出了贡献,指出他们运用近代西方行政管理学的科学方法,提高工作的效率和准确性;引入到岸价格和离岸价格体系,使中国对外贸易的统计方式更为科学;并且对中国的国际收支平衡状况进行开创性的研究,使造册处从成立之初一个后勤性质的行政机构发展成为全面指导和掌握中外贸易信息统计的权威部门。同时从征税工作、海关事务、海务工作和地方事务四个方面展示了美籍税务司在粤海关的工作,分析税务司为口岸贸易、航运事业和广州近代化发展所发挥的作用。第三章讨论了中国参加美国博览会的情况,认为美籍税务司作为清政府的代表,参加并承办在美国举行的博览会,虽选择展品不够妥当,但促进了中美经济文化的交流。第四章讨论了美籍税务司对近代中外关系的影响。考察了美籍税务司在中法战争、中日战争和八国联军侵华战争中的表现,在朝鲜海关担任总税务司,以及为哈佛大学选募中文教习的情况。认为在这些事务中,由于美籍税务司地位较低,受到总税务司赫德和李鸿章等清政府要员的限制,基本能站在中国的立场,但同时也不忘维护列强或美国的在华利益,具有一定的两面性。文章指出,美籍税务司在海关任职虽破坏了中国海关主权,但他们用近代化体制取代旧海关的封建制度,促进了中国近代化的发展。

关键词:海关　税务部门　中美关系　晚清　广东省

4018

民国时期成都工商同业公会研究 / 李柏槐著 ; 谢放指导. -- 四川大学, 2005. -- 285 页

工商同业公会是民国时期由同一区域内之工商同业者设立的,以维持同业公共利益、矫正营业上之弊害为宗旨的非营利性的社会团体。1929 年,成都各行业在政府督导下,即开始了同业公会的设立。成都同业公会的设立并非工商业经济发展使然,而是因法令强制不得不作出的反应。民国时期,成都市同业公会组织机构设置从 1929 年至 1942 年为委员会制时期,1942 年至 1949 年为理事制时期。在组织运营方面,确立了公会会员的入会与出会制度、领导职员的民主选举及任期制度、会议制度与民主决策制度、经费管理制度等。同业公会机构设置及运营制度,都不是内部自发生长的,而是在国民政府法令约束及地方政府的督促下,进行改革而形成的,从形式上看,应该说是具有一定的现代性。但是,同业公会行业管理的方法及手段与传统行帮几无二致,有的方面甚至完全没有变化,其消弭正常的市场竞争、进行行业垄断的取向是明显的。抗战前,成都市同业公会组织并没有成为政府统治的"工具",而是不间断地掀起了以抗捐抗税为中心的反对地方政府的斗争。抗战爆发后,成都地方政府通过对商会组织的整顿,达到了对商会及各业公会组织的控制。同时,使商会及同业公会成为政府管理城市社会的"基层组织"。同业公会与商会在法律地位上是平等的法人主体。同业公会是单一的同业组织,而商会是一个集各业公会为一体的联合组织,二者构成直接的上下级团体组织关系。国民党及国民政府之所以将两者之间设置为这种似乎矛盾的关系,一方面可以弱化商会对各业公会的控制功能,避免商会组织形成为具有凝聚力的整体,对"当局"构成威胁;另一方面又可以保有商会对各业公会的组织整合功能,方便"当局"通过商会对各业公会的控制和作用。正是由于此,四川省及成都市地方"当局"有意识地利用了这一矛盾关系,最后达到了控制商人组织的目的。这种情形,从另一个角度也透射出民国时期的成都市商人组织并不完全是具有现代机制的组织。

关键词:行业组织　商会　行业管理　成都市　民国时期

4019

国家法令与民间习惯 : 民国时期成都平原租佃制度新探 / 李德英著 ; 谢放指导. -- 四川大学, 2005. 307 页

本文利用成都平原县级档案资料和土改时期的档案资料,对民国时期成都平原的佃农地主结构、押租押扣制度、地租形态、地租额、地租率、佃农经营与生活、佃农地位、主佃关系等问题进行了探讨,同时也对民国政府的佃农政策特别是"二五减租"运动在农村中的实施状况进行了考察,从而得出以下结论:第一,租佃制度是民间自然形成的土地所有权与使用权分离的制度,并非封建社会专有的土地制度,只要存在土地的物权,就存在所有权和使用权分离的现象。民国时期,成都平原的地权特点是土地集中与土地分散并存,特大地主与中小地主并存,不在地主与乡居地主并存。第二,地租主要是定额谷租,从大春(夏季作物)作物中收取,地租率实际上计算的是地租额占大春收获物的比例,小春(冬季作物)收获不计入地租。从清前期到民国,伴随粮食亩产量的上升,成都平原的地租额和地租率,均有上涨的趋势。第三,成都平原盛行押租制,押租的种类繁多,并有逐年增加的趋势,与四川其他地区相比,成都平原的押租额更高。而且押租是要计算利息的,称为押扣制度,是成都平原在特定的自然环境和社会环境中自发形成的一种制度,是成都平原租佃制度与其他地方有所不同的重要特色。第四,成都平原佃农的经营比较灵活,地主很少干预佃农的生产。土地转租是佃农经营的模式之一。第五,对大多数佃农而言,租佃而来的田地由家庭成员共同经营。第六,在民国法律中,佃农与地主并没有身份上的不平等,在乡村社会,主佃之间的关系也不是一直处于紧张状态,各地都有一些平衡主佃关系的习惯和办法。民国中央政府推行"二五减租"和农地减租政策,旨在保障佃农,提高佃农的生产积极性,恢复农村经济。结果事与愿违,不仅未能达到保障佃农,恢复农村经济的目的,反而进一步激化了地主与佃农的矛盾,使农村社会陷入极不稳定的状态之中。总之,成都平原的租佃制度是民间自然形成的一种农村社会经济关系,是当地生态环境与社会环境的产物,特点突出,应成为中国农村经济史上一个独特的模式。

关键词:租佃关系　经济制度　佃农　成都市　民国时期

4020

死亡学视野中的中国佛教死亡观研究 / 李海波著 ; 方光华指导. -- 西北大学, 2005. -- 109 页

本文运用历史和逻辑结合的方法,引入自然科学研究模式,从死亡学视野出发对中国佛教死亡观进行了研究。全文由前言、正文四章、结语三部分构成。第一章从中国传统死亡观的形成与发展和中国佛教对死亡的认识两个方面讨论了死亡观。指出佛教死亡观是对传统死亡观的承接和拓展。佛教将生死视域扩大到极致,以超越死亡为目的,兼具儒家的伦理教化作用和道家的内心超越机制,是超越性死亡观。第二章从生命观、轮回主体、佛教对死亡过程的认识几个方面对佛教的死亡观进行了探讨。指出对死亡的认识是佛教建立的基石。佛教由死亡是苦、不可避免、无常而指向超越的必要性,以动态的生命结构说全方位考察和解析死亡,得出"无我"论,消解了死亡的终结意义。第三章从死亡分类、人天乘追求、净土向往及涅槃境界几个方面对佛教死亡观的宗旨超越死亡进行了分析。指出佛教死亡超越体系是理论和实践的合一,个体关怀与终极关怀的合一。第四章从佛教对传统丧祭仪式的变革、对传统葬式的影响、墓葬中的佛教因素几个方面对佛教死亡观给予中国丧葬风俗的影响进行了探讨。指出佛教死亡观解除了死亡认知过程的困境,理性论证了死后世界的存在,对中国产生了深远的影响。

关键词:佛教　死亡观

4021

英属印度西北边疆政策和中国西部边疆危机 : 对1757—1895 年中、英在喜马拉雅山区、喀喇昆仑山区和帕米尔地区争端的研究 / 李强著 ; 纪宗安指导. -- 暨南大学, 2005. -- 242 页

本文以英属印度西北边疆政策发展、变化为线索,对1757—1895 年的中、英、俄在喜马拉雅山区、喀喇昆仑山区和帕米尔地区矛盾、斗争的表现及其深层原因进行了论述。主要内容分为四章:第一章讨论18世纪中期—19 世纪中国和东印度公司对喜马拉雅地区的影响,分为17 世纪西藏对外贸易、18 世纪东印度公司开辟中国内陆市场的计划、中廓战争前后的中、廓、英关系三部分内容;第二章讨论了英属印度西北边防政策,分为穆尔克罗夫特对英属印度西北边疆的第一次探索、中国对英廓战争的影响、穆尔克罗夫特对英属印度西北边疆的第二次探索、英国对锡克政策、中锡战争五部分内容;第三章讨论了中、英、俄在兴都库什山和帕米尔地区的争端,分为英国驻扎官进驻克什米尔、19 世纪英、俄对帕米尔的争夺、19 世纪中后期清政府对帕米尔的政策四部分内容;第四章讨论了英属印度西北边疆政策,分为英属印度西北边疆政策的两个特点、19 世纪英属印度西北边疆政策对中国西部边疆的影响两部分内容。

关键词:中英关系　对外政策　边界问题　英属印度　俄国　清代

4022

孔孟之间"性"论研究 : 以郭店、上博简为基础 / 李锐著 ; 李学勤指导. -- 清华大学, 2005. -- 181 页

本文根据郭店、上博简中的"性"论,结合传世文献对孔子及孔子后学的思想进行了研究。首先对于传统的古书真伪、年代、学派研究的方法论进行了总结和反思,为比较客观地利用出土和传世文献进行学术研究,奠定了理论基础。随后对于所要利用的出土文献材料,作了比较可靠的校释,为正式研究奠定了材料基础。作者认为,先秦的"性"论,主要分为孔子的"性"论和孔子后学的"性"论两大部分。孔子的"性相近"之说,指的是"性"尚未成型之时,相差不远,具有天赋的、有品级差别、不可更改等内容。孔子所说的"民性",包含了人的自然性和社会性。孔子的目的是为"礼"的合理性寻找人性基础。从《性自命出》等篇看《易传》,说明孔子把天赋的"性"看作一个需要主体以"道义"为标准积极完成的过程;而在《孝经》中,孔子直接将"性"和"父子之道"贯通为一。孔子后学的"性"论,以《性自命出》来说,并无"性善"说,它和《中庸》的角度不同。还讨论到《孟子》"天下之言性"章的含义,并利用文献中所记载的"性"、"物"关系,提出《大学》的"格物"指向的是"诚性"这一新意见。

关键词:孔丘(前 551 ~ 前 479)　孟轲(约前372 ~ 前 289)　儒家　性

4023

内蒙古实现民族区域自治的理论与实践 / 李玉伟著 ; 齐木德道尔吉指导. -- 内蒙古大学, 2005. -- 123 页

本文以研究中国共产党探索关于解决近代内蒙古民族问题的理论和实践为视角,对中国共产党确立民族区域自治的基本政策及其制度安排、中共领导的内蒙古自治运动、内蒙古实现统一的民族区域自治的曲折历程等重要问题进行了研究。全文共分四章:第

一章探讨了本论题的背景,分为中国的民族与民族问题、近代内蒙古的民族问题与国内统治者的民族政策两部分;第二章梳理了中共成立以来对国内民族问题的认识过程以及解决这一问题的几种构想,剖析了中共在加强内蒙古等民族地区工作时所制定的一系列纲领政策,分为民族自治自决与联邦制的构想、关于认识与确立民族区域自治政策两部分;第三章论述了关于发动内蒙古自治运动、创建内蒙古自治政府的实践历程,分为开展内蒙古自治运动,统一自治运动、成立内蒙古自治政府两部分;第四章研究了关于实现内蒙古统一的民族区域自治诸问题,分为发展自治运动,推进民族区域自治、内蒙古统一的民族区域自治的实现两部分。结论部分在综合论述的同时,阐述了关于本论题的历史思考,总结了内蒙古实现民族区域自治的重大的理论价值和实践意义。

关键词:民族区域自治　民族问题　内蒙古　中国共产党

4024

清末与民国时期西藏政治格局研究 / 李志农著 ; 吕昭义指导. -- 云南大学, 2005. -- 119 页

本文以 1911 年辛亥革命至 1951 年西藏和平解放 40 年间为时间范围,研究了西藏的政治格局。文章指出,这一时期西藏发生了一系列在中国近代史上具有重大影响的历史事件,如西姆拉会议和“麦克马洪线”、九世班禅出逃、热振事件、所谓西藏“独立”运动等。在其统治集团内部,以大、中、小贵族组成的世家贵族集团与转世活佛、寺院高僧和僧官组成的上层僧侣集团围绕着西藏不同时期的政治、经济、宗教利益,展开了一系列激烈的斗争,形成了这一时期西藏错综复杂的政治格局,西藏地方与中央政府的关系也出现了大幅度的倒退。全文共分八章。第一章回顾了清代前期西藏政教合一制度下的权力结构。第二章介绍了英俄势力交争下西藏地方政府与中央政府的矛盾及西藏地方内部亲俄倾向的产生与具体活动。第三章讨论了民国初期西藏地方亲英势力的活动。第四章分析了达赖喇嘛执政前亲英派与内向派之间的斗争。第五章讨论了达赖喇嘛执政后期西藏地方政权的转变。第六章讨论了热振执政时期西藏的政治格局。第七章讨论了达札活佛摄政时期西藏的政治格局。第八章讨论了达札集团的覆灭和西藏的和平解放。作者认为,统一与分离、改革与守旧,是这一历史时期西藏地方政治格局演变的两组基本矛盾。围绕统一与分离,在西藏地方内部产生了亲俄派、亲英派与内向派的斗争;围绕改革与守旧,又产生改革派与守旧派的斗争。内向派的主体是寺院集团,他们既有恢复与中央传统关系的一面,又有保持旧的统治特权利益的一面。他们的守旧性使亲英派完全掌握和控制着改革,并使改革具有亲英分离的政治倾向。亲英派的主体是由世家贵族组成的俗官团体,他们为了保持本集团的寡头统治与经济利益所推行的改革,本质上说是守旧的,是为了增强西藏地方的割据实力,以维护世家大族的寡头政治。他们是西藏最反动的政治势力的代表。

关键词:西藏问题　中央与地方的关系　清末民国

4025

拂菻宝主 : 唐代中国与拜占庭帝国 (618—907) / 林英著 ; 蔡鸿生指导. -- 中山大学, 2005. -- 120 页

拜占庭帝国在唐代被称为拂菻。本文结合文献与文物,对唐代与拜占庭帝国的文化交流进行了研究。全文由导言、正文五章、结语三部分构成。着重考察了拜占庭文明入华的渠道、方式、内容。第一章介绍了四天子说在唐朝的流行,比较了拂菻与波斯、大食在唐代记载中的差异,认为拜占庭文明在唐人心目中占据着西方宝主的重要地位。第二章分析了拜占庭史籍中的中国与唐代史籍中的拂菻以及 7 世纪以后“罗马”语意在西亚的演变。指出拜占庭同唐代建立直接交往的可能性不大,因此,唐代史籍中的拂菻记载应该另有来源,在唐帝国和拜占庭帝国的关系中,丝绸之路上的中介民族起着不可忽视的作用。第三到第五章分僧、宝、风三部,以唐代为中心探讨了与拜占庭相关的人员、物品与艺术风格的入华。第三章围绕拂菻僧,讨论了唐代景教之外基督教派别传入中国的可能。第四章对中国境内出土的拜占庭金币及仿制品进行了研究。第五章通过拂菻金胡瓶的考释和新疆波马出土的虎柄金杯的研究,对拜占庭艺术风格进行了探讨。

关键词:中外关系　文化交流　拜占庭帝国　唐代

4026

民族主义与中国历史书写 : 清末民国时期中学中国历史教科书研究 / 刘超著 ; 章清指导. -- 复旦大学, 2005. -- 170 页

中国历史教科书是伴随着中国近代新式教育的产生而产生的,反映了近代中国社会与思想的演变。

本文主要以清末民国时期中学中国历史教科书为基本材料，探讨20世纪上半期民族主义与中国历史书写。全文分为六章。文章指出，中国历史教科书的编写与时代和社会的变动紧密相联，主要受到政府教育方针与宗旨，以及编者知识结构与专业素养的影响。对于中国历史上的“古代”和“近代”，当时史家的分期有着多种视角和多种分期方式，对中国历史有着不同的认知。国民党政府统一全国后，多种分期视角单一为“中—西”模式，将中国历史纳入到“普遍历史”之中。民国时期史前考古发现影响了人们的历史观念，改变了对上古史事的看法，表现在历史书写形式上的变化，就是“史前史”的出现和中国历史叙述起点的改变。在中国人种起源认识上，则经历了一个从“外来说”到“土著说”的变化过程。这一转变，考古发现是个主要因素，但其中蕴含了一定的民族情感。从民族主义方面来说，“西来说”与“土著说”是一脉相承的，都是建构民族认同的努力。在民族认知上，清末人们一般以“汉人”为中心来观察中国历史，民国成立后，“中华民族”迅速成为人们的整体认同。民族认知的转变，实则是民族主义使然，是民族主义诉求决定了人们的民族认知。此外，还对民国时期一教科书案件进行了分析，讨论了民族主义意识形态化。中国历史教科书是研究中国近代历史的一个重要资源，而书中的民族主义叙述则是人们研究和认识民族主义的一个重要方面。

关键词：民族主义　中学　教材　中国历史　民国时期

4027

焦竑与晚明会通思潮 / 刘海滨著 ; 朱维铮指导. -- 复旦大学, 2005. -- 157 页

所谓“会通思潮”是指晚明思想学术各领域中，自觉或不自觉地受到会通派王学的影响，采用会通的态度和思想方法对待理论、学术，各自领域进行理论和学术创新或改造的思想潮流的总称。会通派并不仅仅限于“三教”，而是要会通天下学术。焦竑是王学会通派中的一员健将，通过对他个人生平线索的考察，可以展现会通思潮的兴盛到衰落的过程。与焦竑不断的应试经历相伴随，这一时期会通派的势力也逐渐强盛，成为王学的主流。焦竑结交了许多会通人士，而这些会通人士大都属于会通派的第三代，同时也是当时思想界最活跃的人物。他们彼此互通声气，以南北两京为中心，形成了一个广泛的交游网。至此，会通派迎来了自己的鼎盛期。但随后就发生了会通与反会通的冲突，主要是李贽与耿定向的耿李论争。论争初起时，焦竑选择了沉默，但后来作出了反应，与耿定向发生了正面的意见冲突。这实际上反映了会通派同师道派之间的一场论争，李贽等会通派获得了暂时的胜利，象征着会通派与反会通力量的第一轮较量中占得了上风，自此，会通派王学的声势和影响达到了它的顶峰。由于会通派的推动，在当时的晚明社会特别是王学盛行的东南地区形成了一种开放宽容的思想氛围，焦竑与徐光启、陈第等人的交游就反映了这一点，表现出重视事功和实际事务的思想倾向。从这个意义上说，实学其实就是会通思潮的催生物，它得益于王学特别是会通派为之创造的条件。从中也可以窥见焦竑的学术思想：既具有会通派的典型特征，又体现了浓厚的个人色彩，如博学反约思想、道器一贯思想等等。由对会通派的反动而产生的这些因素再加上前述会通思潮所催发的效应共同造成了明清学术的转向。会通派与其反对派的争斗，随着满族的入侵而进入了另一个阶段。后一种势力在这一外力的刺激下迅速增强，在这种情况下，王学特别是会通派王学迅速走向衰落，在恢复儒家独尊地位、净化儒家思想的思潮推动下，礼教主义、经学复兴。伴随着它们的是朱学的复兴。

关键词：焦竑（1540～1620）　哲学思想　理学　会通派　明代

4028

汉代文学审美思想研究 / 刘欢著 ; 黄留珠指导. -- 西北大学, 2005. -- 85 页

本文从文学审美趋尚的角度，对汉代文学的审美思想进行了探讨。作者认为，儒家诗学注重实用理性、强调文化中的社会公益精神的价值取向，奠定了汉代文学审美形态的基础。从整体上来说，两汉时期的文学理论并没有超越先秦儒家的诗学观念，相比这一时期的创作是比较保守的，但其创作却进入了活跃的时期。汉代文学是在“生活态度”比较保守，“技术思维”又相对活跃的状态下发展起来的。汉代文人是在对文学性质有基本认识的基础上，在一种十分清晰的意识指导下去作文学审美上多元努力的探索，以积极的写作心态，将先秦儒家关乎社会意志的“志”，变通为既关系国家之治乱，又怀一己之穷通的“情志”，从而形成有普遍意义的审美格调：表现艺术上，以壮阔宏巨为美，以铺排意象之多为美，以细腻刻画为美，以文体形式为美；表现内容上，以现实之真为美，以伦理之仁善为美，以悲剧之凄婉悲壮为美等。四百余

年，在一代一代文学家不懈地努力下，整个汉代文学审美格调呈现百花繁盛的局面。他们在文学领域的文与质这一对审美范畴的耕耘上都产生了无愧于伟大时代的建树，并对后世文学产生了深远的影响。

关键词：文学创作　文艺美学　审美　美学思想　汉代

4029

美国大都市地区的政府与治理：地方政府间关系与区域主义改革 / 罗思东著；王旭指导. -- 厦门大学，2005. -- 177 页

本文以美国大都市区化的进程为历史背景，对美国州与地方间关系、地方政府间关系的外在表现和内在动因进行了分析，并以此为切入点，研究了区域主义视野下的大都市区问题及其解决方式。全文由导论、正文六章与结语三部分构成。导论着重介绍了 20 世纪 90 年代以来美国区域主义研究的基本情况。第一章界定了大都市区的概念，阐述了地方政府的类别与职能，讨论了美国大都市地区政府的情况。第二章讨论了地方政府的"碎片化"问题。第三、四章讨论了区域主义视野下的大都市区的具体问题。包括郊区化与蔓延，居住隔离，中心城市的贫困，联邦政府的城市政策等。第五、六章分别讨论了大都市区政府的调整与治理问题。作者认为，由于城市人口向郊区蔓延，导致了美国大都市区公共服务问题与社会问题的产生，而地方政府的"碎片化"，即分散性的地方政府体制，却无法解决中心城市的贫困与大都市区居住隔离等社会问题。区域主义为此提供了两种解决方案：一是集中式的区域主义，主要通过建立大都市区政府，统一规划公共服务，再通过税收分享，解决中心城市的经济社会问题，促进区域经济的健康发展；二是分散式的区域主义，主要立足于现存的地方政府体系借助联邦政府的财政援助项目，和州政府的相关立法，调整地方政府间的关系，加强政府间协作；同时，通过加强州和地方政府与企业、非营利组织的合作，组织协调各方面的力量，以实现大都市区的有效管理。

关键词：城市化进程　大都市区　地方政府　区域主义　美国

4030

大藤峡瑶乱与明代广西 / 麦思杰著；陈春声指导. 中山大学，2005. -- 171 页

本文对明代正统至嘉靖年间广西大藤峡地区发生的动乱进行了研究。全文由前言、正文五章与结语三部分构成。第一章介绍了明初广西的土司制度与瑶人社会的情况。第二章通过侯大狗瑶乱分析了土官东扩与广西区域政治格局的变动。第三章讨论了瑶乱对明代盐政改革的影响。包括天顺盐政改革，正德大藤峡和约与府江开道、桂东北盐区的开辟以及隆庆盐政改革。第四章研究了王守仁征伐大藤峡带来的政治与社会影响。涉及改土归流、裂土众建对汉夷秩序的重构，伏波信仰的重塑。第五章着重探讨了侯公丁之乱与大藤峡社会变迁的关系。作者认为，大藤峡地区从正统至嘉靖年间的多次重大事件，实质上是明代广西区域社会变迁的反映，涉及到明政府与两江土司、桂中瑶人、僮人等广西土著族类复杂的社会关系，尤以明朝政府与两江土司的关系最为关键。两江土司利用国家制度的因素不断在地方社会进行扩张是导致多次瑶乱发生的重要原因。

关键词：明代历史事件　动乱　瑶族　土司制度　广西

4031

胡适使美研究 / 莫高义著；梁碧莹指导. -- 中山大学，2005. -- 201 页

本文运用美国国家档案馆发掘的外交档案等第一手资料，对胡适在 1938 年 9 月至 1942 年 9 月期间受命担任驻美大使所开展的外交活动及其外交风格、外交贡献和外交局限进行了总结和评价，并通过阐述胡适的国际观、政治观、美国观，对其所体现的"书生大使"特色作出了解释。第一章是绪论，阐述了胡适使美的学术价值和本文的研究目标，扼要论述了学术界对胡适研究从冷到热的过程以及近三十年来产生的主要研究成果，对有关胡适使美的研究资料进行了重点评介；第二章论述了胡适的政治观、美国观和国际观的形成过程及其基本特色，分析了胡适从主张中、日交涉到提出"苦撑待变"的抗战态度的转变过程，讨论了胡适在抗战初期作为政府特使到美、欧开展民间外交的经历；第三章和第四章考察了胡适出使美国的主要外交活动，包括胡适在争取美国经济和军事诸方面的援助、敦促美国善用和修改中立法、推动美国对日实施经济制裁、阻止美国对日妥协以及在美发表演讲等方面作出的努力和取得的成绩；第五章对胡适出使美国的外交风格、外交贡献及其在外交活动中的局限进行了评价。

关键词：胡适（1891～1962）　外交思想　外交史　中美关系

4032

春秋战国时期楚国道家思想研究 / 宁国良著 ; 黄留珠指导. -- 西北大学, 2005. -- 131 页

本文将传世文献、地下文书和地下器物结合起来,对道家思想与春秋战国时期楚国的关系进行了研究。全文由导论、正文四章与余论三部分构成。第一章探讨了道家思想在楚国传播和改造的思想文化背景。指出道家思想在楚国的传播与改造离不开楚国思想文化传统的影响。第二章从研究道家学派中在楚国活动过的主要代表人物关尹、庚桑楚、文子、庄子等及其主要思想的传承关系出发,整理出春秋战国时期道家思想在楚国传播、改造、转变的历史发展线索。第三章通过研究春秋战国时期楚国对天道的探索传统、南方国家的形成特点、长江流域的文化理想对楚国道家思想的影响,揭示了楚国道家思想的特点。指出楚国道家思想中自然观念主要表现为道常无为的自然规律观;反者道之动的自然辨证观;天人合一的自然和谐观等。南方国家的形成过程是民族的大融合、文化的大发展、社会的大变动。长江流域的文化理想的深层模式,最根本上反映的是长江流域文化所表现的对社会现实的怀疑、否定、批判的价值选择。楚国道家思想的批判精神主要表现为对仁义道德、以智治国、刑名法度、强权政治等的批判。第四章从百家争鸣时期诸子学说的融合趋势,探讨楚国道家思想对儒家、墨家及其他的影响。指出楚国道家思想对儒家的影响主要体现为对道家天道自然、无为、虚静等思想的吸收和改造;对墨家的影响主要体现为对道家的法天法道、反战、养生思想的吸取和充实;对《吕氏春秋》的影响主要体现为对道家本体论、天道哲学、无为思想等的继承与发挥。最后指出道家思想体系没有在楚国的政治实践中得到充分体现但却影响了秦末汉初的政治实践。

关键词:道家思想　楚国　春秋战国时代

4033

新中国引用海外华资政策研究 :1949 至 2003 年 / 欧志雄著 ; 高伟浓指导. -- 暨南大学, 2005. -- 248 页

本文在对晚清至新中国成立前历届政府的引进侨资政策进行历史回顾之后,把新中国成立以来引进海外华资政策的演变分为改革开放前(1949—1976 年)、改革开放后(1978—1991 年)和邓小平南巡讲话以来(1992—2003 年)三个阶段进行详细论述与分析。指出建国初期,中国政府对引进侨资工作很重视,“文革”发生前的一段时期内,侨资曾在中国的国家建设中发挥过重要作用;“文革”期间,侨务工作陷于停顿,引进侨资工作停止;“文革”结束,中国政府实行改革开放政策,更加重视侨务工作,特别是想方设法引进海外华资,加快中国的四个现代化建设。这时期的海外华人资本在中国的现代化建设中发挥着举足轻重的作用。最后,对新中国成立 50 余年来引进海外华资政策的得与失进行了评析,同时结合广东的实际,为新世纪中国引进海外华资政策提出了对策与建议。指出必须继续保持引进海外华资政策的稳定性、连续性和前瞻性;进一步扩大对外开放,正确引导海外华资投向;鼓励海外华资企业扩大出口,发展国内配套产业;引导海外华资向中西部投资,促进区域经济协调发展;要有长远的眼光,严格把关,既要重视数量,也要重视质量,注重可持续发展;大力改善外商投资软环境,加快政府职能转变。

关键词:外资利用　国际投资　华侨政策

4034

先秦杂家研究 / 潘俊杰著 ; 张岂之指导. -- 西北大学, 2005. -- 159 页

全文共分为七章二十四节。文章根据先秦诸子学研究的已有成果,针对目前学术界对先秦杂家研究的不足和认识、分类上的分歧,首先从目录学的历史考证入手,对先秦杂家进行了重新界定,对先秦杂家理论进行了探讨。作者认为,《尸子》、《尹文子》、《管子》、《鹖冠子》、《吕氏春秋》和《尉缭子》等六部著作属于先秦杂家的著作;先秦杂家的学术宗旨是政治实用主义的“王治”,其理论方法是不主任何一家地兼摄诸子、融合百家;其思想体系的构建是以阴阳五行和天、地、人一体的思想观念和思维模式来完成的,包含着宇宙自然观、天人关系论、人性论、养生论和政治思想等丰富的内容,具有兼容并包、追求系统性、向意识形态化发展、深受黄老道家影响、地域性等五大特征。作者以西汉前期的《淮南子》、《管子》、《春秋繁露》为例,探讨了先秦杂家对汉代思想学术及政治实践的影响,再次确证了《淮南子》为汉初杂家的代表作,指出《春秋繁露》是杂家“儒学化”的成果,先秦杂家乃战国诸子学向汉代经学过渡、学术形态转化时期知识与思想的主要载体和传递者。

关键词:杂家　哲学思想　先秦时代

4035

宋代民众祠神信仰研究 / 皮庆生著 ; 葛兆光指

导. -- 清华大学, 2005. -- 365 页

本文以张王、祠赛社会、祈雨、祠神信仰传播、正祀与淫祀五个个案为例,对宋代民众祠神信仰活动存在、演变的状况及其复杂的社会、政治与文化背景进行了研究。作者认为,祠神信仰是宋代各社会群体共享的信仰活动,皇帝、士大夫、释道人士、商人、普通百姓都是祠神的信众,积极参与祠神信仰的各种活动,如修建庙宇、组织赛会、申请朝廷封赐、主持祈雨仪式等。其中,转任各地的官员、士人以及释道人士,而非商人,是传播祠神信仰的主要力量,一些士人还以重新解释儒家经典的方式,为祠神信仰传播寻找理论支持。祠神信仰与政治权力、经济发展、交通网络等要素之间存在互动关系。地方社会是祠神信仰最主要的推动力量,打击淫祀的努力常常因之而受挫。国家是祠神信仰的合法性来源,但在正祀与淫祀之间,尚存在着一个广阔的"中间地带"。朝廷、地方官、理学家与地方社会在观念与行为上存在着一定的差异,这反映了唐宋社会变革中朝廷与地方、官方与地方社会、推广中原儒家文明与维持地方传统之间的复杂关系。当政治理想、国家制度与现实生活发生冲突和乖离之际,也往往是三者折中、妥协之时。

关键词:祠堂　神　信仰　宋代

4036

武力威胁与对外政策 :强制外交研究 / 钱春泰著 ; 朱瀛泉指导. -- 南京大学, 2005. -- 153 页

除导论、结语外全文共分六章。第一部分包括第一至四章回顾了强制外交思想和实践,对强制外交概念进行了界定,剖析了强制外交的作用原理、运作过程及其类型;接着从概念、研究的方法论、成功的难易程度等方面,对强制外交与威慑进行了重点辨析;论述了强制外交的效用与局限性。在分析强制外交的攻防性质后,着重探讨了强制外交的合法性和正义性问题,提出了判断强制外交合法性和正义性的标准。指出如果强制外交是为了抗击武装侵略或者为了反抗殖民压迫,那么它就是合法的、正义的;在当代,只有符合联合国宪章精神,强制外交才具有合法性和正义性。分析了影响强制外交结果最基本的环境性因素,即双方的国家利益大小、双方的军事实力对比、双方的国内支持程度、双方的国际支持程度,并推理出与各个环境性因素相关的理论假设。分别剖析了影响强制外交结果的主要策略性因素,即所提要求的明确性和难易程度、威胁的公开性和明确性及轻重程度、是否造成敌手具有紧迫感、是否给予敌手适当的"胡萝卜",并推理出相关的理论假设。同时论述了知觉、错误知觉等认知性因素对强制外交结果所具有的重要影响。第二部分包括第五章和第六章,运用"结构性重点比较法"具体研究了两个强制外交案例,法绍达危机和海湾危机。通过比较分析,证明了环境性因素都有利于强制外交取得成功;除强制国未给予目标国适当的"胡萝卜"外,其他策略性因素都有利于强制外交取得成果。第三部分结语。论述了可能与武力威胁并用的强制手段政治制裁和经济制裁,初步探讨了反强制的一些对策,分析了中国对待强制外交的态度。

关键词:对外政策　国际关系　强制外交　武力威胁

4037

英国与阿—犹冲突 :1945—1949 / 全克林著 ; 朱瀛泉指导. -- 南京大学, 2005. -- 251 页

本文运用历史学的研究方法,把英国的政策放在其中东和全球战略的大背景下进行研究,力图理清巴勒斯坦的阿犹双方、阿拉伯世界以及美苏等大国与英国的政策之间复杂的互动关系,揭示出英国政策的根本动因,客观地揭示出阿—以冲突的根源及其早期发展历程。论文简要回顾了英国对阿—犹冲突政策的历史轨迹,介绍了战后英国面对的国际国内环境和战后初期英国的中东战略。论文叙述了 1945—1946 年英国和美国在巴勒斯坦承担责任的努力及其失败,认为贝文的"美国倡议"的产物是英美调查委员会及其报告,然而两国就调查委员会任务所进行的交涉从一开始就给英美合作蒙上了阴影。论文指出,"美国倡议"失败的原因在于美国高估了它所认为的维持在巴勒斯坦的地位对英国(以及美国乃至于整个西方世界)防务战略的重要性对美国的吸引力,同时又低估了美国犹太复国主义者的力量。论文阐述了英国独立解决问题的最后努力及其失败,讨论了从 1947 年 2 月到 9 月这一关键时期局势的发展和从联合国通过分治决议到委任统治结束之间(1947.11—1948.5)英国的政策以及外约旦在阿—犹冲突中的特殊地位以及"大外约旦计划"。论文还讨论了从 1948 年 5 月全面战争爆发到 1949 年停战期间英国的政策,认为战后初期英国对阿—犹冲突政策的根本出发点是维护它在中东地区的战略利益,英国的所有政策围绕这一中心展开。英国的政策处于一种深刻的悖论当中,即力图保持与阿拉伯国家的友好和获得每个支持者的努力作为政策的两个基本内容完全无法相容。

1945—1949年间,英国在巴勒斯坦遭受了对美国政策和阿拉伯政策的双重失败。

关键词:阿拉伯人　犹太人　对外政策　英国

4038

契丹辽朝前期(907—982)契丹社会历史面貌解析／任爱军著；齐木德道尔吉指导. --内蒙古大学,2005. --204页

本文探讨了契丹辽朝前期的若干基本史实的前因后果,描述其社会历史发展的基本面貌。作者认为,唐朝时期"羁縻制度"不仅造成幽州地区存在契丹部落的事实,也引发了契丹部落组织的重新调整,唐朝在形式上阻隔了幽州契丹与本土部落的正常联系,但幽州契丹所演绎出的"幽州银胡禄"、"五代契丹直"及"归化人"的历史表现,则表明了他们与本土部落相互依赖的信念。文章认为契丹辽朝政权的创立,是"因俗而治"前提下的"行朝"政治的继承与发展,辽太祖的历史贡献就是将君主专制作为行国政治的核心。所谓"盐池宴",是辽太祖用民族方式惩治罪犯的记录在南、北地区广泛传播的结果,经济生活方式和民族习惯的不同以及由此而产生的南北地区的观念(理解程度)的差异,是造成南北史料记载差异的主要原因。契丹首领的任期问题与贵族世选制度相关,它不是契丹可汗"三年任期"的真实记录,而是迭剌部夷离堇的传统选举形式。契丹辽朝前期的历史面貌,既显示出传统的影响,也表明了习惯法向成文法过渡的基本情况和契丹社会文化实际水平,同时契丹辽朝对汉文化所采取的任其自然的态度,塑造了北方民族文化同中原文化并行发展、相得益彰的历史局面。契丹城市建筑的发展,既显示出游牧经济的支柱作用,也体现出"因俗而治"的政治影响。契丹人"其富以马,其强以兵"的理念,是判断契丹辽朝游牧封建制度的主要因素,也是导致应天皇太后等贵族集团坚持契丹"本位"的基本原因,奠定了"蕃汉分治"的历史局面。

关键词:契丹　社会史　民族历史　民族文化

4039

走向新的社会集约和博弈:中国农村社会中间组织建设与现代化研究／沈金华著；汪征鲁,黄国盛指导. --福建师范大学,2005. --277页

"三农"问题的本质是农民阶层利益的表达、维护和发展问题,是国家利益与农民利益、城市居民与乡村农民利益、乡镇利益集团与农民利益集团、现代化过程中眼前利益与长远利益之间的关系和博弈。中国农民数量多和组织状态的分散性是形成"三农"难题的重要因素。所以,为了"三农"问题的解决,进行一场以构建中国农村社会中间组织,提高农民的组织化程度为重点,以乡镇机构改革、乡土人才培养、农地制度调整和城乡社会制度改革为辅助配套改革的"新乡村建设运动",是当今党和政府农村政策的重点,也是中国社会现代化本身的内在要求。"新乡村建设运动"只有从中国农村社会中间组织的培育和发展入手,才能改变近代以来政府主导乡村社会和农民被"安排"的模式,充分尊重农民的自主性和创造性,才能逐步理顺和构建国家、社会和农民和谐关系,形成不同社会集团之间、国家与农民之间的合理博弈,解开中国"三农"问题的难题。在回顾学术界对中国农村问题研究的基础上,作者从国家与农民关系的角度,围绕农村社会中间组织与现代化的关系,提出了"中国农村社会中间组织"的概念,分析和提供了一种解读中国"三农"问题的综合视角;就中国近代社会、现实中国和国外社会三部分的实证事例进行了剖析,以证明社会中间组织发展是现代化社会的必然趋势和重要内容,是中国现代化进程中无法回避的现实问题;依据社会政治学原理,结合近百年来国家与农民关系的变迁,在总结近几年农村社会中间组织发展的基础上,提出了中国农村社会中间组织建设的方向、原则、战略步骤和所需的社会支持条件。

关键词:农村　农民　国家　现代化　中间组织

4040

战后泰国华商发展史研究:关于资本积累的变化(1945—1996年)／石维有著；李国樑指导. --厦门大学,2005. --233页

本文以泰国华商为主要研究对象,综合运用了历史学、经济学、政治学和社会学等学科的研究方法,重点讨论了泰国华商资本积累的变化过程,以资本形态为纲,从资本积累角度研究华商发展的历史。全文共分九章,研究的主要问题,一是战后泰国华商银行资本、工业资本、农业资本、房地产资本和高科技资本的兴起与变化;二是造成泰国华商各种资本形成和发展的原因;三是泰国华商各种资本积累模式的变化;四是泰国华商资本积累的基本模式。作者认为,泰国华商资本一直是泰国的民族资本;华商资本积累的基本模式是依附发展型的积累模式;华商资本具有政商型、密友型、关系型、贱民型的资本主义特征,其基本模式已形成高度融合型的积累模式;泰国经济民族主

义在一定程度上表现为旧侨、老客对新侨、新客的斗争和争取。文章还对泰国华商资本对外投资情况进行了探讨。文章指出，华商资本是泰国和人资本的代表，在泰国经济中具有举足轻重的地位，因此系统地研究泰国华商资本的积累过程和规律，对泰国经济政策和华侨华人政策的制定具有借鉴意义。同时，泰国华商资本积累的成功模式，对于东南亚其他国家的政策制定以及华商自身的发展也具有借鉴意义。

关键词：华侨　华人　商业史　资本积累　泰国

4041

1905—1935：中国近代区域银行发展史研究：以聚兴诚银行、四川美丰银行为例 / 时广东著；谢放指导. -- 四川大学, 2005. -- 277 页

近代区域银行发展史的研究，是中国近代银行发展史研究的重要组成部分。从 1905 年到 1935 年，是中国社会大变革、大动荡的时代，也是中国近代银行业艰苦创业、曲折发展的历史时期。本文在综合分析近代中国银行业的发展历史与基本概况的基础上，着重对四川银行业发展的历史背景与演变轨迹进行了探讨。这一时期，四川境内共有各类银行达数十家，但大多昙花一现。作者通过对聚兴诚和四川美丰两家银行的个案介绍与分析，论证了在近代中国西部区域银行发展史中，一般普通商业银行、中外合资银行的生存环境、历史遭遇、演变轨迹以及个性特征。力图通过这样的实证分析，较为深入地探讨作为中国内陆区域银行的发展水平和程度，客观地评价近代四川银行业在整个中国区域银行业发展史上的历史地位、作用和影响。聚兴诚银行被称为中国四大银行集团——华西集团的领头羊，四川美丰银行则被认为是中国西部近代第一家中外合资银行。

关键词：银行史　地区经济　银行发展　四川省

4042

佛教中国化历程研究 / 宋玉波著；张岂之指导. -- 西北大学, 2005. -- 126 页

本文对中国传统思想文化研究中一个非常重要的问题——佛教中国化进行了研究。全文共分六个部分，主要涉及对哲学、社会学、宗教哲学以及历史哲学等方面的思考，如何与中国思想史的研究范式相结合与相互启发的问题。主体部分对佛教中国化历程进行了历史研究及哲学探讨。作者认为，佛教文化与儒道文化存在着本质的区别，佛教对儒道文化思维模式与文化观念展开批判是其重要的表现。儒道文化的出发点则集中在自然的观念以及气论传统的形上设定中，容易诱发神秘色彩与迷信信仰，所以从东汉魏晋到南北朝时期，佛教在中国的传播过程中主要对儒道文化中的自然化思维倾向与神秘化倾向加以矫正。从南北朝后期到隋唐初期，佛教发展重点转移到方法论的批判上，逐渐形成中国化的大乘佛教之形而上学特色，但这一结果在义学僧侣的批判反思与社会历史的巨大变革中，逐步为具有中国特色的佛教宗派——禅宗所消解。佛教中国化与传统文化的整合、发展，对中国传统文化意义整体的形成有重要价值。但是，通过对文化的交融与冲突的反思，也可发现中国佛教文化对于我们现代中国文化的发展与创新，有其利弊共存的一面。

关键词：佛教　禅宗　本土化　佛教史

4043

明清时期中琉友好关系遗存考 / 孙清玲著；谢必震指导. -- 福建师范大学, 2005. -- 218 页

琉球古国是现在日本冲绳县的前身，从洪武五年(1372)与中国政府正式建交，直至光绪五年(1879)被日本吞并为止，中琉之间的封、贡关系延续了 500 年之久。对明清中琉友好关系遗存的调查与发掘，是近年来中琉关系史研究向纵深发展的一个重要分支，同时也为进一步加强中日两国友谊提供了最直接的历史借鉴。为保证双方的顺利交往，明清政府与琉球王国成立专门的接待机构、开辟有利的造船基地和航海港湾，修建相关的宗教寺庙，这些遗迹成为中琉友好交往史上的伟大丰碑；而来华死难者的坟茔墓碑、北京故宫所珍藏的琉球贡品、琉球册封使及其从客的著述遗墨，则成为这段友好交往史的有力见证。通过对日本冲绳地区、福州地区、闽南地区、进京贡道和北京地区的中琉友好关系遗存所作考察，本文主要从机构、宗教、航海造船、人物、碑刻、墓葬、物品等方面，向世人展示了中琉友好交往的历史，并从中探讨了中琉友好交往历史的遗存对今天中外友好关系发展的历史意义和现实意义。同时，通过对中琉友好关系历史遗存的考察，还可以获得十分丰富的学术信息，主要有：(1)健全的机构和制度是中琉关系顺利发展的关键；(2)先进的航海与造船技术推动了中琉关系的发展；(3)许多中国人、琉球人的献身精神促进了中琉友好关系的发展；(4)中国文化对琉球社会产生了深远的影响；(5)中琉友好关系历史遗存将对今天的中日友好关系起积极的促进作用。

关键词：中外关系　文化交流　琉球　明清时代

4044

辽宋关系研究 / 陶玉坤著 ; 薄音湖指导. -- 内蒙古大学, 2005. -- 130 页

本文通过对辽宋间谍战略、契丹归明人、辽宋间的缓冲地带与北宋设置塘泊等问题的探讨,对辽宋关系进行研究。作者认为,辽宋边界地区设有缓冲地区,在河北人口稠密地区为两属地的设置,在河东人烟稀少地区则设有禁地。禁地是北宋在宋辽西部边界地区设置的缓冲地带,同时禁地的形成也有着历史的原因,是北宋长期以来把河东沿边地区人口向外迁徙政策的延续。辽宋在禁地地带边界的模糊造成了地界纠纷,辽宋天池之争是辽宋河东禁地争夺中的典型个案。北宋对辽战略由进攻转为防御后,在河东北部利用当地的水利条件,修筑了水上防御工程即塘泊。塘泊在北宋防御辽国中既有积极的影响,也带来了负面的影响;辽国对北宋修筑的塘泊进行了破坏和限制。辽宋对峙中,间谍战略同时被双方选择为打击对手的有力手段。双方都有专门的间谍机构,对间谍进行组织和管理;双方间谍用各种方式潜入对方刺取情报;双方都加强了对对方间谍的防范,间谍在辽宋共存时期,在政治、军事、文化中都产生了很大影响。契丹归明人的出现与当时辽宋对峙的背景有着一定的关系,论文分析了契丹归明人的来源、群体的民族构成、北宋的政策和安置任用方式。

关键词:辽宋关系　民族关系　契丹人　宋代　辽代

4045

当代美国华人政治参与研究 : 1965—2004 年 / 万晓宏著 ; 高伟浓指导. -- 暨南大学, 2005. -- 199 页

1965 年之前,美国华人参政以非选举参与为主要特点。在 1965 年之后,由于一系列相关法案的签署,使美国华人真正开始享有平等的政治参与权利。随着当代美国华人人口的迅速增长、社会经济地位的逐步提高、政治参与意识的觉醒,近年来他们在政治参与方面取得了显著成就。当代美国华人参与政治的广度与深度,有其主客观因素的影响,而参与形式基本上可分为正式与非正式两种。参与选举作为正式参与的一种,大致有政治捐款、选举登记与投票、竞选议员与政府公职、争取政治委托四种方式,与此相适应,当代美国华人精英参与政治所取得的成果可概括为象征型和实在型、选举型和委任型、以华人选票还是非华人选票为基础、全国型和地方型等四种模式。非选举方式参与政治则反映出当代华人参与政治的多元化特点。华人社团,以 80/20 促进会为例,在美国华裔参政中的作用可谓举足轻重。该社团因在 2000 年总统选举中呼吁亚裔将 80% 选票集中投给同一候选人而在社会上引起极大反响。与其他少数族裔的参政情况相比,美国华人的参政现状仍处在"婴儿时期",华裔中的总体参与水平及社会政治地位仍不容乐观。美国华人应先积极参与当地政治事务,待在地方和州一级政治参与中有了扎实基础后,再向全国的、更高的层次进军。

关键词:华人　参与管理　政治参与　美国

4046

朱德军事思想研究 / 王安平著 ; 陈廷湘指导. -- 四川大学, 2005. -- 136 页

本文对朱德的军事思想进行了研究。全文共分为九个部分。第一部分是引言,介绍了选题的意义、研究状况与作者的研究思路等。第二部分是绪论,讨论了朱德军事思想形成的社会历史条件。文章指出,朱德军事思想的产生不是偶然的,它有着特殊的社会历史条件。20 世纪前中期战争与革命成为时代主题,各种矛盾斗争异常激烈,中国武装的革命反对武装的反革命的需要,是朱德军事思想产生、形成的时代背景;马列主义军事理论,日本、德国、苏联等国军事理论和中国古代军事思想,是朱德军事思想的主要理论来源;从 1909 年考入云南陆军讲武堂到 50 年代的长期的军事实践,是朱德军事思想产生、形成的实践基础;从戎救国的远大志向和良好的个人素质,是朱德军事思想产生、形成的主观条件。接着,作者分别从人民军队建设、人民战争、战略战术、军事经济、军事统战与国防军建设六个方面论述了朱德军事思想的具体内容。第九部分是结语,分析了朱德军事思想的历史地位。作者认为,朱德军事思想深刻揭示了中国革命战争的特点和规律,对人民军事建设和战胜国内外敌人,对中国革命战争的实践和胜利发挥了重大的指导作用,是马列军事理论与中国革命战争和国防建设具体实践相结合的产物,是毛泽东军事思想的重要组成部分。朱德军事思想不仅包含特定历史时期结合具体历史条件制定的人民战争、军队建设、军事经济、军事统战等思想,和大量克敌制胜的军事战略战术及原则,更为重要的是其中所蕴含的丰富的马克思主义哲学思想能够为后人提供解决现实问题的科学世界观和方法论,因而对于新形势下的国防建设仍然具有非凡的长远的指导意义。

关键词:朱德(1886~1976)　军事思想　革命战

争　国防建设

4047

成为北京人：清代前期的北京旗人社会 / 王成兰著；刘志伟指导. -- 中山大学, 2005. -- 256 页

本文通过考察清代顺治至乾隆年间北京内城的变迁和旗人社会，着重探讨了具有自己文字和礼仪的旗人群体从盛京来到北京后成为北京人的演化过程。全文由绪言、正文五章、结语三部分构成。第一章介绍了明末盛京与北京的城市状况与管理制度。第二章讨论了北京内城的社会空间与管理体系。第三章讨论了旗民关系与内城的社会生态状况。第四章讨论了旗人在文化上对北京的"城市感知"。第五章讨论了旗人的生计问题。作者指出，清朝初年统治者一方面继续了明代以来儒家礼制规范下的北京城的形制和统治机构；一方面实行旗、民分治，在北京实行满汉隔离措施限制满汉交流，以保持满洲特性。康熙时期旗人适应生活需要，逐渐入居内城，促进了内城商业的复苏。但是，由于生活方式、经济来源的变化，以及社会财富在旗人内部、旗民之间的转移，一部分旗人出现了生计问题。为了生活，旗人加快了融入民人生活的过程，并显示出旗人社会文化认同的某种转变。同时，另有一部分旗人则通过科举成为内城的士绅，与内城的文化精英阶层进一步靠近。他们在对北京城的诠释以及与北京城的对话中，也渐渐终止了精神的漂流，对家在"凤城"、以京师为故园的感知标识了他们对自己的归属的认识和对北京的认同。在旗人社会的变化与北京内城变迁的互动过程中，旗人完成了向北京人的转变。

关键词：满族　旗人　社会生活　北京市　清代

4048

民国时期的县级行政权力与地方社会控制：以1928年—1949年川康地区县政整改为例 / 王春英著；谢放指导. -- 四川大学, 2005. -- 202 页

本文以20世纪20—40年代四川及西康两省县级行政机构运作情况为研究对象，探讨了国民政府基层控制能力的发展与地方社会传统权力结构的演变趋势。全文共分八章。第一章绪论。第二章简要回顾了中国地方行政制度的发展历程。第三章以民国四川省简阳、涪陵、华阳等县地方政权改组个案为例，分析"地方自治"旗号下县政初期整改之成败得失，认为"防区行政"控制下的四川地方行政改组虽然没有实质性变化，但按期完成"自治区域"的划分、建立县政会议制度以及实现合署办公等，对地方建设事业的发展有所促进，由此论证国民政府地方改制的区域差异特性。第四章综合分析30年代中期国民政府"全面改革基层行政"政令在四川的推行情况，探讨国民政府县以下基层政权的扩充趋势，指出四川县以下基层"官僚化"系统的形成，具有起步晚、完成迅速、实施到位、对地方社会冲击性较强等特点。第五章重点考察"新县制"实行后四川省罗江县、资阳县及西康省汉源县各基层政权运作案例，分别讨论"分层负责制"、"三位一体制"的实施过程中，县政府及其以下各级行政机构的调整、地方行政职权的充实、基层行政人员构成形态等，探讨了国民政府在川康等地推进基层扩权所采取的最终模式。第六章论述了四川县政人员的培训、基层行政人员的甄审制度，以及县政机关的管理制度及基层行政组织施政情况，提出民国时期县政管理"制度化"特征与弊端。第七章通过川康两省发生的征税纠纷、教育阵地的争夺、农村农贸市场的权利角逐等案例，论述了地方精英与行政权力之间的抗衡消长关系。第八章结语。

关键词：县　行政管理　行政权力　地方政府　民国

4049

名门望族与中古社会：太原王氏研究 / 王洪军著；张国刚指导. -- 南开大学, 2005. -- 275 页

本文从太原王氏源流开始，对太原王氏在中古时期的兴衰历程进行了探讨，以了解中古时期的社会政治、经济制度、家族礼仪与家族文化。全文共分八章。第一章追溯了太原王氏的由来与秦汉以前的演变。第二至四章考察了魏晋时期的太原王氏。第五章考察了南北朝时期的太原王氏。第六至八章考察了隋唐时期的太原王氏。文章对太原王氏在魏晋时期的居地三迁进行了考证，对太原王氏王柔宗支谱系、永嘉之乱后太原王氏北方房支谱系与居地、王国宝后代子孙谱系、王济后裔谱系、隋唐时期太原王氏的第三、第四房谱系与文中子房支谱系等，均进行了考证。同时，考证、订正、增补了太原王氏魏晋时期的谱系以及《新唐书·宰相世系表》中太原王氏大房、二房与乌丸王氏谱系。研究中注重了对于太原王氏与中古社会政治、经济、婚姻、家庭生活、文化传承、家学门风、宗教信仰与社会风俗的研究。作者指出，太原王氏兴于汉末，盛于曹魏而晋，南北朝时期再次在北方崛起，一时显赫于北魏太和年间，至隋与唐初，再次衰微，中唐与晚唐又显赫于世，至五代以后便败亡了。在婚姻方

面，魏晋与隋唐有些不同，但基本限于山东大族的婚姻圈子之内。在文化传承方面，太原王氏一直保持了一种优美的家学门风。作者认为，中古时期的世家大族之所以世代冠冕，占据国家政权要津，除了政治体制、任官制度等方面的因素之外，尚有家族文化传承、家学门风及人们的意识观念相关。

关键词：家族　社会史　太原王氏

4050

女性职业与近代城市社会：以民国北京为中心的研究 / 王琴著 ; 杨念群指导. -- 中国人民大学, 2005. -- 168 页

本文以北京具体的城市空间场景为背景，梳理了民国年间北京女性职业发生、发展的历史脉络，分析了不同领域、不同职业所具有的不同特点。全文主要由六章构成。第一章概述了从传统到近代女性的发展道路。指出传统城市的女性基本被局限在家庭空间中，而近代的女性职业的发展使得女人获得了更多的社会认同，职业女性也成为近代"新女性"的重要代表。面对职业与婚嫁，近代女性常常在嫁与不嫁之间踌躇，在家庭与职业之间徘徊。第二章描述了近代北京具体的城市背景。指出北京近代的政局动荡多变，经历了首都降为普通城市，又从普通城市变为沦陷区不断失落。第三章论述了属于政治领域的机关女职员和女警察的状况。指出这两种职业的发展都和政府政策的倡导有大关系。女职员的出现也是民初女子参政运动发展的间接成果。但女职员在当时的机关中人数很少，担任的职务也不甚重要，经常要面对男同事排挤和领导的刁难，很多机构还明确规定了限制女职员的条例；女警察则是中国努力与世界接轨的成果。发展女警也是为了适应公共空间中越来越多的女性活动。女警的在职务上主要是配合男警，完成一些和女性性别特点有关的任务。第四章讨论了近代女子教育的发展状况，特别是北京女教师职业群体的状况。指出女教师的人数是较多的。当时北京的女教师以小学教员为最大多数。但小学教员的工作繁重，待遇也很差。这种身份和待遇的落差使得女教师们在职业的道路上不得不面对更多的压力和痛苦。第五章讨论了近代商业发展环境中的银行、商店女职员以及女招待、舞女在北京的状况。指出女招待的职业发展最有特点。由一开始备受非议，一度面临被商会取缔，到女招待们联合起来，进行积极抗争，并成功维护了自己的职业地位。第六章论述了近代北京工业的发展。指出民国时期北京的工业发展缓慢，北京的女工主要集中在一些手工艺工厂中，而这一类的工厂大多有着慈善救济的性质，旨在收容贫民，而非经济盈利。

关键词：女性　职业　城市社会学　民国　北京市

4051

转型期的北魏财政研究 / 王万盈著 ; 陈明光指导. 厦门大学, 2005. -- 253 页

本文主要从制度转型与财政体制变迁互动的角度对北魏一代财政的变迁史进行了研究。全文由导言、上篇（四章）、中篇（二章）、下篇（二章）、余论五部分构成。导言介绍了北魏财政史研究状况、北魏社会转型表现及其推动力等。上篇四章按照北魏一代经济与制度变迁的历史过程，分阶段对其财政收支状况进行了动态考察，对不同时期因经济结构转换和财政支出对象变化所引起的收支结构的改变进行了探讨。中篇详细论证了该时期北魏尚无真正财政学意义上的地方财政，统收统支的财政体制贯穿始终。指出北魏财政体制的变迁以太和十六年（公元 492 年）为界明显分为两个阶段，太和十六年前，随着汉化加深、王权强化以及经济结构转换渐次完善，北魏财政体制由皇室财政占主导地位逐渐让位于国家财政的主导地位；太和十六年后，北魏财政体制又逐渐出现南朝化趋势。下篇阐述了北魏财税的征纳方式、财赋转输、仓廪制度以及各种势力对北魏财政的分割等，从中考察了北魏财政的运行过程。余论就北魏财政上承秦汉下启隋唐的历史地位进行了分析和概括。

关键词：财政制度　财政史　北魏

4052

一个走向世界的八旗子弟：张德彝《稿本航海述奇汇编》研究 / 王熙著 ; 蔡鸿生指导. -- 中山大学, 2005. -- 191 页

本文以张德彝（1847—1919）《稿本航海述奇汇编》（北京图书馆影印本）为主要依据，对其外交生涯和心路历程做了述评。正文共六章。第一章介绍张德彝的身世、仕途和时代，第二章讨论《稿本航海述奇汇编》一书及版本，第三至六章论述张德彝对美、法、德、俄等国状况的记载及其观感。作者指出，张德彝原籍福建，出身于破落的旗人家庭，通过"同文馆"培养成为清代后期一名职业外交家。他曾先后八次出使欧美，在晚清外交事务中扮演过重要的角色。至于《稿本航海述奇汇编》一本，分为三部分：一是序，主要

由他人所撰之序及张德彝自序组成；二是“凡例”与“目录”，“凡例”概述书的内容、记述原则等，“目录”则分为若干卷，依出洋所历诸地区、国家之先后，分别记述。此书版本众多，目录以1997年北京图书馆出版社影印出版之《稿本航海述奇汇编》（全十册）较为完整。由于此书最大的特点是张德彝本人经历的记录，是第一手资料，大量以平实语气记录日常生活的各个方面，极具史料价值。通过分析，作者认为，总体上说，张德彝对于英法德俄四国物质文明与精神文明的认识是逐渐深化的；而且逐渐产生了“学习他国”的想法。他从传统中国文化的背景出发，且以维护专制皇权制度为前提，往往自觉或不自觉地以中国传统政治文化中的一些概念（如孟子民本思想、中国古代的地方制度）来比附、阐释欧洲的文明，如观察了英国的议会后，认为有中国上古之治的遗风；认为君主立宪制体现了上古三代之“遗意”；民主制则不过是“民为邦本”古训的执行等，这就影响了他对于事物本质的认识。他的西洋观显然以“夷夏观”为依据，对所见的欧洲事物喜欢以中国文化的标准来加以评判，表明他坚持中国文化的本位。尽管有其局限性，但却为后人理解晚清中国人对西方的认识提供了一个难得的实例。

关键词：外交史　外交家　张德彝（1847～1915）　清末

4053

马歇尔计划与欧洲重建 / 王新谦著 ; 朱瀛泉指导. 南京大学, 2005. -- 256页

本文对马歇尔计划对战后西欧重建的功过是非以及它对战后世界格局产生的影响进行了研究。全文由序言、正文九章和结语三部分构成。第一章通过对战后美国、苏联和欧洲的政治、经济、军事力量的对比分析，揭示了马歇尔计划形成的时代大背景。第二章分析了美国外交政策向右转的表现与原因，进而展示了马歇尔计划的国内背景。第三章分析了导致马歇尔哈佛演讲的直接原因；美国国务院智囊班子为马歇尔哈佛演讲做出的共同努力；马歇尔哈佛讲话以及它在大西洋两岸所引起的各种反应。第四章讨论了欧洲经济复兴磋商会议召开的背景，西方邀请苏东国家的动机以及苏联退出会议的原因，美国对欧洲经济合作委员会（CEEC）报告提供的具体“指导”，美国援助的“必要条件”以及美国政府和非政府组织是如何声援马歇尔计划的。第五章讨论了马歇尔计划立法与实施阶段，重点考察了捷克“二月事件”对马歇尔计划立法的影响，美援的目标、方式、内容、援助物资的配给，以及援助西欧经济复兴程度。第六章考察了美国假理想主义之名而行实用主义之实的外交政策。第七章从美欧不对称的伙伴关系入手，揭示了在马歇尔计划中的美国民族利己主义的自私性和虚伪性，以及美国惧怕复兴后的欧洲参与未来竞争的矛盾心理。第八章分析了美国借援助之名对法国、意大利等西欧国家内政的干预和文化的渗透，揭示了西欧政治中右化和文化美国化与马歇尔计划之间的关系，进而指出美国经济援助背后不可告人的政治目的和文化帝国主义。第九章分析了马歇尔计划对德国政治与外交的影响。指出通过实施马歇尔计划，美国成功地将西德整合到美国的全球战略轨道，并帮助法德实现了和解。

关键词：美国对外政策　马歇尔计划　经济援助　欧洲

4054

《淮南子》哲学思想研究 / 王雪著 ; 张岂之指导. 西北大学, 2005. -- 140页

本文对汉代《淮南子》的哲学思想进行了研究。全文由导言、正文七章和结语三部分构成。第一章从汉初对待诸侯与诸子的态度分析入手，讨论了《淮南子》产生的文化渊源与社会根源。第二章探讨了《淮南子》所蕴涵的“通”的学术观。指出它既源于庄子，但又对其做了重大的推进，赋予了“通”以积极进取的内涵，并使之系统化，贯穿于各个层次，体现为物物相连、天人相通、会通诸子和贯通古今等方面，是其整体思维模式的重要表现。第三章讨论了《淮南子》的自然哲学。指出《淮南子》对先秦道家所预设的形而上之“道”进行了较老庄更广泛、更深入的揭示，展开了对本体之道和本原之道的特征和功能的描述，由此构成了系统的宇宙生成演化模式，形成了整体主义和平等的自然观。第四章讨论了《淮南子》对“知”与“道”的论述。指出其重视普通知识的现实积极的作用，强调学习的必要性，但主张“大智”反对“小慧”。知的最终目的是得道，而道是对一般知识的超越。第五章讨论了《淮南子》所表达的对人性与人生的看法。认为《淮南子》一方面主张自然之性，但又认为外在环境可以影响和改变人性，并认为“性合于道”的真人境界是个体存在价值的最高实现。第六章讨论了《淮南子》关于道治与治道的见解。指出其在治国之道上，坚持道治原则，吸收法治的合理观念，但以道统法，重视仁义在现实治理中的重要作用，确立了“无为而自

治”的重要地位。第七章讨论了《淮南子》对“德”与“道”的认识。指出其在道德建设上,一方面坚守自然道德,同时又注重对儒家社会道德的利用,重视儒家的人伦观念和风俗化民的功能,提倡以诚化民,注意到了道德提升的层次性,并以“与道合一”作为最高的道德目标。

关键词:刘安(前179~前122) 道家 哲学思想

4055

贺麟文化观研究 / 王志捷著 ; 牟钟鉴指导. -- 中央民族大学, 2005. -- 210页

贺麟是中国现代新儒家的重要代表人物之一,曾经创立过“新心学”的思想体系。本文即是对其以心学为基础的文化观进行研究,共分五章。第一章论述了贺麟创立“新心学”的时代环境及其学术建国的主张。指出贺麟的“新心学”也就是“新陆王”,它是一个以陆王心学为基础,吸取西方理性主义哲学精华,并结合时代精神的综合创新的体系。第二章论述了贺麟心体新用文化观的具体内涵。详细介绍了贺麟提出儒化、华化西方文化的基本方针,并对近代以来的“中体西用”论、“全盘西化”论、“中国本位文化”论等各种文化主张进行了批评检讨。第三章论述了贺麟道德理想主义的内容与价值。指出贺麟认为理想或理性是真道德的依据,道德进步或“新道德”的形成即是精神自我实现的逻辑过程。他发挥西方近代精神对中国传统道德进行新的阐释,结合工商业社会的实际需要,赋予杨朱的利己主义、墨子的兼爱精神以新的伦理价值,揭示了西方新式功利主义的道德理想和宗教情怀。他运用逻辑批评的工夫,对五伦观念作了全新的解释,从最为人所诟病的“三纲”说中发掘出近代精神。第四章论述了贺麟对宗教精神所做的新阐释。指出贺麟认为基督教是西方文化之体,近代基督教精神则是西方科学、民主、工业化的精神基础,是西方人安身立命的精神支柱。他着力将宗教精神理性化,希望能为儒家思想的新开展提供资源与借鉴。第五章论述了贺麟对人生问题的基本见解。作者认为,贺麟坚持理性精神和理想决定论,吸收中西人生哲学的精华,主张人生既要富有理想,又要自觉承担使命,保持积极乐观的人生态度。在他看来,只有具备了真、善、美相统一的学养的人,才能具备健全的人生观。在人的学养中,真知识和纯学术是核心的内容,是行为的坚实基础,是人格独立的根基,它应该也必然在人生和社会中发为功业。

关键词:贺麟(1902~1992) 哲学思想 心学 儒家 人生观

4056

唐代州级行政体制研究 / 夏炎著 ; 张国刚指导. -- 南开大学, 2005. -- 351页

本文重点对唐代州级行政体制的构造、运作和关系等问题进行了研究。全文由导言、正文十二章、余论三部分构成。正文分三大部分:第一部分(前六章)根据各级职官的主要职掌和分工,将唐代州级职官体系分为两大系统,即长官与僚属系统,长官是刺史,僚属系统内又分为四大子系统,即上佐系统、录事参军系统、判司系统及其他下级官员系统。探讨了这些州级官员的设置、职掌、地位等基本问题及州级主要职能,勾勒出州级行政体制的运作过程。第二部分(第七至九章)讨论了唐代州级官员设置的非正式因素,如州级僚佐员额设置的灵活性、州级员外官的设置以及版授高年中的州级官员等问题。第三部分(后三章)讨论了唐代州级与都督府、藩镇、县级等地方行政单位之间的关系。余论总结概括了唐代州级行政体制承袭性、整体性、等级性、稳定性和灵活性的特征,并从地方行政层级变化中的州级行政与职官体系变动中的州级行政两个角度揭示了唐代州级行政的变化轨迹。

关键词:政治制度史 官制 行政体制 州级 地方政府 唐代

4057

中国传统政治思想思维形式研究 : 以汉代以前历史为中心 / 萧延中著 ; 刘泽华指导. -- 南开大学, 2005. -- 278页

本文对中国传统政治思想的思维形式进行了研究。提出了中国政治思想可以划分为两种论域的观点。作者认为,所谓中国传统思想体系的“第一域”,是指通过考古资料和历史文献所显示的中国古代思想家的具体政治论述,它们是在特定语境下对具体事实所作的阐发,具有明显的时代特征,其研究目的是要显示古人的政治言说的内涵与确切语义,以及这些言说对社会政治的发展所产生的影响。所谓“第二域”,是指中国古代政治思想家论证具体问题时的认知状态、推理形式和思维路径。作者即对该“第二域”的存在现实、主要内容和基本特征进行了论证,分为两部分:第一部分主要探讨了“第二域”的基本特征,由四章组成;第二部分研究了中国政治思想的基本问

题，由五章组成。作者的结论是，“第二域”所表现的“中国思维”，包括独特的知识结构和取向、身体隐喻的认知基础、“关联式思维”的分类系统、隐喻性逻辑推理以及整体性思维模式等项内容；它们成为古人建构世界、设定问题和进行决策的认知依据，显示了中国文化不同于其他人类文明系统的特质，从而构成了“中国之所以为中国”的本质内容。

关键词：政治思想　传统文化　思维方式　汉代

4058

魏晋南北朝刑法研究 / 薛菁著 ; 汪征鲁指导. -- 福建师范大学, 2005. -- 133 页

刑法是中国传统法律体系的重要组成部分，也是中国封建法律制度的主体。而魏晋南北朝是中国封建社会历史上政治大变革和民族大融合的时期，也是中国古代刑法史上最富创造性的重要阶段。此期，玄学一度成为主流思想，玄学家们反对烦法酷刑、法令贵简贵无的思想和辨名析理的方法推动了律学的空前发展。而随着立法活动的频繁和律学的发展，立法技术水平有了长足的提高。刑律的编纂体例和篇目结构有不少新的创制：《刑名》篇位于律首、刑律 12 篇的体例、律和令的概念和界限的区分、刑律条文由繁入简以简驭繁等。从刑制内容看，中国封建社会五刑体系以及儒家化的刑法原则在魏晋南北朝已经基本形成。西汉文帝废除了肉刑，曹魏继承了文帝改革的成果，率先对建立非肉刑的新五刑体系作了尝试，北周时确立了死、流、徒、鞭、杖五刑。在这一探索过程中，诸代以儒家思想为价值取向重塑刑律的立法原则，其中最典型的是将儒家思想的核心“礼”直接写入法典，使刑律儒家化，成为后世历代制定封建社会之圭臬。作者以专题研究的方式，对魏晋南北朝的刑律体系、刑法原则、刑罚制度等七个问题进行了较为深入的探讨，认为这一时期的刑法在中国刑法发展史上不仅具有过渡性，而且极富创造性。中国历史上许多历经千年沿用的封建刑法制度大体定于魏晋南北朝。

关键词：刑法　法制史　魏晋南北朝时代

4059

冲突与和解：论 1949—1974 年中马关系 / 杨仁飞著 ; 庄国土指导. -- 厦门大学, 2005. -- 230 页

本文根据国际关系冲突合作理论及外交学理论，着重无邦交关系概念与内涵、对有关英属马来亚殖民政府的中国政策、独立后马来亚联合邦政府不与中华人民共和国建交的原因、20 世纪 60 年代中后期中马冲突升级的深层次因素、不同时期中国共产党与马来亚共产党的关系、马华公会在中马关系中的角色与作用等问题展开了探讨。全文由绪论、正文四章与结语三部分构成。第一章回顾了 1949 年前的中(英)马关系。第二至四章将中马无邦交状态的 25 年分为三个时期，分别进行了探讨。作者指出，第一时期自 1949 年到 1957 年马来亚独立前，是中马冲突的前奏期。由于马来亚处于英国的殖民统治之下，不是一个主权独立国家，因此中马关系无法具有现代意义上的国家关系的全部特征，隶属于中英关系。第二时期从 1957 年到 1969 年，是冲突迭起期。1957 年马来亚独立前后，中马两国政府进行了外交接触，但终因马来亚政府不承认中华人民共和国而告失败。在之后的 10 多年中，双边关系一路下滑，两国关系日趋紧张。第三个时期为 1969 年到 1974 年，是寻求和解的时期。这一时期国际、国内环境出现重大变化，中马两国政府分别采取了一系列缓和冲突的措施，于 1974 年 5 月 31 日正式建立外交关系。此外，作者还指出 1949—1974 的中马关系属于冲突为主的双边关系，其中政治冲突为主，经济冲突为辅；两国之间的冲突属低烈度的冲突，冲突主要表现为你来我往的语言战、相互攻讦的宣传战和暗中角力。生态历史因素、国家利益、意识形态、冷战格局均对中马关系的发展产生了深刻影响。

关键词：国际关系　对外政策　外交史　马来西亚　中国

4060

沟通大洋彼岸：美国驻中国联络处与中美关系正常化 / 杨贤著 ; 牛大勇指导. -- 北京大学, 2005. -- 153 页

论文通过对该课题的研究，不仅使学术界对美国驻中国联络处有一个全面的把握，了解联络处在中美关系正常化进程中扮演的角色，还揭示了中美关系中的一些重要问题的细节。从 1973 年 2 月美国总统国家安全事务助理亨利·基辛格第五次访华，中美双方商定各自在对方首都设立联络处。互设联络处的协议的达成，是中美关系改变的一个重要标志，是中美关系正常化进程中迈出的一个重要步骤。作为两国政府根据现实的战略需要而设立的一个在特殊情况下负有特殊使命的联络机构。中美两国高层领导人对其活动给予了高度关注。文章指出作为美国驻华大使馆的前身，美国驻中国联络处在 1973 年至 1979 年的中美关系中扮演了重要角色，在中美关系正常化

进程中发挥了建设性作用。作为特殊的沟通渠道,它在中美高层领导之间起到了沟通和协调作用;作为外交机构、履行外交职能,它提供的意见和建议直接为美国政府首脑如福特、基辛格等人访华提供依据;作为美国政府设在中国的观察站,每年向国内递交了大量中国政局和外交动态的报告为美国高层制定对华政策发挥了参谋和咨询作用,是美国领导人认识中国的一个重要窗口;作为沟通大洋彼岸的桥梁,它直接参加了严格保密的中美建交谈判,为建交协议的最终达成做出了较大贡献。通过联络处中美之间这一段的交往,使长期处于同美国对立状态的中国人,慢慢地认识了真正的美国。而联络处与中国官员之间有意识有目的联系,使中国的执政层加深对美国了解。卡特政府积极推进中美关系正常化进程,推进新的对华政策,任命伍德科克为美国驻华联络处主任。希望早日实现两国国交的正常化,并随时向美方谈判决策者提出自己的建议,促成了双方立场的接近和建交协议的达成,使两国外交正常化终于得以实现。

关键词:中美关系　外交关系　外交史　美国驻中国联络处

4061

清代北京祭坛建筑与祭祀研究／姚安著；王钟翰，姚念慈指导. -- 中央民族大学, 2005. -- 114 页

本文通过考察明清时期北京祭坛沿革、建筑景观、祀典陈列、祀典仪礼与乐舞以及清代祭祀运作等,对明清祭祀制度进行了剖析,揭示出北京祭坛深厚的历史渊源及其具备的独特的人文价值。全文由正文五章与结束语两部分构成。第一章概述了明清北京祭坛的历史沿革。第二章讨论了祭坛的建筑理念与天坛、地坛、社稷坛、先农坛、先蚕坛、日坛、目坛等,指出方位观念、阴阳观念、布局观念等无不完美的体现于北京祭坛建筑之中。北京祭坛处于中国古代祭坛文化集大成的地位,其建筑哲理、建筑形式都是古代祭坛中最完备、最精致的,代表了中国古代建筑文化和建筑艺术的最高水平。第三章讨论了祭坛祀典的陈设。指出明清祭祀陈设主要包括行礼陈设、祭器祭品和仪仗乐器三大类。第四章分别讨论了天坛、地坛、社稷坛等场所的祀典礼仪。指出祭祀礼仪、祭祀乐舞是表达对神的崇拜的具体表现,反映了当时社会对自然界的认识水平,体现人对自然的敬畏,渴望天人和谐的精神,也是中国传统社会维持正常秩序的一个重要组成部分。第五章讨论了清代祭坛祭祀的运作。指出祭祀是清代宫廷中一项非常重要的礼仪活动,涉及众多机构。为了确保祭祀权的独占和祭祀过程的顺利进行及严肃性,清朝在历代祭祀制度的基础上,创造出一套完备的祭坛祭祀管理制度,包括对祭告条件的规定、祭品、设施的管理、祭坛维护人员的管理、祭典工作人员的管理及祭祀、陪祀人员的管理等,从而体现出清代国家机构管理过程中的严密性和高效性。

关键词:宗教建筑　祭祀　祭坛　清代

4062

重构与整合：1934—1937 年赣南闽西社会重建研究／游海华著；温锐指导. -- 福建师范大学, 2005. 135 页

从 1929 年到 1934 年间,国共两党前后数百万军队在赣南闽西地区展开了殊死决斗,其人口、经济与社会遭受巨创。本文在唯物史观的指导下,从现代化和社会发展的层面,考察了 1934 年底到 1937 年南京国民政府在这一地区的社会重建工作。文章指出,在国共大规模争战结束后,南京国民政府在重建赣闽边区地方政权的基础上,在社团组织恢复、难民救济、民众思想整合、社会关系调整、社会经济复苏、产权处置等方面采取了一系列举措,确定了社会经济发展的基础。至 1937 年春,边区社会重建与整合完成。尽管此过程仍然伴随着阶级利益的争斗,但它继续并创新了 20 世纪初年以来边区的现代化进程,促使社会经济呈恢复性成长,加快了边区向现代社会的转型;同时也为日后东南抗战夯实了基础,有力地支持了中国的持久抗战。另一方面,南京国民政府在社会重建工作中存在许多问题,如民众间的寻仇报复和催租逼债并非鲜见,无力解决因地权或产权保护而引起的阶级矛盾,以及如何避免国家权力对乡村社区和民众生活"不受限制的权利"的"全面介入"等等。这里既有其阶级的局限性,又有值得借鉴的历史教训。

关键词:地方史　地方政治　社会生活　国民政府　社会重建　民国时期　江西省　福建省

4063

巴人尚武精神研究／曾超著；胡绍华指导. -- 中央民族大学, 2005. -- 137 页

全文共分六章。第一章借助对巴文化显著特征的总体把握,抽象出巴人的民族文化精神体系,考察了巴人尚武精神在此体系中的独特地位。指出巴人民族精神是一个内容极为丰富的庞大体系,生存观念、尚武精神、爱国风范、巫教精神、德性精神和开放

精神在巴文化中均有极为充分的显示。其中尚武精神占据了极为重要的地位。尚武精神是巴人生命发展的神经中枢,是融会巴人民族精神的红线。第二至四章以巴人的尚武精神为切入点和主线,考察了巴人尚武精神的文化表征,探讨了这些表征与巴人尚武精神的因缘关系。指出巴人尚武精神的重要文化表征就是武文化的发达。尚武不仅是巴人文化至为显著的特质,而且还融会贯通于巴人的政治、经济、军事、文化、精神等领域。其中,政权建设是巴人的尚武精神的政治保障,大迁徙和频繁的军事活动则不仅是巴人的尚武精神的流动轨迹和线性展示,而且强化了巴人对尚武精神的培育;白虎崇拜则是巴人尚武精神的意识流露与集聚,并使之成为白虎武神崇拜;巴渝歌舞、跳丧等则不仅使巴人尚武精神得以传承,更使其艺术化、习俗化、大众化。第五、六章对巴人的尚武精神进行价值评估,总结出它对巴人本身、对中华民族的重要价值和作用,剖析了巴人尚武精神的成因。指出历史上,巴人尚武精神对中华民族大家庭的形成、发展与巩固,对中华民族大一统的形成与巩固,对中华民族凝聚力的形成与强化均有极为重大的贡献。

关键词:巴人　民族精神　民族文化　民族历史　尚武精神

4064

张家山汉简法律思想研究 / 曾加著 ; 黄留珠指导. -- 西北大学, 2005. -- 117 页

本文以张家山汉简为研究对象,对该汉简所体现的汉初法律思想进行了探讨。全文共分七章。第一章张简中的君权法律思想,阐述了以"繁法"维护统治、以"严刑"体现权威两部分内容;第二章张简《二年律令》中的诉讼程序法律制度及其法律思想;第三章从《田律》看《二年律令》的农业、土地管理的法律思想;第四章张简的家族法律思想,阐述了对"父权"等的维护、有关奴婢的法律思想、《置后律》与其继承法律思想;第五章《奏献书》中的法律思想初探;第六章张简法律思想的主要特点,阐述了"君权至上"的法律思想基础、以"繁法严刑"维护皇权统治、对"父权"的维护、不承认奴婢的人格权四部分内容;第七章其他汉简与张简法律思想之比较,阐述了敦煌悬泉汉简中律文的法律思想与张简法律思想的比较,《居延汉简》中的法律思想与张简法律思想的比较,《王杖十简》、《王杖诏书令》的法律思想与张简中法律思想的比较。作者认为,该汉简首先通过法律制度体现了"繁法"、"严刑"的法律思想,而非以黄老思想为指导的"清静无为"、"约法省刑";其次,维护父权在家族中人身和财产方面的支配权力,强调父权的权威和主导地位;第三,规定奴婢被视同财产,不具有法律上的人格权,并以极为严厉和残酷的刑罚处罚奴婢的犯罪行为。

关键词:竹简文　汉简　法律思想　张家山

4065

中国西藏与不丹(1730—1910):清代的喜马拉雅宗藩关系模式研究 / 扎洛著 ; 伍昆明指导. -- 中国社会科学院研究生院, 2005. -- 129 页

本文依据中英有关中国西藏和不丹的档案及大量西藏和不丹的藏文文献,对 1730—1910 年间中国西藏与不丹的关系进行了研究。全文分三编十章:上编三章回顾了 17 世纪以来中国西藏与不丹的历史关系,并着重探讨了 1730 年代西藏平息不丹内乱以及双方之间宗藩关系的建立过程;中编三章重点探讨了双方之间宗藩关系的巩固与发展,以及双方在宗藩体制下的互动关系;下编四章探讨了英国对不丹的侵略及中国西藏与不丹宗藩关系的衰落与终结。作者提出了"清代喜马拉雅宗藩关系模式"的概念,论证了中国西藏与不丹之间的宗藩关系是一个在清朝宗藩体制下具有鲜明地域、民族特色的次级系统。它的核心内容是:不丹作为清朝的属国,不是由清朝中央直接管理,而是由西藏地方负责管理,在形式上是清朝"藩部之属国";中国西藏与不丹之间的宗藩关系既继承了西藏地方与喜马拉雅国家交往关系中的传统模式,又融合了清朝中央的宗藩体制;它受清朝中央、西藏地方、不丹及英印政府等多种政治力量的制约,西藏地方与不丹虽然是交往的主体,然而清朝和英印政府的影响是决定性的因素。

关键词:藏族　西藏　不丹　中外关系　宗藩关系　清代

4066

魏晋南北朝丧服制度研究 / 张焕君著 ; 彭林指导. -- 清华大学, 2005. -- 233 页

本文通过《丧服》与丧服制度,以及丧服制度与同时段社会其他制度两个维度的比较,对魏晋南北朝丧服制度进行了论述。其中,前者较为突出经学上的辨析,后者重在史学考察。全文共分八章,每一章都是先厘清经义,然后再对其变化加以阐述,进而分析变化所以形成的原因。作者认为,丧服之学所以深受重视,与它对魏晋南北朝时期的适应性有密切关系。丧

服制度本身的变化就是这种适应性的充分显示。《丧服》讲“亲亲”，更讲“尊尊”，二者既有交叉，又各有侧重。当时，“亲亲”的原则很受推崇，而“缘情制礼”更成为丧服制度的主要特征，这是一方面；另一方面，礼制别尊卑、定亲疏的作用也极受重视，“礼”成为对“情”合理约束的规范，“情”、“礼”关系得到了有机的结合与妥帖的协调，成为一种“以情制服，以礼裁之”因而能够“情礼兼得”的新型丧服制度。这种制度的形成历时很久，而且不同时代、不同地域也并非完全相同，但总体趋势并无二致。而且，由于丧服制度与宗族、法律、社会组织以及孝道观念的密切关系，对其变化轨迹的考察，不仅可以显示经典本身涵义的变化，也使经典与社会的互动关系得以彰显。

关键词：葬俗　服饰　礼制　丧服　魏晋南北朝时代

4067

晚清义利观研究 / 赵璐著；陈国庆指导. -- 西北大学, 2005. -- 159 页

本文对晚清时期义利观的发展演变、自身特点及不同代表人物思想之间的内在历史、逻辑关系进行了研究，同时对晚清义利观发展演变的社会背景、社会历史对伦理道德的影响以及晚清义利观下的群己关系对个人与社会关系的调整和规范作用进行了探讨。作者指出，晚清义利观的发展演变，大致经历了鸦片战争、洋务运动、戊戌变法、辛亥革命几个阶段。与传统的义利观相比，晚清的义利观都有不同程度的丰富和发展。晚清思想家都主张义利统一，但依然存在重义和重利两种倾向。晚清义利观呈现出动态发展的趋势，概括而言有三个特点：一是由重义轻利的传统观念向义利并重的近代观念发展，二是与救亡意识紧密结合，包含着鲜明的时代特色和民族特色，三是对传统义利观的继承与发展。晚清义利观下的群己关系，涉及利己与利他、独与群等重要方面，将西方的利己主义与中国传统文化的群体观念融合在一起，强调个体对社会的责任，避免了极端利己主义的产生。给西方合理利己主义打下了中国烙印，在文化上表现出中西三元价值取向。义利并重的义利观并未在晚清社会占据主导地位，亦未完全付诸实践。但是，晚清义利观的发展演变符合历史前进的脉搏，有一定的进步意义。

关键词：义利观　道德　清后期

4068

二十世纪初(1898—1937)文化守成主义的教育思想及实践 / 赵万峰著；方光华指导. -- 西北大学, 2005. -- 192 页

本文按照在文化背景上研究教育思想的逻辑思路，对中国近代文化守成主义在教育领域的贡献进行了研究。全文由绪论、正文九章与附论三部分构成。第一章解释了文化守成主义的概念、中国近代文化守成主义的产生及形成背景以及教育实践等。第二章讨论了文化守成主义的文化观。包括“文章存佚关兴废”的文化功用观，“不树新义以负如来”的文化本位观，“夫历史变迁，常具继续性”的文化渐化观，“调和焉以冶诸一炉”的文化创新观。第三章讨论了文化守成主义的教育宗旨。指出中国近代文化守成主义的教育宗旨是以教育救国作为现实目的，遵循教育本身规律，培养具有现代思维的高深学问的专业人才。第四章讨论了文化守成主义的教育功能观。涉及大学相对独立观，大学使命神圣观，学术自由观，教师中心观。第五章讨论了文化守成主义的学制理念。指出学制思想呈现出一定的立体结构：从纵的方面看主张形成小学、中学、大学的梯级学制模式，其中认为应该优先发展高等级教育；从横的方面看，他们的教育思想及实践中显示出了教育形式多样性的倾向。第六、七章讨论了学术中心的学校课程教育，文化守成主义的教育过程及方法。指出文化守成主义教育认同传统，但反对封建科举考试；围绕育人中心强调教育内容上的和谐统一，德育为先，智育为核心，以美育为推进剂；贯穿了科学思维方法的教育内容。在教育方法上的特点是：充分发掘学校教育的优势，让学生集中、充分利用多种有利的资源；坚持教师中心的教育理念；发挥教师人格力量在全面育才方面的熏染作用等等。第八章讨论了中国近现代教育思想体系视野中的文化守成主义，与文化复古主义、文化激进主义和文化自由主义进行了比较。第九章总结了文化守成主义教育思想体系与特点、实践的地位和影响，以及作者对文化守成教育思想所作的现实思考。附论部分讨论了梁漱溟的乡村教育思想及实践。

关键词：教育思想　文化守成主义　保守派　教育史　近代

4069

全球化背景下的安全区域主义研究：以东南亚为例 / 郑先武著；朱瀛泉指导. -- 南京大学, 2005. -- 158 页

本文以理论分析为基点,以东南亚为个案探讨了20世纪90年代以来全球化背景下的安全区域主义,通过探索“全球化”、“区域主义”和“区域安全”三大主题之间的内在联系,来解决全球化背景下如何凭借区域主义来实现区域安全的问题。论文将全球化视作一种深刻的社会变革,而区域主义正是对这种变革的重要回应,两者处于同一种进程之中,并深深影响着区域安全。论文提出一种“分析框架”来建立一种有用的解释模式,阐述了全球化背景下重构中的区域安全研究涉及的核心概念“区域”以及相关的“区域主义”、“新区域主义”、“区域一体化”,“区域化”、“区域性”等概念和“安全”以及相关的“安全区域”(即“安全复合体”)、“安全共同体”等概念的重构,并勾勒出“安全区域主义”这个全新概念的实际内涵。论文通过东南亚个案的研究认为,东南亚区域安全结构从冷战背景下安全单一议题的“古典安全复合体”转变为全球化背景下内容复杂的“异质安全复合体”;东南亚“安全复合体”的结构变化和安全区域化的纵深发展,推动了东南亚安全区域主义从冷战背景下军事安全议题主导的霸权、均势、联盟、“集体内部安全”和“防务共同体”等“弱安全机制”逐步过渡到全球化背景下的综合安全观主导的“合作安全”的“强安全机制”,并开始从区域安全合作的“安全机制”阶段走向区域一体化的“多元安全共同体”阶段。东南亚安全区域主义进程主要由东南亚各国和东盟来推动,但“自然经济区”等市场组织和“第二轨道”等“认识共同体”形式的区域公民社会组织也起到了重要作用。东南亚安全区域主义目前仍旧处于“安全机制”阶段,以及其在许多方面发育不全的关键原因就在于其自身的制度化的欠缺,这种缺失时常使“东盟规范”和“东盟方式”在重要的问题上显得无能为力。

关键词:全球化　国家安全　区域主义　区域合作　东南亚

4070

《黄石公三略》西夏译本之研究 / 钟焓著 ; 聂鸿音指导. -- 中国社会科学院研究生院, 2005. --136 页

本文探讨了《黄石公三略》(以下简称为《三略》)西夏文本翻译时所依据的汉文底本在《三略》文本流变史中的地位和西夏本正文所附注释的来源问题。作者首先对西夏本的正文和注释进行完整的释读,分为直译和总译两部分,前者是对西夏语的逐字对译,后者则是将直译的部分回译成汉文。其中直译部分附有关于西夏字校勘的注释,而总译部分的注释则涉及与今本正文及传世典籍中相应引文的比较,西夏本注释的来源,所用典故的出处等诸多方面。然后将西夏本、古本、今本三者共有的正文部分全部检出,剔除它们相同的部分,而将三者所存在的文字内容歧异之处逐一比较。结果显示:但凡三者有差异的地方,大多数情况是西夏本与古本相合而与今本有别,少数情况则是西夏本与今本契合而异于古本。作者认为,西夏本所据底本的正文既不是一个纯粹的古本,也不是当时官定的《武经七书》本。西夏本在《三略》的流变史中正好处于古本向今本过渡的位置,而与古本的契合程度更高。作者认为,西夏本《三略》的注释来源途径包括:(1)充分利用了宋以前的古注,但又常常在古注基础上加以文字上的扩充;(2)对以前未有注文的部分新增注语,大大扩充了注文的篇幅;(3)个别情况下,其他一些以黄石公命名的著作的某些正文条文也被移入注中。

关键词:兵法　三略　版本　西夏本

4071

20 世纪前半叶西藏社会生活状态研究 :1900—1959 / 周晶著 ; 周伟洲指导. -- 西北大学, 2005. --397 页

全文共分六章,主要运用了社会学的基本概念和理论作为基础,以社会调查数据为主要资料来源,辅以民族志和其他平面材料,对20世纪前半叶西藏社会生活状态进行了研究。在把物质生产方式作为研究背景处理的基础上,重点探讨了以下问题:一是以人身依附制度为特征的农民群体的生产方式和与之相适应的“差巴”家庭共妻婚姻;二是以半迁徙、半定居为特点的牧民群体的生存方式及其核心家庭形式;三是城市手工业者的生存境遇和社会地位;四是世俗贵族的社会影响力以及为维持世俗权力的延续而派生出的“玛巴”婚姻制度;五是僧侣在浓重的宗教氛围中所享受的世俗化生活;六是区别于西藏社会主流文化的少数民族群体的氏族公社制度和原生态文化。作者认为,20世纪上半叶,处于腐朽没落的封建农奴制社会的西藏各阶层,基本处于17世纪以来逐步固定下来的社会结构中,社会阶层流动性不大,社会形态呆滞,缺乏社会进步和革新动力,西方物质文明的影响仅限于贵族及上层人士的日常生活,并未触及广大农民及牧民阶层的固有社会生活系统。

关键词:社会生活　生活方式　地方史　西藏

4072

清代云南民族生态环境变迁研究：以瘴气为中心／周琼著；林超民指导. -- 云南大学，2005. -- 350页

本文通过对清代云南瘴气的分布、变迁及其原因、影响等问题的考察，揭示了云南民族生态环境变迁的历史与成因。全文由导言、上篇三章、中篇三章、下篇五章与结语构成。上篇分别对瘴气的概念与分类、清代云南瘴气存在的自然环境与分类以及区域分布状况进行了探讨。指出瘴、瘴气和瘴疠是不同前提条件下三个不同性质的概念，瘴、瘴疠各有不同的种类。清代云南的瘴气主要分布在以潞江、澜沧江、元江、南盘江、金沙江流域为中心的区域，主要有滇西和滇西北南部腾永重瘴区、滇西南顺缅景重瘴区、滇南普镇元重瘴区、滇东南临开广持久瘴区、滇中武元和滇东北东昭瘴变区、滇西北冷瘴区、滇黔交界处局部瘴区等七大瘴气分布区。中篇分别对清代云南瘴域变迁状况、变迁原因进行了论述。指出清代云南瘴域变迁方向与人口迁移及经济开发的方向、生态环境变迁的趋势一致，呈现出从坝区向山区、由腹里地区向边疆民族地区推进的趋势。瘴域变迁的主要原因是清代民族经济的发展及由此导致的生态环境变迁。下篇分别从社会政治、社会经济、军事征防、封建法制及社会心理、民族文化习俗各方面就瘴气对云南的影响进行了探讨。指出瘴气对清代云南的政治、经济、文化发展等方面产生了巨大影响，是民族地区土司制度长期实行的原因之一，影响了清代封建文官的选拔升迁制度，还影响了瘴区经济，也对云南民族文化的发展产生了重要影响，成为瘴气文学产生的原因，由此产生了数量不菲的贞妇烈女。瘴气各民族形成了独特的避瘴生活方式和饮食习俗，寓滇宦士亦形成了一套养生避瘴观。瘴区在特殊历史条件下成为中原地区受迫害者的寄居地和亡命徒的庇护地，瘴气在中原人士眼中成为边疆蛮夷等具有民族歧视和蛮荒僻远、不毛之地、贫穷落后、死亡之地等具边疆地区偏见、经济歧视、法律惩罚，以及暴政和苛捐杂税等政治压迫的代称。

关键词：少数民族　生态环境　疟疾　云南省　清代

4073

两宋孟学研究／周淑萍著；张岂之指导. -- 西北大学，2005. -- 232页

本文通过考察两宋时期的孟学的演进过程，剖析了两宋学人对孟子思想的诠释，研究了两宋孟学对中国思想发展的影响。作者指出，在两宋孟子的升格运动中，有四种力量起着至关重要的作用，即柳开、宋初三先生为代表的宋初学人、王安石为代表的新学家、程朱为代表的理学家、宋代帝王。两宋孟子的升格运动实际上是朝野上下合力共举的结果。导致这一结果的根本原因在于孟子思想的丰富内容是两宋时代急需的思想资源。孟子的心性论、道统原型、辟异端，为两宋儒家学者振兴儒学、排击佛老提供了思想理论的支持。此外，先于两宋孟学而兴起的《中庸》学对于孟子的升格以及孟学的发展起到了推波助澜的作用。两宋孟学发展中也出现了疑孟思潮的不和谐声音，其中李觏、司马光、叶适三人是这股疑孟思潮的代表人物。两宋学人在对孟子思想的诠释中，坚持、继承、发展孟子的人性论、养气说、井田论、民本思想、心官贱耳目的认识论。两宋孟学完成了儒家道统，结束了儒学的"五经"时代，开创了儒学的"四书"时代，提出和研究的理论范畴成为后来儒家学者探讨的重要问题，而其注重内圣的取向，深深地影响了宋以后儒家学术的主流方向。

关键词：孟轲（约前372～前289）　儒学　儒家　宋代

4074

中国共产党的知识分子政策的历史考察／周思源著；陈廷湘指导. -- 四川大学，2005. -- 136页

本文借鉴史学界关于近代士人和知识分子研究的方法，把建党初期党对知识分子问题的认识作为考察的重点，探讨了中共党人在探索知识分子与中国革命关系时的个人和群体的"经历和体验"。建党初期，中共对知识分子的认知是一个充满意见分歧和观念竞争的辩论过程，而中共对知识分子的政策既有相对稳定的一面，也有不确定和争议性的一面，总体上的确呈现出一个"与时俱进"的发展进程，而且仍在发展变动之中。大革命失败后，受到国际和国内形势的影响，党在知识分子政策上出现了偏差。由于把党内知识分子视为导致革命失败的主要因素，排挤知识分子就成为中共整肃、改组、重建组织尤其是指导机关的基本方针。抗日战争时期，党就知识分子的自我完善、争取、培养和使用等问题，提出了许多重要认识。解放战争时期，党大力争取吸收知识分子参加革命队伍，大量培训知识分子担任新区干部，党的知识分子政策在实践中获得了巨大的成功。建国初期，党对知识分子实行"团结、教育、改造"的方针，极大地激发了

他们建设国家的热情，但后来受到党内“左”的思想的影响，知识分子逐步成为政治斗争的对象，最终在“文革”中遭受浩劫。“文革”以后，党的知识分子政策回到正确的轨道，营造了“尊重知识，尊重人才”的良好氛围。进入新的历史时期，以江泽民为核心的第三代中央领导集体开拓了知识分子工作的新局面。

关键词：知识分子　中国共产党

4075

闽粤边客家地区的历史解析 / 周雪香著 ; 陈支平指导. -- 厦门大学, 2005. -- 285 页

本文以明清时期闽粤边客家地区的社会经济变迁为研究对象，对该区域开发的各种作用力及区域开发与社会文化变迁的互动关系进行了探讨。全文分为六章。第一章绪论。第二章主要探讨自然地理环境和人文社会环境对闽粤边客家地区早期开发的影响。指出该地区属于山区，交通闭塞，曾是闽越族、畲族等少数民族的聚居地之一。秦汉戍卒拉开汉人迁入的序幕，到宋元时当地人口激增，区域开发渐次展开。山多地少的自然环境限制了农耕经济的发展，同时也提供了丰富的林业、矿产资源。第三章论述了明清时期闽粤边客家地区人口的内外流动，并对明清两代的人口数据进行详细分析，揭示了人口变迁与区域开发的关系。指出随着汉民的继续迁入和生息繁衍，闽粤边地区的人地矛盾开始出现，并日益严峻，逐渐由外来移民接纳地变为人口输出地。第四章从山区开发与粮食生产、经济作物和经济林、手工业和矿冶业、商品流通与城乡市场等方面讨论了该地区经济的市场化倾向。认为明中叶以来该地区与外界交流日趋频繁，经济多业并举，发展迅速，与闽粤沿海的“山海交换”及与赣南地区的“盐粮贸易”推动了商品经济的繁荣和城乡市场的活跃。第五章主要探讨了区域开发与社会文化变迁的互动关系。指出明中叶以来，闽粤边客家地区人口流动的频繁和经济的市场化趋势，促进了该地区的社会文化变迁。主要表现为商人阶层壮大，在当地发挥了越来越大的作用；家族组织得到强化，妇女作用加强；人们的职业、财富、义利、教育观念发生变化，社会风气由简趋奢；教育与科举迅速发展，民间文化日渐兴起。第六章结语。

关键词：客家　民族历史　社会变迁　区域开发　明清时代

4076

中国古代“土地兼并”问题研究 ：以汉代的“兼并”问题为例 / 周宇著 ; 郑学檬指导. -- 厦门大学, 2005. -- 156 页

本文着重围绕汉代的土地“兼并”，对中国古代“土地兼并”问题进行了研究。全文由前言、正文三章与结语三部分构成。第一章从古今流行的关于土地兼并问题的不同认识入手，讨论了古人眼中的“土地兼并”现象。第二章通过分析汉代地主阶级中的“兼并”之家和汉人心目中的土地兼并之家，讨论了汉代社会中的“兼并”之家。第三章分析了汉政府应对“兼并”的举措和汉代“兼并”问题的最终走向，作者指出，以汉代的情况来看，首先，“兼并”之家是那些逾“礼”致富者。其次，古人对于“兼并”问题的认识因人而异，统治者与普通人认识角度并不相同。在执政者眼里，“兼并”问题只是纳入到他们寻求社会力量“平衡”的视点内的那一部分，而非儒者提出的“兼并”问题的全部。在一个理智的统治者看来，可行的“抑兼并”是以社会下层的“兼并”之家为主要打击对象，自下而上来进行的。第三，由于“兼并”问题从全社会来看是不可抑制的，东汉时期逾“礼”致富者的经济实力大大高于西汉，因此在儒者看来汉代的“兼并”问题日益严重。东汉时期靠开荒致富的人也多了起来。

关键词：土地兼并　土地制度　汉代

4077

科学个案研究与中国科学观的发展 / 朱丹琼著 ; 方光华指导. -- 西北大学, 2005. -- 142 页

本文以科学哲学作为理论背景，用案例研究的方法，对中国近现代科学观的发展历程进行了探讨。全文分为小引、正文、结语三部分。小引部分介绍了20世纪早期自然科学知识的传播梗概；第一章科学与哲学，介绍了进化论的传播与严复对传统天道观的改造、科学论战与胡适论科学、20世纪早期中国科学观认识的合理性与不足；第二章中西医论争与科学划界，介绍了论争过程与其中大事件、余云岫的医学思想、“中西医汇通”与“中医科学化”、“论科学与非科学”；第三章常规科学与竺可桢的气象学研究，介绍了常规科学的一般陈述、气象学研究的理论实体及其组织方式、气象学研究的方法与程序、气象学研究中的描述与说明；第四章从《中算史论丛》看纯粹数学与应用数学，介绍了李俨与中国数学史研究、《中算史论丛》对古代数学成就的整理、由重差术论纯粹数学与应用数学；第五章遗传学研究与科学争论及评价，介绍了遗传学的两个学派、两个学派在中国的发展、米

丘林学派确立地位及其后果、青岛遗传学会议、论科学争论与反科学评价、反思民主、权威与真理；第六章科学共同体研究，介绍了晚清科学社团、北京国民政府时期、南京国民政府时期、抗日战争时期延安自然科学院、共和国前十年的研究情况；结语部分阐述了中国科学观的主要内容：从“是”与“应当”的层面看、中国科学观渐进之原因试析、中国科学观的影响三部分内容。

关键词：科学观　科学史　科学哲学

4078

清代内蒙古东三盟移民研究 / 珠飒著 ； 薄音湖指导. -- 内蒙古大学, 2005. -- 171 页

本文研究了清代汉族移民流入卓、哲、昭三盟地区的原因、历程、在蒙地取得土地并定居的过程，以及由此而产生的农牧交错、蒙汉杂居结构的形成和蒙古族人口构成的变化等问题。全文由序论、正文、附录三部分组成。序论介绍选题及其意义、研究时段、对象、范围、国内外研究概况以及所利用的史料。第一章分析了清代内地汉人流入蒙地的原因。指出，清代大规模汉人流入内蒙古地区是内地人地矛盾、自然灾害和战乱、蒙旗招垦、清朝政策导向等合力驱动的结果；第二章论述了清代东三盟的移民历程；第三章以图表的形式比较准确地展现了东部蒙旗清代农牧交错结果形成的具体情况，进一步探讨了清代流入蒙地汉人取得土地的途径及在蒙地定居的过程；第四章通过清初至清末东三盟地区蒙古族人口数量的比较研究，发现哲里木盟地区蒙古族人数字，由原来少于卓、昭二盟逐渐增多且超出后者，认为这与自嘉道以来卓、昭二盟地区蒙古族受汉族移民的不断冲击，失去生存条件，被迫前往哲里木盟地区的跨旗流动有关。附录由两部分组成，附录一为天海谦三郎在喀喇沁左旗境内所发现的 792 户汉佃情况表；附录二为参考文献。

关键词：移民　内蒙古　清代

中国古代史

4079

清代康熙朝农业政策的历史考察 / 安来顺著 ； 白新良指导. -- 南开大学, 2005. -- 166 页

本文对清代康熙朝农业政策形成的环境条件、制定过程、发展演变轨迹等进行了梳理和评价。全文由绪论与正文五章构成。第一章从清初的自然条件与农业灾害、清初的耕地与人口、清初的财政状况和康熙的农业思想四方面讨论了康熙朝农业政策产生的环境与条件。指出与中国历代帝王相比，康熙的农业政策思想的内容最为丰富，既有对传统农业思想的继承，又有所发展和创新。第二章从缓和与改善地权关系矛盾的土地政策、恢复耕地和开拓新亩的垦殖政策与积谷备荒与调控流通的粮食政策三方面讨论了康熙朝恢复和发展农业生产的政策措施。指出康熙朝农业政策的基本定位是“大农业”的理念，其系统化程度是此前任何朝代所无法比拟的，同时又呈现出继承性、阶段性和交错性的特点。第三章从倡导重本与指导生产的劝农政策、地丁分离与田赋定额的赋役改革政策、重点河系治理与水利营田政策、赈济灾区与藏富于民的蠲免政策四方面讨论了康熙朝的农业支持和保障政策。第四章对康熙朝的农业政策进行了评价。指出康熙朝的劝农政策是所有农业政策中最具特色的，知源于行和知为了行在其劝农政策中得以充分体现。促进了农业生产力恢复与发展、推动了农业生产关系的改善、增强了国家的经济实力，但仍存在着不少弱点和局限。第五章从解决“三农”问题的视野讨论了康熙朝农业政策对现代的启示。指出解决今天“三农”问题同样是一项庞大的社会系统工程。

关键词：农业政策　农业史　清代　康熙(1662～1722)

4080

东晋上层阶级和佛教关系 / 安洵亨著 ； 何兹全，陈琳国指导. -- 北京师范大学, 2005. -- 119 页

本文对东晋时期以皇帝和门阀士族为主的上层社会与佛教之间的关系进行了研究。全文共分为六章，正文四章，首末两章为序论和结论。文章将东晋上层社会与佛教的关系划分为四个时期，分别加以探讨。文章指出，元帝、明帝时期，皇帝为了获得士族的支持，稳定自己的政权，大力促进佛教发展。同时，为了进一步提高其名士的地位，从而巩固其政治地位，在门阀士族内部亲佛教势力也逐渐增强，这是东晋中后期佛教质变的重要基础。成、康时期，南渡的僧侣为了自己生计和传教而向门阀士族主动接近，在与门阀士族的交往中般若学逐渐盛行起来。而且由北来尼僧集团的刺激，江南尼僧僧团也逐渐建立起来，她们通过各种渠道与贵族妇女取得联系，对东晋佛教教团的发展有很大的贡献。同时，成帝时期“乐贤堂佛

画颂”的争论反映了庾氏集团与王氏集团的斗争。这一斗争因庾冰提出“沙门应拜论”而继续。所以说，成、康时期的皇权与佛教都在门阀士族的支配之下。又，成帝以来，门阀士族的“舍宅寺院”开始增加，出现了以土地为主的寺院经济。穆、简时期，佛教呈现出以长江为中心从北方到南方和从上游到下游的发展趋势，上游带有北方佛教的性格，而下游明显呈现出清谈玄学的倾向。在皇帝与佛教的紧密关系中，后宫的佛教信仰做出了一定贡献。当时皇室的代表者会稽王司马昱和门阀士族的代表桓温，由于各自政治的需要，与佛教界关系密切。孝、恭时期，虽然当时南北政权呈现出对立现象，但与南北佛教界仍然维持着紧密交流。由于北方少数民族统治者具备亲佛教倾向而沙门比其他人活动更为自由，因此，他们常以各国的外交使节的身份出现，参加各种政治活动。同时，由于当时后宫的奉佛活动增加，诸帝受到的影响比以前更多。在这种社会历史背景下，皇帝仍积极推行亲佛教政策。而执政的门阀士族各随所需，对佛教实施控制或怀柔的措施。不过，大部分门阀土族仍然由于理论的需要而接近佛教。

关键词：皇帝　门阀　士族　佛教　政治制度　东晋时代

4081

汉魏晋南北朝道教生态思想研究 / 白才儒著 ; 姜生指导. -- 山东大学, 2005. -- 159 页

汉魏晋南北朝道教生态思想的理论体系由道教生态思想的概念、道教生态思想的原生性、道教生态宇宙观、道教生态伦理思想、生态控制思想和道教生态思想的合理性六个部分构成。第一，界定道教生态思想，主要从分析生态学和生态思想的概念出发，对道教生态思想加以界定。第二，论证道教生态思想的原生性。道教生态思想的核心是在充满复杂性和不确定性的宇宙中去探索、遵循和控制简单而确定的宇宙秩序，并从神圣的宇宙秩序中演绎出人类社会生存所必需的社会秩序，消解人类生存环境的复杂性和不确定性，使人类的社会生活变得简单而有序，最终实现度世成仙的理想。上古神道传统是它的源头，春秋战国时期的理性革命为道教神学提供了理性基础，汉代的神学氛围是它生长的土壤。第三，阐发道教生态宇宙观的基本内容和演化逻辑。道教生态宇宙观把人及其社会纳入宇宙有机整体之中，把社会秩序和伦理秩序纳入宇宙秩序之中，从而揭示出人类社会生存、社会秩序和伦理秩序的宇宙学性质，揭示出成仙和救世的宇宙学根源和社会学根源。第四，阐发道教生态伦理思想的具体内容。道教生态伦理思想包括世俗伦理的生态内涵、道教伦理的生态内涵和生态伦理规范。依据道教的生态伦理思想，善恶的本根是道，根源于宇宙的神圣秩序，而其现实的价值中心却是人类现世的生存利益。第五，阐发道教生态控制思想。遵道为善始终是道教生态控制思想的原则。为了度世成仙，道教思想家们发展出许多方式实施对人体生态和宇宙生态的控制，使宇宙成为适宜人类生存的环境，使修道者延年成仙。第六，道教生态思想评价。从道教与传统文化的关系看，道教生态思想是中国传统文化的有机要素，是传统文化发展的重要形式；从人与自然的关系看，道教生态思想主张遵循和维护宇宙的生态秩序，反对破坏或扰乱宇宙的生态秩序，对于认识宇宙的生态性质以及认识和解决当今人类面临的全球性生态环境问题具有重要理论价值和现实意义；从人与社会之间的关系看，道教生态思想的伦理元素对于建立和维护和谐的社会秩序是十分必要的；从道教和科学的关系看，道教生态思想包括许多科学元素，敲开其神学和巫术的外壳，就能从中发掘出丰富的科学思想。

关键词：道教　生态学　哲学思想　传统文化　生态环境　汉代　魏晋南北朝时代

4082

北宋士大夫与道家道教 / 鲍新山著 ; 张其凡指导. 暨南大学, 2005. -- 198 页

北宋是儒学占统治地位的时代。士大夫在尊儒的同时，也崇奉佛教和道家、道教。在与道士的频繁交往中，士大夫不知不觉地接受道家、道教的一些思想观念和处世方式；反过来，也促进道家、道教思想的传播和发展。当然，这种对道家、道教的体悟和影响，也是因人而异、因时而异。本文以北宋有重大影响力的著名士大夫与道家、道教的关系为视角，旨在以若干个案为基础全面展示北宋士大夫与道家、道教关系的总体风貌。全文分为六章。第一章概述北宋士大夫的崇道风气。第二章为北宋士大夫的重道活动，通过叙述士大夫与道士交往、参加道教斋醮仪式活动、参与道教养生实践等活动，来展示道家、道教对士大夫思想的渗透与影响。第三章为道家、道教对北宋士大夫从政行为与心态的影响。第四章为北宋士大夫反对道家、道教的思想与活动。第五章为北宋道士参与政治活动，以此来反映道士对北宋政治及士大夫的影响。第六章分析北宋士大夫崇道原因，认为追求健

康长生、寻求心灵安慰是士大夫崇道不可忽视的缘由；结束唐末五代以来的动乱局面，实现社会安定是其崇尚道家、道教的重要因素；而北宋统治者的倡导则是士大夫崇道的主要原因。

关键词：道家　道教　知识分子　士大夫　北宋

4083

内在化：中古道教丹术转型的文化阐释 / 蔡林波著；姜生指导. -- 山东大学, 2005. -- 216 页

中古时期，准确地说，主要是在唐末五代时期，道教修炼方式的由外丹向内丹的根本转化，乃是道教史上具有重要意义的事件。这是因为，它不仅仅是道教内部一种修炼方式的技术性调整，而是涉及道教之信仰目标、伦理取向、思维方式等整个教理、教义体系的演变过程。道教外丹向内丹的转化，经历了一个极为复杂而长期的文化重构过程，大致可把它分为三个阶段：首先是观念潜变期，大致为六朝至隋末，道教内部对炼丹术的普遍怀疑思潮逐渐形成；其次是危机激变期，大致为初、中唐时期，为道教炼丹术的繁荣与危机并存的历史阶段；最后是全面定型期，为唐末五代至北宋时期，外丹术迅速衰落，并被逐步驱逐出道教主流阵营。而内丹术则不论在理论，还是在实践层面，都得到了长足的发展，并对社会各领域的影响日益增长。中古道教丹术的转型，实质上标志着道教文化精神的本质性的嬗变。因此，从文化精神延续的角度来看，中古丹术的转型意味着道教由外丹阶段的作为古代中国主要的外向攫能文化载体，转而成为此后中国内向化主流文化的重要组成部分。由此，传统道教中富含着的可贵的工艺实践和创造精神，甚至可能是中国历史上占有主导地位的古代科学思想和精神，亦因之而衰落了；取而代之的是一种道德化的价值取向与内在化的行为方式之选择。道教外丹术的衰微，绝不能简单归之为外丹毒性问题，而是道教在"唐宋变革"以及基于自身传统的历史背景下，与社会其他文化要素发生复杂的相互作用的结果。

关键词：道教　炼丹　唐五代

4084

温州人地关系研究：960—1840 / 陈丽霞著；包伟民指导. -- 浙江大学, 2005. -- 153 页

人地关系是贯穿整个农业社会人类发展的主导线索。选取温州地区这样一个具有特定地缘含义的区域作为考察对象，并选取宋以降的前近代中后期（960—1840）这个人地关系迅速变迁的时段，来详细审视人地关系演变的线索和逻辑结构。首先将讨论的问题立足于人地矛盾线索的展开，论述前近代时期温州地区人地关系演变的三个阶段及其人口压力问题。唐以前为第一阶段，该地区人地关系形态主要表现为地广人稀、物资匮乏以及人类对自然的敬畏。第二阶段是唐宋时期，本区人地关系的基本特征是：随着人口增加和生产力的进步，人类对自然界的索取量和索取能力日渐增大，同时，对自然的影响和干预也在逐步加大。明清时期是第三阶段，本区的人地关系逐步进入紧张状态，主要表现为人类活动开始对本区的自然环境造成大规模破坏以及自然对人类的报复不断加剧。温州先人通过不断寻求和深化缓解的各种途径，使温州的人地矛盾在一定程度上暂趋平衡。人地关系变革的逻辑本质上是一个经济理性的逻辑，经济冲突是构成人地关系的基本要素。这种经济冲突在前近代时期集中表现为人类的生存冲动和发展冲动，资源获取的马尔萨斯困境演绎了特定土地上的人口承载及其流向。经济冲突的缓解出路除了人口的移动，更为重要的是区域深度开发和产业结构的变革，这种变革构成了区域经济长期发展的一个源泉。人地关系在空间上的深化问题，就是城镇发展问题。城镇的兴起实际上是区域人地关系深化的空间表现。人地关系作为一种物质关系，还会在人类社会的意识形态中得到体现。区域文化的兴起通常会深深烙上特定人地关系的特征，这一点在温州地区尤为明显。总之，从环境与人口增长、环境与人口迁移、环境与社会变迁、环境与文化震荡诸侧面来一一探讨，可拼盘式地组合成主要发生于前近代中后期温州社会中的人地关系变动的轮廓图。

关键词：人地关系　土地资源　人口承载力　温州市

4085

清雍乾时期天主教在华活动研究 / 陈玮著；白新良指导. -- 南开大学, 2005. -- 136 页

本文从禁教思想、禁教政策、禁教措施出发，对清代雍、乾两朝禁止西方天主教在华活动的措施以及当时在华和来华西方传教士的中西文名、国籍、修会及传教活动和科学艺术活动等进行了探讨和研究。一方面，对清代帝王的禁教思想、禁教政策、禁教措施所依赖以形成的社会的、历史的原因进行了较为深入的探讨；另一方面又对清代各帝王尤其雍、乾二帝禁教特点进行了详细分析。首先，分析了雍、乾两朝的禁教活动及诸次禁教活动之间的关系。其次，阐述了

雍、乾两朝禁教的原因；第三，提出了雍、乾两朝禁教措施的不同系因雍正、乾隆二帝不同的个人意识、处境和行动而导致的观点。全文共分六章，第一章介绍了有关清雍乾时期天主教的研究文献和研究概况；第二章西方来华背景，介绍了海外扩张与海外传教、中国社会的回应；第三章介绍了西方传教士来华、“礼仪之争”、康熙末年的禁教；第四章介绍了雍正对于天主教的认识、雍正即位之初的形势、雍正朝的禁教、雍正禁教期间的传教情况、雍正禁教的结果、雍正朝来华使节；第五章介绍了乾隆对于天主教的认识、乾隆皇帝所面临的形势、乾隆朝的禁教、乾隆朝服务宫廷的西方传教士、乾隆朝禁教下的传教活动及信教教民；第六章雍乾时期的中西文化交流，介绍了雍乾时期传教士的科技活动、雍乾时期传教士的艺术活动。

关键词：天主教　传教士　基督教　文化交流　清代

4086

明清之际西班牙方济会在华传教研究（1579—1732）／崔维孝著 ；汤开建指导. -- 暨南大学, 2005. -- 317 页

方济会是继耶稣会之后入华的第二大天主教修会。本文对以西班牙传教士为主体的方济会在华传教活动进行了研究。全文共分七章。第一章分析了明末清初天主教在华传教的基本形势。第二章讨论了西班牙方济会传教士到中国传教的活动。第三章讨论了方济会中国教区开拓者利安当的传教经历。第四章讨论了西班牙方济会传教士重建中国教区的史实。第五章讨论了利安定神甫推动中国教区建设的贡献。第六章讨论了方济会传教士与“中国礼仪之争”的情况。第七章论述了方济会在华传教的特点。作者认为这一时期方济会在华进行传教活动大致可分为五个阶段；1579 至 1632 年，为方济会入华前的酝酿、尝试、失败和放弃的阶段；1633 至 1670 年，为方济会入华传教、开辟中国山东教区的阶段，利安当神父在“中国礼仪”问题上与耶稣会发生争执，并因此成为“中国礼仪之争”始作俑者之一；1671 至 1692 年，为方济会在华传教迅速发展的阶段，除恢复山东教区外，西班牙传教士又开辟了广东、福建和江西教区，确立了他们在华传教的大格局；1693 至 1722 年，为康熙皇帝与罗马教廷就“中国礼仪”进行论战的阶段，在这场论战中，方济会传教士的观点和立场逐步向耶稣会靠近，并最终与耶稣会为伍，他们中大部分人遵康熙皇帝之命，领取“印票”继续留华传教；1723 至 1732 年，为雍正皇帝全面禁止天主教的阶段。文章指出，西班牙方济会传教士推动了天主教在华传教活动进入一个多元化时期，这一点在传教实体数量与传教方法、策略、对象等方面都有所体现，它保证了天主教在华传教事业的发展。

关键词：基督教　传教士　布教　方济会　天主教　明清时代

4087

西人汉语研究论述 ：16—19 世纪初期／董海樱著 ；黄时鉴指导. -- 浙江大学, 2005. -- 138 页

本文对 16—19 世纪初期西方人的汉语研究进行了探讨，重点考察了传教士和欧洲本土学者在汉语学习和研究方面的情况、成就和影响，汉语知识在欧洲的传播和演变，以及西方汉学形成和发展的过程。全文由导言、正文五章和结语三部分构成。第一章讨论了 16 世纪中后期葡萄牙、西班牙人对汉语的认识，认为他们只对汉语做了笼统的论述，尚未真正展开汉语的学习活动。第二章讨论了 16 世纪末至 17 世纪下半叶早期传教士在中国及周边地区的汉语学习和研究，指出这一阶段以意大利和葡萄牙籍的传教士为主，开始学习和研究汉语，且略有成绩，但多为介绍性读物，尚非科学研究的成果。第三章讨论了 17 世纪末至 18 世纪末法国耶稣会士的汉语学习和研究，指出法国传教士多数人精通汉语，对中国认识和研究比之前一阶段的传教士已大有提高。他们在汉语语法研究方面更多关注汉语的特性，在汉—西或西—汉字典编撰方面了做出了突出贡献。相关的研究成果构成早期西方汉学的重要组成部分。第四章讨论了 17 世纪中叶至 18 世纪末欧洲本土学者的早期汉语研究，指出西人对汉语的认识在一次次的学术论战中得到深化和提高。这一阶段欧洲学者开始尝试编撰适合汉语初学者使用的字典和工具书，并继续对汉语语法进行探讨。第五章论述了 19 世纪早期西方汉语研究的新发展和专业汉学的建立，重点分析了哈盖尔与雷缪萨二人在汉语研究方面的成就。

关键词：汉学　汉语　传教士　欧洲

4088

秦汉社会防灾减灾制度研究／段伟著 ；阎守诚指导. -- 首都师范大学, 2005. -- 162 页

正文共七章。第一章介绍了秦汉自然灾害的特点。作者指出，这一时期是先秦至唐自然灾害的比较高发时期。大量田地、房屋被毁，人民流离失所，甚至

爆发人吃人的惨剧。为了消除、减轻自然灾害的影响,秦汉政府通过长时间的摸索,逐渐形成一套防灾减灾制度。在第二至四章,着重讨论了当时历史条件下秦汉政府所采取的一系列防灾制度,即禳灾制度。指出禳灾制度是在先秦敬仰天帝鬼神的基础上发展而来,是人们通过对某些超自然力量的祈求或控制,围绕预防或消除自然灾害的目的而形成的制度。秦汉禳灾制度可分为文化禳灾(包括帝王自责制度、祈祷制度、厌胜制度)和政治禳灾(包括改元制度、因灾异免三公制度、选举贤良制度、大赦制度、录囚制度)。秦人对禳灾制度非常重视,把禳灾看作是根除灾害的重要手段,灾害爆发后,一般是先进行禳灾,后进行减灾。虽然禳灾能安稳民心,但更多的是延缓了政府组织灾民抗灾、救灾。第五至七章主要论述秦汉时期的减灾制度。减灾制度可分为:灾害预防制度,主要包括抓紧农时、仓库储蓄制度、水利工程的修建、农业生产制度的调整和技术进步;灾害控制制度,主要包括抢救灾民、治水、捕蝗、救火等;资源配置消减灾害制度,包括缩减政府开支,并鼓励灾民节约,通过颁布水权、有条件地开放国有土地,鼓励市场经济,实现资源配置合理化,实行蠲免和借贷,扶持灾民再生产,利用当地或外地的物资保障灾民衣食,安置流民,鼓励民间力量救济灾民。文章指出,为了使救灾制度得以顺利实施,政府还加强监督机制。减灾制度的实行,有利于节约社会成本,有利于新技术的使用与推广,促进经济的恢复发展。秦汉时期是我国大一统帝国的建立时期,其制度创建影响了后世历代帝国,灾害制度也不例外。由于禳灾制度和减灾制度并存,虽然在一定程度上抑制了自然灾害的发展,但社会也为此付出了巨大的成本。

关键词:自然灾害　防灾　救灾　减灾管理　秦汉时代

4089

清代北方官办乡约研究 / 段自成著 ; 郭成康指导. 中国人民大学, 2005. -- 148 页

本文共分五章。第一章介绍了官办乡约的推行情况。指出清代官办乡约在北方的推广是从华北和陕甘的汉族地区向西北少数民族地区和东北地区逐步发展的。在边疆和少数民族地区推行乡约,主要目的就是加强对少数民族的控制和对边疆地区的管理。第二章分析了官办乡约的组织形式。指出北方官办乡约多依托甚至按照当地的其他基层社会组织设置,或者将单级制乡约发展为多级制乡约,从而使清代乡约与里甲、保甲等其他基层社会组织的关系复杂化,也使乡约的设置形式表现出明显的地区差异。为了应付办理公务的开支,补贴乡约长向民户摊派是最重要的筹款方式。清代北方乡约行政组织化后,乡约所的功能逐渐由讲约之所向办公场所转化。第三章论述官办乡约的职能。指出清代乡约长被赋予越来越多的基层行政管理职能。乡约不仅承担了原本属于里甲的责任,而且承担了过去本应由保甲、捕役和营兵负责的稽查任务。稽查成为清代北方官办乡约的基本职能。此外,清代北方官办乡约还承担调解民间纠纷、抗灾救灾的组织管理等职能。第四章探讨官办乡约与官府的关系。指出清代北方官办乡约的行政组织化给州县行政带来复杂的影响,一方面它使官府的行政绩效得到提高,但另一方面,国家权力下移后,出现了乡约与官员、吏役勾结害民等问题,从而引发乡约权力和官府权力的冲突。清代解决这一矛盾的措施,除了加强对不法乡约长的打击力度外,还力图把乡约的权力限制在合理范围之内。同时,为了确保乡约长不为土豪、恶霸把持,官府对乡约首事的选任程序也有限制性规定,使乡约长任免的最后决定权一直掌握在官府手中。第五章讨论了官办乡约与地方社会的关系。指出清代乡约的行政组织化,实际上是乡约向保甲、团练、里甲的职能渗透的过程;与此同时,保甲、团练和里甲组织的职能也逐渐向乡约的职能渗透。这种职能的相互渗透,造成这些基层社会组织的逐渐趋同。不过,其间的差异仍然程度不同地存在。

关键词:乡村　行政管理　乡约　少数民族地区　边疆地区　清代

4090

明末清初松江士人与地方社会 / 冯玉荣著 ; 樊树志指导. -- 复旦大学, 2005. -- 106 页

明清易代给社会带来了较大的变动。松江士人与地方社会,在这场变动中,扮演了重要的角色,体现了易代前后士人群体与地方社会关系的变化。作者认为,对士人的研究,应放在地方社会的具体场景中,特别是当社会环境和自然环境变动时,士人是如何参与地方事务、参与社会保障。士人对地方事务的参与,主要有两个途径,一是在官方默许下以明伦堂为其申诉空间,二是在民间以地方社团为依托。明伦堂本是作为养士教化的场所,明中后期士人利用通学力量来影响地方政务,明伦堂逐渐成为士人活动的公共场所;而清初,学校更多的是教化之所。几社为松江

士人的雅集，其成员在地方上极为活跃，在明末有着明显的经世意识，对社会问题进行品评。明清鼎革时，几社成员也参与到复明运动中。清初，几社成员或归隐、或入仕，其成员及其后辈仍继续社团的事业，只是在康熙年间大力打击社团势力时，社团才渐渐消散。在明末中央无力支持地方时，士人积极参与处理地方突发危机，进行社会保障，海塘修筑较多的是依靠地方精英势力，体现了地方支配；而清初海塘的修筑，更多的是由国家统一治理。士人在明末撰修府志时有着明显的地方倾向，敢于直言，对于地方事务多有评判，突显地方特色；在清代府志的编纂中，士人群体并没有太大的变化，参与修府志大多仍为几社成员，同时集合了所谓的贰臣、遗民、隐士以及新贵，但府志的撰写更多体现的是清中央一统的支配。总体上说，明中后期，尤其是在万历以后，士人对地方社会的关注明显增加，士人积极参与到地方事务中，对地方事务多有评论，其地方意识得到突显。而在清政权的中央一统下，士人对于地方事务多是依据中央的指令，士人变得更加谨守绳墨。士人的转变，是明末清初社会变革的一个缩影。不过，无论是明末地方支配、还是清初国家支配，士人延续了地方社会传统的精英角色意识。

关键词：知识分子　社会生活　士人　松江县　明末清初

4091

周代婚姻制度研究 / 高兵著 ; 陈恩林指导. -- 吉林大学, 2005. -- 226 页

本文以周代婚姻制度为研究对象，着重探讨了周代各个历史时期贵族嫡庶妻等级婚制、婚姻礼仪以及婚姻伦理观念等。全文共分四章。第一章在追溯商代婚制的基础上，主要探讨了西周时期同姓不婚制度、周王室嫡庶妻等级婚制及西周时期的媵婚制度。指出周初形成了嫡长子继承制和余子分封制，从而使周王室及诸侯公室嫡庶妻等级婚制的功能得到了发展。第二章主要探讨了春秋时期婚姻形态的特点、婚姻制度、婚姻礼仪及其特征。指出春秋时期的社会矛盾及其特点导致了“流亡婚姻”的出现；由晋国君臣率先实行的华戎通婚是春秋时期民族融合的产物。春秋时期的媵婚制度是西周媵婚制度的继续与发展，出现了数国联姻的政治同盟。媵婚制最本质的特点，一是陪嫁性质；二是等级性。春秋时期的婚姻礼仪主要在贵族阶层中使用，主要内容有成婚、纳币、亲迎、三月庙见等，其主要特征是等级性。第三章主要探讨了春秋时期齐、楚两国的婚姻制度、婚姻礼仪及春秋时期的婚姻伦理观念等。指出齐国婚制，主要涉及“血缘婚”、“巫儿婚俗”等实行的周文化的婚姻礼制。楚国婚制，楚王虽然妻分嫡庶，但往往不是由嫡庶妻产生嫡庶子，而且在确立嫡庶妻名分后很长时间不立太子。春秋时期的婚姻伦理观念，一方面出现了贞节观念，另一方面妇女改嫁较自由，庶民中由恋爱择偶成婚的较多。第四章主要探讨了战国时期婚姻形态的特点，秦国、中山国婚姻制度及战国时期的婚姻伦理观念。作者认为，周代婚姻制度和婚姻礼仪是周代社会制度的一部分，它随着周代社会制度、社会生产方式甚至国际政治形势的变化而呈现出不同的特点。

关键词：婚姻制度　婚姻礼仪　伦理思想　周代

4092

南朝学制研究 / 高慧斌著 ; 张鹤泉指导. -- 吉林大学, 2005. -- 207 页

本文运用历时性与共时性的研究方法对南朝学制进行了研究。全文由前言、正文八章与结语三部分构成。第一章探讨了两晋学制所具有的等级制学制体系出现、家学教育强势发展和教育内容多样性的特点。第二章探讨了南朝由中央官学（以国子学为主，以学馆和专门教育为辅）与地方官学（州学和郡学）所构成的官学制度。第三章探讨了皇室与宫廷教育。指出皇帝、太子、诸王不仅设专师进行教育，而且还以硕儒、名臣侍从讲读，不仅侍从读书，更有劝谏之责。其中特别阐述了宫廷女子教育。第四章从私人讲学和家学传承两方面探讨了南朝私学的发展状况。第五章探讨了南朝学校中师长与学生的情况及二者之间的关系，考察了中央官学的官师——博士的选拔、待遇。同时指出私学学生既不受门第限制，亦不受年龄、地域的限制，以知识传承维系的师生关系，一直都充满着深厚的师生情谊。但随着社会依附进程的深入，师生之间亦形成了凌驾于情感之上的依附关系，主要表现在师长对学生役使关系的加重、师长同学经济联系的加强、师长与学生政治上的相互依托。第六章探讨了南朝学校的教育内容和教学方法，指出学校的教育内容不仅有儒学教育，还涵盖了玄学、史学、文学、律学、医学等方面的内容，教学方法有讲授法、辩难法、覆讲法。第七章考察了南朝学校教育的行政管理与经费筹措。指出中央官学的管理主要是通过宰相、太常、国子祭酒来实施，地方官学的行政管理主要由地方长官负责。官学经费的来源，史载不明，私学经费则源于教师自身的经济基础和学生缴纳的学费。

第八章探讨了南朝学校教育的影响。指出南朝学校教育不仅为当时各朝培养了大批治政人才和名流学者，而且在改变社会风气、移风易俗上也有一定的功效，更促进了这一时期学术文化的交流与传播，同时也为这一时期选官制度的正常运行提供了人才保障，而南朝学制体系的建制对于隋唐学制的发展也起到了不可忽视的作用。

关键词：南朝时代　学制　教育制度　官学　私学

4093

《明史·选举志》与明代选举制度考论 / 郭培贵著；南炳文指导. -- 南开大学，2005. -- 520 页

本文对《明史·选举志》和明代选举制度进行了系统的考论。全文共分四章：第一章对《明史·选举志》的编纂过程进行了梳理，分析了万斯同初稿、王鸿绪二稿、张廷玉定稿各自的特点和地位，论证了该《志》在提供明代选举制度基本史实方面的得失；第二章从文献学的角度，对《明史·选举志》的史实、纪年、人名与缺略的史实、点校本标点错误等进行了订正、补充和纠误，并对明代选举制度的许多具体问题提出了自己的看法；第三章对明代选举制度的若干问题进行了专门研究，得出非科举出身是明初文官的最主要来源，各类监生是明代文官尤其是地方府州县官来源的主体，明代文官荫叙改革是中国古代制度建设中处理继承与创新关系的成功范例等结论；第四章总结了明代选举制度的发展特征，揭示了蕴涵其中的丰富经验和深刻教训，指出明代学校教育的功能日趋衰微，沦为朝廷单纯牢笼士子和压抑甚至摧残人才的工具，科举"严于防弊而忽于求才"，铨选"独重资格"甚至"掣签"授官等是其明显的弊端，尽管选举制度建设完备，但却造成了人力和才智资源的巨大浪费，导致了中国科学技术的发展水平开始落后于西方，延缓了明代社会的发展进程等严重后果。

关键词：选举制度　政治制度　明代

4094

宋代来华日本僧研究 / 郭万平著；陈得芝指导. -- 南京大学，2005. -- 92 页

两宋时期，随着日本遣唐使制度的废止，中日官方关系开始中断，但民间交往日益频繁，僧侣和商人成为中日两国经济文化交流的主要承担者。本文对两宋时期来华日僧进行了研究，揭示了他们在中日文化交流中所充当的角色和历史作用。正文共四章。第一章分析日僧来宋前后的历史背景。认为末法思想和山岳崇拜思想（特别是五台山文殊崇拜思想），是促使日本僧侣赴华巡礼、求法的主要原因。日本皇族、贵族的财力、物力支持，是来宋日僧赴华的重要物质基础，来宋日僧是作为"贵族社会的宗教赎罪代表"而来到宋朝的。同时，面对日益复杂化的民族关系和国际环境，赵宋王朝采取相应的对外政策和宗教政策，为日僧来华创造了有利条件。此外，南宋时期中国禅宗的兴盛，也是吸引日僧来华的重要因素。第二章探讨日僧在宋朝活动状况。作者增补了 50 名来宋日僧的生平资料，扩大了来宋日僧研究的资料基础。探讨了来宋日僧的中国语能力问题。利用中日有关文献资料，阐述了来宋日僧与宋朝社会各阶层的交往情况，包括皇帝、士大夫、僧侣、商人等。第三章论述日僧所撰旅华日记或记录。主要以北宋时期来华的成寻所撰《参天台五台山记》、戒觉所撰《渡宋记》和南宋时期来华的道元所录《宝庆记》为考察对象，分析三者的成书过程及其史料价值，对来宋日僧日记或记录作了探讨。第四章评价来宋日僧在中日关系史上的作用和影响。来宋日僧极大地促进了中日文化交流，在书籍往来（包括大藏经）、建筑雕刻、工艺美术、佛教思想交流等方面做出了杰出贡献。文章指出，来宋日僧是中日关系史上的特殊群体，在特殊历史时期，他们充当了外交使节和文化大使的重要角色。

关键词：佛教　僧侣　文化交流　中日关系　宋代

4095

17 至 20 世纪赫哲与那乃社会文化变迁比较研究 / 郝庆云著；刘厚生指导. -- 东北师范大学，2005. -- 143 页

本文将同宗同源的我国的赫哲族和俄罗斯境内的那乃人视为一个民族整体，运用历史比较研究和多学科交叉渗透的方法，从跨界民族的角度，以 19 世纪中期为历史分界线，对其三百余年的历史进行了考察与研究，揭示出赫哲族、那乃人社会文化的变迁一方面是由传统的渔猎经济社会向多种经济并存的现代社会的转型，是在外力冲击和压力下的民族现代化过程；另一方面是民族传统文化的弱化或消失，赫哲族日益汉化，而那乃则俄罗斯化。全文由引言、正文四章与结论三部分构成。第一章介绍了赫哲与那乃的民族分布和生态环境。第二章讨论了赫哲与那乃历史渊源和跨界民族的形成过程。第三章讨论了 17 至 19 世纪中期赫哲与那乃的传统社会文化。第四章探

讨了19世纪中期至20世纪末赫哲与那乃社会文化的变迁。文章的结论是,19世纪中期以后,赫哲、那乃开始踏上不同的民族发展道路,出现了民族异化的现象,其现代化过程都具有跨越性和起点高的特点。不同之处是那乃的社会文化变迁具有殖民化、异国化、起步早和幅度大的特点,而赫哲的起步较晚,城市化规模比那乃人小,但在自主性和受主体民族关怀方面超过那乃人。

关键词:赫哲族　那乃人　社会变迁　民族文化　民族历史

4096

晚清澳门博彩业研究 / 胡根著 ; 汤开建指导. -- 暨南大学, 2005. --277 页

本文主要探讨博彩业在澳门的发展、对澳门社会的影响以及澳门政府所采取的相关措施。澳门的赌博主要源于内地,到1810年,澳门才出现西式彩票。虽然中国和葡萄牙都是禁赌的国家,但在鸦片战争之后,由于英国取得了香港以及香港的开埠,葡澳政府于1846年批准韦姓彩票和番摊合法经营。不久爆发了太平天国革命,由于大量内地难民携带财产涌入澳门,刺激了"苦力贸易"和博彩业的蓬勃发展,商人向政府缴纳了可观的税收,因而解决了政府的财政危机。与此同时,清朝政府在内地严厉禁赌,尤其是番摊和白鸽票。结果,赌博于19世纪末在澳门逐渐形成一种新的行业。澳门博彩业合法化一百多年来,赌业在澳门由分散经营到形成集团垄断经营的过程中,也给澳门社会发展带来了深远的影响。19世纪80年代后,澳门博彩业逐渐步入稳定发展的阶段。尽管博彩业给澳门带来了一些社会负面影响,但博彩税收是澳葡政府最重要的财政收入来源。同时,澳门博彩业带动了澳门旅游娱乐业的发展,促进澳门对外水陆交通,促使澳门市政建设改善,也促使澳门工商业发展和加强澳门的军警建设等。赌商本是唯利是图的商人,不过他们中的一些人热心地方慈善公益,或是积极参与各种政治活动。各种慈善活动在客观上起了缓和矛盾、稳定社会的作用,也逐渐从赌商个人的行为模式化为国家的社会活动模式。

关键词:彩票　赌博　澳门　清后期

4097

在传统与现实之间 : 明清洛阳的社会变迁与士绅的应对 / 户华为著 ; 赵世瑜指导. -- 北京师范大学, 2005. -- 214 页

全文共分七章。第一章绪论,介绍了本文的研究意义、研究状况等。第二章讨论了洛阳的地理形势与文化传统。第三章论述了明初洛阳的恢复发展与移民社会格局的形成。第四章探讨了士绅阶层在明后期洛阳地方文化建构中的贡献。第五章讨论了明清之际洛阳的社会危机与士绅阶层的应对行动。第六章论述了清代洛阳社会变迁与权力格局的形成。第七章余论,讨论了士绅、文化、政治、社会诸方面的关系。文章指出,经过明初的休养生息,尤其大量移民的迁入,洛阳社会经济得到了较快的发展。明中叶的洛阳社会日趋繁荣,士绅阶层力量大增,发掘传统资源、建构地方文化的行动随之活跃起来。他们模仿先贤结耆老之会,筑别墅,种花木,徜徉诗酒,优游林下;用河洛传统儒学调和阳明心学,立会讲学,砥砺品性,推行教化。士绅还积极投身书院、水利、桥梁等公共事务,使晚明洛阳呈现出一片繁荣景象。明末洛阳水旱频仍,兵火不断,危机四伏,赈济灾荒和稳定地方秩序成为士绅必须面对的首要问题。他们一面力请朝廷蠲免钱粮,发帑散赈,一面捐献钱财,救济饥民,并修城练兵,极力维护地方社会秩序。吕维祺、王铎等乡宦还充分利用权力声望和地方舆论,要求减免赋税、平均差役、豁免浮粮、大力维护地方利益。入清之后,由于政府的打压和限制,官方势力大增,士绅从诸多地方事务中"退场"。不过他们很快找到新的领域和象征资源,致力关林修建和祭祀成为士绅保持权威和实施影响的重要方式和运作策略。清代士绅也热衷宗族文化建设,与华南等地的典型宗族相比,洛阳宗族更多地带有文化观念和象征表达的意味。清中叶以降,在许多地区绅权重新高涨的潮流中,洛阳士绅的数量和权力却迅速削弱,在捻军起义和晚清灾荒赈济中,士绅都未能给予有效应对。晚清洛阳地方权力格局日趋复杂化,呈现多种权力相互交织的局面。这种社会权力结构特征加剧了地方社会运行效率的降低,与严重的自然灾害等众多因素一同造成近代洛阳社会的失序和衰落。

关键词:文化传统　社会变迁　士绅　明清时代　洛阳

4098

唐宋时期落第士人研究 / 黄云鹤著 ; 任爽指导. -- 东北师范大学, 2005. -- 167 页

本文将落第士人置于唐宋时期大的历史背景下,以落第士人的生存和发展状态为主要内容,对唐宋时期落第士人进行了研究。全文分序言、正文四章与结

论三部分。第一章主要阐释落第士人与政权关系。作者认为,唐宋时期落第士人与政府关系大致分三种,一是积极入仕,与政权合作;二是退隐山林,与政权保持中立;三是反抗叛逆,反对现政权。从这三个层面揭示出唐宋时期落第士人政治生活的全貌,并总结了唐宋落第士人在政治上的差异,分析了其发展趋势。第二章主要描述唐宋时期落第士人经济生活状态及其经济地位。从唐宋时期落第士人谋生途径及经济收入入手,详细分析了唐宋落第士人经济来源及生活水平的差别,认为从唐至宋,落第士人的经济状况呈下降之趋势,落第士人经济生活贫困程度加剧。第三章主要从文化的传播、发展、保留三个方面,论述了唐宋时期落第士人在文化上的作用。认为唐宋两朝落第士人在文化上的作用是相同的,但贡献有所侧重,并各具时代特色。第四章主要叙述唐宋时期落第士人社会交往、社会作用和日常生活。作者认为,科举对落第士人社会生活产生重大冲击,无论社会交往还是日常生活,都因科举而发生改变。落第士人的社会地位呈下降之趋势,他们逐步由悬浮在社会上层而下沉至基层社会,但他们在地方事务中找到发挥自己作用的领域,逐步成为一股新的基层社会力量。

关键词:士人　科举制度　社会生活　社会地位　唐宋时期

4099

明代官吏职务犯罪研究 / 江继海著 ; 赵毅指导. -- 东北师范大学, 2005. -- 94 页

本文试图通过对明代官吏职务犯罪的研究,获得对中国封建社会官吏职务犯罪的一般性认识与对明代官吏职务犯罪的特殊性认识。本文正文共五部分。第一部分论述职务犯罪的概念及官吏职务犯罪的历史渊源。主要交待职务犯罪产生的历史渊源及其时代特点,从历史的视角,扼要说明我国古代官吏职务犯罪的时代倾向与其历史脉络,并将明代官吏职务犯罪放在历史的长河中加以考察,以揭示明代官吏职务犯罪的时代特征。第二部分探讨明代关于官吏职务犯罪的立法思想、指导原则及立法形式,重点交待明代在“重典治吏”和“明刑弼教”及“以例辅律”思想原则指导下,出现了以律、令、诰、诏等立法形式,体现了皇权的至高无上,说明明代整治官吏的价值取向和政治意义。第三部分论述明代官吏职务犯罪的分类。明律关于职务犯罪的规定,有若干罪名,主要有以下五种类型:受赃罪;诈伪犯罪;擅权行为;失职行为;司法官吏犯罪。每一种类里面各有具体罪名划分。第四部分讨论明代官吏职务犯罪的诉讼程序,主要从职务犯罪的弹劾、审判、处罚三个方面进行分析。第五部分对明代职务犯罪整治的特点进行了归纳:明确划分公罪、私罪,决定法律责任的承担;刑罚世轻功重,执法前严后宽,治贪渐不克终;采取特权原则,袒护特权阶级,维护统治内部的秩序;混淆刑罚与行政处分的界限,违法与违纪不分;礼法合一。

关键词:职务犯罪　官制　明代　诉讼程序

4100

晚清广州城市消费文化研究 / 蒋建国著 ; 崔丕指导. -- 暨南大学, 2005. -- 234 页

本文通过晚清中国社会转型时期复杂历史背景的分析,解剖广州在一百余年的社会变迁和文化转向过程中,消费文化所起的作用和呈现的结果。晚清广州城市消费文化的发展轨迹,与城市文明的步调彼此呼应、相互一致,消费文化与城市社会经济与文化之间存在着密切关系,城市经济所展现的巨大的社会空间,为探究消费文化的变迁提供了广泛的社会机理。收入水平对消费水平起着决定性作用,特别是以需求为导向的经济中,居民收入的变化,对消费需求的作用更大,从而对消费文化的影响就越大。由于物价与收入的影响,社会各阶层的消费状况呈明显的等级特征,社会下层的消费水平很低,而社会上层的奢靡性消费方式呈现新的特征,并对商业、娱乐业和其他服务业的发展起着重要的推动作用。洋货的大量涌入对晚清广州社会的影响是极为深刻的。由此产生了广州的洋货消费观,这对晚清广州社会发生深刻影响。洋货的流行使市民的消费习惯和消费心理发生重大变化,社会各阶层对西方消费文化的认识和态度有了巨大的转变,这种转变对晚清广州现代化进程有着潜移默化的作用,特别是对推动西方先进文化的引入方面有着重要的意义。饮食消费明显受到社会习俗的影响,广州的气候、风土人情、消费习惯等,对饮食消费文化的形成和发展起着重要的文化沉淀作用。休闲方式的多样化以及消费群体的活动,表达了消费的公共话语空间非常广阔,消费的社会聚合作用也较为明显。晚清广州是一个文化消费氛围较为浓厚的城市,祭祀、礼仪消费、戏剧消费、游乐消费、教育消费等,使广州社会的社会文化性消费具有丰富的内涵,对整个城市的文化涵养起着十分重要的作用。商业社会的发展,使价值观念和消费方式呈现多元化态势,出现了畸形消费,它对广州社会风气和道德伦理产生了极坏的影响,极其严重地影响到社会的稳定和

经济的发展。总之,消费文化所展现丰富的话语体系和社会空间,是观察社会变迁的重要载体。商业文化的深入渗透,使晚清广州消费文化具有强烈的开放性、世俗性、享乐性、时尚性和实用性等基本特征。

关键词:城市经济　消费文化　商业文化　娱乐业　广州市　清后期

4101

变迁与互动:清代苏南家族教育研究 :以苏、松、常、太为中心 / 蒋明宏著 ; 范金民指导. -- 南京大学, 2005. -- 202 页

本文以苏、松、常、太为中心,对清代苏南家族教育进行了研究。全文由绪论与正文六章构成。第一、二章分上、下篇探讨了家族教育机制,上篇主要论述清代苏南家族教育运作机制中,关于家训化育和教育活动组织方面内容及其变迁轨迹与特点;下篇主要论述清代苏南家族教育机制中的经费、女性作用,以及与官府关系等方面内容及其变迁轨迹与特点。第三章主要论述清代苏南家族教育的形式,包括教育形式的分段考察、清代苏南家族教育的传统形式及其变迁等内容。考察了"小学"的入学年龄及年限、家族书院与高等族学及其变迁转型(包括"幕署之学"、族办、"公学"和家族书院转型等)。第四章主要论述苏南家族分化、基本类型及其教育活动,并对苏南家族教育的几个典型个案进行了分类研究,主要包括实业型家族、文化型家族、仕宦型家族等三种基本类型族,揭示了苏南近代实业型家族群雄崛起、文化型家族群星灿烂的教育内涵,探析了仕宦型家族教育的艰难转型历程。第五章比较研究了苏南家族教育的变迁与转型,包括分类、区域内部以及与其他区域(以徽州为例)的比较,指出苏南家族教育特点:教育风气盛,经济实力厚,实学实用强,社会教育兴,开放程度高,办学规范明。分析了家族教育与社会发展间的互动及其历史影响,并对苏南家族教育发展变迁中的若干局限进行了批评,包括物质功利的隐蔽,学科失衡的后患。

关键词:家庭教育　家族　苏南地区　清代　家训　家庭道德

4102

两汉魏晋南北朝祥瑞灾异研究 / 金霞著 ; 黎虎指导. -- 北京师范大学, 2005. -- 149 页

祥瑞灾异是中国古代传统政治理论与政治文化的重要内容,其主要功能在于为君主专制统治的合法性与权威性服务。本文对两汉魏晋南北朝时期祥瑞灾异的理论及对政治生活的影响进行了研究。正文共四章。第一章通过对先秦两汉魏晋南北朝有关文献的爬梳和整理,缕清祥瑞灾异思想的渊源、理论完善和升华的过程,分析了祥瑞灾异与天人关系、圣德人事、阴阳五行的关系,以及魏晋南北朝时期人们对祥瑞灾异的不同理解和认识,力图揭示祥瑞灾异思想发展的脉络。第二章探讨两汉魏晋南北朝祥瑞灾异的政治功能。作者认为,这一时期祥瑞灾异的政治功能发生了明显的变化:两汉时期祥瑞灾异所蕴含的表彰有德和谴告人君的特点较为突出,是君主和大臣之间互相制约的一种工具;魏晋南北朝时期,祥瑞灾异更多地应用于维护统治者的合法地位,为王朝易代和政权转换服务。根据这一基本线索,本文从祥瑞灾异与两汉魏晋南北朝的皇权政治以及皇位嬗替、政权更迭两个方面展开讨论。另外,由于祥瑞灾异还经常被作为一种政治工具与手段,在统治阶级内部的权力争夺中得到广泛的运用。同时,祥瑞灾异又经常被政权的反对者利用,一些政治野心家用来为谋反寻找借口、制造社会舆论,农民起义领袖则用来动员群众、鼓动民心。第三章讨论了祥瑞灾异与礼制的关系。这一时期不仅各种弥灾性礼仪以及宗庙祭祀乐都带有强烈的祥瑞灾异色彩,而且国家祀典封禅礼和祥瑞、谶纬之间也存在着密切的联系,祥瑞对封禅礼的形成、发展和完善产生了深刻的影响。第四章介绍了这一时期封建政权对祥瑞灾异的管理。历代王朝都设置专门的机构与人员进行管理。在中央太常属官太史是祥瑞灾异史事务的主管机构,另外还有许多机构配合管理事务的协同运作,这些相关机构涉及中央与地方多个部门。管理体制的运行基本上包括信息的收集、现象的解释、事务的处理三个层次。

关键词:政治文化　政治理论　政治制度史　祥瑞　汉代　魏晋南北朝时代

4103

明遗民与清初满汉文化的整合 / 孔定芳著 ; 陈祖武指导. -- 中国社会科学院研究生院, 2005. -- 241 页

本文以明遗民为视点,从清初满汉文化的整合与明遗民待清态度的蜕变二者之互动为切入口,对明遗民在清初的活动和思想演变进行了探讨。作者指出,明清鼎革易代促使一个离异于清初主流社会、远离政治权力中心的遗民社会得以形成,成为清廷不可小觑的民间力量。由于顺治时期满汉民族矛盾上升为社会主要矛盾,明遗民的民族对立情绪和反抗激情空前

高涨。他们大多投笔从戎,组织和参与举义抗清,以“复明”为情感指向。在武装抗清失败后,遗民在文化思想领域,掀起一股社会批判思潮,与清廷在文化上展开激烈而深层的较量。但是,经过顺治时期的军事征服与康熙崇儒重道的文化政策的作用,明遗民逐渐放弃了对清廷的敌视,转而徘徊观望,而有部分遗民则态度开始软化,遗民社会发生严重分化,遗民们的情感由保“治统”转而存“道统”。康熙十七年,诏举“博学鸿儒”,翌年又重开《明史》馆,广泛争取才高名重的遗民大儒,在遗民社会产生了深刻而久远的影响。康熙二十年,三藩之乱被平,二十二年收复台湾,清廷实现全国统一,与此相应,明遗民也由反清而附清,融入主流社会,于是遗民社会解体,淡出清初历史舞台。

关键词:遗民　满族　汉族　民族文化　文化交流　明末清初

4104

元明时期广西土司制度研究 / 蓝武著 ; 郭声波指导. -- 暨南大学, 2005. -- 251 页

本文探讨了广西土司制度的历史渊源、土司的改置与分布、土司与中央王朝的关系、土司统治下的社会发展和社会矛盾、改土归流等,揭示了元明时期广西土司制度的时代特征、历史影响及其历史走向。文章指出,元明两代,是广西土司制度确立和发展的重要时期。元明时期的广西土司制度是对唐宋羁縻制度的继承和创新。封建王朝对土官的倚重及土官传统势力的日益壮大,是元明时期封建统治者在广西推行并长期维持土司制度的主要原因。元明封建统治者在土官的任用、朝贡、承袭、升迁、奖惩、征调等方面均作了严格规定,同时采取流官辅佐、众建土官、军事震慑等手段,不断强化对广西土司的监控,土司制度得到完善。随着土司势力的日益膨胀,中央王朝同土司之间在权力分配上的矛盾日趋尖锐,中央王朝和广西土司之间的斗争时有发生。虽然,元明中央王朝和土司政权采取了一些发展社会经济与文化的制度和措施,使得土司统治区的社会经济与文化均有一定程度的发展,但由于土司制度本身的局限性,各土司之间和土司官族内部的斗争持续不断,影响了社会生产力的发展。于是实行了改土归流,在一定程度上削弱了土司的势力,加强了中央王朝对广西土司地区的控制。总之,元明时期广西的土司制度建立在封建领主经济基础之上,以军事力量为后盾,具有较强的封建割据性及浓厚的宗法封建制度色彩,在促进广西民族地区社会发展,维护多民族国家统一、巩固国防等方面发挥积极作用的同时,其内在劣根性又制约着该民族地区社会的发展。从总体上看,元明时期广西的土司制度是与当时土司统治区的社会生产力发展水平相适应的。

关键词:土司制度　政治制度　广西　元代　明代

4105

清代八旗世爵世职研究 / 雷炳炎著 ; 杜家骥指导. 南开大学, 2005. -- 192 页

本文从两个层面考察了清八旗世爵世职,前三章从制度形成、演变层面进行探讨,并揭示了清文献及清史学界关于世爵世职表述中的常见错误;后三章从清代世爵世职的特殊地位出发,考察了八旗世爵世职与清代社会政治的关系,包括旗人封赠、任官及参政所拥有的种种特权。第一章叙述了异姓世爵世职和清朝宗室封爵的产生与演变。第二章分析了八旗世爵世职的封赠与晋升途径。指出清代宗室爵位可分为功封和恩封两条途径,异姓爵位封赠、晋升途径有四:军功升授,归顺、投诚,文臣授爵、凭考绩升授,恩诏加爵、承恩封赠。第三章讨论了八旗世爵世职的承袭制度。指出宗室降袭避免了明朝因宗禄而招致的财政危机。异姓世爵世职世袭罔替既与立爵人军功归顺立爵的时间先后有关,也与顺治朝恩诏前爵主原封有无袭次有关,清代世职承袭跳出了单纯的封爵承袭窠臼。第四章讨论了八旗世爵世职封赠的阶段性变化及其内部差异。指出异姓世爵世职封赠可分为三个阶段,清初、清中期主要表现为旗人的封赠优势,后期因八旗衰落,旗人封授日见稀少;清中期及其以前八旗内部的封赠差异性具体表现为:满洲、蒙古的优势,上三旗封赠的偏多,以及勋旧世家大族封赠的相对集中。第五章讨论了八旗世爵世职的教育与入仕。指出宗室王公的教育是由官学和私塾第学结合来完成的。异姓世爵世职教育则经过了由普通官学教育(八旗官学)向特殊官学(世职专学)的发展演变。清代宗室王公、异姓世爵世职及其子弟拥有不同的任官特权。第六章讨论了八旗世爵世职与清初贵族政治。作者指出,八旗世爵世职与清代政治始终密不可分,贵族政治的特色在清初显得特别浓重,清中期宗室王公地位下降,但八旗世爵势力集团对中期政治的影响仍很大,晚清则主要表现为宗室王公对清廷枢要的控制。

关键词:八旗制度　分封制　清代

4106

澳门土生族群研究 / 李长森著 ; 汤开建指导. -- 暨南大学, 2005. -- 436 页

本文对澳门土生族群的形成发展过程及该族群在澳门历史发展过程中的作用进行了研究。全文由绪论、正文四章与结语三部分构成。第一章主要研究了16世纪葡亚裔在澳门形成土生族群的情况、该族群四个多世纪的发展历程等。指出澳门土生族群具有血缘多元化特点,并在漫长的历史岁月中逐渐实现了同华人的血缘混合。第二章研究了澳门历史上土生族群的人口发展状况,血缘混合的特点、原因及过程等,以及该族群族内通婚的现象及原因。为澳门土生族群的血缘属性及族群形成来源找到了佐证,同时,订正了长期以来在澳门开埠之初居澳土生族群人口问题上的错误认识,指出澳门开埠之初的"葡人"数字远高于人们通常认为的几百人。第三章主要研究了澳门土生族群对香港开埠及发展的贡献和鸦片战争之后上海葡裔族群的形成,并分析了澳门土生族群侨居香港和上海两地的原因及特点。特别研究了澳门土生族群从19世纪中期至20世纪中期在上海大规模侨居这一现象,突出了澳门土生族群对上海开埠建设的作用。提出澳门土生族群的发展从其形成之日起便一直处于动态之中,强调了该族群在历史上不断迁徙流动的特点,以及从印度到澳门,又从澳门走向世界的迁徙规律。第四章从政治、军事、商业、教育、文化、艺术、社会等领域分析了澳门土生族群对澳门社会发展的作用,特别是介绍了该族群参与额船贸易、鸦片贸易、苦力贸易的情况,及其在清剿海盗及稳定澳门中的作用。分析了该族群近代创办各种报纸和发展新闻出版业的情况,以及该族群在欧风东渐中的作用。指出该族群从19世纪初起的近百年时间里在澳门、香港、上海等地共创办了百多种报刊杂志,开中国近代新闻出版业之先河,对近代中国民主思想产生了巨大的影响及作用。

关键词:葡萄牙人　种族　澳门　地方史

4107

歌谣俗语与两汉魏晋南北朝社会 / 李传军著 ; 曹文柱指导. -- 北京师范大学, 2005. -- 173 页

本文就两汉魏晋南北朝时期的歌谣俗语对社会政治的影响进行了研究。全文由绪论、正文六章与结语三部分构成。第一章讨论了该时期的歌谣俗语分类及其所反映的政治与社会生活。第二章讨论了该时期歌谣舆论的社会空间,阐述了闾里巷路与台寺府属在歌谣传播中的作用。第三章围绕流言、讹言的流布探讨了该时期歌谣产生与传播的社会心理氛围:恐慌与紧张。第四章分析了该时期歌谣的传播方式与促进歌谣传播的一些因素。第五章探讨了该时期歌谣风议与官民互动的情况。作者指出,歌谣风议,是民众和一部分官僚士人对现实政治和生活的反映,作为一种公众舆论,表达了对时政和统治上层的批评和意见,可以看作是普通民众参与社会政治的一种特殊手段。统治者非常注重民间歌谣的舆论作用,经常派遣皇帝身边的近侍作为风俗使者分路巡行天下,收辑歌谣。从先秦时期的采诗观风到两汉魏晋南北朝时期的绣衣使者和风俗巡使制度,统治者意识到作为社会风俗重要内容的歌谣可以起到下清上达的作用。同时,统治者还赋予风俗使者一定的权力,可以根据民间歌谣风议对地方官进行监督至黜置,有的统治者也注意根据社会上的歌谣风议调整统治措施和统治方法。这种互动对于我国古代的社会机制及其良性运转,具有积极的意义。第六章探讨了该时期歌谣俗语与官僚政治的关系。指出儒吏区分和选举猬滥等造成的官污吏对民众利益的侵害,是两汉魏晋南北朝时期歌谣产生的重要原因。

关键词:歌谣　俗语　舆论　风俗习惯　魏晋南北朝时代

4108

慕容鲜卑的汉化与五燕政权 : 十六国少数民族发展史的个案研究 / 李海叶著 ; 阎步克指导. -- 北京大学, 2005. --207 页

通过对五燕政治变迁史的研究,来揭示慕容鲜卑民族的发展历程。全文共分五章。第一章述永嘉之乱与慕容氏崛起。长期以来,慕容氏局促于昌黎一隅,受宇文氏、段氏等强邻牵制。永嘉之乱,是慕容氏发展道路上的第一个转折点。它举起"拥晋"大旗,兼并鲜卑,统一平州,建立了较为稳定的政权,并与慕容氏结盟。此一机缘,成就了慕容氏的迅速崛起。第二、三章述冉闵之乱与慕容氏入主中原。冉闵之乱是慕容氏发展的新机遇。随后,慕容氏挺进中原,建立前燕。随后采取措施,缓解胡汉矛盾,以慕容氏构成唯一的政治核心,权力集中于宗室诸王。这使得其统治基础狭隘,宗王权重,缺乏制约,内争不断,最后遭遇前秦,分崩离析。第四章述淝水战后其他少数族势力的兴起。淝水战后,前秦溃败,慕容氏面临又一发展机遇。此时,慕容氏宗室走上了不同的发展道路,进而形成西燕、后燕相对峙的局面。后燕灭西燕,慕

容鲜卑在内讧之中,遭受重创。由于后燕统治集团内争甚为激烈,故曰,后燕之亡,非亡于魏,而亡于内乱。后燕灭亡后,北燕继承并发展其政治格局,而南燕则微改其风。总之,慕容氏的后期历史呈现出浓重的鲜卑化趋势。第五章述北魏隋唐慕容鲜卑之遗裔。诸燕灭亡后,慕容鲜卑之主体多通过后燕进入北魏。他们遭到严酷的镇压,长期沦为社会的中下层,也因此保留了鲜卑武人的文化风貌,并在六镇起义后重新崛起,在周齐隋唐作为高门望族融入中原社会,实现汉化。

关键词:鲜卑　少数民族　民族发展　政治制度　五胡十六国时期

4109

宋金交聘制度研究 ：1127—1234 / 李辉著 ; 姚大力指导. -- 复旦大学, 2005. -- 189 页

史家多将两宋与辽、金的对峙,称为中国史上的第二次南北朝时期。南宋与金的对峙中,虽然在军事上弱于金朝,但依然有与金相抗衡的实力。宋金交聘的制度化就是这种实力的体现。在宋金相对峙的百余年间,除不多的几年外,其他时间都有使者往来。宋金交战之时,有通问使、祈请使;和好之时有生辰使、正旦使。论文从原始资料出发,对宋金交聘制度作了尝试性研究。关于宋金交聘的背景,认为宋辽关系对宋金关系产生了最直接的影响。因此首先回顾了宋辽对等关系的发展,以南宋人对"澶渊之盟"的评论为例,认为大多数南宋人从现实出发,给予宋辽关系较高的评价。同时认为传统的朝贡体系无论在思想上还是现实政策上,对南宋人都会产生一定影响。关于南宋聘使制度,作者从南宋的聘使机构设置、国信使的种类、使团的人员构成、国信礼物、使团走私问题及宋金交聘的礼仪、国书等问题,研究了在不同时期南宋聘使制度的变化。关于南宋国信使群体;建炎年间及绍兴初年使副多是布衣小臣,尽管这有悖于国信使副由有出身、有才望之人担当的常规,但是与当时宋金关系的背景密不可分;高宗一朝所遣使节多与秦桧有关联,秦桧利用他们控制了外交;南宋的许多宰执都有出使经历。关于金朝聘使制度,通过对使节名目、接待礼仪等具体问题的考察,认为金的聘使制度与辽更为接近。此外,作者对使金国信"语录"进行了全面的调查,利用宋人所载对《金史·交聘表》进行了补正,并将宋金双方的国信使节往来情况收集整理成《南宋国信使表》与《金朝国信使表》。

关键词:政治制度　民族关系　文聘制度　朝贡　金代　南宋

4110

《洪范》与古代政治文明 / 李军靖著 ; 李民指导. -- 郑州大学, 2005. -- 135 页

本文将《洪范》置于中国古代政治文明的大背景中,对其产生的社会政治、文化基础以及影响和作用进行了探讨。第一章梳理了《洪范》的相关研究成果,并讨论了《洪范》研究的意义及本文的研究要点;第二章探讨了《洪范》的著作时代,提出了该篇形成于西周鼎盛时期,即西周中期的认识;第三章分析了《洪范》政治文明的时代特征,认为作为政书,《洪范》既延续了古代政治文明中明显的伦理政治特色,又具有强化君王特权的印迹,具有多重政治特色;第四章探讨了先秦时期《洪范》的历史际遇,认为先秦时期,由于《洪范》政治内涵的多重性,因而诸子各派争相征引,各取所需;第五章讨论了秦以后《洪范》与古代政治文明发展演变的轨迹:汉唐时期,将《洪范》中的"五行"改造、推衍成"五行灾异说",成为效法先王之道和推断政治走向的神秘工具;宋代以后,对《洪范》的认识有了不同的声音,出现了对"五行灾异说"的批驳和质疑,动摇了古代政治与神学紧密结合的根基,对古代政治文明逐步走出天人感应《洪范》说的窠臼,产生了重要的推动作用。

关键词:政治文明　政治伦理　政治思想　《尚书·洪范》

4111

明后期海外贸易的探讨 / 李隆生著 ; 樊树志指导. 复旦大学, 2005. -- 186 页

作者认为,宗教因素和追求财富为近代欧洲海外扩张的驱动力。明中后期,社会正处于历史大发现后的经济全球化时代,当时的中国在经济全球化的世界中占有重要的地位,不仅邻近的国家要与中国保持朝贡贸易,或者以走私贸易作为补充,而且遥远的欧洲国家、美洲国家都卷入了与中国的远程贸易,使以丝绸为主的中国商品遍及全世界,作为支付手段的白银源源不断地流入中国。这一时期,葡萄牙、西班牙、荷兰先后成为海上帝国。在东方,明朝与日本、菲律宾等国也有频繁的贸易往来。1567 年开海禁,民间的海上贸易也日益兴旺。随着海外贸易的发展,白银输入谈不上大幅减少,白银囤积并未变得更为严重,税收没有出现异常现象,明末中国并未发生因受全球经济不景气遂导致对外贸易的严重衰退而造成的所谓"17

世纪货币危机”。这些也并未对明朝的灭亡发生太大作用,明朝的灭亡仍然依循过往的模式。不论江南的丝织业在明后期是否出现资本主义萌芽,但是明代后期的丝绸业的确出现了与前朝极不相同的特色,这显示其市场化或商品化的程度非常高。丝绸的海外市场对江南丝绸事业的发展,产生了和国内市场同等重要的拉力。检视明后期的海外贸易,可了解当时中国和世界接轨的状况和理解中国全球化的程度,对为何中国没有走上资本主义经济、工业革命为何不能在中国发生、为何中国与西欧的发展道路不同等问题的探究,可提供一些线索。

关键词:对外贸易　贸易史　明代

4112

唐前期华北社会文化趋势研究：兼论安史之乱的历史文化背景 / 李松涛著；王小甫指导. -- 北京大学, 2005. -- 219 页

本文对唐代前期华北社会的文化趋势进行了研究。第一章揭示了选题意义,评述学术史,提出研究任务,分析工作重点,讨论解决途径,介绍了论文架构等;第二章讨论了北朝后期至隋末唐初的文化潮流,指出自北朝直到唐初,入主中原的统治王朝都要面对如何解决胡汉矛盾这一种族文化问题,至于隋末的动乱与李唐之取天下,就是有胡化色彩的关陇集团与山东豪杰一起抑制了隋炀帝激进的南方化政策;第三章讨论了李唐皇室的文化性质,指出唐初的李唐皇室为一胡汉混血的统治者,其治国政策与行事无不带有非汉化之风,安史之乱前形成的“尚胡”的社会风气,与李唐皇室的文化倾向和民族政策有着紧密的关系;第四章从经学、氏族和科举三个方面对唐初压抑传统的山东文化氏族的政策、原因进行了探讨;第五章对异族进入河北地区的活动、影响进行了分析,揭示玄宗之世此地区最终成为安禄山、史思明叛乱基地的历史背景;第六章探讨了唐前期中央政府与华北地方社会的矛盾。作者通过对安史之乱发生的历史文化进行探讨,以全面理解 8 世纪中叶以后中国社会的发展状况及变化趋势,得出结论:唐前期是外来文化高涨、本土文化相对低落的涵化趋同期。

关键词:文化史　安史之乱　华北地区　唐代

4113

宋代两湖地区民间强势力量与地域秩序 / 廖寅著；杨果指导. -- 武汉大学, 2005. -- 195 页

全文分上、下两篇。上篇(两章)主要研究民间强势力量及其社会网络。文章指出,宋代两湖地区有不少传统富族,但以新兴富族为多,富族的终极目标是成为士族。宋代的科举考试看似公平,但实际上仍是富族和士族的游戏。从事科举的巨大成本,使得普通农民很难直接向士族转化,一般的富族也需要有周密的安排,即使是特大富族,如果在向士族的转化过程中忽视产业经营,也会耗尽家产。经济资源、文化资源与社会资源可以互相转化,士人成就的大小与其社会总资源成正比。在三种资源中,经济资源最为稳定,而社会资源最不稳定。真正的士族世家是三种资源的完美结合,宋代两湖士族世家很少,原因在于很多成功士族失去了经济资源。虽然也有北宋安州的人文鼎盛,南宋醴陵的士人群体意识,但总体说来,宋代两湖地区自身的士人社会都不够发达,对外依附性很强。北宋时期,湖北士人多选择游学北方,对北方的依附性较强,湖南士人对北方的依附性相对较弱,而对以江西为主的南方地区依附性较强。宋室南渡,大批外籍名士来湘,湖南士人可以就近游学,但仍然没有改变其依附本性。下篇(三章)的主题是民间强势力量与地域秩序。文章指出,宋代民间强势力量已不如前代的精英阶层那么关心在全国政治中建功立业,而是将注意力更多地转向了地方的安定和家族的发展,开始全面介入社会保障事业。首先当然是对族人进行救助,“敬宗收族”是宋代以后宗族建设的新特点。与湖南相比,宋代湖北的社会保障事业相当落后。对以士族为中心的民间强势力量来说,首先关注的是学校、进士题名碑之类的建设。湖南人重教精神、求学欲望较为强烈,湖北的州县学普遍设立较晚,规模也小,以书院为主的私学教育更是相当落后。但两地民间强势力量都积极介入祠庙、寺观建设,此外,还积极参与水利工程建设。南宋时期,以湖北义勇、湖南乡社为代表,出现了地方大族维护地域秩序的制度化尝试。但由于民间强势力量中违法犯罪、悖理乱伦行为不断,对社会秩序也有一定的破坏作用。

关键词:社会结构　士族　区域发展　两湖　宋代　社会秩序

4114

走出中世纪：黄宗羲早期启蒙思想研究 / 刘岐梅著；晁中辰指导. -- 山东大学, 2005. -- 152 页

本文通过分析黄宗羲政治思想和科学思想的社会和学术背景、逻辑结构及其在中国近代社会的历史命运,对黄宗羲的思想重新进行了定位,并对明清之际的中国向近代社会发展的某些趋势进行了探讨。

第一章分析了黄氏早期启蒙思想产生的时代背景和学术渊源，认为明清之际儒学智识主义的兴起，儒家经世致用思想的重新活跃和浙东黄氏经世实学的家学传统，对其思想发展都产生了重要影响；第二章分析了黄氏早期民主启蒙思想，认为它一方面植根于儒家民本思想之中，另一方面有以理欲统一、义利并行和气质性善论的哲学思想作为理论依据，蕴含着中国式的“政”、“教”分离的近代要求，具有权力制衡的近代民主意义；第三章分析了黄氏科学启蒙思想，认为其对科学研究的倡导与经世学风、“通天地人”的儒家思想人格和心理合一的认识论有密切的关系，其科学思想、实践与中古科学传统不同，包含着许多新的内容；第四章分析了黄氏早期启蒙思想的历史命运，认为其早期启蒙思想虽在清中叶中衰，但近代重新“复活”，晚清改良派和革命派在体认西方民主价值规范的时候，都不同程度地受到其思想的启示。

关键词：黄宗羲（1610～1695）　启蒙思想　政治思想　科学思想

4115

汉魏名士与政治 / 刘蓉著 ; 何兹全, 陈琳国指导. 北京师范大学, 2005. -- 118 页

本文通过考察汉魏名士与政治的关系，对汉魏名士产生、发展、最终形成士族的全过程进行了研究。全文由序论、正文四章与结语三部分构成。第一章讨论了汉魏名士的兴起，指出东汉中后期经济、文化的繁荣为名士的兴起创造了条件；以中央到地方，党人名士以文化修养为基础，以反对宦官外戚的政治活动为纽带，逐渐形成一个新的社会阶层，并从一开始就对皇权进行了有力的挑战。第二章讨论了汉魏名士在建安时期的发展及其特色，指出建安时期形成的名士是当时主宰政治的一支重要力量，对皇权进行了颠覆性的冲击，表现出鲜明的地域特色，对当时政治势力的升降产生了巨大影响。但是随着曹操的逐步胜出，名士的地域特色逐渐褪去，阶级特色不断加强。第三章讨论了汉魏名士分化及其对政治的影响，指出在冲破地域阻碍走向阶级认同的过程中，汉魏名士存在事功派与浮华派的分野，事功派倚恃皇权打击浮华派，而浮华派则随着社会渐趋稳定而得到发展，但最后遭到魏明帝的打击。第四章讨论了汉魏名士如何达到安全的阶级认同并最终形成士族，指出名士内部事功派与浮华派的斗争，实际上是名士阶层对于皇权的斗争，司马氏的最终胜利，使两派走向融合，凝固为全新的士族阶层，把历史推向士族社会。

关键词：名士　皇权　政治斗争　汉代　魏晋南北朝时代

4116

隋唐时期僧尼角色研究 / 鲁统彦著 ; 郝春文指导. 首都师范大学, 2005. -- 139 页

本文运用社会学的角色理论，采用石刻材料，对隋唐时期僧尼的理想角色、实际角色以及这一时期僧尼角色冲突的特点与原因进行了研究，从而揭示了隋唐时期佛教中国化及世俗化的进程。全文由引言、正文三章与结语三部分构成。第一章讨论了理想的僧尼角色，认为当时社会对于僧尼的理想角色有清晰的认识，他们崇奉戒行高洁之僧尼，鄙弃违戒破戒之僧尼。对僧尼的期望与要求是持守戒律、超尘脱俗、脱离家庭。第二章讨论了隋唐僧尼的实际角色，指出当时的僧尼有的能够实践理想角色，有的则违背戒律，超越了传统的出家观念，或饮酒食肉，或过问政治，或追逐名利，有的则仍与世俗家庭联系密切，甚至死后以俗法安葬；有的还俗，有的弃佛入道，不再实践僧尼角色。第三章讨论了隋唐僧尼的角色冲突，指出在隋朝时尚不甚明显，而到了唐朝则冲突明显且不断加深。这种现象既有社会原因，又有僧尼的自身原因，是佛教在中国发展的必然趋势。

关键词：僧侣　尼姑　佛教　世俗化　隋唐时代

4117

《宋会要辑稿·刑法》整理与研究 / 马泓波著 ; 李裕民指导. -- 陕西师范大学, 2005. -- 169 页

《宋会要辑稿》是《宋会要》的辑本，它记录宋代的典章制度，是有关宋代历史的最丰富的资料汇编。本文选取其中的“刑法”部分作文献整理与专题研究，正文共七章，分上、下两篇。上篇（三章）从三个方面对其进行了整理：第一，《宋会要》原本由类、门、条组成。在前人对《宋会要·刑法》“门”的复原方案的基础上，补充证明了《宋会要·刑法》中“刑制”门的存在，并初步推测它的内容应以“刑罚”为主旨，其中包括《辑稿·刑法》所缺的“杖制”部分。然后提出“诉理所”门虽是《宋会要》的门，但不属“刑法”类；一些门名可能是后人所加，不是《宋会要》的门，这些门的条文应归入其他门中；一些门应属于《宋会要·刑法》中某门的子门。还指出《辑稿·刑法》“条”已不完全是《宋会要·刑法》的“条”，有的条文已有部分缺漏，有的条文与门不一致或顺序错乱，同时推测《宋会要》不仅有总卷，门中内容多时还可能有分卷，卷与门并

不一一对应。第二,《辑稿·刑法》中有注、空格、按语。指出《辑稿·刑法》的注以小字的形式出现在正文中,有五种类型:一是指示正文出处的注;二是指示门名的注;三是补充、解释正文的注;四是表明文字有缺漏的注;五是指示省略了相同内容的注。作者通过分析具体条文,得出了正文空格数与实际所缺字数并不完全对应的结论。还通过将《永乐大典》残本中的“验尸”与《辑稿·刑法·检验》相对比,指出按语应是从《永乐大典》辑出后的整理者所加。第三,《辑稿·刑法》的史料来源,推测它可能来自《日历》、《实录》、《国史》、诏书、奏议等。指出《辑稿·刑法》是研究宋史、宋代法律史的必不可少的史料。但由于《辑稿·刑法》是从《永乐大典》中辑出后又经几次易手后的产物,造成了《辑稿·刑法》中现存的一些错误。下篇(四章)就以下四个主题进行了研究:一是“立法与颁布”,认为当时法律颁布有从官方到官方、从官方到民间两个途径;二是“司法与皇权”,认为当时皇权通过直接与间接两种方式进行介入;三是“制度与实践”,讨论了检验制度、狱政制度的得失;四是“法律与社会”,着重讨论了植树护林、禁书、禁火、禁赌四个方面。

关键词:刑法　法制史　宋会要辑稿　宋代

4118

晚清时期圣母圣心会在西北的传教：1873—1911 / 马占军著 ; 汤开建指导. -- 暨南大学, 2005. 278 页

晚清(1865—1911)比利时天主教圣母圣心会在中国广大西北地区进行了长达近半个世纪的传教活动。本文首先介绍了圣母圣心会西北传教的地理、政治、经济背景,简单回顾了法国遣使会在蒙古传教的基本情况。然后按照时间线索,将该会西北传教分为四个时期,即圣母圣心会初到蒙古传教时期、圣母圣心会西北开教时期、圣母圣心会西北传教初期、圣母圣心会西北传教发展时期。按地理位置,圣母圣心会西北传教可分为西南蒙古和甘肃两个教区,其中西南蒙古教区包括萨拉厅以西的河套、鄂尔多斯和陕北三边等地区,甘肃教区包括今甘肃全省、青海和新疆部分地区。圣母圣心会在西北传教因地制宜采用了两种传教方法,即在土地资源丰富的西南蒙古教区采取“以土地换教民”的传教方法,而在甘肃教区则采取传统的讲经宣道的传教方法。土地在该会拓展教务中发挥重要作用的同时,亦成为引发民族冲突最直接、最重要的原因。于是,引发了一系列教案和赔教问题。本文对该会庚子年前后发生的几乎所有教案都作了说明,并将不同时期的教案对比研究,分析了该会西北教案的特点。指出该会西北赔教不仅数额大,而且赔付方式独特,大都以土地抵偿赔款。该会传教有一个动态发展变化过程。庚子拳变之前,其单纯的宗教目的还是比较明显的。庚子拳变之后,由于法国保教权的全面介入和清廷的竭力媚外,该会在庚子赔教问题上过分勒索清地方政府,已开始带有一定的殖民色彩。因此对于比利时圣母圣心会在西北的传教不能作过高评价。然而,这毕竟也是近代中西文化在西北的一次有益接触。他们开垦荒地的做法客观上对西北农林水利事业的改进起了推动作用;传教士在西北从事社会救济事业,客观上也对西北近代医疗和社会救济事业的发展做出了自己的贡献。

关键词:天主教　圣母圣心会　传教事业　基督教史　西北地区　清后期

4119

汉唐佛教与科学：基于佛藏文献的研究 / 马忠庚著 ; 席泽宗, 姜生指导. -- 山东大学, 2005. -- 216 页

佛教从外来宗教逐渐演化为中华文化的基本构成部分,对中国原有文化的冲击与影响是巨大的,对中国古代科学技术的影响也在其中,而从汉至唐——佛教开始传入的第一个千年里,影响尤其显著。通过对唐前汉文佛藏文献的考查,对佛教与科学的历史问题进行梳理,旨在证明它对古代科技的影响。作者指出,佛教经典中有关数学的内容很少,只是在代数方面有比较完整的计数体系,且多采用十进制计数方法,其中涉及了级数与幂。在物理学方面,佛教认为物质是由地、水、火、风四种基本要素构成,它们之间相互作用形成了事物的生成与发展;物质不是无限可分的,时间与空间是不可分的,并且认为时间具有相对性;佛教对光的性质与作用也有一定的认识。佛藏文献中的化学内容极为零散,律藏部分有与结晶、蒸馏酿造、染料等方面有关的内容;个别佛教徒掌握相当丰富的化学、矿物学知识,曾经参与过炼丹、制长生药等活动。佛藏文献中的天文学内容比较丰富。佛教对世界的构成、对各天体如太阳、月亮等的构成及状况都进行了探讨与构想,还对各种自然现象与灾害进行了解释。佛教的宇宙观是一种人生宇宙观,它将世界乃至整个宇宙都看作是有机的生命体。佛教在生物学方面没有系统的阐述,只有一些零星的、相关的内容。佛教医学相对来说内容最丰富、体系最完整,包括基础理论、临床实践、养生保健、医用咒语等

诸多方面，涵盖内科、外科、儿科、妇科、五官科等，治疗方法有药物法、手术法、食疗法、洗浴法等，药物分类也较系统。佛教与雕版印刷术的发明及其早期推广应用也有十分密切的关系。由此可见，在对中国古代科学技术做出重大贡献的人当中，虽然佛教徒所占的比例很小，但佛教对中国古代科学确实产生过重要的影响。

关键词：佛教　科学　自然科学史　汉代　唐代

4120

清代乾隆朝官员行政处分研究 / 孟姝芳著 ; 刘凤云指导. -- 中国人民大学, 2005. -- 127 页

正文共分七章。第一章论述了乾隆朝有关行政处分法规的修订、处分制度的详细规定，以及条例的不断制定，如《乾隆朝大清会典》和四部连续的《处分则例》等。指出在这些行政法规中，详细规定了处分制度。第二章阐述了乾隆朝处分的状况及其特点。指出清代处分官员分为两种：一种是依据考核进行定期处分；另一种是平时的弹劾处分。官员处分的数量在乾隆后期直线递增。第三章分析了乾隆朝行政处分的效果及其负面影响。指出处分作为一项对官员违制、违纪行为的制裁方式，在一定程度上澄清吏治，促进官员的管理，提高了行政功效，使官风和官纪在一定程度上得到改善；但也产生了一些负面影响，如实施的连带处分、追查处分，以及制度规定中的僵化造成的处分。这些常常打击官员的从政信心，阻碍他们积极性的发挥，且使一部分官僚产生抵触情绪，造成政局不稳。第四章探讨了影响处分的因素——皇权对处分的随意干预。指出这种随意性表现在：对人不对事的处分；同罪不同罚的处分；无视制度的规定；先严后宽的处分；捐复与议抵处分中的随意；通过恩诏形式解除官员的处分；在大案、要案中这种随意性更为突出。第五章探讨了影响处分的又一因素——官员对处分的规避。指出官员为了避免处分，往往采取诸如匿报、匿闻、回护、造假、栽赃等手段规避处分，造成了朝廷虽制定了各种细密的规章制度，但因官僚的破坏成为空文，因而对处分效用的发挥起了一定的破坏作用。第六章论述了处分制度本身的僵化对处分的影响。主要表现在：处分条例的繁密不等；级纪议抵及捐复的不妥；条例规定的轻重不公；处分量罪中的不公平等。第七章论述了处分之外的处分——议罚养廉银，指出主要用来处分大员的议罚养廉银经历了开始、发展、减弱、制度化几个阶段，其功能体现在两个方面：一是将议罚养廉银与革职留任联系起来，或与行政处分并行，或彻底代替行政处分；二是将议罚养廉银与处分的开复挂钩，解除官员的处分。作者指出，由于议罚养廉银以金钱为基础，使得法律的尊严因之而丧失殆尽，吏治更加败坏，嘉庆上台后不再实行。

关键词：官员　行政处分　清代

4121

春秋战国社会环境与人才研究 / 齐秀生著 ; 齐涛指导. -- 山东大学, 2005. -- 224 页

本文主要从人才成长的角度，选择与人才成长关系密切的主要社会环境，包括社会变革环境、列国相争环境、人口迁移环境、多元文化环境、百家争鸣环境、新的官制环境等为研究领域，以整个春秋战国时期作为时代大背景，通过对几百年间发展变化的纵向比较、诸侯国之间社会环境优劣的横向比较和不同社会环境人才的专题研究，对春秋战国人才成长的主要社会环境进行了整体考察，对人才成长的深层次原因和规律进行了探讨。正文共分七章：第一章对春秋战国时期的社会变革环境进行了观察，并就该环境与人才成长的关系进行了探讨；第二章对春秋战国时期的列国相争环境进行了分析，并就这种社会环境与人才成长的关系进行了探讨；第三章主要考察了春秋战国时期人口迁移和社会流动环境，对当时人口迁移和流动的原因、类型及作用进行了分析；第四章重点探讨了多元文化环境与人才成长的关系；第五章探讨了百家争鸣出现的原因、诸子百家的人才思想，以及百家争鸣环境与人才成长的关系；第六章主要对春秋战国时期形成的新的官制环境及作用进行了考察，分析了这一环境与人才成长的关系；第七章概括了结论和启示。

关键词：社会环境　人才　人口迁移　百家争鸣　春秋战国时代

4122

洪洞士绅与金元以来地方形象的塑造 / 乔新华著 ; 赵世瑜指导. -- 北京师范大学, 2005. -- 225 页

本文以明清时期山西洪洞士绅群体为切入点，研究了士绅在地方社会建构和强化地方认同进而把洪洞塑造为一种象征的过程。全文主要分为四个部分：第一部分主要在河汾文明的区域历史背景下细致梳理洪洞的早期文化传统，并指出丰富浓厚的文化传统与明清士绅塑造洪洞形象有密切的互动关系。第二部分则考察金元至明中叶洪洞历史发展的内在脉络。

指出由于处在王朝统治中心的有利位置,12 世纪成为洪洞经济文化繁荣和儒士阶层崛起的重要时期。同时,在女真人—蒙古人—汉人王朝的交替统治下,族群互动与金元时期洪洞历史发展相始终,由此造成的复杂的族群关系成为影响明代社会发展的一个因素。第三部分,通过细致展现明中叶至清初士绅在地方社会的现实实践过程,分析士绅赢得地方权威所依赖的资源和策略,进而考察士绅通过对"皋陶"、"师旷"等一系列"传统的发明"活动来塑造洪洞形象和强化地方认同的过程。第四部分则通过考察 18—19 世纪洪洞士绅阶层应对内忧外患的各种策略,来探讨地方权力结构的演变和士绅在新的国家话语背景下对洪洞形象的进一步塑造。指出清末民初新旧地方精英共同塑造出大槐树形象,是他们地方塑造地方认同,进而把洪洞地方社会纳入国家话语的又一次成功的实践。作者认为,明中叶以后日益壮大的士绅阶层,是在洪洞社会建构和强化地方认同进而把洪洞塑造为一种象征这一过程中的重要力量。他们在国家与社会的互动中不断调整策略,利用传统或赋予传统以新的涵义,或是主动创造新的文化资源,在传统与现实中采取灵活多变的行为取向,从而成为使洪洞成名的坚定而强有力的实践者和推动者。明清以来近 600 年的洪洞地方历史在士绅发展的脉络里因此得以整合。

关键词:士绅　文化传统　社会变迁　地方史　洪洞县

4123

南北朝道教炼丹与化学研究 / 容志毅著 ; 姜生指导. -- 山东大学, 2005. -- 271 页

南北朝时期,道教经过寇谦之、陆修静、陶弘景等人的改造后,从原来主要流行于民间的原始道团,逐渐成为官方认可的、成熟的宗教。这期间道教炼丹(本文之"炼丹"均指外丹)亦因此获得青睐。这些炼丹活动不仅对当时的佛、道辩争产生很大影响,而且也震荡了南北朝整个社会的文化、政治氛围。通过对南北朝道教炼丹术的探讨,不仅对当时宗教、政治、文化等事项相互缠结在一起的缘由,作了较为深入的分析,而且对道教炼丹活动中所包含的科学因素,尤其是炼丹典籍中所隐含的一些零散的原始化学资料进行了挖掘整理,试图从道教成仙信仰的历史发展进程中,去把握道教炼丹与原始化学乃至处于萌芽状态的整个古代科学之间相互纠缠的关系和历史。对道教炼丹在中国古代科学技术中的历史地位,也作了较为中肯的评价。通过道教炼丹文献中所反映并记载的相关科技、尤其是化学资料的检索、分析与阐释,得出如下结论:(1)揭示了以"参同契"为代表的中国古代道教炼丹术理论体系之概貌;(2)从九个方面考察了道教上清派重要丹药"九转丹"的具体炼制过程,获得了对"九转丹"整个烧炼过程的透彻了解,得到了"九转丹"最后产物的具体化学成分和每一时辰炼丹所耗燃料等具体结果,为认识和了解道教其他丹药的炼制,提供了一个可资参考的、完整的炼丹事例;(3)从炼丹的角度,多侧面地对道教重要经典《真诰》作了具体梳理和研究;(4)南北朝道教炼丹术的最大特点,是将此前由道士或道团内部分散的、小范围的炼丹操作,变成了由统治者与门阀士族参与的官方化和规模化的炼丹活动;(6)通过对"三十六水法"的讨论,指出了近代学者对道教水法炼丹的误解,并对历史上水法炼丹的实质作了新的诠释。

关键词:道教　炼丹　化学　南北朝时代

4124

唐代赦宥制度 / 邵志国著 ; 施建中指导. -- 北京师范大学, 2005. -- 193 页

本文共九章,分别从赦宥问题的研究现状,赦宥的定义及渊源、赦宥制度,赦宥与唐代政治、经济、社会和法律的关系,赦宥产生与发展的原因,赦宥的利弊等方面,对唐代的赦宥制度进行了研究。文章指出,赦宥的产生是作为补救法律漏洞的一种权宜之计,自先秦经历春秋,至汉代开始实施逐渐频繁和固定化,到唐代时已经发展成为涵盖政治、社会、礼法、律令、文化、思想的完善的体系和制度。赦宥的名目和场合在其发展过程中逐渐变得固定和繁多。统治者颁布赦宥时一般都会借助或依附于一定的名目,赦宥大概区分为常赦、大赦、曲赦、特赦等几种。赦宥从颁布到贯彻实施,是一个复杂的过程。伴随着赦宥本身的制度化和发展,赦宥和封建社会制度的关系也更加密切,发挥的功能和作用也越来越巨大。在唐代,赦宥和政治的关系十分密切。战乱初定的建国初期,赦宥主要发挥除旧布新、与民更始的功能,而在和平时期,主要是感化、安抚、儆戒,作为配合法律进行统治的一种工具,也是皇帝驾驭臣下的一种手段。到了藩镇格局的战争时期,赦宥又作为中央同地方斗争的策略之一,发挥着巨大的军事作用。赦宥对于唐代经济的影响,主要是指赦书对逋悬欠负、租税的放免和赦令对经济立法的影响。而在社会文化上,赦宥同样打下了深深的烙印。从诗人到诗歌,到种种同赦宥相

关的传说和典故，无一不透露出赦宥制度对于整个唐代社会的影响。赦宥在唐代不仅是司法制度的重要组成部分，也是一种特别司法行政措施。《唐律疏议》中积累了相当完备的法律条文规定，包括赦宥的具体法律执行、赦宥的效力、赦宥的处置、赦宥在法律问题上的具体辨别和断罪等。赦宥的另外一个重要影响就是以赦改律。作者认为，赦宥制度有其深刻的社会历史原因，如政治统治、军事斗争、司法制度的需要以及其他一些现实因素，而皇权以及封建制度则是赦宥制度存续最基层的土壤。关于赦宥制度的利弊，历来褒贬不一，大体可分为：彻底反对赦宥者、有限制的反对者、有限制的赞成者。综合来看，历史上遭到非议或者否定最多的赦宥主要是治平之世的赦宥和毫无限制的滥赦以及赦宥实施的固定化。

关键词：赦宥　政治制度　唐代

4125

哈密卫研究 / 施新荣著 ; 黎虎指导. -- 北京师范大学, 2005. -- 139 页

正文共六章，分别探讨明代以北部边疆为中心的边疆政策、对河西的经略与哈密卫的建立、哈密卫的部众、哈密卫与明朝的朝贡关系、土鲁番对哈密的侵夺及朝廷的对策，以及哈密危机与明朝宫廷派系斗争的影响。文章首先从明太祖朱元璋的治边指导思想入手，分析解读了明帝国的边疆政策，认为有明一代受到朱元璋固守华夏之境土，不兴征伐四夷祖训的制约，实行的是一套比较保守的边疆政策。然而，永乐初年，明成祖朱棣置卫所于哈密，当是明王朝一度推行积极边疆政策的产物。哈密卫作为明朝的一个羁縻边卫，其与关内的贡赐贸易关系是维系哈密与明朝的政治隶属关系的重要方式，也是哈密与内地长期的政治、经济联系的具体表现。哈密卫内部因种族、宗教不一，存在回回、畏兀儿、哈剌灰三大部众。本文主要对哈剌灰部众的源流进行了考辨，认为哈剌灰是由居住在哈密等地的各部蒙古融合而成，并在正德、嘉靖年间逐渐伊斯兰化。明末清初，居住在哈密本地的回回、畏兀儿、哈剌灰三大部众已完成了伊斯兰化的进程，并最终融合为缠头回(即维吾尔)；而迁入河西的哈密卫各部众在一个相对较长的时间内仍然独立发展，各自为部，但最终也与河西各族融合为今天的裕固、回回等民族。由于哈密位于丝绸之路之要冲，自汉唐以来就是各强权政治势力争夺控制的对象。哈密卫自建立伊始，就不断受到其周邻的渗透和影响。这种渗透和影响，最初来自瓦剌；土鲁番于 15 世纪后期崛起后，哈密便成为土鲁番东向扩张和侵夺的重点，其目的是垄断丝路贸易。文章指出，由土鲁番侵夺哈密卫所引发的哈密危机，不仅对明朝的西北边防造成了巨大冲击，同时也成为明朝宫廷内部朋党之争的重要内容，并由此引发了正德、嘉靖两朝的封疆之狱。宫廷内部政治斗争的结果，是以“置哈密不问”结束了明朝百余年的西域经营史。

关键词：军事史　卫所制　边疆地区　明代　哈密

4126

北朝财政制度变迁及隋唐财政制度渊源略论 / 史卫著 ; 阎步克指导. -- 北京大学, 2005. --216 页

本文从财政制度变迁的角度入手，对北方部落制度对隋唐制度形成的影响进行了探讨。作者认为，北朝五政权的统治者出自塞北的鲜卑族或与鲜卑族有着密切的关系。文章指出北朝初期的财政制度基本渊源于部落制度，受汉制影响小。随着其财源结构中农业所占比重的逐步扩大，统治重心逐步南移，最后在太和年间实行改制，并迁都洛阳。太和改制并非简单汉化，而是吸收了汉制和胡制两方面的因素，是在更高层次向中国传统制度的回归。但是其自身的一些缺陷和迁都带来的财政困难却给国家造成了很大的冲击。加之北镇武装的南下带来了新一轮的制度冲击，促使北魏国家分裂，军国形式的行台制度的不同特点形成了东西有异的财政管理模式。作者认为，东魏北齐始终没有摆脱其以“北镇本位政策”为基础的二元模式，西魏北周借改制，完成了制度新整合，并建立了均田制、租调制、府兵制相结合的赋役制度。隋建立后，以北周制度为基础，建立了以民部为中心的财务管理机构，并直接为唐朝所继承。作者通过分析后认为，从短期看，隋唐制度是对北朝制度的直接继承；从长期看，唐朝后期财政制度的一些变化，主要是当时政治经济形势所决定的，北朝的一些因素在中间起了一定作用。

关键词：财政制度　北朝时代　隋唐时代　财务管理

4127

青花瓷与中外文化交流 / 苏沛权著 ; 马明达指导. 暨南大学, 2005. -- 164 页

青花瓷是元明清时期中国对外输出的重要陶瓷产品。本文以中国白瓷胎与钴蓝彩绘的文化因素为主线，探讨了青花瓷的成因及其在中外文化交流史上

的意义。在回顾古代中国与波斯文化交流的基础上，分析了青花瓷的市场文化因素，探讨了明朝与波斯的青花瓷贸易状况，指出了青料的来源，进而说明这一时期中国青花瓷在对外交流中与波斯、欧洲工艺的相互影响。作者指出：元明青花瓷，特别是明青花瓷，是波斯地区低温钴蓝彩绘技术与中国南方优质白瓷胎制作技术相结合的产物。这一瓷品曾大量输往亚、非、欧各地，成为中外文化密切交流的重要象征。伊斯兰地区的制瓷业因此获得了许多青花瓷制造的宝贵经验和技术，而青花瓷外销欧洲，也促使意大利佛罗伦萨、荷兰德尔夫特等地区大量生产出仿青花软质瓷和蓝彩瓷砖，并刺激德国迈斯森陶瓷厂于公元1710年成功研制出欧洲第一件硬质白瓷。本文有插图177幅。

关键词：文化交流　陶瓷　青花瓷　波斯帝国

4128

六镇势力与北朝后期社会 / 苏小华著 ; 何兹全，陈琳国指导. -- 北京师范大学，2005. -- 114 页

本文就北魏后期出现的六镇势力对北朝社会的政治影响进行了研究。全文由绪言、正文四章与结论构成。第一章讨论了北魏后期六镇社会的特点、六镇将领的分化与尔朱集团的兴衰。第二章讨论了尔朱荣、高欢两个霸主对孝庄政权与孝武政权的影响。第三章讨论了东西魏分裂后社会势力的归属、东魏北齐两都局势所形成的文化对立及政治中心北移后对东魏北齐军事部署的影响。第四章讨论了西魏北周军队构成中的六镇因素、西魏北周的文化融合与文武合一型人才的形成。文章指出，北魏后期六镇军事实力迅速壮大，发动了反叛起义。在镇压六镇起义的过程中尔朱集团崛起，威胁了朝廷的安全。孝庄帝刺死尔朱荣，但随后其政权也被尔朱集团推翻。在各地豪族掀起的反抗尔朱集团的活动中，高欢突起，控制了六镇的主要势力。孝武帝不愿与高欢合作，逃往关中，建立了西魏。高欢拥立新帝建立东魏。东魏北齐军事上主要依靠六镇军人和关陇部族势力，引起统治重心北移和内部冲突加剧，最终在北周南朝的夹击下灭亡。西魏北周由于得到河南豪族和洛阳官僚的支持，重视教育和民族融合，文武合一的人才大量涌现，军事力量大大增强，最后一举统一了北方。

关键词：政治制度史　军事制度　六镇　北朝时代　北魏　尔朱荣（493～530）　高欢（496～547）

4129

从乡土到中国：清代官员旅行研究 ：以《道咸宦海见闻录》所见群体为中心 / 孙冰著 ; 张研指导. -- 中国人民大学，2005. -- 165 页

本文通过考察清代官员旅行，从而对清代社区与国家之间的关系进行了研究。全文除前言、余论外共分四章。第一章着重讨论了官员在人生不同阶段（未仕之初、入仕后和离职前后）可能经历的旅行。指出官员走上旅程的原因多种多样，而旅行中又有很多长途旅行。第二章主要介绍了官员在旅途中见到的人，包括当地官员、仆人、下层民众、店主、妓女、出家人等。第三章讨论了官员在旅行中的感受，指出名胜古迹、奇异风光与旅人感怀等往往会形诸笔墨，以墙壁或信件为媒介加以表达。而这些感受既可能是源于异乡巨大的景观、风俗的差异以及路途的艰辛；也可能是因为旅途孤单而引起对在远方亲友的思念；也可能是对于异乡历史的认同。第四章讨论了官员旅行的影响及影响的延续，认为官员旅行既可能借助于官员随带的亲友本身，通过代际传承的方式流传；也可能成为一种文字，跨越更久远的时空；也可能成为一种生活方式，固化在人们的行为中。旅行强化了"名胜"的地位，扩大了交际的范围，促进了信息的交流与传播，打破了社区与国家间的封闭状态，实现了知识的代际传承。

关键词：社会史　社会关系　官员　乡村　社区　清代

4130

满族形成的再思考 ：清中期满洲认同意识研究 / 孙静著 ; 姚大力指导. -- 复旦大学，2005. -- 160 页

共同的归属感是凝聚人们共同体所有成员的核心因素。只有人们共同体的成员把自己的来源追溯到古代某种人群的集体后裔，并以此区别于其他人时，这种归属感意识才是一种稳定的民族意识。在整个清代始终同时存在着以满洲和八旗这两个不同群体为对象的两种并不完全相同的归属感，即八旗认同与满洲认同。从天聪九年（1635 年）"满洲"命名前后一直到乾隆统治时期（1735—1796 年），满洲共同体经历了从征服者集团到种族集团的转变，满洲认同意识的变化也经历了三个阶段，即入关前、入关初期及清朝中期。女真诸部在努尔哈赤时期力图建立自己与金、元女真的历史联系，这种努力由于皇太极改称"满洲"和"大清"称号而中断。入关前后的八旗满洲，只是按特定的政治—军事制度组织起来的女真语

部众。民族意识在他们中间的发育,由于征服初期的清政府刻意在八旗内部和整个中国回避满汉分别而受到抑制。乾隆时期,清朝迎来了盛世的繁荣,与此同时,以“国语骑射”为代表的满洲传统文化却在迅速丧失,在这种背景下,清王朝“构建”满洲历史根源性的努力显著加强。这主要表现在两个方面:一是满洲的历史根源性被重新追溯到金元时期的女真人;二是对满洲主体部分“从龙”(跟随努尔哈赤起家)的集体历史进行了重新塑造。这种有意识构建的具有独特血缘与历史经历的新的满洲共同体表明,满洲基本完成了向一个前现代民族共同体的转变。所以,具有前现代民族性质的满洲认同是满洲人独有的主体意识。

关键词:满族　民族形成　满洲　八旗　女真　清代

4131

晚明商业资本的筹集方式、经营机制及信用关系研究 / 孙强著 ; 赵轶峰指导. -- 东北师范大学, 2005. 133 页

本文对晚明时代的商业资本运作问题进行了研究,旨在解释当时社会经济商品化动向与君主专制政体的稳固或强化所呈现出的不和谐现象。全文由绪论、正文三章与结论三部分构成。第一章讨论了晚明商业资本的家庭筹资、借贷融资、合伙集资的筹集方式。第二章讨论了晚明商业资本亲身经营制、合伙经营制、家庭经营制、雇佣经营制和奴仆经营制的经营方式。第三章讨论了晚明商业活动中牙行居间、赊卖赊买和商业汇兑的商业信用。作者认为,家庭筹资的畅通为晚明商业化的发展提供了前提,社会化的资本筹集使晚明商业化有了进一步发展的潜力。服务于商业交往的具有商业信用特征的交易形式得到了发展,使晚明商品经济更加活跃。晚明商业资本的运作受到了“家族主义”的影响,得到了“家文化”的支持。而自觉自愿的协议契约关系形成比较稳定的商业惯例和商业文化,并未与国家司法体系形成根本性的冲突,故国家法律没有对商业发展构成阻碍。国家的法律制度总体上为粗放式状态,因而商业活动保有更多的自由空间。国家“重农抑商”的政策,其实质并不是要禁止商业的发展,相反一些主要的经济性政策却更多地表现出对商业发展的适应与顺应。晚明商业资本特点鲜明,充满活力,推动了社会经济的发展。

关键词:商业史　商业资本　资本运作　商业活动　晚明

4132

宋代乡村行政组织及其运转研究 / 谭景玉著 ; 马新指导. -- 山东大学, 2005. -- 179 页

乡村行政组织是位于县以下联系乡民和国家的中间环节,是国家在乡村的基层政权,负有管理乡村社会行政事务和公共事务的权力和职责。一定的人员配置和职权是乡村行政组织的两个基本要素。因此,宋代的里、村、社等非乡村行政组织,只是作为地域单位或聚落名称存在。团虽有一定的人员配置,并负有维持治安的职责,但它不承担上级行政组织交办的事务,未被纳入国家行政组织体系之内,也不是真正意义上的乡村行政组织。宋代乡村行政组织的演变以熙丰变法为界分为两个阶段。熙丰变法以前为第一阶段。这是以催征赋税为主要职责的乡或管与以维护治安为主要职责的耆并行的时期。熙丰变法以后为第二阶段。保甲法逐渐与差役法结合,使都保取代了原来的乡和管而成为乡村行政组织。耆仍旧存在,但地位逐渐下降。宋代乡村行政组织在发展过程中表现出地缘化、控制范围缩小、职能日趋集中和职役化等特点。宋代乡村行政组织的职能非常广泛,涵盖了乡村社会生活的多个方面。但其施政明显侧重于催征赋税和维护治安,其参与社会公共事务和教化的职责相对要弱一些,这就为民间组织的发展留下了广阔的空间。宋代乡村行政组织与县之间的政务运行已经以公文运转为中心形成了一套较为完备的制度。从总体上看,乡村行政组织的运转相对比较简捷,有助于其行政效率的发挥,但其运转深受各种人为因素和乡村行政头目职业技术素质等的影响。宋代乡村中的民间组织主要包括因血缘关系形成的宗族组织以及经济组织、宗教组织、民间武装等非血缘组织,它们在功能上是对乡村行政组织的重要支持和补充,并在形成或运作的过程中,表现出了向乡村行政组织渗透的倾向。乡村行政组织作为乡村社会中国家权力的代表也积极地向民间组织渗透,对民间组织实施严格的监控。宋代乡村社会不存在真正意义上的“自治”。民间组织与乡村行政组织相互影响,相互渗透,共同维系着国家对乡村社会的控制。这就形成了宋代乡村社会控制体制的二元体系。

关键词:乡村　地方政府　行政管理　民间组织　宋代

4133

魏晋南北朝霸府与霸府政治研究 / 陶贤都著 ; 曹文柱指导. -- 北京师范大学, 2005. -- 202 页

本文对魏晋南北朝时期实际控制最高权力的机构——霸府及霸府政治进行了研究。全文共六章。第一章讨论了霸府政治的产生，认为它始自曹操，充当了汉魏易代的工具。第二章讨论了魏末两晋时期的霸府与霸府政治，认为司马氏仿效曹操建立的霸府政治，转移了曹魏的权力，实现了魏晋易代。八王之乱时期西晋政局呈现出霸府政治色彩。而东晋桓玄依靠霸府政治，颠覆了东晋政权。第三章讨论了南北朝的霸府政治，指出南朝四代经历的霸府阶段较短，但对皇权的更替发挥了一定作用。北朝时期的霸府统治于尔朱荣。北魏分裂为东魏和西魏后，高欢父子在晋阳建立霸府，控制东魏政权，西魏政权掌握在宇文泰手中。北周取代西魏后，宇文护府署又成为北周初期掌握实际权力的霸府。北周后期，外戚杨坚确立霸府统治，完成了周、隋更替。第四章讨论了霸府与魏晋南北朝政治、制度的关系，主要研究霸府与皇权、军权的关系，认为霸府对这个时期的国家结构、王朝更替、制度都产生了重要影响。第五章分析了魏晋南北朝霸府政治的特征，认为霸府政治是中国古代社会一种特殊的政治模式，具有自身的特殊性。第六章探讨了魏晋南北朝霸府频繁出现的原因，认为重要原因在于皇权衰弱，幕府机构和公府机构的膨胀，为霸府与霸府政治作了制度上的准备；内轻外重的政治格局，为权臣控制军国大政提供了契机。

关键词：政治制度史　霸府　国家机构　魏晋南北朝时代

4134

两汉国家祭祀制度研究 / 王柏中著 ; 张鹤泉指导. 吉林大学, 2005. -- 191 页

本文对汉代国家祭祀这种宗教制度形态的时代特征与具体表现进行了研究。全文由前言、正文九章与结语三部分构成。第一章总结了汉代以前国家祭祀的一般特点。第二章讨论了祭祀在汉代国家事务中的地位与分类。第三章考察了汉代的郊祀活动与特点。第四章讨论了汉代宗庙与皇帝陵寝的设置与祭祀。第五章讨论了汉代国家社稷的设置与祭祀。第六章讨论了汉代国家其他种类如封禅、明堂、祭六宗、祭日月星辰、雩祭、祠山川、五祀、祀孔子及祀高禖等祭祀。第七章考察了汉代国家祭祀礼仪制度。第八章从官署职守的角度对汉代国家祭祀礼仪及牺牲、祭服等相关物品的管理流程与特点进行了总结与分析。第九章重点探讨了汉代国家祭祀的政治功能与社会功能，揭示了它的国家政治宗教的本质特征。作者认为，国家祭祀制度本质上是鬼神信仰与国家权力相结合的产物，其目的在于维护统治者的尊严与统治秩序。汉代的国家祭祀在两汉政治与社会发展的现实需要和儒家的理念指导下，具有新的制度特点和明显的阶段性，不仅在国家事务中具有重要地位，而且也发挥了多方面的社会功能，产生了深远的历史影响。

关键词：祭祀　祭礼　宗教制度　汉代

4135

明朝朝贡体系与十六世纪西人入华策略 / 王冬青著 ; 樊树志指导. -- 复旦大学, 2005. -- 148 页

明朝建立后，在对外关系方面确立了朝贡体系，即以中国为核心辐射周边诸国的宗藩交往秩序。但是朝贡体系的封闭性、不等价交换和非战等特点与16 世纪欧洲人东来的社会现实产生了新的矛盾。本文力图从全球史的视角，展现 16 世纪大航海时代开始后以葡萄牙为代表的西欧人入华之策略，以及他们面对中国具有封闭性质的对外交往模式双方所发生的碰撞和策略的变迁。以葡萄牙为代表的近代西欧国家出于追求财富和传播宗教的目的，16 世纪，在地理大发现的推动下来到了东亚。在中国执行的朝贡体系面前，他们面临着一个如何与完全不同国家进行交往的问题：是用武力强行打破明朝执行的海禁政策改写朝贡体系，还是在不断地接触中调整自我以适应新的环境。他们通过不断的实践和探索，既有军事冲突，也有必不可少的贸易交流，还有以耶稣会为代表的对中国礼仪文化的适应，最终葡萄牙获得了有限的成功。但在明朝当局来看，西欧使节来华仍然是按照朝贡关系给予接待，中国和欧洲国家之间的关系仍然是“天朝上国”与“四夷”的宗藩关系。因此，虽然参与大航海的国家已进入新的历史阶段，但在和中国的接触之中不是后者去适应前者所推动的历史发展潮流，而是前者为了获得东亚的商业利润在不停地适应中国的朝贡体系。因此，16 世纪开始的大航海还不算全球化的起源，或者说只是全球化的预备期，在经济基础方面推动全球化的过程中又在上层建筑方面反全球化，成为全球化过程中独特的逆流。

关键词：朝贡贸易　中外关系　文化交流　西方国家　明代　葡萄牙

4136

子夏研究 / 王红霞著 ; 范毓周指导. -- 南京大学, 2005. -- 125 页

本文对先秦时期儒家重要代表人物子夏进行了研究。正文共分四章。第一章首先考证子夏的生平。指出子夏从十五岁入孔门学习,除短期从政、为父母守丧外,一直跟随在孔子身边。孔子逝世后,子夏在试图维系孔门集团统一的努力失败后,回到魏国设帐收徒,传播儒家思想。子夏的性格勇武、为人严肃、笃信谨守,又好与贤己者处,从而决定了子夏既能坚守自己的学术主张,又能不断地成熟完善自己的思想。子夏选择授徒讲学既是世风使然,也是本人的志向选择。在此基础上,对子夏的著名弟子,如魏文侯、李悝等作了简要介绍。第二章论述子夏思想。指出从对孔子思想传承和传播的角度看,莫若曾子、子夏二人。作者将子夏思想与曾子思想进行对比,发现了两者的差别:子夏强调"道问学",而曾子更重视"尊德性";子夏是设礼以显仁,曾子则是依仁以成礼;子夏偏向治人之学,曾子则偏向修己之学。二人在儒学修身方法上虽有分歧,但是殊途同归,都能达到孔子提倡的仁的境界。将子夏思想与荀子思想进行对比,作者得出荀子虽未必师承子夏,然其学术思想受子夏影响很大。第三章是对子夏传经之学的考述。作者认为,上博简《孔子诗论》的作者当系子夏一系,而《诗序》的作者为毛公最有说服力;《公羊传》、《穀梁传》源于子夏的说法是可信的;子夏传甚至作《丧服传》并非子虚乌有,应当比较接近历史事实;《子夏易传》的作者并非子夏,而是汉儒韩婴。第四章探讨子夏之学对后世的影响。以儒学史为脉络,在子夏之学和曾子之学的对比中探讨子夏之学的历史地位。文章指出,"西河学派"和"洙泗学派"是战国时期儒学传播的两个阵地,"西河学派"影响盛于"洙泗学派"。汉代经学大盛,子夏传经之学成为显学;宋明理学提倡心性之学,曾子一系的德性系统大兴。"汉儒宗子夏,宋儒宗曾子。"清代考据之风使子夏之学重新抬头,曾子一系的心性之学也有一定的市场。总之,儒家经典成为儒家思想的精神载体,子夏功不可没,对整个中国儒学史影响极大。

关键词:子夏　哲学思想　儒学　孔子弟子　荀况(前313~前238)

4137

明代科举制度研究 / 王凯旋著 ; 梁希哲, 李世愉指导. -- 吉林大学, 2005. -- 214 页

本文共八章,对明代科举制度进行了研究。文章指出,明代科举考试思想在明代科举考试的实行过程中得到了充分发展,在科举考试和学校教育的儒学化、科举考试的综合性、科举考试注重全才、科举考试的心理调试与考试互动、科举分地选拔与职前培训制度、科举必由学校的教育等方面形成了独特的思想。这些思想的形成既是对前代科举制度与科举考试相关思想的继承和总结,也是明代科举考试特殊历史条件下的产物。明代社会普遍存在的科举入仕心理是明代政治选官唯科举一途的直接反映,科举制度也在实际意义上成为全社会共同关注的教育和文化行为。在此前提下,明代社会的科举奔竞之风愈益浓烈,明中期以后,随着科场腐败的发生及科举考试内容的日趋狭隘和单一,最终导致了科举制度的衰落。尽管在明代专制主义集权政治的统治下,科举考试的公平自主精神和科学民主精神在相当程度上被抑制,但科举考试的公平公正原则毕竟在全社会树立了积极的取士原则和公正形象,应予以肯定。学校教育的核心内容是儒家经学,学校教育的核心宗旨是为科举服务,形成了明代学校科举一体化的鲜明特点。同时,明代三级考试制度的确立,使考试的层级划分愈发鲜明,形成了考试程序和考试时间及科举取录的标准化和固定化,科举取录后的选授官制也与此相联。另外,明代科举经由南北分卷到南北中分卷制的确立,解决了自宋代以来长期未决的科举地域名额分配问题,对平衡各地的政治、经济和文化发展起了重要的推动作用。科举考试形式的八股文标准实际也是为考试的标准化提供了一种模式,即考试判卷、考试取录的规范化,从这个意义说,八股文在当时是有其积极作用的。明代在武学的儒学化、武举应试者的身份袭替性、武举由两级到三级考试制的完成等方面,形成了具有自身特点和较为完备系统的武学与武科举制度。然而,由于它始终处于依附儒学和文举的地位,其自身发展有一定局限性。明代科举舞弊的多样性与普遍性及防弊、惩弊各项措施的执行,既反映了科举考试的过程和特点,也反映了科举制度对政治、社会的深刻影响。

关键词:科举制度　八股文　明代

4138

魏晋南北朝荆州社会经济研究 : 以农业为中心的考察 / 王玲著 ; 韩国磐, 马良怀指导. -- 厦门大学, 2005. -- 137 页

本文以魏晋南北朝荆州地区的社会经济(以农业为中心)为研究对象,探讨了政治重心的南移与长江流域经济开发的密切关系。作者指出,魏晋南北朝时期荆州是重兵屯居之地,统治者都积极采取措施来发

展荆州的农业生产，保障庞大的军粮供应，致使荆州的社会经济出现了重大发展。统治者应对军粮危机的三个主要措施是：首先，开展屯田与发展自耕农生产，围绕于此又采取了劝课农桑、宽刑省赋、兴修水利、将北方人民与蛮族人口转化成为编户齐民等政策与措施，荆州农业生产取得了一定成就，特别是稻作农业得到了发展，扩大了种植面积，提高了生产技术，增加了稻米总产，不仅实现了军粮自给，而且能为其他地区提供粮食援助；其次，地主大地产生产，其生产以农业为主又同时包含了林业、畜牧业、渔业和手工业等经济形式的发展，同时也促进了荆州农田面积的扩大、生产的精耕细作化及多样化；第三，一部分富余农产品作为赋税上交官府，另一部分则进入流通领域，推动粮食贸易的产生与繁荣。荆州的粮食贸易不仅存在于荆州本地各城市，还延伸至长江下游的扬州地区，成为下游粮食消费的一个来源。

关键词：地区经济　农业经济　荆州　魏晋南北朝时代

4139

秦汉社会保障研究：以灾害救助为中心的考察 / 王文涛著；刘泽华，马世力指导. -- 南开大学，2005. -- 251 页

本文对秦汉时期的灾害救助、社会救济、社会福利、优待抚恤等社会保障措施及社会保障思想进行了探讨。作者从社会上层和社会下层分析了秦汉社会保障的多元性和等级性特征，认为秦汉政府对社会下层的保障对象是老人、残疾人、妇女、儿童等特殊人群，尊敬和照顾老人是秦汉社会贯彻落实最好的社会福利。而社会上层的保障对象是皇族、贵族和官僚阶层，为他们提供致仕、休沐、告宁、丧葬等福利，具有鲜明的等级性和身份性特征。二者的最大区别在于：社会下层的福利对象是社会弱势群体，福利经费没有保证，保障措施随意性较强；社会上层的福利对象是社会强势群体，福利经费由政府直接承担，保障的目的是为了提高他们的生活质量。秦汉对军人政治上和物质上的优待抚恤，也是社会保障的重要内容。秦汉社会保障多为临时条款，但也有经常性的措施，某些福利政策已有立法记载，表现出制度化的倾向。秦汉时期的灾情奏报和灾情勘验制度，有利于制定救灾赈济的标准和方式，也形成了以民为本、社会救济、尊老养老、积贮备荒、灾害防治、天命禳灾等为内容的社会保障思想。

关键词：社会保障　社会福利　社会救济　秦汉时代

4140

二十世纪二十年代河南红枪会研究 / 王文玉著；秦宝琦指导. -- 中国人民大学，2005. -- 126 页

本文对二十世纪二十年代河南红枪会产生的原因、发展概况及其特点等进行了研究。全文由绪论、上篇二章、下篇二章与余论四部分构成。第一章分析了河南红枪会产生的两点原因：一与中国近代社会权力结构的变化有关，二与中国农村社会的民众心理相关。讨论了河南农民运动的变迁，指出红枪会就是义和团在河南的变异。第二章分析了河南红枪会的性质与特点，认为它的实质属于由地主阶级控制与领导的武装力量，是地主阶级性质的，具有鲜明的“武”的色彩、激烈的内部矛盾斗争和土匪化倾向三个特点。第三章讨论了军阀混战环境中河南红枪会的命运，指出在复杂动荡的军阀政治中，红枪会一度占有重要地位，得到各派军阀的利用，但最终又成为各派军阀的异己力量，遭到打压。第四章讨论了第一次国内革命战争时期红枪会的活动以及中国共产党对红枪会的认识、改造，认为大革命时期，红枪会对北伐战争有所贡献，但它尚不构成革命的力量，当革命损害了它的利益时，它就会对革命者举起屠刀。

关键词：红枪会　帮会　河南省　新民主主义时期

4141

清代吏胥制度研究 / 王雪华著；冯天瑜指导. -- 武汉大学，2005. -- 155 页

本文共分六章。第一章主要考察清代官僚政治与吏胥制度的关系以及吏胥在官僚机制中的位置。指出官僚制的存在是吏胥产生的基础和条件。在传统官僚政治系统中，吏胥是朝廷各项事务的最终执行者。第二章探讨吏胥制度在清代兴盛的缘由。指出原因有三：其一，自唐宋以来，法例越来越复杂，长官个人难以熟知，只有依靠专业分工的吏胥；其二，吏胥的兴盛也缘于传统社会后期行政系统的扩张和行政职能的扩大，需要吏胥尤其是书吏作为专门人才来管理行政事务；其三，与官不习事、官不理事的官场风气大有关系，官不习事，官不久任，造成对吏胥的严重依赖。并指出吏胥制度没有给予吏胥法定的地位和相应的职责权，使吏胥缺乏职业保障，加之对吏胥的选用标准过低，容易为害朝政。第三章对清代吏胥任用及其素质进行了研究。讨论了清代吏胥在经制员额

与实际员额之间的差距,清代吏员的录用途径、录用条件、吏员的内部迁转、出职途径及离役制度,指出了清代吏员任用中的积弊以及制度与实践相背离的种种表现。同时,对吏胥的教育背景、道德素养和其他人格特质也进行了考察。第四章探究吏胥在清代社会结构中的位置。指出他们有自己的集团利益,构建了以血缘、地缘、业缘及趣缘为纽带的人际关系。借助这种政治性力量,他们获得了来自集团内部的支持和庇护,也从中获得了社会制度不曾赋予的某种程度上的个人尊严。还考察了吏胥与官员、幕友、长随以及乡村社会的关系,尤其关注了官弱吏强现象。第五章论述清代吏胥贪赃舞弊现象,既揭示了其舞弊的事实、成因及影响,又对清代当时人的评判意见进行了分析。认为吏胥贪赃舞弊是清代吏胥制度之弊的典型反映,而权力寻租是吏胥舞弊的重要形式。第六章从对清代吏胥制度的考察中,探究并总结了当时社会对新的政治形态的诉求。指出清代吏胥制度中存在的种种矛盾关系,隐含着走出中世纪的某些征兆。

关键词:官制　吏　胥　政治制度　清代

4142

明清山东运河区域社会变迁 / 王云著 ; 范金民指导. -- 南京大学, 2005. -- 225 页

本文通过考察京杭大运河兴衰对山东运河区域社会变迁的影响,从而对其变迁的态势、轨迹和特点等进行了研究。全文由绪论、上篇、中篇、下篇、结语构成。上篇分为三个部分,着重讨论了京杭运河开通对山东经济的影响。指出运河在山东境内开挖,带来地理上的根本性变化,使山东形成了以运河为轴心的四通八达的交通网络,而漕运的兴盛不仅提高了运河区域的政治经济地位,而且大规模的物资交流,对鲁西南区位优势的形成发挥了重要的作用。山东运河城镇地理分布密集,并呈现出社区种类多样化,商业社区大为拓展,政治社区空间比例缩小的空间结构特点。中篇两个部分,着重讨论了山东运河区域商业的繁荣与产业结构的变化。明清时期的山东运河区域以其开放的流通格局,形成了以运河城镇为中心的市场网络体系,全国各地的商人商帮纷至沓来,鲁西平原出现了前所未有的商业繁荣。商业发展带动了区域产业结构调整,种植业和城镇手工业内部构成发生了明显的变化,表现出依赖运河、服务于流通的生产特点。下篇三个部分着重讨论了山东运河区域文化与社会风俗的变迁。指出明清山东运河区域文化交流进一步加强,教育、科举兴盛,文风浓厚,名家辈出。杨氏海源阁藏书楼给中国传统的藏书文化格局以极大的冲击,南来北往的戏班在聊城山陕会馆戏楼留下的生动文字是各地戏剧文化交汇融合的结晶;民间信仰的多元化和世情民风嬗变,折射出漕运文化、市井文化及南北各地不同的风情文化与鲁西地区民众心态和社会风俗的碰撞与交融。结语总结了明清山东运河区域社会变迁的三个特点,即:交通条件改善与漕运政策等外部因素是其社会变迁的动力,能以开放的态势融汇各地的物质文化精华,濒河城镇与运河腹地社会发展不平衡。

关键词:社会变迁　大运河　区域经济　文化交流　山东省　明清时代

4143

唐宋税制的转型研究 / 王志胜著 ; 齐涛指导. -- 山东大学, 2005. -- 160 页

本文以唐宋变革学说为基础,以唐宋税收变革为切入口,从动态角度寻求唐宋社会变革的深层次原因;以上起"安史之乱"爆发,下至宋神宗年间为研究范围,利用历史学、财政学、统计学等方法,对唐宋税收的转型进行了研究。分上下两篇。上篇分四章,主要针对税基的变化,探讨了唐宋税收变革的政策、途径。第一章探讨了舍人税资的建中税制改革;第二章探讨了唐宋间户税向田亩的转变;第三章探讨了唐宋间的杂税与田亩;第四章探讨了唐宋间人丁税向田亩的转变。下篇分三章,论述了唐宋国家税收结构的变革。第五章探讨了由榷盐兴起的唐代专卖税;第六章探讨了间接税入与田亩税的持平;第七章探讨了北宋间接税的崛起。通过考察,作者形成的基本观点是:经五代十国到宋初,户税、人丁税、杂税相继摊入了田亩之中,尽管有个别时候和个别地区还在短暂地征收一定的户税、人丁税、杂税等,但唐宋间国家在总体上对所有税收征收于田亩的方向是明确的。同时,以榷税收入为主的间接税入在国家财政中逐渐超过了田亩税入使国家财政中的税收结构发生了转变。

关键词:税收制度　两税法　户调　人丁税　唐代　宋代

4144

清代中后期京旗回屯问题研究 / 魏影著 ; 郭成康指导. -- 中国人民大学, 2005. -- 146 页

京旗回屯,即清政府运用行政权力与财政措施引导、组织八旗在京的兵丁回迁东北进行屯垦的一种政府移民政策,本文对此进行了研究。全文由绪言、正

文六章与结束语三部分构成。第一章分析了京旗回屯政策产生的历史背景。第二章讨论了京旗回屯东北的历史进程。包括乾隆朝京旗两次回屯拉林阿勒楚咯,嘉道时期京旗回屯双城堡,清晚期京旗回屯呼兰。第三章讨论了回屯旗人的生产及管理情况。包括回屯区的自然环境、劳动力资源构成、生产资料的管理、土地的耕种及生产管理、基础设施建设。第四章讨论了回屯旗人的生活情况。阐述了回屯京旗生活的贫困,生活保障以及政府对京旗脱逃的处理。第五章从对京旗和对汉族民人的管理两方面讨论了回屯地的管理体制。第六章分析了京旗回屯的失败及社会意义。作者指出,从环境来看,北京有着东北所无法企及的自然环境与人文环境,这是京旗回屯失败的客观因素;从京旗自身角度来说,尚武鄙农的民族传统及读书应试的趋汉心理,使京旗对回屯一事从心理上加以排斥;从清政府的体制上来说,运用八旗制度对回屯京旗进行管控是回屯失败的根本原因。从政治上来看,回屯为清政府探索八旗生计问题的出路提供了借鉴作用;从军事上来看,京旗回屯充实了八旗的后备兵源,具有深刻的军事内涵;促进了东北地区的经济开发;从文化上看,回屯区内形成了独特的京旗文化。

关键词:八旗兵　屯田　移民　清代　东北地区

4145

《周礼·秋官》所见司法问题研究 : 兼与周代司法制度的比较 / 温慧辉著 ; 晁福林指导. -- 北京师范大学, 2005. -- 199 页

《秋官》是《周礼》六官之一,本文以《秋官》中记载的司法问题为研究对象,揭示了该篇记载的司法制度。全文分四章。第一章通过分析"法"、"刑"、"律"的含义演变,并与《周礼》中"法"、"刑"、"律"所体现的含义进行对比,对《周礼》的成书时代进行了大体认定,即在公元前 4 世纪中期至公元前 3 世纪中期,也就是战国中晚期。接着,分析了《秋官》与其他五官的司法官联制度。第二章主要探讨了《周礼·秋官》记载的司法组织机构。对"司寇"、各"士官"以及司法活动中的"史官"进行了分析,证明了《周礼》记载的"司寇",无论是爵位还是执掌都不完全符合先秦史实。至于《秋官》中整齐划一、分工明确的"士"官,从出土及文献资料看,直至春秋战国时期依然保持着西周以来公卿审判的传统,司法并没有独立,不可能出现《周礼·秋官》那样形成一个从中央到地方细密整齐的司法组织机构。《周礼》中涉及司法活动的史官,大多数是应有所本,但就其称谓、地位及其职掌而言,与金文及其他文献所记并不完全相同。第三章通过对《秋官》中记载的一些具体司法制度的考证,以及与先秦法制的实际情况进行比较,证明了《周礼》中既有理想也有制度,是为统一天下、成就帝王事业而设计的一套制度。文章依照诉讼程序进行论述,即诉讼的提起、证据的搜集、审判的进行、审判的刑罚原则、对罪犯的处罚(即监狱制度)、司法文书制度的考证。第四章总结了《秋官》所反映的司法原则和特点。文章指出,作为君王赖以君临天下、治理国家的"二柄"之一,《周礼·秋官》记载的法制具有浓重的宗法原则,鲜明的等级色彩。但一个政权要想长治久安,就必须协调统治集团与被统治者之间的关系,不能肆意地屠戮和镇压,所以《周礼·秋官》记载的大量司法制度也反映了"慎刑"、"恤刑"的原则,对以后封建正统"德主刑辅"法律思想的产生,传统中国礼法结合、宽猛相济等治国方略的确立,都产生了重大而深远的影响。但其中所反映的法律服务屈从于君权,行政与司法互有渗透,则对后世产生了不良的影响。

关键词:《周礼》　司法制度　周代　秋官

4146

清代官修民族文字文献编纂研究 : 以满文、蒙古文文献为中心 / 乌兰其木格著 ; 黄爱平指导. -- 中国人民大学, 2005. -- 177 页

本文对清代官修民族文字文献编纂活动进行了研究。全文由绪论、正文五章与结论三部分构成。作者指出,清代官修民族文字文献经历了四个阶段,前四章按历史阶段分别进行了研究:从满文创制到清军入关前后为第一阶段,是清朝官修民族文字文献产生和初步发展阶段。满族统治者采取编译汉文文献的方式,以借鉴汉文化和中国历代统治者的统治经验以及军事策略。清入关后,陆续编纂了一批重要的民族文字文献。康熙、雍正时期是第二阶段,是清朝官修民族文字文献编纂编译活动迅速展开和持续发展的重要阶段。其时编纂了众多大型的民族文字文献,如《大清会典》、《大清一统志》、《御制清文鉴》、《八旗通志初集》等,并且也编译了不少儒家经典与佛教文献,形成满汉合璧的儒家典籍及满文、蒙古文,乃至满、蒙、藏或满、蒙、汉、藏合璧的佛教文献。乾隆时期是第三阶段,其时官修民族文字文献编纂编译活动进入繁荣时期,产生了前所未有的满、蒙、汉、藏、回、托忒六种文字的合璧文献,并在纂修《四库全书》工程的推动下,诞生了一系列重要的民族文字文献。嘉道至清

末为第四时期，也是衰落时期。嘉庆朝开始，官修民族文字文献的编纂编译活动呈现出减弱趋势。八旗满洲、蒙古人子弟本民族语言文字水平的退化极其严重，旗人中则涌现出汉文化水平很高的蒙古族、满族官员和知识分子，反映出满汉文化日益融合，特别是八旗满洲、蒙古汉化的趋势。第一次鸦片战争后，民族文字文献的编纂活动逐渐走向了衰落。第五章还对清代民族文字文献的总体状况进行了概述。主要涉及清代民族文字文献的分类、种类、数量、产生途径和方法等问题。

关键词：少数民族　文献学　文字　满文　蒙古语　清代

4147

《诗经》"二南"篇所载礼俗研究 / 吴晓峰著 ；陈恩林指导. -- 吉林大学, 2005. -- 164 页

本文以《诗经》为对象，对其中的"周南"与"召南"所反映的周代习俗进行了研究。全文共分七章。第一章阐述了"二南"的含义及所在地域，指出"二南"因西周初年周公、召公分陕而治得名，是来自于西周时期周、召二公所辖的两大辖区的诗歌，因而其所记载、所反映的是西周时代的社会生产和社会生活内容，充分体现了西周时代的礼乐文化精神。第二章介绍了"二南"所载的婚姻礼俗，包括求婚礼俗、婚礼、归宁礼俗、婚期、婚龄礼俗、姬姜通婚礼俗、抒写民间爱恋相思之俗。第三章讨论了服饰礼俗，涉及治葛之俗、以"被"为饰之礼俗、羔裘等，反映出周代经济发展的水平，以及当时社会的等级制度与礼仪差别。第四章研究祝祷礼俗。作者指出，其中的祝福辞、贺婚辞、祈祥辞，既显示出人们对咒语的迷信，也反映了人们的灵物崇拜意识。第五章从采集植物种类、采集器具与场所、采集民俗与周人的礼乐精神探讨了采集礼俗。指出当时的采集表现为采集对象的集中以及对植物生长环境与习性的掌握，因此，采集场所也是有所选择的。第六章研究了"二南"所载的渔猎与家畜饲养礼俗。指出在渔猎礼俗方面反映出西周时代田猎与武事的结合以及狩猎技术的高超。第七章饮食烹饪礼俗，作者认为其中所载的饮食烹饪礼俗可为我们中华传统饮食文化的源头。"二南"所载周人伐薪为炊的习俗，几千年来始终存在于人民的生活当中。特别是当时对釜的使用，更是最早确定了中国人的饮食风格。从"二南"所载周人的饮酒器具中，充分体现了等级制的特征。金罍、兕觥的使用不但成为身份地位的标志，而且当时的罚酒之礼，也在后代形成了罚酒之俗。

关键词：诗经　礼乐　风俗习惯　礼仪

4148

清代民事诉讼与社会秩序 ：以民事诉讼主体为中心的研究 / 吴欣著 ；常建华指导. -- 南开大学, 2005. -- 171 页

本文通过对诉讼者进行"主体性"分析，揭示了清代社会结构中不同群体的诉讼事实以及社会秩序如何在变化与发展中得到稳定性的维护。全文共分七章。第一章主要以普通农民的民事诉讼案件为例，讨论了婚姻、兄弟争产与田土、房屋等一般诉讼及其反映的社会秩序。第二章主要以士绅的诉讼案件为例，讨论了士绅的特权与其进行诉讼的事实，此类案件的一般分类、法律责任，士绅"权力"在维护秩序中的作用。第三章以民事诉讼中的商人为例，讨论了合伙贸易、合资合伙经营、商人与主顾、商人与商人间的诉讼纠纷。第四章以庙观产业纠纷中的僧、道为例，讨论了僧尼、道士及各种世俗人士因庙产与宗教活动所引起的诉讼。第五章以妇女的诉讼案件为例，讨论了弱势群体的诉讼与权利。第六章以徽州地区的"中人"为例，讨论了民事诉讼主体的"人为"保障，涉及"中人"的身份、中人群体及其法律作用等问题。第七章以地方官为例，讨论了民事诉讼中地方官的作用与影响等。文章指出，清代社会仍然是一个以血缘伦理为主导、结构非常稳定的社会，不管是国家立法的特征，还是民间法律的自我表现，以及纠纷解决的方式都突出了这样的特点。正是这样的特点决定了不同群体民事诉讼虽各有不同，地方官判断的标准也各有差异，但最终都不免要落实到基层社会和人们的相互关系上来。中华法系以刑为主、民刑不分的立法，正符合了传统社会的结构特征与大众心态，实现了国家立法与社会事实之间的相互吻合。但同时，不同群体在民事诉讼中表现出的社会的差异和变化，正预示着社会必将要发生深刻的变革，秩序也将在变革中增添新的内容。

关键词：法制史　民事诉讼　社会秩序　清代

4149

明代中后期军事制度研究 / 肖立军著 ；李治安指导. -- 南开大学, 2005. -- 272 页

本文围绕处于主导地位的镇戍营兵制，对明代中后期的军事制度进行了探讨。正文共分九章：第一章论述了明代军制的分期与特点；第二章论述了明代的

武装力量体系:正规军主要包括京营、留都兵、边兵和外卫军队,非正规军有各类民兵及士兵;第三章论述了明代中后期的兵源制度;第四章论述了明代中后期的调兵制度与指挥系统;第五章论述了明代中后期军队的编制和演变;第六章论述了明代中后期的后勤供应;第七章论述了明代省镇总兵及镇戍区的分合演变;第八章分析了明代中后期浙江、云南、宣府三个典型省镇的军制;第九章对明代中后期军事制度作了总的评价。作者认为,由于蒙古的威胁、迁都北京、君主专制的强化与内阁票拟、督抚制度等因素的影响,明代中后期军制的基本特点及精神十分明显,即挑选精壮,诸营合作;营队操练,兵将相识;以文督武,大小相制;各守信地,互相配合;以守为主,守中有攻。但是,分权失当、中制颇严、责罚太过、兵源不济、筹饷失当是其致命弱点。关于明军是否绝对消极防御和实战的胜败问题,至迟成化以后,明廷鼓励边军出境袭击的事例多起来。另外,从实战来说,嘉靖时期在和蒙古的对阵中,明军亦非每战必败。虽然,明朝与后金的较量中最终还是失败了。但是,这未必仅为军制问题。皇帝的昏庸、宦官的专权、将帅的无能,是明军抵抗清军失败的重要原因。

关键词:军事制度　卫所制　军事史　明代

4150

明清澳门城市建筑研究 / 邢荣发著 ; 郭声波指导. 暨南大学, 2005. -- 196 页

明清时期的澳门城市建筑发展,在三个半世纪里经历了从农村到半农村半城市、继而城市化后进入现代。在对澳门城市建筑总体环境及历史沿革论述的基础上,作者明确指出明清时期澳门城市占主导地位的西式建筑风格,存在过耶稣会风格时期、欧陆风格时期及葡式折衷主义风格时期三个阶段。自葡萄牙人初居澳门的 1557 年至澳门耶稣会被逐的 1762 年的二百余年里,澳门具有代表性的建筑风格可称为耶稣会风格时期。当时,耶稣会教堂建筑可大略分为两大类:第一类是最高精神崇拜的殿堂,以大三巴、三巴仔、大堂为代表;第二类是以仁慈堂、花王堂、圣拉扎禄教堂为代表的服务性教堂。而 18 至 19 世纪的澳门城市建筑,又经历过一段欧洲各式风格并存的欧陆风格时期。到鸦片战争前后,澳门城市在经过经济、政治及人口的巨大变化后,要在颓败不堪的城市面貌中重新建立"尊严"而产生了具有葡萄牙殖民色彩的葡式折衷主义风格时期,这是澳门城市建筑找到定位的时期。这些葡式折衷主义风格的建筑物,以精致小巧形式建造于澳门半岛城市中各个角落,为澳门留下丰富的建筑文化遗产。其中,作者对圣保禄学院、会院及教堂的研究,提出了自己的见解。同时,还对中式与中西合璧建筑进行了研究,指出在澳门人们心目中,无论是中式或西式建筑,最重要的是精神寄托的宗教建筑,其次是公共建筑,再其次是民用建筑,其建造形式都有着各国民族相同的人文特征。本文有插图二百余幅。

关键词:古建筑　城市建筑　建筑风格　澳门　明清时代

4151

陆九渊研究 / 邢舒绪著 ; 何忠礼指导. -- 浙江大学, 2005. -- 152 页

陆九渊是南宋时期著名的思想家、教育家。本文共分六章。第一章介绍陆九渊的生平,对其家世、家学渊源,他一生的为学志向和讲学经历等作了论述,分析了心学确立和发展成熟的阶段及其过程。第二章叙述南宋前期儒学发展的概况和陆九渊心学的学脉渊源,认为陆九渊的学术思想主要是在继承孟子思想的基础上,吸收了当时流行的禅宗思想的某些修养方法,加上自己独特的哲学思维方式而成。第三章探讨陆九渊哲学思想的几个问题,分析了心学理论的基本内涵和性质,对学术界长期争论不休的"朱陆异同"说进行了考察,讨论了这一问题的起源及发展过程,并进行了具体评述。第四章从政治理念、民本思想、法制思想及法度见解等几个方面,对陆九渊的政治思想进行了探讨。第五章探讨了陆九渊的伦理思想,分析了他塑造的"君子"、"大丈夫"这一理想人格的内涵与实质及其心学理论基础。第六章着重对陆九渊以"义理"为先的读书态度及其教育思想进行了探讨和分析。文章指出,陆九渊出身于一个日渐没落的封建士大夫之家,由于受到具有儒学传统的家庭熏陶,加上面临内忧外患接踵而至的社会现实,培养了他忧国忧民的思想感情和社会责任感,产生了深厚的民本思想。当他踏上仕途以后,为官时间虽然不长,但勤于政事,颇有建树,并提出了一系列改进吏治的思想和措施。在更多的时间里,陆九渊以讲学授徒为生,在传播儒家学说的同时,也极大地深化了自己的儒学涵养。作为一位思想家,他敢于与以朱熹为代表的道学思想分庭抗礼,独树一帜,提出"宇宙即是吾心,吾心即是宇宙"的观点,确立了"心即理"的哲学命题,开创了心学学派,并且直接开启了明代阳明学派的先河,成为中国历史上最有影响的理学派别之一。作为

一位教育家,陆九渊一生以教书育人为主,倡导以"义理"为先的读书理论,使学者可以摆脱字寻句索式对书籍的支离割解,从而更好地理解和把握书籍的主旨和内涵;而他提出的"先立乎其大"、"优游读书"、"师友相助"等一系列教育思想、原则和方法,对中国教育理论的完善与发展也具有积极意义。

关键词:陆九渊(1139～1193) 心学 政治思想 伦理思想 教育思想

4152

隋唐时期幽州军事防御研究 :兼论幽州与中央关系 / 许辉著 ; 施建中指导. -- 北京师范大学, 2005. 92 页

本文对隋唐时期处于东北民族和中原民族的分界点的幽州的军事防御问题进行了研究。正文共四章。第一章为隋代幽州的军事防御。隋初幽州的军事防御任务较为单纯,主要是抵抗突厥、契丹和奚等东北民族的入侵。隋朝后期为巩固统一的需要,加强了幽州与西北、河北和江淮地区的联系,从而在客观上增强了幽州的军事防御功能以及其地位的重要性。第二章为唐前期幽州的军事防御。唐前期幽州军事防御地位的升降变动,受到唐朝对边防经营策略的影响。唐统一以后,为了减少河北地区的动荡,太宗时期开始将东北的对外防御战线向外拓展,以保障幽州的安定。因此幽州作为河北具有重要军事意义的州郡,其军事色彩被有意识地淡化,军事地位也相应地降低。在幽州外围的防御体系被外族的入侵打破以后,唐中央重新调整幽州的军事防御部署,幽州的军事防御体制转向了新的模式。但是,在朝廷军事部署以及朝中政治斗争的影响下,幽州的军事势力逐渐膨胀,直至脱离中央的控制。第三章为唐后期幽州的军事防御。指出唐后期幽州藩镇与中央的关系是一定程度的依顺和被动性的叛逆相交错。这种情况的出现是由于受到幽州藩镇主帅对朝廷的态度、幽州藩镇与周边藩镇的关系以及唐中央的政治策略影响。第四章为唐末五代时期的幽州。由于唐后期幽州内外受困而且远离中央政治圈,渐渐丧失了政治上的竞争力,在唐末五代的军事争夺中处于劣势,最终为强藩大镇所兼并。文章指出,幽州作为边镇,虽然在武人政治的控制下,但是在文化上却保持了中原传统文化的价值取向。在中原政治中心疏离和契丹武力侵扰以及其文化影响下,幽州渐渐形成了一种较为独立的地域意识。后晋割让燕云十六州以后,幽州地域转而接受了外族的政治统治,在文化和政治上与外族融合,与外族的政治文化界限逐渐淡化。

关键词:军事史 军事防御 中央与地方的关系 隋唐时代 五代(907～960) 幽州

4153

一个双核三社区模式的城市发展史 :1557 至 1849 年的澳门 / 严忠明著 ; 汤开建指导. -- 暨南大学, 2005. -- 237 页

通过对澳门城市发展历史的基本线索的考察,从城市经济结构、空间结构和管理结构三个方向来探讨澳门城市的发展规律,可将 1557 年至 1849 年的澳门城市总结为"双核三社区"的发展模式,即澳门城市的发展受以望厦村为中心的中国政权和以议事会为中心的葡萄牙政权两个政权核心的制约,城市由此分化为葡萄牙人社区、乡村中国社区和内港中葡混合社区三个不同的生活区域。澳门城市的这种发展模式,同澳门城市所担当的角色有直接的关系。澳门城市的整体布局,是在满足当时中葡双方的政治框架的前提之下,充分适应为东西方巨大的贸易产业链服务的需要而产生的;而不同的社区功能分工又为城市的正常运转提供了商业和经济保证。澳门城市的发展,就是两个权力核心寻求协调平衡、三个社区相依互动的过程。这个模式直到 1849 年才被打破,但至今仍有影响。从澳门城市的起源、政权结构形成、社区的发展和管理以及澳门不同族群的市井生活各个方面来看,都反映了这一模式的影响。这个模式的意义还不仅仅在于说明城市的空间结构,更在于解释澳门城市存在的内在原因和方式,最深刻的原因就是近代西方社会的商业精神的作用。商业精神作为澳门城市的行为准则,是澳门城市发展的根本动力。

关键词:城市史 社区 城市发展 澳门

4154

元代丝织品研究 / 杨玲著 ; 李治安指导. -- 南开大学, 2005. -- 207 页

本文主要就元代的桑蚕丝织经济、丝织品种分类、图案与形制等问题进行了研究。全文由前言和正文四章构成。第一章分析了元以前及元代的桑蚕业与丝织业状况。指出,元代桑蚕经济与丝绸生产重心南移,政府设立官办丝织局管理丝织业。元代对官营丝织业的工匠实行匠户管理制度,身份管理严格,匠户数量庞大,专业化程度高,待遇也较一般民户为优。但仍遭受官府剥削。丝织业成为元朝政府稳定的赋税来源,并推动了对外贸易的发展。第二章考察了元

代丝织品种的考古发现与分类。指出，元代丝织品中，除传统的平纹、斜纹织物外，还出现了缎织物与加金织物，其中织金、印金、描金、贴金等方法，显示了元代独特的工艺。第三章详细探讨了元代丝织品的图案题材、构图、表现手法和形制。从传世文物和出土实物来看，元代丝织品纹样题材广泛，纹样构成形式多样，单位纹样的表现手法复杂。元代丝织品主要用于服饰，也涉及到用品丝织物。元代丝绸服饰以辫线袄、大袖袍最具有鲜明时代特色。第四章结语，得出结论：元代丝绸大部分纹样内容仍保持了传统的中原风格，蒙古游牧风格的大量动物纹样、以格力芬和文字作装饰纹样的中亚波斯风格以及藏传佛教对生产生活领域的渗透也大量并存，形成元代特有的华夏一统、中西合璧的元代丝绸纹样与织造技法；而繁荣的元代丝绸经济以及以丝绸为重要媒介的对外贸易与交流，则显示了元代富有九州、辐辏四海的皇朝大气；元王朝统治者在“共享富贵”思想的指引下，推动工奴制手工业的畸形繁荣，酿造了浮靡奢华的元代丝织品消费与社会风尚。

关键词：丝绸工业　手工业史　丝织物　纹样　元代

4155

尧后火德说考论 / 杨权著 ; 张荣芳指导. -- 中山大学, 2005. -- 191 页

本文把传世史籍与谶纬文献结合起来，以实证的方法，对流行于两汉时期的尧后火德说问题进行了探讨。全文共五章：第一章汉家尧后说的产生及其宗法意义，研究了汉家尧后说产生的原因、出处、文献依据及其对汉朝统治者绍述宗法圣统所具有的理论价值；第二章汉为火德说的产生及其与尧后说的汇合，考察了汉为火德说在新五德终始的理论框架下产生、变化及其与汉家尧后说汇合成尧后火德说的情形，以及此说对汉朝统治者绍述天道圣统所具有的理论意义，并对驺衍版、刘向版与刘歆版三个帝德谱的不同进行了比较；第三章“土火相乘”政治活剧的重演，分别考察了西汉末年的王莽和东汉末年的曹丕借尧后火德说篡夺汉祚，完成了由“火”到“土”的德运更替的情况；第四章尧后火德说与光武政治，研究了尧后火德说对刘秀称帝以及维护其皇权的作用，兼及《赤伏符》产生的时间、“始正火德”的含义等问题的考辨；第五章谶纬文献中的尧后火德说，从文献角度考察了谶纬宣扬尧后火德说、为汉朝统治者服务的情形。作者认为，尧后火德说是一个复合命题，它包括两层含义，一是“汉家尧后”，即汉朝统治者是古代圣王尧的后裔；二是“汉为火德”，即汉朝在五德运序中的属德为火。

关键词：政治文化　火德　五德终始说　谶纬迷信　汉代

4156

宋代经学怀疑思潮研究 / 杨世文著 ; 蔡崇榜指导. 四川大学, 2005. -- 388 页

宋学的基本特征之一，就是怀疑精神。而对经学的怀疑，则与经学变古密切相关。经学变古形于中唐，成于北宋庆历之际。其内容包括经学观念的转变、经学解释方法的革命和疑经改经学风的兴起，经学从各方面呈现出与汉学不同的风貌。宋代经学怀疑思潮可以分为两个层次、四个阶段。第一个层次：对汉唐传注的怀疑与批评。如《诗经》汉学，毛传、郑笺为其代表。《春秋》三传，汉晋时期有何休《春秋公羊解诂》、杜预《春秋经传集解》、范宁《春秋穀梁集解》。《周易》有王弼注，《尚书》有伪孔传，《三礼》有郑玄注。唐代有孔颖达《五经正义》。第二个层次：对传世经典的怀疑与考辨。如对《诗》、《书》、《礼》、《易》、《春秋》等经典文本的怀疑与考辨。有些宋儒还处于卫道的目的，按照自己对儒家思想的认识，对一些经典进行了改动。疑古思潮所经历的四个阶段为：从宋初到庆历以前为第一阶段，是汉唐经学的余波与疑古学风的滥觞期，代表人物有柳开、王禹偁、孙复等；从庆历到北宋末年为第二阶段，为“学统四起”与疑古思潮的全面展开期，代表人物有欧阳修、李觏、司马光、王安石、张载、二程、三苏等；南宋前期（庆元前）为第三阶段，是理学继续发展与疑古思潮深化时期，代表人物有郑樵、叶梦得、朱熹、陆九渊、浙东学派等，宋学完全形成；南宋嘉定以后为第四阶段，属于疑古思潮的末流期，代表人物有王应麟、黄震等的考古之学和王柏等的唯理派，晚宋学风孕育了明学与清学。需要说明的是，宋代学者对儒家经典的怀疑与突破，不是为了损害其权威，恰恰是为了强化其对社会生活的支配作用，重建对经典、对儒学的信仰。

关键词：经学　怀疑主义　理学　儒家　宋代

4157

王安石学术史研究 ：以“金陵王学”（1021—1067）为重点 / 杨天保著 ; 徐规指导. -- 浙江大学, 2005. 187 页

本文对宋代王安石治学观念的变化、知识的多边积累和学术生成与转向特征等进行了研究。全文分

上下二编,共七章。上编三章主要就王安石学术思想的研究学史略作回顾,查阙补漏,强调历史研究是哲学研究的基础,并引出以学术史研究弥补思想史研究。同时,立足于"王学三体"新说,将整部"王学"发展史,划分为3个前后相承的阶段:早年原生体(即"金陵王学"、1021—1067)、官学体(即"荆公新学"、1068—1076)和晚年变体(1077—1086)。重点围绕"金陵王学"史展开具体探析。下编四章首先剖析了北宋"选举社会"与"王氏家族"的互动关系,勾画了王安石早年由力主功名的"能吏"志气,向"保家"、"养亲"的"进士"科举之学转变的曲线图。其次,在"举业"的知识背景下,梳理了早年王安石"场屋"交游的整个学术网络全景,进而演绎出王安石个人学术生成的最初范式:以"字学"为开端,以"文章之学"为辅翼,由"文"及"道",古文经学理念和时文制作,相得益彰。再次,探讨了王安石任职江南五路时期在政治边缘化境况下,"边缘性"学术交游的实情,指出王安石在治学上经历了由外入内、反求诸身和以圣道自任的变动。其中,他在"为己之学"和"易学"方面的学术积累,基本上奠定了前期个人心性道德之学的雏形。最后,考察了王安石在京师从群牧判官到知制诰期间(1055—1068)政治、学术活动以及在金陵讲学的经历。

关键词:王安石(1021~1086)　学术思想　学术史　北宋

4158

出土简牍与秦汉社会 / 杨振红著 ; 林甘泉指导. -- 中国社会科学院研究生院, 2005. -- 92页

本文结合出土简牍与文献材料,对秦汉史的四个重大问题进行了探讨。第一章"出土法律文书与秦汉律二级分类构造",分为学术史回顾与问题的提出、《二年律令》二十七种律均属九章、从睡虎地秦律到《九章律》、从魏晋以后律的演变看战国秦汉律、汉律正律与旁章五个内容,作者以新出张家山汉简《二年律令》为线索,结合传世文献和睡虎地秦律,探讨了秦汉律典的构造,提出秦汉律典存在二级分类的观点。第二章"《二年律令》的性质与汉代律令法系",分为问题的提出与学术史回顾,《二年律令》诸律令制作年代考,《二年律令》为吕后二年修订的法典辨,汉代的律令与法典的编纂、修订,汉代法典体系的形成,汉令新识六个内容,作者通过对《二年律令》性质的考察,分析了中国古代法律体系中两个重要载体——律、令的本质以及两者的关系,认为汉代追加、修订律的法源与令相同,均来自皇帝的诏书令,汉代律、令的本质及两者之间的关系与汉代法典编纂修订有密切联系。第三章"《二年律令》与秦汉名田宅制",分为《二年律令》所反映的名田宅制实态、战国秦汉土地制度形态的反思与重构两部分内容,作者通过《二年律令》研究了秦汉土地制度的形态及其性质,复原了西汉初期的田宅制度形态,提出以爵位名田宅制说。第四章"月令与秦汉政治",分为关于尹湾集簿"以春令成户"与"春种树"、出土秦汉律令与月令、月令与西汉政治三部分内容,作者探讨了尹湾《集簿》"以春令"的含义以及月令与秦汉政治的关系。

关键词:简(考古)　汉律　社会史　法制史　秦汉时代

4159

汉唐间巴蜀地区开发研究 / 姚乐野著 ; 杨耀坤指导. -- 四川大学, 2005. -- 163页

两汉至隋唐,是巴蜀地区经济得到开发和发展的重要时期。巴蜀地区经济开发有其历史基础和自然环境为前提条件。两汉、三国,是巴蜀经济的大发展时期,巴蜀地区在开发的广度和深度上都超过了前代,汉武帝开发西南夷和诸葛亮对蜀汉的开发是其重要事件。两晋南北朝时期,巴蜀地区的农业生产,虽然时起时伏,各地区的发展也不平衡,但就整体来说,没有严重衰退,并处在缓慢的发展之中;其手工业与商业贸易,在两汉、三国的基础上,仍然保持着较高水平,某些方面还有所发展。隋唐时期,巴蜀地区的兴修水利工程有了巨大的发展,农业开发表现在:生产技术的提高、水稻种植地区的扩大以及多种经营、农副产品品种的繁多,手工业的发展不仅在原有的基础上有所提高,而且还出现了一些新的手工业,水陆交通的开发则表现在陆路交通的四通八达和长江航运进入一个新的发展时期。汉唐间巴蜀地区因开发水平不同而其经济地位也各异。秦汉时期,蜀中的经济发展居于全国的领先地位;从东汉末到蜀汉灭亡,巴蜀经济发展的正常秩序始终没有被打断,并呈现出持续发展、缓慢演进的特点;三国以后,巴蜀地区经济发展相对缓慢,经济上的领先地位丧失;隋唐时期,巴蜀地区的经济具有非常重要的地位。根据各地经济发展情况,本文将巴蜀经济区再具体分为成都平原、盆西高原、盆中丘陵、盆地南部、盆地东部及东北部等多个经济区加以考察。汉唐间巴蜀地区的开发有其自身的特点,如内部发展的不平衡性、经济开发的独特的"天时"与"地利"、巴蜀地区与同时期全国其他地

区在经济地位上往往呈逆向发展的趋势等等。同时，汉唐间巴蜀地区在长期的开发过程中，积累了宝贵的历史经验：第一，中央政府的重视和支持，是巴蜀地区成功开发的重要保证；第二，克服自然条件的限制，加强与全国的经济联系，是汉唐间巴蜀经济开发取得成功的重要经验之一；第三，加强巴蜀地区与长江中游、下游地区的联系，实现长江上、中游的整体开发和协调发展；第四，注重沿交通线中心城市的开发；第五，人口迁徙和人口素质的提高对巴蜀地区社会经济的发展产生了至关重要的影响；第六，重视巴蜀少数民族地区的开发与治理。

关键词：区域开发　地方经济　巴蜀地区　汉代　唐代

4160

近现代中美边疆史学比较研究：以中国西北边疆研究群体与美国特纳边疆学派的个案分析为例 / 乐嘉辉著 ; 成崇德指导. -- 中国人民大学, 2005. -- 158 页

本文通过对19世纪末到20世纪30年代，以特纳为代表的美国边疆历史学派与同时期中国西北边疆学术团体的比较研究，认识了这一时期的各种历史现象和过程，以及两个民族和国家历史发展的共同性和特殊性。全文由导论、正文四章与结语三部分构成。第一章讨论了中国西北边疆研究群体的形成过程，包括嘉道之际边疆史地研究的兴起，辛亥革命前西北边疆研究的继续以及民国时期的西北边疆研究，及各个历史阶段的特点。第二章讨论了美国以特纳为代表的边疆学派的形成背景、特纳的边疆假说以及边疆学派的形成。作者指出，特纳的边疆理论，突破了传统的史学图圄，抓住了美国19世纪历史发展的最有力的脉搏——西进运动：自由土地的存在和移民的浪潮。边疆学说满足了人们希望用一种崭新的理论来解释美利坚民族价值体系的普遍心理需求，满足了当时的政治需要，为美国的对外扩张、美国资本主义发展的例外论、垄断制度合理论和种族制度优越论提供了理论依据。第三、四章对两国的边疆史学研究进行了比较，侧重以下三方面：一是两国边疆研究的社会影响，二是两国边疆研究的史学成果，三是历史哲学和史学方法论的比较。作者认为，在边疆历史的研究中，中美双方有一些共同的地方，如两国的史学研究都接受了社会进化论的历史哲学。在史学思潮中，都存在实证主义、相对主义的影响。但是，由于不同的社会背景，不同的历史发展阶段，不同的史学传统、研究方法，不同的社会历史观等，双方也表现出许多差异，它们构成了两国边疆史研究各自鲜明的特色。

关键词：边疆地区　地方史　史学流派　美国　中国

4161

管子经济思想研究 / 翟建宏著 ; 李民指导. -- 郑州大学, 2005. -- 130 页

本文把长期以来对管子其人、《管子》其书经济思想的研究结合起来，通过把握管子时代的发展脉络，对管子真实的经济治国思想及其相互间的客观联系进行了探讨。全文共分八章：第一章对管子时代的社会背景及其经济思想的历史渊源进行阐释，着重探讨了管子经济思想产生的历史依据，认为管子凭借齐国的商业传统，吸收了东夷文化思想的精髓，继承了齐太公工商治国的丰富经验，逐步形成和发展了经济思想；第二章至第四章阐述了管子的宏观经济思想，认为管子充分发挥国家的宏观控制作用，实施国家对资源的一体化控制和四民分业的社会职业管理，提出“贫富有度”的社会调节思想及“作内政而寄军令”的耕战思想；第五章至第八章探讨了管子农工商业发展思想、人口与人才思想、土地与赋税制度、货币与轻重思想。认为管子科学地制定了农工商业分期加强、总体并重的经济发展策略。他的经济治国的实践活动为齐国奴隶制向封建制的转轨和新兴地主阶级的成熟创造了条件，使齐国在较短的时期成为春秋中早期物质基础雄厚、军事实力最强的国家。管子对齐国经济关系进行根本性的重大变革，不仅使齐国迅速强大，而且也为贯彻于春秋战国时期的一系列社会改革运动肇始先声。

关键词：《管子》　管仲（？～前645）　经济思想

4162

商文明的形成 / 张翠莲著 ; 朱凤瀚指导. -- 北京大学, 2005. -- 189 页

本文从考古资料入手，结合历史文献及民族学、民俗学、植物学、动物学、气候学、人类学等学科的资料，对商文明发生的历程、原因及发生模式等问题进行了探讨。全文共分五大部分：第一部分对与文明有关的理论等进行了分析与评述，进而阐明商文明研究的意义及本文研究的主旨和方法；第二部分从考古学上确认了商文化发展的谱系，同时考察了商文明发生和发展的历程；第三部分用传世文献验证了由考古学

资料得出的结论；第四部分从自然环境和人文环境两个方面对商文明形成的原因进行了探讨；第五部分分析了商文明的形成模式及其在世界古代文明中的地位。作者认为，商文明最晚于先商文化晚期即已形成，经过早商时期的发展，在晚商时期达于鼎盛；它形成于太行山麓走廊地区，在与周邻地域不同文化的交流与碰撞中，商文明得到充分的发育；商文明是在较为封闭的环境中独立形成的，其模式与西方文明不同。正因为这种文明是根植于深厚的本地文化土壤之中，同时又不排斥周边其他文化的影响，因而具有强大的生命力。可以说商文明的发生模式是世界文明史上的重要模式之一，在人类文明史研究中具有重要的意义。

关键词：文化史　文明　商代　甲骨文

4163

明代赎刑研究 / 张光辉著 ；王天有指导. -- 北京大学，2005. -- 133 页

本文对明代赎刑的规定、赎刑方式的变化、赎刑制度与明代刑法体系的关系以及赎刑制度的具体运作，收入的数额、用途、效果与明代赎刑的特征等进行了研究。正文分六章：第一章以洪武三十年《大明律》为据，分析了适用"律赎"的罪行、主体、刑罚、律赎的内容、律赎的方式等。第二章讨论了明代的"例赎"制度，认为"例赎"的实施分为四个阶段：在洪武朝规模较小，且多以劳役为赎刑方式；永乐至宣德中期逐渐扩大，确立了以经济能力来确定赎刑方式的原则；宣德中至天顺朝普遍实施，纳运米、粮、草料、马匹等实物为主要实施方式；成化、弘治朝开始普遍折银，并于嘉靖、万历年间确立了全国普遍纳银的赎刑方式。第三章分析了赎刑和明代刑罚制度的关系，考察普遍实施的赎刑对明代五刑体系的巨大冲击，以及赎刑和充军等闰刑的互补情况。第四章主要通过案例及官员为政经验的官箴类著述等，论证了赎刑具体的执行情况。第五章根据明代赎刑收入数额的记载，对嘉靖以后全国纳银总额作出估计，从而考察了赎银在地方的分配、管理及赎刑收入在实边、救荒、补充漕粮、工程营建等方面的功用。第六章对明代赎刑制度的利弊及对清代的影响进行了评论。

关键词：赎刑　刑罚　法制史　明代

4164

《新五代史》研究 / 张明华著 ；徐规指导. -- 浙江大学，2005. -- 234 页

在二十四部正史中，由欧阳修主编和独撰的就有两部，其中《新五代史》最足以代表他的史学思想。本文以此书为突破口，力争对欧阳修的史学思想进行较为全面的整理。第一，主要探讨《新五代史》撰写的社会、学术背景和欧阳修的哲学、政治思想。儒学复兴运动下，欧阳修对《易经》、《春秋》的理解以及"正统论"的阐述，是其哲学、政治思想的主线。第二，主要分析《新五代史》的史书体例、史料来源及史料价值，运用比较的手法，探讨《新五代史》的体例创新之处、取笔记小说的倾向性所在。通过新旧《五代史》内容的比较，得出《新五代史》的史料价值远远不及《旧五代史》。《新五代史》无论在体例制定、史料的选择和取舍、人物入选的标准等方面，始终贯穿着《春秋》的"尊王"思想。第三，主要分析《新五代史》的内容。《新五代史》对佛、道、天命及各种谶纬迷信的批判，反映了欧阳修的哲学及政治思想在其史学中的体现。为了突出《春秋》"尊王"主题，《新五代史》不遗余力地鞭挞了五代历史中的篡弑、僭越及以下犯上的行为，强调儒家思想中的"忠孝节义"；为突出"攘夷"的主题，欧阳修在《新五代史》中对少数民族政权及其风俗礼仪进行了全盘否定和贬抑。第四，主要是对《新五代史》的史论的研究。《新五代史》的史论与以往史论相比存在有议论多、议论篇幅长、多引经据典、史论内容广等形式特点，已脱离了就事论事的范畴，处处以"尊王"、"忠孝节义"为标准，体现出明显的以经论史的义理化倾向。第五，通过对《新五代史》注文的全方位研究，得出其注文完全反映了欧阳修的著述宗旨，与《新五代史》的立意完全一致。通过对《五代史纂误》具体内容的分析研究，可发现吴缜对《新五代史》的史事考订言之凿凿，恰恰反映出《新五代史》略于事实、重义理的著述特点。最后，讨论《新五代史》的影响。《新五代史》是宋代义理化史学的最早作品，对后人治史产生了很大的影响，其史论的形式及内容特点对史评类书籍的产生也有一定的影响。作为史书，《新五代史》虽然具有明显的弱点，但其对后世的影响却非同寻常。

关键词：欧阳修(1007～1072)　史学思想　哲学思想　《新五代史》　史学史

4165

裨治文与他的《美理哥合省国志略》 / 张施娟著 ；龚缨晏，包伟民指导. -- 浙江大学，2005. -- 136 页

本文对第一位来华美国新教传教士裨治文及其《美理哥合省国志略》一书进行了研究。全文由导言、

上编三章、下编三章与结论四部分构成。第一章介绍了裨治文的生平与在中国传教、创办《中国丛报》、发起组织"中国益智会"、"马礼逊教育会"、"中国医药传道会"等活动。第二章通过考察裨治文在《中国丛报》的文章,阐述了他极力反对鸦片贸易,同时支持英国以武力"开放"中国的矛盾心理。讨论了他在签订《望厦条约》中的重要作用。第三章主要讲述了裨治文到上海后的晚年生活,展现了裨治文等传教士对太平天国运动的态度的变化,介绍了其翻译中文《圣经》的工作及其影响。第四章介绍了裨治文编纂《美理哥合省国志略》的动机、该书版本的流变、协助写作之华人、出版机构等。第五章分析了该书的内容、写作特色及翻译方面的一些失误。作者认为,裨治文在著作中极力展现美国社会高度文明的方方面面,回避和淡化了美国社会中存在的黑奴问题。为了能使中国读者理解美国社会,在行文上表现出强烈的"中国化"。第六章讨论了该书对魏源《海国图志》、梁廷枏《合省国说》、徐继畲《瀛环志略》等书及其他图书的影响,以及该书对近现代汉语形成的作用,对日本人和美国人的影响。

关键词:裨治文(Bridgman, E. C. 1801 ~ 1861) 传教士 文化交流 中美关系 新教

4166

明堂制度研究 :明堂制度的源流 / 张一兵著 ; 陈恩林指导. -- 吉林大学, 2005. -- 223 页

本文描述并初步解析了明堂制度发生、发展、兴盛、衰亡的全过程,勾勒出明堂制度的起源和发展演变的历史脉络,重点叙述了明堂礼的施行与明堂形制的变化,并由此探讨了其制度产生的主要动因,解答了诸如明堂制度的来源、明堂制度史各阶段的划分、明堂制度史各阶段的特征等关键问题,提出了"前礼制形态"、"前明堂形态"以及"准明堂形态"等新命题。全文由导论、正文六章与结论三部分构成。作者按历史时间顺序研究了史前社会,即古史传说时代,夏、商明堂形态,周代、秦汉、魏晋南北朝、隋唐五代、宋代、明代明堂制度。作者认为,史前社会的天神崇拜、祖先崇拜等原始礼仪活动是明堂制度的渊源。夏商的"世室"与"重屋",是明堂制度产生前的初级原始形态。西周初年形成了后稷配天、文王配上帝的祭天配祖与负斧依朝诸侯的标准明堂礼,标志着明堂制度初步形成。东周是明堂制度的萧条期,战国是明堂制度的失落期。两汉时期明堂制度全面复兴,并形成丰富的理论内容。平帝、王莽时期是明堂制度的转型期,东汉光武帝以后是明堂制度的繁荣期。魏晋南北朝,明堂制度处于维持时期。唐代明堂制度再度繁荣。宋代以后,明堂制度的发展进入了停滞期。明代的明堂制度进入了调整型与衰败消亡期。至清代终于消亡。作者指出,明堂制度在于维护传统的人、神关系,所表现的意义是君权神授,但是当人际关系需要进行重大调整时,它往往被利用来构建新的人际关系。明堂制度最终消亡的原因是随着时代的变化,加强人间与神界联系的必要性逐渐消失,现实主义和实用主义的潮流最终击败了儒家的理想主义。

关键词:礼仪 明堂制度 神学

4167

清末民初循道公会在华南地区的发展 / 张照著 ; 汤开建指导. -- 暨南大学, 2005. -- 137 页

文章指出,英国循道公会自其来华先驱俾士牧师1851 年来到香港起,就正式开始了其在中国的传教事业。在以后几十年的传播和发展中,虽然循道公会没有像浸信会或北美长老会那样取得令世人注目的成绩,但循道公会依然在宗教、教育、医学等领域给华南地区带来许多新的转变,确立了自己在华南地区近代化进程中的独特地位。从 1851 年至 1880 年左右为直接传教时期,当时循道公会的传教士和当时其他教会的传教士一样,着重采取直接传教的方式,例如建立教堂、街边演讲、旅行传道、发放圣经书籍等。由于广州人民的反入城斗争,牧师们只能在广州外围布道。第二次鸦片战争爆发,澳门诞生了中国第一批循道公会华人教友。随着《天津条约》的签订,循道会在华的传教也开始向内地延伸。除了进入广州以外,他们还逐渐在佛山、新宁、新会、北江等地区站稳了脚跟。但总的说来,当时入教人数也不多。第二个时期开始于云仁医生在佛山开办西医院,终于 20 世纪初教会大力发展教育事业时。这一时期的最突出工作是医学传教工作的发展。首先是云仁医生的佛山医院取得了很好的发展,在广东产生了较大的影响。其次是麦路得医生在梧州的工作也很引人注目。医学传教极大地推动了传教工作的发展,入教人数也大幅上升。第三个时期是发展教育事业的时期,从 19 世纪的最后几年开始。虽然循道公会在早期也曾经开展一些学校教育的工作,但是直到华英中学男校和女校的成立,才真正走上正规。从晏惠霖医生建立怡和莲女校,彭爱莲小姐建立护士学校,到陶佐治牧师创立华英中学和黎伯廉牧师让华英中学迅速发展,可以说学校教育是在华传教工作逐渐成熟的标志。随着

非基运动的兴起,学校最终被迫暂时关闭。

关键词:基督教　传教士　循道公会　华南地区　清末民初

4168

清代皖江流域圩田水利社会研究／赵崔莉著；张研指导. -- 中国人民大学, 2005. -- 158 页

本文以清代安徽境内的长江干流流域(即皖江流域)为对象,对以圩田水利兴修为中心的水利社会进行了研究。正文共四章。第一章介绍了清代皖江流域的圩田、圩区及组织。指出皖江流域圩田分布较广、规模不等,圩田种类齐全。圩区分为不同的层次和大小。大大小小的圩区,单独形成各自的组织管理体系,同时又受到上一层次体系的制约。清代皖江圩区的社会控制上,一方面是地方官员对圩区水利设施的修建有督催和领修责任;一方面是宗族中大户及乡绅在圩区中处于实际领导者的地位。由于圩田的灌溉排涝和圩堤的兴修维护涉及不同圩户的利益,使得圩区的水利纠纷不可避免。第二章讨论清代皖江流域圩区的自然灾害及其社会应对。指出清代皖江流域自然灾害具有受灾面积较大、受灾程度不、水旱灾害交替发生的特点。自然灾害引发种种社会问题,如移民、流民的增加,威胁社会的安定;抗粮、抢粮行为,直接影响朝廷的税粮和官府的收入;粮价上涨使得圩民生活更加艰难等。由于灾后赈济直接关系着该地区灾后的生产恢复和生活安定,朝廷直接发放赈款、口粮,进行赈济;地方官府赈济包括督修圩工、发放口粮、设厂施粥、灾后补种、捐钱捐物等。另外,乡绅是圩田水利社会中一支重要力量。第三章论述战乱与清代皖江流域圩田水利社会的社会应对。指出皖江圩区普遍设立乡团或民团,以保卫家乡。宗族办团练成为圩区重要的一种形式。团练经费多由地方乡绅富户筹集。团丁的产生方式有两种:一是圩区采取按田出丁的方法,二是采取招募的方式。太平天国运动结束后,皖江圩区团练的主要职能发生了转变,成为维持地方秩序的团防。第四章分析了清代皖江流域圩田水利社会生态环境的变迁。文章指出,明清以来,清代长江流域人地关系失调,对自然环境造成很大的破坏,从而导致无为州江堤屡次内迁,严重破坏了圩区的社会经济。总之,清代皖江流域圩区是以农田水利灌溉和防洪为中心的水利社会,在共同的防汛和修堤中,形成一整套的组织管理体制,并形成共同或相似的民间信仰,在救灾和抵抗外来势力时发挥了重要作用。

关键词:农田水利　圩区治理　流域环境　社会变迁　清代　皖江

4169

西学东渐与清代前期数学／赵晖著；龚缨晏, 包伟民指导. -- 浙江大学, 2005. -- 235 页

本文以清代前期历算学者为中心,对西方天文学与数学知识传入中国后所引起的反应及引发这种反应的社会背景进行了研究。全文由正文四章与结语构成。第一章绪论,概述了西学东渐时期传入中国的西方天文和数学知识的基本状况,对中西算学互动作了考察。第二章讨论了清初西方数学在中国的传播情况,着重介绍了汤若望、穆尼阁的传播贡献和康熙帝研习西方数学、康熙朝数学知识的传播情况及《数理精蕴》的编纂等情况。第三章讨论了清初中西数学互动的背景,论述了康熙历狱事件产生的复杂影响。探讨了中国数学家对于西方历算知识的接受方式。着重介绍了王锡阐、薛凤祚、梅文鼎三位数学家的贡献。第四章讨论了乾嘉时期中西算学互动的情况,着重分析了西方历算学东渐过程的中断、中国古算学的复兴、乾嘉学人对西方历算学的反应及戴震、焦循、汪莱、李锐、罗士琳等人在中西算学互动方面的成就,指出在乾嘉学界复古的氛围下,中西算学的交流和融合陷入了一定的困境。

关键词:东西文化　文化交流　文化传播　教学史　历算　清代

4170

明代九边军镇体制研究／赵现海著；赵轶峰指导. 东北师范大学, 2005. -- 283 页

本文对明代防御蒙古、保卫京师而建立的军事制度——九边军镇体制进行了研究。全文由引言、正文四章与结语三部分构成。第一章考辨了“九边”不同的说法与源流,认为源于许论《九边图论》与魏焕《皇明九边考》两书的两种“九边”说法影响最大。但缺乏对于军镇建置标志的探讨。第二章通过考察洪武时期北边军事制度的演变,探讨了“九边”军镇体制的渊源,认为在北边大将镇守制度下,将领综治军事综治军民,形成军政合一的镇守模式,遂开“九边”总兵镇守制度之渐。塞王守边制度和大将镇守制度构成了九边总兵镇守制度的制度渊源与地理基础。第三章通过考察各历史时期北边军镇的设置,探讨了“九边”总兵镇守制度,认为该制度萌芽于元代,至洪武晚期逐渐形成。九边诸镇自东而西依次为辽东镇、蓟州

镇、宣府镇、大同镇、山西镇、延绥镇、陕西镇、宁夏镇与固原镇。总兵使职体系逐步呈现地方化、制度化趋势,相应逐渐渗透、虚化都司卫所制度,两种制度遂呈现逐渐合一的趋势。明前期,明朝主要通过宦官镇守制度制约总兵镇守制度,从而形成内外制约格局。第四章通过考察巡抚、总督的设置情况,探讨了"九边"督抚制度,认为宣德以后为制约总兵与监军宦官的权力,逐渐开始设置巡抚;嘉靖中期以后为节制多镇、监控巡抚与总兵,开始设置总督,形成以文统武的"九边"军镇格局。

关键词:军事史　军事制度　边防　明代

4171

先秦性别角色研究 / 赵玉宝著 ; 詹子庆指导. -- 东北师范大学, 2005. -- 235 页

本文研究了性别角色在先秦时期的基本形态和前后变化,分析了其产生、发展、变化和造型、完善的因果。全文由导言、正文四章与结语三部分构成。第一章主要对"士女"、"男女"、"夫妇"、"父母"四对性别概念进行了疏解。以此明确了性别称谓在先秦时期的存在方式和状况,初步显示了性别角色在先秦时期的大概历程。第二章从新石器时代开始,顺次考察了先秦性别角色形成的历史轨迹。指出新石器时代末期,性别角色模式已经出现。夏商时期性别意识逐步觉醒,性别角色秩序得到初步安排。西周春秋时期,性别角色得以确定,男子日益成为社会生活和政治、军事和劳动生活的独占者,性别中的强势;女子则逐步被逼仄到了家庭生活的狭小圈子中,成为日常生活的被动接受者和两性性别中的弱势。形成了"男女有别"和"夫妇有别"的礼节规则,并以之肯定和认同这种性别角色差异。战国时期性别角色得到巩固和强化。男女性别角色基本形态表现为:士为知己者死,女为悦己者容。第三章考察了先秦诸子对性别角色问题的认识,着重分析了儒家的孔孟荀、墨家的墨子、道家的老庄、法家的韩非的有关理论。指出诸子对男子角色的界定大都不逃于政治、社会、家庭和道德等领域,只是对男子角色的具体内涵和成长途径有着各自的理解。在对女性角色的认识上,先秦诸子意识到了女性的容貌之美及其对男性社会的潜在危害;给予了女性一套行之有效的德行规范,并制定对她们进行养成教育的具体方法和途径;对女性地位予以全面界定,成为后世两千年来男女、夫妇尊卑分明的伦常观念的理论起点。第四章讨论了先秦性别角色形成的基本规律,分析了其形成的原因及对后世的影响。

关键词:性别　性别差异　社会史　历史文化　先秦时代

4172

两汉家庭内部关系及相关问题研究 / 赵浴沛著 ; 施伟青指导. -- 厦门大学, 2005. -- 241 页

本文从社会文化史的角度考察了两汉时期个体家庭的内部人际关系,揭示了观念、制度与家庭人际关系之间的联系。全文由绪论、正文五章与结论构成。第一章从思想史的角度考察了汉代家庭关系的观念和理论。指出:两汉时期产生了以天地阴阳五行理论对家庭关系进行形而上学证明的新儒学家庭关系理论,进而构建成三纲六纪理论,其总特征表现为主张家庭内部夫尊妻卑、父严子孝的等级性。第二章以家庭关系的立法为例,考察了汉代社会制度与家庭关系伦理之间的联系。指出:汉代家庭立法的原则有三个:一是提倡孝道,二是维护家庭内部的等级秩序,三是严厉惩治侵犯家庭和家庭内部侵犯家庭成员的犯罪。第三至五章分别通过分析家庭中的婚姻关系、父母子女关系和兄弟姐妹关系,考察了汉代的家庭关系。指出:汉代的家庭人际关系,始终坚持着遵守法律和儒家礼制两种模式。夫妻恩爱、父慈子孝、兄友弟恭是和谐家庭关系的主要表现,家庭能够实现生育、养育、教育等社会功能。丈夫虐待妻子、子女侵害父母权益、兄弟争财争爵、兄弟姊妹之间的性侵犯等是家庭矛盾的主要表现形式,在一些家庭中发展成为严重家庭暴力,暴露了道德理想与社会现实生活之间的矛盾。

关键词:家庭关系　人际关系　伦理学　汉代

4173

明代物料征收研究 / 赵中男著 ; 王天有指导. -- 北京大学, 2005. -- 125 页

本文从征收、解运、支用和社会影响等四个方面考察了明代物料的征收问题。第一章叙述了明代物料征收涉及到的征收部门、对象、内容、征收制度的变化,尤其是物料折银和减征的具体情况,指出明代物料的额外征收量巨大,减征较少,原因是物料比其他赋税受到朝廷更严格的控制。第二章叙述了物料的解运过程,包括从民解到官解的变化,物料解户的金充、雇募、等级、名额等,以及铺商、匠户的解运活动,指出解运体制的变化是百姓和地方官府出钱雇人买料运往两京,使物料征收进一步与市场结合;考察了

南京作为物料征收加工和解运中心，在北京物料供应中的特殊作用。第三章考察了物料的支用情况，包括支用的部门、项目以及部分项目支用的物料数量等，将明后期某些物料支用项目中召买物料和内府库中物料的数量作了对比，说明了明代后期召买的数量超过征收的支用量，物料支用领域内货币财政体制占据主导地位的事实，同时指出了物料征收在军需物资供给中的特殊作用，以及内府十库物料未能完全折银的客观原因。第四章叙述了明代物料征收的变化趋势和社会影响，认为统治集团消费贪欲的膨胀，商品、市场、货币经济的发达，尤其是手工业作坊的大量出现，是导致物料征收量不断增加的重要原因。指出物料征收加重了一些地区的经济负担，同时在某种程度上也促进了商品经济的发展。物料征收对明初北京地位的确立和巩固，对整个明代朝廷的日常消费以及军事物资的供应，都起到了不可替代的作用。最后，总结了明代物料征收的特点，阐述了物料征收与明代赋役制度变化的关系。

关键词：赋税制度　物资　物料　明代

4174

唐代宗教管理研究 / 周奇著 ；韩昇指导. -- 复旦大学, 2005. -- 208 页

对唐代宗教管理进行研究，不仅有助于我们更好地理解唐代历史和社会，还具有重要的现实意义。唐代宗教管理，主要是对佛道教的管理，兼及摩尼教、祆教和景教。本文在对史料进行翔实的考辨和分析的基础上，对唐代宗教管理制度的形成、发展、演变和实施进行了较为系统的研究。通过辑录和复原唐代的宗教法规，主要是《道僧格》，发现其名义上是根据戒律制定，所涵盖的范围也比戒律对僧尼的范围小，但处罚的刑责则更为严厉。唐代的宗教管理机构有一个发展演变的过程，功德使职权日益扩大，与宦官专权密不可分。而僧、道官的职责以道门威仪使为例，是同唐代国家中央集权的需要相适应的产物，在国家管理控制道教的过程起到了极其重要的作用。寺观的管理是唐代宗教事务管理的核心问题之一，而寺观数额控制是管理的关键所在。有唐一代，寺观数目维持在一个稳定的状态。唐代还对僧道实行编户管理，这是中国宗教史上的一件大事。通过具体的宗教礼仪与活动的管理，可以考察唐代宗教管理的实效。虽然很多宗教法规无法落到实处，但对于危及统治和社会安全的，则控制非常严厉。寺院经济在国家管理下逐步衰落，无力对抗国家。总之，唐代国家在政治、经济、文化方面对宗教实行了有效的管理和控制，而唐代的宗教管理制度也为宗教的发展提供了一个有利的环境，这一切都有利于国家社会的稳定和宗教的发展。

关键词：宗教工作　宗教政策　佛教　道教　唐代

4175

两周时期贵族马车驾马数考论 / 周新芳著 ；范毓周指导. -- 南京大学, 2005. -- 175 页

本文以两周时期贵族马车驾马数问题为研究对象，考察了当时用车礼俗的若干方面。首先，考辨了天子的驾数，认为周代确实存在少量“驾六”现象，但并非天子之礼，天子至大夫各个等级都存在驾乘六马的现象，它流行于“周之季世”而不是通行于整个两周时期，这说明“六马之驾”仅仅是礼制崩坏过程中的个别现象，并不是一种制度，更不是周代礼制规定的“天子之驾”。在此基础上，文章对前人“天子驾六”、“天子驾四”、“盛则驾六，常则驾四”、“主车驾六，副车驾四”等观点逐一分析。其次，探讨了“一马”、“三马”的问题，认为不存在一马驾车，东周时期庶人日常乘车是二马之车；三马驾车是周代贵族礼仪生活中一种特殊现象，与当时流行的赠“左骖”习俗有关。第三，探讨了两周时期贵族独辀马车驾马的常制，认为当时的贵族马车驾马礼俗是礼仪场合“驾四”、日常生活“驾二”，并且后者是主流现象。此外，也对战车的驾马树以及“革车不用牝马”、贵族驾马的“齐色”等问题进行了辨析。另外，本文对在古史研究中如何运用“二重证法”的问题也进行了粗略的探讨。

关键词：礼仪　贵族　马车　周代

4176

宋代士绅结社研究 / 周扬波著 ；何忠礼指导. -- 浙江大学, 2005. -- 184 页

宋代士绅结社在中国结社史上具有承前启后的重要意义，并且是中国古代士绅结社格局的奠定时期。“士绅”界定为拥有一定影响的知识阶层，“社”界定为民间自发组织。宋代士绅结社大致可以分为乡约、经济合作会社、民间救济组织、军事会社、文艺会社、耆老会六类，各自在不同领域发挥了重要功能。乡约是宋代理学家首创的民间教化组织，代表着理学社会道德实践的一极，在宋代尽管推行程度有限，却对作为乡里重要组织的明清乡约起到了重要影响。经济合作会社是最古老的会社形式，在宋代又有了重

要创新,总共可分为传统私社、义役、义约等类别,是民间互助和救济的重要手段。民间救济组织亦属宋代的创新,包括社仓结甲、乡曲义庄组织、粥局、救济义约,其理念深受理学影响,对宋代民间救济做出了重大贡献。军事会社作为民众自相组织的武装团体,对宋代保境御敌做出了重要贡献,并对宋代乡兵制度产生了一定影响。文艺会社包括诗社、学术会社、莲社等类型,是知识阶层交游网络的重要形式,对宋代文化、教育、政治等方面起到了重要影响。耆老会主要以致仕官员为主组成,成员的身份优势使其成为地域士人交游网络的核心,并对朝政和乡里秩序都具有重要影响。六大种类形成的结社格局,基本为元明清继承和发展。以上会社从功能来说,大致又可分为控制型、应对型、怡情型三大类型,分别起着填补政府权力空间、整合民间资源、建立交游网络的功能,充分反映出宋代士绅阶层作为民间领导阶层的活动能力。宋代士绅结社主要在南宋,反映出士绅阶层在规模壮大后,开始成为民间自我组织的主体。士绅在结社层面上与政府的价值取向不尽一致,但在实际运作中,绅权与皇权却是处于互相交织的状态,二者的合力造就了宋代士绅结社的基本面貌。

关键词:绅士　结社　知识分子　宋代

4177

汉代财政管理研究 / 朱德贵著 ; 岳庆平指导. -- 北京大学, 2005. -- 142 页

本文就汉代的财政管理机构、赋税征收管理、财政支出管理、财务会计和财政监督等进行了探讨。全文由导言、正文五章、结论、附论构成。第一章阐述了财政管理的渊源,涉及财政管理体制与记账制度,税收管理立法,“工师”及其管理制度。第二章研究了国家财政与帝室财政的区分问题,指出:自商鞅变法以后国家财政与帝室财政就开始分离,但两汉的划分并非十分严格。还考察了大司农、少府及一些地方财政管理机构。第三章对汉代的田税征收方式、征收政策以及田税征纳的物资形态进行了研究。指出汉代户赋按爵位与家资标准征收,更赋约始于汉文帝十三年,具体征收机构是乡里,从更役到更赋经历了一个演变过程。第四章考察了汉代军事开支项目与支出管理措施,并从汉简分析了地方财政支出管理,包括官俸支出和粮食支出。第五章对汉代的财务会计与财政监督进行了研究。指出随着官僚制度的确立和完善,负责执行财政监督职能的系统也逐渐形成,在中央主要是丞相和御史大夫负责,司隶校尉和刺史对地方的监察范围在郡一级。上计制度体现了财政集权管理的特点,且汉代在财政管理方面进行了严格的立法。汉代的财政管理虽然存在诸多弊病,但确立了古代财政管理制度的基本模式。

关键词:财政史　财政管理　汉代

4178

公安三袁居士佛教研究 / 朱贻强著 ; 王家范指导. 华东师范大学, 2005. -- 308 页

本文以明末公安三袁(即袁宗道、袁宏道、袁中道三兄弟)为研究对象,对其居士佛教形态进行了研究。全文共分九章。第一章绪论。第二章考察了明代佛教,尤其是晚明居士佛教的状况。重点突出了晚明时期佛教的兴盛,以及居士佛教信仰在晚明社会所形成的潮流及影响。第三章通过对公安三袁生命历程的对比,总结出文章、山水、佛教是三袁生命中三个共同的主题;同时回顾了三袁早年生活中的人与事,指出三袁的舅舅们对三袁精神世界的形成,有过非常重要的影响;还从“人生之苦”的角度,探寻了三袁学佛求道的内在动因。第四章着重分析了公安三袁与李贽在佛学上的交往与李贽对公安三袁的影响。着重探讨了李贽的人生风格与佛学特色。第五章讨论了公安三袁与佛门的关系。指出在与佛门僧侣的交接中,三袁十分注重自身的主体性与独立性,这体现了士大夫之根深蒂固的优越感,同时表明了他们在佛学上的自信。还总结了三袁弘护佛的行为,主要是以讲经说法以及为僧寺募缘为主。第六章研究了葡萄社与三袁的道友。指出作为葡萄社的主要成员,三袁自身的佛学修为不仅得到提高,还大大影响了他周围的道友们。还以三袁的学佛至友陶望龄与黄辉为例,探讨了三袁的同道好友们的一些佛学特色。第七章总结了袁宏道的学道次第及其佛学特色。指出袁宏道学问一生屡变。从佛学入门到狂禅形态,进而由禅入净,归于稳实。在生命的后期,以随缘任运、暗然退藏为特色。第八章讨论了袁宗道与袁中道的佛学特色,并重点分析了三袁的一份检讨书——《心律》,指出三袁的佛教信仰中,最大的问题是“解”与“行”分为两橛,重“解”轻“行”的倾向十分突出。第九章截取了三袁与李贽日常生活的几个场景,以还原和再现居士佛教的生活情态。

关键词:居士　佛教　公安派　袁宗道(1568~1610)　袁宏道(1568~1610)　袁中道(1575~1630)　晚明

中国近现代史

4179

退台后的国民党与台湾政治生态研究 / 安然著 ; 刘景泉指导. -- 南开大学, 2005. -- 184 页

本文梳理了国民党从大陆退守台湾50年的历史,运用政党理论,对国民党及在台湾的其他政党所处的政治生态进行了分析和探讨。作者在研究了台湾政治生态、文化特征、竞选方式后,从国民党内部原因、政党生态外部环境的变化、民进党竞选策略以及岛外因素的影响等几个方面,分析了国民党败选的原因,并对台湾岛内政党今后的走向进行了预测。作者认为,台湾目前的政党生态环境恶劣,各政党不能以公共政策为手段施政,无法实现现代政党政治的目标,也无法形成符合现代政党政治规范的两党政治格局。正文分为五章:第一章"国民党退台初期的台湾政治生态",分为退台前的中国国民党、国民党退台后的自我改造、国民党的"反共复国"政策、两个"花瓶党"的出现、国民党退台初期的政治生态特征五个内容;第二章"国民党统治中期的台湾政治生态",分为反对国民党独裁的斗争、国民党的"革新保台"、党外势力的兴起与壮大、国民党退台中期的政治生态特征四个内容;第三章"国民党统治后期的台湾政治生态",分为国民党的"政治革新"与拒和政策、民进党的兴起、台湾当时的政党特色、国民党统治后期台湾的政治生态特征四个内容;第四章"国民党衰败时期的台湾的政治生态",分为李登辉上台与国民党的蜕变、国民党的分裂、民进党的分裂、"台独"逆流的发展、国民党衰败期台湾的政治生态特征五个内容;第五章"后国民党时期的台湾政治生态"分为陈水扁当选"总统"及其"绿化"政策、超党派的两大阵营对峙、陈水扁连任对台湾政治的影响、岛内政治势力注意培养后备力量、对后国民党时期国民党的分析、后国民党时期台湾的政治生态特征六个内容。

关键词:国民党　台湾省　政党　民进党

4180

清末新政时期的意识形态控制 / 白文刚著 ; 杨东梁指导. -- 中国人民大学, 2005. -- 192 页

正文共六章,主要探讨了以下几个问题:第一,官方意识形态的调整。指出近代以来,清政府为了维持对意识形态的统治地位,被迫对官方意识形态做出了一定的调整。首先是逐渐恢复了理学的经世精神,甲午战争之后,"中体西用"思想逐渐取代"理学经世"思想,成为新的国家意识形态核心思想。第二,意识形态国家机器在新政时期的演变。指出中央的礼部和地方各级政府构成了清代政权性意识形态国家机器的主体,此外理藩院、翰林院、詹事府等机构也担负与意识形态控制有关的工作,其中学校和宗族是清代两个最重要的专门性意识形态国家机器。清末新政时期,学部取代礼部成为中枢意识形态国家机器。与此同时,清政府还大力兴办官报,建立起传统社会没有的传播性意识形态国家机器。第三,新政时期意识形态控制制度的变革和延续。指出科举、国家祭祀、旌恤和圣谕宣讲等一系列制度共同组成了清王朝的意识形态控制制度。晚清以来,由于受到改革势力的攻击,科举制度在清末不得不走向消亡。在这一过程中,清政府努力采取了种种措施来弥补科举制度灭亡之后造成的意识形态控制漏洞。第四,教育改革中的意识形态控制。为防止学生接受自由、民主、平等等西方政治思想的影响,清政府采取了种种措施:制定了忠君、尊孔、尚公、尚武、尚实的教育宗旨;在课程的设计上突出了以经学为核心的"中学"在教育中的重要地位;对教科书实行官方审定政策;制定了严格约束学生思想言行的学堂条规。第五,新政时期的新闻出版控制。指出清政府于1908年出台了中国历史上第一个正式新闻法规——《大清报律》。1911年,又对《大清报律》进行修订,出台了《钦定报律》。与此同时,清政府还采取种种措施查禁各种所谓"违禁"书报。第六,清末意识形态控制的失败。指出清末意识形态逐渐失控的主要原因有三:一是国家无法遏制的持续衰败导致了政权合法性基础的崩溃;二是官方意识形态调整过度滞后;三是国家控制力的极度薄弱。

关键词:意识形态　社会控制　国家机器　新政　清末

4181

《申报》广告与民国都市女性 / 蔡朝晖著 ; 曾业英指导. -- 中国社会科学院研究生院, 2005. -- 142 页

本文以《申报》广告为研究对象,着重对旧中国都市女性生活的变化进行了探讨。主要内容分三个方面:一是都市女性的婚姻追求,认为她们追求自由恋爱、自主结婚,敢于主动解除不如意的婚姻,崇尚文明结婚和集团结婚;二是都市女性的家庭理念,认为她们大多数人仍然沿袭着渴望生育、重男轻女、多育的传统观念,她们中也有不少实行节育,但节育没有成

为普遍行为，她们的家庭结构以小家庭为主，在家庭生活中，她们相夫教子，扮演着贤妻良母的角色，她们的家庭大部分是幸福的，家庭气氛和睦平等，但她们依然处于从属地位；三是都市女性的形象塑造，认为她们既注意自身形象塑造，逐渐将自身塑造成了一个有别于传统女性形象而符合社会发展潮流的时代女性，但这种塑造的主观愿望是为了男性，在社会形象的塑造上，她们展现了积极主动参与社会事务等积极健康一面的同时，仍然保留着充当家庭主妇等刻板消极的一面。作者认为，通过广告的角度所看到的民国都市女性的生活，既有新的现代性的一面，也有旧的传统性的一面，因而呈现出一幅复杂的面相。

关键词：《申报》 广告 女性 民国时期

4182

晚清华洋商事纠纷之研究 / 蔡晓荣著 ; 王国平指导. -- 苏州大学, 2005. -- 168 页

本文以晚清华人与洋人之间的商事纠纷为研究对象，对当时的纠纷形态、解决范式、纠纷在民间的运作及华洋纠纷对中国近代法律变迁的影响等问题进行了探讨。作者指出，五口通商之后，华洋商事纠纷日趋复杂。原因有三：洋商的各种肇讼行为、部分华商的“洋化”趋向、在解决商事纠纷的诉求方式的选择中，洋商表现出一个“健讼”的法律品格，而华商则处处隐透着一种极强的“畏讼”色彩。早期的纠纷形态主要是因外贸活动而产生的商事交易、商欠等，后来则出现了票据类、海商类、知识产权类、保险类、合股类等新的纠纷。当时官方主要选择“交涉型”理案、上海租界会审公廨理案、中俄“司牙孜”会审及清末各级审判厅理案和西方在华司法机构理案等方式。此外，行会、商会等中国商人组织在华洋商事纠纷的解决过程中也发挥着不小的作用。作者认为，晚清的华洋商事纠纷，对中国法律近代化产生了较大的影响。首先，它推动了近代中国商人的法律观念更新，促进了中国近代商事习惯法的嬗蜕；其次，它推动了近代中国早期的民商立法，并对中国传统司法诉讼系统的近代转型，起到了一定的催化作用。

关键词：涉外经济 诉讼 民事纠纷 清后期

4183

孔祥熙财经思想研究 / 蔡志新著 ; 史全生指导. -- 南京大学, 2005. -- 195 页

本文共分五章。第一章介绍孔祥熙（1880—1967）的生平及其财经思想的理论渊源。指出孔祥熙是中国近代史上特别是中国近代财经史上的著名人物之一。他曾长期置身于国民政府的权力中枢和决策阶层，担任过工商部长、实业部长、财政部长、中央银行总裁、行政院副院长等重要官职。在担任这些重要官职的过程中，他对于财经领域的问题提出了一系列的观点和主张，构成了其财经思想的主体内容。孔祥熙财经思想的理论渊源，就是中国传统的财经思想和财经制度、西方近现代的财经理论和财经制度、孙中山的财经思想和财经理论、孔祥熙僚属的建议及与他处于同一时代的中国财经专家的意见。第二章探讨孔祥熙的财政思想。不仅包含了孔祥熙对于财政的定义、地位和职能的独特理解与认识，而且包含了他提出的一系列的理财思想和较为系统的战时财政理论，涉及到关税、税制改革、田赋征收、公债、整理地方财政、改革财政收支系统诸多方面。第三章论述孔祥熙的金融思想，主要包括：金融总论，分为对金融地位、作用的认识，对金融与财政、经济关系的理解，孔祥熙提出的金融制度建设主张和战时金融理论；货币思想，主要是孔祥熙的币制改革思想和通货膨胀思想；银行思想，包括确立国家银行系统、建立真正的中央银行和完善地方银行制度的思想。第四章讨论孔祥熙的经济思想，包括经济建设、农业经济、工业经济、商业经济、交通经济、区域经济、消费思想等。第五章评述孔祥熙财经思想的特征和历史影响。文章指出，孔祥熙财经思想具有以下特点：一是一定的学理性；二是明显的时段性；三是强烈的干涉性，四是主动的开放性；五是积极的进步性；六是偏执的政治性；七是鲜明的阶级性；八是复杂的矛盾性。孔祥熙财经思想所产生的历史影响是多方面的：它既在一定程度上推动了中国财经制度的现代化，又对一定历史时期内中国社会经济的稳定和发展起到了积极的推动作用；既对维持国民政府的生存与统治产生了积极的影响，又在当时的社会上产生了比较广泛的影响。

关键词：孔祥熙（1880～1967） 经济思想 财政思想

4184

南京国民政府与中国佛教界 ：1927—1937 年 / 陈金龙著 ; 林家有指导. -- 中山大学, 2005. -- 229 页

本文以冲突与调适为主线，对 1927—1937 年南京国民政府与佛教界之间的关系，特别是汉传佛教与南京国民政府的关系进行了研究。第一章主要探讨了南京国民政府与佛教界关系发生的历史渊源与现实依据，分析了双方关系调适的基础与冲突产生的根

源，并勾勒了双方互动关系演进的历史轨迹；第二章讨论了南京国民政府有关寺庙管理条例的颁布、实施、修改或废止的复杂情况，说明了南京国民政府与佛教界围绕庙产管理而发生的诸多冲突以及政教双方为化解矛盾、调适关系而作出的种种让步；第三章通过南京国民政府成立后的三次庙产兴学风波，揭示了庙产兴学过程中的政教交涉、政教之争、政教较量，分析了政教关系紧张的原因与调适的办法；第四章论述了南京国民政府与中国佛教会成立、分化、整理的密切关系，探讨了政教冲突与调适的具体情形；第五章探讨了南京国民政府与佛教界之间的分歧和摩擦、共识和合作，说明了政教双方在僧伽制度整理方面的冲突与调适；第六章总结了南京国民政府在佛教出版事业、汉文大藏经刊行、佛教古物保护方面的贡献，认为南京国民政府为复兴佛教文化所采取的这些举措，对于协调南京国民政府与佛教界的关系，化解南京国民政府与佛教界的矛盾，具有积极意义；第七章探讨了佛教界参与民国政治，协调达赖、班禅关系，为抗日战争开展舆论宣传与实际准备的历史活动。文章认为，佛教界的政治参与，是对南京国民政府态度的一种表达，也是对南京国民政府某种程度上的配合和支持。

关键词：南京国民政府　佛教　政教关系　佛教史

4185

心灵的记忆：苦难与抗争：山西抗战口述史 / 陈旭清著；高力克指导. --浙江大学，2005. -- 150 页

本文运用口述史研究方法，探讨了山西抗战，揭示了中华民族在危难时的表现和民族精神的形成。首先，综述了口述史理论的形成与发展，口述史的特征、功用，指出操作问题是口述史理论的核心要点。其次，作者以现存的抗战文献资料为线索，以口述调查为主要手段，以对存活的老者进行口述调查所得资料为基础，以调动社会各方面的积极性，抢救、收集和整理抗战时期的历史资料为目标，借助集体记忆理论、从民间社会的角度切入来研究山西抗战，并运用弗洛伊德精神分析的心理历史认识方法论，严谨地分析所掌握的资料，描述了抗战时期日军在山西地区的烧杀抢掠淫等实态，展示了中国军队、民众在艰苦环境中的不甘屈服、勇于抗争的民族气节。最后，运用心态史学理论，重点对山西抗战中的几个典型心理特征进行了分析：在苦难记忆的探讨中，作者指出，当中华民族面临危难时，受传统文化的影响，民众不畏艰难，将国家和民族的苦难与个人的职责相联系，成为民族苦难的承担者；在妇女与战争的关系中，分析了妇女对战争的独特感受和行为反应，指出，对抗战中妇女的解放要作具体分析，根据地妇女在抗战中得到了人身和思想的解放，但这种解放是以付出巨大代价换来的，敌占区和拉锯区的妇女因受日军的欺辱蹂躏却出现了返归封闭，严重制约了妇女的发展；在关于惨案记忆的分析中，则着重分析了惨案记忆形成的原因、特征，人们对惨案的归因，并运用心理分析方法，勾画了化解当前蕴积在中国人民心中对日不满的情结的路径。此外，还结合口述调查实践，分析了痛苦、快乐、愤怒、恐惧等情感表征对记忆内容的影响，探讨了情感记忆中的性别差异，强调了语言在情感记忆中的作用，指出，情感与记忆的关系是复杂的，需要进行细致的深入分析。

关键词：抗日战争　口述历史学　山西省

4186

周学熙及其企业研究 / 程莉著；史全生指导. -- 南京大学，2005. -- 129 页

本文对民国初年的政治家与实业家周学熙及其创办的企业进行了研究。全文由导言、正文八章与结语三部分构成。第一章阐述了周学熙早年经历的磨难与社会动荡，对其家世、父亲、母亲进行了介绍。第二章研究了周学熙协助袁世凯创办新政的过程，从创办北洋银元局、东游日本考察工商币制、设立直隶工艺总局，考察了直隶工艺总局对天津和直隶早期工商业发展所起的作用。第三章分析了创办启新洋灰公司与开滦矿务公司的经过和管理。第四章介绍其两任袁世凯政府的财政总长经过。指出首任财长时改革民初财政，建立了新的财政体系；二任财长时主持签订善后大借款。第五章研究了其创办华新纺织公司与督办全国棉业的情况。第六章介绍了周学熙创办的其他事业：京师自来水公司、中国实业银行、中外合资耀华、普育机器厂。第七章分析了周学熙的财政经济思想。指出官商合作，官助商办的工业发展模式，对后现代化国家来说，应该是最为有效的模式。周学熙资本企业是在与外资的竞争中发展起来的，在一定程度上起到了抵制外国垄断资本、挽回利权的作用。他具有西方资本主义思想和卓越的管理才能。其企业经营管理思想主要包括：制订严格的规章制度、奖罚措施，一切按章办事；高度重视利润积累，实行高积累政策；重视设备更新、技术引进，以扩大和提高生产能力；注重引进人才、创办学校培养人才，发挥

人才优势；金融资本和工业资本的融合；企业管理中的家族、同乡观念。第八章考察了晚年周学熙创办周氏师古堂，刻印古籍，并严格教育子孙，办理慈善事业的状况。指出60岁后，受到企业集团内部的排挤，他被迫放弃对企业的控制权。后来随着政局的变化，他的资本集团也日益衰落。解放后，他的资本企业参与了社会主义改造。

关键词：周学熙(1866～1947) 民族工业 企业家 经济思想

4187

咸同年间山东的团练之乱／崔岷著；徐万民指导.北京大学，2005.--121页

本文分四章述咸同年间山东的团练之乱。第一章：山东的团练之乱；第二章：地方官僚的应对；第三章：督办团练大臣与团练之乱；第四章：团练之乱的缘起。清政府希望团练能让山东成为"畿辅屏障"，故而咸丰三年，山东开始举办团练。但团练之举，并未能有效遏止"叛乱"的蔓延，反而严重威胁着官府的权威和利益，一些野心大的团练甚至走上了反叛朝廷的道路。在应对团练威胁的问题上，地方官员出自不同的利益而意见不一，且流于空谈。更为严重的是，当时的山东并不仅仅是团练与官府角逐的舞台。清廷在咸丰十年开始向各省派遣督办团练大臣。但督办大臣不仅辱没使命，反而助长团练的气焰，严重削弱了地方官府对团练的控制。在一片批评声中，朝廷不得不将督办团练大臣撤回。由于团练战略的实施，与其初衷相背离，故而引起朝廷内外的批评之声。对于团练之乱的缘起，官员们逐渐认识到，地方官的贪赃枉法是团练之乱的根源，绅士们"借团生事"在很大程度上是为了反抗官府的贪暴。作者通过分析后认为，团练与官府之间的冲突反映的仍然是传统的社会问题：吏治的腐败、绅士的地方主义倾向与国家对绅士的控制。

关键词：团练 叛乱 地方政府 社会问题 清代 山东省

4188

民族主义之旗：近代中国革命与国家转型(1895—1915)／邓文初著；郭世佑指导.--浙江大学，2005.156页

作者指出，19世纪20世纪之交传入中国的西方民族主义思潮，对近代中国政治变革产生过巨大影响。传统中国并非一个西方式的单一民族国家，而是由多民族构成的文明体系与帝国国家形态，在"中华帝国"中宣扬民族主义，势必造成多民族国家的崩溃与传统政治秩序的解体。近代中国的国家转型过程虽然漫长，却成功地避免了帝国国家解体的危机，而且还保持着强大的连续性——从清帝国经中华民国到中华人民共和国，基本疆域保持着完整，国内多民族结构也得以保存。"中国"现象的存在，构成对民族主义政治原则的挑战。文章从民族主义与国家转型关系的角度，对近代中国国家转型过程中的列强在华势力、地缘政治、民族主义革命、国家重建等因素进行了政治史、思想史、外交史、社会学、意识形态学等方面的研究：对甲午战争之后列强瓜分中国与中国民族主义兴起的国际背景展开了分析；对辛亥革命前后的民族主义思想的复杂类型进行了重构，并从"中华帝国"的视野对民族革命引发的国家危机与政治困境进行了梳理；对在第一次世界大战时期特别是"二十一条"时期的民族主义革命与政治运作，对中华革命党援借日本力量所造成的国家危机进行了分析，指出了在中国革命运动中，民族主义是一种旗号，是权力争夺的策略。从而作者得出结论："中华帝国"的完整性与连续性的形成，主要因为一是列强在华力量均势的形成，使"中国"作为一个国家实体得到认可；二是自晚清以来的中国政府、外交官员对均势外交、弱国外交的运用，为"中国"在国际竞争的险恶环境中创造了较大的回旋空间。民族主义革命恶化了中国的国际生存环境，使近代中国的国家转型经历了痛苦而漫长的蜕变过程，使中国国家在近代国际社会的激烈竞争中始终处在弱势地位。

关键词：民族主义 资产阶级民主革命 辛亥革命 国家

4189

实业救国的理想与实践："永久黄"团体历史研究／邸彦莉著；陈振江指导.--南开大学，2005.--144页

本文考察了"永久黄"工业团体的活动，对以范旭东为首的中国近代实业家为中国化学工业的奋斗历程进行了研究，揭示了他们"实业救国"的理想追求和实践。全文由绪论、正文六章与结语三部分构成。第一章回顾了实业救国思潮的兴起，以及盐政改革与久大精盐永利碱厂的诞生。第二章分析了新型实业家素质，包括其创业思路、人生选择、独特的观念与行为模式。第三章探讨了企业行为与企业发展，涉及资本的来源与资金的筹措，经营意识与创业意志，注重企

业的福利建设,企业发展与科研相结合。文章认为,范旭东等人属于新型的实业家,他们崇尚科学技术,对于世界科学技术的发展进程了解熟悉,富有新知识,敢于开拓进取。他们的创业动机是爱国主义情感与利润追逐的混合物,希望通过实业实践他们的经世主张,改良社会。从根本上说,他们的实业梦是强国之梦。因此,他们的企业行为有了非常鲜明的特色。第四章从人才的积聚与培养、企业组织系统与人事管理以及企业的价值系统方面阐述了企业发展的内部环境。第五章分析了企业发展的社会环境,包括久大与旧盐商的斗争,军阀勒索、盘剥与沉重的税赋,永利与卜内门的市场竞争,生存的艰难与合资、官股的曲折。第六章探讨了国难时期的生存危机和企业家的政治抉择。一方面揭示了"永久黄"团体的企业在半殖民地半封建社会条件下,在夹缝中求生存的命运,同时也展示了他们自强不息的精神境界。

关键词:范旭东(1883~1945) 民族工业 企业发展 实业救国

4190

二三十年代青岛城市发展研究:1922—1937 / 董良保著;史全生指导. -- 南京大学, 2005. -- 123 页

本文共分七章。第一章介绍了青岛城市的形成与早期发展。第二至六章,重点探讨了二三十年代青岛主权收回后城市政治、市政建设与城市规划、经济增长、社会发展、城市文化和社会生活。第七章论述了近代青岛城市发展对内地的影响。文章指出,近代青岛是一座完全因外力而兴起的城市。青岛自城市建立伊始,即按照西方城市的样式设计和建造,并施行一套完全不同于传统中国城市的市政管理体制。随着港口、铁路的修建和市政建设的展开,城市经济获得迅速发展,青岛日益成为山东乃至整个华北重要的通商口岸。1922 年青岛主权收回,城市发展开始融入本国经济、社会发展的轨道。经济增长、政治变革和社会环境在这一时期构成了前所未有的互动关系,推动或制约着城市的发展。此外,德、日殖民时代的历史遗留也深深地影响着城市发展的轨迹。因此,青岛的城市发展有其鲜明的特征:一是城市政治格局发生了很大变化。20 年代青岛市政体制起伏不定,政治腐败和财政支绌制约了市政当局职能的发挥,城市政府在促进城市经济发展、基础设施建设和社会进步方面的作用有限。南京国民政府统治时期,由于政局安定,财力充裕,市政职能加强,青岛市政府在推进城市发展进程中发挥了重要作用。二是城市经济在这一时期获得了快速发展。随着工业投资的增长,青岛确立了其华北地区纺织工业中心的地位;商业和对外贸易的迅速发展,使青岛日益成为中国屈指可数的重要通商口岸;随着国家金融资本和民族资本金融业势力的加强,青岛逐步成为山东半岛的金融中心。三是城市社会结构出现很大变动。这一时期,青岛进入一个社会分化与整合的重要历史时期。城市社会组织勃兴,人口激增,社会分化明显,社会冲突加剧,劳资纠纷和罢工问题日益严重。四是城市文化和社会生活也发生深刻变化。华人教育日益受到重视,教育的广泛普及加快了青岛社会现代化的步伐。而随着中西文化的碰撞与交融,青岛城市文化和社会生活呈现出多元色彩。

关键词:城市史 城市发展 城市经济 城市文化 青岛 民国

4191

中国银行上海分行研究:1912 年—1937 年 / 董昕著;吴景平指导. -- 复旦大学, 2005. -- 252 页

中国银行曾是北洋政府时期的中央银行,国民政府时期为政府特许之国际汇兑银行。中国银行上海分行(简称沪行)是中行在上海地区业务的管辖行,又是全行业务的中心与振兴和不断发展的基地,也是中国银行最为重要的一家分行。本文以沪行为研究对象,选择 1912 年至 1937 年其最有特色的年代段作为研究时段,通过对沪行行务与业务的分析和评述,来揭示沪行发展变化的历史进程。上海中国银行成立于 1912 年 2 月 5 日,是中国银行成立最早的机构,曾被南京临时政府确立了中央银行的地位。同年 8 月,中国银行总行在北京成立后,上海中行才改设为分行。沪行的业务经营初期以代理金库为主,发行为辅。在 1916 年成功抗拒北洋政府停兑令后,沪行声誉大振,各项业务发展得很快。在南京国民政府最初的十年间,沪行的辖属机构增多,先后设立多家同城办事处。1929 年,南通、芜湖、九江三家支行由总管理处划归沪行管辖,在沪行的指导下开展各项业务。1922 年,中国银行正式实行区域行制度,以沪行为第一区区域行,下辖沪、宁、浙、皖四分行,主管区内的发行业务及处理区内行处间的争议。1934 年,第一区区域行进行改组,专管发行事务。沪行的各项业务发展各有特色。就发行业务来看,沪行于 1917 年率先发行兑换券。中行沪券的流通范围扩展至长江中下游地区后,带动了各地沪券兑换处的设立。内汇业务是促进发行的重要方式,20 世纪 30 年代沪行是中行内

汇流向的中心。沪行的外汇业务在北洋时期已有所发展,在中国银行改组为国际汇兑银行后,积极协助总管理处发展外汇业务。沪行还积极发展存款和放款业务,存款总额在全行占有相当比重,并积极开展工业放款和农业放款活动。沪行协助总管理处成立国信储三部,成为新成立的营业部门开展业务和资金运用的枢纽。沪行还是上海银行公会的发起单位与核心成员,在公会的运作和有关活动中发挥了重要作用。

关键词:银行史　中国银行　民国时期

4192

近代东北移民与社会变迁 : 1860—1931 / 范立君著 ; 金普森指导. -- 浙江大学, 2005. -- 167 页

近代以来,关内向东北移民,是中国历史上最大的人口移动之一,它对东北地区的历史进程产生了巨大而深远的影响。清朝入关后,在对东北的开发上,始终存在着开发与封禁的矛盾心理。这样,在东北移民问题上,左右摇摆,走了一条招垦—封禁—开放的"之"字形道路。民国以后,东三省移民运动进入了一个新的阶段。昔日封禁政策的残余全被扫除。同时,一些有识之士积极呼吁移民实边。于是,在清末移民东北的基础上,掀起了近代东北移民的高潮。这是由迁出地的推力和迁入地的拉力之合力所驱动。移民主要有季节性、永久性等类型,其外在特征与内在结构也表现各异,体现一种动态的性质。近代移民与东北社会变迁存在一种互动关系。政治上,由于多年的移民活动,清朝初年所形成的旗民双重管理体制逐渐被行省的单一管理体制所取代,东北在行政体制上完成了与内地一体化;经济上,移民的到来,传播了先进的农耕技术,加速了东北的土地开发与农业发展,东北商品粮基地初步形成,农业的发展,带动了手工业、商业的繁荣,近代城镇普遍兴起;文化上,移民的进入,使东北地区的语言文字及民间社会风俗发生了变异,促进了汉族同当地少数民族之间的交流与融合,民族团结进一步加强,东北地区的发展逐渐接近内地文化水平。可以说,移民的大批迁入,改变了内地与东北人口分布悬殊的差距,促进了东北地区行政建制的设立,使国家控制力加强,东北边疆得到巩固;农村的经济关系发生了变化,促进了东北农业由传统向近代的转变;东北区域文化也发生了变异,一种新型的具有移民特色的文化形态——"新型关东文化"随之形成。当然,人口迁移也给东北社会带来了一定的负面影响,这些方面虽然不是主要的,但也不容忽视。

关键词:移民　社会变迁　地方史　东北地区

4193

清末新政时期剪发易服研究 / 樊学庆著 ; 桑兵指导. -- 中山大学, 2005. -- 222 页

本文对清末新政期间剪发易服的发展过程进行了研究,并通过分析剪发易服在政治、经济、社会思潮、风俗习惯等方面引起的变化,考察了清末中国社会的变迁。作者认为,首先,戊戌变法中康有为奏请断发易服,是晚清剪辫易服最早的言论;其次,新政复行后,清廷在军、警界改易西式制服,并规定学堂学生穿着操服,清廷的政策促进了剪辫易服舆论的发展和军、警、学界的剪辫行动;第三,预备立宪前后,社会舆论大规模宣传剪发易服,但清廷顽固维护辫、服,激起社会舆论不满;第四,载沣摄政使清廷对剪发易服的禁令有所松动,资政院常年会开幕后,以京、津地区为中心,各地出现了自行剪发风潮,社会舆论对之大规模宣传鼓动。剪发易服议案在资政院常年会上提出并通过,进一步推动了风潮的发展,但也引起商界对易服的担忧和反对,清廷便以商界反对为由驳回资政院议案,社会自由剪发运动遭到严重挫折;第五,资政院常年会结束后,剪发不易服运动在上海等地继续进行,国货运动随之兴起,不断爆发的革命起义,使清廷加紧镇压革命力量,剪发环境不断恶化。武昌起义迫使清廷接受资政院建议,宣布允许自由剪发。但这个措施未能挽救清廷统治,随着清朝统治的终结,清末新政时期的剪发易服宣告结束。

关键词:社会变迁　社会史　剪发易服　清末新政

4194

集聚 · 分化 · 整合 : 1927—1937 年苏州城市化研究 / 方旭红著 ; 王国平指导. -- 苏州大学, 2005. -- 278 页

本文对 1927—1937 年苏州出现的城市化潮流进行了探讨。作者认为,促进苏州这一时期初步兴起城市化潮流的原因,一是经济结构和经济增长方式进一步实现了现代转变;二是中国、江苏省以及苏州这一时期现代交通、通讯网初步形成;三是农村面临日益严重的"破产"形势,农民离村进城趋势日渐明显。受到初步兴起的城市化潮流的推动,同时,在城市化功能观念及城市规划思想开始在全国出现的形势下,苏州制定了其历史上第一个较完备的现代意义上的城市规划,而社会各界也开始探讨苏州城市功能的新定

位。但是，随着初步兴起的城市化潮流的出现，诸如失业、贫困、犯罪、烟毒、卖淫、自杀、离婚、价值失范、环境与公共卫生状况恶劣、瘟疫肆虐等城市问题也日益凸显。对此，苏州各界也谋求解决，并取得了一定成效，但无法消除这些问题产生的更为深刻的社会根源，故其成效又是有限的。这一时期，苏州城市管理模式也实现了现代变革：行政、立法、司法是其地方政府组织模式理论上所遵循的基本原则；分职化、科层化、集体决策、部门实施是其城市管理模式的基本趋向；积极吸纳、调动社会力量参与城市管理、注意运用行政手段和法律手段实施管理，是其城市管理模式的基本特点。

关键词：城市化　城市规划　苏州　近代

4195

罗家伦文化思想研究：以新人生观、新民族观、新历史观为中心 / 冯夏根著；欧阳哲生指导. -- 北京大学, 2005. -- 192 页

罗家伦（1897—1969）是民国史上一位处于政治与学术之间具有一定影响的人物。他曾任国立清华大学首任校长（1928—1930）、国立中央大学校长（1932—1941）、中华民国首任驻印度大使（1947—1950）、台湾国民党党史史料编纂委员会主任委员、国史馆馆长等职，并在文学、史学、哲学、教育等领域留下了诸多著述。除绪论、结语外，正文共四章。第一章回顾了罗家伦早年的经历与思想。指出在五四前后，他是一名追求进步、热心社会改造的青年，是文学革命的健将，提倡白话文，反对文言文，坚持人文主义文学观，大胆探索文学理论，积极参与新文学创作；是旧传统的批判者，新思潮的倡导者；还是“五四运动”的重要参与者。第二章探讨了罗家伦的新人生观，包括新人生观的形成、人生意义论、人生态度与人生修养论、理想人格论及新人生观的评价。第三章探讨了罗家伦的新民族观。包括新民族观的形成及其时代背景，民族、民族性与民族国家理论，民族独立与民族自由（以抗日思想为中心），民族文化与民族复兴，民族发展与边疆民族思想等。第四章探讨了罗家伦新历史观的理论与实践，包括新历史观的形成、提倡“科学史学”的主张、近代史的研究以及他领导国民党党史会与国史馆的史学研究。作者认为，在近代中国内忧外患、民族危亡的历史环境中，罗家伦文化思想体现了在救亡图存的历史背景下建构和融合中西新型文化思想体系的努力。其兼容新旧、融合中西的思想原则提示了近代中国文化发展与创新的基本途径，有一定的积极意义。

关键词：罗家伦（1897～1969）　文化思想　人生观　民族观　历史观

4196

乡村治理转型期的县财政研究（1928—1937）：以河北省为中心 / 冯小红著；戴鞍钢指导. -- 复旦大学, 2005. -- 219 页

清末至北洋政府时期，县政府治理乡村的职能逐渐扩大。应乡村治理转型之需，县地方财政经历了一个从无到有、从小到大的过程，与中央和省级财政相对立的县级财政逐渐形成。以河北省为中心进行考察，南京国民政府时期，县政府治理乡村的职能进一步加强，同时在县以下实行区乡制，并实施庞大的“完成自治计划”。这些乡村治理新举措的推行，对县财政收支及管理水平提出了更高的诉求，使得县财政支出成倍增长，大大加重了县地方的财政负担，并且改变了原有的支出结构。但是，增长了的县财政支出却仍处于“欠增长”状态，从而使得县政府没有足够的财力推动各项事业的发展。乡村治理转型的各种举措因缺乏资金往往流于形式。这种县财政支出的“欠增长”是由县财政收入的“欠增长”所致。导致县财政收入“欠增长”的因素主要有，国家对税制安排的“厚省薄县”、税收征管中的损公肥私以及农民负担不合理等。于是，南京国民政府开始了一系列县财政管理体制改革。对县财政的改革，是以“开源”为出发点，主要措施是进行土地整理。对乡村治理的改革，是以“节流”为出发点，主要措施是进行机构改革。这些改革的成效甚微，最终未能从根本上缓解乡村治理转型与县财政之间的矛盾。由于始终没有找到破解“农民负担之谜”的钥匙，南京国民政府最终走上了减轻农民负担的道路。但是，纵观其“废苛减附”的实践历程，中央的政令始终不能落到实处，农民负担最终未见减轻。造成这种结果的根本原因在于中央政府自身行为的内在矛盾，即中央政府未能把调整乡村治理转型的大方向与减轻农民负担通盘筹划。

关键词：地方财政　财政史　乡村治理　河北省　民国时期

4197

唐山城市近代化进程研究：以工业发展为主的考察 / 冯云琴著；林家有指导. -- 中山大学, 2005. -- 213 页

本文对近代因矿因路而成长起来的新兴工业城

市——唐山的变迁历程进行了研究。全文由绪论、正文四章与结语三部分构成。第一章考察了唐山发源地的两种说法，唐山城市形成、发展的自然地理环境和唐山近代工业化启动的社会背景，作者指出，优越的自然地理环境，洋务运动的发展促成了唐山工业化的启动。第二章通过对开平煤矿生产设备、技术引进、管理体制、资金筹措等工业化程度的分析，论述了开平煤矿的经济效益和由此所产生的社会效应，说明开平煤矿的建立，使唐山城市发展为一个近代化的工业重镇。第三章分析了工业化的逐步扩展与唐山城市的形成。指出随着北洋“新政”的逐步展开，启新洋灰公司及其附属企业相继设立，并都取得了良好的经济效益。开平煤矿在英人控制之下及以后在与滦州煤矿“联合营业”后也得到了进一步发展，唐山工业化进程逐渐深入展开。到20世纪20年代唐山已发展成为华北仅次于天津的工商业城市。第四章研究了唐山工业体系的建立与城市近代化的发展。指出20世纪20年代以后，唐山的工业化进程继续深入，建立起以煤炭、电力等能源工业为骨干，以水泥、纺织、陶瓷、机械制造为主体的近现代工业体系，形成了以大机器生产为主、手工业工场为辅的工业生产系统。唐山城市面貌也有了进一步的变化。唐山近代工业化和城市化互动关系表明，正是工业化的发展带动了唐山城市的崛起和城市的近代化。但其城市化水平仍然处于低度状态，其城市化水平滞后于工业化的发展程度。

关键词：城市发展　近代化　工业化　唐山

4198

清末东北边患与移民实边问题研究 / 高强著 ; 周兴樑指导. -- 中山大学, 2005. -- 180 页

本文对清末东北边患与移民实边政策之间的关系及该政策的作用等进行了探讨。作者指出，从清初以来，直到咸丰时代，清政府在东北地区推行禁止汉族移民移居东北地区的封禁政策，在吉林与黑龙江限制尤为严厉。这一政策使得东北边疆人口稀少，土地开发滞后，社会发展止步不前。到19世纪50年代末和60年代初，酿成俄国侵吞中国东北边疆大片领土的严重的东北边患。清政府错误的边疆政策遭到历史性的惩罚之后，逐渐放弃了对东北的封禁而代之以移民实边政策。甲午战争之后，由于东北边患加剧，清政府进一步深化了这一政策。19世纪末和20世纪初，因东北边疆陷入更深的危机，清政府更将该政策推向高潮。该政策的实施，使东北边疆人口迅速增加，荒地资源得到开发，经济发展水平不断提高，行政建设趋于完善，逐步摆脱了被边缘化的不利地位，对保障边疆安全具有重大的意义，成为东北地区在险象环生的险恶形势下仍然能够与祖国紧密相联的关键性因素。东北地区移民实边政策所取得的成效，对于如何有效地治理边疆、保障边疆地区的安全，将发挥有益的借鉴意义。

关键词：移民实边　边界问题　东北地区　清后期

4199

自由主义在近代中国的历史命运：《独立评论》时期胡适政治思想研究 / 高志勇著 ; 刘景泉指导. -- 南开大学, 2005. -- 211 页

本文对《独立评论》时期（1932年5月—1937年7月）胡适政治思想发展历程进行了探讨。主要内容分四个部分：第一部分即第一章，分析了《独立评论》时期的政治生态，认为它既是促进胡适政治思想发展的机遇，也是驱动胡适政治思想由自由主义转向民族主义的重要因素；第二部分即第二章，分析了胡适对日观的转变，认为在《独立评论》时段，胡适虽然欲坚持以世界大同主义理想来阐述和处理世界政治关系特别是中日关系，但最终因日本侵华步伐加快、民族危机加剧，民族主义逐渐成为其政治思想的主题，他的自由主义主张最终让步于民族主义；第三部分即第三章，分析了胡适与国民党政权的关系，认为《独立评论》时期，是胡适与国民党蒋介石政治关系的“中转站”，即胡适由“独行”转而跨越“独立”边界，走向趋附国民党政权的转折阶段；第四部分即第四、五、六、七章，分析了胡适的自由主义政治思想，认为在《独立评论》时期，胡适的政治思想仍然极富自由主义的价值取向。作者认为，胡适的这种人格是决定其晚年角色与命运的重要因素；透过胡适的政治人格，可以诠释近现代中国自由主义知识分子和自由主义在中国的命运。

关键词：胡适（1891～1962）　政治思想　自由主义　《独立评论》

4200

当代中国农村合作金融史研究 / 管延春著 ; 吕伟俊指导. -- 浙江大学, 2005. -- 151 页

中国农村合作金融事业有着悠久的历史。新中国成立后，农村信用社迅速普及并发展起来。纵观中国农村合作金融事业的发展，大体经历了五个阶段：

第一阶段,从建国初到1958年,是中国农村金融事业普及和大发展时期。这在推动农村合作化运动的开展、农业生产的发展和打击高利贷方面起了积极的作用。但应该看到,该阶段的信用社虽然基本上坚持了民办的原则,但由于其带有浓厚的政治色彩,为以后农村信用社走向"官办"道路埋下了伏笔。第二阶段,从1958年到1980年,是中国农村合作金融事业受到严重挫折甚至被摧残的非常时期。第三阶段,从1980年到1996年,这是农村信用社初步改革和发展时期。经过改革,信用社向自主经营、独立核算、自负盈亏、自担风险的合作金融组织方面迈出了一大步,信用社的业务有了更大的发展。但是,信用社的领导管理体制尚未完全理顺,农村信用社自身经营管理有待进一步改善和加强。第四阶段,从1996年到2002年,是农村信用社深化改革和飞速发展时期。农村信用社合作制规范工作取得了一定的成绩,内部管理逐步规范。但由于人们对合作制的认识不统一,改革措施不到位,农村信用社的合作制规范改革并未达到预期效果。第五阶段,2003年后到现在,农村信用社开始了新一轮的改革,目前这场改革仍在进行中。新中国的农村合作金融走过了50多年的路程,改革贯穿始终,因此,当代中国农村合作金融史就是一部改革史。

关键词:农村金融　农村信用社　信用合作社　金融史

4201

资源委员会经济管理研究 : 以抗战时期为核心的考察 / 郭红娟著 ; 张宪文指导. -- 南京大学, 2005. 178页

本文以历史学、管理学、经济学、政治学等相关学科的理论和方法,对抗战时期资源委员会进行了专题研究。全文共分六章。第一章讨论了资源委员会的职能变迁,认为它的存在是中国工业化的内在要求与先进的资本理念相结合的产物。第二章讨论了资源委员会的组织机构与事业认知,认为由"技术官僚"组成的这个机构,在一定程度上扭转了国营事业组织衙门化、管理官僚化的局面,发挥了较高的效率。第三章讨论了资源委员会所进行的国家资本的运作,认为此种运作兼顾了经济效益和社会效益,在国家资本的管理上也基本实现了经济效益与社会效益的均衡。第四章讨论了资源委员会的技术推进和人力资源的开发利用,认为它通过技术引进、自行研究开发,将中国的工业技术推进到一个新的高度,中国经济日益走向依靠科技、科技人才的自主发展之路。第五章讨论了资源委员会对国营企业的生产管理,指出在其管理之下,企业享有较多的自主权,生产经营基本上采取了市场化的运作方式。第六章讨论了资源委员会的关系网络,剖析了资源委员会与中枢、地方、民营企业、所属企业以及资源委员会所属企业之间的众多关系,揭示资源委员会是如何为事业的顺利发展创造环境条件的。最后指出,资源委员会是中国经济发展的里程碑。

关键词:抗日战争时期　资源委员会　经济管理　中央政府　国有企业

4202

晚清朝鲜政策研究 / 郭剑化著 ; 杨东梁指导. -- 中国人民大学, 2005. -- 122页

本文共分五章。第一章回顾了清政府传统的朝鲜政策及晚清政府朝鲜政策所面临的变局。认为清政府传统的朝鲜政策经历了由最初的充满经济探索与军事暴力色彩,到"抚藩字小"的怀柔精神的转变。其外交政策的内容是册封和朝贡;军事政策是不得整理兵马、兴建城堡,成为一个不设防的国家;边疆政策是各守封疆,互不侵犯领土。但是,朝日《江华岛条约》的签订、日本占领琉球,以及沙俄对中朝北边的威胁,迫使清廷调整其朝鲜政策。第二章讨论了晚清政府对朝鲜的外交政策。指出清政府按照"以夷制夷"的理念,通过《朝美条约》,导入英美势力以平衡朝鲜半岛局势,制衡日俄;1885年通过《中国朝鲜商民水陆贸易章程》,并派袁世凯赴任驻扎朝鲜总理交涉通商事宜,前后近十年,使中朝宗藩关系明文化;1899年通过《中韩通商条约》,实现中朝平等互利,结束了双方的宗藩关系。这是晚清对朝外交政策最根本的变化。第三章讨论了晚清政府对朝鲜的军事政策。这一时期,朝鲜政局动荡,先是汉城营兵武装暴动,后亲日的开化党人发动政变,接着又发生东学党农民起义,直接引发中日甲午战争。面对新的局面,中朝加强军事合作、清政府出兵帮助朝鲜平息叛乱是这一政策的主要内容。第四章讨论了晚清政府对朝鲜的经济政策。认为控制海关、阻借洋款、由宗藩贸易变为平等贸易是其主要内容。为此,清政府不得不两次对朝鲜贷款,贷期长,利息低。而一系列中朝贸易的签订,为中国商人在朝从事经济活动提供了方便。第五章讨论了晚清政府的对朝界务及边民政策。晚清由于中朝边界发生争议,双方进行了两次勘界,并形成对非法越垦朝民安置编籍的政策以及"我疆我理"的界务政策。1904年《中韩边界善后章程》的签订,对

保障中朝两国边境安宁起了一定作用。

关键词:中朝关系　外交政策　外交史　朝鲜　晚清

4203

新旧之间 ：学制转轨与近代乡村社会 ／ 郝锦花著 ；王先明指导. -- 山西大学，2005. -- 170 页

本文从社会史的角度,对清末民初(1900—1937年)的学制转轨及其社会影响进行了探讨。正文共分五章。第一章分析学制改革以来乡村社会新旧并存的二元教育格局。指出清末学制改革后,代表新文化的新式学校以政府为其后盾不断地向乡村社会渗入的同时,代表传统旧文化的私塾也以其特有的灵活性和乡土适应性挣扎着生存,并回击着来自“新学”的“挑战”,二者交锋对垒,形成了别具特色的新旧并存的二元教育格局。第二章从教育经费、师资力量、社会支持力量三方面对新式学校势弱的原因进行分析,同时还对乡村学校教员的收入水平作了考察。认为国家力量和社会力量的结合是新学教育发展的动力源泉,如果没有国家力量的介入和社会力量的支持,新学要最终动摇旧学私塾的地位短期内是不可能的。第三章讨论了新学教育对于乡村社会的正面影响。指出现代学制以一种新文化品格的面貌在乡村社会确立,接受新学教育的读书人越来越多,传统的社会结构在加速的社会流动中日益分化,新思想从外界进入乡村并在民众之间蔓延,传统乡民的职业取向、交往方式、男女关系、组织行为,甚至衣食在内的社会心理和社会行为各方面已经开始出现了种种朝向现代的变动。第四章探讨新学教育对乡村社会的负面影响。指出新学教育进一步加速了乡村精英离乡的步伐;城乡一体的传统文化从此出现了难以弥合的裂痕,乡村文化衰落;乡村社会权力蜕变,乡间土豪劣绅继起,社会矛盾尖锐;久已存在的城乡差距进一步拉大,乡村社会出现全面危机。第五章分析兴学以来乡村精英离乡的新学教育原因。作者认为,新学教育不但失去了往日旧学教育的社会整合机制,而且在各级新式学堂的地理分布、教学内容、各专业学堂的比例等方面都疏离了乡村社会,成为乡村精英离乡的强大推动力。总之,清末民初乡村教育具有四大特征,即“新”“旧”驳杂的过渡性、滞后性、不平衡性和初级性。中国乡村的现代化由新学教育而启动,又因其而受挫,这种双面效应无论是晚清政府还是历届国民政府都未能有效克服,乡村社会成为革命的温床。

关键词:乡村教育　教育史　学制　清末民初

4204

南京国民政府对国际联合会政策的演变 ：1928—1941 ／ 洪岚著 ；林家有指导. -- 中山大学，2005. -- 208 页

本文对南京国民政府与国联的外交关系进行了研究,对国民政府在国联的外交活动与得失作出了评价。正文分六章:第一章分析了“九一八”事变以前,国联的地位及其集体安全保障制度;第二章分析了南京国民政府与国联早期交往及“九一八”事变以前对国联的政策;第三章分析了蒋介石和张学良在“九一八”事变前后的思想和行动,指出蒋介石和张学良在“九一八”事变前即确定军事不抵抗、以外交诉诸国联的对日方针,并在事变后继续贯彻和实行;而张学良事前主动选择了对日不抵抗方针,而非被动接受;第四章分析了中国、日本和世界其他国家对李顿报告书的反响,指出国联处理“九一八”事变,并没有主持正义,制裁日本或给予中国以实际的帮助;第五章叙述了中国与国联技术合作的主要方面和合作经过;第六章根据布鲁塞尔会议及国联有关中日问题的历次重要会议的内容,探讨了 1937 年全面抗战爆发后,南京国民政府对国联所作的外交努力。作者最后指出,弱国有外交,但这种外交成效甚微。过分依靠列强的支持解决中国与日本的矛盾及中国和其他国家的利益纠纷,事实证明是一种脱离实际的幻想。

关键词:南京国民政府　外交政策　对外政策　外交史　国际联盟

4205

任鸿隽科学文化思想研究 ／ 侯春燕著 ；郑师渠指导. -- 北京师范大学，2005. -- 140 页

本文以任鸿隽(1886—1961)对自然科学和人文社会科学“两种文化”的通融为线索,对其科学文化思想进行了研究。正文共五章,其中第五章为存目。第一章探讨了任鸿隽对“科学文化”的理论探索。第二章论述了任鸿隽“科学救国”思想的形成、发展,对科学与国运关系的探讨。第三章讨论了任鸿隽对科学认知的深化和推动科学传播的贡献。第四章论述了任鸿隽对科学体制的探索。文章指出,在探索中国走向现代化的进程中,任鸿隽由一个激进的民主革命者转变为一个坚定的“科学救国论”者。在他看来,“科学是立国的根本”,国力之盛衰、政治之兴废及人心之振靡,无不与科学的进步息息相关。他的“科学救国”涵盖着建国和兴国之意,因而也就成为其终身不愿放弃的事业。在取得民族革命胜利后,他仍建言政府

“要把科学当作国策”。这种以发展科学来挽救国运的思想,虽然在当时的历史条件下不是不切实际的,甚而是被冷落和批判的,但从中国近代科学发展史和思想启蒙的角度来看,仍具有不容忽视的历史和现实意义。在“科学救国”理想的驱动下,任鸿隽一生都在思索和探讨两个问题:一是中国为什么没有产生近代科学?一是怎样在中国发展科学?在对前者的探索中,他逐步深化对科学的认知,纠正国人对科学的误解,针对不同对象以多种途径传播“整个科学”的观念,努力为引进和发展西方科学清除障碍。同时,接受过现代科学训练和熏陶他深知,在传播科学观念之外,更需切实推进科学研究。他效法西方,创立学会和研究所;兼顾科学自身发展规律和中国具体国情,倡导注重纯粹科学研究和优先发展地方性科学。他对科学研究机制的早期探索,体现了其科学精神与爱国精神的高度统一。作者认为,任鸿隽对科学救国、科学内涵、科学研究机制等问题的独到思考,都彰显了他融通“两种文化”思想的前瞻性,他是近代中国“科学文化”领域的先驱人物。

关键词:任鸿隽(1886~1961)　科学思想　文化思想　科学救国

4206

近代中日两国官派欧美留学之比较研究:1862—1912 / 胡连成著;王晓秋指导. -- 北京大学, 2005. -- 210 页

本文以中日文档案、人物传记、书信、报刊、日记等史料为线索,对近代中日两国官派留学欧美的历史(1862—1912),进行了系统的探讨。着重分析了两国近代留学教育的几个主要构成,诸如两国最初派遣留学生时的历史背景及基本概况、不同时期的留学政策、留学生在海外的学习与生活情况及其在近代化中的历史作用等,力图找出近代中日两国在留学教育上的共性及其差异,并进而探索产生这种共性和差异的根本原因。第一章中日两国派遣留学生的历史背景及派遣概况之比较,通过实例分析可以看出,虽然两国有着相似的历史背景,但在派遣留学生之前,认识过程大不相同;在派遣过程中,两国的留学教育特色不同,进而分析了造成这种不同的原因。第二章中日两国官派留学政策之比较研究,对两国留学政策进行比较分析,在指出两国留学政策的成就及不足之后,分析了这些政策对各自留学教育的影响。第三章海外留学生活与东西文化冲突之比较研究。通过大量实例,比较、分析了留学生在海外的学习与生活,以及他们在留学生活中遇到的东西文化冲突等问题。第四章留学生在近代化过程中的历史作用之比较研究。通过实例分析,对两国留学生在近代化过程中表现最为突出的几个方面进行了分析、比较。在结语部分,本文对两国留学教育在派遣、任用以及留学生对近代化的历史作用所表现的差异,进行了探讨,试图找出造成这种差异的根本原因。

关键词:留学教育　公派留学　近代　日本　中国

4207

学术·体制·人:晚清学术转型的多维透视 / 胡文生著;黄兴涛指导. -- 中国人民大学, 2005. -- 166 页

本文运用美国科学哲学家库恩的范型理论分析了中国近现代学术史上的三个问题,以说明中国学术由传统向现代的转型。正文共分四章。第一章对中国传统学术现代转型进行了宏观分析,包括学术独立性、自主性的初步生成,特别是现代新式职业学者和知识群体的萌生;学术内在结构的现代转换;思维方式和治学方法的重大变革;学术现代核心价值理念的形成与认同;学术生产机制的转轨和学术语言载体的显著变化等几个方面。第二章从转型视角论述了张之洞的《书目答问》,对其转型特征进行了分析。指出在学术上,乾嘉时期如日中天的汉学此时已经衰落,经世致用之学全面兴起,汉宋调和之风盛行,西学也开始全面侵入。首先,《书目答问》在书目的选择去取上体现出了调和汉宋、融合中西的学术倾向;在体例的安排上,虽然也还遵循四部分类之法,但在相关类目的设置上也有新的创新。其次,《书目答问》适应转型时代的学术需求,将中国当时现有的中西新旧各种学术资源进行了一番选择去取,从而形成了一个基本的知识资源库,并且用书目的形式将其固定下来。第三章从书院改学堂的变革探讨晚清学术制度的新旧转换。指出晚清(特别是同光时期)恰恰是书院发展的巅峰时期,但书院的消亡也正是发生在这一时期,书院在晚清消亡的必然因素在于书院自身的腐败,书院制度已经无法适应新时代的教学需求。而仿照西方学校制度建立起来的近代教育体系长期陷入水土不服的状况,学校教育制度弊端丛生。第四章以严复为例,以版权制度的视角探讨了现代学者型知识分子的兴起。指出版权制度为近代新式知识分子摆脱对封建官僚体系的人身依附关系提供了制度保障,极大地增强了知识分子的独立性,也保护了知识分子进行

文化创造活动的积极性。在近代版权制度的建立过程中,严复起到了十分关键的作用。严复提出版权问题是他由一名传统士人转变为新式知识分子的转折点。他不仅向官方提出制定版权制度的要求,而且在与出版商合作的过程中积极维护自己的版权利益。

关键词:学术史　学术思想　书院　知识分子　晚清

4208

传染病与近代上海社会(1910—1949):以和平时期的鼠疫、霍乱和麻风病为例 / 胡勇著 ; 高力克指导. -- 浙江大学, 2005. -- 144 页

本文在占有大量档案、报刊及其他中外文资料的基础上,运用多种研究方法,初步探求了传染病与近代上海社会的复杂互动关系,其考察时段为 1910 至 1949 年,以鼠疫、霍乱、麻风病三种对社会造成影响较大的传染病为例,分三章探讨了和平时期传染病对近代上海政治、经济、文化、社会结构方面的影响。由于上海在近代中国的影响力辐射至全国,因此上海人或上海发生的事就应将其放入全国的大背景下进行考察。资料表明,由于上海缺乏传播媒介鼠蚤,故鼠疫对上海人口未造成较大的政治经济影响,更多的则是心理上的影响。在应对鼠疫过程中,由于在防疫观念上、在对疾病的反应和认识上有差别,导致华人的恐慌及租界当局与华人的对立。随着现代防疫效果的彰显和公共卫生网络的建构,民众迅速转变观念。与鼠疫不同,由于人口密集,人们的居住环境、生活方式、水、气候等多种因素的影响,上海的霍乱疫情非常严重。而在霍乱的防治问题上,中、西医有差异,民众对此的反应不一,社会力量与官方的作用互为补充。直至 20 年代,民间力量在应对霍乱侵袭中发挥了重要作用;而官方行为迟缓,30 年代后期防治网络才逐渐展开。麻风在中国有上千年的历史,民国时期麻风病更是厉害,蔓延之速、分布之广令人惊异。民众对麻风病很是恐惧,对麻风病人采取歧视的态度。民国政府对麻风的救济态度十分消极。1926 年中华麻风救济会创立后,领导进行了大量的麻风救济工作。由于民间组织在人力、财力、物力上十分有限,麻风救济事业历经曲折。总的来看,传染病对近代上海社会的影响主要为:造成劳动力、经济的损失并引起社会秩序的混乱;促动了公共卫生体系的建立;在应对频发的瘟疫中形成了城市救难机制的"上海模式";促进了城区一体化进程和城市环境的转变。

关键词:传染病　鼠疫　霍乱　麻风病　社会史　上海市　民国时期

4209

《申报》社评与晚清的民族运动:1900—1905 / 黄晋祥著 ; 郑师渠指导. -- 北京师范大学, 2005. -- 103 页

本文共分四章。第一章是对《申报》基本情况的介绍。指出《申报》在晚清是最具影响的报刊之一,初由英国人经营,1906 年后始由华人席子佩主持。它以 1905 年为界,分为前后两个时期。前期的编撰体例基本固定,而后期变化较大。晚清《申报》的主笔及社评前后变化也较大。第二章论述《申报》视野下的义和团运动、晚清教案与庚子和议。指出《申报》对义和团运动极为关注,它反对清政府容纳、利用义和团,主张坚决镇压。而对东南督抚和帝国主义相勾结实施的所谓"东南互保"则大加赞扬。《申报》认为教案的产生,教士、教民、地方官、士大夫、绅士、政府都有责任,而地域文化因素也起到了很大的作用,并提出了它自己认为可行的消弭教案的办法。八国联军侵华期间,《申报》屡揭联军罪行,尤其对侵略者的毒气战予以严厉的痛斥。议和过程中,提出赔款不如割地,主张将东北作为各国通商的公地以为补偿。《辛丑条约》的大纲公布以后,《申报》逐条予以了评论,错误地认为总体上条约各款尚无大损于中国。第三章讨论《申报》与拒俄运动。指出《申报》早在 1900 年 8 月就发出了拒俄的呼声。拒俄运动开始前后,《申报》始终不相信有"密约"一说。在拒俄运动的方法上,《申报》反对群众武力拒俄,主张利用帝国主义之间的矛盾,通过外交努力,割舍一定的权益,实现收复东三省的目的。日俄战争爆发后,《申报》谴责清政府的"局外中立"政策,主张助日攻俄。第四章论述《申报》与抵制美货运动。指出《申报》在国内各报中,率先对美国虐待华工事件进行了报道和评论,并努力求索华工脱困的办法。对于抵制美货,《申报》认为应循序渐进地进行,反对暴力,提倡文明抵制。在具体的措施上,主张在坚持不用美货的前提下,先疏通存货。运动中,《申报》批评清政府的软弱无能,反对清政府压制抵制美货运动,并敢于对清政府镇压抵制美货的上谕予以驳斥,体现了《申报》反封建专制的民主精神和抵制美货的坚定信念。

关键词:《申报》　社论　义和团运动　抗俄拒法运动　抵货运动　民族运动　清代

4210

“大跃进”时期乡村政治的典型：河南嵖岈山卫星人民公社研究 / 贾艳敏著；李良玉指导. -- 南京大学, 2005. -- 144 页

本文选取最早建立的人民公社——河南省遂平县嵖岈山卫星人民公社(简称卫星公社)作为研究个案,揭示了人民公社化运动如何从树立典型,再以这个典型为样板在全国展开的过程及其后果。正文共七章。第一章主要论述卫星公社首先在河南出现的背景和建立情况。第二章主要论述卫星公社的建立过程,分析了人民公社体制之所以成为“五亿农民的新方向”的原因。第三章主要论述卫星公社发射粮食高产“卫星”的过程。指出在“大跃进”和人民公社化运动中,一直处于领先地位的河南省不断修改各项“跃进”计划,尤其是粮食产量指标一再提高,实现《农业发展纲要》所定目标的时间一再提前。在卫星公社带动下,全国各地竞相放“卫星”,甚至出现了亩产十几万斤的高产纪录。第四章主要论述新闻界对卫星公社粮食高产“卫星”以及生产、管理等方面制度进行的强大宣传。指出此种宣传分为两个阶段,前期是对高产“卫星”的报道,后期是对嵖岈山卫星公社体制的宣传。第五章主要论述嵖岈山区率先建立人民公社和在 1958 年夏季发射粮食产量“卫星”而造成的严重后果。指出“大跃进”时期,卫星公社以共产风和浮夸风为主的“五风”盛行,干部违法乱纪现象严重,农民的生命财产遭到严重破坏,社会生产力下降。通过纠“左”整社,卫星公社的“五风”得到初步遏制,一定程度上缓解了“左”倾错误。第六章主要论述庐山会议后,卫星公社的反“右”倾、鼓干劲和继续“跃进”。指出卫星公社经过批判彭德怀,反“右”倾,修改“跃进”计划,掀起了新的跃进高潮,重又刮起“五风”,“左”倾错误愈益严重,更大的一个错误是展开了大规模的反瞒产私分,这也是造成人口大量非正常死亡的最直接的原因。第七章主要叙述卫星公社在“大跃进”和人民公社化运动中的灾难性后果,即大饥荒和大量人口的非正常死亡。特别探讨了“信阳事件”。

关键词:农村人民公社　大跃进运动　河南省

4211

地方政府与区域经济变迁：以 1900—1911 年的山东省为中心 / 姜虹著；戴鞍钢指导. -- 复旦大学, 2005. -- 182 页

鸦片战争以后,资本主义经济开始逐渐代替中国传统的小农经济,而这个代替过程,也就是中国近代经济变迁的过程。推动中国近代经济变迁的力量来自方方面面,有经济本身发展的惯性,有外国资本主义势力的冲击,也有本国政府的影响。现以山东省为中心,以地方政府为主要研究对象,着重探讨 1900—1911 年间,在中央政府经济政策调整的背景下,地方政府职能转变过程,及其对地方实业建设的推动、区域经济变迁的影响。近代以前,在小农经济的影响下,地方政府的职能以政治职能为主。随着时局变化,地方政府的职能开始发生变化,经济职能逐渐增强。就山东来看,地方政府的职能转变则开始于袁世凯时期,他的继任者们又使这种转变进一步向前发展。同时,地方政府开始承担起了对地方实业建设的领导责任。自开商埠是地方政府实行的保护利权,发展近代经济的重要举措。就山东而言,地方政府自开商埠的根本原因,在于这一时期山东经济发展所提出的内在要求,直接原因则在于开埠地区本身经济发展的要求。在对自开商埠的建设和管理过程中,山东地方政府带有浓厚的民族主义倾向和一定的现代化理念,对区域经济变迁产生了重要影响。地方政府对治域内的经济变迁负有组织、管理和推动的责任,而反过来,经济变迁通过自身的不断发展,也在不断催生和强化着地方政府的上述经济职能。1900—1911 年山东经济的发展历程表明,本期内的山东政府在经济政策上保持了一定的连续性,曾试图承担起对地方经济的组织和管理的职责,从而对山东区域经济变迁产生了重要影响。但是,在此过程中,也遇到了一系列问题,如它没有从中央政府那里获得足够的自主权、抵御外辱与发展民族经济的举措有时相互矛盾等等,所有这些也在一定程度上阻碍了其作用的发挥。这反映了处于传统与现代之间的地方政府在组织地方经济建设过程中的两难处境。

关键词:地方政府　区域经济　经济发展　经济史　政府职能　山东省

4212

私营经济与国家控制：福建批信局与国家邮局及银行之关系研究(1928—1958 年) / 焦建华著；戴一峰指导. -- 厦门大学, 2005. -- 223 页

本文通过梳理和分析不同时期福建批信局与国家邮局及银行关系的发展变化,进而透视近代私营经济发展的内在规律和私营经济与国家控制之间的复杂关系。全文共七章。第一章为导论,第二章叙述侨批业的历史演进。第三章至第六章,分别从 1928—

1937、1937—1945、1945—1949 和 1949—1958 年四个时期探讨福建批信局与国家邮局及银行之间既合作依赖、又竞争排斥的多重关系。第七章为结语。文章指出,侨批业是寄递信并经营侨汇汇兑的特殊行业,侨批和经营者是侨批业的基本构成要素。侨批业大约出现于 19 世纪初期,20 世纪逐步进入鼎盛时期。侨批业的兴起与发展,同当时大规模的华人移民、邮政和银行服务严重不足、华侨自身因素以及交通不便等客观条件密切相关。批信局是经营侨批业的主要组织,具有邮政与金融双重功能,在长期发展中形成了一套独特和成熟的经营制度,并构建了遍及东南亚和中国东南沿海的经营网络。不过,从总体上说,批信局在国家邮局及银行的挤压下呈衰落的趋势,透视出近现代中国私营经济在国家控制力变化之下的涨消轨迹。从现化化角度看,国家主导现代化模式直接决定了近代私营经济的命运,即国家控制日趋加强,私营经济日益萎缩;从经济自由主义与国家干预的角度看,私营经济与国家控制的关系具有多样性,呈现出替代、补充、亲善等多种模式;从国家行政能力角度看,国家利益的部门化制约着国家行政能力的有效性,影响了控制私营经济的效果;就私营本身而言,其经营领域、制度和实力一定程度制约着国家控制。

关键词:私营经济　侨务　外汇　邮局　银行　福建省

4213

苏美在远东的角逐与斯大林世界战略的调整 :兼论朝鲜战争爆发的原因 / 金东吉著 ; 张海鹏指导. -- 中国社会科学院研究生院, 2005. -- 202 页

本文考察了从第二次世界大战末到朝鲜战争发生前,苏联对朝鲜半岛的政策及其目的、中国共产党政权与北朝鲜关系的演变、毛泽东首次访问莫斯科与斯大林的会谈以及朝鲜战争起源的关系。全文共分十一章。第一章序论;第二章阐述了后苏联在亚洲的外交目标和当时东亚局势;第三、四章研究了从解放以后到韩国和北朝鲜各自成立独立政府,苏联对朝鲜半岛的政策及其目标,以及为达到这一目标所采取的外交策略;第五章讨论了从独立政府成立后到 1949 年末,在中国局势的影响下,苏联对朝鲜半岛政策的调整;第六章至第八章分析了中国内战期间,中国共产党与北朝鲜关系的变化,特别分析了中国人民解放军所属朝鲜人部队移交给北朝鲜的问题、朝鲜人部队的移交对北朝鲜人民军军力增强所起到的作用问题,批驳了“三国同谋论”的观点;第九章探讨了毛泽东的莫斯科之行以及中苏会谈的结果。第十章研究了美国对朝鲜半岛的政策。第十一章分析了在莫斯科举行的中苏会谈进程及其结果对苏联全球安保战略的影响及苏联为此作出的调整。文章特别关注了中苏同盟条约修改协商过程中发生的分歧和协商结果、斯大林对毛泽东与日俱增的不信任、以美国为首的西方国家向中国采取的全面和解措施,考察了在当时东亚政治局势的变化中斯大林可能选择的政策手段、朝鲜战争对斯大林所面临的国际政局中的一些难题有何帮助。同时也分析了朝鲜战争可能导致的不同结果,苏联在各种局面中能得到什么战略利益等。作者认为,斯大林不是应金日成统一全朝鲜半岛的请求而同意北朝鲜发动朝鲜战争,而是为了实现把美国的注意力从欧洲完全转移到其他地区,并且防止中国和美国之间和好从而使中国更加依靠苏联的目的而发动的。苏联可以通过朝鲜半岛的不冻港来代替因中苏同盟条约的修改而丧失的旅顺不冻港,而且还可以防止朝鲜半岛成为日本侵略中国和苏联远东地区的桥头堡。在朝鲜战争中,斯大林是唯一的受益者。

关键词:朝鲜战争　斯大林(Stalin, Joseph Vissarionovich 1879 ~ 1953)　毛泽东(1893 ~ 1976)　中苏关系　美国

4214

晚清义赈组织(1876—1895 年)研究 / 靳环宇著 ; 周秋光指导. -- 湖南师范大学, 2005. -- 297 页

本文在中国慈善史、赈济史的背景下,对晚清的义赈组织进行了研究。正文共分四章,分别探讨晚清义赈组织产生的社会环境、义赈组织的结构、义赈组织的制度以及义赈组织的慈善家群体。文章指出,义赈是晚清社会民间慈善事业的主要形态,是在中国传统因素与西方慈善文化熔融的基础上诞生的新生事物,创始于 1876 年。由于中国近代社会历史条件的急剧变幻,义赈这一刚刚产生的民间慈善救济的主流形式也相应经历了迅捷的变化。在 1876—1949 年间,1895 年、1904 年是义赈历史中的两个重要的转折点。1876—1895 年是义赈产生与发展的第一个阶段,也是在中西双重因素影响下而本土化最为明显的阶段。1895—1904 年是近代义赈发展的第二个阶段,以甲午战争时期外国红十字会医院在中国的出现并得到当时义赈主体力量的衷心拥护与支持为契机,开始现代化的民间慈善组织的孕育和探索。1904—1949 年,以万国红十字会的出现为标志,表明中国现代化的民间慈善救济组织的出现。因此,1876—1895 年的

义赈历史是中国传统社会的慈善、赈济事业向现代化的慈善公益事业转进的过渡阶段。就其内部生态而言,义赈组织在结构上分为依托机构、派出机构、分支机构,三者共同构筑了晚清义赈组织的运行实态。义赈组织领导层将政治理想视为其人生的最高价值,办理民间慈善救济事业在他们的眼中仅具有工具性效用,是他们迈向仕途的一种途径。而对于为义赈组织提供资金支撑的社会一般义赈慈善家群体,其慈善捐输行为属于利他主义性质,正是他们保证了中国近代民间慈善公益事业的迅速发展。

关键词:社会经济　事业　义赈　晚清

4215

蒋介石对国民革命军的控制研究 / 李宝明著 ; 茅海建指导 . -- 北京大学, 2005. --165 页

本文在厘清国民革命军各军、师、独立旅沿革的前提下,对蒋介石在其大陆统治期间对国民革命军的控制进程进行了探讨。指出,北伐战争前,中国国民党在国民革命军中实行党代表制度,试图建立该党可控制的军队,但蒋介石最终放弃了这一制度。北伐战争结束后,裁军、将军政大权集中于国民政府,乃国内舆论的共识。但此时国民革命军并没有置于中国国民党和国民政府的控制之下。蒋介石或者利用军权控制行政权,或者将军权独立于国民政府的控制之外。蒋介石对地方军事集团所采取的政策是:分化与制造矛盾、更换高级将领、调整建制。蒋介石将军队大权控制在自己手中。他利用特务系统监视官兵,成立侍从室架空决策机构。他要求各级将领对自己绝对效忠,打乱了军队的上下级秩序,人为制造派系。1925—1949 年,蒋介石对国民革命军的控制所取得的效果主要是其嫡系部队所占比重超过 50%,但其控制并不是彻底的。其原因在于,蒋介石在政治上走专权道路,遏制了地方军事集团首领在政治上的发展,故地方军事集团首领抵制其整编;其嫡系集团内部分化出许多派系,削弱了其控制力度。

关键词:国民革命军　蒋介石(1887 ~ 1975)　军事管理

4216

戊戌前后康有为议会思想之研究 / 李春馥著 ; 房德邻指导. -- 北京大学, 2005. -- 202 页

本文以考据和分析的方法,从议会思想的渊源和议会的结构、组织入手,对戊戌时期康有为议会思想的全貌及其变化进行了探讨。作者认为,康氏所称的"议郎"制和"议院",来自《德国议院章程》的民选下院,它主要拥有受理请愿权、财政权和其对政府命令的监督权等职权。康氏所称的"开门集议"、"辟馆顾问"和"国会"是两院制议会结构。而"制度局"、"议政处"、"立法院",同日本明治维新初期的"参与"成员密切相关,皆指上议院结构,而在百日维新期间设置的"制度局",即为仿行上议院的筹备措施,它们都握有议政与立法的职权。康氏围绕着开"国会"和"定宪法"以及上议院的议会体系有关问题而提出了维新派的政治主张和要求。作者认为,康氏议会思想可分为《第五书》以前和《第六书》及其以后两个不同的阶段来探讨,前一阶段侧重于下议院的结构、职权及其意义,后一阶段则以上议院的结构和职权为主导。同时,作者试图通过光绪帝对新政措施的实际依据,阐述光绪帝与维新派领袖康有为之间在"变法"思想和开设上议院等问题上的互动关系,并对康氏立宪思想作出公正、客观的总结。

关键词:康有为(1858 ~ 1927)　政治思想　议会

4217

传承与更新 :留美生与民国时期的史学 / 李春雷著 ; 李喜所指导. -- 南开大学, 2005. -- 233 页

本文对留美生于民国史学所产生的影响进行了探讨。全文分九章:第一章阐述了留美生研究民国史学的背景;第二章从启蒙教育、留美原因、留美院校等方面考察了留美学生的全貌,并分析了当时的教育政策对留美生整体队伍变动的影响;第三章探讨了留美生史学研究"范式"的创新,指出其创新不仅表现在他们的史料观上,而且也表现在科学方法上;第四章以李济、梁思永为典型考察了留美生与民国时期考古学的发展过程;第五章探讨了留美生对史学学科建设的参与及史学发展趋向的变化,同时,通过他们教学实践的实证分析来深化这一主题;第六章以胡适、雷海宗为个案,通过对他们学术经历和学术成就等比较,分析了留美生在研究民国史学过程中"传承与创新"的价值取向;第七章不仅研究了留美生对史学期刊参与的一般情况,而且分析了齐思和、陆懋德的文章取向,探讨了留美生把民国史学向纵深化推进的努力;第八章分析了胡适《中国哲学史大纲》在民国史学界的困厄及"战国策派"、"新人文主义学派"学理与现实的抉择等问题;第九章以土生土长的陈垣和留美生傅斯年为例进行了研究,展示了留美生这一群体研究民国史学的思想原貌。

关键词:史学史　留学生　民国时期

4218

近代留美学生与中国的经济学 / 李翠莲著 ; 李喜所指导. -- 南开大学, 2005. -- 243 页

本文以留美学生与近代中国经济学科建立的关系为考察重点,以清末至解放前时间段为经,以留美学生创建中国经济学科努力的横断面为纬,对留美学生的历史活动与功过得失进行了探讨。全文共分八章,从实践层面到理论层面进行论述。第一章论述了经济学在西方发轫的过程及在中国早期的传播情况;第二章对于创建经济学科的主体——留美学生进行了总的社会学分析,认为留美学生的总体状况在一定程度上决定了近代经济学科的性质和走向;第三章重点探讨了留美经济学者在创建和支撑民国时期大学经济学方面的努力和成绩;第四章以南开经济研究所为案例,考察了留美学生与经济研究机构的关系,探究了留美学生在民国时期创办经济学研究机构、发展经济学科的成功启示;第五章探讨了留美学生在经济学术社团发展中的努力与作用;第六章讨论了留美学生与西方经济学学理传播的情况;第七章分析了留美学者与经济学中国化的尝试与努力;在结论部分,作者认为,虽然留美学生在传播西方经济学过程中存在不可避免的缺失,但留美经济学者在引进、传播西方经济学和建立本国经济学方面的功绩应给予肯定。

关键词:留学生　西方经济学　经济思想史　文化交流

4219

从农村到城市 :中共在石家庄市建政与管理的重要尝试(1947—1949) / 李国芳著 ; 杨奎松指导. -- 北京大学, 2005. --225 页

本书分四章论述了抗战胜利后,中共在石家庄市建政与管理的重要尝试。1945 年抗战胜利之前的 20 余年间,中共虽拥有城市工作的经历,但并无城市建政与城市管理的系统经验。在转入战略进攻后,中共开始转变以往集中精力于农村和战争而不注意城市工作的倾向。1947 年石家庄的占领,为中共中央工作中心由农村转向城市提供了有益的尝试。由于中央调配到石家庄市的干部缺乏城市建设与管理经验,但具有丰富的农村革命策略,因而洋溢着浓厚的农村气息和农村作风。如,他们在石家庄率先推行了当时中共在农村根据地惯用的大规模群众运动和斗争清算方法,希望以此建立新的城市秩序。这种努力失败后,中共又采取委派的办法建立了市、区、街三级政府。后又改设区公所,撤销街政府,派出所实行"警政合一"。在探索城市管理的过程中,中共在努力适应城市、尝试修正基于农村的革命策略和方法的同时,也以革命理想和信念改造着城市,如采取对农村中极少遇到的大批工人、商人国民党员,实行了严厉的登记和审查;对逃亡到城市的"地主",中共分别情况予以遣返等。石家庄市建政与管理的尝试过程,说明了中共何以能够在城市站住脚跟、而国民党却因接收城市而大失人心,反映了中共从革命党走向执政党的适应与不适应,折射出中共工作中心从农村转向城市的艰难与曲折。

关键词:城市建设　城市管理　中国共产党　城市化　石家庄市

4220

王闿运与晚清书院教育研究 / 李赫亚著 ; 史革新指导. -- 北京师范大学, 2005. -- 232 页

本文从晚清特殊的时代背景出发,以书院的执教经历为切入点,探讨了王闿运(1833—1916)书院教育的特点、贡献与影响。正文共五章。第一章叙述了晚清变局与王闿运的生平。指出王闿运是晚清书院教育史上的一位著名山长。他的准学术活动与书院教育紧密结合,其书院教育影响了近代四川、湖南的学术风气。其书院弟子多达数千,在近代中国的政界、教育界、文艺界、学术界,都活跃着王氏弟子的身影。王闿运书院教育生涯是晚清书院教育历史的重要组成部分。第二章探讨王闿运在四川书院教育的活动。指出王闿运通过施行"息讼——禁烟——明礼"之举措,使成都尊经书院院风得以根本扭转。他提倡通经致用,用经、史、词章之学来培育四川书院的实学学风,设尊经书局刻书以化育诸生。在其掌教期间,终将尊经书院办成蜀中的模范书院。尊经书院的办学方式,促进了四川书院的改制。第三章论述王闿运在湖南长沙思贤讲舍、衡阳船山书院的活动。指出王闿运在湖南掌教时期,正值书院改制声浪日高之时。他极力维护传统书院教育,教学内容仍以传统的经、史、词章之学为主,排拒新学和学堂教育。一方面,船山书院在王闿运的经营之下,规模日渐发展壮大;另一方面,船山书院离中国教育近代化的路途愈来愈远,成为湘省最后一批改为学堂的书院之一。第四章分析王闿运书院教育的特点。指出王闿运书院教育体现出较明显的"三双"特征,即:教育主旨上的"双层次目标",育"行帝王学"之才与实用之才;科举考试上的"双不原则",不倡制艺、不禁应试;书院改制上呈现"双重变奏"特色,前期引领风尚、开四川书院改制

先声,后期守旧缓进、卫院意识浓烈。第五章对王闿运书院教育及其影响进行了评价。作者认为,王闿运书院教育以经世之风振蜀学,以实学教育启润蜀学,促进了蜀学在近代的振兴;王闿运书院教育进一步彰显了湖湘学术文化的内在品质,深化了湖湘文化的伦理特色,使传统湖湘学风重视"政治伦理"而轻"生产实践"的特色更加鲜明。

关键词:王闿运(1833~1916)　书院　教育史　晚清

4221

当代中国宪法论 / 李宁著 ; 李良玉指导. -- 南京大学, 2005. -- 219 页

正文共十一章。前两章通过分析中国传统法典、近代宪法,揭示了传统法典的宪法学缺陷及其向当代宪法的过渡。第三章通过描述当代中国宪法的制定过程,反映了当代中国宪法产生的具体历史背景和产生的过程与方式。第四章分析了当代中国社会生活中存在的从阶级观点分析法的起源问题的局限性;探讨了法的本质问题是阶级性还是社会性这一法学的基本理论问题;通过分析当代中国宪法与经济基础的变迁,揭示了当代中国宪法的独立性和能动性的缺失;凸现了在法与国家权力的互动关系方面"用法律支配国家权力"的价值预设;通过分析党的政策的重要历史作用,指出了法与政策的关系方面所蕴含的党政关系,提出了当代中国宪法的历史特点,即以人民民主专政理论指导、中央集权、强烈的政治性和不稳定性。第五章从"人民"、"民主"、"阶级"、"国体"、"政体"、"选举"、"宪法"、"宪政"、"党政关系"几个方面论述了当代中国宪法的政治理论依据。第六章重点分析了当代宪法规定的几项公民权利,包括公民权、平等权、言论自由、出版自由、新闻自由、迁徙自由、宗教信仰自由以及财产权。第七章和第八章分析了当代中国宪法的基本经济制度和政治制度。指出当代社会的所有制理论和所有制结构的变迁体现了当代中国宪法发展变化的轨迹;作为国家基本政治制度的人民代表大会制度和政治协商会议的发展过程及各自的职能演变,充分反映了中国民主化和法治化的曲折道路。第九章回顾了建国前的党政关系历史状况,分析了七十多年来的党政关系变迁,并分析了当前党政关系的几个方面,主要包括党与人大、政府、司法、社会团体的关系。第十章研究了建国初期人民司法体制的确立(1949—1956)、后来遭到的破坏(1957—1976)和恢复(80 年代以后)的过程,并对当前司法建设和司法改革中的问题进行了分析。第十一章探讨了宪法的修改,详细介绍了建国以来修宪的几个阶段,揭示了当代中国修宪过程中存在的问题,并探讨了今后进一步修改完善宪法的可能方向,主要是宪法序言的修改、人大制度的完善、政治协商会议的地位、违宪审查等。

关键词:宪法　宪法学　法制史　当代

4222

新中国的中苏友好话语建构 : 1949—1960 / 李巧宁著 ; 高华指导. -- 南京大学, 2005. -- 134 页

本文共分十章。第一章绪论。第二章是对 1949 年以前中苏友好话语构建的回顾。第三至五章,重点探讨了 1949—1960 年间中苏友好话语构建活动发展的三个阶段:1949—1952 年,专门从事中苏友好话语构建的机构——中苏友好协会的各级组织纷纷建立起来,并迅速地在群众中展开了介绍苏联和中苏友好的工作;1953—1956 年,这是中国第一个五年计划的关键时期,中苏友好话语的构建重在营造"中苏人民一条心"的友好气氛,并开展了"全面学习苏联经验"的运动,中苏友好协会的工作归入各级宣传机构中,与日常生产生活紧密结合起来;1957—1960 年,随着中苏两国之间的冲突与分歧浮出水面,中苏关系跨过了"棱线",中苏友好话语构建活动随之迅速淡化,一般只在有关中苏关系的重要纪念日期间进行。第六章和第七章论述这一时期中苏友好话语构建的特点与方式。文章指出,这一时期中苏友好话语构建具有极强的政治性、现实性、高度统一性及方式多样性的特点。它的运作从话语内容的取舍、构建活动的频度与具体操作,到对持不同意见者的处置都完全取决于中华人民共和国的建设情况与现实政治的需要,且严格遵循全国统一的规定。在具体运作上,对不同社会阶层均有侧重。第八章和第九章探讨了中苏友好话语的构建与发展变化的原因:一是巩固政权的需要;二是国家建设的需要;三是毛泽东出于借助苏联提高自己的国际、国内声望的考虑;四是中国在十余年间持续地构建中苏友好话语是它展示自己国际交往姿态的一种方式。第十章讨论了中苏友好话语构建活动的影响。作者认为,中苏友好话语构建,较大地提高了普通群众对苏联以及"中苏友好"的认识,增强了他们对新中国的信心。苏联文化产品在中国大地上的广泛流行甚至培养了一代中国人浓厚的"苏联情结"。同时,群众中也存在着对中苏友好话语构建活动的有限质疑,尤其是对其教条主义做法质疑颇多。

关键词:中苏友好协会　中苏关系　友好往来　国际关系史

4223

日伪统治下的东北农村述论：1931—1945 年 / 李淑娟著；刘景泉指导. -- 南开大学, 2005. -- 210 页

本文对日伪统治下的东北农村状况进行了研究。全文由绪论、正文四章与结束语三部分构成。第一章考察了村屯组织结构。文章指出,日本通过伪满地方政权,以保甲制、村制和国民邻保组织对东北农村实行殖民统治和经济掠夺。通过集团部落、"无人区"和日本移民开拓团,破坏或毁灭东北农村原有的村屯组织结构。通过关东军操控的协和会,对东北民众进行思想奴化教育。该组织后来演变为走向战时经济体制的民众动员与实施机关。第二章土地产权结构的演变。指出"地籍整理"和百万户移民计划,是日本对东北农民土地进行疯狂掠夺的手段。结果造成地权高度集中,农民两极分化严重,自耕农阶层基本瓦解,并生成大量无地农户,佃农和雇农成为农村最大的群体,贫困化阶层扩大。传统意义上的地主逐渐退出历史舞台,转型时期的地主与日本帝国主义势力相结合。日本移民作为东北农村的特权阶层,成为中国领土上新兴的异族地主。第三章农业生产考察。发现在日本掠夺政策的统治下,加之天灾、战乱等原因,东北以大豆经济为特征的农业经济陷入危机。为加强对农业资源的掠夺,日伪通过实施经济统制政策,建立殖民地农业体系,控制东北的农业生产和流通。其中,军用品棉花的生产成效显著,而鸦片的种植,最具代表性。第四章农民负担透视。指出到了战争后期,伪满地方政权、协和会、兴农合作社结为一体,共同对农民进行农业掠夺。千百万农民被强征劳役,许多人被累死或虐死。此外,日伪政府还通过三次战时大增税、地方摊派、滥发纸币、公债,强制储蓄和保险等手段,搜刮农民,将其逼向绝境。

关键词:侵华事件　殖民统治　农村　殖民政策　东北地区　日本

4224

知识产权因素与中美关系：1989—1996 / 凌金铸著；王国平指导. -- 苏州大学, 2005. -- 199 页

本文通过建立过渡期中美关系的模式和模型,分析和论证了中美知识产权关系和知识产权因素对中美关系的影响。文章分两条线进行分析和论述。一条线,分析和论述过渡期中美关系冲突与合作的特征,揭示中美冲突的必然性,中美合作的可能性,和中美合作路径的不确定性。另一条线,论述中美知识产权关系的发生及发展,中美知识产权冲突与合作的历史必然性,分析知识产权因素对过渡期中美关系产生的重要影响,揭示了知识产权因素对过渡期中美关系从冲突走向合作的确定性路径所起的关键性作用。作者认为,过渡期中美关系是一种既冲突又合作,能够相互交融、相互转化的关系模式,它的走向受到多种因素的影响,其中知识产权的作用尤为突出。在冷战终结、经济全球化进程加快、中国改革开放进一步深化的大背景下,加强国际竞争力成为中美共同关注的目标。在提高国际竞争力这一原动力推动下,美国调整对外贸易政策而发起知识产权保护的国际化攻势;而中国面对国际竞争力不强的现状,实施知识产权战略自然成为一条强国富民的必由之路。

关键词:中美关系　知识产权　对外贸易　美国对外政策

4225

江苏省教育现代化的推手：江苏省教育会研究 1905—1927 / 刘方仪著；李良玉指导. -- 南京大学, 2005. -- 105 页

本文以第一个成立的省级教育社团——江苏省教育会(1905—1927)为研究对象,探讨了近代省级新式教育社团对于近代中国的教育区域现代化发展的影响。正文共分五章。第一章论述近代江苏省推行新式教育及教育性社团成立的历史背景。指出开明官绅阶层率先与省内士绅及商绅力量相互结合,为江苏省教育现代化发展奠定扎实的基础。第二章讨论江苏省教育会的发展过程、会员背景及会务运作。指出江苏省教育会成立于 1905 年,至 1927 年被解散,其活动时间长达 22 年。其中又可分为三个时期:1905—1906 年为草创时期、1906—1911 年为发展时期、1912—1927 年为成熟时期。该会成员遍及省内各县市,又以基层教育工作者为多。地方上的乡绅贤达、受过新式教育的留学生、思想开明的官绅也是该会成员的组成部分。由于该会成员的背景较为复杂,部分核心会员更是游走于省内的政、商、学界,使得该会的发展方向从起初推广试行新式教育,逐渐向省内地方教育行政事务与社会政治领域发展,这种情况在进入民国时期之后更加显著。第三章和第四章重点探讨江苏省教育会推广新式教育的具体行动,分别从江苏省兴办师范教育、小学教育、实业教育及职业教

育的历史切入，讨论教育会实际参与的活动以及相关会员的教育思想，其中以张謇、黄炎培、余子夷等人为主，藉以评价该会在省内各式新式教育发展方面的作用与影响。第五章是对江苏省教育会的评价。文章指出，江苏省教育会在其发展过程中，逐渐向独立的半官方教育社团发展，使其能够有效地将各种教育资源加以整合并妥善运用，进而对近代江苏省的新式教育发展，以及近代江苏省教育现代化发展起到“推手”的作用。正是这种转变，使其在省内的力量逐渐扩大。另一方面，由于该会会员向教育行政界发展，使得该会的立场难以维持中立。这种立场的失焦，自然也就难逃政治斗争的冲击，也注定了该会难逃被主政的国民党强制解散的命运。

关键词：教育事业　社会团体　教育现代化　教育史　江苏省

4226

民国地方势力与中央关系研究：以晋系为个案 / 刘峰搏著；刘景泉指导. -- 南开大学, 2005. -- 178 页

本文通过对晋系与中央关系演变过程的个案考察，分析了民国地方势力与中央关系之发生、发展的原因及其演变过程，并对民国中央与地方关系发展中带有规律性的认识进行了探讨。作者认为，民国时期中央与地方的关系常呈现出矛盾对立与协和一致并存的态势，在不同时期表现出明显的阶段性特征。南京临时政府时期，中央与地方关系有名而无实。袁世凯统治时期，对中央与地方关系进行体制整合，尝试重新建构中央集权行政体制，但终归失败。南京国民政府建立初期，中央承认地方既得利益，实现了地方与中央的合作，并将其关系推到一个顶端。东北易帜后中央与地方关系激烈冲突。中原大战后，中央与地方势力既有冲突的一面，又有谋求再次合作的一面。全面抗战爆发前，南京政府最终选择了与地方势力合作抗日的道路。抗战初期，地方势力与中央政府在军事方面的合作使双方关系表现得较为融洽。抗战中后期，在抗日与“剿共”问题上地方势力与国民党政府形成一种背与不背的关系。抗战胜利后，部分地方势力脱离了国民党政府，但也有部分地方势力，追随蒋介石发动内战。

关键词：中央与地方的关系　国民政府　地方势力　民国时期

4227

1990 年代以来台湾人力资本投资考论 / 刘俊著；崔之清指导. -- 南京大学, 2005. -- 131 页

本文运用西方人力资本理论，对 1990 年代中期以来台湾人力资本投资及其与经济发展的互动关系进行了探讨。全文共七章。第一章绪言。第二章主要概述台湾人力资本投资的历史，重点论述对其人口发展产生重大影响的“家庭计划”，提高其人口素质的普及教育（含职业培训）发展，工业化和城市化对人力资本投资的影响。第三章考察台湾人力资本投资的制度与政策体系。指出台湾当局对人力资本投资“立法”极为重视，注重用法律来加强和规范全社会的人力资本投资行为。台湾涉及到人力资本投资的政府机关很多，历史上产生特别作用的是“人力资源委员会”。经济、法律、行政等手段的综合运用，推动了台湾人力资源开发基本沿着当局设定的方向前进。台湾人力资本运作的根本方式是市场化。第四章依次论述 1990 年代以来台湾人力资本投资的主要内容：人口投资、教育投资、健康投资、移民投资。第五章论述台湾人力资本投资的主体：居民、企业、“政府”，指出三者在人力资本投资上分工合作。台湾当局和个人在人力资本投资上都比较积极，而在西方发达国家人力资本投资中发挥重要作用的企业在台湾做得却不尽如人意。第六章分析 1990 年代以来台湾人力资本的配置和绩效。文章构建了台湾人力资本投资的成本－收益模型，然后用该模型对台湾的教育投资进行收益分析。在概述 90 年代以来岛内就业状况的变化后，从人力资本投资角度解析了失业的利弊，以及人力资本投资收益率的变化对岛内人力资本投资的影响。第七章为结语，概括了台湾人力资本投资的基本经验与特色；在给予基本肯定的同时，指出其主要制衡因素与问题是人口萧条、教育混乱、失业率高、贫富差距大、经济转型、产业结构升级困难。并提出相关对策建议，认为台湾须实行人力资本发展战略，即进一步使人力资本市场化、自由化、国际化。

关键词：人力资本　投资　教育投资　台湾省

4228

经济全球化与海峡两岸经贸关系研究 / 刘相平著；崔之清指导. -- 南京大学, 2005. -- 170 页

本文利用全球化理论考察海峡两岸关系的发展历程，并对其未来的发展趋势给予了预测。正文共七章。第一至三章，讨论了全球化与大陆经济、台湾经济的发展历程。文章指出，1949 年社会主义政权中华

人民共和国在大陆建立，国民党则败退台湾，使得台湾最终成为现代资本主义世界体系的一个环节。然而，在1949年到1979年的时间里，由于国际形势的原因，中国大陆的经济发展道路被迫走向封闭。1979年后，中国大陆走向改革开放，积极参与到经济全球化进程中，在较短的时间内，从现代世界经济体系之外溶入体系之内，度过“边缘区”阶段，进入“半边缘区”阶段。对台湾而言，在美国的帮助下，1950年代后成为现代资本主义世界经济体系的“边缘区”。从20世纪80年代中后期开始，随着对外投资的增加，挤进了资本主义现代世界体系的“半边缘区”。第四章和第五章探讨两岸经贸政策的演变及两岸经贸交流活动。作者指出，大陆积极面对和参与经济全球化的进程中，努力开拓和发展与世界各国各地区的经贸关系，尤其重视发展海峡两岸的经贸关系；台湾当局受到台湾岛内“本土化”势力的压力，极力地将祖国大陆排除在其经贸网络之外。为了促进两岸经济技术交流，大陆先后颁布了一系列法律法规，形成了对台湾经贸交流的法律体系，而台湾大陆经贸政策十分复杂和琐碎，甚至存在前后矛盾之处。但总体而言，1997年前以逐步开放为主，此后以“管制”为主。两岸经贸交流主要表现在货物贸易、投资和技术转移三个方面，作者分别分析了它们各自的特点。第六章和第七章论述两岸经贸关系及其发展趋势。作者认为，在经济全球化形势下，海峡两岸经贸关系的发展将主要表现在四个层面上：一是区域经济一体化和全球性经济组织将进一步促进两岸间要素禀赋的流动；二是全球性科技竞争的压力将促进海峡两岸的科技合作；三是跨国公司在全球范围内对要素禀赋的重新配置将促进两岸经贸交流的发展；四是在全球性市场拓展和经济竞争中，海峡两岸应该联合起来，携手前进。

关键词：经济全球化　经济贸易关系　海峡两岸贸易政策

4229

1912—1937年湖南经济现代化研究 / 刘兴豪著 ；杨树标指导. -- 浙江大学, 2005. -- 135页

本文以经济现代化为主线，描述、分析和评价了民国时期(1912—1937年)湖南的经济发展过程。正文共六章。第一章对清末湖南的经济变迁进行了回顾，分析了湖南近代矿业、机电工业、轻工业、交通、农业、手工业、商业、对外贸易的兴起和发展；讨论了转型期湖南经济中的产业、商业、手工业的资本主义性质和半殖民地特征。第二章对民国时期湖南的财政状况作了讨论。对该时期的财政变迁作了概要介绍，以原始的统计数字、方志、文献和报刊为依据，重点论述了收入和支出、财政整理、财政预算、金融与货币等问题，并指出其具有明显的现代性和落后性。第三章主要从矿业的畸形性、轻工业的曲折性、机械工业的薄弱性、手工业的外向性、电气业的缓慢性五个方面论述湖南工业化的发展道路，指出现代化步履维艰，工业发展不充分是其重要原因。第四章探讨湖南农业发展。认为这一时期农业通过品种改良、肥料增施、耕种制度等生产技术的改进和农具、农机的引进，以及水利兴修、农业机构的设置等，农业生产有所进步；但处在半封建半殖民统治下的农民，要遭受地主、高利贷者的盘剥，赋税、地租、高利贷超出正常水平，农民日益贫困。农业现代化水平不高。第五章讨论商业发展。分析了长沙、常德、岳阳、湘潭、邵阳、衡阳、醴陵、洪江等重要城市的商业状况，突出了各城市商业中所具有现代性因素；从农村集市的发展、农村主要商品的输出、洋货对农村商品经济的双重影响三个方面，论述了农村商品经济的发展；并讨论了该时期湖南对外贸易的特点和不断发展的趋势，强调湖南对外贸易在全国对外贸易中的重要性。第六章讨论交通事业的发展。指出这一时期，湖南水道的整治，铁路、公路的延伸，机场的修建，为轮船、火车、汽车、飞机等现代化交通工具的使用提供了条件；同时，邮电交通进展较为迅速。这一切表明湖南交通事业已跨入了现代化的行列。最后，还对民国时期湖南经济各方面的现代化进程作了总结，指出了影响现代化进程的原因，并展望了湖南经济现代化发展前景。

关键词：经济史　经济现代化　民国　湖南省

4230

华北人民政府研究 ：基于制度建构的视角 / 刘忠权著 ；刘景泉指导. -- 南开大学, 2005. -- 158页

本文从国家制度建构的视角，通过考察华北人民政府为新中国建章立制所作的探索与实验，揭示了华北人民政府与新中国制度传承的关系，并进而探讨了国家基本制度生成、转化和创新的规律。全文由绪论、正文六章与结语三部分构成。第一章华北人民政府的政制设计，指出实行人民政府委员会制度，实现了民主与效率的较好结合，是具有中国特色的民主联合政府形式，是真正意义上的议行合一，后来成为建国初期中国政权架构的核心部分。第二章阐述了华北人民政府对人民代表大会制度的实验，作者认为以此建立了各级政府的合法性基础。对召开人民代表

大会程序、制度、组织安排所进行的探索，成为当今各级人民代表大会的基本模式。第三章华北人民政府的政风整肃与监察制度的创立，作者指出监察制度对刚走出农村游击环境的中共新型政权迅速实现稳定和规范发挥了作用，也为新中国的政权体制所吸纳。第四章探讨了华北人民政府的法制建设，指出华北人民政府在废黜国民党的《六法全书》之后，积极探索建构新民主主义的法制秩序。第五章财经统一进程中的制度建构，阐述了华北人民政府对税收制度、市场贸易制度、财政预决算和公共财产管理制度、国营企业管理、工资与津贴补助制度的探索。第六章华北人民政府农业发展策略及其制度意蕴，指出华北人民政府颁布了一系列政策法令，减轻农民负担，加快农业发展，设立各种促进农业发展的组织。农业发展战略中蕴含着科学精神：注重调查研究，奖励农业技术创新；注意成本核算和计算，加强农业发展的计划性、统一性。作者认为，华北人民政府的制度建构，为中国新民主主义的国家重构提供了重要基础。华北人民政府的探索表明，制度建构是一个复杂的系统工程，是理念、制度和组织的统一，是一个科学化和正规化的过程。

关键词：人民政府　中华人民共和国　国家制度　人民代表大会制　华北地区

4231

庚子事变中被杀五大臣研究 / 陆玉芹著 ；谢俊美指导. -- 华东师范大学, 2005. -- 153 页

本文将庚子事变中的五大臣（许景澄、袁昶、徐用仪、联元、立山）“被杀”事件放在近代中国社会变迁的大背景中，分析了被杀的五大臣在庚子事变中对内主张镇压义和团、对外主张避战求和的动因，并对五大臣的行为作出了评价，提示了在民族主义情绪日益高涨的情势下理性爱国的重要性。论文分为上、下两编。上编（前四章）分述了五大臣被杀前思想观念和社会经历，探索了庚子事变前后他们言论与作为的内在联系，下编（后三章）综述了五大臣被杀的背景、原因、影响及死后平反，在此基础上对五大臣被杀现象作了历史思考。最后还对广为流传的“三疏”作了考证和分析。文章指出：许景澄在公使任上，参与了中法战争、中日战争及中俄西北、东北边境的交涉，提倡洋务改革，参与建设海军。袁昶近 10 年的总理衙门和近 6 年的安徽徽宁池太广道任上的仕官经历，使他更多地了解时务与民情，他勇于进谏，主张“修明内政，慎重邦交”。徐用仪京官生涯近四十年，既为“王佐”，又为“鬼使”，升迁至速，在庚子年间反对开战，甲午中日战争期间避战主和。联元、立山同情变法，坚持与开明汉族官僚交往，善于与洋人打交道，接受新知识新思想。甲午战争后，内忧外患，中国面临前所未有的“危局”。五大臣势单力薄，且资历不深，与满族官僚的对外态度上有很大的差异，与列强的交涉如履薄冰。随着义和团向北京发展，清廷中关于剿抚之争越来越激烈。清军和义和团的战斗力大大出乎西太后和顽固派大臣意料，使馆久攻不下，天津失陷后，穷途末路的西太后决定背水一战，保住北京城，并在此时下令处死主和的袁昶和许景澄，半个月后又下令处死了徐用仪、联元和立山。五大臣被杀，没有阻挡联军的步伐，联军攻入京城，西太后转向一味求和，清政府最终被迫接受了丧权辱国的《辛丑条约》。条约的第二款规定：为被杀五大臣开复原官。五大臣虽由洋人提出平反，但死后哀荣，盛况空前。作者指出，主和的人也是“忠臣”，体现了自鸦片战争后人们思想观念上对大臣价值评判的变化。

关键词：庚子事变　义和团运动

4232

台湾证券市场与台湾经济发展 / 吕斌著 ；茅家琦指导. -- 南京大学, 2005. -- 150 页

本文以经济学理论与方法，对台湾证券市场发展与台湾经济的相互关系进行了探讨。正文共六章。第一章概述了台湾证券市场的组织结构与特点。第二章从证券自营商、证券经纪商、证券承销商、投资基金业、投资咨询业等方面，分析了台湾证券行业与投资者的行为。第三章通过划分台湾经济发展的历史阶段，论述了证券市场对台湾经济发展的功能。第四章探讨了台湾证券市场筹集资金的方式及其对台湾经济发展的作用。第五章讨论了股票市场对企业成长、壮大以及公营企业民营化的作用。第六章论述了证券市场在台湾产业结构中的地位和作用。文章指出，台湾有组织的证券市场的发展距今已历 30 多年，无论是上市公司数量还是成交量值均已达到了相当的规模，其发展也逐步受到国际有关证券组织的重视，已建立起比较完善和规范的证券市场组织体系，除台湾证券交易所作为台湾地区唯一的证券集中交易场所，还改革了柜台证券交易，使之与集中市场共同构成了台湾证券流通市场的两大支柱。建立和健全了证券交易市场法令规章制度，台湾主要的证券交易管理法律有：《证券交易法》及《证券交易法实施细则》；《证券管理委员会组织条例》和《证券商设置标

准》;《有价证券上市审查准则》;《台湾证券交易所股份有限公司章程》等,与之相关的《公司法》、《会计师法》、《商业会计法》等也已逐步建立健全。从20世纪80年代起,台湾的证券市场逐步开放,向国际化的迈进也已取得一定的进展。另一方面,台湾证券市场在发展过程中也存在一些不完善、有待改进之处。如证券市场特别是股票市场规模偏小,易于被操纵;换手率长期居于世界各国股市前列,市盈率偏高,投机性过强,由此造成股市巨幅波动,暴涨暴跌,对经济发展造成负面影响。一些人沉溺于狂热的投机,导致出现道德和社会问题。

关键词:证券市场　经济发展　金融体制　台湾省

4233

区域市镇网络与交往力:以盛泽经济、社会变迁为中心(1368—1950) / 罗婧著;唐力行指导. --上海师范大学, 2005. -- 202 页

本文将盛泽放在区域市镇网络内,置于世界一体化的潮流中,以丝织业的生产与交易为切入点,考察了其在区域市镇网络与世界市场的互动中所发生的经济和社会变迁。正文共五章,分别从明清时期盛泽镇的地理环境、苏嘉湖地区蚕桑丝织业市镇的发展、盛泽丝绸生产与交易体系的演变、盛泽市镇社会的成长与变迁、非经济因素对于盛泽经济和社会发展的影响等几个方面加以探讨。文章指出,元末明初,棉花种植在全国范围内已超越农桑,唯独太湖东南岸的苏、嘉、湖三府交界处及杭州府北部边缘地带,只适种桑,不宜植棉,因而逐步形成农桑专业化区域,并兴起了一批蚕桑丝织业专业市镇。有"吴脚越头"之称的盛泽,东西两面皆濒临湖泊,地势极低,缺乏成片植桑的土地,发展蚕桑业生产的自然条件相对稍逊。但它凭借靠近运河、水网通达的地利之便,通过技术引进发展丝织业并迅速繁荣,在明代从村集成市升镇,成为中国封建社会晚期经济新气象的典型代表。明清时期,在苏嘉湖蚕桑丝织区内的丝绸生产和交易活动中,盛泽及其邻近的王江泾等市镇共同扮演着加工、集散中心的角色;生丝从苏、嘉、湖地区各个丝业市镇转售而来,技术支持源于苏州,四乡农家出产的丝绸则通过"绸领投"、牙行转售给各地商人销往海内外市场,从而形成一个围绕丝绸的生产与交易而展开的区域性交往圈,并与16世纪以来正在形成的世界市场体系遥相呼应。在应对来自世界市场的挑战时,盛泽借助其不断突破地域空间界限的扩张力和富于粘性的"经济—社会"结合力,通过与世界市场的沟通,努力地实践着丝织业的传承与转型:太平天国战争摧毁了苏、嘉、湖蚕桑丝织业市镇原有的生产与交易体系,盛泽因深居湖河间的地理优势,在侥幸保全的基础上恢复并重整了以它为中心且沟通世界市场的丝织经济网络,并开始在技术、工艺、原料乃至生产组织形式等方面全力追赶近代化的潮流。花样不断翻新、品质逐步提高的"盛泽绸"积极地参与了世界市场竞争。与此同时,相应的一系列经济、社会变迁促进了盛泽这一移民社会的整合。国家体制、民间习俗与文化传统及人际关系网络等非经济因子又成为盛泽丝织业近六个世纪承递与向近代转型的制度性力量。

关键词:区域经济　丝绸工业　社会变迁　经济史　盛泽

4234

开埠与济南早期城市现代化:1904—1937 / 聂家华著;杨树标指导. -- 浙江大学, 2005. -- 263 页

本文除导论和结语外,共分八章。第一章简要回顾了济南城市的形成与发展状况。第二章叙述济南早期城市现代化的起点——自开商埠。指出甲午战争之后,在意识到开埠"利害参半"甚至是"利大于弊"的情况下,由魏源提出的"自开商埠"主张逐渐被当局接受,并且作为"商战"的重要举措在20世纪初清末新政中隆重推出。山东地方当局敏锐地抓住了这个机会,于1904年在济南自主开埠,成为第一个自开商埠的省会城市。第三至八章,重点探讨济南早期城市现代化进程中市场的转型、工商业与教育的发展、城市规划和市政建设、文化变迁和社会生活等问题。文章指出,自开商埠是济南城市现代化的历史起点。开埠及随之而来的通商贸易给济南传统经济注入了新的资源,包括改变物质生活样式的新商品以及生产此类商品的机器设备、工艺方法、工厂制度和经营方式,以及科学技术、思想观念乃至生活方式等。济南城市逐渐萌生出现代化胚芽。开埠通商促进了济南城市商业、金融的现代化变迁,同时为现代工业的发生和发展从市场和资金两方面创造了条件。于是,济南城市现代工业以新市场体系和新需求结构为基础,以技术创新和制度创新为主要内容,通过工厂制度的建立和对新生产力要素(机器、新工艺、新技术等)的吸取,沿着创办现代机器工业和改进传统手工业两条路径缓缓向前推进。城市工商业的发展以及由此带来的技术、人才和资金,又为市政建设和城市规划提供了必要条件。以此为基础,济南城市的路

政、交通、供水、消防、环境卫生、公共安全等现代市政设施得到了较快的发展,城市空间结构和城市建筑也大为改观。与此同时,文化教育、思想观念、社会生活、时尚风俗等也开始脱离陈规,现代性因素逐渐累积,传统的济南城市社会结构走向解体。作者认为,济南早期城市现代化是以外力作为最初推动力展开,带有中西杂糅的边际性;具有复杂性和多重性,有促进作用,也有负面影响;因商而兴,整体发展水平较低,缺乏稳定、理性和有序的外部环境;新旧并存,表现为既相互对立,又相互依存,城市变迁呈现出明显的过渡性。

关键词:城市史　城市现代化　通商口岸　济南市

4235

中国近代化失败新论 / 庞绍堂著 ; 茅家琦指导. -- 南京大学, 2005. -- 163 页

本文探究了中国近代化失败的终极原因,并论证了这一失败的必然性。全文由导言、正文(上、中、下三篇)两部分构成。上篇从评述、分析现代化理论发端,据马克思真正的"世界史"观点,强调近代化于全人类的共性内容及共性趋势,在辨析了近代化概念的基础上,确定了中国近代化的类型与特点及其自上而下的行动模式,给出了中国近代化的定量和定性的目标、标准体系。中篇探讨了中国近代化进程,作者认为,中国近代化是中国现代化的早期阶段,时间是1842—1911 年。它又可分为三个阶段:1842—1860 年为第一阶段,此时整个中国社会基本未被鸦片战争失败所触动,传统思想与行为仍然占据主导地位,通过对第二次鸦片战争的兵力部署与镇压太平军和捻军的兵力部署的对比分析,以及对公使驻京风波个案的剖析,印证了这二十年被白白耽误掉了。而造成此耽误的乃专制主义皇权。1861—1895 年为第二阶段,即自强运动阶段,中国近代工业虽有所发展,但军事上一再失败,表明政治矛盾进一步加剧,但"中体西用"论排斥了通过政治变革克服政治危机的可能。自强运动成为以经济发展为手段的专制皇权的自救。1895—1911 年,从维新运动迭起至辛亥革命爆发,为第三阶段,这时中国真正的近代化因子开始萌发,中国近代化有了新型的推进力量,但专制皇权与维新派、立宪派的追求本质上相悖,决定了中国近代化必然要失败。作者指出,中国近代化失败的主因,乃专制皇权肢解、割裂、片面规约了近代化的内容,导致其陷入与传统社会及其结构不可调和的矛盾所致。下篇解析了中国近代化失败的深层逻辑。作者从追寻中国私家天下的起源开始揭示了专制主义皇权与专制主义文化的一体化,构建了阻碍中国传统社会变革与进步的三重性悖论,固化了中国传统社会指向于专制皇权的结构,导致历史唯物主义因果关系链在中国传统社会的长期倒置,形塑了中国专制皇权的无所不在及其控驭能力。专制皇权由血缘型向行政型的转型,使其私家天下及公权私有性质更为突出。

关键词:近代化　近代史　封建制度　皇权

4236

宋恕思想研究 / 彭国运著 ; 房德邻指导. -- 北京大学, 2005. --206 页

作者指出,宋恕提出儒法之辨,含有解除人民疾苦、以儒学沟通西学为维新变法服务和继承孔子道统的目的。他的阳儒阴法论以批评汉后"抑民"学说和阳儒阴法政治为主,有其学术价值,但也有缺陷。诸如在"判神州长夜之狱"的问题上,他把专制政治归于法家学说,较之夏曾佑归于儒家学说更得其本,而夏之学说乃开五四新文化运动打倒孔家店之先河。章太炎质疑宋恕的儒法之辨,有其合理性,但未能切中要害。宋恕的变法思想集中体现在《六字课斋卑议》一书之中。与大多数变法论者大异其趣的是,此书以改变阳儒阴法之学的遗毒、解除人民疾苦为目的,所关注者非为国家的富强。由于对民主理解不够,虽然主张人民权利,但对政治主体性未予重视。虽然他的妇女解放思想十分激烈,但出发点仅仅是同情心。宋恕误以民主为民本,并在此基础上来评论中国传统文化和西方文化。在如何处理中西文化的问题上,他提出了会通中西的文化观。他的调和粹化论含有通过振兴国粹以回到所谓三代,再从三代进入西方的思路。宋恕以解除人民的疾苦为教育最重要的作用,并激烈批判封建教育制度、规划近代学制、倡行社会教育,对近代教育作出了贡献。

关键词:宋恕　学术思想　儒学　政治思想　变法

4237

清季宪政大辩论 : 以《中兴日报》、《南洋总汇新报》之论战为主体的探讨 / 彭剑著 ; 严昌洪指导. -- 华中师范大学, 2005. -- 215 页

本文通过分析 20 世纪初期发刊于新加坡的两份华人报刊《中兴日报》、《南洋总汇新报》关于宪政的论战,展示了晚清推行宪政的状况,探讨了明清以来

政治转轨的相关问题。全文由导论、正文六章和结论与分析三部分组成。第一章介绍了南洋华侨社会的简单情况,并分析了清政府、孙党、康党三种政治势力早期在南洋华侨社会的政治博弈。第二章介绍了《中兴日报》和《南洋总汇新报》从创刊到交手的经过。第三章对两报的作者群体和相关栏目的内容进行了分析。文章指出,两报之间的文字战争是由《中兴日报》一手挑起来的,反映了孙中山追随者推广本党意识形态、希望与康有为追随者竞争,以改善本党地位的急迫心情。这两份报刊上面的论战,是一场全方位的文字战争,不仅孙、康二党众多战将都云集于此,而且大量华侨也投入其中;不仅有孙、康二党的对垒,也有孙、康二党与清廷的辩驳;不仅在政论性栏目里对垒,也在文艺性栏目里混战,甚至在以客观为准的新闻栏里交锋。第四章和第五章具体介绍了《中兴日报》和《南洋总汇新报》上所反映出来的孙、康二党之间的论战以及康党对清廷、孙党对清廷的论战。第六章则分析了受众对论战的参与以及论战对南洋华侨社会的影响。作者认为这场论战的格调不如两党在《民报》与《新民丛报》上的论战那么高,但在向华侨宣传两派政治主张方面却很有意义,不仅在一定程度上开启了华侨的民智,而且为两党的政治活动赢得了一些支持者。两报都向清廷发起了攻击,有利于华侨认识清政府腐朽顽固的本质。孙、康两党之间的论战以及两党对清廷的论战加深了华侨社会的重新分化组合。虽然清廷没有报刊为自己的意识形态鼓吹,但它以恩威并施的方式,维护了它的意识形态在华侨中的地位,使绝大多数华侨依然表现了对朝廷的忠诚。由于宣统年间的倒行逆施,清政府最终却失去了领导中国由"秦政"转轨到"宪政"的资格。

关键词:宪政　政治思想史　清代

4238

咸同年间清中央政府与湘淮系地方实力集团权力格局的变迁／邱涛著 ; 耿云志指导. -- 中国社会科学院研究生院, 2005. -- 184 页

本文主要论述了晚清咸丰、同治时期,清廷与湘淮系地方实力集团在镇压太平天国起义、捻军起义等战争过程中和战后的权力博弈,考察了地方实力集团有力冲击中央集权体制以及清廷逐步采取的反制措施的演变过程,进而分析了咸同时期中央与地方权力格局变迁的大势。作者认为,太平天国起义后,清朝中央集权受到巨大冲击,以湘淮系为主的地方军政大员的权势明显增强,于是政府进行了强有力的制约和反击,并取得了显著的成果,最终在咸丰十年以后,在上至督抚、下至藩臬道府的层面,全面实施"众建分力"政策,并辅以牵制、挤压措施,获得了分化湘淮集团的效果。对于有关官员任免、调动的权力问题。作者认为,清政府对文武官员黜陟权力的垄断,是清朝中央集权制度的重要内容和基石。随着太平天国战争的长期化,清廷越来越依赖湘淮军队,授予湘淮人员越来越多的官职,但这部分人成为政府官员后,清廷也就有了更多的手段对其思想、行动施加影响和约束,从而达到了维持并稳固中央拥有绝对黜陟权力的目的。

关键词:中央与地方的关系　权力　湘系　淮系　地方势力　清代

4239

吴兴钱氏家族研究／邱巍著 ; 郭世佑指导. -- 浙江大学, 2005. -- 100 页

作者指出,自 1838 年钱振伦中进士以后,吴兴钱氏家族开始超越地方宗法家族,而进入了一个文化家族自我成长的过程。在这个家族谱系中,他们的知识结构和人际网络都是很复杂的,第一代钱振伦与钱振常兄弟均以进士出身,出任京官,晚年又都长期执掌地方书院。第二代钱恂在戊戌维新运动、湖北的自强活动、近代外交等诸多领域都有一席之地,其夫人单士厘精熟传统文史,并对中西文史、艺术均有深厚造诣,是晚清著名女学者,其思想意识是很复杂的。钱玄同是以激烈的反传统的形象载入近代思想史的,但他的学术研究和立身处事甚至思维方式又都带有难以抹去的传统色彩,对其在新文化运动前后的思想变迁和国家观念的梳理分析,可揭示出他的思想和所处时代具有复杂多歧的特征。第三代钱三强在新中国科学事业中占有举足轻重的地位,成为新中国科学事业的代表和象征,对其的描述,可揭示出科学和政治有着复杂的关系。这些都说明,近代文化家族的传延、断裂和消逝,反映的是近代社会巨大变迁之中,一种社会的组织机制的瓦解,其背后是社会组织结构、教育体制、学术体制、代际关系、代际意识诸多方面的翻天覆地的变化。也正是在近代社会转型的背景下,失去了门阀氏族制度、科举制度这些前近代社会中文化家族成立的制度基础,近代文化家族的意义才更加凸显,文化家族现象才尤其值得关注。

关键词:文化史　文化家族　钱恂　钱玄同(1887～1939)　钱三强(1913～1992)　吴兴县

4240

清末民初中国师范教育研究 ：1897—1922 / 阮春林著 ；林家有指导. -- 中山大学, 2005. -- 204 页

本文通过分析和考察清末民初各个时段内政府颁布的章程、法规等变化缘由和颁布后的执行结果，展现了师范教育在近代中国半殖民地半封建社会形势下所遇到的障碍、受到的制约及其不足，反映出虽然近代中国师范教育举步维艰，但它毕竟迈出了前进的步伐，为近代中国文化教育的发展、人才培养和社会进步做出了贡献。全文包括四章和结束语。第一章绪论。第二章主要叙述了中国古代师的没落和近代西方师范教育的兴起与发展，阐明了近代中国师范教育的兴起既有对传统的继承，又有对西方的借鉴，受内外合力共同影响。第三章清末师范教育的萌发。重点论述了阻碍近代中国教育发展、遏制人才多元化的科举制度在近代的全面危机和最终崩溃，而由此摆脱其影响的中国近代教育迅猛发展，学校大兴，发展师范教育问题亦逐渐提上议事日程。着重阐述了在国内外诸多因素的促动下，近代中国师范教育经过一定的酝酿而在清末确立，清政府对其进行宏观的调控，使清末师范教育得以发展的情况，指出是由于政府干涉太多，其发展也受到限制。第四章民初师范教育的发展，指出民初对师范教育进行了重大改革，其发展虽然缓慢，但仍呈螺旋式上升。

关键词：师范教育　教育史　清末民初

4241

抗日战争时期陕甘宁边区国民教育研究 / 尚微著 ；房德邻指导. -- 北京大学, 2005. --273 页

论文对抗日战争时期中国共产党领导下的陕甘宁边区的国民教育进行了全面的具体的研究，重点描述边区政府推广教育的艰辛过程和群众与边区政府的互动，再现了陕甘宁边区国民教育的景象。抗战时期陕甘宁边区国民教育贯彻的中国共产党新民主主义的教育方针，是民族的、科学的、大众的教育，并直接在中国共产党领导下，由陕甘宁边区政府组织和推行的，它经历了艰难的过程，具有自己的特点。它的发展不平衡，但它是全面的义务教育，是战时教育，是新式的学校教育，是革命的教育。抗战时期边区创办了多种形式的小学，有初小、高小、完小、模范小学、中心小学、保育院小学、伊斯兰小学、民办小学、村办小学等。改变了过去私塾办学的方式和教育内容，即传播了文化知识，对群众进行了时事政策的教育。由于边区知识分子缺乏，抗战时期陕甘宁边区中等学校教育为陕甘宁边区培养了大量的初级知识分子，主要是初级行政干部和小学教员。中等学校教育更多的体现了国民教育处于战时的特点。中等教育以短期培训班和正规学校教育相结合，教育内容和学制更切合实际。为了边区建设和发展，抗战时期陕甘宁边区还成立了一批职业技术学校和短期职业技术培训班。从 1936 年到 1942 年，边区还开展了一次文字改革运动即拉丁化运动（又称新文字运动），边区政府成立了专门的新文字推广机构，并确立了新文字的法律地位，边区政府为培养新文字教员还成立了专门的新文字干部学校，为推广新文字，开办了专门的新文字冬学，并在小学、中等学校和社会教育中普遍推广。文章指出，正是因为有延安时期实行新文字运动的基础，建国后才能顺利地实现汉语拼音的推广和使用。抗战时期陕甘宁边区国民教育的经验是一份宝贵的遗产，它对新中国教育事业产生了深刻影响，至今仍有重要的借鉴意义。

关键词：国民教育　抗日战争　陕甘宁边区

4242

清代州县财政与基层社会 ：以巴县为个案 / 史玉华著 ；周育民指导. -- 上海师范大学, 2005. -- 187 页

本文选取清代巴县财政为研究对象，考察了清代州县财政运作、赋税征收与基层社会状况。全文由绪论、正文五章和结语构成。第一章对清代巴县的概要介绍。指出巴县地处长江、嘉陵江交汇之处，为历代地方行政中心，同时又是长江上游主要的商品交换中心和转运枢纽。清代巴县是川东道首府重庆府的首县，各种政务殷繁，衙门设置极为健全。第二章是对清代巴县财政运作的考察。指出清代国家实行的是高度中央集权的财政体制，为了避免上解下拨之繁难，清政府采取了州县存留制度。通过巴县经制内财政收支的分析可以看出清代存留制度没有给州县预留任何机动财政。在巴县财政运作中还存在非经制财政收支。第三章分析了巴县赋税征收与基层社会组织的关系。作者指出，清代巴县赋税的征收首先承袭明代的里甲制，既而又凭借保甲督催。与赋税征收相关的还有民间自发成立的乡约、会馆组织。第四章是巴县财政中各社会群体的情况分析。提出了“权力的利益网络”概念，指出它决定了州县财政中拥有权力的社会群体可以从中获取相当的经济利益，而权力之外的普通民众则无法享有利益的分配，其赋役负担日益加重。第五章从赋税征收的具体实践来分析了

清代国家与社会的关系。作者认为在儒家为主的治国理念和大一统的政治背景下,清朝统治者总是避免将国家权力直接渗透到基层社会。通过对基层社会赋税征收的分析,可以看出他们倾向于把权力交给基层社会,只要能够保证赋税的征收,国家总会尽量减少对基层社会的干预。

关键词:地方财政　财政史　地方政府　清代　巴县

4243

新民主主义宪政思想研究 / 宋俭著 ; 吴剑杰指导. 武汉大学, 2005. -- 163 页

本文根据马克思主义宪政理论及宪政的一般原则,通过对新民主主义革命时期以毛泽东为代表的中国共产党人关于新民主主义宪政基本主张的分析,着重探讨新民主主义的宪政模式、宪政形态及其区别于一般宪政形态的特点。正文共分四章。第一章讨论新民主主义宪政的概念与内涵。指出其基本内涵包括:新民主主义的国家制度、新民主主义的政权形态、新民主主义宪法与法制建设、新民主主义的人权思想。其中,新民主主义的国家制度是新民主主义宪政思想的核心内容和本质特征,也是新民主主义宪政思想中最具中国特色的内容。第二章探讨新民主主义的宪政原则。指出新民主主义的宪政主要遵循了马克思主义即无产阶级的宪政原则,但它也不是照搬马克思主义和苏维埃的宪政原则,主要有包括工人阶级领导的原则,统一战线的原则,保障人权原则,民主集中制和"议行合一"的原则,普选制原则。第三章论述新民主主义宪政的性质和特点。指出新民主主义宪政仍然是资产阶级民主主义性质的,它是工人阶级领导的、以工农联盟为基础的、几个革命阶级联合专政的"新民主主义特质"的民主政治;它与无产阶级专政的社会主义宪政也有着"原则上的不同的"。而在宪政形态上,新民主主义宪政则主要表现出以下特点:第一,它是一种不稳定的、过渡形态的宪政;第二,它"是争取尚未取得的民主,不是承认已经民主化的事实";第三,它是一种尚不完备的宪政形态。第四章探讨新民主主义的宪政形态。指出新民主主义宪政主要表现为实践形态和策略形态。实践形态是指中国共产党在革命根据地进行的政权建设和法制建设,策略形态则是指中国共产党在新民主主义宪政运动中与国民党政府展开合法斗争时所阐述的带有策略性的宪政主张。总之,新民主主义宪政是由近代中国的国情和中国革命的特殊性所决定的,它是中国社会主义的宪政建设的必要准备,也是社会主义宪政的理论雏形和直接起点。

关键词:新民主主义　宪政　政治思想　民主政治

4244

孔教会研究 / 宋淑玉著 ; 龚书铎指导. -- 北京师范大学, 2005. -- 298 页

本文以民初以尊孔为宗旨的社团——孔教会为个案,通过考察其组织机构、会员构成、社会活动与理论学说,探查了其涌现的特定背景及社会影响。全文由绪论、正文六章和结语三部分构成。第一章孔教会的创立。文章指出传统儒学的宗教性为康有为提供了创教的丰富营养:以康有为为首的维新派(保皇派)设立的一系列尊孔保教组织为孔教会的正式成立提供了范本经验;而民初废止尊孔读经的大趋势则直接促成了孔教会的建立。第二章孔教会的定名。作者指出孔教会特别重视定名,不仅始终强调以教名会对孔教是宗教及传布孔教的特殊意义,而且不断将其他尊孔组织合并于自己麾下,严格区分国内外与其定名个似的组织。正是孔教会所强调的"孔教是宗教",1937 年国民党政府将曲阜孔教总会改称为"孔学总会"。第三章孔教会的组织,分别阐述了宗旨与徽帜、组织系统、组织规范和组织运行。指出孔教会的宗旨是"昌明孔教,救济社会",不但制作悬挂寓含深意的孔教会教旗,1922 年还开始发给会员徽章。孔教会设有总会事务所、支分会事务所、支会联合会(部)及附属组织。但总体看,孔教会的组织比较松散。第四章孔教会的会众,介绍了成员的基本构成和会员的变化情况。发现孔教会一直重视发展会员,对入会者几乎没有限制,因而,孔教会会员极为复杂,各界均有,但主体是读书识字的"士夫"。30 年代后,随着各地组织的衰落,会众锐减。第五章孔教会的活动,指出孔教会开展的活动主要是定孔教为国教、定期举行讲学会、创办孔教学校、发行报刊、祀田配孔、争夺学田、保存文庙、筹建会堂等。第六章孔教会的理论学说,阐释了救世说、文化观和道德论,指出孔教会提出:孔教为国教天经地义,民国稳固须依赖孔教,尊孔必须读经,孔教是中国国魂,孔教伦理道德万古不易。作者认为,孔教会的儒学宗教化尝试完全失败了,但其某些方面开现代新儒学的先河。

关键词:孔教会　儒学　康有为(1858 ~ 1927)

4245

清末邮传部研究 / 苏全有著 ; 章开沅，严昌洪指导. -- 华中师范大学, 2005. -- 285 页

本文共分六章。第一章论述了邮传部成立的原因及其职责。文章指出,1906 年清政府设立邮传部,既是加强中央集权、整合政治资源的一项举措,也是当时交通发展的需要。邮传部的主要职责是承担建设和发展交通、邮电事业的重任。第二章讨论了邮传部的官制、机构及其管理。指出邮传部的官员主要有尚书、侍郎、丞参、佥事、郎中、员外郎等,其薪俸、公费等均有定制。地方管理中主要有总协理及督办,其内部机构主要是两厅四司、铁路总局等,外部机构以交通银行和学校为主。交通规章除了四政专律外,其他大多处于建制中。洋员管理政策在后期以裁汰为主,十分重视对留学生的任用。第三章探讨邮传部的职权。指出邮传部与中央各部门的权限划分中,与农工商部的关系最复杂,与陆军部的交涉最激烈,与外务部的折冲最被动,与度支部、学部、资政院及税务处的权限划分相对清晰。邮传部越权主要表现在矿业方面。第四章论述邮传部与清末交通事业的发展。指出邮传部在铁路方面主要是统筹划一、致力建设、发展铁路营运等;航运方面主要是调查及规章建设,发展表现为内河、海洋航运两个方面;邮政方面除了调查、统计、计划、制定政策与章程之外,还加强了地方建设及联邮业务;电政方面主要是健全章程、整顿改良及调整收费等。邮传部推动了我国交通事业的近代化。第五章讨论邮传部与利权回收运动。指出铁路方面主要是收回京汉路、交涉苏杭甬铁路、东北铁路等,并推动材料国产化;邮政方面集中为接收邮政及打击客邮;电政方面主要是与俄国、日本、德国及英国等列强交涉;航运方面相形薄弱。第六章探讨邮传部的政治决策,主要包括干路国有政策、借债筑路、官营政策等。作者认为干路国有政策直接促成了四川保路运动,借债筑路政策有“以夷制夷”的企图,官营政策主要表现为商电归官、招商局部辖,商办的劣势主要体现在铁路领域,官办与商办双方各有自己的资源优势,官办加商办,官商合作,是中国经济近代化的必由之路。

关键词:邮政运输　交通运输史　邮传部　清末

4246

中国经济学社研究 : 1923—1953 / 孙大权著 ; 陈廷湘指导. -- 四川大学, 2005. -- 479 页

中国经济学社于 1923 年创立,到 1953 年结束。是在马寅初、刘大钧主持下,以留美归国经济学者为主,集合全国政、学、商各界上层分子组成的经济学术团体。本文以社团档案等原始文献为基础,对中国经济学社的活动和思想等问题进行了较为详尽的考察。1923 年 11 月,刘大钧、陈长蘅等人创立了经济学社,目的是为社员提高经济学教学和科研水平服务。1924 年马寅初等人加入,学社宗旨变为发展中国经济学术和改进中国现实经济。其后学社迅速发展,到 1927 年 11 月时已经成为中国经济学界的中心组织。马寅初等人开始大量吸收商界和政界社员,同时学社开始了基金筹募并取得较大成效。抗战爆发后,学社的发展势头受到重大打击,马寅初被软禁后学社发展走向衰落,1953 年正式结束。举行年会是学社最重要的集体学术活动。前三届年会主要是社务会议。其后确立了进行社务会、学术讨论会等多种活动。1927 年至 1936 年间的十次年会都产生了重要的社会影响。同时,学社还举办了出版丛书、创办社刊、建立中国经济统计研究所等多种学术事业。马寅初、刘大钧等学社骨干社员的经济思想,在基本经济理论方面有明显的共同特点:主张“不激不随”的经济发展观,在价值论与消费、生产、交易、分配等方面主要是受英美的马歇尔、克拉克等新古典经济学的影响,在研究方法上注重实证和统计方法;在应用理论和政策主张方面他们互相切磋和争论。关于统制与放任,1932 年 10 月武育干最早提出了在中国实施统制经济的主张,其后顾翊群主张市场经济;关于财政思想,针对官员贪污、战时的纸币政策,卫挺生、马寅初等提出了各自的建议;关于金融思想,马寅初、谷春帆等为贸易平衡论者,顾翊群、姚庆三等为币制改革论者。政府采纳了后者的主张,实施了法币政策。马寅初等人还主张劳资协调论和人口控制论。中国经济学社对民国时期中国经济学的发展,国民党政府经济政策的制定,工商界的经营管理等方面都产生了重要影响,甚至它还影响到新中国的人口思想。

关键词:学术团体　经济学　经济思想史　中国经济学社

4247

信用的嬗变 : 上海中国征信所研究(1932—1950) / 孙建国著 ; 苏智良指导. -- 上海师范大学, 2005. -- 314 页

本文通过对中国第一家专业征信机构——中国征信所的考察,探讨中国近代社会的信用问题。正文共分五章。第一章主要对中国征信所创立的社会背

景进行分析。指出中国征信所的成立,与近代上海信用保证制度的变革、跑街信用向银行机构征信转变有密切联系。西方信用思想的传播,是近代征信机构产生的思想渊源。第二章对中国征信所兴衰及人才建设进行分析。指出中国征信所是会员制组织,以接受会员会费作为主要的经费来源。在人才队伍建设方面,主要分为顾问群体、管理群体和调查员群体。中国征信所从成立至停业,前后存续近20年,分为三个阶段,即抗日战争前的发展阶段、抗日战争时期的维持阶段及抗日战争后的衰落阶段。第三章探讨中国征信所的性质和组织特征。指出国民政府主管官署认定中国征信所营业内容为"非商业性质",未予核准设立公司。后仿照日本准予设立公司,但其属性实质未变。中国征信所为实际仍受中国兴信社的监督,重大决策事项均由中国兴信社社员大会通过。它是具有非营利性、自愿性、独立性组织特征的民间第三方征信组织或第三部门组织。第四章主要考察中国征信所的征信活动。指出在科学的征信原则指导下,中国征信所主要开展个人征信事业、银钱业及工商企业信用调查,为银行放款和企业放账提供参考。实际上,中国征信所征信活动已经成为规范社会信用、提高社会效率的"社会资本"。第五章将中国征信所放在国家、社会、第三部门等关系结构中进行多方面分析。认为近代上海征信事业呈现由民及官的发展路径:中国征信所开创征信事业,后国家资本参与成立联合征信所,社会个人在中国征信所影响下也纷纷设立征信机构,开展信用调查业务。文章指出,中国征信所在近代上海社会转型及信用制度变迁过程中发挥了积极的社会影响力。中国征信所及其开创的征信事业发展说明,中国近代信用制度经历了从传统的个人信用逐渐向专业机构征信转变,经历了农业文明时代的信用交往模式逐渐向城市社会和工业文明社会信用模式转变的历程。

关键词:信用　信用制度　征信所　社会转型　上海市

4248

晚清之"西政"东渐及本土回应 :中国现代"政治学"形成的前史研究 / 孙青著 ; 章清指导. -- 复旦大学, 2005. -- 156页

以西学知识分科为基础的现代学科体系之确立,是中国近代以来历史发展的一项重要进程。19世纪末20世纪初,"西政"东渐成了"西学东渐"的重要内容。寻求富强的中国知识精英,逐渐形成了一个关于"西方政治之学"的明确概念。然而,所谓"西方政治之学"的统一概念在当时的西方并不存在,国人的观念乃是某种建基于自身认识条件的想象图景。人们在援据本土知识结构安置西来的政治之学时,所找到的方式并不统一,基本上是各取所需式的。造成这种情形的原因,应是由于中国传统中没有单一的知识分类法,或者说拥有过多的分类模式所致。在晚清学术转型的背景下,本土精英有关"西方政治之学"的观念,不仅集中体现了外来知识样式与本土文化背景之间广泛的互动关系,更通过学科谱系、学科史的确立等本土化活动,塑造了中国现代"政治学"的诸多重要特征。在这种情况下,需要关注以下几个重要的环节:首先,自19世纪中叶有关西方政治制度的知识进入中国人视野以来,所谓"西方政治之学"的中国历程并非一以贯之,在"西政"东渐的各阶段之间实际存在着不小的历史断裂。19世纪中叶至20世纪初,传教士对西学的译述大致取"西政、西艺"两分格局,20世纪后随着"和译"书籍而来的"政治学"则明显有日本大学授课体系的印记,再到20世纪二三十年代中国大学内欧美背景的政治学科情况又有所不同。这些阶段的"西政之学",在学科的概念语汇、经典谱系、叙述方式等方面,都几乎各成体系,彼此之间并没有明显的承续关系。其次,清末知识精英作为"西政"东渐的接受主体,同时身兼本土知识传统承载者的角色。晚清以来,他们处于"西政"东渐的上述历史语境中,不自觉地构建了一个清晰明确的"西方政治之学"影像。最后,从清末精英观念中的"西方政治之学"到现代"政治学"在本土建立,不可或缺的一环还包括学科本土历史记忆的重建。

关键词:政治学　西方国家　文化交流　清后期

4249

民初宁波慈善事业的实态及其转型 :1912—1937 / 孙善根著 ; 金普森指导. -- 浙江大学, 2005. -- 247页

地处东南沿海又是近代中国首批通商口岸城市的宁波,在近代中国社会变迁中颇具典型意义。近代宁波社会经济的繁荣与宁波商帮的崛起,使宁波一地积累了巨额的社会财富,急剧的近代化进程又产生了大量的社会弱势群体,这样就形成了宁波慈善事业的兴盛。同时,外来文化的进入与清末自治运动开始的社会变革又深刻地影响宁波慈善事业的走向,而宁波一地的慈善事业传统与务实的道德思想则是民初宁波慈善事业得以兴盛的思想资源。民初宁波慈善事

业较之清代不仅在数量上大为增加，而且活动内容也更加丰富多样，在宁波社会变迁与进步过程中扮演了引人注目的角色。民初宁波慈善公益事业的发展大致可以划分为三个阶段，即清末自治运动与中华民国的成立（1912—1919）、五四运动（1920—1926）、南京政府时期（1927—1937）。受地域环境的制约与影响，民初的慈善公益事业呈现出丰富多彩、传统与近代混合的多元发展态势，具有广泛的社会基础、鲜明的地域色彩等等。民初宁波一地慈善公益团体数量众多，根据其事业内容与特点，可以将其分为传统型、外来型、近代型和公益型等类型；根据其救济内容与对象，可以将其分为常态救助和灾变应对两大类。以慈善公益团体为代表的民间社会在推动近代宁波社会进步与发展中有十分重要的地位与作用。政治的变动与慈善事业的发展关系密切。民初政局动荡，1927年成立的国民政府加大了从行政上参与慈善公益事业的力度，宁波一地慈善公益事业格局有了明显变化。民间慈善事业在许多社会公益团体纷纷退出社会活动舞台的背景下，仍延续了民初以来的发展势头，并有力地弥补了政府救助社会弱势群体方面的不足。

关键词：慈善事业　宁波市　民国时期

4250

王先谦学术思想研究 / 孙玉敏著 ; 史革新指导. -- 北京师范大学, 2005. -- 176 页

本文主要从经学、史学、诸子学三个方面探讨王先谦（1842—1918）的学术成就及学术思想，从而评价其在晚清学术界的历史地位。全文共分五章。第一章介绍晚清学术背景与王先谦生平。作者认为，晚清学术有以下四个特点：一是汉学由盛转衰，但在学术界依然占有主导地位；二是宋学开始复兴；三是今文经学的勃兴；四是西学东渐。第二章讨论王先谦的经学思想。指出王先谦经学方面的著作主要有：《尚书孔传参正》、《诗三家义集疏》、《皇清经解续编》。重点分析了这几部著作的学术特点及学术价值，从中归纳了王先谦经学思想的三个特点，即调和汉宋今文经学取向、经世致用的价值理念。第三章讨论王先谦的史学思想。指出王先谦在史学领域主要从事的是历史典籍的笺注考证及历史资料汇编。通过对《汉书补注》、《后汉书集解》、《十一朝东华录》及《五洲地理志》、《日本源流考》的典型分析，认为王先谦史学思想主要有三个特点：一是坚持实事求是的治史原则；二是经世致用的治史取向；三是封建正统主义的史学观。第四章讨论王先谦与诸子学。指出王先谦的诸子学研究，上承乾嘉先贤，下启晚清诸子学的复兴，起到了纽带和桥梁的作用。王先谦在诸子学方面的代表作有《荀子集解》、《庄子集解》。第五章探讨王先谦的学术思想及学术地位。指出王先谦的学术思想秉承乾嘉遗轨，同样强调通训诂以求义理的实事求是的治学原则，他认为学问之道在于深造自得，既不能党同伐异，也不能互相标榜，游谈无根。王先谦深刻理解学术对政治的影响，对封建传统文化的信念坚定不移，对可能导致封建统治危机的“异端邪说”视若仇敌，维新运动时期他的顽固立场可见一斑。总之，王先谦作为晚清时期的学术大家，坚持乾嘉治学宗旨，实事求是，取得了很高的学术成就。作为岳麓书院山长，桃李满天下，对晚清学术影响深远。

关键词：王先谦（1842～1917）　学术思想　经学　史学思想　晚清

4251

抗战时期西部交通建设研究 / 谭刚著 ; 史全生指导. -- 南京大学, 2005. -- 171 页

本文分为七章。第一章介绍抗战爆发前国民政府在西部的交通建设情况。指出孙中山在民国初年提出的发展西部交通建设的宏伟计划为后来国民政府在西部的交通建设制定了蓝图，20年代末30年代前期兴起的“西北开发”思潮和国民政府的“交通备战”计划，进一步推动了抗战前西部交通建设事业的发展。第二章论述抗战爆发后国民政府为发展西部交通而采取的政策措施。指出国民政府出于抗战和发展大后方经济的需要积极推进西部交通建设，并采取了一系列措施，包括加强交通运输管理、积极推进交通建设、制订交通建设法规、加强交通运输线的维护和壮大交通运输力量。第三章阐述抗战时期国民政府在西部进行交通建设的具体情况，包括铁路、公路、内河航运、航空运输业建设和古老驿运的恢复建设。第四章分析战时西部交通建设的特点：一是由于西部复杂的地理气候、人力物力财力的短缺和日军的破坏导致了西部交通建设难度大；二是在西部交通建设中存在边修边建、水运与陆运结合和现代交通与传统交通并存的现象；三是由于西部交通路线分布不平衡、交通管理机构重叠、运输价格低廉和交通管理腐败严重等原因，导致西部交通运输效率低下。第五章剖析西部交通建设在支持抗战事业中的作用。指出西部交通建设，便利了苏美援华军用物资的运输；直接支持了前方抗日战场；便利了美军轰炸机远程轰炸日本，加速了抗战胜利的到来。第六章分析西部交通

建设与西部经济发展的关系。指出随着西部交通建设事业的发展,西部交通运输业也发展起来,直接促进了西部交通沿线商业、对外贸易和城市经济的发展,并推动了西部工矿业和农业的发展。第七章对抗战时期国民政府西部交通建设进行评价,在肯定其对改善西部交通状况、推动经济发展等的同时,也指出由于西部复杂的地形、战争的破坏以及国民政府管理腐败等因素,交通运输部门所发挥的作用也受到很大的限制。

关键词:交通运输史　交通运输建设　抗日战争时期　西部地区

4252

上海粮食计划供应制度的建立 :1953—1956 / 汤水清著 ; 姜义华指导. -- 复旦大学, 2005. -- 279 页

上海的粮食计划供应是国家整体计划的一部分,国家统购统销政策的出台直接导致了上海粮食计划供应制度的生成。但是,日伪统治时期的"户口米"和之后国民党统治时期的食米配售的历史,以及建国初期相对充足的粮食供应,又决定了它在建立粮食计划供应制度过程中的特殊性。为使这一制度有领导、有步骤、有秩序地进行,上海市建立了一套与之相适应的、以粮食管理部门为主的粮食计划供应机构;并逐步形成了市、区、街道办事处和基层单位与里弄为主线,而以基层单位与里弄为主体的宣传动员体系。这为上海粮食计划供应制度的建立提供了组织保证与舆论基础。从步骤上看,上海粮食计划供应制度的建立经历了四个过程:首先是把全市的私营米店改造成为国营粮食公司的代销店,将其纳入到国家计划管理的轨道,从而为粮食计划供应创造前提条件;其次是定点供应,固定供应与消费的关系;再次是按户计划供应,以户为单位将家庭用粮固定下来;最后是以人定量供应,将用粮计划落实到个人。这四步既前后相继,又有所区别。但总的趋势是越到后面越复杂、越细致、越严格。尤其是定量供应,它将个人的口粮按照劳动差别、年龄大小进行分等定量,然后凭票证购粮,为此还建立了一套严密的票证管理制度。定量供应办法的实施,表明上海粮食计划供应制度的最终确立。上海粮食计划供应的每一步都在社会上产生了反响。但总体上说,随着计划供应制度的逐步加强,人们的心理从最初的恐慌、不安到后来的认同,表现在市场上是从最初的抢购、囤积到后来的平静。考察上海粮食计划供应制度的建立过程,可以得出两个方面的结论。从积极的方面看,粮食计划供应在产不应需、供不应求的状况下,保证了粮价、物价的平稳和社会的稳定;保证了居民低水平的粮食消费。从消极方面看,粮食计划供应制度人为地割断了城乡之间的联系纽带,打断了城市发展的自然历史进程,加剧了已然存在的城乡差异,并且第一次使城乡二元社会结构制度化了,城市与农村自此沿着各自的轨道孤立发展。

关键词:商业计划　统购　统销　上海市

4253

《醒狮》时期(1924—1930)国家主义派的民族国家建设构想 / 田嵩燕著 ; 欧阳哲生指导. -- 北京大学, 2005. -- 184 页

《醒狮》周报时期(1924—1930)的国家主义派始终是围绕着民族国家的建设问题发言的。他们从探讨国家观念出发,全面阐述了国家主义理论,进而提出了如何建立一个国家,以及建立怎样的国家的政治主张。本文主要以五章的篇幅讨论国家主义派的民族国家建设构想。第一章,介绍了国家主义派作为一个政治思想派别的出现,简介国家主义派在 1920 年代的核心刊物《醒狮》周报的创办、主旨及其影响,并从国际、国内两方面讨论国家主义派出现的时代环境及其思想渊源。第二章,主要讨论国家主义派为建构民族国家建设构想而作的努力。第三章,介绍国家主义派所设计的民族国家建设的方案,首先从政策制定和组织建设两方面为革命做准备;当革命时机成熟之时,则从地方和民众入手,以"全民革命"的行动推翻军阀的统治,取得政权之后,就要依据"全民政治"的政治理想建设一个中国式的民主共和国。第四章,国家主义派提出了一套国家主义的教育建国构想:一方面培养具有爱国精神、卫国能力的现代国民;另一方面将教育权收归国家,实现国家教育权的独立和统一。第五章,讨论国家主义派与军阀、国民党以及中国共产党等 1920 年代国内各主要政治派别之间的政治纠葛和思想论争,同时,从一个侧面映射出 1920 年代中国的思想图景和政治风云。

关键词:政治思想史　国家主义派　民族国家

4254

四联总处与战时西南地区经济 / 王红曼著 ; 戴一峰指导. -- 厦门大学, 2005. -- 204 页

本文对抗战时期国民政府的最高金融机构——四联总处进行了研究,展示了西南地区金融中心的形成过程、金融网络的空间结构及特征,金融资本与工

农业资本相结合的过程及绩效,通货膨胀影响下的西南地区金融业及工农业状况等。论文由五章构成。第一章分析了四联总处筹设的背景及垄断地位的确立,认为它的出现,迅速改变了西南地区的金融结构,促进了该地区的金融发展,有利于国民政府实现金融垄断与经济垄断。第二章论述了金融资本与工业资本的结合,指出四联总处通过货款,对西南各省实行空前的工矿业资本投资,从而实现了与工业资本的结合。第三章分析了金融资本与农业资本的结合,认为四联总处通过农贷,在西南地区建立农村金融网,使西南农业金融发生较大变化。第四章讨论了战时金融制度、货币发行和金融市场波动造成的通货膨胀对西南地区经济的影响,认为四联总处管理下的金融结构与金融制度改变了国民政府的财政收支平衡与秩序,导致物价波动,反通货膨胀措施的失败最终造成西南地区的经济走向衰落。第五章对四联总处在抗战时期对西南地区的经济贡献和效率进行了评价,指出国民政府开发西南、建设西南的主要目的是应付战争的需要,开发的政策与措施具有短期行为的特点,造成其开发效益的局限性。

关键词:金融史　金融机构　四联总处　抗日战争时期　西南地区

4255

华中抗日根据地财政经济研究 / 王建国著 ; 史全生指导. -- 南京大学, 2005. -- 178 页

正文共十章。第一章叙述华中抗日根据地开辟的历史背景及简单经过。第二章论述华中抗日根据地的财政体制。指出其财经工作是在华中局的指导下,由各根据地分别进行的。第三章讨论华中抗日根据地的减租减息运动。指出华中抗日根据地的减息实际上成为减租的一种陪衬,华中地区的高利贷依然存在。减租使得佃农的生活有所改善,对自耕农没有促动,对农业生产的推进作用不大。第四至九章,分别探讨了华中抗日根据地的农业、工业、商业、工商税收、农业税及金融情况。指出在农业方面,普遍出现了用政治路线取代经济政策的现象,在组织互助组方面也出现了严重的偏差,追求形式,不讲实效。纺织业的发展也走上了一条只顾速度、不顾质量的发展道路。日用品工业方面较好,政府干预较少,发展比较顺利。工业的发展,在一定程度上缓解了根据地工业品紧缺的压力,但还无法摆脱对沦陷区的依赖。经过艰苦的努力,华中抗日根据地的商业出现了比较繁荣的景象,不仅为根据地军民带来了充足的物资,也为抗日民主政府提供了可观的税收资源。随着根据地的逐步稳定,华中各地逐渐形成了独特的税收制度。由于工商税收不够稳定,抗日民主政权成立不久就开征田赋、公粮。但早期的田赋、公粮征收存在着很大的随意性,导致了征收中的严重不公,进而引起了民众的强烈不满。为了搞好征收工作,各根据地抗日民主政府都进行了土地复查。农业税成为各根据地财政收入最主要的来源。为了保证根据地经济的稳定,抗日民主政府展开了金融保卫战,使抗币成功地取代法币,成为根据地的本位币,从而加强了华中抗日根据地的独立性。第十章是对华中抗日根据地财政经济状况的宏观评价。文章指出,华中抗日根据地的财政经济建设取得了良好的成绩,在华中敌后抗战发挥了极其重要的作用。通过几年的努力,华中根据地军民的生活都有了不同程度的改善。但是,根据地民众的经济负担并没有减轻。在财政支出方面,生产建设中的投资比例很小。华中根据地的经济建设最主要的就是为抗战提供足够的经费,经济建设的目的是直接为战争服务,本质上讲就是军事后勤经济。

关键词:华中抗日根据地　财政经济　财政制度　经济建设　抗日战争时期

4256

中国近代人权史论 : 理念·体制·运动 / 王丽华著 ; 刘景泉指导. -- 南开大学, 2005. -- 229 页

本文运用比较研究和综合研究的方法,沿着理念、体制、运动三条主线对人权在中国近代史上的发展脉络进行了探讨。正文分为五章。第一章"人权概说",分为人权概念的缘起、人权观念的历史演进、人权观念的发轫三部分;第二章"中国近代人权观念生成的社会历史条件",分为中国近代人权观念生成的物质基础——商品经济的发展、中国近代人权观念生成的文化底蕴——传统文化中的人权要素、中国近代人权观念的思想启蒙——维新派与革命派的民权呼吁三部分;第三章"中国近代史上的人权理念",分为民主革命的先行者——孙中山的人权思想、自由知识分子的代表——胡适的人权思想、早期马克思主义者——李大钊的人权思想、中国共产党人的代表——毛泽东的人权思想四部分;第四章"中国近代史上的人权体制",分为人权体制概述、晚清时期的人权体制、中华民国时期的人权体制、新民主主义革命时期的人权体制四部分;第五章"中国近代史上的人权运动",分为五四新文化运动——从个人主义到民主主义的人权运动、人权问题论战——自由主义的人权运

动、宪政运动——宪政主义的人权运动三部分。作者认为,在理念层面上,孙中山的民生史观人权论、胡适的自由主义人权论、李大钊的唯物史观人权论和毛泽东的马克思主义人权论,都是中国近代史上几种具有典型意义的人权理念,也是中国近代史上内容丰富而宝贵的人权思想资料。在体制层面上,中国近代史上出现过晚清时期、民国时期和新民主主义革命时期三类人权体制,它们具有各自形成、确立的理论依据、宗旨、规范和过程以及得以存在、维持的内在逻辑性。在运动层面上,经历了五四新文化运动——从个人主义到民主主义的人权运动、人权问题论战——自由主义的人权运动、宪政运动——宪政主义三大人权运动,作者对这些人权运动既作静态的个案分析,又作动态的总体把握,并将其放在国际大背景下加以透视,从而分析出这些人权运动得失的经验与教训。

关键词:人权　人权观　民主主义　自由主义

4257

太平天国的权力结构 / 王明前著 ; 崔之清指导. -- 南京大学, 2005. -- 112 页

本文重点考察太平天国贵族精英阶层特别是领导集团的权力分配和权力运作,以及经过权力关系的互动形成的权力结构形式。正文共分四大部分:第一部分考察了太平天国的政治继承,认为客家人狭隘的小团体意识和自负的精神信仰与拜上帝宗教绝对的二元论相结合,深刻地影响了太平天国的社会结构和社会组织。但不应过分夸大客家文化的政治作用,更不能把这种作用绝对化。第二部分考察了太平天国前期即天京事变前的权力结构,指出当时太平天国的权力结构表现为杨秀清的僭主政治。杨秀清、萧朝贵以代天父天兄传言的方式控制会众思想,有效促进了拜上帝各基地会众的团结,使太平天国政教合一的政权结构得以完成。但杨秀清僭主政治,始终埋藏着深刻的危机隐患。第三部分考察了天京事变后太平天国的权力结构,指出杨秀清僭主政治的覆灭使太平天国的政治与军事组织发生分化和瓦解,逐渐形成天京中央宫廷贵族与地方军事贵族的分野。中央权力由洪秀全倚恃的文官集团掌握,地方权力则由地方的军事贵族掌握。第四部分考察了太平天国的官制,认为太平天国官制的制定与实施体现了太平天国政权的社会结构,其官制的目的在于使以广西客家人为主体的拜上帝会众的世袭贵族特权制度化。

关键词:太平天国革命　权力结构　客家　拜上帝会　官制　广西

4258

清季新疆二十八年 : 以军政一体化为中心 / 王鸣野著 ; 马大正指导. -- 中国社会科学院研究生院, 2005. -- 133 页

本文以军事和政治一体化为线索,对新疆与内地及新疆各地区之间在新疆建省后关系发展的进程进行了探讨。正文分十章,分别探讨了一体化的前提、与内地的一体化、省内的一体化、军制的一体化、省内一体化的延伸、近代化基础上的一体化、新的一体化进程、一体化的隐忧、一体化的反推力和另一种形式的一体化(辛亥革命在新疆)等重要问题。作者认为,建省后新疆与内地之间军政一体化进程主要分为三个时期:一是建省时期(刘锦棠主政时期),是其一体化的开端,也是后来进一步一体化的基础;二是建省以后(魏光焘、陶模、饶应祺主政时期),是新疆社会政治形势最稳定的时期,巡抚们的主政以守成为主,鲜有创见,另外,在这一时期,新疆吏治渐趋堕驟,为一体化的顺利发展和进一步深化造成了障碍;三是推行新政及其以后时期(涉及饶应祺、潘效苏、吴引孙、联魁、袁大化五任巡抚),是新疆与内地军政一体化的一个重要时期,新疆的新政包括军事、教育、工矿业、宪政改革等几个方面,虽然成效不彰,但其意义不容低估。新政末期,新疆在辛亥革命影响下爆发了反清起义,它是内地与新疆一体化的结果和组成部分。

关键词:地方史　军事制度　政治制度　新疆　清代

4259

现代上海的知识分子 : 1927—1930 / 王璞著 ; 许纪霖指导. -- 上海师范大学, 2005. -- 97 页

本文主要对 1927 至 1930 年间居住于上海的以下四类知识分子进行了研究:以胡适、徐志摩为代表的具有自由主义倾向的新月派;后来成为"第三条道路"的代表人物——以张君劢和张东荪为代表的研究系,以李璜为代表的国家主义派;具有左翼倾向的批判知识分子——鲁迅和他周围的知识分子;多是中共文化支部成员组成的创造社和太阳社成员。正文共分六章。第一章梳理了 1919—1927 年间的知识分子谱系。指出这一时期,当年的"新青年"逐渐分化,新青年的分化推动了知识分子的"南迁"。第二章主要研究胡适和围绕在他周围的知识分子。指出徐志摩由于偏重于文学兴趣又形成了自己的交际网络,而罗隆基则对政治更感兴趣与张君劢更为接近。在此期间,胡适等还逐渐参与并控制了一些重要的学术资

源,如大学院和中基会。第三章主要研究在上海的研究系和国家主义派成员。指出他们均具有明确的政治背景,在国民党北伐后最早遭到压制。他们在上海的活动相对比较简单,研究系的“政治不正确”和梁启超的去世,使他们处于低潮。国家主义派有着全国性的组织网络,他们与上海的关系也相对比较疏远。第四章主要研究鲁迅和围绕在他周围的知识分子。指出鲁迅在扶植年青一代的同时,远离了他当年的同辈朋友。与此同时,鲁迅也逐渐远离政、教两界,过渡为自由职业者。在诸多因素影响下,本来准备“漂流”的他最终在上海度过了自己的最后十年。第五章主要研究创造社和太阳社成员。指出后期创造社具有明确的左翼倾向,它和太阳社最初曾产生分歧,经过组织协调和鲁迅共同成立了“左联”。太阳社和创造社成员,与前面提到的知识分子相比,资历最浅,也最具反叛性。第六章主要研究知识分子“同途殊归”的现象。指出1930年前后,一部分知识分子离开上海,另一部分知识分子则选择留下。作者认为,知识分子对上海的态度,不仅取决于这座城市,还取决于其他城市和整个社会环境的变化。

关键词:知识分子　文学流派　上海市

4260

中国民办教师始末研究 / 王献玲著 ; 杨树标指导. 浙江大学, 2005. -- 202 页

民办教师在新中国历史上占有重要地位。从清末到民国,因经费困难,师资匮乏,国家推行义务教育步履维艰,有名无实;而稍后的中国共产党在红色区域实行群众路线,走群众办学的道路,教育事业得到了很大发展。这些教训和经验对新中国建立后“穷国如何办大教育”具有重要启示作用。新中国成立后,为解决快速发展教育事业与国家财力不足的矛盾,号召群众办学,实行“两条腿走路”的办学方针。于是,民办教师应运而生并逐渐发展壮大。从1949年到1951年是民办教师的出现阶段;1952年到1956年是初步整顿阶段;1957年到1966年是跌宕发展阶段;1967年至1977年是急速膨胀阶段。“文革”结束后,为了提高教育质量,党和国家十分重视教育工作,从1978年到1993年这15年,对民办教师队伍进行了规范建设。各级政府和教育部门积极采取措施,努力减少民办教师的比例,健全民办教师管理制度,提高民办教师素质,改善民办教师待遇,民办教师长期存在的问题得到初步解决。在半个世纪中,民办教师撑起了中国农村基础教育的半边天,担负着农村扫盲教育的主要工作,同时在农村精神文明建设和物质文明建设中也发挥着重大作用。但民办教师的奉献与他们应得到的社会回报存在着极大的反差。民办教师队伍中存在的长期问题得不到根本解决,如耕教矛盾、待遇低、与公办教师同工不同酬、生活极端穷困、社会地位低下、受人歧视等。这些问题严重地影响了民办教师队伍的建设,影响了农村教育事业的发展。进入上个世纪90年代,中国教育事业的发展对教师队伍建设提出了更高的要求,而这时国民经济已有很大的发展,已有能力增加教育投入,于是,党和国家及各级地方政府共同努力,积极采取措施,基本上解决了民办教师问题。不少经济落后地区由于领导重视教育,他们克服重重困难,把优先发展教育的战略落到实处,民办教师问题解决得很好,这说明在教师队伍的建设、教育事业的发展中,领导重视是一个重要因素。上个世纪80年代吸收新的民办教师的门关死之后,代课教师开始出现,并逐步壮大。代课教师主要分布在“老、少、边、山、穷”的农村穷困地区,承担着这里的基础教育和扫盲教育。他们对中国教育如同当年的民办教师一样,做出了同样的贡献,存在着同样的问题。不同的是,代课教师问题至今还没有解决。通过对20世纪中国民办教育的反思,可以看到长期以来民办教师队伍生存的艰难,管理上的紊乱,农村办学条件的极端简陋,严重制约了农村教育事业的发展。吸取这些教训,需要我们充分认识基础教育在社会经济发展中的重中之重战略地位,要加大对基础教育的投入,建设好农村基础教育的师资队伍,促进我国教育事业的繁荣。

关键词:民办学校　教师　民办教师　基础教育　扫盲　教育史

4261

清代的奖赏制度研究 / 王彦章著 ; 郭世佑指导. -- 浙江大学, 2005. -- 191 页

全文共八章。第一章是绪论;第二至七章,从奖劳劝功、旌表制度、礼敬高年、恤赏措施、饰终令典、俎豆馨香六方面对清代奖赏制度进行了论述;第八章为结论。文章指出,清代的奖赏制度,包括对满、汉文武大臣及他们的父母妻儿、为清室效尽犬马之劳及奉职勤恳的官兵人等、年事已高的老人及孤寡无依之人、具有忠孝节义等善行的臣子民妇等的旌表、奖赏、优待、抚恤等方面。旌表制度所具有的表彰功能无疑带有奖赏的含义,而对于文武大臣、官兵等退休后赏给俸饷及优待高年等方面的措施可以看作是奖赏制度

的延伸。清代的奖赏制度主要有加官晋爵、封妻荫子、建坊旌表、优老尊老、恤赏之典、入祀祠宇、身后哀荣等制度。其中既有对前代的继承,有所创新;既有满族的传统遗风,也采纳了汉族的先进制度。从时间上来看,奖赏制度具有连续性,基本上贯穿于清王朝的始终;从对象上看,包括奴婢在内的所有男女老幼;按其时效性的不同,可分为生前优待奖赏与死后恤赏哀荣两种;按其发生的频率,可分为常规性与暂时性奖赏两种;从受奖者的努力程度来看,可分为酬庸奖功与自然合例两种;按所给奖赏类型的不同,可分为物质奖赏与精神奖励;从受封者的社会地位及身份来看,可以粗略地划分为对身居要职的高官、在京在外中层官员士绅、基层民间等三个层次。总体上看,奖赏制度在维护清代政治统治、纲常名教、社会风尚等方面发挥了相当重要的作用。但也应注意到:花费巨大财力、物力进行的奖赏制度不过是清廷恩威并用的一种手段。而且,乾隆中期以后,奖赏制度执行过程中越来越多地掺杂着急功近利、沽名钓誉等因素,冒滥、贪墨等现象亦屡见不鲜。尤其是晚清时候,清廷面临巨大的压力,为了笼络人心,大规模地运用奖赏手段,使滥用现象非常普遍,导致奖赏与荣誉贬值,逐渐丧失作为维护统治的一个有效手段的功能。

关键词:奖励制度　清代

4262

改革开放以来苏北农村劳动力转移问题研究 / 王月山著 ; 高华指导. -- 南京大学, 2005. -- 151 页

本文通过考察20世纪初到改革开放之前苏北农村劳动力流散的历史,从历史学和经济学视角对改革开放以来苏北农村劳动力转移的现状和特点进行了研究。正文分为六章:第一章"农村劳动力转移的理论背景",主要概述了国内外各学派对农村富余劳动力转移的研究成果;第二章"苏北农村劳动力流散的历史与环境",回顾了从解放初期到改革开放前夕苏北农村劳动力转移的过程,着重就其社会和现实背景进行了论述;第三章"苏北农村劳动力转移之现状",主要论述了苏北农村劳动力转移的历史现状;第四章"苏北农村劳动力转移与经济社会发展",对苏北农村劳动力转移与苏北经济社会发展的关系进行了分析;第五章"苏北农村劳动力转移的困境",主要讨论了当前苏北农村富余劳动力转移在制度障碍、素质和数量障碍、经济障碍、市场障碍等方面所面临的困境;第六章"农村劳动力转移的框架重构",主要针对上述障碍提出了具体的解决对策。作者指出,尽管在不同的历史时期,苏北农村劳动力转移因为受政策的影响,转移的方式和数量不同。但当将它们放进历史的长河中去观察时,苏北农村劳动力转移又呈现出符合历史发展的一面。

关键词:农村劳动力　劳动力转移　苏北地区

4263

四十年代中后期自由主义学人与中间道路研究 / 卫春回著 ; 史全生指导. -- 南京大学, 2005. -- 246 页

本文对40年代中后期自由主义学人群体进行了研究,以解读该群体特有的思想状况和政治活动方式。正文共分六章。第一章勾画了40年代自由主义者的基本生存状态,分析了他们的思想渊源及历史语境。第二章梳理了自由主义者参与政治活动的类型,详细讨论了数种有影响的自由主义期刊及学人的情况。第三章考察了中间路线的产生过程,从参与政协决议的制定到中间路线正式提出,以及围绕中间路线展开的两次讨论。第四章辨析了40年代自由主义的社会理想。主要包括自由主义者对与政治民主相关的一系列基本问题以及价值观念的理解;对经济领域以所有制为中心的一系列问题的认识与理解;政治民主与经济民主合而为一社会理想的确切内涵,以及几种颇具代表性的学说。第五章展示了自由主义者有别于国共两党的中间立场。主要体现在他们对国共两党及其政权的认识与评价;实际的居间调停与和平主义立场;对若干政府举措的评价;对美苏两国的态度以及矛盾的美国情结。第六章以自由主义阵营的分化及中间道路的破产为线索,分析他们从不同的政治取向到逐步分化,乃至最终做出自觉或无奈的选择。作者认为,自由主义者政治民主与经济民主合而为一的社会理想,促使其高度关注社会公正问题。他们对中国现代性问题的思考和探究,为中国现代化进程提供了有价值的思想资源。自由主义者以政治民主化、军队国家化为核心的和平改良路线,展示了国共斗争中中间势力特有的政治理性,并为中国现实政治的演进树立了又一种标尺。但其自身的兴亡表明他们终究无力生存于现实政治的逻辑之外。自由主义者以西方理念为基础,与中国现实产生了距离,左右妥协成为现实中无法逃离的选择。由于无法逾越理想与现实的距离,决定了他们难以避免失败的命运。

关键词:自由主义　中间道路　政治民主　政治思想

4264

五四时期知识分子的价值观 / 武吉庆著 ; 郑师渠指导. -- 北京师范大学, 2005. -- 155 页

本文对五四时期知识分子群体中新文化派和文化保守派的价值观念进行了研究。正文分为四章。第一章探讨价值系统的解体、重建及面临的困境。文章指出,新文化派主张在摧毁传统价值系统的基础上,重建新的价值系统,然而,他们过分偏重价值的相对性,片面追求现代性,而对终极价值关注不够;文化保守派希望通过对传统价值资源的开发利用和新旧整合,使人们尽早摆脱价值无序状态,虽然存有对传统价值系统过多认同之弊,但他们对终极意义和价值的坚守和探索,是对新文化派知识分子缺失的一种必要补充。第二章论述两派知识分子对个性自由、意志自由和言论自由的不同体认,以及他们在实现个人价值途径上的不同认识。指出新文化派和文化保守派知识分子,多把自由视为弥足珍贵的个人价值,但其内容和旨趣却不尽一致。对于意志自由,前者强调挣脱现实社会环境中的种种束缚,后者多指实现心灵对物欲的超脱。对于言论和思想自由,前者意指反对钳制,坚持真理,后者强调多元并存,相互激发。在价值实现方式上,两者都鼓励人们不为境遇所屈,摆脱宿命影响,永不知足,创造不已,奋斗不息,冒险进取。第三章考察两派知识分子价值规范的不同体认。指出义利、群己、理欲和德智等价值范畴,是价值系统建设中的重要内容。五四时期,胸怀经邦济世之志的知识分子,根据现实需要,对这些范畴做出了新的解释。虽然在态度上有激进与保守之分,但他们大多以促进国民的觉醒与思想解放为己任,其充满睿智的多维思考,为价值系统建设提供了十分宝贵的精神财富。第四章讨论两派知识分子在探求宗教、道教与终极价值方面所做的努力,分析了他们的信仰理论。指出确立终极价值、重建信仰系统,是重建价值系统的核心内容。梁启超、吴宓、胡适、蔡元培等人,否定了有神宗教,试图实现科学与人文、理性与非理性的统一,既坚守终极价值,又摆脱迷信的束缚,从不同侧面推动了当时的信仰系统建设。

关键词:知识分子　价值观　五·四运动

4265

妇女指导委员会与抗日战争 / 夏蓉著 ; 桑兵指导. -- 中山大学, 2005. -- 261 页

本文以抗战时期妇女界统一战线的重要形式——妇女指导委员会作为研究对象,对该组织的建立、组织机构、开展的工作和发挥的作用进行了探讨。作者认为,自 1934 年新生活运动推行以来,各地虽有妇女新运组织,但是内容名称不一致,工作缺乏联络。为统筹全国妇女新运,1936 年 2 月,新生活运动促进总会特增设妇女指导委员会。成立初期,从事的多为指导与设计工作,各种方案虽多,付诸实践的却少。1938 年 7 月 1 日,该组织在汉口扩大改组,成为团结各党各派妇女的统一战线。整个抗战时期,在其动员和推动下,全国各界妇女积极开展文化宣传、儿童保育、慰劳救护、战地服务、乡村服务、生活指导、生产事业等各种工作,成为安定和鼓舞后方的一股重要力量,并且发挥作为全国妇女运动中心领导机构的作用,发动了维护女权的妇女宪政和妇女职业运动,起到了全国妇女运动发动机的作用。妇指会是在第二次国共合作为基础的抗日民族统一战线形成的大前提下扩大改组的。受国共两党错综关系的影响,妇指会内外各种党派团体之间的关系亦复杂而微妙。在妇指会及其附属单位均有进步人士和未公开身份的中共党员在其中工作,甚至占了主导地位。1941 年皖南事变前后,由于国共关系日益紧张,该组织内部也出现异常频繁的人事更迭,一些共产党员和进步人士先后辞职或撤离,活动受到了影响。

关键词:妇女组织　妇女运动　抗日战争　妇女指导委员会

4266

陈琪与近代中国博览会事业 / 谢辉著 ; 金普森指导. -- 浙江大学, 2005. -- 203 页

本文分析了陈琪(1878—1925)对中国近代博览会事业的贡献,展示了中国博览会事业的发展历程。正文共七章。第一章回顾了近代中国博览会事业的发展历程。第二章介绍了陈琪的生平及其时代环境。第三章讨论陈琪与 1904 年圣路易斯博览会,阐述了近代中国国际博览会承办权的转移过程。第四章为陈琪与 1910 年南洋劝业会。指明他是南洋劝业会的幕后策划者、具体实施者和直接经办者,南洋劝业会的筹办,使陈琪的博览会思想和主张得以付诸实施,也奠定了他在近代中国博览会事业中的地位。第五章探讨陈琪 1915 年巴拿马博览会。指出陈琪作为赴美赛会监督兼筹备巴拿马赛会事务局局长,显示出他卓绝的组织领导才能,展览获得空前成功,进一步确立了他在近代中国博览会事业中的地位。第六章对陈琪与张謇等在推动近代中国博览会事业发展中的作用进行了比较,说明他们扮演的角色和所起作用。

第七章对陈琪在中国近代博览会史上的地位进行了评价。文章指出，近代中国博览会事业的兴起，是由官、绅、商、学各界协力作用的结果，其推动力量可分为中央产业机关负责人、地方实力派、商人、华侨、博览会经理人员、驻外使臣、留学生和新学堂学生、士绅等八个群体。政府在近代中国博览会事业的兴起中起主导作用，中央政府倡导者督促者，晚清督抚和民国地方大员是坚定推动者，各地商会是主要组织者和操办者。这使为官员赏识与商界关系良好的陈琪能起到沟通官商的作用，担当起近代中国博览会事业发展先驱者和开拓者的角色。他是近代中国博览会事业的第一人。博览会对传播科技文化、促进商贸和增强国人的市场观念具有重要作用，推动了中国近代化的步伐。

关键词：贸易史　博览会　陈琪（1878～1925）近代

4267

当代中国博士生教育研究 / 徐希元著 ; 李良玉指导. -- 南京大学, 2005. -- 248 页

本文对中国当代博士生教育进行了研究，探究了当代社会历史背景下中国博士生教育发展的成因、机制、途径和方法，揭示了博士生教育的内在规律。正文共分七章。第一章是对中国博士生教育的历史考察；第二章论述博士生教育的时代使命与科技承载；第三章至第六章，探讨博士生招生和教学、科学研究、学科和指导教师、博士生质量等问题；第七章对近十年博士生教育发展进行了考察，分析了博士生教育发展中所存在的问题及其原因。作者认为，20 世纪 80 年代初期，中国博士生教育实现高起点、高速度发展。国家制定了统一的招生制度、程序、办法和学位课程体系，但受生源与质量方面的影响，研究生的投考积极性不是很大。1995 年以后情况改观。在外力拉动、内力驱动和政府主导等因素综合作用下，中国博士生教育迅猛发展。但因发展基础薄弱，速度过快，许多培养质量指标没有得到同步提高，造成了“虚胖”。在我国大学教育实践中，博士生科学研究的综合训练和能力培养是指导教师的主要职责，博士论文是科研训练的重点阶段和中心环节，知识能力和素质则构成科研训练的基本要求。博士生科学研究具有探索性、严重性、独立性、阶段性和中继性的特点，博士论文是博士生培养质量的凝结，科学研究的创新是评价博士论文的核心质量标准，而充分发挥论文答辩的“质检”把关作用不可忽视。由于历史的原因，作为培养博士生的第一责任人，导师整体学术水平偏低，指导过程规范化程度不高，成为我国当前博士生培养质量的“瓶颈”。文章指出，今后博士生教育要想保持可持续发展，需要建构符合教育规律的培养机制与符合市场经济的博士生教育体制，实现博士生教育发展速度、规模、质量与效益的协调发展。

关键词：当代中国　研究生教育　培养质量

4268

渤黄海区域海洋经济的历史研究 / 杨强著 ; 杨国桢指导. -- 厦门大学, 2005. -- 249 页

本文以渤黄海区域为核心，从海洋史的角度对该区域海洋经济的发展历史进行了探讨。文章论述了该区域海洋渔业、海洋盐业、海洋运输和海洋贸易四个方面的发展过程，分析了各自主要的特点。全文分为七章。第一章“绪论”，对有关该问题研究的学术史作了回顾，并对相关文献资料进行介绍；第二章“陆海环境”，阐述了海域、海岛、海岸带陆域诸问题；第三章“海洋渔业”，阐述了海洋渔业资源、古人的海洋生物知识体系、13 世纪末以前的海洋渔业、13 世纪末以降的海洋渔业、特色海产品的开发、渔业管理与渔业贡赋诸问题；第四章“海洋盐业”，阐述了海盐生产的自然条件、金代以前的海盐生产、金代以降的海盐生产、制盐技术的发展、海盐销区与盐课诸问题；第五章“海洋运输”，阐述了海洋航路的发展、海运军饷、海运漕粮、海运赈粮、仓储粮、其他的海洋运输活动诸问题；第六章“海洋贸易”，阐述了海外贸易、13 世纪末以前的国内沿海贸易、13 世纪末以降的国内沿海贸易、沿海粮食贸易、沿海贸易中的江浙闽广商船诸问题；第七章“海洋经济与海洋社会文化”，阐述了海洋社会文化的发展、本区海洋经济发展的水平与特点诸问题。作者认为，该区域海陆兼备的自然环境是当地人民利用海洋、开发海洋的前提，而沿海人民敢于冒险、勇于向大海讨生计的生存本能则成为当地海洋经济发展的首要动力。该区域渔盐之利、舟楫之便，使海洋渔业、海洋盐业、海洋运输和海洋贸易持续发展，从而形成一个有别于内陆的海洋区域。

关键词：海洋经济　沿海经济　地区经济　渤海　黄海

4269

当代中国刑法史研究 / 杨庆文著 ; 杨树标指导. -- 浙江大学, 2005. -- 161 页

中华人民共和国的法制是在彻底摧毁国民党政

府旧法制之后,根据马克思主义国家与法的理论,按照苏联法制的基本模式建立起来的。建国初期,社会秩序非常混乱,为了适应过渡时期的需要,国家先后颁布了几个重要的刑事法规。这对保障过渡时期党和国家政治、经济政策的顺利执行和巩固新政权发挥了重要作用。但是,这一时期的刑法充满阶级斗争精神和服务于政治运动的色彩,给刑法建设及整个法制建设都造成隐患。1954 年宪法所确立的社会主义的民主宪政制度,开始了中国社会主义立法体制和法律制度的建设,作为国家重要部门法之一的刑法的起草工作正式开始进行。然而,随着反"右派"运动的到来和"左"倾思潮下的法律虚无主义的影响,使得刑法起草工作几次陷于停顿。"文革"结束后,中国社会主义法制建设重新开始走上正常发展的轨道。十一届三中全会,标志着中国社会主义民主政治和法制经过了一段曲折的道路之后,开始了复兴,使中国的法制建设进入了一个新的历史时期。此后,逐步强调了加强和完善社会主义法律体系的重要性,明确了社会主义市场经济建设与法制建设之间的关系,促进了新的社会转型时期法制建设的发展。党的十五大,把依法治国提到了党领导人民治理国家的基本方略的高度,指出依法治国是发展社会主义市场经济的客观需要,是国家长治久安的重要保障。随着社会主义市场经济体制的建立和发展,中国的刑法也面临着许多新问题。作为规定犯罪与刑罚的刑法面对市场经济条件下的各种犯罪活动,如何充分、合理地发挥它的社会保护功能和人权保障功能,为新时期的刑法建设带来了新的挑战。透过新中国刑法的历史发展,可以得到一些启示:阶级斗争法律理论与实践长期影响并制约新中国法制的成长与兴衰,新中国的法制与频繁的政治运动密不可分,法律缺乏应有的权威和作用,如果对国家刑罚权不加限制,法治国家的实现是不可想象的。刑事法治是国家法治的根本标志之一。

关键词:刑法　法制史　刑罚　法治

4270

盛世繁华:晋商与晋中社会叙事 / 殷俊玲著 ; 行龙指导. -- 山西大学, 2005. -- 247 页

本文以清代及民初晋中社会为考察中心,对晋商与晋中地方社会展开研究,分析了当时的社会情状,展现了晋中社会生活的众多层面,揭示了清代晋商对晋中社会所产生的深刻影响。正文分为十章,第一章探讨晋中人口的地域流动、社会流动及当地民众职业的多样化,并揭示晋中商风之盛的社会实况;第二章展现商人的婚姻生活;第三章从晋商家族经营、家族教育和家族救助入手,对晋商家族面貌作一粗描;第四章述及生意场中的商人生活;第五章述及晋中社会某些传统手工业的兴盛和近代工业的勃兴;第六章再现晋中民众的日常生活;第七章展现昔日晋中民众多样的休闲娱乐与信仰生活;第八章探讨晋商与晋中民众文化生活的关联与互惠;第九章直陈晋商在社会教育、社会赈济、公共建设、社会治安等公共领域的作为;第十章指出由于晋商未能抓住时机,终使昔日辉煌不再。概而言之,其主要内容分为两大部分:一部分探讨了晋商的生活,涉及晋商的婚姻生活、生意场中的生活、家族教育、家族救济等内容;另一部分探讨了晋中社会情状众多的层面,包括社会人口的流动、职业构成、社会风尚、民众日常生活、经济生活、文化娱乐、公共事务等内容。

关键词:晋商　经济史　社会史　社会变迁　晋中地区

4271

民国时期的地方政权与地方财政(1927—1945):以浙江为例 / 尹红群著 ; 郭世佑指导. -- 浙江大学, 2005. -- 161 页

1927—1945 年间,国家内忧外患,国民党统治下的地方政权经历急剧的变革。在中国,地方政权与地方财政有着某种互动的关系。地方政权进行重组与扩张,财政则是地方政权建设的动力和重要内容,而在现代化和民族国家重建的背景下,地方政权又强化了从基层社会汲取财源的技能。为此,地方财政(自治财政)的划分和整理、财务行政、财务监督、赋税的征收等方面,均发生了深刻的变革,并形成了新的地方事业经费筹措机制,国家与社会的关系也发生流变。就浙江而言,1927—1937 年间,省政府致力于现代化建设,财政入不敷出的张力给县政的变革造成直接的压力。30 年代县政建设的启动成为地方政权与地方财政变革的内在动力。地方政权建设与地方财政的转型同时并举,并为抗日战争做了相当的财力与政治动员上的准备,特别是抗战前期(1937—1941),地方财政的好转现象在一定程度上说明了战前的准备初见成效。到了抗战后期(1942—1945),虽然自治财政确立,制度趋于健全,但是财政与政治(包括中央与地方的关系因素)的内在结构冲突和外在因素的破坏,使得自治财政的运转趋于困顿。地方政权的扩张在财政的表现是出现养人不养事的局面,反映了官僚化转型中的民主与专制难题。政权体制的经济化腐

蚀着政权自身,县以下乡镇保甲基本上是靠摊派等非法定手段来筹措地方事业经费。国民政府试图以整理自治财政运动来挽救地方财政危机,但结果却无济于事。地方财政已不能提供地方政权正常运转的动力,基层政权失控,基层社会失序。

关键词:地方政府　地方财政　民国时期

4272

天津商会组织网络与区域市场经济变迁 : 1903—1928 / 应莉雅著 ; 戴一峰指导. -- 厦门大学, 2005. 309 页

本文对近代天津商会组织网络与区域市场经济变迁的互动关系进行了探讨,从交易成本和博弈论的角度提出天津商会组织网络的市场功能是确定性和非确定性的矛盾统一。全文共分六章,依次从三个层面展开讨论:首先,从区域经济与社会网络的视角剖析了天津商会组织网络的层次结构及其外部环境因素和内部运行机制,阐述了近代区域市场在整合过程中的矛盾冲突对天津商会组织网络产生的决定性影响;其次,根据市场缺陷理论分析了天津商会组织网络的性质,运用新制度经济学交易成本的分析方法和博弈论解释了天津商会组织网络在区域市场的经济功能;第三,运用结构化理论的结构二重性学说,探究了天津商会组织网络与区域商品市场和资本市场在时空场景下的互动关系。作者认为,天津商会组织网络是一个多层次、制度化的组织网络,它既是区域市场经济变迁的结果,又是影响区域市场向近代转型的重要因素,它的市场功能是减少区域市场交易成本,天津商会组织网络与区域市场经济变迁的历史性互动体现出结构二重性的基本特征:一方面,天津商会组织网络自产生以后就成为区域市场再生产过程中反复涉及的规则和资源,另一方面天津商会组织网络所具有的制度化结构和实践对区域市场的再生产过程同时具有制约性和使动性。

关键词:经济史　区域经济　商会　组织网络　天津市

4273

新观念的呈现与力度 : 民国城市妇女婚姻问题研究 / 余华林著 ; 黄兴涛指导. -- 中国人民大学, 2005. -- 197 页

正文共四章。第一章主要讨论民国时期新式的恋爱观与妇女婚姻生活的关系。指出随着现代爱情观念的兴起,知识青年开始意识到爱情对于婚姻生活的重要性,他们极力倡导恋爱革命。通过争论,大多数青年的恋爱观是:首先承认婚姻应以爱情为基础,这种爱情在婚前是可以随意变迁的,婚后则不能再有变迁;男女间也有性交的自由,但须以双方产生爱情为前提。为此,很多妇女采取退婚、逃婚、甚至以死抗争的手段来反抗旧式的没有爱情的婚姻。并有不少青年女性为了追求幸福,采用广告征婚的新式婚姻手段,公开选择自己的理想配偶。但恋爱未必能成功,很多女性在被抛弃后,自暴自弃,甚至以自杀谢罪,演出了诸多恋爱悲剧。第二章主要讨论"娜拉主义"与"贤妻良母主义"的思想史形态及其对于妇女婚后家庭生活的实际影响。指出民国时期,一些人呼吁妇女学习"娜拉"精神,走出家庭,步入社会,谋取职业,以经济独立为途径,实现男女平等。但这并未彻底取代传统的"男外女内"、"贤妻良母"思想,人们仍将"母职"、"家事"作为妇女应尽的天职。在家庭主妇与职业女性两者不能兼顾的情况下,有的妇女为了照顾家庭,只好牺牲自己的社会生活,退回家庭做全职主妇;有的妇女因为家庭经济的困难,或者为了事业上的成就,只能疏于对家庭和孩子的照顾;有人为躲避家务的烦扰,甚至终身独身。第三章和第四章探讨自由离婚观念的出现与民国妇女的新式离婚现象。指出秉承婚姻自由、恋爱自由的观念,一些知识青年开始大力宣传离婚自由的观念。但是人们对于离婚问题多持谨慎的态度。有的甚至认为离婚破坏了家庭组织,动摇了社会的基础,是社会的病症。一些人开始探讨如何防止和避免离婚。离婚自由思潮首先感染了一批知识女性,妇女离婚事件日多一日。不过,由于民国时期男女教育的严重不平衡,接受了新式教育、产生了离婚想法并能最终实现离婚的妇女,毕竟还是少数。另外很多妇女之所以离婚,是为了寻找一个更好依赖的丈夫。因此不能笼统地说离婚给妇女带来了解放。

关键词:妇女问题　婚姻问题　恋爱自由　离婚　民国

4274

当代中国大学生思想史研究 : 1949—1988 / 俞海洛著 ; 杨树标指导. -- 浙江大学, 2005. -- 132 页

高校是思想的家园,大学生是社会各种思潮的最早接触者,是思想最活跃的社会阶层之一。作者指出,建国初期,大学生对社会主义、共产党、新制度疑惑、不了解,在经历抗美援朝、土地改革和镇压反革命三大运动的锻炼后,开始认识到中国共产党和中国人

民的伟大力量,对新的社会制度逐渐认同。1951 年到1956 年的三次学术思想批判运动,使大学生的思想有了很大进步。1956 年全国知识分子工作会议召开,标志着大学生社会主义思想的确立。1956 年到 1966 年,大学生的思想随着社会主义道路的探索过程而曲折发展。1956 年至 1957 年,在"双百方针"指引下,广大学生积极响应共产党发出的"向科学进军"的号召,努力学习。1957 年整风运动开始后,对如何建设社会主义提出了自己的看法和见解。大学生思想高度统一在"无产阶级的立场上"。反右扩大化之后,树立了"要做又红又专的工人阶级知识分子"的思想。1958 年,在总路线号召下,渐渐地走上了脱离实际的空头政治道路。到上个世纪 60 年代中期,广大学生在农村"四清"活动中接受了一次阶级斗争思想的洗礼。1966 年到 1977 年大学生的思想出现复杂变化。1966 年,文化大革命发生。大学生们成了"文革"初期最激进的排头兵。"文革"中期,大学生的思想经历了失落—困惑—冷静思考的过程。到"文革"后期,大学生们逐渐清醒、理智,他们借悼念周恩来之际,向社会发出了学觉醒的吼声。大学生们政治思想的觉悟,为正义所进行的抗争,预示着一场旷日持久的动荡的结束。1976 年到 1988 年,是大学生在改革开放形势下对社会主义进行再认识的时期。"文革"结束后,大学生参加真理标准问题大讨论,思想解放的序幕逐渐拉开。从 1980 年开始,中国进入改革开放的年代,中西价值观的冲突日益明显。80 年代中期,随着西方思潮的逐渐渗透,以及在改革中各种矛盾和问题日益突出,更主要的是,由于东欧和苏联政体改革的"示范"作用以及国际敌对势力发动"和平演变"攻势,国内"资产阶级自由化"分子的鼓噪和思想政治工作的淡化,使得大学生们本该正常发展的思想受到了严重的干扰,出现了较大的起伏。

关键词:大学生　政治思想史　思想政治教育　高等学校

4275

理念的嬗变　制度的初创 : 近代中国社会保障立法研究(1912—1949) / 岳宗福著 ; 吕伟俊指导. -- 浙江大学, 2005. -- 201 页

正文共分七章。第一章回顾了近代中国社会保障立法的历史背景。第二章分析了近代中国社会保障立法的思想渊源与理论基础。第三章论述了社会立法与社会政策、社会行政。指出近代中国社会立法肇始于劳工立法活动,历经民国北京政府和国民政府而初具规模;中国共产党早期的社会政策曾对民国政府的社会立法活动产生过间接影响,中国国民党的社会政策则直接指导着国民政府的社会立法活动;传统的社会救济机制虽然仍是社会行政体制的重心,但具有现代意义的社会福利、社会保险机制已经初步形成。第四章探讨社会救济立法。指出民国时期,传统的社会救济事业逐步被纳入法制化轨道,民国政府制定并颁行了许多以"社会救济"或"救济"字样命名的社会立法,来调整和规范社会救济活动。其中,1943 年《社会救济法》的颁行在中国近代社会救济法制化进程中具有划时代的意义。第五章探讨社会保险立法。指出近代中国社会保险立法受工业发达国家社会保险制度和国际劳工组织国际立法的影响,经历了从萌芽、草创到实践再到确立基本原则的曲折发展过程。由于没有社会保险法规正式出台,社会保险立法的滞后性制约着社会保险事业的正常发展。但比较之下,民国政府关于人寿保险和职工储蓄的立法尚称完备。第六章探讨社会福利立法。指出直至抗日战争期间,国民政府设立社会福利专门机构——社会部社会福利司以后,才开始在社会立法活动中明确使用"社会福利"概念。当时颁行的以"社会福利"或"福利"字样命名的法规,主要涉及到劳工福利、儿童福利、农民福利及奖助社会福利事业几个方面。第七章探讨社会抚恤立法。指出民国政府的抚恤制度,主要涉及到政府公务人员、军队士兵、教职员等社会公职人员的养老抚恤问题。文章认为,近代中国社会保障立法在开启社会保障法制化、推进法制现代化等方面具有积极意义,但也存在立法主体混乱、立法层次低、立法体系结构不平衡、立法与实践相脱节等多种局限性。

关键词:社会保障　立法　社会救济　民国

4276

澳门早期现代化研究 : 鸦片战争至 1945 年 / 查灿长著 ; 张宪文指导. -- 南京大学, 2005. -- 213 页

本文对鸦片战争至 1945 年间澳门早期现代化进行了研究。全文由导论、正文四章与结语构成。第一章论述了澳门自然地缘优势、开埠通商及国际商港发展轨迹之间的有机联系与互动关系。指出,从晚明葡萄牙人入居到鸦片战争前,澳门所经历的开埠、近百年的繁荣和包括 17 世纪中叶以后的经济滞衰,既是其融入资本主义体系的标志,也是其现代化的开始。第二章探讨了鸦片战争后澳门经济结构的转型。指出,鸦片战争后,澳门被迫进行结构的换位和产业的

转型,终于在19世纪末20世纪初初步形成一种以博彩、娼妓业为核心的服务业和手工加工业及渔业为支柱的现代经济"体系"。第三章研究了鸦片战争后澳门的政治制度变迁。指出鸦片战争前,澳门坚持既依附清廷又听命于葡萄牙的"双重效忠"原则,实行华人与葡人"共处分治"。但是由于清政府的腐败没落,最终改变了这种局面。第四章概述了鸦片战争后澳门社会文化的整合。指出澳门作为中西文化交流的孔道,形成了一种独特的多元社会文化结构和开放宽容的"澳门文化精神",这是澳门能够生存、发展和繁荣的渊源所在。

关键词:地方史　现代化　鸦片战争　澳门

4277

民国娼妓问题研究 / 张超著 ; 敖文蔚指导. -- 武汉大学, 2005. -- 216页

本文主要包括六章。第一章回顾了娼妓现象的历史,指出娼妓及其制度具有长期性与永久性的特点。第二章分析了民国时期娼妓业的畸形繁荣,指出其社会原因在于社会剧变与恶劣的社会环境。第三章讨论了民国"士人"们发动的废娼运动,指出由于发动者对娼妓问题复杂性、关联性认识不足,其方案不切实际,而当时的政府软弱无力,以至于废娼运动宣告失败。第四、五章主要讨论了政府实行公娼制、使娼业合法化的原委,评论了检验制度带来的得失,指出公娼制度使娼业向资本主义规范化的企业雇佣制迈进,从一定程度来说对妓女有某种保护作用,但却带来了娼业的日益普及化、公开化及妓女身份的标签化,增加了妓女重新融入社会的难度。政府对解决娼妓问题是心有余而力不足。第六章讨论了娼业的营运过程,展现了妓业内部各群体之间、妓业与其他社会行业之间的相互关联。在此基础上,论述了妓女生活的某种优越性,老鸨权力的相对有限性。

关键词:社会病态　娼妓　政府管制　民国

4278

市场环境与制度变迁 :晚清至民国的南昌商人与商会组织 / 张芳霖著 ; 郑振满指导. -- 厦门大学, 2005. -- 298页

本文主要根据南昌商会档案,从市场环境与制度变迁的历史角度,对晚清至民国时期的南昌商人和商会组织进行了研究,以揭示其时代特征与演变趋势。全文共分八章。第一章绪论。第二章论述了九江开埠的历史过程及江西区域市场的转型。指出清代江西的传统区域市场,由于受到一口通商制度的制约,形成了南北两极市场格局。五口通商和九江开埠以后,强化了南昌作为区域市场中心的地位,促成了江西区域市场的统一。第三至第七章按时间顺序研究了南昌社会。文章指出,晚清市场环境的日益复杂化,要求传统的行会、商邦、会馆等商业组织适应新的要求,建立统一的商会组织。1906年创建的江西商务总会即在这种背景下成立。北京政府时期,受地方自治制度的影响,南昌商人活动空前活跃,商会组织也与地方政府密切合作,在改善市场和维护经济秩序中发挥了主导作用。南京国民政府成立后,由于实行高度集权的党国政治,商会政治地位被边缘化。南昌设市后,南昌商会成为管理商人和商业活动的行政工具,"新生活"运动中,南昌商会创设"商人节",期望重返社会生活中心。抗战时期,南昌的市场环境恶化。南昌沦陷后,日伪政权成立了南昌市商会筹备委员会,成为控制商人和市场的主要工具。抗战胜利后,国民党以官僚资本垄断、控制工商业的政策,导致了商人的分化,商会组织也随之分化、重组。第八章结语。

关键词:商业史　商人　商会　制度变迁　晚清　民国　南昌市

4279

秩序、权力与制度变迁 :二十世纪徐州煤矿的场区冲突 / 张福运著 ; 高华指导. -- 南京大学, 2005. -- 174页

本文选取具有百年历史的徐州矿区为研究样本,以贾汪煤矿、三河尖煤矿为研究个案,截取20世纪30年代、人民公社时期和90年代市场化时期三个历史横断面,在历史冲突事件与协调过程的描述和阐释中,考察了煤矿和矿区乡村冲突与协调中的均衡秩序以及在此背后地方权力的运作模式、制度变迁。全文共分五章。第一章为导语;第二章叙述30年代的暴动与安抚;第三章讨论六七十年代集体化时期煤矿与矿区乡村间的和谐与冲突;第四章探讨市场转型中的利益再分配与权力实践;第五章从制度变迁的角度,对场区冲突进行了论述。文章指出,冲突中所暴露出的乡村群体心态和社会心理,可视为透视地方文化的标本;乡村政治精英在冲突中的多重表现,可作为观察国家与社会关系的新视角;煤矿生存的特殊性、矿区问题的公共性、冲突低风险高收益的属性以及矿区利益的再生性,促成了场区矛盾和冲突的持久化。而场区冲突中显著的阶段性,又凸显出20世纪制度变

迁的印迹。30年代贾汪矿区激烈频繁的冲突乃至后期的武装暴动,在一定意义上既是传统乡土意识和习俗在面对大工业进逼时所显现的一种本能抵抗,又是现代国家导向的工业化目标与延续性的土地产权高度私有化形态之间内在矛盾的显现。人民公社时期的场区,之所以能够在相当长一段时期内维持着至少表面的和谐与工农互助的景象,主要得益于乡村政治权威对新国家的高度认同,在建立全能型社会动员控制机制的同时,迅速完成了土地产权和收益分配向集体化形态的转移。90年代以后矿区矛盾的再度激化,在相当程度上是整体性制度变革的结果。

关键词:矿区　冲突　乡村　行政权力　社会秩序

4280

胡适对杜威实验主义方法论的解读与应用 / 张海燕著 ; 耿云志指导. -- 中国社会科学院研究生院, 2005. -- 76 页

本文从方法论的视角,对胡适诠释杜威实验主义的理论与实践进行了探讨。作者认为,胡适对杜威经验论体系的理解比较简单,他强调经验即生活,并没有把经验方法置于突出地位加以阐发。胡适常以"科学实验室的态度"称呼实验主义。他对"五步法"的概括具有五个特点:一是以杜威早期著作《我们怎样思想》为依据;二是强调"假设"的核心地位;三是利用中国历史资源进行解读;四是把"实验"称为"证实"、"实证"或"求证";五是转化为"大胆的假设,小心的求证"。胡适将杜威的历史方法称为"祖孙的方法",并具体化为明变、求因和评判的学术原则。胡适的《中国哲学史大纲(上)》、《说儒》和"多研究些问题,少谈些主义",分别是这种方法在学术研究和政治问题上的表达。胡适强调实践精神创造智慧与启发心思的实践功能,并以"知行合一"解读杜威的知行统一思想。胡适借用怀疑精神作为重估传统与再造文明的思想武器。胡适对杜威实验主义方法论的解读与应用,基本上是在其理论框架之内进行,但有所变通与创新,体现了民族化、大众化、工具化和实用化的特点。

关键词:胡适(1891～1962)　杜威(Dewey, John 1859～1952)　实验主义　方法论

4281

北洋集团崛起研究 : 1895—1911 / 张华腾著 ; 姜义华指导. -- 复旦大学, 2005. -- 276 页

本文运用历史学、政治学、社会学、军事学、计量史学等人文社会科学的研究方法,以北洋集团早期活动为考察对象,对北洋集团的兴起进行了研究。北洋集团崛起于20世纪初清政府的新政时期,而奠基则在甲午战争之后清政府的军事改革之中。小站练兵结成的小站班底,为北洋集团的崛起准备了干部条件。义和团运动、八国联军侵华和袁世凯任职山东巡抚是北洋集团崛起的契机。袁世凯以其新军为后盾,纵横捭阖,处理各种复杂的社会关系,在北方数省大局糜烂、京津失陷的特殊政治背景下,确保了山东一省稳定的局面,由此赢得了政治声誉,从而为中外所看重,继任直隶总督兼北洋大臣。袁世凯在北洋大力推行新政,为直隶区域现代化打下最初基础。北洋新政力度大,领域广泛,军事、警政、司法、实业、文化教育、地方自治、城市建设等成效显著。北洋新政是全国的模范,为各省所效法,北洋新政直接影响着全国新政的进行。在北洋新政的过程中,袁世凯以小站班底为基础,广泛吸收了政治、外交、经济、文化教育等方面的人才,从而结成了一个势力庞大的军事政治集团,北洋集团正式形成。兴起之初的北洋集团,是清末统治集团中新兴起的一种具有某种进步性的势力。北洋集团在清末诸要政如对东北的改革和治理、收回路矿利权运动以及清末禁烟运动中都有所贡献。北洋集团的所作所为,是20世纪初中国民族主义的重要组成部分。北洋集团是清末民初中国社会转型急剧加快时期形成的政治军事集团,其本身是新旧矛盾的结合体,是一种亦新亦旧的政治力量,这个集团在清末新政中崛起,为中国社会的发展进步做出了一定的贡献。但北洋集团又是一个狭隘的利己集团,本身具有不可克服的新与旧的矛盾性,其在清末改革中的奋发努力,大都与其争夺权力紧密联系在一起,而不是为了民族的独立和富强。辛亥革命以后,随着北洋集团掌握了国家中央政权,其狭隘自私的一面恶性发展,最终成为中国社会发展的障碍。北洋集团发展演变为北洋军阀,由一种具有某种进步性的势力发展为反动势力,经历了一个较长时间的过程,是符合历史辩证法的。

关键词:北洋军阀　政治集团　袁世凯(1859～1916)　清后期

4282

南京国民政府盐政改革研究 / 张立杰著 ; 张宪文指导. -- 南京大学, 2005. -- 185 页

本文从盐政改革入手,通过一个侧面考察了南京

国民政府十年统治的得失成败。全文共六章。第一章分析了南京国民政府盐政改革的背景及主要目标，认为当时的盐政改革是在政治衰败的环境中展开的，改革目标存在着现代化与对盐税增收并举的二元冲突。第二章讨论了南京国民政府盐政改革的具体实践，包括对外争取独立的盐政主权，对内争取盐税征管权的统一，颁布新盐法及盐务管理等。认为这些改革基本上以民初改革为模本，但又体现了国民政府对主权独立和对盐政现代化的追求及其增加盐税收入的欲求。第三章讨论了盐民对盐政改革的态度，认为盐政改革缺乏对盐民利益的保护，并试图以专横的手段压制盐民听从命令，导致盐民的不满。第四章讨论了盐商对盐政改革的影响，认为盐商是中国经济迈向现代化的一块顽石，南京国民政府希望打破盐商的垄断，但限于财政金融的困难，又不得不向盐商妥协，最终导致盐政改革受挫。第五章讨论了民众对盐政改革的态度，认为民众渴望摆脱专商的盘剥和引岸的束缚，但盐政改革无止境地增加了民众的盐税负担，必然遭到民众的抗拒。第六章讨论了南京国民政府的盐政与对外关系，认为南京国民政府既摆脱了外来势力对盐政主权的干涉，又妥善处理了以盐税为担保的外债偿还。指出在对问题上，一方面南京国民政府对日本破坏中国盐政表现出软弱态度，另一方面，又设立常平仓，作为对日作战的战略储备。最后作者在综述南京国民政府盐政改革的经验与教训的基础上，指出南京国民政府的盐政改革因对盐税无止境的欲求而偏失重心，使改革的现代化目标破灭；而南京国民政府对现代化的追求，也缘于其不得人心的强征暴敛而注定难以实现。

关键词：南京国民政府　经济管理　盐业史　盐政

4283

台湾"公民投票"的历史考论 / 张莉著；朱庆葆指导. -- 南京大学, 2005. -- 171 页

本文通过对台湾"公民投票"问题的考察，对由民进党所全力推行的"公民投票"的理念和行动在台湾发生、发展及演变的过程进行了探讨，并从《国际法》及《中华人民共和国宪法》等法理的角度分析了台湾"公民投票"可以实施的空间及合法范围，提出了祖国大陆应对的措施与对策。作者指出，早期的"公民投票"言论主要为"民族自决论"和"住民自决论"，其发轫与"台独"紧密相连。民进党成立后，党外的"住民自决"主张被列入其党纲，从而拉开了以"公民投票"为行使方式的"台独"序幕。90 年代"住民自决"一词逐渐为"公民投票"所取代，民进党也以此为利器，争取台独和政权。民进党执政后，其"公民投票"的言论又转向新的方向，在隐藏其所包含的"台独"内涵的同时，积极推动"公投立法"、"公投制宪"。然而，从"公投"根本目的就是"台独"，再从"公投"与台湾的"国家定位"、"民粹主义"、"族群问题"、"民生化"等方面的关系看，"公民投票"完全是对民主的"盗用"与异化。台湾自古以来属于中国领土的历史事实，是不可能由"公民投票"这样的政治行为来否认的。

关键词：选举制度　公民投票　民进党　台湾省

4284

民初的国家主义派研究 / 张少鹏著；何建明指导. 华中师范大学, 2005. -- 253 页

本文共分五章。第一、二章探讨国家主义派的渊源、形成与发展。指出少年中国学会是国家主义派的渊源之一。为了与共产党争夺留学界的领导权，曾琦藉 1923 年 5 月国内发生"临城劫案"引起旅法各界反对国际"共管"中国之际，于 7 月发起"旅法各团体联合会"，进而在 12 月组织中国青年党，从而与共产党形成冲突。1924 年，曾琦归国，成立"醒狮社"，创办《醒狮周报》，宣传国家主义。与此同时，各地国家主义团体也纷纷成立。1925 年 10 月成立国家主义青年团，12 月发起成立"国家主义团体联合会"，并于 1926 年秋在上海召开第一次全国代表大会，确定党的组织系统和发展方针。第三章论述国家主义派的理论与政治理念。指出国家主义派所宣传的国家主义，前承梁启超的国家主义思想，后继欧洲国家主义理论的最新发展。国家主义派宣传国家主义，旨在确定国人的共同信仰。同时，以"内除国贼，外抗强权"为目标，"全民革命"为手段，企图通过实行"全民政治"和"社会政策"，以建立全民福利的国家。第四章讨论国家主义的党际关系。指出国家主义派在"五四"前后与梁启超及研究系相当接近，国共合作的逼人态势，迫使曾琦和梁启超都感有相互合作的必要。国家主义派与中国共产党由于观念歧异，自始至终处在不断的冲突之中。国共两党实现合作以后，双方虽在言论上论争不已，但合作的愿望一直存在。曾琦虽对孙中山奉行的革命方略颇有微词，但一直积极寻求与国民党合作。合作不成，便做国民党的"诤友"，以促国民党"反俄、反共"。1927 年 4 月，国民党实行武力清党，双方差异明显。于是，国民党籍"反革命"之名严厉镇压国家主义派。第五章分析国家主义派的策略转变。

指出在国共两党的压力下,国家主义派不得不转变策略,依附军阀,公开中国青年党党名,进而积极培植军力,以反对国民党的"一党专政"。最终效果不佳,青年党进入一段艰难的发展时期。

关键词:国家主义　政治团体　青年党　曾琦(1892～1951)　政治思想

4285

军阀政治与民国社会:1916—1928年 / 张欣著;谢俊美指导. -- 华东师范大学, 2005. -- 299页

全文共分六章。第一章分析了晚清社会转型与军阀政治产生的背景。第二章从军阀派系组成、军阀幕僚、军阀军队诸方面,讨论了军阀集团的政治组合情况。指出军阀割据使政治力量呈现出多元化和军事力量均势化的局面。第三章从政体与运作机制两方面考察了军阀利用和破坏民主政体的具体表现。第四章分析了军阀在对外关系中的民族主义意识。指出民族主义影响着内政与外交的关联互动,段祺瑞政府亲日外交政策影响了内政的民族道义,导致了国内政局更大的混乱;国内的民族运动的高涨,也强化了军阀在民族运动中的国权意识,使军阀政府在维护国家主权方面做了诸多努力和尝试;军阀在处理对外关系时,多采取"两面派"手法,与列强之间形成"利用"与"被利用"的复杂关系。第五章探讨了军阀政治对社会变迁的影响。指出军阀利用形式化政治制度来制造社会的表象,通过制宪活动为自己披上合法的政治伪装,军阀存在是阻碍社会发展主要的政治力量。军阀的存在致使财政体系崩溃和社会运行机制紊乱,兵祸、天灾、匪患和鸦片毒害酿成了社会性灾害。军阀实行的"保境安民"在客观上所造成的地方官僚资本的发展,为地方和国家的社会经济发展增加了积累。第六章论述了军阀混战与国家统一的关系。指出护国战争后,南北"统一"观的政治分歧依旧,断送了国家统一良机;在北洋内部,段祺瑞为了完成"武力统一",组建新的皖系军事体系,加速了北洋内部直、皖派系均势对立的形成,致使南北对局转化为北洋派系之战;吴佩孚通过"援鄂"战争,遏止了地方军阀借联省自治割据称雄的势头,打破了直奉平衡均势,但反直三角同盟的出现,却使其"收闽制粤"和"尊段拥卢"的战略失败,而"恢复法统"政治统一南北的努力,也因曹锟贿选化为泡影;北京政变导致了直系的失败和分裂,破坏了军阀自身的政治伦理,葬送了北洋体系。南北新旧的时代差距宣告了军阀时代即将结束。

关键词:军阀统治　政治制度　社会变迁　国家统一　民国

4286

五四运动阐释史研究:1919—1949 / 张艳著;郭世佑指导. -- 浙江大学, 2005. -- 149页

民国时期,活跃在中国政治舞台上的中国共产党、中国国民党和自由知识分子,出于不同的政治立场,约略构建了以"阶级革命"、"国民革命"、"文化启蒙"为基本特征的不同认知模式。本文的研究由此展开。首先论述共产党的"五四"观的演变。"五四"后期直至大革命时期,"五四"被明确定性为"反帝反军阀"的"民族革命运动"和"世界革命的一部分"。1927年国共分裂后,共产党人开始反复说明"五四"的"资产阶级性",进行了严厉的批判,但是到抗战全面爆发前夕,"新启蒙运动"则更侧重于从"启蒙运动"的角度来认识它。从1930年代末开始,从毛泽东论证"五四"是新民主主义革命的开端为中心,经过党内其他理论家和史学工作者的进一步论证与发挥,最终建构了一套完整的带有历史决定论色彩的"五四"认知模式。至于国民党对"五四"运动的阐释,一开始孙中山奠定了国民党人对"五四"的矛盾态度,而孙的追随者如朱执信、戴季陶等人则对"五四"发出了更多的热情礼赞。国共合作时期,国民党人也把"五四"定性为"反帝反军阀"的革命运动。南京国民政府时期,则对五四运动给予了更多的指责。到40年代,蒋介石对"五四"的攻击达到了极端。面对共产党的强势"五四"话语,国民政府又试图通过改造"五四"形象来建构其"国民革命"的历史合法性,但多半归于失败。接着,本文以胡适为个案考察了自由知识分子对"五四"的阐释和评价。胡适一生多次把新文化运动称作"中国的文艺复兴",其用意明显在于强调其文学革命的内容、"人的解放"的价值关怀与再造文明的意义;对于"五四"学生运动,却多有否定。总之,对"五四"阐释不是一个孤立的事情,它不仅取决于不同认识主体的政治立场,更取决于现实的政治与文化斗争的态势。因此,如何理解和评价五四运动,已主要不是一个史学问题,而是一个现实的社会导向问题,一个中国向何处去的问题。

关键词:五·四运动　中国共产党　中国国民党

4287

嘉道之际的灾荒与社会 / 张艳丽著;李文海指导. 中国人民大学, 2005. -- 149页

本文通过考察清代嘉庆、道光之际的灾荒，进而就灾荒对社会的影响进行了研究。全文共分五章。第一章介绍了嘉道之际发生灾荒的社会背景，认为当时王朝衰落，皇纲不振，吏治全面败坏、经济发展相对缓慢、财政拮据严重、社会危机四伏是其具体的表现。第二章论述了嘉道之际自然灾害的状况，重点分析了六次重大的灾荒，一是嘉庆六年永定河决口造成京畿直隶地区大水灾，二是嘉庆十八年冀鲁豫三省旱灾，三是道光三年大水灾，四是鸦片战争爆发后连续三年黄河大决口，五是道光二十六、二十七年秦豫大旱，六是道光末年东南各省大水灾。作者指出，当时的灾荒发生频率高、受灾面积广、积累性大。第三章探讨了嘉道之际灾荒发生的原因，认为从根本上说是自然条件和人类社会活动综合作用的结果，而腐败的政治、长期的战争又降低了政府和人民的防灾、抗灾能力，加剧了灾荒发生的频率和严重程度。第四章从五个方面论述了嘉道之际的灾荒与农民起义的关系：自然灾害促进社会矛盾的深化和激化；灾荒引发农民起义；嘉道之际统治者对农民起义的防范和对策；灾荒对战争的影响；战争对救灾的影响。第五章论述了嘉道之际的荒政及其弊端，着重分析了备荒措施在实际执行过程中出现的采买之弊、仓储不实；河政腐败等弊端。考察了嘉道之际的救荒程序，即报灾、勘灾与查赈，分析了救荒的诸项措施及其具体执行过程中出现的积压誊黄、上蠲下征、侵蚀赈项、办赈迟延、假手胥役等弊端。文章指出，嘉道之际国家赈济日益败坏的同时，民间赈济的力量正在逐渐兴起，对弥补国家赈济的不足起了一定的作用。

关键词：自然灾害　社会救济　政治制度　清代

4288

赫德与晚清中英外交 / 张志勇著 ; 张海鹏指导. -- 中国社会科学院研究生院, 2005. -- 155 页

本文对赫德与晚清中英外交关系进行了探讨。全文共分十章。通过分析赫德所参与的比较重要的中英交涉，研究了赫德在晚清中英外交中所扮演的多种角色。作者指出，在赫德开展中英外交的过程中，他能运用各种策略达到自己的目的，同时还能使其参与中英外交的初衷、过程与结果表现出不一致。他的外交表现受到他的利益取向的严重制约。因为他自身的利益与英国的利益和清政府的统治紧密相连，他既需要维护英国的利益，也需要考虑清政府的统治。当中英矛盾不是十分尖锐时，他充当并不公允的“调停者”；而当中英矛盾不可调和时，他就会坚定地站在英国利益这一边。赫德自身的利益既与英国的利益和清政府的统治紧密相连，同时又具有相对的独立性，这就决定了他在中英外交中会乘机为自己揽权。正因为他有三种利益需要维护，所以他才会在中英外交中表现出了并不完全依违中英双方的独立性，他才会不仅与中方，而且也与英方产生矛盾。作者认为，赫德在晚清中英外交中角色的多样性，策略的多变性，以及利益取向的多向性，决定了他在中英外交中作用的多重性。

关键词：赫德（Hart, Robert 1835 ~ 1911）　中英关系　外交史　清后期

4289

阮元学术思想研究 / 钟玉发著 ; 龚书铎指导. -- 北京师范大学, 2005. -- 148 页

本文共分四章。第一章介绍阮元（1764—1849）的生平与学术渊源，第二章探讨阮元的考据学成就及经学研究，第三章论述阮元经世致用的学术主张与实践，第四章考察阮元学术活动对晚清学风的影响。文章指出，阮元出生于商业、文化重镇扬州，又适逢乾嘉汉学风靡之时，自幼受到良好的传统文化与学术的熏陶，成年之后又勤于著述，在经学、小学、金石学、历算学、史学等方面取得了卓越成就。阮元学宗惠栋、戴震，又推崇顾炎武等。他遵循欲明古圣贤义理必先明古学的治学宗旨，对古代名物、典制、地理、金石、文字等进行了广泛的考释。他参照历史文献，对古时车制、兵器、乐器、明堂、辟雍、井田、六宗、礼制等进行了考订、阐释，而对浙江、黑水等古水道的研究，结合本人的实地考察和文献记载，较为可信。阮元对古金石也予以搜集、整理、拓摹、辑刻、论考，其中拓印、汇刻《山左金石志》、《两浙金石志》、《积古斋钟鼎彝器款识》等惠及后世。他还利用金石资料考证经史，指出了经书与史书上的一些文字、史实错误。在经学研究中，他为了阐释义理，着力于音韵训诂之学。不仅提出了“义从音生”的诊断，而且在探寻文字“本义”的过程中创获可观。他通过对先秦时期典籍中文字的归纳、排比和分析，比较接近地还原了“性”、“仁”、“敬”等儒学关键概念的原义。作者认为，阮元为学虽以汉学为主，但他能摈除门户之见，不仅对所谓汉宋之争予以调和，而且又对今文经学加以赞许，体现了兼容并蓄的思想特色。由于任封疆大吏近 50 年，阮元的学术思想中“实用”的特色较为显著。他认为“圣贤之道，无非实践”，强调学以致用。他注意学术与日常政务的结合、注重科技质测之学和重视治史及

其经世的功用等，较好地解决了学术与政治相结合的问题。阮元致力于提倡学术，兴办教育，培育人才，刊刻书籍，先后在浙江和广东创办了诂经精舍和学海堂两所著名书院，对清代学术产生了巨大的推动作用，并进而对晚清学风产生了深刻影响。

关键词：阮元(1764～1849)　学术思想　汉学　考据学　经世致用

4290

传统产业与地域社会：以明清以来江南药都樟树为中心／周榜师著；唐力行指导. -- 上海师范大学，2005. -- 181页

本文通过对樟树药业与樟树地域社会的研究，探讨传统产业与地域社会的关系。论文阐述了传统区域产业——樟树药业兴衰荣枯的历史成因和发展历程。认为，樟树药业的发展有其特殊的自然和人文环境。自然环境包括交通区位、生态环境、灾害疾疫等；人文环境有道教与道士、精英的习尚、官府的调控与引导和民间的风气。樟树药业发展到明末清初，出现了空前的繁荣景象，其标志有五：一是药业成为樟树地域的主导产业；二是活跃在大江南北樟帮的形成；三是中国药市出现"南樟北祁"格局；四是"药不过樟树不灵，药不到樟树不剂"口碑的兴起；五是众多医药学家和医药著述的出现。进入近代以后，虽然樟树药业渐形衰落，但一直到解放前仍不失为樟树区域的主导产业。剖析了药业作为樟树区域的主导产业对樟树社会全方位的渗透，包括经济、社会、文化各个方面。文章指出为，樟树药业在明清时期成长为樟树地域的主导产业以后，带动了地域一大批相关产业的发展，促进了地域社会组织结构的优化，丰富了地域文化，并最终把樟树造就成以药业为特色的"江西四大名镇"之一，成为闻名遐迩的江南药都。樟树药业产业主体——药商在明清时期敏锐地把握了历史机遇，巧妙地整合了樟树区域内外的自然与文化资源，使樟树药业在一个国门基本处于封闭状态的情况下繁荣昌盛达数百年之久。近代以后，随着区域经济格局的变迁，樟树经济日益内陆化，以及西医药的引进、国家产业政策的调整等，使樟树药业整体竞争力日益下降。虽然药业仍不失为其主导产业，但已今非昔比。樟树药业发展的历史，也为传统产业的现代化、区域主导产业的选择和中小城镇建设提供了有益的借鉴。

关键词：传统产业　制药工业　樟树　地方经济

4291

民国前期民营银行运行机制研究：1912—1937／周春英著；史全生指导. -- 南京大学，2005. -- 192页

本文将民国前期上海银行公会会员银行中的民营银行作为研究对象，在近代中国社会政治、经济、金融制度等发展演变的大背景下，对民营银行运行机制的制度基础和具体业务运营情况进行了剖析和解读，从而揭示了民营银行发展的历史规律。正文分六章：第一章"近代民营银行的产生与发展"，探讨了民营银行产生的历史条件及发展概况，认为民营银行的兴起和发展离不开工商业的支持，也离不开政府财政的特殊需求；第二章"国家对民营银行的制度安排"、第三章"民营银行同业组织的自律与自建制度"、第四章"民营银行个体的内部控制制度"分别从政府、银行同业组织和银行个体三个层面对民营银行运行的制度基础进行了阐述；第五章"民营银行的运作机制(上)——资金来源"、第六章"民营银行的运作机制(下)——资金运作"则从民营银行运营资金的来源、运营资金的运用、运作绩效及与国家银行的对比方面，对民营银行在具体业务上的运行活动进行了探讨。作者的结论是，中国特殊的社会政治、经济环境，既为民营银行提供了发展的空间，又在一定程度上成为其难以逾越的发展障碍。

关键词：民营银行　银行体制　银行史　民国时期

4292

自治与官治：南京国民政府的自治法及其实践研究／周联合著；周兴樑指导. -- 中山大学，2005. -- 204页

自治法是宪法、行政法的重要内容。按照孙中山以县为自治单位的思想，南京国民政府的地方自治即是"县自治"。本文从南京国民政府自治法及其实践入手，考察其县政及地方政治的发展变化，以揭示法律制度的本质内容与价值取向。正文共分四章，分别探讨地方自治与官治传统、官治训练自治的法律、官治取代自治的法律、自治容纳官治的法律。文章指出，官治传统是近代中国县政体制的起点，也是延续下去的真正在国家政治生活中运作的体制。地方自治的关键在于一定区域的居民形成独立的公共意识管理本地事务，它用分权与民主来规范公共权力、防制政府强暴、谋取大众福利。南京国民政府的自治法最初号为以官治训导自治，其实际的基层政治主要还是官治体制。后为配合军事镇压，强化专制力量，干

脆推行保甲制度，以官治代替自治。接着，又以所谓“容纳官治于自治”，使自治法有名无实。20世纪40年代热闹一时的“新县制”，实际仍然是以建立层级控制为目标的编组行政单位的方法，没有创设或确认具有真正自治权的自治团体，基层政权仍为土豪劣绅把持。南京国民政府自治法推行过程之所以一波三折，有着深刻的社会历史原因。一方面，南京国民政府始终面临着共产党领导的人民革命，其内部又一直未能真正统一，且30年代以后日本帝国主义的人其统治常处于战争与混乱之中。另一方面，军人出身的蒋介石特别钟情于军队的集权和统一的管理体制，用军事组织的方法“改造”政府体制的思想贯彻其主政南京国民政府时期的全过程。可以说，南京国民政府县自治法的演变过程，就是军事化的过程、集权化的过程。加上这一时期欧洲不少人对西方民主制度失去信仰、激烈的国际冲突以及法西斯体制的示范，更使一些人主张专制救国。此时国民党的政纲也以权力的集中和不受限制为原则。在这种政府理念下，南京国民政府不停地向传统官治体制回归，地方自治的官治化实是必然。这就决定了南京国民政府推行的地方自治不可能成功。

关键词：南京国民政府　地方自治　官制

4293

近代商人与民族主义运动(1927—1937)：以津沪为中心 / 周石峰著；金普森指导. -- 浙江大学，2005. -- 188页

近代“商人”并非单指买卖人的狭义概念，而是一广义称谓。凡从事实业活动的人几乎都被称为商人。民族主义也是一个广泛的概念，它与爱国主义不尽相同。前者是近代特有的现象，它起源于把民族国家作为政治忠诚的对象。民族主义作为18世纪以来最具普遍影响力的思潮之一，在政治、经济和思想文化等各个方面均打下了自己的印记。文章以上海、天津两地为中心，对南京十年(1927—1937)时期商人因应民族危机之道作一全新的审视，探讨济南惨案之后，济南、上海、北京及天津各地商人的言论作为，以及九一八事变之后、淞沪抗战期间两市商人的种种反应，进而探究在为时数年的华北危急中津沪商人的具体表现，并对1931—1934年间的抵制日货运动的计量检视，可以得出，商人民族情感与利益考量的作用是交互的。商人民族主义乃是真实性的历史存在。面对民族危机，商人的国民身份顿时凸显，其反应与学生、工人大同而小异，同属民众民族主义这一层面。而其草根性特征，也决定了商人民族主义与政府的对外政策之间，趋同与离异并存不悖。但作为近代中国民众民族主义主要表达方式之一的经济绝交运动，却往往导致商人独自承担民族久远的历史责任，因而其中的冲突紧张亦在所难免。既是“国民”，又是“商人”，亦“民”亦“商”，唯有把握此一双重身份，方能真正同情性地理解民族主义运动中商人的诸种表现。

关键词：商人　民族主义　民族解放运动　民国时期　天津市　上海市

4294

驻外使节与晚清社会变革 / 祖金玉著；陈振江指导. -- 南开大学，2005. -- 184页

本文从参与和推动晚清社会变革这一角度入手，探讨了驻外使节的贡献。全文共分七章。第一章概述了晚清遣使驻外情况以及使节的选派与回国后的境遇。第二至六章从五个方面论述了使节的贡献：一是参与和推动洋务运动、戊戌变法和清末新政；二是受清政府委派，为中国引进了先进的海军舰艇和枪炮弹药等武器装备，在海军海防建设方面提出了具有远见卓识的建议；三是为国内的新式企业引进了大量先进的机器设备，为一些领域引进了大量的外国专门人才；四是在晚清的留学事业中发挥了重要作用；五是在晚清的民主化进程中，不仅传播了西方的民主政体思想，而且在清末宪政改革中参与了建立民主政体的实践，发挥了推动作用。第七章还对驻外使节参与和推动社会变革的特色和启示进行了分析。指出在不同阶段和领域中，驻外使节所处的地位和起到的作用呈现出变动状态。他们之所以能为晚清社会变革作出多方面的独特贡献，主要利益于其独特的身份和走向世界的宝贵经历。他们的贡献表明，中国自身拥有进步的力量，能够对外来挑战作出正确的回应，能够吸纳世界上的优秀文明成果。而在近代以来国际性开放的形势下，必须与外部世界形成良性互动，才更有益于社会进步。

关键词：外交史　外交人员　外交官　社会变迁　晚清

世界史

4295

菲律宾森林滥伐研究：1946—1995 / 包茂宏著；

何芳川指导. -- 北京大学, 2005. --189 页

本文从环境史的宏观大视野来综合分析森林滥伐问题,提出导致森林滥伐的主要原因是菲律宾片面的发展战略的新观点。片面的、一味追求经济增长的发展战略是造成菲律宾森林滥伐的根本原因。林业政策作为国家发展战略的一个组成部分,客观上也鼓励了森林滥伐。尽管菲律宾政府对森林滥伐也有一定限制,但在执行被扭曲。菲律宾的发展战略是战后国际环境变化与国内民族主义者要求用经济发展来巩固政治独立的愿望相结合的产物。但是,这个战略在引导菲律宾从传统社会向现代社会转型过程中出现了难以克服的问题。为扭转资源枯竭和发展停滞的现状,在自身发展及国际社会的压力下,菲律宾政府开始重新考虑自己的发展战略,他们企图以森林保护和植树造林来弥补以前森林滥伐造成的严重后果。但实践证明,森林虽然从理论上讲是可再生资源,但在菲律宾的经济和社会结构中,它变成了不可再生资源。菲律宾必须实施把环境纳入其中的可持续发展战略。作者认为,对菲律宾森林滥伐问题的研究对我国推进林业可持续发展和建设和谐社会具有重要借鉴意义。

关键词:森林管理　滥伐　森林保护　可持续发展　菲律宾

4296

李维史学探微 / 蔡丽娟著 ; 黄洋指导. -- 复旦大学, 2005. -- 114 页

《建城以来史》(又称《罗马史》)是古罗马历史学家李维的史学名著,叙述自公元前 753 年到公元前 9 年共 744 年的罗马历史。作者以此书考察了李维史学的特征,论证了李维史学的时代关联性。首先,李维的《建城以来史》是对罗马史学方法和观念的继承。第一,他把罗马传统的"年代记"体例作为历史叙述的框架,用执政官的名字纪年,并逐年纪事;第二,历史的修辞学写作方式也是李维史学的重要特征;第三,罗马史学的政治特性在李维的著作中也充分表现了出来。他强调传统史学中历史写作的伦理学目的,特别是在对史料的选择与应用方面。他的史料来自于罗马年代记作家和希腊历史学家波里比乌斯、古生物学家的研究成果以及口述传统。为了达到他历史写作的目的,他甚至还删改、伪造、虚构了许多充满爱国主义情感的历史细节。其次,李维的史学思想是建立在社会现实基础上对过去的诠释。在他看来,历史的功用就在于它可以为现在提供道德生活的"范例"。罗马的历史发展证明,罗马民族正是因为拥有"德性",才取得了战争的胜利,因此他以道德为主线来构建罗马历史。再次,李维史学的这些特征与时代有着密切的联系。当把他的历史写作放入奥古斯都时代这样一个大的文化背景下考察时,就会发现,李维的写作是奥古斯都时代文化活动的一部分。李维对罗马早期历史的追溯、诠释是对奥古斯都政治宣传的积极回应,这种回应是基于他赞同奥古斯都的传统主义和共和姿态。对于李维来说,弘扬了传统则表明罗马复兴的到来。因此,李维对过去的解释和建构既来源于时代,又服务于时代,他为时代确立了这样的思想:罗马传统道德的复兴是现时罗马国家秩序恢复的保证,是罗马未来复兴的希望。

关键词:李维(Livius, Titus 前 59 ~ 17)　史学思想　史学史　古罗马

4297

伊朗伊斯兰革命及其世界影响 / 陈安全著 ; 余伟民指导. -- 华东师范大学, 2005. -- 365 页

本文以伊朗伊斯兰革命为研究对象,探讨了这场革命的过程及其发生的原因与后果。全文由序论、正文六章与结语三部分构成。第一章讨论了伊斯兰革命发生的背景,从民族、社会、政治、经济、心理等方面综合考察了巴列维王朝片面现代化对伊朗的消极影响。第二章考察了革命第一阶段的历史进程,探析了世俗反对派对巴列维王朝专制的局部挑战演变为宗教势力主导下的全民革命的过程,总结了革命发生的合理性和必然性,分析了革命力量颠覆巴列维王朝的内外环境和主客观因素。第三章考察了革命第二阶段的历史进程,描述了反王权的大众革命如何转变为原教旨主义的伊斯兰革命,分析了原教旨主义者胜利的原因以及伊斯兰革命的实质与后果。第四章探讨了伊斯兰革命的指导思想——霍梅尼主义的形成、演变及内涵,剖析了它的特征与本质。指出霍梅尼主义是一种打着宗教旗号、主张宗教政治化、具有普世性质的意识形态,是具有伊朗特色的伊斯兰原教旨主义。第五章论述了霍梅尼时期伊朗与当代伊斯兰原教旨主义运动兴起之间的关系。深入考察了霍梅尼主义指导下的伊斯兰共和国对外政策的核心内容——输出革命,认为伊朗的输出革命政策虽然未能完全实现其预定目标,但它推动了当代伊斯兰原教旨主义运动的兴起。第六章考察了后革命时代伊朗自身的演变及伊朗革命的后续效应。作者认为,伊朗伊斯兰革命实际上反映了在西方主导的全球化时代落后国

家尤其是伊斯兰国家面临的困境;当代伊斯兰原教旨主义运动的崛起,凸显了伊斯兰与当代世界潮流的趋同与冲突;作为冷战后国际关系中最不稳定的变量之一,伊斯兰原教旨主义运动将对国际体系产生长远的冲击。

关键词:伊斯兰革命　伊斯兰教　伊朗

4298

欧洲经济一体化背景下的技术标准化 / 陈淑梅著 ; 杨豫指导. -- 南京大学, 2005. -- 214 页

本文将欧共体技术标准化的进程放在欧洲经济一体化进程和国际经贸背景之下,分析了经济一体化不同阶段中技术标准化不同举措的动因、做法和效果,揭示技术标准化与经济一体化之间的关系。正文分为八章。一至五章将欧共体标准化历程分为五个阶段加以探讨:微协调阶段(1958—1968 年),旧方法阶段(1969—1984 年),新方法的启动(1985—1988年),新方法的完善(1989—1992 年),1993 年以后为三轨并列时期。第六章主要分析欧共体技术标准化在近半个世纪历程中所显示的特点,即欧洲标准化既具有国际化的目标,又对外采取差别性的待遇。尽管它的动力是内生的,但是又对外起到了推动作用。第七章主要探究技术标准化在经济一体化进程中的地位和功效。指出它在欧洲经济一体化中,甚至整个欧洲经济、政治等领域中的地位得到确立的同时,与国际标准化和成员国国家标准化的互补关系也逐渐形成。第八章着重分析欧共体技术标准化与贸易壁垒的关系,作者认为,在消除内部技术性贸易壁垒的同时,欧洲标准化又成功地阻碍了欧共体外部分商品的进入。欧共体内外对此立场的分歧说明了在国际范围内立法界定技术性贸易壁垒的必要性和紧迫性。

关键词:欧洲经济　经济一体化　技术标准　贸易壁垒

4299

德意志民主共和国德国政策研究 : 1949—1990 / 邓红英著 ; 吴友法指导. -- 武汉大学, 2005. -- 129 页

正文分为五章。第一章论述民主德国从 1949 年建国至 1955 年加入华沙条约组织期间的统一政策。指出建国之初,民主德国主张国家统一并将实现德国统一确立为国家的主要任务。但由于主要精力是进行战后重建,在德国统一问题上,民主德国只是进行了一些政策宣传。在联邦德国加入北大西洋公约组织后,苏联也将民主德国纳入华沙条约组织,德国的分裂反而进一步加剧。第二章论述 1955—1967 年间民主德国的德国政策。指出面对联邦德国强硬的德国政策以及危险的东西方核军备竞赛的威胁,民主德国的德国政策日益现实主义化,它将德国政策的主要目标调整为寻求两德的平等与和平共处。但是,民主德国试图突破外交困局和打破两德关系僵局的各种计划和努力都没有成功。第三章论述 1967—1971 年间民主德国德国政策的调整和转变。指出随着联邦德国在东欧外交空间的扩展和东西方关系趋向缓和,民主德国的外部环境再次发生改变。民主德国着力于通过内部政策的调整来维护国家的存在和安全,不仅放弃了国家统一目标,还提出了否认民族统一的“两个民族理论”,从而滑向了民族分离主义道路。第四章论述 1972—1989 年间民主德国的双重德国政策。指出在承认德国分裂现状的基础上,两德签订了一系列条约,关系走向正常化。两德的合作关系在 80 年代初美苏关系恶化之时也得到了维持。然而,在两极格局及两德竞争等因素的制约下,两德关系的深入发展受到制约,民主德国还一度推行过划分两德界限的政策,并企图建立独立的国家身份和民族身份。但是,随着民主德国对联邦德国的经济依赖性的增长,民主德国切断民族联系的目标没有实现。第五章论述 1989—1990 年民主德国的统一政策。指出利用民主德国以及苏东社会主义阵营的困难,联邦德国总理科尔大胆地提出了以德国统一为目标的“十点计划”。在科尔政府的德国统一政策的强大攻势下,对政府失去信任感的民主德国群众和反对党开始要求实现两德合并。最终,以民主德国加入联邦德国的和平方式,德国再次实现了国家统一。

关键词:德国问题　国家统一　德意志民主共和国　德意志联邦共和国

4300

论欧洲一体化进程中欧洲法院的作用 / 方国学著 ; 杨豫指导. -- 南京大学, 2005. -- 132 页

本文通过考察欧洲一体化进程的不同历史阶段,对欧洲法院的作用进行了研究。全文由序论、正文三章和余论三部分构成。文章将《尼斯条约》生效前欧洲法院对欧洲一体化的作用分成三个阶段作为三章进行了研究:第一阶段是欧洲煤钢共同体法院(1952—1958 年),指出期间现代意义上的欧洲一体化运动真正启动,欧洲法院的作用开始显现。欧洲法院的第一个形态——欧洲煤钢共同体法院对欧洲一

体化的贡献主要有两点，一是对尚未成形的共同体法进行司法解释，二是弥补了共同体法律救济制度的缺陷。第二阶段是欧洲共同体法院（1958—1993年），指出期间欧洲法院的作用真正发挥出来：一是欧洲共同体法院通过其创造性的司法解释完成了欧共体法律体系的宪法化，二是欧洲共同体法院在特定的环境下发挥了司法、造法乃至决策的功能。第三阶段是欧洲联盟法院（1993—2003年），期间欧洲一体化成就卓著，欧洲法院的作用虽在“弱化”，但还是继续推动了一体化的进展，欧盟法院对欧洲一体化的作用主要有两点：一是参与了欧洲公民权的建构，二是就WTO协定在欧共体内的适用进行了裁决。作者认为，随着《尼斯条约》的签署，在未来欧洲一体化的道路上，欧洲法院将会发挥其特殊的司法功能而成为欧盟建设的开拓者。

关键词：欧洲一体化　法院　欧洲经济共同体

4301

早期斯图亚特英国贵族官员腐败原因初探 / 龚敏著 ; 陈勇指导. -- 武汉大学, 2005. -- 145 页

本文对早期斯图亚特王朝贵族官员腐败的原因进行了研究。全文由导论、正文六章与结语三部分构成。文章在概述了早期斯图亚特亚特英国贵族官员腐败行为的基础上，从五个方面对腐败的原因进行了阐述：一是发展的不平衡和冲突的加剧，认为早期斯图亚特王朝的政治、经济与社会发展不平衡，引起了利益冲突，导致了贵族官员的腐败；二是个人庇护网的形成，认为近代早期英国庇护制的特点及庇护网络中的层层个人庇护造成了贵族官员的腐败；三是财政状况和经济政策的变化，认为当时王室财政濒于崩溃，贵族官员的收入相对减少而奢靡之风却不减，王室政府又以转让部分王室特权的方式，对贵族和官员进行补贴，国家通过立法的方式直接规范经济事务，而贵族和官员又纷纷参与到经营经济的进程中，一些立法规定也都有利于贵族官员，更刺激贵族官员发生腐败；四是社会观念的变化，认为此时人们的财富观、职业观和地位观都发生了变化，新旧观念杂糅冲突，道德观念弱化，催生了贵族官员的腐败；五是监督机制的弱化和缺失，指出到了早期斯图亚特时期，政治监督、经济监督和社会监督机制全面瘫痪，贵族官员的腐败就日益猖獗了。

关键词：斯图亚特王朝　贵族　腐败　英国

4302

中日邦交正常化以来的日本与台湾关系研究 / 龚骞著 ; 宋成有指导. -- 北京大学, 2005. -- 217 页

本文从历史学和国际政治学的视角，对中日邦交正常化以来日台关系的演化过程进行了探讨。具体内容以政治方面为主，兼顾经济和文化两个方面，以时空并重纵横结合的方面，对30年来的日台关系，进行综合论述。全文共分六章：第一章论述了国内外形势对中日复交、日台关系的演变与“断交”的影响及“断交”后日台关系的基本走向；第二章分析了日台断绝了“外交”关系，但日本政界尤其是自民党内的亲台势力仍与台湾当局有着很深的关系，双方的经贸联系与人员交流日益密切的现象；第三章评析了冷战后日本国内政治的右倾化，致使日台关系在政治上具有越来越浓的“半官方”与“准官方”色彩的情况，同时分析了台湾当局把日本当作“务实外交”与“院外外交”的主攻目标之一的动向；第四章分析了陈水扁上台后，全面发展与日本的战略同盟关系及日本加快对台政策的调整步伐，图谋遏制中国而利用台湾的原因与实质；第五章探讨了二战以来日本与“台独”的关系；第六章分析了战后日本政界反共仇华、俗称“台湾帮”的亲台势力的缘起与形成发展、组织形态与成员特点及对中日、日台关系的影响。

关键词：中日关系　台湾问题　外交政策　日本

4303

复兴社会主义理论与实践研究 / 韩志斌著 ; 彭树智指导. -- 西北大学, 2005. -- 135 页

本文以复兴社会主义理论和实践为结合点，重点以伊拉克、叙利亚为个案，对阿拉伯复兴社会主义理论和实践的发展轨迹进行了研究。正文分五章：第一章“复兴社会主义的理论渊源及早期特征”，叙述了复兴社会主义的理论来源和早期发展，归纳和梳理了复兴社会主义的早期理论特征，认为复兴社会主义的出现是西方文明与传统伊斯兰教文明相互交往的产物和后果；第二章“复兴社会主义的泛阿拉伯主义实践”，从复兴党的四次联合实践，即阿拉伯联合共和国、三方会谈和两次叙伊联合，分析了复兴党的泛阿拉伯主义理论；第三章“复兴社会主义政治层面的实践”、第四章“复兴社会主义的经济和意识形态层面实践”，以伊拉克1990年以前的政治、经济和意识形态层面的实践为个案，分析了复兴社会主义在伊拉克的实践模式；第五章“全球化与复兴社会主义发展特征”，从政治发展、经济变革、国际关系和民族心理等

层面多视角分析了冷战时代全球化对复兴社会主义的多层面影响与特征。作者认为,作为政治意识形态的复兴社会主义在伊拉克的丧失政权并不意味着这一理论的失败与破产,叙利亚复兴党的继续执政证明它不会从此告别阿拉伯政治舞台。

关键词:复兴党　社会主义理论　民族主义　泛阿拉伯主义　中东

4304

孔子仁孝友学说与亚里士多德友爱论之比较 / 何元国著 ; 刘家和指导. -- 北京师范大学, 2005. -- 143 页

正文共三章。第一章分别从仁与友爱、孝与友爱、友与友爱三个方面,揭示孔子仁孝友学说与亚里士多德友爱论之间的异同。文章指出,"仁"是孔子学说的核心,它统摄了其他所有的德目。"友爱"是人的社会本性的体现,它只是亚氏伦理学的两条主线之一。孔子的"孝"和亚氏的"友爱"有着惊人的相似,但是对儒家而言,尽孝成了人生的最大的理想和乐趣。亚氏除了说应该给父母以仅次于宙斯和君主的尊敬和听从,反而认为儿子成年之后与父亲同是城邦中平等的公民。关于"友",孔子强调的是"信","信"为友道之基。亚氏的"友爱"分为三类:"基于快乐的友爱"、"基于有用(利益)的友爱"和"基于德性的友爱"。第一类无"信"可言;第二类又分为法律型和道德型;第三类"信"为题中应有之义。第二章从祖先崇拜、血缘与政治的关系、家与城邦(国)的关系三个方面,分析了仁孝友学说与友爱论产生的社会历史条件。作者认为,祖先崇拜在中国起源早而且地位显赫;古希腊最重天神崇拜,此外是英雄崇拜。西周时期是真正的"族国同构";春秋时期血缘与政治不再是一体,但仍然联系紧密。在雅典,克里斯提尼改革之后,贵族不能控制政权、不能妨碍平民参政,血缘与政治的联系从这个意义上说被割断了。先秦社会的家与国有结构上的类似和精神上的相通之外,家是儒家君子"治国平天下"的试验场;在古代雅典,家与城邦是两个差别明显的不同领域,城邦给予公民更大的精神满足,它的地位远高于家。第三章阐述了比较研究所给人的启发:第一,仁孝友学说和友爱论都反映了人类精神的觉醒。第二,孝道是一种伦理学说,也是一种政治学说。第三,关于理性与仁道的思考。

关键词:孔丘(前 551 ~ 前 479)　亚里士多德　比较伦理学　仁　孝　友爱

4305

演说术与雅典民主政治 / 蒋保著 ; 黄洋指导. -- 复旦大学, 2005. -- 119 页

多年来,学术界对雅典民主政治的认识一直在"真正意义上的民主政治"和"贵族和富人或者奴隶主阶级的寡头统治"两种截然对立的观点之间摆动。本文以雅典民主政治生活中的演说和演说术为切入点,通过考察、分析演说、演说术在雅典繁荣的背景、在民主政治生活中的作用,旨在说明:在雅典民主政治中,民主政治权力为民众和政治领袖所共享,雅典民主政治是民众与领袖的共治。第一,阐述古希腊的口述传统与演说术的发展。重点考察雅典演说术繁荣和发展的文化背景,指出:希腊社会的口述传统为基于口头表演的演说的繁荣和发展提供了一个良好的环境和氛围,荷马社会业已存在的贵族演说实践为演说术的繁荣提供了丰富的经验积累;而公元前 5 世纪中期古希腊修辞学的产生为雅典演说术的发展提供了理论基础,使得演说家对演说的训练和对演说术的掌握有章可循。古希腊智者的出现迎合了这种需求,他们研究演说术,在雅典传授演说的技巧,进一步推动了雅典演说术的繁荣。第二,讨论演说术与雅典民主政治的决策。重点分析、讨论演说、演说术在雅典民主政治两大核心权力机构——公民大会和公民法庭决策中所发挥的作用,指出它不仅可以影响公民大会的决策和公民法庭的判决,而且起着至关重要的作用。第三,分析演说术与雅典民主政治的意识形态。通过对政治演说、诉讼演说和葬礼演说的研究,指出:在没有现代传媒的情况下,演说对传播民主观念具有重大意义,在维护民主政治、推进民主政治发展和繁荣等方面起着重要作用。最后,从演说术的视角重点分析了雅典民主政治中领袖与民众的关系,指出:民众是拥有决策权的权力公民集体;政治领袖是具有影响力的权力公民个体;民众与政治家相互依存,共同分享民主政治的权力。

关键词:民主政治　演讲　雅典　古希腊

4306

英国早期报纸史研究 / 焦绪华著 ; 沈汉指导. -- 南京大学, 2005. -- 125 页

本文对 17 世纪英国报纸产生与发展的历史进行了研究。正文共分六章。第一章探讨了 1621—1640 年间发行的报道国外新闻的新闻书。指出 1621 年《每周新闻》的创刊是英国报业的开端。最早的英文报纸在阿姆斯特丹印刷,然后运送到英国。不久,英

国印刷商便接手了自己国家的报业市场,开始发行报道国外新闻的新闻书。第二、三章探讨 1641—1649 年"信使报"时期新闻书发展及报业管制情况。指出革命爆发后,新闻书大量涌现。由于缺乏必要的管制,报界掩饰不住混乱的局面。革命时期尤其是两次内战期间大多新闻书呈现出一定的党派倾向,以及议会派和保王派两大阵营相对应。这一时期,下院担负起管制报业的职能,不断制定新的法令强化报业管理。保王派信使是议会打击的主要对象。管制报业法令的执行和对报业的打击力度随着革命局势的转变而波动。与此同时,平等派作为一个党派为出版自由奔走呐喊,它还创办了机关报《温和派》推进其活动。第四章探讨 1649—1658 年共和国和护国政体时期报业的发展。指出该时期是英国报业发展的低潮期。共和国建立之初,许可发行的新闻书全部遭到镇压,官方报纸取而代之,此外还有秘密印刷的保王派新闻书。第五章探讨 1659—1665 年复辟初期的报业发展。指出复辟王朝遵从克伦威尔的先例开创官方报业,由姆迪曼发行两个官方新闻书。1663 年赖斯特朗奇被任命为"报业总监",取代了姆迪曼对新闻书的垄断地位,并发行自己的新闻书。整个新闻传播为赖斯特朗奇和姆迪曼垄断。此时,威廉试图将新闻传播控制在自己手中,实施阴谋同时打击赖斯特朗奇和姆迪曼。1665 年《伦敦公报》发行,是史学界公认的第一份真正现代意义上的报纸。第六章探讨报纸形式的发展以及报纸伪造问题。指出最早的报纸形式叫"科兰特"(Corantos),半张,双面双栏印刷,有标题和版本记录,后来为四开本子册子所取代,最后出现了对开本。同时,报纸的形状、大小、页数、栏目、字型等也发生了很多变化。报纸的伪造,主要是指文本不同但标题和戳记相同的新闻书,大多出于经济原因。

关键词:新闻事业史　报纸　英国

4307

14 世纪—17 世纪中叶朝鲜对明和日本贸易关系史研究 / 金炳镇著 ; 李宗勋指导. -- 延边大学, 2005. -- 145 页

本文以贸易关系史研究成果为基础,对 14—17 世纪中叶朝、中、日三国贸易关系的过程与基本特征进行了研究。正文分五章:第一章"朝鲜前期对明、对日外交政策和贸易关系",主要讨论了东亚三国之间对外关系的形成与贸易,朝鲜前期贸易政策的本质与一般特征,朝鲜制定贸易法规的背景等,当时,朝鲜和日本诸小国臣服于中国,是统治者维持和巩固其统治地位的一种保障;第二章"朝鲜对明、对日贸易性质",主要论述了朝鲜对明与对日贸易的事大朝贡性与交邻性特征,以及倭寇活动对东亚三国贸易产生的重要影响;第三章"朝鲜对明、对日贸易的诸形态",主要论述了朝鲜对明、对日贸易的形态与方法、种类以及贸易场所、通商渠道等,当时,朝鲜与明王朝之间的贸易基本上属于朝贡形式的官方贸易,朝日之间的贸易以"进上一回赐"、官方贸易、私人贸易三形态为主;第四章"朝鲜对明、对日进出口商品结构",主要论述了朝鲜对明与对日进出口商品结构等,对当时只好以朝贡的方式尽藩属之礼仪和义务的朝鲜来说,与对明贸易中不平等、不等价的贸易关系是不可避免的事情;第五章"东亚局势的变化与通商圈的扩大",主要论述了对明、对日贸易给朝鲜带来的影响,以及逐步盛行的中介贸易和 16—17 世纪东亚局势的变化与东亚通商圈的扩大等。

关键词:对外贸易关系　出口贸易　贸易史　朝鲜　日本　明代

4308

古巴比伦时期西帕尔地区不动产契约研究 / 李海峰著 ; 吴宇虹指导. -- 东北师范大学, 2005. -- 182 页

本文根据戴基雷《古巴比伦时期西帕尔不动产经济文献》六卷著作中的 660 多个用阿卡德语写成的不动产买卖和租赁契约,对古巴比伦时期不动产的相关问题进行了研究,从而揭示了古巴比伦时期的私人经济活动和商业活动、社会经济状况、生产关系、阶级关系以及古巴比伦时期的社会性质等问题。全文由引言、正文六章和结论三部分构成。第一章介绍了古城西帕尔的考古发掘情况以及西帕尔城从远古时代到古巴比伦时期的历史发展概况。第二章对土地买卖和交换契约进行了研究,主要分析了城外农田契约和城内各种不同类型的土地契约,兼及土地自由交换问题。第三章对房屋买卖契约进行了研究,主要分析了此种契约的基本模式、房屋的面积、价格等问题。第四章对果园和水渠这两种不动产的买卖契约进行了分析。第五章对土地租赁契约进行了研究,指出土地租赁在古巴比伦中后期得到了充分的发展,土地租赁契约也是各种契约中数量最多的。主要分析了土地租赁契约的模式、租金的种类、租金的各种不同比率及合租等。第六章对正房、阁楼、"厢房"、店铺和旅馆等各种不同房屋类型的租赁契约进行了研究。

关键词:经济史　不动产　契约　土地租赁　西

帕尔　古巴比伦王国

4309

第二次美英战争研究 / 李龙著 ; 李世安指导. -- 中国人民大学, 2005. -- 160 页

1812—1815 年,在独立战争 30 年之后,美国与英国之间发动了战争,它被称为第二次美英战争。本文对此进行了研究。全文由前言、正文五章和结论三部分构成。前三章从海权与北美地缘政治对战争的起源进行考察。第一、二章通过考察 1793—1802 年间与 1803—1812 年间两次英法战争所引起的美国海权危机,探讨了美英战争的海上渊源。作者认为,法国革命后,英法交恶,相互大打经济战,禁止中立国船只与敌国贸易,从而损害了美国的利益。为此,美国与英法进行了斗争。第一次中立权危机,美国主要通过外交途径解决。第二次海权危机,则被迫诉诸战争。第三章从北美地缘政治的角度研究了 1812 年战争的起源。成为美国占有佛罗里达的最大障碍。美国的向西扩张进一步激化了与印第安人的矛盾。英国也是印第安的背后盟友。于是地缘利益与海上尊严,驱使美国走向与英国的战争。第四章分析了美在 1812 年战争中的战备与战略特点以及战争的进程。作者认为,由于准备不够,战术上缺乏协调指挥,在美国向英国发动的这场战争中,美军在陆地战场失利,只在海战中赢得一些胜利。印第安人是战争中英美双方的重要盟友和敌手,并成为这场战争的最大牺牲者。第五章论述了战争双方的和平历程及战争的影响。作者认为,这场战争最大的一个特点就是和平努力一直在进行,并最终获得结果。通过战争美国赢得了英国尊重,维护了国家的独立与民族的自由。英国在北美的第二帝国根基得到了巩固和稳定。结论明确了 1812 年战争的起源、性质和结果。指出 1812 年战争的起源是海权与地缘政治的综合性因素,战争的性质既是维护海上利益和国家尊严,也存在利用英国陷入欧洲战争困境谋求地缘利益意图,尤其是对印第安人的战争,明显地体现美国的掠夺和扩张目的。英美都是战争的赢家,最大的失败者,就是印第安人。

关键词:战争史　美英战争　英美关系

4310

十至十三世纪宋·丽·日文化交流研究 / 李梅花著 ; 李宗勋指导. -- 延边大学, 2005. -- 145 页

本文对 10—13 世纪宋朝、高丽与日本三国间文化交流的渠道、内容等进行了探讨。作者指出,当时宋、丽、日文化交流的内容与渠道都发生了变化。宋丽间的文化交流在北宋及南宋初期比较频繁和密切,宋文化在朝鲜半岛得到进一步传播;使节、留学生、移民、僧侣、艺术家、医生等成为文化交流的承担者。宋日之间没有建立外交关系,只有僧侣在朝廷允许下入宋,佛教是宋日文化交流的主要载体。至于高丽和日本之间,当时几乎没有发生文化接触。以程朱理学和佛教为主的中国思想文化是三国文化交流的主要内容,对高丽和日本社会产生了深刻影响。朱子学一传入高丽,立即作为一种新的政治和哲学理念,指导了高丽末期改朝换代的社会改革运动。朱子学传入日本,作为"助道"工具,不仅在日本的儒学领域占据了统治地位,而且还作为思想武器卷入到日本封建统治阶级内部争权夺利的政治斗争中。高丽佛教也具宋代诸宗融合、三教归一的思想倾向,而佛教禅宗则对武士精神和日本禅文化的形成产生了很大影响。作为中国传统文化的核心,儒、佛、道三教传入朝鲜半岛和日本之后,得到当地的认同并取得共识。宋代三国富有特色的文化交流,促使 7 世纪前后形成的东亚文化圈发生嬗变,并使这一文化圈更稳定、更持久、更富生命力。

关键词:文化交流　对外关系　理学　佛教　宋代　高丽(918 ~ 1392)　日本

4311

英国重商主义经济体制研究 / 李新宽著 ; 朱寰指导. -- 东北师范大学, 2005. -- 110 页

本文对英国重商主义经济体制兴起的历史条件及其发展历程进行了探讨。正文分五章。第一章揭示了英国重商主义兴起的历史条件,即封建农本经济的瓦解、商品货币经济的发达和民族国家崛起;研究了重商主义思想的主要内容及其思想内涵,并批驳了强加在重商主义思想之上的偏见;探讨了影响重商主义经济体制形成的其他因素,如政治体制、经济发展水平等。第二章分析了国家对英国经济生活的干预。作为一种经济力量,国家的经济职能不断增强,管理机构日趋完善。在重商主义思想指导下,国家通过对内实施关税保护、维护粮价稳定、保护制造业、留住贵金属,对外实行殖民和商战政策,并通过航海法、谷物法等,加强了对经济的干预。第三章讨论市场经济作为英国重商主义经济体制协调机制的形成,分析了市场经济的基础,国内市场在伦敦的整合下把村庄市场、城镇市场、市集等市场形式汇流成统一市场,海外市场经过传统的商站贸易阶段、欧洲贸易阶段,最终

形成了一个多层次的海外贸易网络,并确立了以伦敦为中心的多边贸易体制。第四章考察了重商主义经济体制在微观层面的决策机制,揭示了企业组织制度在工业、商业和农业等方面的变革,探讨了工业企业中商人支配生产现象出现和工场手工业的资本主义性质,商业企业中股份公司的起源及其对现代企业制度的意义,农业企业中租地农场和资本主义大农场出现对农业变革的重要性。第五章归纳英国重商主义经济体制的基本特征、历史地位及其重要作用。文章指出,英国重商主义经济体制是介于封建农本经济体制和资本主义自由经济体制之间的一种经济体制。重商主义经济体制了基本特征,主要是过渡性、长期性和变杂性、双重性以及阶段性。重商主义经济体制的影响,主要表现在:(1)促进了英国商业的繁荣、财富的积累和经济的增长;(2)带动了生产方式的变革,促使封建农本经济向资本主义经济过渡;(3)英国在与欧洲列强争夺商业霸权和世界市场过程中,改变了世界历史发展的格局。

关键词:重商主义　经济体制　英国

4312

十九世纪工业化进程中的西欧民族主义研究 / 李肇忠著 ; 王皖强指导. -- 中国人民大学, 2005. -- 222 页

本文共分四章。第一章探讨民族与民族主义理论。指出爱国主义、民族自豪感是1815—1914年西欧各国民族主义的共同之处,不过在各国它有不同的具体含义。第二章论述这一时期西欧民族主义与工业化的关系,指出:工业化瓦解了中世纪自给自足的社会经济结构,民族国家成为他们新的社会庇护和情感信托;工业化促进了人口迅速增长及其大规模的人口流动,促进了跨地域的民族认同的发展;工业化使各国都致力于统一语言,培育共同的民族文化,促进民族团结;工业化在使人们追求更多的财富和更高的速度时,使人们普遍把民族国家作为实现愿望和获得社会安全感的主要工具;工业化导致全球经济和国际分工格局的形成,这种竞争促进了民族主义的高涨。第三章和第四章,作者将这一时期的西欧民族主义分为两个阶段加以探讨。第一阶段是1815—1871年。指出民族主义政治思潮的主流是自由民族主义。其代表人物是英国的边沁、意大利的马志尼、德国的韦尔克和李斯特。主要内容是:每个人都有选择归属于某个民族国家、接受某个政府统治的自由和天赋权利;强调民族统一,主张"一个民族,一个国家,一种语言";强调国际合作与和平竞争,反对战争和强权政治,承认各民族的平等权。第二阶段是1871—1914年。指出这个阶段的民族主义是崇尚极权和战争的右翼民族主义,为全民性的民族主义。其主要代表人物是勒南、泰纳、巴雷斯、莫腊、特赖奇克、伯恩哈迪、克兰布。主要特点是:强调国家民族利益高于一切;强调符合本民族的利益的原则就是最高的道德原则;强调民族竞争胜过强调民族合作;强调战争胜过强调和平。民族主义非常高涨,以至于产生了极端形态的民族主义——种族主义。作者指出,民族主义与社会主义是这个时期两大社会思潮和运动。到1914年第一次世界大战爆发时,狭隘的民族主义战胜了社会主义。19世纪西欧民族主义的演变与工业化的发展是相生相伴的,是各民族在工业化进程中求生存、求发展的一种集体反应,是各民族在国际分工格局中争夺优势位置的一种手段,也是各国统治集团进行社会控制的工具。

关键词:工业化进程　民族主义　西欧

4313

冷战后北约东扩与美欧关系 / 林婕著 ; 胡德坤指导. -- 武汉大学, 2005. -- 181 页

本文共分五章。在对北约建立与发展的历史进行简要回顾的基础上,重点探讨了冷战后北约战略的演化、北约的扩大与扩展,以及北约东扩后美国与欧洲盟国的关系,并对北约未来的发展方向进行了预测。文章指出,冷战后北约的战略调整包含了两重涵义:"扩大"和"扩展"。从1991年开始,北约就启动了"和平伙伴关系计划"、与地中海各国的对话、中南欧行动等,为北约东扩做好了结构、经济和思想准备。1999年,捷克、匈牙利和波兰三国加入北约。2004年,保加利亚、爱沙尼亚、拉脱维亚、立陶宛、罗马尼亚、斯洛文尼亚和斯洛伐克成为北约的新成员。然而,冷战后北约更重要的变化在于它的战略扩展。1999年,北约正式提出并通过了"北约新战略概念"。新战略的总原则从"集体防御"转为"捍卫共同利益",北约从一个防御性的军事组织变为进攻性的军事政治工具。北约东扩与美国和欧洲的战略选择有着密切的关系,它是北约在冷战后战略力量重组的过程,也是在美国、欧洲盟国以及中东欧各国权衡国内政治经济状况和国际环境后对自身的战略重新定位的过程。冷战结束后,西欧以欧盟为依托,独立处理欧洲事务的愿望和能力显著增强,欧洲军事一体化取得了实质性进展,美欧防务安全关系也发生了相应的

变化。欧洲力量的上升使美国日渐抛开盟国,走向单边主义,导致美欧矛盾进一步激化。尽管矛盾重重,保护冷战成果的共同愿望使它们最终走到了一起。北约的欧洲成员积极投入到由美国主导的东扩和新战略转变中的根本原因在于:国际力量失衡带来的危机感使其必须同力保护冷战的成果;美欧在地缘政治中具有战略上的共同利益,弱化俄罗斯,分化独联体,防止共产主义意识形态在前苏联地区复苏,是美欧的共同目的;美欧文明一脉相承,它们都希望发展中国家能被融入西方文明。同时,俄罗斯在冷战后虽然失去了超级大国的地位,但依然拥有强大的军事力量,是北约针对和防范的目标。而中东欧各国争先恐后地希望成为北约东扩名单上的一员。冷战后北约在新战略指导下进行了"人道主义干涉"的实验,作者认为,这种以大国利益决定军事干涉的做法只能将世界引入战争的泥泽,甚至引发人道主义灾难。

关键词:北约东扩　美欧关系　北大西洋公约组织　美国对外政策

4314

日本国有铁路改革研究 / 刘迪瑞著 ; 王振锁指导. -- 南开大学, 2005. -- 167 页

本文运用比较史学、计量史学、政治学、行政学、公共关系理论等多学科相结合的方法和原理,对日本的国有铁路改革进行了论述和探讨。全文由序章、正文(共五章)和终章三部分组成,从"世界民营化潮流与日本国有铁路民营化"(第一章)、"日本国有铁路体制的形成"(第二章)、"日本国有铁路经营恶化的原因"(第三章)、"日本国有铁路改革的具体方案及其实施"(第四章)、"国铁改革的特性分析"(第五章)和"日本国有铁路改革评价"(终章)等六个方面对国铁的改革展开了论述。首先,将日本国有铁路民营化改革置于世界民营化潮流、世界铁路改革的大背景下来分析,指出国铁改革是世界民营化潮流的产物,是世界铁路改革的一部分;其次,对国铁体制的形成、特征、经营形态及其历史作用进行了论述,认为它毕竟实现了行政和经营的分离,为战后日本的崛起发挥了重大作用;第三,分析了国铁经营恶化的主客观原因;第四,讨论了国铁改革的具体方案,认为国铁改革案是国铁改革成功的有力保证;第五,通过对改革前后国铁的公共性与企业性的实证性对比分析,以及对国铁组织内部结构的考察,对国铁改革进行了深层次的剖析。结论是:日本国铁改革取得了伟大成就,使铁路事业获得了再生。

关键词:国有铁路　铁路运输　经济体制改革　日本

4315

早期斯图亚特王朝议会政治史研究 / 刘淑青著 ; 沈汉指导. -- 南京大学, 2005. -- 121 页

本文对 1604—1629 年间英国早期斯图亚特王朝议会政治史进行了探讨。第一章"绪论",总论研究概况;第二章"早期斯图亚特王朝政府体制和议会概述",分为王室财政税收体制概述、国王政府和地方政府体制、议会三个内容;第三章"财政税收问题上的冲突",分为财政问题的起因、议会和国王在财政税收政策上的冲突两个内容;第四章"宪政问题上的冲突",分为宪政问题产生的背景、宪政问题上的冲突两个内容;第五章"宗教和外交问题上的冲突",分为冲突产生的背景、宗教和外交问题的冲突两个内容。作者认为,由于新兴阶级以议会为斗争中心,对封建王权发起了挑战,在 17 世纪初引起国王与议会尤其是下院发生激烈的冲突。这一冲突首先在财政领域展开,当时,英国陷入日益窘迫的财政困境,国王不经议会同意,实行了一系列专制税收政策,侵犯了乡绅和商人集团的财产权,威胁了新兴阶级和王权之间的政治关系。其次,双方在一些宪政问题上发生了激烈冲突。由于国王政府的专制统治,引起王权和新兴阶级权利之关系、王权和法治原则之关系等重要的宪政问题的尖锐化。最后,双方在宗教和外交政策领域的冲突也不断加剧。斯图亚特的两位国王出于维护王朝利益的考虑,对英国天主教势力实行了纵容政策,采取了亲西班牙的外交政策,这同样引起乡绅和中小商人的强烈不满。

关键词:斯图亚特王朝　议会　政治制度史　英国

4316

保守主义与社会批评:柯勒律治社会政治思想研究 / 刘耀辉著 ; 刘北成指导. -- 北京师范大学, 2005. -- 122 页

本文对英国浪漫主义开创者和保守主义的代表人物柯勒律治的保守主义及其社会批评思想进行了研究。正文共七章。第一章简述柯勒律治生平与思想发展;第二至六章,分别探讨柯勒律治的基督教激进主义,对法国大革命、各种经验主义学说、工业文明的批评,以及他的理想国——国家与教会的体制;第七章论述柯勒律治思想的影响。文章指出,柯勒律治

思想的主要特征是社会批判立场:批评英国政府的内外政策,批评法国大革命的残暴性和法国政府对个人权利的漠视,批评各种漠视人的哲学以及工业社会对人的忽视,批评物质进步、文化衰微的英国社会。柯勒律治思想的核心是人道主义。他始终关注人的存在,维护人的个性和尊严,抨击各种贬抑人的行为和学说。早年的柯勒律治反对英国反法战争。在他看来,战争不但在国内造成穷人生活的艰难,造成民族和个人道德的沦丧,而且也对他国的人民带来无尽的苦难。后来他抛弃对反法战争所持的反对立场,是因为他认识到法国革命已经背离了它最初的原则,转变成对自由和个人权利的压制,转变成一种暴政。柯勒律治生活的年代正是英国工业革命的全盛期。在他看来,工业主义社会中的人变成了机器的附庸,完全丧失了自己的个性;工厂中的工人无疑就是工厂主的奴隶,他们的工作和生活环境令他们的身心备受摧残。他还热情地为童工辩护,从中可以看出他对下层人的深切同情。柯勒律治将他生活的时代斥之为"理解的王朝",因为人们只关注感观的、表面的及稍纵即逝的事物。柯勒律治相信英国当时的社会状况是盛行的哲学的直接反映,因此,他对各种经验主义学说予以猛烈的批判,尤其反对当时盛行于英国的经济个人主义和政治经济学。柯勒律治强调,只有以一种理念论的哲学来对统治阶级实施再教育,人才不会被当作物,社会才不会被视为一台复杂的机器。因此,他大力宣扬形而上学和神学的重要性。作者还指出,他所信奉的基督教是自由主义的,他的神学思想成为英国广教会运动的一个重要思想来源。

关键词:柯勒律治(Coleridge, Samuel Tylor 1772～1834) 政治思想 保守主义 社会批判论

4317

小约瑟夫·奈的世界政治思想研究 / 刘颖著 ; 杨豫指导. -- 南京大学, 2005. -- 256 页

本文对美国著名的国际关系学者、新自由主义国际关系理论的重要代表小约瑟夫·奈的世界政治思想进行了研究。正文六章。第一章论述了奈在早期学术研究期间关于区域一体化的研究。指出奈提出了一体化的多维概念,建立了分析一体化条件的理论框架,阐明了经济一体化组织在解决争端时的和平功能。第二章分析了复合相互依赖理论的构建和发展。指出奈认识到世界政治的变化,开始研究跨国主义、经济相互依赖等问题,并与罗伯特·基欧汉一起建立了复合相互依赖理想模式,从而宣告了新自由主义的崛起。随着全球化的发展,他们将全球化、国际机制与相互依赖概念整合起来,阐明了相互依赖与全球化的区别和联系,完善了复合相互依赖理论。第三章探讨了奈的国际安全观。指出奈提出了国际安全的概念,以及相互依赖背景下的"经济安全"问题;在冷战时期,奈强调美苏对立及核战争爆发的危险性,后冷战时代,奈关注到安全威胁的多样化;他承认均势政策和武力作用,更强调美国的领导、各国间的合作和国际制度的作用。第四章研究了奈的新自由主义权力理论。指出奈阐述了软权力理论,认为在信息时代,文化、意识形态、国家制度、价值观、信息及信任是软权力的权力资源。第五章讨论了奈的美国霸权观。指出奈从20世纪80年代以来,一直关注美国霸权地位的维护,提出了确保美国霸权的战略构想:重建维持美国霸权的国内基础、建立美国主导的合作式均势、运用软权力维护美国霸权。第六章分析了奈的世界秩序思想。指出奈描绘了"三维棋盘"秩序模式,阐述了多边合作在维护世界秩序方面的必要性和可能性,认为决定未来世界秩序走向的主要因素是民族主义和跨国主义的交互作用世界正在向一个混合型的世界秩序演变。

关键词:小约瑟夫·奈(Joseph S. Nye) 世界政治思想 新自由主义 霸权主义 美国

4318

1918—1929 年英法关系研究 / 刘作奎著 ; 徐蓝指导. -- 首都师范大学, 2005. -- 142 页

本文共分六章。第一章回顾了英法两国外交战略形成的历史和原因。指出英国是岛国,它的外交战略是:积极向海洋扩张,经营自己的版图和实力,同时对欧洲大陆采取均势政策,确保英伦三岛的安全和英国的优势地位;作为大陆国家代表的法国,四周边境长期被包围,边境安全问题严峻,所以一直寻求维护本国"天然疆界"的"安全战略"。第二章论述英法在巴黎和会上的分歧与合作。指出由于战略目标的差异,双方虽然最终达成了妥协,签订了《凡尔赛和约》,但战略冲突没有得到根本解决。第三章讨论鲁尔危机和英国和平战略的实施。指出巴黎和会后,英国一方面满足法国在赔偿问题上的部分要求,一方面为恢复欧洲经济而努力,但都没有产生预想的效果。1923年由于在赔款问题上僵持不下,法国联合比利时派兵占领鲁尔。法国在这一时期先是与英国采取协调政策,但当英国扶德抑法意图越来越明显时,法国逐渐放弃与英国的协作关系。由于国内严重的财政危机,

后又与英国再度走上协商合作的道路。第四章探讨《道威斯计划》与英法关系。指出1924年，在美国的支持下，英国连同欧洲相关大国缔结了《道威斯计划》。在出台《道威斯计划》的过程中，英国压制了法国，扶植了德国。而法国在鲁尔危机后逐渐失去对欧洲事务的发言权，开始追随英国重建欧洲的政策，并与德国开始共处。第五章讨论欧洲安全与英法关系。指出德国经济的复苏，使法国的安全再度成为欧洲瞩目的焦点。1925年英国联合欧洲各主要国家缔结了《洛迦诺公约》，困扰法国的安全问题在一定程度上得到解决。1928年《非战公约》的签订进一步解决了在安全问题上的遗留问题。英国对法外交战略在短期内取得了成效。法国继续求助于英国解决自己的边界问题。第六章探讨《杨格计划》与英国"和平战略"的进一步实施。指出在美国的介入下，英国在赔款问题上再次打压了法国，并促使主要欧洲国家与德国签订了《杨格计划》，基本解决了困扰欧洲经济和国际关系的赔偿问题。英国的和平战略得以完全实施。法国对《杨格计划》虽与英国有分歧，但最终还是对英国采取了让步政策。

关键词：英法关系　对外政策　国家安全　和平　英国

4319

越南战争与中美关系研究：1961—1973 / 吕桂霞著；王斯德指导. -- 华东师范大学, 2005. -- 222页

本文以越南战争时期(1961—1973)中美关系从对抗走向缓和的变化为参照，分三章对越战时期的中美关系进行了论述。第一章中美在越南问题上对抗的缘起。首先探讨了中美两国在越南问题上对抗的大背景，指出两国的对抗是第二次世界大战后美国为遏制共产主义扩张和争夺全球霸权的需要而实施的"遏制"战略和中国"联苏抗美"的反遏制战略的必然产物。其次，分析了中美两国卷入越战的原因，认为自由主义的传统和浓厚的反共主义倾向，奠定了美国卷入越南战争的思想基础。中国之所以与美国在越南发生对抗与冲突，不但与中越两国的传统友谊、中美之间长期以来的政策隔阂有关，还与中国领导人的战略安全观和外交思想密切相关。第二章越南战争时期中美冲突与对抗的演变。概要介绍了肯尼迪上台后美国在东南亚所面临的严重危机在国内引起的激烈争论，以及肯尼迪政府面临的战略抉择形势。详细论述了泰勒调查团与美国对越"有限伙伴"政策的确立，以及美国在此政策下对越南的干涉，指出肯尼迪出于遏制中国和苏联的共产主义扩张的考虑，以及维护美国的立场，对越南发动了所谓的"特种战争"；中国政府强烈揭露美国和越南政权公然践踏1954年的日内瓦协议，严厉谴责美国的侵略行径，但仍然采取了谨慎、克制的态度。此外，探讨了这一时期在巴黎开始的"越美谈判"，特别分析了中国反对谈判的动机。最后指出，对抗仍然是该时期中美关系的主要特点。第三章中美关系缓和与越南战争的结束。介绍了尼克松新政府为国际国内形势所迫，实行战略收缩，在亚洲推行所谓"尼克松主义"、"联华抗苏"战略构想和使越南战争"越南化"的设想。指出为了借助中国的力量摆脱越南战争泥沼，尼克松政府尝试改变传统的对华敌视政策。中国政府为了改善外交环境，也有意调整对外战略，做出了"联美抗苏"和改善中美关系的重大抉择。1972年尼克松成功访华，中美关系走向缓和。1973年，越南战争宣告结束。

关键词：越南战争　中美关系　美国对外政策　对华政策

4320

美国的文化战争和新保守主义的社会伦理 / 吕磊著；陈晓律指导. -- 南京大学, 2005. -- 152页

本文对冷战之后美国发生的新的政治冲突，即所谓文化战争进行了研究，并考察了文化战争期间美国新保守主义者的社会伦理思想。全文共分五章。第一章导言。第二章讨论了文化战争的性质和原因，指出美国目前的文化战争是社会—经济和人口变迁导致的规范性冲突，其根源在于美国文化和社会的宗教性格。第三章讨论了新保守主义者对文化战争的认识，指出他们认为美国正面临着根本的文化危机，危机的根源在于美国文化已经感染了致命病毒：文化和道德相对主义。第四章讨论了新保守主义的社会伦理观念，指出他们呼吁进行社会道德改革，使美国"再道德化"。但他们的伦理观是威权主义和绝对主义的，由于忽视了自由市场带来的问题，他们对资本主义的理解显得过于浪漫。他们复兴古典公民观念的呼吁实际上是在呼唤尚武精神。第五章认为新保守主义已然表现出趋向于价值一元论和乌托邦的冲动，它是由美国的宗教性格造成的美国人的集体自我想象。

关键词：政治思想史　文化战争　保守主义　社会伦理　美国

4321

商人资本国际流动与近代西欧社会经济转型／罗翠芳著；刘景华指导. -- 武汉大学, 2005. -- 139 页

本文对 16 至 18 世纪社会转型时期西欧商人资本的国际流动进行考察，探讨了商人资本在西欧范围内流动的原因、过程及对西欧经济的影响等。论文共分七章。第一章讨论了促使商人资本流动的各种客观因素，指出这些因素包括王权的支持、实行重商主义政策、在国内外保护商人资本主义的利益、西欧出现"贵金属荒"等。第二章讨论了商人资本趋向国际流动的主观因素，认为货币中心市场对商人资本具有强大吸引力，商人资本追逐利润最大化和中小商人资本对利润的争取。第三、四章考察了商人资本国际流动的过程，认为大致分为四个阶段：16 世纪上半期的安特卫普时期、16 世纪中期至 17 世纪初的热那亚时期、17 世纪中后期的荷兰时期和 17 世纪末至 18 世纪的英国时期。第五章论述了商人资本在西欧范围内的国际流动，与西欧经济重心从地中海地区向大西洋地区转移之间的联系。第六章探讨了商人资本在国际流动过程中，如何转换职能，最终完成了从商业资本向产业资本转化的历史过程。第七章讨论了商人资本国际流动对西欧经济整体化的作用，认为商人资本在西欧范围内的大规模流动，促进了历史横向发展，推动了西欧的整体进步。

关键词：商业资本　资本流动　国际市场　经济转型　西欧

4322

近代伊斯兰复兴运动的先驱：瓦哈卜及其思想研究／马福德著；王铁铮指导. -- 西北大学, 2005. -- 108 页

本文对因发起和领导宗教改革运动而被称为近现代伊斯兰复兴运动的先驱——瓦哈卜教长及瓦哈卜思想进行了探讨。作者指出，18 世纪初，瓦哈卜与穆罕默德·本·沙特结盟，发起旨在"正本、清源"的宗教改革运动。瓦哈卜强调安拉独一及其超绝性，并要求穆斯林严格遵从安拉的教导，充分履行宗教义务，激发了穆斯林回归经训的热情。他反对探究安拉的属性，认为穆斯林学者的首要任务，是以伊斯兰教教导来切实指导穆斯林社团的社会生活，而非对安拉的属性等人类理性不可及的问题进行无结果的探究。他呼吁重启法学创制之门，试图通过伊斯兰这一自我调整的机制，恢复社会的活力。他批判苏菲神秘主义对伊斯兰信仰与社团的解构作用，坚持劝善戒恶原则，主张以实际行动来维护伊斯兰的纯正。他的思想对沙特王国产生了深刻影响。作者认为，他提出的政教合一理论奠定了王国政教关系之基础，严格的"唯一神论"为王国提供了立国的精神支柱，"劝善戒恶"原则是王国建国与巩固政权之利器，"法学创制"成为协调王国现代化与伊斯兰教关系之机制。

关键词：瓦哈卜（Wahhab, Muhammed Ibn Abd al 1703～1787）　伊斯兰复兴运动　宗教改革　伊斯兰教

4323

多元文明聚落中的河湟回民社会交往特点研究／马进虎著；彭树智指导. -- 西北大学, 2005. -- 195 页

本文对作为多元文明聚落的河湟回民社会的交往特点进行了研究。正文共分五章。作者首先考察了河湟多元文明的形成过程，认为从唐代开始，河湟地区渐渐地向儒家文化、佛教文化和伊斯兰教文化"三教鼎立"的局面演化，到元朝，藏、汉、回、撒拉、土、蒙古、东乡和保安八个民族世居，儒、佛、回三种文化共存的局面基本形成。接着，论述了河湟地区"和而不同"的宗教交往的特点。认为"和"就是儒学、佛教、伊斯兰教三方相互尊重，相安无事；不同就是存异，不强求一致。因为三者的教义理念既有相互补充的一面，也有差异较大的一面。最后，论述了河湟地区回汉、回藏在经济、政治、文化方面的交往特点。在经济方面交往的特点是生产方式、经济结构的相互补充，互通有无，合作赢利，利益均沾；在政治方面交往的特点是政教分离，其实就是理顺政教关系，即宗教与国家的关系问题；在文化方面交往的特点是以"花儿"、"匾联"和"纲常"为媒介相互理解；在民间方面交往的特点是平等团结。

关键词：回族　民族文化　文化交流　伊斯兰教　佛教　儒家

4324

伊斯兰文明与中华文明交往历程与交往前景／马明良著；彭树智指导. -- 西北大学, 2005. -- 214 页

本文通过对伊斯兰文明与中华文明历史轨迹和现实走向的研究，认为伊斯兰文明与中华文明都是博大精深、历史悠久的文明，有着丰富的思想内涵、深厚的文化底蕴和持久旺盛的生命力，在过去 1300 多年的历史发展长河中，二者在各个层面、各个领域进行比较深入广泛的交流和交往，打下了一定的基础；在

全球化浪潮中日益显现出各自独特的魅力,也面临着相似的挑战。二者只有相互交往、相互交流、相互借鉴,才能取长补短,优势互补,共存共荣,才能为全球化形势下世界多元文化的构建和人类文明的共同发展做出应有的贡献。文章由三大部分组成,上篇是伊斯兰文明与中华文明的历史轨迹和现实走向;中篇是伊斯兰文明和中华文明的交往历程;下篇是伊斯兰文明和中华文明交往的前景。作者指出,在当前全球化背景下用"文明交往论"首先有助于解决当今世界面临的一系列全球性的问题,如生态环境问题、世界和平问题、恐怖主义问题、新疾病(如艾滋病)蔓延问题、跨国犯罪问题等等。第二,两大文明的交往有利于维护世界和平。当今世界,和平与发展已经成为时代的主题。伊斯兰文明内在的和平精神和中华文明"和为贵"的思想,相互交融,相得益彰,一旦为更多的人所领悟所接受,将会成为维护世界和平的巨大精神动力和价值支撑。第三,两大文明的交往,有助于构建多元共存、"和而不同"的世界文明新秩序。相互尊重,求同存异,和谐相处,是对文化多样性的最有力的支持和保护,是对文化霸权主义和文明极端主义最有力的回击,是对建立"美美与共,和而不同"的人类文明秩序的最大贡献。第四,两大文明交往,有助寻求和建立全球普世俗理。第五,伊斯兰文明与中华文明的交往有利于这两种文明的发展和繁荣。通过交往,可以相互借鉴,相互吸收,取长补短,从而能够超越自己,提升自己完善自己进而走向发展和繁荣。

关键词:文化交流　文化史　伊斯兰国家　中华文明

4325

近现代伊斯兰法研究 / 马明贤著 ; 王铁铮指导. -- 西北大学, 2005. -- 133 页

本文考察了近现代伊斯兰法的历史发展过程,并对之进行了综合的比较研究。正文共分七章。第一章"伊斯兰法的历史沿革",述先知穆罕默德时期、四大正统哈里发时期、伍麦叶王朝时期、阿拔斯王朝、保守稳定时期的伊斯兰法;第二章"近现代伊斯兰法发展与演变的社会历史背景",述伊斯兰社会的变革及西方法律对伊斯兰世界的渗透与影响;第三章"近现代伊斯兰法在伊斯兰国家中的地位与作用",述近代以来伊斯兰国家的法制状况,着重研究了沙特阿拉伯、阿拉伯埃及共和国两国的状况;第四章"传统规则的现代化尝试:伊斯兰法律的法典化",述伊斯兰法律法典化形成的原因与发展的过程;第五章"法学史上的永恒命题:伊斯兰法的创制",述伊斯兰法创制的依据、范围与价值;第六章"法学史上的核心命题:伊斯兰法中的人权观",述伊斯兰人权的法律保护问题;第七章"结束语:当代伊斯兰法的复兴与改革",述伊斯兰法的复兴与改革的相关问题。作者认为,第一,近现代伊斯兰法是在伊斯兰法律文化自身发展和伊斯兰世界整体急剧变革的运动中逐渐形成的,具有特定的价值系统和发展类型;第二,近代以来,伊斯兰法在伊斯兰国家中的政治地位和社会作用,因各国政教关系的实际状况而异,遂使伊斯兰各国的立法和司法制度呈现出多元体制;第三,近代以来,伊斯兰世界的法制改革一方面吸纳西方法律,另一方面通过对传统伊斯兰法的改革,构筑其现代体系;第四,伊斯兰各国皆致力于法制现代化改革,作为传统文化的伊斯兰法对伊斯兰世界法制现代化的改革产生了重要的影响;第五,就法律角度而言,当代中东伊斯兰复兴运动作为一种普遍的社会思潮和运动,有其产生的多方面的根源,但重要的一条是反对伊斯兰法律领域中的盲从因袭、墨守传统,主张托古改制、变法图强,使伊斯兰法适应社会发展,顺应时代潮流。

关键词:伊斯兰国家　伊斯兰教　法制　法律文化

4326

古罗马元老院研究 : 从王政到奥古斯都时期 / 孟宪勇著 ; 王敦书指导. -- 南开大学, 2005. -- 103 页

本文对作为古罗马最重要的国家机构和罗马共和制的基础的古罗马元老院进行了研究。全文共分五章:第一章"绪言",讨论了波利比乌斯、西塞罗对古罗马元老院的观察,对其笔下的混合政体进行了分析,对其学说中的不同进行了比较;第二章"王政时期的罗马元老院",研究了元老院在王政时期的地位、职能和作用,及元老院在推翻王政时所发挥的作用;第三章"共和早期的罗马元老院",这一时期是罗马元老院大发展和鼎盛期,作者描述了共和早期元老院的构成、性质、职能、作用,以及元老院与人民大会、执政官等国家机关的关系和元老院在国家机关居于主导地位的成因;第四章"共和晚期的罗马元老院",这一时期罗马元老院由盛而衰,面对国内的新的政治军事形势,元老院无力掌控。作者分析了晚期罗马共和国时期元老院与军事强人的关系,以及元老们道德失范致使元老院权势削弱、地位下降的遭遇;第五章"元老院的重建——奥古斯都与元老院",作者讨论了奥古斯都重建元老院的过程和元老院在元首制时期的地位

与作用。

关键词:古罗马　元老院　奥古斯都(Augustus,前63～14)

4327

福利:国家与社会 :从英国社会福利观的演变看撒切尔政府社会福利制度改革 / 闵凡祥著 ; 杨豫指导. 南京大学, 2005. -- 281页

正文共五章。第一章介绍撒切尔政府福利改革的制度背景。指出二战后英国所建立的福利国家在给人们带来制度化、普遍性、高质量社会福利服务的同时,也改变了社会福利供给领域国家与社会、国家与个人之间的关系,保障国民的基本生活所需、为全民提供高质量的社会福利服务成为国家的一项重要职责。用于社会福利服务的巨额财政支出给福利国家特别是经济不景气的福利国家带来沉重的财政负担。由20世纪70年代"石油危机"引发的"福利国家危机"是撒切尔政府进行改革的直接原因。第二章在对现代福利国家建立的指导思想——集体主义社会福利观进行介绍与剖析的基础上,指出撒切尔主义社会福利观是对19世纪末20世纪初兴起的集体主义社会福利观的一种全面反动与对战后社会福利共识的一种挑战,其核心内容是:欲重构社会福利服务供给体系中国家与社会、国家与个人间的责任关系,实现社会福利领域中责任分担的基本平衡。引入市场机制,实行部分福利项目私营化,加强国家对社会福利管理上的控制与中央集权,使现有的社会福利制度更加合理,更具效率。第三、四章分别探讨撒切尔政府对英国社会福利体系中社会保障、国民健康服务、住房、教育、个人社会服务等五大领域的具体改革措施。第五章主要论述改革对英国社会福利制度改革的影响。文章指出,撒切尔政府的社会福利制度改革奠定了20世纪90年代以来英国社会福利制度改革发展的基本方向。撒切尔政府改革中所启动的对社会福利服务领域中国家与社会、国家与个人间责任关系的理论探索与调整实践,将成为新世纪福利国家发展的主流和社会福利制度改革的重点。继续调整社会福利领域中国家与社会两大服务供给主体的职能职责,在减少国家责任特别是减轻国家财政负担的同时,加强国家对各类弱势群体的关注与社会保护,将是英国福利国家未来发展的根本方向。

关键词:社会福利　福利国家　福利制度　英国

4328

莫普改革 :法国旧制度末年的政治转折 / 庞冠群著 ; 高毅指导. -- 北京大学, 2005. -- 94页

为消除高等法院的反抗倾向,重新树立王权的绝对权威,并使旧制度下混乱、复杂的司法体系合理化,1770—1771年,法国司法大臣莫普进行了一场大刀阔斧的司法改革,但随着1774年路易十六的即位,改革以失败告终。本文力图从司法、政治、思想等层面来综合阐释莫普改革。本文并不把改革的失败简单归咎于路易十六的决定,而是认为司法改革的激进性、财政总监泰雷经济改革的缺陷、凡尔赛的宫廷政治、缺乏公众支持等因素使莫普体制难以稳固发展。莫普改革不仅是一场司法改革,更是一场旨在挽救法国君主制危机的政治改革。莫普希望通过一系列改革达到实现威权君主制的目的。莫普的主要批评者马尔泽尔布,则通过1771年的谏诤书提出了一套与之相反的自由君主制原则。本文对此二者的思想对照分析后指出,同为司法大贵族的莫普与马尔泽尔布关于改革之争,正体现了这场改革的核心问题。

莫普改革期间的一个重要现象是支持高等法院的爱国党与政府的辩护者之间展开的"小册子战争"。在争论过程中,双方都援引启蒙学说为自身的观点寻求支撑。可以说,双方阵营共同进行着对于公众的政治启蒙。总之,本文力图阐释旨在挽救法国君主制危机的莫普改革为何实际上促进了旧制度的灭亡,并揭示出莫普改革与法国革命之间的内在关联。

关键词:莫普改革　群制　司法制度　法国大革命

4329

塑造"新加坡华族" :战后新加坡政府对华人的国民建构研究 / 阮岳湘著 ; 钱乘旦指导. -- 南京大学, 2005. -- 140页

本文对建国后新加坡政府实施"塑造"工程培养华人的国家意识和文化属性,以打造"新加坡华族"的国民形象的活动进行了研究。全文主要由四章构成。第一章分析了二战前华人社会的结构与认同状况。指出战前新加坡华人是一个典型的移民群体,以语言分类族群分裂为海峡华人和中国移民两大集团,其"新加坡"意识一片"空白"。第二章探讨了建国后20年间政府推行"去华性"策略,对华人进行国家意识动因塑造的。指出以海峡华人为主的人民行动党掌权后,通过种种措施大力培养华人对新加坡的国家认同感。塑造工程具体表现为清除华人政治反对派的威

胁力量,建立起新的社会系统消除华社的分裂状态,制定新的教化制度抑制华人华性。第三章论述了政府"塑造"工程所引起的文化危机。认为"塑造"的结果,是除掉了华人原有的文化根基,使新生代华人与原来的华人传统中断了联系,形成文化认同的危机。第四章探讨了80年代后政府为解决华人文化认同危机而采取的"文化再生"策略。指出为了调整失误,政府通过华语运动、儒化运动和建立"共同价值观",重塑华人的文化身份属性,最后促成"新加坡华族"的定型,为新加坡民族的组成部分。

关键词:华人　华族　政府管理　国民　新加坡

4330

十九世纪英国下层儿童生活史研究 / 施义慧著 ; 沈汉指导. -- 南京大学, 2005. -- 215 页

本文包括九章。共分为三个部分。第一部分(前四章)研究了从前工业化社会到1870年左右的下层儿童的传统生活模式。指出在前工业化社会,儿童劳动是正常现象,这种现象一直持续到19世纪中期;儿童劳动的种类、强度、劳动条件、就业机会、报酬以及儿童劳动与家庭经济的关系是19世纪中期以前的下层儿童生活中至关重要的问题;劳动儿童的教育可有可无,教育设施非常有限,教育主要由教会团体和民间团体创办,国家无所作为。第二部分(五、六、七章)从社会态度、国家态度和下层人民的态度三个方面探讨了下层儿童传统生活发生变化的根源。指出导致下层儿童生活重心转变的思想基础是19世纪的英国社会对儿童认识的变迁,而促使下层儿童生活发生转变的社会根源是社会各阶层对下层儿童劳动与教育所抱的不同态度。国家通过立法手段对下层儿童生活的诸多方面进行规范,使得下层儿童生活问题的解决有了法律的威力;而下层民众对子女生活的态度则是促成转变的内因。第三部分(最后二章)讨论了下层儿童生活重心由劳动向教育的转移。指出在国家、社会和家庭的共同压力下,在下层儿童生活中劳动的重要性日益降低,教育的重要性却日益增加。

关键词:儿童　生活史　童工　英国

4331

美国房地产开发商与中心城市改造 : 以城市更新运动为中心(1949—1974) / 苏宁著 ; 王旭指导. -- 厦门大学, 2005. -- 228 页

本文对房地产开发商在美国城市更新运动中的作用和影响进行了探讨。全文由绪论、正文七章与结语三部分构成。第一章回顾了从殖民时期到二战结束的美国房地产开发历史,考察了房地产开发商发展变化的过程。第二章通过分析人口的分散性流动、传统产业的外流、城市住房短缺、居住区隔离问题、城市政府税负沉重等因素对中心城市发展的不利影响,讨论了20世纪上半期中心城市面临的困境。第三章重点分析房地产开发商与中心城市困境之间的关系,指出开发商对郊区化的推动作用以及房地产业界的歧视政策影响了中心城市的发展,城市的衰败也使开发商开始积极推动内城的改造计划。第四章论述了房地产开发商在城市更新运动初期的表现。分析了开发商在1949年住房法制定过程中的与其他力量间的激烈争斗,以及该群体对这一时期改造项目的态度。第五章主要阐述了开发商推动更新运动向商业开发转变的过程。介绍和分析了开发商在写字楼热潮、商业综合开发、高速公路建设以及公共住房项目上的作用和影响。第六章讨论了更新运动最后阶段政府政策的调整情况及开发商在新社区开发、绅士化运动、复兴城市零售业方面的尝试。第七章总结分析了开发商对更新运动的影响途径、著名房地产商的特性、共同点及其对中心城市改造的正反两方面的影响。

关键词:房地产开发　城市建设　城市改造　美国

4332

18世纪以前欧洲文字传媒与社会发展研究 / 孙宝国著 ; 朱寰指导. -- 东北师范大学, 2005. -- 105 页

本文从新闻传播史和文化发展史的视角,探讨18世纪以前欧洲文字传媒发生、发展的历史,揭示其与社会发展之间的辩证关系,阐释了现代报刊发端于欧洲的历史必然性和内在规律性。正文共分七章,分别考察文字的发明和欧洲文字的演进、作为欧洲古代和中世纪占主导地位的文字传媒纸莎草纸卷和羊皮书、中国造纸术和印刷术的发明与西传以及相伴而生的印刷书籍和小册子现代报刊的萌芽和诞生、以手抄小报为代表的现代报刊的出现和以现代日报出现为标志的现代报刊的发生史。文章指出,18世纪以前欧洲文字传媒演进的终极动力是社会生产力的发展。另一方面,文字传媒本身也是一种社会环境,它打破了原有口语社会的秩序,延伸了信息存在的时间和空间,极大地促进了人类知识的积累和社会的进步。从古希腊、古罗马奴隶社会到中世纪封建社会,再到现代资本主义社会的演变过程,实质上也是文字传媒从由极少数人独点和垄断到由越来越多的社会阶层分

享和共享的过程。轻便的纸莎草纸卷的广泛应用,有利于希腊、罗马奴隶制社会经济、文化的发展及对国家实施有效管理;耐久的羊皮书适合于保存和传播宗教典籍,极大地增强了罗马天主教会的影响,促进了西欧中世纪封建社会教俗二元社会结构的形成;批量生产的印刷书籍和小册子成为宣传宗教改革思想的锐利武器,极大地动摇了罗马天主教会的权威;现代报刊作为政治斗争、舆论表达、普及知识和商业广告最有效的载体之一,不断为资本主义的发展开辟道路。研究表明,从遥远的古代到漫长的中世纪再到现代早期,欧洲文字传媒的演进是一脉相承的,从来没有真正中断过;从对埃及纸莎草纸的采用到对中国造纸术雕版印刷术与活字印刷术的革新,欧洲文字传媒的演进从来都是开放的,而不是封闭的;从语言传媒到手抄文字传媒再到印刷文字传媒,欧洲文字传媒的每一次变迁都是对原有技术传播模式的一种叠加和整合。

关键词:新闻事业史　传播媒介　文字　社会发展　欧洲

4333

美国对中国“文化大革命”的研究 : 1966—1969 / 王朝晖著 ; 于群指导. -- 东北师范大学, 2005. -- 146 页

本文主要考察美国对中国“文革”的早期研究,包括:美国对“文革”起源的分析;随着“文革”的发展美国对中国局势的分析;美国对“文革”结局的猜测以及对华政策调整的思考,以及分析总结美国对中国“文革”研究的特征。论文分为三章。第一章总结了美国官员对“文革”起源的解释:权力斗争;意识形态清洗;政策之争;以上观点的综合。指出有关美国学术界的解释,大体有以下几种:中共内部威胁说;中共外部威胁说;毛泽东的继承人之争说;“王朝末日”说;毛泽东的个人因素说;社会主义发展之必然说。作者认为,美国学者的这些学说并非孤立地存在,在解释“文革”时,美国学者往往会追溯“文革”前十年的历史,试图找出“文革”爆发的深层原因。而无论哪种解释,在强调某一方面原因的同时,并不否认其他方面因素的影响。第二章论述“文革”初期美国所观察到的有关中国局势发展的主要事件和问题所进行的评估。指出美国对红卫兵运动发生的两种解释是:自上而下的毛泽东发起的群众运动;自下而上自发的群众运动。美国官员认为中共领导人分为:“毛派”、“反毛派”和以周恩来为代表的“温和派”。军队在“文革”的混乱中起着稳定局势的作用。第三章评析了美国官员关于“文革”结局的种种预测,指出了他们判断中的错误。同时,在回顾“文革”前美国对华政策的基础上,论述了“文革”初期美国对华政策的再思考。文章指出,美国对中国“文革”的研究主要有以下特点:中国自身的发展唤起并一直吸引美国对中国问题、特别是“文革”研究的热切关注;在复杂的国际环境影响下,美国对中国“文革”的研究使研究本身具有国际性;美国国内环境的影响在中国“文革”研究上的反映体现在大洋彼岸的中国“文革”与美国现实的联想;中美文化背景和思维模式的巨大差异使美国的“文革”研究具有不可避免的片面性和狭猛性,多是表象的研究,没有形成更深刻的思想意识的沉淀。

关键词:文化大革命　中国学　美国　中美关系

4334

论朱理亚·克劳狄时期的元首政治 / 王桂玲著 ; 杨共乐指导. -- 北京师范大学, 2005. -- 110 页

本文共分三章。第一章讨论朱理亚·克劳狄时期的元首。指出元首是奥古斯都在借鉴庞培和恺撒个人统治模式的基础上建立的,是与共和国传统相妥协的结果。元首出现的背景决定了元首职能的行使离不开传统的共和国机构。朱理亚·克劳狄时期,元首与传统的共和国机构共同行使司法、行政管理、外交和军事等职能。元首可以干预共和国机构职能的发挥,在国家政治中居于主导地位。第二章论述朱理亚·克劳狄时期的元老院。认为在元首统治下,共和国时期最重要的政治机构元老院发生变化。其成员的甄选受到元首的控制:一方面,元首通过明确财产资格、监督元老的道德以及司法审判等方式审查元老院;另一方面,元首通过财务官职的选举等方式影响元老的征召。元首对元老的甄选施加干预,其结果也就限制了元老院职能的发挥,使元老院的许多传统职能日益削弱。不过,这一过程渐进的,元首并未专断地干预元老院的这些职能,而只是通过创制权施加自己的影响。第三章对朱理亚·克劳狄时期的平民进行了探讨。认为随着罗马帝国的形成,共和时期的重要机构公民大会逐渐退出政治舞台,平民失去了正式参政议政的场所。但作为一个整体,平民仍是国家不可忽视的政治力量,不仅元首的统治离不开他们的支持,而且他们各种形式的反抗对国家政治进程产生一定影响。总之,尽管朱理亚·克劳狄时期元首的权力迅速加大,但并没有使传统的共和机构形同虚设。相反,这些机构在国家政治生活中仍发挥着重要的作

用。文章指出，朱理亚·克劳狄时期的元首政治为罗马帝国的发展创造了稳定的政治环境，促进了这一时期罗马社会的繁荣与强盛，为罗马帝国的进一步发展奠定了坚实的基础。

关键词：罗马帝国　国家元首　政治制度

4335

萨摩亚争端与大国外交：1871—1900 年 / 王华著；齐世荣，周钢指导. -- 首都师范大学，2005. -- 158 页

本文主要从大国外交政策和外交关系的角度论述 1871—1900 年的萨摩亚问题。全文共分五章。第一章是对 1879 年之前萨摩亚国际争端形成过程的概括。第二章论述 1880—1884 年列强在萨摩亚的外交协调的虚假的自治。第三章讨论 1884—1889 年列强为吞并群岛而爆发的外交争端和第一次萨摩亚危机。第四章涉及 1890—1898 年"共管"体制的运作与评价，以及大国政策的调整。第五章叙述第二次萨摩亚危机和争端的最终解决。文章指出，从 19 世纪 70 年代开始，资本主义自由向垄断过渡，造成美、德、英对海外市场的强烈追求，三国在南太平洋上的萨摩亚群岛展开殖民争夺，形成了长达 30 年的萨摩亚国际争端。其中历经三个阶段：1871—1879 年为萨摩亚争端的形成期，三国各自明确在群岛的殖民利益，并相继以条约形式固定化。1880—1889 年为争端的发展期，列强逐渐由殖民合作转向争夺和对抗。三国间在萨摩亚问题上发生激烈的外交冲突，一度导致战争危机。柏林会议和《柏林总协定》使该危机暂时消弭。1890—1900 年为争端的高潮和解决期。根据《柏林总协定》建立起来的"共管"体制存在诸多缺陷，导致萨摩亚在 1898 年再次陷入政治混乱。而此时列强外交政策都已经或正在发生结构性转变，殖民利益的尖锐冲突导致三国在群岛再次陷入外交危机。1899 年 12 月，萨摩亚被德、美瓜分，争端结束。作者认为萨摩亚问题就像一面镜子，映照出帝国主义形成时期三个主要列强在外交政策和外交关系上的演变和国际政治形势的总体发展态势。另一方面，萨摩亚问题中存在双重外交，除三个大国之间的平等外交，萨摩亚王国与列强间也存在不平等的殖民外交关系。萨摩亚争端的发展过程，也是萨摩亚国家逐步沦为半殖民地和殖民地的过程。殖民文化不仅是列强对萨摩亚所抱有的心理和文化优越感，也已渗透到萨摩亚人的精神和生活。这也是造成萨摩亚被顺利殖民地化的重要原因。第一次世界大战后，萨摩亚长期由新西兰管理，1954 年实行内部自治，1962 年正式宣布独立。

关键词：国际争端　萨摩亚　国际关系　殖民主义　外交关系　美国　德国　英国

4336

南部奴隶主与美国内战 / 王金虎著；李剑鸣指导. 南开大学，2005. -- 196 页

本文以南部奴隶主为研究对象，对奴隶主在美国内战前与战争期间的处境和行为进行了分析，进而探讨了奴隶主选择脱离联邦进行战争与最后走向失败的原因。全文共分四章。第一章介绍了内战前南部奴隶主群体的社会状况与南部蓄奴州脱离联邦的选择。作者指出，内战以前，南部奴隶主是奴隶制的直接受益者，他们在经济上处于顺境，但在政治上处于逆境。19 世纪 50 年代共和党的崛起，特别是林肯在 1860 年当选为美国总统，使得奴隶主感到奴隶制度的命运受到致命的挑战。为了捍卫奴隶制，奴隶主操纵南部 11 个蓄奴州做出了脱离联邦选择。联邦政府坚决反对分裂联邦，并在北部社会的支持下，诉诸武力镇压南部的"叛乱"，这样就发生了美国内战。第二章分析了南部邦联政府组织和筹集战争资源的情况。指出战争期间，南部邦联政府采取了强制征兵政策，并最终做出了武装奴隶的决定，但在数量上始终少于北部军队；通过发行带有货币功能的国库券筹集战争资金，结果导致通货膨胀，刺激了物价飞涨；大力鼓励军需物品生产，并诉诸强制行动征用物资。第三章讨论了南部奴隶制的瓦解、终结的结局。作者认为南部邦联政府不仅没有建立起足以保卫南部地区的战争力量，反而加剧了南部社会的崩溃。内战的战斗主要在南部地区进行，在联邦和南部邦联战争政策和行动以及奴隶争取自由行动的夹击下，奴隶制遭到了毁灭。第四章分析了奴隶主家庭生存状况的恶化处境。文章指出，战争的打击和磨难，最终使得奴隶主既丧失了继续进行战争的能力，也失去了战争意志。南部邦联被消灭，美国内战以联邦的胜利结束。南部奴隶主挑起了战争，恰恰也成为这场战争最大的受害者。

关键词：奴隶主　奴隶制度　美国南北战争

4337

美国对日媾和与中国因素 / 王蕾著；宋成有指导. 北京大学，2005. --157 页

本文以二战后美国主导下的旧金山对日媾和这一重大历史事件为研究对象，对美国对日媾和的全过程与中国因素的互动关系进行分析研究。论文将美

国政府对中国因素的考虑贯穿于对日媾和的全过程中，分六章论述了以下问题，即：1. 罗斯福"使中国成为大国"的政策及其困扰；2. 对日媾和早期提议的流产；3. 反转对日占领路线；4. 中国局势尘埃落定前的等待；5. 杜勒斯的穿梭外交与旧金山和会的召开；6. 旧金山和会、吉田书简与旧金山和约的通过生效。作者认为，在太平洋战争时期，为防止日本重新成为美国与世界和平的威胁，美国总统罗斯福的东亚蓝图是以"使中国成为大国"的政策为核心来设计的，以监督日本牵制苏联。战后美苏之间展开冷战，中国内战形势变化，使继任的杜鲁门政府改变了这一政策，代之以对日媾和。由于中国局势的变化直接关系到东亚的权力平衡，导致日本对美国东亚安全的地缘政治价值凸现，从而使得中国因素与1947年对日媾和早期提议的流产，1948、1949年美国政府内部就对日媾和问题的讨论陷入僵局，均有重要关联。同时，1950年中苏同盟、朝鲜战争爆发及中国参战，也使美国政府内部有关安全问题与对日媾和僵局打开，杜勒斯斡旋之下以英美为主导，排除中、苏的"单独"或"片面"的对日媾和方式的产生，均有重要影响。虽然中国未被邀参加1951年9月举行的旧金山对日和会，但中国代表权问题导致了盟国的分裂，并且还影响了美国参议院对旧金山诸条约的通过批准。由此可见，中国因素自始至终影响了旧金山媾和的进程。

关键词：美国对外政策　日本　旧金山对日和约(1951)　中国

4338

试论近代英国女性形象的变化 / 王萍著 ; 陈晓律指导. -- 南京大学, 2005. -- 159 页

本文通过分析近代英国女性形象的变化，揭示了女权运动的发展历程。正文四章。第一章讨论了工业革命之前英国社会中的妇女形象，追溯了西方传统中普遍存在的厌女观念，剖析了英国女性在16、17世纪大众观念中的负面形象，并展现了女性被动而地下的社会地位以及女性自身的态度与做出的反应。第二章讨论了18、19世纪英国的女性形象，指出18世纪末女性正面形象开始出现，到了19世纪维多利亚时代，女性更由过去的"女魔"变为"女神"、"天使"。这种形象的出现虽然在一定程度上肯定了女性的积极意义，但却并没有实质性地提高女性的地位，反而被束缚在狭小的家庭领域之中。第三章讨论了英国女性为寻求自我解放而斗争的经历，指出女性利用"天使"形象改善社会道德、救济穷人，并进一步争取平等自由的权利，展开了贯穿19世纪的女权运动。第四章讨论了20世纪初一战之后出现的新的"母亲"形象，指出这是一种既在家庭中有重要意义，又可能在公共领域拥有自己事业的积极的"母亲"。

关键词：女性形象　女权运动　妇女地位　近代英国

4339

工业文明的挑战与中东近代经济的转型 : 1809—1938 / 王三义著 ; 黄民兴指导. -- 西北大学, 2005. -- 199 页

本文从分析奥斯曼帝国和波斯19世纪以来的社会经济着眼，进而对工业文明冲击下中东社会经济的转型问题进行了探讨。文章有四个研究重点：一是考察了中东民族国家的经济改革与现代化的起点，分析了其现代化进程中某些经济问题的根源；二是研究了中东地区的整体经济特征与中东内部的经济差异及不平衡性；三是探讨了19世纪中东经济在"西化"改革前后、沦为半殖民地前后，尤其是1809至1938年阿拉伯行省期间的变化；四是对近代经济转型模式进行了比较研究。作者的主要观点：第一，近代中东社会经济的转型始于19世纪初期经济领域的改革；第二，19世纪改革者所追求的国家富裕强大的目标，虽有认识上的偏差，但在经济领域的改革作用和影响不能低估；第三，中东不仅各地经济基础有差异，而且各地所受欧洲的冲击也不一样；第四，虽然19世纪中叶以后的中东经济比以前有明显的发展，但20世纪早期，它仍属于世界上发展缓慢的地区之一，尤其与欧洲相比差距悬殊；第五，从1809年穆罕默德·阿里改革到1938年，130年的中东经济发展史是一个经济变动和转型的过程，即使到1938年，也仍然很难说中东已经进入了现代社会。

关键词：工业经济　转型经济　中东

4340

对民主批评的批评 / 王秀芹著 ; 郭小凌指导. -- 北京师范大学, 2005. -- 122 页

正文共分五章。第一章和第二章，评析雅典式民主的"整体主义"。认为这一批评无论在理论上还是史实上都不尽合理：首先，许多自由主义者混淆了"整体主义"与"暴政"这两个不同的概念；其次，他们倾向于忽视不同政体的希腊诸城邦之间的差异，尤其是把雅典民主政体与斯巴达寡头统治的特征混为一谈；第三，自由主义者把对雅典民主的抨击与对卢梭式民

主观的批判结合了起来;第四,他们还错误地将柏拉图和亚里士多德的理想城邦作为雅典现实来批判。文章指出,民主与“整体主义”是不能相容的。如果一个国家是真正人民主权的,那么它就不会是“整体主义”的;如果这个国家是“整体主义”的,那么它一定没有实现真正的人民主权。第三章和第四章是对“多数暴政”的指控与申辩。指出,“多数暴政”是人们对雅典式民主最常诟病的另一缺陷,主要是指社会中的多数人在拥有政治自由后,往往会利用自己的人数优势,以强制性的违法手段压制少数人的自由和权益,甚至造成多数人的意志凌驾于法律之上。然而,这一缺陷既来自人类自身智识的不足,也来自“绝对的权力导致绝对的腐败”的现实经验。它是人类追求各自不同利益之本性的结果。这种责难在一定程度上体现了部分社会层精英对民众参政的歧视和偏见。在自由主义理论中,民主的“多数暴政”和“整体主义”均缘于政治自由与个人自由的矛盾,但它们在本质上是两个不同的东西。相对而言,“多数暴政”是一个真命题,而“整体主义”则是一个假命题,在某种程度上,“多数暴政”的真恰恰验证了“整体主义”的假。对雅典式民主的抨击其实彰显出现代自由主义理论的内在缺陷,即秉持个人自由至上,轻视其他价值,造成自由主义理论流于空想。第五章对古代民主与现代自由主义进行了分析。作者认为,把古代民主与现代民主进行任何直接的对比都是不相宜的。古代民主与现代民主只是形式的不同,其理想与实质是一致的,即对最大多数人的自由的追求和保障。自由主义定义的只是民主的形式,而不是实质。个人自由蕴含于民主本身,如果失去了自由,民主也就不成其为民主了。

关键词:民主　自由主义　暴政

4341

澳大利亚民族国家的形成 : 澳大利亚联邦运动研究 / 王宇博著 ; 钱乘旦指导. -- 南京大学, 2005. -- 133 页

19 世纪澳大利亚联邦运动是澳大利亚民族国家形成和社会转型中的重大事件。它是英国文化传统与澳大利亚社会现实相结合的产物,体现出澳大利亚现代化发展的属性与特征。本文除引言外,正文分为四章。引言部分是对联邦运动前澳大利亚社会发展的回顾。认为从 1788 年到 19 世纪中期,围绕作为英国人的“权利”,澳大利亚社会由英国的罪犯殖民地逐渐成为自治殖民地,自治运动的进程体现出这种演进的轨迹。这种演进的继续导致了联邦运动的出现。第一章论述“澳大利亚英国人”,内容包括:自治运动后澳大利亚社会与作为母国的英国在观念和利益上的矛盾与冲突;澳大利亚民族意识的形成及其内涵。两者相互联系,构成了联邦运动形成与发展的原因。第二章从“澳大利亚英国人”到“澳大利亚人”的变化,认为从 19 世纪 70 年代起,英国的帝国政策逐步发生变化,使澳洲人感到来自母国的庇护正在失去,不得不负起“自治”的责任。这使澳大利亚人对英国的“不满”逐渐显露。在抱怨英国的气氛中,澳洲人的合作与澳洲的联合初见端倪。第三章评析联邦运动的进程。指出这一进程一方面是从 19 世纪 80 年代澳大利亚人的合作到 90 年代澳大利亚的联合,另一方面是澳大利亚与英国的分离。两者同时进行,都在和平的嬗变中完成。1901 年澳大利亚联邦的建立,不仅标志着联邦运动的结束,也象征澳大利亚民族国家的形成。第四章讨论澳大利亚联邦制度的构建。在联邦运动后,澳大利亚民族国家在政治制度上逐步完善。从 1901 年到第二次世界大战爆发,是澳大利亚联邦国家成长和发展的重要时期,表现为联邦制度的健全、政党政治的形成及国家管理法制化的完善等。这是这一时期澳大利亚国家政治的主要内容。作为一个独立的民族国家,澳大利亚国家与社会存在不少缺陷。

关键词:民族国家　政治运动　联邦制　澳大利亚

4342

科学管理的理论与实践 : 美国工业中的泰勒制 / 王毓敏著 ; 王旭指导. -- 厦门大学, 2005. -- 184 页

本文通过考察科学管理理论的发展历程及其在美国工业的应用实践,对泰勒管理思想的理论内涵和实际效果进行了探讨,分析了泰勒制在美国工业经济发展过程中的地位和影响。全文共分五章:第一章“绪论”,分两部分阐述了国内外对泰勒和科学管理研究的现状及本文研究方法和资料来源;第二章“科学管理理论形成的历史背景和思想准备”,分两部分简述了科学管理理论形成的历史背景;第三章“科学管理理论的产生、发展和演变”,分四部分梳理了科学管理理论产生、发展和演变的过程,着重考察了泰勒个人的特殊作用,介绍和分析科学管理的基本原理,阐明泰勒及其同时代追随者对科学管理的贡献、影响以及该理论在美国和世界的传播情况;第四章“科学管理在美国工业中的应用”,分三部分考察了科学管理

理论在美国工业运用的具体状况,并对其实际效果进行了分析,通过个案研究,展示美国企业采用科学管理方法的具体情况;第五章"科学管理运动的发展与衰落",分两部分叙述了科学管理运动发展衰落的过程,探讨了科学管理制度与工会关系的演变过程,并研究二者在20世纪初激烈冲突的实质以及后来实现和解的条件。

关键词:工业经济　科学管理　泰勒制　美国

4343

朝鲜前期与明建州女真关系研究 / 王臻著 ; 李宗勋指导. -- 延边大学, 2005. -- 178 页

本文以15世纪初期至17世纪中期,即自1403年明成祖任命女真酋长阿哈出为指挥使设立建州卫开始,至1636年皇太极将女真改为满族止的200余年时间为研究范畴,对朝鲜王朝与建州女真的友好往来和矛盾冲突进行了探讨。正文分四章:第一章讨论了朝鲜王朝与明代建州女真交往的历史渊源;第二章讨论了15世纪朝鲜国王太宗至世祖时期,朝鲜王朝与明皇朝对建州女真的争夺斗争,作者主要以朝鲜太宗王、世宗王、世祖王为主,介绍了他们在位时期对建州女真的政策;第三章讨论了16世纪末、17世纪初宣祖至仁祖时期朝鲜王朝与建州女真的关系;第四章讨论了朝鲜王朝前期与建州女真的经济贸易活动,经济贸易主要包括贡赐贸易的发展以及边境贸易的开展。通过对朝鲜与建州女真关系的考察,作者得出的结论是,第一,不论是国家政权间的交往,还是邻境民族的交往,其交往的基础是实力;第二,朝鲜王朝、建州女真、明朝三方各自追求的是有利于己的"实利"外交;第三,朝鲜王朝在处理与明朝及建州女真的关系时,实质上奉行"事大交邻"的两面外交政策。

关键词:中朝关系　建州女真　朝鲜　明代

4344

亨利·A·华莱士的政治理想与实践 / 王祖奇著 ; 王斯德指导. -- 华东师范大学, 2005. -- 186 页

亨利·A·华莱士是20世纪上半叶活跃于美国和世界政坛上的一位重要的进步政治家。全文共分四章。第一章从家庭环境与政治启蒙、20年代农业危机时期的政治思想与活动方面,介绍了他的早期政治探索。指出在20年代美国的农业危机中,华莱士不仅是美国孤立主义的倡导者,工业文明的反感者,也是美国自由放任政策及资本主义弊病最严厉的批判者之一。第二章讨论了经济大危机与新政时期他的政治实践,论述了在面临法西斯主义威胁时他所提出的应对措施。作者指出,大危机期间,他提出美国应当利用自己作为世界主要债权国的地位担负起促进世界和平与合作关系的责任,并认为美国国内新政改革将是进一步建立合理稳定的国际关系的基础,强调资本主义精神建设在国际合作中的重要作用,以及科学技术发展在开拓人类合作精神领域的重要意义。还指出华莱士提出了国际经济常平仓的思想,希望战后和平的建立能够真正摆脱国际经济恶性竞争,并力主在对付法西斯的进程中美国应当引导世界走向战后真正的和平。第三章探讨了他在战时关于战后和平世界的构想及为此而进行的努力。文章指出,华莱士提出把第二次世界大战变成缔造人类和平的一次机会,提出建立普通人的世纪、美国与苏联合作以及一个真正的国际组织等构想,其内容包括反对殖民主义、帝国主义、种族主义、军国主义、经济民族主义、特殊利益集团、极端个人主义、无知、偏见和贫穷,包括倡导普通人的经济民主权利、发展中国家的发展权利和种族平等、世界合作与共同繁荣、世界一家等。第四章讨论了二战后华莱士政治理想的新发展及其他为反对冷战所作的斗争,指出华莱士将美苏合作思想、国际组织的思想与他的原子能思想相结合,提出了"要么是一个世界,要么没有世界"的见解。在冷战形成中,他反对丘吉尔演说、反对杜鲁门主义和马歇尔计划,反对把苏联作为新纳粹的偏见,呼吁建立真正的联合国,但最终没能阻止冷战的发生与发展。作者认为华莱士的遭遇是由于美国政治的时代局限性所造成的。

关键词:华莱士(Wallace,Henry Agard)　政治思想

4345

1945年9月中国军队入越受降对越南独立进程的影响 / 温亚昌著 ; 余定邦指导. -- 中山大学, 2005. -- 125 页

本文对1945年9月奉盟军统帅部命令,中国军队进入越南接受日军投降事件进行了研究。正文共分五章。第一章分析了中国军队入越受降的历史背景;第二章介绍了中国军队入越受降的经过;第三章对中国军方不让法军提前重返北越的原因和最终结果作了介绍;第四章分析了中国军队入越受降对八月革命后越南独立进程的影响;第五章叙述中法协议和法越初步协定的签订。概括起来,文章主要分析了三个问题:一是中国受降部队如何应对卷土重来的法国

殖民主义；二是中国受降部队如何面对八月革命后成立的越南政府；三是中国受降军队在法越矛盾之间扮演了什么角色。通过对以上三个问题的考察分析，作者指出，中国军队入越受降系奉盟国最高统帅部的命令，对越南并无野心；在入越受降期间，中国军方和入越受降部队阻止了法国殖民者提前重返越北，中国军方与胡志明领导的越南临时政府之间进行合作，事实上是承认了胡志明政权的存在；最后，在撤军之前中国军方促成了法越初步协定的签订，并且中国没有单独向法国交防，而是把防务交给法越双方。作者认为，中国推迟了法国军队返回北越的时间，为八月革命后成立的越南临时政府赢得半年多宝贵的时间去巩固政权，客观上，对越南的独立进程产生了积极的推动作用。

关键词：民族解放运动　殖民主义　越南　法国

4346

近代英国雇佣型大农场制度的兴衰：1600—1930年／文礼朋著；董正华指导. -- 北京大学, 2005. -- 187页

本文在西方经济史家关于近代英国史研究的最新成果，以及对农业现代化研究的最新认识的基础上，对近代英国农业结构的变革作出原创性的解释。在第一章中，作者介绍了18世纪中叶以前的英国自耕农农业革命。在16世纪后期和17世纪，英国的农业结构仍然是以中小农场为主体。英国的农业在18世纪中叶以前获得了很大发展，而这种发展主要是在中小农场的基础上取得的。工业革命之前英国农业的发展并不是雇佣型大农场发展的结果，地主并没有对这一时期的英国农业进步做出很大贡献。在第二章中，作者介绍了1870年代以前英国雇佣型大农场制度的兴盛。首先，介绍了1870年代以前英国雇佣型大农场的兴盛；其次，近代英国土地所有权高度集中的形成；再次，圈地运动与小农衰落问题的再探讨；第四，近代英国雇佣型大农场兴盛的原因及其社会经济后果。在第三章中，作者介绍了19世纪以来英国雇佣型大农场制度的衰落。借助于各国统计数字指出，1870年代以后英国和其他西欧北美国家的雇佣型大农场制度衰落了。衰落的主要原因是：农村过剩廉价劳动力的消亡，粮食产量下降；而根本原因则在于农业生产技术发展的新变化。农业机械技术的小型化发展，以及精耕细作农业技术的发展，导致了家庭农场优势的发挥和雇佣农场比较优势的丧失。另外，针对农业的一系列社会公共服务体系的建立，以及各国农业合作化运动的发展，同样促进了家庭农场的现代化，帮助它们排挤了雇佣型大农场。

关键词：农业现代化　农业结构　大型农场　雇佣劳动　近代　英国

4347

日本战后社会教育政策研究：战后至20世纪70年代／夏鹏翔著；武寅指导. -- 中国社会科学院研究生院, 2005. -- 122页

本文以战后至20世纪70年代为范围，对战后日本的社会教育政策进行了研究。作者认为，奉行“国民受教育的权利”和“教育的机会平等”的民主主义的教育理念，日本政府制定了战后日本的社会教育政策。作者的主要观点是：第一，始于1946年的公民馆，在日本战后社会教育活动中占有非常重要的地位。早期公民馆主要建立在乡村地区，其活动内容也与乡村生产复兴、振兴经济等密切相关。20世纪60年代以后，它逐步进入城市地区，成为城市居民学习和文化活动的中心。第二，战后初期，加强劳动者的教育，并制定了劳动政策和社会教育政策加以保障。第三，社会教育与学校教育政策共同关注15—18岁的劳动青少年的教育，通过新制高中制度、定时制高中制度为广大国民的子弟提供接受中等教育的机会，并且20世纪50年代在偏僻山村等地区出现了青年夜校。作者认为，战后日本的社会教育在其实现“人权”、“生存权”、“教育权”等民主主义理念的过程当中起到了积极的作用，同时，也留下了“受教育的机会平等”等一些问题。

关键词：社会教育　教育政策　教育史　日本

4348

文艺复兴时期法国民族史学研究／徐波著；王挺之指导. -- 四川大学, 2005. -- 151页

文艺复兴时期法国史学不同于欧洲其他国家的发展路径，赋予法国史学独特的品性。首先，从语言学和法学研究到历史研究是法国文艺复兴时期历史学发展的关键。语言学不仅是历史学最有效的工具，而且它也为解释过去、揭示文化结构的变化提供了某些重要的观念。语言学也是解释历史变迁最有效的方法。把法学研究与历史研究结合起来，最终提出史学新构想，开始史学新实践。这一发展路径中的重要环节是一个新的法学学派，即法国法学学派或法学人文学派的产生。其次，在创立法学历史方法的过程中，倡导法学与历史学联姻，最终提出一整套对未来史学

发展影响深远的系统历史理论和方法,这是文艺复兴法国史学发展的一个重要特点。博杜安的整体史观念,波丹对影响历史过程的地理因素的探讨,勒鲁瓦关于文明史、文化史的理论都是法国文艺复兴时期史学迈向近代的关键。再次,教会法学家、封建法学家把人文主义新方法应用于教会法和封建法研究,在法国中古史、教会史研究等方面,都有引人注目的成就。人文主义法学家霍特曼、皇家法学家迪穆兰、格拉萨等是教会法、教会史、封建法和中古史研究成就最突出的学者。第四,在崇尚古希腊罗马、致力于古典学问研究的同时,法国学者的博学好古研究也包括对法国中古史的研究。他们的研究是重建法兰西民族史的重要方面。第五,民族历史的写作提上了日程。16世纪后半期的法国历史学家的史学实践是探索民族史写作新范式的发端,预示了未来历史编纂的发展趋势。总之,16世纪法国史学在意大利人文主义学术影响下走过了这样一段历程,即:从语言学研究到法学研究;从法学的历史方法到历史学方法;从罗马法研究到制度史、文化史研究;从教会法和教会史、封建法和中古史研究到法兰西民族史写作。通过法学研究与历史研究联姻,来改造传统史学,在重建法兰西民族历史的过程中,造成历史思想、历史认识和方法的重大更新,进而在西方史学中开创独具特色的法兰西史学传统,在历史意识的觉醒、历史方法的探讨和民族历史的写作等方面对西方近代史学做出了贡献。

关键词:民族历史　史学　法国　文艺复兴　中世纪

4349

美国联邦体制下的州际关系 / 杨成良著 ; 李世安指导. -- 中国人民大学, 2005. -- 156 页

本文从司法、民权与州际合作三个方面对美国联邦体制下的州际关系进行了研究。第一章讨论了司法领域的州际关系。文章指出,司法领域的州际关系由"充分信任和尊重条款"与"州际引渡条款"规范。由于各州存在法律和司法程序上的差异,"充分信任和尊重条款"与"州际引渡条款"在执行的过程中都遇到了很大的阻力。为改变这种状况,促进州际关系的和谐发展,美国各州从19世纪后期开始了统一州法的运动。由于各州之间存在政治文化上的差异和经济上的竞争,再加上联邦体制的制约,到目前为止,州际法律冲突依然存在。第二章讨论了民权领域的州际关系。作者从特权与豁免权条款、平等保护条款以及外州法人的特权与豁免权三方面进行了论述。第三章讨论了协调州际关系的主要途径——州际协定。文章指出:州际协定是美国各州自主解决地区乃至全国性问题时最常用的手段之一,它的法律基础是《联邦宪法》第一条第十款第三项。在历史上的不同时期,联邦最高法院对州际协定条款的解释是不同的。由于国会和联邦最高法院的限制以及州际关系的松散,州际协定使用的频率和范围都很有限。自20世纪20年代以来,美国的州际协定不仅数量明显增多,而且还表现出许多新的特点:由解决各州之间争端的必要方式逐渐转变为促进州际合作的重要手段;覆盖领域更广泛,不再局限于边界协定;成员州数量增加,不仅有双边协定,还有多边、地区、乃至全国性协定,甚至联邦政府也作为平等的一员加入了几个州际协定之中;专门设立的州际联合机构逐步取代成员州的相关政府部门成为州际协定的主要执行者。结束语部分总结了联邦体制下的州际关系,指出对于州际关系演进发挥影响的主要是联邦最高法院与联邦政府的另外两个部门。作为州际关系的主体,美国各州对州际关系的走向也颇有影响。在19世纪的大部分时间中,各州表现出很强的独立意识,因此各州就联邦宪法第四条的规定不断发生争讼。20世纪以来,州际交流明显加强。但是,各州的独立意识并未消除,根本的矛盾并未解决。美国的州际关系只是略有改善,还远未达到真正和谐的状态。

关键词:联邦制　政治制度　州　美国

4350

伍德罗·威尔逊国际和平理想与实践研究 / 杨春龙著 ; 王斯德指导. -- 华东师范大学, 2005. -- 140 页

全文共分四章。第一章着重分析了19世纪末和20世纪初美国和世界的变化,探讨了威尔逊国际和平理想产生的时代背景。指出世界现代化进程和相互依存趋势的深入发展,冲击了传统的国际政治观和传统的扩张模式;美国在世界现代化进程和国际地缘政治中地位的相对特殊,以及美国政治体制和历史文化传统的相对特殊性,造就了美国的新扩张主义倾向。第二章主要分析了时代变化与威尔逊国际和平理想的内在联系。指出威尔逊把推进国际合作和维护世界稳定作为实现美国利益和理想的基本途径,系统地阐述了美国新扩张主义的利益要求和价值理想,否定了以战争和领土兼并为特征的传统扩张模式,一定程度上顺应了世界历史发展的潮流。第三章探讨了威尔逊战争与和平观对第一次世界大战前期美国

中立政策的影响。指出威尔逊始终把恢复和维护世界稳定视为美国基本的政策目标和影响政策变化的主要因素。威尔逊认为战时中立有利于美国更好地发挥作为世界大国秩序重建进程中的作用,有利于保持世界相对稳定和美国的和平扩张。中立政策体现了美国国家利益和理想的有机统一。第四章探讨了威尔逊战争与和平观对美国参战决策、战争目标以及他本人政治失败结局的影响。作者指出,主宰战后和会以实现理想,这是威尔逊决定大规模干涉欧洲战争的基本动因;"十四点"既是威尔逊国际政治观的反映,也是对美国新扩张主义利益和理想相对系统化的阐述,是威尔逊按照美国愿望结束战争和规划世界新秩序的纲领;力图把理想付诸实践,既可能有利于实现美国国家利益最大化,也可能成为他政治失败的原因;尽管他在总统任内没有实现其国际和平理想,但他的基本构想值得认真研究评析。作者认为,威尔逊的国际和平理想本质上是世界现代化进程中先进国家利益和价值观念的反映,虽然具有明显的局限性,但客观上具有相对的先进性和合理性。

关键词:威尔逊(Wilson,Thomas Woodrow 1856～1924) 政治思想 和平运动 战争与和平问题 和平中立政策 美国

4351

退步的年代:大萧条和新政时期美国妇女地位的变动 / 杨丽红著;韩铁指导. -- 南开大学, 2005. -- 182 页

本文探讨了美国大萧条时期的妇女地位问题。全文共分五章。第一章回顾了20世纪30年代以前美国妇女地位的改善,描述了大萧条产生的巨大冲击。第二至五章分别阐述了美国妇女在就业、公共福利、保护性劳工立法和政治生活中的地位的下降。文章指出,从社会性别的角度观察,美国妇女的地位在20世纪30年代的大萧条时期明显地下降了。具体表现在下列几方面:一是就业方面。在与男性的就业竞争中,妇女不仅失去了过去在高级专业领域内取得的进展,而且在几个传统上女性占统治地位的职业中也失去了竞争优势。二是福利待遇。在新政前,妇女是美国公共援助项目中的主要受惠人之一,此时则沦为新政救济和以工代赈计划中的二等公民,而在老年保险与失业保险上就业妇女更是大量被排除在外。三是劳工立法。新政将男性与女性工人都包括在内的保护性劳工立法,使妇女下降到了一种被边缘化的地位。四是妇女集体的政治行动。新政时期虽不乏出任公职的杰出妇女,但作为一个群体来说,妇女在政治活动中的集体行动严重式微。五是女性角色。严重的失业,加强了妇女传统的家庭主妇角色,使曾经受到冲击动摇的维多利亚女性观得以回归。

关键词:妇女地位 就业 福利 经济萧条 新政 美国

4352

论十九世纪法国自由主义学说及其实践 / 杨令飞著;刘文立指导. -- 中山大学, 2005. -- 149 页

本文以19世纪法国自由主义为对象,对其自由主义学说与实践进行了研究。全文共分八章。第一章讨论了自由主义的历史渊源。作者指出,自然法学说与社会契约论相结合的社会二元观及人类理性的高扬为之奠定了坚实的理论基础,以卢梭为代表的法国传统自由主义和19世纪英国自由主义亦对其形成产生了不可否认的影响。第二章讨论了自由主义的理论内涵与原则。指出自由主义理论内涵包括:经济自由主义、政治自由主义、伦理自由主义和哲学自由主义。自由是自由主义的核心原则,平等是自由主义的基本原则,民主是个人价值与尊严的道德保障,个人主义是自由主义的出发点。第三章和第四章分别论述了政治自由主义和经济自由主义,指出作为19世纪统摄法国政治生活的主流思潮,政治自由主义促成了各种政体之下宪政统治的实施和完善,给予各国政治制度的发展以深刻的启示。经济自由主义在理论上论述了与近现代市场经济有关的财产权、经济自由和有限政府等根本问题,为建立以经济发展带动个人自由充分发展的社会提供了理论依据。第五章讨论了宗教、文化领域中的自由主义。指出宗教自由主义是宗教观念与主流政治的结合,浪漫主义是一种文学上的自由主义。第六章讨论了社会生活中的自由主义。涉及自由主义与两性、家庭生活以及教育自由。第七章自由主义与社会主义的关系。指出19世纪的法国思想史主要表现为自由主义与社会主义两大思潮的互动和发展。自由、平等、博爱是两大思潮的共同追求。第八章讨论了自由主义对世界的意义。文章认为,19世纪法国自由主义是以卢梭为代表的自由主义,经贡当斯、托克维尔等人的改造,并融合了英国式自由主义精髓而形成的一种富有特色的自由主义学说,并且在诸多领域进行了实践。在发展初期,它体现为资产阶级上流社会的政治哲学,但后来逐渐演变为西方文明的一种世俗形式,融入了人类理性的成分,其基本原则被运用到政治、经济与宗教、文

化等各个领域。社会主义思潮出现后，法国思想领域呈现出自由主义与社会主义既对立又互动的状态。

关键词：自由主义　政治制度　经济制度　社会主义　法国

4353

战后初期日本的联合国政策：1945—1956 / 杨仁火著；武寅指导. -- 中国社会科学院研究生院，2005. -- 132 页

本文以 1945—1956 年间日本的外交关系为研究对象，考察了战后初期日本加入联合国的进程，对其联合国政策进行了探讨。作者认为，日本战败投降后，新国际协调主义成为日本政坛的主流思潮，政府探索符合日本自身国益的联合国政策，确定了加入联合国的目标，并将此看作重返联合国社会的重要标志。不过，因这一联合国政策与其安全保障问题密切联系，最终形成以依靠日美双边安保同盟为主、联合国安保体制为辅的结局。虽然日本的安保政策与联合国安保体制渐行渐远，但是日本仍旧想方设法与联合国方面保持接触，为日后申请加入联合国而努力。1952 年旧金山和约生效后，日本恢复了法律意义上的独立主权。日本从传统的附强战略出发，立足战后国际政治与国际关系的现实，确立了依靠美国加入联合国的政策，但因其对美一边倒，故申请加入联合国的外交努力遇到重重障碍。1955 年前后，美苏对抗有所缓和，苏联向日本发出善意的外交信号，日本迅速改善对苏关系，恢复日苏邦交，实现了加入联合国的目标。作者认为，以加入联合国为契机，日本提出了"联合国中心主义"的主张，并将其作为日本外交的三原则之一。然而在冷战前后，这一政策的具体实施多有不同。

关键词：对外政策　联合国　日本

4354

大转折中的猎巫运动 / 姚朋著；刘北成指导. -- 北京师范大学，2005. -- 159 页

本文运用"谱系学"和"整体史"的研究方法，对猎巫运动的动力进行了研究，分析了这一运动背后的历史语境。全文分五个部分。第一部分述评了一百多年来西方巫术与猎巫运动的研究状况。第二部分分析了中世纪欧洲的巫术信仰和巫术审判，作者认为巫术信仰和巫术审判一直存在于中世纪，不过巫士并不是基督教会最早的主要迫害对象。第三部分剖析了猎巫运动的迫近与文艺复兴时代的关联，作者认为巫术信仰在文艺复兴时代"复兴"了，并在教会和鬼神学家的强调下，呈现出明显的增长态势。第四部分分析了宗教改革带来猎巫运动的高潮，作者指出，对于正在改革和现代化的天主教会和新教教会而言，巫士与异端一道构成了巨大的威胁。并认为宗教改革、反宗教改革以及它们之间的斗争需要为猎巫运动注入活力，从而掀起了猎巫高潮。第五部分探讨了猎巫运动的高潮与近代早期气候、社会、政治和经济变迁的关系，作者指出，在近代大转折早期，教会和认信主义国家将巫术审判当作规训大众、迫害和政治斗争的主要手段之一，其目的是加强教会、国家的信仰统一和权威。与此同时，认为当巫术审判与国家的政治整合等需要变得一致时，猎巫活动就会加剧。

关键词：巫术　宗教改革　猎巫运动

4355

复辟时期的英国财政：从"王室财政"向议会财政的过渡 / 于民著；沈汉指导. -- 南京大学，2005. -- 110 页

本文通过对英国"王室财政"时期（1642 年前），内战、共和国与护国政府时期（1642—1660 年）和复辟时期（1660—1688 年），议会财政（1688 年后）的历史考察，揭示了复辟时期英国财政逐渐完成了从"王室财政"向议会财政的过渡。文章指出，其过渡性主要体现在以下三个方面：首先，财政收入和财政支出。"王室财政"体制下，处于国王严格控制之下的国王领地收入和特权收入占财政总收入的 3/4，且议会税收收入中的关税在很大程度上还是国王特权税。内战爆发后，关税征课权和税率制定与调整权转入议会手中，这为复辟时期财政收入构成的变化奠定了基础。复辟之后，议会税收收入约占财政总收入的 90%，因而，单从收入比例构成角度着眼，复辟时期财政已与"王室财政"有了本质的不同。但从财政支出比例构成来分析，变化不大，议会在财政支出上基本无控制权可言，且议会税收中的常税收入——关税、消费税和灶税收入基本上用于国王的日常支出。光荣革命后，议会逐渐建立并最终完善了对财政支出的控制权。其次，国王、议会与中央财政管理机构的关系。"王室财政"体制下，中央财政管理机构管理的主要是"国王的收入"，且中央财政管理机构职权不明、权力叠合现象极其严重。光荣革命后，国库管理的财政收入绝大部分是议会税收收入，并在议会的支持下，最终孕生了现代中枢财政管理机构——财政部。在此转变中，复辟时期起到了承上启下的过渡性作用。最

后，财政借款。“王室财政”时期，它实质上是国王借款，属“私债”范畴，又因国王借款无议会税收为担保，因而举借困难，且此时的借款多属强行。而光荣革命后，所有借款都以议会税收为担保，国债制度也随着长期借款的发展而最终得以确立，故属“公债”范畴。另外，议会还通过国债制度进一步强化了其对财政的控制权。复辟时期的财政既与“王室财政”有着显著的区别，也与现代议会财政有着重大的不同，处于从“王室财政”向议会财政的过渡阶段。

关键词：财政史　财政制度　皇室　议会　英国

4356

法国革命与犹太人的解放 / 张庆海著 ；刘文立指导. -- 中山大学, 2005. -- 96 页

本文从法国解放犹太人的历史渊源、大革命解放法令的颁布及其思想倾向、第一帝国的犹太人政策及其文化扩张等方面，对法国解放犹太人和以文化种族主义思想改造犹太民族的深刻原因进行了探讨。作者认为，旧制度末期，随着专制主义的加强和资本主义生产关系的发展，法国社会出现了有利于犹太人解放的因素。首先，境内各犹太人群体都出现了不同程度的法国化倾向，为犹太人与当地居民相互接纳奠定了基础；其次，启蒙思想家对宗教的批判及社会各界较为普遍的非宗教意识，为因信仰犹太教而遭歧视的这个族群获得解放提供了思想基础。革命政府颁布了解放法令，赋予犹太人以平等的公民权。虽然犹太人摆脱了被歧视的地位，在犹太人历史上具有划时代的意义，但是该法令也有局限性和狭隘性。拿破仑帝国制定的犹太人政策，成为近代法国乃至整个欧洲改造犹太民族政策的典型，首先，帝国仍将犹太人作为法兰西“民族之中的民族”看待；其次，用法兰西民族文化作为标准改造犹太人；第三，将对犹太人的改造纳入加强中央集权体制的轨道；第四，拿破仑将此改造方式推广到欧洲其他国家和地区。帝国的犹太人政策带有非常明显的文化种族主义特征。

关键词：法国大革命　犹太人　民族主义　拿破仑（Napoleon, Bonaparte 1769 ~ 1821）

4357

从进攻性的心理战到渐进的文化渗透 ：评冷战初期（40 年代中期至 50 年代末）美国对苏东地区文化渗透战略的形成 / 张晓霞著 ；陈晓律指导. -- 南京大学, 2005. -- 163 页

本文对冷战初期美国对苏联与东欧地区从心理战向文化渗透的战略演进进行了研究。文章主要由六章构成。前四章主要讨论了美国对苏东地区进行的进攻性心理战，指出从 40 年代末到 50 年代中期美国实施心理战策略，主要通过广播宣传和秘密资助一些私人组织进行反共宣传活动，以削弱苏联与东欧地区的共产党政权，希望通过颠覆宣传激起共产党国家内部的不满，最终达到瓦解其政权的目的。后二章主要分析了美国对苏联与东欧地区演变战略的形成以及文化渗透演变战略基础的奠定，指出东西方之间文化交流的进一步扩大和 1958 年美苏第一个文化协议的签订以及美国新闻署在 50 年代中后期的对外文化渗透活动，最终奠定了美国对苏联与东欧地区文化渗透的基础。作者指出，冷战初期美国对苏联与东欧地区实施的进攻性的心理战陷入危机，只能改弦易辙；东西方的文化交流成为了唯一的战略选择，文化渗透的演变战略被历届美国政府延续下来；文化交流成为此后东西方关系的重要的稳定因素，美国的文化渗透战略最终在苏联与东欧国家的解体中扮演了重要的角色。

关键词：美国对外政策　文化侵略　心理战　美苏关系　文化渗透

4358

古代埃及妇女地位研究 ：从哈特舍普苏特到克娄巴特拉七世 / 张晔著 ；郭小凌指导. -- 北京师范大学, 2005. -- 174 页

本文对古埃及的妇女地位问题进行了探讨，从一个侧面揭示了古埃及社会的文明水平。全文共五章。第一章导言。第二至五章，分别讨论了以下四个问题：第一，古埃及妇女在政治生活中的地位。依照女法老、王后和普通妇女等几个层次，论述了她们在古埃及这样一个典型的专制主义国家政治生活中发挥的不同作用。第二，妇女在宗教生活中的地位。指出，埃及是一个依靠神权统治的国家，祭司是其社会中非常重要的群体。而女祭司作为整个祭司集团中不可分割的一部分，在神人沟通方面起着非常重要的作用。但其最主要职责是在宗教仪式上奏乐、跳舞，极少作为管理者。第三，古埃及妇女的经济和法律地位。研究表明，古埃及妇女可以以自己的名义占有不动产、动产，参与各种经济活动，即使到了托勒密时代，她们的这一权利仍未受到限制。在法律上，法老时代的埃及妇女拥有完全的民事行为能力和民事权利能力。但在托勒密时代，有时妇女需要保护人出面为她们争取权利。第四，妇女在婚姻、家庭中的地位。

通过考证,作者认为,古埃及的兄妹通婚大部分局限于王室,而且绝大部分的夫妻并不是亲兄妹。在家庭中,妻子一般都受到丈夫、孩子的尊重和爱护,同时通过"婚姻协定"保障了自己的权利。文章指出,古埃及妇女是埃及文明的重要创造者,对埃及文明的发生、发展有着重要的作用,而且古埃及妇女的地位又非常特殊,不论是婚前还是婚后,她们都拥有自己独立的人格,拥有与男性几乎相同的经济和法律地位。促成古埃及妇女地位较高的主要原因:一是古埃及宗教中男女神地位的平等及宗教思想中浓重的家庭观念;二是古埃及人对世界万物的认识,他们认女性作为男性的对称与其地位是平等的;三是与古埃及社会比较开放的风俗和传统有关。

关键词:妇女地位　政治生活　经济生活　婚姻　古埃及

4359

美国大麻政策研究 / 张勇安著 ; 金重远指导. -- 复旦大学, 2005. -- 285 页

本文选取美国大麻政策为个案,从国家与社会、宪政机制、国际视域和美国毒品政策的整体变迁四个层面,对其进行了探讨。美国大麻经历了三个多世纪的合法化时代之后,20 世纪初,美国西南部地区出于对大麻的恐惧,率先出台了地方性的管制大麻的立法,大麻的形象也日渐被"妖魔化"。出于应对危机的需要,以联邦麻醉品局为首的联邦机构敦促国会颁布了《1937 年大麻税法》,标志着大麻管制"联邦化"的形成。第二次世界大战时期,出于"大麻为了胜利"的考虑,联邦政府动员公众种植大麻,生产纤维,然而这种鼓励政策是与联邦麻醉品局严密的管理政策紧密结合的。随着战争的结束,联邦麻醉品局和其同盟者最终把工业大麻和医用大麻"去合法化"。联邦麻醉品局的管制权限得到了进一步的扩张,大麻管制升级为"完全禁止"。战后初期,联邦麻醉品局和其同盟者变换策略,将毒品政策、冷战与本土主义相结合,大麻政策随着麻醉品管制的强化而强化,滋生出大麻政策的"极端化"。60 年代以后,大麻政策有所松弛。福特政府提出的"去重视"政策和卡特政府公开宣称的"去刑罚化"政策,则进一步开创了大麻政策史上的"容忍年代"。80 年代以后,由于要求强化管制的家长运动的兴起和共和党的长期执政,美国社会进入一个新的保守时期,大麻政策又转向强化,是为"新惩治时代"。此外,国际社会管制毒品的不断努力,也是美国国内加强大麻管制的重要因素。

关键词:大麻　禁毒　毒品管理　美国

4360

18 世纪俄国改革与贵族 / 张宗华著 ; 陈勇指导. 武汉大学, 2005. -- 180 页

本文对 18 世纪俄国改革运动进行了研究,揭示了该运动的进程与贵族的关系。除序言外,正文共四章。第一章为俄国贵族的起源与发展,认为俄国贵族大体经历了从基辅罗斯时期(862—1240 年)大公的侍卫、蒙古罗斯时期(1240—1462 年)大公的廷臣到莫斯科罗斯时期(1462—1689 年)服役人员三个不同的发展阶段。第二章介绍了 18 世纪俄国改革进程(1689—1796 年),指出这场改革分为彼得一世、宫廷政变与叶卡特琳娜二世三个时期,都与俄国贵族关系密切。第三章为 18 世纪政治改革与贵族,重点讨论了《官秩表》与贵族官僚体制的建立、《1762 年自由宣言》与贵族退役浪潮两个问题。第四章主要讨论政府的经济改革政策与贵族的经济活动。文章指出,18 世纪的改革运动只是俄国封建体制内部的自我调整,其目的在于挽救因西欧资本主义工业世界冲击而产生的社会危机。彼得一世的改革使俄国社会分裂为贵族与农民,而 18 世纪中后期的改革使贵族分裂为大贵族和中小贵族。贵族的分化与等级歧视加剧了官僚体制的贵族化和贵族等级的进一步分裂。随着贵族人数的增多与贵族继承制度的分散化,大部分贵族变得越来越穷。这种结果阻碍了贵族政治联盟的成立,引起更大的社会危机。改革使贵族成为农奴制度最大的受益者。贵族对农奴权利的增加,意味着国家对农奴权益的减少。18 世纪下半期迎来了贵族的"黄金时代",但却严重瓦解了俄国的经济基础。总之,18 世纪的俄国改革强化了农奴制度与封建专制制度,阻碍了俄国社会的转型,最终延误了俄国从传统社会向现代社会的过渡。

关键词:政治改革　经济改革　现代化　贵族　农奴制度　俄国

4361

古代雅典公民大会研究 / 周洪祥著 ; 郭小凌指导. 北京师范大学, 2005. -- 124 页

本文对古希腊雅典的最高权力机构——公民大会进行了研究。正文共六章,除第一章介绍古代雅典公民大会的研究史料与研究状况外,依次探讨了公民大会的演变,雅典城邦公民、公民权与公民政策,公民大会的运行机制、主要职能以及公民大会在雅典民主

政治中的地位等问题。作者认为,雅典公民大会渊源于荷马时代的民众大会,但是在梭伦改革之前,公民大会还没有固定的形式。经过梭伦、克里斯提尼、厄菲阿尔特、伯里克利等人的民主改革,到了公元前4世纪,尤其是德莫斯提尼时期,公民大会制度已经完全成熟,与此相适应,原本在雅典政治生活中起重要作用的贵族议事会、五百人议事会、陪审法庭逐渐退居次要地位。雅典的民主制度是直接民主,但它的参与主体都是雅典成年男性公民。不仅外邦人和奴隶,连具有公民权的雅典妇女也没有参加公民大会的权力。雅典公民资格的取得,除了血缘关系,出于国家需要,也有将外邦人、依附民甚至奴隶吸收为公民的,但城邦对于公民注册有非常严格的规定,特别是在梭伦改革后,公民资格的对外开放受到很大抑制。文章指出,公民大会有一套完整的运行机制。但是在民主政治的发展过程中,公民大会的召开次数、召开类型、参加人数、公民大会的社会构成、公民大会的持续时间、公民大会中的演说家、公民大会津贴等又是不断发展变化的,公民大会作为城邦的最高权力机构,具有很多重要的职能,如选举官员、调整国家的对内对外政策、宗教、财政、军事等。正是这些职能使公民大会成为雅典城邦真正的最高权力机构。虽然陪审法庭和五百人议事会对公民大会有某种程度上的制约作用,但是并不能改变公民大会作为国家最高权力机关的地位,公民大会不仅控制着立法和行政,而且还控制着司法,五百人议事会和陪审法庭只是它的附属机构而已。

关键词:民主政治　政治制度　公民大会　雅典

4362

克柳切夫斯基历史观点研究 / 朱剑利著 ; 刘祖熙指导. -- 北京大学, 2005. -- 142 页

本文采用了历史学、政治学和社会学的研究方法,对19世纪末20世纪初俄罗斯最著名的历史学家克柳切夫斯基在俄罗斯古代史中一些重要问题上的观点进行了探讨。正文分六章:第一章"承上启下的史学大师",分析了克柳切夫斯基的生平和他作为俄罗斯承上启下的史学大师的历史地位;第二章"古罗马国家的起源",分析了他在俄罗斯国家起源问题上的观点,对他提出的经济、政治因素在其中产生重要影响的主张给予肯定;第三章"俄国农奴制(契约权利)的起源"与第四章"俄国农奴制(契约权利)的起源(续)",着重探讨了他关于俄罗斯农奴制(契约权利)起源的看法,承认他的研究作出了重要的贡献;第五章"波雅尔杜马在国家政治体制发展史中的历史地位",研究了他关于波雅尔杜马在俄罗斯政治史中实质上是一个立法机构,同时又是首要行政机构的观点;第六章"俄国的社会分层历史",考察了他在俄罗斯社会分层问题上的一些观点,与马克思主义者的观点殊途同归。作者认为,俄罗斯历史的发展既有与其他国家相似的共同性,又有其自身的特殊性。

关键词:克柳切夫斯基　历史观　史学思想　农奴制度

管理学

管理科学与工程

4363

信息系统项目管理及其知识管理研究 / 安红昌著 ; 甘仞初指导. -- 北京理工大学, 2005. -- 122 页

作者针对传统的信息系统建设方法已经不能满足于现代社会的普遍要求的事实,结合当前形式和研究与实践结果在调查研究的基础上进行了以下研究工作:(1)提出了以知识管理为核心的信息系统项目管理模式;(2)集中研究了信息系统项目管理中的知识管理实施方法并进行了实例验证。因而,论文主要结论和研究层次如下:一、提出了以知识管理为核心的信息系统项目管理模式及其组成模型。二、提出了信心系统项目管理中知识管理的实施方法,并对其进行了详细的论述。此方法包括三个步骤:项目知识管理计划、项目知识管理实施和项目知识管理评价。三、分析了组织发展五个层次理论,分别是学习型、知识型、能力型、智慧型和创新型。四、阐述设计了信息系统项目管理中的知识管理评价指标体系和评价方法,采用了主、副因素方法;并且根据指标体系的结构和要求选择了相适应的模糊综合评判方法。五、采用实际案例和比较分析的方法,实例验证表明提出的理论方法是可行的、有效的、可靠的、并能推广到到其他类型的知识密集型项目管理及其知识管理中。

关键词:信息系统　项目管理　知识管理

4364

基于区域理论创新的新疆发展战略研究 / 安尼瓦尔·阿木提著 ; 刘则渊指导. -- 大连理工大学, 2005. -- 119 页

在西部大开发的历史时期,新疆如何抓住这一重大机遇,实现区域经济的跨越式发展,尽快赶上中东部省区经济发展,成为新疆各级政府面临的重大任务。而解决经济发展的战略问题,找准经济发展的方向和突破口,则成为其中的关键和首要问题。论文在国内外区域经济学、管理经济学等最新理论成就的指导下,在前人研究的基础上,结合作者已有的研究成果,在西部大开发的背景中,对新疆经济发展进行了系统的探索。研究中采用比较研究、数理统计、系统分析及历史发展相结合的研究方法,在分析新疆经济的统计资料、研究报告和相关政策法规的基础上建立了理论模型,并对模型进行结构分析,对新疆在西部大开发中的地位、优劣势进行了系统的阐述。通过对过去四十多年新疆经济发展采取的一系列发展战略的回顾与评价,作者提出了新疆在西部大开发战略背景下新的发展战略构架,即在充分利用新疆现有资源优势的基础上,构建全新的三位一体的发展战略体系:(1)以地缘优势利用为基础的东西联动协同发展论,并提出了四种联动协同发展模式:产业调整型联动协同、资源开发型联动协同、科技合作型联动协同和投资融资型联动协同。(2)以优势资源利用为核心的产业集群论,以新疆五大支柱产业为依托,重点培育五大支柱产业群,积极发展高新技术产业群,扶持发展中小企业产业集群。(3)以优势技术开发为主的区域创新体系论,比较优势与竞争优势,后发优势战略,制度创新战略,差别发展战略,创新体系的建设应当以科技创新为中心,推进管理、教育、文化的全面创新。

关键词:地方经济　产业集群　西部大开发

4365

基于项目管理的县域文化产业研究 / 柏定国著 ; 欧阳友权指导. -- 中南大学,2005. -- 162 页

作者首先针对我国县域文化产业的现状和项目管理理论与实践运用的高度成熟及其对产业经济发展的影响,提出论文的研究动机与研究重点等。并通过对“文化产业”和“县域文化产业”两个基本概念的界定,提出全文假设的现实背景和理论背景,厘定了县域文化产业项目管理的基本理论框架。以此为基础,提出论文的研究主题,即:项目策划、文化资源评价和项目后评价,是县域文化产业项目管理理论体系的核心问题。先是基于县域文化产业项目的投资属

性,研究县域文化产业项目创意策划的有关问题。其次,提出了一套文化资源评价指标体系和评价方法,认为文化资源评价的关键有两个:一是评价者对文化资源独特品质的深刻理解,以及各种评价结论的整合;二是定性评价、定量评价各有关指标的权重把握。对于这两个问题,作者提出了一些主张和具体的操作方法。作者还基于县域文化产业项目后评价的特点,重点研究了项目效益评价(包括财务评价和经济评价)、社会评价和环境评价。作者认为,县域文化产业要发展,政府必须尽可能地退出市场,让那些追求效益最大化的社会资本通过市场来配置资源。

关键词:文化产业　项目管理　文化资源评价　文化创意产业

4366

面向技术创新管理的专利情报分析方法研究 / 暴海龙著 ; 李金林, 朱东华指导. -- 北京理工大学, 2005. -- 95 页

论文以技术创新管理对专利情报的要求为目标,紧密结合知识发现和自然语言处理的理论,深入研究了专利情报分析样本的完备性和准确性问题、专利技术内容之间的关联性问题和企业价值的评价问题,并建立了专利相关技术检索模型、专利技术关联度分析模型和企业专利评价模型,最后利用中国专利数据进行了实证研究。论文主要研究内容如下:(1)专利相关技术检索理论研究,作者系统分析了专利数据检索经常遇到的困难,并谈论了其产生的原因;并研究了知识库模型、主题次扩展模型、IPC 扩展模型来辅助专利相关技术检索,提高专利情报分析采用的数据样本的完备性和准确性。(2)专利技术关联度分析理论,作者在专利文本挖掘模型中,研究了特征词的识别、特征词的选择和文本文件的特征表达方式,根据语言统计规律,建立了专利文档向量空间模型和词同现模型。(3)企业专利评价理论,作者认为,企业的专利价值不仅取决于专利数量,企业的创新能力;还与行业的技术发展速度、主流创新方向的专利数量、专利的相对份额、专利的排他性等因素有关。针对现有评价理论的不足,论文研究了对企业专利价值具有影响的静态因素与动态因素,设计了企业专利实力评价指标,并研究了企业专利评价模型。

关键词:专利　情报分析　技术创新　信息检索

4367

我国城市化发展研究 / 毕琳著 ; 徐建中指导. -- 哈尔滨工程大学,2005. -- 164 页

通过研究我国城市化发展,旨在丰富和发展我国城市化发展思路,在实践中找出一条可行的城市化道路。首先介绍了具有代表性的城市化相关理论,包括城市化区位理论、城市化结构理论、人口迁移论、非均衡增长论和生态学派理论。在理论研究的基础上,对世界城市化发展的规律进行了概括;并对世界城市化发展的四种基本模式进行了探讨,即同步城市化、过度城市化、滞后城市化和逆城市化;分析了包括英国、美国、日本在内的一些发达国家城市化的发展经验,得出了对我国城市化发展有益的借鉴和启示。其次,提出了三个对城市化发展至关重要的因素,即经济因素、社会因素和资源因素,研究了其对城市化发展的重大影响。再次,在充分研究现有城市化发展水平评价方法的基础上,建立了一套评价我国城市化发展水平的指标体系,并运用因子分析方法,选取我国省会城市和计划单列市共计 35 个样本,实施城市化发展水平评价;并以快速城市化的典型代表——深圳市为例,进行城市化实证分析,对其城市化的发展方向进行了探讨。最后,从我国基本国情出发,遵循城市化发展原则,根据不同区域和不同规模两种城市化发展分类,提出了促进我国城市化发展的相应对策。

关键词:城市化　城市发展　城市化水平

4368

协同、分布环境下采购系统建模方法的研究 : 基于组织符号学及 Agent 技术的采购系统建模 / 曹聪梅著 ; 甘仞初, 刘科成(英国里丁大学)指导. -- 北京理工大学, 2005. -- 129 页

随着采购在公司中的战略地位得以确认,提高采购活动的绩效问题越来越得到重视,建立基于 Agent 的采购信息系统是提高采购绩效的重要手段,一个成功的采购信息系统需要相应的建模方法支持。论文主要研究基于 Agent 的采购信息系统的建模问题。研究基于多种理论,主要包括组织符号学、采购与供应链管理、信息系统、人工智能、电子商务、组织理论等,论文采用的方法是基于系统理论、组织符号学理论及其提供的方法、UML 建模方法及 Agent 技术,提供了 Agent 的采购信息系统的分析方法与设计框架,更是提出了系统化的步骤和方法,以指导建立基于 Agent 的信息系统分析与设计模型,旨在加强基于 Agent 的采购信息系统的分析设计过程进行控制和管理,以利于建模。另外,在论文提出的框架基础上,建立了基于 Agent 的采购信息系统的分析模型,并进一

步提出了设计框架。最后,论文通过在 Swarm 软件上进行仿真,验证了论文提出的方法的合理性和适用性。

关键词:采购　信息系统　企业管理　Agent 建模系统

4369

煤炭生产中的不安全行为及其控制系统研究 / 曹庆仁著 ; 宋学锋指导. -- 中国矿业大学, 2005. -- 183 页

事故调查和研究表明,员工不安全行为是导致煤炭生产事故发生的最主要原因。论文以此为前提,选取了煤炭生产中的各种行为及其相互作用为主要研究对象,在论述煤炭安全生产与不安全行为控制之间关系的基础上,分析研究了煤炭生产中的员工个体行为、管理者个体行为、煤炭生产中的群体行为和组织行为等,构建出了员工的个体行为模式、管理者的行为选择和激励模式、煤炭生产行为控制系统模型等。通过将不安全行为看作是员工内在影响因素和外在影响因素综合作用的结果,论述了管理者影响和控制不安全行为的主要途径和手段,分析了管理者不尽职行为的产生原因、表现形式、影响因素、及其对员工不安全行为的影响等;分析了个体行为复杂性、群体行为和组织行为的复杂性,论证了管理者的最优控制行为选择,实地调查了员工的安全意识、工作能力,管理者的工作积极性、工作能力等问题,研究证实了论文的一些假设和结论,构建出了煤炭生产行为控制系统的动力学模型并进行了相应的模拟仿真。在此基础上,分别制定了员工不安全行为、管理者不尽职行为、组织错误的控制策略,并给出了行为安全控制的政策建议。

关键词:煤炭工业　安全生产　安全管理

4370

哈尔滨市新型工业化科技支持能力研究 / 曹霞著 ; 刘希宋指导. -- 哈尔滨工程大学, 2005. -- 144 页

该论文界定了新型工业化科技支持的内涵和内容结构,构建了包括产业内源性和外源性科技支持能力的两个层次体系。作者首先对新型工业化、科技促进经济增长和区域创新的基本理论及国内外研究现状进行了综述,分析了哈市工业化发展阶段及科技发展现状,对新型工业化科技支持能力进行了系统构建,并研究了新型工业化与科技支持能力的互动关系。其次,文章先后构建了产业内源性科技支持能力体系和产业外源性科技支持能力体系,以及相应的产业内源性科技支持能力评估指标体系和外源性科技支持能力评估指标体系,同时,采用复合 DEA 法,对 15 个副省级城市进行了产业内源性和外源性科技支持能力比较分析,分析了影响评价结果的主要因素及各城市之间的差异程度,研究了哈市产业内源性和外源性科技支持能力效果及其优劣势。最后论文利用模糊人工神经元评估模型,构建了产业内源、外源共 8 个指标的综合评价指标体系,通过对神经网络的训练,对哈市科技支持能力进行综合评估,并提出了改进和提升的对策。

关键词:工业化　科学技术　新型工业化　哈尔滨市

4371

企业技术创新动力因素作用机理研究 / 柴丽俊著 ; 高俊山指导. -- 北京科技大学, 2005. -- 121 页

作者运用博弈论方法研究企业技术创新动力,在观点的提炼和证明上,通过对企业技术创新动力模型的建立和推导,应用演绎方法,研究技术创新动力的因素如何影响企业创新动力的大小。运用实证方法,对彩电业这一具有代表性的行业进行分析,印证论文的部分观点。主要结论如下:(1)将影响企业技术创新动力的因素进行整合。明确企业技术创新的最根本动力来源于追求技术创新超额利润最大化,而外部影响因素、能力资源因素和竞争对手是影响因素。(2)考虑成功的概率和利润降低率两个参数来考察两个企业的动态三阶段博弈。(3)提出竞争程度的测量值。(4)提出用技术创新项目收益的方差或标准差来测度技术创新项目的风险;假定在给定创新成功概率的情况下,如果成功的企业确信自己能垄断第二代产品市场的话,那么在位企业和进入企业都愿意耗费成本进行技术创新;若两个企业创新成功的概率互不相关且相等,则进入企业比在位企业更有动力引入第二代产品的生产。(5)当企业边际收益率大于资本利率时,企业才有进行技术创新的动力;当技术创新成功的溢出效应足够高时,在位企业进行技术创新的可能性将进一步降低;如果溢出效应参数小于线性需求函数交叉斜率的两倍,企业更愿意成为技术创新领先者,反之,则更愿意成为技术创新跟随者。

关键词:技术创新　技术进步　企业管理　创新管理

4372

非传统型工程采购模式及其在中国的应用研究／常陆军著；林知炎指导．-- 同济大学，2005．-- 159页

本文首先就工程采购模式的基本概念与理论进行了论述，并对应分析我国的非传统型工程采购模式的主要问题。然后，对我国工程总承包中的设计与施工整合问题进行了研究，提出了基于设计施工整合的工程总承包的组织结构和工作流程。本文的最后对我国非传统型工程采购模式的制度问题进行了详细研究，揭示出其与非传统工程采购模式不相容的地方，并提出了我国工程采购模式的完整框架。文章分六个部分展开讨论。第一部分简述了选题的背景、研究的内容、创新点以及对本文的内容架构进行了说明。第二部分就工程采购模式从概念及理论两个角度对其进行了阐述，并对比传统型工程采购模式说明我国工程采购模式的现状。第三部分对非传统工程采购模式之一即一体化型进行了论述，文中从一体化型模式的基本概念、设计加施工模式、设计加施工模式的变体、我国的工程总承包四个方面来具体说明。第四部分对非传统工程采购模式另一类型，即管理型进行了论述，文章从管理型模式的基本概念、PCM(代理型CM)模式、管理承包模式(风险型CM模式)、CM模式的变体—DM模式、代理型CM(PCM)在我国的应用：建设监理及DM模式在我国的应用五个方面展开说明。第五部分对非传统工程采购模式在中国的应用：设计施工整合问题进行了阐述。第六部分对非传统工程采购模式在中国的应用：制度环境问题进行阐述。最后对本文进行了归纳总结。

关键词：建筑工程　承包工程　项目管理　采购管理承包

4373

台湾电视传媒产业集团化、多角化发展战略之研究／陈东园著；李自如指导．-- 中南大学，2005．-- 218页

以两岸外部社会环境引导产业内部结构变动机制的路径作为研究架构，深入探讨两岸电视商品在政治、经济、社会文化层面互动结构的现况，同时经由以纵向时序以及横向交流共构的内容为范围，进一步探讨两岸交流机制的意义，及对两岸社会未来良性互动发展的影响。以产业经济理论为研究工具，以经济结构互动、产业交流、文化商品、意识形态、文化认同作为研究架构，透过对个案对象的经营战略的实证分析，验证两岸电视产业的戏剧商品，分析了由意识形态的抗争到经济交流后，所产生的相互交流实增获利过程。论文意义在于，针对两岸电视媒体产业在政治、经济、文化等背景因素纠结下的交流现状作出了系统化的研究分析。其次，藉由台湾电视产业集团化、多角化经营的实证，论述台湾电视产业市场环境的优劣得失，并以此结论提请大陆作为参考之用。最后针对当前在文化商品与国族认同连结下所建构的产业交流合作基础上，就相关技术、资金、行销等领域建构出以经济目标为主导的交流模式及作出分析结论，并以共构两岸影视经营合作，共进共荣、共利的发展愿景作为目标展望。

关键词：电视事业　传播媒介　产业经济　集团化经营　两岸交流　台湾省

4374

电子政务系统中面向公众的信息集成化管理与个性化服务研究／陈福集著；杨善林指导．-- 合肥工业大学，2005．-- 84页

论文围绕面向公众的电子服务这一主题，从系统的角度出发，研究了以公众为中心的电子政务“一站式”服务框架，并在此基础上，对面向公众的信息集成和个性化信息服务进行了深入研究。主要研究内容包括：(1)概述了电子政务的内涵：总结了当前实际应用中电子政务的四种基本模式及其内容；较全面地综述了国内外电子政务的发展现状与趋势，并对存在的问题进行了有益的探讨。(2)从总体上研究了电子政务系统的框架，包括系统的分层体系结构、“三网一库”的网络平台。总结了我国政府门户网站的特点，分析了传统上以政府机构为中心的服务模式的结构和弊端，提出了面向公众、以功能驱动的电子政务系统“一站式”服务框架，并研究了这一模式的主要功能。(3)研究了政务信息资源的内容和特点；分析了政府部门对政务信息集成的迫切需求；提出了基于XML电子政务系统信息集成的总体框架，并描述了各个层次模块的功能。(4)研究了基于XML的信息交换模型；探讨了XML文件结构与数据库结构之间的映射类型，提出了基于DOM的XML文件结构与关系数据库结构之间的映射模式，并完成了这一信息交换原型的实现过程。(5)分析了个性化信息服务的用户需求；研究并提出了电子政务系统中基于数据挖掘的个性化信息服务总体框架，并描述了主要模块的功能。(6)深入研究了实现个性化信息服务的主要关键技术：采用基于关键词向量的文档分类挖掘方法来过

滤掉与用户兴趣无关或重复的信息;采用基于 SOM 神经网络模型的聚类挖掘方法,来生成“用户个性化特征模式库”。利用 XML 技术、数据挖掘技术,来研究以公众为中心的电子政务“一站式”服务框架、政务信息的集成化管理和个性化信息服务,是政府实施信息化的理论与方法的前沿课题,具有重要的理论意义和广阔的实际应用前景。

关键词:电子政务　管理信息系统　信息服务　个性化服务　数据挖掘

4375

企业内部协同创新研究 / 陈光著 ; 武振业指导. -- 西南交通大学, 2005. -- 193 页

作者从企业通过技术创新寻求市场竞争力的实践和相关理论探索中,将企业协同创新要素互动及其协同能力的形成作为研究对象,以企业协同创新的过程和规律的揭示为研究目的。通过对创新理论、协同学和企业能力理论的考察,通过建立假设、实证调研、统计分析和理论研究,通过技术和市场等核心要素和战略、组织、资源、文化等支撑要素在企业创新中影响程度的分析,通过企业协同创新的概念、本质、特征的分析,通过企业协同创新过程和绩效的实证研究,建立起顺应发展趋势、面向我国企业的新的技术创新理论框架——协同创新理论与管理模式。论文在界定协同创新、协同要素、协同度、协同效应、协同创新能力、协同管理等概念基础上,构建起反映企业创新要素互动联系和过程规律的协同创新理论,形成与经典技术创新理论具有承接和发展关系的新的理论框架;在提出并应用企业协同创新行为发生判据、协同度度量方法和企业创新绩效评定方法基础上,实证性得出通过协同创新企业可以显著提高其创新绩效,且协同度与企业创新绩效正相关的重要结论;在企业协同创新理论认识指导下,着眼于我国企业技术创新过程中的现实问题,从技术组合、技术与组织的关系、技术与战略的关系、技术与文化的关系、R&D 与市场营销界面、R&D 与生产制造界面、工艺设计与生产制造界面等方面,提出我国通过协同管理实现企业协同创新的多种路径,并在企业整体、部门和项目三个层次上建立相应的协同管理模式。

关键词:技术创新　协同管理　企业管理　协同学　协同效应

4376

中国大学参与国家创新系统的模式研究 / 陈桂尧著 ; 马庆国指导. -- 浙江大学, 2005. -- 299 页

论文从大学在国家创新系统中的地位和作用入手,以纵向历史考察为经:大学提供教育和培训,因而天然地成为国家创新体系中的一个主体,20 世纪以后,某些内在与外在因素的共同作用使得大学以更复杂的方式参与国家创新系统成为必然——大学不仅是创新系统中作为基础研究提供者的学术界的典型代表,而且通过与产业界的互动所形成的复杂网络日益深入地参与到国家创新系统中;以横向比较分析为纬:对比国外大学在国家创新系统中的地位与作用,结合我国的实际情况,对我国大学在国家创新系统中的职能及其与其他主体的关系问题进行了归纳分析。针对关于国家创新系统中大学定位这一争论焦点,论文指出争论其实在于大学和产业界的关系问题,或者说是大学在何种程度以何种方式参与市场的问题。由此将镜头对准我国大学与产业界边界日益模糊的商业化技术转移模式,通过研究中国大学实施技术转移的各种模式,分析我国国家创新系统中大学参与市场的程度和方式及其客观原因,并根据这些模式对促进技术转移和产业发展的重要性从中确定作为以后章节的研究重点——合作研究模式与高校科技企业模式。论文采用问卷调查和统计分析的方法对合作研究模式的动机、效果及其影响因素进行了实证研究,对于大学科技企业模式的研究则采用案例分析的方式进行。以清华紫光为例,说明大学科技企业模式是在我国特定时期的特定历史条件和制度环境下发展出来的,其产生有着一定的历史必然性。

关键词:国家创新系统　大学　高技术企业　产学合作　技术转移

4377

基于知识管理的办公自动化系统研究 / 陈建军著 ; 杨振山指导. -- 同济大学, 2005. -- 173 页

本文针对我国办公自动化系统的现状,从办公自动化的相关管理理论和应用开发两方面对知识经济时代的现代办公自动化系统进行了深入细致的研究和探讨。首先,本文在系统总结了办公自动化系统的不同历史发展阶段后,针对目前办公自动化系统的现状,指出传统办公自动化系统的不足和存在的问题,在此基础上给出了知识经济时代现代 OA 系统的特征和定义,并理顺了其与 MIS、电子政府的关系。其次,在知识管理理论基础上分析了 OA 知识管理的过程,探讨了 OA 中组织知识的分类、存在方式和知识表示、获取和转移以及创新流程,并对这些知识管理

过程在OA实现的相关技术手段进行了研究。论文研究了知识管理系统的评价方法,给出了具体的三个评价要素:质量、成本和效益,就这三个要素给出了具体的评价指标内容和评价模型。第三,在对OA知识管理过程研究的基础上,构造了包括理念实施层、客户应用层、服务集成层、应用服务层和数据服务层的OA体系结构,整个体系架构在Web服务的平台之上,有效实现了知识资源的获取和集成。第四,对现代OA的若干关键技术进行了研究,这些技术对OA中知识的获取、组织、存贮、共享和保护有着重要的作用。最后以上述理论为基础,构造了一个具体的基于知识管理的办公自动化系统——SYOA。

关键词:办公自动化　知识管理　电子政务　数据挖掘　工作流

4378

区域卫生规划理论与在上海应用的实证研究 / 陈建平著 ;尤建新指导. -- 同济大学, 2005. -- 181页

本文首先通过分析国内外区域卫生规划的理论研究与实践情况,提出制定和实施区域卫生规划中应把握的三个关键问题:一是界定区域卫生规划各组成要素之间、子系统之间以及它们与社会大环境之间的相互关系和作用。二是明确政府规划与市场机制两种卫生资源调控手段在区域卫生规划中的应用方法。三是确立以区域人群的医疗卫生需求为主、兼顾资源配置可能性的区域卫生规划模式。接着,本文运用系统理论研究分析了区域卫生规划各组成要素之间、子系统之间以及它们与环境之间的相互关系和作用,指出了区域卫生体系的系统性特征,并深入研究了系统分析方法、系统控制方法在区域卫生规划中的应用。本文进而对政府规制理论、公共选择理论、新公共管理理论在区域卫生规划中的指导作用进行了深入探讨,明确指出应采用政府规制和引入市场机制两种手段来调控医疗卫生资源,以达到卫生资源的供需动态平衡。并进一步系统分析和界定了政府规制、市场机制模式在区域卫生规划中应用的主要领域及其内容。在此基础上,本文提出了区域卫生规划宏观系统模型及其指标体系,并以上海为对象,对该模型及指标体系进行较为全面的实证研究。最后,本文在实证研究的基础上,提出了上海区域卫生规划的配置标准,同时还就区域卫生规划的相关配套政策提出了建议。

关键词:医疗卫生服务　卫生资源　政府管理　上海市

4379

面向供应链的煤炭企业物流管理研究 / 陈建生著 ;王立杰指导. -- 中国矿业大学, 2005. -- 105页

论文在对现代物流管理的理论进行分析的基础上,结合煤炭企业的实际,对面向供应链的煤炭企业物流管理问题进行了系统的研究。根据煤炭企业生产的实际情况,探讨了面向供应链管理的煤炭企业内部物流管理体制;以供应链战略联盟为基础,结合煤炭企业与上下游产业的关联度,对煤炭企业如何与供应商和用户建立物流供应链联盟进行了研究,并提出了物流供应链联盟伙伴评价与选择方法;供应链环境下的物流管理要求制定精确的物资需求计划,根据煤炭企业物资级的影响因素及其特点,建立了基于自适应模糊神经网络的煤炭企业物资需求预测模型,并通过实际数据,对模型进行了验证;通过对煤炭企业传统物资采购模式的深入分析,提出了供应链环境下一种基于JIT和VMI的煤炭企业采购与库存控制策略;根据供应链管理中的一体化物流管理思想及煤炭企业物资采购供应链网状结构特征,建立了使整个采购物流成本最小的多级库存决策模型,并采用遗传算法对所建立的模型进行了求解,得到了物资供应部门和每个物资消耗单位的临界订货点和订货量,同时采用仿真方法对所建立的多级库存决策模型进行了验证,结果表明所建立的关于煤炭企业采购物流成本控制模型是可行的。

关键词:煤炭企业　物流管理　供应链管理　库存管理　采购管理

4380

WTO与中国外资法问题研究 / 陈丽华著 ;漆多俊指导. -- 中南大学, 2005. -- 179页

论文建立在中国国情的变化和其所承担的WTO义务这一基础之上,对外资法修改中的一些重大问题从经济法学的角度进行了研究。按照经济法学的理论,外资法是对市场进行国家调节的法律之一,以市场调节为基础。在经济全球化时代,它还要受到国际调节的制约。全文围绕"封闭—开放—入世"这一主线,采用了法理学、比较法学和实案分析的方法,对外资立法的原则、准入的产业政策、投资激励与限制政策以及对外资的国有化问题进行了研究。作者首先回顾了中国外资立法的历程,分析了其不足,指出其差距。论文介绍了作者对中国外资立法完善问题的基本思路,建立从宪法、外资基本法、外资专门法到地方性法规四个层次的法律体系,实现与公司法的协调,体现市场调节、国家调节和国际调节三元调节机制的作用。中国外资立法应当在兼顾公平与效率这一思想的指导下,坚持四项原则:(1)遵循WTO规则的原则;(2)保护和发展民族经济;(3)保护资源和环境;(4)逐步实行国民待遇。文章从WTO对成员国的要求入手,根据各国的准入实践,分析了中国的开放历史和现实情况,建议中国继续采用渐进式的政策;国有化问题是外资法上的敏感问题之一,中国在立法中首先要明确国有化的内涵,宜采用国际通用的国有化条件和及时、充分、有效的补偿标准。

关键词:涉外经济法　外资利用　外商直接投资(FDI)　世界贸易组织(WTO)

4381

企业内部沟通中信息传递问题研究／陈亮著 ；李自如指导. -- 中南大学,2005. -- 224 页

本文借鉴信息科学、组织学、博弈论等学科知识,对企业内部沟通体系、企业内部沟通中的信息传递过程、信息传递的不确定性、信息传递的组织特性进行了研究。首先,分析了企业内部信息沟通的系统性和开放性特性,提出了一个完善的企业内部信息体系应该包括企业内信息的收集、企业内信息的处理及企业内信息的传递控制等。其次,在分析信息传递过程中隐性信息的基本特征、隐性信息沟通活动机制的基础上,构建了信息传递过程的数学模型。在对信息传递不确定性和信息传递过程约束规划研究的基础上,提出了信息传递过程约束规划模型并进行了求解。利用模糊数学中的模糊运算法则,对信息传递效果非线性的评价论域进行了量化综合,从而得到可比的量化评价结果。再次,信息传递的组织学意义可表示为组织决定信息传递的流程、组织决定信息传递的内容。作者构建了组织沟通信息传递的“多因素流程图”和“多层次文本”模型。把组织结构内生化,利用定量分析的方法,构建了组织结构层次性模型。在论述了组织信息传递和组织重构、信息创新和组织发展之间的内在联系后,提出了一种基于信息管理的组织重构方法——双闭环组织重构模型。在已有基于信息传递效用的组织网络动态研究的基础上,建立了一个组织网络实体与组织信息资源并重的组织网络模型,并在此基础上对组织网络的稳定性和有效性进行了分析。最后,通过桂林西软科技集团公司的案例研究对企业内部沟通信息传递进行了实证分析。

关键词:企业管理　信息管理　信息沟通　人际关系　组织管理

4382

经济体制度创新理论研究／陈琦著 ；陶树人指导. -- 中国矿业大学, 2005. -- 125 页

制度创新是制度效率改进的过程,制度效率是实现经济体资源配置效率的决定性因素。论文研究的思路是以微观经济体的制度效率为中心,以不同的初始环境为条件,通过修正现有制度创新模型,建立适用于转轨经济的制度创新理论与模型。论文的研究以诺斯现有的制度创新理论为起始平台,首先,从制度初始均衡状态的分析入手,通过对博弈状态下的制度创新思想与现有的制度创新理论的研究,确定制度初始均衡状态下的最优状态与经济内涵,并以此为据分析制度创新是制度效率提高的过程。其次,结合案例,分析制度在生产过程中的效率体现,制度效率实现的制约因素,制度效率形成的内部环境等等,进而确定制度效率是由制度的行为效率与结构效率所构成的。再后,运用金属晶体密度的构成原理,模拟建立制度效率与制度创新模型。根据模型分析制度创新效率实现的几种模式,并对诺斯制度创新的边际效率演进理论进行了定位。作者还结合转轨经济的特点和制度创新的初始环境,提出了我国制度创新过程中主导的制度创新理论与模型。最后,以中俄转轨的实证经验研究作为理论的假设检验,得出了与实际经济绩效相符的结论。

关键词:经济体制改革　市场经济　经济增长　制度创新　转型经济

4383

外汇期权组合市场风险非线性 VaR 度量模型研究／陈荣达著 ；王韬指导. -- 华中科技大学, 2005. 109 页

论文针对如何度量外汇期权投资组合的市场风险存在的问题,提出了一种改进的非线性 VaR 度量模型。已有的 Delta-Gamma-Theta-Johnson 分布族模型、Delta-Gamma-Theta-Solomon & Stephens 近似模型、Delta-Gamma-Theta-Cornish-Fisher 模型, Delta-Gamma-Theta-Fourier-Inversion 模型是基于汇率回报序列为多元正态分布来计算外汇期权投资组合 VaR 值,但是由于汇率回报的厚尾特征,为了使得计算出的外汇期权投资组合 VaR 值更加接近于现实世界的实际值,论文假设多个汇率回报的联合分布为多元 - t 分布。论文研究和探讨的内容如下:第一部分引入 EM 算法估计出汇率日回报序列的时变协方差矩阵。本文利

用t–分布能捕获汇率回报序列厚尾特征的优势,引入EM算法估计多个汇率回报的联合分布为多元t–分布的协方差矩阵,结果表明,等权重模型估计的结果明显失真;多元EWMA模型对实际时间序列不是自相关的,估计效果并不理想。第二部分提出了基于t分布的外汇期权定价模型。作者推导出基于t–分布外汇期权定价模型的解析表达式,结果显示该定价模型比BSGK模型更逼近期权的真实价值。第三部分研究了基于Delta-Gamma-Theta-Cornish-Fisher模型和基于Delta-Gamma-Theta-Fourier-Inversion模型的对外汇期权市场风险进行度量的两种模型。第四部分提出了改进的基于多元t–分布的外汇期权组合市场风险非线性VaR度量模型。结果显示了这种改进的优越性,使得到的VaR的值更加接近于现实世界的真实值,这种改进的模型克服了厚尾分布的VaR计算的困难,进一步可为金融机构、投资者制定投资、套期保值和规避风险决策提供有益参考。

关键词:外汇市场　期权定价　投资　汇率　风险管理

4384

成长性企业价值评估方法之研究:以台湾中国电视事业股份有限公司为例/陈世宗著;陈晓红指导. 中南大学,2005. -- 142页

论文首先从企业价值理论着手,对企业价值评估问题进行文献探讨,总结出当前许多价值评价方法均无法从多元角度切入来评价企业的价值。为解决这一问题,作者拟运用层次分析法的概念,建构出一种多面向整合性的整合型企业价值评估法。该价值评估法经由专家组的专家学者的评估,从企业资产、收益与市场等三个角度选取较为适当的六种评价方法,再依层次分析法的理论概念,定量求取该六种价值评估方法各占的权重,形成一种可同时兼顾企业的资产价值、收益价值及市场价值的崭新的多面向整合性的整合型企业价值评估法,以突破传统方法仅能从单一角度衡量企业价值的限制。再者,为达企业价值最大化的现代财务理论理财目标,作者深入分析究竟是何种因素造成该企业价值评估结果,探讨应如何改善经营方可提升其企业价值。为此,作者以台湾无线电视产业龙头之中国电视事业股份有限公司为研究对象,进行实证分析探讨。从企业经营效率观点切入,辅以资料包络分析法对台湾中国电视公司进行相对效率分析,通过观察公司长期营运相对效率之变化,指出其经营上无效率的地方及应调整方向,以作为经营改善及提升企业价值的参考依据。

关键词:企业价值　价值评估　层次分析法　包络分析法

4385

基于XML/Web服务的供应链信息集成技术与方法研究/陈廷斌著;吴伟指导. -- 大连理工大学,2005. -- 139页

论文采用XML、Web服务等技术与标准,研究异构数据源的信息集成方法并实现集成信息的知识挖掘以支持决策。通过多种信息技术与智能化方法的结合,实现在数据、信息层次上的智能集成,从而构造了一个企业资源不断集成、流程不断优化、知识不断提炼的共享的供应链智能化集成系统。论文通过对XML/Web服务的供应链技术与方法的研究,主要取得以下工作结果:(1)主要从供应链的角度对信息集成技术与方法的研究现状进行综述,同时说明了论文选题的理由、依据和理论及现实意义。(2)通过Web服务概念及其协议栈的探讨了集成化供应链的实现架构。(3)以订单处理的过程为例,研究了基于Web服务的三方(购买企业、销售企业与第三方物流企业)业务集成方法。(4)提出了基于XML的多阶段信息集成方法:XML信息抽取与存储、多维数据模型的管理、信息挖掘,以及知识表示与应用。(5)实现了K-means算法的两点改进:孤立点挖掘的改进与初始聚类中心的改进。在此基础上,研究了该方法在供应链管理中的三个应用:联盟企业的动态选择、更高层次的知识发现以及供应链企业动态分析与决策。最后研究了基于XML的知识表示方法:1、数据预处理过程中的知识表示;2、挖掘算法的知识表示;3、挖掘模式与结果的知识表示。

关键词:供应链管理　信息技术　信息集成　Web服务　可扩展标记语言(XML)　企业联盟

4386

中国股市收益惯性与反转分析/陈文志著;缪柏其指导. -- 中国科学技术大学,2005. -- 78页

论文分析了过去处于不同收益水平的股票收益变动情况,比较深沪两个市场,我们发现无论是整体平均收益,还是收益变动行为,都存在显著差异。作者给出一个股票收益率分解公式,并通过实际例子证明了市场弱式有效与股市收益率的线性或非线性没有必然联系。论文还通过转移概率;剖析了股票收益率在不同分位点时的变动情况,也肯定了前面结论。

作者对中国弱式有效的研究做一个终结:文章首先给出收益率的一个四元素分解公式,收益率可以具有某种线性或者非线性的关系,在一定程度上是可预测的。文章通过实例证明:弱式市场与收益率随机游走没有必然关系。因此,通过检验市场收益率或股票价格的某种线性或非线性关系并不能证实或者否定市场的弱式有效性。论文分七章:第一章回顾了市场有效理论并介绍了弱式有效的挑战,第二章分析了中国股票市场的发展及基本情况,第三章对A股市场收益率的变动行为分析,第四章采用转移概率分析了中国A股市场收益率的变动方式,第五章检验了小公司和IPO对中国A股收益率行为的影响;第六章比较沪深股票市场收益率及变动行为,第七章讨论了中国A股市场弱式有效。文章的核心部分是第三章到第七章。

关键词:股票市场　收益　股票价格　市场有效性

4387

注册会计师审计质量理论与实证研究 / 陈晓芳著 ; 邓明然指导. -- 武汉理工大学, 2005. -- 162 页

本文从注册会计师审计质量、衡量标准、监管体制、评价体系的角度,并结合实证分析,对注册会计师审计质量的理论和实证进行研究,论证了审计质量在社会经济发展中所发挥的重要的作用。首先,论述了审计质量的内涵、特征及影响审计质量的因素,从法律制度、审计职业标准和社会期望探讨了衡量审计质量的标准。其次,分析比较了中外注册会计师审计质量的监管模式,陈述了政府干预型和行业自律型两种不同的模式各有利弊,各国都在积极探索一种集政府和市场力量为一体的“独立管制”的监管模式。进一步指出事务所质量评价体系的重要性,并利用AHP模型对单个审计项目的质量进行模糊评价。再次,针对我国注册会计师审计质量低下的现状,提出通过强化协会的监管制度、改善外部执业环境和完善事务所内部管理来提高审计质量。

关键词:注册会计师　审计质量　质量监督　质量评价

4388

城市交通网络布局与优化策略研究 / 陈新著 ; 杨超指导. -- 华中科技大学, 2005. -- 155 页

论文在国内外关于交通网络布局优化理论研究现状及发展的基础上,系统地论述了作者对交通网络布局与优化策略方法的研究和应用成果。论文首先介绍了选题的依据和研究的重要意义,分析了城市交通中存在的问题和布局优化中的经验和教训,总结了交通网络布局优化理论现状,提出了论文的主要研究目标和内容。其次,作者对交通需求的预测与分配模型作了总结,并分析了其相应的特点。再次,作者还分析了城市交通网络与土地利用之间的互动关系,论述了多中心组团城市布局下的交通网络布局研究,提出了“土地利用—交通一体化动态布局优化”模式。结合现有几种规划方法的优点,并针对我国的实际提出了以目标—评价为核心,采用规模确定—网络布局—线路规划—节点规划多层次渐进的综合交通网络布局优化方法。其四,论文运用层次分析法,建立了城市交通网络布局优化策略的评价体系,主要包括基础设施、通达深度和服务特征三个子系统。其五,为适应交通需求的不断增加,作者提出了多阶段城市交通网络容量扩张模型和相应的启发式算法,并以河南省巩义市为例,对巩义市交通网络布局优化进行了实证研究。最后,对论文中相关研究有待进一步深化的地方提出了日后继续研究的展望。

关键词:城市交通　交通网　交通规划　交通需求

4389

上海世博会“服务型管理”模式研究 / 陈迅著 ; 尤建新指导. -- 同济大学, 2005. -- 127 页

本文绪论部分,通过对世博会起源和发展历程的分析,将世博会定义为:政府向世界公众提供的一个大型公共服务项目,并在此基础上,提出了建立世博会“服务型管理”的构想。“服务型管理”的内涵主要表现在三个层面:第一,从世博会的本质属性来讲,它是一个由政府组织提供的大型公共服务项目,因此,其管理的对象是公共服务;第二,这个公共服务项目需要政府调动各方资源,成本大,需要应用管理的手段对其进行科学高效的运作;第三,这个公共服务项目有明确的公共利益目标。论文的第二章,对构建世博会“服务型管理”的理论问题进行了探讨。在明确说明公共管理理论是“服务型管理”模式的核心理论源泉的基础上,文章借鉴了企业管理、服务管理中的先进研究成果和具体实践经验。第三—七章是本研究的核心部分。在这个核心部分中,对世博会“服务型管理”模型的构建进行了具体的探讨。整个“服务型管理”模式的研究体系分为四大内容:第一,上海世博会“服务型管理”模式的目标系统研究;第二,上海世博会“服务型管理”模式的组织体系;第三,上海世

博会“服务型管理”模式的策略研究;第四,上海世博会“服务型管理”模式的反馈和评价体系研究。论文的最后一个章节对整个研究进行了总结。

关键词:世界博览会　公共服务　服务管理

4390

可持续经济增长的实现机理研究 / 陈艳莹著 ; 原毅军指导. -- 大连理工大学, 2005. -- 121 页

实现可持续发展需要协调环境、经济和社会三个系统的运动,尤其是经济增长与环境之间的矛盾。在实践当中,可持续发展目标首先具体化为可持续经济增长,如何实现可持续经济增长也成为当前急需解决的难题。从动态角度来看,促使经济增长路径向可持续经济增长路径收敛的根本途径是通过纠正经济当中的双重市场失灵和双重政府失灵降低环境压力,而这种收敛能否发生,归根结底要取决于经济增长过程中有利于环境的技术效应和结构效应是否能够抵消规模效应。除了数据的问题之外,作者利用现有经验研究所用的回归模型暗含着长期均衡、同质性和趋势平稳三个假设,对这三个假设的检验证实,EKC 经验研究所用的回归模型不是一个优质的计量模型,以此为基础得到的环境压力与收入之间的倒 U 型曲线不能解释为经济增长有利于环境的改善。对绿色技术进步中厂商决策的分析进一步支持了上述观点以可持续经济增长为目标的政府政策应当是由环境政策、技术政策和经济政策相互配合组成的政策体系,具体政策工具的选择要取决于一国经济发展的阶段、初始自然资本存量等因素。在对可持续经济增长的政策体系、政策工具进行分析的基础上,论文还探讨了我国可持续经济增长的政策选择。

关键词:可持续发展　经济增长　环境库兹涅茨曲线(EKC)　绿色经济

4391

政治机制的系统分析 / 陈永国著 ; 胡伟指导. -- 上海交通大学, 2005. -- 179 页

论文运用系统科学方法对政治系统机制行为进行了研究。文章首先进行了有关政治系统机制的文献综述,介绍并总结了系统科学关于机制方面的科学原理,阐明了政治系统、政治关系等有关概念,界定了政治机制定义,分析了政治机制概念的实质,为政治机制的数学模型的建立厘清了思路。然后,顺延政治机制数学模型的建构脉络,划分政治机制元机制模式:模式一、模式二以及模式三,运用系统科学符号动力学知识和元胞布尔网络自动机原理,建构了政治机制的数学模型,并建立了测量和评价不同政治机制系统特征的指标及其计算方法,为准确进行不同政治机制模式的比较和评价做好数学铺垫。其次,根据建立的数学模型,结合系统的机制效应和规模效应分别求解了三种政治机制模式的状态方程,并计算出各机制系统定量指标,进行了政治机制的系统分析,描述、解释并探索了不同机制模式的政治系统行为特征规律。最后,根据以上三种机制模式的系统分析结果,纵向(不同系统规模大小)和横向(同技术知识环境)比较了各机制模式系统特点,并进行了系统评价,归纳总结结论。重点比较了不同政治机制模式下的政府行为的逻辑,把握政府行为的特征。

关键词:政治制度　政府行为　政治系统　系统分析

4392

创业者创业决策的风险行为研究 / 陈震红著 ; 刘国新指导. -- 武汉理工大学, 2005. -- 159 页

论文在创业理论以及决策行为理论与行为经济学两大理论的基础上,定性分析和定量分析相结合,并运用问卷调查与统计检验,对创业者创业决策的风险行为进行了研究。首先,对国内外的研究现状进行了综述,详细介绍了两大基础理论中与研究相关的内容与发展,并进一步对创业者进行了界定,阐述了创业者创业的表现形式及其成长历程。其次,对创业者决策过程中所采用的决策方式进行了深入的分析,并与管理者进行了比较。然后,深入分析了创业者创业决策风险行为的各影响因素及其影响:论述了环境因素的影响,主要包括个人环境以及产业、政策、金融、经济与文化等宏观环境。接下来,在上述各影响因素分析的基础上,建立了一个创业者创业决策风险行为的影响因素综合模型,对该综合模型进行了回归与检验,并根据路径图进行了路径分析。最后,论文主要得出了以下结论:创业者是有限理性的,并在决策过程中比管理者更多的应用直观推断与偏见的决策方式;创业者之所以选择创业并不是因为他们喜欢冒险,并不是因为他们的风险倾向与一般人不同,而是因为创业者感知到的风险比一般人感知到的更小,其中控制幻想这一偏见对风险感知具有显著影响作用,并通过风险感知对创业决策风险行为产生间接影响;在风险倾向、风险感知、创业者禀赋、预期回报和环境等因素中,风险倾向与创业决策风险行为没有显著相关关系,其他因素尽管与创业决策风险行为存在相关

性，但对创业者创业决策风险行为影响最直接、最显著的因素是风险感知与其预期回报。

关键词：创业投资　创业者　投资决策　风险分析

4393

国企改革中政企利益论冲突与协调的研究 / 陈赟著 ; 谢科范指导. -- 武汉理工大学, 2005. -- 186 页

本文从利益论的角度出发，在博弈论、委托代理理论、软预算约束理论、制度变迁、信息经济学等理论基础上，对我国国企改革各种政策实施过程中的政企利益关系进行了透视。首先，阐述了国内外当前国企管理的模式与改革思路以及相关的研究动态，对国企改革阶段中的政策实施背景、措施、效果、难点进行了概括。其次，在结合新制度经济学理论构建了国企改革中政企利益关系的制度分析框架后，进一步剖析了政企利益关系的类型、演化路径以及利益形成和演变后果。再次，重点分析了国企改革过程中，如融投资运作、改制上市、债权股运作、并购与破产等问题的形成原因及表现，从宏观和微观两个层面提出了建立有效利益协调机制的政策建议。

关键词：国企改革　政企关系　利益冲突　利益协调

4394

企业管理与信息系统战略对应研究 / 陈忠民著 ; 薛华成指导. -- 复旦大学, 2005. -- 150 页

本文以 90 年代美国 MIT 的重要研究成果之一“战略对应模型(Strategy Alignment Model, SAM)”为主要的理论基础，对企业管理和信息系统战略对应进行理论分析，对组织不同阶段、不同层次的对应以及对应过程的管理进行纵深研究。论文深入、详实地分析了企业管理和信息系统战略对应的现状，以 SAM 为理论基础提出了战略对应的模型，并以单个典型案例纵深分析为主要的研究方法，在以下方面作了创新尝试：(1)深入分析 SAM 的本质，提出企业管理和信息系统战略对应的核心是企业的能力，关键是要保持对应的动态性；(2)针对战略对应的核心问题，对 SAM 进行了修正，包括增加以业务流程为主的中间领域，从信息系统对企业管理的作用出发明确了战略对应的类型；(3)通过对企业管理和信息系统战略对应要素的分析，提出战略对应的影响因素模型；(4)从战略对应研究出发，提出了信息系统发展的层次模型，并且论证了和战略对应模型的一致性；(5)结合不同的战略对应类型和信息系统不同的层次，提出了战略对应实现和管理的方法；(6)应用案例对上述模型进行了讨论和验证，加强了上述各模型对于国内企业的适用性，使研究具有较好的实际指导意义。

关键词：企业管理　管理信息系统　战略管理

4395

开放式基金流动性风险管理问题的研究 / 程巍著 ; 潘德惠指导. -- 东北大学, 2005. -- 122 页

证券投资基金是我国金融制度的一项创新，为我国资本市场、各类企业乃至整个社会市场经济提供了新的发展动力和一种稳定机制。作者在对国内外有关文献归纳和总结的基础上，结合开放式基金的自身特点，对开放式基金的流动性风险作了较为深入的研究。论文的主要工作分为以下几个部分：第一章介绍了开放式基金的流动性和风险的概念和特点，综述了开放式基金流动性风险管理问题研究的主要成果，并提出了论文所要研究的框架和要解决的问题。第二章研究了基金中股票和债券的流动性问题，并总结了度量流动性的指标。第三章研究了可能引起流动性风险的基金管理人的投资行为，并对因巨额赎回而引起的流动性风险问题进行了预测。第四章基于资本充足性原则，对开放式基金由巨额赎回而引起的流动性风险的现金预留百分比问题建立了模型。第五章对伞状基金进行了研究，根据随机过程理论和序贯决策原理得出了投资这种系列基金的最优决策。并针对伞状基金的特点在决策过程中考虑了交易费用。第六章研究了风险管理的核心内容——风险测量(也称为风险度量)，应用 VaR、CVaR 度量了基金由于巨额赎回产生的流动性所带来的损失。第七章从开放式基金的预留现金和基金的初始募集量与基金管理人经营能力的关系角度出发，分析了开放式基金的流动性问题。第八章对论文的主要工作进行了必要的说明和总结，并提出了下一步研究的若干设想。

关键词：开放式基金　证券投资基金　流动性风险　风险管理

4396

区域中小企业创新网络评价与构建研究：理论与实证 / 池仁勇著 ; 陈宝峰指导. -- 中国农业大学, 2005. -- 158 页

作者首先通过大量的文献综述和理论探讨，界定了区域中小企业创新网络的概念，揭示创新网络的特征、功能和基本形式。从理论上分析创新网络节点的

功能与作用,提出区域中小企业创新网络生命周期划分理论。接着,通过对绍兴、宁波等地的访问调查,归纳了浙江省中小企业创新网络的形成过程与地理分布特征等,提出了浙江中小企业创新网络的形成机理。同时,还对浙江省轻纺企业创新网络进行了实证调查研究,应用 SNA 模型和 UCINET6.0 软件对浙江省轻纺企业创新网络的结构属性进行计算,指出了浙江省轻纺企业创新网络的结点功能低、关系链具有凝固性等问题。进一步抽样浙江省 264 家中小企业进行问卷调查,利用问卷调查数据,对中小企业的网络联结强度与企业创新绩效进行统计分析。结果表明,中小企业构建外部创新网络联结能够促进其创新绩效的提高。最后,从宏观和微观两个层次提出了构建和完善区域中小企业创新网络的政策建议。指出必须从提升专业市场、建设小城镇等方面着手,提升浙江省中小企业创新网络的功能。

关键词:中小企业　创新　企业集群　网络经济

4397

自由现金流约束下的代理成本与资本结构关系研究 / 褚俊虹著 ; 陈金贤指导. -- 西安交通大学, 2005. -- 144 页

代理成本理论是资本结构理论的重要分支,而自由现金流以其独特的"自由"性质和现实性,对代理成本有举足轻重的影响,两者的结合研究对理论体系的完善和应用具有重要的意义。作者以资本结构的代理成本理论为基础,首先对自由现金流性质和统计方法进行分析界定,并通过数理模型证明了自由现金流投资代理成本的存在。在此基础上将自由现金流作为约束条件引入原资本结构代理成本研究。作者分析发现添加约束条件后原代理成本发生了改变,进而影响到其与资本结构的相关关系,导致最佳资本结构点发生迁移以维持均衡。具体而言,对应于自由现金流的提高,债务比例会相应降低,两者呈负相关系,针对这一理论结论,作者采用了北美证券市场的数据进行了实证检验。论文的主要结构是:首先对现金流本质进行了分析,并提出了新的自由现金流统计方法,其次,证明了投资状态会偏离最佳投资状态,由此产生了相应的代理成本;接着,作者应用现金流约束条件于代理成本模型,分析得到自由现金流与代理成本及结构间的相关关系,得出随着自由现金流额度的增加,最佳资本结构点迁移至较低债务比例处。另外,还采用北美证券市场的数据,实证结果表明企业债务比例与自由现金流之间呈显著负相关系,支持了分析结论。

关键词:企业管理　财务管理　现金流量　资本结构　代理成本

4398

流动性与资本双重约束的商业银行资产负债优化研究 / 崔滨洲著 ; 王宗军指导. -- 华中科技大学, 2005. -- 111 页

资产负债管理是商业银行对其资金运用和资金来源的综合管理,是现代商业的基本管理制度,论文力图着眼于此展开研究。论文首先阐述了课题研究的背景、意义,回顾和评析了国内外对相关问题的研究成果,概述了论文的研究思路、方法和主要创新,然后对商业银行资产负债管理的理论和策略进行了解读和评析,集中讨论了商业银行资产负债管理理论与方法的演进和发展,搭建了论文研究的理论平台。论文研究了商业银行资产负债优化的流动性和资本约束,对流动性需求计算方法进行了较为深入的探讨,并分别进行了定义和计量,在此基础上结合流动性供给的来源和结构给出了商业银行资产负债优化的流动性约束条件。论文构建了流动性和经济资本双重约束的商业银行资产负债优化模型,并进行了实证研究。以流动性和经济资本作为双重约束条件,以银行净收益最大化为目标函数,构建了商业银行资产负债管理最一般的优化模型,并对模型功能和特征进行了描述和分析。文章还对建设银行资产负债管理进行了实证研究,将模型优化的结果与现实情况做了对比分析,在此基础上指出了存在的问题及成因,并提出了优化建设银行资产负债管理的若干政策建议。文章最后是对全文的总结与下一步研究的展望,概述了全文研究的主要内容,指出了论文研究的未竟之处及有待研究的课题方向。

关键词:商业银行　资金管理　资产负债　风险分析

4399

金融市场风险模型及优化管理研究 / 崔海波著 ; 赵希男指导. -- 东北大学, 2005. -- 76 页

证券投资风险的度量模型对于防范金融市场风险和增加投资者的收益有着重要的意义,投资者对金融资产价格的预测及投资时机选择可以积极规避金融市场风险。在阅读大量文献的基础上,论文进行综合研究,得到的主要结论如下:(1)给出了混合分布的一般形式及其参数的确定方法。利用两种混合正态

分布对上证指数及深成指数收益率分布的厚尾现象进行研究,并用赫尔莫哥洛夫检验方法对给出的分布函数进行了拟合优度的检验。(2)基于误差服从一混合正态分布的设想,给出了混合正态分布指数自回归条件异方差模型(EGARCH);并对上证指数及深证成指收益率的异方差性进行了实证研究。(3)考虑了数量化的因素同时也考虑了非数量化的因素,依据泰勒展开公式在展开点附近的有效性,利用参数自适应算法和动态聚类的判断作用建立了金融资产价格的聚类预测模型。(4)在假设股票价格所处状态间转移概率是时间连续基础上,建立了以期望效益最大化为准则的多期证券投资策略模型,论文给出了转移系数矩阵计算的一般表达式,并就状态时间间隔服从指数分布情况对转移系数矩阵进行了估计。(5)提出了风险的本质是不确定性的观点,认为风险是由不确定性因素引起的结果价值的损失。(6)根据开放式基金规模演变的内在规律建立了分布参数模型,并提出了规避开放式基金流动性风险优化控制的方法,为开放式基金管理人进行科学决策提供了依据。

关键词:金融市场　风险分析　证券投资　开放式基金　资产价格

4400

企业利益相关者共同治理研究 / 崔浩著 ; 陈晓剑指导. -- 中国科学技术大学, 2005. -- 138 页

论文分析了企业利益相关者理论的发展情况以及尚未解决的几个主要问题,提出了一个利益相关者共同治理的研究框架,提出了利益相关者的三个维度:物质资本所有者、人力资本所有者和关系资本所有者,并分别讨论了他们的利益诉求,讨论了基于利益相关者的企业所有权配置问题,讨论了利益相关者共同治理的相应机制。作者提出了一个利益相关者共同参与的共同治理机制,然后重点分析了共同治理机制的核心——董事会,包括董事会的结构、决策与利益分配机制。论文还讨论了共同治理与资本结构的关系,分析共同治理机制下各利益相关者实现一致性融资决策的过程,并进一步以中国国民经济的主体——国有企业作为研究对象,讨论了以上理论或结论在中国国有企业公司治理改革中的具体应用。我国国有企业的治理改革进程中体现出典型的“股东至上主义”逻辑,因此带来了很多的治理问题,作者认为国有企业公司治理的改革应从治理机制的共同化、治理主体的多元化两方面入手。首先应该提倡和谐的治理文化,构建国有企业的共同治理结构,建立共同治理的董事会与监事会。其次,培养积极的机构投资者参与国有企业治理,大力发挥银行的治理作用,并探索非股权战略联盟的治理方式。

关键词:公司治理　利益相关者　资本结构　所有权　企业管理

4401

制造业企业产品质量经济性研究 / 崔丽著 ; 曾凤章指导. -- 北京理工大学, 2005. -- 123 页

论文的研究目的是在现有理论基础上拓展质量经济性理论的研究内容,以体现顾客经济时代“以顾客为中心”的经营原则,并从企业长期利润最大化的动态角度出发,为企业提供适合其竞争需要的质量经济性分析模型,帮助企业提高其质量竞争优势。作者从企业与顾客两个角度出发,以广义产品质量为基础拓展了质量经济性,分析了产品质量与产品寿命周期内的企业总成本和顾客总成本的关系以及产品质量与产品价格共同对销售量的影响,建立了基于顾客感知价值的定价模型,基于学习效应的产品制造质量动态优化模型和基于产品市场生命周期的设计质量动态优化模型,并根据理论研究结果为企业提高产品质量经济性提出了一些建议:1、产品质量的不同方面对企业总成本和顾客总成本产生直接影响。2、产品销售量与产品价格和产品质量之间是三维空间关系产品销售量是产品价格的减函数,是产品质量的增函数,最优价格与感知量成正比。3、在特定设计质量水平下,提高制造业产品的制造质量会降低单位产品成本。在特定制造量水平下,设计质量水平下的理想制造成本越低,对于企业长期利润最大值的最优设计质量水平越高。

关键词:制造工业　产品质量　质量管理　质量成本

4402

企业知识转化的机制研究 / 戴俊著 ; 盛昭瀚指导. 南京大学, 2005. -- 154 页

论文研究企业内部个人独有知识转化为企业组织知识的过程和机制。其基本思想是:企业内部存在二种知识形态:个人知识和组织知识。知识是由人脑创造的,知识的最初状态表现为个人独占的知识即个人知识。个人知识依附于员工个体,易随人员的流动而流失,而组织知识是组织拥有的,可以被组织随时使用的知识。组织知识才是企业的核心资源。知识管理的核心是将个人知识转化为组织知识,使组织知

识存量不断增长,以构筑优于竞争对手的知识资本和能力。全文共分七章。第一章和第二章是铺垫;第三章至第五章是重点,对实现知识转化的机制进行了较深入和系统的研究;第六章和第七章基于知识转化的分析提出了知识管理的框架,并用案例来分析和验证前几章中的理论研究,得出一致性的结论。论文对个人知识和组织知识进行了系统分析,对知识转化进行了定义,作者认为知识转化有四种推动模式:个人主动式、组织主动式、组织激励式和组织订购式。在此基础上对知识转移的粘滞性进行了深入研究,运用博弈理论和情感理论分析了团队组织中的知识交流的形成机制,对 Druskat 的情感作用模型进行了完善,构建了一个基于知识交流的团队组织知识转化的概念模型,并运用经济学规范的定性分析和数学建模定量分析的方法,研究了知识转化的经济性。论文最后提出了一个促进知识转化的知识管理框架系统,并用案例进行分析验证,得出理论与实践相一致的结果。

关键词:企业管理　知识管理　知识转化

4403

产业集群形成和发展规律研究 / 戴卫明著 ; 何继善, 陈晓红指导. -- 中南大学, 2005. -- 173 页

产业集群的建立和发展是一个重要的课题,本文从产业集群的形成机理和发展演变规律两个方面对产业集群进行了研究,提出了政府发展产业集群、促进区域经济发展的对策思路。首先,通过对韦伯的区位因素概念的拓展,提出了区域因素和集聚效应的概念,并对区域因素的组成元素以及集聚效应的形成原因和影响因素进行了分析,构建了一个两地区两企业的模型,并将其扩展到第三个企业。还构建了区域因素和集聚效应评价指标体系,将区域因素和集聚效应进行了量化。其次,将产业集群看作一个生物种群,研究了产业集群的发展和演变。文章借用生态学的方法研究产业集群的生态平衡,针对集群中企业的竞争关系、互利关系和上下游关系,分别建立了三个数学模型。通过求解模型的均衡点得出产业集群保持生态平衡的条件,以此为基础提出了产业集群评价指标体系,定量地研究了产业集群生态平衡;文章还讨论了地方政府在产业集群发展中的作用和应采取的战略,针对不同的区域,采取相应的战略。最后,对湖南省浏阳市生物医药工业园和花炮产业集群进行了实证研究。评价了其集聚效应和生态平衡状况,总结出浏阳生物医药园的形成机理和两个产业集群存在的问题,并对地方政府促进这两个产业集群稳定持续发展提出了政策建议。

关键词:产业经济　产业发展　产业集群　地方经济

4404

企业核心利益相关者利用要求与利益取向研究 / 邓汉慧著 ; 张子刚指导. --华中科技大学, 2005. -- 230 页

本文以资源型企业为案例探讨企业核心利益相关者利益要求与利益取向及其所蕴含的公司治理方面的意义,主要内容包括:利益相关者理论述评,核心利益相关者利益要求,核心利益相关者利益实现与 X 效率,核心利益相关者利益实现程度与心理契约调整,基于程序公正性的核心利益相关者利益协调,"紫金矿业"核心利益相关者利益要求与利益实现程度研究。文章界定了企业核心利益相关者,分析了核心利益相关者行为主体的特征及其在公司治理中的作用。将我国资源型企业十类利益相关者分成核心利益相关者、预期利益相关者、潜在利益相关者三大类。利用问卷调查数据分析了核心利益相关者利益要求的内容和利益实现程度,给出了核心利益相关者利益要求与利益实现程度在统计意义上的排序。

关键词:企业管理　利益相关者　公司治理　核心利益

4405

供应链柔性研究 / 邓宁著 ; 罗荣桂指导. --武汉理工大学, 2005. -- 131 页

本文在对相关的国内外文献进行综述的基础上,对供应链柔性进行分析。首先,评析供应链结构模式、构成要素,并从决策论角度把供应链与柔性两个概念结合在一起,并进行分类和界定。其次,具体阐述了供应链柔性的建构,分析其战略、战术及执行层子系统构建要素,进一步阐述了供应链柔性测度要素。再次,作者分别从供应链柔性的战略、战术与执行层进行具体的阐述:在战略层次,研究了供应链整体的长效机制建立;在战术层次,主要探讨了对三个重要参量的控制,其中包括买卖双方在前置时间及采购时间之间的互动关系、运营周转期的优化以及链上成员之间弹性价格的建立;在执行层面,探讨了增加供应链日常运营柔性的三种策略,即对各节点缓冲库存的相互协调、各节点企业在日常运营中人力资源的柔性调度、各节点企业计划时的预测效率与运输模式的转换。最后,基于 Levy1992 年对 Apple 公司的研究

所引述的案例进行了分析,从实践的角度提出几种可以影响供应链柔性的策略。

关键词:供应链　柔性管理　企业战略

4406

组织集成化能力及其演化机理研究 / 邓修权著 ; 夏国平指导. -- 北京航空航天大学, 2005. -- 214 页

论文基于系统理论和分形理论,提出了集成化能力的概念,剖析了集成化能力(包括集成化一般能力、集成化组织能力系统和集成化核心能力)的结构,并从演化动力、生命周期、资源结构和内部能力结构几个方面分析了集成化能力的演化机理,建立起了集成化能力理论框架。论文所做的工作主要如下:(1)对资源和能力的界定和分类进行深入的研究。(2)作者提出剖析能力的横向多项性和纵向多项性的基础上,基于分型理论的构建并深入分析了一种组织集成化能力。(3)提出了基于集成化能力和活动的组织能力系统分解方法,并从环境功能和本体几个方面深入剖析了组织集成化核心能力。(4)以图与网络为工具,建立了各种组织集成化能力的网络模型。(5)基于系统理论,对组织集成化能力的演化动力进行了深入独到的剖析,并建立了相应的模型。(6)在对 PETRI 网进行改进的基础上,建立了各种组织集成化能力演进的 PETRI 网模型。(7)以西飞集团和北航经管学院教学系统为对象,对理论研究成果进行了深入的实证分析。

关键词:企业核心能力　集成化能力　组织能力

4407

中国经济技术开发区的管理模式研究 / 丁福浩著 ; 黎志成指导. -- 华中科技大学, 2005. -- 144 页

论文拟通过对中国经济技术开发区建设与管理的研究,探寻经济技术开发区健康发展的路径,构建中国经济技术开发区的管理模式,为中国经济技术开发区的优质快速发展提供理论依据,为中国经济技术开发区管理模式的构建提供理论指导。作者对分散的、零星的国内外相关理论进行总结、归纳,较为系统地阐述和分析了有关经济技术开发区建设与管理的基本理论,从经济技术开发区的功能定位与管理模式、产业发展与组织模式、融资模式与招商引资体系、技术创新与孵化器建设以及核心竞争力等方面,分析、研究了中国经济技术开发区建设与管理存在的问题和解决的方法。作者认为,中国经济技术开发区的管理体制目前需要创新,通过对经济技术开发区传统融资模式、融资模式创新和浦东新区融资模式这一典型案例的研究,分析和探讨了经济技术开发区的融资模式,指出经济技术开发区可采取国家拨款、银行贷款、发行债券、引进外资和地方集资以及市场化运作等多种方式筹集建设资金,最关键的是根据财政政策和金融政策的推进,进行融资模式创新和投融资体制改革。论文分析了经济技术开发区孵化器建设,提出了经济技术开发区企业孵化器的建设模式,提出了加强企业孵化器建设的对策建议。在大量分析的基础上,作者系统论述了中国经济技术开发区提升核心竞争力的有关问题,通过对竞争力、经济技术开发区核心竞争力两个概念的研究,分析了经济技术开发区的核心竞争力。从人才竞争力、管理竞争力、环境竞争力、资本竞争力等方面建立了经济技术开发区核心竞争力评价指标体系;从借力策略、体制创新策略、管理优化策略、人才高地策略、招商引资策略、形象塑造策略、环境营造策略等方面提出了提升经济技术开发区核心竞争力的对策建议。

关键词:开发区建设　经济政策　融资　招商引资　核心竞争力

4408

法治"三农" / 丁国民著 ; 漆多俊指导. -- 中南大学, 2005. -- 177 页

论文从法治的角度探讨"三农"问题的成因、法治现状、法治"三农"的必要性和可行性以及法治"三农"实现的模式和途径。通过理论分析和实践考察找出解决中国"三农"问题之症结和解决问题之对策。作者分析了"三农"问题的出现和恶化的根源:落后的农业与国家立法的滞后和司法的不足;贫穷的农村与造成城乡差别的现有体制;困苦的农民与非"国民待遇"制度等。作者认为我国目前"三农"法治之现状存在的问题也是非常多的,甚至有很多问题是直接约束我国法治进程的根本性问题。一是"三农"立法滞后、缺漏很多,特别是涉及农民权利的根本性问题如土地所有权、自由迁徙和自主生产等缺乏有效的法律保障;二是农村司法困难、障碍重重,司法受制于行政现象严重;三是农民包括乡村干部法律意识淡薄,寻求非法律渠道解决问题普遍;四是农村法治资源短缺、法治环境堪忧,农村法律援助机制还没建立起来。论文论述了实现法治"三农"的基本条件:民众的法治热情高涨,从人治走向法治已经成为社会各界之共识;农村法治实践积累了丰富的经验;国家法律成功渗透乡土社会和乡土社会积极回应国家法律的良性

互动机制初步建立。作者论证了社会推动才是形成法治国家的原动力,应在合适的时机尽快从政府手中接过推进法治的接力棒。农村法治的推动有两个根本性问题必须解决:一是真正直接代表农民意志和利益的且能与政府平等对话的组织普遍合法化;二是农民及其利益代表直接参与立法。

关键词:三农问题　法治　农业问题　农村问题　农民问题　城乡差别　法律援助

4409

创新性产品供应链协调与合作研究 / 丁利军著 ; 夏国平指导. -- 北京航空航天大学, 2005. -- 105 页

供应链管理强调用系统的观点,通过供应链成员之间的相互合作并协调成员间的决策,来提高整个供应链的绩效和效率。在激烈的市场竞争中,越来越多的企业不断推出自己的创新性产品,创新性产品对于消费者的需求以及企业的生存和发展都具有非常重要的意义。创新性产品具有需求不确定性大、产品生命周期较短等特点,使得供应链协调和合作在创新性产品供应链中显得更加有必要。结合这些特点,作者对创新性产品供应链协调与合作中的一些问题进行了研究。论文的主要研究内容是:(1)分析了创新性产品相对于功能性产品所具有的特点以及创新性产品供应链协调与合作性的重要性。对供应链契约式协调的基本方法进行了阐述。(2)研究了在考虑供应链成员的退货契约和滞销补贴契约的适用条件,设计了有效的退货处理成本和相对出清优势的供应链成员决策。(3)研究了生产能力约束下的双寡头供应商市场结构中的供应链协调问题,并在模型分析的基础上,讨论了几种可能性的零售商订货均衡策略及其均衡条件。(4)研究了处于供应链管理战略层的供应链合作问题。(5)进行了实证研究,并分析Y时装公司实施供应链管理的具体案例。

关键词:供应链管理　产品开发　技术创新　企业合作

4410

学位与研究生教育评估信息可靠性研究 / 丁毅强著 ; 王战军指导. -- 中国科学技术大学, 2005. -- 131 页

论文以国家自然科学基金资助项目为背景,提出了评估信息的可靠性是衡量评估信息是否完整、准确、真实、有效地表征评估对象客观属性的一项综合性能指标的观点。作者运用系统科学、管理科学、社会科学、误差理论和可靠性理论,研究学位与研究生教育评估工作中的评估信息,重点研究采集被评估者的相关信息中所出现的可靠性问题。论文总结出设计评估信息、可靠性架构的基本准则、一般步骤和常用方法。评估信息的可靠性是人为系统的可靠性,是信息管理的可靠性。因此,作者运用计算机技术和现代通信技术,开发了评估信息采集的计算机信息管理系统,融入了评估信息的钩稽审核、可靠性等级评定、自动预警等可靠性管理功能,在近几次的全国学位授权审核中得到实践和检验。评估信息的可靠性管理是评估信息质量管理的重要组成部分。为了有效地实施评估信息、可靠性管理,论文借鉴 IS09000 系列标准,提出:"建立、健全评估信息可靠性保障体系"的构想。阐述了评估信息可靠性保障体系的基本概念、主要内容,以及建立与实施的工作步骤。

关键词:高等教育　学位教育　研究生教育　教育评估　教育质量

4411

企业的本质、性质与企业成长的理论研究 / 董俊武著 ; 万君康指导. -- 武汉理工大学, 2005. -- 170 页

企业是与市场结合却又不同于市场的协调资源配置的另一种必不可少的机制,企业的成长构成了一国经济发展和经济繁荣的基础,具有极高的研究价值。作者通过对新古典经济学、新制度学派与古典经济学、演化经济学、资源能力知识理论以及马克思、熊彼特、钱德勒与杨小凯等对企业本质认识的回顾、比较、评析与综合,论文认为,企业的本质是"高效率的生产组织",它包括三层含义:首先,企业的本质,首要在于其生产属性,这是企业之所以区别于市场的地方;其次,之所以由企业组织生产,而不是分散生产是由于企业能够进行高效率的生产,这是企业之所以取代小生产组织的原因;而最后,企业无疑是一种组织,只有通过组织,企业才能够进行生产,才能够进行可以利用分工协作的效率优势的生产。论文随后在对企业本质认识的基础上,探讨了企业的性质及其企业成长意义。作者介绍了一个基于人力资本与知识理论的企业成长的知识结构模型。结合企业的异质观,论文对企业本质的认识,考查其企业成长意义,认为面向产品的创新,是企业在市场竞争中求得生存与发展,求得持续成长的最基本手段。随后,论文以产品创新为主,兼顾面向产品的流程创新,分析其与企业成长的关系、影响因素以及相关的国外经验研究成

果。

关键词:企业经济　企业成长　企业核心能力

4412

面向总体设计的信息系统性能建模与分析研究 / 杜晖著；甘仞初指导. -- 北京理工大学, 2005. -- 151 页

软件系统作为信息系统的重要组成部分,针对采用面向对象方法的体系结构设计性能问题的研究也已经展开,因此,研究成果在用于解决采用面向对象方法的系统设计性能时存在着模型组成和建模模型两方面的不足。论文研究遵循面向建模思想,通过对信息系统组成的运行的分析,并在优选建模模型的基础上首先提出了面向总体设计的信息系统性能建模与分析框架,由三部分组成,分别是:性能组成模型、性能建模模型与性能分析模型求解方法,以及性能建模与分析过程;然后提出了框架中的两类性能模型:性能注释模型和性能分析模型的建模方法,并通过实例对建模方法使用进行了具体说明;随后,作者给出了获取建模进程执行性能注释所需性能参数值以及获取性能评价指标值的方法,并通过实例对性能参数值和性能评价指标值进行了具体说明;最后,研究对实例的总体设计性能进行了分析。

关键词:信息系统　软件系统　系统设计　系统建模　面向对象

4413

公立医院医疗服务供应链研究 / 杜祥著；尤建新指导. -- 同济大学, 2005. -- 152 页

本文在明确研究对象是"医疗服务供应链(HSSC)"的基础上,主要做了以下的研究工作:(1)在参考国内外关于医疗服务质量研究、供应链及其管理研究的基础上,明确本文的研究是围绕公立的非营利性医院展开的,并借助迈克尔·波特的行业结构分析模型得出"通过医疗服务的持续改进提高顾客满意/忠诚度是公共医院获得竞争优势的根本途径"这一结论。(2)对服务供应链与制造供应链的主要区别进行分析,提出以公立医院为主导的医疗服务供应链的概念,并归纳出其主要特征。(3)尝试将 QFD(质量功能展开)方法应用到医疗服务供应链的构建和管理之中。(4)提出以 BSC(平衡记分卡)为手段构建医疗服务供应链的绩效评价系统。(5)在理论研究的基础上,以一家大型的公立医院为案例展开案例研究。本文重点研究了以公立医院为主的医疗服务供应链及其管理的基本原理、过程优化和绩效评价的方法,研究内容对于公立医院通过实施供应链管理提高核心竞争力具有一定的借鉴意义。对于 QFD 和 BSC 两种方法在医疗服务供应链中的应用有效性还有待进一步检验,论文理论研究的深度和广度也有待进一步加强。

关键词:公立医院　卫生服务　供应链管理　平衡计分卡

4414

基于 CPFR 的农产品采购模型研究 / 杜小芳著；张金隆指导. -- 华中科技大学,2005. -- 129 页

首先阐述了 CPFR 理论的涵义、特点和 CPFR 的实施框架,指明研究的目的和意义,并对 CPFR 理论和农产品采购的国内外研究概况进行了总结评述。接着分析了农产品的特性和市场规律,根据保质期要求对农产品进行分类;对传统的 CPFR 流程进行了改进;针对农产品供应链中的零售商和供应商制定了 CPFR 采购流程,进一步将供应链从两级模式扩展到多级模式,纳入农产品供应链中的上游供应商,形成多层 CPFR 模型,探讨多层 CPFR 在农产品供应链中的实施流程。然后在 CPFR 合作框架下对采购商和供应商的合作博弈进行分析,建立了投资博弈模型,定义了两类均衡:内部均衡和边界均衡,并证明了均衡的存在性。其次,运用支持向量机智能预测方法对农产品的消费市场需求进行动态预测。再次,建立了供应商和零售商之间的联合预测模型,并分析了零售商和供应商的预测调整关联度与预测能力之间的关系。最后,将联合需求预测模型引入零售商和供应商的库存补充策略中,建立了农产品采购的库存补充模型。

关键词:农产品　采购管理　供应链管理

4415

基于价值创造与分配的产业价值链研究 / 杜义飞著；李仕明指导. -- 电子科技大学, 2005. -- 148 页

论文从多种视野(如产业、价值链、产业链等)阐述、建立了产业价值链的概念、结构,并从产业价值链的核心——价值出发,抓住产业价值链的两个基本的过程:价值的创造和价值的分配过程,研究如何从产业价值链的视角发现、创造价值以及如何实现价值的合理分配。首先,作者从三个方面对产业价值链的价值分配过程进行了探讨:通过两阶段的动态博弈过程讨论产业价值链的中间产品的定价过程,讨论了中间

产品定价的非合作博弈过程，双向动态博弈下中间产品价格范围的确定，以及博弈的先后顺序对中间产品价格和利润分配的影响；通过产业价值链的中间产品的价格振荡过程的收敛性，探讨了产业价值链如何实现价值分配的均衡解；通过合作博弈的讨价还价过程，探讨了供应链如何实现价值的分配，以及价值分配的讨价还价过程对供应链整体利润的影响。其次，应用两阶段博弈思想和混合博弈的工具研究了产业价值链的价值创造和分配过程，从而揭示价值的创造与分配的关系。把该理论应用到供应链上下游企业的价值创造与价值分配的关系研究中，研究了供应商的数量和产量选择如何影响供应链的价值分配。引入"竞争剩余"这个参量来刻画供应商的产量分布对制造商偏好的影响。最后，对"煤、电、冶"产业价值链案例进行了详细的分析。

关键词：产业链　价值链　市场竞争　价值工程

4416

基于契约合作的供应链协调机制研究 / 范林根著 ; 刘仲英指导. -- 同济大学, 2005. -- 129 页

本文基于供应链的协调本质即合作伙伴基于契约的合作问题，供应链契约的内容框架与供应链协调的内容框架是吻合的，供应链协调机制的实现也依靠契约来保障，所以文章将供应链契约与供应链协调有机结合起来，提出基于契约合作的供应链协调机制整套方案。论文第一章在明确研究背景与一系列概念的基础上，提出本文的内容框架。第二章提出供应链协调机制的总体概念分析模型：可协调性模型、协调机制概念分析模型、要素协调的判断模型。第三、四、五、六章分别研究了基于契约合作的供应链利益协调机制、信息协调机制、组织协调机制、流程协调机制的内容，不但提出了一整套可操作的协调机制，还利用实例进行了验证。第七章研究供应链的信任机制，是供应链契约的核心内容和供应链实施协调的基础。纵观全文，不乏供应链契约与协调的原理分析以及协调机制的概念性模型的剖析，从而对供应链协调理论有所贡献；但主要是在供应链的操作层面上提出了一整套机制，对指导供应链的建立与运行有一定现实意义。

关键词：供应链管理　契约　协调机制　物流

4417

不同模式企业文化对技术创新及绩效的影响研究 / 范诵著 ; 李垣指导. -- 西安交通大学, 2005. -- 134 页

论文首先介绍了研究背景，所研究问题的意义，从中国传统文化与企业文化的实际特点出发，根据企业文化分类，论述了不同模式的企业文化特征是如何影响企业创新行为模式选择，以及对企业绩效的影响，构建了一个包含企业文化特征、技术创新与绩效三者结合的结构方程模式，并运用在全国 8 省市 850 家各类企业问卷调查所获得的数据，实验结果显示，不同模式的企业文化与企业自主创新和合作创新之间确实存在着内在关系，这个结果也说明了企业文化特征对企业绩效的正向促进作用是由于文化特征与企业创新方式相匹配时才会发生作用，从而提高了企业的技术创新。论文建立了关于不同模式企业文化特征对技术创新及企业绩效的结构方程概念，主要从企业非正式制度范畴考察影响企业技术创新方式的因素和其影响肌理，并采用一种具体的变量来描述研究自主创新和合作创新，作者分析潜在变量之间的结构关系，并可满足于研究的实证需要。

关键词：技术创新　企业绩效　企业文化

4418

国有商业银行信用风险评估方法及应用研究 / 方洪全著 ; 曾勇指导. -- 电子科技大学, 2005. -- 157 页

信用风险评估方法研究是国内外金融理论研究的热点，论文以信息经济学原理为指导，以计量经济学为主要手段，针对国内银行信用风险管理中存在的诸多问题及风险量化研究的严重不足，结合国内经济实际，深入研究了导致国内银行信用风险产生的若干因素。在此基础之上，建立起信贷资产风险等级财务评价体系，风险等级判别分析模型和迁移模型。通过对信贷资产风险等级一系列的量化研究，结合国有银行的经营现状和股份制改造的快速推进，建立了国内商业银行信用风险量化管理体系的基本框架及实施前提和基本保证，为国内银行建立符合自身经营特点的内部风险评价体系提供了技术上的探索和准备。论文分析了国有银行的信用操作流程的风险性和不足，其次进一步阐述了不健全的社会环境和落后的管理理念与信贷文化的内控机制是国有银行推行新资本协议的主要障碍；作者结合国有银行的信用特征分析得到，提高银行自身风险量化水平是市场竞争和资源整合的需要。论文参照国外先进银行的风险管理经验，以目前国内信用风险管理体制制度分析为基础，论述了现代风险管理体制的实行要依赖于合理的

风险管理战略和有效的风险报告流程以及信贷组合管理的约束激励机制。

关键词:国有商业银行　信用风险　风险管理

4419

中国石油工业企业持续竞争力研究 / 方绪平著 ; 蔡希贤指导. -- 华中科技大学, 2005. -- 106 页

论文以中国石油工业为背景,针对目前尚缺乏对石油工业企业可持续发展战略方面的研究,从企业竞争力理论的角度探讨我国石油工业企业的竞争力及其战略选择问题。文章首先对可持续发展理论和研究现状进行了分析和阐述。文章对比了美国、日本、俄罗斯、英国等发达国家在发展石油工业方面的发展现状、经验和策略,并对印度、巴西等发展中国家的石油工业战略进行了比较,在此之上对我国石油工业的发展现状进行了分析和评价。然后,论述了我国石油工业企业可持续发展竞争力的内涵,并探讨和建立了一套我国石油工业企业可持续发展竞争力的指标评价体系。又根据世界石油工业发展趋势和中国石油工业企业的发展现状,论文论证了我国石油工业企业走国际化经营的必由之路,并提出了若干方针。在此基础上,根据世界跨国石油大公司走国际化经营的成功经验和持续发展,从规模、技术、结构、管理、文化、政府支持等六个方面阐明了石油工业企业选择国际化经营战略所必须具备的前提。随后,针对中国石油工业企业的具体实际,提出了进行项目投资可行性研究、建立与国际化经营相适应的企业组织制度、人才战略、科技战略等具体要求。最后,从我国石油工业企业竞争发展的角度,对当前我国石油工业企业是否具备可持续竞争能力进行了 SWOT 分析,并研究了我国石油工业企业发展可持续竞争力的战略框架。

关键词:石油工业　可持续发展　竞争力

4420

用户信息技术接受的影响因素模型与实证研究 / 方针著 ; 黄丽华指导. -- 复旦大学, 2005. -- 116 页

本文在对用户接受行为研究与 IS 成功实施理论综述与分析的基础上,借鉴创新扩散理论、社会心理学、组织行为学等相关理论,深入剖析用户的技术接受和使用过程,总结了影响用户接受的信念和态度的形成及演化规律,分析了个体信念、态度与使用意向的关系,建立描述用户接受的影响因素模型;并进一步将个体的技术使用过程纳入组织 IS 实施的框架中考虑,系统地提出 IS 实施过程中管理用户接受的措施和对策,以期为中国企业实施用户接受管理提供可靠的理论指导。本文的主要贡献体现在以下几个方面:(1)理清用户和系统使用的具体含义,综合分析用户的接受和使用过程,总结信念、态度的形成、演化规律以及与使用意向的关系。(2)建立描述用户接受的影响因素模型,通过在模型中引入失调感和满意度两个变量,反映接受和使用过程的影响,并通过实证研究验证其有效性。(3)通过实证研究对影响因素模型中各变量关系进行了深入分析,发现反映使用经历的三个变量对后续使用意向的影响类似于保健因素的作用。(4)将个体的技术接受和使用过程纳入组织 IS 实施的框架中考虑,提出 IS 实施中管理用户行为的方式和方法,并通过多个案例进行实证检验。

关键词:客户关系管理　信息技术　用户接受行为分析

4421

石油价格波动性及其风险管理研究 / 冯春山著 ; 蒋馥, 吴家春指导. -- 上海交通大学, 2005. -- 137 页

论文利用石油价格波动本身的相互关系对石油价格波动展开研究。首先从研究石油价格波动的基本特征入手,找出石油价格波动的规律,然后在此基础上,针对如何提高石油市场预测的精度,如何提高石油市场风险计量效果,如何更好地规避石油市场风险等问题进行了系统深入的研究。具体研究内容如下:(一)对石油价格时间序列波动的平稳性进行了研究。证明通过自报相关系数的检验表明石油价格时间序列是平稳的。(二)基于石油市场收益时间序列是平稳的,检验了石油市场收益序列(包括差分和对数差分序列)的统计规律。(三)对石油市场收益波动的预测进行了研究。由于定量预测方法和定性预测方法各有所长,作者提出了一个综合定量预测方法和定性预测方法的石油价格预测支持系统模型。(四)对石油市场波动风险计量问题进行了研究,提出了一种半参数方法,改善了在 99% 置信水平下的石油市场风险计量效果。(五)对石油期货市场套期保值问题进行了研究。

关键词:石油价格　石油市场　风险管理　市场预测

4422

小子样复杂系统可靠性信息融合方法与应用研究 / 冯静著 ; 周经伦指导. -- 国防科学技术大学, 2005. -- 124 页

针对航天产品小子样复杂系统在研制过程中出现的各类可靠性信息的特点，论文分别研究了同总体同环境多源信息的加权融合技术、不同环境信息的环境因子融合技术、变总体信息的可靠性增长融合技术和性能退化信息融合技术。主要研究工作如下：针对工程实际中普遍存在的仿真数据、子系统试验、专家经验、历史试验等同总体、同环境下的多源验前信息，提出相关函数法、充分性测度法，最大熵—矩估计法等三种适用于各信息源相互独立情形的线形加权融合方法；同时，考虑各信息源之间可能存在的相关性，提出了基于模糊逻辑算子的非线性加权融合方法。针对航天产品在不同环境条件下获取的小样本、零失效试验信息，提出随机加权法、小概率法和修正逆矩法等三种基于环境因子的信息融合技术；修正逆矩估计可以解决现场小样本失效数据情形下环境因子的估计问题。针对产品研制中出现的多阶段变总体可靠性信息，提出中位秩方法、修正似然函数方法、保守增长模型方法和多模失效建模方法等四种可靠性增长信息融合技术。为充分挖掘产品性能监测数据中的可靠性信息，提出性能退化信息融合技术；合理分析产品设计和生产工艺的改进对可靠性增长的影响，提出了基于性能退化数据的可靠性增长分析与建模方法。在工程方面，通过在液体火箭发动机、载人飞船热控泵、神光Ⅲ能源模块电容器等实例中的应用分析，说明了所研究的理论方法的工程实用性和有效性。

关键词：可靠性　复杂系统　信息融合　极大似然估计

4423

基于循环经济的生态工业理论研究与实证分析 / 冯久田著 ；李海婴指导. -- 武汉理工大学, 2005. -- 131 页

本文主要研究了基于循环经济的生态工业的理论基础，分析其运行机理。回顾了环境经济和生态经济的理论，阐述了循环经济的理论基础；提出了基于循环经济的生态工业的思想，剖析了生态工业的内涵和本质；分析了工业发展的新模式即生态工业的循环经济模式的内容，提出了生态工业的工业生态化模式；主要运用集成的方法对系统各组成要素进行研究，阐述了工业代谢的分析法对工业物质在代谢过程中对环境的影响及能量、系统不同层次的共生关系和对价格、仓储等方面的柔性分析；阐明了路径依赖产生的原因和作用，提出通过技术、管理、法制三方面独立作用和相互耦合，为生态工业系统建立坚实的基础；围绕鲁北化工生态工业的建立与发展展开实证分析，介绍了目标企业的背景，阐明了该目标企业的生态工业发展现状，从不同的方面对其生态工业的发展状况进行了绩效评价，分析了企业进一步发展的调控政策并指出目标企业发展的实际意义。

关键词：生态工业　循环经济　环境保护　企业发展

4424

矿山企业税费结构优化研究 / 冯菱君著 ；李自如指导. -- 中南大学, 2005. -- 168 页

作者在我国目前矿业税制复杂、结构混乱、税负较重，不利于培育矿业权市场和矿业市场国际化的背景下，尝试从税费一体化角度系统地研究我国矿山企业税费结构优化问题，明确提出了促进矿业的可持续发展和提升矿山企业的竞争力是我国矿业税费改革的基本目标，在系统进行了中外矿业税费制度的比较研究之后，深入分析了我国矿山企业的税费种类优化、税费管理优化、税费结构优化等内容，提出了我国矿山企业应实行以增值税、权利金为主体，以所得税、耗竭补贴和环境保护税等为辅助的矿业税费结构模式。量化理论是矿山企业税费一体化研究的重要内容，主要研究矿山企业税费总量的确定及结构特征。作者从对最优税费的局部均衡分析和一般均衡分析入手，通过引入收益现值法模型和构建回归分析模型，对我国有色金属矿山企业的实际增值税负担率进行了大胆的估计，以期为矿业税费改革提供有价值的参考。论文最后提出了矿山企业税费结构优化的政策建议，如提出了增值税转型的三种具体方案；针对改革资源税和矿产资源补偿费、建立权利金制度，提出了“两步走”的渐进式改革方案；结合矿业活动特点，提出了建立针对矿业项目的税收优惠政策的建议；另外，提出了完善社会保障体系、推进矿业权市场建设、加强商业性地质勘察的力度以及完善相关法律体系等配套措施，从而拓宽了税费研究的视野。

关键词：矿山企业　税收制度　税收管理　税费

4425

上市公司经营管理人才的业绩评价与激励研究 / 冯淑华著 ；刘国新指导. -- 武汉理工大学, 2005. -- 186 页

本文采用理论和实证分析、定性和定量分析结合的方法来研究上市公司经营管理人才的绩效评价体

系,并重点研究了管理人才薪酬与精神激励。文章认为设计和运用科学的管理人才绩效评价系统、建立和完善有效的管理人才激励机制,是优化上市公司治理结构、提高上市公司质量和水平的两个重要方面。文章回顾了我国上市公司治理的历史演进,回顾了我国企业经营管理人才的激励机制,对上市公司管理人才收入分配的历史沿革和现实特点进行了归纳与思考,阐述了经营管理人才激励的意义。文章借鉴了实验经济学的研究方法对湖北省上市公司进行了问卷调查分析,依据了我国上市公司 2001—2002 年报所公开披露的基本数据,运用回归分析等数理统计方法,对上市公司经营管理人才的薪酬(年收入和股票期权收入)进行了分析。文章从上市公司的外部约束和内部约束两个界面,深入分析了经营管理人才的约束机制,提出了意见和建议。

关键词:上市公司　管理人员　人才管理　激励

4426

区域科技资源配置与使用的研究 / 冯永田 ; 谢科范指导. -- 武汉理工大学, 2005. -- 160 页

本文综合运用微观经济学、博弈论、信息经济学、制度经济学、系统论等理论与方法,对区域科技资源配置与使用进行研究。首先,本文界定了科技资源的内容,分析了区域科技资源配置的原理、再配置的必要性以及区域科技资源使用的影响因素和原理、区域科技资源使用的系统论机理。其次,分析了区域科技人力资源的本质特征,探讨了流动机制对于区域科技人力资源流动的必要性,提出了科技人力资源柔性管理思想。此外,分析了政府科技投入、企业科技投入、科技风险投资等三种区域科技财力资源配置与使用方式所涉及的投资领域、投资对象、投资目的,提出了区域科技基础条件资源所应遵循的原则。最后,论述了科技基础条件资源配置与使用的目的与意义,提出了区域实验体系优化、科学数据共享以及科技文献服务体系建设等区域科技基础条件资源配置与使用的途径、基本原则。

关键词:科学技术管理　资源配置　人力资源　科技经费

4427

世界遗产地游客满意管理模式研究 / 符全胜著 ; 盛昭翰指导. -- 南京大学, 2005. -- 142 页

论文从以人为本管理的角度和公共决策中的有限性思想为指导,尝试构建一个基于游客满意和资源保护协调的游客管理模式,并结合皖南的案例研究,对遗产地游客满意测度与分析框架,为遗产地满意管理和缓解遗产地保护与利用矛盾提供相应的理论和实证研究基础。全文共分四部分。第一部分:绪论和相关研究综述,包括 1、2 章内容。第二部分:包括 3、4 章,对传统的游客管理模式作了比较和分析,以人为本管理理论,有限性理论和系统分析方法对游客管理模式的创新提出了自己的见解,为构建游客满意管理模式提供分析基础。第三部分:包括 5、6 章,作者对游客满意的概念、特征、影响因素、作用机制和游客满意度测度模型作了框架性研究。第四部分:案例研究,是第 7 章的内容。通过对皖南黄山、西递和宏村三处世界遗产地进行案例研究,验证游客满意度测度和分析以及游客保护感知测度和分析两种方法的有效性和可行性,最后,构建了皖南世界遗产地游客满意管理模式的基本框架。最后的结论部分,结合理论和案例分析,对世界遗产地游客满意管理模式的研究成果进行了总结。

关键词:旅游业　旅游管理　游客　顾客满意度　世界遗产

4428

工程投标人信用缺失及防范研究 / 付晓灵著 ; 张子刚指导. -- 华中科技大学, 2005. -- 102 页

论文在对国内外招投标中投标人信用缺失研究现状及发展进行综述的基础上,系统地论述了作者对信用缺失的防范理论与方法的研究成果。首先针对常见的工程项目招投标方式,介绍了国内建设工程招标投标的程序及其工作内容。接着提出并定义了投标人信用缺失的类型,在对各种影响投标人信用缺失因素的研究基础上,通过调查收集资料,对影响投标人失信因素做实证分析,建立含虚拟变量的回归模型,并利用调查资料进行信用缺失的分布滞后影响分析,建立了投标人信用缺失的分布滞后模型。其次,根据投标人信用缺失的分类,分析了工程投标前和工程投标后投标人的信用缺失,还从信息经济学的角度,分析了投标人信用缺失的根源,即分析了信息不对称下引起的投标人道德风险的必然性和由此导致的逆向选择的过程。再次,针对工程投标条款的不足,分析了当前国际上招投标的两种通用做法——世界银行的做法和英联邦的做法,并由此提出改进我国工程招标条款的思路,并提出改进建设方付款方式的设想和建立投标人合理的投标模型的方法。随后,作者提出了完善我国工程招投标制度的建议以及加强

法律法规监督作用的措施。最后,从信息经济学角度,建立了控制投标人失信的正激励博弈模型、负激励博弈模型和监督博弈模型,并在文末提出加强伦理约束的重要性。

关键词:工程项目管理　投标　招标　信用

4429

汽车制造业大批量定制的实施策略研究 / 付忠璋著 ; 马士华指导. -- 华中科技大学, 2005. -- 82 页

作者在领悟和理解大批量生产和大批量定制理论的基础上,针对汽车制造业的实际,探讨大批量定制的工程技术方法,注重大批量定制的操作性研究,提出汽车制造业从大批量生产向大批量定制转变的一些重点实施策略。论文论述了"面向大批量定制的VRP模块化产品开发设计策略"。VRP(Variety Reduction Program,减少零件变化方法)是一种面向大批量定制的工程思想和方法,它从分析产生产品"变化性"的根源入手,通过降低产品结构和制造结构的变化,来达到控制成本的同时设计、生产定制化产品的目的。作者将VRP理论与传统的模块化技术相结合,针对汽车制造业建立大批量定制模式的要求,提出了产品开发设计变革的思路——VRP模块化。在此基础上,将VRP模块化方法与计算机技术相结合,提出了基于模块化的汽车产品与工艺路线文件计算机辅助管理系统的管理模型和设计思路。论文论述了"面向大批量定制的C型模块化生产设施重组策略"。作者从实施模块化战略,对现有生产设施进行重组,建立大批量定制生产线的角度出发,将模块化原理和瑞典式汽车生产线应用于生产设施的布置决策之中,就如何将大批量生产线重组成大批量定制生产线的问题进行了研究,提出了C型模块化制造单元的概念。面向未来,遵循"尽可能适应人的需要"、"以人为本"的原则,转向大批量定制模式,对生产组织进行变革,实施面向大批量定制的生产管理、企业协同、供应链管理、企业文化管理等,必将成为新世纪管理的主旋律,将会在全球范围内掀起一场新的管理革命。

关键词:汽车工业　生产管理　大规模定制　模块化

4430

中国电影企业发展模式研究 / 高红岩著 ; 张明玉指导. --北京交通大学, 2005. --189 页

本文主要研究中国电影企业发展的理论基础、中国电影企业发展的动因、中国电影企业的产品发展模式、市场发展模式和结构发展模式等问题。文章分析了国内外电影企业发展的外部动因和内部动因,提出了战略主导型、政策主导型、战略政策互动型三种动因模式。提出了中国电影企业的四种产品发展模式,探讨了电影项目成功与企业发展之间的关系,提出了三个维度和七项指标组成的项目成功评价体系。提出了中国电影企业的院线化市场发展模式以及网络化的结构发展模式。文章界定了电影院线的概念,还提出了电影企业的动态网络系统。

关键词:电影业　企业发展　电影院

4431

人力资本与经济可持续发展研究 : 以河北省为例 / 高素英著 ; 金浩指导. -- 河北工业大学, 2005. 162 页

人力资本作为发达国家长期经济增长的决定性因素及其在持续性经济增长中所发挥的重要作用,已经被许多事实所证明。论文采用理论研究和实证分析相结合的方法,对人力资本与经济可持续发展进行了深入的剖析和探讨。我国作为发展中国家,经济发展受着资源短缺和资本短缺的约束,但同时却拥有丰富的劳动力资源,如何把劳动力资源转化为人力资本,并使其成为推动中国经济可持续发展的决定性因素,是一个有益的课题。论文首先介绍了人力资本和经济可持续发展的背景和理论基础,其次,在对河北省人力资本存量和物质资本存量进行测算的基础上,对现阶段河北省人力资本和物质资本对经济增长的作用作了计量实证分析。作者的研究方法是构建人力资本双要素模型和外部性模型,通过模型剥离出人力资本对经济的直接和间接贡献,从而说明人力资本对经济作用的具体路径;并比较了物质资本与人力资本在经济增长中作用的特点,从而说明河北省经济可持续发展的挑战。再次验证了人力资本的长期经济增长效应。最后通过分析河北省经济可持续发展对人力资本的要求以及目前人力资本培育中存在的问题,提出河北省人力资本培育的对策建议。

关键词:人力资本　可持续发展　经济增长　河北省

4432

基于价值链的企业标准化管理理论与方法研究 / 高晓红著 ; 丁日佳指导. -- 中国矿业大学, 2005. -- 119 页

论文针对新形式下标准的作用日益凸现而我国企业标准化管理薄弱的现状,运用企业管理理论、系统理论、价值链理论、信息经济学理论以及综合评价理论,提出了适应市场经济条件的企业标准化管理的理论、方法、实施步骤和企业标准化效率与效益评价方法。在研究标准化原理和企业管理的基础上,作者提出了适用于企业标准化管理的基本方针。针对标准化管理工作的特点,利用价值链理论,提出了适应市场经济条件的基于价值链的标准化管理方法和效益识别机制,从而达到全过程、多角度、动态地管理企业标准化工作,实现企业价值增值的目的。论文以企业标准化管理原理为基础,设计了企业标准化的管理机制和一般运行模式。为使标准化工作者和企业领导能够有效管理和合理控制企业标准化工作,建立了基于数据包络分析(DEA)的企业标准化效率评价模型和基于模糊综合评价(FCE)的企业标准化效益评价模型,并进行了实证分析,验证了作者在论文中的企业标准化管理的系统原理和人本原理以及责任原理和效益原理的正确性,实现理论创新,有效提高市场经济条件下的企业标准化管理工作水平。

关键词:企业管理　标准化管理　价值链　数据包络分析(DEA)

4433

线性规划的降阶理论及其快速算法研究 / 高引民著 ; 甘仞初指导. -- 北京理工大学, 2005. -- 124 页

在实施问题转化为线性规划模型的过程中,把不具有真正约束的条件和变量都考虑进来,这就使线性规划的约束模型增加。论文从数学理论方面研究线性规划中存在非有效约束条件,非有效变量,最优基变量及最优约束条件的性质,并给出了从线性规划模型中识别它们的规则,为识别他们的方法奠定理论基础。作者将建模和求解模型一体化来考虑,作者分别研究了在建模的过程中,在求解线性规划模型前以及求解模型的过程中识别非有效约束条件,非有效变量,最优基变量及最优约束条件的方法。研究了对二维线性规划的特殊解法,以线性规划降价的理论为基础,结合二维线性规划的特殊解法及单纯型法的基本原理,研究了求解线性规划的新算法。最后,作者对所提出的新方法进行了大量的数据实验,并同单纯型法进行比较。

关键词:线性规划　降阶法　单纯形算法　最优化算法

4434

城市基础设施的市场化运营机制研究 / 郜建人著 ; 李世蓉指导. -- 重庆大学, 2005. -- 158 页

城市基础设施是经济和社会发展的基础与载体,其运营质量直接关系到国民经济的发展和社会的全面进步。长期以来,政府垄断的经营管理体制严重制约了城市基础设施产业的健康发展:设施总量严重不足、企业经营效率低下,多数设施因投资和维护不足长期处于低效、不安全运营状态。进行城市基础设施运营管理体制创新,促进市场竞争、提高其运营效率和运营质量,具有重要意义。论文围绕市场机制这一主线,作者按照城市基础设施投融资、建设、经营和市场监管等逻辑过程,全面、系统地分析了城市基础设施市场化运营的机理、路径与政策建议,其主要内容包括三个方面:1、现状研究。对城市基础设施的概念与内涵进行了概括总结,并通过存量设施分类统计、与国际横向比较的研究,指出体制性问题是导致城市基础设施行业发展滞后和运营效率低下的根本原因。2、理论研究。运用公共经济学的基本原理,对城市基础设施产品(服务)的提供和生产方式及其效率进行了研究,建立了城市基础设施的市场化指数的指标体系和市场化程度评价模型。3、应用研究。论文按照城市基础设施发展的逻辑过程,分别从投资、建设、经营和市场监管等方面,对相应市场化运营机制的构建与运作进行了详细的研究。作者结合我国实际,就投资回报率、最高限价等价格管制模型,以及消费者和政府的质量控制机制等进行了详细的探讨,提出了政府管制的政策取向。

关键词:基础设施　市场化　项目管理

4435

新经济时代人力资本产权及其制度创新研究 / 葛玉辉著 ; 黎志成, 徐天亮指导. -- 华中科技大学, 2005. -- 147 页

论文涉及的是一个多学科相互交叉、相互渗透的课题。虽然经济学和管理学的前沿研究存在着概念、视角、方法及思路上的差异,但对“人力资本理论”的认可是不谋而合的,实际上是从不同的角度对经济运行和企业运营在新经济时代的走向和大趋势的理论回应。基于此,作者运用产权理论、人力资本理论、企业管理理论,以及行为科学、管理学、现代经济学、法学等理论基础,以比较分析、归纳演绎和实务操作相结合的研究方法,在吸收、借鉴和利用国内外有关人力资本产权理论研究成果的基础上,以产权理论为基

础框架,来开辟新经济时代人力资本产权的研究思路,展开理论逻辑体系。论文在对人力资本产权理论的内涵进行论述时,分析了人力资本与人力资本产权的不同特征,人力资本的特征主要表现在人力资本的形成、内容、价值、能动性等方面论文通过建立代理人的效用函数及人力资本供给的约束机制理论模型,从经营者努力水平的激励动力维度来重点探讨造成国有企业绩效低下的原因,找出国有企业低绩效的真正原因在于忽视经营者人力资本产权激励约束机制的建立,说明构建国有企业人力资本产权制度及运营模式是解决国企深层次矛盾的需要,是深化国企改革的突破点,结合时代特征与中国的具体实践研究了构建人力资本产权制度问题,阐述了推进国企人力资本产权制度创新的具体运营创新模式和具体操作实施方案。论文在研究国有企业人力资本股设置的方法与步骤时,通过建立一个简单的企业生产函数理论模型来分析说明按要素对企业贡献的比例分割法及岗位价值模糊评价法来设置国有企业的人力资本股。

关键词:人力资本　产权　国有企业　制度创新　激励

4436

基于共享性资源观的集群企业竞争优势研究 / 耿帅著 ; 吴晓波指导 . -- 浙江大学,2005 . -- 151 页

论文基于 RBV 理论分析框架衍生出集群企业竞争优势的共享性资源观,并以共享性资源对集群企业竞争优势的作用机制为研究主题,在将当前处于主流的 RBV 企业战略理论运用于产业集群分析方面进行了尝试性的研究工作。作者首先以 RBV 理论对影响企业竞争优势的资源三分法为研究切入点,通过指出 RBV 资源三分法在研究产业集群内部的集群企业竞争优势中所表现出的资源分类缺陷,进而引出 RBV 资源三分法之外的第四类资源——集群企业共享性资源。而后基于 RBV 理论分析框架,论证了共享性资源所具备的获取李嘉图租金的各种特质,进而提出集群企业竞争优势的共享性资源观。接着,通过明晰共享性资源、战略性资源及集群企业竞争优势三者之间的关系,构建出基于共享性资源的集群企业竞争优势概念模型,并借此模型指出了共享性资源对集群企业竞争优势的作用机制。最后,通过结构方程模型法的分析与检验,对概念模型做出适当修正并确立出最终模型,从实证研究角度验证了共享性资源对集群企业竞争优势的作用机制,并依据此作用机制对现行以提升产业集群整体竞争力为目标的各种实践活动进行了重新思考与审视。

关键词:产业集群　企业集群　市场竞争　战略管理　资源共享　竞争力

4437

企业海外 R&D 的资源整合模式研究 / 龚健著 ; 黄鲁成指导. -- 北京工业大学, 2005. -- 175 页

首先,从企业整体角度,作者提出了一种从全局角度研究企业海外 R&D 活动的资源整合模式的思路,即在分析现有文献关于企业海外 R&D 的结构分类的基础上,选择具有代表性和互补性的分类方法,针对每种分类法中不同的企业海外 R&D 结构类型(组织模式)进行相应的模式研究和风险研究。接着,论文分别从三个不同的视角:企业海外 R&D 机构、企业海外 R&D 战略联盟和企业海外 R&D 项目,研究了企业海外 R&D 的资源整合模式。基于产品主导型企业海外 R&D 项目实施并行工程的特点,提出了对产品主导型企业海外 R&D 项目并行工程实施中人力资源的整合管理宜采用一种"战略行为、心理契约与跨文化整合"的互动模式。作者出了产品主导型企业海外 R&D 项目并行工程实施的一般流程,为进一步深入研究企业海外 R&D 项目并行工程实施中的资源整合模式提供了前期准备。还提出了企业海外 R&D 项目并行工程中人力资源整合管理的"战略行为、心理契约与跨文化整合"的互动模式。

关键词:跨国公司　研究与开发(R&D)　国际合作　战略联盟　并行工程　人力资源

4438

动态环境下企业研发与市场营销界面管理柔性化研究 / 龚艳萍著 ; 李自如指导. -- 中南大学,2005. 169 页

首先全面分析了企业研发与市场营销(R&D – Marketing)界面管理的基本理论,指出了现有理论的局限性。在此基础上提出了动态环境下 R&D – Marketing 界面管理的战略导向是提升企业动态能力的观点,推演了 R&D – Marketing 界面管理应具有柔性的假设。接着分析了环境动态性的结构特征,在此基础上设计了实证研究框架、变量及其测度指标,通过对 127 家企业的研发主管与市场主管的问卷调研及数据处理,进行实证研究。其次,基于创新战略类别探讨了企业为什么要通过 R&D – Marketing 的柔性整合来实现创新的战略柔性,讨论了企业创新战略的两种类型——渐进式创新与激进式创新及其在企业发展

中的作用。进一步地基于柔性理论分析了 R&D - Marketing 界面管理柔性的定义、内涵与能力构成,提出了构建 R&D - Marketing 界面管理柔性的 16 个维度,设计了 R&D - Marketing 界面管理柔性的概念模型并分析其作用机制和相关策略,从而构架了 R&D - Marketing 界面管理柔性化的基本理论体系。随后,提出了基于层次分析法的 R&D - Marketing 界面管理柔性决策的递阶层次结构,并运用灰色系统理论和模糊数学方法,建立了 R&D - Marketing 界面管理柔性评价模型。最后通过两个企业的实例计算与分析初步验证了模型的有效性。

关键词:企业管理　研究与开发(R&D)　市场营销　界面管理　柔性管理

4439

VDT 作业及其管理研究／顾力刚著 ；陈荣秋，韩福荣指导. -- 华中科技大学, 2005. -- 120 页

VDT 作业是伴随着计算机广泛应用而出现的一种全新的作业形式。随着社会信息化水平的不断提高,VDT 作业已成为现代劳动中具有代表性的作业。VDT 作业的作业形态、对作业者生理和心理的影响不同于传统的办公室作业和车间作业。它的出现对作业管理提出了新的要求,成为现代作业管理新的研究领域。论文从视觉疲劳、局部骨骼肌疲劳和精神疲劳等方面对 VDT 作业研究进行了综述,作者在系统地分析了国内外 VDT 作业研究现状的基础上,对 VDT 作业及其管理研究中有待于解决的问题进行了深入的研究,采用实验研究的方法研究了 VDT 作业对固视运动的影响,建立了评价视觉疲劳的新指标。为了建立评价 VDT 作业视觉疲劳的新指标,通过实验研究了 VDT 作业对固视运动的影响,从视觉疲劳、局部骨骼肌疲劳和精神疲劳三个方面设计了评价指标体系,建立了 VDT 作业疲劳的二级模糊综合评价模型,实证研究表明该模型能够对 VDT 作业者的疲劳程度做出正确的评价。VDT 作业视觉环境的综合评价,在综合分析了 VDT 作业视觉环境中各种因素对作业者可能产生影响的基础上,从照度、亮度、眩光、视屏显示质量、光色等方面设计了评价 VDT 作业视觉环境的指标体系,建立了评价模型,并利用该模型对某些企业 VDT 作业场所的视觉环境进行了评价。从作业组织、作业环境、作业空间布置及健康管理等方面探讨了 VDT 作业管理的内容、管理模式和管理流程,以期通过有效的管理在提高个人效率和组织效率的同时,预防、减轻 VDT 作业者的生理和心理疲劳,提高劳动者的工作生活质量。

关键词:企业管理　生产管理　作业管理　视觉疲劳

4440

基于模块化的企业全面创新学习机制研究／顾良丰著 ；许庆瑞指导. -- 浙江大学, 2005. -- 220 页

论文根据企业市场竞争与创新模式的历史演变理论,总结了企业创新学习模式的变迁,同时从市场、需求和技术发展三方面讨论了论文的研究背景,并从历史的视角指出了现阶段企业须通过全面创新才能赢得竞争优势的发展趋势,最终基础是获取动态创新能力的创新学习,并指出了目前中国企业创新能力形成过程中存在或面临的四种问题和困境。在明确了研究背景和研究主题之后,论文通过对相关基础理论的分析与研究,进一步确立了研究的四个焦点问题,并围绕企业创新学习机制对其进行了理论和实证研究。然后通过对模块化理论的系统回顾和分析,提炼了模块化三个基本要素——架构、模块和元。其次,在现有全面创新管理(TIM)理论的基础上,结合模块化三要素作为架构性维度,构建了企业全面创新系统的模块化架构模型。第三,通过对知识管理理论的维度分析,结合模块化理论,构建了知识和知识管理的模块化架构模型,在此基础上,通过概念模型设计分析,初步构建了由四个基本要素(知识管理、创新学习、全面创新能力和企业模块化)组成的企业全面创新学习机制概念模型。第四,研究对企业案例的历史分析表明了企业全面创新管理的必然性;同时通过运用模块化创新学习机制模型对案例进行比较研究,发现了企业创新学习机制的协同模式。第五,通过结合知识的生命周期理论,构建了基于模块化的企业全面创新学习机制系统动力学模型,对企业知识流的产生、积累、衰退,以及系统反馈进行了动态分析。

关键词:企业管理　知识管理　知识创新　模块化

4441

中小企业信用评价因素研究／管晓永著 ；王沛民指导. -- 浙江大学, 2005. -- 215 页

论文在综合、比较中西方信用思想的基础上发现,西方的信用思想以经济信用观为特征,注重功利性;中国的信用思想则以伦理信用为特征,注重精神性。因此,用基于西方信用思想的以财务指标为主的信用评价“标尺”来衡量具有东方信用观念和行为特

征的中国中小企业就注定要遇到实践的挑战。在考察我国信用和信用评价研究现状的基础上,作者首先在中小企业的界定和特征、信用基本理论问题及企业信用基本理论问题三个层面展开了研究:第一,从理论角度探讨了当代中小企业的内涵和本质,从实证方面揭示了中小企业在能力、治理、管理等客观方面的基本特征。第二,通过对信用的基本功能,发展历史和作用范围的考察论证了信用的本质,研究了信用对现实主体的要求。第三,重点研究了企业信用实现的条件及其对信用实现的影响机制,并提出了内在条件——企业信用品质和信用能力是影响其信用实现的主要因素并且信用品质是信用实现的必要条件,信用能力是信用实现的充分条件的观点。基于上述信用实现理论的探索,论文对中小企业信用评价因素从两个层次展开了深入研究。

关键词:中小企业　企业信用　信用评价

4442

现代产业组织模式研究 / 郭岭著 ; 李必强指导. -- 武汉理工大学, 2005. -- 166 页

作者认为企业间的合作组织是突破了企业组织边界的组织,属于产业组织的范畴,因而现代企业间新出现的合作组织模式属于现代产业组织模式。因此对现代企业间合作组织模式的研究,不仅要从其演化的源头企业组织来研究,而且还有必要从产业组织范畴的角度来研究。此外,除了深入研究上述四种有代表性的组织模式外,还有必要继续探索、研究现已存在的企业间其他新的合作组织模式。为完成上述研究目的,作者首先对现代产业组织模式的理论基础——产业组织理论进行了综述,并就国内外对现代产业组织模式研究的现状进行了归纳,阐述了现有研究成果的特点并对这些特点进行了分析和解释,指出了现有研究存在的局限性,提出了论文对现代产业组织模式研究的具体方向和内容。其次,作者对现代企业间新出现的上述有代表性的四种模式从产业组织的角度分别进行了梳理和研究。并对这些模式进行了横向比较分析,以了解和把握这些模式的区别和联系。在对现代产业组织有代表性的模式进行分别研究和横向比较的基础上,论文对现代产业组织模式的内涵和本质特征进行了归纳、总结。最后,论文通过对一个实例中存在的企业间新的生产经营模式现象进行分析和理论提炼,提出了一种新的产业组织模式——产业平台组织模式,并对该模式进行了基本体系的构建和分析。

关键词:产业组织　产业集群　供应链管理　企业合作

4443

中国船舶工业企业国际化研究 / 郭强著 ; 刘希宋指导. -- 哈尔滨工业大学,2005. -- 150 页

从船舶工业企业国际化的理论、范式、国际比较、历史回顾与现状分析、国际化模式和政策建议诸方面,对中国船舶工业企业国际化进行系统研究,旨在促进实现把我国建设成为世界造船大国的战略目标。首先对企业国际化的基本理论进行梳理,对企业国际化的一般分析范式进行概括。接着对船舶工业企业国际化的概况进行比较分析,从中得出经验借鉴,并对我国船舶工业企业国际化进行历史回顾与现状分析。其次,分析我国船舶工业企业国际化的模式特征,从以生产要素引进为特征的内向型国际化和以船舶产品出口为特征的外向型国际化两个维度。再次,分析了船舶工业企业国际化模式调整的动因,提出新时期我国船舶工业企业国际化模式调整与发展的指导思想、总体思路和目标,构建以内向国际化为先导,以外向国际化为中心,内外向互动的企业国际化发展新模式。作者还对我国船舶工业企业国际化效应构成要素进行分析,运用格栅获取法和模糊 Borda 数评价法构建评价模型,对我国船舶工业企业国际化效应进行量化评价。最后,系统提出我国船舶工业企业国际化的政策建议。

关键词:造船工业　工业企业管理　企业国际化

4444

企业集团内部资本市场研究 / 郭旺著 ; 李自如指导. --中南大学, 2005. --196 页

本文从信息生产、投资监控、绩效评估和控制三个方面分析了企业集团内部资本市场的资本配置过程。具体内容包括:不对称信息,代理成本对公司投资的影响,内部资本市场的成因、本质及其效率,内部资本市场的信息生产与决策效率,内部资本市场的监督与激励,内部资本市场的绩效评估与控制,企业集团内部资本市场的实践,ABC 公司的资本配置和类"向日葵"多重控制系统的运用。文章提出分工授权是企业获取充分和廉价信息的制度基础,给出了内部资本市场信息生产分工授权的一般条件,说明了分权管理模式的作用。文章研究不完美监控对监控系统的有效性。建立了分析比较绩效评估指标的关联性和代理人努力行为相互作用的净效果对绩效指标选

择和权重安排影响的数学模型。文章还分析了中国企业集团内部资本市场的产生和运作模式，比较分析了中外企业集团的内部资本市场。

关键词：企业集团　资本市场　公司治理　监督管理　资本配置

4445

投资行为人的异质性研究 / 郭文英著 ; 韩立岩指导. -- 北京航空航天大学, 2005. -- 110 页

经典金融学充分承袭了经济学的分析和技术。其模型和范式基本上沿用在“理性”的分析框架内，而忽略了人类的行为分析，许多金融市场的投资行为的观察者都指出心理因素干涉着投资者的行为，进而影响资本市场。因此，论文充分考虑到投资者的心理特征，以投资者间的异质理念为主线，运用概率论的知识讨论了双寡头投资的动态资产价格；运用模糊规划理论研究了模糊意义下的最优效用；运用模糊测度论的理论和方法，给出了最优效用的比较静态分析。第一，作者首先分析了投资者之间的异质理念，针对过度自信和守旧性这两个人类行为的常见特征，给出了两类投资者之间的决策矩阵和状态转移矩阵，利用资产的价格是未来企业赢利的贴现，提出了双寡头投资的动态资产定价模型。第二，作者运用基于财富变化量的效用函数，指出投资者的最优效用是在一定的财富变化范围内达到的。然后又考虑到具有模糊性的人类思维，借鉴模糊规划理论在经济学分析中的运用，在金融市场的投资决策中引入模糊机制。第三，作者指出投资者对未来的理性预测不仅每个人之间不同，即便同一个人在不同情况下的理性预期也是不一样的，并且由期望效用的历史可发现，投资者对不确定性的评价不遵循可加的规则。

关键词：投资　行为金融学　资产定价　模糊预测

4446

中国企业信息化成长阶段分析与技术采纳特点研究 / 郭迅华著 ; 陈国青指导. -- 清华大学, 2005. -- 197 页

企业信息化成长的研究旨在考察企业引入、应用现代信息技术时所经历的一般性过程，并致力于揭示其中的内在规律。利用 2002 年调研获得的实际数据，论文首先对信息化成长领域的经典 Nolan 阶段理论进行了统计分析考察。结果表明，中国企业的信息化开支变化在总体上与该理论相符，但个体上存在着很大差异。信息化开支指标不能直接适用于个体企业的信息化成长分析，但与技术扩散指标相结合，可以对企业群体的总体信息化进程进行了阶段分析，并讨论了不同类型企业中的不同规律及其成因，进而展开了企业个体内部和总体两个层面上的进一步研究。在个体层面上，案例分析指出，企业内部信息技术的扩散与信息管理的组织学习之间存在着上下两方向上的互动，因而，作者围绕渗透度和扩散度的概念，提出了一个旨在对企业信息化发展中的不同状态加以判别的指标模型，并通过 2004 年以来的数据进行检验。同时，作者归纳并验证了描述企业信息化投入及管理状况的六个维度，从而形成了一个在企业的层次上分析信息化发展阶段较为完整的框架，并以之对中国企业的信息化发展状态以及信息化建设投入和管理状况进行了衡量。在总体层面上，作者延续从一种影响广泛的模型（TAM）入手，构建并检验了一个分析中国企业信息技术采纳特征的研究模型，阐释了中国企业对各种主要信息技术和信息系统应用类型的采纳特点。

关键词：企业信息化　信息技术　信息系统　技术扩散　组织学习

4447

医疗保险中道德风险问题研究 / 国锋著 ; 孙岩林指导. -- 西安交通大学, 2005. -- 127 页

医疗保险是一个较为特殊的行业，它涉及保险学、经济学、管理学、医学等多个学科。论文主要研究的社会医疗保险既是保险学的一个分支，也是社会保障制度的重要组成部分，有着社会福利和收入再分配的作用。道德风险是保险学中的一个重要问题，而且它在医疗保险中有着不同于其他险种的影响。作者在中国新医疗保险制度的大背景下，综合了经济学（保险经济学及卫生经济学）、管理学、统计学的研究方法，探讨了医疗保险中事前和事后道德风险的产生和影响以及相关的福利问题。采用理论分析和实证研究的手段，一方面论证了事前道德风险对医疗保险的影响可以忽略，另一方面着重对事后道德风险进行了系统分析。作者通过道德风险福利损失和收益的详尽剖析，阐明了道德风险对医疗服务及医疗保险的具体影响和程度。论文主要结论如下：一、事前道德风险可以忽略的理论。作者认为由于健康、医疗服务、医疗保险作为产品有别于其他产品特性，在实际健康计划中，事前道德风险对发病率没有影响。二、道德风险净损失的估计。基于群体中收入的不同，提

出了新的道德风险损失的计量方法,认为传统的道德风险计量由于忽视了收入的作用而高估了道德风险损失。三、消费者真实医疗需求利用医疗服务造成的医疗花费大大增加了低收入者的效用。四,提出了道德风险福利损失平衡点理论模型和计算方法,并解释了其公共政策的意义。

关键词:医疗保险　道德风险　医疗服务

4448

中国能源经济问题的计量分析与政策研究 / 韩智勇著 ; 魏一鸣指导. -- 中国科学技术大学, 2005. -- 151 页

论文在能源经济学理论框架内,采用计量经济分析方法,对中国能源经济和政策问题进行了系统的实证分析。通过论文的研究,作者将协整性与 Granger 因果关系检验的方法引入了中国能源经济的研究,得出了关于中国能源经济长期趋势和因果关系的定量研究结论,这一结论同样适用于第一和第三产业,但在第二产业中,能源经济表现了双向的因果关系,因此必须考虑不同产业的能源经济特征,采取区别性的能源政策;基于结构分解分析(SDA)方法,提出了能源强度变化中结构份额和效率份额的计算方法;定量分析了中国能源结构变化对能源效率的影响,同时对不同能源的边际效率和边际替代率进行了探索性的定量研究。研究结果表明:(1)中国能源价格问题产生的根本原因在于不同能源定价机制之间的冲突,这一观点也被其后的案例研究所证实,解决冲突的根本和唯一途径在于理顺不同能源市场的定价机制。(2)中国主导能源的技术替代战略在短期内,应推动煤炭液化、气化和净化技术发展,实现储量相对丰富的煤炭对石油的替代;中期内,根据技术发展速度选择核能替代或者天然气水合物替代;远期战略应实现可再生清洁能源替代。(3)中国应通过适当降低经济增长速度、大力发展节能技术、加快发展煤炭转化技术、建立战略能源储备制度、利用国际国内能源期货市场规避能源价格风险、发展新能源科技、通过能源替代扩展国内能源资源等政策来保障能源安全。

关键词:能源经济　能源管理　能源供应　计量分析

4449

多功能开放型企业供需网的若干重要问题研究 / 何静著 ; 徐福缘指导. -- 上海理工大学, 2005. -- 137 页

论文"多功能开放型企业供需网的若干重要问题研究"是国家自然科学基金课题(70072020)"多功能开放型企业供需网及其支持系统研究"的重要组成部分,主要运用经济学和系统学的方法重点对开放型企业的供需网的概念、内涵、机理和应用软件支持系统进行深入的研究。论文的主要研究工作如下:(1)作者主要分析了经济全球化背景下的传统企业的管理模式的弊端和供应链管理思想的局限性,强调了多功能开放型企业供需网理念的提出的必然性及其理论的现实和意义。(2)建立了多功能开放型企业供需网的结构模型,总结了其基本特征,并借鉴无标度网络模型对多功能开放型企业供需网进行系统的结构解析,重点突出了其动态演化和开放自由组织的基本特征。(3)运用无限次重复博弈理论并依据麦克洛伊德(Macleod)的生产合作模型建立多功能开放型企业供需网网络节点企业合作的经济模型,论证了其成员企业合作伙伴关系是一种较为稳定的合作关系。(4)描述目前普遍存在的供应链瓶颈问题,并对导致供应链瓶颈问题的原因进行分析。(5)介绍了多功能开放型企业供需网协同发展的内涵及内外部动因,给出其发展的判定条件。(6)介绍了多功能开放型企业供需网收益分配原则,并研究了其风险管理问题。(7)提出了第三方集成化供需信息管理平台的概念及其特点。

关键词:企业管理　供应链管理　企业合作　企业供需网

4450

投入占用产出可计算一般均衡模型研究 / 何静著 ; 陈锡康指导. -- 中国科学院研究生院, 2005. -- 92 页

根据一般均衡理论,论文试图建立一种可计算非线性动态投入占用产出模型,将投入占用产出技术与可计算一般均衡模型进行统一。这类模型既是非线性动态 CGE 模型,又是非线性动态投入占用产出模型的推广。该模型将"占用"这一概念引入 CGE 模型中,包括对单部门非线性 CGE 模型的推导,也包括对多部门非线性 CGE 模型的推导,并将此化成与动态投入占用产出离散模式相一致的形式。基于单、多部门非线性 CGE 模型的推导可以看作是投入占用产出模型的经济学溯源,也可以看作是对非线性投入占用产出模式表达形式的一种探讨。另外,论文还建立了基于多目标非线性规划的投入产出可计算一般均衡模型,在一定程度上对社会总需求和社会总供给的描述实现了形式的统一化,不仅对社会总供给的描述使

用了投入产出模型，而且对社会总需求的描述也采用了投入产出模型(对称模型)，它将社会总需求和社会总供给相互交叉在一起，使模型体系成为一个有机的整体。最后，论文还分别利用1999年中国投入占用产出量表，1995年中国非竞争型投入产出表，1999年中国水利投入占用产出表，1999年中国九大流域水利投入占用产出表，结合投入占用产出可计算一般均衡模型，实际计算了国际原油价格波动对国民经济价格体系的影响数据，中国1949—1999年水资源影子价格，中国1949—1999年九大流域水资源影子价格等结果。

关键词：一般均衡论　投入产出分析　非线性规划　数学模型

4451

现代图书情报机构信息服务与管理研究 / 何绍华著 ; 胡树华指导. -- 武汉理工大学, 2005. -- 173页

本文从信息服务业的分析入手，首先讨论了图书情报机构信息服务现代化的基本选择及这种基本选择对图书情报机构的影响。其次，分析了图书情报机构在现代信息服务业中的定位。再次，作者从用户研究、资源管理、服务评估等几方面着手，全面分析了现代图书情报机构的信息服务与管理：资源管理方面，探讨了在图书情报机构中引入供应链管理的可能性及模式，系统分析了现代图书情报机构信息服务技术及模式；用户研究方面，分析了用户需求规律及结构，并以此为基础探讨用户满意度指标体系的构建和实施；服务评估方面，深入分析现代图书情报机构的绩效评估与激励机制问题；质量评估方面，通过对现存几种质量评估体系的分析介绍，研究了我国现代图书情报机构信息服务质量评价体系的构建问题。

关键词：情报机构　图书情报工作　信息服务

4452

虚拟经济与实体经济互动影响研究 / 何宜庆著 ; 王浣尘指导. -- 上海交通大学, 2005. -- 183页

论文依据马克思主义经济学的相关理论和观点，基于系统科学的思想，从虚拟经济涵义界定出发，由定性分析研究推进到定量分析研究，并且理论联系实际，展开对虚拟经济与实体经济之间互动影响的理论研究和实证分析。论文主要研究内容和成果有：(1)基于系统科学的思想，分析虚拟经济系统与实体经济系统价值增殖的特点、定价机制、系统稳定性及其互动关系。作者认为社会经济系统本质上是一个价值增殖系统，它由两个系统组成，并从相互依存、相互矛盾、双轮驱动作用等三个方面对虚拟经济与实体经济之间互动关系进行剖析。(2)对货币供给、虚拟经济与实体经济之间进行互动分析论文首先建立货币供给对虚拟资本和实体资本增殖影响的理论模型，然后，分析三种不同的外汇管理体制对虚拟价值增殖与实体经济运动的影响。最后，将传统货币数量论扩展为既包括实体经济部门又包括虚拟经济部门的广义货币数量论，并进行相关的实证研究。(3)分析泡沫经济对虚拟经济与实体经济的影响，系统论述泡沫经济理论，分析泡沫膨胀与破灭的过程，给出理性泡沫模型和泡沫经济的测度指标。论文认为在这两个时间段内存在明显的投机性泡沫，其膨胀、收缩与修复的时间相差不大，表明正是由于机构投资者通过差价盈利使得中国股市波动带有一定的周期性。(4)基于中国实际经济运行状况，在以下四个方面展开对虚拟经济与实体经济互动影响的实证研究。这四个方面分别是：一、虚拟经济的发展和实体经济二元结构的转型。二、虚拟经济与实体经济互动关系的时滞分析。三、虚拟经济与实体经济周期波动的分析与研究。四、虚拟经济与实体经济互动发展的边际溢出效应分析；并得出相关的实证结论。

关键词：虚拟经济　实体经济　泡沫经济　货币供给

4453

具有随机市场需求的供应链契约模型研究 / 何勇著 ; 杨德礼指导. -- 大连理工大学, 2005. -- 132页

论文针对需求不确定下的供应链契约问题展开深入研究，一、在标准“Newsvendor Problem”模式下，对常用供应链契约(批发价格契约、退货政策、弹性数量契约、利益共享契约、回馈与惩罚契约)模型进行了比较分析，并以供应链协作为目的，对各种契约模型进行了优化。二、把标准“Newsvendor Problem”模式扩展为销售商具有决策偏好的情形，考虑决策偏好对供应链契约的影响。假设供应商为风险中性，分别讨论当销售商具有风险厌恶偏好、损失厌恶偏好、浪费厌恶偏好和缺货厌恶偏好时，如何通过实施供应链契约来实现供应链协作。三、把标准“Newsvendor Problem”模式扩展为需求与零售价格具有相关情形，分析了零售价格对供应链契约的影响。四、把标准“Newsvendor Problem”模式扩展为需求与努力水平具有相关性的情形，建立需求为随机并受努力水平影响的供应链契约数学模型，分析努力因素对供应链协作策略

的影响。通过对传统供应链契约的研究,解释了此时为什么传统供应链契约模型都无法实现供应链协作。从这个分析中我们得到启示并提出了基于回馈与惩罚策略的供应链契约理论。通过在传统的供应链契约中引入回馈与惩罚策略,我们将展示如何选择合适的供应链契约参数使供应链恢复到协作状态。

关键词:供应链管理　契约　销售管理　市场需求分析

4454

企业文化建设实践与绩效研究 / 何载福著 ; 黎志成指导. -- 华中科技大学,2005. -- 144 页

论文主要研究中国企业文化建设实践过程中企业文化战略选择、企业文化竞争力及其与经营绩效的问题,运用系统论、博弈论、社会场论和数理模型等分析手段,通过对企业文化定性与定量的研究,提出企业文化实施的具体战略、提高企业文化竞争力的模式、增强企业经营绩效的途径和企业文化内化的途径。首先,在对企业文化建设的基本涵义、意义、现状、存在问题和经验进行论述的基础上,对企业文化实践及其战略问题进行了研究。其次,对企业价值观和企业价值观念体系进行深入研究,设计重组企业价值观合作竞争博弈模型。再次,对企业文化竞争力的构成要素模型进行了研究,并对企业文化与经营业绩的关系进行了研究。设计了企业文化竞争力评价指标体系并进行计算,提出了提高企业文化竞争力的实现途径。然后,运用社会场论的原理提出了企业文化内化的途径和过程。作者认为道德信用体系的形成和企业道德信用的内化过程,是企业文化内化的重要方面。

关键词:企业文化　企业绩效　企业价值　竞争力　企业道德

4455

核电站专业化运营管理研究 / 贺禹著 ; 张金隆指导. -- 华中科技大学, 2005. -- 148 页

论文立足大亚湾核电运营管理公司的运作实际,通过分析和抽象,研究核电站专业化运营管理制度本质、核电站专业化运营管理企业的形成过程及其稳定性、核电站专业化运营管理安全体系及核电专业化企业的知识管理系统等问题。作者首先研究核电站专业化运营管理的基本概念、涵义及其管理模式特征。总结我国及国外核电站专业化运营管理的实践活动,指出专业化运营管理是核电站运营管理的趋势;阐述核电企业专业化运营管理基本概念、涵义和特征,对核电运营管理的范围、影响因素、安全特征进行描述,特别指出托管方式是核电企业专业化运营管理的基本运作模式;从企业组织理论和产业组织理论的角度,阐述核电企业专业化运营管理的实践与理论意义,指出专业化运营管理模式是从"自创生"到"自汇聚"、从"粗放"经营到"集约"经营的转化过程。其二通过分析大亚湾核电运营管理有限公司的案例,研究核电企业专业化运营管理模式的制度本质,并分析其制度效率。论证业主合作是核电站专业化运营管理模式成功运行的基本前提。其三研究核电站专业化运营管理企业形成的一般过程和基本规律以及合作业主选择的过程模型,探讨核电站专业化运营管理企业业主之间的合作与稳定性问题。其四研究核电站专业化运营管理中的核安全问题,阐述构建核电站专业化运营管理的安全体系的基本原则、方法、工具,提出核电站专业化运营管理企业大修知识管理系统框架,详解其知识构成、知识模型设计和系统结构设计。

关键词:核电站　运营管理　知识管理　核安全

4456

不确定数互补判断矩阵在决策和群决策中的理论与方法研究 / 侯福均著 ; 吴祈宗指导. -- 北京理工大学, 2005. -- 119 页

论文研究专家偏好信息为不确定数(区间数,三角模糊数或体型模糊数)互补判断矩阵的决策和群决策问题。主要研究结果如下:首先,作者论述了不确定函数互补判断矩阵的概念;其次,研究了基于不确定函数互补判断矩阵的方案排序;再次,分析了不确定函数互补判断矩阵的群决策,重点研究集结专家信息群体信息的方法;最后论文探讨了基于混合互补判断矩阵的决策和群决策。文章内容构成如下:第一章是绪论。第二章引入表示矩阵的概念和互补判断矩阵的一致性概念。第三章给出等价一致性矩阵的改进一致性方法。第四章基于线性规划和目标规划不确定数互补判断矩阵进行一致性分析,并且引入了一个满意的一致性指标。第五章给出基于不确定数互补判断矩阵方案排序方法。第六章研究不确定数互补判断矩阵的群决策,重点研究集结专家信息的方法,并且引入一个群体共识性指标。第七章讨论了基于混合互补判断矩阵的决策、群决策。在论文的最后,总结了全文的工作,并对基于不确定数互补判断矩阵的决策和群决策问题的研究前景作了展望。

关键词:决策　群体决策　判断矩阵

4457

中国企业家成长与激励约束机制研究 / 侯锡林著 ; 黎志成指导. -- 华中科技大学, 2005 . -- 205 页

论文在系统地回顾与继承既有的企业家成长研究成果的基础上,以中国经济体制转轨和国有企业改革的现实为背景;以企业家角色及其行为特征分析为切入点,以贯穿全文始终的企业家成长为主线,在有效利用经济学和管理学相关理论和方法前提下,按照“从一般到特殊”的研究思路,系统地研究了企业家,特别是国有企业家的成长机制与相应的成长模式。在论文中,将企业家成长分为狭义和广义两种机制和相应的模式。就是以人力资本理论为基础,进一步讨论企业家成长的人力资本理论分析框架,深入研究了企业家人力资本产权的内涵、结构与功能,提出了基于人力资本投资的企业家成长模式与分析方法,探索了企业家人力资本成长的一般规律性;以制度经济学理论为基础,努力探索企业家成长与企业制度变迁的内在联系,提出了基于企业制度变迁的企业家成长模式与分析方法,研究了企业家成长的性质、阶段及其结果,揭示了制度变迁约束下的企业家成长的一般规律性,以及中国国有企业家成长的特殊规律性;以委托—代理理论为基础,提出了企业家成长的选择模式与分析方法,给出了企业家流动的近似计算方法及其重要的宏观经济含义,建立了合意企业家选择模型,系统分析了不同选择模式对企业家成长的影响,从中筛选出最有利于中国国有企业家成长的选择模式。通过对企业家成长与激励约束机制研究,不但给出了相对完整的企业家成长理论分析框架、系统的成长模式和分析方法,而且也提出了促进中国职业化企业家队伍健康成长的政策建议。

关键词:企业家　人力资本　激励　企业制度

4458

物流公共信息平台的电子化协调机理研究 / 胡斌著 ; 刘仲英指导. -- 同济大学, 2005. -- 207 页

本文从物流公共信息平台的本质界定、服务模型和用户数流动性两个成功维度,以及两个关键影响因素包括信息机制和协调机制标准化等几个方面展开。首先,论文识别了平台应用环境中的三种协调机制,在此基础上,对物流公共信息平台给出了一个严谨的定义,并提出了一种新的体系结构,定量论证了它对于物流活动的跨组织协调与协作的推动作用。文章从服务模型和用户数流动性两个维度研究了物流公共信息平台这一电子化协调架构要获得成功的关键。对于物流公共信息平台的服务模型的研究,论文采用了案例分析方法,通过对全球范围内物流公共信息平台应用最佳实践的分析和总结,归纳出五种典型的物流公共信息平台服务模型;为解决平台的用户数流动性问题,论文提出了一个较为全面的用户加入平台决策的影响因素的分析框架,并采用 DELPHI 专家调查法进行了实证研究,最终把反影响因素按重要性划分为五类,并选取信任机制和标准化两个重要问题作进一步的研究。论文对协调机制标准化分解为两个子问题,即平台交互内容的一致性和平台交互协议的一致性。在论证了跨组织协调标准化的可行性的基础上,基于对跨组织协调机理的本体描述,通过构建共享本体库解决了交互内容一致性问题,提出了适用于物流服务和服务能力交易的半自动化多维拍卖模型和自动化多维拍卖模型。

关键词:物流　管理信息系统　物资企业　电子商务

4459

集成供应链中的一体化物流、信息平台、群决策和系统集成的理论研究 / 胡浩著 ; 李必强指导. -- 武汉理工大学, 2005. -- 154 页

为供应链雏形的企业供需关系网络经过不断的发展形成了供应链。供应链在物流、信息系统与群决策理论三个方面的进一步发展形成了集成供应链。在物流标准化的基础上,集成供应链中的节点企业将其物流业务彻底外包出去,此时,第四方物流与第三方物流可以以一个实体的形式,或者第四方物流与第三方物流并不是一个实体,但是它们协同运作,由第四方物流对物流活动进行设计、规划;再由第三方物流来具体实施,共同为集成供应链提供物流一体化解决方案。集成供应链信息平台是企业信息系统的延伸与集成,主要有三个部分组成:一是集成供应链信息门户;二是集成供应链信息平台数据库仓库;三是集成供应链节点企业数据库,并形成为供应链信息平台数据仓库提供基础数据的企业数据模型。论文从模糊集合理论的角度给出了两种决策个体模糊偏好集结的模型,在集成供应链决策中运用群决策理论进行决策分析时,主要讨论了两个方面的问题:一是集成供应链中各个节点企业的效用函数构造;二是基于社会选择理论与专家咨询的群决策规则的选择。

关键词:物流　供应链管理　系统集成　群体决策

4460

大型钢铁企业可持续发展研究 / 胡望明著 ; 周祖德指导. -- 武汉理工大学, 2005. -- 136 页

本文分析了制约中国钢铁工业可持续发展的几个关键因素,探讨了中国钢铁工业可持续发展的内涵及基本问题,并结合钢铁工业的实际,分析了我国钢铁工业实现可持续发展的方法、途径。首先,从绿色管理、人力资源管理、企业文化建设、危机管理等方面论述了加强管理对于企业可持续发展的意义和作用,指出绿色管理理念与模式是我国钢铁工业实现可持续发展的重要手段。其次,探讨了钢铁工业企业通过技术创新实现可持续发展的重要意义,探讨了如何通过多方面的技术创新实现钢铁工业的可持续发展目标,并以武钢为例提出以技术创新促进武钢的可持续发展的策略。最后,通过我国代表性钢铁企业的实践,论证了钢铁工业可持续发展的意义、内涵以及途径。

关键词:钢铁企业　可持续发展　技术创新　循环经济

4461

工程总承包企业提升核心竞争力的系统研究 / 胡志伟著 ; 沈荣芳, 韩传峰指导. -- 同济大学, 2005. 116 页

本文运用系统分析的方法,对影响工程总承包企业核心竞争力的内部因素和外部因素进行了深入系统地分析,建立了评价工程总承包企业核心竞争力的指标体系以及评价步骤,总结与确定了论文将重点研究的、影响工程总承包企业核心竞争力的关键因素——经营管理、融资能力、采购管理、技术创新和人力资源,并分别对其进行了系统和深入地剖析。在此基础上,提出培育工程总承包企业核心竞争力的有效途径。针对工程总承包企业核心竞争力指标的识别和评价方法,本文建立了工程总承包企业自身或目标企业的主要竞争力要素、绩效水平评价指标及绩效水平的层次关系数学模型;分析总承包企业的核心竞争力要素对总承包企业绩效水平的影响程度,形成总承包企业自身或有力竞争对手的竞争力要素重要度排序,从定性和定量的角度来确定出总承包企业的核心竞争力。另外本文还给出了计算和确定每一级指标权重的方法。针对工程总承包企业的不同问题,文章提出了相应的措施及建议。论文的观点和结论,大多来源于当前国内外的理论研究和对实践经验的总结。论文的部分成果已在实践中进行了试用,并被证明对我国工程总承包企业核心竞争力的研发和培育有着切实的效果。

关键词:建筑企业　核心竞争力　融资　技术创新　采购管理　人力资源管理

4462

中国货币政策有效性实证研究 :兼论利率市场化 / 黄昌利著 ; 任若恩指导. -- 北京航空航天大学, 2005. -- 155 页

货币政策是最重要的宏观经济调控手段之一。关于货币政策有效性的争论和研究一直是经济学家和各界所关注的热点问题。我国是正处于金融深化过程中的发展中国家,又正处于转型期,特别是 1996 年以来,货币政策传导机制的问题暴露比较充分,深入研究我国货币政策的传导机制和效应,对认识国民经济运行特点以及存在问题,推进相关制度的建设。具有重要意义。在第一章"货币政策与货币政策传导机制",作者对有关货币政策工具、货币政策目标、货币政策传导机制等相关理论和成果进行了综述。第二章"有关协整和 VAR 的理论",系统地介绍和研究了所涉及的方法,包括协整误差修正模型 GRANGER 因果性检验及 FPE 方法,冲击响应函数及方差分解,向量自回归模型的有关理论和方法。第三章系统的研究了"中国传导机制与货币政策有效性的实证分析(1996Q1 – 2003Q2)"。第四章"我国货币政策低效性的原因分析",首先分析了我国货币供应的内生性,认为,我国货币供应量的内生性应该增强,这制约了货币政策的效果,接着对我国货币政策的低效性的经济和体制原因从多个方面进行了比较系统的分析。第五章研究了我国利率市场化及其风险。主要是对垄断竞争银行市场下利率市场化的风向进行了分析,并对我国利率市场化的原则和秩序提出了若干建议。

关键词:货币政策　宏观调控　利率市场化

4463

企业核心能力智能挖掘应用基础研究 / 黄定轩著 ; 武振业指导. -- 西南交通大学, 2005. -- 131 页

作者总结了目前企业核心能力识别的最新研究进展,对当前国内外企业核心能力识别与实证研究进行了详细的分析和讨论。论文将当前企业核心能力识别方法归结为三类:概念模型的企业核心能力识别、基于模糊评价或聚类技术的企业核心能力识别、基于层次分析法的企业核心能力识别,并分析了这三种方法不能很好地解决企业核心能力识别这一问题

的原因。作者指出企业核心能力识别在本质是企业核心能力挖掘,指出了企业核心能力挖掘包含四个重要内容:企业竞争力定位分析,企业核心能力客户数据挖掘分析,企业核心能力内部文本挖掘印证分析,企业核心能力风险分析与管理,这四个部分是一个有机的整体。论文第二章研究如何进行企业竞争力定位分析,评判企业是否具有持续性竞争优势,为企业核心能力的客户数据挖掘提供基础。论文第三章根据企业核心能力对客户期望功能的重要作用,研究如何通过企业客户数据挖掘出企业技术与客户期望功能之间的关系。论文第四章研究怎样使用文本挖掘技术对可能的核心能力从企业内部进行印证分析,指出了企业核心能力内部文本挖掘印证分析的基本程序。根据企业核心能力建设的长期性及目前中国企业普遍没有核心能力同时又面临企业核心能力建设之特点,论文第五章提出了要对企业核心能力风险进行综合集成管理。

关键词:企业核心能力　数据挖掘　市场竞争　风险管理　文本挖掘

4464

我国经理人市场激励契约设计与效率研究 / 黄健柏著 ; 陈晓红指导. --中南大学, 2005. --246 页

本文研究我国经营者激励契约的设计与效率,主要内容包括:经营者异质型人力资本价值确定及定价机制,经营者报酬契约风险分担与激励的设计,我国转型期经理人市场效率分析,经营者报酬决定因素的计量经济分析及改进,我国期股、期权报酬风险分担与激励效果的实证分析及改进,我国经营者隐性激励机制及对经营者行为异化的解释。文章提出了经营者异质人力资本两阶段定价方法,分析了相对业绩、解雇威胁及市场风险变量对分成系数、激励成本和风险成本的影响,扩展了委托—代理理论。运用制度分析方法提出了经理人市场完全竞争模式的充要条件,构建了经理人市场分析框架,归纳了经理人市场是否有效率的判别法则,检验了我国经理市场定价效率。运用计量经济分析方法对我国上市公司经理人的报酬决定因素进行实证研究,分析了影响报酬的各因素间的关系,对管制行业和竞争行业进行了分类检验。利用相对业绩思想和金融工程方法提出了消除噪音的新激励工具:多因素相对指数股票期权与基于相对业绩的投资组合报酬。文章还提出了将行为经济学和心理学的理论新成果融入委托—代理理论与代理成本理论的思路。

关键词:企业管理　经理　激励　人力资本

4465

经济发展与利率的决定 : 一个基于新兴古典经济学的分析 / 黄建宏著 ; 蒲云指导. -- 西南交通大学, 2005. -- 118 页

作者认为,无论是利率的决定机制还是利率对经济的作用机理,都与分工演进及经济发展有关。正因此,论文对上述两个问题的探讨并不停留在问题本身,而是将其与社会经济发展的一般机制的探讨相结合。论文总结和提炼了斯密、马克思等古典经济学家关于分工与利率决定的观点,并运用新兴古典分析框架及其超边际分析方法建立了新的有关分工与专业化的利率决定模型,通过该模型我们对这些问题进行了研究。具体研究内容如下:(1)概述了利率决定理论的发展,总结了现代利率决定理论的最新研究成果,并对当前理论研究中存在的问题及其原因进行了分析。(2)在分析了主流希克斯—汉森模式的理论本身所存在的种种严重缺陷之后,我们回归古典,在斯密、马克思等古典经济学家关于分工与利率决定的观点的启发下,分析了利率决定与经济发展之间的内在联系。(3)指出了在研究利率与储蓄之间的关系时将储蓄进行分类的重要性,并根据人们进行储蓄的动机和对利率的敏感性不同,将储蓄分为"获利性储蓄"与"非获利性储蓄"两大类。(4)建立了一个内生经济发展和借贷行为的、两种产品的消费者—生产者的动态一般均衡模型,通过该模型我们将利率的决定与价值理论结合在一起,并研究了有关生产领域和流通领域共同决定利率水平及经济发展速度的过程。(5)在上述模型的基础上,我们将生产领域和流通领域结合起来研究了利率政策影响经济发展的作用机理等问题。

关键词:经济发展　古典经济学　利率　边际效用价值论

4466

企业信息资源集成管理研究 / 黄杰著 ; 李必强指导. -- 武汉理工大学, 2005. -- 167 页

本文主要研究企业信息资源集成管理问题,提出了集成的基本原理,并从集成行为、集成规模以及组织方式这三个维度研究了基本的集成模式;分析了企业信息资源集成管理的基本内涵与作用,并从规模、范围、聚集、网络、速度、知识六个方面探讨了企业信息资源集成管理的经济性;从集成目标、集成内容、集

成规模三个方面提出了企业信息资源集成的基本框架以及基本模式；阐述了企业信息战略继承的涵义以及主要内容，研究了企业信息战略集成运行的驱动模式和演进过程；分析了企业信息组织继承的基本内涵，提出了以人为核心的企业信息组织集成模式；从管理的角度研究了企业信息技术集成的内涵、目标与内容，提出了企业信息技术合成的基本策略；从行为模式、组织方式、规模三个方面探讨了企业信息应用系统集成的基本模式，从企业应用集成成熟度以及企业应用集成策略提出了企业应用集成策略矩阵；探讨了信息流集成于企业业务流程改造之间的关系，并分析了国内成功的信息化案例。

关键词：企业信息化　信息管理　信息技术　业务流程再造

4467

中国企业电子商务系统关键成功因素研究 / 黄京华著 ; 赵纯均指导 . -- 清华大学, 2005. -- 247 页

论文从电子商务模式和电子商务系统关键成功因素指标体系两个方面，研究了我国企业电子商务系统关键成功的因素，并按照电子商务模式方案建立步骤和关键成功因素研究结论，对高教出版社电子商务发展提出了建议。论文首先界定了电子商务模式的定义—企业通过互联网获得收入的方式以及实现这种方式的方案；比较了主流电子商务模式理论，阐述了原子模式理论的优势；运用原子模式理论全面、系统地分析了 Amazon 模式成功的原因，从而说明原子模式的正确性、普遍性，以及可指导性；提出了运用原子模式理论建立企业电子商务模式方案的步骤。作者对国内外电子商务系统关键成功因素进行了全面分析，指出了目前研究所存在的问题，针对目前的研究问题，论文对我国传统企业电子商务系统关键成功因素进行了探索和实证研究；在界定电子商务系统成功评价体系的概念上，采用了文献分析和两轮专家调查的方法，提出了电子商务系统成功评价指标，建立了影响我国传统企业电子商务系统成功的 33 个企业因素、20 个网站性能和功能假设模型，以及影响电子商务系统 5 个重要效果的 12 个重要企业影响因素、7 个重要网站性能与功能的假设模型。最后，采用多种分析法对图书出版业电子商务系统关键成功进行了实证研究，并得出重要结论。

关键词：出版社　图书发行　电子商务

4468

智力资本理论探索及测度框架研究 / 黄宁燕著 ; 周寄中指导 . -- 中国科学院研究生院, 2005. -- 155 页

论文的目的是通过智力资本和创新管理的交叉研究，促进企业的核心能力和创新成效的提高。论文内容分为两个主要方面：一是对智力资本和创新理论的探索；二是智力资本新测度框架设计。论文从智力资本与创新和管理理论的相互促进关系出发，探讨了与智力资本基本理论有关的内容，对智力资本的概念内涵进行了认真的研究和推理，深入分析了与智力资本测度有关的问题。ICMIF 测度框架是研究的重点。作者根据研究当中发现的规律将智力资本分割为“表”“里”两个方面：即“智力资本载体”和“智力资本内核”，该分割奠定了新测度框架的两个基本方面；然后，论文综合论述了前人对测度智力资本的努力，将目前的测度方法归纳在该框架下；针对智力资本载体测度层面设计了 ICCDM 模型——即“智力资本载体库”；目前针对“智力资本内核测度”的研究尚不多，论文提出智力资本要素识别和权重测度方法；利用斯堪的亚公司的智力资本数据对人工神经网络方法进行了实证研究。论文建立的 ICMF 测度框架，一方面有助于研究者分层次地认识智力资本及其测度，使人们对智力资本的理解更全面、更清晰，另一方面可以将目前已有的智力资本测度方法归纳在该体系之下。利用人工神经网络方法测度智力资本载体指标和组织绩效关系的方法，对斯堪的亚公司（Skandia）智力资本报告数据进行的实证研究显示，该方法具有较好的操作性。

关键词：智力资本　创新管理　知识管理　企业能力

4469

城市特色理论与应用研究 / 黄兴国著 ; 石来德，尤建新指导 . -- 同济大学, 2005. -- 172 页

本文的研究内容包括：(1)回顾和总结了国内外关于城市特色的主要研究成果，提出经济全球化背景下城市特色这一领域亟待深入研究的课题；(2)从理论和实证两方面论证城市特色资源子系统、核心子系统、扩展子系统和支撑子系统构成，并归纳了其主要特性；(3)以城市资源分类为前提，运用资源基础理论的研究和资源丰度的概念，分别构建了自然特色资源、有形社会特色资源、无形社会特色资源和区位优势的判别模式，并利用物理学的能量、能势、能流等概

念建构了特色资源转化模型、分析了各转化阶段的主要影响因素;(4)依据特色资源转化的主要影响因素和城市特色系统内涵、特性,构建评价指标,建立了一套包括8个一级指标、25个二级指标的框架性指标体系,并利用主成分分析法和非线性预测模型建立城市特色的评价模型;(5)综合了系统内涵、特色资源转化和评价指标的研究内容,建构了由导向管理、保障管理、公共管理、营销管理和区域合作管理组成的培育城市特色的管理思路;(6)利用宁波市塑造港口特色的实践论证了本文的系统理论。

关键词:城市管理　资源管理　城市特色　经济全球化

4470

供应链的库存控制、激励策略和结构效率研究 / 黄祖庆著 ; 达庆利指导. -- 东南大学, 2005. -- 93 页

论文针对当前市场竞争格局的变化、供应链成员企业市场地位的变化以及经济的可持续发展战略等新形势,研究供应链成员企业的库存控制策略、激励机制策略以及逆向物流系统的库存控制策略和可再制造供应链结构效率损失等问题。主要研究内容包括:回顾、分析和总结了当前国内外的相关研究现状;研究了由一个供应商一个零售商所组成的供应链的合作竞争订货模型;利用博弈论和信息经济学的理论和方法,研究供应商的激励机制设计与零售商的促销努力水平之间的关系;研究提出了退货可立即"重新"销售、退货"重新"销售具有时滞、退货批量处理等情形下的库存控制模型,并分析了退货因素对库存控制策略的影响;研究了销售商负责回收的直线型再制造供应链在不同决策结构情况下的效率损失;最后是结论与展望。作者在两级分销供应链的激励策略模型中,引进参与约束条件因子$\alpha(\alpha \geq 1)$,在产品价格固定、需求为随机的情况下,建立了供应商激励机制下的零售商的订货策略模型。从理论上证明了供应商采取激励机制将增加整个供应链的收益且零售商的促销努力与商品在整个供应链的增值有关。并从投入产出的角度,建立了制造商与销售商的创新合作竞争模型,分析讨论了制造商和销售商创新性活动投入之间的相互影响,以及制造商承担销售商创新费用的比例λ对营销策略的影响。

关键词:供销管理　供应链管理　库存

4471

临港产业集聚机制研究 / 惠凯著 ; 邓贵仕, 原毅军指导. -- 大连理工大学, 2005. -- 114 页

论文首先分析了临港产业集群的特征及其对区域竞争力的积极影响,在评述现有产业集群理论的基础上,总结了产业集聚的外部环境条件和集群内部条件。从外部环境条件出发,论文重点分析了开放经济条件下临港地区在产业集聚中的优势—"临港优势"。指出在临港优势推动下,通过专业化市场和产业转移机制,临港产业由内陆地区向临港地区集中,即一次集聚。论文通过一个二阶段博弈论模型分析指出,由于地区间临港优势的差异,以及主导厂商投资所产生的学习效应和关联效应,临港产业进一步向特定港口集中,即一、二次集聚。从集群内部条件出发,论文重点分析了临港产业集聚中的外部性与根植性。外部性是临港产业集群的经济属性,论文通过分析临港地区企业和家庭的行为,指出了外部经济性和不经济性的原因,以此解释临港产业集聚的内在动力和临港产业集群的规模。根植性是临港产业集群的社会属性,论文重点分析了源于创新网络和社会网络的临港产业集群的根植性。论文尤其指出,临港地区的开放特征,有利于制度的创新,促进创新网络和社会网络的形成。论文最后研究了促进临港产业集聚的公共政策,并针对我国当前临港产业发展的特点,提出促进临港产业集聚的具体措施。

关键词:港口　产业集聚　沿海地区　公共政策

4472

基于市场结构和产权结构的企业并购理论及实证研究 / 季建伟著 ; 邱菀华指导. -- 北京航空航天大学, 2005. -- 108 页

企业并购作为资源配置的方式,在促进存量资产的流动、经济结构的调整,企业竞争能力的提高等方面日益发挥重要的作用,无论是并购的规模还是形式都已发展到新的水平。作者从市场结构和产权结构的角度,对企业并购问题进行了研究。首先,对横向并购与企业决策行为之间关系进行了分析,在此基础上,重点探讨了中国一些行业中存在的过度竞争问题;其次,通过一个重复博弈的"声誉"模型,给出了"套牢"问题的非一体化解决方式;第三,从产权属性和股权结构两个层面,分析了企业并购和"代理"问题的关系;最后,从产权的角度,对国有上市公司作为被并购主体的并购事件进行了理论和实证研究。论文的主要研究内容如下:(1)通过引入资产专用性和行业的产权特征两大变量,重点分析了中国一些行业中存在的过度竞争行为,并从企业并购的角度提出了解

决方案。(2)分析了企业边界的决定问题,对依靠纵向并购解决"套牢"问题的传统观点提出了置疑。(3)从产权属性和股权结构两个方面,分析了企业并购和"代理"问题的关系,认为不同的产权特征,对于"代理"问题的影响是不同的。(4)从产权的角度,对国有上市公司作为被并购主体的并购事件进行了研究。(5)提出了开辟二板市场,引入流通股东投票机制等政策建议。

关键词:市场结构　产权结构　企业并购

4473

旅游业经济—文化协同运作模式研究 / 季玉群著 ; 樊和平指导. -- 东南大学, 2005. -- 96 页

论文对旅游业经济—文化协同运作模式进行了研究。文章指出,随着现代旅游活动的规模及其社会、经济、文化影响的不断扩大,旅游业已发展成为当今世界最大的产业。其贡献突出地体现在经济和文化两大领域中。一方面,旅游业发展所带动的人流、物流、信息流和资金流在经济方面所起的作用及产生的影响越来越显著。世界各国都在致力于发展经济的同时,把旅游业的发展放到经济建设的重要位置;另一方面,旅游业的社会文化效应也越来越显著。作者认为,不同于单一的产品生产企业,旅游业是一个开放的经济—文化系统,系统的原生变量由"资源禀赋"、"比较优势"和"旅游需求"三个方面的要素构成;外生变量包括"政府行为"、"企业行为"和"旅游者行为";中间变量是旅游活动中的"交通网络"、"旅游设施"、"旅游形象"和"旅游服务"。论文利用灰色理论建立的分析模型和对相关实例的研究,可以对旅游业经济—文化协同特性的量化评价提供有益的参考。旅游业的运行,是一个持续的经济—文化协同互动的过程,必须以经济合理性、规则合理性和伦理合理性的有机统一形成其市场行为合理性体系,以旅游者价值为运行导向,以品牌形象提升核心能力,并通过持续的产品创新实现持续竞争优势。构建基于经济—文化协同运作的旅游管理品质和运行模式,可以促进旅游业的持续成长。旅游业的持续成长不但会带来区域旅游竞争力的提升,还有利于国家旅游竞争力的提升和中国在国际社会形象力及综合竞争力的提升。

关键词:旅游业　旅游经济　旅游文化　旅游资源

4474

我国应用型科研机构中技术创新问题研究 / 贾丰著 ; 王立杰指导. -- 中国矿业大学, 2005. -- 116 页

随着社会主义市场经济体制的不断完善与科研机构的转制,如何进行技术创新已经成为我国应用型科研机构亟待解决的现实课题之一。论文在系统地介绍了国内外技术创新相关领域研究成果基础上,采用定性与定量分析相结合的研究方法,结合我国应用型科研机构中创新的具体实践,界定了应用型科研机构中技术创新的内涵;分析了应用型科研机构中技术创新的特点和类型,阐述了应用型科研机构中技术创新的机制预备过程;探讨了应用型科研机构中技术创新的实施的原则,方法和途径;提出了我国应用型科研机构中技术创新指标评价体系和方法,进而建立了我国应用型科研机构中技术创新的理论体系,最后,论文结合某研究所的技术创新实践进行实证分析。

关键词:科学研究组织机构　技术创新　科研管理

4475

杂合粗糙集方法及应用研究 / 菅利荣著 ; 达庆利,陈达伟指导. -- 东南大学, 2005. -- 98 页

粗糙集理论(Rough Set Theory,RST)与人工神经网络、概率统计、模糊集合等理论有较强的互补性,论文在综述论文研究的背景、意义及国内外研究现状的基础上,较系统深入地研究了粗糙集(Rough Sets,RS)技术与这些领域技术进行杂合的方法,主要研究内容如下:(1)介绍了精糙集理论的基本概念,并将RST应用于我国上市公司失败(ST公司或PT公司)预测,提出了预测公司失败的一个系统的方法;深入地研究了变精度粗糙集(Variable Precision Rough Sets,VPRS)模型中的置信阈值参数 β,及VPRS中的一些集合理论性质,推导出满足参数要求的规则,并给出了实现算法。(2)概述了基于优势关系的RS,该方法主要用于从包含偏好信息的决策表中获取决策规则。提出了基于优势关系多标准概率决策分析的扩展VPRS模型,该模型能够处理多标准决策表中可能的不相容性。(3)介绍了模糊集的基本概念及RS与模糊集的杂合方法,提出了VPRS中知识的一种模糊表示方法,对这种方法的一些性质进行了研究,并用该模糊度量方法描述了近似算子。(4)概述了神经网络的一般结构和模型,介绍了BP神经网络、RDF神经网络及概率神经网络的体系结构及算法实现,研究了基于杂合VPRS与神经网络方法的知识发现及

预测方法。(5)将杂合RS方法应用于供应链中的运输决策问题,比较了在不考虑偏好信息与考虑偏好信息的条件下,分别应用不同的杂合RS方法获得的概率分类结果。

关键词:数据挖掘　粗糙集　模糊集　神经网络　供应链管理

4476

中国航天微电子产业评价研究 / 江帆著 ; 陈荣秋指导. -- 华中科技大学, 2005. -- 119页

开展中国航天微电子产业评价研究,是中国航天科技工业发展规划的重要内容和中国航天科技工业再造和重组的需要,也是中国航天微电子产业布局调整的理论依据。论文基于对中国航天微电子产业实况的分析,明确了特定流程下的产业的概念,认为产业代表着一种特定的价值创造模式,从表层看表示为一定产品及其序列或服务及其组合,而在深层则表现为一系列价值"流程"。在此基础上,作者利用价值链的概念,构建了中国航天微电子产业流程的价值链模型,较好地完成了对中国航天微电子产业从具体论述到抽象模型间的转换。利用价值链模型所能进行的产业研究大都限于定性研究。论文针对中国航天微电子产业的具体特点,分别从主流程(研发、设计、制造……售后服务)、子流程(成员企业)、核心竞争力以及发展战略等几个方面建立了中国航天微电子产业的量化目标体系。作者还认为具体分目标对总目标的支持强度或贡献份额既表明两者间的依存度也可对因果关联度作出解释。从方法论剖析,目标体系的形成过程属于复杂系统从定性到定量的系统分析过程。作者通过对多种决策方法的讨论,认为简单加权和法是较为满足多目标评价的方法,这种方法概念简单,易于为用户接受,通用性强,且简单加权和法可以采用层次结构的指标体系,符合人类从不同角度上观察分析问题的认知结构。最后通过一个实例说明了该方法的有效性。

关键词:航天工业　电子工业　核心竞争力　价值链

4477

流域生态经济系统可持续发展机理研究 / 江涛著 ; 罗桂荣指导. -- 武汉理工大学, 2005. -- 148页

论文以流域生态经济系统为对象,以生态经济学、环境经济学、自然资源经济学、西方经济学和管理科学等为理论基础,以长江流域为背景,结合我国的实际情况,运用耗散结构理论、自组织理论、突变理论和系统动力学理论等对流域生态经济系统可持续发展的机理进行了研究。全文共分九章,主要内容如下:第一章为绪论,第二章对流域生态经济系统可持续发展的理论内涵进行了研究,分析了流域生态经济系统可持续发展的本质特征,建立了流域生态经济系统的可持续发展模型。第三章研究了流域生态经济系统可持续发展的演化过程。第四章对流域生态经济系统的灾变理论与可持续发展调控原理进行了研究。第五章对流域生态经济系统可持续发展的承载力理论进行了研究。第六章对流域生态经济系统可持续发展的目标制定及实现进行了研究,运用系统动力学原理建立了流域生态经济系统可持续发展的系统动力学预警模型,并以此构建了流域生态经济系统可持续发展的系统动力学预警系统。第七章研究了流域生态经济系统可持续发展的评价指标体系,以长江流域为实例构建了生态经济系统可持续发展评价指标体系。第八章对长江流域生态经济系统可持续发展进行了实证研究,第九章对全文进行了总结,并对未来研究提出了展望。

关键词:流域经济　生态经济　可持续发展　预警系统　长江流域

4478

基于行动研究的企业知识管理方法论探讨 / 江文年著 ; 杨建梅指导. -- 华南理工大学, 2005. -- 247页

本文主要通过对多视角知识演化和知识价值链的研究,提出了一个整合的企业知识管理概念框架以及基于知识价值链的企业知识管理计算机系统模型,并将之整合到企业知识管理方法论中。文章首先对现有的知识管理理论、系统方法论和行动研究进行了回顾分析,并对惠普公司、西门子公司、IBM公司、施乐公司的知识管理案例从指导思想、策略、组织、文化、激励制度、实施方法和技术、经验教训等方面进行了分析研究,提出了在面对知识管理问题情景时企业的政治(主导)和文化(辅助)系统隐喻假设,并对它进行了检验。同时,通过引入全面系统干预这一元方法论,在系统方法论的系统中选择了利益协调软系统方法论对现有知识管理方法论进行改造,再把行动研究的思想和改造后的方法论进行集成,从而形成了基于行动研究的企业知识管理方法论的逻辑步骤。基于这一思想,作者提出了企业知识管理的"两阶段—双循环"(TSDC)方法论框架,并将之应用于企业知识

管理的实际案例，通过反馈企业知识管理方法论进行了修正、完善和检验。在行动研究过程中，作者总结和归纳出了一系列的企业知识管理的模型和方法，包括利益群体金字塔模型、三个驱动力模型、星系模型、知识共享博弈模型、理念宣传方法、知识审计方法等。

关键词：企业管理　知识管理　价值链

4479

群备择方案集的形成方法研究 / 江文奇著；华中生指导．-- 中国科学技术大学，2005．-- 106 页

针对群备择方案集的形成问题，论文着重从两个方面进行分析：(1)不同决策者构建的方案集不一致；(2)决策者判断的效用不真实。文章以粗糙集理论为基础，采用决策分析工具，建立了群体知识推理和群学习模型，给出了空值和模糊属性值区间的确定方法，为群备择方案集的形成提供了切实可行的理论依据。文章的主要内容分为两篇：第一篇是决策者创建的方案集不一致下的群备择方案集的形成方法研究。在该篇，论文首先分析了群决策中不同决策者创建的方案集不一致的两种原因，定义了基于这种方案集不一致的新的群决策过程，阐述了个性函数在不一致调整过程中的作用，给出了一种基于决策者个性函数的群决策模型。接着，引入了粗糙集理论，分析了现有依据属性依赖度进行属性离散化的缺点，定义了一种新的属性离散化引导指标，以减少属性离散化过程中基数信息的损失，基于属性离散化的结果，给出了一种基于群体知识推理和群学习的不一致性调整方法，并以中国 MBA 招生问题为例进行说明；第二篇是效用判断不真实下的群备择方案集的形成方法研究。在该篇，论文首先定义了含有空值的多属性群决策问题和含有模糊属性值的多属性群决策问题，接着将属性划分成三种类型：准则、定性属性和定量属性，定义了不同属性类型下不同方案之间的关系模型，分别给出了基于属性类型的数据补全方法和模糊属性值区间范围的确定方法。之后，对于决策者之间判断一致性的问题，考虑了方案优先度和决策者权重对决策者判断一致性度量的影响，并基于决策者判断一致度对决策者进行聚类，给出了每一类决策者决策结果的综合方法。最后，针对委托求解方法的缺陷，将个体效用分成初级效用和次级效用，讨论了在共同知识函数下有限超博弈的情况，给出了利益相关双方稳态解和群体效用确定的具体实施步骤等。

关键词：群体决策　粗糙集　决策模型　效用函数

4480

基于可持续发展的水资源产权配置研究 / 姜纯成著；陈晓红指导．-- 中南大学，2005．-- 139 页

作者在水资源不正确使用和水资源产权管理缺陷的背景下，根据国内外现有对水资源产权研究的状况——国外研究的针对性和非完整性以及国内研究的初级性，旨在探讨适合我国国情的实现水资源可持续利用的产权配置理论。首先，介绍基于可持续发展的水资源产权配置目标体系，即：在经济效益上实现各个时段边际净效益相等；在生态环境方面要确保生态平衡不受影响；在社会效益方面要有利于实现社会公平，改善人们的生活质量，实现社会发展的长远可持续性。其次，介绍了基于可持续发展的水资源产权配置机制：政府行政机制和市场机制。接着，分析了可持续发展的水资源产权配置模型，包括生态环境用水产权配置、排污权配置和取水权配置。再次，基于前述可持续发展的水资源产权配置理论，以太湖流域水资源产权配置为例进行实证分析。最后，介绍基于可持续发展的水资源产权配置的对策和建议。一是水资源产权制度改革与创新，即建立与我国国情相适应的水资源产权制度；二是水资源使用方面的有关措施，包括大力推行节水，合理调整水价和加强需水管理，实现需水零增长；三是重视生态环境用水，保护水资源的再生能力；四是全面实施防污减灾战略，实现水资源可持续利用；五是建立科学完整配套的法律法规体系。

关键词：水资源管理　产权配置　可持续发展　生态环境

4481

电信运营企业战略联盟研究 / 姜华彪著；李自如指导．-- 中南大学，2005．-- 163 页

作者从管理理论的角度出发，对国内外研究成果和电信运营企业实际经验系统地进行提炼，对基于电信运营企业核心竞争力的战略联盟进行了分析研究，提出了提升我国国际竞争力的战略与对策，构建了电信运营企业战略联盟模型，深入研究了战略联盟对电信运营企业带来的风险，构建了风险评估模型，并运用博弈论的方法来分析电信运营企业的战略联盟是理性选择。论文共分 8 章，首先在介绍研究背景、意义及战略联盟相关理论的基础上，通过对电信运营企业核心竞争力的内涵分析，提出了一个基于核心竞争力战略联盟的盟员选择模型，以及联盟电信运营企业素质评估体系。其次，全面分析运营企业战略联盟利

弊和风险因素,对风险因素进行量化,建立风险因素决策模型,利用最优控制模型和模糊数学方法进行评估,根据评估结果提出电信运营企业战略联盟的风险规避与风险化解对策。再次,用博弈论的方法来分析电信运营企业战略联盟,得出了电信运营企业之间在合作竞争中,只有采用理性的合作方式和战略,双方的效益才会最大。接着,论述在经济全球化的历史潮流之下,进一步加强我国电信管制、健全法制的必要性,对我国电信运营企业战略联盟的发展进行了展望,认为电信运营企业进行战略联盟是电信强国之路。最后,把中国移动通信业的竞争与合作情况作为实例进行了分析。

关键词:电信企业　战略联盟　核心竞争力　风险管理

4482

基于技术扩散的软件企业成长模式研究 / 姜运政著 ; 曲晓飞, 原毅军指导. -- 大连理工大学, 2005. 123 页

在软件企业中,技术已经成为企业成长的内生变量,技术扩散已经成为企业成长中不可忽视的根本因素。论文运用系统分析的基本思想,以技术扩散基本理论为依据,借鉴了产业组织学的结构—行为—绩效分析方法,分析技术扩散与软件企业成长两个系统之间的内在联系,突破了以往企业成长研究的范围。论文研究内容包括:(1)技术扩散效应和技术扩散路径,涉及技术扩散的概念、技术扩散过程、技术扩散效应、技术扩散路径等等;(2)技术扩散与软件企业成长相关分析,包括软件企业成长的本质、企业成长要素配置与技术约束等等;(3)技术扩散路径与软件企业成长模式分析;(4)基于技术扩散的软件企业成长支撑环境。论文分为六章。第一章绪论规定了分析路线和研究方法,是论文整体研究的基础;第二章对技术扩散理论进行深入探讨和研究,深化了技术扩散理论;第三章在第二章基础之上研究软件企业成长与技术扩散之间的关系,建立了软件企业成长理论分析框架;第四章对软件企业成长模式进行研究;第五章分析环境因素对软件企业成长的影响;第六章为研究结论及前景展望。

关键词:软件业　企业成长　技术创新　技术扩散

4483

企业兼并收购的无形资产运营与整合研究 / 蒋衔武著 ; 赵新先, 尤建新指导. -- 同济大学, 2005. -- 132 页

本文立足于企业并购的大背景,就并购全过程无形资产运营与整合展开论述。经济全球化与一体化的进程,迫使企业在全球动态变化的大市场中成长,并购已基本成为企业发展与壮大的潮流;在企业内部,无形资产正成为企业最重要的资产,它所创造的高收益和所实现的高速增长,远超乎传统的度量。其一,企业并购后面临的首要问题是并购双方(或多方)各自无形资产融合后作为新资产的重新定位与衡量,必须对并购后的无形资产进行价值重估。二,论文通过建立并购流程来阐述并购全过程的企业无形资产运营。其三,企业并购后涉及品牌整合的内容也比较广泛,论文主要研究了品牌扩张效应、品牌整合策略及其并购后的品牌整合战略选择等。其四,企业文化是一个宽广的范畴,并购中企业文化整合往往令并购专家及并购方感到棘手,论文涉及企业文化整合的重要性、风险判断、整合模式及选择、非正式组织的作用等。其五,对企业并购后无形资产整合绩效进行评估是一个全新的探讨,内容主要有无形资产绩效评估的假设与分析模型等。企业并购无形资产的绩效评估系统从市场反应、目标企业无形资产整合状况以及目标企业员工适应性三个方面综合评价并购企业在无形资产整合一定时期内的整合绩效水平。最后,本文的实证研究基本上选自三九集团过去成功的并购案例。

关键词:企业兼并　并购　无形资产管理　品牌　企业文化

4484

石油价格问题的计量分析模式及其实证研究 / 焦建玲著 ; 魏一鸣指导. -- 中国科学技术大学, 2005. 159 页

论文应用计量分析和实证方法对该议题开展了深入的研究。作者将国际石油市场视为虚拟市场,利用该市场进出口总量均衡(市场出清)的原则,建立了国际原油价格形成的计量经济学模型,并利用该模型分析了 OPEC 原油产量、世界经济活动水平(实际 GDP)、OECD 石油储备对国际原油价格的影响,特别地研究中还考虑了国际石油贸易(石油进口国开放度)对国际原油价格的影响。研究结果表明 OPEC 原油产量对国际原油价格的影响最大,其余依次为世界实际 GDP,石油进口国开放度和 OECD 石油储备量。其次,各影响因素对国际原油价格的影响是不对称

的。世界实际 GDP、石油进口国开放度和 OECD 石油储备量增加导致国际原油价格上涨的幅度比这些因素同等程度的下降导致国际原油价格下跌的幅度大；而 OPEC 减产比同样幅度的增产对国际原油价格的影响大等。论文利用协整理论和因果关系检验等方法研究了我国原油价格与国际原油价格之间的互动关系；利用 Zipf 方法和价格信号中涨跌信息对国际市场汽油价格动力学行为进行了分析，发现阈值（交易成本）和交易周期对汽油价格行为有影响，交易成本越大或交易周期越长，价格变动越趋向平稳。此外，作者还建立了反映我国经济运行的多部门 CGE 模型。论文的研究工作，对完善我国石油价格政策以及制定应对国际油价上涨对我国经济影响的策略，提供科学依据。

关键词：石油价格　石油市场　价格形成　计量分析　数学模型

4485

学习型企业的组织学习与组织结构设计研究 / 焦锦森著；夏新平指导. -- 华中科技大学, 2005. -- 118 页

本文通过模型分析方法来研究了基于学习型企业的组织学习和组织结构设计问题。文章认为学习型企业是 21 世纪成功的企业模式，是企业在激烈竞争中保持先进性的重要动力。文章回顾了我国企业创建学习型组织的问题，探索了外国企业创建学习型组织和我国企业创建学习型组织的现状，并对国内外的相关研究进行了综述。作者基于学习、人员、结构、知识、技术、管理 6 个方面，构建了组织学习 6 系统模型。论文应用灰关联分析方法，设计了组织学习力影响因素关联矩阵，提出了一个分析组织学习力的灰关联评估模型。文章分析了组织学习的不同层次，以及知识共享、组织学习和绩效之间的关系，提出了知识共享——组织绩效提升模型。文章论证了领导者自主学习能力和团队多元性对企业构建学习型组织的作用和影响。文章最后探讨了学习型组织的实施机制，探寻了我国企业创建学习型组织相应的对策。

关键词：企业管理　学习型组织　组织结构

4486

企业研发的合作机制与结构研究 / 晋盛武著；糜仲春指导. -- 中国科学技术大学, 2005. -- 190 页

随着博弈论在经济学中的广泛应用和新制度经济学的兴起，合作研发技术创新的研究将更加广泛地采用博弈模型和新制度经济学的概念和范式来探讨其中的具体问题。规范经济学方法的应用会有力促进合作研发技术创新研究的深入，深化人们对合作研发问题的内在规律性的认识。作者采用博弈理论、动态系统模型和产业组织理论研究企业研发的合作机制，运用组织理论和新制度经济学的理论方法研究研发合作的组织结构和交易结构。具体地，论文所做的工作和相应结果如下：(1) 在界定研发合作概念的基础上，对现有文献有关企业研发合作动机的研究成果进行了不同规模、不同行业和不同国别的比较分析。(2) 对研发进行的历史考察表明，企业研发职能经过演化，已经从自主探索演变为系统的组合和合作。(3) 在企业、产业和项目三个不同的层次上，对研发合作的形成机制、研发合作策略的选择机制及其稳定性和研发合作项目的匹配机制进行考察。(4) 对双寡头结构产业中企业研发合作的基本模型进行了三个方面的拓展。(5) 以组织为基本单位，考察研发合作的结构空间和企业研发合作的组织结构及其趋势，在分析企业研发的技术环境和资源要素的基础上，以博弈的战略组合空间为框架，按合作研发组织参与人多少和其组织体一体化的程度对现实中典型的合作研发组织形式进行分类，并且对企业合作研发组织的结构形态和企业合作研发网络的特征进行分析和研究。(6) 运用威廉姆森的分析范式揭示了企业研发交易的规制结构。

关键词：研究与开发（R&D）　企业管理　企业合作

4487

复杂产品系统创新项目风险识别、评估、动态模拟与调控研究 / 景劲松著；沈祖志，陈劲指导. -- 浙江大学, 2005. -- 199 页

复杂产品系统是指研发成本高、规模大、技术含量高（技术密集）、用户定制、单件或小批量生产的大型产品、系统或基础设施。复杂产品系统创新对国家竞争力有着至关重要的影响，但具有极高的风险性；我国企业在复杂产品系统创新风险管理中最需要解决的问题是如何对项目风险进行系统地识别和分析，而现有文献又缺乏针对复杂产品系统创新风险的研究，因此，论文选择对复杂产品系统创新项目风险进行分析和研究。出于为复杂产品系统创新项目风险调控提供依据的目的，作者在现有技术创新风险管理研究基础上，进一步提出了复杂产品系统创新的风险管理分析框架，并结合复杂产品系统创新项目的特

征,在该风险管理分析框架指导下,运用定性与定量相结合、理论分析与实证研究相结合的方法,从关键风险因素识别、风险产生机理、静态风险评估和动态风险特征分析四个方面,层层深入地分析和刻画了复杂产品系统创新项目风险的特征,并对以上述研究结果为依据进行风险调控的关键问题进行了扼要分析。

关键词:产品开发　项目管理　风险管理　技术创新

4488

民营企业核心竞争力的提升研究 / 旷开萃著 ; 尤建新指导. -- 同济大学, 2005. -- 138 页

本文从研究我国民营企业的发展历程出发,深刻分析现阶段我国民营企业的主要困难与挑战,特别分析了在我国加入 WTO 以后,民营企业竞争力中的优势与缺陷;从而提出论文研究的重要性与必要性。论文接着介绍与民营企业核心竞争力有关的文章或著作,包括核心竞争力及竞争战略理论、提升核心竞争力的方法及其他理论、民营企业发展相关文献以及经济学、统计学等研究工具。论文对民营企业与国有企业、外资企业的竞争力进行 SWOT 分析,重点找出民营企业的核心竞争优势和劣势;提出民营企业核心竞争力的评价指标体系,以及相应的评价、计算、分析方法;同时介绍市场调查方法及数据统计方法;分析提升民营企业核心竞争力的途径与方法,重点探讨在经济全球化、信息化环境下的民营企业如何选择并实施这些方法、措施;主要采用博弈论及信息经济学的知识分析具有地域性、产品差异性的寡头竞争的策略选择问题,主要从收益、成本的角度阐述企业的竞争策略,并分析因此而导致的企业竞争力提升或降低的问题;以东莞某民营房地产公司的企业改革及核心竞争力提升中的过程深入展现民营企业核心竞争力提升中的酸甜苦辣,将前面的研究方法和手段应用于企业管理实践,并体现价值。

关键词:民营企业　核心竞争力　竞争战略

4489

数据驱动的综合智能决策支持系统及其生成器的研究与开发 / 赖邦伟著 ; 陈晓红指导. --中南大学, 2005. --171 页

本文利用层次模型研究智能决策支持系统开发的层次模型,提出了数据驱动的综合智能决策支持系统的体系框架,通过分析数据挖掘特征,给出了数据挖掘框架和数据挖掘模型,研究了数据驱动的综合智能决策支持系统及其生成器的设计理论、技术与方法问题。文章针对智能决策支持系统开发的过程和特点,将其分为四个层次,即应用层、任务层、逻辑层和物理层,并对这四个层次分别进行了描述和分析,重点对任务层实现方法中的资源接口层进行详细设计。文章论述了数据仓库的构建方法和 OLAP 数据模型,在层次模型的基础上给出了互联网环境下数据挖掘系统的开发框架和数据挖掘概念模型。文章将传统智能 DSS 和智能决策新技术相结合,设计了数据管理、模型管理、知识管理的具体功能模块及其工作流程。通过采用面向对象方法和组件技术方法提出了智能决策支持系统生成器的组件化开发方法,设计了数据驱动的综合智能决策支持系统生成器,将其组件化。文章对保险客户关系管理系统的设计与开发进行了实证研究。

关键词:智能决策　决策支持系统　数据挖掘　数据管理　知识管理

4490

多维动态系统分析方法及其应用研究 / 赖宝全著 ; 邓贵仕指导. -- 大连理工大学, 2005. -- 151 页

论文主要提出了多维动态系统分析方法并应用于中国股票市场系统分析。作者认为,目前复杂系统分析的核心问题包括以下四个方面:一是复杂系统总体表现特征研究;二是复杂系统要素作用特征研究;三是复杂系统微观与宏观结构特征研究;四是复杂系统从低层到高层的涌现行为研究。作者首先通过解析复杂系统就可以导出多维动态系统分析方法(MDSAT)。MDSAT 的基本内容包括:五个基础性问题(维度的衰减、信息筛、演进性和演退性、系统内部的维度扭曲度、和系统抛射与吸纳间的平衡),作为该方法分析基础的维度、维度扭曲和维度变换,以及构成和应用 MDSAT 所必需的信息筛与系统边界面分析,之后是 MDSAT 的哲学与逻辑基础及其基本分析步骤。在阐述多维动态系统分析方法后,对其依托于中国股票市场(主要是上海证券交易所市场)了实证应用研究。主要包括维度实证应用(分为上证指数表现维、涨跌维、分数维、级数维及其综合分析)、维度扭曲实证应用(分为上证指数日线表现维扭曲、分数维维度扭曲、级数维维度扭曲、及其综合分析)、维度变换实证应用(分为股指与个股间层次变换、衍生维对源维的层次偏离、源维与衍生维空间表达、上证指数维度集的维度变换、和上证指数源维与均线维的分维维度变换)和 MDSAT 的实证应用(主要是按基本分析

步骤进行的分析,最后证明了 MDSAT 对股票市场模拟的稳定性并作了一个小型的股市波动模拟)。

关键词:动态系统　系统分析　股票市场　股票指数

4491

EVA 在中国上市公司的应用价值研究 / 兰永著 ; 李仕明指导. -- 电子科技大学, 2005. -- 125 页

论文基于 EVA 的实质内涵,主要从计量和评价系统、激励制度两个方面展开研究。首先,系统考察了我国沪深两市上市公司价值与短期盈利的关系,比较了 EVA 与传统会计绩效测度的价值相关性。研究结论表明,在中国资本市场,EVA 并不比传统会计绩效测度具有更好的价值相关性;除交通运输和农林牧渔外,其他行业的综合短期盈利测度与公司价值均存在显著正相关关系,但不同行业的利润信息对公司价值的解释程度差异很大。其次,基于"经济利润"视角,探析中国上市公司的并购绩效。研究结论表明,并购后有更多的样本公司的创值能力降低;平均而言,并购后样本公司的创值能力下降。最后,从股东价值角度考察了我国东西部地区上市公司的经理激励状况及其与公司绩效的关系。研究结论表明,东部地区上市公司经济增加值与"经理薪酬"、"经理持股"显著正相关,市场增加值与两个激励测度正相关,但不显著;西部地区经济增加值与"经理薪酬"显著负相关,市场增加值与"经理薪酬"、"经理持股"均存在显著的正相关关系。电子通讯业的董事长、总经理持股有助于股东财富的创造;高级管理层年度报酬总额与股东财富,尤其是累计股东财富,存在显著的正相关关系;高级管理层持股总数与股东财富并不显著正相关,高级管理层持股人员比例与股东财富存在显著的正相关关系;高级管理层内部人员的报酬差距与股东财富显著负相关等。

关键词:上市公司　经济附加值(EVA)　并购　绩效管理　激励

4492

上市公司股东知情权研究 / 蓝寿荣著 ; 朱雪忠指导. -- 华中科技大学, 2005. -- 137 页

论文首先提出股东知情权的概念,即股东知情权是指股东知悉公司相关信息的权利。初步勾勒出包括股东权理论、知情权理论、有效市场假设理论和信息不对称理论等组成的股东知情权理论基础。其次,重点研究了股东知情权的基本内容,包括知悉真实信息的权利、知悉准确信息的权利、知悉完整信息的权利、及时知悉信息的权利等。再次,重点研究了保护股东知情权的股东查阅账簿制度、信息披露制度、证券信用制度等管理制度。作者特别强调了建立证券信用制度在保护股东知情权中的作用,提出要正确处理政府在证券市场中的角色定位、建设科学的处理证券市场问题的机制、健全失信惩罚制度、建立个人信用制度等。其中,上市公司的失信行为,很大程度上可以归结为有关人员的失信行为。因而借鉴美国个人信用制度可以为完善我国信用制度提供一些有益的经验。论文还探讨了侵犯股东知情权的法律责任制度,涉及侵犯股东知情权的行为性质、主体资格认定、归责原则、因果关系及其诉讼机制等法律责任和程序问题。在研究了股东知情权内容之后,说明建立上市公司股东知情权制度的目的还是落脚在保护投资者权益这一证券市场发展的永恒主题上。

关键词:上市公司　股东　证券市场　信息披露　知情权

4493

经济转轨期中国建筑业市场规制研究 / 雷鸿君著 ; 林知炎指导. -- 同济大学, 2005. -- 156 页

本文首次系统地将规制经济学引入到建筑业市场管理研究中来,运用国内外有关市场规制的经济理论和博弈模型等分析工具,对转轨期的中国建筑业市场规制的基本原理、特殊性进行了分析。结合国外发达国家建筑业市场管理的成功经验,对我国建筑业的规制实践,包括市场准入规制、竞争和交易规制以及质量安全规制等,从理论和实证两个方面进行了较为全面的考察、研究。同时,对规制过程中的政府行为进行了专门探讨,以期更好地反映规制政策制定和执行的全貌。在以上工作的基础上,本文对完善和改进目前的规制体系进行了系统的研究和探讨,提出了我国建筑业市场规制改革的目标和基本原则,并提出了可资参考的改革框架和建议措施:调整政府职能、理顺角色定位,摆脱行业保姆和市场的主体角色,回归政府监管本位上来;调整规制体系的权力架构,建立横向集权、纵向分权的体制;转变规制基础,构建以绩效为导向的规制体系;积极创新规制手段、加强建筑业市场的输入控制;以"一个体系、三种机制"为重点,大力引进和强化社会规制,实现行业管理由政府单极治理向由社会、公众和政府的多极治理模式转变。

关键词:建筑业　市场管理　市场规制　政府职能　经济转型期

4494

课程的系统设计及其与学生认知结构关系的研究／雷庆著；冯允成指导. -- 北京航空航天大学，2005. -- 200 页

课程改革是高等教育改革的核心，也是当前世界高等教育发展的主要潮流之一。随着科技的进步和社会变革，大学的课程也日趋复杂，课程改革的难度也不断加大，因此需要有科学的方法来帮助教师和管理人员有效地开发课程。论文以系统科学和认知心理学为理论基础，遵循系统工程中系统分析和系统评价的原则，对高等学校设计和课程评价的方法进行研究。第一章概述了教育系统工程在发展中面临的主要问题，并着重介绍作者所提出的教育工程设计的思想，还讨论了高等学校课程改革遇到的主要障碍——学科壁垒，指出要寻求科学的方法来解决这个问题。第二部分研究课程的系统设计方法。讨论系统的基本概念和基本性质，并重点分析系统组成部分之间相互关系的各种表现形式，提出了系统目标的概念，认为它是在系统的作用下，环境未来将达到的某种预先确定的状态。第三部分探讨了课程结构与学生认知结构之间的数量关系，以此作为课程评价的依据，论文对认知心理学的基本观点，认知结构的内涵，已有的认知结构模型等进行了综述，就文献中提出的认知心理学的局限性作了专门分析，并认为这是认知心理学为便于研究而对问题简化造成的。

关键词：高等教育　课程设计　课程改革　认知结构

4495

知识农业若干问题研究／冷云生著；刘则渊指导. -- 大连理工大学，2005. -- 101 页

知识农业是未来世界农业的发展趋势，如何在我们这样一个落后的农业大国，实现科技进步，走向知识农业，是摆在我们每个农业研究者面前的一道难题，正是基于这样的考虑，论文展开了知识农业的初步研究。作者旨在阐明，知识农业是国家知识经济体系中的一部分，整个工业、服务业与知识业对农业的渗透，即农业的工业化、服务化和知识化的过程，便是农业知识含量不断提升、知识农业逐渐形成的过程。知识农业产业体系是国家知识经济体系中的重要部分。论文在总结发达国家知识农业的现状的基础上，对发达国家知识农业的发展模式进行了阐述，根据知识农业理论体系，为了对我国目前知识农业发展水平进行一个科学的定位和判断，作者引入了知识农业测度的模糊评价方法。根据知识农业的基本特征和表现，选取了四个代表性的指标，并依据发达国家的指标数据设定评价标准值，通过模糊模式模型的构建，对我国各地区知识农业发展水平进行了评价；根据国家创新体系理论，对我国国家农业创新体系进行了分析，其存在的问题亟须改革和完善。最后，健全和完善国家农业创新体系，加大农业投入，提高农业中的知识含量，是本研究得出的政策性结论。

关键词：农业经济　知识经济　技术进步　知识农业　农业经济管理

4496

电子商务技术扩散影响因素实证研究／李艾著；马庆国指导. -- 浙江大学，2005. -- 160 页

论文根据创新扩散理论和从嘉兴市传统制造企业收集的数据，对影响电子商务技术扩散的影响因素进行了实证研究。对创新扩散的研究由来已久，经济学、社会学以及组织学习和潮流理论对创新扩散的影响因素有着各自的解释。根据这些理论以及过去对创新扩散和电子商务技术的有关研究文献，论文建立了有关影响因素的待检验模型，着重对四类扩散影响因素以及它们之间的一些交互作用进行考察和研究，即新技术特征、组织因素、环境因素和潮流压力。通过对理论模型的经验检验，研究发现，对电子商务技术扩散影响最大的是竞争潮流压力。研究的相关分析还发现，在特定时期和对特定样本而言，环境因素（包括“硬”环境和“软”环境）与企业接受电子商务技术的程度之间并没有统计意义上的显著直接关系。研究结果表明，总体来说，我国企业电子商务技术应用水平还处于初级阶段。作者为电子商务技术扩散实证研究设计了一些度量指标，虽然这些指标还需要不断完善，其有效性也需要反复检验，但这些指标可为今后的相关研究提供参考意义和改进基础。

关键词：电子商务　技术创新　技术扩散

4497

中国企业海外市场进入模式的选择研究／李波著；蔡淑琴指导. -- 华中科技大学，2005. -- 128 页

论文在国际经济学理论基础上，通过数理的方法建立了一个中国企业海外市场进入模式选择的利润最大化模型，通过对模型的求解，得出了中国企业在进入海外市场时的模式选择，还分析了中国企业在有东道国政府限制和没有政策限制情况下的最优进入模式选择，选择海外市场进入的混合模式是新的经济

条件下跨国企业出现的新趋势。作者对混合模式理论进行了深入的研究,在总结了混合模式优势因素的基础上,对混合模式进行了分类研究,提出了一个产业、市场和市场细分为研究维度的分类方法,把混合模式分成了分离模式、结合模式、互不模式和竞争模式四类。作者还提出了一个混合模式的应用模型,该应用模型由多目标机制、多优势机制、协调机制和静态组合与动态优化机制四个运行机制组成,混合模式对当今中国企业的海外市场进入模式选择有着非常重要的借鉴作用。论文从国际化发展过程角度对海外市场进入模式的发展进行了分析,提出了一个国际化发展与企业海外进入模式发展的关系模型。最后,参照跨国企业在中国发展的情况,提出了中国企业国际化发展的阶段理论,并以每个阶段为背景,对各阶段中中国企业海外市场进入模式的发展变化进行了研究,对模式选择的发展趋势进行了预测。

关键词:跨国经营　国际市场　市场准入

4498

不确定条件下专用实物资产投资估价的理论与实施方法研究 / 李长青著 ; 陈荣秋指导. -- 华中科技大学, 2005. -- 234 页

论文提出了关于系统性处理不确定条件下企业专用实物资产投资估价问题的一种新的理论和实施方法。新的理论与实施方法强调了专用实物资产投资估价在不同程度上具有的五个基本特征,即投资的不可逆性、不确定性、竞争性、时机可选择性和环境相关性。传统的理论的方法忽略了这五个因素之间重要的隐含关系,而这五个特征之间的相互作用决定了投资者的最优估价,正是论文的核心。因而,作者提出了基于"情境理性"的"情境分析"(contextualanalysis)理论框架和分析方法,有效地整合了专用实物资产投资估价的五个特征因素,从而系统地改进了传统理论与方法。主要研究内容包括:(1)建立基于情境理性的情境分析框架;(2)对不确定环境进行了科学分类,为研究不确定问题提供了规范的理论框架;(3)给出了基于情境分析拓扑框架的各种估价策略,特别是给出了在高度不确定条件下的估价方法——风险调整价值法;(4)应用实物期权、博弈理论和行为金融的思想修正一些主流投资决策模型,使其更科学更符合企业决策实践;(5)对企业进行专用实物资产投资给予经济学解释,夯实了专用实物资产投资估价的理论基础;(6)建立将专用实物资产投资估价与金融市场提供的替代机会联系起来的思维方式,以保证专用实物资产投资估价的准确性。

关键词:固定资产投资　估价　投资决策　投资组合

4499

中国家族企业治理模式研究 / 李忱著 ; 陶学禹指导. -- 中国矿业大学, 2005. -- 174 页

家族企业治理结构创新是涉及范围广的课题,如何在理论与实践相结合基础上建立适宜的家族企业治理模式是关系到家族企业发展的关键问题。论文主要采用理论研究与实证研究相结合的方法,突出比较研究和案例研究:比较了中、日、美三国家族企业,找出了它们的异同点,在对家族企业、治理结构、治理模式概念、内涵进行界定的基础上,分析了家族企业产权结构、资本结构、领导权更替和组织形态结构,构建了家族企业治理模式评价层次结构模型,提出了家族企业治理的五维分析结构,建立了家族企业治理模式定性指标评价体系,利用问卷调查,系统法取得了家族企业治理模式量化的分值,并利用比较充分的数据实证了提出的各项理论假设,据此,提出了家族企业治理方面的政策环境,并列举了实质性的政策建议和进一步的研究建议。

关键词:家族企业　私营企业　公司治理

4500

煤矿城市经济转型研究 / 李成军著 ; 王志宏指导. -- 辽宁工程科技大学, 2005. -- 259 页

论文运用实证分析的方法,对煤矿城市经济转型涉及的一系列问题进行了系统研究。1. 作者对煤矿城市作出如下的定义:即因煤炭资源开采而形成,煤矿及基础能源产业占城市经济主导地位,矿区人口占城市人口 1/3 以上的国家行政区划县级以上的城市。2. 理论是指导实践的强大武器,煤矿城市经济转型也离不开基础理论的指导。3. 西方发达国家实施资源型城市转型起步较早,对于我国实施煤矿城市经济转型都具有很好的借鉴意义。4. 从操作层面上对经济转型战略和转型模式进行了研究。提出了经济转型战略目标的四个特征,即宏观性、系统性、现实性和兼容性特征。经济转型的模式由转型的调控手段与转型路径构成。5. 为了实现经济转型的目标任务,付出相应的成本代价是必要的,煤矿城市经济转型成本是指在实现城市经济转型目标过程中,政府、企业、社会和个人所需要支付的代价。转型成本主要由实施成本和风险成本构成。6. 把经济转型看作是城市

经济社会发展的一种特殊运动形式。7. 煤矿城市经济转型需要政府主导与市场调节相结合,政府的主导作用集中表现为政策的制定和实施。政策具有层面性、差别性和时空性特征。我国煤矿城市群体的广泛性决定支持煤矿城市经济转型的政策层面应主要来自于中央政府,地方政府可以搞配套政策,但作用空间有限。

关键词:工业城市　城市经济　煤矿工业　经济转型　资源型城市

4501

智力资本与企业绩效的关系研究 / 李冬琴著 ; 吴晓波指导. -- 浙江大学, 2005. -- 162 页

论文研究的目的是通过实证方式研究智力资本与企业绩效的直接关系和智力资本构成要素的相互作用对企业绩效的影响。在分析国内外已有的相关研究成果基础上,作者指出目前智力资本与企业绩效的关系研究的理论和实践意义,提出智力资本与企业绩效的概念模型,并以我国企业为研究对象,通过问卷调查收集数据,全面研究了智力资本与企业财务绩效、运作绩效和人员效能的关系,并注重分析智力资本构成要素的相关性对企业绩效的影响。作者主要利用相关分析、验证性因素分析和结构方程模型对模型进行了实证检验。通过实证研究和理论探讨,主要得到结论如下:(1)比较四个嵌套模型的拟和状况,证实智力资本的构成要素对企业产生的影响的概念模型是可以接受的。(2)采用有限信息的分析方式,进行二阶验证性因素分析,检验了企业智力资本构成要素的测量纬度。(3)对假设模型进行了路径分析,结果显示智力资本的构成要素直接影响企业绩效。(4)通过效应分解进行了潜在变量间的直接效应、间接效应、虚假效应和未分解效应的分析,结果表明各类资本间的相互作用对企业绩效具有正效应。

关键词:智力资本　企业绩效　人力资本　绩效管理

4502

电子商务环境下的税收理论、征管模式与对策研究 / 李钢著 ; 张朋柱指导. -- 西安交通大学, 2005. 202 页

随着通信和网络等技术一日千里的发展,人类社会的发展已经进入数字时代,传统的经济发展模式也正在向网络经济发展模式转变。电子商务作为当代网络经济的主要载体和杰出代表,以其现实和潜在的优势,迅速发展,不仅改变了传统商务贸易模式,而且也对建立在传统贸易方式基础上的现行税收方式提出了严峻的挑战。因而,加强对电子商务环境下的税收理论和征管的模式对策的研究刻不容缓。论文在对电子商务环境下的税收理论进行研究的基础上,综述了国内外电子商务税收征管研究成果,针对我国电子商务发展,对电子商务模式进行了分类,深入剖析了四种主要业务模式的税收结构,以此为切入点,通过实证分析,系统地研究了传统征管模式在企业和个人两大类型的电子商务活动中所存在的税收征管突出问题,同时从税收理论、政策、制度和实践方面,探究了企业和个人电子商务的税收征管对策,建立了电子商务的征管模式;在此基础上,通过社会问卷调查,进一步校正新的征管模式,使其具有可行性、有效性和科学性,进而提出了电子商务的税收征管模式所要求的配套政策和法律。

关键词:税收征管　税收理论　税收结构　电子商务

4503

企业价值评估理论与方法研究 / 李光明著 ; 傅泽田指导. -- 中国农业大学, 2005. -- 98 页

论文采用大量的比较研究和实证研究对企业价值评估理论和方法进行了系统的研究,对四种现行的企业价值评估方法进行了系统的阐述和细致的比较分析;分别从企业内在价值理论——收益现值方法和企业市场价值——相对比较方法两个视角阐述和梳理了企业价值评估理论;讨论了企业价值创造活动和企业价值驱动因素,并构建了一个完整的企业内在价值评估框架;指出了企业内在价值和企业市场价值构成了企业价值的两个不同侧面,二者结合的理论枢纽是市场有效性假说。作者基于对企业生命周期理论的研究提出了收益现值评估方法的改进,指出了收益现值评估方法的企业无限期持续经营假设不仅和现实出现了较大的背离,而且在逻辑上出现了设定错误,按照企业内在价值评估理论的应有涵义,应该用“存续”期间代替“持续经营”假设。作者提出了基于多元统计技术的相对比较评估方法改进,以信息技术行业上市公司的股票价格为被解释变量,以企业价值影响因素为解释变量进行了多元回归分析,回归结果验证了剩余收益模型的合理性和我国资本市场的相对有效性,同时为相对比较评估方法在我国的应用提供了实证依据,进一步提出了基于因子分析和聚类分析技术的多因素可比公司相似度模型,为可比公司的

选取提供了新的思路和方法，可比公司相似度模型的建立有助于进一步提高相对比较评估方法的科学性和规范性。

关键词：企业价值　价值评估　企业生命周期　聚类分析

4504

快速研制系统、技术及应用研究 / 李国喜著 ; 谭跃进指导. -- 国防科学技术大学, 2005. -- 150 页

快速研制是针对新时期装备建设发展形势提出的一个新概念。目前国内在"快速研制"方面的研究还不多，是一项具有探索性的前沿课题。论文的主要研究内容如下：首先，针对我国装备研制现状，作者按照系统工程思想，建立了装备研制周期模型，探讨了采用工程技术手段实现快速研制的技术途径，据此定义了装备快速研制及快速研制系统的内涵，建立了装备并行研制模型，确定了快速研制系统的技术组成；以指导装备快速研制为目标，建立了快速研制系统体系结构，确定了实现快速研制的关键技术。其次，根据我国装备系列化快速研制战略，提出了基于模块化的装备快速设计模型。第三，面向装备快速试制，建立了装备基于成组技术的快速试制模型，提出了根据装备零部件模块主特征进行工艺优化的方法，建立了融合 MRPⅡ、JIT 和网络计划思想的装备试制生产计划系统体系结构，研究了试制计划信息模型、基于 MRP 分解生成网络计划、网络计划优化、变更控制和计划执行与监控等关键技术，阐述的动态 BOM 管理技术、面向系列化配置的 BOM 模型以及从设计 BOM 到制造 BOM 的转化、单级 BOM 的生成及 BOM 的遍历算法。第四，根据装备快速研制信息分析建立了装备研制全局信息模型；根据对信息交互、文档管理等方面的需求，提出了信息集成平台的体系结构，并对平台的文档管理技术、消息协作技术、工作流管理技术、安全管理技术进行了具体研究。最后，针对某装备的研制，应用上述研究成果，建立了一个快速研制系统，开发了装备模块化设计系统、装备试制生产计划系统和支持装备研制过程的信息集成平台，并对系统应用效果进行了对比分析。

关键词：武器装备　模块化设计　计算机集成制造

4505

资本市场的非线性动力学特征与风险管理研究 / 李红权著 ; 马超群指导. -- 湖南大学, 2005. -- 113 页

本文首先全面地考察了股票价格行为特征，指出基于有效市场的传统理论假设：正态分布、随机游走与独立性并不能准确刻画股票价格行为，而基于分形市场的理论假设：非正态稳定分布、分数布朗运动与长期相关性能够很好地描述实际资本市场的价格行为；实际的金融时间序列服从一个有偏的随机游走过程，具有显著的分形特征与长期记忆效应。同时，本文的研究结果还表明资本市场存在低维混沌，股票市场中存在正的李雅普诺夫指数与约为 2.55 的分数维，说明资本市场的随机性与波动性具有内在确定性，使对资本市场的认识超越了外部随机性的局限。之后，基于资本市场作为虚拟经济系统的内在特性，本文提出了资本市场的非线性动力学分析原理，并形成了风险的整体观、内生观与过程观。在非线性动力学分析原理的指导思想下，本文系统地考察了风险的来源以及市场非线性特征产生的内在机制：正反馈机制、投资者的异质性与相互影响，并提出了包括风险识别、风险测度、风险的控制与管理三大过程在内的资本市场风险管理创新体系。最后，本文提出了资本市场理论的非线性研究范式，以有限理性人、分形市场假设与有偏随机游走假设为其主要理论假设。它不同于传统的基于有效市场的线性分析范式，可望在更深的角度促进资本市场理论与风险管理理论的研究。

关键词：资本市场　风险管理　非线性动力学

4506

现代企业战略网络理论及管理模式研究 / 李焕荣著 ; 林健指导. -- 北京航空航天大学, 2005. -- 268 页

管理的实践和研究表明，实施战略网络，是加速培养和提升企业核心能力，增强国际竞争力的关键，战略网络研究已成为目前企业战略管理研究的特点，但由于战略网络及其嵌入其中的关系网络的复杂性和模糊性，已有研究还是以概念性、描述性、框架性的定性研究为主，系统性不够，更缺乏定量化，互动性的技术方法研究。系统研究现代企业战略网络管理理论及管理模式，既是一个急需研究的理论问题，又是一个具有重大现实意义的问题。论文以广东省自然科学基金委员会 2003 年资助的"基于核心能力的动态战略网络理论与技术方法"研究项目（基金批准号：032534）为依托，从系统观的新角度，将战略网络思想整合于现代企业战略管理理论之中，采用定量与定性

相结合,理论分析与实例验证相结合的研究方法,从战略网络中心问题,战略网络管理模式,战略网络管理与技术方法四个层面进行深入的研究,突出了战略网络研究系统性,动态性和定量化的特点,构建了比较完整的,操作性强的,以培养,应用和提升核心能力为目标的现代企业战略网络理论体系及管理模式。

关键词:企业战略　战略网络　企业核心能力

4507

基于时间竞争的制造企业供应商关系管理研究 / 李静芳著 ; 陈荣秋, 崔南方指导. -- 华中科技大学, 2005. -- 119 页

时间已经成为企业最重要的竞争优势,基于时间的竞争要求企业打破原有的制造模式,和供应商进行广泛的、多种形式的合作与交流,论文从生产类供应商和服务类供应商着手,研究两类供应商关系管理战略。研究结果表明,相互投资和涉入程度是影响企业基于时间竞争绩效的主要因素,相互投资和涉入程度越高,企业制造环节中基于时间竞争的绩效越好。在我国,对供应商的信任以及一般信息分享对于提高制造环节中的基于时间的绩效并没有确定的线性关系。主要原因是因为相互投资和涉入的基础并不完全是建立在相互信任的基础上而是建立在纵向一体化的基础上,企业与供应商进行交易时,一般以“上帝”自居,这种信任基础不能够导致双方进一步的交流、信息共享和深入交往,因此对基于时间的绩效的提高很难界定。企业与供应商深入的信息分享,反而对企业基于时间的绩效产生负面影响,原因在于深入的信息分享,特别是企业战略的分享,使得企业与供应商有“一家人”的感觉,双方往往忽视合同的细节和合作的细节,而不同的企业文化又导致双方思维方式的差异性,合作效率反而下降,导致反映制造提前期的绩效出现反常。论文提出了两种方法进行瓶颈物资供应商关系管理:一种是同行企业之间进行战略协同;另一种是寻找有实力的经销商,和经销商建立一种以契约为基础的合作关系。

关键词:制造工业　供应商　关系营销　拍卖采购管理

4508

电子市场的逆向选择风险规避模型研究 / 李莉著 ; 蔡淑琴指导. -- 华中科技大学, 2005. -- 122 页

信息技术为交易者构造了全新的交易环境与交易媒介——电子市场,在这一市场中,尽管信息发布与获取成本降低并且信息传递速度加快,但质量信息不对称状况并未得到根本的改善,商品与服务的质量不确定性以及由此引起的逆向选择风险状况较传统市场更为严重,给网络营销企业与交易平台组织者——网络中介提出了交易风险管理机制创新的课题。论文正是在这样的背景下,运用信息经济学、市场营销、电子商务经济学以及决策理论与方法,围绕具有广泛的实际背景和发展前景的面向电子市场逆向选择风险规避问题,从以下几个方面对逆向选择风险规避机制、决策模型及策略、决策方法进行了系统的研究:(1)电子市场质量信息不对称的成因以及逆向选择风险规避机制。作者提出了区别于传统市场的形成电子市场质量信息不对称的成因;构建了基于质量价格服从正态分布的逆向选择模型,通过模型分析,得到逆向选择会严重影响电子市场的交易效率的结论;分析不同主体实施电子市场逆向选择风险规避机制——信号显示与信号甄别的有效性。(2)网络营销企业营销信号选择模型。作者分析了适用于电子市场的营销信号,在分类的基础上,讨论了各类营销信号的具体特征及其影响网络营销企业信号选择的主要因素,分析了不同情况下的网络营销企业选择营销信号的策略。(3)网络营销企业质量相关价格信号显示模型。(4)网络中介逆向选择风险规避模型。探讨了涉及不同交易类型的网络中介可以采用的风险规避措施。

关键词:电子商务　网络营销　信息不对称　风险管理

4509

供应链成员关系若干问题研究 / 李良著 ; 郭耀煌指导. -- 西南交通大学, 2005. -- 128 页

作者以供应链管理理论和方法为基础,利用组织理论、复杂系统理论和博弈理论等理论工具,对供应链成员关系的若干问题进行了系统分析。论文主要包括以下内容:(1)对国内外有关供应链管理的文献进行了回顾,总结了该领域目前的研究现状和未来的研究方向,提出供应链成员关系的分析框架。(2)研究了供应链战略伙伴选择问题。供应链成员关系开始于供应链组建阶段企业之间的相互选择,供应链战略伙伴选择是一个多目标决策问题,论文探讨了利用证据理论进行合作伙伴选择的方法,并举例说明了这种方法的应用。(3)研究了供应链运行阶段实现成员间合作的委托－代理机制。激励合同的制订是这一委托－代理机制的核心问题,也是前述合同签订过程

的一个具体实例。(4)分别研究了供应链结构、组织文化以及信任对供应链运行中成员关系的影响。(5)研究了供应链解体(重构)阶段成员间公共资产的分割问题和供应链中的波及效应,作者针对运用拍卖方式进行公共资产的分割的情况,分析了成员拥有不同信息量情况下公共资产的分割。运用随机图理论讨论了供应链中的波及效应,该效应不仅可以描述供应链解体过程,还可以更广泛地用于描述创新在供应链内部的扩散过程。(6)对论文的主要结论进行了总结,并提出一些改善成员关系的措施,最后总结了论文的几个主要创新点和几个今后的研究方向。

关键词:供应链管理　经济合作　伙伴关系　合同

4510

基于产业集群的高新区竞争力研究 / 李琳著 ; 李一智指导. -- 中南大学, 2005. -- 180 页

从界定高新技术产业集群的概念与高新区竞争力的内涵入手,阐述了高新技术产业集群的形成机理,探析了高新技术产业集群提升高新区竞争力的相关理论基础。在评析与吸收 M · E · Porter 的"钻石"模型、Tim Padmore, Hervey Gibson 的"GEM"模型的相关研究成果的基础上,建立了基于高新技术产业集群的高新区竞争力影响因素模型,即"七因素模型"。分析与阐述了高新技术产业集群中知识流动的形式与特征,由此引出高新技术产业集群提升高新区竞争力的两大途径机制:即知识溢出和创新网络。在以上研究基础上,构建了基于高新技术产业集群的高新区竞争力评价指标体系。该指标体系由 4 个层次 47 个具体指标构成,指标体系凸现了技术创新在高新区竞争力中的核心作用,产业集群在高新区竞争力中的基础性作用,以及支持环境在高新区竞争力中的支撑作用。最后,以美国硅谷和北京中关村为例,进行了例证研究。提出了推进高新技术产业集群化发展、提升中关村竞争力的关键策略。

关键词:高技术产业　产业集群　经济开发区　竞争力

4511

股权泛化及异股同权下的公司治理失效 / 李梅著 ; 王韬指导. -- 华中科技大学, 2005. -- 107 页

论文依靠现代经济学中的企业理论、产权理论,以及基于不完全契约理论基础上的公司治理理论,结合对世界主要的公司治理模式的实证研究以及中国国企改革的实践及相关的理论研究,旨在寻求造成目前中国上市公司治理失效问题的根本性原因。论文主要研究了以下几个问题:首先,论证了中国上市公司目前的根本问题不是公司治理,而是股权泛化与异股同权。作者提出我国国有产权关系具有两大重要特征:一是国有股权泛化,二是异股同权;全面地论证了在存在国有股权泛化及异股同权的条件下,上市公司的内部控制和外部控制失效是必然的,企图通过改善公司治理结构来解决我国上市公司问题是不可能的;其次,提出国有控股上市公司内部人控制严重的真实原因是没有大股东。作者提出了股权泛化的概念,证明国有股权是严重泛化的股权,国有控股上市公司实际上没有大股东,其内部人控制极其严重是股权集中度与内部人控制强度负相关规律的必然表现;再次,论证分析了异股同权条件下民营控股上市公司隧道行为的特殊方式及其市场效应。对我国隧道行为的市场效应进行了分析,指出我国上市公司在融资方面体现为股权融资的低成本与低效率;经营方面体现为占用上市公司资金、不公平的关联交易及贷款担保;分配方面体现为分红与不分红均损害小股东利益。最后,论文研究了"国有股权泛化"及"异股同权"条件下我国上市公司内外部控制机制的效率问题。论文还结合中国国企改革的历史发展过程,验证了在存在"国有股权泛化"和"异股同权"的条件下,上市公司的内部和外部治理机制失效是必然的。

关键词:股权　上市公司　公司治理　产权　国有企业

4512

网络高等教育质量管理体系研究 / 李培俊著 ; 谢科范指导. --武汉理工大学, 2005. --221 页

本文阐述了网络教育研究的背景、理论意义和实践意义,研究了网络高等教育及其质量管理的理论基础,分析了网络高等教育的特征,提出了网络高等教育发展的动力模式,指明了网络学院树立良好声誉的必要性。文章界定了网络高等教育质量的概念,提出了网络高等教育质量管理的对象、主体、目标及动态变化的过程。分析了网络高等教育质量管理的特征以及网络高等教育质量因素。设计了网络高等教育质量管理的框架体系,包括微观的内部质量管理和宏观的外部质量评价与认证两个子系统。文章借鉴了ISO9000 质量管理体系提出了网络高等教育全面质量管理的内涵、管理原则和管理程序。比较发行了网络教学过程管理和普通教学管理的区别。文章对中外

网络教育外部质量评价与认证标准进行了对比分析，论述了网络高等教育评价的意义、特点、原则，提出了网络建议评价系统中的具体评价要素，并建立了评价指标体系。文章在介绍国内外高等教育和网络教育领域的质量认证情况的基础上探讨了网络高等教育质量认证体系的建立。文章还对河南网络高等教育的现状和问题进行了实证分析。

关键词：高等教育　网络教育　教育质量　全面质量管理　质量认证

4513

基于有限理性的市场微观结构研究 / 李平著 ; 曾勇指导. -- 电子科技大学, 2005. -- 140 页

论文在对市场微观结构理论进行综述基础上，发现现有研究主要集中于有做市商且交易者完全理性的交易机制。虽然理性预期模型可以较好地分析这种交易机制，但存在理性预期均衡要求非常强的假设条件。此外，中国证券市场采用无做市商的交易机制，但对该交易机制的理论和实证研究尚未取得突破性进展。因此，作者主要从有限理性的角度研究市场微观结构问题。首先，分析有限记忆和过度自信两种有限理性交易行为以及不完全信息对金融资产短期价格行为的影响。实证结果表明我国证券市场的个股存在短期过度反应现象。其次，研究证券市场上的羊群行为。主要从交易者风险规避、存货控制、多维不确定性以及有限理性的角度研究证券市场羊群行为产生的原因；研究羊群行为对内幕信息揭示的影响；检验我国证券市场的个人投资者是否存在羊群行为。实证检验表明，在熊市行情中散户投资者容易发生卖的羊群行为。最后，分别从理性预期和有限理性的角度对封闭式集合竞价和开放式集合竞价的价格发现过程进行研究。研究结论表明，影响定价误差的主要因素是市场规模。

关键词：证券市场　证券交易　做市商制度　羊群行为　集合竞价

4514

面向新闻信息处理链的人工神经网络结构优化方法研究 / 李倩著 ; 王永县指导. -- 清华大学, 2005. 104 页

人工神经网络(ANN)是网络环境下进行信息优化的主要工具，针对具体应用设置网络结构以提高其适应性这一 ANN 研究中的难点问题，文章对 ANN 结构设计方法进行了研究，提出两种优化算法，并对遗传算法(GA)进行了理论分析，在此基础上提出了一种新的新闻信息处理模式。文章在对遗传算法、人工神经网络、人工神经网络学习、进化神经网络以及文本分类方法等相关理论和技术加以介绍和分析的基础上，进行了遗传算法模式定理的扩展研究，提出了一种新的损失率函数定义，同时针对研究结果，对几个影响模式变化的关键因素进行了分析。接着，先后提出了两种优化算法，一是新人工神经网络结构改进剪枝算法 A－OSS，二是基于遗传算法的新的神经网络混合剪枝算法 HAP，通过与传统方法的比较，作者分别论述了新方法的特点和优势，并对其基本思想、流程以及各参数设置进行了说明和分析。最后，在此基础上，文章分析了现有中文信息处理方法的局限性和不足，结合供应链管理思想，提出新闻信息处理链这一新的信息处理模型，并就其功能和优势加以分析，同时依据此前的优化算法，提出了面向新闻信息处理链的 A－OSS 文本分类算法。

关键词：计算机网络　信息处理　人工神经网络　遗传算法

4515

供应链委托代理问题分析 / 李善良著 ; 朱道立指导. -- 复旦大学, 2005. -- 117 页

本文基于委托代理理论对供应链中的信息不对称现象进行了系统的研究。通过提出问题、分析问题、解决问题以及理论研究等层面对于供应链中的信息不对称现象进行了系统分析，对信息不对称所造成的供应链效率低下问题给出了解决方法。本文的研究和创新主要包括以下内容：第一部分提出问题，信息不对称是供应链企业之间的一个本质特征，对供应链协调产生重要影响。通过将不对称信息引入供应链契约，使其更加符合实际情况。本部分主要研究信息不对称条件下的供应链契约。第二部分分析问题，对供应链企业中委托代理问题的成因、特点进行了分析，提出了委托代理理论分析的模型框架，并进一步描述了供应链中不对称信息的特征，以及由于信息不对称所造成的危害，并且提出了四种解决方案，对每种方案的优点和局限性进行了分析，并给出了方案实施步骤。第三部分解决问题，对委托代理问题引发的供应链协调问题，通过构造五类供应链契约模型给予解决。第四部分理论研究，对委托代理理论的技术缺陷进行了有效性分析，并提出了解决思路。

关键词：供应链管理　委托代理　信息不对称　契约

4516

中国普通高等学校教育成本管理模式研究 / 李淑霞著 ; 傅毓维指导. -- 哈尔滨工程大学,2005. -- 198 页

依据马克思的成本价格理论、现代成本管理理论、教育成本分担理论等相关基础理论,采用规范研究、实证研究、系统研究和比较研究等多种研究方法,在充分借鉴企业成本管理模式和前人研究成果的基础上,结合普通高校所处的经济环境和自身特征,构建了普通高校教育成本管理模式。并对构成普通高校教育成本管理模式的四大子系统——高校教育成本预算模式、高校教育成本计量模式、高校教育成本控制模式和高校教育成本补偿模式分别进行了研究。进一步地,采用数据包络分析方法,对普通高校教育成本管理有效性问题进行了评价。首先构建了普通高校教育成本管理评价指标体系,然后运用数据包络分析的基本模型,实证分析了 23 所普通高校的教育成本管理效率情况,最后对评价结果做了简要分析。最后,对普通高校如何实施高校教育成本管理模式问题提出了对策。应用现代成本管理理论,借鉴企业成本管理经验,结合普通高校实际情况,论述了普通高校实施教育成本管理模式五方面宏观对策和六方面微观对策。

关键词:普通高校　教育成本　管理模式

4517

动态与随机交通网络模型及其应用研究 / 李硕著 ; 范炳全指导. -- 上海理工大学, 2005. -- 227 页

动态与随机交通网络模型(DTA)及其算法是智能交通系统(ITS)发挥作用的一个重要的软件技术基础。论文结合 ITS 在国内外迅速发展的情况,在充分掌握 DTA 研究领域在国际上的前沿状况的基础上,主要做了以下研究:(1)针对 DTA 的各种情况建立了与其相应的变分不等式(VIP)模型,整合了 VIP 理论在 DTA 模型上的通用性;采用时—空网络理论将 VIP 模型转换成最优化模型,在此基础上提出了通用的迭代类算法,克服了 VIP 模型在计算上的缺陷。(2)建立了一整套的负交通选择熵模型,并证明该模型存在一阶条件,充分说明了热力学最大熵原理完全可应用到 DTA 理论中。(3)提出了一个有度排队(SQ)模型用于计算信号交通网动态路段行程时间函数。(4)通过非集计单纯形分解法(DSD)和梯度投影法(GP)两种方法作适用于 DTA 问题的修改,达到将基于路径的 DUO 模型算法应用于 DTA 研究之中的目的。(5)将论文的 DTA 模型及其算法应用于可变信息标志(CMS)的优化选址上,确定 CMS 的最优分流率,并给出了一个计算实例。(6)提出了一个具有概率行程时间感觉函数的随机型 DTA 模型,它是在随机型 DTA 环境下出行者感觉函数基础上而建立的模型,并给出了一个计算实例。

关键词:交通网　交通流　智能交通系统(ITS)　嵌入式对角化算法　嵌入式投影算法

4518

专卖制度下中国卷烟工业企业的竞争力研究 : 基于烟草供应链的研究结果 / 李天飞著 ; 孙林岩指导. 西安交通大学, 2005. -- 141 页

论文从供应链管理的角度出发,综合经济学和管理学的竞争理论,提出了论文的研究方法论:将竞争力的理论范式实例化为在现行国家烟草专卖管理制度下卷烟工业企业及其供应链竞争力的源泉和产生过程。采用实证分析的方法,提出在烟草供应链背景下卷烟工业企业竞争力的相关假设,通过关系研究和验证性因素分析,验证这些假设的存在性和可靠度,探讨卷烟工业企业及其供应链竞争力的因果关系,为进一步研究烟草供应链竞争力的增长奠定基础。论文重点研究了专卖制度的经济学分析、卷烟工业企业的竞争力结构分析、专卖制度下的烟草供应链竞争战略、竞争力验证性因素分析等方面的内容,主要研究成果包括:(1)建立了专卖制度的经济学研究框架,提出了专卖体制下的四种竞争模式:行政垄断、基于配额交易的产量竞争、产销增值竞争、产品细分市场竞争。(2)在前人研究的基础上,系统地建立了竞争力的多面体结构模型。(3)提出了烟草供应链的总体结构,并在此基础上构建了烟草供应链竞争力的切面结构。(4)提出了竞争力决定因素的相关假设,设计了竞争力评测指标体系和调查问卷,对卷烟工业企业及其供应链竞争力进行了统计分析和验证性因素分析。

关键词:烟草工业　专卖　企业竞争力　供应链管理

4519

企业全面资源运营理论及实践研究 / 李维华著 ; 魏法杰指导. -- 北京航空航天大学, 2005. -- 249 页

论文的目的就是使企业、社会等各种组织与个人掌握一种切实可行的资源运营方法,以便人们可以迅速高效、成功、顺利、低成本、高收益、多赢地实现自己的目的,提供一套可借鉴的科学的解决方法。作者采

用实证与理论相结合的方法,不断进行创造性的思考,提出了新的思路和概念,如企业必要资源、确认与重要度划分;资源观的演化综述及全面资源论下的资源定义;资源的获取与新资源的形成;资源获取方式的具体研究;政府特许经营;资源自制和外取的实际操作流程;全面运营资源环境;等等。作者首先分析了国内外资源及资源运营状态,阐述了两类基本企业活动和七个基本资源运营的方式,从资源角度来看企业的本质和目的,提出了企业效用资源函数理论。其次,作者全面综述了企业资源运营发展的轨迹与趋势,详细的分析了资源从生产要素到全面资源的转变的过程,把资源运营状态划分为静态与动态的扩展概念;在全面资源运营环境中又详细地阐述了全面资源环境的宏观环境、中观环境和微观环境。再次,作者提出了资源自制的概念以及它的五种基本方式,分析了各类资源的外取;最后,全面研究了全面开发资源用途,以及资源在多用途间的分配;全面探索资源运营模式,提出了政府特许经营的概念;对全面提高资源运营效率提出了政策建议。

关键词:企业管理　资源管理　特许经营

4520

基于生态位的企业竞争理论与实证研究 / 李文华著 ; 韩福荣指导. -- 北京工业大学, 2005. -- 186 页

论文在企业生命周期、产品生命周期、产业生命周期理论,自然生态学、组织生态学等理论的基础上,对企业竞争环境、竞争策略及其生存策略进行的仿生化研究。论文的主要研究工作概况如下:(1)企业仿生化研究的客观存在性研究。(2)企业生态系统的演化规律研究。企业生态系统由商务生态圈、企业群落、企业种群、企业个体和企业生命单元五个层次构成,企业生态环境由众多的生态因子构成。企业与企业生态环境的相互作用促使了企业生态系统的演化。(3)企业种群的协同进化研究。作者认为两个企业种群是否是协同进化种群以及协同进化的强度可以从实证模型的协同进化系数来判断。(4)企业生态位理论框架的建立。(5)企业生态位竞争策略与多维度动态竞争策略模型的建立。通过建立生态位竞争的非线性动力学模型以及模拟企业生态位竞争过程发现所建立的模型符合企业竞争的一般规律。(6)企业多样性和共存机制研究。作者认为企业生态位的分离以及生态因子的作用是企业多样性和企业共存的基础,企业的多样性有助于企业生态系统的稳定性。(7)企业共生机制研究。作者认为企业生态位的结构性互补促进了企业间的共生,资产交易的不确定性、频率和资产的专属性影响企业共生体的稳定性。(8)企业战略联盟共生模式研究。论文从企业共生的角度审视企业战略联盟的建立,给出了企业战略联盟共生体的形式和结构,详细论述了企业战略联盟共生体建立与运作的四个阶段。

关键词:企业竞争　市场竞争　生态系统　战略联盟

4521

中国商业银行效率和全要素生产率比较与研究 / 李希义著 ; 任若恩指导. -- 北京航空航天大学, 2005. -- 145 页

作者主要从生产效率和全要素生产率两个方面比较研究我国的商业银行的绩效。生产效率是商业银行竞争力高低的核心,是未来我国的商业银行与外资银行进行竞争的关键。全要素生产率的增长则是促进商业银行整个行业增长的重要源泉,而通过分析全要素生产率增长的分解因素则可以找到促进银行业增长的动力。论文对加入 WTO 前后我国商业银行的生产效率做了深入分析,从产权角度比较了国有商业银行与股份制商业银行之间的差距,具体测量了股份制商业银行对国有商业银行的示范效应影响程度,对我国的商业银行与西方发达国家的绩效好的商业银行之间做了国际比较,研究了我国商业银行的全要素生产率的变化。论文研究主要在以下几个方面:一,研究了中国股份制商业银行的生产效率及其变化,分析了效率变化的趋势和因素。二,全面分析了中国商业银行的生产效率及其变化。三,从产权角度比较了我国商业银行的绩效,定量的比较了国有商业银行与股份制商业银行这两种不同产权形式的商业银行的差别。四,定量分析了我国的股份制商业银行对国有商业银行的示范效应。五,利用 DEA 和 MALMQUIST 指数,研究了中国商业银行的全要素生产率。六,利用 DEA 和购买力平价方法对我国的商业银行与国外发达国家的商业银行进行了比较,论证了国内商业银行存在着严重的投入浪费。

关键词:商业银行　银行效率　劳动生产率　全要素生产率

4522

中高档猪肉产业链组织模式研究 / 李晓红著 ; 卢凤君指导. -- 中国农业大学, 2005. -- 138 页

作者在文献查阅、专家访谈和实地调研基础上,

以中高档猪肉产业链组织模式为研究对象，运用系统分析与决策分析思想，沿着模式的“趋势及理论分析—实践研究—评估选择—实施”逻辑展开，目的在于为拟进入和已进入中高档猪肉产业链的投资主体进行组织模式选择提供科学依据，为政府推进农业产业化进程、提高中国肉类产品国际竞争力以及保障国家食品安全提供解决思路。论文首先对猪肉产业链内涵及特征进行了系统理论分析，并从猪肉消费、贮运销售、屠宰、饲养、繁育、相关产业环节及产业链组织模式等方面对国内外猪肉产业链现状进行了归纳；分析了消费者需求、产业链产品（质量）供给能力、政府产品质量管理体系之间的互动机理，并通过对比、演绎分析，指出了中国猪肉产业链发展的障碍，提出构建适宜产业链组织，保障中高档猪肉有效供给的重要性和发展趋势。其次，论文利用类变量分析法研究了猪肉产品质量形成机理，指出中高档猪肉产业链实施一体化经营的内在要求；探讨了产业链整体目标、功能主体、核心利益主体、产业链价值创造及各功能主体联结方式五大要素对一体化经营产业链组织的作用机理；研究了中高档猪肉产业链组织的功能主体、核心利益主体及产业链价值创造特征，分析了核心利益主体投资环节及投资方式对产业链组织模式的内在影响，并从理论上阐述了合同契约型、纵向一体化型、混合型以及混合纵向一体化型四大类若干种可能的中高档猪肉产业链组织模式及其特征效应。最后论文系统地分析了中高档猪肉产业链组织模式实施的构建及运行过程，并从投资进入方式、产业链规模、资金筹措及政府管理四方面进行了策略研究。

关键词：猪肉　产业链　产业组织　产供销一体化

4523

高校科技企业孵化器评价因素研究 / 李昕著 ; 夏新平指导. -- 华中科技大学, 2005. --164 页

本文研究高校科技企业孵化器评价因素。首先针对我国高校科技成果转化的薄弱环节，对大学孵化器与大学科技园、创业中心进行比较研究。然后，综合运用 Delphi 法、层次分析法、ABC 筛选法，提出评价高校科技企业孵化器的 23 项因素，进而又优化得出由 15 项评价因素构成的高校科技企业孵化器孵化模型，以此对大学孵化器进行评价。作者认为在缺乏大量样本实证的情况下，现阶段对高校科技企业孵化器的评价应以定性分析为主，应该从孵育手段发挥的效果来考察。论文进而对大学孵化器孵育手段的评价要素进行分析。针对现阶段高校科技企业孵化器的发展态势，结合案例分析，强调了培养创业精神、构建公共平台、建立信息网络等孵育手段的重要意义。

关键词：高等学校　高技术企业　企业孵化器

4524

面向任务的团队创新支持理论及其系统研究 / 李欣苗著 ; 张鹏翥指导. -- 上海交通大学,2005. -- 140 页

作者针对团队创新过程中的若干主要问题，研究面向任务的团队创新支持理论和支持系统，对国内外相关研究进行综述的同时，结合企业组织结构的柔性化趋势，提出了面向任务的团队创新过程模型。首先，提出了面向创新任务的知识结构化方法和任务知识图表示，并据此实现了知识结构动态可视化。其次，团队创新活动的信息记录是团队创新的重要问题，以往团队活动信息的记录模式选择依靠主观判断，作者分析了团队创新活动和相应的信息记录模式；构建了基于人工神经网络的记录模式适用性模型，用于支持团队根据创新活动的实际情况和具体要求选用合适的记录模式。再次，在对记录的团队信息进行组织时，研究了以任务为中心的信息组织模式，并构建了基于神经网络和模式识别的信息关系自动识别模型；通过对词频特征提取方法进行了“特征词分级处理”、增加“小句数量”和增加“上一评论信息的态度”三方面改进，以提高识别准确率。接着，以新产品开发过程中的持续团队创新支持为目标，设计并实现了面向任务的团队创新支持系统。并以华东电网规划系统的研发项目为案例，对该系统进行了应用研究，阐述了面向任务的团队创新支持系统在该新产品开发项目中的应用过程，并对调查结果进行了分析。

关键词：团队　创新　组织管理　产品开发　决策支持系统

4525

中国商业银行竞争力评价与提升战略研究 / 李秀松著 ; 陶学禹指导 . -- 中国矿业大学, 2005. -- 162 页

面对激烈的市场竞争环境，如何在理论上认识商业银行竞争力，在实践中培育和提升商业银行竞争力，已经成为当前银行业和金融理论界共同面临的一个极具挑战性的课题。论文力求规范分析与实证研究相结合，指出中国银行业正由寡头垄断型向竞争型

市场结构转变的趋势；通过对商业银行竞争力基本内涵的分析，构建了商业银行竞争力评价指标体系；运用因子分析等方法，对影响商业银行竞争力的重要分力进行了论证，从定量的角度测定出主要影响因素，并建立了新的商业银行竞争力计量模型；通过系统运算，对我国50家商业银行竞争力进行综合分析，从中揭示出一些新的规律，验证了规模、赢利、安全、增长和管理能力等因素对商业银行竞争力的影响程度，得出了银行规模差异对竞争力影响显著、股权结构与银行赢利能力、资产质量和抵御风险能力呈明显相关关系，以及各类商业银行在不同分力上各有优势的结论。结合类聚分析，剖析了外资银行与我国各类商业银行的竞争态势，对其优劣进行了辨证分析，指出为提升竞争力，我国商业银行必须实施错位经营的差异化战略，以及采取相应的措施。

关键词：商业银行　市场竞争　竞争力

4526

行动通讯业服务行销策略的研究 / 李训明著 ; 李一智指导. --中南大学, 2005. --110 页

本文整合了消费者生活形态理论、服务行销策略理论、消费者满意理论、消费者转换理论来研究消费者生活形态对行动通讯系统经营者服务行销策略的影响。主要内容包括：行动通讯服务市场介绍，台湾行动通讯服务产业概况，行动商务的定义、特性与内容，服务行销组合的内涵，消费者行为的定义与性质，市场区隔与生活形态，结构方程模式的构建，结构方程模式观念架构模式，模式验证等。文章分析了嗜新导向、价格导向和广告导向三类消费者族群，分析了消费者考量产品构面内容的优先次序，探讨了消费者满意对消费者转换的影响。

关键词：移动通信　市场营销　服务营销　消费行为　顾客满意度

4527

基于生态伦理观的地区经济可持续发展研究 / 李亚著 ; 张子刚指导. -- 华中科技大学, 2005. -- 166 页

本文运用工程管理的分析方法对基于生态伦理观的地区经济可持续发展进行了分析和研究。文章回顾了国内外对可持续发展和生态伦理观的研究概况。作者指出人类中心主义与可持续发展和生态伦理观的关系，提出了当代中国的可持续发展生态伦理观。文章认为全面公平原则和综合效率原则是一个系统，二者相互补充相互统一。论文以可持续发展生态伦理观为指导，从微观层面探讨了经济发展与生态和谐关系，阐述了可持续发展生态伦理观在渠首地区的具体运用。文章从宏观、中观、微观三个层面具体研究了渠首地区经济发展和生态和谐的关系。作者认为经济结构布局是一个地区经济发展与生态和谐的重要指标。作者建立了针对南水北调渠首地区经济发展与生态和谐性的绩效评估指标体系，包括指标体系设计原则及绩效评估模型——综合指数评价法。文章既是对南水北调中线渠首地区经济发展与生态和谐发展的综合分析研究，也为可持续发展生态伦理观提供了理论的佐证和典型的实例参照。

关键词：地区经济　经济发展　可持续发展　生态伦理学

4528

公司治理结构与价值创造 / 李亚静著 ; 黄登仕指导. -- 西南交通大学, 2005. -- 104 页

在公司治理结构的研究中，企业绩效的度量是一个非常关键的因素。经济附加值(EVA)，作为评价企业创造价值的公司绩效评价指标，于九十年代初开始，逐渐在美国等国的大公司中获得成功应用，使得这些公司的资本效益大幅度地提高。基于企业绩效评价指标在公司治理结构研究中的重要地位，论文在EVA用于中国企业绩效的度量和公司治理结构两个方面展开了如下研究：从剖析经济附加值(EVA)的理论渊源出发，探讨了EVA指标的优势和不足；通过对EVA和剩余收益以及传统会计指标与公司市场价值相关性的研究，分析了在我国证券市场中EVA与投资收益的相关性。实证发现，公司的EVA与公司的市场价值显著正相关，但所包含的公司市值的信息不多，在传统会计指标之上，EVA不具有增量信息解释能力。对股权结构与公司价值的研究；针对股权结构是市场调节，还是所有者控制方式展开讨论；讨论董事会控制、经理报酬与公司创造价值之间的关系。通过对影响企业主要经营管理者报酬的主要相关因素——董事会控制、经理个人特征、公司经营绩效进行的分析，实证结果发现，在我国上市公司中独立董事比例与经理报酬的相关性不显著，非独立董事比例、董事会规模与经理报酬间的相关性也不显著，仅有CEO的双重性与经理报酬的正相关性显著。

关键词：法人治理结构　经济附加值(EVA)　股权结构　激励　董事会

4529

复合型商业业态及其供应链系统研究 / 李严锋著 ; 马士华指导. -- 华中科技大学, 2005. -- 91 页

作者提出复合型业态的概念,并对其基本原理及其供应链系统进行深入研究,主要对多业态组合的复合型商业业态的成长机理、价值链构成、运作模型、供应链系统等问题,从理论和实证上进行了四个层次深入的研究和实践。第一层次(理论层):研究复合型业态的业态成长机理和价值规律,丰富商业业态演变的基本理论;第二层次(操作层):研究复合型业态的运作模式,提出一个可供商业业界操作借鉴的参考模型;第三层次(支持层):研究复合型业态的支持系统,提出一个敏捷供应链系统参考模型及其理论支持,并从一个具体的操作点—采购给出运作新思路;第四层次(实践层):结合多年实践经验和应用成果,给出一个复合型业态的实践案例,证明研究成果的可行性和应用价值。论文首先对论文涉及的主要概念进行了界定;从业态进入壁垒、业态价值网络模型和 IVC 平衡模型三个方面提出了复合型业态的成长机理。其次在消费者形态分化、3S 连锁技术应用和消费者核心需求多样化等假设前提的基础上,构建了复合型业态的运作模型。论文最后结合多年实践应用以昆明百货大楼商业有限公司为案例,验证了研究理论的可行性。

关键词:商业经济　供应链管理　采购　拍卖

4530

跨国供应链战术计划模型研究 / 李燕风著 ; 夏国平指导. -- 北京航空航天大学, 2005. -- 168 页

目前国际上越来越多的跨国企业采用"跨国供应链(全球供应链)管理"模式,作为生产运作管理研究领域的计划管理,也越来越受到企业界与学术界的重视。论文针对跨国供应链环境下的战术计划模型进行了较为系统与详细的研究,作者将国际税收理论应用到跨国供应链模型中,提出了转让价格调整的跨国供应链战术计划模型和同时存在模糊参数和随机参数的情形下的跨国供应链战术计划模型。全文共分七章:第一章主要针对前人的研究工作(包括跨国供应链战术计划与战略计划)进行了总结,并分析了以往的不足。第二章主要利用国际税收理论中的重复征税减税理论对跨国供应链战术计划模型进行了分析。第三章主要研究了存在转让价格调整时的跨国供应链战术计划模型。第四章将转让价格决策应用于跨国供应链批量定货模型中,并进行了数值仿真分析。第五章利用不确定规划论对不确定环境下的跨国供应链战术进行了分析与探讨,并运用计算机模拟技术及遗传算法进行了数值仿真分析。第六章针对某跨国企业的 LTO 供应链管理进行深入细致的与研究。第七章总结全文,并提出了未来研究的方向。

关键词:跨国企业　供应链管理　国际税收　转让价格　计划模型

4531

我国农业信息服务体系研究 / 李应博著 ; 乔忠指导. -- 中国农业大学,2005. -- 153 页

作者基于我国农业信息服务体系目前的发展概况和文献收集,运用系统分析、评价方法和优化理论,对我国农业信息服务体系的结构、功能、运行方式、运行机制和保障手段等内容进行了系统研究。具体包括以下几方面:(1)采用回归分析方法,结合农业信息化指数对我国农业信息化与农业经济增长之间的关系进行了测算与预测。(2)运用系统分析和比较归纳方法,探讨了农业信息服务的含义和属性,构建了农业信息服务体系的组织结构。(3)从国家和地方两个层面建立农业信息服务体系的框架体系。(4)运用无约束优化以及模糊神经网络方法建立体系的主体选择和功能优化模型,运用委托—代理机制、成本—效益分析等理论研究了我国农业信息服务体系的运行方式、运行机制和运行保障。采用抽样调查和统计分析评价方法对体系的运行效果进行了评价分析,运用 DEA 模型给出了农业信息服务体系运行效果评价的实际算例。(5)以北京农业信息服务体系为例,通过分析其整体发展状况以及七个区县的农业信息服务体系建设情况,进行实证分析。(6)探讨了我国东、中、西部地区农业信息服务体系的发展重点,采用行业集中度指数对我国农业信息服务业的效益进行了评价和预测,提出了农业信息服务业的发展对策。

关键词:农业　信息服务　信息管理

4532

企业信息技术投资的战略管理问题研究 / 李玉辉著 ; 方淑芬指导. -- 哈尔滨工业大学, 2005. -- 143 页

论文对企业 IT 投资的战略管理问题进行了系统、深入的研究,建立了一个基于能力的 IT 投资转化为企业绩效的过程模型,它反映出 IT 投资通过提升信息能力作用于经营能力的发展,这种能力发展不仅为改善现期的经营活动提供了有力手段,也为优化未

来的经营组织创立了战略期权;前者有助于改善短期绩效,后者则有利于提升长期绩效。论文着重指出,战略适应需建立在企业能力的基础上,职能整合则要建立在信息需求的基础上,并据此扩展了传统的"战略一致模型",提出了基于能力的战略一致实现途径,为有效发展IT战略规划提供了新的选择。在此基础上,作者还联结基于能力的战略一致与IT投资决策过程,提出了一个对企业的IT投资进行战略管理的理论模型,企业有效管理IT投资活动提供了进一步的理论支持。论文指出,投资评价的基本作用在于实现组织决策中合理性与合法性之间的有效联系,为表达合理性并支撑合法性,投资评价需要综合反映客观与主观的评价标准,并有机整合理性与政治的评价方法。基于这种评价观,提出了一种能综合反映评价中主客观因素的评价方式,并发展了一个选择评价工具的权变方法,并以社会技术系统的视角,考察了IT投资后评价活动的合理组织,探讨了评价团队的组建、评价对象的选择、评价标准的确定等重要变量的确定问题。

关键词:企业信息化　信息技术　技术投资　战略管理　实物期权

4533

基于战略集团理论的煤炭产业发展模式研究 / 李淮锡著 ; 王立杰指导. -- 中国矿业大学, 2005. -- 97页

论文采用了规范与实证、定性与定量研究相结合的方法,对现今煤炭产业竞争格局和煤炭产业发展进行了综合研究。首先在系统总结产业组织理论、企业战略管理理论和战略集团理论等不同研究范式的基础上,提出利用战略集团理论这一视角来分析我国煤炭产业竞争格局。在对中国煤炭资源状况,中国煤炭产业制度变迁的过程和煤炭产业环境的新变化进行系统分析的基础上,利用基于企业资源观(RBV)的战略集团观点,通过聚类分析和数据包络分析(DEA)等技术手段对我国煤炭产业进行了战略集团分析和竞争效率研究,并对结果进行了深入分析和讨论。确定了对煤炭产业与其他相关产业进行产业融合;对煤炭产业进行生态化改造;以现有的煤炭战略集团特点出发,扶植和培育优势大企业为依托和增长极,发展新型煤炭产业集群的煤炭产业结构升级和可持续发展模式,并提出了相应的对策和建议。

关键词:煤炭工业　产业发展　战略集团　产业结构　可持续发展

4534

我国教育投入、经济增长与就业问题SD模型研究/ 栗建华著 ; 王其藩指导. -- 复旦大学, 2005. -- 114页

本文从我国目前存在的巨大失业压力这一实际出发,运用系统力学(SD)、内生经济增长以及劳动简化率的理论、观点和方法,构建了我国教育投资、经济增长与就业问题的SD模型,通过政策模拟,以定量和定性的依据提出了如何在保持一定失业率水平下加大教育投资,将劳动力资源转化为人力资本,以期获得经济持续快速发展的建议。具体内容:第一章介绍了论文的研究手段、方法、理论与现实意义。第二、三、四章分别就经济增长、经济增长与教育、经济增长与失业等问题的研究进行了梳理和探讨。第五章根据SD的理论与方法构建了我国教育投入、经济增长与就业问题的模型,并通过对1995—2003年的实证模拟得出模型稳定可靠的结论。第六章则依据建立起来的模型并以2002年的数据为基年数据,对未来一段时间(2002—2026年)内不同的固定与教育及各级教育之间的投资比例关系对我国经济增长与就业的影响进行了政策模拟。通过政策调整模拟得出结论:我国教育投资需要提高,但必须与固定投资之间保持适度比例,并且应采取逐步提高教育投资比重的方式。另外我国教育投资在各级教育中的比例分配应有所调整。

关键词:经济增长　教育投资　就业　人力资本　失业

4535

基于知识吸收能力的企业合作创新研究 / 连浩著 ; 韩伯棠指导. -- 北京理工大学, 2005. -- 139页

论文将基于前人的研究成果,研究知识吸收能力(Knowledge absorptive capacitity, KAC)不对称时,同质能力和非同质能力企业之间在采取非合作以及研发协调、技术共享和成本共享合作方式等八种情况下,企业的研发努力、产量和收益随知识吸收能力差异水平变化的特点以及合作动机和合作方式偏好的变化,并进行数值模拟。论文的研究工作可以概括为以下几个方面:一、改变了传统的AJ模型,在加入了知识融合能力参数基础上建立了知识吸收能力非对称的KAC-I模型。二、在KAC-I模型的基础上,加入了知识转化能力参数,建立KAC-II模型。三、KAC-I和KAC-II模型修正了传统模型企业之间知识吸收能力对称性假设的缺陷,对能力同质和能力互补企业

之间采取非合作以及研发协调、技术共享和成本共享等方式都进行了建模和数值模拟。四、两个改进模型可以用做企业在选择不同合作伙伴时的辅助工具,也可以研究特定企业间合作,企业之间知识吸收能力差异的变化会对合作带来不同影响。五、通过对模型的数值模拟和分析发现知识吸收能力的不对称性影响到企业之间的合作动机机,作者认为由于受到知识吸收能力差异的影响,合作并不能总为双方带来收益,同时合作方的选择倾向在知识吸收能力差异的不同水平时会有所不同。

关键词:企业合作　技术创新　合作创新　知识吸收能力(KAC)

4536

产业集群技术创新能力构建及其治理研究 / 梁宏著 ; 田志龙指导. -- 华中科技大学, 2005. -- 145 页

研究课题包含三个前沿领域——产业集群、技术创新和集群治理,故论文以管理学、新经济地理学、新经济社会学、区域经济学、创新学和产业经济学为理论基础,系统分析了这三大理论领域的内涵和发展,深入研究了创新理论的发展演化,并在研究吸取了国内外研究成果的基础上根据产业集群建设和发展的需要,大胆探索了"集群技术提升"和"集群治理"等新兴的前沿领域。全文的主要内容是:(1)作者从时空两个角度,系统地研究了产业集群的理论、技术创新系统研究和国家创新系统理论的基础。(2)从知识创新的角度分析了产业集群的竞争优势,并指出产业集群创新系统是以市场需求为动力,以政策调控为导向,以良好的国内外环境为保障,以创新性技术供给为核心,以实现特定产业创新为目标的网络体系。(3)作者认为产业集群的竞争来源主要来源于技术创新,而技术创新又与企业知识和学习有重要的关联性,分析了资源、能力、知识与价值创造的内在联系、企业知识和集群知识的关系,提出了基于知识观的集群技术能力。并在最后研究了作为集群技术能力提高的途径——组织学习。(4)产业集群是介于市场与企业之间的、具有灵活性和规模性的中间组织,弥补了市场失灵和企业的僵化所带来的缺陷。(5)从集群政策的基本原则、集群技术创新的战略方式等层面分析了产业集群技术创新政策。(6)以"武汉·中国光谷"为背景,对我国光电子产业的发展环境和管理工具进行了创造性的研究。

关键词:技术创新　产业集群　价值链　高技术产业

4537

高等学校科技创新联盟及体系研究 / 梁祥君著 ; 杨善林指导. -- 合肥工业大学, 2005. -- 127 页

论文重点研究高校创新联盟、高校创新体系的构建与管理及两者的相互关系。整体结构上,正文由三大部分组成:第一部分(第1章)是基本概念和基本理论的阐述;第二部分(第2、3、4、5章)是对高校科技创新联盟与体系的运作策略及运行机制的研究,包括总体机制和具体运行中资源问题、虚拟化运作问题和决策支持系统的运作支持问题;第三部分(第6、7章)是高校科技创新联盟与体系的内外部协同问题的研究。论文主要研究工作集中在以下几个方面:(1)针对我国高校科技创新体系的建设,提出了一条由"创新团队——单个高校创新体系——小创新联盟——大创新联盟——高校创新体系"的渐进发展之路。(2)提出了高校科技创新联盟与体系的网络化、一体化、生态化、开放型、现代化的发展方向/目标,并论述了实现途径和方法。(3)将生态观念、可持续发展观念引入高校科技创新联盟与体系的建设,并运用全要素优化配置和持续优化聚合理念进行创新资源的优化配置。(4)将网络组织、虚拟组织理论与创新理论相结合,并运用于高校科技创新联盟,提出了网络化、虚拟化的实现过程及相关管理方法。(5)设计了一种基于模糊聚类和 Multi - Agent 智能决策支持系统,能有效地为高校科技创新联盟提供各种决策的支持。(6)提出了高校科技创新联盟与体系通过内外部协同,突出政府的重要作用,以解决好国家创新系统中的"市场失效"和"系统失效"问题。

关键词:高等学校　科技创新　联盟　国家创新系统

4538

资产证券化的风险防范研究 : 从制度经济学角度的透视 / 梁志峰著 ; 陈晓红指导. -- 中南大学, 2005. -- 235 页

作者运用制度经济学的观点和方法,重新审视资产证券化管理风险的机制,从风险隔离制度、现金流管理、提前偿付与违约行为等方面研究资产证券化的风险防范问题。首先,运用制度经济学对资产证券化的风险隔离制度及其风险防范建立了一个统一的制度分析框架。从制度经济学的角度,提出风险隔离的制度本质是对证券化资产的产权权利束的系统性隔离,并利用这个制度分析框架指出,真实销售的确认就是从法律和会计的角度对这种系统性隔离效果的

审查。接着提出了风险隔离制度的风险的概念,在此基础上分析了可撤销交易风险、重新定性风险、实体合并风险、混合风险和SPV破产风险及其风险防范方法。并基于这个统一的制度分析框架,提出了风险隔离制度风险的一般防范方法——系统性隔离审查法。其次,作者系统分析了资产证券化现金流管理与风险分配的机理,主要涉及两个方面:现金流的聚集机制及其中蕴藏的信用制度风险、现金流的分割机制及其风险分配方法。现金流管理是资产证券化运作的核心内容。现金流管理中的风险分配是资产证券化风险管理的重要方法之一。再次,系统分析了住房抵押贷款证券化的提前偿付风险及违约风险的特征、影响因素、分析模型和风险防范问题。最后,运用文章的研究方法和研究成果,对安然事件的风险形成与风险防范问题进行了实证分析,从新的角度揭示了安然事件的制度成因。

关键词:资产证券化　风险管理　风险防范　现金流　住房抵押贷款

4539

城市水务系统管理模式及运作机制研究 / 林洪孝著 ; 蒲云指导. -- 西南交通大学, 2005. -- 154 页

论文针对城市水务问题,从哲学思考出发,探讨人与水、经济与水、发展与水、环境与水的关系,揭示当今社会发生缺水和水环境恶化的必然性原因,转变人的思想观念和行为方式,走水务可持续发展道路是人类社会的正确方向;从管理科学、经济学、资源管理、产业管理、法规和行政管理角度,分析现行城市水务管理与运作存在的问题;从水文与水资源学、供排水理论、水政管理、系统分析决策理论、环境保护理论为依据,研究水务系统结构、特征、特性、变化规律,总结水务系统的运行规律、影响因素、发展方向,以及实施水务系统性管理的依据、原则、内容、方法和目标。以市场学、产权经济学为原理,研究城市水务市场的概念、构成要素、交易物及交易关系,建立城市水务市场,并对其性质、特征、要素、容量、建设与管理原则及运作机制进行了探讨;以水权市场化管理为指导思想,研究了水权及其非排他性与排他性、外部性、经济性、可分离性、竞争性等特征、水权制度的建设内容、水权界定、水权初始配置原则、方法、水权市场化运作的动因、制度性障碍及出路、交易范围、定价方式、交易程序。以保障水资源及环境良性循环,城市水务业持续稳定地增长为目标和指导思路,针对现存水价偏低所带来的一系列问题,结合当前水价政策,分析合理水价的结构要素、结构模型和形成机制与制度,以及在水价构成要素中,市场定价、政府定价、市场与政府结合定价,形成水价定价机制,使市场调节因素在水价的形成中更多地发挥能动作用,从而建立起可持续利用城市水价格模式及形成机制。

关键词:市政工程　城市用水　水资源管理　可持续发展　水价

4540

金融市场微观结构视角的 La－VaR 模型 / 林辉著 ; 何建敏指导. -- 东南大学, 2005. -- 108 页

为了改进传统的VaR模型,作者基于非瓦尔拉斯均衡市场的假设,将市场微观结构理论引入传统的VaR模型,构造市场微观结构视角的La－VaR模型。论文综合地运用风险价值理论、市场微观结构理论、动态优化理论、风险偏好理论、随机过程和统计学等理论方法,体现了多学科交叉的特点,并将La－VaR模型从单期扩展为多期,从单资产推广到资产组合、由外生性风险拓展为内生性风险,建立了一系列综合地计量市场风险和流动性风险的La－VaR模型。这些模型是:修正的BDSS模型、基于g&h分布的中间价格和价差混合计量La－VaR模型、基于价量分析的La－VaR模型、基于流动性比率调整的随机价差La－VaR模型、多期离散出清La－VaR模型、连续出清La－VaR模型。以上的这些模型,不仅克服了传统的VaR模型无法计量流动性风险的缺陷,而且还修正了传统的VaR模型计量的风险随资产数量、价格及其波动性增加而线性增加的问题。尤其在多期La－VaR模型的研究中,论文将确定性等价效用和风险偏好引入模型,通过优化出清策略,得到最优出清轨迹和最优La－VaR,并修正了传统VaR模型基于平方根法则计量多期风险的缺陷。论文的研究为VaR找到了更为现实的理论基础,拓展其应用领域,更全面地计量金融资产实际的风险暴露,其研究成果对风险管理具有现实的理论意义和良好的应用价值。

关键词:金融市场　市场结构　流动性风险　风险分析　风险价值

4541

中国劳动投入与全要素生产率的理论及应用研究 / 林宇坤著 ; 任若恩指导. -- 北京航空航天大学, 2005. -- 171 页

作者基于新古典经济增长理论的框架,首先系统研究了经济增长核算理论,然后根据ICPA项目的国

际可比的要求,创建了中国1987—2000年劳动投入的再就业人数,劳动工作时间和劳动报酬数据库,构建了中国时间序列的总劳动投入账户,在此基础上用超越对数的方法生成中国在此阶段的经济总体和行业水平的劳动投入增长指数,分析中国劳动投入质量改善的源泉及劳动投入增长对我国劳动增长的贡献;利用劳动投入数据库,计算中国的人力资本增长指数;利用ICPA中国项目组创建的1995年不变价投入产出时间列表以及中国资本投入时间数据库,在此基础上计算中国的行业TFP增长和总TFP增长指数,并研究各投入要素在部门间重新配置对TFP的影响。计算多马加权TFP增长指数以及与总TFP增长指数的联系;计算分解中国行业产出增长的源泉;计算分解中国GDP增长率的源泉,计算中国分行业和经济总体的劳动生产率增长指数,并对其进行因素分解,定量分析各因素对中国劳动生产率增长的贡献。

关键词:劳动力　人力资本　劳动生产率　全要素生产率　经济增长　国内生产总值

4542

基于MAS技术的企业内部信用评估系统研究 / 蔺楠著 ; 汪应洛指导. -- 西安交通大学, 2005. -- 143页

论文通过对企业信用供给的经济学分析,作者提出了差异化信用管理战略的创新方法。针对企业实施差异化信用管理战略的关键是客户信用评级和信用交易风险度量的精确性,结合目前中国国家信用体系尚未建立,信用评估中介机构不健全的实际情况,论文分析了建立企业内部信用评估系统(IECRS)是保障企业实施差异化信用管理的必然选择,并据此构建了企业内部信用评估系统;论文围绕如何使用构建的信用评估系统成为既满足差异化信用管理需求又符合企业动态发展的高效评估系统展开研究,通过对信用评估系统的功能需求分析、信用评估特性分析,以及影响信用评估系统效果的信用因素和非信用因素分析,总结出了建立高效信用评估系统需要解决的信息充分性、系统动态性、评估高效性和激励相容性等核心问题。针对这些问题,论文对MAS技术的特性,解决复杂问题的优越性和良好应用前景论述的基础上,将MAS思想引入高效信息评估系统的构造。运用MAS技术在分布式问题上求解中的独特处理优势,充分发挥Agent智能性、代理性、机动性,采用并行分布式处理技术和模块化设计思想,把复杂的信用评估系统划分为相对独立的子系统Agent,实现了构建高效信用评估系统的目标。

关键词:企业管理　信贷管理　信用评估　多智能体系统

4543

制造业全球化与本土化关联机理研究 / 凌丹著 ; 万君康指导. -- 武汉理工大学, 2005. -- 139页

本文主要探讨了制造业全球化与本土化的关联激励,提出了促进我国制造业发展的政策建议。首先,通过对已有的理论研究成果的综述与评析,说明全球化与本土化的理论渊源,分别从主流经济学、产业经济学、国际经济学、新社会经济学、全球在地化理论等方面的研究成果中归纳与全球化、本土化相关的理论观点及其对推进制造业全球化、本土化的指导作用。其次,从理论与实际的结合上,着重说明制造业全球化与本土化的关联互动机制及其对经济发展的影响,阐明制造业全球化及本土化的内涵及特征;剖析了全球化、本土化关联互动的原因、形式、发展阶段和路径;提出了全球化本土化关联影响的评价指标体系;通过统计分析进行了实证研究,对基于全球化与本土化的中国制造业发展绩效进行阐述;分析了全球化背景下的产业空间分布结构,揭示了制造业本土化中产业集群孕育、形成与发展的机制。最后,结合中国国情,提出基于全球化与本土化的中国制造业的发展战略与对策。

关键词:制造工业　全球化　本土化　产业集群　价值链

4544

关于丰田生产方式的形成过程及在中国企业的应用研究 / 凌国良著 ; 马庆国指导. -- 浙江大学, 2005. -- 275页

本文主要研究如何在较短的时间内、在企业环境和制造业水平与目前的日美欧有很大差距的中国企业里导入丰田生产方式。文章首先从关键人物大野耐一在丰田汽车公司内的职位升迁的视角研究了丰田生产方式的形成过程。其次,文章对丰田生产方式的完整体系进行了研究,指出该体系应该包括精神体系、思想体系、方法体系和负载这三大体系的企业人机系统,其中人员系统是最重要的。在此基础上,作者提出将企业自身系统管理与系统运转管理进行区分,并将企业管理的重点放到自身系统的管理上来。接着,文章提出了丰田生产方式的评价指标体系,并从实证的角度运用聚类分析这一统计分析工具,对九

家不同程度推行丰田生产方式的企业的实际评价数据进行了分析、等级评价和等级判别分析。在研究了丰田生产方式在中国企业应用时可能会出现的一些问题后,作者结合丰田生产方式的体系结构特点,提出了一套系统的实施步骤,并运用这套理论实施步骤对某合资企业和某国营大型企业的丰田生产方式实施方案进行了比较分析。最后,作者在结合自身在中国几家企业运用丰田生产方式的思想、方法、结合企业的实际,导入丰田生产方式解决实际问题的案例,说明了丰田生产方式在中国汽车行业以外的企业也是可行的。

关键词:汽车工业　生产方式　工业企业管理　日本

4545

我国中小企业间接融资制度变迁与绩效研究 / 凌智勇著 ; 陈晓红指导. -- 中南大学, 2005. -- 163 页

论文从国家在中小企业、金融领域以及其他经济社会的制度安排入手,强调解决中小企业融资难必须用系统的观点进行制度创新,大力发展符合中小企业内在特征的中小民营金融机构,创造有利于企业融资的信用环境和提高监管能力,这些措施综合运用,相互影响,才能从根本上解决中小企业融资难的问题。作者从新制度经济学的角度来研究中小企业融资不足的问题,主要是把中小民营银行的发展作为一种新的制度供给,在一个由制度需求、制度供给和制度均衡构成的理论框架内,对这一问题进行了研究。运用实证的方法,从理论上证明了我国存在中小企业融资不足的问题,研究发现我国商业银行对中小企业存在歧视行为,放贷行为已经从过去基于"所有制的歧视"变为基于"规模的歧视"。通过对我国中小企业正式融资制度和非正式融资制度以及相应的绩效的分析研究,并借鉴我国台湾地区中小企业融资制度变迁的经验,作者系统地论述了建立中小民营银行是解决中小企业融资难的有效的融资制度创新。并针对我国中小企业的特性和我国信用状况,构造了一个简单的但更能说明中国问题的信贷配给模型。最后,作者提出了改造现有的中小银行是建立中小民营银行的可行途径,并在一个博弈论的框架里论述了建立一个对中小企业的信用担保机制,对中小企业融资和新生的中小民营银行有着重要的意义。

关键词:中小企业　间接融资　绩效管理　民营银行

4546

基于公司战略的网络培训效果评价研究 / 刘宝发著 ; 邹珊刚,郭碧坚指导. -- 华中科技大学, 2005. -- 116 页

论文把公司战略和网络培训结合,对基于公司战略的网络培训效果评价模式进行了研究。主要包括以下几方面内容:首先,提出了网络培训对公司战略的支持模式,即网络培训先直接作用于公司员工或组织,并对员工或组织产生效果,再由此效果来促进公司战略的实现。其次,论文从公司战略的视角出发,结合网络培训特点,探讨和提出了网络培训效果评价的关键指标,并对这些关键指标的次级指标进行了分析和探讨,提出了它们各自主要的次级指标。随后,论文针对个人和团队目标与公司愿景及目标保持一致性的重要性,把个人和团队都作为评价对象,运用网络受到收集评价指标的数据,把 Wilcoxon 符号秩统计量的检验模型用于一致性程度的评价;依据网络培训的特点和公司的整体战略,将个人和组织同时作为评价对象,并分别加以考虑,先后建立了个人和组织的网络培训效果的有效性评价模型和学习效率模型。最后针对公司战略管理过程中所要求的"投资最小,收益最大"的资源配置原则,论文分析了网络培训的成本与收益,并建立了投资收益决策模型。同时,考虑到网络培训实施成本较高的问题,引入了网络培训的人数的规模决策模型。

关键词:网络培训　战略管理　企业管理

4547

转型经济条件下中国自然垄断产业演变及企业行为研究 / 刘钢庭著 ; 蓝海林指导. -- 华南理工大学, 2005. -- 187 页

本文主要研究了处在经济和体制双重转型过程中的中国自然垄断产业演变过程中的两个问题:影响中国自然垄断产业变革的主要因素及在变革过程中企业行为的变化和优化。文章首先对转型理论、产业组织理论、自然垄断理论等基础理论以及与论文相关的垄断与竞争的冲突、企业行为和自然垄断产业演变方式等研究进行了总结和回顾。其次,文章通过1989—2000 中国电信产业的数据分析,研究了中国自然垄断产业演变的过程(以电信行业为主要研究对象),并探讨了中国自然垄断产业演变的四个主要影响因素。同时,通过对中国电信产业 2000—2004 所有市场行为的数据分析,作者分析了企业行为在行业变革过程中的变化,探讨了出现企业以降价为主要战

略的消极企业行为的三个主要原因,即产品市场竞争不足、经理劳动力市场竞争不足和激励机制不完善。在前述分析的基础上,文章通过对国外自然垄断产业变革的案例的比较研究,探索了中国在进行自然垄断产业变革时,在变革方式和激励等方面的问题,并对如何改善企业的消极行为提出了四个方面的建议,即放松规制与激励性规制并存、以完善的自然垄断规制法律法规为改革准绳、重新组建自然垄断型企业规制机构和引入竞争机制与完善产权制度并存。最后,文章总结了研究成果对中国自然垄断产业改革的理论意义和对中国电信产业发展的实践意义。

关键词:自然垄断产业　产业结构　企业行为　电信业　电子信息产业　转型经济

4548

建筑企业信用评价的理论与方法研究 / 刘高军著 ; 朱嫣指导. -- 清华大学 , 2005. -- 152 页

本文以广义的建筑企业为对象,借鉴相关领域的研究成果,研究了针对于建筑企业的信用评价理论与方法。文章首先研究了建筑企业信用评价的相关理论,通过分析建筑企业信用的内涵、特点以及传统方法的适用性,从信用的内生构成和外生表现角度,提出了建筑企业信用评价的模式及相应方法,即采用数据挖掘方法,从建筑企业信用数据中建立有针对性的评价规则和模型;提出项目参与者评价方法,根据项目参与者对建筑企业信用表现的评价,推导出建筑企业的信用水平。其次,文章具体研究了上述方法中的模型算法,并分别进行了实证研究。数据挖掘实证研究获得了由 Apriori、GRI 关联模型生成的若干信用评价规则,以及 Logistic、决策树、神经网络和粗糙集等四个信用分类模型。同时以信用期望、信用表现、合作关系、信用水平等四个有因果关系的变量,构建了项目参与者评价的理论模型,并采用结构方程模拟方法计算建筑企业的信用水平。并根据问卷调研数据进行了实证研究,拟合度指数和参数检验值验证了理论模型的合理性。此外,文章对模型路径系数估计值的实际含义进行了分析。最后,文章根据理论和方法的结论,提出了在我国建筑市场中建立以项目参与者参与评价为基础的同业征信制度、实施征信模式的信用评价等应用建议。

关键词:建筑企业　资信评估　信用评估　数据挖掘

4549

经济全球化背景下的中国税制改革 / 刘高著 ; 李海婴指导. -- 武汉理工大学, 2005. -- 147 页

本文阐明了经济全球化背景下,我国进行新一轮税制改革的必要性。首先,阐述了经济全球化对我国税收制度、税收政策、税收征管的主要影响,从这三个层面具体分析目前我国还未达到经济全球化要求的基本表现。其次,作者提出通过借鉴国外最新的税制理论和改革动向,来优化我国的税收制度,从而达到税收制度的国际化、市场化、法制化的目标。再次,对我国税制改革的具体构想进行了探讨,强调从税收政策层面明确政策选择和相应调整的战略,遵循 WTO 要求的公平竞争等原则,通过调整税收的一系列优惠政策,来建立与国际管理相协调的运行机制;从税收征管方面提出改革的基本思路,强化依法治税,建立“管事”和“管户”相结合的征管模式;从相关的配套措施,来调整财政支出结构、合理划分税权、建立健全税收信用制度。

关键词:税收管理　税制改革　税收征管　经济全球化

4550

苏南乡镇企业发展机制及体制研究 / 刘会荪著 ; 李汉铃指导. -- 哈尔滨工业大学, 2005. -- 149 页

本文对苏南乡镇企业发展的机制及体制的历史、现状及未来改革方向进行了研究。文章首先讨论了苏南乡镇企业的内涵与外延及与苏南乡镇企业发展机制及体制相关的概念,概要介绍了国内外相关研究的现状并进行了评述。其次,文章从苏南地域的吴文化入手,分析了吴文化中勤劳、精巧、秩序、崇文重教四个方面的特征对经济发展的助力作用,揭示出苏南水网河道的多重属性是导致苏南乡镇企业集体产权安排的历史原因,并以“张家港精神”为例,论述了文化因素对经济发展的作用。接着,文章把苏南乡镇企业的内部运行机制和经营管理体制进行了分别研究。在内部运行机制方面,对苏南乡镇企业的市场开拓机制、分配机制、用人机制及融资机制进行了研究;在经营管理体制上,对苏南乡镇企业政企合一的产权制度安排及法人治理结构进行了剖析。在对比分析“苏南模式”和“温州模式”的基础上,提出了“苏南模式”为我国的农村城镇化建设提供的三条经验与启示。最后,文章提出了苏南今后在精简党政机构、完善法人治理结构、推进农村金融多元化、打破地方市场分割与地方保护、建立公有资产管理体制五个方面的体制

改革方案,并以江苏永钢集团为案例,对苏南乡镇企业内部运行机制的灵活性及宏观经营体制的弊端进行了实证分析。

关键词:乡镇企业　苏南模式　企业文化　温州模式

4551

我国期货市场互动式投资策略研究 / 刘慧宏著 ; 糜仲春指导 . -- 中国科学技术大学, 2005. -- 118 页

本文主要分析了期货市场中大户的投资行为,特别是投资者之间互动式投资行为。文章首先对期货市场的有效性进行了验证,采用序列自相系数法、随机游程法对上海期货交易所的期货铜市场进行了检验,并提出一种基于历史的期货市场有效性检验法,采用这种方法也对期货铜市场的有效性进行了检验。其次,文章研究了期货定价问题,通过分析现货价格与期货价格之间的关系,以现货价格为基础,以 Black - Scholes 公式及方法对期货进行了定价分析,应用偏分布及偏态过程建立了期货价格安全系数,并介绍了期货价格变化趋势分析法中的四大方法,其中重点对基本分析方法进行了研究。接着,文章介绍了期货市场套期保值方法,并对套期保值者的投资行为进行了分析,给出了最佳合约及比率的确定方法和组合套期保值策略的建模及求解。然后,文章对期货市场的投资者分别进行了竞争博弈分析和合作与合作竞争博弈分析,并专门对领导大户的投资行为进行了分析,提出了大户对市场价格进行预测的贝叶斯分析概率,并引出影响因子的概念,从而确定出期货市场上的领导大户。作者还分析了影响因子的变化过程及对领导大户决策的影响,在结合影响因子和领导大户的特殊地位的基础上,得出了领导大户在不同条件下的最佳投资选择。

关键词:期货市场　期货交易　套期保值　投资策略

4552

都市圈的形成机理及协调发展研究 / 刘加顺著 ; 邓明然指导. -- 武汉理工大学, 2005. -- 189 页

本文首先探讨了都市圈的基本理论。从都市圈的概念入手,分析了都市圈概念的结构,探讨了都市圈的空间构成模式,揭示了都市圈的时空演化过程,并探讨了影响都市圈发展的因素。然后,结合区域经济学、发展经济学、制度经济学、产业经济学等学科的基本原理,运用系统论、运筹学、线性规划的一些方法系统研究了我国都市圈的形成机理,重点研究城市化、市场化、制度变迁、对外开放和都市圈形成之间的规律性,指出城市化是都市圈形成的基础,市场化是都市圈形成的动力,制度变迁是都市圈形成的关键,对外开放是都市圈形成的环境和条件。最后,通过理论研究与实证分析相结合,研究了武汉都市圈的协调发展问题。

关键词:城市化　都市圈　对外开放

4553

基于自组织理论的企业进化机制研究 / 刘建波著 ; 李柏洲指导. -- 哈尔滨工程大学, 2005. -- 155 页

作者运用系统科学中的自组织理论来研究企业进化机制的问题。首先,在国内外研究现状进行梳理和归纳的基础上,总结了相关基本理论,并对企业进化等基本概念进行了深入阐述。其次,分析了基于自组织理论的企业进化系统。利用企业文化、企业战略、企业组织结构、管理制度与管理风格、人力资源及技能 5 个子系统构建了企业进化系统,构建了企业进化系统的结构模型,并对该模型的环境、功能、进化规律进行了阐述并确定了企业进化系统的序参量。企业进化离不开企业进化机制,论文接着分析了基于自组织理论的企业进化机制,重点从两方面阐述企业进化机制:企业战略制定过程中的进化机制和基于市场机会的企业进化机制,还构建了企业进化的相互作用模型。在全球经济一体化的今天,任何企业的进化都不是独立的,论文分析了商业生态系统的协同进化机制。接着,作者对企业进化能力进行了评价,讨论现有评价方法与体系中对企业成长与发展评价的缺陷与不足,然后构建企业进化能力评价的指标体系。论文最后阐述了我国企业进化方面存在的主要问题及应对策略。

关键词:企业发展　企业进化　企业成长　自组织理论

4554

基于 Multi - Agent 的信息系统动态集成建模与分析研究 / 刘建昌著 ; 侯光明指导 . -- 北京理工大学, 2005. -- 165 页

随着信息技术的发展和管理变革的加剧,信息孤岛、遗留系统、信息共享等问题不断出现,这就使得信息系统集成成为国内外研究的重要课题。作者在前人研究成果的基础上,针对信息系统动态集成中存在

的主要问题进行了研究。(1)以钱学森的综合集成思想和霍兰的复杂适应性系统(CAS)理论为指导,提出了识别与确认待集成信息系统中角色的方法,利用角色依赖图描述了角色之间的相互依赖关系,并且对角色之间的交互、动态组合形成团队的内在机理、结构评价等问题进行了研究。(2)提出了基于 Multi-Agent 的信息系统封装和集成的方法,给出了基于角色相似度的潜在角色值向量计算方法,实现了主体系统(Multi-Agent System,即 MAS)中 Agent 与角色之间的动态绑定,解决动态集成中的服务匹配问题;提出了扩展合同网协议,以实现 MAS 中不同 Agent 之间的通讯和协商;并利用 UML 和 AUML 等工具,提出了建立以角色识别确定为前提,基于 Multi-Agent 的信息系统动态集成模型的具体步骤。(3)利用 Swarm 仿真平台,构建了信息系统动态集成模型的仿真模型框架,给出了仿真框架的使用方法并提出了从系统、用户角度全面评价信息系统动态集成模型性能的指标体系。(4)结合实例建立起信息系统动态集成的仿真模型,并对仿真结果进行了分析,验证前述方法模型的可行性和实用性。

关键词:信息系统　信息管理　系统集成　多智能体系统

4555

风险投资业的发展与创新研究 / 刘建香著 ; 钱省三指导 . -- 上海理工大学, 2005. -- 140 页

本文对发展我国风险投资必须实行的、与风险投资这一新的投融资方式相适应的一系列创新问题进行了分析。文章首先对美、英、日、台湾等几个国家和地区的风险投资业发展状况进行了简要回顾,在此基础上,通过对相关数据的比较研究后,指出我国风险投资业的发展相当于美国 20 世纪 80 年代初的水平,在风险投资业的导入期,市场运作将逐渐代替政府运作。其次,作者运用信息经济学的理论和方法,对包括激励机制、约束机制、监督机制和声誉机制在内的融资治理机制及其作用机理进行了探讨。同时,作者以博弈论为工具,通过构建风险投资家与创业者的博弈模型,对项目选择阶段的逆向选择问题进行了研究,并对投资协议阶段投资交易的设计、跟踪管理阶段的管理策略及最优停止问题、退出方案的全程安排计划进行了分析。接着,文章在借鉴其他国家的经验和做法的基础上,对实现我国风险投资业发展的各种宏观制度的创新进行了论述,并结合我国的实际情况,构建了由不同偏好的风险投资主体组成的多层次风险投资体系,提出了合作培育和资金接力的融合发展模式,同时对如何组建我国商业型的风险投资机构进行了研究。最后,文章以风险投资与我国 IC 设计业发展为例,对风险投资的创新问题进行了实证研究。

关键词:风险投资　期权　委托代理　博弈论

4556

知识能力的 KBP 模型与评估方法研究 / 刘宁著 ; 韩伯棠指导. -- 北京理工大学, 2005. -- 119 页

本文对知识能力的概念模型、评估模型和评估体系进行了研究。文章首先拓展了知识能力的概念,指出知识能力是在特定的环境中,与所负责的具体业务有关,且符合组织战略目标,能为组织产生绩效的,知识主体所具有的外显知识和技能以及内在的特质和诚信所体现出的能力。在知识能力概念的基础上,作者提出了知识能力的 KBP 概念模型,包括员工知识能力模型和组织知识能力模型。其次,作者通过与自然科学中的场理论类比并应用发电机原理,定义了知识能力场的概念,提出了知识能力场的基本模型,并指出业务、组织和员工、资源、知识能力、绩效是组成知识能力场的五个基本要素。在知识能力的 KBP 模型基础上,作者以“业务”为桥梁,建立了知识能力的 KBP 评估模型。基于这两个模型,并结合知识型企业的特点,作者建立了基于 KBP 的知识能力评估体系,包括知识能力的指标体系及其量化;KBP 模型中连接矩阵的计算;通过 DEA 方法对各个连接矩阵进行优化;针对优化前后的知识能力和绩效,计算知识能力发挥率向量;通过知识能力发挥率向量,对企业员工或组织的知识能力进行评估。最后,文章以某电器集团空调销售部为例,对 KBP 评估体系进行了实证研究,指出了该体系相对于传统评估方法的优越性。

关键词:知识管理　知识能力　人力资源管理

4557

基于价值的企业信息资源管理研究 / 刘平著 ; 张金隆指导. -- 华中科技大学, 2005. -- 123 页

本文运用相关经济与管理理论,研究了企业信息资源基于价值的管理问题和价值特征。文章首先分析了企业信息资源的一些基本问题,通过信息经济学中信息效用价值的数学描述,建立了基于价值的企业信息资源管理模型。作者通过将不同格式的信息及其渠道以及各种信息渠道的发布,用系统的思想进行整合,提出了信息渠道的集成管理模式,并通过分析

信息渠道与信息资源效用价值关系,提出了企业首选环境状态信息是用户价值信息、优化信息渠道系统的原则是充分利用网络效应。通过对现有企业信息结构特征以及团队的经济理论的分析,提出了信息结构优化的原则,并从资源配置角度出发,为信息结构与价值链建立了关联。在分析现有企业信息效率现状以及信息效率内涵的基础上,提出了信息效率的管理原则是分化信息的传播,构建了决策权与信息最优匹配的选择模型。最后,文章通过分析企业竞争结构以及竞争模式的变化,研究了企业信息资源管理效率与传统管理的关系,并结合企业信息资源管理的特点以及信息资源效用产生的过程,提出了组织动量的概念,并建立了基于信息资源管理的组织动量竞争模型,通过分析信息渠道、信息结构和信息效率与对应的三个组织动量分量的关系,讨论了组织动量竞争模式的应用问题,并给出了三个竞争策略。

关键词:企业管理　信息资源管理　管理信息系统

4558

政府信息资源共享机制的研究 / 刘强著 ; 甘仞初指导. -- 北京理工大学, 2005. -- 109 页

本文主要从资源配置的角度研究了政府信息资源的共享机制。文章首先分析了政府信息资源产生、加工、存储、共享、再加工、再共享的全过程,指出政府信息资源存在两个阶段的共享。第一个阶段是政府各部门、各行政事业单位对统一采集并按一定标准格式存储的政府信息资源进行共享。第二个阶段是政府各部门、各行政事业单位、信息企业对政府信息资源进行加工处理,形成政府信息产品或服务,向社会提供共享。同时文章提出政府信息资源共享应该树立“分类共享”的观点。其次,在公共物品理论的基础上,文章把政府信息产品或服务分为两大类,即纯公共信息和准公共信息,并根据准公共信息在竞争性上存在的差别,对准公共信息又进一步细分为弱竞争信息和强竞争信息。接着,文章提出了政府信息资源开发利用水平的评价指标体系,针对主观效用指标采用模糊评价方法,针对客观定量指标采用具有激励(惩罚)因子的综合评价方法,并结合我国三个地区的实际情况进行了实证研究。最后,文章以多目标决策理论为基础,研究了判断纯公共信息、弱竞争信息和强竞争信息开发利用优先顺序的方法和若干准则,在此基础上,设计了政府信息资源共享投资优化的多目标动态决策模型,并通过遗传算法求出了一组 Pareto 解。

关键词:电子政务　信息资源　资源配置　资源共享

4559

科技型企业家隐性资本研究 / 刘善球著 ; 何继善指导. -- 中南大学, 2005. -- 175 页

论文分析了新经济对新型生产要素资源即具有创新能力的科技型企业家有特别的依赖性,初步指出了具有创新能力的科技型企业家是新经济最关键的资本,提出了开发科技型企业家隐性资本是我国科技型企业健康、持续发展的重要推动力量的相关命题。该论文所研究的科技型企业家隐性资本主要指资本化的科技型企业家隐性知识及其社会网络。作者通过对科技型企业家隐性知识特征的理论论述,构建了科技型企业家隐性知识显性化过程模型,提出了“知识势”是科技型企业家隐性资本的增函数,科技型企业家隐性资本是技术创新和扩散的推动力量的命题,还构建了基于多目标模糊性的科技型企业家隐性资本组织化模型。并且建立了企业家隐性知识传播的微分动力学模型,给出了判断能否传播的阈值条件,分析了影响传播的主要控制参数,支持了改进传播效率的路径。作者还指出企业家社会网络是科技型企业发展的最重要的资源,也是科技型企业成功的关键资本,由此,在理论层面上研究了基于社会网络的科技型企业家隐性资本形成机理,特别讨论了科技型企业家社会网络的二元互动模型。之后,论文从科技型企业家隐性资本自我甄别的本质出发,设计了一个“实话实说”的直接机制,构建出科技型企业家隐性资本市场选聘模型。并运用模糊综合评价方法和案例分析对科技型企业家隐性资本进行了实证研究。

关键词:技术企业　企业家　人力资本　隐性知识

4560

基于生产网络瓶颈的重调度问题研究 / 刘文涛著 ; 张群指导. -- 北京科技大学, 2005. -- 127 页

本文围绕生产网络的瓶颈,就是否具有有限缓冲的 Flow Shop 系统重调度问题分别进行了研究。文章首先在对生产系统中生产能力配置、最大流问题、缓冲问题和调度问题的研究进展进行回顾分析的基础上建立了基于网络最大流的瓶颈分析模型体系,指出在最大流和最小费用最大流问题中分别存在两类和四类瓶颈,并给出了求解瓶颈的算法和瓶颈裕度模

型。同时在灵敏度分析中,探讨了不同类型瓶颈对改进网络性能所起作用的差异,并提出了基于瓶颈的网络改进策略。其次,文章建立了时间缓冲容量模型,并证明了存在最佳缓冲容量点。以连铸为瓶颈,作者提出了炼钢厂的时间缓冲模型,该模型将工艺约束、经济合理性因素纳入了进来。接着,文章给出了无限缓冲 n/3/f/Lmax 系统启用重调度的临界值模型和延迟时间模型。再次,文章给出了有限缓冲 Flow Shop 系统启用重调度的可达矩阵模型和重调度策略模型,围绕炼钢厂的瓶颈,将其重调度集成为整浇次受阻和半浇次受阻重调度,并给出了在窗口工件集中快速寻优的重调度策略及算法,该策略沿用了静态调度的优化结果,又最大限度地发挥了机器的生产能力,同时还能确保高优先级工件准时开工。本文通过实例分析前述模型和策略,为保障炼钢厂顺利实施 DHCR 和 HDR 一体化生产模式提供了支持。

关键词:生产管理　生产调度　生产能力　连铸

4561

成像侦察卫星动态重调度模型、算法及应用研究/刘洋著;谭跃进,陈英武指导. -- 国防科学技术大学, 2005. -- 113 页

成像侦察卫星是一类观测卫星,而目前多颗成像侦察卫星动态调度问题不论是在国内还是国外都是一个新的课题。论文在对成像侦察卫星的工作原理和用户需求分析的基础上,基于动态约束满足理论和方法,建立了成像侦察卫星的初始调度模型,给出了初始模型的求解算法,并针对卫星状态变化和用户需求增加这两种动态变化情况,采用反应式重调度思想,建立了动态重调度模型,并分别给出了求解算法,最后给出了应用实例,说明了本文模型和算法的应用方法。论文的主要研究内容如下:(1)在分析成像侦察卫星的工作原理基础上,给出了成像侦察卫星调度中的主要约束条件,并且将成像侦察卫星调度分为预处理和优化两个阶段。(2)分析了多成像侦察卫星动态调度问题特点及其主要类型,建立了动态调度的时序约束概念模型、面向资源的约束概念模型、面向任务的约束概念模型。(3)在调度约束条件分析和一些基本假设的基础上,论文建立了多卫星初始调度约束模型,并给出了模型求解的贪婪算法。(4)针对卫星资源状态变化的情况,建立了多成像侦察卫星动态约束满足调度模型,并设计了模型求解的启发式搜索算法。(5)针对新任务到达的情况,建立了包含新任务的多成像侦察卫星动态约束满足调度模型,并设计了模型求解的动态回溯算法和基于局部修改的递进规划算法。(6)在调度模型及算法的研究基础上,文中设计了一个应用实例,说明了模型和算法的应用模式。

关键词:侦察卫星　调度　约束　启发式搜索

4562

城市群经济模式及珠三角西翼城市群发展的系统研究/刘振新著;石来德,尤建新指导. -- 同济大学, 2005. -- 230 页

本文包括以下内容:(1)对国内外关于城市群区域经济系统的相关理论研究进行了回顾和归纳,并进行了系统的规范分析。提出了城市群区域经济模式这一新的区域发展理论模式,对其基本要素、理论架构和形成演化机理作了初步探索。(2)以大珠江三角洲城市群、西翼城市群以及珠海市三个不同空间尺度的区域纵向系统作为研究对象,分析了包括香港、澳门在内的,在"一国两制"特殊背景下的大珠江三角洲城市群区域经济系统的特点和运行、协调机制。(3)重点探讨并总结了珠江三角洲西翼城市群的形成机制和组织格局,分析、揭示了珠江三角洲西翼城市群面临的基本矛盾和所具备的发展优势,寻求城市群区域经济系统可持续发展的理想模式和运行机制。在理论与实证分析的基础上,为加强珠江三角洲西翼城市群在基础设施、产业、贸易等方面的协作和调控提供科学依据;并为珠江三角洲区域性中心城市珠海的功能进行科学定位,探讨珠海市今后一段时期的社会经济发展战略。本文的突出特点是,根据大珠江三角洲城市群及西翼的具体情况,将"一国两制"引入区域经济的分析范畴,作为有别于其他区域的一个基本特征,系统分析了城市群现状、发展趋势以及职能结构、产业特征等,建立了城市群协调机制模型,使其成为一套相对完整的理论体系。

关键词:城市群　区域经济　经济模式　珠江三角洲

4563

环境变革中的电信企业分形管理/刘忠庆著;舒华英指导. -- 北京邮电大学, 2005. -- 107 页

随着知识经济时代的来临,当今社会和经济发生了巨大变化,论文从这一现实出发,首先研究了在电信企业中实行分形管理的适用性,进而从分形企业概念、分形管理的核心问题,构建分形单元、分形单元之间的协作机制和重构机制几方面对电信企业的分形

管理模式加以探讨。结合电信企业的实际情况，论文分析了电信企业适应能力的指标构成，在此基础上运用管理熵理论，提出了适应能力的评价模型，从五个方面综合评估了电信企业的动态适应能力。提出分形管理的实施框架，在此框架基础上讨论了电信企业实行分形管理的具体策略和需要关注的问题，并结合一个案例进行了分析。作者最后介绍了论文的主要研究结论及存在的问题，并展望了分形管理理论的未来发展趋势。

关键词：电信企业　分形理论　适应能力

4564

企业商业信用管理方法与策略研究 / 柳絮著；韩玉启指导．-- 南京理工大学，2005．-- 140 页

本文立足于解决企业信用管理中的难点和关键问题，从企业信用管理理论方法、商业信用风险管理、信用政策设计和应收账款管理等角度，对企业信用管理进行了较全面地论述和研究。文章主要内容如下：(1)研究了企业信用管理理论、方法和模式。将财务管理、风险管理、战略管理、组织理论等方法融合到集成管理的框架中，对商业信用进行全方位和全过程的管理。(2)建立了商业信用风险评估模型。通过商业信用风险分析，确定企业基本素质风险、法人信用风险、品牌信用风险、财务信用风险、信用交易风险、管理信用风险是商业信用风险的重要组成因素，在此基础上，建立了由 52 个指标组成的商业信用风险评估指标体系，全面反映了客户信用状况。针对评估数据的不完全性、不确定性及复杂性，建立了 D—S 证据推理和灰关联分析相结合的信用风险评估模型。(3)研究了基于客户战略的企业信用政策设计。将商业信用政策作为企业战略的重要组成部分，详细分析客户和企业自身因素对制定商业信用政策的影响，以此为基础，结合信用销售中双方信息不对称的特点，建立了基于隐 Markov 过程的多阶段动态博弈的信用政策设计模型。(4)研究了应收账款的管理。(5)实证分析表明，本文提出的企业信用管理方法系统、科学、有效，对于充分发挥信用销售的积极作用、抑制其消极作用，提高企业竞争能力具有重要意义。

关键词：企业信用　商业信用　风险管理　信用政策

4565

矿业城市可持续发展理论与方法研究 / 龙如银著；刘传哲指导．-- 中国矿业大学，2005．-- 323 页

论文主要以 50 个地级以上矿业城市为研究对象，遵循定性与定量的研究结合，规范研究和实证研究相结合的原则，运用多学科基本理论和比较、归纳、仿真等研究方法对矿业城市进行了深入研究。作者首先综述了矿业城市的可持续发展的国内外研究现状，提出了论文的研究内容和方法以及技术路线。论文分析了矿业城市的发展历史及其四种成因，界定了矿业城市的概念，制定了三个标准。其次，对矿业城市的空间分布特征进行了描述，分析了矿业城市发展过程中的特点，并从经济效益、产业结构、社会发展、环境污染等方面研究了矿业城市的发展现状，并对矿业城市目前存在问题的原因进行了分析。再次，运用分维计算、数据包络分析(DEA)、全局主成分分析以及 T—C—D 生产函数等定量手段对矿业城市进行了研究；并对矿业城市综合实力，经济发展序列的变迁和动态轨迹进行了分析。接着，定义了矿业城市可持续发展系统，描绘了 MCSDS 的系统构成及其特征，并对 MCSDS 的系统的公平性、持续性、协调性及其发展模式进行了分析。论文还从矿业城市的经济发展成本入手，分析了矿业城市的经济发展成本的成因，研究了矿业城市经济发展成本的构成和低成本经济发展模型，给出了矿业城市经济发展的新定义；从社会(人口)、经济、环境和资源四个系统设计了矿业城市可持续发展评价指标体系；并分析了矿产资源开发的正外部效应特征，提出建立矿业城市补偿机制的必要性和紧迫性。最后，从矿产资源可持续利用的途径、矿业城市生态环境保护、矿业城市转型三个方面对矿业城市的可持续发展提出了政策建议。

关键词：矿业城镇　可持续发展　城市规划　产业结构　数据包络分析(DEA)

4566

我国报业集团治理结构和治理机制 / 卢恩光著；沈荣芳指导．-- 同济大学，2005．-- 176 页

本文以解决我国报业集团治理的关键问题为出发点，在借鉴国内外有关公司治理和报业集团治理的研究成果的基础上，系统分析了我国报业集团治理的现状和存在的问题，通过吸收现代经济学和管理学的最新成果的基础上，系统分析了我国报业集团治理的现状和存在的问题，通过吸收现代经济学和管理学的最新的成果，构建了我国报业集团治理的总体框架，详细论述了内部治理结构和内部治理机制以及外部治理模式和外部治理机制。论文首先以明晰报业集团的产权为报业集团治理的逻辑起点。研究了报业

集团产权制度创新的内容。提出了通过成立报业资产人格化代表机构、政企分开和优化报业集团内部产权来理顺全民与政府、政府与报业集团、报业集团与个人之间的产权关系。接着,在分析我国报业集团治理的制度依赖基础上,结合报业集团目前发展的现状,从内部治理和外部治理两个方面构建了适合我国报业集团的治理框架,并强调内、外部治理的互补与替代。其次,在内部治理方面进行了阐述。再次,为了有效地对报业集团进行协同治理,论文利用博弈论、"内部人控制"理论和企业集团控制理论等现代经济学和管理学理论对报业的激励机制、约束机制和控制机制进行了系统论述。然后,在外部治理方面进行了阐述。最后,论文提出实现三维绩效均衡的保障是外部治理的党政治理机制、市场治理机制和社会治理机制。

关键词:报业集团　报社　产权　公司治理

4567

中国股市收益率波动性研究 / 卢方元著 ; 黄登仕指导. -- 西南交通大学, 2005. -- 120 页

本文对上海综合指数收益率和深圳成分指数收益率的波动性进行了实证研究。文章首先对中国股市收益率的基本统计特征,如基本统计量、独立性与相关性、正态性检验、厚尾性检验、平稳性检验、ARCH效应进行了分析研究。在对时间序列长期相关性分析方法评述的基础上,文章利用较适合中国股市实情的 DFA 方法对沪深股市三种形式的收益率(一般收益率、绝对值收益率、平方收益率)序列进行了整体相关性分析、局部长期相关性分析以及标度不变性分析,得出沪深股市不是弱式有效市场,利用数学模型对收益率进行预测是可行的。其次,文章使用多重分形消除趋势波动分析法(简称 MF-DFA)对中国股市收益率的多重分形性进行了分析并探讨了多重分形形成的原因,指出沪深股市收益率序列呈现出明显的多重分形,该多重分形是由收益率的长期相关性和厚尾分布共同作用的结果。使用两种能刻画尖峰、厚尾及非对称的分布——稳定分布和修正 Weibull 分布,分别对沪深指数收益率的分布情况进行了实证研究,结果表明这两类分布都能较好地描述沪深收益率的波动状况。最后在对厚尾分布的概念、尾指数的估计方法进行分析的基础上,分别使用 HKKP 方法、块最大值方法、GPD 方法对沪深股市收益率的尾指数进行了估计,并提出了一种利用大偏差定理估计尾概率的新方法。

关键词:股票市场　收益率　经济波动　数学分析

4568

中介服务虚拟企业的构建及运行机制研究 / 卢纪华著 ; 潘德惠指导. -- 东北大学, 2005. -- 111 页

本文在参考基于工作流的虚拟企业信息管理系统原型的基础上,提出了中介服务虚拟企业的构建模式及运行机制。文章首先在分析了虚拟企业的特点、形式及声明周期等内容的基础上,探讨了中介服务虚拟企业的特点、分类及生命周期,研究了中介服务虚拟企业的构建模式。并应用博弈论的相关理论建立了基于技术开发项目的虚拟企业利益分配模型,以此确定合作各方协议中和实施中的利益分配系数,并采用广义生产函数构建出了一种全新的人力资源价值计量模型,用来计算企业人力资源总价值及各个职位的人力资源价值。其次,文章运用提出的委托—代理理论,并引入固定成本和保留效用假设,提出了逆向选择下的三种两阶段动态契约,通过设计不同的动态契约机制来增强合作伙伴的参与意识和工作努力程度,从而实现资源的高效配置。接着,文章根据中介服务虚拟企业的特点及服务方式,提出了中介服务虚拟企业组织结构及其信息沟通网络,并提出了一种基于工作流的中介服务虚拟企业信息管理系统,解决网络环境下的分布异构、高效同步问题。最后,文章分析了中介服务虚拟企业运营战略与跨文化的冲突原因,提出了中介服务虚拟企业战略支持性文化的融合模式、运行效果评价指标及评价方法,以及中介服务虚拟企业战略支持性文化建设的相应对策。

关键词:虚拟企业　信息管理系统　工作流　中介服务

4569

基于群体购买的电子商务动态定价 / 卢莎著 ; 李一军指导. -- 哈尔滨工业大学, 2005. -- 116 页

本文主要研究了电子商务中群体购买折扣对销售价格设定的影响以及价格设置算法的机理。文章首先研究了面向电子商务的动态定价的概念,介绍了群体购买模型,比较了其与传统的大量销售折扣之间的相似和差异,指出作为动态定价模型之一的群体购买,是把议价理论与竞争均衡理论结合起来用于电子商务活动中的经济高效的定价模型。群体购买折扣的分配特性是通过定价方法来保证的,好的定价方法所确定的价格既能使卖家获得利润,又能留给买家一

定剩余利润。其次,文章设计了一个基于动态定价的电子商务框架,其中买方是通过电子商务的中间媒介shopbots(相当于一个agent)搜寻要购买的产品,这个框架给出了不同的中间媒介的逻辑职能。接着,文章分析得出了基于客户价值与盈亏平衡点公司开展动态定价的定价策略。利用古诺(Cournot)模型来分析大订单收益行为,该模型描述了伴随产品数量的增加,销售价格的降低。最后,文章分析得出了基于边际决策规则与价格需求弹性的价格计算公式,并给出了基于Hopfield神经网络来计算群体购买折扣中最优成本——边际成本的方法,并用两个例子作了仿真分析。本文通过分析提出了针对在线群体购买,随着所要求购买数量的变化,边际成本的改变,自动设置有利润的最优价格的方法和技术。

关键词:电子商务　定价模型　群体购买　神经网络

4570

高新技术产业增长极机理研究 / 卢焱群著 ; 刘国新指导. -- 武汉理工大学 , 2005. -- 207页

本文运用发展经济学、技术经济学、产业经济学以及系统论的相关理论,对高新技术产业增长极形成和发展的机理进行了研究。文章首先提出了高新技术产业增长极的概念,论述了高新技术产业增长极的内涵、特征和作用,概述了我国高新技术产业发展的现状。通过对高新技术产业增长极系统及其主体要素、生产要素、环境要素的分析,论述了其所具有的功能。从分析硅谷的启示入手,论述了其形成的条件,揭示了其形成的一般规律,着重论述了企业家在高新技术产业增长极形成中的作用。通过对形成过程中技术创新、企业创新、产业创新、产业群聚的分析,揭示了高新技术产业增长极形成的内在机理。其次,文章提出了极化产业的概念,并论述了极化产业的内涵和选择原则、选择基准以及选择方向。通过对高新技术产业增长极扩散的研究,提出了传统产业高新技术改造的对策。通过对高新技术产业增长极中政府行为的研究,分析了政府在该过程中应该具有的多种职能,并从产业、投资等政策角度对政府政策在其中的作用作了分析。最后,文章提出了高新技术产业增长极的评价指标体系,运用最优脱层法、神经网络法和主成分分析法建立了评价模型。通过武汉高新技术产业增长极的实证分析,剖析了培育武汉高新技术产业增长极的可能性,并提出了相应的对策措施。

关键词:高技术产业　经济增长　增长极　产业集聚

4571

基于中国现实个人信用数据的信用评分方法比较研究 / 鲁炜著 ; 方兆本指导. -- 中国科学技术大学, 2005. -- 130页

本文从信用评分传统模型的指标体系及其算法存在"逻辑上正确,而事实上不然"的问题出发,基于客观数据对中国现实个人信用数据的评分方法进行了比较研究。文章首先介绍了个人信用评分方法的主要发展过程,按照统计和非统计方法的分类方式分别介绍了两大类评分方法的核心内容、建模方法和各自的优缺点。其次,文章对个人评分方法的检验方法和样本设计方法理论进行了分析,在此基础上,作者对个人信用评分中常见的问题,如普适性与客户化问题、拒绝推断、误判问题等进行了探讨。接着,文章基于英国和中国两部分的个人信用数据用不同模型(如Logistic回归、分类树、神经网络、SVM方法)进行了建模,并对模型结果进行了对比检测。同时应用有指导的学习和无指导的学习方法,特别是MARS方法(Multivariate Adaptive Regression Splines,多维自适应回归样条)进行进一步研究。通过定性和定量两个角度的探讨,文章指出传统模型缺陷产生的根本原因在于指标筛选过程过多地受人为主观因素的影响,导致了一般社会经济生活的经验(基于过去的事实)渗入到模型。个人信用心理及其行为是一个历史范畴,受社会发展的一般规律影响,根植于客观数据的信用评分模型更具有实时性甚至是预测性。实证分析也证明了从中国个人信用评分的实践角度来说,MARS方法更具有应用价值。

关键词:资信评估　个人信用　信用评级　分类树

4572

大亚湾核电跨文化管理研究 / 陆玮著 ; 邹珊刚指导. -- 华中科技大学, 2005. -- 167页

本文首先阐述了文化和跨文化的定义、特征和作用,随后系统地叙述和分析国内外跨文化管理的基本理论方法,包括对跨文化纬度分析模式的述评、对跨文化企业比较管理以及对跨文化企业管理理论的概述。在此基础上,通过对大亚湾核电的中外建设者和管理者进行深入调查研究、访谈,综合运用跨文化管理学、组织行为学、伦理学、心理学、社会学等相关学科的理论知识,以理论分析和实证分析相结合,定性

与定量分析相结合的方法,系统地研究了大亚湾核电跨文化形成的原因、文化差异和冲突、跨文化对管理的影响、跨文化管理的模式等各个方面,由此构建一个全新的跨文化管理"稳定三角形"、"钻石结构"以及文化环境与"钻石结构"之间的三层次"CCIOT"研究模型,并运用这个模型来具体分析大亚湾核电跨文化的实践活动,总结、提炼出大亚湾核电跨文化管理的核心内容和主要做法,以及由此形成的具有跨文化特色的大亚湾核电的企业文化。

关键词:核能工业　跨文化管理　企业文化　大亚湾核电站

4573

中国汽车产品动态规划体系研究 / 陆幼桃著 ; 刘杰指导. -- 同济大学, 2005. -- 128 页

本文应用并行工程的理论,对汽车新产品的开发过程管理进行了深入细致的研究。首先,作者在多年工作实践的基础上认为并行工程的理论有助于解决目前中国汽车产品规划与开发过程中出现的问题;其次,作者对汽车产品规划与开发建模理论进行了研究,认定多视图建模方式是一种适合目前中国汽车企业产品规划与开发过程管理的模式;再次,迭代问题一直是并行工程中存在的技术难点,作者对并行迭代和串行迭代的特点和计算方法进行深入探讨分析,得出了适合汽车产品规划与开发设计的迭代计算方法;最后,作者将并行工程理论运用到企业汽车产品规划与开发过程中,在实践中证明理论的可操作性和实用性。在复杂的产品规划与开发过程中,包括汽车产品,迭代问题是典型的特征。迭代次数的多少决定了整个并行工程开发过程的优劣。迭代包括有意迭代和无意迭代,有意迭代可以增加产品规划开发中并行的程度,提高产品质量,应该得到提倡;无意迭代是由于工作的失误引起的迭代,对产品规划与开发的质量和周期无益。因此,作者在迭代问题求解的基础上提出了一种衡量迭代稳定性的指标,以期解决迭代中的问题。

关键词:汽车工业　产品开发　产品设计　并行工程

4574

中国城市生活垃圾处置经济学分析 / 吕黄生著 ; 万君康指导. -- 武汉理工大学, 2005. -- 132 页

论文运用应用经济学、可持续发展战略学、环境经济学、技术经济学、产业经济学、国民经济管理学、政策学的原理对城市生活垃圾处置作经济学分析。研究基于现代边际机会成本(Marginal Opportunity Cost, MOC)理论,应用绿色投入产出核算理论方法,建立存量流量型资源—经济—环境一体化绿色投入产出经济分析模型。并引入生命周期评价、循环经济及工业生态学理论,结合中国经济实际,对相关应有问题诸如:绿色税费—资源—能源—经济—环境综合核算进行深入分析,寻求以环境友好的方式利用自然资源和环境容量,实现经济活动的生态化转向;在城市生活垃圾处置中贯彻"减量化再使用再循环"为内容的行为原则,使城市生活垃圾的反复利用和再生循环得到重视,实现在更广泛的社会范围内或在消费过程中、消费过程后层次上组织物质和能源的循环,进而实现可持续发展所要求的环境与经济双赢。论文最后通过对现行的城市生活垃圾处置管理政策进行分析,利用价格、税收、信贷、投资、微观刺激和宏观调节等经济杠杆,提出了适应中国城市生活垃圾处置管理经营社会化、企业化、市场化、产业化的综合管理经济政策体系,为政府决策提供依据。

关键词:生活垃圾　垃圾处理　循环经济

4575

产业开放与规制变革 : 中国电信产业市场化进程研究 / 吕志勇著 ; 陈宏民指导. -- 上海交通大学, 2005. -- 173 页

作者首先阐述了论文的理论和现实意义,并结合我国电信改革历程分析确定影响改革绩效和产业发展的几个关键问题。进而从中国电信产业引入竞争、纵向分割和横向分割的实际背景出发,通过不对称的双寡头动态博弈模型构建对开放经济条件下的本地网单向接入问题展开研究,以此解释产业重组和市场开放的内在规律。还通过横向分割后对称厂商由共生条件向网络竞争条件转变过程中的双寡头静态和动态博弈模型构建,对市场开放后的双向互连问题展开研究。随后,论文立足中国实际,通过建立引入网络外部性和质量歧视因素的静态和动态博弈模型,对现阶段亟待解决的移动单向收费和3G 牌照发放问题展开研究。将 Anton 等人的两市场动态博弈模型加以扩展,对统一定价约束导致的市场扭曲和社会福利变化情况进行分析。最后论文通过电信与电力、铁路、航空、邮政、金融等产业的对比研究,将全文的理论研究成果扩展到一般化层面,为后者在加入 WTO 后的市场化改革提供参考和借鉴。进而指明了今后研究的方向。

关键词:电信产业　市场化　市场竞争　政府规制　电信服务

4576

灰色决策问题的分析方法研究 / 罗党著 ; 刘思峰指导. -- 南京航空航天大学, 2005. -- 149 页

论文的内容主要分为以下几个部分:(1)研究了灰色决策问题的区间关联和区间聚类分析方法,提出了灰色区间关联系数公式和灰色区间相对关联系数公式,构建了几种关联度决策算法,对不完全信息下灰色区间关联决策方法进行了研究。(2)提出了灰色动态规划、θ 动态定位规划及其最优解的概念及其最优解的算法。对一般意义上的灰色多目标规划提出了客观确定子目标权重的方法及修正方法,利用子目标的权重引入了各个子目标取最优值的白化权函数,构建了灰色多目标规划有效解及其 θ 定位规划最优解的算法。(3)对灰色风险型决策方法进行了研究,给出了灰色模糊关系法及双基点法两种决策方法。并提出了具有交易费用的灰色组合投资模型的有效解及其临界最优解和均值白化最优解的概念并指出它们所对应的投资偏好,构建了带有交易费用的灰色组合投资模型的熵权分析算法。(4)对灰色模糊决策方法进行了研究,构建了灰色模糊多属性决策问题的算法、灰色群决策问题的解法和基于灰色模糊关系的多属性群体决策方法。(5)对灰色粗糙决策方法进行了研究,提出了基于灰色综合决策权的决策表离散化方法。针对属性值为区间灰数并且含有空缺的多属性决策问题,提出了一种灰色粗糙集成决策分析方法,利用灰色关联聚类结果构建了具有偏好信息的决策表,建立了基于粗集理论和优势关系的决策算法。(6)对灰色博弈决策方法进行了研究,建立了带有灰色约束的二人有限零和博弈模型和博弈平衡解优序关系的确定方法,构建了具有混合策略的二人有限零和灰色博弈模型及其平衡解的求解方法。

关键词:灰色系统　灰色决策　风险决策　粗糙集理论　博弈论

4577

企业信息系统战略规划实施保证体系研究 / 罗钢著 ; 林健指导. -- 华南理工大学, 2005. -- 199 页

论文立足于现代系统理论,提出了现代信息技术条件下的信息与信息系统概念定义,并研究了信息系统战略规划的方法选择、组织管理、评价、优化等一系列问题。从组织行为学出发,研究了企业信息系统战略规划过程中的谋权活动,研究在企业信息系统战略规划中应用项目管理的相关问题,进而提出企业信息系统战略规划二次选择规范过程。研究还指出了企业信息系统战略规划与不同的企业战略体系和竞争战略相适应的策略。以传统结构化方法为主体,描述了系统分析与设计方法,提出了流程标记 CRUD 矩阵。同时论文将定量方法应用于信息系统分析,提出了以信息跳跃为基本单位的信息系统分析,建立了信息跳跃中主要子过程的时间特性的数学模型。基于系统思维提出了对信息系统进行系统评价的原则。在信息系统评价的原则和系统认识信息系统特性的基础上,提出了信息系统的三层次评价方法。在分析企业流程和企业信息系统规划的再造式和渐进式优化基础上,论文提出了对企业信息系统进行效率优化 TS – AG 混合算法,研究了如何优化信息流程问题。论文还分析了企业 ISSP 的渐进式改进的自组织特性,并研究实现了使用 Kohonen 网模型对 ISSP 进行自组织优化的算法。最后,论文研究了如何使用企业应用集成技术在 ISSP 实施过程中处理遗留系统问题。

关键词:企业管理　信息系统　战略规划　竞争战略

4578

产业结构合理性分析与调整研究 / 罗仁会著 ; 郭耀煌指导. -- 西南交通大学, 2005. -- 148 页

论文增添了产业结构影响环境状况和产业结构影响自然资源利用两个判断基准进入产业结构合理性判断基准,并认为这样能够完善可持续发展理论下产业结构合理性的判断基准。在产业间比例合理性分析方面,论文引入了 Hamming 贴近度来度量产业结构与参照结构差异,并应用多个国家的统计资料,建立了产业间比例合理性判断规则。作者认为,产业关联合理性分析包括产业技术关联合理性分析和产业交换关联合理性分析,论文提出相对劳动生产率分析法以作为产业技术关联分析方法的完善,同时提出直接消耗系数调整分析法作为产业交换关联分析的完善。而且,论文依据产业结构影响环境状况判断基准和产业结构影响自然资源利用判断基准,应用绿色投入产出模型,结合环境经济学的理论,建立了产业结构影响环境状况和产业结构影响自然资源利用程度的度量指标,并根据这些指标建立了产业结构合理性分析方法。最后,论文应用现代控制理论对产业结构调整决策和控制进行了研究,建立了产业间比例调整过程优化模型和产业结构调整过程控制模型,并应

用极小值原理和非线性规划等数学方法对模型的求解给予了讨论。

关键词:产业结构　产业结构调整　产业间比例

4579

城市群发展研究：以中原城市群为例 / 罗士喜著；刘国新指导. -- 武汉理工大学, 2005. -- 200 页

作者在对城市群进行定义、对基本发展情况进行回顾后,研究了城市群发展的相关问题。首先,对城市群的形成理论、聚集经济、城市群经济空间联系的相关理论、可持续发展理论等进行了探讨。其次,分析了城市群发展中的利益问题和城市群竞争力问题。此外,作者结合中原城市群的实际情况,提出了中原城市群发展的战略目标,即加快基础设施一体化、市场一体化、产业一体化、城市体系一体化进程,尽快形成资源共享、产业集中、功能齐全、设施共用、优势互补、发展互动、有较强竞争力的现代化城市群。最后,从物质基础、人力资本和创新能力、政府组织协调能力三个层面,进一步分析建设中原城市群的实施措施,并着重阐明了中原城市群的可持续发展问题和城市体系建设问题。

关键词:城市群　城市发展战略　竞争力　可持续发展　河南省

4580

基于 APIOBPCS 策略的牛鞭效益研究 / 罗卫著；张子刚,欧阳明德指导. -- 华中科技大学, 2005. -- 148 页

本文基于一个普遍的生产计划算法,即自动渠道的、基于库存和定购的生产控制系统(APIOBPCS,Automated Pipeline, Inventory and Order Based Production Control System)对一般供应链中的牛鞭效应和库存方差进行了研究,着重讨论和分析了牛鞭问题对供应链的影响。作者首先对 APIOBPCS 策略、牛鞭效应的类型和产生根源以及研究现状做了简要说明和评述。然后,使用因果循环图、框图、差分方程和 z - 变化对 APIOBPCS 供应链系统建立了一个传递函数模型,据此对 APIOBPCS 供应链系统的稳定性和鲁棒性进行了讨论。又从控制工程的角度,推导了 DE - APIOBPCS 供应链产生的牛鞭效应的分析表达式和库存水平方差的分析表达式,并就两者的平衡和权重问题进行了讨论。随后作者又对定购适当(OUT,order - up - to)补充策略与不同需求预测方法一起应用时所引起的牛鞭效应进行了讨论,并对 OUT 策略和 APIOBPCS 策略进行了比较,指出后者可以避免定购方差放大,在供应链中产生了平滑定购类型。随后作者讨论了多阶段供应链信息共享的影响,指出使用平滑 APIOBPCS 策略能够减小信息共享供应链产生的牛鞭效应的减弱。最后文章对供应商管理的库存(VMI, Vendor Managed Inventory) APIOBPCS 供应链的预期性能同传统"系列连接"的 APIOBPCS 供应链进行了比较,讨论和分析了由差分方程构成的仿真模型所得的结果。

关键词:生产管理　生产控制系统(APIOBPCS)　供应链　供应链管理　库存

4581

医药企业营销创新研究 / 马畅著；谢科范指导. -- 武汉理工大学, 2005. -- 162 页

本文综合运用营销伦理、风险理论、博弈论、价值链等理论以及人工神经网络、DEA、AHP 等方法,对医药企业营销创新进行了理论研究和实证分析。第一,阐述了国内外关于营销理论、创新理论、医药企业营销研究的历史和现状,明确了本文研究的目的、意义及方法。第二,论述了营销伦理的基本概念及其在医药企业营销活动中的具体体现,提出了防范医药企业营销风险的基本对策,探讨了医药营销过程中的窜货问题以及解决方案,分析了医药企业现有价值链的弊端。第三,对医药企业的营销战略进行 SWOT 分析,建立了医药企业营销战略实施的 DEA 评价模型,对医药企业的营销战略进行博弈分析。第四,分析了医药知识营销与传统营销模式间的关系,提出通过 AHP 模型确定了医药企业的目标客户群方法,并进一步总结了我国医药行业发展的总体趋势和营销特点,提出营销渠道的创新主要在于渠道的结构由金字塔型向扁平化方向转变。最后,通过对湖北科益药业公司营销环境的分析,提出其营销创新的宏观政策和微观对策建议。

关键词:医药企业　市场营销　营销战略　知识营销

4582

基于信息通信技术的组织决策权配置研究 / 马连杰著；张子刚指导. -- 华中科技大学, 2005. -- 176 页

论文首先强调了信息和知识的沟通和共享机制,对组织决策的集权和分权产生了根本性影响,并认为信息通信技术(ICT)所引发的管理的变革不仅包括企

业管理变革,而且包括公共管理的变革。作者重点分析了决策信息、组织信任和自我激励。根据组织决策信息流程,提出决策集权和分权的三阶段模型。认为组织决策权随着信息技术的不断发展经历了独立的分权式决策、集权式决策和互联互通的分权式决策三个阶段。这一演变过程与信息的沟通成本和知识共享联系紧密。当决策者能够从世界各地获得远程信息并能实现信息共享时,无论企业组织或政府组织,分权式的决策模式是一个趋势。同时作者分析了信息时代集权、分权和授权特点,提出了向上授权的概念,指出决策权配置的核心是信息和知识。所以决策权的分权化出现了两个方向,向上授权和向下授权的融合。作者认为,中央政府和地方政府的决策权配置在电子政务环境下是互联互通的分权,需要向上分权和向下分权的结合。而电子政务促进了政府部门和公民之间的相互信任,通过信息公开和共享以及社会公众的积极参与,实现政府决策的优化。最后,论文比较分析了中国和美国在电子政务发展战略上的差异,指出电子政务对中国改进中央和地方的决策权配置,以及促进信息公开和公民参与决策,起到了积极的推动作用。针对中国经济转型期的特点,从电子政务对中国经济体制改革和行政管理体制改革两个方面,分析了电子政务环境下的政府决策创新模式,探讨政府信息公开和公民参与决策的路径选择。以中国城市电子政务发展为例,从经济体制因素、管理者对信息技术的运用能力、政策和法律、公民参与程度等因素进行了重点分析。作者认为,城市电子政务的发展战略方向,在很大程度上影响着中国的行政管理体制进程,从而优化电子政务环境下的政府决策权配置。

关键词:决策权　电子政务　知识共享　信息技术　通信技术

4583

基于SCOR模型的供应链风险识别、评估与一体化管理研究 / 马林著 ; 沈祖志,谢敦礼指导. -- 浙江大学, 2005. -- 169 页

论文首先对国内外供应链风险及其管理的研究进展进行了概述。随后,从供应链、供应链结构及特征、供应链管理、供应链管理绩效度量、SCOR 模型和粗糙集理论及合作博弈理论等几个方面对前人的相关研究进行了总结。针对供应链风险管理过程,提出基于 SCOR 模型的供应链风险管理过程框架,由风险战略、风险识别、风险评估、风险监督和风险反馈五个阶段构成。而且,作者通过问卷调查和统计实证分析,识别出基于 SCOR 模型的供应链 8 个关键风险因素所包含的 36 个风险变量,其中包括 2 个不可控因素和 6 个可控因素。同时作者构建了以所识别的关键风险因素和风险变量为对象的供应链风险评估指标体系,通过运用基于粗糙集理论定权的模糊综合评估方法构建供应链风险评估模型,计算推导了各关键风险因素和风险变量的权重以及风险后果测度指标的权重,得出了供应链整体风险水平、各关键风险因素发生可能性和风险后果大小的评估级别,并进一步检验了供应链的可靠性水平。作者还提出了基于合作博弈理论和递阶控制理论设计规划了供应链一体化风险管理框架体系,它由供应链一体化风险管理目标、管理文化、管理组织、管理过程、控制机制和管理信息系统六个方面组成。在合作博弈分析基础上,进一步建立利益分配机制和风险管理成本分摊机制。作者认为通过其实践证明供应链一体化风险管理是有效果且有效率的。

关键词:供应链管理　风险管理　物流　供应链运营参考模型(SCOR)

4584

中国投入产出序列表与增长核算方法的理论及应用研究 / 马向前著 ; 任若恩指导. -- 北京航空航天大学, 2005. -- 211 页

论文首先系统阐述了生产率测算方法与 KLEMS 方法,将经济增长理论和经济发展理论相结合,对转型期中国经济增长进行增长核算分析,解释中国经济增长的根本动力和持续性。其次,建立国际可比的中国投入产出表时间序列,解释和评价所生成的序列表,检验 RAS 方法和黑田方法外推中国投入产出序列表的精度和适用性,并对投入产出表的应用领域及其前沿发展进行述评。最后,基于所生成的投入产出序列表,对“非典”这一类突发事件对经济的综合影响进行投入产出分析。另外,还将增长核算应用于分析上海股市波动的敏感性。作者认为论文的创新点在于:(1)构建中国经济转型期经济增长模型,从一个系统思考的角度研究转型期中国经济增长的根源和持续性。(2)构建了现价和不变价 1987—2000 年中国投入产出序列表并对统计口径和范围作出了调整。(3)利用按可比调整后的 1992 年投入产出表,分别采用 RAS 方法和黑田方法由 1992 年表外推 1997 年表,比较两种方法的估计精度和在中国的适用性,并采用黑田方法生成 2000 年延长表,讨论系数的稳定性问

题,为外推中国投入产出序列表和延长表提供经验依据。(4)对“非典”影响部门经济进行投入产出分析,综合考虑了部门间的相互影响,可以避免过高估计直接需求减少导致 GDP 增长率减少问题。(5)引入“收益率余值”概念来解释政策面因素对股票收益率的影响,构建影响股票收益率的基本面和技术面双因素模型,是增长核算方法应用研究的一种新颖和创新性的尝试。

关键词:经济增长　投入产出分析　全要素生产率　突发事件

4585

基于因素模型的组合投资决策方法研究 / 马永开著 ; 唐小我指导. -- 电子科技大学, 2005. -- 148 页

作者认为论文是 Sharp(1963)和 Fama(1996、1998)的拓展和延伸,分别研究组合投资管理的不同阶段、不同市场环境和不同理论框架下的基于因素模型的组合投资决策问题,并为投资者和投资管理者提供尽可能多的方法和工具。论文首先在被动组合投资管理条件下,利用证券收益的市场模型和资本资产定价模型对均值—方差模型进行简化,导出了允许卖空的、资产净持有可控的、时变的、允许有保证金要求的卖空的、允许抵押的卖空的情况下的、不允许卖空等情况下的 β 值证券组合投资决策模型,并使用国内证券市场数据进行实证,认为这些模型在国内股票市场上是有效的。其次作者将因素模型和均值方差建模思想结合起来,分别建立允许卖空的多因素证券组合投资决策模型和不允许卖空的多因素证券组合投资决策模型,并研究它们的参数设置方法和求解方法。同时作者对这两个模型使用国内证券市场数据进行实证,结果表明在不考虑国内证券市场交易机制限制的前提下,允许卖空的多因素证券组合投资决策模型在国内股票市场是有效的,但不允许卖空的多因素证券组合投资决策模型的决策效果是不稳定的。论文建立了基于基准组合的多因素证券组合投资决策模型,研究了模型的解和模型控制参数值的选取问题。同时将因素模型引入到组合投资管理决策全过程,建立基于多因素模型的风险预算方法体系。最后论文对 Shefrin 和 Statman 建立的行为证券组合理论从实用性角度进行了拓展性研究,建立了实用的行为证券组合投资决策模型,并将因素模型引入到行为证券组合投资决策模型中,建立了一种只需建立一个价值空间的行为证券组合投资决策模型。

关键词:投资决策　证券投资　风险分析　组合投资

4586

我国新股发行机制研究 / 毛立军著 ; 李一智指导. 中南大学, 2005. -- 127 页

论文针对我国 IPOs 市场实际特点,利用经济学均衡分析、博弈论及实证分析和规范分析等研究方法,较为系统、全面地研究了我国的新股发行机制,具体研究内容包括在当前我国发行制度下的新股发行方式、招股机制、IPOs 市场的定价、抑价、长期表现、招股机制的动态选择等等方面,揭示我国 IPOs 市场各个环节的特点和内在规律。首先,针对当前我国新股发行制度的特点,结合国际上不同的发行制度,分析我国新股现行发行制度存在的优缺点,指出要使得核准制真正发挥作用,首要问题是要完善股份制基本制度,其后是明确市场参与各方的责任和权利,推行保荐人制度。第二,在新股的定价方面,分析所有的新股定价方法的优缺点,指出最为适合的新股定价方法是可比公司法,特别是市盈率法,并利用 VaR 风险管理技术,构建市盈率定价法的改进模型。第三,结合我国股票市场的特色,利用信息经济学中的静态完全信息博弈理论,构建我国 IPOs 市场模型,研究我国新股市场定价存在的问题。第四,对 IPOs 的发行方式和招股机制进行论述,并借助信息经济学的信息不对称理论,对股份公司选择何种招股机制的问题进行分析。最后,根据我国 IPOs 市场的特点和存在问题以及所建模型的分析结论,设计适合我国特色的新股发行机制。

关键词:股票市场　新股发行　股票价格　招股

4587

金融市场中投资者心理账户的研究 / 茅力可著 ; 张子刚指导. -- 华中科技大学,2005. -- 135 页

在总结国内外关于心理账户研究的基础上,针对决策中存在的心理账户现象、心理账户的一些特征及形成机理,对股票市场出现的一些异常现象进行建模和解释。首先,在构建心理账户的因素分析模型的基础上,应用 DAGF 方法,来判断构成心理账户的不同心理因素在投资者进行个体决策时所起到的不同影响作用。其次,将基于 ECM 的 Granger 因果检验用于对心理账户的一个重要特征——框定依赖进行实证分析,结果表明,我国投资者存在框定依赖。再次,引入反映心理账户特征的看涨认知指标 BCI 以及 HML 因素到传统的 CAMP 模型中,提出考虑到心理账户的

行为值的估算，并做实证分析。接着，提出了基于心理账户的三种期权定价模型，并与无套利股权定价模型计算结果进行比较分析。最后，根据心理账户中所显示的损失厌恶倾向和狭窄框定特征，提出两种形式的股票汇报均衡模型。其一研究了投资者心理账户是基于单个股票价值变化的情况；其二研究了心理账户是基于整个投资组合价值变化的情况。利用这两种模型可解释股票汇报的某些异常行为。

关键词：股票市场　证券交易　证券投资　投资者　经济心理学

4588

企业知识资本管理机理及其绩效评价研究 / 梅小安著 ; 万君康指导. -- 武汉理工大学, 2005. -- 179 页

论文的研究从以下几个方面展开：知识如何转化为资本；知识的生成、积累和扩张；知识资本管理机理；知识资本的绩效分析与运营；从知识资本的角度对企业核心竞争力的建立进行了分析。研究的结论主要包括：知识转化为资本是在知识商品化、知识能产生剩余价值、人的地位提高、知识重于物质等条件下实现的；企业知识资本的生成是企业知识积累不断寻优的结果；企业知识资本的积累存在存量和增量的变化，受积累动因的影响，并从人力资本、结构资本和关系资本三个方面进行积累，三者的积累是相辅相成，互相促进的；企业知识资本扩张分为内部扩张和外部扩张，扩张时遵循发展机制、风险机制、效率机制和调节机制。知识资本和资本的契合点是它们的增值性，契合载体是知识，契合的方式是创新；知识资本的价值链是知识资本获取、融合、创新、评估、运营等最终产生绩效的一系列价值活动；知识资本价值评估必须和企业绩效分析结合在一起才能更好地了解知识资本；传统的 NPV 方法和实物期权相结合的投资决策分析方法能提高风险分析的准确性；知识资本是企业建立核心能力的重点。

关键词：企业管理　知识资本　人力资本　核心竞争力　绩效管理

4589

商业银行客户识别与保持模型研究 / 蒙肖莲著 ; 蔡淑琴指导. -- 华中科技大学, 2005. -- 113 页

经济全球化以及电子商务的实施，使商业银行面临更加激烈的竞争，有效管理客户资产的能力已成为企业生存和发展的决定性因素。在此背景下，本文运用市场营销、管理决策理论与方法、数据挖掘技术与统计技术，围绕具有广泛的实际背景和发展前景的商业银行客户关系管理决策与优化问题，从五个方面对商业银行客户识别和客户保持的决策模型及策略、决策方法进行了系统研究。一、商业银行客户的价值及其管理。其中提出了客户价值管理的框架，指出客户识别和客户保持是客户价值管理的主要内容，说明了客户识别与客户保持研究的支持技术。二、商业银行基于细分市场水平的客户识别模式。分析了适用于商业银行的客户分割变量、分割方法和分割模型的特点和性能，探讨了使用层次聚类分析识别客户的可行性，建立了基于客户期望收益和态度的客户识别模型。三、商业银行基于个体水平的客户识别模型。探讨个体客户识别模型——信用分数和行为分数模型的特点，指出客户价值模型实质是信用分数模型，并使用三个纬度的客户价值模型评估个体客户的价值，在此基础上构建了基于客户价值的客户识别模型。四、商业银行客户欺诈识别模型。探讨了将二值响应模型应用于客户欺诈识别的可行性，并对标准二值响应模型进行了扩展。五、商业银行客户保持模型。探讨使用 logistic 回归分析建立客户保持模型的可行性，提出应用交叉表分析方法识别显著影响客户保持因素和变量，并进行了实例研究，使用该方法建立了某商业银行的客户保持预测模型，识别了该商业银行将要流失客户的特征。

关键词：商业银行　客户关系管理　客户价值

4590

基于网络环境的企业成本管理创新模式研究 / 孟凡生著 ; 徐建中指导. -- 哈尔滨工程大学, 2005. -- 154 页

作者在分析网络环境为企业成本管理构筑新平台的同时，提出了基于网络环境的成本管理信息内部控制的管理模式，探讨了企业内部审计监督机制和计算机安全管理制度保障与技术防范体系的建立。接着基于计算机和网络技术的应用，研究了产品设计阶段和生产过程的成本预测以及战术和战略成本决策问题。其次，分析了传统的成本控制观念的狭隘之处，从战略成本的角度分析并建立了企业大成本控制模式，提出运用网络技术和先进的成本管理理论与方法实现采购、生产、销售以及预算全方位的成本控制。再次，阐明了构建多元成本计算模式的必要性和原则，分类构建了作业基础标准成本控制的多元成本计算模式、以成本预测和决策为主要目的的多元成本计

算模式和以成本考核为主要目的的多元成本计算模式。指出通过建立多元成本计算模式,能够提供更加有效的满足企业成本预测、决策、控制、规划、分析等方面所需要的管理信息。随后,基于成本效益的关系,研究了成本效益分析的新方法,分层次构建了成本效益评价的指标体系。最后,结合我国企业信息化管理的实际情况和企业成本管理的观念,提出了实现企业成本管理创新模式的具体建议。

关键词:企业管理　成本管理　网络技术

4591

基于愿景的技术创新战略活动研究 / 孟雷著 ; 陈秋荣,韩福荣指导. -- 华中科技大学, 2005. -- 119 页

论文将愿景战略管理的思想引入了自发战略活动研究,提出了"基于愿景的技术创新战略活动"的概念。研究了以市场战略为基础的竞争优势观点,以资源为基础的竞争优势观点和以顾客价值为基础的竞争优势观点;分析了特定企业群技术创新绩效影响要素的特点,提出了对其进行调查分析的方法。研究结果认为,技术创新活动成功后迁移既有经营领域是愿景战略活动与自发战略活动的共同点;两者的主要区别在于,愿景战略活动受到企业使命和周边关联因素的影响。论文提出了愿景战略形成活动模型,展示出愿景战略形成活动是从创新技术机会源,经过关联因素影响、创新技术发现、竞争力整合比较、战略协调环节到清晰的技术创新战略的处理过程。企业使命和周边关联因素对技术创新战略的影响主要包括:企业使命对经营领域的限定;技术发展规律对创新机会源附加的经营领域迁移活动方式和技术创新路径属性;创新技术发现思维与方式;对技术创新战略的支持。

关键词:技术创新　技术进步　企业竞争力　战略管理

4592

企业集团转移定价策略研究 / 慕银平著 ; 唐小我指导. -- 西南交通大学, 2005. -- 132 页

论文主要从以下几个方面对企业集团转移定价问题进行了研究:(1)分析了存在中间产品垄断外部市场的集团转移定价问题。提出了歧视转移定价法,并分别从信息对称和信息不对称两方面出发讨论了歧视转移定价法的优劣,同时与单一转移定价法和边际成本转移定价法进行比较,认为歧视转移定价策略较边际成本定价策略完全保留了上游子企业的决策自主权,避免了代理成本,而较单一转移定价策略,使上游子企业获取了更多的消费者剩余,增加了企业集团的整体利润。(2)分别从不同的最终产品市场竞争形式(价格竞争、产量竞争、不对称竞争)出发,分析了存在寡头竞争中间产品外部市场的企业集团转移定价决策机制。(3)分析了两种产品企业集团的转移定价决策问题,认为当最终产品之间为互补关系时,转移价格应小于中间产品的边际成本;当最终产品之间完全独立时,转移价格应等于中间产品的边际成本;当最终产品之间为替代关系时,转移价格应大于中间产品的边际成本,并且随着替代关系的不断增强,转移价格应不断提高。(4)分析了存在库存管理成本的集团转移定价问题。研究得出集团最优转移定价策略与集团最终产品的市场需求量或生产总部的生产能力有关。(5)分析了集中型、协作型、合作型和分散型等类型企业集团适用的转移定价策略。得出集中型适用边际成本转移定价法和变动成本转移定价法;协作型使用市场基础转移定价法、协议转移定价法、双重转移定价法和歧视转移定价法;合作型实用实际成本转移定价法、标准成本转移定价法和标准成本加成转移定价法;分散型为协作型和合作型的混合结构,因此适用的转移定价方法应根据企业的具体环境、战略发展目标,在协作型组织和合作型组织适用的转移定价方法中选取。

关键词:企业集团　中间产品　转移定价　库存管理

4593

基于产业和市场结合的资本资产定价模型研究 / 穆启国著 ; 吴冲锋,刘海龙指导. -- 上海交通大学, 2005. -- 136 页

论文提出一个将公司内在价值和市场交易价值统一到资产定价模型的理论框架,并提出了基于产业和市场结合的资本资产定价模型。以纽约股票市场和中国股票市场为研究对象,对论文提出的模型进行了实证研究。主要内容包括:(1)证明了资产收益率由两部分构成:基础价值因子和市场因子。(2)建立股利政策理论新模型,对困扰经济学界的"股利之谜"作出解释。研究结论对"股利无关定理"的假设条件进行了相应放松,而且对在股利所得税率大于资本所得税率情况下公司仍派发现金股利,和高速成长公司现金股利支付率一般较低的原因进行了解释并对其所需条件进行了相应分析。(3)利用纽约证券市场和中国证券市场的数据,分别对基于产业和市场结合的资本资产定价模型、CAPM 模型和 Fama – French 三因

素模型进行比较,结论发现基于产业和市场结合的资本资产定价模型对资产收益率具有较好的解释能力。(4)提出基于产业和市场结合的股价动力学模型,将股价动力学分析和资产定价模型从理论上统一起来。结论表明,当股票收益率不相关时,个股收益率与其基础价值收益率相等,这个结论与基于产业和市场结合的资本资产定价模型在 β2 等于零时的结论一致。

关键词:资本市场　收益率　资产定价　股票价格

4594

农业可持续发展问题的数理经济学研究 / 聂荣著 ; 潘德惠指导. -- 东北大学, 2005. -- 126 页

论文主要利用数理经济学的理论对我国农业可持续发展问题进行了定量研究,主要内容包括:(1)建立了分布参数系统模型描述中国粮食供给关于自产量及进口量的动态分布情况;探讨以寻求社会整体福利水平最大化为目的的粮食供给控制策略;给出了粮食供给分布模型在生产、进口及市场需求预测方面的应用方程。(2)确定转移概率密度。描述了某地域各种条件下农业生产及农产品需求的分布方程;探讨了在均衡条件下农业系统最优定价模型,同时对农产品的生产量、需求量、农产品的农户价格及市场零售价格进行了预测。(3)研究农业剩余劳动力非农化的两个过程:动态转移过程及吸纳过程。(4)在连续时间的假设下研究了农业产出量服从几何布朗运动的最优控制问题,描述了农业生产的分布模型和均衡条件下农业生产者以寻求收益最大化为目的的最优控制方程,同时给出了某地域粮食及经济作物的产量预测分析模型。(5)建立分析模型描述耕地肥力的分布状况,研究了以维护耕地最优质量状态作为目标值的最优控制问题,并给出某时刻农用耕地肥力水平的预测方程。(6)给出竞争、互补、替代等模型并进行经济分析,以寻求技术与环境之间的最佳协调状态。(7)给出关于人口与农业生态资源的集中反应扩散方程形式,得出结论认为当人类与生态环境处于冲突、互助、掠夺与和谐状态时,双方能长久共存的稳定条件,只有在人口与资源和谐共处情况下才能使环境承载力及人类总数达到最大化。(8)在连续时间模型的假设条件下,研究了农产品价格服从伊藤随机过程的数学期望及方差问题。(9)给出关于混合随机过程的欧式买入期权定价的数理方程,对影响订单农业合约价格的因素进行分析与探讨。

关键词:农业经济　可持续发展　分布参数系统　随机过程　概率密度　风险度量

4595

供应链下游成员合作与协调的经济分析 / 潘会平著 ; 陈荣秋指导. -- 华中科技大学, 2005. -- 115 页

论文对供应链下游成员间的合作协调机制进行经济分析,以制造商与分销商之间的不同合作程度为基点,通过数学建模研究其对于合作各方相关经济指标的影响;与利润分配比例的交互关系;合作稳定性的特征与条件;并逐步放松研究原型的假设条件,讨论在制造与销售成本变化的情况下供应链成本改进的外部性问题;以及在制造商主导向消费者主导转变过程中,合作各方的利润变化规律。主要内容包括:(1)以双方的不同合作程度为基础,建立基于制造商与分销商合作程度的利润分配模型,分析了合作关系对双方产品零售价、批发价、销售量、利润、渠道利润等经济指标的影响;(2)选取利润分配系数作为影响双方合作关系的主要指标,利用 Stackelberg 博弈模型分析了不同分配比例对双方利润水平的影响,提出制造商与经销商利润四六分成和分布实施的营销渠道改造方案;(3)依据初始建立的数学模型,以特定的一类合作方式——“买断经营权”为例,研究了企业间长期合作的可能性和前提条件,并认为因合作能为双方和全局带来更多的利润,短期完全可行,而在长期过程中,由于“买断经营权”往往造成责任、权力不对等,从而使得长期合作难以稳定。(4)认为在上游主导下游的渠道中,任何渠道成员的成本改进将不仅仅增加自身的利润,同时也增加渠道上其他成员的利润,存在典型的成本改进外部性问题,在多次交易的渠道上,特定成员进行成本改进所带来的渠道利润增加在供应链各成员间按等比数列分配。(5)研究制造商主导向分销商主导的转变过程中,供应链下游各成员利润变化的方向和程度,并认为在分销商主导的供应链中,制造商的超额利润会逐渐丧失,消费者会因为逐步取得主导地位而获得更多的利益。

关键词:供应链管理　库存管理　营销渠道　分销　博弈论

4596

管理协同理论及其应用研究 / 潘开灵著 ; 李必强指导. -- 武汉理工大学, 2005. -- 152 页

在对企业组织中协同现象分析的基础上,结合管理理论和协同思想,探讨了管理协同的基本概念,提出了以要素属性为管理协同着力点的观点。论文构

建了协同管理理论的基本框架，指出其由管理协同的基本原理、管理协同的机制和条件所构成。指出系统处于不稳定状态是识别协同机会的条件，确立了企业系统协同空间大小的模型。作者以安阳钢铁集团公司的技术创新战略和项目协同交接管理应用为例，指出适应性和互补性在协同创新战略实施过程中的重要性并建立了相应战略，提出了项目的协同交接管理；以武汉广电中心项目管理的协同交接为例，探讨了在具体的管理协同过程中如何防止反协同现象的出现。论文最后还论述了管理协同理论发展的方向和有待进一步探讨的问题。

关键词：企业管理　协同　企业战略

4597

公共行政学的范式研究 / 裴峰著 ; 胡伟指导. --上海交通大学, 2005. --167 页

本文研究公共行政学范式变迁的内在动力、范式发展的类型、范式变迁的外在条件等问题，主要内容包括：公共行政学的传统范式，公共行政学传统范式的异常现象及其根源，传统范式的反对派——超理性研究纲领，新公共管理，公共行政学的范式整合。文章分析了公共行政学传统范式的基本特征与哲学基础，公共行政学范式危机的社会文化动因，超理性研究纲领对理性研究纲领的挑战以及超理性研究纲领是否构成公共行政学范式转换的问题。文章阐述了新公共管理的逻辑起点和核心要素，探讨新公共管理是否构成公共行政学的范式转换以及它是否代表了公共行政学未来发展的方向。分析了公共行政学范式整合的必要性和范式整合的案例，对范式整合做了基于科学共同体信念、理论模型、技术方法的三层次分析。

关键词：公共行政　政治理论　公共管理　范式

4598

基于行为金融的资产选择模型研究 / 彭飞著 ; 史本山指导. -- 西南交通大学, 2005. -- 124 页

本文首先对现代金融的主要理论成就进行了概述，简要地论述了行为金融理论对现代金融理论的挑战，并总结了行为金融的基本观点；综述了现代资产选择理论的发展，归纳了现代资产选择理论的研究新动向，明确提出了金融理论的发展方向。在此基础上，详细地概述了行为金融理论的发展历史，对行为金融的研究体系进行了全面的概括。之后，从方差风险概念出发，针对现实中投资者存在参照点设置和损失规避的心理特征，提出了主观价值协方差矩阵概念以及相应的表达式，建立了均值—价值方差模型、均值—主观价值方差模型以及均值—双目标价值方差模型；讨论了均值—价值方差模型的效用函数形式。然后，基于离差风险度量，提出了新的风险度量指标——价值离差，建立了均值—绝对价值离差模型和均值—极大化价值离差模型；引入了“收益均衡因子”概念，对上述模型进行了改进；在各证券收益参照点相同的基础上，建立了能够同时应用 SP / A 理论和价值函数的资产选择模型。其后，本文以价值离差代替收益离差，引入收益均衡因子，研究了在极大极小决策准则下的资产选择问题，以及在悲观准则下以风险价值作为投资者的追求目标的资产选择问题。最后，本文基于下偏矩风险度量建立了相应的单心理账户资产选择模型和多心理账户资产选择模型。

关键词：资产组合　投资组合　行为金融学　资产选择　风险度量　价值函数

4599

基于非单调推理方法的集成决策框架研究 / 彭仕云著 ; 陈剑指导. -- 清华大学, 2005. -- 146 页

论文的目的是希望通过将非单调推理工具集成来解决不完全信息条件下的决策问题，并为决策过程提供更有效的支持。关于集成，论文主要集中于决策流程的设计阶段和选择阶段，根据决策流程的不同阶段来选择合适的非单调支持工具进行集成，提供完整的决策支持。而决策过程中知识的陈述性表示和过程性表示的要求，需要将非单调逻辑形式和信念修正工具进行集成。综合系统要求和方法特点，在设计阶段和选择阶段分别采用非单调逻辑形式和非单调系统作为支持工具，和具体的问题求解程序结合起来，提供一个普遍的决策框架，促进决策过程。集成需要一个能集结各种非单调理论的系统语义，这里采用的是 Dung 的论据框架理论作为集成非单调方法的语义平台。在此基础上，论文根据决策的要求构建了适合集成要求的设计阶段支持工具——论据系统，特点是蕴涵了多层次因果推理关系，满足不同的推理需要。选择阶段选取了 Doyle 的真值维持系统作为决策支持工具，在论证其适用性的基础上，通过启发式方法改进假设删除的算法，使得冲突处理的过程体现更多的理性。在完善了两个决策阶段的支持工具后，论文给出了一个基于非单调推理技术处理集成的普遍决策框架，由论据系统，真值维持系统和具体的问题求解程序三个部分组成，通过相应运行机制的设定，完

成非单调推理分析的冲突处理和信念修正职能。其中冲突的处理按决策流程逐步进行,既保证了非单调推理中多义性保存的要求,又满足了对决策结果的要求。

关键词:决策支持系统　自动推理　非单调逻辑　可推翻推理

4600

供应链数量折扣契约研究 / 彭作和著 ; 田澎指导. -- 上海交通大学, 2005. -- 124 页

本文首先对数量折扣契约研究进行了综述。论文从定性和定量两个方面阐述了数量折扣和其他几种非线性定价的关系;比较了各种价格政策的优劣和适用范围;分析比较了国内外对数量折扣的已有研究,总结了目前研究中存在的问题,指出了可行的研究方向。之后,本文研究了完全信息下供应商的数量折扣契约设计,进一步,论文将数量折扣的设计深入到不对称信息,给出了确定性需求和随机需求两种情况下供应商的最佳数量折扣设计,并比较了完全信息和不对称信息下设计的数量折扣的协调效率。然后,本文研究了不同条件下零售商面对供应商提供的价格菜单时,为最大化自身的利润(或最小化成本)而采取的订货和定价策略。在研究了具有变质特性的单一商品考虑全单位数量折扣时零售商的运营策略后,又将研究深入到多产品、多折扣区间、带约束、累进制折扣时零售商的最优订货策略。随后,论文把研究转移到临时价格折扣,建立了考虑货币的时间价值性的临时价格折扣模型,分析了初始库存为零和不为零两种情况下零售商的定价和库存策略。最后,本文总结分析了数量折扣的各种不足以及在当今商业环境下所面临的压力,特别分析了其减少订货次数、增加每次订货量的特征和要求小批量、多批次的 JIT 采购的矛盾,并给出了解决这种矛盾的方法。

关键词:供应链管理　契约　委托代理　非线性规划

4601

西藏区域发展战略评价研究 / 祁明德著 ; 糜仲春指导. -- 中国科学技术大学, 2005. -- 140 页

本文选取西藏自治区为研究区域,以西藏自治区社会经济发展为研究对象,详细系统地对其解放以来,尤其改革开放以来的社会经济发展状况和战略模式进行了专门分析研究。论文首先简要回顾和评价了对西藏区域发展方面的相关研究,然后从四个方面系统分析评价了西藏区域的发展状况。其中,论文从社会发展和经济发展的角度详细分析和评价了西藏自治区的发展现状和发展趋势,并纵向考察了改革开放以来的区域发展状况;从总体上分析了影响西藏区域发展的综合因素,指出传统的供给发展模式仍是维持和推动西藏发展的必然要求;比较全面地分析评价了以中央财政支持和全国支援为主要内容的西藏供给型发展模式;全面分析了西藏自治区的经济结构,以相关产业结构理论为指导,分析了西藏区域产业结构与经济发展的一般关系,具体分析了西藏区域产业结构对其经济增长的一项,并对西藏工业经济发展进行了分析评价。在此基础上,本文最后提出了相应的发展战略模式,即在传统供给发展模式和可持续基础之上的区域内非平衡发展战略,具体包括优先发展一江两河等优势区域培养区域发展极的空间非平衡发展战略和重点发展优势产业的产业非平衡发展战略,最终在全国的支援和中央财政支持下,通过区域增长极和优势产业的发展带动区域发展。

关键词:地方经济　可持续发展　产业结构　西藏

4602

创业投资股权退出机制研究 / 祁榕著 ; 李京文指导. -- 北京工业大学, 2005. -- 138 页

本文首先提出了论文的研究背景,界定了关键概念,并对国内外关于创业投资股权退出问题的研究成果进行了述评。之后,本文介绍了创业投资及其股权退出的基本理论以及创业投资股权 IPO、协议转让、清算三类数十种退出方式,并对它们的功能作用、退出条件、收益高低、操作难易等多项因素进行了比较分析。然后,本文通过介绍美国、欧洲、台湾等地的资本市场体系及其运作情况,研究和分析了其对创业投资的影响,指出建设多层次的资本市场是这些国家和地区创业投资成功发展的重要经验,同时通过对我国创业投资股权退出研究状况的综述以及实际案例分析,指出我国创业投资股权退出受到诸多因素的影响。在分析我国资本市场形成过程和现状的基础上,本文从宏观层面上提出了构建我国创业投资股权退出体系的思路和见解,从微观层面指出改善创投公司机制和提高被投资企业的质量是我国当前创业投资股权退出机制建设的基础。然后,本文分析了国际上股权价值评估主要方法,以及净资产法使用中所存在的问题,结合北京人大金仓信息技术公司的案例,提出了创业投资机构股权协议转让过程中相关信息的

披露及股权估价方法的选择是保证实现股权成功退出的重要措施。最后,本文对研究结果进行了概括总结,并提出了创业投资股权退出问题的未来研究方向。

关键词:创业投资　资本市场　高技术产业　股权　中小企业　股权转让

4603

面向业务的知识管理理论分析与实证研究 / 钱磊著 ; 徐枞巍指导. -- 北京航空航天大学, 2005. -- 153 页

本文首先回顾了知识管理的兴起和研究现状,界定了知识的基本概念,论述了知识在经济中的角色,并对知识经济、知识创新相关理论进行了系统介绍。之后,本文提出了两种知识管理模式,指出知识在企业中的作用将主要表现为"流动知识资本"形式,而本文着重研究针对"流动知识资本"的管理,即"面向业务的知识管理"。然后,本文分析了面向业务的知识管理基本思想,构建了企业知识的价值链模型,由此提出了面向业务的知识管理解决方案的参考框架。论文研究了面向业务的知识管理战略,提出了将知识管理战略与商业战略对齐的方法;分析了知识型工作和知识流程,提出了面向业务的知识流程重组和改进;探讨了如何利用"本体"理论和技术,根据企业的业务划分来组织知识资产,以构建面向业务的知识组织体系;提出了一个知识管理系统框架模型,实现了知识管理活动与企业业务处理活动的融合,以实现面向业务的知识管理系统;探讨了面向业务的知识管理人员组织,提出了一个知识管理人员的组织框架,包括首席知识官、知识经理、知识型员工和知识资源管理人员。最后,本文对长城企业战略研究所的知识管理项目进行了案例研究,利用本文提出的"面向业务的知识管理"理论与解决方案帮助实施知识管理项目。

关键词:知识管理　知识资本　知识创新　企业管理

4604

市场化条件下的住房保障政策选择研究 / 钱瑛瑛著 ; 林知炎指导. -- 同济大学, 2005. -- 163 页

本文首先基于政府经济学、公共经济学理论,提出住房保障政策应该遵循的基本原则是效率、公平和稳定。并且,对住房保障的目标、策略、手段和基本政策类型作了分析、归纳和讨论。文章借鉴国际上最新的房地产经济学、城市经济学、土地经济学的理论,首先对城市住房的基本经济规律,作了系统的研究和探讨,并提出如何在住房保障政策的设计中遵循这些规律。接着,对各种主要的住房保障政策在市场中的作用机制和预计的市场效应进行逐一研究和分析,从理论上为选择合理的住房政策提供依据。文章还对发达国家和地区住房保障的演化过程进行了比较分析。在对上述基础理论研究和国外实践经验的分析后,本文对我国现行各种住房保障手段、住房保障政策,作了全方位的分析与评价,包括对市场的直接效应、适用情形、效率、公平和稳定性等方面。基于所有以上研究,论文最后对我国现行住房保障政策的完善提出了建设性的意见,包括适当控制经济适用房建设、扩大廉租房覆盖面,同时提出长远的政策建议:即逐渐取消住房的实物保障,代之以货币化补贴。

关键词:社会保障　住房制度　住房政策　市场化　经济适用房

4605

产业集群形态演化研究 / 秦夏明著 ; 李汉铃指导. -- 哈尔滨工业大学, 2005. -- 153 页

本文首先依据新古典经济理论、产业区理论、新的产业空间理论、集群理论和区域创新体系理论的前沿,构筑了本研究的三个方面理论依据,即产业集群的空间集聚与扩散、产业集群的基本机制和产业集群形态演化的自组织机制。之后,指出产业集群界定混乱的根源在于产业集群形态持续演化的复杂性。论文通过建立产业集群演化的动力学方程,提出了产业集群演化的动态特征,通过建立产业集群演化的三维分析模型,分析了要素维、联系维、时间维的演化阶段与特征,进而确定了产业集群演化的四个阶段,并提出了集群政策的核心在于促使集群依次进化。然后,作者通过整合产业集群相关理论,提出了产业集群形态演化阶段形成或依次进化的动因分析框架;通过整合产业集群形态演化的自组织理论,提出了集群阶段跃迁的自组织机理,发现了集群基因和集群基因进化等新概念;对国内外典型产业集群进行了深入分析。其后,论文研究了产业集群形态演化的一般环境和直接环境,分析了产业集群形态演化的区域环境本质,并指出建设区域创新体系是最佳的政策工具。在此基础上,本文提出了区域创新体系建设的五维分析模型。最后,本文对景德镇陶瓷产业集群进行了实证研究,识别了其形态演化的四个阶段,研究了其形态演化的动因和创新体系建设的五维分析模型。

关键词:产业经济　产业集群　创新体系　区域经济

4606

H 型钢钢结构节能住宅建筑体系的综合评价 / 曲成平著 ; 任宏指导 . -- 重庆大学, 2005. -- 128 页

作者在论文中对 H 型钢钢结构节能住宅体系进行了综合评价,目的是确定该建筑体系的合理使用范围,为钢结构住宅的投资决策提供理论依据,减少投资的盲目性。作者在分析国内外有关钢结构住宅发展与研究及国内外住宅建筑评价方法的基础上,依据系统工程理论、可持续发展理论、全寿命周期评价理论、层次分析评价理论,对商品住宅性能评定的基本原理进行了分析及建构模型;以技术经济分析为手段,通过三十多个算例的计算、设计和分析,对多层、小高层、高层 H 型钢钢结构节能住宅的技术性能和经济性能进行了分析,并对该建筑体系进行了可持续发展评价和综合评价,找出了影响该建筑体系造价的主要因素,确定了该建筑体系的合理使用范围,并对适用地区提出了建议。论文的主要结论如下:(1)分析了构建商品住宅性能评定模型的方法和步骤,最终建立商品住宅评价模型。(2)以技术经济分析为手段,对该建筑体系进行了可持续发展评价及综合评价,并首次提出了该建筑体系的合理使用范围,认为在 12—21 层使用该建筑体系性价比比较高。(3)引入了经济循环概念,并对该体系与混凝土结构体系住宅及砌体结构体系住宅的循环经济作了对比分析比较。(4)找出了影响钢结构住宅造价主要因素是含钢量和墙板,提出了钢结构住宅造价和钢筋混凝土结构住宅造价比较不能只看含钢量的观点。(5)结合与其他结构体系住宅的比较,得出了该建筑体系主要经济技术指标的特点。

关键词:住宅建设　钢结构　节能　可持续发展　循环经济　绿色住宅

4607

团队情绪气氛及其对团队效能的影响研究 / 屈仁均著 ; 张子刚指导. -- 华中科技大学, 2005. -- 146 页

论文试图对项目团队情绪气氛、团队情绪气氛的形成以及团队情绪气氛对团队效能的影响进行研究。首先,提出一个情绪的分析框架,在这个框架中,作者认为情绪反应是情绪的核心,情绪反应受到社会文化、个体及人际互动三方面的影响。其次,对团队情绪气氛形成的心理过程进行了探讨,提出了相应的模型。作者把团队情绪当作团队情感氛围的一种状态,这种情感状态是综合团队成员的个体情绪特质(affective compositional effects)的影响以及团队所处的社会情绪大环境的影响所形成的;还描述了团队成员的情绪特质及团队所处的情绪环境一起对团队情绪氛围形成的影响过程,一般地分为输入、形成过程与输出三个阶段。最后,作者得出一个研究模型,用以探测团队情绪气氛是如何通过情绪劳动对团队效能产生影响的。基于这个模型,对团队情绪气氛对团队成员情绪劳动的影响,情绪劳动对情绪劳动后果的影响,以及情绪劳动后果,即情绪耗竭与工作满意对团队效能的影响作用进行了验证。并基于对参加过项目团队的员工的调查数据,采用结构方程模型来对所提出的模型进行检验。

关键词:团队　情绪　管理心理学

4608

基于实物期权理论的企业 R&D 项目投资决策研究 / 冉伦著 ; 李金林指导. -- 北京理工大学, 2005. 139 页

本文以实物期权方法为决策框架和理论基础,提出了新的模型对企业 R&D 项目估值。论文首先对企业 R&D 项目投资决策以及实物期权方法进行了介绍,回顾了国内外相关研究成果,并对传统的投资决策方法进行了评价。然后,本文对金融期权理论、实物期权理论以及期权博弈理论作了系统介绍。其后,本文提出了企业制定 R&D 投资决策时有参考意义的两个模型。第一个模型是标的资产服从跳跃过程的 R&D 项目 N 重复合期权估值模型。它从三个方面推广了 Geske(1979)的复合定价公式:第一,在标的资产变动过程中使用了跳跃过程,有利于描述 R&D 中离散型新信息的到达;第二,将两重复合期权定价模型推广到 N 重;第三,基于跳跃过程建立了 R&D 项目 N 重复合期权估值模型,通过一个数值例子说明了该模型相对于 NPV 法及 Black—Scholes—Merton 框架下的 N 重复合期权模型的优点。第二个模型将实物期权理论与博弈论相结合,放弃了标准实物期权方法中投资者垄断投资机会的假设,引入经营成本不对称的双寡头企业对 R&D 项目投资进行竞争。模型分别研究了企业间的投资行为存在负外部性和正外部性时,由经营成本不对称所引起的企业投资触发点相对于对称双寡头企业情况下投资触发点的变化情况,同时求出了相应的混合战略均衡。

关键词:研究与开发(R&D) 实物期权 投资决策 项目管理

4609

国有公司治理中的财务监督体制研究 / 饶晓秋著 ; 王宗军指导. -- 华中科技大学, 2005. -- 150 页

本文首先阐述了国有公司财务监督体制研究的理论基础,包括公司制产权关系、委托代理关系、公司治理结构和财务监督体制等相关理论,论述了财务监督体制在公司财务治理中的重要作用,并指出我国应吸取西方国家公司治理制度和财务监督体制的经验与教训,根据自己的国情设计符合实际的国有公司财务监督体制。其后,本文分析了我国国有公司治理结构和财务监督体制的现状、存在的问题及原因。之后,本文讨论了改革国有公司财务监督体制的主要问题。按照终极所有者和法人财产所有者两种不同利益主体的要求,本文分别考虑了财务监督体制的思路,重新审视了现存财务监督体制的一些重要政策、制度和组织机构的职能界定。这包括对国有公司财务监督体制的整体设计,对国有公司出资者财务监督体制的内外部组织机构的权责界定,对财务监督体制具体框架的构建,以及对国有公司股权结构制度、国有控股上市公司年报审计委托制度、国有公司出资者监督代表再监督制度和财务监督人员激励约束制度这四项制度的创新。最后,本文讨论了建立外部财务监督机构介入监督的信号指标问题。通过上市公司会计利润与经营活动现金净流量相关性分析,本文提出了设置外部财务监督组织机构介入监督的两个信号指标,以及实行递进分步监督方法这两个设想。

关键词:国有企业 财务管理 产权 公司治理 财务审计

4610

基于隐性知识整合的企业柔性与技术创新的关系研究 / 任峰著 ; 李垣指导. -- 西安交通大学, 2005. 136 页

本文回顾了关于隐性知识管理、组织柔性、技术创新与资源、能力及知识管理关系的研究成果,提炼出了一个体现隐性知识、企业柔性和技术创新之间关系的结构模型,并对该结构性模型中所涉及的各假设关系逐一进行了论述。首先,在组织柔性的研究框架下,本文构建了一个与资源柔性相匹配发挥作用的“能力柔性”的概念,并进一步对其涵义、特征及有效来源等进行了界定;通过与协调柔性及动态能力概念的比较,体现了能力柔性对于完整的组织柔性研究框架的支撑作用;论述了资源柔性与能力柔性相互作用而产生价值贡献的原理。其后,论文将内部隐性知识的交流、外部隐性知识的吸收、企业柔性的构建和创新方式的选择纳入了统一的结构性框架进行研究,并通过结构方程模型对该研究框架进行了描述。之后,论文证实了不同来源的隐性知识对资源柔性、能力柔性的差异性影响作用;论述了企业在构建不同柔性的过程中,对内部隐性知识和外部隐性知识的判别性运用,并进一步说明了内、外部知识的整合对于提高整体组织柔性的重要意义。最后,论文揭示了资源柔性和能力柔性对于技术创新方式选择上的差异性贡献,论述了在渐进创新的过程中,企业资源柔性、能力柔性的增强有利于提高创新效率,但在突变创新的过程中,提高资源柔性反而会因效率损失而导致不利影响。

关键词:企业管理 知识管理 隐性知识 技术创新 柔性管理

4611

基于流程再造的新闻视频内容管理系统研究 / 任玲玲著 ; 杨振山,何锦池指导. -- 同济大学, 2005. -- 161 页

本文从管理理论、系统构建、数据模型等多个角度研究基于流程再造的新闻视频内容管理系统,主要的研究成果和创新如下:(1)首先,论文运用横向思维和逻辑思维研究新闻业务流程再造。在分析流程再造与电视台竞争力之间关系的基础上,提出流程再造可以提高电视台的竞争力。其次,对现有新闻业务流程的运作模式进行功能评价,指出现有流程中存在的问题。然后,运用企业价值链的内涵和分析方法对现有新闻业务流程的活动进行价值分析,运用流程再造的思想对数字化新闻业务流程进行深入的再思考,利用信息技术再造采、编、播、存业务流程,构造一个高效率的工作环境,使得基于内容的检索、素材的深度利用和多渠道发布成为可能,最终实现内容价值链的最优化。(2)在流程再造的理论分析分析基础上,从信息技术层面研究内容管理系统的构建。(3)提出实现流程再造的内容管理数据模型。本文主要是在上海广播科学研究所的相关项目支持下进行的,论文在案例分析部分介绍了上海文广集团 MAM 系统实施的背景、核心构架、主要的功能结构和系统的实施评价,进一步说明内容管理的实施构架和应用价值。最后,关于进一步工作的方向进行了简要的讨论。

关键词:电视　新闻工作　电视节目　内容管理　业务流程再造

4612

现代远程教育社会化服务体系研究：基于服务链的横向一体化管理／任善恂著；白庆华指导. -- 同济大学, 2005. -- 171 页

本文在理论层面上借鉴了价值链理论、市场增进理论、企业核心竞争力理论、客户关系理论、服务管理理论、委托代理理论、供应链管理理论等学科的理论,力图将理论分析和实践总结相结合,充分借鉴和吸收国内外社会化服务体系和服务管理的有关研究成果,并对当前现代远程教育的实践经验进行概括和综合,抽象和提升。以云南省为重点研究和实践对象,并以信息技术手段为支撑,形成技术——实践——理论的研究路线,把现代远程教育社会化服务体系放在我国教育信息化、现代化这样一个大环境下进行系统、深入的研究。也力图从管理科学理论出发对现代远程教育这一方兴未艾的事业作出现实解答。本文在研究现代远程教育社会化服务体系一般规律的同时,重点以基于服务链的横向一体管理为核心,并以云南省为例,以连锁加盟的形式将分散在各地的单一的校外学习中心(点)组织起来,提供“增值服务”,创建“不同的服务链”,构成服务体系的多元化运行模式。通过“基于服务链管理”的方式,建立能满足多所院校、多个层次、多种专业、多种教育产品的“横向一体化”管理,实现多元管理与服务的效果。促进现代远程教育社会化服务体系的理论研究,在政策建议、资源整合、潜力发掘、组织形式完美等规律方面进行有益探索。

关键词:远程教育　社会化服务体系　一体化管理

4613

基于供应链管理的供应商评价和优选模型研究／任郑杰著；陈荣秋, 刘英姿指导. -- 华中科技大学, 2005. -- 127 页

作者在总结前人研究的基础上,分析了供应商评价和优选的有争议的相关焦点问题,建立了供应商属性重要性度量模型和供应商评价与优选量化模型,并提出了供应商评价与优选原型系统架构。首先,构建了供应商属性重要性度量模型。作者在实证调查和理论研究的基础上,探讨全球化采购条件下供应商选择的属性指标问题,从而全面、客观地构建其评价指标体系;通过指出层次分析法(AHP)的不同,综合不同采购人员的意见,以供应商的市场份额为权数,建立了供应商属性排序的改进 AHP 模型;运用灰色系统理论,建立了供应商属性重要性的关联排序模型。其次,建立了供应商评价和优选量化模型。最后,提出了供应商评价和选择原型系统模型。作者在继承相关学者研究的基础上,提出了基于供应链模式的供应商辅助决策系统的总体设计思想;提出了供应商评价和选择系统的逻辑模型、原理结构和功能结构;从微观企业角度和宏观环境角度,详细分析和论证了所构建的原型系统的可行性。

关键词:企业管理　供销管理　供应链管理　供应商

4614

农业产业化过程中均分地权和规模化经营研究／邵春杰著；邹珊刚指导. -- 华中科技大学, 2005. -- 127 页

本文主要论述了在均分农地的使用权条件下,农地规模化经营需通过企业化得以实现这一观点。作者在对现行农地制度安排的历史成因进行分析,并就相关农业规模经营理论进行综述的基础上,主要讨论了以下问题,其一,分析了均分地权制度安排下的农业经营现状,提出有效降低交易成本的产业化经营就是“农业产业化过程的企业化实现模式”,将农户和企业间的市场交易行为转变成企业内部的经营管理行为。其次,综合运用交易成本理论,全面分析目前我国农产品流通环节的市场特征,提出流通环节产业化过程的企业化实现模式,并分析了此种模式的市场特征,论证了采用农产品流通市场企业化运作的模式,能有效降低交易成本和消除“订单农业”中低的履约率。再次,运用制度经济学理论,提出企业化过程应采用变更地权实现形式,将农户和企业之间由商品买卖关系转变为生产管理关系。并通过对合约设计,对不同效率的农户给予最大效用的租金选择,并对低效率的农户设计严格为负的效用,以此建立遴选机制来促使高效率的农户和企业签订生产合约,并由此选定和高效率农户建立长期合作关系,实现生产环节的企业化过程的低成本均衡。最后,在农业用地均分地权的产权制度安排下,研究了在开放的国内国际市场环境条件下,构建农业规模化组织的合理市场结构和规范农业企业的市场竞争行为,提出政府对农业规模化经营的政策导向。

关键词:农业经济　产业结构　产业化经营　土

地所有权

4615

基于随机边界方法的油田效率研究 / 邵春伟著 ; 王立杰指导. -- 中国矿业大学, 2005. -- 140 页

论文主要研究我国油田技术效率与成本效率的度量、分解与决定因素。作者首先对已有的油田生产函数研究进行了分析,指出其理论上的不足,提出采用时变的三要素超越对数式随机前沿生产(成本)函数来描述油田的生产;给出了要素、要素价格与产出的详细计量方法,提出了复合经济折旧率、当量工作小时数与资源投入替代指标计量方法。论文沿用了已有文献中关于效率计量与分解的成熟方法,对我国三家油田上市公司与一家上市石油公司12个时期的技术效率与成本效率进行了详细的计量、分解与分析,得到的基本结论有:劳动力投入是影响我国石油上市公司产出的最重要的影响因素;油田的平均技术效率仅为0.61;产出项是影响成本的显著因素;油田的平均成本效率为1.47;全要素生产率的增长平均在10%左右,占到了产出平均增长率的79%,表明我国石油生产率的提高主要是依靠全要素生产率的提高而实现的;前沿技术进步是油田全要素生产率增长的主要源泉。论文采用二阶段方法对油田技术效率的决定因素进行了实证分析,结果表明,管理水平是影响油田效率最重要的因素,影响因素分析的结果还揭示了油田提高效率的战略途径应该是:前沿技术进步→提高管理水平→充分发挥前沿技术的潜力→人才战略→优化治理结构和资本运营。根据这个路径结合我国油田的实际,论文还提出了若干促进我国油田效率的具体战略建议。

关键词:石油工业　上市公司　生产效率　技术效率　全要素生产率

4616

基于数据挖掘的决策支持系统及应用研究 / 邵国晨著 ; 邵良杉指导. -- 辽宁工程技术大学, 2005. -- 124 页

本文首先阐述了决策支持系统理论的发展进程,叙述了决策支持系统的开发历程,对系统的应用状况进行了概括总结,并在分析其利弊的前提下,对决策支持系统的应用前景进行了展望。之后,本文对数据挖掘模型和面向决策支持系统的 OLAM 架构进行了研究。论文指出 OLAM 是 OLAP 和数据挖掘的交汇点,提出了基于 C/S 和 B/S 的 OLAM 混合结构,并论述了其执行方式。然后,本文全面分析了张煤机的企业现状、计算机硬件配置情况及管理工作需要等因素,有针对性地提出了基于张煤机现状的决策支持系统体系结构,研究了其系统体系架构、系统处理过程、系统组成结构和系统设计原则。其后,本文论述了企业决策支持系统的总体设计流程,按营销、生产、库存、采购、财务和人力资源进行了系统主题划分,并根据主题构建了系统的 ER 模型,分析了系统的功能模块。然后,本文对 ETL 的功能进行了概述,设计了决策支持系统的 ETL,并对数据装载详细设计进行了实例分析;论述了基于 B/S 的 OLAM 结构,设计了系统前端展示和系统接口。最后,本文对企业数据挖掘模型进行了应用研究。论文构建了虚拟订单与顾客模糊需求的互动机制;构建了总量指标预测模型;结合技术工人及专家经验,采用模糊神经网络进行了减速器油温异常故障诊断。

关键词:决策支持系统　数据挖掘　数学模型　企业信息化

4617

主监控银行制研究 / 佘斌著 ; 马士华指导. -- 华中科技大学, 2005. -- 131 页

本研究从我国国有商业银行与国有企业范围内银企关系中国家干预过强、银行信贷软约束、企业内部人控制、银企信息不对称与地位不平等、金融监管不力与信用环境恶化等问题出发,探索了我国银企关系制度改革与创新的出路,提出了建立主监控银行制的构想。运用现代管理学、制度经济学及生态学等学科的理论,采用历史研究法、比较研究法、制度分析法以及模型建构法等多种研究方法,从制度研究的视角,对建立主监控银行制的必要性、合理性和可行性进行了研究。论文首先研究了我国银企关系的历史发展,分析了我国银企关系发展中的制度缺陷,接着研究了美、德、日三国的银企关系制度,并研究了其对我国的适应性。进而又分析了银企关系制度在世界银企关系发展史上的几种重要的制度演进过程。在上述基础上,文章着重阐明了主监控银行制的立论基点、选择依据以及国家赋权、银行主导、对债务企业加强银行监控以逼迫企业财务透明的基本思想,并从制度层面论述了主监控银行制的理论基础,还对企业在接受贷款前提下让出的控制权的问题加以了分析。最后,文章对主监控银行制进行了具体架构,并就其与现在试行的主办银行制度进行了比较,对新制度下的信用、银行垄断、银行信贷资金软约束问题进行了

讨论。

关键词:银企关系　国有商业银行　国有企业　国家干预　监督管理

4618

现代中等城市管理模式研究／申振君著；黎志成指导. -- 华中科技大学, 2005. -- 138 页

本文首先分析了世界城市发展的历程与趋势,借鉴国外城市规模等级划分,结合中国国情特点和城市体系发育的实际,重新划分了中国现代城市规模等级,建立了21世纪中国六等级的城市规模等级体系模型。之后,本文揭示了城市管理的本质,界定了城市管理新的涵义,并通过对中等城市管理体制和管理特征的分析,揭示了当前城市管理的现状与问题。同时,论文提出了和谐管理的理念,构建了实现中等城市和谐管理的四种管理方式,并对这四种管理方式的理论形态进行了初步论证。其后,本文对中国内陆中等城市经济功能与经济特征进行了规范分析;利用系统动力学方法,建立了中等城市经济系统关系模型;根据不同城市特点,提出了产业定位的基本原则和方法;提出城市管理要以循环经济为新的理论范式和技术范式,并通过制度创新建立新经济形态,实现中等城市的经济转型。然后,本文运用新公共管理和公共选择理论,借鉴现代市场经济国家"政府再造",论述了政府转型的实质以及转型的方向和途径,并提出了要积极推行电子政务的运作方式和政策取向。最后,本文借鉴国际竞争力研究成果,结合中国内陆中等城市实际,界定了城市竞争力概念,建立了中等城市竞争力模型,提出了中等城市竞争力评价体系的设计原则,并设计了中等城市和谐管理的竞争力评价指标体系。

关键词:城市管理　城市发展　公共管理　竞争力　中小城市　经济转型期

4619

基于支持向量机的消费信贷中个人信用评估方法研究／沈翠华著；邓乃扬指导. -- 中国农业大学, 2005. -- 138 页

本文首先分析了个人信用评估的方法和特点,以及支持向量机在个人信用评估应用中存在的问题。针对标准的支持向量分类机在处理两类不同损失的样本点数据中存在的缺陷,本文提出了基于不同损失的支持向量分类机优化模型,并应用最优化理论,对该模型进行了系统研究。之后,本文给出了在所有可能的情况下,基于不同损失的支持向量分类机中决策函数阈值的求解公式;根据两类样本点错分后的损失是否已知,给出了两种基于不同损失的支持向量分类机的模型参数的选取方法;给出了基于保序回归的基于不同损失的支持向量分类机概率输出模型。然后,本文对个人信用评估前的数据准备问题进行了研究。论文将信息增益和ROC曲线应用到个人信用指标选择中,提出了基于信息增益和AUC的个人信用指标选择方法,并综合数据缺失值的单一填补和多重填补方法,提出了信用指标缺失值填补新方法——KNNMI。其后,本文根据个人信用样本的不同特点,建立了不同的个人信用评估模型。在此基础上,本文建立了基于不同损失的支持向量分类个人违约概率计算模型,对借款人的"违约概率"进行估计。进一步,本文根据信用风险度的实质,提出了"个人信用风险度"的概念,建立了基于支持向量回归的个人信用风险预测模型,对借款人的贷款资金安全系数进行预测。

关键词:消费贷款　个人信用　信用评估　信用风险　支持向量机　违约

4620

导弹武器系统的维修性模型研究／沈剑波著；李金林指导. -- 北京理工大学, 2005. -- 159 页

本文首先概述了维修性的研究现状,对维修性模型所研究的主要问题进行了讨论,在分析导弹武器维修性的特点、现状、需求以及存在问题的基础上,指出了导弹维修性模型研究中需要解决的相关问题。其后,本文对导弹的故障机理进行了分析,总结了导弹系统的五种故障模式,并论述了导弹故障危害性和严酷度的分级标准。然后,重点研究了导弹的主要工作状态——贮存阵地状态下的维修性问题。论文建立了满足周期检测和定期更新等约束条件的导弹维修性模型,研究了导弹贮存状态下维修性的瞬时可用度和稳态平均可用度,并给出了瞬时可用度和稳态平均可用度的计算实例。之后,文章研究了导弹在技术阵地、待机阵地和发射阵地状态下的维修模型及其"时效维修"问题,提出了"时效可修系统"的概念,建立了与之相对应的导弹的可用度模型,推导出针对时效可修系统的瞬时可用度的计算表达式,并给出了导弹系统瞬时可用度数值例子。最后,本文对导弹维修模型的应用进行了研究。论文以导弹系统可用度作为维修策略优化目标,研究了导弹系统维修性的改进和完善;针对导弹贮存状态下的维修性模型,对导弹瞬

时可用度和平均稳态可用度进行了模拟，并编制了模拟流程图和模拟软件；结合所建模型，给出了导弹系统维修性改进的具体建议。

关键词：导弹　武器装备　维修性设计

4621

房地产价格与宏观经济的关系研究 / 沈悦著 ； 刘洪玉指导. -- 清华大学, 2005. -- 164 页

本文首先在借鉴国内外相关研究成果的基础上，分析了房地产价格的长期变化规律，建立了房地产价格与宏观经济关系研究的理论框架。在这个框架中，宏观经济对房地产价格的作用渠道归结为对房地产使用市场和资产市场供给和需求的影响，而房地产价格通过对消费和投资的影响直接作用于宏观经济总产出。接着，论文根据经济基本面与房地产价格之间的均衡关系，实证分析了我国经济基本面对住宅价格的解释能力，研究了我国房地产价格的走势。进一步，论文从波及效应、成本效应、财富效应和投资效应角度，研究了当前我国房地产价格对宏观经济的影响。研究表明，房地产价格的波及效应几乎影响到国民经济所有部门；住宅价格上涨对企业生产成本和居民生活成本形成较大压力；在 35 个大中城市的住宅价格出现了明显的正财富效应；房地产价格存在明显的投资效应，但其上涨已经不能引起固定资产投资增量的增长。最后，论文指出保持房地产价格适度上涨，但又不脱离经济基本面是现阶段最佳的政策目标，并进一步提出了通过市场手段影响供求关系，抑制发达地区房地产价格过快上涨；充分发挥住宅价格的财富效应，促进居民消费增长；保持固定资产投资与房地产开发投资平稳增长，防止投资过度；控制住房抵押贷款风险等政策建议。

关键词：房地产市场　房地产价格　宏观经济　投资　消费

4622

基于顾客价值的企业战略理论研究 / 施炜著 ； 陈荣秋指导. -- 华中科技大学, 2005. -- 139 页

作者学习和继承了战略管理研究的一种研究传统，即从纷繁复杂的企业战略问题中归纳、提炼出基本主题和核心概念，组合成清晰、简明的分析框架和理论体系。运用和借鉴产业组织经济学、企业经济学和市场营销学的理论和方法，在此基础上概括出企业战略的 3 个核心概念："行业"、"价值"和"能力"，并以"价值"为主线，主要研究了顾客价值创造的前提、顾客价值定位和产生过程，以及顾客价值生产的内在机制。文章首先在借鉴迈克尔 · 波特"5 种竞争力量"模型的基础上，提出"D—S—R"行业分析模型——选取了"需求"（Demand）、"供给"（Supply）、"资源"（Resource）3 个纬度考察行业，形成多层次、结构化的行业分析体系。其次，借鉴市场营销理论，从顾客价值的定义入手，导入价值纬度的分析方法，将数学术语"映射"用来描绘顾客需要的价值和企业提供的价值之间的关系和衔接，并提出价值优化的主张。最后，文章在借鉴"资源基础论"、"特殊资源论"、"知识论"等理论的基础上，对企业竞争能力进行了由外而内的定义，以期解释企业竞争力的外部表现和内部构成的联系，以及"资源"、"知识"等和企业竞争能力间的关系。

关键词：企业战略　顾客价值　企业能力　竞争力　竞争优势

4623

国有商业银行风险成因、效应及治理策略研究 / 石汉祥著 ； 王宗军指导. -- 华中科技大学, 2005. -- 151 页

本文首先分析了国有商业银行的风险和风险管理的现状和特点，并进行了国内外比较。论文从资产风险、资本金管理、盈利能力和流动性管理四个方面对国有商业银行风险现状进行了分析，描述了国有商业银行的风险表现，归纳了国有商业银行风险的特点，指出了风险管理存在的问题和发展方向。其后，本文运用委托代理理论从产权代理关系、上下级代理关系、银企代理关系三个层面对国有商业银行风险成因进行了深入分析。之后，本文对国有商业银行风险的通货膨胀效应和通货膨胀紧缩效应进行了分析。论文运用货币数量理论、货币供应理论、金融不稳定性假说等理论研究了两种效应的形成机制和路径，并进行了实证分析，建立了通货膨胀效应的非线性模型和紧缩效应的线性模型。然后，本文对银行间风险传染效应进行了分析。论文分析了银行间风险传染的主要途径，对银行支付体系风险传导进行了理论和实证分析，建立了银行间风险传导模型，并运用噪声理论对公众预期传导进行了理论分析，对国内公众预期的形成机制进行了分析，建立了流动性风险模型。最后，本文提出了国有商业银行风险治理策略，认为国有商业银行风险治理应该从治理结构改革入手解决委托代理效率低下问题，从约束机制改革入手建立风险防范的长效机制，从风险控制方法入手推行全面风

险管理。

关键词:国有商业银行　风险管理　通货膨胀　风险防范

4624

企业集成风险管理研究 / 石玉英著 ; 糜仲春指导. 中国科学技术大学, 2005. -- 121 页

本文首先分析了企业集成风险管理与传统风险管理的不同,并结合企业管理信息系统建立了企业集成风险管理系统,详细说明了风险管理的逻辑流程;通过分析原来一对一和一对多两种模式的特点及不足之处,针对集成风险管理系统,提出多对多风险管理模式,论证了新模式的理论可行性,并讨论了多对多模式在企业管理应用上的价值。在假设已知各个风险测度的基础上,论文建立了企业集成风险评估的两种并行方法:基于卷积理论和基于模糊层次理论的多风险综合评估法,分别针对可计量和非可计量风险的评估。然后,根据集成风险管理思想,本文探讨了多对多风险管理模式对企业进行风险控制管理的相关问题。论文针对用赌轮算法确立出的关键风险体,采用基于关联成本和收益的量化评估体系,对不同的风险管理方法组合时的企业风险进行分析,建立了净收益风险管理组合模型;进而选择遗传算法进行量化分析,并通过具体例子进行了可行性分析。最后,论文还对虚拟企业组建时风险管理的必要性和重要性进行了探讨,进而基于投资理论建立了虚拟企业伙伴选择的集成风险管理模型,结合成本和收益两方面评估了虚拟企业建立及战略伙伴选择的风险性。

关键词:企业管理　风险管理　虚拟企业　遗传算法

4625

基于链管理的大规模定制运营管理系统研究 / 史丽萍著 ; 刘希宋指导. -- 哈尔滨工程大学, 2005. -- 210 页

论文提出了基于链管理的大规模定制运营管理体系,并重点就以下几个关键问题进行了研究:第一,在全面分析供应链管理理论、价值链管理理论、作业成本管理理论、精益生产管理理论与大规模定制的耦合关系的基础上,提出了链管理原理。定义了链管理的概念,总结了链管理的特征、目标、管理原则和管理职能,辨析了链管理的作用机制和战略思想。第二,对运营系统管理的三个基本主题进行了研究。构建了基于链管理的大规模定制质量链管理系统、成本链管理系统和时间链管理系统。认为提高质量价值是质量链管理的目标,研究了新系统中质量功能、质量成本和质量价值计算的新问题,同时就质量链管理实现全过程进行研究。构建了基于链管理的大规模定制成本链管理系统,探讨了作业成本管理与大规模定制的关系,定义了成本价值,给出了识别管理瓶颈和提高成本价值的方法体系。第三,对基于链管理的大规模定制运营管理系统实施的相关问题进行了研究。给出了大规模定制的系统分类法,探讨了产品定制程度决策、定制类型决策、布置决策、延迟决策、模块化决策、外包决策、组织模式选择等决策问题,并给出了基于平衡记分卡的 DEA 绩效评价模型。最后,就企业如何实现大规模定制的相关问题展开研究。总结了实施大规模定制的条件、向大规模定制转换的时机选择和演进路径,并从信息建设、基础工作建设、敏捷员工培养、物流系统建设和政策环境建设等方面探讨了实施大规模定制的实现对策问题。

关键词:企业管理　生产管理　大规模定制　供应链管理

4626

基于协调发展的区域特色经济与区域经济布局研究 / 宋璇涛著 ; 张子刚指导. -- 华中科技大学, 2005. -- 174 页

本文首先对我国区域关系扭曲历史进行了简要回顾,论证了我国区域关系经历了由建国初期的严重畸形,到差距趋于缩小和协调再到扩大的历史过程。作者指出,我国的区域差距是一种系统性的差距,并分析了区域间产生差距的原因。然后,作者从市场机制和政府两个角度分别讨论了区域优势产业与特色经济,同区域经济协调发展与区域优势重构的关系。在市场机制方面,作者提出,区域经济协调发展的根本出路在于发展区域优势产业与特色经济,培育经济优势的根本措施在于依据资源禀赋特点培育综合的竞争能力;在政府方面,作者认为,要推进区域经济协调发展,必须首先确定各区域的发展优势,并提出用纵横综合定位法分析区域发展优势。在理论探讨的基础上,作者选取河南省这个典型的中部地区进行实证分析。讨论了河南省中部区位优势与产业特征,产业发展和经济布局。驻马店是典型的中部落后地区,运用纵横综合分析和 SWOT 的评价方法对驻马店改革开放以来的发展态势进行了分析。作者指出,驻马店畜牧业和旅游业发展具有独特的优势,应作为区域主导产业大力推进其发展和升级;针对现实困难和发

展需要，驻马店发展应作出“平安崛起”的战略定位，进而分别提出了农业、工业和第三产业的发展对策。

关键词：区域经济　经济发展　特色经济　经济布局

4627

企业知识价值链及其管理研究 / 宋英华著；万君康指导. -- 武汉理工大学, 2005. -- 139 页

本文在提出企业知识价值链概念和模型的基础上，研究了企业知识价值链管理的基本理论和方法体系。首先，综述了价值链管理基本理论体系及其应用情况，指出了价值链管理理论存在不能引导企业培育核心能力的问题和知识管理实际应用出现问题的主要原因。其次，提出了企业知识价值链的概念，研究了企业知识链与行业知识价值链、企业核心能力、企业可持续竞争能力之间的关系。再次，阐述了企业知识价值链价值增值机理以及知识链与价值链交互作用机理，提出了知识链与价值链交互作用机理模型等多个模型。第四，以企业知识价值链优化为目标，提出了基于企业业务流程的知识价值分析方法、基于知识价值链的企业核心能力分析方法、基于竞争优势的企业知识价值链分析方法和基于可持续竞争能力的企业知识价值链分析方法。最后，提出了企业知识价值的驱动模型，提出了以企业知识价值链管理的内容体系和以企业知识价值链策略、“企业知识价值链管理小车”和企业知识价值链管理绩效评价为主要内容的企业知识价值链管理的方法体系。

关键词：企业管理　知识管理　价值链　知识链　竞争力

4628

城市旅游产业竞争力研究 / 宿倩著；刘则渊指导. 大连理工大学, 2005. -- 126 页

本文首先从城市旅游产业竞争力的现状以及相关理论分析入手，揭示了我国在旅游竞争力研究上存在着主要多以国家为对象，而少以城市研究为对象，以及对一些相关概念、理论与范式等的研究不够深入等实际问题，阐述了开展城市旅游产业竞争力研究的现实意义。其次通过对城市旅游产业竞争力相关研究的进展分析，采用分类法对本文直接相关的几个理论及核心概念进行了界定，并着重对产业竞争力的实质、表现及其形成机理进行了剖析。接着，基于“范式”理论，给出了城市旅游产业竞争力的分析模型，构建了城市旅游产业竞争力的指标体系，进而采用层次分析法，尝试着对我国大连、北京、西安、郑州、上海、杭州六个主要旅游城市的旅游产业竞争力状况进行实例量化比较，并以杭州接轨上海为例，阐述了空间竞争合作的战略选择对提升城市旅游产业竞争力的合理性和有效性。

关键词：旅游业　城市竞争力　产业竞争力

4629

国有企业机制变革的研究 / 孙海著；陶学禹指导. -- 中国矿业大学, 2005. -- 201 页

论文首先回顾了现代企业理论、现代企业制度理论、企业成长理论，以及国内外关于企业机制的研究文献，得到了企业机制系统运行的观点。然后，通过对国有企业存在的逻辑及特点的分析，构建了国有企业机制运行系统模型。国有企业机制运行系统模型有三个构成要素：市场机制、治理机制和管理机制，作者分别对这三种要素的运行机制进行了阐述，并对国有企业运行机制构成要素对企业绩效的影响提出了研究假设。此外，论文以国有上市公司为研究样本，利用专业金融数据提供商提供的 2002 年上市公司年报数据，通过统计分析对系统的有效性进行了验证，发现系统模型是有效的，但是现有运行机制缺乏长效性，需要进一步的变革。通过进一步的分析，论文提出了国有企业机制变革的重点是管理机制变革，并提出国有企业管理机制变革过程需要平衡的利益关系及采取的变革策略，同时提出国有企业管理机制变革的目标模式——打造快速反应机制的“高速度公司”，分析了管理机制的三种载体：理念、流程和制度以及通过这三种载体进行管理机制变革的内容。

关键词：国有企业　企业体制　公司治理

4630

Web 使用挖掘的理论与方法研究 / 孙华梅著；李一军指导. -- 哈尔滨工业大学, 2005. -- 122 页

本文研究 Web 使用挖掘。首先研究了聚类和关联规则等与 Web 使用挖掘有关的理论和技术基础，提出了 Web 使用挖掘的系统框架，阐明了从 Web 数据预处理、Web 用户访问路径模式发现、Web 聚类分析和特征规则挖掘等方面开展了对 Web 数据进行使用挖掘的研究思路。在 Web 使用挖掘的数据准备方面，系统研究了 Web 数据预处理的数据清理、用户识别、绘画识别、路径补充和事务识别等过程，设计了有关算法，并实现了 Web 数据预处理的自动化系统，同时用实际 Web 网站服务器中的日志数据加以验证。

在Web用户访问路径模式发现方面,研究了用户访问模式挖掘的理论和方法。在分析基于偏爱度的用户访问路径挖掘模式的基础上,提出了基于页面层次和喜爱度的用户浏览频繁路径获取方法,并实现了原型系统,阐明了全面考虑支持度、用户浏览时间和页面层次三种因素的用户浏览频繁路径发现技术。在Web聚类方面,系统研究了度量聚类对象相似度的方法,并根据Web特点,研究了基于页面间链接距离的页面聚类方法。在Web用户聚类方面,探索了一种基于矩阵变换的Web用户聚类方法,系统考虑聚类对象之间的相互作用和影响。

关键词:数据处理　数据挖掘　网页　关联规则　聚类分析

4631

采掘企业会计问题研究 / 孙家平著 ; 王立杰指导. -- 中国矿业大学, 2005. -- 101 页

论文针对我国当前“两权”市场化和矿产资源资产化的理论研究、宏微观管理及采掘企业实际运作过程中存在的某些问题,通过对国际、国内采掘企业会计问题进行理论上的研究和实务调查,采用规范分析的方法并结合系统分析法、比较分析法以及定性与定量等方法,运用会计学、资源经济学、管理学、采矿学等多学科理论,结合采掘企业与会计问题有关的特征和我国会计核算的规范要求以及采掘企业实际,借鉴国外发达国家采掘生产公司会计核算的基本规范及国际惯例,从理论研究以及企业会计实务两方面确立我国采掘企业会计核算规范的基本理论体系和基本会计实务框架。特别是提出了“矿产资源资产有形化”确认理论、分析和解决了采掘企业会计实务中若干核心问题、初步制定出我国采掘企业会计准则建议文本,以期对完善我国矿产资源所有权关系和建立采掘企业会计核算的制度规范体系提供重要的参考。

关键词:采掘工业　矿产资源　财务管理　会计核算　财务报告

4632

大都市灾害应急管理体系研究 / 孙建平著 ; 白庆华指导. -- 同济大学, 2005. -- 177 页

本文结合近年来大都市灾害事故与应急处置现状,在系统分析国内外灾害应急管理模式基础上,针对大都市灾害特点,开展了如下研究工作并取得相应研究成果:(1)论文全面分析和概括了大都市灾害的特点。系统总结了西方发达国家和国内外大都市灾害应急管理体系的现状,并综述了相关研究成果,分析总结了国外灾害应急管理的特点,指出了我国大都市灾害应急管理的不足。(2)文章提出了大都市灾害应急DESCP体系,实现灾害应急的综合管理;提出了信息整合、资源整合和组织整合,实行以防为主、分级管理的应急处置思想;同时通过系统控制论、开放的复杂巨系统方法论和网络技术理论支持和论证了提出的理想灾害应急管理体系。(3)根据提出的DESCP体系,建立了灾害应急保障体系(DESS)的框架。(4)提出了基于大都市DESCP体系的三层应急指挥体系(DECS)框架。(5)根据提出的DESCP体系,建立了大都市灾害应急防范体系(DEPS)框架。(6)根据DESCP体系要求,针对上海灾害应急管理现状,提出了融合测、报、防、抗、救六位一体的上海市灾害应急管理的理想模式、组织机构及其功能组合。

关键词:大城市　灾害管理　应急保障体系

4633

基金资产风险管理中的激励问题研究及应用 / 孙静著 ; 邱菀华指导. -- 北京航空航天大学, 2005. -- 113 页

本文从基金资产管理中涉及的委托代理关系出发,剖析了基金资产管理中存在的各种代理问题,指出建立一套激励相容的机制来缓解投资人—基金管理人代理冲突的迫切性。以我国现行基金资产管理报酬契约中存在的问题为诱因,提出了资产管理报酬机制设计的思路,特别强调报酬契约的设计应综合考虑隐性激励和显性激励的共同作用。本文将报酬结构的选择权赋予代理人,提出投资人只通过调整其在基金资产上的投资比例对基金经理的决策做出响应。以此为基础,作者建立了新的委托代理模型,并运用该模型分析了不同报酬结构对均衡契约及投资人福利的影响。求解了在对称业绩费用结构和奖励费用结构下的最优契约,并对均衡结果做出了比较。进而,论文对Huddart声誉模型进行扩展和改进,研究了基金经理为博得在经理市场上的良好声誉而调整投资策略的行为。建立了一个包含两只基金的两期动态博弈模型,研究了相对业绩排名对基金经理在各期所选投资组合风险水平的影响。最后,选取2001至2003年各年年初就已经上市封闭式基金为样本进行了实证研究。

关键词:基金管理　委托代理　风险管理　投资基金　激励

4634

对我国国民经济核算理论与方法问题研究 / 孙静娟著 ; 张子刚,杨超指导. -- 华中科技大学, 2005. -- 170 页

论文已对国民经济核算的核心指标 GDP 进行研究为主线,对国内生产总值核算、资金流量核算、投入产出核算、环境经济核算等进行理论方法分析、数据计算,指出现行核算中的不足之处,并提出改进方法。论文首先根据经济理论对 GDP 的测算方法进行分析,指出 GDP 不是最佳的社会生产总量指标,并论述了其原因,同时对比论证了 NDP 这一指标较 GDP 的优越性和自身局限性,指出应建立考虑外部经济因素的绿色 NDP,并提出了绿色 NDP 指标的理论模式。其次,论文针对我国现行的资金流量表进行了评价,指出其在指标设置、功能结构、系统反映社会收入分配及使用过程方面存在的不足,并根据社会收入分配过程的初次分配和再分配渠道对资金流量表提出了改进和新设计。论文对我国现行投入产出表进行了改进。提出将投入的物化劳动和活劳动分开考虑,并运用 UV 表法原理,对"纯"产品和"纯"部门两种投入产出表相互转换的方法加以研究,总结出相互转换的公式。最后,论文进行了环境经济的绿色 DNP 核算研究,指出 EDP 应为绿色 NDP,同时通过对 SEEA 核算的论述,说明 SNA 有关生产及资产核算应将 NDP 作为核心指标。并根据 SEEA 的核算思想,设计了新的环境经济投入产出表。

关键词:国民经济核算　国内生产总值　资金流量表　投入产出表

4635

高新技术产业空间集聚机理及实证研究 / 孙科著 ; 汪应洛指导. -- 西安交通大学, 2005. -- 165 页

本文从生态学角度构建了高新技术产业聚群的结构模型。首先,从专业化分工角度研究了高新技术产业聚群的生成机制,说明高新技术产业聚群是专业化分工演进的结果。其次,从知识的特性出发,研究了知识溢出对高新技术产业集聚的作用机理和知识在聚群内部的扩散过程,作者认为,知识溢出是高新技术产业集聚的重要驱动力,而知识的性质、知识所获得的效益、聚群内的竞争水平和知识产权保护水平是影响知识溢出的决定因素。再次,应用经济社会学社会资本的理论对高新技术产业集聚的机理进行了研究,认为社会资本的多寡直接影响着聚群的发展速度与聚群的大小。作者研究表明,社会网络能将大学、科研机构以及企业等要素结合到一起,从而加强了对聚群内部不确定性的有效控制,促进了企业之间的互惠共生,推动了聚群创新;信任机制根植于据群共同的人文环境和网络联系,聚群内企业间信任机制是从基于个人信息的信任向基于制度的社会信任的动态变迁过程,它能够提高产业聚群的经济绩效。最后,以前文分析为基础,本文运用聚类分析和多元回归的方法对中国高新技术产业集聚的状况进行了研究,对前文提出的高新技术产业集聚的理论假设进行了检验。

关键词:高技术产业　产业集聚　专业化分工　产业集群　社会资本

4636

高技术产业风险投资及其风险管理研究 / 孙琪著 ; 陶学禹指导. -- 中国矿业大学, 2005. -- 163 页

作者从统计学和管理学的角度出发,从一般机理研究、理论模型研究和实证案例研究三个层次上,用定性与定量相结合的方法对中国高技术产业风险投资及其风险管理问题进行了系统研究。论文通过对高技术产业风险投资的要素构成和运作流程的分析,更好地把握了风险投资的内涵及意义,将风险投资的投入、运作、监控与激励、退出机制作为其运行机制的主要研究内容,使得对运作机制的研究更具有系统性。作者认为风险投资不同于一般的投资,它具有资金配置、资源整合、体制互动的效应,我国的风险投资应该走"官助民办"为主的发展模式,坚持监控与激励并举,尽快完善退出渠道。通过对风险投资的分类分析、阶段性分析,使得对风险的识别更加清晰具体。论文还运用 Matlab 软件对高技术产业风险投资的风险进行了主成分分析、方差分析和区间分析的研究,风险预警点的设置和解释性结构化建模对风险投资的风险预警具有实际应用价值。通过风险评估指标体系的构建和模糊评价法对风险投资的风险进行了分级评价,较为准确地把握了投资项目的风险等级,并在此基础上提出了风险控制策略。最后,结合我国高技术产业风险投资业的发展现状和存在问题提出了发展建议。

关键词:高技术产业　风险投资　风险管理

4637

研究生教育国际竞争力研究 / 孙锐著 ; 王战军指导. -- 中国科学技术大学, 2005. -- 149 页

本文首先界定了研究生教育国际竞争力研究相

关的基本概念,包括研究生教育、研究生教育组织、研究生教育组织管理和研究生教育国际竞争力,探讨了研究生教育国际竞争力的内涵、特征与构成。其次,从研究生教育国际竞争力来源的理论解释出发,分析了研究生教育国际竞争力的内外部影响因素及其决定机理。进而从战略角度分析了研究生教育国际竞争力,主要探讨了竞争性研究生教育发展环境培育、研究生教育核心竞争力培育和研究生教育国际竞争力战略。以国际竞争力评价理论和研究生教育评估理论为基础,分析了研究生教育国际竞争力评价的方法选择、指标体系构建等主要问题。最后,利用多种研究工具多维度地实证分析了研究生教育国际竞争力,分析了各国研究生教育国际竞争力的基本情况,利用 DEA 方法研究了研究生教育组织学科国际竞争力的有效性问题,利用 PCA 分析了各类型研究生教育组织的国际竞争力排名。

关键词:研究生教育　国际竞争力　核心竞争力

4638

基于资源整合的虚拟配送中心运作模式研究 / 孙涛著 ; 刘仲英指导 . -- 同济大学, 2005. -- 146 页

本文共分为四个部分,在第一部分中,首先对配送及配送中心的发展及研究现状进行了分析,指出了当前配送中心发展过程存在的问题及解决思路;接着指出了虚拟配送中心产生的理论基础——基于资源观理论;然后对虚拟企业理论及虚拟物流的研究现状进行了论述,指出了目前研究中存在的不足;最后对虚拟配送中心资源问题进行了分析,奠定了后面研究的基础。第二部分分为三个方面的内容:(1)虚拟配送中心组织结构研究。(2)虚拟配送中心运作与治理研究。(3)计划与控制研究。第三部分是虚拟配送中心的信息支撑体系研究,论文基于成员企业的遗留系统,运用 Web 服务实现了企业间跨平台的无缝集成,为成员间信息交换提供了一个良好的平台,并对虚拟配送资源计划系统进行了研究。最后,论文选取了三联配送总公司为研究对象,将虚拟配送中心运用于该企业进行实例研究,验证了该模式的可行性,并对应用中存在的一些问题进行了探讨。

关键词:物流　虚拟企业　配送中心　契约　资源计划系统

4639

我国房地产投资基金发展研究 / 台玉红著 ; 林知炎指导 . -- 同济大学, 2005. -- 142 页

本文在深入分析如今在我国发展迅速的私募房地产投资基金的基础上,结合我国的实际情况,提出应适时发展公募房地产投资基金,并指出房地产投资基金的阶段性;同时明确适合我国的公募房地产投资基金模式应为公司型房地产投资基金,并对公司型房地产投资基金的发展时机和相关问题进行了分析;其次对房地产投资基金的投资和其固有的风险进行了分析。本论文对房地产投资基金在我国的发展进行了系统的分析研究,首次对私募房地产投资基金在我国的实践进行了研讨,首次较完整地提出我国房地产投资基金的发展策略。本论文可为房地产投资基金今后在我国的发展提供一定的参考作用。文章分八个章节展开讨论。第一章提出问题,对我国房地产融资现状进行了分析并将本论文的研究目的、研究思路和研究内容进行了说明。第二章是对国内外房地产投资理论相关文献的综述。第三章对房地产投资基金进行了概述。第四章通过对国外成熟的 REITs 论述来对我国发展房地产投资基金进行借鉴。第五章分析了我国私募房地产投资基金发展的现状与问题。第六章对我国公募房地产投资基金的发展策略进行了研究。第七章对房地产投资基金的投资进行了分析。第八章对房地产投资基金的风险进行分析。最后对文章进行归纳总结。

关键词:房地产　投资基金　融资　投资风险

4640

多维博弈及应用研究 / 谭德庆著 ; 胡培指导. -- 西南交通大学, 2005. -- 115 页

本文主要以经济博弈中的连续型多维博弈为重点研究对象,首先研究了完全信息静态多维博弈和完全信息动态多维博弈类型。在这两种类型中,主要探讨了税务机关与企业集团之间的静态多维博弈问题,双寡头 Cournot 静态二维博弈模型,双寡头 Bertrand 静态二维博弈模型,两国静态三维博弈模型,产品广告、产品服务投入和价格选择的静态三维博弈模型,双寡头 Cournot 动态二维博弈模型,产品广告、产品服务投入和价格选择的动态三维博弈模型。其次,研究了不完全信息静态多维博弈和不完全信息动态多维博弈两种类型。在这两种类型中,主要探讨了 Bertrand 静态二维博弈模型,关于产量策略的静态二维博弈模型,Cournot 动态二维博弈模型。最后,研究了企业在对具有一定替代关系的两种产品价格博弈中,企业掌握的信息量对其最优策略向量选择的影响;又探讨了不确定环境下在企业之间多种产品价格的博

弈中,参与人考虑收益和风险两个目标如何选择其最优策略向量。

关键词:博弈论 对策论 纳什均衡 不完全信息 产品价格

4641

企业新进员工工作适应的发展模式研究 / 谭亚莉著 ; 廖建桥指导. -- 华中科技大学, 2005. -- 126 页

论文对刚参加工作的企业新进员工工作适应的过程、原因和结果进行考察,结合了横断面分析和纵向分析模式,并在研究结论的基础上提出了相应的企业新进员工管理策略。研究内容包括:第一,对我国企业环境中影响新进员工工作适应的动因进行探讨。结果发现:组织的社会化策略和员工主动社会化策略对工作适应内容有积极预测作用,而主观匹配感对此无显著影响。第二,考察了工作适应内容在组织社会化、主观匹配感与工作态度中的中介作用,结果发现:组织社会化策略在工作态度影响过程中,工作适应内容起不完全中介作用;员工主动社会化行为对工作态度影响过程中,工作适应内容起完全中介作用;主观匹配感则对除持续承诺外工作态度的所用因素有直接影响。在此基础上提出并验证了新进员工工作适应影响因素及结果的整合模型。第三,描述了企业新进员工进入组织 7 个月内工作适应内容及工作态度的一般发展轨迹,探讨了工作适应水平发展状况与工作适应结果各因素发展状况间的关系。最后,在研究结论的基础上,提出了促进企业新进员工工作适应与积极工作态度形成的人力资源管理策略,并对后续研究给出了建议。

关键词:企业管理 人事管理 职工培训 人力资源管理

4642

知识密集型服务企业技术知识整合能力研究 : 中国集成电路设计业调查分析 / 汤超颖著 ; 周寄中指导. -- 中国科学院研究生院, 2005. -- 211 页

基于技术能力文献中有关知识与能力内在联系的结论,结合知识密集型服务(Knowledge - Intensive - Business - Service, KIBS)企业的创新特点,本文提出了技术知识整合能力的概念及其理论分析模型,说明创新系统的知识环境、跨国公司的当地行为以及 KIBS 企业的技术知识网络管理、知识管理、服务管理、技术定位影响其技术知识整合能力的培养,并使用两层面系统分析方法,即产业层面、设计项目层面的技术知识界面及其脱节点分析法进行研究。本文选择集成电路设计业作为一类 KIBS 进行调查分析。通过两层面分析找出了存在于两层面的五个脱节点。作者指出,这五个脱节点使得我国集成电路企业技术知识整合能力整体水平低下,企业的技术潜能无法释放。作者提出,KIBS 企业是一种网络组织模式,其技术创新具有技术应用开发导向的特征。从这一点出发,作者提出要从技术知识整合能力的培养入手,实现发展中国家 KIBS 企业技术能力的动态发展。同时,本文还提出在技术分工以及本土市场的共同作用下,本土 KIBS 行业的发展将推动技术知识的跨国流入,并在理论上提出"技术知识整合线"。

关键词:高技术企业 知识服务 集成电路产业 技术管理 技术创新

4643

企业成长过程中的并购研究 / 汤文仙著 ; 李京文指导. -- 北京工业大学, 2005. -- 216 页

本文首先大致划分了企业成长路径和企业并购模式演变道路。进而,从三个维度分析了企业并购对企业成长内在机制的影响。基于企业成长的规模维度,论文先对规模经济理论进行探源与论析,在将企业规模区分为横向和纵向规模基础上,探究了企业并购带来的规模扩大与企业成长发展的问题。基于企业成长的知识维度,通过对企业战略理论演变趋向的观察,从核心能力出发,结合技术优势成为企业核心能力的全球背景,作者分析了企业的并购动因,提出了企业并购的核心能力演化模型和企业技术跨越战略模式的决定模型,研究了企业并购的技术跨越机会、基于技术跨越并购的技术扩散效应、企业并购实现技术跨越的技术能力发展等问题。本文还就并购整合管理和企业归核化进行了研究。基于企业成长的制度维度,论文考察了并购对公司的治理问题。作者指出,有效治理机制的建立涉及内外控制问题。着重分析了公司并购的治理意义和影响公司并购的制约因素。通过对我国上市公司 MBO 绩效的实证分析,讨论了企业在 MBO 过程中战略演进的路径依赖问题和中国国有企业改革可行性问题。最后,结合对国外并购浪潮和我国企业并购成长的分析,提出关于促进和发展我国企业并购的思考和建议。

关键词:企业并购 企业成长 公司治理 技术进步 企业规模

4644

基于供应链契约的企业间协作机制研究 / 唐宏祥著 ; 何建敏指导. -- 东南大学, 2005. -- 91 页

首先,本文研究了收益共享契约和收入共享契约在市场出清销售环境下协作供应链定价决策的有效性,提出了 JIT 模式下协作供应链库存决策的库存成本补偿契约及提高 VMI 模式下供应链性能的契约机制。探讨了定价决策和库存决策的联合协作问题,提出把收益共享契约、库存成本补偿契约及一次性付清的转移支付结合起来的混合契约。其次,研究了提高信息共享水平的契约机制,概括得到了信息甄别模型和信号传递模型。作者指出,实现信息共享的关键在于分离均衡的存在,并通过实例分析给出了获得分离区间的具体方法。然后,本文研究了提高零售商努力水平的契约机制,提出线性转移支付契约,并与批发价契约、收入共享契约进行比较和具体的案例分析,证明了线性转移支付契约在多零售商环境下协作供应链的有效性。通过比较 VMI 模式下零售商和供应商具有不同的渠道能力时供应链的性能,作者指出,核心企业的存在有助于避免渠道的过度竞争,从而能够改善供应链的性能;提出了协作在供应链的库存和促销投入水平联合决策环境下协作供应链的契约机制,指出了该协作性契约的本质在于促销费用和库存成本的共担,并按承担的费用比例划分渠道收益,最后通过实例分析剖析了该契约的 Pareto 改进特性。

关键词:企业合作　物流　供应链管理　契约　信息共享

4645

以即时顾客化定制为目标的生产模式研究 / 唐中君著 ; 陈荣秋指导. -- 华中科技大学, 2005. -- 121 页

在以低成本为顾客即时提供个性化需求的产品和服务的创新研究领域里,作者把这种生产模式称为“即时顾客化定制”,并对此进行了深入研究,得到如下结论:首先,作者提出了一个生产模式整体描述模型“生产模式树”,把生产模式分解为三类基本要素,然后将一系列基本要素依两类基本逻辑关系组合而成的生产模式树。其次,提出了一个通用性的生产创新模式,包括创新源泉和创新流程模型两部分。创新源泉能为生产模式创新提供指导;创新流程模型是以寻找冲突和解决冲突为核心的包括 10 个步骤的生产模式创新过程模型。再次,运用生产模式树和创新模型,提出了即时顾客化定制的中观层的整体运作逻辑模型“即时顾客化定制生产模式树”,能将一系列的运作策略和一系列的原则、理论和假设集成为一个令人信服的新型生产模式。其中关键的运作策略之一是按个性化需求预测生产。第四,针对低相关性和中等自相关性的个性化需求,提出了个性化需求预测的 6 条实施要点,并将传统需求预测和个性化需求预测进行了比较,比较结果表明两者具有明显差异。最后,提出了需求链侧的基于时间竞争的一类方法“需求可视法”,阐述了个性化需求预测与需求链侧基于时间竞争的其他技术区别,从而进一步阐述了作者提出的即时顾客化定制生产模式的适用条件。

关键词:生产模式　生产管理　企业管理　个性化

4646

二层规划若干理论及其在供应链中的应用研究 / 田厚平著 ; 郭亚军指导. -- 东北大学, 2005. -- 103 页

本文立足于二层规划,面向供应链的应用,主要进行了以下四方面的工作:第一,研究“单/多”结构的供应链分散化二层决策问题。首先,针对一类典型的多代理人委托代理问题——销售系统中具有多个销售人员时公司的薪酬激励机制设计问题,建立了信息对称与非对称情况下的委托代理模型。然后针对另一类典型的多代理人委托代理问题——具有一个制造商和多个分销商的分销系统中,制造商队分销商的激励机制设计问题,建立了信息非对称情况下的委托代理模型。第二,研究“单多”二层规划中上层诱导下层与之合作的问题。首先,在非合作收益的基础上,考虑合作利益的再分配,并根据合作利益的再分配量设计上层诱导下层合作的激励方案,然后给出一个供应链订货算例,应用该方法进行研究。第三,进行“多/多”二层规划算法的研究,给出了一种基于“进化博弈”的“多/多”二层规划算法。将“多/多”二层规划转化为一系列的“单/多”二层规划,通过上层决策者之间不断的交互式决策,最终逼近“多/多”二层规划的均衡解。第四,在研究三的支持下,展开供应链“多/多”二层决策问题的研究,主要研究了分销系统中“多/单”、“多/多”二层决策问题。

关键词:供应链管理　线性规划　销售管理　分销　不对称信息

4647

铸轧一体化(DHCR)生产调度中的优化排序问

题 / 田肇云著 ; 张群指导. -- 北京航空航天大学, 2005. -- 115 页

本文围绕铸轧一体化过程的优化排序问题,开展了以下几方面的研究工作。首先,在满足冶、铸、轧各生产工序工艺流程约束限制的基础上,借助“车辆路径问题”思想,给出了基于铸轧一体化生产模式形成轧制批量单位的数学优化模型,设计出由遗传算法和禁忌搜索算法组合的混合求解策略。其次,将铸轧一体化生产中三个阶段批量单位的排序问题归结为:平行加工的排序问题、两阶段批量混合 flow-shop 调度问题和三阶段批量混合 flow-shop 调度问题,给出了相应的优化模型和求解算法。重点研究了三阶段批量混合 flow-shop 调度问题,将其视为一类扩展的 n/3/F/Fmax 调度问题,给出相应的求解方法——IFHA 算法,并进行数值仿真实验。针对铸轧一体化生产实施初期,由于诸多因素影响而无法实现完全 DHCR 生产模式的现象,本文提出了冷热混装的 DHCR 生产模式,给出了相应的轧制单位的优化模型和求解算法,并通过实例仿真验证了该模型与算法的有效性和实用性。针对冷热混装 DHCR 生产中的板坯库存问题,本文给出了确定最优补坯量和最优补坯水平的计算方法。最后,通过引入故障效应函数和故障鲁棒性函数等定义,本文研究了基于机器故障时间长短的重调度方法,并根据 DHCR 生产的工艺流程特点,就冶、铸、轧三道工序常发生的故障现象,给出了相应的调整措施。

关键词:轧制　生产调度　排序

4648

指数化评价方法及应用研究 / 田志友著 ; 王浣尘指导. -- 上海交通大学, 2005. -- 136 页

基于指数化评价的广泛应用,以及由此显现出的各类指数化评价中的众多共性问题,本文在对指数化领域现有研究成果进行整理、归纳,对典型问题进行研究的基础上,提炼出了一个相对完整的指数化评价方法体系。论文根据指数化评价的一般流程,从以下几个方面展开论述,首先界定了指数化评价内涵,指出相对一般系统评价,其具有规模大、连续评价的特点。其次研究了指标体系设计方法论问题,分析了目前在指标体系设计方面存在的不合理之处,从哲学依据和实现步骤两方面阐述了确保指标体系设计全面性的四种方法论原理。再次,论文对指标体系的简化与优化方法进行了研究,将简化方法归纳为指标筛选类和指标并合类,针对后者提出了三种基本并合规则,并给出算法实现。又利用解释结构模型对简化后的指标体系进行结构优化。随后论文研究了不同环境下指数生成的方法问题,根据样本容量大小和指标结构的差异对常用指数化评价方法进行了划分,并分别就线性评价环境和非线性评价环境中的建模方法和存在的问题加以评述。进而又分析了指数化评价有效性问题,按流程遍历分析思路,对影响评价有效性的各环节进行分析,明确了其各自的影响机制及解决方案,并提出 Bootstrap 抽样的单一方法评价结论的统计推断过程。此外,论文还研究了评价结果的指数化表达、指数区间的阶段划分以及指数结果的因素分析。最后以供电企业服务质量指数的三维生成为例,进行了应用分析。

关键词:经济评价　指数　评价指标　服务质量

4649

家族式企业的发展路径与管理研究 / 万方荣著 ; 张金隆指导. -- 华中科技大学, 2005. -- 112 页

本文在选取了目前国内较典型的几家家族式企业为对象的基础上,将茂隆公司和希望集团作为研究的重点案例,归纳出了典型中国家族式企业的发展路径。通过家族式企业的现状分析,探讨了家族企业的弊端与优势,进而分析研究了家族式企业的主要管理思想。以此为基础,本文开展了对家族企业发展各阶段的管理研究。首先分析了初始期家族式企业的特征和主要问题,并据此提出针对性的管理策略。其次,论文分析了家族式企业合作期存在的必然性,合作期家族式企业的特点,针对家族合作伙伴选择四阶段过程中各阶段的不同要求,讨论了如何运用基于企业核心能力的家族企业合作伙伴搜索策略从众多的潜在伙伴中确定候选伙伴问题;根据家族企业合作伙伴选择的特点,提出了应用灰色系统理论结合 DEA 法对候选群伙伴进行综合评价、筛选的方法;从整体有效性出发,建立了形成家族式企业最优伙伴组合的遗传算法计算模型;初步提出家族式企业合作伙伴关系弹性管理的五个规则。最后,作者界定了家族式企业发展期的内涵,总结了发展期家族式企业的特点,分析了其存在的主要问题及原因,重点分析了家族企业人力资源管理的局限及其成因;提出了人力资源管理策略和资产管理策略。

关键词:家族企业　私营企业　战略管理

4650

旅游业可持续发展的理论与实践 / 万幼清著 ; 邹

珊刚指导. -- 华中科技大学, 2005. -- 120 页

本文以科学发展为指导,在广泛收集文献并进行实际调查的基础上,对于旅游可持续发展的理论进行了深入分析,并对于国内外旅游可持续发展的实践进行了实证研究。在充分了解国内外相关研究现状的基础上,运用逻辑与历史相统一的方法,文章对于主要的旅游可持续发展概念进行了深入研究,提出了强调"以人为本"与"科技创新"相结合的角度对旅游可持续发展概念进行了重新界定;明确提出了旅游可持续发展的层次性;提出了自然生态与文化生态概念,并用这些概念分析旅游可持续发展的影响因素;提出了实现旅游可持续发展所必须坚持的基本理念。本文运用管理学的相关理论和方法,对于旅游可持续发展的运行机制进行了深入研究,着重分析了旅游可持续发展的激励机制、约束机制和调控机制,说明了旅游可持续发展系统是经济、社会、资源、环境和人的协调发展的复杂巨系统。文章对旅游环境容量的内涵、特征、影响因素进行了深入探讨,分析了旅游环境容量构成的四要素,提出了旅游环境容量最小原理,建立了旅游环境容量经济效益综合计量模型。此外文章对旅游发展状况的评价及旅游安全进行了深入探讨。最后文章对国内外旅游业可持续发展的实践进行了综合分析,提出了旅游业可持续发展的政策建议,并以云南省为对象进行了案例研究。

关键词:旅游业　可持续发展　环境容量

4651

转轨经济中地方政府角色定位及其演变机制研究:以浙江省县市政府为主要观察对象 / 汪承亮著 ; 高尚全指导. -- 浙江大学, 2005. -- 278 页

本文在市场经济背景下,批判吸收政治哲学中的政府理论、经济学中自由主义理论、干预主义理论、市场增进论、人力资本理论、社会学中的社会资本理论、管理学中的组织理论、治理理论以及制度经济学等相关领域的研究成果,结合以浙江省市县政府为主要观察的经济观察,探索转轨经济中政府角色定位的基本原则,揭示政府角色生成与演变的机制以及如何有效促进政府角色的转换。(1)文章就转轨经济中地方政府角色问题,深入政治哲学领域探究了政府本质,揭示了西方经济理论在指导政府角色定位的预设,提出了"以民为本,公正协调"的原则。(2)在转轨经济基础中地方政府角色的描述研究中,本文以浙江市县政府为主要观察对象,运用多种方法探索了地方政府的角色特征,测算了浙江 23 市县政府角色适应市场化程度指数,分析了政府角色的缺位与错位现象。(3)针对既有有关政府角色的文献很少探索政府角色的形成机制与影响因素,本文对政府角色进行了解释性分析,深入到政府治理结构、政府内的决策机制、干部选拔任用机制、绩效考核机制的分析及其对政府角色的影响。(4)从政府治理机制上进行分析,本文以行政审批制度改革的经验为基础,结合理论分析,论证了政府治理整顿中建立"闭环监管"机制的必要,提出了建构这一机制的概念性操作方法。

关键词:地方政府　政府职能　地区经济　转型经济　浙江省

4652

企业竞争战略的理论研究与实证分析 / 汪秀婷著 ; 胡树华指导. -- 武汉理工大学, 2005. -- 205 页

本文以系统科学理论为指导,将理论分析与实证分析、定性分析与定量分析相结合,综合运用生物学、管理学、经济学、营销学以及社会学的理论与方法,在确立本论文研究目的和意义,分析国内外研究现状的前提下,对企业竞争战略的相关理论进行了研究并结合实证进行了分析。通过研究,提出适应现代竞争环境的竞争战略模式,为企业参与竞争赢得竞争优势提供借鉴与参考。本文的主要研究内容如下:(1)绪论部分,在论述项目研究背景及意义的基础上,概述与评价了国内外竞争战略的相关理论研究现状,并对本文的研究体系、方法与目的作了阐述。(2)从经济学和管理学的角度分析了企业竞争的内涵,竞争的作用;借鉴生物竞争的特点,提出了企业竞争的四大原理。(3)在前人研究成果的基础上,提出了企业竞争战略的概念,分析了企业竞争战略的要素,并总结了现代企业的竞争战略特性、战略思维和战略范式转变的规律;提出企业战略的基本构架。(4)阐述了基于价值创造的企业竞争优势的形成机理。(5)探讨了企业制定竞争战略所要考虑的关键因素。(6)对现代企业竞争战略模式进行了创新性的划分,提出了基于顾客价值空间的企业竞争战略体系和竞争战略的搜索与选择模型。(7)对企业竞争战略组织进行了分析。(8)论述了企业竞争战略的绩效评价。(9)通过实证分析,最后对全文进行总结和展望。

关键词:企业管理　竞争战略　市场竞争　战略管理

4653

企业人力资本投资风险研究 / 王爱华著 ; 张子刚

指导. -- 华中科技大学, 2005. -- 112 页

论文针对我国学术界企业人力资本投资风险的研究集中于事中控制的现状,对企业人力资本投资风险事前控制重要手段和事后控制重要工具进行了研究,提出了并验证了人力资本属性分析是企业人力资本投资风险控制的逻辑基点,从而从根源上探究人力资本投资风险的产生。首先,在对人力资本及其属性、风险及企业人力资本投资等概念和内容界定和认识的基础上得出了企业人力资本投资风险的类别。作者认为企业人力资本投资风险主要包括环境风险和管理风险两大类,后者又主要包括投资预决策风险、招聘培训风险、配置使用风险、代理风险、流失风险等。其次,分别对企业人力资本投资代理风险和流失风险的产生、种类、根源及控制对策等方面进行系统的探讨。再次,围绕人力资本投资中的预决策风险、招聘培训风险、配置使用风险、代理风险、流失风险等为企业创建了一套较科学、完整的人力资本投资管理风险的评估指标。并从企业自身和企业之间比较两方面论述了企业人力资本投资管理风险评估和预警方法,如风险辐射图法、模糊综合评估法等。最后对企业人力资本投资风险审计的定义以及因素进行了界定,对企业人力资本投资风险审计内容进行了研究。

关键词:人力资本　投资风险　企业管理　风险分析

4654

企业集团战略重组决策研究 / 王昶著 ; 王国顺指导. -- 中南大学,2005. -- 134 页

作者根据当前资本市场并购重组由财务重组过渡到战略重组的现状,结合自身咨询实务经验,以边界为视野,以企业集团为对象,试图构建一种基于边界的分析框架,将重组问题置于企业集团这个特殊对象中加以研究。在分析方法上,以边界理论为理论基础,涉及系统组织理论、耗散结构理论、熵值理论、购并重组理论、权变理论、组织理论、控制理论等理论体系,结合管理过程、管理行为、管理控制等经典管理学理论等,对企业集团战略重组决策问题进行全面深入剖析,构建出既有理论基础,又有鲜明管理实践特色的企业集团战略重组理论与方法体系。重点研究了6个方面的问题:企业集团战略重组问题是否值得研究?用什么理论来指导和分析企业集团战略重组问题?企业集团战略重组行为与边界重构之间到底有什么样的互动关系?企业集团该如何正确判断和选择合理战略重组行为?战略重组行为发生后对企业集团整个组织体系与管理模式有何影响?企业集团战略重组绩效如何评价?在研究路线上,避免对企业并购重组一般性问题的简单重复研究,而是回溯到时点决策层面,在以边界视角研究企业集团战略重组机理的基础上,开发企业集团战略重组决策分析工具;对企业集团战略重组模式及其业务单元的组合方式、组织的功能再定位、组织结构优化、管理模式比较与选择等实际问题提出解决方案;并根据企业集团重组的不同战略意图,建立不同类型的 BSC 评价指标体系,运用熵值模糊评价法对战略重组绩效加以针对性评估,以此作为调整战略重组行为的依据。

关键词:企业集团　重组　战略管理　绩效管理

4655

品牌价值的评价与管理研究 / 王成荣著 ; 邹珊刚指导. -- 华中科技大学,2005. -- 158 页

作者在对相关文献研究的基础上,对品牌内涵、本质属性和成长规律进行了深刻挖掘,首先科学说明了品牌价值的来源及构成,认为品牌价值来源于生产者的特殊劳动投入与市场与社会的认可度两个方面(两个维度),且二者不可分离,并从系统的角度构造了一个品牌价值模型,即:$V = f(x, y)$。接着针对现有品牌价值评价实践中概念不清、分类含糊等问题,构建了品牌价值评论新的概念体系,将品牌价值评价明确划分为三类:品牌价值资产化评价、品牌价值社会化评价、品牌价值内部评价。提出了一种新的品牌价值资产化评价方法——"双因素法",以收益现值法为基础,吸收成本法的优点,补充考虑了品牌投入(成本因子)和品牌经营风险(风险因子)两个重要影响因素;创新了一种品牌价值社会化评价方法——Sino-brand 评价法,以《金融世界》评价法为改进的参考框架,基本公式为:品牌价值 = 品牌优势值(品牌强度乘数。此外,还提出了基于品牌生命周期的企业品牌价值管理及评价体系。

关键词:品牌　品牌价值　经济评价　价值管理

4656

中国高校资本结构多元化及其优化研究 / 王冲著 ; 叶子荣指导. -- 西南交通大学, 2005. -- 197 页

本文在总结国内外对高校融资与资源配置进行研究的基础上,运用比较研究方法对我国高校经费来源的数量与结构进行分析后,针对我国高校扩招后存在教育资本严重不足的矛盾,论述了我国高校资本结

构多元化的必要性。在此基础上,结合我国高校的实际情况,分权益资本和债务资本,提出了我国高校资本结构多元化的融资渠道与创新融资模式,并建立了相应的模型。之后,从权益资本与债务资本的角度分别对我国高校资本结构多元化的途径进行了可行性分析,根据对国内部分高校随机调查获取的数据,对样本高校进行了负债总量与结构的一般统计分析、分类统计分析、指标分析及高校负债博弈分析,从不同的角度揭示了样本高校的负债总量、负债结构、存在的问题及其长期与短期偿债能力。分析得出,长期内高校资本结构多元化存在多种权益资本与债务资本模式,而短期内我国高校资本结构多元化就主要选择BOT融资模式与金融机构贷款融资模式。文章在讨论优化高校资本结构的同时,根据高校资本配置的特点,运用边际盗用理论,建立了高校资本结构多元化中增量资本优化配置的非线性划模型,并将效用函数具体化为抛物线模型,按教育部颁布的普通高校办学条件指标设计变量及确定系数,通过对案例分析讨论,获得了高校优化资本配置的循环求解法。

关键词:高等学校　教育经费　融资　资本结构多元化　规模效益

4657

当前我国城市社区公共空间构成与管理研究 / 王翀著 ; 徐金发指导. -- 浙江大学, 2005. -- 235 页

本文从正确地反映社会的公共需要,引入现代管理机制的角度出发,以"当前我国城市社区公共空间构成与管理研究"为主题,在社会激烈转型的背景下,为适应我国城市社区建设的迫切需要,研究什么是社区公共空间,如何加强社区公共空间管理建设,以及在当前信息化进程中社区公共空间的变迁等重大理论与实践问题。全文共分九章进行论述。第一章分析了现代城市社区公共空间管理的必然性及其意义,提出了社区公共空间建构,在理论框架方面需要解决的问题及本文研究的方向、研究框架和主要创新点。第二章对社区理论、社区管理理论、市民社会理论基础上的公共领域与公共空间研究和"管理"与社会研究管理等理论分别进行综述,并回顾了我国相关理论研究。第三章对社区公共空间概念、构成条件进行了深入的理论分析。第四章运用因子分析方法对我国社区公共空间管理的构成展开深入研究。第五章运用本文已建立的社区公共空间理论框架,对理论维度的因子分析。第六章对社区公共空间管理构成问题按类型、年龄和受教育程度水平的Means过程进行了分析。第七章运用本文所建立的理论框架分析我国社区公共空间的规范管理的影响因素。第八章通过对杭州市三个信息化网站的考察、实际评估、比较研究。第九章总结了本文的主要结论,并提出了今后有待进一步研究的问题。

关键词:社区　公共空间　城市规划

4658

农业政策性金融对农村经济发展的影响分析 / 王春岭著 ; 傅泽田指导. -- 中国农业大学, 2005. -- 104 页

本文分析我国农业政策性金融发展十年以来,在支持农村经济发展中的作用和存在的问题,为农业政策性金融完善制度、合理配置资金结构、支持农村经济的增长提供相应的政策建议和决策依据。文章从两个主线展开研究,即理论主线与实践主线。(1)理论研究主线,文章系统分析金融发展理论、经济增长理论以及金融与经济增长的作用机制,为全文的分析和研究提供相应的理论基础。(2)实践研究主线,文章研究我国农业政策性金融成立以来,在确定的业务范围内,资金投入和所产生的效果。本文的基本研究结论是:(1)农业政策性金融在农村经济发展中具有不可替代性;(2)根据商业性金融和政策金融的统计数据比较分析,得到农业政策性金融相对于农村商业金融,在目标定位、产品扶持唯一性上,对农村经济发展的作用优于其他商业金融;(3)农业政策性金融具有的公共品属性是财政资金的公共品所不能替代的;(4)1985年—2002年内蒙古自治区实证分析显示,农业基础设施资本存量对农村经济的增长有较大的促进作用;(5)内蒙古31个国家贫困地区的经济发展和人均收的提高对资金投入依赖程度呈逐步增强的趋势,得到国家和地方政府应加强对贫困地区投资力度的结论。

关键词:农业金融　政策性金融　农村经济　公共产品

4659

基于耗散结构理论的资本市场非线性行为研究 / 王德河著 ; 韩立岩指导. -- 北京航空航天大学, 2005. -- 140 页

本文借助耗散结构理论等非线性复杂理论的科学成果,把资本市场作为一个非线性动力系统,对资本市场行为进行深入研究。文章指出从整体上看,资本市场是一个高度开放、远离均衡的耗散结构系统。

无论在整体结构上还是在各个具体的侧面或行为方式上都表现出多样化、多层次,以及非均衡性。整个市场是一个不断演化的"活"的机体。文章第三章对耗散结构理论的一般概念和原理作了一个简单介绍。第四章详细分析了影响资本市场价格变化的各种主要因素。在分析了市场价格的各种影响因素之后,本文在第五章给了资本市场价格运动的动力学框架和简单反馈模型,并分析了其应有的运动特征。第六章介绍了用相空间重构研究资本市场价格运动的混沌特征的方法,引用了国内外部分学者针对不同资本市场求出的各自的相空间分形维和李雅甫诺夫(Lyapunov)指数。同时指出,虽然资本市场相空间分形维的求解结果都不大,可以用并不太多的变量来建立资本市场价格运动的动力学模型。文章第七章重点分析了用经典的重标极差分析法(rescaled range analysis)研究资本市场分形特征,并对这一方法进行了改进。论文最后对全文所取得的成果进行了总结,并提出 有待进一步研究的问题。

关键词:资本市场　市场行为　耗散结构理论　分形　混沌

4660

信用风险评估建模与实证研究 / 王刚著 ; 韩立岩指导. -- 北京航空航天大学, 2005. -- 138 页

本文从当前信用风险评估研究领域存在的实际问题出发,以信用市场中的三个主体:企业信用、个人信用、政府信用为对象,进行了信用风险评估的建模和实证研究,得出了一些有意义的结论并提出了有针对性的政策建议。文章主要从以下方面进行展开讨论的:(1)在国内外率先将模糊认知图引入企业信用风险评估研究,在对普通模糊认知图进行扩展的基础上,建立了基于统计学习和专家知识的多层模糊认知图信用风险评估模型(SE-MFCM)模型,并对其进行了详细描述。(2)文章据Z模型系列的技术路线,建立了中国上市企业财务困境判别模型(F模型和F模型)。(3)从企业外部的宏观经济层面对企业信用风险的迁移进行了研究。(4)文章建立了基于模糊聚类、模糊预测和模糊时间序列分析的企业信用风险模糊评估模型,实证结果表明,模型回归评价和动态预测均达到了较高的精度。(5)建立了分别基于这两种属性度量方法的决策树模型与多元判别模型,并利用这两个模型进行了消费信用风险评估的实证研究,对两种模型的建模方法、各自的优缺点和应用价值进行了论述。(6)指出建立规范化的地方政府融资渠道,并系统分析了地方政府食用缺失将会给市政债券发行和管理带来的隐患,提出有针对性的建议。

关键词:信用风险　风险评估　风险管理　风险度量

4661

基于产品差异化理论的网络产品竞争研究 / 王国才著 ; 朱道立指导. -- 复旦大学, 2005. -- 126 页

本文运用顾客选择理论与产品差异化竞争理论,探讨在网络外部性存在的情况下,网络企业的竞争行为以及网络产品的竞争策略设计问题。论文重点对网络产品市场主流化、用户锁定、标准竞争以及最优市场结构等问题进行了研究,主要提出并论证了以下理论命题:(1)市场主流化是网络产品获得市场成功的关键,竞争的焦点在于市场份额而不是质量;(2)网络外部性和产品兼容性是导致用户被"锁定"的主要因素,转移成本的存在增加了厂商利润但会导致社会净福利的损失;(3)在用户被锁定的情况下,厂商实施价格歧视可以获得比无差别定价更高的利润,但并没有导致社会净福利的变化;(4)在技术竞争中处于劣势的网络企业可以通过采用"后发优势"策略,在标准竞争中赶超主导企业;(5)在网络产品完全不兼容的情况下,网络产业应通过适度集中(寡头垄断)而不是绝对集中(完全垄断)来改善社会福利。论文利用管理学、经济学、运筹学等交叉学科的理论与方法研究网络产品竞争问题,采用以理论演绎分析为主的研究方法,将网络外部性与产品差异化理论、顾客选择理论相结合进行研究,具有一定的理论创新价值。

关键词:网络经济　网络企业　产品竞争力　竞争战略

4662

长三角都市圈的联动发展研究 / 王何著 ; 白庆华指导. -- 同济大学, 2005. -- 178 页

本文在分析、考察了都市圈相关理论和世界主要都市圈联动发展状况的基础上,界定了都市圈联动发展的内涵,用博弈论原理分析了都市圈联动发展的本质。同时,论文通过对长三角都市圈联动发展现状的分析,对未来长三角都市圈的联动发展规划、发展机制、运作组织、法治建设、推进阶段等方面进行了创新性研究。本文的内容主要包括四部分,由十章构成。第一部分绪论,包括第一章主要介绍了本文的选题依据、研究方法、研究的意义、研究的思路、论文内容的结构及论文的主要创新点等。第二部分国内外有关

都市圈及其联动发展的研究综述。包括第二、三章。第二章重点梳理了国内外关于都市圈研究的主要理论文献。第三章介绍了世界著名都市圈的发展现状和联动发展的状况,同时,也介绍了协同论、共生理论、区位理论、区域增长理论等都市圈联动发展的支撑理论。第三部分基于博弈的都市圈联动发展的理论研究。包括四、五章,第四章界定了联动发展及都市圈联动发展的内涵,同时对都市圈的联动发展进行了分类。第五章介绍博弈论的主要思想,并通过对上海市与苏州市在吸引外资、产业布局等领域展开的博弈竞争的分析,揭示了都市圈联动发展的"博弈"实质。第四部分长三角都市圈联动发展实证研究。包括第六—九章。第五部分结论与展望,即第 十章的内容。

关键词:城市发展　都市圈　长江三角洲

4663

基于动态能力观的企业竞争力及其演化研究 / 王核成著 ; 徐金发指导. -- 浙江大学, 2005. -- 237 页

本文通过文献研究,在对企业动态能力的内涵和影响因素分析的基础上,针对国际学术界在动态能力作用机理方面研究的不足,通过理论归纳和实证研究,从分析动态能力的本质入手,认为动态能力作为一种更新能力的能力,其本质是能力体系中的机制,由于这种动态机制的存在,推动了企业能力体系中的各能力持续地协调发展。由此,本文将抽象、不可测量的动态能力转换为相对具体的、可操作性的企业动态机制,提出了动态机制的概念和内容,其中包括动力机制、学习机制和匹配机制。在此基础上形成了动态能力观的基本思想:由于环境的不确定性,企业欲在竞争激烈的市场中赢得顾客和获取竞争优势,应依据环境的变化,在企业动态机制作用下,通过学习和增长知识,不断对自身的能力和资源进行调整和提升,以使企业内部结构与变化的环境相匹配,促进竞争力的发展。本文突破了基于资源、能力和产业分析的竞争力研究的局限性,用动态能力观这个新的理论,把外部环境、内部能力体系、资源体系及动态机制纳入到一个统一的分析框架,构建了基于动态能力观的企业竞争力研究体系。文章以演化经济学思想为基础,运用动态能力观和战略管理理论,对企业竞争力研究突出了动态性和系统性,从企业竞争力三个维度对演化过程和规律进行了系统分析。

关键词:企业能力　市场竞争　企业竞争力

4664

我国汽车产业商务信息化技术与应用研究 / 王虎著 ; 黎志成指导. -- 华中科技大学, 2005. -- 145 页

本文对国内外汽车产业商务信息化的实践进行了全面的分析和总结,对汽车产业商务信息化从供应链管理技术、电子商务应用技术和客户关系管理技术三个关键技术方面的理论研究成果进行了综述。论文从汽车产业在我国的经济地位出发,分析了汽车产业对国民经济的巨大带动作用。指出了我国汽车产业在面临着历史性发展机遇的同时,也存在由于信息化基础薄弱,信息资源缺乏规范化,标准化的管理,信息资源共享程度差,缺乏公共商务平台,以及对商务信息化的认识不到位等问题。论文提出了我国汽车产业商务信息化影响因素模型,并分四个层次对这个模型进行了分析。提出了以决策者以及所有员工对商务信息化所持的观念、认识及态度,企业的业务流程对商务信息化的需求,企业对商务信息化的投入力度,企业是否能够建立并持续有效地执行支持商务信息化的信息标准、业务流程以及企业是否拥有支持商务信息化系统运行的管理与技术人才等因素构成的汽车内部环境因素体系;以汽车企业内部的基本业务活动所构成的汽车产业基本业务信息化水平因素体系及汽车企业外部生存环境因素体系。论文同时分析了政策因素对信息化发展的影响,提出了促进我国汽车产业商务信息化发展的政策建议。

关键词:汽车工业　企业信息化　电子商务　供应链管理　客户关系管理

4665

企业物流成本控制研究 / 王华著 ; 邓明然指导. -- 武汉理工大学, 2005. -- 193 页

本文从时间维度三条主线即从事前的理论指导和物流成本设计,到事中的物流作业控制和多级库控制,再到事后的绩效评价,来对论题展开阐述。第一部分在回顾物流成本控制现有研究的基础上,界定了物流成本的基本理念;分析了物流成本的特点;提出物流成本控制要以系统论为总体指导,以控制论为控制的方法和手段,以信息论指导成本控制信息的收集和处理,以物流要素协同为基础,以物流延迟作为降低物流成本的特殊途径,形成了物流成本溢出的观点,设计了物流产业统计指标。第二部分建立了物流成本和服务水平的权衡关系,物流总成本的背反和安全库存与服务水平等设计标准;实现基于时间的物流成本优化;提出供应链中企业物流成本优化设计模

型。从微观、中观、宏观方面论证了物流成本控制所产生的效益，提出了物流依赖度和物流外向度指标；建立了多目标、多层次的模糊评价模型；提出了风险要素指标体系，尝试性的计算了企业转型风险的总体风险控制成本。第三部分从作业成本和库存成本两个方面进行了成本控制优化。最后，利用国内外物流成本数据，分析比较了物流成本 GDP、物流成本的构成、国外企业物流成本，找出物流成本分布规律，提出创新来降低物流成本。

关键词：物流　成本管理　库存

4666

科技政策制定的理论与方法研究 / 王卉珏著 ；谢科范指导. -- 武汉理工大学, 2005. -- 156 页

本文综合运用多种学科的理论和方法系统研究科技政策制定的理论和方法。首先界定了科技政策的本质和特征，分析了科技政策的内容、形式、结构和功能。然后，从系统论角度分析了科技政策体系的总体特征，指出科技政策体系必须层次分明、整体协调、反馈控制、逐步完善。在明确科技政策制定主体和客体基础上，分析了科技政策制定的环境和原则、程序和模型、风险及防范。最后，通过对发达国家和跨国公司政策制定的实证分析，总结了其中的经验和对我国的启示，继而探讨了我国科技政策制定方面的不足，明确了新时期我国技术引进政策的若干侧重点，并以发达国家科技政策模式划分标准为基础，对我国重大科技计划进行分析，并给出适合我国国情的科技政策划分特征。

关键词：科技政策　科技体制　科技发展　科学技术管理

4667

几类信息不完全确定的多准则决策方法研究 / 王坚强著 ；高阳指导. -- 中南大学,2005. -- 210 页

作者对信息不完全确定条件下的多准则决策理论与方法进行了系统研究。通过构建决策方案的比较准则和优化策略，提出了一系列更能满足决策实际需要的决策模型与方法，主要有：(1)提出了准则权系数信息不完全确定的多准则决策问题的 TOPSIS 方法、PROMETHEE 方法、优劣势方法、UTA 方法、ELECTRETRI 方法、基于三元 AHP 的决策方法、层次分类方法、基于类间离差优化的多准则分类方法。(2)提出了具有多项式集成函数的信息不完全确定的多准则决策方法和具有二次集成函数的信息不完全确定的多准则层次分类方法。(3)提出了准则权系数信息不完全确定且准则值为模糊数的 TOPSIS 方法、VIKOR 方法、UTA 方法，扩展了 VIKOR、UTA 方法的应用范围。以及信息不完全确定的直觉模糊多准则决策方法、区间直觉模糊多准则决策方法。(4)对准则权系数信息不完全确定且准则值不完全或缺失的多准则决策问题进行了研究。(5)对几类群体决策问题进行了研究。作者还针对多准则决策模型的特点，吸收优化理论和优化算法等方面的最新研究成果，构建信息不完全确定的多准则决策模型的快速求解方法。

关键词：多目标决策　不确定系统　模糊数　群体决策

4668

基于系统动力学方法的可持续发展理论研究 / 王建华著 ；孙林岩指导. -- 西安交通大学, 2005. -- 122 页

本文以系统论的思想方法为指导，在全面吸收种群生态学、生态经济学、环境经济学、资源经济学、发展经济学、管理科学和可持续发展理论等相关学科前沿成果基础上，以系统动力学方法为主要研究工具，以可持续发展理论中的若干问题为核心，开展了系统的研究工作。文章在全面总结、归集、分析人与自然关系研究的相关理论与研究成果的基础上，将研究重点集中于人口总数与环境承载力之间矛盾问题上，借鉴种群生态学的方法，用定量研究的手段，建立了人类持久自下而上条件的系统动力学模型；得出了可持续发展的前提条件——人类持久生存条件与规模的结论。通过对可持续发展理论与最新研究成果的全面梳理和对传统发展模式的系统分析，结合作者跨学科跨专业的学术思考，从经济学、科学技术、社会伦理等方面，总结了过去与当前发展模式下发展不可持续的原因。通过本文提出的时空耦合三维可持续发展模型对可持续发展理论体系的缺陷给予弥补，并用所建立的模型，证明了在实践上能够描述技术进行的时空耦合的罗吉斯蒂曲线，完全可以通过系统动力学的建模方法获得。通过对当前可持续发展定量研究方面理论、方法、成果的分析，提出了可以解决不同层次上的区域可持续发展能力的优化问题的层级优化模型，结合具体的运算过程给出了改进建议。

关键词：可持续发展　人地关系　系统动力学

4669

我国商业银行规模经济问题研究 / 王建平著 ; 宋学锋指导. -- 中国矿业大学, 2005. -- 171 页

商业银行规模经济的存在形式一直是国内外学者探讨的热点,也是商业银行发展战略和形成银行业合理的产业组织结构的理论基础。论文以新古典微观经济学的生产理论、新产业组织理论和商业银行管理理论为主要理论基础,运用实证分析、案例研究等方法,比较国内外银行的经营实践,从市场结构、成本结构、内部组织结构等角度,利用生存检验、弹性系数、成本分析等分析模型,收集、整理了大量的国内外银行经营数据,多方位、多层次地对商业银行规模经济问题,进行全面、系统地实证研究,尝试性地构建了我国商业银行规模经济问题较为完整的研究体系。作者认为,我国商业银行在支行层面存在显著的规模经济性,但在整体层面规模经济性并不显著。这一差异存在的原因在于商业银行机构发展中的粗放式扩张,进而提出了通过集约化的机构发展策略,提高商业银行规模经济性的观点;提出了以价格控制能力为主要指标,判定商业银行市场结构的方法,得出了我国商业银行是一个竞争性行业的结论;证实了我国商业银行规模经济性波动与经济发展周期的相关性,提出了商业银行适应经济发展及宏观调控周期,建立阶段性发展战略的建议;研究了我国商业银行规模经济发展中的资本问题,构建了解决资本困境问题的全面思路;实证分析了商业银行分支机构的规模经济问题,提出了以兼并为主要方式的商业银行机构发展战略。论文还对当前我国商业银行的热点问题进行了研究,提出了相应的研究结论,并对商业银行经营与监管政策提出了建议。

关键词:商业银行　规模经济　产业组织　发展策略　集约经营

4670

创新型组织的知识测试研究 / 王军霞著 ; 官建成指导. -- 北京航空航天大学, 2005. -- 179 页

本文阐述了知识的基本属性及其知识测度的意义和困难性,陈述了选择创新型组织的知识测度作为研究目标的理由和意义。文章正文部分的研究首先针对营利性组织展开,营利性组织的知识测度以企业的知识管理系统为切入点,创造性地将 EDA 方法、熵方法、系统分析等方法运用于企业的知识管理系统的测度,在对已有的知识管理系统的框架进行改进的基础上建立了以组成、结构、演变、功能为四个维度的知识管理系统测度框架,并从组成、结构、演变、功能为四个维度分别测度了企业的知识管理系统。文章在探讨了知识资源的分类和分布状况以后,从三个方面测度了组织知识管理系统组成。在知识管理系统的结构测度时,首先分析了知识管理系统的结构,将知识管理系统的组成节点分为人工元节点和物质元节点,并运用运筹学方法对不同节点在知识管理中的表现进行了测度,其次运用熵理论测度了组织结构对知识系统有序度的影响。文章研究了知识系统随时间演变的规律,将知识管理系统的演变归结为知识获取、知识创造和知识选择三个过程共同作用的结果。正文第二个内容是非营利性组织的知识测度,提出了改进的 DEA 模型,并用其对研究型组织的知识生产效率进行了评估和排序,还提出了研究型组织的知识创造的概念模型。

关键词:企业管理　知识管理　创新型组织

4671

ERP 执行过程的项目管理能力成熟度研究 / 王乐鹏著 ; 黄立平指导. -- 同济大学, 2005. -- 164 页

本文旨在通过监控 ERP 执行过程的质量,来促进 ERP 项目的成功。论文第一章首先比较了 ERP 建设的三种主要形式,明确本文的研究对象。通过对 ERP 及咨询项目成功因素相关的文献探讨,作者发现项目管理是 ERP 项目成功的关键。另外,实现项目执行过程的标准化也是很重要的。第二章主要描述了本文所依据的四大基础理论:IT 项目评估理论、现代项目管理理论、成熟度理论、ERP 实施方法论。第三章重点在于识别 ERP 执行的一般过程及项目管理活动,并对 ERP 执行过程进行阶段划分。第四章首先通过分析,归结出企业级项目管理能力由团队项目管理能力和项目经理管理能力两个主要方面组成。其后,针对团队项目管理能力设计了项目范围等六个方面的评估体系。第五章在项目管理评估体系的基础上,首先通过过程——阶段——整体三级评估模式对项目管理能力进行综合评判,讨论了建立项目管理能力评估模型的可能性。然后,设计和描述了项目管理成熟度的概念模型 ERPE—PM3,并对能力层次的升级进行了说明。第六章运用项目管理成熟度框架 ERPE—PM3,对 XX 电力公司的 ERP 项目实施的两个阶段进行了较为全面地分析,分别就实施过程关键控制点、团队项目管理和项目经理三个方面进行评判,最后对评判结果进行了分析说明。第七章总结了本文的主要观点和创新点,并提出了未来的研究方

向。

关键词:企业资源计划(ERP) 项目管理 过程管理

4672

分销渠道中零售商的若干问题研究 / 王磊著 ; 梁樑指导. -- 中国科学技术大学, 2005. -- 106 页

本文探讨了几个从零售商的角度来看特别重要的问题。文章研究包括三个方面:针对供应商的经营策略分析、合作广告策略和零售的渠道博弈问题。文章首先探讨了针对供应商的经营策略,在假设零售商支付给商场固定租金加分成租金的基础上,探讨了非合作博弈和合作博弈两种情况下系统的均衡结果并进行了比较。其次探讨了零售商与制造商的合作广告策略,研究了制造商和零售商 1 对 1 的纵向合作广告问题,另外在合作博弈关系下,探讨了双方集成决策的最优广告投入、广告补贴率,并给出了不同决策机制、补贴方式对系统整体利润的影响。最后探讨了零售商和制造商的渠道博弈问题,首先,在双边垄断的结构下,考虑生产商 R&D、零售商服务因素对渠道竞争的影响,并比较不同渠道结构下(即生产商主导、零售商主导和垂直纳什均衡)均衡结果的差异,探讨渠道结构对参与各方决策变量及利润的影响作用。其次考虑了产品替代度因素在渠道博弈中的影响作用。基于替代度“单向性”的假设,文章探讨了产品替代度、渠道权力结构对生产商、零售商均衡结果的影响作用,并在最后与以前的替代度“双向性”模型进行了比较、讨论。

关键词:零售业 零售商 市场营销 分销 营销渠道

4673

基于客户价值创造的企业发展研究 / 王力虎著 ; 盛昭瀚指导. -- 南京大学, 2005. -- 180 页

本文主要探索企业在专业化、全球化条件下的发展,包括企业发展的战略描述与控制方法,联盟合作约束下的发展趋势问题和基于 CVC 的企业发展理论关系。论文共分八章,第一章绪论包括研究背景、理论回顾及内容和方法等内容。第二章确定了论文研究的对象和范围,描述了企业发展的价值特征,明确了研究对象的企业性质,指出客户价值突显是时代发展的必然。第三章通过对客户价值定义的回顾,指出客户价值与企业价值的不同之外,指出了客户价值创造的企业意义,提出了客户价值创造体系的 3C 模型,并给出模型中变量与关系的定义和特点,认为企业的客户价值创造是要素及其关系的全方位作用过程。第四章从因素分析开始,分析了客户价值创造的目标体系、结构特点、系统性能、动态机理及其演化趋势,通过客户价值的系统分析阐述了企业发展的一般原理。第五章是基于客户价值创造的企业发展分析。第六章为基于客户价值创造的企业战略选择与控制,给出了中国企业目前的战略选择建议。第七章通过对具有代表意义的实践案例分析,阐述客户价值创造描述企业发展的可行性,以新的角度观察当今企业战略管理和控制方面的问题。文章的最后给出了研究的结论及其展望。

关键词:企业发展 客户价值 客户关系管理 战略管理

4674

台湾劳工三重安全网退休保障之研究 / 王秋寅著 ; 陈晓红指导. --中南大学, 2005. --197 页

本文主要研究台湾劳工退休安养的三重安全网,第一重是劳工保险老年年金,第二重是由企业提供的企业年金,第三重是由劳工自行储蓄。具体内容包括:退休金的法理基础,所得替代率,公积金制与社会保险制,退休金的财务规划与监督,台湾劳工退休金制度的设计,新制劳退金对总体经济的影响,劳保老年给付的设计与缺失,劳保两年年金的规划与设计,劳保老年年金与国民年金的竞合,劳保老年年金的可行性,劳工退休准备金制度的缺失与改革,新制劳退金与旧制的比较分析,新制劳退金的可行性,劳工储备退休基金的必要性、诱因、规划与工具,三重安全网的评估。文章指出劳保老年年金 30% 的所得替代,劳退金新制 24.3 的所得替代,公共年金加上企业年金,两者合计为 54.3%,可与欧美先进国家媲美,然而这个数字背后的事实需要深思。劳工在争取福利时应该从自由经济市场法则的角度来思考需求平衡点。文章认为老年年金以达到实质的 30% 所得替代为目标,企业年金应保守估计为 20% 的所得替代,政府鼓励劳工在劳退金新制下以月薪 6% 范围内配合自愿提缴,同时劳工还可以选择合适的投资商品来丰富退休后的生活。

关键词:退休金 劳动保险 养老金 企业年金 台湾省

4675

基于物流一体化的外包理论基础与应用研究 / 王

淑云著；陈良猷指导. -- 北京航空航天大学, 2005. 180 页

本文从国内外物流外包的研究文献综述着手,分析了物流一体化及其物流外包的关系,然后以工业企业等物流需求企业为研究对象,从经济、战略和社会的角度探讨了物流外包的机理。基于理论研究又对物流实践中的第三方物流采购管理,包括采购形式以及发展趋势,采购过程管理,合同管理进行了研究。随后对物流外包的效益及其外包区域的战略选择进行了研究,最后通过实证研究探讨了经营环境对中国合作性物流外包关系的影响。论文的重点内容如下:(1)分析了物流一体化的演化过程及其原因,揭示了物流外包与物流一体化之间的关系;(2)从经济、战略、社会的角度对物流外包的机理进行了研究,并构建了集成模型;(3)对物流的采购项目,物流外包的采购过程以及物流外包的优化合同的设计问题进行了研究;(4)论文应用交易费用理论,对物流外包的效益及外包区域进行了分析;(5)运用物流外包理论基础研究中所探讨的变量/要素对中国的物流外包合作性关系进行了研究。最后文章对研究过程进了归纳总结、提出了相关政策建议及进一步研究的展望。

关键词:物流管理　对外承包　第三方物流　采购　交易费用

4676

我国分时度假规制研究／王婉飞著；高尚全,马庆国指导. -- 浙江大学, 2005. -- 259 页

本文共分六章对所述论题"我国分时度假规制"展开研究。第一章是分时度假综述。本章对中外分时度假研究文献作了全面系统的梳理和综述;第二章研究分时度假规制的意义。通过对分时度假概念的界定,讨论了分时度假与相关产业的联系。运用产权理论和信息不对称理论分析了分时度假市场失效表现形式。运用规制基本理论,指出了研究分时度假规制在我国的意义;第三章在基于我国分时度假市场实证研究的基础上,通过对我国分时度假市场需求潜力分析,用恩格尔系数作为指标,揭示了发展中国家(包括中国)发展分时度假产业的一般规律。用 LOGISITC 分析方法,将是否购买分时度假产品作为因变量,得到了我国分时度假市场定位的人群;第四章分时度假供求失衡分析。通过对分时度假市场供求双方变量进行配对检验,回归分析结果,得出我国目前分时度假产品供需不一致的失衡现象,并分析了供求失衡产生的制度性因素;第五章分时度假交换网络及会员保障机制。文章强调了我国分时度假企业战略联盟和品牌建设的重要性,提出了分时度假会员保障制度的建设性建议;第六章通过分析我国分时度假失信成因及分时度假法律建设面临的问题,借鉴国外经验,提出了我国分时度假法律建设对策。

关键词:旅游业　旅游服务　度假　市场失效

4677

居民健康与医疗服务需求及利用的理论与实证研究／王小万著；陈晓红指导. -- 中南大学,2005. -- 246 页

从我国社会经济转轨,人口结构和疾病模式的转型,以及医疗服务模式变革的时代大背景出发,初步构建了一个社会经济转轨时期居民健康与医疗服务需求及利用的特点与影响因素,以及变化趋势的理论与实证研究框架,情景分析医疗服务领域所存在的问题与面临的矛盾,从而对医疗服务体制改革的现状、存在的问题与面临的矛盾建立一个系统而科学的认识与判断。通过对人群健康状况及其影响因素、人群医疗服务的利用状况及其影响因素等的调查分析,得出以下结论:调查人群的健康状况与疾病模式正处于转型时期,形成了城乡居民健康状况与疾病模式二维结构,以及医疗服务利用不公平的现象;居民健康与医疗服务需求出现多元化趋势,传统的医疗服务模式严重滞后于居民健康需求的变化,出现医疗服务供给不足与供过于求的不和谐现象;城乡居民医疗费用负担过重;面对居民健康状况与疾病模式的转变,出现政府失责与市场失灵,以及与社会公众期望的不和谐现象。并在此基础上针对我国医疗服务体制的改革与发展提出合理的政策建议。

关键词:居民　医疗保健制度　卫生服务　医疗费用

4678

现代职教师资培养模式及手段研究／王晓平著；吴启迪指导. -- 同济大学, 2005. -- 126 页

本文对职教师资培养的模式进行研究,以便为职教师资的培养探索新的具有示范性的模式。全文的总体研究思路为,在需求分析的基础上形成现代职教师资培养的模式,其中包括课程大纲模式和手段模式。文中以上海为代表的发达地区的职业教育和职教师资的需求为例进行分析。质量需求方面,在提出职教师资素质体系的基础上,对职教师资培养中存在的问题和需求进行经验性的社会调查,根据调查结果

分析职教师资培养中的问题和需求。在借鉴德国工科职教师资培养经验的基础上，形成适合我国国情的职教师资培养课程大纲模式。根据职教师资培养课程大纲模式的要求和社会调查的结果中涉及教育手段的问题和德国的经验以及未来教育信息化的要求，利用信息技术的最新发展成就，提出基于工科多媒体远程职业教育特色的培养手段，并给出系统在职教师资培养中的实施方案。论文的创新点体现在如下三个方面：(1)首次采用经验性的社会调查法对中国有关职业教育和职教师资状况进行调研分析，总结出现有职教师资模式中存在的问题和需求。并提出了适合中国国情的职教师资培养理念，并据此采用多学科专家组成的多资源决策法形成培养模式中的课程大纲。(2)首次提出了采用工科远程多媒体职业教育系统的手段来达到工科职教师资培养目的的理念。(3)对多媒体制作技术、多媒体实验室设计理念，从职业教育学的角度出发进行了创新性的研究与开发，并付诸实现。

关键词：职业教育　教师　师资培养

4679

我国社会医疗保险费用的合理分担与控制研究 / 王晓燕著 ; 宋学锋指导. -- 中国矿业大学, 2005. -- 193 页

论文根据我国现行社会医疗保险制度所存在的问题，采用规范研究与实证研究相结合的方法，对社会医疗保险费用控制的基本理论和策略进行了分析。在对社会医疗保险制度的发展进行了历史回顾和国际比较分析的基础上，利用社会交换理论和交易费用理论对制度形成和组织机构变迁的内在动因进行了揭示；借助博弈论，建立了两部门的医疗保险费用合理分担模型，为我国社会医疗保险制度的费用分担政策提供了理论支持；通过对医疗保险体系、医疗保险组织和各微观利益主体的分析，分别从宏观、中观和微观的角度建立起费用控制的激励模型，并进行了相应的实证分析；最后，利用系统工程的分析方法，针对我国独创的“统账结合”的医疗保险制度，建立了社会医疗保险费用控制的系统动力学模型，对各类费用控制政策进行了模拟和比较分析，并针对社会保险医疗制度设计、社会医疗保险管理体制以及社会医疗保险混合体的构建等方面提出了相应政策建议，作者提出，要对社会医疗保险体制下的政府职能进行强化管理，加强社会医疗保险体系下对医院的管理。

关键词：社会保障　医疗保险　费用　激励

4680

商业银行项目贷款风险度量与管理方法研究 / 王新著 ; 何建敏指导. -- 东南大学, 2005. -- 115 页

本文综合运用经济学、金融学、信息学、模糊数学、概率论等理论和思想，结合商业银行项目贷款风险管理流程，针对贷前企业信用调查和项目风险评估、贷后贷款资产风险管理等重点管理环节、研究了在项目信贷过程中的风险识别、度量和控制的理论和方法。首先，本文对商业银行信贷理论、商业银行信贷中的信息不对称问题、凯恩斯乘数理论进行概括性综述，研究了经济结构层次的差别，对乘数效应差异性的影响，认为不同的信贷资金配置，由于其所引起的连锁反应过程的途径不同，先后次序不同与速度不同，所产生的乘数效应不同，最后导致经济发展的效果不同，并提出了从贷款投向上控制项目贷款风险的一组措施建议。第二，本文建立了项目贷款企业信用等级和项目风险的模糊综合评价体系，用层次分析法对风险因素及其相关联系进行定量的分析，构建了比较全面的风险因素判断矩阵，根据风险因素的状态提出了相应的隶属度函数的构造方法，对不同的模糊评价模型进行了讨论。第三，运用随机过程理论展开贷后风险管理研究。第四，对前面各章提出的风险识别及管理理论模型进行了实证分析，指出加强项目贷款风险和防范的研究具有一定的实践意义和理论意义。

关键词：商业银行　贷款　风险管理

4681

经济法纠纷司法解决机制研究 / 王新红著 ; 漆多俊指导. -- 中南大学, 2005. -- 197 页

论文研究经济法纠纷司法解决机制，是经济法实施问题研究的重要组成部分，是经济法上的权利义务之争，从本质上说，是因国家经济调节导致资源的重新配置触动的利益之争。作者认为，为了扫除经济法纠纷接近司法的障碍，必须在两个方面有所突破：第一，充分认识法院职能随着政府职能的扩张而扩展的同步演变关系，现代法院不仅要担负解决纠纷的职能，还要担负在解决纠纷的同时参与公共政策形成的职能，不要将涉及公共政策的经济法纠纷简单地以“不适于审判”而拒之门外；第二，充分认识公共利益司法保护的必要性和特殊性，建立公益诉讼制度。我们需要建立一种新的综合经济法诉讼模式，其要点是：利用民事诉讼制度和行政诉讼制度来解决经济法纠纷，为了使民事诉讼制度和行政诉讼制度能适应解决经济法纠纷的需要，一是对现有的普通民事诉讼制

度和普通行政诉讼制度进行修改和必要的制度创新,如建立集团诉讼制度、小额诉讼制度、将抽象行政行为纳入司法复审范围等;二是要建立公益诉讼制度、机关诉讼制度等特别民事诉讼制度和特别行政诉讼制度。由于经济法纠纷往往涉及不同利益集团的利益之争,因此,各种压力集团在经济法诉讼中极其活跃,法院审理经济法纠纷案件必须正视其存在和影响,并采取必要的应对措施。论文最后通过对各个领域具有典型意义的经济法纠纷和诉讼的具体分析,一方面提出各类经济法纠纷司法解决的具体制度,另一方面也进一步印证了论文提出的经济法纠纷司法解决模式的正确性。

关键词:经济法　经济纠纷　公益诉讼　民事诉讼　行政诉讼

4682

金融市场风险的测度方法与实证研究 / 王新宇著 ; 宋学锋指导. -- 中国矿业大学, 2005. -- 262 页

论文在系统分析中国证券市场的有效性、波动的非线性行为以及收益率分布的统计特征基础上,重点研究了适应这些特征的若干市场风险测度的前沿理论和技术,对中国和国际证券市场进行了实证比较研究。主要内容如下:(1)通过序列相关性检验、游程检验、方差比检验、周末效应检验的综合分析,表明中国沪深证券市场尚未达到弱势有效。(2)研究用稳定分布,截断 Levy 分布及渐近帕累托分布拟合沪深证券市场收益率分布,表明沪深股指都是具有胖尾特征的有限方差分布。(3)研究了 GPD 和 GEV 两种极值分布在 VaR 估计中的应用,在基于 GEV 的 VaR 估计中考虑了极值指数的影响,一定程度上消除了极值序列的非独立性对 VaR 估计的影响,两种方法的后验测试表现良好。(4)引入用分位数回归方法直接估计 VaR 的新方法,用内点法和 MM 算法估计分位数回归模型的系数。后验测试效果也表明,分位数回归方法可以有效地用于 VaR 的估计。(5)提出了具有一般性的 VaR 回归方程新形式—不对称绝对值和斜率形式,用差分进化算法进行参数优化,对上海、深圳、香港等市场进行实证分析。(6)引入混合密度神经网络估计条件密度、计算 VaR 的新方法,首次提出基于混合密度神经网络估计 Expected Shortfall 的算法。(7)用适应性回归(FLS) Box'M 检验等新途径证实了国际股市之间的动态相关特征,然后基于 Granger 因果关系检验、协整技术分析了中国和国际市场之间的引导和长期稳定关系。(8)根据分形市场假说的股价并不完全反映所有信息的观点,认为历史股价信息是不完备的群体型模糊信息。

关键词:金融市场　风险分析　风险测度　极值神经网络　风险管理

4683

水电旅游城发展模式研究 / 王新祝著 ; 黎志成指导. -- 华中科技大学, 2005. -- 184 页

本文从水电旅游城及其形成过程的特点出发,依据城市经济学、城市地理学、旅游学、大坝经济学、区域经济学、流域经济学、水库移民理论及可持续发展理论,在充分调查研究的基础上,运用科学方法对水电旅游进行了全面阐释,在揭示其典型特征、把握其发展规律的基础上,重点研究了水电旅游城的产业发展模式、经济区发展模式、移民管理模式和文化建设模式。文章分析研究了水电旅游的起源,对水电旅游城的内涵、形成和发展趋势进行了全面阐释,揭示了水电旅游城的典型特征。文章通过对水电旅游城的产业发展模式的研究,揭示了水电旅游城产业的特点和优势及水电旅游产业发展的四大特殊规律。研究了水电旅游城经济区发展模式,分析研究了水电旅游城经济区的基本内涵,提出并论证了水电旅游城经济区的特征和功能,分析总结了水电旅游城中心城的形成条件,提出了水电旅游城经济区区划模型,揭示了其各要素的互动关系,以三峡经济区为个案,分析论证了水电旅游城经济区的重要作用。文章还研究并提出了水电旅游城的移民管理模式和水电旅游城的文化建设模式。

关键词:旅游业　水电工程　城市发展　地区经济　移民

4684

电子政务系统安全工程模型与方法研究 / 王兴芬著 ; 李一军指导. -- 哈尔滨工业大学, 2005. -- 132 页

本文从我国电子政务安全的特点出发,探索电子政务系统安全工程的理论、模型与方法,以期丰富我国电子政务系统安全工程理论的研究成果。文章首先对电子政务系统工程进行了概念框架研究,定义了电政务安全工程概念,并分别从系统和过程两个角度研究了电子政务安全工程的要素组成。提出了基于四视图的电子政务系统安全的体系结构,提出了以风险分析为中心的电子政务安全工程过程模型。分析了安全风险评估与安全投资决策的关系,形式化描述

了安全策略与安全的电子政务系统的关系，强调了安全风险分析与策略建模在安全工程中的基础地位和重要性。之后，本文重点对风险分析方法和安全策略建模进行了研究，针对电子政务安全风险的特点，提出了基于全局风险信息库的风险评估过程。在分析了电子政务安全风险的构成要素基础上，分别从资产评估、威胁分析和风险定量方法方面进行了研究。对电子政务系统资产进行了分类，提出了各类资产价值的定量和定性评估公式；针对概率统计方法对主观恶意攻击的无效性，提出了基于能力分析的层次威胁树模型；给出了基于模糊综合评判的定量风险评估方法。文章在分析电子政务系统安全策略基础上，提出了改进的 BLP 模型和扩展角色访问控制模型（ER-BAC）。

关键词：电子政务　安全工程　信息安全　安全评价

4685

企业生态质量管理研究 / 王旭著 ; 韩福荣指导. -- 北京工业大学, 2005. -- 153 页

本文以环境现状下的企业管理为背景，对相关理论进行评析，并在指出企业原有发展模式弊端的基础上，提出新的发展模式，即实施生态质量管理，降低企业生命周期各个阶段的资源消耗、生态破坏和环境污染，实现社会、经济、生态综合效益最大化。研究沿着先理论后实践，用理论指导实践，以实践验证理论的思路与方法展开。即在对相关理论进行评析的基础上，提出企业生态质量管理理论，继而提出企业生态质量管理的实施方法，并通过案例分析来验证理论。具体研究内容有以下几点：(1)对企业生态质量管理的理论研究，建立了企业生态质量管理模型，为企业生态质量管理理论定量分析提供了方法；(2)为保证企业生态质量管理实施效果，依据动态与静态相结合、定量与定性相结合等原则，对管理现状与发展趋势做出判断；(3)对企业生态质量管理进行实践研究阐述；(4)提出企业实施生态质量管理的具体措施及相关政策建议，指出政府应致力于环境意识培养与提高、生态质量管理知识传播、资源开发与产业结构调整等宏观调控与管理、完善环境管理体制、科研开发、技术引进等推行资源有偿使用制度，将外部不经济性内在化；运用税收政策、直接补贴与投资等经济手段来鼓励支持生态环境保护行为；制定相应法律法规以约束。

关键词：企业管理　生态环境　质量管理　可持续发展

4686

基于信息范式的指令驱动市场微观特征研究 / 王艳 ; 王浣尘指导. -- 上海交通大学, 2005. -- 159 页

本文将指令驱动市场的两个基本特征——指令提交和交易者信息不对称作为研究的出发点，基于现代金融研究中信息范式（information paradigm）的基本观点，研究指令驱动市场的若干微观特征，并利用上海证券市场的高频交易数据和交易者账户数据进行了实证研究，分析了中国证券市场的微观运行特征。通过对指令驱动市场微观特征的研究，试图探索指令驱动市场中交易者下单的行为特征和信息的揭示过程，有利于证券监管机构利用即时交易信息对市场的运行进行更有效的监管，以期为交易所的交易机制完善提供新的思路。文章的主要研究内容为：(1)研究了指令驱动市场中交易者私有信息与组合下单行为的关系；(2)在国外已有研究的基础上，分析当知情交易者拥有易逝性私有信息时，交易者最优报价策略下的期望收益状况；(3)指出国内已有的关于信息性交易概率估计的方法存在的问题，同时在借鉴已有研究的基础上，采用广义矩方法对信息交易率（PIT）进行了计量分析；(4)研究了信息性交易与交易量的关系；(5)探讨了信息性交易和上市公司基本特征这间的关系。文章最后对研究内容进行了总结，并提出了进一步的研究方向。

关键词：证券交易　指令驱动　市场微观结构　证券市场　交易信息

4687

信用风险评估、定价与信用保证金对投资组合的影响 / 王永巧著 ; 汪寿阳指导. -- 中国科学院研究生院, 2005. -- 111 页

随着近二三十年来社会对借贷的态度的极大转变、信用卡的普及、银行系统的脆弱性与危机、信用衍生品的蓬勃发展以及主权国家的债务违约，信用风险的度量与管理越来越受到金融机构与学术界的高度关注。作者在论文中提出了一种新的模糊支持向量机信用评估技术，其基本原理把每个训练样本一分为二，既作为信用良好类（+1）样本，又作为信用较差类（-1）样本，并赋予其不同的隶属度。作者还提出了一个两违约障碍信用风险定价模型，考虑公司与外部投资者对公司的资产价值的判断是不一致的。不同于以往的信用不对称的信用风险模型，它认为公司债

务违约既可能是主动违约,也可能是被动违约。试图通过此两障碍假设能更好地对公司的破产机制进行建模。并详细分析了公司经理与市场投资者是分别如何对公司债券定价的,证明了在两违约障碍模型下的违约强度等同于单违约障碍(Duffie 和 Lando,2001)下的违约强度。接着,论文系统研究了卖空所需的信用保证金是如何影响投资组合,数值结果显示有限卖空下的有效前沿劣于约束卖空下的有效前沿,优于禁止卖空下的有效前沿。作者最后还分析了在连续时间框架下,一个指数效用投资者在有限卖空的市场中应如何动态构建其最优组合的问题。

关键词:信用风险　信用评估　资产定价　违约保证金　投资组合

4688

基于 WEB 信息系统的用户偏好研究 / 王永忠著 ; 甘仞初指导. -- 北京理工大学, 2005. -- 129 页

本文以 WEB 信息系统建设现状为出发点,解决了在 B/S 平台下,用户数据的获取和用户偏好分类两大问题。主要成果有:(1)为基于 WEB 信息系统用户偏好的研究,开创了一条新的思路;(2)数据采集、模型建立、网站的建设与维护形成有机的整体,对于数据采集文章采用后验性的方式,使研究有较强的针对性,研究成果和实际连接紧密,有较强的理论和实用价值;(3)提出了以导航条为基础的确定页面内容类型的方法,文章根据实际需要,提出了页面级别和页面内容属性的定义,其页面内容属性来自于导航条的思路,不但解决了采取关键词标准不唯一的问题,本方法对于网站的建设与维护方面也有着很强的应用价值;(4)提出了通用网站用户数据仓库的元模型,文中所提出的元模型适用于所有的网站,具有一般性和指导意义,在实际工作中,可以以此为基础,加入新的维度,以适用不同类型的网站研究;(5)提出了运用面向对象的思想研究 Web 用户个性的方法,文章将面向对象的思想引入用户建设中,可以较好地保留用户的个性特征,同时还可以为其他不同的目的的研究,提供良好的接口,从而使得本研究的框架具有良好的通用性。

关键词:计算机网络　信息系统　网页　用户偏好　灰色系统

4689

经济民营化条件下县级政府经济职能转变研究 / 王宇波著 ; 张子刚指导. -- 华中科技大学, 2005. -- 134 页

论文首先论述了我国县级政府经济智能转变的现状和存在的问题,认为县级政府智能转变的主要推动力量可分为国家经济体制改革、民营化、经济、行政成本、行政效率和社会(就业)等方面的动力和发达地区的示范效应。对影响政府智能转变的因素,包括经济的、政治的、观念的、社会的、人员素质因素等进行了较为系统的分析。并认为县级政府经济职能转变的内涵是从治理理念、规制、机构、方式、考评体系全面的变革。随后,在借鉴国内发达地区地方政府智能转变的成功经验和国外地方政府的职能范围的基础上,提出了转轨时期县级政府智能转变的目标模式是要建立市场经济体制下市场化、民营化、法制化的服务型公共政府模式,其特征为有限性、法制性、效能性、公共性、主导性。最后,作者进行总结与展望,从世界范围内开展的政府革新研究趋势来看,应按照公共性、竞争性、责任性要求建立服务对象驱动的市场导向型政府,"民营化"政府应该成为发展的方向。

关键词:地方政府　经济管理　政府职能　县级经济　民营化

4690

企业 CIO 甄选模拟系统研究 / 王宇宁著 ; 黎志成指导. -- 华中科技大学, 2005. -- 116 页

本文考虑利用人工智能和定性模型技术等学科和技术提供的新途径,对企业 CIO 甄选模拟系统进行研究。在全面分析了企业 CIO 的功能、特点后,提出企业 CIO 是企业全方位的管理和决策者,并建立了企业 CIO 素质评价指标体系。并在指标因子分析的基础上,集成层次分析法和模糊综合评价技术,构建了企业 CIO 素质评价模型。论文研究了企业 CIO 甄选过程的特点,分析了简单模拟系统和甄选定性模拟系统的差异,改进了 QSIM 算法的表示方法和运算步骤。其后又分析了企业 CIO 甄选机制的内涵,根据定性建模方法和博弈论有关原理,构建了企业 CIO 甄选博弈模拟模型,并对模拟结果加以分析。又从 CIO 的需求特征和 CIO 人才市场的供给特征等方面研究了 CIO 人才市场的运作特征,指出企业 CIO 的需要内涵,以提升企业甄选吸引力为目标,构建了企业 CIO 甄选竞争过程定性模拟模型,并建立了 CIO 甄选竞争过程知识库。文章还分析了传统员工甄选的不足和 CIO 甄选系统的特点,提出了在企业 CIO 甄选过程中应引入定性模拟技术和人—组织匹配理论,分析了影响 CIO—企业匹配的组织因素和个体因素及其作用

机理,构建了CIO—企业匹配因果关系模型。最后,在这些研究的基础上,开发了企业CIO甄选模拟原型系统。构建了系统总体结构,实现了企业CIO素质评价和CIO—企业匹配模拟模型,设计了定性模拟控制的实现机制以及相关的知识库、数据库、功能模块与界面。

关键词:企业管理　信息主管　人力资本　人力资源管理

4691

基于合作博弈的供应链联盟系统集成与协调 / 王志强著 ; 梁樑指导. -- 中国科学技术大学, 2005. -- 112 页

本文以合作博弈理论为基础,采用决策分析工具,对供应链联盟内部的合作机制进行了分析,建立了可应用于多层、多成员供应链联盟集成与协调模型,为供应链联盟有效协调和运作提供了切实可行的理论依据。文章主要内容分为两篇:第一篇是供应链联盟系统集成博弈模型体系研究。在该篇中,首先以联盟博弈理论做为研究的出发点,建立了一对一合作情况下的供应链联盟博弈模型,讨论了该模型的集成与协调机制,证实了该模型的解满足联盟博弈核心定义;之后,分析了供应链联盟成员企业的生产能力约束与供应链拓扑结构之间的联系,研究了在此约束下供应链联盟集成与协调的问题,构建了可以应用于更多类型的供应链拓扑结构之上的有生产能力约束的供应链联盟博弈模型。第二篇是供应链联盟系集成与协调博弈模型体系的拓展研究。文章首先引入了供应链联盟综合绩效评价体系,以前文为基础,建立了基于综合绩效的供应链联盟集成决策模型,进一步丰富了模型考察标准的理论内涵。之后,以第一篇模型体系为基础引入了更具有实际意义的运作层子模型,构建了能够协调战略、运作层决策变量的供应链联盟集成决策模型,并证实了通过求解该模型得到的生产合作策略依然是符合联盟博弈核心定义的。

关键词:供应链管理　经济合作　博弈论　联盟

4692

大型工程项目资源优化的时间—成本均衡分析 / 王忠伟著 ; 张子刚指导. -- 华中科技大学, 2005. -- 120 页

本文在大量综述国内外相关领域文献资料的基础上,采用遗传算法来求解大型工程项目中的时间—成本均衡问题。全文以网络进度计划为基础,为了优化有限项目资源的分配,首先提出了关键度的概念。关键度是用来描述项目活动风险大小的一种概念,一项活动的关键度是指的该活动不能够满足整个项目完工日期的可能性。根据决策者对项目活动风险大小的理解,关键度可以用一些模糊数来表示。根据模糊关键度分析,项目活动不再是传统意义上的"关键的"或者"非关键的",而是可以用0到1之间的某个数字来表示其关键的程度。将关键度概念应用于项目网络进度计划分析,可以更加准确地求得项目历时,为大型工程项目资源优化的时间—成本均衡分析遗传算法奠定基础。在本文的研究中,使用启发式规则来处理约束问题,通过分析项目活动历时和成本的概率分布函数,得出各项目活动的历时和成本的概率密度函数和累积分布函数,并进而得到项目活动历时和成本的均值和偏差,以此作为随机性时间—成本均衡分析的基础。为验证时间—成本均衡遗传算法的有效性,文章研究中给出了各种类型的项目实证。结果表明,用遗传算法来解决大型工程项目资源优化的时间—成本均衡问题,搜索比率低,效率高,精确可靠。

关键词:工程项目管理　资源分配　成本—效益分析　遗传算法

4693

金融产品创新的路径分析 / 王宗润著 ; 陈晓红指导. -- 中南大学, 2005. --183 页

本文研究主流经济学框架下的金融产品创新理论,全文的理论基石将金融产品或工具理解为一种契约,一种规制金融交易的文件协议或关系凭证。所有的经由时间与空间分割和配置的不同权利、义务的组合将产生各种各样的金融契约(新的金融产品或工具),所有的围绕资金融通而发生的交易行为也必定由交易这些金融契约而达成。"金融产品创新"也就是金融契约的创新,是对契约中所赋予的权利、义务要素所进行的一种新的组合与拆分。金融系统的基本功能是在不确定的环境中对经济资源从时间和空间上进行配置,把金融产品放到市场交易的环境中去考察,它的出现无疑将增进市场配置资源的效率。作为金融产品创新的主体,金融中介的存在与发展趋势决定了金融产品创新的路径和方向。本文分析了金融中介在动态交易中具有的比较优势以及相应产生的在风险管理和参与市场分工上的比较优势。金融中介具有的优势决定了它在几乎所有的金融市场上占据了主导地位。金融中介是独立、积极和有价值的

经济主体,作者在一个动态的框架中从金融市场和金融中介的交互式反应来考察金融中介的作用和发展趋势。文章探讨了更为微观的金融产品创新过程及其扩散,分析并评判了金融产品创新的先动优势模型及其他创新扩散模型。文章还研究了金融工程的技术策略,对金融(衍生)产品定价的理论与方法作了归纳并比较分析了三种不同的数值分析法。文章最后分析和概括了中国金融产品创新的状况,指出中国金融市场的无效性与低完备性,并用反映金融发展程度的金融相关率指标度量中国的金融产品创新度,得出改革以来我国金融相关比率的直线式上升,不是金融产品结构层次的丰富与深化,恰恰相反,它是金融极度抑制的体现。在一个分工的经济结构中,金融产品创新是人们克服交易成本障碍和缓解交易风险约束的最有效的方法之一,因而金融产品创新滞后不利于市场经济的健康发展。放松金融管制,确立以诚信为本的市场交易规则,从而建设起一个可以激励金融产品创新的制度环境,较之从技术层面创新金融产品(例如引入国外市场上某种成熟的金融产品)更为重要。文章就可转换债券进行了实证分析。

关键词:金融市场　金融中介　金融产品　产业创新　契约

4694

长寿企业研究 / 卫华诚著 ; 陈荣秋, 尹毅夫指导. -- 华中科技大学, 2005. -- 142 页

本文以仿生学研究方法为基线,分别从仿生研究、演化经济学研究和企业文化研究的角度对命题进行讨论:(1)文章从企业定义入手,在提出企业是"资源转换增值器"的基础上,发现企业长寿是企业相关各方面的共同需求,通过对企业价值链、企业劳动时间、企业管理状态以及企业交易成本的讨论,证实企业生命周期的存在;通过对企业生命周期特点的分析,寻找出以企业寿命视角进行观察的企业仿生对象是生物的种群;(2)应用演化经济学的成果和方法,对企业成长来源于企业进化、企业与环境的相互关系进行了重点研究;(3)应用企业文化研究的成果和方法,揭示了企业文化就是作为企业进化内在动力的企业基因,它决定着企业的行动。文章以上述研究成果为基础,提出了企业的生成和存续模型,指出长寿企业拥有的基本价值取向是"繁衍生息",此价值取向在企业中将产生仿生生存的企业文化,而"繁衍生息"作为这个企业文化的核心价值观,就会同时拥有学习、宽容、凝聚力和认同感以及保守的财务政策等长寿特质,从而使企业成为长寿企业。最后,本文对现存的中国长寿企业——北京同仁堂企业文化的本质特征进行了研究;从同仁堂文化与环境和谐相处的核心价值观等五个方面,对长寿企业模型提供了一个例证。

关键词:企业管理　企业文化　企业生命周期　企业价值　企业创新

4695

我国企业政治策略与企业政治绩效的关联性研究 / 卫武著 ; 田志龙指导. -- 华中科技大学, 2005. 159 页

本文研究我国企业政治策略与政治绩效的关联性。主要分为理论研究和实证研究两部分。理论部分,通过对企业政治策略与企业政治绩效之间关系的分析,综合国内外相关文献,分别提出了企业政治策略的决策树理论模型和企业政治绩效评价系统(CP-PA)理论模型,并结合中国特点对企业政治策略类型、企业政治资源与能力类型、企业政治绩效类型进行了探讨。在实证研究中,本文依据对企业应对外部环境变化以及政治策略导向性的分析,对我国企业政治策略进行分类,运用组织边界延伸理论对我国企业政治活动强度进行划分。在此基础上,采取问卷调查收集相关数据,运用方差分析、相关分析和回归分析从这两方面研究我国企业政治策略与其有效性之间的关系,从而解释了企业政治策略效果存在差异的原因。其次,以我国企业为研究对象,利用问卷调查获取数据,运用因子分析法对企业政治资源与能力、企业政治策略以及企业政治绩效进行研究,从实证角度再次验证了提出的理论。

关键词:企业管理　战略管理　绩效管理

4696

系统性信息安全量化评估体系的研究 / 魏忠著 ; 孙绍荣指导. -- 上海理工大学, 2005. -- 154 页

本文针对信息安全技术、信息安全管理和信息安全过程,运用系统学、管理学、数学和计算机科学等理论,建立了基于系统性的信息安全保障体系的量化评估体系。文章根据实际工程评估经验归纳了系统性信息安全化评估体系的包含对一个工程、双因素保护、三维向量、四大工具和五级层面的全面指标体系,这个指标体系具体表现形式就是量化模型、量化工具、量化流程。文章在系统研究了五种基本的量化模型方法:基于分析威胁树模型是全面理解和分析研究信息安全机密性、完整性和可用性量化的基础;基于

层次分析方法的模型充分考虑专家级的作用,具有效率高和实践性强的特点;基于动态权重的模型适用于多目标信息安全量化评估的建立;基于保护轮廓的量表模型可以简便利用计算机数据库高效率地进行量化计算,是一种比较综合的方法;控制反馈模型是为适应在线评估和信息安全发展需要而提出的,使得信息安全量化评估更具有动态性和可控性。在综合使用量化模型的基础上,开发了整体量化评估的评估工具方法和评估工具软件。文章还对量化体系的流程进行了深入的研究,开发了基于 OCTAVE 核心流程的量化的信息安全评估体系中的基础量表和定型定量转化量表,本研究还基于这个流程以及保护轮廓量表模型对一个大型信息系统的系统性信息安全进行量化评估,得出了评估结论和建议。

关键词:信息系统　信息安全　安全评价

4697

银行卡产业发展理论与中国战略 / 文永明著 ; 陈晓红指导. -- 中南大学, 2005. -- 242 页

作者着眼于银行卡产业整体情况的研究,对银行卡产业发展进行了理论分析、市场应用分析和中国银行卡发展战略研究。研究中运用了货币进化论、消费经济学、产业经济学、信息经济学等相关理论,对银行卡产业领域的主要经济现象进行经济学解释,分析银行卡产生与发展的必然趋势,阐述银行卡发展的信用消费的理论基础及社会基础,论述银行卡产业价值链及结构,并结合中外银行卡产业发展状况,进行了市场分析和应用研究,得出银行卡产业发展的基本规律及中国银行卡发展战略。全文共十章,除第一章导论和第十章结论与展望外,分为理论分析、市场研究和中国战略研究三个部分。在理论分析部分,分析银行卡产生的根本原因:银行卡是货币发展史上的第三次变革,是信息技术不断发展的结果,并随着信息技术的发展而不断创新;描述了银行卡产业利益动机及效益来源,论证了政府作用和市场机制的有效组合,将大大加速银行卡产业快速发展。市场研究部分,通过国际银行卡市场分析,阐述国际银行卡具有产业规模化、产业集中化和受理渠道多样化等特征;指出银行卡存在信用风险、欺诈风险和运行操作风险,必须高度关注和防范银行卡风险;论述了国际银行卡专业化、市场化、公司化发展体系及对中国的启示,并对中外银行卡产业发展进行比较分析,指出中国银行卡产业存在内部机制制约和外部环境制约等因素。战略研究部分,阐述了中国银行卡产业运营模式创新、发展战略定位及发展战略对策等。

关键词:银行业务　信用卡　产业发展

4698

台湾休闲农业游客行为与市场细分之研究 / 翁廷燮著 ; 李自如指导. --中南大学, 2005. --172 页

本文研究台湾休闲农业问题,主要内容包括:台湾休闲农业的定义与兴起,台湾休闲农业发展概况,台湾休闲农场的分类与功能,休闲农业的特征,台湾休闲农业游客行为的理论基础,台湾休闲农业游客行为研究的方式,休闲农业游客的行为分析,休闲农业市场的细分,促进台湾休闲农业经济发展的对策与实例分析等。文章采用 E－K－B 模式的消费者决策过程来研究台湾休闲农业游客行为及影响游客选择旅游地点的特性。文章研究了台湾休闲农场游客不同的旅游动机、信息检索行为及选择评估行为的特性与差异。文章提供了休闲农场的 SWOT 分析以及休闲农场经营战略构想与建议,还对大陆未来发展休闲农业提出了建议。

关键词:休闲农业　观光农业　游客行为　农业发展　台湾省

4699

基于知识创新的供应链柔性研究 / 吴冰著 ; 刘仲英指导. -- 同济大学, 2005. -- 170 页

本文基于知识创新的供应链柔性研究是弥补当前研究缺陷的尝试,旨在提高供应链的柔性品质,以下简要介绍本文的主要研究内容。第一章首先分析了供应链柔性的研究背景,在此基础,上提出了供应链柔性问题研究的必要性。接着,在综述创新研究现状的基础上,引出知识创新的有关理论,并且分析了供应链中知识创新系统的组成。然后,阐明了论文的研究目的和研究方法,概述了系统理论、约束理论和协同学,及其对于供应链柔性研究的作用。最后,提出了本文的研究框架,作为研究的逻辑路线。第二章以柔性的定义、分类和测度出发,研究了供应链柔性的定义、分类和测度,作为供应链柔性研究的理论基础。接着,深入研究了知识与供应链之间的关系。提出了基于系统要素的供应链柔性组成,并且具体分析了基于系统要素的供应链柔性组成的研究意义。第三章研究了供应链中知识创新决策所要确定的知识创新对象以及如何进行知识创新。在前三章的基础上,第四、五章从供应链联结柔性与供应链流程柔性出发,分别深入研究了供应链组成及其知识创新。第

六章提出包括知识创新能力的供应链柔性指标体系的构建原则,研究了供应链整体柔性测度模式以及供应链相对柔性的 DEA 测度方法,并提出了供应链柔性与环境的匹配模型。

关键词:供应链管理　柔性管理　知识创新　价值链

4700

基于 CIM 的计算机集成建造系统的研究 / 吴国芳著 ; 王要武指导. -- 哈尔滨大学, 2005. -- 148 页

本文利用 CIM 理论,借鉴其他行业应用 CIMS 工程的成功经验,提出了 CIMS 在建筑业的应用模式——计算机集成建造系统,并对其具体实施进行了广泛而深入的研究。文章首先全面深入地分析了计算机集成制造系统的研究与应用现状。指出了当前国内外在 CIMS 各主要研究领域存在的不足,通过对比国内外其他行业应用 CIMS 的状况,分析了建筑业应用 CIMS 落后的原因,并深刻阐述了利用 CIMS 技术提升建筑业的重大意义。其次本文重点研究了 CICS 的总体架构,全面分析了 CICS 设计的特点,对目前应用较广泛的 IDEF0 方法提出了改进措施,详细讨论了 CICS 需要集成的内容,并对 CICS 的递阶控制结构和信息层次结构进行了研究。在此基础上,提出了网络招投标分系统、计算机集成辅助建筑设计分系统、施工管理信息分系统和集成质量分系统四个分系统的设计思想和详细结构,重点对各分系统的关键技术进行了研究,文章还分析了 CICS 系统的支撑体系。文章最后结合哈尔滨第二建筑工程公司实施计算机集成制造系统的实际情况,探讨了在实施 CICS 过程中出现的问题,提出了改进的措施。本文以系统思想为指导,综合采用了理论分析与逻辑推理、理论与实践相结合以及实证研究等研究方法,其创新成果在引导我国建筑企业信息化建设,提高企业的市场竞争力等方面有很大的理论和实际意义。

关键词:建筑业　工程施工　计算机　计算机集成制造　信息技术

4701

基于业务数据库信息优化企业经营条件的若干问题研究 / 吴国华著 ; 潘德惠指导. -- 东北大学, 2005. -- 102 页

本文充分利用企业与客户之间历史交易信息,应用马尔柯夫(Markov)决策原理和动态规划技术模拟纵向的顾客购买行为并制定合理的客户管理策略。文章研究的目的是利用客户业务数据库信息,一是深入了解纵向客户购买行为;二是优化企业的经营条件,改善企业与客户之间的合作关系。为此,研究首先从介绍企业经营条件理论的发展过程开始,指出客户生命周期价值是企业评价营销策略实施效果的一种有效标准。其次,论文从客户忠实行为分析、客户管理问题和马尔柯夫链及动态规划技术在管理中的应用等多个角度介绍与本文有关的一些重要文献资料。接下来,对客户关系管理的基本理论进行简要综述,然后论述了研究所选用的两个数据库——某城市早报订阅者业务数据库和一家网络零售客户业务数据库中包含的主要信息。针对早报订阅者的数据库信息,研究工作先按一定的标准把客户分成不同类别,利用马尔柯夫随机过程预测未来发展趋势,指出企业现阶段的经营管理工作中存在的重大问题。然后利用马尔柯夫决策原理确定恰当的营销策略以使每一类客户为企业带来的长期期望获利最大。研究过程还利用动态规划技术计算出能最大化客户生命周期价值的最优定价策略。最后结论部分对全文的研究结果作了总结,指出研究工作存在的一些局限性及以后的研究方向。

关键词:企业信息化　数据库管理　市场营销　客户关系管理

4702

论货币政策对高科技上市公司投资的影响 / 吴建环著 ; 王韬指导. -- 华中科技大学, 2005. -- 125 页

本文在分析了我国货币政策和高科技上市公司的特征后,文章详细分析了我国货币政策影响上市公司投资的首要环节——我国货币政策与股票市场之间的关系。首先从利率政策和资金管理政策角度论证了货币政策对股票市场既有直接影响,也有间接影响;随后又从多个角度分析了股票价格的变化对货币需求的影响。本文运用不同理论、从以下不同角度研究了我国货币政策对高科技上市公司投资的影响:(1)利用托宾 Q 理论研究政策对高科技上市公司投资的影响,以得出促进高科技上市公司投资及其成长的货币信贷政策。建立了相关的线性回归方程,发现我国货币政策与高科技上市公司的托宾 Q 值间的正向关系,提出了促进高科技上市公司投资及其成长的货币信贷政策建议。(2)从连续性政策和离散角度分析了我国货币政策对高科技上市公司投资的影响。(3)运用金融加速器理论研究货币政策在经济周期不同阶段对高科技上市公司的影响。运用 Arellano 和

Bond(1991)所提出的GMM估计程序,即采用两步差分估计法,研究了货币政策通过金融加速器对我国高科技上市公司投资的影响。最后,本文分析了货币政策向高科技公司投资传导的主要障碍,并运用效率替代理论提出了以完善高科技上市公司的公司治理结构。

关键词:高技术产业　上市公司　投资　货币政策

4703

经济增长若干问题研究 / 吴景泰著 ; 赵新良指导. 东北大学, 2005. -- 127 页

本文以经济增长理论为基础,针对经济增长若干问题进行了研究。本文主要完成以下8方面研究工作:(1)在经典经济增长理论研究中主要阐述了古典经济增长理论、新古典经济增长理论、新经济增长理论主要观点;(2)改进了经济增长靠技术进步、资本投入、劳动投入的传统三要素增长方程,推导出经济增长靠资本生产率提高、劳动生产率提高、资本投入、劳动投入的四要素增长方程,强调了资本生产率在经济增长中的重要性;(3)应用四要素增长方程从两种角度判别经济增长类型、分析经济增长调控问题、分析罗斯福"新政"时期的经济增长特点、研究制约消费需求的条件;得出经济增长速度与资本生产率的变化正相关且相关性最大,进而从实证角度论证了四要素方程的正确性;(4)研究产业结构变动对经济增长的影响,给出产业结构对经济增长影响的效应模型,得出资本和劳动应向资本生产率、劳动生产率提高快的领域、行业移动的结论;(5)研究R&D、技术创新对经济增长的影响效应,给出R&D、技术创新是通过对经济增长方式来影响经济增长的结论;(6)研究了经济增长质量问题,分析了影响经济增长质量的因素,给出经济增长质量指标体系和提高经济增长质量的措施;(7)从结构变化、资源配置、制度安排与经济增长的关系等方面研究了可持续经济增长问题;(8)针对企业经济增长问题,研究了企业经营相关问题。

关键词:经济增长　资本生产率　生产函数　产业结构　技术创新　可持续发展

4704

基于结构、行为与绩效的中国航天企业战略研究 / 吴启宏著 ; 盛昭瀚指导. -- 南京大学, 2005. -- 193 页

本文以中国航天科工集团公司和中国航天科技集团公司及下属上市公司为研究对象,研究主题是基于结构、行为与绩效的中国航天企业战略研究,本文认为航天企业战略管理所要探求的最根本的问题在于探索对中国航天产业而言是市场结构还是企业行为对企业绩效产生影响,文章通过对中国航天产业市场结构、企业行为与企业绩效关联性进行实证检验,在实证结果的基础上进行中国航天企业的战略研究,从而真正做到战略的有的放矢,基于此本文从文献研究开始到对中国航天产业从基本面到应用S-C-P框架深入剖析再到实证检验设计和实证结果分析以及最后的落脚点即航天晨光的战略选择逐渐展开。围绕该主题和逻辑,全文分为九章。第一章绪言,详细介绍论文的研究背景和动机,简要分析本文的研究思路和技术路线,并指出本文的创新之处;第二章是理论研究和相关文献的回顾;第三章是中国航天产业的特殊研究;第四章是中国航天产业的SCP模型分析;第五章进行实证研究;第六章对实证研究结果进行分析;第七章是基于S-C-P实证结论以航天晨光为例进行战略研究;第八章对航天晨光战略选择航其实施进行研究;第九章通过对全文的整体性概括,得出本文的研究结论,并结合本研究的不足之处提出进一步研究的思路和框架。

关键词:航天工业　战略管理　绩效管理

4705

波动竞争下IT投资决策相关问题研究 / 吴仁群著 ; 韩伯棠指导. -- 北京理工大学, 2005. -- 123 页

本文针对IT投资项目的特点利用实物期权方法、博弈论方法以及期权博弈来分析IT项目投资决策。论文首先探讨了基于实物期权的IT项目风险管理,即通过投资中嵌入的实物期权与风险之间的对照关系来合理规划实物期权,构造不同的投资组合,以达到收益与风险之间的均衡。其次,论文利用博弈思想分析信息共享与经济联合体进入决策的关系,推导了经济联合体进入的成本阈值,以及分析了联合体的存在对成员公司和非成员公司的收益的影响,得到了一些有意义的结论。再次,论文分析了竞争对实物期权的影响,研究表明竞争腐蚀实物期权价值。第四,论文探讨了离散型IT项目投资的期权博弈分析,这里主要分析竞争和不确定性对投资机会价值的影响,推导了不同成本信息结构下双寡头市场中各公司的均衡决策。分析表明,不仅市场结构、信息结构影响公司的收益和数量,而且决策的次序也对公司的收益和数量产生影响。同时,利用期权博弈方法实例分析

了动态波动竞争环境下一些公司的技术投资战略。最后,论文探讨了连续型IT项目投资的期权博弈分析,这里使用动态规划方法推导了公司均衡价值,分析了不确定性、占先和外在性对投资机会价值的影响,并对比分析了合作均衡与不合作均衡。

关键词:信息技术　投资决策　市场竞争　实物期权　不确定性

4706

煤炭工业布局及相关政策研究 / 吴吟著 ; 王立杰指导. -- 中国矿业大学, 2005. -- 127页

本文以我国煤炭工业布局为切入点,总结历史、立足当前、展望未来,定性与定量分析相结合,在深入研究我国煤炭资源条件和煤炭工业布局的基础上,利用系统动力学、部门预测、组合预测、多目标规划等多学科方法,通过预测煤炭需求、煤炭工业现有生产能力测算、煤炭合理开发规模预测等多个环节,提出了我国未来近半个世纪煤炭工业布局调整优化总体方案目标,并在大型煤炭企业集团培育、煤炭资源管理、基本建设规模、实施科技兴煤战略、合理开发煤炭、运输通道建设等方面,提出了具有较强针对性和可操作性的意见和建议。本文共包括如下几方面的重点内容:(1)煤炭工业布局已出现越来越明显的调整要求,表现在东部开采强度过大、投入严重不足、产业集中度过低、向西部转移的步伐缓慢四个方面;(2)煤炭工业布局未来演变态势,文章在对2010年和2020年我国煤炭工业布局演变趋势和特点进行重点研究的基础上,将时间延伸至2050年。适应这种多种影响因素和超长跨度的复杂性的需要,本文遵循产业布局的基本理论和矿业布局的基本原则,借助系统动力学及多目标规划等方法,通过定性分析与定量分析方法的有机结合,对各项指标进行了分析预测,进而勾画出未来各时期我国煤炭工业布局的基本态势;(3)配套政策与措施的实施研究。

关键词:煤炭工业　产业布局　产业结构　产业发展

4707

面向大规模定制的供应链机理与运作研究 / 夏德著 ; 程国平指导. -- 武汉理工大学, 2005. -- 175页

作者首先在大规模定制生产模式具体实施过程中面临着诸多问题的背景下,提出了供应链这种战略组织模式,它与大规模定制战略具有很强的耦合性,并针对大规模定制所服务的市场需求的特征,提出了与供应链战略结合的合成供应链的构筑方法,确定了以敏捷产品开发、制造创新、流程再造以及组织管理创新为驱动因子的实施框架。其次,论文提出了面向定制的机遇产品的多阶段集合决策的方法以及基于核心能力的序列产品开发战略,并探讨了从客户个性化需求到定制配置方案的定量设计模型。再次,依次探讨了面向机遇产品规模化定制的供应链定制设计功能模块构建、生产定制能力模块设置以及物流子系统设置。从机遇产品定制的特征出发,提出了在供应链中分阶段实现推拉结合的延迟定制策略;还从规模化定制在时间和成本上的精益要求处罚,提出了面向定制零部件的灰色预测模式,以弱化供应链推式生产阶段预测不够精确的现象,另一方面提出了经济地设置供应链的相关企业的生产制造单元的能力、合理分配资源的方法。接着,要从众多市场伙伴中根据大规模定制的供应链特性要求挑选合适的主体企业,评价是一项关键工作,作者提出了一种基于BP神经网络的评价方法。同时,为保证大规模定制总体目标的实现还必须加强对组建供应链的相关合作伙伴进行管理,尤其是对供应商的管理工作。最后,为增强对供应链集成运作的直观认识,论文以东风电动车辆股份公司的生产制造模式为例进行了阐述。

关键词:企业管理　生产管理　大规模定制　供应链管理　物流

4708

基于实物期权的技术创新扩散、竞争和交互模型研究 / 夏晖著 ; 曾勇指导. -- 电子科技大学, 2005. -- 152页

本文在对技术创新投资的实物期权分析方法进行综述的基础上,针对现有研究一些尚未解决的关键问题或不足,采用实物期权分析方法,重点围绕技术采纳时机以及创新扩散、不完全竞争以及交互作用模式下的技术创新投资策略三个方面进行研究。在采纳时机及创新扩散研究方面,在新技术的到达时间和提高效率都不确定的情况下,得到了企业最优的技术采纳的投资门槛值,并给出了企业采用时机的累积概率分布函数。进一步在采纳成本随机技术进步不断下降的情形下,研究企业的最优技术采纳政策。最后给出了企业面对无穷代新技术情形下最迟投资时间的计算方法。在不完全竞争研究方面,考虑了竞争企业之间的非对称性和竞争策略之间的差异性,采用期权博弈方法得到了抢先均衡、序贯均衡、同时均衡出现的条件。进一步研究发现,在抢先均衡中,创新成

功所需时间和平均投资时间间隔成反向变动关系，而在序贯均衡中，二者不相关。对交互作用的研究分为两个方面，首先假设各采纳企业对未来新技术性能提高的预期不同，分析技术采纳企业在不同创新速度下的采纳策略。其次把技术企业和采纳企业的投资策略统一放在一个交互模式下研究，得到提供方投资的条件。最后，在创新价格不确定的情况下，研究技术提供企业在不同市场类型下的最优投资策略。

关键词：技术创新　投资策略　实物期权　博弈论

4709

高校知识管理创新模式研究 / 夏晶著 ； 聂规划，金勇指导. -- 武汉理工大学，2005. -- 128 页

作者试图将知识管理理论应用于高校管理，系统地研究高校知识管理实施体系、高校知识管理系统的构建、高校知识共享、知识管理在高校三类知识生产活动和高校基本职能管理中的应用。首先分析了高校核心竞争力的内涵和特征及构成要素模型；介绍高校知识管理的涵义，构造高校知识链模型反映知识管理与高校核心竞争力之间的关系。接着，构建了一个反映高校知识管理实施体系框架的灯笼模型。其次，阐述高校知识管理系统（UKMS）的构建目标和管理内容、工作流程、模型框架等，探讨 UKMS 的关键技术，包括知识存储、收集、发现、共享、学习和创新的技术。再次，分析高校知识共享的内涵和作用、现状和障碍、实现过程等，建立高校知识共享模型，探讨促进高校知识共享的有效措施。进一步地，研究知识管理在高校三类知识生产活动：人才培养，科学研究和社会服务中的应用，并通过案例从"隐性知识论"看牛津大学的导师制，分析知识管理在人才培养中的重要作用；研究知识管理在高校基本职能管理：行政管理，人力资源管理和财务管理中的应用。

关键词：高等学校　学校管理　知识管理　知识共享　知识创新

4710

煤炭企业资源计划（ERP）理论与方法研究 / 夏鑫著 ； 丁日佳指导. -- 中国矿业大学，2005. -- 139 页

论文在充分了解和熟悉煤炭企业生产经营管理过程中的前提下，详细调查并分析了煤炭企业的业务流程，借助于作业管理、信息集成、层次分析、神经网络等相关理论与方法，重点对煤炭企业有别于机械制造业的有关 ERP 的理论和方法进行深入研究，将 ABC/ABM 与 ERP 进行集成、建立包括业务流程改进、生产计划制定、BOM 设计和物料需求计划制定以及信息集成和数据组织等内容的煤炭企业 ERP 理论和方法体系。论文首先提出了作业 BOM 的概念，探讨了 ABC/ABM 与 ERP 集成的可行性和理论集成模型，构建了煤炭企业基于作业的 ERP 应用模型。参照 ERP 计划原理，规范了煤炭企业 ERP 计划流程，提出了煤炭企业 ERP 的生产计划层次关系模型。构建了煤炭企业 ERP 主作业生产计划逻辑模型，并具体考虑主作业生产计划的影响因素，提出了基于人机对话的主作业生产计划的仿真模型。针对煤炭企业物料消耗特点，提出了可以响应不同生产环境条件的基于物料族的动态 BOM 概念和原理，并考虑影响物料消耗的地质条件、开采工艺方式等因素，运用神经网络设计了不同组合条件下的单物料消耗数量模型。

关键词：煤炭企业　企业资源计划（ERP）　作业管理　人工神经网络

4711

国有商业银行信贷风险管理的方法与技术研究 / 肖北溟著 ； 李金林指导. -- 北京理工大学，2005. -- 185 页

本文共包括八章内容，分为绪论，国有商业银行信贷风险管理的概况及问题，国有商业银行信贷评级研究，宏微观分析相结合的信贷风险计量模型研究，国有商业银行信贷风险分散——组合管理研究，国有商业银行信贷风险转移及对冲研究，国有商业银行信贷风险补偿研究，结束语。在第一章绪论部分主要对论文研究的意义，相关的文献以及论文的框架、主要研究内容和成果进行了说明。第二章在国有商业银行信贷业务经营概况的基础上，就我国商业银行信贷风险管理的现状，分析了在信贷风险计量、分散、转移、补偿工作方面存在的不足。针对不足，提出论文在提高国有商业银行信贷风险管理工作水平方面进行研究的内容。包括：第一、构建科学的内部信用评级模型；第二、研究宏微观相结合的信贷风险评估模型；第三、提高国有商业银行信贷风险分散、实施信贷组合管理的工作水平；第四、构建国有商业银行转移及控制信贷风险的有效途径；第五、建立完善的信贷风险补偿机制。论文从第三章到第七章就上述内容逐项进行了研究。文章最后对所述研究进行了总结，并对有待未来进一步深入研究的内容进行了说明。

关键词：国有商业银行　信贷风险　风险管理

4712

我国报业产业组织研究 / 肖光华著 ; 何继善,陈小晓指导. -- 中南大学, 2005. -- 198 页

论文主要是针对我国报业产业发展过程中所存在的突出问题,通过运用产业组织理论和其他经济管理理论,全面系统地研究我国报业产业组织的现状及其合理化目标模式,通过探讨实现的途径和方式,来达到引领我国报业产业组织内企业正确的竞争行为,完善报业产业组织的市场结构,增进我国报业产业组织的绩效水平,使该产业健康、持续、稳定地发展的目的。首先,作者对我国报业的市场结构、市场竞争行为、市场效果和报业规模经济的现状进行了分析。其次,在对报业产业组织现状及存在问题研究分析的基础上,结合我国的社会政治制度和报业发展内外部环境的实际,通过与西方报业发达国家的产业组织特点相比较,提出了适合我国报业发展的产业组织合理化目标模式。论文最后针对我国报业产业组织所存在的突出问题,主要运用产业组织理论、企业行为理论、资源配置理论等,从报业经营实体的企业化改造、报业经营规模的集团化组合、报业经营机制的市场化转换和报业集团的兼并重组等方面来研究探索实现我国报业产业组织合理化目标模式的方式与途径。作者还对我国报业产业组织政策进行了分析,指出了我国报业产业组织政策的调整方向。

关键词:报业　产业组织　市场结构　企业管理

4713

基于现货市场与期货市场价格相对有效的定价研究 / 肖辉著 ; 吴冲锋指导. -- 上海交通大学, 2005. 189 页

本文从股票指数现货市场与股指期货市场的实际情况出发,比较了存在交易成本和现货市场存在卖空限制条件下的现货市场和期货市场之间的微观结构,丰富和发展了金融市场微观结构理论。然后,本文以标准普尔500指数、道琼斯工业平均指数、香港恒生指数、日经225指数和金融时报100指数的日间数据和日内数据(1分钟)为样本,从波动率的先行—滞后关系,价格发现贡献度,流动性等角度进行了实证研究,发现了不同于已有文献的检验结果,支持本文理论模型的结论。在上述理论研究与实证研究的基础上,论文提出了基于期货合约的现货定价模型,并且通过实证检验进一步验证了期货价格信息在预测现货价格中起重要作用的结论。本文的主要工作和结论包括:(1)在存在交易成本和现货市场存在卖空限制条件下研究了现货市场与期货市场交易者的交易策略以及价格的有效性;(2)实证研究现货与期货市场信息传播方式问题;(3)实证研究现货市场与期货市场价格发现问题;(4)实证研究比较现货市场与期货市场的流动性;(5)构建了基于期货合约的现货定价模型;(6)实证研究比较了现货市场与期货市场的价格预测能力。

关键词:金融市场　期货交易　现货交易　定价模型　市场微观结构

4714

竞争力导向的营销供应链物流管理战略过程研究 / 肖亮著 ; 沈祖志指导. -- 浙江大学, 2005. -- 185 页

本文第一章从物流历史演变、理论渊源、当前发展的新趋势,以及我国流通领域企业物流管理面临的现状出发,阐述了将营销供应链物流管理战略过程作为论文选题的出发点,并建立了本文的研究体系。第二章则在阐述物流概念的基础上,沿物流管理理论发展的内在逻辑,系统介绍了国内外相关理论研究的现状和不足,指明了论文的研究方向。为进一步明确营销供应链物流管理战略过程机制,第三章借鉴递阶控制结构和IDEF模型的基本思想,结合系统层次框架模型的建立,给出了营销供应链物流管理战略过程概念及其物流组织战略重构子过程、物流网络战略规划子过程和物流计划与控制战略子过程三大子过程的递阶结构模型。文章在前述基础上,围绕竞争力导向下营销供应链物流管理战略过程系统内在机制的深入剖析,论文的第四到第七章结合调研问卷数据的实证分析,对物流组织战略重构子过程、物流网络战略规划子过程和物流计划与控制战略子过程三大子过程与营销供应链竞争力之间的关联机制进行了一一探讨,并从竞争力改善视角出发,对竞争力导向下的上述三大子过程的目标模式及内在机制进行了深入研究。论文第八章则对全文的研究工作进行了总结,并指出了今后需要进一步深入的地方。

关键词:物流　供应链管理　企业竞争力　市场营销

4715

非寿险公司产品定价与资产风险管理模型及其应用研究 / 肖艳颖著 ; 邱菀华指导. -- 北京航空航天大学, 2005. -- 120 页

本文利用保险理论、博弈理论、随机理论以及统

计理论,从保险公司自身经营的角度考虑,针对目前保险公司经营中的定价和资产管理两方面的问题进行了研究。论文研究主要有以下几方面的创新:(1)提出了改进费率的估算模型,文章在传统的 NCD 系统的基础上增加了索赔程度对补保险人所缴纳保费的影响,利用马尔可夫过程对系统进行了数学表述,进而得到了费率所服从的新转移规则。(2)建立了保险公司市场竞争定价博弈模型,本章从产品差异化理论出发,利用博弈理论,建立了不完全信息动态博弈模型,得出结论,在被保险人对价格敏感的情况下,该博弈不存在纯战略均衡,并经分析求得了其混合战略定价的概率分布解,从而相应地确定了博弈双方的市场份额表达式。(3)建立了非寿险公司风险资本分配模型。(4)建立了非寿险公司资产分配风险收益优化决策模型。(5)最后,应用第五章的资产分配模型,论文以德国 MEAG 资产管理公司为背景进行了案例研究。将客户的风险容忍度,即最低收益率,作为投资风险控制条件,得到了最优投资组合。案例分析结果表明:最优投资比例分别为55%投资于 SD,0.58%投资于股票,44.42%投资于债券,能确保股票收益率不低于6%,债券收益率不低于5%,并且置信水平为5%的情况下 VaR 值不高于3.5%。这种投资分配方法的优势在于它能充分反映资产所有人的意愿,并且确保得到绩效良好的投资组合。

关键词:保险公司　风险管理　资本经营　费率　定价

4716

企业经济运行中人的行为价值分析 / 肖媛著 ; 樊和平指导. -- 东南大学, 2005. -- 168 页

本文通过对价值理论的回顾,明确了价值的本原。按照人的特性总结了行为管理的一般过程,和进行行为激励、评价与控制的基本方法,用价值推理来考察人的行为价值判断与实现,理解人的行为价值观与企业价值观的关系,为进一步的研究奠定理论基础。文章从分析人的行为构成入手,以行为的要素、结构和过程这三个维度来把握其特征。阐明了人的行为动因主要是受自身的有限性、需要和利益的满足、社会分工的两重性、社会心理学的驱使和文化背景等相关因素的影响,以及“双向互动、施报平衡、和而不同”等规律制约着人的行为过程。本文在研究影响人的行为的内生变量和外生变量,以及企业的相关激励组合的基础上,揭示了人的行为与企业目标的关联关系。同时由于人的行为带有明显的目的性且还会根据环境的变化选择取舍自己的需求,以满足自身收益的最大化,提出了人的行为价值博弈的基本模型。文章还从人与企业的行为目标出发,以人的行为与企业目标的和谐为基础,提出了用粗集神经网络法对人的行为和谐性进行制约,构建基于心理契约的、人与企业双方都认同的目标导向;并把人的行为分为“可观察行为”和“绩效可控的不可观察行为”两种,分别对其进行量化管理,建立了以目标为导向的行为激励机制,同时提出了一些量化考核体制和动态控制制度。

关键词:企业管理　人力资源管理　人的价值　激励

4717

面向电子商务的多属性网上拍卖理论研究 / 谢安石著 ; 李一军指导. -- 哈尔滨工业大学, 2005. -- 129 页

本文在透彻地分析了前人的研究成果的基础上,对多属性拍卖理论进行重新构建,其主要的研究内容有:首先,系统地总结和分析传统拍卖理论研究的内容与方法,从而引出网上拍卖的研究问题。以基准点模型为基础,通过分析网上拍卖最优机制设计的基本原理,指出原有方法的不足,提出一个网上拍卖最优机制的扩展模型。论文在第三章分析网上拍卖最优机制之后,将网上拍卖最优机制问题扩展多属性情形。Che 曾经对多属性拍卖理论作过比较深入地研究,本文在原有的 Che 的研究成果基础上,建立了双成本参数的多属性拍卖模型,并将时间约束考虑进去,对两种情形下,有时间约束的多属性英式拍卖的策略进行分析。并将有时间约束的多属性英式拍卖协议与传统的 eBay 式的拍卖进行了比较分析。在充分研究多属性网上拍卖的策略与协议的基础上,本文将着重对多属性网上拍卖的核心问题——胜出者决定问题,进行深入研究。最后,在上述研究工作的基础之上,本文设计了一个面向电子商务的多属性拍卖原型系统,给出了系统分析、系统设计与系统实现的全过程。通过实际的应用系统来对前文的研究进行验证。

关键词:电子商务　拍卖　网上销售

4718

城市营销模式与策略研究 / 邢恩惠著 ; 沈玉志,路世昌指导. -- 辽宁工程技术大学, 2005. -- 92 页

本文从国内外城市营销发展现状入手,以管理

学、市场营销学、区域经济学、政府经济学的基本理论为指导，采用实证分析与比较分析的研究方法，对城市营销的理论和操作性的城市营销方法以及政府在城市营销中如何实施职能转变与运行机制的创新等进行了研究。基于市场营销理论和国内外城市营销与实践，提出了对城市营销内涵的理解。指出城市政府是城市营销主体、企业和城市居民是城市营销过程中的重要参与主体，城市品牌、品牌城市及其二者兼而有之的混合城市营销模式等理论观点。以系统分析的方法，对城市系统构成要素和决定城市竞争力的要素进行了识别和分析，在此基础上提出了动态的城市发展战略模型、城市发展的战略定位及目标定位；提出了资金导向、功能导向、生态环境导向和社会导向等4种城市营销结构模式。从操作层面和城市营销内容构成角度，研究了城市土地营销运营策略、城市基础设施运营策略、城市品牌营销策略、城市文化资本营销策略。以大连市开展城市营销和提升城市竞争力实践为对象，研究了城市营销效能评估指标体系和方法，并对大连市城市营销效果进行了定量测评。论文研究了有关城市政府职能转变与创新，城市政府管理体制和运行机制创新等内容并提出了有关建议。

关键词：城市管理　市场营销　城市发展　政府职能

4719

高新技术企业营销能力研究 / 熊伟著 ；周寄中指导. -- 中国科学院研究生院, 2005. -- 142 页

本文运用系统分析、实地调查、测量学、统计分析以及抽象分析等研究方法，提出了营销能力、战略营销开发能力、营销—研发契合度和高新技术产品整体产品等概念，研究了高新技术企业营销能力对新产品市场绩效影响的理论框架，并对此框架进行了实证研究。研究了高新技术企业营销能力的构成、作用及有效的提升途径。本文在文献综述的基础上，对营销能力进行了定义性表述，还根据高新技术企业的特点，界定了市场导向的创新产出测度指标。本文实证研究了企业外部环境对营销能力的影响，分析了影响高新技术产品市场绩效的三个主要的营销能力要素：营销认知能力（包括顾客认知能力和竞争认知能力）、战略营销开发能力和营销—研发契合度（包括信息沟通、文化、高级管理、组织等因素分析），研究了提升这些能力要素的途径。

关键词：高技术企业　市场营销　企业能力　技术创新

4720

基于可持续交通的运输结构优化制度问题研究 / 熊伟著 ；吴祥明，陈建国指导. -- 同济大学, 2005. -- 151 页

论文在论证可持续交通的重要意义的基础上，对可持续交通的概念、内涵、特点加以论述，在给出其定义的同时，提出运输结构的优化是可持续交通的必然要求。论文以可持续交通为基本背景，指出建立环境友好、资源节约型交通运输体系是我国交通运输体系战略选择的目标形式。给出了基于可持续交通的运输结构合理化的判定标准。重点研究实现合理的运输结构所需的制度条件，即与交通运输的外部性有关的外部制度环境以及与运输管理体制相关的内部制度激励。从内外部两方面入手对运输结构及其相关的制度问题进行了研究，并提出了具体措施和政策建议。运用统计科学的方法，将交通运输业作为一个整体进行总结、评价，通过对其环境外部性问题的讨论指出了现有运输结构失衡的外部制度根源，对外部性效应进行了分类和比较研究，并构建了基于全成本分析的运输结构优化模型框架。此外还研究了交通运输外部成本内部化的途径与策略。在对内部制度激励问题的研究中，论文通过对运输管理体制的分析，指出运输制度的非均衡是造成运输结构变迁的另一重要因素。还揭示了原有铁路运输管理体制建立的理论根源及其缺陷。在理论研究和实证分析基础上，论文提出自然垄断产业合理的企业规模是由规模经济、范围经济与组织中存在的X（非）效率所共同决定的观点。此外，论文探讨了自然垄断产业引入竞争机制的途径和方法。最后以高速磁浮为例进行分析，揭示了高速磁浮在自由与环境方面所具有的可持续性优势，并提出“干支分离、网运分离”的管理模式，指出该模式能够为高速磁浮的可持续发展奠定合理制度基础，提供有效的制度激励。

关键词：交通运输管理　运输结构　管理体制　可持续发展　磁浮铁路

4721

汽车零部件企业实施供应链管理研究 / 徐斌著 ；尤建新指导. -- 同济大学, 2005. -- 146 页

本文主要结合汽车零部件企业的运作实际，结合供应链管理的思想，解决汽车零部件企业在实施供应链管理中碰到的一些比较典型的实际问题。本文主

要包括以下四方面的研究内容:(1)汽车零部件企业供应链运作模式分析。文章分析我国汽车零部件业供应链运作的现状,总结我国现阶段汽车零部件行业存在的焦点问题,提出对策,并预测零部件业供应链运作模式的发展趋势。(2)汽车零部件企业实施供应链管理库存控制分析。论文首先分析汽车零部件企业的生产组织方式及其特点,总结由于混合式生产组织方式带来的,汽车零部件企业在制品库存存在的三个问题。针对这些在制品库存问题,结合供应链管理的思想和一些库存控制理论,借鉴"JIT"等先进库存控制方法,根据汽车零部件生产的实际,构筑一个汽车零部件企业在制品库控制模型以及与其相配合的在制品数据采集方法,并且以 ZFSS 公司装配部门为例进一步介绍该在制品库存控制模型和在制品数据采集方法的实施。(3)汽车零部件企业实施供应链管理信息要素分析。(4)汽车零部件企业实施供应链管理质量控制分析。

关键词:汽车企业　零部件　供应链管理　库存控制　质量管理

4722

澳门电子政务的管理模式与系统构建研究 / 徐德明著 ; 邹珊刚指导. -- 华中科技大学, 2005. -- 178 页

通过钻研国内外电子政务理论文献,吸收国内外电子政务的发展和改革经验与澳门的实际社情相结合,对澳门电子政务的管理模式与系统构建进行了研究,以达至建设高效的、勤政的,具澳门特色的服务型公共行政目标。首先探讨了电子政务和政府职能发展的关系,论述了发展电子政务使政府管理职能从重管理到重服务转变。继而阐述了澳门公共行政管理的现状,并对澳门发展电子政务的有利条件和制约因素进行了分析。其次,借鉴国内外发展电子政务的经验启示,结合澳门的实际社情,研究出澳门电子政务的改革策略。并论述了澳门电子政务新的管理模式,以第三方一站式项目管理模式实施澳门电子政务,小步快走,理顺政务工作流程,以绩效为先,降低行政成本。再次,提出了构建澳门电子政务信息管理系统平台的设计纲要和管理原则,注意健全网络安全,有效配合澳门电子政务新管理模式的实施。同时,为促进澳门电子政务的发展成效更有特色,还提出澳门全城数码化的特色构想。

关键词:行政管理　电子政务　澳门

4723

基于规范化的我国上市公司投资者关系管理模式研究 / 徐刚著 ; 李建华指导. -- 中南大学,2005. -- 182 页

作者以上市公司 IRM(投资者关系管理)的涵义和现实状况为前提,通过国外经验借鉴、国内实证研究以及价值分析和论证,认为这很大程度上在于规范方面的原因,规范化取向乃上市公司 IRM 的不二选择。因此,作者从规范化维度出发,在重新界定规范化依据、剖析规范化机理的基础上,通过综合运用统计学、传播学、营销学、信息学、心理学、伦理学及法学等相关理论和方法,以期对我国上市公司规范化 IRM 模式的构建和应用进行探究和分析。作者认为,我国上市公司 IRM 规范化的运作依据不仅限于一般管理意义上的组织制度,也包括国家法律、社会道德及公司文化等,并且由于它们在创制主体和保障机制上的分歧,使规范化的运作机理显示了双重性特征,在支撑机制上形成了他律性机制和自律性机制,在构成机制上则产生了主动式机制和被动式机制。上市公司 IRM 规范化的二维作用机理直接导致了我国上市公司 IRM 模式在构架形态上存在着两种切实可行的 IRM 模式形态,即消极性模式和积极性模式。两者由于在各构架要素上的明显差异,分别形成了扇形模型和圆形模型。作者通过分析表明,消极性模式和积极性模式具有各自的适阈,它们分别是我国证券市场上低诚信上市公司和高诚信上市公司基于现实条件的最优选择。但两者都应以政府监管、媒介支持、中介配合及高层重视为保障,并可依据上市公司特定的信度与效度评价体系,通过模糊综合评价方法来检验其实际效用。

关键词:上市公司　资本市场　投资者关系管理(IRM)

4724

市场利率体系特征研究 / 徐寒飞著 ; 唐国兴指导. -- 复旦大学, 2005. -- 140 页

本文对于市场利率体系的特征进行研究,并建立了经济学模型和计量模型。本文的主要研究如下 :(1)基准利率与短期市场利率之间的关系,通过建立经济学模型发现,两者之间存在非对称的关系,这种非对称关系可以用非对称误差修正模型来描述。采用中国数据的实证结果发现了显著的非对称性,而非对称性存在的原因是不同借贷资金的不完全替代性;(2)相同期限不同市场利率之间的关系,通过对拆借

利率和回购利率的研究发现,两者之间的差距为平稳随机变量,但是随时间增加的期限溢价使得同期限的拆借利率和回购利率的相关系数随期限增加而减少。同时对中国短期借贷市场中的一些现象进行了解释。(3)长期利率和短期利率的关系,首先,考虑非线性的协整模型:门限协整,惯性—门限协整,隐藏协整,对加拿大的长短期利率数据进行研究,发现了长短期利率存在隐藏协整关系,意味着加拿大中央银行对于长期利率的下跌的反应要比长期利率的上升敏感。其次,对于长期利率的期望假设进行了检验,采用中国的拆借利率和回购利率数据,拒绝了无条件期望假设和条件期望假设。本文最后讨论了引入利率体系的宏观经济学模型,研究了货币政策对于利率体系特征的影响。

关键词:市场利率　贷款利率　货币政策　计量经济模型

4725

服务业生产率与服务业经济增长研究 / 徐宏毅著 ; 张子刚, 欧阳明德指导. -- 华中科技大学, 2005. -- 179 页

首先,本文对服务业经济增长基本理论进行回顾,对服务业的内涵进行界定,对服务业进行了分类。分析了经济增长理论、服务业经济理论、生产率测度理论,讨论了服务业生产率增长缓慢的原因,探讨了中国当前经济发展所处的位置,明确了本研究的目标和内容。其次,确定了本研究限定于总量层次范围,在分析几种生产率测度模型基础上,提出了中国服务业总量生产率测度模型,并采用面板数据的计量经济学模型,同时分别给出了技术进步、技术效率及要素生产率的计算模型。第三,对中国 1992—2002 年的服务业生产率模型进行了实证研究。第四,从定性和定量两方面分析了中国服务业经济增长的动因。通过对劳动投入、TFP 分析及服务业经济增长的动因分析,对中国服务业的现状、机遇与发展进行了研究。本文运用经济增长理论、经济发展阶段理论、服务业理论、生产率理论,以及统计学、计量经济学等方法,探讨了服务业经济增长的基本理论以及服务业生产率的测度方法;采用随机生产函数及实证研究方法,建立了中国服务业总量层次的生产率计量经济学模型,探讨了中国服务业经济增长的根源。在此基础上,探讨了中国服务业经济增长的战略路径和政策选择,提出了发展我国服务业总的政策原则。

关键词:服务业　生产率　经济增长

4726

面向 Web 服务的多 Agent 企业供需网协同管理 / 徐琪著 ; 徐福缘指导. -- 上海理工大学, 2005. -- 132 页

本文结合国家自然科学基金项目“多功能开放型企业供需网及其支持系统”(项目编号:70072020)的研究,以企业供需网管理理念和协同管理为基本理论依据,以多 Agent 和 Web 服务技术为技术支持,以企业供需网协同管理为目标,研究了面向 Web 服务的多 Agent 企业供需网协同管理思想、体系和实现协同的支撑技术。阐述了研究企业供需网及其协同管理的意义,并结合国内外相关领域的研究现状,指出了本文研究的体系。研究分析了供需网的内涵和本质,给出了供需网的结构并概括、阐述了它的多功能性、开放性、协同性、集成性及面向服务等特性,提出了供需网协同管理思想及其功能、过程、技术三维协同管理概念模型,分析了供需网与信息技术的关系,并简要讨论了相关的供需网协同管理的功能技术——Agent 和 Web 服务技术。在研究 Agent 的基本概念的基础上,给出供需网 Agent 的定义、分类和结构以及一个多 Agent 模型,并通过实例研究,分析研究了在这个体系下的供需过程及供需网多 Agent 的协调、合作与通信机制。在对供应链过程工作流进行描述的基础上,提出了一个基于 Agent 和工作流的协同系统及结构,从多视图的角度研究了供需过程模型,并对工作流任务执行 Agent 进行了定义与设计,研究了基于 XML 的 Agent 和工作流数据交互、通信及协调机制。也研究了在面向 Web 服务的供需网协同管理系统架构下的供需服务和 Agent 与 Web 服务集成方法。最后对全文进行了总结并给出了进一步研究的方向。

关键词:企业管理　供应链管理　供需网　协同管理　工作流　Web 服务

4727

工程项目知识管理研究 / 徐森著 ; 徐伟指导. -- 同济大学, 2005. -- 157 页

本文对工程项目知识管理进行了深入的理论研究。文章的主要研究内容包括:(1)第一章提出了工程项目知识管理的概念和思想,并对研究内容进行了简要说明;(2)第二章对工程项目知识、知识管理相关概念、特征与分类等进行了阐述,并引入工程项目知识管理概念,从工程项目知识的生产和获取、工程项目知识共享、工程项目组织的知识转移、工程项目知识创新四个方面分析了在工程项目实施过程中知识

流程的管理;(3)分析了工程项目知识创新的模式与影响因素,对工程项目知识管理的技术支撑进行了论述;(4)建立了工程项目知识管理系统;(5)提出了适合工程项目知识管理的组织模式及文化形式,从知识管理组织、工程项目知识管理组织、知识管理文化的形成、工程项目知识管理文化、及如何建立工程项目学习型组织五个方面展开说明;(6)对两个工程项目即某超高层住宅楼项目和润扬长江公路大桥项目进行了案例分析。

关键词:工程项目管理　知识管理　学习型组织　建筑工程

4728

企业业务外包战略运作体系与方法研究 / 徐姝著 ; 李自如指导. -- 中南大学, 2005. -- 156 页

论文针对当前外包实践中存在的问题和理论研究的不足,围绕外包决策、外包关系管理、外包风险分析与控制,以及外包绩效评价与演化机理来系统研究外包战略的运作体系与管理方法,建立了一个由战略性分析、评估与选择、合同签订、过渡与整合、关系管理、合同终止六个阶段组成的、包括各个阶段关键活动和绩效衡量内容的外包运作与管理整体框架。在外包决策方面,作者认为,应理解为一个多步骤的分析、比较与评估过程,并从企业内部核心能力识别、外部环境因素分析、外包决策模型运用、成本/收益分析、外包商评价与选择等多方面构建了外包决策流程。在外包关系管理方面,阐述并建立了业务外包实施的组织管理模式;并论述了外包实施中的过渡与整合问题,外包关系管理模式与信任建立机制等。在外包风险分析与控制方面,从风险识别、风险评估与风险控制等方面系统研究了外包风险管理的框架与方法运用。在外包绩效评价与演化方面,提出了外包绩效评价指标并进行实证分析,从关系观角度来审视外包关系及其绩效,通过案例研究进一步阐释了外包绩效的产生与演化机理,并从知识联盟的高度解析业务外包作用于企业效益的机理。

关键词:企业管理　生产管理　对外承包　业务外包

4729

中药产业国际化的人力资源支持研究 / 徐顽强著 ; 邹珊刚指导. -- 华中科技大学,2005. -- 127 页

论文着重研究和解决的是中药产业实现国际化所需要的人力资源支持即智力支撑问题,在中药产业国际化的实施过程中具有现实意义。作者对我国中药产业人力资源情况及结构进行了全面分析;从适应中国产业国际化角度对现存的我国中药产业人力资源进行了评价;分析了国外典型国家的中药药业的人力资源结构及状况,并与我国的相应人力资源状况进行比较分析;向政府提出了中药产业国际化的人力资源的发展对策。作者认为,要使我国中药产业走向国际化,克服国外对中药普遍不认同的这一难题,就必须实现多学科联合,建立一支既掌握坚实的中药基础理论知识,又懂外语和营销及熟知各国法律法规的中药复合型人才队伍,依靠这类人才逐渐让外国人理解并接受中药传统文化的内涵,从而接受我国的中药产品,最终让中药走出国门。同时,我国中药产业国际化的实现仅仅依靠国内培养出的各类人才是远远不够的,还必须实行"双管齐下"的方针,与国外主流大学联合办学以培养国外本土化中医药人才。

关键词:制药工业　中药　国际化　人力资源管理　人才培养

4730

公立医院集团化战略和发展模式的研究 / 徐卫国著 ; 白庆华指导. -- 同济大学, 2005. -- 162 页

本文根据公立医院社会、经济属性和医疗服务战略定位,从公立医院重组和发展战略角度出发,结合我国医疗卫生行业和医疗机构改革和发展的现状,对公立医院集团的组建动因、基本概念、运作模式、经营管理和国内外公立医院集团化进展情况进行了较为全面、系统地整理、归纳和概述。研究过程中认真借鉴和汲取中国国有企业集团和国外医院集团在重组战略和发展模式方面的成功经验与理论成果。本研究选取拟组建的上海 X 医院集团为案例模型,在战略环境、战略能力的多方位调研基础上,采用了 SWOT 工具和价值链方法给予战略分析,进而提出了可供 X 医院集团化发展所选择的重组类型和战略方案,并对 X 医院集团化战略目标、管理模型、运行机制、信息网络及集团化战略实施的方法、步骤均作了科学论证和详尽勾勒。研究表明,公立医院集团化是拓展医疗市场的有效途径和医院自身发展的战略抉择。本研究提出的公立医院集团化战略和发展路径的实证模型,将对探索和建立具有中国特色、上海特点、适合医疗卫生实情的现代医院制度和新型运行机制,提供了一套切实可行的管理模式和理论依据,并对公立医院管理体制改革有直接指导意义和实际应用价值。

关键词:公立医院　医院管理　集团化经营　发

展战略

4731

基于金融深化的人民币汇率制度中期变革研究 / 徐旭初著 ; 汤书昆指导. -- 中国科学技术大学, 2005. -- 101 页

文章从分析国际货币制度和人民币汇率制度变迁的历史脉络入手,研究了人民币汇率的中期变革。分析了利率市场化条件下汇率变动的路径,对一体化背景下两极汇率制的主要缺陷进行了分析,提出了区域货币合作与人民币汇率的区域性安排。并通过分析指出在利率市场化的条件下,我国利率市场化路径及其对均衡汇率形成的影响。文章还分析研究了在金融一体化背景下区域货币合作的重要性,提出了建立人民币区域内汇率联动机制的具体思路。指出了汇率目标区:人民币汇率制度中期变革的可行选择,两极汇制的优势争论及当前各国的汇制选择。研究了汇率目标区(人民币汇率制度中期变革的可行选择、锚的确定、浮动区间的确定)。在此基础上提出了从可调整的波幅过渡到汇率目标区的人民币汇率制度中期变革思路,并建立了确定目标区锚与浮动区间的模型。

关键词:人民币汇率　汇率制度　利率市场化　金融一体化　经济发展

4732

组织生态变迁研究 / 徐艳梅著 ; 韩福荣指导. -- 北京工业大学, 2005. -- 200 页

本文运用生态学、管理学、技术创新学等学科知识,采用定性与定量相结合,理论与实证分析相结合的方法,综述了组织生态理论、组织演进理论的起源、演变和发展过程,对已有研究中的内容进行了分析、论述,在此基础上概括和界定了国外此方面研究的特色;对国内相关研究的进展情况分别从概念、现象、在实践中的运用三方面进行归纳,比较了国内外研究的区别,并就此指出国内今后研究的方向等相关问题。从生态学与管理学相结合的角度对组织生态系统和企业生态系统的概念进行了界定,并进一步指出企业生态系统与自然生态系统的不同。提出了组织生态变迁研究的必要性、理论及现实意义,界定组织生态变迁的三个层次:即宏观层次的产业演替、中观层次的种群(产业)生灭和微观层次(企业)的基因重组,并从理论分析的角度指出三者之间的关系。结合技术创新理论,本文分别从技术创新对产业生态变迁三个层次的影响和技术创新对产业生态变迁的影响进行了研究。对成像产业的生态变迁进行了综合分析。比较了成像产业生态变迁前后的竞争格局,界定了数码成像产业生态的生态因子,分别从物种生灭、物种间关系的变化、物种的协同进化、技术生态位与市场生态位开发等方面,具体研究了由于数码技术取代传统成像技术而引发的成像产业的生态变迁,并进一步分析了由产业生态变迁而引发的企业经营策略、组织结构、管理模式的变化。总结了企业生态现象的特征、规律及形成机制,并运用生态学模型,构建了企业竞争模型、企业共生模型和企业捕食模型等。

关键词:组织管理　技术创新　生态学　企业管理

4733

新有限理性概念下的股市异常现象及股市波动机制研究 / 徐元栋著 ; 武振业指导. -- 西南交通大学, 2005. -- 165 页

本文在总结、吸收国内外文献的基础上,对金融市场的异常现象与非线性现象进行了探讨。在提出一种新的有限性概念的基础上,将这些异常现象纳入一个解释框架,并建立了股票市场相变模型。对现代金融学的前提假设进行反思,提出了新的逻辑前提并作为本文的逻辑起点。提出了新逻辑假设下的社会互动式分析框架,探讨了现代金融理论建模的基本工具——博弈论,以及博弈论存在的问题,指出社会互动现象与社会互动分析方法,研究探讨了社会互动分析理论模型及模仿传染与个人效用最大化原则。在现代自然科学与经济学最新成果的基础上,提出了一个新有限理性概念,并进一步研究有限理性、模糊风险与股票估值的风险特征。提出了灰色有效市场假说,并把金融市场上的有效性异常现象纳入了一个解释框架。将社会模仿理论运用于股票市场,建立了股票市场相变模型(这是一个非线性动力模型)。本文从股票市场相变假说的角度,对股票市场非线性现象的机理提出了另一个解释框架。在卖空限制的条件下,研究了股票市场流动性产生的机理。从股票市场相变假说的角度,对现在的行为金融学投资策略与相关理念进行了评述。

关键词:股票市场　行为金融学　有效市场假说

4734

基于供应链一体化的物流敏捷化实现机制研究 / 徐章一著 ; 马士华指导. -- 华中科技大学, 2005. --

120 页

论文应用规范研究和实证研究的方法，主要讨论了以下问题。先是对供应链一体化进行了较系统的研究，提出了“供应链一体化是基于供应链成员核心竞争力的一种优化选择，是对纵向一体化的扬弃，是供应链成员基于共同目标，通过信息共享、资源整合而形成的同步化响应有效顾客需求的动态联盟”的观点，并系统研究了供应链一体化的核心、特征和实现基础等问题。其次，对物流敏捷化进行了界定，对基于供应链一体化的物流敏捷化的运行机理进行了研究，界定了物流敏捷化的内涵和特征，探讨了物流敏捷化实现的制约因素和应遵循的主要原则，分析了时间窗口对物流敏捷化实现的作用机理，提出了一种时间窗口合理规划的持续优化方法。由于基于供应链一体化的顾客关系管理是物流敏捷化的实现基础，因此，论文揭示了有效顾客需求敏捷反应机制的核心和决策前提，探讨了基于供应链一体化的顾客关系管理对物流敏捷化实现的作用及其主要内容，实证地给出了一个企业的优化案例。最后研究了供应链同步化运行对物流敏捷化实现的作用，分析了供应链同步化运行的基础和目标，探讨了供应链同步化运行机制的运行前提、流程优化和现代信息技术对物流敏捷化的作用机理，建立一个基于核心竞争力的合作伙伴选择的灰局势决策模型。

关键词：企业管理　供销管理　物流　供应链管理

4735

现代大学城及大学科研成果转化的制度分析 / 许炳著 ; 徐伟指导 . -- 同济大学, 2005. -- 211 页

本文以我国当前大学城建设的实际情况为背景，从科技转化的过程出发，运用制度经济学、区域经济学和技术创新的理论系统地分析了建设现代大学城的必然性。同时，本文通过对国内外大学城建设情况的研究，全面总结了成功建设现代大学城的经验。在此基础上，本文对如何进行我国现代大学城的建设、对如何提高高等院校科技转化的效率以及如何正确发挥政府部门在现代大学城建设中的作用等问题进行了深入的探讨，并提出了相应的结论与建议。通过研究，本文认为：建设现代大学城是提高科技转化效率的必然要求；我国现代大学城的建设必须通过对优势学科与产业的选择，依托那些具有较强科研能力的高等院校及具有较强综合经济实力的地区来建设；现代大学城内的高等院校应当将精力集中于基础研究与应用研究领域，并以技术转让与大学科技园为主要形式，来实现自身科研成果向现实生产力的转化；现代大学城的成功建设需要正确而充分地发挥政府机构的作用。在这一过程中，政府部门对高等院校基础研究活动的大规模资助，是政府部门直接参与科技转化过程的重要方式。

关键词：大学　科技成果　效果转化　技术推广　大学城

4736

土地房产 GIS 空间要素的组织管理与发布 / 许谷声著 ; 杨振山指导 . -- 同济大学, 2005. -- 185 页

本文主要讨论土地房产空间要素的组织管理与信息发布。针对土地房产空间要素和管理的特点，分别从管理角度、地理信息系统角度和计算机角度入手，讨论土地房产空间要素管理和发布的方法与手段。以土地房产要素内容的特点为基础和出发点，分别针对内容管理的四个方面，结合土地房产空间要素的特点进行深入分析：内容维护、内容集成、内容智能和内容发布。同时，结合地籍 2014 规范针对土地房产管理发展提出的要求，设计相应的模型。地理信息系统和计算机方法作为内容管理具体实施的手段，用于实现内容管理所提出的管理目标和管理要求，实现对土地房产要素科学有效的管理。首先，内容维护方面，结合土地房产空间要素生产的特点，分别从土地房产要素生产的工作流、生产组织形式、数字化方法，以及质量控制四个方面进行了论述。其次，内容集成方面，分别针对土地要素和房产要素的特点，以土地房产空间要素为依托，建立了土地房产要素 GML 模型。第三，内容智能方面，通过论述平面文件数据库存储、关系型数据库存储、面向对象数据库和 Native-XML 数据库存储，比较它们之间的优劣，指出 Native－XML数据库在基于 XML 数据标准的数据存储中可以取得更好的发展。最后，内容发布方面，讨论了数据互操作中的系统接口、应用系统结构和互操作体系架构三方面的内容。

关键词：房地产管理　土地信息　地理信息系统　内容管理

4737

创业资本投资过程契约设计研究 / 许红军著 ; 王立杰指导 . -- 中国矿业大学, 2005. -- 101 页

论文运用信息经济学、契约经济学、现代企业理论，对创业投资过程中的契约设计进行深入细致地分

析和研究,构建出以创业企业剩余索取权和控制权为核心内容的创业投资运作过程契约设计的基本框架。然后在此基础上,对创业投资过程中的剩余索取权和控制权的配置分别进行了研究,将创业企业剩余索取权配置问题与创业企业在运作过程中创业企业家和创业投资家双边道德风险的激励问题相结合,提出了分级剩余索取权配置方案,通过模型求解,得出对双方形成最优激励的分配比例;从控制权配置的信号传递及信息甄别机制这一角度入手,研究了创业企业控制权非对称配置问题,得出了以控制权为信号设计契约的分离均衡条件;从决策成本角度研究了创业企业控制权在创业投资家和创业企业家之间的分配问题,建立了创业企业的控制权分配模型;探讨了如何通过契约设计,使创业投资家和创业企业家选择最佳的退出方式,达到退出效果最优。最后,论文还分析了我国创业投资契约设计存在的一些问题,并结合论文的研究结果,给出了具体的对策和合理的建议。

关键词:风险投资　创业投资　契约　剩余索取权　控制权

4738

高技术企业商业平台及其要素研究 / 许胜江著 ; 何继善指导. -- 中南大学,2005. -- 163 页

作者系统地研究高技术企业的商业平台及其构成要素,旨在构建一个具有实用性和可操作性的高技术企业商业平台模型。首先,建立了由初步商业化和深度商业化两个阶段构成的高技术成果商业化过程的一般模型,整合了分别基于内部资源和产业结构的竞争优势理论。并从高技术成果商业化过程的一般模型中导出了标志高技术企业实现高技术成果商业化核心战略目标的商业平台的概念模型。认定商业平台是高技术企业核心能力的载体、商业优势的来源和竞争战略的基础。其次,对商业平台的构架及其基本要素进行了系统的理论解析。即:(1)确认新产品概念是商业计划的源头、核心和目标指向。(2)技术平台决定企业生产过程与市场活动的基调,是高技术企业持久竞争优势的最重要来源。(3)核心产品是高技术成果商业化过程中的转折点。它的开发成功标志着新技术产品化的基本实现。(4)迅速、有效地建立基础市场是高技术成果商业化市场战略的核心目标。它需要特别关注市场启动及其战略选择。(5)核心生产能力的建立标志着新技术商业化的初步实现。(6)高技术企业的管理胜任力是它最富有异质性的组织资产和最宝贵的战略资源。最后,对 A 公司点钞机、联想电脑和铱星通信系统 3 个商业平台实证分析,以及对苹果电脑、IBMPC、英特尔微处理器和微软电脑软件 4 个商业平台案例研究的结果,印证了文中提出的理论框架和基本观点。

关键词:高技术产业　技术成果转化　商业化经营　商业平台　核心竞争力

4739

企业战略成本管理的要素研究 / 许亚湖著 ; 张子刚指导. -- 华中科技大学, 2005. -- 98 页

本文首先把企业成本管理的形成与发展划分为初级成本管理、中级成本管理和高级成本管理(成本战术管理与战略管理并重)三个阶段。认为,企业战略成本管理的两大基本思想是:长期适应和驱动企业外部环境的外向性思想及改造和整合企业内部环境,培养和提高企业核心竞争力的内向性思想。其次,文章认为,所有者(股东大会)在两权分离条件下拥有重大经营管理权——控制权,而不仅仅只拥有剩余索取权。股东大会、董事会、总经理和部门经理四个层次的企业战略成本管理者各有不同的职责和权限。为了激励战略成本管理者进行有利于企业发展的战略成本管理,可建立利润分配的硬激励制度。再次,成本最一般概念是获得或取得一定成果的代价。企业成本具有的成果性、代价性、依附性、垫支性、流动性和多样性等特性。进行战略成本管理,需要分析企业外部环境与内部环境。各种环境因素中均存在价值链。接着,文章指出,战略成本管理目标具有导向、激励、约束、凝聚和调配的作用。战略成本管理目标可分为长期、中期和短期目标;股东大会、董事会、总经理和职能部门经理 4 个层次的目标;适应和驱动企业外部环境及培养和提高企业核心竞争力的目标。企业战略成本管理目标具有前瞻性、时效性、创新性和一致性等特点。制定战略成本管理目标应遵循综合考虑和最佳化原则。然后,文章把企业战略成本管理的方法分为成本战略的制定与实施方法。成本战略制定的分析方法包括:战略价值链分析法、成本动因分析法和 PEST 分析法等因果关系分析法;横向比较分析法与纵向比较分析法,宏观比较分析法与微观比较分析法,以及战略定位分析法中的 SWOT 分析法、5 种力量分析法、波士顿矩阵分析法及成本领先、差异化和目标聚集战略分析法,标杆成本分析法等比较分析法;以及系统分析法。在成本战略制定过程中应遵循信息最大化,分析、综合和选择科学化,调整动态化和风险防范等原则。成本战略实施方法包括由成本

战略实施计划制定方法和支持方法所组成的执行方法及成本战略控制方法。最后,文章指出,在成本信息资源管理中应遵循合理性与效益性、充分信息量、动态管理、失真和不必要的信息资源的控制等原则。

关键词:企业管理　成本管理　战略管理

4740

基于 RMTS 的上市公司虚假财务报告识别及其扩展应用研究 / 薛跃著 ; 韩之俊指导. -- 南京理工大学, 2005. -- 149 页

本文以 RMTS 模式识别工程为基础,探讨会计经验分析与统计模式识别相结合识别虚假财务报告的理论与方法。文章围绕两个方向展开:一个是为使原有的 MTS 适用于虚假财务报告识别而作的 RMTS 理论发展,构成第二章的主要内容;另一个是实证研究,包括四章的内容。作为 RMTS 理论研究,第二章在讨论 MTS 数学模型的基础上,研究了二水平正交设计的线性统计模型、二水平正交设计的构造和性质、二水平正交设计降维等,证明了二水平正交设计比通常的特征选择方法有更好的实用性。文章还探讨了在使用类别可分性指标为类内类间距离时,特征提取器为信噪比 SN 时的方差分析问题。为方便实证研究,本文将虚假财务报告的识别范畴界定到主业增长型利润操纵,并对主业增长型利润操纵的方法进行了经验分析。在此基础上,详细讨论了上市公司财务报告的特征形成问题。为了使财务数据符合统计模型,探讨了财务数据一维正态分布、多元正态分布研究成果及其局限,并说明高维空间多元正态密度可以以其边缘一维正态分布来近似。在虚假财务报告识别实证研究方面,首先,介绍了财务数据的归一化处理;然后叙述 RMTS 用于上市公司虚假财务报告识别的结构模型;最后,以深沪两地交易上市公司为样本进行了实际计算。为了拓宽 RMTS 在财务分析领域的应用研究,提出将 RMTS 模式识别工程用于财务困境预测的理论方法。

关键词:上市公司　财务管理　会计报表　模式识别　财务危机

4741

面向客户智能的时间序列数据挖掘技术研究 / 闫相斌著 ; 李一军指导. -- 哈尔滨工业大学, 2005. -- 130 页

本文首先研究了基于时序数据挖掘的客户分类方法。提出了客户时序数据加权处理方法和基于混合遗传算法的多目标动态聚类方法,静态性与动态属性相结合的客户分类方法。其次,研究了客户时序关联规则发现方法,建立了一种用于客户时序关联规则发现的前缀累加树时间关联模型,包括基于 PAMT 树的时序关联规则发现、基于改进前缀累加树的关联规则发现、IPAMT 树的优化,并进行算法特点分析。指出时序数据分析方法在客户智能中的应用、时序数据挖掘的支撑技术、客户时间序列数据中的知识发现、面向客户智能的时序数据挖掘分析框架。最后,研究了基于时间序列的客户流失行为预测问题,针对客户时间序列数据,提出了时间序列的显著特征的提取算法,将客户的时间特征引入预测模型的构建过程,并提出队列特征选择策略。本文将时序数据挖掘功能纳入客户智能体系,提出了基于时序数据挖掘的客户智能原型系统设计及实现。用于拓展客户智能系统的时序数据分析功能,并研究了相关的实现技术。

关键词:管理信息系统　客户智能　数据挖掘　客户分类　关联规则　时间序列分析

4742

商业银行综合业务经营管理及其评价与优化的研究 / 闫泽涛著 ; 计雷指导. -- 中国科学技术大学, 2005. -- 100 页

本文指出了商业银行综合业务经营管理理论和相应的经营原则。研究的主要内容有:商业银行现有的经营管理理论的发展演化和有关经营管理理论的内容、商业银行现有的主要绩效评价方法、商业银行有关的业务优化方法。初步对现有商业银行经营管理理论、绩效评价方法和业务优化方法进行了初步评述。阐述了商业银行综合业务经营管理理论、原则和业务构成。在分析现有商业银行经营管理的基础上,总结出了商业银行综合业务经营管理理论的思想内容,并对这种理论思想所针对的经营业务进行了阐述。同时分析了目前一些主要商业银行绩效评价方法的现状之后,建立了基于商业银行综合业务经营管理思想的兼顾"均衡性"和"功能性"的综合集成业绩评价体系。探讨了商业银行综合业务经营管理的业务优化(资产负债业务的优化和中间业务的优化)。总结出商业银行综合业务经营管理思想,强调了商业银行经营管理遵循服务性原则的必要性。构建了商业银行基于综合业务经营管理的多层次综合集成评价体系。建立了基于全风险报酬的套利定价修正模型。文章最后就如何优化商业银行的业务进行了一些探讨,并对文章有待进一步研究的问题进行了说

明。

关键词:商业银行　综合业务　中间业务　经营管理

4743

市场经济下城市规划管理运行机制的研究 / 严薇著 ; 任宏指导. -- 重庆大学, 2005. -- 218 页

在城市建设过程中,政府如何在社会主义市场经济体制下进行有效的管理,对城市建设活动进行有效的控制和引导则成为目前急需研究和解决的问题,论文正是出于这一目的提出了研究课题,试图通过对城市建设规划管理相关机制的研究和分析,对城市规划管理工作提出了一些建设性的思路和意见。论文从系统的理念和方法出发,讨论了城市规划管理的基本价值取向和性质;应用理论演绎和比较分析的方法,从制度变迁的角度分析了城市规划体系的制度变迁趋势;应用公共经济学、管理学、博弈论和信息经济学等相关理论,从提高政府城市规划管理有效性的角度,系统地分析和研究了城市规划制定的公共选择机制、城市规划实施的管理机制、城市规划管理执行体系的激励监督机制,提出了相应的观点和建议;应用统计分析、定性评价、层次分析法和模糊数学等相关知识构建了城市规划执行状态的评价体系,编制了相应的计算程序,可以方便应用该程序对城市或城市区域的城市规划执行状况进行单独评价或比较评价;通过实证分析和研究,收集了上海、天津、南京和无锡等反映城市规划执行状况的有关数据,应用该程序进行了比较评价。

关键词:城市规划　城市管理　公共选择

4744

企业孵化器的运作与管理研究 / 晏敬东著 ; 胡树华指导. -- 武汉理工大学,2005. -- 195 页

论文以企业孵化器的理论为基础,结合国内外企业孵化器发展的历史、现状与趋势,对企业孵化器的建设与核心能力的培养、运行机制、风险投资机制、管理与组织体系设计等进行了深入剖析,对企业孵化器的管理绩效提出了评价思路。首先建立了企业孵化器的理论基础,接着剖析了企业孵化器的概念与特征,分析了企业孵化器生成与发展的背景、战略地位、作用、功能等。其次,揭示了企业孵化器的孵化过程及影响因素,提出了企业孵化器的建设与核心能力的培养思路。作者还分析了企业孵化器的运作过程与市场开拓的关系,并就入孵企业的选择与孵化关系的建立展开讨论,剖析了企业孵化器的孵化服务机制与毕业机制。企业孵化器与风险投资有着紧密联系,因而作者探讨了建立企业孵化器与风险投资的融合机制的方式。随后,对企业孵化器的宏观管理、运行模式、孵化管理进行分析,并就企业孵化器的组织体系设计展开了讨论,阐明了建立企业孵化器的公司治理结构的意义及其基本构架。紧接着,对企业孵化器的管理绩效评价指标进行了系统分析,分别探讨了对企业孵化器的孵化能力评价、在孵企业的满意度测评、企业孵化器的宏观运行绩效评价三个方面的评价问题。最后,对国内外企业孵化器进行了比较分析研究。

关键词:企业孵化器　企业核心能力　风险投资　企业发展　绩效评价

4745

创业融资的机理研究 / 晏文胜著 ; 谢科范指导. -- 武汉理工大学, 2005. -- 177 页

本文以企业融资理论、企业成长周期理论与自组织理论以及创业企业融资的相关理论为基础,研究了创业融资的运行机理,提出了促进创业融资的对策。本文首先对国内外与企业融资相关的研究现状进行了综述,回顾了企业融资理论的发展历程,阐述了创业企业成长的相关理论。同时还论述了创业企业融资的相关理论,剖析了创业、创业企业、融资等概念,对融资结构、融资成本与融资风险进行了分析。在此基础上,对创业融资这一概念进行了界定,并分析了创业融资的特征和创业融资的来源。提出了创业融资效率与创业融资能力等概念,以及对如何提高创业融资效率和创业融资能力进行了分析。文章还分析了影响创业企业融资行为的基本因素、创业融资的内在与外在动机及融资偏好,对影响融资行为的各种融资方式进行了全面的比较,提出了融资成本的计算方法。论证了创业融资与企业治理结构的相互关联和影响问题,并对创业企业融资能力的培养与评价提出了构想。分析了创业融资风险的特征和影响融资风险的因素,提出了融资风险的识别与度量方法,还分析了创业企业融资风险的特点与成因及融资风险的控制方法。表述了创业企业成长过程中各个阶段中各个阶段的风险与融资需求特征,以及我国创业企业的融资结构。文章对创业企业融资的内生、外生障碍进行了剖析,对创业融资中存在的障碍从供给与需求矛盾、投资者与创业者的角度进行了经济学分析。从不同方面阐述了扩大创业融资的路径及推进对策。

最后对全文进行了总结性阐述，并在此研究的基础上，对后续研究进行了展望。

关键词：创业　融资　融资结构　融资风险　融资成本

4746

房地产市场监测预警研究：以上海为例 / 杨佃辉著；屠梅曾指导. -- 上海交通大学, 2005. -- 140页

本文从国内外房地产检测预警的经验介绍、房地产预警指标体系的建构、房地产预警的景气指数方法、基于3σ方法及周期波动理论的房地产预警、人工神经网络在房地产检测预警中的应用共五方面进行了论述与研究，并以上海房地产市场为例展开了实证分析。首先，作者论述了我国房地产指数的构成及其生成方法、房地产价格指数编制过程中存在的问题与对策，并简要介绍了房地产预警指标体系的设置原则和我国现有研究所设计的预警指标体系。其次，阐释了房地产市场的景气指数预警方法的基本步骤、构建要点等基本原理，对上海房地产市场展开了DI/CI指数预警实证分析。再次，基于3σ方法、Bootstrap抽样方法及因子分析技术，对上海房地产市场进行了单指标预警和综合指标预警实证分析，得出了上海房地产市场景气循环。最后，介绍了传统预警方法与神经网络预警方法的比较，以及人工神经网络在经济预警领域中的应用状态。

关键词：房地产市场　市场分析　经济评价　人工神经网络

4747

海岛型经济区域产业结构研究 / 杨逢春著；邹珊刚指导. -- 华中科技大学, 2005. -- 172页

论文以区域经济发展为背景，以产业结构分析为轴线，在研究海岛型经济区域概念内涵的基础上，构建了海岛型经济区域产业结构研究的理论基础，以亚洲地区几个发达的海岛型经济区域（日本、中国台湾、新加坡、中国香港）为研究对象，运用比较分析的方法，剖析了这一特殊经济区域产业发展及结构调整的一般规律、影响因素及有关启示，为后发的海岛型经济区域——海南省的产业发展提供战略思路。通过纵向分析日本、新加坡等四个发达的海岛型经济区域的产业发展历程及其基本特征，指出海岛型经济区域的经济发展符合产业结构由低级到高级上升运动的一般规律，产业发展模式基本采取雁行发展模式、产品循环发展模式和出口导向发展模式，归纳出海岛型经济区域产业发展及其结构调整的鲜明特征和启示。并从农业、制造业、服务业等入手，横向比较了不同海岛型经济区域这些产业发展及其内部结构调整的异同。作者还从地理位置与交通、自然资源与生态环境、人口、资金、技术等九个方面，探讨分析了对海岛型经济区域产业结构调整的影响因素。最后，作者着重研究了后发的海岛型经济区域——海南省的产业发展及其结构调整问题。

关键词：地方经济　产业结构　产业发展　海南省

4748

电子商务环境下连锁经营物流系统规划方法研究 / 杨宏桥著；甘仞初指导. -- 北京理工大学, 2005. -- 97页

本研究采用基于自适应Agent建模技术对连锁物流系统进行系统建模与仿真评价。分析了中国连锁业发展的现状，表明连锁经营物流系统规划的主要内容及目前研究状况，包括连锁经营物流系统布局规划和连锁经营物流系统运作模式规划，对连锁经营物流系统规划方法和研究现状进行概述。对电子商务环境中连锁经营系统物流模式和传统连锁经营及物流模式进行分析。评述了连锁经营物流配送系统规划方法，概述了连锁经营物流配送系统规划的基本内容：连锁经营物流配送系统布局规划、连锁经营物流配送系统运作模式规划、连锁经营物流配送系统复杂性分析。进一步对连锁经营物流配送系统规划方法研究现状进行分析，分析包括：连续型数学规划方法、离散型数学规划方法、仿真规划方法。研究了基于模型进化与仿真分析的规划方法、基于遗传算法的物流配送系统规划方案设计方法、物流配送系统规划的遗传优化方法设计。研究了包含遗传优化子系统开发和自动建模与仿真系统开发在内的连锁经营物流系统规划软件开发。文章最后指出了规划方法的实际应用问题。

关键词：连锁经营　物流　电子商务　遗传算法　系统规划

4749

半自治作战agent模型及其应用研究 / 杨克巍著；谭跃进指导. -- 国防科学技术大学, 2005. -- 118页

论文在面向军事作战仿真系统的研究和开发中，围绕着如何建立贴近现实战场环境，以全面描述作战

单元的战场活动为出发点，提出了半自治作战 agent 的概念。它综合了 agent 的自治性、主动性、社会性、智能性和作战过程中接受上级指挥控制的“受制性”两方面的特性，逼真地反映了作战单元在战场上的活动特点。利用半自治作战 agent 描述战场作战单元，结合现代作战样式和战场组织模式，建立了基于半自治作战 agent 的作战仿真系统模型。论文提出了半自治作战 agent 概念，重点研究了构成半自治作战 agent 的通信、学习和有限理性决策模块，针对每个模块结合半自治作战 agent 的“受制性”特点，在分析传统智能 agent 的相关模型的基础上，提出了新的模型算法。作者在比较 Profit-sharing 增强学习算法和 Q-learning 算法的奖励机制原理和应用范围的基础上，提出了基于半自治作战 agent 的 profit-sharing 增强学习模型，利用半自治作战 agent 的“受制性”特点，通过具有学习能力的 agent 之间的共享经验知识、上级 agent 发布命令传递有效信息等方式，带动整个系统中 agent 能力的提升，从而显著提高整个作战 agent 系统完成任务的能力。论文最后介绍了正在研究开发的一个坦克作战效能评估系统，针对坦克在实战中的各类行为活动进行建模，利用这些半自治作战 agent 建模的坦克实体构成坦克联邦成员加入此作战联邦的仿真中。还可将半自治作战 agent 模型应用于更多的社会系统中，利用其进行仿真来对所研究的领域进行预测、分析、规划等。

关键词：作战模拟　计算机仿真　人工智能　坦克

4750

城市投资环境评价及应用研究／杨维刚著　；何继善指导. -- 中南大学，2005. -- 165 页

作者首先归纳分析一般投资和投资环境理论，作为投资环境评价体系的理论基础；并对境外评价的主要方法进行介绍和评析，明确了进行境内投资环境评价的必要性。接着，通过客观分析和研究，提出了投资环境境内评价体系（Investment Environment Analysis System，缩写为 IEAS），作为投资环境评测的量化基础，建立评价模型。作者将投资环境评价体系构建为一个开放的、动态的操作系统。通过建立一个全新的投资环境评价体系、确立投资环境评价方法、制定投资环境评价指标体系，构建投资环境评价流程、勾画了系统所需要的数据库结构、确定评价体系的评价方法、确立评价指标、投资环境评价信息化、确立各模块之间严密的逻辑关系，并针对株洲市投资环境进行了评价。作者还提出了投资环境的通用评价方法、产业评价方法、区域评价方法和企业级评价方法，并将投资环境评价指标体系分为适宜性指标、地区指标、产业指标和企业指标。建立了投资环境评价体系和咨询之间的关系，最后将投资环境评价落实到实践操作上。重点就投资环境评价系统创建思路、评价体系模块结构、评价指标体系确立、数据采集与分析处理方法，进行了分析和提炼。在整体构架上，先进行投资理论分析，奠定投资环境评测的理论基础，在此基础上确定投资环境评测的指标体系、数据采集方法和指标数据库，建立评测模型。并形成对模型的直接应用，最后通过以社会、经济、人文等几十个指标的专家知识为基础的评测辅助模型，校正评测模型。

关键词：投资环境　经济评价　评价指标　评价模型

4751

基于响应时间的供应链协同决策与优化模型研究／杨文胜著　；马士华指导. -- 华中科技大学，2005. -- 119 页

本文从协同供应链计划、准时交货的激励契约决策、交货期相关定价和基于契约模型的供应链四个侧面进行了协同分析与比较，研究了时间敏感需求下的供应链协同决策与优化问题。通过对问题的定量化建模研究与分析，探讨了时间敏感需求环境下的供应链协调管理的决策方法，同时对决策中的主要问题进行了分析与求解。文章在定义了供应链多阶响应周期的概念和描述了各节点企业之间分配响应时间以及在各节点企业内部分配生产时间和物流时间的决策过程的基础上，构建了以核心企业作为供应链整体计划、控制和协调中心的上层计划者、各节点企业作为具有相对自主权的下层计划者的供应链协同计划机制。从采购双方行为动机的角度出发，以博弈论作为分析工具，针对采购双方动态交互决策过程，建立了以采购商为主方、供应商为从方的 Stackelberg 博弈模型，并在最优性分析的基础上讨论了准时采购过程中采购商与供应商决策的交互影响关系；同时讨论了采购商与供应商的最优决策策略以及库存成本参数对决策产生的影响。以单位时间预期收益最大化为目标，构建了供应链企业交货期相关定价模型。同时也建立了普通合作契约和收益共享契约两种契约形式下的收益决策模型，并通过两种契约决策模型的最优性分析和供应链总体收益的比较，建立了不同契约对供应链协同影响的认识以及节点企业风险偏好度

对供应链渠道总体收益分配比例影响的认识。最后对本研究进行归纳和展望。

关键词:供应链管理　决策模型　协同计划　交货价格　契约　定价模型

4752

二板市场的风险防范 / 杨雪著 ; 蔡淑琴指导. -- 华中科技大学, 2005. -- 124 页

本文采用规范研究与实证分析,理论与实践相结合的方法,对中国设立二板市场面临的风险及其防范问题进行了研究。首先循着金融市场一般风险、股票市场风险、二板市场风险的步骤进行研究和比较,按照风险因素、风险事件、风险结果的分析思路,结合中国证券市场的实际,揭示中国二板市场的风险以及其可能产生的主要特征,并通过对风险因素和风险变异因素的区分以及正常或合理价格特征的分析,提出了两种对证券市场风险进行分析的指标。研究了三种基本的股市风险评估理论与方法,并结合主板与二板市场的差异性,对二板市场风险评估的方法进行了探讨。论述了二板市场和主板市场之间的区别和联系,对二板市场发展模式及其基本风险特征进行分析,提出了中国二板市场的发展模式及运作规则,并依据模型的动态演变对二板市场各阶段的风险变化 进行了预测性研究。对比分析了国际二板市场主要市场规则和运行制度在防范各种风险问题上的有效性,对二板上市企业的微观治理结构的完善进行了研究。本文还对国内外证券监管的实践进行了比较研究,对二板市场的风险演变进行了远期预测,探讨了国际资本市场发展趋势、衍生金融工具发展及证券业电子商务发展对二板市场风险构成的影响,对中国二板市场的设立、发展和完善也进行了前瞻性探讨。

关键词:二板市场　证券监管　证券市场　风险防范

4753

商业银行组织创新机制理论与实证研究 / 杨雪梅著 ; 许庆瑞指导. -- 浙江大学, 2005. -- 210 页

本文首先提出了当前商业银行组织管理中面临的实际问题。回顾了当前与商业银行组织创新相关的复杂性理论、企业理论、组织理论和创新理论等的发展及研究现状,并对这些理论作了梳理性评述。在明确了组织与制度的区别以及组织与结构的关系之后,构建了商业银行组织创新模型框架。本文基于复杂性理论对商业银行业务流程创新、组织结构创新和组织文化创新从内涵、内在逻辑到实现路径等方面做了理论与实证研究。通过对商业银行组织创新自组织与被组织演化机理的分析,构建了商业银行组织创新过程模型。根据复杂性理论对商业银行组织创新在其生命周期中的动态演化过程进行研究,并针对生命周期不同阶段的组织特征、面临危机,对相应的组织创新策略进行研究。剖析了商业银行组织创新各影响因素对组织创新效果的定量影响关系;通过对不同类型商业银行影响组织创新因素和组织创新效果评价因素的方差分析,明确了不同性质的商业银行各因素之间存在的差异性。本文对不同商业银行组织创新策略对商业银行绩效的长期影响和不同商业银行业务流程、组织结构和组织文化创新组合对商业银行绩效及长期发展的影响进行了系统模拟。对商业银行组织创新进行了总结,并对进一步的研究做了展望,提出了未来要深化和研究的问题。

关键词:商业银行　组织管理　组织创新　绩效管理

4754

基于提高企业竞争力的资源分类整合研究 / 杨业功著 ; 韩伯棠指导. -- 北京理工大学, 2005. -- 157 页

本文从企业资源及其资源之间的分类、整合着手来进行企业竞争力的研究。通过对 SWOT 分析,揭示了中国企业的现状。对企业资源论与能力论进行了理论研究,对不同的理论观点及其代表人物进行了分析和评述,并且在此基础上进行了资源整合的理论分析及效应分析。其次,对目前学术领域存在的企业竞争力的评价方法进行了分析和评述,指出了不同方法的优势及改进之处。对企业客户资源的分类方法从定性和定量两个角度进行了比较分析,讨论了影响阈值大小确定的四个决定因素。探讨了企业广义资源与能力的划分及整合模式,进一步讨论了客户资源的整合、信息资源的整合以及能力资源的整合;利用典型相关分析方法,对企业的资源整合效果进行了测度。文章对企业资源整合中(采购、生产和营销)的物元变换进行了分析;对企业资源单元之间的整合从物元角度进行了分析;利用物元理论对企业营销目标市场的确定进行分析;对物元分析与营销资源整合的关联进行了分析。最后,对本研究做结论性归纳与展望。

关键词:企业竞争力　市场竞争　企业资源

4755

电子政务评价指标体系研究 / 杨云飞著 ; 白庆华指导. -- 同济大学, 2005. -- 166 页

本文在全面介绍当前全球各种电子政务评价指标体系和参考国家电子政务标准体系的基础上,结合作者在公共管理领域的研究成果,提出了一套全新的"电子集中、电子安全、电子管理、电子服务、电子决策"五项测评电子政务评价指标体系,并利用该评价指标体系对我国四大直辖市、各省会城市,以及香港、澳门和台湾地区目前的电子政务发展水平进行了实证测评,测评结果显示,本论文提供的电子政务评价指标体系相对于其他评价体系而言,不仅系统完整,简洁明了,而且具有更崭新的特征。本论文提供的电子政务评价指标体系的主要特点可以概括为:"顶端为政务基本架构;中间为信息技术与政务的有机结合;底层为众多的标志性特征"。全文分五部分十章,第一部分绪论,包含第一章。第二部分为文献阅读综述,包含第二、三、四章。第三部分为评价理论基础研究,包含第五、六章。第四部分为评价指标体系和测评系统研究,包含第七、八、九章。第五部分为结论与展望,包含第十章。将本论文提供的电子政务评价指标体系与全球五大电子政务评价体系进行了全方位比较,并分析了电子政务评价指标体系随时间变迁的情况。

关键词:电子政务　评价标准　电子安全

4756

信用风险管理与量化方法研究 / 杨蕴石著 ; 徐枞巍指导. -- 北京航空航天大学, 2005. -- 123 页

本文从内部模型所需基础数据、资产组合信用风险度量模型以及风险识别和预警的角度出发,分别对银行内部信用评级系统、货款组合信用风险 VaR 蒙特卡罗简化计算方法、信用风险识别和预警方面进行了研究。研究了各种评级方法的基本原理、评级时考虑的信息以及各自的优缺点,将内部信用评级系统运行过程从总体上划分为内部信用等级评定、信用评级审核、信用评级结果应用这三个部分,并对各部分的具体安排进行了研究,讨论了基于内部评级的违约和损失估计方法。对贷款组合风险管理模型的技术方法进行了比较研究。本文提出用最小的计算工作量来近似最大损失的简化方法。文章以信用风险识别与预警为着眼点,在信用风险识别和预警方面,对虚假财务数据的辨识进行了研究,同时介绍了财务风险评估的几种常用方法,采用逐步回归分析确定了财务风险预警指标体系,运用判别分析法建立了公司风险识别和预警模型。

关键词:信用风险　信用评级　蒙特卡罗模拟　贷款　风险防范

4757

我国上市公司治理与战略绩效的关系研究 / 杨召文著 ; 万君康,周祖德指导. -- 武汉理工大学,2005. 160 页

运用相对价值和价值成长能力的概念来分析内部治理结构与外部治理机制对企业战略绩效的影响。首先阐述了公司治理的有关理论基础,阐释企业制度的发展与公司治理思想的共生演进,从合同与企业理论前沿发展的角度探析公司治理的结构安排,并对公司治理理论研究进展中所包括的公司治理绩效评判内容作了分析。接着阐明了公司治理与公司战略绩效的基本理论构架,回顾了公司战略管理的理论发展,指出了公司治理与战略过程的联系,建立了公司战略绩效评价体系。其次,对国外公司治理典型模式进行比较分析,主要是对英美治理模式与德日治理模式的国际比较,并指出其借鉴意义,回顾了我国国有企业的改革背景下上市公司治理模式的演变过程。再次,公司内部治理结构与公司战略绩效的理论与实证研究,具体从公司内部的激励机制、决策机制、监督机制的制度安排考察了它们对战略绩效的影响,并作出研究结论;也作了公司外部治理的战略控制与公司战略绩效的理论与实证研究,从企业融资结构、战略并构两个方面研究外部控制权市场对公司战略绩效的影响,认为应加强上市公司信息披露的监管与执行,并合理定价非流通股股权,从而加大保护中小投资者利益的力度。最后,作者提出了改善我国上市公司治理的政策建议。

关键词:上市公司　公司治理　企业绩效　战略管理

4758

个性化信息获取方法的研究 / 杨震著 ; 邓贵仕指导. -- 大连理工大学, 2005. -- 107 页

本文针对个性化信息获取的问题,从不同方面对其相应的理论与算法进行了研究。首先研究了个性的概念,分析了个性化信息获取的特点和方法,探讨了在个性化信息获取过程中个性化知识的运用,提出了用户特征模板的概念,进行了模板基本结构及应用分析,并给出了模板的示例。其次对个性化信息获取

系统的实验方法进行研究，建立了对个性化信息服务系统性能及算法效率进行评价的指标体系。本文在研究了数据挖掘和模式识别技术在个性信息挖掘中的应用之后，提出了基于奇异值分解的个性化信息挖掘算法，并应用此算法进行了个性化信息挖掘实验，分析并提出了算法改进的方向。另外，研究了神经网络法，并结合 SVD 算法，提出一个使用用户信息需求特征构造个性化空间，同时改良样本空间和搜索空间，进行个性化信息检索的算法。研究了特征提取算法和遗传算法，提出了两种基于用户特征文档集合的用户个性特征提取算法。文章最后做了结论性归纳，并表明进一步需要开展的研究工作。

关键词：信息服务　个性化服务　查询　搜索引擎　数据挖掘

4759

基于事业人假设的高校教师人力资源开发研究 / 杨震著 ; 张金隆指导. -- 华中科技大学, 2005. -- 128 页

作者通过提出事业人假设的概念和高校教师事业人的定位，进行基于事业人假设的高校教师人力资源开发研究。首先对人力资源管理理论与方法的相关文献进行综述，对其应用于高校教师这一特殊事业群体的适用性进行了分析，揭示出研究的直接动因。并对高校青年教师人力资源现状进行了实证调查，通过调查数据的分析并兼顾高校中老年教师的人力资源属性，归纳出高校教师群体的需求特质。其次，运用现实归纳的方法提出“生存人、职业人、事业人”的人群分类；从管理学和教育学的双重视角提出了高校教师是典型的“事业人”群体的观点；构建了基于事业人假设的高校教师人力资源开发的理论框架模型及核心体系。再次，在基于事业人假设的高校教师人力资源开发理论模型下，分别研究了高校教师的绩效考核、价值评估和职业生涯管理问题。作者遵从事业人绩效考核的指导思想，构建了高校教师绩效考核的教学、科研、服务、育人四维体系；提出由下至上指标集成的四种常用模型，从中筛选出加成模型应用于高校教师绩效指标集成；围绕高校教师事业人特质提出其人力资源价值定性评估矩阵，并构建了定量评估高校教师人力资源价值的数学模型；论文还深入分析了知识型员工的职业生涯管理，并以此为理论平台研究了高校教师职业生涯规划与管理等关键问题。

关键词：高等学校　人力资源开发　教师

4760

国有企业员工离职动因分析 / 叶仁荪著 ; 郭耀煌指导. -- 西南交通大学, 2005. -- 181 页

本文围绕“国有企业员工为何会产生离职意向”这样一个命题，展开国有企业员工离职动因的研究。首先以铁路运输企业为例，对国有企业员工离职现状进行调查研究，采用多元统计分析及结构方程分析方法，对国有企业员工离职影响因素进行实证分析，通过建立了国有企业员工离职动因模型，并将国有企业模型、民营企业模型与 Price 的相关研究进行了横向比较。剖析了个体因素与员工离职意向的关系，包括：学历与离职意向的关系；地理位置与离职意向的关系；年龄与离职意向的关系；服务年限与离职意向的关系；性别、婚姻状况与离职意向的关系。对国有企业模型在民营企业的适用性进行验证，找到影响民营企业员工离职的影响因素。最后，有针对性地提出保持国有企业关键员工的建议，并指出今后需要进一步研究的问题。

关键词：国有企业　民营企业　员工离职　人事管理

4761

外国银行进入与新兴市场银行业效率演变关系的研究 / 叶欣著 ; 冯宗宪指导. -- 西安交通大学, 2005. -- 125 页

本文围绕影响效率演变的两个核心因素——外国银行竞争压力和本国银行市场权力，对外国银行进入与新兴市场银行业效率演变关系展开研究。提出并建立数理模型，论证了只有当外国银行竞争压力超过某一阈值时新兴市场本国银行效率水平才会一致提升的理论假设。运用系统的观点和概率分布函数的形式，建立了描述外国银行竞争压力程度与本国银行效率演变趋势关系的模型。论证了本国银行市场权力的大量存在将削弱外国竞争压力对新兴市场国内银行效率提升作用的理论假设。通过引入竞争阻碍函数，进一步构建了市场权力、竞争压力与效率演变关系的数理分析模型。运用计量分析技术，证实了进入对效率变化的影响与外国银行竞争压力程度和本国银行市场权力程度显著相关的理论假设。通过实证分析发现中国银行业开放未对效率产生实质性影响的两个制约因素。从实证角度出发分析了外国竞争压力、本国市场权力与银行效率这三个关键变量在中国的变化趋势与相互影响关系。提出现阶段中国银行业在引入外部竞争压力、完善市场竞争条件、

构建竞争机制以改善银行效率方面急需加强和深化的政策建议。

关键词:外国银行　银行效率　新兴市场　市场竞争　银行业

4762

知识获取与共享、组织能力和企业战略变化间的关系研究 / 弋亚群著 ; 李垣, 刘益指导. -- 西安交通大学, 2005. -- 130 页

在对以往国内外相关领域前沿研究成果进行综述的基础上,本文尝试性地构造了知识获取与共享、组织能力和战略变化之间的结构关系模型。通过引入组织的动态能力和运作能力,模型进一步揭示了知识获取与共享和战略变化之间的理论关系。本研究提出组织应付突发变化的活动中包含动态能力,通过实证尝试性地检验了组织动态能力对运作能力的作用,验证了"动态能力就是改变运作能力的能力"的定义,本研究还发展了一个组织学习与组织能力关系的概念模型。分析了组织学习、组织能力和战略变化间的理论关系,包括知识获取与共享与战略变化过程的关系;知识获取与共享同组织能力之间的关系;组织能力同战略变化的关系。讨论了知识获取和共享对组织能力的作用以及组织动态能力与运作能力的相关因素。

关键词:企业战略　组织管理　知识管理　知识共享

4763

基于 DEA 的证券市场问题研究 / 易荣华著 ; 达庆利指导. -- 东南大学, 2005. -- 101 页

本文依托系统性相对比较思想,构建了基于 DEA 的证券市场问题研究的理论框架,并针对中国证券市场进行了实证检验研究。主要内容包括:(1)提出了证券价格的相对决定论点,对其形成机理和价值构成进行了分析,并将证券的价值构成分为内在价值、比较市场价值、可交易价值、随机波动四部分。(2)提出了基于 DEA 的证券投资价值评价模型、方法、应用准则与策略,通过建立以主要价值影响因素为输入、证券价格为输出,反映投入产出非参数型函数关系的 DEA 模型,实现对证券相对价值实现率的评价。(3)提出了基于 DEA 的证券市场效率指数测度模型。(4)基于市场同类证券的"比较"定价思想,提出了基于 DEA 的新证券定价模型。(5)针对传统基金绩效评价理论与方法将绩效等同于投资价值以及测度方法本身存在的问题,提出了将绩效评价与投资价值评价分别进行的观点,并基于 DEA 理论给出了对应的绩效评价模型和投资价值评价模型、方法与策略。(6)对我国 B 股市场和基金市场进行了实证研究。文章最后就本研究理论与应用做归纳及展望。

关键词:证券市场　金融市场　数据包络分析(DEA)　市场效率

4764

供应链分销阶段的绩效评价研究 / 殷梅英著 ; 王梦光指导. -- 东北大学, 2005. -- 139 页

本文在对国内外供应链管理相关文献归纳总结综述的基础上,按照供应链形成、运作、解体、重构的逻辑过程,将供应链管理的研究文献所讨论的问题总结为八个方面。根据供应链分销阶段要完成将产品或服务的所有权和实物由供应商转移到消费者的工作,把分销阶段的基本功能概括为营销和物流,将分销绩效划分为价值绩效和过程绩效,在此基础上分析营销功能的价值绩效、过程绩效以及物流功能的价值绩效、过程绩效,并结合多指标评价理论,建立了适用于供应链分销阶段及其成员绩效评价的指标体系框架。根据分销阶段网络的不同结构特点,将分销阶段的网络划分为带有独立子系统的分销网络和带有非独立子系统的分销网络,建立了相应的网络数据包络分析评价模型,对其进行绩效评价。分析了各种网络结构下的分销绩效,并讨论了影响分销阶段绩效水平的因素,说明了分销阶段的绩效与其内部节点绩效水平的关系。文章利用数据包络分析、聚类分析等数学技术,研究分析了利用标杆方法改进分销阶段绩效水平的优化途径。分别讨论了消费品和工业品两大类产品的特点和分销渠道及分销成员的特点,建立了相应的分销绩效评价指标体系,从宏观和微观两个角度对两大类产品进行了分销绩效评价,确定影响其产品绩效水平的因素。在本文的最后,指出了今后进一步研究的问题和方向。

关键词:供应链管理　分销　绩效管理　消费品　数据包络分析(DEA)

4765

水权交易与流域水资源优化配置 / 尹云松著 ; 糜仲春指导. -- 中国科学技术大学, 2005. -- 131 页

文章主要阐述了国内外研究现状及本文的研究思路,论述了水权的起源与概念、水权制度及其演变趋势,阐明了对水权概念的理解。表述了初始水权分

配的概念、基本原则、程序和基于 AHP 层次分析法的流域初始水权分配方法,并以黄河流域为例,引入排污量指标。论述了水权交易的基本思想、背景和必要性、分析了水权交易的机理、范围与条件,建立了水权交易机理模型,从战略层面可行性、技术层面可行性和制度层面可行性三个方面,对建立水权市场的可行性进行分析。通过建立一个流域不同地区间水权交易的博弈模型,对水权市场特征进行分析。引入排污权交易,对一个流域水资源数量与质量分配的双重冲突进行了博弈分析,建立了一个基于水权交易与排污权交易同步实施的流域水资源分配模型,并运用进化博弈理论,对流域水资源分配纳什均衡的实现过程进行分析。文章从制定水权交易的财税支持政策和宏观调控措施、降低水权市场交易成本、建立有限信息下行政管理机构对取水者和排污者进行监管的激励机制等方面进行论述,并提出了完善水权市场和优化流域水资源配置的对策建议。

关键词:水资源管理　流域　水权　水资源配置

4766

基于不确定性信息的聚类分析方法研究 / 于春海著 ; 樊治平指导. -- 东北大学, 2005. -- 116 页

本文针对具有不确定性信息的聚类分析问题,对相关的理论与分析方法进行研究。(1)提出基于区间数信息的模糊聚类分析方法。包括基于风险态度因子的区间数聚类分析方法、基于区间数多指标信息的 FCM 聚类算法和基于区间数多指标信息的最大树聚类分析方法。(2)提出了基于三角模糊数信息的模糊聚类分析方法。包括基于三角模糊数多指标信息的 FCM 聚类算法和基于三角模糊数多指标信息的最大树聚类分析方法。(3)提出了具有不确定性语言评价信息的多指标聚类分析方法。包括给出了基于语言评价信息的 FCM 聚类算法和分别将语言评价信息转化为二元语义或三角模糊数的形式后的编网聚类法。此外针对群体语言评价信息分别提出了基于群体语言相似矩阵的群聚类方法和基于特征指标语言评价信息的最大树群聚类方法。(4)提出了具有多指标信息不完全的聚类分析方法。(5)给出了一个将本文提出的基于不确定性信息的聚类分析方法应用于企业员工知识共享能力分类问题的实例。最后,对文章进行总结的同时也指出了需要进一步研究的工作。

关键词:聚类分析　不确定性　模糊数

4767

企业技术创新战略管理研究 / 于丽娟著 ; 韩伯棠指导. -- 北京理工大学, 2005. -- 146 页

本文以博弈论方法为主,实证研究了我国企业的技术水平、技术创新能力及其管理能力,总结了相关文献,包括技术创新基本理论,企业战略管理理论,企业技术创新战略管理等。基于 Madjid Amir 等关于工艺创新战略选择的两阶段博弈研究,本文构建了双寡头产品创新战略选择的两阶段博弈模型;基于 Huisman 等关于对称性两企业采用新技术的战略博弈研究,本文区分动态和静态两种博弈,构建了非对称性双寡头采用新技术的博弈模型。根据 C. Werker 行业竞争性演化规律的研究,本文从技术扩散角度分析了市场竞争的动态特性,建立了以技术为主要驱动力的市场动态定量演化模型。以 Bass 等有关描述市场状态的理论,Lieberman 等市场进入的主要依据理论为基础,从博弈论视角建立了市场均衡利润模型,以此评估动态市场的吸引力。本文从实践和理论两方面分析和总结了有关技术创新战略决策系统的基本内容,对技术创新战略决策系统进行了分析。基于一般决策支持系统的设计思想和结构,本文构建了技术创新战略决策支持系统(TISDSS)的基本框架,构造了系统的基本结构,设计了系统的基本功能,研究了博弈论模型在计算机中的关系表示和应用。

关键词:技术创新　战略管理　企业管理　博弈论　决策支持系统

4768

面向电子政务办公系统的角色网络理论、模型及其应用研究 / 于淼著 ; 王延章指导. -- 大连理工大学, 2005. -- 141 页

本文对当前电子政务环境下的办公业务系统研发情况、理论模型研究情况、对角色网络理论的一些相关基础理论和应用进行了阐述,说明了角色网络理论和这些理论之间的关系;对电子政务环境下的政府办公业务进行分析,主要是针对政府办公组织结构、政府办公业务特性和政务办公业务中的信息流进行分析,并给出相应的分析结论,根据这些结论,对角色网络理论进行研究,指出了角色网络理论的使用环境,并与在电子政务办公领域应用较多的工作流理论和 CSCW 理论进行了比较研究。对角色网络模型的构建方法、集成方式和模型特点都做了相应的研究。本文将安全分为安全基础设施和应用两个层面,并针对应用层面给出了角色网络安全模型,最后,构建出

了电子政务办公系统的软件架构，并结合角色网络理论和模型设计出了关键构件。

关键词：电子政务　管理信息系统　网络模型　行政管理　办公自动化

4769

产业关联关系及其应用研究 / 于维洋著；陶树人指导. -- 中国矿业大学, 2005. -- 111 页

在经济活动过程中，各产业之间存在着广泛的、复杂的、密切的技术经济联系以及其他联系，这种联系就是产业关联。产业间相关联关系的研究也是研究产业经济的基础，同时也是经济决策的基础。论文对产业间的不同方面的关联关系度量方法进行详细的探讨；产业对系统影响及产业间的波及效果进行了全面的分析；并对产业产出的变动对就业人数及投资的影响进行深入研究；最后利用秦皇岛市实际数据进行具体的应用。论文的主要内容包括：(1)对产业的分类进行全面探讨，提出产业的重叠分类法和按关联度分类法。(2)为了剔除多个变量的相互影响，提出利用偏相关系数对产业间的产出、就业和投资方面的关联度进行度量模型。(3)利用神经网络权重的特性，定义产业的影响力系数和感应度系数，从而为度量产业间的波及效果提出了新的方法。(4)同时提出了产业产出变动对就业人数和投资额的影响度量方法。(5)利用上述方法分析秦皇岛市产业关联及产业波及效果。(6)利用分析的结果，按不同层次对秦皇岛市的主导产业进行确定。(7)最后，对秦皇岛市的产业结构提出优化策略。

关键词：产业经济学　产业结构　产业发展　产业关联　主导产业

4770

中国与 OECD 国家购买力平价和经济实力的比较研究：国际比较项目(ICP)方法的实证分析 / 余芳东著；任若恩指导. -- 北京航空航天大学, 2005. -- 114 页

在比较中国与 OECD(经济合作与发展组织)国家实际 GDP 规模和价格水平的同时，本文研究了国际比较项目方法，剖析了支出法购买力平价方法在实际应用中的问题，提出了完善与改进的措施。并对中国与 OECD 国家进行了双边比较的实证研究，采用多边比较与双边比较相结合的方法测算了中国城市与 OECD 成员国之间的购买力平价。最后，利用研究测算的结果，进一步分析和比较了中国与 OECD 成员国之间在 GDP 规模、人均水平、相对价格水平以及在购买或消费各类商品和服务时价格的竞争优势、经济结构等方面的差异，并探索了人民币汇率与购买力平价之间的关系。最后，在分析总结本研究的基础上进行展望。

关键词：购买力评价　国内生产总值　经济实力　国际比较项目(ICP)　经济合作与发展组织(DECD)

4771

机遇、选择与过程：中国通信制造企业技术战略架构分析 / 余江著；方新指导. -- 中国科学技术大学, 2005. -- 120 页

本文的研究设计采用按时间维度演进的多案例分析方法，在"程控交换机"和"蜂窝移动系统"两个产业中选择不同技术战略和竞争定位的企业创新案例，进行实证研究和分析归纳。以"本土市场"场景集中反应了发展中大国经济、政治、文化和政策等环境变量对企业竞争的影响。将产品性能改进与市场拓展相结合，采取动态演变的"平台跟随＋再设计"的技术战略，通过实施分阶段的技术战略和重组企业组织流程，从初始型、改良型到成熟型逐步演进产品，切入由跨国公司主导的产品技术周期、持续培育和集成技术资源。本文在竞争战略与技术战略互动的框架下，分析了本土通信制造企业相对于跨国竞争对手在技术定位和市场定位的演进过程，分析了企业技术战略实施过程中企业的组织结构与组织程序变革，同时建立一个后发制造企业技术管理的初步战略过程模型。

关键词：通信工业　企业创新　技术创新　产品创新

4772

国有企业产权制度改革的效应分析与评价 / 余卫平著；陈晓红指导. -- 中南大学, 2005. -- 154 页

作者从国有企业改革价值的逻辑审视和综合判断开始，以改革政策后果的现实表现与改革主体博弈的策略均衡为基本的分析对象，借助于制度变迁博弈的演进均衡和认知均衡的分析方法，构建了一个面向宏观整体环境且具有连贯一致性逻辑的国有企业产权制度改革的绩效分析框架。论文研究的出发点在于国有企业改革进程中改革主体及相关利益结构的形成、变化和发展过程，进一步的理论分析是围绕产权制度改革的主体博弈及其均衡特征来展开的。在分别探讨了产权制度改革的主体规范效应、社会稳定效应和经济安全效应之后，针对云南铜业集团公司的

改革实践,探讨了三种产权制度改革效应的现实表现。同时,还指出了资源性国有企业改革对于我国经济安全的特殊价值。论文研究的落脚点是产权制度改革的博弈机制与效应评价。通过把国有企业改革的绩效分析置于制度变迁博弈的理论框架中,改革路径(或改革政策)选择与改革主体博弈之间的互动关系得到了更为合理的理论解释,产权制度改革的效应评价(绩效分析)也具有了更为合理的主体理性基础。国有企业产权制度改革的主体规范效应、社会稳定效应和经济安全效应是论文研究的基本内容,而改革主体利益的形成、冲突和协调,改革主体利益结构的制度演进规律,改革政策选择的博弈均衡特征,是论文研究的理论重心。

关键词:国有企业　产权　经济体制改革

4773

企业流程变革管理影响因素及其动态机制研究 / 俞东慧著 ; 黄丽华指导 . -- 复旦大学, 2005. -- 134 页

本文对影响流程变革管理的关键因素及其动态机制进行了深入研究。首先,从"硬"因素和"软"因素两个角度提出了流程变革管理的影响因素模型。文章以组织变革管理和流程变革管理的模型为主要理论依据,在总结现有理论模型提出的关键影响因素的基础上,归纳出影响流程变革管理的主要因素。其次,对提出的影响因素模型进行实证研究,从实施的角度论证了模型的合理性。接着,运用混沌理论的研究成果,在企业整个生命周期内探讨了各影响因素对流程变革管理的动态机制。通过引入混沌的思想,指出混沌理论和流程变革管理之间存在共性,论证了用混沌理论解释流程变革的可行性。在此基础上结合企业生命周期理论,把企业整个生命周期中的流程变革分为四个阶段,并应用混沌理论中 Logistic 方程的特性,分析流程变革的分叉和混沌行为,并且从定性的角度探讨了各个因素在不同阶段的不同作用。最后,通过分析两家企业在整个信息化过程中实施流程变革的具体情况,进一步论证了流程变革管理动态机制的合理性。

关键词:企业管理　流程管理　组织管理

4774

我国铁路运输业管制重构研究 / 俞志海著 ; 吴祥明, 陈建国指导 . -- 同济大学, 2005. -- 136 页

本文在充分借鉴自然垄断管制理论和发达国家铁路运输业管制实践的基础上,为我国铁路运输业的管制重构提供理论指导;同时,结合我国的具体国情,为我国铁路运输业实现良性发展提供策略建议和操作方案。论文首先考察了自然垄断管制理论和发达国家铁路运输业中管制格局的实践经验;在此基础上,论文深入分析了我国铁路运输业管制的现状格局,研究提出了管制重构的总体方案。进而,就管制客体的重组、管制主体的形成以及与管制重构紧密相关的普遍运输服务问题进行了深入研究。论文研究的主要成果:(1)提出我国铁路运输业发展滞后的问题;(2)提出我国铁路运输业应采取以"区域竞争"为基础的产业重组模式,打破行政性垄断、重建管制客体;(3)提出应将原来统一于铁道部的职权分解由政府下属的运输部、国有资产管理委员会和人大下属的运输管制委员会共同行使,重塑管制主体;(4)提出了我国铁路运输业应转变普遍运输服务的供给模式,打破传统的交叉补贴形式,建立普遍服务基金作为服务资金的"集水池",采取竞标的方法来确定普遍运输服务的供给企业和成本补偿额度。进而,本论文提出我国应转变为由多种运输方式、多层次管制机构共同负责运输普遍服务的供给,以此来提高普遍运输服务供给的效率。

关键词:铁路运输业　行业管制　垄断　产业结构

4775

研究型大学素质教育立体化互动培养体系的研究 / 虞丽娟著 ; 江景波, 毕家驹指导 . -- 同济大学, 2005. -- 223 页

本文首先提出并构建了我国研究型大学素质教育立体化互动培养体系。通过调查研究学习,运用现代管理思想和现代教育理论,采用系统论方法、综合分析法、比较分析法、案例研究法,注重项目研究与科学理论指导相结合、理论研究与实践研究相结合、定性分析与定量分析相结合,对研究型大学人才培养体系进行系统研究。文章按照系统论原理整体构建立体化互动培养体系。通过构建一个三维整全矩阵模型,将素质教育立体化互动培养体系要素化为一个由目标内容、责任主体、培养过程三要素构成的三维矩阵系统模型进行系统研究;通过"层"矩阵模型进行子系统研究,建立相应的四个培养过程子系统管理单元。文章提出才质结构论和才质容积论,构建了才质智能评价系统。通过素质教育内涵的始基要素的分析,把才质结构分为知识、能力、人格三要素。根据模

糊数学理论和发展性教育评价理论,采用层次分析法建立全方位、多层次的才质评价指标体系,按基础性要素和个性化要素两大类设计,着力形成人才以知识为基础、以能力为核心、以人格为灵魂的综合素质结构。本文开发了素质教育立体化互动式信息管理系统。该系统根据计算机支持协同工作基本原理,进行素质教育立体化互动培养体系的实践案例研究。

关键词:大学　素质教育　人才培养

4776

网络组织集成及其机制研究 / 喻红阳著 ; 李海婴指导. -- 武汉理工大学,2005. -- 213 页

以集成理论为指导,综合利用学习理论、组织理论、组织行为学理论、系统论、管理学等理论与方法,从集成的角度来探讨网络组织成功运行的可能。作者从网络组织集成的可能性、内涵、原则、平台、网络组织集成的基本要素及关系、集成模式、集成类型、影响集成的因素、集成步骤及协同旋进机理等方面构建了网络组织集成的理论框架,并深入研究了网络组织集成的主要内容,目标集成、信息集成、资源集成、知识集成、文化集成、过程集成等来逐步论述网络组织集成。通过这些要素的集成,从而实现组织集成。基于价值网的网络组织过程集成是将网络组织各要素集成串联起来的红线,将网络组织资源、信息、知识、活动和结点集成起来成为一个跨组织边界的价值创造系统。并且探讨了网络组织集成的相关机制,如信任机制、学习机制、沟通协调机制。综合网络组织集成及机制提出了网络组织集成的系统模型,并描述网络组织集成的机制与网络组织集成的相互促进、互为因果的关系。还对网络组织集成的效果进行了综合评价,构建了网络组织集成的评价体系。

关键词:企业管理　组织管理　网络组织　学习型组织

4777

企业科技经营管理研究 / 喻金田著 ; 刘国新指导. 武汉理工大学, 2005. -- 137 页

本文利用技术进步理论、技术管理理论、知识管理理论、组织学习管理以及企业管理学等,探讨企业科技经营运行规律,研究其管理原理与方法。文章进行了企业科技经营的基础理论研究。在界定企业科技经营内涵,分析其特点的基础上,提出了企业科技经营的过程分析模型,把企业科技经营的整个活动过程浓缩为"技术知识的生成→技术知识的应用→技术知识的内化→技术知识的保护"四个基本环节;分析了企业科技经营系统的构成,明确了系统构成要素的功能;研究了企业科技经营的机制,构建了企业科技经营机制分析模型,并分析了各种机制之间的相互关系;根据企业科技经营活动过程,提出了企业科技经营能力的四要素构成,并分析了其特点,设计了评价企业科技经营能力的指标体系。本文围绕研究主题,主要研究的内容包括:企业科技经营战略、企业科技经营的组织、企业科技经营过程管理和企业科技经营中的知识资源管理。研究了企业知识管理的机制,以及企业知识管理实施的原则与措施。

关键词:企业管理　经营管理　技术管理　技术创新　知识管理

4778

金融创新与经济增长的关联性研究 / 喻平著 ; 刘国新指导. -- 武汉理工大学, 2005. -- 192 页

本文在理论分析的基础上,从宏观和微观两个角度,分别建立了理论模型,分析了金融创新与经济增长之间的关联性机理。评述了金融深化与金融创新的理论框架,研究了包括金融结构形态与经济增长及金融总量扩张与经济增长间的金融发展经济增长的机理,进一步分析了金融创新与经济增长的机制,提出了金融创新推动经济增长和经济增长拉动金融创新的机制。设定了金融创新与经济增长的模型,分别阐述了金融创新推动经济增长和经济增长拉动金融创新的模型。对金融总量、金融结构和金融创新与经济发展及增长进行实证检验。通过运用相关性检验、交叉谱检验、协整检验、格兰杰因果检验与非嵌套假设检验等计量方法,对我国的金融与经济数据进行实证分析,提出了金融创新与经济增长良性循环的政策建议。

关键词:金融创新　金融发展　经济增长　金融结构

4779

群决策过程中成员评价的一致性分析与协调技术研究 / 元继学著 ; 吴祈宗指导. -- 北京理工大学, 2005. -- 100 页

本文提出了针对一致性分析的改进德尔菲法,并以实例说明了这种方法的应用过程,基于一致性分析的改进德尔菲法属于群决策方法,提出了评价信息的集中性和相似性概念。用模糊集理论的工具,介绍了基于 OWA 算子的确定属性权重的方法,研究了模糊

环境下常用六种属性的规范化方法，研究了基于决策者偏好的梯形模糊数之间的带符号距离，确定了把不同决策信息转化成梯形模糊数的方法，研究并确定了一致性相对集中指标和一致性相似指标，定义了专家评价结果的一致程度分类。文章从定性的角度研究了决策群体各成员之间一致性的存在形式，说明了一致性分析结果应该包含的内容，提出了群决策的空间层次模型，也提出了综合属性和属性层概念，探讨了在这两个层上研究群体成员一致性的意义。本文定义了一次性群决策的一类决策问题，说明了一致性分析方法在一次性群决策中的应用步骤。最后，用实例说明改进德尔菲法的应用步骤。

关键词：群体决策　模糊决策　决策学　一致性分析　德尔斐法

4780

企业 R&D 合作的动因及运作机制研究 / 袁锋著 ; 陈晓剑指导. -- 中国科学技术大学, 2005. -- 135 页

在对国内外研究现状分析的基础上，本文将研究范围集中在企业 R&D 合作的核心过程，以产业组织理论为主要工具，结合相关理论作补充和比较研究，并考虑了不对称信息的影响。文章归纳了不同学者的观点，界定了与研究对象相关的概念框架，并对该领域国内外文献的研究重点和流派作了概括性的述评。分别运用产业组织理论和企业理论研究了企业 R&D 合作的动因。分析了不同创新策略的均衡结果以及合作形成的具体条件，同时研究了产业生命周期各阶段的企业进行 R&D 合作的动因差异。运用资源基础理论讨论 R&D 合作在资源利用和开发两个方面的作用，并系统地归纳和比较了各种理论对于 R&D 合作动因的分析。本文研究了如何通过信号机制解决不对称信息导致的合作伙伴逆向选择问题，同时探讨 R&D 合作中双向道德风险的成因，提出技术奖励机制作为应对策略。并对如何促进我国企业 R&D 合作提出初步的对策建议。

关键词：研究与开发（R&D）　企业合作　产业组织　不对称信息　技术创新

4781

基于信息技术的柔性组织构建 ：以虚拟企业为例 / 原海英著 ; 罗荣桂指导. -- 武汉理工大学, 2005. -- 146 页

作者着力于构建基于信息技术的柔性组织，论文前半部分奠定了理论基础，后半部分则以虚拟企业为例，从信息技术基础设施、信息系统和商业流程三个方面作了详细的分析。首先，分析了信息技术的发展及其在组织中的应用。为进一步说明信息技术对组织设计的影响，作者构建了一个组织模型，用一个管理信息系统（MIS）解决方案和一个组织再造解决方案配置决策权和信息。接着，在前面研究基础上，建立了信息技术、组织结构和柔性之间的关系模型，并分别从战略、战术和运营层面研究了基于信息技术的柔性组织决策，分析了对柔性投资的收益。随后以一种典型的柔性组织——虚拟企业为例，详细分析了基于信息技术的柔性组织构建。作者提出了一般的虚拟企业流程，为实际构建虚拟企业提供了参考，并根据现有企业管理软件系统的特征，探讨了虚拟企业信息系统的实现。作者还在分析了移动 Agent，多 Agent 等各种类型 Agent 的定义和特征基础上，提出利用 AGORA 多 Agent 体系结构来建立虚拟企业模型，并对虚拟企业生命周期中的两个关键阶段即需求和实施阶段进行了详细的设计和说明。

关键词：虚拟企业　信息技术　组织结构　信息系统　柔性管理　组织管理

4782

我国商业银行从事证券业务的模式与效率研究 / 岳林继著 ; 蔡淑琴指导. -- 华中科技大学, 2005. -- 133 页

商业银行业务与证券业务的结合（简称银证混营）是一种金融组织制度创新，商业银行的证券业务模式是银行混业经营组织制度的各种具体表现。本文研究的主要内容即是讨论在外部环境尚不完备的条件下，采取何种模式发展混业经营制以获得效率最大化。文章在制度变迁理论的框架下，依据制度与效率的一般关系，分析了不同业务模式下银证混营的制度变迁效率，设计了不同模式的变迁路径。银证混营的效率是一种制度变迁效率，银证混营制度的需求来自于金融市场参与主体，其供给取决于外部环境因素的制约。文章从供需两方面对我国银证混营制度的均衡进行了因素分析。接着又分析了银证混营制度对外界环境因素的内生推动机制，根据银证混营业务模式与效率的相互关系分析，以效率优化为标准，提出了内部化模式、控股公司模式和银证战略联盟模式三种基本类别和不同的设计原则。文章还按照国际通行的金融控股公司界定标准对国内出现的金融控股公司非规范模式进行了分类，比较分析了不同类别的相对效率及其成因，设计了非规范模式规范化变迁

的路径,并提出了相应的外部监管模式的变迁思路。最后,分析了银行战略联盟与普通银行合作的根本区别及其优势,并针对银行战略联盟稳定性问题,提出了渐进式的分层变迁路径。

关键词:商业银行　混业经营　金融制度　银证混营　银行业务　银行战略联盟

4783

企业电子商务转型研究：基于能力的视角 / 曾庆丰著；黄丽华指导. -- 复旦大学, 2005. -- 146 页

本文的研究目标是基于能力的视角建立企业电子商务转型的研究模型,通过实证研究验证与识别试出企业电子商务关键转型能力,并基于关键电子商务转型能力提出企业电子商务转型的实施方法,以企业能力理论作为研究的理论基础,对企业能力理论在IS研究中的应用进行了综述,提出了基于能力的视角研究企业电子商务转型。通过对企业IT能力与IT互补性组织能力的深入分析与研究,选择了企业电子商务转型能力作为IT互补性组织能力的研究视角,把企业电子商务转型能力分解为五个关键维度能力,即企业战略与愿景转型能力、组织结构转型能力、产品与市场转型能力、业务流程转型能力、企业文化转型能力。构建了基于五种转型能力与IT能力对企业绩效影响的研究模型,并提出了研究假设。然后,利用企业调查数据对研究假设进行了验证,得出了一些非常有意义的结论。接着,从基于价值链和价值网理论分析,提出了企业电子商务的11种可能模式,从理论上分析了每一种模式所需要的电子商务转型能力。最后,通过上海烟草集团的案例研究,提出了上海市烟草集团目前可能的电子商务模式,并对能力需求匹配分析,进而对烟草集团进一步发展电子商务提出了建议。

关键词:电子商务　企业能力　企业绩效

4784

中国技术商品化若干问题研究 / 曾伟著；邹珊刚,戚昌文指导. -- 华中科技大学, 2005. -- 126 页

本文以管理学、经济学、科学学、系统论等相关理论为指导,以知识经济为背景,采用系统分析、理论与实际相结合、定量分析与定性分析相结合及比较研究的研究方法,对技术、技术商品、技术转移理论和中国技术商品化的实践等基本问题进行了研究,主要内容包括:(1)探讨了技术、技术商品、技术商品化的基础理论问题,概括性的提出了知识经济时代科学技术的资本化和职权化的论点。(2)在对国内外技术转移理论与实践系统分析的基础上,对技术转移理论进行归纳和总结,提出了基于技术商品化的"NRA"技术转移论。(3)研究了技术市场相关理论问题,指出了目前中国技术市场的可喜变化和存在的问题,总结出技术转移过程中企业、科研机构和中介组织三者间的关系和作用。(4)分析了制约中国技术商品化的种种因素。(5)研究了中国技术商品化问题的指导思想。最后,总结性地指出了制约中国技术商品化实现的因素和切实可行的对策与措施。

关键词:技术　商品化　技术转移　技术转让　技术经济学

4785

中国高等院校毕业生资源配置问题研究 / 詹一虹著；邹珊刚指导. -- 华中科技大学, 2005. -- 161 页

本文将理论与实践相结合,对人力资源配置的理论进行了分析,并对我国高校毕业生资源配置问题进行了实证研究,提出了我国高校毕业生资源配置的建议和措施。分析了国内外对人力资源管理和人力资源配置研究的现状,明确提出了人力资源、人力资源管理、人力资源配置及其人力资本的概念,并阐述了人力资源配置的内容,分析了人力资源配置的原则和资源配置的三个机制。本文用数据和实证材料对目前高校毕业生资源配置状况进行了描述,对人力资源配置的环境进行了理论分析。用辩证的方法分析了大学毕业生资源合理配置的内外部关系,探讨了高校毕业生资源合理配置的有利因素和不利因素,并从宏观、中观和微观三个层面来分析影响高校毕业生资源合理配置的原因。结合"人力资本"理论、"工作找寻"理论、"筛选"理论、"劳动力市场分割"理论等理论观点,分别对我国高校毕业生资源配置的供给和需求以及就业市场发育状况作了论证。最后,在本研究的基础上提出了我国高校毕业生就业制度改革的建议。

关键词:高等学校　毕业生　就业　人力资源管理

4786

家族企业代际传承模式研究 / 张兵著；徐金发指导. -- 浙江大学, 2005. -- 235 页

本文以家族企业三环模式和利益相关者理论为指导,探讨影响子女加盟家族企业的因素,研究评价继任效果的两个指标——继任满意感和继任绩效及

其影响因素,同时还对继任计划及其影响因素进行了研究。概括了家族企业亟待解决的三个基本问题,即产权问题、治理结构问题和权力继承问题。考察"家族企业"和"代际传承"两个概念,对以往关于家族企业代际传承的研究进行了综述,并进而提出了研究的理论构思。从经济学资源论、委托—代理理论、契约理论等多个角度,阐述家族企业代际传承普遍存在的经济学依据。探讨中国家族企业独特的文化背景与代际传承的关系,揭示中国家族企业代际传承的文化依据。评价家族企业管理模式有3个维度,即家庭式管理、开放式管理和社会资源代际传承。实证研究是什么因素决定了他们加盟或不加盟家族企业以及影响他们继任满意感的因素。研究评估代际传承效果的另一指标——企业绩效及其影响因素,还实证研究了中国家族企业继任计划现状及其原因,提出了家族企业代际传承动力模型。

关键词:家族企业　私营企业　企业管理

4787

航空弹药供应链管理方法及应用研究 / 张长根著 ; 仲伟俊指导 . -- 东南大学, 2005. -- 127 页

论文以提高航空弹药供应链平时和战时的响应速度为出发点,应用供应链管理理论,对航空弹药供应链问题进行了研究。作者首先分析了我军航空弹药供应的现有模式,针对存在的问题,提出了航空弹药供应链设计与应用的基本理论与方法,给出了航空弹药供应链合作模型。通过对航空弹药供应链源头至最终部队用户各个环节的分析,提出了一体化航空弹药供应链的管理理念,即将航空弹药研制、生产、库存、消耗作为一个整体进行协调和管理。然后,论文讨论了航空弹药平时消耗和战时消耗的基本规律,研究了平时训练的线性消耗模型;针对现代战争航空弹药的消耗规律,确定了航空弹药战时消耗密度函数的基本形式,得出了一个基本的数学描述;根据航空弹药的消耗现状,提出了未来消耗的可能变化趋势。接着,研究了航空弹药供应链的性能评估问题。采用了时间、客户反应、服务、柔性等通用的性能评估指标将航空弹药供应链性能分成了资源消耗、输出控制和柔性控制三部分,并使用模糊数学的理论和方法对这些指标进行了综合评价分析。作者还提出了基于合作模型的航空弹药生产过程安全库存策略,研究了一体化航空弹药供应链中平时与战时结合的库存控制策略;讨论了航空弹药供应链的信息管理系统,分析了基于信息标准化、可视化的航空弹药供应链信息支持的一般框架。最后,论文对航空弹药供应链进行了实例分析。

关键词:军队后方勤务　航空弹药　弹药保障　供应链管理

4788

供应链中分销网络设计模型及算法研究 / 张长星著 ; 党延忠指导 . -- 大连理工大学, 2005. -- 106 页

本文对分销网络中各子问题及其间的相互关系进行分析和研究,并利用连续模型和离散模型各自的优点,在已有研究的基础上,进一步对分销网络中四个子问题进行整合,建立更能反映实际情况的分销网络优化设计模型,并对这些模型的求解方法做进一步的讨论。结合客户需求方差在供应链上的传播方式和连续近似模型中关于总路程的近似算法,建立了分销网络结构层次的决策模型,并根据模型及其解的特点,采用遗传算法求解了该模型。文章对分销网络设计的离散模型和连续近似模型进行比较,指出两者的优缺点及它们之间的互补关系。构建了整合库存控制的两级分销网络连续近似模型。通过对模型进行分析和简化,给出了模型的近似解。研究了库存、定位和客户分配之间的关系。通过对遗传算法中随机值编码进行分析,并结合离散设计模型解的特点,构建了该模型的混合随机值编码遗传算法。从供应商管理库存(VMI)角度出发,引入了 Power of Two (POT)周期配送策略,构建了 VMI 环境下两级分销网络设计的连续近似模型,给出了模型的解法,利用此解法对若干算例进行求解,并分析了各种参数变化对解产生的影响。分析了在竞争环境下分销网络中各子问题之间的关系,建立完全竞争环境下两级分销网络的设计模型。对区域固定的扩展市场的分销网络设计方法和模型进行探讨,给出面向扩展市场的分销网络设计框架,并对遗传算法中的编码、解码、交叉、变异、免疫等各种算法作了介绍,最后通过算例来验证此设计框架中模型及算法的可行性。

关键词:供应链管理　供应商　分销　库存控制　遗传算法

4789

电子政务公共信息整合机制及策略的研究 / 张道顺著 ; 白庆华指导 . -- 同济大学, 2005. -- 169 页

本文采用系统科学、管理学、信息科学、知识管理、信息管理、公共管理学和城市管理科学等学科方法作理论指导,参考和借鉴了国内外先进的研究成果

和实践,从实际存在的问题入手,对电子政务公共信息整合的机制和策略进行了研究。文章的主要研究成果如下:(1)研究了信息整合共享所采用关键技术;(2)从电子政府及门户建设、互操作技术研究、元数据与信息整合、受控词汇与信息分类规范整合等方面对信息整合的国外研究现状进行了综述,研究了信息整合的四大趋势,分析了我国电子政务建设中信息整合的现状,并对存在的问题进行了评述;(3)信息整合概念及模式研究。给出了信息整合的完整的定义,并从多角度对信息整合与传统的信息集成进行了比较。在分析电子政务公共信息整合必要性、原则和战略任务的基础上,对信息整合的分类和模式进行了研究;(4)公共数据库规划建设研究。通过对实际调查的结果,分析了共享数据库建设难点和需要解决的问题,提出共享数据库建设的原则和共享数据库规划建设的方法,并结合国内外的建设实践,提出城市级政府应当建设的基本的共享数据库类型;(5)共享信息技术在电子政务公共信息整合中的应用:(6)电子政务公共信息整合建设机制;(7)电子政务公共信息整合策略和对策研究。

关键词:电子政务　信息管理　管理信息系统　元数据

4790

知识型企业的社会资本与技术创新绩效研究 / 张方华著 ; 陈劲指导. -- 浙江大学, 2005. -- 181 页

通过对社会资本理论发展的研究,本文结合技术创新理论的发展,从社会资本研究的"结构维"和"关系维"出发,分析了企业社会资本与技术创新绩效,并构建了相应的理论模型。综述了技术创新理论的发展和技术创新模式的演变。研究了社会资本理论的现状,包括资本内涵的扩展和社会资本理论的发展。研究了企业社会资本与技术创新之间的关系,评述了现有研究理论对本研究的启发。论述了企业社会资本与技术创新的主体演进,指出了企业社会资本的内涵与特点、企业社会资本的研究维度、企业社会资本内涵的界定和企业社会资本的特点。并进一步阐明了技术创新主体演进的理论背景。文章从企业社会资本的三个组成部分出发,研究企业社会资本是如何通过信息获取、知识获取和资金获取来影响企业的技术创新绩效,并构建了相应的理论模型。最后,通过对我国 210 家知识型企业的问卷调查和实证分析,借助于 SPSS 统计软件和 BP 神经网络模型,深入地分析了企业社会资本是如何通过资源获取而影响企业技术创新绩效的机理。

关键词:知识型企业　社会资本　技术创新

4791

企业兼并理论模型研究 / 张福利著 ; 达庆利指导. 东南大学,2005. -- 108 页

论文基于寡头垄断市场,以产业组织学、博弈论和福利经济学为主要理论基础,建立模型研究企业兼并的动机及其社会福利问题。先是对企业横向兼并的动机和社会福利问题做了三个方面研究:广义 Stackelberg 寡头垄断市场中企业横向兼并的获利性和社会福利问题;行业内先置兼并企业内部实施两阶段错位竞争战略的外部效应,以及跟随兼并行为发生后兼并企业的利润和社会福利变化等问题;基于不对称的寡头垄断竞争行业,研究两组企业的战略性兼并动机问题。所得结论在一定程度上解释了兼并悖论和兼并浪潮。接着,围绕市场圈定现象对企业纵向兼并的动机和效应问题做了三个方面的研究:纵向兼并企业的获利性和均衡行业结构的决定因素;纵向兼并的获利性和社会福利问题;以及纵向一体化企业内部中间产品定价问题研究。最后,基于上下游企业同时具有横向兼并和纵向兼并两种选择策略情形,分析企业之间更为复杂但又更符合实际的兼并行为。在分析过程中注重区分企业不同的个性和行为特征。所得结论有助于政府正确地认识和引导企业兼并行为。

关键词:企业兼并　博弈论　社会福利

4792

中国房地产绿色营销研究 / 张格著 ; 张子刚指导. 华中科技大学, 2005. -- 185 页

论文首先阐述了营销理论的发展,在此基础上论述了绿色营销产生的动因,绿色营销的概念界定,绿色营销的内容和步骤以及绿色营销的重要意义和创新作用。然后,在进行传统经济理论的病理学研究基础上,指出了绿色营销的重要性,及其理论基础和理论贡献,并从三个方面进行了房地产绿色营销经济学分析。接着,作者指出购房者是房地产企业实施绿色营销的原动力,房地产企业是主体,政府则在其中起推动和引导作用,并先后就购房者、房地产企业、政府三者在绿色营销中的行为进行了系统研究。说明"绿色营销"在我国更主要的是一种宏观营销活动,政府主导型的发展模式应成为我国目前乃至以后一个相当长时期内实施绿色营销的战略选择。最后作者还构建了房地产开发绿色营销绩效的评价指标体系,并

通过对房地产绿色住宅开发和评价实证分析，结合工作实践以国家绿色住宅小区建设示范项目畔山林语为载体，给出了其住宅技术指标及实施方案选择，运用 EPAS 和评价工具对其进行实证研究和模拟评价，论证论文中所建立的评价模型和方法的可行性。

关键词：房地产　市场营销　绿色营销

4793

中国报业集团市场化发展模式研究 / 张海明著；黎志成指导. -- 华中科技大学，2005. -- 116 页

作者坚持辩证唯物主义和历史唯物主义方法论，运用实证分析与逻辑分析相结合、宏观审计与微观分析相结合的方法，运用管理学及相关学科理论，对中国报业集团的发展战略模式、管理体制模式、市场营销模式、资本运营模式进行研究。首先，在研究报业集团发展现状和趋势的基础上，提出了报业集团的发展战略模式和超事业部管理体制模式。作者认为，报业集团要实现市场化跨越式发展，应同时实施媒体发展战略、产业发展战略和人才发展战略，应实行超事业部管理体制，建立法人治理结构，设立董事会、监事会。其次，在分析了报业集团的二次营销及其相互关系的基础上，建立了广告投资模型，包括边际效用模型、乘数模型、力度模型、广告投资导致市场集中模型。再次，在分析了报业集团资本运营理论依据的基础上，提出了报业集团资本运营的效益评估指标体系，包括社会性评估指标、收益性评估指标、流动性评估指标、成长性评估指标和安全性评估指标。

关键词：报业　企业集团　产业发展　市场营销　资本运营

4794

突破性创新动因与组织模式研究 / 张洪石著；陈劲指导. -- 浙江大学，2005. -- 248 页

在综述国内外突破性创新研究已有成果和一般性创新动因的基础上，对突破性技术创新项目的潜在影响因素做探索性的全面理论假设，提出了突破性技术创新动因的考察框架。本文通过随机抽样的方法进行企业问卷调查，对取得的样本数据进行因子分析将因素分类，采用曲线拟合初步考察因子作用下各因子对企业突破性创新活动和渐进性创新活动的影响。研究采用多元线性回归分析方法，考察多因子共同作用下各因子对企业突破性创新活动和渐进性创新活动的影响。本文以识别的突破性创新和渐进性创新的关键动因集为基础，回顾了技术创新管理和相应技术创新组织模式的演变已有研究成果，对突破性技术创新的传统一元性组织模式、新兴二元性组织模式进行评述，分析了其各自的优点和局限性。提出了“泛二元性组织”模式，并从组织结构、组织文化、资源获取、能力获得、激励机制、评价标准六个维度界定了突破性技术创新的“泛二元性组织”的概念，并在内涵分析和比较三种组织模式优势劣势之后提出研究假设。基于理论研究与实证研究，本文进一步通过三个突破性创新项目的案例分析，比较了传统一元性组织模式、二元性组织模式和本文总结提出的泛二元性组织模式对于突破性技术创新项目的支持强度和适用的企业范围。给出了突破性创新的泛二元性组织模式结构和相关政策建议，并对论文没有涉及或没有深入研究的有关问题作了点评。

关键词：技术创新　创新管理　组织管理　泛二元组织

4795

外商直接投资与地方政府：一个演进理性主义的制度分析 / 张欢著；施祖麟指导. -- 清华大学，2005. -- 363 页

本文讨论了 FDI 与地方政府的关系，并对其进行制度分析。在研究了中国利用 FDI 的现象和历史后，文章从对法律和现实层面的中央政府和地方政府关系分析入手，构建了一个中央政府和地方政府互动的渐进制度变迁分析框架，分析了地方政府的行为逻辑，以及中央政府和地方政府在利用 FDI 的决策过程中存在的分歧，进而，从地方政府的行动逻辑出发，解释了地方政府的行为是怎样影响 FDI 的。本文还利用博弈论的方法，从数理模型分析的角度分析了地方政府在利用 FDI 过程中的行为逻辑及会导致的现象，模型分析的结果也从 FDI 这个侧面验证了本研究所提出的中央政府和地方政府互动的渐进制度变迁模式，实证分析了地方政府对 FDI 的影响，描述了中国制度变迁的模式。并就此提出了进一步研究的可能性和政策建议。

关键词：外商直接投资（FDI）　地方政府　外资利用

4796

母子公司网络横向联系及管理机制研究 / 张骥著；徐金发指导. -- 浙江大学，2005. -- 198 页

本文以“母子公司网络横向联系及其管理机制研究”作为研究对象，在组织间网络理论、协同理论、企

业资源观和组织学习理论的基础上,对(1)母子公司网络的组织特征;(2)母子公司网络的横向联系与组织绩效的关系;(3)横向联系的收益成本影响因素;(4)如何对母子公司网络联系进行有效管理等四方面进行了探讨。在总结社会网络理论的基础上,从竞争环境和母子公司演化两个方面分析了母子公司网络化的动因。在分析两种基础的母子公司横向联系收益机制基础上,分析母子公司网络内的各种形式的横向联系类型。接着,分析了横向联系与母子公司网络绩效的关系,以及与母子公司网络的竞争优势的关系,并提出了横向联系与母子公司网络绩效关系模型。从母子公司网络的自我发展和母子公司网络管理机制两个方面对横向联系的收益和成本进行了动态性分析,得出了母子公司网络横向联系影响因素动态模型。文章对于如何管理母子公司网络的横向联系提出了管理建议。对横向联系的系统管理机制包括母公司角色的重新定位、网络结构的优化、协调激励机制、网络社会资本的积累等方面,采用重点案例分析的方法来定性地应用模型进行分析。最后,针对我国母子公司管理现存的一些问题提出了看法和建议。

关键词:企业集团　母子公司　企业管理　网络组织

4797

模糊信息条件下车辆路径问题研究 / 张建勇著 ; 郭耀煌指导. -- 西南交通大学, 2005. -- 108 页

本文在对相关文献进行总结提炼的基础上,分别回顾了国内外对车辆路径问题的研究成果,并指出了目前车辆路径问题研究中存在的不足和潜在的研究领域。研究了模糊需求条件下的 VRP(VRPFD)。通过引入决策者主观偏好的概念,建立了 VRPFD 的模糊机会约束规划模型,结合传统 VRP 的启发式、亚启发式算法,分别给出了 VRPFD 的两种计算方法。通过随机试验方法研究了决策者主观偏好值对最终决策目标的影响,给出了决策者主观偏好值选取的范围。对传统带有时间窗的 VRP 进行拓展,运用模糊预约时间的概念代替传统的时间窗概念,研究了具有模糊预约时间的多对多货物收发情况下车辆路径问题,并提出解决该问题的一种混合遗传算法。研究了模糊需求信息条件下的单车场单车辆动态 VRP,提出了决策者主观偏好值 P^* 给定条件下求解该问题的一种基于模糊可能性的动态启发式算法。并同样运用随机模拟方法研究了决策者主观偏好值的选取对最终车辆路径安排的影响,给出了其取值范围。本文设计了用来处理该问题的模糊特征,以及用来确定车辆的最适宜服务时间的双向推—碰过程,并在此基础上提出了解决该问题的一种插入启发式算法。结论部分对未来研究加以展望。

关键词:车辆调度　交通管理　车辆路径　遗传算法　启发式算法

4798

开放式基金投资运作中的风险管理研究 / 张利兵著 ; 潘德惠指导. -- 东北大学, 2005. -- 122 页

本文在对国内外有关文献归纳和总结的基础上,结合开放式基金自身的特点,对开放式基金资产组合的市场风险、开放式基金的流动性风险以及资产调整过程中对价格冲击带来的风险进行研究,并分析了开放式基金的风险调整绩效评价和风险预警系统。文章分析了现有描述市场收益率的方法,提出了股票价格序列中存在跳跃的检验方法和存在未知跳跃的股票价格异方差性的检验方法,并据此对中国沪深两市综合指数进行了实证检验。建立了一个基于 VaR 限制的组合投资模型,分析了模型对应问题的求解方法。分别研究了更新跳跃—扩散过程和跳跃—异方差类扩散过程条件下的期权定价方法和锁定成本的最优套期保值比率,并用实际数据进行了验证。分析了开放式基金的流动性风险及成因,建立了考虑大额赎回的开放式基金预留现金比例模型,给出了模型参数估计方法。建立了基于最不利价格冲击下的最优指令提交模型,给出了该模型满足的贝尔曼方程。以现有的各种指标为单指标,采用综合评价的方法对开放式基金风险调整绩效进行评价。分析了开放式基金面临的多种直接和间接的风险来源,提出了多种风险警兆指标。文章最后指出了今后进一步研究的问题和方向。

关键词:开放式基金　股票市场　证券投资　风险管理　预警系统

4799

基于 DEA 的企业技术创新项目评价与决策方法研究 / 张凌著 ; 傅毓维指导. -- 哈尔滨工程大学, 2005. -- 166 页

技术创新是一个极端复杂和不确定性的社会过程。具体的技术创新项目是构成国家创新体系的微观基础,构筑好这一微观基础的必要条件之一,是在创新项目的投资前期做好创新项目的技术经济评价

与决策工作,而要做好这一工作就需要科学而实用的技术创新项目评价与决策的技术和方法。论文研究以此为出发点,建立了一种基于数据包络分析(DEA)理论的企业技术创新项目评价与决策的方法。在系统综述技术创新项目评价与决策的理论方法和相关研究成果的基础上,根据一般与特殊的关系进行了以下研究:首先,从企业层面上对技术创新项目进行准确的界定,并在此基础上提出了企业技术创新项目评价与决策体系的基本内容,建立了论文的研究框架。第二,在深入研究传统技术创新项目的评价方法的基础上,根据系统的观点,运用 DEA 方法,重点研究企业创新能力评价模型、企业技术创新项目技术评价模型和风险评价方法,为企业技术创新项目评价奠定良好的数学基础。第三,针对技术创新项目投资决策中存在着大量的不确定性,作者运用 DEA 的基本原理,将多目标决策法、熵值法等方法和 DEA 法相结合,从而确保企业技术创新项目投资决策的准确性和精确度。论文旨在通过对企业技术创新的研究,提高技术创新项目评价与管理决策的科学化水平,丰富和完善技术创新项目管理理论和方法,从而增强企业竞争能力。

关键词:企业管理　技术创新　投资决策　数据包络分析(DEA)

4800

我国医疗机构有效运作的制度研究 / 张录法著 ; 屠梅曾,黄丞指导. -- 上海交通大学, 2005. -- 142 页

作者立足于我国卫生事业的具体实践,充分借鉴国外典型国家医疗机构运作改革经验,利用定性分析与定量分析相结合、国际比较与国内研究相结合的方法,对促成我国医疗机构有效运作所需的制度进行了研究。首先,对国际四种典型医疗服务体系模式中医疗机构的运作机制进行了比较研究,提炼出国际医疗服务体系模式的综合发展态势。接着系统阐述了我国医疗机构的不良运作现状,进而结合我国实际情况,建立了一个包含政府、医疗机构、医生、患者、医疗保险机构和药商等各个主体的数理模型,通过对模型的分析,得出我国医疗机构不良运作现状是医疗机构及其外部环境主体(政府、患者、医疗保险机构和药商等)在既定环境和相对地位约束下追求自身利益最大化行为的必然结果。并基于此形成机理,对以往改革失效的原因进行了解释。其次,论证了在当前情况下建立医疗服务混合提供制度的正确性、所需的成立条件以及实现途径。再次,结合中国的具体实践,首次提出了医患之间基于激励的新制度安排——“社区‘看门人’制度”,并利用重复博弈理论证明了“社区‘看门人’制度”能够发挥有效作用的内在机理,为其优势提供了理论依据。最后,研究了为促成医疗机构有效运作,政府所需的职能界定和管理体制匹配改革。

关键词:医疗机构　医院　医疗服务制度　卫生服务

4801

河南钢铁企业清洁生产对策研究 / 张清学著 ; 陈荣秋指导. -- 华中科技大学, 2005. -- 114 页

论文在综述国内外关于清洁生产研究现状及发展的基础上,选择了资源、能源消耗较大和环境破坏作用大的钢铁企业为研究对象,探讨河南钢铁企业实施清洁生产战略的外部动力机制,分析了河南钢铁企业的现状及清洁生产水平,并提出了一系列针对性对策。文章对钢铁企业废气、废水和固体废物排放涉及的工艺、排放的污染种类及特点进行了论述,对河南钢铁企业在本省的经济地位、发展现状及优劣势进行了分析,阐述了河南钢铁企业实施清洁生产的现状及制约因素,并通过案例论证了实施清洁生产的良好环境效果。文章通过实证研究提出了河南钢铁企业实施清洁生产的激励对策,以及建立排污费的市场经济运作机制,以激励河南钢铁企业由现阶段的主要缴纳排污费向末端治理再向实施清洁生产战略转变。文章还研究了当前对排污费的属地征管原则所存在的弊端,并提出了河南钢铁企业实施清洁生产排污费征管对策;又分析了现阶段排污费征管和使用存在的主要问题并提出了建立排污费市场运作机制。最后论文分析了河南钢铁企业实施清洁生产审计的现状和存在的主要问题,通过我国某钢铁企业实施清洁生产审计的案例研究验证了钢铁企业清洁生产审计专业人员的缺乏是制约企业开展清洁生产审计的主要障碍,提出了整合现有不同实体中专业人员的思路来解决钢铁企业实施清洁生产审计人力资源缺乏的现状。

关键词:钢铁企业　清洁生产　无污染技术　河南省

4802

国际直接投资的经济学分析 / 张琼燕著 ; 李一智指导. -- 中南大学, 2005. -- 132 页

论文首先探讨了国际直接投资对经济全球化的影响,包括对国际贸易发展的影响、对国际资本市场

和金融市场的影响等。接着论述了20世纪80年代以来国际直接投资的发展及其主要特点，并通过日本80年代以来对外直接投资发展状况的案例分析国际直接投资迅速发展的原因、动机、特点及其趋势等。其次，作者研究了国际直接投资的主要方式：跨国并购。国际直接投资有两种进入东道国市场方式：新建投资和跨国并购，从20世纪80年代中期开始，跨国并购迅猛发展成为国际直接投资的主要方式。再次，对国际直接投资的经济效应进行分析研究。国际直接投资对投资国经济具有国际收支效应、产业带动与产业结构变动效应、就业效应、资源配置效应；国际直接投资可以扩大东道国投资、促进出口、创造就业、开拓国际市场、转移现代技术和管理经验、开发人力资本、发展关联产业、促进产业结构调整和产业升级等。并通过案例分析了外商直接投资对中国经济的影响，外商直接投资对中国经济具有资本效应、促进了中国的技术进步和产业结构升级，同时也对中国经济发展产生了一些消极影响。最后，作者研究了中国发展对外直接投资的几个问题，分析了中国发展对外直接投资的基础与优势、困难与对策，以及海峡两岸加强经贸联系的必要性。

关键词：国际投资　直接投资　经济效益　东道国

4803

基于超竞争环境下的企业柔性战略研究 / 张守凤著；罗荣桂指导. -- 武汉理工大学，2005. -- 156页

从超强竞争条件下环境变化的复杂性、不确定性和动态性以及环境变化的混沌性和不可预见出发，通过对企业战略环境的系统分析，提出在超强竞争环境中，企业持久竞争优势可以通过建立柔性战略得以实现，并从整合、优化企业内外资源与能力两方面研究了柔性战略实现途径。一方面，从资源基础理论的角度指出了柔性战略的生成机理，从企业内部知识与能力的整合角度描述了动态环境下企业动态竞争优势的产生过程及战略柔性的增强途径；另一方面，在企业外部站在协同竞争的战略高度，在利用主动改变现状和规则的过程中创造新的机会和新的优势，实现了企业从你死我活的恶性竞争到追求“双赢”和自我提升的“竞合战略”。并通过对基于柔性战略的竞争优势模型及其发展模型的比较研究，为企业如何获得持续竞争优势提供思路，并对可持续竞争优势进行重新界定，进而提出战略柔性是企业适应环境，保持企业竞争优势的关键所在。最后以黑龙江思达集团为案例，对论文提出的基于协同竞争的柔性战略实施框架进行了实证研究。

关键词：企业管理　战略管理　企业战略　柔性管理　协同竞争

4804

基于进化理论的适应性企业战略研究 / 张铁男著；李柏洲指导. -- 哈尔滨工程大学，2005. -- 152页

企业处于不断变化、竞争激烈的环境中，为了长期生存，企业必然与它所处的环境时刻保持互动，学会进化是唯一的出路。在此背景下，论文对适应性企业的战略管理进行了研究。首先，在总结归纳了与企业战略管理相关基本理论的基础上，对企业及企业种群的生命进化理论进行了更为详尽的研究。提出要从生命的角度分析企业，并论述了企业及企业种群进化的内涵、特征、规律以及进化的动力、模式，进而提出了健康企业的生命标准。其次，以企业的生命进化为理论基础，对传统意义上的公司战略观的认识的局限性进行分析，由此提出论文的核心概念——基于进化理论的公司战略的基本含义，并且从企业及企业种群的角度分析了企业战略的本质特征。接着，基于企业的内外部环境分析，从适应性企业的战略背景开始进行设计，从信念系统、边界系统、诊断控制系统三个方面构建了企业战略背景。在系统阐述企业所面临的内部和外部环境的基础上，从企业结构、能力和文化三个层面构建了评价企业进化能力的指标体系。再次，结合企业进化能力评价的指标体系，对个体企业以××公司为例，运用模糊数学综合评价方法对其进化能力进行评价，并对评价的结果进行了分析。最后，论述了企业只有以战略为中心展开工作，循环反复沟通与学习，使战略与不断变化的环境相适应，才可能成为适应性企业。得出适应性企业本身就是具有高度进化能力的战略聚焦性组织。

关键词：企业发展　战略管理　进化论

4805

劳动力外流背景下的中国农村老年人家庭代际支持研究 / 张文娟著；蒋正华，朱楚珠，李树茁指导. 西安交通大学，2005. -- 147页

文章在已有国内外研究的基础上，结合中国家庭养老文化现状，对传统代际支持模式中的合作群体模型进行了改进。相继建立了代际支持整体分析框架和单项代际支持分析框架。指出了劳动力外流对代

际支持的影响机制。基于代际支持的整体和单项分析框架，对中国农村家庭的代际支持进行了静态分析，揭示了农村家庭代际支持的现状、影响因素及劳动力外流对代际支持规模和子女代际支持分工的影响。在静态分析的基础上，分析了代际支持影响因素的变动对代际支持变化的影响，探讨了子女外出导致的老年人代际支持变动和子女内部分工的调整过程，确认了劳动力外流及其他影响因素对代际支持变动的贡献。总之，本文研究了劳动力外流背景下中国农村家庭的代际支持模式，揭示了中国农村老年人家庭代际支持的现状，在分析影响机制的基础上，指出了未来家庭养老的发展趋势，并提出了相应的对策建议。

关键词：老年人　农村　社会保障　抚养　家庭养老　劳动力流动

4806

中国航空运输企业结构调整研究 / 张宪林著 ; 黎志成指导. -- 华中科技大学, 2005. -- 171 页

本文运用管理学和组织结构理论原理，论述民航运输企业组织结构调整的有关问题。结合中国民航企业结构性调整的现实，通过国内外的实例，总结了50多年来我国民航组织结构的发展、变革的历史与我国经济建设和国际环境的密切关系。在分析国际主要航空企业集团的组织变革、整合运作的程式和方法的前提下，提出了我国航空集团的作用、职责、形式、目标和组织结构。根据组织结构设计理论，将航空公司组织结构类型细分，在国际上航空公司不同阶段不同的组织结构特点的基础上，指出了我国航空公司存在层次重叠、机构臃肿、管理方式落后的弊端，构造出了我国航空公司现阶段的组织结构模型。本文用微观经济学的观点，阐述了航空公司业务结构调整的重点。论述了如何调整航空公司机队结构以适应航线网络战略，分析了内地航空公司机队的现状，指出内地航空公司机队种类多、规模小、结构不合理等诸多问题。分析了国际上飞机利用情况，提出了我国航空公司机队调整和飞机置换的方式。分析研究了民航运输企业的资本结构调整的途径和我国航空公司与国外航空公司的差距。提出了我国航空运输企业资本结构调整的方式和方法。论证了民航运输企业债务重组的范围，提出了债务转移的方式。分析了采用认股权证、收购和可转换债券等其他股票关系融资方式调整资本结构，并对几种金融产品特性进行了分析和比较。

关键词：民用航空　运输企业　企业结构　组织结构　资本结构

4807

股权溢价之谜的几种解释和定价误差的分解 / 张晓军著 ; 程兵指导. -- 中国科学院研究生院, 2005. 99 页

本论文主要研究资产定价理论中的股权溢价之谜现象。在对数框架下，本文给出了一种检验股权溢价之谜的间接快速方法。论述了实际 Sharpe 率和理论 Sharpe 率之间的关系。考虑了消费增长率服从非平稳过程条件下的 H－J 边界，构建了具有分段平稳特征的消费增长率模型，研究包括变点检验及模型形式与不同效用函数形式下的 H－J 边界、变点的检验与模型的形式、消费增长率模型服从分段平稳过程条件下对应于不同效用函数形式的 H－J 边界的渐近表达式，实证分析了研究方法与样本数据的选取。本文从定价误差入手，对基于随机贴现因子的定价模型的定价误差从理论上进行了分解，并对不同效用函数形式、存在背景风险和有效国际资产组合的定价误差进行了实证检验。

关键词：资产定价　股权溢价　效用函数　贴现定价模型

4808

组织知识共享的实现途径及其风险控制研究 / 张昕光著 ; 樊治平指导. -- 东北大学, 2005. -- 102 页

文章从不同的角度阐释了知识共享的定义，介绍了知识共享的编码化与人物化两种基本策略，分析了知识共享的经济性研究进展，探讨了知识可共享的对象即知识在不同的分类视角下所展现出来的不同特征与内涵。将知识共享的主体分为个体、项目团队、组织这样三个层次，对于不同层次主体的知识共享问题进行了分析与探讨，从技术方面与非技术方面分析了知识共享的手段，并对这两方面的区别与联系进行了探讨。阐述了知识共享相关的概念，并分析了知识共享的螺旋模型及其属性与障碍。在介绍信息与知识的区别与联系的基础上，分析并阐述了信息共享与知识共享的区别与联系，阐述了知识转移的概念与内涵并指出了知识共享与知识转移的区别，从三个方面探讨了知识共享对组织知识管理的支持作用，探讨了知识共享的系统性与经济性，并分析了知识共享的障碍。研究了实现组织知识共享的途径，在构建知识共享环境的统一框架下，从建设组织的知识共享系统、

营造组织的知识共享文化、建设知识共享的制度体系和设计组织的知识共享激励机制四个方面分析和研究了组织知识共享的实现途径。研究了知识共享的风险评价与控制策略,并给出了一种知识共享风险的评价方法,最后,针对知识共享中的各种风险,提出了相应的控制策略。

关键词:知识管理　知识共享　组织文化　激励　风险管理

4809

医疗费用控制与医疗保险纵向一体化研究 / 张亚东著 ; 王宗军指导. -- 华中科技大学, 2005. -- 141页

本文把医疗费用、医疗保险、医疗保障以及三者之间的相互关系作为研究的主要内容。对医疗(服务)市场的特点与医疗费用进行预测分析,论述了医疗保障体系的"产权"层次设计,指出各国医疗保障体系所面临的共同问题,给出了基于"产权"层次划分对现实医疗保障问题的解释,实证分析了我国医疗保障体系。研究了控制医疗费用的契约机制与纵向一体化模式,讨论了基于交易成本规制的医疗保险纵向一体化模式。研究分析了基于风险最小化与资产专用性的保险投资问题,探讨了国内外保险现状与存在的问题。从公共医疗保障的范围、公共医疗保障的筹资方式与问题、我国公共医疗保障的筹资选择等方面研究了公共医疗保障的状况。基于我国的国情与建立公共医疗保障体系的需要,本文借鉴现代内生性经济增长理论研究成果,证明了合理开发和利用"人体派生资源"的可行性与必要性。

关键词:医疗保险　医疗保障　医疗费用　公共医疗

4810

基于智能模型库的石化企业 SDSS 研究 / 张亚光著 ; 梁静国指导. -- 哈尔滨工程大学,2005. -- 135页

从石化企业生产经营分析入手,详细分析了石化企业生产经营特点和石化企业生产经营内容,为石化企业综合决策支持系统的研究提供业务支持,并构建了石化企业信息化集成模型,为石化企业综合决策支持系统提供了信息平台。基于以上两点,构建了石化企业综合决策支持系统(SDSS - PcE)体系结构。SDSS - PcE 体系结构以基于知识的决策支持系统体系结构为基础,包括语言子系统、问题处理子系统、OLAP 工具、数据仓库系统、知识库系统、模型库系统几大部件。其中模型库系统由专题模型库系统、动态模型库系统和智能模型库系统构成。智能模型库系统是 SDSS - PcE 的核心部件,通过该系统使得 SDSS - PcE 具备了深度数据分析能力、知识发现能力和复杂计算能力。智能模型库系统设计思想,为综合决策支持系统的研究开辟了新的途径和方法。最后,结合相空间重构技术和递归图原理,应用 SDSS - PcE 智能模型库中的人工神经网络智能模型,提出了基于相空间重构技术的人工神经网络预测方法,并构建了国际原油价格预测的智能模型,为国际原油价格预测提供了新的思路和方法,也为石化企业生产经营决策提供了重要的依据。

关键词:石油化工企业　企业信息化　决策支持系统　人工神经网络　价格预测

4811

报业广告经营优化研究 / 张耀伟著 ; 沈荣芳指导. -- 同济大学, 2005. -- 117页

本文剖析我国报业广告经营管理中存在的问题,进而提出具体的改善措施,以使报纸媒体在激烈的市场竞争中,保持较强的竞争力。通过对国外新闻集团广告经营的对比分析,论文提出,我国报纸媒体的双重属性导致了广告经营权的僵化,经营权模式和经营管理模式有待改进;必须在加强广告经营自主性的同时强化对广告产品规范化的管理;设置能够全面涵括广告效果内涵又具有可操作性的评估方法;强化信息技术手段对经营管理决策的支持作用。论文通过对报业广告经营管理体制、广告招标管理、广告效果评估及信息支撑平台的相关理论及方法的分析,指出,我国目前的报纸媒体广告经营管理体制无法单纯地采用风险防范机制和双向委托代理模式;关键绩效指标分析和平衡计分卡可通过对报纸媒体发展战略的反映,实现对广告代理商业绩的客观评价;我国现在所采用的广告效果评估方法都只能用于评定"广告效果"的部分内容;业务流程再造、数据仓库、数据挖掘、决策支撑系统等信息技术的综合运用,将使得信息支撑平台真正成为为报业媒体广告经营管理提供决策依据的有效工具。文章还以解放日报报业集团为例,简单介绍报业广告经营优化相关研究在实践中的运用。最后,论文对本文的核心内容进行了总结,提出了一些尚待解决的问题。

关键词:报业　广告　报纸广告　经营权　招标

4812

基于全局视图的虚拟组织信息共享方法与应用研究 / 张英朝著 ; 张维明指导. -- 国防科学技术大学, 2005. -- 127 页

从实现虚拟组织信息共享出发,论文提出了一种基于全局视图的虚拟组织信息共享方法,对基于全局信息视图实现虚拟组织信息共享的几个关键问题,主要包括虚拟组织信息统一建模描述、基于本体的全局信息视图与视图映射关系构建和动态调整、基于信息能力建模的高质量信息共享等,结合实例分析进行了深入研究,并以实现多军兵种联合作战虚拟组织信息共享为应用背景对于所提出方法的应用进行了一定研究。主要体现为:根据虚拟组织信息特点分析,论文提出了适合于虚拟组织信息统一建模描述的对象信息描述模型 ODIM。ODIM 模型逻辑严谨、直观易用、通用性强,能够有效地实现虚拟组织信息统一建模描述、生成本地信息视图,并且为实现高质量信息共享奠定了基础。在基于 ODIM 对于虚拟组织信息进行统一建模描述、生成本地信息视图基础之上,作者提出了一种基于本体的全局信息视图与视图映射关系构建和动态调整方法 OVMCA。以实现虚拟组织高质量信息共享为目标,依据全局信息视图和视图映射关系,提出了一种基于信息能力建模的三阶段虚拟组织高质量信息共享方法 HPISM。最后,以现代战争多军兵种联合作战虚拟组织信息共享为应用背景,设计了一个多军兵种联合作战虚拟组织信息共享平台 JSQL,实现了 JSQL 平台的原型系统。

关键词:虚拟组织　信息管理　信息共享　联合作战

4813

多 Agent 合作学习过程的建模及仿真 / 张莹著 ; 盛昭瀚指导. -- 南京大学, 2005. -- 98 页

本文介绍了 Agent 和 MAS 理论在社会、经济等领域的一些应用,总结归纳了有关合作的研究成果及不同的研究方法,指出目前研究的不足之处。描述了 Agent 和 MAS 的特点,指出使用 Agent 理论的方法去研究合作的优势;描述了合作的概念、分类及影响合作的因素,并提出了使用仿真的方法去研究合作中的一些问题。通过利用多 Agent 的特性去模拟社会经济系统中的一些行为,通过对结果的分析试图找出一定的规律,从而把握环境与策略的变化对合作的影响,通过对多 Agent 系统中演化过程的分析与建模来分析合作的产生及消亡的影响因素。考虑了信息不确定性对合作的影响,同时对比了 Axelrod 对一报还一报策略的研究,并得出了一些结论。文章的最后给出了研究的总体结论及展望。

关键词:企业合作　学习过程　多智能体系统　系统仿真

4814

学习型企业人力资本定价研究 / 张玉华著 ; 黎志成, 徐天亮指导. -- 华中科技大学, 2005. -- 130 页

本文首先分析了学习型企业的结构特征,讨论了学习型企业以员工发展为导向的人力资源管理模式;对学习型企业工作设计的思路与途径进行了探析;对学习型企业人力资本生命周期的变化规律进行了思考和研究,指出知识经济时代应运而生的学习型企业人力资本生命周期表现出其特有的变化规律,在此基础上进一步完善了人力资本生命周期理念,进一步准确地绘制了企业人力资本存量生命周期示意图,并用数学公式描述了学习型企业员工人力资本生命周期的变化规律,分析了学习型企业人力资本薪酬成本总量控制方法和系统指数。对人力资源动态综合价值指数公式进行了讨论并提出了改进意见,还研究了学习型企业激励知识共享的运行机制,讨论了学习型企业人力资本定价的基础、流程、形式与实质。本文比较了传统薪酬观念与现代薪酬观念,指出了传统薪酬观念的不足,讨论了学习型企业应有的创新薪酬观念和人力资本定价原则,探讨了学习型企业人力资本素质和绩效双重考核的思路、内容、方法和步骤。设计了基于滚动计划管理思想的动态考核管理过程。讨论了学习型企业管理和科技人员定价的模型,创造性地设计了学习型企业员工考核与能力发展相结合的定价方案并结合以学习型企业为战略目标的 M 企业人力资本薪酬定价方案的设计进行了实证研究。

关键词:学习型企业　人力资源管理　人力资本　知识共享

4815

网络教学目标协同的原理与机制研究 / 张豫著 ; 郑晓齐指导. -- 北京航空航天大学, 2005. -- 235 页

本文运用建构主义理论、自组织理论以及软件工程领域的相关理论和概念,围绕网络教学目标协同的问题,跨学科地进行研究,在梳理网络教学目标文献资料的基础上,讨论了网络教学目标、网络教学目标系统与协同的关系。阐述了网络教学目标协同的原理,选择了 EML/IMSLD 作为支持网络教学目标协同

实践层面研究的方法,提出了网络教学目标设计系统的双层三模块框架。初步探讨了网络教学目标设计中协同工作的特点、网络教学目标的群体决策以及变更管理的问题。构建了网络教学目标设计活动的用例图、类图、时序图。第一次提出运用一种正式的、人和计算机都能理解和解释的网络教学目标建模语言作为教学目标设计的实施工具,指出网络教学资源库是网络教学目标协同的重要实现工具,提出柔性网络教学资源库的概念以及探讨了其实施途径。

关键词:网络教学　计算机辅助教学　目标管理　协同效应

4816

面向敏捷制造的供应链柔性管理 / 张云波著 ; 武振业指导. -- 西南交通大学, 2005. -- 133 页

本文从面向敏捷制造的供应链分析出发,根据供应链柔性与环境不确定性的关系,运用系统控制理论分析了供应链的柔性以及控制力与供应链柔性的关系,提出了基于系统控制理论的供应链管理与组织设计方法;运用熵增定律辨析了供应链的柔性,提出了基于熵思想的供应链柔性管理方法;运用时效熵和质量熵分析了供应链内单独企业结构柔性的度量方法;运用决策理论和经济效益法分析了在单个干扰源和多个干扰源情况下供应链的柔性;根据柔性成本与价值的关系说明了供应链存在的最佳的柔性水平;提出了改善柔性的建议,分析了柔性可能带来的负面效应。文章分析了供应链的组织柔性、文化柔性、研发柔性、信息系统柔性、柔性决策、计划柔性、柔性收益分配机制、柔性合同、人力资源柔性、柔性制造和柔性战略等;根据供求规律分析了供应链柔性产生的动因及其动态特性;根据供应链所进行的主要活动与功能分工,将供应链柔性划分为 8 个柔性子系统,建立了 8 个柔性子系统模型;建立了供应链柔性系统集成模型,分析了柔性子系统之间的相互关系。分析了柔性对供应链绩效的影响,建立了供应链柔性系统的柔性度量系统和度量方法。讨论了基于有限理性的柔性决策方法及其特点,建立了基于智能代理的供应链可视化柔性决策支持系统模型、决策机制和决策流程,分析了基于协调中心的运用大规模定制实现供应链柔性管理的方法和应用分析。

关键词:供应链管理　柔性管理　敏捷制造

4817

动态环境下中国电信企业竞争优势研究 / 张振辉著 ; 达庆利指导. -- 东南大学, 2005. -- 141 页

本文采用理论与实践相合、静态分析与动态分析相结合、实证分析与规范分析相结合等方法,构建了一个企业竞争优势的新整合模型,以此作为分析电信企业竞争优势问题的理论基础,对电信企业竞争优势的识别、评价、营造、持续、保护过程进行研究。通过比较研究世界电信市场竞争发展历程,明确了我国电信运营企业的市场定位;通过比较研究竞争优势领域中具有代表性的比较优势理论、国际直接投资理论、波特产业分析理论、企业能力理论以及战略冲突理论、现代超越竞争理论等,将环境与定位、资源与能力、核心竞争力的构建与提升等战略要素整合在一起,构建了“网状”的、多层面的企业竞争优势新模型。运用定性分析和定量分析方法相结合的方法,除了对内部价值链和外部价值链定性分析,还要辅助模糊综合分析和灰关联分析定量模型,建立了包含战略主题、内部培育与外部获取、动态组合与竞争优势群要素的电信企业核心竞争力营造过程模型。建立了电信企业竞争优势的持续和保护过程模型,分析了威胁因素及隔离机制。提出了知识资源视角的知识积累与动态激活机制新论点。本文建立了包含战略主题、获取可寻址资源与能力、后整合管理、竞争优势要素的电信企业可寻址资源与能力获取模型,从资源与能力的新视角分析了电信企业并购与联盟网络问题,并实证研究我国电信企业竞争优势问题及对策建议。

关键词:电信企业　市场竞争　竞争优势　竞争力

4818

“两湖”平原经济一体化发展战略研究 / 张震龙著 ; 张金隆指导. -- 华中科技大学, 2005. -- 250 页

论文选取湖北省江汉平原、湖南省洞庭湖平原为研究对象,对区域经济一体化的理论与实践问题展开研究,并提出了“两湖”平原一体化发展战略。文章围绕区域经济一体化发展这一主题,从区域经济理论和管理理论研究入手,分析和比较了国内外区域经济一体化的先进经验,考察和分析了“两湖”平原开发的历史进程、经济地理特征、区位条件、发展现状和途径,对区域经济一体化发展中的经济增长、产业集群、城市集群、中央商务区(CBD)、县域经济、投资环境、管理创新等一系列问题进行了探索,结合对区域经济一体化的内涵、外延与特征的分析,以及对“两湖”平原经济一体化进行的实证研究,构建了“两湖”平原经济一体化的发展模型,提出了“两湖”平原经济一体化中

的产业集群、城市集群、CBD以及县域经济的发展策略,理清了"两湖"平原经济一体化中的投资环境建设、区域管理创新的思路。对"两湖"平原经济一体化的结构和运行机理进行分析,阐明了区位条件、基础设施、科技水平、区域环境等因素对经济发一体化发展的影响。最后文章分析了"两湖"经济一体化发展面临的国际、国内环境和其他地区的发展态势,提出了构建增长极、实施一体化发展、促进经济协调发展的战略思想。

关键词:区域经济　经济一体化　经济发展战略　产业集群　两湖平原

4819

中小企业信用担保机构有效运行模式研究 / 张卓琳著 ; 陈晓红指导. -- 中南大学,2005. -- 213 页

首先对中小企业融资难问题这一制度背景进行分析,在界定中小企业概念范围的基础之上,解释了中小企业存在的意义和核心价值,分析了目前国内中小企业融资现状和特点。接着,从信用担保机构对促进中小企业融资效率和信用担保机构风险控制与管理两个方面对不对称信息条件下中小企业信用担保机构有效运行进行理论分析。其次,在详细介绍日本、美国、台湾地区以及中国大陆中小企业信用担保机构现行运作模式的基础之上,分析了中国大陆中小企业信用担保机构现行运作模式的特点及其缺陷。为此,作者构建了一个以互助性担保机构为主体,政策性和商业性担保机构为补充的"一主两辅"模式,详细分析了该模式的运作问题,提出了基于该模式的三种中小企业信用担保机构的资金来源及担保损失补偿机制。随后分别从信用担保机构的内部和外部两方面入手,讨论了设立中小企业信用评级指标体系、实施反担保等各种控制和分散担保风险的手段和措施。信用担保机构的有效运行离不开完善的配套环境,作者从中小企业征信管理体系、法律和法规环境建设、中小企业社会化服务体系和完善产权交易市场四个方面探讨了中小企业信用担保机构有效运行的配套环境建设问题。最后,作者通过对湖南省中小企业信用担保机构运行状况和浏阳市企业信用担保有限责任公司的专项调查,以及对该公司运作绩效的指标比较分析,对运用"一主两辅"模式提高湖南省中小企业信用担保机构运行效率进行了有益探讨。

关键词:中小企业　信用担保　金融机构　风险管理

4820

质量生态位与质量竞争的研究 / 章帆著 ; 韩福荣指导. -- 北京工业大学, 2005. -- 180 页

本文借鉴生态学、组织生态学和演化制度经济学的理论学说和研究方法,主要研究了质量生态学的几个基本问题。进行了关于组织生态学的相关研究和关于生态位相关研究,综述了对顾客满意度的研究,包括满意过程的心理学分析和顾客满意度指数(CSI),论述了进化博弈稳定策略。从技术环境、市场环境、制度环境和人文环境等方面研究了质量环境及其变迁,并论述了从检验到控制再到全面管理以及从质量管理到质量经营的质量观念的演化。解析了质量空间的概念及其性质,包括:质量维度与要求变量、质量空间的概念及其表达和质量空间公理化。在建立了质量生态位概念和计量模型后,运用质量生态位概念分析讨论了质量竞争问题,根据质量生态位宽度定义了质量生态位重叠度,以重叠度的大小反映质量竞争的激烈程度,以手机为例讨论了影响质量竞争的关键因素,同时进行了质量竞争的实证分析。

关键词:质量管理　质量控制　质量竞争　生态学

4821

区域投资动力机制研究 / 赵冰著 ; 沈玉志指导. -- 辽宁工程技术大学, 2005. -- 127 页

本文从增强区域投资动力机制的角度来进行研究,利用因素分析的方法,在对现有区域投资状况进行分析的基础上,得出了区域投资动力机制的五大主要推动力:即经济力、文化力、政治力、环境力和自然力等。对构成这五个力的因素及其对区域投资的影响程度给予论证。提出了区域投资动力机制中的新因素——文化力这个概念。基于量子力学的能级跃迁理论建立了区域投资动力机制模型和区域投资动力评价模型。对区域投资动力机制进行综合评价,提出了区域投资动力机制指标体系的框架设计,阐述了利用层次分析法确定指标体系的权重和区域投资动力机制的综合评价方法。通过时区域投资动力机制的分析,提出了增强区域投资竞争能力的一些政策建议。

关键词:地区经济　投资环境　投资机制　投资分析　区域文化

4822

电子商务市场价格离散问题研究 / 赵冬梅著 ; 乔

忠指导. -- 中国农业大学,2005. -- 125 页

价格离散是综合反映市场机构、信息流动状况的指标,而研究电子商务市场的价格离散问题,则是检验新兴市场效率、分析厂商和消费者行为的前提,对理解当今的经济形势和未来发展具有重要意义。本文从理论和实证两方面研究了电子商务市场价格离散的成因,分析了在信息搜索成本明显下降的情况下,导致电子商务市场价格离散的各方面因素及其影响程度,建立了理论预测和实证研究结果之间的连接。其主要内容包括:(1)电子商务市场及其价格状况分析;(2)电子商务市场结构与均衡分析;(3)电子商务市场价格离散的基础成因分析;(4)销售渠道引发的价格差异分析;(5)价格离散程度的收敛与扩张;(6)价格离散问题的实证研究。研究结果表明,价格离散并非电子商务市场不成熟的暂时现象,它将普遍而且持续存在。其原因有三:一、电子商务市场并没有趋向无摩擦的完全竞争市场,市场主体交易仍在信息不完全状态下进行;二、电子零售商的销售渠道存在差异;三、消费者存在品牌敏感性,而且并非所有消费者都会关注到所有的零售商。论文的实证分析结果显示,产品的市场特征是影响电子商务市场价格离散的主要因素,而电子零售商所提供服务的异质性只对市场价格产生较小的影响,不同种类的电子零售商制定价格的依据也不同。

关键词:电子商务　市场价格　市场结构　零售商　市场效率

4823

机构间网络与区域创新系统建设 / 赵付民著 ; 邹珊刚指导. -- 华中科技大学, 2005. -- 120 页

区域技术创新体系的实质是各类机构间的联系网络,不同国家机构间往来形态存在着差异,本文就对不同国际机构间网络关系形态、网络与合作关系生成的机理进行了系统研究,以揭示这种差异。文章首先对简单生产条件下市场、等级以及网络三种资源配置方式的特征、效率进行总结,讨论了网络通过某种方式的协调在利用分散信息方面具有的优势。其次,对我国创新中各类机构间合作的方式、特征进行了分析,认为条块分割及政府的干预抑制了这种联系的建立与发展,通过网络化组织资源进行创新的效率无法充分发挥。再次,对日、美网络内企业间合作的方式、合作机制进行了分析,特别总结了日本式网络治理的收效。而后文章探讨了如何促使这种联系的发生与进化。在简要介绍共生理论基础后,从共生角度分析了我国科技经济、科技经济体制及改革对机构间网络关系建立的影响。最后,从机构间联系、合作关系建立的角度探讨了区域创新系统的建设。

关键词:经济合作　技术创新　网络经济　区域经济

4824

基于城市竞争力的城市经营理论研究 / 赵富强著 ; 李海婴指导. -- 武汉理工大学, 2005. -- 233 页

本文主要以城市经济学理论作为主要理论支撑研究城市的经营,主要包括:(1)阐释城市竞争力的内涵、特征与要素,比较分析城市竞争力的理论模型,构建城市竞争力与城市经营的耦合模型,分析城市竞争力的实现机制。(2)阐述了城市经营理念形成与发展、城市政府角色演变以及城市经营发展概况,进而阐释了城市经营内涵,比较了不同城市经营观点,界定了城市经营与相关概念的区别和联系,提出了基于城市竞争力的城市经营观,明确了城市经营的基本范畴、环境条件和基本目标。(3)阐释了城市经营的战略内涵,分析了城市经营的战略定位和经营环境,指出了城市经营的战略误区及其原因。(4)指出了城市经营的政府职能定位,分析了城市缺陷,引入了城市治理理论。(5)阐明了城市功能与产业结构的关系,分析了我国城市产业的现状困境,提出了城市主导产业的选择和培育。(6)阐释了城市土地的含义、特性以及作用,分析了城市土地的价格和供求均衡。(7)阐释了城市基础设施的内涵、特点和作用,分析了我国城市基础设施的现状、体制缺陷以及投资运营问题及其原因。(8)阐述了城市要素与城市竞争力的关系以及城市环境与城市经营的关系。(9)指出了城市经营绩效评价的意义和原则,构建了基于城市竞争力的城市经营绩效评价模型。最后对本研究相关方面的发展方向做了展望。

关键词:城市管理　城市经营　竞争力　城市营销　城市经济

4825

生态智慧型企业成长及其仿生研究 / 赵红著 ; 陈荣秋指导. -- 华中科技大学, 2005. -- 151 页

在对以组织生态理论为主的企业仿生研究有关理论综述研究的基础上,提出生态智慧型企业的概念,并对该类企业的组织特性及其所应具备的结构要素进行解释和建模分析。在对企业复合生态系统分析的基础上,给出了生态智慧型企业成长过程中所栖

息的企业群落复合体的概念,并进一步探讨了企业群落复合体的生存方式、结构尺度及异质性特征,在此基础上,总结了企业群落复合体的动态模型和生态功能。在对生态智慧型企业共生体给出概念界定和生存条件分析的基础上,进一步分析了其行为方式及其相互关系,同时对生态智慧型企业共生体的共生经济效益进行了经济学的解释和分析。从企业群落演替过程中寻找并分析了生态智慧型企业成长中的生态对策选择问题、企业优势度的"三态"比较以及对潜在的合作伙伴评价和选择的定量分析方法。本文研究挖掘了植物体营养物质代谢高效性的生理机制,将其运用到物流结构的设计当中,在揭示企业库存的渗透势、压力势和拉力势三种势能的基础上,探讨企业物资采购的动力来源,并将植物体成长过程中的根系的伸展模式应用到供应商拓展模式的研究中去,并提出保持生态智慧型企业长盛不衰的价值理念金字塔模型。

关键词:企业管理　生态学　组织管理　企业价值　生态金字塔

4826

中国汽车工业技术创新研究／赵鹏飞著；张金隆,戚昌文指导. -- 华中科技大学, 2005. -- 120 页

本文研究了中国汽车工业的技术创新问题。首先,运用产业经济学、发展经济学、创新经济学理论研究了技术创新对产业发展所产生的影响,分析了创新动态各阶段的特征及其在推动产业发展方面所起的作用,提出了汽车产业生命周期的概念,并对其不同阶段(生成期、成长期、成熟期和衰退期)的技术创新特点进行了分析,提出了发展中国汽车工业技术创新应重视的问题。此外,本文还对技术创新概念进行了界定,对技术创新的特点、相关概念进行了阐述。对技术创新中的自主创新、模仿创新、合作创新模式进行了分析,提出了模仿创新是汽车工业后起国家赶超世界汽车工业发达国家有效途径的观点,研究了汽车工业技术创新的特点,探讨了技术创新在促进汽车工业发展中的作用。本文对国际汽车工业的发展特点、技术水平现状进行了分析,研究了国际汽车工业技术创新的发展趋势,分析了中国汽车工业技术实力现状,以及与世界汽车工业技术发展所存在的差距,研究了中国汽车工业技术创新存在的问题及原因。探讨了基于技术创新提升中国汽车工业竞争力的现实途径,提出了实现中国汽车工业跨越式发展的对策,最后提出本研究尚需进一步研究的问题以及将要开展的工作。

关键词:汽车工业　技术创新　生命周期

4827

行为理性偏误与投资者生存投资决策过程研究／赵新顺著；史本山指导. -- 西南交通大学, 2005. -- 125 页

本文采用实验经济学的方法对行为理性特别是中国的投资者的行为理性偏误特征进行研究,对具有不同知识结构的被试者群体的贝叶斯行为理性偏误的特征进行了对比试验研究,指出知识结构对人们的行为理性偏误特征的影响。阐明理性投资者和非理性投资者的根本差异,在既定的理性与非理性的定义下,分析了理性投资者与非理性投资者的各种生存关系,并导出了两类投资充分竞争条件下的消费红利分布的均衡结果。以均值—方差投资决策模型、安全第一投资决策模型和行为投资组合决策模型为代表的三种投资决策理论,分别描述了三种典型的投资决策过程,以及三种模型所描述的投资决策过程在许多方面的不同。在实验结果的基础上,构建了一个测量行为理性偏误的多因素模型,并发展了一种基于行为差异系数的投资组合决策模型。

关键词:行为金融学　投资者　投资决策　金融市场

4828

资源型城市经济转型研究／赵兴武著；王志宏指导. -- 辽宁工程技术大学, 2005. -- 140 页

本文在研究国内外资源型城市经济转型现状的基础上,结合中国资源型城市实际情况,研究了资源型城市经济转型的目标模式、接替主导产业选择与产业结构调整、效果评价与动态监控等问题。在界定资源型城市经济的基础上,提出了资源型城市经济的目标模式和资源型城市在确定经济转型目标模式时应该遵循的原则,从可操作的角度研究了接替主导产业的识别,提出了接替主导产业选择的灰色系统分析方法和复杂系统排序法,在此基础上,分析了资源型城市经济转型中的产业结构调整问题,提出了资源型城市产业结构调整的途径和措施。文章设计了基于主成分分析法的资源型城市经济转型效果的评价指标体系和定量评价方法,并提出了资源型城市经济转型动态监控措施。

关键词:城市经济　资源型城市　产业结构调整　经济转型　阜新

4829

员工持股计划在国有高科技企业改制中的激励机制研究 / 赵振元著 ; 曾勇, 银路指导. -- 电子科技大学, 2005. -- 135 页

在分析了员工持股计划的基本功能、国有企业改革的实质、激励的内在机制、高科技企业的生产属性、人力资本的特性和我国员工持股计划的法律背景的基础上,本文为研究国有高科技企业改革(包括员工的持股计划改革)建立了一个统一的逻辑框架。探讨了国有高科技企业员工持股的几个基本理论问题,重新界定了国家国有企业改革中的目标,研究了激励与激励发生作用的根本机理和几种典型的基于"刺激——反应"的激励理论,论述了马斯洛的需求层次论、双因素理论、公平理论、期望理论和委托代理理论。分析了高科技企业及高科技企业的员工(知识型员工)的特点,论述了包括人力资本与经济增长、人力资本与企业价值的人力资本概念及其基本特征。分析了员工持股计划的法律环境和组织形式。建立了国家与企业员工之间的股权配置模型,并给出了最优股权配置的计算公式。本文应用合作博弈的方法建立了企业内部员工之间的股权配置模型,为本文的逻辑框架和模型结果的正确性提供了证据,并指出需要进一步研究的问题。

关键词:高技术企业　企业改革　员工持股　国有资产　股权　激励

4830

服务业外商投资进入模式与中国服务业发展研究 / 郑长娟著 ; 徐建中指导. -- 哈尔滨工程大学, 2005. -- 168 页

论文以服务业的国际转移和中国入世后服务业扩大开放为背景,以国际贸易、国际投资和服务营销与管理理论为基础,旨在建立一个服务企业国际市场进入模式选择的一般分析框架,并在考虑不同因素的基础上,建立服务企业进入模式决策的分析模型,研究中国服务业外商投资进入模式选择的影响因素,揭示外资服务企业进入中国市场的投资模式特征,从而为研究制定中国服务业有效利用外资的原则和策略奠定基础。具体研究内容包括:(1)梳理有关服务企业国际化的国内外文献,并对相关理论的适用性进行探讨。(2)阐述服务国际化的内涵、主体和动因,分析服务的特性对服务国际化的影响。(3)分析中国服务业外商直接投资的现状和特点,并结合中国服务业对外资的开放度和入世的开放承诺,对其发展趋势进行预测。(4)研究服务国际化的途径与进入模式类型;运用灰局势系统测度方法,分析了基于进入模式内在特性的服务企业进入模式选择倾向。(5)以 2001 年进入上海市的外资服务企业为样本,利用横断面数据对外资服务企业中国市场投资进入模式的特点进行描述性分析,并对影响外资服务企业投资进入模式选择的因素进行实证研究。(6)系统分析服务业外资进入的积极效应,研究现代生产性服务业的引进对推动创新发展和技术进步的作用。(7)研究现阶段中国服务业利用外资的原则、政府对服务业监管的重点和政策导向以及服务业利用外资的应对策略。

关键词:服务业　外商直接投资(FDI)

4831

中国军人保险制度改革研究 / 郑传锋著 ; 黎志成, 徐天亮指导. -- 华中科技大学, 2005. -- 171 页

通过对军人保险制度改革与创新的理论与现实分析,实现为政策决策部门提供军人保险制度改革的清晰方案,并以此加快中国军人保险制度完善的进程。作者结合自身承担的全军"十五"计划课题"中国特色的军人养老保险制度构建分析",从整体和结构上全面分析与研究了中国军人保险制度创新的理论基础、创新的整体思路及方法,并对国外军人保险制度改革的内容及特点进行总结分析。对军人保险制度发展变迁的基本路径及其规律有了一个基本认识,并在此基础上设计出中国军人保险制度发展应以军人基本保险为主,并辅以商业保险的模式,建立资金来源多渠道、保障方式多层次、权利与义务相对应、管理和服务社会化的军人保险体系。同时,提出了建立起统账结合的军人养老保险制度,军人养老保险的给付模式应当遵循给付确定制,保证在被保险人退休时按事先公布的替代率发放保险金,且军人养老保险的实施由国家强制执行,其运行得到政府的支持。作者还提出了军人保险制度与社会保险制度是一种并行发展的关系,建立军人保险制度与社会保险制度协调发展的制度机制非常必要。

关键词:军人　社会保障制度　社会保险　劳动保险

4832

澳门房地产可持续发展的研究 / 郑国明著 ; 邹珊刚指导. -- 华中科技大学, 2005. -- 136 页

本文根据经济学、管理学的基本理论,研究房地产市场的互动机制及内部运行规律,对澳门房地产市

场市道低迷现况、影响市场运作的主要因素进行研究。分析了包括公房模式、私房模式和住房分析在内的住房模式与住房理论,论述了澳门房地产的发展历史及演变,进一步探讨了澳门房地产建筑业发展与区域经济发展的关系。研究了影响房地产市场供求因素,以及房地产市况低迷的原因与冲击。本文还就澳门各项与房地产有关的政策进行分析。提出改善有关法例如租赁法、税务法、分层楼宇法律制度、设立中介人制度、楼宇预售制度等以健全整体的投资环境,提出完善房地产市场运作,改善经济增加内部及外部需求的前瞻性策略。并提出了进一步研究讨论的议题。

关键词:房地产市场　宏观调控　可持续发展　澳门

4833

电信供应链协调研究 / 郑惠莉著 ; 达庆利指导. -- 东南大学, 2005. -- 109 页

本文运用价值链、供应链等基本理论,首先界定了电信供应链及其管理的相关概念,分析了价值链与供应链的关系及异同。针对传统电信供应链结构的"横向"扩展,以"电信转售业务供应链"为背景,从供应链协调的角度,研究了电信业在开展转售电信业务时,传统的运营商与转售商之间的竞争与合作问题。构造了一个电信业务转售供应链模型。基于此,分别研究了简单批发价合同、通信能力约束下的批发价合同和收入共享合同的协调能力。研究了电信业在开展"彩信"业务时,传统的运营商与内容服务提供商之间的竞争与合作问题。构造了一个移动互联业务供应链模型,研究了收入共享合同的协调能力。针对电信供应链上通信设备、手机等产品采购价和市场需求均随时间变化的典型特性,研究了电信供应链的 EOQ 库存问题。提出了一种需求随时间指数增长和采购价随时间指数下降的 EOQ 扩展库存模型,给出了寻找最佳采购次数及服务水平的算法,并对模型进行了数值仿真和灵敏度分析。

关键词:电信企业　供应链管理　电信业务　价值链

4834

基于资源整合理论的制造业集群竞争力的研究 / 郑健壮著 ; 吴晓波指导. -- 浙江大学, 2005. -- 223 页

本文从"内生论"的角度,即集群的资源的角度来研究集群竞争力,并建立了"基于资源整合理论的产业集群竞争力模型"。借助结构方程模型(SEM)的 Amos 统计软件对模型进行了实证检验。对产业集群的理论进行综述,包括产业集群形成原因和形成条件、产业集群的演化、产业集群竞争优势的研究、产业集群政策分析和产业集群研究的层次及方法。综述了资源观(RBV)的理论,研究了动态能力理论和能力生命周期,并分别论述了能力生命周期——"能力演进"的理论和研究的深入——"资源经济学"的理论,以及基于资源观的能力、竞争力、核心竞争力和竞争优势的关系。研究了基于资源整合理论(RIBV)的产业集群竞争力以及基于集群风险的集群资源和资源整合。指出了资源集聚对于"分工与合作"和"知识(技术)外溢"的影响以及知识(技术)共享对于"资源集聚"和"分工合作"的影响。对产业集群竞争力进行实证研究,解释了集群能力因子间的关系、资源集聚影响路径、分工合作影响路径和知识(技术)共享影响路径。并提出了今后有待进一步研究的问题。

关键词:制造工业　产业集群　竞争力　资源整合

4835

高校资产证券化的研究及其应用 / 郑锦荣著 ; 徐福缘指导. -- 上海理工大学, 2005. -- 120 页

本文对高校的融资方式和融资的渠道进行了研究,并从借贷资本的性质来分析融资方式。对资产证券化原理进行了分析和研究,比较了资产证券化与其他融资方式的特点,提出了资产证券化的交易结构和流程,并对目前资产证券化的种类进行了归类和叙述。分析了资产证券化的运作机制,阐明了进行资产证券化的前提条件,利用现代资本结构理论对高校的资本结构进行了分析,并对香港高校和国内的高校资本结构进行了比较分析。对高校融资的方式进行了研究。还研究了高校和投资者关于融资工具的偏好性,提出了两者的偏好性区间。对高校资产证券化的可行性进行了分析,对实行资产证券化难点和有利因素进行了研究,提出了高校资产证券化的前提条件和高校资产证券化的多赢评价模型。指出了适合资产证券化的高校资产类型以及所采用的资产证券化方式,分析了高校资产证券化的运作流程和资产证券化过程中的信用增级机制,并分析了资产证券化的信用风险。文章分析了我国发展资产证券化的难点和障碍,并从会计、税收和法律三个方面来分析制约我国证券化发展的因素,提出了推行高校资产证券化的建

议。

关键词:高等学校　融资　资产证券化　证券投资　资产结构

4836

建设项目可持续性及其评价研究 / 郑小晴著 ; 李世蓉指导. -- 重庆大学, 2005. -- 154 页

论文对项目可持续性概念及其相应的评价体系进行了系统的研究,目的是将可持续发展的理论和方法落实到建设项目这一微观领域的实践,促进项目建设服务和服从于可持续发展战略。作者首先对建设项目进行了界定,明确了建设项目概念和范围;分析了建设项目在国民经济中的地位及其对可持续性的影响,阐明了建设项目可持续性问题的重要性和紧迫性;给出了建设项目的可持续发展的概念。在此基础上,作者提出了建设项目可持续性评价的框架。在项目环境的相容性评价研究中,论文讨论了环境相容性的核心——环境承载力,指出环境经济承载力表现了环境与经济发展的相互作用关系,提出以建设项目的生态足迹指标,衡量项目对于环境承载力的影响程度,并阐述了建设项目生态足迹的分析方法。在项目技术的技术清洁性评价研究方面,论文归纳了清洁生产发展过程的四种模式,阐述了工业生态学的基本原理和基于工业生态学理论的实现技术清洁性的循环经济理想目标模式,借用"清洁"一词建立项目的技术清洁性概念,综合描述和量度项目在技术方面适应可持续发展要求的特征和程度。在项目经济合理性评价研究方面,对环境、资源的概念,以及环境资源价值的概念和构成进行了理论分析。在项目社会的公平性评价研究中,着重阐述了代际公平的研究进展,分析了现行项目社会评价与论文的社会公平性评价的区别,提出了项目社会公平性评价思路的原则构想。

关键词:基本建设项目　可持续发展　项目评价　环境承载力　清洁生产

4837

经济集聚区域研究 : 兼区域最优增长控制与集群价值链分析 / 钟华著 ; 韩伯棠指导. -- 北京理工大学, 2005. -- 126 页

本文以区域作为研究对象,对经济集聚进行了分析,定义了经济要素集聚度,得出了要素集聚与经济增长之间的关系,建立了要素集聚的经济模型。定义了经济增长的劳动力、资本及技术要素集聚度弹性,并对三者进行比较,提出了该地区集聚战略的相关建议。从区域最优增长控制角度出发,探讨了区域集聚的最优规模。本文以经典的城市最优增长控制模型(B-L模型)以及考虑集聚因素后的集聚最优增长控制模型(L-Y模型)为基础,对原模型中的假设进行了改进。从微观角度探讨了集聚的产物——集群,提出了集群价值链分析方法,拓展了竞争力研究领域。结合集群的产业特征,将价值链分析方法应用于集群竞争力研究。通过分解集群价值链,比较集群的各个价值环节得出集群优势所在。分析中强调了集群价值链之间的联系以及平台建设,并将集群价值链嵌入到国际市场,进而提出了全球价值链战略,在价值链分析方法中应用了竞争力研究的价值转移理论,分析了集群内外的价值转移,进而确定了集群所处的价值转移阶段及价值转移的两个方向。并以吉林化工产业集群为例,进行了集群价值链分析,给出了相应的政策建议。

关键词:区域经济　产业集聚　价值链　经济增长

4838

中国高等教育产业组织研究 / 钟卫东著 ; 李柏洲指导. -- 哈尔滨工程大学, 2005. -- 124 页

论文首先对国内外产业组织理论进行了系统综述,对市场结构、市场行为、市场绩效等方面有关的国内外研究成果进行了科学的概括。接着对我国高等教育市场范围进行了界定。把高等教育市场界定为国内市场,并对我国高等教育市场的市场结构和产品差异化问题进行深入研究。其次,对我国高等教育产业规模经济进行了研究,从高等教育成本入手,对高等教育成本与经济规模的关系进行了分析,并利用MATLAB软件,对我国高校的在校生规模和生均教育支出情况分别进行曲线拟合,计算出高校最优经济规模区间,并对高校教育成本模型进行线性回归和显著性检验。再次,对我国高等院校合并进行了分析,对高校合并的活动、技术、规则、目标四个基本要素,以及四要素间的结构模式进行了理论分析,利用系统经济学和福利经济学原理对高校合并的效用进行了分析。最后,作者在对我国高等教育产业组织进行深入分析的基础上,提出优化我国高等教育产业组织的政策建议,即:政府应进一步调整和优化高等教育产业结构;鼓励高等院校适度的规模扩张;深化高校内部组织管理体制改革;实施高校联合的政策;鼓励高校努力扩大产品差异,坚持走特色之路;提高组织系统对外开放程度等,为我国高等教育产业组织优化提供

了科学的决策借鉴。

关键词:高等教育　产业组织　市场结构　规模经济

4839

股市投资者内生流动性风险管理研究 / 仲黎明著 ; 吴冲锋指导. -- 上海交通大学, 2005. -- 150 页

在已有报价驱动机制下流动性度量研究的基础上,本文提出指令驱动机制下交易对价格冲击的微观结构模型,并利用深圳成分股指数 40 种成分股票的高频数据对模型中的价格冲击系数进行测算,分析了永久冲击系数与瞬时冲击系数之间、价格冲击系数与股票流通盘之间、价格冲击系数与换手率之间、价格冲击系数与交易量之间、价格冲击系数与交易金额之间的相关关系。本文设计出考虑内生流动性风险的 VaR——LrVaR。分别利用数值解法和解析解法求解出当组合中只有一种股票时使得 LrVaR 最小的变现策略。本文还研究了具有均值方差效用的投资者在对组合中股票变现时进行内生流动性风险控制的最优策略。分析了完全变现与不完全变现的差异、协方差对最优策略的影响、投资者风险厌恶程度对最优策略的影响。

关键词:股票市场　证券投资　投资策略　风险管理

4840

商业银行客户资产管理研究 / 周光强著 ; 陈荣秋, 刘英姿指导. -- 华中科技大学, 2005. -- 123 页

本文综合运用制度经济学、产业经济学、金融工程学、管理学等基本理论与方法,紧密结合国内外实践,对商业银行客户资产管理进行了研究。介绍了我国现阶段商业银行的发展特点和西方商业银行客户资产管理理论的发展演变及其该理论与西方金融理论的深层次的联系。概括总结了以前的学者关于客户资产的计量模型,分析了客户资产的概念模型——Zeithmal 模型和一种商业银行客户资产概念数学模型,介绍了计算客户资产的六种方法: Blattberg 和 Deighton 法与 Blattberg 和 Getz 法等。用最小二乘法及曲线拟合原理对银行客户预期贡献曲线特征分析进行了分析,得出了客户生命周期内的客户预期贡献计量模型,同时使用国内某商业银行的数据对模型进行了实证分析,完成了商业银行客户资产的测算。针对我国现阶段商业银行的发展和特点,结合我国金融体制改革和银行发展现状,对发展我国商业银行银行客户资产管理的条件和内外环境进行了分析,从外部环境和内部组织结构两个方面来分析。提出关于未来我国资产管理控制论系统的研究,从商业银行自律性管理的角度把客户资产管理与信息论、博弈论、控制论、系统论有机地结合在一起,为将来我国商业银行客户资产模型计算的计算机集成系统的实现提供一些有益的建议和设想。

关键词:商业银行　资金管理　客户关系管理　资产管理

4841

敏捷企业及其运行机理研究 / 周和荣著 ; 李海婴指导. -- 武汉理工大学, 2005. -- 258 页

在深入分析和讨论敏捷企业理论研究现状与不足的基础上,本文重点研究了敏捷企业的基本理论及运行机理,对敏捷企业进行了一般界定、结构分析和实现机理研究,分别从运行方法、运行过程、运行条件等方面研究敏捷企业的运行机理。首先,讨论了敏捷性和敏捷企业的起源,分析了敏捷企业产生的实践动因、敏捷企业的根本属性、一般特征,研究了敏捷企业的基本单元和基本结构,提出了能力要素是敏捷企业基本单元的假说。其次,给出敏捷企业外部化、敏捷企业模块化、敏捷企业集成、敏捷企业网络化的定义,分析了敏捷企业的实现机理。再次,研究了敏捷企业的敏捷竞争机理,提出了敏捷竞争模型,分析了敏捷企业资源配置的机理及特点,提出基于机遇的资源敏捷配置模型。作者进一步分析了敏捷企业过程机理,分别从核心能力要素网的准备过程、组建过程、运行过程、结束过程进行分析,提出了敏捷企业的过程模型。最后,研究了敏捷企业的运行条件,重点分析了敏捷企业运行所需要的多 Agent 技术和 ERP 技术等,阐述了敏捷性评价的意义与评价原则。

关键词:敏捷企业　企业能力　资源配置

4842

组织智能的理论与方法研究 / 周健著 ; 李必强指导. -- 武汉理工大学, 2005. -- 186 页

论文研究的是以管理科学、组织行为学和现代心理学为基础的组织智能理论及其构造方法。作者认为,组织智能是在整体上保持组织具有较高有序状态的能力,在组织智能的观点下,组织已经不再是“效率机器”,而是具有独立意识和智能的生命有机体。作者以当代知识理论和复杂科学理论为基础,结合一般智力理论、心理学理论和统计学理论等学科的研究成

果,深入探讨了组织智商和组织智障的问题。运用模糊综合评判和层次分析法等数学工具,初步提出了衡量组织智商的评价指标体系,讨论了关于常模(Norm)、信度(Reliability)和效度(Validity)等相关的概念,从而建立了一种通过组织智商对组织智能进行可量化操作的方法。并在网络组织研究的基础上,结合精益组织和互动管理等理论,提出了"适应性网络组织"的概念,提出了有核心型和无核心型的适应性网络组织的分类。在分析总结相关理论和实践的基础上,作者进一步提出了意识—反应型组织的组织智能的成熟度模型(Collective Mental Models - CMM),并且阐述了意识—反应型组织的设计原则和运行模式,说明了意识—反应型组织的一般创建过程。

关键词:组织管理　组织结构　网络组织　智能决策

4843

全能银行发展研究 / 周黎著 ; 陈荣秋, 刘英姿指导. -- 华中科技大学, 2005. -- 106 页

本文以西方发达国家的银行为对象,研究了全能银行的发展现状、理论基础、发展趋势及在我国的发展设想等问题,首先对全能银行的历史进行回顾与发展概述,分析了国外全能银行的发展模式形态,进行了全能银行的理论分析,包括:现代金融中介理论、现代交易成本理论以及现代金融中介理论的创新观点。分析还包括全能银行发展的业务特征及趋势以及全能银行业务多样化的成本和收益分析。研究了中国全能银行的发展,探讨了其中的中国金融全能化经营的实践及制约因素、中国商业银行全能化变迁趋势、中国全能银行模式选择讨论和中国全能银行的监管等。本文借鉴国外全能银行发展经验,对分业制环境中我国全能银行的发展模式作了比较研究,提出了我国当前以及未来的全能银行发展模式、监管内容和监管模式等。并对今后的研究提出展望。

关键词:银行监管　全能银行　混业经营　金融中介

4844

虚拟企业环境下主体冲突模型方法研究 / 周三元著 ; 李金林指导. -- 北京理工大学, 2005. -- 126 页

本文从理论和应用两方面研究了虚拟企业环境下的主体冲突问题。在对虚拟企业环境中的主体冲突基本概念理解的基础上,对主体冲突形式化定义、冲突求解、冲突协商模型方法几方面进行了研究探讨。对虚拟企业环境下主体冲突概念、冲突发展、冲突行为控制进行了分析,提出了主体冲突的形式化定义。基于前人冲突求解研究成果的基础之上,结合虚拟企业构建的特点,提出了基于约束满足的冲突求解模型方法。针对虚拟企业的运行管理中的盟主与成员之间以及成员伙伴相互之间的动态复杂冲突关系特征,提出了冲突协商模型方法。提出形式化的协商问题结构、一对多的协商协议,提出了适合于虚拟企业运行环境的协商策略和协商战术以及协商评估方法。提出了基于电子市场的冲突协商模型,给出了约束满足处理机制和基于扩充合同网的协商协议。最后对虚拟企业环境下主体冲突协商模型方法的应用展开了讨论。

关键词:虚拟企业　企业管理　冲突　协商

4845

区域信息安全防范及评估体系的研究 / 周曦民著 ; 白庆华指导. -- 同济大学, 2005. -- 149 页

本文提出了"3 + 1 模式"的区域信息安全防范体系,即以信息安全综合集成研讨厅、理论与高层技术研讨厅、仿真系统组成的信息安全综合集成研讨厅结构的战略架构;以信息安全组织机构和信息安全管理体系组成的管理架构;以安全防护系统、应急响应系统、PKI 安全信任服务系统和信息安全测评认证系统组成的技术架构,以及一个由应急预案编制、应急预案的演练和应急预案的批准与实施等程序组成的信息安全应急响应机制。文章从信息系统整体的应用角度上,用系统性的思维和原理方法论,采用数学工具和详细的量化方法研究建立适应区域发展的信息安全防范体系,针对这个防范体系,还研究建立起一个信息安全的评估体系。文章系统地研究了信息安全风险评估的内容,提出"信息安全适应性就绪状况评估体系"。文章将以上理论基础在上海市某区进行了实践,不仅对该区信息系统进行了风险评估和多元评价,还从风险分析的结果找出了信息化下一步发展中面临的主要问题,并提出了改进措施与建议。最后,本文还对区域性信息安全防范体系及评估体系进行了总结,并对本文研究中不足之处进行初步探讨,以备今后进一步完善和改进。

关键词:信息安全　信息管理　信息系统　竞争管理　安全防范

4846

基于 ERM 新维度的商业银行信用风险管理研究 /

周效东著 ；汤书昆指导. -- 中国科学技术大学，2005. -- 93 页

首先对本文的研究背景、国内外研究现状以及本文的结构作简要概括。研究了非对称信息条件下的信用风险决策问题。从博弈论的角度分析了银企之间的信用交易。从机制设计的角度对信用风险管理提出对策思路。进一步分析了信贷博弈中，银行可以通过占优策略来管理信用风险，在不同阶段采取不同的措施，构造了一个包含企业规模的风险管理模型。也解释了目前中小企业融资不足的原因。研究了企业经营能力信号这一新的风险甄别机制，给出了我国商业银行信用风险管理的体系设计。对预期违约率LGD的特征以及行业、抵押品、经济周期和规模等影响因素进行了研究，并对引起信用风险的操作性风险加以分析。基于ERM新维度的在险资本要求对信用风险进行模型构造，分析了预期违约率EDF、违约损失率LGD和预期违约损失率LEE的波动性问题，模型考虑了宏观经济因素和抵押品因素。从制度设计的角度，从立体式贷后管理、内部评级体系建设、信用风险预警机制以及内部监督机制的建立等，对信用风险管理进行全面的制度设计。最后，对本文进行总结和展望。

关键词：商业银行　信用风险　风险管理

4847

中国民营上市公司治理绩效研究 / 周秀云著 ；冯俊文指导. -- 南京理工大学，2005. -- 170 页

本文深入探讨了民营上市公司制度变迁及其治理模式，采用比较分析法研究了民营上市公司与非民营上市公司治理差异，界定了民营上市公司治理绩效并提出了绩效测评方法，运用SPSS和多元回归等实证检验方法对民营上市公司治理绩效进行研究。通过实证发现，民营上市公司的资产负债水平与治理绩效呈负相关关系；股权集中度对民营上市公司治理绩效的改进有积极的促进作用；经理人持股对治理绩效影响不大，但独立董事的规模对治理绩效的改进有积极的正面作用。在实证研究基础上，论文提出了提升民营上市公司治理绩效的内部治理角度的建议：降低民营上市公司的整体负债水平，适时提高长期负债比例；采取措施适时提高民营上市公司的股权集中度；提高民营上市公司股权的流动性，实现股权类型对治理绩效的促进作用；适时提高经理人持股比例，加强经理人持股的激励功能；改善董事会结构，强化董事责任，进一步健全独立董事制度。以民营上市公司治理绩效为研究对象，论文全面而系统地剖析了民营上市公司治理绩效及其影响因素。在民营化理论研究上，为民营经济的研究提供了一个全新的视角；在公司治理理论研究上，为中国公司治理理论研究开辟了一块全新的领域；在公司治理实践运用上，为民营上市公司改善公司治理、提升治理绩效提供了针对性建议。

关键词：民营企业　上市公司　公司治理　企业绩效　融资结构　股权结构　激励

4848

洞庭湖区农业产业化发展研究 / 周震虹著 ；高阳，郭辉东指导. -- 中南大学，2005. -- 179 页

在“三农”问题日益突出、农业产业化发展大势所趋的背景下，作者以洞庭湖区为样本，研究了农业产业化发展的支撑理论，以及影响因素、主导产业和主导产品选择、发展水平评价和发展思路谋划等关键问题的理论、技术和方法，并通过实例进行了论证。论文的主要观点如下：(1)界定了洞庭湖区农业产业化发展的核心理论与相关理论，提出了具有4个层次的农业产业化发展的支撑理论结构图，从理论上阐释了进行农业产业化的相关问题。(2)系统研究洞庭湖区的现状及存在问题，分析并找出了影响洞庭湖区农业产业化发展的主要因素、变动规律，指出了各产业发展的方向和工作的重点。(3)确立了一套评价农业产业化发展水平的指标体系，对各指标选取的原则、内涵及量化等进行了详细阐述。在此基础上，建立了基于方法集的农业产业化水平综合评价模型，对洞庭湖区23个县(市、区)的农业产业化水平进行了具体评价。(4)构建了洞庭湖区产业分类模型，为主导产业和主导产品的选择提供了理论工具。(5)提出了洞庭湖区农业产业化的发展思路，发展模式和发展策略。(6)以湘阴县为样本进行了实证研究，论证了农业产业化的必要性和可行性，确立了湘阴县农业产业化发展的主导产业和主导产品，明确了发展思路和策略，验证了论文研究所得的系列结论。

关键词：农业经济　产业结构　产业化经营　洞庭湖

4849

能源型城市可持续发展研究 / 朱爱东著 ；万君康指导. -- 武汉理工大学，2005. -- 199 页

本文首先对能源型城市可持续发展研究的一般问题进行讨论，包括能源型城市的界定与分析；相关

经济理论在能源型城市可持续发展中的应用研究;设计能源型城市可持续发展评价体系。其次,分析了能源型城市可持续发展面临的主要问题,包括面临的困境、困境根源以及造成能源型城市可持续发展困难的矛盾机制。针对可持续发展困境,作者对我国能源型城市实现可持续发展的途径进行了归纳和总结。然后,运用熵值法、聚类分析法、因子分析法对典型能源型城市可持续发展状态进行综合评价,进而将能源型城市可持续发展状况分成不同类型。最后,文章以平顶山市为例,对能源型城市可持续发展进行应用研究,分析了平顶山市经济发展的优势、劣势以及经济发展中存在的问题,提出了针对性发展对策。

关键词:城市发展　城市经济　可持续发展

4850

创业板上市公司成长性及评价研究 / 朱和平著 ; 王韬指导. -- 华中科技大学, 2005. -- 158 页

在概括国内外学者有关创业资本、创业板市场及其上市公司的性质和特点的研究的基础上,以美国NASDAQ市场、香港创业板市场等上市公司为样本,应用SPSS V10.0统计软件等工具对其资源结构和成长阶段等特征进行分析。运用各主要创业板市场对上市公司的定位及其行业的实际分布等资料,进行列联表分析和卡方检验等测试。从主要创业板市场的主体定位、上市条件和标准等主面对创业板上市公司的生命周期阶段进行模糊识别。从主要国家和地区的中小企业的划型标准、主要创业板市场对上市公司的规模要求及其上市公司的实际规模等方面来认识创业板市场上市公司的规模和类型特征。对创业板上市公司的成长因素进行了规范研究和实证分析,在界定企业及其成长的性质的基础上,对现代企业成长理论的演变进行梳理,指出在不同时期,企业成长性的决定因素在不断地发展变化。对创业板市场的高技术型中小企业和高成长性中小企业的成长因素进行了分析。在对国内外研究成果总结的基础上提出理论假设。论证了创业板市场与企业成长性的互动关系。设计并检验成长性评价模型和方法。阐述了创业板上市公司成长性评价的理论基础、主体和客体、基本要素、标准和方法等,提出评价的基本思路和框架。本文还探讨了将基于历史停息的成长性评价和基于现实价值的期权定价评价相结合的必要性、可能性和基本内容。

关键词:资本市场　上市公司　企业成长　创业板市场　经济评价

4851

动态立体灭火救援圈的理论构建及应用研究 / 朱力平著 ; 沈荣芳指导. -- 同济大学, 2005. -- 140 页

本文在理论上提出灭火救援圈的理论,并密切结合我国的实际,提出了切实可行的实施方案。论文利用SWOT方法,对我国跨区域灭火救援的特点和现状进行了分析,并在此基础上创新地提出了动态立体灭火救援圈的概念。论文提出的灭火救援圈理论以重大危险源为中心,主要包括以下四部分内容:(1)提出一套计算各重大危险源对灭火救援需求量的方法,确定出重大危险源对灭火救援的需求;(2)提出一套计算各消防站和区域内灭火救援能力的方法,确定出消防站和区域内灭火救援的能力;(3)按灭火救援需求和救援能力,提出了一套计算灭火救援圈半径的方法,确定出灭火救援圈的半径及其优化的方法;(4)按救援圈半径确定出区域范围后,提出一套区域间合作灭火救援的应急救援指挥组织体系的构建方法,规定出需要建立的预案,作为灭火实战的指导性文件。论文同时指出,灭火救援圈理论应当十分注意灭火救援的动态性和立体性。也就是十分注意灾害现场情况的多变性,应按情况的发展及时地修改灭火救援方案,以及利用海陆空的立体交通进行灭火救援,达到灭火救援的快速和高效的目的。文章最后对本文所取得的主要研究成果进行总结,提出了有待今后进一步研究的几个问题及解决问题的基本方向。

关键词:灭火　火灾　消防

4852

地方高校核心竞争力研究 / 朱明著 ; 侯光明指导. 北京理工大学, 2005. -- 296 页

本文运用多学科的理论成果和多种研究方法及技术,在与国外地方高校及我国中央部委所属高校比较的基础上,分析了我国地方高校的变化、特点、作用和问题,分析了地方高校所处的制度环境和世界高等教育的发展趋势,进而推出了地方高校的必然选择:加强战略管理,培育核心竞争力。分析了地方高校核心竞争力的形成机理,提出并论证了地方高校核心竞争力的简单模型,从而构建了地方学校核心竞争力的理论体系。研究了地方高校的环境竞争力、管理竞争力、学科竞争力的培育内容和方法。如提出了比较优势法、区位优势法、行业优势法、交叉渗透法、依靠创新法等学科竞争力的培育方法。研究了地方高校核心竞争力的管理和创新。构建了地方高校核心竞争力的评价体系,提出了地方高校核心竞争力的简单判

据,验证了地方高校核心竞争力理论体系的科学性和实践中的有效性。

关键词:地方高校　核心竞争力　高校管理

4853

大学知识创新体系研究 / 朱晓东著 ; 盛昭瀚指导. -- 东南大学, 2005. -- 122 页

论文首先回顾了大学产生与发展的历史过程,以及形成的原因,明确大学的三大社会职能:培养人才、科学研究和社会服务,并指出一种新兴的大学——研究型大学在世界各国的经济、社会发展中起到愈来愈重要的作用。知识的产生与创新有其固有的规律,归纳为三个基本法则:实验与数学推论法则、类比法则和集成法则。在知识经济时代,知识的产生与创新,人才的培养与发掘,科学的发现与突破,社会的文明与进步,无不依赖大学作为基础。研究型大学已成为国家基础研究的主要承担者,是国家知识创新体系的源头。大学知识创新体系有其固有的框架结构、演变规律、边界以及知识转移的方式,并受到社会因素的影响与制约,它随着科技与社会的不断发展而逐步完善。通过对国内外大学知识创新体系的比较分析,作者研究发现大学创新体系具有共同的特征,即:人才培养、基础研究、政府的直接作用、以制度创新促进大学的科技创新、大学是技术创新的重要组成部分等,并认为加强大学的知识管理,实现大学显性知识与隐性知识的相互转换,是实现大学知识创新的有效途径。大学的知识创新平台是实现大学知识共享、知识集成与知识创新的重要载体。大学的学术自由有助于营造尊重知识、大胆创新的学术氛围,形成激励和竞争机制,并在大学管理中创建灵活的管理体制和机制,最终实现大学的自我管理,促进大学知识创新体系的完善和发展。

关键词:大学　高等教育　教育职能　知识创新

4854

我国电力产业管制治理结构理论与实证研究 / 朱晓艳著 ; 徐金发指导. -- 浙江大学, 2005. -- 193 页

文章以"电力产业管制治理结构理论与实证研究"为主题,研究什么是电力管制治理结构、发展中国家电力产业管制改革成效低下的主要原因、我国电力产业管制治理结构的主要影响因素以及我国管制治理结构的现状及其对绩效的影响。首先阐述了本文的研究背景,即电力产业的制度安排和变迁。分析了电力产业管制改革的动因和模式,并简单综述了国内外电力产业管制改革的研究进展。回顾了合约、治理和治理结构的理论,从合约持续时间、合约条款、激励机制和执行程序四个维度分析电力产业管制合约特性,得出管制治理的工具。对管制承诺激励的区别与联系进行了辨析,分析管制治理结构与管制改革之间的关系。通过构建发展中国家电力产业管制成本模型,分析制度环境和管制治理结构对电力产业绩效的影响机制,运用管制可能性边界和激励相容约束来分析电力产业管制治理结构的选择机制。提出围绕管制治理结构展开的分析框架,包括确立电力产业管制目标、分析管制治理结构的影响因素、定量研究管制治理结构现状、评价电力产业管制治理结构和绩效的关系。分析了我国电力和电信产业的改革历程。设计管制承诺和管制激励的表现指标,确定电力产业管制治理结构的评价指标体系。通过建立对数线性模型,分析集资办电、颁布和实施《电力法》、建立国家电力公司和"试点"电力市场四项改革政策对产业绩效的影响作用,研究它们和管制目标的影响程度。指出了我国电力产业管制治理结构建设的推进机制,并提出了今后有待进一步研究的问题。

关键词:电力工业　电力市场　自然垄断　政府管制

4855

城市社区管理理论与实践研究 / 朱毅著 ; 万君康指导. 武汉理工大学,2005. --142 页

本文主要研究内容包括城市社区管理的基本内涵与功能,国外城市社区管理的模式与实践,国内城市社区管理的模式与实践,城市社区管理中政府的作用,城市社区管理体系设计,武汉百步亭花园社区管理实证分析。论文探讨了国内外社区服务的发展过程、分类和特征,分析了非政府组织与社区服务的关系,界定了社区建设的内涵、特征、原则和基本功能。文章介绍了美国、新加坡、日本的城市社区管理模式并进行了比较研究。文章以 CDBG 为案例分析了美国政府对社区资助的运作机制。从管理层次、组织结构、经费来源、设施标准四个方面介绍新加坡的社区管理模式。比较分析了自治型模式、政府主导型模式和混合型模式的差异。论文从社区管理模式、社区管理实践和社区管理经验三个层次对杭州、天津、上海三个城市的社区进行研究,其共同点是结合城市自身特色设计社区管理体系,在社区管理体系中强调党和政府的领导作用,强调社区管理主体多元化的管理框架和社区自治,强调社区相关工作的市场化。三个城

市的社区管理模式都是处于从政府主导模式向共同治理模式的演变过程,没有实现真正意义的社区自治。文章以美国和澳大利亚为例分析了国外政府在城市社区管理中的作用,提出了我国政府在社区管理中的定位应该是政策引导和规范、资源投入、间接管理、提高社区自治能力和培育非政府组织。文章还研究了构建城市社区管理的指导思想、七大原则。

关键词:社区管理 管理模式 社区服务

4856

不确定环境下大型零售业物流配送中心选址问题研究 / 朱永升著 ; 韩伯棠指导. -- 北京理工大学, 2005. -- 225 页

物流配送中心选址问题随着物流配送业的发展壮大受到越来越多的关注,也是当今学科研究的热点问题。论文重点研究了不确定环境下面向大型零售业的物流配送中心选址决策问题的理论和方法,研究工作可概括为以下几个方面:(1)探讨了不确定环境下大型零售业的物流配送中心选址决策基础理论。首先,分析了物流配送中心选址与企业战略的深层次关系;建立了企业战略决策效益—成本—资金三维空间模型;其次,通过引入综合效用和效用当量建立了物流系统吸引力模型,通过力平衡理论,推导出需求分配概率模型;从社会学、经济学、政治学等学科角度建立了选址影响因素体系,同时,针对需求随机性特点从人口学、心理学、经济学等角度研究了大型零售业的随机需求及其统计确定方法。(2)借鉴引力思想,研究了具体随机需求,考虑了配送成本、存储成本、管理成本,领先者和跟随者都新增多个配送中心的 Stackelberg 竞争选址问题,目标是领先者和跟随者折现后净收益最大。(3)考虑了生产商—配送中心—大型零售商二级配送网络,在投资约束条件下,考虑配送成本、存储成本、管理成本、运输成本,目标是同时满足折现的净收益最大化和追加投资收益率最大化的多目标竞争选址问题。(4)将区间数理论引入到选址问题中并进行了拓展,给出广义区间数评估方法,将其与多属性决策、群决策、模糊理论相结合应用于大型零售业物流配送中心的选址决策问题。

关键词:零售业 物流配送中心 选址 不确定性

4857

占线外汇兑换问题及其竞争策略研究 / 朱志军著 ; 徐寅峰指导. -- 西安交通大学, 2005. -- 104 页

本文首先综述了外汇兑换与占线问题及其竞争策略理论等有关问题。回顾了这些理论的起源与发展并分析对比了国内外研究现状;介绍了本文研究所使用的有关基本概念和基本方法;应用占线问题及其竞争策略理论研究了占线外汇兑换问题、具有特定统计特征对手策略下的占线外汇兑换问题、存在预期的占线外汇兑换问题和占线外汇兑换与证券组合选择问题,在 El - Yaniv 提出的单方向外汇兑换模型的基础上,将利率和交易费用引入到该模型中,推广了原模型和提出了新的兑换策略,并从理论上证明和给出了竞争比结果。分析了(n,θ)统计对手策略下的单方向外汇兑换问题。给出了存在利率下 FMM, BAH - OPT 和 CBAL - OPT 策略的收益函数及竞争比结果。针对带有预期的外汇兑换问题,结合决策者对未来信息的预测和竞争比分析模型本身,建立了风险补偿收益模型。针对占线外汇兑换与证券组合选择问题,结合基于风险的兑换策略,给出了 TSBAH 和 TSCBAL 策略,针对服从统计参数为$(\theta i,n)$的证券组合投资问题,提出了平均的均衡策略。

关键词:外汇业务 兑换 汇率 利率

4858

区域经济发展的动力机制研究 / 主悔著 ; 胡树华指导. -- 武汉理工大学, 2005. -- 223 页

论文选择以一级行政辖区为边界的区域,运用系统理论、动力学的原理对其经济发展动力及动力传递机制的规律性问题进行研究,揭示有关区域经济发展的动力作用过程。作者认为,经济发展的动力机制规律以及由此形成的动力效用的不同,直接影响和决定了区域经济的持续健康发展。认为区域经济本质上就是一个动态发展的系统,它由诸多因素或子系统所组成。其中的动力要素(系统)是主体构成,而动力系统又由一些相互作用的要素或子系统所构成,且这种系统的发展和变化具有自身的机制和规律。论文的研究路径就沿着概念厘定到机制规律分析来展开,并且运用这种思路建立动力机制模型来具体讨论区域经济发展的主要动力及其传递机制的规律性。作者将区域经济发展的动力划分为政策动力、生产要素资源动力、人力资源动力、文化动力、创新动力五种动力要素。它们本身自成一个系统,其中又包含若干级次的要素系统。论文在深入探讨动力作用机制的基础上,分别建构了相应的动力作用传递模型。还提出了区域经济发展动力资源建设所要求的制度安排、政策选择、目标定位。作者最后在理论分析与建构的基础

上，实证考察了湖北A市区域的经济发展过程和状况，认为该市的经济发展现实及其原因反映或佐证了论文的理论性观点。

关键词：区域经济　经济发展　经济政策　生产要素　人力资源

4859

浙江省高等教育成本分担制度及其独特性的实证研究／庄华洁著；马庆国指导. -- 浙江大学，2005. 168页

本文以当前浙江省高等教育发展模式为背景，在分析其规模发展和成本分担的独特性，及其造成这种独特性原因的基础上，定量地建立了浙江省高等教育供需模型，分析了高等教育规模、成本分担比例与经济社会发展、民众承受能力之间的关系。文章首先从对我国高等教育发展及成本分担现状和演变过程的分析入手，从理论上研究与探讨了高等教育成本分担制度建立的经济学基础和社会学基础，并从投入与收益的角度，对成本分担主体——个人、企业及政府的高等教育投资行为进行了经济分析，探讨了增加个人（家庭）高等教育成本分量比例的理论依据，同时对国际上高等教育成本分担的模式进行了归纳与比较。对高等教育成本分担主体的投资行为进行分析。探讨了企业教育投资行为的动机和形式的经济分析，以及政府教育投资行为的经济分析。实证研究了浙江省高等教育的供需模型，给出了浙江省高等教育宏观需求计算和宏观供给计算。指出浙江省高等教育需求的学费弹性指数及国际比较，对浙江省独立学院规模发展的潜力进行分析，并就此给出相关的政策建议。

关键词：高等教育　教育经费　教育成本　浙江省

4860

产业融合趋势下企业技术战略重构研究／庄越著；万君康指导. -- 武汉理工大学，2005. -- 143页

本文针对产业融合的新趋势和企业的技术战略的重要性出发，提出了在产业融合发展背景下企业技术战略重构的基本理论体系。重点分析了技术战略的概念和技术战略和体系构成，提出了产业技术战略的基本模式，阐述了企业战略变革的合理可能和现实路径。指出企业技术战略的核心是技术选择，指出企业技术战略与企业总体战略集成下的战略实施要点和面向技术战略重构的管理活动和方法。最后，围绕产业融合拓展的过程，分析了企业技术战略的选择路径，确定了基于差别化矢量和杠杆扩展框架的企业技术战略重构模式。本文还以“3C融合”为背景，对我国信息产业中推进3C产业融合的企业技术战略进行了实证分析。

关键词：企业战略　技术战略　产业融合　产业发展

4861

基于协同理论的供应链协同管理模型及方法研究／邹辉霞著；蔡淑琴指导. -- 华中科技大学，2005. -- 105页

论文运用协同学理论来研究供应链系统的协同管理问题，而复杂科学的研究方法正是研究系统协同过程复杂性问题的方法论基础。基于供应链系统的复杂性特征，将复杂科学的研究方法作为论文的研究方法，立足于复杂科学的视角，运用该方法进行论文的研究。作者提出了“基于协同理论的供应链协同管理模型与方法研究”的命题，旨在揭示供应链系统协同运作的机理，研究具有实用性和可操作性的协同管理方法。论文基于协同理论，构建了供应链协同的序列模型：序参量模型、自组织模型、协同力学模型。三个关联性模型依次展现了序参量的求解方式、组织的产生原理，以及序参量对系统自组织程度（大小和方向）的影响，并通过实证分析演绎了序参量对系统的支配作用，从而揭示了供应链系统协同运作（自组织）的基本机理。在协同模型的基础上，论文还详细研究了被组织策略的确定方法。着重研究了其中两个方面的被组织策略和实施措施，在开发供应商战略伙伴关系资源的被组织策略研究中，研究了供应商选择、供应商关系维护、提升和优化的具体措施；在实施协同商务战略的被组织策略中，研究了CPC平台的搭建及基本层次构架，模拟设计了协同商务的实施流程。最后，应用模拟技术，把供应链协同管理的流程整合起来，构建了供应链协同管理的综合模型，给出了综合模型的算法框架。

关键词：供应链管理　协同学　决策支持系统　自组织系统

4862

基于战略导向的企业全面预算管理体系研究／邹韶禄著；陈晓红指导. -- 中南大学，2005. -- 168页

作者以战略管理理论为研究的逻辑起点，在对全面预算管理的基本理论进行综合概括和具体分析的

基础上,提出了基于战略导向的企业全面预算管理体系框架,并通过引入平衡计分卡战略管理工具,把战略管理的贯彻、战略规划程序和预算程序组成一个整体。接着通过对全面预算管理体系构建的环境进行分析,为基于战略导向的企业全面预算管理体系的构建提供保障。在前述理论的支持下,分别探讨了全面预算管理体系中循环体系、组织体系、内容和方法体系、调控体系、业绩考评体系的构建。特别是在循环体系的构建中,对企业预算目标、预算目标的确定、预算目标的指标选择、目标利润的分解、成本目标的分解进行了详细的讨论。并用博弈理论对预算目标确定过程中相关利益主体之间讨价还价的过程进行了博弈分析。在方法体系的构建中,除了讨论企业应根据自身的业务特点和需要,选择固定预算加定期预算及增量预算、弹性预算、零基预算、滚动预算等方法进行预算编制外,还详细讨论了基于平衡计分卡(BSC)的作业基础预算,将战略与作业管理应用于预算领域,实现企业战略与预算的有效衔接,使员工更好地理解和管理所从事的作业和业务流程。论文旨在构建一个可运行、可操作的战略导向全面预算管理体系,从而更有效地指导企业全面预算管理的实践。

关键词:企业管理　预算编制　预算管理　平衡计分卡(BSC)

4863

妇女在建筑行业的就业及其对坦桑尼亚经济发展的影响 / Geraldine John Kikwasi 著 ; 李京文指导. -- 北京工业大学, 2005. -- 148 页

论文探讨妇女在建筑业中就业率过低对经济的影响。研究基于对坦桑尼亚建筑业的调查问卷和访谈,问卷从建筑业的职位中仔细挑选了常见的 11 种,让每个雇主填写每一种职位中男性和女性雇员的数量。此外,就雇主对雇员的观点进行了访谈,对结果进行了编码,用 SPSS 统计软件进行了分析。作者从这次研究中发现,建筑业中妇女过低的参与度加剧了妇女的失业,并且给经济效益带来消极影响。同时,这也使建筑业持续地出现技能短缺、低生产率、低利润率以及对外地工人的依赖的状况。况且,妇女在建筑业的职位偏低,这使得她们缺乏必要的技能来摆脱低工资就业带来的贫困。作者在论文中确立了建筑业妇女就业不足的五个因素:获得教育和培训的途径偏少、建筑业的形象、社会组织的缺乏、缺乏信息沟通以及职业的性别“隔离”。另一方面,妇女就业的促进因素中最重要的五个分别是:教育和培训机会的增加、对工作的渴望、技术进步、建筑业已经认识性别平等的重要性,以及妇女对改变现状的渴望。研究中还证明了,妇女拥有和管理建筑业相关企业将会使企业生产率乃至全行业的绩效得到改进,因为妇女严格遵守职业规范,对工作更加投入,并且相对男子而言较少腐败。

关键词:经济发展　劳动就业　妇女　建筑业　坦桑尼亚

会计学

4864

注册会计师制度论 / 白晓红著 ; 黄菊波, 王世定指导. -- 财政部财政科学研究所, 2005. -- 255 页

文章首先提出了现行 CPA 制度中的几大理论难题和现实挑战,开辟“三层关系”(指 CPA 职业本身的体系、CPA 与委托人之间的关系、CPA 与利害关系人之间的关系)的分析框架。按三层关系的分析框架,进一步构架 CPA 制度的基础理论。研究和分析 CPA 制度存在的假设。从 CPA 制度在市场经济中的中介位置、从 CPA 审计产品与一般商品差异的分析、从 CPA 职业准入和活动的限制、从职业管理自律化的特征,论述了 CPA 制度的非商性。论述了独立审计制度基础理论的几个重要命题,提出影响 CPA 独立审计的三大块理论。结合国外 CPA 职业发展,阐述了两个主体的文化传承及特征——CPA 职业胜任性和事务所组织形式的特点,对两主体的执业范围、职业规则、执业收费、执业责任风险规避等制度要素进行了分析,指出了我国存在的相关制度缺陷。文章分析了 CPA 制度与企业制度及其治理结构、内部控制及诚信的依赖关系,分析了政府行为对 CPA 执业的影响。揭示了 CPA 独立能动性的外部制约和作用的有限性。分析了不同责任形态所反映的 CPA 执业主体与行业协会、政府监管部门、司法主体的关系。指出自律责任和民事责任应当作为处理职业本身和第三关系的主要形式。构建了 CPA 现代自律管理体制。

关键词:注册会计师　会计制度　审计监督

4865

上市公司最终控制人及其代理问题研究 / 蔡宁著 ; 葛家澍指导. -- 厦门大学, 2005. -- 145 页

本文对 LLSV 范式的主要思想和相关研究成果

做一个理论上的总结和梳理,并对我国上市公司股权结构和代理问题进行经验分析。理论回顾部分主要遵循"投资者法律保护→股权结构特征→主要代理问题"这一研究思路。对投资者法律保护决定现代企业股权结构问题进行了讨论。产权的公共执行决定了私人执行的平衡状态。对特定股权结构下企业可能面临的问题进行了讨论;对我国上市公司股权结构特征进行了描述和分析;对我国上市公司最终控制人利益输送行为进行了分析;对我国上市公司最终控制人对财务报告质量的可能影响进行了实证检验。主要检验最终控制人类型、两权情况对上市公司会计盈余价值相关性的可能影响。对最终控制人类型、两权情况对企业财务报告质量的可能影响进行实证检验,考察我国经济体制改革过程中市场中小投资者可能受到的侵害。

关键词:上市公司　股权结构　投资者　财务审计

4866

所有权结构、代理冲突和公司价值 : 来自中国股票市场的经验证据 / 陈保华著 ; 孙铮指导. -- 上海财经大学, 2005. -- 122 页

本文以我国股票市场特殊的制度背景为出发点,在参考 Bebchuk(1999)模型的基础上,发展了一个理论模型,在此理论模型指导下,本文从所有权结构入手剖析了控股股东与少数股东之间存在的代理冲突,并利用样本数据实证检验了这些代理冲突及其控制机制对公司价值的影响。综述了降低控股股东代理问题的约束机制,并就此进行理论分析和假设,实证研究了我国上市公司控股股东与少数股东之间存在的代理冲突,并指出不同身份大股东与少数股东之间存在代理冲突的程度也有所不同,从而投资者对公司价值的评价也不同。分别找出当前上市公司不利于少数股东利益保护和有利于少数股东利益保护的所有权结构安排模式,并提出相应的政策建议。

关键词:上市公司　所有权　股东　控股　代理　股票市场

4867

商业银行作业成本管理问题研究 / 陈德著 ; 戴德明指导. -- 中国人民大学, 2005. -- 162 页

文章借鉴作业成本管理方法在西方商业银行的成功实践经验,按照理论的实施——理论联系实际这一思路展开,对我国商业银行作业成本计算与管理问题进行了研究。对国内外理论界和实务界在作业成本计算与管理等方面取得的研究和应用成果进行总结归纳,并采用问卷调查的方式,对我国商业银行成本管理的现状、存在的问题、管理层的态度进行调查分析。在对商业银行对外提供的产品与服务进行梳理的基础上,根据作业成本会计的基本原理和方法,对商业银行作业进行分类,寻找作业成本动因,并确定作业成本计量指标,搜集整理相关成本信息。建立商业银行产品或服务作业成本计算模型、客户盈利能力分析模型,并以某国有商业银行为例,进行产品作业成本计算、客户盈利能力分析。研究探索商业银行作业成本管理和战略作业价值管理问题,利用产品作业成本计算信息对商业银行客户盈利能力进行了分析,确定了不能盈利的客户和客户群,提出了根据盈利能力大小划分客户的类型,实行差别化管理的建议。

关键词:商业银行　作业成本　成本管理　盈利

4868

中国教育筹资问题研究 / 陈华亭著 ; 黄菊波, 王世定指导. -- 财政部财政科学研究所, 2005. -- 225 页

本文基于我国教育需求旺盛和教育资源短缺这一矛盾背景,构建了教育筹资的概念框架和理论基础。通过纵向和横向的分析,来研究我国教育筹资的实务问题和教育筹资方式多元化问题,并对转轨时期我国教育筹资制度环境优化问题进行了探讨。主要包括:(1)分析了我国高等教育入口的矛盾与高等教育出口的矛盾所产生的"教育悖论"的现象及其成因,提出了"外延发展与内涵发展并举"的教育发展战略;(2)界定了教育、教育产品、教育成本、教育成本分担、教育融资、教育筹资等相关概念,然后分析了教育资金的形成与运用,集中研究了教育筹资渠道与筹资方式问题;(3)梳理和解析了教育产品性质理论和人力资本理论,对"教育产业化"理论进行了新的诠释;(4)分析了民国时期教育经费短缺的原因、对策以及启示。并对新中国教育筹资的演变轨迹和发展趋势进行了归纳和总结;(5)从教育经费总量和结构两个方面,对我国教育资源的状况进行了实证分析;(6)找出我国教育筹资方面存在的一些问题以及今后应该选取的努力方向;(7)研究了银行贷款筹资、股票筹资、债券筹资、教育资产证券化、教育项目融资、教育投资基金、教育捐资等筹资方式在教育筹资中的应用;(8)从教育税收制度、民办教育促进制度、教育会

计制度、教育收费制度等方面探讨了如何优化教育筹资制度环境的问题。

关键词:教育经费　融资　集资

4869

买壳上市框架内的控股权转移 ：理论与实证 / 陈晋平著 ; 王化成指导. -- 中国人民大学, 2005. -- 395 页

本文将规范性研究与实证性研究结合起来,探讨买壳上市的若干基本问题,包括买壳上市的概念、分类、目的和过程,并提出了适合我国实际的买壳上市过程四个阶段的划分:上市公司的收购、资产重组与利益输入、股权融资、利益回流。由此建立了论文研究的整体观和过程观。研究了美国买壳上市及其监管。展示我国资本市场买壳上市的有关制度与政策背景,剖析买壳上市的成本与收益。并找到了买壳方收益的源泉。文章描绘出 1993 年至 2002 年间我国上市公司控股权转移的情况:包括频数、财务特征、股本结构特征和交易特征。指出了关联交易在买壳上市过程中的两面性,估计了壳公司关联交易规模,并提出了建立多层次综合性关联交易治理体系的构想。研究了控股权转移公司的股权融资特征和股权融资绩效。揭示了控股权转移有关各方(原控股方、新控股方、上市公司、流通股股东、上市公司债权人和地方政府)之间的利益关系和输赢结果。以本文和其他实证文献的成果为论据,对“资本市场危局”的成因进行了剖析。

关键词:上市公司　买壳上市　重组　并购　资本市场　股权　关联交易

4870

公允价值计量基础研究 / 陈美华著 ; 郭道扬指导. 中南财经政法大学, 2005. -- 187 页

本文分三个部分展开研究,第一部分,在对会计计量的历史演进规律及公允价值概念进行总结、界定的基础上,探讨了公允价值计量基础取代历史成本计量基础的历史必然性及其理论依据。第二部分,研究了公允与公允价值的概念,包括公允价值的本质属性和公允价值的基本特征以及公允价值本质特征的数学表达。在对公允价值获取技术进行系统研究的基础上,提出了一套建立在公允价值计量基础上的具有可操作性的会计计量模式,研究了各类资产负债项目公允价值的获取方法,计量差异的处理方式,以及现行收益计量模式与公允价值计量基础的协调与配合问题。本文最后部分在对公允价值在我国的运用情况进行分析的基础上,重点研究了以公允价值为计量基础的会计概念框架的构成及调整问题,并对公允价值计量在我国运用的总体目标、实施步骤及可行性进行了研究。

关键词:会计计量　公允价值　历史成本　资产价值

4871

政府绩效审计研究 / 陈宋生著 ; 宋常指导. -- 中国人民大学, 2005. -- 241 页

本文研究主线是以制度变迁理论与经验证据分析世界各国政府绩效审计变迁,然后分析中国政府审计对绩效审计的探索,以革新理论为基石,探讨中国政府审计人员对中国是否应开展绩效审计的看法与其个人特征相关性,调查审计人员对中国为何未能及时开展、应开展原因何在及如何开展绩效审计的认识。提出了制度变迁的基本理论,在此基础上建立了绩效审计变迁分析框架。集中讨论了诺斯、林毅夫等人的有关制度变迁理论学术思路,给出了制度变迁分析的基本框架。分析了四种主要审计管理体制类型国家:美国、法国、德国和瑞典等政府绩效审计变迁历史,发现这些国家绩效审计变迁受政治、经济、文化和科技等因素影响。描述性统计进一步证实了世界各国绩效审计变迁确实受上述各种因素影响。以制度变迁理论为基石,分析新中国成立政府审计机构以来探索开展绩效审计的历程。以审计人员对是否需要开展绩效审计的态度作为因变量,相关个人信息特征为自变量,设计模型。调查了中国政府审计人员对绩效审计发展的认识,提出今后改进中国政府绩效审计的原则,并提出建议与研究展望。

关键词:政府审计　效益审计　政府绩效

4872

国有企业上市及绩效分析 / 陈伟著 ; 李志文,陈晓指导. -- 清华大学, 2005. -- 96 页

作者选取了 245 家上市公司的样本和 267375 家非上市公司,对控制样本和研究基准的选取作了必要性分析,发现上市公司和非上市公司的绩效同方向变化,认为以上市公司的绩效变化来衡量上市对公司绩效影响是不对的,应该用上市公司绩效变化和非上市公司控制样本绩效变化的差异来衡量上市对公司绩效的影响,应该对影响因素加以控制。论文设计了群体控制样本(GCS—Group Control Sample)和个体控制

样本(ICS—Individual Control Sample)来控制除上市这个事件外其他对绩效产生影响的因素,结果发现,两种控制样本方法的分析结果基本相同,上市使国有企业获利能力提高、企业规模扩大、运营能力降低、偿债能力降低。论文对三种不同背景下的国有企业上市对绩效的影响进行了实证分析,发现非管制行业获利能力的影响是显著提高,对管制行业获利能力的影响是均值提高(中值检验不显著);对发达地区获利能力的影响是显著提高,而不发达地区获利能力相关性不显著。最后论文建立多元回归模型进行回归分析,发现上市公司所在行业的管制程度、所在地区的发达程度、上市后的股权结构、上市前的公司规模、上市前的公司绩效、上市年份以及上市所选择的交易所对公司绩效有一定影响。

关键词:国有企业　上市公司　企业绩效

4873

中国上市公司股权融资决策理论分析及其影响的实证研究 / 陈文斌著 ; 陈小悦, 陈超指导 . -- 清华大学, 2005. -- 137 页

论文首先对中国上市公司的股权融资决策进行理论分析,然后使用A股数据对理论分析得出的含义进行实证检验。运用价值模型作为股权融资决策的分析工具,理论分析结果表明:在中国资本市场给出的定价高于企业自身价值创造能力的情况下,上市公司的股权融资决策既有可能受到价值目标的驱动,也有可能受到圈钱目标驱动。劣质企业往往比质量好的企业有着更为强烈的融资需求,并且劣质企业对融资规模的需求也更大。从股权融资所导致的经济后果和资源配置后果两个方面看来,由于劣质企业可能有着更为强烈的大规模融资动机,大规模融资将导致上市公司在IPO之后财务业绩迅速变脸和募集资金大量闲置。在理论分析的基础上,论文接着从上市公司股权融资决策的经济后果和资源配置后果两方面出发,对A股数据进行了实证研究发现,融资规模越大的企业,在IPO当年变脸的可能性显著越大,而且变脸幅度也显著越大。上市公司的圈钱动机是募集资金使用的重要影响因素,具体表现为融资规模对募集资金投入程度有显著负面影响,再融资需求对募集资金投入程度有显著正面影响,财务杠杆对募集资金投入程度有显著正面影响。在募集资金没有发生投向变更的情况下,投入程度低的上市公司的财务业绩显著劣于投入程度高的上市公司。总之,实证研究表明大规模融资是导致上市公司在IPO之后财务业绩迅速变脸和募集资金大量闲置的重要原因。

关键词:上市公司　融资决策　股权　首次公开发行(IPO)

4874

中国资本市场的政府—企业配股决策分析 / 陈璇著 ; 陈小悦指导 . -- 清华大学, 2005. -- 126 页

论文利用管制经济学“租”的设立与使用的研究框架,从中国资本市场配股租金整体运行机制的角度,分析了中国资本市场配股行为的两个主要参与者——政府和上市公司配股决策行为,并提供了实证检验的证据。论文以中国资本市场1996—1997年上市389家纯A股公司IPO—2003年配股行为作为研究样本,考察了证券监管部门配股审批决策和上市公司配股决策及其隐含的配股租金的运行机制,主要结论如下:配股设租主体(政府)与配股寻租主体(上市公司)存在一定的利益冲突。为保证中国政府资本市场发展战略的顺利实施,中国政府不得不介入本应属于公司内部事务的上市配股活动中,并通过配股审批制度保留了上市公司实施配股的最终决策权。中国证券监管机构在进行配股审批时体现了多目标特征,不仅承担了引导资源有效配置的经济职能,也承担着为重点国有企业服务、按公司的不同级别进行区别对待、调控直接融资规模和维护股价稳定的政治目标。非国企性质或较低级别国企性质的上市公司在中国证券监管机构的配股租金再分配过程中明显处于劣势。国有企业性质上市公司在中国资本市场享受着政治特权,国有企业的级别越高,其享受的政治优待也就越高。上市公司在配股次数上的决策分离在于公司维持良好业绩的能力高低和动机强烈与否,以IPO时大股东的持股比例和融资规模为代表的多次配股动机假说对上市公司的配股次数决策具有显著的解释力。从上市公司在配股后的普遍业绩下滑可以看出,上市公司对配股资格存在过度使用现象。

关键词:资本市场　配股　政府　国有企业　上市公司　租金

4875

企业财务战略研究 : 基于周期理论与实践 / 陈勇著 ; 荆新指导. -- 中国人民大学, 2005. -- 145 页

本文从管理学的角度,将战略管理引入财务管理领域,在管理学与经济学的接触面上,从环境的周期性因素出发对企业财务战略进行研究和分析。就财务战略理论发展的历史和趋势进行文献综述,并对财

务战略的内容——总体财务战略、职能财务战略和战略性财务管理方法进行了阐述。通过财务战略制定的环境分析,提出经济周期与宏观调控、行业生命周期和企业生命周期三因素是内外部环境中的因素,同时分析了三项周期性因素对企业财务战略的总体性影响。研究了中国企业面对经济周期与中国特色宏观调控如何对企业总体财务战略和各职能财务战略进行修正、调整和再选择。通过实证调查研究中国现在宏观调控政策对不同所有制性质企业在各职能财务战略选择中的差异化影响,同时归纳出中央企业、地方国有企业、股份公司(含部分上市公司)、民营企业等不同所有制性质企业在扩张型和紧缩型宏观调控政策下的职能财务战略基本特征。研究企业在行业生命周期各阶段与投资战略有关的若干选择。同时研究企业在生命周期各阶段在实施战略性财务管理方法上的取向。文章综合分析多种周期性因素对财务战略制定的影响,探索企业在复杂周期环境下有所侧重的战略思考路径。在总结基础上,谈及本文研究的创新点与不足之处,并提出后续研究的相应建议。

关键词:财务管理　战略管理　经济周期　企业生命周期　投资战略

4876

隐性契约与企业财务政策研究 / 程宏伟著 ; 郭复初指导. -- 西南财经大学, 2005. -- 162 页

本文综合运用财务学、社会学、法学、市场营销学、计量经济学、博弈论等学科的理论与方法,对隐性契约与企业财务政策的关系进行了研究。首先从顾客利益与企业价值关系角度提出需要研究的问题,指出主流财务理论忽视顾客利益的原因。对目前的研究现状从不同信号传递角度进行了讲述,并指出他们在研究前提、研究方法与研究内容方面存在的局限性。根据研究目的的需要,说明本文的研究方法和研究前提,围绕隐性契约与财务政策的互动作用说明论文的逻辑结构与内容安排。对隐性契约界定的思想背景进行分析,对隐性契约思想产生与发展过程进行清晰的梳理,对现有隐性契约的各种定义进行剖析。通过分析商品所有权、交易属性与契约选择的关系,提出商品实体所有权与服务所有权分割是隐性契约的存在前提,并建立基于显性契约与隐性契约综合作用的企业价值模型。从理论上分析隐性契约缔结、履约过程与财务政策的互动作用。在对现有实证研究成果评述的基础上,通过设计专用性投资强度变量,并考虑中国上市公司融资政策、股利政策的其他影响因素为控制变量,分别进行隐性契约与融资政策实证分析。根据理论分析与实证研究的结果,以隐性契约与企业财务政策的互动关系为基础,说明企业如何通过合理的财务政策选择提高企业的隐性契约缔约能力与履约能力。文章最后,对未来的研究方向进行说明。

关键词:财务管理　契约　资本结构　企业价值　股利政策

4877

高层管理人员薪酬、公司业绩与治理结构 : 理论与经验证据 / 邓顺永著 ; 陈汉文指导. -- 厦门大学, 2005. -- 194 页

本文在理论框架的基础上,集中检验了上市公司高管薪酬及其透明度与公司业绩、治理结构特征之间潜在的相关关系。主要包括:(1)奠立于契约机制,检验高管薪酬(及其变动)与公司业绩(及其变动)的相关性以及绩效薪酬是否改进公司未来业绩;(2)从监督机制出发,考察董监事会和所有权结构特征与高管薪酬之关联性及其对激励契约执行效果的影响;(3)独立董事作为重要的监督力量,其薪酬被视为可能影响其独立性的利益因素,因此单独对其进行考察,包括独立董事薪酬的决定因素及其与高管薪酬的互动效应;(4)从引致管理激励之根源即信息不对称问题入手,考察高管薪酬水平及治理结构特征对薪酬信息透明度的潜在影响。本文指出了高管薪酬与公司业绩的因果关联性并检验其交互影响,检验了上市公司治理结构对高管薪酬的潜在影响并研究了薪酬委员会的现状及其实施效果。

关键词:上市公司　薪酬　激励　公司治理

4878

我国证券市场的退出机制及相关的财务与会计问题研究 / 丁瑞玲著 ; 王君彩指导. -- 中央财经大学, 2005. -- 180 页

论文共分七章。第一章导论,主要介绍了论文的选题背景和重要意义,研究的目的、方法及主要结构等。第二章介绍了经济学中有关证券市场的相关理论,研究其对证券市场的影响。第三章考察了我国证券市场退市制度的发展历程及现状。第四章通过介绍美国纽约证券交易所和香港联交所的退市标准和退市程序,以及日本东京证交所一部和二部的上市标准等,同我国证券市场中的相关规定进行比较研究,

并指出了目前我国证券市场中存在的主要问题。第五章采用描述性统计的方法，将已经退市目前在三板市场上市的公司有关的财务指标进行统计分析，指出已经退市公司的现状并不乐观，并重点研究了我国证券市场退出机制中的相关财务与会计问题。第六章对海外创业板市场的退市问题进行研究和分析，并在此基础上提出我国的中小企业板块应建立退出机制。第七章通过以上内容的综述，结合我国的实际情况，提出我国建立和完善上市公司退出机制的相应对策和建议。

关键词：证券市场　市场退出　创业板市场　会计信息

4879

噪声交易对会计盈余价值相关性的影响 / 方青军著 ; 薛云奎指导. -- 上海财经大学, 2005. -- 111 页

本文运用资本资产定价模型来验证有效市场理论的方法，对中国股票市场进行了实证研究。提出本研究的研究思路、研究方法和研究框架，论述了有效市场理论、会计盈余持续性、理性预期定价模型，定义了数据的筛选和变量，探讨了认知的偏差和套利的限制，提出噪声交易风险模型（DSSW 理论模型）。研究了交易者之间的模仿导致的噪声交易的度量和噪声交易的特征。阐述了噪声交易对会计盈余价值相关性的影响，指出中国上市公司的基本特征，论证了比较股权股份过分集中、分散和股权适当集中两种情况中噪声交易对股价的影响所存在的差异。在进一步研究噪声交易对会计盈余价值相关性的影响的同时，给出解决此问题的一些建议措施。

关键词：股票市场　噪声交易　会计盈余　套利行为金融学

4880

管理层收购基本财务问题研究 / 符大海著 ; 郭道扬指导. -- 中南财经政法大学, 2005. -- 208 页

从管理层收购的产生与发展入手，揭示管理层收购产生和发展的内在规律，并在此基础上对管理层收购的动机、理论前提，以及管理层收购的作用和后果进行阐述。研究了管理层收购中评估的内容和合理定价范围的确定，指出当前管理层收购评估与定价中的现状及不足，探讨了管理层收购评估的特点和内容，分析了管理层收购中交易双方的价值构成，进一步研究了管理层收购交易双方合理价格范围的确定。对管理层收购融资选择进行研究，指出管理层收购融资的特点及管理层收购融资选择的途径。研究了管理层收购的风险控制，包括管理层收购对管理者的风险、管理层收购对资金提供者的风险、管理层收购对其他利益相关者的风险以及管理层收购对社会的风险。对管理层收购风险的成因进行分析，并提出管理层收购风险的控制措施。进行了管理层收购理财的一般分析，涵盖管理层收购理财所涉及的投资、融资及风险控制三个方面。综合研究了我国管理层收购理财中的特殊问题，并指出我国管理层收购的融资解决途径，对进一步研究做归纳性展望。

关键词：管理层收购（MBO）　财务管理　定价融资　风险管理

4881

中国上市公司并购财务效应的实证研究 / 高明华著 ; 陈少华指导. -- 厦门大学, 2005. -- 151 页

本文选取 1999 年、2000 年和 2001 年沪深两市发生并购事件的 314 家上市公司并购前一年和并购后三年内的数据，考察并购前后收购公司财务效应的变化，并检验并购规模、并购前管理者业绩、并购方式、关联方交易、整体收购与部分收购、并购后对目标公司控制权、控制权增量是否成为第一大股东等变量对收购公司主要并购效应的影响。界定了兼并、收购、并购、合并及资产重组的相关概念，探讨了我国企业并购及其立法的发展与变迁以及我国特殊制度背景下的企业并购行为。指出了目前我国上市公司并购存在的主要问题，综述了管理协同理论、经营协同理论、财务协同理论、多样化理论和价值低估理论，同时探讨了信息假说理论与信号理论。实证分析了并购财务效应，并就其结果给予初步解释，同时进行了并购效应影响因素的实证检验，包括资产收购方式并购效应影响因素的实证检验和股权收购方式并购效应影响因素的实证检验。指出本研究的局限性和进一步研究的方向。

关键词：上市公司　并购　财务管理　控制权纳税

4882

财务行为机制研究 / 龚洪文著 ; 郭复初指导. -- 西南财经大学, 2005. -- 182 页

本文在综合现代行为学、心理学最新研究成果和财务机制等理论的基础之上，提出了行为主体、理财环境与财务行为选择之间的关系。介绍了财务行为机制的研究意义、研究方法、基本思路和结构安排。

在对有关财务行为和财务机制文献综述的基础之上，提出财务行为主体、理财环境以及财务行为本身都是影响财务行为选择的内生变量。按照其相互间的互动关系将财务行为机制分为财务行为主体机制、财务行为激励机制和财务行为约束机制。本文通过规范研究和实证分析相结合，论述了财务行为机制的真正内涵和调控功能，创立了财务行为机制理论，提出新的财务行为主体假设——互动人主体假设，突出了主体能动的本质，提出财务行为外部调控与自我调控内在统一理论，并提出了完善我国企业财务行为约束机制的建议。

关键词：财务管理　财务制度　投资　融资　财务体制

4883

我国独立审计市场供求关系研究／顾奋玲著；陈毓圭指导. -- 财政部财政科学研究所, 2005. -- 156页

首先以经济学的市场及相关理论为基础，对审计市场、审计市场机制、审计供给、审计需求和审计供求关系等概念加以界定，明确了审计供求机制作用的实现形式，在此基础上，描述了我国审计市场供求关系的现状。本文采用规范研究和实证研究相结合，以规范研究为主的研究方法，以审计供求关系为主线，试图从审计市场供求关系的现状出发，探讨审计供求存在的问题，并分别从审计供给和审计需求等方面来剖析我国审计市场供求存在问题的原因，借鉴西方发达国家在审计市场相关方面的经验，提出了不断增加审计有效需求，改善和扩大审计的有效供给，规范行业自律和政府监管，以形成正常而有序的审计供求关系的若干思路。最后，针对审计需求和供给方面所产生的问题，提出了相关的改善措施。

关键词：审计　供求关系　政府监督

4884

我国会计管理体制研究：基于加入世贸组织背景下的评析与改进／郭婷婷著；阎达五，戴德明指导. 中国人民大学, 2005. -- 136页

通过分析我国会计管理体制现状、问题和加入世贸组织对我国会计管理体制的影响，研究提出在加入世贸组织的背景下，进一步改进和完善我国会计管理体制的对策建议。首先回顾我国会计管理体制的历史发展，并分析会计环境变化对会计管理体制的影响。本文提出了涵盖会计各领域的会计管理体制概念及其基本框架，分析了会计环境对会计管理体制的影响作用。分析了加入世贸组织对我国会计环境和会计管理体制的影响。廓清了财政、国有资产监管、证券监管等不同政府部门在会计规范管理中的职责范围，提出了建立分工明确、权责清晰的会计规范管理主体体系的基本设想；提出建立会计人员交流管理中心的有效配置；阐明会计信息国际化、会计国际协调化、会计标准国际协调化诸概念及其关系，提出将会计信息国际化与会计管理体制国家化结合的必要性和途径。

关键词：会计管理　会计环境　会计信息　会计标准化

4885

非经常性损益的披露与价值相关性研究：来自中国A股上市公司的经验证据／郭奕明著；吴水澎指导. -- 厦门大学, 2005. -- 111页

论文从持续性、盈余管理和价值相关性三方面出发，检验构成会计盈余明细项目的经常性损益和非经常性损益是否具有不同的未来预测能力；证监会要求披露非经常性损益是否有助于提高盈余质量，能否遏制上市公司盈余管理的行为，进而有效地保护投资者的合法权益；对于投资者而言，经常性损益和非经常性损益是否具有价值相关性。论文的研究结论有以下几点：(1)线下项目与非经常性损益之间存在着显著的相关关系；(2)通过持续性检验，发现经常性损益的持续性高于非经常性损益，无论是经常性损益还是非经常性损益，正的项目均强于负的项目；(3)通过操纵动机检验，发现上市公司利用非经常性损益操纵会计利润的经验证据；(4)发现对于披露负的经常性损益公司，非经常性损益与经常性损益呈正相关关系。对于披露正的经常性损益公司，非经常性损益和经常性损益呈负相关关系；(5)多因素回归分析发现，账面/市值比率、流动比率、资产负债率、权益的市值对非经常性损益产生一定的影响；(6)从回归模型和价格模型出发，均发现会计盈余的明细项目，即按照持续性区分进行披露的经常性损益和非经常性损益具有价值相关性，经常性损益对投资者决策的价值相关性高于非经常性损益；(7)监管当局不断完善非经常性损益的监管，利用非经常性损益操纵盈余的行为在一定程度上受到限制，公司披露的盈余质量显著提高。

关键词：股票市场　上市公司　非经常性损益　信息披露　A股

4886

基于价值链战略联盟的成本管理研究 / 何广涛著；阎达五，戴德明指导. -- 中国人民大学，2005. 202 页

文章首先分析了企业目前所处竞争环境的特点，以及企业界对目前成本管理的评价，借鉴价值链会计的思想，提出成本管理革新的思路。用产品特性和市场态势描述竞争环境及其变迁。产品特性选用成本、质量和功能三个维度来衡量，将企业竞争环境依次分为四个阶段：大规模生产时代、销售时代、营销时代和精益时代。在评述了波特的三种竞争战略之后，提出了三种适应精益时代的竞争战略：领跑战略、放任战略和跟随战略。本文借鉴价值链会计的思想，把成本的内涵定义为价值链会计主体为实现特定经营目的而发生或将要发生的合理的支出，不包括偿还债务和退还投资。提出了价值链战略联盟的治理机制，并按照运行层面和内容层面把它分为四个子机制：联盟层面的激励机制、联盟层面的约束机制、企业层面的激励机制和企业层面约束机制。研究了交易成本的管理。最后，本文选择一家文具制造商为案例，阐述了从其产品研发到产品销售各环节的成本管理，以及企业与企业之间的经济关系。

关键词：企业联盟　战略管理　价值链　成本管理

4887

我国外商投资企业转移定价研究：税收流失原因分析及监管体系构建 / 何玉润著；戴德明指导. -- 中国人民大学，2005. -- 171 页

本文研究了我国外商投资企业的转移定价与外商投资企业所得税流失之间的关系。首先提出了文章主要研究问题、研究意义、研究范畴、研究方法与研究创新点。界定了转移定价概念的内涵，包括转移定价存在的前提条件、转移定价的目标、转移定价的主体、转移定价的后果几个方面。介绍了与转移定价相关的两个经济理论，即跨国公司内部贸易理论和对外直接投资理论，介绍了我国外商投资企业运用转移定价的现状。通过对多项因素的综合推断，解释了我国外商投资企业非正常经营的原因。对影响我国外商投资企业转移价格制定的因素进行了分析。采用主成分分析法对全球利润最大化、税收规避动机、为上层管理者提供信息、规避风险等 14 个因素进行了排序。研究了外商投资企业外方持股比例对企业利润转移动机的影响。对转移定价税收管理从一般和个别两个角度进行分析，介绍了以美国为首的西方发达国家转移定价税收监管的现行模式，从我国转移定价现象的悖论入手，提出了与国际主流的转移定价理论的差异。总结了我国外商投资企业转移定价税收管理的现状，指出现有体系的不足与缺陷，提出适合于我国外商投资企业转移定价税收管理的新模式，并提出针对我国国情的税收监管建议。指出本文的研究不足与更进一步研究的方向。

关键词：外资企业　税收管理　跨国公司　转移定价

4888

注册会计师法律责任和审计质量关系研究：基于中国证监会行政处罚公告的经验研究 / 贺花著；张立民指导. -- 中山大学，2005. -- 138 页

本文采用实证研究的方法，对注册会计师法律责任制度的实施效果和我国一直以所采用的以行政处罚为主要手段的注册会计师责任追究制度进行评价，其中结合了法学、经济学和管理学等多学科知识，采用了规范研究、简单统计分析、实证研究等研究方法，对我国行政处罚的实施效果进行多角度的分析。首先阐明了选题的动机和研究方向，进行了关于审计师法律责任和审计质量关系的理论分析。对我国审计质量需求和注册会计师法律责任制度进行评述，论述了有关审计师法律责任和审计质量的相关文献。采用简单统计分析方法，对中国证监会处罚注册会计师处罚公告的特征进行分析，包括：一般特征、客户特征和审计师特征。以中国证监会处罚公告为研究事件，分别采用操控性应计利润和审计意见作为审计质量的替代变量，通过考察处罚前后操控性应计利润和审计意见的变化特征，实证分析了处罚事件对审计质量的影响。最后对本文主要研究结论进行归纳，并提出相关的政策建议。

关键词：注册会计师　法律责任　审计质量　行政处罚

4889

大股东控制、利益输送与投资者保护：基于中国资本市场的实证研究 / 贺建刚著；刘峰指导. -- 中山大学，2005. -- 145 页

本文首先对我国上市公司与其大股东在 2001 年至 2003 年期间发生的典型关联交易事项进行了分析，从直接关注大股东可能采取的利益实现方式角度，实证检验了大股东利益输送动机所具备的所有权

安排特征。指出了大股东的利益输送动机及其可能采取的方式在所有权安排上存在的差异。其次，本文对 1998 年至 2001 年间我国 A 股市场上市公司的重大资产收购关联交易行为进行实证检验，进行了所有权安排与股东利益输送方式关系的初步分析，探讨了资产收购关联交易与大股东的利益输送行为。研究了大股东的利益输送行为与投资者对上市公司未来收益增长前景预期以及上市公司会计业绩之间的相关性。由结论引发出对后续研究进一步的理论和实证检验思路。

关键词:上市公司　股东　关联交易　投资者保护　资本市场

4890

成本工程：理论与设计 / 胡国强著；林万祥指导. -- 西南财经大学, 2005. -- 290 页

本文通过理论分析与实证研究的方法对成本工程的理论与设计进行了研究。作者认为随着经济环境的变化，传统成本管理系统在强化成本管理方面显得乏力，这为成本管理的创新带来机遇，一方面要求成本管理与之相适应，另一方面也给成本管理的创新以新的启示；现行成本管理的局限性不利于成本管理向更高阶段发展，这为创新成本管理带来动力，迫使人们不得不从新的角度去审视现行的成本管理系统。本文试图从工程的角度对企业的成本管理系统重新进行架构。本文以成本管理的“工程”属性为主线，以分析现行成本管理的困境为切入点，运用工学和管理学的相关理论和方法构建成本工程的理论研究平台，在此基础上对企业的战略成本管理、战术成本管理和成本管理信息系统进行“工程化”，最后对成本工程在产品定价、盈余管理和纳税筹划领域中的运用进行理论分析。

关键词:成本管理　战略管理　企业管理

4891

上市公司大股东股权特征对盈余质量的影响：理论分析与实证检验 / 黄彤著；吴水澎指导. -- 厦门大学, 2005. -- 162 页

本文以上市公司大股东股权特征为视角，对盈余质量的影响机制进行理论分析与实证检验。文章针对股权特征与盈余质量的关系这一研究领域，对国内外相关文献进行全面回顾，并简要加以分析。理论研究方面，尝试以公司代理冲突为桥梁，首次在一般意义上提出关于“股权特征与盈余质量之间关系”的整体分析框架；并在此基础上明确提出，在股权相对集中的国家，大股东股权特征是公司层面上对盈余质量最具影响的机制，为分析盈余质量的影响因素提供重要的新的理论依据。实证研究方面，分别盈余管理和盈余价值相关性两种维度，从终极所有者身份、大股东身份、大股东持股比例、中间机制以及股权制衡机制多个方面，全面测试我国上市公司大股东股权特征对盈余质量的影响，提供更有说服力的系统型研究成果。

关键词:上市公司　股东　股权　企业利润

4892

上市公司职工养老保金信息披露研究 / 贾丽著；戴明德指导. -- 中国人民大学, 2005. -- 166 页

本文以上市公司为研究对象，对职工养老金信息的披露方式和披露内容进行了研究。文章通过阐述中外养老金制度的产生和发展，对中外养老金制度进行比较，分析我国养老金制度的特色；通过分析养老金信息的披露现状和会计信息的披露理论，提出本文的研究依据。本文从信息需求的角度，研究职工养老金计划对上市公司利益相关者的影响，说明上市公司职工养老金信息披露的重要性。文章还从信息供给的角度，采用实证研究的方法，对上市公司自愿披露职工养老金信息的动机和质量进行分析，说明上市公司职工养老金信息供给的严重不足。本文立足我国实际，对信息需求与供给的分析，为我国上市公司职工养老金披露规则的制定提供证据支持，最后，本文借鉴国际经验，结合我国养老金制度的特点和实证分析结果的基础上，提出了上市公司职工养老金信息强制性披露规则的具体建议。

关键词:上市公司　养老金　信息披露　职工福利

4893

会计信息的契约有用性评价：来自 B 股公司高管人员报酬契约的经验证据 / 姜金香著；袁树民指导. 上海财经大学, 2005. -- 123 页

本文从会计信息的契约作用角度进行评价，试图提出会计信息契约有用性的理论分析框架，并考察这一评价标准在我国现有社会环境和公司治理状况下的特殊意义，最后进行研究设计对准则效果进行实证检验。本文重点探讨了会计信息契约的有用性，系统地论述了其理论分析、经验证据及其在公司治理机制中的治理作用，并重点回顾了会计信息在高管人员契

约中的治理作用,指出契约有用性是评价准则效果重要的、不可或缺的标准。本文以会计信息的契约性为评价标准,以B股上市公司为样本对国际国内两套准则的会计业绩在高管人员契约中的有用性进行了实证检验,并比较了两套规则体系哪一个提供的会计业绩更加有用。证据说明:在高管人员变更和决定报酬水平的决策中,国际准则的业绩指标更有用。这无疑为近几年来我国会计改革不断向国际准则靠拢提供了有力的实证支持。

关键词:会计信息　契约　会计准则　会计改革

4894

中国跨国公司财务控制研究 / 焦文军著 ; 韩传模指导. -- 天津财经大学, 2005. -- 197 页

本文以中国跨国公司的财务控制为视角,在一般跨国公司财务控制理论的基础之上,结合中国跨国公司在跨国界经营中的价值、文化、环境的区别,寻找出与世界接轨又合乎国情的中国跨国公司财务控制的理论框架。本文采用理论分析的方法,回顾了财务控制理论的产生过程,并结合跨国公司财务控制的特征与具体内容,运用了博弈论、代理理论、产权理论、契约理论、交易费用理论来作为跨国公司财务控制理论的奠基石。本文还通过问卷调查法以及实践工作交流,分析得出了中国公司跨国界经营的诸多不利因素,与发达国家跨国公司相比,经济控制手段弱化,处于被动控制的状态。本文由中国跨国公司财务控制现状较弱入手,发现矛盾并予以分析,然后提出财务控制基础理论,紧接着提出本文的核心内通,即解决矛盾的对策,包括财务组织系统控制、财务信息系统控制、管理系统财务控制、战略系统财务控制;将理论分析与实际经验相结合,进而得出本文的研究结论,并指出需要进一步研究的问题。

关键词:跨国公司　财务管理　管理信息系统

4895

论我国法务会计理论框架的构建及在诉讼支持中的运用 / 金彧昉著 ; 李若山指导. -- 复旦大学, 2005. -- 143 页

本文在对法务会计法律分析和经济分析的基础上,系统地对法务会计的理论框架和工作方法进行分析,包括法务会计工作的财务会计、管理会计、成本会计、调查会计与审计以及相关的证据和结论要求等等。本文主要以企业为研究视角,范围限定在上市公司的证券诉讼以及企业调查案例。尽管如今世界法务会计工作扩展到离婚诉讼等范围,但是在我国,法务会计行业仅仅处于起步阶段,要研究法务会计人员在此类案件中的诉讼支持尚且缺乏一定的基础。而在我国虚假陈述丑闻迭出、经济纠纷和刑事案件不断的情况下,本文主要关注此类案件中法务会计的工作,其用意也是明显的。本文主要采用规范研究和经验研究相结合的方法,对我国法务会计在诉讼支持中的问题进行系统研究,希望能对我国法务会计的研究起到相应的作用。文章基于法务会计的整个理论架构尚没有统一的认识,对法务会计的探讨也还比较笼统,缺乏案例分析和实际经验的总结。因此,文章试图研究解决有关法务会计的以下问题:(1)法务会计的理论框架的确立;(2)法务会计的调查方法和主要技术工具;(3)法务会计相关制度;(4)我国发展法务会计的前景和主要困难以及对策。

关键词:司法会计学　会计信息　民事诉讼

4896

银行监督与公司治理 : 中国非金融类上市公司的经验证据 / 雷英著 ; 汤云为,薛云奎指导. -- 上海财经大学, 2005. -- 117 页

作者以我国非金融类上市公司的研究为切入点,分析了银行监督与公司治理的问题。作者认为,在我国的公司治理中,银行没有起到公司治理中债权人应有的监督作用。从经验研究的角度看,这是一个未经经验证明的推测。这个推测是否成立构成了本文的中心议题。国外关于关系银行的研究是在其相应的制度背景下,以经过检验的假设前提推导出可检验的假设,然后再予以检验,从而形成可接受的研究结论。这些结论在我国转轨经济中的有效性必定存在问题。因此,本文将在分析银行监督与公司治理的基本原理及国外、国内文献的基础上,对我国的制度背景进行分析,然后在分析的基础上推导出符合逻辑的假设。通过在证券市场收集大量的数据,以长期银行借款这一反映关系银行本质的变量与企业公司治理特征以及公司绩效和市场反应之间的关系为切入点,利用统计分析方法,为我国银行在公司治理中的作用提供经验证据,并提出一些粗浅的建议。

关键词:上市公司　公司治理　银行监管　信息不对称

4897

控股股东对上市公司股利分配政策的影响研究 / 李春玲著 ; 王化成指导. -- 中国人民大学, 2005. --

139 页

本文以我国上市公司为样本，选择控股股东对上市公司股利分配政策的影响作为论题，分别从理论分析、实证分析和案例分析三个角度进行了研究。本文首先通过理论分析提出研究所依据的理论基础，阐述控股股东操纵股利政策的权利根源，分析在股利分配和监管过程中控股股东与中小股东和监管部门之间的博弈关系；其次，通过实证分析研究控股股东的特征对上市公司股利分配倾向和分配力度的影响，揭示控股股东影响股利政策的一般性规律；最后，通过案例研究具体阐释控股股东不同的分配理念和分配行为对包括其自身在内的上市公司各相关方利益的影响，对理论和实证分析结果进行佐证和延伸。将博弈论的思想和方法应用于控股股东股利分配和行为监管的研究是本文研究方法的一个创新点。通过研究，作者发现中国上市公司股利分配政策具有严重的控股股东利益导向，在此基础上，提出了控股股东利益最大化的财务管理目标假说。同时，本文提出，要合理评价控股股东的控制权收益和中小股东的利益，制定相应的中小股东利益保护措施。

关键词：上市公司　股利政策　股东　利润

4898

中国上市公司大额送转股有关问题研究 / 李国富著 ; 吴水澎指导. -- 厦门大学, 2005. -- 116 页

本文主要研究中国 A 股上市公司大额送转股行为的有关问题，探求这种股本扩张模式在我国盛行的制度背景、决定因素，大额送转股公司股票的市场反应、财务业绩变化，以及大额送转股公司的成长性与股价风险判别。本文在理论上首次提出大额送转股概念，指出这个利润分配中的普遍性为本质上是股本“虚扩张”的主要模式，与国外的股票分割较为相似。本文通过对大额送转股的制度背景分析、影响因素判定分析、市场反应与财务业绩特征研究、大额送转股公司的成长与风险特征研究，本文较为全面地研究了我国大额送转股的动因、结果与投资价值，不仅对这个被研究领域忽视的现实问题提供理论方面的相关解释，还在投资大额送转股公司方面给出有应用价值的参考指标。本文在完善大额送转股方面提出建议，包括加强证券市场基础制度建设，管理层应谨慎使用大额送转股，提高投资者对大额送转股的分析能力，监管当局应在打击股价操纵、改进信息披露、税收政策调整等方面规范大额送转股行为。

关键词：上市公司　利润分配　送股　股利　股东

4899

资本市场与会计演化关系史研究 / 李国运著 ; 郭道扬指导. -- 中国财经政法大学, 2005. -- 213 页

本文以资本市场与会计的发展历史为主线，从不同时期、不同角度对资本市场与会计的关系进行研究。本文以规范研究为主，综合运用归纳与演绎法，具体采用历史分析法、演化分析法、比较法、借鉴研究法和案例研究等，力求把规范研究与实证方法相结合。本文从基础理论研究入手，重点讨论资本市场的本质、资本市场萌生的主要因素、会计在资本市场发展中所起的作用等，接着以南海公司为案例论述了早期资本市场与会计的关系，通过对股份制的演化、公开证券市场的形成过程、产权法律制度、会计理论和方法体系演化路径的考察来分析早期资本市场形成的偶然性和历史必然性。本文研究了近现代资本市场与会计的演化关系，并通过对资本市场现状的评价和效率分析，认为中国资本市场的主要问题与西方国家一样，也是会计发展不适应资本市场发展的要求。但中国资本市场低效或无效的直接原因是会计问题，而会计的问题又在很大程度上受资本市场定位的影响，所以中国资本市场的定位不仅影响了会计，也影响了资本市场的效率。本文针对此问题给出了具体建议。

关键词：资本市场　会计检查　会计改革　监督管理

4900

中国股票 IPO 估值：三阶段 FCFF 模型估值的实证分析 / 李皎予著 ; 王世定指导. -- 财政部财政科学研究所, 2005. -- 125 页

有效市场假说是现代财务和金融理论的理论基础之一，对证券市场有效性的判断，关系到证券估值模型的选择与应用，本文以此为视角，以上海市 A 股市场自 2000 年初至 2005 年 5 月 31 日的交易数据作为分析对象，运用游程检验、相关检验和正态性检验等方法进行实证检验。折现现金流估值模型（DCF）是公司股票 IPO 中广为运用的模型之一，它可分为股利折现模型（DDM）、股权自由现金流折现模型（FCFE）、公司自由现金流折现模型（FCFF）。本文在比较各种估值模型适用性及其优缺点的基础上，认为三阶段公司自由现金流折现模型（FCFF）是中国股票 IPO 估值模型的实用选择。本文还重点讨论了在

FCFF估值模型的应用中，加权资本成本和增长率两个关键参数的估计。本文通过运用三阶段 FCFF 模型及相关参数的估计结果，对中国股市实行询价制度以来的14家公司股票IPO定价进行实证检验，结果表明，所采用的加权资本成本(WACC)和永续增长率两个参数估计，对估算中国公司内在价值以及公司股票IPO的定价具有比较强的优势。

关键词：首次公开发行(IPO)　股票市场　估价　股票价格

4901

中国总经理影响力研究及应用 / 李瑞著 ; 张德指导. -- 清华大学, 2005. -- 431页

论文通过对企业总经理、领导学理论文献的广泛收集、梳理、分析，尤其是对总经理影响力理论文献的剖析和总结，借助当前的管理学、组织行为学、测量学等有关研究成果，扎根企业实践，将企业领导者影响力的主要接受者——员工作为切入点，在总经理和员工的互动关系中以员工的视觉为研究脉络，采用现代统计学方法，设计和完善数据收集工具，进行广泛的问卷调查，并对数据进行了细致的分析处理，采用理论模型建设与应用工具开发同步进行的研究方式，构建和检验"中国企业总经理影响力模型"，检验各种基本假设，探讨影响力产生的条件和基础、分析影响力与企业业绩的关系、探讨总经理影响力与员工对总经理总体评价关系及预测水平，最终形成总经理在企业组织内部影响力的理论体系，以及达成对总经理企业外部影响力的初步探讨。同时，通过较为严格的因子分析、信度和效度检验，初步开发出一套具有实用价值的总经理影响力度量工具。通过这些研究，形成独立的总经理影响力初步理论体系，对领导学理论建设和影响力测量工具开发工作有所创新和发展，实现对企业领导学理论的丰富，并使领导学理论转化为应用性成果，用于指导企业的实践，尤其是引导中国企业领导者影响力的培养，推动中国企业家的成长和发展。

关键词：总经理　企业领导　领导学　企业文化

4902

论会计融合 / 李寿文著 ; 戴德明指导. -- 中国人民大学, 2005. -- 169页

本文针对当前我国会计理论研究与应用现状的不协调状况，提出了有必要进行财务会计与管理会计的融合的观点。文章认为财务会计与管理会计融合的必要性主要来自改进现行财务报告模式的需要、网络时代的要求、完善公司治理的需要、实现企业管理创新的需要以及现行"双轨制"的反证等几个方面。文章强调了会计融合的界定，从三个方面阐述会计融合的内涵，并从理论基础、技术条件、人才支持、组织保障等方面对会计融合做了可行性分析。本文以管理理论为根基，论述了会计融合理论的构建问题，作者认为：会计融合应在会计"管理活动论"的框架中进行，一方面围绕管理的各项基本职能和战略管理理论构建融合后的基本会计理论结构体系的构建，另一方面寻求会计融合的切入点即成本会计，寻求会计融合的载体构建，以ERP为平台的会计融合框架，逐步实现财务会计与管理会计在实务上的融合。最后，文章分别从对传统财务会计系统的改革方面，以及对传统成本与管理会计系统的改革方面提出了会计系统重构的设想，并通过分析提出了相应的融合思路。

关键词：财务会计　管理会计　会计融合

4903

中国上市公司会计信息与股票定价相关性的实证研究 / 李寿喜著 ; 李若山指导. -- 复旦大学, 2005. 159页

本文根据行为金融和信息经济学的理论，从会计信息使用者角度分析了会计信息与股票定价的关系。论文首先分析了会计信息与股票定价相关性理论的形成、演变和有关启示，接着从信息经济学的角度解释了理想条件和现实条件下会计信息与股票定价关系，并对国外和国内相关实证研究进行了回顾，发现影响会计信息与股价相关性的变量有企业规模、企业盈亏、利润持续性、流通股比例、会计标准的变化、股市政策的调整和股票发行制度的改革等因素。文章在吸收国内外文献研究成果的基础上，对我国股票市场1993—2002年会计数据与1994－2003年股价数据的关联性作了更为全面更为深入地探索，得出相关结论。文章根据相关研究结果，提出要减少股价中的噪音，提高我国资源配置的效率，并吸引众多投资者参与股票投资，必须改变流通股在公司治理结构中处于"边缘化"的局面，对股票市场的监管应吸收成熟市场的理念，考虑投资者的意愿，实行财务业绩和股票市值并重的措施。本研究的结论对于监管层如何由注重会计规则的静态监管转向注重投资者意愿的动态监管，对上市公司如何提高财务信息揭示的质量和经济效果，对于投资者如何对不同公司股票进行定价都有一定启示。

关键词:会计信息　股票价格　上市公司

4904

企业并购会计方法研究 / 梁慧娟著 ; 张国初指导. 中国社会科学院研究生院, 2005. -- 115 页

本文基于企业并购会计方法研究的理论和实践发展状况,进一步通过理论分析和案例研究,试图找出适合我国企业并购的会计方法。本文首先研究了企业并购会计的有关内容,通过对不同国家不同时期并购概念演变的回顾和综合,明确了企业并购的相关概念和不同类型,并详细地研究了我国企业并购的定位误区,在此基础上明确了我国企业并购的目标定位。本文针对存在的并购主体错位和产权不明晰的情况,提出相应的建议。文章全面回顾了企业并购及企业并购会计的发展历程,从提供信息的可靠性、可比性、相关性和成本效益分析方面分别对购买法权益结合法和新起点法加以比较,提出权益结合法应被取消的结论。本文在理论分析和实证研究的基础上,结合我国的实际情况,提出我国企业并购会计方法的现实选择。本文对于新起点法的论述,是在分析其历史渊源和研究现状的基础上,通过理论分析提出了新起点法的运作设想,进一步以数据比较了新起点法和权益结合法所产生会计信息的差异。本文还在对新起点法的运作前景进行展望的基础上,对我国采用新起点法应注意的若干方面提出建议,以期对我国企业合并会计方法的选择有所裨益。

关键词:企业并购　会计方法　公允价值　商誉

4905

应计会计、增长和盈余持续性 / 林翔著 ; 陈汉文指导. -- 厦门大学, 2005. -- 121 页

本文以中国上市公司盈余组成成分持续性以及投资者对盈余持续性的定价为视角,提供了将增长和应计的持续性直接联系起来的理论依据,并将管理者进行跨期盈余管理这一更符合现实情况的假定引入了盈余持续性研究中。本文运用中国上市公司的数据,进一步地研究了盈余的应计成分持续性较低的原因。本文放宽了管理者只进行单期盈余管理决策的假定,用下一年非正常应计以控制管理者跨期盈余管理的影响。本文对经典的盈余自回归模型进行了修改,发现当期和下一年管理者的盈余管理行为都对盈余和应计持续性有显著的影响。本文进一步研究了公司在不同增长阶段的增长和盈余管理行为,发现当期正的正常应计对应持续性具有正向的影响。与多数文献仅着眼于整体样本的"平均"持续性不同。本文考察了横截面差异对盈余和应计的持续性影响,并注意到研究存货行为对应计持续性影响的重要性。

关键词:上市公司　会计报表　会计信息　企业利润　盈余

4906

会计监管中的政府行为研究 / 刘国强著 ; 王世定指导. -- 财政部财政科学研究所, 2005. -- 223 页

本文以会计监管中的政府行为为视角,重点讨论以下两个问题:如何处理政府与市场的关系和政府如何实施会计监管。本文通过采用逻辑分析和实证对比的研究方法,提出了构建"政府主导型会计监管模式"的政策建议。文章从会计监管的现状与问题入手,剖析了会计监管的三种概念,介绍了关于政府和政府行为的基本理论。接着文章试图通过政府干预会计现象和会计工作的理论来构建一套内在一致的理论,说明政府为什么选择干预而不是放弃,干预范围是大是小。干预重点是应完善自身行为还是推动市场机制对会计工作发挥作用等问题。文章从理论分析的角度研究了会计监管中的实务问题。文章对会计监管的政府行为进行了比较研究,试图从不同国家,不同时期的政府行为对比中发现某种规律。根据以上思路,作者得出了政府对会计监管的选择问题的处理方式,给出了政府处理自身与市场关系和使监管行为效果最优需要遵循的原则,讨论了转轨时期政府对会计监管模式的选择,进一步认为我国政府应勇于承担会计监管的重任,对会计工作秩序负责。

关键词:会计检查　政府行为　行政干预　监督管理

4907

战略主导型企业业绩评价系统研究 / 刘俊勇著 ; 王化成指导. -- 中国人民大学, 2005. -- 152 页

本文的研究主题是如何将企业业绩评价系统与战略管理进行有机结合,从而使企业战略得以有效执行,最终实现企业战略目标。本文是在产生于 20 世纪初的财务主导型企业业绩评价系统无法适应环境变化的背景下展开研究的,所以本文提出了战略主导型企业业绩评价系统来解决此问题。文章对财务主导型企业业绩评价系统进行全面回顾,并结合环境变化指出其不足之处。接着文章重点研究了战略的描述方法,提出修正的战略地图理论框架。本文还研究了业绩评价系统体系的构建,提出了"战略决定结构"

的理论框架，并对此进行了验证，运用华润集团的案例，从纵向和横向两个方面进行了分析，分析结果支持该理论。本文研究了业绩评价标准和方法，从战略管理过程角度阐明评价指标、评价标准和评价方法如何协调一致的步骤。作者通过研究，为企业提供了相关建议，也针对研究中的不足提出进一步研究的方向。

关键词：企业管理　战略管理　经济评价

4908

独立审计制度安排与注册会计师行为问题研究 / 刘维著 ; 葛家澍, 黄世忠指导. -- 厦门大学, 2005. 132 页

本文以新制度经济学为主要理论基础，详细分析了美国和我国独立审计制度的变迁与注册会计师行为之间的互动关系。本文通过对人类行为基本假设、制度起源与制度构成、博弈论与新经济制度学、制度安排与制度变迁、制度与组织的关系这些基本概念的阐述和梳理，给出了制度分析的基本框架。本文介绍了美国独立审计制度安排的起源；阐述了美国独立审计监管制度安排与变迁；还阐述了美国独立审计的独立性制度安排与变迁，提出独立性程度是由注册会计师通过对独立性机制的利益取舍来决定，在分析中作者发现目前独立性机制存在重大缺陷，为了解决这一缺陷，必须把独立性置于更广泛的范围极易分析思考，重新构建独立性模式；阐述了美国独立审计的法律责任和会计师事务所组织形式制度安排与变迁。最后，作者阐述了我国独立审计制度安排与变迁，通过回顾我国独立审计制度安排的纵向变迁后认为，作为转轨经济国家，我国独立审计制度变迁具有深深的行政烙印和特殊的路径依靠，从而对我国独立审计安排进行了剖析与思考。

关键词：独立审计　制度安排　注册会计师

4909

中国金融资产管理公司转型发展研究 / 刘钟声著 ; 王世定指导. -- 财政部财政科学研究所, 2005. 221 页

本文以在社会金融体制改革的开展下很多金融资产公司迈向转型为视角，采用理论分析、实证分析与比较研究的方法来研究中国金融资产管理公司转型发展问题。文章介绍了中国金融资产管理公司转型的背景及理论；针对运作模式、运作业绩和面临的挑战等方面，回顾了中国金融资产管理公司的发展历程。文章对国外金融资产管理公司的产生背景、运作模式，运作成绩及存续状态进行了评论，特别针对美国、东欧四国、东亚、东南亚国家资产管理公司运作模式及成绩进行了分析，借鉴国外的成功经验，认为这些国家采取金融资产管理公司形式处置不良资产，化解金融风险取得成功的主要原因是法律先行。文章还通过对影响金融资产管理公司转型的政治环境、宏观经济环境，金融改革环境、不良资产存量资源、社会环境等，指出资产管理公司面临的三大挑战。提出了金融资产管理公司商业化转型模式，即专业资产管理公司、综合型金融资产管理公司、金融控股集团。根据以上分析，作者提出了金融资产管理公司转型的“三步走”战略规划，并提出了与之发展相应的配套措施。

关键词：金融公司　资产管理公司　不良资产　商业化经营

4910

庄的度量、手段与经济后果 : 来自沪深两市的经验证据 / 鲁桂华著 ; 李志文指导 . -- 清华大学, 2005. -- 114 页

论文主要对以下三个问题进行系统而全面地研究，即庄股的特征及其是否可作为庄的代理变量；盈余管理、公司重组、股票股利与庄之间的联系；庄对股票价格、公司业绩的重要影响。首先，论文研究发现庄股具有显著高的户均持股比率（或大户持股比率）、流通股比率、显著低的流通股本。其次，作者用户均持股数或大户持股比率超过一定水平作为存在庄家的判据，经验证据表明，庄股公司在庄家进入当年具有显著高于行业的业绩，但进入前或退出后，其业绩显著低于行业平均，庄家进入当年，庄股公司线下项目占净利润比率显著高于行业平均，这些发现说明庄家需要利好但这一利好是通过盈余管理来实现的。同时发现，坐庄重组与报表重组构成我国上市公司重组的主要动机。庄股公司发放股票股利的概率显著高于非庄股公司，证据表明坐庄并借助股票股利出货是公司发放股票股利的动机之一，作者还找到了庄家借助股票股利进一步拉升股票价格的证据。这些实证发现表明，盈余管理、公司重组与股票股利是庄家坐庄的手段之一。最后，论文研究了庄对股票价格的影响，发现复权后股票价格达到最大值前一年末户均持股数（或大户持股比率）高的样本组，具有较高的市场调节后的年均价格涨幅，也具有较高的股票价格对会计盈余的反应系数。同时，如果在户均持股数达到

沪深两市90%分位点这一事实发生前购入股票并持有一段时间,能够获得统计意义和经济意义上惊人的超额报酬率。这些证据表明庄家操纵是导致我国A股市场定价偏高的可能的原因之一。

关键词:股票市场　证券交易　股票价格　庄家　盈余管理　股利

4911

实物期权与权益定价研究 / 罗国荣著 ; 葛家澍指导. -- 厦门大学, 2005. -- 143页

本文通过理论分析与实证研究的方法对实物期权与权益定价进行了研究,作者认为传统的假肢相关性研究是建立在盈余资本化模型、资产负债表模型和剩余收益定价模型基础之上的。然而,这三类传统的定价模型却不恰当地将投资决策视为外生变量,这就造成三类模型都在某种程度上缺乏描述性。为了应对这种缺陷,就有必要明确地在权益定价模型中考虑实物期权的影响。本文因此对国外有关的文献进行了比较详细的介绍,并且运用类似的方法对净资产和净收益在权益定价中的相对地位、净资产在亏损公司权益定价中的作用等问题进行了实证研究。本文对传统的权益定价模型进行了比较详细的介绍和评价,并且对运用剩余收益定价模型所做的会计信息价值相关性时间序列变化研究方面的文献所存在的方法论问题进行了论述。本文对运用期权思想所做的实证研究进行了比较全面的介绍。本文运用实物期权的思想,并且运用中国证券市场数据对每股净资产和每股净收益在权益定价中的相对地位及每股净资产在亏损公司权益定价中的地位等问题进行了实证研究。

关键词:实物期权　企业价值　权益定价　企业利润

4912

会计准则导向研究 / 孟茜著 ; 盖地指导. -- 天津财经大学, 2005. -- 133页

本文从论述会计准则导向问题的背景入手,同时对国内外有关会计准则问题的研究进行了梳理和评述。文章界定了对会计准则导向起决定性作用的会计模式的主要分类,指出会计准则导向的影响因素。本文对会计准则的性质、会计准则的导向的概念及分类进行了归纳和总结,针对会计准则制定中的影响因素进行重点分析。接着,文章从企业理论、经济后果论、新经济学理论观点论述会计准则导向,介绍会计准则导向的理论基础。作者针对目前国际、国内外对会计准则的三大主流导向进行分析,归纳推出了目标导向会计准则,并对目标导向的实施进行了较为深入的论述。文章还对我国会计标准导向的建立提出设想。最后,文章提出中国会计标准的导向——立足中国环境、博采众长,加强与国际会计准则的协调,走原则导向和规则导向相结合的道路。

关键词:会计准则　会计制度　国际会计

4913

资本透明的规律、准则和比率 : 资本会计论概念框架研究 / 潘晓江著 ; 陈小悦指导. -- 清华大学, 2005. -- 160页

本文在资本会计论的指导下,探讨了会计的性质、职能、目标和相关的会计学与经济学问题,研究了资本透明的规律、准则和比率,并以国际金融框架作为经济生活的现实背景,将其作为国际会计准则形成、实施和发展的环境条件。在以上基础上,构建了资本会计论的概念框架。本文以经济学为基础的会计思想作为其基本思想,认为会计是一种经济管理职能,其性质最初只是资源转换利用的核算与监控。现代市场经济广泛运用了信息技术手段,同时主要是由资本运动来主导。作者认为,现代会计的实质,是以信息技术为手段的资本的核算与监控;会计准则具是资本核算与监控的方针政策和行为规范,也是资本流动、金融框架和现代市场经济得以维持、运行和发展的资本运动信息的生产标准。基于会计准则具有建立在资本运动、金融框架和现代市场经济之上的客观属性,本文提出了资本会计论的会计要素、会计目标、资产会计泡沫因素、资本透明度、资本透明比率和和资透明律等一系列新的基本观念。作者提出的三个主要基本观念分别是资本实体价值的要素复合观、资本透明观和资本透明规律观。

关键词:资本管理　会计准则　会计信息

4914

基于知识价值链系统的中国高科技企业知识战略研究 / 彭锐著 ; 刘冀生指导. -- 清华大学, 2005. -- 292页

本文从现有战略理论和知识管理理论出发,采用多案例研究方法,研究中国高科技企业如何运用知识管理来培育核心能力并最终形成竞争优势的过程和机制。本文说明了高科技企业利用知识管理培育核心能力,赢得竞争优势的可行性和必然性,为我国高

科技企业实践提供了一套通过知识管理活动培育和更新企业核心能力的分析方法和理论指南。本文对企业知识管理理论的理论渊源和理论流派进行了全面梳理,指出现有知识管理研究的局限性;作者还从知识的角度回顾了战略理论,指出其在解释和指导中国高科技企业发展时存在的问题,说明了知识管理与战略理论结合的重要性。作者认为基于知识的企业特长是构成核心能力的主要要素,但不是唯一要素;知识管理是形成和提高基于知识的战略能力的重要手段和工具。作者在研究基础上,开发了知识价值链系统模型(KVCS)作为分析工具,并改进和完善了企业竞争优势的 RCCC 模式,提出了基于知识的 RCCC 模式,为高科技企业更好地将知识管理与企业战略发展相结合提供了新的思路。

关键词:高技术企业　知识管理　企业核心能力　企业战略　价值链

4915

中国资本市场审计质量与审计收费问题研究 / 漆江娜著 ; 张立民指导. -- 中山大学, 2005. -- 178 页

本文以中国资本市场及其附属的审计市场(简称中国市场)为背景,依据契约经济学原理和企业的契约理论,运用 2003 年度上市公司公开数据,包括审计收费数据和相关财务数据,采用理论分析与实证检验相结合的方法,研究中国市场的审计质量、审计收费以及二者的相关关系。本文首先将中国市场的审计需求分解为契约需求与强制需求,提出与审计的强制需求相比,中国市场审计的契约需求相对偏弱。文章其次讨论了审计需求与审计质量保障机制之间的关系。研究分析二者之间的关系特征,可以更深刻的认识一定制度背景下审计需求的特点,并据以探索提高审计质量的可能途径。文章最后是对审计质量、审计收费以及二者关系得实证检验。作者通过文献回顾,对审计质量和审计收费的关系进行了分析,研究了中国市场审计收费的影响因素,补充分析了中国市场审计质量需求与供给状况,得出了相应的结论与启示。

关键词:资本市场　审计质量　审计收费

4916

资产减值会计有关问题研究 ：理论分析与经验证据 / 秦勉著 ; 吴水澎指导. 厦门大学, 2005. -- 131 页

本文利用了理论分析和经验证据两方面对我国的资产减值会计有关问题进行了分析与研究。文章分析了资产减值会计制度对会计信息有用性的影响。作者从制度经济学的角度分析了资产减值会计的历史发展,认为委托代理关系是资产减值会计产生和发展的根源。文章从“受托责任观”和“决策责任观”两个层面完整地、深入地分析了不确定性诱发资产减值会计的机理,填补了当前理论空白。文章将我国资产减值会计制度的递进式变革对会计信息有用性所造成的实际影响纳入到实证研究中来,以我国内资上市公司(纯 A 股公司)为研究对象,考察实施效果,检验结果表明,我国资产减值会计制度的演进的确导致了更加稳健的会计信息。作者通过实证分析认为:当企业盈余管理的特征较弱时,资产减值传递了有正向定价效应的信号;企业盈余管理的特征较强时,资产减值信号传递作用受到损害,不再具有显著的增量价值相关性。文章研究结果表明,在不确定性条件下,稳健主义计量模式是恰当的选择,我国外部市场还不够成熟,朝着稳健主义方向的会计制度变革(如资产减值会计制度的推行)是有效率的。

关键词:资产减值　会计信息　会计制度

4917

企业多元化经营与绩效相关性的研究 / 覃志刚著 ; 吴水澎指导. -- 厦门大学,2005. -- 179 页

首先,将企业多元化经营界定为跨行业经营,指出其主要分为相关多元化和非相关多元化两类,并简要回顾了中外企业多元化经营的发展历程及国内外相关研究文献。其次,从理论角度分析了多元化经营与绩效的相关性。运用投资组合理论、范围经济理论、交易成本理论、代理理论等,对企业多元化经营的利弊进行了分析,并比较了相关多元化与非相关多元化。再次,利用我国上市公司 2001—2003 年的数据对多元化经营与绩效的相关性进行了实证检验,得出以下结论:非相关多元化是弊大于利,有损于公司绩效;相关多元化则利弊相当,对公司绩效影响不显著;总体而言,多元化经营不利于绩效,应慎行。最后,对多元化经营绩效的影响因素进行分析。作者设计了案例剖析、理论归纳、统计分析相结合的研究方法。首先分析了巨人集团、通用电气等四个多元化经营成功或失败的典型案例,从中总结出经验教训,接着对案例分析结果加以理论提炼,最后构建研究样本加以分析。研究结果表明:较好的董事会治理效能、有效的战略管理、采取适当的多元化战略、较高的运营效率、较好的费用控制、较强的现金流入形成能力将增加企业多元化经营获得良好绩效的可能性。

关键词:企业管理　多元化经营　绩效管理

4918

基于人力资源会计视角的企业家薪酬激励信息披露问题研究 / 仇健著 ; 陈少华指导 . -- 厦门大学, 2005. -- 167 页

在现代企业中,拥有高存量异质型人力资本的企业家对于企业价值创造的贡献日益突出,而企业家激励机制能够使企业价值创造的核心资源——企业家人力资本得到最充分的激活,作为反映人力资本价值的人力资源会计必然要对企业家薪酬激励予以关注。论文试图从人力资源会计的角度对企业家薪酬激励的信息披露问题进行探析。论文按照以下逻辑安排文章的基本框架,分为五个部分。第一章系统梳理了人力资本理论的研究文献,总结了企业家人力资本的双重异质性,即企业家人力资本区别于传统财务资本和其他人力资本的双重异质特性。第二章从人力资源会计发展困境的原因剖析入手,分解对比了人力资本与财务资本投入企业并取得回报过程的本质差别,提出企业家薪酬激励及其契约信息披露可以作为突破人力资源会计发展困境的新切入点。第三章从会计信息的发展趋势入手,符合新经济下人力资源相关信息的披露逻辑,也与作为环境发展反应性产物的会计的未来发展趋势相一致,并针对后工业经济时代提出了一个初步的披露框架。第四章以委托—代理理论为基础,分析企业家薪酬激励对企业价值的作用,从实证角度佐证了企业家薪酬激励信息披露对于使用者预测企业价值变动趋势以及促进企业家激励机制改进的重要作用。第五章把研究视野聚焦于我国现实,通过对照以美国为代表的西方国家在企业家薪酬激励信息披露的发展现状,针对我国所处的经济发展阶段以及在此方面存在的问题,提出一些思路和建议。

关键词:人力资源会计　企业家　薪酬　激励　人力资本

4919

转型时期中国法务会计发展的市场分析与研究 / 裘理瑾著 ; 李若山指导 . -- 复旦大学, 2005. -- 152 页

本文以问卷调查分析为基础,采用实证与规范研究相结合的方式展开研究,在此基础上,对我国法务会计行业发展的研究从法务会计发展所处的会计环境进行研究,认为我国转型时期会计环境中的现代企业制度改革、资本市场的壮大经济全球化、企业规模扩张和科学技术的发展等众多经济因素,我国法律体系的建立与完善严重滞后于经济、会计环境发展的法律环境,社会公众的社会意识和价值观等文化、社会因素,以及企业内部控制制度和公司治理结构等微观问题相互影响,最终对我国法务会计行业的发展起到了促进的作用。分析了我国法务会计行业发展的市场需求状况和市场供给状况,运用供求理论研究我国法务会计行业的均衡状态,得出该行业目前存在供求不平衡的现状。提出我国注册会计师行业大力发展法务会计服务的建议。从我国注册会计师行业的行业规模、服务内容、主题法律地位、人员专业素质和技术要求以及行业管理能力等多方面对我国注册会计师行业发展法务会计服务的可行性论证,并得出较乐观的结论。最后,对目前我国法务会计发展中面临的最急迫的问题,即从业人员素质问题、从人员资质认定及管理等方面作了探讨。

关键词:司法会计学　注册会计师　法务会计　会计环境　会计市场

4920

基于满意度的顾客抱怨模型研究 / 申跃著 ; 赵平指导. -- 清华大学, 2005. -- 192 页

本文通过构建基于满意度的顾客抱怨模型,结合中国市场和中国顾客的特点,认真研究了顾客抱怨的问题。本文采用结构方程模型方法,对制造行业 998 位顾客的数据进行分析,论证概念模型的合理性、恒定性和差异性。作者还用服务行业的 251 位顾客的数据对概念模型进行复核效化检验。对模型中结构变量的作用关系进行讨论,并使用单因素多变量方差分析的方法,在不同行业和不同类别的顾客之间进行比较研究。本文研究认为,初始满意度对抱怨预期具有直接的正向影响,抱怨预期对结果公平性和过程公平性具有直接的正向影响;过程公平性和结果公平性对抱怨满意度具有直接的正向影响,结果公平性的影响大于过程公平性;初始满意度和抱怨满意度对再次满意度具有正向影响,抱怨满意度的影响大于初始满意度;满意度对正面口碑和再购倾向具有正向影响。论文通过研究作者认为企业应该坚持公平性原则,采取差异化措施对顾客抱怨进行妥善处理,从而有效提高顾客的满意度和忠诚度。

关键词:企业管理　顾客满意度　市场调查　公平原则

4921

管理会计理论框架的研究 / 孙丽虹著 ; 孟焰指导. 中央财经大学, 2005. -- 224 页

为适应时代的要求,管理会计自 20 世纪中期完成了从执行性管理会计向决策性管理会计的转变,取得了一系列的创新和发展,主要体现在作业成本管理和战略成本管理的成本管理创新、业绩评价方面的创新以及智力资本方面的新挑战。论文阐述了创建管理会计理论框架的理论基础,分别论述了管理思想、人力资源管理、组织理论及其他相关经济理论对管理会计产生的影响。管理会计理论框架是指管理会计理论诸要素及其相互联系的组合,其本身就是一个逻辑系统,在对几种观点的研究分析之后,论文认为,以管理会计的目的作为逻辑起点,即以协助企业/组织的管理者为实现组织的目标作出合理的决策提供有用信息,保证企业的各项有限资源能得到最合理、最优化的配置和使用,以获得组织的最佳经济效益和社会效益,符合管理会计理论体系逻辑起点的全部条件。其理由可以通过组织与管理活动及管理会计三者之间的关系得到清晰的解释。研究管理会计的基本理论目的在于建立一套严密的理论框架结构,用来指导和发展管理会计的实践。论文研究认为,管理会计的理论的框架应该包括管理会计的基本理论、管理会计的概念体系和管理会计的应用理论这几部分。

关键词:管理会计　会计理论

4922

企业核心竞争力会计控制研究 / 汤湘希著 ; 罗飞指导. -- 中南财经政法大学, 2005. -- 205 页

本文将企业核心竞争力理论与会计控制理论相结合,建立企业核心竞争力会计控制的理论架构,探讨未来企业核心竞争力会计控制的实务运作。文章在回顾了国内外已有研究成果的基础上,将企业核心竞争力识别与会计确认、企业核心竞争力的价值测度与会计报告、企业核心竞争力评价与相关会计信息解读纳入到企业核心竞争力会计控制的基本框架中研究。文章认为企业核心竞争力的本质是一项合力无形资产,产生于企业自组织过程,满足会计确认的基本条件。本文通过研究得出结果认为通过测度核心竞争力的价值可以实现会计计量,通过编制企业核心竞争力会计报告可以传递企业核心竞争力相关会计信息,通过评价企业核心竞争力可以寻求价值波动规律。本文的主要创新之处在于利用会计控制论的思想,将企业核心竞争力理论引入会计领域,将企业核心竞争力用会计特有的手段和方法实施全方位和全过程的控制和价值量化,并报告给相关的会计信息使用者,从而为构建完整的企业核心竞争力会计学奠定理论基础。

关键词:企业管理　核心竞争力　会计控制　会计信息

4923

公司治理中的 CFO 角色研究 / 唐国钟著 ; 陈少华指导. -- 厦门大学, 2005. -- 139 页

近年来全球范围内财务丑闻频频出现,掀起了公司治理运动的高潮,也引发了人们对 CFO 角色的反思。本文在这样的背景之下,从理论意义和现实意义出发,探讨研究了公司治理中的 CFO 角色。文章从代理理论出发,概述了公司治理的相关理论,总结了全球公司治理的趋同之处:内外部治理的并重是主线,治理目标趋同于利益相关者利益最大化则是该主线的轴心。文章论述了 CFO 角色变迁的三个阶段:传统角色——战略支持角色——战略支持与财务监控并重角色。文章认为公司治理中 CFO 角色的本质是董事会为了对经理实施进一步的间接制衡,而在经理内部设置的牵制机制,是促进经理科学战略和抑制经理舞弊的内控措施。文章从公司治理与内部控制对接互动关系的角度研究 CFO 的角色职责,研究认为,CFO 作为内部控制机制的角色既是治理财务舞弊的一个关键环节,又存在着其局限性,这个局限性应该由公司治理来弥补。最后作者系统梳理分析了我国国内财务总监与总会计师等制度并存的现状,并提出了并轨运行的建议。

关键词:公司治理　财务总监(CFO)　内部控制　董事会

4924

IPO、市场有效与行为金融:中国证券市场实证研究 / 王斌著 ; 俞乔指导 . -- 复旦大学, 2005. -- 131 页

本文从四个部分来阐述论题“IPO、市场有效与行为金融——中国证券市场实证研究”。第一部分首先从上市公司动机及上市时机选择、IPO 发行和分配机制、IPO 定价、“Hot issues”市场、发行后二级市场定价、交易及长期股价表现不佳五个方面对国外学者在 IPO 领域的相关研究成果进行综述。然后,对国内学者的相关研究成果进行回顾,在此基础上,指出国外理论在中国市场的适用性和国内学者的研究不足并

提出文章的研究方向和重点。第二部分首先对有效市场假说和现代金融理论进行回顾并指出金融市场并非是完全有效——市场存在大量的“异常现象”。第三部分侧重于西方行为金融理论和中国行为金融方面的实证研究成果在中国IPO市场的实际运用。第四部分首先对中国IPO市场的周期性现象进行研究,研究发现中国IPO公司数量和上市首日收益率具有明显的周期性特点且IPO公司数量和上市首日收益率存在相关性。然后,讨论“噪音交易者”在“Hot issues”市场形成中的作用,在此基础,上文章提出了IPO市场周期性的理论模型并建立IPO市场的需求——供给模型对IPO公司的数量和上市首日收益率的相关性进行实证研究。其次,通过多因素模型研究了投资者认知偏差对IPO定价影响。

关键词:证券市场　股票发行　首次公开发行(IPO)　行为金融学

4925

信息化会计管理研究 / 王凡林著 ; 于玉林指导. -- 天津财经大学, 2005. -- 196页

本文立足信息化环境与会计管理两个视角,融合企业信息化管理平台的大系统,对会计管理的信息化体系、集成化功能、目前存在的问题以及系统的实现措施进行了系统的研究。文章回顾了国内外的研究现状,从系统论的角度考察了研究的背景和意义。文章详细分析了信息化会计管理的体系结构,认为信息化环境下的会计管理内容是资金运动管理、流程管理和知识管理三个管理层次的综合系统,信息化会计管理过程包括阶段式管理过程和集成式管理过程。文章介绍了针对会计管理曾用到和目前用的几种数据部署模式,讨论了不同的企业应选择何种结构模式。作者认为,传统会计流程适应传统环境,但不适应信息时代企业的竞争需要,流程再造势在必行。作者创造性地提出信息化环境下人机模式的相关理论,考察了人机模式下适应信息化会计管理的流程型和网络型会计组织的特征、实现以及相应得会计信息行为和行为规范。作者借用先进信息化管理思想,研究多种数据部署模式,构造了实现会计管理的系统平台:会计服务器,并考虑实现其信息化环境下的管理功能。文章探讨了会计管理信息化水平测度和评价的相关内容,帮助企业客观衡量自身的水平等级和科学制定下一步目标。最后作者依据测量结果和评价等级,还提出了信息化水平的分类促进模型。

关键词:会计管理　信息化　管理信息系统　企业流程再造

4926

企业会计政策选择问题研究 / 王富利著 ; 陈毓圭指导. -- 财政部财政科学研究所, 2005. -- 225页

本文通过对会计政策选择影响因素的分析,探索提高会计信息质量的途径。作者以会计政策选择的影响因素为切入点,以提高会计信息质量为终极目的来形成本论文的理论构架,选择动因构成了会计选择影响因素的内在机制,外部层面由契约理论、会计理论指导说明。作者主要研究了如何建立会计政策选择影响因素框架、会计政策影响因素、降低或会计政策选择的经济后果影响的途径。作者认为,目前,大量“寻租现象”存在,需要从会计主体的自身约束、会计准则的完善、会计监督的落实以及会计政策选择理论的改进和完善各个角度来优化会计政策选择。最后,作者对于会计政策选择研究的国内外主要成果和问题进行了总结和分析,提出作者对于完善我国会计政策选择理论研究的设想,并提出我国目前对于会计政策选择问题还需要进行深入研究的内容和方向。

关键词:会计政策　企业会计　会计信息　会计准则　会计检查

4927

价值链内部控制体系研究 / 王海林著 ; 杨周南指导. -- 财政部财政科学研究所, 2005. -- 169页

文章围绕价值链内部控制和价值链内部控制系统进行了深入的探讨和研究。文章阐述了研究价值链内部控制的背景和重要意义,回顾了我国企业内部的控制研究和价值链内部控制理论的研究现状。文章提出并分析了价值链内部控制和价值链内部控制系统的概念,用现代控制理论的数学模型对价值链的可控性进行了分析和推导,结果表明价值链的控制是有条件的。文章以现代控制理论为理论基础构建了价值链内部控制体系框架,并提出了框架的四层三维模型,进一步定义了价值链内部控制系统的职能结构和价值链内部控制的过程。文章还构建了价值链信息平台的结构模型,分析了企业价值链信息平台应具备的特点,在此基础上设计了价值链信息平台的硬件结构、应用体系结构,并给出了实现方案。文章对价值链内部控制系统的基本因素风险分析系统进行了深入研究,提出了企业风险分析的整体架构,定义了企业风险程度的四大区域,并提出不同区域风险企业应采取的不同的控制策略。文章指出组织控制、预算

控制、作用控制和价值链审计是实现价值链内部控制的方法,对其详细分析研究。最后,作者对价值链内部控制体系模型进行了评价,并分析了模型应用中可能面临的风险。

关键词:价值链　内部控制　风险管理

4928

大股东控制、资金占用与公司价值 / 王俊秋著 ; 张鸣指导. -- 上海财经大学, 2005. -- 125 页

本文通过理论分析和实证研究方法,以上市公司大股东的资金占用行为为研究对象,分析大股东的所有权特征对其特定行为资金占用的影响,以及对公司价值的影响。文章回顾了当代公司治理的研究成果,分析了中国上市公司特定的制度背景,文章表明大股东占用上市公司资金已成为上市公司大、小股东之间最严重的利益冲突。文章对大股东控制与资金占用和大股东控制与资金占用的经济后果两方面进行了实证研究,分别检验了大股东所有权特征对资金占用的影响和大股东资金占用对公司盈利能力以及公司价值的影响。文章应用大股东现金流所有权和控制权分离的理论分析框架,采用经验研究方法,为我国上市公司大、小股东之间的利益冲突提供了直接的经验证据。作者认为目前我国法律不能有效地保护中小股东利益,大股东利益侵占行为的法律风险很低,但当大股东的所有权安排不利于投资者保护、有更强的利益侵占动机时,公司价值将会下降。因此,作者提出,上市公司若要降低融资成本、提高公司价值,中国资本市场要繁荣健康发展,必须加强法律对投资者的保护。

关键词:上市公司　股东　资金管理　控制权　公司治理　投资者保护

4929

价值链管理理论研究和实证分析 / 王明虎著 ; 张鸣,林钟高指导. -- 上海财经大学, 2005. -- 146 页

本文通过理论研究和实证分析方法对价值链管理进行了深入探讨。文章将企业管理、改善企业经营和企业价值增值纳入到对价值链研究分析的框架中来。文章回顾了企业管理发展变迁的历史,探索了价值链管理产生的必然性,对国内外有关价值链管理的文献进行了综述。文章从权变理论、系统论、信息论和价值增值理论四个方面来探索了价值链管理的必要性及其主体内容。在价值链管理要素特征的指导下,文章分析了现代企业管理中价值链管理的应用体现,从全面质量管理、适时制管理、全面预算管理和战略联盟等方面论述了价值链管理的具体应用。作者通过从企业的资产规模和行业特征的因素出发,分析企业实施价值链管理的动机,通过分析得出,企业是否需要实行价值链管理,主要取决于企业规模、生产周期、生产复杂程度等八个因素。文章通过实证研究认为,企业实行价值链管理,需要良好的组织结构、强大的信息系统、扁平化的组织和高素质的员工。而价值链使企业价值增值提高主要表现在企业利润、客户满意的提高和资金周转加速等方面。

关键词:企业价值　价值链　全面质量管理　企业利润

4930

财务报告内部控制及其披露研究 / 王普松著 ; 吴水澎指导. -- 厦门大学, 2005. -- 135 页

本文以将企业内部控制作为阻止财务报告舞弊的一种有效方法为研究动机,力图寻求一个研究内部控制的新视角,提出了财务报告内部控制的新概念,使其成为能够制止或及时发现财务报告中可能存在差错和舞弊的有力工具。本文从企业所有者的角度出发,提出了研究内部控制的新视角和财务报告内部控制的新概念。文章论述了财务报告内部控制的有效性和控制缺陷的概念,分析了重大控制缺陷和重要控制弱点的判断与区分;以 COSO 框架为基础,阐述了财务报告内部控制有效性的评估框架;并通过案例分析研究了控制自我评估的应用,提出了一个评估财务报告内部控制有效性的适用模型。文章综合运用经济学、现代企业理论、管理学和会计学等理论,对财务报告的内部控制及其披露进行了多层次,多角度的研究,并通过对我国上市公司内部控制制度的经验研究,分析和揭示了目前我国内部控制披露的现状和存在的问题,为完善我国上市公司建立和健全财务报告内部控制披露制度提供了一定的经验性证据;同时,提出若干具有建设性和紧迫性的政策建议。

关键词:财务管理　财务报告　内部控制　信息披露　上市公司

4931

上市公司担保的动机、影响因素与经济后果:来自中国证券市场的经验证据 / 王吴庆著 ; 刘峰指导. -- 中山大学, 2005. -- 146 页

本文借鉴西方信贷融资担保理论中的相关成果,以中国制度背景为依托,通过广泛收集我国证券市场

中上市公司担保的数据与案例,以大股东控制下担保成为"打劫"上市公司的手段为切入点,对上市公司担保行为进行较为系统的实证分析。本文首先以担保的典型案例为缘起,介绍担保问题的由来和背景,通过对西方信贷融资担保理论进行回顾和修正,为本文的研究提供理论基础。文章在梳理我国担保制度体系的基础上,将上市公司担保史分为三个阶段,并就其行为特征分别展开讨论。本文还分析了我国上市公司担保的现状,通过收集1998—2002年深、沪股市A股上市公司的担保数据,进行描述性统计,发现上市公司担保呈现出总量增长过快、风险居高不下和结构不断调整的特点。文章还对上市公司担保的动机专门进行了分析。在定量研究上,作者通过回归分析,独立样本检验等方法,分析了担保指标与一些财务和非财务指标之间的关系,担保公司对上市公司经营业绩的影响的问题。文章还通过初步证据研究,对互保这一特殊的担保类型进行补充检验,并检验了担保事件公告对股票价格的影响。

关键词:上市公司　担保　融资

4932

顾客满意对价格容忍度的影响研究 / 王霞著 ; 赵平指导. -- 清华大学, 2005. -- 160页

本文根据顾客满意、价格容忍度和价格弹性的相关研究,沿着"行业—品牌—顾客—心理"的路线,由外到内系统研究顾客满意度对价格容忍度的影响。本文借鉴了国内外价格弹性影响因素的相关研究,从行业层次、品牌层次、顾客的人口统计特征和消费心理四个层次的构建框架,从宏观到微观,逐层研究不同因素对顾客满意和价格容忍度的影响。论文采用多层线性分析研究了行业、品牌和顾客人口统计特征三个层次,数据结构为嵌套结构;论文采用结构方程模型分析研究了顾客消费心理的角度。文章中提出了21个假设,其中19个假设获得了验证。在研究及假设验证的基础上,作者认为如果顾客对产品满意,那么即使竞争产品的定价较低,顾客仍然会选择购买该产品。因此企业应该跳出"价格战",通过向顾客提供最有价值的产品和服务,让顾客满意,从而淡化价格对顾客购买决策的影响,以"价值战"决胜于激烈的竞争市场。作者认为企业可以针对价格容忍度的影响因素,进一步构建定价模型,针对不同的顾客群体细分市场,有针对性地选择定价。

关键词:顾客满意　价格　消费心理　定价模型

4933

中国上市公司财务报表重新表述的实证研究 / 王霞著 ; 张为国,陈晓指导. -- 清华大学, 2005. -- 109页

本文以1999—2002年年报中进行重大会计差错更正而重新表述历史财务信息的公司为样本,结合中国资本市场独特的制度和政策背景,从财务重述公司基本面分析入手,重点研究了四个方面:有会计差错发生时和更正时是否存在经济动机;财务重述公司的公司治理状况;财务重述公告公布时的披露效应;注册会计师对待财务重述问题的态度和立场。文章回顾了我国会计准则的相关规定及制度改革。本文运用了实证研究的方法,研究认为81%的样本公司披露以前年度报表存在盈余高报的错误并追溯调低了年初留存收益,而且调整额与调整幅度均显著高于非调低留存收益的样本。文章研究认为,与非调低样本相比,调低公司连续四期有更高比例的配股行为,且重述前三期有显著为正的可操控性应计利润。作者认为调低样本以前年度的盈余高报错误是盈余管理的结果。作者通过多变量回归后研究认为,当控制了未预期盈余变动之后,市场对财务重述影响留存收益的方向反应不同,对于调低留存收益的财务重述,累计超额收益率会更低,但是对于调整金额的大小、调整项目多少等测试变量均不作出反应。根据实证研究的发现,作者对如何规范上市公司行为、减少财务重述的发生、提高会计信息质量提出了一些建议。

关键词:上市公司　会计报表　财务管理　盈余管理　财务审计

4934

中国企业战略执行力研究 / 韦华宁著 ; 薛云奎,齐大庆指导. -- 上海财经大学, 2005. -- 129页

本文针对目前日趋复杂多变的商业环境,研究我国企业如何提高战略执行能力的问题。本文首先对我国目前企业战略执行力进行了回顾,揭示我国企业战略执行的现状,深化人们对战略执行内在特征的认识和理解。本文在此基础上建立了战略执行力的综合分析框架。本文对执行效果、执行力构成因素与执行力驱动因素的特征及其相互间的关系进行描述、分析和检验。作者进行了问卷调查来收集截面研究数据,通过回归分析完成了数据的分析过程。作者的研究结果表明,中国的企业战略规划能力薄弱,执行效果不佳。对于中国企业,领导力的作用最强、战略管理制度次之,企业文化的影响较弱。最后,作者以国

营企业和民营企业为对象,运用战略执行力分析框架,从执行的角度分析了国营企业过去20年的发展落后于民营企业的原因,进一步检验理论框架的有效性。

关键词:企业战略　战略管理　企业文化

4935

中国传统文化影响下的个人与组织契合度研究／魏钧著；张德指导. -- 清华大学, 2005. -- 111页

文章通过问卷调研和模型分析方法探索了中国传统文化影响下的组织价值观和个人与组织的契合度,及其对工作绩效、工作满意度、组织公民行为、组织承诺、离职意愿等方面的影响。作者通过分析中国文化背景下的企业价值观,开发了中国传统文化影响下的组织价值观测量问卷,并对我国不同企业1279名员工进行了问卷调研,对价值观、个人与组织契合度进行了研究。作者运用探索性因素分析、验证性因素分析,显示出价值观的八个维度:"客户导向、社会责任、创新精神、变中求胜、争创一流、遵从制度、平衡兼顾、和谐仁义",对量表的信度和效度进行了验证。通过问卷调研的结果,作者认为,人口变量中不同性别、不同任职年限、不同职位等级的员工在个人与组织契合度上存在着显著性差异。性别变量影响着全部维度上的契合度,不同职位对六个维度上的契合度产生影响,不同年龄不存在显著性差异。作者经过逐层回归模型分析,认为除了"客户导向"和"社会责任"两个维度之外,其余六个维度上的契合度对员工的工作绩效、工作满意度、组织公民行为、组织承诺、离职意愿等因素产生很大的影响。

关键词:组织管理　人力资源管理　价值观　传统文化

4936

企业价值与账面价值关系的分析性研究：以评估非增长型企业价值为目标／吴荣国著；汤云为指导. 上海财经大学, 2005. -- 111页

文章通过研究非增长型企业价值来研究分析企业价值与账面价值的关系。文章回顾了线性和非线性的RIM研究,以企业资产、负债的性态分析为切入点进行研究分析,研究发现,非增长型企业的财务特征提供了研究企业价值与账面价值间关系的良好平台。作者建立了计量各经营资产经济价值的现值模型,该模型完全从持续经营的角度,依据各经营性资产价值的实际实现过程,确定各经营性资产的现值,将单项经营性资产的价值计量同企业的持续经营过程联系在一起。作者还进一步研究了处于非平衡状态(竞争劣势)的非增长型企业的估价模型,在考虑资产清算成本的基础上,本文研究了无资产清算行为、实施部分资产清算行为和企业完全清算等不同情况下的企业价值与账面价值间的关系。文章上述研究均假设企业采用无偏会计政策,所以作者进一步探索了企业经营性资产经济价值的本质属性及与会计政策间的关系。文章在不考虑贴现因素和考虑贴现因素条件下建立了财务模型,通过模型分析表明,非无偏会计政策将低估或高估资产的经济价值,但非增长型企业达到或接近平衡状态而维持稳定的经营规模时,会计盈利可看作是对经济盈利的可靠估计。作者将研究结论应用于我国的国企产权改革,并提出了基于账面价值评估非增长型企业价值的评估流程。

关键词:企业价值　经济价值　企业利润　剩余收益　非增长型企业

4937

相机财务论：不确定性条件下的财务行为选择研究／吴树畅著；郭复初指导. -- 西南财经大学, 2005. -- 172页

本文以不确定性与风险作为逻辑起点构建了相机财务行为选择的分析框架。文章共分九部分:第一部分引言,从不确定的客观存在性与理论研究范式的缺陷出发提出了投资者如何在不确定性条件下选择财务行为的研究问题。第二部分不确定性、风险与投资者策略选择,该部分明确界定了不确定性与风险的关系,进一步分析了财务的不确定性形式,以及不确定条件下的风险管理策略。第三部分相机财务理论模型,构建了相机财务的基本概念结构与应用概念结构。第四部分财务状态评判,该部分构建了识别不确定性及其对财务运行系统影响的理论模型。第五部分财务识别,该部分分析了财务机会对财务行为选择的影响,以及如何构建财务机会识别模型。第六部分财务政策选择,该部分为财务行为选择提供了政策分析框架。第七部分财务行为选择,该部分从技术角度分析了不确定性条件下的相机财务行为选择的约束因素。第八部分国有企业财务行为相机选择的实证分析与设想,该部分通过以上市公司资产结构、融资结构对绩效影响的实证分析,进一步检验相机财务行为选择理论的有效性,以及中国上市公司是否具有相机选择财务行为。第九部分风险状态依存与利益相关者相机财务治理,该部分从制度的角度分析了不确

定性条件下的风险分散机制设计与选择问题。

关键词:企业管理　财务管理　风险管理　不确定性

4938

双重审计模式下的审计独立性与审计定价:中国B股市场的证据 / 吴溪著 ; 李爽指导. -- 中央财经大学, 2005. -- 195 页

论文主要以中国B股市场为基础,考察了双重审计模式下的审计独立性与审计定价问题。论文共分六章。第一章以中国B股市场为平台,分析双重审计模式下的市场结构,尤其是“五大”的市场特征。第二章从经验证据上检验在不同的双重审计模式下法定审计师的审计报告行为倾向差异。第三章分析了双重审计意见存在差异的若干案例。第四章试图从经验证据上考察双重审计定价,检验了“五大”在二元市场结构下的差别定价特征。第五章从审计师变更的角度考察了双重审计模式下的市场竞争和审计质量问题。最后,第六章简要地总结了论文的主要结论,并提出了关于完善双重审计模式现实运行的政策含义。研究结果显示,一方面,除了个案式的证据外,并没有发现很强的证据支持B股市场的双重审计模式起到明显的相互督促、相互制衡的作用;另一方面,在现实的双重审计模式下,双重审计成本有相当部分的虚耗而没有达到预定用途。这意味着在中国特定的市场环境下,我们应当慎重评估双重审计模式的效果和成本。

关键词:审计模式　审计独立性　审计定价　B股

4939

外贸企业内部控制问题研究 / 夏鹏著 ; 戴德明指导. -- 中国人民大学, 2005. -- 183 页

本文从现代企业理论和内部控制的相关研究成果出发,通过对外贸企业内部控制现状的调查和评价,建立外贸企业内部控制的指导原则和基本框架,并有针对性能地提出加强外贸企业内部控制的建议,从而为搞好一个重要行业的内部控制提供参考。本文共分九章:第一章介绍了研究的背景、目标、思路和方法。第二章对外贸企业内部控制的现状进行了问卷调查,并对调查结果进行了分析和评价。第三章对国内外关于内部控制的研究文献进行了综述,并归纳出了国内外研究成果对我国外贸企业内部控制体系建设的启示。第四章在现代企业理论基础上展开,提出了外贸企业内部控制的指导原则、基本框架和规范建设建议。第五章探讨了外贸企业的治理结构和组织结构控制。第六章重点探讨外贸企业的业务控制。第七章重点探讨外贸企业的风险控制。第八章探讨了外贸企业的预算控制。第九章总结了研究的结论、局限性及进一步研究的方向。文章将现代企业理论引入内部控制研究领域,在现代企业理论的指导下,确立了外贸企业内部控制的指导原则。文章针对外贸企业的实际情况和实际需要,从不同层面提出了外贸企业内部控制的基本框架。同时针对外贸企业的现状,提出了建立外贸企业内部控制指引、指导意见或指导原则的建议,并对这一规范的建立提出了初步的思路。

关键词:外贸企业　内部审计　内部控制

4940

上市公司会计信息商品化生产论 / 夏云峰著 ; 樊行健指导. -- 西南财经大学, 2005. -- 128 页

本文通过六个章节对提出的上市公司会计信息的商品化生产论进行了阐述。第一章导论,包括写作动因、研究的思路和方法、论文内容与结构安排;第二章会计信息产权与会计信息商品性,对于上市公司会计信息而言,有效率和竞争性的会计信息产权安排必须是上市公司会计信息的商品化生产。从马克思的价值规律入手,对有关会计信息商品化问题进行了述评,认为会计信息具有商品性;第三章上市公司会计信息商品化生产:理论分析。实证得出现有的上市公司会计信息生产模式必须向节约资源和形成真正权威的生产模式转变,从上市公司的会计人员生产会计信息向节约成本的外购方式转变。市场外购方式的形成对上市公司会计信息的商品化生产起着重要作用。第四章上市公司会计信息商品化生产的现实呼唤,包括上市公司会计信息系统改革的内在要求、调查分析的目的和方案设计、调查分析的结论与意义;第五章上市公司会计信息商品化生产的组织构建,包括现行上市公司会计信息生产模式运行中的不足,在分析证券交易所的组织与职能的基础上提出了上市公司会计信息的商品化生产构思;第六章上市公司会计信息的商品化生产的前景展望。

关键词:上市公司　会计信息　财务管理　会计分析

4941

总应计项目与营业活动现金流量信息内涵之研

究：以台湾地区股票上市公司为例／谢美缎著；陈汉文指导. -- 厦门大学, 2005. -- 163 页

本文运用理论分析和实证研究相结合的方法详细探讨了由营业活动所产生的现金流量(CFO)与总应计项目(ACCR)间的关联性,特别着重研究了拆解后的项目分析。作者将税后损益加以拆解,比较总应计项目法与损益透视法,将其应用至回归模型。文章透过变量所呈现的统计显著性水平及相关系数了解其信息内涵。作者在总应计项目上,产生总应计项目与营业活动现金流量二个组成要素,再将该二要素切割,最后考虑总应计项目中的折旧费用的影响。文章以未来盈余与超额报酬为基础,逐步剖析了总应计项目的组成要素与营业活动现金流量所造成的影响。文章最后认为,损益透视法模型应计盈余与现金流量盈余的系数的相关显著性,比总应计项目法模型中总应计项目与营业活动现金流量的系数相关显著性有更大的差异。

关键词:上市公司　会计盈余　现金流量　会计报表　盈余管理

4942

审计证据理论研究／谢盛纹著；张龙平指导. -- 中南财经政法大学, 2005. -- 171 页

本文以构建一个审计证据理论框架为目标,在比较与借鉴的基础上勾勒出审计证据理论的基本轮廓,以审计证据定义为研究起点,以审计证据与审计认定间的关系为轴线,探究审计证据理论的基本内容,为现行审计证据过程和规范提出建设性建议。文章采用规范研究,通过比较借鉴界定审计证据理论的合理内核;然后,利用逻辑方法,理性演绎审计证据的特征,探讨审计证据的证明标准;借用精密的科学方法——数学方法,对审计证据组合的有关问题进行理论实证研究,以期构建审计证据数学理论雏形;最后,理论联系实践地探讨现行审计证据过程的不足与改进,进而对审计证据现有规范提出若干建设性建议。文章第一部分提出本文的主旨,综述与此相关的研究文献;第二部分在合理定义审计证据的基础上,通过借鉴比较界定证据理论的合理内核;第三部分主要探讨审计证据的判断标准和证明标准具体论述审计证据的判断特征,审计证据相关性、可靠性和充分性的判断,建立审计证据标准的必要性;第四部分从概率论和信度函数两方面对审计证据的综合处理进行科学分析;第五部分剖析审计证据与审计认定间的关系;第六部分讨论如何改进现有的审计证据以及审计证据规范。

关键词:审计　证据　审计理论

4943

经理人员最优股权激励与公司绩效的实证研究／谢作渺著；姜彦福指导. -- 清华大学, 2005. -- 174 页

本文围绕"经理人员最优股权激励与公司绩效"进行了理论和实证研究。文章从理论上解读了"股权激励悖论"现象,建立模型分析最优股权激励,对经理人员的持股情况与公司的股权激励问题以及经理人员持股与其对股权的预期进行了实证研究。本文首先从经理人员边际产出的不可计量性、契约的不完备性和行为的不可观察性等方面阐述了经理人员分享企业剩余的必要性,并从理论上论述了企业应提供给经理人员股权激励以实现其分享企业剩余的强烈要求权。但在企业给经理人员的持股实践中,发现并非所有公司实行股权激励都能起到促进公司价值增值的作用,股权激励存在理论和实践不一致的情形,且在实践中给予经理人员激励的形式和内容上也不相称,作者将此现象称为"股权激励悖论"。文章引入了变量—经理人员对持股预期,构建了持股数量与持股预期之间的函数关系。论文通过对美国思科系统公司的个案,以及中国上市公司经理人员持股情况与其对股权的回顾性预期的实证研究,从不同角度论证了经理人员的持股与经理人员对股权价值预期相一致的观点。

关键词:经理　激励　股权　薪酬

4944

论企业综合内部监控体系的理论结构：兼析日本企业的综合内部监控／徐德著；余绪缨指导. -- 厦门大学, 2005. -- 182 页

本文针对企业界出现的国内外大公司财务丑闻,提出建立和加强"综合内部监控体系",并对其理论结构进行了研究。文章绪论部分首先阐述选题《综合内部监控体系》的基本概念,叙述国内外内部监控的历史发展简况,提出了综合内部监控体系的结构及其理论体系,并列出企业综合内部监控的结构及理论体系的示意图。第二章在内部监控理论方面进行探讨,使之构建成系统的综合内部监控的基础理论。第三章论述股份制企业管理层机构在国外公司中的设置情况,并论述了其在我国公司中的监控职责及工作中存在的问题,进而提出改善其工作的建议。第四章对现

代内部控制结构诸要素的内容作较为详细的描述,包括内部控制环境、控制目标、风险评估、控制活动、信息及沟通、监督(含内部审计)等六个要素的概念、特征等问题,并对内部控制及内部审计的依存关系作剖析论述。第五章描述了综合内部监控准则的框架的设想和初步探索。第六章先阐述综合内部监控制度设计的基本理念,接着较为详细地对有关内容监控具体活动的设计原则进行探讨,最后阐述财务报告内部控制评价的设计。第七章介绍日本企业内部监控的实施情况、理论和方法,并提出可供我国企业借鉴的经验、教训,以作为我国开展综合内部监控的参考。

关键词:企业管理　内部控制　内部审计　风险管理

4945

台湾民办高校实施责任会计研究 / 杨福清著 ; 于玉林指导. -- 天津财经大学, 2005. -- 213 页

本文从责任会计理论为起点,参考学者相关责任中心制度成功的经验,探讨台湾高等大专院校实施责任会计的可行性,并进一步分析与其相关的管理技术配合,例如:责任中心设置、绩效评估标准、内部转拨计价及目标成本预算控制等,予以有系统的说明,研究目的主要有:(1)探讨民办高校采用成本中心(或称费用中心)、利润中心、收入中心及投资中心的可能性;(2)藉由责任会计的评析,了解推行责任中心制度对于民办高校的经营效益;(3)藉由责任会计理论及实务性运用的分析,进一步了解全方位经营绩效评估对于学校经营的重要;(4)基于实施责任中心制度的必要性,透过策略管理程序的了解,更加强化民办高校经营在责任预算会计编制上的重要性。全文共分十章:导论部分描述了文章研究动机、目的及研究思想与观念性架构;第二章阐述了台湾民办高校实施责任会计的必要性;第三章是责任会计概述;第四章对民办高校责任单位设计与责任会计组织系统进行论述;第五章通过民办个案学校财务收入分析与比较来说明民办高校收入中心制度;第六到八章对民办高校的成本中心制度、利润中心制度、投资中心制度分别进行论述,并分别对成本中心、利润中心、投资中心在民办高校中的应用与实践进行了说明;第九章对责任会计绩效评估进行了概述;第十章阐述了民办高校责任预算编制。

关键词:民办高校　管理会计　责任会计　台湾省

4946

上市公司信息披露透明度研究 :制度变迁、现状与改革路径 / 杨郊红著 ; 阎达五, 朱小平指导. -- 中国人民大学, 2005. -- 193 页

本文以信息披露透明度作为研究主题,对上市公司信息披露透明度的理论基础、制度变迁、现状及改革路径进行了研究。文章从讨论交易中的信息披露行为开始,通过企业制度变迁理论,分析了最初的企业信息披露行为的产生。在此基础上,引入契约理论、交易成本假设、公共物品性质、集体行动逻辑理论、不完全合同理论、剩余控制权理论、有效市场假设等深化信息披露理论的研究。文章建立了信息披露研究的基本框架,论述了美国证券市场信息披露制度的变迁过程,分析了我国上市公司信息披露制度各个阶段信息披露变迁的过程及特点,得出证券市场信息披露制度变迁的方向为信息的高透明度。论文建立了使用者评价观下的透明度框架,并在此基础上分析了我国上市公司的透明度现状。文章从信息供给方的角度分别从信息的内容质量、信息的表述质量和第三方披露质量来阐述我国企业透明度的现状;从信息使用者对信息的评价角度分别从其对信息内容的评价、对信息表述的评价和对第三方信息披露的评价来阐述我国企业透明度的现状。指出制度因素和非制度因素是企业透明度的制约因素。文章最后提出完善首次发行和再融资的相关规则;提高证券违规预期成本,降低违规预期收益;完善公司治理制度建设,重点是建立股东代表诉讼制度和加强公司实际控制人的披露;规范证券监管者的行为。

关键词:上市公司　信息披露　证券市场

4947

完善我国国有企业会计监管体系研究 / 杨珊华著 ; 陈毓圭指导. -- 财政部财政科学研究所, 2005. 156 页

本文运用经济学、会计学、管理学的基本原理,结合我国国有企业的实际,研究如何完善我国国有企业的会计监管体系问题。导论部分对拟研究的我国国有企业进行界定,即指"在社会主义市场经济条件下,将属于全国人民共同所有的资产,由国有资产监督管理机构(国资委)履行出资人职责,从事生产经营活动的经济组织,包括国有独资企业和国有控股企业"。并对研究现状及研究方法进行了说明。论文第一章对会计监管的含义,会计监管的动因及我国现行的国有企业会计监管体系进行研究。第二章分析了国有

企业的产权、企业目标、委托代理关系和法人治理结构的特殊性及对国有企业会计监管的影响。第三章研究我国国有企业的会计标准问题。文章在分析会计目标从"受托责任观"到"决策有用观"的演进后，对国有企业的会计目标进行了分析，指出我国国有企业的会计目标界定的原则。第四章研究了我国国有企业会计人员的监管问题。通过回顾我国国有企业会计人员监管的历史，分析关于会计人员监管的三种主张，提出了对我国国有企业会计人员进行监管的主要理由。第五章研究如何完善我国国有企业的注册会计师审计制度。第六章是研究完善国有企业的内部会计监管问题。

关键词：国有企业　会计检查　会计标准　注册会计师　会计监管

4948

会计师事务所内部治理机制研究 / 叶友著 ; 朱小平指导. -- 中国人民大学, 2005. -- 200 页

本文通过总结公司治理结构作为投资者保护机制的本质，将公司治理结构理论发展成为更具一般性的"企业治理机制理论"，论证公司治理结构理论的一般原理应用于合伙制事务所上的可行性。文章运用企业理论从事务所内部特征出发解释和论证为什么事务所更倾向于采用合伙制度而不是公司制。论文全面总结了合伙制企业的治理原则和治理规则，针对合伙制事务所治理机制的各个组成部分展开详细的阐述，并由此构建了事务所治理机制的理想模式。文章前言部分包括选题背景与意义、研究问题的界定和研究方法等；综述相关文献用以说明目前研究现状，以论证本文研究的创新之处；通过实地调查和问卷调查实现了对事务所治理机制所存在的问题的实证研究；文章围绕"剩余求偿权与相机控制权的最大对应"这一命题对企业理论及其在事务所组织形式上的运用进行了详细的研究；文章较为详细地描述了合伙制事务所的决策机制、监管机制和激励机制，为行业立法、行业监管和事务所经营管理提供了建议；最后文章围绕"事务所内部治理机制"提出了一系列政策建议；并在提出具体建议前，提供了一个用于分析政策影响的理论框架。

关键词：会计师事务所　公司治理　合伙制

4949

中国大学、研究院所创办企业的机制研究 / 殷钟鹤著 ; 吴贵生指导. -- 清华大学, 2005. -- 181 页

本文从宏观和微观两个方面对我国的大学和研究院所创办的企业进行了认真的探索和研究。文章应用"企业理论"、"基于资源的观点"、"进化经济学"等理论，提出了新的理论框架，框架的出发点是把校办/院办企业看作"知识产业化的治理形式"之一。文章回顾了中国"产—学"关系的历史变迁，分析了引致校办/院办企业发展的、具有中国特色的制度环境。文章认为基于资源的观点（RBV）更适用于探讨学术机构知识产业化治理形式选择的问题。作者对有关校办/院办企业进行了问卷调研，共收回有效问卷102份，问卷研究结果认为，中国科技型校办/院办企业是受到直属上级学术机构的特殊扶植而成立和发展起来的，但在技术创新及知识产业化相关活动中，直属上级学术机构的直接干预逐步减少，作为技术来源的重要性也逐渐削弱。文章在微观层次框架基础上延伸建立一个扩展性框架，并将其应用在国际比较研究中。作者最后认为，我国应进一步努力提高经济总体的吸收能力。

关键词：校办产业　产学合作　大学　科研院所　知识产业化

4950

价值链节点企业的价值评估研究 ：基于核心企业的理论框架与案例分析 / 尹美群著 ; 阎达五，王化成指导. -- 中国人民大学, 2005. -- 170 页

本文将价值评估放进价值链的背景下，研究价值链节点企业的价值评估及整条价值链的价值分布问题，使价值评估的结果更反映价值链企业的价值目标，并以此为企业确定自身在价值链中的战略位置并制定相应的价值目标提供参考依据。在阐述价值评估的全部过程中，本文讨论了计算企业自由现金流各参数的基本模型与数据来源；分析了使用神经网络模型预测未来自由现金流的优势，并用 Matlab 软件为神经网络模型的实施编制了计算程序；设计了顾客调查问卷与顾客价值指标体系；使用层次分析法为顾客价值指标给赋权重；用模糊评价法对顾客价值进行模糊评价；分阶段预测了企业的增长率；用历史数据对企业风险参数 β 值进行了回归分析；使用企业资本市场的股价指数估算了资本市场的风险溢价；用 CAPM 模型计算企业股权资本成本并使用加权平均资本成本作为自由现金流的折现率；最后用纠偏系数对价值的初评值进行纠偏。这其中，对每一环节都进行了详细的案例研究，案例研究的结果表明，使用本文所提供的研究思路进行价值评估，在客观上是切实可行的，

可以较好地将价值链的价值影响要素反映到最终的价值评估结果中去。文章最后，提出了价值库的概念，探讨了价值库的基本特点及作用，构建一个行业价值库的方法与步骤。

关键词：企业管理　企业评估　价值链

4951

中国消费者对韩国产品选择的研究 / 尹盛焕著 ； 赵平指导. -- 清华大学, 2005. -- 163 页

本文通过直接和间接两种研究方法调查研究了国家形象、功能属性和品牌个性如何影响中国消费者对韩国品牌的选择品牌、喜好度和购买意图。作者认为消费者在购物时主要使用的外在指示信息有：原产地、品牌和价格信息。本文采用实证研究的方法对北京、上海、广州三地的消费者选择韩国产品的喜好度作了问卷调研，在调研的结果上对韩国中小型汽车、手机和电视三种产品分别作了信度检验和效度分析。文章认为，中国消费者选择韩国品牌时，功能属性比其他两个因素更有影响力；而品牌个性作为象征因素，也是非常重要的因素，对中国消费者选择韩国品牌有很大的影响。本文的分析并不是要取代前人的研究结果，而是对传统的分析作一扩展和补充，尝试将品牌个性概念作为象征因素囊括到研究中来。本文指出，进入中国的韩国企业应开发与国家形象有关的、有个性的品牌产品，即品牌个性会提高品牌知名度，增加消费者对企业的信赖程度，从而成为中国市场上更受欢迎的品牌。

关键词：消费心理学　品牌效应　购买行为　韩国

4952

审计失败风险模型研究 ：博弈论在审计风险控制中的应用 / 游添宝著 ； 谢荣指导. -- 上海财经大学, 2005. -- 139 页

本文以行为审计基础来重新研究风险基础审计，以事务所为中心，理性经济人为主体，探讨审计冲突、审计妥协和勾结，透过博弈理论（Game theory）、GONE 理论、动力论（心理学）、IDEF 法、Ishikwa（石川/鱼骨图）法、Gibbs 激励约束理论，以管理阶层为研究对象的舞弊风险成因与博弈均衡解（Perfect Bayesian Equilibrium）方式，得出在充满机会和诱惑的市场经济环境中，在自由放任的审计环境，企业舞弊是必然的。文章为了解决传统审计理论在管理企业舞弊的缺失，提出新的“对策性审计风险理论（Gmaing Audit Rist）”，探讨在现行社会诉讼机制、执行力不完善及缺乏经理人信誉市场的条件下，对我国的舞弊行为作成本效益分析，得出企业在其获利不佳的状况下其纳什（Nash）均衡解一为管理当局进行虚饰报表的决策。故提出了新的“二阶段审计风险”理论，在第一阶段采对策性审计风险，以评估企业的商业风险（Business Risk）和管理阶层的舞弊风险（Fraudulent Risk）为重点的委任决策，采用攻击抽样和立体查账技术来进行评估工作，如果风险过大应拒绝接受被审计单位的委任，以避免投入不必要的心力。相对地，当风险不大时可以进行第二阶段的续任决策，再深入评估企业的内部控制风险后，以代表性抽样或保护样抽样来进行审计查核工作。同时提出“检查风险乘数效果”，唯有重视从审计人员的专业训练为基础的事务所内部控制，才是真正提高审计质量控制的不二法门，有别于传统的理论，以注册会计师的续后教育为基础的审计质量理论。

关键词：审计风险　风险管理　博弈论

4953

意见收买与审计收费 ：来自中国证券市场的经验证据 / 余谦著 ； 朱小平指导. -- 中国人民大学, 2005. -- 146 页

本文从研究审计收费入手，从几个不同的角度研究审计意见收买与审计收费之间的相关性，为从审计收费的角度识别管理当局的审计意见收买动机和行为实现方式提供经验证据与支持。文章第二章，从制度层面上研究审计意见收买行为发生的原因及其在我国所具有的特殊性。然后建立了上市公司管理当局与注册会计师间的博弈模型。第三章对我国证券审计市场的审计收费基本定价模型进行了研究。第四章对上市公司审计意见类型的变更与审计收费之间的关系进行了实证研究。本文第五章通过考察我国上市公司盈余管理与审计收费是否存在意见收买的倾向，上市公司管理当局通过什么方式实现意见收买的目的。通过研究上市公司盈余管理动与审计收费之间的相关性，为监管部门和投资者从一侧面识别上市公司的审计意见收买动机及其动机的实现方式提供了经验证据。第六章研究了 GCO（持续经营不确定性的审计意见，Going - Concern Opinion，简称 GCO）这种典型的不可避审计意见的意见变通行为与审计收费之间的相关性。本文研究表明，在我国证券市场中，存在上市公司管理当局利用审计收费来收买注册会计师，从而收买审计意见以及进行审计意见变

通的行为,文章的结论为监管部门和投资者从审计收费的角度识别审计意见收买行为和审计意见变通行为提供了经验证据。

关键词:审计　上市公司　证券市场

4954

中小企业财务报告行为 : 理论与实证 / 余应敏著 ; 王君彩指导. -- 中央财经大学, 2005. -- 225 页

论文以微型企业(就业 10 人以下)之中等企业(职工人数在 500 人以下)之间的中等偏小企业为研究对象,研究了中小企业财务报告行为问题。分为上中下三篇。上篇为理论篇,包括第一章和第二章,分别对中小企业与财务报道的基本理论和相关文献进行了回顾、综述,在总结中小企业财务报告利益相关者的信息需求特征的基础上,提出了中小企业财务报告信息分享顺序假说。中篇为实证篇,包括第三章到第五章,分别分析了中小企业财务报告问题的问卷调查结果、中小企业财务报告现状的案例以及中小企业财务预测数据的信息含量问题,旨在完整再现中小企业信息披露行为,探寻不同披露行为的目的、动机和一般特征,借以梳理规范中小企业财务报告行为的思路。下篇为构想篇,包括第六、七章,主要提出了规范我国中小企业财务报告的若干构想,并给出了研究结论。

关键词:中小企业　财务管理　会计报告　信息披露

4955

绩效考核指标的选取与目标一致性的实现 / 袁光华著 ; 于增彪指导. -- 清华大学, 2005. -- 115 页

本文运用分析研究和实验研究相结合的方法探索研究了绩效考核指标的选取与目标一致性的实现。文章认为在企业的管理控制过程中,绩效考核系统可以克服企业的所有者和经营者,以及企业内部上级和下级之间的利益冲突,实现目标一致性,降低代理成本。文章在分析研究方面,采用委托代理模型,分别用单期模型、多代理人模型和多期模型研究了绩效指标的目标一致性问题;在实验研究方面,研究了激励制度在绩效考核系统的作用。作者研究认为,绩效指标的目标不一致性可以定义为目标与绩效指标构成的超平面之间的距离,因此在选择绩效指标时,应该尽可能表达出委托人的目标,这样绩效指标可以保证目标不一致性为零。在以往绩效指标的选取中,理论指导原则是信息性原理,实务指导原则是可控性原理。但本文认为信息性原理包含可控性原理,一般情形下更适用,并认为采用非财务指标和财务指标结合考核存在着代理人工资转移效应,代理人的长期行为的努力程度远低于代理人远视时的努力程度。作者还指出绩效指标与奖惩挂钩,可以提高对应的绩效指标的业绩,激励制度可以有效提高雇员努力的持久度,但是对努力的强度,并没有明显提升。

关键词:绩效管理　人力资源管理　激励　管理会计　委托代理

4956

企业并购利益主体行为动机研究 / 袁天荣著 ; 夏成才指导. -- 中南财经政法大学, 2005. -- 214 页

本文将并购行为动机分析的逻辑基点建立在利益——动机的基础上,重点揭示并购利益和并购动机之间的关系,以揭示并购行为背后的动机和目的。论文导言部分主要对本文研究背景和意义以及研究方法进行了介绍。文章第一章从四个方面:并购与并购中的"利益相关者"、并购行为研究的主要内容与逻辑基点、企业并购行为动机研究的理论基础、企业并购行为的理论动机,来阐述了企业并购行为的理论基础。第二章从并购中控股股东的利益与动机、并购中管理层与债权人的利益与动机两个方面探讨了企业并购中的利益与动机相关性及其影响。本文第三章对企业并购方式选择中不同行为动机进行了分析,表现在不同并购方式的并购效应分析、基于成本动机的并购方式选择、基于投资动机的并购方式选择、基于竞争动机的并购方式选择、管理层对并购方式的选择五个方面。文章第四章对并购支付方式与融资方式选择中的行为动机进行了细致的分析。第五章从三个方面:目标公司利益主体对并购的态度、并购中目标公司的行为选择和反并购措施,对并购中目标公司行为动机进行阐述。第六章针对企业并购中政府的干预对企业并购中政府行为动机作了分析,并说明了中国企业的并购历程及政府干预的行为特点。第七章是对并购利益主体的利益均衡机制的研究。第八章进行并购案例分析,并对文章做了研究总结。

关键词:企业合并　并购　融资　股东

4957

国家控股、超额雇员与公司价值 : 一项基于中国证券市场的实证研究 / 曾庆生著 ; 陈信元指导. -- 上海财经大学, 2005. -- 118 页

本文选择上市公司雇佣行为作为政府干预的代

理变量,以上市公司雇员规模衡量政府干预的程度,研究国家控股公司是否比非国家控股公司受到了更多的政府干预;同时,以管理费用作为上市公司内部人代理成本的代理变量,研究国家控股公司的内部人代理问题是否较非国家控股公司更加严重。以1999—2002年"正常经营"的上市公司为样本,本文的经验研究得到了以下主要结论:(1)国家控股公司的雇员数量显著多于非国家控股公司,在国家控股公司中,国家控股越直接,上市公司的雇佣数量越多;(2)国家控股公司的劳动力成本显著高于非国家控股公司,在国家控股公司中,国家控股越直接,公司的劳动力成本越高;超额雇员越多,劳动力成本越高,但是控制超额雇员因素后,国家控股公司的劳动力成本仍然高于非国家控股公司,即国家控股公司支付了职工高于市场平均水平的工资率;(3)无论是否控制超额雇员变量,国家控股公司的管理费用显著高于非国家控股公司,在国家控股公司中,国家控股越直接,公司的管理费用越高;超额雇员与管理费用显著正相关,在控制超额雇员因素后,国家控股管理费用有所下降;(4)从市场指标来看,国家控股公司的价值显著低于非国家控股公司,国家控股模式越直接,公司价值越低;市场对作为政府干预代理变量的超额雇员进行了折价。

关键词:国家控股公司　雇员　劳动力　证券市场

4958

职业协会研究 :注册会计师职业发展问题的一种分析视角 / 曾铁兵著 ; 孟焰指导. -- 中央财经大学, 2005. -- 142 页

论文以注册会计师职业化进程中的职业协会建设问题为切入点,综合运用多学科知识描述和分析注册会计师职业发展问题。第一章介绍了研究的目的、意义,研究思路和内容等。第二章较全面地回顾了有关注册会计师职业发展研究的情况,介绍了会计学、经济学、社会学、史学等几种主要的研究视角及其基本内容并作了适当的比较总结。第三章回顾分析了国内外有关注册会计师职业协会研究的情况并作了一些概括总结。第四章对几个有代表性的发达国家的注册会计师职业发展和协会建设进行比较,总结了国际注册会计师职业发展的一些经验和规律。第五章对当前注册会计师职业发展和职业协会建设进行了一些思考,对于注册会计师职业发展和职业协会建设关系最为密切的经济和政治等一些重要因素加以分析。

关键词:注册会计师　行业协会　审计制度

4959

政府规制、企业应对与募集资金投向变更 / 翟春燕著 ; 张为国指导. -- 清华大学, 2005. -- 123 页

本文运用管制经济学的基本学说对我国上市公司变更募集资金投向行为进行制度背景分析,以1999—2001年进行过融资的729家A股上市公司为主要研究样本,以公司治理、利益输送动机、持有现金动机为主要研究视角,运用实证方法探讨了在中国特殊的制度背景下,影响上市公司变更募集资金投向行为的主要因素,研究了变更投向后的市场反应及长期业绩表现。文章认为,中国特殊的机制背景——非理性和强制性的存在,使得政府对资本市场定位、公司上市、募集资金的使用等方面存在规制失灵之处。本文通过对影响上市公司变更募集资金投向进行因素分析,认为上市公司对其控股股东的利益输送动机及持有现金动机是与弱的公司治理结构紧密相关的,且这三者也是影响公司变更投向的重要因素。作者比较了公司变更投向前后的经营业绩,认为上市公司变更投向以后存在着显著的业绩下滑现象;变更投向后将募集资金主要用于收购控股东的股权或资产的关联交易样本公司业绩下降更快,确证了大股东对上市公司的"掏空"及对其他利益相关者利益的侵占。

关键词:上市公司　资金管理　公司治理　现金流量

4960

相对业绩评价研究 / 张百祥著 ; 朱小平指导. -- 中国人民大学, 2005. -- 132 页

本文对相对业绩评价理论的产生背景、基本理论、理论发展过程进行分析,在重点分析了相对业绩评价理论的合理性和科学性之后,文章构建了一个相对业绩评价理论体系,提出了广义的相对业绩评价的定义:为了增强激励效果而引入与被评价者当期业绩相关的业绩信息,来消除被评价者表面业绩中与其努力程度无关的或者有关但是对激励无用的信息的一种业绩评价思路。第二章研究了我国企业管理层薪酬合约中引入相对业绩信息的必要性的问题,通过运用问卷调查的方法对相对业绩评价的必要性进行了研究。同时,本文又对相对业绩评价适合实施的情况进行了分析,找到了一些影响相对业绩评价实施可行性的因素。第三章分为三个不同的研究阶段,循序渐

进地研究了我国上市公司中横向相对业绩评价存在的情况。第四章研究的是纵向相对业绩评价的理论和在我国上市公司中的存在情况问题。第五章回顾了全文的研究过程,并结合我国的实际情况对结果进行了整体的解释;然后分析了我国上市公司现阶段的业绩评价的缺陷和进行相对业绩评价的好处,并阐述了相对业绩评价的适用条件,在此基础上对相对业绩评价的具体操作方法提出了建议,最后对本文的整体研究进行了评价,并指出本次研究的不足及未来的研究方向。

关键词:上市公司　经济评价　企业绩效

4961

权变变量、评价指标采用与企业业绩后果 / 张川著 ; 潘飞,陈世敏指导. -- 上海财经大学, 2005. -- 125 页

本文以问卷调查回收的 158 家企业和上海市国资委下属的 76 家国有企业为样本,从不同角度就论题进行了研究分析。全文共八章。第一——四章分别为引言、理论基础与制度背景、文献综述、研究设计。第五章通过相关系数分析和回归分析研究“不同权变变量与评价指标的采用”的关系,得出以下结论:(1)企业综合业绩评价指标采用程度与所处行业竞争情况、领导者个人前途、企业管理技术运用的多少有显著关系;(2)综合业绩评价指标体系中财务指标的采用程度与企业规模、所处行业竞争程度、管理技术采用的多少显著正相关;(3)综合业绩评价指标体系中非财务指标的采用程度与领导者个人前途以及企业原有管理技术采用的多少显著正相关;(4)企业综合业绩评价指标的重视程度与领导者个人前途、企业管理技术运用的多少、企业战略和企业生命周期呈显著正相关;(5)对财务指标的重视程度与企业规模、所处行业竞争情况显著正相关;(6)对非财务指标的重视程度与领导者个人前途、企业管理技术运用的多少、企业战略和企业生命周期显著正相关。第六章首先通过相关系数分析和回归分析研究了业绩指标采用与企业业绩的关系,然后,采用 MATCH 模型研究不同权变变量下,企业采用业绩指标的业绩后果。得出以下结论:(1)综合业绩评价指标采用越高会带来越好的企业业绩;(2)本文支持综合业绩评价指标在提高企业业绩中的作用,但权变理论的第二层结论,即不同特征的企业采用业绩指标后会带来不同的业绩后果,较少得到验证;(3)处于激烈竞争的状态下,企业采用综合业绩指标特别是财务指标程度高,反而业绩较差。第七章首先通过相关系数分析、均值比较、回归分析研究了客户满意度指标与企业财务业绩的相关性,包括与当期及第二期财务业绩的相关性,以及提高业绩的途径和信息含量。然后,分析了非财务指标的价值相关性。得出以下结论:(1)非财务指标“客户满意度”与企业的当年及第二年的财务业绩(ROE)显著正相关;(2)非财务指标客户满意度不仅对企业未来财务业绩有预测作用,而且对企业未来的财务业绩的变化有预测作用;(3)企业当年的财务业绩与企业的“发展创新能力”、“经营发展战略”、“技术装备更新水平(服务硬环境)”等三项非财务指标显著正相关;(4)企业第二年的财务业绩 ROE 以及财务业绩的变化△ROE 均与“基础管理水平”、“技术装备更新水平(服务硬环境)”两项非财务指标显著正相关。第八章结合我国具体情况,提出有意义的启示和建议。

关键词:企业绩效　综合业绩评价　财务指标　权变理论

4962

现金流量信息有用性的实证研究 / 张国清著 ; 袁树民指导. -- 上海财经大学, 2005. -- 152 页

本文分析了现金流量的含义与重要性、国际背景下我国现金流量信息披露的特色,然后通过问卷调查分析、建立经营活动现金流量预测模型、建立各种市场收益率模型,得到以下结论:文章针对财务报表使用者的问卷调查分析表明,现金流量表在许多决策背景下可以与利润表和资产负债表相媲美,而在以下决策背景下,现金流量表的评级大大高于其他两张报表:评价流动性,评价短期偿债能力,评价支付股利的能力,评价净利润的质量,突出净利润与现金余额之间的差异,预测财务危机,以及预测未来现金流量的金额与时间。与单独提供会计盈余数字相比,提供现金流量数据能够改进经营活动现金流量的预测;并且,我国的现金流量表准则规定用直接列示经营活动现金流量的组成部分,同时在附表中按间接法披露“从净利润到经营活动现金流量的调整”过程,有利于提高利用历史财务数字预测未来经营活动现金流量的能力。研究表明会计数字在中国企业债券市场中是有用的,但是应当继续加强发债主体财务信息披露,中国的现金流量表准则规定同时使用直接法与间接法,所披露的现金流量信息确实反映在股票收益率中,中国财政部颁布的现金流量表准则,按照经营、投资和筹资活动详细分解现金流量,在资本市场发挥了

应有的作用。

关键词:现金流量表　现金流量信息　会计报表

4963

公司创业战略的概念发展与综合模型的实证研究/张健著；姜彦福指导. -- 清华大学, 2005. -- 240页

本文运用调查研究和案例研究相结合的方法,从多角度和多层面论述了公司创业战略的概念和模型。本研究采用了结构方程模型分析方法,通过大样本调研,对公司创业战略的概念发展与综合模型进行了统计检验。本文基于 ENTRESCALE 量表,深入地剖析和界定了公司创业战略的内涵和本质,结合对中国公司的调研分析,进行了概念的发展,并进行了有效性检验。作者通过一阶单因素模型和一阶四因素模型的比较,验证了公司创业战略概念的多维度性假设,得出结论:发展后的公司创业战略概念是一个多维度概念。文章运用比较研究的方法,通过样本比较,证明了战略概念的广泛适用性,文章认为外部环境要素和内部组织要素对公司创业战略具有正向影响,公司创业战略对组织绩效有正向影响。作者运用事件——状况网络方法,提出了 KAI 公司创业战略实施过程的三阶段模型。通过模型,作者论证了在复杂和动态的环境下,创业战略的制定和实施是公司取得竞争优势和保持健康成长的重要保证。

关键词:公司　企业发展战略　创业

4964

ST 公司预测的价值检验与模型构建/张艳著；张鸣指导. -- 上海财经大学, 2005. -- 119 页

本文从我国 ST 制度的建立目的和沿革过程谈起,细致讨论了我国 ST 公司的内部构成和主要特征,并提出财务困境预测研究的目标利益者价值研究观,从 ST 预测价值实证检验结果出发来构建和优化我国的 ST 预测研究模型。文章的第一部分从 ST 公司是什么的问题入手,对我国特别处理制度的产生和沿革历史进行了回顾,明确了我国 ST 公司的基本构成。分析了国外破产预测规范研究对企业破产原因的分析路径及主要方法,剖析了我国现状。文章的第二部分着重分析了财务困境预测研究价值检验的重要意义,并通过对 ST 公司被特别处理前的市场收益状况和期间分布情况的实证检验全面回答了 ST 公司是否值得预测的问题。文章的第三部分延缓了对财务困境预测目标利益者价值研究观的实践,通过对短期预测模型和中长期预测模型的构建与优化工作,实证回答现有研究方法和数据基础能否提供满足我国外部投资者预测需求的预测模型构建问题。研究表明,对于较长时间跨度的中长期预测,关键要寻找到在企业长期生产经营过程中对企业的经营状况有指示能力的“信号”比率,逐步判别分析方法在我国 ST 预测研究中可以发挥优良的信号指标筛选作用,但对于使用时 F 检验显著性水平的设定需要考虑不同类型的 ST 公司的财务恶化趋势,并以交互检验精度作为设定标准的检验。

关键词:上市公司　财务管理　财务危机　破产

4965

中国政府绩效审计理论与方法研究/赵宝柱著；李爽指导. -- 中央财经大学, 2005. -- 184 页

论文旨在通过对过去几十年来中外绩效审计的实践经验和理论研究成果的总结分析,建立一套较为完善的国家绩效审计理论与方法体系,为建立具有中国特色的绩效审计制度,开展卓有成效的绩效审计活动提供理论指导。全文共包括十一章。第一章主要介绍了绩效审计的概念及其与财务审计、绩效评价、绩效监督、经营审计和管理咨询等的关系。第二章阐述了绩效审计的一般目标和具体目标。第三章详细分析了我国目前展开绩效审计的政治环境、经济环境和法律环境。第四章在借鉴财务审计假设的基础上提出了自己的绩效审计十条假设。第五章界定了我国绩效审计的对象,对我国已经完成的 24 个绩效审计案例进行了分析研究,与国外作了对比,并进行了组合模式研究。第六章研究了绩效审计标准的定义、本质、类别,并对我国绩效审计实践采用的审计标准进行了分析。第七章研究了绩效审计程序的性质,对境外的程序规定作了介绍,然后提出了我国绩效审计程序的设想。第八作首先给出了绩效审计方法的定义,然后分析了绩效审计的方法的种类、特征,进行了国际比较,并在总结国内外审计实践的基础上提出了我国的绩效审计方法体系。第九章给出了绩效审计证据的定义,在前人研究的基础上提出了绩效审计证据的层次性、间接性以及其他特征,分析了绩效审计证据的证明力要素,提出了主要的绩效审计证据类别。第十章主要介绍了国外绩效审计产品状况、数量、编报周期,研究了绩效审计报告的特点,在总结国外经验的基础上,提出了绩效审计报告框架结构的设想。第十一章从风险入手,研究了审计风险、国家审计风险,分析了国家审计风险产生的原因,提出了绩

效审计风险的概念和种类,分析了绩效审计风险基础模式和绩效风险模型。

关键词:政府审计　政府绩效　审计风险

4966

跨国公司预约定价研究 / 赵晋琳著 ; 宋献中指导. -- 暨南大学, 2005. -- 180 页

本文以跨国公司的转让定价及其政府管制为研究对象,对其未来的发展趋势——预约定价进行了研究和探讨。跨国公司转让定价涉及多个利益主体的博弈过程,通过转让定价在全球范围内进行资源配置是跨国公司降低交易成本的必然选择。同时,各东道国和母国在税收待遇和市场条件等方面的差异使得跨国公司能够通过转让定价获取潜在利益。不当的转让定价管理将损害各东道国或母国的利益,从而导致各国政府对转让定价的管制。预约定价制使转让定价的政府监管从事后调整模式转变为事先协议模式,有效地降低了征纳过程中的交易成本。本文在分析了预约定价的定义,预约定价的税收理论基础,预约定价的主体、原则和法律基础后,重点研究了预约定价的定价机理,并运用数理经济学原理建立了不同约束条件下的预约定价模型。为了借鉴国外先进经验,文章进一步对预约定价实践进行了国际比较,并获得了具有现实意义的教训和启示。最后,本文分析了我国现行转让定价税制的不足以及推行预约定价税制的必要性与可行性,并针对目前存在的困难提出了应对措施。

关键词:跨国公司　转让定价　政府管制　税收管理

4967

大股东控制类型、固定资产投资与企业价值 / 赵景文著 ; 于增彪指导. -- 清华大学, 2005. -- 132 页

本文以上市公司的大股东控制类型为切入点,主要分析了大股东控制类型为一股独大的公司和大股东控制类型为多股同大的公司的固定资产投资行为。本文分析了两种类型公司的固定资产投资水平对现金流量敏感性的差异和投资公告的市场反应的差异,研究了两种类型公司的固定资产投资支出与股票未来收益率的关系。文章回顾了我国上市公司股权设置和我国企业固定资产投资的制度背景。作者选取了 1995 年至 2002 年中国 A 股上市公司的数据进行研究分析。在研究分析的基础上,作者认为一股独大公司和多股同大公司的投资水平对现金流量水平的敏感性并无显著性差异,但是国家股比例高低显著影响了两类公司的投资对于现金流量的敏感性,高国家股比例公司的投资对现金流更为敏感。文章认为固定资产投资公告产生了显著为正的市场反应,但是从短期来看,市场对一股独大公司所公告投资项目质量的评价更高。而在给定投资水平时,一股独大公司与多股同大公司的基准调整后的股票收益率并无显著差异。

关键词:固定资产投资　股东　企业价值

4968

我国上市公司关联方交易与盈余管理研究 / 赵玮著 ; 孟焰指导. -- 中央财经大学, 2005. -- 126 页

论文首先介绍了选题的意义、研究思路和研究方法;其次,对关联方的基本概念进行界定,对盈余管理的研究现状进行综述,对我国上市公司盈余管理的类型和研究方法作了回顾,反映了目前研究中存在的问题并揭示了研究方向;第三,运用相关经济学理论和现有实证证据,对中国各项相关制度安排加以分析,据以说明资本市场中上市公司关联交易盈余管理行为的现存制度环境背景,以 1997 年为界,将关联交易的发展分为两个阶段,在此基础上构建我国上市公司关联交易盈余管理的定义框架,具体分析这两个阶段中上市公司关联交易盈余管理的特点和规律,并对控股股东利用关联交易进行"淘空"行为进行实证研究,分析随着外部环境制度的不断地变化,上市公司采用关联交易进行盈余管理的手段也在不断的变化;第四,通过引入关联交易盈余管理的经济后果分析,对正反两种观点进行阐述和评论,并结合中国市场的关联盈余管理进行具体分析;最后,对中国证券市场如何规范和防止上市公司利用关联交易进行盈余管理,从基础制度和披露制度等各方面给出了意见和建议。

关键词:上市公司　关联交易　盈余管理

4969

企业价值报告理论研究 / 郑军著 ; 罗飞指导. -- 中南财经政法大学, 2005. -- 243 页

本文通过研究价值理论与企业理论以重新确立企业价值的内涵;通过研究企业价值相关者理论与企业价值边界理论以确定企业价值报告的对象和范围;通过研究价值相关性以分析企业价值报告披露的信息内容;通过研究现行财务报告的现状对其目标与信息质量特征并结合企业价值报告对象、范围和内容,确立了企业价值报告的理论框架。最后研究了企业

价值报告的质量评价及企业价值报告本身对企业价值的增进作用。本文通过研究表明:(1)通过对现行关于企业性质研究不同观点的考察,论证了企业的价值性质;(2)通过分析企业变革和企业理论发展路径,提出企业理论发展与演化的价值路径观点;(3)针对不同研究领域对企业价值的不同理解,将企业价值重新定义,将企业价值要素区分为企业价值存量要素与企业价值驱动要素,两类要素与其所包括的要素因子,为企业价值报告的对象提供理论指导;(4)提出了企业价值相关者理论,为企业价值报告的对象提供理论指导;(5)初创了企业价值报告边界理论;(6)通过对现行财务报告理论框架有关问题的研讨,初步建立了企业价值报告理论框架;(7)构筑了企业价值报告的内容体系。

关键词:企业管理　财务管理　会计报告　企业价值

4970

中国A股股票市场对盈余管理的价格反应:以可操纵应计为表征变量 / 郑鑫成著 ; 陈汉文指导. -- 厦门大学, 2005. -- 107 页

本文主要研究中国A股股票市场对盈余管理(以可操纵应计为表征变量)的价格反应,以求更深入地理解我国证券市场如何处理会计信息。文章引言主要介绍选题动机、正文各章节的内容安排,以及本文主要贡献;第一章对作者检索到的盈余管理研究文献进行简要评述;第二章检验了各应计分解模型在中国证券市场的适用性,证明了横截面Jones模型的相对优越性;第三章检验了我国A股股票市场对可操纵应计的价格反应,发现市场对净利润各组成部分(经营活动现金净流量、不可操纵应计、可操纵应计)均进行了单独定价;第四章解释了市场为何对可操纵应计进行定价,发现可操纵应计确实含有有关公司未来盈利能力的信息;第五章检验了我国A股市场对可操纵应计的定价是否适度,结果发现存在显著的过度反应;第六章为结语,总结本文的主要结论,分析本文的局限性,并就可能的后续研究方向提出了个人意见。文章首次提供证据证明了横截面Jones模型在中国证券市场的相对优越性;首次证明中国A股股票市场对以可操纵应计为表征变量的盈余管理进行了单独定价,且价格反应系数为正;首次证明中国A股上市公司进行的盈余管理包含有关公司未来盈利能力的信息;首次证明我国A股市场对可操纵应计的定价存在显著的过度反应;率先将某些实证研究方法应用于中国证券市场。

关键词:股票市场　A股　盈余管理　股票价格

企业管理学

4971

纵向一体化与并购效应研究 / 艾青著 ; 王永海指导. -- 武汉大学, 2005. -- 129 页

本文首先对企业并购的一般理论以及并购对企业绩效的影响进行了简要回顾,并选择从交易成本理论和产权理论着手,通过理论分析和实证检验,具体地研究资产专用性对并购效应的影响以及协同效应与所有权结构之间的关系。之后,本文在分析研究了现有理论对于纵向一体化的解释存在不足之处的基础上,提出了新经济形势下纵向一体化的现实动因即价值转移、差异化、顾客需求以及学习型关系等,其中学习型关系不能通过与顾客的谈判来达到,其创造的知识也不能通过正式文字表格的形式反映出来,它的这种不可交易特性解释了前向一体化的活力。然后,本文在回顾有关并购效应研究结论的基础上进行了实证研究,以我国证券市场上2002年所发生的并购活动为主线,利用财务数据研究方法,选取样本公司2001至2003年连续3年的净资产收益率和主营业务利润率两个财务指标,根据并购的不同类型,从资产专用性、一体化和企业规模三个视角对并购前后的业绩变动进行了研究。其后,在分析并购协同效应的基础上,本文利用数学模型重点分析了纵向一体化的协同效应以及其对于所有权结构的影响。最后,本文从经济学的角度对企业横向扩张与纵向一体化之间的相关性进行了分析研究,并以汽车行业整车与零部件厂商组织结构变化为例进行了案例分析。

关键词:企业管理　企业合并　一体化　并购效应

4972

基于系统动力学的客户生命周期研究 / 白澎著 ; 晁钢令指导. -- 上海财经大学, 2005. -- 131 页

借助系统动力学方法,本研究试图从动态角度研究客户关系的识别和保持问题。本文首先提出了此项研究的意义和必要性,阐述了本研究的研究方法,对论文所涉及的主要概念进行了界定,并介绍了本论文的研究思路、体系安排与创新之处。之后,本文阐

述了客户生命周期的基本理论,介绍了相关概念,并将客户生命周期理论引入到客户关系管理(CRM)中,论述了客户生命周期不同阶段的CRM重点,指出企业应针对客户关系生命周期的不同阶段制定相应对策。其后,本文介绍了系统动力学的基本理论,将之与常用的预测方法进行了比较,并结合客户生命周期的特点,得出系统动力学是研究客户生命周期最有力的工具的结论。然后,本文以生产型企业兖州矿业集团为例,应用系统动力学原理,研究其重点客户上海宝钢集团的客户生命周期,描绘了其客户生命周期系统,界定了系统边界,构建了因果关系图和流图,得出客户生命周期系统动力学仿真模型。最后,本文对模型进行调试,测试了有效性,分析了灵敏度,证明模型是科学有效的,并借助系统动力学软件VENSIM对模型进行仿真,得出客户生命周期阶段的表征变量——交易额、利润及成本的仿真图,为识别客户关系和保持客户关系提供了依据。

关键词:客户关系管理　供销管理　生命周期　系统动力学

4973

国有中小企业内部私有化改制的研究 / 鲍盛祥著 ; 田志龙指导. -- 华中科技大学, 2005. -- 113 页

当前我国国有中小企业的改制中出现了一种相当普遍的改制模式,作者称其为内部私有化改制,并致力于对这种具有鲜明中国特色的内部私有化改制展开研究。首先对内部私有化改制的操作思路和操作程序进行了描述,然后将其与前苏联东欧国家激进转型中形成的内部大多数股权模式和西方的MEBO(Management and Employee Buy-outs),从国际视野对其进行认识定位。接着,从历史演进的纵向视角和现实经济利益的横向视角,对内部私有化改制的成因进行了分析。在历史演进的纵向视角上,从理论认识和现实操作两个方面介绍了中国的职工持股向内部私有化改制的历史演化过程;在现实经济利益的横向视角上,采用案例研究的方法对主要利益相关方博弈过程进行了分析,并从企业角度探讨了内部私有化改制对企业无形资本的保护。最后,作者还从职工持股的动机变化、持股后心理行为变化的角度论证了内部私有化改革的效果。

关键词:中小企业　国有企业　体制改革　私有化　职工持股

4974

公司治理中的股东退出机制研究 / 卞江著 ; 徐向艺指导. -- 山东大学, 2005. -- 120 页

本文分析了股东退出公司的两种不同的退出机制在公司治理结构的功能,以及对公司治理效率的影响。论文的前半部分运用行为金融理论,分析股东的市场选择权退出机制在约束控制代理人方面的效率缺陷。笔者认为,传统公司治理模式的根本缺陷在于股票价格不能准确反映代理人的经营能力,股票市场退出机制对代理人的控制作用非常有限,同时解释了为什么近年来治理丑闻在世界范围内持续不断发生的发生。在分析了股东的市场选择权退出机制在公司治理结构中的功能缺陷后,论文的后半部分尝试通过在公司制度中引入股东直接退出机制来提高公司治理的效率。在后部分中,论文提出并回答以下问题:股票市场上的投资者能在什么情况下能够将手中的股票卖给公司,而不必将其卖给他人呢,这种股东退出机制是怎样起到对代理人的控制作用的,它同时又会给公司治理带来什么样的消极影响,以及这些消极影响又如何来消除。针对我国的公司治理问题,文章认为,我国公司立法应该引入异议股东股份价值评估权制度,并扩大其在公司治理中的适用范围。通过引入该制度,我国公司治理结构中日益明显的大股东与中小股东的利益冲突可以得到有效缓解。

关键词:公司治理　股东　市场退出

4975

企业管理者收购(MBO)绩效研究 / 蔡锐著 ; 高闯指导. -- 辽宁大学, 2005. -- 123 页

本文采用逻辑实证主义和客观规范主义有机结合的方法,并通过不同学科研究方法的有机融合,即以经济学研究方法为主,充分借鉴管理学等学科的研究方法,形成研究方法的综合化。同时,在进行定性理论分析的基础上,借助于计量经济学和有关统计分析方法,研究相关问题。本文共分五章:第一章以代理理论为分析框架,论述了MBO实质,提出了剩余索取权与控制权给予集资本与能力于一身的经营者,是一种最佳的所有权安排;同时,阐述了股权、债务及风险融资对管理者的激励效应,MBO融资模式对控制权配置的影响及对管理者的约束作用以及MBO的信息传递效应。第二章分析了MBO绩效来源及其形成条件。第三章分析了MBO在国有股减持中的地位和作用。第四章借鉴分析了西方MBO定价模型和融资模式,剖析了我国目前MBO过程中定价与融资的行

为特点，提出了西方模型基础上适合我国国情的MBO定价模型和融资模式。并对规范我国MBO定价、优化我国MBO融资体制以防止MBO交易中的财富转移提出了政策建议。第五章用计量经济学及统计学分析方法，对我国上市公司MBO绩效来源进行了实证分析，阐述了管理者持股比例以决定MBO绩效的重要影响，验证了营运效率的提高是我国上市公司绩效主要来源这一观点。

关键词：上市公司　管理层收购（MBO）　绩效管理　企业合并

4976

企业成长中的企业家作用研究 / 常根发著；施建军指导. -- 南京大学, 2005. -- 157页

本文在比较分析相关研究文献的基础上，从企业家与企业关系入手，通过分析企业家动力机制、构建企业家追求企业价值最大化的企业成长决策模型，较为系统地对企业成长过程进行了分析。通过分析，得出了企业家在企业成长过程中的不同阶段需要根据企业成长阶段不同特点分别对企业家所发挥的作用进行了进一步的详细考察。文章围绕三个领域展开讨论，一是企业成长范畴；二是企业家范畴；三是有关创新范畴。首先，本文认为企业家在企业家型企业成长过程中居于主导地位，通过讨论企业家及其相关问题能够帮助本文充分把握有关企业家行为、动机、效用偏好等问题；第二，分析企业成长过程与机制，能够帮助本文明晰有关企业成长的阶段、路径、动力与过程等，进而对本文进一步探讨企业成长过程中的企业家作用提供指导作用；第三，企业家创新与企业创新无疑是企业持续成长中的灵魂，紧紧把握创新活动并以创新活动为主线追踪企业家成长过程的作用，无疑就是抓住了企业成长与企业家关系的命脉。为此，本文先通过理论分析，构建一个基于企业家动力机制的企业成长模型，然后依据企业成长路径围绕企业家的实质作用进行了深入探讨。

关键词：企业家　企业成长　知识管理　企业生命周期

4977

家族企业关系治理、契约治理与绩效 / 陈灿著；李新春指导. -- 中山大学, 2005. -- 146页

本文着重研究了所有者与家族企业管理层之间的联系，即家族企业如何通过正式和非正式的治理措施来进行治理。这里“正式治理”措施是指按照传统委托代理理论设立的董事会机构，而“非正式治理”措施是指“关系治理”。本文首先对关系治理研究文献进行了理论上的梳理和归纳，通过分析指出，关系契约的治理由关系治理和关系契约两部分组成，关系治理又由结构规定和关系性规定两类因素构成，这些内在于治理双方的关系治理因素保证了所有者与管理层之间关系契约的自我履行，而契约治理则施加了第三方（契约和制度等）的力量。之后，结合企业治理研究、家族企业研究和关系治理研究的国内外成果，本文提出，中国家族企业中所有者与管理层之间主要存在信任、社会交往、依赖性、集权程度、家族参与和领导的特异性知识六个关系治理变量，其中前三者是关系性规则，后三者是对结构的规定。关系治理与契约治理共同组成了中国家族企业在家族企业领导、管理团队和正式治理三个层次上的总体治理机制。最后，本文结合我国家族企业的实际，从关系治理、契约治理以及战略决策绩效与企业经济绩效等几方面，建立了探索性的理论模型，设计和实施了实证调研，并通过统计分析和补充性研究进一步解释和验证了家族企业的治理机制。

关键词：私营企业　企业绩效　家族企业　企业治理

4978

中国金融控股公司构建研究 / 陈东著；李占祥指导. -- 中国人民大学, 2005. -- 147页

本文以中国金融控股公司构建作为自己研究主题，从金融分业经营体制存在的问题和现有的金融控股公司存在的突出问题入手，探讨规范、高效的金融控股公司构建的基本过程和主要内容；并从金融实践对中国金融控股公司构建的规律进行探讨。全文共分为七章：导论部分，本文的主题及意义；然后阐述本文的主要研究内容；最后说明本文采用的研究方法。第一章提出问题，给出金融控股公司的概念、特征、金融控股公司构成的基本要素和形式，明确论文的研究对象；然后在此基础上，分析金融分业经营体制和现有的金融控股公司存在的问题。第二章评析了金融控股公司构建的理论基础和构建过程。第三章阐述了中国金融控股公司法人治理结构。第四章先阐述构建金融控股公司组织结构的内容和原则，金融控股公司母子公司功能定位，然后分析现有的金融控股公司组织结构的现状及问题和现有的金融控股公司母子公司关系中存在问题，最后，设计金融控股公司组织结构，并提出规范金融控股公司母子公司关系的对

策。第五章首先阐述金融控股公司业务整合的内容、原则，现有的金融控股公司业务整合的现状及问题，然后论述业务整合的意义，业务整合的灵魂、组织保证和手段，最后提出金融控股公司业务整合实施范围和过程。第六章论述金融控股公司一般风险和特殊风险，并提出对金融控股公司的风险控制的程序、对策建议和配套措施。

关键词：金融控股公司　分业经营　混业经营

4979

愿景管理之研究／陈瑞贵著 ；芮明杰指导．-- 复旦大学，2005．-- 309 页

本文以建构组织愿景的整合性过程与方法为课题，探讨愿景形成、推进及变革的愿景管理的内容、过程及一般的方法，藉以发现其彼此的联结关系并描述愿景管理及运作的过程。本研究以开放的态度，对于以往有关的研究及研究缺口获取研究主轴。首先，本研究尝试从"组织创生"、"浑沌管理"、"创造性演化"及未来研究的理论观点等相关理论抽炼出与愿景管理有关的核心观念，以作为建构愿景管理的理论基础，进而对于愿景管理有关之愿景形成、推进与变革的研究加以归纳、整合、深化与扩展，提出愿景管理的过程，再以观念转移的方式将愿景管理方法移转到愿景管理过程当中，进行整合性的研究，藉此来了解、解释愿景管理过程中的作法，并推导出有关愿景管理的命题与模型，以回答"在不稳定性与不确定性的环境中，组织如何能创造与推进本身的方向"之相关命题。最后，本研究尝试从实务性经验的资料进行验证与检测，包括以台湾大台北地区的企业为主要范围进行随机抽样问卷分析，以及选择台湾灿坤跨国集团为案例组织，对此一集团采取问卷调查分析、深度访谈、内容分析及扎根理论等综合研究方法，建立愿景管理的过程，其目的在于以跨学科领域的方式建构一个具有实用性的愿景管理过程。

关键词：企业管理　企业战略　愿景管理

4980

基于锦标制度拓展模型的高层管理者报酬差异研究／陈霞著 ；段兴民指导．-- 西安交通大学，2005．148 页

本文针对管理者特征、非生产性行为和合谋行为对报酬差异设计的影响，分别建立了锦标制度的拓展模型、再拓展模型、防止合谋的非对称机制，并分析了影响报酬差异设计的因素，取得一些创新性结果：第一，提出并证明存在非生产性行为时的报酬差异和公司绩效都有所下降。文章在拓展模型的基础上引入非生产性行为变量，建立了锦标制度的再拓展模型。第二，提出当管理者特征为对称信息时，所有者无法按照非对称机制设计防止合谋的报酬差异契约。第三，提出当管理者的特征为非对称信息时，第三方无法使处于信息优势的管理者讲出双方的真实类型，从而无法根据管理者特征制定合谋子契约。第四，提出当管理者特征为非对称信息时，所有者能够按照非对称机制设计防止合谋的报酬差异契约。当管理者特征为非对称信息时，合谋利益集团在分配合谋收益时就面临着不完全信息谈判问题。信息不对称导致他们相互猜忌，并引发利益冲突，无法就合谋收益的分配达成一致。因此，管理者之间的非对称信息防止了合谋行为的发生，所有者能够制定出实现管理者最佳努力组合的报酬差异契约。

关键词：企业管理　管理人员　劳动报酬

4981

供应链合作关系构建过程中的风险防范问题研究／陈祥国著 ；季建华指导．--上海交通大学，2005．--122 页

本文以分析供应链合作关系带来的风险为出发点，寻求有效的方法阻止或尽可能减少这种风险可能给合作伙伴带来的损失。在国内外对供应链合作关系风险问题的相关研究基础上，本文提出构建供应链合作关系过程中须主要防范的五个问题，并围绕如何解决这五个问题展开分析：一、针对企业核心竞争力随外包增加而丧失的风险问题，提出了基于核心能力定性识别的外包决策流程，指明了整个决策过程中需要注意的问题；二、出于对合作伙伴能力风险防范的考虑，提出了基于核心能力定量识别和供应风险防范的供应商选择两阶段模型；三、对于意外供应中断的风险问题，提出了基于供应风险防范的供应商数量决策模型，并通过算例分析了相关参数对最优供应商数量决策的影响；四、针对供应链投资套牢的风险问题，本文提出一个基本模型作为分析基础，分别讨论了解决不同供应链结构中套牢问题的激励条件，并对不同供应链结构的签约效率进行了比较；五、为解决合作伙伴之间在关键零部件或服务的成本削减时产生的双边道德风险问题，本文建立了一个基本模型，分别求解了一个供应商和一个制造商合作时以及三方合作时，不同目标下的成本节约最优分配比例。同时，作者总结了本文的创新之处，并提出了供应链合作关

系风险研究领域值得深入探讨的四个问题。

关键词:供应链管理　供应商　风险管理　道德风险

4982

中国上市公司管理层收购研究 / 陈晓波著 ; 赵曙明指导. -- 南京大学, 2005. -- 141 页

本文对我国上市公司管理层收购的研究遵循以下逻辑脉络:首先在第一章对实施管理层收购的现实背景、国内外研究现状进行介绍;然后在第二章对管理层收购和企业绩效的概念、理论假设等进行界定和阐述,进而系统回顾了管理层收购相关企业理论,其中对代理成本理论、公司治理结构理论以及企业的企业家理论等结合对 MBO 的解释进行了重点论述,在理论回顾的基础上,提出了需要深入研究和思考的一系列问题。引出本文研究的视角和逻辑思路,并在第三、四、五章进行了相应的研究论述:管理层收购的动因分析,利用因子分析法构造了评价企业绩效的综合函数并对我国上市公司实施管理层收购的绩效进行了比较验证,从公司治理的视角对管理层收购中的股权优化配置进行理论和实证研究,通过对全部上市公司股权配置的总体考察建立起指导管理层收购的股权优化配置模型并利用已实施管理层收购的上市公司案例验证了该模型的科学性和有效性,揭示出在管理层收购中的股权配置规律;最后在第六章结合我国实施管理层收购现实状况对股权结构研究进行理论上的进一步提升,同时在对我国上市公司实施管理层收购进行了微观层面的研究论述的基础上,又系统地从宏观层面分析与思考了在我国仍然存在的现实问题,并提出相应的对策和解决思路。

关键词:上市公司　管理层收购(MBO)　企业绩效　公司治理

4983

战略导向的商业银行作业管理研究 / 陈轶西著 ; 宋献中指导. -- 暨南大学, 2005. -- 152 页

本文沿着理论的提出——理论的实施——理论与实际相结合的研究思路,研究了在商业银行的战略与作业管理的问题,构建了商业银行战略作业管理体系。文章分三个部分,七个章节。第一部分(第一、二章)主要回答"战略导向的商业银行作业管理是什么",该部分是本文的统驭。第二部分研究商业银行战略作业管理如何实施,包括第三、四、五章。本部分首先研究商业银行战略作业管理的信息基础——作业成本系统,然后对商业银行内外部价值链进行分析,接着将不同竞争战略目标及其主要实现途径联系起来,详细阐述商业银行可以采用的竞争战略以及不同竞争战略所引发的核心问题及其解决途径。第三部分(第六、七章)联系我国的实际情况,探讨目前我国商业银行从传统的管理模式向战略作业管理模式过渡的必要性和方式选择。本文通过理论分析和实证研究,得出:(1)在商业银行引入作业管理的背景方面,中国的现状与美国的历史有相似之处;(2)我国大多数商业银行已具备实施作业成本法、作业管理(ABC/M)的客观条件;(3)我国商业银行目前实施战略作业管理的主要障碍既有宏观层面的影响,也有微观层面的原因。

关键词:商业银行　作业管理　成本管理　战略管理

4984

并购与剥离的可预测性 : 基于交易成本视角的研究 / 陈玉罡著 ; 李善民指导. -- 中山大学, 2005. -- 169 页

本文首先对交易成本的概念进行了深入的分析,认为交易成本可划分为显性交易成本和隐性交易成本。利用市场机制的显性成本就是科斯所提的"交易成本",运用企业组织所可能获得的"效益"可以看作利用市场机制的隐性成本。在考虑企业并购或剥离决策时,企业要考虑的应是显性交易成本与隐性交易成本之和。然后,本文利用杨小凯的超边际分析法,结合哈特和威廉姆森的分析结果构建了并购的均衡分析模型,对不同境况下企业并购和分立决策进行分析。之后,根据交易成本的显性和隐性之分,本文将影响并购或剥离决策的因素分成两个主要部分来研究,指出利用市场进行交易的显性成本与资产专用性、不确定性有关;利用市场进行交易的隐性成本与并购前公司的特征有关。作者收集了 2003 年 70 家上市公司资料,进行因子分析并建立了 logistic 回归模型进行分析,指出公司资产的专用性、中间产品市场的不确定性、公司的成长能力、盈利能力、营运能力、偿债能力将影响公司并购或剥离的可能性。在对模型的预测能力进行分析之后,本文还检验了模型的实用性,即能否通过模型的预测获得投资上的超常收益。研究发现,剥离预测模型和预测准确度略高于并购模型,但只有利用并购模型预测的结果进行投资才能获得超常的收益。

关键词:企业合并　并购　交易成本

4985

实物期权视角下的战略投资 / 陈元志著 ; 夏健明指导. -- 上海财经大学, 2005. -- 228 页

本文认为企业的发展是基于核心竞争力的发展，而"战略投资"实际就是基于此，因此文章以"战略投资"为研究的切入点探索企业的发展。在对战略以及战略投资的相关文献进行回顾的基础上，整合了战略投资的不同理论观点，指出战略投资的基本理论假设，提出"企业发展的理论模型"和"战略投资的概念框架"。然后，文章总结了实物期权理论的主要观点，就实物期权的理论层面和应用状况进行了论述和列举，归纳了实物期权分析的建模方法，指出实物期权与战略管理相结合是未来的研究方向，并讨论将实物期权的思想融入战略投资理论。接着，作者运用实物期权的思想探讨了战略投资的组织模式，比较了交易成本视角和实物期权视角的不同之处，并指出两者间的互补性。随后，回顾和比较了战略投资决策分析的理论和方法，指出以现金流折现技术为核心的传统投资决策技术的局限性，提出将现金流折现技术与实物期权分析视为互补的决策工具。文章还将博弈论、现金流折现法、情境分析法、决策树分析、模拟分析、敏感性分析整合在一起，提出了战略投资的实物期权分析框架，并考虑将该框架拓展运用至竞争环境中，使战略投资决策动态化。最后，文章以案例研究阐释了实物期权分析框架在具体战略投资中的运用。

关键词:风险投资　企业发展　实物期权　核心竞争力

4986

现金流创值管理研究 / 陈志斌著 ; 施建军指导. -- 南京大学, 2005. -- 219 页

本文在回顾现金流量信息报告、现金流信息功能及其现金流管理等相关理论、研究文献以及价值理论的研究成果，明确价值理论作为经济学的灵魂、管理学的理论基础在现金流管理中的重要意义的基础上，首先研究了现金流管理目标，其次以现金流管理目标为导向，立足实践构建了现金流管理立体透视模型。文章在分析投资活动现金流、融资活动现金流和经营活动现金流三块之间的逻辑关系时，探讨了现金流运动的规律。依据现金流运动规律文章从加快现金流转速度，提高现金流调控力度的角度对现金流的具体管理手法进行了研究。文章还探讨了企业如何通过业务流程再造、现金流再造以及相应的组织重建、制度重构等手段提高现金流的效率性，进而使企业的现金流在经营过程中创造更多的价值。本文的另一个研究重点现金流规划，在现金流的战略管理中一方面要协调增长、创值和风险之间的关系，另一方面要协调企业的投资现金流与自由现金流以及融资现金流之间的关系，现金流规划必须处理好这两方面的关系。增长是企业发展永恒的话题，增长、创值、风险三者间必须平衡，创造价值的同时必须防范相应的风险，最主要的取决于投资现金流与企业自由现金流以及融资现金流之间是否实现了匹配战略。

关键词:企业管理　现金管理　现金流量

4987

旅游企业集群竞合研究 / 程爵浩著 ; 夏健明指导. 上海财经大学, 2005. -- 162 页

本文首先阐述了旅游企业集群竞合研究的理论基础，包括博弈—竞合理论、企业集群理论、竞争优势理论以及旅游产业的有关理论。之后，本文对旅游企业集群的组成结构进行了一般分析，从共性、区位、动力源、形成类型和行业等方面分析了旅游企业集群的个性特征，并结合波特钻石模型和旅游行为各方内在关系的分析，提出旅游企业集群的两种基本类型:资源型和市场型。其后，本文从理论上对旅游企业集群竞合的原理、基础、动力与实质等方面进行综合解析。在此基础上，本文构建了旅游企业集群竞合所需的基本条件，包括集群竞合的思维方法、参与竞合的旅游企业的互补性、参与竞合的不同角色及其之间的价值关系，以及博弈的基本构成元素等，并对旅游企业进行了业务分类。然后，本文分析提出了旅游企业集群竞合的两种基本模式。通过对旅游企业的生产特征、竞争阶段以及集群的类型等因素进行分析可将集群竞合分为群生和共生两种基本模式，这两种竞合模式在竞合的参与者和表现形态方面具有明显差异。最后，本文结合竞合模式对资源型集群和市场型集群的竞合行为进行综合分析，提出了旅游企业集群竞合的行动策略，包括旅游企业集群竞合的行动选择和策略组合，并以深圳华侨城应对香港迪斯尼竞争为背景进行了案例分析。

关键词:旅游业　旅游企业　产业集群

4988

公司治理、多元化与企业绩效 / 程立著 ; 张文贤指导. -- 复旦大学, 2005. -- 143 页

本文对公司治理、多元化与企业绩效之间的关系及其机理进行了理论分析并提出有关理论假设。根

据879家上市公司2002年的分部报告及相关资料整理获得每家公司行业销售收入、销售成本以及业务相关性的数据,结合其他数据本文对提出的理论假设进行了实证检验。本文的创新之处有以下三点:(1)构建了一个源于公司治理的动态战略管理模型,将“公司治理、战略管理和企业绩效”纳入一个统一的分析框架。(2)根据上述分析框架构建结构方程模型(Structure Equation Model, SEM),对公司治理、财务特征、管理自由度、多元化与企业绩效之间的因果互动关系及作用机理进行实证研究。结果显示,股权结构和债权治理影响管理者的管理自由度,管理自由度与企业多元化水平正相关;内部融资弹性和企业规模与多元化水平负相关。同时说明了代理问题是公司进行多元化经营的主要原因。(3)公司的财务绩效与市场绩效的背离由来已久,实证研究结果常因绩效变量选择的不同而迥异。本文的实证结果显示背离的两个重要诱因:市场对“全流通”、“国家股低效”、“一股独大”以及多元化绩效等问题存在认识偏差,这是市场绩效与财务绩效背离的诱因之一;股权分散、公司规模小、公司多元化经营的“题材效应”等容易使公司股价受操纵,市场过度投机是造成两者背离的另一个诱因。

关键词:公司治理　战略管理　绩效管理　企业绩效　多元化

4989

城镇住房保障模式及其在浙江省的应用研究 / 褚超孚著 ; 贾生华指导. -- 浙江大学, 2005. -- 164页

本文在总结前人理论和实证研究以及国外住房保障政策之经验的基础上,通过对浙江省六城市相关部门的访谈和2250份居民家庭问卷调查的统计分析,对我国现行城镇住房保障政策的运行效果进行了较系统的评估;在分析城镇住房保障体系的目标、原则、理论框架和城镇家庭住房支付能力的基础上,构建了住房保障家庭收线及保障量预测模型、住房保障规模影响因素相关分析框架模型,提出了住房保障水平倒U型曲线发展的假说;城镇住房保障模式在浙江省的应用研究,具体内容包括:城镇住房保障动态模式在浙江省的三阶段方案,应用回归分析等方法对2004—2008年浙江省保障型住房的需要量进行了预测,应用相关分析法对城镇住房保障规模的影响因素与保障型住房的供应量和需要受保障家庭的比例之间分别作了一系列的相关分析。文章根据文献研究、规范分析和实证及理想模拟相关分析研究的结论,并结合国外经验和我国的实际,文章还提出了完善城镇住房保障体系协调机制的若干政策建议:引导居民树立正确的住房消费观念;采取保持住房保障适度水平的政策调控措施;建立统一协调的保障型住房管理服务体系;建立和完善住房保障制度的进入、退出机制;综合利用税收政策、转移支付和金融配套等各种保障手段。

关键词:住宅　经济适用房　廉租房　社会保障

4990

金融制度变迁和资源能力驱动下的企业成长 / 慈向阳著 ; 宣国良指导. -- 上海交通大学, 2005. -- 173页

本文从金融制度变迁的角度,研究了金融制度安排,通过对企业的资源能力积累、资本结构优化、公司规制及成长方式的影响对企业价值最大化的影响。文章描述了金融制度和资源能力的经济增长效应,从惯例演化、资源能力以及企业的异质性和竞争优势的角度来多角度论述了企业成长问题。文章阐述了资源能力的积累和转化机制,探讨了惯例演化、交易成本与金融制度的关系,探讨了企业的异质性和竞争优势的关系,构筑了企业竞争行为模型。文章认为融资制度的特征在很大程度上决定企业的资本结构,其变迁在很大程度上影响企业资本结构的演化。并通过影响公司的价值成长和治理机制,最终影响企业的成长。文章阐述了企业价值的二元性,认为虚拟价值向实体价值的回归是企业理性成长的客观要求。文章将分工、内生交易费用和资源能力纳入一个分析框架中研究,并尝试采用了演化博弈论分析方法,并以国有大型企业集团为例进行了分析。文章认为中国企业存在资产质量较差、盈利能力不足,研发投入不足、技术能力弱,企业国际竞争力较低的情况。

关键词:金融制度　企业成长　资本结构　公司治理

4991

国际化经营中的成本竞争优势研究 / 崔婕著 ; 陈启杰指导 . -- 上海财经大学 , 2005. -- 206页

本文在管理会计和波特对企业成本优势研究成果的基础上,借用价值链分析的方法,从企业获得与保持竞争优势和价值链两个层次,探究了在今天的竞争背景下影响企业成本优势的因素、成本优势的潜在来源以及构筑成本优势的策略。文章首先从成本和竞争优势以及国际化经营等理论出发,明确企业在当

前国际竞争中面临的问题,并对内部价值链上和外部经济链上的成本主要影响因素进行了理论分析。其次通过对国际化战略的经济价值、当前国际竞争的特点和趋势、国际化经营中的竞争战略以及成本优势在国际竞争中的作用等几个方面进行探讨,作者认为成本优势是企业国际化经营的主要动力之一,同时也是企业在目前的国际竞争环境下成功运用各种竞争战略的保证。在此基础上,分别对影响企业内部价值链和外部经济链成本的主要因素进行分析,揭示企业在国际化经营中的主要成本影响因素。根据这些研究结论,提出了在国际化经营中企业构筑成本优势的策略。最后,通过研究日本、美国以及新兴工业化国家和地区跨国企业在国际化经营中各自具有特色的成本优势的模式,探索国际化企业成功构筑成本竞争优势的方法,并结合中国企业在国际化经营中的问题与现状,提出中国政府和企业构成成本应对国际竞争的策略。

关键词:企业管理　跨国经营　成本管理　竞争力　价值链

4992

中国证券市场投资者羊群行为形成机理的实证研究 / 戴辉著 ; 万威武指导. -- 西安交通大学, 2005. 136 页

本文针对证券投资决策的不确定性、非理性和羊群行为形成机理的复杂性,从投资策略、影响因素、心理特征和市场表现方面对羊群行为的形成机理进行了比较系统的实证研究。文章首先研究羊群行为与投资者投资策略间的关系。归纳总结出了对羊群行为形成机理具有重要影响的六个组合影响因子,且证明其影响差异显著。文章的研究目标是系统研究这些影响因子对投资者羊群行为形成机理的影响。本文通过运用具有较高信度和效度的调查问卷对实际证券投资者的投资心理和投资决策相关过程进行调查研究,识别并分析了影响羊群行为的六个因子——个性品质、信息分析、信息获取、市场主力、舆论政策、投机心态。另外,对中国投资者在不同人口统计特征上的因子得分进行的差异检验,得出羊群行为影响因子对不同投资群体的影响差异显著,为相关政策的制定和完善提供基础。论文填补了投资者心理特征与羊群行为相关关系的研究空白。论证了不同投资者行为交互和市场信息结构决定了羊群行为的市场表现。本文在分析元胞自动机仿真经济系统可行性和局限性基础上,提出了建立专业性扩展元胞自动机模型的基本思想,然后建立了基于扩展元胞自动机的一个 Multi—Agent 的股票市场仿真模型,分析证券市场投资者行为交互与证券市场羊群行为的关系。

关键词:证券投资　投资者　证券市场　投资决策　羊群行为

4993

荷属跨国公司在华子公司跨文化组织学习能力实证研究 / 戴万稳著 ; 赵曙明指导. -- 南京大学, 2005. -- 181 页

本文所关注的是中国和荷兰的社会文化差异对荷属跨国公司在华子公司组织学习能力和效果的影响。文章在回顾和综述跨国公司文化管理研究、组织学习和学习型组织以及核心竞争力理论的基础上,提出相关研究假设。文章采用定性讨论和定量分析相结合的研究方法。随机选取了飞利浦、阿克苏诺贝尔、帝斯曼、海涅根等 4 家荷兰社会文化背景跨国公司的 17 家在华子公司为调查样本。面向中高层管理人员,发放结构化调查问卷,利用 SPSS10. 0 和 AMOS4. 0 软件,通过结构方程模型对研究假设进行探索和验证性分析。结果显示,中国和荷兰社会文化在个人和集体主义倾向上的差异对荷属跨国公司在华子公司中个人层次上创造学习机会的能力、团队层次上的合作能力及组织层次上对环境的适应融合能力有着显著的影响;不确定性风险规避倾向上的跨文化差异对个人、团队和组织等三个层次上的七种学习能力均有着显著影响;刚性和柔性倾向上的跨文化差异对个人层次、团队、组织层次上的能力有着显著影响;长期和短期倾向上的跨文化差异对组织层次上学习成果的分享能力、对环境的适应融合能力、为学习提供战略引导的能力有影响;权力距离倾向上的跨文化差异对组织中个人、团队和组织三个层次上的七种学习能力未表现出显著影响;五种跨文化差异维度及七种组织学习能力对组织学习的效果未形成显著影响。文章最后提出相关政策性建议。

关键词:跨国公司　企业文化　学习型组织　核心竞争力　跨文化管理　荷兰

4994

中国企业"空降兵"驱动的营销变革实践研究 / 戴鑫著 ; 田志龙指导. -- 华中科技大学, 2005. -- 216 页

本文主要研究下面五个问题:中国企业由空降兵驱动的营销变革现状,中国企业如何在合适的时间选

择合适的空降兵来发动营销变革,空降兵在企业内如何推进营销变革过程,空降兵驱动的营销变革如何在企业内执行和巩固,如何评价和改善空降兵驱动的营销变革绩效。文章对1995年1月到2004年5月间的空降兵驱动的营销变革实践进行了描述性的统计分析,归纳了近10年来中国企业空降兵个人、空降企业、空降企业外部环境、营销变革过程与内容、营销变革结果与绩效、空降兵个人收益与后续发展等五个方面的特点和规律。论文提出了空降兵的营销变革知识体(KBMC)和企业的营销变革体(BMC)两个模型,以营销变革事项为纽带,将KBMC的知识特征和BMC的知识需求特征联系起来,构建了企业选择空降兵的KBMC－BMC选择模型。文章提出了一个营销变革过程四阶段整合模型,以郎酒公司的变革案例为个案,对中国企业营销变革实践进行了研究分析。论文将KBMC和BMC在营销变革中对于营销知识的认知发展过程整合为KBMC－BMC知识双循环模型,以此来研究营销变革的执行和巩固问题。文章引入了基于改进的平衡记分卡营销变革绩效评价分析模型和基于灰关联方法的营销变革绩效评价分析模型,并在这两种模型提出的10种改善模式基础上构建分析改善矩阵,以此来研究中国企业营销变革绩效的改善问题。论文附有中国企业空降兵驱动的营销变革实践调查表与调查样本。

关键词:企业管理　市场营销　营销模式　空降兵

4995

全球视野下的我国大型国有外贸企业战略转型研究／戴志伟著；宣国良指导. -- 上海交通大学, 2005. -- 158页

本文从战略管理理论和价值链管理理论出发来研究我国大型国有外贸企业战略转型的理论体系。文章回顾了国际贸易理论和战略管理理论,回顾了我国大型国有外贸企业的经营模式变迁。文章对我国大型国有外贸企业在价值链运作方面存在的问题进行了分析,分析指出现代大型外贸企业正在逐渐成为贸易价值链的整合者。本文阐述了分割市场结构下的传统国际贸易模式理论,提出了"发展大外贸、打造大平台"的大型国有外贸企业在全球市场下的生存之道。文章给出了基于网络整合的价值网模式,构建了一个外贸价值网的组构模型,分析了企业组构价值链选择意愿与影响因素的关系。文章构建了我国大型国有外贸企业战略转型的总体框架,总体思路框架包括重新确立在价值链中的地位、巩固和拓展原有的价值链、核心资源与能力再造。文章在研究的基础上给出了我国大型国有外贸企业战略转型的具体策略,从重构资源体系、搭建各大平台、构建核心能力体系三个方面进行了探讨。文章最后分析了我国大型国有外贸企业的核心能力所在,并给出了其构建的三步走策略。

关键词:外贸企业　国有企业　战略管理　价值链

4996

中小企业集群研究／党怀清著；彭星闾指导. -- 中南财经政法大学, 2005. -- 155页

作者在梳理国内外中小企业集群理论研究成果的基础上,运用经济学、管理学和社会学的相关理论,对中小企业集群的形成、特征及演化规律进行了探讨,对中小企业集群的竞争优势进行了分析,讨论了中小企业集群内部的运行机理,介绍了中小企业集群创导理论、评述了其实施模型,最后对相关案例进行了实证分析。在分析中小企业集群竞争优势时,作者在对企业竞争优势理论进行述评的基础上,从一个新的视角:即资源、能力整合的角度建立了中小企业集群竞争优势的分析框架,阐释了其作用机制。作者通过探讨中小企业集群的三个构成要素:经济网络、创新网络和社会网络,运用经济学、管理学和社会学相关理论,系统阐述了中小企业集群网络内部的运行机理。随后,介绍了中下企业集群的概念及其理论,对中小企业集群创导实施模型及其要素进行评述,并论证了集群创导实施模型的案例及其对中国的启示。最后,作者通过走访调查获取武汉光谷高科技中小企业集群和武汉服装行业发展的相关材料,分析其现状和存在的问题,并进一步提出相应的对策建议。

关键词:中小企业　竞争优势　产业集群

4997

组织资本的形成、演化及其企业绩效关系的研究／邱强著；唐元虎指导. --上海交通大学, 2005. --148页

本文的研究内容重点是五个方面:组织资本的内涵、组织资本的形成、组织资本的演化、基于组织资本的企业成长路径选择、组织资本与企业绩效的关系。论文分析了组织资本的概念和价值特性,从组织知识的产生和转移两个方面解释了组织资本的形成机制。组织资本的基础是组织内部的知识,知识的隐性和动

态的特点决定了企业组织资本的形成。论文提出了组织资本演化的概念框架,采用系统动力方法分析了组织资本和组织惯性的反馈过程,给出了组织资本演化过程的系统动力分析模拟结果。论文设计了相应的因果关系图来分析组织资本、组织惯性、组织绩效这些因素之间的相互关系。基于模型模拟的研究结果是:组织变动的初期或者间歇的组织变动对组织资本影响不大,而无间歇的组织变动将会严重降低组织资本的水平;当组织处于变动的环境中时组织惯性将不断衰减,但最后将会趋于某一固定水平。论文把组织资本区分为通用型和专用型,构建了基于这两种组织资本的企业成长模型,给出了基于这两种组织资本的企业最优成长战略。论文还以我国上市公司为样本,检验了我国企业间利润差异的持续性和内生性,验证了企业组织资本对我国企业绩效的重要性,对组织资本与企业绩效的关系进行了实证分析。实证分析表明,与组织资本有关的变量对企业总资产报酬率有显著影响,

关键词:组织管理　组织资本　企业绩效

4998

企业竞争优势动态性形成机制研究 / 董加伟著 ; 张祥,王方华指导. --上海交通大学, 2005. --167 页

本文首先总结回顾了国内外有关竞争优势的理论,分析了产业竞争理论与资源能力学说对企业竞争优势解释的不足,指出竞争优势及其动态性的深入研究需要系统理论整合资源能力理论和产业经济理论,从系统观的角度把握企业内部资源能力和企业外部竞争环境的交互关系。然后,本文运用企业资源能力理论论述了企业竞争优势形成的内部因素,提出了资源与能力的辩证关系,给出了企业竞争优势及其动态性的定义。通过借鉴产业经济学有关竞争优势的理论,根据系统科学中系统与外围环境的理论,建立了以企业为中心的九因素竞争环境模型,并运用此模型分析了企业竞争优势产生的外部因素。之后,本文综合分析了企业竞争优势产生的内部资源能力因素与外部竞争环境因素。通过构建企业系统理论结构模型为竞争优势动态性提供分析框架,指出了企业竞争取胜需满足的关键性成功因素,并给出了企业竞争优势机制模型。其后,本文又分别从动态性竞争环境角度和动态性资源能力角度论述了企业竞争优势动态性的内外因素,指出动态性的竞争环境是企业竞争优势动态性的外因,而动态性的资源能力是企业竞争优势动态性的内因。最后,本文综合论述了企业竞争优势动态性形成机制。通过对前文的总结,给出了竞争优势动态性的准确定义;指出了企业竞争优势的动态性发展过程的实质,并提出了竞争优势动态性的特征。

关键词:企业管理　市场竞争　竞争力　资源优势

4999

产业内部结构对竞争反应行为的影响研究 / 窦彬著 ; 田志龙指导. -- 华中科技大学, 2005. -- 128 页

论文采用实证研究的方法,以中国钢铁行业为研究背景讨论了影响企业竞争反应决策行为的产业内部结构因素。在理论上,首先指出在满足了战略集团的确存在于行业中,且战略集团结构作为一个产业组织的概念对企业间的竞争互动产生影响这两个条件下,战略集团结构可以作为竞争活动中行动者和反应者之间同质性的代理,以研究分析由于产业环境所产生的同质结构对竞争反应行为的影响。其次,在战略集团内部,核心公司和次要公司代表了集团内企业间的异质性,这样不仅可以从战略集团所代表的同质性角度来解释企业竞争行为,也可从集团内的异质性角度来分析竞争反应行为的差异。在实证研究中,以行业专业网站 www. mysteel. com 和 www. steel-info. com. cn 的新闻报道为数据基础,通过观察 500 个以上的行动和 2000 次以上的反应活动,对提出的假设进行统计分析验证。通过理论和实证研究得出如下结论:战略集团间的企业行为存在差异,集团内不同战略定位的企业间的竞争行为也存在差异;竞争企业间存在竞争反应的不对称性;战略集团结构能够反映这种不对称的程度;不同市场结构环境下,企业的竞争反应行为存在差异。这些结论为制定企业自身战略提供了一系列预期竞争者反应的指导方针。

关键词:钢铁工业　产业结构　市场竞争　企业集团

5000

战略性创业的理论研究 / 杜卓君著 ; 施建军指导. 南京大学, 2005. -- 153 页

本文主要从战略性创业的视角分析动态竞争环境下的企业创建与成长。战略性创业思想认为:企业应当同时进行机会寻求和优势寻求的活动,通过对创业(机会搜索行为)和战略(优势建立行为)观点的结合,来计划和实施战略,最终创造财富。文章从战略管理和创业研究两个领域的研究成果出发,对战略性

创业活动的要求进行了分析,归纳出其理论模型,并认为战略性创业活动包含以下要素:创业心智、战略性创业者/企业家、创业型文化、创业机会、战略资源和创业战略,并指出创业心智是进行战略性创业活动的内在前提,战略性创业者/企业家是战略性创业活动的执行主体,而其他的四个要素是活动的重要组成部分。不同阶段的企业其战略性的活动内容和侧重点有所不同,作者对新创阶段企业和现营阶段企业的战略性创业活动从其执行主体、行动要素及具体环节、要素的战略匹配与创业战略的选择这三个方面进行了探讨,在此基础上提出了不同阶段的战略性创业活动相应的行动战略方式,即新创阶段的六种模式(包括模仿跟进、市场发现、市场挑战、创新进入、改变规则和创新革命)和现营阶段的四种模式(包括持续创新、多元化公司创业、战略变革和框架突破)。最后,作者分析了中国企业的战略性活动现状,并在前文框架下对中国企业的战略性创业及其辅助条件提出了一些建议。

关键词:创业　企业理论　战略管理

5001

社会资本与企业竞争优势 / 樊懿德著 ; 王以华指导. -- 中国人民大学, 2005. -- 174 页

本文探讨了企业竞争优势与社会资本的关系以及如何通过社会资本提升企业竞争优势。论文总体分为三部分:第一理论篇,该篇通过阐述竞争优势的战略意义以及企业利用社会资本提升企业竞争优势的实践,提出本论文的命题"社会资本对提升企业竞争优势具有重要作用"。然后系统分析了传统的竞争优势源泉理论与社会资本理论。在此基础上提出社会资本与企业竞争优势的关系以及社会资本在提升企业竞争优势方面的作用机制。第二运作篇,该篇从企业实际操作的角度进行了分析,核心问题是解决企业如何利用社会资本提升企业竞争优势。具体包括:社会资本投资、社会资本积累、社会资本利用、关系管理、社会资本经营战略等。第三对策篇,本部分解决的核心问题是:中国企业社会资本经营中存在的问题、产生问题的原因与解决问题的对策。实践证明,在现代市场经济条件下,企业竞争优势是决定企业自下而上的法宝,社会资本对企业竞争具有重要作用。

关键词:社会资本　企业管理　市场竞争　竞争优势

5002

管理层收购中的公司治理重构 :一种内部人控制的分析视角 / 方荣岳著 ; 李若山指导. -- 复旦大学, 2005. -- 150 页

本文着重分析了管理层收购的经济意义、激励效果和经济效率,指出管理层收购的正面和积极意义。论文指出,MBO 作为一种改革工具本身不具有道德含义,对其的认识应该采取一种理性中立的态度。在改制的过程中,MBO 可能会被某些人用作谋取私利的工具,但作者认为问题的根源不在 MBO 本身。论文通过分析指出,造成目前企业内部人控制问题和管理层收购问题的根本原因,并不在于管理层收购本身,而在于公司治理法律制度的不完善。在目前的一系列法律制度尤其是执法问题不完备的情形下,管理层收购应该慎重对待。在制度层面上,一方面通过《公司法》、《证券法》、《国有资产法》等一系列法律制度的建立或完善,强化公司治理制度的完善,另一方面,要加强执法,从而确保现有的公司治理制度能够发挥应有的作用。本论文共包括七章。第一章在对有关文献综述的同时提出本论文的理论基础。第二章从两个角度分析管理者私人激励的构成。第三章对沪市上市公司管理层对管理层收购的态度进行了问卷调查和实证分析。第四章分析管理层收购的社会效率。第五章在对公司治理理论重新认识的基础上,指出 MBO 意味着公司治理的重新调整,但同时需要现有的公司治理制度的配合。第六章明确中国公司治理改革的基本目标,提出改革的一些建议。第七章对全文进行总结。

关键词:管理层收购(MBO)　内部控制　公司治理　股权　控制权

5003

企业家与分工问题研究 / 方晓东著 ; 唐元虎指导. --上海交通大学, 2005. -- 149 页

本文在杨小凯等人工作的基础上,建立了一个改进新兴古典经济学分析框架,利用这一框架对企业家和分工问题进行了分析,得到了一些有益的结论。文章对新兴古典经济学研究框架主要的改进引入了劳动生产效率和交易时间两个变量,同时提出了比较静态研究新的研究视角——即时分析。文章利用改进新兴古典经济学分析框架建立了一个产业分工的模型,并利用这一模型对产业分工发展的条件进行了分析,提出了产业分工条件不等式。文章还利用改进新兴古典经济学分析框架对产业分工与市场规模的关

系进行了分析。通过利用改进新兴古典经济学分析框架建立了一个企业分工模型,利用这一模型,证明了企业家能够降低交易成本促进企业分工。文章利用改进新兴古典经济学对商业分工的条件进行了分析。研究表明,商业企业家及商业分工出现的前提条件是消费者—生产者的劳动生产率有一定程度的提高。这表明,交易成本的降低也是以劳动生产率的提高为先决条件的。同时表明技术创新对于分工的决定性意义。市场参与者越多,则商业分工出现所需要的劳动生产率提高程度越小,也就是说商业分工越容易,这与分工的市场参与规模理论是相符的。

关键词:分工　企业家　新古典经济学

5004

城市蔬菜产业综合竞争力提升的理论与实证研究：以上海蔬菜产业为例 / 方志权著；顾海英指导. -- 上海交通大学, 2005. -- 193 页

本文以波特的产业国际竞争力理论、消费者行为理论等为理论基础,以研究影响和决定蔬菜产业竞争力的因素为主线,结合中国城市蔬菜产品和产业发展的实际,采用比较分析、因素分析、实证分析、案例分析等方法,以分析上海为例,在全面调查与典型调查的对比分析、中国与国外现状和问题比较的基础上,通过SWOT分析,提出中国大中城市蔬菜产业综合竞争提升的战略与对策建议。论文分理论与实证两大部分,共七章。首先,论文对与竞争力问题密切相关的经济学和管理学理论进行了梳理,并在大量阅读中英日文文献的基础上,对国际国内关于农业、农产品竞争力实证研究现状进行了综述,提出了蔬菜产业综合竞争力的定义,界定了相关概念,在此基础上提出了研究中国大中城市蔬菜产业综合竞争力的重要现实意义。文章围绕围绕价格、成本、质量、安全、营销、品牌等相关因素,对城市蔬菜产品的竞争力(以上海为例)进行了实证分析,揭示了上海蔬菜产品的成本地位、价格竞争力状况及形成与变化的原因,评价了城市蔬菜产品价格与非价格竞争力方面的缺陷及其对产品竞争力的影响。文章最后运用SWOT战略分析方法,对中国大中城市的蔬菜产业综合竞争力进行了分析,并相应提出了对策建议。

关键词:蔬菜业　竞争力　蔬菜市场　上海市

5005

企业与环境互动关系研究 / 费显政著；赵锡斌指导. -- 武汉大学, 2005. -- 133 页

本文首先对权变理论、新制度理论、种群生态学、资源依赖学派、战略选择理论、交易成本理论、关系与网络学派和商业生态系统理论这八大学派进行了介绍和多角度比较分析,并通过对各学派理论观点的解构和整合,建立了一个融合不同学派观点的理论框架,以期全面、动态反映企业与环境关系的全貌。接着,本文探讨了企业与环境互动关系的(非)均衡性特点,及(非)均衡在企业与环境进化中的作用机理。最后,根据企业与环境(非)均衡的特征,讨论了企业的调适问题。文章各章节的主要内容如下:第一章对企业环境进行了概述性的介绍;第二章首先对涉及企业和环境关系问题的各理论流派进行了简要的文献回顾,在此基础上总结了不同学派的共同点,通过比较探讨了差异产生的原因;第三章提出企业与环境的整合理论框架;第四章引入(非)均衡的概念来探讨企业与环境关系的性质和企业与环境的进化问题;第五章讨论企业在(非)均衡中的调适问题。文章构建出一个反映企业与环境互动关系的整合理论框架,提出并论证了企业与环境的(非)均衡性问题,并探讨这种(非)均衡关系在企业与环境两者互动进化过程中的作用机制,以企业与环境的(非)均衡关系为基础,探讨企业调适的调适点选择和调适方向确定的问题,并建立企业面向环境战略的权变理论模型。

关键词:企业　企业环境　企业发展

5006

企业合作困境与商会规避机理：以反倾销为例 / 冯巨章著；吴能全指导. -- 中山大学, 2005. -- 209 页

本文以反倾销为切入点来研究其所反映的企业合作困境及商会对其规避的机理。文章回顾和描述了我国目前面临的反倾销问题:最主要的被指控国和最大受害者。作者认为这是由于我国在反倾销中企业合作出现了问题,即企业合作困境。本文回顾了我国现有企业合作困境及其规避的研究和发展。本文从企业决策的角度出发,通过构建模型对企业合作困境形成的原因、过程和表现进行了反思,文章认为企业合作困境是信息不完全和搭便车行为共同作用的结果。文章指出商会是规避反倾销中企业合作困境的机制,并对商会规避困境、促进合作的机理进行规范分析。作者使用了统计分析方法对我国商会进行了实地调研、访谈和数据搜集,经验检验结果显示,商会可利用信息优势、类重复博弈机制和关联博弈平台,影响决策者的主观信念,促使企业合作并使企业

合作顺利进行。文章进一步表明商会的规模是影响商会协调行动有效性的关键因素。文章通过分析指出我国商会发展模式的最优选择是介于英美模式和大陆模式之间的混合模式，是“市场主导、政府推动、行业自主”，由政府和企业合作推动的。

关键词：企业管理　经济合作　商会　反倾销

5007

创业投资者决策的集群依赖性研究 / 冯奎著；高闯指导. -- 辽宁大学, 2005. -- 118 页

本文将创业投资者置于典型的高技术集群环境中，从集群的基本特征，即集群的地理邻近性特征、产业聚集特征、关联特征这三个方面，重点分析创业投资者科学决策具有集群特征依赖问题。在此研究基础上，构建出反映创业投资者科学决策的集群依赖的框架模型。该模型（STAR 模型）反映了创业投资者和创业企业以各自集中和复杂关联的方式建立邻近关系，创业投资者科学决策正是基于地理邻近因素、子群关联因素而展开。运用该模型，本文对中国高技术产业开发区、中国中关村高技术产业集群的创业投资者问题进行实证研究。文章认为，提出创业投资者决策集群依赖的命题，必然引致集群政策思路的确立，以此，推动中国创业投资者事业的进一步发展。本文共分为七章：第一章导论，介绍论文选题的理论背景与现实意义，提出研究工作的技术路线和研究方法。第二章是对集群依赖性的一般分析，建立了分析创业投资者决策的模型框架（STAR）。第三章分析创业投资者群体（子群）与创业企业群体（子群）在地理上集中，进而具有地理邻近关系的特征。第四章指出创业投资者子群是一个包含多层次创业投资者的群体。第五章提出创业企业的联结具有不同模式，体现了创业企业之间既有信息包裹，又有信息共享。第六章是对创业投资者决策集群依赖性的应用分析。文章最后一章提出了相关的政策建议。

关键词：创业投资　投资者　投资决策

5008

商业银行业务国际化的效应与策略研究 / 冯嗣全著；欧阳令南指导. -- 上海交通大学, 2005. -- 181 页

本文从讨论银行国际化的内容之一——业务国际化的效应开始，结合我国银行业的实际情况，讨论了我国银行业务国际化进程中争取正面效应的发展策略，以及避免或减轻负面效应的风险控制策略，指出为有效实施这些策略需要的相应配套措施，最后考察了我国银行业务国际化的实践进展，并提出未来发展的总体战略策略安排。论文共分七章：第一章绪论部分，内容涉及问题的提出、概念界定以及本文的结构与框架。第二章从宏观层面上考察银行业务国际化对母国金融发展和金融脆弱的影响。第三章从微观层面考察了银行业务国际化的效应。第四章从客户、产品、营销、并购与联盟等几个方面讨论了我国银行业务国际化的发展策略，以求取得国际化业务拓展理想效果。第五章从商业银行内部风险管理和外部监管两方面讨论了与业务国际化相关的各种风险控制策略。第六章分析了保证业务国际化有关策略顺利实施的配套措施。最后，论文第七章在前面“效应与策略”分析的基础上，回顾了我国银行业务国际化的实践过程，并提出了未来业务国际化在分阶段推进、区域布局、发展模式等方面的具体战略安排，讨论了在策略上如何从市场进入，到业务渗透与扩展，到建立和维持比较竞争优势，最终获得业务国际化的成功。

关键词：商业银行　银行业务　国际化　风险管理

5009

重构资本结构：纳入人力资本的资本结构研究 / 付小平著；张文贤指导. -- 复旦大学, 2005. -- 176 页

本文采用规范研究和实证研究相结合的研究方法，主要研究纳入人力资本的资本结构，对资本结构研究进行试探性的理论突破，试图重新构建纳入人力资本的资本结构理论，并尽可能运用一定的定量研究和实证分析来支持纳入人力资本的资本结构理论。本文采用规范研究的方法对资本结构的重构进行理论上的探讨，同时，利用所收集到的上海市国有企业的相关数据，运用实证分析法，对重构资本结构进行了定量研究，分析了重构资本结构的基本特征。文章提出了基于能力性 EVA 的人力资本价值计量模型和重构资本结构的计量模型。在理论建构的基础上，本文随机选择了 240 家上海市国有企业作为样本单位，按照文章所设计的基于能力的 EVA 的人力资本价值模型和重构资本结构的计量模型进行了定量研究。结果表明：(1) 人力资本的平均规模大于物质资本的平均规模；(2) 人力资本的构成已超过物质资本的构成；(3) 人力资本成本率接近股本成本率；(4) 债务资本成本率低于人力资本成本率和股本资本成本率；

(5)重构资本结构的综合成本率约为6%。

关键词:资本结构　人力资本　产权　企业管理

5010

中国传媒集团组织转型研究 / 傅平著 ; 芮明杰指导. -- 复旦大学, 2005. -- 311页

本文从传媒企业集团的现实背景开始,详尽地描述了研究思路和框架内容。对传媒产业集团、传媒企业集团组织转型研究的两个前提和传媒企业集团组织转型研究的核心问题作了明确的界定,如对分析国内外传媒集团组织转型模式的前提的认定和传媒集团一般具有信息组织、利益组织和政治导向三重属性的选择,明确了分析的依据。作为本文的分析工具,方法论与研究设计是重中之重,如一般方法论的组织发展的结构主义有机观、组织形态转型和变革的建构主义观和基于系统结构的传媒生态环境视角都较全面地体现了研究者希图通过立体、动态的描绘来挖掘现象的本质,在具体研究方法中,田野研究与实证方法相结合和组织转型研究的方法架构均是一种积极的探索和深层的思考。理论与文献探讨是通篇文章的根基,文章从传统组织理论学派的研究到发展,以行为科学的组织理论、群体生态理论、资源生态理论、资源依赖理论、交易费用理论和新制度组织理论为基础,对既有组织理论的贡献与不足作了客观的评价。文章对中国传媒集团现状进行了分析,并对中外传媒集团组织差异性进行了比较。最后对我国传媒企业集团组织结构形态等提出了相关建议。

关键词:传播媒介　企业集团　企业组织　生态环境

5011

基于知识共享的组织文化研究 / 富立友著 ; 苏勇指导. -- 复旦大学, 2005. -- 239页

本文在研究国内外有关组织文化以及知识共享的相关领域的文献的基础上,从知识共享角度对于组织文化进行了系统性的分析和研究。首先,从知识的角度对组织文化进行了分析,提出组织文化的知识性质,即知识通过影响社会文化、创始人及其主要领导者的价值观、组织惯例以及个性文化制约着组织文化的形成;知识的应用决定了组织文化的演化;知识构成了组织文化的核心。因此,组织文化是组织中极为重要的知识,组织文化的核心和实质,是组织文化的知识体系。在分析组织文化的知识性质的基础上,根据知识管理的要求——实现"动态的"知识管理,即对现有的明晰知识进行收集、分类、整理、存储和查找之外,还要把存在于人的大脑中的、难以表述的知识以某种方式留存下来,经过组织中对知识的学习、共享和创新的过程,使之成为组织的"知识"。最后文章研究认为,基于知识共享的组织文化的模式就是组织文化的知识模式,这种知识模式是我们建设知识共享的组织文化的目标,其核心是适应环境的变化,最终使组织记忆向组织本能转化。

关键词:企业文化　组织文化　学习型组织　知识共享

5012

现代企业制度下代理决策风险的控制问题研究 : 基于效用对称的风险责任分担机制 / 高林著 ; 包政指导. -- 中国人民大学, 2005. -- 110页

本文在对代理问题的风险特征进行深入分析的基础上,重新从效用理论的基本思想出发,讨论了现代企业中股东与经营者乃至股东之间的代理决策风险控制问题,并提出了新的解决思路。本文的主要内容和研究结论如下:文章导论中详细介绍了本文的研究主题、主要意义、创新成果和内容结构;第二章文献综述部分对国内外风险管理理论、效用理论、企业契约理论及博弈论中有关代理风险控制问题的研究作了简要回顾,并对其逻辑上的沿革和相互衔接关系进行了总结;第三章通过分析现有理论中对于代理风险成因的认识上的不足,提出更为深入研究代理风险的成因的必要性,并从代理风险发展历史的角度对这一问题进行了分析;第四章从概念和形成机理的角度研究代理风险的成因;第五章根据前文对于代理决策风险成因的研究成果提出企业股东与管理者之间代理决策风险的控制模型;第六章提出企业所有权人之间的代理决策风险控制模型;第七章主要讨论我国国有企业代理决策风险现状以及上述模型在我国现实环境中应用的相关问题;第八章对本文的主要观点和局限性以及对于未来的研究看法进行了阐述。

关键词:股东　经营者　代理　风险管理　企业管理

5013

企业营销绩效评价研究 / 高世昌著 ; 郭国庆指导. --中国人民大学, 2005. -- 166页

本文按"路径依赖"原理,在吸收既有研究成果的基础上,结合市场营销学理论的发展与时代的要求,通过调查问卷,采取实证研究方法,并按照平衡计分

卡原理和指标评价理论,构建了比较科学的营销绩效综合评价体系,在模型运用方面采用模糊层次集成分析方法和主成分方法对营销绩效进行评价,并用DEA分析方法对企业营销资源分配进行优化与调整。本文主要包括三部分:引论部分(第一章和第二章)、正文部分(第三—六章)和结论部分(第七章),共七章。第一章导论介绍本研究的选题背景和意义;在总结国内外研究现状的基础上,对营销绩效及其相关概念进行了探讨,提出了本研究的创新要点与研究难点;第二章文献综述;第三章营销绩效评价机理研究,文章提出了营销绩效评价模型,分析了营销绩效评价的约束条件和营销绩效评价系统的运行机制,还对营销绩效评价研究的相关支撑理论进行了阐述;第四章在前三章的基础上,重点分析了影响营销绩效的战略、环境、营销执行力、市场竞争力及营销伦理等因素,在理论和实践的基础上,归纳出营销绩效评价指标;第五章营销绩效评价模型的构建,对营销绩效评价指标的取值及计算方法进行了较为详细的说明;第六章为实证研究;第七章总结全文,进一步指出企业营销绩效评价研究方向,以及创新的途径,提出改进企业营销绩效评价的政策性建议。

关键词:销售管理　经济评价　市场营销　绩效管理

5014

电子商务创业压力及其对创业绩效影响研究 / 龚志周著 ; 王重鸣指导. -- 浙江大学, 2005. -- 149 页

本文在结合电子商务、创业管理和工作压力三个领域以往理论研究成果的基础之上,对电子商务网络创业背景下,电子商务创业压力形成的前因变量、组成结构、演变过程及其对创业绩效的影响机制等理论和管理问题展开了一系列的相关实证研究。文章通过半结构化访谈的方法,对12家处于不同发展时期、不同行业、不同盈利模式的典型电子商务创业企业的创业者及其员工进行了现场访谈和概括总结。对电子商务创业特征及创业压力源结构进行了理论概念模型的界定及效度研究,结果表明电子商务创业压力主要由网络市场竞争、网络系统管理、网络工作适应和网络创业角色四维度构成;一些个体及组织特征因素会影响到电子商务创业压力影响作用;最后,通过结构方程建模,验证了电子商务创业特征是引起电子商务压力的关键前因变量。文章采用现场准试验设计的研究方法还探索电子商务创业压力在企业不同创业发展阶段的演变过程。文章提出并检验了电子商务创业压力对创业绩效的各种影响作用机制,最后本论文总结了主要的研究结论,探讨了研究的理论和实践意义,并指出了研究存在的局限性及有待未来进一步解决的问题。

关键词:电子商务　创业　经济绩效

5015

贸易型企业价值网商业模式研究 / 苟昂著 ; 茅宁指导. -- 南京大学, 2005. -- 179 页

本文提出了外贸企业的新商业模式——价值网商业模式,并指出,价值网整合成为外贸企业的战略重点,价值网整合的能力构成企业的竞争优势。文章第一章导论,首先就当前外贸企业发展的外部环境和内部问题作了深入细致分析,对与本论文研究相关的重要概念进行了界定和说明,明确本文研究的目的、思路和方法,提出了全文研究的整体结构。第二章是文献回顾和评述,主要对与本论文有关的若干理论文献进行回顾,通过回顾和评述,指出在知识经济、信息化和网络化的条件下,企业的竞争优势来源将会发生较大的改变,即从传统的基于资源基础的竞争优势和产业的竞争优势转变到基于关系的竞争优势。第三章是企业商业关系的演化:从价值链到价值网。第四章讨论了价值网商业模式,提出构建价值网商业模式的关键点是如何定位核心企业、商业流程设计和组织保障,并分别对其论述和研究。第五章以香港利丰公司为例进行分析研究,讨论了贸易型企业商业模式创新动因与模式演变。第六章讨论贸易型企业价值网商业模式的构建。第七章以江苏苏畅外贸公司为例,探讨了该公司发展转型以及商业模式的创新设计。第八章是本文的结论、启示及进一步研究的方向。

关键词:外贸企业　商业关系　价值链　供应链管理

5016

集团公司治理与管理体制研究 / 郭全中著 ; 周绍朋指导. -- 中国人民大学, 2005. -- 210 页

本文以企业理论、产权理论和管理理论为基础,吸收和借鉴了一些经济学与管理学的基本理论,综合运用多种研究方法对集团公司治理与管理体制进行多层次、多角度的研究分析。沿着"股权结构——集团公司治理与管理体制——集团公司行为"这条主线,从理论研究、比较研究和案例研究三个角度系统地研究了集团公司的公司治理和管理体制。文章共分三个部分,第一部分为一、二、三章,为研究提供理

论基础；第二部分为四、五章，对集团公司的治理与管理体制进行了系统研究。第三部分为六、七章，结合我国集团公司治理与管理体制的现状，提出相应的对策。本文研究创新成果：把治理与管理体制结合在一起对集团公司进行研究；认为股权结构的合理与否决定集团公司的治理与管理体制是否有效，股权多元化、适度集中的股权结构有利于形成完善的集团公司治理与管理体制；对管理与治理的关系进行了准确的界定；提出公司治理需要解决的三个问题；认为在确定集团公司母公司对子公司的控制方式时必须注意的问题；文章综合利用经济学和管理学的研究方法，并使用案例研究，系统深入地研究了集团公司治理与管理体制，并对健全和完善我国集团公司治理与管理体制，提出了切实可行、有针对性的政策建议。

关键词：企业集团　公司治理　管理体制

5017

大学评价和拨款制度研究 / 郭新立著 ；王重鸣指导. -- 上海交通大学, 2005. -- 154 页

本文在全面分析国内外关于大学评价和拨款制度的现状和发展趋势后，对大学评价的基本理论，包括定义、类型、模式和指标体系等进行了分析，研究了评价大学效率的基本方法，同时从大学对社会的服务角度出发，提出基于大学功能的大学评价的新定义。本论文应用数据包络分析，考虑学校投入产出效益评价的需要，提出大学效率的定义，应用 DEA 理论建立大学效率评价模型，并对大学和重点学科进行了效率的实际评价。文章对大学评价中的一类特殊问题，即大学排序和分类问题进行了较系统的研究，在深入分析国内外、特别是对美国卡内基大学分类法的基础上，经过对有关数据的分析，得出了我国已经有部分大学基本具备了研究型大学基本特征的结论。在考虑了中国与美国不同国情的因素后，提出了一个新的大学分类标准。本论文从系统分析国外大学拨款制度和改革趋势入手，针对我国大学拨款的历史，提出我国大学拨款改革的发展方向，并对近年重点建设拨款进行了分析。在研究和实践的基础上，提出了既有一定理论基础、又可以实用化的基于评价的大学拨款一般模型。最后，文章从实证研究的角度，分析了国家重点学科评选、一级学科排名和"211 工程"验收等大学评价的基本思路和方法。

关键词：高等学校　教育经费　教育评估　大学

5018

基于消费者感知的价格促销策略研究 / 韩睿著 ；田志龙指导. -- 华中科技大学, 2005. -- 151 页

作者以当前企业广泛使用价格促销以促进短期销售增长为背景，从消费者感知入手，研究如何展开价格促销以达到更好的效果。论文首先回顾了已有的研究文献，总结了学者们在消费者的价格感知、价格促销的作用机制等方面的研究成果。并在此基础上，确定了研究不同类型的价格促销和不同的促销价格信息表达形式对消费者感知的影响为本文的研究内容。通过对报纸媒体和零售现场的促销广告的内容分析，作者研究和分析了我国市场上最常见的三种促销类型（打折、买赠和返券）以及最常用的两种语意线索（零售商、制造商）的比较价格广告对我国消费者的价格感知及行为意向影响的差异，并得出了相关结论。在前人及前文的研究成果基础上，论文进一步总结了消费者对促销感知的三因素：经济因素、信息因素和情感因素，分析了企业的促销活动对三因素的影响，并在此基础上提出了企业有效开展促销活动的具体建议。

关键词：价格　促销策略　消费者　销售管理

5019

企业内部审计绩效研究 / 韩晓梅著 ；施建军指导. --南京大学, 2005. -- 140 页

本文探讨内部审计绩效的影响因素，分析内部审计绩效评价模型，并通过实证分析来对我国企业内部审计绩效的现状进行判断，进而提出相应的改进对策。第一章导论中，论文提出研究的现实和理论背景，对研究中涉及的相关概念进行了界定，并对相关的文献分类进行了系统地回顾和分析，并在此基础上，提出论文的研究思路、方法和论文的整体研究框架。第二章提出影响内部审计绩效的关键内生因素主要是内部审计人员、内部审计方法和内部审计定位。第三章从内部审计利益相关者的角度进行分析，认为企业中影响内部审计绩效的外生因素主要是利益相关者报告模式、审计委员会和管理层/被审计者。第四章主要进行企业内部审计绩效评价体系的构建。先对 GAIN 内部审计绩效指标进行了分析，继而在内部审计绩效评价中引入了平衡记分卡方法，构建了一个内部审计平衡记分卡模型。并在此基础上，将内部审计绩效指标与内部审计平衡记分卡结合使用，发展基于平衡记分卡的内部审计绩效评价体系。第五章以江苏省企业为例对我国企业内部审计绩效进行实

证分析及对策性研究。

关键词:内部审计　企业管理　企业绩效

5020

资本市场中的类型思维和类型投资行为研究 / 何丽君著 ; 石金涛指导. -- 上海交通大学,. 2005. -- 149 页

本文以中国证券市场为研究对象,系统、全面分析和研究市场中存在的类型思维和类型投资行为。文章基于前期类型模型(规则模型、样本模型、原型模型和因果模型)的辨析之上,构建了多类型代表性的混合模型,将类型思维引入资本市场。论文假设资本市场中存在着两类投资者:类型思维者和贝叶斯思维者,在此假设前提下,作者论述了两类投资者基于类型之上的预期,是投资者产生类型投资行为的基础。论文通过基于有限能力之上的代表性投资者类型思维过程展示资本价格共运的内在机制:动态的类型思维。论文假设资本市场中存在二大类型投资者:类型投资者和基本面交易者,而前者又可细分为积极反馈类型投资者和反向类型投资者,在这些投资者的动态博弈状态下形成资产的均衡价格,据此构建了基于类型投资的资产均衡价格模型。基于该模型之上,论文探讨了类型投资与资产价格运动之间的关系。文章对 1998 年 3 月至 2003 年 3 月共 20 个季度中的证券投资基金交易数据进行实证研究,表明证券投资基金在股票和债券两种资产类型间存在着类型转换投资行为。基金投资者在总体水平上采用了股票和债券类型层面的资金再分配策略。

关键词:资本市场　证券投资　投资行为　行为金融学

5021

基于智力资本管理的企业战略并购问题研究 / 何庆明著 ; 蒋明新指导. -- 西南财经大学, 2005. -- 228 页

本文围绕基于智力资本管理的企业战略并购的价值创造这一思路展开研究的:在对企业并购动机理论和智力资本管理理论综述的基础上,本文首先分析了企业的三种成长方式,从智力资本的角度阐明了如何选择并购的企业成长方式;其次构建了基于智力资本管理的战略并购模式,并建立了企业智力资本的模糊综合评价模型,以及并购目标企业选择和价值评价模型;然后对企业并购的价值创造及其与并购双方智力资本的关系进行了实证研究;最后在对并购双方智力资本的整合管理进行全面分析的基础上,结合典型案例对三种基于智力资本的战略并购模式进行了重点分析。具体内容包括:第一章企业并购动机理论与智力资本管理理论综述;第二章基于智力资本管理的企业并购成长分析;第三章基于智力资本管理的企业战略并购模式分析;第四章基于智力资本的我国 A 股上市公司并购的价值创造实证分析;第五章企业战略并购中智力资本整合管理的一般分析模式;第六章基于智力资本管理的企业战略并购模式整合管理分析,文章在结合案例,对企业战略并购三种模式的智力整合管理进行了分析,以阐明各种并购模式智力资本的整合管理特征。

关键词:并购　智力资本　企业成长　企业合并

5022

VaR 风险耦合理论模型、数值模拟技术及应用研究 / 何旭彪著 ; 龚朴指导. -- 华中科技大学, 2005. 98 页

论文对 VaR 风险耦合理论及其数值模拟技术进行了深入的研究。为获取风险耦合理论模型中所需的信用参数,作者充分挖掘我国上市公司的市场信息,引入违约距离的概念,提出了上市公司违约概率模型,建立了信用评价体系;借助 copula 相关结构理论描述风险间的耦合作用,建立了 VaR 风险耦合理论模型并给出了相关的数值模拟技术,拓展了 VaR 风险计量方法的应用范围;基于强度模型导出了反映风险耦合影响的可转换债券定价方程,通过径向基函数方法求得其数值解,并利用 VaR 风险计量方法评价了可转换债券的风险;提出了非平移收益曲线下的利率风险对冲策略,并利用 VaR 风险计量方法检验了策略的有效性;为了反映收益率的"尖峰厚尾性"和波动率的集聚性,作者采用广义误差分布代替 GARCH 模型中的正态分布假设,建立了广义误差分布 GARCH 模型,利用 copula 相关结构的 Monte Carlo 数值模拟技术生成了具有 copula 相关结构的模拟情景分布,并借助违约概率信息模拟公司违约行为,从而获得了风险耦合作用下资产组合的风险值 VaR 及 Mean-CVaR 有效前沿。

关键词:金融风险　风险分析　风险管理　信用　数值模拟

5023

复合期权与路径相关期权定价理论模型、数值模型及应用研究 / 何志伟著 ; 龚朴指导. --华中科技大

学，2005. --118 页

本文主要研究内容包括：复合期权与路径相关期权定价理论模型，多期复合期权与巴黎期权定价的数值模型实现技术，复合期权的应用研究，巴黎期权的应用研究等方面。具体包括路径相关期权定价的一般性理论框架，多期复合期权定价模型的数值计算方法，巴黎期权定价的数值实现技术，复合期权在风险投资项目评估以及可转换债券定价中的应用，考虑巴黎期权特征的可转债定价理论模型，发行者与投资者的博弈等内容。论文提出了变波动率多期复合实物期权模型，并将该模型应用于风险投资项目评价。提出了可转换债券定价问题的复合期权方法。文章探讨了巴黎期权这种特殊的路径依赖期权，提出了巴黎期权定价的一种半隐式有限差分算法，并证明了该算法的一致性。凭借半隐式格式构造了投影超松弛方法，综合反映了可转换债券的美式期权特征与巴黎期权特征，给出了一个具有赎回公告期限制和软限制赎回条款可转换债券的定价模型。文章对我国上市公司已发行的可转换债券进行了实证分析。文章最后研究了赎回条款对可转债价值及赎回策略的影响以及赎回公告期长度与财务结构之间的关系。

关键词：复合期权　期权定价　数值模拟　风险投资　可转换债券

5024

基于本土人际关系的中国渠道行为互动模式研究：以现代零售商的破坏性行为及其影响为例/贺和平著；卢泰宏指导. -- 中山大学，2005. -- 147 页

论文对本土心理学、组织行为学相关内容进行了回顾，将本土人际关系理论、冲突反应行为模式等延伸到渠道关系中，以现代零售商的破坏性行为及其影响为例，提出了一个探讨本土渠道成员对渠道关系中的破坏性行为做出反应的行为模式。作者还对 11 家供应商(其中包括两个书面案例)进行了案例研究。在定量研究阶段，作者在借鉴其他学者研究成果和探索性研究的基础上，形成了一份中国渠道关系行为的正式调查问卷。并根据从 158 位供应商营销人员采得的数据，以 SPSS 和 LISREL 分析后发现：(1)中国渠道成员对渠道关系中的破坏性行为做出的反应行为类型包括隔离退弃、消极抵制、建设性探讨、顺从接受、批评发泄与忍让迂回等。(2)中国渠道成员会根据渠道关系状况(包括关系远近、关系中的上／下位置)、破坏性行为的性质对破坏性行为做出反应行为。(3)面对渠道伙伴的破坏性行为，一个渠道成员会做出多种反应行为。(4)与西方渠道成员直接的问题表达不同，中国的渠道成员会更多地选择“消极抵制”、“忍让迂回”等回避渠道冲突、不直接表达情绪的渠道反应行为。

关键词：市场营销　销售渠道　人际关系　零售贸易

5025

市场导向、期望认知偏差、顾客满意与顾客忠诚之间关系研究：湖南省县级医院环境下的实证分析／贺艳春著；陆雄文指导. -- 复旦大学，2005. -- 149 页

本文以服务营销研究范式为主体，在克服国外现有研究中存在的缺陷的基础上，通过采用典型的实证研究方法深入认识市场导向、期望认知偏差、顾客满意和顾客忠诚等概念，并将这些概念间的关系性质放到中国县级医院背景中进行验证和系统分析。首先，从文献研究入手，对市场导向、服务质量、顾客(患者)满意和顾客(患者)忠诚等概念内涵及概念间的关系进行了深入分析，然后，根据文献研究提供的背景知识，提出了研究假设，构建了本研究的主理论模型和次理论模型。其次，简要地介绍了本文的研究方法。接着，根据所获得的样本数据，采用探索性因子分析和信度分析方法对问卷的有效性进行检验，根据效度和信用检验的结果，对部分问卷的问题进行了调整；在此基础上，运用单因素方差分析和多元回归分析方法对本文的研究假设进行了检验，这个过程也是对所构建的主理论模型和次理论模型进行验证的过程。最后，对研究结果进行了详细的解释和讨论；对本研究的理论贡献与理论价值作了简要的说明，并特别指出了概念分析方法和变量关系的系统认识所具有的理论价值；分析了本研究对医院营销管理实践的指导意义，对本研究的局限性给以说明，并指出了未来研究的方向。

关键词：医院管理　市场营销　服务质量　顾客满意

5026

创新产品市场扩散模型及其应用／胡知能著；徐玖平指导. -- 四川大学，2005. -- 230 页

本文通过对创新产品市场扩散问题的分析，研究了创新产品市场扩散的模型。文章认为对于半工业化国家，技术扩散是经济增长的主要因素，而技术扩散的主要内容涵盖了创新产品扩散与工艺和流程创

新扩散。作者对创新产品市场扩散进行了建模分析,主要分析因素有价格、广告和营销渠道。文章建立了基于营销策略的CA模型,定量描述了创新产品扩散的阶段性,定量描述了消费者的异质情形,模拟分析的结果与实际销售情况相吻合,为创新产品扩散的预测提供了一种实验方法。文章选择了互联网上网用户数对创新产品市场扩散模型群的实际应用问题进行实证拟合分析,分析结果表明和实际扩散情形吻合很好,并对未来几年的扩散情形进行了预测。文章提出了创新产品市场扩散模型的软件原型,提出应用行业数据与整合数据的思路来处理创新产品市场扩散模型所需要的数据困境问题。文章在此基础上,提出了基于创新产品市场扩散模型的营销决策支持系统框架,探讨了其支持功能与思路。

关键词:新工业产品　市场营销　营销策略　扩散模型

5027

企业家人力资本专用性投资的理论研究 / 黄红灯著 ; 唐元虎指导. --上海交通大学, 2005. --138页

本文的主要研究内容包括企业家专用性人力资本投资的内涵,专用性人力资本投资与一般性人力资本投资的关系,企业家专用性人力资本的形成,专用性投资的风险性,专用性投资的影响因素分析,专用性投资与权利分配专用性投资的相关性与治理结构的变化,专用性投资的价值体现等方面。专用性投资的本质在于(能动的)互补,这是专用性投资的效率和收益的来源。专用性投资的另一个特点是它的风险性,包括解雇风险,企业内的套牢风险等。文章对专用性投资收益的保护引出了"权力"的概念,即对企业"产生的剩余的讨价还价的能力"。通过专用性投资,企业家把有价值的关键资源带入生产过程,从而成为其权力的直接来源,由此产生了专用性投资的权变效果。这时的所有权也有了两个方面的作用:一方面可以促进企业家的生产性投资,另一方面可以抑制企业家的非生产性的寻租。企业家是企业利益相关者的"中心签约人",其专用性投资在增加企业价值、吸引参与者等方面起重要作用。随着企业家专用性投资重要性的不断增加,企业的治理结构也在发生变化。文章还研究了为激励企业家专用性投资所需要考虑的影响因素,包括制度、企业内外对企业家的评价、心理契约等方面。

关键词:企业家　人力资本　投资

5028

中国企业战略变革:思维逻辑与方法路径 / 黄旭著 ; 蒋明新指导. -- 西南财经大学, 2005. -- 238页

本文基于知识经济、经济全球化与中国加入WTO的现实背景,以中国PC制造业企业近年来的战略变革实践为实证研究基础,采用个案研究方法,通过对企业战略变革的动因、战略变革主导逻辑及战略变革方式所进行的深入分析与系统研究,探讨和挖掘企业战略变革的规律性,尝试构建应对不确定环境的企业战略变革的分析和思考架构,从而达到探寻适合中国企业战略变革思维与路径的目的。全文分为四个层次,共九章:第一层次(第一至三章)为研究思路与理论基础部分,主要为战略变革研究的一般概述、理论评述、研究思路与理论基础;第二层次(第四至六章)为研究主体部分,分别从战略变革的三个维度上(即"3W战略变革分析与研究架构")加以理论推演与分析阐述,即战略变革的主要驱动因素(Why)、战略变革主导逻辑定位(Where)、战略变革方式(What);第三层次(第七至八章)为实证研究部分,从PC制造行业与六家上市公司两个层面分章进行实证分析与研究;第四层次(第九章)为研究命题、结论与对策建议,在对实证研究进行总结归纳的基础上发展研究命题,提出研究结论,并以此提出了中国企业进行战略变革的对策建议。

关键词:企业管理　经济发展战略　战略变革

5029

跨文化经理人在中国的管理风格研究 / 黄彦邦著 ; 薛求知指导. -- 复旦大学, 2005. -- 214页

本文采用实证研究结合理论分析的方式,力图深入剖析在中国的跨文化经理人在管理风格方面的特点。作者对80多个公司企业中超过100个外籍经理人以及他们的70位中国同事进行了问卷调查和深度访谈研究。研究中,作者特别注意到几个要点:首先,针对在中国这一特定环境下的跨文化经理人进行研究,其本身就存在着一定的界定方面的难度,作者将港台和外籍华裔经理人归入外籍经理人范畴,是因为他们更多地遵从着处于高文化势能的西方商务习惯;其次,作者研究了来自北美、欧洲、日本、韩国以及大中国区等不同地区的经理人,但研究某一区域内的跨文化经理人,必然会发现他们之间存在诸多的差异性,这些差异性可以用多个分类维度来进行衡量,如发源地、公司所在地、对中国本地文化了解程度等;再次,所有这些维度最终都有可以归结到宏观的国民文

化、中观的企业文化或微观的个人特征的范畴中；最后，研究一类人群的行为风格需要一个明确的思路线索，这也是本文在进行理论研究时的重要任务之一。本文的创新之处在于，通过系统地实证和理论分析，比较完整和思路清晰地揭示了在中国特定文化氛围下，来自高势能商务文化环境的跨文化经理人的管理风格及其影响因素。

关键词：企业管理　经理　跨文化管理　企业文化　文化交流

5030

中国转型期制度变迁与经济增长 ：实证研究 / 计志英著 ；俞樵指导. -- 复旦大学，2005. -- 144 页

本文研究中国转型期制度变迁中的经济增长，目的是检验制度变迁对经济增长的影响效应。以实证与规范相结合的方法，研究了制度变迁对经济效率的影响，检验了分权财政体制下的地方政府行为与经济增长的关系，并对开放政策作了规范的实证研究。论文的具体内容如下：第一章阐述了论文的研究背景与研究意义，并对一些关键概念进行界定，提出本论文的结构与研究方法，并指出主要创新点与不足之处。第二章回顾了西方经济增长理论的发展历程及各阶段的主要思想及贡献，对中国经济转型的国内外相关研究文献及制度转型中的一些专题研究文献作了简要综述。第三章界定了制度的定义与内涵，并探讨了作为分析前提的制度变迁的一般理论。第四章根据转型期经济增长的制度背景，利用随机前沿函数研究经济增长过程中的效率改进、技术进步与全要素生产率的变化，研究结果表明，制度变量是影响效率的重要因素。第五章从 Barro 模型出发，在财政收支平衡的前提条件下，分析了公共支出与经济增长的 Laffer 曲线关系，并在此基础上，通过增加模型中公共品的种类，对 Barro 模型进行了扩展，分析了公共支出结构的调整与经济增长的关系。第六章对开放政策与经济增长的关系作了全面、规范的实证研究。第七章对全文的研究结论进行了总结。

关键词：经济增长　制度变迁　经济转型期　政府行为

5031

中国上市公司并购行为研究 / 贾昌杰著 ；靳云汇指导. -- 北京大学，2005. -- 121 页

本文将中国上市公司的并购行为从三个部分来研究，从不同的视角思考、探索。文章通过对 210 家上市公司 1999—2002 年四年期间的并购数据的事件史分析，认为在企业并购行为动因中存在战略惯性依赖，这种依赖体现在对规模经济、纵向一体化和多元化经营战略的重复，管理者需要审慎从事。作者对 1999—2002 四年期间 185 起涉及金额超过 1 亿元的大型并购事件进行了定量研究后发现，自由现金流量越多，并购公司的财富效应越低；国有上市公司并购的财富效应高于民营上市公司；并购公司以前的经营业绩与并购的财富效应正相关；而高管人员持股可以对其产生激励作用，使并购的财富效应增加。本文选取 1999—2002 四年期间 181 家上市公司在实施大型并购之后的高级管理人员更换事件为样本，运用 Logistic 回归分析，结果表明，我国上市公司的惩罚机制有一定效果，“不良”并购之后的高级管理人员更换，与公司的内部控制机制有关。

关键词：上市公司　并购　财富效应

5032

“利率走廊”调控模式研究 / 贾德奎著 ；胡海鸥指导. -- 上海交通大学，2005. -- 132 页

本文在前人研究的基础上，着眼于挖掘不同国家利率走廊调控操作的一些内在的、具有规律性的东西，从而能为我国货币当局政策操作时所借鉴，基于此，本文系统地研究利率走廊调控模式的运行机制，提出与传统的、通过控制市场上储备供给来调控利率的操作思路所不同，利率走廊调控模式通过改变市场主体的储备需求行为和正确引导市场主体的预期来实现政策利率目标，即需求管理型的政策操作模式；在已有的研究基础上，区分有法定准备金要求和无法定准备金要求二种情况来建立利率走廊模式的一般均衡模型，从而在理论上更全面地把握利率走廊发生作用的微观渠道，并据此抽象出利率走廊所赖以发挥作用的基本条件；通过借鉴西方国家进行利率走廊调控的成功经验，初步提出我国应对未来挑战的利率调控思路，并尝试构建在中国进行利率走廊调控的货币政策操作框架。综上研究及所得结论有可能拓展我国宏观金融领域理论研究的可能性边界，并对我国货币当局的政策操作实践起到指导作用。文章最后提出了研究的不足及对进一步研究的展望。

关键词：利率　货币政策　中央银行

5033

资本网络系统模型研究 / 蒋琰著 ；茅宁指导. -- 南京大学，2005. -- 168 页

本文主要研究内容是资本网络系统的特征、演化规律及其具体的表现模型。文章提出了资本的网络化配置思路,先从理论上对资本网络系统进行了探讨,在对理论分析的基础上,通过对各个资本要素变化之间的因果关系,构建了资本网络系统模型。并进一步利用实证数据,建立资本要素变化的指标体系,以结构化方程和路径分析方法对模型进行实证分析。通过对模型中的作用路径和模型结构的分析,本文揭示了资本网络系统模型的结构表现和具体特征,并指出了模型在理论和实践中的进一步运用。本文第一章提出了研究的主要问题、研究思路、研究方法和论文的整体研究框架;第二章围绕资本网络系统的构建,对相关的文献进行了回顾与综述评价;第三章围绕资本网络系统的基本特征来阐述的,包括资本网络系统的形成原因、资本网络系统从四个维度分析的结构层次、资本网络系统的主要特征与优势等;第四章围绕资本网络系统的动态演化方式——资本转换来分析的;第五章对资本网络系统进行实证分析;第六章在对资本网络系统实证分析的基础上,提出模型的假设并对理论模型进行研究;第七章首先讨论了模型在理论上的应用,接着讨论了该模型在企业管理实践上的应用;第八章总结了模型的主要结论,探讨了模型进一步完善、应用领域的拓展和今后研究的重点。

关键词:资本　资本经营　网络系统　企业网络

5034

创业型企业愿景预览与人力资源效能关系研究／柯年满著 ；王重鸣指导. -- 浙江大学，2005. -- 158 页

本文围绕现实愿景预览的内容结构特征、作用机制、组织效能、缓冲效应、预览模式、个体和组织差异等问题,展开了一系列相关的研究。研究一通过半结构化的访谈方法,对 12 家不同创业阶段、所有制、规模企业的现实愿景预览实践进行了现场调查和概括总结。研究二对创业型企业的现实愿景预览的概念特质进行界定和效度验证,为后续的作用机制和组织效能研究奠定概念基础。研究结合相关文献和访谈内容设计了愿景预览模型的问卷,在符合创业型企业特征的企业和符合预览对象的新员工进行取样,在 150 份有效问卷的基础上进行了分析。研究三提出和验证愿景预览影响新员工留任的作用机制模型,利用研究二的愿景预览测量量表以及以往有关领导、组织认同感、员工留任意图等量表,在符合创业型企业特征的企业中对新员工进行取样,通过 145 份有效问卷对愿景预览的前因变量、中介变量、缓冲变量和增量效度等进行了分析。研究四利用研究二验证的现实愿景预览的四个维度,开发了包含不同比例正负面愿景信息的愿景预览作用模式模拟实验,用以探讨愿景预览模式对组织进入的影响及其个体差异。文章最后系统地概括了本文的主要研究结论,探讨了本文研究的理论进展和现实意义,指出了研究上存在的缺陷和有待进一步解决的理论问题。

关键词:企业管理　人力资源管理　自我效能感

5035

我国上市公司的所有权和控制权对绩效的影响研究／赖建清著 ；吴世农指导. -- 厦门大学，2005. -- 131 页

本文采用 LLSV 范式来研究考察上市公司的所有权和控制权对公司绩效的影响。文章回顾了国内外相关的理论研究成果,回顾了国内外相关的实证研究进展。文章阐述了我国上市公司的所有权和控制权的历史背景及其对股东行为、公司财务政策的影响。作者结合中国证券市场的现实国情,采用 LLSV(2002)的分析框架,构建了以转移利润的成本函数为立足点的理论模型,将国有和非国有最终控制人拥有的所有权、公司内部监督水平对公司价值的影响纳入到模型中分析研究。作者还把获得的实证结果与东亚九个国家(地区)进行了比较。研究表明,政府直接控制上市公司将降低公司绩效,国有上市公司的所有权不能产生"利益汇聚效应",反而降低公司绩效,两权分离不影响公司绩效;非国有上市公司的所有权能够产生"利益汇聚效应",两权分离产生"隧道效应",但都不显著 ；上市公司所有制的变更将对公司股价产生积极作用,但不影响公司长期绩效。

关键词:上市公司　所有权　控制权　绩效管理

5036

组织变革中利益冲突与组织学习相关之实证研究／赖明正著 ；芮明杰指导 . -- 复旦大学，2005. -- 172 页

本文以国内外有关组织变革、冲突以及组织学习的相关文献为基础,并经德尔菲调查法于命题整合后建立研究框架,同时在命题下建立假设。最后再经由定量的统计分析印证数据是否支持假设,并探讨研究框架中各变量间的关系。本文通过五个章节来展开论述。第一章绪论部分描述了本文的研究背景、研究意义及相关概念的界定,并对文章研究内容及方法作

了概述。第二章对组织变革理论、冲突理论及组织学习理论的相关文献进行了评析。第三章采用定量研究与问卷调查的方法,对命题进行了基本频数分析和信效度分析研究。第四章对相关假设命题的结果进行了分析探讨,并对主要发现与检验作了小结。第五章对文章的研究结论进行总结,作者认为,在变革过程的利益冲突中要提升组织学习的能力;选择相对有效的组织学习方式面对利益冲突使组织变革过程顺利;善用组织权力拥有者的智慧;组织规模的差异不必然成为进行组织学习时的障碍。最后对后续的研究提出了自己的建议。

关键词:组织管理　组织文化　学习型组织　知识共享

5037

上市公司资产重组绩效研究与实证分析 / 雷辉著 ; 陈收指导 . -- 湖南大学 , 2005. -- 145 页

本文研究了中国上市公司资产重组绩效问题的概念和本质,背景和模式,探讨了发展过程中的问题和规范。文章首先介绍了资产重组的相关理论,系统地归纳了资产重组的内涵。然后基于市场模型,对中国上市公司重组后的长期超额收益进行了研究,得出企业重组后长期超额收益不理想。接着研究了不同控股方式对控制权转移型资产重组的影响,表明中国上市公司因控制权转让所带来的价值改善水平不高,并对其产生原因进行了分析。在界定了中国上市公司的重组方式后,对不同的重组方式的资产重组绩效进行了实证分析,得出两年内所有发生了资产重组但控制权没有发生转移的上市公司只有采取了其他资产重组方式的上市公司有好的超额收益且较稳定,而采取股权转让方式的上市公司获得超额收益最小。在前面的全样本实证研究基础上,作者对控制权转移的动机及内在机理进行了剖析,结果表明,控制权溢价水平与转让股份的比重呈正相关关系,在转让股份超过25%的水平上,控制性股东从控制权中获得私人收益随持股比例的上升而有更明显的递增趋势。在对中国上市公司的资产重组的总体情况进行了多角度的分析以后,作者又以资产重组的两种特例即公司并购重组绩效和ST公司重组绩效为研究对象分别进行了实证研究。最后,文章在对中国目前的相关法规进行简要评述及资产重组交易中违法违规行为进行了经济学分析之后,提出了完善中国资产重组交易市场的政策建议。

关键词:上市公司　资产重组　并购　控制权转移

5038

中国电视传媒业资本运营的系统分析 / 黎斌著 ; 李宝山指导. -- 中国人民大学, 2005. -- 159 页

本文从全局整体出发,应用系统方法论来分析中国电视传媒系统的结构、功能、特征与资本运营条件下的功能嬗变与结构转型,进而重点探讨中国电视传媒资本运营的路径选择与策略优化,并借此为中国电视改革发展研究提供一种崭新的理论框架和分析视角。全文按照"界面说明——建立模型——现状评估——对策分析——实证分析"的逻辑展开:在对研究界面进行说明之后,构建了三重系统模型,它们是从大到小的递进关系,即从电视传媒系统的功能模型(OFE)到功能实现的一般策略模型(RCP)再到资本运营的具体策略模型(ose),然后用功能模型(OFE)来对中国电视传媒的现状进行评估诊断,并进一步用策略模型 RCP 与 ose 来探讨中国电视传媒资本运营的系统解决方案:机制重构、环境重构与策略重构,最后通过国内外两组案例对本文的核心观点进行了实证分析。文章通过研究分析,提出了中国电视传媒资本运营的价值集成策略,即提出了构建传媒价值链、价值树、价值网的价值集成思路,以拓展传媒资本运营的增值空间,促进了传媒产业资源配置的集约化和高效化;提出了中国电视资本运营的整体推进策略;提出了中国电视传媒资本运营的风险控制策略。文章最后提出了研究的不足,并说明了需进一步研究的问题。

关键词:电视　传播媒介　资本运营

5039

税收行为与管理环境的研究 / 李爱红著 ; 席酉民指导. -- 西安交通大学, 2005. -- 168 页

本文从心理学、经济学、博弈论的视角对纳税人行为进行了分析,指出阿林厄姆 · 桑德姆偷税、逃税 A—S 模型的假设,给出了社会对税收的认知度,在 A—S 模型的基础上通过理论分析、实践总结、调查问卷等的方式确认并引入了新的影响因素:心理成本、刑罚成本、货币成本,并论述和分析了新因素对纳税人行为的作用机理。文章还从心理学、经济学、博弈论的视角对征税人行为进行了分析,指出阿林厄姆 · 桑德姆偷税、逃税 A—S 模型的假设,依据我国经济转型时期,税收征收管理机制不完善所发生的一些现实情况,在 A—S 模型的基础上通过理论分析、实践总

结、调查问卷等方式确认并引入了寻租收益、查获概率、刑罚成本、违规概率、违规处罚率、心理成本、征税目标等现实因素,并论述和分析了新因素对征税人行为的作用机理。在征纳税人行为互动博弈、影响因素分析的基础上,探索并分析了征纳税人的互动关系,并得出同时影响两者行为的相应的因素,给出了影响税收行为因素的作用机理。文章提出并界定了管理环境要素的内涵;论述和分析了管理环境要素间的相互关系和对征纳税人行为的作用机理,构建了税收行为与税收管理环境作用关系的概念模型。基于理论与实证分析的基础上,结合我国现行税收管理的实际,借助 CS 服务评价、BPR、ERP 等现代管理理论,给出了改进税收管理环境的途径和策略。

关键词:税收管理　税收理论　管理环境

5040

高校项目管理探索与研究 / 李红宇著 ; 邓荣霖指导. -- 中国人民大学, 2005. -- 165 页

本文以管理理论、组织理论、项目管理理论、高等教育管理理论为基础,结合国内外对高等教育研究,结合企业与相关组织中项目管理理论的应用,并结合中国人民大学专项资金管理的实践,展开了深入的理论研究,力图解决以下问题:大学如何进行项目管理;大学项目管理如何与学校发展战略相结合;如何确定大学项目管理的主要内容;如何在大学中建立有效的项目管理办公室,实现真正的项目管理。对于上述问题的回答构成了本文的基本框架。文章共分为八个部分:第一章是对大学及其项目管理综述;第二章从组织理论以及大学发展的历史角度,分析大学的组织属性、大学组织要素、大学组织结构的形式及特点、大学中的权力结构以及大学的组织结构特点。提出以知识工作者的团队管理为基础,以现有大学矩阵是组织结构为条件,搭建矩阵式团队组织结构;第三章从组织理论及项目管理理论角度出发,分析了目前高校普遍采用的三种项目组织结构;第四章是对高校项目的团队建设与管理进行了阐述;第五章应用项目管理理论,分析了项目管理过程;第六章提出了委托代理制下高校项目内部治理;第七章应用项目管理理论,分析项目管理办公室的相关内容;第八章以中国人民大学项目管理的实践,验证文章所阐述的理论。

关键词:高等学校　学校管理　项目管理

5041

中国股票市场管制的路径依赖及其影响 / 李虎著 ; 施建军指导. -- 南京大学, 2005. -- 176 页

本文提出用管制制度变迁的路径依赖分析中国股票市场的发展表现出的短期后发优势和长期后发劣势的观点。文章认为在中国股市路径依赖的启动机制中,起主要作用的收益递增形式是适应性预期和制度创立的建设成本。首先,由于适应性预期的存在,市场才能将正式的制度安排(政府对股票发行市场的管制)或非正式的制度安排(如政府对股票交易市场的管制)作为股票价值评估的要素构成,并因此分别形成流通股票的低流动性成本和看跌担保期权的价值;由于流通股票定价畸高,中国企业普遍存在融资顺序上的股票融资偏好,在中央政府对于发行市场和交易市场的双重管制之下,股票市场规模得以迅速扩大。中国股市管制机构在内部利益和外部压力驱动下,尝试管制制度的变迁,但这一制度演进过程受到路径依赖的强大制约,并陷入惯性的和非效率的闭锁状态。实证研究表明:一方面,股权分置的努力数年来一直处于停顿状态;另一方面,在股票发行制度从额度制再转为保荐制的过程中,出现了明显的用过度监管替代歧视性管制的趋势。过度监管又进一步导致上市公司的逆向选择和机会主义行为。

关键词:股票市场　政府管制　国家干预

5042

我国民营企业借壳上市的特征与绩效研究 / 李欢著 ; 陈建梁指导. -- 中山大学, 2005. -- 127 页

本文围绕 1998 年以来,大量民营企业借壳上市的浪潮现象,将民营企业借壳上市置于"国退民进"背景之下,从民营企业实现持续成长和我国新兴资本市场的现实环境出发,借鉴现代企业理论、企业控制权理论、企业并购理论和企业成长理论,建立民营企业借壳上市理论分析框架,全面系统地对民营企业借壳上市的背景、动机、特征进行深入分析。同时,采取统计分析方法,对民营企业借壳上市后绩效变化情况进行实证分析,并比较了国有企业借壳上市的绩效不同变化情况。在此基础上,本文通过四个民营企业借壳上市典型案例的研究,进一步探讨了民营企业借壳上市的效应。最后,从民营企业持续成长和规范资本市场两个视角,提出了有关政策建议。研究发现,与国有企业借壳上市相比,民营企业借壳上市的中期绩效趋于恶化;借壳上市后发生资产置换重组的绩效差,是导致整个民营企业借壳上市中期业绩恶化主要原因;IPO 上市渠道不畅,民营企业借壳上市造成过度成本支出,可能是其借壳上市绩效难以提升的一个重

要原因;民营企业借壳上市具有比较明显的市场化特征。本文认为,借壳上市是当前市场环境、制度环境下民营企业的一个现实选择,一方面反映了部分民营企业"做大做强"的战略选择,另一方面则反映了制度缺陷下短期市场行为反应。因此监管当局应在拓宽上市渠道的基础上,加强监督,加强引导。

关键词:民营企业　借壳上市

5043

券商竞争力研究 / 李杰著 ; 施建军指导. -- 南京大学, 2005. -- 163 页

本文以券商竞争力作为研究对象,通过对券商所面临的内外环境作较为深入的探讨,在此基础上找出提升中国券商竞争力的途径。本文首先从券商的组织特征和现状出发,析离出影响券商综合竞争力的几个关键因素:企业文化、创新、风险控制和环境因素。其次,导出这些因素的内在逻辑关系:企业文化建设有助于在企业内部造就一种良好的氛围,尤其是对企业人力资源潜移默化的影响,从而构筑起券商的核心能力;环境因素既可以为券商发展提供机遇,又可能使券商面临威胁;而创新和风险控制为券商把握机遇,避开威胁提供了路径依赖。在此基础上,券商竞争力的理论框架得以构建起来。最后,本文通过华泰证券的实践进行进一步的分析,并提出了提升中国券商竞争力的对策;通过组建大型金融控股集团做大做强,走金融产品创新的特色化经营之路,从分业经营向混业经营转变,禁止违规操作,降低经营风险。文章对券商竞争力的研究分八个部分展开:第一章导论部分说明了选题背景,指出本文的研究对象、研究目标和研究方法及文章的结构安排和可能的创新之处;第二章对相关文献的回顾;第三章归纳出券商的组织特征,导出影响券商综合竞争的几个关键因素;第四章分析了企业文化对券商竞争力的贡献;第五、六章阐述了构筑券商竞争力的路径依赖——创新能力和风险控制;第七章说明环境因素的重要性;第八章归纳总结。

关键词:证券交易所　证券商　竞争力　证券市场

5044

上市公司经营绩效评价研究 / 李军农著 ; 徐绪松指导. -- 武汉大学, 2005. -- 166 页

本文从上市公司绩效评价的意义和发展历史入手,研究分析了国内外现有评价体系,进一步分析了我国上市公司评价存在的若干问题,并对如何完善我国上市公司的评价作了探讨。在此基础上,借鉴西方国家的公司评价经验,结合我国当前的实际,综合考虑了影响公司绩效的财务指标和非财务指标,运用现代数理统计理论,采用指标因素法和探索图工具,建立了上市公司经营绩效评价系统模型,并综合运用人工神经网络算法、层次分析法和模糊集方法对系统模型进行了综合评价,使上市公司的经营绩效评价成为可能。主要内容:第一章绪论部分对中国上市公司基本状况及存在的问题进行了分析,指出了上市公司进行经营绩效评价的必要性,提出了本文研究的目标和整体结构;第二章阐述了上市公司经营绩效评价的理论基础和方法;第三章确立了上市公司经营绩效评价系统模型的思路;第四章在对上市公司经营绩效评价财务指标因素和非财务指标因素分析的基础上,通过调查问卷的分析,建立了上市公司经营绩效的指标体系评价系统模型,并对每个指标因素进行了定义和说明;第五章提出了上市公司经营绩效评价的人工神经网络—层次分析法—模糊集方法,并利用上市公司经营绩效综合评价的 ANN—AHP—FCE 方法对两家上市公司进行实证研究; 第六章对全文作出总结, 归纳了论文的主要创新点, 并对进一步的研究作出展望。

关键词:上市公司　企业绩效　经济评价

5045

国内寿险公司竞争力研究 / 李克成著 ; 靳云汇指导. -- 北京大学, 2005. -- 101 页

本文结合国内寿险市场及寿险公司的实际情况对不同类型的寿险公司的竞争力进行了深入的分析。文章基于寿险公司的价值链分析构建了寿险公司竞争力的综合分析模型,并将寿险公司竞争力的四大关键领域(企业制度、组织结构及控制体系;产品与分销;生产与运营;资金管理)囊括到此模型中来分析。文章认为,在市场与客户的影响力日益显著的环境下,客户从购买需求到购买行为再到保险利益请求过程中的需要贯穿寿险公司价值链基本活动的始末,国内寿险公司需要在产品与分销、生产与运营以及资金管理等更加注重客户导向并加强专业能力;寿险公司价值链基本活动之间的联系由于市场与客户的原因变得越来越紧密。在实证分析方面,作者利用 DEA 分析方法采用 1999—2002 年的经营数据对国内主要寿险公司的经营绩效进行了分析,分析认为,绝大多数国内寿险公司的全要素增长力呈增长姿态,但国内

大型寿险公司面临规模报酬递减以及规模报酬负增长的事实。作者认为,我国国内保险公司应在保持技术进步的同时,扭转"重规模、轻效益"的发展策略,通过建设现代企业制度、完善治理结构、改善内部控制等手段进行管理创新。

关键词:保险公司　人寿保险　竞争力　价值链　数据包络分析(DEA)

5046

零售连锁供应链物流管理系统的整合和优化研究 / 李铭著 ; 席酉民指导. -- 西安交通大学, 2005. 127 页

本文通过对以国内外零售连锁经营现状及零售连锁供应物流管理相关理论的比较研究,总结了国内外零售连锁供应链的发展态势和近几年所出现的变化,提出了存货与配送环节的割裂是影响零售连锁供应链发展的主要障碍。文章通过对零售连锁供应链的发展、经营对供应链物流管理的要求、供应链本身对需求的刺激功能等方面的深入研究,以及对零售连锁供应链中存货与配送一体化所具有的竞争优势的分析,认为建立存货与配送一体化的供应链物流管理系统,是解决零售连锁供应链物流管理发展障碍的有效途径。文章基于建设改造深圳笋岗——清水河物流园区的经验,以及对物流管理理论进行的有关研究,从物流的节点出发,在一体化的物流配送系统的理论体系基础上,利用存储论和优化论,构建了一个与实际基本符合的存货与配送一体化的物流配送数学模型。文章利用在多个企业获得的样本数据,对建立起来的存货与配送一体化理论模型的可靠性与传统模型进行了对比模拟,得出将存货与配送一体化后,物流系统能够在充分满足市场需求的情况下,有效地平衡零售连锁企业的最佳订货周期与订货量,使这二者的调节能够满足零售连锁店销售的要求,降低了零售连锁企业在存货与配送等方面的物流成本。在此基础上,进一步提出并建立了存货与配送一体化的优化模型。

关键词:零售业　供应链管理　物流

5047

上市公司 CEO 薪酬激励研究 / 李平著 ; 曾德明指导. -- 湖南大学, 2005. -- 162 页

本文从理论和实证两个维度对上市公司 CEO 的薪酬激励问题进行了探讨,旨在对上市公司 CEO 薪酬激励的基本模式进行完善。文章首先通过综合运用经济学的制度激励理论和管理学的管理激励理论,从不同的角度分析了 CEO 的薪酬激励问题,为进一步研究上市公司 CEO 的薪酬激励提供理论基础。在对上市公司 CEO 薪酬及其激励效应进行界定的基础上,分析了 CEO 薪酬激励的路径,提出了薪酬体系及其激励效应的测度指标。同时在分析了公司治理、公司经营复杂度、经理人市场的异质性、CEO 个人需求偏好、公司经营绩效等权变因素对上市公司 CEO 薪酬体系影响的基础上,设定了上市公司 CEO 薪酬体系影响因素的测度指标。其次,作者将数学推理的定量方法和企业绩效评价的定性方法相结合,构建了上市公司 CEO 薪酬体系的设计模型,包括上市公司 CEO 薪酬体系设计的权变影响环境的结构模型、上市公司 CEO 薪酬体系设计的权变影响环境类型的类别模型、CEO 薪酬体系激励效应的测度模型。最后,文章通过实证研究发现,公司治理因素作为上市公司 CEO 薪酬体系最重要的影响因素成为权变环境类型划分的标准。按照这一标准,将公司纳入处于三种权变环境类型,对于每种类型的公司应该采用不同的多元化的激励措施和薪酬模式,在此基础上作者构建了不同特征的上市公司 CEO 薪酬体系与权变影响环境的关系模型。

关键词:上市公司　企业领导　薪酬　激励　公司治理

5048

公司并购协同效应、影响成本与资产专用性 / 李青原著 ; 王永海指导. -- 武汉大学, 2005. -- 156 页

本文从影响成本和资产专用性的视角探讨公司并购绩效问题。文章首先回顾了两个公司并购的悖论,即成长战略与公司并购绩效悖论和相关性与公司并购协同效应悖论,并对其从理论和实证层面进行了释疑。接着,作者运用交易费用理论、产权理论和影响成本理论对公司边界进行了研究,推导出了影响公司边界的若干因素,确定出影响公司并购绩效的主要潜在因素,在此基础上建立了一个分析公司并购绩效与公司边界的综合性理论框架,并提出公司并购协同效应主要着眼于公司并购单方面引起的收益增量方面,影响成本则主要反映公司并购单方面引起的成本增量方面,这两者的大小又可以通过资产专用性的高低程度来加以调配。其次,基于前述研究成果,作者构建了一个关于公司并购协同效应、部门经理发生的影响成本以及部门资产专用性这三个决策变量间动态性互动的基本决策模型,并在此基础上增加了公司

并购融资工具这个决策变量。最后,文章主要以2000年我国证券市场上发生的并购活动为主线,运用因子分析法建立了一个以公司利润指标和现金流量指标为主的综合得分评价体系,从公司并购类型、产业性质、资产专用性程度、股权结构、组织结构等视角考察了我国上市公司并购绩效,在此基础上重点从组织结构、股权结构、融资工具以及并购重组信息披露制度等提出了如何提升我国上市公司并购绩效,以实现上市公司、资本市场和股东“共赢”局面的建议。

关键词:企业合并　并购　成本分析　资产

5049

中小企业存活分析：以厦门市中小企业为例 / 李西远著 ; 翁君奕指导. -- 厦门大学, 2005. -- 234 页

中小企业在一个国家或地区企业群体中,数量最多,比重最大,对于区域经济特别是GDP和就业意义重大;但同时中小企业也存在着诸多由内在和外在因素导致的问题。本文从理论和实证的角度探讨了中小企业的存活问题。文章首先阐述了中小企业研究的重要性,包括中小企业重要地位、中小企业面临的挑战和存在的问题;在介绍一些国家和地区的中小企业管理模式,同时结合国内中小企业具体数据对比的基础上,总结出研究中小企业存活的意义在于发现中国中小企业的问题、困难和这些问题给中小企业存活带来的影响,为进一步研究中小企业存活提供背景参考。其次,在文献综述和比较的前提下,作者建立了一个中小企业动态活力的框架,在此框架内研究存活问题,并通过比较不同国家和地区不同时期的存活率的数据和影响存活的因素,建立了本文的研究假设。接着,作者运用事件史框架里的生命表方法、生存函数和死亡函数的Kaplan-Meyer模型和Cox回归模型,对厦门市中小企业的存活问题进行了实证分析,用厦门经济特区大量翔实的统计数据描绘了中小企业的基本状态,并通过检验和评价来验证前述假设。最后,文章围绕政府角色、中小企业支持和服务管理模型以及统计体系建立等方面对中小企业的重要问题提出了政策建议。

关键词:中小企业　生命周期　厦门市

5050

企业技术创新风险测度与决策及其预控研究 / 李晓峰著 ; 徐玖平指导. -- 四川大学, 2005. -- 267 页

文章阐述了技术创新和技术创新风险的涵义,分析了技术创新风险产生的原因、类型划分、风险阶段和7个基本特征。基于系统全面原则、适应国情等5个原则构建了企业技术创新风险的48因素指标体系。建立了技术创新风险测度的可拓物元模型和粗糙网络模型,分别对企业技术创新风险因素的影响程度进行了综合分析。分析了技术创新分析决策存在的特点和技术创新决策中的决策者行为。为增强企业自我创新能力,文章基于整体性原则、操作性原则等5个原则构建了企业技术创新分析预警管理系统,该系统由8个互相关联的子系统组成,包括信息存储子系统、信息处理子系统、风险分析判断子系统、风险测度子系统、预警判别子系统、跟踪监控子系统、预控对策子系统、预警信息输出与警报子系统。文章给出了企业技术创新的宏观预控对策和微观预控对策。

关键词:技术创新　风险分析　决策

5051

基于惯例变异的战略变革过程研究 / 李鑫著 ; 芮明杰指导. -- 复旦大学, 2005. -- 145 页

本文在假定企业是一个惯例集的基础上,从惯例变异的视角分析战略变革过程。全文共分为七章。第一章导论。第二章主旨在于明确分析单位,界定惯例的内涵,为后续的理论演绎奠定概念基础。首先回顾了既往理论关于惯例内涵的界定,并对其加以修正,指明惯例的核心维度特征;然后,着重阐释惯例的结构二重性特征以及知识特性,指明惯例的可变性特征;最后,论述了组织内惯例集构造的基本特征。第三章明确界定了战略变革的涵义,战略变革与惯例的关系,并给出战略变革过程的分析范式。第四章给出单一惯例变异的过程模型。首先从惯例核心特征出发,阐述了惯例变异的源泉以及可能结果,说明单一惯例变异的事件序贯;随后,分析了惯例变异的动力机制:搜寻—选择—保留;最后,分析了惯例变异的情景机制。第五章在单一惯例变异过程研究的基础上,分析单一惯例变异在组织中是如何传导,并引发整体或局部惯例集体变异的。第六章在前面分析的基础上,构造基于惯例变异的过程模型。第七章基于惯例变异的战略变革过程实证分析,分析了浙江物产集团公司2001年至2004年内的组织内部的惯例变异情况以及所引发的战略变革事件序贯。

关键词:企业战略　战略管理　惯例变异

5052

中国证券市场过度反应行为研究：理论·实证·应用 / 梁冰著 ; 顾海英指导. -- 上海交通大学,

2005. -- 178 页

作者首先论述了过度反应产生的背景及对过度反应这一主要的证券市场异象进行系统深入探究的必要性。接着是过度反应的内涵及理论分析，对过度反应的行为金融学解释模型——BSV 模型、DHS 模型和 HS 模型进行了重点阐述和评介。其次，将 BHS 模型与中国证券市场的实际相结合，应用 BHS 模型从一个全新的角度解释了证券市场上的过度反应现象。并对模型的部分内容进行了相应的扩展和延伸，提出了更加贴近市场的解释模型。再次，对中国证券市场过度反应行为进行实证检验研究。对中国证券市场的各个组成部分，包括股票市场、基金市场和债券市场上的过度反应行为进行系统全面的论述，并分析产生过度反应的深层次的原因。随后，对中国证券市场中股票市场和基金市场的反转策略投资绩效进行了实证研究，并在此基础上从风险溢价、月份效应、Lead-Lag 效应、规模 B/M 效应和 Fama-Frenoh 的三因素模型以及过度反应的角度对中长期反转利润产生的原因进行了研究。作者还重点介绍了基于过度反应行为的反转策略原理和以反转策略为盈利模式的反转策略基金的构建。在构建反转策略基金的过程中，应用灰色预测模型和基于 BP 神经网络的分类和预测模型较好地解决了资产配置和证券估值问题。最后，对反转策略基金的模拟效果进行评价。从模拟效果看，反转策略在检验期取得了令人满意的表现。作者建议管理层立足于我国证券市场的长远发展大计，尊重证券市场的自身规律，通过完善法人治理结构和制度化的建设来引导证券市场健康有序协调地发展。

关键词：证券市场　股票　基金　市场行为

5053

战略联盟：我国汽车企业竞争新形态／梁仰椿著；周绍朋指导. --中国社会科学院研究生院，2005. --139 页

战略联盟，作为网络组织的一种重要形式，可以形成优势互补、利益共享的发展机制，从而有效地组织企业内外部资源，增强自身竞争优势。近年来，在具有较强规模经济效益和较高技术要求的汽车产业领域，战略联盟的现象非常突出。为应对不断变化的外部环境和激烈竞争的汽车市场，各跨国汽车企业不断调整竞争战略和企业组织形式，不仅加强了相互间的联盟，还与新兴市场的汽车企业形成各种形式的战略联盟，以在全球配置产业链，利用各地优势资源，形成竞争优势，最终达到占有最大市场份额和获得理想利润为目的。在全面开放的社会背景下，我国的汽车企业拥有一定的比较优势，从而能够和汽车跨国公司结成战略联盟，增强竞争优势，但同时也存在着诸多问题。本文试图利用战略联盟理论对我国汽车企业如何发挥比较优势，克服发展中的制约因素，主动利用战略联盟这一新型竞争形态，利用国内外两种资源和两个市场，特别是与跨国汽车公司结成资源和优势互补的战略联盟，在参与全球产业分工中增强国际竞争力等方面作些研究。同时，本文提出了相关的政策建议，希望能够对我国汽车企业提高运用战略联盟的能力起到积极的推动作用。

关键词：汽车企业　市场竞争　战略联盟　企业联合　竞争优势

5054

产业竞争力“创造性毁灭”机制研究：基于战略演化和制度动态变迁的视角／梁运文著；谭力文指导. 武汉大学，2005. -- 221 页

本文通过分别对美国与日本产业竞争力在 20 世纪 70—90 年代动态变迁趋势的研究，再对 20 世纪 70—90 年代日美产业竞争力进行动态比较，认为日美宏观经济在 20 世纪 70—90 年代出现的彼长此消的巨大反差态势，其根源在于微观经济中日美企业竞争优势的动态变迁；同时又由于企业竞争优势根源于产业竞争力。故此，本文把日美经济发展态势巨大反差现象“幕后”驱动力的本质，归结为日美两国产业竞争力的“创造性毁灭”。文章阐述了波特教授对日美产业竞争力巨大反差现象研究中提供的既有理论基础的动态不足之处，构建了产业竞争力“创造性毁灭”机制的分析框架，拟在如下三个方面进一步完善波特教授的“动态战略理论”：第一，对企业战略与钻石体系引致产业竞争力的因果驱动机制进行整合分析与研究，文中表现在第二章即产业竞争力因果机制；第二，对产业竞争力从强盛到衰退的动态变迁机制进行研究，这方面内容文中表现在第五章即路径依赖与产业竞争力衰退；第三，对以产业竞争力动态变迁路径平滑化演化为目标的战略管理模式进行研究，这方面内容安排在文中第六章中，即“大”动态能力机制与可持续产业竞争力。文章最后提出需要进一步深入研究的方向。

关键词：产业经济　产业竞争力　产业发展　战略管理

5055

人民币汇率安排的选择／梁志成著；陈建梁指导. 中山大学, 2005. -- 130 页

人民币汇率制度的改革已成为世界争论的焦点。论文首先简要分析了目前人民币钉住美元的汇率制度的制度缺陷,接着对汇率目标区制、爬行钉住汇率制进行了理论和实证分析,指出汇率目标区制和爬行钉住汇率制在我国并不可行。在对钉住篮子货币制度的理论模型和实证进行分析后,作者按贸易权重构建了包含我国前六大和前十三大贸易伙伴国货币的人民币名义有效汇率指数,并根据不同的基期计算期构建了三对(六个)货币篮子。通过对包含我国前六大和前十三大贸易伙伴国货币的两个人民币名义有效汇率指数的对比,表明:两个人民币名义有效指数差异相当小,人民币货币篮子钉住包含我国前六大贸易伙伴国货币的人民币名义有效汇率指数更为简易可行,更具操作性。接着对人民币钉住美元以及钉住货币篮子两种汇率制度下的人民币汇率波动性及其对我国对外贸易和外商直接投资的影响进行了比较,表明:人民币从钉住美元改为钉住货币篮子可有效减低人民币汇率风险,有利于促进我国对外贸易和外商直接投资的稳定发展。随后,论文对资本账户的开放进行了理论和实证分析,结合日本、印度等国家的经验,对我国资本账户的开放顺序进行了论证,指出我国在资本账户逐步开放,人民币可自由兑换后,我国可逐步实现真正的有管理的浮动汇率制。

关键词:人民币汇率　汇率机制　货币制度　浮动汇率

5056

跨国企业在沪子公司战略性国际人力资源管理模型建构与实证研究／廖勇凯著；薛求知指导. -- 复旦大学, 2005. -- 165 页

本文基于在国际企业理论、战略理论与人力资源理论的基础之上,构建跨国企业子公司战略性国际人力资源管理的模型。主要基于两条研究思路,探讨:(1)在环境变项因素下,对于具有稀缺性且独特性的人力资源如何整合以达到经营绩效;(2)在不同国际人力资源战略的因素下,跨国企业面对市场不完全性与派外人员的委托代理问题,应如何选取不同的控制机制来达成经营绩效。研究发现,当地资源充分程度越高,跨国企业子公司越容易采取“遵从母制”的国际人力资源战略,来获致经营绩效;当环境不确定性、文化差异越高,以及子公司越采取“当地回应”的国际战略时,跨国企业子公司越容易采取“当地回应”的国际人力资源战略,来获致经营绩效;跨国企业子公司的人力资源管理越倾向“当地回应”时,较可能采取“绩效管理机制”与“报酬管理机制”;在沪跨国企业子公司的人才本土化是循序渐进,随着在华设立期间的增长、国际化进程与员工规模,原派员工人数呈现缓慢下降的趋势;欧美企业在沪子公司人才本土化的进程较其他企业来的成熟。最后,本研究认为中国企业可以借鉴外资企业的经验发展国际化进程,在国际人力资源战略上应该由内而外、由短期到长期的发展。

关键词:跨国公司　人力资源管理　本土化　国际化

5057

中国上市公司融资偏好的理论分析与实证研究／林凡著；吴世农指导. -- 厦门大学, 2005. -- 235 页

本文研究中国上市公司的融资偏好以揭示中国上市公司在特殊制度环境下的融资决策机制和影响因素,探讨中国上市公司的融资偏好形成机理。文章评价了上市公司的融资效应,分析了中国上市公司融资存在的问题,提出了中国上市公司融资偏好的治理措施。文章应用描述性统计和比较研究方法分析了中国上市公司的资本结构、融资结构以及融资偏好特征,评价了中国上市公司融资偏好与西方融资理论存在的偏差。文章研究了公司特征因素与融资偏好、公司治理因素与融资偏好的关系,分析了政策环境因素、市场环境因素对上市公司融资偏好的影响以及证券监管政策变迁与上市公司融资偏好的变化。文章应用事件研究法对股权融资的股价效应进行实证研究,分析中国上市公司融资效率存在的问题。文章研究结果表明,中国上市公司在融资偏好特征、融资偏好影响因素、融资效应等方面存在与西方融资理论和国外上市公司明显不同的特征,中国上市公司具有强烈的股权融资偏好。

关键词:上市公司　融资　股权融资

5058

企业战略性风险投资的风险企业控制研究／林明著；颜光华指导. -- 上海财经大学, 2005. -- 139 页

作者首先对风险投资、战略性风险投资等概念进行了界定,并阐述了企业战略性风险投资相关的理论基础。在企业的资源基础观和动态能力观的基础上,把企业战略性风险投资分为发挥现有资源的杠杆作用和以知识获取为主的资源获取。为了确保企业战

略性风险投资目标的实现,企业投资者对风险企业进行控制不仅需要考虑混合组织中的混合组织控制原理,而且要考虑这些原理如何运用在具体的企业战略性风险投资活动中。企业投资者对风险企业的控制属于混合组织控制。内容包括:(1)企业投资者控制权的来源。(2)控制权配置。(3)企业战略性风险投资活动的控制。企业战略性风险投资的项目运作控制是混合组织控制的具体内容,是混合组织控制原理在具体操作平面的运用。企业战略性风险投资的运作有其自身的特点,它与利润目标的独立的风险投资不同,它要求整个战略性风险投资的过程都要实现战略利益和财务利益的均衡。为了确保混合组织控制原理在企业战略性风险投资项目运作控制中的运用,首先,企业投资者需要依据前馈控制原理,作好投资前期准备。其次,企业风险投资的期间控制,需要采取阶段性投资缓减企业家的机会主义,控制企业家的套牢行为,以及作好风险管理。最后,需要考虑企业风险投资的退出、维持与增资扩股等问题。

关键词:风险投资　投资者　风险企业

5059

两岸移动电话运营商经营效率之比较研究 / 林重文著 ; 颜光华指导. -- 上海财经大学, 2005. -- 163 页

论文主要对两岸之移动电话服务业及其 8 家移动电话运营商之经营效率进行较深入系统的研究与探索,由六个章节组成。第一章着重阐述两岸移动电话服务业及其运营商经营效率之重要性。第二章介绍两岸移动电话服务业之现况,阐述电信服务业之定义及分类,探讨电信自由化的发展及现况,分析两岸电信业之经营环境与现况,特别是在加入 WTO 之后,两岸电信业所面临的冲击,并探讨两岸移动电话服务业的发展概况。第三章是文献回顾部分。广泛收集国内外相关文献,探讨效率与生产力之衡量方法、经营效率评估等相关文献,最后再整理电信业经营效率评估的相关研究。第四章阐明论文研究所使用的研究方法,包括比较效率之数据包络分析法、衡量生产力的 Malmquist 法和评估财务绩效的五力分析,并说明研究所使用之研究模型及其相关变量的设定。第五章阐明不同研究模型之实证结果与分析。从研究所使用之投入、产出变量之数据来源,进行数据分析以说明本研究定义该产出与投入要素之原因;接着进行 DEA 分析,并以 Malmquist 法分析总生产力之变动,并进一步分解总要素生产力;最后再以五力分析各运营商之经营效率。着重于探讨两岸解除管制后,移动电话服务业及移动电话运营商之经营效率变化。第六章综合论文研究的实证分析结果,并结合相关电信专家与业界人士之意见,提出论文研究所得之结论与建议。

关键词:移动通信　电信业　电信运营商

5060

企业领导人更替研究 / 刘冰著 ; 黄速建指导. -- 辽宁大学, 2005. -- 204 页

本文采用逻辑实证主义和客观规范主义有机结合的方法,过程分析方法,以及比较权力分析方法。突出理论分析与实证研究相结合;强调对企业领导人更替过程的研究,并分析各阶段的发生规律和结果;着重相对权力竞争力比较分析,实现企业领导人更替研究的系统性和全面性目标。通过对企业领导人更替相关理论的梳理,本文在合理划分更替过程三阶段的基础上,构造了企业权力竞争力模型、信息不对称情况下企业领导人选择模型和任期季节模型,形成了企业领导人更换的"相对权力竞争论"和企业领导人选择的"匹配观",以及企业领导人继任的"联动论",并以此构成对不同类型企业的企业领导人更替问题进行分析的逻辑思路和理论分析框架。本文的基本观点是,企业业绩是影响企业领导人更换的重要原因,但不是影响企业领导人更替的唯一原因,并且在某些情况下,甚至不是关键原因。企业领导人更换受企业众多因素的影响。在企业领导人任期与产业广告强度和产业集中度变量之间呈现负相关,企业领导人受教育程度与产业广告强度正相关。企业领导人更替与企业业绩的变动率之间不存在显著的关联性。文章最后对企业领导人更替问题的拓展性从四方面进行探索研究。

关键词:企业领导　公司治理　控制权

5061

辽宁装备制造业集群式创新研究 / 刘春芝著 ; 唐晓华指导. -- 辽宁大学, 2005. -- 148 页

本文以国家统计局 2003 年统计数字、中国科技发展战略研究小组撰写的《中国区域创新能力报告(2001—2002)》统计数字和作者在问卷调查中得到的数据为依据,通过运用统计分析工具,对辽宁装备制造业的技术创新状况、竞争力及辽宁省的区域创新能力进行分析比较。研究发现,辽宁装备制造企业虽然 R&D 投入比例较高,但是企业的创新动力不足、创新

目标和创新战略带有一定的市场被动性,因而创新效益欠佳。并且由于传统的竞争观念束缚和缺乏信任机制,企业之间、企业与中介机构以及科研院所之间缺乏技术交流与合作,这进一步制约了辽宁装备制造产业的技术创新。通过主成分分析方法的分析表明,辽宁装备制造产业中各类行业总体上在国内同行中都具有一定的规模竞争实力,其中通用设备制造业、电气机械及器材制造业和专用设备制造业比较上规模,应集中发展这三类装备创造业。从区域创新环境方面,总体来看,辽宁地区具备较好的知识创造能力和知识流动性,为辽宁装备制造业实施集群式创新提供了技术基础和保障。但辽宁省企业技术创新能力相对较弱,尤其是新产品开发能力不强;创新环境较差;创新绩效与国内强省相比还相差甚远。作者认为,地方政府应进一步加强企业之间、企业与中介机构以及科研院所之间的技术交流与合作等方式营造利于企业创新的制度环境。

关键词:制造工业　产业集群　技术创新　辽宁省

5062

可转换债券融资动机、财务特征与财富效应研究 / 刘娥平著 ; 陈建梁指导. -- 中山大学, 2005. -- 168页

本文运用委托代理理论、不对称信息理论、资本结构理论和期权定价理论,采用理论研究与实证分析相结合,定性分析和定量分析并重的方法,研究公司运用可转换债券融资的动机、公司的财务特征以及这种融资方式所带来的财富效应。文章首先讨论了可转换债券的特征、价值要素、价值构成以及行权过程,然后重点从理论上研究了公司运用可转换债券融资的动机,通过实证分析研究了我国发行可转换债券上市公司的财务特征以及公告发行后短期和长期财富效应。文章还对在连续融资、过度投资或投资不足、管理防御三种情况下可转换债券相比普通债券或普通股票融资的优势进行了研究。在研究发行可转换债券公司的财务特征时,本文运用对比方法,将发行可转换债券与增发股票公司的财务特征进行比较。根据税收利益、财务危机、最优资本结构、代理成本、信息不对称等理论提出假设和相应的代理变量,然后运用我国实例数据,运用 logistic 回归分析进一步考察,结果表明,只有负债比率与公司规模两个主量是显著的,说明财务危机假设在解释两类证券公司特征的差异上起了关键作用。在研究可转换债券融资的财富效应时,文章运用标准事件研究法,通过我国实例样本,加以多元线性回归方法验证。文章最后进行了总结归纳,并提出了进一步研究的方向。

关键词:可转换债券　债券融资　证券投资　财富效应

5063

企业组织结构刚性与企业战略调整 / 刘海建著 ; 陈传明指导. -- 南京大学, 2005. -- 156 页

本文从企业组织与治理的角度来对企业战略调整进行研究,并讨论了企业组织结构的刚性特征对企业战略调整的影响问题。本研究认为,企业组织结构将必然会影响到企业战略调整,尤其是当企业的组织结构具有强烈刚性的时候。在企业组织刚性定义的基础上,本研究对于企业组织结构刚性的维度进行了划分。认为企业组织结构主要由 5 个维度所组成:正式化维度、集权化维度、整合化维度、复杂化维度与制度化维度。另外,本研究认为,中国企业与外国企业是不同的,中国的企业有特殊的背景,与政府的关系问题一直是一个很微妙、但又难以解决的问题。而且,中国的特有文化也导致了中国式企业组织结构必然与国外企业有所差异。因此,中国企业组织结构与国外企业略有不同,在制度上必须进行特有的设计。在本研究中,另一个变量就是企业战略调整,针对此问题,文章首先选择了有代表性的样本企业,通过调查问卷,运用层次回归分析的方法,本研究得到以下结论:企业战略调整的表示方式有多种;每一项企业组织结构刚性的维度都影响了企业战略调整的发生或战略调整发生的力度;就影响企业战略调整发生的方向而言,回归次数有正有负;为促进企业的可持续发展,必须使企业组织结构刚性与企业发展之间维持一个动态的协调机制。

关键词:组织结构　企业家　企业管理　战略管理

5064

共享服务的决策、实施与评价研究 / 刘汉进著 ; 陈俊芳指导. -- 上海交通大学, 2005. -- 142 页

本文以宏观与微观经济学、新制度经济学、技术经济学以及组织行为学等理论为指导,以分布式系统方法和模块的对象化方法,以及运筹学方法等为工具,对共享服务进行研究,旨在建立企业共享服务决策、实施与评价的系统性的理论框架。本文第一章对共享服务的相关理论研究进行了总结。第二章在现

代科技进步和世界经济发展背景下，对企业共享服务的动因与机制进行了研究。第三章通过对企业不同的资源利用方式的分析、比较，以企业的交易成本理论和资源基础理论为依据，通过分析建立了企业资源组织战略的选择模型，给出了确定企业共享服务边界的步骤。第四章分析了企业共享服务的治理结构，阐述了企业共享服务的制度障碍。第五章提出的面向对象的流程模块设计方法提供了共享服务单元及其运作的设计框架。第六章针对共享服务实施效果的特点，采用动态模糊层次分析法，建立了共享服务实施效果评价体系，实现了对企业共享服务效果的动态评价。第七章对上海贝尔有限公司进行实例研究。第八章对共享服务和虚拟企业的组织形式进行分析，提出了“虚拟共享”的思想，并对虚拟共享的两种可能形式进行了分析。

关键词：企业集团　组织结构　资源共享　决策

5065

外商直接投资溢出效应对劳动需求影响的研究：以上海市为例／刘金钵著；朱晓明，任荣明指导. -- 上海交通大学，2005. -- 158 页

论文主要从外商直接投资溢出效应角度研究了外商直接投资对投资地劳动需求的影响。作者首先结合现有学者的研究成果对外商直接投资的溢出效应进行了界定；其次，在分析劳动需求内涵的基础上，提出了劳动需求的影响因素：引致因素及弹性因素；并对引致因素及弹性因素进行了界定，初步构建了一个针对外商直接投资溢出效应对投资地劳动需求影响的完整的理论分析框架，为随后的展开打下了基础。接着，作者研究了外商直接投资进入对投资地国内厂商劳动需求引致因素的影响，分别研究了外商直接投资进入对投资地国内厂商产出、技术、工资等引致因素的影响；研究了外商直接投资进入对投资地国内厂商劳动需求弹性因素的影响，分别研究了外商直接投资进入对国内厂商劳动需求产出弹性、劳动需求工资弹性、劳动需求技术弹性的影响。在此基础上，作者构建了分析外商直接投资溢出效应对投资地劳动需求影响的框架，并利用这一框架研究了外商直接投资溢出效应对上海市国内厂商劳动需求量、需求结构的影响。

关键词：外商直接投资（FDI）　劳动力市场　供求关系　就业

5066

人力资本权变激励策略研究／刘苹著；陈维政指导. -- 四川大学，2005. -- 300 页

本文立足于人力资本理论、激励理论和权变理论三大基石，围绕着寻找适合企业实际需要的激励策略，形成与市场经济相配套的激励约束机制，以提高人力资本对企业经济效益的贡献这一研究目标，对人力资本的权变激励策略、人力资本定价、人力资本约束等内容进行了深入研究。首先，本文在大量理论和实证研究的基础上，对人力资本的内涵进行深入剖析。其次，在文献研究基础上，本文提出了人力资本的四分法，即将人力资本分为低职务低贡献、低职务高贡献、高职务低贡献、高职务高贡献四类。然后，针对人力资本的重要特性——人力资本所有者需要激励，才能发挥其作用，提出了权变激励策略。再次，为了科学地评估人力资本价值，本文探讨了人力资本的权变评价方法，即针对各类人力资本的特性，提出了事前评价与事后评价相结合的评价方法。最后，为了提高企业在人力资本上的投入产出率，本文对人力资本激励风险及其防范措施进行了研究。本文从企业内部约束和外部约束两个方面入手分析了防范风险的方法和手段，具体方法有：提高管理水平、加强内部制度建设、市场约束、法律约束和社会约束。

关键词：人力资本　激励　人力资源管理

5067

中国研究型大学核心竞争力战略的研究／刘向兵著；徐二明指导. -- 中国人民大学，2005. -- 192 页

本文首先从外部环境分析和内在问题分析入手，提出论文的基础问题并进行分解，然后对研究型大学、核心竞争力、跨越式发展等基本概念进行了界定。阐述了论文的研究框架、结构安排、理论创新和主要研究方法，提出了研究型大学核心竞争力战略的“树型”理论，构建了基于核心竞争力的中国研究型大学跨越式发展战略模型。本文第二章对战略管理理论、核心竞争力理论的起源、特征、发展阶段及走向，以及基本规律进行了理论梳理，对国内有关大学核心竞争力的研究发展进行综述，提出研究型大学核心竞争力的概念、特点等。第三章简述核心竞争力战略的概念和基本结构，指出战略制定是核心竞争力的中心和关键步骤。第四章简述研究型大学核心竞争力战略实施的概念和意义，研究了研究型大学核心竞争力培育的意义和路径选择，建立了研究型大学核心竞争力培育基本模型。第五章简述了研究型大学核心竞争力

战略评估的概念、意义、内容、特征、方式及方法,制定了我国研究型大学核心竞争力战略评估的一种指标体系,提出了评估结果的判断依据。第六章以中国人民大学为例进行了案例研究。第七章,根据上述研究,就我国研究型大学实施核心竞争力战略的对策、政府的主要作用、我国研究型大学核心竞争力战略实施的问题,得出结论、提出建议。

关键词:研究型大学　高等教育　核心竞争力　学校管理

5068

城市营销战略研究 / 刘彦平著 ; 郭国庆指导. -- 中国人民大学, 2005. -- 223 页

本文从认识论、价值论和方法论的角度,对城市营销战略进行了跨学科的研究和系统化的理论建构。文章选取北京、香港和汉城三城市进行实地调研、访谈和案例比较研究,就东亚城市营销之得失及其启示进行了剖析和归纳,对本文的理论建构进行了检讨和提升。本文共共分七章。第一章绪论,主要介绍选题背景和意义,以及研究目的和方法。第二章回顾了国、内外城市营销的研究进展,评价了国内外城市营销理论研究的贡献和不足,辨析了城市营销和城市经营的概念,并从中推导出建构系统化城市营销战略理论的必要性和可能性。第三章从价值论和认识论的角度,论述了城市营销是创造、提升城市价值,增益城市核心竞争力的有效战略。第四章从方法论的角度提出城市营销战略系统(CMSS)的概念。就城市营销战略规划子系统,本文提出了“六定”要素,包括定组织、定任务、定形象、定市场、定协同和定投资等六大要素。第五章引入“城市治理”的思想,提出“城市营销治理”的概念并将之作为城市营销战略的组织与控制平台。第六章对东亚三个国际性城市即北京、香港和汉城的城市营销进行了案例研究和比较研究,以论证城市营销对城市发展的战略作用,并检视城市营销战略系统要素的功能或作用。第七章归纳研究结论,同时也阐明了本研究的不足及后续研究的重点和方向。

关键词:城市管理　城市发展　城市营销

5069

在职 IT 工作者求职行为研究 / 刘永安著 ; 赵曙明指导. -- 南京大学, 2005. -- 148 页

本文通过对研究个体求职的相关文献的回顾,分析发现影响 IT 工作者在职求职变量,构建 IT 工作者在职求职理论模型,通过实证分析来探讨各影响变量与 IT 工作者在职求职的关系及在职 IT 工作者的求职行为与 IT 工作者在职求职的关系及在职 IT 工作者的求职行为与 IT 工作者的离职意向之间的关系,并通过逐步回归分析方法找出影响 IT 工作者在职求职及离职意向的关键因素。第一章引言中,在阐述论文研究背景的基础上,作者提出了本论文需要研究的问题和可能的创新点,最后提出了本论文的结构。第二章对研究的理论基础和相关文献进行了回顾。第三章在回顾员工求职的相关研究基础上,提出各种动机因素变量与 IT 工作者在职求职之间的相关的 12 个研究假设,而后提出 IT 工作者的在职求职与其离职意向之间的相关假设并对这些假设进行详细的说明。第四章在对本研的问卷调查的基本情况进行简单的介绍,然后对本论文的调查问卷的形成进行了详细的说明。第五章对文章提出的假设进行验证并对结果进行分析。论文最后一章,作者对本研究的得出的一些结论进行总结,并对研究的理论价值与实践意义、研究局限与未来研究建议进行了详细的阐述。

关键词:就业　职业选择　信息技术

5070

品牌延伸的评价模型及决策研究 / 刘勇著 ; 刘凤军指导. -- 中国人民大学, 2005. -- 170 页

本文通过继承、吸收前人的研究成果,探索品牌延伸内部机理,构建品牌延伸的评价模型,提出品牌延伸的战略决策模式,并对该模型和决策模式进行实证。论文分八个章节展开讨论的。第一章绪论,分析了品牌延伸的现实背景和理论背景,对论文的理论意义和现实意义进行描述和分析,同时提出了本文的研究方法,构建了本论文的总体研究思路。第二章对国内外关于品牌延伸的相关研究文献进行综述,同时对品牌延伸这一概念进行辨析。第三章研究了各国学者从财务角度、市场角度、消费者角度等不同角度对品牌资产所下的定义及在这些定义基础上建立的各类品牌资产模型,提出了关于品牌资产的综合性定义。第四章从消费者购买决策过程和消费者的反应过程来分析品牌作用的内在机理;从优先效应、近因效应、分类模型等不同的角度来探索品牌延伸的内在机理,并提出了品牌延伸的综合模型;并在此基础上分析品牌延伸的作用和风险。第五章构建了影响品牌延伸的因素模型。第六章讨论了品牌延伸的层次分析法(AHP)模型,模糊层次法(FUZZY - AHP)模型以及 BP 神经网络模型。第七章在建立品牌延伸评价

模型的基础上,从企业战略的角度来审视品牌延伸问题。第八章对本论文进行总结,并提出了本论文的研究展望。

关键词:市场营销　品牌　品牌效应　品牌战略

5071

中国企业技术和能力积累与企业跨国化成长路径关系研究 / 刘震宇著 ; 颜光华指导 . -- 上海财经大学, 2005. -- 168 页

本文从中国企业技术和能力的积累与企业跨国化路径之间相互促进的内在关系角度,研究了中国企业实施跨国化的原因和如何选择合适的跨国化路径,在此基础上提出改进意见。文章首先在西方理论的基础上,分析研究企业技术和能力积累与企业跨国化路径相互作用的内在机理,并构建理论分析模型。运用该理论模型,作者分别剖析了发达国家和发展中国家这两类国家企业技术和能力积累与企业跨国化路径之间关系的共性和差异,并提出跨国化是目前企业技术和能力积累的最先进的方式和模式。其次根据得出的发展中国家企业跨国化特有的共性和一般规律,从中国企业跨国化所具备的条件、整个市场发展时机以及所面临的机遇和竞争等方面揭示了中国企业跨国化的必要性和紧迫性。接着文章研究了内向国际化对中国企业技术和能力积累以及对企业跨国化产生之间的悖论,并结合中国企业的特点,分析了基于现阶段比较优势的中国企业提升技术和能力跨国化的新模式以及对内向国际化的本质的影响。最后,作者提出了中国政府在企业内向国际化和跨国化中技术和能力积累过程中应起到的作用,指出政府应该将以引资引进技术的方式为主的战略重心逐渐转移到激励、推动、促进、引导中国企业实施跨国化的发展,尤其是以技术获取型投资的跨国化发展上来。

关键词:企业管理　技术创新　跨国经营　企业能力

5072

人民币的均衡汇率及汇率调整的影响 / 卢万青著 ; 陈建梁指导. --中山大学, 2005. --114 页

本文研究人民币的均衡汇率及汇率调整对我国经济造成的影响。主要内容包括:人民币实际有效汇率的影响因素,人民币汇率与国际竞争力的关系,人民币均衡汇率的理论模型与实证研究,人民币汇率的博弈分析,人民币升值争论述评,人民币汇率调整对我国实际经济的影响,人民币汇率低估对我国物价的影响。文章提出了竞争力平价理论,并运用该理论来计算人民币的均衡汇率。人民币汇率的博弈分析表明国内外政治力量的对比对人民币汇率的影响较小。人民币升值对国内经济的影响不太大。人民币低估从增大外汇占款和加剧国内商品供求的结构性不均衡两个方面对我国造成不小的通货膨胀压力。

关键词:人民币汇率　汇率政策　均衡汇率　经济增长　物价

5073

高科技企业成长的资源分析 :基于广东五个高科技企业的案例研究 / 卢伟航著 ; 王珺指导. -- 中山大学, 2005. -- 188 页

本文主要探讨资源基础对高科技企业成长的影响。首先,文章对处于不同发展阶段上资源对高科技企业成长模式、路径和模式—路径组合类型的影响及其演化进行了动态研究,并通过将推动与限制企业成长的资源基础进行分析和归纳,确定了高科技企业不同成长阶段上的关键性资源,在此基础上构建了高科技企业资源与成长关系的理论分析框架。通过对高科技企业成长进行资源分析,作者提出在高科技企业初创阶段,成长会表现为内生专业化的模式—路径的组合类型,相应的资源基础表现为企业家、资金、技术与政府决策等;而在持续成长阶段,则会更多地表现为外生专业化或外生多元化的过程组合类型,相应的资源基础表现为企业家、技术、高素质的人才团队及良好的外部环境的支持。其次,作者运用深度案例研究方法,通过选取广东省五个科技含量较高,分布在不同行业的高科技企业案例(TCL 集团、三九集团、网易公司、广东联通公司、路翔公司),从其发展现状和资源角度分析,构建了关于高科技企业成长资源基础及其演化、成长模式—路径组合类型及其演化的分析框架。最后,通过理论和实践的研究,作者从政策建议监督,提出对于高科技企业成长,政府应大力培育企业家阶层,支持企业从事技术研发活动,并着重在其成长初期给予政策支持和资金支持,而在其持续成长阶段则应将中心更多地转到为企业创造良好的外部环境上来。

关键词:技术企业　企业成长　资源管理

5074

论领导行为,组织学习、创新与绩效间相关性研究 /吕毓芳著 ; 芮明杰指导 . -- 复旦大学, 2005. -- 158 页

本文以典型相关规则分析及多变异数差异分析探讨领导行为、组织学习、组织创新与组织绩效之间的关联性。研究发现:(1)整体而言,本研究整体理论模式配置符合可接受的适合度检定水准,表示本研究的理论模型可获得支持,故这四个构面间确实存在着影响关系。(2)领导行为对组织学习与组织创新均有正向的影响关系,且不论是管理创新或是技术创新都同样有正向的影响,而虽然在直接效果方面,领导行为对技术创新的影响效果大于对管理创新的影响效果,然而若再加上透过组织学习的间接效果之影响,在总效果方面,领导行为对管理创新的影响效果则大于对技术创新的影响效果。(3)组织学习对组织创新中的管理创新及技术创新均有直接的影响关系,对组织绩效则是透过组织创新有间接的影响关系,直接影响关系不显著;此外,组织学习对管理创新的影响效果大于对技术创新的影响效果,且组织学习透过管理创新影响组织绩效的效果大于透过技术创新影响组织绩效的效果。(4)管理创新对组织绩效的影响效果则大于技术创新对组织绩效的影响效果;管理创新与技术创新间的相互影响效果在实证研究中则未达显著关系。

关键词:领导行为　组织管理　学习型组织　创新管理　技术创新

5075

基于知识链的企业战略联盟研究 / 马成樑著 ; 芮明杰指导. -- 复旦大学, 2005. -- 211 页

本文对企业战略联盟的理论研究成果和实践发展状况以及企业战略联盟的现实环境加以介绍。构建出基于知识链的企业战略联盟的理论框架,根据联盟主题的不同特点分别讨论企业之间的联盟策略、企业与研究机构的战略联盟策略、企业集团内部的联盟策略和企业集群内部的企业战略联盟策略。从知识链的新角度考察企业战略联盟,既有别于传统的企业战略联盟理论,也不同于一般的知识联盟理论,为知识经济背景下高新技术产业领域新出现的企业联盟集聚现象,以及跨国公司的全球战略布局,尝试提供了一种更为贴切实际的认识角度。在详尽分析知识链的本质和特征的基础上,从知识分布不均衡及其产生动态流动机制的角度初步给出了基于知识链的战略联盟的内涵和特征,尤其是把基于知识链的企业战略联盟内涵与企业管理学中流行的价值链、供应链、产业链等链式管理有机地融合到一起。搭建了一个基于知识链的企业战略联盟的理论框架,探讨了基于知识链的企业战略联盟的形成过程以及其管理。坚持理论与实践相结合,根据基于知识链的企业战略联盟理论框架,深入分析了跨国高新技术公司的企业战略联盟实例,总结出了企业间、企业与研究机构、企业集团内部、企业集群内部四种基于知识链的企业战略联盟策略,对于我国企业的战略联盟实践有一定的借鉴意义。

关键词:企业战略　战略联盟　知识链　企业联合

5076

基于团队的企业知识管理 / 马国臣著 ; 徐向艺指导. -- 山东大学, 2005. -- 148 页

本文就知识经济时代,知识作为对于企业运作与管理的重要资源及知识管理对企业的重要性,提出基于团队的企业知识管理。文章从八个章节展开了讨论。第一章导论部分,对问题的提出与研究视角进行了陈述,并对论题的基本概念、相关理论、研究方法及主要内容进行了描述,并说明了本论文的创新所在。第二章对知识资本化与商品化进行了阐述,文章认为知识资本化和商品化是企业进行知识管理的背景条件,在对知识商品化条件的讨论,为企业进行知识产权保护、激励和知识创新提供了理论依据。第三章论述了共有知识的创造与转移,对知识转移的过程和影响因素及知识转移方式进行了详细说明,文章认为知识创造是企业知识管理的起点,共有知识转移是企业知识管理的重点,但共有知识的转移必须以创造为前提。第四章通过对西门子公司、施乐公司、惠普中国公司等国内外知名企业的知识管理实践的比较研究,总结出对我国知识管理的启示。第五章阐述了基于团队的组织结构变迁对知识管理具有重大影响,提出创建学习型组织建构模式。第六章论述知识团队的文化建设的作用,提出建立相关激励机制模型。第七章通过实例阐述了知识管理信息化的重要性。第八章对本论文进行总结,并提出了本论文的研究展望。

关键词:企业管理　团队　知识管理　组织创新

5077

跨国公司全球快速反应机制研究 / 马勇著 ; 薛求知指导. -- 复旦大学, 2005. -- 198 页

本文从跨国公司的特点出发,得出和跨国公司全球市场传统的经营机制相比的全球快速反应机制的许多特点:子公司能动作用的充分发挥;全球市场价值趋向的深刻把握;全球市场动态竞争的有效应对;

全球经营伙伴关系更紧密联系。根据跨国公司全球经营最显著的特点——公司运行多种职能,在多个地区经营多种业务这个特点,本文依照职能维度、地区维度和业务维度三个变量构建了跨国公司"全球快速反应魔方"分析框架。跨国公司要想提高其全球反应速度,一是要"全球快速反应魔方"的每一个"魔方"具有充分的灵活性。二是要求使跨国公司"全球快速反应魔方"的不同维度整体化,以提高整体的运作速度。这需要跨国公司职能部门一体化,地区市场网络化和业务单位关联化,以打破公司职能界面阻塞、地区界限分离和业务领域隔绝状态。在跨国公司全球经营过程中,由于其全球职能部门越来越多,地区市场范围越来越大,业务活动领域越来越广,最终的结果是跨国公司组织规模急剧膨胀,组织规模的急剧膨胀是其对全球市场环境反应越发迟钝。跨国公司全球快速反应机制是基于动态复杂全球市场环境的一种经营机制,该机制的实施也必须具有动态性。

关键词:跨国公司　经济全球化

5078

速度营销战略研究 / 马勇著 ; 晁钢令指导 . -- 上海财经大学 , 2005 . -- 171 页

本文研究了速度营销战略的背景和实施过程,旨在揭示在当前动态复杂的市场环境特点下,以最快的速度和最低的成本向顾客提供最高的价值的重要性。文章首先指出速度营销战略的理论基础为速度经济理论、动态能力理论、时基竞争理论和 PLC 理论,并在继承西方发达国家先后出现的四种具有代表性的营销观念即以企业为基础的营销战略所体现出来的企业观念、以市场为基础的营销战略所体现出来的市场观念、以竞争为基础的营销战略所体现出来的竞争观念和以关系为基础的营销战略所体现出来的关系观念的基础上,提出了速度营销战略所特有的速度营销观念的内涵。其次,引入物理学中的力学方法构建了速度营销战略"3F"分析模型,即营销的重力、阻力和推动力。应用该模型,作者分析了速度营销战略特定的营销策略,包括速度营销活动策略、速度营销组织策略和速度营销系统策略,及其各自的子系统策略。在分析这些系统策略的基础上,作者提出只有采取特定的策略激发营销活动的活力,营销组织的速度才有可能提升,从而营销系统的市场响应能力才有可能得到增强。最后,文章提出了速度营销战略的实施环境,包括需求环境、竞争环境、产业环境和技术环境,战略定位、动态实施步骤和实施力度。

关键词:市场营销　营销战略　速度营销

5079

组织中的社会惰化研究 : 成因与对策 / 马志英著 ; 包政指导. -- 中国人民大学, 2005. -- 134 页

作者研究了组织中存在的社会惰化(Social Loafing)现象,对其成因进行了剖析,并提出了相应的对策。首先,对国外已有的社会惰性研究进行了总结和评述,指出前人的研究存在的不足在于混淆了影响社会惰化的个体因素和社会性因素,因此没有抓住社会惰化产生的本质原因。其次,通过对动物的社会性行为和人类的组织公民行为的研究,剖析了社会惰化产生的个体因素和社会性因素,指出社会惰化的本质上是由人的社会性决定的。对于社会惰化产生的个体因素,在批判了主流心理学因果决定论的基础上,提出了自由的意志论解释;对于社会因素,指出组织成为个人完成社会化的重要场所,模仿与从众也成为个体在组织中生存的一个重要法则,这是社会惰化产生的社会性因素所在。再次,针对社会惰化的成因分析了社会惰化的后果与对策。指出如果任由社会惰化滋生蔓延,会导致组织机能和群体机能的退化,产生"劣币驱逐良币"或"集体辞职"的现象,使整个组织丧失了发展的持续动力,甚至面临分裂的悲剧。并对影响社会惰化的因素进行了整合,将影响社会惰化的因素分成三个层面:环境、组织和人,对应的管理手段为:压力传导机制、绩效管理体系、组织目标与组织文化建设。最后,对三种解决社会惰化的管理手段进行了详尽的阐述,并以《华为基本法》和海尔的流程再造为例,说明了这些方法应该如何操作以及注意事项。

关键词:企业管理　组织管理学　组织行为学　社会惰性　绩效管理

5080

民营高科技企业知识雇员驻留管理研究 / 孟越著 ; 高闯指导. -- 辽宁大学, 2005. -- 169 页

论文对民营高科技企业知识雇员的驻留管理问题进行了研究,分析了民营高科技企业知识雇员频繁流动现象形成的原因。首先,按照环境影响理论将影响知识员工驻留的因素分为外部和内部两个层面。其中外部因素包括:劳动力供求关系及市场发育程度、高科技企业发展水平、劳动就业的法规建设和执行力度、社会思想意识等;内部因素包括:企业家因素、知识雇员自身因素等。其次,从有效性和公平公正性两个角度,对知识雇员动态驻留与静态驻留的效

果进行了评价,为企业确定需要哪些知识雇员提供一个定量和定性的标准。再次,探讨了知识雇员的有形契约期限(雇佣合同期限)选择与无形契约(心理契约)的管理,提出民营高科技企业应该根据知识雇员的类型来选择采用短期契约或长期契约,并应用心理契约理论对高科技企业的知识雇员忠诚、企业责任、雇员责任进行了分析。同时从职位塑造管理角度研究知识雇员驻留管理,指出知识雇员职业生涯成功的新标准是:个人职业满意度、在组织内部的市场竞争力和组织外部的市场竞争力。提出应从职位塑造成功新标准出发,借职位塑造来完成对知识雇员驻留的管理。最后,将知识雇员驻留管理置于雇佣关系框架下,研究雇佣冲突下的知识雇员驻留管理。提出建立"互惠忠诚"的新型雇佣关系是知识雇员驻留的新途径。

关键词:高技术产业 民营企业 人力资源管理 知识雇员

5081

温州、关中两地创业倾向比较 : 基于文化距离视角的分析 / 缪仁炳著 ; 宝贡敏指导. -- 浙江大学, 2005. -- 144 页

作者从文化差异的角度,研究了浙江省温州地区和陕西省关中地区的创业倾向的差异,揭示了两地的创业倾向强点及其文化基础。首先,在文化维度选择的基础上,对温州地区与关中地区的文化进行了比较研究。指出温州地区在集体主义、不确定性规避和因袭导向三个文化维度上显著强于关中地区,相对应地,关中地区在个人主义、风险导向和业绩导向方面强于温州地区;而在文化传统表现方面,温州地区比关中地区具有更强的家庭取向和重商传统。其次,对文化与创业倾向的关系进行了研究。提出了四因素组合创业倾向,即创业倾向是创新性、内部控制点、先行性和勤奋积极性四个维度的交集。指出男性化和权力距离的弱化是影响创业倾向的关键文化变量;集体主义对创业倾向构成维度中勤奋积极性有显著的正向影响,业绩导向对创新性和先行性有显著的正向影响关系;而不确定性规避仅对内部控制点有显著负向影响,是文化维度中对创业倾向影响较弱的一个维度。最后,从文化视角对温州地区与关中地区的创业倾向进行了比较研究。提出温州、关中两地创业倾向的差异假设,并以此为基础,对两个地区的创业倾向及其构成维度进行了测量和比较。指出温州地区仅在勤奋积极性上显著强于关中地区,而在创新性和内部控制点等方面都弱于关中地区,因此温州地区在两因素组合的创业倾向上显著弱于关中地区。但是两地区在四因素组合的创业倾向上并无显著差异,这表明两地在创业方面各有自身的强点与弱点。

关键词:创业 企业家 企业文化 温州市 关中

5082

面向任务型供应链的可重构性理论及其方法研究 / 倪沈冰著 ; 陈俊芳指导. -- 上海交通大学, 2005. -- 191 页

作者在分析和研究面向任务型供应链理论及实践效果的基础上,对面向任务型供应链建模、模块设计、模块选择、运作方式等问题进行了研究。首先,对面向任务型供应链产生的背景、目前研究及实践的现状及亟须解决的问题进行了阐述。指出敏捷供应链和虚拟供应链是目前在理论研究及实践中较为成熟的两类面向任务型供应链。同时提出可重构性是一个更为深刻、广义的概念,是指供应链能根据客户及运作环境的需求对流程序列、组织结构等进行较低成本的再组织,其基本的构成单位,如操作流程、部门组织等,都能根据重构的需要进行再次组合。其次,研究了如何构建支持可重构性的面向任务型供应链模块化模型、模块的筛选、具体设计方法等。在现有的供应链建模理论的基础上提出了一个由生命周期维、视图模型维和应用层次维组成的三维建模体系结构,并给出了基于事例推理的供应链建模方法。在模块的筛选方面,提出了一个分阶段的供应链模块选择决策流程模型和基于模块能力的模型筛选算法。最后,利用分形理论构建了由自完备的供应链系统组成的具有层次嵌套性等分形特征的分形供应链,这种由若干在组织结构、运作模式等方面具有相似性的供应链运作单元构成的分形供应链,具有自相似、自组织、自优化等重要特征。同时提出一个由上至下与由下至上相结合的交叉项目流程模型,并给出了一个由目标驱动的分形供应链构建、运作、评估、自优化的运作流程模型,并通过一个应用实例来说明其如何构建、运作。

关键词:供应链管理 供应链 可重构性

5083

基于 CPFR 的我国新型供应链关系模型研究 / 牛东来著 ; 陈禹指导. -- 中国人民大学, 2005. -- 226 页

论文研究和探讨了在我国流通行业建立和完善供应链管理体系的模型,包括 CPFR 的改进、支撑环境以及方式、方法和推广应用机制等,在供应商和零售商之间建立协调、高效、双赢的供求反应机制,从满足消费者需求出发,在社会资源的整合和合理利用方面,达到提高流通产业竞争力的目标。首先,从供应链入手,对以信息化为基础的供应链管理进行了分析,对 CPFR 模型及应用案例进行了研究。作者认为:供应链管理是在社会发展和技术进步过程中提出的新的理念,是为满足社会的需求,通过一定的管理和技术手段,对供应链整个过程实现资源整合和充分利用、达到效益最大化为目的,所进行的计划、组织、协调和控制。其次,结合我国流通领域在供应链管理方面的实践,在充分比较国内外应用的基础上,提出了适合于我国国情的 CPFR 模型以及流通行业新型的供应链管理模型,建立了制造商对流通业(含分销和零售)以及流通业对制造商的评价指标三层层次结构。并进一步对实现该模型的关键支撑环境和解决方案等进行了阐述。最后,分析了我国流通业的发展与前景,论述了实现新型供应链关系模型的建议,包括实现我国新型供应链关系模型的指导思想及原则、策略、发展重点、对策措施;分析了实现新型供应链关系模型对社会的影响,包括能够改变人们传统的利益观念、加强工商之间的协作、更好地满足消费者需求等;并论述了供应链管理未来的发展与展望。

关键词:流通产业　商品流通　供应链

5084

中国公司双重上市的动因、市场反应与长期绩效研究 / 潘越著 ; 吴世农指导. -- 厦门大学, 2005. -- 170 页

本文以中国境外上市公司返回国内双重上市的动因为着手点,结合双重上市之后的市场的短期反应和公司的长期绩效变化,对中国公司双重上市行为进行了具体的分析与研究。文章借鉴国外学者相关研究,全面回顾和总结了有关公司双重上市动因、市场反应与长期绩效研究成果。作者运用描述性统计分析方法对中国公司双重上市动因的理论假说进行了实证检验,认为最主要的动因是国内市场融资难度小、成本低、融资多。作者研究了双重上市公告期和实际上市期不同的市场反应,认为公告产生显著的正面反应,实际上市时已趋于正常。作者构建了一个完整的公司绩效评价体系,考察了双重上市公司在经营业绩和长期市场两方面的长期绩效,认为双重上市后公司经营业绩逐年下滑,市场业绩出现长期恶化的趋势。文章认为双重上市可以获得比境外资本市场更有利的融资条件,但融资条件并没有被公司管理层充分合理利用。

关键词:上市公司　资本市场　境外上市　融资　投资者　企业绩效

5085

论我国家族企业的内部治理 / 庞华著 ; 蒋明新指导. -- 西南财经大学, 2005. -- 188 页

作者分析研究了我国家族企业内部治理问题,通过分析我国家族企业目前的发展状况和未来发展趋势,揭示我国家族式企业的治理结构的动态演进过程。首先,对家族企业的概念、内部治理的概念以及我国家族企业内部治理的现状等进行了阐述。其次,采用归纳的方法,用两个维度:企业主控制权维度和企业形态维度,将家族企业的内部治理形式置于一个分析框架之中,界定了各种内部治理的分类,并对每一种内部治理形式进行了阐述,得到了我国家族企业的演进路径。再次,将影响家族企业内部治理的因素划分为内生变量和外生变量,并阐述了内生变量对家族企业内部治理的制约作用,分别从家族企业的控制权、规模、组织结构、技术、家族成员的参与等维度剖析各变量对家族企业内部治理的影响,建立了家族企业内部治理与组织机构的耦合图;从融资环境、文化与信任和法律政策等维度,分析了家族企业内部治理的外生变量的影响作用,建立了家族企业内部治理的信任收益分析图。最后,比较研究了国外家族企业发展的历史及其内部治理的特点,针对我国家族企业的实际情况,对我国家族企业内部治理的转化与完善提出了对策建议。指出随着我国经济的发展和社会制度的完善,我国家族企业存在由家族治理向公众化治理演进的趋势。

关键词:家族企业　公司治理

5086

基于组织绩效的人力资源管理及评估研究 / 朋震著 ; 邓荣霖指导. -- 中国人民大学, 2005. -- 163 页

作者研究了人力资源管理问题和人力资源管理评估问题,寻求人力资源管理对组织绩效的影响机理,及如何通过评估组织的人力资源管理状况促进组织绩效的提升。首先,基于组织绩效对人力资源管理进行理论研究,一方面寻找人力资源管理与组织绩效的普遍联系,另一方面探讨基于组织绩效的人力资源

管理的作用机制。指出人力资源管理与组织绩效之间的关系是一种通用性基础上的权变关系。其次,在理论研究的基础上,通过实证研究来验证人力资源管理与组织绩效的联系和作用方式,并寻找我国企业高绩效人力资源管理系统的通用性特征。指出这些特征分别是:有效的外部招聘、广泛的培训、基于结果的绩效评价、激励性薪酬体系。这些特征之间存在相互协同、强化和互补的作用,形成一个有力的推动组织绩效的系统。最后,对理论研究和实证研究的结论在人力资源管理评估领域进行了应用性研究,探讨了基于组织绩效来构建人力资源管理评估重要维度和指标的问题,并结合人力资源管理评估理论和实践现状的研究,指出我国人力资源管理评估的重点环节。提出了人力资源管理评估的"轨道车轮"结构,由通用性高绩效工作系统、战略性高绩效工作系统和整体人力资源管理成果三个人力资源管理评估维度组成"驱动轮",由成本控制和价值创造两个指导性标准构成"轨道",共同驱动组织绩效向正确的方向不断提升。

关键词:人力资源管理　组织管理　绩效管理

5087

环境管制对企业国际竞争力影响的内在机制研究 / 彭海珍著 ; 任荣明指导. -- 上海交通大学, 2005. -- 176 页

论文从基于环境政策工具的外部宏观机制和基于企业环境战略的内部微观机制两个角度,研究了环境管制对企业国际竞争力影响的内在机制。首先,对环境管制和国际竞争力的概念进行了界定,从环境成本内在化的角度阐述环境管制与国际竞争力之间引起争论的根源,并指出现有观点之间存在的分歧。同时阐述了环境管制与国际竞争力的持续性观。其次,避开传统基于环境标准和政策的严格程度的视角,对环境政策工具进行了分析,反映出环境管制对国际竞争力影响的实质。同时对实际中环境政策工具有效实施存在的障碍作出分析,并就解决这些制约因素进行了机制设计,构建一个监督背景下的不对称信息管制机制,以提高实施效果。再次,分析了企业环境战略,指出与提高国际竞争力联系更多的是"超越服从"环境战略,并从环境实践的角度阐述企业环境战略与竞争优势的关系。对企业环境战略实现竞争力影响的内部条件进行分析,利用企业的资源观点,表明在环境管理"最好实践"的成功执行中需要相应的补充资产。最后,探讨了提升国际竞争力的自愿方法和预反应环境战略之间的关联。一方面通过构建一个"三重运行许可证"框架对促成当前商业环境中企业追求"绿色化"这一现象发生的激励因素进行分析,阐明环境保护私人供给可能出现的背景和条件;另一方面利用一个俱乐部物品模型对这一有悖常理的现象进行了经济学分析,表明这一行为并不违背企业追求利润最大化的经营宗旨。

关键词:环境管理　环境保护　环境政策　企业管理　国际竞争力

5088

公司控制权与公司绩效研究 : 基于中国上市公司的分析 / 蒲自立著 ; 赵昌文, 刘芍佳指导. -- 四川大学, 2005. -- 168 页

论文从公司控制的若干基本问题入手,研究了公司控制权的相关理论问题,并从股东会、董事会和管理层三个层面实证分析了公司控制权和公司绩效之间的关系。首先,探讨了公司控制理论的发展和演进,对公司控制权的内涵、控制权的实现方式和加强方式等进行了论述,并针对现有绝大部分文献中对控股的定义,重新界定了控股的概念,构建了公司控股权的定量分析方法,计算了中国上市公司的控股权比例。指出如果其他股东的持股比例足够分散,则拥有较小股份的股东也可能获得较高程度的控制。其次,从控制链的角度分析了公司外部控制机制和内部控制机制的相互作用。在公司的内部控制机制中,公司的股东会、董事会、管理层和中层经理以及一般员工既是参与者又是制衡者;在公司的外部控制中,投资者、审计机构、政府监管机构和法律分别起到了不同的作用。最后,根据中国的现有法律体系构建了公司控制权配置的基本模式,将股东会、董事会和管理层作为公司控制权配置的三个基本层面。并从实证的角度研究了上述三个层面(股东会、董事会和管理层)对公司绩效的影响。表明获得公司的控股权会对公司的绩效产生积极的影响;董事会的规模与公司绩效呈正相关,两职合一对公司绩效有负影响;总经理由大股东委派对公司绩效有积极影响,而职业经理人担任对公司绩效产生负面影响。

关键词:上市公司　所有权　股权　企业绩效　控制权

5089

营销的符号差异化战略研究 / 戚海峰著 ; 陈启杰指导. -- 上海财经大学, 2005. -- 198 页

作者从符号化消费的角度对营销理论及实践进

行研究。首先分析了营销研究的基本逻辑主线以及由此产生的三种基本营销模式,接着对符号化消费的起源、符号化消费行为发展史进行综述,分析符号化消费行为的心理,以人本主义心理学为基本理论对导致符号化消费行为发生的需求和动机进行了分析,还以社会心理学对符号化消费行为进行分析。其次,是关于中国城市消费者符号化消费行为的实证研究。作者采用问卷调查的方式在上海、北京等若干个城市对消费者的基本情况、消费者对时尚的敏感性、对商品属性及效用的偏好、对广告的依赖性及广告内容与形式的偏好、对商店属性的偏好等内容进行了分析。其次,对符号化消费行为的对象——商品/品牌符号进行研究。再次,作者阐述了营销的符号差异化战略的基本内容,提出了以象征意义的定位为基本内容的产品战略、以象征意义的表征为基本内容的广告战略与销售环境战略。最后,作者对中国企业开展营销的符号差异化战略进行了探讨,立足于中国经济与文化的实际情况,对中国企业如何以理论为基础结合现实国情制定和实施差异化战略提出了若干见解。

关键词:市场营销　营销策略　营销模式　符号学　消费心理学

5090

企业融资方式与投资效率的相关性研究 / 覃斌著 ; 宋献中指导. -- 暨南大学, 2005. -- 137 页

论文研究了企业融资方式与投资效率的相关性,以期建立一个融资方式影响企业投资效率的理论体系和实证方法。首先,回顾了股权、债务和内源融资影响非效率投资的原因和表现,将公司治理因素融入企业融资方式与投资效率的相关性理论体系中。强调了三种方式的治理机制,归纳了我国上市公司融资方式的特点。其次,从投资效率角度评价融资方式,分别就股利分配、现金持有、股权融资以及负债融资方式与投资效率的相关性进行了研究,并从决策层面上探讨了投融资的相关性对传统长期投资决策方法和可行性评价指标的冲击,探讨了在不完全资本市场条件下企业的长期投资决策问题。再次,将所有权形式(产权性质)引入融资方式、公司治理和投资效率的分析体系,从资本供需的角度解释了企业的投融资的关联性,并以信息不对称和代理理论为基础,扩大了现金持有问题的研究。最后,在理论分析的同时实证检验了我国上市公司不分配或少分配、低负债以及偏好股权融资等融资倾向所产生的过度投资行为。并认为,为改善投资效率,应建立现代企业制度,尤其是在国有企业中建立真正的企业法人产权制度,重构治理结构,合理选择融资方式。

关键词:企业融资　投资　股权融资　公司治理

5091

企业的政府关系管理研究 / 曲向军著 ; 赵德志指导. -- 辽宁大学, 2005. -- 141 页

论文研究了企业与政府的关系,构建了政府关系管理的框架。首先,给出了政府关系管理的利益相关者模型。指出政府是企业重要的和特殊的利益相关者之一,是企业管理的重要对象;企业和政府之间的关系具有互动性,政府在这一关系中居于主导地位,企业行为对这一关系具有重要影响;处理好企业与政府之间的关系,是企业管理的一个新的重要任务。其次,阐述了企业的政府关系管理的三项主要内容:公共政策议题管理、社会性危机管理和企业政治参与。公共议题管理就是对企业具有重要影响的公共议题做出及时有效的反应;社会性危机是一种对企业基本目标的实现构成威胁、要求企业必须在极短的时间内做出关键性决策和进行紧急回应的社会性事件;企业政治参与是指企业主动影响政府和国家政治行为的行动。再次,分析了美国和日本为代表的工业化国家的大企业,在实践中形成的企业与政府关系以及政府关系管理的方法和经验。指出这些经验中,有许多内容反映了企业的政府关系管理的共性,可以供中国企业吸收和借鉴。并对中国企业政府关系管理现状进行了研究,提出了中国企业政府管理的对策。最后,选取了典型的中国企业,对中国企业的政府关系管理进行了案例分析,总结了经验教训。指出企业应有一种前瞻性的眼光,学会以合法的方式处理政府关系,应努力提升企业自身的影响力,将政府关系管理纳入企业战略管理的范畴,应努力通过正当渠道和合法方式主动影响政府的决策,通过有效的政府关系管理来创造有利于企业发展的外部环境。

关键词:企业管理　政企关系　利益相关者　公共政策

5092

中小国有企业民营收购研究 / 全登华著 ; 陈建梁指导. --中山大学, 2005. --133 页

本文的主要内容包括:民营收购的相关理论与政府规定,非上市国有企业的民营收购,上市公司的民营收购,管理层的经营能力甄别模型,国有产权转让的拍卖制度分析。文章认为国有企业不能通过模仿

民营企业的组织结构、治理结构、对经营者的激励方案来取得与民营企业相同和更高的效率。政府监管不力及缺乏良好的交易制度等原因使得民营收购不能达到提高企业效率的目的，反而出现大量的投机性套利收购和非法套利收购，造成国有资产流失。文章提出需要改变目前收购交易普遍采用的协议收购方式，实施拍卖。对相关政府官员实施严密监督以使其真正履行委托人的职责。

关键词：国有企业　中小企业　产权制度改革　民营化

5093

智力资本管理会计研究 / 冉秋红著 ；廖洪指导. -- 武汉大学，2005. -- 145 页

本文对智力资本管理会计的理论基础、基本理论与方法体系及其实际运用等问题进行了探讨，在此基础上构建了一个较为完整的智力资本管理会计体系。首先，文章将企业资源基础理论、核心能力理论和企业知识理论作为智力资本管理会计的理论基础，企业资源基础理论强调资源与战略性资源，企业核心能力理论推崇核心能力与动态核心能力，而企业知识理论则强调企业知识与默会知识。接着，作者从智力资本管理会计的内涵、目标、对象与基本假设等基本问题出发构建了的智力资本管理会计的基本理论框架。同时分析了智力资本可视化计量方法，包括货币计量方法和非货币计量方法，并针对企业知识管理实践，从四个方面提出了改进和创新智力资本计量方法的思路。以智力资本计量为基础，作者提出了三种比较具有代表性的智力资本投资决策方法，即净现值法、战略投资评价法与实物期权法，并对各自的优缺点进行了简要分析。基于管理控制系统的一般框架，以知识为导向，作者纳入智力资本要素建立了新型管理控制系统的基本框架。最后，从我国企业如上海光明乳业、青岛啤酒、中国网通的知识管理实践，以及我国企业的国际竞争力现状、国有资产管理体制改革等方面，简要分析了智力资本管理会计在我国企业运用的必要性，并在此基础上提出了促进智力资本管理会计在我国企业运用的几点建议。

关键词：人力资本　智力资源　管理会计　知识管理　智力资本

5094

商业银行零售客户终身价值评估及业务管理体系研究 / 阮红著 ；芮明杰指导 . -- 复旦大学，2005. -- 205 页

本文对商业银行零售客户终身价值的构成和零售银行业务管理体系进行了仔细研究，通过对商业银行零售客户终身价值给出一个全面、科学的定义，形成对商业银行零售客户终身价值的评价体系；通过对商业银行零售客户终身价值管理体系的研究对改变中国零售商业银行的现状具有深刻的现实意义。建立了客户终身价值概念模型及可操作模型，明确提出完整的客户终身价值是由显性价值、潜在价值和成长价值构成，从定性和个人自然因素、微观环境因素和宏观社会因素三个维度来研究商业银行零售客户终身价值的关键影响因素。采用数据挖掘技术建立了可操作意义下的商业银行零售客户终身价值评估模型，从定量的角度对客户终身价值进行研究和分析。选择了“客户潜在价值”和“客户成长价值”两个维度指标对零售客户进行了分类，对待不同类别的客户，银行所采用的营销策略也应该有所不同。本文主要有三个方面的创新点：(1)对客户终身价值的完整性研究。(2)评估方法和模型的普遍适用性。(3)管理体系的重塑。

关键词：商业银行　银行业务　客户关系管理

5095

对“理性”和“自利”的反思 ：新视角中的企业经理层激励约束研究 / 阮青松著 ；陈琦伟指导. -- 上海交通大学，2005. --163 页

本文采用了行为经济学和实验经济学的视角来研究企业经理层激励约束问题，文章认为“理性”、“自利”是企业经理人行为的重要基础，但是经理人并不是完全理性，也不是纯粹自利的，本文将经理人不完全理性、非纯粹自利行为的研究纳入到经理人激励约束问题的分析框架中来。文章回顾和评述了企业经理层激励约束理论，回顾了经济人假设的起源和发展及所存在的争议。文章对经济人完全自利的假设进行了反思，同时也对经济人完全理性的假设进行了反思。作者认为人的理性是有限的，其决策行为往往具有非理性的因素。文章还对经济人只考虑物质利益的假设进行反思，企业经理人存在着渴望获得社会认可的动机，对企业领导班子成员进行物质激励和精神激励都是必要的。文章借鉴了实验经济学的研究方法对我国企业经理人进行了问卷调查分析，调查结果显示，在大多数情况下，我国企业经理人确实表现出了公平偏好和递减的贴现率，企业经理人确实会受到群体规则和社会认可动机的影响。在研究了经理

人的实际行为特性的基础上,文章展开对经理人激励约束的政策建议研究,针对当前我国经济转轨时期提出了有针对性的政策建议。面对经理人存在的冲动行为,文章提出采取培养经理人的职业道德、经理人制定自我行为准则、建立适宜的企业文化等措施。本文的分析并不是要取代传统的、基于理性自利的经济人假设的对经理层激励约束问题的经济分析,而是对传统的分析框架做一扩展和补充。这两种分析框架应该是相辅相成,而不是互相替代。

关键词:企业领导　经理　激励　约束　行为经济学

5096

基于制度变迁的经营者报酬机制研究 / 邵剑兵著 ; 高闯指导. -- 辽宁大学, 2005. -- 95 页

论文立足于制度动态变化的事实,以控制权为分析工具,研究了制度变迁过程中经营者报酬机制的不同模式的形成和效率差异。首先,分析了激励理论的框架以及经营者报酬机制的作用。以经营者报酬机制和报酬结构为出发点,介绍了报酬机制的构成、数量、衡量的业绩指标以及制定过程,并对各种报酬机制模式进行了对比分析,区别了其效率上的差异。其次,根据制度变迁和公司治理的理论框架,从动态均衡的角度分析了报酬机制的演进。提出了一个基于制度变迁和路径依赖的分析工具,引入内部治理机制对报酬机制演进过程中出现的种种状况加以解释,并对经营者报酬机制的动态演进提出了一个阶段性周期模型。试图从路径依赖的角度解释经营者报酬机制演进的机理,尤其是同样内外部治理机制中出现的报酬机制的差异。再次,对高新技术企业的报酬机制变迁加以分析,针对高新技术企业所具有的特殊制度变迁路径与治理结构,特别是由于人力资本与非人力资本之间谈判力的变化所导致的与传统企业不同的动态均衡,分析了高新技术企业所采取的特殊报酬机制模式以及效率表现。最后,对国有资本退出过程进行了研究。构造了控制权收益与显性报酬机制的替代效应模型,证明有效的报酬机制不仅可以提高经营者的积极性,还可以降低经营者对国有企业退出、兼并、进入的抵制和阻碍。

关键词:国有企业　管理人员　劳动报酬　高技术产业

5097

心理契约违背及其干预研究 : 基于 IT 企业知识员工行为风险的分析 / 申学武著 ; 关培兰指导. -- 武汉大学, 2005. -- 134 页

论文旨在研究员工心理契约违背及其行为之间的关系,首先研究了心理契约违背对员工行为的影响;接着研究了作为中间变量的负面情绪反应的中介作用,同时探讨了不同的归因对员工负面情绪反应的影响;最后运用项目投射的研究方法,对员工心理契约违背后的组织干预措施的功能进行了分析。为便于研究,作者借鉴国内外相关的研究成果,编制了《心理契约违背及其干预的调查问卷》,运用武汉、北京、深圳三个地区 20 家企业的 433 分有效回答问卷作为样本,运用验证性因素分析、路径分析和回归分析方法,对论文提出的理论观点进行实证研究。为了初步检验样本研究所进行的理论探索的合理性和有效性,论文构建了一个包括心理契约违背、心理契约违背归因、负面情绪反应、组织干预和员工工作行为的结构方程模型,并运用在 IT 企业进行问卷调查获得的数据实证检验了这个模型。

关键词:管理心理学　人力资源管理　组织管理　心理契约　信息技术产业

5098

供应链的演化、运行及管理问题的研究 : 基于 CAS 理论和商业生态系统理论的观点 / 沈峰著 ; 陈禹指导. -- 中国人民大学, 2005. -- 186 页

作者从复杂适应系统理论和商业生态系统理论来分析供应链,通过动态、微观和宏观相结合把握供应链的演化、运行和管理。首先,基于 CAS 理论的供应链演化研究,提出用复杂适应系统的视角研究供应链,并回顾了近年来学术界应用复杂适应系统研究供应链的成果。接着,从供应链的特征上分析了供应链演化和运行的机制,论证了供应链是一个复杂适应系统,由独立自主的主体构成,没有中央控制,每个企业以自适应的方式运作,通过自组织,涌现出供应链的宏观特征,其次,借鉴生物生态学的理论和商业生态系统理论,研究了供应链作为一个“活”的、多主体构成的复杂适应系统的运行机制。讨论了供应链系统中的企业类型、价值链,提出供应链中的关键种概念(keystone),供应链的运行机制是基于以 keystone 为枢纽的价值链网络。并指出 Keystone 企业通过创造价值、共享价值的方式经营供应链的创造价值、共享价值的平台,建立供应链的公共标准,实现供应链的集成、创新和对环境的适应。最后,引用了沃尔玛公司和惠普公司的案例,分析了现实中的企业如何通过

创造价值和共享价值营造供应链的平台,采用 keystone 的供应链管理策略,实现供应链的集成,增强供应链的自适应能力和柔性。指出政府应该遵从供应链的演进规律,通过支持和推进 keystone 类企业的平台建设,以加快一些产业的健康发展。

关键词:供应链管理　复杂适应系统(CAS)　商业生态系统

5099

公司社会责任与公司财务业绩关系研究:基于相关利益者理论的分析 / 沈洪涛著 ; 沈艺峰指导. -- 厦门大学, 2005. -- 198 页

本文以公司社会责任与公司财务业绩关系为研究切入点,从财务学的角度考虑,借助思想史的研究方法,倚重理论,辅以实证,对公司社会责任思想的起源、本质、发展、与相关利益者理论的融合等理论问题和公司社会责任与财务业绩关系的实证检验进行了研究和探讨。文章追溯了公司社会责任思想的起源和关于公司社会责任思想的论争,揭示了公司社会责任思想是经济发展的必然产物,是关于公司本质的一场认识革命。文章推演了公司社会责任思想的演变过程,回顾了相关利益者理论对内致力于将相关利益者的概念框架完善为一体化的理论框架,对外迎战股东价值最大化理论的"内外兼修"的兴起过程。文章分析了缺乏理论基础的公司社会责任思想和寻求实证检验证据的相关利益者理论;探讨了我国公司社会责任的制度背景,界定了我国公司社会责任的概念,澄清了我国现代公司社会责任与"企业办社会"的区别。作者在以上研究基础上设计了一套衡量我国公司社会责任的指标,描述了我国公司社会责任的现状。作者通过以上研究认为,我国公司社会责任与公司财务业绩之间呈显著的正相关关系并且互为因果、互相促进。

关键词:公司　社会责任　财务管理　利益相关者

5100

内部营销理论的拓展研究 / 寿志钢著 ; 甘碧群指导. -- 武汉大学, 2005. -- 156 页

通过对现有的内部营销理论的融合,作者进行了内部营销理论的拓展研究。首先,论述了对内部营销理论进行拓展研究的意义,构筑了一个包含营销哲学、营销职能和宏观营销这三个不同维度的内部营销理论框架,并对服务营销理论、体验营销及交易成本理论的核心内容进行了阐述。其次,探讨了与营销哲学相关的内部营销。将发展市场导向的所有活动都纳入到所建立的内部营销理论框架中,并对"建立市场导向的组织"进行了论述,分析了市场导向的概念、市场导向对企业业绩的影响以及发展市场导向的影响因素。在分析内部市场导向、外部市场导向与企业业绩三者的关系后,指出外部导向与企业业绩之间有着显著的正相关,内部市场导向与企业业绩之间的关系并不明显,但是内部市场导向却对发展外部市场导向起到帮助作用。最后,论述了与营销职能相关的内部营销,包括营销技术在企业管理中的运用和营销与其他职能部门的关系管理两部分。介绍了经济环境演进背景下营销技术的变化,讨论了不同营销技术在企业人力资源管理中的运用情况,并运用交易成本分析探讨了营销技术在人力资源管理中的适用性问题;接着分别讨论了如何整合营销与人力资源、财务和研发三个部门之间的关系,指出整合努力的关键在于识别部门之间的共同决策领域,并在此基础上对这些结合面进行很好的管理。

关键词:市场营销　内部营销　营销策略

5101

消费者决策型态的零售营销应用研究 / 宋思根著 ; 陈启杰指导. -- 上海财经大学, 2005. -- 108 页

本文以上海市居民为对象,证实中国城市消费者具有完美主义型、品牌认知型、新潮时尚型、休闲享乐型、经济实惠型、粗心冲动型、困惑不决型、忠诚习惯型和随机决策型等九种决策型态。进一步研究表明,不同决策型态的消费者对不同类别产品的属性偏好具有一定程度的显著差异,对各种零售业态的惠顾意向和零售形象的反应也有显著差异。本文还考察了不同时机条件下消费者表现出的购买决策类型,以及具有不同决策特征的消费者的消费价值观和人口统计特征。研究表明,消费者价值观、人口统计变量与部分决策型态有显著性关系,在不同购物时机中,消费者会表现出不同的决策特征。基于消费者决策型态,本研究将所有样本聚为五个类群,可视为五个细分市场,即娱乐至上者、忠诚实惠者、困惑固执者、完美主义者和冲动购买者。分析表明,运用产品类别、零售业态、零售形象、购物时机、消费价值观和人口统计变量,可以对上述细分市场进行多阶段细分。本文还从企业层面讨论了消费者决策型态对零售营销系统创新的启示。最后,本文着重运用零售营销变量对消费者决策型态进行特征描述,并从心理机制入手,

讨论了各类消费者决策行为的研究成果和促销策略,为消费者决策型态在零售营销中的具体应用提供理论依据。

关键词:零售业 消费者 市场营销

5102

中国产业过度竞争的经济分析 / 苏梅梅著;唐晓华指导. -- 辽宁大学, 2005. -- 174 页

作者通过经济学的竞争理论,分析了我国产业过度竞争的现象。以构建我国合理的市场结构模式,使我国经济运行进入有效竞争状态。首先,对中国产业过度竞争的内在机理进行了分析,指出过度竞争性产业常常是政府规制的对象,解决过度竞争问题必须考虑政府行为,并结合过度竞争性产业分析了政府规制的行为目标。其次,对中国产业过度竞争进行了结构性分析和效应分析。指出过度竞争多发生于低市场集中度的原子型产业,在市场集中度水平较高的寡头垄断结构产业中也可能产生。并进一步分析了规制的政府有效性条件,指出规制的产业利润应该必须超过规制的价格和费用效应之和。通过对过度竞争性进入和退出两种典型规制措施的评价分析得出:正是由于规制政策必须是政府有效的这一条件,才造成了政府规制行为某种程度的扭曲,这又进一步造成了过度竞争现象的持续性存在。最后,分析了实现政府规制目标的路径,评介了一些规制措施的政府有效性,并提出了一些建议。指出中国向市场经济体制转轨的过程中多数产业发生的过度竞争问题,主要是由制度性原因造成的。政府限制潜在竞争者进入的政策不一定是合理的,重要的是严格区分"是否存在过度竞争"和"是否应该限制竞争",并在此基础上找到消除过度竞争诱因的政策手段。

关键词:产业经济 市场竞争 过度竞争 国家干预

5103

上市公司国有股减持方式与减持绩效比较研究 / 苏毅著;陈建梁指导. --中山大学, 2005. --153 页

本文在对国有股减持历史回顾的基础上研究了国有股问题的制度背景、由来与发展,对上市公司股权设置及其治理特征进行了分析,研究了国有股减持的影响因素。论文比较了国有股减持的内部人模式与外部人模式,对目前上市公司国有股减持方案进行了评价。运用上市公司国有股减持前后三年、前后一年的财务指标数据对上市公司国有股协议转让的数据进行了统计分析,比较国有股减持前后的绩效变化。在分析国有股减持三个案例和三种模式的基础上,对深圳国有股减持相关做法进行了总结。文章从改善公司治理内部结构、民营企业受让国有股的投机性动机分析、完善国有股协议转让机制、中国证券市场制度设计缺陷等方面分析了国有股减持相关问题。

关键词:上市公司 国有股减持 公司治理 企业绩效 民营化

5104

企业技术能力演化与技术创新模式研究 / 唐春晖著;赵德志指导. -- 辽宁大学, 2005. -- 136 页

作者从企业技术能力的角度来研究发展中国家技术追赶型企业的技术创新问题,力求从技术能力提升的角度探讨技术创新战略的选择及实施问题。首先,分析了企业技术能力演化与技术创新模式,并研究了企业技术能力与技术创新战略的关系。指出企业技术能力的发展过程是一个具有路径依赖性质的复杂的演化过程。即企业的技术能力演化是由企业所拥有的知识资产和技术创新路径共同决定的,并呈不断螺旋上升的形状。同时提出企业的技术能力与技术创新战略之间是相互作用和相互促进的关系,企业应该依据自身的技术能力和技术类型来选择相应的技术创新战略。其次,分析了企业技术能力与知识转化和知识管理的关系。指出技术能力是建立在企业专有知识的基础上的,知识的演化机制是企业技术能力形成和发展的基础。企业只有通过技术创新过程将知识嵌入到具体的商业化的产品或服务中,知识才能转化为经济利润,为企业创造价值。因此,技术创新是知识转化的中间载体。再次,分析了企业技术能力演化过程中的技术学习,指出中国企业的技术能力演化是以技术引进为主导的,由于技术准备、技术获得、消化吸收、改进(创造)的技术学习过程中存在的问题,使中国大多数企业的技术能力停留在复制性模仿阶段,部分企业具有快速创造性模仿的能力,只有少数企业真正进入到自主创新的有意识积累阶段。最后,对中国制造业典型企业的技术创新战略进行重点跟踪和分析,指出企业在技术创新战略选择和实施上的差异导致了企业在技术能力,尤其是自主创新能力方面出现了显著差异。

关键词:企业管理 技术管理 技术创新 技术能力

5105

网络组织的局部互动机制与全局演化动力学 / 唐方成著 ; 席酉民指导. -- 西安交通大学, 2005. -- 136 页

论文围绕网络组织的行为特征,通过对网络组织存在形态的合理表述,研究了网络组织的局部互动机制与全局演化动力学。首先,分析了知识转移与网络组织的动力学行为模式。提出网络组织中成员的知识释放能力的概念,并进一步分析了网络组织中成员间知识释放能力的差异性。将传统知识共享理论中的静态的观点扩展到动态的、随机的互动过程中,发现了网络组织中两种结构模式——网络组织自身的关系结构与资源获取结构间的作用。其次,分析了网络组织的沟通机制和最优信息结构。提出了以决策结果导向的激励与协调方式,发展了基于信息结构的网络组织监控和协调理论和方法。并以替代方式构建了模块化任务团队的思想,根据任务团队成员间工作的互依性及互动作用,构建了模块化任务团队成员选择的适应度景观模型。再次,分析了网络组织管理实践中长期面临的分权——授权困境,提出了以适应性搜索方法考察这一管理瓶颈的思路。同时将层级结构、激励系统以及管理能力三种组织管理要素引入决策任务分解的情境中,发现网络组织的节点成员间出现互依性的根源。最后,分析了针对外部环境变化,网络组织对其内部一致性的活动配置的协调和优化。提出了以柔性组织方式应对网络组织中错综复杂的互依性的策略,分析并解决了在复杂多变环境下组织选择的理论问题。

关键词:管理组织学　网络组织　动力学

5106

中国 IT 制造业大型企业国际竞争力提升研究 / 田兰章著 ; 郑明身指导. -- 中国人民大学, 2005. -- 251 页

作者研究了如何正确认识提升中国 IT 制造业大型企业国际竞争力的问题。首先,讨论提升我国 IT 制造业大型企业国际竞争力的战略意义和现实紧迫性,指出提升我国企业国际竞争力有助于提高我国企业对国际性大公司的博弈能力,是提高国家国际竞争力的需要。其次,提出 IT 制造业企业国际竞争力的决定要素和评价指标体系,并进行了实证研究。指出企业自身因素和环境因素是影响企业国际竞争力的因素,市场营销、成本、组织管理、技术创新、企业规模、国际化经营和环境等 7 个国际竞争力的决定要素,并提出了企业国际竞争力的 7 要素模型和包含 59 个指标的评价指标体系。最后,研究了如何提升我国 IT 制造业大型企业的国际竞争力,提出提升我国企业国际竞争力的创新性思维并对一些关键和难点问题进行研究和解析。在市场营销领域,要发挥比较优势,进行大规模、深海式市场营销以及开展咨询式市场营销,实现与客户的“互相专属锁定”的思路;技术创新领域,提出进行集成创新和集成产品开发;在组织管理领域,要培养基于精确化管理的企业执行文化;在企业规模扩张方面,提出要采取谨慎决策、快速执行的相关多元化经营策略;国际化方面,要稳步推进、先易后难。从而实现多阶段关键成功要素模型在企业实践中的落地。

关键词:信息产业　制造工业　国际竞争力　大型企业

5107

提高企业敏捷性的人力资源管理模式研究 / 田效勋著 ; 郑明身指导. -- 中国人民大学, 2005. -- 193 页

论文对提高企业敏捷性的人力资源管理模式进行了研究,探讨了这种模式产生的必然性,重点研究了其内容、特点及如何建立这种模式。首先,从逻辑推演和企业实践两个角度论证了动荡环境对于企业提高敏捷性的必然要求。接着阐述了提高敏捷性的各个杠杆因素对人力资源管理模式的具体影响,包括:战略、组织、技术、人员和管理。同时也说明采用新型人力资源管理模式是提高敏捷性的要求。其次,提出了研究人力资源管理模式的框架,包括三个相互关联的部分:人力资源特性、人力资源管理总体模式和人力资源管理分功能模式。指出对于敏捷性人力资源特性的研究是研究提高企业敏捷性的人力资源管理模式的第一步,并论述了敏捷型经营者的特性。再次,在研究敏捷型人力资源特性的基础上,提出了提高企业敏捷性的人力资源管理总体模式的四个主要特征:视员工为伙伴、战略性、能力导向性、灵活性和虚拟性。并在此基础上,对人力资源管理的六个分功能特征进行了研究,各分功能分别为:工作设计、人员配置、培训与开发、绩效管理、薪酬、员工沟通与员工关系。最后,对建设提高企业敏捷性的人力资源管理模式的途径进行了初步研究。指出建设一种新的人力资源管理模式是一项重要的变革过程,要遵循一般的变革规律。论文以科特提出的成功变革的八个步骤为理论框架,分析建设提高企业敏捷性的人力资

源管理模式要遵循的变革规律。

关键词:企业管理　人力资源管理　管理模式

5108

企业人力资源柔性研究／田新民著；黄培清指导. 上海交通大学, 2005. -- 145 页

在当前复杂多变的经营环境下,柔性成为高绩效企业的共性。论文将柔性思想与企业人力资源系统相结合,在战略人力资源管理背景下,探索人力资源柔性的形成、本质及作用。首先,分析人力资源柔性概念的组成成分和维度结构,形成人力资源柔性的定义,将人力资源柔性区分为技能柔性、行为柔性和人力资源实践柔性;然后,根据定义对人力资源柔性概念进行操作化,开发并检验人力资源柔性测量量表,包括测量技能柔性、行为柔性以及人力资源实践柔性的三个量表。接着,将人力资源柔性引入战略人力资源管理"黑箱",分析并验证人力资源实践、人力资源柔性以及企业绩效之间的因果关系,得出四个研究结论:人力资源实践对企业绩效存在直接影响,这同战略人力资源管理的绝大多数研究保持了一致,为人力资源管理的战略性提供了新的经验证据;人力资源柔性对企业绩效存在显著影响,并且这种影响不受组织所采取的人力资源实践等其他因素的左右,人力资源柔性可以被看作导致企业竞争优势和高绩效的一种关键资源;人力资源实践影响人力资源柔性;人力资源柔性是人力资源实践影响企业绩效的一个中介变量。

关键词:人力资源管理　柔性管理　企业绩效

5109

服务企业核心能力研究／童煜著；甘碧群指导. -- 武汉大学, 2005. -- 139 页

论文研究了服务企业的核心能力。首先,探讨了服务企业核心能力研究的理论基础。作者认为与服务企业核心能力相关的理论主要包括(但不限于)服务营销理论、战略管理理论、知识经济与知识管理理论和创新理论等。同时分析了服务企业核心能力,认为企业核心能力的特征主要包括:价值性、异质性、拓展性、耐久性和知识性。其次,对服务企业核心能力的识别问题进行了探讨,提出了基于价值分析的服务企业核心能力识别方法。同时分析了服务企业核心能力形成的影响因素,提出了四个因素:企业拥有的资源、知识与技能、组织与管理及企业文化。再次,对服务企业核心能力的培育和发展问题进行了探讨,指出企业核心能力的培养和发展是企业核心能力战略的最重要部分之一。作者认为服务企业培育主要有核心能力培育的战略规划、组织分工和核心能力培育战略实施三个步骤。指出服务企业应该通过企业组织学习和进行技术、价值、组织和管理方面的创新来不断提升企业的核心能力。最后,以航空快递业为例对服务企业核心能力进行了实证研究,通过对航空快递业的实际情况的分析,设计了七个变量来度量服务企业的核心能力。同时把竞争优势列为一个中间变量,通过衡量八个变量同经营绩效之间的关系来反映服务企业的核心能力。

关键词:服务业　服务企业　核心能力　竞争优势

5110

消费者文化心理研究／王海鹰著；赵德志指导. --辽宁大学, 2005. -- 146 页

本文首先界定了研究中文化的涵义,明确了文化对心理的影响作用,分析了消费者的文化心理和文化偏好。结合脑白金等企业的案例,阐述了研究消费者文化心理对企业市场营销活动、消费者自身文化需要满足、提高企业竞争力等的意义。进而探讨了消费者文化心理的结构和表现。以消费者一般心理研究框架为基础,本文重点分析了消费者文化心理的纵向层次结构,借鉴安索夫的产品—市场矩阵表的框架,将松散文化、严密文化、消费者文化认知、文化偏好四个要素组合成四种消费者文化心理类型。同时,系统阐述了消费者文化偏好的划分依据和不同文化类型下消费者文化偏好的特点。探讨了消费者文化心理的影响因素。从横向层次分析不同国家和地区文化背景下的消费者文化心理差异。主要以最能体现文化差异的东方文化与西方文化的差异为分析重点,以中国、日本和美国为研究对象,通过对这三个国家的文化特点分析,探讨这三个国家不同文化差异下的消费者文化心理的特点及其规律。以此为基础,结合案例分析,作者探讨了适应消费者文化心理特点的本土化营销策略、市场营销组合创新策略。

关键词:消费者　价值观　消费心理学　消费观念

5111

基于知识管理的战略柔性研究／王晖著；王凤彬指导. -- 中国人民大学, 2005. -- 169 页

本文将企业战略柔性作为研究的着眼点,探讨如

何通过知识系统活动来促进战略柔性的提升，以确保企业在动态环境下的持久竞争优势。本文首先围绕企业与外部环境的关系探讨了战略柔性与适应性、竞争力问题。从战略构思过程的战略柔性角度引入“战略期权”概念。在总结了知识型企业文献研究的基础上，论文对战略学习与战略柔性的关系进行研究。分析了知识管理系统评价问题，从系统论视角对知识型企业战略柔性进行了解释，探讨了企业战略学习机制。进而将知识管理纳入企业战略柔性体系建设过程中，建立了“战略—知识—结构”模型。作者指出，战略柔性系统运行的目标是培育知识竞争力。从此观点出发，本文对企业知识竞争力的开发、知识竞争力的成长轨迹、战略柔性模型评价分析、知识竞争力复杂系统方法论的评价研究等方面进行了分析，最后论证了和知识竞争力系统运行支撑条件的整体优化——知识的互动平衡问题。然后，分析了企业战略柔性系统运行的内外部环境，并探讨了知识管理、战略柔性与信息技术的关系。最后，论文提出了对中国企业的一些启示和建议。作者指出，新时期的竞争要以知识管理作为增强战略柔性和持久竞争优势的有效手段。

关键词：知识管理　战略管理　核心竞争力

5112

ERP 系统应用中的企业管理模式趋同分析 / 王惠芬著 ; 汪星明指导. -- 中国人民大学, 2005. -- 187 页

本文首先对 ERP 系统中的企业管理模式进行了识别分析，指出 ERP 系统中的企业管理模式是实际企业管理模式的反映，但是由于在对象创建、结构处理、行为操作方面采用了信息技术、网络技术，使得企业处理管理对象及其行为的手段更加先进，从而使得 ERP 系统中的管理模式具有先进性。分别结合国际摩托车集团、AB 集团、东南汽车公司及其配套厂的案例，论文详细分析了 ERP 系统中组织管理、计划管理、成本管理的管理模式趋同及效果。分析了企业管理模式趋同，提出了 ERP 系统实施周期中管理模式趋同过程的八个阶段，提出了测量企业管理模式趋同能力的成熟度模型 EMM-CMM。作者指出，模式趋同过程是 ERP 软件企业的模式供给过程及 ERP 应用企业的模式消费过程的显性化，ERP 系统应用中管理模式趋同能力存在从低到高的阶梯式改进路径。企业生命周期的阶段不同、企业的组织规模不同、企业的生产方式不同将导致企业沿着不同的趋同路径向 ERP 系统中的管理模式趋同。最后，论文对 ERP 系统应用对策进行分析，具体内容包括：ERP 应用企业重视管理模式趋同实践，ERP 系统软件设计中纳入管理模式的趋同实践，基于管理模式趋同评估 ERP 系统应用效益，并以美特斯邦威集团为个案，进行了基于管理模式趋同的 ERP 系统应用效益评价。

关键词：企业管理　管理模式　企业资源计划（ERP）

5113

企业竞争力衰退及治理研究 / 王金圣著 ; 夏健明指导. -- 上海财经大学 , 2005. -- 137 页

本文研究了企业成长过程中，特别是达到一定规模、发展成熟的时候必须关注的企业竞争力衰退及其治理的问题。文章首先分析了企业竞争力衰退研究的理论基础，指出企业竞争力理论、系统理论和预警理论是该研究的坚实的基础理论。其次从八个方面详细阐述了企业竞争力衰退所表现出来的基本特征，提出从定性和定量两方面分析和识别企业竞争力衰退，定量识别主要是从市场占有率和资产报酬率这两个重要指标的变化来识别企业竞争力衰退状态，由此构造识别企业竞争力衰退的基本分析框架。同时作者从经济学角度分析了企业竞争力衰退的表现，指出其实质是企业经济效益的下降和企业创造价值能力的下降，以至于支持企业生存和发展的利润逐渐丧失。在此基础上，作者提出了引起企业竞争力衰退的八个经验性假设、归纳了企业竞争力衰退的两种基本模式，构建了企业竞争力衰退判断的数学模型，明确了企业竞争力衰退的动力机制以及企业竞争力战略预警系统的建立和利用。最后文章从战略管理的角度探讨企业竞争力衰退的治理，提出了企业竞争力衰退战略治理的基本方法，构造了企业竞争力衰退战略治理的五个基本模式，并结合中国企业的竞争力现状和所面临的日益激励的国际竞争环境，提出了基于中国国情的治理竞争力衰退的路径选择，即先管理后技术的渐进发展之路和先专一后多元化的战略收缩之路。

关键词：企业管理　竞争力　公司治理

5114

中国电视媒介产业化转轨时期经营战略研究 / 王钧著 ; 郑明身指导. -- 中国人民大学, 2005. -- 256 页

本文首先介绍了我国电视媒介产业的基本属性、

特征与结构。其次,分析了我国电视媒介产业经营的外部环境和内部竞争。在外部环境分析上,以“PEST”模型为基础,建立了“六因素模型”。进而对这六方面因素的概念、对产业经营环境的影响机制以及变化趋势进行了研究;内部竞争结构分析上,运用“产业细分”和“战略集团”模型对我国电视媒介进行分析,分别绘制出了我国电视媒介的“产业细分矩阵图”和“战略集团分布图”,明晰了我国电视媒介产业的竞争结构现状。以此为基础,论文建立了我国电视媒介经营战略体系,具体分析了基本竞争战略和支撑战略以及它们子战略的概念、所需资源和条件、可供选择的战略方案以及存在的风险。作为对以上战略体系的深化研究,论文最后按照该战略研究体系分别对全国型、区域型和专业型电视媒介在产业化转轨时期的经营战略进行研究,明确了各类型电视媒介的战略研究重点,对可能的竞争战略选择及优劣进行分析,探讨了各战略选择所需的资源和能力支持,以及扩张与防御的方式选择等问题。

关键词:电视　传播媒介　产业化经营　经营战略

5115

企业薪酬战略研究 :基于与经营战略匹配的分析 / 王凌云著 ; 刘洪指导. -- 南京大学, 2005. -- 118 页

本文首先界定了企业薪酬战略与经营战略的内涵和要素,提出了企业薪酬战略和经营战略的匹配模式,进而探讨了企业薪酬战略与经营战略匹配的评估问题。首先是评估指标的确定,论文将评估指标分为过程性指标和结果性指标,并分别就两类指标的内容进行了探讨。其次,结合企业薪酬战略和经营战略的过程指标以及影响薪酬战略类型选择的因素、经营战略类型选择的因素,探讨了与不同的经营战略相匹配的合理的薪酬战略类型以及匹配的识别方法。进而探索了企业薪酬战略与经营战略匹配的干预机制,分析了二者不匹配的原因。针对现实中企业薪酬战略和经营战略可能不匹配的现状,论文将不匹配分为两种类型,一种是经营战略稳定情况下的不匹配,另一种是由于经营战略的变革导致原本的匹配变为不匹配,并分别探讨了如何使其匹配的措施。最后,本文对企业薪酬战略的影响因素、薪酬战略和经营战略匹配的影响因素、薪酬战略与经营战略匹配的意义进行了实证研究,研究表明:薪酬战略受领导特征、生命周期和企业规模影响较大;薪酬战略与经营战略的匹配受企业规模、领导特征、生命周期、组织结构和行业特征的影响较大;两者的匹配对企业具有正面影响。

关键词:企业管理　人力资源管理　薪酬　经营战略

5116

有限理性个体投资者行为机理研究 / 王宁著 ; 茅宁指导. -- 南京大学, 2005. -- 161 页

本文从对神经元和神经网络的认知过程与结构的分析入手,将投资者的认知过程分解为信息识别、编辑和评价三个主要的认知阶段,并得出投资者的一般认知模式。在此基础上,通过对两种研究范式下认知的比较和对信息转换效率的分析,构建了有限理性投资者的认知模式。在对有限理性个体投资者的认知模式和决策选择进行研究的基础上,本文初步揭示了有限理性个体投资者的行为机理,获得了 13 个理论命题,进而对其进行实证研究。首先,利用规范抽样方法选取国内中小投资者的代表性样本,通过分析调查问卷和交易账户数据,对文献回顾中提及的 33 种心理偏差进行存在性检验和因子分析,并对我国证券市场转型期内中小投资者的交易行为特征和风险收益状况进行定量描述。其次,结合上述结果,构建了国内个体投资者行为机理的实证模型,并根据理论命题提出相应的待检验假设。第三,利用多种拟合优度指标对实证模型的统计意义进行检验。第四,根据实证模型参数估计的结果,对模型中 21 个变量之间的两类基本关系进行假设检验。实证分析结果证明了个体投资者行为机理理论的合理性和适用性。最后,论文在实证分析的基础上,提出了针对中小投资者的心理、行为特征的投资建议。

关键词:投资者　有限理性　证券投资　行为金融学

5117

企业资源与竞争优势 :基于浙江民营制造业企业的理论与经验研究 / 王庆喜著 ; 宝贡敏指导. -- 浙江大学, 2005. -- 206 页

本文以我国经济转型过程中的一类代表性企业——浙江民营制造业企业为对象,从企业资源与竞争优势的若干问题入手,构建了企业的资源和能力体系,开发了一套调查问卷对浙江民营制造业企业的资源、能力与竞争优势进行全面测量。在研究企业资源、能力与竞争优势内在关系时,建立了直接与间接两个模型:直接模型用以发现企业各资源、能力与企

业竞争优势的相对影响强弱关系,用以发现关键资源和能力;间接模型用以发现企业内部各资源和能力之间的内在关联机制,及其对企业竞争优势的协同和交互效应。进而提出主导性资源与支持性资源对竞争优势的假设影响关系。基于调查问卷数据,应用结构方程建模技术,本文对直接模型和间接模型进行了分析和验证。分析界定了企业的主导性资源和支持性资源,明确了二者与企业竞争优势之间的内在影响机制和作用。此外,作者还在原有研究基础上引入新的解释变量——企业家能力,考察了其对企业竞争优势的影响机制与效果。研究发现了浙江民营制造业企业竞争优势赖以建立的关键资源,剖析了企业资源、能力与竞争优势的关联机制。在此基础上,作者提出了针对民营制造企业发展的建议。

关键词:民营企业　制造工业　企业资源　竞争优势　浙江省

5118

上市公司经理业绩评价指标体系研究:SBPE 评价指标体系 / 王晓芳著 ; 高闯指导. -- 辽宁大学, 2005. -- 115 页

本文综合运用多种学科的理论和方法,以经济学、管理学、心理学和财务学等为理论基础,采用财务指标与非财务指标相结合,问卷调查与实证研究相结合的研究方法,深刻剖析国内外通行的几种评价指标体系,其中主要对卡普兰的平衡计分卡指标体系、EVA 和国有资本金效绩评价指标体系等进行分析、评价和借鉴,指出这些指标体系存在的优点、不足、适用条件以及可借鉴之处。在此基础上,结合中国实际情况,构建出一套中国上市公司经理的战略综合业绩评价指标体系(SBPE),该战略综合业绩评价指标体系以企业的真实财务业绩为基础,以技术创新业绩和未来发展潜力评价为核心,共分为六个部分,两个层次。六个部分分别反映企业的经济效益状况、资产营运状况、偿债能力状况、发展能力状况、内部管理水平和经理素质,通过基本指标、修正指标两个层次多层面、多角度和多信息量的深入分析判断了经理业绩。最后,本文以 A、B、C 三公司经营者业绩评价为案例,对战略综合业绩评价指标体系的科学性和先进性进行验证。

关键词:上市公司　经理　经济评价　绩效管理

5119

企业三层次动态能力研究 / 王晓光著 ; 张承耀指导. -- 中国社会科学院研究生院, 2005. -- 123 页

本文针对目前动态变化的国际竞争环境,研究企业如何与环境变化保持动态平衡的问题,探索动态能力发挥作用的有效模式。本文首先对现有动态能力的相关理论研究进行了回顾,指出现有研究缺乏对企业内部各层次组织动态能力之间差异的研究和分析。本文在此基础上构建了企业动态能力的分析框架。本文从产品、组织与环境的纬度提出了企业动态能力的两阶段循环发展模式;从知识本质的角度提出了知识演化循环模式;从组织支持的角度提出了知识集成创新网络结构模式。但是这三个模式并非相互替代的,而是相辅相成的,都围绕着企业动态能力的三层次模型展开,与之共同构成了更加全面的动态能力分析体系。本文认为企业动态能力三层次分别是核心层组织动态能力、基本层组织动态能力和延伸层组织动态能力,这三个层次的企业组织动态能力之间也是互动循环的作用关系。在这一分析框架下,作者针对每一层次的企业组织动态能力的机制和模式进行了深入的研究,并加以具体案例论证。本文最后讨论了企业三层次动态能力研究对服务企业等其他行业企业的适用性,分析了其应用前景及可能存在的问题。本文的分析并不是要取代传统的企业能力理论研究,而是对传统理论的内部组织的局限进行了有益的探索,是相辅相成的。

关键词:企业能力　知识管理　组织管理

5120

供应链契约协调研究 / 王勇著 ; 陈俊芳指导. -- 上海交通大学, 2005. --166 页

本文研究供应链契约协调的机制,主要内容包括:供应链和供应链管理的基本问题,基于多个 Bertrand 竞争零售商的契约协调问题,基于多个 Cournot 机制零售商的契约协调问题,基于多个竞争性报童的契约协调及成员协调动机,基于多个竞争性供应商的契约协调问题。文章总结了国内外供应链契约协调的研究现状,分析了供应链契约协调存在的问题,分析了供应链失调的成因,研究了信息协调机制和契约协调机制之间的关系。文章讨论了供应商的契约机制选择策略,分析了零售商竞争模式变化对供应商契约选择策略的影响。文章基于多个竞争性供应商、单个零售商,具有订货、促销努力多个决策变量的供应链环境来讨论一般模式和快速反应模式下,分散控制型供应链关于订货、促销努力决策的"双重边际化"问题。

关键词:供应链管理 契约 企业管理

5121

基于集群理论的科技园区发展机制研究 / 王振著 ; 朱荣林指导. -- 上海交通大学, 2005. -- 168 页

本文以问题为导向,在追溯区域发展理论和创新理论范式变迁的基础上,将集群理论引入科技园区的发展,利用集群的创新机制、联系视野和知识观,构建了科技园区在全球化背景中实现内源性、集约化发展的整体性框架。利用高科技企业面临的环境不确定性、知识溢出和竞争特点,建立了科技企业集群形成及与外部环境响应模型。拓展了前人对企业知识吸收能力等问题的认识,考察了集群形成的微观动力机制。在演进思想的指导下,全面剖析了集群的触发要素,建立了集群自组织演进的多因素概念模型和分析框架,并分析了集群演进中的风险机理和防范措施。以此为逻辑内质,建立了科技园区的集群生成逻辑、发展路径、生命周期、风险化解和相应的战略举措。利用信息化,本文详细分析了新产业结构演进的趋势——模块化。从信息治理和分类角度,初步回答了全球化悖论问题。以此为基础,利用 GVC 的治理、分类和升级脉络范式,建立了科技园区集群式发展的外部关联机制、升级路径和治理结构的分析框架。最后,以建立的机制框架理论模型为内质,选用可验证数据对我国科技园区进行了全面的诊断。结合机制研究的理论成果和园区现有发展问题实质的分析,利用集群的联系视角,作者提出了相关政策思路和战略措施。

关键词:经济开发区 经济发展 产业集群 高技术园区 高技术产业

5122

家族企业治理与成长研究 :一个经济分析框架及中国家族企业实证 / 王志明著 ; 顾海英指导. -- 上海交通大学, 2005. -- 174 页

本文首先探讨了家族企业的经济性质,进而从社会资本和制度安排的双重视角剖析了家族制与家族企业治理问题。作者指出,利他主义是家庭(族)的核心特征,社会资本禀赋影响家族企业治理。本文将社会资本界定为嵌入社会网络的关系资源,借鉴费孝通的"差序格局"理论,分析了社会资本与家族企业关系治理的相关问题。进而,借鉴契约的分析框架,探讨了家族企业控制权的配置与相机治理问题和契约治理问题,分析了家族企业控制权让渡的障碍,建立了基于契约治理的家族企业制度化成长模式。揭示了家族企业衰亡的内部根由——关系治理失灵。作者指出,要突破关系治理引起的家族企业成长陷阱,就要以家族资本去融合人力资本,建立起企业的契约治理结构。进而构建了契约失灵框架下的家族企业控制权让渡模型。作者指出,家族文化与社会信用、法制环境的变迁是一个长期过程。以此为前提,借鉴家族企业"三极发展模式"构建了企业治理结构演化的三极模型,提出内强制度、外结网络是家族企业成长的互补途径。最后,结合调查和个案剖析,本文对中国家族企业的关系治理和决策权配置情况进行了实证分析。

关键词:家族企业 企业成长 公司治理

5123

统一的商业银行风险管理体系和资本配置风险管理模型研究 / 魏灿秋著 ; 赵昌文指导. -- 四川大学, 2005. -- 146 页

本文从资本配置的角度研究商业银行的风险管理体系。提出了统一的商业银行风险管理体系。商业银行的风险主要有:信用风险、市场风险和操作风险。本文对商业银行面临的风险的危害程度以及常规处理办法进行了简要剖析,重点分析了信用风险的防范和市场风险的管理。在研究目前国内外商业银行的呆账准备金提取方法、资金充足率计算方法和存款保险制度实施状况的基础上,作者分析了目前国内外商业银行在资本配置风险管理上存在的问题:没有清晰地界定呆账准备金、资本充足率和存款保险制度的风险防范功能,没有用清晰的、定量的理论模型来指导呆账准备金、资本充足率、存款保险费率的确定,特别是商业银行 8% 的资本充足率管理没有理论依据和模型支持。以此为基础,本文提出了商业银行资本配置风险管理的统一的 VaR 理论框架与模型,提出用损失准备金、风险资本、存款保险制度来分级防范风险,并在此理论框架和模型下发展出完整的从资本配置的角度对商业银行进行风险管理的量化方法。

关键词:商业银行 风险管理 资本经营 信用

5124

中国服务业发展 :问题与展望 / 魏作磊著 ; 李江帆指导. -- 中山大学, 2005. -- 105 页

本文首先通过截面数据和时序数据的跨国分析重新考察了配第一克拉克定律,指出服务业增加值比重随人均收入水平提高的变动趋势并不是一成不变

的，其变化趋势是由居民消费、生产的组织结构、国际投资和国际贸易等诸多因素综合作用决定的，而我国服务业增加值比重徘徊和偏低现象，与我国吸引外资和对外贸易结构的特点密不可分。在此基础上，本文建立模型深入研究了FDI对我国产业结构的影响。之后，本文分析了我国外贸进出口对服务业的影响，指出努力提高我国服务业尤其是知识密集型服务业的国际竞争力成为新的国际分工条件下我国面临的一项战略性任务。然后，本文通过国际比较，利用投入产出表研究了我国服务业最终需求和中间需求的特点及中外差异的原因。利用扩展线性支出系统需求函数模型对我国居民服务消费特点进行分析，其结果显示我国城乡居民消费结构的变化朝着有利于医疗保健、交通通信和教育文化娱乐等服务业的方向发展。从需求的角度来讲，我国需要大力发展的服务行业有居民消费服务业和商务服务业。最后，本文对我国服务业的就业结构和变动趋势进行了国际比较，实证分析了我国第三产业就业的带动效应，研究了我国第三产业各行业吸纳劳动力的特点和趋势。

关键词：服务业　对外贸易　就业　外商直接投资（FDI）

5125

集群企业网络化成长机制研究：对浙江三个产业集群的实证研究／邬爱其著；贾生华指导. -- 浙江大学，2005. -- 184页

本文以探寻集群企业网络化成长机制为中心，在文献梳理的基础上，融合多学科知识，构建了集群企业网络化成长的理论分析框架。运用企业成长理论、集群理论、社会经济网络理论等多学科知识，借助网络特征分析模型，实证识别出了支持集群企业成长的本地网络特征，同时得出了一些有国别差异的研究结论，从而形成了有中国特色的本地网络特征与集群企业成长的关系模式。以浙江省椒江缝纫机产业集群、路桥汽车和摩托车产业集群和海宁皮革服装产业集群为主要对象，作者对相关企业、政府部门、行业协会等组织进行了6个月的实地调研，运用统计分析方法重点检验了有关本地网络特征对集群企业成长的影响、影响本地网络特征形成和发展的因素等方面的假设，主要得到了以下结论：本地网络各特征对集群企业成长有不同影响；本地网络特征通过影响集群企业的竞争优势状况进而影响企业成长；本地网络特征的形成和发展受到了企业和企业家两个层面多种因素的影响。

关键词：企业管理　企业成长　产业集群　网络化

5126

企业战略联盟：动因、治理与绩效：基于我国企业的经验研究／巫景飞著；芮明杰指导. -- 复旦大学，2005. -- 151页

本文围绕企业战略联盟的三大主要问题，立足于本土，依托中国企业的经验数据。采用包括个案研究、大样本问卷统计分析等较为科学的研究方法来探索、比较与检验了现有关于战略联盟的多个理论学说在中国情境下适用性与可行性。研究发现：(1)通过联盟获得有形资源，而不是提升自身的知识与学习能力是我国企业建立联盟关系的重要驱动因素，学习动因并未成为我国企业战略联盟的主要动因。(2)在我国对于战略联盟关系的建立，不同所有制类型的企业之间存在一定的差异，而这种差异尤其显著的体现在国有性质的企业与非国有性质企业的行为上。(3)在我国，企业战略联盟治理契约的完备度以及通过股权投资建立联盟关系等强控制机制的选择与联盟涉及交易的成本、风险成正比。其中可能的原因在于，我国转轨经济背景下，社会整体信用环境的缺失带来的企业组织间整体“信任”水平较低。(4)联盟建立后信任不仅与事前的一些结构性因素正向相关，也依赖于联盟过程中各种治理行为加以改善。在联盟过程中注意双方的信息沟通，加强对联盟的管理与控制，同时有意识地增进联盟各方人员私下互动交往，这些行为都能够直接或间接地对联盟的成功产生作用。

关键词：企业合作　战略管理　战略联盟

5127

创业社会胜任力结构模型与绩效关系研究／吴东晓著；王重鸣指导. -- 浙江大学，2005. -- 171页

本文从胜任力角度考察创业者和创业企业在社会交往中的胜任能力。论文共包括五项研究。研究一运用胜任力的研究思路，采用半结构化访谈方法对中国文化背景下创业社会胜任力的概念特质和典型事例进行研究。在此基础上，经过材料筛选和内容分类，通过编码分析，初步提出创业社会胜任能力的理论模型。明确提出了个体和组织的创业胜任力理论包含的关键因素。在研究一的基础上，研究二选取创业型企业——传化集团为个案，运用关键事件技术，对组织创业社会胜任力进行理论构思，考察了组织创业胜任力与公司绩效的关系。以研究一、二为基础，

结合以往的研究和三次问卷测试结果,研究三编制了创业社会胜任力测量问卷,在创业企业中进行取样,分别对158份和151份有效问卷进行了探索性因素分析和验证性因素分析。验证了组织胜任力模型,明确了其特征和差异。研究四在研究三验证结果的基础上,采用多层次多维度的效标模型,在创业企业中取样,对174份有效问卷运用相关分析、多元回归分析和结构方程建模技术等方法,检验了创业社会胜任力与绩效的关系,并考察了环境变量的影响作用。研究五运用结构方程建模技术考察了创业社会胜任力影响绩效的中介作用机制。

关键词:企业管理　创业　绩效管理

5128

企业信息化投资价值评价 :理论框架和测度方法 / 吴俊著 ; 陈佳贵指导. -- 中国社会科学院研究生院, 2005. -- 141 页

本文试图借助经济学和管理学的相关理论,站在企业层面,建立一套分析企业信息化投资价值的理论框架和相应的综合评价方法。论文在对信息化相关概念和研究背景阐释的基础上,总结比较了国内外已有的文献研究,提出论文的逻辑思路和特定的研究视角。随后,在理论分析部分,通过对微观经济学、信息经济学和管理学的不同角度透视了信息化投资与传统投资的差异,分析了信息化投资评价的难点,以及制约价值产生的内外部影响因素,进而提出了一个拓展的分析企业信息化投资价值形成过程的综合框架,并在此基础上建立了一套多维度多方法相结合的评价指标体系,并进一步讨论了信息化投资价值评价如何具体实施。最后以联想集团为例,对建构的力量框架和评价指标体系进行了实证检验。

关键词:投资分析　价值评估　企业信息化

5129

企业领导行为作用机制研究 / 吴敏著 ; 徐玖平指导. -- 四川大学, 2005. -- 205 页

本文首先对领导理论、组织公平理论和信任理论进行综述,并用社会交换理论分析领导行为、组织公平和信任之间的密切联系,阐明员工的组织公平感和信任感将对员工的工作态度和信任产生极大的影响。在文献研究的基础上,针对中国目前特殊的经济环境、社会环境和文化环境,本文对交换型领导、变革型领导和家长式领导理论进行比较和研究,探讨企业管理者领导行为尤其是具有中国式管理特色的领导行为对员工工作态度和行为等结果变量产生影响的工作机制,提出了一个包含领导行为、组织公平、信任、工作满意度、组织承诺、绩效和组织公民行为等变量的综合的理论模型,并提出研究假设。之后,本文对在四川省20余家国有企业和民营企业中进行的问卷调查结果进行统计分析,采用多种方法和技术,对理论模型和研究假设进行验证,通过比较研究,发现不同的领导行为对组织公平和信任产生不同的影响,验证了变革型领导的构想效度,提出和检验了领导行为通过组织公平和信任的中介对员工的工作态度和行为产生影响的作用机制,并比较了国有企业和民营企业中主要变量间的显著性差异和均值。同时,本文还通过交换型领导、变革型领导和家长式领导行为的比较研究,分析了中国企业背景下领导行为的文化内涵。

关键词:企业领导　领导行为　组织管理　信任

5130

中国上市公司战略并购的价值创造研究 / 吴琴伟著 ; 杨朝军指导. -- 上海交通大学, 2005. -- 142 页

本文以上市公司战略并购作为研究主体,以理论和实证研究相结合,从微观角度研究战略并购过程中价值创造的源泉和关键因素,理论框架主要分成三个核心部分。一是基于价值创造的并购战略的选择。在产业演进理论和波特的行业竞争力分析模型的基础上,提出市场吸引力竞争地位(MA / CP)的战略分析模型,同时通过业务增长的三个层次和业务组合理论分析,将并购业务和价值战略融入收购方。二是对并购目标公司的价值发现和合理定价。本文提出基于经济评估标准的价值评估综合框架,并对公司价值水平和价值驱动因素关系进行实证研究。在此框架中,作者认为,折现现金流量用来评估公司的内在价值,而影响现金流量的关键价值驱动因素是投入资本收益率和增长率两个关键的价值驱动因素。同时,基于标准自由现金流量估值模型,本文提出二阶段价值驱动因素估值模型,并通过实证检验了其在并购定价中的适用性。基于并购中的期权特性,本文构建了实物期权模型并用其对战略并购定价进行补充和修正,提出DCF和实务期权相结合的二维投资决策框架。最后,在分析协同效应产生的四个基本条件基础上,构建并实证检验了协同效应的绩效评价模型。

关键词:上市公司　并购　企业合并　实物期权

5131

虚拟经营条件研究 / 吴诗启著 ; 彭星闾指导. -- 中南财经政法大学, 2005. -- 234 页

本文从我国汽车行业的研究出发,研究了虚拟经营在汽车企业中的主要作用。虚拟经营是指企业在组织上突破原有的界限,虽有生产、营销、设计、财务等功能,但企业体内却没有完整的执行这些功能的组织。即企业在有限的资源条件下,为了取得竞争的最大优势,仅保留企业中最关键的功能,而将其他的功能虚拟化——通过各种方式借助外力进行整合弥补,以使有限的资源得到最大效率的利用。本文分别从虚拟经营的内部和外部条件入手研究了企业和国家两个维度关于虚拟经营的支持系统。并系统地提出了虚拟经营的内外部条件,分别对内部条件(结构竞争优势、能力竞争优势、企业的信息化和两力统一的能力结构)和外部条件(信用环境、国家信息化、物流与供应链和法律环境)进行了较充分的论述,探索了虚拟经营理论研究中的某些难点问题。文章认为,虚拟经营在汽车企业中的作用主要体现在:整合外部资源,获得竞争优势;把握市场机遇,缩短产品开发周期;降低汽车新产品开发的成本和风险,有利于汽车企业参与竞争和营销体系的建立。作者通过主成分分析和多元回归分析,对虚拟经营条件体系进行了经验验证。回归结果显示,虚拟经营的内外部条件,都与虚拟经营显著相关,共同推动了虚拟经营的健康发展。

关键词:虚拟企业　经营管理　竞争力　汽车企业

5132

商业银行 CEO 薪酬研究 : 基于业绩的薪酬结构、薪酬水平研究 / 夏萍著 ; 包政指导. -- 中国人民大学, 2005. -- 215 页

本文从 CEO 薪酬—业绩角度研究竞争力问题。探讨了商业银行 CEO 薪酬—业绩关系。首先从有关 CEO 薪酬—业绩相关性与否的理论界、事务界甚至管理当局的争论入手,分析了争论的可能分歧原因,研究了薪酬水平(薪酬总额)与业绩的相关性,讨论了 CEO 薪酬结构对薪酬—业绩灵敏度的贡献。作者指出,薪酬对于业绩—竞争力的激励作用主要体现在浮动薪酬部分—奖金和股票期权。进而文章分析了银行业不同于其他行业的显著特点——规模大、负债率高和管制严格对 CEO 薪酬结构、薪酬水平和薪酬—业绩灵敏度的影响。此外,论文还对银行管制放松对薪酬业绩关系的影响、CEO 任期与薪酬的关系对薪酬水平的影响进行了分析。进而,本文将我国银行业与国外银行的国际竞争力进行比较,分析我国银行业"大而不强"的原因。参照美国模式,对我国商业银行 CEO 薪酬结构、薪酬水平进行重构。分析了人均薪酬水平中必须考虑的因素。最后,根据我国商业银行薪酬结构和薪酬水平中存在的问题,笔者提出我国银行薪酬改革的建议。

关键词:商业银行　企业领导　薪酬　人力资源管理

5133

企业投资决策战略绩效协商评价 / 肖德云著 ; 王宗军指导. -- 华中科技大学, 2005. -- 132 页

首先,基于知识管理理论、公司治理结构、公司组织结构理论和企业文化理论,本文提出了绩效螺旋推进曲线规律;基于契约理论,提出了绩效契约概念,并对委托代理绩效契约和利益相关者绩效契约进行了分析。进而探讨了形成绩效评价的多主体协商评价机制,并运用合作博弈论的方法对企业投资决策绩效评价主体间的博弈关系进行了分析。作者指出,财务指标体系结合非财务指标体系是绩效评价的趋势。本文借鉴成功经验分析了企业投资决策绩效评价的理论基础,设计了企业投资决策绩效评价的一般指标体系。然后,基于标杆瞄准理论,运用主成分分析、隶属度分析、相关分析、鉴别力和灰关联分析论文对企业投资决策绩效指标进行筛选。运用功效系数模型、模糊综合评价模型和灰色综合评价模型,论文研究了企业投资决策绩效评价问题。结合各种方法的优点,本文提出了企业投资决策战略绩效协商评价的 GAF 模型和神经网络集成协商评价模型。最后,本文探讨了企业投资决策集成评价开发和分布式智能决策支持系统的设计。

关键词:投资决策　企业管理　绩效管理　经济评价

5134

人力资源测评效标模型 : 效度概化的视角 / 谢小云著 ; 王重鸣指导. -- 浙江大学, 2005. -- 167 页

本研究以提升效度和效度概化水平为目标,运用半结构化访谈、问卷测量和现场研究等方法,借鉴多元分析和结构方程建模技术的进展;研究了效标测量的构思模型、效标测量过程机制、效标的动态属性、效标选择以及效标的多水平构思框架等问题。首先,对

效标构思建模和客观效标构思进行探索。针对一批进行任职资格认证的企业管理人员样本,开展相关访谈和测量;在绩效理论进展的基础上,提出多个效标测量假设模型,并采用层级验证性因素分析方法对效标所测量到的构思进行验证。此外,本文还借鉴诺莫网络思想对客观效标的构思进行了初步探讨。其次,研究了效标测量的过程机制。以一批参加真实公开招聘的候选人为样本,进行现场研究和问卷测量。重点比较了自我评价效标和上级评价效标的过程模型。依据相关结论,提出自我评价效标过程机制的假设模型,并于以往研究中上级评价效标的过程模型进行竞争性检验。再次,以提升效度为目标,本文采用参加真实公开选拔的人员做样本进行现场研究和问卷测量;在人与组织匹配理论的基础上分析了指标—效标之间的匹配关系,鉴别并检验了效标构思的多水平框架。在此基础上,论文对效标的多水平框架进行了描述说明并提出效度概化的条件。

关键词:人力资源管理　人员测评工程　效标模型

5135

中国寿险公司竞争战略研究 :以 ABC 人寿保险股份有限公司为案例 / 谢永林著 ; 施建军指导. -- 南京大学, 2005. -- 130 页

本文首先对寿险面临的整个产业环境进行了外部环境和内部资源评估。作者认为,市场开放、信息技术在保险企业中的运用、经济发展带来的市场增长是中资公司最大的机遇与挑战;通过对案例公司和美国友邦公司的对比分析,评估了两家寿险公司的内部竞争资源和战略能力,并对案例公司的优势、劣势和机遇、挑战进行了识别。其次,阐述了中资寿险公司的竞争战略目标和基本战略定位,作者在对案例公司的情况分析基础上,认为该公司的基本战略应定位于“基于低成本的有限差异”。然后,分析了中资寿险公司的产品战略、销售战略、服务战略、区域战略存在的问题,并针对案例公司的具体情况制定了相应的分战略。最后,本文从具体运营角度讨论了实施分战略的措施,并在公司整体层面上分析了对战略转型的支持措施。

关键词:人寿保险　保险公司　市场竞争　竞争战略

5136

俄罗斯信息化研究 / 谢忠民著 ; 陈禹指导. -- 中国人民大学, 2005. -- 161 页

本文首先从历史的角度阐述了信息化概念在俄罗斯的发展,进而从产生背景、分类、特点、应用实例、效益评估以及发展趋势几方面介绍了前苏联时期的自动化管理系统 ACУ,评判了 ACУ 的成就,比较分析了 ACУ 与 MIS 之间的关系。再次,本文对前苏联时期的信息化建设进行评述,研究了俄罗斯计算机的发展历史,分析了俄罗斯计算机没能与美国计算机争雄的原因。在回顾历史之后,本文从俄罗斯互联网发展、电子政务、铁路信息化、图书馆信息化、信息安全等多个角度研究了俄罗斯信息化建设现状;从信息化的法律保障建设、信息安全保障建设、2010 年“电子俄罗斯”联邦信息化发展规划等多个方面,研究了俄罗斯信息化环境建设,并以俄罗斯信息化发展规划为基础,对俄罗斯信息化建设的成就加以展望。同时基于具体数据,对我国与俄罗斯信息化建设在某些方面进行了比较。在探讨和分析俄罗斯信息化历史和现状基础上,提出了其对我国信息化建设的启示。作者提出,在我国走自己特色的信息化道路的同时,必须尽快完善信息化体系全面建设,加强信息安全保障体系建设,政府必须有所作为。在对我国信息化建设建议中,作者结合工作实践提出利用现代金融工具,扶持我国信息产业“走出去”。

关键词:信息技术　信息化　俄罗斯

5137

论股票上市与家族企业的制度变迁 / 徐冰著 ; 郭跃进指导. -- 中南财经政法大学, 2005. -- 200 页

论文从社会学、管理学和新制度经济学的视角出发,综合运用制度变迁理论、博弈论和现代企业治理理论,紧密结合我国家族控股上市公司实际,通过对家族企业在股票上市前后家族企业公司治理、企业行为以及企业外部环境与企业组织之间关系变化的研究,来探究股票上市对家族企业制度变迁的影响,发现家族企业突变式制度变迁中的一般规律、存在的主要问题和障碍,为家族企业制度变迁的顺利演进提供有益的建议。论文共分三个部分。第一部分为理论部分,作者主要是在文献回顾的基础上,对家族企业由于股票上市而导致的制度变迁进行了一个概述,为接下来的实证研究做好铺垫。第二部分是实证研究部分。主要是对家族企业在股票上市前后的治理结构、企业行为变化进行了实证研究。第三部分是家族企业制度变迁的现状评价。以理想状态为参照,对家族企业股票上市以后的制度变迁进行了一个综合评

价。最后的对策建议是论文的出发点和落脚点,分别从政策引导和规则约束的角度提出了促进家族企业制度变迁顺利演进的对策措施。

关键词:私营企业　家族企业　股票上市

5138

支持性人力资源实践、柔性战略与绩效 / 徐国华著 ; 杨东涛指导. -- 南京大学, 2005. -- 132 页

本文主要研究人力资源管理、战略管理和生产运作管理中的一个关键问题,即支持性人力资源实践、柔性战略与绩效之间的关系,作用方式和作用过程。文章首先提出了该研究的现实背景和理论渊源,指出满足利益相关者的需要、战略性资源地位的提高和技术进步的加快是企业重视支持性人力资源实践的主要原因,也是制定和实施柔性战略的重要基础。同时对相关理论,如组织支持和组织承诺理论、战略性人力资源管理理论、制造战略理论和制造柔性理论等进行了回顾。接着,作者在分析和评价"整合人力资源实践和柔性战略"的两种思路的基础上,提出了研究支持性人力资源实践、柔性战略与绩效的理论框架,同时在引入可觉察的组织支持、感情承诺等个体层面的研究变量,和考察不同层面绩效的基础上建立了扩展的理论模型,同时据此提出了具体的假设,并对相关研究变量作了详细界定。在对数据的来源、问卷的信度和效度进行检测的基础上,作者提出了各个假设的具体检测方法和数学模型,并进行了描述性统计分析。在因子分析和相关分析后,作者进一步调整了假设、概念模型和具体的数学模型。最后,文章通过层级回归分析对基于扩展的理论模型的假设检验结果进行了验证,指出了与国内外类似研究一致和不一致的地方,并给出了可能的解释。在这些实证研究总体结果的总结基础上,提出了相关建议。

关键词:制造工业　企业绩效　人力资源管理　柔性管理

5139

公司治理的有效性机制及因素研究 / 徐宁著 ; 施建军指导. -- 南京大学, 2005. -- 218 页

本文研究公司治理的有效性。首先研究了公司治理的两大基本主题——董事会的有效性和激励机制的有效性。作者认为,有效的委托机制核心是"独立的、职业化的董事会"。在对有效的董事会机制作了理论探讨后,提出了有效董事会的发展趋势是"职业化",而职业化的主要途径是推行独立董事制度及其职业化进程。通过研究和借鉴英美等国独立董事制度的经验,本文分析了我国独立董事制度的发展,以及如何完善我国董事职业化机制的问题。在公司治理的激励机制问题研究方面,通过研究和分析传统激励机制的基础——"利润"的局限,作者指出,激励的目的是为了创造价值,激励机制的建立基础是经济增加值(EVA),并对基于EVA的激励体系的意义,以及EVA红利计划的基本框架、设计原则和实施方法加以阐述。然后,本文对公司治理有效性的外部因素进行分析,主要讨论了信息不对称与披露、市场机制与规则和政府监管三个因素。作者指出,信息不对称与披露是保障公司治理有效的必不可少的外部机制之一;资本市场和经理人市场对公司治理有效性有重大影响;政府具有独立、强制和公正的治理监管作用。最后,以安然事件后的美国做法作为主要分析和研究案例,本文提出了一些对我国政府监管的设想。

关键词:董事会　公司治理　激励机制

5140

中国家族企业人力资源管理研究 / 徐永高著 ; 廖泉文指导. -- 厦门大学, 2005. -- 121 页

本文在回顾国内外相关研究文献的基础上,根据对广东、浙江、江苏、福建等四省15家家族企业的企业主、人力资源管理工作方面的负责人及随机抽取的若干名员工一对一地访谈记录的文本分析,结合人力资源专家的意见,设计出《中国家族企业人力资源管理现状调查问卷(业主版)》和《中国家族企业人力资源管理现状调查问卷(员工版)》。结合实地访谈与问卷调查,从人力资源的获取、保留与发展三方面分析了当前中国家族企业人力资源管理的现状;揭示出目前在人力资源管理中的主要问题:人力资源管理制度缺乏,人力资源基础管理薄弱,人力资源发展环境不佳。最后,从中国家族企业人力资源管理的现状和当前存在的三大问题出发,作者提出了针对性的改善对策。指出提高中国家族企业核心人力资源素质须提高企业主素质,培养接班人,并保留优质的人力资源;在人力资源管理改进方面,作者分别提出了人力资源基础管理体系改进对策、人力资源软管理体系改进对策和人力资源管理外部环境改善对策。

关键词:人力资源管理　家族企业

5141

我国中型钢铁企业战略模式研究 / 薛加玉著 ; 陈传明指导. -- 南京大学, 2005. -- 180 页

本文选取我国中型钢铁企业中三个典型企业:南京钢铁集团、杭州钢铁集团与合肥钢铁集团为案例,首先从实践和理论的角度指出了我国中型钢铁企业在制定和实施战略时所面临的、有别于西方战略管理理论的、特殊的外部和内部复杂的企业环境;从实践中总结了我国中型钢铁企业在改革开放后所必须把握与应对的机会性战略以及强加性战略;用实证分析方法对西方战略管理论中的"结构跟随战略"思想加以验证。总结、概括了我国中型钢铁企业在经济转轨时期特殊的三种战略模式及其特征,并对三种战略模式进行比较,分析了其与组织再造的关系。进而,论文分析了我国中型钢铁企业在经营、战略方面存在的问题,并提出相应的发展对策。作者指出,应尽快建立真正的现代企业,进行产品的战略性定位,多元化发展要适度。

关键词:钢铁工业　工业企业管理　钢铁企业　战略管理

5142

基于战略性因素的公司价值评估研究 / 严伯进著 ; 施建军指导. -- 南京大学, 2005. -- 120 页

自从公司价值评估受到关注以来,学术界和实务界对相关问题进行了大量研究,建立了诸多价值评估模型和指标体系,基本是从财务因素和非财务因素两个角度来分析公司价值或绩效的理论研究。国内的企业价值或绩效评估的实例则较多偏重于财务绩效方面,对于非财务因素,尚没有成熟的指标体系。本文使用反映公司未来发展的经营和战略性评估指标即"先行指标"——"价值驱动因素",研究公司价值模型的架构问题。作者认为,要将财务指标与价值驱动因素结合起来,应将价值评估放在一个长期、全局性的战略层面上。本文立足于已有的战略管理理论并以价值为导向,试图结合企业竞争优势的外生和内生理论,主要从公司的异质性内生能力(核心能力)角度出发,辅之以其所处的产业环境,深入、全面地分析公司竞争优势的形成及持续,将公司的竞争优势分析归纳为公司治理能力、管理者能力、技术创新能力及行业结构四方面。在分别建立公司治理能力评价指标体系、管理者能力评价指标体系、技术创新能力评价指标体系、行业结构评价指标体系的基础上,形成了上市公司价值评估指标体系。最后,采用江苏省上市公司 2003 年的部分财务和非财务数据,利用结构化方程模型技术验证了价值评估指标体系的合理性。

关键词:企业价值　资产评估　价值评估

5143

顾客忠诚的影响因素及其作用机制 : 对移动通信服务市场的实证研究 / 严浩仁著 ; 贾生华指导. -- 浙江大学, 2005. -- 181 页

本文主要在分析各种驱动因素对顾客忠诚的交互影响中,研究顾客忠诚的内部结构以及各类情景因素的调节作用。在文献研究的基础上,规范分析顾客忠诚的一般形成机理,并通过理论与实证相结合的方法,提出顾客忠诚的三类驱动因素:顾客满意因素、关系信任因素和转化成本因素。从理论层面提出了顾客忠诚的基本驱动模型和情景调节模型。结合对服务消费市场中若干企业的访谈,重点以包含移动通信服务在内的电信服务市场作为访谈调查对象,分析实践中顾客忠诚的影响因素及其作用机制。进而,以移动通信服务为具体调查对象,在浙江省范围内选择若干城市进行问卷调查和分析,探讨了移动通信服务业顾客忠诚的驱动因素与顾客忠诚内部层次结构之间的关系,实证检验了顾客忠诚的基本驱动模型和情景调节模型。最后,通过理论研究与对实证结果的分析,论文提出了移动运营商的顾客忠诚管理策略。

关键词:移动通信　市场营销　顾客忠诚度　顾客满意度

5144

并购式内创业中的人力资源整合研究 / 颜士梅著 ; 王重鸣指导. -- 浙江大学, 2005. -- 174 页

并购是企业内创业的重要方式之一,在企业通过并购实现内创业的过程中,人力资源整合是一个关键问题。本文将内创业与并购整合两个研究领域结合起来,系统探讨并购式内创业中人力资源整合的相关问题。全文共分为四项研究。第一个研究通过深度访谈方法和问卷法进行调查,通过数据分析,旨在明确企业的并购目标特征以及并购式内创业维度与绩效。研究发现,大多数企业的并购目标聚焦于内创业,揭示了并购式内创业的四个维度,发现了并购式内创业与并购后的企业绩效的正相关关系。第二个研究运用深度访谈法,针对不同地区、性质和规模的 18 家企业的 22 次并购式内创业活动,详细调研了其人力资源整合过程;基于人力资源整合的界定,采用内容分析技术结构化分析了访谈资料,明确了并购式内创业中人力资源整合水平及人力资源整合模式。第三个研究基于并购整合决策问题的相关研究结果和风险性决策观点,构建了并购式内创业中人力资源整合水平选择的模型及相关假设。通过问卷法获取

相关数据，采用相关分析、回归分析和结构方程建模分析等方法，揭示了并购式内创业中人力资源整合水平选择的过程和关键影响因素。最后，运用案例分析方法，探讨了并购式内创业中人力资源整合风险的四种控制策略。

关键词：企业合并　并购　创业　人力资源管理

5145

跨国公司子公司角色演化机制研究 ：网络资本的分析视角 / 杨桂菊著 ；徐金发指导. -- 浙江大学, 2005. -- 183 页

本文首先对网络理论及跨国公司的网络组织结构进行了分析，将跨国公司子公司所处的网络分为内部网络和外部网络；其次根据网络连结关系的差异将子公司划分为“生产基地型”、“运营中心型”及“当地生根型”三种角色类型。进而按照网络组织的演化模式分析了子公司演化的内在机制。作者引入“子公司网络资本”的概念，构建了基于“网络位置”与“嵌入型网络资源”两个维度的子公司网络资本分析框架。并以此为基础，建立了基于网络资本的子公司角色演化理论模型，分析了子公司角色的演化问题。理论分析表明，子公司角色演化的实质就是子公司在网络利益最大化动机驱使下，复制与重构网络关系，增加网络资本，积累资源与能力，调整自身在网络中位置的过程。然后，论文分别从子公司网络资本的两个分析维度——“网络位置”与“嵌入性网络资源”出发，探讨了子公司角色的演化路径及演化动力，并进行了实证研究。作者认为，子公司角色演化路径与子公司的网络位置与嵌入性网络资源有关，同时指出，嵌入性网络资源的变化是子公司角色演化的根本动力。最后从东道国政府、母公司和子公司三方角度分析了如何主导子公司角色演化的问题。

关键词：跨国公司　网络组织　子公司

5146

纳税公平感对企业纳税遵从行为影响的相关研究 / 杨伟文著 ；卢泰宏指导. -- 中山大学, 2005. -- 208 页

论文以探索纳税公平感与企业纳税遵从行为的相关性为研究目标，遵循以下逻辑展开研究：首先论证纳税公平感是影响纳税遵从行为的关键因素；进而构建企业纳税公平感内在结构维度模型；最后验证纳税公平感与企业纳税遵从行为的相关性。作者采用了“假设—检验”的实证研究方法。运用访谈法、专家意见法和统计分析法，编制出影响企业纳税遵从行为问卷，通过问卷调查和统计分析，检验了论文研究的第一个假设：纳税公平感是影响纳税遵从行为的关键因素/变量。运用文献收集法、专家意见法以及访谈法，编制影响企业纳税公平感因素的初始问卷，提出第二个假设：企业纳税公平感内在结构有五个维度；并运用 Liserl 进行验证性因素分析，构建出企业纳税公平感内在结构纬度的模型。在此基础上，作者进一步测量了企业纳税公平感，运用 SPSS 统计分析研究了样本的统计特征；用因素分析研究了不同统计变量之间的显著性差异。同时运用税务专管员对实测企业的纳税遵从行为的主观评估，利用 Liserl 检验纬度模型，验证了纳税公平感与企业纳税遵从行为呈正相关的研究假设。基于以上研究成果，对改善公平税收环境和优化税务管理提出了新的思路和策略。

关键词：税收管理　纳税　纳税意识　公平

5147

供应链核心企业控制力研究 / 杨亚齐著 ；夏健明指导. -- 上海财经大学, 2005. -- 140 页

论文结合供应链及供应链管理的内在本质特点，从管理学理论、系统学理论、经济学理论等相关理论视角，对供应链核心企业控制力进行研究，采用定性分析和定量分析相结合的方法，系统、全面地分析和论证了供应链核心企业控制力主要由战略整合、资源配置、流程再造、顾客锁定等四种要素能力来体现，形成了一个新的分析供应链核心企业控制力的理论性框架模型。论文首先分析了此项研究的理论基础，对所研究的供应链核心企业控制力进行了分析和阐释，提出了核心企业控制力主要由四种要素能力体现。随后，在论文主体部分，作者分别定性研究、分析体现这四种要素能力，依次论述了供应链核心企业的战略整合能力是其控制力的前提，资源配置能力是其控制力的来源，流程再造能力是其控制力的基础以及顾客锁定能力是其控制力的保证。在此基础上，作者利用层次分析法和模糊数学集合论，构建了一个多层模糊综合评价供应链核心企业控制力的量化模型，以实现快速、客观地评价供应链核心企业控制力及体现控制力的四个要素能力，并实现供应链核心企业控制力定性识别与定量评价的结合。

关键词：供应链管理　资源配置　业务流程再造　企业能力

5148

非正式制度的作用机制与集群发展：传统社会关系对集群企业合作形成的影响及其演变 / 姚海琳著；王珺指导. -- 中山大学, 2005. -- 228 页

论文主要探讨了我国内生型集群的发展过程中，一种重要的非正式制度——基于亲缘、地缘基础的社会关系对集群企业合作形成的影响及其演变。作者首先借鉴了经济学、管理学以及社会学中的相关理论，将集群的发展过程划分为封闭环境和开放环境两个阶段，分别探讨了不同约束条件下传统社会关系对集群企业合作形成的影响，从而得出论文的核心理论观点。接着，以广东省开平市水口镇水暖卫浴产业集群为研究个案进行实证研究，分析传统社会关系对集群企业合作行为的影响及其演变。作者研究发现：在集群发展过程中，基于亲缘、地缘基础的传统社会关系——这种非正式制度对集群企业合作形成的影响处于一个动态变化的过程。随着商品、要素的流动，集群由封闭走向开放，传统社会关系降低交易费用、促进集群企业合作形成的作用不断下降。这种非正式制度作用的下降是制度结构对集群环境变化进行的一项适应性调整，而调整的结果——正式制度的采用则有效率增进的取向，能够促进集群的持续发展，这是一个积极进步的过程。

关键词：企业合作　企业集群　产业集群　社会关系

5149

基于隐性价值评估的企业高管人员激励问题研究 / 姚艳虹著；曾德明，马超群指导. -- 湖南大学, 2005. -- 141 页

本文将企业高管人员需求做出显性和隐性的划分，提出隐性价值的概念，并将隐性价值评估和隐性需求引入高管人员激励问题研究。文章首先从基于“经济人”特性的代理理论、人力资本理论，基于“社会人”特性的需求理论、管家理论，以及组织柔性与管理者柔性理论、高层团队理论等为指导，构建企业高管人员激励的理论基础。其次，作者对企业高管人员激励现状进行了深入分析，探讨了企业高管人员价值评价的理论和方法，并在此基础上构建企业高管人员隐性价值的评价指标体系，将心理品质与知识素养、管理能力、管理柔性、个人经验与诀窍等要素纳入到价值评价指标体系，强调企业高管人员隐性价值的意义。同时，在企业高管人员效用函数的基础上，建构了基于隐性价值和隐性需求的企业高管人员最优激励组合模型，并进一步提出基于隐性价值的年薪设计、基于绩效的奖金与股权设计、基于隐性需求的非物质性激励的综合激励模式，以克服传统的单一物质性报酬激励的局限。最后文章对基于企业高管人员隐性需求和隐性价值的激励的有效性进行实证研究，表明基于企业高管人员能力等隐性价值的激励比基于企业高管人员业绩等显性价值的激励有更好的绩效；基于学习和成长等隐性需求的激励比对基于物质报酬等显性需求的激励有更好的绩效；个人特征虽对企业高管人员的绩效有一定的影响，但是整体不显著。据此，作者建议企业高管人员激励应考虑其隐性价值，以隐性激励为主，显性激励为辅，采用组合激励模式。

关键词：人力资源管理　企业家　激励　价值评估

5150

基于不一致时间偏好的利率期限结构研究 / 叶德珠著；陆家骝指导. --中山大学, 2005. -- 110 页

本文用不一致时间偏好理论对期限偏好理论进行改造，主要内容包括：时间偏好理论的基本问题，不一致设计偏好与时间不一致，不一致时间偏好理论对期限偏好的解释，基于不一致时间偏好的期限偏好理论模型，信用卡利率期限结构模型，基于不一致时间偏好来解释中美国债收益率曲线差异。文章提出行为主体系统性认知偏差必然会导致不一致时间偏好和时间不一致结果。不一致时间偏好可以解释期限偏好，其技术表达形式是锁定期界。文章讨论了各种锁定期界条件下的实际时间偏好率期限结构。

关键词：利率　收益率　时间偏好论

5151

价值营销循环模型：营销理论的整合与创新 / 叶巍岭著；晁钢令指导. -- 上海财经大学, 2005. -- 166 页

本文在对已有的营销主流理论进行归纳和总结的前提下，对新经济下营销理论的新成果进行整合，提出了价值营销循环模型，并从多方面对之进行了剖析。文章首先从投入和产出的角度来分析整合的营销活动，将营销活动的对象从狭义的外部顾客扩展到雇员和营销合作伙伴，并认为这一整合的活动是以“交换”为核心思想的活动，交换的内容是一组价值，或称价值组合，并且这种交换是动态上升的过程，在此基础上提出了价值营销循环模型由三个独立而又

相互关联的子循环构成，即分别是 B2C、B2E、B2B 价值营销子循环，前者为基本循环，后两者为辅助循环，这三个子循环都以能力、关系和知识为投入要素，同时也都能产出一组价值。接着作者从多个角度对“价值”进行了重新理解，并对价值组合进行了分解，归纳出效用价值、服务价值、感受价值等八大类，同时明确了与之相对应的价值营销活动。然后从横向角度提出价值营销循环模型应贯穿于价值探索、价值创造和传递过程中。从纵向角度认为投入组合、价值营销活动组合和价值产出组合是价值营销循环模型中重要的三个组合。最后作者在三大循环中分别加入价值反馈机制，完善价值营销循环模型，并提出价值反馈能够提高核心能力、关系、知识（智力）这三个要素的投入水平。文章主要是对前人成果的一个总结，对 B2C、B2E 和 B2B 三个领域的营销理论进行了以 B2C 营销为核心的融合，并以模型的形式予以合理的架构。

关键词：市场营销　价值营销　关系营销　营销模型

5152

债权融资与公司治理研究 / 叶向阳著 ；刘人怀指导. -- 暨南大学, 2005. -- 175 页

本文从债权融资的角度，对公司治理问题进行了探讨。文献综述表明，公司治理的演进与发展、融资结构理论、交易成本理论、委托代理理论、不完全契约理论等理论均阐明债权融资可以在公司治理中发挥作用。作者理论分析表明，债权融资可以降低代理成本，完善公司治理；信息反馈、市场竞争及理性预期是债权人参与公司治理的基础机制，而债务契约约束、相机治理、融资决策、价格发现、破产机制构成其主要机制。在发达市场经济国家实践中，债权人已经参与公司治理并发挥作用，本文对国际上几种主要的债权人参与治理的模式进行了比较。针对中国的实践，本文采用我国上市公司有关数据对债权融资与公司治理问题进行实证检验，结果表明我国上市公司的债权融资与公司绩效的关系为负相关，揭示了我国上市公司债务软约束问题。由此本文对我国债权融资与公司治理问题的历史沿革、现状及存在问题进行了分析，并提出了我国债权人参与公司治理的框架性建议：重塑银企关系和发展企业债券市场。

关键词：公司治理　债权融资　银企关系　债券市场

5153

寿险公司偿付能力风险分析与管理 / 叶朝晖著 ；施建军指导. -- 南京大学, 2005. -- 182 页

本文在风险管理理论的基本框架下，结合人寿保险公司的经营特点，从金融风险管理角度，对中国寿险公司偿付能力风险状况进行了分析。首先分析了影响寿险公司偿付能力的内外部因素，着重分析了死亡率、隐含期权、利率这三个关键因素影响寿险公司偿付能力的作用机理。定性地分析了我国寿险业的风险因素。本文将偿付能力评估方法分为三类：资本充足性模型、综合评价指标体系、偿付能力的动态测试。根据我国保险公司偿付能力监管法规，采用资本充足性评估法，作者对 2001—2002 年在中国市场上经营的寿险公司的偿付能力状况进行了测算。结合结果分析，作者指出外援融资是迅速提高我国寿险公司资本、增强偿付能力的有效策略。在此基础上，本文探讨了寿险公司偿付能力风险管理的内外部管理措施。在内部措施讨论上，首先在资产负债表框架下进行了技术层面的研究，从负债、资产管理和资产互动性角度，提出相应管理措施。其次，对寿险公司偿付能力风险管理制度的构建和完善进行探讨，从组织、过程、系统三方面研究风险内控制度，提出风险管理文化应作为企业文化的组成的观点。在外部相关主体管理方面，讨论了政府的强制监管作用、信用评级机构的市场监督作用以及竞争对手影响的机制。

关键词：人寿保险　保险公司　偿付能力　风险管理　控制

5154

中国家族企业治理结构研究 / 衣丽娜著 ；沈宏达指导. -- 辽宁大学, 2005. -- 160 页

家族企业作为一种特殊的企业组织形式，其治理结构区别于其他企业的主要标志是由其所特有的四个要素决定的。这四个要素就是所有权、家族关系、激励与约束。在这四个要素中，家族关系与所有权（及其控制权）是两个极其重要的要素，它们共同决定了家族企业的所有权与经营权高度合一的特征。在此，本文着重讨论了所有权，提出所有权的两种主要表现形式，即剩余控制权与剩余受益权，指出家族企业治理结构的核心就是所有权的分配，并探讨了家族企业控制的方式。进而分析了家族企业治理结构的影响因素，指出家族企业的治理结构受交易费用、文化传统、企业家素质与社会信用等四个因素影响。它们不仅共同影响家族企业的治理结构，相互之间也有

互作用。然后,本文对中国家族企业治理结构的演进过程进行分析,具体分析内容包括家族企业演进阶段的治理结构特征、演进过程中所有权与家族关系、演进中的交易成本、演进的路径以及演进过程中的权杖移交。基于上述理论,本文对中国家族企业治理结构进行了实证分析,通过辽宁、温州、闽南三个区域的家族企业治理结构的比较分析,作者指出了中国家族企业治理结构的现状及问题,提出了建立开放式家族企业治理结构的建议。

关键词:家族企业　法人治理结构　控制权

5155

中国外商直接投资政策演进模式及其有效性研究 / 殷华方著 ; 鲁明泓指导. -- 南京大学, 2005. -- 103 页

论文主要探讨了外商直接投资政策变化的规律和外商直接投资政策的有效性。首先,作者分析了外资区域政策模式和外资产业政策模式,提出了外资区域政策"渐进"模式、外资产业政策"渐进"模式,作者认为外资区域开放和外资产业开放采用相似的"渐进"模式,但是却具有不同的特点,即外资区域开放是"递推"方式,而外资产业开放是"转换"方式。并进一步以此合并为我国的外商直接投资政策总模式并对其进行了证明。其次,作者通过对中央政府政策和地方政府政策的考察,分析了外商直接投资区域政策的有效性。研究表明,中央政府政策细分因素与外商直接投资流向有显著的正相关关系,而地方政府政策中除了资金筹措变量以外所出台的物质供应、外汇收支、行政管理等政策无一通过显著性检验,而且这些政策甚至在某种意义上起了相反的作用。作者认为,在看重外资区域政策作用的有效性时也要认识到政策因素的相对局限性,政策因素只有和经济因素相结合才有可能发挥作用。再次,作者利用外资投资协议的企业层面数据,通过将外商投资企业的进入时间和不同属性外商投资项目对外资产业政策的反映程度相结合,并对我国投资环境的不确定性变化和外资产业政策细节的分析来对我国外资产业政策的有效性进行研究。同时作者认为,1987 年的外资产业政策鼓励先进技术的目的没有达到,而 1995 年的外资产业政策促进产品出口的目的没能实现。

关键词:投资政策　外资利用　外商直接投资(FDI)

5156

中国老年市场细分模型构建及实证研究 : 以大中城市为例 / 应斌著 ; 万后芬指导. -- 中南财经政法大学, 2005. -- 214 页

论文拟在系统分析中国老年消费者心理行为的基础上,选择适合中国老年市场的细分变量,构建中国老年市场细分模型理论框架,为我国企业开拓老年市场奠定理论基础。并对老年市场细分模型的内在机理进行实证分析。在构建中国老年市场细分模型的基础上,探讨细分模型中各个子市场的特征,提出相应的营销策略,为企业进行合理的市场定位奠定基础,为我国企业开拓老年市场提供理论依据及战略指导,最终使企业能够更好地满足老年消费者的欲望与需求,使老年人能够获得更为健康、幸福、和谐的生活。作者选择了健康状况和价值观与生活方式两个纬度来构建中国老年市场细分模型,并以 VALS Ⅱ 体系为基础,借鉴 Gerontographic 模型和 LAVOA 模型,构建适合中国老年市场的市场细分模型框架。在研究结果的管理借鉴部分,通过实证研究,从五个方面对中美老年消费者的营销态度进行了比较研究;从中国老年消费者的主要价值观与生活方式、老年消费者的心理年龄及以市场为基础的社会支持理论方面,分析了中国老年消费者消费心理行为特征;并从产品策略、价值策略、促销策略、分销策略方面阐述了中国老年市场细分模型的营销意义。

关键词:市场营销　消费心理　消费者行为论　老年人

5157

我国上市公司财务治理理论及其模式研究 / 油晓峰著 ; 欧阳令南指导. -- 上海交通大学, 2005. -- 147 页

论文以财务治理为主线,利用我国上市公司的资料,分析了我国上市公司存在的治理问题。作者首先提出了财务治理的理论框架,包括财务治理的主体、客体、目标、模式等。针对我国上市公司股东和经营管理者关系的现状,作者提出了财务治理的第一类模式:即从显性激励方面进行激励报酬组合,将薪酬和期权结合,实现短期激励与长期激励的统一。从隐性激励角度,增加负债比例。第二类模式:债务契约的软约束可以通过债务契约的规范来解决,但财务信息的规范化是其前提;债务来源结构的不合理依赖于企业债券发行力度的加大;债务期限结构的不合理依赖于短期负债和长期负债的协调。同时,作者提出了融

合两类模式的新模式:即股东、经营管理者、债券人共同决定财务激励过程和债权人相机治理的财务治理模式。最后,论文对我国上市公司的财务治理模式创新提出了一些建议和对策。

关键词:上市公司　财务管理　公司治理

5158

营销战略博弈范式研究 / 余坚著 ; 晁钢令指导. -- 上海财经大学, 2005. -- 157 页

论文的研究目的在于试图“构建营销战略博弈论基本分析框架体系,并系统整理与营销相关的经典博弈模型”。作者所构建的“营销战略博弈论范式”分析框架由四大核心构件组成:(1)战略分析框架(价值网博弈模型);(2)战略原则体系(战略转盘模型);(3)战略3C组合框架;(4)战略博弈模拟过程。分别从战略主体关系、战略指导原则、战略关注点以及战略运演过程,这四方面进行组合建构,基本形成了一个有机体系。营销战略博弈分析框架,主要研究战略视角选择以及战略主体间的互动关系问题。营销战略基本原则框架,主要论述的是营销战略制定时应遵循的基本指导原则问题,营销战略需要动态综合考虑“集中、差异化、权变、附加值”这四个维度,并可进一步细化为八个战略要素:时间、空间、有形、无形、机会、风险、收益、成本。营销战略3C组合框架,主要研究营销战略具体制定时需要关注的角度,用以整合与指导具体营销操作方案4P组合的制定和实施,营销战略除了定位战略之外,还必须关注承诺战略和联盟战略的应用,此三项战略“三位一体”,共同构成营销战略层面。该框架最具博弈论特色。营销战略博弈模拟部分主要研究营销战略在现实背景下如何实际应用的问题。

关键词:博弈论　市场营销　营销策略

5159

基于能力组合模型的企业持续发展研究 / 余伟萍著 ; 陈维政指导. -- 四川大学, 2005. -- 292 页

论文研究的重点在于企业能力模型与生命周期动态适配关系。首先,作者对企业持续发展内涵进行了分析,企业持续发展受多种复杂因素的作用和影响,但总体上可以分为内外两个方面。其中,企业能控制的资源和拥有的能力是企业持续发展的内因,而企业所处的外部环境是企业发展的外因,对企业成长起着推动或制约的作用。其次,企业持续发展的关键在于当企业面对变化所带来的挑战和机遇时是否保持敏感性,是否有能力及时应变和适应。作者从能力系统的角度出发,归纳出企业持续发展的能力组合模型,即POSTEN模型。并提出六种影响企业持续发展的关键能力。随后,作者围绕企业生命周期的特征,揭示企业能力组合POSTEN模型与生命周期的动态适配关系。指出了企业生命周期每个阶段都有其特定的主导能力和辅助能力,企业能力模型和生命周期动态适配的关系表现为:TPEOSN(创业期)——POSTNE(成长期)——SEOTNP(成熟期)——STEPON(再生或衰退期),只有当二者的适配型最佳时才能成功地促进企业成长。最后,作者分别对每种能力在每个阶段的重要性进行理论与实证分析,剖析与阐释POSTEN模型中各个能力要素在企业持续发展中的作用机制和适配关系。如企业盈利模式运作能力在企业生命周期中的重要性从高到低依次为:成长阶段、创业阶段、成熟阶段、再生阶段。作者认为没有一种能力在企业整个生命历程中的重要性是一成不变的,随着企业外部环境的变化,企业所遇到的不同危机需要不同的能力策略来解决,这六种能力概括了企业发展各方面的主要因素,缺一不可。

关键词:可持续发展　企业管理　企业生命周期

5160

中国高尔夫球俱乐部发展战略研究 / 郁小平著 ; 夏洪胜指导. -- 暨南大学, 2005. -- 152 页

论文运用高尔夫球经济理论、战略管理理论、产业组织理论、产业政策理论等相关思想、观点和分析方法、分析模式,借鉴利用国外的发展经验,分析了国内外高尔夫球运动和高尔夫球俱乐部的发展现状,并着重从宏观环境、区域环境、行业环境和微观环境等四个方面分析了中国高尔夫球俱乐部发展战略的内外部环境及条件。作者提出了中国高尔夫球俱乐部的发展战略思想,确定了发展战略的目标和重点:(1)高尔夫球俱乐部发展的自然资源有效利用和解决方案;(2)高尔夫球俱乐部发展布局与结构和规模与进度方案;(3)高尔夫球俱乐部及其关联产业的资源优化方案;(4)高尔夫球俱乐部对社会经济、文明促进作用方案。同时,作者提出了高尔夫球经济理论和高尔夫球经济理论的“SEC”分析模式;利用高尔夫球俱乐部的发展促进我国城镇化发展的思路和建设城市高尔夫文化公园,推广普及高尔夫球运动的创意等。

关键词:高尔夫球运动　俱乐部　发展战略

5161

中国券商的发展模式与竞争战略研究 / 袁成著 ; 芮明杰指导. -- 复旦大学, 2005. -- 206 页

本文通过全面、系统地研究国内外投资银行的主要影响因素、发展模式和竞争战略之间的一般规律和特殊性,进而为国内券商提出一个选择发展模式和竞争战略的指导性框架。首先,结合产业组织理论、企业发展理论以及公司战略理论,对产业的发展模式、竞争战略以及主要影响因素三者之间的互动关系进行了探讨,初步提出了一些最基本的规律,目的是进一步详细研究投资银行业发展的一般和特殊的规律提供理论上的支持和铺垫。其次,有针对性地选择美、英、德、日以及亚洲四小龙等发达国家的投资银行进行国际比较。通过对不同国家不同阶段中出现的发展模式和竞争战略进行横向和纵向的比较,总结出一些国际投资银行业中发展模式和竞争战略演变的一般规律和特殊性。最后,系统地研究了国内券商的发展史、现状和存在的问题,深入讨论了今后一段时期内一些重大因素对我国券商发展带来的可能影响。在此基础上,结合国际比较得出的结论和国内券商的现实情况,分别提出了大型专业化投资银行等四种不同的发展模式的优势、适用条件及其相匹配的主要竞争战略。

关键词:证券商　企业发展模式　竞争战略　投资银行

5162

基于顾客导向的高等教育营销研究 / 袁国华著 ; 甘壁群指导. -- 武汉大学, 2005. -- 176 页

论文在研究和分析高等教育营销兴起的背景和演进的基础上,运用服务营销、内部营销、关系营销的理论和方法,构建了基于顾客导向的高等教育营销的理论框架,结合我国高等教育的现状对我国开展高等教育营销实践的必要性、可行性、存在的障碍和对策进行了探讨。作者首先介绍了国内外高等教育营销研究的状况、理论基础和高等教育机构的顾客市场进行了分析和拓展,借鉴关系营销的六大市场模型将高等教育机构的市场划分为生源市场、推荐市场、影响市场、内部市场、供应市场和人才市场;其次,作者分析了高等教育机构的三种营销战略,即目标市场营销、特色竞争战略和全面质量管理战略。认为高等教育营销的目标市场战略是对高等教育目标市场细分、选择和定位的规划过程。高等教育营销的差异化竞争战略包括产品差异化战略、人员差异化战略、渠道差异化战略、形象差异化战略和服务差异化战略。高等教育营销的全面质量管理战略要求重视生源质量和毕业生质量、教学质量和科研质量、社会服务质量和管理质量、教学设备质量和以人为本的内外部服务质量;进而作者从高等教育服务组合策略、高等教育渠道创新策略、高等教育成本控制策略和整合传播策略四个方面研究了高等教育的营销策略;最后作者从招生、筹资和形象塑造三位一体的视角对高等院校的营销任务进行了探讨,并认为招生是核心,筹资是关键,形象是基础。同时分析了高等教育营销在我国的应用问题,包括必要性和可行性的分析和提出转变观念、改革高等教育体制、高等教育市场发育和以关系为导向开展高等教育营销的对策思考。

关键词:高等教育　高等学校　招生　融资

5163

我国上市公司并购过程的交易与整合风险研究 / 袁宏泉著 ; 陈建梁指导. -- 中山大学, 2005. -- 190 页

本文对国内外引起并购失败的主要风险因素进行识别和分析,并以并购过程为主线,分别对我国上市公司并购前、并购交易以及并购后整合的风险因素进行了实证分析和案例研究。在并购前的战略风险中,利用改进的沃尔比重法实证研究表明,上市公司收购股权和收购资产中对外扩张的并购绩效改善缺乏持续性;利用全要素生产率对发生股权转移的上市公司进行产出效率的实证研究表明,并购后两年的绩效有所下降,其中,混合并购提高效率,而横向和纵向并购均降低了效率。并购交易风险中,信息风险可能会使并购方陷入“财务”或“法律”陷阱;对我国要约收购、换股并购、杠杆收购的案例分析发现,不同支付方式对并购各方股东的利益和风险影响不同。实证分析表明,公司接管后,不同的股权结构和股权集中程度整体上并不对公司的产出效率产生显著的影响,外部董事比例、高管薪酬总额的显著增加对产出效率的提高也没有显著的影响,只有高管人员的变动与公司产出效率呈正比关系;对上市公司并购前后的主要财务特征比较,反映出有些收购方的投机和恶意“陷阱”可能使目标公司遭受风险;整合是成功并购的关键,完整的整合计划、重视文化整合、发挥人力资源的作用将有利于避免风险。

关键词:上市公司　企业合并　风险管理　并购

5164

中国城市消费者冲动购买行为的实证研究 / 岳海龙著 ; 景奉杰指导. -- 武汉大学, 2005. -- 123 页

针对如何解释冲动购买决策行为,本文认为其关键在于弄清楚在冲动购买决策中,消费者偏好是如何产生,消费者偏好为何时序不一致,消费者决策为何如此迅速等问题,核心的问题在于消费者偏好时序不一致,消费者决策迅速两个方面。作者试图根据现有的心理学、经济学和消费行为学的有关理论对冲动购买决策行为进行一个全面的解释。使用自我概念和自我形象理论来解释偏好的产生,使用延迟享乐理论和前景理论来解释消费者偏好时序不一致现象,使用情感理论和自控理论来解释消费者决策的快速性。论文的重点在于对中国城市消费者的冲动购买进行初步的研究。首先,对冲动购买行为研究进行了简要回顾,对消费者冲动购买行为作了理论上的解释。在此基础上对中国城市消费者的冲动购买行为进行了两项实证研究,目的在于制作一个符合中国消费者文化背景的冲动购买倾向量表,并验证了量表的信度和效度。其次,对与冲动购买行为研究相关的情感理论进行了讨论,介绍了部分与情感有关的理论,同时讨论了关于情感和认知在消费者态度形成中的作用、唤起在情感中的作用、营销领域的情感测量等三个问题。第五章是核心部分,研究目的是在实际消费者中考察环境变量、消费者的情感反应以及消费者冲动购买倾向等因素对冲动购买行为的影响,同时也验证作者所制作的冲动购买倾向量表的预测效度。

关键词:消费者行为论　市场营销　购买行为

5165

跨国公司在华子公司战略角色及其演变 / 曾国军著 ; 毛蕴诗指导. -- 中山大学, 2005. -- 146 页

论文主要探讨了跨国公司在华子公司的战略角色类型、演变的路径和影响因素,以及在角色演变过程中影响因素对演变路径的影响。首先,对跨国公司子公司战略角色及其演变问题的文献进行研究后,分别对子公司战略角色的分类标准及相应类型做出归纳。在此基础上提出子公司战略角色的分析框架,并以当地化与一体化、职能活动范围与竞争能力两组概念作为经验研究的基础。接着,通过文献研究并结合中国转型经济特征提出了有关子公司战略角色及其演变问题的相关假设,设计出量表,并依据对世界500强在华子公司进行问卷调查回收的数据对假设进行验证。同时,作者对松下・万宝(广州)压缩机有限公司、雅芳(中国)有限公司和博世(中国)采暖系统有限公司的战略角色及演变进行案例研究,作为问卷调查的补充对理论研究进行检验。经过研究,作者认为:沿一体化/当地化框架、职能活动范围/竞争能力框架,跨国公司在华子公司均存在稳定型、成长型、退化型和波动型四种不同的演变路径,且样本中近八成的跨国公司在华子公司沿稳定或成长型路径演变;其战略角色演变受子公司选择、母公司决策和环境驱动三个方面因素的影响。

关键词:跨国公司　对华投资　发展战略　本地化

5166

中国上市公司多元化经营动因的实证分析 / 曾亚敏著 ; 翁君奕指导. -- 厦门大学, 2005. -- 215 页

大量学术文献表明,多元化经营战略会降低企业的价值,即存在著名的"多元化折价"现象。但同时现实世界却显示,仍有大量的企业一如既往地坚持多元化经营战略。本文利用2000年之前在上海证券交易所上市的448家公司作为样本,在证实多元化折价现象存在的基础上,研究中国上市公司仍从事多元化经营的动因。文章首先归纳了西方现有对企业多元化动因的八种经济解释(范围经济理论、资源依赖理论、防御假说、市场力量理论、交易成本理论、内部资本市场、债务互保假说、代理理论),并针对国内情况分析了国内学者提出的市场分割假说。在理论回顾以及数据获取的基础上,本文检验了市场分割假说以及八种经济理论对我国上市公司多元化经营动因的解释效力。其次,作者通过这些分析指出,我国上市公司多元化经营普遍存在三大动因:防御动因、市场力量动因与管理者动因。即选择多元化经营的上市公司已经处于经营困境,而多元化经营可以提高企业的市场力量,同时管理者可以从企业多元化经营中获取诸多私利。通过对实证结论的进一步分析,作者提出,防御动因与市场力量动因不仅与股东利益相关,而且与管理者利益直接相关;而其他动因理论却与管理者利益无直接关系。最后,作者归纳认为我国上市公司的多元化经营是管理者追求自身直接利益最大化的体现。

关键词:上市公司　经营管理　多元化经营

5167

管理者持股本质问题研究 : 一个基于管理能力的分析框架 / 张兵著 ; 包政指导. -- 中国人民大学,

2005. -- 133 页

论文首先介绍了选题背景与研究主题;并通过对"管理者"和"管理能力"的界定提出了论文的研究视角:管理能力;进而论文评价了现有管理者持股理论的不足,认为主流经济学所有权理论不支持管理者持股的观点影响了现有的管理者持股理论,同时分析了新兴的人力资本理论和厉害相关者理论的不足:没有揭示管理能力的动态性;随后,论文分析了管理者持股实践中的问题,一是许多企业对管理者持股必要性认识不足,还局限于用传统的手段"激励"管理者,二是只关注激励现有静态管理能力的个体管理者;论文同时论证了管理能力在企业发展中的重要性。认为管理能力是企业发展和企业治理机制变迁的动力,企业本质是管理能力的物质表现;作者还接着揭示了管理者持股的本质在于"管理能力"的价值实现,"管理能力"作为生产要素参与企业治理机制,分享企业所有权;最后,论文探索了管理者团队持股的方法框架,认为管理能力的动态性要求企业推行管理者团队持股,并探索了基于管理能力的管理者团队持股的原则框架:即通过对管理者团队能力的评估设计管理者团队持股方案。

关键词:管理人员　股权　管理能力

5168

国有控股公司控制体系研究 / 张多中著 ; 郑海航指导. -- 中国社会科学院研究生院, 2005. -- 122 页

本文从控制的视角探讨国有控股公司的控制关系,在此基础上构建了国有控股公司的控制体系模型。首先,作者在对国内外国有控股公司发展研究总结的基础上,利用产权理论、委托—代理理论、公司治理理论、控制理论对国有控股公司的相关问题进行了分析,建立了国有控股公司控制体系的基本理论基础。其次,文章以国外典型的国有控股公司的控制方式为启示,提出了国有控股公司"三个层次、四类控制关系"的控制体系模型,即国资委对国有控股公司的控制、国有控股公司(母公司)对子公司的控制以及母、子公司内部董事会对经理人的控制;国资委作为控股股东对国有控股公司(母公司)的控制关系、国资委作为授权者对母公司的控制关系、母公司对子公司的控制关系以及董事会对经理人的控制关系。在该控制体系模型中,作者认为母公司对子公司的控制是整个控制体系的核心,而对母公司的有效控制则是该控制体系的关键。最后,通过对国有控股公司(母公司)对子公司控制的三个主要手段和内容(股权控制、人事控制和财务控制)分别进行了研究,并进一步指出,三者中股权控制是基础性的控制关系,人事控制是基于股权控制衍生的最直接的控制手段,财务控制是基于股权控制衍生的母公司控制子公司的核心性手段。

关键词:国有企业　控股公司　公司治理　企业体制

5169

竞争性非对称 R&D / 产品问题研究 / 张化尧著 ; 万迪昉指导. -- 西安交通大学, 2005. -- 108 页

论文的研究重点在于解释悬殊的 R&D 投入是否是双方的最优选择所致,随着产业的发展,这种悬殊的 R&D 投入将以什么方式演变,其在产品市场上将采取何种竞争策略? 作者首先根据现实中的四个非对称特点:非对称的技术外溢、非对称的 R&D 效率、非对称成本和差异化产品对典型的 R&D / 产品问题模型(A&J 模型)进行改进,并针对该模型对于产品创新和价格竞争的适应性进行了探讨。模型的推导得出:在内生的序贯博弈均衡下,知识溢出方的 R&D 产出因为对受益方的 R&D 产出具有很强的替代性,所以国内企业内生地节省了 R&D 支出。随着产业内技术追赶的加深,技术知识外溢越来越少,跨国公司的 R&D 支出对国内企业的 R&D 支出替代性降低,即一旦产业的发展越过临界点,跨国公司的 R&D 支出表现为使对方处于相对竞争劣势,双方将转序贯博弈为同步博弈,进行 R&D 竞赛。作者同时认为,持续高强度的 R&D 投入是跨国公司的必然选择;国内企业技术的相对进步使他们不得不进行经济学意义上的次优选择,但有效的横向差异化将是改善博弈支付的有效策略。作者还利用了微观实验模拟的方法进行了实验,结论的外推行由宏观统计数据比较补充说明。最后,论文从社会计划人(我国政府)的角度分析了企业 R&D 投入、产品选择的社会影响。

关键词:研究与开发(R&D)　市场竞争　技术进步　技术溢出

5170

高新技术时空扩散理论与实证研究 / 张会云著 ; 唐元虎指导. --上海交通大学, 2005. --170 页

本文的主要研究内容包括:高新技术扩散的理论基础,高新技术扩散的质量空间,高新技术扩散的微观机理,高新技术扩散的模型,互联网在我国扩散的实证研究。具体包括:高新技术、高新技术扩散的基

本概念,高新技术扩散的特征和时空内涵,企业技术选择的决策变量,企业采用高新技术的博弈过程,单元高新技术时空扩散过程,多代高新技术时空扩散模型,多元高新技术竞争扩散模型,域元范围的扩大及模型的推广,互联网在我国各省市扩散的实证研究,互联网在企业间扩散的实证研究等内容。文章提出了扩散域元的概念,分析了影响域元对高新技术采用决策的各种因素,定义了域元综合质量与质量空间的概念,指出影响域元对高新技术采用决策并决定高新技术扩散的空间分布的关键因素是域元综合质量。文章指出潜在采用者的采用决策是高新技术时空扩散的微观基础,解释了潜在采用者采用决策的时机选择。文章利用马尔可夫方程构建扩散的概率模型,并对模型的有效性进行了计算机模拟。单元高新技术时空扩散过程属于有漂移的马尔可夫过程,文章根据马氏漂移链的基本原理建立了描述单元高新技术扩散的理论模型,并用计算机对模型进行了模拟。

关键词:高新技术　技术扩散　技术创新　高技术产业

5171

一种量化的验证模式在品牌定位利基理论及品牌音乐之研究 / 张慧著 ; 苏勇指导. -- 复旦大学, 2005. -- 264 页

本文有两个研究主题:企业品牌定位的四个主要利基层面论证及界定企业的主力消费群;企业品牌标志之最佳对应特征属性品牌音乐。针对第一个主题,本文首先提出了一种创新性的品牌定位利基理论,接着,以统计理论的主成分分析方法针对本文所提的创新性的品牌定位利基理论进行量化研究,同时经由量化分析结果每项主成分权重值皆为正值更验证了本文所提的企业创新性的品牌定位利基理论与品牌定位指标呈现正相关。同时本文提出次利基,量化验证模式更可将样本空间中的 responses 分类群组,然后量化验证以界定目标市场。分析结果显示,最大主成分百分位序均值者所属群组,即为企业中的主力消费群,提供企业决策者参考,进而调整企业策略,而为企业提升生产效率创造更大的利润。针对第二个主题,本文进行品牌标志及其最佳对应之特征属性品牌音乐研究。提出两个准则来评定品牌标志与品牌音乐之适配程度:相关系数准则和最小投影量准则。最后,以两个准则为基础提出一个最佳对应算法,并藉由实验设计规划而找出品牌标志之最佳对应特征属性品牌音乐。本文所提出的方法可协助企业在品牌标志选取最佳品牌音乐的依据,同时本文所提出之最佳对应算法亦可应用于共感观意象之对象对应。

关键词:企业管理　品牌战略　市场定位　消费群

5172

企业动态能力与跨期绩效关系研究 / 张建东著 ; 项保华指导. -- 复旦大学, 2005. -- 140 页

本文重新定义了动态能力的概念,即企业在技术变革过程中所展现的跨期能动性,包括 4 个维度,即以一期知识基底、战略学习、战略干预和二阶常规。对应动态能力的二期绩效则为跨期绩效。核心假说是动态能力促进企业的二期能力和跨期绩效的提高。企业在技术变革的端倪,在一期资源与能力不能再支撑跨期绩效的形势下,从一期的知识基底出发,进行二期导向的战略学习,并通过战略家对企业内部知识演化过程的干预,通过二阶常规部署内外资源和改变旧有常规从而取得新的资源构形,建立二期能力,并引致跨期绩效。整合战略过程意义上的动态能力与战略内容意义上的二期能力、跨期绩效益处良多。从战略内容角度看,评价战略的可行性要看其在下一期环境中的恰当性;从战略过程角度看,需要将下一期的战略内容作为评价战略变革可能性的因素。本文从动态能力角度提出了跨期战略的概念,比企业的长期战略涵盖时限要短、具体,而比企业当下的战术运作要更未来导向,着重在企业当前核心能力行将被摧毁时,通过展现动态能力塑造企业的下一期能力。此外,政府应该积极着手反垄断法的制定和专利法的修订,以及贯彻实施,在专利落后的领域与发达国家争取更多的利益,协助国内企业取得跨期的竞争优势。

关键词:企业能力　企业绩效　企业战略

5173

出口市场导向的前因变量与绩效结果研究 / 张婧著 ; 田志龙指导. -- 华中科技大学, 2005. -- 169 页

本研究在对市场导向的概念和测量问题进行简要的文献综述的基础上,结合定性研究的结果,开发了一套复合项目量表(EMO 量表),以测量出口市场导向水平,并检验了其信度和效度。对出口市场导向的前因变量和绩效结果及其调节变量等的关系进行了实证考察。建立了出口市场导向的执行策略和企业出口市场导向的执行策略。文章对出口企业市场导向行为改善出口绩效的途径进行了例示性分析。结合典型企业实施出口市场导向的具体作法,并基于

市场导向的定义和前因变量的研究，提出了企业实施市场导向的途径。研究测评了出口绩效、出口市场导向及其可控前因变量的水平。文章表明了本研究的局限性和未来研究的方向。

关键词：市场营销　市场导向　出口　绩效管理

5174

我国会计标准建设与国际协调问题研究 / 张娟著；廖洪指导. -- 武汉大学，2005. -- 139 页

本文首先介绍了会计标准国际协调的背景以及我国会计标准建设与国际协调的发展历程，并提出了我国当前会计标准建设与国际协调过程中存在的问题。之后，本文梳理了关于会计标准建设和会计标准国际协调的研究成果，并对其做出评述。在此基础上，本文回归到会计标准的属性，论证了会计标准的制度本质，并以此为逻辑起点，运用制度经济学的相关理论，对我国会计标准建设与国际协调的问题进行探讨。通过分析我国会计标准建设与国际协调的可行性、行动主体和变迁方式，本文构建起其制度经济学分析框架。通过分析会计标准国际协调的发生条件和协调范围，划分会计标准国际协调的四个阶段，提出化解僵局的两种途径，本文最终确定了我国会计标准国际协调的“路径分析法”（Path - analyzing Approach）。然后，本文具体分析了我国会计标准的差异及其协调。为实地考察会计标准的差异可能造成的影响，本文选取了三类（共6家）在两种会计标准下净利润差异度较大的B股公司进行案例剖析。从会计标准的技术属性和经济后果属性出发，本文对会计标准差异进行分类，提出了会计标准差异处理的“四区间”模型并进行了举例分析。最后，本文分别从总体战略和具体措施两个层面上深入探讨了我国会计标准建设与国际协调的对策。

关键词：会计制度　财务管理　会计标准　财务报告

5175

形成企业核心能力的人力资本整合机制研究 / 张生太著；段兴民指导. -- 西安交通大学，2005. -- 135 页

论文首先针对核心能力理论研究中只是从知识和知识整合的角度认识核心能力，从而使得管理实践中对建立核心能力难于操作的现状，构建了形成企业核心能力的人力资本整合机制模型，提出了人力资本整合的三个核心要素：人力资本静态整合、人力资本动态整合和核心人力资本动态稳定。其次，提出了形成企业核心能力的人力资本静态整合模式。从人力资本角度分析了组织的构成以及组织能力的形成过程。论证了企业核心能力主要来自于企业的组织能力，而组织能力就是企业的人力资本整合能力。组织是一个能力集，而核心能力是组织能力集的一个子集。第三，论证了隐性知识传播是人力资本动态整合形成企业核心能力的主要方式。作者从定量的角度应用系统动力学方法研究了组织内部隐形知识传播问题，引进系统动力学方法建立了组织内部隐性知识传播的微分动力学模型。给出了判别隐性知识在组织内部能否传播开的阈值条件，分析了影响隐性知识传播渐进解的主要控制参数及其管理学意义，通过实例验证了所给模型的有效性。第四，论证了组织之间隐性知识传播是组织之间人力资本动态整合形成企业核心能力的主要方式。从定量的角度建立了两个和多个组织之间知识传播的微分动力学模型。分析了影响隐性知识传播渐进解的主要控制参数，指出了改进隐性知识在组织之间传播效率的途径。应用模型分析了高级人才在组织之间交往和流动对组织核心能力延展和保护的重要影响。第五，论证了核心人力资本动态稳定是企业获得和保持核心能力的必要条件，研究了核心人力资本动态稳定的决策问题。建立了在动态环境中高级人才队伍的线性不确定时变动态的一般模型和离散模型。

关键词：企业管理　人力资本　核心能力

5176

上市公司会计信息披露管制研究 / 张胜强著；彭好荣指导. -- 辽宁大学，2005. -- 195 页

论文首先对与上市公司会计信息披露管制相关的概念进行解析；然后从契约理论与产权理论的视角，透视会计信息的本质并对会计信息产权进行了界定。其后，运用定性与定量模型对上市公司会计信息披露管制进行解析，包括管制动因、管制与证券市场有效性关系、管制界限和管制目标。作者认为内部化会计信息外部性是政府对上市公司会计信息披露进行管制的直接动因。会计信息的完全性和对称性程度是衡量证券市场有效性的重要标志，而证券市场有效性又反过来检验政府管制的效果。政府对会计信息披露管制的终极目标是社会福利最大化。接着，作者从需求与供给的角度，对上市公司会计信息披露数量进行实证分析，达成结论，上市公司披露的历史信息、财务信息以及披露方式基本上符合会计规范要

求,也能满足投资者的需求,但对未来信息、非财务信息、分部信息等自愿披露动机明显不足,与投资者的需求期望差距较大,政府对该类信息披露机制管制不足。随后,作者对上市公司会计信息披露质量进行实证分析,认为上市公司披露的会计信息在充分性与可比性方面与投资者的需求差距非常大,在可靠性与相关性方面也存在一定差距。最后作者构建了上市公司会计信息披露管制的实现机制,包括组织机制、运行机制和非政府约束。

关键词:上市公司　会计分析　信息披露　会计信息

5177

高科技初创企业商务模式的设计研究 / 张双文著 ; 翁君奕指导. -- 厦门大学, 2005. -- 203 页

高科技初创企业是指成立时间不超过 10 年,经营一个以上高科技部门、具有法人资格的独立企业。本文试图构建具有潜在价值的高科技初创企业商务模式。文章首先对高科技初创企业的内部构造、客户界面和伙伴界面等三个核心界面所包含的要素按照“关键成功要素”标准进行了归纳和探索。内部构造界面关键要素有企业家能力、技术能力、新产品上市能力等,客户界面关键要素有市场定位、顾客关系管理等,伙伴界面关键要素主要包括与合作伙伴、赞助者的关系等两种模型。在此基础上作者提出商务模式设计必须具备价值性、稀缺性、不可模仿性和非替代性等,可以采用隔绝机制和差异化等方式来维持商务模式的优势,并通过风险投资对商务模式的评价和初创企业商务模式设计中存在的问题分析来指导商务模式的设计。其次,作者分析了高科技初创企业商务模式设计的理念和逻辑,指出商务模式设计理念包括效率、创新、互补性和锁定,商务模式的逻辑则包括机会识别、市场评估、所需要的资源和工具、风险分析。商务模式设计的理念和逻辑本质上就是价值创造的理念和逻辑。在这些理念和逻辑的指导下,作者认为高科技初创企业商务模式是由价值主张、价值支撑和价值保持来表征的,可以应用 e^3 – value 方法和 UCMs 技术来构建企业得出基本价值模式。最后,作者运用实例对高科技企业商务模式的设计进行了说明。

关键词:技术企业　创业投资　风险投资

5178

中小高技术企业创业知识资本与成长绩效关系研究 / 张炜著 ; 王重鸣指导. -- 浙江大学, 2005. -- 177 页

论文主要从企业知识观点和知识资本理论出发,结合创业知识资本、技术策略导向、人力资源行为、技术创业环境以及创业成长绩效等研究变量,提出创业知识资本驱动的中小高技术企业成长理论构思模型,由一系列相关研究组成。研究一采用半结构化访谈法和关键行为事件访谈技术,以 24 家中小高技术创业企业为研究对象,初步识别了创业知识资本、创业策略和技术创业环境是影响高技术企业成长的三个核心要素。研究二分为两个子研究。子研究一采用多层次行为问卷调查法,以 105 家中小高新技术创业企业及其员工为样本,验证高技术企业创业知识资本结构及与创业成长绩效的关系,同时检验不同创业阶段知识资本结构的动态变化。结果指出技术企业的创业结构资本和创新资本对创业竞争绩效和潜力绩效具有显著正效应,人力资本对创业潜力绩效具有一定程度的正效应,客户资本对创业竞争绩效具有一定程度的正效应。同时还揭示在不同创业阶段和组织背景下,创业知识资本结构会发生一定程度的动态变化。子研究二采用中小企业板高技术上市公司的公开数据资料,验证中小高技术企业创业知识资本与公司市场价值和财务绩效之间的关系。结果表明我国高技术上市公司的人力资本、结构资本和客户资本对公司市场价值增值具有一定程度的正效应,但创新资本对市场价值增值效应影响不显著。同时高技术上市公司的人力资本对公司长期财务绩效具有显著的正效应,而其他知识资本维度对财务绩效的影响不显著。整体知识资本水平对公司市场价值和长期财务绩效都具有显著正效应。研究三采用现场问卷调查法,以 65 家中小高新技术创业企业及其员工为样本,以分析不同人力资源行为与技术策略选择对创业知识资本形成和创业成长绩效的影响作用。研究四采用现场问卷调查法,以 58 家中小高新技术创业企业及其员工为样本,分析了组织知识创造过程对创业知识资本形成的作用机制。结果指出,知识创造过程对其知识资本的形成具有显著正效应。最后作者构建了中小高技术企业创业成长的整体研究模型。

关键词:中小企业　创业　企业成长　知识资本

5179

企业人际关系对职务晋升公正性与员工工作态度的影响 / 张秀娟著 ; 汪纯本指导. -- 中山大学, 2005. -- 209 页

论文对我国文化背景下企业内部各类人际关系对员工感知的晋升决策公正性的影响,以及企业内部人际关系和职务晋升决策公正性对员工满意感、信任感、归属感、离职意向的影响作用进行了探讨,主要结论如下:(1)我国企业内部人际关系包括领导了解员工能力和贡献、员工与主管的情感性关系、员工尽力为主管工作、员工与同事关系、功利性关系等五种类型。(2)人际关系是影响员工感知的晋升公正性的重要因素。(3)人际关系影响员工的满意度、信任感、归属感和离职意向。(4)晋升公正性是影响员工满意感、信任感、归属感和离职意向的重要因素。(5)员工工作满意感是影响员工对上级领导的信任感、员工对企业的归属感的重要因素。本文共分七章。第一章简述本研究的目的、意义和范围。第二章回顾学术界对组织公正性、我国的人际关系、职务晋升公正性等理论研究的情况,并对相关文献进行述评。第三章探讨我国企业存在的不公平现象的类别。第四章介绍笔者提出的概念模型,论述概念模型的立论依据。第五章介绍本项研究的调研方法与数据收集情况。第六章介绍数据分析结果。第七章对研究结果进行讨论。在本研究中笔者对我国企业职务晋升决策公正性的前因后果进行了原创性的初步探讨。笔者认为,学术界应进一步加强企业职务晋升决策公正性理论研究。企业管理工作者应在企业内部建立正当和谐的人际关系,公正地晋升员工的职务,是职务晋升成为企业有效的员工激励措施。

关键词:企业管理　人事管理　人际关系　职务晋升　工作态度

5180

供应链知识管理研究 / 张学文著 ; 夏健明指导. -- 上海财经大学, 2005. -- 196 页

论文在对知识管理进行综述的基础上,研究了供应链内企业基于知识分工的知识流动与价值创造,并针对供应链知识管理的内容与过程展开了深入细致的研究。基本框架如下:第一章首先概述了供应链管理理论的基础内容,指出知识化是供应链发展的必然趋势之一,供应链管理需要在知识管理领域进行拓展,强调供应链知识管理的必要性。第二章对知识管理研究现状进行综述,介绍知识管理理论框架及相关技术,对企业知识管理理论的形成、基本内容、基本命题进行了详细阐述。第三章对供应链中企业基于知识分工的知识流动与价值创造进行了研究。第四章先是基于知识管理内容观,对供应链知识管理的内容、原则、策略进行了探讨,再以组织行为理论为依据,从知识管理的过程观出发对供应链知识管理网络的构建、知识管理的流程与实施步骤进行了研究。第五章对供应链知识管理的基础工作展开研究,包括两部分:一是在组织设计与管理上要保证现有知识存量的流动与共享;二是在组织设计上保证供应链知识能够不断创新。第六章对供应链内知识与知识资本的识别维护与开发展开研究。探讨了知识资本评价方法,旨在有助于供应链知识与知识资本体系的建立;此外还讨论了供应链知识战略的制订与实施中的知识转移问题。随后,作者对供应链中知识风险及其控制,以及供应链知识管理的绩效评价进行了研究。

关键词:供应链管理　知识管理　知识资本

5181

市场导向、竞争优势与组织绩效关系研究 / 张雪兰著 ; 甘碧群指导. -- 武汉大学, 2005. -- 226 页

论文首先对市场导向的哲学基础——营销观念进行了阐述,并指出营销观念强调企业成功的关键在于比竞争对手更为有效地了解并满足顾客的需求和欲望,并从长期的观点构筑顾客关系。作者认为,市场导向的本质是一种包含行为要素的组织文化,市场导向的文化氛围促使企业采取流程再造、组织架构扁平化等措施提升其管理系统的市场导向水平,继而培育组织与其顾客及合作伙伴间的关系,为企业的盈利和可持续发展夯实基础。进而作者构建了竞争优势来源的整合分析框架,并运用此框架对市场导向与竞争优势的关系进行分析,借以演绎市场导向、竞争优势与组织绩效的内在逻辑。从而得出市场导向—竞争优势—组织绩效之间存在因果关系。随后,作者将竞争优势作为解释市场导向与组织绩效关系的中间变量,构建了市场导向—竞争优势—组织绩效的研究框架,提出了一系列研究假设,并对市场导向、竞争优势、组织绩效、环境特征、战略类型的衡量问题进行了探讨和界定。论文还对样本资料进行描述性统计分析、信度及效度分析和 LISREL 分析,结果发现,市场导向、竞争优势与组织绩效之间存在正向因果关系;市场导向的三个构面存在正向因果关系;差异化优势对组织绩效的影响大于成本优势对组织绩效的影响。最后,论文对研究结论、研究限制及未来研究建议进行了分析和讨论,并结合中国企业经营管理实践,阐明了研究结论对中国企业管理及政府公共政策选择的启示。

关键词:市场竞争　竞争优势　绩效管理　市场

营销

5182

公司战略的创业导向与绩效关系的实证研究 / 张映红著 ; 徐二明指导. -- 中国人民大学, 2005. -- 155 页

论文从公司战略层面,选取创业导向与绩效关系的研究角度,检验公司战略的创业导向与绩效的相关关系,研究环境因素、组织机构、竞争战略对于公司创业战略实施过程及其绩效的影响,探索适合中国企业的、有效的公司创业决策和公司创业机制。研究的主要结论包括:(1)在创业导向因子分析的结果显示,冒险性维度解释了创业导向构念方差的最大部分(44.04%),这说明,在中国经济环境下,公司战略决策的冒险性倾向在公司创业导向中具有特殊地位。(2)因子分析和回归分析结果证明,创新性、冒险性是公司创业导向构念中两个独立的维度,在公司创业过程中,对绩效具有不同的作用。(3)环境敌对性对创新—绩效关系和先动—绩效关系都具有正向调节效应;环境动态性对先动—绩效关系具有负向调节效应,而对于创新—绩效关系则具有正向调节效应;环境异质性对先动—绩效关系具有负向调节效应。(4)组织结构对于创业导向—绩效关系具有正向调节效应;相对于动态性和异质性环境而言,在敌对环境中,组织结构对创业导向—绩效关系的调节作用弱一些。(5)低成本战略或差异化战略都可能与创业特征相关联,都可能享有高绩效。(6)在数据分析结果中,没有发现公司规模、年龄与公司创业之间存在确定的相关关系,因此无论公司规模大小、年龄长短,都可以通过实施创业战略,在公司战略中注入创业精神,使公司具备创新活力和创业优势。

关键词:企业战略　创业　绩效管理

5183

公司实物期权研究 : 投资战略的定量分析 / 张志强著 ; 徐二明指导. -- 中国人民大学, 2005. -- 140 页

论文选择以投资决策为线索展开公司实物期权的论述,在简要介绍期权及其定价原理的基础上,探讨增长、退出和等待三个投资战略决策中最核心的实物期权,然后运用实物期权的方法,探讨企业投资战略中的时机、规模、多元化和国际化四大重要决策问题。主要结论包括:投资和战略决策应该考虑由此引起的公司实物期权(灵活性)的增减;未来需求和收益的不确定性不一定是投资的不利因素,而且有可能是促进期权价值增加的因素;考虑期权的决策方法并非是更为“乐观”的方法,而是更为科学的方法;投资可能获得战略优势,会带来期权价值,增加投资的可行性,因而公司应该在投资决策时就予以重视;立足于未来竞争优势的投资战略决策才能长久和成功;随着残值的增加、项目价值的减少、项目价值波动性的增加、项目物理寿命的增加、红利支付比率的增加、残值波动性的增加以及残值与项目价值相关系数的减小,放弃期权价值都会增加;如果投资项目收益和价值有正的增长率,则等待期权的价值也增大;我国企业在投资前应该进行更为详细科学的论证和谨慎的决策,在退出前应该探讨现有项目的潜力,避免损失;投资进入和变现退出的临界值往往是由共同的参数决定的;在投资战略方面,领先和跟随的决策取决于多个因素;行业中的投资均衡包括先发制人均衡、系列均衡和联合均衡;公司在投资规模的决策上可能没有多少选择余地;公司多元化战略的决策要考虑拥有的专用资源和一般资源;如果收益在各期中是高度相关的,从投资中获得的观察结果就有较大的信息价值,公司的价值就会较高;当存在着更多的不确定性资源时,尽早扩张有利于了解到其一般资源;国际化投资可以为公司争取到更多的发展机会和空间;即使两个国家目前税率相等,也存在正的税收节省的期权价值;作为东道国应该认识到多国公司潜在的可利用的任何税收差异。

关键词:投资　期货交易　实物期权

5184

政策变迁的政治经济学 : 一个分析框架及其对中国粮食部门改革的应用研究(1978—2004) / 赵德余著 ; 顾海英, 史清华指导. -- 上海交通大学, 2005. 300 页

作者认为,论文的性质是关于经济史德理论与实证研究,是为描述和解释经济政策变迁史现象提供一个理论框架和分析方法,并以中国粮食部门 20 多年的改革经验作为案例给予验证。论文建立了两分法的行为人假设模型,即政策人—经纪人假说。将政策人定义为有目的的经纪人,并以此作为社会主义民主集中制下政策决策层的个体行为模型基础。论文提出了三个重要的模型与命题。(1)政府领导决策层的主流观念决定了经济政策的目标与具体政策安排,但是,政策目标能否实现则取决于特定政策环境下治理机制的效率特征。作者将政府的主流观念定义为政

府决策层绝大部分成员赞成或共享的价值观、效率认知以及相应的思想理论,实际上也就是政府的政策理念这一信念决定了政策的具体安排。(2)经济政策变迁过程的实质就是伴随着主流观念的变迁,政策不断搜索和调整,直至政府主流观念和社会主流观念相一致,并成为相关产业利益集团、社会公众以及政府合作博弈的共同信念,从而政策与治理机制才会最终演化成稳定的社会经济制度。(3)经济思想理论可以其最简洁、最本质的思考方式与结论对政策决策层乃至社会公众的思维判断方式产生深刻的影响。经济理论不仅有助于决策者分析并识别决策问题的性质以及为解决难题而设定的政策目标,而且还影响到具体的政策方案的制定。一种经济理论的假设前提越是接近于政策问题的现实情形,或者说其现实的解释能力越强,那么,以此为基础设计的政策方案就越具有可自我实施的合约(效率)特征。

关键词:经济政策　粮食政策　政治经济学

5185

控股股东主导下上市公司竞争性要约收购研究 / 赵鸣雷著 ; 欧阳令南指导. -- 上海交通大学, 2005. 136 页

论文以收购的主要参与方:控股股东和收购者作为分析的落脚点,以前者的影响方式和后者的反应行为作为研究主线,主要研究内容包括:(1)对控股股东主导下上市公司控制权的两种转移方式,协议收购和竞争性要约收购进行了比较分析,认为后者具有独特优势;(2)对控股股东主导下上市公司竞争性要约收购与拍卖之间的关系进行了研究;(3)从数量维度出发,研究了控股股东如何影响收购者参与数量的问题,结果表明,收购者的进入决策存在中止类型均衡,控股股东的最优中止进入成本不等同于收购者均衡中止进入成本、进入费用和保留价格对收购者影响的效果在对称和不对称两种情况下并不相同。(4)从价格维度出发,考察了控股股东如何将自身估价信号有效地传递给收购者的问题,得到唯一的帕雷托占优分离均衡。(5)分析了控股股东不同信息披露程度对收购者出价行为的影响。(6)研究了收购者自身特性对出价行为的影响,考察了收购者存在的权益融资、混合融资和目标公司存在债务融资三种情况,认为低负债的收购者总是能够取得竞争性要约收购的胜利。(7)考察了根据收购者不同类型情况下控股股东对竞争性要约收购方式的选择问题,认为同质收购者前提下收购过程不但能够获得和基于英式竞价的竞争性要约收购过程相同的期望收益,还能克服后者的一些问题;同时异质收购者不同知情程度的情况下,具备“胡萝卜加大棒”性质的序贯出售过程是控股股东的最优选择。

关键词:上市公司　并购　股东　要约收购

5186

中国上市公司财务保守行为研究 / 赵蒲著 ; 陈琦伟指导. -- 上海交通大学, 2005. -- 140 页

论文围绕着财务保守行为的成因、价值和规制的研究线索,采用了规范分析、模型分析、案例分析、实证分析和比较制度分析等多种研究方法。首先,论文分析了财务保守行为的主要影响因素,具体考察了市场时机、产业特征和竞争格局以及治理结构对于财务保守行为的影响,并运用 LOGIT 非线性回归模型,基于中国上市公司数据的实证研究进行了验证。其次,在比较财务保守行为中外差异的基础上,分析了财务保守行为的价值和财富转移效应。指出财务保守行为对于企业具有应对金融和产品市场不确定性、控制破产风险的价值和捕捉未来投资机会的期权价值,并着重强调了财务战略和公司整体战略之间的长期有机协调性。同时认为,必须在实现财务灵活性效率、提升公司长远竞争力的同时兼顾保护利益相关者的利益,实现效率和公平的统一。最后,论文本着既能够保证上市公司灵活决定财务政策的权力、提高战略管理水平、充分保持财务保守行为带来的公司运作的灵活性和竞争能力提升的效率,又能够保护利益相关者的权力和利益、实现财务保守行为实现过程中的公平原则,在借鉴西方发达国家经验的基础上,为合理规制财务保守行为提出了对策思路。即注重证券市场制度的建设,提高证券市场的评价能力和行动能力;加强债权人治理机制,提高企业的风险管理意识;提高上市公司的战略管理水平;建立多层次的资本市场体系,满足不同成长周期、不同产业特性企业的融资需求。

关键词:上市公司　财务管理　公司治理

5187

企业公民属性研究 / 赵书科著 ; 赵德志指导. -- 辽宁大学, 2005. -- 163 页

论文提出“企业公民属性”的概念,并认为它是对企业社会性质的一个非常准确的解释。理论上,企业公民属性通过对企业使命和责任的重新思考而赋予企业以新的内涵。从公民属性的观点来看,企业的使

命应该是为社会创造价值。企业公民属性强调企业的道德行为者身份,为企业承担社会责任提供了理论基础。社会是由利益相关者集团所组成的,企业与社会的关系也就表现为具有公民属性的企业与利益相关者之间的关系。因此在实践上,企业公民属性强调为利益相关者创造和分配价值,强调利益相关者关系而非利益相关者管理。企业要树立公民价值观并进行相应的企业文化建设与变革;要将"企业公民"纳入企业宗旨和发展战略;要将利益相关者纳入治理的主体,并相应进行治理机制的重构;企业要有具体的企业公民政策执行规范和行为准则,管理机构和措施。通过治理机制、企业战略和企业文化三个方面的管理实践,企业可以创造社会价值、实现自身的公民属性。论文认为,基于公民属性的利益相关者治理机制包括:董事会治理机制、监事会治理机制和利益相关者激励机制。企业通过制定利益相关者战略可以实现企业的公民属性。企业公民属性规定着企业文化的内涵。在企业文化中塑造企业职工共同的公民意识是建设企业文化的重要内容。企业公民理念内在要求企业有一个稳定的价值观,着眼于企业发展的长远和持续,把股东、员工、消费者以及相关的社会利益置于整体考虑,为企业的发展提供正确的精神追求。企业公民属性要求企业以回报社会为行为准则、以公益活动为经营策略、以伦理分析为决策的重要依据。基于公民属性的企业文化建设要明确企业核心价值观并加以制度化;完善制度实施机制并有领导者的身体力行;在企业遇到困难或出现危机时,企业领导人通过坚持所强调的价值观和原则来强化企业文化。同时,企业通过利益相关者战略的制定和执行、治理机制的改进以及创建相适应的公司文化,促进公司绩效的改进。

关键词:企业文化　企业绩效　公民　利益相关者

5188

我国国有商业银行劳资关系研究 / 赵薇著 ; 赵曙明指导. -- 南京大学, 2005. -- 197 页

论文首先回顾了西方发达国家劳资关系研究的理论和实践,并在此基础上提出了适合我国国有商业银行劳资关系的分析框架,在此框架下,追溯了劳资关系在我国的发展和现状,分析了影响我国国有商业银行劳资关系的环境因素,包括金融全球化、行业监管、技术进步、就业环境等,并对我国国有商业银行劳资关系系统的主体及其作用进行了分析,最后利用访谈和案例研究的方法,对选取的三家案例银行从工作、人员、技能、薪酬和企业治理等五个方面进行了调查,分析了我国国有商业银行的劳资关系自上世纪90年代以来的变化和现状。在对我国国有商业银行劳资关系现状分析的基础上,论文指出了我国国有商业银行劳资关系系统中存在的问题和成因,进而从政府在劳资关系中的作用、银行业监管机构的指引以及银行内部人力资源管理等方面提出了稳定和协调我国国有商业银行劳资关系系统的对策性建议。

关键词:国有商业银行　劳资关系　人力资源管理

5189

产业集群中企业融资机制变迁的制度分析 : 中山小榄镇五金产业集群的案例研究 / 赵祥著 ; 王珺指导. -- 中山大学, 2005. -- 173 页

本文首先提出了集群环境内中小企业的融资机制问题,界定了所研究的产业集群对象,阐明了研究方法和基本分析思路,提出了基本假设,其后对相关研究文献进行了回顾和评述,理清了所研究问题的理论来源,指明了本文要加以拓展的研究路向。之后,本文提出了一个分析集群企业融资制度变迁的分析框架,分析了产业集群环境内中小企业融资机制变迁的动态过程,并将具体的融资制度安排作为内生变量,从宏观金融环境、集群中观环境和企业微观层面三个角度来分析在产业集群发展的不同阶段影响企业融资制度选择的需求和供给因素。然后,本文运用所提出的理论框架对广东中山小榄镇五金产业集群进行案例分析,介绍了案例的调查方法和概况,提出并验证了我国内源型传统产业集群中企业融资机制变迁的三阶段假说。在案例研究的基础上,本文指出了产业集群内部机制和外部金融市场存在相互替代的关系,二者的不同组合决定了集群企业融资机制变迁的实际路径,并分别对封闭环境和开放环境下的产业集群中企业融资机制进行了分析,指出产业集群环境在很大程度上改变了中小企业融资的信用约束条件,有助于拓宽中小企业的外源融资渠道。最后,本文对研究进行了总结和讨论。

关键词:中小企业　企业融资　产业集群

5190

理性与非理性 : 广告决策问题研究 / 郑丽勇著 ; 施建军指导. -- 南京大学, 2005. -- 167 页

论文选择理性和非理性作为研究广告决策问题

的切入点，建构了理性与非理性二维分析框架，通过研究广告决策过程的理性和非理性的矛盾运动来剖析广告决策过程的内在规律性。作者将广告决策过程分为三个阶段，在这三个不同阶段中理性和非理性的分布是不均衡的。第一阶段"从问题到战略"是以理性逻辑思维为主导的理性化过程；第二阶段"从战略到创意"则要求决策者转变思维方式，广告创意的原创性、超越性和艺术性决定了广告创意过程必然要采用具有创造性特征的非理性逻辑思维；第三阶段"广告创意的评估和抉择"则要求决策者必须对具有不确定性特征的备选方案进行科学的、理性的评估，广告的最终决策仍然回到理性的、科学的逻辑。以三阶段模型为指导，论文对广告决策价值准则、广告问题、广告目标、广告决策的信息需求、广告策略的层阶结构、广告战略的理性逻辑、广告预算决策、广告媒介决策、广告创意的非理性逻辑、广告创意评估及广告效果测试指标等内容和环节进行了规范性研究。通过对广告决策过程的理性和非理性研究，作者认为广告本质上是对凝聚在产品(或品牌)上的顾客价值的创造性地陈述和传播过程。因此，广告决策的最终决定性依据是顾客从广告中所能感知到的顾客价值。论文提出顾客价值比较法来抉择广告备选方案。

关键词：广告　理性　决策　不确定性

5191

股份公司治理研究 / 周金泉著 ; 邓荣霖指导. -- 中国人民大学, 2005. -- 240 页

论文首先介绍了写作背景、文献综述以及公司治理的理论基础，同时论述了股份公司治理的理论和分析框架。其次，作者研究了公司治理的法律机制，按照法律—投资者保护—所有权结构—公司治理—公司价值的逻辑，对法律机制在对投资者保护的作用、对所有权结构和融资结构以及公司价值中的作用进行了分析，并在此基础上研究了法律对公司治理的组织运行、大股东治理、债权人治理、接管和强制信息披露的影响。进而作者从股份公司权力的形成和构造的视角对公司的组织运行机构进行了研究，公司权力在组织内重新配置，形成相互制衡的现代企业组织机构。并进一步探讨了产品(要素)市场的治理机制、资本市场的公司治理机制，构建了市场机制的治理框架，产品(要素)市场、经理市场和资本市场的治理机制通过价格机制、竞争机制和供求关系发挥作用，保证组织运行系统的有效运行。最后，论文对我国股份公司治理的现状进行了分析，并实证分析了上市公司法律治理运行状况、组织运行状况和公司控制权市场运行与效率。

关键词：股份公司　公司治理

5192

多层次创业团队决策模式及其决策绩效机制研究 / 周劲波著 ; 王重鸣指导. -- 浙江大学, 2005. -- 230 页

论文运用多层次团队决策理论，针对创业团队决策的阶段特征，围绕团队人员特征、团队行为特征、团队决策过程模式特征、团队决策绩效、团队绩效这样一个有着内在因果联系的完整的过程，对创业团队决策的过程模式特征及其决策绩效机制进行了研究。研究一用多重现场案例研究的方法对创业团队决策与一般团队决策的不同特征进行了研究，总结了创业团队决策的特点。研究二对创业团队决策模式进行了研究。确定了四种创业团队决策过程模式特征，分别是基于头脑风暴、基于愿景驱动、基于情感支持和基于专家参谋的决策模式特征。研究三对创业团队决策模式的决策绩效机制进行了研究。确定了影响创业团队决策的团队行为的四个维度，分别是团队成员交换行为、领导成员交换行为、魅力领导行为、变革领导行为。探明了团队行为对决策模式的影响关系。研究发现，基于专家参谋的决策模式对决策绩效没有显著的正向影响作用，其余三种决策模式对决策绩效都有显著的正向影响作用。研究四用模拟实验研究的方法，研究了创业团队组建过程、人员特征和四种决策模式及其决策绩效，领导对团队决策的影响作用，创业绩效对决策模式的反馈或缓冲作用，不同特征成员对团队决策的不同影响作用，测量了领导影响度和新老成员权重等这些多层次团队决策理论模型中变量。

关键词：团队　创业　决策　企业绩效

5193

中国在线消费者对在线营销者信任问题的实证研究 / 周磊著 ; 陆雄文指导. -- 复旦大学, 2005. -- 127 页

本文试图通过对影响信任的前置因素与信任态度结构关系以及信任态度与信任相关行为意图结构关系的实证分析，探讨构建在线消费者对在线营销者的信任进而实现在线营销目标的途径。首先，对不同领域，尤其是在线营销领域信任问题的研究进行了全面的综述，着重探讨了信任的性质，在线营销环境下

的作用、信任的多维特征以及信任研究的框架。随后,通过实地的问卷调研对上述概念模型进行了实证分析,验证了影响信任的前置因素与信任态度,信任态度与信任相关行为意图的结构关系。通过实证分析,证实了信任及相关概念的多维特征在我国文化背景下的有效性;表明了不同的前置变量对信任态度各个纬度的影响不尽相同,信任态度的各个纬度对信任相关行为意图各纬度的影响也不尽相同,探讨了各影响信任的前置变量共同对信任态度各个纬度的作用机制,强调了感知网站声誉、在线购物环境信任观念对于建立在线消费者对在线营销者信任态度的重要性;辨识并分析了以网站声誉为基础,特定在线营销商同在线营销环境的"声誉互动"机制。最后,通过分析信任态度三个纬度影响信任相关行为意图三个纬度的结构关系,提出了在线营销商应有针对性的培育信任,引导在线消费者由浏览逐步走向购物,实现在线营销目的的营销建议。

关键词:网络营销　消费者　信任

5194

组织、主管支持,员工情感承诺与工作产出 :基于员工"利益交换观"与"利益共同体观"的比较研究 / 周明建著 ; 宝贡敏指导. -- 浙江大学, 2005. -- 142 页

论文从"利益交换观"和"利益共同体观"出发,比较两种不同"利益观"下,组织支持(POS)和主管支持(PSS)给员工情感承诺和工作产出带来的不同影响。结论包括:(1)"利益共同体观"下的 PSS 对员工情感承诺和工作产出的影响要大于"利益交换观"下的 PSS 对它们的影响。而对于 POS,二者正好相反。这说明不同"利益观"下,POS 和 PSS 对员工情感承诺和工作产出的影响不同。(2)作者认为,"组织情感承诺"和"主管情感承诺"在 POS 和 PSS 与员工工作产出之间担任中介角色,因此,组织和主管在给员工提供支持的同时,还要注意员工心理或态度的变化。(3)PSS 要比 POS 对员工的情感承诺和工作产出的影响更大,因而企业应该要求各级主管加大对下属的支持力度,从而增加员工对组织、对主管的情感承诺,并带来较高的工作产出。(4)最后,作者提出,不管是在"利益交换观"下还是在"利益共同体观"下,"组织情感承诺"对工作产出的影响均要大于"主管情感承诺"对它们的影响,这意味着可以强调各级主管要加大对自己下属的支持力度,但不能强调员工对自己主管的承诺要重于对组织的承诺。那样的话,在组织中就出现门派主义,员工视"忠于上司"甚于"忠于组织"。

关键词:企业管理　组织管理　企业员工

5195

我国股票公开发行制度比较研究 / 周瑞明著 ; 黄速建指导. -- 中国社会科学研究生院, 2005. -- 119 页

本文通过对我国股票公开发行中估值、定价的研究来重点研究我国股票的公开发行制度。文章认为解决股票的公开发行制度问题是我国证券市场危机的根源。文章回顾了国外证券市场发展的历程,回顾了我国证券市场数次制度变迁的过程。文章认为在股票的公开发行制度中,注册制相对核准制更为市场化,但我国尚不具备实施注册制的条件,而应进一步完善核准制。论文通过相对估计值模型、经济附加值模型、期权定价法估值模型研究了股票公开发行中的估值方法。文章研究了股票公开发行中的定价问题,对股票公开发行定价机制进行了国际比较。文章分析介绍了各国证券市场信息披露制度,探讨了信息披露的自愿性和强制性对股票公开发行的影响,文章认为完善现有的信息披露制度对于建立高效的证券市场至关重要。作者认为在实施制度变革中,政府应该更侧重于保护投资者的利益,在发展与建设证券市场的基本理念中正本清源。

关键词:证券市场　股票发行　金融制度

5196

大客户战略联盟研究 / 周文辉著 ; 彭星闾指导. -- 中南财经政法大学, 2005. -- 206 页

本文主要从供应商的角度来研究大客户战略联盟问题,运用客户贡献率作为市场细分标准,区隔出大客户这个特定对象,运用关系营销、客户关系管理和战略联盟理论,提出了与大客户建立长期合作伙伴关系的方法与策略。文章首先界定了相关概念,指出大客户是相对于小客户而言,具体是指长期发展战略和利润贡献上对企业有着重要意义的客户,它不一定是指客户规模或实力。同时提出强调大客户重要性,不代表忽视中小客户,只是服务的思路和模型不同。战略联盟是一种竞争与合作的良性互补关系,是一种新的竞争方式,是公司为了共同的战略目标而达成的长期合作安排。大客户战略联盟是指由供应商与选定的目标大客户建立长期战略合作伙伴关系,以谋求供需双方长期利益最大化,对供应商而言是大客户营

销行为，对大客户而言表现为供应链管理或反向营销。在此基础上作者提出了大客户战略联盟的五角模型，并对其五要素进行了分析，即大客户战略联盟的起点——需求分析；大客户战略联盟的核心——价值定位；大客户战略联盟的前提——战略匹配；大客户战略联盟的保障——流程优化；大客户战略联盟的机制——联盟管理。最后，作者运用大客户战略联盟五角模型对华为公司的大客户营销进行了系统剖析，以案例实证的方法来论证模型的实践意义。

关键词：战略联盟　企业合作　客户关系管理　供应链管理

5197

电视娱乐内容产品的增值管理 / 周笑著 ; 苏勇指导. -- 复旦大学, 2005. -- 145 页

本文从娱乐内容产品的微观角度，将社会价值与经济价值结合在一起来系统研究电视媒介的经营管理。探讨了电视娱乐内容产品的基本价值属性，针对娱乐内容产品作出进一步的归纳，包括显著的价值外部性、内容的主观创造性和产权的非闭合性。以此为基础，从电视娱乐内容产品的实际经营活动中抽象出“人化”、“物化”两类不同的价值变化过程，构建出包含精神、物质双重价值在内的电视娱乐内容产品特殊的价值链。本文的理论创新为：使电视媒介的经营管理及相关学术研究有效摆脱不同传播模式、不同监管制度、不同盈利途径、不同政治文化环境和不同类型内容产品的复杂差异性所带来的束缚，得以从容有序地构筑精细化的微观价值管理体系。提出有效可支配时间的概念，作者由此将电视娱乐内容产品的社会价值与经济价值在质与量两个层面上予以贯通，演化出本文的核心量化分析工具：复合价值，即内容产品社会价值与经济价值有机复合的量化指标。它不仅充分表达出每个特定内容产品的价值个性，使纷繁复杂的各类电视内容产品之间的价值比较成为可能，而且还充分体现出不同类型内容产品集合体的价值共性，使媒介经营管理者得以依赖于一个统一的内在价值尺度，从而可在不同市场环境、不同制度安排、不同频道类型和不同品牌战略条件下，对特定的价值集合体实行有针对性的增值管理。

关键词：电视事业　电视节目　娱乐业　增值管理

5198

市场导向决定因子、产出因子及共变量的研究：中国市场的证据 / 朱宏杰著 ; 陆雄文指导. -- 复旦大学, 2005. -- 314 页

本文详细分析和总结市场导向的理论框架，包括市场导向的决定因子，市场导向的测量，市场导向的产出因子，不同地区、不同行业的结论差异和共变量影响。在此基础上，按照不同模式中具体的模型、结构和因子间关系提出假说，并依据每个因子所辖的指标，提出子假设，并构建不同的模型。通过实证研究得出以下结论：(1)市场导向与企业业绩之间有显著的正相关关系，与两个纬度的业绩和两种类型的业绩指标都显著相关。(2)市场导向与企业预期行为之间有显著的正相关关系。(3)市场导向的水平受到企业竞争能力、营销基础条件、宏观环境、产业基础、企业战略资源的基础、企业组织风格和企业的竞争合作观点的显著的正面影响。(4)企业的预期行为受到企业当前业绩的显著正面影响。(5)以上关系受到共变量的显著影响，共变量分为企业内部和外部两类，这些共变量以反映某方面的波动为主。(6)市场导向的行为组成可以分为顾客导向、竞争者导向和部门协同。(7)企业预期行为可以分为经营性行为、战略性行为和公民性行为三种。(8)企业业绩可以从“与竞争对手相比的”和“与企业预期相比的”两个纬度分别测量，并形成互为补充。

关键词：企业管理　市场导向　企业绩效　竞争力　企业战略

5199

品牌文化战略研究 / 朱立著 ; 彭星闾指导. -- 中南财经政法大学, 2005. -- 211 页

本文首先指出了提升企业品牌文化的重要性，综述了品牌理论的发展研究现状，并阐述了本研究的基本思路、理论创新和分析框架。之后，本文在充分剖析文化与企业文化的基础上，提出了品牌文化的概念，并全面分析了品牌文化的界定和构成，构建了企业管理文化与品牌文化并存的企业文化研究的新范式。接着，本文通过分析品牌文化的演进逻辑，剖析品牌的基础、战略核心、价值追求和文化意义，研究品牌文化与品牌个性的关系以及品牌文化的价值效应，证明了品牌文化是品牌的价值核心这一命题。然后，本文构建了基于文化的顾客品牌关系模型，指出品牌文化是顾客品牌关系建立的基础，将顾客品牌关系分为交换关系和公共关系两个方面，在此基础上，本文分析了品牌文化战略的价值模式和发展层次，剖析了品牌文化战略的影响因素，指出品牌文化竞争力是企

业的核心竞争力，至此，本文完成了品牌文化战略研究的框架。其后，本文从品牌愿景、品牌情感、品牌文化制度建设、品牌文化的营销传播、品牌的跨文化传播与全球化营销几个方面分析了企业品牌文化战略，最后，本文从品牌文化的发展与创新、品牌文化的管理与控制两个角度详细探讨了品牌成功的关键，提出了将企业创新力与控制力统一以保持品牌常青、基业常青的管理思想。

关键词：企业文化　品牌文化　品牌营销

5200

上市公司并购的短期和长期绩效研究 / 朱滔著；李善民指导. -- 中山大学, 2005. -- 185 页

本文从理论分析和实证研究两方面对我国上市公司并购的短期和长期绩效进行了探讨和分析。本文研究了 1998 年 1 月 1 日—2003 年 9 月 30 日在我国资本市场上发生的 1672 起并购事件。文章在我国并购市场背景下，构建了我国上市公司并购的短期绩效和长期绩效的理论分析模型。作者采用事件研究法研究了收购公司的短期（并购前后 60 个交易日）绩效；采用 Tobin' sQ 研究法和长期事件研究法（BHAR）研究了收购公司的长期（1—3 年）绩效。文章认为“误定价理论”为上市公司短期绩效提供了部分解释，自大假说、无效内部资本市场为收购公司长期绩效提供了部分解释。作者认为依靠外部资本推动企业发展是行不通的。文章认为上市公司并购短期通常能够给股东带来显著的超常收益，但长期会有损企业价值，大多数上市公司的并购扩张都是失败的，企业并购扩张往往导致的是资产素质的降低和股价的不断下跌。

关键词：上市公司　企业合并　企业绩效　并购

5201

中国股票市场审计意见信息含量研究 / 庄峻晖著；吴世农指导. -- 厦门大学, 2005. -- 129 页

论文以 1995—2002 年间中国上海和深圳两个证券交易所上市公司的审计意见为研究对象，对中国股票市场审计意见的信息含量进行研究。结果表明：尽管非标意见具有信息含量，但市场未能对非标意见的公告及其经济含义作出及时的、正确的反应，市场对非标意见存在反应不足。非标意见对盈余反应系数产生影响——非标意见降低了会计盈余信息的有用性。此影响意味着非标意见通过会计盈余信息对股票收益率产生了间接影响。论文首先在证券市场审计本质、有效市场假说和价值相关性研究的基础上，提出本文的研究假设——“假设一：投资者对非标意见作出负面的反应”和“假设二：非标意见将降低财务会计信息的可信度”；其次在价值相关性研究方法、制度背景和文献回顾的基础上，选择研究变量和构造检验模型，将反映上市公司股权结构特征的替代变量如法人股比例和反映经营状况的盈亏信息纳入到模型中。随后作者对研究样本进行了实证研究，结果均未能发现非标意见和股票收益率存在显著负相关性的证据，但发现了非标意见与盈余反应系数存在显著负相关性的证据。基于此，作者提出了“假设三：审计意见具有信息含量”和“假设四：市场对非标意见存在反应偏差”。通过对审计意见和财务趋势的相关性检验，得出中国股票市场对非标意见存在反应不足的结论。作者最后认为上述结论不支持中国股票市场在审计意见方面具有效率的假设，但支持了证券市场审计可以提高财务会计信息价值的假设，并提出了加强注册会计师独立性的监督和给予其在使用解释性说明段方面更多选择权的政策建议。

关键词：股票市场　审计　上市公司　会计信息

旅游管理学

5202

中国旅游节事：理论探讨与实证分析 / 马聪玲著；张广瑞指导. -- 中国社会科学院研究生院, 2005. -- 115 页

论文旨在勾勒中国旅游节事发展历程、探究其兴起的内在原因、分析产生的问题、探索政府的合理定位和市场化运作的模式。全文共分三大部分。第一部分首先提出了论文拟研究的问题、运用的研究方法及基本框架；着重对比了国内外节事研究存在的诸多不同，分析了中国旅游节事研究的方向；并界定了旅游节事的概念性定义和技术性定义。第二部分主要根据中国旅游节事 20 多年来的实践，进行了实证分析；首先，对中国旅游节事活动整体发展进行了分析；然后，通过对青岛国际啤酒节和南宁国际民歌艺术节两个国内知名个案的分析，探究了政府推动节事发展的具体做法和面临的问题，指出，无论是青岛啤酒节还是南宁民歌节都自发或者自觉地进行了不同程度的市场化探索。第三部分对中国的旅游节事进行了理论分析；首先，对旅游节事的属性和特征进行了探

讨;然后,着重探讨了政府作为单个利益相关主体提供旅游节事活动的合理性、经验和问题;最后,指出应该探索中国旅游节事的多元化发展,并要明确政府在旅游节事中的合理定位,通过健全行业管理部门、壮大行业协会和学会、建立行业标准和资格认证等途径来协调和规范我国旅游节事的整体发展。

关键词:旅游业　节日　行业发展　市场化　政府职能

5203

中国旅行社产品同质化辨析 / 宋子千著 ; 张广瑞指导. -- 中国社会科学院研究生院, 2005. -- 90 页

论文以中国旅行社产品同质化成因和对策分析为中心内容,旨在建立中国旅行社产品同质化研究的较为全面、深入的框架,为这一问题的解决提供理论上的探讨,并为实践提供富有意义的借鉴。论文主体部分为五章。第一章对旅行社产品同质化问题的含义、表现、影响进行分析。第二章从旅行社企业整体以及旅行社利益相关者两个角度对旅行社产品同质化成因进行了分析。第三章从狭义产品创新、销售创新和品牌创新等三个方面对旅行社如何创造产品差别进行分析。第四章从知识产权保护、纵向关系、竞争优势、横向外部性等方面考察了搭便车行为的一般解决方法及其在旅行社搭便车问题中的运用。第五章从完善契约、加强执行、克服机会主义心理等方面,对旅行社产品市场的道德风险和逆向选择问题、地接社的道德风险和三角债问题、导游道德风险和回扣问题等的解决方法进行了分析。最后,对中国旅行社产品同质化以及本文的研究进行了总结,并就这一问题的进一步研究提出了一些自己的看法。

关键词:旅行社　旅游产品　产品创新　信息不对称

技术经济及管理学

5204

我国城市化进程的计量分析与实证研究 / 白先春著 ; 唐德善指导. -- 河海大学, 2005. -- 157 页

论文首先在对城市化相关理论研究进行综述的基础上,构建城市化质量概念模型。并通过国际比较得出我国城市化水平并不存在"严重滞后"得结论。根据城市化的意义,导出了一般意义下描述城市化发展趋势的 Logistic 模型,对我国城市化发展水平进行实证研究。其次,通过选取环渤海经济区、长江三角洲及其周围地区各 40 个大、中城市为研究对象对我国城市的增长方式进行实证研究,结果表明,我国大、中城市以相同速度增长,即平行增长。第三,在对城市化质量内涵理解的基础上,构建我国城市化质量评价体系。通过专家评分法设置城市化的描述指标体系,据此,运用基于 LOWA 算子的模糊评判方法分别设置城市化质量评价、监测与预警指标体系。第四,基于 GIOWA 算子的城市环境质量的模糊综合评判体系的建立,可以综合反映某一时段城市的整体环境质量状况。根据江苏省 13 个主要城市 2002 年空气、水、声环境的部分实际观察资料,进行实证研究。最后,作者针对江苏省城市化进程的运行轨迹,运用综合评价方法及协调发展理论,对其主要城市发展质量进行综合评价;基于模糊语言及 Matlab 工具箱的 ANN 设计,进行区域发展质量监测与预警的实证研究。

关键词:城市化　城市发展　质量评价

5205

中小企业技术创新测度与评价研究 / 毕克新著 ; 冯英浚指导. -- 哈尔滨工业大学, 2005. -- 170 页

论文通过对中小企业及技术创新的研究分析,论证了中小企业在国民经济中重要地位与作用。与大企业相比,中小企业在技术创新方面具有一定的优势。但是中小企业技术创新能力不足影响了其核心竞争力的形成。作者首先针对技术创新具有不同特征的中小企业,分别从产品创新和工艺创新角度出发,挖掘影响中小企业技术创新能力的各种因素,在依据经济合作与发展组织(OECD)出版的《技术创新调查手册》的基础上,采用以主体法和客体法相结合的测度方法,对有关中小企业技术创新数据进行调查,建立中小企业技术创新测度框架,构建中小企业产品创新和工艺创新能力评价指标体系。作者采用模糊积分评价方法的基本思想,提出基于模糊积分的改进综合评价方法,希望能够真正反映出企业实际技术创新能力(或绩效)和便于对评价结果进行更深一步深入分析。作者首先通过系统分析总结出重视度与参数 λ 值的设定原则,然后利用群决策方法整合多方参与决策专家的信息来确定其 λ 值和重视度,进而计算出模糊测度。最后作者采用改进的基于模糊积分的综合评价方法,针对大庆地区具有不同创新特征的 30 家样本企业,分别从中小企业产品创新和工艺

创新两种不同角度进行了实证分析,即测度、评价及策略研究。

关键词:中小企业　技术创新　绩效管理

5206

水电开发竞争战略模式研究 / 毕亚雄著 ; 张宗益指导. -- 重庆大学, 2005. -- 130 页

文章以我国国情为切入点,研究了我国水电开发竞争战略模式。文章认为我国的能源构成特点是水能资源丰富,开发利用的空间相当大,且有许多煤电不可比拟的经济运行优势和技术优势,因此,在我国充分开发和综合利用水能都应该是优先选择。但是在我国要开发利用水能资源,尤其是建设大型水利枢纽还有很大的困难。针对这些困难,文章作了细致的研究。提出并论证了中国水电企业的新商业经营模式——直供电模式,认为直供电商业经营模式是中国整个社会经济发展和长江电力公司企业发展的必然要求和选择,在理论和实践方面也是切实可行的;直供电商业模式不局限于定向"电力公司",可以让低成本的水电公司掌握部分终端客户,对低成本的水电公司是一个巨大的机遇。论文提出并论证了中国水电企业开发与运行的新模式——梯级开发与统一调度研究,梯级开发与统一调度模式适合于中国电力企业开发和运行模式,是与中国电力资源结构和电力发展水平相适应的、有助于快速开发中国的水电资源和增加全国的电力供应,进而有利于为中国经济发展提供强有力的能源保障。文章提出了以长江电力为代表的中国水电企业切实可行的发展战略。作者认为,中国水电企业应主要以结合外部机会与企业内部优势的SO战略为主,通过其竞争能力的体现,展现出中国水电企业社会价值最大化和企业价值最大化。

关键词:水电企业　水资源开发　竞争战略　电力市场　统一调度

5207

指数组合优化的理论与实证研究 / 陈春锋著 ; 陈伟忠指导. -- 复旦大学, 2005. -- 173 页

本文首先对证券价格指数发展的历史轨迹、指数功能的演变,以及对近几年来全球金融市场中围绕着证券价格指数的种种金融产品创新和指数类金融产品迅猛发展的现实背景进行总结分析,从中引出了对指数组合优化研究的必要性和现实意义。进而对指数化投资及其模式的演进进一步加以归纳,在把握指数化投资本质的基础上,首先阐述了"积极指数化"这种全新的投资模式的内涵,提出了一套基于上证180指数的组合优化方法与模型,并进行了实证研究;进而又在以上工作的基础上进一步作了大量的改进研究,包括流动性改进、目标改进和算法改进,并对每一种改进后的模型或算法也相应进行了实证对比研究。文章分别研究了优化抽样复制和分层抽样复制这两种指数组合优化的方法、模型与运用,而且为了比较,对完全复制问题也作了研究。每一种复制方法下都同时考查了四个组合的追踪效果。针对优化抽样复制和分层抽样复制问题,文中构造了两类模型,并运用了两种算法,在MATLAB6.5环境下进行优化求解,探讨了两种优化目标下的指数组合优化问题。分层抽样复制中先在SAS8.2环境下根据个股流动性和调整流通市值两个指标完成抽样。个股流动性的衡量是基于时常微观结构理论的研究成果利用高额数据完成的。此外对天同180指数基金和华安180指数增强型基金的追踪效果也作了简要评估,并与本研究的计算结果进行了比较。

关键词:金融市场　证券投资　股价指数　组合投资

5208

基于科技创新的高等教育改革与创新研究 / 陈德静著 ; 郑垂勇指导. -- 河海大学, 2005. -- 238 页

论文首先从高等教育与科技创新的内在联系出发,分析研究科技创新对经济社会发展的巨大推动作用,揭示了社会发展呼唤科技创新,科技创新呼唤高等教育改革与创新的基本规律及两者互为动力、互相促进、协调发展的互动关系。作者认为高等教育的改革与创新是一项系统工程,也是一个世界性的课题。论文对构建高等教育体制的基本框架及运行机制,构建高等教育体系立交桥,对高等学校进行合理分层及实行分层管理分类指导,改革高等学校招生制度,建立现代大学制度,构建高等学校内部用人与分配上的竞争与激励机制,构建高等学校贫困生资助体系,构建高等学校质量保证与控制体系,构建高等学校科技创新体系和有效的运行机制等重点问题进行了探索。在此基础上,归纳形成了五点基本结论和十点政策建议。

关键词:高等教育　教育改革　科技创新

5209

证券公司治理机制研究 / 陈共炎著 ; 黄渝祥指导. -- 同济大学, 2005. -- 371 页

本文以证券公司治理问题为研究对象,全面深入地探讨了在中国目前特殊的制度背景下,证券公司所面临的治理机制问题,以及产生这些治理问题的深层次原因,并根据国外最新的公司治理理论、国外证券公司的治理机制设置提出了改善我国证券公司治理机制的建议,指出了我国证券公司治理的内部机制的特征。给出了如下建议:(1)拥有权威的监管者和更加灵活的救济机制的普通法系值得更多地学习借鉴,我国完善证券法律法规体系应当遵循国际化、规范化、市场化、公开化和以人为本的原则。(2)监管重点应是人和资本,严格市场准入监管、进入市场后的持续监管和市场退出监管。(3)行业集中度不断加强,将对公司治理结构产生深远影响,经营规范化、资本金来源多元化和组织结构集团化将成为重要的发展趋势。(4)我国应建立起相对完善的与市场经济发展相适应的证券公司退出机制。本研究表明,解决证券公司的治理问题应采取全面治理的方法。只有把改善证券公司面临的外部竞争环境与内部治理机制有机地结合在一起,才有可能切实有效地提高我国证券公司的治理水平,保证整个证券行业健康、稳定、持续地发展。

关键词:证券公司　公司治理　内部控制　风险管理　投资者保护

5210

军队经费管理制度比较研究 / 陈国良著 ; 陈飞翔指导. -- 同济大学, 2005. -- 158 页

本文对中外军队经费管理法律规则、军队经费管理组织形态以及军队经费管理实施机制进行了比较。在此基础上,本文提出了我军经费管理制度创新的方案。我军经费管理制度创新应把效率优先作为目标,具体来说,要实现经费决策科学化、制度执行规范化、监督检查集中化、信息管理快捷化,在军队预算系统、经费划拨系统、军队采购系统、经费监督系统等不同的系统采取相应的政策措施,形成分工有序、合作监督的良性制度。我军经费管理制度创新的方式上应选择渐进式,以降低制度改革的成本。在我军经费管理制度创新的路径选择上,应选择上下联动的路径,把供给主导型制度创新和需求诱导型制度创新结合起来,既发挥军事经济单元的积极性,又增强军队经费管理决策机关的制度供给意愿和能力。依据上下联动制度创新的初步分析框架,共同实现军队经费管理制度创新。在我军经费管理制度创新的体制选择上,把网络联勤体制作为最优选择。在我军经费管理制度创新的体系选择上,要构建结构完善、层次分明、内容协调的经费管理制度体系,覆盖军队经费活动的各个方面、各个层次、各个环节、各类人员。

关键词:军队财务　财务管理　财务制度　制度创新

5211

我国商业银行核心竞争力评价研究 / 陈洪转著 ; 郑垂勇指导. -- 河海大学, 2005. -- 147 页

论文旨在探讨"什么是商业银行的核心竞争力"、"我国商业银行的核心竞争力有多强"、"各商业银行核心竞争力的优劣势所在"、"如何提高我国商业银行核心竞争力"等问题。作者首先对商业银行的属性及其 SWOT 进行了分析,并从博弈的角度围绕迈克尔·波特的五力量模型,研究了商业银行的竞争强度、潜在进入者的威胁和银行产品的替代效应等客观因素对我国商业银行培育核心竞争力的促进机理,从价值链的角度界定了商业银行核心竞争力的内涵和特征。其次,基于迈克尔·波特的价值链理论,探讨了商业银行价值链及其特点,从业务流程和业务运作管理角度建立了我国商业银行的内、外部价值链;基于价值链思想和商业银行价值链从资源要素、能力要素和环境要素三个方面建立了商业银行核心竞争力影响要素分析模型;围绕该模型对资源要素、能力要素和环境要素对商业银行核心竞争力的贡献进行了定性分析,并探讨了它们与商业银行核心竞争力之间的相关关系、层次关系和互动关系。第三,在商业银行核心竞争力影响要素识别的基础上,基于商业银行核心竞争力的内涵和特征角度,初步建立了商业银行核心竞争力评价体系和识别、评价、培育流程,并据此建立了商业银行核心竞争力评价的多层次模糊一致矩阵模型,对我国 14 家商业银行核心竞争力进行了评价分析,基于评价结果和评价系统对它们进行了 SWOT 分析和聚类分析。第四,运用非参数方法对我国 14 家商业银行规模有效性和技术有效性进行了评价分析,并对非有效商业银行的投入剩余和产出亏空问题进行了研究。比较二者结果,得出判断商业银行是否具有核心竞争力的依据。第五,基于评价体系、培育流程和评价结果,从优化商业银行价值链的角度,研究了提升我国商业银行核心竞争力的策略。通过商业银行整个价值链的优化,充分挖掘价值链中信息的价值,创造独特的价值链,从而从本质上提升我国商业银行的核心竞争力。

关键词:商业银行　银行管理　核心竞争力　价

值链

5212

基于过度自信的行为企业理论研究 / 陈其安著 ; 杨秀苔指导. -- 重庆大学, 2005. -- 140 页

论文主要探讨企业经营者的过度自信心理偏好对其决策过程和决策结果的影响机理以及过度自信在解决企业经营者道德风险中发挥的潜在作用。主要研究和结论有:(1)阐明行为企业理论产生的心理学和经济学理论基础,为行为企业理论的进一步研究提供了理论平台和铺垫。(2)建立了基于过度自信的合伙人合作行为模型并证明,合伙人的过度自信心理偏好有利于改善合伙公司中合伙人之间的合作关系、降低合伙人的道德风险;外部监督和合伙人的过度自信对合伙公司整体预期效用的作用是相互替代,而不是相互补充的;合伙公司中过度自信合伙人的过度自信水平将长期存在并随时间呈现出波动下降的趋势。(3)创立了基于过度自信的股份公司委托—代理关系模型并证明,在委托人不对代理人实行任何监督的情况下,最优委托—代理合同是让代理人获得全部剩余收益而委托人只获取固定收益的合同,而且委托人所获预期固定收益将随着代理人过度自信水平的提高而增加,随着代理人保留效用水平的提高而减少;当委托人要求拥有公司剩余价值追索权并愿意对代理人进行监督时,代理人的最优努力水平将随着其过度自信程度的增大而提高,委托人的最优监督力度将随着代理人过度自信程度的增大而减弱;代理人的过度自信水平将长期存在并随着时间的推移而呈现出波动下降趋势。(4)构建了基于过度自信的上市公司CEO股票补偿合同模型和股票期权补偿合同模型并证明,使公司价值最大化的股票和股票期权补偿数量都将随着CEO过度自信程度的提高而减少;在一定条件下,使公司股东收益最大化的股票和股票期权补偿数量也将随之减少;在使股东收益最大化的最优补偿合同中,过度自信CEO要求得到的股票和股票期权补偿数量一定分别少于理性CEO所要求得到的股票和股票期权补偿数量;使公司价值最大化的股票和股票期权补偿数量分别大于使股东收益最大化的股票和股票期权补偿数量;固定工资补偿对公司CEO不会产生任何激励作用。(5)利用随机最优规划方法创建基于经纪人过度自信的金融市场委托—代理合同模型,并证明经纪人过度自信心理和委托—代理合同的关系。

关键词:企业理论　企业领导　行为经济学

5213

水安全系统评价、预警与调控研究 / 陈绍金著 ; 施国庆指导. -- 河海大学, 2005. -- 175 页

本文对国内外水安全的研究轨迹和水安全概念进行了演进和分析,论述了水安全的外延性及其相互关系,提出了水安全系统的理论框架,探讨了水安全系统所包含的概念、特征、结构、功能、动力、支撑条件、研究方法及技术支撑等一系列基本理论问题。本文为构建水安全系统提出了一套完整的理论依据。文章研究了水安全系统的评价与预警问题,构建了评价与预警的指标体系。文章运用了层次分析(AHP)法和距离指数综合分析法来评价水安全系统,运用系统动力学(SD)对水安全系统进行预警;以湘江流域为例对水安全系统评价和预警进行了实证研究;对水安全系统的调控与保障机制进行了论述,深入分析了水安全系统调控的主要内容、技术路线、基本结构以及水安全保障机制的构建,提出了水安全保障的若干政策、法规和法律建议。

关键词:水资源管理　水安全　水环境　预警系统

5214

企业IT应用决策与绩效研究 / 陈升著 ; 李传昭指导. -- 重庆大学, 2005. -- 160 页

本文应用博弈论和计量经济学的方法从理论和实证的角度研究了企业初始因素、企业IT采用和实施投入决策、实施过程和IT应用绩效之间的关系。本文构建了博弈论模型来研究企业IT应用决策问题,认为企业IT采用层次、实施投入水平分别为决策变量的两种情况下,两阶段博弈纯纳什均衡存在并且唯一,并求解出了在IT采用层次和预算不存在约束的条件下,n个($n>1$)企业三阶段博弈纯纳什均衡解。作者围绕研究假设,分析了纳什均衡状态时,企业初始因素、IT应用决策及IT应用绩效之间的相互关系,将结果归纳到实施成本系数大于临界值和小于临界值两种情况中。文章以重庆市相关企业为样本的两阶段问卷数据,运用路径分析和结构方程建模的方法,对研究假设进行了实证研究,研究认为,企业先天条件负面显著影响IT采用层次,而IT采用层次又负面影响实施投入水平;IT采用动因对IT采用层次、实施投入水平都产生显著的正向影响。企业先天条件和实施投入水平都对实施过程产生显著的正向影响;实施投入水平、实施过程又对IT应用绩效产生显著的正向影响;但是IT采用动因却对IT应用绩效产

生显著的负面影响。

关键词:企业管理　信息技术

5215

发展中国家技术创新模式转换研究 / 陈向阳著 ; 陈飞翔指导. -- 同济大学, 2005. -- 191 页

本文首先探讨了发展中国家进行技术创新模式转换的必要性、条件性和过程性。其次,对影响技术创新模式转换的因素进行了分析。影响技术创新模式转换的因素是多方面的,本文主要从技术创新模式转换所需的基本条件、制度创新和政治文化背景等方面进行分析,本文指出经济发展和 R&D 投入状况、技术发展状况和人力资源状况是实现技术创新模式转换的基本条件,制度创新是政府通过政策创新工具对模式转换的引导和推进,政治文化背景是模式转换的环境保障。再次,本文选取了日本、韩国和我国台湾省等国家和地区,对它们进行技术创新模式转换的情况进行了详细分析,从而总结出发展中国家和地区开始进行技术创新模式转换时,应该具备的经济、技术和社会等的基本条件,以及它们所选择技术创新模式转换路径。然后,着重分析了中国技术创新发展历程、发展状况和进行模式转换的历史背景,认为我国进行技术创新模式转换的条件基本具备,但在 R&D 投入、人力资源等方面还有待于进一步加强,并提出了我国进行技术创新模式转换应该选择的路径。最后,提出了促进我国技术创新模式转换的政策选择。

关键词:技术创新　自主创新　发展中国家

5216

新型工业化环境下科技需求理论与实证研究 / 成宝英著 ; 李建华指导. -- 吉林大学, 2005. -- 251 页

论文首先总结了国内外关于工业化理论与实践、科技需求相关研究的成果,讨论了选题的必要性及其研究方法和结构框架。随后,作者讨论了工业化和可持续发展理论、科学技术发展与新经济增长理论以及需求理论,认为这些研究成果为后续研究提供了理论支撑。同时,作者构建了以系统分析方法为核心的研究方法体系。从系统分析角度构建了科技需求原理体系:通过目标分析认为新型工业化为科技需求系统提出了新的目标要求,即促进科技进步目标、可持续发展目标和信息化目标;环境分析认为科技需求的环境应分为社会经济环境,科学技术环境和人文环境;结构分析将科技需求的结构分为共性技术需求、关键技术需求;模型研究建立了科技商品价格与科技需求关系、科技需求与配套技术需求关系、科技需求与供给关系、科学技术功能的价值工程分析。其次,作者从科学技术的生产力功能、生态功能和信息功能角度出发,对科技需求的供给能力进行了评价研究。并且,作者评价了我国"九五"期间科技需求与科技资源是否匹配、协同发展,从需求是否受到资源制约这一角度为国家今后的科技资源配置和科技发展规划提供参考。同时评价了我国"九五"期间在新型工业化环境下与科技需求匹配的综合科技能力大小,分别从科学技术的生产力功能、生态功能和信息功能的实现能力角度进行了实证研究。

关键词:工业化　科学技术　科技需求

5217

高校核心竞争力分析模型研究 / 成长春著 ; 张阳指导. -- 河海大学, 2005. -- 198 页

本文首先论述了高校核心竞争力的研究背景、研究目标、理论基础和竞争主体,以及高校核心竞争力研究现状和本文的研究思路、基本框架及研究方法,并系统论述了高校核心竞争力(分析模型)研究的理论基础,包括核心竞争力理论、战略管理理论、学习型组织理论等。通过对高校竞争主体及竞争环境的研究,寻找高校的核心竞争优势,并从概念、特征和本质入手,将高校核心竞争力归结为"能力",将其本质特征归结为知识性,论述了学习力是高校核心竞争力的本质,也是高校核心竞争力的外在表现形式。之后,本文通过调查统计分析,验证了高校核心竞争力分析模型要素的合理性和科学性,构建了高校核心竞争力的识别标准,分析了高校核心竞争力的显性要素——学术生产能力、人才生产能力和隐性要素——管理力、文化力的基本内涵,运用模糊一致性和调查统计的方式进行了系统构建和实证研究,给出高校核心竞争力的通用模型和研究型、教学研究型、教学型、专科高职类高校的核心竞争力分析模型,并对分析模型进行了验证分析。最后,本文对此研究进行了系统概括,阐述了运用分析模型实施高校核心竞争力的评价、建立战略预警和提升战略的构想,并提出了本文的主要结论、创新之处及今后研究的设想。

关键词:高等学校　学校管理　核心竞争力

5218

流域治理投资战略理论与应用研究 / 程娟著 ; 郑垂勇指导. -- 河海大学, 2005. -- 116 页

本文首先探讨了流域治理投资战略研究的意义,

阐述了国内外投资管理及相关理论与应用研究进展，提出了本研究的主要内容和技术路线，架构了流域治理投资战略的理论框架。之后，本文分析了影响流域治理投资战略目标的有利条件和制约因素，并结合社会经济发展对流域治理的要求，提出了制定战略目标的指导思想和基本原则，探讨了流域治理战略投资目标的确定问题；对流域水利工程进行分类分析，界定了流域治理投资战略主体；通过水利投资评价因素分析，建立了多属性风险决策模型来解决流域治理投资项目的决策问题，并进行了水利投资可行性研究；分三阶段论述了流域治理投资战略的实施步骤，从内容、方式两个角度设计了流域治理投资战略的控制问题。然后，本文对太湖流域治理投资管理现状进行了评述，揭示了其中存在的问题。在此基础上，本文从战略目标、战略主体、决策程序、实施步骤、控制方式等方面构思了太湖流域治理投资战略，指出太湖流域水利应加大国家投资主体的投资力度、充分调动社会投资主体的积极性、积极利用外国资本；要认真执行规范投资估算、合理确定投资结构、科学决策投资项目、保证建设资金及时到位等投资管理策略；提高管理者素质、重视信息利用、强化动态管理，以推进投资战略的实施与控制。

关键词：流域　投资　水资源管理　综合治理　水利经济

5219

基于3E系统的中国能源安全监测预警研究 / 迟春洁著；于渤指导. -- 哈尔滨工业大学，2005. -- 117页

本文首先从3E系统入手，对它们的相互关系、系统的形成、作用机制进行了经济分析，并提出了能源安全的概念、目标和判断标准，认为能源安全是能源供应安全和能源使用安全的有机统一。能源安全框架体系是一个涵盖了能源安全理论、态势评价、战略政策、机制模式研究的综合体系，本文针对态势评价中的能源监测预警展开了进一步的探讨。之后，本文利用PSR概念框架的构建方法和思路，结合能源安全的自身特点，揭示了能源安全的机理，提出了基于压力指标、状态指标和响应指标的能源安全监测的指标体系。以此为基础，本文按照石油、煤炭和天然气三个子系统建立了能源安全预警指标体系，确认了预警界限，并构造了BP神经网络模型进行能源安全预警。然后，本文阐述了中国目前的能源安全态势；运用投入产出法分析了石油价格波动对国民经济的影响；研究了1980年至2000年间能源消费的污染物排放趋势问题；以硫税为例分析了环境税收政策的影响；采用层次分析法对2000年能源安全状态进行监测。最后，本文设置了三种情景四种方案分别描述了不同的能源发展前景，经过LEAP模型的运算得到未来能源需求、污染物排放状况，实现了对2010年能源安全趋势的预测。在此基础上，本文针对中国国情提出了保障能源安全的政策建议。

关键词：国家安全　能源经济　能源安全

5220

城市经营绩效的评价方法及其实证研究 / 段正梁著；张维然指导. -- 同济大学，2005. -- 160页

本文基于城市经营基本原理的探讨，认为城市经营绩效评价指标体系的构建是正确评价城市经营绩效的基础和出发点，并根据现代城市管理科学相关理论和原则，构建了城市经营绩效评价指标体系。论文运用综合评价方法，借助于城市经营绩效指数，对2000年中国大陆38个特大城市在1990—2000年间的城市经营绩效进行了评价。首次应用回归分析、方差分析等方法，进一步实证分析了经营绩效指数值的影响因素及其影响程度，从而对城市经营绩效的机理进行了剖析。为城市政府如何提高城市经营绩效设计了相关的政策选择：(1)制定合理的产业发展政策，充分发挥政府对产业发展的强化、规划引导以及协调作用，重点扶持产业集群的发展，以扩大劳动力市场、增加就业机会，并促进城市经济的持续繁荣、促进城市居民收入的不断增长。(2)制定合理的投资增长政策和外商直接投资政策，积极引进外部直接投资，重点搞好经济特区的开发建设。(3)制定合理的教育和培训政策，重视教育和培训。(4)制定合理的科技发展政策，支持并鼓励科研。(5)创新城市基础设施建设投资管理模式和城建投资方式，加快城市基础设施建设、完善基础设施管理。

关键词：城市管理　城市发展　城市经营　绩效评价

5221

商业银行信用风险预警管理系统研究 / 方先明著；唐德善指导. -- 河海大学，2005. -- 152页

本文首先界定了商业银行信用风险相关概念，回顾了信用风险预警管理系统相关研究，并指明了本研究的研究内容和技术路线。之后，在对银行系统运行模式深入研究的基础上，论文指出其非线性机制的具

体体现。通过对信用风险及其成因的深入分析，本文构建了商业银行信用风险预警指标体系，借以识别商业银行面临的信用风险。接着，本文提出了基于Hopfield网络的风险评价模型，以确定信用风险状态。该模型通过能量极小点的设计将典型风险模式贮存于网络之中，利用网络的联想功能，实现对风险度的评价。然后，本文分别从流动性风险、投资风险和信贷风险分析了商业银行信用风险的控制问题。对于流动性风险控制，本文提出了在利用小波变换网络预测模型准确预测一系列经济时序的基础上，及早进行流动性安排，以实现对流动性风险的控制；对于投资风险的控制，借助金融期货、金融期权等实现系统性风险预控，借助投资的多样化与分散化实现非系统性风险的控制；对于信贷风险的控制，本文提出利用模糊综合评判法来实现，并通过方案优选模型来解决资金受限时的方案优选问题。最后，本文提出了基于RBF网络的信用风险控制模型，以定性和定量相结合的方法进行了系统分析与综合，并通过仿真试验验证了信用风险控制方法的有效性。

关键词：商业银行　信贷管理　信用　投资　风险管理

5222

网络公司价值评估有关关键问题的研究 / 冯建权著；吴泗宗指导. -- 同济大学，2005. -- 126页

本文提出的网络公司风险贴水估算的关键因素类比估值法，是建立在网络经济理论和公司价值评估理论基础之上的，通过把这两种理论的组合研究，发现了网络公司风险贴水仍然是可以估算的。关键因素类比估值法的基本思路是：(1)从网络经济理论出发，分析影响网络企业收入和成本特殊性的关键因素。分析告诉我们，确实存在这样一些关键因素使网络企业与一般企业间形成显著的风险和不确定性差异。因此，这些关键因素也就是网络企业风险差异的本质源头。(2)关键因素类比估值法就是由专家选取可比企业，并确定相关的关键因素，分别对被评估企业和可比企业进行测评，得出被评估企业的风险度和可比企业的风险度，再用二者之间的风险差与可比企业的风险贴水转换得出被评估企业的风险贴水。(3)这一方法在一定程度上突破了网络公司风险贴水估算这一难点，因此，从逻辑上讲，在现有的一些公司价值评估方法都能得到有效的应用。文章选取了两种典型的方法，最为成熟的折现现金流量法和最前沿的实物期权法，文章探讨了在这两种公司价值评估方法中的应用。

关键词：网络公司　网络经济　价值论　价值评估

5223

管理层收购与股东财富：基于我国上市公司的理论与实证研究 / 冯士伟著；张维然，葛开明指导. -- 同济大学，2005. -- 138页

本文从股东财富的角度对管理层收购(MBO)对我国上市公司的影响进行全面的理论分析和实证研究。主要发现：(1)MBO对流通股东的财富影响不显著。(2)交易双方存在巨大的财富转移。(3)MBO后公司治理效率并没有得到显著改善。(4)MBO融资方式对各类股东的财富具有显著的不同影响。论文实现了以下方面的创新：(1)通过系统的实证分析，首次利用较长时期的数据，对MBO给上市公司不同类型股东财富产生的影响进行了全面分析和客观评价。(2)首次从公司治理的角度解析了上市公司MBO对公司治理和股东财富的影响机理，给出了合理的理论分析模型，并通过对各项公司治理指标和公司经营绩效等进行分析，对理论分析进行了实证检验。(3)剖析了现有的MBO融资方式对不同类型股东财富的影响机理，给出了合理的分析模型，并通过对MBO后上市公司与融资方式相关的财务政策和股东财富关系的分析，对理论分析进行了实证检验。提出了以下建议：(1)提高国有股退出的竞争性和透明性。(2)控制管理层成为绝对控股股东，引入大股东监督机制。(3)提高大股东侵害的成本，加强中小股东利益保护。(4)建立和完善MBO专业投资机构。(5)逐步改革资本市场的各项法律障碍，从法律角度为MBO科学定规。

关键词：管理层收购(MBO)　股东　上市公司　公司治理

5224

信息安全行业分析及企业投资价值研究 / 付华民著；陈德棉指导. -- 同济大学，2005. -- 149页

本文构建了行业分析和企业投资价值分析的理论方法和分析基础并对信息安全行业的需求、市场按照SCP框架及改进的五力分析框架进行分析和预测。通过统计分析方法探讨了不同组群在价值和绩效决定因素方面的差距，从而为产业投资者和行业经营者提供战略方向。首先，对信息安全进行了经济学分析，然后，从宏观经济走势、国家信息化水平、信息安

全事件、用户安全意识、互联网发展水平、信息安全产品技术、信息安全产业政策七个方面分析了推动信息安全行业发展的驱动力量。并对驱动力量和信息安全市场发展进行了相关分析和偏相关分析。从市场集中度、企业规模和数目、进入壁垒、产品差异化等方面分析我国的信息安全市场结构。结合信息安全行业的产业链、利润池分析我国信息安全市场的绩效，并对与信息安全企业绩效有关的因素作了调查分析。探讨了国外信息安全行业的不同企业在价值决定因素的差异，以及不同的组群在竞争策略因素、经营绩效因素与评价指标三者之间的差异与关系。构建分析信息安全公司价值的架构。采用主成分因素分析方法，对所选择的变量进行提取，利用主成分因子综合评价函数构建分析信息安全企业价值的架构。利用因素方差分析和均值多重比较检验比较不同类型的企业在价值影响因素方面的差异，并对企业绩效指标进行单因素方差分析。最后，对信息安全企业价值评价指标影响因素进行了多元回归分析，总结各因素的影响程度。

关键词：信息安全　信息产业　投资　价值评估

5225

基于价值链的企业知识整合研究 / 高巍著 ; 姜振寰，田也壮指导. -- 哈尔滨工业大学, 2005. -- 131 页

本文首先分析了价值链的知识构架，从经济学角度剖析企业知识定义、构成、状态和特性，探讨知识经济背景下价值链的深刻知识内涵；从个人的认知过程出发，分析认知的有限理性和边际搜索特性，研究知识整合的微观运动规律，从中探索知识整合的基本原理；从知识角度分析价值活动及其相互联系，探讨价值链的知识结构、运动和价值实现。之后，本文提出了 KI—VC 系统的概念模型，从 KI—VC 的整合系统、价值系统、基础结构、伺服系统四个方面分析价值链知识整合的运作过程和价值创造过程，着重分析了整合系统各要素之间的关系，以及整合系统对价值系统的影响。然后，本文运用 CKMOS 数据库的调查数据进行了数理统计分析，构建了知识整合逻辑的实证分析所需要的主要变量，在此基础上分析各变量之间的相互作用关系，对理论研究所提出的命题进行验证分析，并运用聚类和判别分析方法探索出三种基本整合模式：生产型模式、研发型模式和市场型模式，探索 KI—VC 模型内在逻辑，继而分析知识整合对企业价值的影响。最后，本文通过 CAT 公司的案例，分析了 KI—VC 应遵循的知识特性和应具备的管理思想，并把企业知识整合活动划分为整合目标设定、全面知识评估、整合策略制定以及控制与反馈四个相互区别相互联系的基本步骤。

关键词：企业管理　知识管理　价值链

5226

土地收购储备与金融实践研究 / 高向军著 ; 陈方正指导. -- 同济大学, 2005. -- 200 页

本文从我国土地使用制度改革和土地市场的发展的实际需要出发，展开了对土地收购储备和土地金融实践的研究。运用制度经济学的分析方法，从制度演变的角度，深入剖析了土地收购储备制度的形成和发展过程。从实质经济和货币经济相结合的角度来深入探讨土地收购储备金融实践问题。运用制度经济学和比较经济学的分析方法，从我国经济改革和发展过程中制度变迁的角度，和西方成熟市场经济国家的经验分析，来揭示土地收购储备制度和土地金融制度创新的由来。阐述了土地收购储备和土地金融实践的演变趋势。将土地收购储备纳入到国民经济有机体系中，展开了其宏观和微观经济效应分析，阐明了其经济学分析的理论基础和发挥对国民经济宏观调控作用的机理。打破了从土地收购储备的资金需求的动机和角度来论述土地基金的思维障碍。第一次提出了“土地金融实践”的研究范畴，首次概括了土地与金融结合的多种类型。分析和借鉴了世界上许多成熟市场经济国家和地区积累的经验，结合我国的具体国情，提出了“准公益性基金”的概念，以比较研究和分析的方法，初步提出了我国建立准公益性土地基金和土地产业投资基金的基本构想和政策性建议。

关键词：土地管理　土地市场　土地收购　土地储备

5227

中国保险中介专业化路径选择 : 效率分析及实现机制 / 高勇著 ; 陈飞翔指导. -- 同济大学, 2005. -- 181 页

本文从我国保险市场的现实现象出发，借用制度分析、价值链分析、核心竞争力理论、规制理论等最新研究发现，运用了比较分析、规范分析、案例分析等研究方法。提出了保险中介向专业发展这一观点，实现我国准专业保险中介向专业保险中介的转变，逐步构建起以专业保险中介为主体的保险交易模式，尽可能降低交易成本、实现专业化分工经济。得出了我国保险市场低效率的主要原因是保险交易成本偏高、保险

资源没有得到有效配置这一结论。构筑了保险中介专业化发展的实现途径。主要创新点:(1)提出了如何对保险交易效率进行评价的思路及部分指标。(2)借用交易成本分析,从理论上证明借助专业保险中介完成的间接营销模式的效率来源,为大力发展专业保险中介市场提供了理论基础。(3)基于制度变迁视角构建了保险中介专业化实现机制模型,提出了一整套如何通过系统的制度创新,实现我国保险中介专业化发展及保险交易制度变迁的整体解决方案,为当前我国保险业的深化发展,特别是中介产业的发展等需要解决的问题提供了一个决策参考,具有较高的现实指导意义。

关键词:保险业　中介组织　保险市场　保险公司　市场效率

5228

我国商业银行不良资产价值管理：机理和方法／何川著；施国庆指导. -- 河海大学, 2005. -- 125 页

本文首先给出了商业银行不良资产价值管理的理论主张,认为商业银行不良资产价值管理是银行价值管理的组成部分,是提高不良资产管理效益和效率的有效方法。其机理是在内外部约束和支持下,银行根据不良资产的价值特点,通过资产分类、评估、处置等一系列自觉的价值管理活动,从价值标准出发对不良资产价值进行重新认定,通过与外部市场的价值交换,实现不良资产价值回收最大化,与银行长期价值目标相协调。其后,本文对不良资产价值管理的分类、评估和处置方法进行了研究,认为不良资产分类与一般信贷资产分类具有区别,灰色关联分析可以运用于不良资产分类,并具有较高的准确性。不良资产评估仍需遵循公开市场假设,但这一假设具有二元性,不良资产评估还需遵循特殊的原则;3 层模糊 BP 神经网络模型可以运用于不良资产债权价值评估。商业银行需要综合运用多种处置策略,以达到不良资产处置价值最大化目标,影响策略选择的因素是银行所处环境条件、处置能力以及不良资产的价值特点;贷款出售技术可以用于不良资产处置,但受到诸多条件局限。最后,本文运用交易成本概念分析商业银行选择不同资产管理模式的动因,对国有商业银行不良资产管理提出了“价值责任中心”的管理模式。

关键词:商业银行　不良资产　价值管理

5229

大坝安全管理关键技术研究／洪云著；杨建基,顾冲时指导. -- 河海大学, 2005. -- 147 页

本文首先针对大坝安全性态分析评价的具体特点,给出了拟定大坝安全分析评价指标的原则和权重自身特性,并由此建立了一个普遍意义上的大坝安全分析指标权重环境体系。之后,本文针对大坝指标权重的特点,应用模糊数学理论,建立了专家主观赋权模型,并根据专家意见的偏离程度及专家判断权威性对专家主观权重进行了修正;通过对主成分法及新型投影追踪算法的研究,在最优化准则下,建立了信息赋权整合模型;针对指标主客观权重各自的不足及组合赋权法中没有考虑权重随机性的问题,对权重进行了融合处理。然后,本文应用改进层次分析法建立了大坝运行风险识别模型,提出了大坝运行风险度的概念,进而探讨了基于实测资料的大坝运行风险度分析方法;建立了大坝运行缺陷优先处理模型和大坝群优化改造决策模型;对福建省古田溪梯级水电站大坝的运行风险进行综合分析,建立了梯级大坝运行风险评价模型,给出了该梯级大坝实施安全改造优先排序方案的建议。最后,本文研究了网络条件下大坝群安全监控和管理的实现方案,提出了基于远程网络的大坝群安全监控平台;研究了大坝群安全监控远程网络系统中的软件系统关键技术及其实现,探讨了大坝群安全预警系统的构成和框架;以福建省大坝群为例,研究了系统开发的思路、具体框架以及部分实现细节。

关键词:大坝　监控系统　风险管理　安全管理

5230

网络型产业的竞争研究／黄居林著；张宗益指导. -- 重庆大学, 2005. -- 119 页

本文首先分析了网络型产业的基本技术经济特性,回顾了网络型产业竞争的基本理论,对这些理论及其应用问题作了简要的评议。在对自然垄断的基本理论和局限性进行深入分析后,本文提出了一些建议。之后,本文通过对网络型产业在物理和管理两个层面上不同特性的再认识,构造了改革的战略框架。以此为基础,本文分析了分割式改革模式的经济可行性,通过分割引入各种竞争形式的有效性及分割后的管制改革等问题。其后,本文假定在对价格歧视实行管制的情况下,以电信业为例,分析了三种不同情形下局部垄断市场上具有相同成本的企业竞争行为及市场均衡特性,并简要分析了价格上限管制政策的效果。接着,本文分析了自然垄断行业异质业务间竞争与管制的基本特征,进而构造了自然垄断业务与非自然垄断业务间的竞争模型。进一步,本文分析了政府

对不同业务的各种主要管制政策及其组合对企业行为和企业绩效的影响;分析了放松管制下,两类业务企业在不同细分市场上的产品差异化策略,并提出了相应的政策建议。然后,本文整理出特许投标竞争与改革的绩效评价标准,并结合我国公用事业特许权投标改革的环境条件,对特许权投标竞争与改革的实践效果及相关问题进行了考察和分析。最后,本文对网络型产业改革中自由化、民营化和效率的关系问题作了进一步思考。

关键词:网络企业　自然垄断　市场竞争　国家干预　政府管制

5231

面向可持续发展的水价理论与实践 / 黄涛珍著 ; 郑垂勇指导. -- 河海大学, 2005. -- 126 页

本文首先对我国水资源开发利用现状进行了分析探讨。着重分析了水价理论研究滞后、水价实践制约水资源可持续利用、水资源开发利用与国民经济发展要求不协调的深层原因。其后,本文对水资源需求侧管理理论及其在水资源可持续利用中的应用展开研究,重点从用水户需求形态分析的角度,研究了水资源需求管理运行机制,并提出了我国水资源可持续开发利用的对策。接着,本文对水价对国民经济发展的作用进行了探讨,并对国内外水价进行了比较研究。论文系统阐述了我国水价管理和水价实践的发展历程,剖析了我国水价存在的主要问题,并选取美国、英国、法国和加拿大为例,对其水价形成机制、管理手段和成功经验进行了剖析和比较研究。在此基础上,论文提出了我国水价应加强柔性管理、变政府直接定价为政府宏观控制与社会监督相结合的观点。然后,本文结合供水业的行业特性和我国水市场的客观情况,提出了适合我国国情、与可持续发展思想相协调的水价形成机制,并借鉴经济发达国家在水价管理中的先进经验,从不同层次和侧面研究了水价的构成要素及水价计算模型。最后,本文剖析了江苏省水价存在的深层次问题,并应用本文探讨的水价理论和模型,测算了适应可持续发展要求的水价标准,进一步对深化江苏省水价改革提出政策建议。

关键词:水资源管理　水价　水资源利用　可持续发展

5232

战略并购中人的因素的管理研究 / 江勇著 ; 金光华指导. -- 同济大学, 2005. -- 181 页

本文首先针对目前并购中高失败率的严峻现实进行了分析,指出引致并购失败的诸多原因之一是由于人的因素的管理出现问题。对并购中"人"、"人的因素"进行了界定,同时提出了并购的四阶段划分方式,并结合变革管理理论,建立了并购中人的因素的管理研究框架。针对战略并购中四个阶段中的人的因素的管理,系统、完整、深入、细致地进行了重点分析。在并购前期准备阶段,强调了并购战略的制订,提出了并购前准备阶段灰色关联分析甄选合适目标企业的方法,在并购前的审慎调查阶段,重点从人的因素的管理角度分析了如何在审慎调查中开展相关工作事项,并应用博弈论方法从理论角度分析了并购前审慎调查中人的审慎调查的风险问题。在并购后整合阶段,深入细致地就并购中人的因素的管理在整合中的具体内容、存在问题、应对策略等一一进行了分析研究。在并购后巩固阶段,提出了包括应用人力资源记分卡分析评估并购后人力资源整合效果方法在内的一些针对并购后整合效果的评估方法。最后,论文以案例分析形式,应用论文所提出的研究方法,具体详细地从并购中人的因素的管理视角分析了现实中的三个并购案例,较好地验证了文中的理论与方法。

关键词:并购　战略管理　人力资源管理　企业管理

5233

我国上市公司收购中的非流通股定价问题研究 / 蒋静著 ; 黄运成指导. -- 同济大学, 2005. -- 88 页

本文在我国证券市场存在流通股和非流通股两种不同股权形式的特定背景下,探讨了上市公司的收购的价值基础和定价机制的意义。指出,我国上市公司收购以非流通股为主,由于缺乏流通性和市场化机制,股权定价更加困难和缺乏可操作性,科学定价还有待于证券市场的进一步发展和定价方法的优化。以 2001—2003 年我国上市公司非流通股收购为研究对象,选取了 172 个样本,通过建立多元回归分析模型,探讨了我国上市公司收购定价的规律,运用了宏观因素和微观因素相结合、定量分析和定性分析相结合的方法,并对国有股和法人股两类股权进行了分组分析。实证结果表明,账面净资产是我国上市公司收购定价的基础,收益和现金流量同收购价格呈弱势正相关。上市公司收购中,交易双方的角度不同导致定价基础不同。我国上市公司收购存在要约收购、协议收购、场内收购和拍卖收购四种基本形式。协议收购

作为一对一交易情况,是非市场化的行为,谈判、暗箱操作等人为因素在其中起了很大作用,对弱势股东的权利缺乏保障。其他收购方式,采用了一对多、多对一、多对多的定价方式,都充分引入了市场机制和竞争机制,因此,价格的形成也更具有合理性。

关键词:上市公司　收购　非流通股　股票价格　控制权

5234

消费者品牌信任研究 / 金玉芳著 ; 董大海, 刘瑞明指导. -- 大连理工大学, 2005. -- 141 页

本文首先在回顾相关研究的基础上,结合在消费者中进行的大量定性研究,界定了消费者品牌信任的定义;区分了产品层次的风险和品牌层次的风险,将本研究界定于品牌层次上;提出了消费者对品牌的信任所包含的三个维度,包括能力表现、诚实善良和总体性信任。通过冰箱行业相关数据,本文验证了品牌信任的三个维度,指出能力表现信任和诚实善良信任对总体信任有影响,能力表现信任对诚实善良信任有影响。然后,本文构建了品牌信任的建立机制模型。通过在消费者中间大量的访谈工作和文献回顾,论文提出了消费者品牌信任建立的三种机制,包括经验机制、计算机制和转移机制,并探查出能够反映每种机制的5个变量,包括感知质量、顾客满意、感知风险、经济价值和品牌声誉。通过在化妆品行业收集的数据,本文使用结构方程模型分析软件 LISREL 进行实证分析。最后,本文构建了品牌信任在品牌忠诚前因中的地位和作用模型,通过建立整合性模型,比较了包括品牌信任、顾客满意、经济价值和感知质量在内的多个前因对品牌忠诚的影响程度。在文献回顾的基础上,本文提出了消费者信任和顾客满意对品牌忠诚起直接的作用,而现有的品牌忠诚的前因变量——感知质量和经济价值,通过品牌信任和顾客满意对品牌忠诚起间接的作用。

关键词:品牌　消费者　市场营销　顾客满意

5235

基于金融抑制的我国企业债务期限结构研究 / 雷森著 ; 李传昭指导. -- 重庆大学, 2005. -- 109 页

本文立足于我国经济改革的现状,在国外债务期限结构研究的理论实证基础上,结合资本结构、金融抑制与金融深化等相关理论,对我国企业债务期限结构进行了系统研究。论文首先将离散型的债务期限结构模型扩展到连续型的债务期限结构模型,并得出在分离均衡存在的情况下,高质量的企业将选择更多比例的短期债务,而债务的不同期限组合这一金融工具在一定条件下有助于银行了解企业的真实经营信息。其后,本文在扩展模型的基础上结合金融抑制理论与债务期限结构理论,构建了固有利率下的债务期限结构模型,论述了我国利率市场化改革对企业债务期限结构的影响。然后,本文构建了利率管制下的信贷配给模型,分析了信贷配给对企业债务期限结构选择的影响。针对国内投融资体制转型时期的特点,本文深入分析了金融抑制下我国特有的双重信贷配给现象,构建了银行、企业与政府三者之间的双重信贷配给模型,并直接推导出衡量投融资体制健全程度的参数指标。在此基础上,本文通过构建信息甄别模型来说明银行如何通过信贷配给对拥有高质量和低质量项目的企业进行甄别。最后,本文对2001年上海证券交易市场582个A股上市公司的债务期限结构进行了实证研究,并对企业债务期限结构的理论假设进行了深入探讨。

关键词:债务　利率　信贷管理

5236

酒店员工信息技术采用绩效与意向研究 / 李国鑫著 ; 王雅林, 林振钦指导. -- 哈尔滨工业大学, 2005. -- 135 页

本研究主要以认知科学为理论基础,从管理心理学的研究视角,提出一个新的"酒店员工信息技术采用认知模式"的整合理论模型,从"提高使用者的信息系统采用绩效"和"促进使用者对新信息系统的采用意向"两个复合层面,动态分析和解释了对员工信息技术采用绩效和意向产生影响的有关技术、任务、个人和组织等方面的因素,描述了员工对酒店信息系统采用的综合心理认知,评价了员工对酒店管理信息系统采用认知——态度——行为的发展过程。同时,本研究通过运用调查问卷工具,使用方便抽样和配额抽样的方法,以中国星级酒店集团的前厅、客房、餐饮、销售与营销、财务等部门的所有接触信息技术的员工为抽样调查的样本总体,在中国8个城市18家酒店进行了抽样调查。通过实证研究,本文检查了各认知变量通过态度层中间变量对信息技术绩效和新信息技术意向的影响程度及各变量之间的因果关系,证实了在各认知变量中,技术认知变量是影响员工技术采用态度层和行为层变量的最重要的个人心理认知因素,影响技术绩效的重要因素同时是与技术自身最密切相关的因素。此外,论文拓展了对任务技术适应度

的理论研究,确定了在酒店信息技术采用过程中,任务技术适应度对技术采用绩效和技术采用意向的显著影响作用。

关键词:饭店　员工　绩效管理　信息技术

5237

二级生产供应链中的革新及质量控制合作机制研究 / 李洪波著 ; 杨秀苔指导. -- 重庆大学, 2005. -- 108 页

本文运用博弈论和信息经济学的思想和方法,探索研究了二级供应链中供应商和制造商在革新和质量控制两个方面的合作机制。论文回顾了供应链中存在的委托—代理问题,构建并分析不完全信息动态模型,刻画了供应链战略合作伙伴关系得以长期维持的条件和有效运作的激励机制。作者通过对固定和变动市场需求两种状态下供应商和制造商在供应商革新中的合作机制进行均衡分析和相关因素研究,得到了均衡的合作机制,开始合作时间、供应链存续时间、供应商的革新能力以及市场需求弹性等要素对合作策略、合作效率的影响。文章研究了供应商面对刺激制造商革新投入和根据市场需求变化调整批发价格这个两难问题时的四种制造商革新合作策略;作者建立了需求临界值方程,确定了导致供应商合作策略变化的需求波动参数,改善了供应链系统性能。文章构建了供应链质量管理的动态博弈模型,研究了完全和不完全信息两种情况下,供应商和制造商在供应链的产品质量控制中的博弈均衡,得到了质量合同的参数刻画以及合同参数的差异,确定了信息成本对合作策略和效益的影响。

关键词:供应链管理　生产管理　质量控制

5238

燃煤发电企业发展战略及其实证分析 / 李济英著 ; 施国庆指导. -- 河海大学, 2005. -- 159 页

本文首先对发展战略管理、燃煤发电管理、国内外燃煤发电技术、电力与经济增长关系等进行了文献综述,对国外电力体制改革的经验进行了总结概括,提出了本文的研究内容和技术路线。之后,本文构建了燃煤发电企业发展战略的一般框架,根据燃煤发电企业的特点,扩展了一般战略管理中的 SWOT 分析,提供了燃煤发电企业发展战略管理的 SWOT 量化研究方法。通过对燃煤发电企业发展的外部环境和内部条件以及相关利益主体进行综合分析,结合燃煤发电企业的战略宗旨和战略目标,对燃煤发电企业的发展进行 SWOT 分析,并提出了可供燃煤发电企业选择的发展战略,探讨了燃煤发电企业发展战略的实施。其后,本文从企业内外部分析了燃煤发电企业的发展战略保障措施。最后,本文将构建的燃煤发电企业发展战略管理的理论构架具体应用于黄岛发电厂发展管理之中,基于黄岛发电厂发展面临的内外部环境、发电量趋势进行预测和 SWOT 分析,从促进企业可持续发展、保障青岛市电力安全、保护和改善生态系统的战略高度,具体提出了黄岛发电厂发展的战略宗旨、战略使命、战略目标。从库存管理、成本管理、安全管理、资金管理、水务管理、环境保护等六个方面构建了黄岛发电厂的战略保障体系。

关键词:火电厂　发展战略　战略管理

5239

FDI 和出口贸易对中国地区经济增长影响差异研究 / 李建春著 ; 杨秀苔指导. -- 重庆大学, 2005. -- 120 页

本文运用新经济增长理论、新贸易理论和垂直分工理论对 FDI 和出口贸易对中国地区经济增长影响差异进行了分析研究。文章利用国家商务部、重庆市对外贸易经济委员会和重庆市企调队提供的最新数据,创建了东西部地区 FDI、国际贸易与经济增长的关系的理论及模型,并对 FDI 及国际贸易与经济增长关系进行了实证研究。研究表明,FDI 和出口贸易通过影响产出效率的诸因素和影响初级要素投入的诸因素决定着地区经济增长。文章考察了中国 FDI 的“溢出效应”,采用实证分析与描述性量化分析结合的方法,分析了 FDI 的部门内溢出效应;实证研究了 FDI 跨地区溢出效应特性。文章对“出口导向型经济”假设作了新的检验结论,通过检验作者认为就全国而言,出口不是 GDP 的 Granger 原因,不支持中国“出口导向型经济增长”的假设;东部地区具有明显的“出口导向型经济增长”特征,而西部却存在与“出口导向型经济增长”假设相反的因果关系,经济增长成为推动出口扩展的动力;出口贸易“量”和“质”的分布差异成为引起地区经济不平衡的重要因素。文章提出了促进西部地区 FDI 和国际贸易的政策措施建议,研究认为,西部地区加快 FDI 和国际贸易必须注重对内对外开放,加强与东部地区的经济合作;必须鼓励 FDI 扩大产业配套,建立人才流动新机制;必须注重产业投资环境的培育,形成吸引 FDI 进入的良好机制;必须建立促进国际贸易发展有效的支持体系,实施出口贸易发展“三步走”战略。

关键词:区域经济　经济增长　外商直接投资（FDI）出口贸易

5240

经济转轨时期房地产融资风险防范研究 / 李健飞著 ; 陈伟忠指导. -- 同济大学, 2005. -- 248 页

本文主要研究以下问题:房地产融资风险的特性、生成和传导机制、识别、度量与控制以及房地产融资风险制度体系的建立。通过理论分析与实证相结合、定性与定量分析相结合的方法,研究和认识房地产融资风险的产生、成因、传导与辐射、识别与控制方式及对金融稳健运行进而对国民经济持续协调发展的影响、治理措施等,针对房地产融资及其风险的特殊性,力求在理论和分析方法、管理工具上有所创新,旨在为我国金融机构防范、控制房地产融资风险提供决策参考。本文的创新点有:(1)从生成机制、传导机制和作用机制等角度,深入探讨房地产融资风险的特性。(2)运用协整等现代计量经济学方法对银行信贷与房地产价格之间的关系进行了系统定量检验,以为宏观决策的着眼点及银行信贷管理的视角提供参考。(3)较深入研究了发达金融市场主要的风险度量技术,综述了各种度量模型,并在此基础上,较早提出了适合我国国情的房地产融资风险分析方法,尤其是信用风险、操作风险的度量方法。(4)提出了中国在加速向市场经济体系转轨过程中构建防范融资风险的制度体系的若干思路和方法。

关键词:房地产　融资　风险管理

5241

期权博弈投资决策理论与方法研究 : 以信息技术投资为例 / 李丽著 ; 李京文指导. -- 中国社会科学院研究生院, 2005. -- 153 页

该论文将公司投资的目的看作是增加公司价值,并将实物期权方法运用于公司投资决策中,将实物期权与博弈论结合起来,构建了完整的技术投资分析框架,提出了垄断竞争条件下的技术投资决策方法。首先论文假设公司处于完全竞争市场中,研究了公司信息技术(IT)投资问题,提出了连续时间框架下的 IT 估值方法。其次,研究了完全垄断情况下的 IT 投资决策,分别说明了如何在无限时间轴和有限时间轴两种情况下,得到新技术的最优策略,并研究了在决策到期日的最优投资临界值的特性。随后,文章引入博弈论分析方法,在构建出分析框架的基础上,以一个简单模型为例,说明了竞争对于期权的影响,并研究了一个存在外部竞争的、两阶段的博弈模型,并将模型从单阶段推广到多阶段。在此基础上,引入信息结构问题,探讨了不完全、不对称信息条件下的投资决策模型。此外还研究了价格不确定下的投资决策模型。最后,以几个技术投资案例来说明以上方法实际应用,并以网络战略投资为例,阐释了期权博弈理论与方法的运用。

关键词:投资决策　期权　实物期权　信息技术

5242

风险投资支撑环境作用机理研究 / 李雪灵著 ; 蔡莉指导. -- 吉林大学, 2005. -- 171 页

本文从理论上提出了一个风险投资支撑环境体系的研究框架,对环境要素本身和环境体系内部的作用机理进行了分析与论述,并对我国风险投资支撑环境体系进行了具体分析和系统评价。论文首先从经济、文化、科技、金融、人才、法律政策和社会中介服务体系等几个方面构建了风险投资支撑环境的研究体系。其后,运用系统分析方法,对风险投资支撑环境单要素和多要素作用机理进行了系统、深入的理论研究。单环境要素对风险投资的支撑作用表现在:经济环境提供资金支持和制度保障,文化环境提供精神动力和投资氛围,科技环境是技术、项目的供应源,金融环境是风险投资的“血液循环”机,人才环境是智力资源库,政策环境提供激励机制,法律环境是保障,而社会中介服务环境则是风险投资得以顺畅运行的联系和纽带。之后,在对风险投资支撑环境进行“诱致性”与“强制性”分类的基础上,本文进行了多环境要素的作用机理分析,构建了风险投资支撑环境多要素作用机理结构方程模型,并对理论假设进行了验证。最后,论文在系统描述我国各环境要素对风险投资支撑现状的基础上,利用调查数据对我国不同地区风险投资支撑环境进行了评价,并有针对性地提出了我国风险投资支撑环境培育的目标及策略。

关键词:风险投资　投资环境　创业投资

5243

供应链中分销配送优化模型及算法研究 / 李勇著 ; 杨秀苔指导. -- 重庆大学, 2005. -- 114 页

本文研究了供应链中多级分销系统优化模型及其多目标混合遗传算法、物流配送优化模型及其多目标遗传算法两个方面。文章回顾并分析了国内外的相关研究资料;建立了分销系统设计和分销系统运营库存控制的整合优化模型和物流配送的 VRP&VFP

联合优化模型。分销系统设计和分销系统运营库存控制的整合优化模型属于多目标混合整数规划模型，将分销系统设计和分销系统运营库存控制问题进行了整合；作者采用了多目标遗传算法，分别设计了基于并列选择法的多目标遗传算法（MOGA）和基于并列选择法的多目标混合遗传算法（MOGASA），并采用C++语言实现了算法来对模型求解。在物流配送的VRP&VFP联合优化模型中，将两个关联紧密的子问题VRP和VFP包含在一起，考虑了VRP和VFP问题的相互影响和相互制约，使得模型具有很强的实用价值；作者采用了基于随机权重系数法的多目标遗传算法，采用C++语言实现了算法。作者对供应链优化的其他方面进行了展望，认为研究供应链合作伙伴的最优选择机制以及合作关系的管理与优化问题是供应链优化的重点所在。

关键词：供应链管理　物流　分销　多目标规划　遗传算法

5244

中国经济增长质量研究 / 刘海英著 ； 赵英才指导. -- 吉林大学, 2005. -- 216 页

本文首先在国内外相关文献综述的基础上，从三个不同层面界定了经济增长质量的理论内涵，在此基础上阐述了经济增长质量的相关理论和评价理论与方法。之后，本文分析了中国经济增长质量状况，构造了中国经济增长质量的评价模型，对中国经济增长质量进行了综合评价。评价结果表明，转轨以来中国经济增长质量呈上升趋势，但和经济规模的扩张相比，经济增长质量的增幅相对较小。其后，本文从投入产出、产业结构、所有制结构和贸易结构几方面剖析了中国经济增长质量的形成机理。首先构造了全要素生产率、资本投入效率、人力资本“均化”的测定模型，并测算出了科技进步、物质资本、劳动力对经济增长的贡献，得出转轨以来中国全要素生产率较低，资本投入效率不高，中国人力资本的分配不均将导致经济增长质量下降的结论。接着又分别构造了产业结构、所有制结构、贸易结构与中国经济增长质量之间关系的计量分析模型，得出结论：产业结构变动促进了中国经济增长质量的提高，第三产业发展不足是中国产业结构不合理的主要因素；随着中国经济非国有化程度的提高，经济增长质量获得显著改善；中国贸易进出口总额不断上升，但贸易产生的增加值率却在下降。最后，本文总结了中国经济增长质量的主要成因，并提出了提高经济增长质量的相关对策建议。

关键词：经济增长　产业结构　所有制　全要素生产率

5245

金融控股公司风险管理与控制研究 / 刘希普著 ； 黄运成指导. -- 同济大学, 2005. -- 169 页

本文就金融控股公司的风险类型、产生的原因及其管理机制进行了较为深入的研究。本文的主要内容大致分为三个部分：第一部分包括第一、二章，介绍了本文的研究背景和意义，对金融控股公司的基本概念进行了界定，同时说明了本文的基本内容、论文框架和主要创新点。第二部分包括第三、四章，首先对金融控股公司风险类型进行了分类，指出金融控股公司不但需要面对一般金融机构所面临的共同风险外，在风险的集中和传递等方面，更为突出。在此基础上，本文将金融控股公司风险分为内部风险和外部风险。其次，从金融机构本身的脆弱性、金融控股公司组织架构存在的问题、内部控制缺陷等几个方面对金融控股公司风险的成因进行了深入分析。最后，通过对花旗银行、德意志银行、瑞穗金融集团发生的一些案例的分析，并对有关金融控股公司风险的种类和形成机制进行了进一步的论证。第三部分包括第五、六、七章，对金融控股公司风险管理的总体构想和设计。

关键词：金融控股公司　金融集团　风险管理

5246

论资产证券化风险预警系统的构建 / 刘艳玲著 ； 吴泗宗指导. -- 同济大学, 2005. -- 130 页

本文以资产证券化的风险预警系统作为主要研究对象。在第一章中，首先对资产证券化进行了概述，研究了资产证券化的产生背景、定义、分类以及三种基本的类型和新的衍生结构，探讨了资产证券化的金融创新意义和在我国推行资产证券化的意义。之后，文章对国内外学术研究领域有关资产证券化风险的研究成果进行了论述。第二章对证券化的运作机制进行了较为详细的阐述。第三章对资产证券化风险预警系统的概述。第四章是预警系统的第一个子系统——风险识别分析子系统。第五章论述了风险预警处理子系统，本章在前一章分析论述的基础上，建立了资产证券化风险预警系统的指标体系；并且通过模糊数学分析（多目标决策）建立了指标体系综合分析模型；其后，探讨了模型中权重的确定方法；还对如何处理预警结果作了简要分析，最后，通过一个例

子对预警系统进行了实证分析。第六章是资产证券化风险预警系统的第三个子系统——风险规避子系统。这一章针对前文风险识别分析子系统的分析,对各种风险的规避手段和措施进行了阐述,希望能够对我国未来实施资产证券化提供有价值的风险防范对策。

关键词:资产证券化　风险管理　预警系统

5247

我国地方财政风险及其防范研究 / 刘谊著 ; 刘星指导. -- 重庆大学, 2005. -- 176 页

本文以地方财政风险的内涵、分类、特征、成因、防范为主线,以地方政府债务风险、地方财政收支风险、地方财政承担的公共风险三大类地方财政风险为辅线,展开了深入研究。在系统回顾国内外风险理论、政府债务理论以及财政风险理论的基础上,作者首先阐明了地方财政风险的内涵、分类、表现及特征。然后,借助公共经济学、制度经济学和信息经济学的相关理论,从地方财政官员举债行为、地方财政收支矛盾以及政府与公共风险的辩证关系等角度出发,分别剖析了地方政府债务风险、地方财政收支风险、地方财政承担的公共风险的形成机理。随后,作者结合地方财政以及整个社会经济生活的现状,分别从地方政府债务管理因素、地方财政收支平衡因素以及经济运行中的公共风险因素三个视角,运用问卷调查方法进一步探讨了地方财政风险的影响因素。在此基础上,作者建立了地方财政风险评估指标体系,运用基于AHP的熵权模糊综合评价方法对重庆市40个区县2003年地方财政风险进行了评估。根据计算结果,作者借助Spearman相关性分析和AMOS软件提供的结构议方程分析功能,论证了地方政府债务风险、地方财政收支风险和地方财政承担的公共风险这三类地方财政风险之间的风险传导机制。最后,作者就上述三类财政风险提出了相应的防范建议。

关键词:地方财政　财政管理　风险管理　财政收支　政府债务

5248

构建我国有效的基金评价体系研究 / 娄静著 ; 黄渝祥指导. -- 同济大学, 2005. -- 157 页

本文在总结前人研究的基础上,以创新的研究方法对我国现有基金评级的有效性进行了实证研究;随后,分析了造成其弱有效性的两个原因;最后,在此基础上对构建我国有效的基金评价体系提供了可操作的方案。文章的主要工作和贡献表现在以下几个方面:(1)对基金绩效评价方面文献的内在逻辑架构进行了新的梳理,有利于对基金绩效问题的整体把握;(2)对国内外基金评级体系进行了系统的比较分析,归纳了其间的差异;(3)提出了对基金业绩延续性和基金评级有效性进行检验的创新研究方法,并对我国基金业绩的延续性和现有基金评级的有效性进行了实证研究;(4)分析了造成我国基金评级有效性较弱的第一个原因,即我国现有基金评级指标和评级方法存在缺陷,需要进一步改进。在此基础上,本文运用相关分析、判别分析和回归分析等构建了新的基金评级体系,并通过实证检验证明其是有效的;(5)分析了造成我国基金评级有效性较弱的第二个原因,即单一的基金评级在指导投资上具有局限性,因此,应该构建多层的基金评价体系来指导投资。

关键词:证券投资基金　基金管理　业绩评价　经济评价

5249

完善我国证券发行监管制度的研究 : 整体构想与政策建议 / 卢春泉著 ; 黄运成指导. -- 同济大学, 2005. -- 192 页

本文研究的主题是完善我国证券发行监管制度,提出整体构想与具体政策建议。全文共分为十章。第一章导论,主要内容包括:(1)选择完善我国证券发行监管制度作为本文研究对象的背景和意义;(2)指出本文运用的研究方法、展开研究的脉络和内容框架;(3)对本文涉及的基本概念进行了说明,界定了本文对证券发行研究的重点范围是首次公开发行股票(IPO)。第二章是对国内外文献回顾与评述。第三章是对证券发行监管的经济学分析。第四章对国外主要证券市场的证券监管制度进行了比较,总结了证券发行监管制度的主要模式、运用条件及优缺点。第五章运用制度变迁理论,从技术层面和制度层面对我国证券发行监管制度的演进进行了较全面的描述,并对制度变迁的特征和变迁过程中的得失进行了总结。第六章对我国证券发行监管制度变迁效应进行了分析。第七章完善我国证券发行监管制度的整体构想。第八章提出了完善我国证券发行审核制度的政策建议。第九章完善我国证券发行定价机制与信息披露制度的政策建议。第十章总结全文并对本文所作的主要基础性研究工作、主要创新之处和需要进一步研究的问题进行了说明。

关键词:证券市场　证券投资　股票发行　股票

价格　监管制度　信息披露

5250

可转换债券投资研究 / 陆珩瑱著 ; 陈伟忠指导 . 同济大学, 2005. -- 184 页

本文从投资者的视角对可转换债券投资过程中涉及的问题进行了深入研究和探讨。论文首先对可转换债券公告效应进行了研究。其次,对可转换债券的理论价值进行了探讨。在理论分析可转换债券定价因素的不同影响及可转换债券定价模型的优劣的基础上,论文针对我国市场中可转换债券的独特性应用二叉树方法对债券部分和期权部分综合定价,同时创新地对可转换债券的价格进行各种敏感性分析。利率风险对可转换债券这种固定收益证券来说是非常重要。论文理论地分析了可转换债券利率风险的度量方式与传统债券度量方法的不同。论文创新地提出了应用有效久期与有效凸度进行可转换债券的利率风险度量。最后,论文对可转换债券投资过程中的投资活动进行了研究,实证发现可转换债券的市场表现优于债券和股票;同时基于股票与可转换债券价格的变化不一致性,通过分析可转换债券的转换溢价率的变化,在无卖空市场中同样可以进行套利,只是投资者要承担由于交易制度造成的价格风险。对于可转换债券的投资策略,论文提出了应用有效久期构建免疫组合,避免预期投资期内的收益受到利率变化的影响。

关键词:可转换债券　债券投资　定价　利率风险　套利

5251

国内汽车业整车物流优化问题的研究 / 马丽娟著 ; 黄渝祥指导 . -- 同济大学, 2005. -- 117 页

本文从物流、第三方物流、现代物流、汽车物流、整车物流的定义、特点和分类,从概念上廓清整车物流与相关概念的区别与关系。论文首先对国内整车物流的问题作了总结,提出整合国内整车物流企业的建议,并进一步提出了建立在现代物流基础上的国内整车物流运作体系。整车物流优化围绕选址、库存、运输这些相互联系的领域基本决策展开,其中一个重要的问题是关于分销中心选址的研究,在介绍了选址问题的研究现状,对目前运用较广泛的选址模型进行了比较的基础上,提出了针对第三方物流企业的整车物流分销中心的选址模型,同时模型中综合考虑了固定成本、可变成本、运输成本等成本因素,并结合实际情况,提出了一种启发式算法对模型进行求解。上汽集团实证算例的运行结果表明了所设计模型及算法的合理性和有效性。本文讨论的另一个优化问题是关于整车物流库存优化问题,建立了整车物流分销中心的库存模型。最后对研究工作、主要成果进行了总结,并对未来研究工作进行了展望。

关键词:汽车工业　物流　选址　库存模型

5252

极值理论及在风险价值模型中的应用研究 / 马玉林著 ; 陈伟忠指导 . -- 同济大学, 2005. -- 139 页

VaR 是近年来兴起的一种风险度量工具,极值理论主要以极值为研究对象,重点刻画收益率分布的尾部行为,可以将其应用于风险度量模型研究。本文系统地阐述 了极值理论和极值分布特征,以沪深指数为研究对象,将极值理论应用于风险价值的计算。采用 GARCH-EVT 模型估计投资组合的动态 VaR,较好地解决了金融数据的波动率聚集性、自相关、异方差性和时变性等问题,充分发挥了极值理论和 GARCH 模型两者的优点。为评价模型的绩效,本文利用我国股指数据进行实证研究,结果表明,GARCH-EVT 模型估计的 VaR 值明显优于 GARCH-Normal 模型,准确地捕捉到风险的时变特性;很好地刻画了市场中的风险。Copula-EVT 模型是对利用多维极值理论研究金融风险的一种探讨,Copula 函数是把多个随机变量的联合分布与它们各自的边缘分布相连接的一个函数。但是由于 Copula 函数的复杂性,很难得到 VaR 的解析表达式,本文利用 Monte Carlo 模拟来估计基于多元分布假设条件下的投资组合 VaR,并对沪市 12 只股票和 8 种行业指数的日对数收益率进行模拟,求得其 99% 的 VaR 值,返回检验结果表明,Copula-EVT 模型在模拟实际收益数据的性质方面要优于多元正态分布模型,采用极值 Copula 函数可以很好地捕捉到收益序列尾部的相关关系。最后,介绍了 VaR 估计中误差分析以及 VaR 的补充形式压力测试和情境分析。

关键词:极值　证券市场　风险价值　股票指数　风险管理

5253

B2B 电子中介的定价策略研究 / 毛晶莹著 ; 刘震宇指导. -- 厦门大学, 2005. -- 235 页

本文通过构建模型的方法来具体研究了 B2B 电子中介的定价策略。文章认为产品的定价直接关系

着市场对 B2B 电子中介服务产品的接受程度,影响了市场的需求和企业的利润。论文分析了 B2B 电子中介的生命周期,探讨了 B2B 电子中介定价策略的作用与特点,然后进一步研究了 B2B 电子中介在生命周期各个阶段定价策略的形成、定价模型和定价策略。研究结果表明,B2B 电子中介在初建期可采用扩大市场份额定价策略和利润最大化定价策略。B2B 电子中介在成长期应根据市场竞争状况和服务容量来确定价格,由于存在网络外部性,价格可比初建期高。B2B 电子中介在成熟期的定价以锁定策略、抢夺用户策略和差别策略为主。当 B2B 电子中介处于衰退期时,应采取升级策略、锁定策略、折价出售策略、紧缩策略和巩固策略。最后本文用实例验证了 B2B 电子中介的定价模型和定价策略。

关键词:电子商务　中介组织　定价模型

5254

养老基金的投资政策研究 :基于投资管制的约束/门庆兵著 ;陈方正指导 . -- 同济大学, 2005. -- 199 页

本文主要基于投资管制的约束前提来研究养老基金的投资政策问题。首先,集中于养老基金投资管理的前提约束:投资管制研究,利用内容分析法讨论养老基金投资政策的基本问题;其次,研究了养老基金治理结构对投资政策的作用和影响,研究了投资方式和投资风格。然后,研究了养老基金的资产配置、投资工具和主要的投资替代战略问题,以及养老基金的风险和风险管理政策。本文的创新点主要有:提出了我国养老基金的投资管制应该逐步从严格的数量管制原则过渡到"审慎人"管制原则;深入研究了养老基金的资产配置管制、业绩管制和产业结构管制的基本原理、负面效应、实证检验等;研究了养老基金计划的相对收益率担保的基本原理;首次采用"内容分析法"对国际范围内的养老基金计划的投资政策进行了研究,找出了投资政策应该包含的关键要素;提出组合多样化是最重要的风险控制手段,并给出了衡量养老基金组合多样化程度的效率评价模型;深入研究了养老基金积累阶段和缩减阶段的最优资产配置的数量模型,认为在积累阶段对风险资产的投资应该随着时间减少,而在缩减阶段,风险资产应随着时间增加;提出将国际投资和基础设施投资作为养老基金最重要的替代投资战略,并对管制环境和金融工具设计提出了政策建议;提出了我国养老基金应通过委托专业投资机构的方式间接进入资本市场,并给出了对专业投资机构的激励约束机制的设计模型。

关键词:养老保险基金　投资政策　资产配置　风险管理

5255

中国企业 ERP 系统实施关键成功因素的实证研究/闵庆飞著 ;季绍波, 仲秋雁, 吴力文指导. -- 大连理工大学, 2005. -- 117 页

本文的基本目的是在中国的具体环境下,以实证方法找到并验证中国企业实施 ERP 系统的关键成功要素。在大规模文献回顾的基础上提出了一个关键成功因素模型,该模型包括 5 个 ERP 关键成功要素:高层管理者支持、业务流程重组、项目管理、变革管理和外部专业支持。本文的另一个目的是探索企业规模、企业所有权性质、实施模块数量和 ERP 厂商类型等情境因素对 ERP 系统实施的影响。为了使研究具有明确的因变量,本文还提出了一个 ERP 系统成功评价框架,用以定义和评价 ERP 系统成功。然后,本文采用调查研究方法,以前人的成熟量表为基础,开发了问卷用以测量和描述关键成功因素、ERP 系统成功和情境因素。通过邮寄问卷的形式调查了 97 家已经实施了 ERP 系统的企业,并运用多元回归等方法对数据进行了分析,得出了对关键成功因素的验证性分析结论和对情境因素的探索性分析结论。之后,本文以 Delone & McLean 的信息系统成功模型为基础,结合 Markus 提出的"ERP 最理想成功"框架,提出了一个 ERP 系统成功评价框架。最后,基于实证研究结论,本文就企业培养 ERP 实施能力、ERP 厂商选择、是否聘请咨询公司、ERP 系统实施策略选择等管理实践问题提出了简要建议。

关键词:企业资源计划(ERP)　项目管理　业务流程重组(BPR)

5256

城市土地经营中的地价问题研究/彭俊著 ;陈方正指导 . -- 同济大学, 2005. -- 216 页

本文的研究目标是城市土地经营。本文分四部分,第一部分介绍了土地价格的内涵,以及土地价格在城市土地经营中的作用与地位,提出了对城市土地经营中地价问题研究的思路和内容。第二部分讨论了土地价格的原理,揭示城市土地价格形成、变化和空间分布的基本规律,分析了城市土地价格形成模型,城市地总体价格的静态守恒和动态增长规律,并说明了城市宗地价格之间存在的地价转移与积累现

象,讨论了城市地价均衡关系的破坏及危害,说明城市基准地价的作用及地价动态监测体系建立的必要性。第三部分研究城市土地经营过程中城市土地价格的实际应用问题。阐述了城市土地经营过程中城市地价的形态变化,系统地分析了目前城市土地市场中存在的土地价格异化现象及其形成原因,用市场营销理论明确了城市土地价格策划的基本内容,对城市土地经营过程中地价中价格差异的利用、土地绿色价格的确定和招商引资中土地出让价格的定价等具体定价策略进行了讨论;分析了目前城市土地取得价格的不合理性和城市存量土地价格策略中存在的问题,并对城市土地取得价格、交易价格的定价问题作了深入研究;提出了对城市土地税费体系的合理设计的建设性建议;探讨了城市土地经营中的土地价格管理改革和完善的方向。第四部分是对城镇土地价格的实证研究。

关键词:城市土地　土地经营　土地价格　土地市场　土地管理

5257

知识经济测度研究 / 彭绪庶著 ; 齐建国指导. -- 中国社会科学院研究生院, 2005. -- 103 页

本文首先阐述了知识经济的基本理论,结合国内外现有知识经济测度相关研究,对知识经济测度的对象、方法与思路进行了梳理、分析和归纳,从不同角度分析了根据立足点选择知识经济测度研究的对象问题,并指出本论文的研究对象是知识经济形态,定位于国家层次。论文总结了知识经济测度研究的四种常见方法:统计核算方法、信息经济的方法、模型法和指标体系法,并进行了比较分析,指出知识经济测度研究应围绕具体测度目的和对象选择合适的方法。而当前系统测度知识经济有三种思路:完善和建立面向知识经济的统计核算体系、测度知识经济的发展变化和测度知识经济的发展进程。结合现有研究,本文还分析了不同研究思路的研究难点和优缺点。然后,本文对国内外知识经济测度研究和实践进行了详细阐述,并提出了知识经济测度研究中存在的若干共性问题。之后,本文探讨了对知识经济形态发展进程的测度,提出了以工业经济发展进程为参考,以知识化水平为核心测度知识经济发展水平,在由知识生产应用技术体系和知识产业这两个特征维度构成的框架中构建了一个测度知识经济发展进程的指标体系。最后,本文分别从主导生产技术体系和主导产业这两个方面,对中美知识经济发展进程中的若干指标进行了比较。

关键词:知识经济　技术创新　知识产业

5258

中国保险产品市场化的制度分析 / 蒲海成著 ; 陈飞翔指导. -- 同济大学, 2005. -- 177 页

本文从制度及其变迁的角度,阐述了突围中国保险市场效率瓶颈的路径选择,即:改革现有的保险产品管理制度。首先对保险的特点作了介绍,并因此说明了各国政府对保险市场运行实施较为严格的政府规制的原因。提出了医治保险市场失灵,提高保险市场运行效率的路径在于改革对保险产品过于严格的政府规制制度,实施偿付能力监管下的产品市场化、自由化;在推进保险产品市场化的过程中,不但要改革现有的产品管理制度,还要以改革的初始条件为约束,推动市场结构、交易制度、企业制度、监管与自律制度及保险消费文化等非正式制度环境的协同变迁。实现我国保险产品市场化改革的制度变迁模式,应该充分考虑与产品管理制度相关的制度结构与制度环境,从改革的初始条件出发,推动相关正式、非正式制度环境约束的变迁与创新。实现我国保险产品市场化制度变迁的路径,就是在改革现有产品管理制度的同时,开展一系列制度创新。即:改革优化、建立健全企业内部的产品研发制度、两核风险管理制度、产品销售制度;改革现有的保险市场交易制度,建立以专业中介销售为主的市场交易制度;深化保险监管制度改革,加快行业自律制度建设,形成以偿付能力监管为核心的政府监管制度,充分发挥行业协会的市场自律功能;引导消费者消费意识和行为逐渐成熟。

关键词:保险产品　市场化　保险制度　保险管理

5259

我国企业并购的动因、效应及途径 / 秦军著 ; 施国庆指导. -- 河海大学, 2005. -- 144 页

本文首先回顾了中外企业的并购历程,并从资源配置原理入手,从政府与企业两个角度分析了企业发生并购的原因。其后,本文分析了并购对我国企业外部治理机制完善的作用,重点分析了我国上市公司中的内部人控制和企业失信问题,并从并购角度提出了解决问题的方法。接着,本文运用股权结构和股权集中度与公司治理结构之间的关系原理,分析了我国上市公司内部治理结构失衡的关键因素,国有股形成的原因及对上市公司治理结构的影响,并提出以杠杆收

购为工具逐步实现国有股减持,从而完善我国企业的法人治理结构。论文讨论了杠杆收购的条件、程序及在我国的现状,并通过案例说明杠杆收购在改善公司治理结构方面的有效性。之后,论文分析了我国企业核心竞争力的培养问题,指出并购这一外部交易型战略是培养核心竞争力的一种快速有效的方法。同时,论文对收购的条件及所需环境进行了具体分析,并通过核心财务指标分析和实证分析论证了这一方法的可行性。最后,论文从企业并购融资、策划等角度探讨了投资银行的作用,并对投资银行的发展模式作了分析。针对我国现状,本文指出我国的金融分业经营在目前有一定的合理成分,但从长远来看,金融混业经营是大势所趋,有利于推动我国的企业并购。

关键词:企业合并　并购　上市公司　公司治理　核心竞争力

5260

区域创新系统内创新资源配置研究 / 曲然著 ; 张少杰指导. -- 吉林大学, 2005. -- 211 页

本文针对创新资源配置的相关理论与实践,在对国内外现有研究成果分析与评述的基础上,结合相关学科的理论与方法,深入研究中观层次的区域创新系统内创新资源的配置理论与实践。论文首先研究了区域创新系统相关理论,深入分析了区域创新系统的特征、功能与构成,并给出了创新资源的概念,对创新资源进行了界定和分类。同时,论文对区域创新系统内创新资源配置基本理论进行了系统研究,分析了创新资源中观层次配置的作用、具体目标、基本模式和我国的主要模式。然后,本文探讨了在区域创新系统环境下,创新人力资源、创新财力资源和创新知识资源等几类创新资源的配置理论,分别研究其配置的模式,构建区域创新系统内相应资源的配置平台。之后,本文从区域创新系统的基本结构出发,运用研究系统动力学的理论与方法,构建了区域创新系统的系统动力学仿真模型,分析区域创新系统运行的机制与效率,深入研究区域创新系统内创新资源的综合配置。最后,本文将相关理论与模型运用于吉林省区域创新资源配置的实证研究,分析了吉林省区域创新系统及创新资源综合配置所存在的问题,并从创新资源的整合、创新主体和创新环境的建设等三方面,探讨了吉林省区域创新系统内创新资源综合配置的相关战略。

关键词:区域经济　区域创新系统　资源配置

5261

战略导向与绩效的权变关系研究 / 权小妍著 ; 董大海,刘瑞明指导. -- 大连理工大学, 2005. -- 122 页

本文针对研究论题"战略导向和绩效的权变关系研究",在详细比较了两大理论的基础上提出"基于定位和资源的战略导向"概念,认为两大理论向我们显示了企业可以选择的两种战略导向,进而提出本论文的两个研究课题:(1)这两种战略导向在企业中普遍存在吗?(2)两种战略导向在什么样的战略环境下更能帮助企业获得竞争优势?针对上述研究问题,论文首先详细分析了定位理论和资源基础理论对竞争优势来源的具体内容的认识,在此基础上还分析了两大理论在战略分析过程方面存在的诸多差异。上述分析为论文鉴别两种战略导向提供了可靠的鉴别依据。随后,论文通过对调查收集的数据的分析,确认了企业战略管理实践中广泛存在着基于定位和资源的两种战略导向,验证了两大理论存在的实践基础。在此基础上,论文论述了各种战略环境对战略导向与企业绩效的关系的调节作用,从而全面展开了论文的第二个研究课题的内容。后续的实证数据分析对作者提出的两种战略导向与绩效的权变关系进行了验证,结果显示环境不确定性、企业规模、经济门类、组织结构、战略过程对战略导向的调节影响。论文研究结果为全面理解定位理论和资源基础理论的价值和实践意义提供了参考依据,为企业正确选择竞争战略理论提供了指南。

关键词:战略管理　企业绩效　资源优势　竞争战略

5262

金融资产结构与经济增长的协调机理研究 : 基于中国金融发展的理论与实证分析 / 荣先恒著 ; 杨义群指导. -- 浙江大学, 2005. -- 208 页

本文首先阐述了本文的研究背景、研究思路和技术路线等,并分别从经济增长理论、金融发展理论和复杂性理论等视角介绍了金融资产结构与经济增长协调机理的相关理论研究现状,分析了当前理论研究中的一些不足以及已有研究对本研究的启示。之后,本文探讨了金融资产结构变动与金融效率之间的关系,以及金融资产结构的帕累托问题;建立协调途径概念模型,从微观机制层面分析了金融资产结构与经济增长的协调原理及其途径;探讨了金融资产与经济增长协调的计量分析模型;从生态学角度分析了金融资产结构协调的机理。然后,本文对发展中国家和发

达国家经济发展中金融资产结构的特征进行了分析，并对我国1979年以来金融资产结构发展的特征进行了实证分析，运用多重指标探讨了我国的金融资产结构效率。其后，本文分析了我国改革开放以来各项金融资产与经济增长之间的关联性和均衡性，实证研究了金融资产外部结构的均衡性与协调性，以及金融资产总量与三次产业增长之间的关联性和协调性。在此基础上，本文建立了金融资产协调度的定量测度模型，实证分析了我国金融资产结构与经济增长的协调度问题。最后，本文基于研究结论探讨了我国金融资产结构与经济增长的协调途径，并对后续研究作了展望。

关键词：金融资产　资产结构　经济增长　金融发展

5263

银行资本监管绩效研究 / 尚静著 ; 许长新指导. --河海大学, 2005. -- 160页

本文首先在制度经济学和演化经济学框架下，对银行资本监管的理论基础进行了阐述，对银行资本监管的有效性和效率进行了系统分析。之后，本文对银行资本监管绩效的影响因素进行了研究，分析了银行资本头寸与风险承担之间的关系，银行准入价值在资本监管中的效应，银行资本监管中的委托代理问题，以及银行资本监管机制对银行资本监管的影响，并通过案例分析揭示了国别因素对银行资本监管的影响。在此基础上，本文提出了改进银行资本监管绩效的路径，指出有效且有效率的银行资本监管不仅需要选择合宜的准入关闭政策、监管机制、激励相容的激励手段，还应允许一定程度的弹性；有效的资本监管并不一定是有效率的，银行资本监管在保护存款者利益的同时可能加大社会成本；在监管中不但要考虑外部力量的介入，更要注意银行内部的激励相容，必须处理好银行资本监管和银行自身管理质量之间的关系，处理好监管力量和市场力量之间的关系。最后，本文分析了我国银行资本监管实施的难点和存在的问题，提出了提高我国银行资本监管绩效的思路，指出我国目前的银行资本监管仍应以维护银行业的安全和稳定为首要目标，通过国有银行治理结构改革，资本监管保障机制的完善，有差异的弹性监管办法的实行等措施，提高我国银行资本监管的绩效。

关键词：商业银行　资金管理　资本充足率　监督管理

5264

国际航运船舶投资决策方法研究 / 邵瑞庆著 ; 金光华指导. -- 同济大学, 2005. -- 239页

本文通过对国内外大量相关研究的综述，将国际航运投资决策方法分为基于现金折现的传统方法、基于期权的方法与基于综合评价的方法三大类。首先，对国际航运船舶投资环境及其风险进行了系统分析，对基于现金折现的传统方法，进行了一些局部的理论与方法上的探索创新。其次，本文通过对投资决策的实物期权方法研究，认为国际航运船舶投资是在高度不确定性的经济环境中进行的，为此而决定了实物期权方法在国际航运船舶投资决策中的适应性与必要性。然后，根据国际航运船舶投资环境因素的层次结构，应用层次分析理论与模糊数学理论，建立了基于综合评价的国际航运船舶投资决策方法。这一方法的显著特点是提供的决策信息比其他两类方法丰富，并且全面地考虑了影响船舶投资决策的相关环境因素，注重的是航运企业船舶投资的整体效应，具有较强的可操作性。本文的研究旨在吸收投资决策的最新研究成果，完善国际航运船舶投资传统的决策方法，建立基于期权的国际航运船舶投资决策方法与基于综合评价的国际航运船舶投资方法，以次形成具有系统性、科学性与开创性的国际航运船舶投资决策方法体系，促进我国国际航运船舶投资的理论研究并提高我国国际航运船舶投资的决策水平。

关键词：国际航运　航运公司　投资决策　投资环境　实物期权

5265

新兴市场开放进程中的外国机构投资者监管制度研究 / 申屹著 ; 黄运成指导. -- 同济大学, 2005. -- 168页

本文首先论述了对外国机构投资者监管必要性分析。通过对机构投资者本质特征的分析，指出机构投资者本质上是金融中介机构，其投资行为受到多种因素的约束。其次，为了进一步研究制度的有效性，本文介绍了新兴市场外国机构投资者监管制度的发展状况和趋势，同时对监管制度体系、监管制度的具体措施及其作用机制进行了全面总结和分析；并对新兴市场外国机构投资者监管制度有效性作了分析，提出了监管措施选择的三个原则和监管的重点：在开放初期加强对外国机构投资者进入规模的总量控制，具有较明显的意义，同时，加强市场建设，为外国机构投资者的规范提供良好的外部市场环境是成功的关键。

此外,对新兴市场开放的速度的研究表明,新兴市场开放的速度应与市场的发展水平相结合,保持适当的速度。最后,提出了我国证券监管部门应以加强市场建设为根本,客观评价 QFII 对市场发展的功能,树立正确的监管理念,在协调各监管部门的监管目标和工作,充分发挥 QFII 制度的优势,稳步推进我国证券市场开放,同时,进一步加强与其他国家地区监管机构的合作的建议。

关键词:资本市场　新兴市场　机构投资者　监管制度

5266

证券市场效率与企业投资行为研究 / 沈可挺著 ; 钟学义指导. -- 中国社会科学院研究生院, 2005. -- 125 页

本文主要从理论和实践两个层面探讨了中国证券市场对上市企业的投资决策的影响。首先,文章通过对中国市场股权分置制度框架的理论研究认为,由于股权分置所导致的流通股和非流通股定价差异,如果规定以净资产作为价值评估标准,会使得非流通股东难以享有本该由其享有的部分投资收益,由此将导致盈利企业的非流通股东投资热情受损,企业面临投资不足;而亏损企业的非流通股东由于不需要承担本应由其承担的部分亏损责任,会倾向于承担过度风险,企业面临过度投资。同时指出,股权分置的主要弊端在于占控股地位的非流通股东卖空本企业股票(增发流通股)的行为不会损害其所持有股票的价值(非流通股价值按净资产标准锁定),因此上市公司增发新股的冲动会持续存在,但是股权分置又导致非流通股东不愿意追加投资,由此造成中国股市的"恶东"横行以及屡见不鲜的疯狂圈钱和掏空行为。其次,文章利用横截面数据检验了中国股市的市场价值信号对上市公司投资行为的影响效果,实证结果表明,中国股市上市公司的投资行为对市场价值和基本面因素变化的反应均不敏感,但对企业现金流量变动的反应则比较敏感。作者通过进一步分析表明,上市公司留存高额利润、保持较高的自由现金流量的原因很可能是出于管理者为谋求私利的动机,而不是为了应对融资约束的问题。

关键词:证券市场　证券投资　投资行为　股权分置　市场效率

5267

城市化进程中土地资源配置研究 / 盛广恒著 ; 施国庆指导. -- 河海大学, 2005. -- 141 页

本文在前人研究成果基础上,以制度经济学、福利经济学、城市经济学、土地经济学、公共管理学等为主要理论依据,对中国城市化过程中土地利用、土地流转、土地补偿、收益分配、土地市场调控等问题进行系统分析。论文首先根据增长极理论对中国城市化模式进行研究,从聚集效应和扩散效应两方面论证城市功能,根据城市发展基本规律,探讨中国城市化模式选择及其对土地资源配置要求。之后,本文对中国土地市场的发展现状和效率进行了研究,从制度和市场的角度分析了中国土地资源配置中存在的问题。在此基础上,本文从效率角度探讨了土地资源配置市场机制,包括定价机制、供求机制和竞争机制,并进行了定量化分析。然后,本文研究了基于土地市场失灵的政府调控,认为政府主要通过土地规划和城市规划,针对土地市场失灵领域进行干预。同时,结合中国的特殊情况,本文对土地资源有效配置的制度保障进行分析,构建了新型土地资源配置机制,界定了政府在土地资源配置中的作用和职能,强调政府干预应更好促使市场运行,为市场机制创造良好的外部环境。最后,本文从社会公平的角度出发,研究了城市化进程中基于公共利益的征地拆迁补偿行为,提出了完善征地拆迁补偿的具体措施。

关键词:城市化　土地资源　资源配置　土地市场

5268

股票收益波动率行为及其预测模型研究 / 施红俊著 ; 陈伟忠指导. -- 同济大学, 2005. -- 152 页

股票收益的波动率对组合选择、风险管理以及期权定价都相当重要。贯穿全文的一条主线就是波动率的模拟和预测。本文从考查波动率的度量方法入手,讨论了波动率度量的传统方法、收益绝对值法、GARCH 模型法以及实际波动率。然后,重点研究了实际波动率,包括其理论背景、变量性质以及经验结论,并实证研究了实际波动率的最优样本频率及相关变量的性质,得出:最优样本频率分布在 4—8 分钟,经实际波动率标准化后的收益率呈正态分布,对数实际波动率近于正态分布等。其次,研究波动率的时变性、持续性、长记忆性及非对称性的行为特征,以及能模拟和刻画上述特征的相应模型。最后,实证研究各波动率模型的模拟和预测效果,得出:在对波动率的模拟方面,EGARCH 模型的模拟效果最优;在对波动率预测方面,ARFIMA 类模型最优,其中又以基于对

数实际波动率的ARFIMA模型见长。最后,从组合选择和风险管理两个角度来体现实际波动率的应用价值,实证得出:基于实际波动率的组合选择法在组合持有期上均取得了为正的超额收益,基于实际波动率的VaR预测相对较优。

关键词:股票市场　股票价格　股票收益　波动率

5269

医疗诊断智能决策支持系统研究 / 孙佰清著 ; 冯英浚, 潘启树指导. -- 哈尔滨工业大学, 2005. -- 138页

本文以医疗诊断领域为背景,研究具有通用性的智能决策支持系统的模型设计方法,做到理论研究与医疗诊断的实例相结合。论文首先针对样本数量较大、特征较多的神经网络训练问题,提出了前馈式人工神经网络的BP算法和SPDS算法结合的快速组合训练算法,并分三种情况进行了研究。为了提高神经网络的泛化能力,本文采用灵敏度分析方法设计了多层感知器,并将灵敏度分析技术与神经网络结构的增长法或剪除法相结合,提出了相应的神经网络结构构造算法。在此基础上,本文提出了基于SPDS算法的区域映射模型,并针对医疗诊断系统研发项目的前景进行了多目标评价。然后,针对神经网络训练样本集的数据预处理问题,本文提出了一种新的决策表数据的离散化方法。以此为基础,本文提出了一种粗糙集和神经网络集成模型,即采用粗糙集约简算法进行决策表的属性约简,进而生成极大规则集和极小规则集。之后,本文建立了可用于医疗诊断领域的粗集、专家系统与人工神经网络集成的智能医疗决策支持系统框架,研究了其框架设计和功能结构。最后,本文对心血管疾病进行了有效的探索与研究,建立了粗集、专家系统与神经网络集成的心血管疾病诊断智能决策支持系统,并以心肌梗塞、心绞痛和高血压为例进行了病理诊断实验。

关键词:医疗诊断　决策支持系统　专家系统　心脏血管疾病

5270

我国高技术风险投资资信风险控制体系研究 / 孙红霞著 ; 葛宝山指导. -- 吉林大学, 2005. -- 240页

本文从风险投资机构的角度出发,研究风险投资过程中对创业者及创业企业的资信风险控制问题。论文首先根据对风险投资机构实践的调查研究以及对国内外文献资料的回顾,设计了风险投资机构资信风险控制体系总体框架,从技术保证与制度保证两个层面研究资信风险控制体系。之后,论文阐述了资信风险等级评估的作用,并从系统论的角度提出了进行资信风险等级评估的三个步骤:针对商业计划书的诚信评估;对创业者、创业团队、创业企业的能力评估;资金信用与财务状况评估。在此基础上,本文设计了高技术风险投资资信风险等级评估指标体系,从实用性、可行性和准确性的角度出发,修正、开发和组合了适用于不同阶段、不同步骤的资信风险评估模型。然后,本文对传统资信风险评估方法进行了分析比较,研究了我国高技术风险投资资信风险等级评估过程与方法,提出了基于资信风险等级评估的价值评估模型,分析了投资期权计划的确定、风险投资公司组合投资风险和项目投资后的资信风险跟踪,并对资信风险评估指标体系与评估方法的可行性进行了论证。最后,论文开发了我国高技术风险投资资信风险评估体系,将资信风险评估的三个步骤实现计算机化,根据实际情况进行了资信风险评估指南设计。

关键词:高技术产业　风险投资　信贷管理　风险管理

5271

中国财政货币政策与经济增长协整研究 / 孙镟著 ; 郑垂勇指导. -- 河海大学, 2005. -- 148页

本文采用规范研究与实证研究相结合的方法,辨析了我国财政与货币政策发展轨迹和政策实施效应,并为理论的应用提供指导原则。论文首先阐述了国内外财政政策调控、货币政策调控的理论背景,对中国宏观调控中的财政货币政策进行了综述,论述了财政货币政策的调控机理,并揭示了中国财政货币政策调控的结论与启示。然后,本文对中国财政货币政策的有效性进行了实证分析,并进行了对策研究。通过不同的样本数据,采用协整检验与Granger因果关系检验等方法实证研究了中国财政货币政策相关工具变量对经济发展的影响。之后,本文对宏观调控风险进行了解析,剖析了近期的经典危机,研究了财政货币政策调控的原理,财政货币政策调控的实践,以及对内外经济平衡的冲击,同时客观分析了现阶段财政货币政策调控难点,包括“三农问题”和产业结构调整。最后,本文对中国经济宏观调控进行了前瞻性分析,提出了积极而有效的宏观经济调控政策。通过理论与实证研究,本文得出以下结论:中国经济历经通胀与通缩,但总体上保持平稳、高速运行与财政货币

政策的合理运用密切相关;为促进经济的持续发展,应根据经济运行的现实状况,合理选择财政货币政策工具及施行力度;宏观调控存在风险,而这一风险可控。

关键词:财政政策　货币政策　宏观调控　经济增长

5272

理性视域的西方战略管理思想批判 / 唐震著 ; 张阳指导. -- 河海大学, 2005. -- 160 页

本文首先从哲学的"理性"层面提出了一个深入研究西方战略管理思想演进历程的问题架构,通过对研究方法论基础的探究以及对理性与理性主义的内涵分析,初步解决了本文研究的理论形态问题和知识基础问题,同时在战略管理与经济学以及管理学的密切联系中阐解了西方战略管理思想的理性主义源流。其后,本文分别阐述了战略管理正统学说和非正统学说的不同理论表现,以及两者不同的理论表现背后贯穿的各自的逻辑前提,并立足于理性视域考察,从管理主体以及战略管理学科理论与实践展开分析,将指向思想内容的科学批判与指向逻辑的哲学批判两者有机结合起来,揭示了正统战略管理理论的缺失,论述了非正统学说的启示和限制。然后,本文分析了后现代主义思想对战略管理领域的影响,通过对战略管理后现代思想与非正统学说研究视角的比较,论证了战略管理后现代思想的彻底非理性,进而对战略管理正统学说的理性进行解构,并提出战略管理后现代思想的逻辑前提,进一步对其启示与限制作出评述。最后,本文分析了战略管理学科新的研究方向,提出了战略管理研究理性基础重建的初步设想,以及战略管理基于实践的新理性基础的构建原则和由此定义的战略管理内涵。进一步,本文从实践创新平台和实践创新源头两方面对此作出论证。

关键词:管理思想　战略管理　后现代主义　西方国家

5273

基于博弈论的企业员工在职培训机制研究 / 田盈著 ; 蒲勇健指导 . -- 重庆大学, 2005. -- 118 页

本文以不对称信息下,企业与员工在培训过程中形成的委托代理关系作为出发点,旨在解决在职培训过程中所面临的一些问题,围绕这一目标进行阐述。首先,对全文的写作作一个概览。包括背景、学术意义、研究的基本思路与研究的主要内容,以及相关研究理论方法的评述等。论文第一部分对企业员工在职培训的理论进行了较为全面的回顾与评述。介绍了完全竞争劳动力市场下的企业员工在职培训模型;对不完全竞争市场下,员工在职培训的成本与收益进行了分析;分析了原培训企业与外部企业之间存在的信息不对称对员工一般性在职培训投资水平的影响。论文第二部分从企业与员工之间的博弈关系这一角度出发,研究了在不对称信息情况下,企业员工一般性在职培训的行为机制,其中,包括技能凭证对员工一般性在职培训的影响以及一般性在职培训的信号传递模型、逆向选择模型与信息甄别模型。论文第三部分则对企业员工特殊性在职培训中所存在的"囚徒困境"与"道德风险"等问题进行了研究。最后对文章研究结论进行了总结,并提出今后进一步的研究方向。

关键词:人力资源管理　在职教育　职工培训　博弈论

5274

东部沿海发达省份欠发达区域发展研究 / 屠高著 ; 唐德善指导. -- 河海大学, 2005. -- 187 页

本文结合东部沿海欠发达区域发展的现实需要,运用系统研究方法,将理论研究与政策研究、国内研究与国外研究,当代研究与历史研究、战略研究与战术研究、经济研究与管理研究进行交叉、嫁接和综合,提出了东部沿海发达省份欠发达区域发展的理论和实践命题。论文首先对东部沿海发达省份欠发达区域发展所适用理论进行分析、对比、选择和应用,提出要将有关理论综合运用和系统集成。之后,本文系统研究国外相对落后区域发展经验和中国西部大开发采取的主要政策与措施,从国内外欠发达区域发展经验中得出启示,并对国内经济发展的成功模式进行分析、对比和选择,探讨了经济发展的成功要素。其后,本文阐述了东部沿海发达省份欠发达区域的发展现状,指出沿海发达省份内部呈现区域差距巨大且总体差异趋于扩大的态势,沿海发达省份欠发达区域发展潜力大于中西部地区;分析了区域发展政策措施,并对已采取的政策措施绩效进行了研究评估;探讨了东部沿海发达省份欠发达区域发展的"六项转移"扶持模式。然后,本文对沿海发达省份欠发达区域经济增长要素进行了研究,指出了区域经济增长要素论的政策含义。最后,本文从战略、策略及具体操作三个层次入手,研究了加快欠发达区域发展的政策与措施。

关键词:区域经济　经济发展　协调发展　科学

发展观　欠发达地区

5275

企业控制权安排及控制权效率改进机制研究 / 王冰洁著 ; 李传昭指导. -- 重庆大学, 2005. -- 140 页

本文以控制权效率为核心,对不同企业的控制权安排、不同控制权情形下控制权效率的影响因素,以及提高现代企业控制权效率的对策和措施进行了探讨。文章建立博弈模型对企业控制权安排的影响因素及其安排过程进行分析。模型的结果解释了权力统一与分离的必要性和必然性。文章认为,为了提高现代公司的控制权效率,必须从降低代理成本和提高控制人能力入手。为验证前文的理论,本文结合重庆市典型企业的案例,比较分析了中国几种企业控制权状态下效率的不同特征及其影响因素。文章还对上市公司控制权效率的影响因素进行了实证研究。通过采用不同的指标,发现我国上市公司的股权结构、监事会的监督、董事会的监督、控制人能力和控制人激励等各种因素从不同侧面影响着控制权效率。实证证明了股权和公司市场效率的二次关系,也证明了提高董事会的独立性对效率的促进作用。发现控制人能力对效率具有一定的促进作用,适当的股权激励也可以提高效率。

关键词:企业管理　控制权　股权　委托代理　公司治理

5276

基于投资扩张的企业动态能力研究 / 王建峰著 ; 许长新指导. -- 河海大学, 2005. -- 148 页

本文以企业能力为接口,以能力建设过程为主线,以动态能力为动力,提供了一种基于动态能力的战略设计和实现策略。首先,论文在对战略管理的结构学派、资源学派和能力学派进行分析和研究的基础上,明确了本文的研究重点难点和关键问题。之后,根据动态能力理论和能力演进理论,本文设计了基于动态能力的投资扩张战略框架,包括能力分析与评估、能力配置、能力提升三个阶段,并对三个阶段的实现策略和方法进行了初步的研究。在此基础上,针对能力分析与评估的指标多属性、信息反馈的交叉性、定性与定量指标等特征,本文采用 Bayes 网络方法建立了基于投资扩张的动态能力分析与评估模型,并结合 Bayes 网络中的 D-Seperation 技术研究了资源—能力缺口分析方法。然后,针对投资扩张中能力配置的重要性,以及在不确定和复杂的投资扩张环境中选择能力配置的形式和时机的需求,本文建立了实物期权的决策模型,实现了能力配置的灵活性以及与环境的动态适应性。针对投资扩张中能力持续提升要求,本文明确了隐藏在能力背后的本质是知识,设计了企业在投资扩张过程中的有意识学习机制和学习管理任务。最后,本文以江苏沃德集团为研究对象,对其投资扩张的能力进行了实证分析,并针对其能力建设与发展提出管理建议。

关键词:企业扩张　投资　战略管理　组织学习

5277

中国独立第三方主导下的 B2B 电子虚拟市场发展模式研究 / 王俊杰著 ; 汪星明指导. -- 中国人民大学, 2005. -- 171 页

本文以电子虚拟市场发展模式为研究对象,运用理论和实证相结合的方法,运用比较研究的方法,以案例分析、理论演绎等为研究工具展开研究。论文首先界定了电子虚拟市场、一般竞争形态的电子虚拟市场和特殊形态的电子虚拟市场这三个核心概念,并提出了本文的中心命题。其后,本文研究了独立第三方电子虚拟市场的产生原因。从博弈的内生性和外生性视角对市场参与者行为进行分析,本文指出电子虚拟市场是经济发展和市场参与者之间重复博弈共同作用的结果。在此基础上,本文推导出监管机构对电子虚拟市场发展推动的必然性。接着,本文研究了独立第三方电子虚拟市场的基本功能要求,为独立第三方主导下电子虚拟市场目标发展模式的构建打下基础。之后,本文分析了独立第三方主导下的电子虚拟市场与传统的中间商之间的关系,指出传统中间商的存在是使得我国电子虚拟市场呈现阶段性的一个重要原因。然后,本文提出了独立第三方主导下的电子虚拟市场目标发展模式,探讨了监管机构如何推动电子虚拟市场的发展;分析了电子虚拟市场的制约因素,包括物流约束、支付约束和理解约束;通过电子虚拟市场演进的中外对比,结合我国的实际,指出其发展模式的跨越性。最后,本文通过案例剖析验证了本文提出的发展模型的正确性,并提出了未来的研究方向。

关键词:电子商务　虚拟市场　中间商

5278

中国汽车产业竞争力研究 / 王连芬著 ; 张少杰指导. -- 吉林大学, 2005. -- 214 页

本文首先界定了产业、竞争力及产业竞争力等相

关概念,对产业竞争力进行了经济学分析,探索了产业竞争力研究的理论基础;通过对波特及波特—克朗宁等产业竞争力经典范式的研究,确立了基于产业竞争力主体要素及客体要素基础上的产业竞争力的分析框架。在此基础上,本文结合汽车产业的产业特征,对影响汽车产业竞争力的各种要素作了系统分析,揭示了汽车产业竞争力的形成机制,得出形成汽车产业竞争力的一般规律。之后,本文分析了我国汽车产业竞争力在WTO后过渡期的基本状况,讨论了我国汽车产业所面临的优劣势,从整车和零部件业的角度对我国汽车产业的发展进行了系统研究,探讨了中国汽车整车业的引进及自主发展两种典型模式,总结了我国汽车零部件业发展中较为成功的两种企业类型。其后,本文明确了汽车产业竞争力评价的目的和原则,初步建立了包括生产竞争力、市场竞争力、技术竞争力、资本竞争力、环境竞争力和组织竞争力等六个方面的汽车产业竞争力评价指标体系,并确定了汽车产业竞争力评价指标的筛选过程;建立了基于因子分析和聚类分析的汽车产业竞争力的评价模型,并进行了实证分析。最后,本文从政府规制、产业组织、企业战略等角度提出了提高我国汽车产业竞争力的措施和建议,讨论了需进一步研究的问题。

关键词:汽车工业　竞争力　知识管理　政府规制

5279

基础设施与经济增长:中国的实证研究 / 王任飞著;钟学义指导. -- 中国社会科学院研究生院, 2005. -- 150 页

本文系统分析了基础设施发展对中国经济增长的影响,并在此基础上对中国基础设施发展模式、发展重点和区域布局以及投融资等相关问题提出了建议。首先,分别介绍了基础设施投资对短期经济增长以及基础设施资本对长期经济增长的作用机制,同时从微观经济角度分析基础设施对企业成本和产出的影响机理,为基础设施的宏观经济效应寻找了微观层面的支持。其次,从基础设施投资、基础设施规模和服务能力、基础设施质量和技术水平、基础设施内部结构、基础设施空间网络化、基础设施领域市场结构等角度分析中国基础设施发展状况,并以此为标准对中国各省、市、自治区的基础设施现状进行综合评判。再次,利用永续盘存法估算了中国基础设施资本存量,并借助时间序列数据和总量生产函数模型,估计了中国基础设施资本的产出弹性,同时提出了基础设施达到最优规模所应满足的条件。然后,基于协整理论和VECM模型考察了各类基础设施指标及基础设施服务指标与总产出之间的协整与因果关系,得出主要基础设施指标与总产出、经济结构变动等经济变量构成长期的均衡协整关系。指出通常情况下是基础设施发展引致长期经济增长,而非经济增长促进基础设施发展。最后,作者探讨了基础设施对经济增长的间接影响,即基础设施对区域生产要素配置和生产率的影响,提出了基础设施对生产要素流动和生长率的增长率都有显著的正效应。

关键词:基础设施　经济增长　生长率

5280

基于CVaR风险度量方法的基金变动投资组合研究 / 王树娟著;黄渝祥指导. -- 同济大学, 2005. -- 132 页

本文从我国证券投资基金的近期发展入手,针对我国基金风险管理及组合投资技术水平处于发展初级阶段的现状,选择并研究直观且容易被有关各方共同理解和使用的先进适宜的风险度量方法,并以此为基础,结合我国基金业面临的各方面的投资限制条件,设计符合基金业特殊经营环境的投资组合模型,从而使风险在事前得到有效管理和控制,并通过最优组合选择实现投资者利益最大化。本文对CVaR风险度量技术作了深入研究,分别编制了“CVaR”和“PORTFOLIO”软件包,将有关理论在Matlab系统中实现。用“CVaR”对我国沪深股市的条件风险值CVaR特点进行了实证研究;用“PORTFOLIO”软件包将基于CVaR的基金变动组合选择模型运用于基金组合选择的实证研究,分析了置信水平的变化及基金所受的各项投资组合约束对基金的有效前沿的影响,并对比检验了基于CVaR的基金变动组合模型的效果。研究表明:基金风险资产投资组合有效前沿随置信水平不同发生变化;权重系数约束有降低基金预期收益和规避高风险的双重效应;基金的交易成本对其收益将产生显著的负面影响。基金的运作绩效与所在公司和其契约形式有关,开放式基金的绩效评价结果好于封闭式基金。

关键词:证券投资基金　投资组合　风险管理　风险分析

5281

基于投入产出分析的科研绩效评价理论模型及方法研究 / 王晓红著;冯英浚指导. -- 哈尔滨工业大

学, 2005. -- 111 页

本文首先对国内外关于科研评价的理论及应用现状作了简要回顾,对科研评价所具有的经济和社会意义进行了详细阐述,说明了基于投入产出分析的科研评价方法的重要意义,指出现有的科研评价的理论和方法的一些不足之处,并提出在投入产出分析的框架内,选择合适的数学模型来研究科研评价问题。之后,本文分析了传统的DEA模型的有关假设,并通过理论分析和实际数据,说明边际收益递增现象在生产领域和科研评价领域的存在性,进一步指出传统DEA模型不适合边际收益递增特性的投入产出分析。在此基础上,本文给出了具有边际收益递增特性的生产可能集的前沿面数学描述,以及关于生产可能集的数学变换原理。此外,本文还研究了具有边际收益递增特性的生产可能集的识别算法,给出了三种方法来判定生产可能集合是否具有边际收益递增特性,并给出了不同情况的变换函数的求取模型。然后,本文提出在已有的评估方法求得各评价单元评估结果的基础上,结合E—DEA模型的求解结果,对评估结果进行合理的修正,使得修正后的结果具有考察不同投入规模单元之间产出绩效的比较分析功能。最后,本文使用我国部分大学有关科研成果和科研经费等统计数据,通过本文提出的方法进行模型求解,对大学科研综合绩效评估及排名进行了应用研究。

关键词:科研管理　绩效管理　投入产出分析　数据包络分析(DEA)

5282

科技型企业创生机理研究 / 王旭著 ; 蔡莉指导. --吉林大学, 2005. -- 147 页

本文主要研究科技型企业创生与消亡的交替现象背后的内在规律。文章将影响科技型企业创生的因素分为宏观因素与微观因素。其中从环境角度将宏观因素细分为科技环境、金融环境、教育与人才环境、政策法律环境、社会服务环境、文化环境和市场环境;微观因素则包括创业者、商业机会和创业资源。作者将创新理论、经济学理论、行为科学理论、企业家理论、系统论、企业生态学和科技发展规律作为这篇文章的理论基础,并运用这些理论解释科技型企业创生的动因,并分析了宏观、微观因素对科技型企业创生的影响。以系统论为指导,作者建立了科技型企业创生系统结构模型和各要素相互作用机理模型以及不同类型创业者商业机会及资源整合方式选择的理论模型。其次,作者引入企业核的概念,进一步解释了科技型企业的成核规律。在此基础上,应用资源基础论与动态能力论的观点,作者构建了企业核形成过程模型及企业核空间模型。同时,根据初始资源状况,作者分析了技术驱动型、资金驱动型和核心人力资本驱动型这三种模式下的资源生成与能力转化路径,提出了科技型企业成核质量度量模型,并举例说明模型的应用。最后,作者利用调研所取得的数据,对文章中所提到的重要理论模型及相关假设进行了实证研究。

关键词:高技术企业　创业

5283

汽车营销模式研究 / 王奕俊著 ; 吴泗宗指导. -- 同济大学, 2005. -- 145 页

本文提出了营销模式是汽车流通领域的一项制度安排的思路,把营销模式的研究置于制度的框架体系中,对其内部制度要素和外部的制度环境进行研究。同时,从制度变迁的视角分析营销模式格局的演变,认为在内部各种因素的共同影响和作用下营销模式所产生的质的变化,实质上是这种制度安排的变迁。本文进一步将汽车产业的营销阶段看作一个"微型"的产业,借用产业组织理论的SCP范式,从结构、行为和运作绩效等方面对汽车营销模式进行深入研究,剖析营销模式中制造商、经销商、消费者等主体之间相互关系以及权益分配,各主体从自身利益角度出发所进行的互动博弈行为和所产生的绩效,营销模式结构对主体的行为选择和运作绩效的影响等。在对营销模式内部要素和环境因素分析的基础上,构建汽车营销模式格局变化的系统动力学模型,对中国汽车营销模式未来几年的发展趋势进行分析和预判。最后,分析了发达国家与汽车营销模式相关的产业政策,并在适度竞争理论的基础上,阐述了在目前市场条件下,中国汽车流通业制定产业政策的思路,同时分析了国外发达国家汽车营销模式的特点及对中国汽车流通业的启示。

关键词:汽车工业　市场营销　营销模式　产业组织

5284

区域工业化理论与实证研究 / 王颖著 ; 李建华指导. -- 吉林大学, 2005. -- 171 页

本文主要从理论和实证两个角度对区域工业化进行了研究。文章首先从动态的角度阐述了工业化的内涵。其次,从国外和国内两个层面阐述了工业化

理论研究的现状,并对研究成果进行了简要评述。通过对比,作者指出西方工业化理论比较成熟,也比较有影响,但是难以完全适用处于新形势下的发展中国家。接着,作者进一步分析了比较有代表性的东、西方工业化理论,并对两者进行了分析比较和评价,在此基础上,提出了适合中国国情的工业化理论体系。同时,作者对有代表性的国家和地区的工业化实践模型进行了分析和研究,在此基础上,提出了适合中国国情的区域工业化模式。然后,文章从定性和定量两个方面、中国和区域两个层面分析研究了影响工业化进程的主要因素,即人口、资源与环境、资本、技术进步和制度,并进一步揭示了工业化进程的演进机理,指出区域工业化的发展过程,实际上是这五种要素的投入和组合的动态过程,工业化的进程取决于哪种要素居于主导地位。作者按照新型工业化的内在要求设计出了区域工业化进程的评价指标体系,并用层次分析法进行了评价,同时探讨了区域工业化模式的基本框架。最后,作者综合运用之前的研究成果,对吉林省工业化模式进行了实证分析。分析了它的发展进程和影响因素,提出了发展的基本框架,并给出了对策建议。

关键词:区域经济　工业化　经济发展　可持续发展

5285

区域水资源承载力评价研究 / 王友贞著 ; 施国庆指导. -- 河海大学, 2005. -- 179 页

本文主要从评价的角度来研究区域水资源的承载力问题。文章首先分析了水资源承载力评价的基本理论,即可持续发展理论、系统理论、水循环基本规律和区域经济发展理论。其次,指出水资源社会经济系统是由水资源系统、社会系统、生态环境系统和经济系统所组成的多层次复杂系统,并通过对系统及各子系统的组成、功能、特点及构成要素的分析,研究了各构成要素与水的关系。接着,作者通过对水资源承载力定义、内涵与特征分析,研究了水资源承载力的主要影响因素,在此基础上建立了水资源承载力评价的指标体系,包括反映水资源承载力大小的宏观指标(人口规模和经济规模)和反映水资源社会经济系统结构状态及协调状况的综合指标(承载力指数和协调指数)。与之相适应,作者构建了水资源承载力计算的模型系统,并运用层次分析法,分别给出了宏观指标、单向指标和综合指标三种类型的计算模型与方法。然后,作者根据水资源开发利用实践和社会经济发展经验,建立了水资源承载力评价的参考评价区域,对水资源承载力的敏感性进行了分析,研究了单向指标与承载力指标之间的数量关系。最后,作者对安徽淮北地区水资源承载力进行了实证研究,在验证前述研究成果的基础上,提出了区域社会经济发展规划和水资源配置的调整方向以及提高区域水资源承载力的途径和方法。

关键词:水资源　生态环境　环境承载力

5286

商业银行竞争力评价理论与方法研究 / 王宇著 ; 冯英浚指导. -- 哈尔滨工业大学, 2005. -- 158 页

本文结合 Benchmark 理论,分析了商业银行竞争力高标定位的机理。文章首先从有效竞争行为模式、理性边际替代模式和相对优势定位模式建立了商业银行竞争力标杆定位模式。其次,作者在商业银行经营模式、流动性以及信用风险管理国家比较的基础上,从同业竞争力和国际竞争力两个层面构建了评价商业银行竞争力的指标体系。接着,作者在对现有商业银行竞争力评价中的数据包络分析(DEA)方法分析的基础上,揭示出现有方法的不足,即传统 DEA 模型在不具备先验信息的条件下无法合理分配各个输入、输出指标的权重,以及输入或输出指标按同一比率优化所导致的提供决策信息较少等。在此基础上,作者以群组决策法、多目标优化与模糊集合理论为工具,提出了一种能够同时面向输出各个分量的群组决策 DEA 模型,并通过一些特殊的模糊集合隶属函数,使得最速 DEA 模型和全局 DEA 模型成为这种 DEA 模型的特殊形式。同时,作者进一步给出了基于面向输出各个分量的群组决策 DEA 模型的二次相对评价模型。最后,作者借助于因子分析等多元统计分析方法,分别从商业银行的同业竞争力和国际竞争力两个层面,结合 1997—2002 年各个银行的统计数据,对我国 14 家样本商业银行以及世界主要 60 家银行进行了实证研究。

关键词:商业银行　竞争力　数据包络分析(DEA)

5287

基于演化方法的金融市场投资行为模型研究 / 王忠玉著 ; 冯英浚指导 . -- 哈尔滨工业大学, 2005. -- 158 页

本文基于演化方法对金融市场投资行为建模理论和方法进行了研究。文章主要探讨了四个模型,即

基于演化选择的机构投资者生存分析模型,运用复制元与相互作用元之间的关系探讨拉马克式选择与新达尔文式选择之间的差异,分析了以基本的新达尔文式解释指导拉马克式演化选择的可能性,指出了包括生产性知识的基本编码被有经验的团队成员传承给新团队成员的一种局部复制选择;基于市场选择的行为人演化博弈模型,指出除了成本的某一个区间之外,存在唯一的依赖于经济外生参数值的随机稳定均衡,并进一步指出在拥有大量交易者的经济中会出现个性化而不是标准化;两种类型投资者演化模型,指的是非对称信息下,知情交易者与非知情交易者之间的无穷多次重复交易的演化模型。作者提出非知情交易者不能从市场价格中直接评估出有用的信息,但却可以部分地推断出来,而知情交易者在做出投资组合决策之前可以观察到一些相关信息;基于股票市场演化的卖出规则研究,作者将股票市场价格运动分为两个演化成分,在此基础上建立了一种股票价格变化的马尔可夫转移数学模型,运用该模型来分析股票卖出规则、最优策略以及持有时间、获利概率与损失概率。接着,作者利用上证指数与哈药集团 2000 年 1 月 1 日至 2001 年 12 月 31 日的每日股票收盘价数据作了一个实证性的分析模拟,以验证上述模型的预测效果。

关键词:金融市场　金融投资　投资行为　信息不对称

5288

基于经营者绩效评价的激励机制研究 / 魏松贤著 ; 冯英浚指导 . -- 哈尔滨工业大学, 2005. -- 119 页

本文运用理论经济学、管理科学、计量经济学、信息经济学、运筹学等基本理论和方法研究了从经营者绩效评价角度如何建立激励机制。文章首先对国内外有关绩效评价与激励理论有关研究文献进行了评述,根据激励因素和经济学、管理学有关激励理论的分析,作者指出经营者激励机制应该由报酬权激励机制和控制权激励机制组成,并提出经营者的激励机制与经营者绩效的关系模型。接着,作者根据管理有效性和科技进步贡献率这两个要素,提出了研究经营者绩效的二元综合评价方法。运用该评价方法,对 2002 年黑龙江省 11 家企业经营者绩效进行了实例测算。然后,作者一方面将经营者绩效的评价应用于委托—代理理论的研究中,给出了报酬权激励机制设计的基本原则,同时结合国有企业的实际,提出了在设计报酬权中应综合考虑的因素。在此基础上设计了报酬权激励的两种方案,并进行了实例测算。另一方面,作者对控制权进行了理论分析,研究了以经营者绩效评价为依据的控制权授予机制和控制权制约机制。最后,文章分析了报酬权激励机制和控制权激励机制的关系,提出了理想的现代公司制企业的激励机制模式。与之相对照,作者对我国国有企业经营者的激励问题进行了分析,并提出了改革和完善我国国有企业经营者激励机制的建议。

关键词:企业管理　经营者　绩效管理　激励报酬

5289

外商直接投资与西部经济增长 / 吴海鹰著 ; 陈飞翔指导 . -- 同济大学, 2005. -- 165 页

本文从外商直接投资(FDI)“东重西轻”的现状出发,对 FDI 与西部经济增长关系进行了系统研究。一是外商直接投资对西部经济增长的影响,主要从三个方面展开讨论:外商直接投资对西部经济增长影响的整体评价,外商直接投资对西部技术进步的影响以及对对外贸易的影响;二是西部地区内部环境对外商直接投资的影响,即西部地区内部环境对外商直接投资的影响的研究和考察,旨在探讨哪些因素影响 FDI 的地区分布;西部的投资环境与东部的差距;西部的投资环境怎样影响 FDI 到西部的流入。最后,对引导和促进西部外商直接投资的若干思考和建议,也是本文讨论的一个重点,从西部自身来讲,要加快体制改革的步伐,优化市场经济发展的环境;充分发挥西部地区的劳动力和自然资源丰富的比较优势;完善基础设施建设,改善西部投资环境;实施以西部区域中心城市带动 FDI 发展战略,通过改善西部地区区域中心城市投资环境来弥补区位劣势;改善西部地区的文化教育环境,提升西部人力资本水平;利用产业结构战略性调整机会弥补区位劣势。

关键词:外商直接投资(FDI)　技术溢出　技术进步　经济增长　西部经济

5290

投入产出模型若干问题的研究 / 吴和成著 ; 郑垂勇指导. -- 河海大学, 2005. -- 121 页

本文从理论和实证的角度来研究投入产出模型的相关问题。文章首先给出了最终需求量服从指数分布的理论依据,分别提出了基于最终需求为指数型随机变量的产出量的控制模型和基于直接消耗系数

和最终需求为指数型随机变量的随机投入产出模型，并指出了大样本下产出量的控制区间。在这两个模型下，作者导出了给定可靠性下指数型投入产出模型的确定性等价方程，并进一步对推导出的两个等价方程进行了结果分析和结论证明。接着，作者对原来的DEA模型进行了扩展研究，给出了基于单输入、单输出情形下DEA生产可能集和有效前沿的几何解释，提出了基于产出滞后的DEA模型，并通过对经典DEA模型中约束条件的修订从而给出了三个改进的DEA模型，即仅从投入角度测算决策单元DEA有效性的模型、仅有产出的DEA模型和复合DEA模型。最后，作者对我国各地区科技投入产出有效性进行了实证分析，提出了指标体系建立的统计方法，从各地区科技投入产出DEA有效性、规模收益，非DEA有效决策单元投入产出和DEA模型下决策单元的分类三个角度进行了模型计算和结果分析。通过基于产出滞后的DEA模型的运用，揭示了我国各地区科技投入产出相对效率的基本情况，即东部地区的科技活动活跃且高效，中西部地区相对效率则较低，但表现出提高的趋势。

关键词：投入产出模型　投入产出分析　数据包络分析（DEA）

5291

中国商业保险监管研究：兼顾成本与效率的监管理论与实践 / 吴九红著；郑垂勇指导. -- 河海大学，2005. -- 128页

本文主要从市场行为监管的效率问题和以限制资金运用方向来保障保险体系安全的有效性问题这两个方面问题出发，分别进行了收益与成本的均衡分析和市场行为监管的博弈模型分析以及保险资金运用安全稳定与效率两难根源的福利函数模型分析，并由此探讨了兼顾成本与收益的监管理念。针对中国的实际情况，作者通过对保监会公布的统计数据进行相关分析，指出我国保险市场是一个寿险主导型的市场，其中健康险对保费收入、投资和银行存款的作用比较突出，而意外险的重要性则不明显，总体营业费用也主要与财产险的赔付有关。随着从业类型的分化，保险从业监管难度逐渐加大，在保险行业协会等机构职能不健全的情况下，应该加大政府监管力度尤其是准入监管，放松从业类型的监管。同时作者也指出中介监管制度不完善使得我国保险人才结构出现严重的不均衡，需要加强人才准入和竞业限制的监管。对电子商务监管问题则须在公平一致、信息披露、业务规范、合作交流等方面加强监管。最后，作者对前述研究进行了总结，并以兼顾成本与效率的监管理念为基础，从保险创新的监管推动、从业监管与人才监管、电子商务监管等角度提出了有关政策建议，在此基础上构建了一套由目标层、领域层和指标层构成的具有递阶层次结构的保险监管评价指标体系，由此形成了保险监管评价综合指数的概念模型。

关键词：保险业　监督管理　商业保险

5292

上市公司跨行业转型研究 / 吴利华著；郑垂勇指导. -- 河海大学，2005. -- 155页

本文采用定性分析与定量分析相结合，静态分析与动态分析相结合，实证研究与规范研究相结合的方法，对上市公司跨行业转型进行了分析，揭示了我国上市公司跨行业转型的基本规律。文章首先从跨行业转型概念的认识入手，对跨行业转型的概念进行了定义，对其主要特征作了规范，阐述了产业演变对跨行业转型的影响，业务间关联对跨行业转型的作用。通过理论分析与案例分析，从转型方式、转型程度、速度和转型前后产业关联性方面对企业转型过程进行了定性和定量的描述，建立了跨行业转型的分类，构建了企业是否转型的判别标准。其次，作者对我国上市公司跨行业转型的动力机制进行了分析，指出转型能达到目的的前提是产业效应是企业绩效的重要因子。以产业效应对企业绩效作用为分析起点，作者采用盈利能力和发展能力两个方面六个指标来反映企业绩效，用因子分析对我国不同产业的上市公司绩效进行了分析，得出企业绩效水平高的行业。同时通过参数方差分析法和非参数方差分析法，来检验产业效应是否显著影响上市公司绩效，分析上市公司跨行业转型的共性问题和转型路径选择机理。最后，作者以房地产行业为例，通过跨行业转型下效果的比较分析，对前述研究成果进行了实证讨论，并在此基础上提出了上市公司跨行业转型的风险分析和评价。

关键词：上市公司　产业结构　产业转移

5293

国有企业绩效评价及应用研究 / 肖志杰著；张庆洪指导. -- 同济大学，2005. -- 166页

本文从加强国有资产监督管理的角度，通过国内外企业绩效评价理论和实践的综述分析，对进一步改进和完善国有企业绩效评价体系的必要性和重要性进行了较全面的论述，提出了作为加强国有资产监督

管理必要途径和重要手段的国有企业绩效评价体系，必须与我国经济体制改革和国有资产管理方式变革的要求相适应的基本观点，在此基础上，提出了健全和完善国有企业绩效评价体系的总体思路，对影响国有企业绩效评价的各类因素进行了较系统的综合分析研究，以利益相关者理论和现代企业理论为依据，提出了在现阶段和今后一个时期内，以国家所有者及其委托人为评价主体的国有企业绩效评价的组织模式，并从进一步提高国有企业绩效评价体系的科学性、全面性和客观公正性的角度，提出并建立了与我国经济体制改革和国资管理方式变革要求相适应的国有企业绩效评价体系框架模型。运用管理激励理论，对现阶段国有企业激励因素的作用机理和有效性进行了较全面的分析，提出了以激励为核心内容的激励制度是现阶段和今后一个时期国有企业的有效激励制度的基本观点，并建立了基本框架和模型，还就如何改进和提高以绩效评价为依据的国有企业激励制度的有效性提出了有针对性的对策。在此基础上，运用实证研究和分析的方法，对本文提出的框架和模型进行了论证分析。

关键词：国有企业　企业绩效　经济评价　现代企业制度　激励

5294

我国能源产业项目投资机会评价及投资决策研究／谢胜强著；陈德棉指导. -- 同济大学, 2005. -- 163 页

本文首先对能源产业项目投资收益具有直接和重大影响的两个市场客观变量：能源产品价格和供需量进行了研究。而后探讨了能源产业产品的特性和能源产业项目投资的特点及其关系，并创造性地将能源产业项目投资机会评价分为基于投资项目客体的投资机会影响因素评价和基于对投资项目客体投资机会影响的投资主体因素评价体系两部分。其次，对传统投资评价方法和实物期权评价方法进行了比较，指出了能源产业项目投资领域适宜于运用实物期权评价方法的项目特征，用动态规划理论和方法建立了分阶段投资项目和具有管理柔性项目的具体评价模型，并进行了实证研究。最后，对能源产业项目投资的重要决策因子：项目投资风险和投资时机进行了研究。对项目投资风险，建立了能源产业项目风险控制模型和具体的风险管理措施。对投资时机的研究，本文从能源产业经济周期和宏观经济周期波动的规律，研究了能源产业项目投资时机选择的基本原则，并根据能源产业项目投资规模和项目投资建设周期建立了能源产业项目投资时机选择的模型。

关键词：能源工业　产业发展　投资机会　投资决策

5295

基于企业价值的财务战略管理研究／徐鸣雷著；栾庆伟指导. -- 大连理工大学, 2005. -- 169 页

本文主要从企业价值的角度来研究企业财务战略管理。文章首先从理论上揭示了企业价值与财务战略的相关性，提出“以追求长期盈利能力为目标方向”、“把建立竞争优势作为本质要求”与“突出分析战略环境因子为首要重点”作为财务战略管理的三大要素。通过以 Tobin's Q 代表企业价值，将财务战略分解成融资、投资和股利分配战略三个方面，分别采用资产负债率、流动投资比率及股利增长率等三类 8 项指标分别度量了相应的三个方面，以在沪深两地上市的 31 个行业 81 家上市公司 1999—2003 年的公开披露的财务数据，从实证层面验证了企业价值和财务战略的相关性。接着，作者结合企业价值评估方法和企业生命周期理论，以 EVA 与 CVA 两个互补性的变量为定量维度，以企业生命周期因素作为定性维度，建立了基于企业价值的财务战略制定模型，提出了价值内涵集中型、价值外延扩张型、价值多元均衡型及价值收缩转移型四种整体战略模式，并分别给出了相应的融资、投资和股利分配战略，并通过选取处在不同发展阶段的上市公司，采用案例分析的方法对上述模型进行了实证检验。最后，作者提出了由目标层、桥梁层、运行层以及支撑层所组成的基于企业价值的财务战略实施框架，并对该模型的各个层次进行了深入分析。

关键词：财务管理　战略管理　企业价值　生命周期

5296

金融开放中的适度保护研究／薛继安著；陈飞翔指导. -- 同济大学, 2005. -- 152 页

本文主要从发展中国家的角度出发，以获得有效的开放利益为前提，讨论了发展中国家在金融开放中进行适度保护的问题。首先，分析了金融开放中适度保护的经济学涵义，指出所谓金融开放中的适度保护就是要保证金融开放水平与经济发展的协调，同时，在遵循金融发展规律的前提下，为金融自主创新提供条件，实现本国金融业跨越式发展，从而促进经济的

快速、稳定发展,深入分析了适度保护的标准和制定适度保护政策的原则。其次,从货币市场开放和资本市场开放两个方面着手,深入分析了两个市场开放的内涵。接着,对比分析了具有典型代表意义的几个国家在金融开放中的政策区别,指出发达国家和发展中国家金融开放政策在政策制定基础、政策的连续性、政策的全面性方面的差异,并利用案例研究方法分析了印度和泰国在金融开放中不同措施安排所导致的不同开放效果,进一步说明在金融开放中实施适度保护的重要性。最后,分析了我国货币市场开放和资本市场开放的现状,指出我国金融开放不平衡,货币市场开放落后于我国对外整体开放水平。提出了我国进行金融开放的政策安排框架,讨论了我国现阶段实行适度保护所应该采取的具体政策措施。

关键词:金融开放　金融政策　货币市场　资本市场

5297

师范院校竞争战略研究 / 薛家宝著 ; 张阳指导. -- 河海大学, 2005. -- 147 页

本文主要以处于经济体制转型、管理体制转型中的师范院校为对象,研究师范院校的战略管理问题。文章首先针对国家《面向21世纪教育振兴行动计划》对师范院校的战略性影响,分析了师范院校所面临的竞争形势。接着,文章在分析高等学校组织属性的基础上,探讨高校战略管理与企业战略管理的共性与差异。通过对竞争位势理论、资源基础理论、动力能力理论等主流战略理论的分析,探讨战略理论用于高校管理的可行性,论述了企业战略理论对师范院校竞争战略研究的启示。再次,文章在分析师范院校产品性质和市场竞争规律的基础上,提出了师范院校竞争战略的应用框架,主要包括:战略环境分析、资源与能力分析等。最后,文章对盐城师范学院所处的宏观环境、行业环境、区域环境等外部环境以及资源、能力、核心竞争力等内部条件进行了具体分析,对盐城师范学院的服务区域、服务层次、服务内容和办学规模进行了定位,在此基础上从战略使命和目标设计、重点战略以及重大战略工程、职能战略以及战略实施与战略控制等方面构建了盐城师范学院的竞争战略。通过理论和实证的分析,作者从高等学校组织属性、高等教育产品和市场特性、师范院校竞争战略的制定和实施等方面提出了自己的研究结论,并提出了进一步的展望。

关键词:高等学校　学校管理　战略管理　师范院校

5298

上市公司信息披露监控机制研究 / 杨柏著 ; 蒲勇健指导. -- 重庆大学, 2005. -- 149 页

本文首先对上市公司信息披露监管所涉及的经济理论进行了研究。在对比分析国外上市公司信息披露制度的特点、优势和发展趋势的基础上,作者指出,发达国家上市公司信息披露制度是一个由多层次的法律法规以及具体规则构成的规范化体系,而我国与国外发达国家相比还有很大差距。接着,通过实证调查统计,作者指出导致我国上市公司信息披露违规问题较多的主要原因是上市公司信息披露规范的不完善、公司治理结构不完善和会计制度、会计准则的不完善。通过理论分析,作者提出导致上市公司信息披露违规行为的主要利益主体是上市公司经营管理层、会计师事务所和证券监管部门。投资者作为披露信息的被动接收者,只能对信息披露施以有限的影响。并且上市公司信息披露过程是相关利益集团追求自身利益效用最大化的博弈过程。对上市公司信息披露过程实施监管会引发各种利益冲突与合作的博弈行为,形成一系列博弈关系。在此基础上,作者利用博弈论的基本原理和方法,刻画了上市公司信息披露过程中的博弈互动行为,构建了上市公司、会计事务所、证券监管部门三方两期动态博弈模型,特别探讨了其中上市公司和证券监管部门之间的博弈互动关系。最后,作者从时间序列角度构建了具体的上市公司信息披露监管系统,包括事前监管系统、事中监管系统和事后监管系统。

关键词:上市公司　监督管理　证券市场　信息披露

5299

电力市场中市场力规制的策略与方法研究 / 杨力俊著 ; 乞建勋,谭忠富指导. -- 华北电力大学, 2005. 137 页

本文主要运用福利经济学、管制经济学和激励理论中的研究成果,并借鉴国内外市场力规制理论的研究成果及实践经验对电力市场中市场力的一系列规制问题进行了经济学研究,旨在为弱化垄断后的电力工业中的市场力平抑问题提供策略与方法。文章首先通过分析电力工业的自然垄断特性和公共事业属性,探讨了电力工业市场力的成因及规制的必要性,并通过讨论可竞争理论、政府管制理论和激励理论在

电力工业规制中的应用为市场力规制提供经济学依据。接着,运用定性分析和定量评价相结合的方法,作者评述了当前市场力评估的各种方法的适用性和优劣势,在此基础上设计出了一种新的评估方法—SWLR 指标评估法,同时给出了在什么情况下对市场力进行规制的判别标准。再次,作者基于社会福利理论和非合作竞争博弈理论,给出了一种基于社会福利最大化选择原则确定进入发电市场的最优厂商及其数量的市场竞争规模优化方法。针对中国电力工业实情,作者提出了中国电力工业纵向分离渐进式发展的三阶段模式:初级模式、过渡模式和理想模式,并对各阶段模式的特点、运行条件、优缺点和可行性问题进行了探讨。最后,作者通过对电力工业市场力规制方法进行了应用案例评价,从而为电力市场的发展和电力工业改革目标的实现提供了政策建议。

关键词:电力市场　市场竞争　电力工业　政府规制

5300

中国水库农村移民安置模式研究 / 杨文健著 ; 杨建基指导. -- 河海大学, 2005. -- 129 页

本文在总结比较国内外水库移民安置模式的基础上,探讨了水库移民安置模式的理论、方法和应用体系。文章首先分析了四种可能的库区发展模式,提出了中国水库农村移民安置的新模式,即城乡联动安置模式,并通过飞来峡库区的农村移民城乡联动安置模式的实证分析,来验证该模式的效果。在模式的构建上,作者从水库淹没区资源价值转移理论和一般系统理论出发,提出了水库农村移民与水利水电工程效益共享的运作方法,并分析了建立水库淹没区与水电工程受益区利害关系转移的补偿机制。同时以农村社会保障理论为基础,作者提出了"从二元到三维多层面"的小城镇库区农村移民的社区保障模式。其次,作者从水库移民征地拆迁实物量的调查精度入手,引用多属性效用理论,提出了水库移民集镇安置点的优化选择机制。并运用社会控制理论,对水库移民动迁过程中的偏离行为及控制手段进行了分析。针对水库移民系统重建中的进度、质量和投资三方面的控制问题,作者提出了"三维"联动监控的方法。最后,作者探讨了中国水库农村移民城乡联动安置模式的绩效评估问题,提出了移民安置绩效评估的工作范畴,水库移民社会经济监测与评估工作的三段论学说,以及该模式绩效评估中的指标体系框架,并应用灰色预测模型进行了实证分析。

关键词:农村　移民安置　水库移民

5301

基于新型工业化的科技需求与科技能力研究 / 杨雪著 ; 李建华指导. -- 吉林大学, 2005. -- 190 页

本文主要从理论上探索了新型工业化和科技与经济协调发展,从实践上探讨了如何解决我国科技体系中供需的矛盾。文章运用可持续发展理论、信息化理论、内生经济增长理论、需求理论和溢出效应理论,首先从科技商品出发,对科技需求进行了含义界定,并以企业、产业和区域三方面科技需求以及它们之间的关联分析为主要内容,构建了辐射微观与宏观系统的科技需求理论体系。其次在剖析新型工业化内涵及其主要内容的基础上,研究了新型工业化对科技需求的作用机制,同时针对如何满足基于新型工业化的科技需求问题,提出了科技能力的概念并加以了阐释,进一步选定区域科技能力为研究对象,分析了新型工业化对区域科技能力的影响问题。在以上定性研究的基础上,文章应用主成分分析方法对基于新型工业化的区域科技能力进行了量化研究,提出了将人工神经网络与正交多项式回归设计和遗传算法相结合的方法,并将其应用到基于新型工业化区域科技能力的预测研究中,构建了基于新型工业化区域科技能力量化模型。最后,文章结合定性和定量的研究成果,从信息化能力、可持续发展能力、产业布局能力、科研支持能力、教育支持能力以及五个方面的协调性出发,分析了在新型工业化背景下满足我国科技需求的主要途径。

关键词:工业化　科学技术　科技需求　科研能力

5302

煤炭生产安全与事故经济分析 / 姚庆国著 ; 黄渝祥指导. -- 同济大学, 2005. -- 157 页

本文以安全与事故基本经济关系研究为目的,提出了安全再生产的概念和安全的实质是安全再生产与企业再生产之间的协调统一关系的观点,归纳和分析了安全与事故基本经济关系的主要内容;对企业安全投入不足问题进行了理论分析。本文以实证分析得出了一系列分析结论。主要包括以下三个方面:一是不安全行为与煤炭事故损失分析:在总体事故损失趋于上升的过程中,其他损失决定了事故总损失的大小;自然灾害事故损失是煤炭生产事故损失的主要内容;死亡人数与事故总损失具有很强的相关性,死亡

赔偿数额对事故率有直接影响,提出了我国应以提高煤炭事故死亡赔偿标准、规范统一煤炭事故死亡赔偿程序和行为为重点完善立法,强化政府安全生产监督管理职能的解决煤炭安全问题的对策。二是煤炭安全成本分析,提出了煤炭安全成本核算会计科目设置、核算方法,分析了煤炭安全成本特性,建立了煤炭安全成本模型,并提出了煤炭安全成本的优化策略。三是煤炭安全投资分析,得出了煤炭企业的安全状况与安全投入比有关,与安全投入规模关系不大;安全投资具有滞后效应,滞后期一般为2—3年的结论。最后建立了煤炭生产事故模型,提出了煤炭企业的安全投资策略。

关键词:煤炭企业　安全生产　安全事故　事故分析

5303

基于网络环境的企业内部控制研究 / 姚友胜著 ; 郑垂勇指导. -- 河海大学 , 2005. -- 177 页

本文主要研究网络环境下企业内部控制问题。文章首先对内部控制理论的现有研究情况进行了总结,对传统的企业内部控制理论进行了剖析,同时在分析了现代信息技术在企业中的应用及演变之后,作者从组织结构特征、业务流程变化和信息流程变化这三个角度分析了基于网络环境的企业基本特征,在此基础上,提出了基于网络环境的企业内部控制要素结构和整体框架,并指出基于网络环境企业的内部控制环境主要包括组织结构、与企业外部环境的关联性、业务单元的学习能力、价值观、人力资源特征等几项内容。同时,作者提出基于网络环境的企业风险主要是知识员工科学行使其决策权的风险,风险主要来自外部环境的影响、网络的安全性评估、知识获取与保护能力和员工素质及激励机制。内部控制评价是引导企业提高自我控制以及有效配置社会经济资源的有效方式,作者认为基于网络环境的企业内部控制评价应分别从控制环境、风险评估和控制活动进行。针对内部控制评价所涉及的普遍性内容和表现形式,作者提出了一般的基于网络环境的企业评价内部控制的指标体系,探讨了模糊分层评价方法(AHP)在内部控制定量评价应用的可行性和广泛性。最后,作者在前述理论研究的基础上探讨了基于网络环境的企业内部控制的实际应用。

关键词:企业管理　内部审计　内部控制

5304

基于博弈论的中国转轨时期银企关系研究 / 尹庆民著 ; 许长新指导. -- 河海大学, 2005. -- 141 页

本文主要运用博弈论的方法来研究银行和企业的关系问题,特别是我国国有商业银行和国有企业的关系问题。文章首先对银行和企业的产生、银行在经济中的作用、银企关系的发展历程、银企关系的几种模式、银企关系的理论研究以及我国银企关系发展的几个阶段和存在的问题进行了概述性总结,归纳了博弈论的基本模型,并对博弈论的基本模型在银企关系中的应用进行了探讨,提出了完全信息和不完全信息,动态和静态两两交叉组合的四种可能模式。在分析了转轨经济时期的经济运行特征,作者探讨了银企关系的演变及其基本特征。依据政府是否进行干预的前提,对转轨经济时期的银企关系进行了分析,由此得出政府的行为对银行和企业的博弈行为产生重要影响,并对转轨经济时期的银企关系的正面和负面经济效应进行了评价。接着,作者运用逆向选择理论和道德风险理论,对转轨经济时期的银企关系进行了博弈分析,针对银行和企业间存在的逆向选择和道德风险,建立了防范逆向选择和道德风险的博弈模型。然后,作者从博弈论的角度,分析了银企博弈对通货紧缩的影响,并给出了不良资产的博弈论解释,分析了银企行为对通货紧缩的影响以及在通货紧缩条件下银行和企业的行为选择。最后,作者运用前述研究成果对三个案例进行了分析,进一步验证了研究结论的科学性。

关键词:银行　企业　银企关系　博弈论

5305

集群式产业创新研究 / 于树江著 ; 戴大双指导. -- 大连理工大学, 2005. -- 117 页

本文采用规范研究和实证研究结合、定性研究和定量研究相结合的方法,对集群式产业创新进行研究。对该领域的国内外研究进展进行了评述,在此基础上对集群式产业创新的内涵与特性进行了归纳。结合产业集群的发展现状,揭示了集群式产业创新系统生成的利益驱动机理。通过案例实证分析,总结出利益驱动表现为集群内创新成本的降低、集群的公共资源效应、社会资本效应、知识溢出效应与空间集聚效应。同时论证了构成社会资本的参与资产、关系资产对创新决策的作用,研究网络资产、参与资产与关系资产对创新激进性决策的影响。文章剖析了集群式产业创新系统生成的区位选择机理,论证了集群的

空间集聚与集群内主体的互动行为具有正相关关系。从创新网络生成、网络学习与产业创新的协同三个角度揭示了集群式产业创新的运行机制,构造博弈模型对集群内企业的协同创新行为特征进行了研究。提出创新网络是集群式产业创新的载体,分析总结了创新网络的涌现受到集群技术空间维度与主导技术生命周期的影响。通过对集群式产业创新形成机理与运行机制的研究,分析总结了集群式产业创新的模式。最后,从培育区域产业集群、产业创新政策的区域性、培育区域创新环境、解决系统失效等角度提出了几点启示。

关键词:产业集群　产业创新　产业经济学　区位选择　产业集聚

5306

国防高技术流动模式研究 / 于岩岩著 ; 冯英浚,朱加宁指导. -- 哈尔滨工业大学, 2005. -- 166 页

本文在系统整体论思想基础上提出了“国防高技术流动”的概念,并且在对知识管理和战略管理理论研究的基础上,提出了用“国防高技术流动”模式来研究国防高技术的运行和发展问题。文章主要从宏观、中观和微观三个层面搭建了知识经济时代国防高技术流动模式的理论分析框架。宏观层面,作者搭建了一个基于国家技术基础的国防高技术流动的理论分析框架。以国家技术基础为国家层次上的国防高技术流动平台,以国防高科技战略核心能力为国防高技术流动的介质。中观层面,作者基于战略管理理论建立了国防关键技术选择模式。从国防产业需求出发,以对国防高技术战略核心能力的战略管理过程为研究内容,提出了一种新的对国防关键技术选择的理论分析模式。微观层面,作者对如何实现国防高技术流动理论的新管理模式进行了设计,建立国防高技术流动的战略管理模式,新管理模式的建立是在一个虚拟管理平台上的知识管理过程。国防高技术流动模式是一个开放式的宏观的理论框架结构,而它的理论来源是技术转移、技术扩散和技术渗透的理论和方法,它的现实来源是美国国防产业改革的实践活动。在研究过程中,作者通过对北京国防科技虚拟园区和西安国防创新工作站的案例研究,验证了国防高技术流动模式和国防高技术战略选择方式在实际应用中的解释能力。

关键词:国防工业　高技术　技术开发　技术创新　知识管理

5307

政府诱导型农业保险发展模式研究 / 余沪荣著 ; 孙中才指导. -- 中国人民大学, 2005. -- 193 页

本文在借鉴国外农业保险发展的经验和教训,同时结合中国经济发展的实际和当前农村实际以及未来发展方向的基础上,提出了适合我国农业保险的发展模式和途径。文章首先阐述了农业保险的相关理论,主要包括马克思的保险基金理论、公共物品理论和巨灾风险条件下农业保险市场均衡理论。其次,作者分析了国际上农业保险开展较好的基本做法和经验,分别探讨了发达国家(如美国、欧盟、法国和日本)以及发展中国家(如印度、巴西和毛里求斯)的农业保险的制度变迁和运行机制。通过分析,为发展我国的农业保险提供了启示。在回顾和分析了中国农业保险的发展,以及比较分析了农业保险市场化经营和政府主导经营而导致的农业保险经营困境的基础上,结合我国的具体国情,作者提出了现阶段我国农业保险发展应走政府诱导型的发展模式,并进一步从模式的内涵、理论依据、可行性以及制度保障这几个方面展开了论述。再次,作者在分析比较了政府诱导型农业保险发展模式的经营主体后,提出该模式的基础是建立一个多元化的农业保险组织体系,并用案例加以了说明。同时作者也指出该模式的关键是农业保险制度中的再保险体系。最后,作者运用两部门分析方法,指出现阶段农业保险制度必须有政府的诱导作用才能保证持续和稳定。

关键词:农业保险　再保险　保险制度

5308

我国证券市场证券结算风险管理研究 / 张凡著 ; 黄运成指导. -- 同济大学, 2005. -- 222 页

本文首先在理论上阐述了证券结算风险的基本内涵、类型、形成机理和管理制度,着重从我国证券结算系统运行中实际发生的风险案例入手,解剖式地分析了风险产生在管理制度方面的根源性原因,并建设性地提出了我国证券结算风险管理的系统架构设计,提出了建立我国结算参与人管理的分类和准入资格标准,采用适用的现代定量研究方法,探索性地构建了我国证券结算参与人违约交收风险评估预警指标体系,并研究了报警阀值的确定和有效性检验等问题。分析了我国现行证券资金交收最低备付金和保证金制度存在的问题,提出了完善我国证券资金交收最低结算备付金和互保基金制度的建议。本文的创新点在于:研究建立了我国证券市场结算风险管理体

系比较完整的基本架构；设计了结算参与人资金交收风险的监控指标体系。采用等权评分评估、加权评分评估、Logistic 模型法等方法，运用我国证券市场和结算机构的实际数据资料，对结算参与人的资金交收风险进行了评估，并结合实际提出了具有操作性的风险监测实施方案；探讨了适合我国实际的银货对付(DVP)实现方式。

关键词：证券市场　证券交易　结算　风险管理

5309

城市产业竞争力研究 / 张虎春著 ; 郑垂勇指导. -- 河海大学, 2005. -- 221 页

本文通过对国际竞争力内涵和定义的讨论，对城市竞争力中产业竞争力进行了重点研究。文章首先对城市产业竞争力的来源进行了理论分析，指出它受直接来源和间接来源所包含的诸多因素的共同影响。其中，产业发展能力是核心变量，主要体现在城市产业结构竞争能力、产业空间聚集能力和产业组织成长能力。其次，在对城市产业竞争力分析的基础上，作者提出了一种新的城市产业竞争力系统分析模式。从竞争力和城市产业竞争力的概念、内涵和影响因素角度，提出了影响城市产业竞争力的层次结构模型，形成了城市产业竞争力研究的理论框架，构建了城市产业竞争力模型，建立了城市产业竞争力的评价指标体系和评价方法。作者将已有产业竞争力评价方法归纳为指标评价法、结果评价法、全要素生产率(TFP)法、因素剖析法和标杆法，并在此基础上，对我国有关城市产业竞争力状况进行了实证分析。最后，作者联系我国城市产业的发展和现实需要，从理论和实践的结合上提出了城市产业竞争力培育和提升的对策，指出城市产业竞争力培育的根本途径是技术创新和产业组织结构调整，基础是建立创新运行机制，重点是进行人才竞争力、技术进步竞争力。制度竞争力、管理竞争力的培育，关键是政府职能转变和政府效能的提高。

关键词：城市经济　竞争力　产业结构　产业发展

5310

上市公司股票回购问题研究 / 张军辉著 ; 黄运成指导. -- 同济大学, 2005. -- 147 页

本文对股票回购进行了较为全面的研究，对这种新的交易工具在我国股票市场的作用和前景作了详细分析，主要研究了在非全流通市场条件下控股股东对股票回购的动机变动机理，指出了控股股东支持股票回购交易的临界条件。构建了一个控股股东价值最优化的决策模型，通过该模型的求解得出了影响控股股东决策的两个指标之间的数量关系。详细分析了一个以回购权证为核心的回购股价定价机制的原理。本文的实证包括：对我国已经发生过的股票回购案例的完整的比较和分析，对我国股票市场基本结构的描述与分析以及市场基本结构调整和股票回购交易的关系。从技术角度对回购交易在我国涉及的全部法律和会计问题进行了分析，最后，就我国推进股票回购交易的要点和可能面临的难点进行了总结和分析，指出在交易定价、资金安排、信息披露等方面经过认真的安排都可以为股票回购交易的开展创造足够的条件，并且分析了在我国回购交易涉及的各方当事人对此所持的立场和态度。

关键词：上市公司　股票回购　股票市场　国有股减持　公司治理

5311

企业组织记忆对组织绩效的影响研究 / 张莉著 ; 齐中英，田也壮指导. -- 哈尔滨工业大学, 2005. -- 143 页

本文主要探讨企业组织记忆对组织绩效的影响问题。文章首先阐述了组织记忆与知识管理、组织学习的相关理论，分析了组织绩效的研究基础，从组织知识内容的角度，提出并设计了组织记忆构成要素，包括管理导向组织记忆、技术导向组织记忆、文化导向组织记忆和市场导向组织记忆；从组织记忆过程的角度提出并设计了组织记忆的动态要素，包括组织记忆复制、组织记忆传递和组织记忆创新。在此基础上，作者构建了从组织记忆构成要素和组织记忆动态要素两方面综合反映企业组织记忆对组织绩效影响的理论模型。最后，作者对国内制造业企业进行了企业知识管理与运作的问卷调查，采用因子分析、内部一致性分析和典型相关分析方法进行了实证研究，对其中两家制造业企业进行了深度访谈，分析其信息化过程和市场化运作中的组织记忆、组织绩效状况及影响。通过实证研究，作者指出企业发挥管理导向组织记忆、技术导向组织记忆、文化导向组织记忆的积极作用，将有助于管理绩效的提高；发挥市场导向组织记忆的积极作用，将有助于市场绩效的提高；企业采取有效方式进行组织记忆复制、组织记忆传递和组织记忆创新将提高组织记忆构成要素的应用程度，有助于组织记忆的更新和不断发展，并能促进组织绩效的

提高。

关键词:企业管理　知识经济　知识管理　组织学习

5312

长三角都市圈产业结构优化调整的经济效益研究 / 张明华著 ; 吴泗宗指导. -- 同济大学, 2005. -- 122 页

本文在充分分析国际大都市圈产业的投入产出内部结构入手,通过对长江三角洲产业结构优化调整进行经济效益分析,建立起国际大都市圈乘数效应的系统动力学模型。在不增加或减少要素投入的情况下,只要结构和布局加以优化,由于区域之间、产业之间的相互关联和相互影响,大都市圈内和经济总量依然可以大于1的倍数增长,从而说明乘数效应在都市圈结构调整中所产生的作用。本文的创新点如下:在国内较早地介入了区域经济发展乘数效应的研究。首次提出了国际大都市圈乘数效应的概念及其内涵,并探索出一套衡量国际大都市圈乘数效应的定量分析方法;从国际大都市圈这一复杂系统的内部结构入手,在充分剖析都市圈内的产业结构和投资结构之间关系的基础上,在国内首次建立了国际大都市圈乘数效应的系统动力学模型;通过区域综合经济梯度分析得到都市圈内各城市的能级,通过建立偏离一份额模型和区位商分析模型对各城市优势产业进行选择,与国际大都市圈乘数效应的系统动力学模型融为一体,这在全国尚不多见。

关键词:地区经济　产业结构调整　经济效益　都市圈　长江三角洲

5313

中国国债市场利率期限结构模型研究 / 张绍斌著 ; 齐中英指导. -- 哈尔滨工业大学, 2005. -- 116 页

本文以利率期限结构为主要研究对象,从利率期限结构模型理论研究到实证研究,再到应用研究,对利率期限结构进行了较为系统的分析。文章首先分析了国内外有关利率期限结构的研究现状,以 CKLS 连续时间利率期限结构模型的统一框架为基础,作者分析了利率变动均值问题中的均值回复和非线性问题,同时在利率的波动性问题中,结合中国具体情况,考虑了利率时间序列的有偏分布、利率期限结构模型的误差项同时具有自回归移动平均(ARMA)和自回归条件异方差(GARCH)特征、基准利率效应以及短期利率的随机过程为扩散—跳跃过程,在此基础上,构建了符合中国利率市场特点的新利率期限结构模型。最后,作者以上海证券交易所的国债回购利率数据为样本,分别采用极大似然法、广义矩估计法和高斯估计法对 CKLS 连续时间利率期限结构模型统一框架下的各种模型进行了参数估计,并把参数估计结果和国内外实证研究结果进行了比较分析。同时,作者还利用建立的新利率期限结构模型对可转换债券进行了定价研究,分别利用新模型和传统研究中所采用的 Black—Scholes 模型对雅戈尔转债的转换权、赎回权和回售权进行了定价研究和比较分析,通过研究,作者得出本文所建立的新模型可转换债券定价方法优于 Black—Scholes 模型的定价方法。

关键词:国债　证券交易　利率波动　风险管理

5314

保税区向自由贸易区转型的模式研究 / 张世坤著 ; 武春友指导. -- 大连理工大学, 2005. -- 140 页

本文从理论和实践上对保税区向自由贸易区转型的若干问题进行了探讨。文章首先从发展阶段、主要特征等方面分别分析了自由贸易区和我国保税区的发展,指出了我国保税区发展所存在的问题,通过对当前国际贸易壁垒等国际环境对自由贸易区的影响分析,指出保税区向自由贸易区转型是必然的。中国要融入世界经济大循环,必须在加快融入 WTO 的过程中,在适当的区域建立符合自身发展的自由贸易区。同时分析了该转型的区域经济效应,包括经济增长效应、对腹地的拉动效应、资源开发效应、产业结构效应和制度变迁效应。接着,作者对转型进行了综合评价,分析了转型的评价因素、评价指标体系,在此基础上构建了综合评价的模型。同时进一步探讨了转型的战略规划、功能目标模式和管理体制目标模式。通过转型机理和转型模式的研究,作者提出了保税区向自由贸易区转型的目标模式,并指出我国保税区转型的功能目标有三种选择,即以自由港为核心的综合型自由贸易区;以贸易和出口加工为主导产业的贸工型自由贸易区;功能专一的自由贸易区。最后,文章以大连保税区为案例,对其向自由贸易区的转型进行了实证研究,在分析其基本情况的基础上,指出了大连保税区转型的优势和面临的问题,针对这些优势和问题,提出了大连保税区转型的战略。

关键词:保税区　自由贸易区　大连市

5315

上市公司融资结构与公司治理 / 张元教著 ; 郑垂勇指导. -- 河海大学, 2005. -- 140 页

本文将融资方式的安排引入公司治理的分析之中,并从公司治理的视角研究了公司的资本结构安排。文章首先探讨了上市公司融资结构与公司治理之间的关系,指出在现代公司制企业中,公司治理与融资结构之间存在着复杂的互动关系。同时文章对国外主要的融资结构和治理结构模式进行了比较研究。以此为研究基础,分别从上市公司股权结构和资本结构(债权结构)两个角度对国有控股上市公司和民营上市公司的治理结构进行了分析,鉴于公司绩效是衡量公司治理优劣的重要指标,文章同时又对不同股权结构和资本结构下两类上市公司的治理绩效进行了实证检验。接着,文章对资本结构决策的最新研究视角进行了阐述,并对基于公司治理视角的资本结构理论进行了研究。最后,结合我国上市公司和资本市场的实际情况,构建了我国融资结构和公司治理的"权变模式",并对最终实现上市公司融资结构和治理结构优化的具体方面,即股权结构、资本结构的优化和资本市场的完善进行了探讨,提出了具体的措施和政策建议。本文将上市公司划分为国有控股上市公司和民营上市公司两类,通过对两类公司的对比分析和对两者在融资结构、治理结构和治理效率方面的横向比较,得出了研究结论。

关键词:上市公司　融资结构　公司治理　股权结构

5316

基于价值增长的企业绩效评价体系研究 / 张悦玫著 ; 栾庆伟, 李延喜指导. -- 大连理工大学, 2005. 136 页

文章采用分类与综合的研究方法,将以往绩效评价方法划分为关键问题、价值、社会和战略四个学派,并从信息角度进一步整合研究;利用归纳与演绎的研究方法将平衡理论、因果理论、战略评价理论、系统理论及目标一致理论综合运用在绩效评价上。依据价值增长管理过程架构基于价值增长的企业绩效评价体系,即价值增长数量绩效评价模型、价值增长质量绩效评价模型、价值增长绩效控制与激励。确定并实证了价值增长数量绩效评价模型,模型包括净资产、资本成本、净资产增长率、投资回报率、长期投资、货币资金这些价值驱动因素及其与目标之间的关系。构建并应用检验了价值增长质量绩效的战略性评价模型。围绕战略管理过程提出战略绩效领域用于简化战略制定和选择,组成了战略性绩效评价模型,并验证了模型的有效性。

关键词:企业绩效　绩效管理　企业价值　经济评价

5317

企业跨国并购引发因素及其应用研究 / 张峥著 ; 吴泗宗指导 . -- 同济大学, 2005. -- 112 页

本文在对现有的企业跨国并购理论评析的基础上,提出了跨国并购引发因素复合分析模式。首先运用要素系统分析方法,以跨国公司对外直接投资决策过程为研究起点,分析跨国公司在对外直接投资两种方式中的决策要素,提出需要层次论、外部环境推动论和相关因素影响论,以此实现企业对外跨国并购的定性分析,并以万向集团跨国并购美国 UAI 公司为例进行案例研究;同时构建跨国并购引发因素数量分析模型,并以定性分析与定量分析相结合形成跨国并购引发因素复合分析模式。提出了跨国并购决策依据和成功标准,通过对跨国并购风险分析,跨国并购整合是决定跨国并购成功与否的关键部分。在分析跨国并购整合存在问题的基础上,本文建立基于核心竞争力的跨国并购整合模式,提出跨国并购整合管理方法,由此构成跨国并购策略实践研究。最后,将跨国并购理论应用于我国企业的跨国并购实践,分析和研究了我国企业跨国并购实践中已经和将来可能面临的问题,并对我国企业跨国并购提出相应的对策建议。

关键词:跨国公司　企业管理　跨国并购

5318

国际金融危机对国家经济安全的影响机制研究 / 张志波著 ; 齐中英指导. -- 哈尔滨工业大学, 2005. 127 页

本文主要从国际金融危机传染的角度来研究国家经济安全问题。文章首先对国家经济安全和国际金融危机的研究现状进行了综合评述,指出了当前研究所存在的问题,从而确立了自己的研究视角。其次,文章从国家经济安全的内涵、主要特点、主要内容、影响的主要因素以及状态这几个方面对金融全球化时代的国家经济安全进行了分析。接着,文章分析了金融全球化对国际金融传递机制的影响,介绍了金融危机国际传染的相关概念,包括其传染源和被传染对象、传染条件、传染力度、传染效应和传染的终止。

同时对20世纪90年代的金融危机国际传染现象进行了回顾,在指出以往金融危机传染效应检验方法不足的基础上,运用VAR系统中的Granger因果检验脉冲响应分析等实证检验了国际金融危机传染效应的存在。文章构建了由N个国家的实体部门和金融市场、K个全能型国际银行机构、M个非银行金融市场参与者组成的全球经济大系统,在此框架内,分析了金融危机跨国传染的各种途径和机制及其对国家经济安全的影响机制。最后,文章分析了入世前国际金融危机对中国国家经济安全的隐性传染效应,入世后中国在面临国际金融动荡时可能的传染途径和传染机制,以及金融危机国际传染效应对我国政府维护国家经济安全的政策启示。

关键词:国际金融　金融危机　国家安全　经济安全

5319

电力市场环境下辅助服务市场和电网频率控制的理论与实证研究 / 赵庆波著 ; 曾鸣指导. -- 华北电力大学, 2005. -- 113 页

本文对电力市场环境下的辅助服务市场进行了理论和实证两方面的研究。文章首先提出了一种在新的竞争性市场环境下保证电网安全运行的基本框架,并指出在该基本框架下,市场规则成为保证电网安全运行条件下以最低成本确定辅助服务市场成交方案的分析基础,并给出了满足最低成本安全运营目标的辅助服务市场交易模式与市场成交方法,并对该模型方法研发了应用软件系统,并予以验证。其次,文章研究了电力市场中负荷频率控制辅助服务的交易模式及其实施方案,着重分析了收费LFC和双边合同LFC的运作模式和实施方案。接着,文章探讨了电力市场环境下自动发电控制(AGC)的模拟,阐述了如何对传统电力工业模式下的自动发电控制软件进行修正,使其能够用于解决电力市场中负荷跟随模拟分析的若干问题。最后,文章研究了在电力市场中,运行备用辅助服务容量的定价原则和模型,开发了运行备用最优定价和交易的软件系统,并应用该软件对山东电网进行了实例计算分析。围绕对运行备用效益与成本的评估,给出了运行备用的优化调度和定价方法,求出了运行备用在一天与负荷相对应的96个时点的电价,从而确定一天的平均电价,从系统经济性的角度说明了这一方法的合理性,有效地验证了模型和算法的正确性和实用性。

关键词:电力市场　电网　辅助服务　自动发电控制　负荷频率

5320

基于报童模型的易逝品供应链合同研究 / 赵泉午著 ; 杨秀苔,熊中楷指导. -- 重庆大学, 2005. -- 116 页

本文运用博弈论、运筹学、市场学及产业经济学等学科的理论和方法,研究了在单个供应商和多个经销商构成的分散式供应链中,易逝品供应商如何采用不同策略,合理设置供应链合同主要条款,协调供应商与经销商以及经销商间的竞争合作关系,实现"多赢",乃至实现供应链协调的问题。文章首先研究了当经销商间不存在竞争,且供应商和经销商关于需求分布存在信息不对称时,占主导地位的供应商如何设置基于数量折扣和返利策略的供应链合同,最大化供应商期望利润的问题。其次,文章证明了当经销商间存在库存竞争时,给定供应商的回购合同,对称经销商间库存竞争纯策略纳什均衡的存在性和唯一性。接着,文章将易逝品销售期分为两个阶段,分析了第一阶段末第二阶段初各经销商根据市场需求通过电子市场调剂库存时,电子市场调剂库存对供应商的影响,与传统的易逝品供应链进行对比,指出这种影响取决于易逝品本身特性和顾客需求特征,并通过实例计算证实了该结论。最后,文章研究了当网上商店向网上加盟店提供超级连接,网上加盟店在其网站上陈列相应链接,网上商店根据通过链接产生的销售额支付网上加盟店相应佣金时,网上商店如何制定佣金计划的问题。通过实例计算,文章确证了网上商店现有佣金计划的合理性,同时对佣金计划的制订提出了建议。

关键词:企业管理　供应链管理　报童模型

5321

战略管理中的企业谋略及运作机制研究 / 周海炜著 ; 张阳指导. -- 河海大学, 2005. -- 224 页

本文将中国传统的管理视为一种谋略管理,指出战略管理中的谋略化倾向为认识企业谋略及其运作机制提供了具体的管理情境。文章首先分析了主流战略理论的发展,并在战略和谋略比较的基础上对企业谋略及其相关概念进行了辨析,同时对企业谋略研究所需要的企业谋略管理、管理行动逻辑、谐协管理、推延性思维和取譬、关系网络等本土性概念进行了辨析。接着,文章就企业谋略机制及其传统文化资源、企业中的运作方式进行了探讨。讨论了企业谋略背

后存在的管理机制,包括企业组织机制、竞争机制、管理者的管理行动逻辑三个方面的内容和特征。针对企业谋略的传统管理文化资源,从传统政治谋略、传统军事谋略和传统人生谋略三个方面进行了分析,提出了影响企业战略管理的传统谋略文化基本特征和需要进行现代性转型的必要性。文章通过企业战略及相关的个案研究与管理调查研究,分别对企业中的管理者管理行为的复杂性、企业组织转型中的谋略运作、管理语言的运用特征、对管理调查的情景化处理等运作方式进行了分析。最后,文章总结了企业谋略的基本内涵和特征、组织机制、竞争机制、管理者行动机制等四个方面的命题结论,并提出了企业在战略管理实施及对企业进行战略管理咨询的若干建议。

关键词:谋略　企业管理　战略管理

5322

上市公司管理层收购的负面效应及其实证研究 / 周林著 ; 陈伟忠指导. -- 同济大学, 2005. -- 111 页

本文从上市公司实施 MBO 面临的环境局限出发,指出在中国实施 MBO 可能产生的负面效应假设,并以实证研究的方法从管理层收购的市场效应、企业经营绩效和股利政策、盈余管理等几个角度,对中国上市公司实施 MBO 后的经济结果进行检验,得出了一些不同于西方资本市场的结果。论文首先以事件研究法来分析管理层收购的市场效应。其次,分别使用三大财务指标和采用主成分分析法构造的综合财务指标来考察 MBO 前后企业经营绩效的变化,发现实施管理层收购的中国上市公司,在 MBO 前的经营绩效已经开始下降。第三,与实施管理层收购的前两年比较,收购当年及后两年采取高股利政策的公司有明显增加的趋势。第四,通过构建三个模型来考察上市公司是否在 MBO 前后实施盈余管理,作者发现,在实施收购前一年,公司存在显著的调减公司盈余的应计会计处理,在收购当年和第二年则又存在调增公司盈余的行为,表明实施 MBO 的公司确实操纵了公司盈余。最后,以实验检验的结果为依据,提出在全流通问题未解决、MBO 相关法律法规没有出台之前暂停 MBO 的政策建议。

关键词:上市公司　管理层收购(MBO)　企业绩效　股利政策　盈余管理

5323

网络计划优化与资源平衡的智能交互模式的研究和应用 / 周远成著 ; 乞建勋指导. -- 华北电力大学, 2005. -- 121 页

文章有两个理念创新、三个算法创新:两个理念创新分别是网络计划优化中最低成本加快方法的创新和资源平衡的创新,三个理念算法创新分别是十字链表在网络图中的高效使用、资源平衡的混合遗传算法和网络计划优化技术中顺序优化的编程模式与算法,这些创新成果能满足实际工作中对项目管理软件的更高要求。文章利用十字链表开发出来的软件运行速度很快,而且简捷。在这过程中,作者改进和丰富了十字链表。表现在节点的高效删除上,过去的节点删除必须在删除所有与该节点相连的工序之后才能进行,现在的算法可以做到直接删除节点,在删除节点的同时,与该节点相连的所有工序也都自动被删除掉,这样就大大提高了修改网络图的效率。文章以带指定元素的三元行偶优化方法为例说明网络计划优化技术中顺序优化的编程模式与算法。为了使论文的创新点更具说服力,文章在第七章中专门论述了实际应用的效果。最后对本文的工作进行了总结,并提出了进一步的研究方向。

关键词:项目管理　网络计划技术　资源平衡　软件开发　遗传算法

5324

企业经营者绩效评价及其激励机制研究 / 朱火弟著 ; 蒲勇健指导. -- 重庆大学, 2005. -- 106 页

本文对企业经营者绩效评价体系和激励机制进行了理论、模型和方法上的研究。文章首先从传统的企业经营者绩效评估构架存在的问题入手,针对企业经营者工作的特殊性和绩效的自身结构,指出对企业经营者绩效评价就是对其任务绩效和周边绩效的评价。其中对企业经营者任务绩效的评价是对其所经营管理企业在一定时期内的运营状况和经营业绩的评价,包括经营业绩和管理效率两个方面;企业经营者周边绩效的评价是对其所经营管理企业社会绩效的评价,它体现了经营者自发的行为、组织公民性、亲社会行为和组织奉献精神等方面。在此基础上,作者构建了企业经营者任务绩效和周边绩效评价模型,并提出了相应的评价方法。接着,文章通过对企业经营者效用的分析,构建了企业经营者效用函数,归纳出影响企业经营者效用的主要因素。以经营者绩效评价结果为依据,通过总体激励水平的设计,作者运用委托—代理理论设计了对企业经营者的物质激励和非物质激励的组合比例模型。最后,文章通过对我国目前企业经营者所处的社会经济环境进行分析,探讨

了经营者绩效评价及其激励机制有效运行的条件，从完善公司治理结构、职业经理市场、资本市场和产品市场等方面，针对存在的问题，提出了相应的对策和建议。

关键词：企业管理　管理人员　绩效管理　激励机制　薪酬

5325

中国上市公司若干治理机制与公司价值关系研究 / 朱健著 ; 张宗益指导 . -- 重庆大学, 2005. -- 110 页

本文在对公司治理的基本概念和理论进行梳理概括基础上，重点对国内外公司治理研究进行全面综述及评论，从中总结出公司治理研究的新视野。论文采用规范分析和实证分析相结合、定性分析与定量分析相结合、比较与归纳相结合的研究方法来分析我国上市公司治理结构中存在的问题，并针对问题提出了自己的观点和相应对策。论文以 EVA 作为衡量公司绩效的价值指标，研究了中国上市公司股权结构与公司价值的关系。文章研究了上市公司经营者股权激励的影响因素，实证分析表明，目前上市公司的经营业绩与公司管理层的持股比例之间基本不相关。论文用实证分析的方法对目前中国上市公司的独立董事制度的有效性进行检验，结果表明，目前在上市公司中独立董事并没起到显著的改善公司治理从而提高公司绩效的作用。文章还分析了资本结构对公司治理效率的影响，在中国，上市公司普遍偏好股权融资，通过对上市公司的实证分析，尽管上市公司债权融资比例不大，但通过债权融资，依然能够改善公司治理，提高公司市场价值，并且融资信号传递效应在上市公司中亦有所体现。最后，文章对上市公司出现的问题及原因作了详细地介绍分析，并提出了解决这些问题的建议和对策。

关键词：上市公司　公司治理结构　股权结构　资本结构　激励　独立董事

5326

信用风险度量模型分析及其在我国银行业的应用研究 / 朱小宗著 ; 张宗益指导 . -- 重庆大学, 2005. 152 页

本文全面剖析了传统的和现代的信用风险度量模型，并进行了实证比较研究。利用我国银行的大量信贷数据对信用风险度量的传统模型和现代模型进行实证研究，进行综合比较分析，分析了我国的适用性，并基于银行信贷数据得出我国企业信用等级迁移矩阵、死亡率表、各信用等级下的违约率和违约下的损失率及其分布等。研究认为，传统模型在我国基本上不具有适用性，还得出，我国银行对企业的信用评级相比穆迪公司和标准普尔的信用评级具有连续性差、波动性大、迁移不平稳、违约率高的缺陷；对银行信贷的 PD、LGD 进行分类统计应主要按信用等级来统计，在此基础上按行业性统计可以提高统计值的准确度；西方国家开发的模型往往直接或者间接地认为 PD 和 LGD 相互独立，但论文样本统计表明两者存在正相关性。文章建立了度量信用风险的新模型，并与现有的模型进行范式和实证比较。研究表明，借款人偿债能力越低，越容易产生道德风险，也容易产生信用风险，两者产生的机理和临界条件是完全相同的，影响这种行为最根本的原因是企业的产出效率。文章还提出了信用风险度量模型在银行信用风险计量和管理上新的应用方法。

关键词：商业银行　信贷管理　信用风险　风险管理　巴塞尔协议

农业经济管理学

5327

中国农村社会养老保险制度研究 / 安增龙著 ; 罗剑朝指导 . -- 西北农林科技大学, 2005. -- 208 页

作者从制度创新的角度对中国农村社会养老保险制度进行了研究，提出建立中国特色的农村社会养老保险制度的新思路和方案，构建适合不同地区不同类别的农村社会养老保险制度的模式框架。首先，阐述了农村社会养老保险制度的基础理论，指出农村社会养老保险的地位及功能属性，实现城乡一元的社会养老保险制度是未来的发展目标。其次，将农村社会养老保险划分为全民社会养老保险统一制度、农民社会养老保险专门制度和农民社会养老保险统分结合制度。通过对国外一些国家的农村社会养老保险制度进行纵向和横向比较，得到中国建立农村社会养老保险制度的一些启示，即尊重国情、立法先行和增强全体农民的社会保险意识。再次，分析了中国农村社会养老保险发展状况及存在问题，并论述了建立农村社会养老保险制度的必要性及经济可行性，随后提出了中国特色农村社会养老保险制度的三种构建模式，即现实模式、过渡模式和目标模式。指出三种模式是

相互联系、层次发展的,随着社会经济发展水平的不断上升,逐渐由现实模式向目标模式转换和升级。最后论述了中国农村社会养老保险运行机制的优化,认为农村社会养老保险基金必须通过国家、集体、农民三方来筹集;同时指出良好的外部环境对中国农村社会养老保险制度运行的重要影响,包括社会环境、经济环境和法制环境。

关键词:农村　养老保险　社会保障

5328

山寨经济发展研究 : 以武陵山区为例 / 白晋湘著 ; 雷海章指导. -- 华中农业大学, 2005. -- 182 页

本文以武陵山区经济发展研究为个案,旨在通过对生活在武陵山寨的农民利用特有的自然条件和资源所进行的种植业、养殖业、加工业、服务业等商品性生产经营活动的研究,探索出典型环境中山寨经济发展的路径,对地处同类环境中的山寨经济的发展提供一个典型的范例,并建构起山寨经济发展的一般理论框架。这对于推动我国山寨经济的总体发展,增加群体收入,提高生活质量,改善生态环境,进而促进区域经济整体协调的发展,具有重要的意义。作者认为,山寨经济既不同于山区开发和山区经济,也不同于民族经济,研究山寨经济发展问题,必须把握山寨经济发展的基本条件,把握山寨经济的特点。研究指出,特殊的地理区位、自然环境和资源禀赋等多种因素影响下构成的生态环境群、民族文化因素群和社会经济因素群,是影响山寨经济发展的最基础的物质承载条件。文章还探讨了发展山寨特色经济、山寨经济可持续发展的建构和山寨经济的综合发展等问题,并就山寨经济的综合发展提出了跳出山寨发展山寨经济的观点和举措。

关键词:山区经济　可持续发展　山寨　武陵山区

5329

执法效率与有效组织 : 我国农业行政执法体制构建研究 / 蔡恒著 ; 顾焕章, 徐翔指导. -- 南京农业大学, 2005. -- 95 页

作者以行政组织为视角,以行政执法效率与组织有效性之间的相关性为主线,探讨了我国农业行政执法体制构建问题。首先,对行政组织的形成、演变和边界重构进行了阐述,指出行政组织是研究行政执法效率问题的出发点,而行政组织边界在诸多的影响因素下,处于不断的调整中。其次,分析了行政组织的约束机制、外部环境和效率体现,指出构筑适合我国国情的行政执法示标体系既要关注行政执法效率中"质"与"量"的统一,也要兼顾效率主体问题。提出行政执法组织的有效性体现为执法组织的合法性,组织机构的有序性和执法行为的效率性。再次,在讨论农业行政执法体制的历史沿革和比较研究欧美、日韩等国家的农业行政执法模式的基础上,论述了我国农业行政执法体制的构建。指出我国行政体制改革的总体趋势,是各部门的"小综合"向跨行业的"大综合"过渡,伴随着我国行政体制分权模式的显现,会出现执行局模式。最后,构建了农业行政执法体制改革理论模型,提出理顺执法体制必须规范相关法律制度,既要反映我国的市场经济发展要求,也要反映WTO规则确立的基本原则;同时农业行政监督管理职能也要作出相应的调整,既要促进农业行政部门的廉政,更要着眼于农业行政效率的提高。

关键词:农业法　行政执法　行政管理体制　执法效率

5330

农业国内支持政策对农民收入的影响研究 / 曹芳著 ; 王荣,李岳云指导. --南京农业大学, 2005. --116 页

本文主要研究农业国内支持的相关理论和政策效应问题,内容包括农业国内支持政策的理论,我国农民收入增长的阶段性变化及其特征,农业国内支持政策的国际比较,我国农业国内支持政策评价及改革趋势分析,政府一般服务对农民收入的影响,粮食直接补贴对农民收入的影响,结构调整对农民收入的影响等。文章认为制约我国农民收入增长的主要症结在于国内支持的严重不足。国内支持通过促进农业增长和提高农产品收购价格增加农民收入,通过促进农村剩余劳动力转移增加农民的非农收入,通过增加农村公共产品的有效供给减轻农民的制度外负担,通过区域援助计划缓解农村贫困问题。文章通过灰色关联分析显示地方财政投入与农民收入的关联程度高于中央财政。政府一般服务中的农业科研、农村教育和农业灌溉投资可以显著促进农民收入增长。粮食直接补贴增加了种粮农民的收入,起到稳定粮食生产的作用。结构调整援助能够弥补农民进行结构调整而受到的收入损失,能够从长远意义上提高农民的增收能力。文章提出了从增加产量转向增加农民收入,建立农民发展共同基金,增加绿箱支持总量,改革绿箱支持结构,重新设计黄箱支持,建立富有弹性的

粮食补贴制度等政策建议。

关键词:农民收入　农业政策　政府补贴

5331

中国农户原料奶生产经济效率分析 / 曹暕著 ; 谭向勇指导. -- 中国农业大学, 2005. -- 123 页

作者从分析原料奶生产经济效率方面入手进行了研究,通过考察改革开放以来我国原料奶生产行为,测算基于这一行为的农户原料奶生产经济效率(技术效率和分配效率)及其影响因素,进而提出发展原料奶生产、提高效率、提升国际竞争力的制度安排和政策选择。首先,利用对黑龙江、山西、内蒙古、四川、天津、北京六省(市、自治区)702户奶牛养殖户的调查数据,采用随机边界函数方法,分析了农户原料奶生产的技术效率、配置效率及其各自的影响因素。结果表明,在城市郊区的养牛农户的技术效率、配置效率均明显低于其他地区的农户。其次,指出对专业户、国营农场两种生产方式原料奶生产而言,专业户饲养奶牛的成本远远地低于国营农场奶牛的饲养成本,成本收益率高于国营农场生产,而国营农场要素投入的冗余程度则大于专业户的要素投入冗余度。最后,提出了五点政策建议:采取不同地区间的协调发展政策;引导和鼓励奶农进行专业化生产和适度规模经营;进一步规范乳品企业与奶农之间的关系;建立完善社会服务体系——尤其是技术推广以及培训;加强饲养管理方面的研究力度。

关键词:农户　牛奶　畜牧业　经济效率

5332

中国金融创新的货币政策效应研究 / 陈涤非著 ; 褚保金指导. --南京农业大学, 2005. --159 页

本文研究中国的金融创新对货币政策产生的影响,具体内容包括:金融创新的概念,国内外有关金融创新的货币政策效应的研究,西方国家金融创新的背景、基本类型和主要创新产品,中国的金融创新实践,包括金融机构的创新、金融市场的创新、金融产品的创新、金融技术的创新,中国的传统货币需求模型,金融创新对中国货币需求的影响,中国的货币供给控制,中国的基础货币管理与金融创新,金融创新在货币乘数变动中的影响,中国的货币政策中介目标的变迁,金融创新对中国传统货币政策中介目标有效性的影响,中国货币政策传导机制的特殊背景,货币政策传导的金融条件与金融创新的作用,中国货币政策传导有效性的实证分析,中国金融创新的发展趋势,中国货币当局应该采取的政策措施。

关键词:金融创新　货币政策　货币需求　货币供给

5333

江汉平原农村经济发展与农户行为变迁 / 陈风波著 ; 丁士军指导. -- 华中农业大学, 2005. -- 196 页

本文选取江汉平原作为研究范围,以农户为基本的分析单位,考察不同时期江汉平原农业和农村经济发展问题。本研究的主要目标有两个:通过历史文献分析方法,展示江汉平原不同时期农户行为和农村经济发展状况;利用实证分析的方法和一手调查数据,分析农户行为及其变迁,从而探求江汉平原农村经济发展的深层次原因和发展路径。第一部分包括第一—三章,主要介绍了研究背景,包含选题意义、文献的回顾以及所研究地域范围的基本情况。第二部分包含了第四、五章,主要介绍了传统经济时期江汉平原农户的经济行为及其生活状态。第三部分包括第六—八章,这一部分是对集体化时期和家庭承包责任制时期的农村市场状况、农村微观经济组织运行方式和农户行为的分析。第四部分包括第九、十章,从宏观角度探讨了江汉平原农业和农村经济的发展以及发展路径。第五部分是结语部分,包括第十一章,这一部分对各章的内容进行了总结,提炼了本研究的主要观点,在这些观点的基础上提出了一些政策性的建议,并探讨了有待进一步研究的问题。

关键词:农村经济　经济发展　农户　江汉平原

5334

黑龙江垦区农业现代化问题研究 / 陈枫著 ; 李友华指导. -- 东北农业大学, 2005. -- 141 页

作者提出,如何加速实现农业现代化是当前和今后我国农村改革和发展面临的一个重大课题,而黑龙江垦区作为我国最大的农业企业和重要商品粮基地,在我国现代化农业建设过程中占据重要地位。论文以黑龙江垦区农业现代化问题为研究对象,运用农业经济学、发展经济学、劳动经济学、区域经济学、可持续发展等理论,对黑龙江垦区农业现代化问题进行研究和探讨,包括以下主要内容:(1)农业现代化理论产生于农业现代化实践,同时,吸收借鉴了关于现代化的一般理论,而且将进一步推动农业现代化的实践。(2)耕地和劳动供给是农业发展的最重要的两个要素,这两个要素之间的关系通常被称为人—地比率。世界各国农业现代化存在着“劳动节约型”、“土地节

约型”、“中间道路型”三种模式。(3)从1949年到1966年,属于新中国农业现代化的探索和初步发展时期。“文化大革命”的十年是新中国农业现代化停滞和徘徊的十年。党的十一届三中全会后,新中国农业现代化进入全面推进时期。(4)黑龙江垦区国有经济比重较大,近年来又受全省经济增长缓慢因素等的影响,在实现农业现代化过程中,还存在许多障碍因素。如何发挥优势,克服障碍将是黑龙江垦区实现农业现代化的关键所在。(5)对农业现代化进程进行测度,一般采用构建测度指标体系和测度模型的方式进行。通过构建黑龙江垦区农业现代化进程测度指标体系,对其进行分析,作者认为,黑龙江省有关部门提出的黑龙江垦区2010年率先实现农业现代化的目标无法如期实现。(6)黑龙江垦区在实现农业现代化过程中,必须针对若干农业现代化指标测度结果较低的实际情况,研究、制定切实有效的措施和办法,以促进农业现代化水平的不断提高。(7)农业社会化服务体系、农产品市场体系、农业人才的教育培养体系和农业的支持保护体系的有机结合,构成了黑龙江垦区农业现代化的支撑体系。

关键词:农业经济　农业现代化　农场经济　黑龙江省

5335

乡村人口迁移不足的工业化和城市化：一个制度经济学的分析／陈剑波著；陈锡文指导. -- 中国人民大学, 2005. -- 230页

论文从制度经济学的角度,研究了乡村人口迁移不足的工业化和城市化。首先,提出一个假设:面对业已存在且调整成本高昂的基础性制度安排或政府通过强制实施的制度变迁,出现新的基础性制度安排的情况下,生产者、生产组织或市场主体将针对潜在的市场机会实施次级制度调整和变迁,通过自身的生产组织方式、资源配置或交易合约的调整来保障自身福利的改善,以反映基础性制度安排的制约和因此而改变的生产和交易的成本收益结构。其次,对建国前后我国的人口迁移不足的工业化和城市化的发展进程进行了描述,并分析其形成原因。论述了中国的农村人口迁移与工业化城市化的关系。并应用制度经济学,从基础性制度变迁与次级制度变迁的理论角度,对人口迁移不足的工业化和城市化进行了解释和阐述,指出作为次级制度创新的乡镇企业的诞生是由禁止乡村人口流动与乡村工业化导致的。最后,提出了关于集体所有与农户家庭合约的假设,指出这是支撑“就业而不迁居”的农村基本经营制度,是百余年来农家经济逻辑的首次突破。

关键词:乡村　人口迁移　工业化　城市化　土地制度

5336

我国农村义务教育中的转移支付问题研究／陈维青著；杨秋林指导. -- 中国农业大学, 2005. -- 123页

论文研究了我国农村义务教育转移支付中的转移支付效果、投资主体责任分担、转移支付模式构建等问题。首先,分析了我国农村义务教育区域间、城乡间、省际及省内县际间的义务教育发展不均衡的现实,运用调研数据从财政投入与财政绩效上分析了农村义务教育一般性转移支付与专项转移支付的政策实施效果。分析发现农村义务教育转移支付的实施效果并不理想,无论是一般性教育转移支付,还是专项教育转移支付,都没有很好地发挥其均等化义务教育的作用。对农村税费改革后的义务教育转移支付进行了探讨,指出税费改革使多渠道投资体制实际上失去了存在的法律基础。其次,通过对比国际农村义务教育转移支付实践与经验,构建了我国的农村义务教育转移支付制度框架,并运用模型模拟测算中央对省级政府以及省级政府对县级政府的义务教育转移支付规模。指出转移支付的理论框架应涵盖其目标、功能、原则、主体责任划分等;实践模式中应涵盖模型设定、模型测算等;而在制度保证中则应该涉及其监督约束机制、法律保障机制以及资金管理制度。最后,鉴于政策的设计实施有进一步使义务教育差距扩大的可能,提出了完善农村义务教育转移支付的政策建议。

关键词:农村　义务教育　财政体制　支付方式　转移支付

5337

生存成本的经济学分析／陈新锋著；邹德秀指导. 西北农林科技大学, 2005. -- 126页

本文从生存与成本耗费的关系入手,首先对生存成本的含义加以界定,论述了生存成本与生存状态的概念及其相互关系。在对生存成本和效用的均衡分析基础上,探讨了生存成本的计量问题。然后,从环境视角,论文对不同经济体之间、不同环境之间的生存成本进行比较。作者认为,在相同环境类型下,资源强度导致经济体之间平均生存成本的差别;在不同

的环境类型下,由于经济体获得效用水平不同,经济体的总生存成本也存在差别。经济体会首先选择较高层次的环境类型,在相同的环境类型中会选择较高的资源强度,以获得较高的效用和较低平均生存成本。进而,论文从环境因素对生存成本的影响过程,生存的环境效应,技术与生存成本几方面系统分析了环境与生存成本的关系。最后,作者探讨了生存成本的若干应用。

关键词:微观经济学　自然环境　生存成本

5338

我国农民收入增长的长效机制研究 / 陈艳著 ; 王雅鹏指导. -- 华中农业大学, 2005. -- 162 页

本文采用系统分析方法,模型分析方法,比较分析方法,实证分析与规范分析相结合的方法以及归纳、演绎和推理的多种分析方法详细研究了我国农民收入构成及演变历史,找到了制约农民收入持续稳定增长的原因,并对比国外和国内先进省份农民收入增长的经验,在此基础上建立了农民收入持续增长的长效机制。文章共分七章。首先是导言部分介绍本论文研究背景、目的和意义,研究综述,研究思路、方法以及创新点。第一章农民收入增长的理论基础。第二章农民收入构成及演变历史分析。第三章我国农民收入增长影响因素分析。第四章我国农民收入增长影响因素实证分析。第五章发达省份农民收入增长比较分析。第六章农民收入增长长效机制的构建及国外经验借鉴。在理解机制以及农民增收长效机制的概念基础上,介绍农民增收长效机制的构成、特点以及建立长效机制的原则。同时考察国外农民收入增长的经验,为我国农民收入增长长效机制的建立提供参考。第七章建立我国农民收入增长的长效机制。该机制包括农民收入增长的软环境和硬环境建设两大类,在此基础上,作者还区分不同地域范围提出相应的农民收入持续稳定增长的长效机制。

关键词:农民收入　收入增长　收入差距

5339

需求约束下工业化发展的影响因素研究 / 陈在余著 ; 严英龙指导. -- 南京农业大学, 2005. -- 118 页

针对我国在工业化进程中工业品市场如何实现和为何工业品需求不足的问题,作者认为对这些问题的回答对我国选择正确的工业化道路,加速二元经济转型具有十分重要的理论与现实意义。论文在分析需求结构的基础上,论证了国内居民消费对发展中大国工业化的决定性作用,从而构建了居民消费需求与工业化的理论框架。鉴于非农就业既是工业化的衡量指标,也是消费需求的解释变量。因此,作者把非农就业引入工业化需求函数模型,认为非农就业、居民收入及收入分配等需求变量与工业化之间存在相互影响机制,工业化技术类型与居民收入分配是消费需求约束下工业化发展的主要决定力量,并从如下三个方面对此进行了验证:对我国工业化过程的技术偏向进行测定并分析我国工业化技术类型对工业品需求变量主要是非农就业及居民收入分配的影响;分析改革以来我国居民的收入分配变动,并对不同收入水平下的居民消费倾向差异、收入分配对工业品市场规模的影响进行了分析;作者认为我国工业化发展的经验数据验证了论文的结论。通过上述研究,作者认为劳动密集型技术及居民收入分配是需求约束下工业化的重要影响因素。为此,作者提出了相关政策建议,主要是完善要素市场、普及农村教育,以大力发展劳动密集型企业、增加非农就业机会,同时,改善居民收入分配、扩大中间阶层居民的比重,总之,在二元经济中,中间收入层居民比重的不断提高应是工业化的正确方向。

关键词:工业化　收入分配　消费需求　劳动密集型产业

5340

我国金融租赁风险管理研究 / 程东跃著 ; 蒋振声指导. -- 浙江大学, 2005. -- 186 页

作者从金融租赁风险的特征出发,对金融租赁公司的整体风险和单个金融租赁公司存在的三种风险——信用风险、利率风险和操作风险进行了计量和实证研究。首先,以 CAMELS 方法即从资本、资产、管理、收益、流动性和市场敏感性 6 个方面入手评价了由中国人民银行监管的 12 家金融租赁公司的风险状况。指出我国金融租赁业的总体风险处于中等偏上的水平,其中资产质量和盈利能力不足。其次,对现代风险计量模型在我国的适用性进行了探讨。用 Logistic 模型的实证结果得到了我国金融租赁信用风险的判别方程;对 VaR 方法在我国金融租赁信用风险和利率风险中的应用问题进行探索后,认为 VaR 方法针对市场风险的计量可以在我国金融租赁公司的证券投资中先行。再次,从风险管理的组织保证、风险防范(预警系统)、计量方法的应用及操作风险控制等角度提出了防范和控制风险的对策,研究认为较强金融租赁公司的风险管理委员会作用是实施风险管

理的组织保证,风险预警系统则可以及时防范风险的发生,现代风险计量模型的应用则可以提高金融租赁公司风险管理的水平,操作风险的管理有利于控制内部风险。最后,从租赁产品的创新、租赁投资的分散化策略和租赁资产的证券化策略三方面探讨了金融租赁风险的分散与转移对策。研究认为,分散化策略能够通过投资组合内各种资产风险实现自然对冲,克服租赁投资的集中性和单一性缺陷,提高租赁投资的安全性,分散非系统性风险,而证券化策略能部分克服金融租赁资产性质单一、流动性差和利率风险大的问题。

关键词:租赁　金融公司　风险管理　信用　利率

5341

市场化进程中城市副食品供给问题：基于供给制度变迁的研究 / 程言清著；黄祖辉指导. -- 浙江大学, 2005. -- 170 页

作者运用研究制度与绩效之间关系的一个范式:"状态——结构——绩效"范式,对不同的城市副食品供给制度产生的绩效进行了分析。首先,分析了城市副食品计划供给制度、"双轨制"供给制度、"菜篮子"工程供给制度、食品安全制度这四种不同的历史条件下应用的制度产生的绩效。指出这些制度对资源使用权和交换权、副食品交易类型、政府管制方法、市场竞争等产生了不同的影响,形成了不同的副食品供给绩效。其次,指出随着经济发展,城市居民对不同副食品消费增长呈现不均衡态势,对不同种类副食品的需求差异明显。并进行了城市副食品需求对城市副食品供给的影响分析。指出目前的副食品供给不能完全适应副食品消费需求,不断变化的需求对副食品供给提出新的挑战。最后,分析了城市居民生活方式的改变、生活质量的提高,对副食品购物环境、服务质量的要求不断升级,因此超市在副食品零售中的作用得到加强,"农改超"成为一种趋势。副食品生产和消费的变化促进了副食品主要流通形式的改变,副食品物流系统是城市副食品超市化经营的技术支撑,正逐渐成为副食品流通的主力。城市副食品超市化经营,对副食品标准化和质量分等分级制度、批发市场制度、物流系统治理制度、副食品品牌制度等提出了发展和完善要求。

关键词:副食品　供给制　产销结合　市场化　消费

5342

广州市外向型产业结构调整的理论与实证研究 / 崔杰著；张岳恒指导. -- 华南农业大学, 2005. -- 150 页

作者以经济学理论为指导,对广州市的外向型产业结构调整进行了研究。首先,对产业与产业结构、外向型经济以及产业结构调整与外向型经济发展的关系等相关文献进行了综述和评价,并对产业结构变迁与产业结构调整、外向型经济与外向型产业、产业竞争力与区域竞争力、经济增长与经济发展等有关范畴作了进一步说明。在回顾经济学相关理论的基础上,形成了基本分析思路:产业结构——产业组织——产业政策——经济发展。其次,对广州市外向型经济发展和改革开放以来产业结构调整的历程、绩效与存在的问题进行了归纳、总结和研究。指出外向型产业发展对一个区域的经济增长、财政收入和人民生活水平的提高具有重要的促进作用,对外贸易是广州市经济发展的"火车头"。再次,通过构建分析模型,进行统计回归分析,对外向型经济发展与产业结构调整之间的相互关系进行了理论性概括。指出外向型经济发展与产业结构调整有着密切的关系,二者相辅相成,相互作用,互为影响,相互依存。要更好地实现外向型经济发展战略,必须要有产业结构的外向化,这是发展中国家和地区在经济全球化条件下发展外向型经济的基本经验。最后,提出了后 WTO 过渡期广州外向型产业结构调整的主要思路和对策措施。提出广州市外向型产业结构的优先排序是以新型工业化为首,进而促进和提升现代服务业的水平和规模,并最终实现广州市经济的可持续发展。扬长避短,优势互补,动态优化是广州市产业结构优化调整,实现经济可持续发展的基本原则。

关键词:产业结构　结构调整　外向型经济　广州市

5343

退耕还林对我国粮食安全影响的实证分析：基于宁夏回族自治区的分析 / 东梅著；钟甫宁指导. -- 南京农业大学, 2005. -- 143 页

本文基于对宁夏回族自治区的分析,对退耕还林对我国粮食安全的影响进行分析探讨。文章围绕着以下五个假说展开分析:第一,本研究提出退耕可缓解地区生态压力、提高国家潜在粮食安全能力的假说。文章运用了应用文献回顾、逻辑推理的方法首先证明退耕还林对生态环境的影响是有利的;其次,通

过文献回顾论证现实粮食生产能力与潜在生产能力之间的辩证关系，以证明退耕还林的长远意义在于通过恢复生态以提高粮食生产潜力，通过提高粮食生产潜力可以增加粮食供给安全。在论文的第二、三章中有详细的描述。第二，本研究提出退耕在短期内并不会严重影响我国宏观粮食安全；然而在我国还有很大一部分居住在生态恶劣地区的农户尚处于粮食不安全状态，需要退耕还林等外部措施纠正的假说。论文的第三章中有详细的描述。第三，本研究提出在生态脆弱地区实行退耕还林(草)并不会影响改善微观农民的粮食安全的假说。这部分在文章第四、五章中有详细的描述。第四，本研究提出退耕还林(草)能增加退耕户的收入，提高其食物购买能力，从而保障其粮食安全，降低农民复耕动机。第五，本研究提出，配合退耕还林政策，实施生态移民可以有效缓解生态压力，从而提高农民粮食保障。在文章第七章中有此问题的详细论述。

关键词：粮食生产　粮食安全　退耕还林　宁夏

5344

退耕还林绩效问题研究 / 董捷著 ; 陆红生指导. 华中农业大学, 2005. -- 177 页

本文选择我国正在实施的退耕还林生态建设工程的绩效问题作为研究客体，以经济学、生态学、土地科学等理论为基础，在对退耕还林试点区调查分析的基础上，对现行退耕还林政策以及对农民利益的影响进行综合评价，并运用成本效益分析方法，系统全面分析不同利益主体退耕还林的成本和效益。采用多目标决策评价方法对退耕还林综合效益进行定量研究，建立合适的评价指标体系和评价模型，并通过退耕还林地区的实证分析应用，最后提出提高退耕还林绩效的政策建议。全文由七部分组成。第一部分导言主要阐述了该论文研究的背景、选题的主要目的及意义、研究的基本思路及主要内容、研究的特色及创新点。第二部分系统介绍了国内外退耕还林研究的最新动态。第三部分介绍和借鉴经济学、生态学、土地科学等相关的理论，探讨退耕还林绩效评价的理论基础。通过理论分析为退耕还林绩效问题研究提供科学依据和理论支撑。第四部分分析现行退耕还林政策的背景及作用功能，并结合退耕还林区实际调查，全方位探讨退耕还林政策对农民利益的影响。第五部分运用成本效益法全面分析退耕还林的成本效益组成，探讨不同利益主体退耕还林的效益和成本。第六部分运用多目标决策方法，选择退耕还林绩效评价指标体系，建立退耕还林效益评价模型，并以湖北省兴山县为例进行了实证分析。第七部分从建立经济补偿机制、理顺各种关系及相关支撑体系等方面探讨提高退耕还林政策绩效的建议。

关键词：退耕还林　绩效评价　土地利用　农民利益　成本—效益分析

5345

我国农村经济发展中的金融支持研究 / 董晓林著 ; 张景顺指导. --南京农业大学, 2005. --137 页

本文研究我国农村金融支持农村经济发展的现状、程度、面临的困境及其成因。具体内容包括：金融支持经济发展的理论基础，现阶段我国农村经济的特点及其对金融服务需求的变化，我国农村金融体系的形成与发展，我国农村金融发展与农村经济增长的关系，不同地区农村金融发展对农村经济增长影响的比较分析，我国农村金融市场的供给与需求，提高金融对农村经济发展支持度的对策建议。文章采用案例分析方法对我国农村金融市场的供求现状进行考察。从农村金融组织、农村金融制度与金融管理体制、农村外部环境等方面分析了农村经济发展中金融支持存在的问题和原因。文章认为金融支持对农村经济增长具有推动作用，我国农村金融对农村经济增长的贡献程度低，我国经济欠发达的农村地区的金融市场供给与需求之间存在严重不均衡，农村金融组织体系不完整、组织行为不规范和农村金融市场高度垄断是两个主要问题。提出了开放农村金融市场，探索新的金融组织形式，加强政策扶持深化农村信用社的改革，优化农村金融发展的外部环境等建议。

关键词：农村经济发展　金融支持　农村金融　信贷资金

5346

SPS 措施对猪肉贸易的影响及中国遵从方略研究 / 董银果著 ; 徐恩波指导. -- 西北农林科技大学, 2005. -- 198 页

本文选取具有价格比较优势的猪肉产品为研究对象，研究了 SPS 措施对猪肉贸易的作用机理以及对中国猪肉出口贸易的影响，探寻乌拉圭回合后中国猪肉出口大幅下降的根源和关键所在，从宏观、中观、微观三个层面提出中国猪肉贸易的遵从方略。文章分析了中国猪肉贸易所处的国际国内环境，评介了国内外有关 SPS 措施与贸易关系的研究动态，指出中国对 SPS 研究的不足。论述了 SPS 的内涵、特征与分类，

SPS措施形成的理论基础。采用实证和案例方法阐述了世界贸易组织、联合国粮农组织关于SPS措施的国际贸易规制及其运作机制,剖析了三个典型案例,即荷尔蒙牛肉案、澳大利亚鲑鱼案、日美农产品测试案。研究了近40年来世界猪肉生产、贸易的变动趋势,影响猪肉进出口安全的四个典型案例以及五个焦点问题。文章指出对生猪疫病的预防和监控在任何时候都不可放松。文章采用对比和实证考察方法对中德1991—2002年间猪肉生产、贸易、猪肉安全控制系统进行了比较研究。中国猪肉贸易遵从SPS措施的方略包括三个层面九个方面,包括加强猪肉安全风险分析和评估,实施生猪质量安全产业化经营,研究企业遵从成本等。

关键词:猪肉　食品检验　出口贸易　农产品

5347

新时期农村青年人力资源开发研究 / 窦鹏辉著 ; 张宝文指导. -- 西北农林科技大学, 2005. -- 189页

本文首先对新时期我国农村青年人力资源开发的形势背景及客观需求加以分析。结合国内外关于农村青年人力资源开发研究进展,明确了新时期我国农村青年人力资源开发的含义及其理论基础。基于问卷调查和官方统计数据,论文描述分析了新时期我国农村青年人力资源的现状,进而提出了新时期我国农村青年人力资源开发的内容,包括普及高中阶段教育,组织农村青年在职职业技能培训和转岗前职业技能培训,有组织地引导农村青年劳动力转移,鼓励进城农村青年返乡务农和创业,深化农村青年的时代责任感、自强观念和守法意识,增强农村青年珍惜生命、关爱健康的意识等六方面。最后,在以上开发内容的基础上,结合实际情况,作者提出了新时期我国农村青年人力资源开发的途径及其运行机制。

关键词:劳动力　农村劳动力　人力资源开发　农村青年

5348

中国农业水资源管理制度创新研究 : 理论框架、制度透视与创新构想 / 杜威漩著 ; 黄祖辉指导. -- 浙江大学, 2005. -- 177页

论文研究了中国农业水资源管理制度创新问题,提出了创新构想。首先,阐述了农业水资源管理制度研究的相关理论,并对中国农业水资源管理制度演进及现状进行了实证研究,概括出了中国现行农业水资源管理制度的运作特点。从制度环境和非制度环境两方面入手,对中国农业水资源管理制度环境因素进行了分析。其次,对中国现行农业水资源管理制度进行理论透视,指出农业水利基础设施投资主体的单一性及产权安排的公有性;农业水资源管理组织性质上的模糊性、主体上的行政代理性和结构上的科层性;农业水权交易制度的不完善性、农业水价制度安排的行政性、农业水费管理制度的非规范性;农业水资源管理制度与其环境之间的冲突导致了制度运行中高的交易成本。并分析了国外农业水资源管理制度的运行状况。最后,提出了中国农业水资源管理制度的创新构想,指出构建大中型农业水利基础设施包括政府主体在内的多元化投资进而多元化产权制度、构建小型农业水利基础设施农户联合投资进而私有产权制度;构建大中型灌区农业水利基础设施企业和小型灌区中的农民用水者协会;构建可交易的农业水权制度、科学的农业水价制度和规范化的农业水费管理制度。

关键词:水资源管理　水权　水价

5349

中国水市场培育研究 / 段永红著 ; 杨名远指导. 华中农业大学, 2005. -- 168页

本文运用产权经济学、制度经济学、资源经济学、产业经济学、博弈论等相关理论,力图密切结合我国实际,从制度创新上探寻解决我国水危机的可行之策,提出了配置水资源的新机制——市场机制,通过引入市场机制,培育水市场,实现水资源的优化配置和有效利用。论文设有导言,论述选题的目的意义、综述研究动态、明晰研究思路和应用的方法等。论文主体由以下三部分构成:第一部分(第二章)论证培育水市场的必要性。从分析我国水资源供需矛盾现状与趋势出发,反思解决水资源供需缺口的传统思路,论述培育水市场是提高水资源配置效率和利用效率的有效途径,并借助计量模型论证水权、水价对用水效应的作用。第二部分(第三—六章)论述水市场培育的主要内容是水权、水价、水权市场与水务市场。第三部分(第七章)为优化水市场有效运行环境,论述水市场运行的保障机制,本研究在以下方面有所创新:一是给出了水市场架构,揭示了水市场的主要构件是水权、水价、水权市场和水务市场。二是从水资源的整体性、外部性、地域性以及不可或缺性和不可代替性四个特性方面论证了水权交易的"准市场"模式。三是揭示了可持续发展的水价是由资源水价、工程水价和环境水价组成,并分别论证了它们各自的形

成基础。四是从法律、体制、组织、道德、硬件设施五个方面论述了水市场有效运行的保障机制。

关键词:水资源　市场管理　水权　水价

5350

黑龙江省农民就业问题研究 / 范德林著 ; 郭翔宇指导. -- 东北农业大学, 2005. -- 113 页

本文认为农民就业是指社会为农村劳动者提供工作岗位,使劳动者能有效地和其他生产要素相结合,以充分发挥劳动力的效能。如果农村劳动者没有工作岗位或者不能和其他生产要素有效地结合,难以发挥劳动者应有的作用,就为农民失业或就业不足。作者认为一方面黑龙江省农民就业问题的解决对于农业人口占大多数的我国来说尤其重要,而另一方面黑龙江省农村劳动力就业任务仍然很重,表现在黑龙江省农民就业仍处于不充分状态。为了解决这个问题,作者提出,首先政府应该在促进农民充分就业方面有所作为。其次农业内部挖潜、大中城市的吸纳效应、国际劳务输出等是促进农民充分就业的重要途径。农村城镇化也是吸收农民就业的途径之一。此外,乡镇企业的发展也可以促进农民就业。在新的历史时期,加强人力资源开发,构建农民充分就业的教育与培训机制、协调机制、户籍制度和用工制度、农民就业的立法保护机制、最低工资标准制度等。最后,作者论述了农民就业政策的重点在于加强宣传,扶持农业和农村发展政策的实施力度,加强教育与培训等方面。

关键词:农民　劳动就业　人力资本　城市化　黑龙江省

5351

中俄土地资源保护立法比较研究 / 范亚东著 ; 梁学庆指导. -- 东北农业大学, 2005. -- 99 页

本文运用了多种比较方法对中国、俄罗斯两国的土地资源保护立法进行了系统的分析与研究。作者认为借鉴俄罗斯的土地资源保护立法,对于研究中国土地资源保护立法现状和存在的问题,在中国建立完整、系统的土地资源保护法律体系,具有重要的现实意义。文章总结了中国、俄罗斯两国现代土地资源保护立法的主要内容和经验,回顾了两国土地资源保护立法的进程,分析了两者的差异和特点。文章结合有关立法在实践中的效果和问题,坚持可持续发展战略,探寻全面构建具有中国特色的新社会主义土地资源保护法律体系的新思维和新构想。论文从宏观角度对两国不同的社会制度法律作了整体的比较,从微观角度对两国不同的法律概念、规则进行比较。文章从静态角度对两国特定时间、特定法律条文、法律内容进行比较,从动态角度对两国的立法背景、发展进程、立法变化进行了比较。文章认为,中国和俄罗斯在政治、经济和法律制度上曾有许多相似之处,在土地资源保护上也有诸多关联,俄罗斯的土地资源保护立法对于中国有着深刻的借鉴意义。

关键词:土地资源　土地保护　立法　比较法学　俄罗斯

5352

中国上市公司治理体系构建研究 / 封文丽著 ; 李友华指导. -- 东北农业大学, 2005. -- 135 页

作者以境内沪深交易所 1226 家(截至 2004 年 7 月)A 股上市公司为研究对象,运用相关的经济学、金融学、管理学理论及制度分析、辩证分析、对比分析和实证分析方法,对典型公司治理模式优劣、趋同,以及中国上市公司治理体系构建框架和路径的相关问题进行了深入研究。文章首先借鉴国内外研究成果,对公司治理及其相关概念、公司治理的基本功能进行了界定,比较了公司治理与企业管理的异同,指出二者在战略管理层次上形成共界。其次,回顾了以公司治理准则制定为具体表现的全球公司治理运动,详细阐述了运动兴起的背景、经典的公司治理准则及以美国索克斯法案为代表的公司治理改革。再次,明确了完整的上市公司治理是"静态"的公司治理结构与"动态"的公司治理机制的集合体,并对二者的治理原则及其辩证关系分别进行了深入分析。并特别强调了董事会作为内部治理核心的作用和地位及外部质量对于内部治理不完善的修正和补充作用。随后,作者对国际上四种典型的公司治理模式在内部治理、外部监控、突出问题等方面进行了比较,分析了公司治理模式差异和趋同的成因。在追溯我国上市公司治理历史变迁的基础上,文章还分析了目前上市公司治理面临的若干突出问题,并得出构建内外并重、双管齐下的上市公司治理体系的必要性。随后又针对目前我国上市公司治理中的问题,结合发展趋势,借鉴国外经验和相关指导性文件,同时考虑我国特定制度环境下,构建了上市公司治理体系框架,并设计了构建路径。最后对国内外上市和国内公司治理进行了实证分析,以佐证相关理论观点。

关键词:上市公司　公司治理　治理结构　董事会

5353

中国农业公共投资问题研究 / 符金陵著 ; 李崇光,韩德乾指导. -- 华中农业大学, 2005. -- 110 页

本文研究的主要对象是我国的农业公共投资问题。文章在梳理既有研究成果的基础上,对农业投资的内涵和相关理论进行界定和阐述,探讨农业公共投资与农业和农村社会经济发展的关系。从定性角度较为全面地对我国农业公共投资的体制沿革和政策演变进行系统分析,描述和评价建国以来我国政府财政体制内的农业公共投资体制演变情况,揭示和分析现行农业公共投资体制方面存在的主要问题。从定量角度对我国农业公共投资的规模和效益进行定量模型分析,探讨我国农业公共投资的总量规模及其变动趋势,各类农业投资中农业公共投资的地位和作用,以及农业公共投资中不同领域的农业公共投资中的效率高低排序问题,找出农业公共投资的优先序。结果显示,改革开放后我国的农业公共投资强度一般在0.25—0.50之间,农业公共投资总量规模不足。本文可能的创新之处有三:一是利用灰色关联分析法从定量的角度分析了各类农业公共投资的优先序,二是利用逻辑斯蒂模型预测了"十一五"期间的农业公共投资需求总量,三是分析和评价了WTO多哈谈判农业支持政策改革及其影响。

关键词:农业投资　公共投资　投资体制　投资规模　投资效率

5354

土地融资模式研究 / 符遐龄著 ; 江华指导. -- 华南农业大学, 2005. -- 185 页

论文研究了土地融资问题,寻求解决土地市场及其房地产业的融资渠道问题的方法和途径。首先,对中国土地使用制度、中国融资制度以及土地融资中的法律因素与技术参数等逐一进行分析。通过分析中国城市和农村集体土地使用制度的变迁,阐述了土地市场的形成、特征及其构成;通过回顾中国融资制度的变迁,指出中国融资制度现状与缺陷,我国融资模式结构不合理,间接融资比重过大,融资风险集中在金融机构。其次,以经济技术开发区以及房地产开发项目为例进行了土地融资风险与案例分析。对国外和有关地区土地融资经验及启示进行了阐述,由于台湾地区在土地金融特别是农地金融方面的特色,将台湾地区单独进行了研究。最后,在对现行制度绩效及其对土地融资影响进行评价的基础上,提出了中国融资制度创新和土地融资模式选择。指出在现代市场型融资制度构架内,银行借贷型经济将向社会资本型经济转变。中国土地市场由于城乡发展的差别,城市土地市场较农村土地市场更为活跃。由于受到制度性约束以及城乡市场本身特性的差异,在融资渠道上会体现出差异性特征,农村土地金融发展更需要政策支持。

关键词:融资　土地制度　土地市场　土地融资

5355

黑龙江垦区企业集团化发展研究 / 傅国文著 ; 李友华指导. -- 东北农业大学, 2005. -- 145 页

本文以农业产业化发展的基本理论为依据,细致深入地分析了黑龙江垦区农业企业集团的发展。文章认为促进农业产业化,建设具有强势牵动作用的龙头企业,对我国农村和农村经济的发展具有重要的意义。文章回顾了黑龙江垦区经济体制改革的历史进程和黑龙江垦区企业集团化的发展进程,探索了国际上企业集团化发展的经验和发展趋势对我国的启示。作者以黑龙江垦区农业产业化的组织形式和集团管理模式为研究的切入点,运用规范研究和实证研究相结合的方法,建立黑龙江垦区企业集团内部管理体制及运行机制的评价指标体系和企业集团综合实力评价指标体系。文章还针对黑龙江垦区北大荒集团进行了企业集团的风险分析,分析了企业集团的债务风险和外部风险,构建了企业集团预警系统,构建及评价了财务危机预警指标体系。文章介绍了企业集团的资本运作,认为资本运营是搞活农垦企业的根本途径。文章在研究运用资本运营组建北大荒企业集团的基础上,提出了黑龙江垦区企业集团的发展对策和建议。

关键词:农业产业化　企业集团　农场经济　黑龙江省

5356

中国农业品种技术创新研究 / 傅新红著 ; 戴思锐指导. -- 西南农业大学, 2005. -- 146 页

作者对中国农业品种技术创新进行了研究,以剖析农业品种技术创新体系的构成及各子系统的相互联系,分析农业品种技术创新体系运行过程及过程体系的衔接与协调,探寻农业品种技术创新的内在规律,构建适合中国国情的适应农业发展新形势要求的新型农业品种技术创新体系。首先,从过程体系、组织体系、支撑体系三个维度对农业品种技术创新体系进行理论阐释,并通过对美国、法国、印度三个国家农

业品种技术创新成功经验的概括和总结，为中国农业品种技术创新体系改革提供一些启示。其次，通过对中国农业品种技术创新体系的现状透视、问题剖析、原因分析和创新绩效评价，总结经验教训。指出农业品种技术创新是一个特殊而重要的技术创新领域，它具有多环节、关联性、制约性和双向性的过程特征，同时具有多元性、互补性、合作性和竞争性的主体特征；农业品种技术创新体系是一个多层次的、动态的复合系统，政府主导着我中国农业品种技术创新体系。最后，结合农业品种技术创新面临的新形势和新任务，提出了构建新型中国农业品种技术创新体系的政策建议。指出要协调创新过程体系；重构创新组织体系，其中要重点搞好研究开发、物化和推广三大组织体系的构建；完善创新支撑体系，要重点完善投资体系、制度体系和创新基础条件建设。

关键词：品种　技术创新　农业经济

5357

森林生态产品价值补偿研究 / 高建中著 ；王忠贤指导. -- 西北农林科技大学, 2005. -- 152 页

本文从理论角度阐述了森林生态产品的概念、特殊属性；用外部性理论、公共物品理论、生态系统理论、劳动价值理论、产权制度理论、价值补偿理论、环境再生产理论对森林生态产品补偿价值、补偿依据进行了广泛和深入的分析；从客观角度分析了森林生态产品补偿制度的存在和发展，从实践角度分析建立该制度的必要性和可行性，从经济角度阐述了该制度的标准确定、资金来源及管理使用，从法律角度探索研究了行为主体的权利、义务及法律责任。本文重点在于针对现阶段生态效益补偿制度存在的问题，提出了新的制度设计模式。第一章导论从提出问题入手，对本文的选题背景、研究的意义和目的、研究的思路和方法、国内外研究动态进行阐述，最后提出了论文可能创新之处。第二章说明了森林生态产品的概念和理论。第三章对森林生态产品的外在性及公共性进行了论述。第四章对森林生态产品的价值核算进行了阐述。第五章对森林生态产品价值补偿的依据和实践进行论述。第六章对补偿基本条件和补偿主体设计的论述。第七章对森林生态产品补偿标准设计。第八章对补偿资金来源及补偿资金管理的设计。第九章对补偿期限与补偿制度进行设计。第十章对公益林森林生态产品补偿的支持体系研究。

关键词：林业经济　森林生态经济学　森林资源价值补偿

5358

北京山区森林资源价值评价 / 高云峰著 ；秦富指导. -- 中国农业大学, 2005. -- 112 页

论文总结、归纳了有关价值的相关理论，对价值理论在森林资源评价方面的运用进行了研究和分析。首先，对北京山区森林资源现状进行分析，指出北京山区森林资源具有巨大的经济和生态效益，年产出价值为 139.16 亿元，其中主要是森林资源的环境服务等间接使用价值，占 91.21%。而目前这些巨大的森林环境服务效益在国民经济核算中未予考虑。其次，对北京山区的林地、林木的直接使用价值和涵养水源、保育土壤、净化环境、固碳制氧、防护价值、游憩价值和生物多样性保护等间接使用价值进行了评价。指出在使用价值中，森林环境服务等间接使用价值非常高，占 90.32%；而在森林资源间接使用价值中，生物多样性价值的比重最大（44%），其次是涵养水源（39%），然后是净化环境的价值（14%）。再次，采用 CVM 方法对北京山区森林资源的非使用价值进行了评价，主要表现为存在价值，占 57%；其次是遗产价值，占 24%；然后是选择价值，占 19%。最后，对北京山区森林资源整体价值进行了评价，指出北京山区森林资源的价值具有附属和动态变化特征。森林资源价值直接受其自身数量和质量的影响，同时受市场价格和人们支付能力与环境意识的影响。随着人们的收入水平和环保意识的不断提高，人们对森林资源产品与服务的支付意愿呈现出增长趋势。

关键词：山区　森林资源　经济核算　北京市

5359

村民自治组织的生成、性质与治理研究 / 广新力著 ；罗必良指导. -- 华南农业大学, 2005. -- 161 页

作者从经济学的角度，对村民自治组织这一组织形态进行解析。首先，阐述了村民自治组织的生成与性质，指出我国村民自治组织的生成是一种社会选择的结果。就其性质而言，村民自治组织是一种确立秩序、缓和冲突和实现共赢的治理机制，其中体现了一种复杂的社会交换关系，这种交换关系既包括组织内部成员之间的合作关系，也包括组织与国家政府之间的合作（交换）关系。其次，阐释了村民自治组织的目标。指出村民自治组织的目标分为规范性目标和实证性目标，村民自治组织的目标选择不仅取决于村干部的个人偏好，也受到了地方乡镇政府和农村在野精英的影响。再次，对村民自治组织的治理问题及其治理是如何安排和实施的问题进行了论述。提出村民

自治组织治理的实质是对各种寻租行为的有效节制，减少村庄公共资源产权模糊所带来的公共领域的空间，并能将这些资源有效地运用于村民集体的共同利益的增进中。同时提出由于决策权高度集中于村委会，需要进一步完善村民自治组织的治理结构，提高治理绩效。最后，作者指出由于我国农村经济社会情况的复杂性，村民自治组织的治理绩效不是仅仅只取决于正式的制度安排，村庄的非正式制度安排因素、地方政府行为以及地区经济发展水平等因素也对其产生了重要的影响。

关键词：农村　群众自治　村民自治

5360

农业龙头企业与农户订单安排及履约机制研究：基于企业与农户行为的分析 / 郭红东著；黄祖辉指导. -- 浙江大学, 2005. -- 183 页

作者应用现代新制度经济学的契约理论，研究了龙头企业与农户订单的安排及履约机制的问题。首先，应用契约理论，结合已有的订单农业国内外的研究成果。构建了一个研究企业与农户订单安排及履约的实证分析框架。在国内外已有研究成果的基础上，将企业与农户订单的安排视为企业与农户之间的一种交易契约的安排。指出企业与农户是否参与订单农业，主要由交易成本决定，而交易成本是由交易特征决定的。因此可以说交易主体特性（企业与农户）、产品特性、交易环境决定了企业与农户的订单安排，而具体的订单安排又决定了订单的履约和绩效。其次，应用全国部分农户和浙江省部分企业大调查数据，从农户和企业两个层面，对影响企业与农户参与订单农业、订单安排及履约的因素进行了实证研究。表明农户参与订单农业的行为和订单的安排，受农户生产的产品类型、农户自身经营特征、农产品市场以及政策等多方面因素的共同影响；企业参与订单的行为受企业从事产品的类型、对原料质量的要求、市场价格波动以及政府支持政策等多方面因素的共同影响。不同的订单安排会产生不同的履约结果。最后，提出了发展我国农业龙头企业与农户订单农业的若干政策建议。

关键词：农业企业　农户　经济合同　订单

5361

城市农民工人社会保障制度研究 / 郭金丰著；和丕禅指导. -- 浙江大学, 2005. -- 151 页

论文运用规范分析和实证分析方法，对建立城市农民工人社会保障制度的必要性、可行性、模式选择、保障项目选择等问题进行了分析。首先，分析了城市农民工人社会保障制度建立的必要性。对我国城市农民工人的产生和特征进行了分析，认为城市农民工人是个自我保障能力很弱的群体，现行的农村社会保障制度存在保障水平低、覆盖面窄、管理效率差等问题，而土地保障功能已经大大减弱了。提出尽快建立城市农民工人社会保障制度有利于完善社会主义市场经济体制、推进城市化进程、促进农村经济社会发展、实现社会稳定。其次，从企业、个人、政府三个层面探讨了城市农民工人社会保障制度建立的可行性。指出企业基本上可以承受12%的社会保障缴费率；农民工人已具备一定的缴费能力，但是低工资水平的农民工人承受社会保障缴费的能力很弱；政府有了更多的公平理念，而且也具备了充足的财政能力，政府的行政能力正在提升。因此，城市农民工人社会保障制度的建立具备了可行性。最后，从模式选择、保障项目的选择、运行环境的构建三个方面对如何建立城市农民工人社会保障制度进行了分析。认为相对独立模式（包括综合模式和差异城镇模式）是比较适合的一种模式；在项目选择问题上，认为目前还不具备推行社会养老保险项目的时机，而工伤保险应当成为优先选择的项目；在运行环境的构建方面，要尽快建立城市农民工人的社会救助制度，加强对城市农民工人社会保障制度的管理，做到正式制度与非正式制度的配合、加大对农村人口的义务教育投入、大力发展民营经济、加强对农民工人的培训、发挥工会维权作用。

关键词：农民工　社会保障　社会保障制度

5362

中国农产品期货市场功能与作用研究 / 郭科著；张存根指导. -- 中国农业科学院, 2005. -- 140 页

作者研究了在现有条件下，如何通过发展农产品期货市场为我国农业、农村和农民服务。首先，对我国农产品期货市场运行状况和农产品期货价格影响因素进行了深入分析。指出我国农产品期货市场的运行状况良好，应该对之有正确的认识。研究期货价格及其影响因素，有利于更好地把握期货市场的变化规律。其次，详细论述了农产品期货市场发现价格功能和套期保值功能，对期货市场在农业补贴、农业产业化、农业国际化和政府对农业管理方面的作用进行了研究。认为期货价格可以弥补现货价格的不足，价格机制中利用期货价格可以更好地配置资源；利用不

断发展的套期保值理论可以较好地规避现货企业的生产经营风险;期货市场具有重要的经济功能。再次,通过B—S期权定价模型研究了农产品期权的定价理论及其作用,指出利用期权定价模型可以制定出科学的期权价格,是期权市场得到规范发展并有效发挥其必要的功能。最后,从国内外期货市场制度、技术、管理、品种、参与主体五个方面论述了我国期货市场创新发展的必要性和可行性,指明了我国期货市场的发展方向。指出我国应该尽快发展和健全农产品期货市场,以更好地为农业发展服务。

关键词:农产品　期货市场　期货交易

5363

中国农业企业化问题研究 / 郭振宗著 ; 杨学成指导. -- 山东农业大学, 2005. -- 169 页

作者研究了中国农业企业化问题。首先,对农业、农户、政策等基本概念进行界定并在农民经济理性、企业追求利润最大化、政府追求公众利益目标及以市场经济体制为前提的基础上,对农业企业化一般规定性进行了分析,指出农业企业化推行及其进程除了受到前提条件、基础条件及农业企业化主体主观意愿等因素影响外,还受农业企业化制度变迁速度、企业化模式及政策等因素的影响。其次,以中国国情为依据,对中国农业企业化进行了特别规定。以"农业企业化经营组织"概念取代"农业企业"概念,把农业企业化经营组织界定为包括企业化经营农户、农业准企业、农业企业等一切形式的农业生产经营组织,并把农业企业化分离为农业微观经营主体组织形式企业化和经营行为企业化两条线索。再次,对中国农业企业化的必要性及条件进行了分析。指出推行农业企业化可以在保留家庭承包经营制度合理内核的基础上,对其进行创新与完善,以企业化经营组织替代小规模农户经营组织,有效克服其内在组织及经营行为缺陷,改进其效能。同时指出农业企业化受到许多因素制约,但是农业企业化收益远大于制约因素突破成本。最后,对中国农业企业化目标、模式、发展阶段及政策选择等进行了研究。指出中国农业企业化长期目标是建立家庭农场为核心、其他企业形式并存的现代企业化经营组织体系。中国农业企业化应选择"三元结构"总体模式,将经历导入阶段、全面展开阶段和高级化阶段。

关键词:农业企业　农业经济　产业化经营

5364

农地资源合理配置的制度经济学分析 / 韩冰华著 ; 韩桐魁指导. -- 华中农业大学, 2005. -- 272 页

本文以我国农业发展的关键要素——农地资源的合理配置为研究的着力点,以资源配置的三大理论为支撑,从制度经济学角度系统分析了农地制度对农地资源优化配置的基础性作用,构建了农地资源合理配置的一般分析框架。参照国内外的研究成果,对现有农地制度下我国农地资源的配置状况进行了实证研究。在此基础上进一步探究了我国农地资源配置存在的问题并进行了归因分析,提出了我国农地资源优化配置的目标、原则以及农地制度的创新和农地配置机制的完善来提高农地资源的配置效率。研究分为两大部分,由七章组成。第一部分包括第一—三章,对本研究的背景及资源配置的基础理论进行了系统的地研究和阐述。第一章介绍了本研究的背景因素,简要说明了本研究的四个研究动因、研究方法和基本思路、研究的理论意义和实践意义以及可能的创新。第二章对资源配置理论进行了系统的阐述。第三章构建了农地资源合理配置的制度经济学的分析框架。第二部分包括第四—七章,为实证研究部分,对中国农地资源配置利用进行了分析研究。第四章对我国建国后农地制度变迁的路径及农地资源的配置绩效进行了评判。第五章对土地家庭承包制下农地资源配置行为进行了实证研究。第六章分析了我国农地资源配置利用存在的三大问题。第七章针对我国农地资源进一步优化配置问题,提出相关的策略。

关键词:农业用地　资源配置　农地制度　制度经济学

5365

中国奶业发展问题研究 / 韩高举著 ; 雷海章指导. -- 华中农业大学, 2005. -- 138 页

本文就我国奶业发展问题展开研究论述。文章包括导言在内共六章。第一章为导论部分,总括性介绍论文研究的目的与意义。第二章为课题研究的逻辑起点,从历史的角度对中国奶业发展的历程与现状进行评估,并对中国奶业发展的产业障碍与产业定位作出明确判断。第三章主要介绍国际贸易自由化前提下世界奶业发展的现状,并分别研究了美国、澳大利亚和印度的奶业发展历程、特点及现状,为我国奶业发展提供了若干借鉴。前三章是本论文研究的基础和前提。第四、五章是本论文的核心内容,在对中

国奶业供给、需求及贸易进行一般均衡分析的前提下,重点研究 WTO 框架下中国奶业发展的竞争力。研究最终落脚于对宏观经济政策的指导意义。第六章在结论性述评的基础上,进行奶业政策实施的良性耦合。本研究的可能创新有:(1)对我国奶业发展历程的特征进行精确归纳和概括。(2)采用多种经济模型对我国乳业发展进行预测分析。(3)全面比较分析了 WTO 框架内的中国奶业竞争力。

关键词:乳品工业　发展战略　宏观调控　贸易自由化

5366

中国农业技术进步、技术效率与趋同研究 / 韩晓燕著 ; 翟印礼指导. -- 沈阳农业大学, 2005. -- 201 页

论文旨在对改革以来我国农业技术进步和生产效率进行历史的纵向和区域的横向比较研究,评价我国农业的技术进步、技术效率和全要素生产率,发现农业技术进步和效率提高的影响因素,为农业发展和农业技术进步政策提供实证依据。基于 1981—2002 年的省际数据,作者采用累积时间的边界生产函数估计了 1981—2002 年全国和各省农业技术进步、技术效率和全要素生产率,并分析了农业技术进步和效率变化的历史演变过程和区域特征。并基于以上评估结果和农业增长数据,采用数据包络分析基础上的一种经济增长的乘法分解框架,评价了 1981—2002 年期间全国和各省农业生产率对农业增长的贡献,并据此进一步对农业增长方式作了实证判断。研究结果表明:我国农业生产率在总体上升趋势中表现出阶段性特征,进一步上升面临一定的艰难,重要障碍就是农业技术效率的下降以及技术进步速度的减缓;我国农业技术进步和生产效率存在明显的地区差异,尤其是区域差异。此外,论文在省际数据的基础上利用巴罗回归等方法,分析了中国农业生产效率的 α 趋同、绝对 β 趋同和条件 β 趋同;并从农村市场化程度、农村非农产业发展、农村人力资本和农业基础设施四个方面检验了趋同条件。结果发现,市场化进程是促进生产效率提高的重要力量,农村教育和基础设施对农业生产效率提高具有积极作用,农村工业发展对农业生产率的消极影响正在削弱并转变为积极因素。

关键词:农业经济　农业技术　技术进步　全要素生产率

5367

基于现代价值链理论的成本控制 / 韩沚清著 ; 王洪谟指导. -- 山东农业大学, 2005. -- 225 页

论文研究了现代价值链理论的成本控制,探讨了基于价值链的农业成本控制的基本思路和方法。首先,通过现代价值链理论及成本控制理论分析,探讨并提出基于价值链的成本观和成本控制观,重点探讨了基于价值链的“三维成本观”。分析了价值链成本控制的基本原理和基本方法,指出基于价值链成本控制观,控制成本的发生及其多少不是其终点,而是要在此基础上构建企业独特的价值链,这需要对企业价值链进行优化或者重构。其次,将价值链成本控制与传统成本控制及其他现代典型的成本扩展方法进行比较研究,探讨了价值链成本控制的基本特点。重点就成本观、成本控制观、成本控制程序和方法等四方面,将其与传统成本控制、作业成本控制、成本企画和战略成本控制等其他成本控制方法进行了比较研究,从而探索其应用的侧重点和关键之处。最后,结合企业成本控制实际进行了实证研究,分别对国内外一些现代企业从价值链定位、基于价值链的成本定位以及基于成本控制的价值链重构等角度进行了案例分析,并提出了关于基于价值链的农业成本控制的基本思路。主要包括:基于价值创造拉长农业产业链,基于价值提供整合农业产业链和基于价值链重构选择农业发展模式等。

关键词:成本管理　成本控制　价值链

5368

农村融资与金融深化研究 / 何琳著 ; 温思美指导. --华南农业大学, 2005. -- 188 页

论文研究了农村融资与金融深化的作用机理,以说明金融与经济增长的良性循环。首先,从农村金融与农村实体经济部门之间的关系入手,探讨融资与金融深化的发展历程以及主要作用形式及其特点;对农村金融抑制环境中的融资与金融特征进行了剖析;以“融资需求——金融供给——金融深化”的综合分析理论框架,对农村融资与金融深化的作用机理和影响因素进行了理论解说。其次,通过对影响金融深化作用方式的研究,突出分析了融资需求与金融供给等因素,对农村融资与金融深化作用模式选择的决定性作用。最后,通过对农村融资与金融深化的相关关系分析,揭示了农村融资与金融深化的作用方式选择的影响因素;通过分别采用静态分析方法和比较静态分析方法,解答了农村融资与金融深化为什么选择某种路径的作用模式问题。通过模型模拟,进一步分析了农村融资对需求尾随型金融深化模式的决定作用、金融

供给对供给诱导型金融深化模式的决定作用,阐明了金融深化的路径选择与形成过程、需求型与供给型的区别、金融发展的内生性与外生性等;应用非对称信息模型分析了在信息不对称的情况下,正规金融及非正式金融与农村融资的相互作用机理,并用它分析了农村金融体系创新面临的问题及解决措施,证明了金融深化取决于融资需求的融资成本与金融供给的资金投资收益两者的均衡;同时阐明了农村金融抑制存在的原因是金融供给与融资需求的约束问题。

关键词:农村金融　融资　金融发展　经济增长

5369

中国农业补贴政策的效果与体系研究 / 何忠伟著 ; 蒋和平指导. -- 中国农业科学院, 2005. -- 169页

论文研究了中国农业补贴政策的效果与体系,以找出中国农业补贴政策的基本点、出发点和落脚点。首先,对中国实施农业补贴的背景进行分析,指出中国进入新的历史时期,"三农"问题面临一个新的关口,进入工业化中期的中国有必要加大财政投入和补贴破解"三农"问题。对不同国家实施的农业补贴政策进行了比较分析,发现我国农业补贴支出少,有许多补贴政策需要完善和健全。其次,建立理论框架对农业补贴政策进行了定性分析,认为有效的农业补贴机制为农户提供长期激励并实现纳什均衡;分析了中国"绿箱"政策和"黄箱"政策的现状和问题,认为"绿箱"政策更符合中国农业市场和改革目标。同时建立计量模型对农业补贴政策的效果进行实证了研究。再次,对中国粮食补贴政策的效果和模式进行研究。提出了实施粮食直接补贴的理论模式,运用模式对已经试点省(市)的运行模式进行了评价;从实证角度分析了中国财政对农业投入的效率,探索农业补贴资金的投入方向、使用效率和总量预测。最后,构建中国农业补贴政策体系,在明确各级目标的基础上,对不同层次补贴措施进行量化分析,提出近期实现农业发展和农民增收的总目标以"增加农民收入"最为关键,强化"农业服务体系建设、提高农产品品质、加强农业基础设施建设、优化种植业结构和优化畜牧业结构"最为重要。并提出了提高中国农业补贴政策效果的建议和措施。

关键词:农业政策　政府补贴　财政政策

5370

中国可持续城市化研究 / 侯学英著 ; 李昌宇指导. 东北农业大学, 2005. -- 178 页

文章运用综合评价指标和定量评价方法对我国可持续城市化发展进行了系统的分析与研究,并预测了我国城市化未来的发展趋势。文章回顾了国内外的相关研究述评,深入分析了研究的背景,文章认为加速推进城市化对我国当前的社会经济发展具有重要的作用和意义。文章将可持续发展思想和城市化研究结合,从系统分析可持续城市化的概念、内涵及特征为切入点,构建了城市化发展水平综合评价指标体系,对我国城市化进程进行时间序列概况分析,重点分析了1990—2002年我国可持续城市化的影响因素,并对其进行评价。文章利用定量评价方法对我国可持续城市化发展水平进行了时间、空间的评价和分析,研究分析了影响我国城市化进程在时空上可持续发展的主要影响因子。在研究我国可持续城市化发展的基础上,文章采用时间序列分析方法对我国城市化发展趋势进程进行了预测,提出了加速我国城市化可持续发展的对策和建议。

关键词:城市化　城市发展　可持续发展

5371

中国新型城镇化发展研究 / 胡际权著 ; 戴思锐指导. -- 西南农业大学, 2005. -- 197 页

本文主要分析了在全球化、市场化、信息化和生态化的时代背景下,城镇化发展的新趋势和新特点,提出了中国新型城镇化的发展理念。文章首先讨论了城镇化的基本理论,即发展理论、产业结构演进理论、空间结构理论、城镇区位和布局理论、城镇系统理论、创新理论和社会保障理论。接着分析了城镇化的定义、影响因素、体系、发展轨迹、推进等基本问题。在总结国外主要发达国家和地区,以及发展中国家城镇化发展历程的基础上对中国城镇化进程进行了现实反思,指出了我国城镇化存在的问题、影响发展的因素和城镇化之后的不利影响。在此基础上,分析了中国新型城镇化的科学内涵,指出了新型城镇化的发展的时代背景、科学含义和基本原则、基本特征、动力机制和推动主体,同时提出了城镇化发展的不同策略,即东部采用城市集群发展、中部采用城市链建设、西部采用中心城市带动的方式,并对不同模式以实例加以了分析。接着,文章对中国新型城镇化发展的科学规划和管理、产业支撑、土地利用、和谐社会构建、生态环境协调和农民市民化转变等六个重大问题进行了专题论述,将之作为新型城镇化发展需要构建的支撑体系。最后,文章在总结前述研究的基础上,从

就业政策、户籍制度、土地制度、社会保障制度和公共财政体制等方面对中国新型城镇化发展提出了政策建议。

关键词:城市化　城市发展　城市群

5372

中国农产品电子商务模式研究 / 胡天石著 ; 梅方权指导. -- 中国农业科学院, 2005. -- 124 页

本文以交易成本和价值链及供应链理论为主要研究理论基础,采用实证分析与理论分析相结合的方法,参考国外相关模式的分类方法,分析了农产品在产品特点和交易特点及市场特点等方面与网络的适应性,探索农产品电子商务发展规律,对农产品电子商务实践进行了调查和总结。通过对电子商务实践的调查和分析,进一步明确了农产品与电子商务网络的相互关系和相互适应的程度。研究了关于电子商务降低交易成本和价值增值机理,分别阐明电子商务对农业企业管理与观念的影响;对农产品流通环节的影响;对农产品营销的影响;对农产品国际贸易的影响。本文还通过分析中国农产品电子商务不同案例的实际情况,比较国内农产品电子商务各种模式的不同特点,概括出目前中国农产品电子商务的七种主要模式。另外,根据对中国农产品电子商务运行模式的探索,本文还提出了促进中国农产品电子商务未来发展的理论研究和相关政策及实际应用等方面的建议。

关键词:农产品　电子商务　交易成本　价值链　供应链

5373

科技创新与区域经济可持续发展的实证研究 / 黄江康著 ; 罗必良指导. -- 华南农业大学, 2005. -- 217 页

本文以科技创新与区域经济可持续发展和经济增长方式问题为切入点,以广东科技创新与经济社会发展为研究对象,进行了计量和案例实证研究。主要包括:科技创新与区域经济可持续发展的一般理论;广东区域经济可持续发展的潜力与制约因素分析;广东科技创新与经济可持续发展的实证研究;广东科技创新能力培育的目标、模式与机制;改善科技创新能力的若干策略等。分别阐明了区域经济可持续发展的本质、特征、机理及区域经济可持续发展的目标和模式。对科技创新促进区域经济可持续发展机理进行逻辑说明,表明科技创新的约束因素与路径选择。分析了广东资源与区域经济可持续发展的潜力和广东产业结构。指出广东区域经济协调发展的目标定位和战略选择。还研究了美国、日本及芬兰的科技创新促进区域可持续发展的历史和现状,分析了广东科技创新能力培育的模式构建和运作机制。结合国外经验教训和相关理论研究,提出了可持续发展目标下广东科技创新能力培育的目标、模式以及实现的基本政策建议。论述了提高科技创新能力应处理好的几种关系。

关键词:区域经济　经济发展　科技创新　可持续发展

5374

中国城市土地供给管理研究 / 黄绿筠著 ; 张安录指导. -- 华中农业大学, 2005. -- 151 页

本文首次提出将土地供给及其管理工作视为一个整体系统,综合运用规范分析和实证分析、定性分析和定量分析、类比和比较相结合等的多种方法,借鉴国外土地供给管理的成功经验,通过归纳和演绎,试图发掘现实问题背后的制度根源,进而构建适合我国实际情况的城市土地供给管理制度框架,并提出相应的具体对策。全文共分八个章节,从结构上看,可分为四大部分。第一部分主要介绍论文的研究背景和研究意义、国内外相关研究动态、研究对象的界定、研究思路和研究方法、研究内容和主要创新等。第二部分(第二—四章)是本文的理论准备和问题分析部分,主要研究城市土地供给管理中涉及的城市供需平衡和我国现阶段城市土地可能出现供过于求的因素分析,对城市土地供给管理对城市土地空间扩展的影响及其控制作用进行了简单探讨,并在此基础上评析我国现行的城市土地供应体系及其管理效果,提出我国城市土地供给管理中供应方式、决策机制、调控机制及管理技术等方面的缺陷。第三部分(第五—七章)在以上分析的基础上提出我国城市土地供给管理制度改革的基本思路,构建城市土地供给运作新模式,并具体对城市土地供给管理制度重要组成部分的决策环节、土地储备制度等问题,以及城市土地供给管理技术进行相应的完善和对策的创新。第四部分总结本文研究的结论及不足。

关键词:城市土地　土地管理　土地供给　土地制度　土地储备　土地利用

5375

贸易自由化对中国大豆产业的影响研究 / 黄武著 ; 王凯指导. -- 南京农业大学, 2005. -- 108 页

论文首先分析了作为中国最早实行贸易自由化的大宗农产品——大豆,大豆是受进口冲击最大的农作物。作者认为,面对国外大量质优价廉农产品的冲击,中国农业必须在生产结构、产品结构、经营方式、科研体制以及产品质量等方面作出重大的调整与改进。中国政府已经制定和出台了一系列应对措施,而且相关政策措施还在进一步完善。论文设计了几个具体的研究目标:(1)识别中国大豆产业的基本经济特征;(2)建立一个基于局部平衡理论和比较静态理论的可以对中国大豆市场进行定量评估的经济计量模型,利用该模型及由其推导出的均衡转移模型,可以对外部冲击对大豆产业造成的影响进行模拟和预测;(3)建立中国大豆及其制品的供给和需求反应模型并得出相关结论;(4)通过设计基准方案、贸易自由化方案和国内政策调整方案估计和评价贸易自由化对中国大豆产业的生产、消费、价格和贸易所带来的影响,并利用模拟结果计算了相应的福利效应;(5)估计和评价政府已经和可能将要采取的政策措施对大豆产业的影响。研究表明基本外生变量的变化直接导致对各产品需求的增长;大豆及相关产品的贸易自由化增加了整体国民福利,但对于不同的利益集团有不同的影响;以增加大豆科研投入、改善大豆科研体制、改革流通体制为重点的国内产业政策不仅从总体上增加了国民福利,大豆、豆粕和豆油的生产者和消费者也都将从中获益。

关键词:大豆　产业发展　贸易自由化

5376

农村劳动力再生产成本研究 / 黄映晖著 ; 张正河指导. -- 中国农业大学, 2005. -- 119 页

本文以农村劳动力再生产成本作为研究对象,对其在1983—2003年间的变化进行实证分析,识别影响孩子质量的因素,并对观察到的现象作出经济解释。同时结合城市化的历史背景,提出政策建议。本文对改革开放以来,劳动力再生产成本近二十年间的变化进行实证研究,不但分析了成本的总量变化,还对构成各项劳动力再生产成本进行细化,研究各部分结构的变动趋势。利用不同学者对农村劳动力再生产成本研究的比较,对农村劳动力再生产成本进行了单因素和多元因素影响分析。将劳动力再生产成本、儿童人力资本与孩子抚养费用三者统一起来进行研究,在考察再生产力的成本时,除了分析它对生育率的影响之外,还使其与劳动力的价格和人力资本的积累相联系,并以劳动力成本为核心,在劳动力价值、人力资本和生育率三者之间建立了一种联系,以求得在思路上有所创新。

关键词:农村劳动力　人力资本　生育率

5377

我国农业科技创新体系研究 / 纪绍勤著 ; 钱克明指导. -- 中国农业科学院, 2005. -- 170 页

本文研究了我国农业科技创新体系的活动主体、相关要素以及运行机制,剖析了影响我国农业科技创新的制约因素和存在的问题,提出构建新时期我国农业科技创新体系的思路、原则、目标、结构设计、功能定位以及体制和运行机制创新等,并提出政策性建议。文中提出了农业科技创新体系的三种驱动模式,即政府计划驱动模式、企业市场驱动模式和综合驱动模式。通过数据及实证研究,分析了我国农业科技创新体系的发展历程、现状及激励政策,并从宏观管理体制、创新主体能力、创新机制、创新环境和创新文化等五个方面分析了影响我国农业科技创新体系的制约因素。在系统分析我国农业科技创新体系现状和制约因素以及借鉴国际经验的基础上,构建了我国农业科技创新体系的新框架(含布局结构、功能定位、构建方案)和新机制,尝试建立一个评估农业科技创新体系效率的有针对性的指标体系,该指标体系侧重对知识配置力和系统效率的评价,具体包括创新资源与环境、运行绩效和产出能力三个方面。

关键词:农业技术　技术创新　科技创新

5378

货币政策与中国经济发展 : 以中国通货紧缩时期为例的实证分析 / 江武成著 ; 刘葆金指导. -- 南京农业大学, 2005. -- 146 页

本文选择中国通货紧缩时期展开探讨,在评价这一时期的货币政策的基础上,研究货币政策的效用,并借鉴国外经验,提出治理通货紧缩的货币政策建议。作者对货币政策理论进行阐述,在明确货币政策的含义及其与财政政策的配合的同时,着重研究了货币政策与经济发展、经济增长与价格水平的关系,综述了货币政策有效的理论主张。对西方经济学界和中国经济学界关于货币政策有效性理论和观点进行分别评述。重点研究了中国的货币政策目标和货币政策工具,提出了货币政策的中介目标,最终目标与货币政策的有效性,指出其他影响货币政策有效性的因素,并对中国的货币政策进行了回顾。在明确通货紧缩的判断标准的基础上,得出中国经济发展面临通

货紧缩挑战的结论,与此同时,总结了中国在通货紧缩时期的货币政策,提出了通货紧缩时期中国货币政策选择的建议。

关键词:货币政策　经济增长　通货紧缩　价格

5379

农村城镇化进程中农村集体经济组织产权制度变迁:对无锡市农村集体经济组织产权制度变迁的剖析/孔有利著;王荣指导. -- 南京农业大学, 2005. 113 页

本文提出了无锡市农村城镇化对农村集体经济组织制度创新的要求、现实问题与理论缺陷,作出了对现状的分析和解释,对无锡市影响人口流动的因素进行分析。指出了研究方法和技术路线,表明了农村城镇化进程中集体经济产权现状和产权结构以及农村集体经济组织产权结构对农村城镇化的影响。指出了无锡市农村集体经济组织产权制度变迁的制度环境、路径依赖、源泉和方式。对无锡市农村集体经济组织产权制度变迁提出了建议,并对无锡市农村股份经济合作社的制度绩效、产权结构及其作用进行分别阐明,并作总结性政策建议。

关键词:农村　城市化　集体所有制　产权　股份经济合作社　无锡市

5380

北京市郊区城市化进程中失地农民利益问题研究/雷寰著;谭向勇指导. -- 中国农业大学, 2005. 104 页

在城市化进程加快,失地农民越来越多,各种矛盾逐渐激化的背景下,论文采用理论分析与实证研究相结合的方法,通过案例分析和比较研究等对农村社区进行经济学分析,采用博弈论方法对征占地各主体进行行为分析,主要目的是论证北京市郊区的各类失地农民利益是否受到侵害、如何受到侵害以及受到侵害的程度,以期发现农村集体土地转变为城镇土地过程中的利益分配机制、对失地农民的补偿机制中存在的问题,以及产生问题的深层制度原因,从而在理论上提出合理的制度安排。研究结论主要是:(1)提出了利益在整个农民失地过程中起着决定性的关键作用。(2)对北京市郊区失地农民进行合理分类,比较失地前后的利益差异,发现大部分失地农民利益受损,但并非所有的征占农地都损害了农民利益。(3)提出了农民土地初始权益的缺陷是失地农民利益受损的根源。(4)对北京市郊区出现的自发诱致性制度创新进行了深入分析,认为政府行使农村土地发展权具有收益外部性和较高交易费用,制度创新符合帕累托改善,也符合我国制度变迁的路径依赖。(5)提出在维护土地分区控制下,将规划建设用地范围内的农村土地发展权还给农民,从而实现政府仅对纯粹公共利益性质的用地需要进行征地。(6)征占地对农民的补偿安置标准应是促进就业和解决社会保障的制度实施成本,促进就业费用应包括就业补助费和就业培训费;社会保障费用应一次性缴纳农民能够享受基本养老保险、医疗保险的费用。

关键词:城市化　失地农民　农民利益　劳动就业　社会保障

5381

城乡居民食物消费需求的实证研究:基于湖北的例证/黎东升著;杨义群指导. -- 浙江大学, 2005. 143 页

本文在居民食物消费需求的经济学理论分析和相关研究模型评价基础上,以城乡居民食物消费的大量数据资料为依据,运用实证说明及 ELES、AIDS 模型定量研究方法,分别对城乡居民食物的消费需求模式、消费结构及其演变规律、食物需求增长的根本动因等进行研究。以湖北省作为研究对象,对城乡居民食物消费需求的结构变化特征进行了描述性研究,提供了对城乡居民食物消费需求现状的基本的、初步的判断。还从宏观角度和层面,实证研究了经济周期、收入波动对城乡居民食物消费需求的影响。揭示消费者在不同市场发展水平条件下的食物消费模式,对导致农村居民食物消费结构变动的主要因素及各因素对主要食物消费影响的性质和程度进行研究。最后,分别从适应城乡居民食物消费需求变化的农业发展、食物农产品流通及食物消费等方面提出了政策性耦合的对策建议。

关键词:城乡居民　食物消费　消费需求　湖北省

5382

证券公司风险管理研究/李进安著;张景顺指导. 南京农业大学, 2005. -- 159 页

论文将我国证券公司的风险分为政策风险、公司治理风险、资金运作风险和经营风险,运用经济学、管理学、金融学、统计学、模糊数学等多种学科领域的理论和方法,对上述四类风险的特点及其防范问题进行了理论研究和实证研究。并得出以下结论:(1)政策

事件出台前后 VaR 变动较大从而表明政策事件极大地影响了我国证券市场的风险,政策因素是影响我国股市收益波动风险增大的一个重要因素,因此防范监管层调控股市的行为迫在眉睫。(2)通过对中国证券公司的实证分析,作者认为完善中国证券公司法人治理结构的措施应包括:鼓励股权结构多元化和分散化;完善股权代理关系的制度安排;建立和健全以经营者为主体的约束和激励机制;建立和完善风险监控机制和信息披露规则等。(3)通过对中美证券公司资金营运的比较分析,作者提出了拓宽证券公司融资渠道、防范证券公司融资风险的措施。(4)作者针对证券公司不同业务可能出现的风险建立测量风险程度的指标体系,引入 AHP 方法,构建了证券公司经营风险程度识别模型并进行了实证分析。(5)基于前面的理论研究和实证研究结果,作者给出了防范和管理我国证券公司风险的制度建设建议和具体对策建议。

关键词:证券公司　风险管理　证券交易所　公司治理

5383

北京郊区村级集体经济制度创新研究 / 李俊英著 ; 冯海发指导. -- 中国农业科学院, 2005. -- 108 页

通过对北京郊区村级集体经济制度创新进行的研究,分析了村级集体经济制度变迁的内在机制与路径依赖、产生的制度绩效、变迁趋势等问题。首先,研究北京郊区村级集体经济发展历程,分析了北京郊区集体经济的经济功能、社会功能和生态环境功能,提出村级集体经济新内涵、新功能和外延,并为后面的论述作了相关的理论准备。其次,结合北京郊区村级集体经济制度创新实践,从村级集体经济产权制度(包括整合村庄全部资源的社区股份合作制、非农地制度、农地制度、村集体企业产权制度)、村集体经济组织制度、村集体经济分配制度进行了深入分析,找出了存在的问题,指出了创新的思路。并指出北京郊区村级集体经济制度创新在自然条件和社会经济条件下的三种实践模式。最后,指出了北京郊区村级集体经济分配制存在的问题和创新的思路。提出了与村级集体经济制度创新配套的一系列外部相关对策措施。

关键词:集体经济　农村经济　北京市

5384

正规金融机构小额信贷运行机制及其绩效评价 / 李莉莉著 ; 何广文指导. -- 中国农业大学, 2005. -- 129 页

本文从中国小额信贷与农村金融发展的实际出发,结合国外小额信贷正规化的实践与经验,表明了所要研究的目标、内容和拟解决的问题。分别从需求和供给两方面诠释了正规金融机构小额信贷顺利有效的内在运行机制。从金融机构和农户角度对中国的农村信用社农户小额信用贷款的运行绩效进行了评价。其中涉及农户经济行为与农村金融需求的层次性,中国农户金融需求实证分析,农户信贷需求影响因素的计量分析。采用实证分析法,分别从机构和农户两个层面展开研究,将市场培育与宏观调控纳入到一个相容的体系中进行分析。在农村金融领域中,对金融机构、农户、政府之间的利益互动关系进行探讨。最后分析了政府在农村金融领域中的作用以及在正规金融机构小额信贷运行中政府、金融机构与农户的利益互动关系,并提出了相应的政策建议。

关键词:金融机构　农村金融　信贷管理　小额信贷

5385

中国粮食安全问题研究 / 李萌著 ; 雷海章指导. 华中农业大学, 2005. -- 170 页

本文从市场化与国际化的角度重新诠释中国粮食安全,力求研究结论对指导我国粮食生产、贸易和宏观调控具有重要的理论价值和政策指导意义。论文包括导言在内共七章,沿着"背景回顾——供需预测——因素分析——政策建议"的逻辑思路展开研究。导言介绍论文研究的目的、意义及研究思路、方法和内容。第二章运用灰色系统理论模型预测"十一五"期间我国的粮食供需。第三章对未来中长期粮食供给及需求波动趋势进行分析预测。在以上研究的基础上,论文第四、五章分别论述宏观经济环境、制度变迁和技术变革对粮食安全的影响。第六章为结论部分,在构建了粮食宏观调控短期和中长期目标的基础上,提出了保障我国粮食安全的"一揽子"政策选择。本文的主要创新体现在:第一,根据数据来源及特点区别运用不同数理模型对我国从"十一五"到中长期的粮食生产供给能力及消费需求进行了全面预测和分析。第二,从通货膨胀与粮食价格的作用机制角度系统考察了宏观经济运行与粮食安全的关系。第三,在构建了粮食宏观调控短期和中长期目标的基础上,提出了保障我国粮食安全的"一揽子"政策选择。

关键词:粮食生产　粮食安全　粮食市场　宏观调控　通货膨胀

5386

中国农村医疗卫生保障制度研究 / 李宁著 ; 秦富指导. -- 中国农业大学, 2005. -- 119 页

论文立足于解决中国农村医疗卫生保障制度中存在的问题和弥补目前此领域研究的不足。在详尽阐述医疗卫生服务产品属性的基础上,指出了农村医疗卫生保障制度政府支持的必然性,构建了经济学的分析框架。首先运用制度经济学的理论与方法分析了合作医疗制度的变迁,认为合作医疗制度的建立和发展,是与农村经济体制、农村卫生体制的变化紧密联系在一起的。然后,作者从供给和需求角度对我国农村医疗卫生服务的现实状况进行了实证研究,并分析了农村医疗卫生保障的现状。再次,作者对正在进行的农村新型合作医疗制度进行了研究和分析,提出了其中存在的问题和发展的趋势。随后,作者根据以上分析对影响农村医疗卫生保障制度的影响因素进行了总结,认为财政体制、地区经济发展差距、农户家庭情况、健康敏感人群和农村三级预防保健网对于农村医疗卫生保障制度建设有较大的影响。最后,作者从政府机构、人员培训、具体投入方向等方面提出了对策和发展建议。

关键词:医疗保健制度　卫生服务　合作医疗

5387

粮食主产区农民收入问题研究 / 李小军著 ; 钱克明, 李宁辉指导. -- 中国农业科学院, 2005. -- 155 页

本文就粮食主产区农民增收问题进行深入研究。研究内容主要分为以下四部分:第一部分首先回顾与评析与本研究相关的文献,阐述本论文的研究目标、研究方法和研究理论与实际意义,然后界定了粮食主产区、农民收入等几个基本概念,明确研究对象。第二部分主要是研究粮食主产区农民收入的影响因素。论文论证了粮食主产区产业结构调整滞后、粮食价格波动、农民种粮收益下降、农户经营规模小和组织化程度低、粮食进出口的逆向调节等因素影响主产区农民收入增长。第三部分主要是实证研究。本文利用调查所获得的第一手资料,采用五等份分组法和构建probit和双对数经济模型等研究方法,以微观农户家庭数据为基础,深入研究农户家庭特征、农户从事非农劳动、农户种植结构、社区特征等变量与农户家庭人均收入之间的关系。研究中发现,户主文化程度与农户家庭人均纯收入呈正相关,并且户主接受农业技术方面的教育更有利于农户家庭收入增长。从农户家庭规模看,收入低的农户户均人口少,而收入高的农户户均人口较多。第四部分在上述研究的基础上,得出本论文的结论,并提出促进粮食主产区农民收入增长的政策建议:建立粮食主产区稳定增长的投入机制、建立粮食主产区和主销区利益衔接机制、推进制度创新等。

关键词:农民收入　收入分配　农村经济　粮食产区

5388

中国农户借贷行为研究 / 李延敏著 ; 罗剑朝指导. 西北农林科技大学, 2005. -- 145 页

本文从农户借贷的角度,阐述了农村金融、农户借贷行为理论以及社会学理论。以此为基础,系统分析了农户借贷行为特征。纵向,从农户的借贷资金来源、用途、利率、期限、规模、对借贷市场的依赖性等角度,探讨了自给半自给条件下农户借贷行为特征的演变,以及市场经济条件下农户借贷行为的基本特征。横向,利用1996—2000年的截面数据,选取了农户兼业类型、文化程度、纯收入水平和家庭经营类型四种分类方式,从农户对借贷市场的依赖性、借贷水平、规模及其分布对比分析了17种类型农户的借贷行为特征,并探讨了东、中、西部农户借贷行为的区域差异。最后,作者在以上分析的基础上得出结论,并提出构建农村金融体系与农户借贷行为良性互动关系的相关政策建议。

关键词:农户　借贷　农村金融

5389

我国农村信用社经营绩效与资本流动研究 : 以四川、山西为例 / 李莹星著 ; 汪三贵指导. -- 中国农业科学院, 2005. -- 99 页

本文主要采用描述性统计和实证分析方法,依据课题组在中西部两个不发达的省份——山西和四川的4个县和118个独立核算农村信用社以及111个乡镇工业企业的访谈和问卷调查所获资料进行分析,来阐明我国农村信用社经营绩效与资本流动的现状,年份包括1997年和2002年。分别分析了国外农村发展金融理论和实践研究现状,国内对农村信用社的经营绩效研究现状,农村金融资本流动对农户和中小企业的影响,衡量农村信用社运行状况和经营绩效指标。指出全国农村信用社经营绩效的整体状况、治理

结构对农村信用社经营业绩及贷款质量变化的影响。文章分析了农村金融资本流出对农村金融组织自身影响,包括影响农村金融资本流出的因素,农村信用社金融资本净流出规模的测算,农村金融资本净流出的趋势与特征,农村信用社金融资本流动的原因。提出农村信用社经营绩效与资本流动的关系,信用社经营绩效的变化对资本流出增长率的影响等。最后,评述了农村信用社的改革方案和政策建议。

关键词:农村信用社　农村金融　经营绩效　资本流动　四川省　山西省

5390

市场结构与无公害农业发展研究 / 李勇著 ; 和丕禅,杨万江指导. -- 浙江大学, 2005. -- 135 页

文章从理论和实证上对农产品市场结构以及各类无公害农产品所处市场结构的性质作出分析,从实证上对无公害农产品生产的绩效进行考察,以进一步验证无公害农产品所处市场结构对无公害农业增长的局限性,并对无公害农产品所处市场结构的成因展开分析。从无公害农业发展与中国农产品结构演进、无公害农产品生产的绩效分析、无公害农产品消费决定、无公害农产品交易及无公害农产品市场结构优化等方面进行阐述说明。指出市场结构理论的发展脉络和主要内容。进行了亚完全竞争和完全竞争在消费者福利和资源配置方面的比较,提出近似亚完全竞争的农产品市场对消费者福利和资源的影响,亚完全竞争市场与完全竞争市场的运行结果异同,分析了无公害农产品入市对中国农产品市场结构的短期影响及中国农产品市场结构演进。从优化无公害农产品市场结构入手,为提高无公害农产品生产的经济效益,进而推动我国无公害农业持续健康的发展提供指导。

关键词:市场结构　农产品　无污染技术　农业经济

5391

中西部区域经济可持续发展问题研究 / 李振唐著 ; 雷海章指导. -- 华中农业大学, 2005. -- 160 页

本论文主要研究中西部区域经济可持续发展的途径和方式,以加快中西部区域经济的发展,缩小地区差距,解决地区差距进一步拉大可能出现的各种经济和社会问题。文章首先阐述了论文选题的目的、意义以及研究方法、内容体系、技术路线等。第二章为后发区域发展的国际比较,以比较经济学为理论根基,系统比较了美国、日本等发达国家后发区域经济发展的经验和教训,从美国西部大开发、战后日本经济的迅速崛起等方面提出了对我国中西部区域经济发展的启示意义。第三章着重论述资源的保护与合理开发利用是中西部区域经济发展的前提和基础,并指出,选择资源主导型经济发展战略,将农业资源保护与合理利用作为区域发展的切入点和着眼点是中西部区域经济发展的现实选择。第四章从资源比较优势的角度论述了特色农业是中西部区域经济发展的重要依托。在农业资源开发的基础上,探寻比较优势,依托区域特色农业发展从社会发展和生态效益的角度构建了中西部区域经济发展的生态与社会基础,但仅有农业资源的开发和农业的发展是远远不够的。第五章指出,在开放经济条件下,企业集群化是中西部区域经济可持续发展的原动力。这一章从理论综述与实证两个方面对此进行了系统研究。文章提出了促进中西部区域经济可持续发展的战略选择,即将农业产业化、农村工业化、农村城镇化和农民知识化四者统一于农村现代化进程之中,四化联动,共同促进中西部区域经济的可持续发展。

关键词:区域经济　经济发展　可持续发展　中西部地区　特色农业

5392

美国对华贸易政策决定的均衡机理研究 / 梁碧波著 ; 张岳恒指导. -- 华南农业大学, 2005. -- 186 页

本文以新政治经济学为理论基础,运用政治学、博弈等理论工具,实证理论,通过多种方法相结合的研究方式,揭示了中美贸易过程中美国对华贸易政策最终形成过程中的决定因素和影响因素,并对美国对华贸易政策决定的均衡机理作了理论梳理。作者指出由于美国政治的三权分立,使美国贸易政策决策机制显示出强烈制衡性,通过一般均衡模型的建立,清楚揭示美国对华贸易政策是美国政治市场进入均衡的产物,国家战略是最主要的决定因素,它决定贸易政策的基本性质和方向。同时,利益集团对美国对华贸易政策的决定产生重大影响,在三大类型的利益集团中,政府组织有最强的边际影响力,商业利益团体的边际影响力居中,另外,中国的对美战略也对美国对华贸易政策有重要的牵制作用。最后作者指出,在这些不稳定的决定以及影响因素的共同作用下,美国对华贸易政策呈明显不稳定性,但由于政治市场和经济市场的周期性使美国对华贸易政策呈现一定规律性,从而在一定程度上可以预测和把握美国的对华贸

易政策。

关键词:美国对外政策　贸易政策　中美贸易　国际贸易

5393

中国农村医疗卫生保障制度研究 / 梁希震著 ; 程漱兰指导. -- 中国人民大学, 2005. -- 200 页

本文作者从建国后中国政府在建立农村县、城、乡三级卫生服务网络以及以合作医疗和赤脚医生为特征的医疗保障体系取得的成就和在改革开放后农村各项卫生指标与经济发展脱节的现状入手,研究如何在当前统筹城乡经济社会发展和全面建设小康社会的背景下建设和完善农村医疗卫生保障制度。文章通过对中国农村医疗卫生保障制度及其体系回顾,中国农村医疗卫生保障的现状分析,以及对新型合作医疗制度可持续性分析为依据,结合运用人力资本、市场失灵和制度变迁理论,论证中国农村医疗卫生保障事业需要政府和市场共同作用的重要性。总结构建和完善中国农村医疗卫生保障制度的基本思路。作者指出,广义医疗卫生制度是包括一切有利于提高居民健康水平,抵抗因疾病带来风险的保障制度。

关键词:合作医疗　社会保障　医疗保健制度　医疗卫生

5394

论广西外向型经济发展与产业结构调整 / 廖东声著 ; 张岳恒指导. -- 华南农业大学, 2005. -- 255 页

本文对广西外向型经济发展与产业结构调整问题进行研究,讨论如何发挥后发优势,实现跨越式发展。论文中对目前已有的外向型经济发展与产业结构调整的研究进行简要回顾;对外向型经济、产业结构和经济发展三个概念进行界定,并运用相关理论对改革开放以来广西外向型经济发展与产业结构调整的特点、绩效、存在问题及发展前景进行深入分析。通过研究说明外向型经济发展与产业结构调整、技术进步三者之间的关系。论文说明后发优势在比较优势向竞争优势转化中的作用。提出国内外市场需求的影响所决定的外向型经济发展水平高低会产生不同的技术进步与制度创新过程,导致产业结构不同程度的改善,发展水平又形成不同的市场需求,市场需求推动外向型经济发展,产业结构不断优化升级循环推动的过程。

关键词:产业结构　经济发展　外向型经济　后发优势　广西

5395

中国上市公司高管绩效激励研究 / 林浚清著 ; 黄祖辉指导. -- 浙江大学, 2005. -- 146 页

本文以西方国家近20年的经济实践和我国企业改革中高管激励的核心问题为背景,以高级管理人员激励在现代企业理论研究重要性为中心,深入对中国上市公司高管绩效激励剖析研究。文章通过研究中国上市公司高管激励绩效薪酬估计,风险补偿对绩效激励的影响,董事会结构对绩效激励和公司绩效的影响,晋升、外部经理市场对绩效激励的影响,薪酬差距、公司治理结构和公司绩效,概括总结我国上市公司绩效激励效果,通过晋升对高管人员进行激励可以代替绩效激励如何维持状况甚至弱化绩效激励。本文从治理角度进一步规范分析说明对我国上市公司而言依然需要加强绩效激励。并将效率(绩效激励是否可以提升公司绩效)同公平(绩效激励是否有效改变利益侵占)两个问题放在同一层面上进行了讨论。

关键词:上市公司　管理人员　绩效管理　激励机制　公司治理

5396

中国上市公司股权集中度、公司治理与绩效研究 / 林乐芬著 ; 刘葆金指导. -- 南京农业大学, 2005. -- 141 页

本文在构建了一个理论框架的基础上,从股权集中度的视角出发,以我国18个行业中的1059家上市公司为研究样本,对其治理问题进行实证分析,并提出相应的建议。文章的主要内容包括:股权结构与公司治理的理论研究,分析了股权结构的演变,几种主要的公司治理模式及本文的公司治理观;中国上市公司经营绩效实证分析,包括18个行业2000—2003年四年的绩效排名分析;股权集中度与公司绩效研究,包括股权集中度的指标体系;股权制衡与公司治理研究,包括股权制衡与上市公司业绩的相关分析、股权制衡与公司治理的相关分析。文章认为现阶段股权相对集中对于转轨经济中的我国上市公司在公司治理中具有相对优势,使得各大股东有足够的激励与能力去监督代理人,从而降低代理成本。文章的实证分析结果表明,中国上市公司垄断性行业的公司绩效平均好于竞争性行业,新兴产业表现出一种积极的成长势头,重化工工业的公司绩效平均好于轻工工业,显示着中国新的重化工时代正在到来。

关键词:上市公司　股权结构　公司治理

5397

贫困地区农户的人力资本投资：对湖南西部的研究／刘纯阳著；高启杰指导.--中国农业大学，2005.--146页

本文首先从国家、地区和农户三个层次对人力资本与农民收入差异之间的关系进行了分析，结果表明，人力资本差距是造成农民收入差异的重要原因，人力资本缺乏是导致贫困的重要根源。文章在利用生产函数和明塞尔方程对湖南西部进行实证分析后得出的结论是：即使在贫困地区农村，人力资本投资对于农户收入也具有显著的促进作用，其中以劳动力迁移和教育所起的作用最为重要。其次，横向比较的结果表明，贫困地区农户的人力资本投资水平异常低下，无论是同城镇家庭相比还是同非贫困地区农户相比都存在较大的差距。在人力资本投资结构上，贫困地区农户用于交通（迁移）方面的支出比例要远远落后于其他类型的家庭，这说明贫困地区农村劳动力相对而言更缺少流动。再次，分析了贫困地区农户人力资本投资不足的原因，分析表明，除了收入水平的硬约束之外，贫困地区农户的人力资本投资意愿也是不足的。在教育投资方面，贫困地区农村依然存在“读书无用论”的观点，而这种观点的形成有着深刻的经济原因，即农户基于对教育投资成本与收益之比较而得出的理性判断。在贫困地区，农村劳动力的迁移动机也不强烈，这同样是受到对迁移投资的成本收益双重悲观预期的影响。接着，文章指出，与师资队伍建设、教育收费和经费投入困境等问题已经引起人们的普遍关注有所不同，贫困地区中小学招生市场所面临的困境却极少为人们所注意到。在贫困地区，一方面，农村小学生均办学成本始终处于高位运行的态势，另一方面，高中教育虽然总体上表现出快速发展的势头，但两极分化现象日趋严重。处于困境之中的教育发展环境也直接影响着贫困地区农户对人力资本投资的预期。最后，文章认为，在人力资本严重缺乏的同时，贫困地区现有人力资本的配置和利用却明显不合理，这也在一定程度上影响着农户进行人力资本投资的积极性。这种局面的形成固然有着深刻的制度根源，但贫困地区固有的传统农业特征以及文化上的落后性所产生的影响也不可小视。激发贫困地区农民人力资本意愿的关键在于改变农户对人力资本投资的预期。

关键词：农户　人力资本　人力投资　贫困区

5398

农村社区农田水利建设组织动员机制研究／刘俊浩著；戴思锐指导.--西南农业大学，2005.--146页

本文以农田水利建设组织动员机制是农田水利建设成败的关键为出发点，对农村社区农田水利建设组织的动员机制进行了研究。文章探讨了农田水利建设组织动员机制的演变及其规律，揭示农田水利建设组织动员机制有效性的根据；评价了农田水利建设组织动员机制的绩效，寻找提高农田水利建设组织动员机制效率的新途径和新机制；判明了当前农田水利建设陷入困境的根源，为促进农田水利建设健康发展提供了政策依据。文章的主要研究结果是：“依存性制度变迁”是农田水利建设组织动员机制的演变特征；农田水利建设国家动员机制的高效率不是必然的；农田水利建设社会动员机制尚需培育；农田水利建设组织动员机制的决策权配置及趋势；农田水利建设国家动员机制及社会动员机制尚不协调；农田水利建设国家动员机制在宏观决策中难以充分体现农民的利益；“一事一议”的决策模式不能满足农村社区对农田水利的需求；国家动员机制弱化和社会动员机制发育不足是当前我国农村社区农田水利建设陷入困境的根源；农民组织化是农村农田水利建设的基础。文章提出提高农田水利建设国家动员机制的效率需要明确国家动员机制的功能边界。提高社会动员机制的发展水平需要提高对农民组织化重要性的认识，还包括以制度创新促进农村社会组织发展，加强农村精英队伍建设，完善现有社会组织形式和运行机制等建议。

关键词：农村　社区　农田水利　水利建设

5399

中国农业信息化发展对策研究／刘丽伟著；高德三指导.--沈阳农业大学，2005.--139页

本文系统分析了信息化促进经济增长的内在机理，探讨了农业信息化促进农业经济增长的作用，介绍了农业信息与农业信息技术等主要相关知识，包括农业信息的内涵、特征与类型、农业信息技术的概念、体系及应用。对我国农业信息化发展现状及发展所面临的障碍展开分析，介绍了我国农业信息化发展的背景、历程及阶段划分，系统地概括了我国农业信息化建设可促进农业经济增长的初始成就。从农业信息化建设的全局角度出发，着重归纳分析了当前我国农业信息化发展所面临的多重障碍。研究并提出我国农业信息化建设所应采取的对策措施是本文的目标之一,针对农业信息化发展所面临的多重障碍给出了我国农业信息化各方面建设所应采取的对策措施。文章研究如何通过制度创新和机制创新以促进农业信息化发展。制度创新是指深化农村土地使用制度及农业经营制度改革,促进农业规模化经营,培育农业信息化的应用环境。机制创新是指确立农业信息化的发展模式,即社会化与市场化相结合的模式。文章提出的发展对策包括加强农业信息化的主体建设,加强农业信息资源的开发与建设,加强农业信息技术与技术产品的开发及推广,加强农业信息的载体建设等。

关键词:农业　信息技术　信息系统　经济发展　农业信息化

5400

中国农村健康保障体系研究 / 刘启栋著 ; 韩俊指导. -- 中国社会科学院研究生院, 2005. -- 117 页

本文首先对中国农村健康保障体系研究文献进行了综述,梳理了关于农村公共卫生薄弱局面的成因及对策,农村医疗服务的资源配置、供给与需求以及新型农村合作医疗的研究成果。之后,本文从资源、效率和公平三个方面剖析了中国农村健康保障体系存在的问题,探析了农村卫生服务效率低下的原因,量化解析了卫生服务的地区差别。通过分析农民对卫生服务的需求,建立模型解析制约卫生服务需求的因素,确定了影响农村居民利用医疗服务和利用住院服务的主要瓶颈。接着,本文深入分析了农村公共卫生服务筹资和供给状况,对农村医疗服务供给和利用现状进行了统计分析,其中,通过聚类分析的方法将农民利用医疗卫生服务的模式分为三种类型,并描述了乡村两级卫生机构的基本现状,提出了对乡村两级卫生机构补贴模式的改革。然后,本文对亚洲国家和地区的农村健康保险进行了阐述,对台湾、泰国、印度的健康保障制度进行了案例分析,并介绍了国际上主要的医疗保险模式,和几个主要西方发达国家的成功经验。最后,本文对农村合作医疗制度进行了深入探讨,其中回顾了农村卫生机构与合作医疗制度的兴衰,介绍了实践中的几种农村医疗保障形式,通过案例和理论研究了新型合作医疗的几个重要因素,并分析了农村医疗救助制度。

关键词:合作医疗　健康保险　医疗保障

5401

中国苹果产业经济研究 / 刘英杰著 ; 何秀荣指导. --中国农业大学, 2005. -- 106 页

本研究将苹果产业发展置于农业产业结构调整和食物结构调整的大背景中,根据苹果生产及其加工的需要,以产业理论、市场均衡理论、比较优势理论和国际贸易理论为基础,采用比较分析法、产业竞争力评估方法、特尔斐调查法、实证分析法和规范分析法以及计量经济分析方法,从苹果生产供给、消费需求、市场流通、价格政策、加工、国际贸易及国际竞争力等方面进行综合研究,分析中国苹果产业生产、流通、消费以及国际贸易领域中存在的问题,并为提高国际竞争力、促进产业发展提供战略选择和对策建议。文章研究了苹果生产与供给的基本情况,包括供给量、生产布局、品种结构、影响国内供应量的主要因素以及中国苹果供给函数及预测。关于苹果的消费与需求,分析了消费结构、消费水平及其地区差异、影响消费的主要因素以及中国鲜苹果需求函数和预测。关于苹果的流通与市场价格,分析了苹果流通体制的演变和苹果价格管理体制演变等。关于苹果的加工,分析了苹果的加工规模、加工水平和加工效益。关于苹果的国际贸易,研究了中国苹果及其加工品国际贸易的情况、存在的问题、贸易政策等。文章对苹果国际竞争力的指标、影响因素进行了分析,提出了苹果产业的发展战略和政策建议。

关键词:苹果　产业经济　产业政策　水果加工

5402

中小食品企业(SMEF)营销能力研究 / 刘玉来著 ; 张襄英指导. -- 西北农林科技大学, 2005. -- 158 页

本文从新时代的特征、中小食品企业(SMEF——Smal land Medium-sized Enterprises of Food)所肩负的重任和面临的竞争压力、解决 SMEF 问题的时机等角度入手,综合运用创新理论、能力理论、营销理论进行 SMEF 营销能力理论探析,研究了 SMEF 营销能力的概念、构成及重要性,分析了 SMEF 营销能力的作用机理和营销软资源的重要作用。构筑了以 SMEF 为对象的营销能力理论框架,剖析了提升营销能力的五个基础因素。作者指出,市场驱动是提升企业营销能力的内在要求;诚信能够造就提升营销能力的基本力量;营销文化是孕育营销能力的沃土;组织资本,包括物质资本、人力资本和社会资本是 SMEF 营销能力的重要支撑;提升营销能力要从改变组织性质做起。最

后,在讨论市场营销能力管理创新意义的基础上,提出了营销能力管理创新的对策。

关键词:中小企业　食品工业　市场营销

5403

我国期货价格行为与市场稳定机制研究:以大宗农产品期货为例 / 楼迎军著;杨义群指导. -- 浙江大学, 2005. -- 201 页

本文以大宗农产品期货为例,利用计量经济学和统计学方法,系统深入地研究我国期货价格行为及其复杂性,并在此基础上探讨完善我国期货市场稳定机制的基准和效果的可能途径。文章从我国农产品期货的角度,以我国期货发展历程为线索,回顾了不同历史时期国内期货市场风险事件,对作为稳定机制的期货市场制度和期货价格行为之间复杂的权衡关系进行了揭示。本文还运用极值理论对我国期货价格的暴涨暴跌作了研究,应用广义异方差条件自回归模型,即 GARCH 模型及其扩展形式考察价格波动性,并对市场价格波动持续性进行了非线性动力学研究,对我国农产品期货价格波动的长记忆效应及国内相应政策进行了分析。并针对我国期货市场稳定机制,对我国期货市场风险预警机制作出探讨性研究。

关键词:农产品　期货交易　期货市场　期货价格

5404

基于纠纷管理的我国农产品出口贸易组织治理研究 / 卢光明著;卫龙宝指导. -- 浙江大学, 2005. -- 199 页

本文系统分析了国内外贸易环境因素对我国农产品出口的影响,详细阐述了引发我国农产品出口频繁遭遇各种贸易纠纷的原因。利用政治经济学的研究成果,本文首先把我国农产品出口所遭遇的贸易纠纷界定为是进口国各种利益集团相互作用的结果;是进口国相关产品的生产者,进口商,以及政府对各种国内和国际的政治、经济和社会力量平衡的结果。其中最主要的内容是从政治经济学的角度来分析我国农产品遭遇各种贸易纠纷的原因,指出进口国国内各相关产品的主要生产商在面临我国进口产品的冲击时,会通过对本国政府施加压力而制造贸易纠纷,限制我国产品的进口。另外本文以我国农产品出口纠纷管理组织能力的构建与出口企业应对各种贸易纠纷成本的降低为中心展开,突出各相关主体在应对贸易纠纷中的协调与合作。并以提高我国农产品出口企业应对贸易纠纷的能力为核心,结合我国的现实情况,通过构建"农产品出口纠纷管理组织"这一战略联盟,来实现我国农产品出口企业迅速提升自身应对贸易纠纷的能力,提高我国农产品在国际市场上竞争力的战略目标。总之,本文认为对我国农产品出口贸易纠纷管理组织的治理,不仅需要充分考虑进口国各利益集团的需求,而且还要结合我国农产品市场自身的特点。

关键词:农产品　对外贸易　进出口贸易　经济纠纷

5405

技术性贸易壁垒与中国农产品出口竞争力研究 / 路剑著;罗伟雄指导. -- 中国人民大学, 2005. -- 162 页

本文主要研究技术性贸易壁垒对我国农产品出口竞争力的影响,以产业国际竞争力和国际贸易理论为基础,确定农产品出口竞争力的内涵和影响因素,以分析技术性贸易壁垒对这些因素的影响为主线,系统分析技术性贸易壁垒及其对绿色技术创新、农产品出口竞争力的影响机制,并对技术性贸易壁垒对农产品出口竞争力的影响后果进行经济学分析,说明技术性贸易壁垒对传统比较优势的扭曲以及理论上分析如何跨越技术性贸易壁垒。从实证分析角度进行进口国技术性贸易壁垒的提高与中国梨果和蔬菜出口竞争力的相关分析,找出当前制约技术性贸易壁垒对农产品出口竞争力影响从消极影响转化到积极影响的制约因素。最后从宏观和微观两个层次提出提升中国农产品出口竞争力,跨越技术性贸易壁垒的对策建议。文章提出了技术性贸易壁垒对农产品出口竞争力中短期和长期影响的"两段论",为全面把握两者的关系提出了一个分析范式。文章提出的跨越技术性贸易壁垒的对策建议包括实施农业标准化、全面提高我国农产品质量安全水平、推动技术创新、强化政府的服务职能、做好应对技术性贸易壁垒的基础调查工作等。

关键词:技术贸易　贸易壁垒　农产品　对外贸易　国际竞争

5406

畜牧产业组织与企业行为研究 / 吕广宙著;胡继连指导. -- 山东农业大学, 2005. -- 141 页

本文试图应用产业组织理论,对目前畜牧业产业组织结构、企业(经营主体)行为、市场绩效进行分析

研究，探讨我国目前畜牧业产业组织结构、企业行为存在的问题，提出适合我国畜牧业发展的、能够产生良好市场绩效的畜牧业产业结构和产业政策及相关的经营战略。根据不同的研究内容，本文分别采用规范分析与实证分析相结合方法，通过案例分析、比较研究分析、定性分析、定量分析等具体方法，运用产业组织理论、供给、需求理论，价格弹性理论等，以世界市场一体化、市场经济为背景，对中国目前畜牧业产业组织、企业（经营主体）行为、市场绩效进行分析研究。按照产业结构决定企业行为，企业行为决定市场绩效，而反过来，市场绩效和企业行为对产业结构又有反作用的基本理论，研究畜牧产业市场结构、畜牧产业企业（经营主体）行为、畜牧产业市场绩效之间的相互关系及影响。

关键词：畜牧业　产业组织　农业企业

5407

中国家族企业制度创新研究 / 吕洪霞著 ; 丁文锋指导. -- 西北农林科技大学, 2005. -- 264 页

家族企业是出现最早的企业形式，也是当代企业群体中数量最为庞大、内部结构与关系最为复杂、规模差异最大的一种企业形态，呈现出多样化的发展模式。我国现代意义上的家族企业由于其自身的特定条件，生存、发展、壮大都面临很多问题。本文以制度经济学分析方法为基础，综合运用经济学、管理学、社会学等多学科分析工具，将实证分析与规范分析相结合、动态分析与静态分析相结合、微观分析与宏观分析相结合、问卷调查与个案访谈相结合，在全面考察和分析中国家族企业制度历史和现状的基础上，从产权制度、企业治理结构、创新主体、创新动力和效率等角度对中国家族企业制度创新的合理取向和模式进行了探讨，提出了中国家族企业制度创新的战略构想和可行方案。

关键词：家族企业　企业制度　产权制度　企业治理结构　制度创新

5408

中小企业发展的区域差异性研究 / 吕勇斌著 ; 蔡根女指导. -- 华中农业大学, 2005. -- 185 页

本文运用宏微观经济学、区域经济学、经济地理学、企业经济学、制度经济学等学科的相关理论，采取定量分析和定性分析相结合的研究方法，将经济区域中的中小企业群体作为研究对象，以跨学科的视野考察中小企业发展的区域不平衡性以及中小企业在促进区域经济协调发展方面的重要作用。全文共分九章，其基本内容和主要结论如下：第一章介绍本研究的选题背景与研究意义，提出研究的基本逻辑框架，并对中小企业、经济区域等重要概念进行界定。第二章批判了规模经济论，评述了中小企业生存论和发展论，并对企业与区域经济发展的关系作了一个扩展分析。第三章主要剖析了区经济运行中的中小企业作用机理。第四章通过大量、系统的统计资料以及计量模型清晰地、有力地证明了中小企业在中国区域经济增长中的重要作用。第五章从经济总量、规模效益、盈利能力和成长性四个指标来比较东中西部三大地带中小企业的发展状况。第六章对比分析了我国东部先进省份中小企业发展的三大模式及其基本特征。第七章指出中小企业是社会经济的弱势群体。第八章通过对中小企业区域协调发展的必要性和可行性分析，指出中小企业平衡区域经济的重要性。第九章归纳了本文的主要研究结论，并指出本研究工作的不足和今后进一步开展研究的建议。

关键词：中小企业　企业发展　企业集群　区域经济　协调发展

5409

农业清洁生产的经济学分析 / 吕志轩著 ; 胡继连指导. -- 山东农业大学, 2005. -- 153 页

本文运用产权经济学、信息经济学和产业经济学等多学科、多角度地分析影响农业生产经营者实施农业清洁生产的各种经济因素，并提出相应的解决对策，以期为农业清洁生产的研究和管理提供思路。主要研究内容包括：农业清洁生产的概念内涵与发展实践，包括实施农业清洁生产的必要性和可行性、主要障碍和技术措施与途径；关于农业环境产权制度，包括农业环境污染的经济学分析、农业污染治理的传统方法及其局限性；农业清洁生产的优质优价原则和市场信息不对称问题，指出信息不对称是制约清洁农产品优质优价原则实施的瓶颈；农业清洁生产的产业组织制度，包括我国农业产业组织制度的历史变迁、农业清洁生产的产业一体化经营体制典型案例分析；农业行业协会与农业清洁生产，包括完善我国农业行业协会促进农业清洁生产的有效措施；政府与农业清洁生产，包括政府经济职能的历史变迁，政府在农业清洁生产中应发挥的经济职能。文章认为解决信息不对称问题需要利用市场机制设计有效的信息传递制度，建立生产者和消费者之间的长期合作关系。我国农业行业协会还不适应农业清洁生产的要求，还需要

加强农业行业协会自身建设。政府应该为农业清洁生产提供公共服务,做好农业清洁生产的产业规划。

关键词:农业经济　农业生产　无污染技术　清洁生产　农业环境

5410

我国农业产业化经营风险问题研究 / 罗东明著 ; 梁学庆指导. -- 东北农业大学, 2005. -- 113 页

近年来,我国农业产业化经营有了长足发展。但是在市场经济条件和农业自身特殊性的作用下,农业风险反而有可能增加。在我国,建立发达和完善的产业化体系是改革农业经济体制、建立现代化农业的必然要求,这就在另一方面增加了进行农业产业化经营风险控制的必要性。作者认为,在推进农业产业化过程中,加强风险防范时必须分析特定农业产业化项目面临的主要风险因素、有关合作方风险承受能力、契约的合理性、经营者的素质等。在此基础上,本文对农业产业化经营的风险进行了讨论,并集中研究了下列问题:(1)农业产业化经营和农业产业化经营风险的相关理论和相关问题;(2)通过具体案例说明、介绍了农业产业化经营风险评估的有关方法;(3)介绍发达国家的风险防范经验及对我国的启示;(4)对农业产业化经营中的主要风险——市场风险进行了分类分析,并针对不同情况进行了量化研究;(5)鉴于农业产业化经营风险防范是一个十分复杂的问题,因而本文以较大篇幅对建立农业保险制度、强化政府作用和相关建议进行了探讨。

关键词:农业经济　产业化经营　经营风险　风险管理　农业保险

5411

水旱灾害与湖北农业可持续发展 / 罗小锋著 ; 雷海章, 李同明指导 . -- 华中农业大学, 2005. -- 128 页

本文包括导言在内共八章。第一章导论,主要阐明本研究的背景、目的、意义及研究思路、方法与框架。第二章对湖北省水旱灾害历史的描述及评价,并着力分析了湖北省水旱灾害发展趋势。第三章是水旱灾害与农业可持续发展的思辨。第四章是系统研究水旱灾害对湖北省农业可持续发展的影响,其中运用C—D生产函数重点分析了水旱灾害对湖北省社会经济的影响。第五章运用数理经济方法测评水旱灾害对湖北省农业可持续发展的影响。本章在运用主成分分析法计算出湖北省农业可持续发展水平指标的基础上,对湖北省农业可持续发展水平与灾害直接经济损失进行了相关分析,直观地反映了水旱灾害对湖北省农业可持续发展的影响程度。第六章从经济学角度分析了农户的防灾减灾行为,并以此为基础,阐述了政府应该如何调控农户的防灾减灾行为。在以上分析的基础上,论文第七章运用制度经济学理论剖析了现阶段我国自然灾害管理模式及其弊端,结合世界各国灾害管理发展趋势,探讨了重构与完善湖北农业防灾减灾体系的原则和战略措施。第八章从技术创新理论入手,系统阐述了农业减灾技术创新面临的制约因素的基础上,提出了促进农业减灾技术创新的政策选择。

关键词:水灾　旱灾　防灾　技术创新　湖北省

5412

中国药品管制的制度经济学研究 / 马乐新著 ; 罗必良指导. -- 华南农业大学, 2005. -- 190 页

本文从信息不对称理论、外部性理论、市场势力和公共物品的有效供给以及非价值物品的有效供给五个方面对管制性质进行理论分析,给出政府管制形成的原因,进而导入作为社会性管制的药品管制。通过分析药品的二重性和药品产业的特殊性,以及药品管制的必要性,突出药品管制的特殊性和差异性,并阐述了政府、市场与药品管制之间的关系。在实证研究方面,首先对中国药品管制的发展历程进行回顾,并对现状进行考察,以理出不同发展阶段制度变迁的逻辑线索,进而分析不同发展阶段药品管制制度安排与制度变迁的动因。通过不同管制方式的效率比较,理出影响药品管制效率的主要因素并进行因素分析,同时阐述药品管制模式选择的依据,并导入中国药品管制模式的构思和设立。在此基础上,通过对药品管制现状的演绎,确立药品管制政策选择的标准,构建药品管制的政策框架,最后,给出中国药品管制的基本内容和未来发展趋势。通过对中国药品管制实践的分析,本文得出的基本结论是:药品管制的效率决定于三个因素。即受管制产业的效率、药品管制费用的增加和管制机构的膨胀以及技术进步推动药品产业的专业化分工。当药品管制效率低下时,低效率的旧制度就会因社会需求而发生制度变迁转换为效率较高的新制度。

关键词:药品管理　经济制度　制度经济学

5413

中国农产品现代物流发展问题研究 / 孟凡胜著 ;

李昌宇指导. -- 东北农业大学, 2005. -- 138 页

本文研究农产品物流理论,分析了我国农产品物流的特殊性,阐述了我国大力发展农产品现代物流的重要意义。文章对我国农产品物流发展进行了历史回顾和现状分析,对发达国家农产品物流的现状和经验进行了研究。提出并阐述了物流系统效益论,在分析我国农产品物流现状的基础上,得出我国的农产品物流尚处在传统物流阶段的重要论断;在如何实现我国农产品现代物流方面,提出了系统优化、组织创新、政府扶持三大关键因素。在组织创新方面提出了建立农民自己的经济组织的重要思想,在此基础上,强调做大做强我国的农产品物流组织,以提高其市场竞争能力。此外,本文还提出我国农产品物流发展的目标应向发达国家看齐,并着眼于物流的可持续发展,大力发展农产品绿色物流。

关键词:农产品　物流管理　现代化管理

5414

农户参与灌溉管理的制度保障研究 : 基于我国农民用水者协会的案例分析 / 穆贤清著 ; 黄祖辉指导. 浙江大学, 2005. -- 223 页

本文对农民用水者协会的特点、性质和组建程序进行了说明。选取了五个灌区的用水者协会的实践过程作为案例进行实证研究,这些灌区分布于自然条件和社会经济状况具有一定代表性和典型性的华中、华东、华北和西北地区。对国内外相关理论研究进行综述,研究了自然资源管理中集体行动的影响因素和自然资源中集体行动的影响变量,分析了灌溉管理中的合作行为、农民参与灌溉管理的因素。文中涉及新中国成立以来的农业经济背景、自然资源的产权制度、自然资源管理中集体行动的影响因素研究、水权制度与水资源一体化管理、农户参与灌溉管理制度分析框架、中国农用水资源管理体制的历史沿革和市场化进程中农户参与灌溉管理的组织载体以及用水户参与灌溉管理的制度绩效,对农户参与灌溉管理的制度保障研究进行结论性评述,并给予政策建议。

关键词:农户　灌溉管理　水资源管理　用水者协会

5415

中国畜产品质量安全问题研究 / 潘春玲著 ; 方天堃指导. -- 沈阳农业大学, 2005. -- 107 页

本文从畜产品质量安全管理的理论基础入手,从中分析畜产品质量安全市场机制约束的有限性,表明政府的畜产品质量安全监管职能。还分别阐明了:畜牧业标准化体系、中国畜产品质量安全的现状分析、中国畜产品质量安全的影响因素、畜产品质量安全体系的国际经验借鉴和确保我国畜产品质量安全的对策等。其中对畜产品的生产行为和消费行为进行分析,提出畜产品质量标准的制定原则和内容以及畜牧业标准化和畜产品质量安全问题,同时说明了畜禽品种、畜禽饲养方式和畜禽屠宰加工转化。本文列举了中国畜产品生产的国际比较和中国畜产品的进出口状况。表明欧盟及主要成员国食品安全管理及保障体系对我国的借鉴价值,结合畜产品质量安全的法律法规,对中国畜牧业的比较优势与竞争优势进行深入分析,提出应加快实现中国畜产品质量安全的标准化与法制化进程。

关键词:畜产品　食品卫生　食品安全

5416

广东城市化进程中的土地制度改革研究 / 潘光辉著 ; 罗必良指导. -- 华南农业大学, 2005. -- 206 页

本文选择土地问题作为分析的起点和核心内容,对广东近年来土地制度方面的改革进行了回顾和总结。本研究的内容可分为两个部分:第一部分是总论:主要进行经验总结和理论构建,对城市化进程中的土地制度变迁的有关文献和关于现行农用地制度研究以及关于征地制度研究进行评述,同时述评了关于集体建设用地流转研究,提出关于集体建设用地自发进入市场的原因、集体建设用地流转的模式、集体建设用地流转的具体形式和利弊分析。分别从广东农村土地流转制度与市场发育、广东城市化进程中的土地征用制度来表明广东城市化进程中土地制度变迁的现状与问题,引入了理论分析框架:“状态—结构—绩效”(SSP),并对理论框架作了初步的解释。提出包括广东农村土地制度创新的动因及背景在内的城市化进程中农村土地制度创新的动因与市场发育的基本线索。对不同流转主体的行为、绩效及不同类型农用地流转进行比较并对个别案例进行分析。第二部分是分论:利用上述理论分析框架,分别分析了城市化进程中的农用地流转、集体建设用地流转、征地等相关的土地制度以及农民利益保护问题,并提出了一些政策建议。

关键词:城市化　土地制度　广东省

5417

总量控制、排污权交易及其政策体系研究 / 彭东

慧著；罗必良指导. -- 华南农业大学，2005. -- 167 页

环境污染问题是制约中国国民经济发展的重要因素,论文采用经济学的研究方法,在新古典经济学思想的指导下,从外部性、产权、交易成本、公共物品,以及边际成本、边际收益等概念出发,研究如何有效地配置环境容量这种稀缺资源。目的在于揭示如何通过排污权交易来实现环境资源容量的有效配置和经济的可持续增长,对现有的排污权交易理论进行补充和完善。作者认为:(1)环境污染问题的产生和恶化很大程度上是产权问题引进的,必须合理地使用环境容量资源,避免环境恶化,有效的产权制度是环境保护的基础和前提。(2)总量控制优于浓度控制。环境容量资源是经济可持续增长的第一约束。(3)政府管制和市场配置是两种最基本的管理手段,在管制中引进市场激励手段是管制发展的趋势。(4)排污权交易是实现总量控制目标的有效手段,利于实现环境质量的目标要求。(5)应该尽快加强排污权交易的立法,规范排污权交易市场规则和交易程序,加强排污监测和执法。(6)排污权交易市场的有效运行是最终实现总量控制和环境资源配置的重要条件。

关键词:环境管理　污染控制　排污交易　环境政策

5418

乡镇企业家报酬机制的理论与实证研究 / 彭伏期著；和丕禅指导. -- 浙江大学，2005. -- 178 页

论文以乡镇企业家为研究对象,报酬机制为研究问题,遵循"解决问题"的管理学研究逻辑,对我国乡镇企业家报酬机制问题的理论基础、体系框架、完善途径及政策措施作了较大量的理论与实证研究。全文共分十二章:第一章序论,探讨了选题背景及依据、相关概念、研究框架与研究方法,并指出了研究的可能创新与不足;第二章探讨了乡镇企业家报酬问题提出的基本逻辑与现状;第三章根据研究的需要对激励理论及报酬理论作了选择性的综述,在此基础上指出了论文所需要探讨和研究解决的围绕乡镇企业家报酬的一系列问题;第四章展开对乡镇企业家报酬问题的环境研究;第五章和第六章主要通过实证手段分析了乡镇企业家报酬水平及结构的决定因素与影响因素;第七—九三章分别从短期支付、长期支付、职位消费与保障收益角度对具体支付方式的激励原理、激励前提、激励效果等作了研究;第十章对乡镇企业家报酬的具体结构模式从实践的角度作了分析,并从企业状况和激励条件等方面进行了具体的个案研究;第十一章剖析报酬激励与政府行为;第十二章为研究结论、理论提升与政策建议,点明了全文的可能创新点。

关键词:乡镇企业　企业家　劳动报酬　激励机制

5419

茶叶质量安全管理问题研究：以浙江为例的理论与实证分析 / 钱峰燕著；黄祖辉指导. -- 浙江大学，2005. -- 184 页

论文在对茶叶质量安全问题进行经济学理论分析的基础上,以茶叶质量安全特性为出发点,作者采用了对浙江茶叶生产者和消费者调查数据资料,实证分析了生产者与消费者行为及其对安全茶叶生产的影响,并从生产技术、产业组织及政府管理的角度评价安全茶叶生产绩效,从微观与宏观两个层次上揭示影响茶叶质量安全性的内在机理,提出市场化与国际化背景下提升我国茶叶质量安全的制度条件与政策选择。按照上述思路,研究内容主要分为以下几个部分:第一部分在系统地回顾与评述国内外食品安全问题研究现状的基础上,基于"柠檬市场"理论、交易费用理论、委托代理理论和产业组织理论,对包括茶叶在内的食品质量安全问题进行了深入的理论分析和探讨,并从中归纳与演绎出对研究茶叶质量安全具有重要理论意义的结论;第二部分是对茶叶质量安全特殊性的研究;第三部分是国内外茶叶质量安全体系的比较研究;第四部分是基于调查数据展开的茶叶生产者行为和消费者行为实证分析;第五部分是安全茶叶生产的绩效分析;第六部分是论文的主要结论,并据此进一步从微观和宏观两方面提出有关提升我国茶叶质量安全性和管理水平的制度与政策建议。

关键词:茶叶　质量管理　食品安全

5420

粮食生产经营规模与粮农收入的研究 / 钱贵霞著；朱希刚，李宁辉指导. -- 中国农业科学院，2005. -- 125 页

论文采用定量与定性相结合的方法,对我国粮食主产区粮食生产规模与粮农收入问题进行了系统的研究,以期对我国粮食主产区发展粮食生产和增加粮农收入得出一些有价值的结论和政策建议。作者选择我国的粮食主产区为研究区域,即国家财政部界定的河北、内蒙古、辽宁、吉林、黑龙江、江苏、安徽、江西、山东、河南、湖北、湖南和四川 13 个省(区),从粮

食总产、播种面积、单产、人均粮食占有量、粮食生产效率及商品粮数量等方面分析了粮食主产区在保障国家粮食安全方面的重要地位，进而分析了我国及粮食主产区粮食生产经营规模与农民收入问题的历史、现状及特点，指出我国及粮食主产区目前粮食生产经营规模以及粮农收入存在的问题。论文分析结果是根据经济学方法得出的，结果显示目前我国粮食主产区粮食生产处于小规模经营，难以获得规模效益，为保障我国的粮食生产，应扩大粮农的粮食生产经营规模。而粮农的收入主要来自于粮食生产，扩大粮食生产规模必然带来收入的增加，这样就能稳住粮食主产区的粮农。作者认为需要做好以下几个方面的工作：因地制宜、循序渐进扩大粮食生产规模，严格保护耕地，实施补贴和优惠政策、对土地规模经营给予扶持，给予粮农稳定的土地经营权、建立土地市场等措施促进土地流转，发展非农产业、促进劳动力转移，建立社会保障制度以及发展合作经济组织等。

关键词：粮食产区　粮食生产　农民收入　收入分配

5421

农村非政府组织（RNGO）社会职能研究 / 史振厚著 ; 邹德秀指导. -- 西北农林科技大学, 2005. -- 119 页

论文主要从职能角度来研究农村非政府组织（RNGO），按照“RNGO 的基本理论——RNGO 的兴起与发展——政治职能——经济职能——社会职能——RNGO 的博弈——RNGO 的建设”这个总体研究思路进行。作者把“三农”问题与非政府组织结合起来，提出了研究“三农”问题的新视角；并从博弈论的角度来研究农村非政府组织的社会关系；另外提出了 RNGO 进行自身组织建设的途径。论文共分为九章。第一章主要论述论文选题的背景、意义、文献述评、研究方法和思路、论文的可能创新之处；第二章从理论上对农村非政府组织（RNGO）进行分析；第三章讲述 RNGO 的兴起和发展；第四章论述 RNGO 的政治职能；第五章研究 RNGO 的经济职能；第六章研究 RNGO 的社会职能；第七章运用博弈论阐述 RNGO 如何处理与政府、市场以及组织之间的关系；第八章研究 RNGO 的建设问题；第九章是个案分析，通过考察洪湖渔场老年协会成长的路径，揭示农村非政府组织发展的不平坦历程，提出只有自主，才能发挥优势并获得长期生存。

关键词：农村　非政府组织（NGO）　社会职能　政治职能　经济职能　组织建设

5422

基于盈利成长的服务创新体系研究 / 舒伯阳著 ; 雷海章指导. -- 华中农业大学, 2005. -- 216 页

本文在大量研读国内外服务创新研究文献的基础上追踪该领域研究的最新进展，对服务创新的基本概念、理论范式及其管理实践进行了系统的阐述。论文认为，创新的方向选择与控制是服务创新的关键之一，而最直接的衡量标准就是服务创新能否回归价值中心？能否真正为企业带来持续的盈利成长？所以，以盈利成长为导向展开服务创新研究是一个具有明显现实意义的研究论题。本文在坚持 Heskett 和 Sasser 服务价值链分析的基础上，对现有的服务创新的理论与模型进行了整合，提出了基于盈利成长的服务创新体系。全文内容共分八章。第一章导论，主要论述了本选题的出发点及理论、现实意义，阐明了本文的分析研究框架。第二章对当今国内外服务创新的理论进行了综述。第三章主要分析了推动服务创新的内部驱动力和外部驱动力因素。第四章提出论文的核心主张：服务企业应根据顾客价值等式并以服务价值链为主线来构建服务企业的特色盈利模式。第五章构建了直观描述服务创新通过服务利润链三要素与盈利成长的关系矩阵，并总结了服务企业盈利成长的六种实施途径。论文在第六章引入了服务创新可持续能力评价的思想，建立了服务创新的评价体系。第七章主要针对几类涉农企业的服务创新进行了实证研究，并提出了相应的创新设想。第八章总结了本文的主要研究结论与今后的政策建议。

关键词：服务业　服务创新　盈利

5423

全球化背景下的中国糖业：价格、成本与技术效率 / 司伟著 ; 王秀清指导. -- 中国农业大学, 2005. 183 页

论文研究首先系统地描述了国际食糖市场的运行机制与各个国家的糖业政策。然后分别评估了中国食糖市场与国际食糖市场的一体化程度、中国国内食糖市场一体化程度；中国与世界糖业发展史；糖业政策对中国糖业发展的影响；中国制糖业的市场结构与绩效；制糖业的生产效率；制糖企业生产成本差异及利润率的决定；制糖企业与糖料农户之间的交易方式及效率；糖料生产的地区优势、生产效率及成本差异；糖料供给反应与糖料农户的作物选择行为；食糖

生产成本的国际比较等问题。最后从产业链各个环节彼此协调的角度提出了完整的解决对策。研究结果表明:尽管国际食糖市场是扭曲的,生产成本依然是决定食糖价格长期走向的重要因素。对于没有足够财力进行农业保护的发展中国家而言,只有降低成本才能在扭曲的市场中生存与发展。从长期看,中国各个食糖市场之间是一体的,国内市场与国际市场也是一体的;短期看,国际食糖市场的价格变化不会立刻引起国内市场价格变化,国内食糖市场的价格波动对国际市场的影响也很小。作者论证了中国制糖业是一个接近完全竞争的市场结构,并认为规模经营可以提高整个行业的盈利能力。劣势是制糖业存在劳动力过剩,甘蔗制糖业存在资产闲置;甜菜制糖业资本投入不足。其关键在于:从产业层面上看,多数年份中国制糖工业的技术效率都是最优的,规模效率对生产效率有重要影响;从企业角度看,目前制约糖厂产出的关键在于原料。

关键词:制糖工业　食糖　价格　成本管理　甘蔗

5424

中国区域农业竞争力的评估及比较研究 / 苏航著 ; 戴思锐指导. -- 西南农业大学, 2005. -- 110 页

论文论述了随着经济全球化、市场一体化进程的加快,特别是加入 WTO 之后,我国农业产业发展面临新的形势和新的任务,提高农业总体竞争能力是摆在我们面前的一个难度极大但又必须解决的新课题。论文对中国区域农业竞争力的评估及比较进行了研究,提出了具体的研究思路,文章指出,要构建区域农业竞争力分析的理论框架,以解析区域农业竞争力的内涵、构成及影响因素;要认真分析区域农业竞争力的形成机制,以探索区域农业竞争力形成及变动的内在规律;要建立一个区域农业竞争力的评估指标体系,为我国区域农业的竞争力评价和比较提供一套较为系统的标准和方法。论文通过实证研究,得到如下结论:(1)区域农业竞争力是由多种单项竞争力综合形成的合力。(2)农业的市场能力和适应能力是构成区域农业竞争力的核心。(3)区域农业竞争力具有多样性与多变性。(4)区域农业竞争力可以用适当的方法量化评估。(5)区域农业竞争力的正确评估对提升和培育区域农业竞争力的重要作用。文章通过对样本区域的农业竞争力的评估和比较,对所建立的评估指标和方法进行了验证,并以山东、四川两省农业竞争力的比较与评估为例说明了其在区域农业竞争力评估中的操作与应用。

关键词:区域经济　农业经济　竞争力

5425

中国经济转轨时期农村诚信缺失的经济学分析 / 孙葆春著 ; 方天堃指导. --沈阳农业大学, 2005. --212 页

本文主要研究农村各经济主体之间的诚信缺失现象及构建我国农村诚信体系的对策建议。具体内容包括:诚信的概念与内涵,诚信的有关理论基础,诚信在我国不同时代的表现,诚信在西方的发展及社会诚信体系建设的经验借鉴,我国社会诚信体系建设现状,诚信对农村经济发展的影响,农村诚信的影响因素分析,农村诚信缺失影响因素作用机理,农村诚信缺失的成本收益分析,市场监管对诚信缺失的影响,产权对诚信缺失的影响,信息不对称对农村诚信缺失的影响,农村诚信信息体系的建设,农村社会信用制度建设等。本文应用 ISM 模型对影响农村经济主体诚信行为选择的 16 个因素进行了结构层次划分的结果是利益驱动居于第一层次,第二层次的因素是产权制度、资产专用性、市场监管制度、集体主义困境和文化价值观,第三层因素是国家悖论、交易制度、信息不对称、法律制度、政府行政水平、信用机构建设。第四层是经济转轨、不确定性、地方保护和官员的激励机制。文章提出构建我国的社会诚信体系应以诚信教育和研发为基础,以诚信信息体系建设为前提,依靠各种信用中介机构发展社会信用制度,加强法律和行政机构的监管力度,建议先由政府投资建设来保证我国农村诚信体系快速有效建成。

关键词:农村信用　诚信　信用危机　信用制度

5426

中国—东盟农产品贸易竞争与合作研究 / 孙林著 ; 李岳云指导. --南京农业大学, 2005. --128 页

本文的主要内容包括理论综述、中国—东盟农产品贸易关系中国—东盟农产品贸易结构、中国—东盟农产品贸易波动、中国与东盟贸易合作对双边农产品贸易波动的影响、中国—东盟农业合作的前景与政策建议等。文章认为中国与东盟处于相同的发展阶段和层次,双边贸易关系以竞争性为主,同时农产品结构上具有较强的互补性。文章列出了中国—东盟现阶段处于竞争、互补贸易关系农产品的种类。影响中国—东盟农产品贸易量的波动的因素有进口需求效应、结构效应和竞争力效应。CMS 模型分析结果表明

中国对东盟的农产品出口额增长波动主要受东盟国家进口需求的影响。文章主张包括中国、日本、韩国三国同时与东盟建立自由贸易区,即"10 + 3"模式的区域经济一体化,因为现在的中国—东盟自由贸易区的"10 + 1"模式排除了亚洲发达国家致使发生了发展中国家区域经济一体化的缺陷。文章提出三个合作领域:粮食生产与贸易,热带农业产业合作以及农业领域的投资合作。

关键词:农产品　对外贸易　经济合作　自由贸易区　东盟

5427

公益捐赠资金的信托化治理:以外援扶贫小额信贷为例 / 孙同全著;张晓山指导. -- 中国社会科学院研究生院,2005. -- 110 页

作者首先提出,公益事业在建设和谐社会中发挥着不可替代的作用,是对政府的福利事业的重要补充,是社会的减震器和润滑剂。但是在公益事业发展过程中公益捐赠基金的使用和监督方面的问题必须妥善解决。例如,我国外援小额信贷资金的所有权不明确,治理结构不完善已经导致了一些问题。针对上述问题,论文运用了制度经济学、组织社会学和法学的理论,对捐赠资金的所有权和治理结构进行了分析,提出了效率机制、共同目标机制和合法性机制的概念。并进一步沿着治理结构和财产所有权两条线索从公益信托制度的视角对外援扶贫小额信贷的法律本质进行了分析,认为外援扶贫小额信贷的本质是公益信托,捐助机构是委托人,国内援助机构和小额信贷机构是受托人,目标客户,即低收入者和穷人是受益人,政府起监督的作用。所以可以用公益信托的治理结构来解决外援扶贫小额信贷所遇到的困难。最后作者提出建议:在社会观念上澄清财产可分为公益性和私益性财产,这两种财产分别对应着非营利和营利的组织形式;在法律方面应设立财团法人制度,确立公益组织的法人财产权,并制定实施细则;对外援扶贫小额信贷应该建立公益信托的治理结构,建立扶贫小额信贷公益信托基金和小额信贷协会,为扶贫小额信贷的发展提供融资、技术支持和监督等服务,支持扶贫小额信贷健康、持续地发展。

关键词:公益金　扶贫资金　公益信托　信贷扶贫

5428

农业上市公司资本结构优化研究 / 唐楚生著;王雅鹏指导. -- 华中农业大学,2005. -- 180 页

本文紧紧围绕如何优化我国农业上市公司资本结构这一主题展开分析,其内容可概括为三大部分:第一部分包括第二、三章,为农业上市公司资本结构的优化基础分析。该部分旨在为研究我国农业上市公司资本结构优化理论作好理论铺垫和明确农业上市公司资本结构的现实基础。第二部分包括第四、五、六章,研究农业上市公司资本运动中的财务政策选择行为与资本结构优化问题。公司资本结构是一个动态的调整和形成过程,企业在生产经营过程中的各种财务政策的选择和形成,一方面受到现有资本结构的影响和制约,并以现有的资本结构为决策依据,另一方面,每一个具体的财务政策的实施及结果,又会从不同方面、不同程度地改变着现有的资本结构。第四章用我国农业上市公司 2003 年的截面数据对上市公司资本结构的影响因素进行了实证分析。第五章专门分析了农业上市公司的融资行为对资本结构公司市场价值的影响。第六章论证股利政策优化、合理的股利支付率,股利支付方式和策略的协调配合将有利于资本结构的优化。第三部分包括第七、八章,为资本结构优化的对策研究,这两章分别从微观和宏观的视角,从企业内外部环境制度建设方面形成了农业上市公司资本结构优化的完整对策措施。

关键词:农业企业　上市公司　资本结构　股权结构　公司治理

5429

我国公司董事会制度研究 / 汪爱娥著;蔡根女指导. -- 华中农业大学,2005. -- 135 页

作者首先提出了公司治理问题,已成为国内外理论界和实业界研究的一个世界性课题,分析了企业改革的核心在于两个方面:一是为企业创造一个有利于公平竞争的市场环境;二是在政企分开、产权明晰的基础上建立科学的法人治理结构。我国国有企业改革由此进入了"制度创新"的新阶段。作者认为公司治理结构是一种契约制度,它通过一定的治理手段合理配置剩余索取权和控制权,以使企业内的不同利益主体形成有效的自我约束和相互制衡机制。公司治理原则正在逐步走出"股东至上"主义的传统思维定势,从单边治理走向共同治理。解释了共同治理模式包括的两个并行的机制:董事会和监事会。强调在共同治理模式下进行制度安排,才能保障公司治理目标的实现。论文旨在通过对董事会制度安排的研究,寻求完善公司治理结构的途径,以提高公司经营绩效,

为促进我国公司制企业健康发展,进行一些力所能及的理论探讨。论文综合运用管理学和新制度经济学、信息经济学、经济计量学等经济学理论,对我国公司董事会制度安排的现状及问题,进行定性描述和规范分析;运用主成分分析法、聚类分析法、多元线性回归等定量分析方法,对公司董事会制度变量与公司绩效之间的依存关系进行实证分析。同时,借鉴国外公司董事会制度安排的成功经验,论证我国公司董事会有效行权的基础条件,从而提出了完善公司董事会制度的对策建议。全文共分九章:第一—三章阐述了董事会基本特征与公司治理的相关理论;第四—六章,主要分析董事会制度的有效性问题与实证分析;第七章,通过对国外公司董事会制度安排几种模式的比较,总结归纳其基本经验,以及对我国公司董事会制度安排的借鉴作用。第八、九章在对我国公司董事会制度有效行权影响因素分析的基础上,提出了若干对策建议。

关键词:董事会　企业管理　公司治理

5430

混合组织及其治理研究 / 王朝全著 ; 罗必良指导. -- 华南农业大学, 2005. -- 220 页

论文对混合组织的多目标形成、冲突、转换、整合等问题进行了较详尽的探讨,认为多目标冲突问题的正确协调与解决,混合组织的优越性和生命力就会得到充分发挥。同时,结构特征是论文重点关注的焦点之一,作者提出了混合组织具有双重结构系统特征的观点,认为混合组织的结构特征主要体现在组织构成要素、组织分化程度、组织规范性(组织文化)等方面的复杂性上。对于混合组织的行为特性问题,论文侧重于对其战略与战略管理、决策机制与决策模式进行分析。关于混合组织绩效问题的讨论,论文集中在这样几个问题上:一是如何全面认识组织绩效的完整内涵;二是以什么样的标准去衡量组织绩效;三是混合组织绩效表现的特殊性是什么;最后是提出基于利益相关者角度的混合组织绩效评价指标体系。借助于公司治理与政府治理的理念与方法,探讨了混合组织治理的相关问题,概括起来主要包括如下内容:首先指出权力主体的概念;其次,指出外部治理内部治理的含义以及两者之间的作用关系;最后,指出决策机制的重要积极意义和作用;并指出这也是混合组织与一般私人组织相区别的特征之一。论文以农业科技园区作为混合组织的典型案例,具体分析了作为混合组织的农业科技园区产生发展的制度逻辑和它的目标与功能、结构与模式、机制与绩效等方面的基本特征;并就农业科技园区的治理结构问题进行了简单探讨。

关键词:组织管理　经济开发区　农业科技园区　混合组织

5431

农业结构调整中的新疆棉花产业成长研究 / 王春晓著 ; 和丕禅指导. -- 浙江大学, 2005. -- 163 页

论文从区域分工与专业化的视角出发对新疆棉花产业比较优势和竞争力进行了分析,剖析了农业结构调整中新疆棉花产业成长特征及其发展态势,作者从宏观的制度因素和微观的棉农经营决策行为两方面探讨了影响新疆棉花产业发展的主要因素,最后利用数据包络分析方法对新疆棉花产业成长效率进行了评。论文主要分为五部分:第一部分是问题的提出、理论分析和文献综述,主要是对农业结构调整与区域产业发展相关研究成果的回顾与评析,该部分内容为论文提供了研究的理论和方法论基础。第二部分主要是对新疆棉花产业比较优势及其竞争力分析,探讨了新疆棉花产业的潜力和地位。第三部分从微观和宏观两方面分析了影响新疆棉花产业发展的主要因素,并提出制度因素是影响新疆棉花生产的重要因素之一。第四部分主要是利用 DEA 非参数估计方法对新疆棉花生产效率和资源配置效率的实证分析,分别从技术进步方式、资源配置以及自然条件等方面分析新疆棉花产业现状面临的优劣势及其原因。第五部分是对论文的总结,在上述研究的基础上,就开放条件下如何提升新疆棉花产业竞争力和新疆棉花产业可持续发展提出了相应的对策建议。

关键词:棉花　产业结构　农业经济　新疆

5432

中国农村税费改革分析研究 / 王锋著 ; 邹德秀指导. -- 西北农林科技大学, 2005. -- 141 页

本文结合中央关于"三农"的最新指导思想,以科学发展观和"五个统筹"、"两个趋向"等作为理论基础,采用理论与实证研究相结合的方法,研究了如何解决配套改革阶段遇到或可能遇到的问题,并从宏观层面提出了解决方案。首先,文章对于国外的税收理论、税收原则以及财政和制度理论进行了概要介绍,对国内的农民负担和税费改革相应研究进行了归纳。其次,通过纵向比较,探讨了封建社会农民负担和王朝存亡的关系,分析考察了历史上典型的税费改革;

通过横向比较，探讨了国外涉农税收制度的特点。再次，文章重新界定了农民负担的含义，分析了我国农民负担问题的产生背景、农民负担的构成及特点、成因、危害等，指出了制度创新对解决农民负担问题的重要性，强调城乡隔绝的二元社会是农民负担沉重的根源所在，而解决农民负担问题只能通过制度创新。文章还提出了一个重新理解农民负担的思路：农赋——农负——农富。第四，对农村税费改革试点和配套阶段有关问题进行了分析研究，对农村税费改革进行了回顾，探讨了农村税费改革在两阶段的目标，以及试点阶段存在的问题和阻力。最后，通过对江苏省农村税费改革全过程的分析和概述，从技术层面入手，通过大量的实证研究，探讨了在农村税费改革中存在的问题、难点和对策。

关键词：农村　税制改革　农民负担　城乡统筹　城乡建设

5433

中国牛肉产业链研究 / 王桂霞著 ; 高启杰指导. -- 中国农业大学, 2005. -- 118 页

作者把肉牛业的经济研究纳入产业链的分析框架，从结构和交易成本两个维度研究牛肉产业链。运用产业组织的 SCP 分析范式、博弈论分析方法、价值链分析方法、案例分析和计量经济分析方法对我牛肉产业的三个主要环节及其协作方式进行了系统的理论探讨和实证分析。作者首先对牛肉产业的消费、肉牛的生产、肉牛的屠宰加工与销售三个主要环节的水平、结构的变化情况进行实证分析；然后对三个主要环节的联结方式与内在机制、三个环节的纵向协作特征、产业链各利益主体的选择行为进行研究；最后利用价值链理论对不同类型的牛肉产业链的价值链进行比较分析。论文的基本研究结论是：我国牛肉的消费、生产和流通三个环节的发展水平、结构特征决定了我国牛肉产业链纵向协作的现状：传统产业链占主要地位，现代产业链起主导作用。目前我国大型屠宰加工企业是现代产业链的核心。在与农户的协作中，屠宰加工企业愿意选择养牛大户进行合作，其根本动因在于可以获得更大的利益分配。交易成本是农户选择销售形式的主要影响因素。农户与加工企业合作是为了减少不确定性。传统产业链是以生产为导向，实行成本领先战略；现代产业链以需求为导向，施行产品差异战略。现在产业链创造的最终价值明显高于传统产业链，其“战略环节”是屠宰加工阶段。

关键词：畜牧业　牛肉　产业链　价值链

5434

企业绿色会计理论与实践研究 / 王建明著 ; 王凯指导. -- 南京农业大学, 2005. -- 189 页

论文论述了绿色会计理论的含义、研究的目的以及对其进行研究的理论意义和实践意义。作者站在企业管理的角度，运用归纳分析和案例分析的方法，研究绿色会计形成、发展及其在企业中的作用，力图构建和定位我国企业绿色会计核算和管理研究的基点，提出企业的绿色会计体系。作者首先分析了绿色会计产生和发展的基础，同时提出我国绿色会计研究和实践的不足。其次，构建了绿色会计基本理论框架并对概念界定、财务目标、对象要素和基本假设进行了探讨。再次，对要素科目设置、要素确认、要素计量和要素核算等进行了研究，并在此基础上分析了我国化工类上市企业绿色会计信息披露问题，提出了相关建议。第四，以环境问题所造成的“外部不经济性成本”逐渐“内部化”为企业经营成本着手，总结归纳了我国企业绿色成本的支出内容及发展趋势，就企业内绿色成本支出、控制及其对企业财务影响等进行了分析，提出了企业在绿色成本管理方面的具体措施。第五，进一步对绿色审计的基本概念、内容、绿色会计信息鉴证展开了探讨，研究了绿色竞争力的理论、内涵，并基于化工类上市公司的环境信息披露，对企业的绿色竞争力进行了评价。最后，作者对构建我国企业的绿色会计体系进行了总结，并从理论和实务两个方面提出了建议。

关键词：财务管理　会计核算　成本管理　绿色会计　会计信息

5435

耕地非市场价值评估理论方法与实践 / 王瑞雪著 ; 张安录指导. -- 华中农业大学, 2005. -- 136 页

本文通过对近 10 余年文献资料的回顾，把握国内耕地价值研究的基本脉络与研究前沿，选准本次研究的切入点。从耕地的内涵、功能、特性出发，对传统价值理论的局限性进行了深入的思考；依托资源环境价值理念构建耕地价值评估方法体系。较为系统地分析了国外非市场价值主流评估方法，依据具体国情与武汉市的实际情况，以 CVM 对武汉耕地非市场价值进行了评估，验证了国外非市场价值评估方法在我国耕地价值评估领域的可行性。本论文共分七部分，结构安排如下：第一部分主要介绍了本研究的意义、研究的基础，研究思路和主要创新点。第二部分对国内耕地价值评估的理论和实践作了全面系统地回顾

和总结。文章在四个层次上依次展开:耕地估价的价值论基础;土地的价值问题;耕地的价值问题;耕地价值评估方法。第三部分通过对耕地内涵、功能、特征的重新认识,引发对传统价值理论的哲学思考。第四部分到第六部分较系统地研究了国外非市场价值主流评估方法 CVM、HPM、TCM 的经济学原理,操作程序设计,应用中潜在问题以及理论研究前沿,分析了三种方法在国内的研究现状及进一步应用的可行性。第七部分以武汉市耕地非市场价值为评估目标,在综合考察非市场价值评估方法应用条件的基础上,选定 CVM 作为本次评估的方法,讨论了 CVM 在我国耕地价值评估应用中的适用性,分析了研究的不足和进一步研究的方向。

关键词:耕地　土地资源　土地利用　价值评估

5436

中国种业整合研究 / 王卫中著 ; 冯海发指导. -- 中国农业科学院, 2005. -- 126 页

论文在产业整合理论的基础上构建了我国种业整合的分析框架,探讨我国种业整合的路径,作者从以下几个方面对我国种业整合进行了系统的研究:从一般产业整合的角度出发研究种业整合的特殊性。在文献综述的基础上,结合我国产业整合的阶段性特点,构建了一个分析我国产业整合的基本框架,提出了这个分析框架可以用来分析影响产业整合的决定性因素,以及检验产业整合是否存在着规模经济。论文将这一框架用于解释我国啤酒业的整合过程,并以此来论证中国种业产业结构分析框架的合理性和必要性。仔细分析了我国种业整合的特殊性,特别是以农户为单位的小规模经营以及地区间气候和自然条件的巨大差异可能会使得整合的好处被整合后高昂的经营成本所抵消,认为在现阶段,我国种子产业整合必然有其阶段性特点,不宜盲目追求在短期内达到世界发达国家几十年才完成的整合过程。论文运用了大量的资料证明了我国种业存在着整合的趋势,并对不同种子产品之间存在着整合程度上的差异,特别是科技含量较高的高端种子产品的整合市场程度较低之间的差异性进行了分析和探讨。作者还着重提出了推动我国种业整合和发展的政策建议,认为一个市场友善的产业政策,再加上适度的金融支持和知识产权保护,是保证我国种业整合健康发展,实现国家支持"三农"的这一长期发展目标的重要保证。

关键词:种子　产业结构　农业经济

5437

森林经营目标选择的社会经济分析 / 王文烂著 ; 李周指导. -- 中国社会科学院研究生院, 2005. -- 94 页

本文试图通过分析国家的森林经营思想和森林经营目标的演变,探讨国家的社会经济发展与森林经营目标确立之间的内在联系与规律。文章首先介绍了森林经营目标选择的基本涵义,进而从全球视角分析了森林利用方式演变的阶段及其特点和森林经营思想发展的进程。其次,作者依据相关的森林资源产品数据对发达国家和发展中国家森林利用方式进行了简单的分析,然后通过引入经济发展水平(以人均 GDP 为指标)、人口构成(城乡人口比例)、农业劳动生产率、人均商品能源消费等其他经济社会因素分析了森林利用方式的变迁,以揭示经济社会因素对森林利用方式的影响。在前述基本思路的引导下,作者分别从技术和制度两个角度对森林经营目标选择和利用方式变迁进行了分析,指出森林经营目标的选择和确立反映了森林利用方式的变化,而森林利用方式的变迁需要相关技术和制度的保障,尤其在森林资源相对稀缺的状况下,技术和制度创新的作用显得尤为重要。最后,文章通过对中国在不同阶段的林业发展战略的变迁及林业相关法律、法规的修订进程的分析,明确了中国森林经营目标演变的基本过程,在此基础上,作者运用定性与定量分析相结合的方法分析了中国不同森林利用方式的特点及其影响因素,提出了中国以生态建设为主的森林经营目标确立所需要的技术与制度条件。

关键词:森林经营　林业经济　技术创新　经济分析

5438

中国农村合作金融产权改革与制度创新研究 / 王文莉著 ; 罗剑朝指导. -- 西北农林科技大学, 2005. 161 页

论文从金融的基本原则出发,运用产权经济学和制度经济学原理,对农村金融存在的客观基础,农村合作金融的发展历程、现实困境及制度缺陷进行了分析,借鉴国外农村合作金融演进和发展的成功经验,进一步探讨和分析了中国经济主体的变化和对金融服务的需求变化。作者重点分析了农村金融合作现实供给中存在的矛盾及异化原因,充分结合我国农村信用合作社产权制度的特点,提出进行农村合作金融产权制度、组织体系、经营方式、管理体制和外部环境

改革创新的方法和途径及其相应的对策建议。论文的结构和内容如下:第一、二章阐明论文选题的背景和研究意义、方法和思路及农村金融合作的相关基础理论。第三章详细地说明了农村金融合作模式与制度的国际比较。第四、五章分别详述了中国农村合作金融的发展历程、现实困境以及具体原因以及对中国农村合作金融的供求分析和发展趋势。第六、七章运用产权经济学原理对农村金融合作产权制度的改革和农村合作金融制度的创新加以详细分析和阐述,作者认为建立真正的合作金融产权制度的基础是要确立一个适合农村经济发展和农村金融合作的体系。第八章对中国农村金融产权合作制度与制度创新的配套措施进行了探讨,并提出了农村金融合作立法的必要性以及必要的相关配套措施的政策及建议。

关键词:农村金融　信用合作社　产权

5439

农业灌溉用水效率问题研究 :以河北省石津灌区为例 / 王晓娟著 ; 李周指导. -- 中国社会科学院研究生院, 2005. -- 112 页

本文试图从水资源的需求管理,即提高水资源的利用效率和分配效率入手探讨水资源的管理问题。首先,在基于交易成本理论的分析框架下,文章对全球水资源管理制度变迁的原因进行了总结,同时归纳出了水制度变迁的趋势,进而从理论上对水资源配置的制度选择做了进一步的研究,在此基础上分析了我国的水资源管理制度的变迁过程。其次,文章着重分析了国外节水灌溉投入机制与节水灌溉发展现状,同时对我国的水利工程投入机制与节水发展状况进行了对比分析,结果表明我国与国外的节水技术水平相比仍存在较大差距。再次,作者提出了用水户参与灌溉管理的一种具体组织形式——用水者协会,通过对其建立的必要性和可行性分析,指出了它的作用在于增进集团成员共同利益,克服机会主义与搭便车行为,以及降低在灌溉系统的运行和维护上存在的高交易费用,从而提高用水效率。最后,以河北省石津灌区为例进行了实证研究,在对其灌溉管理的具体情况进行详细分析的前提下,基于特定投入的技术效率概念,提出了灌溉水效率的度量方法,同时运用随机前沿生产函数对灌区生产技术效率和灌溉水效率进行了测定,对影响灌溉水效率的因素进行了计量估计。通过理论和实证两个层面的分析,作者提出了对于提高农业灌溉用水效率的政策建议。

关键词:农业灌溉　节约用水　水资源管理　河北省

5440

中国农产品认证制度研究 / 王晓霞著 ; 程瀬兰指导. -- 中国人民大学, 2005. -- 147 页

论文采用理论分析和实证研究相结合的方法,说明了农产品认证制度的作用与意义。作者认为农产品认证制度是以市场机制推进食品安全公共管理的重要手段,但目前在理论和实践两方面的研究上,都缺乏对这一制度深刻的理解和分析,因而,作者提出了对这一制度研究的主要目标就是要从公共管理的角度出发,必须建立起专门针对农产品认证制度的系统性、科学性以及具有实践指导性的体系。论文结构包括三个方面:一是理论框架,主要内容是食品认证的属性和认证制度的概念范畴和制度基础;二是制度设计,主要包括认证制度的国际经验和我国实践可行性以及农产品认证制度的政府管理手段和政策;三是微观基础,分析了认证制度对农业企业经营活动的实际影响及其所形成的机制。论文各章节的研究内容有:第一章,导论;第二章,认证制度的食品安全公共管理中的地位和作用;第三章,农产品认证的基本原理;第四章,农产品认证制度和体系;第五章,农产品认证的政府管理;第六章,农产品认证的微观基础。此外,作者还详细地分析了农产品认证制度的创新和不足,运用理论模式对农产品认证管理进行制度分析和深层次问题的研究,并在保障市场运行长效机制方面提出了一些政策和建议从而提高有关农产品认证制度设计的科学性和前瞻性。

关键词:农产品　认证　食品安全

5441

中国房地产投融资制度研究 / 王晓燕著 ; 丁文锋指导. -- 西北农林科技大学, 2005. -- 176 页

房地产投融资制度是房地产产业建设过程中一个重要的组成部分,对中国房地产产业的良性发展起着重要的作用。作者主要从房地产投融资制度发展中存在的问题着手,提出产权制度不完善导致的责权不分以及房地产投融资结构不合理,政府干预手段的落后等是我国房地产业目前发展中最突出的制度问题。作者认为,只有通过债务融资制度向股权融资制度的转变,强行变迁与诱导性变迁的双管齐下,调整政府干预的手段和管理水平,才能从根本上解决我国房地产投融资效率低下的问题。论文第一章主要从房地产业对我国经济的发展以及房地产业与金融业

之间的关系等方面论述了论文选题的战略意义。第二章定义了房地产投融资制度的基本内涵，剖析了房地产投融资制度分析的框架体系，提出了一个研究脉络。第三、四章总结了我国房地产投融资制度的历史特点和改革历程，划分了四个阶段，并对我国 1996 年以来的房地产投融资制度结构变化作了分析。第五、六、七章对房地产市场缺陷以及房地产投融资制度的政策渠道和发展方式方向作出了分析。第八章对研究成果进行了总结，指出了国家的政府干预制度和调节机制的建立是正确引导房地产产业发展的重要环节和手段。

关键词：房地产　融资　投资

5442

农业多功能研究 ：农业社会学若干问题研究 / 王亚新著 ；邹德秀指导. -- 西北农林科技大学，2005. 113 页

本文首先对若干相关基本概念的特征和研究多功能的理论基础进行阐述。然后，分别从经济、文化、政治和环境生态的角度，探讨了农业的功能。指出农业是国民经济和政治稳定的基础；农业文化是传统文化的基础、是文化的民族性的根和源头；农业一方面为环境生态创造了巨大价值，另一方面不适当的生产方式也为环境生态带来了负面影响。再次，论文分别从动态、静态和空间的角度对农业功能系统进行分析，具体分析了影响农业功能结构的因素和农业功能在区域间的差异。作者提出，农业多种功能之间的均衡与不均衡，决定了农业是否能够得到协调、持续发展，能否获得最大的系统产出。最后，在对过去近 30 年我国农业功能系统状况简单回顾的基础上，作者提出了优化农业功能系统的建议。

关键词：社会学　农业经济　生态环境

5443

奶源基地建设及其实证研究 / 王艳华著 ；杨广林指导. -- 东北农业大学，2005. -- 145 页

作者认为，解决中国原料奶生产这一薄弱环节，最重要的就是要加强奶源基地建设，包括区域布局、奶牛品种、饲料、饲养管理、疾病防治、机械挤奶、冷链运输等众多内容，是一项复杂的系统工程。论文主要是从行政区划的角度出发，以农村奶畜饲养专业乡（镇）或奶畜饲养专业村作为研究对象，探讨这一微观层次的奶源基地的建设问题。论文以系统思想为指导，从奶源基地系统界定及其分析入手，阐述奶源基地建设的理论依据，构建了评价指标体系。在此基础上，通过对黑龙江省农村典型奶源基地的实证分析，找出其中存在的带有普遍性的问题，进而提出加强奶源基地建设的宏观思路。然后，以此为依据，对奶牛生产经营模式选择、社会化服务体系建设及奶业一体化经营进行深入的专题研究。最后提出农村奶源基地发展方向及其经营管理模式的基本架构。论文的中心在于把奶源基地看作一个系统，本着整体优化的观点，尝试改善系统结构，探索提高系统功能的途径，从而为政府决策提供科学依据，为农村奶源基地建设提供参考和理论指导。

关键词：畜牧业　奶牛　乳品工业　一体化经营

5444

中国上市公司治理研究 / 王勇著 ；温思美指导. 华南农业大学，2005. -- 167 页

公司治理研究是经济学、管理学、经济法学与民商法学等各领域相交叉的边缘学科，论文采用规范研究和实证研究、纵向历史分析和横向现实比较相结合的方法来对中国上市公司治理进行科学的研究。作者首先介绍选题的目的与意义、研究方法及文章结构，并对现有文献进行综述与评论。其次，介绍公司治理的概念、公司治理产生原因以及公司治理定义等，并对公司治理问题产生的国际背景和我国公司治理的来龙去脉作了简单介绍。第三，着重探讨了公司治理的基本模式和基本类型，世界各国治理模式趋同对中国公司治理机制的启示。第四，为了强调信息披露对公司治理的重要性，对我国的信息披露问题进行深刻剖析，同时对信息披露的规范也提出相应的对策。第五，介绍了中国伊利、创维等上市公司治理事件引入中国公司内部治理问题，着重分析了中国上市公司内部治理机制问题，并就公司内部治理机制提出了思路。第六，从案例 IBM 公司外部治理所导致兴衰分析着手，重点分析了我国的资本市场、MBO、债权人、机构投资者、外部中介等一系列与外部治理机制密切关系的问题，总结归纳出我国公司外部治理机制规律。最后，归纳论文研究的主要结论与贡献，并对论文的不足与有待探讨的问题进行简单的讨论。论文的基本观点是：良好的公司治理机制是决定企业运作和发展质量的重要因素，也是中国解决完善国有企业改革的必由条件。

关键词：上市公司　企业管理　公司治理　公司治理结构　董事会

5445

企业内部控制的理论与实证研究／王玉蓉著 ；温思美指导. -- 华南农业大学, 2005. -- 199 页

论文以内部控制理论发展为切入点,以企业制度建设和公司治理为线索,结合经济学和管理学的多种理论和方法,在揭示企业兴衰存亡现象根源的同时,提出企业内部控制制度建设的基本思路和构想。文章包含三个部分:一是理论研究,由第一—三章组成。其中,第一章是导论,主要是提出问题,并说明研究的意义与目的。第二章是对内部控制进行概念解析和分类探讨,分析内部控制的思想起源以及内部控制理论的发展历程,并对内部控制理论的主要研究文献进行综述。第三章对内部控制进行经济学理论分析,从公司治理、企业管理、审计、激励约束机制、产权的制度保护等几个方面,揭示内部控制的理论实质,论证内部控制的地位和作用。二是实证分析,包括第四、五章。第四章对我国内部控制规范建设的现状与问题进行分析,并通过对中国国内的民营企业、上市公司和国营企业等几个方面的案例进行分析,阐明内部控制建设对我国的特殊意义。第五章利用国外的几个典型案例进行内部控制的再次实证分析,说明内部控制建设的普遍意义。三是对策思路研究,主要集中在第六章。通过对中、美、日的内部控制规范进行比较分析,以期揭示内部控制今后发展的新趋势,并就构建和改善内部控制提出基本的设想。最后第七章是结论与讨论。

关键词:企业管理　内部审计　内部控制　公司治理

5446

中国农村社会保障制度建设研究／王越著 ；王锡桐指导. -- 西南农业大学, 2005. -- 158 页

论文对中国农村社会保障制度的建设进行了研究。文章在借鉴前人的理论研究成果和紧密结合中国城乡与农村经济发展的实际基础上,系统性地构建了农村社会保障制度的理论体系,并就其理论体系对照于我国建国以来农村社会保障制度建设的实践,包括历史演进、制度变迁、现实特征等作出了实证分析,以揭示出当前我国农村社会保障制度存在的基本问题。在此基础上,作者深入研究了中国农村社会保障制度建设的基本框架并提出适宜的配套政策措施。文章通过借鉴和吸收前人的研究成果,创建了适合于农村市场经济运行环境下的中国农村社会保障制度建设理论框架;考察了我国农村社会保障制度的历史沿革,总结了农村社会保障制度建设中的经验教训,并分析了其存在的根本问题,以印证并检验所创建的理论体系;探索了新形势下中国农村社会保障制度建设的基本框架,并提出了政策措施。

关键词:农村　社会保障　社会保障制度

5447

五大牧区草畜业结构优化与可持续发展能力建设／魏虹著 ；许越先指导. -- 中国农业科学院, 2005. -- 159 页

经济结构战略性调整和实施可持续发展战略是我国经济建设的重要主题。党的十六大明确提出了全面建设小康社会的奋斗目标,全面小康社会目标的实现,重点在调整优化经济结构,增强可持续发展能力。我国是草地资源大国,发展草地畜牧业具有无可比拟的资源优势和潜力。但目前我国草地资源远未得到合理、高效的利用与开发,草地畜牧业的发展还相当落后。内蒙古、甘肃、青海、新疆、西藏是我国草地畜牧业发展的五大牧区,也是我国生态环境建设和保护的重要地区,开展五大牧区草畜业结构与可持续发展能力建设研究,具有非常重要的意义。论文以“经济发展与结构变革理论”和“可持续发展与可持续发展能力建设理论”为指导,采用理论研究与实证研究、定性分析与定量分析相结合的方法,对五大牧区草地畜牧业结构和可持续发展能力进行了系统地研究,获得了几个方面的研究结论,并在此基础上提出了相关建议,为五大牧区草地畜牧业可持续发展及能力建设提供了有益的探索。作者得出结论为:经济发展和产业结构变革之间的关系是一个相互协调推进的过程;实施可持续发展的重要性;牧区的产业化和规模化的发展;牧区面临的发展压力和困难;提出了一系列相关建议。

关键词:牧区　畜牧业　产业结构　可持续发展　草原

5448

中国农村金融风险生成机制与控制模式研究／温涛著 ；冉光和指导. -- 西南农业大学, 2005. -- 227 页

论文的中心问题是关于中国农村金融风险问题的理论与实证研究。文章在总结和归纳金融组织理论、金融风险理论和金融发展理论的基础上,重新界定了农村金融的理论范畴和农村金融风险控制的概念框架,并结合农村金融组织演进与制度变迁的历史

与现实剖析了中国农村金融发展的历程,得出影响和制约中国农村正规金融和非正规金融发展的主导因素;从农村金融自身内部运营和农村金融发展外部环境两个角度,重点研究了目前中国农村经济、金融发展中所面临的风险问题及其生成机制与传递效应;根据中国的具体国情建立了农村金融风险的预警指标体系和预警模型,揭示了中国农村金融风险水平的基本状况,并构造了中国农村金融风险的防范、化解与救援机制;最后,在确立农村金融体制改革和农村金融战略重组目标的基础上,提出了中国农村金融重组的战略模式与政策措施。

关键词:农村金融　农村经济　风险管理

5449

中国保险公估有效供给研究 / 吴德华著 ; 温思美指导. -- 华南农业大学, 2005. -- 137 页

作者从保险公估的产品属性出发,以现阶段工业化和市场化水平下的保险业成长扩张为背景,以公估产品的有效供给水平的提升为主线,从产业和市场两个角度,从政府和企业两个层面,基于规范分析和实证分析相结合的研究方法,联系中国现行公估的发育成长状态,就中国保险公估供给问题进行系统研究。作者认为,目前公估市场上存在着严重的结构性失衡,保险公估有效供给水平受市场和政府等多种因素的影响。论文从国家监管层面就国家如何推进公估业健康成长问题提出了一系列政策性建议。主要涉及政府有形之手如何发挥作用进行有效监管、市场失灵的矫正、监管的原则和机制、行业自律等问题。公估有效供给问题的实质就是指研究政府或市场在提供公估作为服务性"产品"时的效果与效率问题。目前中国公估市场的现状,即有效供给的不足和有效需求的相当压抑,进而使中国公估市场处于低效运行状态,作为改变这种现状的途径,无非是两条:一是从宏观上改进和提升现有的市场运行水平;二是从微观上提升现有公估人的素质和执业水平。作者还认为:政府在培育公估市场和提升整个公估业的运作水平方面应起重要的主导作用。

关键词:保险业　保险业务　有效供给

5450

中国生态工业园区研究 / 吴松毅著 ; 李岳云指导. 南京农业大学, 2005. -- 113 页

论文首先提出选择工业园区作为推进循环经济的点是最适当的。工业园区是推进循环经济的最为重要和理想的载体,但其发展的模式没有打破传统经济的增长方式,要使之成为循环经济的载体,为全国循环经济的发展作出示范,就必须首先使之演化为国际上通常形态的生态工业园区。作者从发展的角度,总结了我国工业园区发展的轨迹,指出传统的三代工业园区建设模式的缺失。在此基础上,作者利用SWOT分析方法,分别对中国生态工业园区发展的优势、弱势、机遇和威胁进行了分析。同时,作者在借鉴国外生态工业园区发展的成功经验的基础上,提出工业园区生态健康和利用生态社区的理念建设与管理中国生态工业园区的思路和观点。最后,作者根据建立的具有普遍意义的中国生态工业园区的理论框架,对我国12个国家生态示范园区进行具体的实证分析,为展开生态工业园区建设的政策框架研究提供了基础。就如何实现工业园区向生态工业园区的演化和建设生态工业园区,推进循环经济的发展,从政府的层面提出了若干建议。

关键词:工业园区　循环经济　生态环境

5451

湖北省统筹城乡经济发展研究 / 夏春萍著 ; 雷海章,李同明指导. -- 华中农业大学, 2005. -- 169 页

本文综合运用农业经济学、产业经济学、区域经济学、比较经济学、计量经济学、国际贸易学和农业自然科学等学科的知识与原理,遵循理论与实践相统一的原理,采取宏观分析与微观分析相结合、实证研究与规范研究相结合、定性分析与定量分析相结合以及比较分析等多种方法,对湖北省统筹城乡经济发展的主要内容展开系统深入的分析评价,得出相应的政策含义和依据。论文除导言外,按照内在逻辑顺序分为九章。导言部分阐明了本研究的目的、意义与国内外研究动态,概述了论文的指导思想、研究方法、基本思路和框架结构,归纳了论文的主要创新点。第一章通过大量的数据资料对湖北省城乡经济发展的差距形成影响因素进行了深入分析。第二章对湖北省统筹城乡经济发展的理论进行了分析。第三章对湖北省进行深入调查研究的基础上,对湖北省统筹城乡经济发展的现状进行了分析。第四、五、六和七章则分别对湖北省统筹城乡规划、统筹城乡产业、农村合作经济组织的建设和湖北省统筹城乡经济发展的制度创新等内容开展了研究。第八章在前面研究的基础上,提出壮大县域经济是统筹城乡经济发展的路径选择,并提出落实的途径是"六化"并举战略。第九章对湖北省的五种类型的县域模式分别进行了具体分析,提

出了每种模式的统筹发展措施。

关键词:城乡经济联系　城乡差别　县级经济　湖北省

5452

陕西关中城镇体系协调发展研究／夏显力著；张襄英指导. -- 西北农林科技大学, 2005. -- 164 页

在经济全球化、区域经济一体化的宏观背景下,通过各种有效途径,加强区域范围内城镇间整合与重组,建立一种协调型的城镇体系,已经成为一种具有全球性意义的区域发展模式和基本取向。作者在相关概念界定的基础上,以城镇体系演变的基本规律和相关理论为指导,关中城镇规模结构、职能结构和空间结构的演变过程及其特征进行了分析,在考察国内外城镇密集区域城镇体系发展实践,并与关中城镇体系发展现状进行比较分析的基础上,指出关中城镇体系发展中存在的问题及其现处阶段,进而围绕新形式下关中经济、社会和环境发展的内在要求,构建与关中发展目标相适应的协调型城镇体系这一主题,按照“三结构—网络化—协调化”的主体思路,从城镇职能定位与产业选择、城镇空间组织、城镇等级结构调整、城镇体系协调发展机制与管理模式四方面展开系统研究,最后提出关于促进关中城镇体系协调发展的总体方略。全文由八章组成。第一章导论,阐述了论文的选题背景、研究目的和意义。第二章,城镇体系内涵诠释及演变规律分析。第三章,关中城镇体系演变及其现处阶段的判断。第四章,关中城镇职能定位及其产业选择。第五章,关中城镇空间结构优化。第六章,城镇体系再造。第七章,关中城镇体系协调发展机制及其管治模式构架。第八章,促进城镇体系协调发展的总体方略。

关键词:城镇　城市发展　城市空间　陕西省

5453

我国开放式证券投资基金的业绩评价：基于股票型开放式基金的实证分析／肖奎喜著；杨义群指导. 浙江大学, 2005. -- 206 页

作者借助已有业绩评价理论,结合我国证券市场的实际,采取理论分析和实证分析相结合的方法,对我国开放式基金的业绩进行了较为准确客观的评价。论文第一部分(第一、二章)阐述了论文的研究背景与动机,介绍了论文的研究方法与技术路线,然后,系统地回顾了与基金业绩评价有关的经典理论和评价方法,并将国内外学者的实证研究成果予以归纳和总结,笔者还针对基金业绩评价中存在的问题提出了相应的看法。第二部分(第三—八章)是开放式基金业绩评价的主体部分。作者采用分年度检验方法,运用多种评价模型对股票型开放式基金未经风险调整的收益和经风险调整的业绩进行了衡量。通过研究发现我国开放式基金的业绩具有如下特征:一是开放式基金的业绩在不同年份差别很大;二是不同时间内基金的业绩排名变化很大;三是开放式基金显示出了一定的证券选择能力;四是开放式基金的业绩持续性不强,基金仅在短期内(1—3 个月)出现过显著的业绩持续性现象。第三部分(第九章)对开放式基金的业绩和流动性交易的关系进行了研究。第四部分(第十章)对开放式基金的费率及其与业绩的关系进行了考察。文章最后一部分(第十一章)是对全文的总结,这一部分对全文的实证结果进行了概括性的总结,并根据研究结论提出了相关的建议。

关键词:证券投资基金　证券市场　证券交易　开放式基金

5454

我国住房抵押贷款证券化理论与实践研究／谢建春著；韩桐魁指导. -- 华中农业大学, 2005. -- 169 页

住房抵押贷款证券化是一种新型的结构融资方式。由于这种金融创新具有的多方面的优越性,其在世界各国发展非常迅速。论文作者在深入研究我国住房抵押贷款证券化的内在驱动力、证券化的效率提升、MBS 风险与定价等基本理论问题的基础上,通过对我国抵押一级市场的实证研究以及预测分析,借鉴国际上关于抵押二级市场建设的成功经验,系统地设计了我国实施住房抵押贷款证券化的具体模式,并给出了建设我国抵押二级市场所需的制度安排与创新。全文由十章组成。第一章对论文研究的背景以及国内外研究现状作了论述,阐述了全文的结构框架以及论文取得的研究创新。第二章对证券化的相关概念以及住房抵押贷款证券化基本原理进行了概述。第三章以金融体系功能理论的观点对证券化为什么会被创新出来这一证券化核心理论问题进行了分析。第四章对证券化带来的宏观帕累托改进以及微观效率提升进行了分析。第五章从投资者角度分析了证券化可能存在的风险。第六章比较分析了 MBS 几种定价方法的优劣。第七章实证分析了我国抵押一级市场的特征、作用以及存在的风险。对我国抵押一级市场未来发展的规模以及流动性风险进行了预测和

分析。第八章分析了美国和香港抵押二级市场的运作状况，并总结了值得我国借鉴的经验。第九章设计分析了我国实施住房抵押贷款证券化的具体模式。第十章提出了与我国住房抵押贷款证券化相配套的监管、法律和税收制度安排与创新。

关键词：住宅　抵押贷款　信贷管理　房地产证券化

5455

北方牧区草畜平衡与草原管理研究 / 谢双红著 ; 唐华俊指导. -- 中国农业科学院, 2005. -- 115 页

论文运用定量定性相结合、实证研究与规范研究相结合等方法，在以下几方面进行了有益的探索：一是对目前我国主要牧区草原的草畜平衡状况进行了估算；二是对未来5年主要牧区省份草畜平衡情况进行了预测，提出了不同增长速度下草原载畜量的供需缺口；三是对草畜平衡的相关影响因素进行了定量分析；四是在已有分析的基础上，对实现草畜平衡可能的政策途径进行了分析评估，并提出了在牧区通过补贴限制性畜头数、加快牧区劳动力转移等政策措施。论文的政策建议是：一是完善草原承包制，从根本上调动牧民促进草畜平衡的积极性；二是启动限制饲养补助试点，直接降低草原负荷；三是加强牧民的培训，促进牧民向非牧产业的转移；四是扩大人工种草面积，提高牧草产量；五是在半农半牧区积极推进草田轮作和三元种植结构调整，增加专用饲料生产；六是大力促进生产方式转变提高舍饲半舍饲饲养比例；七是积极发展劳动密集型产业，为牧民就业创造条件；八是大力推广草原管理和畜牧业适应技术，提高草原利用效率。

关键词：牧区　畜牧业　草原管理

5456

中国银保合作的研究 / 辛立秋著 ; 李友华指导. -- 东北农业大学, 2005. -- 118 页

随着金融竞争的加剧和金融一体化的推进，银行、保险、证券相互渗透和融合已经成为一种潮流。其中，银行与保险的合作发展最为迅速。我国的银保合作起步较晚，还处于浅层次的合作阶段。近几年，银行保险业务逐渐被人们所接受，业务量发展较快。本论文基于此背景，着力通过对西方银保合作的介绍和中国银保合作的发展现状分析，阐述银保合作是金融业融合趋势下银行和保险公司发展的现实选择，并探索适合我国银保合作发展的具体战略与模式。首先，论文阐述了银行保险的基础理论，包括定义、产品、合作方式、业务特色等。其次，介绍了我国银保合作发展的现状；分析了我国银保合作存在的产品创新不足、技术落后、外部监管不完善等问题，并分析制约其发展的因素；通过对银行、保险公司、公众需求及加入WTO等方面的分析得出我国发展银保合作是“三赢”的需要，是我国入世后的理性选择；而且，我国已经具备了发展银保合作的条件。第三，在研究国外银行保险的基础上，结合我国情况，提出我国银保合作的具体发展战略及我国应该采取金融控股公司的发展模式；另外，认为我国银保合作的发展不能一步到位，应有计划、有步骤、分阶段地进行，采取“渐进过渡”的方法，逐步发展和完善。最后，论文对银保合作中的产品创新和金融监管进行了专项研究。

关键词：银行业务　保险业务　保险公司　混业经营

5457

农村金融与农村经济协调发展机制与模式研究 / 熊德平著 ; 冉光和指导. -- 西南农业大学, 2005. -- 215 页

作者在深入考察了中国农村金融与农村经济客观现实和相关研究基础上，通过系统回顾和借鉴农村金融与农村经济关系理论、协调与协调发展理论、制度变迁与创新理论；从交易视角和功能范式上界定研究的基本范畴和分析特点；规范性地定义和解释农村金融和农村经济协调发展的概念内涵与基本特征，揭示其传导机理、均衡过程、约束条件和微观基础；论文运用历史分析和计量检验方法，从制度和数量方面实证中国农村经济关系失调及特征，剖析其根本原因、深层原因和直接原因，进而构建和谐展模式，并围绕协调发展机制的生成，从营造宏观制度环境、解除农村经济约束、强化农村金融功能三个方面提出了政策建议。论文的基本结论是：(1)农村金融与农村经济协调发展是农村金融与农村经济关系的理想状态及其实现过程。(2)农村金融与农村经济协调发展是宏观制度环境下二者相互促进达成的最优供求均衡。(3)必须以良好的产业发展、信用关系和主体行为为条件。(4)农村金融和农村经济制度变迁模式不同，在时间、结构及其相互影响上不协调。(5)转型时期农村经济与农村正规金融受内外因素影响未能在相互促进中协调发展。(6)中国农村经济与金融关系失调源于制度环境。(7)农村金融与农村经济协调发展模式具有实现机理一致性和实现形态多样性的特点。

关键词:农村金融　农村经济　协调发展

5458

我国农村劳动力非农就业问题研究 / 熊会兵著；雷海章指导. -- 华中农业大学, 2005. -- 186 页

本文在全面透视我国农村劳动力非农就业情况的基础上,运用理论与实践相结合的原则,从宏观政策层面、企业管理层面以及农民个人就业能力层面提出了全面解决我国农村劳动力非农就业的模型。论文共八章。导论主要介绍背景,选题的目的、意义及相关研究的文献综述,研究的思路、方法、框架等。第二章阐述农村劳动力非农就业的国际借鉴。第三章在详细分析了刘易斯—费—拉劳动力流动模型、托达罗人口流动模型等理论模型的基础上,针对我国经济发展与农村劳动力流动的特点,得出结论:每个理论和模型都有自己的适用条件,也都有自己的局限性,在分析我国农村劳动力就业的时候,需要选择适合的模型,并作出相应的政策选择。第四章到第七章是论文的主体部分,着重探讨了我国农村劳动力非农就业的现状、趋势以及就业能力问题。第八章在前述研究的基础上,着重依据我国农民实现非农就业的历程中可能发生的政府行为变革以及相关结论,提出了基于农村劳动力需求与供给平衡的三层面就业模型,从三个层面阐述了解决我国农村劳动力非农就业问题的应对策略。

关键词:农村劳动力　劳动力转移　就业　乡镇企业　非农产业

5459

产业集群与城镇化互动发展机制及运作模式研究 / 徐维祥著；黄祖辉指导. -- 浙江大学, 2005. -- 159 页

论文分析了中国城镇化发展道路,如何在构建全球经济一体化背景下具有中国特色的"产业集群与城镇化互动发展机制及运作模式"重要的价值和意义。论文研究共分六章,各章的主要内容如下:第一章导论,主要介绍了立题背景、研究意义,若干概念的含义及其理解,研究内容、基本思路和技术方法,以及研究的创新点与局限性。第二章文献综述部分,对国内外有关产业集群、城镇化发展机制、产业结构演进与城镇化关系,以及产业集群与城镇化互动发展关系研究的最新文献进行述评。第三章主要分析了产业集群与城镇化耦合发展的关系。第四章运用系统动力学方法,构建了产业集群与城镇化互动发展的动力学机制。第五章实证研究和总结了基于专业市场的产业集群与城镇化互动发展模式、基于民本块状经济(产业集群)成长的"葡萄串"式组合城市发展模式和基于外商直接投资的产业集群与城镇化互动运作模式。第六章是研究结论和政策启示:(1)产业集群的普遍性;(2)产业簇群化与城镇化耦合联动是驱动强县发展的引擎;(3)地方产业集群与城镇化具有互动发展关系;(4)产业集群与城镇化之间存在着互动发展的动力学机制;(5)产业集群与城镇化互动发展模式的普遍性和多样性。作者提出了以下三个方面的政策建议:(1)建立区域整体协调机制,促进产业集群与城镇化互动发展。(2)构建区域创新体系,推进产业集群与城镇化互动发展。(3)健全支撑体系,提供产业集群与城镇化互动发展的基础保障。

关键词:城市化　城市经济　产业集群

5460

农民专业合作经济组织的制度分析：以浙江省为例 / 徐旭初著；黄祖辉指导. -- 浙江大学, 2005. -- 263 页

作者以新制度经济学为主要分析工具,结合中国农业与农村经济的现实条件,以浙江省农民专业合作经济组织为主要例证对象,对中国农民专业合作经济组织的制度特性、制度变迁、产权安排、治理结构、制度环境等进行了系统的理论探讨和实证分析,给予了一个比较系统的、富有阐释力的制度理论解说,论文由八章组成。第一章"导论",着重介绍研究背景、目的、意义、思路、方法和结构,并总结研究的创新和不足。第二章"农民合作组织的理论综述",主要介绍国内外有关农民合作组织的主要研究成果。第三章在分析农民合作经济组织的定义和分类的基础上,着重分析农民合作经济组织的制度本质和制度边界。第四章阐述农民专业合作经济组织发生的理论逻辑和现实必然,着重探讨中国农民专业合作经济组织的制度变迁机制及其约束条件,并对浙江省农户参与农民专业合作经济组织的意愿进行实证分析。第五章以新的基于组织能力的研究视角,着重分析农民合作组织的成员资格、财务结构等产权安排的关键性问题,还对浙江省农民专业合作经济组织的产权安排进行实证研究。第六章以新的基于能力和关系的农民合作组织治理结构研究框架,着重探讨权力、非正式制度与农民专业合作经济组织治理结构的关系,并对浙江省农民专业合作经济组织的治理结构进行实证分析。第七章主要讨论政府制度供给、相关利益主体和

立法制度导向等制度环境问题。第八章在更为广阔的视野里总结全文,展望中国农民专业合作经济组织的发展前景。

关键词:农业合作组织　经济组织　合作社　农民

5461

城市化进程中的农地转用问题研究 / 许宝健著 ; 韩俊指导. -- 中国社会科学院研究生院, 2005. -- 108页

目前我国已进入城市化快速发展时期,城市化进程中的农地转用也带来了一些问题:耕地面积大量减少,非农建设占用耕地增多;失地农民数量增加,因征地引发的社会矛盾激化。本文从农民和政府两个角度探讨了城市化进程中的农地转用问题。文章首先简要论述了农地转用问题,从资产属性、地租理论、产权学说和物权法理四个角度构建了作者研究的理论基础,并且对同类主题做了概况性研究。其次,文章论述了农地转用中的农民权益,指出农地转用过程不是一个平等的交易过程,对农民而言,它是一个强制性的、被迫的过程。在征地程序等各个环节,都普遍存在着农民权益被剥夺、被侵害的情况,特别是农民的身份转换尚未引起足够重视。同时文章也论述了农地转用中的政府收益,指出农地转用在导致农民权益被侵犯的同时,地方政府却获得了可观的收益,原因在于政府垄断了土地一级市场,通过行政权力,利用土地征用制度,一手从农民手中低价征地,一手面向市场高价卖地。然后,作者通过研究提出,农地转用中的问题,从根本上来讲来自农地产权制度和农地征用制度的缺陷,并进一步提出了制度改革的建议。最后,作者借鉴国际经验,引入了土地发展权的概念,并结合农地产权制度和农地征用制度改革的实际,提出了如何合理配置土地发展权的建议。

关键词:城市化　农业用地　土地征用

5462

县域经济发展与金融支持问题研究 : 基于辽宁省的实证分析 / 许桂红著 ; 刘钟钦指导. -- 沈阳农业大学, 2005. -- 122页

县域经济作为我国国民经济发展的基本单元,在国民经济中占有重要的地位。而要解决县域经济发展中出现的问题,促进县域经济的不断发展,离不开资金的投入,县域金融作为县域经济发展的主要融资渠道,越来越引起各方的关注。作者力图将金融支持问题研究建立在对县域经济的发展问题的研究之上,围绕着促进县域经济发展的中心,从县域经济发展的问题和影响因素入手,提出金融支持县域经济发展基本思路,从而解决县域经济发展中的资金短缺问题。论文研究的主要内容包括:(1)利用统计分析的方法,分析了辽宁省县域经济发展的现状,得出县域经济是全省经济的基础但其经济发展水平比较低等结论。(2)分别从静态角度和动态角度分析了影响县域经济发展的主要因素,包括资本投入因素,基础产业和设施因素,二、三产业因素和对外开放因素。(3)针对县域经济发展的现状和影响因素,作者提出了促进县域经济发展的对策。(4)利用金融与经济发展理论及计量分析方法,分析了金融支持对县域经济发展的影响及作用机制。(5)分析了金融在支持县域经济发展中存在的问题:县域信贷资金投入不足;金融机构大量缩减,金融服务县域经济的功能弱化;金融服务方式和手段难以满足县域经济发展需要;县域经济主体融资渠道单一。并就此分析问题形成的原因。(6)针对金融在支持县域经济中存在的问题及成因,提出了金融支持县域经济发展的基本思路。

关键词:县级经济　经济发展　金融支持　辽宁省

5463

我国统筹城乡发展问题研究 / 颜华著 ; 郭翔宇指导. -- 东北农业大学, 2005. -- 113页

本文围绕我国统筹城乡的发展问题,研究统筹城乡发展问题新的战略思想和发展思路。文章以工农关系、城乡关系和科学发展观为指导,全面阐述了统筹城乡发展的内涵与特征及进行统筹城乡发展的必然性与现实意义,认为统筹城乡发展战略为从根本上解决"三农"问题指明了方向,体现了全面建设小康社会的内在要求,我国开始由城乡二元经济结构向城乡一体化的现代经济结构转变。文章采用实证分析方法深入分析我国城乡二元结构的成因及不利影响。文章认为统筹城乡发展不是一蹴而就的,文章采用规范分析方法设计了统筹发展的近期目标、中期目标及长远目标,提出了发展应遵循的原则与内容,为统筹城乡发展战略的实施提供了方向参考。文章分析了现阶段我国统筹城乡发展的有利条件与制约因素,根据我国经济社会发展水平和地理环境的差异,分别制定了我国东部地区、中部地区及西部地区统筹城乡社会经济发展的具体对策。

关键词:农村经济　城乡建设　二元经济　城乡

一体化　城乡统筹

5464

中西部地区农户经济行为与农村反贫困研究 / 颜廷武著 ; 雷海章,张俊飚指导. -- 华中农业大学, 2005. -- 226 页

本文通过研究农户经济行为,来尝试破解家庭脱困与区域发展协同共进这一难题,以中西部贫困地区可持续发展为归宿,谋求家庭脱困与区域发展"双赢"目标的实现,进而为全面建设小康社会打下基础。文章遵循现代经济学研究范式,坚持历史与逻辑相统一、规范与实证相结合、定性与定量相匹配的基本模式,运用新古典经济学、区域经济学、发展经济学、农业经济学和计量经济学等分析工具,在文献研究的基础上,综合运用比较研究法、统计分析法、调查研究法等多种方法,对中西部地区农户经济行为与区域反贫困和可持续发展辨证影响进行了系统分析。本研究包括四部分九章,各部分的内容简介如下:第一部分包括第一、二章,为本文的引子。概述了研究的背景、目的与意义,评述了相关研究的国内外动态,提出了研究的思路、方法和假设,对研究中使用的数据来源进行了说明,阐述了研究的主要创新点和不足之处。第二部分包括第三章,构建了农户经济行为分析的一般理论框架。第三部分由第四—七章组成,构成本文的主体。第四部分包括第八、九章,为本文的最终落脚点。文章从宏观角度(制度创新)与微观视角(能力培育)相匹配的思路系统提出了优化和整合农户经济行为的政策建议。

关键词:农户经济　贫困　农民致富　区域差异　可持续发展　中西部地区

5465

当代中国农民利益研究 / 颜玉怀著 ; 邹德秀指导. 西北农林科技大学, 2005. -- 130 页

论文研究中国农民利益。首先对农民与农民利益进行理论分析。然后,从博弈论和国家的社会嵌入与互动论角度,分析了农民与国家、社会之间的利益关系。通过对建国以来农民利益的历史和现阶段农民利益的考察,论文分析了现阶段农民利益问题成因。作者认为,农民利益的实现和增长经历了曲折的过程,但基本上是不断提高的态势。随着工业化、现代化步伐的加快,市场经济体制的推进和农产品供求关系的变化,现阶段农民利益的实现遇到越来越多的问题和挑战。农业相对于工业的边缘化,农村相对于城市的边缘化,农民相对于市民的边缘化叠加导致了农民阶层整体上的利益边缘化趋势。最后,作者在综合分析现阶段农民利益问题基础上,提出了解决农民利益问题的思路和对策。

关键词:农民利益　农民问题　二元经济　社会转型期

5466

我国茧丝绸业发展问题研究 / 杨和荣著 ; 戴思锐, 向仲怀指导. -- 西南农业大学, 2005. -- 142 页

作者首先回顾了我国茧丝绸行业的发展历史介绍了茧丝绸业,包括育桑苗、种桑、育蚕种、养蚕、收烘、缫丝、织造、精炼、印染、制成品加工、丝绸流通贸易等 20 多个环节,产业链相当长,跨越一、二、三产业。此外还分析说明了各环节环环相扣,相互促进,相互制约,形成密切联系的有机整体。论文指出了管理体制不顺是产生茧丝绸业发展中存在诸多问题的根源,并提出了要避免茧丝绸行业大起大落,必须加强宏观调控的建议。研究了经济发展和茧丝绸行业运行都带有周期性变化的规律,周期性波动振幅与宏观调控有关。论文论述了技术进步是推动茧丝绸业较快发展的重要因素。历史上,桑树各种栽培方法的成功,特别是嫁接桑的出现,促进了桑蚕业的优质高产;"西桑东移"和"东桑西移"的桑蚕业布局,黄河流域的茧丝绸业领先于其他地区的事实,揭示了茧丝绸行业的特点和发展规律。论文运用系统方法研究,克服了现有研究的"只见树木,不见森林"的倾向。从系统的角度看,作者提出了茧丝绸行业是农工贸、产供销密切联系、统一的有机整体,是典型的系统工程的观点。强调必须深化丝绸管理体制改革,完善宏观调控手段;推行贸工农一体化,产供销一条龙的茧丝绸生产经营模式,实现资源优化配置;构建茧丝绸科技创新体系。

关键词:丝绸工业　蚕茧　蚕桑生产　产业发展

5467

安全蔬菜生产与消费的经济学分析 : 以河北为例 / 杨金深著 ; 唐忠指导. -- 中国人民大学, 2005. 210 页

安全蔬菜是有机蔬菜、绿色蔬菜和无公害蔬菜的总称,安全蔬菜产业的发展不仅是一个技术问题,而且是一个经济问题,中国作为蔬菜生产消费大国,对世界蔬菜产业产生着日益重要的影响。作者指出,技术上的先进性与经济上的可行性是决定安全蔬菜产

业存在与发展的客观依据,论文以技术原则为基础,从经济学层面对安全蔬菜生产与消费两大环节进行理论与实证研究,探求新兴产业发展的内在经济规律,阐释我国安全蔬菜产业的现状和问题,并提出促进产业健康发展的政策建议,对提高我国安全蔬菜生产水平和人民健康水平、促进农业提效和农民增收,都具有重要意义。论文从安全蔬菜产业特点出发,以成本收益,消费意愿作为基本内容,研究生产者行为与消费行为;以价格分析为主线,探索安全蔬菜市场运作的内在经济规律;以管理体制和意识形态作为拓展研究,分析了制度和文化对产业效率的影响以及政府干预的必要性;以理论研究和实证研究分析为基础,提出制度和政策方面的建议。论文的逻辑关系主要在:技术标准方面、生产者行为方面、消费者行为方面、管理体制方面、总体认识方面以及理论基础方面。

关键词:蔬菜　农产品　消费　无污染技术　食品安全

5468

农业科技园区创业与创新发展机制与模式的研究 / 杨敬华著 ; 蒋和平,刘燕华指导. -- 中国农业科学院, 2005. -- 167 页

论文提出农业科技园区在创业和创新发展中存在科技资源、资金资源、信息资源、人力资源和土地资源等五种要素资源,这五种要素资源形成园区初创时期的五个要素流动循环。农业科技园区的创业和创新要素资源为园区不同主体所掌握,将区域创新"三螺旋"理论发展成为农业科技园区创业与创新发展的"四螺旋"模型。作者构造出创业投资者、创业基金和创业企业三个方面"三元一体"的创业投资资本循环机制;农业科技园区的建立是对农业综合开发经营组织形式的重要创新,农业科技园区因地制宜地选择自己的技术体系,是体现园区特色的关键的观点;园区的产业集群是按照产业链和价值链的方向进行创新的,产业集群的链式创新发展是园区可持续发展的重要保障。论文构建农业科技园区创业与创新发展评价指标体系,应用多元统计的因子分析和聚类分析方法进行分析,借助 SAS 软件找出影响园区创业和创新发展的主导因子。论文以珠海农业高新技术园区为例,分析沿海外向型农业科技园区创业与创新发展的机制与模式,为我国农业科技园区创业与创新发展提供借鉴和参考。最后,对全文进行总结性分析,对目前我国农业科技园区创业和创新发展中存在的问题进行探讨,并有针对性地提出促进农业科技园区创业与创新发展的政策与建议。

关键词:农业技术　经济开发区　农业科技园区　产业集群　技术创新　区域创新

5469

企业债券融资理论与实证研究 / 杨庆育著 ; 冉光和指导. -- 西南农业大学, 2005. -- 99 页

论文是关于企业债券融资理论和运用以及债券市场发展的研究。作者通过比较系统地探讨企业债券融资理论基础上,提出了我国债券融资的理论框架,比较了部分西方发达国家和新兴市场国家公司债券管理的经验和教训,系统地分析和总结了我国企业债券融资现状及存在的问题,深刻地剖析了问题及形成原因,结合我国企业债券发展的基础及所面临的环境,对闲置资金和社会资金总量、企业直接融资特别是企业债券融资发展作了定量与定性的分析预测。运用发展经济学的观点和理论,研究了促进我国企业债券走向与社会主义市场经济发展相适应的轨道所需要的制度体系和战略构想。作者认为强化对企业债券融资的有效监管国家监管是目前债券监管的主要内容,我国当前的市场经济制度的一个重要特征是政府主导下的市场经济,企业债券市场也必须置于国家的统一监管之下,科学制定发行审批或核准的标准,监督中介机构;对市场的违规行为进行处罚和打击,建立债券民事赔偿制度,维护社会公正;自律性监管和社会监管是债券监管的重要内容,自律性监管要充分发挥企业的自我监管、自我发展和自我约束的功能;重视和依靠社会监督的力量,充分发挥工商行政、财政审计以及中介机构和社会舆论的监督作用。

关键词:债券　融资　风险管理

5470

中国非公有制林业制度创新研究 / 姚顺波著 ; 郑少锋指导. -- 西北农林科技大学, 2005. -- 169 页

本文首先阐述了非公有制经济、非公有制林业和制度创新的相关概念和内容,分析了非公有制林业制度创新障碍的形成和机理。进而对现行影响非公有制林业发展的主要制度,包括林业采伐制度、税费制度、森林生态补偿制度和投资制度进行简要介绍和评价。通过介绍、总结美国、瑞典、日本、韩国的私有林制度及其成功经验,在明确林业制度创新原则和需求的基础上,构建了非公有制林业制度框架体系,提出了非公有制林业制度创新的目的、价值取向及十大措施。最后,以财产权制度为核心,以成本—收益为主

线,通过对非公有制商品林、公益林和林权制度创新的论述分析,论文界定了非公有制林业补助和补偿的概念与范畴,形成了非公有制林业制度体系。

关键词:林业经济　非公有制经济　商品林　公益林

5471

转型中的我国农业金融发展研究 :对农村经济发展的影响与分析 / 姚耀军著 ; 和丕禅指导. -- 浙江大学, 2005. -- 130 页

国家对农村金融的管制使得中国金融发展呈现出明显的城乡"二元性"特征,即农村金融发展滞后于城市金融发展。作者认为国家对农村金融的管制,其本质在于国家以金融剩余的形式对农村经济剩余加以切割与转移。论述了在上个世纪 80 年代中后期,伴随着家庭联产承包责任制制度活力释放完毕,以及乡镇企业资本密集度提高,这种对农村金融剩余的切割与转移,最终导致农村经济发展受到资本缺乏的制约。农村金融制度就处于一种非均衡状态之中,农村非正规金融的兴起是对农村金融制度非均衡的一种响应,作为一种诱致性制度变迁,它同时也是一个中央政府、地方政府以及非正规金融供需主体这几者之间的一个博弈过程。在国家对农村金融的管制之下,农村金融体系正常的金融功能被异化,农村金融体系按照市场机制有效地配置资源的作用被限制,这正是多年来的农村金融改革之所以没有产生预期效果的要害。近年来,"三农"问题凸现,农村经济发展迫在眉睫,而这需要农村金融体系正常金融功能的复归。这种复归不仅要求对现有农村金融体系改革的步伐加快,以及各种改革措施系统、配套地推行,更重要的是,国家应放松对农村金融的管制,进一步推进农村利率市场化进程,推动一个竞争性农村金融体系的形成。

关键词:农村金融　农村经济　经济发展　金融体系

5472

山东蔬菜产业的组织研究 / 于仁竹著 ; 胡继连指导. -- 山东农业大学, 2005. -- 206 页

山东蔬菜产业的迅速发展,消费者对蔬菜产品的要求和需求也出现了新的变化,无论是从蔬菜产业的自身发展,还是山东蔬菜产业的可持续发展的国际需求以及山东农业、农村经济的发展来看,都需要对山东蔬菜产业组织与管理进行研究。作者首先采用SCP 分析法,对山东蔬菜产业的生产、营销、加工的组织结构、主体行为和绩效进行分析,其次对山东蔬菜产业的纵向联合和虚拟经营问题进行探讨,再对山东蔬菜产业组织的两个典型问题——蔬菜合作社和蔬菜行业协会进行研究。作者认为:必须努力促进山东蔬菜产业纵向联合的发展,同时在此基础上,不断吸收现代信息技术,逐步推行山东蔬菜产业的虚拟经营,以适应当今信息社会的需要,促进山东蔬菜产业竞争能力和盈利能力的提高。需要在构建山东蔬菜行业协会发展的外部环境的基础上,促进山东蔬菜行业协会制度的建立和完善,建立既适合山东蔬菜发展实际,又符合山东蔬菜国内国际市场需要的新型蔬菜行业协会,从而提高山东蔬菜产业的竞争能力,引导和促进山东蔬菜产业实现现代化和可持续发展。

关键词:蔬菜业　产业组织　产业政策　农户　山东省

5473

中国农民就业保障体系研究 / 于学江著 ; 邹德秀指导. -- 西北农林科技大学, 2005. -- 158 页

本文从讨论中国农民就业保障体系研究的背景、目的和意义入手,结合国内外相关的概念,界定了农民和农民就业的内涵。在借鉴西方国家社会保障理论、马克思主义就业保障理论和其他发展中国家的就业保障理论的基础上,构建了中国农民就业保障体系建立健全的理论基础。通过对当代中国农民就业多元化形势的分析,阐述了在就业多元化格局形成的条件下,建立健全保障体系的迫切性。在对我国已有的各种农民就业社会保障的历史演化和国内外相关制度的分析的基础上,论文构建了以农民为中心的就业保障体系,探讨了中国农民就业保障体系的内容,主要包括就业权利保障、教育培训保障、社会保障、制度保障以及权益保障等。

关键词:农民　就业　社会保障

5474

科技组织制度与农业技术进步研究 / 于永德著 ; 胡继连指导. -- 山东农业大学, 2005. -- 215 页

农业技术进步程度是农业发展水平和市场竞争力的决定因素,解决农业的种种问题最根本的是要依靠科技进步。论文立足于建立和完善社会主义市场经济体制的制度背景,立足于农业发展进入新阶段和日趋市场化、国际化的产业背景,立足于农业科技体制由计划经济向市场经济转变的历史演进背景,作者

采用和借鉴产业组织理论“结构—行为—绩效”的分析框架,综合运用经济学、管理学的理论和方法,对农业技术进步中的组织制度问题、对科技组织制度与农业技术进步的关系进行了系统地分析和深刻解剖,力求以新的视角和方法研究探索农业技术进步的相关问题,讨论确立加快农业技术进步的对策,为成功推进农业科技体制改革、加快实现新的农业科技革命做出贡献。作者提出的对策是:理顺政府与科技机构的关系;加强农业科技组织管理;加强科技主体与市场竞争主体的作用;建立多元化的农业技术转化体系;着力提高技术推广和服务效率;加强农民教育培训和就业转移;提高农民应用技术的组织化程度;提高政府投入的使用效率;优化科技资源整合。

关键词:农业技术　技术进步　产业组织　技术创新

5475

城市化进程中城市土地可持续利用研究 / 袁丽丽著 ; 韩桐魁指导. -- 华中农业大学, 2005. -- 171 页

本文从城市化的地理学含义出发,即城市化表现为城市地域空间结构演变的过程,既表现为土地由农业用地向城市空间景观的演变过程,也表现为城市内部用地景观的演变过程。“格局反衍过程、过程反衍机理,机理揭示规律”,一定的城市的土地利用结构才能实现一定的城市用地功能和用地效益,而随着城市用地结构的演变,城市土地利用与社会、环境的关系也随之发生变化。结合研究的目的,城市化进程中城市土地可持续利用问题的研究致力于解决以下问题:(1)必须揭示城市化进程中城市土地可持续利用演变的过程、内在机理以及如何引导城市土地利用演变朝着城市土地可持续利用的目标迈进;(2)科学合理确定城市化进程中城市土地可持续利用的评价标准,并对城市土地可持续利用水平及其障碍因素进行评价,探寻城市土地可持续利用的途径措施。本文共分八章对以上问题进行了深入分析研究。第一章主要阐述了研究的背景与现实意义,介绍了研究的思路与方法,并对本文研究区的选取进行了说明。第二章论文的理论部分。第三章运用大量长时间序列历史数据进行相关研究。第四章总结了城市化进程中城市用地结构演变的三种表现形式。第五章对城市化进程中城市土地可持续利用评价进行了研究。第六章对城市土地可持续利用预警进行了研究。第七章从三方面提出了城市化进程中城市土地可持续利用的对策措施。第八章介绍了本研究的结论及今后研究工作的展望。

关键词:城市化进程　城市土地　土地开发　土地利用　可持续发展

5476

中国农户经济行为的二元博弈均衡分析 / 岳跃著 ; 张岳恒指导. -- 华南农业大学, 2005. -- 158 页

经济学认为人是追求利益最大化的理性经济人,经济因素是决定农户经济行为的最重要的力量。论文将经济学理论与伦理学理论相结合,对中国农户的经济行为进行跨学科研究。在假设影响农户经济行为其他因素不变的条件下,采用博弈论、新制度经济学及新古典均衡分析理论,论证了经济的因素与伦理道德因素共同决定农户的经济行为。中国目前的农户具有明显的二重性:一是作为理性的“经济人”,二是作为有道德的理性人。作为理性的“经济人”,经济动因决定着中国农户的经济行为,他将追求经济行为的利润最大化;作为有“道德的人”,伦理道德观念也决定着中国农户的经济行为。中国农户应该从理性的“经济人”,转变为有“道德的理性人”,即合理、合法、合道德地去追求利益最大化。在市场经济不断发展壮大并与传统的伦理道德观念发生碰撞的今天,主要是经济因素与伦理因素共同对中国农户的经济行为起影响与制约作用。农户经营行为的纳什均衡博弈模型表明:农户的经济行为与道德行为不是对立的而是相融的;有道德的理性人可以从遵守道德标准和市场游戏规则中,使自己并使博弈的双方都获得利益;从经济与伦理二元博弈均衡的角度看,中国目前应当加强传统观念的变革、加强制度创新与政策调整,使大多数的农户由理性的“经济人”转化为“有道德的理性人”,这样可以在竞争中实现和谐地推动中国农村和整个国民经济的可持续发展。

关键词:经济行为　农户　道德

5477

我国农村投融资体制改革研究 / 翟照艳著 ; 王家传指导. -- 山东农业大学, 2005. -- 187 页

资本作为一种特殊的生产要素对农村经济增长具有重要作用。资本积累需要有良好的投融资体制及其运行机制,以此推进储蓄向投资的转化,促进农村资本的形成。论文依据投资理论研究、基础研究、体制变迁、体制改革的思路,运用常规统计与个案调查、实证分析与规范分析、制度分析、博弈分析等方法,对我国农村投融资体制进行了全面、系统研究。

作者对农业投资理论、投融资与经济增长的关系以及农村投融资体制界定等基本问题进行了阐述;对农村投融资主体及其行为、农村融资方式、农村投资方式进行了全面分析;系统研究了农村投融资体制变迁的过程、现行体制弊端及引发的问题、市场经济国家的农村投融资体制对我国农村投融资体制改革的借鉴;提出了农村投融资体制改革的目标模式;重点分析改革的具体内容,并提出促进农村投融资体制改革的配套措施。作者认为我国农村投融资体制改革的目标模式应是以政府为主导的市场化投融资体制;深化农村投融资体制改革是项系统工程,其中,农村财税体制、农村金融体制、农村信用体制、农业管理体制等子系统是配套改革的基础。

关键词:农村经济　投资　融资　经济体制改革

5478

不同市场协整条件下取消 MFA 对中国棉业经济的影响 / 张海森著 ; 高启杰, 黄季焜指导. -- 中国农业大学, 2005. -- 105 页

随着棉花供求形势的巨大变化,1999 年我国进行了新一轮棉花流通体制改革,提出要建立适应社会主义市场经济要求的棉花市场体系,而 2001 年底加入世界贸易组织(WTO)的相关承诺,也必将对中国棉花市场的发展产生深远影响。作者运用市场协整理论和方法,研究国内外和国内不同地区棉花价格传递规律,客观地评估新形势下中国棉花市场运行状况。研究结果表明,随着中国棉花市场化改革的深入,国内外棉花市场联系日益紧密,存在着长期协整关系。中国棉花价格和国际棉花价格相互影响,存在双向的因果互动关系。由于中国在棉花国际贸易中扮演着越来越重要的角色,国内棉花供求关系显著地影响国际棉花价格的波动。而且棉花主销区比主产区对国际棉花价格的影响更大。误差纠正模型则显示,当短期内中国和国际棉花价格偏离长期均衡时,价格的调整速度也越来越快。但另一方面,国内配额管理、国营贸易限制、基础设施建设等因素,制约着中国棉花的生产、流通和进出口贸易。论文采用全球贸易分析模型(GTAP)模拟取消 MFA 以及取消配额后实施不同的贸易安排对中国棉花价格和贸易的影响。作者在对中国不同地区棉农的供给价格弹性进行估计的基础上,研究了取消 MFA 后国际棉花价格上涨对中国棉花产出和价格等影响。结果表明纺织品服装贸易的一体化进程将促进中国棉业经济的发展,而且将有助于中国棉农的就业和增收。最后,作者提出了进一步完善棉花市场体系的政策建议。

关键词:棉花　农业经济　流通体制

5479

小农制农业经营模式变迁研究 : 台湾经验与大陆实践 / 张慧东著 ; 程瀬兰指导. -- 中国人民大学, 2005. -- 190 页

农业经营模式是指在特定资源要素禀赋条件下,在特定产权结构和交易方式基础上,以农业经营主体配置生产要素和实现产品市场价值、获得经济效益为核心,降低农业生产和交易的不确定性风险而形成的制度系统。论文利用农业家庭模型、要素和产品市场影响农业家庭生产消费框架机制的模型以及政府干预影响农业家庭生产消费架构机制模型来研究小农制农业经营模式变迁的诱因和过程。作者在此基础上用台湾经验加以验证,从中提炼出大陆小农制农业增长过程中经营模式变迁可借鉴的内容。作者认为台湾农业经营模式主要在以下几方面对大陆的启示是:关于农业发展阶段和农民收入;关于土地制度和规模经营;关于农家人口、农业劳动力、农户数量以及农业生产率;关于农民合作经济组织;关于农产品销售和市场竞争力;关于农业行政管理体制和公共投入。作者提出了农业增长的活力来源于微观组织体系,而微观组织体系体现了组织化经营,引入现代要素能力高以及减少农业利益外流的特征。农业政策及管理规范有效地完成了两个任务:促进农业发展和平衡工农业利益分配,侧重于诱导和鼓励扶持,而不是限制和约束。

关键词:小农经济　经济增长　农业发展　台湾省

5480

农户收入结构变迁及其成因研究 : 基于山西省跟踪观察户的实证 / 张建杰著 ; 袁飞指导. -- 浙江大学, 2005. -- 206 页

伴随着农户收入增长的阶段性变化,农户收入结构和收入问题的性质也发生了变化。论文研究的思路为:在系统分析收入结构变迁理论和农户收入结构变迁相关研究成果与方法的基础上,以农户收入结构作为切入点,采用规范分析和实证研究相结合的方法,分析了农户收入结构的变迁过程,并从微观和宏观两个方面剖析了收入结构变迁的成因,最后运用数据包络分析方法,估计和评价了农户收入结构的合理性。论文按照上述思路展开具体研究,研究内容主要

分为以下几个部分：第一部分主要对已有农户收入结构变迁的相关研究成果与方法进行了回顾与评价。第二部分是对农户收入结构变动的总趋势分析。第三部分深入分析了农户收入结构变动的微观与宏观成因。第四部分主要运用DEA非参数估计方法对农户收入结构合理性问题进行了创新性研究。第五部分是总结论文的主要结论，并提出结论所蕴含的政策性含义。

关键词：农户　收入结构　农民收入　收入分配　山西省

5481

城市土地整理风险管理研究 / 张明著 ; 王雅鹏指导. -- 华中农业大学, 2005. -- 189页

本文对城市土地整理风险进行了全面的研究。探寻城市土地整理中可能出现的各种影响整理项目顺利实施、影响预期收益实现的各种风险因素，对这些风险因素的种类、特性、风险发生几率以及风险损失等方面加以分析研究，构建恰当的风险分析模型来评估城市土地整理风险，并针对分析评估结果采取相应的风险管理措施。文章导论部分对选题背景、研究目的、研究意义、国内外城市土地整理风险研究现状以及研究的思路与方法、研究体系与结构进行了简介。正文分八章，第一章概述了国内外土地整理的有关理论和实践情况，对我国城市土地整理的内涵进行了界定，明确了本文的研究对象。第二章概括城市土地整理风险特性，对城市土地整理风险进行了理论分析研究，提出城市土地整理风险管理程序。第三章主要研究城市土地整理风险管理的第一步——风险识别。第四章分析了城市土地整理项目中的产权关系、委托代理特点，指出对有关人的风险因素的成功管理是整个风险管理的核心。第五章对城市土地整理项目实施的各阶段进行分析研究。第六章构建城市土地整理风险评价层级结构，建立风险评估模型，对城市土地整理项目系统风险进行定性及定量评估。第七章提出项目风险管理具体方法，构建了完整的城市土地整理风险管理体系。第八章提出了对城市土地整理风险进行管理的对策建议。

关键词：城市土地　土地管理　土地整理　土地利用　风险管理

5482

企业集群总体竞争力研究 / 张荣刚著 ; 丁文锋指导. -- 西北农林科技大学, 2005. -- 256页

本文内容包括企业集群的涵义和特征，集群总体竞争力的理论渊源，企业集群总体竞争力的演进机制和提升逻辑，集群总体竞争力的局限和风险，构建企业集群总体竞争力的对策分析。集群总体竞争力是在集群成长过程及特定的情景中沿特定的方向产生并演化，围绕系统整合、网络化共生和社会地域根植而生成的互补性、整合性能力体系。文章分析研究了企业集群总体竞争力的本质和内涵、决定和影响因素，基于整体观、系统观、学习观，从集群发展实践角度证实了企业集群总体竞争力的生成机理。文章认为集群总体竞争力的核心是集群的系统整合能力，它整合了集群的共生能力和根植能力并进一步决定总体竞争力的次核心层和市场绩效层，从而最终形成集群的竞争优势。

关键词：中小企业　产业集群　竞争力

5483

江汉平原农产品加工业发展战略研究 / 张润清著 ; 李崇光指导. -- 华中农业大学, 2005. -- 197页

本文采用不平衡增长理论和发展极理论，运用系统科学理论和系统动力学方法对江汉平原农产品加工业的现状进行了深入分析，运用系统动力学的方法对江汉平原农产品加工业的发展以及江汉平原农产品加工业产业链进行了深入研究，提出了江汉平原农产品加工业发展的战略、布局和对策。第一部分：第一章导言，从国内外农产品加工业研究现状入手，系统分析了国内外农产品加工业发展的特征和趋势，基于系统科学思想提出将系统动力学方法、模型应用于江汉平原农产品加工业发展战略的研究思路，设计了优先发展农产品加工业、建立江汉平原农产品加工业产业链的构想。第二部分：第二章，农产品加工业发展的理论分析。第三部分：第三章，江汉平原农产品加工业发展的现状分析。第四部分：第四、五、六章，对江汉平原农产品加工业发展的模型提出了合理的假设，运用德尔斐法和层次分析法确定了影响江汉平原农产品加工业发展的主要因素，用系统动力学方法建立了江汉平原农产品生产和农产品加工业的系统动力学流图、模型，分别对江汉平原农产品资源和农产品加工业发展进行了预测和检验，为制订江汉平原农产品加工业发展战略奠定了基础。第五部分：第七、八、九章，分析了农产品加工业的国际、国内市场，借鉴发达国家建立农产品加工业产业链条的经验，提出相应对策。

关键词：农产品加工　江汉平原　发展战略　系

统动力学　产业链

5484

绿色壁垒对我国蔬菜出口和生产的影响：以中日蔬菜贸易和贸易摩擦为例／张涛著；周曙东指导. -- 南京农业大学, 2005. -- 129页

我国加入WTO后,尽管关税性壁垒和贸易配额问题逐渐消失,但由于WTO协议并不完善,绿色壁垒和反倾销取而代之成为我国农产品出口的主要障碍。目前,我国的蔬菜产品具有比较优势,而日本作为我国蔬菜的主要进口国,在2001年后对我国的蔬菜实施了一系列的技术性措施,严重影响了我国的蔬菜出口贸易。这些绿色壁垒增加了我国蔬菜的生产成本,减少了蔬菜的出口数量,削弱了我国蔬菜在日本市场上的竞争力。因此,如何应对上述问题是值得认真研究的课题。论文以中日蔬菜贸易为例,以有关理论为指导,在理清中日两国蔬菜贸易和竞争力现状的基础上,着重分析绿色壁垒对我国蔬菜出口、生产成本和比较优势的影响,找出日本实施绿色壁垒的原因,最后提供相应的对策建议。这对于我国蔬菜产业打破绿色壁垒、发展外向型经济具有重要的理论和现实意义。作者运用经济学原理、贸易经济学、计量经济学,在搜集大量相关数据与资料的基础上,将定性和定量分析相结合、理论与实证研究相结合,对中日蔬菜贸易中的绿色壁垒问题进行系统研究。

关键词:对外贸易　蔬菜　贸易壁垒　出口　绿色壁垒

5485

黑龙江省生态旅游资源合理配置／张昕著；梁学庆指导. -- 东北农业大学, 2005. -- 127页

本文结合生态旅游资源的内涵和特征对生态旅游资源配置进行深入系统的研究。文章分析计算了黑龙江省生态风景区的现状,指出黑龙江生态旅游资源的优势及缺点。作者定量分析了黑龙江省生态风景区旅游承载量,认为旅游发展要以市场为导向,依照原则加快开发旅游资源。文章提出明晰产权、分层次开发、建立生态旅游资源开发担保制度等对策建议,设计了五条具代表性的生态旅游路线。文章对扎龙自然保护区和五大连池世界地质公园进行了个案分析,构建生态旅游资源环境影响评价模型,对扎龙自然保护区生态环境质量现状和生态旅游开发进行了环境影响综合评价。论文指出五大连池世界地质公园要科学规划、突出特色、合理开发,在保护中开发、在开发中保护,实现旅游资源的良性循环和可持续发展。在案例分析的基础上,文章提出了黑龙江生态旅游资源的合理配置对策,对策包括明确产权、理顺权责关系,科学合理地制订开发计划,全面落实保障机制等。

关键词:生态旅游　旅游资源开发　资源配置　黑龙江省

5486

我国农村人力资源开发问题研究／张艳著；方天堃指导. -- 沈阳农业大学, 2005. -- 134页

论文以西奥多·舒尔茨等经济学家提出的人力资本理论为理论基础,分析探讨了人力资本理论的主要内容,对经济发展的实际意义;对人力资源的特征,人力资源与人力资本的异同等进行辨析;对人力资源开发的理论内涵、主要特点、人力资源开发的投资收益和人力资源开发的层面等进行分析,为研究我国农村人力资源开发奠定了理论基础,提供了理论依据。人力资源的总量通过数量和质量来反映,要研究我国农村人力资源的开发问题,必须首先明析我国农村人力资源的状况,并依据现实状况和存在的问题确定农村人力资源开发的政策和措施。作者以大量的事实和数据为依据,分析了我国农村人力资源的状况,并从地区、产业、性别、年龄、城乡等角度进行分析比较,系统地分析了我国农村人力资源开发的动因,阐述了我国农村人力资源开发对农村经济社会发展乃至我国社会稳定和经济发展的重要作用和战略意义。作者在以上理论依据和现实背景的基础上,针对我国农村人口数量巨大,农村劳动力素质普遍较低的现状,提出了具有我国农村经济发展特色的农村人力资源开发的总体策略,强调教育、培训、农村劳动力转移是开发农村人力资源的核心措施。提出要依据劳动力走向也即社会需求,建立健全各类就业培训制度和培训工程,并依据不同岗位、不同地区、不同阶段的需求,调整培训内容,改革培训方法。实施农村人力资源开发工程。论文同时也从制度层面,对农村人力资源市场制度体系建设进行了初步探讨。在以上研究的基础上,依照我国社会发展的总体目标,提出农村人力资源开发的终极目标——创建学习型农村。

关键词:农村　人力资源　农民　劳动力转移

5487

农业科技成果转化运行机制研究／张雨著；梅方权指导. -- 中国农业科学院, 2005. -- 136页

农业科技成果转化运行机制对于农业科技成果转化为现实生产力具有决定性作用。我国农业科技成果转化率低与其运行机制不适应密切相关。对此，论文研究重点是为提高农业科技成果转化效率提供促进运行机制合理转变的决策支持。作者以发展经济学和管理学有关理论与农业技术推广学理论为基础，采用均衡分析和系统分析相结合、规范分析与实证分析相结合的研究方法，详细分析了农业科技成果转化运行机制的变动趋势以及合理运行机制的选择。并针对科技成果不同需求主体的特征，提出了一系列农业科技成果转化的总体目标运行机制。作者通过对农业科技成果转化运行机制的现状与问题的深入剖析找出障碍因素，构建了农业科技—产业系统，分析了各个子系统的组成部分、不同主体及其功能定位，确定了农业科技成果转化总体运行机制的原则与总体思路，最后按照不同的农业科技成果需求主体，分别提出相应的农业科技成果转化运行机制，并提出了相关政策建议。

关键词:农业技术　技术推广　科技成果

5488

食品安全保障机制研究 / 张云华著 ; 孔祥智指导. -- 中国人民大学, 2005. -- 255 页

论文对食品安全保障机制的研究是从食品产业和政府两个层面进行的。其中食品产业的食品安全保障机制是内因，作者分析了食品企业纵向一体化及其内部质量安全控制，食品供应链中生产经营者之间的纵向契约协作，横向一体化的农民经济合作组织是三种主要的食品安全保障机制。政府的食品安全保障机制是外因，政府食品安全机制不仅应包括食品安全监管和服务，而且还应注重对生产者食品安全生产的经济激励。论文使用了第一手的数据，一般有两个来源:第一是国务院发展研究中心农村经济研究部 2005 年 1 月对四川省井研县所作的食品安全试点县的调研资料;第二是中国人民大学农业与农村发展学院 2002 年和 2003 年对陕西、山西、山东、宁夏和四川等省所作的前后共计 1352 份农户问卷及其他相关资料。论文内容从逻辑上分为五个部分，十二章，分别是:第一部分为导言和研究理论基础，包括第一、二章。第二部分是对农户食品安全生产行为的实证分析，包括第三、四章。第三部分从产业组织角度分析了食品安全保障机制，包括五、六、七章。第四部分从政府监管、服务和经济激励的角度分析了食品安全监管机制，包括八、九、十、十一章。第五部分最后一章是研究结论和政策建议。

关键词:食品卫生　食品安全　质量管理

5489

南方季节性缺水灌区管理制度研究 ：以江西省鹰潭市白塔渠灌区为例 / 张运华著 ; 周曙东指导. -- 南京农业大学, 2005. -- 116 页

本文以典型的季节性缺水灌区——江西省鹰潭市白塔渠灌区为例，运用规范分析与实证分析相结合的方法，通过定量和定性的研究，分析了在现有管理模式下水价、水权及灌溉组织制度对农业用水效率的影响，探讨了如何运用更有效的制度和政策工具来提高灌区灌溉系统的运行效率、水资源的利用率及农业生产率，为灌区的改革提供了实证依据。根据研究的目的，论文提出了三点假设并建立了相应的理论框架。研究表明，除了水价的征收方式外，灌区用水大量浪费背后的制度原因也与水权不明晰有着十分紧密的联系。总的来看，就灌区目前的用水制度而言，水权模糊，农民没有用水发言权和协调机制，内部缺乏监督，因此，改革灌区用水制度，弱化水管部门的权利，强调灌区的用水主体——农民在用水中的地位和作用，将是灌区改革的主要方向。理论模型分析表明，明晰水权，建立水权交易制度是提高灌溉用水效率与效益的前提。总的来说，从水价、水权及灌溉组织制度等方面，本研究实证性地回答了白塔渠灌区季节性缺水背后的制度原因，从而验证了本文所提出的理论假设。研究结论表明，水价征收方式不科学、标准过低、水权界定不明确、水管单位定位不明确及农户缺乏参与灌溉用水管理的权利是水资源浪费严重的主要制度原因。在此基础上，本文对灌区水价、水权及灌溉组织制度提出了相应的改革建议。

关键词:灌区　灌溉制度　季节性缺水　水价　水权

5490

国际贸易自由化对我国工业"三废"排放的影响 / 张志辉著 ; 李周指导. -- 中国社会科学院研究生院, 2005. -- 108 页

本文从环境角度研究了贸易自由化对中国环境的总体效果，在此基础上提出化解贸易自由化对我国环境污染影响的政策建议。首先，分析了贸易和环境问题产生的背景以及经济增长、国际贸易对于环境的影响，指出随着经济全球化的加速和深化，全球环境也呈现出日益恶化的趋势。经济全球化和贸易自由

化在促进了经济发展的同时,也会对环境带来严重的危害。其次,作者基于行业数据、贸易数据和外商直接投资数据对污染产业转移假说和贸易对我国环境影响的总体效果进行实证研究,指出中国在国际分工中并没有专业化于污染密集产品的生产,外商投资污染产业的指向特征也并不显著,贸易开放带来的影响程度不是很大;基于地区数据,在对我国地区污染和贸易状况进行分析的基础上,分析国际贸易自由化对我国工业污染排放的影响,得出中国经济表现出增加污染的产业结构变化趋势,实际上是由它的经济发展路径及其所处的发展阶段所决定的,参与国际分工使中国专业化于较清洁的劳动密集型产业,有助于减轻经济发展对环境的压力,贸易开放对污染排放的总体影响,因不同的污染物而有所差异。最后,在分析我国环境管理中存在的问题的基础上,结合国际上应对环境冲击的经验,提出协调我国贸易与环境政策,消除贸易自由化带来的环境影响的途径和策略。

关键词:工业污染防治　国际贸易　废物排放　工业三废　环境保护

5491

中国油料作物比较优势及生产布局研究 / 章胜勇著 ; 李崇光指导. -- 华中农业大学, 2005. -- 147 页

本文综合运用规范分析与实证分析相结合、定性分析与定量分析相结合、静态分析与动态分析相结合的方法,结合中国油料作物生产的实际,以成本收益资料为基础,主要运用国内资源成本法和社会成本收益对中国三种最主要的油料作物大豆、花生和油菜生产的国际比较优势水平进行了测算,并通过对比分析中美两国在大豆和花生生产上的差别,探讨了中国油料作物生产的优势和劣势,在此基础上进一步对中国主要油料作物大豆、花生、油菜、向日葵、芝麻和胡麻生产的国内地区间比较优势状况进行分析,结果发现大豆和油菜已经不具有比较优势,处于比较劣势状态,而花生则一直保持着较为稳定的比较优势水平,造成这种局面的原因主要是中国在油料作物的生产方式上基本以劳动密集型为主,丰富而廉价的劳动力资源是中国的主要优势,而国外在大豆和油菜的生产上基本是机械化和规模化生产大量替代了劳动力投入,降低了生产成本。在中国主要油料作物生产的国内地区间优势方面,通过效率优势指数和规模优势指数等方法进行分析,结果发现,自然条件和社会经济条件的差异使得不同地区在油料作物的生产上具有比较优势。文章以中国油料作物生产的国际、国内比较优势为基础,对合理进行中国油料作物生产布局调整进行了有益的探讨。

关键词:油料作物　生产成本　比较优势　生产布局

5492

小流域综合治理模式研究 / 赵爱军著 ; 李崇光指导. -- 华中农业大学, 2005. -- 178 页

本文运用系统论、资源价值论、水土保持学、生态学、生态经济学、经济学等多学科的理论和方法,运用规范分析与实证分析相结合、定性分析与定量分析相结合、博弈论的方法,在系统分析我国小流域综合治理的历史、现状及部分有代表性的国外小流域综合治理模式的基础上,对我国小流域综合治理的理念、主体、法规体系、社会伦理、效益评价体系、资金投入、技术支撑、机构设置、实施机制等方面进行了探讨,创造性地提出了量化的小流域综合治理评价体系,构建了相应的制度框架,并在此框架内构建适合中国国情的小流域治理模式。新模式包括如下 4 个要素:科学和谐的治理理念;多元化的投资融资机制;不断完善的技术体系;政府引导的市场运行组织方式。最后将理论和实践相结合,以三峡库区的乐天溪流域为例进行了案例分析,并提出了创建新型小流域综合治理模式的对策。通过研究提出新的模式和对策,有助于促进小流域综合治理实现"两个可持续"的根本目的,即实现水土资源的可持续利用和生态环境的可持续维护,通过实现"两个可持续"来支撑经济社会的可持续发展,构建和谐社会。

关键词:流域治理　水土保持　水土流失　可持续发展

5493

我国国有商业银行不良资产研究 / 赵立著 ; 雷海章指导. -- 华中农业大学, 2005. -- 141 页

论文包括导言在内共九章。导言部分,提出问题,阐明研究目的及意义。第一章,银行不良资产概述。首先界定了不良资产,并区分了相关概念的异同,然后介绍了当前国际和国内不良资产的分类方法。第二章,我国国有商业银行不良资产的现状及其影响。该章从不良资产的总量、种类、地区分布、行业分布和化解速度五方面,运用翔实的数据概括了我国国有商业银行不良资产的现状特点;其次从银行收益、银行发展、金融体系构建、产业结构优化和经济信用五方面分析了不良资产的影响。第三章,不良资产

的成因分析。从理论成因、制度成因、主体成因和客体成因四方面剖析了不良资产产生的原因,其中既有与国外产生不良资产相似的理论成因,又有由于我国具体的国情而导致不良资产产生的特殊原因。第四章,WTO与我国银行的不良资产。阐述了我国银行业对外开放的总体趋势,加入WTO我国银行业面临的机遇和挑战。在第五章中介绍了欧美及亚洲处置不良资产的情况,并从中总结相关经验和启示。第六章从运作绩效与不良资产存量两方面对我国的国有商业银行和股份制商业银行进行了对比,得出在市场竞争中股份制商业银行表现出较强的竞争力的结论。第七章,我国国有商业银行化解不良资产的实践。从化解不良资产存量和防范不良资产增加两方面对目前的主要不良资产的处置和管理措施进行了深入的分析。第八章提出了进一步化解国有商业银行不良资产的对策建议。

关键词:商业银行　不良资产　国有资产　经济管理　风险管理

5494

我国农村社会养老保险的可持续性问题研究 / 赵庆国著 ; 刘钟钦指导. -- 沈阳农业大学, 2005. -- 111 页

我国是一个农业大国,70%以上的人口在农村,解决好农村养老问题就等于解决了中国大部分老年人的基本生活问题,建立和完善我国农村社会养老保险制度,对农村的稳定,巩固农业在整个国民经济发展中的基础性地位,维护市场经济的正常运行是非常必要的。目前,我国的养老保险制度实行的是"二元体制",国家把养老保险的制度安排重点放在了城市,主要解决城市人口的养老问题。而农村社会养老保险正处于起步阶段,实行以个人缴费为主,集体补助为辅,国家政策扶持的局面。作者认为首先,要从制度安排上,给农村社会养老保险的发展创造一个比较好的环境。其次,要保证农村社会养老保险基金的保值与增值,兑现参保时对农民的承诺,打消农民参加社会养老保险的种种顾虑。再次,我国属于城乡社会差异非常明显的二元社会,城镇职工和农民在社会养老待遇上也存在巨大差异,要统筹城乡经济的发展,必须要有计划地进行城乡社会养老保险的逐步衔接,实现城乡社会养老保险的一体化。农村人口的老龄化比城市要严峻得多。必须十分重视农村社会养老保险工作,保证农村社会养老保险制度普及以后,实现其可持续发展。

关键词:农村　养老保险　社会保障　可持续发展

5495

转轨时期我国金融结构的变迁及其动因的实证研究 / 赵伟军著 ; 袁飞指导. -- 浙江大学, 2005. -- 169 页

转轨经济的一个主要特征是各种经济变量的迅速变迁,这一特征同样也体现在金融结构上。具体来说,对我国而言,这种变迁体现在两个层次上:一是整个国家层面上金融结构的变迁,主要表现在金融工具总量、结构及其在不同部门间分布的变迁;二是区域金融结构变迁的不平衡性。作者认为表现在不同经济发展水平的地区间金融工具总量及其配置方式均不相同。从这一实际出发,论文的主要目的是对这些具体的变迁特征进行深入地考察并分析产生这些变迁背后的经济学动因,据此对我国金融结构的变迁绩效有一个客观有效的评价,并进而使其对我国进一步的有效金融结构选择提供一种决策的依据。论文的主要内容有七部分,分别是:第一部分,从金融理论的发展轨迹中厘清金融发展的产生背景,发展脉络及其研究的主要内容;第二部分,金融结构的衡量及其经济效应;第三部分,转轨时期我国金融结构特征的实证;第四部分,我国金融结构的经济绩效;第五部分,金融结构变迁与货币政策有效性;第六部分,金融结构变迁的动因;第七部分,我国金融结构变迁特征及动因总结。

关键词:金融结构　金融体制　经济增长　货币政策

5496

转型期农村社区社会资本研究 : 以赣东北项村为例 / 郑传贵著 ; 邹德秀指导. -- 西北农林科技大学, 2005. -- 88 页

本文以国外社会资本的概念和理论为基础,以赣东北一个农村行政社区为实证个案,采用理论与实践相结合的基本方法,依次对农村社区微观层面:家庭社会资本及其教育与养老功能;中观层面:家族社会资本及其经济功能和邻里社会资本及其互惠互助功能;宏观层面:社区社会资本及其社区治理功能进行了详细的理论探讨和实证考察。在此基础上,论文讨论了社会转型期我国农村社会资本的变迁与重构问题。作者认为,农村社会资本的重构,不仅要充分挖掘传统社会资本中的积极因素,还要同时把研究的重

点放在这种传统社会资本向现代意义上的社会资本转化的过程以及中国式现代社会资本的建构上。社会资本既是农村和谐社会建设的手段,又是其重要目标。

关键词:社区　社会资本　家族　家庭

5497

我国家族企业资本结构研究 / 郑家喜著 ; 蔡根女指导. -- 华中农业大学, 2005. -- 142 页

本文根据资本结构理论,结合我国家族企业的历史和现实,利用家族上市公司的数据,实证研究负债融资、股权融资、资产负债率和股权结构对家族上市公司治理效率的影响,研究影响我国家族企业资本结构决策的因素,在此基础上提出优化我国家族企业资本结构的目标、方法和对策,以期为我国家族企业资本结构的优化和政府相关政策的制定提供参考。本文的研究内容可以概括为以下五个方面:(1)对家族企业进行界定和分类,分析家族企业存在的合理性和缺点,归纳总结家族企业的发展模式;根据资本结构理论的演变历程,分别介绍传统资本结构理论、现代资本结构理论和资本结构理论的新发展,并对本文的资本结构进行界定;根据资本结构理论,全面分析资本结构对家族企业融资方式、资本成本、财务风险、投资决策、资产结构和公司治理等方面的影响。(2)揭示了我国家族企业资本结构的现状。(3)分析资本结构对家族企业治理效率的影响。(4)确定家族企业资本结构决策的影响因素。(5)提出优化家族企业资本结构的目标、方法和对策。

关键词:家族企业　资本结构　公司治理

5498

我国城乡居民收入差异问题研究 / 周虹著 ; 翟印礼指导. -- 沈阳农业大学, 2005. -- 155 页

论文在国内外专家学者已有研究成果基础上,以农业经济、西方经济学、计量经济学、制度经济学等学科理论为依据,采用定量与定性相结合、实证分析与规范分析相结合的方法,对我国改革开放以来城乡收入差异问题进行深入探讨,找出其主要成因,并分析其对整个社会经济发展带来的影响及影响机制,提出相应的对策建议。主要研究内容如下:(1)从改革开放后城乡居民收入差距变化趋势、区域城乡居民收入差异、农林牧渔与其他行业的平均工资比较、城乡收入差距贡献分解,以及我国城乡收入差异的国际比较等方面,对我国城乡居民收入差异变动特征进行了分析。(2)我国城乡收入差异的成因分析。包括:农业产业的特性;国家发展战略及模式选择;重工业优先发展战略下的一系列制度安排;国家政策因素以及经济发展因素。(3)通过计量模型对我国城乡收入差异因素进行分析。(4)城乡收入差异过大对我国经济发展中的社会环境造成严重影响。根据目前我国国家新的战略及有关政策措施、经济社会发展环境,各种有利因素和不利因素,作者认为 2004 年以后我国城乡收入差距将呈下降趋势,到 2025 年将可能与 20 世纪 80 年代初期水平持平。在平抑城乡收入差距过程中,政府应起主导作用,并保持政策的相对稳定性、行为多样性,充分考虑发展阶段性和区域不平衡性。最后,作者提出我国城乡收入差距治理的具体对策建议。

关键词:居民收入　收入差距　城乡差别

5499

生鲜蔬菜质量安全管理问题研究 : 以浙江省为例 / 周洁红著 ; 黄祖辉指导. -- 浙江大学, 2005. -- 180 页

蔬菜总体质量不高,农药残留量严重超标是当前我国蔬菜出口均价下降、被拒入关等的直接原因,同时也威胁着我国人民的生命健康。因此,生鲜蔬菜质量安全问题,已成为我国政府和民众关注的焦点,成为影响我国蔬菜国际竞争力、持续增加我国农民收入的关键因素。高效安全生鲜蔬菜管理制度的设计及实施关键取决于生产和消费的"理性选择",只要安全生鲜蔬菜消费支付意愿低于生产者对安全生鲜蔬菜的期望价格,生鲜蔬菜安全管理规章制度再健全,安全生鲜蔬菜生产也无法执行。论文在充分考虑蔬菜数量供给安全性、蔬菜生产技术及流通对蔬菜质量安全的影响,确立我国生鲜蔬菜安全管理目标的前提下,以实地调查和问卷调查为基础,运用相关行为模型及理论,采用实证分析方法,对浙江省的生鲜蔬菜消费者、生产者行为及其影响因素,他们对现有蔬菜安全管理政策的评估选择等进行深入分析,并借鉴美、日两国蔬菜安全管理的经验,构建符合我国生鲜蔬菜安全管理目标的管理体系及相应政策措施。为政府相关部门科学决策提供实证依据,并为其他农产品安全管理体系建设提供理论依据和管理规范。

关键词:蔬菜　食品安全　质量管理

5500

可持续发展背景下绿色营销研究 / 周静著 ; 戴蓬

军指导. --沈阳农业大学, 2005. --228 页

本文首先在回顾可持续发展演进历程的基础上，分析了发展与可持续的矛盾，认为可持续发展思想与理论是经济发展的必然产物，并指出了企业作为微观经济主体建立新的营销哲学观——绿色营销观念，积极开展绿色营销是实现可持续发展的保障和途径。然后，作者在界定了绿色营销内涵与特征的基础上，对绿色营销环境进行了系统的分析；对企业开展绿色营销进行SWOT分析，为绿色企业制定决策提供了依据；对绿色营销进行外部性分析，指出政府必须加强对绿色营销外部经济性的管理；对绿色营销中企业、消费者和政府三方的博弈进行分析，指出只有有针对性地采取措施，协调好企业利益、消费者利益与政府目标的关系，兼顾当前利益和长远利益，才能达到三方共赢，有效推进绿色营销向前发展。之后，本文对我国绿色营销的现状以及存在问题、发展障碍进行了分析，指明了我国实施绿色营销的必要性和紧迫性。然后以绿色营销的主导产品——绿色食品为例，对辽宁省绿色食品营销状况进行了详细的实证分析，指出了其中存在的问题，揭示出辽宁省绿色食品营销的影响因素。最后，在分析国外绿色营销发展趋势、绿色营销经验和我国发展实际的基础上，指出我国正处于进行绿色食品(有机食品)营销、拓展国际市场的机遇期，并从消费者、企业、政府三个角度提出推进我国绿色营销发展进程的九项对策建议。

关键词:市场营销　绿色食品　有机食品　绿色营销

5501

生态旅游区认证标准及推广过程中政府行为研究：以浙江省为例 / 周玲强著 ; 黄祖辉指导. -- 浙江大学, 2005. -- 171 页

论文系统地总结了国内外生态旅游认证标准和可持续发展指标体系研究的最新进展，在此基础上提出了119个生态旅游认证指标。作者通过对30位专家的访问和对浙江省40个自然景区的实地调查，采用德尔菲法(Delphi)和因子分析，对指标进行筛选，构建了生态旅游认证指标体系。采用层次分析法(AHP)确定各项指标的权重，参照中华人民共和国国家标准，结合景区目前的最佳实践和专家的意见，制定了以浙江省实际情况为基础的生态旅游认证指标的评分标准，并用这些标准对浙江省五个景区进行实证评估，确定了这五个景区需要持续改进的关键行为领域，即提升解说系统质量、完善社区参与机制、加强员工培训、改善生态环境管理。为进一步研究政府在生态旅游认证过程中应该扮演什么样的角色，作者通过对杭州市及其下辖的部分县市，金华市的永康等地政府相关部门、旅游企业、旅游者三方面的调查数据及资料的分析，总结出当前我省地方政府对生态旅游管理的现状及存在的主要问题。在此基础上，对生态旅游管理及研究相关的部分政府部门管理人员和专家学者进行了Dematel法问卷调查，分析了在生态旅游认证过程中政府部门所应解决的主要问题，及其之间的关联度和影响度，并得出了3条问题链及相应的解决方案。在以上分析的基础上，作者阐述了政府在生态旅游认证标准推广过程中的行为及其具体的管理手段。

关键词:旅游区　旅游业　生态旅游　认证　浙江省

5502

农产品国际贸易生态经济效益研究 / 周升起著 ; 姜学民指导. -- 山东农业大学, 2005. -- 178 页

农产品贸易的生态经济效益是指:一定时期内，农产品国际贸易活动对国家或地区生态环境容量和质量、对于经济与社会发展带来的某种影响。论文通过对农产品生态贸易效益评价理论及方法基础——生态经济效益原理和生态环境的价值理论的总结评述，借鉴农业外部性和多功能性理论，全面、系统地分析了农产品贸易的外部性和多功能性，以及由农业多功能性引发的“非贸易关注”问题的争论，从理论上探讨了农产品贸易生态经济效益的来源，为进一步研究农产品贸易的生态经济效益提供分析依据。作者通过对国际贸易与经济增长、国际贸易与生态环境关系问题的理论与实证研究，分析国际贸易是否能真正带来生态环境、经济与社会效益；利用中国农业贸易的历史数据，通过对数据定量分析发现农产品贸易对国家经济、社会和生态环境的影响效果及变动趋势，以此为根据，提出了生态经济效益观下，我国农产品贸易应采取的新型战略——即“动态比较优势”竞争战略和“生态贸易”发展战略，以及实施这两大战略应采取的政策措施。作者认为，必须强化农业产业政策、贸易政策与环境政策的协调；实施更加有效的农业人力资本投资政策；推进生态农业和可持续农业发展政策；积极培育新的比较优势要素；实施积极的粮食贸易安全政策；建立农产品贸易生态经济效益评价体系。

关键词:农产品　国际贸易　经济效益　生态环

境

5503

水资源管理制度创新与政策选择研究 / 周玉玺著 ; 马传栋，胡继连指导. -- 山东农业大学, 2005. 200 页

我国水资源短缺是一个严重的事实,传统上的解决水资源短缺问题借助于工程技术手段,运用政策、制度和管理手段已经不能有效地缓解水资源短缺的压力。论文按照资源管理的一般范式,资源管理的目标是实现长期动态平衡,水资源管理制度的框架也应从供给和需求两方面来进行设计。作者基于水资源短缺的制度原因分析,指出我国水资源管理制度创新的诱导因素,分别从水资源供给和需求两个层面设计解决水资源短缺的制度安排,以及水资源供求均衡的形成机制和供求失衡的解决机制,重新定位政府水资源管理的政策取向,构建市场经济条件下水资源管理制度体系。论文基于我国水资源供求现状及其发展变化趋势,结合水资源的自然特性和经济特性,提出了水资源管理制度创新的理论基础,通过比较分析了现有水资源管理形式以及水资源国家集权管理制度、水资源的统一管理制度、分权管理制度和参与式管理制度四种模式及其绩效水平,指明了水资源管理制度变迁的方向,需要根据水资源供求形势的变化,重新定位水资源供求管理和需求管理的制度内涵,通过制度创新协调多个利益相关者的行为,水资源管理由分散走向统一。提出了水资源管理制度的框架,界定了水资源管理的组织体制及其所涉及的部门的职责权限。

关键词:水资源管理　水权　水价

5504

基于管理增值功能的创业投资治理研究 / 朱爱萍著 ; 吴敬琏,钟甫宁指导. -- 南京农业大学, 2005. -- 141 页

本文分成两个大层次,对基于管理增值功能的创业投资治理研究展开讨论。第一层次对管理增值功能的理论探索,包括第一、二、三章。第二个层次是基于管理增值功能创业投资治理研究。主要对创业投资现有的组织制度作一个全新视角的再分析,讨论管理增值功能是怎样通过创业投资的治理机制实现组织和实施的。第四、五章分别论述了管理增值功能是通过怎样的组织形式和管理构架来保证的。第六、七章则更进一步,分析和验证在创业投资的具体操作中,创业投资机构(家)的“管理增值”功能是如何实施的,及其绩效。第八章讨论创业投资制度体系的外部条件,即需要怎样的宏观政策支持和“生态系统”才保证一个基于管理增值功能的创业投资治理机制得到良好的实施。通过理论和实证的研究,本文得到如下一些基本结论:(1)基于管理增值功能的创业投资制度的分析框架的初步建立。(2)对基于管理增值功能的创业投资微观治理机制全新视角的认识与解释。(3)探索和求证了管理增值功能实施中的思维、方法和绩效。

关键词:创业投资　风险投资　创业资本　管理增值

5505

我国农村金融产业可持续发展问题研究 / 朱冰著 ; 刘钟钦指导. -- 沈阳农业大学, 2005. -- 126 页

可持续发展在金融中的体现就是农村金融企业在市场机制运作下最大限度地合理有效地配置和使用农村金融资源,防止农村金融资源过度外流,为农业的持续发展提供资本动力,从而达到农村经济与农村金融在长期内的有效运行和健康发展。在这个过程中,农村金融业既有量的发展,也实现了质的发展。依据这一思想,作者首先对我国农村金融产业发展水平、金融资源的利用情况做了大量实证分析,其次分析了农村金融产业的运行机制和存在的金融风险,以考证农村金融产业自身是否具备可持续发展能力,最后研究我国农村金融产业可持续发展的外部条件和障碍,并结合所设计的农村金融产业可持续发展水平评价指标体系,对我国农村金融产业可持续发展水平和能力作了简单评价。作者认为,为了提高我国农村金融产业发展水平、培育其可持续发展能力,应大力发展农村经济;明确农村金融产业发展方向,对金融机构的业务活动做出准确的市场定位;优化农村金融产业结构,实现多层次的金融组织供给;合理使用农村金融资源,实现农村资金良性循环;完善农村金融市场,拓展农村金融发展空间;加强农村金融监管,降低农村金融风险;提高农村金融从业人员素质等。

关键词:农村金融　金融风险　可持续发展

5506

中国棉花主产区空间布局变迁研究 : 1980—2002 / 朱启荣著 ; 何秀荣指导. -- 中国农业大学, 2005. -- 115 页

论文研究的目的是剖析改革开放以来,影响我国

区域棉花生产布局变化的主要因素，为政府优化棉花生产布局，提高我国棉花生产的国际竞争力和调节全国的棉花总量供需关系提供理论参考。作者采用了统计方法和地理信息系统对1980—2002年中国棉花主产区的棉花生产空间布局变化特征进行了分析。论文以比较优势和区位经济理论为主要依据，建立了分析理论框架，对影响中国棉花生产空间布局变化的经济、自然、技术和政策等因素进行了较深入分析，并提出了中国主产棉区棉花生产今后的调整方向和相关的政策建议。论文的研究结论如下：引起中国主产棉区棉花生产空间布局发生变化的原因是由于经济、自然、技术和政策等因素共同作用的结果。中国主产棉区调整的方向是：今后应进一步缩减四川省的棉田面积，努力增加湖北的襄樊盆地和河南的南阳盆地的棉田面积，适当扩大苏皖丘陵山、岗地棉区和江苏滨海盐碱地的棉田面积，同时，应努力增加淮河平原的棉田面积，减少冀东棉田，增加冀南棉田，恢复鲁西北棉区，扩大豫东南和南阳盆地棉田面积；新疆棉区的发展方向是，可进一步扩大南疆棉区棉花的种植规模，适度扩大北疆棉区；新疆棉花的可持续发展必须走节水和提高效益之路。为减少棉花生产的自然风险和市场风险，稳定棉花生产，应尽快建立中国农业保险制度和设立棉花生产风险基金，保护棉农植棉积极性。

关键词：棉花　棉花生产　空间布局

5507

我国科技风险企业的治理机制问题研究 / 朱心来著 ; 和丕禅指导. -- 浙江大学, 2005. -- 178页

高科技产业在我国经济增长、产业结构优化升级、增加就业等方面都发挥着极其重要的作用。在我国经济政策重心转变为支持民营科技企业的情况下，对包括风险企业治理机制在内的风险投资机制进行研究无疑具有重要意义。风险投资可以有效地解决创新企业投资中的信息不对称问题，是资本市场和科技产业的最佳结合机制，其功能的发挥是靠一系列精密的制度安排来保证的，而风险企业的产权制度和治理机制则是这些制度安排中的关键环节。在参阅了大量国内外相关文献的基础上，论文结合作者的调查经验，采用规范分析和实证分析相结合的方法对我国风险企业治理机制问题进行了系统研究。论文主要内容包括以下几个方面：首先，对我国风险投资制度的产生、演变和现状进行了阐述和分析，我国风险企业产权制度和治理机制的效率依赖于这种制度变迁的路径。其次，对影响风险企业治理机制的直接因素进行了分析。作者认为，一方面，风险资本和创业家人力资本都是非常特殊的生产要素；另一方面，风险企业交易双方对各自生产要素的产权状况和交易能力也对风险企业治理机制产生重要影响；再次，现有风险企业产权理论也缺乏系统性。最后，对全文进行总结和评论，归纳全文的主要研究结论，并给出简要政策建议。

关键词：高技术产业　风险投资　企业管理　风险资本

5508

传统产业型中小企业集群发展研究 / 朱永华著 ; 蔡根女指导. -- 华中农业大学, 2005. -- 234页

作者立足于我国传统产业中的中小企业集群发展的现状，探索其形成、成长、优势培育和风险管理的演化机制。论文以经济学、系统科学、管理学和社会学的相关理论知识，结合典型案例，运用案例分析、系统动力学分析、比较分析等方法，揭示传统产业型中小企业集群演化的机制，并针对我国传统产业型中小企业集群目前存在的问题提出了治理对策建议。全文共分为九章：第一章对集群研究中的形成、成长、竞争优势等文献进行了综述。第二章对我国传统产业发展的历史与贡献进行了回顾和总结。第三章给出了传统产业型中小企业集群的定义、特征和发展的涵义。第四章从宏观产业层面和微观企业层面分析了影响集群形成的因素，并且重点从集群形成的驱动机制角度分析了集聚效应、企业家精神、竞争与协作机制、模仿学习机制、网络机制的作用原理。第五章主要分析了集群成长中集群学习、技术创新、竞争与协同等机制的作用机理。第六章首先分析了传统产业型中小企业集群优势的来源，该章的重点是运用分工与专业化经济学理论，结合系统动力学原理，创建了系统基模来分析集群优势的形成机制。第七章在总结国内外集群风险研究理论基础上，给出了传统产业型中小企业集群风险的定义，并从国家、集群和企业三个层面对风险进行了分类研究。第八章对国外市场主导型企业集群的典型——意大利的传统产业型中小企业集群与政府扶持型企业集群的典型——日本的发展模式进行比较分析，同时也揭示出我国传统产业型中小企业集群发展中存在的问题。第九章针对第八章中揭示的我国传统产业型中小企业集群存在的问题，从产业、集群和企业三个层面，从政府和企业的视角提出了治理建议和对策思路。

关键词:中小企业　企业集群　竞争优势

5509

都市圈与卫星城：增城市发展实证研究 / 朱泽君著；罗必良指导. -- 华南农业大学, 2005. -- 187 页

论文简要回顾了增城发展历程,分析了珠三角都市圈的优势及其对增城经济社会发展的影响,在此基础上,作者对增城市发展的优势及所面临的机遇与挑战进行了分析比较,重点探讨了作为珠三角都市圈卫星城市的增城与广州中心城市发展的各方面所具有的内在联系。随后,从实际出发,运用都市圈卫星城市发展理论,提出了增城未来发展的总体定位、主要目标、基本原则和发展战略。增城未来发展是以创建广州东部现代化生态新城区和珠三角都市圈重要卫星城为总目标,以活力增城、魅力增城和绿色增城来体现增城的城市形象,成为广州乃至华南地区未来经济社会发展起点最高、速度最快、最适宜创业发展和生活居住的卫星城之一。作者认为,增城市总体发展战略是:依托广州现代化中心城市,有效实施"南部带动、外向带动、中心城镇带动、基地带动、北部追赶、人才强市"等战略,通过城乡统筹及对区域发展增长极的培育来带动整个增城的协调发展。论文分别从产业、城镇建设和社会发展策略等方面对总体发展战略进行了深化。此外,论文还探讨了政府在城市发展中的角色定位问题。作者认为,"小政府,大服务"是政府在城市发展的重要定位。同时总结了增城市政府在实现政府职能转变过程中已取得的一些成功经验,并就深化政府职能转变,推进城市科学发展的问题提出了相应对策。

关键词:城市化　城市发展　都市圈　卫星城　增城市

5510

中国种子产业发展研究 / 朱洲著；王雅鹏指导. --华中农业大学, 2005. -- 149 页

种子是农业生产最基本、最重要的生产资料,也是农业科技的重要载体,以基因工程技术为核心的现代生物技术应用的主要领域之一就是育种。但是,长期计划经济体制的束缚严重影响了我国种子产业的发展。在当前我国已经加入 WTO 的国际贸易自由化大环境条件下,滞后发展的种子产业所引发的各种社会经济问题越来越突出,所以,如何规范和促进我国种子产业的快速发展,提升种子产业的国际竞争力就是一个亟待解决的重要问题。而这正是论文研究的出发点。论文包括导言在内共六章内容。导言部分,论文从问题的提出到研究的思路方法与框架进行了系统阐述,为统领全篇的总括性章节。第二章对中国种子产业发展的历史回顾、现状描述及制度变迁理论的应用与分析。第三章在深入探讨国外尤其是种子生产比较发达的国家发展种子产业的历程及经验,比较他们发展过程中的不同点与相似处的基础上,为我国种子产业的发展提供借鉴。第四章主要综合运用钻石理论等多个模型,深入研究我国种子产业的国际竞争力。第五章运用博弈论方法从整体上分析了种子产业化中政府、企业与农户在满足各自利益诉求过程中的合作问题。第六章首先对中国种子进出口贸易格局进行了分析,结合国内外经济发展趋势最后给出了中国种业发展的现实选择。

关键词:种子　农业公司　种子市场　产业发展

5511

黑龙江垦区农业可持续发展创新问题研究 / 邹积慧著；梁学庆指导. -- 东北农业大学, 2005. -- 135 页

本文将理论和实践结合,围绕黑龙江垦区农业可持续发展创新问题展开全面、细致的研究。文章认为农业是国民经济的基础,农业可持续发展是整个社会可持续发展的基础,我国可持续发展战略必须重点研究农业的可持续发展问题,加强农业的基础地位,促进社会经济的可持续发展。文章阐述了农业可持续发展的内涵及其在黑龙江垦区的地位和作用,分析了垦区农业的创新优势和制约因素。文章围绕黑龙江垦区农业可持续发展问题提出七个创新,并针对垦区的企业管理提出了创建以人为本的管理模式。文章认为黑龙江垦区应全面建设生态示范区,保护耕地。文章运用系统论和控制论的原理,从实践经验出发,设计了"斤粮成本逆控法"的成本管理模式,对影响斤粮成本的因素和成本进行逆控,实现斤粮成本最低,达到效益最大化。文章最后总结认为农业产业化经营既是垦区农业发展的瓶颈所在,也是垦区农业可持续发展的希望所在,应将理论和实践相结合破解瓶颈,从而实现垦区经济的持续、健康、协调发展。

关键词:农业经济　农场经济　可持续发展　黑龙江省

林业经济管理学

5512

民营化改革对中国林业产业的影响研究 / 曹芳萍著 ; 朱永杰指导. -- 北京林业大学, 2005. -- 145 页

论文以民营化(Privatization)改革为分析对象,通过对民营化的理论基础、方式、措施及林业产业民营化改革的原因、历程的分析,探讨了民营化改革以来我国林业产业的经济成分即所有制结构变动状况,不同所有制或不同产权组织之间的效益差异,以及继续民营化改革的客观趋势。作者首先论述了中心发达国家在实施公有经济民营化改革中的理论基础以及相应的改革措施,分析了我国公有经济进行战略性的调整中,公有经济是否应当继续民营化、民营化多少、如何民营化以及民营化的速度、策略、工具应当如何选择等问题,并对公有经济的行为与效率的关系进行了探讨;然后分析了民营化改革以来我国林业产业所有制结构的变动情况。在此基础上,利用第二次全国基本单位普查数据(2001 年),在全部产业基础上,考察了最新的民营化发展动态,考察了 20 多年来民营化改革和所产生的相应绩效效果。按照现行的企业产权注册的分类指标,通过相应的实证模型,检验不同所有制因素对于林业产业效率的影响及其程度。论文最后还从国有企业效率、民营化改革的经济基础和政策导向等方面,分析了中国林业产业继续推行民营化改革的客观趋势。

关键词:林业经济　国有企业　体制改革　民营化

5513

龙江森工集团财务战略管理研究 / 丁华著 ; 刘国成指导. -- 东北林业大学, 2005. -- 99 页

龙江森工集团财务战略管理研究对于龙江森工集团总体发展战略的实现和黑龙江省老森林工业基地的全面振兴,具有重要的保证和支撑作用。论文运用管理学、经济学有关前沿理论,采用定性分析和定量分析相结合的方法,对龙江森工集团财务战略的目标定位、选择、实施的控制与评价、动态优化等进行了研究。主要研究内容包括:通过对龙江森工集团财务战略管理环境分析,指出当前龙江森工集团所处的内外环境为龙江森工集团的长远发展提供了很好的契机;龙江森工集团财务战略目标的定位。提出龙江森工集团的财务战略目标体系,包括近期和远期战略目标;论述龙江森工集团财务战略的选择,提出结合股份制改造发行股票、发行林业产业投资基金和发行森林资产抵押债券等多元化筹资战略和立足于林区资源优势的林产品精深加工、绿色产品开发和森林生态旅游等多样化资金投放战略;龙江森工集团财务战略实施的控制与评价,构建龙江森工集团财务预算管理框架体系和集团财务控制制度,提出集团预算应以销售预算为起点,以成本费用预算为中心,财务控制上实行财务总监委排制、成立财务结算中心、加强内部审计、健全财务信息报告制度;龙江森工集团财务战略的动态优化,提出龙江森工集团的资本结构和资产结构优化组合的对策,在资本结构优化方面,实行存量、增量和减量调整,在资产机构优化方面,通过资产并购、托管和剥离来实现,在资产结构优化的剥离方面,提出应撤销林管局,把相应的职权统归到所属辖区的林业局,重新构筑面向市场的新型企业。

关键词:林业企业　战略管理　财务管理

5514

转型期中国农村合作金融问题研究 / 丁伟国著 ; 佟光霁指导. -- 东北林业大学, 2005. -- 139 页

论文从农村合作金融发展的经济学基础入手,系统分析我国合作金融发生实质性"异化"的深层次原因,提出我国农村合作金融重建的制度安排。首先,作者对合作及合作金融的有关概念加以明确,着重对合作制及合作金融所体现的深层次的条件、背景、制度和原则加以表述,确定农村信用合作社为农村金融组织的主要形式,为以后的研究做出规范和界定。其次,对我国及国际农村合作金融进行详细介绍和比较分析,包括演变、现状、组织形式、结构体系等。通过比较分析的方法、实证分析的方法、定量分析的方法得出农村合作金融制度与功能的缺陷的结论。重点针对合作金融目前面临的问题与挑战进行模型化研究,指出我国农村合作金融异化与错位的现实,并通过对产生此情况的原因分析推导出合作金融变革的必然性与重要性。最后,作者就我国转型时期的农村经济和金融体制,分析现行农村合作金融发展模式,提出可供选择的三种理论模式:规范化的信用合作制模式、一级法人制的合作银行模式、分散化的商业银行模式。论文将重心放在了对相关问题的解决办法探讨上,针对我国经济转轨,面对全球化的冲击,提出了我国农村合作金融的改革思路与业务转型建议。

关键词:农村金融　合作金融　农村信用社　信

用合作社　金融改革

5515

高层次人力资源开发研究／丁哲学著；蒋敏元指导. --东北林业大学, 2005. --141 页

本文首先在借鉴人力资源、人力资本等国内外理论研究成果的基础上,明确提出高层次人力资源开发的概念和理论基础,分析了高层次人力资源开发的国内外经济、政策背景以及面临的机遇和挑战。其后,本文通过对大量数据资料的分析,探讨了我国人力资源发展的现状和存在的主要问题,揭示了高层次人力资源严重匮乏,老化断代,流失严重等客观状况,并着重分析了高层次人力资源开发存在的主要问题。在统计分析的基础上,本文又从高层次人力资源开发的基本方式和途径入手,客观地分析了高等教育,特别是研究生教育在高层次人力资源开发中的优势地位和重要重用,揭示了研究生教育的发展定位、发展特征和发展趋势与高层次人力资源开发的紧密关系。然后,本文构建了研究生教育发展的制度创新框架,提出我国高层次人力资源开发的战略构想和对策建议。之后,作者选取黑龙江省研究生教育近十几年来的招生规模等基础数据,建造 BP 网络模型和基于 RAGA 的 PPE 模型进行量化分析,对今后 3 年的招生规模进行科学预测,对研究生培养质量综合评价方法进行创新。最后,本文提出了研究生教育进行高层次人力资源开发的发展方向和发展对策,力求对我国高层次的人力资源开发提供具有借鉴作用的理论启示和实践方法。

关键词:人力资源开发　研究生教育　高等教育

5516

中国林业生态工程项目管理模式研究／董晖著；任恒祺,张春霞指导. -- 北京林业大学, 2005. -- 137 页

论文以中国林业生态工程项目为对象,结合中国国情,借鉴国内外研究成果,在林业生态工程 20 多年的实践基础上,以构建政府投资林业生态工程造林项目管理模式为核心展开全面系统的研究。作者主要采用理论和实践相结合、定性和定量分析相结合、比较和实证分析相结合的方法,首先建立了林业生态工程项目管理的理论基础,在这些理论的指导下阐述了林业生态工程项目管理的概念和特点,并扩充了其内涵。其次,在对国内外林业生态工程管理模式比较研究的基础上,找出了现行国内林业生态工程存在的管理问题,剖析了其深层次的原因,指出了今后政府投资林业生态工程引入市场机制和项目管理机制,按项目进行管理的必要性。之后,构建了以项目主体为中心,以项目决策体系、项目实施体系和项目监督评价体系全方位结合,以系统的目标管理、全面的过程管理和动态的控制管理为运行机理的“三系三管一主体”的政府投资林业生态工程造林项目管理模式。又构建了项目业主实施项目微观管理必须坚持的以组织管理系统为中心,以计划、采购、质量、资金四大管理系统为支持,以技术推广与培训、环境保护和信息监测三个管理系统为保障,以项目管理信息化系统为手段的完整项目实施体系。最后提出了今后加强林业生态工程项目管理的政策及制度建议。

关键词:林业经济　生态工程　工程项目管理

5517

草原生态经济系统可持续发展研究／盖志毅著；宋维明,陈建成指导. -- 北京林业大学, 2005. -- 251 页

论文首先论述了草原生态经济系统可持续发展的理论依据,并探讨了国外推进草原生态经济系统可持续发展的经验和教训以作参照。随后着力研究了我国草原生态经济系统非常严重的退化现状,总结出退化造成的恶果和损失,分析了制约草原生态经济系统可持续发展的成因。在此基础上,提出了实现草原生态经济系统可持续发展的思路:在其受到严重破坏的情况下,应着重于让草原休养生息,充分认识草原生态经济系统的自我恢复功能,采用草原封育实现可持续发展;针对游牧业的特点和时代要求,指出应在限制畜群数量规模条件下走质量效益型畜牧业的道路;在适当的条件下建立有利于草原生态经济系统可持续发展的产业结构,改造牧区的第一产业,发展牧区二、三产业,积极发展有利于草原生态经济系统可持续发展的第三产业,用产业化拉动牧区产业多样化;以及积极组织向牧区未利用草原和草原生态经济系统外移民的策略。通过以上措施减轻对草原生态经济系统的压力。论文还分析指出由于草原周边的农牧交错带的生态经济系统与草原生态经济系统间存在很强的相关性,因此推动生态脆弱地区还草,扩大草原周边农牧交错带草原面积也是实现生态经济系统可持续发展的重要措施。最后,论文阐述了实现我国草原生态经济系统可持续发展的物质保障和制度保障。

关键词:草原　生态经济　可持续发展

5518

中国现代建材零售企业战略管理研究 / 黄鸥翔著；黄清指导. -- 东北林业大学，2005. -- 90 页

作者首先论述了战略管理在我国零售企业现阶段发展中的重要作用，指出战略管理是我国零售企业成败的关键。其次，对中国建材零售企业的宏观环境和行业环境进行分析，指出中国建材零售业正在十分有利的宏观环境下迅速发展，仓储式超市跨越式导入中国建材零售业，并迅速成为引领中国建材零售业态变革方向的先导业态。接着，分析了中国现代建材零售业业内的5种竞争力并将这5种竞争力按照强度进行了排序，探讨影响行业发展的重点因素，以及行业内5家主要竞争者。在此基础上，运用战略管理理论和供应链管理理论，以培育和提升企业竞争力为目标，以探索中国现代建材零售企业正确的发展战略为宗旨，以东方家园为实证研究对象，通过对公司价值链分析、SWOT分析和波士顿矩阵分析，为我国建材零售企业制订了包括公司总体战略、事业部战略和职能战略等在内的战略规划体系，提出了战略实施措施。最后，将国际建材零售企业的成功楷模——美国家得宝的成长轨迹、其创业初期所处的环境，与我国现阶段典型企业所处的环境和过去几年的发展势头，进行了对比分析，提出了中国在今后10年内，具有诞生大型建材零售企业可能性的论点，展望了中国建材零售企业成功发展的未来。

关键词：建筑材料　零售业　企业发展战略　市场竞争

5519

衍生金融工具风险信息实时披露与预警研究 / 黄颖利著；刘国成指导. -- 东北林业大学，2005. -- 177 页

20世纪70年代以来，以金融创新为核心的金融革命是世界发生的两大革命之一，以期货、期权等衍生金融工具为核心的金融工具的创新更是这场金融革命核心的核心。金融创新尤其是衍生金融工具在规避风险、提高金融机构及经济实体乃至个人在金融市场上的经营效果的同时，也给金融监管机构和传统会计的理论提出了新的课题。它以契约形式表现的"零和交易"具有以小搏大的杠杆效应，其高风险性可使投机者一夜之间倾家荡产。论文在这样的背景下，立足于金融创新的核心—金融工具的创新和金融安全，站在IT环境下价值链会计实时控制的角度，把会计学的前沿理论与金融学的核心问题—金融风险管理和风险控制紧密结合起来，力图从理论层面深入探讨衍生金融工具风险产生的根源和传导机制，从本源上预防和控制风险；以金融风险管理理论为基础，从会计的角度，重新认识衍生金融工具风险及衍生金融工具交易在企业资金及其运动中的表现特点，探索财务会计信息如何满足未来金融风险管理的需要；以IT环境下价值链会计实时控制理论为指导，针对金融电子化的实际情况，构建衍生金融工具风险实时披露与预警理论框架；在此理论框架的指导下，从风险信息披露的基本原则、披露的具体内容以及披露方式等方面阐述风险导向型衍生金融工具信息披露的具体模式，以提高信息披露的透明度，并为风险预警提供信息来源；最后，应用神经网络技术设计三层结构的衍生金融工具风险实时预警系统，实现衍生金融工具风险的实施披露与预警，使复杂难懂的衍生风险简单化、直观化。希望通过对衍生金融工具风险管理在会计管理领域的延伸方面的研究，丰富金融风险管理与控制的方法，探讨金融创新下现代财务会计所面临的重构与完善。

关键词：衍生金融工具　风险管理　金融风险防范　信息披露

5520

退耕还林工程管理机制和管理模式研究 / 姜恩来著；任恒祺指导. --北京林业大学，2005. --130 页

本文首先在论述我国实施退耕还林工程意义的基础上，提出了研究退耕还林工程管理机制和管理模式的必要性和实际应用价值，以及开展该研究所采用的方法等，并阐述了该研究所涉及的基本概念和基础支撑理论。然后本文回顾了我国退耕还林的发展历程和相关政策，分析了目前我国退耕还林工程的规划和具体政策，并对我国退耕还林工程的实施状况进行了全面论述，揭示出退耕还林实施的背景、必要性和迫切性以及目前退耕还林工程取得的成效，指出了退耕还林工程的特点和存在的问题。通过对国外退耕还林及其他生态工程的运作状况的分析，本文得出有助于我国退耕还林工程实施的启示。之后，本文阐述了对退耕还林工程管理的总体认识，分析了退耕还林相关利益主体的动机及其之间的博弈，并论述了退耕还林工程管理的难点和其中存在的风险。其后，本文从微观、中观和宏观三个层次分析了当前退耕还林工程中管理机制存在的问题，在此基础上提出了退耕还林工程管理机制的设计应遵从"以人为本"等若干个原则，根据这些原则对退耕还林工程的管理机制进行

了构建。最后,本文对目前实施的退耕还林工程的管理模式进行了分析和比较,设计了退耕还林工程的宏观和中微观管理模式,并提出了保证退耕还林工程管理机制和管理模式有效运行的外部保障措施。

关键词:退耕还林　生态工程　工程管理

5521

中国森林生态系统服务价值评估研究 / 靳芳著 ; 朱永杰,刘俊昌指导. -- 北京林业大学, 2005. -- 153页

森林作为陆地生态系统的主体,在全球生态系统中发挥着举足轻重的作用,其服务价值的评估是一个研究热点。本论文针对我国森林生态系统服务及其价值评估相对落后的局面,提出系统开展我国森林生态系统服务及其价值评估的研究工作。首先在我国森林生态系统类型划分基础上,研究不同森林生态类型的服务,归纳总结出我国各类森林生态系统的主要服务类型作为评价对象;其次在Costanza等人提出的全球生态系统服务评价指标的基础上,结合我国森林生态系统的特点,针对不同的服务,分别提出和构建一系列可用于我国各类森林生态系统服务价值评估的指标体系;进而利用该评估指标体系分别估算各类森林生态系统服务价值,综合各类生态系统服务价值得到我国森林生态系统服务总价值,并对各类森林生态系统和各种生态服务功能的价值贡献进行综合分析,目的在于为促进将森林资源和生态环境因素纳入国民经济核算体系即实现绿色GDP提供基础,为我国可持续发展政策制定、生态建设和生态环境保护以及区域发展规划提供科学依据。作者提出,本论文的创新点包括:(1)研究了我国森林生态系统类型及其服务功能,构建了我国森林生态服务评价指标体系。(2)对我国森林生态系统服务价值进行了估算,估算出中国森林生态系统8项主要服务功能的总价值为30601.20×10元。(3)对我国森林生态系统服务价值进行量化综合分析研究。

关键词:森林生态系统　价值评估　生态价值　环境保护

5522

我国森林旅游资源管理体制与政策研究 / 李若凝著 ; 任恒祺, 夏自谦指导. -- 北京林业大学, 2005. 128页

论文以可持续发展理论为指导,以公共物品理论、制度创新理论、产权理论为基础,采用理论分析和实证分析、定性分析与定量分析相结合的方式,借鉴国外发达国家国家公园体系的管理经验,对我国森林旅游资源管理体制进行研究和探索,通过研究得出以下结论:(1)不同类型和级别的森林旅游资源应采取不同的基本管理模式。作者对森林旅游资源从保护与管理的角度进行重新分类和分级,以生态脆弱度为依据,将森林旅游资源分为生态型、观赏型和持续利用型三大类;设计了定量分级评价的指标体系,探讨了基于灰色定权聚类分析的分级评价方法,为构建不同的管理模式提供依据。(2)在管理权限划分的基础上设计了四种经营管理模式:国家一级森林旅游资源适用直接经营管理模式;国家二级生态型和观赏型森林旅游资源适用政府授权经营;部分国家二级观赏型森林旅游资源也适用于非经营性项目采取定额补贴,经营性项目委托经营的管理模式;地方级森林旅游资源适用委托经营管理模式。(3)系统研究了森林旅游资源开发的利益分配机制。利用回归分析和需求收入弹性研究经营权价格的确定方法,运用经济学原理分析森林旅游资源补偿的基本原理,以及协调其他利益相关者与旅游资源开发关系的措施。(4)森林旅游资源具有较强的公益性,森林旅游是一种有限制的、区别于其他旅游的特殊形式的活动,必须健全政府监管体系。(5)提出了完善森林旅游资源管理体制的政策措施。

关键词:森林资源管理　旅游资源开发　森林旅游　生态旅游　管理体制

5523

森林碳汇经济问题研究 / 李顺龙著 ; 蒋敏元指导. 东北林业大学, 2005. -- 105页

在当前的历史条件下,森林碳汇的生态效益和经济效益越来越受到全世界的重视。森林碳汇作为一个崭新的课题,它所带来的一系列问题需要尽快开展研究。论文从温室效应、二氧化碳、经济发展以及森林碳汇之间的关系入手,论述了当今社会二氧化碳排放空间的资源性和商品性问题。森林碳汇作用使其成为二氧化碳排放空间的主要生产者。作者研究了森林碳汇及其经济、贸易问题,提出了二氧化碳排放空间论,进行了森林固碳形式、森林碳循环研究,提出了森林碳汇经济测算基本思路和方法,并结合我国林业发展战略规划,对我国森林碳汇潜力进行了预测。在此基础上提出面对森林碳汇问题我国林业应该采取的对策。主要内容有以下几个方面:提出二氧化碳排放空间资源论;研究了森林固碳形式、森林碳循环,

提出森林碳汇作用扩大原理;探讨了森林碳汇计量方式,提出森林资源蓄积扩大系数法计算森林碳汇,并结合我国林业发展战略规划,对我国森林碳汇潜力进行预测分析;对我国开展森林碳汇贸易工作进行了宏观设计;提出我国林业面对森林碳汇新问题应该采取的对策。

关键词:森林资源　碳循环　二氧化碳　生态环境

5524

我国税式支出制度研究 / 李艳著 ; 刘国成,张德刚指导. --东北林业大学, 2005. --88 页

本文主要研究税式支出的理论体系,内容包括税式支出的基本内容和原则,税式支出的经济影响,我国税式支出制度的框架,我国税式支出预算制度的建立,我国税式支出管理制度的建立,实施税式支出制度的配套政策支撑。文章分析了税式支出对市场机制、产业结构、资本和生产、经济发展与经济稳定的影响。提出了建立我国税式支出制度的目标和原则。以我国现行企业所得税为例对我国的税式支出项目进行了具体鉴别。文章提出我国的税式支出规模应该控制在实际税收收入的1/3左右,设计出了我国的税式支出预算表。我国税式支出管理模式至少要从准预算管理为手段的报告式管理模式入手,以纳入全面预算管理为最终目标。我国税式支出的范围应该将重点放在财政直接支出可以替代的、有特定目的的税收优惠政策上。文章还研究了我国税式支出管理法的指导思想和法律体系。

关键词:税收支出　税式支出　税收制度　税收优惠

5525

中资保险公司核心竞争力培育研究 / 刘畅著 ; 曹玉昆指导. --东北林业大学, 2005. --114 页

本文研究保险公司核心竞争力体系框架,中资保险公司核心竞争力培育的理论基础,中资保险公司竞争力的现状,险种开发能力,市场开拓能力,组织学习能力,整体风险管理能力等内容。文章界定了保险公司核心竞争力的概念,保险公司核心竞争力的构成要素,中资保险公司核心竞争力培育的运行机理和指导思想。中资保险公司在战略管理意识上、技术创新能力上、营销手段和核心资源等方面均缺乏竞争力,反映出核心竞争力的不足。以森林保险为例对险种研发能力中保单内容进行了实证研究。文章提出市场开拓能力的提高依赖于保险服务创新,并分析了营销方式创新、发展保险延伸服务、银保合作等内容。设计了市场开拓能力评价指标体系。文章还对保险公司组织学习能力效果模糊综合评价进行了实证分析。文章最后提出了中资保险公司提高整体风险管理能力的策略选择。

关键词:保险公司　核心竞争力　中资企业　险种　学习能力

5526

中国林业财政政策研究 / 刘克勇著 ; 刘国成指导. 东北林业大学, 2005. -- 113 页

论文旨在通过对中国林业财政政策制定方法和程序的研究、对中国林业财政政策及其实施效果的评价、对中外林业财政政策的比较,探讨建立林业财政投入评价体系的基本方法,提出完善中国林业财政政策的基本思路。首先,作者运用公共政策科学理论,研究了中国林业财政政策制定的基本原则、基本依据、一般程序,以及林业财政政策的实施、评估、修订和终结等。其次,对不同时期中国林业财政政策及其实施效果进行了分析和评价。接着,论文分析比较了主要发达国家和发展中国家林业财政政策。随后,论文提出了建立林业财政投入评价体系的思路和原则以及具体评价方法。制定林业财政投入评价体系,除了要遵循科学性、规范性、实用性等基本原则,还要体现导向性、完整性、可行性和可比性原则。林业财政投入评价方法主要有成本—效益法、最低费用选择法、公共商品服务收费法等。论文最后提出了完善中国林业财政政策的基本思路:健全政策决策机制,规范林业财政政策的论证、决策、制定、实施和监督程序;建立林业长效投入保障机制,将林业公共支出纳入公共财政预算,鼓励和引导社会资金投入林业;完善林业基金制度;对林业实行轻税赋政策;加大对非公有制林业的政策扶持。

关键词:林业经济　财政政策　财政投入

5527

生态·效益林业理论及其在吉林省的应用研究 / 刘延春著 ; 蒋敏元指导. --东北林业大学, 2005. --129 页

本文以生态经济学、可持续发展等理论为指导,首先对国内外的林业建设与发展理论进行了全面分析,在此基础上,分别针对忽视林业产业建设的倾向、现有理论与实践脱节的状况以及林业建设与发展中

的突出矛盾,结合现实林业的发展需要,经过系统分析和总结我国林业和吉林省林业生产实践的经验,提出了生态·效益林业理论,并阐述了其生态学基础、经济学基础和可持续发展理论基础,分析了其理论的实践基础,其后,通过对生态·效益林业理论内涵和外涵的揭示及其与其他林业理论的比较分析,升华了生态·效益林业理论。之后,本文论述了生态·效益林业理论在吉林省的应用,提出了吉林省发展生态·效益林业的战略构想,推出了发展大林业、推行大开放、依靠大科技、实现大跨越的四大发展战略,规划了东部长白山天然林区、中部农田防护地区、西部荒漠化治理区的生态·效益林业战略布局以及各区域的林业建设与发展模式。最后,本文按照吉林省生态·效益林业的总体布局,对生态·效益林业发展战略目标进行了动态仿真研究,主要包括对森林资源的动态仿真与结果分析,对林业生态效益的现状评估和动态评价,对林业经济效益的动态仿真与分析以及对林业社会效益的仿真预测和结果分析。

关键词:林业经济　生态环境　经济效益　可持续发展　吉林省

5528

高新技术企业核心竞争力研究 / 吕洁华著 ; 曹玉昆指导. -- 东北林业大学, 2005. -- 109 页

作者运用核心竞争力理论和方法,从高新技术企业特性出发,探讨了高新技术企业核心竞争力的基本内涵、系统结构、形成机理、识别方法和管理模式。首先,对核心竞争力理论和高新技术企业发展实践进行了综合分析,剖析了高新技术企业科技经济特性,将高新技术企业划分为目标系统、内部系统和外部系统,构建了高新技术企业核心竞争力内部生成与外部保障结构维度。其次,运用自组织协同理论,揭示了高新技术企业核心竞争力形成机理及系统演化规律,提出核心竞争力生成于高新技术企业内各子能力的自组织过程,并建立了核心竞争力自组织运动的描述模型。再次,构建了高新技术企业核心竞争力识别的方法体系,提出以价值链确认支持价值活动所需的知识和能力,以特征量标准定性识别核心竞争力指标,并建立了符合高新技术企业核心竞争力特性的识别指标体系,以人工神经网络技术(BP 模型)定量识别高新技术企业核心竞争力强弱,并对高新技术企业核心竞争力进行了实证研究。最后,提出了高新技术企业核心竞争力四环同心圆管理模式,分析了高新技术企业资源条件和核心竞争力的生命周期,确定了以完全内部积累,内部积累与外部获取,完全外部获取的培育方式,提出了高新技术企业核心竞争力的独立创建、战略联盟、企业购并和虚拟企业的管理运作模式。

关键词:高技术产业　核心竞争力　价值链　自组织理论　战略联盟

5529

中国天然林资源保护政策评价与分析研究 / 缪光平著 ; 高岚指导. -- 北京林业大学, 2005. -- 116 页

长期以来,政府部门很少关心政策实施后的效果,政策评价也是我国林业政策过程中最薄弱的环节。本文在借鉴政策评价一般理论和方法的基础上,分别从政策学、新制度经济学和福利经济学层面探讨了天保政策评价的理论基础,结合林业的行业特点和天保政策的实际,总结了天保政策评价的概念与作用,梳理了天保政策评价的不同类型。通过分析天保政策的评价目标,作者提出了评价指标体系的设置原则,并进一步系统地构建了天保政策评价的指标体系,包括天保政策方案评价、政策运行评价、政策影响(生态、社会和经济影响)评价和政策可接受程度评价。基于评价结果,作者系统分析了天保政策存在的问题,提出了促进天保政策良性运行的建议。

关键词:森林资源　天然林　森林保护　林业政策

5530

人工林地租、林价和交易技术模式的研究 / 钱滕著 ; 邱俊齐, 温亚利指导. -- 北京林业大学, 2005. 171 页

我国林业长期实行计划管理,森林资源市场化进展较慢。从 80 年代后期林价讨论到 90 年代中期,森林资源市场化取得了一定的发展。但从近年来人工林交易的实际情况看,还存在交易程序不规范、交易带有较强主观性和随意性、交易量小、交易风险大等问题。作者认为目前阻碍我国人工林资源市场进程的主要原因在于政策、法规和交易制度的不健全和如何合理计算人工林资源价值。论文基于此背景,以国家现行林业、土地等方面的法律、法规和政策为指导,以自然资源、地租、林价等理论为依据,通过对人工林地租、林价等构成因素的分析和计算,建立了:(1)人工林混合地租的数量化模型,以探讨方式,估算出长江中下游地区人工林劣等、中等和优等林地的绝对地租和级差地租值;(2)人工林资源林价计算公式,计算森林资源的实物价值和环境价值。并推算出木材成

本计算公式,按照林价和木材成本公式,计算出长江中下游地区人工林林价和木材成本,并提出要按森林分类经营的原则,在继续加大对公益林财政补贴,确保公益林生态效益发挥的同时,以减免税费为主要措施来促进我国人工林资源的发展;(3)在人工林资源信息数据库和GIS等计算机软硬件系统的支持下,提出人工林资源远程交易技术模式,为全国范围内人工林资源的流转提供交易平台。作者最后运用前几章的结论和方法,以浙江千岛湖森林资源资产评估为案例,对林地资产、林木资产和附属设施资产等进行了评估。用效益替代法估算了千岛湖森林资源的环境价值。其价值是实物价值的14.3倍。

关键词:人工林　价格　地租　价值评估

5531

我国商业银行兼营投资银行业务研究 / 任壮著 ; 刘国成指导. -- 东北林业大学, 2005. -- 106 页

文章对我国商业银行"兼业经营"下开展投资银行业务的理论与实务进行了系统的研究论述。论文运用现代经济学原理对商业银行经营投资银行业务的产生基础、经济优势和负面影响进行理论研究后发现,商业银行经营投资银行业务的出现与发展是顺应市场需求而改变供给行为的市场化过程,同时,兼营两种业务既会产生规模效应与协同效应,也会由于内部的利益冲突而滋生经营风险。最后通过构建数学模型对商业银行经营投资银行业务的综合效用进行分析后发现,商业银行适度经营银行业务的风险要小于单独经营银行业务的风险。为探寻适合于我国商业银行兼营投资银行业务的经营模式,论文运用了案例分析与实证研究相结合的方法,对现有两种经营模式进行了比较分析,认为内部综合经营模式应是近期商业银行兼营投资银行业务的现实选择,银行集团经营模式目前还不具备现实基础,但却是今后的发展方向。另外,在投资银行业务产品设计与实务操作研究上,论文对商业银行今后事宜开展的投资银行业务产品的现实基础、运作机理、操作流程等方面进行了阐述。

关键词:商业银行　投资银行　银行业务

5532

天保地区森林资源保护与经济社会协调发展的机理和模式研究 / 沈月琴著 ; 马天乐,刘俊昌指导. -- 北京林业大学, 2005. --188 页

本研究以天保地区为研究对象,立足天然林资源保护与社会经济协调发展的目标,在对天保地区森林资源与环境、社会经济进行典型调查分析的基础上,分析了天保工程对国家生态环境改善和社会经济发展的正面影响,以及对天保地区生态环境、经济和社会的影响,尤其是对天保工程主要利益相关者的受损受益情况,以及他们的利益取向和冲突产生的原因等进行了深入研究。之后,本文对天保地区进行SWOT分析,通过需求和基础分析以及现实借鉴,认为天保地区森林资源保护与经济社会协调发展的战略目标从总体上是可实现的。然后,本文根据天保地区实际,通过挑选核心要素并加以强调和理论抽象,构建起天保地区森林资源保护与经济社会协调发展的理想模式。同时,作者从协调发展模式的需要入手,认为保障天保地区森林资源保护与经济社会协调发展的关键机制主要有:市场机制、多方参与机制、利益协调机制、伙伴协作机制等,它们相互联系构成了协调发展模式的机制框架。最后,本文指出天保地区森林资源保护与经济社会协调发展模式得以实现,除了建立有效的机制保障体系以外,还需要一系列的保障措施,其中最关键的是政策保障、体制保障、资金保障和科技保障等。

关键词:天然林　森林资源　森林保护　协调发展　生态环境

5533

我国商业银行产品创新管理研究 / 孙宏著 ; 黄清指导. -- 东北林业大学, 2005. -- 113 页

作者首先结合论文的研究内容,对金融创新、银行产品概念加以界定,并通过对银行产品创新的动因理论和产品创新管理等相关理论的分析,提出国内商业银行产品创新的动因,为开拓银行产品创新管理提供理论基础。其次,针对商业银行产品创新的现实状况和存在的问题,分析银行产品创新滞后的经济影响,提出在分业经营体制下,我国商业银行产品创新的总体构想,为银行产品创新提供依据和参考。再次,引入模块化理论,论证银行产品创新模块化管理的可行性,提出模块化是商业银行产品创新模式的重要方向;同时运用集成、并行工程和合作工程等理论和方法,对商业银行产品创新的管理组织形式进行论证,并试图构筑商业银行的整体组织集成结构。接着,基于商业银行新产品定价的现状及存在问题的分析,提出银行资产、负债、收费类产品和结售汇等新产品定价的模型和较为详细的计算过程,同时对公司类贷款产品的定价进行案例分析。运用层次分析法和

模糊综合评价法，设计商业银行产品创新的前评价指标体系。在对新产品成本和收入比较合理归集的基础上，以作业成本法、经济增加值法和平衡计分卡有机结合为基本思路，提出产品创新的绩效评价方案。最后，论文从政府和企业两个角度，提出推进商业银行产品创新的对策建议。

关键词：商业银行　银行业务　金融产品　产品创新　绩效评价

5534

中国零售业态结构优化研究 / 孙璐著 ；王德章指导. -- 东北林业大学，2005. -- 113 页

该论文以研究零售业态的资产结构、销售结构和利润结构为切入点，以规范分析结合实证分析研究我国零售业态结构优化问题。首先，以一般均衡理论为基础，结合仿生学、系统理论、环境理论、马克思分工理论、生命周期理论等对零售业态整体结构进行了研究，同时，介绍了我国零售业态结构的现状，分析了结构中存在的结构失衡、增长大幅波动的问题。其次，仍基于一般均衡理论，运用聚类分析中的相似系数作为零售业态整体结构评价标准，对全国和部分地区零售业态结构进行了评价，证实了零售业态结构均衡意味着零售业生产率高的论断，同时，在零售业态结构已知的情况下研究了零售业态个体的均衡情况。随后，作者在以上理论研究和业态整体结构评价基础上，对零售业态进行了包括获利能力、运行绩效、市场饱和度、增长速度等在内的多方面研究。最后，通过对零售业态结构现状、问题的综合研究，结合美国零售业态发展情况分析，提出了现阶段我国零售业态结构优化的对策。

关键词：零售业　产业结构　商业经营　结构优化

5535

东北亚区域林业经贸合作研究 / 田刚著 ；黄清指导. --东北林业大学，2005. --176 页

本文通过对国内外东北亚区域林业经贸合作的理论与实践分析，研究东北亚区域社会经济现状与发展历程，探讨东北亚区域林木产品供给与需求情况，介绍了东北亚区域林木产品进出口贸易的情况，提出了东北亚区域林业经贸合作的发展战略和构想。文章的具体内容包括：东北亚区域林业经贸合作的基础理论评析，东北亚区域经贸合作的背景和发展回顾，包括俄日、中俄、中日、中韩、中蒙等国的林业经贸合作情况，世界及东北亚区域林木产品的消费的总体情况、特征及趋势，影响区域林木产品市场需求与消费的因素，东北亚区域林木产品和要素供给的情况，影响东北亚区域森林资源供给的主要因素，世界及东北亚区域各国林木产品供给状况，影响区域林木产品供给的主要因素，中、俄、日等国林业生产经营的阶段特征分析，林木产品市场进出口贸易的总体情况、特征、格局、制约因素和发展趋势，东北亚区域林业经贸合作的领域、动因、障碍及合作方式，东北亚区域林业经贸合作的总体目标、遵循的原则、实施方式、模式创新，中国参与东北亚区域林业经贸合作的战略利益、重要作用、风险与挑战、路径选择和战略措施等。

关键词：林木产品　进出口贸易　经贸合作　国际合作　东北亚

5536

论西部生态环境建设中的可持续发展观 / 田治威著 ；任恒祺指导. --北京林业大学，2005. --129 页

本文从发展及发展观的进化出发，对传统发展观和可持续发展观进行了深入思考和系统分析，同时梳理了现有的可持续发展理论，确立了全新的可持续发展观和可持续发展理论的三大理论支撑体系，并论述了可持续发展的基本特征及对可持续发展状况的度量与判别的基本方法。以此为基础，按照可持续发展观要求，结合西部地区的社会、经济和生态环境状况，在进一步分析区域与可持续发展的关系、生态经济区评价和区域的生态经济类型的基础上，推论出西部地区在全国可持续发展中主要贡献方式，进而采用多种分析方法，相互印证，对西部地区的可持续发展状况进行计量、判别与分析评价，从不同方面证明西部地区的生态环境是可持续发展这个“木桶”的“短板”。之后，在对西部地区生态环境建设的地位作用分析的基础上，确定西部生态环境建设的根本战略核心是弥补可持续发展这个“木桶”的“短板”，同时，在用可持续发展观重新审视西部的生态建设的基础上，发现西部生态建设中不符合可持续发展要求的问题，提出西部生态建设中必须澄清的几个重大认识问题，然后应用可持续发展观，对西部生态环境保护建设战略的框架进行了总体谋划，并提出符合可持续发展要求的一系列主要相关经济政策，以保障西部生态建设和可持续发展战略的顺利实施。

关键词：生态环境建设　环境保护　可持续发展　西部地区

5537

基于社区参与的我国生态旅游研究 / 佟敏著 ; 黄清指导. -- 东北林业大学, 2005. -- 115 页

论文通过对国外发达国家与发展中国家在生态旅游中社区参与活动的研究比较,分析总结了其在社区参与和社区发展方面的成功经验,如确立合理的利益分配机制,设立非政府的统一管理机构,政府对生态旅游进行干预和扶持等,为我国生态旅游活动中的社区参与提供借鉴。以此为基础,运用旅游业的可持续发展理论、生态旅游规划理论、生态旅游管理理论、利益主体理论等研究成果,在分析我国生态旅游发展现状基础上,从社区参与的角度提出生态旅游的发展模式,并从决策机制、利益分配机制、生态保护机制、保障机制和社区参与评估体系等五方面构建了基于社区参与的生态旅游模式的理论框架。在这一生态旅游模式基础上,提出了以政府宏观主导和社区微观参与为主体的生态旅游发展对策。最后,选取伊春市五营国家级森林公园进行社区参与生态旅游活动的实证分析,运用政府宏观主导与社区微观参与的研究结论提出五营地区社区参与生态旅游发展的具体对策与方法,从而实现理论和实践的结合。

关键词:旅游业　旅游管理　生态旅游　旅游服务　社区

5538

我国民族地区生态建设与经济发展的耦合研究 / 汪中华著 ; 黄清指导. -- 东北林业大学, 2005. -- 140 页

本文从民族地区发展需求的视角着眼,分析民族地区生态建设与经济发展演进的历史和发展趋势;从生态退化与经济落后相关关系的视角,分析民族地区生态建设与经济发展耦合的有利和不利因素;并从生态建设与经济发展耦合联动的视角切入,提出相应的促进民族地区生态经济良性循环的内外部建议。文章大体包括如下内容,首先,基于对国内外相关研究的回顾,对民族地区生态建设与经济发展耦合问题的相关概念进行了辨析和界定。其次,通过对民族地区生态建设与经济发展耦合现状的梳理,分析二者不良耦合原因,探讨了生态建设与经济发展的耦合关系。随后,作者围绕民族地区生态建设与经济发展良性耦合的思路,按照不同类型地区的实际情况探讨了分区治理的模式。第四,针对民族地区发展生态经济的实际需求,为达到生态建设与经济发展良性耦合的目的,提出以发展循环经济、生态产业和劳务经济来实现生态、经济的良性循环。最后,在总结民族地区生态和经济现状的基础上,提出必须借助国家力量来启动和推动民族地区的生态建设和经济发展,并提出了相应的政府促进民族地区生态建设与经济发展良性耦合的推进政策与措施。

关键词:民族地区　生态环境　经济发展

5539

河北省退耕还林政策研究 : 激励相容、区域发展与政府规制 / 王爱民著 ; 黄鹤羽,高岚指导. -- 北京林业大学, 2005. -- 125 页

作者对退耕还林工程本身的特征和影响因素进行分析和论证,在此基础上找出影响退耕还林工程实施成效和后期成果巩固的关键性因素,进而确定在经济、社会、环境协调发展的前提下最有效的政策反应。首先通过对生态环境产品供需特征的理论分析论证了退耕还林政策制定的基点。作者论述了政府如何形成了对环境产品的需求和供给双重垄断,并分析了由此产生的农户利用禧新年优势增加政府监督成本,弱化监督效果的情况,提出政府应以激励相容为政策制定基点,同时将促进退耕区域经济发展作为长期政策基点,改变农户对退耕土地的依附关系。其次,作者以河北省为研究区域,对相关政策的历史演变以及现行政策问题和效应进行了实证分析,并提出了相应的政策性建议。最后,以河北坝上地区作为典型案例,对退耕区域经济发展的影响因素进行了全面分析,指出人力资本存量是最显著的影响因素,并比较分析了农户教育水平与退耕区域经济发展之间的关系,围绕相关影响因素提出了退耕区域经济发展的政策取向。

关键词:退耕还林　林业政策　河北省

5540

中国花卉产业发展研究 / 王红姝著 ; 黄清指导. -- 东北林业大学, 2005. -- 121 页

作者在论述经济学相关理论的基础上,对我国花卉产业发展的动因、花卉产业的形成与发展、世界花卉产业的发展趋势及成功经验、我国花卉产业发展的优势、花卉产业经济增长方式、花卉产业化经营、花卉产业集群发展等方面进行了研究,并提出了我国花卉产业发展的对策。研究提出了我国花卉产业发展的主要动因有农业产业结构调整动因、国内花卉消费动因和花卉出口动因;分析了我国花卉产业发展的历史与现状,界定了我国花卉产业经济增长方式属于粗放

式增长,并提出技术进步是花卉产业增长方式转变的关键;通过理论与实证分析,提出在发展我国花卉产业时要避免盲目强调比较优势、忽视比较优势的动态变化规律;提出产业化经营是我国花卉产业发展的必然选择,利益分配机制是花卉产业化经营成功的关键,坚持利益共享、风险共担的原则,建立和完善花卉产业化经营的利益分配机制;提出通过发展花卉产业集群,提高我国花卉产业的整体竞争力,并结合产业区域优势,构建了我国特色花卉产业集群布局;在发展战略上,提出了实施进口替代与出口导向相结合的我国花卉产业发展战略。

关键词:花卉　产业化　技术进步

5541

北京市林业科技进步贡献率的测算和对策研究／吴成亮著；黄鹤羽,高岚指导. -- 北京林业大学,2005. -- 128 页

本文首先对科技进步历史进行了简单回顾,系统概述了现代经济增长理论中科技进步理论和模型以及科技进步测算研究的主要成果和研究方法。然后简要总结了北京市的经济发展和科技进步情况,简要分析了北京市林业科技取得的成就、存在的问题,并从五方面总结了新阶段北京林业对科技的需求,进而指明了北京市林业科技的发展趋势。基于国家林业局和北京市的相关统计资料,结合北京市林业的实际情况,在北京市林业局安排开展的多项专项调研的基础上,通过实地调查、专项统计检测、专家讨论等方法手段,采用索洛余值法对北京市"八五"、"九五"、"十五"部分时期的林业科技进步贡献率进行了总体测算,再结合对北京市林业科技进步因子和科技进步贡献率影响因子的分析,提出北京市林业科技发展的相关建议。

关键词:林业经济　技术进步　贡献率　北京市

5542

南方集体林区森林可持续经营的林权制度研究／徐秀英著；马天乐,刘俊昌指导. -- 北京林业大学,2005. -- 171 页

南方集体林区是我国主要林区,其森林资源的生态地位十分重要。解放以后,南方集体林区林权制度经过了多次变革,遗留下来许多问题。而这些错综复杂的产权问题已经严重地影响森林可持续经营。论文旨在以已有的新制度经济学、法学的相关理论为基础,对南方集体林区林权制度的历史变迁性进行比较静态分析,通过调查并结合相关的法律法规,分析存在的产权问题,研究南方集体林区林权制度改革的主要内容。主要结论是:(1)南方集体林区林权制度存在的主要问题可能是制度本身的问题,也可能是制度执行中的问题,如产权界定不明确,产权缺乏安全性,产权的市场化运行受阻等。(2)南方集体林区林权制度改革的总体设计包括:改革的方向是坚持集体林地所有权不变;改革目标是实现森林可持续经营;改革的主要内容是林权明晰化、林权的有效保护和林权的市场化运作;变迁的方式是诱使性制度变迁与强制性制度变迁相结合。(3)南方集体林区林权制度改革的首要任务是明晰产权。(4)需要规范和弱化政府权力和建立相应的法律来保障林权的安全性,集体林区林权的安全性研究需突破产权制度本身的范围,改革林地征用制度,建立公益林征用补偿制度,改革商品林采伐限额制度。坚持公民财产权与政府行政权平衡的观点,从私人财产权法律保护的角度来探讨公益林补偿问题。(5)从拉动林权市场需求与供给、合理确定价格、降低交易成本等方面来推动林权市场化运作。

关键词:森林经营　产权　可持续发展　商品林　公益林

5543

生态危机的社会制度原因与我国的稳态经济模式／许婕著；曹玉昆指导. -- 东北林业大学,2005. 94 页

论文以马克思主义理论为指导,借鉴生态社会主义的思想及主张,分析了资本主义国家以及中国的生态环境的现状及生态危机形成原因,在充分认识我国社会主义制度优势与现实国情的前提下,指出中国解决生态危机、实现可持续发展的有效途径是在发挥社会制度优势的基础上,构建有中国特色的稳态经济模式。稳态经济模式是生态社会主义解决生态危机的对策,然而这一模式是以发达国家为研究对象,其具体主张有许多与中国不相适应的地方,在借鉴其合理内核的基础上,作者提出,中国特色的稳态经济模式应该建立在公有制基础上,以适度增长、公平分配、可持续消费为特征,通过对经济系统的总体设计,达到稳态的要求。建立公有制是解决生态危机的社会制度保障,强有力的宏观调控要求有正确的目标导向,建立以绿色 GDP 为核心的宏观调控体系,通过对企业行为的约束、激励与引导,把资本的逻辑限制在一定范围内。分配对生产环节具有反作用,稳态的分配

制度应立足于推进社会公平,关注弱势群体,以环境公平促进社会公平,实现社会和谐。消费是生产的目的与动力,社会主义国家应倡导符合可持续发展原则的适度消费模式,这必将进一步限制以至消除资本的逻辑,解决生态危机。

关键词:生态环境　生态危机　社会主义　社会制度　可持续发展

5544

中国西部地区退耕还林工程效益评价及其影响研究 / 杨旭东著 ; 任恒祺指导. -- 北京林业大学, 2005. -- 170 页

作者通过对三峡水库库首县大坝前沿的中坝村和四川岷江水系青衣江上游的天全县退耕还林的两个案例的比较研究,结果表明小尺度上退耕还林工程的生态效益较为明显,经济和社会效益也相对显著,而在县域尺度上,退耕还林工程的综合效益表现一般。因此从退耕还林工程建设管理出发,应明确在重点地区实施退耕还林工程,提高工程实施的综合效益。作者还认为,西部地区是我国退耕还林任务最重、社会经济状况最差的地区,退耕还林的多是坡耕地,生态林比重在 80% 左右,退耕还林对粮食的总体影响不大。退耕还林已经初步显示促进了农村产业结构调整,推进农民脱贫致富,增强了农民应对社会风险的化解能力。然而必须进一步加大宏观调控力度,同时采取积极的信贷政策,鼓励新型产业发展,促进产业结构调整。此外,退耕还林必须高度重视处理好国家生态目标与群众经济目标的关系。稳定、创新林权和林地制度,将退耕还林工作纳入小流域或区域的统筹规划与管理之中,创新经营模式。完善和建立合理的运行管理机制。同时,退耕还林工程必须与治愚或文化扶贫相结合。

关键词:退耕还林　经济效益　西部地区

5545

中国国有企业集团财务治理研究 / 苑雅文著 ; 黄清指导. -- 东北林业大学, 2005. -- 131 页

在经济转型期特有的中国国情背景下,论文选取泛财务资源配置为研究视角,勾画了国有企业集团财务治理的整体框架。作者首先通过对国有企业集团的历史沿革、特点与现状进行分析,认为国有企业集团的产生是中国经济改革的必然结果,其成就与未来的发展对中国经济具有重要意义。接着,对国有企业集团财务治理动因进行了分析,提出财务治理是国有企业集团化经营的核心;并通过对财务治理与企业集团协同能力的相关分析,提出财务治理是企业集团发挥协同作用的重要手段,企业集团财务治理机制的设计要以实现企业集团的整体协同为目标。作者对日美韩三国企业集团财务治理模式进行了比较分析,构建了国有企业集团治理模式的思路,设计了国有企业集团财务治理的框架。论文还探索了企业集团会计规则、融资模式、股权结构、内部盈余管理等财务治理手段的协同功能。会计规则的通用规范即会计准则是外部财务治理的重要组成,而剩余的会计规则即由企业制定和选择的会计政策则是企业集团实施财务治理的重要内容;从提高公司治理效率的目的出发,提出国有企业集团融资策略和股权投资策略;国有企业集团的内部盈余管理、会计政策的选择、成员企业的激励与业绩考评等手段,主要目的在于实现企业集团财务治理内部协调的功能。最后,分析了企业集团财务治理与会计组织模式的选择问题,认为科学合理的会计组织的设计应顺应企业集团财务治理的需要,并且要恰当反映企业集团内部各权力主体的权责对应关系。

关键词:国有企业　企业集团　财务管理　会计制度

5546

中国森林资源未来发展趋势及可持续发展综合评价研究 / 张丽霞著 ; 顾凯平指导. -- 北京林业大学, 2005. -- 162 页

作者在论述可持续发展理论、系统理论的基础上,通过对森林资源现状的分析,建立了森林资源系统仿真模型,预测了我国森林资源未来发展趋势,在此基础上对我国目前各项政策及各大工程进行了政策模拟试验并提出了建议;根据森林资源可持续发展内涵,定义了森林资源可持续发展系统,提出了由森林资源可持续发展水平、可持续发展能力及可持续发展协调度组成的森林资源可持续发展概念模型,并在此基础上构建了一个垂直式森林资源可持续发展评价指标体系,探讨了森林资源可持续发展综合评价方法及动态评价准则;在森林资源可持续发展评价指标体系、系统仿真模型基础上,结合多种数学预测方法(灰色预测、回归等),运用主成分分析、改进的三标度层次分析法、直接赋权法结合的方法确定权重,设计了主客观变权方法,对我国森林资源可持续发展进行了动态评价。研究结果表明:我国森林资源在未来基本能实现自我发展,活立木蓄积量总量呈逐步上升趋

势,森林覆盖率也会有较大的提高。林分质量不高和林龄结构不合理这种情况将随着森林资源的不断恢复发展有所改变,单位面积蓄积量在经过一段低谷后将有所提高。未来我国森林资源受森林资源可持续发展能力的影响,发展速度缓慢,基本都处于基本可持续发展阶段。

关键词:森林资源　可持续发展　资源评价

5547

中国农村人力资源开发与利用研究 / 张晓梅著 ; 尚杰指导. -- 东北林业大学, 2005. -- 137 页

农村人力资源开发与利用的研究是时代提出的客观要求,也是当前我国面临的紧迫任务。论文的研究目的,是在深刻认识农村人力资源开发必要性与迫切性的基础上,通过农村人力资本投资问题的研究,制定出农村人力资源开发及其向人力资本转变的战略和相应对策,并对农村人力资源开发与相关问题进行专题研究,为充分开发、合理配置和有效利用农村人力资源提供战略思路和具体建议,从而加快我国传统农业改造和农业与农村现代化的实现,改革与发展农村教育,加强农村教育为经济社会发展服务的能力,使农村教育更好地适应和引导农村现代化建设与全面建设小康社会。因此,作者立足于我国农村人力资源发展现状与趋势,研究农村教育产生与发展的资源、经济与社会背景,采用博弈模型方法对农民教育投入进行了分析;测算了农民个人投资收益率;设立了农村基础教育工作者的激励机制模型。结果进一步证明了农村教育在农村经济社会发展中所做的贡献,同时也验证农村教育在劳动力转移中所起的作用。并以黑龙江省这一农业大省作为典型例证,系统论述了农村人力资源素质的提高与经济社会发展的关系,并提出多层次、多级别、多形式的农村人力资源开发与利用对策。

关键词:农民　人力资源　农村剩余劳动力　农村教育

5548

构建我国环境会计体系的研究 / 张英著 ; 刘国成指导. --东北林业大学, 2005. --121 页

本文主要研究构建我国环境会计体系的理论基础,宏观环境会计,微观环境会计,环境管理会计,环境审计,构建我国环境会计体系的原则和影响因素等内容。文章探讨了环境会计体系的理论构成和各个部分的主要目标、内容与技术方法。文章认为环境会计应该是大会计体系,我国的环境管理需要环境会计信息系统的支持。宏观环境会计需要增加包括防护活动核算、环境资源核算在内的环境卫星账户。微观环境会计的实施是企业承担环境责任的表现。环境管理会计对于环境管理体系的建立具有重要的信息提供作用,主要包括环境成本的管理与控制、投资项目的环境评价以及生态信息的提供。文章探讨了提高环境审计质量的技术和方法,介绍了我国的环境审计主体构成及其应担负的职责,分析了环境审计实行的障碍因素与解决对策。文章提出了我国环境财务报告模式框架构建设想。文章最后分析了我国环境会计与世界接轨的现实趋势。

关键词:环境会计　环境管理　环境审计

5549

会计信息失真的经济学分析 / 张愈强著 ; 刘国成, 田国双指导. -- 东北林业大学, 2005. -- 112 页

论文从经济学的视角研究了会计信息失真,其理论基础包括合约理论、产权理论、制度理论和委托—代理理论。作者运用合约理论与产权理论,从研究会计信息的经济学性质入手,分析了会计信息失真的本质。指出会计信息是一种标签产品,它的使用价值是反映企业的价值,其价值实现依赖于企业价值的实现。这一属性使会计信息具有巨大的"经济后果性",进而其真实与否、质量高低成为影响利益相关者利益分配结果的重要因素。此外,作者从外在于合约的角度定义了会计信息外部性的概念,指出会计信息外部性问题的解决途径是产权界定,而其"内部性"问题的解决途径则依赖于对产权的有效维护。运用制度理论、委托—代理理论和成本收益分析对会计信息规则性失真和违规性失真的成因进行了研究,并为会计信息违规性失真的产生建立了一个一般性的逻辑分析框架。作者还通过对财政部 1997—2002 年间公布的会计信息质量检查公告以及中国证监会 1994—2003 年间对上市公司发布的处罚决定的考察,分析了当前我国会计信息失真的现状、特征与原因。最后,作者运用信息经济学中的激励理论与监督理论、制度经济学中的产权理论以及委托代理理论,从宏观、中观与微观三个层面上研究了会计信息失真的治理途径,并将学术界提出的会计信息治理措施纳入上述一般性分析框架中,分别对它们的利弊进行了分析。借鉴西方法和经济学中的 UTC 市场理论,设计了一个治理会计信息失真的市场方案,即投资者依法享有的获取真实会计信息权利被从会计信息产权中分离出来,使

得这种原来只能通过政府管制才能得到维护的权利可以在市场上自由转让,赋予了具有监督能力和索赔能力的市场主体较高的监督动力和索赔动力,增加了会计信息侵权行为被发现的概率与惩罚力度。

关键词:会计信息失真　经济分析　会计准则　会计制度

5550

黑龙江省绿色食品产业发展研究 / 赵新勇著 ; 王德章指导. -- 东北林业大学, 2005. -- 101 页

论文运用可持续发展理论、产业组织理论、竞争优势理论、产业集群理论等经济学、管理学理论的研究成果,从产业经济学、区域经济学和企业管理学相结合的角度来研究黑龙江省绿色食品产业。绿色食品加工基地在黑龙江省被列为振兴东北老工业基地的六大基地之一,发展绿色食品产业对黑龙江省经济和社会发展具有重要作用。作者通过对我国及黑龙江省绿色食品的发展现状进行概括,发现存在的问题,分析绿色食品的发展环境,提出发展思路和发展模式。从黑龙江省绿色食品产业的发展情况看,绿色食品产业的发展可采用中小企业聚散型、龙头企业带动型、市场依托型和品牌联结型等四种模式。其次,作者分析了政府在经济发展中的基本角色,提出政府应在生产要素的升级、鼓励和规范企业的竞争方面发挥作用。同时论述了行业协会的重要性,提出行业协会在绿色食品产业发展中推动企业之间及企业与其他相关方面之间的联系、加强行业自律等方面具有重要地位。作者还提出在现有比较优势的基础上,采取生产要素结构升级、需求引导、相关产业支撑、推动企业之间的竞争与协作等对策,通过各关键要素的相互促进、相互强化作用,构建绿色食品产业集群,培育绿色食品产业竞争优势,提高绿色食品产业市场竞争力,推动区域经济发展。通过研究黑龙江绿色食品产业集群的构成,提出依靠各方面的力量培育绿色食品产业竞争优势,促进绿色食品产业集群的形成与完善,为企业、政府及相关机构推动绿色食品产业的发展提供决策依据。最后,论文以黑龙江省山特绿色食品产业为案例进行研究,分析黑龙江省山特绿色食品中存在的问题,并提出发展对策,为绿色食品产业的发展提供借鉴。

关键词:绿色食品　产业发展　产业集群　黑龙江省

5551

我国物流企业竞争力评价与对策研究 / 赵炎著 ; 黄清指导. -- 东北林业大学, 2005. -- 96 页

本文运用定性与定量的方法对我国物流企业竞争力进行了系统的评价与对策研究。本文回顾了国内外的相关研究现状,综合了我国物流企业竞争环境,探索了我国物流企业竞争力各主要要素现状和物流企业的特征。文章系统分析和研究了竞争力在物流企业发展中的主体地位和关键作用,构建了我国物流企业竞争力建设的总体框架,提出了我国物流企业竞争力问题研究的指导思想、发展战略及发展模式。作者建立"动力学模型",通过模型建立与运行物流企业竞争力因果关系系统进行分析研究,实现物流企业竞争力在我国现代物流企业发展中的作用。作者运用模糊分析法建立了物流企业竞争力评价模型,并对模型进行实证分析,评价其有效性。文章以一个崭新的角度,提出了提高我国物流企业竞争力的宏观和微观思路以及对策。

关键词:物流　物资企业　市场竞争　竞争力

5552

我国高校技术资源转移问题研究 / 朱天天著 ; 黄清指导. -- 东北林业大学, 2005. -- 93 页

本文按照新制度经济学的基本分析方法,运用马克思主义的系统论思想,同时借鉴和采用新制度经济学的理论成果,在对国内外技术资源转移现状分析的基础上,把技术资源转移解构为人力资本要素、技术商品要素、技术资本要素和制度要素四个基本要素构成的相互作用和耦合系统,然后建立了技术资源转移的效率函数,并以此明确了技术资源转移制度设计的优化路径,在此基础上,文章将技术转移四要素构成的体系纳入社会资源、经济资源大系统中,又分析了高等学校技术资源转移供求双方的特点,探讨如何整合大学的科技资源,使高等学校技术资源转移具有可持续性,论证了技术转移的制度设计不应仅单纯就技术资源转移而论之,必须将其纳入社会经济的大系统中,最终使技术资源转移与社会经济要素,大系统与小系统之间形成协调发展。最后文章将高等学校技术资源转移制度安排纳入国家创新体系设计中,在宏观上,从市场建设,法律环境建设等方面,设计了适合我国高等学校资源转移的制度模式;在微观上,从高校自身出发,提出高校提高技术资源转移效率的对策建议。

关键词:高等学校　技术转移　人力资本

行政管理学

5553

美英高级文官制度研究 / 毕东升著 ; 张成福指导. -- 中国人民大学, 2005. -- 209 页

美英高级文官制度的产生和发展有着特定的历史背景,它是美英政治与行政发展的必然结果,是联系政治与行政的一座桥梁。其核心目的在于将政治与行政有机地结合起来,以提高政府整体效能,增强政府在世界上的竞争力。作者首先回顾了美英高级文官制度的起源和发展过程,以及其职位的设计与管理来阐述美英政府的高级文官制度在世界文官制度上的作用和地位以及影响;其次还分析了美英高级文官的任职资格,任命的程序以及美英高级文官的培训和发展;再次分析了美英高级文官的绩效管理制度以及其薪俸和待遇;最后对美英高级文官制度评价体系的说明。作者通过对美英高级文官制度的研究,主要还是想对我国文官制度的管理起借鉴作用。作者认为我国政体与美英政党制度截然不同,我们不能照搬美英高级文官制度,但这并不意味着我们就不能借鉴其有用部分。美英高级文官制度中灵活的用人机制,严谨的培养体系,职位设计和管理方式,绩效考核方法,高层干部管理体制和储备体系能够给我们一些有益的启示。

关键词:文官制度　政治制度　英国　美国

5554

论中国政府适用保障措施之对策 / 蔡才昂著 ; 程信和指导. -- 中山大学, 2005. -- 103 页

本文从维护我国产业安全的角度出发,首先论述了我国政府在适用 WTO 保障措施方面存在的问题,包括产业损害预警机制存在的问题、在采取和应对保障措施方面存在的问题,以及在应对保障措施方面存在的问题,并就各方面的问题剖析其成因。进而作者指出,政府合理适用保障措施需要一个系统环境,论证了产业损害预警机制的构建既是合理适用保障措施的系统要求,也是政府发挥公共管理职能的职责所在,并对我国产业损害预警机制的建立标准和模式等进行了分析。最后,结合 WTO 认定成员方使用保障措施是否合理的典型案例,从政府行政行为合法性和合理性相结合的视角,为我国政府如何合理采取保障措施和应对其他国家的保障措施提出理论论证和对策建议。

关键词:世界贸易组织(WTO)　保护贸易　行政管理　公共管理

5555

行政监察专员制度比较研究 / 陈宏彩著 ; 朱立言指导. -- 中国人民大学, 2005. -- 186 页

行政监察制度是各国政治体制中不可缺少的重要组成部分,它对公民权益的维护、政府权力的规范运行等有着重要的作用,各国都对行政监察专员的任职资格作了比较严格的且符合本国实际的规定。作者通过对世界各国的行政监察专员的调查和研究,详细分析了其作用和职责权限,以希望对我国的行政司法能起到有益的借鉴作用。论文认为,监察专员的建议权首先在于虽然没有直接的执行权,但事实上其建议基本上受其他行政权的监督最终都能得到执行。其次,监察专员的主要目标是维护当事人的合法、合理权益,促进行政权的公平、公正和合理的运行。最后,从权力的性质和监察专员的职责的特点来看,监察专员没有执行权也符合现代民主、法治精神。论文通过功能比较发现,行政监察专员是其他监督救济机制必要而有益的补充,因为现代民主社会越来越注重公民权利的救济。作者认为,新中国成立以来,我国逐渐形成了具有中国特色的行政监察体系,行政监察取得了举世瞩目的成就。但是我国的行政监察仍然存在许多缺点和不足,必须不断地进行体制改革和创新。为了强化对权利的制约、拓宽公民权利救济渠道以及维护社会稳定,我们有必要建立具有我国特色的行政监察专员制度,进一步加强和改进我国行政监察工作,推动社会主义政治文明建设。

关键词:行政管理　行政监察　行政督察专员

5556

制度、精英与共识 : 中国集成电路产业政策过程研究 / 陈玲著 ; 薛澜指导. -- 清华大学, 2005. -- 171 页

政策过程研究是公共决策科学化和民主化的重要理论依据。文章研究了上世纪 80 年代以来的中国集成电路产业政策制订过程,建立了中国政策过程分析的共识框架,提出了政策过程的"制度—精英"双层决策理论。首先,作者比较分析了国内外有关中国政策过程的理论和模型,指出了"共识"是中国政策过程的核心概念和目标,并建立了政策过程分析的共识框架。文中还进一步建立了政策过程的微观机制模型,

指出官员决策时的政治与业务双重标准以及相应的微观模型。其次,分析了中国集成电路产业的发展历程和现状、改革开放前后政策演变和政策制定过程,剖析了若干关键政策和项目的决策过程,分析了产业、产业政策和政策过程这三者之间存在的内在的逻辑联系。再次,作者在案例研究的基础上提出政策过程的“制度—精英”双层决策理论。认为政策过程同时发生在制度层面和经营层面,制度层面的政策舞台规定了政策制定的正式场所、流程和规则,精英层面的协商网络则定义了与决策有关的社会关系网络。“制度—精英”双层结构的互动导致政策过程出现滞缓和突变。最后,作者指出中国政策过程优化的三条途径,即改进政策过程的制度结构,优化政策过程的协商网络,促进制度结构与协商网络的良性互动与发展。

关键词:电子工业　集成电路产业　产业政策

5557

我国信息基础设施发展中的政府行为研究 / 陈文理著 ; 陈瑞莲指导. -- 中山大学,2005. -- 208 页

作者从公共管理学的角度,吸纳其他学科研究的重要成果,采用历史与逻辑相统一、理论与实践相统一以及比较研究的方法,从政府和市场行为在信息基础设施发展中的角色和作用以及信息基础设施不同发展阶段中的政府行为方式及其特点入手,构建相应的理论框架和分析模型进行研究。论文对我国信息基础设施发展中政府行为的演进过程、特点、存在问题及其原因进行了比较全面、系统的理论和实证研究。在比较、借鉴世界上信息基础设施领先国家政府行为经验的基础上,从领导和管理体制、政府规划、政府投融资体制、政府规制以及电子政务建设等几个方面探讨了完善我国政府行为的具体对策。作者认为,中国特定的政府主导型“强政府—弱市场”模式是在特定的环境约束下形成和发展的;我国信息基础设施发展中的政府行为在价值取向、领导和管理体制、行为模式等方面都存在问题,必须加以改革;建立与经济全球化、市场化以及信息化时代相适应的“政府与市场”均衡、协调发展模式,建立促进信息基础设施发展和信息公平的“法制、民主、有限、高效”的政府行为体系是我国政府行为变革的总体目标。

关键词:信息基础设施　信息高速公路　政府职能　政府行为

5558

开放与和谐 :美国民间非营利组织与政府关系研究 / 扶松茂著 ; 竺乾威指导. -- 复旦大学, 2005. -- 177 页

本文从多学科的角度对民间非营利组织及其与政府之间的关系进行了探讨,提出了若干自己的思考和见解,导入产权经济学的视角,分析了民间非营利组织的根本特性;强调指出,公共领域的结构转型和话语政治为民间非营利组织与政府关系的兴起和运作提供了制度空间和基础。论文首先对民间非营利组织的概念、产生原因进行了辨析;对有关民间非营利组织与政府关系的主要理论进行了分析;阐明了两者关系发展和运作的理论基础以及现实要求。其次,从历史的角度论述了美国民间非营利组织与政府之间关系的变革,即从疏离、合作到伙伴关系的发展过程,并指出这种关系发展是美国国家与社会关系之间张力的反映。第三,阐述和分析了美国民间非营利组织与政府关系的制度规范,展现了美国政府规制与民间非营利组织自我规范相协调的关系治理模式。第四,分析了美国民间非营利组织与政府关系发展过程中面临的现实挑战和困境,指出民间非营利自制与政府关系向多部门协作伙伴关系的范式转型的趋势。最后,扼要地指明我国与美国等西方国家在民间非营利组织与政府关系方面存在着不同的发展逻辑和社会现实。

关键词:非营利组织　社会团体　政府　美国

5559

论中国政府对跨国公司准入政策 / 何文龙著 ; 程信和指导. -- 中山大学, 2005. -- 179 页

论文在世界经济全球化的大背景下,在行政管理学、经济法学与经济学的相结合的理论框架下探讨中国对跨国公司的准入政策问题,作者详细地分析了中国政府如何通过跨国公司的准入政策,整合世界资源,以促进中国经济与社会的可持续发展。就总体而言,论文认为东道国政府的跨国准入政策是一个国家控制跨国公司等外来经济力量的安全阀门,对本国经济的良性循环起保护作用。论文从以下三个方面展开:第一,经济全球化新条件下跨国公司准入政策的主题研究,进而深入分析中国政府的跨国公司的准入政策的调整策略和发展方向。第二,跨国公司准入的待遇标准政策——国际投资领域中的国民待遇政策进行了较为系统的研究。第三,对跨国公司准入的中国产业政策的研究。论文以以上论述为基础,提出了

中国跨国公司并购准入政策的指导思想、原则和创建并购准入的法律体系构想。论文所做出的努力是:在经济全球化的新条件下,以政府的公共政策为中心,在多学科层面上,面对WTO投资规则框架和周边国家和地区的政策竞争,试图解决中国政府对跨国公司准入政策的实际问题并试图构建其政策体系。

关键词:跨国公司　国际投资　市场准入　外商直接投资(FDI)

5560

吸收外国直接投资与技术引进的新型关系研究 / 胡景岩著 ; 薛澜指导. -- 清华大学, 2005. -- 214页

吸收外国直接投资与技术引进的新型关系是一个重要的研究课题。本文首先提出外国直接投资与技术引进是彼此融合、相互依赖与促进的关系。开放市场对外国直接投资技术引进起到关键的作用,经济落后国家通过引进先进技术具有明显的后发优势。其次,作者认为外商投资在技术引进中起到了主体作用,并用大量的统计分析证明外商投资技术引进对我国技术创新、提高劳动生产率、产业结构调整、企业的出口、高薪技术发展都呈现了明显的正相关性。第三,通过实证分析,论述了跨国公司在华技术投入的新战略:即加大了技术投入,进入市场成为投资的最主要动因,由逐步进入到大幅度转让技术,由被动的硬性技术转让到自觉的技术投入,由单纯的技术转让向研究开发经营战略转变。产业结构转移与技术投入同步进行,技术投入与发展配套结合,对技术的控制性增强,技术转让付费方式的变化,一体化技术引进模式的增加,技术进入与技术服务的结合等。最后,文章提出了我国进一步吸收外国直接投资技术引进的政策措施,包括进一步开放市场,确立外商投资技术引进的主体地位,加强对外商投资的产业引导,鼓励建立研发中心,发展产业配套技术,建立工业园区实施一体化经营,采用风险投资,完善法律环境,发展服务外包技术等。

关键词:外商直接投资(FDI)　技术引进　跨国公司　投资政策

5561

技术创新财政政策工具研究 : 理论基础、运作规律与政策建议 / 胡卫著 ; 黄恒学指导. -- 北京大学, 2005. -- 90页

本文以新古典主义经济学理论、演化经济理论、国家创新体系分析方法以及技术赶超和跨越理论为技术创新政策工具的理论依据,说明了政府在技术创新活动中的作用和职能。其次,从财政收入和支出角度,结合有关案例,分析介绍了四种主要的技术创新财政政策工具,包括税收刺激、政府资助、政府风险投资和公共技术采购,并对各工具的机制和作用效果进行探讨。最后,在分析2000年以来我国技术创新能力发展的阶段特征和加入WTO对我国技术创新的影响的基础上,提出了技术创新财政政策调整的建议。作者认为,财政政策工具的调整主要有两方面:一是由支持企业引进和改进技术转而支持企业的原始创新活动;二是在政策工具上,开发更加多元化的、先进的政策工具,注意政策工具之间的协调。

关键词:技术创新　财政政策　财政支出

5562

中国自然垄断行业政府管制研究 / 胡筱秀著 ; 竺乾威指导. -- 复旦大学, 2005. -- 104页

本文从政府管制的制度背景入手,以行政学分析视角,兼用比较与实证的方法,从理论与实践两个层面对中国自然垄断行业的政府管制问题作了深入研究。通过对管制过程中政府自身三重角色的冲突与错位、委托—代理关系链的断裂、政企合谋的三维分析表明,"国家经济人"——国家和政府部门作为利益主体参与到经济活动中,逐利分利,从而导致了自然垄断行业的政企不分、行政垄断与行业垄断。"政企同盟"与行政垄断只是政府管制失效的表象,在复杂表象背后,中国自然垄断行业政府管制失效的根本原因在于现代政府监管体系的缺失。产权制度缺失、法治缺失、法律体系滞后是中国现代政府监管体系的制度约束,尤其是法治和产权这两大基本制度的缺失和供给不足,导致了政府管制的路径依赖和管制失效,也使得本应自上而下的行政性改革的中国自然垄断行业管制改革演变成企业自下而上的技术性改革。中国自然垄断行业政府管制的发展方向应该是,从计划经济时代的部门管理走向市场经济时代的现代政府监管,超越"国家经济人",迈向政府治理体系的现代化。

关键词:垄断行业　政府管制　国家干预

5563

我国城市房屋拆迁利益协调机制研究 / 黄信敬著 ; 陈瑞莲指导. -- 中山大学, 2005. -- 176页

本文首先根据城市房屋拆迁中涉及的主要利益群体,从动态和静态两个维度对房屋拆迁过程中的利

益相关者及其相互关系进行分析，回答了当前城市房屋拆迁利益关系复杂化的客观背景。然后，围绕城市房屋拆迁制度在协调城市房屋拆迁过程中主要利益主体利益关系的地位和作用，分析介绍了我国城市房屋拆迁制度的缘起和现状，阐述了城市房屋拆迁制度的土地所有制基础，透视了当前城市房屋拆迁过程中利益失衡的主要表现、危害以及中央政府的应对措施。针对城市房屋拆迁过程中的利益失衡问题，作者从正式制度和非正式制度两个维度阐述其原因，并在结合境外主要国家地区经验的基础上，阐述了建立城市房屋拆迁利益协调机制的价值取向和具体思路。

关键词：房屋拆迁　利益关系　利益协调

5564

我国农村灌溉管理的制度分析（1949—2005）：以安徽省淠史杭灌区为例／蒋俊杰著；竺乾威指导．复旦大学，2005. -- 124 页

本文围绕政府、市场与社会的关系，试图解释各种政府投资修建的水利基础设施普遍出现效率低下的原因，并寻找农村灌溉基础设施与水资源利用可持续发展的途径。在综合理性选择的制度主义、历史制度主义与博弈论的制度主义三大流派的基础上归纳了一个分析框架：制度与人的关系；物品属性与制度安排；制度变迁；国家的作用及其限度；社会结构与制度。文章从三个层面建构我国的农业水权体系：(1)建立农业灌溉用水指标体系。(2)建立水权转让补偿机制。(3)改革我国农业灌溉水价。作者运用博弈论的工具对公共池塘资源进行分析，并将社会资本这一概念融入进来。以安徽省淠史杭灌区为例进行实证分析，得出以下结论：(1)从建国后至今我国农村灌溉管理的制度变迁呈现强制性变迁的特点。(2)政府在农村灌溉基础设施的供给方面应承担主要责任。(3)水市场是一个准市场，就现阶段而言，政府还不能完全撤出水市场。(4)政府不是中性的，它必须通过宪政的力量来制约行政权力。(5)社会资本对自主治理结构的形成并非是决定性的，但是社会资本对自主治理结构的维持与巩固有着重要的作用。

关键词：灌区　灌溉管理　水权　水资源管理

5565

转型期中国政府政策能力研究／李玲玲著；陈庆云指导. -- 北京大学，2005. -- 118 页

以对国家与社会、政府与市场之间的关系的历史考察为起点，以中国共产党关于落实科学发展观、加强党的执政能力建设为契机，梳理、评析了现有的关于政府职能、国家能力、政府能力的研究成果，分别从政策过程的视角、公共政策主体与功能的视角考察了政策能力的内涵；然后分别从转型期公共政策主体功能的实践、入世新环境和经济全球化以及知识经济的角度对政策能力进行了分析、评价，同时指出了政策能力评价需要注意的若干问题：合理界定政府职能是评价政策能力的前提；公共政策的终极目标是实现以人为本的全面、协调、可持续的社会发展，这是评价政策能力的核心依据；客观看待评价结果。最后作者阐述了全面提升我国转型期政策能力的路径选择。主要从政策主体自身能力的提升和政策环境的改善来论述：转变政府决策理念，提高公务员素质；科学选择各种政策工具；改善和优化决策的外部环境。

关键词：政府职能　政府能力　行政管理　公共政策

5566

风险 知识与公共决策：西方社会风险规制决策研究／李瑞昌著；竺乾威指导. -- 复旦大学，2005. -- 224 页

本文首先通过理论分析和案例阐述来探讨风险规制决策中的科学化、民主化和法制化的问题，并将这个问题置于全球化、国家与社会之间关系复杂化、国际规制和公司规章同国内规则矛盾的背景下，强调如何重建专家、政府的信任，如何依据文化的差异在共存的理念中制定政策，以及如何通过合作形成国际层面上以风险为主导的新秩序。介绍了对科学控制的三种模式以及科学技术系统的失控而形成的信任危机；解释了在全球化背景下，民族国家的权利发生新的变化，原有的国家与社会二分法正变得复杂和模糊，从而使风险规制决策置于一个新的公共领域中展示，而新的公共领域是一个多元文化交融的场所，因此，风险规制政策因文化差异而有分歧。在分析全球化和现代化的历史进程，认为新一轮全球化和第二次现代化给风险规制决策带来规则的冲突和秩序混乱，因此，如何依据变动中的国际和国内环境进行风险规制决策和建立新秩序是创造人类美好未来的重要课题。最后，提出了风险规制决策的网络模式构造，集中分析了风险规制决策中出现的以风险为动力而切割的分化的社会结构的社会整合机制，通过对这个理论性问题演示提出建立风险政治和政策的基本设想。

关键词：社会风险　风险管理　公共决策　西方国家

5567

企业竞争力的提升与政府信息服务模式研究 / 李若鹏著 ; 周志忍指导. -- 北京大学, 2005. -- 178 页

作者集中研究了政府的信息服务,尤其以政府的信息供给职能为重点。论文首先借鉴国内外的现有研究成果,在梳理"信息"的概念、类型和基本属性的基础上,讨论了全球化环境下信息对于企业竞争力提升的重要性。接着,先从理论和实践的结合上,讨论了企业的信息需求及其发展趋势。再具体到我国企业面临的"信息鸿沟,"描述信息能力不足对我国企业造成的损失,分析了未来一定时期内我国企业信息意识和信息获取能力方面的差距,从企业的信息需求和"信息困境"导出了政府"干预"的必要性。在随后的第三章中,作者提出了一个政府信息服务的规范模型,并重点讨论了政府在信息产业培养和信息市场规范方面的作用。之后,作者集中就政府信息服务的一个特定方面即"信息资源开发"进行了论述。第五部分中论文以美国商务部、英国工业和贸易部等为例,概括和总结了发达国家政府信息供给的制度安排和实践,包括为企业服务的信息结构、信息源结构、信息供给模式和特点,以作为我国政府信息供给机制提供比较和借鉴的参照物。最后,作者立足我国企业特点和信息需求特征,针对我国政府信息供给中存在的问题并借鉴国际经验,探讨了具有我国特色的政府信息供给发展战略、模式和机制。

关键词:国家行政机关　信息服务　企业竞争力

5568

整合与分散:美国大都市区治理体制研究 / 刘彩虹著 ; 竺乾威指导. -- 复旦大学, 2005. -- 174 页

本文从宏观上把握美国大都市区治理机制的演变轨迹和规律,对美国大都市区的政治分散化情况和地方政府体制作了简单介绍,分析了形成这种格局的原因,指出美国社会中根深蒂固的殊分主义、获取公共服务的需求、商业利益驱动、政治文化影响以及许可性的建制法共同造成了美国大都市区的政治分散化。然后,介绍了中心城市的兼并,直到二战结束后,南部和西部各州才重新发起大规模的兼并活动。第三,陈述了美国联邦式大都市政府的形成,即建立一种双层制的联邦式大都市政府。在这种体制下,一个大都市政府负责向居民提供区域性服务,而各地方政府则保留自己的身份,对那些属于地方性的事物进行管辖。第四,"市县合并":将中心城市与其所在的县合并为一个单一的大都市政府。第五,"多中心大都市治理":由于大规模的结构性改革很少获得成功,所以多数大都市区仍处于高度的政治分散化,但是这些地区通过特区、政府间合作、城市县等方式也实现了良好的治理。最后,"区域委员会":作为一种有县、自治体以及特区等组成的自愿性合作组织,区域委员会的主要目的是加强地方政府之间的交流、合作与协调。总之,美国大都市区内的各种变量综合作用决定了特定大都市区的治理体制走向整合或分散。

关键词:城市管理　行政管理　管理体制　大城市　美国

5569

看护社会化模式探析:以日本看护保险制度为个案 / 刘亚娜著 ; 黄恒学指导. -- 北京大学,2005. -- 124 页

以日本的看护保险制度为研究个案,从公共政策的视角审视日本政府应对老龄人口看护问题的政策策略及政策过程。作者立足于制度建立的根本性因素、关键性因素,以及偶然性因素的逻辑对日本看护保险制度进行背景分析、政策生成过程及利益博弈分析,并结合制度创设的目标对制度进行评析,深入探讨政策的意义、存在的困境及尚待解决的课题。论文除对日本式看护社会化模式进行全面考察外,还对看护社会化模式进行深入的理论分析,由此及广,进一步分析它对中国的借鉴意义。作者认为,"看护社会化",指从传统意义上的家庭内老龄者看护模式向家庭外老龄者看护模式的转变。理论上讲,包括市场方式、福利方式、保险方式及志愿者方式四种基本的实现方式。日本模式属于福利保险并重型。看护社会化模式的选择,不仅与所需应对的问题本身有关,而且与应对问题时的政策生态环境密切相关。中国作为看护问题"后发"的国家,在建构看护社会化体系时,在政策内容的设计上可以借鉴"先行"国家日本的经验,但由于两国间政策生态上存在的差异,中国所选择的政策模式必定会与日本模式存在差别。

关键词:人口老龄化　社会保障　护理　护理保险　日本

5570

中国国防工业管理体制改革研究 / 申瑞花著 ; 黄恒学指导. -- 北京大学, 2005. -- 156 页

本文从中国国防工业的现实出发,运用经济学、管理学等多学科研究方法,分析了中国当前国防工业管理体制存在的各种现实矛盾和问题。首先,通过对

中国国防工业管理体制在计划经济以及改革开放后的变迁和现存主要问题进行分析研究,作者认为由于体制变迁本身存在很强的路径依赖,中国国防工业管理体制难以实现创新,而且也难以解决国防工业的固有矛盾。提出了在新的环境下,中国国防工业必须打破现有国防工业体制界限及其行政隶属关系,建立与民用工业相结合的动态、开放的“大国防工业”体制,实现所有制结构、决策系统和动力系统的创新,政府对国防工业的管理也要进行相应的改革与调整。其次,文章借鉴国外经验,设计了新形势下的中国国防工业管理体制构架,并运用了军事经济学、产业经济学、公共经济学和政府管理学的相关理论对该体制模式进行了分析。第三,本文在论述新型管理体制模式下的国防工业运行机制时,充分考虑了国防工业及军工生产的特性,提出了在引进竞争机制的同时,仍要发挥计划、价格等机制的作用。最后,对建立新型国防工业管理体制所必须解决的几个关键性问题进行了讨论。

关键词:国防工业　管理体制　政府职能　经济体制改革

5571

优化北京市投资环境研究:动态—综合评估模型的视角 / 沈千帆著;陈庆云指导. -- 北京大学, 2005. -- 196 页

本文主要采取理论分析和实证研究、定量分析和定性研究相结合的方法,借鉴国外成熟的投资环境评估模型,通过建立动态—综合的区域投资环境评估模型,形成一套具备规范性、科学性和可操作性的综合评估指标体系,以对北京市的投资环境作动态的分析,进而为地方政府提供操作性建议和可行的思路。文章首先对目前国内外的投资环境及其评估模型方面的研究现状进行了简单的梳理和总结,并提出了一个动态—综合的区域投资环境评估模型框架。其中讨论了区域投资环境的概念界定和指标体系的构建原则,并用德尔菲法分析了该指标体系,并揭示了其特点。随后作者利用所提出的理论框架,结合现有统计数据,从五大项指标角度对北京市的投资环境作了系统的定量梳理和总结。又从用户满意度角度采用调查问卷的方式就前文所述的各项指标进行定性的实证分析和评价,为最后一部分中作者提出的优化投资环境的政策性建议提供依据。

关键词:地方经济　投资环境　基础设施　地方经济　北京市

5572

当代中国责任政府研究:基本理论与现实路径 / 孙彩红著;张国庆指导. -- 北京大学, 2005. -- 184 页

在全面实现现代化的历史进程中,中国政府面临着来自国内国际的诸多新问题和新挑战,构建现代责任政府是中国政府当前迫切需要解决的最重要的基本问题之一。论文试图通过对中国责任政府的基本内涵、主要构成要件和典则规范的阐述,建立起责任政府的一般理论体系,并在此基础上设计出具有渐进性的分阶段实现责任政府的路径。首先,从政府管理的视角来透视和定位责任政府,分析了其内涵和本质。在此基础上,总结概括了责任政府的理论基础;阐述了构成责任政府所需具备的要件;论述了责任政府应遵循的典则规范和评判标准等。其次,考察了中国政府从建国后到目前的发展历史,中国政府在这一历史时期呈现为从“传统责任”—“有限责任”—趋向“完全责任”的渐进性发展特征。期间虽然取得了重大进展,但仍存在相当多的问题、矛盾和困境。就此,从公共权力、私有利益、法律制度、公民权利等现实层面对这些问题和困境进行了深层次的解析,并从委托代理理论、公共选择理论和集体行动的理论等不同的理论视角给以具体阐释。最后,提出了系统地构建中国责任政府的实现机制和路径。结合中国的现实国情以及构建责任政府所具有的长期性、复杂性和艰巨性的特点,围绕着责任政府的构成要件,提出了“分阶段”实现责任政府的设想,探索出一条整体推进与单项突破相结合的建构责任政府的路径。

关键词:行政管理　政府管理　政府责任

5573

中国城市社团发展的制度分析 / 谈志林著;毛寿龙指导. -- 中国人民大学, 2005. -- 296 页

在当代中国,由于存在城市与农村的二元社会结构,城乡制度环境差异巨大,城市社团成为中国当代社团的主体,那么中国城市社团的发展和路径是什么?论文以北京、温州、哈尔滨的社团为例,运用新制度经济学理论,从制度分析的角度,将城市社团作为一种制度来安排,论述中国城市社团的制度形态与制度演进。作者从考察中西方城市的历史变迁过程与城市结社的文化传统中,看出中西方的城市社团具有明显的差异性,中国城市社团的传统与西方完全不同的特点在于:独立性较差;封闭性较强;社团与城市的联结度不强;具有很强的精英主导作用。作者认为,

城市社团作为一种制度安排,同时也是制度环境的产物,决定了城市社团具有鲜明的制度属性。一是极具刚性的三重约束机制,二是新社团主义的双重特性,三是城市社团具有制度化的组织设计的特性,表现为类官僚制的特征。作者分析了中国社会正处在历史转型期,社团的发展面临着新的发展机遇,论文对于制定社团管理的公共政策的启示在于:第一,政府公共政策取向应推进由社团管理走向社团治理的理念变革。第二,从宪法所赋予的公民结社自由的权利出发,鼓励公民依法结社,适度放松对于社团成立的政治与行政监控。第三,建立社团的分类管理体制,实行宽严有别的社团管理制度。第四,推进社团管理的公共政策制定的科学化、民主化和法制化,依法行使社团管理职能。在中国特定的制度环境中,城市社团的制度演进也将是缓慢渐进的复杂过程,中国城市社团和政府依然任重道远。

关键词:城市发展　社会团体　社团

5574

转型中国的公共政策失灵：基于组织整合理论的系统分析／汤敏轩著；李习彬指导. -- 北京大学, 2005. -- 155 页

论文结合中国国情,主要运用组织整合力量,分析了公共政策失灵的机理并提出了纠正的基本思路。作者详细论证了公共政策失灵与政府失灵的区别,并对其内涵进行了明确界定,即“一项公共政策的实施结果偏离了制定者预期的政策目标,并造成了非预期的负面影响”。同时引入组织整合理论的分析视角,指出了它与利益、权力、制度等分析视角之间所形成的互补、综合、深化与拓展的关系。随后,作者着重分析了公共政策失灵的表现,提出了一些判定失灵的标准,并就公共政策失灵进行了类型学分析。在论文的核心部分,作者分别从整合程度、整合性质、整理方式、整合层次、信息沟通和外部环境等六个方面,运用组织整合理论对转型中国公共政策失灵的机理进行了深入剖析。之后,论文对公共政策过程的主要环节提出了纠正失灵的具体措施,并总结了公共政策失灵的形成机理与纠正思路,认为公共政策失灵是政府失灵、市场失灵和社会失灵的集中反映,因此需政府、市场、社会三方的通力协作以最终纠正。

关键词:行政管理　公共政策　政府行为

5575

电子政务绩效评估研究／唐钧著；张成福指导. --中国人民大学, 2005. -- 186 页

电子政务的实质就是以信息技术手段优化管理创新,以绩效为导向的政务改革。电子政务的绩效评估是伴随着电子政务的发展而启动的项目。当前,电子政务尚属于新兴研究领域,电子政务绩效评估的研究基础相当薄弱。因此,论文研究定位于基础研究;重在奠定该研究领域的基础,比较系统地理清研究的思路,集中地探讨了关键的环节,为进一步的研究和实践做好准备。作者首先分析了电子政务产生的背景和发展状况,接着又阐述了电子政务绩效评估的必要性与意义,其中作者从三个方面又探讨了电子政务的第三方绩效评估实践的基本情况和标准;以及国外政府在电子政务绩效评估方面的实践和电子政务绩效评估的模式研究,最后提出了电子政务绩效评估的发展趋势并提出电子政务绩效评估应采取一种渐进战略的观点。作者认为,电子政务绩效评估的渐进战略即:(1)遵循电子政务绩效评估的原则。(2)全面做好电子政务的基础性工作,提高就绪水平。(3)启动和完善相关建设,促进绩效评估,加强信息化的风险管理,加强电子政务项目的风险管理;推动电子政务的项目风险管理。

关键词:电子政务　行政管理　绩效管理

5576

反贪污贿赂机构建设和发展研究：以中国检察机关为例／田凯著；刘熙瑞指导. -- 中国人民大学, 2005. -- 242 页

论文共分为七个部分,导论、正文五章和结束语。导论部分引入问题,界定概念,正文先从宏观、微观奠定基本的理论基础,随后比较分析了世界不同类型的反贪机构的组织运作,最后回到中国现实,分析中国反贪机构的现实缺陷,提出组织建设和发展的政策建议,结束语则对未来发展进行展望。第一章主要探讨了权利控制与反贪污贿赂机构宏观构建的关系,认为中国的人大制度由独立的法律监督机关履行反贪污贿赂职能,具有各自权利控制模式的必然性和合理性。第二章主要研究反贪污贿赂机构的微观组织原理。主要是有组织设计变量和组织协调方式组成,其中又分为内外部协调两部分。第三章进行部分国家和地区反贪污贿赂机构的类型分析,以美国的联邦调查局和中国香港廉政公署为例,阐述世界上的反贪污机构的四大类型以及各自的作用和优缺点。第四章分析中国检察机关作为反贪污贿赂机构的组织现状,说明了中国检察机关的合理性和制约方面的特征。

第五章中国检察机关反贪污贿赂的组织建设和发展政策性建议:一是组织战略的全面化发展;二是组织分化的一体化发展;三是权利运作方式的司法化发展;四是外部协调的民主化发展。

关键词:廉政建设　检察机关　反腐败　贪污贿赂

5577

中国社会治理转型中的公平问题研究 / 汪大海著 ; 朱立言指导. -- 中国人民大学, 2005. -- 216 页

在当代中国社会,公平既是公共行政关注的重要价值问题,又是社会治理关注的极为重大的现实问题。一般来说,公平价值应成为公共行政理论和实践的第三个支柱,并为中国社会治理转型提供了一个最终目标。作者认为,社会治理转型是指社会治理模式的变革,即由管制式治理转向参与式治理、绩效治理和网状式治理的过程。各国政府在社会治理转型过程中往往注重效率价值的优先,忽视了对公平价值的诉求,造成公平价值的普遍缺失。这一点在以政府主导的社会转型的中国表现得更为明显。中国社会治理转型中的公平问题在很大程度上是由于忽略了甚至是偏离了社会主义公平价值,以及历史上许多制度设计和政策制定上的不公平而引发的,与此同时,由于改革不到位引发的公平制度失衡和政策失衡,有制度供给不足与无效制度供给过剩并存,是导致社会治理转型中的公平问题加剧的主要原因。作者还分析了解决社会治理转型过程中解决公平价值的方法,那就是要建立一个公平机制,即制度公平、政策公平和组织重构。把以人为本的公平观作为建设和谐社会的思维方式,中国社会治理转型不能偏离以人为本的新公平观。作者认为科学发展观是和谐社会之本,可以实现空间上的代内公平,也可以实现时间上的代际公平,建立和谐社会是一种公平的发展观,是一种人性化的发展观。中国社会治理转型的过程是一个促进科学发展观与和谐社会实现的过程,发展、公平与社会和谐是中国社会治理的三大支柱。

关键词:公平　公共管理　以人为本　社会治理

5578

中国高等教育行政有效供给研究 / 王斌伟著 ; 王乐夫指导. -- 中山大学, 2005. -- 130 页

中国高等教育的长足发展并不能掩盖其存在的供给短缺或者有效供给不足的问题,究其原因,主要在于市场制度缺失和行政垄断、行政权力泛化等行政制度安排不当,市场缺失既与中国长期缺乏市场基础的传统有关,又与计划体制下全能政府的行政垄断有关。论文运用公共产品供给的理论和方法,从供给主体方面,深入探讨了具有准公共产品属性的高等教育的有效供给,特别是行政有效供给方面的问题,提出通过实施政府主导的多元化供给模式的创新,为实现高等教育的供求均衡提供理论指导和可操作对策。作者认为,从高等教育供给主体来看,不同的供给主体有不同的供给效率和实现条件,高等教育的发展既要效率又要公平,其实现条件是改进提高行政供给效率。论文借鉴了发达国家典型的高等教育供给模式的特点,认为中国高等教育的供给模式可分为市场供给、政府供给和混合供给三种形式,而政府主导的多元化混合供给模式比较适合中国国情。作者建议,要形成“政府主导、多元互动”的高等教育有效供给模式,就需要行政制度的创新,包括政府宏观调控与市场有机结合的管理体制和运行机制的建立,增强高等教育行政有效供给能力,建立有效完善的高等教育质量保障体系,以及实施高等教育收费听证制度。

关键词:高等教育　行政管理　教育管理　有效供给

5579

经济一体化过程中的区域行政体制与创新 : 以长江三角洲为对象的研究 / 王川兰著 ; 竺乾威指导. 复旦大学, 2005. -- 175 页

本文以长江三角经济区的共同开发建设为分析对象,旨在探究区域经济一体化的过程中,如何打破行政区划的限制,消除政策环境、制度环境中存在的各种负面因素,建立地方政府间的有效沟通与合作机制。本文突破传统的静态的、制度上的“内向型行政”的方法论,着重从动态的突破行政区划、一体化空间上的角度探讨区域公共行政的问题。从公共行政学、区域经济学、制度经济学、新经济地理学等多学科视角出发,考量地理、地域范围内空间相互作用关系导致的府际关系变迁,探析当代中国地方政区间的横向关系及区域行政体制的形成与发展。参照对比美国、英国、法国和德国等国区域行政的发展状况,展开实证研究与量化分析。在比较借鉴国外区域行政管理模式经验的基础上,结合长三角地方政府间合作交流构想的前提下,提出专题项目式合作、区域/流域治理、区域行政专门区、经济协作区、城市联盟、区域性中心城市、区域联合政府等七种具体的实现形态。

关键词:行政管理　行政区划　地方政府　经济

一体化　长江三角洲

5580

我国城市治理中利益主体行为机制研究 / 王佃利著 ; 陈庆云指导. -- 北京大学, 2005. -- 244 页

本文采取利益分析的方法,从利益定位、利益关系和利益互动三个纬度来分析城市政府、企业部门和非营利组织参与城市治理的行为机制,进而寻求城市治理的根本目标和原则,确定不同利益主体的行为规范,探求不同利益主体之间的利益整合机制。论文分析了市场经济背景下我国城市治理发展的基础。随后,作者先分析了不同理论背景下的不同城市管理模式,指出在城市治理中,城市政府在城市公共物品提供方式上发生的变化表明了城市政府行为机制的转换,规范政府行为机制的根本在于城市政府既是城市公共利益的代表又有自身利益需求,需将两者有效协调。论文还分析了城市治理中企业利益的实现,指出现代城市中的企业追求利润已有新的表现形式,提出企业公民的新理念,企业需主动地以承担责任的形式回报社会。此外,作者还从非营利组织参与城市治理的内在动力即志愿精神,以及外部机制即政府和市场的失灵的方面,分析了非营利组织于政府的关系及其在城市治理中的运营。最后,作者分析了当前主导的城市管理模式中,各利益主体因存在着双重利益实现机制而产生的行为机制扭曲现象,提出要实现城市治理,必须建立城市中的利益整合机制,确定城市治理原则,明确各利益主体在城市治理中的地位,规范各个利益主体的行为。

关键词:城市管理　政府　非营利组织　利益主体

5581

中国模式刍论 : 比较视野中的发展道路 / 王华著 ; 张国庆指导. -- 北京大学, 2005. -- 179 页

该论文通过提出中心问题和进行理论追问,构设了探讨中国模式的论域和论证次序。在前半部分中,论文分别通过对发达国家发展模式和转型期国家发展道路的分析,奠定了对于中国发展模式的比较和认识基础,认为中国正在不同的发展起点上,根据自身的实际情况,利用现有的条件,以实用主义的态度,探索着一条不同于英美、欧陆、东亚的独特发展道路。后半部分中,作者按照改革的先后顺序,讨论了中国发展问题。从历史视角的分析认为中国的发展是在“强政府”的支持和推动下进行的,其功能体现为坚定的发展意愿、可调动的发展资源、启动并推进市场经济、维持政治稳定等方面。同时,论文指出,对于中国这样人口庞大的巨型社会,现代化进程还依赖于政府对于“动态”平衡的把握。另外,论文阐释了诸如边缘的意识形态、失衡的经济增长及断裂的社会阶层等影响中国进一步发展的困结点,并在此基础上认为以十六届三中全会为历史界标,“科学发展观”力图修正这些问题,以建成“和谐社会”。最后,作者回答了开篇提出的中心问题,认为政府主导的作用及其作用方式是经济增长的要因;动态平衡是政治稳定的要义所在,两者的结合即中国模式的特征。

关键词:社会主义建设模式　发展道路　政治稳定　经济增长

5582

我国社区治安服务协作供给研究 / 王兴伦著 ; 王乐夫指导. -- 中山大学, 2005. -- 155 页

本文以公共服务供给理论为主要视角,研究我国社会治安问题。在公共行政学知识的基础上,利用公共服务理论、治理理论、博弈论、社会资本理论和协作生产等理论,分析了社区治安服务协作供给模式的合理性,探讨了我国治安服务协作供给中存在的现实问题。作者认为,在当代我国基本社会制度条件下,我国治安服务协作供给模式存在着认识片面、政府卸责、社区治安资源不足、协作制度缺失和协作成本增加等问题,并对问题的成因进行了剖析。通过对调研材料的归纳及西方社区警务经验的借鉴,论文对引导型、双强型和控制型三种治安服务协作供给模式进行比较分析。最后,在国内外协作供给的实践经验研究基础上,提出了推进我国社区治安服务协作供给的构想。

关键词:社区　治安管理　公共管理

5583

论前瞻性的公共行政 : 公共行政走向的历史考察 / 武玉英著 ; 张康之指导. -- 中国人民大学, 2005. -- 193 页

作者从公共行政所置身的环境系络出发,探索未来公共行政的应有特征,并建立相应的理论模式,论文的中心论点是:与工业社会相适应的官僚行政,不能有效应对知识社会的复杂性和不确定性,因而“具有前瞻性的公共行政”将是公共行政的一个发展方向。作者认为,作为社会系统的一部分,公共行政的特性主要取决于对其提出的功能要求,在工业社会,

社会分工的精细化所带来的复杂性和不确定性是公共行政面临的最大问题。作者分析了社会转型与官僚行政的生存危机,提出了前瞻性行政的概念,并依次从下述方面阐述了前瞻性行政:1. 前瞻性行政的涵义。包括六个小点,即:(1)公共行政的主体;(2)行政行动的设计本质;(3)行政行动的价值取向;(4)公共行政责任的个体化;(5)分散化和共识性的决策规则;(6)回应性与创造性。2. 前瞻性行政的合理性分析。3. 前瞻性行政与新公共行政、新公共管理与新公共服务的比较。4. 前瞻性行政的证据。5. 前瞻性行政建立的途径和方法。作者希望能够通过对公共行政的理论和实践的历史考察,去发现未来公共行政的可能特征,并以理论的探索和实践的发展为中国社会转型的社会治理提供现实依据和启发。

关键词:公共管理　行政管理　公共服务

5584

从冲突到秩序 :我国社区业主委员会研究 / 杨波著 ; 毛寿龙指导. -- 中国人民大学, 2005. -- 221 页

住房体制改革导致了住宅产权关系的变迁,拥有私人房产的业主大量增加,业主委员会受业主委托,作为社区公共事务的新兴治理主体,日益成为社区自治的新的发展方向。但相当一部分业主委员会在自治以及多元主体的合作治理中,处于持续性和普遍性的冲突状态,也有一部分形成了和谐秩序。鉴于此,作者在深入调查的基础上,运用制度分析方法,对新型社区业主委员会自治进行“从冲突到秩序”的规范性分析,并主要从宪政和法律层面的规则、集体行动的规则、行动方式选择和操作性规则,以及非正式规则四个层面分析(下称四层规则)。首先,业主委员会自治存在内部冲突,同时也自发地形成业主自治秩序。其内部冲突,即业主委员会与业主、业主与业主之间的冲突,本质上是社区业主之间的利益冲突。针对存在的问题,作者认为应该保障业主权利,从四层规则上构建业主自治秩序。其次,业主委员会自治存在外部冲突,同时也自发地形成社区合作共治秩序。其外部冲突包括业主委员会与物业管理企业、开发商和居民委员会的冲突。也应从四个层面规则的角度构建物业管理合作秩序。再次,业主委员会与政府也存在冲突,同时也自发地形成合作治理秩序。其冲突的主要原因是政府保护业主权利的法律法规不健全,以及业主利益受损求助于政府而政府未能保护业主利益。构建业主委员会与政府合作治理秩序,应该在公民权利、民主、法制、参与、合作等核心价值基础上,建立四个层面的规则。最后,作者提出了对业主委员会自治从冲突走向秩序的政策建议。

关键词:社区　物业管理　业主委员会

5585

基于平衡计分卡的公共部门绩效管理 / 张定安著 ; 张康之指导. -- 中国人民大学, 2005. -- 168 页

公共部门绩效管理是在 20 世纪 70—80 年代以后政府管理改革的实践中形成的,其所体现的价值取向对传统的管理理念和方法提出挑战,成为目前公共部门管理面临的重要课题。平衡计分卡理论与公共部门绩效管理的价值取向是一致的,在公共部门中导入平衡计分卡进行绩效管理具有可操作性。论文对众多实行平衡计分卡的公共部门的实践进行总结概括,建构了一个“基于平衡计分卡的公共部门绩效管理模型”,并结合案例,详细介绍了该模型的结构和构建流程、方法。主要包括三个板块:一是战略性绩效计划编制流程。绩效管理要求一个组织拥有自身的使命、愿景和战略,通过平衡计分卡战略图来描述组织战略,并通过确定战略性绩效目标、制定关键绩效指标、制定目标值和行动方案,编制基于平衡计分卡的绩效计划。二是平衡计分卡绩效管理的支持体系。该体系主要包括组织架构、岗位职责与任职资格体系支持、预算管理制度支持、组织内部运行机制支持、高层领导和智力资源的支持。三是平衡计分卡绩效管理运作流程。主要包括执行与控制、绩效评估和反馈、绩效激励和改进等环节。论文最后一部分详细考察了平衡计分卡在中国的具体实践和应用问题。主要分析了香港邮政署借平衡计分卡提升业务绩效、台湾基层行政机构利用平衡计分卡理论实施绩效管理计划和大陆国营企业、税务系统成功应用平衡计分卡的实践经验。

关键词:公共管理　行政管理　平衡计分卡　绩效管理

5586

公共行政价值论 / 张富著 ; 王乐夫指导. -- 中山大学,2005. -- 151 页

作者首先论述了公共行政价值的逻辑起点。基于公共权力、维护公共利益的公共行政之价值要义在于立足于以人为本,既要处理好人与自然的关系,又要处理好人与人(社会)的关系。接着,在对公共行政价值的演进与缺失的轨迹进行描述的基础上,试图架构一个关于公共行政价值的体系。公共行政价值可

分为目的性价值和工具性价值两类,而公共行政价值应该是一个由目的性价值和工具性价值达到和谐统一的有机系统。其次,论述了公共行政价值的评价机理,包括评价内涵、评价标准、评价类型和评价因素等。再次,对公共行政价值的异化问题进行了考察,认为公共行政价值的异化包括公共行政价值主体的异化、客体的异化和内容的异化三个方面,并提出了超越公共行政价值异化的初步设想。随后进一步论述了公共行政价值的实现过程。重点阐述了公共行政价值实现的本质,分析了公共行政价值实现的动力和障碍及二者之间的紧张关系,揭示了公共行政价值实现的图式,展望了公共行政价值实现的美好愿景。最后指出要走出公共行政价值实现的"乌托邦"情结。

关键词:公共行政　价值论　价值异化　价值实现

5587

组织结构、行政权力与利益关系:县级行政决策的实证研究 / 张辉著;竺乾威指导. -- 复旦大学, 2005. -- 185 页

本文通过对决策制定、执行、监督、反馈全过程的论述,揭示了县级行政决策运行的全貌。通过对制度、结构与人互动的分析,提出当前县级行政决策运作的模式。从制度内和制度外两个层面上,重点分析了决策者的政治活动如何导致决策过程的不确定性。文章首先界定了包括决策、行政决策、县级行政决策等,综述国内外目前关于县级行政决策的研究成果,论述县级行政决策的环境、合法性源泉、决策原则、方式、内容以及决策的模式,目前存在的不足之处等。其次,分析了县级行政决策的输入机制、决策机构、决策者、决策程序等。第三,分析县级行政决策的执行,即输出系统,包括执行的机构与方式、反馈与评估、监督与问责等内容以及在决策制定与执行过程中与决策者形成互动的影响因素。最后,展望了县级行政决策的民主化、科学化、法制化的发展趋势,并试图提出一些具有建设性的意见和建议。

关键词:行政管理　行政权力　组织结构　地方政府　县

5588

中国民办高等教育政策的利益分析 / 张瑞著;陈庆云指导. -- 北京大学, 2005. -- 177 页

本文首先分析了改革开放以来我国民办高等教育政策的发展和政策演变过程。然后,采用利益分析方法,分别从政府层面、民办高校组织层面和综合层面剖析了民办高等教育的政策行为、民办高校的组织行为和民办高等教育政策的利益分配。通过对政策相关利益主体的分析,作者提出,民办高等教育的政策行为在于追求制度让渡空间的扩大,民办高校的组织行为是以生存为目的的策略空间的拓展,民办高等教育政策的利益分配是相关利益主体博弈的结果。最后,从民办高等教育产品属性和关于"合理回报"问题的分析出发,本文讨论了民办高等教育政策的价值定位问题,认为我国高等教育政策的价值定位不应超越利益执政,而应该寻求公益性与营利性的平衡。

关键词:高等教育　教育政策　民办高校

5589

地方政府政策能力与民营经济发展:以湖北省为例的分析 / 周潭著;陈瑞莲指导. -- 中山大学, 2005. -- 175 页

市场化改革在推动我国国民经济快速发展的同时,也加剧了地区发展的不平衡,形成中部地区发展水平落后于东部、发展速度落后于西部的"中部塌陷"现象。本文基于地方经济协调发展的内在要求,首先对地方政府政策能力与地方经济发展的关联性进行理论分析,具体考察了我国民营经济政策的历史演变过程及其对民营经济发展的影响。在对地方政府政策制定能力进行理论分析的基础上,结合访谈和案例,论文对湖北省民营经济发展中政府政策制定能力进行了实证分析。从政策执行主体和政策执行方式两方面,考察了湖北省民营经济发展中的政策执行能力。最后,通过介绍和总结浙江与广东民营经济发展中政策能力建设的经验,提出了促进湖北民营经济发展的对策思考。

关键词:地方政府　行政管理　民营经济　湖北省

5590

网络与知识运用:政策过程中的中国思想库影响力研究 / 朱旭峰著;薛澜指导. -- 清华大学, 2005. 264 页

本文基于社会结构的分析范式,提出"网络"和"知识运用"是思想库实现影响力的两个最关键因素。在思想库实现影响力的过程中,思想库网络解决的思想库接近政策决策资源的"机会"的问题,而知识运用解决的是"能力"和"战略"的问题。论文在继承政策网络理论和社会资本理论的主要观点基础上,提出用

“结构主义”观将思想库网络重新解构为“行政体制网”、“政府官员网”、“社会精英网”和“媒体网”，并分析了网络对思想库影响力的作用机理。同时，将知识运用学派中的“知识”拓展为“推”、“拉”和“流动”的知识三种模型。结合中国的社会结构和转型，分析了中国思想库为实现影响力而表现出的负责的知识运用的行为模式。在研究方法上，利用定量分析，对问卷调查反馈的数据进行了整理和回归分析，还通过参与观察、半结构式访谈、资料搜集与数据库检索等方法，考察了中国四个典型思想库实现影响力的运作模式与特点。以此验证前文中理论演绎的结论。

关键词：行政管理　决策　思想库

社会医学与卫生事业管理学

5591

医院绩效研究 / 戴继舫著 ; 卢祖洵指导． -- 华中科技大学, 2005. -- 141 页

本文通过医院绩效评价方法、改进战略、发展趋势的研究，丰富和发展我国医院绩效评价理论，引导医院改善经营管理，为政府制定产业政策提供依据，为社会公众作出正确的决策提供参考。文章应用个人深入访谈法对从事医院管理研究学者、政府卫生官员以及武汉市 24 所大型综合医院（其中教学医院 6 所、市属医院 9 所、9 所企业医院）的管理人员进行访谈，总结医院管理中当前公众、政府和医院所关注的问题，结合文献研究，分析国内外医院在管理中采用的绩效改进策略、技术对医院绩效的影响，根据中国医院管理实践，进行医院绩效理论研究，从而形成系统的绩效理论体系。在此基础上，应用数据包络分析（DEA）和 Malmquist 生产力指数分析方法对 24 所医院的统计数据进行了实证研究，从卫生经济学的角度分析医院存在的主要问题，提出医院绩效改进的建议。文章通过调研得出，现阶段，公平是政府追求的目标，效率是医疗机构在市场经济条件下必须考虑的问题，安全是病人的基本要求，公平、效率和安全是医院卫生服务的重点。不同的医院性质、组织机构、执业方式通过卫生服务的供需平衡影响医院绩效。

关键词：医院管理　绩效管理　卫生服务

5592

下岗职工家庭健康状况与社区卫生服务保障机制的研究 / 郭清著 ; 卢祖洵指导． -- 华中科技大学, 2005. -- 185 页

本文采用了文献检索法、现场调查法、描述性分析法等对五个城市下岗职工家庭健康状况、社区卫生服务需求和利用、医疗救助政策进行了调查分析。在资料分析和数据处理中，运用了 Lorenz 曲线和 Gini 系数评价 x^2 检验、方差分析、非条件 Logistic 回归分析、多元线性回归分析、TOPSIS 法、秩和比进行统计学处理，在保障机制的研究中采用政策情景分析方法。文章调查下岗职工家庭健康状况与建立社区卫生服务保障机制，其内容包括：(1)五城市社会学和经济学特征，下岗职工家庭基本情况，社区卫生服务现状；(2)下岗职工家庭健康状况，包括社会人口学特征、两周患病情况，慢性病患病情况，日常生活功能状态及影响因素，下岗和在岗职工家庭健康状况比较和分析；(3)卫生服务需求与利用；(4)社区卫生服务绩效评价，包括社区卫生资源配置状况及公平性，社区卫生服务知晓率、利用率、满意率和反应性；(5)社区卫生服务保障机制的建立，提出以下岗职工基本健康需求为导向，提高社区卫生服务的可及性，政府制定相关倾斜政策，包括：价格政策、医保政策、救助政策，社会提供医疗救助等。研究表明，下岗职工的基本卫生服务需求尚未得到充分满足，社区卫生服务绩效仍需进一步提高，示范区的社区卫生服务健康保障机制正在逐步形成。

关键词：社区服务　卫生服务　健康状况　下岗职工

5593

基本卫生技术包在改善医院病种管理中的可行性研究 / 黄葭燕著 ; 陈洁指导． -- 复旦大学, 2005. -- 159 页

本文将基本卫生技术运用于病种管理中，以临床诊疗流程为基础，定量分析服务提供过程中所需的各种卫生技术，并通过优化干预确定这些技术与服务流程之间的最佳组合，以达到改善病种管理，提高卫生服务提供绩效的目的。同时评价基本卫生技术包在我国试点医院病种管理中运用的可行性。首先，对浙江省进行了情景分析及典型调查，基本卫生技术包在医院的试点研究，来确定干预模型，并进行成本预测，然后实施干预模型，进行效果评价。实施后的效果评价表明，基本卫生技术包对于改善资源配置和优化流

程是有现实意义的。在此基础上进行的病种成本测算,体现了作业成本法的基本思路,可为确定病种支付标准提供依据,促进支付方式的改革。在基本卫生技术包的实施过程中,重点是改变医务人员的态度和观念,关键是领导的协调和支持。本文提出了以下建议:(1)可延长基本卫生技术包干预试验的实施时间。(2)可将基本卫生技术包推广运用于其他科室、医院、地区,以进一步验证其在不同服务提供水平和环境中的实际价值。(3)可进一步开发基本卫生技术包软件中对成本测算的板块,完善其成本测算的功能。本文结论认为,将基本卫生技术包运用于单病种管理,这种新型管理模式具有实际意义,可提高服务提供的绩效,这是对以往单病种管理的改进。EHTP 在试点医院的运用是可行的。

关键词:医院管理　管理信息系统　软件包　病种管理

5594

不同等级医疗机构举办的社区卫生服务机构绩效评价 / 黄涛著 ; 卢祖洵指导 . -- 华中科技大学, 2005. -- 122 页

本文在结合武汉市社区卫生服务的现状与特点,采用绩效评价方法对比分析不同等级医疗机构举办的社区卫生服务机构在服务模式、卫生资源配置、收支结余、6 大功能完成情况、居民医疗保健费用及支付方式、居民就诊疾病种类及严重程度、居民对社区卫生服务的反应性评价等方面的差异,系统评价两者社区卫生服务的效率、效益与效果;探讨社区卫生服务绩效综合评价方法和指标体系,从而为推进我国社区卫生服务主体及功能的多元化做出贡献,为社区卫生服务绩效评价做出示范。文章采用了文献检索法、现场调查法、描述性分析法对武汉市部分不同等级医疗机构开展的社区卫生服务进行了调查分析。在资料分析和数据处理中运用了洛伦茨曲线和基尼系数评价、x^2 检验、模糊综合评价等统计学方法。对武汉市卫生资源配置及其公平性、不同等级医疗机构举办的社区卫生服务机构的卫生资源分析以及对工作效率评价、效益评价、效果评价内容进行了研究。通过对武汉市相关社区的调查研究,得出相应的具体的数字性的结论,并依照文章的研究对社区卫生服务提出相应的政策性建议。

关键词:社区服务　卫生服务　医疗机构　绩效管理

5595

农村合作医疗面临的问题界定与消除焦点问题所需的若干技术研究 / 李春芳著 ; 郝模指导 . -- 复旦大学, 2005. -- 196 页

本文科学界定了我国农村医疗保障领域,对领域内影响农村合作医疗稳定运行的众多问题进行了准确把握,形成了问题清单和结构模型,明确了问题的主要表现形式和作用范围等。科学确认了农村合作医疗稳定运作面临问题解决的优先顺序,明确了问题的轻重缓急、主次关系,把握住了关键问题和焦点问题。检验和完善了"科研与国情、多学科交叉、定量与定性、研究者与决策者"结合的政策制定科学程序,从内容和方法上对《公共政策研究和制定方法论》进行了验证、完善和补充,尤其是政策问题确认程式。从研究者角度出发,明确了焦点问题的研究空白,为研究者把握研究重点、热点和空白提供参考依据;从决策者角度出发,明确了焦点问题的决策缺陷,为决策者提供解决问题、拟订高价值政策的切入口思路。形成了政策研究者和政策制定者共同努力的目标,建立了政策研究和政策制定优势互补、相互支撑的协调机制,并且可以形成一系列"补丁"式创新。研制并验证了消除因病致贫的若干技术以及 3 项测量"因病致贫"的综合指标。评价新型合作医疗减轻参保人群就医经济风险程度的关键技术。把物理学中的力场分析法应用于评价新型合作医疗消除传统合作医疗"春办秋黄"潜在原因的力度。研制并验证了合作医疗改善农村居民收入公平性的方法技术,并可应用评价筹资水平的适宜性。

关键词:农村医疗保障　合作医疗　卫生管理　社会问题

5596

唐氏综合征产前诊断策略的卫生经济学评价 / 李军著 ; 陈洁,陈英耀指导 . -- 复旦大学, 2005. -- 140 页

本文以社会的观点紧密结合我国实际,对唐氏综合征(DS)产前诊断策略进行经济学评价与分析,为卫生决策部门科学制定适合我国国情,经济、有效、可行的预防控制 DS 相关策略提供依据。从定量和定性两个角度测量唐氏综合征疾病负担,采用决策树模型,模拟不同策略避免的 DS 患儿出生数、每避免 1 例患儿出生而致正常胎儿流产数。对比分析不同 DS 产前诊断策略的成本—效果、成本—效益。测算 DS 产前筛查、诊断项目的标准成本。研究表明:唐氏综合

征疾病经济负担沉重,必须进行干预,减少和避免病人的出生;对所有年龄段的孕妇首先进行无创性血清学筛查,然后,对阳性者再进行诊断以确诊或排除疾病的策略为优选策略;在目前的筛查接受率、诊断接受率都比较低的情形下,策略3的成本效果和成本效益有待改善;建立地区性产前诊断中心,提高机构的筛查服务量,发挥规模效应,能够有效降低DS的筛查成本。本文的创新之处有:首次系统地对唐氏综合征产前诊断的策略进行社会经济学评价,采用发病率法测算了唐氏综合征的疾病经济负担,首次以定性方法研究了唐氏综合征的无形负担。本文建议加强出生缺陷监测网络建设,预防和控制唐氏综合征病人的出生,积极采取措施,提高我国唐氏综合征产前诊断策略的经济效果,加强产前诊断技术管理,稳步推进唐氏综合征产前诊断工作。

关键词:染色体病　唐氏综合征(DS)　卫生经济学　产前诊断

5597

我国妇幼卫生领域关键问题界定与策略研究 / 吕军著 ; 郝模指导 . -- 复旦大学, 2005. -- 189 页

本文从我国妇幼卫生现状出发,科学界定了我国妇幼卫生领域的功能,即妇幼卫生的政策开发、服务体系建设、技术规划与指导实施、信息监测与管理和国际合作与交流五方面的功能。系统界定和论证了我国妇幼卫生领域目前面临的28个主要问题,定性与定量确认了我国妇幼卫生领域的关键问题以及优先解决顺序,分析了妇幼卫生领域焦点问题的研究现状,定性与定量论证了导致"妇幼保健机构定位错位,保健服务管理不完善"的主要影响因素和作用机制。形成了促进妇幼保健机构可持续发展的政策思路和政策方案:明确投入渠道,尤其是政府的投入标准;制定适宜的妇幼保健服务项目收费标准;明确各级妇幼保健机构在妇幼卫生服务体系中的职责和分工;明确妇幼卫生工作的功能、任务、内容、完善对妇幼保健机构的管理机制和内部运行机制;更新妇幼保健服务管理者和提供者的观念,树立全新理念;加强人才的培养,拓展保健服务市场。构建了促进妇幼保健机构可持续发展的政策实施策略,并形成了我国妇幼卫生工作的功能、任务和内容。研究并完善了解决妇幼卫生焦点问题的政策策略的研究思路和步骤。

关键词:妇幼卫生　妇幼保健　卫生服务　卫生管理

5598

政策方案可行性论证程式的研究 / 邵晶晶著 ; 郝模指导 . -- 复旦大学, 2005. -- 168 页

本文首次建立和完善了判断逻辑性、科学性、可操作性和合理性的指标体系,作为政策学理论规范分析与完善研究的基本工具。运用指标体系,点评政策学著作中政策方案可行性论证的相关论述,从总体到各步骤,逐一明确了政策方案可行性论证相关论述在逻辑性、科学性、可操作性和合理性上的不足和缺陷,其中主要理论空白20处、理论缺陷19处。针对政策方案可行性论证在理论上的不足、缺陷和空白,借鉴评阅著作与相关学科书籍的合理部分,逐项提出弥补思路并进行完善弥补。完善后的政策方案可行性论证程式理论包括思路框架、操作步骤、各步骤常用方法、研究者和决策者双方结合之处等内容。相比现有理论与方法,平均提高幅度为3.56分,完善程度在23.6%—51.0%之间,可成为政策制定者和政策研究者,在开展特定方案可行性论证时的指导性研究方法。尤其在论证指标的构建中,通过把握方案所蕴涵的"根源—直接(间接)影响因素—问题—危害—政策思路—总体目标—方法措施"客观规律,系统探索待论证方案在政治、经济、技术、社会中的具体标准。实证模拟了合作医疗与"镇保"协调方案的可行性论证。模拟过程显示,政策可行性论证程式理论在逻辑上严密、操作上简易可行,能保证结果的科学性和合理性。

关键词:公共政策　政策学　可行性研究

5599

基于医院信息系统的儿童伤害特征研究与时间序列分析 / 孙奕著 ; 卢祖洵指导 . -- 华中科技大学, 2005. -- 115 页

本文对武汉市儿童医院信息系统中1993—2004年伤害住院治疗儿童的基本信息进行深入分析。文章以1993—2004年伤害住院治疗的儿童为研究对象,从医院信息系统中住院患者病案首页记录中抽取有关变量,建立SAS数据库,并用SAS / STAT软件、SAS / ETS软件和Excel进行统计分析。主要分析方法有:(1)描述性分析,通过计算频数、均数、构成比、平均增长速度等指标,并绘制统计图,反映伤害住院儿童的基本特征、伤害类型和伤害原因、伤害儿童住院费及其变化情况;(2)统计检验,用t检验和方差分析,比较不同人群医疗费用的差异;(3)X—11季节调整方法,分析不同伤害原因导致儿童伤害住院的长期

趋势和季节变动规律;(4)用回归滑动平均模型ARIMA(p,d,q)对儿童伤害住院费用进行预测。运用以上方法对论题进行了以下探究:(1)描述武汉市伤害住院儿童的人口学特征;(2)探索武汉市儿童伤害的主要类型、导致伤害的主要原因;(3)分析儿童不同原因所致伤害住院长期趋势和季节变化;(4)回顾12年来儿童伤害住院治疗医疗费用的变化情况,并对医疗费用在未来的走势作出预测;(5)从历史中挖掘出有价值的信息,并促使之产生相应的效益。

关键词:医院管理　信息系统　疾病统计　时间序列分析　儿童医院

5600

高技术条件下渡海登陆作战卫勤保障研究 / 田辉荣著 ; 罗五金指导. -- 华中科技大学, 2005. -- 80页

本文对我军卫勤保障现状调查研究和分析,并借鉴20世纪90年代外军几场高科技局部战争卫勤保障经验,对高科技条件下适合登陆作战规律的三维立体救治后送体制、信息化卫勤保障系统进行探讨,为未来高技术条件下局部战争的卫勤保障提供有价值的参考。通过对我军各级医疗机构配置、医疗后送阶梯、指挥程序、渡海登陆作战军队和地方卫勤保障资源等进行调查。查阅了国内外的军事医学、预防医学相关资料及演习部队相关文件,并查阅美国国防部官方网站的资料。利用文献法广泛查阅第二军医大学图书馆、第二军医大学卫勤系、海军医学研究所资料室十年来国内外的军事医学、预防医学、水文气象等方面的学术杂志和专业书籍。运用社会调查法对渡海登陆作战演习部队卫勤保障机构、组织指挥机制、以及沿海地区相关卫勤保障资源进行调查分析。运用统计学方法对历史上国内外登陆作战减员资料进行统计学比较分析。在减员分析和预计研究、联合登陆作战伤病员救治与后送机制研究、登陆作战卫勤保障的资源和未来发展方向研究三方面得出相应的结论。

关键词:卫生勤务　后勤保障　后勤运输　登陆作战　高技术战争

5601

东莞市农民工医疗保险政策研究 / 王芳著 ; 卢祖洵指导. -- 华中科技大学, 2005. -- 137页

本文通过东莞市农民工健康状况、医疗需求和医疗保险现状分析,农民工医疗保险政策的可行性分析以及政策效果指标的影响因素分析,达到以下目的:(1)有针对性地制定和规划医疗保险政策的结构、内容和保障重点;(2)研究影响政策正面和负面的利益关系以探讨利于政策实施的方案;(3)分析影响政策因素并提出合理化建议,达到优化政策的目的;(4)结合分析结论,为国家制定农民工医疗保险政策提供客观的依据;(5)研究和总结农民工医疗保险政策方法和理论,对我国公共政策和福利经济理论作一些有益尝试。文章通过定性与定量相结合分析方法,采用文献研究、调查研究、政策分析方法,从质和量的不同角度为东莞市农民工医疗保险政策研究提供方法技术。资料收集采用文献法、访谈法、问卷法;调查研究采用抽样调查、典型调查;资料处理和分析采用描述性分析法、比较分析法、x^2检验、秩和检验、Kendall等级相关、非条件Logistic回归分析方法、广义线性回归分析方法、主成分分析以及探索性因子分析等统计分析方法;政策研究采用政策试验研究、利益相关集团分析和公共政策流程分析。通过上述方法,研究表明,东莞市农民工医疗保险政策试点已取得一定效果,但是政策的结构、功能和机制等仍需调整和优化,并对此提出相应的政策性建议。

关键词:社会保障　农民工　医疗保险　东莞市

5602

我国城市基层卫生领域关键问题界定与策略研究 / 王伟成著 ; 郝模指导. -- 复旦大学, 2005. -- 206页

本文科学界定了我国城市基层卫生领域的内涵,收集、整理、罗列和归纳出我国城市基层卫生领域目前存在的30类问题,并形成问题系统,将30类问题分别按照重要性、严重性和优先解决顺序进行排序,进而明确我国城市基层卫生领域面临的关键问题,即基层卫生人力整体素质偏低。分析四类焦点问题的研究现状,明确尚需进一步研究之处,定性与定量确认了焦点问题的严重程度及其危害,明确了解决焦点问题的迫切性、必要性。深入挖掘和分析焦点问题直接、间接影响因素,定性定量论证焦点问题的根源与作用机制模型。定性定量论证了解决焦点问题的政策思路的必要性、目的、目标和原则,并研制“卫生事业单位分配制度改革”的方案。首先,要确定医疗机构人员的收入构成以及确定各构成部分占的合适比例。90%以上的样本医疗机构领导认为,工资收入中必须包括基本工资、岗位工资、年功工资和绩效工资四部分,且各部分的比例分别为:26—30%、40—50%、5%和16—20%。确定了医疗机构岗位工资的

等级应参照的九大评估要素及所占的比重:岗位对知识和技能的要求(50%);岗位的责任和压力(20%);岗位所需的分析和综合判断能力(10%);岗位工作的复杂性程度(10%);岗位的影响程度和范围(5%);岗位所需的沟通层面和能力(2%);岗位对体力的要求(1%);岗位所需的创新能力(10%);岗位存在的风险(1.5%)。

关键词:医药卫生管理　医疗机构　人力资源管理

5603

城市社区公共卫生服务与贫困人口医疗救助研究 / 徐林山著 ; 程晓明指导 . -- 复旦大学, 2005. -- 158 页

本文对城市社区公共卫生服务分类与补偿机制、城市贫困人口医疗救助筹资与补偿机制进行了研究。根据公共产品理论,对目前我国16座城市开展的社区卫生服务项目进行初步分类界定,并在此基础上运用焦点组访谈法给予进一步完善。运用卫生统计和卫生经济分析方法对贫困人口卫生服务需求与利用情况进行了分析。采用比较分析法对4座城市贫困人口医疗救助方案进行分析,并对城市贫困人口医疗救助补偿进行了测算。利用成本测算方法对社区卫生服务项目成本进行测算,在此基础上,测算了社区公共卫生服务的政府补偿额和贫困人口社区卫生服务项目成本。得出以下结论:(1)城市社区公共卫生服务在提高居民卫生服务可及性、降低社区公共健康风险方面具有显著的作用,政府在补偿过程中应遵循成本效益与成本效果原则、与经济发展水平相适应原则以及公平原则。(2)我国城市社区卫生服务已初具规模,但其筹资与补偿机制仍缺乏活力。(3)目前受调查城市的贫困人口医疗救助方案还存在覆盖范围偏低、救助力度较小的问题。(4)鉴于我国城市贫困人口主要集中在中西部经济欠发达地区,贫困人口医疗救助资金的筹集应从多渠道出发,逐步建立稳定的筹资渠道和可持续的筹资机制。

关键词:公共卫生　医疗卫生服务　社区　贫困　医疗保健制度

5604

我国医疗费用增长与控制策略分析 / 于德志著 ; 卢祖洵指导 . -- 华中科技大学, 2005. -- 107 页

本文从卫生费用的角度,利用大量数据和统计学方法、经济学理论,分析了卫生费用、医疗费用、医院行为以及相关卫生政策体制之间的联系,寻找这些问题产生的根本原因,从而提出了相关的政策选择与建议。以期对于国家研究解决当前社会普遍反映的看病难、看病贵问题,对于研究制订卫生改革与发展政策,推动医疗卫生体制改革提供参考。本研究查阅了大量国家有关政策文件、多年的卫生统计年报、调研报告;搜集了全国卫生部门所属综合医院二十多年的有关业务、收支资料;对16家部属大型综合医院十年的基本情况、收支报表以及部分病种费用进行了抽样调查。采用文献法、描述性分析法、比较分析法等方法,对上述资料进行了定量分析,并在此基础上应用卫生经济学、制度经济学的相关理论对有关问题进行了深入的理论探讨。文章通过对我国卫生总费用总量与结构的国际比较等,发现:我国卫生总费用增长总体上尚处于一个基本合理范围内。通过对医疗机构收入即病人医疗费用增长等分析,发现:医院在政府财政补助较少的情况下,通过医疗服务价格收入、药品差价收入两个经济来源来追求收入最大化,而不是收支结余最大化。通过对医疗机构行为的理论解析和外部因素分析,探讨了医疗机构追求收入最大化的内生原因,以及治理环境与主要政策因素的影响。研究结果还表明,我国现在还不能因为医疗费用增长较快而限制医院应有的合理发展。

关键词:卫生管理　卫生服务　医疗费用

5605

我国卫生监督职能落实的焦点问题与策略研究 / 张光鹏著 ; 郝模指导 . -- 复旦大学, 2005. -- 170 页

本文针对我国卫生监督职能落实的众多问题,明确这些问题的优先解决顺序,研究和论证急需解决的焦点问题、问题的研究现状,从研究者角度,提供把握研究重点、热点和空白的参考依据;从决策者角度研究这些关键问题被关注的程度、问题解决的程度、障碍和技术缺陷,为决策者提供解决问题的切入口思路。文中首先系统收集和界定了我国卫生监督职能落实存在的主要问题,形成问题系统;并进一步以问题的重要性、严重性和可解决性作为指标,确定了问题系统的优先解决顺序,以及卫生监督职能落实面临的关键问题和焦点问题并予论证。其次,遵循“政策制定科学程序”,对关键问题的研究现状进行了系统分析。以便于为研究者把握研究重点和潜在不足提供依据,为决策者提供解决问题的切入口思路,从而为研究和决策双方建立协同努力的目标,提高政策效率。最后,研制并论证了卫生监督人力素质低下的影

响因素、主要原因与问题的形成机制。并针对根源和作用机制，研制了解决我国卫生监督人力素质低的策略思路，即：社会价值评估；确定收入构成；确定分配要素；确定收入等级差异。

关键词：卫生管理　卫生监督

教育经济与管理学

5606

区域基础教育均衡发展研究：以济南市基础教育均衡发展实践为案例 / 陈东生著；靳希斌指导. -- 北京师范大学，2005. -- 155 页

论文旨在揭示社会转型期区域教育均衡发展的特殊规律，探索区域教育均衡发展的实践方法，推进这一领域的理论研究。基础教育均衡发展源自于社会和经济发展的背景，是构建和谐社会和全面建设小康社会的必然要求，也是当今教育自身发展的规律。在社会主义初级阶段经济发展不平衡的历史条件下，以区域为切入点推进基础教育均衡发展则是当今实践的特殊规律。论文侧重于实践性对策研究，主要以区域基础教育均衡发展实践为研究对象，以实证分析为切入点，力求多层面、多渠道在创新和完善理论的同时解决区域基础教育均衡发展的实践问题。全文共分四部分。第一部分通过问题的提出和概念厘定确定研究起点和边界，分析基础教育均衡发展核心问题公平与效率的关系。第二部分基础教育均衡发展时空关系分析。第三部分通过对“标本”——济南市基础教育均衡发展实践完整而深入的研究，以实证和规范分析方法验证了第一、二部分的理论创新，作者结合济南市区域基础教育均衡发展实践经验的比较研究，完成了“政府区域教育经营”理论和机制的创建。第四部分对策和建议，在理念创新、战略构建、机制、政策法规完善与创新以及监督等视角提出了对策与建议，供研究和决策时参考。

关键词：基础教育　教育发展　教育政策　均衡发展　济南市

5607

小学儿童电视兴趣与儿童电视评价体系的研究 / 陈力著；林崇德指导. -- 北京师范大学，2005. -- 99 页

本文就儿童看电视的时间、对电视节目的兴趣、看电视的目的和功能、对电视节目的选择和对具体电视节目的评价等五个方面的问题展开了调查研究。本研究的被试为三至六年级的402名小学生，其中男生215名，女生187名。测查工具，是作者自编的儿童电视评价体系问卷。该问卷包含五个维度：电视功能的娱乐性，电视功能的教育性，儿童电视内容的可理解性，儿童电视的审美性和儿童电视节目的整体性（内容、制作、对儿童的影响力等）。文章得出了五点重要结果：第一，每天平均观看电视一小时以上的小学生，占86.5%（其中，观看一小时的为39.1%，两小时的为27.4%，三小时的为20%）。统计学意义上年级差异不显著。这说明，电视，尤其是儿童电视，已成为儿童生活中不可缺少的一项组成内容，电视与儿童发展的关系是极为密切的。第二，儿童看电视的目的，依次为娱乐放松、增长知识、训练思维、培养个性等。其中，以娱乐放松为目的的儿童占84.1%。这说明，儿童观看电视的目的是健康的、积极的。第三，小学儿童最感兴趣的儿童电视内容，其选择率（在30%以上）前六名是动画片、自然科学、智力游戏、故事片、介绍动物和体育知识，并表现出年龄差异与性别差异。小学儿童最感兴趣的儿童电视栏目，其选择率（在30%以上或接近30%的）排前四名的是动画城、大风车、央视少儿频道的节目和东方儿童，也表现出年龄差异与性别差异。产生儿童的电视兴趣，既有电视本身的客观因素，又有其主观因素，儿童对电视的需要程度是最主要的主观因素。第四，儿童电视对儿童心理发展产生影响是显著的，主要表现在：电视对儿童知识学习上的促进，对儿童智力发展的促进，对儿童行为习惯和个性发展的促进，对儿童技能方面的促进。第五，建立儿童电视评价体系，是使儿童电视节目达到最优化所必需建立的反馈机制。儿童电视评价体系既要重视总结性评价，更要重视形成性评价。形成性评价应坚持以儿童健康成长为本和导向正确的原则、可理解性和可接近性的原则、寓教于乐的原则、具有想象力和创造力的原则、具有丰富的人物角色和情节的原则、审美张力和生命律动的原则。文章最后对儿童电视管理提出了如下几点建议：(1)加强与儿童之间的电视交流和指导，把媒体素养教育纳入日程。(2)从国情出发，处理好儿童电视节目量与质的关系。(3)引进优秀节目，培养民族精品，参与国际竞争。(4)解决人才的巨大缺口，建立一支合格的儿童电视节目制作和管理队伍。

关键词：儿童心理学　电视节目　电视管理

5608

中小学教师的任用及其纠纷的处理 / 陈韶峰著 ; 吴志宏指导. -- 华东师范大学, 2005. -- 209 页

本文从我国中小学教师的任用现状出发,建议把我国的公立中小学教师与学校之间的聘任关系定性为行政合同关系,具体聘任规则应体现公法特征,民办中小学教师与学校的聘任关系定性为劳动合同关系。文章认为,我国的公立中小学教师与学校之间的聘任关系定性为行政合同关系比较合适;民办中小学教师与学校的聘任关系定性为劳动合同关系比较合适。本文建议将教师任职资格的评审与教师职务的聘任分开,前者与现行教师资格的认定合并,后者与教师聘任合并,形成新的教师资格制度和教师聘任制度。在此基础上,增加教师资格的专业等级划分,对资格证的更换、资格申请的拒绝及资格的丧失和撤销、违反教师职业许可规定的法律责任等进一步完善。另外,因公立中小学与教师的行政隶属关系不复存在,应取消以此为前提的对教师的行政处分。文章考察了部分国家和地区中小学教师任用纠纷的救济制度,得出如下结论:有关中小学教师资格方面的争议,通过听证、行政申诉和行政诉讼的渠道解决;私立中小学教师的聘任纠纷,因法律关系的差异而导致救济途径不同,但大多同时提供行政救济和司法救济。文章最后提出相关性建议。

关键词:教师　聘任制　人力资源管理　教育评估

5609

教育的筛选功能 : 中国劳动力市场的视角 / 李锋亮著 ; 丁小浩指导. --北京大学, 2005. -- 165 页

本文对教育经济学的基本理论“筛选理论”进行了梳理,并在此基础上根据多个数据集,从中国劳动力市场的多个不同视角,应用或改进应用了多种不同的检验方法,对教育的筛选功能进行了再次验证,并给出了相应的结论与启示。在前人研究的基础上,本文进一步将学生在校学习课程的多少引入模型,以更好考察学用结合状况对起薪的影响。实证结果显示,对于大部分的高校毕业生而言,其辅修与否、成绩的好坏以及学用结合与否,对其起薪并无显著影响。本文将 Riley(1979) 的筛选职业组与非筛选职业组模型、Wolpin(1977) 的受雇组和自雇组模型、Psacharopoulos(1979) 的公共部门组和私立部门组模型整合成一个模型,并比较了自雇者、私立部门劳动者和公共部门劳动者的平均受教育年限和教育收益率。实证结果发现自雇、私立部门、公共部门的劳动者平均受教育年限递增,而在纠正了样本自选择偏差后,教育收益率递减。前者很好地支持了筛选理论,而后者很好地支持了人力资本理论。本文根据 Riley(1979) 的提示,从信息不对称的角度,考察了不同求职渠道求职者教育程度的差异;并在 Albrecht(1981) 等对与基础教育对应的劳动力市场的研究基础上,进一步考察了与高等教育对应的劳动力市场中求职渠道与教育程度的交互作用对工作找寻成功的影响。实证结果显示在高校毕业生的就业市场中,教育程度越低者其借助非正式渠道进行工作找寻的概率越大,这表明教育程度低者可能更需要非正式渠道来弥补信息不对称将给自己求职带来的负面效应。作者受 Ziderman (1990,1992)、Weiss(1995) 的启发,通过考察工作经历—收入曲线的会聚或发散以及会聚或发散的程度,以文凭理论为参照来检验筛选理论,并对中国的“高分(学历)低能”或者高分(学历)不一定高能的社会舆论,作出了实证检验。

关键词:教育经济学　劳动力市场　毕业生　就业

5610

地方性高等师范院校向综合大学转型研究 : 聊城师范学院转型的个案分析 / 李喆著 ; 安宝生指导. -- 北京师范大学, 2005. -- 158 页

论文在梳理前人关于高等师范院校转型研究的基础上,对地方性高等师范院校向综合性大学转型的必要条件、转型后的重建与核心竞争力的培育以及转型后如何保持和发展教师教育特色等问题逐一进行研究。论文以原聊城师范学院为个案,形成了既有理论分析、实证分析,又有操作模式、案例支持的理论与实践相结合的成果。一、在对高等师范院校转型过程的历史以及理论进行研究的基础上,提出了地方性高等师范院校实现转型的四大外部条件和四大内部条件。外部条件涉及:区域经济社会的发展、区域高等教育的布局、区域人力资源的需求、区域文化传统的驱动。内部条件为:齐全的学科门类、高水平的研究成果、雄厚的师资力量、良好的办学条件。二、在对大学核心竞争力理论进行深入研究的基础上,提出了地方性大学通过坚定不移地为区域经济社会发展服务也能够成为独具特色的一流大学的思想。三、在对高等师范院校转型后如何保持并发展教师教育特色的有关理论和经验进行深入研究的基础上,对地方性高等师范院校转型后保持并发展教师教育特色的问题

进行了深入研究。文章还就地方性高等师范院校转型后教师教育学院的建设,强调了转型后保持和发展教师教育的特色应重在发展,转型后学校要大力推动职前培养和职后培训一体化的进程,推动区域学习型社会的构建。

关键词:师范大学　学校管理　教育改革　高等师范院校

5611

个人教育投资风险研究 : 以 20 世纪 90 年代中国城镇居民为例 / 马晓强著 ; 丁小浩指导. --北京大学, 2005. -- 136 页

本文以教育投资收益的研究成果为理论基础和逻辑起点,以明瑟收入方程为纽带分析了教育投资收益与教育投资风险之间的关联,并在借鉴风险理论的基础上尝试建构个人教育投资风险的一般框架:即个人教育投资风险的基本含义、性质、风险的来源、基本类型、计量方法及管理与规避等。文章以 20 世纪 90 年代我国城镇居民为例,采用熵指数的分解技术,实证分析个人教育投资风险的存在;采用分位数回归技术,计量个人教育投资风险的大小;采用风险的收入补偿理论,实证分析教育投资风险在我国劳动力市场中的效应。实证研究结果表明:(1)20 世纪 90 年代我国城镇居民存在个人教育投资风险;(2)从 1991 年到 2000 年,个人教育投资风险持续加大;(3)教育投资收益与风险呈现正相关关系;(4)教育投资风险在劳动力市场上得到了一定程度的补偿。同时,教育投资风险理论的引入有利于从新的视角考察和审视教育投资中的问题。文章还对以下问题展开了讨论:(1)解答教育投资收益持续增加的疑问;(2)阐述教育与收入差距的关系;(3)从新的分析角度剖析教育与劳动力市场的关系;(4)阐释风险背景下的个人教育投资行为。最后从教育投资风险管理理论和实证研究的结论出发,就相关政策提出了建议和讨论,如建立有利于保障个人教育投资收益的政策体系;加强教育教学改革,促进通识教育、终身教育的共识与发展;加强对教育过程和教育质量的监管,促进信息公开透明;进一步完善劳动力市场,促进劳动力流动;加大政府教育投资力度,促进教育均衡发展以及教育的发展要进一步面向市场的需求等。

关键词:教育投资　投资风险　风险管理

5612

人力资本与区域经济增长 : 以珠三角、长三角为例 / 毛军著 ; 赖德胜指导. -- 北京师范大学, 2005. 159 页

人力资本理论和新经济增长理论一致认为,人力资本是现代经济增长的主要源泉,显然,区域内通过教育形成的人力资本存量是区域经济增长的主要支撑。论文以受教育年限衡量人力资本水平,估算了这两个地区要素投入对经济增长的贡献,得出:资本对区域经济增长的贡献率很高,综合要素贡献率较大,而人力资本的贡献率则相对不高;但人力资本的贡献率均为正值,这表明发展教育进行人力资本投资确实能够有效促进经济增长。珠三角、长三角经济增长过程中出现了显著的产业集聚,专业化人力资本影响了产业集聚的形成,又是产业集聚区保持创新优势的基础。同时,产业集聚对专业化人力资本产生"推力"与"拉力"效应,增强了专业化人力资本的通用性和特殊专业化人力资本的专有性,促进政府、企业、个人增加人力资本投资,激发企业家人力资本的形成。论文通过构建劳动力流动指标发现,珠三角、长三角劳动力流动性很强,这两个区域的经济发展水平与人口迁移之间呈现显著的正相关关系。与此同时,这种大规模劳动力流动和人力资本迁移对劳动力市场分割也形成巨大冲击。在区域经济一体化的趋势要求下,泛珠三角内部和长三角区域内的劳动力市场开始初步整合,这将逐步淡化区域内的劳动力市场分割,促进劳动资源和人力资本优化配置,有利于区域经济增长。

关键词:人力资本　经济增长　区域经济　珠江三角洲　长江三角洲

5613

民办学校产权配置与治理机制研究 / 明航著 ; 靳希斌指导. -- 北京师范大学, 2005. -- 147 页

随着我国市场经济的发展,民办教育发挥着越来越巨大的作用。从与作者研究有关的成果来看,关于民办学校的性质、法律权利、财产归属、投资回报、学校产权的讨论比较多见。但是,民办学校作为一种稀缺资源,对如何提高其办学效率这一重要问题的研究显得不足。产权配置与治理机制是提高效率的重要途径,作者认为这方面的研究至少还存在以下问题:(1)普遍认识到民办学校产权不清,有什么举措能让民办学校产权清晰,清晰到什么程度,清晰的标准是什么。(2)民办学校产权配置与治理机制的关系是什么。(3)如何完善民办学校的治理结构和治理机制。(4)如何通过产权配置和机制设计克服民办学校公益性与资本营利性矛盾。(5)民办学校产权配置和机制

设计是如何提高办学效率的。(6)民办学校产权配置与治理机制怎样才能有较好的市场适应性。这六个问题既是研究的难点,也是体现研究的创新之处。为了提高民办学校办学效率,论文研究围绕这六个问题,运用产权配置与治理机制理论,从理论到实践,按以下思路和框架展开。(1)导论。对论文研究的主题、目的及意义作简要陈述。(2)民办学校产权配置的理论基础。(3)民办学校治理机制的理论基础。(4)民办学校产权配置与治理机制的设计。(5)家族制学校的设计与创新。(6)集团制学校的设计与创新。(7)股份制学校的设计与创新。(8)国有民办制学校的设计与创新。

关键词:民办学校　产权　学校管理

5614

大学德育管理模式改革的实践与研究 / 曲建武著 ; 谢维和指导. -- 北京师范大学, 2005. -- 232 页

论文主要研究以下八个问题:(1)高等教育的改革和发展对传统大学德育管理模式的挑战。(2)高等教育的外部环境对大学德育模式的影响。(3)当前大学德育模式转型的现实问题。针对上述挑战和影响,作者论述了现实大学德育管理模式还没有形成积极应对的态势,还存在许多问题。(4)大学德育管理模式转型的理论基础。论述了任何教育活动的践行都需要以正确的理论来指导,还着重阐述了马克思主义关于人的全面发展理论、高等教育改革中的一些理论及大学德育的理论,为当前大学德育管理模式转型奠定了理论基础。(5)大学德育管理模式转型的国际经验借鉴。西方社会是市民经济社会;西方大学主要的教学模式就是学分制。借鉴西方大学德育管理的经验教训,找到适合建构我国当前大学德育管理模式的最佳途径。(6)当前大学德育管理模式转型的践行原则。阐述了构建当前大学德育管理模式转行的若干原则,其中一个重要的原则即是求实性原则,它要求当前大学德育模式的构建一定要从我国的实际出发。(7)当前我国大学德育管理模式的构建。在上述研究的基础上,对高等教育内外环境变化对大学德育管理模式带来的挑战和影响给予积极的应答,初步构建当前大学德育管理的新模式。(8)实证案例。以辽宁师范大学德育管理为范例,进一步论证了当前大学德育管理模式建构的科学性。

关键词:大学　德育　高等教育　教育管理

5615

中国国家助学贷款多元化偿还模型设计 :基于高等教育个人收益差异的计量 / 沈华著 ; 沈红指导. -- 华中科技大学, 2005. -- 143 页

本文在对国家助学贷款偿还进行财务分析的基础上,剖析了中国国家助学贷款偿还方式存在的缺陷,并结合影响高等教育个人收益的相关因素,构建了学生贷款多元化的偿还模型。首先,以与高等教育个人收益密切相关的人力资本理论为基本理论依据,计算出国家助学贷款对中国高等教育个人收益率的影响,指出获得国家助学贷款者与没有获得国家助学贷款的学生群体相比具有较高的个人收益;在获得助学贷款的群体中,还款政策的不同也引起高等教育个人收益率的变化。其次,借鉴世界其他国家贷款偿还模型运用中的经验和教训,从偿还方式、还款负担率、还款的财务分析和美国预防还款拖欠所采取的措施等四个方面,进行国别间的比较研究,为中国问题的解决提供国际经验。再次,对中国现行的国家助学贷款偿还政策进行研究,指出当前还款政策存在的主要缺陷是政策多变、贷款利率偏高、还款方式单一、还款时间不合理和缺乏配套的减免政策;还对中国近5年的国家助学贷款政策中有关学生贷款偿还的条款进行归纳,梳理出政策改革的脉络;通过计算中国学生贷款的还款负担率、贷款偿还率、贷款回收率,从个人与银行的成本投入和收益的角度分析造成还款拖欠的深层原因。最后,用SPSS分析软件,通过对回收问卷的统计分析,发现中国高等教育个体收益率差异的显著性,建立起基于个人收益差异的多元化还款模型;作者还以多样化的贷款回收机构、配套的还款减免政策等方面为出发点,设计出应对国家助学贷款多元化还款模型的操作体系。

关键词:助学贷款　高等教育　还款政策

5616

中国教育扩展与收入分配研究 / 孙百才著 ; 赖德胜指导. -- 北京师范大学, 2005. -- 115 页

教育扩展与收入分配差距是中国转型与发展过程中发生的两种社会现象。作者使用中国的经验数据分析了教育扩展对收入分配的影响,并通过教育分配和教育收益率两个中间变量,探讨了教育扩展影响收入分配的作用机制。研究发现,中国教育扩展与收入分配之间是一种"倒U"型关系,即教育扩展先是扩大收入不平等,而在教育成就达到一定程度以后,随着教育的扩展,收入不平等程度趋于降低。论文指

出,中国教育扩展与收入分配之间的"倒U"型关系是教育分配的平等化和教育私人收益率提高共同作用的结果,教育分配的平等化对收入平等化的影响是正向的,而教育收益率提高对收入平等化的影响则是负向的,这一正一负两种作用解释了中国教育扩展与收入分配的非线性关系。另外,论文还分析了中国教育扩展与地区和城乡之间的收入差距。从地区来看,东部的教育发展水平要高于中西部。不仅如此,教育分配的不平等程度在地区之间也存在差异,西部的教育不平等程度最高,中部次之,东部最低。从城乡分析,教育差距突出表现为城乡受教育年限的差距。作者使用2001年的地区截面数据,以小学保留率和初中保留率为解释变量,分别对人均GDP的对数进行OLS回归。同时,根据城乡文盲率构造了城乡教育差距指数,以城乡教育差距指数为解释变量对城乡的收入差距指数进行了回归分析。

关键词:教育经济学　收入分配　收益率　教育发展

5617

学校效能评价研究 / 汤林春著 ; 吴志鋐指导. --华东师范大学, 2005. -- 177页

本文围绕如何在中国实施学校效能评价的问题,采用文献分析、调查和个案研究等方法,从中国实际出发,在理论与实践层面进行了一定程度的探讨。全文由文献综述、理论构建与实践探索三部分组成。文献综述部分对学校效能评价的发展脉络、主要成就、面临的挑战与发展趋势进行了介绍。理论构建部分从我国实际情况出发,通过借鉴国外经验,结合调查研究,从学校效能评价概念、模式、指标与方法等角度提出了理论构想。在讨论学校及教育本质的基础上,借鉴以往学校效能的建模经验,从我国实际出发,以素质教育为指导,根据建构主义的理论,本研究提出了一个由学生、学校、背景三层因素,背景、过程、结果三类指标,涉及教师、学生与教育资源三种教育要素的多层互动学校效能评价模型,较好地反映了教育的本质。从素质教育的角度出发结合课程改革的精神,本文认为,学生发展指标应包括认知领域、情感领域与动作技能行为领域的指标;文章通过大量的调查,提出了一个包括管理因素、教学因素、质量因素等三方面的过程指标系统。实践部分针对中国实施学校效能评价的问题,选取了两所初级中学的预备年级与初一年级共14个班作为试点,对学校效能评价模式与方法进行了检验,提出在中国实施学校效能评价应具备的六个条件及五大对策。

关键词:学校管理　教育评估　学校效能

5618

利益关系的调整与重塑：新公共管理影响下的教育管理机制研究 / 田凌晖著 ; 陈玉琨指导. -- 华东师范大学, 2005. -- 140页

本文首先从发生学和比较的视角,考查和鉴别了国内外研究者对本研究所涉及的新公共管理、教育管理机制和利益关系人等三个核心术语的意涵。并以此为基础界定了三者在文中的所指,从而确定了研究的逻辑起点。文章研究借助利益关系人分析法,洞悉了作为消费者的家长和学生,作为生产者的学校和作为提供者的政府等利益关系人的利益诉求和行为方式的具体变化。改革成为围绕商业利益与专业发展、个体利益与社会利益、当前利益与长远利益、公平与效率展开博弈的过程。以上述研究为基础,文章分析了当前我国教育管理机制改革正面临的问题:人民群众对优质教育资源的需求与供给之间存在矛盾;政府的"越位"与"缺位"同时存在;学校的权力与责任不对称。同时探讨了当前情况下借鉴西方经验的可能性、必要性和存在的限制性因素。进而提出我国教育管理机制改革的对策建议:(1)承认并发挥市场在教育资源配置中的作用;(2)赋予人民群众平等的择校权;(3)构建"自主管理、自主发展、自我约束、社会监督"的现代学校制度;(4)提升校长的专业化水平;(5)建立具有专业性、独立性的教育中介机构;(6)完善信息服务和管理机制;(7)创设公共对话机制。

关键词:公共管理　教育管理　利益关系

5619

大学教师劳动合约研究 / 王寰安著 ; 张兴指导. --北京师范大学, 2005. -- 177页

论文关注转型期内我国大学教师劳动合约的选择问题,集中探讨了我国由计划体制向市场经济转型过程中大学教师劳动合约形态的演变及其背后的制度根源。作者借鉴了制度经济学对产权、激励与经济行为关系研究的基本思路,建构了大学教师劳动合约研究的基本理论框架,作者将这一框架概括为"产权—交易费用—合约安排—制度绩效"范式。在这个因果链关系中,产权制度是基础性制度,产权的静态归属和动态营运决定着教师劳动交易费用的高低,并进而决定着教师劳动合约安排和选择;教师劳动合约安排构成社会资源配置的制度装置,不同合约安排之

间遵循效率和降低社会交易费用原则相互替代,优化选择。在上述理论框架的指导下,论文集中讨论了我国大学教师劳动合约由任命制转向聘任制转变过程中合约期限、工资形态、评价方式和治理机制几个方面的变化,并对目前大学教师劳动合约的履约现状和履约机制进行了实证调查分析,最后从产权角度对大学教师劳动合约演变的深层原因进行了探讨。

关键词:大学　教师　劳动合同

5620

基于集成的学位质量研究 / 王亚杰著 ; 王沛民指导. -- 浙江大学, 2005. -- 239 页

论文在对质量和质量方式进行系统疏理、综合集成的基础上,借助系统集成的方式和理念,确立起新的学位质量观,开发出新的学位质量系统,并且提供了新的问题解决方案。作者指出,新的学位质量观实际上就是"统一的专业质量观",它是知识观、教育观和人才观在当前历史阶段的系统集成,是构建新模型的思想基础。新的系统模型则包含学位质量过程、研究、师资、资源、管理、学科声誉、学科规划等 7 个子系统,含 23 个变量,涉及 130 项质量因素。前三个子系统称为"基于学科的质量过程",它是学位质量系统的最核心部分。通过实证分析,新模型明确给出优先推进管理系统改革的结论,并对学位质量的其他方面给出了积极的建议。作为以上工作的背景和先导,论文用相当的篇幅讨论了质量和质量方式。在厘清质量概念和维度的基础上,辨识了高等教育质量与工业界质量的异同,为高教质量提供了新认识;在分析工业质量方式和国际高教同行经验的基础上,为学位质量管理展示了可供借鉴的方式和途径。

关键词:高等教育　研究生教育　学位　教育质量　质量管理

5621

高校收入分配制度变革与教师工作业绩的关系研究 : 以岗位津贴制度的实施为案例 / 邢志杰著 ; 闵维方指导. --北京大学, 2005. -- 182 页

本文综合运用行为学中的激励理论、满意度理论与薪酬管理中的基本原理,根据问卷调查获得的高校教师两个年度的工作业绩数据,回归分析了影响岗位津贴分配的因素,实证检验了高校实施岗位津贴制度对教师工作业绩的激励效果,并把教师对岗位津贴的满意度作为岗位津贴收入对教师工作业绩影响的中介变量和调节变量,进一步验证岗位津贴收入对教师的激励效果。得出下述结论:(1)上一年工作业绩对全体教师当年的岗位津贴分配存在显著影响,在工作业绩中科研工作和科研成果对教师岗位津贴分配的影响最重要;(2)职称和职称资历依然是影响高校教师岗位津贴分配的最重要因素;(3)岗位津贴收入对全体教师当年工作业绩存在显著的激励作用,但在职称相同的教师中岗位津贴的差异并没有使教师的工作业绩有显著差异;(4)岗位津贴的"外部竞争性和内部公平性"影响教师对岗位津贴收入的满意度;(5)高校教师在应对岗位津贴分配中的不满意结果时可能会出现"逆向激励"现象,即满意度低的教师会努力工作提高工作业绩,使岗位津贴调整到自己比较满意的级别,但这只可能发生在短期内。在此基础上,作者对完善岗位津贴制度、建立有效激励机制提出了若干政策建议:继续提高教师收入,使教师收入具备一定的外部竞争性;完善职称晋升制度,为收入分配制度打下坚实的基础;根据学科发展和教师结构,合理划分岗位类型与岗位职数;适当减少相同职称教师的岗位级数,建立宽带津贴结构;建立科学合理的岗位考核制度,明确岗位聘任的规则;注意内部激励与外部激励的配合,避免教师的内部工作动机下降等。

关键词:高等学校　教师　收入分配　岗位津贴　激励

5622

中国区域高等教育非均衡发展实证研究 / 严全治著 ; 王善迈指导. -- 北京师范大学, 2005. -- 143 页

本文以省区为分析的基本单元,研究中国 1995—2002 年各省区高等教育非均衡发展问题,文章参照有关小康社会和现代化指标体系,建立了高等教育、经济、科技指标体系和数据库,分别计算其标准差、极差、极差率和变异率并做出图表,客观描述和反映各省区高等教育、经济、科技非均衡发展现状及其趋势。作者认为,总体而言,各省区高等教育、经济、科技绝对差距不断扩大,相对差距有所缩小,此一致性反映出省区间经济、科技差距是形成高等教育非均衡发展的主要原因。文章采用 1995—2002 年高等教育、经济、科技指标体系和数据库资料,建立了高等教育与经济、科技的数学模型,描述了高等教育与经济、高等教育与科技、高等教育与经济、科技之间的量化关系和规律。以定量说明各省区经济、科技相关指标差距对高等教育非均衡发展产生的影响。研究表明,高等教育发展与经济、科技发展具有较强的一致性关系,经济、科技均衡发展是高等教育均衡发展的基础,高

等教育均衡发展可以促进经济、科技的均衡发展,高等教育通过培养人才,发展科学技术和社会服务促进区域科技进步,促进高新技术产业群的形成和延伸,优化经济结构,转变经济增长方式,提高经济运行的质量和效益。

关键词:高等教育　教育发展　区域差异

5623

中国消费者景气调查的理论与方法 / 叶植材著 ; 王善迈指导. -- 北京师范大学, 2005. -- 181 页

本文系统全面介绍和研究消费者景气调查的相关内容。本文对消费者景气调查涉及的各个基础概念作了详细的描述。从调查的产生发展、具体开展调查的方法、调查涉及的统计指标等都进行了较为详细的介绍。拟通过对基础概念的阐释,及在此基础上我国开展该项调查应该运用的方法及使用工具,如何处理数据和怎么对数据进行解释的讨论,能够给出普遍的方法论意义上的建议,并能对我国的消费者景气调查的开展具有一定指导意义。文章对消费者景气调查指标的计算方法作了重点讨论,给出了处理调查结果的统计方法,阐明了消费者景气调查结果的经济意义,在此基础上对关键概念平衡差进行了详细的解释,并举例说明了消费者景气调查的应用。作者认为,对于消费者景气调查的研究还有进一步深入的空间。在本文构建的框架之下,作者提出有待于进一步深入研究的问题:其一是调查的抽样设计方面,涉及抽样框的优化、样本抽选数量在各层中的优化分配等;其二是调查形式方面,目前调查方式单一,对于我国开展电话访问、E - mail 邮寄问卷等调查的可行性和技术细节有待讨论;其三是后期数据处理发布方面,需把景气调查的结果作为新的解释变量添加到传统的计量经济模型中,以解释经济运行情况的相关问题。

关键词:消费者　抽样调查　经济预测

5624

企业的人力资本生产 : 关于企业教育功能的内生性、边界、决策及相关问题的研究 / 赵立卫著 ; 赖德胜指导. -- 北京师范大学, 2005. -- 157 页

本文从企业制度的内在特性上对企业的人力资本生产进行了阐述。文章通过人力资本的生产功能是由企业制度的内在特性决定论,从企业获取进行生产经营活动所需的人力资本的两种方式:一是通过市场交易从企业外部获得,二是在企业内部根据需要进行生产。以及企业组织学习这两个方面说明企业教育功能的内生性所发挥的作用。作者认为从生产和治理成本的角度看,企业的人力资本生产功能存在效率边界。企业所需的人力资本分为三个层次:第一个层次是企业所需的最终人力资本,作为整体在企业生产活动中发挥作用;第二个层次是各种知识要素形成的各种能力,是直接构成第一个层次人力资本的要素;第三个层次的人力资本是各种知识要素,是构成第二层次人力资本的基础性要素。第一层次的人力资本由于具有较强的专用性而必须在企业内部进行生产,而第二、三层次的人力资本作为中间要素,只有部分适宜在企业内部进行生产。作者认为企业人力资本生产的效率范围不是一成不变的。人力资本的生产性投资是在制度背景下企业与接受培训的工人之间利益博弈的结果。大企业之间联合开展培训活动是双方在人才竞争中的均衡选择,通过联合,避免了过多的资源消耗,实现了人力资本的集约化生产,是多赢的结果。

关键词:人力资本　人力资源管理　职业教育　企业培训

5625

教育信息公开研究 / 朱科蓉著 ; 高洪源指导. -- 北京师范大学, 2005. -- 132 页

作者指出,信息公开问题是近年来政治学与法学领域讨论的一个热点问题。但这两个研究领域都是从一般意义上来讨论信息公开问题,而没有考虑到信息公开实践当中的复杂性。教育信息公开研究正是基于信息公开实践的复杂性,主要探讨信息公开的机制问题。本文采用系统分析的方法,把教育信息公开看作一项系统工程。重点讨论了以下内容:(1)教育信息公开的义务主体。从理论和法律上看,教育部门有义务公开信息。但从实践看,教育部门往往缺乏信息公开的动力。因为信息就是权力,谁占有信息谁就拥有权力。教育部门在信息公开当中还将面临诸多的困境,如教育部门的利益与公共利益的冲突,效率与民主的冲突,稳定与风险的冲突,成本与技术的约束等。(2)教育信息公开的权利主体。从理论与法律上看,公众享有知情权,但权利的落实必须考虑到权利人的具体需求时才是最有效的。就教育信息而言,公众作为纳税人,有权利了解与监督税收的使用情况,他们的信息需求具有很大的共性。但就具体的权利主体而言,它们所需求的信息是有差异的,教育信息的公开必须充分地考虑到这些差异性需求。(3)教

育信息公开的内容。教育信息公开的基本原则是"信息公开为原则,不公开为例外",并赋予教育部门一定的自由裁量权,考虑各种利益的平衡问题。(4)教育信息公开的方式。信息公开的效果与信息公开的方式和途径有很大的关系,同样的信息采用不同的途径公开,所取得的效果是不同的。因此,教育部门在选择信息公开的途径时,应该充分地考虑能否把信息传送到信息需求者的手中,能否达到信息公开的目的。文章应用传播学、法学、政治学、管理学、教育学等多学科的知识来分析与解释教育信息公开问题,并运用了定性与定量相结合的研究方法。论文的最后部分还提出了教育信息公开的保障措施:制度保障、组织保障、技术保障和信息管理保障。

关键词:教育信息　信息公开　信息管理　教育管理

土地资源管理学

5626

农地产权结构与农业绩效：对转型期中国的实证研究／陈志刚著；李元，曲福田指导. -- 南京农业大学，2005. -- 119 页

本文首先从产权与绩效的一般作用关系为基础,扩展构建了一个农地产权结构影响农业绩效的分析框架。接着,文章从结构演进的角度简要回顾了新中国成立以来,农地产权制度的变迁历程。论文基于前面的理论分析框架依次从农地所有权结构、农地承包权结构和农地产权内部权利构成三个方面系统研究了转型期中国农地产权结构对农业绩效的影响。通过系统的理论分析和逻辑推演,本文提出了以下几个基本的研究(待验证)假说:(1)在经济社会转型期的中国,集体所有制下的农地资源利用绩效要明显优于国家所有制;(2)农户之间的差异及承包权在集体内部的整体配置差异对农业有着显著影响;(3)完整的农地产权要求的使用权、转让权和收益权对农地利用绩效具有明显的正效应,在不同的经济发展地区有显著的差异。对此,本文依据所建立的计量经济模型,利用有关的宏观统计资料以及在江苏、江西部分地区的村庄和农户调查中获取的经验数据进行了实证检验,得出了三个研究结论。

关键词:农业用地　产权结构　土地所有权　土地承包

5627

基于住宅消费需求的可持续住宅研究／高宇波著；林增杰指导. -- 中国人民大学，2005. -- 169 页

本文从住宅消费市场的期望需求与住宅供给现状之间的差距入手,在研究我国住宅供需市场存在的问题的基础上,进行可持续住宅的理论研究和实证分析。作者首先从满足当代消费者和后代人的生存发展需求及国家的经济发展需要方面提出了我国实施可持续住宅可持续住宅的必然性,指出可持续住宅是基于我国国情的唯一正确选择,提出我国实施可持续住宅的紧迫性和必要性;其次,对影响可持续住宅推广和实施的困难和阻力进行了分析,主要从经济技术因素和社会意识方面进行了研究。指出:并不是所有的新技术一开始都能满足市场的需求,市场对新技术的需求并不简单取决于技术本身先进与否,人们对技术的认同还同时受到经济和文化因素的影响,其中新技术的应用成本在很大程度上决定了人们对它的认识。再次,提出了政策建议。笔者认为,可持续住宅作为一种新型的事物,需要自上而下的强力推动与引导,才能得以推广和实施。既需要市场机制的作用,更需要政府的宏观调控。"基于住宅消费需求的可持续住宅研究"是从满足消费者需求的角度出发研究住宅的问题,是一个全新的视角。作者认为本文在此方面只是做了首次尝试,还有需要进行更深入的分析研究完善。

关键词:住宅　房地产　消费需求　可持续发展

5628

国际因特网发展中的公共政策选择研究／贾丹华著；曲福田指导. -- 南京农业大学，2005. -- 220 页

本文立足全球经济和全球市场,面对现实经济系统的变化,以国际因特网已成为信息化时代全球经济的重要基础设施为基点,从各国因特网发展相互联系,经济发展相互影响的角度,在各领域经济学的基础上,深入进行了因特网与网络经济新范式的理论探讨,从而充分证明了国际因特网对各国发展和世界经济的重要性。并以各国公共政策选择与国际因特网发展的相关性分析为切入点,运用系统研究和对大量的、最新的国际数据和资料的对比分析,尤其对"数字鸿沟"问题进行较深入的经济学理论和实证分析,分析了当前国际因特网发展的现状和存在的问题,论证了在世界经济全球化、网络化发展趋势下,国际公共政策选择推动和保障国际因特网平衡发展的必要性和重要意义。最后以中国因特网发展为案例,以计量

模型分析方法,确定了显著影响因特网发展的政策变量,提出了公共政策选择目标的制定应该与各国经济发展的水平和阶段相一致的原则和建议,以促进国际因特网在发展中国家的普遍接入和应用。

关键词:网络经济　互联网络　因特网　公共政策

5629

城市土地市场运行与政策控管研究 / 李涛著 ; 叶依广指导. -- 南京农业大学, 2005. -- 228 页

本文从城市土地市场运行及相关政策的分析两大方面入手,通过对城市土地市场效率和与政策绩效的评价,提示城市土地市场双重失灵的根源,提出了以实现效率与公平两大目标为基础的城市土地产权管理模式的创新思路,并分别探讨了中央政府与地方政府的职能定位,提出了各级政府在政策制定和执行等方面的建议。全文分三部分展开讨论:第一部分为城市土地市场运行分析,重点研究城市土地市场的供需状况、价格体系和市场结构,并以南京市为例建立了城市土地市场运行效率的评价体系。第二部分是对城市土地市场相关政策的分析。重点从城市土地的产权制度、市场管理模式、土地收益分配及保障体系等方面进行分析,并对近年来的主要政策进行了绩效评价。城市土地产权制度的研究从制度变迁的各阶段分析入手,以现阶段的产权结构与各级市场的产权关系分析为基础,重点讨论了其中存在的两大问题:城市土地所有权主体不明和土地产权权能不清,并进一步探讨了土地所有权残缺和使用权边界模糊的内在动因。第三部分为城市土地市场运行与政策控管的耦全研究。在前文的市场与政策分析的基础上,总结了现行城市土地市场的双重失灵特征及其根源,并以可持续发展理论为依据,提出 了效率与公平两大目标。

关键词:城市土地　土地政策　土地市场

5630

我国房地产信贷资金配置效率研究 / 李霞著 ; 叶剑平指导. -- 中国人民大学, 2005. -- 129 页

本文以房地产信贷资金配置效率为研究主题,通过分析房地产信贷资金有效配置的一般原理,界定房地产信贷资金有效配置的标准,由此发掘影响房地产信贷资金配置效率的主要因素,并构建效率评价模型。在此基础上,论文着重从信息不对称和政府干预角度入手,探讨了信息不对称和政府干预对我国房地产信贷资金配置效率的影响。论文还对我国近年来房地产信贷资金的配置效率进行了实证分析,分析结果表明,我国房地产信贷资金的配置效率主要取决于政府政策效率、银行管理效率以及房地产业运行效率。针对这一结论,提出了提高我国房地产信贷资金配置效率的有力措施和办法,即改革现有房地产信贷资金配置的体制和机制,并为房地产信贷资金的配置营造良好的外部环境。本文共分五个章节展开阐述:第一章理论基础,研究房地产信贷资金有效配置的一般原理和影响因素并提出问题;第二、三章对问题进行规范分析,第二章论述信息不对称与房地产信贷资金配置效率;第三章论述政府干预与房地产信贷资金配置效率;第四章对我国房地产信贷资金的配置效率和影响因素进行实证分析;第五章解决问题,针对规范分析和实证分析的结果提出提高我国房地产信贷资金配置效率的有效途径。

关键词:房地产　信贷管理　资金管理

5631

中国人才资源流动实证研究 / 李银著 ; 叶依广指导. -- 南京农业大学, 2005. -- 234 页

本文从四个方面对中国人才资源流动进行阐述,首先提出了本文研究的目的和意义,国内外研究现状,研究的思路、结构与方法以及数据来源与样本构成和可能的创新之处等。然后从客观上对人才资源流动的动力机制进行了一般意义上的理论分析。通过人才资源流动博弈,探讨了如何防范人力资本投资风险,获取最大效用的人力资本投资回报。再着,作者通过大量的问卷调查数据,对人才流动的频率,人才流动的观念,人才流动的组织选择,人才流动的自我价值取向以及人才流动后的现实情况,分析了当前中国人才资源流动的基本态势,探讨了人才流动的频率与各要素之间的相关性、科学性,探讨人才对于流动的认同态度,同时分析了引发人才流失的主要原因,还分析了人才资源流动后人才的职业满意程度,岗位满意程度,能力发挥程度以及新的组织对人才的关心使用状况。最后,作者通过对国外组织薪酬进行研究,依据问卷调查的资料,对中国人才流动基于2003 年的物价基础上的最低年薪选择进行了分析。参照遵循价值规律和人才自身的需求规律,控讨了组织留人需要进一步完善的要素和组织留人所应具备的条件。从中国人才资源管理的战略视角出发,提出了人才管理的策略选择,人才竞争战略体系的构建,以及人力资本的投资风险化解和中国人才资源外流

应对策略。

关键词:人才流动　人才市场　人力资源

5632

城市房屋拆迁补偿制度的经济学研究:以南京市为例 / 闵一峰著;叶依广指导. -- 南京农业大学,2005. -- 136页

本文从经济学角度对城市房屋拆迁制度的核心——城市房屋拆迁补偿制度,从制度沿革到相关研究进行了较为深入的分析,并以拆迁较为活跃的东部沿海经济发达地区的江苏省南京市为例,系统地分析了拆迁补偿各主体行为关系、拆迁补偿价格形成动因、拆迁补偿制度运行成本,提出了对提高拆迁补偿政策运行效果有积极意义的政策思路与建议。文章共分八章,归纳为以下六个部分:第一,以城市房屋拆迁补偿制度为研究对象,从经济学研究视角,提出了研究内容、思路和方法,对相关研究进展进行了文献综述,论述了支持本文研究的理论基础,引出了本文的研究重点。第二,从历史与现实对比的角度,对城市房屋拆迁补偿制度进行了综合评述。对我国当今城市房屋拆迁补偿实施现状与存在问题以南京市为例进行了分析,对拆迁现实矛盾成因从利益冲突、法律本身、政府行为、社会矛盾化解机制等方面进行了综合分析。第三,从城市房屋拆迁补偿制度中补偿对象入手,研究了拆迁补偿主体行为及相互关系,提出了拆迁主体行为的经济学判断,分析研究了拆迁补偿制度创新法律政策障碍。第四,研究了城市房屋拆迁价格形成机理,建立了驱动力模型。第五,以南京市2001年、2004年两个不同拆迁政策为例,对南京市城市房屋拆迁补偿进行实证分析。第六,研究结论和政策建议。

关键词:城市建设　房屋拆迁　土地征用　补偿制度　南京市

5633

中国城市国有土地产权研究 / 潘世炳著;韩桐魁指导. -- 华中农业大学,2005. -- 222页

本文在分析中国城市国有土地产权现状和问题的基础上,引入新制度经济学的相关理论,利用海内外物权法实践和研究成果,构建了一个主体明确、定性清晰、定量科学、分级授权管理的土地产权体系。论文首先回顾了城市国有土地产权制度沿革,剖析了现有土地产权法律法规和土地产权管理存在的问题及各种不良后果,分析了这些问题的深层次原因。在理论结合实际的基础上,论文分析了海内外物权和土地产权实践和研究动态,明确了土地产权设置立足于大陆法系等基本原则。对土地所有权、划拨土地使用权、授权经营土地使用权、作价入股(出资)土地使用权、承租土地使用权以及土地抵押权、土地租赁权、相邻权等传统土地产权进行了全新完善优化。对于法律没有设置但现实存在的空间权、地役权、典权、土地优先权、独有、共有、区分土地使用权、土地留置权、地上权等进行了全面、系统和完整的创新设计。在土地产权量化方面,介绍了土地产权估价基本理论和基本方法。最后剖析了国有资产产权管理理论动向、实际操作及成绩和问题。依据委托代理理论,提出了对城市国有土地产权分级授权管理模式,系统地研究了构建土地产权分级授权体系。

关键词:城市土地　土地管理　土地制度　国有产权

5634

经济转型期中国土地市场建立与管理研究 / 宋玉波著;王万茂指导. -- 南京农业大学,2005. -- 137页

本文从我国计划经济体制向市场经济体制变革的特殊时代背景出发,依据商品市场建立及其市场经济运行的一般规律,在综合分析国内外土地市场建立与管理现有研究成果的基础上,科学地设定了中国土地市场建立与管理的结构、体系和方法。同时,根据社会主义土地公有制制度的特点和土地使用制度改革的发展方向,针对现时中国土地产权制度不合理的客观实际,研究提出了新型土地产权体系构建的框架,进一步明确了土地市场的主体地位,并特别强调了在工业化、城市化发展进程中,尽快开放集体土地市场的必要性和重要性,提出了建立“两种产权,一个市场,平等竞争,协调发展”的中国土地市场构建模式。本文在突出土地市场体系建设研究的同时,深入剖析了当今中国土地市场运行过程中存在的主要问题,有针对性地提出了若干解决问题的办法和措施。通过江苏土地市场具体实证的总结和分析,主张政府应摒弃现时以出让方式为主的供地格局,代之以租赁方式供地,并实行公开竞争机制。鉴于在市场经济条件下,土地市场运行极有可能出现政府调控和市场自我调节失灵的情况,提出在建立和发展土地市场的同时,必须建立土地市场预警防范机制,增强政府宏观调控土地市场的能力。

关键词:土地管理　市场管理　土地市场

5635

可持续发展的行为分析与制度安排 / 王志忠著 ; 曲福田指导. -- 南京农业大学, 2005. -- 111 页

本文以可持续发展的本质与实现途径为研究对象,将经济学的行为分析、制度理论与可持续发展纳入到一个统一框架,在“经济人”的基本理论假设下,通过分析个人行为与社会行为的可持续性含意,论述制度安排与可持续发展之间的关系,通过可持续发展中的行为与制度安排之间的分析,文章认为,实现可持续发展不只是一个技术问题,必须从制度上进行改革,从根本上为可持续发展扫清障碍。要加强政治制度建设,使得个体参与决策、参与社会、参与监督的行为进一步得以规范;要继续经济体制改革,从所有制、分配关系、政企关系等领域进一步协调人们之间的利益矛盾,引导经济行为;要强化法制建设,从根本上保障人的权利得以充分发挥,把人的行为建立在法制基础上,从而为可持续发展提供保障。本文以可持续发展的人格化着手分析,重新诠释了可持续发展的基本内涵。文中引入“可持续产品”概念,从可持续产品的生产、交换、价值的实现等方面,要求突破传统的商品价值观念,从社会利益出发对产品进行定价。同时,要对产品生产进行有效管理与监督,制订严格的标准,尽量避免产品生产与消费过程中的资源浪费与环境污染等方面,通过可持续产品的生产来实现经济社会的可持续发展。

关键词:可持续发展　经济行为　利益矛盾　制度安排

5636

经济增长中土地利用结构研究 / 张颖著 ; 王万茂指导. -- 南京农业大学, 2005. -- 223 页

本文系统地阐述了土地资源配置的基本原理、配置模式和实现手段,土地利用结构系统特性及其优化的方法思路,并详尽地介绍了近代世界上土地利用变化和美国、日本土地利用变化及特征。并系统地阐述了我国古代、近代和现代土地利用结构,对我国建国以来产业结构和土地利用结构互动变化进行了分析与对比,揭示了其间的变化规律和存在的问题。文章从构建基于产业的土地利用分类入手,在借鉴国内外现存的产业分类和土地利用分类体系的基础上,结合我国现行土地利用现状分类体系和全国土地分类体系等有关内容,充分利用现有的土地统计资料进行实证研究,得出:(1)产业用地与产业产值之间存在相关性和同步增减性,相关系数为高度紧密相关;(2)我国不同尺度下产业用地与产业产值分布存在明显的不平衡性,反映我国区域经济发展和自然资源禀赋存在显著差异;(3)作为反映产业用地与产值结构之间的互动关系的量化指标(单位产值占地率)用以分析经济增长占地的合理性是可行的;(4)土地利用结构随着产业结构变化和经济增长方式转变而演化,引入经济增长因子给土地利用结构系统注入活力和形成势差,使其实现组织和自组织的非均衡发展和演化。文章最后针对经济增长中土地利用结构研究和土地利用规划编制思路提出相关对策和建议。

关键词:经济增长　土地利用　土地资源

5637

耕地估价理论与方法研究 / 周建春著 ; 王万茂指导. -- 南京农业大学, 2005. -- 183 页

本文在对现代土地估价理论批判继承的基础上,构建可持续发展理论下的耕地价格评估理论与方法。文章通过反思现代土地估价理论存在的缺陷,建立科学的耕地资源价格评估理论与方法,从而规范人们在土地利用过程中对资源价值的不正确的评价方法,最终有利于耕地资源的合理利用和有效保护,有利于规范当前不正常的市场交易。文章分析现代土地估价理论与方法的本质特征、耕地利用的外部性对耕地价值的影响、耕地产权的界定、建立可持续发展理论下的耕地价格评估理论与方法、运用耕地价格评估理论与方法进行耕地价格评估实践。文章主要采用了以下方法进行了研究,通过逻辑推理法,构筑新的耕地估价理论;在科学理论指导法下,突破了现代土地估价理论以地租理论和区位理论为理论基础的模式;实践检验法,这表现在两个方面,一是目前的耕地价格评估对耕地资源利用所带来的不利影响,证明现代土地估价理论的缺陷,二是运用新的耕地价格评估理论与方法,对我国耕地资源价格进行评估,以检验理论与方法的科学性。文章明确界定了目前社会经济条件和技术条件下的我国耕地资源权利;提出耕地价格评估的基本理论要点;提出了可持续发展理论下的耕地价格新的构成模式。

关键词:土地评价　耕地　地价　土地管理　可持续发展

图书馆学

5638

我国网上书店发展研究 / 陈颖著 ; 罗紫初指导. -- 武汉大学, 2005. -- 168 页

本文以电子商务经济外部环境下充分发掘现代出版发行企业组织和具体经营策略的特点和变化为出发点,首先分析了网上书店市场范围、功能和核心竞争力的变化对企业组织的影响,在分析其内在职能的基础上提出了具体的组织构建方式,使改造后的组织能适合和保障网上书店企业目标的实现;然后探讨了网上书店的具体三方面的经营策略:(1)客户交易界面的设计,文中综合理论研究和实证研究的结果,提出客户界面设计的原则和六要素;并着重分析研究了客户界面要素中的重要内容——虚拟社区内部的三种价值模式和运行方式;(2)营销策略的实施,作者对服务策略、品牌策略、价格策略和促销策略进行讨论,分析了网上书店促销的工具、方法和实施要点;(3)物流配送的实施,文章综合国内外网上书店发展的实践,提出了自营物流配送和实施社会物流配送(包括外协物流、物流联盟)两种模式。探讨了网上书店提供退货服务意义及具体退货的设计,结合图书的特点,分析了网上书店物流信息系统中的核心问题和解决方案。通过以上这些具体经营策略继以实现企业目标;文章最后结合我国网上书店的现况和发展环境,提出了相应的宏观发展对策。

关键词:书店　电子商务　网络营销

5639

中国出版业现代化研究 : 1800—1949 / 邓咏秋著 ; 王余光指导. --北京大学, 2005. --174 页

本文研究内容包括中国出版业现代化的政治、经济、文化教育背景,中国出版业现代化的主要标志,探讨每一个标志性的现代因素如何在中国逐步形成和确立。文章研究了图书流通体系的现代化,探讨现代化的全国性图书流通网络的形成,比较了前现代时期的图书流通渠道和营销手段与现代时期的区别。关于出版技术的现代化的研究,探讨了西方现代印刷技术引进后给中国传统出版业带来的冲击,并分析了出版技术现代化的内在动力。关于现代出版法律的形成,探讨了从出版法律和稿酬制度从无到有及中国出版业现代化的法律因素。关于现代出版制度,探讨了出版企业产权制度的历史演变。关于出版业同业组织的现代化,探讨了出版业同业组织的组织和功能及其所经历的现代化演变过程。关于现代编辑出版家,探讨了出版业的主要从业人员——编辑和出版者在出版业现代化过程中的变化,包括他们的出版理念和生存状况等内容。关于出版业现代化对出版物的影响,探讨了中国出版业现代化对出版物的数量和类目产生的影响。

关键词:出版业　出版史　现代化　图书史

5640

图书馆联盟实现机制与策略研究 / 高凡著 ; 徐引篪指导. -- 中国科学院研究生院, 2005. -- 203 页

本文从理论和实践两个方面对图书馆联盟进行了深入分析。在理论研究上,论文首先从图书馆联盟的发展历史中分析了图书馆联盟兴盛—衰落—再次兴盛的原因,对网络环境下的图书馆联盟与传统图书馆联盟进行比较分析,并探讨了图书馆联盟的概念、组织特征、图书馆联盟分类、功能和性质。其次,从经济学和新经济社会学角度出发,对图书馆联盟存在的价值和发展动因进行了理论解释。第三,对图书馆联盟中合作策略选择问题进行探讨,分析各图书馆的行为决策以及对联盟的产生、发展和结束的影响,提出了增强图书馆联盟稳定性的行为准则。在实践研究上,论文综合运用网站跟踪、实地考察、专家访谈及问卷调查的结果,从实践角度探讨和分析了图书馆联盟组建动机、治理结构、效益、负面影响、成功因素、目前面临的困难以及运行支撑体系等问题。论文在理论、实践研究的基础上,提出构建图书馆联盟的方法、体系结构,以及图书馆联盟运行的资源平台、制度平台、技术平台等;并从联盟内部的角度对图书馆联盟管理方法进行研究,提出了图书馆联盟管理中的项目管理、合作关系管理、激励管理和风险管理等管理策略。最后,根据我国与欧美一些发达国家在图书馆联盟建设上的差距,对我国如何切实有效地开展图书馆联盟活动提出了有关建议,并提出了下一步需继续研究的内容。

关键词:图书馆工作　信息技术　资源共享　图书馆联盟

5641

图书馆知识管理系统的研究与实践 / 郭家义著 ; 朱献有, 李广建指导. -- 中国科学院研究生院, 2005. -- 163 页

本文从理论和实践两个方面研究了图书馆知识管理系统建设过程中涉及的若干主要问题。理论部分主要研究了图书馆知识管理系统的理论基础和图书馆引入知识管理的模式。实践部分主要研究了图书馆知识管理系统的相关内容。首先,介绍了本文的研究背景,分析了图书馆知识管理系统研究中存在的问题,进而提出研究的必要性和研究内容。研究综述部分对国内外与图书馆知识管理系统研究相关的文献从五个方面进行了梳理,并对研究现状进行了分析和评价。其次,根据协作式知识管理框架研究了图书馆知识管理系统研究的内容,分析和研究了图书馆实施知识管理的知识资源、影响要素、过程和手段。根据图书馆的实际,提出了结果驱动、并行发展、渐进式的图书馆引入知识管理模式。第三,从知识管理系统的层次结构和功能分析出发,以知识管理系统研究的相关理论为指导,在详细分析图书馆业务系统环境、知识类型、知识存在方式的基础上,提出了图书馆知识管理系统的体系结构,研究了系统流程、功能体系、技术体系以及系统建设的关键问题和思路。第四,对图书馆知识管理系统中的业务知识管理子系统、基于知识流的业务流程子系统和图书馆学习、交流与知识共享子系统进行了研究和详细设计,并通过实践初步验证了系统设计的可行性。

关键词:图书馆工作　图书馆　知识管理

5642

基于门户网站的电子政务信息资源整合机制研究 / 黄萃著 ; 刘家真指导. -- 武汉大学, 2005. -- 199 页

本文全面总结了在我国电子政务信息资源开发建设与管理运行中,已经出现的一系列有别于其他国家和地区的独特现象,并针对这些现象进行了深入分析,意在说明我国电子政务信息资源的建设与管理缺乏统一规划和有效控制。为解决这一问题,实现我国电子政务信息资源建设上的统一规划和管理上的有效控制,本文基于可行性和有效性的角度,提出了一条解决问题的途径——基于门户网站实现电子政务信息资源的整合。本文在深入分析了政府门户网站与电子政务信息整合之间的关系,综合研究了电子政务信息资源整合的相关研究文献和有关实践进展的基础之上,基于电子政务信息流程,构建了基于门户网站的电子政务信息资源整合机制模型,其主要包括基础资源层、信息交换框架层、应用服务平台层三个内核层次,这三个层次依据电子政务建设管理的"信息流"逻辑顺序密切关系,从电子政务信息资源的建设、交换到应用三个环节上互相衔接配合,保障基于门户网站的电子政务信息资源整合的实现。文章综合运用整合机制模型,并结合实际政务工作流程,设计并初步实现了基于门户网站的电子政务信息后台整合中心体系和信息服务平台系统。

关键词:电子政务　门户网站　互联网络　信息资源管理

5643

学科馆员平台研究与建设 / 李春旺著 ; 朱献有, 李广建指导. -- 中国科学院研究生院, 2005. -- 166 页

本文从理论与实践两个方面对学科馆员平台进行分析、讨论,以构建专门的工具系统,提升学科馆员的服务能力与服务水平。首先,本文分析了当前信息环境、科研环境、用户需求、信息服务市场以及图书馆的特点与未来发展趋势,对网络环境下学科馆员的组织机制、角色职责、服务模式、工作流程等内容进行了研究,总结分析了新时期学科馆员服务的特点。其次,论文针对学科馆员服务范式特点,结合科学交流理论,分析了建设学科馆员平台的必要性、系统需求与目标定位,提出了一个功能比较完整的学科馆员平台系统(Subject Librarian Platform,简称 SLiP),并对 SLiP 的层次模型、体系结构、功能组成以及技术支撑体系等方面进行了研究,提出了系统建设原则与建议。第三,对学科需求建模技术、同时面向浅层网络空间和深层网络空间的资源采集技术,以及面向个性化信息环境的信息嵌入技术等作了重点研究,并结合 SLiP 的特点对关键算法进行了优化与改进。通过研究本论文认为,在目前的网络环境与技术条件下,建设面向学科馆员业务工作的平台系统是必要的,可行的,同时,也是数字图书馆实施学科化服务的重要手段。本论文提出的学科馆员平台建设方案为今后相关研究提供了一种参考,论文中实现的原型系统支持学科定制,经进一步完善可以应用到学科馆员工作实践中。

关键词:学科　图书馆服务　个性化服务

5644

我国出版物对外贸易知识产权问题及对策研究 / 李洪武著 ; 陈传夫指导. -- 武汉大学, 2005. -- 151 页

本文从宏观的知识产权公共政策到微观的出版

物对外贸易知识产权操作，研究知识产权问题的解决对策，探索有效的知识产权管理机制，从而促进我国出版物对外贸易的扩大与发展，促进与我国出版物对外贸易相关的文化艺术生产的扩大与发展，实现出版物对外贸易中我国出版业者的效益和国家利益的最大化。本文力求把握我国出版物对外贸易知识产权问题的主要方面。从版权贸易的问题领域到实体出版物国际销售的问题，从传统出版物对外贸易领域到互联网络的对外贸易领域，主要通过归纳与实证的方法，进行理论研究与实证研究。文章共分为八部分：引言指出本文研究的原因、研究的现状、本文的基本观点与范围界定、本文的研究方法、研究的过程等。第一章我国出版物对外贸易知识产权问题的提出。第二章我国出版物对外贸易版权合同问题。第三章对我国出版物对外贸易中的版权代理与集体管理问题进行了探讨。第四章对外出版贸易中的平等进口问题进行研究。第五章研究了我国出版物对外贸易中商标、域名侵权与引进版权的伪书问题。第六章研究了我国互联网出版物对外贸易中的版权管理问题。最后，对文章的研究进行了归纳总结。

关键词：出版物　对外贸易　知识产权　版权

5645

网络信息传播的技术控制 ：模式与评价研究 / 刘耀著 ; 王锦贵指导. -- 北京大学, 2005. -- 244 页

论文采用理论与实践相结合、定性与定量分析相结合的方法、综合分析和个案分析相结合的方式对网络信息传播技术控制领域的问题进行研究，在全面考察与深入分析的基础上，依据各种网络技术控制对象和特点的不同，提出了网络信息传播技术控制研究的总体框架，并打破学科界限，把涉及到的相关信息技术，归结为“标记语言”、“网络协议”、“分级与过滤”、“计量评价”、“搜索引擎”、“学科信息门户”、“网络安全”、“网络编目”、“数字图书馆”等技术集群，与控制理论相结合，构建出“微观控制”、“宏观控制”、“直接控制”、“间接控制”、“集中控制”、“分散控制”、“前馈控制”、“共轭控制”、“最优控制”等多种同构映射的对应关系模式。此外，作者还从各种网络信息传播技术控制模式的特征出发，提出相应的评价指标。据此在大量网络资源调查的基础上，选取各种控制模式中较为成功的实例进行评析。在评价中注意不同控制模式之间的对比和国内外的比较研究，分析存在的问题，提出优化策略。最后，作者认为，网络信息传播控制归结到技术层面，终究要以网络信息组织控制为核心，对网络信息进行有序化控制是其有效传播的必要基础和重要环节。另外，在用户为中心的理念指导下，论文归纳总结了各种控制模式之间的关系，绘制出了它们之间的关系图，并提出了网络信息传播技术控制模式的发展趋势。

关键词：信息资源　网络传播　信息控制

5646

中国化学研究产出的文献计量学评价研究 / 马建华著 ; 吴慰慈指导. --北京大学, 2005. --130 页

本文用文献计量学的方法从学科层面上反映我国化学科学的发展状况以及中国化学研究在世界上所处的地位。主要研究内容包括：科学技术评价体系的理论研究，文献计量学方法在科技评价研究领域的进展，中国化学研究产出评价研究的内容，中国化学论文产出的年度分布以及国际比较，中国化学论文的平均世界影响力、动态影响力发展趋势，中国化学重要研究机构在世界上的地位，化学前沿研究领域中国化学家的影响力，中国化学专利产出的国际比较，研究发展经费投入和论文产出的关系等。论文研究的结果表明：中国化学研究近 10 年在产出规模和国际影响力方面都呈现快速发展态势，我国重点研究型大学和国家所属研究机构是我国化学研究的主体力量。存在的问题是：缺乏优秀的原创性研究成果，缺乏优秀的化学人才和战略化学家，化学专利产出能力低下。我国的化学论文产出与国家研究发展经费投入有很强的相关性，为了进一步提高我国科学研究水平，持续稳定的经费保证是必要条件。

关键词：文献计量学　化学　引文分析　专利

5647

基于知识管理的图书馆管理创新研究 / 盛小平著 ; 徐引篪指导. -- 中国科学院研究生院, 2005. -- 166 页

本文以“基于知识管理的图书馆管理创新研究”为题，研究如何从知识管理角度来探索图书馆管理创新问题。文章分析了图书馆管理与知识管理的定义、研究现状、进展与发展趋势，图书馆引入知识管理的必要性与可行性，基于知识管理的图书馆管理理论创新、管理模式创新。核心内容是图书馆管理理论创新与管理模式创新。文章在论证图书馆引入知识管理的必要性与可行性基础上，论述了知识成为现代图书馆管理对象核心要素的客观基础、实践基础、技术基础与认识基础，图书馆管理的新职能——知识共享、

知识获取、知识中介、知识转化、交流、学习、教育、创新,图书馆管理的新原则——人本原则、共享原则、激励原则、创新原则、协作原则、发掘原则,图书馆管理的新方法——知识管理方法及其对图书馆目标管理、全面质量管理、科学管理、集成管理的扬弃,和创新型图书馆文化。本文设计了"三级知识管理"的图书馆管理模式及其实施战略。包括:初级管理战略——建立知识管理系统,中级管理战略——培育知识工作者,高级管理战略——提升知识服务能力。论文创新之处:(1)论述了基于知识管理的图书馆管理对象、管理职能、管理原则、管理方法与图书馆文化;(2)设计了"三级知识管理"的图书馆管理模式。

关键词:图书馆工作　图书馆管理　知识管理

5648

数字资源长期保存权益管理机制研究 / 宛玲著 ; 孟连生, 张晓林指导. -- 中国科学院研究生院, 2005. -- 159 页

本文主要从权益管理机制构建的社会基础、权益管理机制的内容和权益管理机制建设的有关建议三方面研究了数字资源长期保存权益管理机制问题。文章从社会需求基础、法理基础和社会实践基础等方面讨论了权益管理机制构建的社会基础。根据国际标准 OAIS 功能模型分析了数字资源长期保存活动的功能与结构,划分了长期保存权利类型。同时,以 OAIS 功能模型为分析框架,分析了长期保存活动中各个环节存在的权益问题。通过对图书馆、出版商和作者、用户的调查数据的分析,了解和总结了各相关方的利益需求。论文从现行相关法律法规的作用和保证国家与社会利益的需求角度讨论了权益管理机制构建的法理基础。通过案例分析,指出了现有权益管理的方法与不足。本文从权益关系结构、权益转移内容、各类角色的责任和权益管理实施措施等方面讨论了权益管理机制的内容。本文以构建 CSDL 数字资源长期保存权益管理机制为例,从环境因素的分析、管理体系的构建、协商活动的要求和问题处理的要求几个方面对具体环境下权益管理机制的建设提出建议。

关键词:图书馆工作　数字技术　数字资源　知识产权

5649

数字图书馆服务动态集成中的服务描述机制 / 王欣著 ; 孟连生,张晓林指导 . -- 中国科学院研究生院, 2005. -- 160 页

本文将语义 Web 服务技术应用于数字图书馆领域,探讨基于领域知识的、支持数字图书馆服务动态集成的服务描述机制。论文对数字图书馆服务动态集成与服务描述所涉及的相关技术进行了全面分析。这些技术可以分为两大类,一类是语义 Web 服务技术,包括 Web Services 技术体系、Semantic Web 技术体系以及将两种技术结合产生的 OWL—S 技术等;另一类是数字图书馆服务的领域知识,涉及数字图书馆服务模型、标准、协议等。论文在技术分析和动态集成过程分析的基础上,初步实现了基于数字图书馆领域本体的、整合了 WSDL 描述层、OWL—S 描述层和领域本体描述层的数字图书馆服务描述框架设计。论文完成了数字图书馆服务领域本体 DLSO 的逻辑构建和 Protégé 实现。通过对 DLSO 中的 Actor、Policy、Resource 和 Service 这四个子本体的定义,论文对数字图书馆服务领域的概念及关系进行了比较深入地揭示,并且应用 OWL 本体语言进行形式化表示,为服务描述提供领域内语义支持。论文建立了 DLSO 与 OWL—S 以及 WSDL 之间的整合与映射关系,从而实现了比较系统的数字图书馆服务描述机制。为了检验服务描述机制的有效性,论文示例性地描述了两个数字图书馆服务,以此说明 DLSO 支撑下的服务描述机制的应用原理与现实意义。

关键词:数字图书馆　Web 服务　语义信息　本体

5650

基于本体的历史年代知识元应用研究 / 肖怀志著 ; 刘家真指导. -- 武汉大学, 2005. -- 117 页

本文利用语义网和本体论的相关研究成果,以《三国志》为对象,抽取分散的历史年代知识元,并建立三国时期的历史年代本体,实现了相关的历史年代知识元的检索和聚集。在本论文中,主要完成了以下研究:(1)在分析《三国志》中历史时间表示类型的基础上,利用历史年代特征,通过程序,实现了从史书中抽取年代知识元,克服了因纪传体体例和国别造成的史实记述分散问题。利用标引的年号纪年 + 原文整句 + 抽取来源的结构,同时利用 XML/PDF 的数据描述模型来表现历史年代知识元,使人们对史书的利用从文献级深入到知识元级,提高了对史书中知识的控制和利用。(2)在分析皇帝、国别、年号等相关概念的基础上,利用 OWL 本体描述语言,建立了三国时期的历史年代本体。通过这一本体,建立了三国时期不同

国别的纪年间的横向对应关系，以及皇帝、国别和年号间的关系。(3)构建了的基于本体的历史年代知识元检索系统的原型。在该系统中，提取历史年代检索词，通过解析历史年代本体，给出与之相关的皇帝、国别和年号纪年，并从历史年代知识元库中提取相关历史年代知识元，实现相关历史年代知识元的聚集和表示。(4)分析了历史年代知识元利用的相关问题，并给出相关建议。

关键词：信息检索　古籍　历史年代　知识元　《三国志》　语义网

5651

中国外交决策支持系统结构研究 / 叶晓林著 ； 刘家真指导. -- 武汉大学, 2005. -- 142 页

本文主要研究内容有：(1)提出中国外交决策支持系统结构构想——建设基于国家级和部门级两个层次的中国外交决策支持系统(部门级外交决策支持系统选择智能决策支持系统的应用类型，国家级外交决策支持系统在部门级外交决策支持系统的基础上建成，选择群决策支持系统的应用类型)并论述了系统的设计目标、设计原则、特点及总体技术路线；(2)从业务功能和系统功能两个方面论述中国外交决策支持系统的功能，将计算机模拟概念和预警概念引入中国外交决策支持系统；(3)论证中国外交决策支持系统的技术方案应选择一个集成方案；(4)分析了中国外交决策支持系统的模块结构(人机交互模块、文电传送模块、数据仓库模块、决策分析模块、系统维护模块)，分析了系统的数据库、模型库、方法库和知识库；(5)提出成立综合协调机构来组织实施中国外交决策支持系统的设想，并对实施策略、建设中可能出现的问题和对策等进行分析；(6)鉴于中国外交决策支持系统涉及国家核心机密，论述了系统的安全保密方案，即建设融“外围控制层”、“内部控制层”和“核心控制层”三位于一体的综合安全管理体系；(7)通过对政党外交辅助决策系统的分析，为中国外交决策支持系统在业务功能、系统功能、安全保密方案等方面提供借鉴。

关键词：外交政策　决策支持系统　数据仓库　信息安全

5652

中国出版体制改革研究 / 尹章池著 ； 曹之指导. -- 武汉大学, 2005. -- 156 页

本文围绕着中国出版产业的发展为主线展开讨论出版体制改革。文章引论部分，概述了中国出版体制改革的研究现状、研究意义、研究思路、研究方法和研究内容。本文综合运用新制度经济学说、公共选择理论、后发优势理论和复杂性科学理论的理论方法对中国出版体制改革这一对象进行全面和整体性的思考，力图充实出版体制改革的理论方法体系。运用制度分析法研究中国出版体制改革的动因(包括中国出版体制改革的利润动因、文化动因、制度动因及市场规模的影响、技术变迁的制约、出版教育的关联等制约因素)和基点问题(基点是以产权制度为基础的出版市场规则与制度)，比较清楚地把握中国出版体制改革的逻辑起点、改革的主要内容和基本方向。从中国出版体制改革历史性分析和出版产业内在规律性分析的结合中总结我国出版体制必须遵循的四个原则。提出基于不同改革与发展水平的五种产权制度改革模式和基于内容产业特点的三种内容模式。从出版市场规则的建立和西方管理体制的形成两方面，分析政府出版管理行为，提出我国政府出版管理改革的模式是，政府出版管理以制定公共政策、发展市场化的公共出版事业和培育出版中介组织为主，实现四个转变。

关键词：出版业　出版社　体制改革

5653

面向公众的政府网站的评估与应用研究 / 周慧文著 ； 詹德优指导. -- 武汉大学, 2005. -- 148 页

本文从公共管理思想、行政管理和现代社会学理论的角度对支持电子政务发展的思想理论基础进行了探索研究，利用门户网站绩效评估结果作为统计分析的基础数据。对门户网站绩效与经济发展、信息化进展和网络发展水平之间的相关关系进行分析后得出：人均 GDP 与电子政务(门户网站)发展存在比较明确的相关性，信息化水平越高的地方，其省级门户网站办得越好。对国外社会保障电子政务方面的经验加以总结，并利用 Alexa 网站对我国政府门户网站和社会保障网站进行了测量和定量分析。文章分七部分进行论述：相关理论背景部分，从信息时代的行政环境、新公共管理理论、行政模式等角度进行初步的分析，探讨电子政务及其公众网站发展的理论基础。第二部分对具有代表性的发达国家如美国、加拿大、英国、新加坡的政府网站进展进行综述介绍，对我国政府网站的历程和进展也进行了总结。第三部分阐述了基于政府网站的电子政务绩效评估。第四部分基于赛迪公司的绩效评估，对我国政府门户网站绩

效进行分区比较研究。第五部分针对政府门户网站进行实证调查与统计分析。第六部分阐述了基于政府网站的知识信息资源管理。第七部分社会保障电子政务及政府网站的实证研究。

关键词:电子政务　政府网站　行政管理

5654

可移动文化遗产保护策略研究 / 周耀林著 ; 彭斐章指导. -- 武汉大学, 2005. -- 201 页

本文紧扣“可移动文化遗产保护策略”这一主题,通过“一个基点”(部门化保护的整合)、“两条线索”(技术层面和管理层面)、“三门科学”(遗产科学、保护科学、复杂性科学)、“六大方面”(预防、治理、修复、组织、法律和信息管理),初步构建了可移动文化遗产保护策略的框架。文章内容分为四个部分,重点集中在保护技术动态推进策略和主要管理层面的变革两个方面。(1)可移动文化遗产及其保护,笔者通过剖析国际遗产界常用的三对互补概念,重构了它们之间的逻辑关系,为重新审视可移动文化遗产奠定了坐标。(2)基于复杂性科学的可移动文化遗产保护策略,文章从系统结构、系统演变、系统与外界关联三个方面对可移动文化遗产保护系统进行了剖析,运用复杂性科学理论论证了可移动文化遗产保护的复杂性。(3)可移动文化遗产保护策略的实施,基于对可移动文化遗产保护系统准则层和措施层的认识,笔者对其中的主要方面进行了初步的研究。(4)文章对中国可移动文化遗产保护实践的不足之处提出解决方案,如,通过概念与国际接轨、认识身边的可移动文化遗产、开展遗产月或遗产日活动增强可移动文化遗产保护意识,建立可移动文化遗产档案、判定藏品价值等以推动我国可移动文化遗产的保护。

关键词:文化遗产　文物保护　文物工作

情报学

5655

热带区域农业信息化路径与对策研究 : 以海南为例的分析 / 蔡东宏著 ; 马费成指导. -- 武汉大学, 2005. -- 203 页

本文通过以海南为例的分析来研究热带区域农业信息化问题,借鉴国内外农业信息化理论与经验,并结合海南省省情,探索热带区域农业信息化的新途径新方法。本文分七个章节展开讨论:导论部分介绍文章选题背景、目的;研究的理论意义和实践意义;内外研究概况;研究内容、思路及研究方法。第二章农业信息化内涵与理论依据,对农业信息化概念、内容及作用进行了界定、论述、归纳。第三章国内外热带区域农业信息化发展评述,文中用信息经济学的相关模型对存在的问题进行了分析。第四章海南省农业信息化发展评述。第五章海南省农民对农业信息化接受障碍分析及相关对策。理论联系实际地分析海南农民对农业信息化接受心理类型及障碍原因,提出了增进海南农民对农业信息化接受的有效途径。第六章推进海南省农业信息化发展的战略思路,提出海南省农业信息化战略目标与战略选择,理论联系实际对海南省农业信息化发展模式选择进行分析,并从充分发挥各级政府和职能部门在农业信息化建设中的主导作用、加强农业信息基础设施和服务网建设、加快热带农业信息资源开发与利用、加强热带农业科技信息系统建设等方面出发,理论联系实际地提出了海南省农业信息化发展的基本思路。第七章对热带区域农业信息化进程中存在的问题给予总结,并提出相关政策建议。

关键词:农业信息化　农业经济　热带　海南省

5656

面向理解的多源信息融合相关技术研究 / 高晓静著 ; 徐学文指导. -- 北京大学, 2005. -- 120 页

论文针对非文献信息类中的数值类信息(例如传感器信号等)的处理技术进行了深入研究,以期为面对理解的多源信息融合系统的设计开发提供理论和实践方面的准备。论文的主要内容可以概括为:(1)在对各种多源信息融合模型进行分析的基础上,设计了面向理解的多源信息融合的系统模型。(2)提出了基于邻域修正补充信息数据的方法,用于解决信息的不完整性问题。(3)在特征提取方面,结合使用时域和频域方法进行特征提取;在时域提出了基于小波包分解的 AR 模型方法,在频域提出了小波包功率谱分析方法。实验结果表明使用该方法能够得到性能良好的识别特征。(4)改进用于特征选择的 PCA(主成分分析方法)算法,克服了其不能保证压缩后的特征子空间分类信息损失最小的不足,保证压缩后的特征子空间分类信息(基于某种分类准则)损失最小,从而提高了特征集构建的合理性。(5)对用于信息分类识别的 SVM(支持向量机)及其建模方法进行了研究,提出了 SVM 的核函数和参数的选取方法,并设计了

基于 SVM 的多源信息融合决策构架。

关键词:信息处理　信息融合　特征提取　小波分析　支持向量机

5657

汉语自然语言信息检索技术研究 / 耿骞著 ; 赖茂生指导. --北京大学, 2005. --188 页

本文针对当前自然语言检索存在的问题,采用自然语言处理技术,在句法分析的层次上对汉语自然语言检索中的主要问题进行了研究。主要内容包括面向自然语言检索的标引技术、自然语言提问分析与处理、自然语言检索的匹配过程控制等问题,并给出了相应的解决方法。在文档处理过程中,采用文本分析的方法,将问答划分为多个主题段,对每个主题段采用名词断语进行标引,从而生成精细的索引项。在处理用户提问时,利用句法分析的方法从提问中提取出与文档标引项形式一致的提问结构。文章研究了自然语言提问的语言学特点,利用句法分析技术将用户提问转换为可匹配的形式。文章研究了适合自然语言检索的标引思想,采用名词短语的形式来表示主题段索引,并与一般的主关键词或全关键词标引进行了比较分析。文章对自然语言标引和自然语言用户提问开发了试验系统,给出了系统实现流程,对设计方法进行了验证。文章附录有词法分析所用汉语词性标记集、主题段划分实例、用户提问处理所用词表等。

关键词:信息检索　汉语　自然语言处理　标引　检索系统

5658

基于博弈论的国家竞争力评价体系研究 / 侯经川著 ; 邱均平指导 . -- 武汉大学, 2005. -- 220 页

本文把国际经济竞争活动作为博弈过程来看待,运用博弈论的理论与方法来对其进行较为严格的分析,在此基础上,探讨国家竞争力的构成和决定因素,为建立科学的国家竞争力评价体系提供新的方法论。全文共分为四大部分:第一部分对国家竞争力评价研究的概述。第二部分阐述了博弈论应用于国家竞争力评价的必然性,在国际贸易竞争、国际收支平衡、国际投资竞争、国际研发竞争、世界经济多极化竞争格局等众多国际经济竞争问题的分析中,博弈论应用极为成功,其应用于国家竞争力研究也是理所当然的事。第三部分国际经济竞争的博弈分析与国家竞争力的决定因素。文章以李嘉图"两国两产品"模型为基础的国际经济博弈完全信息静态分析、国际经济博弈动态分析和国际博弈不对称分析表明:制度创新与技术创新对于提高一国的生产力水平和经济竞争力是同等重要的。二者是一个问题的两个方面。第四部分基于国际经济博弈分析的国家竞争力评价体系。文章实证分析表明,这一评价体系比 WEF 体系和 IMD 体系所得出的结果更接近人们的常识和客观情况。

关键词:国际竞争力　博弈论

5659

图像情感特征及其在检索中的应用研究 / 黄崑著 ; 赖茂生指导. --北京大学, 2005. --145 页

本文从情感信息处理与图像检索结合的角度,对情感信息、情感信息处理、图像情感特征等基本理论问题进行了梳理,揭示了当前图像检索技术存在的问题,归纳出了检索环境下图像情感特征的内容范围和影响因素,指出情感信息处理与图像检索的关系以及情感特征对图像检索的意义。文章研究了图像情感特征的建模问题,提出了图像情感特征的层次结构模型(AFHM)以及基于该模型的情感特征提取、描述和组织方法,并分析了 AFHM 模型与通用语义模型在图像特征标引和检索中的综合运用问题。文章分析了基于双模型的图像特征标引和检索的基本原理、图像特征标引方案、图像检索匹配方案、用户提问处理方案等。论文结合具体的自然风景图片,采用了五种不同的策略提取颜色特征,探讨了情感特征提取的实现流程与环境,建立颜色特征与情感特征的映射关系,实现情感特征的提取。文章设计了多种实验,检验了 AFHM 模型的合理性和情感特征识别方法的有效性,分析了不同的情感特征在图像检索中的效果。

关键词:图像检索　情感　图像处理　信息检索

5660

WWW 信息导航机制研究 / 金燕著 ; 张玉峰指导. -- 武汉大学, 2005. -- 166 页

本文以 WWW 信息导航机制为研究对象,研究网络信息导航的内在机制问题,介绍了 WWW 信息导航的产生、内涵及其认知基础,归纳了 WWW 信息导航的 5 种主要机制,分别探讨了 5 种机制的内涵、基本原理、作用机理,同时研究了 WWW 信息导航的可视化辅助机制,以及现有的 WWW 信息导航策略,认为应当从用户、信息结构的设计、信息内容的深层提示等方面改善现有的 WWW 信息导航工具。作者认为 WWW 信息导航发展的重点应集中在如下方面:(1)

增强信息源内容的深层揭示,应用新理论、新技术如语义Web、ontology等增强WWW信息导航的语义性;(2)将人工智能理论与技术引入信息导航领域,增强导航系统的智能性,使之能够模拟人类的思维能力,具有学习、推理、分析、理解能力,降低人的认知负担;(3)借助人机交互技术,增强导航系统的交互性,使导航系统能够随时随意跟用户进行深层次的动态交互、动态学习与反馈,探察用户的真实信息需求;(4)在实现智能性、交互性的基础上,使系统能够根据用户的真实需求,提供主动的、有针对性的个性化导航服务。

关键词:互联网络　信息检索　信息导航

5661

电子政务应用框架研究 / 孔敏著 ; 苏新宁指导. -- 南京大学, 2005. -- 165 页

本文通过对电子政务体系存在的本质问题的研究,设计出一个电子政务体系能力成熟度模型 E-Government Architecture Capability Maturity Model, eGov-CMM,对多个电子政务系统组成的电子政务体系,提出了电子政务应用框架的标准规范。文章将知识工程方法学 CommonKDS 应用在电子政务体系中,结合美国应用框架定义,论述了知识密集性电子政务体系的应用框架总体结构。文章结合我国国情,分析了电子政务环境下,政府管理和服务对信息资源共享的要求,确定了采用宏观政府预算和公共服务的绩效分析,采用国际标准统一建模语言 UML,设计了变化中的我国政府业务参考模型 BRM 的顶层概念模型。建立了信息共享电子政务环境下的政府组织知识增长模型。结合对政府通用业务知识方法体系结构的分析,从软件共享机制出发,分析了电子政务软件共享模型,建立了符合我国政府领域和 IT 领域习惯的构件分类模型;通过对电子政务技术体系结构的讨论,建立了符合我国 IT 领域习惯的技术分类模型;通过设计应用框架的信息构建,为应用框架具体内容的建设,提供了基础的信息描述框架(或称应用框架的元框架)。

关键词:电子政务　行政管理　应用软件

5662

信息产业演进规律与发展模式研究 : 基于产业经济学的分析 / 黎苑楚著 ; 马费成指导. -- 武汉大学, 2005. -- 169 页

本文基于新兴的应用经济学科——产业经济学的研究视角,研究分析信息产业的发展和变化、信息产业内部企业之间的相互作用和信息产业间的相互联系等产业本身所特有的演进规律和发展模式。全文共分八章。第一章根据"产业"的经济学特性,提出了信息产业基本界定原则,将信息产业划分为信息内容业、信息内容生产与消费的支撑业、信息服务提供业三大部类,分析了信息产业知识型、高创新型、高风险型、精英型的基本特征。第二章至第六章分别从产业结构、产业组织、产业布局、技术创新、产业贸易和竞争五个方面研究分析了信息产业发展演进的基本规律。第七章对信息产业战略模式进行了深入分析。重点概述了美国、日本、韩国、中国台湾、印度等国家(地区)信息产业发展战略模式的组合与选择,在此基础上,总结了典型国家信息产业发展战略模式的基本经验。第八章重点从产业结构、产业组织、产业布局、技术创新、产业贸易与竞争、发展动力等方面对中国信息产业发展现状进行了评价,在分析中国信息产业背景的基础上,就中国信息产业的发展路径,产业结构、产业组织、产业布局,技术创新、产业贸易与竞争等提出建议。

关键词:信息产业　产业结构　产业组织　产业发展　技术创新

5663

我国高校引进的电子资源管理与服务研究 / 李爱国著 ; 沈固朝指导. -- 南京大学, 2005. -- 191 页

本文的主要研究内容包括中国高校电子资源的引进原则、存档(动态数据的静态存储)、异构数据库整合、知识产权、作用方式(用户行为)、利用状况分析与评价等方面。文章分析了我国高校引进电子资源的现状、存在问题,指出我国电子资源的引进应制定符合我国国情基本原则,引进的电子资源应合理布局、永久性使用。论文以 OPEN—URL 为基础,研究了电子资源整合的新思路和模式,即数据库应用网关技术、交叉链接(Crosslink)统一检索界面检索多种电子资源。在电子资源利用方面,本文采用"问卷调查"方法和相关的计算机技术,结合具体案例了解和掌握终端用户的学科分布、使用模式、作用时间分布等信息,提高数据库的利用水平。在电子资源服务上,论文通过当下电子资源所处环境条件下,揭示了电子资源的服务方式和内容:用户认证、信息推送服务、馆际互借(ILL)、原文传送(DD)、个人信息环境(PIE)及 Mylibrary 个性化服务机制等。

关键词:电子资源　电子期刊　数字资源　图书馆服务　个性化服务　高校图书馆

5664

信息经纪业：结构要素、行为与趋势研究 / 李桂林著；沈固朝指导. -- 南京大学，2005. -- 125 页

本文通过理论和实证的研究，对信息经纪业的系统要素以及信息经纪的行为和发展趋势进行了深入研究。全文分为四个部分共九章，其内容分述如下：第一部分序言，从信息不对称理论出发，引导出信息经纪业的产业和发展。第二部分包括五章，从系统的角度研究了信息经纪业的架构和组成信息经纪业的各个结构要素。第三部分是信息经纪业的行为研究，研究了信息经纪业的职业活动情况，信息经纪人在经纪业务中的角色——介入模式，信息经纪业的投入与产出，信息经纪业发展的物质技术基础，信息经纪业的风险性及其对策。第四部分是信息经济业的发展趋势研究。通过研究，文章指出，中国信息经纪业在走向成熟的过程中将会经历较长时期，需要确定一套切实可行的发展战略。(1)强化适合中国国情的信息经纪业基础理论的研究，按现代企业制度原理改组、改造信息经纪机构。(2)实行专业经营和综合经营相结合的经营战略。(3)实施紧密层和松散层相结合的人才策略。(4)努力与国际上成功的信息经纪公司合作，共同开发国内外信息经纪市场。(5)加速法制化、政治民主化进程，促进《信息公开法》在我国的早日实施，使信息公开在我国成为原则，使得信息经纪人能够有充分的生存土壤。

关键词：经纪人　信息市场　信息咨询

5665

网格知识管理研究 / 李进华著；焦玉英指导. -- 武汉大学，2005. -- 190 页

本文在当前网格技术研究和应用的热点——知识网格基础上，以网格技术在知识管理方面的应用为中心，重点阐明了知识网格和知识管理相结合而形成的网格知识管理技术。根据知识网格本身的特征和功能，网格知识管理技术包括两个重要方面：网格知识发现和网格知识服务。文章通过本体论进行概念化，并将数据挖掘算法、工具、软件等元素通过元数据进行组织形成一个高度集成的知识发现体系。在此基础上，开发出进行网格知识发现的知识发现服务架构，并将知识发现服务作为知识网格的一部分集成到网格知识环境中。文章引言部分主要介绍论文写作的背景与研究意义、网格技术的国内外研究现状、研究方法、本文的创新等内容。第一章介绍了网格的原理，包括网格的基本概念、特点和发展方向等。第二章论述网格知识管理环境构建，包括网格知识环境的优势、网格知识环境的构成与功能、网格知识资源管理的载体。第三章分析了网格知识发现机制。第四章分析了网格知识服务机制，包括网格知识服务的基本原理、架构体系、网格服务的发现描述与工作流。第五章探讨了网格知识资源管理的相关技术。第六章分析了网格知识管理的应用案例，包括网格知识管理技术的典型应用。

关键词：网格　知识管理　知识发现　知识服务

5666

基于 Web 挖掘的个性化研究 / 李勇著；苏新宁指导. --南京大学，2005. -- 126 页

本文从 Web 挖掘的发展入手，详细研究了 Web 挖掘的主要组成部分；Web 内容挖掘、Web 结构挖掘、Web 使用挖掘；然后从系统层面上对 Web 个性化进行了定义和分类，主要突出了 Web 个性化的两个组成部分：个性化推荐与个性化搜索；接着指出了 Web 个性化实施的难点在于个性化数据预处理，并在研究了现有的数据预处理方法后给出了改进后的个性化数据预处理方法：在利用服务器终端日志数据的基础上引入了客户端数据监测以解决用户身份确认及属性获取的难题；文章后半部分将 Web 挖掘技术同 Web 个性化数据源相结合对 Web 个性化的关键技术进行了深入研究；最后在分析用户与网络上的交互活动特点的基础上，特别提出了用户兴趣模式的动态更新方法，指出 Web 个性化服务应该具备随需应变的动态性和自我适应性。文章以 Web 挖掘为基础，对 Web 个性化架构进行了系统的研究。给出了一种新的个性化查询扩展方法，提出了具有用户兴趣自学习能力的智能个性化元搜索引擎架构。提出了基于 COM 技术和 Agent 技术的客户端数据监测方法。文章对 Web 预取的系统结构、预取控制算法进行了研究，并给出了新的智能预取算法。给出了在用户浏览模式发生变化的情况下，一种用户兴趣增量更新方法，以解决整个数据库重新执行一次序列模式挖掘的低效问题。

关键词：互联网络　数据处理　数据挖掘　Web 挖掘　个性化服务

5667

国际比较及其借鉴：中国软件产业发展模式选择 / 李於洪著；叶继元指导. -- 南京大学，2005. -- 213 页

本文在分析中国软件产业发展现状和存在问题的基础上,结合对美国、印度、日本、爱尔兰软件产业发展模式的探讨,根据卡尔·夏皮罗的信息规则原理,对软件产业的竞争规则进行较为细致的案例追溯研究,揭示出影响软件产业发展的两个主导要素,即政府和企业家。进而,在对软件产业发展的五种模式进行中国适应性分析的基础上,选择出未来10年适合中国软件产业发展的模式,并运用迈克尔·波特(Michael E. Porter)的国家竞争优势理论进行了分析和论证。文章共分七个章节进行阐述的,第一章导论部分,提出观点及研究方法、内容;第二章对软件产业进行了概述;第三章对我国软件产业的历史及现状进行了分析说明,对存在的问题进行了剖析;第四章以美国、印度、日本、爱尔兰软件产业发展为例,对各国软件产业发展的不同模式进行了分析研究;第五章分析了影响软件产业发展的竞争规则;第六章对中国软件产业发展模式选择进行阐述,得出软件产业发展模式的中国适应性选择;第七章结论部分,提出了进一步研究的方向。

关键词:软件产业　产业发展　信息产业

5668

电子政务发展机制研究 / 刘春年著 ; 娄策群指导. --武汉大学, 2005. -- 127 页

本文抽取电子政务理论探索与实践应用中的具体成果,对电子政务发展理念与范式及其变迁的内在规律等作了初步的理论探索。系统、深入研究了电子政务发展机制的三大组成要素:目标选择机制、动力机制、控制机制。通过整体与个体分析、宏观与微观分析,结合比较研究、理论分析等方法研究了电子政务发展机制。文章引言部分,阐释了论文选题的目的及意义、论文研究现状、论文研究框架及研究方法等。在确立文章研究的框架后,第二章在评述现有电子政务目标分析方法的基础上,从宏观、中观、微观三个层面研究了电子政务目标选择问题,给出了电子政务目标相互作用机制流程图。第三章首先对电子政务动力机制进行了一般理论分析,而后依次对电子政务发展中来自社会一般系统的动力、来自政治系统的动力、来自科技系统的动力及来自学术研究系统的动力进行了研究。在此基础上,构造了电子政务发展动力相互作用机制的流程图。第四章对电子政务控制的缘由、必要性进行了阐述,随后分别对基于整体的视角及基于个体视角的电子政务控制措施进行了研究,在此基础上,给出了电子政务控制因素相互作用机制流程图。

关键词:电子政务　行政管理　发展机制

5669

基于核心价值链的企业集成 / 罗庆春著 ; 苏新宁指导. -- 南京大学, 2005. -- 125 页

作者在系统研究国内外企业集成最新进展的基础上,采用系统科学和跨学科的研究方法,建构基于核心价值链的企业集成理论体系和研究框架。结合国内7家大型集团企业的运作经验,采用理论与实证研究交叉验证的反复迭代过程,建构了基于核心价值链的企业集成参考模型——核心价值链模型,并以核心价值链模型映射到企业,通过这种映射,研究企业的内部运作机制;对企业组织、人和企业文化的集成机制;企业间、企业与客户的外部运作机制。主要研究内容包括:(1)首先对价值链理论进行研究,运用价值链理论分析企业的核心价值流程、辅助流程和价值增值过程。然后对企业集成理论、方法进行了系统研究,通过对国际上几个主要体系结构的考察,提出基于核心价值链的企业集成模型——核心价值链模型。(2)企业内容的集成是企业获得竞争优势的基础,内部集成包括技术集成、组织集成和企业文化建设等方面。(3)企业的各种活动需要组织及其管理来实现。论文通过核心价值链模型,对目前企业集成研究中的薄弱环节——组织、技术与人集成进行了研究,构建了组织与人的集成模型。(4)企业价值增值最终由外部市场来实现。以核心价值链模型为指导,构建了电子商务环境下以销售链、顾客驱动企业生产和供应链的企业外部集成模型,建立协同商务平台,并分析其协同机制。

关键词:价值链　企业管理　企业集成

5670

基于 XML 的 Web 挖掘研究 / 潘有能著 ; 苏新宁指导. -- 南京大学, 2005. -- 106 页

本文通过将 XML 文档和 DTD 转换成节点树并计算中节点的层次权重和结构权重,提出了一个计算 XML 文档和 DTD 之间相似度的改进算法,在此基础上实现 XML 文档分类。和分类不同的是,XML 文档聚类需要计算的是 XML 文档和 XML 文档之间的相似度,本文通过元素比较法、边集比较法和编辑距离法计算 XML 文档转换成的节点之间的相似度,从而对 XML 文档进行聚类。通过对 XML 文档之间链接的分析,给出利用 PageRank 算法和 HITS 算法来进行

XML文档间结构挖掘的方法。本文在XML查询语言和文本挖掘技术的基础上,结合XML文档的结构特性,对传统文本挖掘算法,如特征提取、主题抽取、自动摘要等进行了改进,使之适合于XML文档内容的挖掘。文章对预言模型标记语言PMML进行了讨论,并给出了一个在具体数据挖掘工具中的应用实例。文章还阐述了两种基于XML的知识表示方法,采用统一的形式描述语言来融合不同类型的知识。本文讨论了XML在Web使用挖掘中的应用,通过两种基于XML的描述语言:XGMML和LOGML,对Web日志内容进行转换和预处理,然后进行频繁项集、频繁序列、频繁子图等各种频繁结构模式的挖掘。

关键词:可扩展标记语言(XML)　数据挖掘　信息检索　Web挖掘

5671

e印本文库建设与应用:一种科技论文非正式交流系统 / 乔东梅著 ; 陈光祚指导. -- 武汉大学, 2005. -- 178页

本文深入探索了e印本文库的基本原理、交流模式、学术交流理念和基于OAI的信息增值服务原理;从大量实例中总结e印本文库的基本规律,并且运用这些规律创建了机构e印本文库实例;此外,从网络科教信息的稀释和学术期刊国际影响力提高面临的困境,说明e印本文库在我国发展和利用的现实意义,并且提出我国发展与利用e印本文库的策略。文章由六部分组成,主要内容如下:首先分析了e印本文库产生的必然性,并介绍e印本文库的发展过程,说明本文研究目标、主要内容、采用方法和创新之处。其次,根据e印本文库实现学术交流目标的差异,将其划分为学科e印本文库、机构e印本文库、期刊e印本文库、专类e印本文库和个人e印本文库,并详细说明每种e印本文库类型的基本特征。利用出版软件Zope和数字图书馆软件Fedora创建机构e印本文库,以该例说明e印本文库建设的基本步骤。再次,对e印本文库信息资源收集与管理进行阐述。接着,通过实例阐述了e印本文库增值服务开发与利用。最后,以大量统计数据,从网络科教信息资源的淹没与拯救,中国学术期刊提高国际影响力的困境与出路两方面,说明我国发展e印本文库的现实意义。通过对我国e印本文库现状的分析,并从利用层的两个层面——e印本信息服务和e印本阅读理解——分别提出具体服务与管理措施。

关键词:数据库　学术交流　科技论文　信息检索　开放存取

5672

数字图书馆知识管理模式研究 / 乔鸿著 ; 余锦凤指导. -- 北京大学, 2005. -- 148页

论文在对我国数字图书馆知识管理领域的研究现状和存在问题进行调研和分析的基础上,针对数字图书馆知识管理的特点和目标,围绕知识服务质量的提高,展开了数字图书馆知识管理的内容、技术、系统功能和评估方法等几个方面的研究。首先,论文论述了数字图书馆系统的核心价值在于作为国家信息基础设施,为用户提供有效的知识服务,概括了影响知识管理效果的各种因素,结合数字图书馆的特点,提出了建设和改进的方法、步骤;研究了适用于数字图书馆知识管理的一般模式,重点分析了用户知识、系统知识和其他外部知识资源在知识管理中的作用,提出数字图书馆系统的知识管理模式应该是以知识服务为中心,以满足用户的知识需求为目标,以内外部知识资源整合利用为基础,注重组织文化建设,合理利用信息技术,分阶段进行的互动式管理模式。其次,论文论述了数字图书馆中不同类型知识的识别、定位、收集和管理方法,提出了数字图书馆知识管理的系统功能框架。最后,作者提出了一个立体的效果评估方法,从知识、保障、效果3个维度,11个监测点对数字图书馆知识管理的效果进行测评,指出知识管理的评估应是一个全面的、发展的指标体系,不同时期、不同阶段的知识管理实践应该有不同的评价标准和实施重点。

关键词:数字图书馆　知识管理

5673

基于信息安全的反竞争情报研究 / 邵波著 ; 沈固朝指导. -- 南京大学, 2005. -- 177页

本文讨论了反竞争情报的基本流程,以及信息安全技术在反竞争情报领域的应用。论文分三个部分:第一部分为引言和反竞争情报概述,系统地阐述了反竞争情报的概念、特点、历史及实施过程;讨论了反竞争情报和竞争情报以及竞争情报和信息安全的关系;第二部分为反竞争情报流程的主要组成部分,反竞争情报评估:主要论述了企业自身评估、对手评估和商业秘密评估。反竞争情报的技术和方法:反竞争情报技术定义为能够防止对手获得自身信息的一切技术,文章讨论了传统反情报技术与方法和通信网络的反竞争情报技术和方法,详细论述了TSCM、战争游戏法

和专利分析技术在反竞争情报的应用。基于 Web 的竞争对手识别:基于层次体系结构的 WEB 服务器系统从技术上实现了对竞争对手识别的实时监控模拟。反竞争情报的策略与管理:文章简要论述了反竞争情报保护的内容与管理,论述了商业秘密、灰色信息的保护策略和企业公开信息保护的标准,主要论述了公开信息的反情报策略,探讨了反竞争情报中的"隐真"和"示假"问题。第三部分为反竞争情报系统建设,文章论述了反竞争情报模型分析,提出了基于 B / S / S 体系结构、因特网 / 内联网集成和 Web 数据库技术及动态数据库应用的系统框架构想。

关键词:情报工作　竞争情报　信息安全

5674

网络信息资源整合规范研究 / 沈艺著 ; 叶继元指导. -- 南京大学, 2005. -- 138 页

本文选择信息资源整合规范为重点,研究其构成框架及具体实现。论文共分八章,第一章绪论,主要介绍研究背景、研究的目的和意义及主要创新点;第二章分析了网络信息资源及其获取工具,对网络信息资源整合进行了分析界定,接着分析了目前较有影响的整合系统;第三章根据开放归档信息系统参考模型,给出了网络信息资源的描述、管理和使用规范,建立网络信息资源整合的规范框架,并在分析开放归档信息系统参考模型结构的基础上,讨论其在网络信息资源整合中的应用;第四章讨论了多种类型网络信息资源的标识系统,并对其结构、功能和在网络信息资源整合中的应用进行了系统的评价;第五章讨论了网络信息资源的互操作协议及其在网络信息资源整合中的应用。互操作协议有效利用是网络信息资源整合的关键所在;第六章着重讨论了网络信息资源整合元数据规范体系的优化,网络信息资源整合支撑规范,明确了它们与核心规范一起构成资源整合的规范框架;第七章选择网络资源整合的核心规范,给出基于核心的网络信息资源整合的原型系统;第八章对论文的研究进行了总结,并提出了今后的研究方向。

关键词:信息资源　信息管理　互联网络

5675

关于学术信息交流系统中不均衡问题的研究 / 孙平著 ; 梁战平指导. -- 北京大学, 2005. -- 154 页

目前,学术信息交流系统的结构和功能仍不完善,在供求关系、利益分配等方面还存在许多矛盾,表现为学术信息产品的价格上涨、版权保护与限制等方面的争论和冲突等。作者认为,将这些矛盾冲突概括为不均衡问题,可以更好地反映问题的性质及其对系统运行的影响。论文利用系统论和演化经济学的理论,从"纵"与"横"两个角度,"主观"与"客观"两个层面综合研究了学术信息交流系统中不均衡问题的成因、性质、特点以及对其产生影响的关键因素,进而探讨解决这些问题的途径和措施。作者的主要结论包括:(1)导致学术信息交流系统中不均衡问题的根本原因在于不同行为主体观念上的分歧、相关政策与法律的不完善以及政府缺乏战略性的指导和必要的干预。(2)提出学术信息交流系统中的不同行为主体应细化或深化所持的原则性观念,弥合各方在认识和行为上的分歧,并举例说明一些可能为各方所共同接受的新观念。(3)提出学术信息交流系统趋向均衡的目标应是系统平稳、有序的运行,并概括出判断系统是否趋于均衡的五条标准。论文同时还探讨了政府、学术出版社与信息服务企业和图书馆为促进学术信息的有效传播应分别采取的具体策略,并就需要进一步深入研究的问题提出了建议。

关键词:学术交流　信息服务　信息管理

5676

中文电子邮件作者身份识别技术研究 / 滕桂法著 ; 赖茂生指导. -- 北京大学,2005. -- 166 页

论文首先对电子邮件身份识别研究领域的国内外研究现状进行了全面、详细的调研和分析评述。接着,从理论和技术两方面分析和探讨了中文电子邮件作者身份识别的基本问题和任务模型。在分析和比较了普通中文电子邮件与垃圾邮件等非法邮件之区别的基础上,提出了可用于中文电子邮件作者身份识别的写作特征模式、特征表示方法、提取方法和特征权重的计算模型。通过分析研究现有技术和方法,提出了基于中文电子邮件作者写作特征、利用支持向量机来分类识别邮件作者身份的方法。提出了解决小邮件样本分类问题的基于向量机的二次变换分类学习算法(DTSVM)。为了实现违法邮件的自动判断,作者从理论上研究了自动判断非法邮件的算法,提出了基于贝叶斯规则和统计决策树的判断模型。为有助于公安人员和信息安全管理人员根据非法邮件有效地掌握办案时机,作者还从理论上探讨了预测非法邮件危险度的算法,提出了用人工免疫的方法来预测邮件危险度的新方法。为了验证所提出的模型和方法的正确性和可行性,作者还进行了实验研究,开发了相应的实验系统。分别用不同特征、不同特征组

合、不同数量的特征、不同的模型、不同的核函数、不同的参数以及改进 SVM 算法等,从各个侧面进行了实验。

关键词:电子邮件　身份识别　网络安全

5677

咨询公司的知识转移机制研究 / 王昕著 ; 赖茂生指导. --北京大学, 2005. --154 页

本文阐述了与知识转移相关的理论,如知识螺旋理论、知识价值链理论等,分析了咨询公司的知识流程。剖析了咨询公司传统的知识转移机制及其缺陷,探讨了如何建立基于知识管理的知识转移机制,并通过对数家著名咨询公司的分析,研究了基于知识管理的知识转移机制对服务创新的作用,探讨了知识转移效果测评的问题。文章发现在咨询公司提供咨询服务过程中存在四个不同的知识转移阶段,各个阶段转移的知识类型、目的和方式都有所不同。识别出影响知识转移的四大关键因素,即知识工作者、知识资产、知识资产的使用状况以及环境因素。文章提出了基于知识管理的新的知识转移机制及其模型,通过实证分析对新的知识转移机制进行了初步验证。借用平衡计分卡的方法,提出从财务、员工持续学习成长、客户满意度和企业内部流程四个方面考察知识转移的效果,并讨论了具体的测评指标与方法。文章还研究了如何创造更好的知识转移环境以及如何与客户共享知识资源等问题。

关键词:咨询公司　知识管理　知识转移

5678

政府决策过程信息到知识的转换模型研究 / 吴春玉著 ; 苏新宁指导. -- 南京大学, 2005. -- 131 页

本文首先在野中郁次郎 4Ba 理论和 SECI 模型的基础上,构建了 TIK 模型。其次,对政府决策过程进行了系统的阐述,把决策过程划分为情报活动、设计活动、抉择活动、实事活动等 4 个阶段,同时,深刻分析了政府决策过程信息和知识的需求;对各级政府组织机构决策内容及决策过程信息流模型进行了研究;对政府决策过程不同阶段信息源、信息采集方法、采集渠道进行了系统的分析和研究的基础上,构建了政府决策信息的采集模型;对政府决策信息的组织、加工、数据挖掘、知识地图、信息可视化等信息处理过程信息增值方法和原理进行了深刻的分析和讨论;对政府决策事件进行了全面地阐述,把政府决策事件分为常规事件和非常规事件处理过程,并对常规服务事件、常规许可事件、常规管理事件等不同常规事件处理过程信息源和信息流现状进行了系统的分析的基础上,提出了改进常规事件处理流程的方案,并构建了常规事件处理过程信息到知识的转换模型;对非常规事件进行了完整的描述,并分别对宏观政策的制定过程、突发事件的处理过程及公共媒体引起的政策制定过程信息源、信息流现状及无缝隙政府对信息的需求进行了分析的基础上,设计了非常规事件处理过程无缝隙信息流通道,构建了非常规事件处理过程信息到知识的转换模型。

关键词:政府决策　决策　电子政务

5679

政府决策过程的知识价值链 / 吴鹏著 ; 苏新宁指导. -- 南京大学, 2005. -- 145 页

本文在讨论和辨析了知识价值链概念后认为:知识价值链是面向组织决策过程,构造知识生态环境,完成组织内决策需求的知识转换与增值,并提供统一知识管理方法和信息技术的过程管理模式。接着,文章依据“Ba”、“SECI”、“知识生态环境”理论,提出了知识价值链的过程框架(知识支持、知识时效、决策实施、流程改进)。并根据现代政府决策过程中对电子政务知识管理的功能需求,提出了政府决策过程中的知识需求;模式层表示决策过程中组织知识转换的模式;而环境层表示在组织环境中相应知识模式的支持。文章主要内容包括四部分,分别是基于数据和信息应用框架的知识支持、基于政府智力协同框架的知识时效、基于知识挖掘的决策实施、基于知识变革管理的流程改进。体现了政府决策过程的知识价值链的两个演化流程,一是从数据、信息、知识、智慧到决策的知识生产、知识共享、知识应用、知识创新的线性过程,在该过程中组织知识资产在演化过程产生了新的价值。二是螺旋型过程,是组织显性知识和隐性知识在相互转化中形成了不断扩大的知识螺旋,在该过程中组织的知识经过合成化、社会化、客观化、组织化,完成了组织知识资产本身的增值。

关键词:决策　政策决策　价值链　电子政务

5680

公共信息资源的多元化管理体制研究 / 夏义堃著 ; 马费成指导. -- 武汉大学, 2005. -- 167 页

本文运用经济学、行政学方法分析公共信息资源管理问题,在推导出公共信息资源的公共性特征和经济学属性基础上,通过对公共信息资源产权政权性质

界定以及配置机制与模式的分析,对层出不穷的信息垄断与寻租行为考察以及传统单一制政府信息资源管理体制的客观审视,揭示了单凭政府开发建设公共信息资源的种种体制性弊端,并对政府信息资源管理与公共信息资源管理的异同进行比较,并对政府、企业和第三部门在公共信息资源管理过程中形成的以政府为主导的竞争与合作关系进行了深入的分析。全文共分五部分:第一章从政府信息资源管理概念的演进发展角度探讨公共信息资源问题的产生及性质特点。第二章从经济学视角分析公共信息资源产权界定特点。第三章从政府信息资源管理的历史沿革角度明确公共信息资源管理与政府信息资源管理的发展渊源,探索政府公共信息资源管理的职能,同时从公共信息资源管理的复杂性角度论证了公共信息服务的不足。第四章通过对西方国家公共信息资源管理体制的介绍,阐明我国公共信息资源管理和社会管理的可行性。第五章在系统总结我国公共信息资源管理现状的同时,分析了我国对公共信息资源管理认识的模糊、政府信息资源管理的有限性及社会管理的不足和市场管理的失范等问题,并从不同角度对建立我国公共信息资源管理体制提出了具体的建议。

关键词:信息管理　信息资源　电子政务　信息共享　管理体制

5681

垂直门户的理论与实践研究 / 徐国利著 ; 叶继元指导. -- 南京大学, 2005. -- 149 页

本文采用系统分析法,对门户与网站、门户与搜索引擎、垂直门户与水平门户等相关概念与研究成果的分析与评价中,给出了垂直门户的基本定义:垂直门户是一种利用多种技术,集成了特定领域的多样化的内容和提供多种形式的服务,并以个性化的方式提交给特定的用户群,使之能够与人、内容、应用和流程进行个性化的、安全的、单点式的互动交流。文章在支持垂直门户的经济理论与信息构建理论的基础上,采用集成分析法,通过借鉴已成熟的门户产品解决方案,结合垂直门户的信息流与业务流的流程过程,利用信息采集、标记语言等相应的核心技术,初步构建出垂直门户的理论模型、体系结构模型与功能结构模型。并在此基础上依托一定的门户平台,通过内容管理、信息集成与安全管理建立了垂直门户的实现模式。文章通过综合考虑垂直门户的诸多因素,构建了垂直门户的个性化服务模式与信息主动服务模式。最后文章采用实证分析法,通过对审计行业、教育行业垂直门户的个案分析中,讨论了垂直门户的门户管理、用户管理、资源保障和未来发展等战略,较好地将垂直门户的理论与实践结合起来,探索了一个能适应我国垂直门户建设的解决方案与实现策略。

关键词:网站　互联网络　信息服务　网络管理　垂直门户

5682

数字视频信息的组织与索引研究 / 严明著 ; 苏新宁指导. -- 南京大学, 2005. -- 123 页

本文在讨论视频信息的数字化、数字视频信息的特点、压缩编码标准和存档管理现状等内容的基础上,分析了目前视频信息压缩编码和存档管理中存在的问题,并提出了一些解决问题的想法。同时,在此基础上分析和归纳了视频应用的用户需求,以及数字视频信息组织与索引的主要研究内容。系统地讨论了各种视频检索手段和视频搜索引擎,并结合实例进行了分析。文章考察和分析了视频结构化分析处理的主要内容,分析和比较了现有的一些与视频相关或通过扩展可以借用的元数据标准,在此基础上提出视频元数据框架的多维结构,并给出了一种通用视频元数据框架。文章从视频内容模型出发,从视频索引信息内容的分类角度提出了一种视频索引框架,并系统地对各种索引信息的生成方式和索引信息的编码表示方法进行了研究。视频索引包括基于外部信息的索引和基于内容的索引。其中,基于内容的视频索引是视频索引研究的难点和热点,也是实现视频检索的关键。本文讨论了通过基于特定领域知识的语义模型和视频本体论研究实现视频高层语义索引的方法。分析了数字视频信息应用面临的挑战,考察了处于发展之中的 MPEG—21 标准,并在此基础上提出了一种基于 MPEG 系列标准的视频信息组织与检索系统框架。

关键词:情报检索　视频信号　数字视频　视频索引　视频检索

5683

基于语义 Web 的知识处理研究 / 严亚兰著 ; 周宁指导. -- 武汉大学, 2005. -- 135 页

本文在充分评析国内外语义 Web 的研究现状的前提下,全面、系统、深入地研究语义 Web 与知识处理的系统关系。文章利用语义 Web 相关技术,对 Web 上的文本、多媒体和服务三大资源的知识处理问题分别进行了研究,并结合知识信息管理平台案例分

析，比较了基于关键词的索引检索与语义索引检索的性能。全文分为五个部分：第一部分是语义 Web 理论与技术。第二部分是语义集成、索引和检索。主要针对 Web 上的文本资源。第三部分是语义 Web 与多媒体。文章对在语义 Web 本体中表达 MPEG—7 描述符和描述方案语义的可行性进行了探讨。作为机器可处理和明白的本体，MPEG—7 词语的语义表示将促进有效的基于知识的多媒体系统的构建，这些系统将能够自动地抽取和聚合有关视听数据的语义信息。抽取的语义元数据可用于多媒体内容的分类、概要、索引、检索。第四部分是语义 Web 服务。文章在结合 XML Web 服务实践，深入研究 Web 服务的发现、集成与交互等问题。第五部分是知识信息管理平台案例分析。知识信息管理（Knowledge Information Management，KIM）平台是一个提供语义注释、索引和检索服务的基础设施。KIM 平台能够完成（半）自动语义注释、本体移植（ontology population）、内容的语义索引和检索、形式化知识的检索和导航。

关键词：语义　知识处理　信息检索　Web 服务

5684

竞争情报活动中的人际网络研究 / 晏创业著 ; 秦铁辉指导. -- 北京大学, 2005. -- 133 页

本文认为，竞争情报活动是嵌入人际网络（Social Network）的一种社会活动，人际网络对竞争情报活动产生重要影响，人际网络具备了成为一种正式的情报交流手段的条件。全文由四方面的内容构成：首先，从竞争情报活动对社会关系的“嵌入性”切入，梳理了竞争情报活动流程与人际网络的关系。从格拉诺维特关于经济对社会关系的“嵌入性”理论受到启发，本文认为，竞争情报是一种嵌入人际网络的社会活动，竞争情报活动流程的各个环节都与人际网络相交融；其次，基于这种交融关系，人际情报网络在竞争情报活动中发挥越来越重要的作用，特别是在情报获取、情报分析和情报传递这三个环节；再次，本文在分析竞争情报活动规律的基础上，认为，企业的人际情报网络应该由三层构成：竞争情报部门的紧密型人际情报子网络、企业级（除竞争情报部门外）的紧密型人际情报子网络和连接外部的松散型人际情报子网络。文章从梳理个人的人际关系开始，从内到外逐层构建企业的三层结构人际情报网络，为企业构建人际情报网络提供了可参考模型和实施方法；最后，构造了管理和优化人际情报网络的理论体系。

关键词：竞争情报　情报工作　人际关系　社会资本

5685

高校战略管理中的竞争情报研究 / 杨海平著 ; 沈固朝指导. -- 南京大学, 2005. -- 164 页

本文共分四部分七章论述“高校战略管理中的竞争情报”这一论题的。第一部分（第一、二章）主要研究了高校战略管理及其与竞争情报的关系。分析了国内外高等教育发展与高校竞争态势，以及竞争态势下的高校战略管理，提出高校战略管理的过程就是竞争情报的过程。第二部分（第三、四章）从高校发展战略的情报需求评估和特点、方法入手，分析了高校在战略管理中所需竞争情报的指标，对高校内外部竞争环境、竞争对手、教育创新、科学决策、教育教学、学科建设、科学研究、财务与资金、师资队伍建设等方面的情报进行了研究。对影响高校竞争情报搜集的诸因素进行了剖析，并提出了相应的解决措施。第三部分（第五、六章）论述了高校竞争情报分析是科学制订发展战略的保障，不经过分析的信息不能成为情报，更不能作为竞争情报。构建了高校五种基本作用力模型和高校行业结构分析模型，阐明了成功分析高校竞争情报的六项基本标准。第四部分，即第七章，主要论述了高校竞争情报系统是高校实施战略管理和获得信息优势的重要保证。认为高校竞争情报系统的构建是依据高校竞争战略而进行的系统分析、设计和实现的过程。

关键词：高等学校　学校管理　战略管理　竞争情报

5686

基于本体的语义信息系统研究 : 理论分析与系统实现 / 余传明著 ; 董慧指导. -- 武汉大学, 2005. -- 149 页

本文探讨了语义信息系统的概念和原理，以本体作为语义信息系统的基础，从语义信息描述、语义信息获取、语义信息检索、语义信息输出四个方面对语义信息系统的技术细节进行了深入分析，并结合实际，讨论了一个以历史事件为研究领域的语义信息系统（国共两党合作语义信息系统——GGHZ-SIS）的设计、构建和实现。全文共八章：第一章对语义信息系统概述，分析了语义信息系统的定义、构成、特点以及它与传统的管理信息系统等的区别，并且针对传统的信息系统，提出了语义信息系统原型。第二章语义信息系统的基石——本体，文章讨论了本体的定义、分

类,以及本体模型,并在此基础上进一步讨论了本体的构建方法及提取算法。第三章通过实例对语义信息进行描述。第四章语义信息提取,讨论了中文自然语言处理中的技术难点,并提出了通过浅层句法分析进行语义信息提取的基本思路。第五章语义信息检索,文章从语义信息检索定义出发,研究了对检索入口赋予语义、对信息组织赋予语义、对检索结果赋予语义的基本实现方式,并分析了语义检索的几种实现方式。第六章语义信息输出可视化,文章从实际用到的可视化技术需求出发,分析了国外的语义信息可视化组件。第七章结合"基于本体的数字图书馆检索模型研究"的研究,讨论了国共两党合作语义信息系统的设计、构建和实现。第八章进行了总结归纳。

关键词:语义　信息系统　信息检索

5687

会展信息交流研究 / 俞华著 ; 夏文正,金碧辉指导. -- 南京大学, 2005. -- 178 页

文章研究内容包括:会展及会展信息交流的概念界定;国内外会展理论研究现状;会展中信息资源管理;会展的信息交流传播功能;会展过程的情报学分析;会展环境"场"的知识管理分析;会展经济效果的信息因素分析;会展与现代信息交流的障碍及对策;结论与展望。文章采用了哲学方法与一般科学方法相结合,包括唯物辩证法、系统论方法、信息论方法、协同论方法、观察法、社会调查法、文献计量学方法等。致力于整体性研究,对会展信息交流进行一般理论、整体、系统的基础理论研究,得出:(1)会展是信息栈。(2)会展本质为信息交流。(3)会展信息交流包括会展主信息流和会展辅信息流:会展主信息流是指参展商与观众(或会议发言人与听众)之间的信息交流;会展辅信息流是会展组织者、会展服务商在会展中涉及的信息交流,旨在构建会展主信息流的平台。本文在前人研究成果的基础上,力图在会展理论与情报学理论研究交叉点上取得突破,试图使研究成果在国内外关于会展信息基础理论研究领域体现一定的创新性、前沿性、先进性。

关键词:展览会　信息交流　会展

5688

危机中的情报 : 面向组织危机管理的情报战略 / 周玲著 ; 梁战平指导. -- 北京大学, 2005. -- 165 页

论文在分析了危机中情报的特点、决策部门与情报部门之间的关系及其矛盾,以及情报生产流程所产生的变化的基础上,提出了在危机管理过程中,情报工作的实质就是辅助决策。在随后的研究中,作者进一步指出,研究这一课题的关键在于将情报放置到危机管理的整个过程中去,这样才能进行系统且完整的分析,并由此提出了情报辅助危机决策的模型。结论包括:危机中,情报的生产流程发生了巨大的变化,主要体现在情报的生产者与使用者关系上,也正是这些变化使得情报辅助危机决策具有其特殊性,因此值得进一步探讨;有效辅助决策的前提是组织对环境的透彻认识,成功辅助的基础为建立灵活的组织结构,而具体的辅助方式则表现为基础情报工作、预警、解决冲突、监督条约的履行和学习性工具。并同时指出,方式的有效实施的关键要素在于制定客观的标准和选择正确的情报分析手段。论文同时还探讨了为促使情报工作能有效辅助危机决策,组织应采取的相关策略,并就今后需要深入研究的问题提出了相关建议。针对一些关键问题,比如危机中的沟通体系、情报辅助危机决策的系统分析等,文章还进行了相关案例的研究,以求获得更为形象且深入的表述效果。

关键词:危机管理　情报工作　情报分析　决策

5689

供应链知识共享研究 / 周勇士著 ; 张玉峰指导. -- 武汉大学, 2005. -- 109 页

本文对供应链知识共享进行深入探讨,揭示供应链知识共享的本质,分析知识共享活动的要素,提出有效的供应链知识共享机制、模式、创新以及能力提升的方法,并建立供应链知识共享的知识资源平台体系。文章共七章,前三章是关于供应链知识共享的现实研究、文献研究与理论分析。第三章是供应链知识共享的机制研究,包括运行机制、学习机制、文化机制以及激励机制等方面的研究。供应链知识共享的运行机制包括知识的过程管理机制、知识的内外交流机制、知识的创新机制和知识成果的保护机制;学习机制重点在于建立学习型供应链;文化机制要实现成员企业的文化整合;激励机制是知识共享的动力,包括知识奖惩与知识补偿两个方面。第四章是供应链知识共享的模式研究,通过从时间和空间两个维度对供应链企业知识的存在进行讨论,从时间维、转化维、层次维构建了供应链知识共享的立体模式。第五章是基于知识共享的供应链企业知识创新研究,通过对供应链企业的知识价值链与知识创新的关系的分析,探讨了供应链知识共享中的知识创新过程。第六章是供应链知识共享的知识资源整合研究。第七章是基

于知识共享的供应链能力提升。

关键词:供应链管理　知识管理　知识共享　知识创新

5690

信息消费及其水平测度 / 朱红著 ; 沈固朝指导. -- 南京大学, 2005. -- 143 页

本文围绕着信息消费及其水平测试展开讨论,探讨了信息消费测试的理论体系,提出了信息消费水平测度方法,通过实证分析,验证了所提出方法的可操作性。文章共分六个章节进行阐述:第一章,信息消费概述。在界定信息消费的基础上,提出了信息消费与传统消费的不同之处,确定了信息消费的研究内容,给出了研究信息消费的现实意义,阐述了信息消费水平测度研究的指导思想。第二章,信息产品、服务及信息市场,论述了信息产品、信息服务和信息市场相关理论。第三章,信息消费者行为,论述了信息消费需求、信息消费动力、信息消费偏好、信息消费选择、信息消费风险等理论。第四章,信息消费分类水平测度。在方法综述的基础上,提出了信息消费指数、信息产品质量测度、信息产品消费效用测度、信息服务人员相关测度、信息服务水平测度、信息消费需求测度、信息消费偏好测度、信息消费风险测度、网络信息消费测度、信息市场运作水平测度、信息消费政策水平测度等方法。第五章,信息消费总体水平测度。本章研究对信息消费的总体测度方法,论述了因素综合法、指数法、比率法、投入产出法、税收法、层次分析法等方法。第六章,信息消费实证分析和建议。本章对山西省高校信息消费水平进行了实证分析。并在此基础上,对中国高校信息消费现状进行了估计。

关键词:消费　信息产品　信息服务　信息市场

5691

政府信息资源生命周期的管理 / 朱晓峰著 ; 苏新宁指导. -- 南京大学, 2005. -- 144 页

本文在研究政府信息资源基本理论和生命周期方法的基础上,提出政府信息资源生命周期管理(对政府信息资源从产生、处理、应用到衰退整个生命周期的管理)。然后,通过构建多个政府信息资源生命周期管理模型,分析政府信息资源生命周期管理的重要环节,初步构造了政府信息资源生命周期管理的理论体系。文章在分析政府信息流研究意义的基础上,提出政府信息流的金字塔模型和蜘蛛网模型,并详细分析了单一部门信息流的相关信息流模型及部门间信息流模型。文章对政府常规决策信息流和危机决策信息流进行了专门分析,并构建了政府危机决策信息流模型,对此进行了量化分析研究。文章在分析信息资源规划的基础上,对政府信息资源规划的定位、意义、内容和原则等基础理论进行了研究,并指出我国政府信息资源规划的重点和难点。文章构建了政府信息资源生命周期管理总体模型,从整体上认知了政府信息资源生命周期管理,并依据具体案例分析了政府信息资源生命周期管理在政府事务处理中的作用,验证了政府信息资源生命周期管理的应用价值。

关键词:信息资源　信息管理　电子政务　生命周期

档案学

5692

我国数字鸿沟问题的理论分析与应对策略 / 陈艳红著 ; 赵国俊指导. -- 中国人民大学, 2005. -- 148 页

本文从信息资源管理学的角度对数字鸿沟问题的成因及对策进行了全面、深入的分析。文章对“二级鸿沟”的内涵进行了介绍,分析了“二级鸿沟”的提出背景,总结了其对我国数字鸿沟问题研究的借鉴意义。构建了我国数字鸿沟问题的作用关系模型,为分析我国数字鸿沟的成因和解决策略提供了可操作的理论和实践框架,系统地提出了我国数字鸿沟的应对策略。论文共分六部分:第一章导论,对研究现状、选题意义、论文框架以及研究方法与创新进行了简单介绍。第二章是关于数字鸿沟问题及其本质的基本认识。作者认为,数字鸿沟是不同主体在使用信息通信技术获取和利用信息资源上存在差距所造成的信息贫富分化问题,对数字鸿沟的发展趋势应持理性的态度。第三章对我国数字鸿沟的表现及成因进行了剖析。第四章对我国数字鸿沟问题的作用关系模型进行了初步构建。第五章分析了我国数字鸿沟的社会影响,对我国经济跨越式发展战略的实现形成障碍,影响我国政治民主化建设进程,削弱了社会发展的后续推动力,影响社会稳定,对反贫困工作提出了新挑战,妨碍国家的可持续发展和地区协调发展等。第六章针对性地提出了解决数字鸿沟问题的对策。其中在技术发展与普及策略上作了详细阐述。

关键词:信息技术　信息资源　信息管理　数字鸿沟

5693

国家档案资源建设研究 / 付华著 ; 冯惠玲指导. -- 中国人民大学, 2005. -- 140 页

本文选题“国家档案资源建设研究”,从国内、外对“国家档案资源”观对比及国家档案资源的构成入手,通过对国家档案资源的现状分析,提出了国家档案资源流向的合理性、完整性要求,对“长期档案”的处理与接收的时间作了相关论证,最后对国家档案资源建设的战略走向提出见解。文章对国家档案资源中存在的一个重要问题:国家档案资源流向的不合理性,进行了三个方面的研究阐述:(1)档案馆网规划,作者认为要合理规划国家档案资源的流向,在指导思想上首先必须明确以发展国家综合档案馆为重点,其他档案馆的设置不能使国家档案资源的合理流向产生混乱。其次要真正地把档案馆与档案室区别开来,并把这种区别落实到有关的政策中。第三,在全国档案馆网络布局上,必须切实落实国家档案行政管理部门的主导权。(2)乡镇档案的归宿,作者认为,乡镇建馆符合中国目前的档案管理体制。(3)企业档案的归宿,作者针对国有企业提出了解决国有企业档案的归宿问题的方案。文章针对国家档案资源的不完整问题作了分析,提出对接收档案的时间期限对于省以上各级档案馆及省辖市(州盟)和县级档案的不同调整方案。

关键词:档案管理　资源管理　档案资料

5694

宋代档案文献编纂研究 / 李晓菊著 ; 冯惠玲指导. --中国人民大学, 2005. -- 134 页

本文首先对宋代档案文献编纂所从属的整个中国古代档案文献编纂研究,以及宋代档案文献编纂研究本身的一些问题,提出了自己的思考。文章通过“总论”和“专题研究”两个部分,对宋代的档案文献编纂作了比较系统的考察和分析。关于中国古代档案文献编纂研究,本文认为:(1)中国古代档案文献编纂史研究,是现代档案文献编纂学学科建设的一个基础性课题。(2)中国古代档案文献编纂的发展与现实社会政治、经济和文化的整体发展状况密切相关,档案文献编纂本身内在的发展需要也是很重要。(3)中国古代档案编纂与传统史学的关系极其密切。(4)对档案文献编纂活动的社会环境和历史状况的认识和了解是档案编纂史研究的必要基础。关于宋代档案文献编纂研究,本文认为:(1)两宋的档案文献编纂成就突出,建立在原始资料基础上的系统研究有助于全面揭示宋代档案文献编纂的成就与特征。(2)在研究方法上合理运用联系的、系统的方法进行考察分析。在论述影响宋代档案文献编纂诸因素的问题时,文章着重从唐代史学、宋代政治和宋代官私史学著述三个方面进行考察和分析。文章从两个方面对宋代档案文献编纂的基本情况作了论述:(1)对宋代档案文献编纂的机构与制度,进行了系统的梳理。(2)对两宋三百年的档案文献编纂成果进行总体性的把握分析。通过对宋代档案文献编纂比较全面的考察研究基础上,归纳出宋代档案文献编纂的相关特征。

关键词:档案资料　编辑　宋代

5695

网络环境下信息安全管理体系研究 / 唐珂著 ; 冯惠玲指导. -- 中国人民大学, 2005. -- 161 页

本文首先研究了信息安全技术的发展状况,给出了信息安全整体模型和完整描述,并重点介绍国内外在信息安全领域最新的技术发展、产品解决方案等,一方面说明在信息安全技术本身已经进行了大量的工作并取得了一定的成果;另一方面体现了在信息安全管理上的不足,在管理的认识上没有完整的思路。在研究了信息安全技术与信息安全管理的关系之后,进而深入地讨论了信息安全管理的必要性,通过对信息安全管理的地位和作用描述,并从政策面说明了对信息安全管理体系的要求,体现了通过信息安全管理体系保障信息安全的真正意义。文章分析了网络环境下信息安全管理体系的组成要项;提出了网络环境下信息安全需求;设计了使用 OCTAVE 方法进行网络环境下信息安全风险评估与管理;研究了网络环境下信息安全管理体系的理论参考模型;设计了应用 PDCA 模型实施信息安全管理体系并在实施过程中贯彻 HIP 方法;提出了建立“人力资源平台”和“管理支撑平台”构建信息安全管理体系概念;研究设计并实现了管理支撑平台的主要组成部分,如安全防御系统管理、网络信任体系管理、网络实体及业务资源管理、信息安全事件报告管理体系等。

关键词:互联网络　信息管理　信息安全　身份认证

5696

档案信息传播效果研究 / 卫奕著 ; 王传宇指导. --

中国人民大学, 2005. -- 167 页

本文依照"效果的构成及特点——影响效果的因素——获得效果的根本途径——效果评价"这一线索依次展开探讨研究。文章导论部分对研究背景、研究意义、国内外研究现状及本文的研究方法逻辑结构进行了说明。接着,文章从档案信息的传播类型及本文的定位入手,对档案信息效果的构成及特点进行了详细的说明,档案信息传播效果特点表现为:政治性和文化性突出;档案信息的原始记录性及其管理和传播的专业性与规范化使其对事实的确认性效果不可替代;多样化的社会价值等。论文以信息传播的构成和特点为基础,对影响档案信息传播效果因素五个方面:传播者、传播内容、受众、传播环境、传播媒介进行了分析,并结合档案信息传播具有的优势和缺陷采取相应策略。论文从传播各要素对网络档案信息传播效果的影响分析,针对网络档案信息传播效果的现状,提出整合营销传播(IMC)以提升档案信息传播的媒介策略。文章指出,整合营销传播指媒体调动一切传播手段与资源对一个"有用信息",主要是传播者希望受众透彻了解的档案信息本身以及档案信息服务内涵。宏观上将其作为档案馆组织对外传播的发展策略,微观上以指导某次档案信息传播活动。文章对获得理想的档案信息传播效果根本途径——人文关怀进行了讨论;并通过对《清宫秘档》个案研究,对档案信息传播效果进行了评价。

关键词:档案管理　档案工作　信息传播

5697

电子文件管理系统研究 : 系统功能原理分析 / 于丽娟著 ; 冯惠玲指导. -- 中国人民大学, 2005. -- 153 页

本文对电子文件管理工作的内容,电子文件管理系统的概念、特点、功能模块设置进行了深入的探讨,并选择"文件生成和归档"、"文件分类"、"文件鉴定"、"电子文件管理和电子文档管理的集成"四项功能,分别从基本理论、功能原理、功能需求等角度进行研究。论文综合了国际档案理事会、ISO15489、美国国家文件和档案管理局等机构所给出的定义的基础上,给出了电子文件管理系统的界定,通过比较电子文件管理系统和档案辅助管理系统的区别,分析了电子文件管理系统的实现方式、特点及其实施后对机构的影响。论文采用文献内容分析的方法总结电子文件管理系统的功能设置。论文在对电子文件管理的功能——生成和归档的四个环节分析的基础上,设计了文件生成和归档功能实现的三种方式——延时归档、实时归档、实时登记—延时转存,并详细地绘制出各种实现方式的功能分析图和业务流程图。文章从3个方面提出文件分类的功能需求:分类方案的配置、定义和修改;案卷等的管理;类、案卷、子卷的元数据管理。从7个方面提出文件鉴定的功能需求。论文介绍了电子文档管理系统的概念、特点,介绍了欧美电子文档管理/电子文件管理系统集成的研究概况,并选择 MoReq 对电子文件系统中的电子文档管理/工作流管理功能需求进行了详细介绍。分析了我国的现状,提出相关建议。

关键词:档案管理　档案工作　电子文件

5698

电子文件真实性及其凭证价值研究 / 张宁著 ; 冯惠玲指导. -- 中国人民大学, 2005. -- 128 页

本文将与课题相关的文献资料予以简要汇总,归纳出现已产生的理论成果及其所处的阶段,作为论文的研究起点。然后,文章以电子文件的真实性及其凭证价值问题为切入点和主线探讨电子文件真实性的概念、电子文件真实性的认定及其凭证价值的发挥以及如何保障和维护电子文件真实性等问题。最后,本文以电子政务系统作为案例对前述理论研究展开具体的实证分析。全文框架为三个大部分八章:第一部分侧重于理论分析,对电子文件真实性及其凭证价值的分析及认定,详细地阐释了电子文件的真实性、完整性,以及真实性与相近概念"可靠性"之间的关系。第二部分,电子文件真实性的保障与维护,文章提出的"电子文件真实性管理"思想,对此进行了具体说明;根据文件管理的主体以及文件所处的阶段不同,通过不同章节论述如何开展电子文件真实性管理;从管理工具的角度,阐释了电子文件管理的一个重要工具——元数据。第三部分,个案研究——电子政务系统中电子文件真实性管理,该部分属具体应用和实证分析层面,文章选取了具有代表性的电子政务系统作为案例分析的对象进行了研究探讨。

关键词:档案管理　档案工作　电子文件

著者索引

D

J

Y

关键词索引

C

E

F

G

H

J

K

L

M

N

O

P

Q

R

S

T

W

X

Y

Z